RIEMANN SACHLEXIKON MUSIK

RIEMANN SACHLEXIKON MUSIK

Herausgegeben von Wilibald Gurlitt
und Hans Heinrich Eggebrecht

Mainz · London · Madrid · New York · Paris · Tokyo · Toronto

Reprint von RIEMANN MUSIKLEXIKON, SACHTEIL
Zwölfte völlig neubearbeitete Auflage, B. Schott's Söhne, Mainz 1967

Bestellnummer: ED 8629
© 1996 Schott Musik International, Mainz
Printed in Germany · BSS 48912
ISBN 3-7957-0032-9

VORWORT DES HERAUSGEBERS

Das Musiklexikon von Hugo Riemann (1849–1919) erschien in der ersten Auflage 1882, in der letzten (8.) Auflage aus Riemanns Hand 1916. Das Lexikon wurde mehrfach in fremde Sprachen übersetzt und darf als ein Standardwerk des deutschen Musikschrifttums gelten. Die späteren Auflagen besorgte Alfred Einstein (1880 bis 1952), die letzte (11.) Auflage in zwei Bänden 1929. In der vorliegenden zwölften Auflage wurde der immer stärker anwachsende Stoff aus Gründen der besseren Handlichkeit und Übersichtlichkeit erstmals in zwei Bände Personenteil und einen Band Sachteil aufgeteilt.
Bei der Neubearbeitung des Sachteils bestand die Aufgabe, die Zeitspanne ab 1916 im Zeichen des »Riemann-Lexikons« lexikalisch neu zu bewältigen (Einstein hatte die Sachartikel nach Wahl und Inhalt der Stichwörter im wesentlichen unangetastet gelassen). Dabei handelt es sich um ein halbes Jahrhundert tief eingreifender Veränderungen des geistigen, sozialen und politischen Lebens, musikgeschichtlich im besonderen um die Entstehung und Entfaltung der Neuen Musik, um die Bereicherung und Veränderung des Wissens durch die Forschungsergebnisse der sich immer weiter ausbreitenden, verzweigenden und spezialisierenden Musikwissenschaft und um die Wandlungen des Musiklebens, der Musikerziehung und Musikauffassung, die nach dem Zweiten Weltkrieg in eine abermals neue, bis heute anhaltende Zeit der Ungewißheit und des Suchens gerieten. Daß das Lexikon auch in der äußerlich und inhaltlich veränderten Form weiterhin durch den Namen Riemanns gekennzeichnet bleibt, bedeutete für den Herausgeber die Verpflichtung, bei der Wahl der Stichwörter und bei der Darstellung der Begriffswort- und Sachgeschichten soweit wie möglich an Riemanns Werk anzuknüpfen und seine grandiosen Leistungen als Musikforscher und -lehrer besonders zu würdigen und kritisch zu verarbeiten. Zugleich erhebt Riemanns Schaffen den Anspruch, die von ihm für seine Zeit gültig und unersetzlich bewältigte Spannung zwischen System und Geschichte im Zeichen heutigen Wissens neu zu durchdenken und darzustellen. Doch auch für den Sachteil mit seiner besonderen Problematik galten sowohl das Gebot des Verlages, die Erstellung des Manuskripts in Einklang zu bringen mit Umfang und Erscheinungstermin des Bandes, als auch Riemanns Grundsatz der »Gemeinverständlichkeit« und Gurlitts im Vorwort des Personenteils erhobene Forderung, *den unzweifelhaft gesicherten Bestand sachlicher und historischer Einzeldaten festzuhalten, von Oberflächenerscheinungen und Tagesmoden das Wesentliche und Bleibende zu unterscheiden* und dazu beizutragen, *der Musikkultur der Gegenwart zum rechten Verständnis ihrer selbst zu verhelfen.*
Unter der Leitung von Wilibald Gurlitt (1889–1963), dem Schüler Hugo Riemanns, dem Herausgeber des Personenteils, wurden auch die Arbeiten am Sachteil begonnen. Bis zum Erscheinen des zweiten Bandes des Personenteils hat den Sachteil Herr Professor Dr. Rolf Dammann in dankenswerter Weise bearbeitet. Ab 1961 stand auch das Redaktionsbüro im Verlag B. Schott's Söhne in Mainz für den Sachteil voll zur Verfügung, zunächst unter Aufsicht von Herrn Dr. Karl Heinz Holler, ab 1962 unter der Leitung von Herrn Dr. Kurt Oehl; im gleichen Jahr (und bis 1965) übernahm Herr Dr. Bernhard Hansen beim Herausgeber in Freiburg die Koordination der Redaktionsarbeiten. Im Spätherbst 1963 lag knapp ein Viertel des Manuskripts mit Gurlitts Imprimatur vor; fast alle zentralen Artikel standen noch aus. Zufolge abnehmender Kräfte war es Gurlitt in der Zeit nach dem Erscheinen des zweiten Personenbandes nicht mehr vergönnt, für den Sachteil eine nennenswerte Zahl von Stichwörtern selbst zu bearbeiten; in seinem Nachlaß fanden sich keine Artikel oder Entwürfe.
Als Wilibald Gurlitt auf seinem Krankenlager im November 1963 mich mit der Herausgabe des Sachteils beauftragte, sah ich es als meine Aufgabe an, den Entwurf meines Lehrers mir zu eigen zu machen und doch – wo es sich aus der Arbeit und deren Durchführung ergab – auch neue Überlegungen zur Geltung zu bringen. Der Mitarbeiterstab wurde wesentlich vergrößert. Der bereits vorliegende Teil des Manuskripts wurde aufs neue in den Arbeitsgang einbezogen. Die geplante Zahl der Stichwörter konnte verringert werden, um Raum zu gewinnen für eine über die lexikalische Information hinausgehende Durchdringung des Stoffes und für die Einbeziehung von Stichwörtern, die für ein Musiklexikon bisher ungewöhnlich, im Gesamtbild des vorliegenden Bandes jedoch wichtig erschienen (z. B. Terminologie, Symbol, Symmetrie). Beim Abwägen zwischen den Ansprüchen des Laien einerseits und den Erwartungen des gebildeten Musikers, der studierenden Jugend und des Mannes der Wissenschaft andererseits habe ich das Wissensbedürfnis und die Verstehensfähigkeit des heutigen Musikliebhabers hoch eingeschätzt. Die Erstellung des Manuskripts wurde von den engeren Mitarbeitern als eine unter der Leitung des Herausgebers stehende Teamarbeit aufgefaßt und durchgeführt. Nur durch das Zusammenarbeiten aller Beteiligten, durch gegenseitige Kritik und Hilfe, konnte das Einzelne reifen und sich in ein Ganzes fügen und konnte versucht werden, eine Konzeption durchzuführen. Es versteht sich von selbst, daß diese in der Wahl der Stichwörter und in vielen Artikeln und Partien des Lexikons aufscheinende Konzeption im Anschluß an das Lebenswerk meines Lehrers vor allem die geschichtliche (auch z. B. begriffs- und sozialgeschichtliche) Auffassung der Musik in all ihren Erscheinungen betrifft sowie das Bewußtsein des fruchtbaren Spannungsverhältnisses zwischen historischer und systematischer Fragestellung, europäischer und außereuro-

päischer Musik, Vergangenheit und Gegenwart. In einer breiten Front von Stichwörtern, von denen viele erstmalig in einem Lexikon behandelt werden, wurden Musik und Musikleben der Gegenwart in ihren neuen kompositorischen und experimentellen, physikalischen, psychologischen und soziologischen, liturgischen und juristischen Erscheinungen lexikalisch zu bewältigen versucht.

Auch in dem vorliegenden Sachteil wurde auf die sorgfältige Auswahl und Übersicht der belangvollen einschlägigen deutschen und ausländischen Fachliteratur und der Ausgaben besonderer Wert gelegt. Bei den Länderartikeln war in Rücksicht auf den geplanten Umfang des Lexikons mancher Verzicht geboten. Die Wahl der Städteartikel erfolgte nach dem Gesichtspunkt der vorliegenden wichtigeren Literatur. Ab Januar 1966 (Redaktionsschluß des Buchstabens A) konnten die neuerscheinenden Veröffentlichungen nur jeweils bis zum Redaktionsschluß der einzelnen Buchstaben berücksichtigt und nachgetragen werden.

Von den jüngeren musikalischen Nachschlagewerken wurden, ohne daß bei den einzelnen Artikeln eigens darauf hingewiesen ist, die auf S. IX genannten Veröffentlichungen häufiger zu Rate gezogen. Aus dem Nachlaß von Alfred Einstein konnte der Verlag die Vorarbeiten für eine Neuauflage des Lexikons erwerben. Für freundliche Unterstützung sei besonders den Universitätsbibliotheken Freiburg im Breisgau und Mainz gedankt. Wertvolle Dienste leistete das Mikrofilmarchiv des Musikwissenschaftlichen Seminars der Universität Freiburg im Breisgau. Die Vorarbeiten für das von Wilibald Gurlitt begonnene, von mir fortgeführte *Handwörterbuch der musikalischen Terminologie* wurden mit Einverständnis der Akademie der Wissenschaften und der Literatur in Mainz in vollem Umfang zur Verfügung gestellt.

Für zahlreiche spezielle Artikel konnte eine Reihe bewährter Musikologen des In- und Auslandes gewonnen werden, deren Beiträge mit ihren Initialen gekennzeichnet sind. Die Artikel der engeren Mitarbeiter wurden auf deren Wunsch als Teamarbeit betrachtet und nicht gezeichnet. Bei den größeren Artikeln des Herausgebers glaubte dieser, seine Verantwortlichkeit durch Zeichnung bekunden zu sollen. Doch auch sehr viele der signierten Artikel entstanden im Zeichen der Zusammenarbeit zwischen den Verfassern, dem Herausgeber und dem engeren Kreis der Mitarbeiter, und immer wieder galt es, Opfer zu bringen im Gedanken an den geplanten Umfang des Werkes und aus der Notwendigkeit des Ineinandergreifens der Artikel und Sachgruppen. Diese Rücksichten auf das Ganze erforderten ein strenges Regiment, und es gibt kaum einen der Mitarbeiter, den ich nicht wegen mancher temperamentvollen Ausbrüche um Entschuldigung zu bitten habe.

Unter den Mitarbeitern danke ich, auch im Namen Gurlitts, an erster Stelle in Freiburg Herrn Dr. Bernhard Hansen, der auch nach seiner Übersiedlung nach Hamburg (1965) die übernommene Arbeit fortführte, und Herrn Dr. Christoph Stroux für ihren selbstlosen Einsatz und ihre unermüdliche Hilfe bei der Erarbeitung des Manuskripts sowie für die zahlreichen Artikel aus ihrer Feder (neben vielen anderen z. B. Klaviermusik und Soziologie von Herrn Hansen, Humanismus, Tempo und Notenschrift von Herrn Stroux) und in Mainz Herrn Dr. Kurt Oehl für die tägliche Zuverlässigkeit in allen organisatorischen Fragen und für die Betreuung der Fachgebiete Oper und Ballett sowie Herrn cand. phil. Horst Adams (Sachgebiete Musikbibliographie und Schlaginstrumente) für die redaktionelle Mitgestaltung des Bandes, besonders für die Sorge um die Herstellung von Satz und Notenstich. Die technische Abwicklung der Verlagsarbeiten lag in den Händen von Herrn Karl Heinz Kahl, dem Herstellungsleiter des Verlages.

In Freiburg haben mir außerdem zur Seite gestanden Fräulein cand. phil. Ines Groh (Redaktionsarbeiten, Betreuung des Sachgebietes Tänze) und in den Jahren ab 1965 als Assistent des Lexikons Herr Dr. Helmut Haack (der während dieser Zeit u. a. auch die Artikel Phrasierung, Schuloper und Streichquartett schrieb), dazu die Assistenten und Doktoranden des Musikwissenschaftlichen Seminars der Freiburger Universität, vorübergehend auch die Herren Dr. Reinhard Gerlach (Mitarbeit am Artikel Quellen) und Dr. Günter Birkner. – Als Mitarbeiter im Redaktionsbüro in Mainz waren tätig auch Fräulein Ilse Lang und die Herren cand. phil. Dieter Thoma (ab 1965; er schrieb u. a. die Artikel Libretto und Sonate), Heinz Merling (bibliographische Arbeiten), Magister phil. Tadeusz Okuljar, Dr. Jörg Martin (ab 1966) und Wolfgang Weber; die Manuskriptabschriften betreuten Fräulein Hela Ebrecht und Frau Eva von Marillac de St. Julien. Den Damen und Herren des Mainzer Arbeitskreises spreche ich für ihren rastlosen Einsatz ein besonderes Lob aus.

Als Mitarbeiter und Berater halfen mir bereitwillig die Herren Dr. Horst Ochse (Romanische Philologie), Professor Dr. Carl Dahlhaus und Dr. Frieder Zaminer. Für einzelne Fachgebiete standen mir zur Seite die Herren Professor Günter Baum (Gesangskunst), Dieter Behne (Systematische Musikwissenschaft, Zeichnungen und Abbildungen), Professor Dr. Fritz Bose (Musikethnologie), Dr. Wilfried Daenicke (Systematische Musikwissenschaft), Dr. Karl-Werner Gümpel (Katholische Kirchenmusik), Dr. Erwin R. Jacobi (vollständige Bearbeitung des Sachgebiets Verzierungen), Dr. Max Kandler (Militärmusik), Oberregierungsrat Dr.-Ing. Werner Lottermoser (Akustik), Dr. Hans-Peter Reinecke (Systematische Musikwissenschaft), Pfarrer Ernst Karl Rößler (Orgel), Dr. Elmar Seidel (Harmonielehre), Dr. Jan Slawe (Vorarbeiten zum Sachgebiet Jazz), Dr. Wilhelm Virneisel (Hilfe bei bibliographischen Arbeiten), Dr. Ernst Ludwig Waeltner (Jazz) und Professor Dr.-Ing. Fritz Winckel (Elektroakustik).

Allen Mitarbeitern und Helfern, auch den ungenannten, danke ich von ganzem Herzen für ihren Beistand und für ihre geleistete Arbeit. Nur mit ihrer Hilfe, zumal nur durch den unermüdlichen Einsatz des engeren Mitarbeiterstabes, konnte diese Arbeit durchgeführt werden. Besonderen Dank schulde ich dem Seniorchef des Hauses B. Schott's Söhne, Herrn Dr. phil. h. c. Dr. jur. Ludwig Strecker. Er hat das Entstehen des Manuskripts mit lebhafter Anteilnahme, tätiger Hilfe und vielen Ratschlägen verfolgt und ihm ein Höchstmaß an ideeller und materieller Förderung zugute kommen lassen.

Ich betrachte den vorliegenden Sachband als einen Versuch, in relativ kurzer Frist eine Aufgabe zu erfüllen, deren Bewältigung mir oft ans Unmögliche zu grenzen schien. Ich hoffe, daß es in Fortführung der Arbeit Wilibald Gurlitts gelungen ist, ein Werk zu schaffen, das sich bewährt und das in der Geschichte des *Riemann Musiklexikons* Gültigkeit gewinnt als ein neues Fundament, auf dem die Zukunft weiterarbeiten kann. Und ich hoffe auch, daß es mir vergönnt ist, eine Zeitlang diese Arbeit noch selbst durchzuführen. Alle Benutzer des Sachteils bitte ich — mit den Worten Hugo Riemanns (Vorwort zur 3. Auflage dieses Lexikons) — *mir Verbesserungen und Zusätze aller Art zukommen zu lassen, um recht viel von dem, was in dieser Auflage schlecht geblieben ist, in einer dereinstigen weiteren Auflage gut machen zu können.*

Freiburg im Breisgau, Herbst 1967   Hans Heinrich Eggebrecht

VORWORT DES VERLAGES

Dem in seinem Vorwort für sich selbst in Zurückhaltung gebliebenen Herausgeber, Dr. Hans Heinrich Eggebrecht, dem ordentlichen Professor für Musikwissenschaft an der Universität Freiburg im Breisgau, möchte der Verlag auch an dieser Stelle seinen herzlichsten Dank aussprechen. Eggebrecht ist für seinen Lehrer, den tiefbetrauerten gemeinsamen Freund Wilibald Gurlitt, eingetreten und hat etwas unersetzlich Scheinendes durch ein neues Ereignis ersetzt. Dies war ohne die heutigen ihm zur Verfügung stehenden wissenschaftlichen Voraussetzungen und ein völliges Versenken in die große Aufgabe als Vermächtnis und Schöpfung nicht möglich. Er empfand dabei wie der Verlag die Fortführung des Unternehmens im Geiste Riemanns und Gurlitts auch der Öffentlichkeit gegenüber als Verpflichtung. Kritik des Berufenen und Erfahrung des Lesers werden entscheiden, ob das durch die unglücklichen Umstände verzögerte Erscheinen nicht zeitwert gewesen ist.

Mainz, Herbst 1967   B. Schott's Söhne

Initialen der Mitarbeiter

AS	Arnold Schmitz		HıA	Higini Anglès
AW	Albert Wellek		HıH	Hilmar Höckner
AWF	Armin Wilhelm Fett		HK	Hellmut Kühn
BB	Bernhard Billeter		HOc	Horst Ochse
BDS	Bartolomeo Di Salvo		HPR	Hans-Peter Reinecke
CD	Carl Dahlhaus		JAW	Sir Jack Westrup
CLS	Claudio Sartori		KJS	Klaus-Jürgen Sachs
EB	Elmar Budde		KS	Kurt Stephenson
ED	Erich Doflein		KWG	Karl Werner Gümpel
EGK	Edith Gerson-Kiwi		LA	Lars Ulrich Abraham
EJ	Ewald Jammers		LRı	Lukas Richter
EK	Erich Köhler		LW	Lisbeth Weinhold
EKu	Ernst Kußerow		MG	Martin Geck
ERJ	Erwin R. Jacobi		MH	Michel Huglo
ESc	Erich Schenk		MR	Martin Ruhnke
ESe	Elmar Seidel		NJ	Norbert Jeanjour
ET	Ernst Thomas		OK	Otto Koehler
EWA	Ernst Ludwig Waeltner		PA	Peter Andraschke
FB	Fritz Bose		PP	Pierre Pidoux
FeR	Félix Raugel		PS	Peter Schnaus
FrR	Fritz Reckow		PSch	Pierre Schaeffer
FW	Fritz Winckel		RB	Reinhold Brinkmann
FZ	Franz Zagiba		RG	Reinhard Gerlach
FZa	Frieder Zaminer		RSt	Rudolf Stephan
GB	Günther Baum		RW	Rudolf Walter
GBa	Gottfried Bach		SC	Suzanne Clercx-Lejeune
GH	Glen Haydon		SG	Siegfried Goslich
GK	Günter Kehr		StK	Stefan Kunze
GKa	Georg Kandler		ThG	Thrasybulos G. Georgiades
GMa	Günther Massenkeil		UM	Ulrich Michels
GR	Georg Reichert		VR	Volker Rahlfs
GWı	Günther Wille		WB	Werner Braun
HA	Heinz Arnold		WBl	Walter Blankenburg
HaH	Hans Hickmann		WBr	Werner Breig
HB	Heinrich Besseler		WD	Werner Danckert
HBe	Hermann Beck		WG	Walter Gerstenberg
HF	Helmut Federhofer		WHR	Walter Howard Rubsamen
HGL	Hans-Gerhard Lichthorn		WıD	Wilfried Daenicke
HHa	Helmut Haack		WL	Werner Lottermoser
HHE	Hans Heinrich Eggebrecht		WoD	Wolfgang Dömling
HHS	Hans Heinz Stuckenschmidt		WoS	Wolfgang Schmieder

Benutzte neuere Nachschlagewerke

W. Apel, Harvard Dictionary of Music, Cambridge (Mass.) [15]1964. – Bibliographie des Musikschrifttums, herausgegeben von W. Schmieder, Frankfurt am Main 1950ff. – M. Brenet, Diccionario de la música, übersetzt und bearbeitet von J. Barberá Humbert, J. Ricart Matas und A. Capmany, Barcelona (1946). – H. M. Brown, Instrumental Music Printed Before 1600, A Bibliography, Cambridge (Mass.) 1965. – Diccionario de la música Labor, herausgegeben von J. Pena und H. Anglès, 2 Bände, Barcelona 1954. – Dictionnaire d'Archéologie Chrétienne et de Liturgie, herausgegeben von F. Cabrol OSB und H. Leclercq OSB, 15 Bände, Paris 1924–53. – R. Eitner, Biographisch-bibliographisches Quellen-Lexikon, Nachdruck in 11 Bänden, Wiesbaden und Graz 1959–60. – Enciclopedia della musica, herausgegeben von Cl. Sartori und R. Allorto, 4 Bände, (Mailand 1963–64). – Enciclopedia dello spettacolo, herausgegeben von S. D'Amico, 9 Bände, Rom (1954–62), Aggiornamento 1955–65, Rom (1966). – Encyclopédie de la musique, herausgegeben von Fr. Michel, 3 Bände, Paris (1958–61). – Grove's Dictionary of Music and Musicians, herausgegeben von E. Blom, 9 Bände, London [5]1954, Supplement 1961. – Handbuch der Liturgiewissenschaft, herausgegeben von A.-G. Martimort, Deutsche Übersetzung vom Liturgischen Institut Trier, 2 Bände, Freiburg im Breisgau (1963–65). – G. Kinsky, Musikhistorisches Museum von W. Heyer in Cöln, Katalog I–II, Köln 1910–12. – J. Kunst, Ethnomusicology, Den Haag [3]1959. – Larousse de la musique, herausgegeben von N. Dufourcq, 2 Bände, Paris (1957). – Leiturgia, Handbuch des evangelischen Gottesdienstes, herausgegeben von K. F. Müller und W. Blankenburg, Kassel 1954ff. – H. Leuchtmann und Ph. Schick, Langenscheidts Fachwörterbuch Musik, Englisch-Deutsch, Deutsch-Englisch, Berlin und München 1964. – Lexikon für Theologie und Kirche, herausgegeben von J. Höfer und K. Rahner SJ, 10 Bände, Freiburg im Breisgau [2]1957–65, dazu Ergänzungsband: Das Zweite Vatikanische Konzil I, 1966, und Registerband 1967. – A. Loewenberg, Annals of Opera. 1597–1940, 2 Bände, Genf ([2]1955). – H. J. Moser, Musiklexikon, 2 Bände, Hamburg [4]1955, Ergänzungsband A–Z 1963. – Die Musik in Geschichte und Gegenwart, herausgegeben von Fr. Blume, Kassel 1949ff. – Pauly's Realenzyclopaedie der classischen Altertumswissenschaft, Neue Bearbeitung herausgegeben von G. Wissowa, Stuttgart 1894ff. – Die Religion in Geschichte und Gegenwart, herausgegeben von K. Galling, 6 Bände, Tübingen [3]1957–62, dazu Registerband 1965. – Répertoire International des Sources Musicales, München und Duisburg 1960ff. – C. Sachs, Real-Lexikon der Musikinstrumente, neu herausgegeben von E. Winternitz, New York (1964). – P. A. Scholes, The Oxford Companion to Music, London [9]1955. – N. Slonimsky, Music Since 1900, New York [3]1949. – Sohlmanns Musiklexikon, herausgegeben von G. Morin, C.-A. Moberg und E. Sundström, 4 Bände, Stockholm (1948–51). – Tonkonsten, herausgegeben von N. Broman, J. Norrby und F. H. Törnblom, 2 Bände, Stockholm (1955-57).

Alphabetische Ordnung

Umlaute sind wie wirkliche Diphthonge behandelt: ä = ae, ö = oe, ü = ue. Alle übrigen Zusatzzeichen verändern die alphabetische Anordnung nicht (å, ø, á, ç, ḥ, ł usw. = a, o, a, c, h, l, auch ß = ss).

Abkürzungen und Siglen

Die Abkürzungen gelten jeweils für sämtliche Casus und Numeri sowie fremdsprachliche Formen des betreffenden Wortes

A.	Alt
Abb.	Abbildung
Abh.	Abhandlung
Abk.	Abkürzung
Abt.	Abteilung
Acad., Accad.	Academia, Accademia
ADB	Allgemeine Deutsche Biographie
Adler Hdb.	Handbuch der Musikgeschichte, herausgegeben von G. Adler, 2 Bände, Berlin (²1930)
Adlung Mus. mech. org.	J. Adlung, Musica mechanica organoedi, herausgegeben von J. L. Albrecht, 2 Bände, Berlin 1768
AfMf	Archiv für Musikforschung
AfMw	Archiv für Musikwissenschaft
ahd.	althochdeutsch
Akad.	Akademie
AM	Anuario Musical
AMl	Acta Musicologica
AMz	Allgemeine Musikzeitung
AmZ	Allgemeine musikalische Zeitung
Anh.	Anhang
Anm.	Anmerkung
Ann. Mus.	Annales Musicologiques
anon.	anonym
Ant., Anth.	Antologia, Anthologie
ApelN	W. Apel, Die Notation der Polyphonen Musik, 900–1600, Leipzig 1962
Arch.	Archiv
Ass.	Association
Ausg.	Ausgabe
ausgew., Ausw.	ausgewählt, Auswahl
B.	Baß
Bach Versuch	C. Ph. E. Bach, Versuch über die wahre Art das Clavier zu spielen, 2 Teile, Berlin 1753-62
Bar.	Bariton
B. c.	Basso continuo
Bd, Bde	Band, Bände
bearb., Bearb.	bearbeitet, Bearbeitung
Beitr.	Beitrag
Ber.	Bericht
Bibl.	Bibliothek
Bibliogr., bibliogr.	Bibliographie, bibliographisch
BIMG	Publikationen der Internationalen Musikgesellschaft, Beihefte
Biogr., biogr.	Biographie, biographisch
Bln	Berlin
Boll. Bibl. Mus.	Bollettino Bibliografico Musicale
BrossardD	S. de Brossard, Dictionaire de musique, Paris 1703
Bücken Hdb.	Handbuch der Musikwissenschaft, herausgegeben von E. Bücken, 10 Bände, Wildpark-Potsdam (1927-34)
Bull.	Bulletin
BUM	Bulletin de la Société Union Musicologique
BWV	W. Schmieder, Thematisch-systematisches Verzeichnis der musikalischen Werke von J. S. Bach, Leipzig 1950
BzAfMw	Beihefte zum Archiv für Musikwissenschaft
bzw.	beziehungsweise
C.	Cantus
Cap.	Capitel
Cat.	Catalog

Cemb.	Cembalo
Cent.	Century
C. f.	Cantus firmus
CFMA	Classiques français du moyen âge
CHM	Collectanea Historiae Musicae
Chw.	Das Chorwerk
CMM	Corpus Mensurabilis Musicae
Cod.	Codex
Coll. mus.	Collegium musicum
CS	Scriptorum de musica medii aevi novam seriem ... edidit E. de Coussemaker, 4 Bände, Paris 1864–76
CSM	Corpus Scriptorum de Musica
D	O. E. Deutsch, Schubert, Thematic Catalogue of All His Works, London (1951)
d.	der, die, das
Davison-Apel Anth.	Historical Anthology of Music, herausgegeben von A. Th. Davison und W. Apel, 2 Bände, Cambridge, Massachusetts, I ²1950, II 1950
DDT	Denkmäler Deutscher Tonkunst (Erste Folge)
Della Corte Scelta	A. Della Corte, Scelta di musiche, Mailand ³1949
ders., dies., dass.	derselbe, dieselbe, dasselbe
d. h.	das heißt
Diss.	Dissertation; wo nicht anders vermerkt = von der Philosophischen Fakultät einer Universität angenommene Inauguraldissertation
DMK	Deutsche Musikkultur
DMl	Documenta musicologica
DMT	Dansk Musiktidsskrift
DTB	Denkmäler Deutscher Tonkunst, Zweite Folge: Denkmäler der Tonkunst in Bayern
DTÖ	Denkmäler der Tonkunst in Österreich
DVjs.	Deutsche Vierteljahrsschrift für Literaturwissenschaft und Geistesgeschichte
ed., Ed.	edidit, Edition
EDM	Das Erbe Deutscher Musik
Einstein Beisp.	A. Einstein, Beispielsammlung zur Musikgeschichte, Leipzig und Berlin ⁴1930
EMS	The English Madrigal School, herausgegeben von E. H. Fellowes
engl.	englisch
ev.	evangelisch
Expert Maîtres	Les Maîtres musiciens de la renaissance française, herausgegeben von H. Expert
Expert Monuments	Monuments de la musique française au temps de la renaissance, herausgegeben von H. Expert
f., ff.	folgende
f., fol.	folio
f.	für
Fag.	Fagott
Faks.	Faksimile
Ffm.	Frankfurt am Main
Fl.	Flöte
frç., frz.	français, französisch
Fs.	Festschrift
GA	Gesamtausgabe
Gb.	Generalbaß
gegr.	gegründet
gem. Chor	gemischter Chor
Ges.	Gesellschaft
Gesch.	Geschichte
GMD	Generalmusikdirektor
griech.	griechisch
Grove	Grove's Dictionary of Music and Musicians, herausgegeben von E. Blom, 9 Bände, London ⁵1954, Supplement 1961
GS	Scriptores ecclesiastici de musica ..., herausgegeben von M. Gerbert OSB, 3 Bände, St. Blasien 1784
Guilmant-Pirro	Archives des Maîtres de l'Orgue, herausgegeben von A. Guilmant und A. Pirro
H.	Heft
Habil.-Schrift	Habilitations-Schrift
Hbg	Hamburg
Hdb.	Handbuch
Hist., hist.	Historia, historisch
hl.	heilig
HM	Hortus Musicus

Hob.	A. van Hoboken, J. Haydn, Thematisch-bibliographisches Werkverzeichnis I, Instrumentalwerke, Mainz (1957)
hrsg.	herausgegeben
Hs., Hss., hs.	Handschrift, Handschriften, handschriftlich
IGNM	Internationale Gesellschaft für Neue Musik
Inst.	Institut
Instr., instr.	Instrument, instrumental
ISCM	International Society for Contemporary Music
ital.	italienisch
JAMS	Journal of the American Musicological Society
JASA	Journal of the Acoustical Society of America
Jb.	Jahrbuch
JbP	Jahrbuch der Musikbibliothek Peters
Jg.	Jahrgang
Jh.	Jahrhundert
Kap.	Kapitel
Kat.	Katalog
kath.	katholisch
Kb.	Kontrabaß
Kgr.-Ber.	Kongreß-Bericht
Kl.	Klavier
Kl.-A.	Klavier-Auszug
Klar.	Klarinette
klass.	klassisch
KmJb	Kirchenmusikalisches Jahrbuch
KochL	H. Chr. Koch, Musikalisches Lexikon, Frankfurt am Main 1802
Kod.	Kodex
K.-V.	L. Ritter von Köchel, Chronologisch-thematisches Verzeichnis sämtlicher Tonwerke W. A. Mozarts, bearbeitet von A. Einstein, Leipzig ³1937
lat.	lateinisch
LD	Das Erbe Deutscher Musik, Zweite Reihe: Landschaftsdenkmale
Lit.	Literatur
Lpz.	Leipzig
MA, ma.	Mittelalter, mittelalterlich
MAB	Musica Antiqua Bohemica
Maldéghem Trésor	Trésor musical, herausgegeben von R. J. Van Maldéghem
maschr.	maschinenschriftlich
Mattheson Capellm.	J. Mattheson, Der Vollkommene Capellmeister, Hamburg 1739
MD	Musica Disciplina
Mf	Die Musikforschung
MfM	Monatshefte für Musikgeschichte
Mg., mg.	Musikgeschichte, musikgeschichtlich
MGG	Die Musik in Geschichte und Gegenwart, herausgegeben von Fr. Blume, Kassel und Basel seit 1949
MGkK	Monatsschrift für Gottesdienst und kirchliche Kunst
mhd.	mittelhochdeutsch
Migne Patr. gr.	Patrologiae cursus completus, series graeca, herausgegeben von J. P. Migne
Migne Patr. lat.	Patrologiae cursus completus, series latina, herausgegeben von J. P. Migne
Mitt.	Mitteilung
Mk	Die Musik
ML	Music & Letters
MMBelg	Monumenta Musicae Belgicae
MMD	Musikalische Denkmäler, herausgegeben von der Akademie der Wissenschaften und der Literatur in Mainz
MMEsp	Monumentos de la Música Española
MMMLF	Monuments of Music and Music Literature in Facsimile
MMR	The Monthly Musical Record
Mozart Versuch	L. Mozart, Versuch einer gründlichen Violinschule, Augsburg 1756
MQ	The Musical Quarterly
MR	Music Review
Ms., Mss.	Manuskript, Manuskripte
MSD	Musicological Studies and Documents
MuK	Musik und Kirche
mus.	musikalisch
Mus. Brit.	Musica Britannica
Mw., mw.	Musikwissenschaft, musikwissenschaftlich

NA	Neuausgabe
NDB	Neue Deutsche Biographie
N. F.	Neue Folge
nhd.	neuhochdeutsch
nld.	niederländisch
NMA	Nagels Musik-Archiv
Nr, Nrn	Nummer, Nummern
N. S.	Neue Serie
NY	New York
NZfM	Neue Zeitschrift für Musik
Ob.	Oboe
OCist	Ordo Cisterciensium
OESA	Ordo Eremitarum Sancti Augustini
OFM	Ordo Fratrum Minorum
o. J.	ohne Jahr
OMCap	Ordo Fratrum Minorum Capuccinorum
o. O.	ohne Ort
OP	Ordo Praedicatorum
op.	opus
Orch.	Orchester
Org.	Orgel
Organum	Organum, Ausgewählte ältere vokale und instrumentale Meisterwerke
OSA	Ordo Sancti Augustini
OSB	Ordo Sancti Benedicti
PäM	Publikationen älterer Musik
PAMS	Papers of the American Musicological Society
Pauly-Wissowa RE	Pauly's Realenzyclopaedie der classischen Altertumswissenschaft, Neue Bearbeitung von G. Wissowa
P–C	A. Pillet und H. Carstens, Bibliographie der Troubadours, = Schriften der Königsberger Gelehrten Gesellschaft, Sonderreihe Band III, Halle 1933
Pedrell Teatro	Teatro lírico español anterior al siglo XIX, herausgegeben von F. Pedrell
Pfte	Pianoforte
PGfM	Publikation Aelterer Praktischer und Theoretischer Musikwerke
Plur.	Plural
port.	portugiesisch
Pos.	Posaune
Praetorius Synt.	M. Praetorius, Syntagma musicum, 3 Bände, Wolfenbüttel 1614–19
Proc. Mus. Ass.	Proceedings of the Musical Association
Proc. R. Mus. Ass.	Proceedings of the Royal Musical Association
prov.	provenzalisch
P.-V.	M. Pincherle, A. Vivaldi et la musique instrumentale II, Inventaire thématique, Paris (1948)
Quantz Versuch	J. J. Quantz, Versuch einer Anweisung die Flöte traversiere zu spielen, Berlin 1752
R	G. Raynauds Bibliographie des altfranzösischen Liedes, neu bearbeitet ... von H. Spanke, = Musicologica I, Leiden (1955)
Rass. mus.	Rassegna musicale
RBM	Revue Belge de Musicologie
RD	Das Erbe Deutscher Musik, Erste Reihe: Reichsdenkmale
rde	rowohlts deutsche enzyklopädie
Rev.	Revue
Rev. de Musicol.	Revue de Musicologie
Riemann Beisp.	H. Riemann, Musikgeschichte in Beispielen, Leipzig 1912
Riemann MTh	H. Riemann, Geschichte der Musiktheorie, Berlin (^{2}1921)
RISM	Répertoire International des Sources Musicales
RM	La Revue Musicale
RMI	Rivista Musicale Italiana
russ.	russisch
s.	saeculum
S.	Seite
S.	Sopran
Sachs Hdb.	C. Sachs, Handbuch der Musikinstrumentenkunde, = Kleine Handbücher der Musikgeschichte nach Gattungen XII, Leipzig ^{2}1930
SachsL	C. Sachs, Real-Lexikon der Musikinstrumente, neu herausgegeben von E. Winternitz, New York (1964)
Sb.	Sitzungsberichte; wo nicht anders vermerkt = Sitzungsberichte der philosophisch-historischen Klasse einer Akademie
Schering Beisp.	A. Schering, Geschichte der Musik in Beispielen, Leipzig 1931

SchillingE	Encyclopädie der gesammten musikalischen Wissenschaften, herausgegeben von G. Schilling, 6 Bände, Stuttgart ²1840, Supplement 1842
SCJ	Congregatio Sacerdotum a Sacro Corde Jesu
SIMG	Sammelbände der Internationalen Musikgesellschaft
Sing.	Singular
Singst.	Singstimme
SJ	Societas Jesu
SJbMw	Schweizerisches Jahrbuch für Musikwissenschaft
Slg, Slgen	Sammlung, Sammlungen
SMZ	Schweizerische Musikzeitung
s. o.	siehe oben
Soc.	Società
Sp.	Spalte
span.	spanisch
St., st.	Stimme, stimmig
staatl.	staatlich
STMf	Svensk Tidskrift för Musikforskning
StMw	Studien zur Musikwissenschaft
stor.	storico
s. u.	siehe unten
Suppl.	Supplement
s. v. w.	so viel wie
T.	Tenor
Tagliapietra Ant.	G. Tagliapietra, Antologia di musica antica e moderna per il pianoforte, 18 Bände, Mailand 1931–32
TH	Technische Hochschule
TMw	Tijdschrift voor Muziekwetenschap
Torchi	L'arte musicale in Italia, herausgegeben von L. Torchi
Trp.	Trompete
TVer	Tijdschrift der Vereeniging vor Nederlandse Muziekgeschiedenis
u., u. a.	und, und andere, unter anderem
Übers.	Übersetzung
Univ.	Universität
u. ö., usf.	und öfter, und so fort
usw.	und so weiter
V.	Violine
v.	von
v.	vox
Va	Viola
Vc.	Violoncello
Ver.	Verein
Veröff.	Veröffentlichung
Verz.	Verzeichnis
VfMw	Vierteljahrsschrift für Musikwissenschaft
vgl.	vergleiche
Vorw.	Vorwort
WaltherL	J. G. Walther, Musicalisches Lexicon, Leipzig 1732
Wiss., wiss.	Wissenschaft, wissenschaftlich
WolfN	J. Wolf, Handbuch der Notationskunde, 2 Bände, = Kleine Handbücher der Musikgeschichte nach Gattungen VIII, 1–2, Leipzig 1913–19
WoO	Werk ohne Opuszahl
z. B.	zum Beispiel
ZfIb	Zeitschrift für Instrumentenbau
ZfM	Zeitschrift für Musik
ZfMw	Zeitschrift für Musikwissenschaft
ZIMG	Zeitschrift der Internationalen Musikgesellschaft
Zs., Zss.	Zeitschrift, Zeitschriften
→	Hinweis auf ein Stichwort des Lexikons; weitere Einzelheiten unter dem bezeichneten Stichwort (eine beigefügte Zahl weist auf Unterteilung des Artikels hin).

Aussprachebezeichnungen

aus dem System der Association phonétique internationale

æ	ganz offenes e bzw. ä, wie englisch cat
c	stimmloses z, wie deutsch Zahl
ç	vorderer Reibelaut, wie deutsch ich
x	Kehllaut, wie deutsch ach
e	geschlossenes e, wie deutsch Beet
ɛ	offenes e, wie deutsch Bett, lang wie deutsch Bär
ə	unbetontes kurzes e (Murmelvokal), wie deutsch Gelage
ɨ	wie kurzes ü mit i-Färbung
ʎ	verschleiftes lj, wie italienisch battaglia
ɲ	verschleiftes nj, wie französisch agneau
ŋ	nasaliertes ng, wie deutsch lang
ɔ	offenes o, wie deutsch Spott
o	geschlossenes o, wie deutsch Hohn
œ	offenes ö, wie deutsch Spötter
ʌ	offenes ö mit a-Färbung, wie englisch cut
ø	geschlossenes ö, wie deutsch höhnen
ɹ	stimmhaft, im Unterschied zum deutschen r kein Reibelaut, wie englisch bread
s	stimmloses s, wie deutsch essen
z	stimmhaftes s, wie deutsch Rasen
ʃ	stimmloses sch, wie deutsch Schale
ʒ	stimmhaftes sch, wie französisch garage
θ	stimmloser Lispellaut, wie englisch thin
ð	stimmhafter Lispellaut, wie englisch then
ʉ	u mit ü-Färbung, wie schwedisch hus
v	schwach stimmhaftes w, wie deutsch warten
w	stark stimmhaftes w, wie englisch wait
ṷ	ganz stimmhaftes w, ähnlich einem ganz offenen u, wie polnisch złoto

Hilfszeichen:

′a	betonter Vokal
a:	langer Vokal
ã	nasalierter Vokal
ĭ, ŭ	Halbvokale

(Konsonanten werden nur doppelt geschrieben, wo zwei Laute gesprochen werden, wie deutsch Rebberg.)

A

A, – 1) Ton-Name: In der lateinischen → Buchstaben-Tonschrift begann die Reihe meist mit A, das im System der Kirchentöne Confinalis des Dorischen ist. Glarean (1547) fügte auf A den Aeolius hinzu. Seit Zarlino (1571) ist der Ionius auf C primo modo; dadurch rückte der Anfangsbuchstabe des Alphabets an die 6. Stelle (C D E F G A H). Bei den romanischen Völkern hat die Solmisationssilbe La den Buchstaben verdrängt. Die Erniedrigung um einen Halbton heißt As (engl. A flat; frz. la bémol; ital. la bemolle), um 2 Halbtöne Asas (engl. A double flat; frz. la double bémol; ital. la doppio bemolle), die Erhöhung um einen Halbton Ais (engl. A sharp; frz. la dièse; ital. la diesis), um 2 Halbtöne Aisis (engl. A double sharp; frz. la double dièse; ital. la doppio diesis). – 2) Stimmton: Im allgemeinen wird nach dem eingestrichenen A (a^1) eingestimmt; doch gibt es auch Stimmgabeln, die statt des Kammertons a^1 das a^2 oder (wie früher in England) c^2 angeben. – 3) Seit Anfang des 19. Jh. werden in theoretischen Werken Akkorde mit → Buchstaben-Tonschrift bezeichnet (A bedeutet den A dur-Dreiklang, a den A moll-Dreiklang); im → Klangschlüssel treten Zusatzzeichen hinzu. Der Brauch, eine Tonart nur durch ihren Grundton zu bezeichnen, wurde im 19. Jh. entsprechend den Akkordbezeichnungen so ausgelegt, daß A für A dur, a für A moll stand. Doch wäre es heute irreführend, den Zusatz dur oder moll bei einer Tonartbezeichnung auszulassen, da ein Titel wie »Serenade in A« (Strawinsky) erweiterte Tonalität mit Terzfreiheit meint. Bis um 1800 wurde auch A♯ für A dur, A oder a für A moll gebraucht. – 4) Abk. für Altus oder Antiphon.

Aachen.
Lit.: A. v. REUMONT, A.er Liederchronik, A. 1873; W. LÜDERS, Die Hofkapelle d. Karolinger, Arch. f. Urkundenforschung II, 1909; O. GATZWEILER OFM, Die liturgischen Hss. d. A.er Münsterstifts, = Liturgiegeschichtliche Quellen u. Forschungen X, Münster i. W. 1926; Beitr. zur Mg. d. Stadt A., hrsg. v. C. M. BRAND u. K. G. FELLERER, = Beitr. zur rheinischen Mg. VI, Köln u. Krefeld 1954; H. FREISTEDT, Introituspsalmodie in A.er Hss. d. ausgehenden MA, in: Studien zur Mg. d. Rheinlandes, = Beitr. zur rheinischen Mg. XX, Köln 1956; Le prosaire d'Aix-la-Chapelle, hrsg. v. R.-J. HESBERT OSB, = Monumenta Musicae Sacrae III, Rouen 1961.

a battuta (ital.) → Battuta.

Abblasen bedeutet vom Turm *abeblasen, herabblasen* (*e turri tibiis canere,* WaltherL) zu bestimmten Stunden und Anlässen, später auch Turmblasen genannt. Es gehörte – wie auch das → Anblasen – zu den Obliegenheiten (*dinst uffm Thorme*) des Türmers oder Hausmanns (für Halle um 1550: *soll er alwege wie vor alters, auff zwene orthe oder gegent blasen,* Serauky, S. 312), später zu den Pflichten der → Stadtpfeifer und Ratsmusiker, so für Halle 1571: *Des Mittages umb 11 Ohr, des Abendts umb 7, und frue Morgens umb drei schlege sollen sie wie von alters her alzeit Breuchlich gewest ..., desgleichen alle Sonnabend nachmittage umb ein Ohre uffm Rathause sein und alle vier daselbst vom gange herab blasen* (Serauky, S. 282). Das A. diente zur Probe der Wachsamkeit und Verkündung der Stunden, ferner zu *beßrer Zierde der Stadt bey denen Frembden* (Zeitz 1701, bei Werner S. 51) und zur Erweckung christlicher Andacht. Denn *wenn unsere Stadt-Pfeiffer etwa zur Fest-Zeit ein geistliches Lied mit lauter Trombonen vom Thurme blasen, so werden wir über alle massen darüber beweget, und bilden uns ein, als hören wir die Engel singen* (J. Kuhnau 1700). Von den Türmen der Stadttore, der Plattform des Kirchen-, Rathaus- oder Schloßturmes (»Bläserturm« des Stiftes St. Florian, »Schmetterhaus« am Stadtturm in Troppau) bliesen die Musiker Fanfaren und Signale, Choralsätze und »Abblase-Stückgen« (Tanzsätze, Sonaten, »Turmsonaten«) *in ihre pfeifen, krumhörner, zincken oder schalmeien* (so laut Bestimmungen für Trier 1593/94), *mit Posaunen und Zincken ... Cornetten und Trombonen* (so für Leipzig 1670 und 1694), wofür seit Mitte des 16. Jh. eigenständige → Turmmusik überliefert ist. Ununterbrochene Tradition des A.s bestand teilweise bis ins 19. Jh. So verpflichteten sich die Musiker von Zeitz 1836, *das bisher übliche Abblasen vom Rathaus wöchentlich und bei besonderen Festen unentgeltlich zu verrichten* (Werner, S. 53). In neuerer Zeit erfuhr das Turmblasen eine Wiederbelebung und wird auch heute noch mancherorts von Posaunenchören namentlich als Weihnachts- und Neujahrsblasen gepflegt.

Lit.: J. KUHNAU, Der Mus. Quack-Salber, Dresden 1700, hrsg. v. K. Benndorf, = Deutsche Literaturdenkmale, N. F. XXXIII–XXXVIII, Bln 1900, S. 210; R. KADE, Die Leipziger Stadtpfeifer, MfM XXI, 1889; H. J. MOSER, Die Musikergenossenschaften im deutschen MA, Diss. Rostock 1910; DERS., Zur ma. Mg. d. Stadt Cöln, AfMw I, 1918/19; DERS., Tönende Volksaltertümer, Bln (1935); A. ABER, Die Pflege d. Musik unter d. Wettinern u. wettinischen Ernestinern, = Veröff. d. Fürstlichen Inst. f. mw. Forschung zu Bückeburg IV, 1, Bückeburg u. Lpz. 1921, S. 57 u. 150; A. WERNER, Städtische u. fürstliche Musikpflege in Zeitz bis zum Anfang d. 19. Jh., ebenda IV, 2, 1922; A. SCHERING, Mg. Lpz. II, Lpz. 1926, S. 271ff. u. III, Lpz. 1941, S. 153; W. SERAUKY, Mg. d. Stadt Halle I, = Beitr. zur Musikforschung I, Halle u. Bln 1935, S. 280ff., 310ff.; H. FEDERHOFER, Die Stadttürmermeister v. Leoben, Blätter f. Heimatkunde XXIII, 1949.

Abbreviaturen (Abkürzungen) gibt es sowohl für die Notenschrift selbst als auch für die beigefügten Vortrags- und Instrumentenbezeichnungen. Die gebräuchlichsten A. der Notenschrift sind: – 1) die Wiederholungszeichen (→ Reprise, → da capo, → dal segno, → primo) anstelle des nochmaligen Ausschreibens einer Anzahl Takte oder eines ganzen Formteils; auch wird statt dessen (besonders in Manuskripten) bei sofortiger Wiederholung eines einzelnen Taktes oder weniger Takte die Bezeichnung bis oder due volte (zweimal) angewandt. – 2) die Wiederholung einer

Abbreviaturen

Gruppe von mehreren Takten oder eines früheren Formabschnittes durch come sopra oder durch Taktbezifferung, wobei die zu wiederholenden Takte mit Zahlzeichen oder Buchstaben versehen sind und anstelle ihrer Wiederkehr nur die betreffenden Zeichen in oder über den leeren Takten stehen. – 3) das Zeichen für die Wiederholung desselben Taktes:

das auch für die Wiederholung eines halben Taktes oder auch nur für eine einzelne Figur verwendet wird:

das Zeichen für die Wiederholung eines Doppeltaktes:

Anstelle dieser (älteren) Zeichen für ein- oder mehrtaktige Wiederholungen wird heute im allgemeinen folgendes Zeichen (scherzhaft »Faulenzer« genannt) verwandt:

– 4) das Zeichen für die Tonrepetition (Aufteilung eines größeren Notenwertes in eine Trommelfigur), wobei die Abbreviatur anzeigt, in welche Notengattung die längeren Noten aufgelöst werden:

usw.
– 5) die Zeichen für den fortgesetzten Wechsel verschiedener Töne (tremolando). Die Anzahl der beide Noten miteinander verbindenden Querbalken bezeichnet die Notengattung, in der die Ausführung erfolgen soll (→ Brillenbässe):

– 6) Besonders in älterer Musik wurde die Fortsetzung einer Form der Akkordbrechung durch die Beischrift segue (oder simile), auch → Arpeggio verlangt:

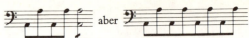

gelesen, auch wenn kein segue oder simile dabeisteht. Die aus repetierten Einzeltönen und tremolando kombinierten Figuren werden abbreviiert:

– 7) Für das Glissando werden nur Anfangs- und Zielton notiert und die Zwischentöne durch einen Strich ersetzt:

– 8) In ähnlicher Weise wird die Fortsetzung einer Passage oder Figuration durch A. bezeichnet:

– 9) das Oktavzeichen zur Vermeidung vieler Hilfslinien für sehr hohe oder sehr tiefe Noten:

Seltener ist 16ma (alta oder bassa; heute auch, richtiger, 15 üblich) für die Versetzung um zwei Oktaven. Die Bezeichnung c. 8va ... (über oder unter einzelnen Noten auch bloß 8) bedeutet con (coll')ottava oder con ottava bassa, anstatt ausgeschriebener Oktaven. – 10) In Partituren (besonders handschriftlichen) erspart man das Ausschreiben gekoppelter Stimmen durch Anweisungen wie: flauto col violino in 8va; fagotto col basso (»mit dem Baß«, d. h. dieselben Noten wie dieser), Oboe IIdo col Imo usw. Ähnlich wurde früher in der Klaviermusik bei in Oktaven parallel geführten Passagen nur der Part der einen Hand ausgeschrieben und der der anderen, nachdem durch wenige Noten die Entfernung der Hände voneinander festgestellt war, mit (all')unisono bezeichnet.

In Orchester- oder Chorstimmen wird eine längere Folge von → Pausen durch besondere Pausenzeichen mit Zahlenangabe der pausierenden Takte zusammengefaßt. Die → Zeichen für Verzierungen sind nur zum Teil A.
Die wichtigsten Wort-A. sind:

abb.	= abbassamento (ital.), Sinkenlassen (der Stimme)
Acc., acc.	= Accompagnamento, Accompagnato (ital.); Accompagnement, accompagné (frz.), → Begleitung
accel.	→ accelerando
Accomp.	= Accompagnato, → Begleitung

Ad°	→ Adagio		S.	→ Segno
ad lib., ad libit.	→ ad libitum		seg.	→ segue
			sf	→ sforzato
All°	→ Allegro		sfp	= sforzato piano, → sforzato
All^tto	→ Allegretto		sfz	→ sforzato
And.	→ Andante		smorz.	→ smorzando (ital.), ersterbend
And^ino	→ Andantino		sord.	= con → sordino
arc.	= coll'arco, → arco		sost.	→ sostenuto
arp.	→ arpeggio		spicc.	→ spiccato
a t.	→ a tempo		stacc.	→ staccato
B. c.	→ Basso continuo		string.	→ stringendo
c	= con, col (ital.), mit		ten.	→ tenuto
Cad.	= Cadenza, → Kadenz		tr, tr⁓	→ Triller
C. f.	→ Cantus firmus		trem.	→ tremolo, tremolando
conc.	→ concertato, concertant		T. S.	→ Tasto solo
Cont.	= Continuo, → Basso continuo		unis.	→ unisono
cont.	→ contano		v. s.	= 1) → volti subito; 2) vide sequens (lat.), siehe das Folgende
cres., cresc.	→ crescendo			
Dal S.	→ dal segno			
D. C.	→ da capo			
decresc.	→ decrescendo			
dim., dimin.	→ diminuendo			
div.	→ divisi			
dol.	→ dolce			
espr.	→ espressivo			
f, ff, fff	→ forte, fortissimo, forte fortissimo			
ffz	= forzatissimo, → sforzato			
fp	= fortepiano, → forte			
fz	= forzato, → sforzato			
gliss.	→ glissando			
G. O.	→ Grand Orgue			
G. P.	→ Generalpause			
l. H.	= linke Hand			
m	= 1) meno (ital.), weniger; 2) mezzo (ital.), halb			
marc.	→ marcato			
m. d.	= mano destra (ital.), main droite (frz.), rechte Hand			
m. g.	= main gauche (frz.), linke Hand			
mf	= mezzoforte, → forte			
M. M.	→ Metronom Mälzel			
mod.	→ moderato			
mp	= mezzopiano, → piano			
m. s.	= mano sinistra (ital.), linke Hand			
m. v.	→ mezza voce			
obl.	→ obligat, obligato (ital.), obligé (frz.)			
op. (posth.)	→ Opus (post(h)umum)			
p	= 1) più (ital.), mehr; 2) poco (ital.), wenig			
p, pp, ppp	→ piano, pianissimo, pianissimo piano			
pass.	= passionato (ital.), passionné (frz.), → appassionato			
Ped.	→ Pedal			
pf	= 1) poco forte, → forte, → piano; 2) più forte			
princ.	→ principale			
rall.	→ rallentando			
rf, rfz	→ rinforzando			
r. H.	= rechte Hand			
rinf.	→ rinforzando			
rip.	→ ripieno			
rit.	→ ritardando, ritenuto			

Lit.: L. FARRENC, Traité des abréviations, Paris 1897; WOLFN.

Abendmusik hieß im 17. und 18. Jh. der Zyklus öffentlicher Konzerte, den die Organisten der Lübecker Marienkirche regelmäßig an den beiden letzten Trinitatis-Sonntagen und dem 2. bis 4. Adventssonntag im Anschluß an den Nachmittagsgottesdienst veranstalteten sowie die an diesen 5 Sonntagen aufgeführte zusammenhängende, oratorienartige Komposition. Sowohl für die Geschichte des Konzertwesens als auch für die des Oratoriums kommt der A. besondere Bedeutung zu. Ihren Ursprung soll die A. in Orgelkonzerten haben, die die Lübecker Organisten vor Eröffnung der auf dem offenen Markt gehaltenen Börse veranstalteten. Schon Tunder (Marienorganist 1641–67) hat für sein »Abendspielen« Hilfskräfte herangezogen. Buxtehude gab während seiner Amtszeit (1668–1707) der A. ihre endgültige Form und begründete ihren Ruhm. Eintrittsgeld wurde nicht erhoben. Der Organist versandte die gedruckten Textbücher und erhielt dafür freiwillige Spenden. Einen festen Betrag stellte die Kaufmannschaft zur Verfügung. In Ausnahmefällen kam auch die Kirche für besondere Unkosten auf. Für die A. standen dem Organisten der Schulchor, die Ratsmusiker und die Instrumentisten der sogenannten Köstenbrüderschaft zur Verfügung; wenn nötig, wurden Gesangssolisten aus Hamburg und Kiel verpflichtet. Damit war die A. weitaus reicher besetzt als die sonn- und festtägliche Figuralmusik des Kantors. Buxtehude hat noch nicht immer eine zusammenhängende, sich über die 5 Sonntage erstreckende A. aufgeführt, wie es unter den Amtsnachfolgern Schieferdecker, J. P. und A. C. Kunzen und v. Königslöw zur Regel wurde, sondern gelegentlich auch gemischte Programme mit Kantaten und Chören geboten. Ob es sich bei dem anonym und ohne Titel in Uppsala aufgefundenen, Buxtehude zugeschriebenen sogenannten »Jüngsten Gericht« um eine Lübecker A. handelt, ist neuerdings umstritten. Von diesem Werk abgesehen, haben sich von den A.en Buxtehudes nur wenige Textbücher erhalten (1678 und 1700), ferner von zwei als »extraordinäre A.« bezeichneten Gelegenheitskompositionen, die zwar an Wochentagen aufgeführt wurden, aber in Aufbau und Besetzung den A.en gleichzustellen sind; die Titel zweier fünfteiliger oratorischer Werke Buxtehudes finden sich 1684 in Meßkatalogen unter den Druckankündigungen. Unter seinen Nachfolgern wurden die Stoffe meist dem Alten Testament entnommen und häufig, aber nicht immer, zum Leben oder zur Ankunft Christi in Beziehung gesetzt. Die A. wurde stets vom Organisten selbst komponiert; erst seit 1789 kamen gelegentlich auch Werke anderer Komponisten zur Aufführung. Seit 1752 wurde Interessenten auch der Besuch der Generalproben gegen Eintrittsgeld gestattet. 1789 wurde die A. zum letzten Mal in der Kirche aufgeführt; 1810 endeten auch die Aufführungen im Konzertsaal. Partituren von A.en waren erst aus der 2. Hälfte des 18. Jh. überliefert; sie sind seit 1945 verschollen.

Lit.: C. STIEHL, Die Organisten an d. St. Marienkirche u. d. A. in Lübeck, Lpz. 1886; A. SCHERING, Gesch. d. Oratoriums, = Kleine Hdb. d. Mg. nach Gattungen III, Lpz. 1911; W. STAHL, Fr. Tunder u. D. Buxtehude, Lpz. 1926; DERS., Die Lübecker A. im 17. u. 18. Jh., Lübeck 1937; O. SÖHNGEN, Die Lübecker A. als kirchengeschichtliches u. theologisches Problem, MuK XXVII, 1957; G. KARSTÄDT, Die »Extraordinären« A. D. Buxtehudes, Lübeck 1962. MR

a bene placito (a b′ε:ne pl′a:tʃito, ital.), nach Belieben, frei im Vortrag; → ad libitum.

Abgesang → Bar.

Åbo → Turku.

Abruptio (lat., das Abreißen), in der Kompositionslehre des 17. und 18. Jh. eine musikalische Figur ohne rhetorisches Vorbild dieses Namens. Ihr allgemeines Merkmal ist das unerwartete Abbrechen oder Zerreißen des musikalischen Kontextes, besonders statt des Eintretens einer Auflösung. Im Stilus recitativus ist die A. nach Bernhard (um 1650) und J. G. Walther (1732) gegeben, wenn die Singstimme in der Quarte endet (ohne Auflösung in die Terz) und der Baß die Kadenz allein zu Ende führt:

oder (nach Bernhard) wenn statt eines Verlängerungspunktes eine Pause gesetzt wird:

Koch (1802) beschreibt sie als Abbrechen des Satzes an ungewöhnlichem Ort, z. B. wenn nach Subdominante und Dominante eine Generalpause folgt, ehe die Tonika erscheint. Die A. ist verwandt mit der → Ellipsis.

Absetzen, Terminus des 16.–18. Jh. für die Übertragung eines Vokalstückes in die → Tabulatur eines Soloinstruments.

Absolute Musik meint reine Musik, losgelöst von Bedingungen, die außerhalb ihrer selbst liegen, namentlich von Verbindungen zu anderen Künsten, nämlich frei von der Absicht, Sprachformen und -inhalte zum Erklingen zu bringen, Begriffliches und Gegenständliches nachzuahmen, zu malen oder abzubilden, Affekte oder Gefühle darzustellen oder auszudrücken, dabei zugleich frei von Rücksichten auf Zeit, Ort und Gelegenheit, – Musik also, die sich selbst das Gesetz gibt, und deren Existenz und Aussage in solcher Autonomie des musikalischen Formens und Fügens gründet. – Wohl erstmalig in bezug auf Musik begegnet der Ausdruck »absolut«, – der im Deutschen Idealismus neben dessen Begriff des Absolut-Schönen so noch nicht hätte gedacht werden können –, bei Hanslick (1854; S. 20): nur die Instrumentalmusik sei *reine, absolute Tonkunst* im Sinne jenes spezifisch Musikalisch-Schönen, *das einzig in den Tönen und ihrer künstlerischen Verbindung liegt.* Doch kündigt sich diese Vorstellung seit Ende des 18. Jh. in zunehmendem Maße an, zunächst namentlich bei Herder (1769; S. 122, und 1800; S. 185f.), der die Musik eine *eigenmächtige Kunst* nennt, die sich *ohne Worte, blos durch und an sich . . . zur Kunst ihrer Art gebildet* habe. Deutlich läßt Tieck (1799, I, S. 305) die zentrale Geltung der Instrumentalmusik aufscheinen: in ihr sei *die Kunst unabhängig und frei, sie schreibt sich nur selbst ihre Gesetze vor, sie phantasiert spielend und ohne Zweck.* Und in ausgesprochenem Bezug auf Beethoven als Höhepunkt einer Entwicklung identifiziert dann E. T. A. Hoffmann Musik als *selbständige Kunst* mit der Instrumentalmusik (der *romantischsten* aller Künste), *welche das eigentümliche, nur in ihr zu erkennende Wesen dieser Kunst rein ausspricht und deren Zauber . . . jede Fessel einer andern Kunst zerreißen mußte.* Musik als reine Kunst, – denn *der Musiker nimmt das Wesen seiner Kunst aus sich – auch nicht der leiseste Verdacht von Nachahmung kann ihn treffen* (Novalis 1799, S. 164) –, scheint das Paradigma gewesen zu sein für den Reinheitsanspruch anderer Künste, für *Erzählungen ohne Zusammenhang, jedoch mit Association, wie Träume, Gedichte, bloß wohlklingend und voll schöner Worte, aber auch ohne allen Sinn und Zusammenhang,* wie es Novalis (1799, II/1, S. 279) voraussah. Im Streben nach Absolutheit nicht nur in abstrakten »Kompositionen« der bildenden Künste, sondern auch in der Dichtung, in Erörterungen etwa über das »poem per se« (E. A. Poe 1850), die »poésie pure« (Mallarmé, um 1870; H. Bremond 1926) und das »absolute Gedicht« (G. Benn 1951) schwingt oft ein wesentlich musikalisches (und seiner Herkunft nach zugleich romantisches) Moment mit: *Der Lyriker wird zum Klangmagier* (Friedrich, S. 37).

Das Entstehen von Vorstellung und Begriff der A.n M. bezeichnet offensichtlich einen bestimmten Punkt in der Geschichte der Musik. Denn im Blick auf die ihren Gang charakterisierende Entstehung und Heranbildung der Mehrstimmigkeit, der Harmonik als eigenständigem Faktor und der Instrumentalmusik sowie unter Hinweis auf die Emanzipation der Musik zunächst aus dem Verband der Artes liberales und dann aus dem der Schönen Künste kann die Geschichte der Musik verstanden werden als Entfaltung der in ihrer Seinsart angelegten Eigenständigkeit und Instrumentalität, bis hin zu dem – mit Hoffmanns Worten – *tiefern, innigeren Erkennen des eigentümlichen Wesens der Musik* durch Haydn, Mozart und Beethoven, auf deren Instrumentalmusik sich der Begriff A. M. zunächst bezog. In abermaliger Steigerung solcher Reinheit und Freiheit – denn *frei ist die Tonkunst geboren und frei zu werden ihre Bestimmung* (so beschrieb dies 1907 Busoni) – erscheint die tonalitätsfreie Musik der Wiener Schule nach 1900 als »absolute Komposition«, insofern sich hier das musikalisch autonome Zustandekommen der Tonsetzungen in hohem Maße nun auch der begrifflichen Reflexion entzieht, so daß sich das kompositorische Denken als ein Instinkt versteht, d. h. sich nicht mehr in früherem Sinne theoretisch und regulativ, sondern als rein kompositorische Bewußtheit nur mehr durch den Akt der Tonsetzung selbst rechtfertigen kann: der Künstler folgt dem Willen *einer Macht in ihm, deren Gesetze er nicht kennt und ist der Ausführende eines ihm verborgenen Willens, des Instinkts, des Unbewußten in ihm* (Schönberg, Harmonielehre, S. 500).

Die kritischen Einwände gegen eine schlagwortartige Überspitzung des Begriffs A. M. richten sich sowohl gegen den Glauben, daß er einen »Fortschritt« der Musik bezeuge, und gegen die Tendenz abzuwerten, was ihm nicht entspricht, als auch gegen die Erweiterung seines historisch datierbaren Geltungsbereichs. Fragwürdig ist der Begriff A. M. überhaupt, soweit er auf der Annahme beruht, daß alles über »das freie Spiel mit der Form« Hinausgehende schon als außermusikalisch zu betrachten sei und daß Musik »sich selbst zum Inhalt setzen«, »sich selbst bedeuten« solle. Eine solche Auffassung, die Schönberg und Webern ebenso fremd war wie etwa Beethoven, unterschätzt die Vielschichtigkeit des Sinngefüges der Kunst im allgemeinen und der Musik im besonderen und verkennt, daß auch in der abstraktesten musikalischen Struktur, sofern es um Kunst sich handelt, etwas zur Sprache kommt, das an den Ästhetiker den Anspruch des Erkennens und Ansprechens stellt.

Lit.: J. G. HERDER, Viertes Kritisches Wäldchen (1769) u. Kalligone (1800), in d. GA seiner Werke, hrsg. v. B. Suphan, Bd. IV u. XXII, Bln 1878 u. 1880; L. TIECK, in: W. H. WACKENRODER, Werke u. Briefe, hrsg. v. F. v. der Leyen, 2 Bde, Jena 1910; NOVALIS, Fragmente (1799), Kritische NA v. E. Heilborn, 2 Teile, Bln 1901; E. T. A. HOFFMANN, Beethovens Instrumental-Musik (1814) u. Rezension v. Beethovens 5. Symphonie (1810), in: Dichtungen u. Schriften sowie Briefe u. Tagebücher, GA, 15 Bde, hrsg. v. W. Harich, Weimar 1924, Bd XII; H. G. NÄGELI, Vorlesungen über Musik, Stuttgart u. Tübingen 1826; G. W. FR. HEGEL, Vorlesungen über d. Aesthetik, Sämtliche Werke, Jubiläumsausg., 20 Bde, hrsg. v. H. Glockner, Stuttgart 1953, Bd XIV, S. 133 u. 211; E. HANSLICK, Vom Mus.-Schönen. Ein Beitr. zur Revision d. Aesthetik d. Tonkunst, 1. Aufl. Lpz. 1854; H. RIEMANN, Die Elemente d. mus. Ästhetik, Bln u. Stuttgart (1900), frz. Paris 1906, span. Madrid 1914; F. BUSONI, Entwurf einer neuen Ästhetik d. Tonkunst, Triest 1907, Lpz. ^{2}1916, Wiesbaden 1954; A. SCHÖNBERG, Harmonielehre, Wien 1911, ^{5}1960, engl. NY 1947; H. FRIEDRICH, Die Struktur d. modernen Lyrik. Von Baudelaire bis zur Gegenwart, = rde XXV, Hbg 1956. HHE

Absolutes Gehör heißt der unmittelbare Sinn und das darauf beruhende Dauergedächtnis für die Eigenart der Töne und Tonarten als solchen (die meist so genannte absolute Tonhöhe), d. h. das mehr oder minder sichere Erkennen des Einzeltones oder -akkordes ohne Anhaltspunkte (Vergleichstöne) und Hilfsmittel. Diese Fähigkeit ist am sichersten in der Mittellage des musikalischen Tonbereichs. Nicht immer damit verbunden ist die Fähigkeit der absoluten Intonation, auch werden nicht immer alle Instrumente gleich gut beurteilt. Bloß rezeptive Absoluthörer (ohne absolute Intonation) sind regelmäßig an wenige Instrumentalklangfarben gebunden. Das A. G. ist erbbedingt; es ist schon bei Kindern im 3. Lebensjahr beobachtet worden und entwickelt sich zu um so größerer Vollkommenheit, je früher es einsetzt. Es ist relativ selten und keineswegs allen guten Musikern eigen; z. B. Weber, Schumann, Wagner besaßen das A. G. nicht oder nur in unvollkommener Form (als absolutes Tonartengehör). Entwicklung und Leistung des A.n G.s werden durch die Schwankungen und Uneinheitlichkeit der Stimmung der Instrumente beeinträchtigt. Orchestermusiker und Sänger sind durch Übung häufig in der Lage, einen bestimmten Ton, aber nicht alle, absolut zu erkennen. Dieses Standardtongehör ist im Gegensatz zum A.n G. weitgehend lernbar. Es gibt drei Typen des A.n G.s mit mehreren Untertypen: linear, vorwiegend an der Helligkeit und Höhe der Töne orientiert, daher zur Halbtonverwechslung neigend; polar oder zyklisch, vorwiegend an der → Tonigkeit orientiert, zur Verwechslung im Quint- und Quartverhältnis neigend; farbig, ganz oder teilweise an Photismen, d. h. am → Farbenhören orientiert. Der 3. Typ findet sich besonders bei Erblindeten. Da das A. G. selten ist, kann es keine unerläßliche Voraussetzung für hohe musikalische → Begabung sein, ist aber in der Regel ein Symptom dafür; ausgesprochen unmusikalische Absoluthörer gibt es nicht. Allerdings kann das A. G. der musikalischen Praxis gewisse Hindernisse bereiten, nämlich das Transponieren erschweren oder auch den Träger dazu verleiten, sein → Relatives Gehör nicht zu bilden, das für alle Musikübung entscheidend ist. Andererseits gewährleistet das A. G. ein leichteres Erkennen der Modulationen, der genauen Stimmung und Intonation, des Absinkens der Stimmung usw. und wird deshalb z. B. von Dirigenten mit Recht geschätzt.

Lit.: O. ABRAHAM, Das absolute Tonbewußtsein, SIMG III, 1901/02 u. VIII, 1906/07; F. AUERBACH, Das absolute Tonbewußtsein, SIMG VIII, 1906/07; H. RIEMANN, Tonhöhenbewußtsein u. Intervallurteil, ZIMG XIII, 1911/12; G. RÉVÉSZ, Über d. beiden Arten d. a. G., ZIMG XIV, 1912/13; DERS., Einführung in d. Musikpsychologie, Bern 1946; J. KOBELT, Das Dauer-Gedächtnis f. absolute Tonhöhen, AfMw II, 1919/20; L. WEINERT, Untersuchungen über d. a. G., Arch. f. d. gesamte Psychologie LXXIII, 1929; H. HEIN, Neues über d. a. G., ZfMw XII, 1929/30; A. WELLEK, Das A. G. u. seine Typen, = Zs. f. angewandte Psychologie u. Charakterkunde, Beih. LXXXIII, Lpz. 1938, Ffm. ^{2}1966; DERS., Musikpsychologie u. Musikästhetik, Ffm. 1963; D. M. NEU, A Critical Review of the Lit. on »absolute pitch«, Psychological Bull. XLIV, 1947. AW

Absorption (von lat. absorbere, verschlucken) wird die Umwandlung von Strahlungsenergie in andere Energieformen genannt. Bei Schall-A. handelt es sich im wesentlichen um die Umwandlung von Schallenergie in Wärme durch Reibung. Die bei der Schallausbreitung zu beobachtende Abnahme der Schallintensität durch Energie-Umwandlung im Medium der Ausbreitung (Luft) ist verhältnismäßig klein; die A. an den Begrenzungsflächen läßt sich aus dem Verhältnis der reflektierten zur einfallenden Schallenergie errechnen.

Lit.: L. CREMER, Die wiss. Grundlagen d. Raumakustik I u. II, Stuttgart 1948–61, III, Lpz. 1950; E. SKUDRZYK, Die Grundlagen d. Akustik, Wien 1954.

Abstrich ⊓, Aufstrich V (frz. tirez, poussez; engl. downstroke, upstroke; ital. in giù, in su) bezeichnen beim Streichinstrumentenspiel die Richtung, in der die Bogenbewegung erfolgt. Sie verläuft beim A. vom Frosch zur Spitze, beim Aufstrich umgekehrt. Bei Bogenführung mit Untergriff (Viola da gamba) werden betonte Töne mit dem Aufstrich gespielt. Bei den modernen Streichinstrumenten mit Obergriffhaltung ist der A. gewichtiger; mit ihm werden auch Akkorde gespielt. Der Aufstrich hingegen eignet sich besonders zur Ausführung der Stricharten → staccato, → portato u. a.

Abzug, – 1) im 16./17. Jh., besonders auf der Laute, die einfachste Art der → Scordatura, nämlich das Herabstimmen (Herabziehen) des tiefsten Chores um einen Ganzton. Eine so umgestimmte Laute »steht im Abzug« (ital. liuto descordato; frz. luth à corde avalée), ein dafür bestimmtes Stück »geht im Abzug« (z. B. bei Newsidler 1536, 1540). Bei den Lautenisten war der A. nicht beliebt; statt des A.s wurde schon von Agricola 1545 die Zufügung eines 7. Chores empfohlen. Praetorius (1619) nennt die theorbierte Laute: Laute mit Abzügen. – 2) eine Spielmanier, *wenn eine simple leise Note nach einem Vorschlag folgt* (C. Ph. E. Bach 1753). – 3) im Orgelbau eine Bezeichnung für → Transmission, »abgezogener«, abgesonderter Baß, auch Auszug genannt.

a cappella (ital., früher auch a, alla capella) heißt seit Anfang des 17. Jh. eine Musik nach Art der Sänger-Kapellen. Die Deutung des Begriffs hat auszugehen von dem geschichtlichen Sachverhalt, daß um 1560 neben der Vokalpolyphonie der franko-flämischen Tradition andere Kompositionsweisen zu gleichem Rang aufstiegen, so die → Mehrchörigkeit, die → Seconda pratica der späten Madrigalisten, der Stile recitativo und der concertierende Stil. Die a c.-Kunst wurde weiterhin gepflegt und galt gegenüber den neuen Musikarten als Grundlage des kompositorischen Wissens (Schütz, Vorrede zur *Geistlichen Chor-Music*). Der Klang ist der des Vokalchors, d. h. mit mehrfacher Besetzung jeder Stimme; Instrumente können (colla parte) hinzutreten. Der Satz ist der des Contrapunctus gravis, der strengen, reinen oder gebundenen Schreibart; er ist imitierend und nimmt besonders auf Sangbarkeit und melodische Selbständigkeit aller Stimmen Rücksicht; auch in neuerer Zeit bleibt er durchaus diatonisch und an die Kirchentöne gebunden. Als angemessene Notation gelten große Notenwerte mit Vorzeichnung des a c.-Taktes (→ Allabreve). Der Stil wurde als altertümlich (stilus antiquus), würdevoll (stilus gravis) und kirchlich (stilus ecclesiasticus) angesehen; für ihn gilt, daß er *aus nicht allzugeschwinden Noten, wenig Arten des Gebrauchs der Dissonantzen besteht, und nicht so sehr den Text als die Harmonie in Acht nimmt* (*Harmonia Orationis Domina*; Bernhard, S. 42 und 83). Seit G. Gabrieli (1592) wurde die Bezeichnung a c. (oder Capella) auch als bloße Besetzungsvorschrift verwendet; sie zeigt nach solistischen Partien den Eintritt des vollen Chores an, bei dem die Instrumente mitgehen. Erst seit dem 19. Jh. schließt die Angabe a c., die nun auch in weltlichen Werken begegnet, jede Begleitung durch Instrumente aus.

In der Musikforschung wurde die Diskussion des a c.-Ideals im Zusammenhang mit dem musikalischen Historismus des 19. Jh. zumeist auf die Frage vokaler oder instrumentaler Aufführung eingeengt; andererseits blieb die geschichtliche Abgrenzung unbestimmt. Es empfiehlt sich, die Bezeichnung nicht mit dem Begriff der → Prima pratica Monteverdis (der Meister von Ockeghem bis Clemens non Papa, jedoch nicht Palestrina nennt) gleichzusetzen, sondern erst auf die späteren Stufen der franko-flämischen Tradition zu beziehen, die von der humanistischen Forderung nach Wortverständlichkeit und von den Diskussionen des → Tridentiner Konzils geprägt wurden. Als älteste Autoren des Stilus a c. nennt Bernhard Josquin und Gombert. Palestrina hat dann eine neue, vor allem von der päpstlichen Kapelle festgehaltene Tradition gestiftet, die sich von der Entwicklung anderer Zweige des kompositorischen Schaffens trennte und für die seine Werke musterhaft blieben. Dagegen erscheint Lassus schon bei Bernhard nicht unter den Autoren des a c.-Stils, der zunehmend mit dem Palestrina-Stil gleichgesetzt wurde. Im 19. Jh. wurde die a c.-Musik zum Ideal kirchlicher Tonkunst erhoben. Wortführer waren E. T. A. Hoffmann und Winterfeld in Berlin, Thibaut in Heidelberg, Baini in Rom, Ett und Aiblinger in München, später in Regensburg Proske, Witt (Gründer des Allgemeinen deutschen Cäcilienvereins, 1867) und Haberl (Gründer der Regensburger Kirchenmusikschule, 1874), die durch Nachahmung und Wiederbelebung des a c.-Ideals eine Erneuerung der Kirchenmusik ihrer Zeit erstrebten.

Lit.: PRAETORIUS Synt. III; Die Kompositionslehre H. Schützens in d. Fassung seines Schülers Chr. Bernhard, hrsg. v. J. MÜLLER-BLATTAU, Lpz. 1926, Kassel ²1963; TH. KROYER, A c. oder Conserto, Fs. H. Kretzschmar, Lpz. 1918; DERS., Zur a c.-Frage, AfMw II, 1919/20; DERS., Das a c.-Ideal, AMl VI, 1934; O. URSPRUNG, Restauration u. Palestrina-Renaissance ..., Augsburg 1924; DERS., Die kath. Kirchenmusik, Bücken Hdb.; E. KATZ, Die mus. Stilbegriffe d. 17. Jh., Diss. Freiburg i. Br. 1926; K. G. FELLERER, Der Palestrinastil ..., Augsburg 1929; J. HANDSCHIN, Die Grundlagen d. A c.-Stils, in: H. Häusermann u. d. Häusermannsche Privatchor, Zürich 1929; H. BESSELER, Die Musik d. MA u. d. Renaissance, Bücken Hdb.; R. HAAS, Aufführungspraxis d. Musik, ebenda; W. EHMANN, Der Thibaut-Behaghel-Kreis, AfMf III–IV, 1938–39; H. ZENCK, Artikel a c., in: MGG I, 1949–51.

accelerando (attʃeler'ando, ital.; Abk.: accel.), beschleunigend, allmählich schneller werdend, wie → stringendo.

Accent (aks'ã, frz.) → Vorschlag (Nachschlag); bei Mersenne (1636) als a. plaintif für Vorschlag von unten.

Accentus (lat.) → Akzent.

Acciaccatura (attʃakkat'u:ra, ital.; von lat. acciaccare, zerdrücken; »Quetschung«, Zusammenschlag; frz. pincé étouffé; engl. crushed oder simultaneous appoggiatura) ist der zuerst bei Fr. Gasparini (*L'armonico pratico ...*, 1708) vorkommende Name einer nur auf Tasteninstrumenten ausführbaren Verzierung, die im deutsch-französischen Schrifttum vom → Mordent, im englischen vom kurzen → Vorschlag abgeleitet wird. Sie besteht aus den gleichzeitigen Anschlag einer Note und ihrer unteren (meist chromatischen) Nebennote, wobei die Nebennote sofort nach ihrem Anschlag wieder losgelassen, die Hauptnote dagegen entsprechend ihrem notierten Wert ausgehalten wird. Eine solche Ausführungsart für den Mordent beschreibt bereits H. Buchner (um 1520) für die Orgel. – C. Ph. E. Bach nennt 1753 diese Verzierung *eine besondere Art, den Mordenten, wenn er gantz kurtz seyn soll, zu machen*:

Marpurg spricht (1755), bei gleichem Notenbeispiel, von einem *abgeschnappten Mordent*. Türk (*Klavierschule*, 1789) nennt den »Zusammenschlag« eine *nicht sehr bekannte Manier*, die *man ehedem wohl wahrscheinlich unter der ... Bezeichnung Beisser verstanden habe*:

Bei Akkorden hat vor allem D. Scarlatti die A. häufig benutzt; ein typisches Beispiel findet sich bei J. S. Bach in der Partita A moll für Cemb. (BWV 827, Scherzo, Takt 28). – Eine andere Art der A. besteht in der Brechung von Akkorden mit chromatischen (oder auch mit diatonischen) Fremdnoten (→ Arpeggio), frz. arpégement figuré im Gegensatz zum arpégement simple (vgl. auch die bekannte, steigende und fallende tierce coulée). Solche gebrochenen Acciaccaturen haben vor allem auf dem Cembalo eindrückliche Wirkung und wurden im 18. Jh. häufig bei Begleitung von Rezitativen angewendet (Heinichen 1728). Ein Beispiel für solche Acciaccaturen im solistischen Spiel bietet J. S. Bachs Sarabande der Partita E moll (BWV 830). Auch in den französischen Préludes non mesurés von L. Couperin, d'Anglebert und G. Le Roux finden sich zahlreiche derartige Acciaccaturen. ERJ/BB

Accompagnamento (akkompaɲam'ento, ital.), **Accompagnement** (akɔ̃paɲm'ã, frz.), → Begleitung.

Accompagnato (akkompaɲ'a:to, ital., begleitet; Abk.: Acc. oder Accomp.), das mit ausgearbeiteter (in Stimmen notierter) Begleitung versehene → Rezitativ der älteren Oper im Gegensatz zum Seccorezitativ, das nur einen bezifferten Baß hat. Die ersten Opern kennen überhaupt keine andere Art der Begleitung des Sologesangs als die mit Generalbaß durch ein Akkordinstrument, und das erste Beispiel des A.s im 4. Akt von Monteverdis *Orfeo* (1607) stand zunächst vereinzelt da. Erst über 30 Jahre später führten die Venezianer (Cavalli) das A. (ausgehaltene Streicherklänge) für → Ombra-Szenen ein; das Vorbild war auch hier vermutlich ein Werk Monteverdis, nämlich dessen dramatische Komposition *Il combattimento di Tancredi e Clorinda* (1624).

H. Schütz ließ bereits 1623 (in der Auferstehungshistorie) den Evangelisten über ausgehaltenen Streicherakkorden rezitieren. Noch im späten 17. Jh. war aber das (ausgearbeitete) A. selten, während das Seccorezitativ in weltlicher Musik durch Zuziehung von Instrumenten bereichert werden konnte. Das A. fand seinen Höhepunkt in der weltlichen Musik des 18. Jh.

Accordatura (ital.) heißt die normale Einstimmungsweise der Saiteninstrumente; die Abweichung von den Einstimmungsnormen (Umstimmung) heißt → Scordatura.
Lit.: WOLFN; APELN.

Accord parfait (ak'ɔːr parf'ɛ, frz.; ital. accordo perfetto; engl. common chord), konsonanter → Dreiklang.

Achtelnote (ital. croma; frz. croche; engl. quaver; in den USA auch eighth note): ♪; Pause (frz. demisoupir): ⁊, ältere Form: ⁊.

Actus (lat.), im 17. Jh. s. v. w. feierliche Handlung (Taufe, Königskrönung u. a.), dann auch Bezeichnung für Festdarbietungen. Deren musikalische Ausgestaltung (z. B. schrieb M. Franck für den A. oratorius zum Geburtstag des Herzogs J. Casimir von Sachsen, 1630, die musikalischen Zwischensätze) führte zur Übertragung der Bezeichnung A. auf kantatenhafte oder oratorische Kompositionen: A.Fromm, *A. musicus De Divite et Lazaro*; J.Schelle, *A. musicus auf Weyh-Nachten*; G.Oesterreich, *A. funebris Plötzlich müssen alle Menschen sterben*; J.S.Bach, *A. tragicus*, BWV 106.

Acuta (lat.) → S c h a r f.

Adagio (ad'aːdʒo, ital.; Abk.: Adᵒ), bequem, gemächlich, auch behutsam, hat aber als Tempovorschrift den Sinn von langsam erhalten (Walther 1732, L. Mozart 1756). Im 17. Jh. bezeichnet A. einerseits eine (geringe) Verlangsamung des gewöhnlichen, durch die Taktart oder den Tanztypus bestimmten Zeitmaßes (Tempo ordinario), andererseits einen Wechsel der Zählzeit, den Übergang zu einem längeren Notenwert als Schlagzeit (A. ♩♩ statt Allegro ♩♩; Banchieri 1611, Frescobaldi 1628). Auch die Dehnung von kurzen Abschnitten, besonders von Schlußtakten, wurde durch die Vorschrift A. gefordert (Frescobaldi 1635). Die Tempodifferenz zwischen A. und Largo war im 17. und frühen 18. Jh. gering und keiner festen Norm unterworfen; die Vorstellung, daß ein Largo langsamer als ein A. sei, wird zwar schon von Brossard (1703) als Regel formuliert, setzte sich aber erst im Laufe des 18. Jh. allgemein durch. Händel differenziert oft im entgegengesetzten Sinne, und auch bei Bach sind die A.-Sätze, die im allgemeinen reicher ausgeziert wurden, nicht selten langsamer als die Largosätze der gleichen Taktart. Wesentlicher als die Tempodifferenz ist der Unterschied zwischen dem gewichtigeren Vortrag des Largo und dem behutsameren des A.; Quantz (1752) charakterisiert das A. als »zärtlich« und spricht von einem *angenehmen Ziehen und Tragen der Stimme*. – In geraden Taktarten ist im 18. und noch im 19. Jh. die Zählzeit im allgemeinen etwas langsamer als in Tripeltakten (Mozart, K.-V. 516, 3. und 4. Satz), und neben der Taktart ist der Satztypus für den Sinn der A.-Vorschrift entscheidend. Das A. im Allabrevetakt erscheint bei Mozart, sofern nicht das Allabreve des Kirchenstils gemeint ist (*Zauberflöte*, Nr 18), als Dehnung eines Allegro cantabile (*Idomeneo*, Nr 31; *Entführung aus dem Serail*, Nr 15), das A. im 2/4-Takt bei Haydn und Mozart als Verlangsamung eines bedächtig schreitenden Andante (Mozart, *Les petits riens*, Nr 7); aus dem A. im 2/4-Takt entwickelte Beethoven den Typus des beschwert kantablen A. (op. 10, op. 59 I, op. 101). – A. assai und A. molto bedeuten sehr langsam, un poco A. ein wenig langsam. Der Superlativ Adagissimo wird selten verwendet (Bach, Orgeltoccata D moll). Das Diminutiv Adagietto bedeutet ziemlich langsam; als Überschrift kennzeichnet es einen langsamen Satz von kürzerer Dauer (G. Mahler, V. Symphonie, Adagietto mit der Tempovorschrift Molto a.).
Lit.: R. E. M. HARDING, Origins of Mus. Time and Expression, London 1938; R. STEGLICH, Über Mozarts A.-Takt, Mozart-Jb. 1951; I. HERRMANN-BENGEN, Tempobezeichnungen, = Münchner Veröff. zur Mg. I, Tutzing 1959; C. DAHLHAUS, Zur Entstehung d. modernen Taktsystems im 17. Jh., AfMw XVIII, 1961. CD

Adaptation (von lat. adaptare, anpassen) bedeutet Anpassung der Empfindlichkeit eines Sinnesorgans an das mittlere Reizniveau des Umfeldes. Sie ist auch für das Hören von großem Einfluß. So können z. B. Schallvorgänge gleicher Intensität je nach den Umständen verschieden laut erscheinen. Ebenso läßt sich die Tatsache, daß die Molekularbewegung der Luft (Brownsche Bewegung) gerade nicht mehr gehört wird, als Anpassungsverhalten des Ohres auffassen.
Lit.: G. v. BÉKÉSY, Zur Theorie d. Hörens. Über d. Bestimmung d. einem reinen Tonempfinden entsprechenden Erregungsgebietes d. Basilarmembran vermittelst Ermüdungserscheinungen, Physikalische Zs. XXX, 1929; O. FR. RANKE, Physiologie d. Gehörs, in: Lehrbuch d. Physiologie, hrsg. v. W. Trendelenburg u. E. Schütz, Bln, Göttingen u. Heidelberg 1953.

Adiaphon (von griech. ἀδιάφωνον, das Unverstimmbare), – 1) ein 1820 von dem Uhrmacher Schuster in Wien konstruiertes, im Klang der Glasharmonika ähnliches Tasteninstrument. – 2) Gabelklavier, von Fischer und Fritzsch in Leipzig erbaut (1882 patentiert), mit abgestimmten Stimmgabeln statt der Saiten; Umfang F–f³.

Adjuvantchöre, Vereinigungen musikkundiger Dorfbewohner, die sich als Gehilfen des Dorfkantors oder -schulmeisters eine reichere musikalische Ausgestaltung der Gottesdienste zum Ziel setzten, zunächst ohne feste organisatorische Bindung, seit der Mitte des 17. Jh. vor allem in Sachsen und Thüringen auch mit vereinsmäßigen Satzungen nach dem Vorbild der städtischen → Kantorei.
Lit.: A. WERNER, Vier Jh. im Dienste d. Kirchenmusik, Lpz. 1932; DERS., Freie Musikgemeinschaften alter Zeit im mitteldeutschen Raum, Halle 1940.

ad libitum (lat.; Abk.: ad libit., ad lib.), nach Belieben, – 1) als Vortragsbezeichnung (gleichbedeutend mit rezitativisch, senza misura, senza tempo, a suo arbitrio, a piacere, a capriccio, a piacimento, a bene placito), s. v. w. frei in Tempo und Vortrag (Gegensatz: a tempo). – 2) als Besetzungsvorschrift für Instrumente, die in einem Ensemble mitspielen können, oder deren Beteiligung nicht erforderlich ist, s. v. w. nicht unbedingt nötig, eventuell entbehrlich (Gegensatz: obligat).

Adufe (span.; von arabisch duff), Schellentrommel (Tamburin).

Ägyptische Musik ist die Musik eines der ältesten geschichtlichen Länder der Erde. Vorgeschichtliche und prädynastische Grabfunde von Bumerangklappern, ei- oder fruchtförmigen Rasseln, Schellen, Gefäßflöten aus Ton, Muschelpfeifen und Schwirrhölzern zeugen dafür, daß die Musik vor der Gründung des vereinten Reiches noch starke magische Bindungen hatte. Einziges melodiefähiges Instrument war die Längsflöte. Seit der IV. Dynastie (2723–2563) trifft man bereits auf ein intensives Musikleben und kann auf Grund der literarischen und bildlichen Quellen deutlich zwischen Kult-

und Profan- bzw. Hofmusik unterscheiden. Neue Klapperarten, primitive Gefäßtrommeln und Sistren, die mundstücklose Flöte (mat) und die Doppelklarinette (memet), beide aus Rohr, im Totenkult verwendete Trompeten und die schaufelförmige Bogenharfe (bent) bereicherten das Instrumentarium. Cheironomen leiteten die Vokal- und Instrumentalgruppen. Die Analyse der dargestellten Szenen sowie der gleichzeitig ausgeführten Handzeichen ergibt, daß die Künstler nicht nur homophon oder heterophonisch verziert musizierten, sondern auch neben der melodischen Linie ein- oder mehrstimmige, bordunierende Haltetöne, also eine Art primitiver Mehrstimmigkeit ausführten. Die kultischen Gesänge wurden solistisch mit Instrumentalbegleitung oder unter Mitwirkung von Einzel- oder Doppelchören sowie Vorsängern im Sinne responsorischen oder antiphonischen Musizierens vorgetragen, häufig auch von Tanzgruppen begleitet. Sehr alte, kultische Lieder zu Ehren Hathors, der Göttin der Liebe und der Musik, wurden nur gesungen. Wenn auch Dokumente jeder Art noch immer fehlen, das Melodiengut also völlig unbekannt ist, so gelang es doch, die sehr gut erhaltenen Klangwerkzeuge des Alten Reiches (3. vorchristliches Jahrtausend) und einige der wichtigsten Tänze zu rekonstruieren sowie eine Reihe entsprechender cheironomischer Zeichen zu entziffern. Aus der gleichen Zeit stammen auch die ersten biographischen Nachrichten von berühmten Musikern. Der älteste ist ein gewisser Khufu-'anch, »Hofmusikdirektor«, Flötenvirtuose und Sänger, der erste historisch bekannte Berufsmusiker. Andere Namen von Sängern und Sängerinnen (Hetep-chnemt, Iti), Flötisten (Ipi, Meschets, Sen-anch-wer), Harfenvirtuosen (Hekenu) usw. vervollständigen das Bild, das man sich heute vom Musikleben einer der Altkulturen machen kann. Besonders sei die Familie der Snefrunofer (um 2400) hervorgehoben, die durch mehrere Generationen hindurch Talent und Amt vererbten und den königlichen Hof mit Musik versorgten. Im Mittleren Reich (2160–1580), einer Epoche, die etwa dem Ende des Neolithikums in Europa entspricht, vermehrte sich das Instrumentarium um eine Anzahl neuer Klapperformen und rituellen, zum Teil kunstvoll als Schmuckstücke verarbeiteter Klangwerkzeuge (Rasseln, Schellen), die großen Faßtrommeln (wahrscheinlich afrikanischen Ursprungs), Kastagnetten, hornartige Instrumente, die asymmetrische Leier. Auch unterscheidet man nunmehr deutlich zwischen zwei Sistrenformen, dem bogen- (sekhem, iba) und naosförmigen Sistrum (seschescht). Dazu treten im Neuen Reich (1580–1090) runde und 4kantige Trommeln, Becken (zunächst aus Muschelschalen, dann aus Bronze), Doppeloboen, symmetrische Leiern (kenner), Lauten, Winkelharfen und Riesenleiern (um 1360) asiatischen Ursprungs sowie kellenförmige Bogen- und naviforme Harfen verschiedener Größe (die kleineren als Schulterharfen bekannt); dazu kommen in der Spätzeit (1090–332) weitmensurige Trommeln, Glöckchen, Gabelbecken, Gefäßtrommeln vom Darabukkatypus, unter der Herrschaft der Ptolemäer verbesserte Formen aller erwähnten Instrumente, Hörner, Panflöten, verschiedene Aulosformen, Querflöte, Hydraulis und Vorformen der Sackpfeife. Auch für diesen, mehr als 2000 Jahre umfassenden Zeitabschnitt sind uns die Namen einer nahezu lückenlosen Reihe von Instrumental- und Vokalvirtuosen bekannt, die die Elemente für eine provisorische Geschichtsschreibung des pharaonischen Musiklebens bilden. Erwähnenswert sind besonders wegen ihrer historischen Bedeutung die ersten Kastagnettenspieler Ukh-hotep und Eje (unter Sesostris I.), die Harfner Amenmosis, Amosis und Amenemheb (XVIII. Dynastie), die ersten Lauten-, Trommel- und Trompetenspieler der Musikgeschichte Harmosis (um 1500), Emhab und Hosy (letzterer unter Ramses II.). – Für die gleiche Zeit ist eine allmähliche Verkleinerung der Tonschritte und die Herausbildung jenes Tonsystems zu verzeichnen, das unvermerkt in das des modernen Orients übergehen sollte. Unsere Kenntnisse des Tonsystems der Ägypter beruhen auf der theoretischen Vermessung der Abstände zwischen den Bünden bestimmter Lauten und den Grifflöchern besonders gut erhaltener Blasinstrumente. Flöten aus dem Mittleren Reich haben anhemitonische Skalen, im Gegensatz zur Engstufigkeit der Oboen und Lauten des Neuen Reiches. Bevorzugte Formen waren offenbar ein im Sinne des alten Dor komponiertes Rondo sowie hymnische und bestimmten Regeln unterliegende Liedtypen. Gewisse Ansätze zur Notierung klanglicher Erscheinungen sind seit dem Mittleren Reich nachweisbar. Spuren volkstümlichen Musizierens finden sich seit dem Neuen Reich, der Militärmusik seit den Eroberkönigen der XIX. Dynastie, besonders unter Ramses II. Musikalische Dokumente im modernen Sinne erscheinen erst seit dem 3. vorchristlichen Jahrhundert. – Dem Einfluß des aufblühenden Christentums (→ Koptische Musik) verdankt Ägypten neue liturgische Formen. Eine grundlegende Umformung der Musik erfolgte aber erst nach der Eroberung durch die Araber und die Islamisierung des Landes. Während das alte Musiziergut nach Oberägypten zurückgedrängt wurde und zur heutigen Volksmusik abgesunken ist, hat sich die unter arabisch-iranischen, später unter türkischen und endlich abendländischen Einflüssen stehende Kunstmusik der Städte in mehrere Richtungen aufgespalten. Die Vertreter der konservativen Schule richten sich nach dem Vorbild der altorientalischen Musik aus, die der jungägyptischen Schule nehmen dagegen immer mehr Elemente abendländischen Musizierens auf. – Einige der alten Klangwerkzeuge haben sich bis heute erhalten. Die antike Längsflöte lebt im Naÿ der Kunstmusik und in der bäuerlichen 'Uffāta weiter fort, die Doppelklarinette in der volkstümlichen Zummāra. Neue Instrumente östlichen Ursprungs sind die Kurzhalslaute ('Ūd), die mit Streichbogen gespielte Rabāb und die Kamaṅga, endlich ein zitherähnliches, Qānūn genanntes Instrument. Die Erforschung altägyptischer Musik begann im 17. Jh. mit A. Kircher und B. Bacchini, im 19. mit G. A. Villoteau, Kiesewetter und Fétis.

Lit.: C. Sachs, Die Musikinstr. d. alten Ägyptens, = Staatl. Museen zu Bln, Mitt. aus d. ägyptischen Slg III, Bln 1921; ders., Eine Weltgesch. d. Tanzes, Bln 1933, engl. NY 1937 u. London 1938, frz. Paris 1938; ders., The Hist. of Mus. Instr., NY (1940); ders., The Rise of Music in the Ancient World, East and West, = The Norton Libr., NY 1943; E. Brunner-Traut, Der Tanz im alten Ägypten, Diss. München 1937, = Ägyptologische Forschungen VI, Glückstadt 1938; H. Hickmann, Cat. général des antiquités égyptiens du Musée du Caire. Instr. de musique, Kairo 1949; ders., Les problèmes et l'état actuel des recherches musicologiques en Egypte, AMI XXVIII, 1956; ders., 45 s. de musique dans l'Egypte ancienne, Paris 1956; ders., Musicologie pharaonique, = Slg mw. Abh. XXXIV, Kehl 1956; ders., Mg. in Bildern II, 1: Ägypten, Lpz. 1961; ders., Ein neuentdecktes Dokument zum Problem d. altägyptischen Notation, AMl XXXIII, 1961. – Recueil des travaux du Congrès de musique arabe (1932), Kairo 1934 (dazu Zs. f. vergleichende Mw. I, 1933); A. Berner, Studien zur arabischen Musik auf Grund d. gegenwärtigen Theorie u. Praxis in Ägypten, = Schriftenreihe d. Staatl. Inst. f. deutsche Musikforschung II, Lpz. 1937; A. Mokhtar, Modes in Modern Egyptian Music, Proceedings of the Mathematical and Physical Soc. of Egypt I, 3, Kairo 1939; H. Hickmann u. Ch. Gr. Duc de Mecklembourg, Cat. d'enregistrement de musique folklorique égyptienne, = Slg mw. Abh. XXXVIII, Straßburg u. Baden-Baden 1958; C.

Gr. Herzog zu Mecklenburg, Ägyptische Rhythmik, Rhythmen u. Rhythmusinstr. im heutigen Ägypten, ebenda XL, 1960.   HaH

Aeoline, Aeolodion, Aeolodikon, ein → Harmonium, auch ein ursprüngliches Harmoniumregister als Orgelstimme; im späten 19. Jh. ein engmensurierter Streicher, das leiseste Register der Orgel.

Äolisch → Systema teleion, → Kirchentöne.

Äolsharfe, Windharfe, Wetterharfe, Geisterharfe, ein langer schmaler Resonanzkasten mit oder ohne Schalloch und mit 2 Stegen, über den eine (beliebig große) Anzahl im Einklang (meist in g) gestimmter Darmsaiten von verschiedener Dicke gespannt ist. Strafft ein Luftzug die Saiten, so fangen sie an zu tönen und ergeben infolge der unterschiedlichen Spannungsgrade verschiedene Obertöne des gemeinschaftlichen Grundtones. Der Klang ist von zauberischer Wirkung, da je nach Stärke des Windes die Akkorde vom zartesten Pianissimo zum rauschenden Forte anschwellen und wieder verhallen. Das Prinzip der Ä. ist altbekannt; mit ihm befaßten sich im Abendland der Erzbischof Dunstan von Canterbury (10. Jh.), G. B. Porta aus Neapel (16. Jh.), A. Kircher (1650), Pope (1792), W. Jones (um 1781), H. Chr. Koch (1802), W. Mehlkop (1841), I. Pleyel (1845). In Goethes später Lyrik werden die Ä.n zu einem Gleichnis des Zwiegesanges. Sein Gedicht *Ä.n* ist ein Eintrag vom 6. 8. 1822 in das Stammbuch V. Tomášeks; E. Mörikes *An eine Ä.* vertonten Brahms und H. Wolf. – Eine Verbindung der Ä. mit einer Klaviatur ist das → Anemochord.

Lit.: J. F. v. Dahlberg, Die Ä., Erfurt 1801; G. Fr. Lichtenberg, Vermischte Schriften VI, Göttingen 1845; J. G. Kastner, La harpe d'Eole et la musique cosmique, Paris 1856; M. Hecker, Ä., Jb. d. Goethe-Ges. XXI, 1935; C. Brink, Harps in the Wind, NY 1947.

Aequal (von lat. aequalis, gleich), in der Tonhöhe gleich der normal geschlüsselten Singstimme, d. h. im 8'-Ton. Ae. ist auch eine Bezeichnung für Instrumente und Stimmen (voces aequales) in gleicher Lage. Als *Equale* für 4 Pos. sind 3 Trauermusikstücke bezeichnet, die Beethoven 1812 für den Allerseelentag in Linz komponierte; auch Bruckner schrieb 1847 ein Ae. für 3 Pos.

Aerophone heißen nach der Systematik der Musikinstrumente von v. Hornbostel und Sachs (1914) die Instrumente, bei denen die Luft (griech. ἀήρ) das schwingende Medium ist. Ist die Luftsäule nicht begrenzt, so handelt es sich um freie Ae. (z. B. freie, durchschlagende → Zunge; → Schwirrholz); ist die Luftsäule eingeschlossen, so handelt es sich um → Blasinstrumente. v. Hornbostel und Sachs folgten der Systematik Mahillons (1880), der von *instruments à vent* sprach; A. Schaeffner (1932) nannte die Ae. *instruments à air vibrant*.

Aerophor, Tonbinde-Apparat, ein von dem Schweriner Flötisten B. Samuels 1911 konstruierter (1912 patentierter) Apparat, der durch einen mit dem Fuß regierten kleinen Blasebalg Luft durch ein Röhrchen bläst, das neben dem Mundstück eines Blasinstruments in den Mund geführt wird. Der Mund wird so zur Windkammer; das Blasen kann vom Atmen unabhängig erfolgen. Der Apparat fand den Beifall von Bläsern, Komponisten (R. Strauss, *Eine Alpensinfonie*) und Dirigenten.

Ästhetik. Die Wissenschaft vom musikalisch Schönen ist ein Teilgebiet der allgemeinen Ä. (griech. αἰσθητικός, das sinnliche Wahrnehmen betreffend). Ihr Gegenstandsbereich umfaßt einerseits das musikalische Kunstwerk in der Fülle und Totalität seiner Wertgehalte (als Objektseite), andererseits dessen Zugang (Erfahrensweise) im musikalischen Hören (als Subjektseite). Ihre Geschichte reicht weit in die griechische Antike zurück. Ihren neuzeitlichen Namen empfing die Ä. durch A. G. Baumgarten, einen führenden Systematiker der deutschen Schulphilosophie. Seine *Aesthetica* (1750/58) ist als *theoria liberalium artium* (→ Ars musica) bezeichnet. Im Unterschied zur französischen und englischen Geschmackskritik und Zergliederung des ästhetischen Eindrucks entwirft Baumgarten die Ä. im Rahmen der durch G. W. Leibniz († 1716) und Chr. Wolff († 1754) erneuerten Ontologie als *eine nachgeborene Schwester der Logik*. Er betitelt sie mit *ars pulchre cogitandi*, d. h. Fähigkeit zur Erkenntnis des Schönen sowie *scientia cognitionis sensitivae*, d. h. Wissenschaft vom sinnlich Wahrnehmbaren, im Gegensatz zur geistigen Erkenntnis. Schönheit wird als Vollkommenheit der sensitiven Erkenntnis, als Zusammenstimmen von Vielheit in die Einheit begriffen, das Schöne als Erscheinung des Logischen im Sinnlichen, die Kunst als sinnliche Vergegenwärtigung des harmonikalen Baues der Welt, der Harmonie des Universums. Auf dieser Grundlage erwuchs das stolze Gebäude der idealistischen Ä., das H. Lotze in seiner *Geschichte der Ä. in Deutschland* (1868) kritisch nachgezeichnet hat. Dort heißt es (S. 846) von der »Aufgabe der Tonkunst«: *das tiefe Glück auszudrücken, das in diesem Baue der Welt liegt, und von welchem die Lust jedes einzelnen empirischen Gefühls nur ein besonderer Widerschein ist.* – Die musikalische Ä. hat ihre Herkunft aus der mittelalterlichen Musiklehre niemals verleugnet. Im Fortgang zu einer mehr positivistischen Betrachtungsweise (mit einem Anklang an Schopenhauer) weist H. Riemann ihr drei Untersuchungsbereiche zu: 1) die elementaren Wirkungen der Tonhöhe, Tonstärke, Bewegungsart (Musik als Wille); 2) die Ordnung und Einheitlichkeit in der Formgestaltung (Musik als Vorstellung); 3) die Fähigkeit der Musik, Assoziationen zu wecken, Außermusikalisches zu charakterisieren und darzustellen (Musik als vorgestellter Wille). Was von Riemann in systematischer Sicht für zeitlos gültig angesehen worden war, zeigte sich in historischer Betrachtung als eine bestimmte Stilstufe der Musik der Wiener Klassik. In dem Maße wie das klassizistische Schönheitsideal mehr und mehr zurückgedrängt wurde, konnte die dem klassizistischen Geschmack so fremde Schönheit der Musik des Barockzeitalters und des Mittelalters eigentlich erst entdeckt und gewürdigt werden. An der Freilegung des dazu erforderlichen historischen Stilbegriffs hat H. Riemann entscheidenden Anteil. Musik wurde danach als eine stilgeschichtliche Erscheinung neben anderen Erscheinungen der geistigen Welt erfaßt, wobei allerdings die Gefahr einer Relativierung der ästhetischen Werte drohte. – Seitdem dann gleichzeitig der Sturz der idealistischen Metaphysik die Ä. in ihren Zusammenbruch mit hineingezogen hatte, machte sich in der Wissenschaft vom musikalisch Schönen eine wachsende Unsicherheit sowohl hinsichtlich ihres Ausgangspunktes als auch ihrer Verfahrensweise geltend. Als Ausgangspunkt wurde bald die Idee der Musik, bald das konkrete Kunstwerk, bald die Schaffensweise des Komponisten, bald das musikalische Hören in seinen beiden Arten des Mit- und Zuhörens (H. Besseler) angesetzt. Methodisch verfuhr man bald metaphysisch, bald empirisch, bald normativ, bald deskriptiv, wie es H. Nohl (1935) im Anschluß an W. Dilthey eindrucksvoll geschildert hat. Je nachdem das Wesen der Musik als Ideen-, Inhalts- oder Formkunst betrachtet wird, faltet sich die musikalische Ä. in eine Ä. der Form und des Inhalts auseinander. Dabei war das Form-Inhalt-Problem dann immer mehr festgefahren. – Es hängt mit der Verlegung des philo-

Ästhetik

sophischen Interesses vom Subjekt zu den Sachen, vom Bewußtsein zum Sein und Seienden zusammen, wenn die neue Ontologie bei ihrem Rückgang von Kant zu Leibniz und Wolff auch die Ä. aus ihrer idealistischen Systematik und Deutung herausnimmt und nach dem Vorbild von E. Husserl, M. Scheler und M. Heidegger einer phänomenologischen Betrachtung unterwirft, um die ganze Breite und Tiefe des ästhetischen Forschungsfeldes auszumessen. Hierbei geht es vor allem um die Erforschung der Seinsweise des Kunstwerks, wobei dem Form-Inhalt-Problem insofern eine neue Wendung gegeben wird, als Form und Inhalt nach dem Prinzip der Schichtung und der Schichtungsordnung zueinander in ein Verhältnis der Fundierung gebracht werden, das nicht mehr erlaubt, eine der beiden Seiten dieses Verhältnisses zu isolieren. N. Hartmann († 1950) unterscheidet das Realgebilde der Formgestalt des Kunstwerks als Vordergrund von einem mehrschichtigen irrealen Hintergrund (als Inhalt oder Ausgedrücktes), der in dem Vordergrund erscheint. Während der Vordergrund unabhängig von einem Bewußtsein vorhanden ist (an sich), existiert der Hintergrund nur für ein künstlerisch empfängliches Subjekt (für jemanden). Wenn schon Hegel das Schöne als sinnliches Scheinen der Idee definiert hatte, so kommt nun alles auf das Verständnis des Scheinens an. Dieses betrifft nicht die erdichtete und erträumte Welt des schönen Scheins, jenes Trugbild der Wirklichkeit, das bei Schopenhauer und Nietzsche der Erlösung vom Willen und Werden dient. Vielmehr bedeutet es ein aufleuchtendes Sichzeigen, Sichdarbieten von künstlerischen Gegebenheiten, sei es z. B. der barocken Darstellung von Affekten freudiger oder trauriger Art, sei es eine Stimmung, von der wir sagen, daß eine Komposition uns traurig stimmt, sei es ein subjektiver Ausdruck des Komponisten, des Nachschaffenden oder des Zuhörers, wobei es wohl heißt, es sei »ein ausdrucksvolles Stück« oder »er spiele ausdrucksvoll«. Demnach halten sich die ästhetischen Werte in jenem Erscheinungs-Verhältnis (eines ungeformten Irrealen in einem geformten Realen) auf, worin das eigentümlich »Schwebende« im Dasein des musikalisch Schönen und Wohlgelungenen besteht. Zu seinem Gegenpol gehört mehr als das musikalisch Häßliche und Mißlungene, das musikalisch Langweilige, Sentimentale und Kitschige. – Wie zu allen Zeiten, so steht auch heute hinter jeder fruchtbaren musikästhetischen Arbeit das lebendige Musikleben der Zeit. Wertvolle ästhetische Einsichten werden entweder unmittelbar im künstlerischen Kampf um eine Neue Musik oder in der Besinnung und Vertiefung auf die Geschichte der Musik, ihre Gestaltenfülle und Stilrichtungen gewonnen. So sind in der heutigen Diskussion über Neoklassizismus, Dodekaphonie und Elektronische Musik wichtige Ansätze für eine musikalische Ä. sichtbar geworden. Auch in der jüngeren wissenschaftlichen Musikgeschichtsschreibung, Tonpsychologie und Musikkritik treten musikästhetische Neuansätze hervor.

Lit.: A. G. Baumgarten, Aesthetica, 2 Bde, Frankfurt a. O. 1750–58; E. Hanslick, Vom Mus.-Schönen. Ein Beitr. zur Revision d. Ä. d. Tonkunst, Lpz. 1854, [15]1922, frz. 1877, span. 1879, ital. 1884, engl. 1891, russ. 1895, japanisch 1924; A. W. Ambros, Die Grenzen d. Musik u. Poesie, eine Studie zur Ä. d. Tonkunst, 2 Bde, Prag 1856, Lpz. [2]1872, engl. NY 1893; R. Zimmermann, Gesch. d. Ä. als philosophische Wiss., Wien 1858; H. Lotze, Gesch. d. Ä. in Deutschland, München 1868, Neudruck Lpz. 1913; Fr. v. Hausegger, Die Musik als Ausdruck, Wien 1885, [2]1887; H. v. Stein, Die Entstehung d. neueren Ä., Stuttgart 1886; H. Riemann, Katechismus d. Musik-Ä., Lpz. 1887; ders., Die Elemente d. mus. Ä., Bln u. Stuttgart (1900), frz. Paris 1906, ital. 1914; W. Dilthey, Die drei Epochen d. modernen Ä. u. ihre heutige Aufgabe, Die Deutsche Rundschau XVIII, 1892, u. Gesammelte Schriften VI, Lpz. u. Bln 1924; A. Dove, Das Problem d. mus. Ä., in: Ausgew. Schriften, Lpz. 1898; P. Moos, Moderne Musik-Ä. in Deutschland, Bln 1902, neubearb. als: Die Philosophie d. Musik v. Kant bis E. v. Hartmann, Bln 1922; A. Schering, Die Musik-Ä. d. deutschen Aufklärung, ZIMG VIII, 1906/07, dazu ZfMw I, 1918/19, S. 298ff.; F. Busoni, Entwurf einer neuen Ä. d. Tonkunst, Triest 1907, Lpz. [2]1916, Wiesbaden 1954; ders., Wesen u. Einheit d. Musik, = M. Hesses Hdb. d. Musik LXXVI, Bln 1922, [2]1956, hrsg. v. J. Herrmann; Ch. Lalo, Esquisse d'une esthétique mus. scientifique, Paris 1908; H. Siebeck, Grundfragen zur Psychologie u. Ä. d. Tonkunst, Tübingen 1909; E. Bergmann, Die Begründung d. deutschen Ä. durch A. G. Baumgarten u. G. Fr. Meier, Lpz. 1911; ders., Gesch. d. Ä. u. Kunstphilosophie, ein Forschungsber., Lpz. 1914; G. Bagier, Herbart u. d. Musik, Pädagogisches Magazin, Nr 430, Langensalza 1911; H. Goldschmidt, Die Musik-Ä. d. 18. Jh., Zürich 1915; H. Pfitzner, Die neue Ä. d. mus. Impotenz, München 1920; E. Closson, Esthétique mus., Brüssel 1921; R. Schäfke, E. Hanslick u. d. Musik-Ä., Lpz. 1922; ders., Quantz als Ästhetiker, AfMw VI, 1924; ders., Gesch. d. Musik-Ä. in Umrissen, Bln 1934, mit Vorw. v. W. Korte, Tutzing [2]1964; H. Besseler, Grundfragen d. Musik-Ä., JbP XXXIII, 1926; ders., Das mus. Hören, Sb. Lpz. CIV, 6, Bln 1959; H. Mersmann, Angewandte Musikä., Bln 1926; M. Geiger, Zugänge zur Ä., Lpz. 1928; W. Serauky, Die mus. Nachahmungsä. im Zeitraum v. 1700–1850, = Universitas-Arch. XVII, Münster i. W. 1929; F. M. Gatz, Musik-Ä. in ihren Hauptrichtungen, ein Quellenbuch, Stuttgart 1929; H. Schole, Tonpsychologie u. Musik-Ä., Göttingen 1930; G. Wierling, Das Tonkunstwerk als autonome Gestalt oder Ausdruck d. Persönlichkeit, Diss. Bonn 1931; E. G. Wolff, Grundlagen einer autonomen Musik-Ä., = Slg mw. Abh. XV, Straßburg 1934; H. Nohl, Die ästhetische Wirklichkeit, Ffm. 1935, [2]1954; ders., Vom Sinn d. Kunst, hrsg. v. E. Blochmann, = Kleine Vandenhoeck-Reihe CIII/CIV, Göttingen 1961; W. Korte, Musik u. Weltbild, Lpz. 1940; A. Schering, Das Symbol in d. Musik, hrsg. v. W. Gurlitt, Lpz. 1941; I. Strawinsky, Poétique mus., Paris u. NY 1942, revidiert Paris 1952, deutsch Mainz [2]1960, engl. NY 1956; J. Handschin, Der Toncharakter, Zürich (1948); G. Brelet, Le temps mus., essai d'une esthétique nouvelle de la musique, 2 Bde, Paris 1949; C. Dahlhaus, Zu Kants Musik-Ä., AfMw X, 1953; N. Hartmann, Ä., Bln 1953; K. Huber, Musik-Ä., hrsg. v. O. Ursprung, Ettal 1954; W. Gurlitt, Über d. Phantasie in d. musischen u. bildenden Künsten, RBM VIII, 1954; ders., Form in d. Musik als Zeitgestaltung, = Akad. d. Wiss. u. d. Lit. Mainz, Abh. d. geistes- u. sozialwiss. Klasse, Jg. 1954, Nr 13; Z. Lissa, Fragen d. Musik-Ä., Bln 1954; H. H. Eggebrecht, Das Ausdrucksprinzip im mus. Sturm u. Drang, DVjs XXIX, 1955; H. v. Zingerle, Zum Problem einer Stilgesch. d. »ästhetischen Qualitäten«, Fs. W. Fischer, Innsbruck 1956; K. H. Darenberg, Studien zur engl. Musikä. d. 18. Jh., = Britannica et Americana VI, Hbg 1960; W. Seifert, Chr. G. Körner, = Forschungsbeitr. zur Mw. IX, Regensburg 1960; A. Wellek, Musikpsychologie u. Musikä., Grundriß d. systematischen Mw., Ffm. 1963.

Aetherophon, auch Theremingerät, Thereminovox. Das erste elektrophonische Musikinstrument von praktischem Musizierwert war das Ae. (Ätherwelleninstrument) des russischen Physikers L. → Theremin. Nach längerer Erprobung in Rußland wurde das Gerät 1927 erstmals in Frankfurt am Main und in einem Konzert des Berliner Philharmonischen Orchesters eingesetzt. Das Prinzip der Schwingungserzeugung besteht darin, das Pfeifen eines durch Rückkopplung zur Eigenerregung gebrachten Rundfunkempfängers in einer musikalischen Skala abstimmbar zu machen. Das Gerät besteht aus zwei Hochfrequenzgeneratoren, deren (Sinus-)Schwingungen überlagert werden. Die Differenzfrequenz wird nach Filterung und Verstärkung im Lautsprecher hörbar. Der eine Generator ist mit einer Stabantenne versehen. Nähert man die Hand dieser

»Spielantenne«, so tritt durch Verbindung des Spielers mit der Erde eine kapazitive Verstimmung des einen Generators ein, somit eine Änderung der Differenzfrequenz und damit der Tonhöhe. Der Umfang von 3 Oktaven ist für musikalische Zwecke nicht wesentlich überschreitbar. Die Lautstärke kann durch einen mittels Fußpedals betätigten Widerstand oder über eine zweite Antenne verändert werden. Ein »Klangfarben«-Register ist nicht vorhanden.

Lit.: P. LERTES, Elektrische Musik, Dresden u. Lpz. 1933; W. MEYER-EPPLER, Elektrische Klangerzeugung, Bonn (1949); FR. WINCKEL, Hdb. f. Hochfrequenz- u. Elektrotechniker, Bln 1953; FR. K. PRIEBERG, Musica ex machina, Bln, Ffm. u. Wien (1960).

AEUIA (oder AEVIA, Aeuia, auch Aeua), eine vor allem in mittelalterlichen Choralhandschriften verwendete paläographische Kurzform des Wortes Alleluia, entstanden durch Auslassung der Konsonanten. Sie findet sich bereits in Codex 359 der Stiftsbibliothek St. Gallen (9. Jh.).

Affektenlehre, Lehre von den die menschliche Seele bewegenden Leidenschaften und Gemütsbewegungen, die im musikalischen Barock zum Mittelpunkt theoretischer Erörterungen wird. – Affekt (griech. πάθος, das Erleiden; lat. perturbatio, zuerst bei Cicero, Tusc. 4, 10, affectus, von lat. afficere, antun, zuerst bei Seneca, oder passio; frz. passion) bezeichnet den leidenschaftlichen Erregungszustand, in dem der Mensch von der Außenwelt abhängig ist. – Die musikalische A. geht auf die griechische Antike zurück, wo sie im Zusammenhang mit der Ethik stand. Damon von Athen (5. Jh. v. Chr.) stellt einen Zusammenhang her zwischen den rhythmischen und melodischen Bewegungen und denen in der Seele des Hörers, die von jenen hervorgerufen werden (*Athenaios* XIV, 628c). Auch bei Platon spielen, im Anschluß an Damon, die Affekte eine wichtige Rolle: Wertgeltung hat nur diejenige Musik, die sich als ethisch positiv auszeichnet und im Gefüge des platonischen Idealstaates der Erziehung dient (*Politeia* III, 3. Kap.). – In der römischen Spätantike und im Mittelalter waren die Affekte des öfteren Gegenstand theoretischer Erörterung (Cassiodor, Isidor von Sevilla). Auch Johannes Affligemensis (J. Cotton) vermittelt in seiner *Epistola ad Fulgentium* (zwischen 1100 und 1121) eine affektbestimmte Wirkungslehre. Bei Ramos de Pareja (*Musica practica*, 1482) entsprechen die 4 Temperamente den 4 authentischen Kirchentönen. Im Zeitalter des Humanismus und der Renaissance erwuchs die Frage der Darstellung, der explicatio textus, mithin der dem Textvorwurf eingelagerten Affekte, zu einer neuen Aufgabenstellung des Komponisten. Wiederholt ist im Rahmen der Musica vocalis vom »Darstellen der Affekte« die Rede, z. B. *affectus exprimere* oder, was das gleiche bedeutet, *sensus textuum exprimere*. Das besagt: die im Text objektivierten Affekte sollen mit den kompositionstechnischen Mitteln »dargestellt« werden. Die → Musica reservata und das italienische Madrigal der Spätrenaissance bieten hervorragende Zeugnisse der musikalischen Affektdarstellung. Zarlino (*Istitutioni harmoniche*, 1558) verbindet die A. mit der Intervallehre und mit dem von ihm theoretisch entwickelten Akkordbegriff. Die Intervalle ohne Halbton (Sekunde, große Terz, große Sexte, große Tredezime) vergegenwärtigen den Affekt der Freude, die Intervalle mit Halbton (kleine Terz, kleine Sexte, kleine Tredezime) den der Traurigkeit. Die Affektwirkung des Dur-Dreiklangs ist allegro (freudig), die des Moll-Dreiklangs dagegen mesto (traurig). Im Barock-Zeitalter rückte die Frage der Affektendarstellung in den Mittelpunkt der Musiklehre. Melodik (Intervallehre), Harmonik, Rhythmik, Tempostufung, Klanglagen, Dynamik und sogar Stilistik wurden in den Dienst der Nachahmung von Affekten gestellt. Cl. Monteverdis Stillehre gipfelt in dem stile concitato, der bei G. B. Doni (*Annotazioni*, 1640) stile espressivo heißt und seiner pathetischen und dramatischen Wucht (*esprimere gli affetti*) wegen nur auf der Bühne zu hören sei. Auch die Vortragstechnik wird auf die affektuose Darstellung bezogen, z. B. soll der Sänger bei traurigen Affekten die Intervalle schleifen, wie es noch der Schütz-Schüler Chr. Bernhard verlangt. In seinen *Nuove musiche* (Florenz 1601), der für den Stilwillen des Barock programmatischen Sammlung von generalbaßgestützten Solomadrigalen und -arien, fordert Caccini vom Sänger das *cantare con affetto*. Der Philosoph R. Descartes leitet in seiner berühmten Abhandlung *Les passions de l'âme* (1649) aus den 6 Grundformen der Verwunderung (admiration), Liebe (*amour*) und Haß (*haine*), Verlangen (*désir*), Freude (*joie*) und Trauer (*tristesse*) die mannigfaltigen Arten und Unterarten von Affekten ab. Zu gleicher Zeit erörtert A. Kirchers *Musurgia universalis* (1650) die Affekte als Typen seelischer Erregungszustände und ihre musikalische Darstellung, indem er sie mit beispielhaften Ausschnitten aus Werken bedeutender Komponisten belegt. Dabei bringt er die Temperamentenlehre mit der A. zusammen und nennt die affektdarstellende Musik *Musica pathetica*. A. Werckmeister († 1706) verbindet die A. mit theologischen Wertbegriffen und mit seiner mathematisch fundierten und naturphilosophisch durchsetzten Vollkommenheitslehre. Grundsätzlich lassen sich folgende Regeln erkennen: der Affekt der Freude wird durch Durtonarten dargestellt, durch schnelles Tempo, vorwiegend konsonante und große Intervalle, durch welche die Lebensgeister (*spiritus animales*) in Bewegung geraten, sowie durch eine höhere und glanzvolle Klanglage; der Affekt der Traurigkeit hingegen durch Molltonarten, häufige Verwendung von Dissonanzen, von Querständen (*relationes non harmonicae*) und engen Intervallen (Ganz- und Halbtöne), durch welche die Lebensgeister sich zusammenziehen, sowie durch langsameres Tempo und dunklere (mittlere oder tiefe) Lagen. Die musikalische Rhetorik kennt zahlreiche → Figuren zur Darstellung von Affekten. So ist der vom Grundton zu dessen Unterquart in Halbtönen (»chromatisch«) fallende Lamentobaß (z. B. in Purcells *Dido and Aeneas*, in Bachs Kantate *Weinen, Klagen, Sorgen, Zagen*, BWV 12, bzw. im Crucifixus der H moll-Messe), auch → Passus duriusculus genannt, eine der Figuren für die Darstellung eines schmerzlichen Affekts bzw. Sinngehalts des Textes, so auch die Verwendung tonleiterfremder Halbtöne überhaupt (→ Pathopoiia). M. Mersenne erklärt in seiner *Harmonie universelle* 1636 die unterschiedlichen Wirkungen von großer und kleiner Terz; jene hat vorwärtsdrängende Kraft, diese dagegen ist schlaff und entbehrt der Dynamik; in der Dissonanzbehandlung erblickt Mersenne den Vorrang der Kunstmusik gegenüber der Volksmusik. Zurückhaltend ist er den Affektcharakteren der Musikinstrumente gegenüber, während etwa 50 Jahre vorher bei V. Galilei Ansätze zu einer affektuosen Wirkungslehre der Instrumente sichtbar waren: Violen und Lauten seien zur Darstellung der ernsten und traurigen Affekte geeignet, nicht dagegen die Tasteninstrumente. Auch die Elemente der musikalischen Zeitgestaltung dienen im Barockzeitalter der Darstellung bestimmter Affekte, etwa allegro für den Affekt der Freude, adagio für den der Traurigkeit; das schnelle Tempo wird jedoch auch als Darstellungsmittel des Zorns verwendet (*affectus cholericus*). Hinzu kommt die affektgesteuerte Veränderung des Tempos, die des öfteren für hochpathetische Musik gefordert wird und die neben das weiterbestehende strenge Tempogleichmaß tritt. Monteverdi etwa unterscheidet in der Vorrede seines 8. Madrigalbuches (1638) die Stetigkeit des traditionellen *tempo de la mano* und das moderne *tempo del affetto del animo e non quello de la mano*. Auch Frescobaldi fordert für den Vortrag seiner Tokkaten die affektuose Temponahme. Des öfteren bezeichnen Angaben wie senza battuta oder sans mesure (z. B. bei Froberger) die affektbestimmte Differenzierung des Tempos. – Die dargestellten Affekte werden als typische Verhaltensweisen des Menschen erfaßt. Sie vergegenwärtigen nicht etwa eine subjektive Selbstkundgabe des Komponisten. Auch werden sie nicht naturalistisch geschildert, sondern ins Idealtypische erhoben. Im Ausgang des Barockzeitalters wurde auch die A., mithin die musikalische Darstellung der Affekte aufgelöst. J. J. Quantz († 1773) spricht bereits vom Wechsel der Affekte innerhalb eines Satzes und löst sie von der Einheit des barocken Zentralaffekts. In dem Traditionsbruch der Geniezeit, des empfindsamen Stils und des musikalischen Sturm und Drang versank die barocke A. Aus der objektiven Darstellung von Affekten wurde ein subjektiver → Ausdruck von Empfindungen und Gefühlen, die den Komponisten bewegen.

Lit.: H. KRETZSCHMAR, Allgemeines u. Besonderes zur A. I–II, JbP XVIII–XIX, 1911–12; H. GOLDSCHMIDT, Die Musikästhetik d. 18. Jh., Zürich 1915; M. KRAMER, Beitr. zu einer Gesch. d. Affektbegriffs in d. Musik v. 1550–1700, Diss. Halle 1924, maschr.; R. SCHÄFKE, Quantz als Ästhetiker, AfMw VI, 1924; W. SERAUKY, Die mus. Nachahmungsästhetik im Zeitraum v. 1700–1850, = Universitas-Arch. XVII, Münster i. W. 1929; A. SCHERING, Das Symbol in d. Musik, hrsg. v. W. Gurlitt, Lpz. 1941; H. H. EGGEBRECHT, Das Ausdrucksprinzip im mus. Sturm u. Drang, DVjs XXIX, 1955; R. DAMMANN, Zur Musiklehre d. A. Werckmeister, AfMw XI, 1954; DERS., Die Struktur d. Musikbegriffs im deutschen Barock, Habil.-Schrift, Freiburg i. Br. 1958, maschr.; FR. T. WESSEL, The Affektenlehre in the 18th Cent., Diss. Bloomington 1955, maschr.

affettuoso, affettuosamente, con affetto (ital.), affectueusement (frz.), s. v. w. gemütsbewegend, mit Affekt; eine besonders im Barockzeitalter gebräuchliche Vortragsbezeichnung, nach Walther (1732): *sehnlich, nachdrücklich, hertzbeweglich*, als Tempoangabe nach Koch (1802) eine *mäßig langsame Bewegung, die zwischen Adagio und Andante das Mittel hält* (Mittelsatz des 5. Brandenburgischen Konzerts BWV 1050 von J. S. Bach).

affrettando (ital.), beschleunigend, s. v. w. stringendo; affrettato, beschleunigt, s. v. w. più mosso.

Afrikanische Musik. Die ältesten Quellen zur Musikgeschichte Afrikas liefern die Felsbilder in den Gebirgen Nord- und Südafrikas, die denen aus Spanien und Südfrankreich weitgehend gleichen. Sie zeigen ein Musikleben mit kultisch-magischen Tänzen, die von Gesang, Fußstampfen und Händeklatschen begleitet waren und ähnlich noch heute in Afrika vorkommen. Die ältesten dieser Zeichnungen stammen aus dem Neolithikum; in Südafrika wurden sie von den Buschmännern noch zur Zeit der Entdeckung durch die Europäer angefertigt. – Der erste nachweisbare Einfluß A.r M. auf Europa ging von Ägypten aus, das seine hochentwickelte Musikkultur schon in biblischer Zeit nach Kleinasien und Griechenland, in der Spätantike auch nach Italien übertrug (→ Ägyptische Musik). In der Völkerwanderungszeit kam es durch die Goten in Nordafrika zu erneuten Kontakten zwischen europäischer und nordafrikanischer Musik, deren Spuren in der Musik der nordafrikanischen Berber vermutet werden. Umgekehrt beeinflußten nordafrikanische Stile der frühchristlichen Gemeinden in Ägypten, Lybien und Karthago die Entwicklung der abendländischen Kirchenmusik. Der hl. → Augustinus († 430), dessen 6 Bücher *De Musica* sowie andere Schriften entscheidenden Einfluß auf die Musik der weströmischen Kirche hatten, war Afrikaner. Von den afrikanischen Sängerschulen gingen wichtige Impulse aus, die für die Gestaltung von Liturgie und Hymnendichtung ebenso bedeutsam waren wie die syrischen und griechischen Schulen. Die christliche Kirchenmusik Nordafrikas lebt noch heute in der koptischen Kirche Ägyptens und Abessiniens (→ Koptische Musik). – Mit der Eroberung Ägyptens durch die Araber 640 n. Chr. begann eine neue Epoche. In wenigen Jahrzehnten stand der ganze Norden des Kontinents unter der Herrschaft des Islams, der dann auch nach Spanien und Portugal herübergriff. Über Spanien gelangten Elemente der arabisch-afrikanischen Musik nach West- und Mitteleuropa, vor allem die Laute und die Form des weltlichen Sololiedes mit Instrumentalbegleitung und -zwischenspielen. Arabisch-islamische Musik verdrängte oder überdeckte in Nordafrika die einheimischen Stile und drang mit der islamischen Missionstätigkeit auch nach Süden zu den hamitischen und negroiden Völkern südlich der Sahara vor. Vom Mittelalter bis zur Gegenwart scheidet sich die Musik Afrikas somit in zwei deutlich gegeneinander abgesetzte Stilkreise: den islamisch-arabischen im Norden, der bis in den Sudan hineinreicht, und den negroiden im Süden (→ Arabisch-islamische Musik, → Negermusik). Trotz aller Abhängigkeit von den Vorbildern der arabisch-orientalischen Musik kann man die Musik Nordafrikas nicht schlechtweg arabisch nennen. Sie hat in der langen Zeit ihrer Geschichte und in der zeitweise völligen Isolierung vom Ursprungsland, vor allem auch durch die Einbeziehung der Musik der einheimischen Völker, zumindest den Charakter eigener Dialekte angenommen. – Die Musikkultur Nordafrikas ist städtisch; ihr höfisch-feudaler Ursprung ist jedoch nicht vergessen. Die Musik der ländlichen Siedlungen unterscheidet sich nicht nennenswert von der städtischen. Nomadisierende Beduinen, in Arabien die Hüter der höfischen Musiküberlieferungen, sind in Nordafrika an Zahl und Bedeutung gering. Einzig die nichtsemitischen Berber haben in ihrer Musik eine gewisse Eigenständigkeit bewahrt, die allerdings weniger im Stofflichen und Formalen als im Klang und Vortrag zum Ausdruck kommt. Im Gegensatz zur fröhlich-lärmenden Musik der Neger Afrikas erscheint die der Araber in Nordafrika unaufdringlich. Diese Zurückhaltung in der Ausübung der Musik mag auf den Einfluß des Islams zurückgehen, der nicht musikfreundlich ist. Außerhalb des Kults gibt es jedoch eine Kunstmusik, die auf der religiösen Dichtung beruht. Sie ist, wie auch die von ihr hergeleitete weltliche Musik »Kammermusik«, ausgeführt von Gesangs- und Instrumentalsolisten, eine im Prinzip einstimmige Musik in kunstvoller Verschränkung von Melos und Rhythmus. Das instrumentale Ensemble besteht dabei in der Regel aus mehreren Spielern bei gleichstarker Beteiligung von Melodie- und Rhythmusinstrumenten. Von letzteren sind die wichtigsten eine Schellen-Rahmentrommel (Ṭār), die ebenso wie die vasenförmige Gefäßtrommel Darabukka mit der Hand geschlagen wird, und die stets paarweise gebrauchte Hand-Kesselpauke (Naqqārāt), die mit leichten Schlägeln geschlagen wird. Die wichtigsten Melodieinstrumente sind die Kurzhalslaute ('Ūd), die Langhalslaute (Ṭanbūr) sowie die Stachelgeige (Rabāb) und Zither (Qānūn). An Blasinstrumenten finden sich die ägyptischen Längsflöten (Naỹ), während die verschiedenen Schalmeitypen für die Kunstmusik von geringer Bedeutung sind. – Wie in der europäischen Musik werden auch in der nordafrikanischen altüberlieferte Formen und Stile neben neuen gepflegt, die mehr oder weniger im Banne der alten Tradition stehen, aber stärker mit Elementen der Folklore durchsetzt sind. Europäische Einflüsse zeigen sich nur im Bereich der volkstümlicheren Abarten und der reinen Unterhaltungsmusik. – Während sich die Musikgeschichte Nordafrikas dank der ägyptischen Quellen bis ins 2. vorchristliche Jahrtausend zurückverfolgen läßt, ist die Musik südlich der Sahara nur in ihren gegenwärtigen Äußerungen bekannt. Zwar ist den Mythen und Sagen der Negervölker ein gewisser Grad historischer Wahrheit zuzumessen, manche Ursprungs- und Wanderungssagen sind auch nachprüfbar und bestätigt. Sie erklären z. B. das Vorkommen bestimmter Instrumente, die auf oft noch ungeklärten Wegen aus den Hochkulturen des Nordens und Ostens, sogar aus Indonesien weit in den Kontinent hinein gelangten. Die gegenwärtige Musik der schwarzen Afrikaner ist erst durch die europäische Kolonisation und Mission bekannt geworden, wird heute aber bereits wesentlich von eingeborenen weißen und schwarzen Afrikanern erforscht. Sie zeigt eine bunte Vielfalt der Stile, die in etwa den rassischen, sprachlichen und kulturellen Gruppierungen der Bevölkerung entspricht. An das semitisch-arabische Nordafrika schließen sich die hamitischen Völker an, von denen einige in ihrer Musik stark von den Arabern Nordafrikas beeinflußt sind. Südlich der Sahara zieht sich in breitem Gürtel der Stilkreis der Sudanneger hin, deren Musik trotz höfischer Herkunft den Charakter der afrikanischen Gemeinschaftskunst aufweist. Zwischen Kongo im Westen und Sambesi im Osten erstreckt sich die Zone der Bantunegermusik mit reich ausgebildeten mehrstimmigen Formen. Die Bantusprachen sind Tonsprachen, bei denen die relative Tonhöhe einer Sprachsilbe deren Bedeutung ebenso bestimmt wie der Lautbestand. Neben diesen vier Hauptstilkreisen der A.n M. gibt es noch eine Reihe kleinerer. Unter ihnen sind die der anthropologisch selbständigen Gruppen der Buschmänner und Hottentotten hervorzuheben, Völkerschaften im Süden des Kontinents, die als offenbar ältere Bevölkerungsschicht eine weitaus primitivere Musik als die benachbarten Bantuneger haben, obwohl sie viele Elemente derselben übernommen haben. Die zur Urbevölkerung Afrikas zählenden Zwergvölker, die Pygmäen, wohnen über ganz Zentralafrika und im westlichen Küstenbereich verstreut in Rückzugsgebieten längs des Äquators. Ihre Musik scheint jedoch viel Lehngut der benachbarten Bantu- und Sudanstämme zu enthalten. Eine besondere musikalische Kulturprovinz ist das Kaiserreich Äthiopien, das älteste, geschlossene Staatsgebilde auf afrikanischem Boden. Die Insel Madagaskar hat eine eigene Musikkultur entwickelt, bei der negroide und malaiische Stilelemente eine Verbindung eingegangen sind. Durch die islamischen und christlichen Missionen sind die Musikstile Negerafrikas verändert worden. Hierbei ist die Christianisierung von kaum geringerem Einfluß gewesen als der Islam, der völlig wesensfremde Züge in die Negermusik Afrikas brachte. Er hat heute bereits große Teile des Kontinents erfaßt und ist im Vordringen.

Lit.: B. ANKERMANN, Die afrikanischen Musikinstr., Ethnologisches Notizblatt III, 1901; E. M. v. HORNBOSTEL, Phonographierte tunesische Melodien, SIMG VIII, 1906/07; DERS., Wanyamwesi-Gesänge, Anthropos IV, 1909; DERS., African Negro Music, Africa I, 1928; W. HEINITZ, Über d. Musik d. Somali, ZfMw II, 1919/20; A. SICHEL, Hist. de la musique des Malgaches, in: Hist. de la musique V, hrsg. v. A. Lavignac, Paris 1922; R. LACHMANN, Die Musik in d. tunesischen Städten, AfMw V, 1923; ST. CHAUVET, La musique nègre, Paris 1929; A. CHOTTIN, Corpus de musique marocaine, 2 Bde, Paris 1931–33; DERS., Instr., musique et danse chleuhs, Zs. f. vergleichende Mw. I, 1933; A. N. TUCKER, Tribal Music and Dancing in the Southern Sudan, London 1933; H. WIESCHHOFF, Die afrikanischen Trommeln u. ihre außerafrikanischen Beziehungen, = Studien zur Kulturkunde II, Stuttgart 1933; P. R. KIRBY, The Mus. Instr. of the Native Races of South Africa, Oxford/London 1934, Johannesburg ^{2}1953; DERS., African Music, in: Hdb. on Race Relations in South Africa, London 1949; M. SCHNEIDER, Gesch. d. Mehrstimmigkeit I, Bln 1934, Rom ^{2}1964; DERS., Gesänge aus Uganda, AfMf II, 1937; DERS., Die Verbreitung afrikanischer Chorformen, Zs. f. Ethnologie LXIX, 1937; C. M. DOKE, Games, Plays and Dances of the Khomani Bushmen, Bantu Studies X, 1936; A. BERNER, Studien zur arabischen Musik ... in Ägypten, = Schriftenreihe d. Staatl. Inst. f. deutsche Musikforschung II, Lpz. 1937; BARON R. D'ERLANGER, Mélodies tunisiennes, Paris 1937; H. HUSMANN, 7 afrikanische Tonleitern, JbP XLVI, 1939; H. G. FARMER, Early References to Music in the Western Soudan, Journal of the Royal Asiatic Soc., 1939; FR. HORNBURG, Die Musik d. Tiv in Nigerien, Diss. Bln 1940; DERS., Phonographierte afrikanische Mehrstimmigkeit, Mf III, 1950; F. HOERBURGER, Musik aus Ungoni (Deutsch-Ostafrika), Diss. München 1941, maschr.; DERS., Tunesische Volksmusik, Musica IX, 1955; G. HERZOG, Drum-Signalling in a West African Tribe, Word 1945; J. BOUWS, Muziek in Zuid-Afrika, Brügge 1946; DERS., Zuid-Afrikaans volksmuziek, Mens en Melodie V, 1950; DERS., Zuid-afrikaanse komponisten, Kapstadt 1957; A. SCHAEFFNER, La musique noire d'Afrique, in: La musique des origines à nos jours, hrsg. v. N. Dufourcq, Paris 1946; DERS., Les Kissi, = L'Homme II, Paris (1951); H. T. TRACEY, Lalela Zulu, Johannesburg 1948; DERS., Songs from the Kraals of Southern Rhodesia, Salisbury 1933; DERS., Ngoma. An Introduction to Music for Southern Africans, London 1948; DERS., Evolution et continuité de la musique africaine, Les Colloques de Wégimont I, 1954, S. 187; G. GORER, Afrika u. seine Tänze, Bern 1950; O. BOONE, Les tambours du Congo-Belge et du Ruanda-Urundi, = Annales du Musée du Congo Belge Tervuren (Belgique), N. S., Sciences de l'homme, Ethnographie I, Tervuren 1951; R. BRANDEL, Music of the Giants and Pygmies of the Belgian Congo, JAMS V, 1952; DIES., The Music of African Circumcision Rituals, JAMS VII, 1954; DIES., The Music of Central Africa, Den Haag 1961; E. PHILLIPS, Yoruba Music, Johannesburg 1953; A. KOOLE, Report on an Inquiry into the Music and Instr. of the Basutos in Basutoland, Kgr.-Ber. Utrecht 1952; A. M. JONES, African Rhythm, Africa XXIV, 1954; DERS., Studies in African Music, 2 Bde, London 1959; CH. M. CAMP u. BR. NETTL, The Mus. Bow in Southern Africa, Anthropos L, 1955; M. GRIAULE, Symbolisme des tambours soudanais, Mélanges d'hist. et d'esthétique mus. offerts à P.-M. Masson I, Paris (1955); J. N. MAQUET, Note sur les instr. de musique congolais, = Acad. Royale des Sciences coloniales, N. S. VI, 4, Brüssel 1956; B. SÖDERBERG, Les instr. de musique du Bas-Congo et dans les régions avoisinantes, = The Ethnographical Museum of Sweden, Monograph Series, Publication III, Stockholm 1956; H. U. BEIER, Yoruba Vocal Music, African Music I, Nr 3, 1956; J. KYAGAMBIDDWA, African Music from the Sources of the Nile, London 1956; L. MARFURT, Musik in Afrika, München 1957; F. GIORGETTI, Musica africana, = Museum Combonianum X, Bologna 1957; Y. GRIMAUD, Notes sur la musique vocale des Bochiman !Kung et des pygmées Babinga, Les Colloques de Wégimont III, 1960; R. GUENTHER, Eine Studie zur Musik in Ruanda, ebenda; J. H. NKETIA, Possession Dances in African Soc., Journal of the International Folk Music Council IX, 1957; DERS., The Hocket-Technique in African Music, ebenda XIV, 1962; DERS., Folk Songs of Ghana, London 1963; A. KING, Yoruba Sacred Music from Ekiti, Ibadan (Nigeria) 1961; H. WEMAN, African Music and the Church in Africa, Uppsala 1960; R. MÉNARD, Contribution à l'étude de quelques instr. de musique Baoulé, Jb. f. mus. Volks- u. Völkerkunde I, 1963; H.-H. WÄNGLER, Über Beziehungen zwischen gesprochenen u. gesungenen Tonhöhen in afrikanischen Tonsprachen, ebenda; A. P. MERRIAM, Characteristics of African Music, Journal of the International Folk Music Council XV, 1963. – Zs.: African Music Soc. Newsletter, 1948–53, fortgesetzt als: African Music, seit 1954.   FB

Afro-amerikanische Musik. Ab etwa 1530 wurden von den Kolonialmächten Spanien, Portugal, Niederlande, Frankreich und England Negersklaven, vorwiegend aus Westafrika, auf den amerikanischen Kontinent gebracht. Zwischen der Musik der Neger, der Weißen, der amerikanischen Ureinwohner (Indianer) fanden gegenseitige Beeinflussungen statt, die regional zu verschiedenen Stilen führten. Der bedeutendste ist der →Jazz, der zuweilen auch mit A.-a.r M. schlechthin bezeichnet wird.

Lit.: H. E. KREHBIEL, Afro-American Folksongs, NY u. London 1914, ²1959; H. W. ODUM u. B. JOHNSON GUY, The Negro and his Song, Chapel Hill 1925; M.C. HARE, Negro Musicians and their Music, Washington 1936; J. A. u. A. LOMAX, Negro Folk Songs, NY 1936; M. J. HERSKOVITS, El estudio de la música negra en el hemisferio occidental, Boletín Latino Americano de Música V, 1941; DERS., The Myth of the Negro Past, NY 1944; N. R. ORTIZ ODERIGO, Panorama de la música Afro-americana, Buenos Aires 1944; A. RAMOS, Las culturas negras de Novo Mundo, São Paulo u. Rio de Janeiro 1946, deutsch v. R. KATZ, Zürich 1948; M. VAJRO, La musica negra e gli studii di afro-americanistica, Rivista di Etnografia III, 1949; E. R. CLARK, Negro Folk Music in America, Journal of American Folklore LXIV, 1951; R. CARÁMBULA, Negro y tambor, Buenos Aires 1952; M. M. FISHER, Negro Slave Songs in the United States, Ithaca 1953; A. M. DAUER, Der Jazz, Kassel (1958).

Afro-Cuban Jazz, eine im Zusammenhang mit dem → Be-bop bekanntgewordene Strömung des Jazz, die Ende der 1940er Jahre als Cuban bop (Cu-bop) ihren Höhepunkt erreichte. Im A.-C. J. sind melodische und vor allem rhythmische Elemente der lateinamerikanischen Musik beherrschend in den Jazz einbezogen (Rumba, Conga, Mambo, Calypso). Die Rhythmusgruppe der Band wird dazu durch verschiedene kubanische Schlaginstrumente, wie Bongo, Conga, Claves (mit den speziell zu ihnen gehörigen Rhythmusfiguren) bereichert. – Auf Grund der Einwanderung von Negersklaven aus Kuba und den lateinamerikanischen Gebieten bis zum Ende des 19. Jh. in die Südstaaten der USA waren Elemente der afro-amerikanischen Musik bereits in frühe kreolische Lieder eingedrungen. (Der Tango wurde schon 1914 in den USA Mode.) Sporadisch begegnen solche Elemente auch im New-Orleans-Jazz und im Ragtime. In den Vordergrund traten sie jedoch erstmalig in der Swing-Ära (Ellington). Innerhalb der Be-bop-Bewegung gab (1947–48) die Band von Gillespie mit dem kubanischen Bongo-Trommler Chano Pozo den Anstoß zur weltweiten Popularisierung des A.-C. J., der dann sowohl im → Progressive Jazz (Stan Kenton) kompositorisch verarbeitet, als auch von kleineren Ensembles übernommen wurde. – Umgekehrt übernahmen in den 1940er Jahren südamerikanische Tanzkapellen Jazzelemente (Frank Grillo Machito) und spielten teilweise mit berühmten Be-bop-Musikern (Charlie Parker). Von dieser Seite führte der Weg zur jüngsten kommerziellen Verbreitung lateinamerikanischer Tanzmusik mit modischen Tänzen (Mambo, Cha-Cha-Cha).

Agende (lat. agenda, s. v. w.: was getan werden soll), seit der 2. Synode von Karthago (390) Name gottesdienstlicher Handlungen (z. B. agendam celebrare, agenda diei), in späterer Zeit Bezeichnung liturgischer Bücher, die die gottesdienstlichen Formulare enthalten, besonders in der evangelischen Kirche, während in der katholischen Kirche, vor allem nach der Reformation, der Name Rituale gebräuchlicher ist. Auch die A.n der evangelischen Kirchen tragen häufig andere Bezeichnungen: im 16. und 17. Jh. erschienen sie oft unter dem Namen und als Teil der Kirchenordnung. Agenda heißt hier erstmals die 2. Auflage der Kirchenordnung Herzog Heinrichs zu Sachsen (1540, *Agenda, das ist Kyrchenordnung, wie sich die Pfarrer und Seelsorger in iren Ampten und Diensten halten sollen* ...); ihr gingen A.n mit anderen Namen voraus, z. B. Luthers *Formula Missae* (1523), *Deudsche Messe und Ordnung Gottesdiensts* (1526), Th. Müntzers *Deutzsch kirchen ampt* (1523). In neuerer Zeit wird die A. auch Kirchenbuch genannt, vor allem in der reformierten Kirche; in England heißt sie book of common prayer. – In ihren musikalischen Teilen beschränken sich die A.n meist auf die vom Liturgen gesungenen Stücke; die Gesänge des Chores und der Gemeinde dagegen stehen in den Kantionalien und Gesangbüchern. A. und Gesangbuch vereinigt z. B. J. Keuchenthal in *Kirchen Gesenge Latinisch und Deudsch, sampt allen Evangelien, Episteln, und Collecten, auff die Sontage und Feste ... Aus den besten Gesangbüchern und A.n ... zusamen gebracht* (1573). – Als Quelle zur Geschichte der evangelischen Liturgie und Kirchenmusik spiegeln die A.n die durch Luther und seine Zeitgenossen begonnene Reform des Kirchengesanges und der Liturgie wider sowie deren Verfall während der Zeit des Rationalismus und die verschiedenen Restaurations- und Erneuerungsbestrebungen im 19. und 20. Jh., die teils bei der reformatorischen Überlieferung, teils bei vorreformatorischen Formen anknüpfen. J. F. Naues *Versuch einer musikalischen A.* (1818, ²1823) greift auf die sächsische A. von 1539 zurück; im wesentlichen hierauf stützt sich Friedrich Wilhelms III. *Kirchenagende für die Hof- und Domkirche zu Berlin* (1822), die Ausgangspunkt für die jetzige *A. für die Kirche der Altpreußischen Union* ist. In neuerer Zeit sind unter anderem wichtig die Bestrebungen der Alpirsbacher Bewegung (z. B. *Alpirsbacher Antiphonale*, 1951), des Berneuchener Kreises (z. B. *Die Ordnung der Messe ... mit den musikalischen Formen des Ordinariums für Pfarrer, Chor und Gemeinde*, 1950), der Michaelsbruderschaft (z. B. *Die Heilige Woche. Ordnungen für die Gottesdienste der Karwoche und die Feier der Osternacht*, 1951) und die beiden Bände der *A. für ev.-luth. Kirchen und Gemeinden* (1955–60).

Lit.: R. v. LILIENCRON, Liturgisch-mus. Gesch. d. ev. Gottesdienstes v. 1523–1700, Schleswig 1893; Die ev. Kirchenordnungen d. 16. Jh., hrsg. v. E. SEHLING, Bd. I–V, Lpz. 1902–13, fortgeführt seit 1955; FR. BLUME, Die ev. Kirchenmusik, Bücken Hdb.; P. GRAFF, Gesch. d. Auflösung d. alten gottesdienstlichen Formen in d. ev. Kirche Deutschlands, 2 Bde, Göttingen 1937–39; G. RIETSCHEL, Lehrbuch d. Liturgik, bearb. v. P. GRAFF, Göttingen ²1951; H. J. MOSER, Die ev. Kirchenmusik in Deutschland, Bln u. Darmstadt 1954; Leiturgia, Hdb. d. ev. Gottesdienstes, hrsg. v. K. F. MÜLLER u. W. BLANKENBURG, 4 Bde, Kassel 1954–61; CHR. MAHRENHOLZ, Die Kirchenmusik in d. neuen Lutherischen A., MuK XXV, 1955; Jb. f. Liturgik u. Hymnologie, hrsg. v. K. AMELN, CHR. MAHRENHOLZ u. K. F. MÜLLER, Kassel seit 1955.

Agnus Dei (lat., Lamm Gottes), der abschließende Gesang des Ordinarium missae in Form eines 3maligen An- und Bittrufes nach dem feierlichen Friedensgruß (Pax Domini). Sein Text setzt sich zusammen aus den Worten *Agnus Dei qui tollis peccata mundi* (= Anrufung; nach Joh. 1, 29, vgl. auch Joh. 1, 36) und darauf folgendem *Miserere nobis*, welches bei der 3. Anrufung durch das bereits in Troparien aus dem 10. Jh. (St. Martial, Winchester, Reichenau) vorkommende *Dona nobis pacem* ersetzt wird. In den Totenmessen lautet die Bitte seit dem 11. Jh. *Dona eis requiem* bzw. *Dona eis requiem sempiternam*. Der ursprüngliche Brauch, alle Anrufungen mit dem *Miserere nobis* ausklingen zu lassen, blieb bis heute in der Lateranbasilika und im Abendmahlsamt vom Gründonnerstag erhalten. – Gleich dem Kyrie eleison war das A. D. offenbar schon vor seiner gegen Ende des 7. Jh. erfolgten Einführung in die römische Meßfeier

Bestandteil der Allerheiligenlitanei. (Vgl. ferner den Christusruf A. D. im → Gloria in excelsis Deo.) Nach dem Liber Pontificalis bestimmte Papst Sergius I. (687-701), daß es von Klerus und Volk während der liturgischen Brotbrechung vorgetragen werden solle (Confractorium). Von seiner Ausführung im päpstlichen Stationsgottesdienst durch die Schola berichtet der 1. Römische Ordo (7. Jh.). Die zunächst praktizierte Form fortlaufender Wiederholung des Textes bis zum Ende der Confractio wurde schon in einigen Quellen aus dem 9. Jh. zugunsten der Dreizahl von An- und Bittruf aufgegeben, nachdem die Brotbrechung allmählich außer Gebrauch kam (9./10. Jh.). Damit erhielt das A. D. die Stellung eines Begleitgesanges zum Friedenskuß oder auch eines Kommuniongesanges. – Unter den 20 A. D., die das Graduale Romanum und Kyriale (Editio Vaticana) enthält, dürfte in Ordinarium XVIII (und im Requiem) die älteste Melodie vorliegen. Im Gegensatz zu den jüngeren Weisen beruht sie auf einfacher Rezitation bei geringstem Ambitus und melodischer Übereinstimmung der 3 Textabschnitte. Vermutlich blieb hier die Melodie der Agnus-Teile aus der altrömischen Allerheiligenlitanei erhalten (vgl. diese im Formular der Osternachtsfeier u. a.). Als grundlegendes Bauprinzip läßt sich auch in den übrigen Melodien eine Identität zwischen allen drei oder wenigstens zwei An- und Bittrufen feststellen.

Ausg.: Analecta hymnica medii aevi XLVII, hrsg. v. CL. BLUME u. H. M. BANNISTER, Lpz. 1905, Neudruck Ffm. 1961 (A. D.-Tropen).
Lit.: J. A. JUNGMANN SJ, Missarum Sollemnia II, Wien, Freiburg i. Br. u. Basel ^{5}1962; P. WAGNER, Einführung in d. Gregorianischen Melodien I u. III, Lpz. ^{3}1911 u. 1921, Neudruck Hildesheim u. Wiesbaden 1962; DERS., Gesch. d. Messe I, = Kleine Hdb. d. Mg. nach Gattungen XI, 1, Lpz. 1913; W. APEL, Gregorian Chant, Bloomington (1958). KWG

Agogik (von griech. ἄγειν, führen; ἀγωγή bezeichnet in der griech. Rhythmik die »Temponuancierung«, in der Harmonik den melodischen »Stufengang«), von H. Riemann 1884 als Korrelat zu Dynamik eingeführter Terminus für die durch einen lebendigen Ausdruck bedingten kleinen, im Notenbild nicht vermerkten Modifikationen des Tempo. Gemeint ist *so etwas vom Treiben einer lebendigen Kraft, die sich nicht völlig abzirkeln und in Masse fassen lässt*, jedoch seit Mitte des 18. Jh. *aus der Sphäre des künstlerischen Instinkts über die Schwelle des Bewusstseins* tritt, das den Ausdruck bis ins Allerkleinste *verstehen, kontrolieren, kritisiren will* (*Über A.*, S. 88f.). Der agogisch richtige Vortrag dient zugleich der Verdeutlichung von Taktart, motivischer Gliederung und harmonischem Aufbau und geht parallel mit der Dynamik: geringes Treiben (mit crescendo) bei Auftakten, kleine Dehnung (»agogischer Akzent« ⌒ über der Note) bei Schwerpunkttönen, Abnehmen der Dehnung (mit diminuendo) bei weiblichen Endungen. Das Beispiel zeigt eine Stelle aus dem Adagio der 9. Sinfonie von Beethoven mit Riemanns dynamisch-agogischen Zeichen:

Gegenüber solcher A. im kleinen bedeutet A. im großen z. B. das Treiben bei Sequenzen, die »agogische Stauung«, nämlich die Hemmung des Ansturms bei Steigerungen, das Zögern und Pausieren vor dem Themaeintritt. Das → Tempo rubato, obwohl schon von Riemann mit A. gleichgesetzt, ist ein Spezialfall der A., insofern der Ausdruck rubato sich ursprünglich nicht auf Temposchwankungen bezieht, sondern auf den ausdrucksvollen Vortrag der Hauptstimme bei streng im Zeitmaß fortlaufender Grund- bzw. Baßbewegung.

Lit.: H. RIEMANN, Mus. Dynamik u. A., Hbg u. St. Petersburg 1884; DERS., Über A. (1889), in: Präludien u. Studien II, Lpz. 1900.

Agréments (agrem'ã, frz.) → Verzierungen.

»Aida«-Trompete (frz. trompette thébaine), eine nach Verdis Oper *Aida* genannte Fanfarentrompete von schlanker Bauart (1,52 m) und scharfem, glanzvollem Ton. Sie wird in C, B, H, As und mit 1–3 Ventilen gebaut.

Air (ɛ:r, frz.; ɛə, engl.), Bezeichnung für Lied oder Melodie. Im engeren Sinne ist A. vom späten 16. bis ins 18. Jh., von Frankreich und England ausgehend, ein metrisch klares und periodisch einfaches Lied oder Instrumentalstück. – In England ist A. (auch Ayr, Ayre), neben der Bedeutung von Modus, Melodiecharakter (→ Arie), seit J. Dowland (*The first booke of Songes or Ayres*, 1597) ein von italienischen Balletti und Kanzonetten angeregtes populäres Lied zu 4 Stimmen, auch reduziert auf Sologesang mit Lauten-, auch Streicherbegleitung. Meist hat das A. beschwingten Tanzsatzcharakter, seltener sind Schmerz und Klage sein Inhalt, wie zum Teil bei J. Dowland, Morley und Leighton. In der 1. Hälfte des 17. Jh. ist das englische A. häufig rein instrumental, teils polyphon angelegt, teils (in Suiten) mit Tanzsatzcharakter (Holborne schon 1599, W. Lawes, J. Jenkins, Locke, Adson; Cr. Gibbons schrieb solche Ayres für die Masque *Cupid and Death*, 1653). Doch wurde das Lautenlied vorherrschend, wie die Sammlungen von Playford (1652–84) zeigen. Bedeutende A.-Komponisten sind J. Dowland, Weelkes, Morley, Rosseter, Campian, Jones, Greaves, Pilkington, Hume, Cooper, A. Ferrabosco. Ayrs begegnen auch in der Cembalomusik Purcells. – In Frankreich wurden mehrstimmige A.s, homophone weltliche Chansonsätze mit Oberstimmenmelodik, seit Mitte des 16. Jh. bis ins frühe 17. Jh. veröffentlicht (*Vingt-quatrième livre d'a.s et chansons à 4 parties*, Paris 1569, Ballard; *A.s mis en musique à quatre parties par F. M. Caietain*, 1578). Sie wurden dann aber von Lautenliedern verdrängt, wie sie seit Mitte des 16. Jh. bei Attaingnant und Phalèse erschienen waren und denen 1571 Le Roy und Ballard mit einem Buch *A.s de Cour* den für ein Jahrhundert gebräuchlichen Namen gaben. (Ab Mitte des 17. Jh. hießen leichtere Stücke auch brunettes.) Die zweiteiligen, auf Liebestexte komponierten und anfangs noch recht volkstümlich gehaltenen Lautenlieder treten als a.s à boire (einfach und frisch) und a.s sérieux (kunstvoller und rezitativisch) auf, zum Teil auch wie in England in Dialogform. Sie sind, vor allem in Sammeldrucken von Ballard bis weit ins 18. Jh. verbreitet. Ihre Beliebtheit außerhalb Frankreichs bezeugen Kontrafakturen in Liedern (Arien) von Albert und Voigtländer. Wie in England ist die Lautenstimme in Tabulatur zu den mensural gedruckten Gesangstexten gesetzt. Die wichtigsten Komponisten sind Guédron, A. Boësset, Tessier, Bataille, Mouliné, Boyer, Cambefort, M. Lambert. Auch von Rameau sind A.s erhalten. Im Ballet de cour ist das A. nicht wesentlicher Bestandteil, sondern dient als episodenhaftes Couplet, dagegen werden in der französischen Ballettoper und -suite des 17. und 18. Jh. (Lully, Rameau) Orchester-A.s häufig ohne Bindung an bestimmte Tanztypen frei eingesetzt und in der Ballettoper oft mit charakteristischen Adjektiven (tendre, infernal, majestueux, gracieux) oder Angabe der Tänzer versehen. Das A. in französischen Opern ist wie das A. de cour ein zweiteiliges, kurzes Lied mit Begleitung, begegnet auch in 3teiliger Da-Capo-Form. – Das A. der deutschen Suite und Partita ab Mitte des 17. Jh. bis Bach (Partita VI, BWV 830; Ouverture D dur, BWV 1068) und Händel (Cembalosuiten D moll, E dur, »Wassermusik«) stammt von der Ballettsuite Lullys ab, braucht wie dort keinen bestimmten Tanztyp zu verkörpern und unterscheidet sich von den übrigen Sätzen weniger durch rhythmische als melodische Ausgeprägtheit.

Ausg.: EXPERT Maîtres I, 1908; The Engl. School of Lutenist Song Writers, hrsg. v. E. H. FELLOWES, 32 Bde, London 1920ff.; Chansons au luth et a. de cour frç. du 16me s., hrsg. v. A. MAIRY u. L. DE LA LAURENCIE, = Publications de la Soc. frç. de musicologie, I, 3/4, Paris 1934; J. DOWLAND, Ayres for four Voices, hrsg. v. E. H. Fellowes, Th. Dart u. N. Fortune, Mus. Brit. VI, London 1953; 90 A. de cour, hrsg. v. A. VERCHALY, = Publications de la Soc. frç. de musicologie I, 16, Paris 1961.

Lit.: A. ARNHEIM, Ein Beitr. zur Gesch. d. einstimmigen, weltlichen Kunstliedes in Frankreich im 17. Jh., SIMG X, 1908/09; P. REYHER, Les masques anglais, Paris 1909; H. PRUNIÈRES, Le ballet de cour en France avant Benserade et Lully, Paris 1914; E. H. FELLOWES, The Engl. Madrigal Composers, Oxford 1921; L. DE LA LAURENCIE, L'école frç. de violon..., 3 Bde, Paris 1922–24; P.-M. MASSON, L'opéra de Rameau, Paris 1930; P. WARLOCK, The Engl. Ayres, Oxford 1932; G. BONTOUX, Chanson en Angleterre au temps d'Elisabeth, Paris 1936; P. ALDERMAN, A. Boësset and the a. de cour, Diss. Los Angeles (Calif.) 1946, maschr.; B. PATTISON, Music and Poetry in the Engl. Renaissance, London 1948.

Air de cour (ε:r də ku:r, frz.) → Air.

Akademie (ital. accademia; frz. académie; engl. academy), hieß ein nach dem Heros Akademos benannter Garten bei Athen, in dem Platon um 387 v. Chr. seine Schüler zu philosophischem Gespräch zu versammeln begann, dann auch die hieraus erwachsene philosophisch-wissenschaftliche Lehrstätte, die bis 529 n. Chr. bestand. An ihre Tradition knüpften die von Psellos in der Mitte des 11. Jh. in Konstantinopel gegründete Akad. und die um 1450 unter Mitwirkung griechischer Gelehrter in Florenz, Rom und Neapel entstehenden platonischen Akad.n an. Die über 1000 italienischen Akad.n der Renaissance- und Barockzeit, durch Beiträge ihrer (zum großen Teil adligen) Mitglieder oder von einem Hof unterhalten, waren Zentren des Humanismus. Sie verstanden sich als Gemeinschaften, die – in ihrer Arbeit von jeder Bindung an staatliche oder kirchliche Institutionen frei – die wissenschaftliche und künstlerische Bildung ihrer Mitglieder fördern und durch korrespondierende Mitglieder Verbindung mit anderen Städten und Ländern halten wollten. Neben Akad. begegnet als Bezeichnung auch Ridotto und Camerata. Eine der ältesten Akad.n, die um 1500 gegründete Accad. degl'Incatenati in Verona (ab 1564 mit der 1543 gegründeten Accad. Filarmonica vereinigt), beschäftigte einen Komponisten, der die Dichtungen der Mitglieder zu vertonen hatte, sowie einen Maestro di musica für den Unterricht ihrer Mitglieder. In Baïfs Acad. de Poésie et de Musique in Paris (1567–87, 1570 von Karl IX. bestätigt) taten sich Dichter und Musiker zusammen, um mit der Musique mesurée die Tradition der antiken Musik zu erneuern. Viele Akad.n wandten sich auch der Veranstaltung von Theater-Aufführungen mit Berufskünstlern zu, so die Accad. Olimpica in Vicenza (1555–1843), die 1585 ihr Theater mit Sophokles' »König Ödipus« in der Übersetzung von O. Giustiniani und mit den Chören A. Gabrielis eröffnete, die Accad. degl'Invaghiti in Mantua, vor der 1607 Monteverdis *Orfeo* uraufgeführt wurde, und die 1651 gegründete Accad. degl'Immobili in Florenz, die 1657 das Teatro della Pergola baute. In London schuf 1719–29 die Royal Acad. of Music die finanzielle Grundlage der von Händel geleiteten italienischen Oper. Die Große Oper in Paris heißt seit ihrer Gründung (1669) Acad. nationale (royale, impériale) de musique. Zur Tätigkeit der Akad. gehören oft auch Konzerte (abwechselnd privat und öffentlich), bei denen – wie in den Collegia musica Deutschlands, der Schweiz und der Niederlande – bis um die Mitte des 19. Jh. meist Dilettanten und Berufsmusiker zusammenwirkten. Akad.n dieser Art sind die Acad. of Ancient Music in London (um 1710–92), die von C. Fr. Fasch 1791 gegründete Sing-Akad. in Berlin und die Accad. Filarmonica in Rom (gegründet 1821). Das Wort Akad. kann daher seit dem 18. Jh. jedes → Konzert (– 2) bezeichnen; bekannt wurden unter diesem Namen vor allem die Abonnementskonzerte der Theaterorchester von Mannheim (ab 1779) und München (ab 1811). In Bologna entwickelte sich die von Banchieri 1608 gegründete Accad. dei Floridi (1622 mit Giacobbis Accad. dei Filomusi vereinigt und 1666 zur Accad. dei Filarmonici umgewandelt) zu einer berufsständischen Vereinigung, die sich 1804 an der Gründung des Liceo filarmonico beteiligte. Ihr ähnelt die Accad. di S. Cecilia in Rom, 1839 durch Umbildung der 1566 gegründeten Congregazione di S. Cecilia entstanden, die 1876 das Liceo musicale eröffnete; auch nachdem dieses 1919 (als Conservatorio di S. Cecilia) von der Akad. abgelöst wurde, hat sie sich die Veranstaltung eigener Meisterkurse vorbehalten. Meisterklassen für Komposition bestehen seit 1832 auch an der Akad. der Künste in Berlin; hier unterrichteten u. a. Meyerbeer, Bruch, Gernsheim, Humperdinck, Pfitzner, Kaminski, R. Strauss, Busoni und Schönberg. In Stockholm steht die Musikhochschule unter der Aufsicht der Kunglig Musikaliska Akad., die (1771 aus den Kavalierkonzerten hervorgegangen) auch Zentrum des schwedischen Musiklebens und Forschungsstätte ist. In neuerer Zeit heißen viele Lehranstalten Akad., im Ausland vor allem Hochschulen (Royal Acad. of Music in London, gegründet 1822, und die entsprechenden Akad.n für Irland in Dublin seit 1848, für Schottland in Glasgow seit 1929, ferner in Basel seit 1954, in Zürich seit 1891, Akad. für Musik und darstellende Kunst in Wien seit 1908, Sibelius-Akad. in Helsinki seit 1939), in Deutschland neben der Nordwestdeutschen Musik-Akad. in Detmold (gegründet 1946, mit Hochschulrang) vor allem solche Anstalten, die zwischen Hochschule und Konservatorium eingestuft werden. Der ursprünglichen Zielsetzung der platonischen Renaissance-Akad. sind die wissenschaftlichen und künstlerischen Akad.n der Neuzeit nahe geblieben, die eine begrenzte Zahl hervorragender Fachleute zur Beschäftigung mit Fragen allgemeiner Bedeutung versammeln. Ihre Arbeitsgebiete sind: Sprachkritik (Accad. della Crusca in Florenz, gegründet 1582, Acad. Française in Paris, gegründet 1635), Wissenschaften und Künste (Acad. Royale des Sciences, des Lettres et des Beaux-Arts in Brüssel, seit 1772, Akad. der Wissenschaften und der Literatur in Mainz, gegründet 1949), Wissenschaften (in Deutschland die Akad. in Berlin von 1700, in Göttingen von 1751, in München von 1759, in Leipzig von 1846 und in Heidelberg von 1909), Künste (in Deutschland die Akad. der Künste in Berlin, gegründet 1696, und die Bayerische Akad. der Schönen Künste in München, gegründet 1948). Zu den vornehmsten Aufgaben der Akad.n gehört neben der Veröffentlichung ihrer Sitzungsberichte und Abhandlungen die Förderung solcher Arbeitsvorhaben, die die Kraft eines einzelnen übersteigen; z. B. unterstützt die Union Acad. Internationale die Monumenta Musicae Byzantinae (seit 1935); die Akad. der Wissenschaften und der Literatur in Mainz veröffentlicht Musikalische Denkmäler (seit 1955) und trägt die Arbeiten am Handwörterbuch der musikalischen Terminologie; die Bayerische Akad. der Wissenschaften in München bereitet das Lexicon musicum latinum vor und trägt gemeinsam mit der Acad. Royale de Belgique die Neue Reihe der Lassus-Gesamtausgabe (seit 1956).

Lit.: A. Canobbio, Breve trattato ... sopra le Acad., Venedig 1577; J. C. C. Oelrichs, Hist. Nachrichten v. d. akademischen Würden in d. Musik u. öffentlichen mus. Akad., Bln 1752; A. v. Harnack, Gesch. d. Königlich-Preußischen Akad. d. Wiss. zu Bln, 3 Bde, Bln 1900; A. Della Torre, Storia dell'Accad. Platonica di Firenze, Florenz 1902; P. L. Landsberg, Wesen u. Bedeutung d. platonischen Akad., in: Schriften zur Philosophie u. Soziologie, hrsg. v. M. Scheler, Bonn 1923; M. Maylender, Storia delle Accad. d'Italia, 5 Bde, Bologna 1926–30; Fr. Walther, 150 Jahre Mus. Akad. d. Mannheimer Nationaltheater-Orch. 1779–1929, Mannheim, Bln u. Lpz. (1929); G. Schünemann, Die Singakad. zu Bln, Regensburg 1941; D. P. Walker, Mus. Humanism in the 16th and Early 17th Cent., MR II, 1941 – III, 1942, deutsch als: Der mus. Humanismus ..., = Mw. Arbeiten V, Kassel 1949; Fr. A. Yates, The French Acad. in the XVIth Cent., = Univ. of London, Warburg Inst., Studies XV, London 1947.

Akademische Grade werden von Universitäten nach Bestehen einer mündlichen Prüfung, nach Anerkennung einer schriftlichen Arbeit, bei höheren Graden nach längerer Zeit der Bewährung im Universitätsdienst verliehen und weisen den Inhaber aus als fähig zu wissenschaftlicher Arbeit und Lehre. An der mittelalterlichen Universität war die Bestätigung musikwissenschaftlicher Fähigkeit in der Facultas artium et philosophiae möglich (→ Ars musica). Der Abschluß dieses Studium generale war Voraussetzung für die Examina an anderen Fakultäten. Der Studiengang begann mit dem Hören aller Grundvorlesungen und der Teilnahme an Disputationen innerhalb zweier Studienjahre; anschließend konnte man nach einer mündlichen Prüfung den Grad eines → Baccalarius erhalten, der etwa dem heutigen Abiturientenexamen entspricht. Den Nachweis für das Hören musikalischer Vorlesungen (Lesen und Kommentieren von Musiktraktaten) mußte der Bakkalar nach weiteren 2–3 Jahren bei der Meldung zur Magister artium-Prüfung erbringen. Es wurden Kenntnisse verlangt über »irgendein Buch über Musik« (Wien 1389), »irgend etwas in Musik« (Prag 1390), »Musik« (Leipzig 1409, gemeint ist die *Musica speculativa* von J. de Muris), »Euclid oder ein anderes Buch über ... Musik« (Heidelberg 1452). Der Magister erhielt nach bestandener mündlicher Prüfung die Licentia doctorandi, entsprechend dem heutigen Dr. phil.; Lehrtätigkeit und Tragen des Doktorhutes wurden ihm erst durch die Licentia docendi bzw. das Ius ubique legendi gestattet. Nach etwa 2jähriger Lehrtätigkeit wurde der Magister nach Leistung des Fakultätseides in das Professorenkollegium aufgenommen als Magister regens studium. Berühmte Universitätslehrer waren J. de Grocheo (regens Parisius) und J. de Muris (magister regens) Anfang des 14. Jh. an der Sorbonne, R. Grosseteste (magister) 1210–35 in Oxford, Ramos de Pareja und Spataro um 1500 in Bologna, Gaffori (musicae professor publicus) um 1500 in Mailand, J. de Garlandia (magister) 1229–32 in Toulouse, Cochlaeus (magister artium) um 1500 in Köln und Glarean in Basel und Freiburg in der 1. Hälfte des 16. Jh. Sehr erwünscht waren graduierte Akademiker in musikalischen Kirchenämtern. Für höhere Kleriker wie den Cantor war akademische Ausbildung Bedingung. Mit den Auswirkungen des Humanismus auf die Universität schied die Musik als theoretisches Fach aus dem Lehrplan aus und erfuhr ihre wissenschaftliche Behandlung nur noch in Disziplinen wie Physik, Medizin und Theologie, aus denen zahlreiche Doktorarbeiten mit musikalischen Themen hervorgingen. Lediglich in England haben sich seit dem Mittelalter durchgehend A. Gr. erhalten, wie der Bachelor of Music (zuerst belegt in Oxford 1499, in Cambridge 1463) und der Doctor of Music (Oxford 1511, Cambridge 1463), die nicht für wissenschaftliche Leistungen, sondern für kompositorische Fähigkeiten verliehen wurden und keinen Weg zur Lehrtätigkeit eröffneten. Bis zum Ende des 18. Jh. blieb die kontinentale Universität für die Verleihung A.r Gr. an Musiker und Musikwissenschaftler verschlossen. Erst die Professuren Breidensteins (1826 Bonn), A. B. Marx' (1830 Berlin) und die ordentlichen Professuren Hanslicks (1870 Wien), Jacobsthals (1897 Straßburg), Kretzschmars (1904 Berlin) eröffneten der Musikwissenschaft in Deutschland wieder den Weg zur Universität innerhalb der philosophischen Fakultät. Heute gibt es an jeder deutschen Universität einen Lehrstuhl für Musikwissenschaft. Der Studiengang sieht nach Abschluß einer höheren Schulausbildung ein mindestens 4jähriges Studium vor, dem sich nach Ausarbeitung einer Dissertation und mündlicher Prüfungen in Hauptfach und 2 Nebenfächern die Promotion zum Doctor philosophiae anschließen kann. Die Habilitation (Einreichung und Annahme einer weiteren Facharbeit, Colloquium mit den Mitgliedern der Philosophischen Fakultät, öffentliche Probevorlesung) bedeutet die Verleihung der Venia legendi im Fach Musikwissenschaft. Der Privatdozent kann weiterhin zum Wissenschaftlichen Rat und zum außerplanmäßigen Professor ernannt und zum außerordentlichen und ordentlichen Professor und Inhaber eines Lehrstuhls für Musikwissenschaft berufen werden. Vielfach wurde der philosophische Doktortitel ehrenhalber (honoris causa) von Universitäten vergeben. Neuerdings wird in Deutschland nach englischem Vorbild der dem Range nach unter dem Dr. phil. stehende Grad eines Magister Artium (Abk.: M. A.) wieder eingeführt. – In England brach die 1893 von Stanford (Cambridge) durchgeführte Reform mit dem älteren Brauch, lediglich durch Vorlage einiger Probekompositionen oder Bestehen schriftlicher Kompositionsprüfungen zur Promotion zu gelangen. An den britischen Universitäten Cambridge, Birmingham, Durham und Wales gibt es heute die 3 Grade Bachelor of Music (B. Mus.), Master of Music (M. Mus.) und Doctor of Music (D. Mus. oder Mus. D.). In den Universitäten wird der Master-Grad nicht verliehen. Das Erreichen der Grade erfordert ein mehrjähriges Studium und das Bestehen einer musikgeschichtlichen und musikalisch-praktischen Prüfung. In Oxford und Cambridge ist seit 1950 bzw. 1945 der Grad eines Bachelor of Arts (B. A.) als Vorbereitung für den B. Mus. eingeführt; an beiden Universitäten wird der D. Mus. nur für den Nachweis hervorragender Kompositionsfähigkeit verliehen, während in Belfast und Birmingham eine musikgeschichtliche Arbeit genügt und in Edinburgh und Glasgow beides erforderlich ist. Der D. Mus. wird auch ehrenhalber verliehen. Das Recht zur Verleihung des Doktortitels der Musik hat auch der Bischof von Canterbury mit dem sogenannten Lambeth degree. Für eine Forschungsarbeit, die nach Erlangung der vorgenannten Grade entstanden ist, wird oft der Grad eines Bachelor of Letters (B. Litt., Oxford), Master of Letters (Litt. M., Cambridge) oder Master of Arts (M. A., übrige Universitäten) vergeben, bei besonders hervorragenden Leistungen der Doctor of Philosophy (Ph. D., in Oxford D. Phil.). – An den 37 Colleges und Universitäten, die 1961 in den USA A. Gr. verliehen, kann nach etwa 4jährigem Studium der Grad eines Bachelor of Arts erlangt werden, nach weiteren 2 Jahren der eines Master of Arts, nach Ablegung einer mündlichen Prüfung und Einreichen einer größeren schriftlichen Arbeit der des Doctor of Philosophy. Der M. A. ist Voraussetzung für die Stelle eines Unterlehrers (instructor) am College, der Ph. D. für den Assistant- und Associate-Professor und für den Leiter (chairman) des Department of music eines College. Der Grad eines Mus. D. wird nur ehrenhalber verliehen. – Nicht so günstig wie in Deutschland und Großbritannien und in Ländern wie der Schweiz, Tschechoslowakei, Polen, Finnland, Dänemark, Holland (erster Lehrstuhl jeweils 1859, 1900, 1911, 1918, 1926, 1930) sind die Bedingungen für das musikwissenschaftliche Studium in den Mittelmeerländern, wo entweder – wie in Griechenland und Spanien (nur 1933–36 Professorat H. Anglès an der Universität Barcelona) – kein Lehrstuhl besteht oder erst in letzter Zeit ein solcher eingerichtet wurde (1957 Ronga ord. Prof. in Rom, andere Lehrstühle jetzt auch in Florenz, Palermo, Mailand und Turin). Das Fach Musikwissenschaft gehört in Frankreich der Faculté des Lettres et Sciences humaines an und wird in Paris (1930 Pirro Professeur titulaire an der Sorbonne), Straßburg und Poitiers gelesen. Nach mehrjährigem Studium kann die Licence ès Lettres erlangt werden. Sie berechtigt zum Unterricht an Schulen und ist Voraussetzung für den höheren Schuldienst oder die Stellung eines Assistenten bzw. Lehrbeauftragten einer Universität. Weitere Stufen der Universitätslaufbahn sind Chargé de Cours, Maître de Conférence (beide etwa dem deutschen außerordentlichen Professor entsprechend), Professeur titulaire (dem ordentlichen Professor entsprechend) und Professeur honoraire (emeritierter Professeur titulaire). Nach der Licence ès Lettres können 2 Arten des Docteur ès Lettres erlangt werden. Für den staatlichen Grad (Diplôme d'Etat) sind zwei schriftliche Arbeiten (thèses) abzuliefern: eine Forschungsarbeit und eine quellenkundliche Arbeit. Zur Erlangung des Doktorgrades der Universität (Diplôme de l'Université), der dem staatlichen Grad an Bedeutung nachsteht, sind eine mündliche und praktische Prüfung sowie ein wissenschaftlicher Vortrag erforderlich.

Lit.: C. WILLIAMS, Degrees in Music, London 1893; S. NYSTRÖM, Die deutsche Schulterminologie in d. Periode 1300–1740, Helsinki 1915; P. WAGNER, Univ. u. Mw., Lpz. 1921; DERS., Zur Method. d. Univ., AfMw III, 1921; A. SCHERING, Mg. Lpz. II, Lpz. 1926 u. III, Lpz. 1941; A. GOETZE, Akad. Fachsprache, Heidelberg 1929; T. HAAPANEN, Gegenwärtiger Stand d. Mw. in Finnland seit 1923, AMl I, 1929; D. ISELIN, Die Mw. an d. schweizerischen Univ., ebenda; C. A. MOBERG, Musik u. Mw. an d. schwedischen Univ., ebenda u. AMl II, 1930; E. J. DENT, The Scientific Study of Music in England, AMl II, 1930; A. PIRRO, L'enseignement de la musique aux univ. frç., ebenda; G. PIETZSCH, Zur Pflege d. Musik an d. deutschen Univ. bis zur Mitte d. 16. Jh., AfMf I, III, V–VII, 1936–42; M. v. CREVEL, A. P. Coclico, Den Haag 1940; S. CLASEN, Der Studiengang an d. Kölner Artistenfakultät, in: Artes Liberales, hrsg. v. J. Koch, Leiden u. Köln 1959; J. LaRUE, Some Details of Musicology in the United States, AMl XXXIII, 1961.

Akathistos hymnos (griech. ἀκάθιστος ὕμνος), ein Kontakion von 24 Strophen, deren Anfangsbuchstaben als Akrostichon das Alphabet ergeben. Alle geradzahligen Strophen enden mit dem Alleluia, alle ungeradzahligen mit: χαῖρε νύμφη ἀνύμφευτε! (»Salve sposa inviolata!«). Die letzteren heißen χαιρετισμοί (Begrüßungen), weil in ihnen der Dichter eine Reihe von Titeln der Jungfrau Maria nennt, an die er sich jeweils mit dem Wort χαῖρε (»Grüßest seist du«) wendet.

Als Dichter des A. h. wurden genannt der hl. Romanos »der Melode« (5.–6. Jh.), Patriarch Sergios von Konstantinopel (610–638), sein Zeitgenosse Georgios von Pisidia, der hl. Germanos († um 733) u. a. Die heutige Forschung schreibt den Hymnus allgemein dem hl. Romanos zu. Nach den Vorschriften des Typikon von Konstantinopel wird heute an den Freitagen der Fastenzeit ein Viertel, in der Matutin vom Samstag der 5. Fastenwoche der ganze Hymnus gesungen. Die älteste bekannte Melodie steht in Handschriften des 13. Jh., ist jedoch wahrscheinlich älter. Stilistisch gehört sie zum Genos psaltikon. Andere Melodien, von Maistores wie Johannes Kladà (14. Jh.) geschaffen und in späteren Handschriften überliefert, nähern sich dem Genos kalophonikon. Heute wird das Kontakion in einer einfachen, den Evangelienlesungen ähnlichen Melodie gesungen; das Kukulion und das Troparion apolytikon besitzen eigene Melodien.

Ausg.: The A. H., hrsg. v. E. WELLESZ, = Monumenta Musicae Byzantinae, Transcripta IX, Kopenhagen 1957, dazu B. Di Salvo in: Orientalia Christiana Periodica XXIII, 1957.
Lit.: Τυπικόν τῆς τοῦ Χριστοῦ Μεγάλης Ἐκκλησίας, Athen o. J.; A. DMITRIJEVSKIJ, Τυπικά, Kiew 1895; N. NILLES, Calendarium manuale II, Innsbruck 1897; K. KRUMBACHER, Gesch. d. byzantinischen Lit., = Hdb. d. klass. Altertumswiss. IX, 1, München 1890, erweitert ²1897, griech. v. G. Soteriades, Athen 1897; P. v. WINTERFELD, Ein abendländisches Zeugnis über d. ὕμνοι ἀκάθιστοι, Zs. f. deutsches Altertum XLVII, 1904; P. F. KRYPIAKIEWICZ, De h. a. authore, in: Byzantinische Zs. XVIII, 1909; Romano il Melode, (8) Inni, griech. u. ital., hrsg. v. G. CAMMELLI, = Testi cristiani II, Florenz 1930; C. DEL GRANDE, L'inno acatisto, Florenz 1948; DERS., L'inno acatisto, Neapel 1956; M. HUGLO OSB, L'ancienne version lat. de l'hymne a., Muséon LXIV, 1951; E. WELLESZ, Das Prooemium d. A., Mf VI, 1953; DERS., The A., in: Dumbarton Oaks Papers IX/X, 1956; G. G. MEERSSEMAN OP, Der H. A. im Abendland, 2 Bde, = Spicilegium Friburgense II–III, Freiburg i. d. Schweiz 1958–60; G. MARZI, Melodia e nomos nella musica bizantina, Bologna 1960; B. Di SALVO, A proposito della pubblicazione del »Contacarium Ashburnhamense«, Bolletino della Badia Greca di Grottaferrata, N. S. XIV, 1960. BDS

Akklamationen (von lat. acclamare, zurufen; auch acclamatio, conclamatio, clamor, laudatio, vox; griech. εὐφώνημα, εὐφώνησις, πολυχρόνιον) sind ursprünglich Zurufe in längerer oder kürzerer Form, die gewöhnlich vom Volk oder Heer, in der Liturgie von der Gemeinde ausgeführt worden sind. Im Altertum begegnen sie – nach orientalischem und griechischem Vorbild auch in Rom – bei Spielen und Reden, im Theater und bei Totenfeiern zur Begrüßung führender Staatsmänner und siegreicher Feldherrn, bei kirchlichen Festen und Synoden zur Begrüßung geistlicher Würdenträger; ihr Inhalt waren Beifall und Glückwunsch, aber auch Forderung und Verwünschung. Die rechtliche Bedeutung der A. war außerordentlich hoch; sie galten – im weltlichen wie im kirchlichen Bereich – als Volksbeschlüsse (Abstimmungen in der griechischen Volksversammlung, im römischen Senat, bei Bischofswahlen) und wurden als göttliche Eingebung angesehen. Die musikalische Gestalt dieser A. ist auf einige späte Zeugnisse aus dem byzantinischen Hofzeremoniell nicht mehr erreichbar. – Als rufartige Antworten der Gemeinde sind A. – zum Teil sicher schon auf Grund synagogaler Anregungen – auch in die christliche Liturgie aufgenommen worden: das Volk hörte den Gebeten des Priesters nicht nur schweigend zu, sondern bestätigte und bekräftigte sie durch häufige spontane Amen-(Alleluia-)Rufe. Wichtige Teile der Liturgie wurden überhaupt aus Ruf und Gegenruf gebildet (Beginn des Eucharistiegebetes), und die Beteiligung des Volkes verlieh sogar den Ordinariumsgesängen, allen voran dem Kyrie, einen mehr oder weniger akklamatorischen Charakter. Wurden auch die spontanen Amen-Rufe schon um die Jahrtausendwende stark vernachlässigt, so hat sich das A.-Prinzip selbst dennoch in einzelnen festgelegten Formen bis zur Gegenwart in der Liturgie erhalten. In der konzertanten Kirchenmusik der Neuzeit (etwa in den Oratorien Händels, am ausdrücklichsten wohl im *Hallelujah* des *Messiah*, und in den Messen der Wiener Klassik, z. B. dem Gloria aus Beethovens *Missa solemnis*) hat es in Gestalt melodisch schmuckloser, syllabisch deklamierter, stark akzentuierter und häufig wiederholter Rufe des Chores als des Vertreters der kultischen Gemeinde eine charakteristische Verwirklichung gefunden. – Eine besonders feierliche und bedeutungsvolle Form der A. entstand in den mittelalterlichen Laudes regiae (auch Rogationes, Regale carmen, Triumphus genannt), welche sich dem Aufbau und der musikalischen Gestaltung nach eng an das Vorbild der Litanei anlehnten (deshalb mitunter auch als Laetania bezeichnet), wenngleich ihr Inhalt nicht so sehr von demütigem Flehen, als vielmehr von freudigem Lobpreis Christi geprägt war. Die Laudes beginnen mit einem Abschnitt glückwünschender Heilrufe für die einzelnen geistlichen und weltlichen Herrscher – gewöhnlich wurden Papst und Kaiser (König) zusammen akklamiert, doch bestehen Ausnahmen vor allem in den Laudes papales seit dem 12. Jh. und den Laudes imperiales seit 1209 – sowie für deren wichtigste Stellvertreter (z. B. *Hludovvico a Deo coronato magno et pacifico regi vita et gloria*), immer litaneimäßig erweitert durch Invokationen Christi (*Exaudi Christe* und *Tu illum adiuva*) und zahlreicher Heiliger, eröffnet und beschlossen durch das Trikolon *Christus vincit, Christus regnat, Christus imperat*; es folgen ein weiterer Abschnitt mit Lobpreisungen Christi, die in eine dreifache Doxologie ausmünden, und in der Regel ein Schlußabschnitt mit kurzen Einzelbitten oder dem *Kyrie eleison*. Die musikalische Gestalt der Laudes umfaßt syllabisch-rezitierende Partien in den eigentlichen A. und der Doxologie sowie oft leicht melismatische Partien im Trikolon und in den Anrufungen. Im Gegensatz zur Psalmodie (die Laudes haben keinen Psalmtext) werden die Laudes nicht nach einem kurzen, wiederholbaren Melodiemodell gesungen, sondern sind in den Quellen stets vollständig notiert. Die Darbringung der Laudes war den Tagen der Kaiser- und Papstkrönung, Bischofsweihe und kirchlichen Hochfesten (Festkrönungen) vorbehalten; ihre liturgische Stellung hatten sie im Pontifikalamt, meist nach der Messoration, vor der Epistellesung, wo sie den Beschluß des Eingangsteiles der Messe bildeten, gelegentlich auch vor dem *Gloria in excelsis* oder nach der Schlußoration. Ausgeführt wurden sie in litaneiähnlichem Wechselgesang zwischen zwei Sängergruppen bzw. Vorsängern und einer größeren Gemeinschaft (Schola cantorum, Klerus). Die liturgischen Bemühungen des 20. Jh. haben, besonders in Zusammenhang mit dem 1925 eingeführten Christkönigsfest, auch zu einer Neubearbeitung der Laudes regiae für den modernen kirchlichen Gebrauch geführt.

Ausg.: Ordines Coronationis Imperialis, hrsg. v. R. ELZE, = MGH Fontes Iuris Germanici Antiqui IX, Hannover 1960.
Lit.: H. J. W. TILLYARD, The Acclamations of Emperors in Byzantine Ritual, Annual of the British School of Athens XVIII, 1911/12; J. M. HANSSENS, De laudibus carolinis, Periodica de re morali canonica liturgica XXX, 1941; E. H. KANTOROWICZ, Laudes Regiae. A Study in Liturgical Acclamations and Mediaeval Ruler Worship, Univ. of California Press, Berkeley u. Los Angeles 1946, darin Appendix I: M. F. Bukofzer, The Music of the Laudes; B. OPFERMANN, Die liturgischen Herrschera. im Sacrum Imperium d. MA, Weimar 1953; R.-J. HESBERT OSB, L'évangéliaire de Zara, Scriptorium VIII, 1954; M. PFAFF OSB, Die Laudes-A. d. MA, Kgr.-Ber. Wien 1956; H. HUCKE, Eine unbekannte Melodie zu d. Laudes Regiae, KmJb XLII, 1958; E. WELLESZ, A Hist. of Byzantine Music and Hymnography, Oxford ²1961; A. SCHMITZ, Zum Verständnis d. Gloria in Beethovens Missa solemnis, Fs. Fr. Blume, Kassel 1963. FrR

Akkolade (frz. accolade, Klammer; engl. brace, Band) heißt die Klammer, die in Partituren, Orgel- und Klaviermusik 2 oder mehr Systeme zusammenfaßt und damit die darin untergebrachten Stimmen als gleichzeitig erklingend kennzeichnet, in übertragenem Sinn auch die Gesamtheit der durch diese Klammer verbundenen Systeme.

Akkord (ital. accordo; frz. accord; engl. chord; von spätlat. accordare, übereinstimmen, aus lat. ad, zu, und cor, cordis, Herz), – 1) der Zusammenklang mehrerer Töne (wenigstens drei) verschiedener → Tonigkeit. Lyonel Power und Pseudo-Chilston (um 1450, Ms. Brit. Mus. Lansdowne 763, Nr 15 und 16) sprechen von den acordis oder cordis im Sinne von Konsonanzen, während der französische Anonymus XIII (um 1400, CS III, 496ff.) die acors als Intervalle in perfekte, imperfekte und dissonante unterteilt. In der späteren Musiklehre wurde der A.-Begriff von dem Willaert-Schüler Zarlino entwickelt (*Istitutioni harmoniche*, 1558). Er bestimmt den A. nach den Proportionalzahlen, die den einzelnen (simultanen) Konkordanzen zugrunde liegen. Das Wesentliche des A.s liegt in seinem vertikalen Gefüge, das nicht mehr – wie in der Kontrapunktlehre des 15. und 16. Jh. – als Ergebnis des Zusammentreffens einzelner (horizontal gedachter) Stimmen, sondern von einem als → Basis oder → Fundamentum geltenden Klangträger her verstanden wird, der das harmonische Geschehen stützt und führt. Das A.-Phänomen in diesem Sinne ergab sich aus der zunehmenden klanglichen Verfestigung des Satzgefüges, die im Laufe des 15. und beginnenden 16. Jh. zunächst vor allem in der italienischen und englischen Musik greifbar wird. Bei J. G. Walther (1732) zeigt sich die Festlegung des A.-Begriffs in der Erklärung: *ein Accord oder Zusammenstimmung, bestehet aus drey unterschiedenen, und doch zusammen klingenden Sonis, nemlich dem fundamental-Tone, dessen Terz und Quint. z. E. c e g. d f a . . .*, wogegen es bei ihm früher hieß: *Accord, ist eine jede harmonische Zusammenstimmung* (Praecepta der Musicalischen Composition, 1708). Für die ästhetische wie psychologische Beurteilung eines A. ist seine harmonische Funktion (→ Funktionsbezeichnung, → Kadenz – 1) sowie seine Sonanz (→ Konsonanz/Dissonanz) ausschlaggebend. – 2) Angabe einer Einstimmung bei Saiteninstrumenten (→ Accordatura, → Scordatura). Das frz. accorder und ital. accordare, »stimmen«, geht offenbar auf die Einwirkung des lat. chorda (altfrz. corde), Saite, zurück. – Accord à l'ouvert heißt ein Mehrklang, der auf Saiteninstrumenten auf leeren Saiten hervorgebracht wird. – 3) im 15.–17. Jh. s. v. w. ein Chor oder Stimmwerk von Instrumenten derselben Familie, aber verschiedener Größe (Flöten, Krummhörner, Posaunen).

Lit.: zu 1): RIEMANN MTh; M. KOLINSKI, Konsonanz als Grundlage einer neuen Akkordlehre, Brünn, Prag, Lpz. u. Wien 1936; H. FEDERHOFER, Akkordik u. Harmonik in frühen Motetten d. Trienter Kodices, Diss. Wien 1936, maschr.; P. HINDEMITH, Unterweisung im Tonsatz I, Mainz 1937, ²1940, II Mainz 1939, engl. als: Craft of Mus. Composition, I London 1942, II 1941; H. H. EGGEBRECHT, Studien zur mus. Terminologie, = Akad. d. Wiss. u. d. Lit. Mainz, Abh. d. geistes- u. sozialwiss. Klasse, Jg. 1955, Nr 10. – zu 3): PRAETORIUS Synt. II.

Akkordeon, Bezeichnung für den technisch und musikalisch höchst entwickelten Typus aus der Familie der → Harmonika-Instrumente, ein polyphon spielbares, im Diskant und Baß gleichtöniges, chromatisches Balginstrument mit durchschlagenden Zungen. Seinen Namen verdankt das A. den in ihrer Lage unveränderlichen, feststehenden, verkoppelten Akkorden, die durch Niederdrücken nur eines Knopfes des Baßteils zum Klingen gebracht werden. Nach der Tastenform der Diskantseite ist das – geschichtlich ältere – Knopfgriff-A. vom Piano-A. zu unterscheiden. Auf der Baßseite sind beide Instrumente gleich ausgebildet. Während das Piano-A. die überlieferte Klaviertastatur übernahm, sind beim Knopfgriffinstrument die Töne in drei senkrecht nebeneinander stehenden, in ihrer Höhe aber geringfügig gegeneinander verschobenen Tastenreihen angeordnet und folgen in Schrägreihen chromatisch aufeinander. Die Tonfolge von außen nach innen (c in der 1. Reihe) wird als C-Griff-Tastatur oder italienische (norwegische bzw. holländische) Tonanordnung bezeichnet; liegt der Ton c in der 3. Reihe, spricht man von B-Griff-Tastatur oder Wiener (schwedischer) Tonanordnung. Eine zusätzlich vorhandene 4. und 5. Tastenreihe ist mit der 1. bzw. 2. mechanisch verkoppelt und nur als Spielhilfe zu betrachten. Auf der Diskantseite ist das A. im Rahmen des gesamten Tonumfanges (beim Piano-A. in der Regel $f-a^3$, beim Knopfgriff-A. $E-cis^4$) grundsätzlich mehrchörig: neben der Grundreihe (8′) sind die tiefe Oktave (16′), die hohe Oktave (4′) und eine oder zwei Schwebeton-Reihen (Ober- bzw. Untertremolo) zur Grundreihe vorhanden; bei Spezialinstrumenten wird häufig noch eine Mixturstimme ($2^2/_3′$) mitgeführt. Die einzelnen Stimmzungenreihen können durch Register beliebig miteinander kombiniert werden. Auf der Baßseite verzichtet das A. auf eine den Diskant nach unten weiterführende, durchlaufende Stimmzungenreihe; es verfügt hier nur über einen Ausschnitt im Rahmen einer großen Septime (chromatisch durchlaufend), der allerdings in meist 5facher Oktavierung übereinander liegt und verkoppelt ist. Tonhöhenrichtiges Melodiespiel ist streng genommen nur in diesem Raum (bei Serieninstrumenten von G-Fis, bei größeren Modellen neuerdings von E-Dis) möglich. Die mehrfache Oktavkopplung läßt das Ohr einen melodischen »Knick« aber kaum empfinden (»unendliche Oktave«). Die Akkorde (in der Regel Dur- und Molldreiklänge, Septimenakkorde und verminderte Dreiklänge) werden aus den drei oberen Oktavreihen gebildet und erklingen normalerweise deshalb neunfach, Septimenakkorde meist zwölffach, können aber durch Register klanglich reduziert werden. Die mehrfache Verkopplung der zumeist in 5 Oktaven übereinander liegenden Töne der Baßseite und die damit gegebene Verkopplung der Akkorde gehören zu den charakteristischen Merkmalen des A.s. Um aber auch tonhöhenrichtiges Melodiespiel zu ermöglichen, wurden die beiden Manuale der Baßseite (Baß- und Akkordwerk) durch ein 3. Manual, das Einzelbaßwerk, ergänzt. Dieses bringt – in 3reihiger Knopfgriffanordnung – Einzeltöne (ein- und zweichörig schaltbar) im Tonumfang von $_1E-cis^4$, also von nahezu 6 Oktaven. Der Vorteil dieses Einzeltonwerkes (wenig zutreffend »Baritonbässe« genannt) gegenüber den Versuchen einer Auflösung der Akkordkopplungen in Einzeltöne liegt darin, alle 3 Manuale im Baß gleichzeitig oder nacheinander verwenden zu können. – Tonbildung und Tongestaltung hängen beim A. weitgehend von der Balgführung ab, die als zentrales spielmethodisches Problem anzusehen ist. Maßgeblich beeinflußt wurde die künstlerische Entwicklung durch die (von H. Herrmann 1927 begründete) Originalliteratur für A. Sie erfaßte – vom Einzelspiel ausgehend – im Laufe der Zeit die gebräuchlichen Musikformen unserer Zeit (Kammermusik, Orchesterspiel, Zusammenspiel mit anderen Instrumenten und mit Singstimmen und Chor). – Von den Sonderformen des A.s hat sich nur das Baß-A. (Baß-Orgel) im Gebrauch erhalten, das ausschließlich im Harmonikaorchester verwendet wird.

Lit.: H. HERRMANN, Einführung in d. Komposition f. A., Trossingen 1955; A. FETT, Die Register u. ihre Anwendung, = Kleine Bücherei d. Harmonika-Freundes XII, Trossingen (1955, ²1964); DERS., Das A., ebenda XIV, (1956); DERS., 30 Jahre Neue Musik f. Harmonika 1927–57, Trossingen (1957, ³1964); DERS., Harmonika-Tabellen, = Kleine Hdb. d. Harmonika-Freundes I, Trossingen (⁴1964). AWF

AKM, staatlich genehmigte Gesellschaft der Autoren, Komponisten und Musikverleger für Österreich (→ CISAC). Sie bildete 1916–38 zusammen mit den damaligen deutschen Verwertungsgesellschaften (→ GEMA) einen Musikschutzverband mit dem Sitz in Berlin und war 1938–46 mit diesen vereinigt.

Akoluthia (griech. ἀκολουθία, Folge) heißt in der griechischen Kirche die Ordnung des Offiziums und der anderen nichteucharistischen Gottesdienste sowie die Gesamtheit der liturgischen Funktionen eines bestimmten Tages.

Lit.: L. PETIT, Bibliogr. des a. grecques, Brüssel 1926. – A. RAES SJ, Introductio in liturgiam orientalem, Rom 1947; F. HALKIN, A. gréco-turques, in: Mémorial L. Petit, Paris 1948.

Akt (von lat. actus, Handlung), Benennung der Hauptabschnitte dramatischer Werke. Seit dem 17. Jh. ist die Bezeichnung Aufzug (abgeleitet vom Aufziehen der Personen oder des Vorhangs) gleichbedeutend mit A., im 19. Jh. auch Abteilung. Schon das antike römische Theater kannte zum Teil die Gliederung des Dramas in A.e. Neben der Dreiteilung war eine Gliederung des Dramas in 5 A.e (Horaz, Ars poetica 189) bekannt, die für die französische Tragödie wie auch für die deutsche, italienische und englische Bühnendichtung weitgehend verbindlich wurde. Die Sturm-und-Drang-Dichtung und der Expressionismus setzten vielfach an die Stelle der A.-Einteilung die Bildfolge. Die A.-Einteilung ist sehr verschieden. Die frühe italienische Oper (außer der Opera buffa) ist vielfach 3aktig (aber schon Monteverdis *Orfeo*, 1607, ist auf 5 A.e gesteigert), die deutsche Oper meist 3aktig, die französische seit Lully (nach dem Vorbild der gesprochenen Tragödie) bei der Tragédie lyrique 5aktig, bei der Opéra-comique 3aktig, oft auch einaktig.

Akustik (von griech. ἀκουστικός, hörbar) ist die Lehre vom Hörbaren, genauer, die Lehre vom Schall und seinen Wirkungen. Die A. als eigenständiges Gebiet ist erst auf dem Boden der Aufklärung entstanden mit dem Anspruch, die Objekte des Hörens auf mathematische Gesetze der Physik zurückzuführen und sie dadurch zu erklären. Der Begriff A. taucht erstmals gegen Ende des 17. Jh. auf (S. Reyher 1693). Seitdem gehen viele Fragen bislang vornehmlich musiktheoretischer Erörterung auf dieses mehr oder minder eigenständige Gebiet über. Obwohl sie damit oft der Gefahr »physikalischer« Interpretation ausgesetzt ist, vor allem der direkten (»ein-eindeutigen«) Verknüpfung musikalischer Begriffe mit elementaren physikalischen Größen (z. B. Tonhöhe mit Frequenz, Lautstärke mit Intensität), geriet die systematische Erforschung akustischer Probleme rasch in Fluß und führte in der 2. Hälfte des 19. Jh. zu einem Höhepunkt dieser Disziplin mit H. von Helmholtz. – Einzelne Fakten, die heute der

A. zugerechnet werden, wurden lange vor der Etablierung dieser Disziplin als eigenständigem Zweig der Wissenschaft erkannt. Zu den Beobachtungen und Deutungen akustischer Erscheinungen in der Antike durch Pythagoras (Theorie der Zahlenverhältnisse als Grundlage der Musik), Aristoteles (Verhältnisse von Schwingungszahlen zu Saitenlängen und Saitenspannung), Euklid (Monochord) u. a. kamen mit der Wendung zur Naturwissenschaft in der Neuzeit, etwa mit G. Galilei, in rascher Folge neue Erkenntnisse und Beobachtungen hinzu, nach wie vor in erster Linie im Zusammenhang mit musiktheoretischen Überlegungen. Neue methodologische Aspekte (z. B. Galileis vereinfachende Annahme, daß die gesamte Masse einer schwingenden Saite als in ihrem Mittelpunkt vereinigt anzusehen sei) erlaubten die übersichtliche mathematische Behandlung bis dahin scheinbar unlösbarer physikalischer Probleme. Stand die physikalische Beschreibung der schwingenden Saite auch weiter im Vordergrund (→ Euler, → Mersenne u. a.), so wurde besondere Aufmerksamkeit in zunehmendem Maße auch den Erscheinungen beim gleichzeitigen Erklingen mehrerer Töne gewidmet, so z. B. den → Schwebungen (→ Sauveur) und den → Kombinationstönen (→ Sorge, → Tartini u. a.). Die Position der A. um die Wende des 19. Jh. spiegelt sich in der von → Chladni gegebenen Darstellung, wonach sie folgende Gebiete zu untersuchen hat: *1)* (im arithmetischen Teil) *die Zeitverhältnisse der schwingenden Bewegungen überhaupt ... Tonlehre genannt,* ferner (im mechanischen Teil) *2) die Schwingungsgesetze eines jeden elastischen Körpers sowie 3) die Verbreitung des Schalles,* dazu *4)* (im physiologischen Teil) *die Empfindung desselben vermittelst der Gehörwerkzeuge.* Diese Konzeption wurde 60 Jahre später durch H. von Helmholtz zu einer im physikalischen Denken verhafteten »objektiven« Empfindungslehre in umfassender Weise spekulativ ausgebaut. Angelpunkt seines Systems ist die auf dem Theorem von Fourier aufgebaute Resonanztheorie des Hörens (→ Hörtheorie). v. Helmholtz gab die für die nächsten Jahrzehnte als gültig anerkannten Definitionen und Axiome der A. Die seinem Gedankengebäude zugrunde liegende Hypothese der klassischen Psychophysik, nämlich der ein-eindeutigen Beziehungen zwischen Reiz und Reaktion, verführte später oft zu einem die tatsächlichen Sachverhalte unzulässig vereinfachenden Reduktionismus trotz der Einwände durch inzwischen immer weiter vorangetriebene tonpsychologische Forschungen. v. Helmholtz' Interesse galt nicht in erster Linie der A. schlechthin; vielmehr ging es ihm um die Auffindung von objektiven Gesetzen der Musikästhetik. Daß sein hypothetisches Gebäude, obwohl es sich später nicht in der Form aufrechterhalten ließ, damals so plausibel erschien, ist um so verständlicher, als das Reduktions-Vorurteil auch heute noch manche Ansätze innerhalb der akustischen Forschung bestimmt.

In der 1. Hälfte des 20. Jh. entfernte sich die akustische Forschung in zunehmendem Maße von dem Aufgabenbereich der Musiktheorie; sie behielt die musikalischen Fragen nur mehr gelegentlich im Auge. Musikalisch und zugleich physikalisch wichtige Erkenntnisse der A. formulierte in den 1920er Jahren E. Schumann, ein Schüler Max Plancks und C. Stumpfs, auf Grund umfangreicher akustischer und tonpsychologischer Untersuchungen von Instrumentenklängen in den sogenannten *Klangfarbengesetzen* (→ Klangfarbe). Die moderne akustische Forschung ist pluralistisch, d. h. sie vollzieht sich auf verschiedenen Ebenen mit stark abweichenden Fragestellungen. Heute lassen sich hinsichtlich der methodischen Ebenen folgende Hauptrichtungen unterscheiden: 1. Physikalische A. als allgemeine Schwingungs- und Wellenlehre bzw. ihre Anwendung auf physikalische Probleme; 2. Physiologische A. als Forschungszweig der Übertragung von Schallreizen in der Nervenbahn; 3. Psychologische A. (auch Psychoakustik genannt, das ist der das Gehör betreffende Teil der Psychophysik); hierzu gehören die Variablen der akustischen Wahrnehmung hinsichtlich ihrer Intensität (Lautstärke), des Belästigungsgrades (Klang – Geräusch – Lärm), der Kategorien des musikalischen Hörens (in ihren einfachsten Formen etwa: →Tonhöhe, → Tonigkeit, → Klangfarbe, → Lautstärke, → Konsonanz/Dissonanz, → Akkord, → Melodie u. a.). Dieser Bereich unterscheidet sich methodisch sehr weitgehend von dem der physikalischen oder physiologischen A. (die Prämissen der alten Psychophysik haben sich für die Erforschung dieser komplexen Sachverhalte als unzureichend erwiesen); handelt es sich doch um mehr-mehrdeutige Beziehungen zwischen den Variablen der Wahrnehmung und jenen des physiologischen bzw. physikalischen Bereichs. Dieses Gebiet ist am meisten in Fluß; es gelangen zur Anwendung die Methoden der quantitativen Psychologie (z. B. Faktorenanalyse oder manche Gesichtspunkte der → Informationstheorie). Ihren Anwendungen nach läßt sich die A. abermals unterteilen: Zur technischen A. gehört vor allem die Elektro-A., zu der auch Schallübertragungs- und Aufzeichnungstechnik zu rechnen sind. Weitere Anwendungen ergeben sich aus den Begriffen Raum- und Bau-A.; schließlich sei die musikalische A. vor allem in ihrer Blickrichtung auf das Musikinstrument erwähnt; mit ihren verfeinerten Methoden und Erkenntnissen kann sie dem Instrumentenbau dienen. Doch haben alle Einteilungen mehr theoretischen bzw. hypothetischen Charakter insofern, als die Gebiete sich in mannigfaltiger Weise überschneiden.

Lit.: E. Fl. Fr. Chladni, Die A., Lpz. 1802; ders., Neue Beyträge zur A., Lpz. 1817; H. v. Helmholtz, Die Lehre v. d. Tonempfindungen..., Braunschweig 1863, [6]1913; ders., Vorlesungen über d. mathematischen Principien d. A., in: Vorlesungen über theoretische Physik III, hrsg. v. A. König u. C. Runge, Lpz. 1898; J. C. Poggendorf, Gesch. d. Physik, Lpz. 1879; A. Heller, Gesch. d. Physik, 2 Bde, Stuttgart 1882–84; C. Stumpf, Tonpsychologie, 2 Bde, Lpz. 1883–90; ders., Die Sprachlaute, Bln 1926; L. A. Zellner, Vorträge über A., Wien u. Lpz. 1892; J. W. Strutt (Baron Rayleigh), Theory of Sound, 2 Bde, London 1894–96; J. Tyndall, Der Schall, deutsche Bearb. v. H. v. Helmholtz u. Cl. Wiedemann, Braunschweig [3]1897; K. L. Schaefer, Mus. A., = Slg Göschen XXI, Lpz. 1902; P. La Cour u. J. Appel, Die Physik auf Grund ihrer geschichtlichen Entwicklung, Braunschweig 1905; H. Starke, Physikalische Musiklehre, Lpz. 1908; A. Kalähne, Grundzüge d. mathematisch-physikalischen A., 2 Bde, Lpz. u. Bln 1910–13; W. Köhler, Akustische Untersuchungen, Zs. f. Psychologie LIV, 1909, LVIII, 1910, LXIV, 1913; H. Riemann, Katechismus d. A., Lpz. 1918; E. Schumann, A., Breslau 1925; ders., Die Physik d. Klangfarben, Habil.-Schrift Bln 1929; F. Trendelenburg, A., in: Hdb. d. Physik VIII, hrsg. v. H. Geiger u. K. Scheel, Bln 1927; ders., Einführung in d. A., Bln, Göttingen u. Heidelberg [3]1961; H. Fletcher, Speech and Hearing, NY 1929; F. R. Watson, Acoustics of Buildings, London 1930; H. Winkhaus, Vergleichende akustische Untersuchungen, Bln 1930; P. E. Sabine, Acoustics and Architecture, NY 1932; E. Waetzmann, Technische A., in: Hdb. d. Experimentalphysik XVII, hrsg. v. W. Wien u. S. Harms, Lpz. 1934; H. J. v. Braunmühl u. W. Weber, Einführung in d. angewandte A., Lpz. 1936; J. Engl, Raum- u. Baua., Lpz. 1939; K. W. Wagner, Einführung in d. Lehre v. d. Schwingungen u. Wellen, Wiesbaden 1947; L. Cremer, Die wiss. Grundlagen d. Rauma., I–II (I Geometrische, II Statistische Rauma.), Stuttgart 1948–61, III (Wellentheoretische Rauma.), ebenda u. Lpz. 1950; H. Dill, Die technische A., Sprache u. Gehör, Zürich 1949; H. Matzke, Unser technisches Wissen v. d. Musik, Lindau 1949; Ch. A. Culver, Mus. Acoustics, Philadelphia

1951; H. Petzoldt, Elektroa. (Anlagetechnik), 2 Bde, Lpz. 1951; W. T. Bartolomew, Acoustics of Music, NY 1952; H. F. Olson, Mus. Engineering, NY 1952; G. Buchmann, Elektroa., Hdb. f. HF- u. Elektrotechniker II, Bln 1953; W. Bürck, Grundlagen d. praktischen Elektroa., Mindelheim 1953; O. Fr. Ranke u. H. Lullies, Gehör, Stimme, Sprache, = Lehrbuch d. Physiologie, hrsg. v. W. Trendelenburg u. E. Schütz, Bln, Göttingen u. Heidelberg 1953; L. L. Beranek, Acoustics, NY 1954; W. Reichardt, Grundlagen d. Elektroa., Lpz. 21954; E. Skudrzyk, Grundlagen d. A., Wien 1954; E. G. Wever u. M. Lawrence, Physiological Acoustics, Princeton (New Jersey) 1954; Fr. Winckel, Klangstruktur d. Musik, Bln 1955; ders., Phänomene d. mus. Hörens, Bln u. Wunsiedel (1960); Acoustique mus., hrsg. v. F. Canac, = Colloques internationaux du Centre National de la Recherche scientifique LXXXIV, Paris 1959; W. Meyer-Eppler, Grundlagen u. Anwendungen d. Informationstheorie, Bln, Göttingen u. Heidelberg 1959; R. W. Pohl, Mechanik, A., Wärmelehre, = Einführung in d. Physik I, Bln, Göttingen u. Heidelberg 141959; W. H. Westphal, Physik, Bln, Göttingen u. Heidelberg 20–211959; Chr. Gerthsen, Physik, Bln, Göttingen u. Heidelberg 21960; Fr. Kohlrausch, Leitfaden d. praktischen Physik, Lpz. 1870, 81896, Stuttgart 211960 als: Praktische Physik ..., hrsg. v. H. Ebert u. E. Justi; H.-P. Reinecke, Experimentelle Beitr. zur Psychologie d. mus. Hörens, = Schriftenreihe d. Mw. Inst. d. Univ. Hbg III, Hbg 1964. HPR

Akzent (lat. accentus, von ad, dazu, und cantus, Gesang; Lehnübersetzung von griech. προσῳδία; seit Gottsched auch durch »Betonung« wiedergegeben), – 1) der aus der antiken griechischen Sprachwissenschaft stammende Begriff erfaßte ursprünglich die mit den Lauten verbundenen »gesanglichen« Momente der griechischen Sprache (→ Prosodie). Im Lateinischen wurde die Hervorhebung der akzenttragenden Silbe eines Wortes jedoch nicht, wie im Griechischen der älteren Zeit, durch Hebung und Senkung der Stimme bewirkt (musikalischer A.), sondern wohl ähnlich wie in den meisten indogermanischen Sprachen und im Griechischen nach der Zeitenwende primär durch Atemdruck (Druck-, dynamischer, exspiratorischer A.). Der Sachverhalt ist im Lateinischen allerdings besonders kompliziert und umstritten, weil die klassische Dichtung der Römer nicht auf der Unterscheidung betonter und unbetonter Silben beruhte, wie dies für die Dichtung in Sprachen mit Druck-A. meist gilt, sondern weil sie nach griechischem Vorbild quantitierend war. Denn so ergaben sich häufig Widersprüche zwischen Wort-A. und Vers-A. (→ Metrum, → Versmaße). Gegenüber den älteren lateinischen Ausdrücken (acuta vox, tres soni, Cicero, Orator 57f.) und gegenüber anderen Bezeichnungen (tenor, voculatio, fastigium, cacumen) haben sich die beiden auf griechische Termini zurückgehenden Wörter accentus (Quintilian, Inst. or. I, 5, 22) und tonus allmählich durchgesetzt. Doch dürften es *hoffnungslose Bemühungen* (M. Leumann) gewesen sein, die verschiedenen griechischen A.e im Lateinischen wiederzufinden. Die spätrömischen Grammatiker gaben die prosodische Lehre der Griechen schließlich nur noch in schematisierter Form und mit den übersetzten griechischen Termini weiter, ohne zwischen eigentlichen (1–5) und uneigentlichen prosodischen Zeichen (6–10) zu unterscheiden (zusammengefaßt etwa bei Isidor von Sevilla, Etymol. I, 19):

1	´ ὀξεῖα	acutus	(hoch)
2	` βαρεῖα	gravis	(tief)
3	^ περισπωμένη	circumflexus	(hoch-tief)
4	– μακρός	longa	(lange Silbe)
5	‿ βραχύς	brevis	(kurze Silbe)
6	‿ ὑφέν	coniunctio	(Verbindung zweier Wörter)
7	, διαστολή	distinctio	(Trennung zweier Wörter, heutiges Kommazeichen)
8	' [ἀπόστροφος]	apostrophus	(Apostroph)
9	⊢ δασεῖα	aspiratio	(h im Anlaut)
10	⊣ ψιλή	siccitas sive purum	(ohne h im Anlaut)

Ein Teil dieser Zeichen wurde später in die byzantinische Notenschrift und in die Neumenschrift übernommen. Die nota dasia (Nr 9) liegt den im 9. Jh. geschaffenen → Dasia-Zeichen zugrunde. – 2) Accentus (lat.) und Concentus (lat.) sind in der Chorallehre gebräuchliche Termini, welche die Gattungen des einstimmigen liturgischen Repertoires unter dem Gesichtspunkt ihrer vorwiegend sprachlichen oder melodischen Konzeption klassifizieren. Ihre Gegenüberstellung war den mittelalterlichen Theoretikern unbekannt. Sie wird erstmals ausführlich von Ornitoparchus (1517) erläutert. Danach umfaßt der Accentus alle »gelesenen«, d. h. in ihrem musikalischen Verlauf primär nach dem Text ausgerichteten Formen (Orationen, Lektionen, Epistel, Evangelium, Prophetien usw.). Der rezitierende, von einem Repertussionston durchzogene Vortrag dieser Stücke erfolgt anhand bestimmter Formeln (accentus ecclesiastici, toni communes), die neben den Einzelgliedern und Interpunktionsstellen (distinctiones, pausationes) im Sinne musikalisch geordneter Rezitative auch weitgehend die sprachlichen A.e des jeweiligen Texts berücksichtigen. Demgegenüber sind im Concentus alle »gesungenen« Gattungen enthalten, z. B. Antiphon, Responsorium, Introitus. In ihnen bildet die eigenständige musikalisch-melodische Gestaltung das entscheidende Element. Für die evangelische Kirchenmusik hat der Accentus durch Luthers Deutsche Messe (1526) und die von J. Walter bis ins 17. Jh. reichende Tradition der Choralpassion Bedeutung erlangt. – 3) Vom Ausgang des 16. bis zum 19. Jh. bildet in der europäischen Musik der Takt eine Ordnung von abgestuften A.en. Den gemessenen Schritten und Sprüngen der Tanzenden entsprechend treten zuerst in der Tanzmusik betonte und unbetonte Stufen des Taktes, schwere und leichte Zählzeiten auf, deren Hauptgewicht in der Regel unmittelbar nach dem Taktstrich wiederkehrt (Taktschwerpunkt). Dieser neuzeitliche A.-Stufentakt (Besseler) hebt sich deutlich gegen den älteren mensuralen Tactus ab, der die Akzentuierung nicht festlegt. Neben dem regulären A., der in den metrischen Schwerpunkten der Taktfolge vorgegeben ist, gibt es eine Anzahl anderer Mittel, in Komposition und Vortrag musikalisch zu akzentuieren, die zuerst Rousseau zusammenfassend behandelt. Riemann nennt sie Extraverstärkungen, welche den selbstverständlichen Verlauf der dynamischen Entwicklung (→ Ausdruck, → Dynamik, → Motiv) stören, eventuell sogar vollständig auf den Kopf stellen, und die der Komponist daher durch besondere Abbreviaturen und Zeichen fordert (*sf*, >, v, ∧). Ein besonders häufiger und wichtiger A. ist der Anfangs-A., die Hervorhebung der ersten Note einer Phrase oder eines Motivs; er dient in hervorstechender Weise der Klarlegung des thematischen Aufbaues, doch wirkt seine fortgesetzte Anwendung, wo die Zeichnung ohnehin klar ist, aufdringlich. Gewisse rhythmische Bildungen, besonders die synkopischen Antizipationen von Tönen, deren volle harmonische Wirkung erst dem nachfolgenden guten Taktteil zur Geltung kommt, verlangen Akzentuierung (rhythmischer A.), desgleichen müssen kompliziertere Harmonien, auffällige Dissonanzen, Modulationsnoten usw. hervorgehoben werden (harmonischer A.), und endlich sind auch oft die Spitzen der Melodie, wo sie nicht ohnehin durch ihre Stellung im Takt mit den

Höhepunkten der dynamischen Entwicklung zusammenfallen, verstärkt zu geben (melodischer A.). Eine Art negativen A.s ist nach vorausgehendem crescendo die Ersetzung des Höhepunkts der Tonstärke durch ein plötzliches piano, ein Mittel, dessen bereits von J. Stamitz gefundene faszinierende Wirkungen besonders Beethoven zur Geltung gebracht hat (»Beethovensches piano«). – 4) Der Accentus als Gesangsmanier entstammt dem rezitativischen Stil um 1600. Praetorius beschreibt ihn als Ausfüllung eines Intervalls (auch Unisonus) durch 1–5 Zwischennoten, deren letzte oft den Zielton vorwegnimmt. Er kann bei Praetorius durch Verkürzung der ersten oder der zweiten Hauptnote gewonnen werden. Bei Bernhard wird er *bey Endigung einer Note mit einem gleichsam nur anhenckenden Nachklange geformiret* (S. 33) und mit der Bezeichnung Superjectio unter die Figurae Superficiales aufgenommen (S. 148). Im 18. Jh. beschreibt ihn noch Marpurg als → Nachschlag, dagegen C. Ph. E. Bach und L. Mozart als (langen) → Vorschlag.

Lit.: zu 1): Grammatici Latini, hrsg. v. H. KEIL, 8 Bde, Lpz. 1855–78, Neudruck Hildesheim 1961; H. STEINTHAL, Gesch. d. Sprachwiss. bei d. Griechen u. Römern, 2 Bde, Bln ²1890, Neudruck Hildesheim 1961; H. HIRT, Indogermanische Grammatik V, Der A., = Indogermanische Bibl. I, 1, 13, 5, Heidelberg 1929; M. LEUMANN, Lat. Laut- u. Formenlehre, = Hdb. d. Altertumswiss. I, 2, 1, München 1963. – zu 2): M. LUTHER, Deutsche Messe, Wittenberg 1526, Faks. hrsg. v. J. Wolf, = Veröff. d. Musikbibl. P. Hirsch XI, Kassel 1934; L. LOSSIUS, Erotemata musicae practicae, Nürnberg 1563; J. W. LYRA, A. Ornithoparchus u. dessen Lehre v. d. Kirchena., Gütersloh 1877; R. MOLITOR OSB, Die Nach-Tridentinische Choral-Reform I, Lpz. 1901; P. WAGNER, Einführung in d. Gregorianischen Melodien I u. III, Lpz. ³1911 u. 1921, Neudruck Hildesheim u. Wiesbaden 1962; FR. GEBHARDT, Die mus. Grundlagen zu Luthers Deutscher Messe, Luther-Jb. X, 1928; R. GERBER, Das Passionsrezitativ bei H. Schütz..., Gütersloh 1929; J. HANDSCHIN, Artikel A., in: MGG I, 1949–51. – zu 3): J.-J. ROUSSEAU, Dictionnaire de musique, Genf 1767(?), Paris 1768 u. ö., Artikel Accent, Nachdruck mit Zusätzen v. M. Suard, in: Encyclopédie méthodique, Musique I, hrsg. v. N. E. Framéry u. P. L. Ginguené, Paris 1791; M. HAUPTMANN, Die Natur d. Harmonik u. d. Metrik, Lpz. 1853; M. LUSSY, Traité de l'expression mus., Paris 1874; DERS., Le rythme mus., Paris 1883; H. RIEMANN, Mus. Dynamik u. Agogik, Hbg u. St. Petersburg 1884; DERS., System d. mus. Rhythmik u. Metrik, Lpz. 1903; G. BECKING, Der mus. Rhythmus als Erkenntnisquelle, Augsburg 1928, Neudruck Darmstadt 1958; W. SERAUKY, Die mus. Nachahmungsästhetik..., = Universitas-Arch. XVII, Münster i. W. 1929; G. BRELET, Le temps mus., essai d'une esthétique nouvelle de la musique, 2 Bde, Paris 1949; H. HECKMANN, W. C. Printz... u. seine Rhythmuslehre, Diss. Freiburg i. Br. 1952, maschr.; DERS., Der Takt in d. Musiklehre d. 17. Jh., AfMw X, 1953; W. GURLITT, Form in d. Musik als Zeitgestaltung, = Akad. d. Wiss. u. d. Lit. Mainz, Abh. d. geistes- u. sozialwiss. Klasse, Jg. 1954, Nr 13; H. BESSELER, Das mus. Hören d. Neuzeit, = Sb. Lpz. CIV, 6, Bln 1959. – zu 4): PRAETORIUS Synt. III; Die Kompositionslehre H. Schützens in d. Fassung seines Schülers Chr. Bernhard, hrsg. v. J. MÜLLER-BLATTAU, Lpz. 1926, Kassel ²1963; BACH Versuch; MOZART Versuch; M. KUHN, Die Verzierungs-Kunst in d. Gesangs-Musik d. 16.–17. Jh., = BIMG I, 7, Lpz. 1902; H. GOLDSCHMIDT, Die Lehre d. v. d. vokalen Ornamentik I, Charlottenburg 1907; A. BEYSCHLAG, Die Ornamentik d. Musik, Lpz. 1908, Neudruck Wiesbaden 1961; A. DOLMETSCH, The Interpretation of the Music..., London (1916, ²1946).

Akzidentien heißen jene Zeichen, welche, einer Note vorangesetzt, deren Erhöhung oder Erniedrigung um einen bzw. 2 Halbtöne oder die Aufhebung einer vorangehenden Erhöhung oder Erniedrigung bewirken, also Kreuz ♯ (frz. dièse; ital. diesis; engl. sharp): Erhöhung um einen Halbton; → Doppelkreuz 𝄪: Erhöhung um 2 Halbtöne; Be ♭ (frz. bémol; ital. bemolle; engl. flat): Erniedrigung um einen Halbton; Doppel-Be ♭♭ (frz. double bémol; ital. doppio bemolle; engl. double-flat): Erniedrigung um 2 Halbtöne; → Auflösungszeichen ♮: Aufhebung der bisher geltenden Erhöhung oder Erniedrigung. – Alle drei Grundzeichen (♭ ♯ ♮) haben sich aus dem Tonbuchstaben b entwickelt, der seit Einführung des Hexachord-Systems zwei verschiedene Tonstufen vertrat: im Hexachordum molle das (moderne) b (b fa, geschrieben als ♭ rotundum), im Hexachordum durum das (moderne) h (b mi, geschrieben als ♮ quadratum; die neuzeitliche deutsche Tonbezeichnung h geht auf den Brauch deutscher Drucker des 16. Jh. zurück, für das ♮ quadratum den Buchstaben h zu verwenden). Aus dem ♮ quadratum entstanden durch flüchtiges Schreiben bereits im 13. Jh. die noch heute gebräuchlichen Formen von Kreuz und Auflösungszeichen, die ihrer Bedeutung nach jedoch selbst im 15. Jh. noch selten unterschieden wurden. Das bis ins 18. Jh. vorherrschende 𝄪cancellatum, dessen Erfindung in die Josquin-Zeit fällt, hob sich dann zwar sehr deutlich von den traditionellen Formen des ♮ quadratum, vor allem dem eigentlichen Auflösungszeichen, ab, doch blieb es bis ins 18. Jh. Brauch, Erhöhungen einfach durch ein ♭, Erniedrigungen durch ein ♯ rückgängig zu machen. A. im Sinne von Versetzungszeichen wurden die verschiedenen Gestalten des b aber erst, als sie, von der Tonstufe b gelöst, auch anderen Tonstufen zur Angabe ihrer Erhöhung, Erniedrigung oder der Wiederherstellung ihrer originalen Tonhöhe zugeordnet wurden. Aufgabe dieser (»zusätzlichen«) Zeichen war es zunächst, die Position der betreffenden Tonstufe im jeweiligen Hexachord und zugleich den für die Solmisation obligatorischen Hexachordraum selbst festzulegen. So erklärt sich die Tatsache, daß z. B. ein ♮quadratum vor f diese Tonstufe zwar zum fis erhob (als mi innerhalb des Hexachordes auf d), daß aber ein ♭molle vor f dieselbe Tonstufe nur als fa innerhalb des Hexachordum naturale (auf c) bestätigte und keineswegs zum fes erniedrigte. Nicht jede angezeigte Erhöhung oder Erniedrigung mußte zwangsläufig eine Hexachord-Transposition veranlassen; besonders die entlegeneren Halbtöne wurden – entsprechend den theoretischen Ausführungen über die → Musica ficta – vielfach außerhalb des gerade verbindlichen Hexachord-Zusammenhanges gebildet. – Bis ins 17. Jh. finden sich, vor allem in den Quellen der kirchentonalen Vokalmusik, relativ wenige A., da der Sänger selbst die Regeln beherrschen sollte, die ihm (zusammen mit Hinweisen durch A.) eine einwandfreie Ausführung seiner Stimme ermöglichten; → Solmisation, → Klausel-Lehre, einige Standardregeln (z. B. *Una nota supra la semper est canenda fa*), Gesetzmäßigkeiten der Stimmführung und ausgeprägte kirchentonale Melodiebildung machten eine generelle Bezeichnung durch A. häufig unnötig. Da sich die Bedeutung dieser Regeln in Hinblick auf die Entwicklung der Tonalität und auf das zeitbedingte, wohl oft sehr individuelle Klangempfinden jedoch nur schwer festlegen läßt, gehört die Frage nach Art und Umfang des tatsächlichen A.-Gebrauchs vom 13. bis zum 16./17. Jh. noch immer zu den vordringlichen Themen der Forschung. Erst mit zunehmender harmonischer Verselbständigung gegenüber den Kirchentönen und der Bevorzugung instrumentaler Notationsprinzipien seit dem 16. Jh. wurde auch die A.-Setzung regelmäßiger und exakter. Gegenüber der mittelalterlichen Praxis wurde die Geltungsdauer eines jeden Akzidens auf die unmittelbar nachfolgende Note (bzw. bei Tonwiederholungen auf alle weiteren Noten gleicher Tonhöhe) eingeschränkt, so daß das Akzidens selbst nach nur einer fremden Note wiederholt werden mußte, andererseits erstreckte sich die Geltung eines Akzidens zwischen zwei gleich hohen Tönen auch auf den vorangehenden; bei chromatischer Melodiebewegung wurden noch im 17. Jh. auch die nicht erhöhten bzw. erniedrigten Töne durch Auflösungszeichen eigens gekennzeichnet. Die Einführung und allmähliche Verbreitung von Taktstrich und gleichschwebender Temperatur bestimmten die Entwicklung um und nach 1700 und können als die eigentliche Ursache für die Ausbildung des modernen A.-Systems und A.-Gebrauchs angesehen werden. Denn wie nun erst für jedes Akzidens die Geltungsdauer auf einen Takt festgesetzt werden konnte, so gab auch erst die Erschließung des gesamten Quintenzirkels Anlaß zur Erfindung der Zeichen für doppelte Halbtonerhöhung und -erniedrigung. Nach verschiedenen Vorschlägen für die Gestaltung der neuen Zeichen (Mattheson empfahl als Zeichen der doppelten Erniedrigung den griechischen Buchstaben β, J. G. Walther verwandte für doppelte Erhöhung das gedoppelte Andreaskreuz ✕✕, L. Mozart neben dem Andreaskreuz ein aufrechtstehendes Kreuz ✢) setzten sich noch im 18. Jh. die bis heute gebräuchlichen Formen (✕, ♭♭) durch. Die heutige Anwendung der Versetzungszeichen erfolgt nach dem Grundsatz, daß jedes Akzidens nur für den bestimmten Takt und Oktavraum gilt, in dem es vorkommt; Ausnahmen bilden lediglich in den nächsten Takt übergebundene Noten, von denen das Akzidens nicht wiederholt zu werden braucht. Folgen verschiedenartige A. aufeinander, so bewirkt das jeweils neue die Aufhebung der vorangehenden Erhöhung oder Erniedrigung, ohne daß – wie noch im 19. Jh. – ein eigenes Auflösungszeichen vorangesetzt werden müßte (z. B. ♭♭ nach ♯). Selbstverständlich können der besseren Durchschaubarkeit halber auch mehr A. verwendet werden, als nach den strengen Regeln erforderlich wäre; vor allem in der Neuen Musik finden sich häufig zusätzliche Angaben, die von gelegentlichen Hinweiszeichen bis zur konsequenten Kennzeichnung jeder Einzelnote reichen. Vielfach wird dann überhaupt eine Regelung vorgezogen, die die Geltung des Akzidens auf die unmittelbar nachfolgende Note einschränkt.

Eine wesentliche Vereinfachung der A.-Setzung ergibt sich aus dem seit dem 18. Jh. (abgesehen von einigen kirchentonalen Relikten) fast allgemein geübten Brauch, die der jeweiligen Tonart eigenen Erhöhungen bzw. Erniedrigungen gegenüber der Grundskala (c d e f g a h) in der Tonartvorzeichnung (frz. armature, ital. armatura in chiave; engl. key signature) generell anzugeben: alle einschlägigen Versetzungszeichen werden zu Beginn eines jeden Liniensystems (unmittelbar nach dem Schlüssel, vor dem Taktzeichen) zusammengefaßt, so daß aus der Vorzeichnung bereits die Tonart abgelesen werden kann, wenn auch ohne Unterscheidungsmöglichkeit zwischen Dur und parallelem Moll. Der Geltungsbereich der Vorzeichnung umfaßt den gesamten verfügbaren Tonraum. – Die Anfänge der Vorzeichnung reichen ebenfalls bis ins Mittelalter zurück. Schon in den handschriftlichen Aufzeichnungen des Notre-Dame-Repertoires (13. Jh.) ist das ♭molle nicht selten an den Anfang einer Zeile vorgezogen, dies jedoch nur für die Tonstufe b (als Hinweis auf die Solmisation nach dem Hexachordum molle, also im dorischen und lydischen Modus) und auch nicht immer in allen Stimmen, sondern meist nur dort, wo die zu fixierende Tonstufe b tatsächlich vorkommt. Erst im Laufe des 15. Jh. bürgerte sich die Vorzeichnung eines weiteren ♭ (für die Tonstufe e) zur Kennzeichnung der immer häufiger transponierten Modi ein. Die bis dahin sehr unregelmäßige Setzung von Vorzeichen erhielt nun eine gewisse Systematik, da sie zugleich das Transpositionsverhältnis zwischen den Stimmen (am deutlichsten beim Quintkanon) zum Ausdruck brachte: in der Regel mußte aus Tonalitätsgründen in den Unterstimmen ein ♭ mehr vorgezeichnet werden als in den Oberstimmen. Diese auch noch für das 16. und 17. Jh. charakteristische Praxis, sich bei der Vorzeichnung nur nach dem Transpositionsgrad des jeweiligen Kirchentones zu richten, lebte vereinzelt bis ins 18. Jh. fort: noch J. S. Bachs Dorische Toccata und Fuge (BWV 538) ist ohne Vorzeichnung notiert; C moll kommt mitunter noch mit nur zwei vorgezeichneten ♭ als transponiertes Dorisch vor. – Neben der eigentlichen, tonartlich bestimmten Vorzeichnung finden sich seit dem 16. Jh. am Zeilenbeginn häufig weitere Zeichen, die nur der Warnung oder der besseren Orientierung dienen sollen und nicht als Versetzungszeichen aufzufassen sind. So erinnert die Vorzeichnung eines ♭ auf der f-Linie an das Verbot der Erhöhung zum fis, ein ♮ oder ✕ auf der h-Linie an das Verbot der Erniedrigung zum ♭; verschiedenartige Versetzungszeichen am Zeilenbeginn der → Tabula compositoria markieren lediglich die jeweilige Tonstufe, ohne eine tatsächliche Erhöhung oder Erniedrigung nach sich zu ziehen. – Die atonale Musik des 20. Jh. verzichtet auf jegliche Vorzeichnung und gebraucht A. ausschließlich im Laufe der Komposition.

Lit.: G. JACOBSTHAL, Die chromatische Alteration im liturgischen Gesang d. abendländischen Kirche, Bln 1897; TH. KROYER, Die Anfänge d. Chromatik im ital. Madrigal d. XVI. Jh., = BIMG I, 4, Lpz. 1902; DERS., Zum Akzidentienproblem im Ausgang d. 16. Jh., Kgr.-Ber. Wien 1909; J. WOLF, Gesch. d. Mensuralnotation v. 1250–1460 I, Lpz. 1904; DERS., Die A. im 15. u. 16. Jh., Kgr.-Ber. Wien 1909; R. SCHWARTZ, Zur Akzidentienfrage im 16. Jh., ebenda; E. BERNOULLI, Hinweis auf gewisse Alterationszeichen in Drucken d. 16. Jh., ebenda; O. CHILESOTTI, Le alterazioni cromatiche nel s. XVI°, ebenda; R. V. FICKER, Beitr. z. Chromatik d. 14. bis 16. Jh., StMw II, 1914; DERS., Die Kolorierungstechnik d. Trienter Messen, StMw VII, 1920; J. BORREMANS, Le sort du Si♭ dans les mélodies chromatiques grégoriennes, Tribune de St.-Gervais XXI, 1920; E. FRERICHS, Die Accidentien in Orgeltabulaturen, ZfMw VII, 1924/25; W. APEL, Accidentien u. Tonalität in d. Musikdenkmälern d. 15. u. 16. Jh., Bln 1936; DERS., The Partial Signatures in the Sources prior to 1450, AMl X, 1938; APELN; E.E. LOWINSKY, The Function of Conflicting Signatures in Early Polyphonic Music, MQ XXXI, 1945; DERS., Conflicting Views on Conflicting Signatures, JAMS VII, 1954; G. REANEY, Musica ficta in the Works of Guillaume de Machaut, Les Colloques de Wégimont II, 1955; S. CLERCX-LEJEUNE, Les accidents sous-entendus et la transcription en notation moderne, ebenda; R. H. HOPPIN, Partial Signatures and Musica ficta in Some Early 15th-Cent. Sources, JAMS VI, 1953; DERS., Conflicting Signatures Reviewed, JAMS IX, 1956. FrR

Alalá ist ein Volksliedtyp der spanischen Provinz Galicien; er hat seinen Namen von dem auf Vokalisen gesungenen La la la. Die Melodien werden vor allem während der Landarbeit gesungen.

Lit.: F. PEDRELL, Cancionero mus. popular español II, Valls 1918; H. ANGLÈS, Das span. Volkslied, AfMf III, 1938.

Alba (lat. und prov.) → Tagelied.

Albanien.

Lit.: ST. DJOUDJEFF, Mélodies bulgares de l'Albanie du Sud, Belgrad 1936; Y. ARBATSKY, Proben aus d. albanischen Volksmusikkultur, Südost-Forschungen VIII, 1943; E. STOCKMANN, Kaukasische u. albanische Mehrstimmigkeit, Kgr.-Ber. Hbg 1956; DERS., Albanische Volksmusikinstr., Kgr.-Ber. Wien 1956; DERS., Volkskundliche Bibliogr. A. v. 1945–56, Deutsches Jb. f. Volkskunde IV, 1958; DERS., Zur Slg u. Untersuchung albanischer Volksmusik, AMl XXXII, 1960; R. SOKOLI, Les danses populaires et les

instr. mus. du peuple albanais, Tirana 1958; D. STOCK-
MANN, Zur Vokalmusik d. südalbanischen Çamen, Journal
of the International Folk Music Council XV, 1963.

Albertische Bässe (bis um die Mitte des 19. Jh. auch
Harfenbässe genannt) werden nach D. → Alberti die
fortgesetzten gleichartigen Akkordbrechungen im homophonen Klaviersatz genannt. Sie werden meist für
die linke Hand als Begleitung einer von der rechten Hand
gespielten Melodie geschrieben (Mozart, K.-V. 545):

aber auch die umgekehrte Anordnung kommt vor
(Mozart, Rondo D dur, K.-V. 485). In Deutschland
wandten A. B. zuerst an: Fr. A. Maichelbeck (op. 1,
1736), Telemann (*Fugues légères* 1739), J. Chr. Bach;
W. A. Mozart ab K.-V. 5a (1763).
Lit.: W. WÖRMANN, Die Klaviersonate D. Albertis, AMl
XXVII, 1955; G. A. MARCO, The Alberti Bass before Alberti, MR XX, 1959; W. GERSTENBERG, Über Mozarts
Klaviersatz, AfMw XVI, 1959.

Albisiphon, eine 1910 von A. Albisi konstruierte Baßflöte aus Metall in C (eine Oktave unter der sogenannten Großen Flöte) mit einsetzbarem Fußstück für H
(Umfang H–fis²).

Alborada (span.) → Tagelied, → Aubade.

Albumblatt wurde im 19. und beginnenden 20. Jh.
als Bezeichnung für ein → Charakterstück beliebiger
Form gewählt, das den Eindruck eines schnell hingeworfenen Einfalls erweckt. Beispiele stammen von
Schumann (*Fünf Albumblätter* für Kl. in op. 99; *Albumblätter* op. 124 als Sammelbezeichnung für 20 anders
betitelte Klavierstücke), Reger (op. 36 Nr 2 und op. 44
Nr 1, beide für Kl.; op. 87 Nr 1 für V. und Kl.), Skrjabin (*Feuillet d'album* op. 58, um 1910) und Busoni (*3 Albumblätter* für Kl., 1917 und 1921; *A.* für Fl. und Kl.,
1917).

Aleatorik (von lat. alea, Würfel), nach 1950 in der
Kompositionspraxis der Neuen Musik aufgekommener Begriff. Aleatorisch nennt W. Meyer-Eppler (1955)
*Vorgänge, deren Verlauf im groben festliegt, im einzelnen
aber vom Zufall abhängt. Rechnerisch können solche Vorgänge mit den Methoden der Statistik erfaßt werden.* Musikalisch umfaßt das Gebiet des Aleatorischen alles, was nicht
»in den Noten« steht. Historisch kann die A. in Beziehung gesetzt werden zu Praktiken der Ars inveniendi,
so zu Guido von Arezzos Anweisung, jedem Vokal
eines Gesangstextes einen Ton zuzuordnen und so zufällige melodische Folgen zu erzielen, auch zu dem
Verfahren des Prager Zisterziensers Mauritius Vogt,
verschieden gebogene Hufnägel, die melodische Wendungen kennzeichnen sollen, durcheinanderzuschütteln und aus der so entstehenden Reihenfolge Musikstücke zusammensetzen, schließlich zu den musikalischen Würfelspielen Kirnbergers, Haydns und
Mozarts (Erwürfeln der Taktfolgen und Perioden
eines Menuetts, Walzers und dergleichen). In der
Neuen Musik tritt die A. zunächst in Erscheinung
als Reaktion auf die rechnerisch-mechanischen Verfahrensweise, in der die serielle Kompositionstechnik
zu veröden drohte. Gewisse Anregungen gingen
dabei von dem Amerikaner Cage aus, der auf den Donaueschinger Musiktagen 1954 *Music for prepared pianos*
vorführte, deren Klanggestalt und formaler Ablauf im
großen wie im einzelnen völlig dem Zufall überlassen
bleiben, wobei Cage sich auf chinesische Denkweisen
beruft. Gegen die *Übernahme einer orientalisch getünchten Philosophie* wandte sich Boulez in seinem Vortrag
Alea auf den Darmstädter Internationalen Ferienkursen für Neue Musik 1957, der bis heute die fundamentale Auseinandersetzung mit der A. seitens der Komponisten geblieben ist. Was Boulez unter aleatorisch,
d. h. zufällig, in der Musik verstanden haben will, leitet
er aus seinen kompositorischen Erfahrungen ab, nach
denen es ausgeschlossen sei, *alle Möglichkeiten vorauszusehen, die einem Ausgangsmaterial einbeschrieben sind . . .
Komposition ist es sich schuldig, in jedem Augenblick eine
Überraschung in Bereitschaft zu halten trotz aller Rationalität, die man im übrigen sich auferlegen muß, um etwas Gediegenes zustandezubringen.* Boulez' Auffassung, daß Zufall in der Komposition identisch mit Überraschung sei,
deckt sich mit der philosophischen Definition des Zufalls als eines *Eintretens unvorhergesehener Ereignisse*. Mit
der Bemerkung, daß *der Zufall stets in die Ausarbeitung
hineinfahre*, daß er also integraler Bestandteil eines
Kompositionsprozesses sei, unterwirft Boulez den Begriff der A. zugleich einer Einschränkung: Wie in Mozarts Würfelspiel kann auf die Ausarbeitung von Werkpartikeln, die nicht dem Zufall unterworfen sind, nicht
verzichtet werden. Bestätigt werden diese Gedankengänge durch zwei ebenfalls im Jahr 1957 erschienene
Kompositionen: die 3. Klaviersonate von Boulez und
das Klavierstück XI von K. Stockhausen. Beide Stücke
gehorchen insofern dem aleatorischen Prinzip, als ihr
formaler Ablauf im groben festliegt, und zwar durch
jeweilige Abfolgen auskomponierter Partikel, im einzelnen jedoch vom Zufall abhängt, nämlich von der
nicht vorherbestimmten Wahl der Partikel, die aufeinanderfolgen sollen. Boulez gebraucht den Vergleich
von verschiedenen Fahrbahnen innerhalb eines Werkes, wobei der Zufall die Rolle der Weichenstellung
spiele, die erst in dem Augenblick einer Realisation erfolge, in dem sich der Interpret für eine der Fahrbahnen
entscheiden müsse. Symptomatisch wird, daß dem Interpreten die Rolle des Weichenstellers zufällt, daß
Realisation also nicht mehr allein nachschöpferischer,
sondern *nebenschöpferischer* Akt wird, allerdings von
Boulez folgendermaßen begrenzt: *Darf der Interpret
nach seinem Belieben den Text modifizieren, so muß diese
Modifikation im Notentext bereits impliziert sein. . . . Auf
diese Weise führe ich durch den Notentext eine Notwendigkeit des Zufalls in die Interpretation ein: den dirigierten Zufall.* Zur formalen Entwicklung innerhalb der seriellen
Kompositionstechnik hat die A. insofern beigetragen,
als sie die sogenannte *offene Form* ermöglichte, d. h.
eine formale Konzeption, die auf Austauschbarkeit von
Werkpartikeln, wie auf ständigen, vom Aleatorischen
hervorgerufenen Variierungen beruht. Darin berührt
sich die musikalische A. mit gewissen Tendenzen der
neueren französischen Literatur (Mallarmé), denen
auch Boulez wesentliche ästhetische Einsichten verdankt. Im Gegensatz zur primitiven Zufälligkeit bei
Cage könnte die A. als Lehre vom »gelenkten Zufall«
bezeichnet werden.
Lit.: A. SCHERING, Geschichtliches zur ars inveniendi in d.
Musik, JbP XXXII, 1925 u. in: Das Symbol in d. Musik,
hrsg. v. W. Gurlitt, Lpz. 1941; P. LÖWENSTEIN, Mozart-
Kuriosa, ZfMw XII, 1929/30; O. E. DEUTSCH, Mit Würfeln
komponieren, ebenda; H. GERIGK, Würfelmusik, ZfMw
XVI, 1934; A. FEIL, Satztechnische Fragen in d. Kompositionslehren v. Fr. E. Niedt, J. Riepel u. H. Chr. Koch,
Diss. Heidelberg 1955, S. 66ff.; W. MEYER-EPPLER, Statistische u. psychologische Klangprobleme, in der Reihe II,
Wien 1955; P. BOULEZ, Alea, in: Darmstädter Beitr. zur
Neuen Musik I, Mainz (1958); E. THOMAS, Was ist A.?,
Melos XXVIII, 1961; W. S. NEWMAN, Kirnberger's Method for Tossing off Sonatas, MQ XLVII, 1961. ET

Aliquotsaiten, Resonanzsaiten, Sympathiesaiten, sind Saiten, die nur durch → Resonanz zum Klingen gebracht werden. Sie finden sich z. B. an der indischen Sarangi und der Hardanger Fiedel. Playford (1661) zufolge wurden sie, aus dem islamischen Raum kommend, zuerst um 1600 durch das Mitglied der Chapel royal Daniel Farrant auf die → Viola bastarda übertragen. A. haben die → Viola d'amore, das → Baryton – 1) und gelegentlich das Pianoforte (Aliquotflügel).

Aliquotstimmen heißen die Register der Orgel, die zu den Grundstimmen als selbständige Realisierung von Obertönen (Aliquoten) hinzutreten, also Quinten, Terzen, Septimen, Nonen und (selten) noch höhere Teiltöne, dazu auch zuweilen die Oktaven von 2′ aufwärts. Sie stehen in reinen (nicht temperierten) Intervallen zu den Grundstimmen, um mit ihnen zu einem synthetischen Klang zu verschmelzen. Zu welchen Grundstimmen die A. als Obertöne gehören, ersieht man, wenn man die Fußtonbezeichnung in einen einfachen Bruch verwandelt, z. B.: Quinte $2^{2}/_{3}′ = {}^{8}/_{3}′$, d. h. 3. Teilton zu einer 8′-Stimme; Terz $1^{3}/_{5}′ = {}^{8}/_{5}′$, d. h. 5. Teilton zu einer 8′-Stimme; Quinte $5^{1}/_{3}′ = {}^{16}/_{3}′$, d. h. 3. Teilton zu einer 16′-Stimme. Die Taste C ergibt also in diesen Registern folgende Töne:

Die Vereinigung mehrerer Aliquoten in einem Register ergibt → Gemischte Stimmen.

Aliquottöne → Teiltöne.

Allabreve (ital.) ist ein 2/2- oder 4/2-Takt mit der halben Note als Zählzeit; der 2/2-Takt wird durch die Zeichen ₵, C2 oder 2 gefordert, der 4/2-Takt, auch alla cappella oder großer A.-Takt genannt, durch das Zeichen ₵. – Der Schlag nach der Brevis (Tactus alla breve) umfaßte im 15. und 16. Jh., im Unterschied zur neueren Praxis, je eine Semibrevis (ganze Note) im Nieder- und Aufschlag: ◊ ◊. Bezogen auf das unverkürzte Tempus (Tempus non diminutum), das unter dem Zeichen C notiert und in der Regel alla semibreve ◊ ◊ geschlagen wurde, bedeutete das durch die Zeichen ₵ und C2 geforderte und alla breve taktierte verkürzte Tempus (Tempus diminutum) eine Halbierung des Zeitwertes, der realen Dauer der Noten; der → Tactus hatte – wenigstens in der Theorie – immer das gleiche Zeitmaß C ◊ ◊ = ₵ ◊ ◊. Seit dem späten 16. Jh. wurde allmählich der Tactus alla semibreve ◊ ◊ des unverkürzten Tempus durch den 2/4- oder 4/4-Schlag ♩ ♩ oder ♩ ♩ ♩ ♩ verdrängt und entsprechend der Tactus alla breve ◊ ◊ des verkürzten Tempus ₵ durch den 2/2- oder 4/2-Schlag ♩ ♩ oder ♩ ♩ ♩ ♩; die Bezeichnung A. aber wurde beibehalten, obwohl der 2/2-Schlag eigentlich ein Tactus alla semibreve ist. Um 1700 wurden vor allem Tänze in raschem Zeitmaß (Gavotte, Bourrée, Rigaudon) im 2/2-A. notiert; J. Pezel (1669 und 1686) und R. I. Mayr (1692) gebrauchen A. auch als Satzbezeichnung. Vom kleinen A., dem 2/2-Takt, ist der große A., der 4/2-Takt, zu unterscheiden, der im 17. und 18. Jh. in Sätzen im alten Stil (stile antico, stylus gravis) verwendet wurde (*Gratias* der H moll-Messe von Bach).

Lit.: G. SCHÜNEMANN, Gesch. d. Dirigierens, = Kleine Hdb. d. Mg. nach Gattungen X, Lpz. 1913; FR. ROTHSCHILD, The Lost Tradition in Music, London 1953, dazu A. Mendel, MQ XXXIX, 1953; I. HERRMANN-BENGEN, Tempobezeichnungen, = Münchner Veröff. zur Mg. I, Tutzing 1959; C. DAHLHAUS, Zur Entstehung d. modernen Taktsystems im 17. Jh., AfMw XVIII, 1961; DERS., Zur Taktlehre d. M. Praetorius, Mf XVII, 1964; H. O. HIEKEL, Der Madrigal- u. Motettentypus in d. Mensurallehre d. M. Praetorius, AfMw XIX/XX, 1962/63.

alla polacca (ital.), nach Art der → Polonaise, im Polonaisentakt (z. B. Beethoven, Rondo a. p. im Tripelkonzert op. 56).

allargando, slargando (ital.), s. v. w. breiter (langsamer) werdend; oft statt ritardando (rallentando) gebraucht, wenn die Tonstärke wachsen soll (agogische Stauung).

alla siciliana ('alla sitʃiljaːna, ital.), nach sizilianischer Weise, in der Art des → Siciliano (z. B. C. M. v. Weber, op. 60/5).

alla turca (ital.), s. v. w. auf türkische Art; → Janitscharenmusik.

alla zingarese (ital.), in der Art der Zigeunerweisen (z. B. Brahms, Finale des Klavierquartetts G moll op. 25, Rondo a. z.).

Allegretto (ital.; Abk.: Allᵗᵗᵒ, Diminutiv von Allegro), bedeutet *ein wenig munter, oder frölich, aber doch auf eine angenehme, artige und liebliche Art* (J. G. Walther 1732, nach Brossard 1703). Das Diminutiv erweckt die Vorstellung einer leichten und anmutigen Bewegung, *d'un mouvement gracieux et léger* (Castil-Blaze 1821). Das metronomische Zeitmaß eines A. kann sich einerseits dem eines Allegro moderato (Beethoven, op. 14, 1), andererseits dem eines Andante con moto nähern (Beethoven, op. 92); die graziöse Akzentuierung aber wirkt als Mäßigung des Tempos, als Verlangsamung des Allegro und als Beschleunigung des Andante. Das Muster der A.-Bewegung ist das (stilisierte) Menuett des 18. Jh. (D. Scarlatti, J. Haydn).

Lit.: I. HERRMANN-BENGEN, Tempobezeichnungen, = Münchner Veröff. zur Mg. I, Tutzing 1959.

Allegro (ital.; Abk.: Allᵒ) bedeutet heiter, lustig, hat aber als Tempobezeichnung die Bedeutung von schnell erhalten und wird in Zusammensetzungen gebraucht, die gegenüber dem italienischen Wortsinn pleonastisch (A. giocoso, lustig-heiter) oder widersinnig (A. irato, lustig-zornig) erscheinen. – In Überschriften wie *Fantasia allegra* (A. Gabrieli 1596) und *Symphonia allegra* (B. Marini 1611) bedeutet A. nichts anderes als heiter; noch L. Mozart (1756) hält am ursprünglichen Wortsinn fest. Andererseits war A. bereits im frühen 17. Jh., als man anfing, Wortbezeichnungen für musikalische Bewegungsarten zu gebrauchen, eher eine Tempo- als eine Affektvorschrift (Banchieri, *La Battaglia*, 1611; Frescobaldi, 1628 und 1635). Ein Unterschied zwischen A. und Presto bestand im 17. Jh. noch nicht oder nur in schwachen Ansätzen. Erst im 18. Jh. setzte sich die Regel durch, daß Presto ein schnelles und A. ein zwar heiter bewegtes, aber nicht hastiges Zeitmaß sei (Brossard 1703; J. J. Rousseau 1767). Das A.-Tempo schließt die Möglichkeit eines singenden A. (A. cantabile) ein. Das von Quantz angegebene Zeitmaß entspricht M.M. 120. Doch ist der Versuch, eine Norm festzusetzen, nicht unbedenklich. Der Sinn der A.-Vorschrift ist sowohl von der Taktart als auch vom Notenwert der Zählzeit abhängig. Das Zeitmaß der Tripeltakte ist im allgemeinen rascher als das der geraden Takte (J. Grassineau 1740), und die Achtelnote eines A. im 3/8-Takt ist etwas schneller als die Viertelnote eines A. im 3/4-

Takt, nicht doppelt so schnell (Achtelnote = Achtelnote) und nicht ebenso schnell (Zählzeit = Zählzeit). – Più a. und A. molto bedeuten eine Steigerung, meno a., A. moderato, A. ma non troppo und A. ma non tanto eine Mäßigung des A.-Tempos. Die Vorschrift A. con brio (feurig) schließt oft, aber nicht immer eine Beschleunigung ein. Der Zusatz assai (ital. sehr, genug) ist doppeldeutig; nach L. Mozart (1756), dessen Erklärung dem vorherrschenden Wortgebrauch entspricht, bedeutet assai eine Beschleunigung des A., nach J.-J. Rousseau (1767) eine geringe Verlangsamung. Der Superlativ Allegrissimo ist seit dem 17. Jh. nachweisbar (V. Jelich 1622; C. Pallavicino 1687), wird aber selten verwendet.

Lit.: BROSSARD D, engl. v. J. Grassineau, London 1740; MOZART Versuch; A. SCHERING, Zur Entstehungsgesch. d. Orchestera., Studien zur Mg., Fs. G. Adler, Wien u. Lpz. 1930; R. E. M. HARDING, Origins of Mus. Time and Expression, London 1938; ST. DEAS, Beethovens »A. assai«, ML XXXI, 1950; H. BECK, Bemerkungen zu Beethovens Tempi, Beethoven-Jb. II, 1955/56; I. HERRMANN-BENGEN, Tempobezeichnungen, = Münchner Veröff. zur Mg. I, Tutzing 1959; C. DAHLHAUS, Zur Entstehung d. modernen Taktsystems im 17. Jh., AfMw XVIII, 1961.   CD

Alleluia ist die in der Vulgata und damit auch im gregorianischen Choral gebräuchliche Form des hebräischen Gebetsrufes hallelū-jāh – Preiset Jah(we), welcher sich erstmals um 700 v. Chr. im Alten Testament bei Tobias 13, 22 (Vulgatazählung) findet, vor allem jedoch als Zusatz (d. h. Unter- oder Überschrift) zu mehreren Psalmen überliefert wird. Nach dem Zeugnis Augustins wurde dieser Ruf von der christlichen Antike *propter sanctiorem auctoritatem* in seiner hebräischen Form belassen (*De doctrina christiana*, lib. II, 11, Corpus Christianorum XXXII, 42). Innerhalb des jüdischen Gottesdienstes bildete das A. eine feierliche liturgische → Akklamation (Responsum), mit der die Gemeinde auf den solistischen Psalmengesang antwortete. Von hier fand es Eingang in die Psalmodie der frühchristlichen Kirche (ältester Hinweis um 200 bei Tertullian, *De oratione*, cap. XXVII, Corpus Christianorum I, 273). Seit dem 4. Jh. mehren sich die Berichte über seine (auch außerliturgische) Verwendung. Wie aus ihnen erhellt, wechselte diese nach den einzelnen Kirchen-Gebieten, indem man den jüdischen Brauch, das A. nur in den A.-Psalmen zu singen, teils erweiterte, teils beibehielt. Über den A.-Gesang im Stundengebet der ägyptischen Mönche liegen einige Angaben des Johannes Cassianus vor (*De institutis coenobiorum*, entstanden 419–26, lib. II, 5 u. II, 11, Corpus scriptorum ecclesiasticorum latinorum XVII, 22 u. 27); Benedikt von Nursia widmete diesem Gegenstand Kapitel 15 seiner Ordensregel (Corpus scriptorum ... LXXV, 63f.). Wann das A. in die römische Meßfeier aufgenommen wurde, ist nicht gesichert überliefert. Die briefliche Erklärung Papst Gregors des Großen, nach welcher es unter Damasus I. († 384) auf Rat des hl. Hieronymus eingeführt worden sei (Epist. lib. IX, 12, Migne Patr. lat. LXXVII, 956, auch bei Wellesz), läßt sich ebensowenig überzeugend stützen wie der Bericht des griechischen Kirchenhistorikers Sozomenos über eine ausschließliche Verwendung in der Messe vom 1. Ostertag (Kirchengeschichte, um 440–50, Buch VII, 19, ed. J. Bidez, S. 330). Doch dürfte der, zunächst wohl auf die Osterzeit beschränkte, Gebrauch des A. seit dem späten 4. Jh. allmählich weiter ausgedehnt worden sein und die noch heute verbindliche Regelung zur Zeit Gregors ihren Abschluß gefunden haben. – Unter den verschiedenen Formen, in denen das A. in Messe und Offizium begegnet, stellt das responsorische A. der Missa in cantu einen liturgisch wie musikalisch gleichermaßen bedeutsamen Höhepunkt dar (3. Gesang des Proprium missae). Im römischen und mailändischen Gottesdienst vor dem Evangelium erklingend, ist es gleich den übrigen Zwischengesängen (Graduale, Tractus, Sequenz) als »selbständiges Glied« (Jungmann) der liturgischen Handlung ausgezeichnet. Sein Vortrag erstreckt sich über das ganze Kirchenjahr ohne Fasten- und Vorfastenzeit (ab Septuagesima), in der es gewöhnlich durch den Tractus ersetzt wird (ebenso im Requiem). Ohne A. bleiben ferner die Quatembertage im Advent und im September. Demgegenüber enthält das Meßformular vom Samstag der Osterwoche bis zum Quemberfreitag nach Pfingsten unter Fortfall des Graduale zweifachen A.-Gesang.

Das gregorianische Meß-A. wird durch eine meist kurzgliedrige melodische Phrase über den Silben des Wortes A. eröffnet, welcher sich der sogenannte Jubilus (neuma), d. h. ein auf dem Schlußvokal gesungenes längeres Melisma, anschließt (→ Sequenz). Hierauf folgt der Versus (℣) mit seinen weitgespannten, äußerst kunstvollen Melismen. Schon in den ältesten erreichbaren Quellen ist eine Koppelung von A. und einem oder 2 Versus durchgeführt (vgl. Codex Monza, 8. Jh., in: *Antiphonale Missarum Sextuplex*, hrsg. von R.-J. Hesbert, Brüssel 1935). Die Frage nach der Herkunft des Versus – ob Überrest der alten responsorischen Psalmodie oder späterer Zusatz – konnte noch nicht einheitlich gelöst werden. Seine Texte sind vorwiegend dem Psalter entnommen. Den Abschluß des A.-Gesanges bildet die Repetition von A. + Jubilus. Im einzelnen gesehen gründet sich die melodische Struktur der Jubili mit wenigen Ausnahmen auf das Prinzip der (exakten oder leicht veränderten) Wiederholung, wobei die Form a a b absoluten Vorrang hat. Hingegen greifen die Versus gewöhnlich auf das melodische Material des A.-Abschnittes zurück. Auch klingen sie fast immer in eine Wiederholung des Jubilus aus. Untersuchungen stilistischer Kriterien ermöglichen eine chronologische Abgrenzung. So gehören jene wenigen, vornehmlich im 2. und 8. Modus stehenden A., deren Versus ohne Repetition des Jubilus endet, einer archaischen Schicht an (A. der 3 Weihnachtsmessen), während die in den meisten Melodien nachweisbare Identität von Verscoda und Jubilus, d. h. deren »symmetrische Melismatik« (P. Wagner), auf eine spätere Entstehung (vermutlich ab 8./9. Jh.) schließen läßt. Innerhalb der zweiten Gruppe bildet die zunehmende Ausweitung des Ambitus neben stufenförmigen melodischen Wendungen weitere Ansatzpunkte für eine zeitliche Differenzierung. – Zahlreiche A.-Gesänge entstanden auch durch das bereits im Mittelalter weitverbreitete Verfahren, bestimmten A.-Melodien neue Texte zu unterlegen. Ihre Zahl umfaßt im heutigen Graduale etwa ein Drittel aller Stücke (P. Wagner, *Einführung* III, S. 404f.). – Seiner responsorischen Form entsprechend verteilt sich der Vortrag des A. auf Solist(en) und Chor (Graduale Romanum: De ritibus servandis in cantu Missae IV, so auch schon im Ordinarium von Bayeux, 13. Jh.): A. (Solist) – A. + Jubilus (Chor) – Versus (Solist mit Verscoda durch den Chor) – Wiederholung von A. (Solist) + Jubilus (Chor). Letztere unterbleibt an den Bittagen und an den Quatembertagen nach Pfingsten. Bringt das Formular zwei aufeinanderfolgende A., so entfällt am Ende des 1. Stükkes die Wiederholung von A. + Jubilus und zu Beginn des 2. Gesanges die Repetition durch den Chor.

Im Unterschied zum gregorianischen A. besitzen die A.-Gesänge der mailändischen (hier: Hallelujah) und altspanischen Liturgie, ebenso diejenigen des altrömischen Chorals, eine weitaus reichere musikalische Gestalt. Ihre Bezeichnung im altspanischen Ritus ist Laudes (heute Lauda). Außer in seiner responsorischen Form findet das A. Verwendung 1) als A.-Antiphon, so genannt nach dem Text, der sich aus der ein- oder mehrfachen Wiederholung des Wortes A. zusammensetzt. Die Melodie dieser nur in der Psalmodie des Offiziums und in der Osternachtsfeier befindlichen Stücke ist häufig von Modellen geprägt; 2) als Anhang zu einer Reihe liturgischer Formen in Messe und Stundengebet. So schließen die Introitus-, Offertoriums- und Communio-Gesänge der Messe, desgleichen die Antiphonen und Responsorien des Offiziums während der österlichen Zeit durchgehend mit dem A., in der Osterwoche auch die Entlassungsrufe *Ite missa est* (Messe) und *Benedicamus Domino* (Offizium: Laudes und Vesper, in letzterer ebenfalls am Samstag vor Septuagesima). Als ein Element der Verfeierlichung steht das A. hingegen am Ende der Doxologie zu den Eingangsworten des Stundengebetes (*Deus in adiutorium meum intende*; in der Vorfasten- und Fastenzeit hier an Stelle des A.: *Laus tibi, Domine, Rex aeternae gloriae*) sowie am Schluß der Versikel und Responsa in Laudes und Vesper aller höheren Feste (vgl. dazu die entsprechenden Abschnitte der *Toni communes* von Graduale und Antiphonale, ferner die Neuregelungen im *Novus Codex Rubricarum* von 1960).

Lit.: U. CHEVALIER, Ordinaire et coutumier de l'église cathédrale de Bayeux, = Bibl. liturgique VIII, Paris 1902; P. WAGNER, Einführung in d. Gregorianischen Melodien I u. III, Lpz. ³1911 u. 1921, Neudruck Hildesheim u. Wiesbaden 1962; D. JOHNER OSB, Die Sonn- u. Festtagslieder d. vatikanischen Graduale, Regensburg 1928; A. AUDA, Les modes et les tons, Lüttich 1931; P. FERRETTI OSB, Estetica Gregoriana I, Rom 1934, frz. v. A. Agaesse als Esthétique grégorienne I, Tournai 1938; J. GLIBOTIĆ, De cantu »Alleluja« in Patribus s. VII antiquioribus, Ephemerides liturgicae L, 1936, frz. in: Rev. du chant grégorien XLI-XLII, 1937-38; C. CALLEWAERT, L'œuvre liturgique de S. Grégoire, Rev. d'hist. ecclésiastique XXXIII, 1937; D. J. FROGER, L'A. dans l'usage romain et dans la réforme de Saint Grégoire, Ephemerides liturgicae LXII, 1948; L. BROU OSB, L'A. dans la liturgie mozarabe, AM VI, 1951; M. B. COCHRANE, The A. in Gregorian Chant, JAMS VII, 1954; E. WELLESZ, Gregory the Great's Letter on the »A.«, Ann. mus. II, 1954; H. HUSMANN, A., Vers u. Sequenz, ebenda IV, 1956; DERS., Die A. u. Sequenzen d. Mater-Gruppe, Kgr.-Ber. Wien 1956; DERS., Iustus ut palma . . ., RBM X, 1956; DERS., Zum Großaufbau d. Ambrosianischen A., AM XII, 1957; DERS., A., Sequenz u. Prosa im altspan. Choral, Fs. H. Anglès I, Barcelona 1958-61; DERS., Das Graduale v. Ediger, Fs. K. G. Fellerer, Regensburg 1962; W. IRTENKAUF, Die A.-Tropierungen d. Weingartner Hss., in: Fs. zur 900-Jahrfeier d. Klosters Weingarten, 1956; W. APEL, Gregorian Chant, Bloomington (1958); E. JAMMERS, Ein spätma. A., Mf XII, 1959; E. WERNER, The Sacred Bridge, London u. NY 1959; Die griech. christlichen Schriftsteller d. ersten Jh. L, hrsg. v. J. BIDEZ, Bln 1960; E. GERSON-KIWI, Halleluia and Jubilus in Hebrew-Oriental Chant, Fs. H. Besseler, Lpz. 1961; P. RADÓ, Enchiridion Liturgicum, 2 Bde, Rom, Freiburg i. Br. u. Barcelona 1961; BR. STÄBLEIN, Zur Frühgesch. d. Sequenz, AfMw XVIII, 1961; DERS., Der Tropus »Dies sanctificatus« zum A. »Dies sanctificatus«, StMw XXV, 1962; DERS., Die sogenannte aquitanische »A. Dies sanctificatus« . . ., in: H. Albrecht in memoriam, Kassel 1962; DERS., Zwei Textierungen d. A. Christus resurgens in St. Emmeram-Regensburg, in: Organicae voces, Fs. J. Smits van Waesberghe, Amsterdam 1963; J. A. JUNGMANN SJ, Missarum Sollemnia I, Wien, Freiburg i. Br. u. Basel ⁵1962. – F. CABROL, Artikel A. (Acclamation liturgique), in: Dictionnaire d'archéologie chrétienne et de liturgie I, Paris 1924; H. ENGBERDING, Artikel A., in: Reallexikon f. Antike u. Christentum I, Stuttgart 1950; R. HAMMERSTEIN, Die Musik d. Engel, Bern u. München (1962).   KWG

Allemande (alm'ã:d, eigentlich danse a., frz.; ital. allemanda; engl. alman; s. v. w. »deutscher« Tanz), einer der bekanntesten geradtaktigen Tänze im 16.Jh. und vor allem im Barockzeitalter. Gegen 1550 begegnet sie erstmals gleichzeitig in England, Frankreich und den Niederlanden: in einem Lautendruck von P. Phalèse als Almanda (in: *Carmina pro Testudine* 1546/47), zwischen 1546 und 1550 für Laute bei Attaingnant, und 1551 in einer niederländischen Tanzsammlung bei Susato. Diese frühe Form der französisch-niederländischen A. steht im geraden Takt von mittlerem Tempo und wird oft mit einem schnellen, gesprungenen Nachtanz im Dreiertakt (Recoupe, Saltarello) verbunden. Arbeau erklärt die A. in seiner *Orchésographie* (1588) als hoffähigen Tanz und gibt eine ausführliche choreographische Beschreibung an Hand eines Notenbeispiels. Demnach wird die A. von mehreren Paaren getanzt, wobei keine bestimmte Taktzahl vorgeschrieben ist. Der Aufbau zweier A.n schematisch:

||: A :||: B :||: C :|| oder ||: A :||: B :||: C :||
(Takte) 4+4   4   4+4   6   4   8

P. Phalèse, *Liber primus leviorum carminum* (1571), Nr 9 *Almande d'amours*.

Bei den englischen »Virginalisten« wird die A. zum stilisierten Spielstück. Der Engländer W. Brade machte mit seinen 1609-21 in Hamburg erschienenen fünf großen Tanzsammlungen die Deutschen mit der A. bekannt. Gleichzeitig veröffentlichte Th. Simpson in Deutschland drei umfängliche Tanzsammlungen, in Stimmbüchern gedruckt und für instrumentales Ensemble bestimmt. Diese A.n sind jenen in Deutschland bekannten Tänzen des 16. Jh. ähnlich, die schlicht »Dantz« hießen. Während diese jedoch vierstimmig gesetzt und vom (gesungenen) Tanzlied (Ballo) abhängig sind, zeigen die englischen A.n im 5st. Satz kontrapunktische Züge sowie stärker instrumentalen Charakter. Schein ist der erste deutsche Musiker, der den Namen A. von den Engländern aufgreift, ohne jedoch damit auch deren Satztechnik zu übernehmen. In seinem *Banchetto Musicale* (1617) bestehen die Suiten aus 5st. Padouana und Gagliarda, meist 5st. Courente und dem 4st. Tanzpaar A.-Tripla. Die A.n unterscheiden sich in nichts von den älteren deutschen »Dantz«. Sie sind zwei- bis dreiteilig mit folgendermaßen proportionierten Taktverhältnissen: 8/6/8, 4/6/6, 8/8/12, 4/6, 4/8, 8/6. In diesen Zusammenhang gehören auch die 3 A.n von S. Scheidt (*Paduana, Galliarda, Couranta, Alemande, Intrada* . . ., 1621). Scheins und Scheidts A.n entsprechen dem, was Morley und dann M. Praetorius (Synt. III, 25) über die A. schreiben. Bei jüngeren deutschen Musikern zeigt die A. im Unterschied zu Schein die Stilisierungsabsicht, etwa bei Rosenmüller (*Studenten-Music* 1654 und *Sonate da camera* 1667). Hier fehlen die gleichmäßig abgegrenzten Einzelglieder zugunsten einer weiträumiger angelegten Melodik und rhythmischen Reichhaltigkeit. Es folgen J. Pezel (*Musica vespertina Lipsiaca* 1669), dessen 3-5st. A.n in ihrem feierlich-gravitätischen Charakter und den rhythmischen Punktierungen französische Einwirkung erkennen lassen. Diese wird mit den 1670er Jahren zunehmend deutlicher. Schon Bleyer z. B. schreibt die A. (sowie die anderen Tänze) in seiner *Lust-Music* nach *ietziger Frantzösischer Manier*, ebenso dann Reußner. Kennzeichnend sind der kurzatmige, französisch punktierte Stil, Leichtigkeit und Eleganz in der Stimmbewegung. Die letzten Ensemble-A.n finden sich bei R.I. Mayr (*Pythagorische Schmids-Füncklein* 1692), G. Muffat (*Florilegium Primum* 1695) und Schmierer (*Zodiaci Musici in XII Partitas Balleticas* I, 1689). – Einen neuen A.n-Typus schaffen die französischen Lautenmeister des 17. Jh. Im Unterschied zu der in 2- und 4-Taktgruppen bestehenden älteren französischen Lauten-A. verschwinden in diesem neuen Typus die liedartigen Züge sowie die scharfe tanzmäßige Akzentuierung. Dafür wird die freie Fortspinnung der melodischen Linie gepflegt und eine vorgetäuschte Polyphonie (style brisé). Die A. ist hier ein Spielstück von zartem Charakter. Sie steht meist am Anfang einer Folge von Tänzen und wird oft mit mythologischen Titeln verbunden. Ihre 3teiligen Formen verschwinden zugunsten der 2teiligen. Die Stilisierung läßt immer häufiger ungerade Taktzahlen entstehen, und ein präludienhafter Grundzug setzt sich durch. Um 1650 wurde diese Lauten-A. von den französischen »Clavecinisten« übernommen (Chambonnières, L. Couperin, Le Bègue, d'Anglebert). Einen zusätzlichen Einfluß durch die französische Oper und die italienische Kammermusik zeigen die A.n von Fr. Couperin; auffallend ist die italienische Sequenztechnik, die auf Chambonnières zurückgreifenden Kopfmotive und die italienischen weiblichen Phrasenschlüsse. Klangpracht und bestrickende Grazie kennzeichnen den Charakter der A.

Fr. Couperin, *La Logivière*,
A. aus *Pièces de Clavecin*, Primier Livre,
Paris 1713, Cinquième Ordre, Nr 1.

Die wenigen A.n Rameaus zeigen den italienischen Einfluß noch deutlicher. – In Italien begegnen A.n seit dem beginnenden 17. Jh. B. Marini hat in seinen *Affetti musicali* (1617) einen *Balletto Alemano* (*Il monteverde*) mit der italienischen Besetzung V., Baß und Continuo; seine Sammlung von 1626 mit 3 *Baletto Alemano* genannten Stücken, die ebenfalls eine italienische Besetzung haben (2 V. und Chitarrone), zeigen unverkennbar deutschen Einfluß, etwa in den typischen Schlußkadenzen, den codaartigen Anhängseln und den Wiederholungen 2taktiger Phrasen auf verschiedenen Stufen. C. Farina bringt in seinen 5 Büchern mit Tänzen (Dresden 1626/28) *Balletti Allemanni*. In die italienische Kammersonate ist die A. jedoch offensichtlich um 1660 über die französische Lautenmusik gelangt (Corelli, Vivaldi, Veracini). Eine aus der Kanzone gewonnene neue Form der A. zeigt die variierte Wiederholung des 1. Teils als Schluß des zweiten: ‖: A :‖: B+A' :‖, so daß eine Dreiteiligkeit innerhalb der 2teiligen Wiederholungsform erscheint. In der italienischen Triosonate begegnet die A. mit noch verstärkter Stilisierung. Auf Frobergers A. paßt die Charakterisierung, mit der Mattheson die A. allgemein bedenkt: sie sei *eine gebrochene, ernsthaffte und wol ausgearbeitete Harmonie, welche das Bild eines zufriedenen und vergnügten Gemüths trägt, das sich an guter Ordnung und Ruhe ergetzet*. Es folgen mit A.n: Poglietti, F. T. Richter, J. J. Fux, Gottl. Muffat, Pachelbel, J. Krieger, J. C. F. Fischer, Kuhnau, V. Lübeck, Händel und J. S. Bach. Bachs A.n, die auf proportionierter Zweiteiligkeit beruhen (z. B. 16/16, 12/12, 12/16, 8/12, 24/32), fassen die vielfältigen Möglichkeiten der französischen und italienischen A.n zusammen und bilden einen abschließenden Höhepunkt dieses Tanzes. – Die A. in der Gestalt des Pariser Hoftanzes scheint in Böhmen noch in der 2. Hälfte des 19. Jh. getanzt worden zu sein. Die noch in Schwaben und der Schweiz übliche lebhafte A. im 3/4-Takt ist von den A.n des Barock wesensverschieden. Sie steht vielmehr dem Schnellwalzer (→ Walzer) nahe (die »Deutschen«, A.n oder Alla Tedesca in Haydns Es dur-Trio, Hob. XV, 29, bei Beethoven u. a.).

Lit.: TH. ARBEAU, Orchésographie (1588), NA v. L. Fonta, Paris 1888, engl. v. M. St. Evans, NY 1948; TH. MORLEY, A Plaine and Easie Introduction to Practicall Musicke..., London 1597, NA v. R. A. Harman, London (1952); WALTHER L; MATTHESON Capellm.; E. v. WERRA, Orchestermusik d. 17. Jh., DDT X, 1902; P. NETTL, Die Wiener Tanzkomposition in d. 2. Hälfte d. 17. Jh., StMw VIII, 1921; DERS., The Story of Dance Music, NY (1947); FR. BLUME, Studien zur Vorgesch. d. Orchestersuite im 15. u. 16. Jh., = Berliner Beitr. zur Mw. I, Lpz. 1925; E. MOHR, Die A., 2 Teile, Zürich u. Lpz. 1932; A. ANDERS, Untersuchungen über d. A. als Volksliedtyp d. 16. Jh., Diss. Ffm. 1940; I. HERRMANN-BENGEN, Tempobezeichnungen, = Münchner Veröff. zur Mg. I, Tutzing 1959.

allentando (ital.) → rallentando.

Alliteration → Stabreim.

Alma redemptoris mater (lat.), Marianische Antiphon (Antiphona Beatae Mariae Virginis), seit dem 12. Jh. nachweisbar. In dem aus sechs daktylischen Hexametern bestehenden Text lassen sich Rückgriffe auf den Hymnus → *Ave maris stella* und die Antiphon *Sancta Maria succurre miseris* feststellen. Die Frage, ob Hermannus contractus der Verfasser sei, ist noch immer umstritten. Nach Ausweis der Quellen fand das A. r. m. ursprünglich in der Sext des Offiziums von Mariä Himmelfahrt (Assumptio) Verwendung und wurde ab 1249 von den Franziskanern, seit dem 14. Jh. auch vom Weltklerus im Wechsel mit den übrigen Marienantiphonen zu einer bestimmten Zeit des Kirchenjahres nach der Komplet gesungen. Diesem Brauch entspricht auch die heutige Offiziumspraxis, in welcher die Antiphon vom Vortag des 1. Advent bis zum 1. Februar den regelmäßigen Abschluß der Komplet bildet. Neben der »historischen«, melodisch weitgespannten und reichgegliederten Melodie im 5. tonus entstand im 17. Jh. (oder später) eine weitere Vertonung des A. r. m., die als Cantus simplex in das Antiphonale aufgenommen wurde.

Lit.: Analecta hymnica medii aevi LI, Lpz. 1908, S. 142; P. WAGNER, Einführung in d. Gregorianischen Melodien I u. III, Lpz. ³1911 u. 1921, Neudruck Hildesheim u. Wiesbaden 1962; W. APEL, Gregorian Chant, Bloomington (1958); H. OESCH, Berno u. Hermann v. Reichenau als Musiktheoretiker, = Publikationen d. Schweizerischen Musikforschenden Ges. II, 9, Bern (1961); P. RADÓ, Enchiridion Liturgicum II, Rom, Freiburg i. Br. u. Barcelona 1961.

Alphorn, eine einfache Holztrompete (im Mittelalter als Engelstrompete auf Abbildungen), kommt in europäischen und außereuropäischen Gebirgsländern vor und hat sich in der Schweiz, wo es als Nationalinstrument gilt, bis heute gehalten. In den Alpen wird es aus einem trockenen, in zwei Hälften geschnittenen Tannenstamm herausgeschnitzt und mit Baumwurzeln oder Bast zusammengebunden. Neben der wohl älteren gerade-konischen Form gibt es die bis zu 4 m lange mit abgebogenem Schallbecher und eine kleinere trompetenartig gewundene. Die A.-Melodien sind in den Alpen der Jodlermelodik ähnlich. Charakteristisch ist das A.-fa, der zu hohe 11. Naturton, der auch in die Melodien der Älpler eingegangen ist (→ Kuhreigen) und in der Kunstmusik z. B. im 4. Satz der 1. Symphonie von Brahms nachgeahmt wird:

J. Brahms an Clara Schumann (12. 9. 1868).

Eine Holztrompete verlangt Wagner für die »fröhliche Hirtenweise« im 3. Akt von *Tristan und Isolde*, doch wird hier meist ein Rohrblattinstrument (Englisch Horn, Sopransaxophon, Tárogató) als Ersatz geblasen.

Lit.: PRAETORIUS Synt. II; H. SZADROWSKY, Die Musik u. d. tonerzeugenden Instr. d. Alpenbewohner, Jb. d. Schweizer Alpenclub IV, 1867/68; H. IN DER GAND, Volkstümliche Musikinstr. in d. Schweiz, Schweizerisches Arch. f. Volkskunde XXXVI, 1937; A. PFLEGER, Das Schweizer A. in d. Hochvogesen, ebenda XLIX, 1953; K. M. KLIER, Volkstümliche Musikinstr. in d. Alpen, Kassel 1956.

al segno (al s'e:ɲo, ital.; Abk.: al S.), bis zum Zeichen, Anweisung zur Wiederholung bis zu der mit S. (𝄋) bezeichneten Stelle.

Alt (von lat. altus, hoch; ital. contr'alto, alto; frz. haute-contre; engl. contralto, → Meane; lat. Bezeichnung der Lagenstimme: Contratenor altus, Altus, Vox alta). – 1) Beim Übergang von der Drei- zur Vierstimmigkeit um 1450 (Dufay) spaltete sich der → Contratenor in Contratenor altus und bassus. Da noch bis zur Zeit Ockeghems die Polyphonie instrumentale Züge aufweist, entspricht der Umfang dieser Lagenstimmen häufig nicht dem der Singstimme, die heute A. genannt wird, doch stellt die Vokalisierung des polyphonen Satzes gegen Ende des 15. Jh. diese Beziehung her. Der Altus wurde im 4st. Satz des 16. Jh. als letzte Stimme komponiert, klausulierte in der Regel auf der Quinte des Abschlußklanges und war bei Imitationen oft eine der zuletzt einsetzenden Stimmen. In der Folgezeit ist er an diese Charakteristika nicht mehr gebunden und übernimmt häufig die Aufgabe akkordlicher Füllung. – 2) Nach dem neueren (physiologischen) Sprachgebrauch bezeichnet A. die tiefere der beiden Arten der Frauen- und Knabenstimmen. Sein Normalumfang reicht von a, beim tiefen A. von f (ausnahmsweise von e,'d) bis e², f² (ausnahmsweise h², c³), bei Männeraltisten von c–c². Der A. wurde seit dem 15. Jh. und noch lange danach von falsettierenden Männerstimmen gesungen, den Tenorini, die ab Mitte des 16. Jh. auch Alti naturali (→Falsettisten) genannt wurden. In England ist für das Singen von → Glees das Falsettieren der hohen Stimme noch heute gebräuchlich. In den im 16. Jh. auftretenden Sätzen ad voces aequales wurden mehrere (meist 2) A.e mit anderen Stimmlagen kombiniert, meist mit einer oder 2 Sopranstimmen (letzteres ist auch im Frauenchorsatz des 19. Jh. zu finden). Noch bis ins 19. Jh. verwendete man falsettierende Männer-A.e, in englischen Kirchenchören sogar bis heute (→ Countertenor). – Eine bedeutende Rolle spielt der Frauen-A. in den solistischen Opernpartien. Am bekanntesten aus der altitalienischen Oper ist die aus Venedig gebürtige Faustina Hasse, geb. Bordoni, deren kraftvoller Mezzosopran sich nach der Tiefe hin entfaltete. Im Unterschied etwa zu Händel schrieb Mozart kaum Partien für Frauen-A., während in der Oper des 19. Jh. Frauen-A.e häufiger Verwendung finden. Dennoch stand die Sopranstimme in der Oper gegenüber der A.-Stimme stets im Vordergrund. Von einem dramatischen A. kann bei Wagner (Ortrud, Erda, Fricka), Verdi (Amneris) und R. Strauss (Klytemnästra) gesprochen werden. Der Stimmumfang wurde stark nach der Höhe zu erweitert (Ortrud hat das b² zu singen). – 3) In den Stimmwerken von Instrumenten des 16./17. Jh. sind entsprechend den menschlichen Stimmlagen jeweils auch A.e disponiert, ebenso in den im 19. Jh. entstandenen Familien von Blechblasinstrumenten wie den Flügelhörnern und Saxhörnern. Im allgemeinen steht die Tonlage der A.-Instrumente eine Quart oder Quint unter den Normalinstrumenten. In der Instrumentation des Hochbarock wurde der A. der Blockflöte (in absoluter Höhe dem Sopran entsprechend) für die Familie repräsentativ. Der besondere Reiz von A.-Instrumenten, wie Bratsche (Viola), Bassetthorn und Englisch Horn, mit ihrem weichen, verschleierten Klang, wurde in der Romantik entdeckt.

Lit.: zu 2): FR. HABÖCK, Die Kastraten u. ihre Gesangskunst, Bln u. Lpz. 1927; M. KUNATH, Die Charakterologie d. stimmlichen Einheiten in d. Oper, ZfMw VIII, 1925/26; M. HÖGG, Die Gesangskunst d. F. Hasse u. d. Sängerinnenwesen ihrer Zeit, Diss. Bln 1931.

alta (instrumenta oder musica, lat.) → haut.

Altchristliche Musik ist die Musik der altchristlichen Periode, der Zeit, in der das Christentum der antiken Welt noch eng verhaftet war. Aus abendländischer Sicht ergibt sich die Spanne von der apostolischen Zeit bis zur endgültigen Zerstörung des Imperium Romanum durch den Langobardeneinfall in Italien (ab 568), somit bis zur Zeit des Wirkens von Papst Gregor dem Großen (590–604). Mit Ausnahme des in griechischer Notation auf einem ägyptischen Papyrus fragmentarisch erhaltenen Oxyrhynchos-Hymnus (3. Jh.) sind keine musikalischen Zeugnisse altchristlicher Musikübung bekannt. Die noch lückenhafte Kenntnis von ihr basiert allein auf literarischen Zeugnissen (vor allem dem Neuen Testament, den apokryphen Schriften des Neuen Testaments und den Schriften der Kirchenväter), die zudem in ihrer keineswegs fixierten Terminologie der Interpretation einen weiten Raum lassen. Daß Elemente altchristlicher Gesänge in später aufgezeichneten Melodien enthalten sind, darf als sehr wahrscheinlich angenommen werden, wenn auch Identifizierung und Datierung unlösbare Probleme bieten. Es dürfte sich dabei eher um formelhafte Gestaltungsprinzipien als um exakte, mehr oder weniger umfangreiche Melodiereliktе handeln. – Von entscheidender Bedeutung für die Ausbildung der A.n M. war die schon vor der Zeitwende liegende Berührung von Judentum und Hellenismus, wie sie besonders im hellenistischen Diasporajudentum deutlich wird, aus dessen Kreis in Alexandria in den letzten drei vorchristlichen Jahrhunderten die Bibelübersetzung der Septuaginta entstand. Von den Persönlichkeiten, die hier eine Vermittlerrolle einnehmen, ist vor allem ein Zeitgenosse Christi, Philo von Alexandrien (* um 25–10 v. Chr., † nach 40 n. Chr.) zu nennen. So erwächst die Musik der altchristlichen Kirche aus einer Verschmelzung von Elementen jüdischer Liturgie und geistlichen Singens mit solchen orientalischer und antiker Dicht- und Tonkunst, wobei auch Einwirkungen aus dem Bereich volksmäßiger Musikübung als sehr wahrscheinlich anzunehmen sind. Eine genauere Begrenzung der verschiedenen Einflußschichten ist, von der spärlichen Quellenlage abgesehen, schon insofern kaum möglich, als in den ersten Jahrhunderten in Opferfeier und privater Andacht charismatisch improvisierendes Singen einen breiten Raum einnahm. Auf dieses dürften die von Paulus (Eph. 5, 19 und Kol. 3, 16) genannten Psalmen, Hymnen und geistlichen Lieder zu beziehen sein, die sicher nicht drei voneinander gesonderte Gattungen bezeichnen sollen. Seit der Apostelzeit ist eine immer tiefer gehende hellenistische Durchdringung des Christentums festzustellen, und mit der Gleichsetzung von Judenchristen und Heidenchristen auf dem Apostelkonzil zu Jerusalem (um 49/50) wurde der Weg für die Aufnahme griechischer Musikelemente in die Liturgie noch weiter geöffnet. Für den griechischen wie für den lateinischen Kreis ist dabei zu unterscheiden zwischen liturgischem Lied, das sich in Inhalt und Form an die Dichtung des Alten Testaments anschloß, und dem bei aller geistlichen Orientierung der Kunstdichtung zugehörigen Lied, das die Tradition der antiken Poesie im christlichen Bereich weiterführte. Neben dem ausschließlich einstimmigen Gesang wurde die Verwendung von Musikinstrumenten im Gottesdienst nicht gestattet, aber in der häuslichen Privatfeier geduldet. In der sich aus dem Herrenmahl entwickelnden Eucharistiefeier (→ Messe) und dem aus den Vigilien hervorgegangenen → Offizium bestand bis zum 4. Jh. noch eine relative Freiheit in der Wahl der Gebetstexte und Gesänge, wenn auch die römischen Schemata des 2. und 3. Jh. im Osten eine weitgehende Entsprechung fanden. Der Hauptgottesdienst der Gemeinde fand anfänglich vielfach mit den Juden zusammen am Sabbat in den Synagogen statt, wurde jedoch – vom jüdischen Gottesdienst abgesondert – bald auf den Sonntagmorgen verlegt. Viele Teile der altchristlichen Liturgie haben im jüdischen Ritus ihre Vorbilder. Zu Lesung und Predigt trat der Psalmengesang (jüdischer Herkunft); bereits für das 4. Jh. ist das Kyrie eleison in Jerusalem bekannt. Mancherlei Parallelen zum jüdischen Ritus finden sich auch im Offizium. Von Anfang an vorhandene Besonderheiten regionaler Traditionen bildeten sich vor allem seit dem 4. Jh. deutlicher faßbar heraus und waren bald als besondere Liturgietypen an die jeweiligen kirchlichen Zentren gebunden. Im Osten entwickelten sich so koptischer, syrischer und byzantinischer Ritus und Gesang. Die ursprünglich vorherrschende griechische Kultsprache wurde in Rom im 4. Jh. aufgegeben, was zu einer eigenen Tradition des lateinischen Westens führte, der im (alt-)römischen (gültig auch für Nordafrika mit Karthago), ambrosianischen, gallikanischen und mozarabischen Liturgietypus eigene Gesangsüberlieferungen ausbildete.

Eine Beschränkung der Melodien der A.n M. auf theoretisch erfaßte, diatonische und chromatische Tonstufen ist wenig wahrscheinlich, vielmehr dürfte eine weitergehende, rational nicht zu fixierende Differenzierung auch im lateinischen Westen noch lange üblich gewesen sein. Grundformen der melodischen Gestaltung waren psalmodisches Rezitieren zu einfachem Textvortrag, syllabische Führung mit schlichter, aber doch in sich reicherer Melodiebildung, die in ihrer Anlage noch weitgehend der Textstruktur verhaftet blieb, schließlich eine in weiten Melodiebögen geführte und reich verzierte Melismatik, die das musikalische Element ganz in den Vordergrund treten ließ. Infolge fehlender schriftlicher Fixierung wurden die mündlich tradierten Gesänge auswendig vorgetragen oder anhand überlieferter Melodieformeln und -modelle improvisiert. Eine eigene Notation der christlichen Musik entwickelt sich erst später und tritt in Byzanz und Syrien ebenso wie bei den Kopten und Juden zunächst in der Ekphonesis (lectio solemnis; → Ekphonetische Notation) mit Akzent- und Interpunktionszeichen auf. – Schon in der Musik der altchristlichen Kirche ist die Stellung des Kirchensängers (psaltes, erst bei Niketas von Remesiana cantor) institutionell weitgehend festgelegt, wobei ihm die solistischen Gesänge, die Intonation und die Führung des Gemeindegesangs übertragen waren. Da ein Chor geschulter Sänger für die Frühzeit nicht anzunehmen ist, dürfte neben dem Psaltes der Chor der Gemeinde gestanden haben, der mit der Ausführung wohl einfacherer Gesänge betraut war. Hieraus ergibt sich die vorherrschende Stellung des Wechselgesangs in der A.n M., der solistische Partien des Psalmes mit refrainartigen Einwürfen des Gemeindechors verbindet und den antiphonischen Vortrag der Psalmen mit melodischen »Hymnen« unterbricht (Aufkommen der Doppelchörigkeit erst ab etwa 350). Als bedeutende Autoren sind zu nennen: im griechischen Bereich Clemens von Alexandrien (um 150 – um 215), Origines (um 185 – um 254), Methodius († um 311), Basilius (330–379), Cyrillus von Jerusalem (315–386), Gregor von Nazianz († um 390), Johannes Chrysostomus (um 354–407), Synesius von Cyrene (* zwischen 370 und 375), Romanos (um 490 – um 560) und Sophronios von Jerusalem († 638); im lateinischen Kreis Tertullian (um 160 – um 240, aus Karthago), Hilarius von Poitiers (um 315–367), Marius Victorinus Afer († 370), Damasus (um 305–384), Ambrosius in Mailand († 397), Prudentius († nach 405), Niketas von Remesiana († kurz nach 414; → Ambrosianischer Gesang), Sedulius (um 430), Augustinus († 430), Paulinus von Nola († 431), Cassiodor (um 485–580) und Venantius Fortunatus (um 530 – kurz nach 600); im syrischen Bereich Bardesanes († 222) und dessen Sohn Harmonios, Ephräm der Syrer († 373), Balai (4. Jh.), Isaac von Antiochien († 460/61), Narses von Nisibis (399–502) und Jakob von Saruch (* 451).

Lit.: H. ABERT, Die Musikanschauung d. MA u. ihre Grundlagen, Halle 1905; DERS., Ein neu entdeckter frühchristlicher Hymnus mit antiken Musiknoten, ZfMw IV, 1921/22; DERS., Das älteste Denkmal d. christlichen Kirchenmusik, in: Ges. Schriften u. Vorträge, Halle 1929; W. CASPARI, Untersuchungen zum Kirchengesang im Altertum, Zs. f. Kirchengesch. XXVI, 1905, XXVII, 1906 u. XXIX, 1908; F. LEITNER, Der gottesdienstliche Gesang im jüdischen u. christlichen Altertum, Freiburg i. Br. 1906; L. DUCHESNE, Origines du culte chrétien, Paris ⁵1909; P. WAGNER, Ursprung u. Entwicklung d. liturgischen Gesangsformen bis zum Ausgang d. MA, = Einführung in d. Gregorianischen Melodien I, Lpz. ³1911, Neudruck Hildesheim u. Wiesbaden 1962; J. C. JEANNIN OSB, Le chant syrien, Journal Asiatique XX, 1912; A. BAUMSTARK, Psalmenvortrag u. Kirchendichtung d. Orients, Gottesminne VII, 1912/13; J. KROLL, Die christliche Hymnodik bis zu Clemens v. Alexandrien, Beilage zum Verz. d. Vorlesungen an d. Akad. zu Braunsberg, Königsberg 1921ff.; A. Z. IDELSOHN, Parallelen zwischen gregorianischen u. hebräisch-orientalischen Gesangsweisen, ZfMw IV, 1921/22; DERS., Der Kirchengesang d. Jakobiten, AfMw IV, 1922; E. WELLESZ, Aufgaben u. Probleme auf d. Gebiete d. byzantinischen u. orientalischen Kirchenmusik, = Liturgiegeschichtliche Quellen u. Forschungen VI, Münster i. W. 1923; DERS., Eastern Elements in Western Chant, = Monumenta Musicae Byzantinae, Subsidia II (= American Series I), Boston 1947; DERS., A Hist. of Byzantine Music and Hymnography, Oxford 1949, ²1961; DERS., Early Christian Music of the Eastern Churches, in: New Oxford Hist. of

Music II, London 1954; J. QUASTEN, Musik u. Gesang in d. Kulten d. heidnischen Antike u. christlichen Frühzeit, = Liturgiegeschichtliche Quellen u. Forschungen XXV, Münster i. W. 1930; DERS., The Liturgical Singing of Women in Christian Antiquity, The Catholic Hist. Review XXVII, 1941; H. BESSELER, Die Musik d. MA u. d. Renaissance, Bücken Hdb.; O. URSPRUNG, Die kath. Kirchenmusik, ebenda; TH. GÉROLD, Les pères de l'église et la musique, Paris 1931; KL. WACHSMANN, Untersuchungen zum vorgregorianischen Gesang, = Veröff. d. Gregorianischen Akad. zu Freiburg in d. Schweiz XIX, Regensburg 1935; A. DOHMES, Der Psalmen-Gesang d. Volkes in d. eucharistischen Opferfeier d. christlichen Frühzeit, Liturgisches Leben V, 1938, erweitert in: Rev. du chant grégorien XLII, 1938 u. XLIII, 1939; E. JAMMERS, Rhythmische u. tonale Studien zur Musik d. Antike u. d. MA, AfMf VI, 1941 u. VIII, 1943; J. HANDSCHIN, »Antiochien, jene herrliche Griechenstadt«, AfMf VII, 1942; E. WERNER, Notes on the Attitude of Early Churchfathers towards Hebrew Psalmody, Review of Religion VII, 1943; DERS., The Modes of Psalmody in the Eastern Churches and the Synagogue, Musica Hebraica II, 1943; DERS., The Conflict between Hellenism and Judaism in the Music of the Early Christian Church, Hebrew Union College Annual XX, 1947; DERS., Leading Motifs in Gregorian and Synagogue Chant, Yearbook of American Musicological Soc. 1947; DERS., Hebrew and Oriental Christian Metrical Hymns, a Comparison, Hebrew Union College Annual XXIII, 1950/51; DERS., The Sacred Bridge, London u. NY 1959; C. SACHS, The Rise of Music in the Ancient World, East and West, = The Norton Hist. of Music I, NY (1943); H. HUCKE, Die Entwicklung d. christlichen Kultgesanges zum gregorianischen Gesang, Römische Quartalschrift XLVIII, 1953; DERS., Zu einigen Problemen d. Choralforschung, Mf XI, 1958; H. AVENARY, Formal Structure of Psalms and Canticles in Early Jewish and Christian Chant, MD VII, 1953; DERS., Studies in the Hebrew, Syrian and Greek Liturgical Recitative, Tel Aviv (1963); R. SCHLÖTTERER, Die kirchenmus. Terminologie d. griech. Kirchenväter, Diss. München 1953, maschr.; H. ANGLÈS, Latin Chant before St. Gregory, in: New Oxford Hist. of Music II, London 1954; E. GERSON-KIWI, Artikel Musique (dans la Bible), in: Dictionnaire de la Bible, Suppl. Bd V, Paris 1956; G. KRETSCHMAR, Die frühe Gesch. d. Jerusalemer Liturgie, Jb. f. Liturgik u. Hymnologie II, 1956; W. APEL, Gregorian Chant, Bloomington (1958); W. SH. SMITH, Mus. Aspects of the New Testament, Amsterdam 1962.

Altenburg (Thüringen).
Lit.: E. W. BÖHME, Die frühdeutsche Oper in A., Jb. d. Theaterfreunde A., A. 1930; FR. MERSEBERG, Die künstlerische Entwicklung d. A.er Hofkapelle, Zs. d. Ver. f. Thüringische Gesch. u. Altertumskunde XXXII, 1936; Chronik d. Theaters in A., hrsg. v. B. LÜRGEN, Lpz. 1937.

Alteration (lat. alteratio, Änderung). – 1) In der Mensuralnotation erhält seit Franco von Köln die zweite von zwei gleich aussehenden Breves, die zusammen eine perfekte (3zeitige) Longa ausmachen, 2 Drittel des gesamten Werts; sie ist also doppelt so lang wie die erste Brevis (recta) und heißt Brevis altera. Dasselbe gilt bei perfekter Teilung der Brevis in Semibrevis minor und maior, seit Ph. de Vitry auch bei perfekter Teilung der Semibrevis in Minima und Altera minima. So muß im Tempus perfectum cum prolatione maiori die Folge

verstanden werden als (auf ein Viertel verkürzt; der Punkt ist Punctus divisionis):

Es ist umstritten, ob schon in der Musik vor 1300 auch die kürzeren Notenwerte mit A. zu übertragen sind, weil zufolge des raschen Tempos die unterschiedliche Dauer der beiden Noten in der Ausführung nicht hervortreten würde. – 2) A. heißt auch die Veränderung eines Tones um 1–2 Halbtöne nach oben oder unten.

Die Art der Vorzeichnung (Akzidentien) und der Benennung (z. B.: c wird alteriert zu cis oder ces, doppelt alteriert zu cisis oder ceses) weisen darauf hin, daß der alterierte Ton nicht als selbständig, sondern als Färbung (vgl. Marchettus de Padua: *propter aliquam consonantiam colorandam*, GS III 73b) des leitereigenen Tons aufgefaßt wird, den er vertritt. In der Musik des 14.–16. Jh. bedeutet die Einführung leiterfremder Töne durch Vorzeichen (Akzidentien), daß der betreffende Ton als mi (♮) oder fa (♭) charakterisiert ist, d. h. daß die Stimme zeitweilig in ein anderes Hexachord oder auch in eine andere Tonart ausweicht (→ Mutation, → Musica ficta). Dagegen wird die eigentliche A. nicht notiert. Ihre Ausführung gilt als selbstverständlich; sie bleibt den Sängern überlassen und wird hauptsächlich durch folgende Regeln bestimmt: a) in der Paenultima der Diskant-Tenor-Klausel muß eine von beiden Stimmen Leitton sein; b) geht eine Stimme nur um einen Schritt über la hinaus, so ist dieser Schritt ein Halbton (una nota supra la semper est canendum fa); im strengen Sinn gilt diese Regel nur für den 1. und 2. Kirchenton, z. B. in Isaacs *Choralis Constantinus* III (hrsg. v. L. Cuyler, = Univ. of Michigan Publications, Fine Arts, Vol. II, Ann Arbor 1950, S. 27 und 181):

c) zuerst wohl bei Aaron erscheint die Vorschrift, die kleine Terz eines Schlußklangs zur großen zu alterieren. Gaffori bestätigt, daß in Klauseln bei A. des vorletzten Tons die Solmisationssilbe unverändert bleibt; z. B.:

Solmisation: la–sol–la.
R. v. Fickers Annahme, daß die mittelalterliche Theorie die A. als Musica falsa bezeichne und gegen die als Transposition und Mutation verstandene Musica ficta unterscheide, wird durch die Quellen nicht hinreichend gestützt. – Drucke des 16. Jh. für Tasteninstrumente bezeichnen A. durch einen Alterationspunkt, z. B.:

Lit.: zu 1): FRANCO V. KÖLN, in: Hieronymus de Moravia OP, Tractatus de Musica, hrsg. v. S. M. Cserba OP, = Freiburger Studien zur Mw. II, 2, Regensburg 1935, S. 236ff.; PH. DE VITRY, Ars nova, hrsg. v. G. Reaney, A. Gilles u. J. Maillard, CSM VIII, (Rom) 1964; E. PRAETORIUS, Die Mensuraltheorie d. Fr. Gafurius ..., = BIMG V, Lpz. 1905. – zu 2): MARCHETTUS DE PADUA, Lucidarium, in: GS III; FR. GAFFORI, Practica Musice, Mailand 1496; P. AARON, Thoscanello di musica, Venedig 1523 u. ö.; G. JACOBSTHAL, Die chromatische A. im liturgischen Gesang ..., Bln 1897; RIEMANN MTh; R. v. FICKER, Beitr. zur Chromatik d. 14. bis 16. Jh., StMw II, 1914; L. H. SKRBENSKY, Leitton u. A. ..., Diss. Prag 1928, maschr.; J. HANDSCHIN, Der Toncharakter, Zürich (1948).

Alterierte Akkorde, seit H. Riemann die Bezeichnung für solche Klänge innerhalb des funktionalharmonischen Systems, in denen einer oder mehrere Töne eines ursprünglich leitereigenen Akkordes chromatisch verändert sind, wodurch eine aufwärts oder abwärts gerichtete Strebewirkung erzeugt bzw. verstärkt wird. Die Theorie des 18. und 19. Jh. bezeichnet sie als dissonierende, uneigentliche, anomalische, chromatische, zufällige oder leiterfremde Akkorde. Die Zunahme immer komplizierterer A.r A. mit der damit verbundenen intensivierten Leittonspannung ist ein bestimmendes Merkmal spätromantischer Musik seit Wagners *Tristan und Isolde* (1859). R. Strauss setzt z. B. in *Till Eulenspiegels lustige Streiche*, op. 28 (1895), einen $D^{9>7}_{5<}$ -Akkord mit vierfacher chromatischer Auflösung:

Dieser Prozeß der Häufung stärkster Gleit- und Spannungswirkungen führte von sich aus an die Grenze der dominantisch-tonalen Musik, und so sind die A.n A. von den Schöpfern der Neuen Musik im 20. Jh. als ein wichtiger Ausgangspunkt zur Auflösung und Überwindung der Tonalität angesprochen worden.

Lit.: J. VOLEK, Die Bedeutung Chopins f. d. Entwicklung d. a. A. in d. Musik d. 20. Jh., Kgr.-Ber. Warschau 1960.

alternatim (lat., wechselweise), bezeichnet seit dem späten Mittelalter die Ausführung liturgischer Stücke, derart, daß der eine Teil der Ausführenden die einstimmigen choralen Teile vorträgt und der andere Teil (meist mehrstimmig) fortfährt. Die a.-Praxis geht zurück auf den antiphonischen Gesang (→ Antiphon) der Psalmen und Hymnen und dehnt sich auf die verschiedensten Teile der liturgischen Musik aus. Seit dem Aufkommen der Mehrstimmigkeit erwuchsen dem a.-Musizieren im Wechsel von einstimmigem Choralgesang und (mehrstimmigem) Figuralgesang oder Orgel neue Möglichkeiten (→ Messe, → Magnificat). Die a.-Ausführung zwischen Chor und Orgel (beide je ein- oder mehrstimmig) erfolgte überwiegend in dieser Art:

1. *Kyrie* Orgel 2. *Kyrie* Chor 3. *Kyrie* Orgel
1. *Christe* Chor 2. *Christe* Orgel 3. *Christe* Chor
1. *Kyrie* Orgel 2. *Kyrie* Chor 3. *Kyrie* Orgel

Die a.-Praxis wurde in die evangelische Kirche übernommen; von M. Praetorius sind ihre verschiedensten Kombinationen beschrieben und ausgeführt worden. Bis ins 18. Jh. hinein war die a.-Praxis im Gebrauch, bis der Orgel die Begleitung aller Strophen des Gemeindegesangs übertragen wurde. In jüngster Zeit sind mannigfache Bemühungen im Gange, die a.-Praxis wieder zu beleben.

Lit.: G. RIETSCHEL, Die Aufgabe d. Org. im Gottesdienst, Lpz. 1893; P. WAGNER, Gesch. d. Messe I, = Kleine Hdb. d. Mg. nach Gattungen XI, 1, Lpz. 1913; Y. ROKSETH, La musique d'orgue au XVe s...., Paris 1930; L. SÖHNER, Die Gesch. d. Begleitung d. gregorianischen Chorals in Deutschland, = Veröff. d. Gregorianischen Akad. zu Freiburg i. d. Schweiz XVI, Augsburg 1931; O. URSPRUNG, Die kath. Kirchenmusik, Bücken Hdb.; A. SCHERING, Zur a.-Orgelmesse, ZfMw XVII, 1935; L. SCHRADE, Die Messe in d. Orgelmusik d. 15. Jh., AfMf I, 1936; CHR. MAHRENHOLZ, Der 3. Bd v. S. Scheidts Tabulatura nova 1624 u. d. Gottesdienstordnung d. Stadt Halle, Mf I, 1948; D. STEVENS, A Unique Tudor Organ Mass, MD VI, 1952; KN. JEPPESEN, Eine frühe Orgelmesse..., AfMw XII, 1955; DERS., Die ital. Orgelmusik am Anfang d. Cinquecento, 2 Bde, Kopenhagen ²1960; J. D. BERGSAGEL, On the Performance of Ludford's A. Masses, MD XVI, 1962.

alternativo (ital.), auch alternativement (frz.), abwechselnd; ältere Bezeichnung für 2teilige Tanzstücke, deren beide Teile nach Belieben mehrmals wechselnd gespielt werden (Menuetto a.); auch erscheint in menuettartigen Sätzen der 2. Teil (Trioteil) des öfteren mit a. überschrieben.

Alti naturali (ital.) → Falsettisten.

Alto (ital.), – 1) Altstimme (Contr'alto), → Alt. – 2) Altviola, Bratsche, → Viola. – 3) im Jazz gebräuchliche Kurzform für Altsaxophon (von engl. a. saxophone; frz. saxophone a.).

Altorientalische Musik → Sumerische Musik, → Ägyptische Musik, → Jüdische Musik.

Altslawischer Kirchengesang. Die aus Saloniki stammenden Brüder Konstantinos (Kyrillos, 826–69) und Methodios (820–85), die ab 863 im Gebiet der Erzdiözese Salzburg unter den Slawen missionarisch tätig waren, begründeten durch ihre mit Zustimmung Roms unternommene Übersetzung des Ordinarium missae sowie des Proprium de tempore und de sanctis ins Kirchenslawische den A.n K. Für ihre Übersetzung schufen sie die glagolitische Schrift; nach ihr heißt der A. K. auch Glagolitischer Kirchengesang. Für den A.n K. römischer Liturgie sind als einziges Zeugnis aus der Zeit der Slawenapostel die Kiewer Sacramentar-Fragmente erhalten. Sie bieten Texte des Ordinarium missae, übersetzt nach einer Fassung des Missale (wie sie zu jener Zeit in der Erzdiözese Salzburg und im Patriarchat Aquileja verwendet wurde) und versehen mit Neumen von St. Galler Typus. Es handelt sich demnach um Texte, die im Gesangston der römischen Kirche des 7./8. Jh. vorgetragen wurden (Secreta-Texte). Nach dem Tode Methods wurden seine Schüler aus der Erzdiözese Salzburg verwiesen. Sie gingen teils nach Böhmen, wo der A. K. bis ins 11. Jh. im Kloster Sazawa gepflegt wurde, teils nach Kroatien auf die Insel Krk (Veglia) und ins Küstenland. Dort erhielt sich diese Tradition bis heute. Nachdem auf mehreren Konzilien über die Berechtigung des A.n K.s verhandelt worden war, erteilte Papst Innozenz IV. 1248 endgültig für Kroatien die Bewilligung, die Messe in slawischer Sprache zu zelebrieren. Unter Kaiser Karl IV. wurden kroatische Mönche in das Prager Kloster Emaus berufen, um so eine Wiederbelebung der im 11. Jh. verbotenen slawischen Liturgie in Böhmen zu ermöglichen. Aus dieser Zeit des 14./15. Jh. stammen die einzigen Kompositionen slawischer Meßtexte, die mit Melodien erhalten sind. Die heute in Kroatien und Böhmen geltende Praxis ist im *Missale Romanum Slavonico idiomate* (Rom 1905, Neuausgabe 1927) festgehalten. Auf ihr beruht auch Janáčeks »Glagolitische Messe« (1926). – Ein Teil der Schüler Methods ging nach Bulgarien und führte dort den A.n K. nach byzantinischem Ritus ein, der sich vom 10. Jh. an in Rußland, später auch in Rumänien und Ungarn verbreitete. Die Niederschrift erfolgte hier im kyrillischen Alphabet, das (wie schon das glagolitische) aus dem griechischen entwickelt wurde. Zentren des A.n K.s byzantinischer Liturgie waren vor allem die Klöster Ochrid (in Jugoslawien) und Preslav (in Bulgarien).

Lit.: A. STEFANELLI, Liturgica lisericei ortodoxecatolice, Bukarest 1886; F. PASTERNEK, Dějiny slovanských apoštolů Cyrila a Methoda, Prag 1902; A. BAUMSTARK, Die Messe im Morgenland, Kempten 1906; V. JAGIĆ, Entstehungsgesch. d. kirchenslavischen Sprache, Bln 1913; J. SZABÓ, A görög katolikus magyarság utólsó kálvária útja 1896–1912, Budapest 1913; F. DVORNIK, Les Slaves, Byzance et Rome au IXe s., Paris 1926; J. M. HANSSENS, Institutiones Liturgicae de ritibus orientalibus, Rom 1930–32; J. STANISLAV, Riša Veľkomoravská, Prag 1933, ²1935; J. VAJS, Jakého obřadu byla slovanská liturgie, in: Pax XI, 1936, lat. in: Acta Acad. Velehradensis VII, Olmütz 1937; L. C. MOHLBERG OSB, Il messale glagolitico di Kiew, = Atti della Pontificia Accad. Romana di archeologia III, 1937/38; R. JAKOBSON, »Divina officia« in lingua prohibita, in: Slovo a slovesnost VI, Prag 1940; E. KOSCHMIEDER, Die ekphonetische Notation in kirchenslawischen Sprachdenkmälern, Südost-Forschungen V, 1940; DERS., Die vermeintlichen Akzentzeichen d. Kiewer Blätter, in: Slovo 4/5, Zagreb

1955; J. Vašica, Slovanská liturgie nově osvětlená kijevskými listy (»Die slawische Liturgie in neuer Beleuchtung durch d. Kiewer Blätter«), in: Slovo a slovesnost VI, Prag 1940; Fr. Zagiba, Dějiny slovenskej hudby (»Gesch. d. slovakischen Musik«), Preßburg 1943; ders., Die Salzburger Missionäre als Pfleger d. Choralgesanges bei d. Slaven im 9. Jh., = Mitt. d. Ges. f. Salzburger Landeskunde LXXXVI/LXXXVII, 1947; ders., Zur Frage d. Verbotes d. slavischen liturgischen Gesanges, in: Heiliger Dienst II, Salzburg 1948; ders., Die Entstehung d. slavischen liturgischen Gesanges im 9. Jh., Kgr.-Ber. Utrecht 1952; ders., Die deutsche u. slavische Choraltradition, KmJb XXXVII, 1953; ders., Die »Conversio Bagoariorum et Carantanorum« als mg. Quelle, Miscelánea en homenaje H. Anglès II, Barcelona 1958–61; ders., Der Cantus Romanus in lat., griech. u. slavischer Kultsprache in d. Karolingischen Ostmark, KmJb XLIX, 1960; E. Wellesz, Eastern Elements in Western Chant, = Monumenta Musicae Byzantinae, Subsidia II (= American Series I), Boston 1947; E. Iváňka, Ungarn zwischen Byzanz u. Rom, in: Blick nach Osten II, Wien 1949; E. Georgiev, Kiril i Metodij, Sofia 1956; Kl. Gamber, Das glagolitische Sakramentar d. Slavenapostel Cyrill u. Method u. seine lat. Vorlage, in: Ostkirchliche Studien VI, 1957; D. Stefanović, Einige Probleme zur Erforschung d. slavischen Kirchenmusik, KmJb XLIII, 1959; St. Smržik, The Glagolitic or Roman-Slavonic Liturgy, Rom 1959; Fr. Grivec, Konstantin (Cyrill) u. Method, Wiesbaden 1960. FZ

amabile, amabilmente (ital.), liebenswürdig, lieblich, freundlich, Charakterbezeichnung, die einen sanften, gefälligen Vortrag fordert.

Ambitus (lat.), der Umfang einer Melodie (Entfernung des höchsten vorkommenden Tons vom tiefsten), einer Stimme oder eines Instruments. Der A. der → Kirchentöne entscheidet weitgehend darüber, ob es sich um einen Tonus authenticus oder plagalis, compositus oder mixtus handelt.

Ambo (griech. ἄμβων, von ἀναβαίνω, hinaufsteigen), Vorläufer der Kanzel, nämlich ein erhöhtes, später mit Lesepult und Brüstung versehenes Podium in frühchristlichen und mittelalterlichen Kirchen, bestimmt zum feierlichen Vortrag von Lektionen, liturgischen Gesängen, vereinzelt auch der Predigt. Entweder freistehend oder in die Chorschranke eingebaut, besaß er einen, häufig auch zwei Aufgänge, auf deren Stufen (in gradibus ambonis) das darum so genannte Graduale gesungen wurde.

Amboß (engl. anvil; frz. enclume; ital. incudine), entweder ein echter A. oder auch eine längliche Stahlplatte (auch -röhre), die liegend in einem Kasten angebracht ist. Der Anschlag erfolgt mit einem Hammer aus Metall. Die Stimmung differiert je nach Größe, etwa von f^1–a^3; die Notierung erfolgt eine oder 2 Oktaven tiefer. R. Wagner schreibt in *Rheingold* 3 A.-Gruppen (F–f–f^1 notiert) vor. Orff verlangt in *Antigonae* einen kleinen A. (notiert a^2). Gelegentlich findet man auch einen A. mit unbestimmter Tonhöhe verwendet.

Ambrosianischer Gesang, eine der vier großen liturgischen Gesangstraditionen der lateinischen Kirche (neben dem Gregorianischen, Gallikanischen und Mozarabischen Gesang), heute noch gültig als liturgischer Gesang der mailändischen Kirchenprovinz, gepflegt auch in den sogenannten Ambrosianischen Tälern (die Täler Leventina, Blenio und Riviera im Schweizer Kanton Tessin; 57 Pfarreien mit ambrosianischem Ritus in Messe und Offizium). Er war in früherer Zeit über den größten Teil Oberitaliens verbreitet, hatte daneben im 14. Jh. eine Pflegestätte im Ambrosiuskloster in Prag, das auf Wunsch seines Gründers (Karl IV.) Offizium und Messe nach ambrosianischer Tradition feierte. Im Bistum Augsburg, das ursprünglich der Metropole Mailand unterstellt war, wurde bis 1584 eine aus ambrosianischem und römischem Ritus vermischte Liturgie gefeiert. – Der Gesang der Mailänder Kirche ist nach dem Bischof → Ambrosius (333–397) benannt, wird aber erst seit dem 8. Jh. mit seinem Namen in Verbindung gebracht. Wenn Ambrosius auch entscheidenden Einfluß auf die Geschichte des liturgischen Gesangs nahm (→ Antiphon, → Hymnus), ist doch die Regulierung und Fixierung der Mailänder Liturgie und ihres Gesanges nicht sein Werk. Noch zu seiner und des Augustinus (354–430) Zeit begann die Opferfeier erst mit den Lesungen, so daß die davorliegenden Gesänge (wie die Ingressa) sich als spätere Einführungen erweisen. Die älteste bekannte Quelle für den A.n G. ist das aus dem 12. Jh. stammende (unvollständige) Antiphonarium Ambrosianum des British Museum in London (Cod. add. 34209). In den mittelalterlichen Quellen des A.n G.s sind – im Gegensatz zum Gregorianischen Gesang – Antiphonarium missae und Antiphonarium officii nicht voneinander getrennt. Hauptgesangsstücke der Mailänder Messe sind: die Ingressa, eine dem römischen Introitus entsprechende Antiphon, aber ohne Psalmvers und ohne Doxologie; der Psalmellus mit Versus (Gegenstück des römischen Gradualresponsorium); das Alleluia mit einer nur beschränkten Zahl von Melodien, in der Fastenzeit ersetzt durch den dem römischen Tractus entsprechenden Cantus; die Antiphona post evangelium (ohne Versus), die in der römischen Messe ohne Entsprechung bleibt; das Offertorium (oder Offerenda), wie im Gregorianischen Gesang von mehr responsorialem als antiphonalem Charakter; das Confractorium, eine vor dem Pater noster gesungene Antiphon ohne Versus an der Stelle des Agnus Dei im Gregorianischen Gesang (dieses letztere findet sich im ambrosianischen Ritus nur in der Totenmesse); das Transitorium als Gegenstück der römischen Communio. Von den gregorianischen Rezitativen mit ihrem Quintschluß unterscheiden sich die mailändischen, die in der mittelalterlichen Tradition weder Initium noch Mediante kennen, durch ihren Quartschluß. In der Psalmodie ist bei dem auf die Antiphon folgenden Psalm die relativ große Freiheit in der Wahl des Rezitationstons auffallend. – Innerhalb der 4 Choralrepertoire scheinen sich einerseits das gallikanische und das mozarabische, andererseits das mailändische und das altrömische zu stilistisch verwandten Gruppen zusammenzuschließen. Die beiden letzteren, die eine ganze Reihe gemeinsamer Melodien besitzen, unterscheiden sich stark von der neurömischen Fassung des Gregorianischen Gesangs (2. Hälfte des 7. Jh.). Daß der A. G. im Laufe des Mittelalters mit Elementen des römischen Gesangs durchsetzt und sein Gültigkeitsbereich mehr und mehr eingeschränkt wurde, ist auf politische Ereignisse und die wiederholten Versuche seiner Beseitigung zurückzuführen, denen sich die mailändische Kirche energisch widersetzte. Nach dem Bericht des Landulfus (2. Hälfte des 11. Jh.) geht ein erster Angriff gegen den A.n G. auf die Einheitsbestrebungen Karls des Großen zurück, wobei alle erreichbaren liturgischen Bücher verbrannt und entführt wurden. Dieser Versuch war ebenso erfolglos wie der des im Auftrag von Papst Nikolaus II. handelnden Petrus Damianus (1059) und ein weiterer von Papst Eugen IV. (1440). Noch im 16. Jh. hatte der Mailänder Bischof Karl Borromäus die lokale Tradition gegen den spanischen Statthalter Ayamonte (1573–80) zu verteidigen. Seither blieb die Pflege des A.n G.s ungefochten. Seine heute offiziell gültige Fassung enthält das *Antiphonale Missarum juxta ritum s. eccl. Mediolanensis* (Rom 1935) und der *Liber Vesperalis juxta ritum s. eccl. Mediolanensis* (Rom 1939).

Ausg.: Antiphonarium Ambrosianum du Musée Britannique, XIIes., Cod. add. 34209, in: Paléographie mus., Serie 1, V u. VI, Solesmes 1896 u. 1900.

Lit.: Beroldus, sive Ecclesiae ambrosianae mediolanensis Kalendarium et ordines s. XII, hrsg. v. M. MAGISTRETTI, Mailand 1894; A. KIENLE, Über ambrosianische Liturgie u. A. G., in: Studien u. Mitt. aus d. Benedictiner- u. d. Cistercienser-Orden V, 1884, separat: Raigern 1884; L. DUCHESNE, Origines du culte chrétien, Paris 1889, ⁵1909 (vgl. auch L. Duchesne in: Rev. d'hist. et de lit. religieuse, Paris 1900, April, S. 31); FR. A. GEVAERT, Les origines du chant liturgique de l'église lat., Gent 1890, deutsch v. H. Riemann, Lpz. 1891 (dazu: VfMw VII, 1891, S. 116); G. MORIN, Les véritables origines du chant grégorien, Maredsous 1890; A. M. CERIANI, Notitia liturgiae Ambrosianae, Mailand 1895; P. WAGNER, Einführung in d. Gregorianischen Melodien I, Freiburg i. d. Schweiz 1895, ²1901, Lpz. ³1911, Neudruck Hildesheim u. Wiesbaden 1962; A. MOCQUEREAU OSB, Notes sur l'influence ... dans le chant ambrosien, = Ambrosiana IX, Mailand 1897; W. C. BISHOP, The Mozarabic and Ambrosian Rites: Four Essays in Comparative Liturgiology, hrsg. v. C. L. Feltoe, London 1924; E. JAMMERS, Rhythmische u. tonale Studien zur Musik d. Antike u. d. MA II, AfMf VIII, 1943; BR. STÄBLEIN, Ambrosianisch-gregorianisch, Kgr.-Ber. Basel 1949; H. HUCKE, Die gregorianische Gradualeweise d. 2. Tons u. ihre ambrosianischen Parallelen, AfMw XIII, 1956; M. HUGLO OSB, L. AGUSTONI, E. CARDINE OSB, E. MONETA CAGLIO, Fonti e paleografia del canto ambrosiano, = Arch. Ambrosiano VII, Mailand 1956; H. HUSMANN, Zum Großaufbau d. Ambrosianischen Alleluia, AM XII, 1957; E. MONETA CAGLIO, I Responsori ‚cum infantibus' ..., in: Studi in onore di Mons. C. Castiglione, Mailand 1957; R. H. JESSON, Ambrosian Chant, in: W. Apel, Gregorian Chant, Bloomington (1958).

Ambrosianischer Lobgesang → Te Deum.

Amener (amn'e; frz. amener, heranführen), aus Frankreich stammender Tanz des 17. Jh.; Beispiele finden sich u. a. bei Pezel (1669), Gradenthaler (1675), J.C.F.Fischer, Biber. Vgl. den A. von A.Poglietti (DTÖ XXVIII, 2, S.63):

Amerikanische Musik → Lateinamerika, → USamerikanische Musik.

Amerikanische Orgel (Cottage Organ), ein → Harmonium, das nicht durch komprimierte ausströmende, sondern durch verdünnte eingesogene Luft die Zungen zum Ansprechen bringt und daher nicht so grell klingt. Die über den stärker gebogenen Zungen angebrachten Windkanäle sind den Zungen längengleich. Die A.O. ist meist mit einer → Vox humana-Stimme und einem Knieschweller ausgestattet. Sie scheint (1835) von einem Arbeiter der Harmoniumfabrik J. Alexandre in Paris erfunden worden zu sein, der nach den USA auswanderte. Die A.O. wurde verbreitet in Amerika ab 1860 durch die Firma Mason & Hamlin in Boston, in Deutschland ab 1889 durch die Firma K.Th. Mannborg in Borna (Sachsen), später Leipzig.

Amiens (Somme).

Lit.: G. DURAND, La musique de la Cathédrale d'A., A. 1922; P. LEROY, La Soc. des Concerts d'A., Bull. de la Soc. des Antiquaires de Picardie, 1948; J. NATTIEZ, Mélanges de critique et d'hist. La renaissance mus. à A. au XIXes., A. 1954.

AMMRE (AMRE), Anstalt für mechanisch-musikalische Rechte, ehemalige Anstalt, die sich mit der Verwertung der mechanischen Rechte durch Vergebung von Lizenzen an Hersteller befaßte und die damit verbundenen Kontroll- und Inkassoarbeiten besorgte. Die Gesellschaft wurde von den Musikverlegern 1909 als GmbH gegründet. Ihre beiden Gesellschafter waren bis 1936 zu gleichen Teilen der Deutsche Musikalienverlegerverein (DMVV) und die Société Générale Internationale de l'Edition Phonographique et Cinématographique (EDIFO), Paris. 1935 wurde die Anstalt von den deutschen Berufsorganisationen der Komponisten, Textdichter und Musikverleger übernommen, nachdem seit 1933 in Deutschland Bestrebungen bestanden, die AMMRE in eine rein deutsche Gesellschaft umzuwandeln. 1938 wurde die Anstalt sodann der STAGMA (→ GEMA) als Abteilung angegliedert. Seit der Umbenennung der STAGMA in GEMA war die AMMRE als AMRE eine Abteilung dieser Gesellschaft, bis sie 1963 unter Aufgabe des Namens aus organisatorischen Gründen ganz in die GEMA übergegangen ist.

Lit.: E. SCHULZE, Das deutsche Urheberrecht an Werken d. Tonkunst u. d. Entwicklung d. mechanischen Musik, Bln 1950; DERS., Urheberrecht in d. Musik u. d. deutsche Urheberrechtsges., Bln ²1956; DERS., Die Zwangslizenz, Ffm. 1960; GEMA, Magnettongeräte u. Urheberrecht, Slg v. Rechtsgutachten, München u. Bln 1952.

Amorschall (Klappenhorn), ein Waldhorn mit (vermutlich 2) Klappen; die Stürze hat die Gestalt einer Halbkugel. Ein durchlöcherter Deckel gleicher Gestalt kann über den Trichter gestülpt werden, um die Stimmung zu verändern. Der Erfinder des A. ist Kölbel (Petersburg, um 1760). Seine Erfindung vermochte sich zunächst nicht durchzusetzen. Erst durch die mit Klappenmechanik ausgestatteten Signalhörner des 19. Jh. trat die Kölbelsche Erfindung in veränderter Form ans Licht. – Der Name A. wurde offensichtlich wegen der halbkugelförmigen Deckung des Trichters analog dem → Liebesfuß bei Holzblasinstrumenten gewählt.

Amplitude → Schwingung.

Amsterdam.

Lit.: D. FR. SCHEURLEER, Het Muziekleven van A. in de 17^e Eeuw, in: A. in de 17^e Eeuw III, Den Haag 1904; S. A. M. BOTTENHEIM, Muziek te A. gedurende de achttiende eeuw, A., = Zeven eeuw A., hrsg. v. A. E. d'Ailly, Teil IV (um 1945); DERS., Geschiedenis van het Concertgebouw, I–III, A. 1948–50; A. W. LIGTVOET, Muziekinstr. uit het Rijksmuseum te A., Den Haag 1952.

Amusie, pathologischer Ausfall (Mangel oder Verlust) der musikalischen → Begabung, oft schon der Auffassungsfähigkeit (sensorische A.) oder aber der Gestaltungsfähigkeit (motorische A.), meist auf erworbener, selten auf angeborener Grundlage (Hirnschädigungen). Im weiteren Sinne werden zur A. auch umschriebene »periphere« Störungen oder Defekte (→ Parakusis) des Gehörorgans oder der Nervenleitung gerechnet. Pathologische Formen der A. entziehen sich nicht selten der Beobachtung, weil die Störung vielfach für den Patienten nicht lebenswichtig ist und ihm kaum auffällt.

Anabasis (griech., Aufstieg; lat. ascensio, ascensus), eine in der Musiklehre des 17.–18. Jh. (Kircher 1650, Janowka 1701, Vogt 1719, Walther 1732, Spieß 1745) geläufige Bild- und Affektfigur: die prononciert aufwärts führende melodische Bewegung. Sie wird angewendet bei Textstellen wie *Er ist auferstanden* oder *der soll erhöhet werden*. Die entgegengesetzte Figur ist die → Katabasis. Ascensus wird in der Rhetorik auch für → Climax bzw. Gradatio gebraucht.

Anabole (griech., Anfang), seit Pindaros (5. Jh. v. Chr.) bezeugt für Einleitung eines Gesanges, ähnlich → Prooemium; im 16.Jh. humanistische Bezeichnung für ein frei präludierendes Instrumentalstück, so die 'Αναβολή *in fa* von Kotter.

Anacaria (lat.) → Nacaire.

Anacrouse (anakr'u:z, frz.; von griech. ἀνάκρουσις, Aufschlag) → Auftakt.

Anadiplosis (griech., Verdopplung), in der Kompositionslehre des 17.–18. Jh. eine emphatische Wiederholungsfigur. In der Rhetorik ist eine A. gegeben, *wenn das Wort, das den Schluß des einen Satzes macht, gleich im Anfang des folgenden wiederholet wird* (Gottsched). Ahle (1697 und nach ihm Walther 1732 und Spieß 1745) gibt als Beispiel *Singet und rühmet | rühmet und lobet*, und Vogt erklärt: *A., cum initium facimus ex praecedentis fine, ut:*

Finis periodi   Principium alterius

Er unterscheidet von der A. noch die Epanadiplosis, die er als Wiederholung der Anfangswendung eines Abschnittes am Schluß beschreibt (also gleichbedeutend mit → Complexio). – Burmeister (1606) hingegen definiert die A. als eine doppelte → Mimesis; hierbei besteht die Anlehnung an die Rhetorik nur in der unmittelbaren Wiederholung.

Analepsis (griech., Aufnahme, Wiederholung), in der Kompositionslehre des 17.–18. Jh. eine in Anschluß an die rhetorische Figur der → Epanalepsis durch Burmeister (1606) gebildete Bezeichnung für eine musikalisch-rhetorische Figur: Aufeinanderfolge zweier Noemen (→ Noëma), die im Unterschied zur → Mimesis auf gleicher Tonhöhe stehen. Das die musikalische Figur der A. und die rhetorische Epanalepsis verbindende Moment ist die Wiederholung.

Analyse (griech. ἀνάλυσις) ist die Auflösung eines Gegebenen in seine Bestandteile oder Voraussetzungen. (Die Analytiken des Aristoteles behandeln, im Unterschied zur Topik, der »Findekunst«, die Reduktion von Schlüssen auf ihre Prämissen.) Unter einer musikalischen A. wird generell die Zurückführung von Werken auf ihre rhythmischen, harmonischen oder formalen Elemente und Prinzipien, speziell die Formen-A. verstanden. *Die technisch-ästhetische A. von Musikwerken ist die Untersuchung ihres formalen Aufbaues nach ihrer Gliederung in Themen, Phrasen und Motive und deren Verkettung und Umbildung, Feststellung des Periodenbaues, der Modulationsordnung usw., der Inbegriff wirklicher musikalischer Formenlehre* (Riemann). – Eine Vorstufe der A. bildete die Kritik satztechnischer Details; sie war entweder von didaktischen (J. Tinctoris) oder von polemischen Absichten getragen (M. Scacchi, *Cribrum musicum*, 1643). Ein Einzelfall einer umfassenden A. ist J. Burmeisters Beschreibung der modalen Struktur, der formalen Gliederung und der musikalischen Rhetorik (→ Figuren) einer Motette von Lassus (*Musica poetica*, 1606). Zur literarischen Gattung wurde die Werk-A. in der musikalischen Publizistik des 18. Jh., die vom Interesse des aufgeklärten Publikums an rationaler und empirischer Begründung des Gegebenen getragen wurde (J. Matthesons Kritik der Johannes-Passion von Händel, *Critica musica* II, 1725). Ein Modell der Formen-A. bildete die Gerichtsrede; ihr Schema wurde von Mattheson (1739) in einer Arie von B. Marcello, von J. N. Forkel (1788) in der Sonatenform wiedererkannt. Die Vorbilder der musikalischen A. im 19. Jh., E. T. A. Hoffmanns Aufsatz über Beethovens 5. Symphonie und Schumanns Kritik der *Symphonie fantastique* von Berlioz, verbinden eine Beschreibung der Form und der Struktur mit einer Charakteristik der *besondern Idee und des Geistes, der über Form, Stoff und Idee waltet* (Schumann). – H. Riemann trennte die A., für die er eine differenzierte Terminologie entwickelte, von der → Hermeneutik. Die Formen-A. umfaßt, wenn unter Form *der Zusammenschluß der Teile des Kunstwerks zum einheitlichen Ganzen* (Riemann) verstanden wird, außer einer Beschreibung der Umrisse und Proportionen und der motivisch-thematischen Entwicklung auch die harmonische, satztechnische und rhythmisch-metrische A. Im Gegensatz zu Riemanns Verfahren, die Struktur eines Werkes aus den Funktionen und Beziehungen der Teile und Elemente zu erklären, betont die *energetische* Interpretation den *übergreifenden Bewegungszug* (E. Kurth) und die *Verlaufsspannung* und *Verlaufskurve* (K. Westphal) musikalischer Vorgänge, die Gestalttheorie die unmittelbar gegebene Einheit eines musikalischen Ganzen, die *Wirkungsform* statt der *Daseinsform* (A. Hildebrand). Man kann die Gestalttheorie als Gegensatz zur A., aber auch als deren Ergänzung verstehen, denn um zeigen zu können, daß das Ganze einer Melodie mehr sei als die Summe der Tonbeziehungen, muß man die Summe zuvor gezogen haben. Der Methode Riemanns liegt das Modell einer Rede, einer *dialektischen Entwicklung* (Riemann) zugrunde, der energetischen Erklärung die Vorstellung eines Kräftespiels, dem Aufdecken von »Substanzgemeinschaften« der Themen und Motive (A. Halm, H. Mersmann, W. Engelsmann) die Idee eines Organismus, der sich aus einem Keim entfaltet. H. Schenker erklärt den musikalischen Zusammenhang eines Werkes durch Reduktion des *Vordergrundes* auf einen *Hintergrund*; eine *Urlinie*, z. B. ein Terzzug (e–d–c), bildet das verborgene Tongerüst, von dem die Ereignisse des musikalischen Vordergrundes getragen werden. – Aus der Erkenntnis der historischen und der ethnologischen Forschung, daß Begriffe wie Motiv und Thema in ihrer Geltung begrenzt werden müssen, wenn sie nicht ihren Inhalt verlieren sollen, können verschiedene Konsequenzen gezogen werden. Will man nicht an der gewohnten Nomenklatur festhalten und durch bloße Anführungsstriche den uneigentlichen Gebrauch der Termini anzeigen, so muß man entweder die Terminologie, die der A. zugrunde liegt, historisch verstehen, also Veränderungen des Begriffsinhalts auf Veränderungen der Sache beziehen, oder aber versuchen, ein Begriffs- und Zeichensystem zu entwerfen, das genügend differenziert ist, um ohne Umdeutungen der Vielfalt geschichtlicher und ethnischer Sachverhalte gerecht zu werden (→ Interpretation).

Lit.: I. Krohn, Über d. Methode d. mus. A., Kgr.-Ber. Wien 1909; H. Riemann, L. van Beethovens sämtliche Klaviersonaten, Ästhetische u. formaltechnische A. mit hist. Notizen, 3 Bde, = M. Hesses illustrierte Hdb. LI–LIII, Bln 1918–19, [4]1920; G. Becking, »Hören« u. »Analysieren«, ZfMw I, 1918/19; A. Schering, Mus. Bildung, Lpz. [4]1924; ders., Mus. A. u. Wertidee, JbP XXXVI, 1929; H. Mersmann, Versuch einer Phänomenologie d. Musik, ZfMw V, 1922/23; E. Kurth, A. Bruckner, 2 Bde, Bln (1925); A. Halm, Über d. Wert mus. A., Mk XXI, 1928/29; W. Engelsmann, Beethovens Kompositionspläne, Augsburg 1931; W. Danckert, Beitr. zur Bach-Kritik, Kassel 1934; H. Schenker, Neue mus. Theorien u. Phantasien III, Wien 1935, [2]1956; D. Fr. Tovey, Essays in Mus. Analysis, 6 Bde, London 1935–39; H. Grabner, Lehrbuch d. mus. A., Lpz. o. J.; H. Federhofer, Beitr. zur mus. Gestalta., Graz 1950; ders., J. N. Davids A. v. Werken J. S. Bachs, AfMw XIX/XX, 1962/63; R. Réti, The Thematic Process in Music, NY 1951; G. Güldenstein, Synthetische A., SMZ XCVI, 1956; R. Traimer, Zum Problem d. mus. Werka., NZfM CXVII, 1956; H. Keller, Functional Analysis, MR XVIII, 1957; ders., Wordless Functional Analysis, MR XIX, 1958; J. LaRue, A System of Symbols for Formal Analysis, JAMS X, 1957; W. Fucks, Mathematische A. d. Formalstruktur v. Musik, Köln u. Opladen 1958; Br. Nettl, Some Linguistic Approaches to Mus. Analysis, Journal of the International Folk Music Council X, 1958; E. T. Cone, Analysis Today, MQ XLVI, 1960; F.

SALZER, Strukturelles Hören, Wilhelmshaven 1960; I. BENGTSSON, On Relationships between Tonal and Rhythmic Structures in Western Multipart Music, STMf XLIII, 1961; H. GOLDSCHMIDT, Zur Methodologie d. mus. A., Beitr. zur Mw. III, 4, Bln 1961; R. SMITH, This Sorry Scheme of Things ..., MR XXII, 1961; W. KOLNEDER, Visuelle u. auditive A., in: Der Wandel d. mus. Hörens, Bln 1962. CD

Ananeanęs. Der byzantinische Kirchengesang stellt einem Gesang oder einer Strophe zuweilen melodische Formeln voran, die die wichtigsten Intervalle der Tonart auf gedrängtem Raume zusammenfassen. Sie heißen ἤχημα, auch ἐνήχημα oder ἀπήχημα. Die Wörter oder Silbenfolgen, auf die diese Formeln gesungen werden, sind nicht erklärt und nicht überall gleich überliefert; Wellesz nennt: ananeanés (I. authentischer Kirchenton), neanés (II. auth.), nána (III. auth.), hágia (IV. auth.), aneanés (I. plagialer Kirchenton), neéanes (II. pl.), aanés (III. pl.), neágie (IV. pl.). Auch die Herkunft dieser Wörter ist unklar; Werner verweist auf hebräisch nin'ua', Triller, Melisma, Riemann auf die antike griechische Solmisation mit τε τα τη τω, Wellesz auf Silben oder Wörter ohne Bedeutung, wie sie in älterer und neuer Cantillation verschiedentlich eingeschaltet werden. Die Technik, längere Melismen auf anene, nenena und andere Silbenfolgen zu singen, war auch in Rußland (wo sie Aneneaika oder Chomonie hieß) bekannt.

Lit.: O. FLEISCHER, Die spätgriech. Notenschrift, = Neumenstudien III, Bln 1904; H. RIEMANN, Hdb. d. Mg. I, 2, Lpz. 1905, S. 57ff.; DERS., Τε Τα Τη Τω u. No E A Ne, ZIMG XIV, 1912/13, S. 273ff.; O. v. RIESEMANN, Die Notationen d. altruss. Kirchengesangs, Moskau 1908, auch = BIMG II, 8, Lpz. 1909; H. J. W. TILLYARD, Hdb. of the Middle Byzantine Notation, = Monumenta Musicae Byzantinae, Subsidia I, 1, Kopenhagen 1935; L. TARDO, L'antica melurgia bizantina, Grottaferrata 1938; G. REESE, Music in the MA, NY 1940; E. WERNER, The Psalmodic Formula Neannoe ..., MQ XXVIII, 1942; O. STRUNK, Intonations and Signatures of the Byzantine Modes, MQ XXXI, 1945; E. J. WELLESZ, A Hist. of Byzantine Music and Hymnography, Oxford 1949, ²1961.

Anaphora (griech., Wiederholung; lat. repetitio, auch relatio), in der Kompositionslehre des 17. und 18. Jh. eine an Anschluß an die Rhetorik erklärte musikalische Figur. In der Rhetorik ist A. die Wiederholung eines Wortes zu Beginn aufeinanderfolgender Satzabschnitte oder Sätze. Burmeister (1606) beschreibt die A. als Durchführung (Wiederholung) eines Soggetto nur in einigen Stimmen, Thuringus (1625) im Anschluß an Burmeister (1599) als ostinate Führung des Basses; in letzterer Bedeutung (dergleichen in Ciaconen geschiehet) wird sie von Walther (1732) unter Punkt 2) übernommen. Kircher (1650) definiert die A.: cum ad energiam exprimendam una periodus saepius exprimatur, ähnlich Walther (1732): wenn ein periodus, oder auch nur ein einzelnes Wort, absonderlichen Nachdrucks halber, in einer Composition öffters wiederholet wird.

Anaplokę (griech., Verflechtung) nennt Burmeister 1606 eine musikalisch-rhetorische Figur: in mehrchörigen Sätzen wird ein → Noëma ein oder mehrere Male derart wiederholt, daß zugleich mit der Klausel von Chorus I der Beginn des Noemas in Chorus II erklingt usw. Burmeister schuf die Bezeichnung A. in Anlehnung an die Ploke der Rhetorik; diese ist die Wiederholung eines gleichlautenden Wortes mit anderer Bedeutung oder die Wiederholung eines Satzes mit Umstellung der Wörter.

Anblasen, s. v. w. entgegen- oder herabblasen, geschah vom Turme herab mit Trompeten zur Meldung und Ehrung herannahender Fremden, so belegt für Nürnberg um 1620: die Raisigen ... melden, vnd biß in die Statt herein anblasen (Moser, S. 37) und am Ernestinischen Hof 1653: dehr Turmbläser, welcher unß angeblasen (Aber, S. 150). Das A. war aber nicht nur Sache der Hoftrompeter und der Trompeterzünfte an freien Reichsstädten, sondern gehörte – so wie das → Abblasen – zu den Pflichten der Türmer und Stadtpfeifer: sie sollen wache uffm Thorme halten ... und wan Reuter am tage aus oder einziehen, dieselben der Stadt zu ehren, mit der Trommete melden, unnd anblasen, so für Halle 1571 (Serauky, S. 281).

Lit.: H. J. MOSER, Die Musikergenossenschaften im deutschen MA, Diss. Rostock 1910; A. ABER, Die Pflege d. Musik unter d. Wettinern u. wettinischen Ernestinern, = Veröff. d. Fürstlichen Inst. f. mw. Forschung zu Bückeburg IV, 1, Bückeburg u. Lpz. 1921; W. SERAUKY, Mg. d. Stadt Halle I, = Beitr. zur Musikforschung I, Halle u. Bln 1935.

Andalusien.

Lit.: M. DE FALLA, El canto jondo: canto primitivo andaluz, Granada 1922, frz. in: RM IV, 1923; J. RIBERA Y TARRAGÓ, La música andaluza medieval ..., 3 Bde, Madrid 1923–25; F. CUENCA, Galería de músicos andaluces contemporáneos, La Habana 1927; C. u. P. CABA, Andalucía, su comunismo y su cante jondo, Madrid 1933; W. STARKIE, The Gypsy in Andalusian Folk-lore and Folk-music, Proc. Mus. Ass. LXII, 1936; DERS., Auf Zigeunerspuren, München 1957; M. J. KAHN, Chant populaire andalou et musique synagogale, in: Cahiers d'art, Nr 5–10, XIV, 1939; I. RODRIGUEZ MATEO, La copla y el cante popular en Andalucía, Sevilla 1946; R. MENÉNDEZ PIDAL, Cantos románicos andalusíes cintinuadores de una lírica lat. vulgar, Boletin de la Real Acad. Española XXXI, 1951; A. BALOUGH, Cante jondo. Su origen y evolución, Madrid 1955; B. CABALLERO u. J. MANUEL, El cante andaluz, = Colecciónes temas españoles, H. 62, Madrid ²1956; DIES., Andalusian Dances, Barcelona 1957.

Andamento (ital., Gang), – 1) einer der Namen für die Zwischenspiele in einer Fuge. – 2) Bezeichnung für Fugenthemen von größerer Ausdehnung (J. S. Bach, Fuge A moll, BWV 543), deutlicher Zweiteiligkeit (Händel, Fuge aus Belshazzar: Begin with pray'r, and end with praise) oder in sich geschlossener Melodik und Rhythmik (J. S. Bach, Chromatische Fuge D moll, BWV 903), speziell im Gegensatz zum → Soggetto, worunter im 18. Jh. meist ein altertümliches Thema von stilistischer Herkunft aus dem Ricercar des 16. Jh. verstanden wurde.

Andante (ital., gehend) ist als Tempovorschrift seit dem späten 17. Jh. nachweisbar (C. Pallavicino 1687) und bezeichnet eine mittlere, gelassen ruhige Bewegung, die weder als schnell noch als langsam empfunden wird. (Ein A. in einer Haydn-Symphonie ist nicht an sich, sondern in Bezug auf ein vorausgegangenes Allegro ein »langsamer« Satz.) Es ist ohne inneren Widerspruch möglich, von einem langsam gehenden (Andante ma adagio, Mozart K.-V. 135) oder einem lebhaft gehenden Zeitmaß (Andante vivace, Beethoven op. 82) zu sprechen. – Das mittlere A.-Tempo, das z. B. durch die (stilisierte) Allemande und die Polonaise (Mozart, K.-V. 284) repräsentiert wird, ist im 18. Jh. ungefähr M.M. 75; im 19. Jh. setzte sich ein langsameres Zeitmaß als Norm des A. durch. Nicht weniger wesentlich als ein Tempo, das nicht laufend noch kriechend wirkt (Niedt 1706), ist für den A.-Eindruck ein Rhythmus als zu lassen, außer der schreitenden Bewegung der Zählzeiten auch die Unterteilungswerte, z. B. die Achtelnoten eines 4/4-Taktes, als »gehend« zu empfinden (Bach, Kantate BWV 71). Auf die Unterteilungswerte scheint sich J. G. Walthers Charakteristik des A. zu beziehen, in der von General-Bässen, die in einer ziemlichen Bewegung sind, die Rede ist (1732; nach Brossard 1703). Sofern im 3/4-Takt die Zählzeit, die Viertelnote, bestimmend hervortritt, ist A. ein mittleres Zeitmaß (Bach, 2. Brandenburgisches Konzert); wird dagegen primär die Achtelnote als »gehend« empfunden, so nähert sich das Tempo der übergeordneten Viertelnoten dem Adagio (Bach, Italienisches Konzert). Die Differenz zwischen über- und untergeordneter A.-Bewegung verschärft sich im 19. Jh.; Weber bezieht in *Euryanthe* das A.-Tempo M.M. 75 einerseits auf die Viertelnote eines 3/4-Taktes (Nr 2, Andante con moto), andererseits auf die Achtelnote eines 2/4-Taktes (Nr 5, Andantino). – Zusatzbestimmungen zu A. sind nicht immer eindeutig. Die Bezeichnung con moto (bewegt) kann sich bei Beethoven auf die Zählzeit (op. 138) oder den Unterteilungswert beziehen (op. 58), und mehr im Sinne einer Beschleunigung (op. 86) oder einer Intensivierung (op. 58) gemeint sein. Die Vorschriften più a. und A. molto fordern ein gesteigertes A., meno a. und A. moderato ein gemäßigtes. Wird die A.-Bewegung als fester Gang empfunden, so bedeutet der Zusatz molto eine Intensivierung des Nachdrucks (Haydn, Symphonie Hob. I, 18). Gilt dagegen ruhige Gelassenheit als primäres Bestimmungsmerkmal des A., so ist ein A. molto ein langsameres A. (Brahms, op. 5).

Lit.: Fr. E. Niedt, Handleitung zur Variation, wie man d. Gb. u. darüber gesetzte Zahlen variiren, artige Inventiones machen ... könne, Hbg 1706, ²1721; R. Steglich, Takt u. Tempo, DMK IV, 1939/40; Ders., Über d. Mozart-Klang, Mozart-Jb. 1950; I. Herrmann-Bengen, Tempobezeichnungen, = Münchner Veröff. zur Mg. I, Tutzing 1959; W. Gerstenberg, A., Kgr.-Ber. Kassel 1962. CD

Andantino (ital., Diminutiv von Andante) deutet einen musikalischen Bewegungscharakter an, der sich vom festeren Gang des Andante durch eine leichtere, schwebende Akzentuierung unterscheidet. Die Meinung, daß sich die Bezeichnung A. auf eine geringere Ausdehnung der Sätze beziehe, beruht, wie Mozarts *Don Giovanni* erkennen läßt, auf einem Mißverständnis; und auch die Temporelation zum Andante, die oft als Bestimmungsmerkmal des A. angesehen wird, ist ein sekundäres Moment. Nach J.-J. Rousseau (1767) bedeutet A. eine Verlangsamung, nach Castil-Blaze (1821) dagegen eine Beschleunigung des Andante-Tempos; Beethoven schrieb 1813 an G. Thomson, der Ausdruck A. sei »von so unbestimmter Bedeutung, daß einmal A. sich dem Allegro nähert und ein andermal fast wie Adagio ist«. Der Gegensatz zwischen Rousseau und Castil-Blaze dürfte in dem Sachverhalt begründet sein, daß eine leichtere Akzentuierung (ohne Veränderung des absoluten Tempos) als Mäßigung wirkt, also als Verlangsamung des Raschen und als Beschleunigung des Langsamen; das Andante aber war im frühen 19. Jh. im allgemeinen ein ruhigeres Zeitmaß als im mittleren 18. Jh. Andererseits kennt Mozart sowohl ein langsameres A. sostenuto e cantabile (K.-V. 316) als auch ein rascheres A. im Tempo di Menuetto (K.-V. 236). Das einzige gemeinsame Merkmal sämtlicher A.-Sätze ist ihr Bewegungscharakter.

Anemochord, eine Konstruktion des Pianofortefabrikanten J. J. Schnell zu Paris (1789), bei der eine Äolsharfe mit Bälgen, einem Klavier und Registerzügen verbunden war. Die Idee wurde später von F. W. M. Kalkbrenner und auch von H. Herz wieder aufgenommen (Piano éolien, 1851).

Anenaika → Ananeanes.

Angelica (andʒˈɛːlika, ital.; frz. angélique), eine große theorbierte Laute mit 17 diatonisch gestimmten Darmsaiten: C D E F G A H c (Bordune); d e f g a h c¹ d¹ d² (Spielsaiten). Die A. wird nach Walther (1732) *wie ein Clavier, Ton-weise gestimmt, und soll leichter als die Laute zu spielen seyn*. J. Kremberg gab für Singstimme und A. heraus: *Musicalische Gemüths-Ergoetzung oder Arien ...* (in Tabulatur), Dresden 1689. → Vox angelica.

Lit.: WaltherL, Artikel Angelique; J. Mattheson, Das Neu-Eröffnete Orch., Hbg 1713.

Angklung, hauptsächlich in Java beheimatetes Schüttelidiophon, das aus zumeist drei in Oktaven abgestimmten Bambusröhren besteht. Die Röhren hängen in einem Bambusgitter frei nach unten; beim Schütteln schlagen sie in unregelmäßiger Folge an die unterste Gitterstange und erzeugen dabei sanftklingende Töne. A.-Orchester, gewöhnlich aus 9 oder 14 verschieden gestimmten Instrumenten zusammengesetzt, lassen die pentatonische → Sléndro-Skala über mehrere Oktaven hinweg erklingen.

Lit.: C. McPhee, Angkloeng Gamelans in Bali, in: Djâwâ XVII, 1937; J. Kunst, Music in Java, 2 Bde, Den Haag 1949.

Anglaise (ãglˈɛːz, frz.; span. inglesa; »englischer« Tanz), der alte, im 18. Jh. aufgekommene kontinentaleuropäische Name für Tänze, die auf den britischen Inseln bekannt, ursprünglich Volkstänze waren und im 2- oder 3teiligen Takt verliefen (2/4, 3/4, auch 3/8). Einige Tänze gelangten im späten 17. Jh. von dort nach Frankreich und erhielten hier den Namen A. Die A., in Deutschland auch Française genannt, ist zumeist geradtaktig. Doch hat man auch andere englische Tänze A.n genannt (Ballads, Contredanses – beide im 2/2-, 4/4- oder 2/4-Takt –, Hornpipes, im 3/4-, auch im 2/2-Takt, als Kettenform auch Chaine anglaise). In der deutschen Klaviersuite kommt die A. mitunter vor; J. S. Bach fügte sie in die 3. seiner Französischen Suiten (BWV 814) ein. Häufig stimmt A. – bis auf den etwas anderen Schritt – auch mit Ecossaise überein. Die A. kommt noch bis ins späte 19. Jh. vor.

Lit.: Mattheson Capellm.; A. Magriel, Bibliogr. of Dancing, NY 1936.

Anhall nennt man das Einschwingen eines Schallvorganges in einem Raum vom Beginn bis zu dem Zeitpunkt, in dem die Schallenergiedichte im Raum einen Grenzwert erreicht hat. Der A. kommt dadurch zustande, daß dem direkten Schall nach und nach Schallrückwürfe von den Begrenzungsflächen des Raumes folgen, deren Überlagerung schließlich zu einem stationären Zustand maximaler Energiedichte führt. Je kleiner der Raum und je größer seine Dämpfung ist, um so kürzer ist der A.-Vorgang.

Lit.: W. Furrer, Raum- u. Bauakustik f. Architekten, Basel u. Stuttgart 1956; L. Cremer, Statistische Raumakustik, = Die wiss. Grundlagen d. Raumakustik II, Stuttgart 1961.

Anhemitonisch (griech.), halbtonlos, → Pentatonik.

Anonym (griech., namenlos) überliefert ist eine Schrift oder ein Musikstück dann, wenn aus der Handschrift oder dem Druck der Name des Verfassers nicht unmittelbar hervorgeht. Entweder fehlt der Name ganz, oder er wird verborgen durch → Pseudonym (Aristoxen der Jüngere für Mattheson), Anagramm (Melante für Telemann), Monogramm (MPC für Michael Praetorius Creuzbergensis) oder Akrostichon (Anfangsbuchstaben der 7 Bücher des *Speculum musicae*). Zu den a.en Schriften zählen auch solche, deren Zuschreibung sich als falsch erwiesen hat (Hucbald), wobei die Schrift den unrechtmäßigen Namen mit dem Zusatz Pseudo (unecht) weiterträgt, oder die sich auf einen berühmten Theoretiker meist mit dem Zusatz secundum beziehen (*Ars discantus secundum J. de Muris*). A. sind Musikstücke auch dann überliefert, wenn ihr Verfasser durch Sekundärquellen erschlossen werden kann (die Motetten Vitrys durch Nennung der Texte in Traktaten). A.e Schriften werden durch Zahlen (die Anonymi I–XIII bei CS III), durch Angabe der Herausgeber (Anonymus Bellermann), durch Fundorte (Mailänder Traktat) oder durch Bibliothekssignatur (Vatikanischer Organumtraktat Ottob. lat. 3025) unterschieden. – Während in der höfischen Literatur des Mittelalters Anonymität eine Ausnahme ist, bleiben bis ins späte Mittelalter Musik und Musiktheorie zu einem großen Teil a. überliefert. Allerdings sind gerade wichtige, die Wandlung der Musik verursachende oder spiegelnde Schriften mit Verfassernamen bekannt (Guido von Arezzo, Johannes Affligemensis, Johannes de Garlandia, Franco von Köln, Marchettus von Padua, Muris, Vitry). Zu den Gründen für die Anonymität gehören neben »demütiger Gesinnung« (Schwietering 1921) das Abschreiben aus Vorlagen, die Berufung auf Autoritäten, das Nachschreiben von Vorlesungen (secundum J. de Muris) und bruchstückhafte Überlieferung. – A.e Traktate haben gesammelt und veröffentlicht Gerbert (1784, GS), Coussemaker (1852, Histoire; 1864–76, CS), Lafage (1856) und Mettenleiter (1866).

Gerbert: Anonymus I (GS I) gehört zur Reichenauer Schule; die Musica Enchiriadis und deren Scholien wie der Traktat *De alia musica* (GS I) sind a. oder müssen als Pseudo-Hucbaldsche Schriften bezeichnet werden; die *Summa musicae* (GS III) ist wahrscheinlich vor 1300 in Deutschland entstanden.

Coussemaker: Mailänder Traktat (Coussemaker, Histoire), Teile bei Zaminer (1959), Varianten bei Steinhard (1921), Organumtraktat des 12. Jh.; Anonymus I (CS I): *Tractatus de consonantiis musicalibus*, in Wahrheit vom jungen Jacobus von Lüttich (Bragard 1954); Anonymus II (CS I): *Tractatus de discantu*, 13. Jh., Franco-Nachfolge (Wolf 1904); Anonymus III (CS I): *De cantu mensurabili*, 14. Jh., lateinische Übersetzung von *Quiconques veut deschanter* (Coussemaker, Histoire; Bukofzer 1954); Anonymus IV (CS I): *De mensuris et discantu*, überliefert Nachrichten über die Notre-Dame-Schule, nennt Perotin und Leonin, englischer Verfasser, um 1300 (Hiekel 1962); Anonymus V (CS I): *De discantu*, Satzregeln wie bei Anonymus IV, 14. Jh. (Bukofzer 1954); Anonymus (CS II): *Tractatus de musica*, auch Löwener Traktat genannt, um 1200 (Smits 1939), fragmentarisch; zu ihm der Traktat Cuiusdam Carthusiensis (CS II), dem Inhalt nach ins 12. Jh. gehörend, aber erst nach 1380 geschrieben. Anonymus I (CS III): *De musica antiqua et nova*, weitgehend identisch mit IV. Principale (CS IV); Anonymus II (CS III): *De musica antiqua et nova*, Notationstraktat, nach Vitry, erwähnt die Taktpunkte des Marchettus von Padua (v. Fischer 1956); Anonymus III (Gilles 1961) und IV (CS III): wie Anonymus II; Anonymus V (CS III): *Ars cantus mensurabilis*, aus der Muris-Schule (Besseler 1926), beschreibt die italienische Notation (Wolf 1904), kennt Machaut; Anonymus VI (CS III): *De musica mensurabili* (Muris-Schule, von einem englischen Verfasser); Anonymus VII (CS III): *De diversis manieribus in musica mensurabili*, Notationstraktat, vermutlich von einem italienischen Verfasser (v. Fischer 1956), um 1400 (v. Fischer 1959); Anonymi X, XI und XII (CS III): *De minimis notulis*, *Tractatus de musica plana et mensurabili*, *Compendium cantus figurati*, drei Traktate des 15. Jh., XI und XII sind willkürlich getrennt (Bartha 1936); Anonymus XIII (CS III): *Tractatus de discantu*, französisch geschrieben, 14. Jh. (Bukofzer 1954); Anonymus (CS IV): *Tractatus de musica figurata et de contrapuncto*, Sätze von Busnois und Jaspart.

Mehrere Traktate tragen Verfassernamen, die sich als Irrtum herausgestellt haben. Neben dem Pseudo-Aristoteles (CS I, → Lambertus) ist die Schrift *Discantus Positio vulgaris* (CS I; Coussemaker, Histoire; Cserba 1935) zu erwähnen, die nicht von Garlandia stammt, sondern zum Teil vorher entstanden sein muß; ebenfalls unter dem Namen Garlandia steht die *Optima introductio in contrapunctum* (CS III), die, weil aus dem 14. Jh. stammend, zur Hypothese eines Johannes de Garlandia des Jüngeren verleitet hat. Auch die Principalia (CS IV) sind a. (Reaney 1962); die *Rubricae breves* des Marchettus (CS III) sind nicht von ihm (v. Fischer 1959). Die Traktate secundum Johannem de Muris sind zum Teil Vorlesungsnachschriften, gehören teilweise erst ins 15. Jh. (*Ars discantus*, CS III).

Lafage (1856) veröffentlicht einen nach ihm benannten Organumtraktat aus dem 12. Jh. (Teile bei Handschin 1942, vollständig hrsg. v. Seay 1957). Zu den verstreut edierten Choraltraktaten zählt der Anonymus Wolf (1893), auch Anonymus Basiliensis genannt, der zur Reichenauer Schule gehört. Zur Lütticher Schule werden eine Reihe von a.en Traktaten gerechnet: *Anonymus in Micrologum Guidonis Aretini Commentarius* (Vivell 1917), um 1070; *Expositio de motu* (Smits 1939) um 1070; *Quaestiones de Musica* (Steglich 1911) um 1090; *Tractatus de Musica* (Smits 1939) um 1150; über die Zusammenhänge berichtet Smits (1949). Von den verstreut edierten Organumtraktaten seien genannt: Der Bamberger Dialog, der Pariser Organumtraktat (Waeltner 1955) und der Kölner Traktat (Müller 1884 und Waeltner 1955), Scholien zur *Musica Enchiriadis*; der Londoner Traktat (Teile bei Schneider 1935), der Traktat von Montpellier (Handschin 1930), der Vatikanische Organumtraktat (Zaminer 1959). Von den verstreut edierten Traktaten gehören ins 14. Jh. ein von Wolf (1908) und ein von Anglès (1958) edierter Mensuraltraktat sowie eine *Musica* (Federhofer-Königs 1962), ins 15. Jh. ein italienischer Mensuraltraktat (Carapetyan 1957), bei Bukofzer (1936) edierte englische Diskanttraktate, ein *Tractatus de musica mensurabili* (Wolf 1918) aus Breslau und *Ein tütsche Musica* 1491 (Geering 1962 und 1964). Aus dem frühen 16. Jh. stammt ein unbekanntes Druckwerk (Mantuani), das mit dem a. überlieferten *Introductorium musices* von Cochlaeus (Riemann 1897) weitgehend übereinstimmt, sowie eine deutsche Kompositionslehre (Dahlhaus 1956). Unter der großen Zahl von Generalbaßlehren finden sich auch einige A.e: eine Carissimi und eine dem Fräulein von Freudenberg zugeschriebene (Oberdörfer 1955), zwei *Anleitungen* aus dem 18. Jh. (Eitner 1898), doch die Zahl ist klein. Dagegen greift der Hang zum Verschweigen des Verfassernamens (Merker/Stammler 1958) im 18. Jh. auch auf das Musikschrifttum über.

Die mehrstimmige Musik wird bis ins 14. Jh. hinein (Machaut) nicht mit Autorennamen notiert (Ausnahme: Adam de la Halle), während die vorwiegend höfische einstimmige Musik wie die meiste mittelhochdeutsche Dichtung mit Verfassernamen überliefert ist. Mehr als ein überwiegend sakraler Zweck und Inhalt der künstlerischen Aussage (Pohlmann 1962) begründet die Anonymität wohl der bis in 13. Jh. seinem Wesen nach a.e Vorgang mittelalterlichen Komponierens (→ Discantus). Daß erst Machauts Kompositionen mit Verfassernamen überliefert sind, während die Motetten Vitrys zwar von Theoretikern genannt, aber in den Handschriften mit Ausnahme dreier Stücke in späten Codices a. bleiben, erklärt sich dann wohl auch daraus, daß die Machaut-Codices das gesamte lyrische und epische Werk überliefern: die Musik ist ein Teil davon, und es ist möglich, daß durch den literarischen Brauch der Namensnennung diese in den musikalischen Bereich übernommen wurde. Der früheste Codex mit Trecentomusik (→ Quellen: *Rs*, um 1350, v. Fischer 1956) überliefert die Musik noch a.; erst die Codices um 1400 bringen Komponistennamen, nun in großer Zahl (*Pad*,

FP, *Pit*, *Sq*). In Frankreich sind in dem Codex *Apt* aus dem späten 14. Jh. eine Reihe Kompositionen mit Verfassernamen notiert (auch Meßfragmente). Die Handschrift *PR I–III* überliefert 96%, Randquellen wie die Handschriften *Lo* 37% und *TuB* alles a. Im 15. Jh. wird die Nennung des Verfassers zur Regel. Zugleich setzt die Überlieferung falscher Namen ein. Teilweise wurden die Verfasser vergessen, namentlich in späterer Zeit sind dann die Stücke a. überliefert (zu Dufay: Besseler 1954), teilweise standen geschäftliche Gründe im Vordergrund (Josquin, für dessen Berühmtheit auch die geringe Zahl a. überlieferter Werke spricht), teilweise lagen Verwechslungen mit Meistern ähnlichen Namens vor (Lupus–Lupi–Hellinck). Die falschen Zuschreibungen reichen bis in die Zeit der Wiener Klassik (Symphonien und Streichquartette Haydns); sämtliche größeren Bibliotheken sind im Besitz a.er Symphonien (Eitner 1898). – Im Zusammenhang mit der Überwindung der Anonymität wächst das Bewußtsein des Komponisten vom Eigentum an seinem Werk, dessen Sicherung durch urheberrechtliche Maßnahmen (Nachdruckprivilegien, Honoraransprüche gegen Verleger) gewährleistet wird.

Lit.: HIERONYMUS DE MORAVIA OP, Tractatus de Musica, in: CS I u. hrsg. v. S. M. Cserba OP, = Freiburger Studien zur Mw. II, 2, Regensburg 1935; M. GERBERT OSB, Scriptores ecclesiastici de musica sacra potissimum . . ., 3 Bde, St. Blasien 1784, Neudruck Graz 1905, Mailand 1931, Hildesheim 1963; J. FR. BELLERMANN, Anonymi scriptio de musica. Bachii senioris introductio artis musicae . . ., Bln 1841; CH.-E.-H. DE COUSSEMAKER, Hist. de l'harmonie au moyen âge, Paris 1852; DERS., Scriptorum de musica medii aevi . . ., 4 Bde, Paris 1864–76, Neudruck Graz 1908, Mailand 1931, Hildesheim 1963; A. DE LAFAGE, Essais de diphthérographie mus., 2 Bde, Paris 1856; D. METTENLEITER, Aus d. mus. Vergangenheit bayrischer Städte: Mg. d. Stadt Regensburg, Regensburg 1866; H. MÜLLER, Hucbalds echte u. unechte Schriften über Musik, Lpz. 1884; J. WOLF, Ein a.er Musiktraktat d. 11.–12. Jh., VfMw IX, 1893; DERS., Gesch. d. Mensural-Notation I, Lpz. 1904; DERS., Ein a.er Musiktraktat aus d. ersten Zeit d. »Ars nova«, KmJb XXI, 1908; DERS., Ein Breslauer Mensuraltraktat d. 15. Jh., AfMw I, 1918/19; H. RIEMANN, Anonymi Introductorium Musicae, MfMw XXIX, 1897 u. XXX, 1898; RIEMANN MTh; R. EITNER, Biogr.-Bibliogr. Quellen-Lexikon d. Musiker u. Musikgelehrten, 10 Bde, Lpz. 1900–04; J. MANTUANI, Ein unbekanntes Druckwerk (Das »Tetrachordum musicae« v. Cochlaeus) = Mitt. d. österreichischen Ver. f. Bibliothekswesen VI, 1902; R. STEGLICH, Die Quaestiones in Musica, = BIMG II, 10, Lpz. 1911; C. VIVELL, Commentarius Anonymus in Micrologum Guidonis Aretini, = Studien u. Mitt. zur Gesch. d. Benediktinerordens XXXV, N. F. IV, 1914, u. Sb. Wien CLXXXV, 5, 1917; J. SCHWIETERING, Die Demutsformel mhd. Dichtung, Bln 1921; E. STEINHARD, Zur Frühgesch. d. Mehrstimmigkeit, AfMw III, 1921; H. BESSELER, Studien zur Musik d. MA II, AfMw VIII, 1926; J. HANDSCHIN, Der Organum-Traktat v. Montpellier, in: Studien zur Mg., Fs. G. Adler, Wien u. Lpz. 1930; DERS., Aus d. alten Musiktheorie, AMl XVI, 1944; H. SOWA, Ein a.er glossierter Mensuraltraktat 1279, Kassel 1930; DERS., Textvariationen zur Musica Enchiriadis, ZfMw XVII, 1935; R. V. FICKER, Der Organumtraktat d. Vatikanischen Bibl. (Ottob. 3025), KmJb XXVII, 1932; M. SCHNEIDER, Gesch. d. Mehrstimmigkeit II, Bln 1935, Rom ²1964; D. BARTHA, Studien zum mus. Schrifttum d. 15. Jh., AfMf I, 1936; M. F. BUKOFZER, Gesch. d. engl. Diskants, = Slg mw. Abh. XXI, Straßburg 1936; J. SMITS VAN WAESBERGHE SJ, Muziekgeschiedenis d. Middeleeuwen I, Tilburg 1936; DERS., Some Music Treatises and Their Interrelation, MD III, 1949; DERS., Cymbala (Bells in the MA), = Studies and Documents I, Rom 1951; DERS., (Hrsg.), The Theory of Music from the Carolingian Era up to 1400, I, München u. Duisburg 1961 (RISM); R. BRAGARD, Le Speculum Musicae du Compilateur Jacques de Liège, MD VIII, 1954; E. L. WAELTNER, Das Organum bis zur Mitte d. 11. Jh., Diss. Heidelberg 1955, maschr.; K. v. FISCHER, Studien zur ital. Musik d. Trecento u. frühen Quattrocento, = Publikationen d. Schweizerischen Musikforschenden Ges., II, 5, Bern (1956); DERS., Zur Entwicklung d. ital. Trecento-Notation, AfMw XVI, 1959; C. DAHLHAUS, Eine deutsche Kompositionslehre d. frühen 16. Jh., KmJb XL, 1956; A. CARAPETYAN, Anonimi Notitia del valore delle note del canto misurato, CSM V, 1957; A. SEAY, An Anon. Treatise from St. Martial, Ann. Mus. V, 1957; H. ANGLÈS, De cantu organico Tratado de un autor catalán del S. XIV, AM XIII, 1958; H. FEDERHOFER, Zur hs. Überlieferung d. Musiktheorie in Österreich in d. 2. Hälfte d. 17. Jh., Mf XI, 1958; MERKER/STAMMLER, Reallexikon d. deutschen Literaturgesch., Bln ²1958; F. BLUM, Another Look at the Montpellier Organum Treatise, MD XIII, 1959; FR. ZAMINER, Der Vatikanische Organum-Traktat (Ottob. lat. 3025), = Münchner Veröff. zur Mg. II, Tutzing 1959; Anonymus IV, hrsg. u. übers. v. L. A. DITTMER, Brooklyn 1959; R. FEDERHOFER-KÖNIGS, Ein a.er Musiktraktat aus d. 1. Hälfte d. 16. Jh., KmJb XLV, 1961; DIES., Ein a.er Musiktraktat aus d. 2. Hälfte d. 14. Jh., KmJb XLVI, 1962; A. GILLES, L'Anonyme III de Coussemaker, Scriptores III, MD XV, 1961; A. GEERING, Ein tütsche Musica d. figurierten Gesangs 1491, Fs. K. G. Fellerer, Regensburg 1962; Ein tütsche Musica, hrsg. v. DEMS., 2 Teile, = Schriften d. literarischen Ges. Bern IX, Bern 1964; H. O. HIEKEL, Zur Überlieferung d. Anonymus IV, AMl XXXIV, 1962; G. REANEY, Zur Frage d. Autorenzuweisung in ma. Musiktraktaten, Kgr.-Ber. Kassel 1962; H. POHLMANN, Die Frühgesch. d. mus. Urheberrechts, = Mw. Arbeiten XX, Kassel 1962.   HK

Ansatz, – 1) bei Blasinstrumenten die Stellung der Lippen beim Anblasen (frz. embouchure, was auch → Mundstück heißt). Bei der → Querflöte formen die Lippen ohne Stütze durch ein Mundstück ein Luftband, das gegen die Kante des Mundlochs geblasen wird. Bei Doppelrohrblattinstrumenten wird entweder das Rohr ganz in den Mund genommen (Windkapsel-A.) oder mit Lippen und Zähnen gefaßt. Der Windkapsel-A. ist heute nur noch im Orient üblich; im Abendland fand der Übergang zum modernen A., der die Beeinflussung des Tons und das Überblasen ermöglicht, in der 1. Hälfte des 17. Jh. statt. Ein ähnlicher Übergang lag der Beschreibung des Theophrast zufolge beim Spiel des Aulos um 350 v. Chr. vor. Bei Instrumenten mit Kesselmundstück wirken die an das Mundstück gesetzten Lippen annähernd wie Gegenschlagzungen. Beim Ansetzen werden Ober- und Unterlippe von jeweils der Hälfte des Mundstücks bedeckt, beim Einsetzen die Oberlippe von etwa $2/3$. – 2) Beim Gesang werden unter A. verstanden: die Einstellung der an der Stimmbildung beteiligten Organe, die beginnende oder endende Tätigkeit der Stimmlippen und außerdem das Ergebnis der Tonbildung. Im engeren Sinne spricht man je nach der Art, wie die Stimmlippen zu schwingen beginnen oder enden, vom gehauchten, weichen, gepreßten oder festen (Glottisschlag) Ein- bzw. Absatz. Der Sänger zieht, um gute Intonation zu erzielen, einen fast harten, besser festen Einsatz vor, während der Absatz weich ist, weil die Stimmlippen dabei ohne nachfolgendes Hauchgeräusch und unter schneller Dämpfung auseinandergehen. Der A. der Konsonanten erfolgt im Ansatzrohr.

Lit.: zu 1): H. HOFMANN, Über d. A. d. Blechbl., Kassel 1956.

Ansatzrohr → Stimme.

Ansbach (Mittelfranken).
Lit.: H. MERSMANN, Beitr. zur A.er Mg. bis 1703, Lpz. 1916; FR. W. SCHWARZBECK, A.er Theatergesch. bis . . . 1686, = Die Schaubühne XXIX, Emsdetten i. W. 1939; A. BAYER, St. Gumprechts Kloster u. Stift in A., = Veröff. d. Ges. f. Fränkische Gesch. IX, 6, Würzburg 1948; G. SCHMIDT, Die Musik am Hofe d. Markgrafen v. Brandenburg-A. vom ausgehenden MA bis 1806, Kassel 1956.

Anschlag, – 1) Doppelvorschlag (frz. port de voix double; engl. double appoggiatura), beliebte Verzierung des mittleren und späten 18. Jh., die zur → Vorschlag-Gruppe gehört. Er besteht aus einer unteren und aus einer oberen Vorschlagsnote, wird stets mit kleinen Noten dargestellt und auf den Schlag ausgeführt. Die 2. Note muß eine (obere oder – seltener – untere) Nebennote sein, die 1. Note kann, als untere, in beliebigem (häufig Terz-)Abstand zu dieser stehen. Man unterscheidet den kurzen A. (2 gleichwertige Noten):

und den langen (punktierten) A., der jedoch nur in langsamen Sätzen vorkommt:

Während der kurze A. prinzipiell unbetont ausgeführt wird, so daß die Betonung der Hauptnote sich gegen den Takt verschiebt, wird der lange A. immer betont; beide werden an die Hauptnote angebunden. Der kurze A. kommt noch in der Romantik (Chopin) in gleicher Weise vor wie im 18. Jh. – 2) (engl. touch), beim Klavierspiel die Bewegung der Finger, die auf die Tasten wirkt und damit den Ton auslöst; der A. ist der → Bogenführung der Streicher vergleichbar. Die Beobachtung, daß durch den A. die Tonqualität beeinflußt wird, wurde auch für das Cembalo gemacht (u. a. Quantz XVII, VI, 18). Die Klavierschulen des 16.–18. Jh. gehen bei der Behandlung der Artikulation auf Clavichord, Cembalo und Orgel nur am Rande auf die Bewegungsvorgänge ein. Eine von der Bewegung her orientierte Lehre der verschiedenen A.s-Arten entwickelten erst die Lehrwerke für das Pianoforte des 19. Jh. (u. a. → Chiroplast). Daneben trat, hervorgerufen durch die virtuose Klaviertechnik und die massiveren Instrumente mit größerem Tastendruck, die Diskussion um den physiologisch richtigen A. Da eine isolierte Finger- oder Handgelenktechnik nicht mehr ausreichte, wurde auf die Kraftquellen der größeren Muskeln (Arm, Rumpf) und den »freien Fall« der Armmasse zurückgegriffen (Gewichtstechnik). Für die moderne Klaviertechnik gilt eine bestimmte physiologische Methode nicht mehr; wichtig ist der Ausgleich von Spannung und Entspannung sowie das Vermeiden isolierter Bewegung, *das Erzielen eines schönen Klaviertons, die Beherrschung einer möglichst ausgedehnten dynamischen Skala sowie die Sicherheit in der bewußten Anwendung der verschiedenen Arten des Legato- und Staccato-Spiels* (Gieseking).

Lit.: zu 1): Bach Versuch II, 6; Fr. W. Marpurg, Anleitung zum Clavierspielen, I, IX, 3, Bln 1755; Mozart Versuch; D. G. Türk, Klavierschule IV, §§ 12–17, Lpz. u. Halle 1789, Faks. hrsg. v. E. R. Jacobi, = DMI I, 23, 1962. – zu 2): Quantz Versuch; J. N. Forkel, Ueber J. S. Bachs Leben, Kunst u. Kunstwerke, Lpz. 1802, ²1855, NA v. J. M. Müller-Blattau, Augsburg 1925, Kassel ⁴1950; A. Kullak, Die Kunst d. A., Lpz. 1855; ders., Ästhetik d. Klavierspiels, Bln 1860, ⁷⁻⁸1920; H. Riemann, Hdb. d. Klavierspiels, Bln u. Lpz. 1888, ⁵1916; A. Ritschl, Die Anschlagsbewegungen beim Klavierspiel, Bln 1888, ²1911; M. Jaell, Le toucher, 3 Bde, Paris 1895–99, deutsch Bd I Lpz. 1901; E. Söchting, Die Lehre v. freien Fall, Magdeburg 1898; E. Caland, Die Deppesche Lehre d. Klavierspiels, Stuttgart 1897, ⁵1921; R. M. Breithaupt, Die natürliche Klaviertechnik, I Lpz. 1907, ⁷1927, II 1906, ⁴1925; T. Matthay, The Act of Touch, London 1905, deutsch Lpz. 1914; T. Bandmann, Die Gewichtstechnik d. Klavierspiels, Lpz. 1907; F. A. Steinhausen, Über d. physiologischen Fehler u. d. Umgestaltung d. Klaviertechnik, Lpz. 1907, ³1929; E. Tetzel, Das Problem d. modernen Klaviertechnik, Lpz. 1909, ³1929; M. Lamm-Natannsen, Die Entwicklung d. pianistischen Anschlagskunst, Bln 1916; W. Gieseking, Moderne Anschlagsprobleme, Fs. d. Deutschen Akad. f. Musik u. darstellende Kunst in Prag 1920–30, Prag 1931, auch in: W. Gieseking, So wurde ich Pianist, Wiesbaden 1963; M. F. Schneider, Beitr. zu einer Anleitung, Clavichord u. Cemb. zu spielen, Lpz. u. Straßburg 1934; W. Krause, Der pianistische A., Graz u. Wien 1962.

Anschluß-Motiv nennt H. Riemann ein Motiv, das an eine Schlußwendung angehängt ist und (sie bestätigend oder verändernd) deren Gewicht überbietet, ohne doch die Taktordnung und den Periodenbau zu stören. Ein A.-M. ist gewissermaßen eine fortentwickelte Weibliche Endung. Wenn Clementi (op. 4, 6) statt der Endung (✱)

hebt er damit die Schlußwirkung nicht auf, verstärkt aber die weibliche Halbschlußbildung (*T–D*) durch die Entwicklung des zusätzlichen Motivs, das aus der Schlußwirkung herausstrebt und die Dominantbedeutung verstärkt. A.-M.e zeigen im Vortrag selbständige dynamische Ausstattung (crescendo-stringendo nach ihrem Schwerpunkt hin), sind aber von weiterführenden, neue Anfänge bildenden Motiven dadurch unterschieden, daß ihr Tempo gehemmt ist.

Lit.: H. Riemann, System d. mus. Rhythmik u. Metrik, Lpz. 1903.

Anthem (ˈænθəm, engl., von lat. antiphona; altengl. antefn; mittelengl. antem, antym) bezeichnet nach einem Bedeutungswandel von Antiphon zu Motette seit der Mitte des 16. Jh. im allgemeinen die nationalsprachliche geistliche, liturgisch nicht gebundene, meist über Bibeltexte komponierte Chormusik Englands, die häufig im Morgen- und Abendgottesdienst der anglikanischen Kirche gesungen wurde (z. B. nach der dritten Kollekte und nach der Predigt). Im neueren Sprachgebrauch bedeutet A. in übertragenem Sinn auch Lobeshymne (National A.). – Die Entstehung des A. ist eng verknüpft mit der Forderung der Reformatoren nach besserer Verständlichkeit des Bibelwortes und Abschaffung der lateinischen Sprache im Gottesdienst. Die Herkunft des chorischen, sogenannten Full A. von der Motette bezeugen die bis ins späte 16. Jh. vorkommenden Umarbeitungen lateinischer Motetten sowie die Tatsache, daß die ersten Komponisten von A.s, Tye, Tallis und White, sowohl Motetten als auch Full A.s geschaffen haben. Indessen unterscheidet sich das Full A. des 16. Jh. vom Typus der durchimitierenden Motette durch vorwiegend syllabische Textvertonung, häufige Verwendung homophoner Satzweise und kurzgliedrige, dem Textrhythmus angepaßte Melodik. Schon in den A.s der elisabethanischen Zeit und zu Beginn des 17. Jh., bei Byrd, Morley und O. Gibbons, begegnet neben dem meist a cappella aufgeführten Full A. auch das Verse A., bei dem die Chorpartien mit »Verse«-Partien für ein oder mehrere Solisten alternieren. Die stimmig ausgeschriebene Begleitung wurde dabei meist der Orgel, bei Gibbons und Morley häufig einem Violenensemble übertragen. Von der 1. Hälfte des 17. Jh. bis zur Restauration unter Karl II. (1660) machte sich in den für private Andachtszwecke geschriebenen Kompositionen von Child, Humfrey u. a.

der Einfluß des italienischen Sologesanges mit Generalbaß bemerkbar, der schließlich in den Restauration A.s von Blow und Purcell seinen Höhepunkt erreichte. Hier näherte sich das A. der konzertanten Kantate für Solostimmen, Chor und Orchester, besonders nach Einführung instrumentaler Zwischenspiele durch Purcell, die in der liturgischen Praxis allerdings entweder für die Orgel gekürzt oder ganz ausgelassen wurden. Weitere Kennzeichen des Restauration A. sind die fast allgemein übliche Hinzufügung des Alleluia, die Vorliebe für Männerstimmenterzette (Contralto, Tenor, Baß) in den Verses und die Virtuosität in den Solopartien. Im 18. Jh. griffen die Komponisten englischer Kirchenmusik (Croft, Greene und Boyce) je nach Bedarf auf die Formen des Full A. oder des Verse A. zurück, während andererseits eine große Zahl von Sammlungen alter A.s veröffentlicht wurde. Händels A.s, meist Auftragskompositionen (*Chandos A.s* 1716–18, *Coronation A.s* 1727, *Dettingen A.* 1743), sind prunkvolle Repräsentationskantaten im Oratorienstil. Obwohl sich seit dem 19. Jh. in Stil und Repertoire der englischen Kirchenmusik weitgehend kontinentale Einflüsse geltend gemacht haben, wurde die traditionelle Pflege des A. durch Wesley, später Stanford und Shaw weitergeführt.

Ausg.: G. Fr. Händel, GA XXXIV–XXXVI, hrsg. v. Fr. Chrysander, Lpz. 1871–72; H. Purcell, GA XIII(a), XIV, XVII, XXVIII, XXIX, XXXII, hrsg. v. d. Purcell Soc., London 1921–(62); Tudor Church Music, II (Byrd), IV (O. Gibbons), V (R. White), hrsg. v. P. C. Buck, E. H. Fellowes, A. Ramsbotham, R. R. Terry, S. Townsend Warner, London 1922–26; W. Byrd, GA XI–XIV, hrsg. v. E. H. Fellowes, London 1948–49; J. Blow, Coronation A., A. with Strings, hrsg. v. A. Lewis u. H. W. Shaw, = Mus. Brit. VII, London 1953.

Lit.: E. H. Fellowes, Engl. Cathedral Music, London 1925, ²1943; M. F. Bukofzer, Music in the Baroque Era, NY (1947); R. Th. Daniel, The A. in New England before 1800, Diss. Cambridge (Mass.) 1955, maschr.; ders., Engl. Models for the First American A., JAMS XII, 1959; P. Le Huray, The Engl. A. 1580–1640, Proc. R. Mus. Ass., LXXXVI, 1959/60; W. J. King, The Engl. A. from the Early Tudor Period through the Restoration Era, Diss. Boston (Mass.), 1962, maschr.

Anthologie → Beispielsammlung.

Antike Musik → Griechische Musik, → Etruskische Musik, → Römische Musik.

Antiphon (lat. antiphona; ital. und span. antifona; frz. antienne; engl. antiphon, auch antiphony). – 1) A. als Gesangsvortrag. Im griechischen Sprachgebrauch bezeichnet ἀντίφωνος die allgemein verbreitete Praxis des sukzessiven Gegeneinandersingens von 2 Sängern oder Chören. Der erste Beleg hierfür scheint bei Philo von Alexandrien, einem Zeitgenossen Christi, zu sein, der als Übung der Therapeuten den Wechselgesang eines Männer- und Frauenchores schildert. Findet sich hier diese Praxis noch im Bereich des Synagogalgesangs, so wurde sie doch offensichtlich vom Christentum des Ostens aufgenommen, wie es seit dem Anfang des 2. Jh. (Plinius) sich häufenden Belege bestätigen. Der große Aufschwung, den das antiphonische Singen im 4. Jh. nahm, hängt mit den Glaubenskämpfen der Zeit zusammen, in deren Verlauf es mit Erfolg zunächst von den Arianern und in deren Abwehr schließlich von den Christen allgemein eingesetzt wurde. Der antiphonale Gesang ist hier mit der Psalmodie verbunden, in der ursprünglich solistischer Psalmvortrag von refrainartigen Rufen des Volkes unterbrochen wurde. Statt dieses Wechselgesangs von Solisten und Volk konnte vor allem seit dem 4. Jh. dem letzteren eine Gruppe geschulter Sänger gegenüberstehen. Die endgültige Ausbildung der schlichten wechselchörigen (antiphonischen) Psalmodie ist um 350 in Antiochien vollzogen worden, das dann zum Ausstrahlungszentrum für das ganze christliche Abendland wurde. Die Datierung der Aufnahme antiphonischen Singens in Rom ist nicht gesichert (Ende 4. oder Anfang 5. Jh.). Verbürgt ist es in der Zeit von Papst Coelestin (422–432), wo der ursprünglich mit den Lesungen beginnenden Opferfeier ein Einleitungspsalm (→ Introitus) vorangestellt wurde. Für Mailand verband es sich mit dem Namen des Ambrosius, der im Jahr 386, bei der Auseinandersetzung mit den Arianern in seiner Basilika eingeschlossen, die Gemeinde durch antiphonisches Singen und den Gesang von Hymnen in ihrem Glauben und Widerstandswillen stärkte. Mailand war seit dieser Zeit der Ausgangspunkt antiphonischer Singweise für den ganzen Westen. Waren am Anfang die klösterlichen Gemeinschaften ihre wesentlichen Pflegestätten (vgl. um 420 Cassian, um 529 die Regel des hl. Benedikt), so ging sie doch bald auch auf die Weltkirchen über, gebräuchlich in den Traditionen des römischen, ambrosianischen, gallikanischen und mozarabischen Gesangs und in der Gregorianik bis heute lebendig als zentrale Gesangsart neben dem responsorialen Gesang, wie seit der Frühzeit vor allem im → Offizium gepflegt.

– 2) A. als Gesangsstück. Die frühen Einwürfe und Antwortrufe des Volkes (hypopsalma) bezeichnen die Einbruchsstelle eines ursprünglich kurzen, sich aber zunehmend ausweitenden und in seiner musikalischen Faktur verselbständigenden Gesangs. Mindestens seit dem 4. Jh. wurde neben dem Wechselvortrag der Psalmen auch dieser Einschub mit dem Namen A. belegt, wie es der um 380/90 zu datierende Reisebericht der Aetheria aus Jerusalem erkennen läßt. Der am Anfang dem Volk zugewiesene Ruf wurde seit dem 4. Jh. ebenfalls vom Chor der geschulten Sänger übernommen, was eine reichere Gestaltung dieses Gesanges gestattete. Die Verwendung der A. aber war Jahrhunderte hindurch schwankend; die Überlieferung berichtet von verschiedenen Gepflogenheiten: refrainartige Wiederholung nach jedem Psalmvers; Vortrag der A. am Anfang und Schluß des ganzen Psalms (wie es, durch das Trienter Konzil festgelegt, bis heute üblich ist); schließlich auch lässiges, rasches Absingen der Psalmverse, wobei die A. ganz wegfiel. Antiphonischer Psalmvortrag in der Messe war, wie es → Offertorium und → Communio zeigen, Begleitgesang liturgischer Handlungen, deren Zurücktreten die Einschränkung des Gesanges zur Folge hatte. Als eine gegenüber der schlichten Psalmodie reiche musikalische Form behauptete sich die A. in der Messe und verdrängte den Psalm im Introitus bis auf einen Vers, in Offertorium und Communio völlig. Gegenüber der A. der Messe ist die des Offiziums, in dem das Hauptgewicht auf dem Psalmvortrag liegt, von schlichter musikalischer Gestaltung. Ohne Psalmverbindung bleiben die im Offizium mindestens schon im 10. und 11. Jh. auftretenden »Marianischen A.en«, von denen heute im Gebrauch stehen: → Alma redemptoris mater (1. Adventssonntag bis Lichtmeß einschließlich), → Ave regina coelorum (Lichtmeß bis Ostern), → Regina coeli (Osterzeit) und → Salve regina (restliches Kirchenjahr).

– 3) A. als Zugleichsingen im Oktavabstand. Neben der Bedeutung von A. als Wechselgesang versteht Philo von Alexandrien darunter auch ein gleichzeitiges Singen im Oktavabstand, wie es sich aus dem Zusammenwirken eines Männer- und Frauenchores bei den Therapeuten ergab. Im gleichen Sinn findet sich der Begriff auch in den pseudo-aristotelischen Problemata, die alexandrinischen Ursprungs sind (1. oder 2. Jh.).

Die weitere griechische Musiklehre kennt diese Bedeutung von A. noch bis zu Manuel Bryennios um 1320.
Lit.: FR. A. GEVAERT, La mélopée antique dans le chant de l'église lat., Gent 1895; A. GASTOUÉ, Les origines du chant romain. L'antiphonaire grégorien, Paris 1907; P. WAGNER, Einführung in d. gregorianischen Melodien I u. III, Lpz. ³1911 u. 1921, Neudruck Hildesheim u. Wiesbaden 1962; A. MOCQUEREAU OSB, Le nombre mus. grégorien II, Rom u. Tournai 1927; E. OMLIN OSB, Die St. Gallischen Tonarbuchstaben. Ein Beitr. zur Entwicklungsgesch. d. Offiziumsa., Regensburg 1934; H. LIETZMANN, Gesch. d. Alten Kirche, Bd 3, Kap. XI: Der Kultus, Bln 1938; E. WELLESZ, Eastern Elements in Western Chant, = Monumenta Musicae Byzantinae, Subsidia II (= American Series I), Boston 1947; H. HUCKE, Untersuchungen zum Begriff »A.« u. zur Melodik d. Offiziumsa., Diss. Freiburg i. Br. 1952, maschr.; G. BENOIT-CASTELLI OSB, L'Antienne »Ecce nomen Domini Emmanuel«, in: Etudes grégoriennes II, 1957; DERS., L'antienne »Jam fulget Oriens«, ebenda IV, 1961; J. LEMARIÉ, Les antiennes ‚Veterem hominem' ..., in: Ephemerides liturgicae LXXII, 1958.

Antiphonarium, Antiphonale, Bezeichnung für die Sammlung der antiphonalen und responsorialen Gesänge des Offiziums, in der offiziellen Fassung (Editio typica) erstmals erschienen 1912 als *Antiphonale sacrosanctae Romanae Ecclesiae pro diurnis horis*. Es enthält darüber hinaus die Psalmen und Psalmtöne, Hymnen, die kleinen Lektionen und Versikel, alles allerdings nur für die Tageshoren (Laudes, Prim, Terz, Sext, Non, Vesper und Komplet; → Offizium). Die Gesänge zum nächtlichen Stundengebet (Officium nocturnum, heute: Matutin) sind bisher nur in Teilausgaben erschienen. – Im früheren Mittelalter kann die Bezeichnung A. verwendet werden: 1) für die Sammlung der Antiphonen des Offiziums (ergänzt durch das Responsoriale); 2) für die Zusammenstellung der Antiphonen der Messe (Introitus, Offertorium, Communio, – ergänzt durch das Cantatorium oder den Liber gradualis, → Graduale); 3) wie heute für die Vereinigung der Antiphonen und Responsorien des Offiziums, wobei aber der Inhalt des Buches in verschiedener Weise erweitert werden kann. Eine deutlichere Unterscheidung gestatten die später aufkommenden Bezeichnungen Antiphonarium officii und Antiphonarium missae. Die Gesänge des A. fanden sich seit dem 11. Jh. auch in den Voll-Brevieren, hier verbunden mit allen nicht gesungenen Texten (Entsprechung im Bereich der Messe: Missale plenarium).
Ausg.: Antiphonale Monasticum pro diurnis horis ... a Solesmensibus monachis restitutum, Tournai 1934 (weitere Auflagen). Teilausg. (Editio typica): Officium pro defunctis (1909); Officium et Missae in Nativitate Domini (1926); Cantus Gregoriani ad Ordinem Hebdomadae Sanctae instauratum, Graduali et Antiphonali Romano inserendi (1956).
Lit.: S. BÄUMER, Gesch. d. Breviers, Freiburg i. Br. 1895 (erweitert frz. v. R. Biron: Hist. du Bréviaire, 2 Bde, Paris 1905); A. GASTOUÉ, Les origines du chant roman. L'antiphonaire grégorien, Paris 1907; DERS., Le graduel et l'antiphonaire romains, Lyon 1913; V. LEROQUAIS, Les bréviaires mss. des bibl. publiques de France I, Paris 1934; W. LIPPHARDT, Gregor d. Große u. sein Anteil am römischen A., Kgr.-Ber. Rom 1950.

Antitheton (griech., das Entgegengesetzte; lat. contrapositum, contentio, vgl. Quintilian IX, 3, 81), im Anschluß an das A. der Rhetorik gewonnene musikalische Figur des Gegensatzes. Die Rhetorik versteht unter A. (auch Antithesis, Oppositio, Traductio) die vergleichende Gegenüberstellung von sachlich Gegensätzlichem in einem Parallelismus (Isokolon), z. B.: Ich siegte gestern in der Schlacht./Er verlor heute im Spiel. – Kircher erklärt (1650): *A., sive Contrapositum, est periodus harmonica, quà oppositos affectus exprimimus;* Walther definiert (1732) A. als musikalischen Satz, wodurch solche Sachen, die einander contrair und entgegen sind, exprimirt werden sollen. Z. E. ich schlaffe, aber mein Hertz wachet (vgl. Schütz' *Kleine Geistliche Konzerte* II, 5: *Ich liege und schlafe, und erwache*). Weitere Erklärungen gaben Janowka (1701), Spieß (1745), Scheibe (1745), Forkel (1788). Demnach kann der Gegensatz musikalisch ausgedrückt werden simultan z. B. durch Kontrast zwischen Thema und Gegenthema (subjectum–contrasubjectum) oder in *oppositione dissonantiarum* (*wann ... denen erwartenden Consonantien die Dissonantien entgegen gesetzt werden*, Spieß 1745), sukzessiv z. B. durch Abschnittskontrast im Wechsel der Bewegung, der Klanggruppen und -lagen, der homophonen und polyphonen Schreibart oder in Gegenüberstellung von Dur und Moll (mutatio per tonum) oder Chromatik und Diatonik (mutatio per genus; Schütz' *Kleine Geistliche Konzerte* II, 11: *Wann unsre Augen schlafen ein*).

Antizipation (lat. anticipatio, Vorausnahme), – 1) A. bedeutet in der Harmonielehre das Vorausandeuten einer Harmonie, den verfrühten Eintritt von Tönen, die dem auf den nächsten schweren Taktteil folgenden Akkord angehören; zu der Harmonie, während der sie eintreten, dissonieren sie meist, werden aber gar nicht auf sie bezogen, sondern als vorausgenommen, antizipiert verstanden, z. B.:

– 2) Rhythmische A. (H. J. Mosers »pathetische A.«) ist die Bezeichnung für die Vorwegnahme, d. h. das durch den Ausdruck bedingte verfrühte Eintreten (*) einer betonten Wortsilbe, z. B. Beethoven, 9. Symphonie:

– 3) Als Verzierung (engl. cadent) die Vorausnahme der folgenden Melodienote innerhalb des Wertes der vorangehenden Note (im 17. Jh.: Anticipatione della nota):

häufig bei der vorletzten Note einer Schlußkadenz (mit Triller):

Wenn die A. an die vorangehende Note angebunden ist (Nachschlag), wird sie auch → Aspiration, → Plainte oder Chute genannt (Jean Rousseau, Montéclair). – Die Anticipatione della sillaba bedeutet in der Gesangspraxis des Barocks eine Art Vorschlag, der an die folgende Hauptnote angebunden ist und ihre Textsilbe vorausnimmt – häufig zur Verbindung einer Sekunde, seltener als Durchgangsnote bei fallender oder bei steigender Terz (Beispiel nach Chr. Bernhard):

Antwerpen.
Lit.: E. G. J. GRÉGOIR, Notice hist. sur les soc. et écoles de musique à Anvers, A. 1869; F. DONNET, Les cloches d'Anvers, Les fondeurs anversois, A. 1899; A. DE GERS (A. GERSDORFF), L'hist. complet du théâtre royal d'Anvers 1834–1914, A. 1914; J. KOEPP, Untersuchungen über d. A.er Liederbuch v. Jahre 1544, A. 1929; J. A. STELLFELD, Bronnen tot de geschiedenis der Antwerpsche Clavecimbel- en Orgelbouwers in de XVIe en XVIIe Eeuw, Vlaamsch Jaarboek voor Muziekgeschiedenis V, 1942; W. DEHENNIN, Bronnen voor de Geschiedenis van het Muziekleven te A., RBM VIII, 1954.

Aöden (von griech. ἀοιδός, Sänger), zunftmäßig zusammengeschlossene, hochgeachtete Berufssänger der Griechen zu Homers Zeit, die bei Fest und Mahl zur Phorminx Episoden aus den Heldensagen vortrugen (in der Odyssee A. Phemios und Demodokos). Im 7. Jh. traten an ihre Stelle die rezitierenden Rhapsoden.

a piacere (a pjatʃ'e:re, ital.), auch a piacimento, nach Gefallen, frei im Vortrag, gleichbedeutend mit → ad libitum (– 1).

Apokope (griech., Abschneidung), in der Kompositionslehre des 17./18. Jh. eine musikalische Figur, eingeführt und erklärt im Anschluß an die grammatische A. (meist metrisch begründete »Abschneidung« eines Buchstabens oder einer Silbe am Ende eines Wortes, z. B. *Ich hab mein Sach Gott heimgestellt*). Beabsichtigte Unvollständigkeit eines Bauelements ist auch das Merkmal der musikalischen A., die in zwei Arten auftreten kann: in der ältesten Bestimmung durch Burmeister (1606) als unvollständige Fuga, bei der das Imitationsmotiv in einer Stimme eine Verkürzung (amputatio) erfährt, also nicht ganz durchgeführt wird; in der Erklärung durch Thuringus (1625) ist A. die ungewöhnliche Kürzung des Finaltones, die beispielsweise empfohlen wird zur Darstellung des *et divites dimisit inanes* (*und lässet die Reichen leer*; vgl. Schütz, *Symphoniae Sacrae* II, Nr 4). Diese zweite Deutung der A. übernahm Walther (1732): *wenn bey der letzten Note eines Periodi harmonicae nicht ausgehalten, sondern behende abgeschnappt wird, und zwar bey solchen Worten, die solches zu erfordern scheinen*. Ein charakteristisches Beispiel der A. im letztgenannten Sinne findet sich in den *Musicalischen Exequien* von Schütz: *verbirge dich einen kleinen Augenblick*.

Aposiopesis (griech., Beginn des Schweigens; lat. interruptio), in der Kompositionslehre des 17./18. Jh. eine musikalisch-rhetorische Figur. In der Rhetorik ist A. eine hochaffektive Wortfigur, die ein unvermitteltes Verstummen der Rede, aber auch das Schweigen bezeichnet. In der Musik ist A. die Generalpause (so noch bei Koch 1802); sie wird z. B. bei H. Schütz (*Die Sieben Worte*) zur Darstellung des Todes verwendet:

J. A. Herbst verweist 1643 auf Haßler: *'Ich scheid' und stirbe'*, da alle Stimmen stille schweigen. Speer gibt 1697 einige Hinweise auf Textvorwürfe, die eine musikalische A. nach sich ziehen können: *Wenn eines Dinges Untergang oder ein Sache verloren gehet, oder wann die Textworte expresse ohne Ende sich ereignen, nemlich: 'Der Gottlosen Weg vergehet'; item 'Ich habe dich einen kleinen Augenblick verlassen'; also auch 'Himmel und Erde vergehen'; oder 'Des Friedens kein Ende'*. Nucius (1613), Thuringus (1625) und Walther (1732) unterteilen die A. in → Homoioteleuton und Homoioptoton. Noch Beethoven notiert im Hinblick auf seine *Egmont*-Ouvertüre: *Der Tod könnte ausgedrückt werden durch eine Pause*.

Apotome (griech., Abschnitt) hieß in der griechischen Antike der chromatische Halbton. Der diatonische Halbton wurde Limma (→ Diesis) genannt. Das Limma errechnet sich pythagoreisch aus 3 Oktaven weniger 5 Quinten, also

$$\left(\frac{2}{1}\right)^3 : \left(\frac{3}{2}\right)^5 = \frac{256}{243}$$

bzw.

$$3 \cdot 1200 - 5 \cdot 701{,}96 = 90{,}2 \text{ Cent},$$

und die A. als Differenz von 7 Quinten und 4 Oktaven, also

$$\left(\frac{3}{2}\right)^7 : \left(\frac{2}{1}\right)^4 = \frac{2187}{2048}$$

bzw.

$$7 \cdot 701{,}96 - 4 \cdot 1200 = 113{,}7 \text{ Cent}.$$

Somit ist bei den Griechen der chromatische Halbton um das pythagoreische Komma größer als der diatonische.

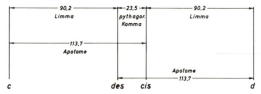

Anschaulicher ist die Darstellung des Limma als Rest der Quarte ($\frac{4}{3}$ = 498 Cent) nach Abzug der pythagoreischen großen Terz ($\frac{81}{64}$ = 407,8 Cent) und der A. als Rest des Ganztones ($\frac{9}{8}$ = 203,9 Cent) nach Abzug des Limma; die Ergebnisse sind die gleichen.

appassionato (ital.), leidenschaftlich, mit Hingabe. Der Name Sonata appassionata für Beethovens Klaviersonate op. 57 geht nicht auf den Komponisten zurück, doch verwendet Beethoven die Bezeichnung a. in den Sonaten op. 106 und 111 und im Streichquartett op. 132. – Aus einem Allegro a. mit Introduktion besteht R. Schumanns *Conzertstück* G dur op. 92 für Kl. und Orch.

Applikatur → Fingersatz.

Appoggiatura (appoddʒat'u:ra, ital.; frz. appoggiature) → Vorschlag.

Appoggio (app'oddʒo, von ital. appoggiare, stützen), ein in der Stimmbildung häufig angewandter Begriff, der aus den altitalienischen Gesangsschulen stammt. Dort wurde das Wort gebraucht als appoggiarsi in testa und appoggiarsi in petto, sich in den Kopf und sich in die Brust lehnen. Demnach ist unter A. beim Singen ein gleichmäßiges Stützgefühl für die Resonanz im Schädel und für den Atem in der Brust zu verstehen.

Apsidenchöre bezeichnet die in der → Mehrchörigkeit getrennt aufgestellten Chöre (→ Coro spezzato) gemäß der baulichen Gegebenheit der Apsiden, die sich für solche Aufstellung anbieten. Über den italienischen Terminus Choro palchetto referieren Praetorius (Synt. III, S. 115) und WaltherL.

Arabeske (frz. arabesque) bezeichnet in seiner Grundbedeutung ein nach arabischer Art gebildetes Rankenornament in Architektur und Malerei, daher in der

Musik s. v. w. reiche Figuration und Verzierung einer Melodie. Als musikalischer Begriff erscheint das Wort erst im 19. Jh. (→ Charakterstück). *A.* nennt R. Schumann sein mehrgliedriges Klavierstück op. 18 C dur (1839). Für Debussy, unter dessen frühen Kompositionen sich 2 A.n für Kl. (1888) befinden, hat das Wort die allgemeine Bedeutung von freier Entfaltung oder Zusammenspiel von Linien. Eine *A.* von M. Reger findet sich in dessen Klavierstücken *Aus meinem Tagebuch* (op. 82, IV, Nr 4, 1912).

Lit.: R. Schumann, Briefe, N. F., hrsg. v. F. G. JANSEN, Lpz. 1886, ²1904; CL. DEBUSSY, Monsieur Croche, Antidilettante, Paris 1917 u. ö., deutsch Potsdam 1948, ³1951.

Arabisch-islamische Musik ist die städtische Kunstmusik der arabisch sprechenden mohammedanischen Völker Vorderasiens und der Mittelmeerländer, im weiteren Sinn auch die Musik der z. B. neupersisch und türkisch sprechenden und der islamischen Kolonialvölker. Sie hat auch viel Gemeinsames mit der Musik der nichtmohammedanischen Religionen im Bereich des Islam, beziehungsweise mit der orientalisch-christlichen und der jüdischen Musik. Bis auf wenige, von Theoretikern des Mittelalters in Buchstaben aufgezeichnete Beispiele kennt die A.-i. M. keine Notenschrift. Ihre Geschichte ist ausschließlich aus mittelbaren Quellen zu erschließen, während die Musik selbst nur in ihrem gegenwärtigen Zustand aufgesucht werden kann. Die mittelbaren Quellen entstammen drei sehr verschiedenen Bereichen der Kultur. Eine erste Gruppe beurteilt die Musik vom Standpunkt der islamischen Theologie. Der Islam erscheint hier als neue Kultur; die Zeit vor der Hidschra (622 n. Chr.) verschwimmt in den Tagen der Unwissenheit (ğahilīyya); von der späteren Entwicklung soll nach Möglichkeit nur dasjenige gelten, was durch die wenigen Jahrzehnte um den Propheten Mohammed, die »ersten Genossen« und die drei »orthodoxen« Kalifen ʿUmar, ʿUṯmān und ʿAlī (622–661) gerechtfertigt wird. Eine zweite Gruppe von Quellen verehrt gerade die »altarabische« Dichtung und Musik vor der Ankunft des Propheten als besonders reinen Spiegel arabischen Wesens, der nach der Gründung des Weltreiches durch zahlreiche Einflüsse aus benachbarten Völkern, Religionen und Sprachen getrübt sei. Eine dritte Gruppe bilden die eigentlichen Lehrschriften. Eine in sich selbst gegründete Geschichtsschreibung A.-i.r M. ist noch Aufgabe der Zukunft. Wichtige Anregung in dieser Richtung bot der Musik-Kongreß in Kairo 1932. Er führte zu einer Revision der Forschungsaufgaben und -mittel, zur systematischen Phonographie der musikalischen Länderstile, zur Neuordnung der Maqām-Lehre und zu einer Renaissance der arabischen Musikpflege. Forschungsinstitute in Rabat, Tetuan, Kairo, Jerusalem, Ankara und Istanbul beschäftigen sich seitdem mit Sammlung und Sichtung des Materials. Die Geschichte der A.-i.n M. knüpft unmittelbar dort an, wohin die Entwicklung vor dem Islam geführt hatte. Am Rande dieser Epoche steht die »altarabische« Musik der Steppe, die durch den Eintritt des Islam in die Geschichte nicht wesentlich berührt wird; neue Entwicklungen sind die geistliche Musik, die weltliche Kunstmusik der Kalifenhöfe und die Tonsystematik des arabischen Musikschrifttums. – Die Kultur der Beduinen in der Steppe des arabischen Hochlandes war und ist eine geschichtslose Hirten-Krieger-Kultur. Viehzucht, Raub, Kampf und die Verwaltung tributpflichtiger Völker betrachtet der Hirtenkrieger als einzige seiner würdige Beschäftigungen. Dieselben Motive beherrschen die realistische Dichtung der altarabischen Stämme, von der durch Chronisten der Hochkultur einige Texte überliefert sind. Wort und Weise scheinen untrennbar verbunden gewesen zu sein, denn im Gefolge des »ritterlichen« Herrn befand sich in der Regel ein Spielmann, »Überlieferer« (rāwī) genannt. – Die gegenwärtige Musik von Beduinen und Bauern (Fellachen) liegt heute aus verschiedenen Teilen der arabischen Welt in phonographischen Sammlungen sowie in analytischen Arbeiten vor. Als Beispiele echter Beduinenmusik mögen die zur Geige Rabāb kantillierten Volksepen gelten, ebenso die Instrumentalsoli auf der Rohrflöte Qaṣaba mit illustrativer Darstellung legendärer Stoffe. Eine im Frühjahr 1927 von einem Beduinen in Tunesien auf der Rohrflöte geblasene »Weise vom Löwen« schildert programmatisch das alte Thema des Steppenkriegers, einen Kampf mit dem Löwen und die Belohnung des siegreichen Helden durch die Braut. Wenn die Beduine singt, trägt er »Vers für Vers nach der gleichen einförmigen Weise« vor, und diese bewegt sich »auf wenigen Tönen von geringem Gesamtumfang« (Lachmann). Zahlreiche andere Formen der ländlich-arabischen Musik sind aus Südarabien, dem Jemen und Ḥaḍramaut, bekannt (Serjeant). Hierzu gehören u. a. Gesänge, die politische Fragen erörtern, halblegendäre Reiselieder, »Katalog«-Lieder mit Aufzählung von Gewerben, Dattel- oder Fischarten, der Namen von Moscheen, Sternen, Winden oder Volksstämmen. Unter den Ḥaḍramī-Gesängen sind vor allem die schon aus vorislamischer Zeit erwähnten Kameltreiberlieder (ḥudā') zu verzeichnen, des weiteren die Beduinentänze (raqṣ) und Summlieder mit Begleitung des Mizmār und (oder) der Trommel Hadir; Jägerlieder mit pantomimischen Stocktänzen, bäuerliche Messertänze und hochzeitliche Prozessionslieder mit drei bis vier Volkspoeten, die im Wettstreit ihre Verse improvisieren. Unter den vielerlei Arbeitsliedern der Fellachen treten die Brunnenlieder als interessante Gattung hervor. Dazu kommen noch die volksreligiösen Pilger-, Ramaḍān- und Sūfī-Lieder sowie die Chöre der singenden Frauen mit ihren magischen Weibertrillern (zaġārīd, ʿalwa) und den nur ihnen eigenen Arbeits-, Hochzeits- und Wiegenliedern. – Aus den nördlichen Bezirken (Libanon, Syrien, Palästina-Israel, Jordanien, Irak) ist unter den volkstümlichen Gattungen die ʿAtābā (Anklage) hervorzuheben, ein im Zwiegespräch aufgebauter Gesang mit dem Wechsel von stark emotionalen Solorezitativen und kürzeren Antworten. Einzelne Zeilen im ʿAtābā-Stil als Zitate in andere Lieder einzuflechten, gilt als Zeichen großen Könnertums. Gute Sänger-Poeten improvisieren dabei und genießen dieser Gabe wegen besondere Verehrung im Volk. Neben ʿAtābā und Miğānā (Zwillingsform) sind die zahlreichen örtlichen Varianten der Dabka-Tanzlieder (Männertänze), der Ḥadādī- und Riǧālī-Tänze zu vermerken, die bei Arabern wie Drusen gleichermaßen beliebt sind.

Die geistliche Musik des Islam baut auf den liturgischen und musikalischen Elementen weiter, die in der jüdischen und christlichen Liturgie vor dem Auftreten des Propheten ausgebildet waren. Auch der Islam kennt die täglichen Gebetszeiten und die einmal wöchentlich stattfindende Hauptfeier. Die islamische Liturgie meidet Instrumentalmusik und bestreitet die gottesdienstliche Feier mit antiphonaler und responsorialer Psalmodie zwischen Vorbeter, Vorsänger und Gemeinde und der Lesung des Koran. Jedoch die fünf mohammedanischen Gebetszeiten (ṣubḥ, ẓuhr, ʿaṣr, maġrib, ʿišā') und die Ṣalāt am Freitag nachmittag, die der synagogalen Sabbatfeier und der christlichen Sonntagsmesse entspricht, sind liturgisch weit formelhafter als ihre Vorgänger. Entsprechend ist die Organisation der liturgisch-musikalischen Ämter einfacher gehalten. Den die Gemeinde vertretenden Chor hatte schon das Judentum frühzeitig abgelehnt. Ähnlich kennt auch die Freitags-Ṣalāt außer den Niederwerfungen und gesprochenen Bekräftigungen nur die wenigen Dialogreste zwischen Gebetsansage und Gemeinde im zweiten 'aḏān. Der islamische Vorbeter ('imām, ḫaṭīb) ist Lektor und Prediger zugleich. Bei der außerliturgischen »Lesung« wird er durch besondere Lektoren (fuqaha, Sing. faqīh) unterstützt, deren Stellung vom Mönch oder Lehrer bis zum berühmten Gesangsvirtuosen reicht und mit den Aufgaben des Gebetsrufers (mu'aḏḏin) viel Gemeinsames hat. Die geistliche Volksmusik sowie der Gesangsstil der Hymnen harren noch der Erforschung. Mehr weiß man von der Musik in den islamischen Ordensgemeinschaften der Derwische. Die in der Türkei ansässigen Orden, darunter der älteste der Mevlevi (Maulawīya) aus dem 13. Jh., wurde zwar 1925 durch Kemal Pascha aufgehoben, doch liegt eine Studie (H. Ritter) vor über ihre mystischen Tänze und ihre eigenartige mystisch-religiöse Liebeslyrik. In den ekstatisch kreisenden Tanzbewegungen der Derwische wurde der Kreislauf allen Werdens, nach Vorstellungen des neuplatonischen Stufenkosmos, auf wundersame Weise eingefangen. – Der Islam kennt keine allgemein angenommene musikalische Liturgie. Mittelpunkt bildet die Korankantillation, wie im Hebräischen Lesung (qirā'a) genannt, und als solche vom rein musikalischen »Singen« (ġinā') unterschieden. Der Ornamentierungsgrad bildet hier die Grenzscheide. Obwohl um 1400 ein episodische Punktation von Ibn al-Ǧazarī ausgearbeitet wurde, blieb die Koranlesung ohne ein verbindliches System von Leseakzenten, im Gegensatz zu den jüdischen und christlichen Formen der Bibellesung. Der Koran wird heute auf zweierlei Art rezitiert: im »offiziellen« liturgischen Stil (šar'ī), und im »konzertanten« (bil-'alḥān). Der offizielle Stil ist die zwischen gehobener Sprache und Gesang schwebende »lectio«, wie heilige Texte in fast allen Religionen der Hochkulturen vorgetragen werden. Gregorianische Bezeichnungen treffen auch auf diesen Stil zu; es gibt den tieferen Ausgangston (initium), den Tenor und Finalton, und Interpunktionsmelismen. Der vollmusikalische Stil nähert sich dem des weltlichen Kunstgesanges. Der Sänger singt in steigenden Stimmlagen, die Melodie bewegt sich in den instrumental bedingten weltlichen Weisentypen (maqāmāt), ist reich an Melismen und zerdehnt die Worte überlang auf stimmhaften Konsonanten, andererseits sind auch Gebetsrezitationen im straffen Rhythmus üblich. Da der Ḥadīṯ schon im 9. Jh. zwischen Kantillieren und Singen des Koran unterschieden, da ferner die singende Vortragsweise schon früh in der Theologie umstritten ist, darf angenommen werden, daß weltlicher Kunstgesang etwa seit dem 9. Jh. in die mohammedanische Liturgie eindrang, ein Vorgang, der sich in der byzantinischen Kirchenmusik (Kontakion) bereits im 6. Jh. ankündigte. – Eine der eigenartigsten Schöpfungen islamischer Musik sind die Gebetsrufe ('aḏān; ursprünglich Straßenrufe) auf den Türmen der Moscheen. Ihre Form entspricht den rhapsodisch freien Einleitungen (mawwāl) des weltlichen Gesanges. Die arabische Überlieferung macht Mekka und Medina, die beiden Geburtsstätten des Islam, zum Paradies der »ersten Sänger«. Das trifft nur soweit zu, als nach Verlegung der Hauptstadt des Reiches nach Damaskus (660) die beiden rasch in den Hintergrund gedrängten Residenzen der Aristokratie eine Kunstpflege für wenige Jahrzehnte begünstigten. Die patrizische Umgebung, die diese Musik brauchte, war an den Sitzen des persischen Adels vorgebildet. Auch im arabischen Reich zog es die Sänger an die Residenzen, daher strebten sie sehr bald von Mekka und Medina nach Damaskus und später nach Bagdad (Kalifat ab 750).

Unter dem Abbasiden Harūn ar-Rašīd (Regierungszeit 786–809) erreichte die weltliche Kunstmusik ihre höchste Blüte. Obwohl die Musiker teils als Sklaven galten, teils als Freigelassene dem unfreien Stand eben entwachsen waren, errangen sie doch rasch hohes gesellschaftliches Ansehen und wurden fürstlich entlohnt, so daß selbst Freigeborene den Eintritt in den bürgerlichen Berufsstand der Sänger nicht verschmähten. Als die beiden bedeutendsten Meister der Erfindung und des Vortrags galten die beiden Perser Ibrāhīm und Isḥāq al-Mauṣilī. Jedoch erlangten außer Persern und Arabern auch Berber, Neger, Türken und Musiker aus allen in diesen Ländern denkbaren Mischrassen Berühmtheit. Der einzige den beiden Mauṣilī vielleicht ebenbürtige Künstler, Ziryāb (um 800), wurde von den Rivalen nach Spanien abgedrängt. Unter seiner Führung entstand jene weltliche andalusische Schule, die später von Granada, dem Bollwerk der maurischen Kultur in Spanien, nach Nordafrika und Sizilien übergriff und der östlichen, in Persien, Syrien und Mesopotamien verankerten Gruppe selbständig gegenüberstand. Noch heute betrachten die Musiker des Westens sich als Erben andalusischer Überlieferung, während die östliche Gruppe heute in Kairo und Konstantinopel die wichtigsten Stützpunkte besitzt.

Die geschichtliche Gemeinsamkeit arabisch-islamischer Musikkultur sammelt sich in ihrer Tonsystematik. Die Jahrhunderte zwischen der Spätantike und der Kultur der Araber waren angefüllt mit Arbeit am kultischen Gesang. Erst die arabische »Aufklärung« (mu'atazila), der Aufschwung des von Instrumenten begleiteten Kunstgesanges im arabischen Reich, machten eine empirische Tonsystematik wieder möglich. Das einschlägige Schrifttum der Antike, das während der christlichen Jahrhunderte schwerem Verfall ausgesetzt war, geriet wieder auf fruchtbaren Boden. Musiklehrschriften von Platon, Aristoteles, Galenus, Aristoxenos, Euklid, Ptolemaios und Nikomachos wurden in Übersetzungen zugänglich gemacht. Die antike Musiklehre war selber an einer weitgehend orientalisch durchsetzten Musik entwickelt worden. Auch auf der arabischen Kurzhalslaute ('Ūd) umspannt der Tonvorrat die beiden Oktaven des Systema teleion, in Tetrachorden sind die leeren Saiten gestimmt, und der letzte Bund, den der kleine Finger greift, teilt eine Quarte ab. Die feinen Zwischenwerte dieser Musik können sinnvoll gar nicht anders als nach antiker Art durch Oktavengattung ('aṣba'), Transpositionsskala (ṭanīn, von griech. tonos) und Tongeschlecht (ǧins, vielleicht von griech. genos) begrifflich dargestellt werden; die pythagoreischen Intervalle Apotome (infiṣāl), Limma (baqīya, faḍla) und der eigentümlich unbestimmte »Tonschnitzel« Diesis ('irha', Erweichung) erklingen auch auf dem 'Ūd. Die Bestimmung der auf dem 'Ūd und der Langhalslaute → Ṭanbūr gegriffenen Instrumentalleitern ist eine der selbständigsten Leistungen arabisch-islamischer Musiklehre. Aus tausendjähriger Geschichte sind zahlreiche Teilungen von Lautengriffbrettern überliefert, welche die Entwicklung der Tonsystematik in dieser Kultur veranschaulichen. Drei feste Bünde sind fast allen Griffbrettern gemeinsam: Zeigefinger (sabbāba), Ringfinger (binṣir), Kleinfinger (ḫinṣir), außerdem ein Mittelfinger (wūstā). Das ergibt die »pythagoreischen« oder »ditonischen« Werte von großem Ganzton (204 Cent), kleiner Terz (294 Cent), großer Terz (Ditonos, 408 Cent) und reiner Quarte (498 Cent), in der Oktave eine diatonische Siebentonreihe in »pythagoreischer« oder »ditonischer« Stimmung. Die diatonische Siebentonreihe ist bis heute die Grundlage jeder vorderorientalischen Kunstmusik, wie sie es in der Antike seit der reifen städtischen Zeit gewesen war. – Außer den festen

Bünden gibt es zahlreiche bewegliche, sogenannte »Nachbarn des Zeigefingers« (muǧannab) und verschiedene Mittelfinger-Lagen. Die Zahl der beweglichen Bünde ist bei al-Fārābī († 950) am größten, so daß seine Materialleiter am ʿŪd über 25 Stufen in der Oktave verfügt. Zugleich sind die Werte al-Fārābī's die unregelmäßigsten, die je in arabischen Traktaten aufgezeichnet wurden. Die Theorie beschränkt sich in diesem Stadium darauf, eine Reihe von Personalstilen der großen Meister und von landschaftlichen Dialekten ohne Zutaten wiederzugeben. Eines der berühmtesten der durch geometrische Streckenteilung ausprobierten Intervalle der Praktiker war die nach dem Virtuosen Zalzal († 791) benannte neutrale Terz (355 Cent). Schon bei einem ebenfalls von al-Fārābī beschriebenen Ṭanbūr zeigt sich indessen das Bestreben, die aus der Praxis entstandene unregelmäßige Materialleiter einem theoretischen Prinzip zu unterwerfen. Die Oktave besteht hier aus 6 Ganztönen zu je 2 Limma (= 90 Cent) plus einem pythagoreischen Komma (= 24 Cent); vom sechsten Ganzton ist das Komma, womit die Oktave überschritten würde, abgeschnitten:
$$5(90 + 90 + 24) + (90 + 90) = 1200 \text{ Cent.}$$
Einen Anlauf zu dem Schematismus dieser 17stufigen Materialleiter hatte am ʿŪd schon al-Kindī († um 874) unternommen, wenngleich seine im ganzen nur 12 + 3 Stufen zählende Skala nur einen Ausschnitt aus der von al-Fārābī 100 Jahre später festgehaltenen Wirklichkeit erfaßt. Erst Avicenna († 1037) versucht die zuerst an der Langhalslaute durchgeführte »Temperatur« der schmiegsamen Zwischenwerte auch auf den ʿŪd zu übertragen. Am Ṭanbūr al-Fārābī's lief die Folge 2 Limma + Komma noch schematisch über die beiden Tetrachorde in der Oktave hinweg, und der übrigbleibende Rest wurde kurzerhand an den Schluß gesetzt. Ṣafī-ad Dīn dagegen weist einen Teil des Überschusses den beiden Tetrachorden zu, so daß zum Schluß genau ein »diazeuktischer« Ganzton steht:
$$[2(90 + 90 + 24) + 90] + [2(90 + 90 + 24) + 90]$$
$$+ (90 + 90 + 24) = 1200 \text{ Cent.}$$
Durch die Berücksichtigung der Tetrachordik ist diese »Temperatur« die vollendetste, die in der arabisch-islamischen Musikkultur überhaupt möglich war. Gleichwohl erstrebte die Theorie nach dem Verfall des arabischen Reiches noch weitere Verfeinerungen. Die bekanntesten derartigen Versuche aus neuerer Zeit zielen auf eine Materialleiter mit 24 Stufen. Vom türkischen Ṭanbūr war die 17stufige ditonische Temperatur bei al-Fārābī ausgegangen, ein Türke vervollständigte 1000 Jahre später an dem gleichen Instrument die gleiche Skala durch fünfmalige Addition und zweimalige Subtraktion je eines pythagoreischen Kommas. Diese 1913 von Raūf Yekta in Konstantinopel aufgestellte 24-Ton-Reihe bereichert die 17stufige des 13. Jh. nur in unwesentlichen Einzelheiten. Dagegen durchbricht ein zweiter Versuch, der von dem europäisch gebildeten M. Mešāqa (1800–88) in Damaskus unternommen wurde, das ditonische Prinzip. Obgleich eine Temperatur im Mittelmeerraum seit der Antike durchführbar ist nur bei möglichst schematischer Verteilung möglichst regelmäßiger Folgen von ungleichen Intervallen, geht Mešāqa von dem europäischen Gedanken akustisch gleicher Einheiten aus. Sein Ergebnis ist in der A.-i.n M. unmöglich, da sogar einige von den »festen« Bünden, die alle Griffbretter seit dem 9. Jh. gemeinsam haben, angetastet werden, selbst die Quinte fällt empfindlich zu klein aus (698 statt 702 Cent). In Mešāqa's 24-Ton-Reihe widerlegt ein Araber selber die Möglichkeit einer im europäischen Sinn gleichschwebenden Temperatur von »Vierteltönen« im Orient. Dasselbe gilt von dem zuerst von dem Franzosen Villoteau um 1800 gefaßten Gedanken akustisch gleicher »Dritteltöne«, der 1888 von Ibrāhīm Bey Muṣṭafā, einem Mitglied des ägyptischen Instituts in Kairo, aufgegriffen wurde. Die »gleichschwebenden« Viertel- und Drittelontemperaturen sind Anzeichen für die seit 1800 beginnende Auseinandersetzung der A.-i.n M. mit der europäischen, ein Vorgang, der sich bis heute in vollem Fluß befindet. – Die A.-i. M. hat eine eigene Theorie der melodischen (→ Maqām) und metrisch-rhythmischen Gebilde. Die A.-i. M. ist keine symmetrisch-betonende wie die abendländische oder die chinesische, sondern eine reihende, Betonungen frei verteilende. Die Theorie mißt deshalb mit einer kleinen Maßzeit, dem chronos protos der Antike, dessen Dauer durch gesprochene Silben ungefähr bestimmt wird: tum = starke, tak = schwache, kā = mittlere Betonungen. Auch sonst werden in dieser vom Gesang beherrschten Musik Beziehungen zwischen musikalischer Rhythmik und sprachlicher Metrik gern aufgesucht. wazn heißt Metrum, sprachlich und musikalisch; erst ʾīqāʿ (das Fallen) bezeichnet den besonderen musikalischen Rhythmus. Der Musiker merkt sich die häufigsten Figuren, zu denen die Maßzeiten aneinandergereiht werden, nach Modellworten wie:

mutafaʿilātun: ∪ ∪ – | ∪ – – = 3 + 3
mustafʿilātun: – – | ∪ – – = 2 + 3

(Avicenna: Kitāb aš-Šifā)

Musikalisch sind die rhythmischen Figuren den melodischen Maqāmāt selbständig gegenübergestellte Bewegungstypen. Sie durchlaufen ihre rhythmische Periodizität mit bemerkenswerter Unabhängigkeit vom Melodiebild, so daß sich zwischen Melodieträger und begleitendem Rhythmusinstrument häufig verschiedene Kreuzungen von Bewegungsformen ergeben. Die gangbarsten Bewegungsformen sind:

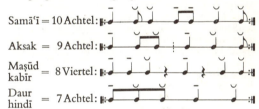

Samāʿī = 10 Achtel:
Aksak = 9 Achtel:
Maṣūd kabīr = 8 Viertel:
Daur hindī = 7 Achtel:

Dem Abendländer erscheint die Rhythmik arabischer Musik mit ihren mitunter endlos langen »Takten« unfaßbar vielgliedrig, unregelmäßig und unbestimmt schwankend. Für den arabischen Musiker aber hat jede Bewegungsform wie die Melodiegestalt ein bestimmtes Ethos, womit er die antike Ethoslehre des Rhythmus unmittelbar fortsetzt. – Mehrstimmigkeit kennt die arabische Musik nicht als harmonikale Erscheinung, sondern nur als Variantenheterophonie. Die dabei entstehenden Formen sind sehr vielfältig, weil systemlos, von Bordun- und »Organum«-Bildungen an bis zur freien Variantenpolyphonie.
Wie in jeder Hochkultur, wird auch in der arabischen Musik in sehr verschiedenen Stilbereichen musiziert. Den höchsten Rang nimmt jene »klassische« Kammermusik ein, die sich im Westen auf andalusische oder granadische Überlieferung beruft (nauba ġarnaṭa). In den Cafés werden als leichtere Kost gewöhnlich »Suiten« von Romanzen und Liebesliedern geboten (naqlaba). Die gesamte geistliche Volksmusik, besonders die sogenannten Klagen (qaṣīda), ferner die den Sängerinnen vorbehaltenen Liebesliedchen (qadrīyāt) gehören in den gleichen, schon an das Volkstümliche grenzenden Stilbereich. Gegenüber den größeren Städten gilt die »arabische« Musik der Provinzorte als rückständig.

47

Daß die Musik der »armen kleinen Leute« aus der Umgebung der Städte (ʿauzī) und die kurzlebigen Schlager der Gasse (qadrīyāt zindanī) verschiedene Dinge sind, weiß auch der arabische Musikkenner. In allen stilistischen Schichten der städtischen Musik herrscht jedoch nur ein formales Prinzip: das der losen Reihung von Teilen. Es gibt improvisierte freie und reproduzierte feste Formen, meist auch identisch mit solistischer bzw. Ensemble-Ausführung. Frei improvisiert wird in den instrumentalen oder vokalen Einleitungen zu Beginn der Nauba, in denen der Musiker Instrument und Stimme vorbereitend erprobt und vor allem den Maqām der folgenden festen Stücke in seinen typischen Wendungen auseinanderlegt. Ein solches Vorspiel heißt Taqsīm, »in Teile zerlegen«. Ob die Improvisation von einem Bordun ausgeht und in den Bordun immer wieder einsinkt, ob der Bordun sich rhythmisch und schließlich melodisch zum Ostinato verfestigt (ʿala-'l-waḥda), stets wird der Maqām Teil für Teil in suitenhafter Reihung durchgegangen. Und wo das rhythmisch und melodisch verfestigte Ostinato als Orchesterritornell dem frei »konzertierenden« Solisten gegenübertritt (taḥmīla), wird bereits in jener rondoartigen Form musiziert, womit die freie Form in die feste unmerklich übergleitet. – Außerdem gibt es fertige kleine Modellieder volkstümlichen Charakters, die als Improvisations-Stützen an gewissen Stellen des Taqsīm eingeflochten werden. Hier vereinen sich wieder die getrennten Bezirke von Kunst- und Volksmusik. Nach der freien Einleitung entfaltet der Sänger seine ornamentalen Künste in einem Stück mäßigen Zeitmaßes (maṣdar). Es besteht aus mehreren Versen (ʾabyāt), jeder Vers aus 3 Abschnitten, von denen der dritte von den vorangehenden durch ein instrumentales Ritornell abgetrennt ist. Alle weiteren zur Begleitung von Instrumenten gesungenen Teile und jedes rein instrumentale Stück (bašrav) der Nauba folgen verwandten Schemata, lediglich durch immer rascheres Zeitmaß ins Rauschhafte gesteigert. – Zwei Möglichkeiten des Zusammenspiels bestehen bei der fortgesetzten Reihung von Teilen: entweder halten Vorsänger und Begleiter sich streng an die kompositorische Vorlage (taušīḥ). Oder aber das Zusammengehen ist ein lockeres, und der Vorsänger zersetzt die Form durch individuelle Vortragsmanieren, und der laute Beifall der Hörer am Schluß jedes solistischen Abschnitts tut ein übriges, daß die Komposition nicht als Ganzes, sondern Teil für Teil in Erscheinung tritt (qaṣīda). Die Formgebung in der arabischen Musik verläuft ohne dynamische Höhepunkte und ohne eine zielstrebige Entwicklung, sie vertieft das einzelne bis zum Zerfall in einzelne Teile. Verschwenderischer Reichtum an Ornamenten und das Sich-einspinnen in magischen Rausch, wenn Gleiches unermüdlich in anderen Wendungen wiederholt wird, ist der Sinn dieser Form. Darin stimmt die Musik mit der üppigen Ornamentik der Architektur, der wortreichen Bildersprache der Dichtung, der mehr ausschmückenden und erläuternden als systematisch aufbauenden Wissenschaft überein.

Die wichtigsten Rhythmusinstrumente sind die einfellige Schellentrommel Ṭār, Riqq, die einfellige Gefäßtrommel Darabukka, endlich kleine Pauken Naqqārāt, paarweise mit leichten Stäben geschlagen. Als Königin der Melodieinstrumente gilt die bundlose Kurzhalslaute ʿŪd, neben der seit alters her die Langhalslaute mit wenigen Saiten und zahlreichen Bünden (Pandūra, Ṭanbūr) eine bedeutende Rolle spielt, besonders im persisch-bucharisch-kaukasischen Bezirk. Die mit einem Plektron angerissene Trapezzither Qānūn, ebenso auch das mit Stöckchen geschlagene Hackbrett Santūr gelangten durch die neupersische und türkische Musik zu Ansehen. Als Streichinstrumente verdrängt heute die europäische Violine ihre vorderorientalischen Ahnen, Kamanǧa und Rabāb. Von den Blasinstrumenten hat die schon in Altägypten gespielte Längsflöte Naȳ in der Kammermusik Sitz und Stimme, während die verschiedenen Zungenpfeifen (ʾArġūl, Zummāra) zum Bestand der Fellachen- und Beduinenmusik gehören. Alle diese Instrumente wurden in mehreren tausend Jahren nur geringfügig verändert. In der Klangfarbe, den schmiegsamen Intervallen und in den melismenreichen Figuren paßt sich das Spiel auf den melodiefähigen Instrumenten getreu dem Vortrag der Sänger an, so auf Längsflöte und der europäischen Violine, die in der Hand des arabischen Musikers einen völlig anderen Klang bekommt. Das Klangideal in der A.-i.n M. ist durch den Gesang und die menschliche Stimme bedingt. Die Klanggebung der Sänger ist kehlig und nasal, der Vortrag erscheint gepreßt und vibrierend. Charakteristisch sind lang ausgehaltene Töne, die schluchzertig abgerissen werden. – Das arabische Schrifttum des Mittelalters hatte sich auf neue Weise das musikalische Erbe der Antike zurückerarbeitet. Das Einfügen des fremden Stoffes in die eigene Denk- und Sprachwelt, die Anpassung des ungefügen orientalischen Melos an das enge Gewand der rationalen griechischen Musiklehre war bemerkenswert vor allem durch seine Auswirkungen auf das christliche Abendland. Das andalusische Spanien, Außenposten der östlichen Welt, wurde mit seinem toleranten und kunstfreudigen Kalifentum zum Sammelpunkt der neuen kosmopolitischen Wissensforschung, an der gleichermaßen moslemische, christliche und jüdische Gelehrte teilnahmen. Hier setzte im Sinne des islamischen Renaissancegeistes die Umschmelzung der scholastischen Musikauffassung ein, die Befreiung aus ihrer liturgischen Gebundenheit und ihre Wiedergeburt als freie Kunst. Gleichzeitig blühen philosophische Spekulation und Klassifikationsversuche zur Musik im Rahmen des Gesamtwissens. Übersetzer- und Kommentatorentätigkeit taten hier das entscheidende Werk, zahlreiche arabische und auch hebräische Werke nach griechischen Quellen finden nunmehr ihren Weg in die lateinische Welt.

Lit.: H. G. FARMER, The Sources of Arabian Music, an Annotated Bibliogr., Bearsden 1940; DERS., ‚Ghosts': an Excursus on Arabic Mus. Bibliogr., Isis XXXVI, 1945/46; Bibliogr. of Asiatic Musics, Notes., 2. Folge, VI, 1948/49, Abt. 6: Moslems, Abt. 7: Turkish-speaking Peoples, Iranians and Others; M. STEINSCHNEIDER, Die hebräischen Übers. d. MA, Graz ²1956; BARON R. D'ERLANGER, La musique arabe, Paris 1930–59, I: Al-Farabi, Grand traité de la musique, 1930, II: Avicenna, Mathématiques, chap. 12, 1935, III: Safiyu-d-Din, As-Sarafiyyah u. Kitab al-Adwar, 1938, IV: Traité anon. (15. Jh.), Al-Ladhiqi, Traité al-Farhiyah (16. Jh.), 1939, V–VI: Essai de codification des règles usuelles de la musique arabe moderne, 1949–59. – H. G. FARMER, Collection of Oriental Writers on Music, I: An Old Moorish Lute Tutor, Glasgow 1933, II: Al-Fārābī's Arabic-Latin Writings on Music, Glasgow 1934, III: Turkish Instr. of Music in the Collection of Oriental Writers on Music, Glasgow 1937, IV: Ancient Arabian Mus. Instr., übers. v. J. Robson, Glasgow 1938, V: Music: The Priceless Jewel ..., Bearsden 1942; DERS., Medieval Jewish Tracts on Music, I: Maimonides on Listening to Music, Bearden 1941; DERS., Saʿadyah Gaon on the Influence of Music, London 1943; J. ROBSON, Tracts on Listening to Music ..., London 1938. – H. G. FARMER, Artikel Musiki in: The Encyclopedia of Islam, Leiden 1908–38; DERS., The Music of Islam, The New Oxford Hist. of Music I, London 1957; C. SACHS, The Rise of Music in the Ancient World, East and West, = The Norton Hist. I, NY (1943); DERS., Rhythm and Tempo, NY 1953; A. CHOTTIN, La musique musulmane, in: La musique des origines à nos jours, hrsg. v. N. Dufourcq, Paris 1946; D. J. ENRIGHT, Arab Music, ML XXXIII, 1952; E. GERSON-KIWI, Artikel Musique (dans la Bible), in: Dictionnaire de la Bible, Suppl. Bd V, Paris 1957. – E. BORREL, Sur la musique secrète des tribus turques Alévi, Rev. des études islamiques VIII, 1934; PH. THORNTON, The Voice of Atlas, in: Search of Music in Morocco, London 1936; M. SCHNEIDER, Kaukasische Parallelen zur ma. Mehrstimmigkeit, AMl XII, 1940; DERS., Lieder ägyptischer Bauern, Fs. Z. Kodály, Budapest 1943; A. BOUCHEMAN, Quatorze chansons de l'Arabie du Nord accompagnées à la rababa, Bull. d'études orientales XI, 1945/46; E. GERSON-KIWI, Migrations and Mutations of Oriental Folk Instr., Journal of the International Folk Music Council IV, 1952; H. HELFRITZ, Im Lande d. Königin v. Saba, Wiesbaden 1952; F. HOERBURGER, Tunesische Volksmusik, Musica IX, 1955. – H. G. FARMER, The Religious Music of Islam, Journal of the Royal Asiatic Soc., 1952. – A. CHRISTENSEN, La vie mus. dans la civilisation des Sassanides, Rev. des arts asiatiques X, Paris 1936; BARON R. D'ERLANGER, Mélodies tunisiennes, Paris 1937; A. CHOTTIN, Tableau de la musique marocaine, Paris 1939; DERS., Le luth et les harmonies de la nature: l'esotérisme dans la musique arabe, RM XXI, 1940; A. R. NYKL, L'influence arabe-andalouse sur les Troubadours, Bull. hispanique XLI, Bordeaux 1939; H. G. FARMER, The Lute Scale of Avicenna, in: Studies in Oriental Mus. Instr. II, London 1939; DERS., Early References to Music in the Western Soudan, Journal of the Royal Asiatic Soc., 1939; DERS., The Jewish Debt to Arabic Writers on Music, Islamic Culture XV, 1941; DERS., Mediæval Jewish Writers on Music, MR III, 1942; DERS., The Minstrelsy of »The Arabian Nights«, a Study of Music and Musicians in the Arabic Alf laila wa laila, Bearsden u. London 1945; DERS., Oriental Studies: Mainly Mus., London 1953; DERS., The Song Captions in the Kitab al-aghāni, Glasgow Univ. Oriental Soc. XV, 1955; R. LACHMANN, Jewish Cantillation and Song in the Isle of Djerba, Jerusalem 1940; DERS., Die Musik d. außereuropäischen Natur- u. Kulturvölker, BÜKKEN Hdb.; D. STOLL, Music in Medieval Baghdad, MR I, 1940; B. P. GARCÍA, La música hispano-musulmana en Maruecos, Larache 1941; E. WERNER u. I. SONNE, The Philosophy and Theory of Music in Judaeo-Arabic Lit., Hebrew Union College Annual XVI/XVII, 1941–1942/43; M. SCHNEIDER, A propósito del influjo árabe, AM I, 1946; DERS., Le verset 94 de la Sourate VI du Coran étudié en une version populaire et en trois nagamāt, AM IX, 1954; H. HICKMANN, Terminologie arabe des instr. de musique, Kairo 1947; H. PÉRÈS, La poésie arabe d'Andalusie et ses relations possibles avec la poésie des Troubadours, L'Islam et Occident, Cahier du Sud 1947; S. M. STERN, Die Nachahmungen d. arabischen Muwaschah in d. span.-hebräischen Dichtung »Tharbiz«, Jerusalem 1947 (hebräisch); DERS., Les vers finaux en espagnol dans les muwaṣṣaḥas hispano-hébraïques, Al-Andaluz Z XIII, 1948; DERS., Les chansons mozarabes, Palermo 1953; H. AVENARY, Abu'l-Ṣalt's Treatise on Music, MD VI, 1952; A. DE LARREA PALACÍN, Cancionero judío del norte de Marruecos I–IV, Madrid 1952ff.; LÉVI-PROVENÇAL, Les vers arabes de la chanson V de Guillaume IX d'Aquitaine, Arabica I, Leyden 1954; K. REINHARD, Types of Turkmenian Songs in Turkey, Journal of the International Folk Music Council IX, 1957; H. HUSMANN, Grundlagen d. antiken u. orientalischen Musikkultur, Bln 1961; A. SHILOAH, Caractéristiques de l'art vocal arabe au moyen-âge, Tel-Aviv (1963).

EGK

Aragonien.

Lit.: H. ANGLÈS, Cantors u. Ministrers in d. Diensten d. Könige v. Katalonien-A. im 14. Jh., Kgr.-Ber. Basel 1924; DERS., La música en la corte del Rey Don Alfonso V de Aragón, in: Span. Forschungen d. Görres-Ges. I, 8, Münster i. W. 1939; J. RIBERA y TARRAGÓ, La música de la jota aragonesa, Ensayo hist., Madrid 1928; A. GIMÉNEZ SOLER, Notas sobre el folklore de Aragón, Barcelona 1929; L. BATLLE Y PRATS, Juglares en la corte de Aragón y en el municipio de Gerona en el s. XIV, Estudios dedicados a M. Pidal V, Madrid 1954; FR. DE P. BALDELLÓ, La música en la casa de los reyes de Aragón, AM XI, 1956.

Archicembalo (arkitʃ'ɛmbalo, ital., »Erzcembalo«), ein von N. → Vicentino gebautes und 1555 beschriebenes Cembalo, auf dem die drei antiken Tongeschlechter spielbar sein sollten. Dazu besaß das A. 6 Tastenreihen, die auf (wahrscheinlich) 2 Manualen angeordnet waren. Die Klaviaturen hatten gebrochene Obertasten und 2 zusätzliche, zwischen e-f und h-c eingeschobene Tasten. Vicentino baute in Rom und Mailand je ein A., außerdem ein Arc(h)iorgano; auch Palestrina ließ sich wahrscheinlich ein A. anfertigen. Doni, über dessen Instrument auch Kircher 1650 berichtet, erfand ein ähnliches Instrument mit 3 Manualen. Weitere spekulative Versuche in der Art des A. unternahmen K. Luython (Universalklavizymbel, 1585, 18 Töne in der Oktave, 77 Tasten), Transuntino (1606, 5 Tastenreihen, 31 Töne in der Oktave, 125 Tasten), F. Colonna (Sambuca Lincea oder Instrumentum perfectum, um 1618). Moderne Nachfahren sind die Instrumente (meist Harmoniums) zur Darstellung der reinen Stimmung (→ Tanaka; → Eitz).

Lit.: N. VICENTINO, L'antica musica ridotta alla moderna prattica, Rom 1555, Faks. hrsg. v. E. E. Lowinsky, = DMl I, 17, 1959; DERS., Descrizione dell'arciorgano, Venedig 1561; H. BOTTRIGARI, Il Desiderio . . ., Venedig 1594, Bologna ²1599, Faks. hrsg. v. K. Meyer, = Veröff. d. Musikbibl. P. Hirsch V, Bln 1924; P. CERONE, El Melopeo, Neapel 1613; F. COLONNA, La Sambuca Lincea, Neapel 1618; PRAETORIUS Synt. II; G. B. DONI, Lyra Barberina I, hrsg. v. A. F. Gori u. G. B. Passeri, Florenz 1763; A. KIRCHER, Musurgia universalis, Rom 1650; H. V. HELMHOLTZ, Die Lehre v. d. Tonempfindungen . . ., Braunschweig 1863, ⁹1913; SH. TANAKA, Studien im Gebiet d. reinen Stimmung, VfMw VI, 1890; TH. KROYER, Die Anfänge d. Chromatik im ital. Madrigal d. 16. Jh., = BIMG I, 4, Lpz. 1902; A. KOCZIRZ, Zur Gesch. d. Luython'schen Klavizimbels, SIMG IX, 1907/08; O. KINKELDEY, Org. u. Kl. in d. Musik d. 16. Jh., Lpz. 1910.

Arciviolata lira (artʃiviol'a:ta l'i:ra, ital.) → Lira.

arco, col(l') arco (ital.), mit dem Bogen; Vorschrift für die Streichinstrumente, daß nach vorausgegangenem pizzicato wieder gestrichen werden soll.

Argentinien.

Lit.: J. CANTELOUBE, El canto popular – Documentos para el estudio del folk-lore argentino I, Música precolombiana, Buenos Aires 1923; C. VEGA, La música de un códice colonial del s. XVI, ebenda 1931; DERS., Los instr. mus. aborígenes y criollos, ebenda 1946; DERS., El origen de las danzas folklóricas, ebenda 1955; A. FIORDA KELLY, Cronología de las operas, dramas liricos, oratorios, himnos . . . cantandos en Buenos Aires, ebenda 1934; A. A. CHAZARETTA, Coreografía descriptiva de las danzas nativas, Buenos Aires 1941; A. T. LUPER, The Music of Argentina, Washington 1942; O. SCHIUMA, Músicos argentinos contemporáneos, Buenos Aires 1948; DERS., Poemas mus. argentinas, ebenda 1954; DERS., Cien años de música argentina, ebenda 1956; J. VIGGIANO ESAIN, Música argentina de la zone cordobese, Córdoba 1948; DERS., La escuela musicológica argentina, ebenda 1951; DERS., Musicología nativa, ebenda 1953; DERS., La musicalidad des los Tupi guarani, = Publicaciones de l'Univ. Nacional de Córdoba, Inst. de Arqueología, Linguistica y Folklore »Dr. Pablo Cabrera«XXV, ebenda 1954; G. FURLONG CARDIFF, Músicos argentinos durante la dominicación hispánica, Buenos Aires 1945; I. ARETZ-THIELE, Música tradicional argentina, Tucumán 1946; DIES., El folklore mus. argentino, Buenos Aires 1952; J. T. WILKES, Génesis hispánica del cancionero mus. rioplatense, ebenda 1947; E. C. GALEANO u. O. S. BAREILLES, Primer solfeo folklórico argentino, 4 Bde, ebenda ²1950; J. P. FRANZE, Argentinische Musik, Musica V, 1951; FR. C. LANGE, Bibliogr. mus. argentina, Mendoza 1954; DERS., La música ecclesiástica argentina en el período de la dominicación hispánica, Revista de estudios mus. III, 1954; DERS., Documentos para la hist. mus. argentina, Jesuitica I u. II, 1957 (Buenos Aires); Música de compositores argentinos (grabada en disco), ebenda 1955; M. GARCÍA ACEVEDO, La música argentina durante el período de la organización nacional, Buenos Aires 1961; V. GESUALDO, Hist. de la música en la Argentina I (1536–1851), II (1852–1900), Buenos Aires 1961–62.

'Arġūl (arg'u:l, arabisch), ein gedoppeltes Rohrblattinstrument mit einfachem, aufschlagendem Blatt. Die beiden Röhren sind verschieden lang; die Spielpfeife hat meist 6 Grifflöcher, die Bordunpfeife kann durch Einsatzstücke verlängert werden. Der A. wird (u. a. in Ägypten, wo der Typ dieses Instruments von hohem Alter ist) mit Windkapselansatz gespielt.

Arie (engl. u. ital. aria; frz. air; entlehnt von altfrz. air, aire, Nest, Herkunft, Art und Weise, später sprachlich angeglichen an ital. aria, Luft, Atmosphäre, Erscheinung), ein instrumental begleitetes Sologesangsstück, das vom 16. Jh. bis zur Mitte des 17. Jh. die Form eines Strophenliedes hatte. Erst danach erlangte das Wort A. den Sinn, der ihm heute in der Unterscheidung zwischen A. und Lied gegeben wird, nämlich den eines größeren, nicht mehr streng an den Textbau gebundenen Gesangsstücks, dessen Textstrophen nicht die gleiche Melodie haben. – Schon 1460 ist ital. aere und aria als Modus bzw. Charakter eines Musikstückes gebräuchlich und begegnet in dieser Bedeutung in England (als air) noch bei Morley (*A Plaine and Easie Introduction*, 1597, 3. Teil, Fantasies) und in späteren theoretischen Schriften. Im engeren Sinn aber ist Aria in Italien im 16. und frühen 17. Jh. ein rhythmisch-melodisches Schema für das Singen bestimmter Versmaße, die »Art und Weise« ihres Vortrages (C. v. Brescia, *Aer de cantar versi latini*, in Petruccis Frottolen-Sammlungen 1504–08; R. Radio, *Aeri raccolti … dove cantano Sonette, Stanze e Terze rime*, 1577; Fr. Negri, *Aria per Ottave*, in *Arie musicali*, 1635). Aus dem Stegreifvortrag gereimter Dichtung entstanden als Improvisationsgerüste für das Rezitieren italienischer Epen in Ottaverime zahlreiche Arten der Aria di Ottava (G. B. Doni, *Trattato della musica scenica*, etwa 1635–39). Diese ist eine Baßformel (Strophenbaß), über der fortgesetzt Distichen der Ottavarima nach einer bestimmten, zum Teil variierten Melodie gesungen wurden. Beispiele sind die Aria di → Ruggiero, die Aria della → Romanesca, die Aria di Gazella, di Zeffiro, di Siciliane, di Firenze, di Fedele. Die Vorliebe für solche Strophenbässe ist als Teil des Kampfes gegen Textverfälschungen in der durchimitierten Polyphonie zu verstehen. (Da im 16. Jh. zuweilen auch Villanellen und homophone Madrigale als Aria bezeichnet wurden, war die Aria möglicherweise auch allgemeine Benennung für Musikstücke, in denen sich der strophische Bau des Textes auf die Musik überträgt). Schon für die Mitte des 16. Jh. sind Strophenbässe als Grundlage für Instrumentalmusik in der Art von Ostinatovariationen belegt (Ortiz 1553) und begegnen, losgelöst vom Epentext, in der 1. Hälfte des 17. Jh. in Italien und Deutschland häufig im instrumentalen und vokalen Bereich. Sie bieten, zur Wiederholung bestimmt, Variationsmöglichkeiten der übrigen Stimmen (d'India 1609, S. Rossi 1613, Cifra 1617, Caccini 1620, Frescobaldi 1637, Kittel 1638). Dabei werden die Strophenbässe fast stets als Fundament verwendet, selten als verarbeitetes Motiv (so z. B. der Ruggiero-Baß im 1. Buch der *Capricci* von Frescobaldi). Diese Bedeutung von Aria als zur Variation bestimmtes Modell erhielt sich neben der eines Sologesangs bis ins 18. Jh. für eine *kurtze, in zween Theile unterschiedene, singbare … Melodie, darum so einfältig …, daß man sie auf unzehlige Art kräuseln, verbrämen und verändern möge* (Mattheson 1739); Beispiele bieten Pachelbel im *Hexachordum Apollinis*, Händels Cembalosuite B dur, Bachs Goldberg-Variationen und die Airs variés der französischen Violinliteratur um die Mitte des 18. Jh. – In Anlehnung an die aus dem Stegreifvortrag gewonnenen Strophenbässe begann um 1600 die Komposition frei erfundener Vokalarien. Der Baß zu jeder Textstrophe bleibt gleich, die Oberstimme kann dem Textinhalt nach abgewandelt oder durchkomponiert werden (Beispiele bei Caccini, *Le Nuove Musiche*, 1601). Diese arie in Opern (schon bei Peri und Caccini 1600, dann bei Agazzari 1606) und als Einzelstücke sind bei durchkomponierter Oberstimme wohl nicht als Ostinatovariationen anzusprechen, da die Gestaltung der Oberstimme eher der Textausdeutung als der melodischen Abwandlung zur bleibenden Baßformel entspringt. Die gliedernde Aufgabe des Strophenbasses, seit Monteverdi (1607) auch vom Ritornell übernommen, ist im frühen 17. Jh. auch ein Merkmal der → Kantate, da diese ebenfalls strophischen Text hat, der die gleiche Kompositionstechnik nahelegt. Aria synonym mit Kantate (Cantata) im Sinne eines durchkomponierten, mehrstimmigen Gesanges über gleichbleibendem Strophenbaß begegnet bei Grandi 1620, Kittel 1638, Cazzati 1649. In der Kantate werden Strophenbaßabschnitte (z. B. bei Carissimi, Cesti, Cavalli) im Wechsel mit Rezitativen verwendet. Mit Ausbildung der zyklischen Kantatenform (Rezitativ – A. – Rezitativ – A.) und damit der klaren Scheidung von Rezitativ und A. bei Stradella, L. Rossi und Cazzati verliert der Strophenbaß an Bedeutung und tritt um die Jahrhundertmitte zurück. Der zur gleichen Zeit auftretende Ostinato-Kurzbaß in der A. (in Kantaten bei Manelli 1636, Ferrari 1637, in Opern bei Monteverdi und Cavalli 1642) könnte durch Verkürzung des Strophenbasses bei gleichbleibender Strophenlänge entstanden sein und trägt zur Lösung vom Baßgerüst bei. Aria verlor nun die Bedeutung eines rhythmisch-melodischen Strophenbasses.

In der Oper zeigt sich die gleiche Entwicklung: für die Strophenbaß-Aria und andere A.n-Formen (Da-Capo-A. schon 1607, dann 1642 bei Monteverdi, 1647 bei L. Rossi; 3teilige Liedform 1607 bei Monteverdi, 1619 bei Landi) in der römischen und venezianischen Oper ist die liedhafte Übereinstimmung von Musik- und Textbildung noch gemeinsames Merkmal. Gleichzeitig mit der klaren Scheidung von Rezitativ und A. um 1640 (vor allem in der venezianischen Oper) nahmen Zahl und Gestaltungsmöglichkeiten der A. zu. Die einfache, jetzt auch vom Tanzlied beeinflußte A. bleibt Nebenpersonen vorbehalten. In den A.n der Hauptpersonen (in Opern Landis 1634, Cavallis 1642 und L. Rossis 1647) begann durch Mittel wie Textwiederholung, nach Länge und Tonart unterschiedliche Strophenvertonung, Einschiebung von Rezitativen und durch Koloraturen die Loslösung der Arie vom Strophenlied und damit die Geschichte der A. im heutigen Sinn. Ihre Hauptform, die vor allem in der venezianischen Oper ausgebildet wurde, ist die Da-Capo-A. Sie verdrängte um 1700 die 2teiligen Formen vom → Arietta-Typ (diese vor allem bei Ziani und Draghi) und die dreiteiligen vom Formtyp a b b′ und beherrschte für lange Zeit die europäische Oper. Sie ist als 3teilige Refrainform angelegt (a b a, nach 1720 a a′ b a a′); der Mittelteil weist meistens selbständige Thematik auf. Die Gestaltung der Da-Capo-A. in der venezianischen Oper ist noch recht vielseitig: in der Cembalo-A., die seit dem Spätwerk Monteverdis bis zum Anfang des 18. Jh. lebendig war, wird der Gesang vom Continuo-Cembalo begleitet und von Orchesterritornellen gerahmt. In der Orchester-A. wird die Begleitung des Gesanges ausgeführt durch Orchestereinwürfe oder durch das Konzertieren obligater Instrumente, wobei zunächst die Trompete (Trompeten-A.), später auch andere Blas- und Streichinstrumente verwendet werden. Die Devisen-A. des späten 17. Jh. verbindet in einem → Devise genannten A.n-Beginn Gesang und Orchesterritornell durch gleiche Thematik. – In Frankreich ist die Trennung von Rezitativ und A. nicht so ausgeprägt vollzogen wie in Italien, auch fehlen die gegen Ende des 17. Jh. in Italien aufkommenden virtuosen Koloraturen. Das → Air der französischen Oper ist einfach und syllabisch komponiert und folgt liedhaft dem Textbau. Die italienische A. dringt um 1700 in die französische Oper ein und wird durch den Namen → Ariette von der in eigener Tradition entwickelten Form unterschieden. – Ebenso erhält sich in der instrumentalen und vokalen deutschen Aria, die nach dem Muster des Air oder – wie bei Kittel 1638 – *nach der italienischen Manier* gebildet wurde, die Bedeutung von A. als eines klar und einfach periodisierten, strophisch-liedhaften Gebildes. In diesem Sinne begegnet A. im 17. Jh. als ein- und mehrstimmiges Strophenlied (mehrstimmige A.n schon bei Caccini 1600, und L. Rossi 1637), meist mit Ritornell (Kittel 1638, Albert 1638–50, Voigtländer 1642, A. Krieger 1657, 67, 76, J. R. Ahle 1660–62). Wahrscheinlich von hier aus findet die liedhafte A. mit Ritornell Eingang in die deutsche Kantaten- und Oratorienkunst (Buxtehudes Kantaten und Abendmusiken, Theiles Matthäuspassion 1673, Funckes Lukaspassion 1683), doch hat sie dann rasch, wie überhaupt alle *vormals gebräuchlichen ... so genannten Lieder oder stances, denen jetzigen A.n ... weichen müssen* (J. G. Walther 1732). Der Einfluß der italienischen Opern-A. zeigt sich im Liedschaffen etwa bei Erlebach (1697) und J. W. Franck (1681), in der Oper vor allem bei Kusser und Keiser (bei ihm auch eine völlig unbegleitete A. im *Inganno fedele*) in koloraturreichen Da-Capo-A.n, die neben einfachen, volkstümlichen Liedern auftreten. In den Kantaten-A.n Bachs und Telemanns ist der italienische Formtyp übernommen und die Beteiligung obligater Instrumente verstärkt. Aria in deutschen Suiten seit Mitte des 17. Jh. (J. E. Kindermann 1643, Funck 1677, Scheiffelhut 1685, Händels »Wassermusik«) ist wohl Umbenennung von französischer Air, wie die Bezeichnung *francoische Arien* bei Hammerschmidt 1636 nahelegt. Die Aria ist hier, wie das synonym gebrauchte Air, ein 2teiliger Tanzsatz unbestimmten Charakters. Aria bedeutet aber auch Tanzstück und Melodie überhaupt: dies zeigen die synonyme Verwendung von *anderter Tanz* und *Aria secunda* in einer Ballettmusik von Schmelzer und Definitionen von Praetorius (1619: *Aria vel air ist eine hübsche Weise oder Melodei*) und Walther (1732: *Aria heisset überhaupt eine jede Melodie*). In der Bedeutung eines melodisch reizvollen, auf keinen bestimmten Tanztyp festgelegten Satzes begegnet Aria in Klaviermusik (Bach, Partita IV, BWV 828) und Violin-Kammermusik (Mondonville um 1734, Senaillié 1710–27). – Zahl und Formenreichtum der italienischen A. nahmen seit etwa 1720 ab, so daß in den A.n-Ketten der Opera seria nur noch etwa 20 große, orchesterbegleitete A.n vorkommen (gegenüber oft mehr als 50 A.n in Opern des 17. Jh.), die vom Komponisten auf die Sänger entsprechend deren Rangordnung verteilt wurden. Die erweiterte 5teilige Da-Capo-A. war alleinherrschend. Dadurch verlor der Aufbau der Oper an Beweglichkeit. In der für die → Neapolitanische Schule typischen »A.n-Oper«, die aus einer Reihung von Rezitativen und A.n besteht, ist die Fortführung der dramatischen Idee so von musikalischen Rücksichten bestimmt, daß der Handlungsablauf nun immer ausschließlicher in den kurzen Rezitativen wiedergegeben wird. Die A.n folgen einander, dem Fortgang der Handlung entsprechend, in stufenartiger Steigerung, sind in sich selbst aber statisch. Oft wird in ihnen der seelische Zustand der handelnden Person in einem Vergleich mit einem Naturbild verdeutlicht (Gleichnis-A.). Bei den Komponisten der neapolitanischen Schule, vor allem bei Hasse, ist die Ausformung der A. auf bestimmte Affekttypen festgelegt: durch die Aria di bravura werden Wut, Rache, Triumph ausgedrückt; ihre koloraturreichen, schnellen Gesangspartien sind oft auf die Fähigkeiten einzelner Sängerstars zugeschnitten. Leidenschaftliche Ausbrüche gibt die rezitativische Aria parlante (sprechende A.) wieder, Anmut und Weichheit die langsamere Aria di mezzo carattere. Für Affekte der Trauer, des Schmerzes und der Sehnsucht stehen getragene Largo- und Adagiosätze. Freiere Behandlung erfährt diese oft recht starr wirkende Typisierung in den Opern Händels. Von der jüngeren Generation der Neapolitaner (Jommelli, Majo) wird auch die Da-Capo-Form freizügiger gehandhabt. Seit der Mitte des 18. Jh., vor allem durch die Opernreform Glucks, verliert die A. ihre Bedeutung als stereotyp wiederkehrende Affektträgerin und wird in Form und Stellung im Werk den Rücksichten der dramatischen Handlung untergeordnet. Die Herrschaft des Da-Capo-Schemas wird gebrochen. Andere Formen wie die 2teilige → Kavatine und die in der Opera buffa entwickelte Rondo-A. (z. B. Mozart, Konzert-A.n K.-V. 217, 1775 und K.-V. 374, 1781) treten auf, und die A. ist in der Folgezeit freier dem Handlungs- und Gefühlsablauf angepaßt; so ist die Da-Capo-Form in der Konzert-A. K.-V. 486a (1778) von Mozart durch Verschleierung des Überganges zwischen Anfangs- und Mittelteil und durch Einschiebung eines freien Rezitatives vor den stark geänderten Da-Capo-Teil zu einer freien Gesangsszene umgestaltet. Ähnliches findet sich in den späten Opern Mozarts. Diese szenenartige Steigerungsform der A. (»Szene und A.«) wurde von den italienischen Opera buffa-Komponisten des 18. Jh. (Piccinni, Paisiello, Anfossi) vorgebildet. Ihre für das 19. Jh. bis hin zum mittleren Verdi typische Gestalt besteht in einer Folge rezitativischer und liedartiger Teile (Ballade, Romanze, Kavatine). Beispiele sind: Florestan-A. am Anfang des 3. Aktes in Beethovens *Fidelio*, Szene und A. der Anna am Anfang des 2. Aktes in Marschners *Hans Heiling*, Rezitativ und A. der Isabella am Anfang des 2. Aktes in Meyerbeers *Robert le Diable*. In der Stretta wird noch ein schnellerer, steigernder Abschlußteil angefügt: Szene und A. des Lysiart am Anfang des 2. Aktes in Webers *Euryanthe*, A. der Teresa am Anfang des 1. Aktes in Berlioz' *Benvenuto Cellini*, Scena e Cavatina der Leonore im 1. Akt von Verdis *Il Trovatore*. Außer in einigen italienischen Opern (Bellini, Donizetti) wird im 19. Jh. das Koloraturwesen eingeschränkt und die Gliederung der Gesangsmelodik der des Textes wieder angenähert. Der Text jedoch geht im Laufe des Jahrhunderts von nichtstrophischer Dichtung der Rezitative und strophischer der A. zu durchgehend nichtstrophischer über. Strophenartige Versgruppen werden seit der Mitte des Jahrhunderts selten. Seit dem Musikdrama Wagners und dem Spätwerk Verdis ist die Scheidung von Rezitativ und A. weitgehend aufgehoben. Nur noch vereinzelt kommen liedhafte Stücke vor (Trinklied im 1. Akt von Verdis *Otello*, Stolzings Lied in Wagners *Die Meistersinger*). Am Anfang des 20. Jh. bewirken sowohl die Reaktion auf das Musikdrama als auch die Rückbesinnung auf das musikalische Erbe des Barock und Rokoko, daß die alte, in klar begrenzte Abschnitte unterteilte »Nummernoper« wieder auflebt, vor allem in Werken, die bewußt an Opernformen des 17. und 18. Jh. anschließen, wie *Ariadne auf Naxos* (1912) und *Die schweigsame Frau* (1935) von R. Strauss und *The Rake's Progress* (1951) von Strawinsky. Die Bezeichnung A. für die von rezitativischen Teilen abgegrenzten Gesangsnummern findet sich u. a. bei Hindemith (*Cardillac*, 1926; *Neues vom Tage*, 1929; *Das Nusch-Nuschi*, 1920, hier eine *A. mit Variationen*), Schönberg (*Von heute auf morgen*, 1939).

Lit.: H. GOLDSCHMIDT, Zur Entstehungsgesch. d. A.- u. Symphonie-Formen, MfM XXXIII, 1901; DERS., Studien zur Gesch. d. ital. Oper im 17. Jh., 2 Bde, Lpz. 1901–04; H. ABERT, N. Jomelli als Opernkomponist, Halle 1908; H. SPRINGER, Zu L. Giustiniani u. d. Giustinianen, SIMG XI, 1909/10; A. EINSTEIN, Die Aria di Ruggiero, SIMG XIII, 1911/12; H. RIEMANN, Der »basso ostinato« u. d. Anfänge d. Kantate, ebenda; DERS., Hdb. d. Mg. II, 2, Lpz. 1912; K. NEF, Gesch. d. Sinfonie u. Suite, = Kleine Hdb. d. Mg. nach Gattungen XIV, Lpz. 1921; P. NETTL, Die Wiener Tanzkomposition in d. 2. Hälfte d. 17. Jh., StMw VIII, 1921; R. GERBER, Der Operntypus J. A. Hasses u. seine textlichen Grundlagen, Berliner Beitr. zur Mw. II, Lpz. 1925; A. LORENZ, Die Jugendopern A. Scarlattis, 2 Bde, Augsburg 1927; B. FLÖGEL, Studien zur Arientechnik in d. Opern Händels, Händel-Jb. II, 1929; G. FR. SCHMIDT, Die frühdeutsche Oper u. d. mus. Kunst G. Schürmanns, 2 Bde, Regensburg 1933–34; I. SCHREIBER, Dichtung u. Musik d. deutschen Opera., 1680–1700, Diss. Bln 1934; S. GOSLICH, Beitr. zur Gesch. d. deutschen romantischen Oper, = Schriftenreihe d. Staatl. Inst. f. deutsche Musikforschung I, Lpz. 1937; H. CHR. WOLFF, Die venezianische Oper in d. 2. Hälfte d. 17. Jh., Bln 1937; L. WALTHER, Die Ostinato-Technik in d. Chaconne- u. A.-Formen d. 17. u. 18. Jh., Würzburg 1940; H. H. EGGEBRECHT, Aus d. Werkstatt d. terminologischen Wörterbuchs, Kgr.-Ber. Utrecht 1952; DERS., Studien zur mus. Terminologie, = Akad. d. Wiss. u. Lit. Mainz, Abh. d. geistes- u. sozialwiss. Klasse, Jg. 1955, Nr 10; M. F. ROBINSON, The Aria in Opera Seria, 1725–80, Proc. R. Mus. Ass., LXXXVIII, 1961/62; B. HJELMBORG, Aspects of the Aria in the Early Operas of Fr. Cavalli, Natalicia Musicologica, Fs. Kn. Jeppesen, Kopenhagen 1962.

Arietta (ital., kleine Arie), im 17. und 18. Jh. eine kurze, einfache, oft in Art der → Kavatine 2teilige Arie der italienischen Oper, zuweilen auch Synonym für Arie, z. B. in Landis *Il San Alessio* (1634).

Ariette (arjɛt, frz. Nachbildung von → Arietta), – 1) in der 1. Hälfte des 18. Jh. die in die französische Oper übernommene virtuose italienische Arie in Da-Capo-Form. Deren Benennung als »kleine Arie« ist zwar nicht treffend, diente aber zu sprachlichen Unterscheidung vom vorherrschenden schlichten → Air. Im Unterschied zur Arie in Italien trat die A. fast nie in Opernineren auf, sondern wurde nur in den Divertissements geduldet, da sie ausschließlich als Schaustellung stimmlicher Gewandtheit und »angenehme Nebensache« verstanden wurde und deshalb als dramatisch unergiebiges Element erschien. – 2) In der Opéra-comique, der Comédie mêlée d'ariettes des 18. Jh. erscheint im gesprochenen Dialog die A. als volkstümlich komponiertes Lied im Gegensatz zum → Vaudeville, in dem bekannten Melodien Texte unterlegt wurden. Von dem Kampf der beiden Gattungen, in dem gegen 1670 das Vaudeville verdrängt wurde, zeugt die Opéra-comique *Le Procès des Ariettes et des Vaudevilles* (1760) von Favart. Eine schlichte A. erscheint auch bei R. Strauss im *Bürger als Edelmann* (1. Fassung).

Arioso (ital., arienhaft), – 1) ein kurzer Gesangsabschnitt, dessen Text den Gehalt eines Rezitativs zusammenfaßt. Das A. ist durch einfache, liedhafte Melodik, klare Taktordnung und Textwiederholungen vom Rezitativ abgehoben, es fehlen ihm aber die Ausdehnung, die ausgeprägte Thematik und der festgelegte Formplan der Arie. Das A. ist, oft als Bindeglied zwischen Rezitativ und Arie, wesentlicher Bestandteil der italienischen Kantate und Oper im 17. Jh. (Monteverdi, Cesti), verliert aber in diesen Gattungen mit der klaren Scheidung von Rezitativ und Arie (besonders in der Neapolitanischen Schule) an Bedeutung. Seit etwa 1700 wird in der protestantischen Kirchenmusik das A. zur einprägsamen Vertonung einer Betrachtung oder moralischen Lehre wichtig (J. S. Bach, Kantate BWV 80 und Johannespassion: *Betrachte meine Seele*). – 2) A. als Vortragsbezeichnung (arienhaft zu spielen oder zu singen, gesanglich; auch substantivisch) ist nicht an einen bestimmten Satztyp gebunden (J. S. Bach, Johannespassion: Recitativo accompagnato *Mein Herz, in dem die ganze Welt*, und Weihnachtsoratorium: Choralzitate *Er ist auf Erden kommen arm* im Rezitativ *Wer kann die Liebe recht erhöh'n*; Kuhlau, Sonatine für Kl. zu 4 Händen, op. 44, Nr 1, 2. Satz; Beethoven, Klaviersonate op. 110, 3. Satz). A. genannte Gesangsstücke begegnen auch in neueren, der Tradition des 18. Jh. verbundenen Opern wie *Cardillac* von Hindemith und *The Rake's Progress* von Strawinsky.

Arithmetische Teilung → Harmonische Teilung.

Armeemärsche (Truppenmärsche), eine Militärmusik, die mit der Einführung des reglementierten Gleichschritts der Truppen im 17./18. Jh. aufkam und die Aufgabe übernahm, die beim Feldmarsch der Landsknechte der Trommelschlag hatte. Bei den A.n sind zu unterscheiden: Parademärsche im langsamen Schritt (frz. pas ordinaire), der als Stechschritt eingeübt wurde (Tempo bei der preußischen Armee zunächst 60, später bis zu 80 Schritt pro Minute, bei der sächsischen 95), Geschwindmärsche, auch Quickmärsche genannt (bei der preußischen Armee 108, bei der sächsischen 115 Schritt pro Minute) und Sturmmärsche, auch Deployiermärsche genannt, die bei Bajonettattacken usw. gespielt und nur vom Trommelschlag begleitet wurden (120 Schritt pro Minute). Die modernen Tempi der A. sind erheblich schneller, so ist das Tempo der deutschen A. 114, das der italienischen 120 und das der französischen 140 Schritt pro Minute. – Seit dem späten 17. Jh. wurde es Brauch, daß jedes Regiment seinen eigenen Marsch bekam. Gute Märsche wurden zu A.n ernannt und als Präsentier- oder Parademärsche an Truppenteile verliehen. Auf Anordnung Ludwigs XIV. legte Lully eine Sammlung von A.n an. Bekannt ist auch die Sammlung Philidors l'aîné von 1705 (Bibliothek Versailles). 100000 A. soll Ernst Ludwig von Hessen gesammelt oder komponiert haben. In Sachsen gab Günther 1782 A. heraus. Die Königlich Preußischen A., deren Sammlung Friedrich Wilhelm III. 1817 anordnete, gab Wieprecht in Zentralpartitur für → Militärmusik heraus; von Anfang an enthielt sie auch ausländische (russische, österreichische) A. In Österreich gab es ein Verzeichnis der historischen Märsche für das k. u. k. Heer. Die Melodien sind oft Opern entnommen (*Olimpia*, *Belisar*, »Die weiße Dame«, »Der Brauer von Preston«, »Die Zigeunerin«, »Die Hugenotten«, »Indra«, »Margarete«, *Das goldene Kreuz*). – Berühmte A. sind u. a.: *Yorckscher Marsch*, von Beethoven (WoO 18) komponiert als *Zapfenstreich für türkische Musik* 1809; Beethoven fügte später ein Trio hinzu, das aber kaum bekannt wurde. Der Marsch des Yorckschen Korps wurde zu einem der bekanntesten A., der noch heute bei feierlichen Anlässen gespielt wird, so beim Anmarsch zum Großen Zapfenstreich. Wegen seines anfeuernden Rhythmus wurde er beim Avancieren 1864 bei Düppel gespielt. – *Prinz Eugen der edle Ritter*, die Melodie mit Taktwechsel, zum Teil im 5/4-Takt, hat viele Komponisten zur Bearbeitung gereizt, so A. Leonhardt (*Prinz Eugen-Marsch*), A. Boettge (*Prinz Eugen-Variationen*) und Hindemith (Variationen in der *Konzertmusik für Blasorchester* op. 41). – *Rákóczi-Marsch*, ungarischer Nationalmarsch eines unbekannten Komponisten, gewidmet dem Führer der Freiheitsbewegung gegen die Habsburger Monarchie, Franz II. Rákóczy († 1735). Die heutige Fassung stammt von W. Ruziczka († 1823). Die feurige Melodie ist oft bearbeitet worden, so von Liszt (XIV. Ungarische Rhapsodie) und Berlioz (»Fausts Verdammnis«). – *Fridericus*

Rex, Lied von W. Alexis aus dem historischen Roman *Cabanis* (1832), vertont von C. Loewe; die Melodie ist nach dem *Hohenfriedberger Marsch* gebildet. Das Lied verwendete F. Radeck als Trio in seinem *Fridericus Rex-Grenadier-Marsch*. *Hohenfriedberger Marsch*, oft ohne Beleg Friedrich dem Großen zugeschrieben, galt als Ruhmesfanfare der preußischen Reiterei. Die älteste überlieferte Fassung ist für Klavier gesetzt. Der 2teilige Armeemarsch wurde im *Königgrätzer Marsch* von Piefke als Trio verwendet. – *Radetzky-Marsch* von Johann Strauß Vater; 1848 galt dieser Marsch als reaktionäres Stück, trat aber dann seinen Siegeszug an als ein aus dem Geiste des Wiener Walzers geborener echter Militärmarsch.

Ausg.: Die Churpfalz-Bayerischen u. Königlich-Bayerischen Ordonnanz-Märsche u. -Signale f. Pfte bearb. v. C. HÜNN, München o. J.; A. KALKBRENNER, Die Königlich-Preußischen A., Lpz. 1896; O. SCHMID, Altsächsische A., in: Musik am Sächsischen Hofe IX/X, Lpz. 1905; Deutsche A. Neue Ausg. in 3 Bden: I: Präsentiermärsche f. Fußtruppen – Langsame Märsche – Präsentiermärsche u. Paradenmärsche im Schritt f. berittene Truppen – Zapfenstreiche, II: Parademärsche f. Fußtruppen, III: Parademärsche im Trabe u. im Galopp, Bln u. Wiesbaden 1962.
Lit.: G. KANDLER, Deutsche A., Bad Godesberg 1962.

GKA

Armenien.
Lit.: P. BIANCHINI, Les chants liturgiques de l'église arménienne (armenisch, ital., frz.), Venedig 1877; M. EKMALEAN, »Gesänge d. hl. Messe d. armenischen Kirche in Etschmiadzin« (armenisch), Lpz. 1896; P. AUBRY, Le rythme tonique dans la poésie liturgique et dans le chant des églises chrétiennes au Moyen-Age, Paris 1903; A. HISSARLEAN, »Gesch. d. armenischen Notation u. Biogr. d. armenischen Sänger 1768–1909« (armenisch), Konstantinopel 1914; F. MACLER, La musique en Arménie, Paris 1917; E. WELLESZ, Die armenische Kirchenmusik, Musica Divina VI, 1918; DERS., Das armenische Hymnar, ebenda; DERS., Die armenische Messe u. ihre Musik, JbP XXVII, 1920; A. GASTOUÉ, L'Arménie et son art traditionnel, Rev. de Musicol. XIII, 1929; S. POLADIAN, Armenian Folk Songs, = Univ. of California Publications in Music II, 1, Berkeley 1942; D. H. HOVHANNISIAN, Armenian Music I/II, Diss. Ann Arbor 1956, maschr.; L. DAYAN, Il pluricromatismo nella musica armena, Kgr.-Ber. Wien 1956; R. A. ATAJAN, Armjanskaja chasowaja notopis ... (»Die armenische künstlerische Notenschrift. Fragen d. Studiums u. d. Entzifferung«), Erewan 1959.

Arnstadt (Thüringen).
Lit.: W. TOELLE, Arnstädter Theater im Wandel d. Zeiten, A. 1938; Arnstädter Bachbuch, hrsg. v. K. MÜLLER u. FR. WIEGAND, A. ²1957.

Arpa (ital.) → Harfe.

Arpanetta (ital.) → Spitzharfe.

Arpeggio, arpeggiando (arp'eddʒo, ital., von arpa, Harfe; frz. arpège, arpégement, harpégement; engl. auch broken chord; deutsch früher auch Brechung, Zergliederung), eine Spielweise auf Zupf-, Streich- und Tasteninstrumenten, die darin besteht, die zu einem Akkord gehörenden Töne nicht gleichzeitig (wie notiert), sondern mehr oder weniger rasch hintereinander zum Erklingen zu bringen, wobei die Reihenfolge verschieden sein kann und einzelne Töne auch wiederholt werden können. Das A., dem besonders für ein kunstvolles Generalbaßspiel (Rezitativbegleitung) große Bedeutung zukam, wurde bei Tasteninstrumenten im 17./18. Jh. zu den → Verzierungen gerechnet. Hierbei unterschied man zwischen dem Arpégement simple und dem Arpégement figuré, das auch akkordfremde Noten enthält (sogenannte gebrochene → Acciaccaturen), die aber sofort nach ihrem Anschlag wieder losgelassen wurden, wogegen man die akkordeigenen Noten während der ganzen Dauer des notierten Akkords aushielt. – Als Verzierung bei einzelnen Akkorden konnte das A. mit verschiedenen Zeichen angedeutet oder auch mit kleinen Noten ausgeschrieben werden. Als Spielweise für ganze Stücke oder Teile daraus schrieb man das A. oft in den ersten Takten in großen Noten aus und forderte die Fortsetzung derselben Spielart durch Beifügung des Wortes A. (Abk.: arp. oder arpegg.) oder auch segue in den dazu nur in Form von Akkorden notierten Harmonien (Beispiele: J. S. Bach, Praeludium C dur aus dem *Wohltemperierten Klavier* I, BWV 846, Urform im Klavierbüchlein für W. Fr. Bach, sowie Chromatische Fantasie D moll, BWV 903). In anderen Fällen wurde die Art des A. dem Spieler freigestellt und bereits dem ersten zu arpeggierenden Akkorde eine entsprechende Bezeichnung beigefügt. Häufig aber wurde überhaupt die Möglichkeit eines A. dem Spieler anheimgestellt und keinerlei Bezeichnung angebracht.

Bei den mehrsaitigen Zupfinstrumenten aller Zeiten und Völker (in der abendländischen Kunstmusik vor allem bei Harfe, Laute und Gitarre) ist das A. die einzig mögliche Art der Ausführung von Akkorden (Th. Mace spricht in seinem *Musick's Monument*, 1676, von raking play bei der Laute). Ähnliches gilt für das mehrgriffige Spiel auf Streichinstrumenten, wo sich aus der solistischen Gambenmusik des 16./17. Jh. (Anweisung für das A. auf der Gambe bei Th. Mace) das mehrstimmige Spiel auf der Violine im 17./18. Jh. entwickelte. Fr. Geminiani, L'Abbé le Fils und L. Mozart behandeln in ihren Violinschulen die Technik des A. ausführlich (Geminiani führt 18 verschiedene Ausführungsarten für das A. von 3- und 4st. Akkorden an). Beispiele für die Möglichkeiten mehrstimmigen Spiels auf der Violine unter Verwendung der A.-Technik finden sich in J. S. Bachs Sonaten und Partiten für Violine solo sowie in J. H. Romans *Assaggi à Violino Solo*. Unter den verschiedenen Tasteninstrumenten ist es vor allem das Cembalo (mit seinen gezupften Saiten), auf dem das A. von besonders guter Wirkung ist, wie J. D. Heinichen in seinen Generalbaßlehrbüchern (1711, 1728) mit der Feststellung bezeugt, daß *das Harpeggio auf dem Clavecembal von sonderlicher Würckung, und gleichsam diesem Instrument eigen ist*. Bereits 1672 empfiehlt L. Penna in *Li Primi Albori Musicali* (III, 20, § 19) das A. beim Generalbaßspiel, um keine »Leere im Instrument« aufkommen zu lassen (*Procuri d'arpeggiare per non lasciar vuoto l'Instrumento*). Heinichen beschreibt (1728, Kap. VI, *Vom manierlichen Generalbaß*) die »Harpeggiaturen« ausführlich: er unterscheidet zwischen dem einfachen A. (von der Baßnote in der linken Hand bis zur höchsten Note in der rechten Hand in einem raschen Zug), dem doppelten A. (von der tiefsten bis zur höchsten Note herauf und sofort wieder herunter zur Baßnote) und dem vielfachen A. (Wiederholung des doppelten A. sowie vielerlei andere Arten von Brechungen). Außerdem gibt er zahlreiche Beispiele für 2-, 3- und 4st. A. der linken und der rechten Hand, wobei die andere Hand jeweils ohne A. zu spielen hat. Noch im Jahre 1801 gibt der Kirnberger-Schüler A. Fr. C. Kollmann in seinem *Practical Guide to Thorough Bass* eine ausführliche Tabelle mit möglichen »Harpeggios« für Dreiklänge und Dominantseptakkorde sowie deren Umkehrungen, als Illustration zu seinen Anweisungen für die Rezitativbegleitung. Auch auf der Orgel begegnet das A. sowohl beim solistischen Spiel als auch beim Generalbaß; für den ersten Fall sei auf G. Frescobaldis Vorreden zu seinen *Capricci* (1626) und zu seinen *Toccate* (1637) verwiesen, für den zweiten auf D. G. Türks Angaben (1787). – Handelt es sich um A. einzelner Akkorde bei einer fortlaufenden Melodie, so muß die Ausführung des A. der deutlichen Hörbarkeit der melodischen Fortschreitung angepaßt werden (Bach, Praeludium B dur, *Wohltemperiertes Klavier* I, Takt 17; vgl. A. Dolmetsch). Dasselbe meint Rameau im *Avis pour la viole* (*Pièces de clavecin en concerts*, 1741): »An Stellen, wo man zwei oder mehrere Noten nicht leicht zusammen spielen kann, arpeggiert man sie entweder, wobei man auf derjenigen Note anhält, von welcher aus die Melodie weitergeht ...«. – D. G. Türk zeigt in seiner Klavierschule (1789) die verschiedenen Notationsarten für das Aushalten aller oder nur bestimmter Noten im A. Ferner erklärt er die Ausführung von langen und kurzen Vorschlägen in Verbindung mit einem A.:

Während im 17./18. Jh. das A. im allgemeinen auf den Schlag beginnt, vertritt J. P. Milchmeyer (1797) erstmals die auftaktige A.-Ausführung (es handelt sich um das erste ausdrücklich für das Hammerklavier geschriebene Lehrbuch). In W. A. Mozarts Klavierkompositionen sollten jedoch A.s wie etwa im Menuett der Klaviersonate A dur (K.-V. 331) auf den Schlag genommen werden, im Gegensatz zu solchen der linken Hand wie im letzten Satz dieser Sonate, die besser auftaktig gespielt werden. – Im 19. Jh. wird das A. als Spielweise aufeinander folgender Akkorde mehr und mehr in großen Noten ausgeschrieben und von den Komponisten in den Takt eingeteilt. In den Begleitfiguren der linken Hand war dieses ausgeschriebene A. in Form der → Albertischen Bässe vorübergehend ein ausgesprochenes Merkmal für einen bestimmten Stil.

Lit.: G. MANTEL, Zur Ausführung d. Arpeggien in J. S. Bachs »Chromatischer Phantasie«, Bach-Jb. XXVI, 1929; FR.-H. NEUMANN, Die Theorie d. Rezitativs im 17. u. 18. Jh., Diss. Göttingen 1955, maschr., S. 344ff. → Verzierungen, → Generalbaß. ERJ

Arpeggione (arpeddʒoːne, ital.; frz. guitare d'amour), ein wie ein Violoncello gespieltes Streichinstrument, das von der Gitarre den 8förmigen Corpusumriß, die Bünde sowie die Stimmung E a d g h e¹ hat. Es wurde 1823 von G. Staufer in Wien konstruiert. Schubert schrieb für A. und Kl. 1824 eine Sonate in A moll (D 821; heute als Violoncell- oder Bratschensonate gespielt), die V. Schuster als erster spielte, der auch eine Schule für A. herausgab.

Arpicordo (ital.), spinettartiges, jedoch an den Schmalseiten spitzes, 5–6eckiges Tasteninstrument, etwa in Form einer liegenden Harfe, mit meist 4 Oktaven Tonumfang. Praetorius nennt oder A. nur ein Cembaloregister mit Harfenklang, ebenso Walther, der daneben Harpicordo als Bezeichnung für das Spinett anführt.

Lit.: V. GALILEI, Dialogo della musica antica et della moderna, Florenz 1581, Faks. hrsg. v. F. Fano, Rom 1934; PRAETORIUS Synt. II; WALTHERL; L. CERVELLI, Ital. Musikinstr. in d. Praxis d. Gb.-Spiels: Das A., Kgr.-Ber. Köln 1958.

Arrangement (frz. und engl.), s. v. w. Einrichtung eines Musikstücks für eine durch gegebene Verhältnisse bedingte oder für sie bestimmte andere Besetzung als die ursprüngliche; z. B. ist der → Klavierauszug ein A., wie es die Instrumentierung einer Klavierkomposition sein kann. Daß der Ausdruck A. den Beigeschmack des Minderwertigen hat, hängt mit der heutigen Auffassung vom musikalischen Kunstwerk zusammen, die eine stilgerechte Aufführung in Originalbesetzung fordert und die ein A. als unseriös ablehnt, sofern es nicht als → Bearbeitung eigenkünstlerischen Wert hat und von historischem Interesse ist, wie vor allem die Neueinrichtungen eigener Werke bei Bach, Beethoven und Brahms. Andererseits haben die im 19. Jh. aufgekommenen A.s für Salon- und Kaffeehausmusik, mit deren inadäquater Besetzung und häufig unzulänglichem Vortrag, zur Abwertung beigetragen. – Im Jazz wird durch das A. der Ablauf eines Stückes harmonisch und stimmenmäßig festgelegt. Das A. begegnet schon im New-Orleans-Jazz als Head-A. in Form von Absprachen (die Ausführenden konnten meist keine Noten lesen) und ging hervor teils aus erstarrten Improvisationen, teils aus Konzeptionen, die der Band-Pianist den Musikern bei Proben vorspielte. Die 1920er Jahre brachten eine exaktere Festlegung des A.s: für Aufnahmen von Schallplatten waren Anfang, Schluß, Anzahl der Wiederholungen des Chorus sowie wirksame Stimmenabläufe festzulegen. Das A. wurde aufgezeichnet (Morton, Beiderbecke), wobei die Soli weiterhin improvisiert werden konnten. Verbreitet war das Rahmen-A. (Skeleton-A.), in dem neben der Einleitung nur der erste und letzte Chorus orchestriert ist. Die Big bands verlangten eine noch genauere Fixierung des Gesamtablaufs. Es entstand das als Partitur ausgeschriebene A. (Henderson), das den entscheidenden Ansatzpunkt für die moderne Jazzkomposition ergab. Jedoch können auch hier die Soli ausgespart sein (→ Background). Die rhythmische Ausführung (→ swing, → Beat) und die → Hot-Intonation, die im A. nicht zu erfassen sind, bleiben den Musikern überlassen. Häufig sind die Leader der Big bands selbst Arrangeure und Jazzkomponisten (Ellington, Whiteman, Lunceford). Der → Progressive Jazz versuchte, über das A. die Verbindung zu komponierter symphonischer Musik zu schaffen. Im Be-bop und Modern Jazz soll das A. auch bei kleineren Gruppen als Basis für die Improvisation dienen (John Lewis, Gerry Mulligan).

Arras.

Lit.: P. FANIEN, Hist. du chapitre d'A., A. 1868; A. DE CARDEVACQUE, La musique à A., in: Mémoires de l'Acad. d'A. XVI, A. 1885, separat 1886; A. GUESNON, La Confrérie des jongleurs d'A. et le tombeau de l'évêque Lambert, in: Mémoires de la Commission départementale des monuments hist. du Pas-de-Calais, A. 1913; L. PETITOT, La musique à A. au XIXᵉ s., A. 1942; G. BIRKNER, Entretiens d'A. 1954, Mf VII, 1954.

Ars antiqua (lat., alte Lehre) kam um 1320 in Frankreich als Gegenbegriff zu → Ars nova auf. *Regnat nova* (*ars*), *exulat antiqua* (»Es regiert die neue ars, verbannt ist die alte«; CS II, 429b), stellte gegen 1330 Jacobus von Lüttich fest. Entsprechend der zentralen Bedeutung, die im Mittelalter der Status des Zur-Schrift-Bringens von Musik für die Kompositionsart hatte, bezieht sich der Name A. a. (oder Ars vetus) vor allem auf die Mensuralnotation, wie sie nach Ansätzen bei → Garlandia und neben Bestrebungen des → Lambertus von → Franco von Köln um 1250 in seiner *Ars cantus mensurabilis* in den Grundlinien festgelegt, von → Petrus de Cruce vor 1300 in Motettenkompositionen und in seiner durch R. de Handlo (CS I, 387f.) und J. Hanboys (CS I, 424) bezeugten Lehre erweitert worden war. Zugleich verstand man als A. a. die nach diesem Modus notandi aufgezeichneten Organa und Conductus und die seit der neuen Notationsart ebenfalls antiquierten Kompositionsarten in Motetten, Hoqueti und Kantilenensätzen (Rondeaux). Aus den Traktaten der Ars nova ist jedoch deutlich zu ersehen, daß es deren Verfassern vollständig fern lag, gegen die alte Ars notandi zu polemisieren. Das Fundament ihrer Darstellung bildet die alte Lehre, aus deren Prinzipien sie das Neue ableiten und entwickeln (*sic videmus in veteri arte ... sic est in nova arte*), so namentlich in der *Ars nova* Ph. de Vitrys in der Fassung Paris, Bibl. Nat. lat. 7387A (CSM VIII), und im *Compendiolum artis veteris ac novae* (Anon. III, CS III); in der bekannten Fassung von Vitrys Traktat in der Bibl. Vat., Barb. lat. 307 (CSM VIII) ist vor der Darstellung der neuen Notierungsart die der Ars vetus höchstwahrscheinlich nur eliminiert. – Polemisch wurde die A. a. seitens der Kirche, apologetisch seitens der älteren Generation der Ars nova gegenübergestellt. Im Bereich der Kirchenmusik verordnete Papst → Johannes XXII. in der *Constitutio Docta sanctorum* 1324/25 in Avignon die Wahrung der *modesta gravitas* des Singens gegenüber der *lascivia*, den *novae notae*, den Hoqueti und vulgärsprachlichen Motetten der *novellae scholae discipuli*, die den Choral und die Tonarten vernachlässigen und deren Kompositionen unter Strafandrohung aus der Kirche verbannt werden; damit wurde die Trennung von weltlicher und kirchlicher mehrstimmiger Musik offiziell gemacht, indem letztere eine alte Art bewahren sollte. Als konservativer Vertreter der älteren Generation verteidigte der um 1260 geborene Jacobus von Lüttich in seinem *Speculum musicae* (lib. VII, gegen 1330) den *modus antiquus notandi* und *cantandi* gegenüber der nach seiner Meinung übersteigerten *subtilitas* und *speculatio*, der *lasciva curiositas* und *intricatio* der neuen Ars, in der der Text verdorben (*littera perditur*), die Harmonie gemindert (*armonia consonantiarum minuitur*), die perfectio unterdrückt, die imperfectio erhöht und die Mensur in Unordnung gebracht werde (*perfectio deprimitur; imperfectio sublimatur mensuraque confunditur*, CS II, 432a). – Als Epoche ist die A. a. räumlich und zeitlich einzugrenzen auf diejenige Musik, die den französischen Musikern, welche den Begriff zu Beginn des 14. Jh. prägten und verwendeten, bekannt bzw. zufolge der mensurierten Notation verständlich war. Auszuschließen sind demnach sowohl die Organa dupla wie auch die modal notierte Organum- und Diskantkunst der → Notre-Dame-Epoche, sofern deren Repertoire (*cantus antiqui organici*, CS II 394b, 429a) nicht auch in mensurierten Umschriften tradiert ist, wie im Codex *Mo*, dessen 1. Faszikel (geschrieben um 1280) u. a. zwei 3st. Organa von Perotin enthält. Somit umgrenzt der Epochenbegriff A. a. die auf Paris zentrierte Musik und Musiklehre der Zeit etwa von 1230/40 bis 1315/25. In deren Mittelpunkt stehen die Kodifizierung der Mensuralnotation durch Franco von Köln, die noch wesenhaft anonyme Kompositionsart des Discantus in der Motette als führender Gattung neben Conductus, Hoquetus und dem neu entstehenden Kantilenensatz der Rondeaux von Adam de la Halle und an → Quellen die Motettencodices *Ba*, *Mo* und *Tu*.

Lit.: Jacobus Leodiensis, Speculum musicae VII, CS II; Johannes XXII., Constitutio »Docta sanctorum«, n: Corpus Iuris Canonici II, hrsg. v. E. L. Richter u. E. Friedberg, Lpz. 1881, S. 1255ff.; dies., hrsg. v. Fr. X. Haberl, VfMw III, 1887, S. 210, = Bausteine f. Mg. III, Lpz. 1888, S. 22; K. G. Fellerer, Kirchenmus. Vorschriften im MA, KmJb XL, 1956; ders., La »Constitutio Docta sanctorum patrum« di Giovanni XXII e la musica nuova del suo tempo, in: L'Ars nova ital. del Trecento, Kgr.-Ber. Certaldo 1959; K. W. Gümpel, Der Toledaner Kapellmeister B. de Quevedo u. sein Kommentar zu d. Extravagante Docta sanctorum Johannes' XXII., Span. Forschungen d. Görres-Ges. I, 21, Münster i. W. 1963. HHE

Arsis — Thesis (griech.), ursprünglich das Heben und Senken des Fußes beim Tanz. Seit dem Aufkommen der Metrik (→ Metrum) werden beide Termini zur Beschreibung von Versfüßen verwendet; dabei gilt A. als Kürze und Th. als Länge. Spätantike Grammatiker deuten jedoch A. als Hebung (elevatio, sublatio), Th. als Senkung (positio) der Stimme im akzentuierenden Vortrag. An diesen Sprachgebrauch knüpft die neuzeitliche wissenschaftliche Metrik an, die das betonte Verselement als Hebung, das unbetonte als Senkung bezeichnet. – In der Musiklehre des 16.–18. Jh. wird unter A. *das Aufheben der Hand beym Tactgeben; und demnach die zweyte Helffte so wohl des tactus aequalis, als inaequalis verstanden, unter Th. der erste Tact-Theil, wenn nemlich die Rede nur von 2 Theilen ist; weil auf solchem die Hand niedergelassen wird* (WaltherL; → Tactus). – Der Zusatz *per arsin et thesin* ist mehrdeutig und meint z. B. nach WaltherL beim *Canon* den Krebskanon, nach Marpurg (1753/54) bei *imitatio* die unter Austausch von leichter und schwerer Taktzeit eng folgende Nachahmung.

Ars musica (lat.) bezeichnet die Stellung der Musik im Rahmen des Schulwissensystems der septem artes liberales. Diese 7 »Freien Künste« umfassen das Trivium mit den 3 sprachlichen artes (Grammatica, Rhetorica, Dialectica), die den Gegenstand des Unterrichts in den mittelalterlichen Lateinschulen (Trivialschulen) bilden, sowie das Quadrivium mit den 4 mathematischen artes (Arithmetica, Geometria, → Musica, Astronomia). Der quadriviale Unterrichtsstoff drang in einige bevorzugte Klosterschulen, wie St. Gallen und Reichenau, und im Laufe der 2. Hälfte des 10. Jh. im Zuge der Boethius-Renaissance in die Kathedral-, Dom- und Stiftsschulen ein, die ihrerseits noch den Unterricht (auch in der A. m.) an der »Artisten«-Fakultät (facultas artium) der mittelalterlichen Universität befruchteten. Sie verlieh den Grad eines Magister artium (→ Akademische Grade). Der Wortbegriff ars, der im lateinischen Mittelalter aus der Spätantike überkommen ist, nimmt eine vermittelnde Stellung zwischen der hochgeistigen scientia und dem geistarmen usus ein. So rühmt Guido von Arezzo sich, im Bereich des christlichen Kirchengesangs eine A. m. durchgeführt zu haben, indem er dem usus eines bloß gedächtnismäßigen Singens nach linienlosen Neumen eine diastematische, durch ein System von Linien- und Schlüsselbuchstaben ausgezeichnete Intervallnotenschrift gegenüberstellt: den neumae usuales die neumae regulares (regula = Linie). Die neue Notenschrift brachte die Melodie in ihrem rationalen Gefüge zur anschaulichen Darstellung und erhob das Singen damit zum Gegenstand eines dem Prinzip von scientia folgenden Lehrverfahrens (scientia canendi). Noch Hugo Spechtshart v. Reutlingen feiert (1332) den cantor artificialis, der das Singen über den usus zur ars und per artem zur Schriftkunst erhebt. Philippe de Vitry hat seine neue Lehre von der gemessenen Notenschrift (und Rhythmik) in einer *Ars nova* (notandi) nach 1320 niedergelegt und an mensuralen Motettenbeispielen erläutert. Im 14. Jh. wurde ein Komponist (Nicolaus de Aversa) getadelt, weil er in seinen Kompositionen (*in suis cantilenis*) anders verfahre, als er es in seiner Lehrschrift fordere: ... *quamvis in arte teneat contrarium* (CS III, 396). A. m. wurde dann – im Zusammenhang mit dem Vorrücken der Musica practica, die seit je den sprachlichen artes verschwistert war – in einzelne Sondergebiete aufgeteilt: ars cantus plani, mensurabilis, contrapuncti, componendi usw. – Am treffendsten übersetzt wird ars mit Wissens- oder Lehrfach, auch Lehre, A. m. entsprechend mit Musiklehrfach, auch Musiklehre. Dies in dem Sinne, wie noch J. S. Bach sein *Musicalisches Opfer* (1747) eine ars canonica nennt. Das deutsche Wort Kunst (von können, wie Brunst von brennen), das seine eigene Bedeutungsgeschichte mitbringt, ist in der Neuzeit nicht ohne weiteres geeignet, den Sinn von ars zu übernehmen, wenn es auch berufen war, den antikmittelalterlichen Inhalt von ars nach Deutschland zu leiten. Vielmehr wird »Music-Kunst« im 18. Jh. durch das neuartige, bezeichnenderweise das sensitive Element der Musik hervorkehrende Wort »Tonkunst« ersetzt und in die Reihe der Schönen Künste (frz. beaux-arts) eingereiht. Erst dann ging der ursprüngliche Sinngehalt der A. m. an die → Ästhetik über.

Lit.: E. R. Curtius, Europäische Lit. u. lat. MA, Bern (1948, ³1961); G. Pietzsch, Der Unterricht in d. Dom- u. Klosterschulen vor u. um d. Jahrtausendwende, AM X, 1955; dazu ders. in: Zs. f. d. Gesch. d. Oberrheins CIV, 1956; W. Gurlitt, Ber. über d. Arbeiten zur mus. Terminologie, Jb. d. Akad. d. Wiss. u. d. Lit., Mainz 1956; ders., A. m., in: Konkrete Vernunft, Fs. E. Rothacker, Bonn 1958; H. Hüschen, Die Musik in d. artes liberales, Kgr.-Ber. Hbg 1956; H. H. Eggebrecht, A. m., Musikanschauung d. MA u. ihre Nachwirkungen, in: Die Sammlung XII, 1957; K. G. Fellerer, Die Musica in d. artes liberales, in: Artes liberales, hrsg. v. J. Koch, Leiden u. Köln 1959; Fr. Schalk, Zur Entwicklung d. Artes in Frankreich u. Italien, in: Studien u. Texte zur Geistesgesch. d. MA V, Leiden u. Köln 1959; U. Ricken, »Gelehrter« u. »Wissenschaft« im Französischen, Beitr. zu ihrer Bezeichnungsgesch. v. 12.–17. Jh., = Deutsche Akad. d. Wiss. zu Bln, Veröff. d. Inst. f. Romanische Sprachwiss. XV, Bln 1961.

Ars nova (lat., neue Lehre) ist der Titel einer nach 1320 entstandenen Schrift von Philippe de → Vitry. Sie lehrt in konsequenter Fortentwicklung von Prinzipien der bisherigen Mensuralnotation, die nun den Namen einer → Ars antiqua erhielt, die Notationsneuerungen, die in Motetten Vitrys bereits 1316 erscheinen (→ Quellen: *Fauv*), nämlich die Signierung der kleinen Notenwerte bis zur Semiminima, den Aufbau des Mensuralsystems in 5 gradus (modus major und minor, tempus und prolatio) bei Gleichrangigkeit drei- und zweizeitiger (perfekter und imperfekter) Teilung der Werte, so daß für das Tempus 4 Prolationen bestehen; ferner die Mensurzeichen, die roten Noten in mensuraler Geltung und die Synkopation. Bereits 1319/21 hatte auch der mit Vitry bekannte Pariser Mathematiker Johannes de → Muris in einer *Ars nove musice* die neue Notation erörtert, die auf der Basis dieser beiden Theoretiker bald in zahlreichen Lehrschriften behandelt wurde. Zwar bezog man den Begriff A. n. in erster Linie auf die neue Ars notandi, zugleich jedoch auf die neuen Kompositionsarten, die sie ermöglichte und die durch das Streben nach gesteigerter rhythmischer Feinheit (subtilitas) gekennzeichnet sind, verbunden mit melodischer und harmonischer Süße (dulcedo). Im Mittelpunkt der neuen Kompositionskunst, bestimmt teils für den öffentlichen Anlaß, teils für das Consortium der Kenner oder für die aristokratische Gesellschaft, steht das Schaffen Vitrys, des Schöpfers der isorhythmischen Motette, und das Werk Machauts, der diese Form aufgriff und verfeinerte, in Balladen, Rondeaux und Virelais den Kantilenensatz zu einer der C. f.-Motette gleichrangigen Kompositionsart erhob und eine der frühen Vertonungen des Ordinarium missae schuf. – Als Epochenbegriff der neueren Musikgeschichtsschreibung umfaßt A. n. die Zeit von etwa 1315/25, da das Neue bei Vitry und Muris sowie in der Polemik des Jacobus von Lüttich und in der Abwehr seitens der Kirche greifbar wird, bis etwa zum Tode Machauts (1377), der im Zeitraum der späteren A. n.-Traktate und nirgends im Widerspruch zu ihnen die Neuerungen kompositorisch zu vollendeter Ausprägung führte. Räumlich ist die A. n. – wie schon die Ars antiqua, deren Notationsweise, Kompositionsarten und -gattungen sie erneuerte – auf Frankreich zentriert und strahlt von hier auf die Nachbarländer aus, nach der Jahrhundertmitte namentlich auf Italien. Doch ist die Musik des Trecento selbst nicht eine A. n. zu nennen, da ihrem eigenständigen Ansatz der Kontrapost einer Ars antiqua fehlt und dementsprechend die Gegenüberstellung A. n./Ars antiqua hier nicht begegnet. Die Zeit, die in Frankreich der A. n. folgte (bis um 1400), wurde von Besseler »französische Spätzeit«, von U. Günther neuerdings Ars subtilior genannt. Letzteres in dem Sinne, daß in Neuerungen der Mensuralnotation (Erfindung neuer Formen für kleine Notenwerte) und in Kompositionen (→ Quellen: *Ch* und *Mod*) die rhythmische Subtilitas erneut sich steigerte. Dabei handelt es sich um die Spätstufe einer Entwicklung. Schon der gelehrte, freilich konservative Jacobus hatte über die A. n. resümiert, daß sie als subtiler erachtet werde als die Ars antiqua, doch sei sie deswegen keineswegs vollkommener (CS II, 428a: *Cum ergo dicitur ars nova subtilior est quam antiqua, dicendum quod hoc concesso non sequitur quod sit perfectior*).

Lit.: H. Besseler, Artikel A. n., MGG I, 1949–51; L. Schrade, The Chronology of the A. N. in France, Les Colloques de Wégimont II, 1955; N. Pirrotta, Cronologia e denominazione dell'a. n. ital., ebenda; ders., »Dulcedo« e »subtilitas« nella pratica polifonica franco-ital. al principio del '400, Rev. Belge de Musicologie II, 1948; S. Clercx, Propos sur l'a. n., ebenda IX, 1955; K. v. Fischer, Trecentomusik – Trecentoprobleme. Ein kritischer Forschungsber., AMl XXX, 1958; H. H. Eggebrecht, Der Begriff d. »Neuen« in d. Musik v. d. A. n. bis zur Gegenwart, Kgr.-Ber. NY 1961; U. Günther, Das Ende d. a. n., Mf XVI, 1963.   HHE

Artikulation bedeutet in der Sprache die Bildung der Laute und ihre deutliche Unterscheidung (→ Aussprache), in der Musik die Verbindung oder Trennung der einzelnen Töne. Jedem Ton kann unmittelbar ein weiterer Ton oder eine mehr oder weniger große Unterbrechung folgen, wobei die A.s-Anweisungen, die der Komponist durch graphische Zeichen wie Punkt, Keil, → Bogen - 1) (äußerlich nicht zu unterscheiden vom Phrasierungsbogen) oder durch Worte geben kann, nicht nur diese zeitliche Abgrenzung der Töne untereinander bestimmen, sondern als Vortragsbezeichnungen auch den Charakter der Töne beeinflussen. Im Unterschied zur Phrasierung als der strukturellen Sinngliederung der Komposition in Motive, Motivgruppen usw. dient die A. so wie Dynamik und Tempo der

Chopin, op. 21, 3. Satz.

Gestaltung der Komposition im Erklingen, was ihre Festlegung schon durch den Komponisten nicht aus-

schließt. A. deckt sich oft mit Phrasierung; so entsprechen die Bindebögen als A.s-Anweisungen in Beispiel 1 Phrasierungsbögen, die die Motive des 4taktigen Themas anzeigen. In Beispiel 2 dagegen gestaltet die A. das tonlich fast gleiche Thema in den ersten 3 Takten anders als es seiner trotzdem noch erkennbaren Phrasierung entspricht.
Die Skala der A.s-Möglichkeiten reicht vom strengsten Legato (legatissimo) bis zum schärfsten Staccato (martellato). Die wichtigsten Zwischenstufen sind das Tenuto, Non legato, Portato, Marcato, womit jeweils eine bestimmte Spieltechnik gefordert wird, um einen eigenen musikalischen Ausdruck zu erreichen. So ist die Bezeichnung *Alla breve et staccato* in J. S. Bachs Orgelfuge G dur (BWV 550) sicherlich mehr als Affektbezeichnung denn als reine A.s-Anweisung zu verstehen. Dies entspricht der allgemein gültigen Beziehung zwischen Satztypen und A.: z. B. soll *die Lebhaftigkeit des Allegro ... gemeiniglich in gestossenen Noten und das Zärtliche des Adagio in getragenen und geschleiften Noten vorgestellet* werden (C. Ph. E. Bach 1753). Mittel der A. auf den Instrumenten sind die zeitliche Tonbegrenzung und die Tonintensität, bei Streichern also die →Bogenführung, bei Bläsern die durch die Zunge bzw. Lippen geregelte Atemgebung (→ Zungenstoß), bei Tasteninstrumenten →Fingersatz, →Anschlag und Tondauer. Als Ausdruckskunst ist die A. für Orgel und Cembalo von besonderer Bedeutung: hier vermag sie den Mangel an Dynamik im Anschlag auszugleichen (unbetonte Noten wirken durch Verkürzung schwächer). – A.s-Anweisungen werden erst seit Anfang des 17. Jh. notiert und sind am Ende des 18. Jh. voll ausgeprägt. Zunächst zeigten kleine Bögen über 2 Noten dem Violinspieler an, welche Noten er ohne Bogenwechsel, d. h. legato spielen soll. Diese Bögen übernahm Scheidt 1624 als *imitatio violistica* in seine *Tabulatura nova.* Wie stark die Bezeichnung der A. an die Bogentechnik der Streicher geknüpft war, zeigt noch die Legatodefinition bei Walther (1732): ... *daß vocaliter nur eine Sylbe unter solche* (Noten) *gelegt, instrumentaliter aber dergleichen gezogen, und mit einem Bogen-Strich absolvirt werden sollen.* Zugleich wird hier die Beziehung zwischen der A. in der Vokalmusik und in der Sprache deutlich, denn die Silbe wird als Einheit gebunden vorgetragen. Die Vokalmusik artikuliert sinngemäß nach der natürlichen Sprechweise (→ Deklamation) und verzichtete zunächst auf zusätzliche A.s-Anweisungen. Mit dem Hervortreten der Instrumentalmusik im Laufe des Generalbaßzeitalters wurde die A. auch in der Vokalmusik zunehmend vom Instrument her bestimmt, jedoch nur selten aufgezeichnet. Sie muß heute aus dem Wissen um die damalige Spielpraxis erschlossen werden. Mit dem Aufkommen des galanten und empfindsamen Stiles ab etwa 1740 und der neuen Auffassung der Musik als einer *Klangrede* (Mattheson 1739) nehmen im Dienste der neuen Ausdruckskunst die A.s-Anweisungen zu. Die Entwicklung führte zu Beethoven, der seine A.s-Vorstellungen detailliert aufzuzeichnen pflegte. Der Bogen bleibt das Zeichen für das Legato, Punkte, senkrechte Striche oder Keile für die Spielarten des Staccato, die Beethoven bewußt unterscheidet und z. T. durch zusätzliche Bezeichnungen wie *marcato* bei Strichen oder *leggiero* bei Punkten verdeutlicht. Je stärker die Musik im Laufe des 19. Jh. sich von einer vorgedachten bzw. abstrahierbaren Logik der Struktur in Richtung der poetischen Interpunktion (Schumann) und der absoluten Komposition (→ Atonalität) der Wiener Schule entfernte, desto mehr drang die A., das Bezeichnen des gemeinten Sinnes, integrierend in den Kompositionsprozeß selbst ein.

Lit.: BACH Versuch; MOZART Versuch; QUANTZ Versuch; D. G. TÜRK, Klavierschule (1789), Faks. hrsg. v. E. R. Jacobi, = DMI I, 23, 1962; H. RIEMANN, Mus. Dynamik u. Agogik, Hbg u. St. Petersburg 1884; O. KINKELDEY, Org. u. Kl. in d. Musik d. 16. Jh., Lpz. 1910; J. TH. WIEHMAYER, Mus. Rhythmik u. Metrik, Magdeburg 1917; A. MOSER, Gesch. d. Violinspiels, Bln 1923; H. KELLER, Die mus. A. insbesondere bei J. S. Bach, = Veröff. d. Musik-Inst. d. Univ. Tübingen II, Stuttgart 1925; DERS., Phrasierung u. A., Ein Beitr. zu einer Sprachlehre d. Musik, Kassel 1955; H.-P. SCHMITZ, Die Tontechnik d. Père Engramelle, = Mw. Arbeiten VIII, Kassel 1953; KL. SPEER, Die A. in d. Orgelwerken J. S. Bachs, Bach-Jb. XLI, 1954, S. 66ff.; Die Bedeutung v. Keil, Strich u. Punkt bei Mozart, 5 Lösungen einer Preisfrage, hrsg. v. H. ALBRECHT, = Mw. Arbeiten X, Kassel 1957; H. UNVERRICHT, Die Eigenschriften u. d. Originalausg. v. Werken Beethovens in ihrer Bedeutung f. d. moderne Textkritik, = Mw. Arbeiten XVII, Kassel 1960; W. THOENE, Zur Frage d. A. im Cembalo- u. Clavichordspiel, Fs. K. G. Fellerer, Regensburg 1962, S. 535ff. UM

ASCAP, American Society of Composers, Authors and Publishers (USA), Mitglied der → CISAC; Verwertungsgesellschaft musikalischer Rechte; vor der späteren → BMI. – Aufbau und Aufgaben dieser Gesellschaften entsprechen etwa denen der → GEMA.

Asperges me (Ps. 50, 9), Antiphon bei der seit dem 9. Jh. nachweisbaren feierlichen Austeilung des Weihwassers (Aspersion) vor dem sonntäglichen Hochamt (mit Psalmvers *Miserere*, Ps. 50, 3, und kleiner Doxologie, die jedoch am Passions- und Palmsonntag fortfällt). In der österlichen Zeit wird statt des A. m. die Antiphon *Vidi aquam* (inhaltlich entnommen Ezech. 47, 2) mit *Confitemini* (Ps. 117, 1) und kleiner Doxologie gesungen. Beide Antiphonen werden vom Zelebranten »utroque genu« intoniert; die Melodien stehen im → Kyriale.

Aspiration, – 1) → Antizipation; – 2) bei Fr. Couperin (*Pièces de Clavecin*, 1713):

Bei J.-Ph. Rameau (1724) als Son Coupé:

Gleichbedeutend mit dem späteren, ebenfalls mit einem kleinen Vertikalstrich bezeichneten → staccato, eine von der Lautenmusik übernommene Verzierung (D. Gaultier 1669: estouffement; Th. Mace 1676: Tut).

Assonanz → Reim.

Assyrien.
Lit.: CH. G. CUMMINGS, The Assyrian and Hebrew Hymns of Praise, NY 1934; M. WEGNER, Die Musikinstr. d. alten Orients, = Orbis antiquus II, Münster i. W. 1950; H. G. FARMER, The Mus. Instr. of the Sumerians and Assyrians, in: Oriental Studies: Mainly Mus., London (1953); FR. W. GALPIN, The Music of the Sumerians and Their Immediate Successors the Babylonians and Assyrians, = Slg mw. Abh. XXXIII, Straßburg 1955.

a tempo (ital.), im Tempo, bedeutet (wie tempo primo) die Wiederaufnahme des vorangegangenen und nur zeitweilig durch accelerando, ritardando oder freien Vortrag (→ ad libitum, senza tempo, → Tempo rubato usw.) unterbrochenen Hauptzeitmaßes (→ giusto, → misurato); al rigore di tempo, Intensivum zu a → battuta, ganz streng im Takt.

Atonalität. Der Nachteil dieses nach 1900 aufgekommenen Begriffsworts, das allerdings bis heute nicht durch ein anderes ersetzt wurde, besteht in seinem bloß negativen Sinn: atonale Musik bedeutet nichttonale, d. h. melodisch und harmonisch nicht nach den bis dahin bekannten modalen oder harmonisch-funktionalen Gesetzen der → Tonalität gebildete Musik. Das Wort

A., vielfach auf Schönberg und die Wiener Schule gemünzt, stieß dort auf Ablehnung. Nach Schönberg (*Harmonielehre*, in der Auflage von 1922), da er tonal definiert als die *von Ton zu Ton* bestehende Beziehung, ist A. nicht realisierbar (er läßt allenfalls die Begriffe polytonal oder pantonal gelten), – abgesehen davon, daß vielleicht bloß noch nicht erkannt sei, was an die Stelle der bisher nachweisbaren Grundtonbezogenheit der Töne getreten ist (wahrscheinlich *die Tonalität einer Zwölftonreihe*). Berg (1930) nennt das Wort atonal eine Erfindung des *leibhaftigen Antichrist*, da es bei Gegnern neuer Musik nicht in seinem speziell harmonischen Sinne (– keine Bezugnahme auf ein harmonisches Zentrum im Sinne der *Dur- oder Mollskala* und *alten Tonika* –) verstanden werde, sondern sich dazu angeboten habe, *ein Sammelbegriff für ,Unmusik'* zu werden. Auch Webern (1932) nennt atonal ein *schreckliches Wort*, es bedeute *ohne Töne* (gemeint ist im Sinne Schönbergs: ohne Tonbeziehungen). Doch beschrieb auch er das Hauptmerkmal der musikalischen Situation der Wiener Schule vor 1910 ganz im Sinne der traditionellen Bedeutung von Tonalität/A.: *Die Beziehung auf einen Grundton – die Tonalität – ist verlorengegangen.* Im Unterschied zu den genannten Komponisten bedient sich Hauer (1920 und später) des Wortes atonal zur Kennzeichnung dessen, was er musikalisch erstrebt. In eigenwilligen Definitionen unterscheidet er den *rein tonalen Pol* des Musikalischen, bei dem es keine Bewegung in Tonstufen und nur Rhythmus gibt, und den *rein atonalen Pol* des im Idealfall zwölfstufigen, jedoch arhythmischen, auch dynamisch und farblich wenig differenzierten Melos. Die atonale Musik bewegt sich nach Hauer von dem rein atonalen (melischen, geistigen) Pol in Richtung des tonalen (rhythmischen, natürlichen) Pols, ihn aber nur berührend. – Gegenüber der Problematik des Wortes A. bedeutet die Sache, auf die es sich richtet, das Umwälzende der Neuen Musik. Nach einer Periode der »schwebenden Tonalität« (*der Grundton selbst ... war im Raume schwebend, unsichtbar*, Webern) trat A. erstmalig und nahezu ruckartig, dabei sogleich in voller künstlerischer Gültigkeit in Erscheinung in den 5 George-Liedern op. 3 (1907/08) von Webern und in den 3 Klavierstücken op. 11 (1909) von Schönberg. Grundprinzipien der A. sind: Vermeiden von tonalen Bezugspolen (doch nicht Bezugspolen schlechthin) und Ignorieren oder Paralysieren (Lahmlegen) aller Fortschreitungs- und Auflösungstendenzen; Abwesenheit von Klang-»Funktionen«; Gleichrangigkeit der Töne (*die Verbindung aller Töne mit allen*, Hauer); Geltung der Intervalle als qualitativ abgestufte Sonanzen anstelle des Dualismus Konsonanz/Dissonanz, – insgesamt die Befreiung des Tones aus den Vorentscheidungen der Tonalität, um ihn an Sinne gesteigerter → Absolute Musik desto ausschließlicher dem kompositorischen Prozeß verfügbar zu machen. Die wichtigsten gegen die A. erhobenen Einwände richten (oder richteten) sich gegen die Absicht, den natürlichen Gegebenheiten des Tonmaterials ausweichen zu wollen (Hindemith) und gegen die Erhebung der gleichschwebenden Temperatur vom Kompromiß zum Ideal. Indessen entscheidet über Geltung und Sprachfähigkeit der Töne nicht die Natur, sondern die Geschichte, und nicht ein Prinzip der Stimmung, sondern der kompositorische Kontext. Charakteristisch für Weberns atonale Klangtechnik ist sogleich sein op. 3, z. B. aus dem IV. Lied, eine pp-Struktur derart, daß vornehmlich große Septimen den Konsonanzcharakter und die Strebigkeit einzelner Bestandteile des Melos und Klanges aufheben, die so ein In-sich-Ruhendes darstellen, gesättigt von Farbe, schwebend wie »Duft«.

Für die atonale Komposition stellte sich das Problem, die formbildenden, Faßlichkeit und Zusammenhang stiftenden Kräfte der Tonalität zu ersetzen. Charakteristisch für die Zeit der »freien« A. war die Gattung des Liedes, bei welcher der Text als formativer Faktor wirkt, in der Instrumentalmusik die Bagatelle (Webern, op. 9) und das kleine »Stück« (Schönberg, Klavierstücke op. 11 und 19, 5 Orchesterstücke op. 16; Webern, Stücke für Orch. op. 6 und 10, Stücke für V. bzw. Vc. und Kl. op. 7 und 11). Die an die → Zwölftontechnik »gebundene« A. hat kurz nach 1920 Forderungen atonalen Komponierens zur Methode erhoben und damit zugleich ein verstärktes Aufgreifen geschichtlicher musikalischer Techniken und Formen ermöglicht. Atonal aber sind in der Tat sowohl die auf der Zwölftonmethode basierende und die → Serielle Musik als auch etwa die → Elektronische Musik, sofern der Begriff tonal im traditionellen Sinne als Finalis- oder Grundtonbezogenheit verstanden wird. Nimmt man aber an, daß – wie Webern im Einklang mit Schönberg und Berg sagt – *auch bei uns doch ein Grundton vorhanden ist – ich glaube bestimmt daran – aber dieser interessierte uns im Ablauf des Ganzen nicht mehr* (was in dieser Formulierung allerdings fragwürdig ist), oder daß – wie Analysen ergeben – an die Stelle von Grundtönen andere Bezugspole (etwa eine bestimmte, für ein Stück feststehende Melos- oder Klangstruktur) gesetzt sind, oder definiert man den Begriff Tonalität – entsprechend der durch die Neue Musik gewonnenen Erfahrungen – als »Aufeinander-Bezogensein« der Töne schlechthin (zudem etwa in der beständigen Wiederkehr einer → Reihe), so wird der Begriff A. allerdings sinnlos.

Lit.: A. SCHÖNBERG, Harmonielehre, Wien 1911, ⁵1960, engl. NY 1947; A. BAUER, Atonale Satztechnik, Cham 1923, ²1925; D. MILHAUD, Polytonalité et atonalité, RM IV, 1923; J. M. HAUER, Atonale Musik, Mk XVI, 1923/24; DERS., Vom Wesen d. Mus., Lpz. u. Wien 1920, 2. Aufl. (mit d. Untertitel: Ein Lehrbuch d. atonalen Musik), Bln u. Wien 1923 (hierzu: R. STEPHAN, Über J. M. Hauer, AfMw XVIII, 1961); DERS., Zur Einführung in meine »Zwölftonmusik«, Sonder-H. zum IV. Donaueschinger Kammermusikfest 1924; DERS., Vom Melos zur Pauke, Eine Einführung in d. Zwölftonmusik, = Theoretische Schriften I, Wien u. NY (1925); H. EIMERT, Atonale Musiklehre, Lpz. 1924; L. DEUTSCH, Das Problem d. A. u. d. Zwölftonprinzips, Melos VI, 1927; A. HÁBA, Neue Harmonielehre d. diatonischen, chromatischen Viertel-, Drittel-, Sechstel- u. Zwölfteltonsystems, Lpz. 1927; CH. KOECHLIN, Traité de l'harmonie, Paris 1928–30; DERS., Tonal ou atonal, in: Le Ménestrel XCVIII, 1936; A. BERG, Was ist atonal?, Rundfunkdialog Radio Wien 1930, Erstdruck in: Wiener Musikzs. »23«, Nr 26/27, 1936, ferner in: J. Rufer, Musiker über Musik, Darmstadt 1955, u. in: Kontrapunkte, Schriften zur deutschen Musik d. Gegenwart, hrsg. v. H. Lindlar, Bd II, Die Stimme d. Komponisten, Rodenkirchen/Rhein 1958; D. PAQUE, L'atonalité, ou mode chromatique unique, RM XI, 1930; A. MACHABEY, Dissonance, polytonalité, atonalité, RM XII, 1931; A. WEBERN, Wege zur Neuen Musik (Vorträge Wien 1932/33), hrsg. v. W. Reich, Wien 1960; E. KŘENEK, Über neue Musik, Wien 1937, engl. als: Music Here and Now, NY 1939; P. HINDEMITH, Unterweisung im Tonsatz (Theoretischer Teil), Mainz 1937, ²1940; N. OBUCHOW, Traité d'harmonie tonale, atonale et totale, Paris 1946; H. PFROGNER, Die Zwölfordnung d. Töne, Zürich, Lpz. u. Wien 1953; FR. NEUMANN, Tonalität u. A., = Beitr. zu Gegenwartsfragen d. Musik I, Landsberg am Lech 1955; R. RÉTI, Tonality – Atonality – Pantonality, London 1958; G. PERLE, Serial Composition and Atonality, Berkeley, Los Angeles u. London 1962; K. H. EHRENFORTH, Ausdruck u. Form, Schönbergs Durchbruch zur A. in d. George-Liedern op. 15, = Abh. zur Kunst-, Musik- u. Lit.-Wiss. XVIII, Bonn 1963.   HHE

attacca (ital.), falle ein; Vorschrift bei Tempowechsel oder am Ende eines ganzen Satzes, das Folgende unmittelbar anzuschließen; attacca subito: sofort weiter.

Attacco (ital., »Angriff«), ein kurzes, aus wenigen Tönen bestehendes Motiv, das imitierend verarbeitet wird. Im Gegensatz zu → Andamento und → Soggetto ist A. im 18. Jh. ein Thementyp, der auf Grund seiner gedrängten Knappheit zwar selten als Kopfthema (wie in J. S. Bachs Fugen A dur aus Teil I und Cis dur aus Teil II des *Wohltemperierten Klaviers*, BWV 864 und 872), aber häufig als Imitationsimpuls im Satzinneren verwendet wird.

Attack (ət'æk, engl., »Angriff«), das für den Jazz typische laute, vehemente Anspielen eines Tones, wobei die Tonhöhe nicht direkt, sondern in kurzem, attackierendem Anlauf erreicht wird. Der A. hat seine Wurzeln im naturhaften, vitalen Musizieren der Neger (→ Hot-Intonation), spielte dann aber als expressives Element im Jazz bis in die Swing-Ära eine entscheidende Rolle. Im modernen Jazz kann der A. zugunsten der Jazzphrasierung in den Hintergrund treten.

Aubade (ob'ad, frz.; span. alborada; prov. alba; von frz. aube, Tagesgrauen, Morgenröte), → Tagelied. – Im 17./18. Jh. wurden A.s an den Höfen als Morgenständchen musiziert wie die abendlichen Serenaden. Im 19. Jh. kam A. als Titel von Charakterstücken auf, z. B. das Klavierlied *A.* von Bizet, *A. et Allegretto* für Streicher und Bläser von E. Lalo (1872), die *A.* für Kl. und 18 Instrumente von Fr. Poulenc (1929) und *Alborada del gracioso* aus den *Miroirs* für Kl. von Ravel.

Aube (o:b, altfrz.) → Tagelied.

au chevalet (o ʃval'ɛ, frz.) → sul ponticello.

Audition colorée (odisj'ɔ̃ kɔlɔr'e, frz.) → Farbenhören.

Auffassungsdissonanz (auch Scheinkonsonanz). Innerhalb der Funktionstheorie sind A.en 1) alle Klänge, die isoliert betrachtet nur konsonante Verhältnisse aufweisen, auf Grund ihres musikalischen Zusammenhanges jedoch als Dissonanzen empfunden werden (z. B. die Quarte als Vorhalt vor der Terz; die Sexte als Vorhalt vor der Quinte; der $^6_4$-Akkord als Vorhalt vor einem $^5_3$-Akkord); 2) alle Klänge, die enharmonisch verwechselt zwar mit konsonanten identisch, doch musikalisch als Dissonanzen gedacht sind. So ist z. B. das Intervall c–dis mathematisch eine Konsonanz (kleine Terz), doch auf Grund seines musikalischen Zusammenhanges eine Dissonanz (übermäßige Sekunde), die sich als Vorhalt in die große Terz c–e auflösen muß. Die A.en gewähren dem musikalischen Satz sehr wichtige Freiheiten, die für die absoluten Dissonanzen (Septime, Sekunde, verminderte Quinte bzw. übermäßige Quarte) ausgeschlossen sind. In H. Riemanns Funktionstheorie und in seiner Fassung der Kontrapunktlehre spielen die A.en (dort Scheinkonsonanzen genannt) eine wichtige Rolle.

Aufführungspraxis ist generell der Inbegriff der Techniken, Regeln und Gewohnheiten, die zwischen Notentext und erklingender Musik vermitteln, speziell als »A. alter Musik« die Rekonstruktion geschichtlicher Ausführungsweisen in der heutigen Praxis. – In der Geschichte der Mehrstimmigkeit ist die Differenz zwischen Schrift und Klangbild, also der Anteil der Improvisation, um so größer, je weiter man zurückgeht. Seit dem letzten Drittel des 18. Jh. ist die musikalische Schrift annähernd vollständig, ohne daß das nicht und das nur partiell Notierte, wie die Agogik, die Phrasierung, die Art der Akzentuierung (Dynamik), bedeutungslos wären. Das entgegengesetzte Extrem bilden Aufzeichnungen des frühen 12. Jh., die ein Organum als bloßes Konsonanzengerüst notieren; nicht nur die Besetzung und das Tempo, sondern sogar die Rhythmik und die melodische Ausfüllung des Tongerüstes sind hier eine Sache der Aufführung. – Die Differenz zwischen der Schrift und dem Klangbild alter Musik ist in der Palestrina-Renaissance des 19. Jh. verkannt worden; das zerdehnte Zeitmaß, das aus der Gleichsetzung der Semibrevis des 16. Jh. mit der ganzen Note des 19. Jh. resultierte, erschien als *schwerer, gewichtiger Fortgang* echter Kirchenmusik (Wackenroder). Die Solesmer Choralrestauration sah sich dem Problem des Choralrhythmus, die Bach-Renaissance dem des Generalbasses gegenüber. In welchem Ausmaß mit *verloren gegangenen Selbstverständlichkeiten* (H. Riemann) zu rechnen ist, zeigte sich allerdings erst bei dem Versuch, Musik des Mittelalters zu reproduzieren (W. Gurlitts Vorführungen mittelalterlicher Musik in Karlsruhe 1922 und in Hamburg 1924). Und seit den 20er Jahren wurde der Sachverhalt, daß *die Musikgeschichte auch eine Geschichte des Klanges und des Hörens umfaßt* (H. Besseler), mit einem Nachdruck betont, der seine Wirkung auf das musikalische Bewußtsein der reproduzierenden Musiker und des Konzertpublikums nicht verfehlte. – Es mag in der Natur des Gegenstandes begründet sein, daß die Erforschung der A. zu einem nicht geringen Teil eine Geschichte von Kontroversen ist. In Polemiken, Repliken und Dupliken ist das Material über den Choralrhythmus und die Musica ficta, über die vokale oder instrumentale oder vokal-instrumentale Besetzung der Notre-Dame-Organa, des Trecentomadrigals oder der niederländischen Polyphonie, über das Chiavettenproblem und die gleich- oder ungleichschwebende Stimmung, über das wenig- oder vielstimmige Generalbaßspiel und das einfache oder manierliche (ausgezierte) Akkompagnement, über die Besetzung der Motetten und der Passionschoräle Bachs, über die rhythmischen Bedeutungen der punktierten Note und die »harmonische Ausfüllung« des 2st. Klaviersatzes im 18. Jh. zusammengetragen worden. Die Auseinandersetzungen lassen erkennen, daß eine Erforschung der A., die zu sicheren Ergebnissen kommen will, kaum ohne Verbindung verschiedener Methoden möglich ist; Abbildungen müssen mit Kapellverzeichnissen, literarische Zeugnisse über Gesangs- und Spielweisen mit rezenten Traditionen verglichen werden. Andererseits zwingt die Art der Quellen oft zu zurückhaltender Interpretation. Aufführungsberichte schildern eher denkwürdige Ausnahmen als die Normen des Alltags; notierte Muster der Improvisations- oder Verzierungskunst sind keine Protokolle der musikalischen Wirklichkeit; und wer in Theoretikerzeugnissen reale von spekulativen Momenten oder in Musikdarstellungen der bildenden

Kunst und der Dichtung deskriptive von allegorischen Zügen zu unterscheiden versucht, begegnet der Schwierigkeit, daß die Frage nach dem empirischen Gehalt quer zum ursprünglichen Sinn der Dokumente steht. – Die Quellen zur A. des 14. bis 17. Jh. vermitteln das Bild eines bunten Mannigfaltigkeit. Der Begriff der »authentischen« Wiedergabe muß, wenn nicht preisgegeben, so doch modifiziert werden. Denn die A. war in einem heute ungewohnten Maße von der Funktion und »Gelegenheit« der Aufführung, dem Raum und den verfügbaren Mitteln oder den Fähigkeiten der Musiker abhängig. Der musikalische Text wurde, wie der eines Dramas, »in Szene gesetzt«. Die Besetzung war vokal, instrumental oder vokal-instrumental gemischt; man ließ Stimmen weg oder improvisierte Zusatzkontrapunkte aus dem Stegreif (alla mente), und der Notentext wurde unverändert oder mit Verzierungen und Diminutionen vorgetragen. Aus der Vielfalt der Möglichkeiten heben sich feste Typen wie die alternatim-Praxis und die Gruppierung der Instrumente in »hauts« und »bas« (»starke« und »stille«) heraus. Andererseits ist es nicht »unhistorisch«, essentielle von akzidentellen Aufführungspraktiken zu unterscheiden; daß die durchimitierten Motetten des 16. Jh. in vokalinstrumental gemischter Besetzung aufgeführt oder auf die Orgel übertragen (abgesetzt) werden konnten, ändert nichts an ihrer primär vokalen Struktur. – Die instrumentalen Besetzungen beruhten bis zum frühen 17. Jh. auf dem Prinzip, die Stimmen zu differenzieren (»Spaltklang«). Bei doppelter Besetzung einer Stimme wurden verschiedene Instrumente gekoppelt; das erste Orchester, in dem die mehrfache Besetzung einer Stimme durch das gleiche Instrument zum Prinzip erhoben ist, sind im 17. Jh. die 24 Streicher des französischen Königs (vingt-quatre violons du Roy). – Der Rekonstruktion des äußeren Klangbildes muß, wenn sie als Interpretation gelten soll, eine *Ergründung des Musikalisch-Organischen* (R. v. Ficker), der Phrasierung und Artikulation, des Tempos und der Dynamik, entsprechen. Die Vorstellung, daß die Vokalmusik und die instrumentale Ensemblemusik des 17. und des frühen 18. Jh. in einem undifferenzierten, einzig durch abrupten Forte-Piano-Wechsel (»Terrassendynamik«) gegliederten Gleichmaß vorgetragen worden seien, hat sich als »neu-sachliche« Übertreibung erwiesen. Bereits die Ablösung der Falsettisten durch Kastraten um 1600 war mit einer Verfeinerung der Dynamik (Crescendo und Diminuendo auf lang ausgehaltenen Tönen) und der Stimmfärbung verbunden; und in Erörterungen über das Tempo, den Vortrag und das Verzierungswesen herrscht im 17. und 18. Jh. der Grundsatz der Affektdarstellung. Urteile über die Dynamik und Phrasierung vor 1600 sind hypothetisch; doch ist »Einfühlung« eine unverächtliche historische Methode. – Die Restauration der A. alter Musik in der musikalischen Praxis der Gegenwart hat gegenüber naiven Verzerrungen geschichtlicher Klang- und Vortragsstile das Recht auf ihrer Seite, ist aber selbst nicht unproblematisch. Einerseits ist es unvermeidlich, daß Mängel im historischen Wissen als positive musikalische Merkmale erscheinen; aus dem Sachverhalt, daß wir über dynamische Abstufungen nicht unterrichtet sind, resultiert das Verfahren, Musik des 14. bis 16. Jh. in gleichmäßigem Mezzoforte vorzutragen. Andererseits ist eine Rekonstruktion des akustischen Faktums, wäre sie auch lückenlos, nicht das gleiche wie eine Wiederherstellung des musikalischen Phänomens. Und aus der Einsicht, daß wir zwar den Klang, aber nicht die Musiker, die ihn vollzogen, restaurieren können, sind verschiedene Konsequenzen gezogen worden, die auf divergierende geschichtsphilosophische Voraussetzungen zurückgeführt werden können. Wird Geschichte als bloße Bedingung des Entstehens und Wirkens eines in seinem Gehalt ihr enthobenen Werkes begriffen, so ist es möglich, alte Musik in die Gegenwart zu »transponieren«; Bearbeitungen sind dann legitim, denn der Gehalt muß, um in der Wirkung der »gleiche« zu sein, in einem anderen Klang erscheinen. Unter der Voraussetzung aber, daß der Gehalt eines Werkes an das vergangene Klangbild gebunden sei, ist eine Veränderung eine Verfälschung. Der geschichtliche Abstand braucht jedoch keine Entfremdung zu bedeuten, denn das Bewußtsein von Vergangenem (als Vergangenem) gehört zur Gegenwart (Thr. Georgiades). Schließlich kann der Sachverhalt, daß ein Werk heute andere Züge hervorkehrt als zu seiner Entstehungszeit, als Veränderung des Werkes selbst, als seine Entfaltung in der Geschichte, interpretiert werden (Th. W. Adorno); eine Bearbeitung wie A. v. Weberns Instrumentation des 6st. Ricercars aus dem *Musicalischen Opfer* ist dann weder die Transposition eines der Vergangenheit enthobenen noch die Verfälschung eines an sie gebundenen, sondern die Ausprägung eines sich geschichtlich entwickelnden Gehalts.

Lit.: Allgemeines: G. SCHÜNEMANN, Gesch. d. Dirigierens, = Kleine Hdb. d. Mg. nach Gattungen X, Lpz. 1913; J. WOLF, Über d. Wert d. A. für d. hist. Erkenntnis, Kgr.-Ber. Lpz. 1925; W. GURLITT, Die Wandlungen d. Klangideals d. Org...., in: Ber. über d. Freiburger Tagung f. deutsche Orgelkunst, Augsburg 1926; W. LANDOWSKA, Music of the Past, London u. NY 1926; A. SCHERING, Hist. u. nationale Klangstile, JbP XXXIV, 1927; DERS., Vom mus. Vortrage, JbP XXXVII, 1930; DERS., A. alter Musik, = Musikpadagogische Bibl. X, Lpz. 1931; R. HAAS, d. Musik, Bücken Hdb.; E. BODKY, Der Vortrag alter Klaviermusik, Bln 1932; G. PIETZSCH, Der Wandel d. Klangideals in d. Musik, AMl IV, 1932; E. BORREL, L'interprétation de la musique frç., Paris 1934; H. BESSELER, Musik u. Raum, in: Musik u. Bild, Fs. M. Seiffert, Kassel 1938; E. T. FERAND, Die Improvisation in d. Musik, Zürich (1939); B. DISERTORI, Antichità del sonar con espressione, RMI XLIV, 1940; F. DORIAN, The Hist. of Music in Performance, NY 1942; K. G. FELLERER, Die Aufführung alter Musik, Das Musikleben V, 1952; DERS., Die Klangwirklichkeit im mus. Erbe, ebenda VI, 1953; H. NATHAN, The Sense of Hist. in Mus. Interpretation, MR XIII, 1952; H. F. REDLICH, Original u. Bearbeitung, Das Musikleben V, 1952; TH. DART, The Interpretation of Music, London 1954; K. BLAUKOPF, »Hist. Klangtreue«, Gravesaner Blätter II, 1956, H. 6; H. TOPEL, Klangästhetik u. A., Mf IX, 1956; D. J. GROUT, On Hist. Authenticity in the Performance of Old Music, in: Essays on Music, Fs. A. Th. Davison, Cambridge (Mass.) 1957; H. HECKMANN, Zum Verhältnis v. Musikforschung u. A. alter Musik, Mf 1957; R. MATTHES, Lebendige A., SMZ XCIX, 1959; THR. GEORGIADES, Musik u. Schrift, München 1962; G. FROTSCHER, A. alter Musik, Locarno 1963.

MA u. Renaissance: O. KINKELDEY, Org. u. Kl. in d. Musik d. 16. Jh., Lpz. 1910; H. PRUNIÈRES, La musique de la chambre et de l'écurie sous le règne de François Ier, L'Année mus. I, 1911; A. SCHERING, Das kolorierte Orgelmadrigal d. Trecento, SIMG XIII, 1911/12; DERS., Die nld. Orgelmesse im Zeitalter d. Josquin, Lpz. 1912; H. SPRINGER, Der Anteil d. Instrumentalmusik an d. Lit. d. 14.–16. Jhs., ZIMG XIII, 1911/12; H. LEICHTENTRITT, Einige Bemerkungen über d. Verwendung d. Instr. im Zeitalter Josquin's, ZIMG XIV, 1912/13; TH. KROYER, A cappella und conserto, Fs. H. Kretzschmar, Lpz. 1918; DERS., Zur A-cappella-Frage, AfMw II, 1919/20; DERS., Zur A., Fs. D. Fr. Scheurleer, 's Gravenhage 1925; FR. LUDWIG, Musik d. MA in d. Badischen Kunsthalle Karlsruhe, ZfMw V, 1922/23; H. BESSELER, Musik d. MA in d. Hamburger Musikhalle, ZfMw VII, 1924/25; DERS., Die Besetzung d. Chansons im 15. Jh., Kgr.-Ber. Utrecht 1952; DERS., Umgangsmusik u. Darbietungsmusik im 16. Jh., AfMw XVI, 1959; H. ALBRECHT, Die A. d. ital. Musik 14. Jh., Diss. Bln 1925, maschr.; J. HANDSCHIN, Die ma. Aufführungen in Zürich, Bern u. Basel, ZfMw X, 1927/28; C. SACHS, Die Besetzung 3st. Werke um 1500, ZfMw XI, 1928/29; R. v.

FICKER, Perotinus: Organum quadruplum »Sederunt principes«, Wien 1930; DERS., Grundsätzliches zur ma. A., Kgr.-Ber. Utrecht 1952; E. ELSNER, Untersuchung d. instr. Besetzungspraxis d. weltlichen Musik im 16. Jh. in Italien, Diss. Bln 1935, maschr.; A. GEERING, Texierung u. Besetzung in L. Senfls Liedern, AfMf IV, 1939; M. F. BUKOFZER, On the Performance of Renaissance Music, Proceedings of the Music Teachers National Ass. XXXVI, 1941; CH. VAN DEN BORREN, Sur l'interprétation des pièces vocales polyphoniques du XVIe s., Bull. de l'Acad. Royale de Belgique XXIII, 1942; I. HORSLEY, Improvised Embellishment in the Performance of Renaissance Polyphonic Music, JAMS IV, 1951; H. HECKMANN, Zur A. d. Musik d. 15. u. 16. Jh., Musik u. Altar V, 1953; F. MOMPELLIO, L'esecuzione »espressiva« nella pratica mus. del '500, Musica Sacra I, 1956; R. REANEY, Voices and Instr. in the Music of Guilleaume de Machaut, RBM X, 1956; E. A. BOWLES, Were Mus. Instr. used in the Liturgical Service during the MA?, The Galpin Soc. Journal X, 1957; DERS., The Role of Mus. Instr. in Medieval Sacred Drama, MQ XLV, 1959; W. KRÜGER, Die authentische Klangform d. primitiven Organum, = Mw. Arbeiten XIII, Kassel 1958; DERS., Aufführungspraktische Fragen ma. Mehrstimmigkeit, Mf IX, 1956 – XI, 1958; C. DAHLHAUS, Zur A. d. 16. Jh., MuK XXIX, 1959; L. FINSCHER, Aufführungspraktische Versuche zur geistlichen Musik d. 15. u. 16. Jh. im Westdeutschen Rundfunk Köln, Mf XIII, 1959; N. BRODER, The Beginnings of the Orch., JAMS XIII, 1960.
Barock: FR. VOLBACH, Die Praxis d. Händel-Aufführung, Bonn 1899; H. KRETZSCHMAR, Einige Bemerkungen über d. Vortrag alter Musik, JbP VII, 1900; H. LEICHTENTRITT, Zur Vortragspraxis d. 17. Jh., Kgr.-Ber. Wien 1909; H. QUITTARD, L'orch. des concerts de chambre au XVIIe s., ZIMG XI, 1909/10; R. CAHN-SPEYER, Über hist. korrekte Aufführungen älterer Musik, Mk XI, 1911/12; E. NEUFELDT, Zur Frage d. Aufführung alter Musik, ebenda; A. DOLMETSCH, The Interpretation of the Music of the XVIIth and XVIIIth Cent., London (1916, ²1946); M. SCHNEIDER, Die Besetzung d. vielst. Musik d. 17. Jh., AfMw I, 1918/19; H. MERSMANN, Beitr. zur A. d. vorklass. Kammermusik, AfMw II, 1919/20; A. SCHERING, Die Besetzung Bachscher Chöre, Bach-Jb. XVII, 1920; DERS., Bachs Leipziger Kirchenmusik, Lpz. 1936; E. BORREL, L'interprétation de Lully d'après Rameau, Rev. de Musicol. XIII, 1929; P. KLEBS, Die mus. A. zu Anfang d. 17. Jh., Die Musikerziehung VII, 1930; H. HOFFMANN, Zur A. v. Motetten alter Meister, MuK V, 1933; J. AMANN, Allegris Miserere u. d. A. in d. Sixtina, Regensburg 1935; H. BIRTNER, Fragen d. A., insbesondere d. Continuobesetzung bei H. Schütz, DMK III, 1938/39; R. UNGER, Die mehrchörige A. bei M. Praetorius, Wolfenbüttel 1941; R. DONINGTON, On Interpreting Early Music, ML XXVIII, 1947; DERS., The Interpretation of Early Music, London 1963; P. C. ALDRICH, Bach's Technique of Transcription and Improvised Ornamentation, MQ XXXV, 1949; DERS., The »Authentic« Performance of Baroque Music, in: Essays on Music, Fs. A. Th. Davison, Cambridge (Mass.) 1957; A. DÜRR, Zur A. d. Vor-Leipziger Kirchenkantaten J. S. Bachs, MuK XX, 1950; GL. HAYDON, On the Problem of Expression in Baroque Music, JAMS III, 1950; A. MENDEL, On the Keyboard Accompaniment to Bach's Lpz. Church Music, MQ XXXVI, 1950; W. EHMANN, A. d. Bachschen Motetten, MuK XXI, 1951; DERS., H. Schütz in unserer mus. Praxis, in: Bekenntnis zu H. Schütz, Kassel 1954; DERS., H. Schütz: Die Psalmen Davids 1619 in d. A., MuK XXVI, 1956; H.-P. SCHMITZ, Prinzipien d. A. Alter Musik, Bln 1950; DERS., Über d. Wiedergabe d. Musik J. S. Bachs, Bln 1951; W. GURLITT, Das hist. Klangbild im Werk J. S. Bachs, Bach-Jb. XXXIX, 1951/52; DERS., Vom Klangbild d. Barockmusik, in: Die Kunstformen d. Barockzeitalters, = Slg Dalp LXXXII, Bern u. München 1956; W. GLOCK, Some Notes on Performance, The Score VII, 1952; H. CHR. WOLFF, Moderne A. d. Barockoper, Das Musikleben V, 1952; H. KOCK, Zwei Probleme d. Bachpraxis, Mf VI, 1953; FR. ROTHSCHILD, The Lost Tradition – Rhythm and Tempo in J. S. Bach's Time, London 1953; R. STEPHAN, Die Vox alta bei Bach, MuK XXIII, 1953; L. CERVELLI, »Del sonare sopra 'l basso con tutti li stromenti«, RMI LVII, 1955; W. EMERY, The Interpretation of Bach, The Mus. Times XCVI, 1955; W. KOLNEDER, A. bei Vivaldi, Lpz. 1955; W. BLANKENBURG, Zur A. u. Wiedergabe v. Bach'schen Choralsätzen, MuK XXVI, 1956; A. GOLDSBOROUGH, Zur Händelschen A., Händel-Jb. II (VIII), 1956; R. MATTHES, Gb.-Probleme in d. modernen A., SMZ XCVII, 1957; M. PINCHERLE, On the Rights of the Interpreter in the Performance of 17th and 18th Cent. Music, MQ XLIV, 1958; DERS., Des manières d'exécuter la musique aux XVIIe et XVIIIe s., Kgr.-Ber. NY 1961, Bd I; E. BODKY, The Interpretation of Bach's Keyboard Works, Cambridge (Mass.) 1960; TH. DART, Performance Practice in the 17th and 18th Cent., Kgr.-Ber. NY 1961; A. COHEN, A Study of Instr. Ensemble Practice in XVIIth Cent. France, The Galpin Soc. Journal XV, 1962.

Neuere Zeit: F. V. WEINGARTNER, Ratschläge f. Aufführungen d. Symphonien Beethovens, Lpz. 1916; E. STILZ, Über harmonische Ausfüllung in d. Klaviermusik d. Rokoko, ZfMw XIII, 1930/31; W. GEORGII, Darf man Klaviermusik d. 18. Jh. harmonisch ausfüllen?, Das Musikleben I, 1948; KL. BLUM, Bemerkungen A. Reichas zur A. d. Oper, Mf VII, 1954; H. ENGEL, Probleme d. A., Mozart-Jb. 1955; W. FISCHER, Selbstzeugnisse Mozarts für d. Aufführungsweise seiner Werke, ebenda; E. u. P. BADURA-SKODA, Mozart-Interpretation, Wien 1957; FR. ROTHSCHILD, The Lost Tradition – Mus. Performance in the Times of Mozart and Beethoven, London 1961; TH. W. ADORNO, Neue Tempi, in: Moments mus., Ffm 1964.   CD

Aufführungsrecht ist ein Bestandteil des →Urheberrechts und bedeutet das Recht, ein Werk der Musik durch persönliche Darbietung öffentlich zu Gehör zu bringen oder ein Werk öffentlich bühnenmäßig darzustellen. Hierzu zählen die Wiedergabe inner- und außerhalb geschlossener Räume, im Rahmen der Vorführung von Filmen, durch Abspielen von Schallplatten und anderen Tonträgern, sowie die Wiedergabe durch Lautsprecher in öffentlichen Lokalen. Für alle diese Aufführungen, soweit sie als öffentliche gelten, gesteht das (Urheber-)Gesetz dem Berechtigten eine Vergütung zu. Diese Vergütungsansprüche werden in der Berufssprache »Kleine Aufführungs-Rechte« genannt. Die Wiedergabe eines Werkes ist öffentlich, wenn sie für eine Mehrzahl von Personen bestimmt ist, es sei denn, daß der Kreis dieser Personen bestimmt abgegrenzt ist und sie durch gegenseitige Beziehungen oder durch Beziehung zum Veranstalter persönlich untereinander verbunden sind. Die Öffentlichkeit beginnt also dort, wo der häusliche oder private Kreis aufhört. Als solcher ist nur anzusehen ein Familien- und enger Bekanntenkreis; auch Tanzunterrichtsstunden im kleineren Rahmen fallen hierunter, desgleichen die Gemeinschaft von Lehrern und Schülern. Aufführungen innerhalb von Vereinen sind öffentlich, wenn es an einem engeren persönlichen Band zwischen den Vereinsmitgliedern fehlt. Es kommt hier auf die Anzahl der Vereinsmitglieder und die Beziehungen zwischen ihnen an. Die Aufführung in einem Musikverein, dessen Mitglieder sich zu gemeinsamem Musizieren zusammengeschlossen haben, kann privaten Charakter tragen. Wenn der Kreis der Zuhörer jedoch erheblich erweitert wird durch passive Mitglieder oder Gäste, wird die Aufführung öffentlich. – Öffentlichkeit ist auch gegeben bei Aufführung von Musik in Betrieben mit Ausnahme ausgesprochener Kleinbetriebe. Das gilt auch für die sogenannte Betriebsmusik, worunter man Musikaufführungen bei der Arbeit selbst versteht. Öffentliche Aufführungen sind nur ausnahmsweise genehmigungs- und vergütungsfrei, wenn keinerlei gewerbliches Interesse vorliegt, weder vom Veranstalter selbst, noch von Dritten. Wenn z. B. ein Verein die öffentliche Aufführung in einem von ihm gemieteten Saal eines Gasthauses veranstaltet und der Gastwirt die Lieferung der Speisen und Getränke übernommen hat, dient die Veranstaltung dem gewerblichen Zweck des Gastwirtes. Sie ist damit genehmigungspflichtig. Auch die Wiedergabe von Musik bei

Betriebsfeiern dient dem gewerblichen Zweck eines Unternehmens, da sie die Betriebsgemeinschaft und die Verbundenheit fördern soll. Aber selbst bei Fehlen des gewerblichen Zweckes sind Aufführungen genehmigungs- und vergütungspflichtig, wenn ein Eintrittsgeld erhoben wird. Gleichgültig ist hierbei, ob an Stelle von Eintrittskarten das Entgelt in Form von Garderobengebühren, Programmverkäufen, Kurtaxen, Abonnements usw. gefordert wird. Da die einzelnen Urheber oder sonstigen Berechtigten die ihnen unter Umständen aus Hunderttausenden von Aufführungen zustehenden Vergütungen nicht selbst übersehen und kassieren können, werden die A.e zur Wahrnehmung an Verwertungsgesellschaften übertragen. In Deutschland verwaltet die → GEMA die »Kleinen Rechte« der Komponisten, Textdichter und Verleger. Mit Aufkommen des Rundfunks entstand eine neue wichtige Art der mechanischen Wiedergabe von Musikwerken: die Hör- und die Fernsehsendung (in Deutschland Hörfunk seit 1923; Fernsehen seit 1952). Senderecht ist das Recht, das Werk durch Funk, wie Ton- und Fernsehrundfunk, Drahtfunk oder ähnliche technische Einrichtungen, der Öffentlichkeit zugänglich zu machen. Es wird, soweit es als »Kleines Recht« gilt, ebenfalls der GEMA zur kollektiven Wahrnehmung übertragen. Neben den »Kleinen Rechten« gibt es die »Großen (Aufführungs-)Rechte«; hiervon ist die Rede bei musikdramatischen Werken (Opern, Balletten usw.), also bei Werken, die szenisch aufgeführt werden oder werden können. Diese Rechte werden meist von den Verlegern im Auftrag des Komponisten verwaltet, da hier eine sehr individuelle Behandlung erforderlich ist, die bei der gegebenen Pauschalverwaltung durch die GEMA nicht möglich wäre. Die Aufführungsgebühren der Bühnen heißen Tantiemen. In Deutschland war bis zum Inkrafttreten des Urheberrechtsgesetzes von 1901 die Verwertung des A. an die Formalität gebunden, daß es ausdrücklich durch einen Aufdruck auf den Musiknoten vorbehalten werden mußte. Im Ausland hat es eine solche Vorschrift nicht gegeben. Das A. und das Senderecht sind heute durch die Urheberrechtsgesetze und die Rechtsprechung aller Länder international anerkannt und gewährleistet.

Lit.: W. BAPPERT u. E. WAGNER, Internationales Urheberrecht, Kommentar zur revidierten Berner Übereinkunft u. zum Welturheberrechtsabkommen, München u. Bln 1956; E. SCHULZE, Urheberrecht in d. Musik u. d. deutsche Urheberrechtsges., Bln ²1956; M. RINTELEN, Urheberrecht u. Urhebervertragsrecht, Wien 1958; H. HUBMANN, Urheber- u. Verlagsrecht, München u. Bln 1959; E. ULMER, Urheber- u. Verlagsrecht, Bln, Göttingen u. Heidelberg ²1960; Deutscher Bundestag, Drucksache IV/270 v. 23. März 1962, S. 68ff.

Auflösung (lat. resolutio) nennt man sowohl das Weiterführen einer Dissonanz in eine Konsonanz als auch das Fortschreiten eines Klanges in seine ihm zugehörige Tonika oder in den durch seine alterierten Töne geforderten Zielakkord (→Alterierte Akkorde). Da im allgemeinen die A. als Entspannung empfunden wird, kann sinnvoll nur bei der Art von Musik von A. gesprochen werden, deren Fortschreitungsprinzip auf der Polarität von Spannung (Dissonanz bzw. Dominante) und Entspannung (Konsonanz bzw. Tonika) beruht, der also ein gewisser Zwang zur A. innewohnt. Für die europäische Musik gilt dies vom Aufkommen des Dur-Moll-Prinzips im ausgehenden 15. Jh. bis zu dessen Auflösung im späten 19. und beginnenden 20. Jh. Während die mittelalterliche Mehrstimmigkeit die A. im obengenannten Sinne noch nicht kennt, da die Art ihrer Fortschreitung im wesentlichen auf der Führung von Stimmen zwischen perfekten Klängen beruht, die vom Cantus prius factus in ihrer Abfolge geregelt werden, kennt die Neue Musik die A. nicht mehr, sofern für sie zwischen Intervallen oder Klängen einzig graduelle, nicht prinzipielle Unterschiede gelten; d. h. indem für sie die Einteilung der Klänge in dissonante und konsonante nicht mehr geboten ist, wird der Zwang zur A. hinfällig. Die Funktionsharmonik als Theorie des Dur-Moll-Prinzips unterscheidet auf der Basis der Kadenz zwei Arten von A.en, die mit schließender und die mit fortschreitender Wirkung. Mit der ersteren ist durchweg das Weiterführen eines Klanges in die ihm zugehörige Tonika gemeint (z. B. D^7-T), aber auch das Weiterführen eines klangfremden Tones in einen dem Klang eigenen Ton (z. B. → Vorhalt und → Wechselnote). Unter der zweiten versteht man im allgemeinen den Trugschluß mit seinen verschiedenen Variationsmöglichkeiten. Diese Art der A. ist also vieldeutig. Sie führt entweder in einen die Tonika vertretenden Klang (z. B. D^7-Tp) oder aber in einen solchen, der durch Einsetzen einer Dissonanz (z. B. Septime) sogleich umgeformt wird und seinerseits der A. bedarf (z. B. Sequenzketten von Dominantseptakkorden wie $\mathbb{D}^7-\mathbb{D}^7-D^7-T$). Zur letztgenannten Art der A. gehört im erweiterten Sinne das bereits im Barock theoretisch erfaßte (→ Abruptio), namentlich dann im 19. Jh. immer häufigere Abbrechen eines dissonanten Klanges, ohne daß eine A. erfolgt. Vielmehr ist in diesen Fällen die Absicht des Komponisten, die A. vom Hörer auf Grund des schon Gehörten bewußt oder unbewußt nachvollziehen zu lassen; die A. ist gewissermaßen eine ideelle. Die primäre Wirkung der A.en mit fortschreitendem Charakter besteht darin, daß sie im Hörer Erwartungen hervorrufen, die sie erfüllen oder nicht erfüllen. *Auf der Erfüllung solcher Erwartungen beruht die Selbstverständlichkeit musikalischer Entwicklung, auf ihrer Nichterfüllung das Überraschende von Anderswendungen* (Riemann). Satztechnisch werden die verschiedenen Arten der A.en nach den in der Harmonie- bzw. Kontrapunktlehre aufgestellten Gesetzen der → Stimmführung geregelt. EB

Auflösungszeichen (engl. natural; frz. bécarre), ♮, hebt die Geltung von →Akzidentien (♯, ♭, 𝄪, ♭♭) auf und stellt den Stammton wieder her. Soll nach einem versetzten Ton ein anderer versetzter derselben Stufe eintreten, so genügt durchaus das diesen deutlich fordernde neue Zeichen, und es bedarf nicht außerdem noch eines ♮, das das alte aufhebt. ♮♯, ♮♭ wie auch ♮♮ sind zwar korrekte und oft verwendete, jedoch nicht notwendige Zeichenhäufungen. Zeichen, die nur als Lesehilfen im Takt hinzugefügt oder wiederholt werden, sind oft durch Einklammerung oder kleineren Druck gekennzeichnet.

Aufsätze heißen in der Orgel die Schallbecher der → Lingualpfeifen. Sie sind trichterförmig (Trompete, Posaune, Oboe) oder zylindrisch (Dulzian, Krummhorn, Regal). Auch kompliziertere Formen sind häufig (Bärpfeife, Kopftrompete, Knopfregal). Die A. dienen nicht der Schallerzeugung, sondern wirken als → Resonator. Bei der »natürlichen« Länge des Bechers stimmt dessen Eigenfrequenz mit der Zungenfrequenz überein. Sie ist für zylindrische A. gleich der Hälfte der Länge einer offenen Labialpfeife, also für 8'-Register gleich 4'. Für trichterförmige A. liegt die natürliche Becherlänge etwa bei 2 Dritteln, also $5^1/_3'$ für die 8'-Lage. Ist der Becher verkürzt, wie bei der Familie der Regale, so treten die höheren Eigenschwingungen der Zunge schärfer hervor; der Klang wird obertönig. Geht der Becher über die natürliche Länge hinaus, so dämpft die im Verhältnis zu tiefe Eigenfrequenz des

Bechers die höheren Teilschwingungen der Zunge; der Klang wird rund, die Obertöne treten zurück. Becher dieser Art bevorzugte der Orgelbau des späten 19. Jh.

Aufstrich → Abstrich.

Auftakt (frz. anacrouse; ital. anacrusi; engl. upbeat) heißt der Anfang einer Melodie auf unbetontem Taktteil. Er kann aus nur einer (häufig im deutschen Volkslied) oder aus mehreren Noten bestehen (z. B. Marseillaise, Fugenthemen der Barockzeit). Beim Dirigieren bezeichnet man als A. den Taktschlag vor dem Einsatz von Orchester oder Chor, unabhängig davon, ob dieses Einsatzzeichen auf betonten oder unbetonten Taktteil fällt. – Bis um 1800 sind ein kurzer und ein längerer A. zu unterscheiden. Der kurze A., oft nur in der Melodiestimme, gilt als Zusatz zum 1. Takt. Daher schließen solche Sätze – wie in neuerer Zeit auch bei Hindemith (z. B. op. 11, 2, 3. Teil) – mit einem vollen Takt. Der längere A. gilt dagegen als unvollständiger Takt; für seine Umbildung zu einem ganzen Takt gibt es vor allem 3 Mittel: Dehnung des Anfangsmotivs, das dann erst beim 2. Einsatz auftaktig erscheint, z. B.: ♩♩♩♩ wird am Anfang zu ♩♩♩ (besonders häufig im 16. Jh.); nur die Melodiestimme setzt auftaktig ein, die Begleitstimmen beginnen vorher volltaktig (besonders häufig in Generalbaßstücken); Notierung mit Pause zu Anfang (noch bei Beethoven, z. B. 5. Symphonie, 1. Satz). Seit dem 19. Jh. gilt die Regel, daß auch der längere A. ohne vorausgehende Pause notiert wird; A. und Schluß sollen sich zu einem Takt ergänzen. – Auftaktigkeit als Grundprinzip der musikalischen Motiv- und Formbildung hat zuerst Momigny 1806 erkannt; H. Riemann hat darauf seine Lehre von der musikalischen Rhythmik, Metrik und Phrasierung aufgebaut: *Unsere Notenschrift macht durch den Taktstrich und durch die Lücken zwischen den durch gemeinsame Balken verbundenen Achteln usw. die relativ schweren Werte leicht erkennbar, weckt aber dadurch auch den Schein der engeren Zusammengehörigkeit der zwischen zwei Taktstrichen stehenden oder durch einen Balken verbundenen Noten. Es kann jedoch nichts Verkehrteres geben, als fortgesetzt von einer schweren Note bis vor die nächste schwere Motive zu rechnen und eine beginnende leichte sozusagen für sich allein, als vorausgegeben zu betrachten oder wohl gar mit der Schlußnote zu verrechnen. Die Auftaktigkeit der Motive ist nicht nur eine mögliche Form, sondern der eigentliche Ausgang, die Urform alles musikalischen Lebens.* Nach dieser Theorie gehört im allgemeinen der Taktschwerpunkt nicht mit dem folgenden, sondern mit der vorangehenden leichten Taktzeit zur engeren Einheit des Taktmotivs zusammen, z. B.:

Beethoven, op. 49, 2, Menuett.

Vom zentralen Begriff des Taktmotivs ausgehend haben Momigny und Riemann die Auftaktigkeit auch auf kürzere und größere Zusammenhänge übertragen. Alle Figuration bringt danach im Prinzip neue A.-Werte, z. B.:

Beethoven, op. 110, 1. Satz, Takt 12.

Hier ist nach Riemann (*Handbuch* ..., ⁵1916, S. 79) *a* ein Taktmotiv, *b* Unterteilungsmotiv ersten, *c* ein solches zweiten und *d* eines dritten Grades. Umgekehrt können aber auch mehrere Taktmotive zur höheren Einheit der Phrase zusammentreten, werden dann aber (wenigstens in der rhythmischen Theorie) gewöhnlich nicht mehr Motiv, sondern Zweitaktgruppe oder weiterhin Halbsatz (Vordersatz, Nachsatz) und Periode und endlich Thema genannt. Diesen Sachverhalt hat Riemann in seinen Analysen und Studienausgaben mit Phrasierungsbezeichnung auch graphisch dargestellt, z. B.:

Beethoven, op. 13, 1. Satz, Hauptthema.

Für eine sinnvolle Interpretation der Musik des 17.–19. Jh. ist dieses auf der Auftaktigkeit basierende System grundlegend; es läßt sich jedoch nicht, wie Riemann annahm, ausnahmslos durchführen. Problematisch ist insbesondere, daß der Zusammenhang einer schweren Taktzeit mit der ihr folgenden leichten danach nur als → Weibliche Endung begriffen werden kann. Die Konsequenz zwingt Riemann, die Taktstriche bei solchen Themen um je einen halben Takt zu versetzen, in denen die Taktmotive volltaktig sind (z. B. 1. Satz der Klaviersonaten K.-V. 331 von Mozart und op. 27, 1 von Beethoven). Der Geltungsbereich der Auftaktigkeit wird ferner dadurch eingeschränkt, daß Sprachen wie das Ungarische und Tschechische, die ausschließlich auf der 1. Silbe betonen, die Musik dieser Länder volltaktig prägen, und daß die Formgestaltung der Musik vor dem Aufkommen des akzentuierenden Takts zu Anfang des 17. Jh. sowie in der Neuen Musik des 20. Jh. nicht in erster Linie auf der Taktordnung beruht. Mocquereau hat sich bemüht, die Geltung des Prinzips der Auftaktigkeit auch für die rhythmische Gliederung des Chorals nachzuweisen. → Generalauftakt.

Lit.: KOCHL, Artikel Aufschlag u. Cäsur; J. J. DE MOMIGNY, Cours complet d'harmonie et de composition ..., 3 Bde, Paris 1806; DERS. mit N. E. Framery u. P.-L. Ginguené, Encyclopédie méthodique, Musique II, Paris 1818, Artikel Mesure u. Temps; M. LUSSY, Le rythme mus., Paris 1883, ⁴1911; DERS., Die Correlation zwischen Takt u. Rhythmus, deutsch v. H. RIETSCH, VfMw I, 1885; H. RIEMANN, Mus. Dynamik u. Agogik, Hbg u. St. Petersburg 1884; DERS., Katechismus d. Klavierspiels, Lpz. 1888, als Hdb. d. Klavierspiels ⁵1916; DERS. mit C. Fuchs, Katechismus d. Phrasierung, Lpz. (1890), als Hdb. d. Phrasierung (⁸1912); DERS., Präludien u. Studien, 3 Bde, Heilbronn 1895, Lpz. 1900–01; DERS., System d. mus. Rhythmik u. Metrik, Lpz. 1903; A. MOCQUEREAU OSB, in: Paléographie mus., Serie 1, VII, Solesmes u. Tournai 1901–05, S. 356ff.; DERS., Le nombre mus. grégorien, 2 Bde, Rom u. Tournai 1908–27; A. PALM, J.-J. de Momigny, Diss. Tübingen 1957, maschr.

Aufzug, – 1) eine Art der → Intrada; – 2) → Akt.

Augenmusik, in der Niederschrift von Musik bestimmte Erscheinungen, deren Sinngehalt nicht für das Ohr, sondern nur oder primär für das Auge erfaßbar ist. Sie dienten vor allem im Madrigal aber auch in Motetten und Messesätzen seit etwa Willaert und C. de Rore im Zusammenhang mit der ästhetischen Theorie von der *imitazione della natura* (Vicentino 1555, Zarlino 1558) zur realistischen Darstellung des Textes. Man benutzte die schwarzen und weißen Noten der Mensuralnotation bei Wörtern wie schwarz, Schatten, Beelzebub, blind bzw. weiß, Licht, Tag. Der durch den → Color – 1) bedingte Mensurwechsel wurde zum Teil durch Punktierungen wieder ausgeglichen (aus: A. Gabrieli, *Psalmi Davidici*, 1583, VII, 1. Teil):

♩ ♩ ♩. ♪ ♩ ♩. ♪ ♩ ♩
(collo) ca-vit me in ob-scu-ris si-cut

Während Cerone (*El Melopeo*, 1613) diese Art der »imitacion« als Muster hinstellt, äußert sich Herbst (*Musica poetica*, 1643) kritisch: *Weil aber dieses nicht für die Ohren ... sondern allein für die Augen ... angesehen ist, läßt man es in seinem Werth und Unwerth beruhen.* Die Möglichkeit dieser Art von A. endete mit dem Aufkommen der modernen Notation. – Als A. anzusprechen sind auch jene Melodieführungen in den Passionen J. S. Bachs, deren Noten das Zeichen des Kreuzes bilden, z. B. in der Matthäus-Passion:

kreu - - - (zigen)

Das Kreuzmotiv begegnet ähnlich schon vor Bach, so bei H. I. Fr. Biber (Passionssonaten), aber auch in neuerer Zeit, z. B. bei H. Wolf (Mörikelied *Schlafendes Jesuskind*) und Dallapiccola (*Cinque canti per baritono e alcuni stromenti*, 1956). – Scheibe (*Der critische Musicus*, 9. Stück) spricht von doppelten Kontrapunkten, Krebs- und Zirkelkanons als A.en, die *den Erfinder ... lächerlich, den Zuhörer ... verdrießlich machen.*

Lit.: A. EINSTEIN, A. im Madrigal, ZIMG XIV, 1912/13; DERS., The Ital. Madrigal I, Princeton 1949, S. 234–244; L. SCHRADE, Von d. »Maniera« d. Komposition in d. Musik d. 16. Jh., ZfMw XVI, 1934, S. 3ff., 98ff., 152ff.

Augmentation (lat. augmentatio, Vergrößerung). – 1) In der Mensuralnotation heißt A. die Verlängerung einer Note um die Hälfte ihres Wertes, angezeigt durch einen nachgestellten Punkt (punctus augmentationis, z. B. ♩·). – 2) Seit Pr. de Beldemandis bezeichnet A. auch, als Gegenstück zur Diminution, eine Notierungsart, bei der die geschriebenen Noten in der Ausführung auf doppelte oder dreifache (nur im Modus maior cum tempore perfecto) Dauer gedehnt werden. Zu ihrer Bezeichnung dient: $\frac{1}{2}$ (proportio subdupla), $\frac{1}{3}$ (subtripla), in der Zeit Ockeghems, Obrechts und Isaacs auch das Zeichen der Prolatio perfecta (◯, ₵). Die A. spielt in der Kanontechnik bis zu J. S. Bach eine wichtige Rolle: *Musicalisches Opfer*, Kanon a 2. per A.em, contrario Motu. – 3) Als Kompositionsverfahren begegnet A. häufig in Fugen, aber auch in Sonatensätzen. So bringt J. S. Bach in der Fuge C moll des *Wohltemperierten Klaviers* II A. des Themas in der Mittelstimme mit dessen gleichzeitiger Umkehrung im Baß (Takt 14ff.):

Zur Schlußsteigerung verwendet M. Reger die A. in den Hiller-Variationen op. 100, Fuge, wo das Variationsthema in A. mit den beiden Themen der Doppelfuge kombiniert ist. Ebenfalls der Schlußbildung kann A. in Symphoniesätzen des 19. Jh. dienen, wie in Schuberts 7. Symphonie C dur (D 944), 1. Satz, Takt 641ff. (Vorbereitung auf den Wiedereintritt des Einleitungs-Themas, in dem überdies Takt 7–8 A. von Takt 6 ist). In der Durchführung bringt sie Bruckner (8. Symphonie C moll, 1. Satz, Takt 37ff., A. von Takt 51f.), zu Beginn der Reprise Brahms in seiner 4. Symphonie E moll (1. Satz, Takt 246ff.).

Lit.: zu 2): CS III, 246 (Pr. de Beldemandis) u. 118ff. (Ph. de Caserta oder E. de Murino); CS IV, 167ff. (Tinctoris); E. PRAETORIUS, Die Mensuraltheorie d. Fr. Gafurius, = BIMG II, 2, Lpz. 1905; CL. SARTORI, La notazione ital. del Trecento in una redazione inedita ... di Pr. de Beldemandis, Florenz 1938.

Augsburg.
Lit.: F. A. WITZ, Versuch einer Gesch. d. theatralischen Vorstellungen in A., A. 1876; A. GREINER, Die A.er Singschule ..., A. 1924; DERS., Die Volkssingschule in A., A. u. Kassel 1934; H. J. MOSER, Eine A.er Liederschule im Mittelbarock, Fs. Th. Kroyer, Regensburg 1933; DERS., A. in d. deutschen Mg., in: Die Musikpflege VII, 4, Lpz. 1936; E. FR. SCHMID, A.er Mozartbuch, Zs. d. Hist. Ver. f. Schwaben LV/LVI, A. 1942/43; R. SCHAAL, Zur Musikpflege im Kollegiatstift St. Moritz zu A., Mf VII, 1954; A. LAYER, Musik u. Musiker d. Fuggerzeit, A. 1959; B. PAUMGARTNER, Zur Musikkultur A. in d. Fuggerzeit, in: Jacob Fugger, Kaiser Maximilian u. A. ..., A. 1959; FR. SCHNELL, Zur Gesch. d. A.er Meistersingerschule, = Abh. zur Gesch. d. Stadt A. XI, A. 1959; Neues A.er Mozartbuch, = Zs. d. Hist. Ver. f. Schwaben LXII/LXIII, A. 1962; Musik in d. Reichsstadt A., hrsg. v. L. WEGELE, A. (1965).

Aulos (griech. αὐλός, Röhre), in der griechischen Antike Sammelname für die gedoppelten Blasinstrumente (daher meist Mehrzahl αὐλοί), in der neueren Literatur meist als Doppelrohrblattinstrument verstanden (→ Phorbeia). Nach der Beschreibung des Theophrast ist der A. dreiteilig: er besteht aus Mundstück (ζεῦγος, Joch), Zwischenstück (ὅλμος) und ὑφόλμιον) und Spielröhre (βόμβυξ). Auf altgriechischen Darstellungen ist oft auch das große Futteral (συβήνη) aus gegerbtem Tierfell zu sehen, ein Doppelsäckchen für die beiden Röhren mit dem Mundstückbehälter. Nach Theophrast hatte das abnehmbare Mundstück eine aus dem Rohr herausgeschnittene Aufschlagzunge. Die Spielröhre war zylindrisch oder auch konisch und bestand nach Pindar (12. Pythische Ode) aus Erz und Schilfrohr, nach anderen Autoren aus Holz (Buchsbaum, libyscher Lotos), Knochen oder Elfenbein. A.-Funde zeigen bis zu 15 Bohrlöcher (τρυπήματα). Das Daumenloch liegt auf der Rückseite zwischen dem ersten und zweiten vorderen Griffloch; daraus ergibt sich die charakteristische Haltung mit abgespreiztem Zeigefinger. Der kleine Finger wurde oft als Stütze unter die Spielröhre gesteckt. Die Löcher wurden nicht mit der Fingerkuppe, sondern mit dem Mittelglied gedeckt. Beide Röhren wurden zusammen in den Mund gesteckt und in V-Form auseinandergespreizt, wobei die Hände symmetrisch auf beiden Röhren griffen. Sind die Auloi verschieden lang, so ergibt sich ein Spielen in Parallelklängen. Beim Wechsel der Tonart mußte das Instrumentenpaar gewechselt werden. Pronomos, der Lehrer des Alkibiades, schuf die Möglichkeit, auf demselben Instrument verschiedene Tonlochreihen anzuordnen mit einem Verschluß für die nicht verwendeten Löcher. So bestehen vier in Pompeji gefundene Exemplare aus einem Rohrkern mit zahlreichen Drehringen, so daß die Grifflöcher verschlossen und geöffnet werden konnten. Die Ringe sind mit kleinen Haken versehen, um das Drehen zu erleichtern. Dieses Ringsystem setzte sich in der griechisch-römischen Spätantike durch. Ein A. (Votiv) aus Pergamon hat sogar Schieber zum Öffnen und Schließen einiger Löcher. Auf jüngeren griechisch-römischen Abbildungen kommt der phrygische A. vor, bei dem das längere Rohr gebogen ist (ἕλυμος, krummer Rohransatz). Das Altertum kannte nach Athenaios 4 Größen des A.: Mädchen-A., Knaben-A., das »vollkommene« Instrument des männlichen A. (Tenor) und das »übervollkommene« des ebenfalls männlichen A. (Baß). Sopran und Tenor, Alt und Baß standen im Oktavverhältnis. Der Abstand zwischen dem höchsten Ton des Soprans und dem tiefsten des

Basses beträgt nach Aristoxenos über 3 Oktaven. Die Instrumente für das Zusammenspiel mit der Kithara (αὐλοὶ κιθαριστήριοι) standen zwischen Alt und Tenor. Die Attribute für das A.-Spiel sind verschieden: volltönend (πάμφωνος, Pindar), schön tönend (καλλιβόας, Stesichoros, Sophokles), süß (γλυκύς, Pindar, Sophokles). – Der Ä. gehörte ursprünglich nicht zum Bereich der μουσική, galt vielmehr als Instrument der Unfreien und Barbaren. Er erklang bei Opferumzügen und -feiern, besonders in ekstatischen Kulten, ferner bei Hochzeitsumzügen, Maskeraden, Reigen und Einzeltanz, zur Arbeit sowie zu gymnastischen Wettkämpfen und Übungen, auch als Marschmusik. Beim Symposion trat eine A.-Spielerin auf. Als Heimat des A. galt Kleinasien; der Mythos nennt als A.-Spieler die Silene im Gefolge des Dionysos sowie die Phrygier Marsyas und Olympos. Im 7. Jh. v. Chr. soll Klonas den aulodischen Nomos (Gesang zur A.-Begleitung) erfunden haben. Seit dieser Zeit gilt vor allem Böotien als Pflegestätte des A. 586 v. Chr. drang die Auletik (solistisches A.-Spiel, ohne Gesang) in das Wettkampfprogramm der delphischen Spiele ein; Sakadas von Argos stellt in diesem Jahr in seinem »pythischen Nomos« den Kampf Apollons mit dem Drachen dar. Von den siegreichen Auleten der späteren delphischen Spiele ist Midas von Akragas dadurch bekannt, daß Pindar auf ihn seine 12. Pythische Ode dichtete. In der älteren griechischen Dichtung sind vor allem die Vorformen der Elegie und der Komödie mit dem A. verbunden. Die rhythmische Kraft seines durchdringenden Klanges und die Eignung des A. zur abbildenden Darstellung machen es verständlich, daß die A.-Kunst im 4. Jh. v. Chr., besonders im Dithyrambos, zuerst die neue virtuose, zuweilen exzentrische Musik verkörpert, die sich aus dem überlieferten Zusammenhang von Rhythmos, Harmonia und Logos als eigengesetzliche Kunst herauslöst.

Lit.: THEOPHRAST, Περὶ φυτῶν ἱστορία, 2 Bde, hrsg. v. A. Hort, London 1916; Plutarque de la musique, hrsg. v. FR. LASSERRE, = Bibl. helvetica romana I, Olten u. Lausanne 1954; C. BARTHOLINUS, De tibiis veterum, Rom 1679; F. BLANCHINUS, De tribus generibus instrumentorum musicae veterum, Rom 1742; FR. A. GEVAERT, Hist. et théorie de la musique de l'antiquité II, Gent 1881; K. V. JAN, Artikel Fl., in: Baumeister, Denkmäler d. klass. Altertums, München u. Lpz. 1885–88; DERS., Artikel A., Pauly-Wissowa RE; A. HOWARD, The A. or Tibia, Harvard Studies in Class. Philology IV, 1893; DERS., The Mouthpiece of the A., ebenda X, 1899; H. HUCHZERMEYER, A. u. Kithara in d. griech. Musik..., Diss. Münster i. W. 1931; O. BRONEER, Excavations in Corinth..., in: American Journal of Archeology XXXIX, 1935; K. SCHLESINGER, The Greek A., London 1939, dazu J. Handschin, in: AMl XX, 1948; N. B. BODLEY, The A. of Meroë, American Journal of Archeology L, 1946; M. WEGNER, Das Musikleben d. Griechen, Bln 1949; DERS., Griechenland, = Mg. in Bildern, hrsg. v. H. Besseler u. M. Schneider, II, 4, Lpz. (1963); J. D. BEAZLEY, Hydria-Fragments in Corinth, in: Hesperia XXIV, 1955; THR. GEORGIADES, Musik u. Rhythmus bei d. Griechen, = rde LXI, Hbg 1958, darin Pindars 12. Pythische Ode; H. BECKER, Studien zur Entwicklungsgesch. d. Rohrblattinstr., Habil.-Schrift Hbg 1961, maschr.; DERS., Zur Spielpraxis d. griech. A., Kgr.-Ber. Kassel 1962; H. KOLLER, Musik u. Dichtung im alten Griechenland, Bern u. München (1963).

Aurresku (baskisch, Vorderhand), auch Baile real, Danza real oder Eskudanza genannt; ein Tanz von hohem Alter, der im spanischen Baskenland (in Guipúzcoa, Vazcaya und im äußersten Norden Navarras) gepflegt wird. Sein alter baskischer Name Sokadantza (Seiltanz, Kettentanz) besagt, daß die Tänzer eine Kette (Seil) bildeten und sich dabei die Hände gaben. Der erste Tänzer heißt A. (die Vorderhand), der letzte ist der Atzesku (auch atzeneskulari, Hinterhand). Der ursprünglich gravitätische Tanz ist im Laufe der Geschichte mit fremden Momenten durchsetzt worden (Fandango, Jota, Walzer). Der ältere A. besteht aus einem im Vierertakt stehenden Einleitungsstück, Gruß der Autorität durch den ersten Tänzer mit Sprüngen und lebhaften Wendungen, tiefer Verbeugung und Ziehen der Baskenmütze; dann Wahl eines Mädchens durch den A., das von 4 Tänzern zur Platzmitte geführt und mit dem getanzt wird zur Melodie eines alten katalanischen Volkstanzes, des → Contrapàs. Es folgt der → Zortziko (5/8-Allegretto), ein Wechsel von Reihentanz und Solotanz durch den A. (eingestreute Tanzsprünge und Pirouetten); dann der Pasamano, wobei die Paare durch einen vom A. und seiner Partnerin gebildeten Bogen schreiten; daraufhin der Desafío (Herausforderung) oder Oilarrauzka (Hahnenkampf), wobei A. und Atzesku konfrontiert abseits der Reihe um die Wette tanzen. Damit endet der klassische A. Heute werden angeschlossen die »Brücke«, wobei sämtliche Tanzpaare unter den hoch erhobenen Armen des ersten und dann, in umgekehrter Richtung, unter denen des letzten Paares hindurchschreiten, woraufhin der → Fandango (3/8-Allegro), eine Kundgabe der Fröhlichkeit über den Sieg einer der beiden, und der Ariñ, ariñ (»schnell«), eine Art Finalgalopp folgen. Alle genannten Tanzmelodien haben zwei 8taktige Teile. Die wichtigsten Instrumente sind Flabiol, Txistu (→ Einhandflöte) und Tamboril (kleine Trommel).

Lit.: FR. GASCUÉ, L'aurrescu basque, Rev. mus. de la Soc. internationale de musique VIII, 1912; DERS., El a. en Guipúzcoa a fines del s. XVIII, San Sebastián 1916; V. ALFORD, Ceremonial Dances of the Span. Basques, MQ XVIII, 1932.

Ausdruck (frz. expression; ital. espressione) verbindet – als ausgesprochen neuzeitlicher Begriff – Musik mit einem beabsichtigten, zur Wirkung gelangenden Moment des Bedeutens: Musik »drückt aus« (stellt dar) Wort- und Textgehalte, Affekte, Bilder, Geschehnisse, Empfindungen, Gefühle. Gegenüber der in sich selbst begründeten musikalischen oder sprachlich-musikalischen Struktur, wie sie die als → Ars musica und Ars cantus begriffene quadriviale (mathematisch-kosmologische) und triviale (an Sprachformen gebundene und orientierte) Art der mittelalterlichen Musik verwirklicht, sind jene Zielsetzungen des A.s ein von außen Kommendes, das die Musik bedingt und motiviert, die ihrerseits auf Grund eines Systems musikalisch geltender Werte zu solcher Motivierung historisch prädestiniert sein muß. Kompositorisch beabsichtigter, in Lehre und Ästhetik reflektierter musikalischer A. setzte in der Tat zusammen mit dem Entstehen der (physikalisch begründbaren) funktionalharmonischen Tonalität im 15./16. Jh. ein und steigerte sich mit deren Entwicklung. Denn die auf den (Tonika-)Dreiklang bezogene Harmonik (Melodik, auch Dynamik) repräsentiert die Welt auf der Ebene des Klingenden als einen zielstrebigen Prozeß von Bewegungskräften, in denen dingliche und seelische Bewegungsvorgänge zum A. gelangen können und sollen. Die Begriffe → Musica poetica und musikalisch-rhetorische → Figuren, → Affektenlehre, → Musica reservata und → Seconda pratica bezeichnen Marksteine dieser Steigerung, zugleich die bestimmte frühneuzeitliche und barocke, »gegenständliche« (nachahmende) Art des musikalischen A.s: zwischen der zu komponierenden Musik und dem auszudrückenden Objekt (Textgehalt, Sprechductus, Seelenzustand, Naturlaute usw.) werden – in Bezug auf Bewegung, Dynamik (Kontrast), Spannungsgrade – partielle Übereinstimmungen (Analogien) ausfindig gemacht und verwirklicht, die der Musik das Ausdrücken (Nachahmen, Abbilden, Schildern, Malen) ermöglichen. Dieses rationalistisch

»auf etwas« gerichtete Verfahren des A.s, wobei das Objekt als typische Seins- und Verhaltensweise zur Darstellung gelangt, verwandelte sich – nach Vorstufen zumal in Cl. Montev020verdis Modernität – in der »Geniezeit« des 18. Jh. zur subjektiven Weise des individuellen »Sich selbst«-Ausdrückens: *seine Ichheit in der Musik heraustreiben* (→ Schubart); *Empfindungen aus dem Innersten seiner Brust stoßen* (→ Herder); *Jeder Ton ist das Resultat unserer momentanen Existenz* (→ Heinse). Musik gilt – in der Zeit C. Ph. E. Bachs, J. Stamitz', Glucks – als *le langage du cœur* (Rousseau), »Empfindungssprache«, deren Ursprung als *tonleidenschaftlicher A.* (Forkel) und deren Wirkung als *successiver Ausbruch der Gefühle* (KochL, Artikel *A.*) begriffen wird. Daß sich ein individuelles Ich in der Musik auszudrücken vermag, ist das neue musikalische Grunderlebnis des Jahrhunderts, begleitet von der Ausbildung der → Ästhetik und dem Vordringen der Begriffe Geschmack, Originalität und Charakter sowie des »freien« Phantasiekunstwerkes. Dieser egopsychischen Bedeutsamkeit der Musik entspricht im System des musikalisch Geltenden die Intensivierung der funktionsharmonischen Beziehungen in Verbindung mit der Ausbildung von Charakterthema und Expressivmelodik (Besseler) vorab in der Instrumentalmusik, Diskontinuität des Satzes, Dynamisierung und Dramatisierung des Klanggeschehens, das von primärer Struktur- zu primärer A.s-Form sich zu wandeln begann. – Zeichnet die Wiener »Klassik« sich aus durch die Kongruenz von Tonsetzung und A. derart, daß der ausdrucksvolle vokale und vor allem instrumentale Tonsatz »reine« Musik zu sein, d. h. vollkommen sich zu motivieren scheint, – mag auch schon bei Beethoven oft ein willensmäßiger, ethischer und programmatisch-poetischer Impuls wirksam sein –, so charakterisiert die Zeit nach 1830 den Verlust jener klassischen Einsheit, die in einem Prozeß des Reflektierens der Klassik (wie nun der Geschichte überhaupt) in »Form« und »Inhalt« auseinanderbricht: → Form wird als abstrahierbar gedacht (es entsteht die → Formenlehre) und als solcher tritt ihr der A. antithetisch gegenüber. Mit der Bewältigung dieser Antithese beschäftigt sich alsbald ein unübersehbares Schrifttum, das – die musikalische Welt in Schulen und Parteien zerreißend – einerseits in einer Form- oder Autonomie-Ästhetik den Begriff der → Absoluten Musik nun prägt und sie fordert (Hanslick), andererseits in einer A.s- oder Inhalts-Ästhetik die schon entwickelte Bestimmung des Tons als *menschlichen A.*, des Kunstwerks als *Ausdrucksäußerung* (Fr. v. Hausegger), weiterhin kultiviert. Doch auch kompositorisch ist das 19. Jh., und zwar generell, gekennzeichnet durch Steigerung des A.s, der mit der Chromatisierung der tonalen Harmonik unausweichlich sich ereignete, wobei der A. zugleich auch »von außen kommend« die musikalische Formung motiviert. Das Motivierende ist in Berlioz' *Symphonie fantastique* (1830) das – aus der Intimsphäre des Erlebens gewonnene – Programm (welches in der Musik *motive le caractère et l'expression*), in Schumanns → Charakterstück das »Poetische«, in Wagners (selbst wiederum stark ideologisch motiviertem) Gesamtkunstwerk die »dichterische Absicht«, in Bruckners Symphonik die unüberhörbare »Ich will«-Gestik des Sagens, bei Brahms und Reger das reflektierende (teils historisierende) Sich-Verhalten gegenüber der Form, bei Mahler noch einmal das »Erleben« (*Meine Musik ist „gelebt"*, Brief an O. Bie vom 3. 4. 1895). Doch erweist – über Berlioz, Wagner, Mahler – der A. als Motivierendes (sowie als Rest, der in Form als abstrahierter Form nicht mehr aufgeht) zugleich die Kraft zu (»freien«) Formungen, die nun überhaupt nicht mehr abstrahierbar sind, und somit die Tendenz, die Form-Inhalt-Antithese auf einer neuen Ebene wieder aufzuheben. Die wachsende Interesselosigkeit gegenüber dem Begriff des A.s und damit der Abbau sowohl der ästhetischen Fragestellung als auch der kompositorischen Polarität gehen zusammen mit der Steigerung dieser neuen Einsheit, die mit der Krise der Tonalität zunahm und nach deren Überwindung, zumal in der → Atonalität, als Zeugnis eines neuen »Vorrangs der Sach-Welt vor der Ich-Welt« (Gurlitt) vollkommen verwirklicht sein kann.

H. Riemann entwickelte eine praktische A.s-Lehre, wobei er den seit dem 18. Jh. geltenden A.s-Begriff zum Dogma erhob: *alle Tongebung sei in erster Linie A., der von dem Standpunkt des Subjekts aus zu werten ist, das seinem Empfinden diesen A. gibt* (1900, S. 67). Wie schon Koch 1802 den A. auf seiten der Ausführer als den guten Vortrag beschrieb, so verstand Riemann lexikalisch unter A. allein die feinere Nuancierung im Vortrage musikalischer Kunstwerke, welche die Notenschrift nicht im einzelnen auszudrücken vermag, d. h. alle die kleinen Verlangsamungen und Beschleunigungen sowie die dynamischen Schattierungen, Akzentuierungen und verschiedenartigen Tonfärbungen durch die Art des Anschlags (Klavier), Strichs (Violine), Ansatzes (Blasinstrumente, Singstimme) usw., welche in ihrer Gesamtheit als ausdrucksvoller Vortrag bezeichnet werden. Wollte der Komponist alle die kleinen Akzente mit sf, $>$, $\vee$, $\wedge$ bezeichnen, die beim kunstgerechten Vortrag eines Werkes unerläßlich sind, so würde er die Notenschrift überladen, zugleich auch den Ausführenden in der freien Entfaltung lebendigen Vortrages behindern. Beim Zusammenspiel im Orchester pflegt sich das Espressivo auf solistische Stellen einzelner Instrumente zu beschränken, während das Tutti sich an die vorgeschriebenen Zeichen bzw. an die des Dirigenten zu halten hat. Versuche, zu allgemeinen Gesichtspunkten des A.s zu gelangen, sind erst in neuerer Zeit von verschiedenen Theoretikern gemacht worden. Das beste in früherer Zeit Geleistete ist – neben den bekannten Lehrwerken von Quantz, C. Ph. E. Bach und L. Mozart – der von J. A. P. Schulz geschriebene Artikel *Vortrag* in Sulzers *Theorie der schönen Künste* (1772); außerdem sind zu nennen: M. → Lussy, *Traité de l'expression musicale* (Paris 1874); H. Riemann, *Musikalische Dynamik und Agogik* (Hamburg und St. Petersburg 1884) und *System der musikalischen Rhythmik und Metrik* (Leipzig 1903); C. D. J. Fuchs, *Die Zukunft des musikalischen Vortrags* (2 Bände, Danzig 1884) und *Die Freiheit des musikalischen Vortrags* (Danzig 1885); Fr. Kullak, *Der Vortrag in der Musik am Ende des 19. Jh.* (Berlin 1898); A. Moser, *Vom Vortrag*, 10 Aufsätze aus seiner *Violinschule* (1906); R. Cahn-Speyer, *Handbuch des Dirigierens* (Leipzig 1919); E. Tetzel, *Rhythmus und Vortrag* (Berlin 1926). – Der rhythmisch-agogische A. eines Motivs (→ Agogik) ist nach H. Riemann allgemein zu charakterisieren durch:

Auftakt:	Endung:
stringendo	abnehmende Dehnung

In der Regel geht die melodische Bewegung damit derart zusammen, daß die sich steigernde Phrase zugleich melodisch steigend, die abnehmende fallend ist. Abweichungen von diesen allgemeinsten Regeln wird der Komponist meist anzeigen, z. B. ein Diminuendo bei steigender Melodie oder beim Stringendo. Ferner gilt als Regel, daß das Besondere, d. h. im einfachen melodischen, rhythmischen, harmonischen Verlauf Auffallende hervorgehoben (akzentuiert) wird, zunächst in harmonischer Beziehung das Auftreten von Akkorden, die der Tonart sehr fremd sind, oder

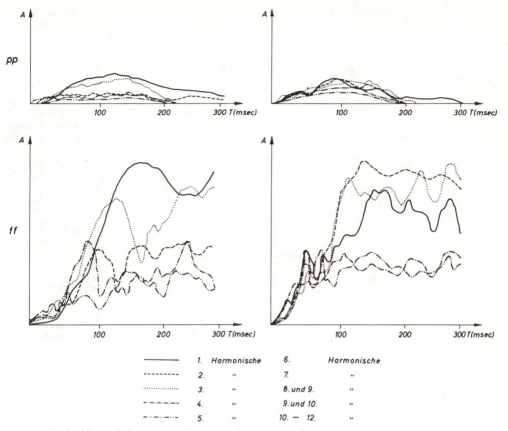

Verlauf der Teilschwingungen beim Einschwingen einer Geige im pp und ff (nach Reinecke).

die Einführung von Vorhalten vor Akkordtönen. Die Modulation in eine andere Tonart wird in der Regel crescendo geschehen; auf die Akkorde oder Töne, welche sie bewirken, muß die Aufmerksamkeit hingelenkt werden. Eine scharfe Dissonanz durch akzentloses Spiel mildern wollen, hieße sie vertuschen; die Wirkung wäre ein nicht genügendes Auffassen dieser Schärfe, ein Nichtverstehen, eine Unklarheit. Doch kann der Komponist die gegenteilige Vortragsweise verlangen, im Diminuendo die gewagtesten Modulationen machen und die schärfsten Dissonanzen im Pianissimo bringen; der erzielte Eindruck wird dann der des Fremdartigen, Sonderbaren, Märchenhaften, Unheimlichen sein, eben zufolge der absichtlich vermiedenen vollen Klarheit. Aber auch hier muß das Abnorme, die Abweichung vom schlichten Vortrag, vom Komponisten besonders verlangt werden.

Lit.: E. HANSLICK, Vom Mus.-Schönen, Lpz. 1854; FR. V. HAUSEGGER, Die Musik als A., Wien 1885; H. RIEMANN, Die Elemente d. mus. Ästhetik, Bln u. Stuttgart 1900; H. KRETZSCHMAR, Anregungen zur Förderung mus. Hermeneutik, JbP IX, 1902; DERS., Neue Anregungen zur Förderung mus. Hermeneutik: Satzästhetik, JbP XII, 1905; L. KLAGES, Ausdrucksbewegung u. Gestaltungskraft, Lpz. 1913; DERS., Grundlegung d. Wiss. v. A., Lpz. 1936; K. BÜHLER, Ausdruckstheorie, Jena 1933; K. HUBER, Der A. mus. Elementarmotive, Lpz. 1923; A. WELLEK, Gefühl u. Kunst, in: Neue Psychologische Studien XIV, 1, 1939; DERS., Musik, ebenda XII, 1, 1934; H. BESSELER, Bach als Wegbereiter, AfMw XII, 1955; DERS., Der A. d. Individualität in d. Musik, Beitr. zur Mw. V, 1963; H. H. EGGEBRECHT, Das A.-Prinzip im mus. Sturm u. Drang, DVjs. XXIX, 1955; DERS., Musik als Tonsprache, AfMw XVIII, 1961. HHE

Ausgaben → Denkmäler, → Editionstechnik, → Gesamtausgaben, → Quellen.

Ausgleichsvorgänge (engl. transient motions). An einem Schallereignis unterscheidet man je nach der Art des Ablaufs den stationären Zustand der Stetigkeit, des Gleichmaßes sowie den nichtstationären Teil der Veränderung akustischer Größen. Ein stationärer Schallvorgang verläuft im allgemeinen periodisch. Zu den nichtstationären Vorgängen gehören die A., die dreierlei Art sein können: Übergang Ruhe – stationärer Teil (Einschwingen), Übergang stationärer Teil – Ruhe (Ausklingen) oder Übergang von einem stationären Teil in einen anderen:

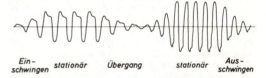

Die zeitabhängigen Veränderungen der Amplituden einzelner Teilfrequenzen verlaufen während der A. unregelmäßig, weil die → Dämpfung eines schwingenden Systems sehr stark frequenzabhängig ist (vgl. Abbildung oben).

Andererseits sind die A. für einzelne Instrumente jeweils typisch und von wesentlichem Einfluß auf die Klanggestalten. Sowohl die Art der Zusammensetzung aus Teilfrequenzen als auch deren zeitliche Veränderungen ermöglichen dem Hörer das Erkennen eines bestimmten Schalles (Stumpf 1926, Kreichgauer 1932,

Backhaus 1932). Auch der musikalische Lautstärkeeindruck wird hauptsächlich durch die A. beeinflußt, während die Intensität dabei nur eine untergeordnete Rolle spielt (Reinecke 1953). Für das Zustandekommen des Richtungs- und Entfernungshörens sind die A. ebenfalls von Bedeutung, besonders in geschlossenen Räumen, wo durch Reflexionen die an den Ohren auftretenden Phasen- und Intensitätsunterschiede weitgehend verdeckt werden. Der Vorgang des Einschwingens ist bei den einzelnen Instrumenten je nach der Frequenz verschieden lang (zwischen 0,02 und 1 sec.).
Lit.: C. STUMPF, Die Sprachlaute, Bln 1926; A. KREICHGAUER, Ueber Maßbestimmungen freier Intonationen, Bln 1932; H. BACKHAUS, Über d. Bedeutung d. A. in d. Akustik, Zs. f. technische Physik XIII, 1932; F. TRENDELENBURG, E. THIENHAUS u. E. FRANZ, Klangeinsätze an d. Org., Akustische Zs. I, 1936, u. III, 1938; K. KÜPFMÜLLER, Systemtheorie d. elektrischen Nachrichtenübertragung, Stuttgart 1952; H.-P. REINECKE, Über d. doppelten Sinn d. Lautheitsbegriffes beim mus. Hören, Diss. Hbg 1953, maschr.; W. LOTTERMOSER, Akustische Untersuchungen an alten u. neuen Org., in: Klangstruktur d. Musik, Bln (1955); E. SKUDRZYK, Psychoakustische Erscheinungen bei d. Bildung v. natürlichen u. synthetischen Klängen, Gravesaner Blätter III, 1957, H. 9; W. LINHARDT, Über Laden- u. Traktursysteme d. Org. u. ihre Einflüsse auf d. Ein- u. Ausschwingvorgänge d. Pfeifen, Diss. TH Braunschweig 1960, maschr.; FR. WINCKEL, Phänomene d. mus. Hörens, Bln u. Wunsiedel (1960).

Auslösung (frz. échappement) → Mechanik.

Aussprache bringt das Wort zur klingenden Wiedergabe. Diese besteht aus Vokalen (Selbstlauten), Konsonanten (Mitlauten) und dem Tonfall. Sie vollzieht sich auf den Ebenen der nachlässigen sogenannten Gossensprache, der gepflegteren Umgangssprache, der Mundart und der Hochsprache. Für die deutsche Hochlautung ist die Bildungsweise aller → Vokale und → Konsonanten durch ein Gremium von Bühnenfachleuten und Wissenschaftlern unter Leitung von Th. Siebs 1898 untersucht und erstmals festgelegt worden. Auch hat man sich auf gewisse A.-Regeln geeinigt wie: b, d, g werden im Auslaut zu p, t, k (also »unt« statt »und«, »Kriek« statt »Krieg«) u. a. In den A.-Wörterbüchern von Siebs und Duden ist außerdem die A. der deutschen und der gebräuchlichsten Fremdworte verbindlich festgelegt worden, woran sich, wie auch an den A.-Regeln, infolge der lebendigen Entwicklung der Sprache immer wieder Veränderungen ergeben. So ist die grundsätzliche Forderung nach Zungen-r statt Gaumen-r 1957 aufgegeben worden. – Die A. des gesungenen Wortes unterscheidet sich beim ariosen Gesang von der des gesprochenen vor allem dadurch, daß an die Stelle der unablässigen Bewegung der Artikulationsorgane Lippen, Unterkiefer, Zunge und Gaumensegel die Forderung nach dem »statischen Vokal« tritt. Damit die Vokale als die Träger des Stimmklangs nicht durch die Konsonanten beeinträchtigt werden, gilt die Regel, alle Konsonanten so kurz wie möglich und so deutlich wie nötig vor den folgenden Vokal zu werfen und dabei den Dualismus von Vokalen und Konsonanten in einen einheitlich fließenden Vorgang aufzulösen. Die Verständlichkeit des gesungenen Wortlautes wird durch detailliertes Studium und präzise Artikulation der Konsonanten erzielt, wobei das Zungen-r dem Gaumen-r unbedingt vorzuziehen ist. Wichtig ist stets ein klares Bewußtsein für den Textinhalt und der Wille, diesen ebenso eindringlich vorzutragen wie die Musik. Auch die Vokalbehandlung unterliegt im Gesang besonderen Gesetzen, da der ausgeglichene Wohllaut des Singens den Vorrang vor der Vokaldeutlichkeit zu haben pflegt und besonders in den Hochlagen jeder Stimmgattung die Charakteristika der einzelnen Vokale sich abschleifen. Besondere Beachtung erfordert das beim gesprochenen Wort vernachlässigte e der Vor- und Endsilben (beginnen). Für Diphthonge gilt beim Gesang die Regel, daß ihr Hauptlaut (a in ei und au, ɔ in eu) fast den ganzen Notenwert über rein zu erklingen und der Nebenlaut (ĕ in ei, ŏ in au, ŏ in eu) nur kurz vor dem folgenden Konsonanten oder dem Tonende zu erscheinen hat. Im Rezitativ dominiert der Wortvortrag, doch darf er nicht zum bloßen Sprechen auf Tonhöhen herabsinken. Der dramatische Gesang (R. Wagner) erfordert im Vergleich zum ariosen Gesang gesteigerte Deklamation.
Lit.: TH. SIEBS, Deutsche Hochsprache. Bühnenaussprache, Lpz. 1898, 17. Aufl. hrsg. v. H. DE BOOR u. P. DIELS, Bln 1958; CHR. WINKLER, Lautreines Deutsch, Braunschweig 1950; J. HEY, Die Kunst d. Sprechens (nach d. Urtext neu hrsg. v. FR. REUSCH), Mainz 1955; R. KELDORFER, Die A. im Gesang, = Sprecherziehung IX, Wien 1955; FR. MARTIENSSEN-LOHMANN, Der wissende Sänger, Zürich u. Freiburg i. Br. 1956; M. WELLER, Das Sprechlexikon, Düsseldorf 1957; C. u. P. MARTENS, Phonetik d. deutschen Sprache, München 1961; Duden-Aussprachewörterbuch, Mannheim 1962. GB

Australien.
Lit.: K. HAGEN, Über d. Musik einiger Naturvölker (Australier, Melanesier, Polynesier), Diss. Jena 1892; CH. H. BERTIE, Australia's First Composer, Sidney 1922; E. I. MORESBY, Australia makes Music, Melbourne 1948, London 1950; W. A. ORCHARD, Music in Australia, Melbourne 1952; E. A. WORMS, Australian Ghost Drums, Trumpets and Poles, in: Anthropos XLVIII, 1953; A. P. ELKIN, Australian and New Guinea Mus. Records, Oceania XXVII, 1957; A. M. MOYLE, Sir Baldwin Spencer's Recordings of Australian Aboriginal Singing, Memoirs of the National Museum Melbourne XXIV, 1959; A. SILBERMANN, Zur Gesch. d. Musiklebens in A., Mf XII, 1959; C. J. ELLIS, Aboriginal Music Making: A Study of Central Australian Music, Adelaide 1964.

Ausweichung → Modulation, → Zwischendominanten.

Auszierungen, deutsche Bezeichnung im Barock (bei Quantz, L. Mozart u. a.) für → Verzierungen.

authentisch (von griech. αὐθεντικός; lat. authentus oder authenticus, echt, selbständig), – 1) seit dem Mittelalter gebräuchliche Bezeichnung für die 1., 3., 5. und 7. Kirchenton (älteste musiktheoretische Belege im 9. Jh.: GS I, 26a f. und 39b; → Kirchentöne); – 2) die → Kadenz D–T.

Autograph (griech., von αὐτός und γράφω, selbst schreiben) heißt eine Niederschrift von der Hand des Verfassers (Eigenschrift). Für die Herausgabe eines Musikwerkes (→ Erstdruck) ist das A. von einzigartiger Bedeutung, besonders wenn der Autor die Anfertigung einer Kopie oder die Drucklegung (→ Urtext) nicht selbst überwachte. Auch bei Fragen nach der Echtheit und der Entstehungszeit eines Werkes gibt das A. Auskunft. Als Zentralstelle der über die ganze Welt verstreuten öffentlichen und privaten A.-Sammlungen ist das von A. van Hoboken 1927 gegründete Archiv für Photogramme musikalischer Meisterhandschriften (»Meisterarchiv«) bei der Österreichischen Nationalbibliothek in Wien anzusehen, das über 35 000 Photokopien der wichtigsten A.en besitzt.
Lit.: H. SCHENKER, Eine Rettung d. klass. Musiktexte..., in: Der Kunstwart XLII, 1929; G. SCHÜNEMANN, Musikerhss. v. Bach bis Schumann, Bln 1936, ³1943; W. SCHMIEDER, Musikerhss. in drei Jh., Lpz. 1939; W. ALTMANN, Ist d. Originalhs. oder d. Erstdruck maßgebend?, AMzLXVII 1940; O. E. ALBRECHT, A Census of A. Music Mss. of European Composers in American Libraries, Philadelphia 1953; E. WINTERNITZ, Mus. A. from Monteverdi to Hinde-

mith, 2 Bde, Princeton 1955; P. MIES, Etwas über Musik-A., in: Musikhandel VIII, 1957; Das Arch. f. Photogramme mus. Meisterhss. ... Widmung A. van Hoboken, = Biblos-Schriften XVIII, Wien 1958; H. UNVERRICHT, Die Eigenschriften u. Originalausg. v. Werken Beethovens in ihrer Bedeutung f. d. moderne Textkritik, = Mw. Arbeiten XVII, Kassel 1960; Musikhrss., 3 Bde, hrsg. v. W. GERSTENBERG u. M. HÜRLIMANN, Zürich (1960–61); W. M. LUTHER, Der Komponist u. seine Eigenschrift, in: Aus d. Welt d. Bibliothekars, Fs. R. Juchhoff, Köln 1961; G. MECKLENBURG, Vom Autographensammeln. Versuch einer Darstellung seines Wesens u. seiner Gesch. im deutschen Sprachgebiet, Marburg 1963.

Automaten → Mechanische Musikwerke, → Music box.

Auto (sacramental) (span.; port. auto; von lat. actus, Handlung), bezeichnet zunächst feierliche religiöse und gerichtliche Veranstaltungen, dann kurze dramatische Aufführungen an kirchlichen Festtagen, die sich aus dem spätmittelalterlichen geistlichen Schauspiel herausgebildet hatten und im 16. Jh. die genuin spanische Form eines A. s., des Fronleichnamsspiels, annahmen. Seit dem Tridentiner Konzil war die Verherrlichung und Erklärung der Eucharistie (Altarsakrament) in zunehmendem Maße der eigentliche dogmatische und intellektuelle Inhalt der A.s s.es geworden und diese damit zu dramatischen Verkündigungen von Glaubenswahrheiten am alljährlichen Fronleichnamsfest. Diese Spiele erfreuten sich – nicht zuletzt ihrer handlungsreichen, teilweise auch pompös spektakulären Inhalte wegen – einer ungewöhnlichen Popularität und haben von den großen spanischen Bühnendichtern des Siglo de oro (Lope de Vega, Tirso de Molina, Calderón de la Barca) ihre literarisch repräsentative Gestaltung erhalten. Regieanweisungen und die überlieferten Aufführungsberichte lassen auf vokale (Solo- und Chorgesänge) und instrumentale Vertonung einzelner Partien schließen. Das Orchester (Blech- und Holzbläser, dazu Zupfinstrumente) spielte auch tonmalerische Stücke zu den Vorgängen auf der Bühne (Donnerschläge, Explosionen, Trommelwirbel). Als Komponisten von Musik zu den A.s s.es können u. a. genannt werden Cristóbal Galán, Manuel de León Marchante, Fray Juan Romero, Gregorio de la Rosa, wenngleich für die einzelnen A.s s.es noch keine Kompositionen nachgewiesen werden konnten.

Lit.: M. LATORRE Y BADILLO, Representación de los A.s. en el período de su mayor florecimiento (1620–81), Revista de Arch., Bibl. y Museos XXV/XXVI, 1911/12; M. BATAILLON, Essai de l'explication de l'A., Bull. hispanique XLII, 1940; A. A. PARKER, The Allegorical Drama of Calderón, London u. Oxford 1943; J. SAGE, Calderón y la música teatral, Bull. hispanique LVIII, 1956; N. D. SHERGOLD u. J. E. VAREY, Los A.s en Madrid en la época de Calderón 1637–81, Estudios y documentos, Madrid 1961. HOC

Auxesis (griech.) → Climax.

Ave Maria (lat.), der Englische Gruß. Er enthält die biblischen Grußworte des Engels Gabriel und der Elisabeth an die Jungfrau Maria, gefolgt von einer Anrufung des Namens Jesu und dem Bittgebet *Sancta Maria, mater Dei* ... Während sich die Verbindung der Lukas-Stellen 1, 28 (Vulgata: *Ave gratia plena*; *Dominus tecum*; *benedicta tu in mulieribus*) und 1, 42 (*et benedictus fructus ventris tui*) schon seit dem 6. Jh. nachweisen läßt, wurden Anrufung und Fürbitte erst im hohen bzw. späten Mittelalter hinzugefügt. Letztere erhielt ihre endgültige Form durch das Pianische → Brevier von 1568. In fränkischen Quellen aus dem 9. Jh. als Offertoriumsgesang (4. Advent) überliefert, fand das A. M. ein Jahrhundert darauf auch Eingang in das Officium parvum Beatae Mariae Virginis. Bis heute bildet es an bestimmten Tagen des Kirchenjahres einen festen Bestandteil in Messe und Offizium. Den gregorianischen Melodien zum A. M. liegt stets nur der Lukas-Text (ohne Anrufung und Bittgebet) zugrunde.

Ave maris stella (lat.), Hymnus zu Ehren Marias aus dem Offizium der römisch-katholischen Kirche. Er gehört als Vespergesang zum liturgischen Repertoire der meisten Marienfeste. Sein erstmals im 9. Jh. für das Fest der Annuntiatio Beatae Mariae Virginis greifbarer, offenbar jedoch älterer Text enthält 7 Strophen mit je vier trochäischen 6Silbern wobei die Anfangsstrophe den Sinngehalt der folgenden 5 Strophen vorausnimmt: *Ave* (entspricht dem Sinngehalt von Strophe 2), *maris stella* (Strophe 3), *Dei mater alma* (Strophe 4), *atque semper virgo* (Strophe 5), *felix caeli porta* (Strophe 6). Den Abschluß bildet eine Doxologie (Strophe 7). Die Choralmelodien zum A. m. st. spiegeln in ihrer Vielfalt den Reichtum mittelalterlicher Hymnenkompositionen wider. Unter ihnen gewann die noch heute gesungene Melodie im 1. tonus (Monumenta Monodica I, Nr 67) den Vorrang. Zuerst in frühen zisterziensischen Quellen, desgleichen als Weise eines provenzalischen Marienliedes (*O Maria deu maire*, Paris, Bibl. Nat., lat. 1139, Wende 11./12. Jh.) belegt, fand sie seit dem 13. Jh. weite Verbreitung. Ältester Herkunft ist ebenfalls die in zahlreichen Manuskripten überlieferte Melodie im 4. tonus (Monumenta Monodica I, Nr 149), deren Niederschrift bereits für das 11. Jh. nachgewiesen werden kann. In der Vatikanischen Ausgabe des Antiphonale blieben insgesamt fünf, im Antiphonale Monasticum dagegen nur drei 1st. Vertonungen des A. m. st. erhalten. Wie aus den Quellen hervorgeht, wurden die Melodien zum Teil auch mit anderen, metrisch gleichgebauten Texten versehen (z. B. *Lucis hujus festa* oder *Ave Katherina*, Monumenta Monodica I, Nr 67, 2 und 67, 4 sowie 149, 6), der Originaltext selbst mehrfach umgedichtet, tropiert, als Glossenlied gestaltet und vulgärsprachlich übersetzt.

Ausg.: Monumenta Monodica Medii Aevi I, hrsg. v. BR. STÄBLEIN, Kassel 1956, Melodien Nr 67, 149, 174, 191, 208, 507, 737, 1031.
Lit.: J. GAJARD OSB, Notre Dame et l'art grégorien, in: H. DU MANOIR, Maria. Etudes sur la Sainte Vierge II, Paris 1952; A. SEAY, An »A. m. st.« by Johannes Stochem, RBM XI, 1957; P. RADÓ, Enchiridion Liturgicum II, Rom, Freiburg i. Br. u. Barcelona 1961. KWG

Ave regina caelorum (lat.), Marianische Antiphon (Antiphona Beatae Mariae Virginis) am Schluß der Komplet von Mariä Lichtmeß (Purificatio, 2. Februar) bis zum Mittwoch der Karwoche. Ihre schriftliche Überlieferung setzt im 12. Jh. ein. Anfänglich der Non des Festes Mariä Himmelfahrt (Assumptio) zugehörend, wurde sie Mitte des 13. Jh. erstmals von den Franziskanern für einen bestimmten Abschnitt des Kirchenjahres als Schlußantiphon der Komplet vorgeschrieben. Der aus 2 Strophen mit je 4 paarweise gereimten Zeilen bestehende Text wendet sich an die Himmelskönigin und stellt einen engen Bezug zur Himmelfahrt Mariens her. Die ältere Melodie des A. r. c. im 6. tonus transpositus (mit Finalis c) ist durch eine starke Vereinheitlichung der Abschnitte und Glieder gekennzeichnet, die vor allem in der melodischen Übereinstimmung einzelner Textzeilen bzw. Zeilenschlüsse greifbar ist. Antiphonale Romanum und Monasticum enthalten eine leicht voneinander abweichende Fassung. In der Choralpraxis gibt es noch eine zweite Melodie (in cantu simplici), deren Entstehung in das 17. Jh. (oder später) fällt.

Avignon
Lit.: P. WAGNER, Einführung in d. Gregorianischen Melodien I u. III, Lpz. ³1911 u. 1921, Neudruck Hildesheim u. Wiesbaden 1962; A. WEISSENBÄCK, A. R. c., in: Musica Divina XVI, 1928; W. APEL, Gregorian Chant, Bloomington (1958); P. RADÓ, Enchiridion Liturgicum II, Rom, Freiburg i. Br. u. Barcelona 1961.

Avignon.
Lit.: P. AUBRY, Les fêtes mus. d'A., Paris 1899; J.-B. RIPERT, Musique et musiciens d'A., A. 1916; L. BONELLI, Les joueurs de flûte avignonnais ... au XVe s., Actes du Congrès d'hist. de l'art III, 1921; H. ANGLÈS, La música sagrada de la capilla pontificia de A. en la capilla real aragonesa durante el s. XIV, AM XII, 1957; J. ROBERT, Contrats d'apprentissage et d'association de musiciens en A. sous Louis XIV, Bull. du Comité des travaux hist. et scientifiques, Paris 1962.

AWA, Anstalt zur Wahrung der Aufführungsrechte auf dem Gebiete der Musik seit 1. 1. 1951 für die DDR und Ost-Berlin; sie verwaltet auch die mechanischen Aufführungsrechte. Die → GEMA hat mit der AWA denselben Gegenseitigkeitsvertrag wie mit den Gesellschaften anderer Länder.

Ayr(e) (εə, engl.) → Air.

Azione sacra (ital., geistliche Handlung), am Ende des 17. Jh. hauptsächlich in Wien Bezeichnung für die in Musik gesetzten Passionsschauspiele in italienischer Sprache, die zur Feier des Santo Sepolcro in der Karwoche aufgeführt wurden (hierfür gleichbedeutend auch die Bezeichnung → Rappresentazione sacra). Wichtigster Textdichter dieser Gattung war N. Minato, dessen Werke A. Draghi (z. B. *Epitafii sopra il Sepolcro di Christo*, 1671), Kaiser Leopold I. (z. B. *L'Ingratitudine rimproverata*, 1675) u. a. vertonten. Im Stoff und in Einzelheiten der musikalischen Gestaltung berührt sich die A. s. mit dem Oratorio volgare, unterscheidet sich aber von diesem durch die szenische Aufführung. Später ist dieser Unterschied nicht mehr gegeben, vielmehr wird in der 1. Hälfte des 18. Jh. – ebenfalls in Wien – mit A. s. jene Sonderart des italienischen Oratoriums bezeichnet, dem vor allem die einflußstarken Dichtungen von A. Zeno und P. Metastasio zugrunde liegen. Es handelt sich hierbei um Stücke, die zwar meist für die Karwoche bestimmt waren, die aber nicht nur das Passionsgeschehen behandeln (wie etwa Metastasios *La Passione di Gesù Cristo*, komponiert von A. Caldara 1730), sondern auch alttestamentliche Stoffe zum Vorwurf haben (z. B. Metastasios *La Betulia liberata*, komponiert von G. Reutter 1734).
Lit.: A. SCHERING, Gesch. d. Oratoriums, = Kleine Hdb. d. Mg. nach Gattungen III, Lpz. 1911; G. PASQUETTI, L'oratorio mus. in Italia, Florenz 1914.

Azione teatrale (ital.) ist (wie die Festa teatrale oder → Serenata teatrale) im 17. und 18. Jh. die Bezeichnung für ein Huldigungsfestspiel an fürstlichen Höfen eine prunkvolle, kurze Oper (mit Soli, Chor und Ballett), z. B. Mozarts *Ascanio in Alba* (K.-V. 111, 1771, zur Vermählung des Erzherzogs Ferdinand) oder *Il sogno di Scipione* (K.-V. 126, 1772, als Huldigung für Erzbischof Hieronymus).

B

B, – 1) Ton-Name: In der lateinischen → Buchstaben-Tonschrift reichte die Oktavreihe im allgemeinen von A bis G mit B als 2. Stufe, einen Ganzton über A. Im 12. Jh. verfestigte die Einführung des Hexachordum molle auf F eine Spaltung des B in 2 Tonstufen: der Ganzton über A hieß nun B durum (♮) und war als ♮mi große Terz über G, bildete also mit F einen Tritonus; der Halbton über A hieß B molle (♭) und war als ♭fa Quarte über F. Da die mittelalterliche Lehre der Musica ficta chromatische Alteration einer Tonstufe als Transposition des mi oder fa erklärte, wurden die verschiedenen Schriftzeichen des B auch zu anderen Tönen gesetzt. Das B rotundum (♭) zeigt demnach Erniedrigung, das B quadratum (♮), seit dem 18. Jh. (J. G. Walther 1732) unterschieden in Auflösungszeichen ♮ und Kreuz ♯, Erhöhung um einen Halbton an. B bezeichnet in England noch heute unser H, B flat unser B. In den anderen Ländern gilt H (frz. und ital. si) als Hauptton; B (frz. si bémol; ital. si bemolle) ergibt sich durch Erniedrigung des H um einen Halbton, weitere Erniedrigung um einen Halbton ergibt Heses (engl. double flat; frz. si double bémol; ital. si doppio bemolle). Erhöhung des B um einen Halbton führt zum H. – 2) Seit Anfang des 19. Jh. werden in theoretischen Werken Akkorde mit → Buchstaben-Tonschrift bezeichnet (B bedeutet den B dur-Dreiklang, b den B moll-Dreiklang); im → Klangschlüssel treten Zusatzzeichen hinzu. Der Brauch, eine Tonart nur durch ihren Grundton zu bezeichnen, wurde im 19. Jh. entsprechend den Akkordbezeichnungen so ausgelegt, daß B für B dur, b für B moll stand. – 3) Abk. für Bassus.

Babylonien.
Lit.: ST. LANGDON, Babylonian Mus. Terms, Journal of the Royal Asiatic Soc. of Britain and Ireland, 1921; C. SACHS, Die Entzifferung einer babylonischen Notenschrift, Sb. Bln XVIII, 1924; DERS., Ein babylonischer Hymnus, AfMw VII, 1925; DERS., The Mystery of the Babylonian Notation, MQ XXVII, 1941; DERS., Das Geheimnis d. babylonischen Notenschrift, Stimmen I, 1947/48; BR. LANDSBERGER, Die angebliche babylonische Notenschrift, Arch. f. Orientforschung I, 1933; FR. W. GALPIN, The Music of the Sumerians..., London 1937, Neudruck = Slg mw. Abh. XXXIII, Straßburg 1955; M. WEGNER, Die Musikinstr. d. alten Orients, = Orbis antiquus II, Münster i. W. 1950; Sumerische u. akkadische Hymnen u. Gebete, hrsg. v. A. FALKENSTEIN u. W. v. SODEN, Zürich 1953; M. DUCHESNE-GUILLEMIN, Découverte d'une gamme babylonienne, Rev. de Musicol. XLIX, 1963.

Baccalarius (lat., auch Baccalaureus; frz. bachelier; engl. bachelor), der unterste der → Akademischen Grade in der Facultas artium der mittelalterlichen Universität, zu dessen Erlangung auch das Hören von Musikvorlesungen gefordert wurde. Seit dem 15. bis ins 18. Jh. bezeichnet B. den Hilfslehrer der Lateinschule. In England und den USA kann nach 4jährigem Studium der Grad des Bachelor of arts (B. A.) oder bei besonderer Spezialisierung auf musikalische Fragen der des Bachelor of music (B. Mus.) erworben werden.

»Bach«-Trompete → Clarino.

Background (bˈækɡɹaund, engl., Hintergrund), im Jazz die rhythmisch-harmonische Basis der Bläser- und Rhythmusgruppen für die Solisten. Der B. entstand, als nach dem kollektiven Chorusspielen (New Orleans) im Chicago-, mehr noch im Kansas-City-Jazz das Solo in den Vordergrund trat, und die jeweils übrigen Musiker einer Band die Begleitung zu übernehmen hatten. Die Festlegung des B. erfolgte zuerst durch Absprache (Head-Arrangement), später für die Big bands der Swing-Ära im → Arrangement, das den Solisten betont gegenüber dem B. herausstellt (feature). Als entscheidender Bestandteil des Arrangements kann der B. verschieden angelegt sein: entweder erklingen die Grundharmonien einfach akkordisch, oder der B. ist rhythmisch-melodisch selbst prägnanter gestaltet. Eine besonders markante Art des B. ist das → Riff. Nach der Swing-Ära wurde der arrangierte B. auch von kleineren Ensembles übernommen. Seine extremste Verwendung fand er als Kompositionsmittel im → Progressive Jazz. – In Unterhaltungs- und Schlagermusik ist der B. reine Stimmungskulisse, die als Schablone im Gegensatz zum B. im Jazz kein konstruktives Element darstellt.

Baden.
Lit.: E. STITZENBERGER, Grundlinien einer Gesch. d. Tonkunst im Lande B., 1883; L. SCHIEDERMAIR, Die Oper an d. badischen Höfen d. 17. u. 18. Jh., SIMG XIV, 1912/13; H. ROTT, Kunst u. Künstler am B.-Durlachischen Hofe, 1917; J. KÜNZIG, Das Volkslied in B. einst u. jetzt. I: Gesch. d. Volksliedinteresses in B., Diss. Heidelberg 1922, maschr.; W. WEITZEL, Die kirchenmus. Verhältnisse in B. u. Hohenzollern, Karlsruhe 1927; O. C. A. ZUR NEDDEN, Die Kantorei am Hofe d. Markgrafen Philipp II. v. Baden-Baden, ZfMw XII, 1929/30; DERS., Quellen u. Studien zur oberrheinischen Mg. im 15. u. 16. Jh., =Veröff. d. Musik-Inst. d. Univ. Tübingen IX, Kassel 1931; K. F. LEUCHT, Die badische Hofmusik u. ihr Reorganisator J. A. Schmittbaur, Diss. Wien 1933, maschr.; I. RÜCKER, Die deutsche Org. am Oberrhein um 1750, Freiburg i. Br. 1940; FR. BASER, Musikheimat B.-Württemberg, Freiburg i. Br. u. Zürich 1963.

Badinage (badinˈa: ʒ, frz., Spaß, Tändelei), Badinerie, bezeichnet im 18. Jh. einen Suitensatz schnellen, scherzoartigen Charakters im geraden Takt · 2/4, ¢ (z. B. Bach, 2. Orchester-Suite BWV 1067, letzter Satz).

Bänkelsang. Aus dem 16. Jh. sind Flugblattdrucke erhalten, die von Zeitungssängern vorgetragen und feilgeboten wurden. Diese Sänger sind die Vorgänger der Bänkelsänger, die seit dem 17. Jh. auf Gassen und Märkten aktuelle Ereignisse des öffentlichen wie des privaten Lebens (Katastrophen, Verbrechen, Hinrichtungen) in belehrender Absicht vortrugen und gedruckt verkauften. Noch um die Mitte der 1920er Jahre waren Bänkelsänger auf den Jahrmärkten (vor allem ostdeutscher Städte) anzutreffen. Der Ausdruck B. kommt von Bänkel (Diminutiv von Bank), auf dem der Vortragende stand, und erscheint zum ersten Mal als »Banklein-

Sänger« in B. Neukirchs Gedichtsammlung (1697–1709; VI, 343). Oft trat ein Paar Bänkelsänger auf, wobei meist die Frau den Gesang vortrug. Es war üblich, den Vortrag durch große Bildtafeln (Schilder) zu ergänzen, auf denen wichtige Phasen der Begebenheit dargestellt waren. Nach einem improvisierten Vorspiel (Laute, Harfe oder Violine, später Drehorgel) sang der Bänkelsänger einige instrumental begleitete (4-, 8- oder 16zeilige) Liedstrophen, oft auf eine bekannte Choral- oder Kirchenliedmelodie, dabei mit einem Stab auf die Bilder weisend. Nach einer ergänzenden Prosadarstellung der Vorgänge folgten wieder Liedstrophen, die eine moralische Nutzanwendung enthielten, dann ein Nachspiel. Die Drehorgel wurde auch vielfach nur zur instrumentalen Umrahmung benutzt und der Liedvortrag mit Laute (Harfe) oder Violine begleitet. Die erotische Sphäre wurde vom B. kaum berührt, höchstens deren tödlich-schicksalhafte Aspekte. (Lieder lustigen oder frivolen Inhalts gehören zum Repertoire des Leiermanns oder Orgeldrehers.) – In der 2. Hälfte des 18. Jh. glaubte man im B. wertvolle Zeugnisse volkstümlichen Liedgutes zu entdecken, und man literarisierte den B. Der literarisch parodierte B. reicht von Gleim und Bürger bis in die heutige Zeit, in der u. a. Ringelnatz, Brecht und Erich Kästner wiederholt nach Art des B.s dichteten (→ Song). Im 19. Jh. kam für Bilder und Geschichten der Bänkelsänger die Bezeichnung Moritat auf (wohl von Moralität, wenn auch »Mordtat« beschrieben wird; erster Beleg im Lahrer Kommersbuch 1862, S. 502); unter der Benennung Moritat wurde dann der literarisierte B. auf Schaubühnen, auf dem Brettl und im Kabarett in Deutschland beliebt. Die Moritaten, wie sie Wedekind u. a. um die Wende des 19./20. Jh. dichteten, sind weniger satirische B.-Moritaten, als vielmehr, dem Zeitgeist entsprechend, »soziale Balladen«.

Ausg. u. Lit.: Th. Hampe, Die fahrenden Leute..., = Monographien zur deutschen Kulturgesch. X, Lpz. 1902; Fr. Rebiczek, Der Wiener Volks- u. Bänkelgesang in d. Jahren 1800–48, Wien u. Lpz. 1913; Arien u. Bänkel aus Altwien, hrsg. v. O. Wiener, Lpz. 1914; H. Naumann, Studien über d. Bänkelgesang, Zs. d. Ver. f. Volkskunde XXXI, 1920/21, auch in: Primitive Gemeinschaftskultur, Jena 1921; G. Böhme, Bänkelsängermoritaten, Diss. München 1922, maschr.; O. Görner, B., Mitteldeutsche Blätter f. Volkskunde VII, 1932; E. Sternitzke, Der stilisierte B., Diss. Marburg 1933; A. Becker, B. in d. Pfalz, in: Volkskundliche Gaben, Fs. J. Meier, Bln 1934; Fr. Brüggemann, Bänkelgesang u. Singspiel vor Goethe, = Deutsche Lit., Reihe Aufklärung X, Lpz. 1937; M. Kuckei, Moritat u. B. in Niederdütschland, = Niederdütsch Volk singt II, Hbg 1941; ders., Edvardo, d. schrecklichste d. Räuber, Wedel 1943; G. Gugitz, Die Bänkelsänger im josephinischen Wien, = Österreichische Heimat XVIII, Wien (1954); H. Goertz, Lieder aus d. Küche, München (1957); Die Moritat v. B..., hrsg. v. E. Janda u. Fr. Nötzoldt, München (1959); Fr. Kluge, Etymologisches Wörterbuch d. deutschen Sprache, bearb. v. W. Mitzka, Bln ^{19}1963; K. V. Riedel, Der B., = Volkskundliche Studien I, Hbg 1963; Schauderhafte Moritaten, hrsg. v. Th. F. Meysels, Salzburg (1964).

Bärte (auch Flügel, lat. alae, auricolae) heißen bei den Labialpfeifen der Orgel die zu beiden Seiten des Labiums angebrachten Metall- oder Holzbacken und Leisten, die zur Sicherung der Ansprache einiger Register dienen und bestimmte Obertöne hervortreten lassen. Sie treten auf als Seiten-, Vorder- und Kasten-B.

Bagatelle (frz., unbedeutende Kleinigkeit, von ital. bagatella, kleiner Gegenstand), Musikstück geringen Umfangs, oft in 2- oder 3teiliger Liedform, bisweilen von aphoristischer Kürze, z. B. Beethoven op. 119, 10 (12 Takte). Fr. Couperin nannte ein Stück seiner *Pièces de clavecin* (Livre 2, Ordre 10, 1717) *Les B.s*. In der 2. Hälfte des 18. Jh. diente das Wort zur Bezeichnung von Sammlungen kleiner Stücke unterschiedlicher Gattung und Besetzung, so des Pariser Verlegers J. Boivin *Mille et une B.s* um 1753 (Menuets, Pastorales, Ariettes, Duos usw.) oder C. W. Maizier, *Musikalische B.n* I, 1797 (Tanzstücke und Lieder). Als Werktitel für nicht zyklisch gebundene, kleine Klavierstücke von beliebiger Form und beliebigem Charakter – auch verdeutscht, z. B. G. S. Löhlein, *Musikalische Kleinigkeiten* für Kl., vor 1780 – begegnet es seit Ende des 18. Jh. häufig. Hohen künstlerischen Rang erlangte die Klavier-B. durch Beethovens 3 Sammlungen op. 33 (erschienen 1803), op. 119 (erschienen 1823; Nr 1–6 als *Kleinigkeiten* für den Stich geplant, Nr 7–11 schon 1821 als *Kleinigkeiten* in Fr. Starkes *Wiener Piano-Forte-Schule* abgedruckt), op. 126 (erschienen 1825). Sie erhielten im 19. Jh. keine ebenbürtige Nachfolge, obwohl eine Fülle von B.n entstand (außerhalb der Klaviermusik, z. B. A. Dvořák, *4 B.n* für Harmonium oder Kl., 2 V. u. Vc., op. 47, erschienen 1880), denn das lyrische Klavierstück (→ Charakterstück) der Romantik hatte andere Voraussetzungen. Erst im 20. Jh. gewann der Begriff wieder an Bedeutung; zu den wichtigen Werken zu Beginn des Jahrhunderts gehören die *14 B.n* für Kl. op. 6 (entstanden 1908) von Bartók und die *Sechs B.n* für Streichquartett op. 9 (entstanden 1913) von Webern.

Lit.: W. Kahl, Aus d. Frühzeit d. lyrischen Klavierstücks, ZfM LXXXIX, 1922; Th. v. Frimmel, Beethoven-Hdb., 2 Bde, Lpz. 1926; W. Hess, Unbekannte Klavierb. Beethovens, Mk XXXI, 1938/39; H. Erfmann, Formuntersuchungen an d. B. Beethovens, Diss. Münster i. W. 1942, maschr.; W. Georgii, Klaviermusik, Zürich 1941, Zürich u. Freiburg i. Br. ^{4}1965; H. Pousseur, A. Weberns organische Chromatik (1. B., op. 9), in: die Reihe II, Wien 1955; A. Tyson, The First Ed. of Beethoven's Op. 119 B., MQ XLIX, 1963.

ESe

Baião (baj'ău, port.), ein aus Brasilien stammender, nach dem Staat und der Stadt Bahia benannter Tanz im mäßig bewegten 2/4-Takt, in der Art einer langsamen → Samba. Der B. wurde nach 1950 in Europa bekannt. Sein Rhythmusschema:

$\frac{2}{4}$ ♩ ♫ ♫ oder ♩ ♪ ♪ ♪ oder ♩ ♫ ♪ ♪ oder ♫ ♫ ♫ ♫ oder ♩ ♫ ♫ ♫ | ♩ ♩ |

Balafo(n) → Marimba.

Balalaika (russ.), das russische Nationalinstrument, ein volkstümliches Zupfinstrument, das zum erstenmal während der Regierungszeit Peters des Großen (um 1700) erwähnt wird. Die B. wird von der älteren kirgisischen → Domra hergeleitet, die um 1700 durch die ukrainische B. verdrängt wurde. Die B. hat ein meist 3eckiges Corpus aus Tannenholz mit gebauchtem Boden, in der Decke ist ein Schalloch (auch mit Rosette). Der lange Hals trägt 4–21 Darmbünde; ursprünglich (um 1700) waren 2 Saiten (Darm oder Stahl), heute meist 3 (seltener 4) vorhanden, von denen 2 auf denselben Ton, die dritte (angeblich zuerst von einem aus der Ukraine stammenden blinden Panduristen um 1750 zusätzlich verwendet) in der Oberquart gestimmt sind. Die Saiten laufen von einem am unteren Rand des Corpus befindlichen Saitenhalter über den Steg zur Wirbelplatte, wo sie mit hinterständigen Wirbeln gestimmt werden. Der Ton wird durch Schlagen der Saiten mit einer Schlagfeder oder mit der bloßen Hand hervorgebracht. Die B. wird seit der Reform W. W. Andrejews (1861–1918) in 6 Größen gebaut: Piccolo-B. (h^1 e^2 a^2 oder e^2 e^2 a^2), Prim-(Sopran-)B. (e^1 e^1 a^1), Sekund-(Alt-)B. (a a d^1), Alt-(Tenor-)B. (e e a), Baß-B. (E A d) und Kontrabaß-B. ($_1$E $_1$A D). Das B.-Ensemble besteht aus 4-25 Instrumenten (z. B. 2 Piccolo-B.s, 6 Prim-B.s, 3 Sekund-B.s, 3 Alt-B.s, 3 Baß-B.s, 2 Kontrabaß-B.s, und Domra-Sextett).

Lit.: A. S. FAMINZYN, Domra i srodnyje jej mus. instr. (»Die Domra u. d. ihr verwandten Musikinstr. d. russ. Volkes«), St. Petersburg 1891; A. ROSE, The B., Proc. Mus. Ass. XXVII, 1900/01; A. A. NOWOSELSKIJ, Otscherki po istorii russkich narodnych mus. instr. (»Skizzen zu einer Gesch. d. russ. Volksmusikinstr.«), Moskau 1931; A. S. ILJUCHIN, Schkola dlja b. (»B.-Schule«), Moskau u. Leningrad 1947; A. TSCHAGADAJEW, W. W. Andrejew, Moskau u. Leningrad 1948.

Baldwin-Orgel → Elektrophone, → Connsonata-Orgel.

Balg (Blasebalg) heißt eine nicht am Bauch aufgeschlitzte, sondern möglichst intakt abgestreifte Tierhaut, die sich mit wenig Nachhilfe als Schlauch oder Windbehälter benutzen läßt. Die einfachste Gestalt des B.es findet sich beim Dudelsack, einem der Vorahnen der Orgel; trotz veränderter Konstruktion werden deren Windbehälter noch heute Bälge genannt. Der älteste B. der Orgel ist wie der noch heute gebräuchliche Schmiede-B. gebaut, ein ein- oder mehrfaltiger Falten-B. aus Leder, der allerdings die Orgelpfeifen nur ungleichmäßig mit Wind versorgt, so daß die Orgel »windstößig« klang. Der Falten-B. wurde Ende des 14. Jh. durch den Keil- oder Span-B. abgelöst, dessen Wandungen aus scharnierartig mit Leder verbundenen Brettern (ahd. span, Holzbrettchen) besteht. Im 19. Jh. kamen der Kasten-B. (ohne Falten), der Schöpf- und der → Magazin-B. auf. Ähnlich dem Magazin-B. sind bei größeren Orgeln in den Windkanal Ausgleichsbälge (Konkussionsbälge) eingebaut, die etwaige plötzliche Windschwankungen (durch Unvorsichtigkeit des Kalkanten oder beim Spiel vollgriffiger Akkorde) abfangen und für einen gleichmäßigen Orgelwind während des Spiels sorgen. Die Orgelbälge wurden von Bälgetretern (→ Kalkant) bedient. Die Stange, durch deren Niedertreten oder -ziehen ein B. aufgezogen wird, hieß B.-Clavis. Seitdem die Elektrizität zum Erzeugen des Orgelwindes benutzt wird, tritt anstelle des Schöpf-B.es ein Elektromotor mit Windschleudergebläse (Ventilator), der den Organisten vom Bälgetreter unabhängig macht. Nach ihrer Form unterscheidet man Quer- und Parallelbälge, nach der Art ihrer Bedienung Tritt- und Handbälge. Wie Portativ, Positiv und Regal werden auch Akkordeon, Bandonion und Ziehharmonika mit Hand-B. gebaut. Die Größe der Bälge richtet sich nach dem vorhandenen Raum, ihre Anzahl nach der Größe und Anzahl der Register.

Ballabile (ital., tanzmäßig), als Vortragsbezeichnung: tänzerisch, tanzartig; auch Bezeichnung von Tanzepisoden, vor allem in der Oper des 19. Jh.

Ballade (frz.; altfrz. balade aus altprov. balada, von balar, tanzen), – 1) im hohen Mittelalter ein einstimmiges volkstümliches Tanzlied, dessen feste Form von den Trobadors und Trouvères ausgebildet wurde. Die B. ist strophisch mit Vorsänger- und Vorrefrain; damit gehört sie zur Gruppe der Refrainformen wie Rondeau, Virelai und Ballata. Seit dem Beginn des 14. Jh. wurden für die B. als lyrische Gattung typisch: drei isometrische (meist 8- oder 10Silber) durchgereimte Strophen (d. h. die Strophen haben die gleichen Reimbestandteile) mit einer kürzeren Geleitstrophe (envoi). Der Refrain gehört zu jeder Strophe; der Vorsängerrefrain vor der Strophe kann auch fehlen. Die Strophe ist in Stollen und Gegenstollen ausgebildet, deren Melodie in ouvert- und clos-Schlüssen (→ Klausel) endet. Auf den Gegenstollen kann ein Strophenabschluß (eine oder mehrere Zeilen) folgen, der in der 1st. B. melodisch den Refrain vorausnehmen kann. So ist die B.n-Strophe *Bone est la dolours* von Guillaume le Vinier (vor 1227) nach dem folgenden typischen Schema gebaut:

α β γ δ γ δ ε α α β
A A b c b c c a A A

1st. B.n von Jehannot de L'Escurel sind im *Roman de Fauvel* (→ Quellen: *Fauv*) überliefert. Als eine der bevorzugten lyrischen Gattungen des 14. Jh. wurde die B. auch mehrstimmig gesetzt. Der Hauptmeister der Ars nova-B. ist Machaut, der neben einer großen Zahl von B.n-Texten 42 Balades notées (ohne Envoi) schrieb, davon eine einstimmige, 19 zweistimmige (davon eine streng isorhythmisch geformt), 15 dreistimmige, 4 vierstimmige sowie eine Doppel- und zwei Tripel-B.n. Die Strophenform ist jetzt auf das Stollenpaar, den Strophenabschluß und eine Refrainzeile reduziert. In seinen Rücklauf-B.n nimmt der Refrain die Melodie des Stollenschlusses wieder auf. Die zentrale Quelle für die B. des späten 14. Jh. ist (neben *TuB*) die Handschrift *Ch* (→ Quellen) mit 70 B.n, davon 11 vierstimmige neben durchwegs dreistimmigen und 4 Doppel-B.n. Die dreistimmige B. des 14. Jh. ist im → Kantilenensatz komponiert; dabei wird die Oberstimme (von einer hohen Männerstimme) gesungen, Tenor und Contratenor (gegebenenfalls auch das Triplum) werden instrumental ausgeführt. Bei der nach dem Vorbild der zeitgenössischen Motette angelegten Doppel- und Tripel-B. tragen 2 oder 3 Singstimmen verschiedene, in der Regel französische Texte vor. Im 15. Jh. ging die Beliebtheit der B. zurück, musikalisch glich sie sich der Chanson an. Unter den späteren Komponisten von B.n ragen heraus Dufay (7 B.n, darunter *Se la face ay pale*) und Binchois. – 2) B. als Gattungsbezeichnung im Deutschen für ein erzählendes Gedicht sagenhaften Inhalts kam in den 1770er Jahren auf und ist mehr von der englischen Ballad als von der französischen Ballade beeinflußt. Die in der 1765 in Schottland von Thomas Percy herausgegebenen Sammlung *Reliques of ancient English Poetry* enthaltenen alten Volks-B.n wirkten in Deutschland auf Herder u. a. in ihren Bemühungen um das Volkslied. Balladeske Lieder finden sich seit dem Mittelalter im volkstümlichen Liedgut; ihre größte Verbreitung liegt im 15./16. Jh. Dabei unterscheidet sich die B. durch die volkstümlichere Haltung von der mehr kunstmäßigen Romanze. Einer der ersten, der mündlich überlieferte B.n sammelte und ihre Melodien notieren ließ, war Goethe (1771). Das Ritterliche und Schauerliche dieser B. kam dem Geschmack der Sturm-und-Drang-Epoche entgegen, und so entstanden zahlreiche B.n, teils als Umdichtungen, teils als Neuschöpfungen, von denen die bekannteste Bürgers *Lenore* (1774) ist, die mehrfach vertont wurde (Kirnberger, Reichardt, André, Zumsteeg). Die musikalische Form dieser neueren B. ging vom Strophenlied aus und nahm Einflüsse der Opernszene und des Melodramas auf (eingeschobene Rezitative und Märsche) mit oft tonmalerischer Klavierbegleitung und Verwendung von Leitmotiven. Obwohl auch die durchkomponierte B. vielfach vorkommt, scheint auch in der B. (z. B. Loewes) die strophische Anlage meistens durch und erleichtert damit die Aufnahme der meist sehr langen B.n. Die bedeutendsten B.n-Komponisten des späten 18. und des 19. Jh. sind Zumsteeg, Neefe, C. Loewe, Schubert (nach Schiller: *Ritter Toggenburg, Der Taucher, Die Bürgschaft*; nach Goethe: *Der Sänger, Der Schatzgräber, Der Gott und die Bajadere, Der Erlkönig*), Schumann (*Blondels Lied*; nach Chamisso: *Die rote Hanne*), Brahms (nach Uhland: *Das Lied vom Herrn von Falkenstein*) und H. Wolf (nach Mörike: *Der Feuerreiter*). Die bekanntesten Opern-B.n sind die B. der Senta in Wagners *Der fliegende Holländer* und die B.

des Warlaam in Mussorgskijs *Boris Godunow*. Chor-B.n schrieben Schumann (op. 67, op. 145 und 146), Mendelssohn (*Die erste Walpurgisnacht* nach Goethe), Gade, Bruch, Grieg, Humperdinck, Hegar, Janáček und Distler. Die instrumentale B. im 19. Jh. ging zunächst von literarischen B.n aus, so die ersten Belege der Gattung von Chopin (4 B.n für Kl. op. 23, op. 38, op. 47 und op. 52, um 1831–42, wahrscheinlich nach Gedichten von Mickiewicz), Brahms (*Edward* op. 10 nach Herder), doch sind daneben ganz freie Stücke vor allem für Kl. als B.n bezeichnet, von Liszt, Brahms und Grieg; für V. und Kl. von Vieuxtemps; für Kl. und Orch. von Fauré. Die bekannteste B. für Orch. ist *L'apprenti sorcier* von Dukas (nach Goethes *Der Zauberlehrling*). Im späten 19. Jh. wurden Stücke verschiedener Besetzung und Form als B.n bezeichnet, die als Charakterstücke in der Nähe der Phantasie, der Rhapsodie oder des Capriccio stehen.

Ausg.: zu 1): Rondeaux, Virelais u. B., hrsg. v. Fr. GENNRICH, I u. II, = Ges. f. romanische Lit. XLIII u. XLVII, Dresden 1921 u. Göttingen 1927, III, Das altfrz. Rondeau u. Virelai, = Summa musicae medii aevi X (Fundamenta I), Langen 1963; G. DE MACHAUT, Mus. Werke I–II, hrsg. v. Fr. Ludwig, = PäM I, 1 u. III, 1, Lpz. 1926–27; DERS., The Works II, hrsg. v. L. Schrade, = Polyphonic Music of the Fourteenth Cent. III, Monaco (1956); Zehn datierbare Kompositionen d. Ars nova, hrsg. v. U. GÜNTHER, = Schriftenreihe d. Mw. Inst. d. Univ. Hbg II, Hbg 1959; French Secular Music of the Late Fourteenth Cent., hrsg. v. W. APEL, = The Mediæval Acad. of America, Publications LV, Cambridge (Mass.) 1950; G. DUFAY, 12 geistliche u. weltliche Werke, hrsg. v. H. Besseler, = Chw. XIX, Wolfenbüttel 1932; G. BINCHOIS, 16 weltliche Lieder, hrsg. v. W. Gurlitt, = Chw. XXII, Wolfenbüttel 1933; DERS., Die Chansons, hrsg. v. W. Rehm, = MMD II, Mainz (1957); Les musiciens de la cour de Bourgogne, hrsg. v. J. MARIX, Paris 1937. – zu 2): Engl. and Scottish Popular Ballads, hrsg. v. FR. J. CHILD, 6 Bde, Boston 1883–98 (Texte); The Traditional Tunes of the Child Ballads, hrsg. v. B. H. BRONSON, Princeton u. London seit 1959; J. Goss, Ballads of Britain, London 1937; J. A. LOMAX, American Ballads and Folksongs, NY 1934; Deutsche Volkslieder mit ihren Melodien, hrsg. v. J. MEIER u. a., Bln seit 1934; Die B., hrsg. v. H. J. MOSER, = Mus. Formen in hist. Reihen III, Bln 1930; Das deutsche Sololied u. d. B., hrsg. v. DEMS., = Das Musikwerk (XIV), Köln (1957).

Lit.: zu 1): Recueil d'arts de la seconde rhétorique, hrsg. v. E. LANGLOIS, Paris 1902; FR. LUDWIG, Die mehrst. Musik d. 14. Jh., SIMG IV, 1902/03; O. RITTER, Die Gesch. d. frz. Balladenform, Halle 1914; FR. GENNRICH, Mw. u. romanische Philologie, Halle 1918; DERS., Grundriß einer Formenlehre d. ma. Liedes, Halle 1932; DERS., Der Gesangswettstreit im »Parfait du Paon«, Romanische Forschungen LVIII/LIX, 1947; E. HOEPFFNER, Virelais et B. dans le Chansonnier d'Oxford, Archivum Romanicum IV, 1924; W. GURLITT, Burgundische Chanson- u. deutsche Liedkunst d. 15. Jh., Kgr.-Ber. Basel 1924; E. DANNEMANN, Die spätgotische Musiktradition in Frankreich u. Burgund, = Slg mw. Abh. XVII, Straßburg 1936; B. PATTISON, Music and Poetry of the Engl. Renaissance, London 1948; W. APEL, Rondeaux, Virelais, and B. in French 13th-Cent. Song, JAMS VII, 1954; G. REANEY, G. de Machaut: Lyric Poet, ML XXXIX, 1958; DERS., The Poetic Form of Machaut's Mus. Works I, MD XIII, 1959; DERS., The Development of the Rondeau, Virelai and Ballad Forms from Adam de la Hale to G. de Machaut, Fs. K. G. Fellerer, Regensburg 1962; U. GÜNTHER, Der mus. Stilwandel d. frz. Liedkunst in d. 2. Hälfte d. 14. Jh., Diss. Hbg 1957, maschr.; DIES., Datierbare B. d. späten 14. Jh. I u. II, MD XV, 1961, u. XVI, 1962. – zu 2): PH. SPITTA, B., in: Mg. Aufsätze, Bln 1894; K. MERTENS, Die Entwicklung d. engl. u. schottischen Volksb. im Verhältnis zu d. dänischen Folkeweiser, Diss. Halle 1920, maschr.; R. GRAVES, The Engl. Ballad, Oxford 1927; G. H. GEROULD, The Ballad of Tradition, Oxford 1932; M. AXEL, Die Klavierb., Diss. Wien 1934, maschr.; W. KAYSER, Gesch. d. deutschen B., Bln 1936; W. J. ENTWISTLE, European Balladry, Oxford 1939; DERS., Notation for Ballad Melodies, = Publications of the Modern Language Ass. LV, 1940; O. DRÜNER, Die deutsche Volksb. in Lothringen, = Schriften d. Wiss. Inst. d. Elsaß-Lothringer im Reich an d. Univ. Ffm., N. F. XXI, 1939; S. BALDI, Sull'origine del significato romantico di »ballata«, Annali della R. Scuola Normale Superiore di Pisa XIX, 1941; S. NORTHCOTE, The Ballad in Music, Oxford 1942; E. BOUILLON, Zum Verhältnis v. Text u. Melodie in d. schottischengl. Volksb., Diss. Bonn 1960, maschr.; CHR. ENGELBRECHT, Zur Vorgesch. d. Chopinschen Klavierb., Kgr.-Ber. Warschau 1960.

Ballad opera (b'æləd 'ɔpəɹə, engl., »Lieder-Oper«), eine Art Liederspiel, das aus gesprochenen Dialogen und Liedern bestand, die nach volkstümlichen (englischen, schottischen, irischen) Weisen (ballad tunes) und bekannten Melodien zeitgenössischer Opernkomponisten bearbeitet waren. Die Wurzeln der B. o. liegen in der während der 2. Hälfte des 17. Jh. nach England gelangten Dialogoper, im Parodieverfahren auf Werke ernsten Charakters (die dadurch im Lichte des Burlesken und Komischen erschienen) sowie in der satirisch-polemischen englischen Komödie. Vor allem um 1730 entstand eine große Anzahl solcher Werke. Der künstlerische Höhepunkt der Entwicklung wurde bereits Ende der 30er Jahre überschritten. In der 2. Hälfte des 18. Jh. war man mehr und mehr bestrebt, statt der Ballad tunes Musik bekannter englischer Komponisten (so von S. Arnold, Ch. Dibdin, Th. Linley, St. Storace) aufzunehmen, ohne aber das Verfahren des → Pasticcio fallen zu lassen. Im 19. Jh. hatten romantische Oper und Operette die B. o. verdrängt. – Das berühmteste Beispiel der Gattung ist J. Gay's *The Beggar's Opera* (Bettleroper; Ouvertüre sowie Generalbaß für die Songs von Pepusch, 1728), in der auf allbekannte Melodien die Liedtexte Gay's mit scharfer sozialkritischer Tendenz die Gesellschaft und deren »unnatürlichen Geschmack für die italienische Musik« (Swift) persiflierten. Gay–Pepuschs *Beggar's Opera* wurde mehrfach neubearbeitet (1920 von Fr. Austin, deutsch 1928; 1948 von B. Britten, deutsch 1950). Eine völlig neue, moderne textliche und musikalische Gestaltung des Werkes durch B. Brecht und K. Weill unter dem Titel *Die Dreigroschenoper* (1928) errang einen Welterfolg. Coffey's B. O.s *The Devil to Pay* (1731) und *The Merry Cobbler* (1735) sind von besonderer Bedeutung für die Geschichte des deutschen Singspiels.

Ausg.: The Beggar's Opera, hrsg. v. H. BISHOP, London 1805; Engl. B. O., hrsg. v. J. OXENFORD u. J. L. HATTON, London 1874; G. CALMUS, Zwei Opernburlesken aus d. Rokokozeit, Bln 1912; CH. E. PEARCE, Polly Peachum the Story of »Polly« and »The Beggar's Opera«, London 1923; Faks. d. Original-Ausg. d. Beggar's Opera, London 1921, DASS., Glasgow 1923; The Plays of J. Gay, 2 Bde, London 1923 (mit Melodien zu »Beggar's Opera« u. »Polly«); Twelve Famous Plays of the Restoration and Eighteenth Cent., NY 1933; DAVISON-APEL Anth. II, 264 (2 Stücke aus The Beggar's Opera); Ouvertüre zur Beggar's Opera, hrsg. v. J. HORTON, London 1960.

Lit.: G. CALMUS, Die »Beggar's Opera« v. Gay u. Pepusch, SIMG VIII, 1906/07; W. BARCLAY SQUIRE, An Index of Tunes in the B.-O., Mus. Antiquary II, 1910/11; G. TUFTS, B. O.: a List and some Notes, ebenda IV, 1912/13; L. MELVILL, Life and Letters of J. Gay, 1685–1732, London 1921; W. H. GR. FLOOD, The Beggar's Opera, ML III, 1922; FR. KIDSON, The Beggar's Opera, Cambridge 1922; W. J. LAWRENCE, Early Irish B. O. and Comic Opera, MQ VIII, 1922; W. E. SCHULTZ, Gay's »Beggar's Opera«, New Haven (Conn.) 1923; A. NICOLL, A Hist. of Early Eighteenth-Cent. Drama, 1700–50, Cambridge 1925; J. A. WESTRUP, French Tunes in the »Beggar's Opera« and »Polly«, The Mus. Times LXIX, 1928; C. TOLKSDORF, J. Gay's »Beggar's Opera« u. B. Brechts »Dreigroschenoper«, Diss. Bonn 1934; A. V. BERGER, The Beggar's Opera, the Burlesque and Ital. Opera, ML XVII, 1936; E. M. GAGEY, B. O., NY 1937; W. H. RUBSAMEN, The Ballad Burlesques and Extravaganzas, MQ XXXVI, 1950; DERS., Mr. Seedo, B. O., and the Singspiel, in: Miscelánea en homenaje a H. Anglès II, Barcelona 1958–61; G. HANDLEY-TAYLOR u. FR. GRANVILLE BARKER, J. Gay and the B. O., in: Hinrichsen's 9th Music Book, 1957 (dort auch Bibliogr.).

Ballata (ital.) ist die zentrale literarisch-musikalische Form Italiens in der 2. Hälfte des 13. Jh. und im 14. Jh. Bereits die frühen Benennungen (seit 1260) – neben b. auch danza und canzone a ballo – weisen auf eine Tanzliedform hin. Die frühe Ausführung der B. bestand im Wechsel einer vom Vorsänger gesungenen Strophe (stanza) und eines vom Chor regelmäßig wiederholten Schlußabschnittes (ripresa). Obwohl Dante in seinem Traktat *De vulgari eloquentia* (»Über das Dichten in der Volkssprache«) die B. als Gattung der Kanzone ein- und dem Sonett nachordnet, ist sie bereits im Dolce stil nuovo zur Kunstlyrik gerechnet worden. Die ältesten B.-Texte enthalten die *Memoriali Bolognesi* (Akten des Notariatsarchivs in Bologna) aus der 2. Hälfte des 13. Jh. Die Metriker des 14. Jh. (Antonio da → Tempo und 1350 Gidino Sommacampagna) verstehen unter B., überwiegend Liebeslieder, die gesungen und getanzt wurden; dabei wurde die Ripresa nach jeder Stanze wiederholt. Über die Aufführung der B. im 14. Jh. berichtet Boccaccio in seinem *Decamerone*, wenn er die Tanzspiele beschreibt, mit denen der Tag beschlossen wird. Als Domenico da Piacenza sein Tanzlehrbuch schrieb (*De la arte di ballare ed danzare*, 1416), war die Blütezeit der B. als Tanz schon vorbei, wenngleich sie als musikalisch stilisierte Form (ohne Tanz) weiter bestand. Der älteste ausführliche choreographische Beleg für die B. steht bei G. del Virgilio (*Il Diaffonus*, III. Cap., um 1314; mitgeteilt: AMl XXXI, 1959, S. 33f.). Das Beispiel einer frühen B. – vermutlich bald nach 1266 entstanden – gibt der Florentiner Dichter Guido von Arezzo (*Vegna, vegna chi vol giocundare*). Die B. tritt, ebenfalls einstimmig, in enge Verbindung zu den Lauden (lauda-b.). Die chorische Ausführung der Ripresa (auch ritornello) verschwand allmählich, und die B. wurde auf dem Wege dieser Überformung durch die → Lauda zu einer höchst verfeinerten musikalisch-literarischen Form. Die B. löste sich jedoch bald wieder aus ihrer geistlichen Bindung (frühes 14. Jh) und nahm überwiegend Stoffe aus der Liebesdichtung zum Vorwurf. – Die B. hatte von jeher hohes Ansehen unter den Dichtern des Dolce stil nuovo. Sie stieg im 14. Jh. zur zentralen Form der verfeinerten weltlichen Musik auf und verdrängte im 14. Jh. die beiden, ebenfalls der höheren Gesellschaftsschicht zugehörenden Formen des Madrigals und der Caccia. Von Instrumenten (besonders Viola und Laute) begleitet, wurde die B. zum Tanz wie auch als nur musikalisch dargebotenes Stück verwendet. Ihr musikalischer Aufbau entspricht der metrischen Form des Textes. Die B. wird eingeleitet von einer Ripresa, die 1–5 Verszeilen umfaßt. Daran schließt sich die Stanza an, die sich in 2 Piedi (oder Mutationi) und eine Volta (metrisch gleich der Ripresa) gliedert. Der überwiegende B.-Vers ist der 7- oder 11Silber. Schema:

	Text		Musik		
Chor	A A	= Ripresa	α β		
Solist (Stanza)	b c	= Iº piede	γ δ	(verto = Halbschluß)
	b c	= IIº piede	γ δ'	
	c a	= Volta	α β	
Chor	A A	= Ripresa	α β	(chiuso = Ganzschl.)

Die Theoretiker unterscheiden als B.-Typen 6 Grundformen nach der Verszahl der Ripresa:

B. minima	Ripresa besteht aus einem 7Silber
B. piccola	Ripresa besteht aus einem 11Silber
B. minore	Ripresa besteht aus 2 Verszeilen
B. mezzana	Ripresa besteht aus 3 Verszeilen
B. grande	Ripresa besteht aus 4 Verszeilen
B. stravagante	Ripresa besteht aus 5 Verszeilen

Mit der Wiederkehr der Ripresa wird dem Hörer der Leitgedanke, die Sentenz oder Moral, eingeschärft, worauf der Solist in seinen Stanzen durch Begründung, Spezifikation oder Abwandlung Bezug nimmt. Die Ripresa bildet inhaltlich und formal (Reim, Versmaß, Rhythmus, Melodie) den Kern der B. Aufbau und Termini der Stanze kommen von der Kanzonenstrophe (piede und volta). Dieser Aufbau gilt für die ein- und mehrstimmigen Formen der B. und entspricht dem französischen → Virelai, von dem die französische Balade (→ Ballade) unterschieden ist. – Die Stimmenanordnung der mehrstimmigen B. ergibt folgendes Bild (C = Cantus, CT = Contratenor, T = Tenor):

$$2\text{st.}: \begin{cases} C \text{ (vokal)} \\ T \text{ (vokal)} \end{cases} \quad 3\text{st.}: \begin{cases} C \text{ (vokal)} \\ CT \text{ (instrumental)} \\ T \text{ (vokal)} \end{cases}$$

Zuweilen ist sie auch von der italienischen → Caccia bestimmt:

$$\begin{cases} C \text{ (Primus)} \\ C \text{ (Secundus)} \end{cases} \text{ (vokal)} \\ T \quad \text{(instrumental)}$$

Die B. als lyrische Form der Dichtung wird um 1365 zur wichtigen Vorlage für die mehrstimmige Komposition. Ob die Textwahl auf Dante, Petrarca oder auch auf Künstler geringeren Ranges fiel, war gleichgültig, wenn nur der mehrstimmige Satz den hohen Ansprüchen genügte. An Komponisten ragen hervor Andrea dei Servi († 1415: 30 Werke, ausschließlich Ballate), Paolo da Firenze, Niccolo da Perugia (41 Werke, davon 21 Ballate, 20 mehrstimmig, eine einstimmig), Donato da Cascia und der Dichter-Musiker Fr. → Landini, der allein 141 Ballate (92 zweistimmig und 49 dreistimmig, von seinen insgesamt 154 Werken) schrieb. – Musikalische Wesenszüge der B. sind: verzierte Oberstimme – ruhige Unterstimme(n), rhythmische Unabhängigkeit der Stimmen, gelegentlicher Mensurwechsel innerhalb ein und derselben Komposition, das Fehlen symmetrischer Periodenbildung sowie tanzartiger Rhythmik. – Im 15. Jh. finden sich von der musikalischen B. nur noch wenige Spuren, dagegen ist sie als rein literarische Form öfter anzutreffen (vereinzelt auch noch im 16. Jh.). Als eine literarisch wiederbelebte Spätform der B. erscheint um 1500 die → Frottola, deren homophone Satzanlage von der B. des 14. Jh. wesentlich unterschieden ist.

Ausg.: J. WOLF, Gesch. d. Mensuralnotation, II–III, Lpz. 1904; DERS., Die Rossi-Hs. 215 ..., JbP XLV, 1938; Der Squarcialupi-Codex Pal. 87 d. Bibl. Medicea Laurenziana zu Florenz, hrsg. v. DEMS., Lippstadt 1955; N. PIRROTTA, Il Sacchetti e la tecnica mus., Firenze 1935; DERS., The Music of Fourteenth-Cent. Italy I, = CMM VIII, 1954 (1st. B. d. Gherardellus de Florentia), II, 1960 (1st. B. d. Codex Rossi), III, 1962 (B. v. Laurentius Masii de Florentia, Donatus de Florentia u. Anonymi); FR. LANDINI, The Works, hrsg. v. L. Ellinwood, Cambridge (Mass.) 1939; F. GHISI, Ital. Ars Nova Music, Journal of Renaissance and Baroque Music I, 1946/47; DAVISON-APEL Anth. I, 51 u. 53 (Giov. da Florentia u. Fr. Landini); 3 B. in: Die ma. Mehrstimmigkeit, hrsg. v. H. HUSMANN, = Das Musikwerk IX, Köln (1955); The Works of Francesco Landini, hrsg. v. L. SCHRADE, = Polyphonic Music of the Fourteenth Cent. IV, Monaco (1958); C. CORSI, Madrigale e b. inedite del Trecento, in: Belfagor XII, Florenz 1959.

Lit.: ANTONIO DA TEMPO, Trattato delle rime volgari, hrsg. v. G. Grion, Bologna 1869; GIDINO SOMMACAMPAGNA, Trattato dei ritmi volgari, hrsg. v. G. B. Giuliari, Bologna 1870; E. MONACI, Per la storia della b., Rivista critica della letteratura it. I, 1884; S. BENEDETTI, Un trattatello della XIV sopra la poesia mus., Studi medievali II, 1906/07; H. RIEMANN, Hdb. d. Mg. II, 1, Lpz. 1907, ²1920; G. CARDUCCI, Archeologia poetica, Bologna 1908; D. ALALEONA, Le laudi spirituali ital. nei s. XVI e XVII e i loro rapporti coi canti profani, RMI XVI, 1909; E. LEVI, Cantilene e b. dei s. XIII e XIV, Studi medievali IV, 1912/13; P.-M. MASSON, Chants du carnaval florentin, Paris 1914; M. SCHNEI-

DER, Die Ars Nova d. XIV. Jh. in Frankreich u. Italien, Potsdam 1930; N. PIRROTTA, Lirica monodica trecentesca, Rass. mus. IX, 1936; K. VOSSLER, Die Dichtungsformen d. Romanen, hrsg. v. A. Bauer, Stuttgart 1951; K. V. FISCHER, Studien zur ital. Musik d. Trecento u. frühen Quattrocento, = Publikationen d. Schweizerischen Musikforschenden Ges. II, 5, Bern (1956); L. MEIERHANS, Die B., = Studiorum Romanicorum Collectio Turicensis, Bern 1956; W. TH. MARROCCO, The B. - A Metamorphic Form, AMl XXXI, 1959.

Ballet de cour (bal'ɛ də ku:r, frz., Hofballett) zwischen 1580 und 1660 ein prachtvoll ausgestattetes Ballett mit Vokal- und Instrumentalmusik, vornehmlich am Hofe der französischen Könige, mit mythologischem Stoff, allegorischem Charakter und einer pantomimischen Leitidee, wobei die »Verzauberung« ein wichtiger Gegenstand war. Dem B. de c. ist zunächst ein aristokratisch-dilettantischer Grundzug eigen, nur wenige Berufstänzer wurden herangezogen, während die Hauptmitwirkenden der höfischen Gesellschaft angehörten; z. B. wirkte Ludwig XIV. in einer ganzen Reihe von Balletten persönlich mit. Später vollzog sich im B. de c. eine sozialgeschichtlich und künstlerisch eingreifende Veränderung; es wurde dort Schautanz gegen Eintrittsgeld und damit halböffentlich zugänglich. Die Ausführenden waren jetzt durchweg Berufstänzer. Diese Wandlung führte zu einem großen künstlerischen Aufstieg der Tanzkunst überhaupt. – Wichtig für das B. de c. sollten die ästhetischen Bestrebungen von Baïfs Académie de Poésie et de Musique werden. Das B. de c. bestand aus der Ouvertüre, der die einzelnen → Entrées (höchstens 5 Szenen) folgten, und dem Grand ballet. Chants und → Récits waren im einfachen 4–5st. Satz solo oder einstimmig angelegt. Die Musik wurde zum Teil von den agierenden Personen (vokal) und zum Teil von einem Orchester außerhalb der Bühne (Begleitung, Tanzmusik) ausgeführt. Das früheste überlieferte B. de c. ist das *Balet comique de la Royne* (1581). Die Choreographie (ordonnances géométriques) entwarf der Italiener v. Baltazarini, die Musik schrieben Lambert de Beaulieu und Jacques Salmon. Eine deutsche Nachahmung des B. de c. war das Singballett.

Ausg.: Balet comique de la Royne 1581, hrsg. v. G. A. CAULA, Turin 1963.
Lit.: H. PRUNIÈRES, Le b. de c. en France avant Benserade et Lully, Paris 1914 (darin auch S. 251ff. NA v. La Délivrance de Renaud); DERS., Ronsard et les fêtes de cour, RM V, 1924; W. STORZ, Der Aufbau d. Tänze in d. Opern u. Balletts Lully's, Diss. Göttingen 1928; M. PAQUOT, Les étrangers dans le b. de c., Rev. du 16ᵉ s. XIX, 1932; N. IVANOFF, Les fêtes à la cour des derniers Valois, ebenda; P. MÉLÈSE, Le théâtre et le public à Paris sous Louis XIV (1659–1715), Paris 1934; J. GREGOR, Kulturgesch. d. Balletts, Wien 1946; J. ROUSSET, La lit. de l'âge baroque en France, Paris 1953; Les fêtes de la Renaissance I, hrsg. v. J. Jacquot, Paris 1956; M. M. McGOWAN, L'art du b. de c. en France (1581–1643), Paris 1963.

Ballett (von ital. → balletto, Diminutiv von ballo, → Tanz; engl. und frz. ballet) ist eine in der Regel mit Musik verbundene Tanzdarbietung. Diese erscheint unter vielfältigen Aspekten, denen stets zwei Komponenten gemeinsam sind, die künstlerisch stilisierte Körperbewegung und der Bezug auf ein Publikum; sie kann als Tanzeinlage in Bühnenwerken sowie als selbständige Tanzgattung auftreten. Darüber hinaus bezeichnet B. die Komposition und die Gesamtheit der ausführenden Tänzer. – Vorstadien solcher Tanzdarbietungen in der Neuzeit finden sich in den festlichen Aufzügen der Renaissance, vom allegorischen Huldigungsspiel bis hin zum Trionfo oder zur Entrée solennelle, im Maskenspiel (→ Masque) und → Intermedium. Wesentliche Ausgangspunkte liegen auch im mittelalterlichen Volkstheater, vor allem aber im italienischen und französischen → Gesellschaftstanz des 14. und 15. Jh. In Italien erschienen im 14./15. Jh. die ersten Tanzbücher, verfaßt von Tanzmeistern wie → Guglielmo Ebreo oder C. → Negri, mit deren Wirken die Entwicklung des akademischen Tanzes begann. Ausbau und Versuche zur Festlegung des Schrittmaterials im Sinne einer → Choreographie (Arbeau, Feuillet) erfolgten in Frankreich. Tänzerische Aufführungen, deren Sujets meist der griechischen Mythologie entnommen sind, waren schon im 15. Jh. in Komödien und Tragödien oder bei Hoffestlichkeiten in Italien und Frankreich nicht selten (Tanzspiel 1473 zu Castel Gandolfo; Mailänder »Hochzeitstafelschauspiel« 1488). – Nach 1580 entstand am französischen Hof das → Ballet de cour, in dem alle Elemente des höfischen Festzugs und des Maskenspiels vereinigt sind. Mit Baltazarinis *Balet comique de la Royne* (1581) kann vom Beginn einer französischen B.-Kunst im Sinne einer theatralischen Gattung gesprochen werden. Höhepunkte des französischen Hof-B.s in der 2. Hälfte des 17. Jh. waren *Les muses* (1667) und *Les Triomphes de l'Amour* von Lully (1681; zum ersten Mal traten hier Berufstänzerinnen auf). – Seit Anfang des 17. Jh. wurden in Frankreich auch volkstümliche Arten des B.s gepflegt, so das Ballet comique (oder Ballet à scènes déclamées) und das Ballet mascarade, das im Laufe seiner Entwicklung durch dramatische und lyrische Bühnenszenen zum Ballet mélodramatique erweitert wurde, wie eines der vollendetsten dieser Art, *La délivrance de Renaud* (1617) von Guédron, Boësset und Bataille. In den 20er Jahren des 17. Jh. entstand auch eine Art von Maskeraden, die burleske Stoffe bevorzugten und noch in der 2. Jahrhunderthälfte unter der Bezeichnung Ballet à entrée beliebt waren. Diese Ballets à entrée setzten sich aus mehreren Teilen zusammen, deren jeder im Aufbau dem Ballet mascarade (nämlich: Anfangs-Récit, Entrées, Schlußchor, auch –pantomime) entsprach, wie das *Ballet des Fées des Forêts de St. Gervais* (1625). 1664 begann die Zusammenarbeit von Molière und Lully auf dem Gebiet der → Comédie-ballet. Nach 1673 gingen wesentliche Züge des Ballet de cour in die → Tragédie lyrique ein. Gegen Ende des 17. Jh. entstand auch das → Opéra-ballet. – In Italien war das B. zuerst Teil eines Intermediums und wurde dann selbst Intermedium innerhalb der Kunstgattung der Oper. Bereits Ende des 16. Jh. wurde die → Moresca zum B.-Intermezzo. In diesem Sinne sind die Moresken in Cavalieris *Rappresentazione di anima e di corpo* (1600) und in Monteverdis *Orfeo* (1607) zu verstehen. Im 17. Jh. lieferten Cavalli, Sacrati, Rossi bedeutende Beispiele. Ein B. im Stil der höfischen Maskenspiele komponierte bereits Monteverdi im *Scherzi musicali* (1607). 1608 wurde sein *Ballo dell'Ingrate* aufgeführt, der sich an das Vorbild des französischen Ballet de cour anschließt und bereits den neuen Typ des Balletto melodrammatico darstellt. *La liberazione di Ruggiero* ... von Fr. Caccini (1625), eine Verbindung von Choroper und reich ausgestattetem B., blieb ein Jahrhundert Vorbild für die festliche Barockoper. – In Deutschland waren es vor allem die Hofhaltungen in Wien und München, dann Stuttgart (mit dem ersten nachweisbaren deutschen B. zur Hochzeit Herzog Johann Friedrichs 1609), Dresden, Heidelberg, Halle, Hannover, Kassel und Braunschweig, wo szenische B.e auf der Bühne oder im Freien mit Instrumentalmusik, Sologesang und Chören als → Festmusik aufgeführt wurden. Diese B.e verbanden starke französische (Ballet de cour), italienische (Intermedium) und einheimische Elemente (Ringrennen, Jagden, Turnieraufzüge). In Wien, wo sich schon in der 1. Hälfte des 17.

Jh. die Opern- und B.-Kunst in besonders großer Pracht entfaltete, komponierten Musiker wie W. Ebner oder J. H. → Schmelzer zahlreiche B.e. Die B.-Einschübe in den Zwischenakten und am Schluß von Opern bildeten auch hier in erster Linie französische und italienische Tänze (Allemande, Courante, Galliarde, Gigue, Bourrée, Bransle, Chaconne, Passacaglia). – Besondere Höhepunkte höfischer B.-Kunst stellten die Militär-, Turnier- oder Roß-B.e (balletto a cavallo) dar, so in Italien *La guerra d'amore* (1616) mit der Musik von G. B. Signorini, G. Del Turco, P. Grazi und J. Peri; in Wien 1667 *Germania esultante* von Cesti. Die Einführung des B.s (als mythologisches, historisches oder Märchen-B.) in die Oper, mit deren Handlung es oft in keinem Zusammenhang stand, führte zu einer schematischen Erstarrung der Gattung. Der Wunsch nach der Wiedergeburt des B.s aus dramatischem Geist rief im 18. Jh. Reformversuche hervor. Die entscheidenden Neuerungen, die parallel mit Glucks Reformen der Oper liefen, kamen durch den Franzosen J. G. → Noverre, daneben durch den Italiener G. → Angiolini, Schüler des österreichischen Choreographen Franz Hilverding von Weven (1710–68). Noverre setzte in seinem Ballet d'action (»Handlungs-B.«) das Libretto eines (in Akte geteilten, oft bereits vorhandenen Wort-) Dramas ohne Hilfe des gesprochenen oder gesungenen Textes in Tanzbewegungen und Pantomime um. 1760 heißt es in Noverres für die B.-Kunst Europas grundlegenden *Lettres sur la danse, et sur les ballets* in Lessings Übersetzung: »Befleißet euch einer edlen Pantomime, vergesset nie, daß sie die Sache eurer Kunst ist ...« Der Musik weist Noverre eine dienende, untermalende Rolle zu. Er versuchte, in zahlreichen Choreographien, von denen viele in Kompositionen bekannter Musiker (Fl. G. → Deller; J. J. Rudolph; W. A. Mozart, *Les petits riens*, 1778) aufgeführt wurden, seine Pläne zu verwirklichen. In den von Fr. Aspelmayr und J. → Starzer komponierten Tanzdramen kam Noverre seinen Zielen am nächsten. G. Angiolini choreographierte 1761 (ein Jahr nach den *Lettres* Noverres) *Le festin de Pierre* (*Don Juan*, nach Molière) mit der Musik von Gluck, die erste B.-Pantomime, in der Szenarium, Musik und Choreographie vollkommen übereinstimmen. Einen Höhepunkt ihrer Entwicklung findet die B.-Pantomime bei S. → Viganò. Für ihn schrieb Beethoven die Musik zu *Die Geschöpfe des Prometheus* (1801). An bedeutenden Choreographen der 2. Hälfte des 18. Jh. seien noch genannt: der Angiolini-Schüler Vincenzo Galeotti (1733–1816), dessen B. »Die Launen Cupidos und des Ballettmeisters« noch heute mit der Musik von Jens Lolle in der überkommenen Originalchoreographie in Kopenhagen getanzt wird; der Noverre-Schüler Jean Dauberval (1742–1806; von ihm stammt das 1786 uraufgeführte und heute noch zum internationalen Repertoire zählende B. *La fille mal gardée*). Die beiden großen französischen Ballerinen waren Maria Camargo (1710–70; sie schuf das Tutu, das kurze B.-Röckchen) und Maria Sallé (1710–56), die erste bedeutende Tänzerin in der B.-Pantomime. Die Sallé errang auch große Erfolge in London, wo Händel für sie und ihre Tanzgruppe u. a. den B.-Prolog *Terpsichore* zu seinem umgearbeiteten *Pastor fido* (1734) schrieb.
Für die Entwicklung des B.s und der B.-Technik im 19. Jh. waren C. de → Blasis und E. → Cecchetti bedeutend. Maria → Taglioni verhalf mit ihrer Interpretation der Titelrolle in *La Sylphide* (1832) mit der Musik von Jean Schneitzhoeffer, einem typischen Märchen-B., dem romantischen Stil zum Durchbruch. Mit ihr begann sich der Spitzentanz durchzusetzen. Den Gegentyp zur Taglioni, die eine echte »danseuse aérienne« war, stellt Fanny → Elßler dar als eine ihre Tänze mit dramatischer Ausdruckskraft gestaltende »danseuse terre à terre«. Als Typ zwischen diesen beiden stand Carlotta → Grisi, die 1841 in Paris die Hauptrolle in dem B. *Giselle* von A. Adam kreierte, das sich bis heute im Repertoire gehalten hat. – Das B. wurde in der 1. Hälfte des 19. Jh. vielfach von 3 auf 4 und 5 Akte erweitert; es umfaßte bis zu 20 Musiknummern, die formal auf Tänze wie Walzer, Polka, Fandango, Mazurka und B.-Bewegungsabläufe wie Adagio, Pas de deux, Pas de trois usw. zurückgreifen (Auber; Fr. Benoist; M. Costa; L.-J.-F. Hérold; Th. Labarre). Von den zahlreichen in der 2. Hälfte des 19. Jh. entstandenen B.-Musiken (u. a. von Widor und Messager) sind heute noch im B.-Repertoire: Delibes' *Coppélia* (1870; Choreographie von A. → Saint-Léon) und *Sylvia* (1876). Zu erwähnen ist auch J. Bayers Erfolgs-B. *Die Puppenfee* (1888) und auf dem Gebiet des Opern-B.s das dramaturgisch ganz mit der Opernhandlung verwobene B. in Saint-Saëns *Samson et Dalila* (1877). – In Rußland wurde bereits 1738 in St. Petersburg eine kaiserliche B.-Schule gegründet (erster Direktor J.-B. Landé, † 1746). 1810 kam Didelot nach St. Petersburg, wo er bis 1811 und dann 1816–28 tätig war und das russische B. im Sinne Noverres erneuerte. Die besten Grundzüge der sensibleren französischen und der im Stil robusteren italienischen Schule wurden vereinigt. Nach dem Krieg von 1812 entstanden in Rußland zahlreiche B.e, so von A. Aljabjew, A. G. Warlamow und C. → Pugni. Zu nennen sind auch L. → Minkus und R. → Drigo. Der französische Choreograph M. → Petipa förderte entscheidend die Entwicklung in streng konservativem Rahmen mit Betonung des Märchenhaften und einer »Poetisierung« der Tanztechnik. Seine bedeutendsten choreographischen Leistungen waren Tschaikowskys B.e »Dornröschen« (1890), »Der Nußknacker« (1892) und »Schwanensee« (1894) sowie Glasunows *Rajmonda* (1897).
Die Einleitung einer neuen Epoche der B.-Kunst überhaupt lag in der Zusammenarbeit des russischen Impresarios S. → Diaghilew mit einer Reihe bedeutender Choreographen und Tänzer (M. → Fokin, W. → Nischinskij und dessen Schwester Bronislawa, B. → Kochno, L. → Massin, G. → Balanchine, S. → Lifar, Tamara → Karsawina, Alexandra → Danilowa, Alicia → Markova) und Schriftsteller (Jean Cocteau), Maler (Bakst, Braque, Chirico, Derain, Matisse, Picasso, Utrillo) und Musiker begründet. Ihr Ziel war eine Art Gesamtkunstwerk aus Poesie, Musik, Tanz und Malerei, das die künstlerischen Strömungen der Zeit in der Formstrenge des B.s zusammenfassen sollte. Diaghilews B.-Truppe, Ballet russe genannt, der kurze Zeit auch die berühmte Anna → Pawlowa angehörte, trat 1909 zum ersten Mal auf und unternahm alsbald große Gastspielreisen. Nach dem 1. Weltkrieg stellte Diaghilew sein B. in Frankreich neu zusammen. Unter Beibehaltung der traditionellen Tanztechnik erweiterte Fokin die choreographische Kunst, indem er Anregungen des von Isadora → Duncan propagierten neuen »Ausdruckstanzes« aufnahm und dem Corps de ballet individuellere Aufgaben zuteilte. Fokin forderte, für jeden einzelnen Fall eine neue Bewegungsform zu finden, anstatt Kombinationen von fertigen Schrittformen zu verwenden. – In den 20 Jahren seines Bestehens brachte das Diaghilew-B. rund 60 B.e heraus, unter denen die von Strawinsky an hervorragender Stelle stehen. Die erste Phase Strawinskys war getragen von den 3 B.en »L'oiseau de feu« (1910; Choreographie: Fokin), *Pétrouchka* (1911; Fokin) und *Le Sacre du Printemps* (1913; Nischinskij). In dieser Folge lag eine für die Entwicklung der B.-Musik (und Strawinsky selbst) bedeutende Lösung vom Impressionismus, in der Ver-

arbeitung folkloristischer Elemente und in der Steigerung in eine vom Tanz geprägte vitale Rhythmik. Nach Strawinskys B. *Le Sacre* und Saties »kubistischem Manifest« *Parade* (1917; Massin) trat in der B.-Musik und Choreographie eine Wendung zum Klassizismus ein, die schon bei Strawinskys *Pulcinella* (1920; Massin) und *Les Noces* (1923) zu beobachten ist und in späteren Werken wie *Apollon musagète* (1928; Balanchine) und vor allem dem formstrengen *Jeu des Cartes* (1937), mit dem die Zusammenarbeit Strawinskys mit Balanchine in eine neue Phase trat, sich bestätigt. Von den für Diaghilews Ballet russe komponierten B.en seien noch genannt: Ravel, *Daphnis et Chloé* (1912; Fokin); Debussy, *Jeux* (1913; Nischinskij); R. Strauss, »Mimodram« *Josephslegende* (1914; Fokin); de Falla, *Le tricorne* (»Der Dreispitz«, 1919; Massin); Respighi-Rossini, *La boutique fantasque* (1919; Massin); Prokofjew, »Le Chout« (1921; Larinow) und *L'Enfant prodigue* (1929; Balanchine); Milhaud, *Le train bleu* (1924; Br. Nischinska); Poulenc, *Les Biches* (1925; Br. Nischinska); Auric, *Les Fâcheux* (1924; Br. Nischinska) und *Les Matelots* (1925; Massin). – Für das B. v. Ida → Rubinstein schrieb Debussy *Le Martyre de Saint Sébastien* (1911; Text von d'Annunzio), Strawinsky *Le baiser de la fée* (1928). – An der Pariser Oper erneuerte (ab 1929) Serge → Lifar das französische Opern-B. und choreographierte neben den Repertoire-B.en hervorragende avantgardistische Stücke, so *Prélude dominical* (1931) von G. Ropartz, *Bacchus et Ariane* (1931) von Roussel, *Sur le Borysthène* (1932) von Prokofjew und *L'Orchestre en Liberté* von Sauveplane. Meisterchoreographien schuf Lifar mit *Le Chevalier et la Demoiselle* (1941) von Ph. Gaubert, *Joan von Zarissa* (1942) von W. Egk, *Les Mirages* (1947) von H. Sauguet und *Phèdre* (1950) von Auric. Mit *Icarus* (1935) begann Lifar Versuche mit B.en ohne Musik. In England haben große Verdienste um die Entwicklung des modernen B.s Marie Rambert (* 1888), die 1931 in London den Ballet Club (später Ballet Rambert genannt) gründete, und Ninette de Valois (* 1898), die (ebenfalls 1931) das Vic Wells Ballet (später Sadler's Wells Ballet) mitbegründete. Von Vaughan Williams brachte Ninette de Valois 1931 das B. *Job* heraus, 1935 *The Rake's Progress* von G. Gordon, 1937 *Checkmate* von A. Bliss. An englischen Tänzern und Choreographen haben internationalen Ruf u. a. Margot → Fonteyn, Moira → Shearer, Fr. → Ashton, R. → Helpman, Anthony Tudor (* 1909), der *Lilac Garden* (1936) von Chausson und *Undertow* (1945) von W. Schuman herausbrachte, Andrée Howard (* 1910), eine der bedeutendsten Persönlichkeiten aus dem Ballet Rambert (*Paris Soir*, 1932, von Poulenc; *Croquis de Mercure*, 1938, von Satie; *Lady into Fox*, 1939, von Honegger), Walter Gore (* 1910), ebenfalls aus der Rambert-Schule (*La damnée*, 1951, von S. Barber; *Carte blanche*, 1953, von John Addison), Kenneth MacMillan (*Diversions*, 1961, von A. Bliss). – In den USA setzte um 1930 die Entwicklung des modernen B.s ein. Großen Einfluß hatten Vertreter des Ausdruckstanzes, Isadora → Duncan, Ruth St. Denis (mit Ted Shawn) sowie Martha → Graham, für die eine Reihe bekannter Komponisten B.e schrieben, so Milhaud (*Jeux de Printemps*, 1944), Hindemith (*Herodiade*), Copland, S. Barber, Chavez, Hunter Johnson, Menotti, McBride, W. Schuman. Für die Choreographen Doris Humphrey und Charles Weidmann komponierten Riegger, Lloyd und A. L. Engel B.e. Hervorragende Choreographien schufen auch Agnes de → Mille sowie Jerome Robbins (* 1918), für den L. Bernstein *Fancy Free* (1944) und *The Age of Anxiety* (1953) und M. Gould das von Jazzelementen belebte *Interplay* (1945) schrieben, ferner Ruth → Page (*Americans in Paris* von Gershwin, 1936; *The Bells* von Milhaud, 1946). Zu nennen sind u. a. auch die Choreographen Todd Bolender, William Dollar und B. Stone. – 1934 gründeten Lincoln Kirstein und Edward M. Warburg in New York die School of American Ballet, die im gleichen Jahr als American Ballet unter Balanchine auch B.e zu produzieren begann. 1948 ging die Truppe im New York City Ballet auf. Balanchine entwickelte als Leiter des New York City Ballet einen eigenen, neoklassizistischen amerikanischen B.-Stil, in dem klassisch-akademischer Tanz Petersburger Herkunft mit Elementen des amerikanischen Modern dance verbunden sind. Kennzeichnend ist für Balanchine die Hervorhebung des rein Tänzerischen, das Zurückdrängen oder der Verzicht auf pantomimische Darstellung, literarische Vorwürfe oder Handlung. Wesentlich für Balanchines choreographisches Schaffen wurde die Zusammenarbeit mit Strawinsky, als Höhepunkte *Orpheus* (1948) und *Agon* (1957). – Um das schwedische B. erwarb sich in neuerer Zeit Rolf de → Maré Verdienste. Mit dem Choreographen Jean Börlin (1893–1930) gründete er 1920 in Paris die Ballets Suédois, die als avantgardistisches Ensemble bekannt waren. Honegger schrieb für die Ballets Suédois *Skating Rink* (1922), Milhaud *La création du monde* (1923). – Neue Möglichkeiten erschlossen dem B. in Europa Tänzer und Choreographen wie A. v. → Milloss, Janine → Charrat (Milhaud, *Adame Miroir*, 1948), R. → Petit (Ibert, *Les Amours de Jupiter*, 1946; J. Français, *Les Demoiselles de la Nuit*, 1948), Jean Babilée (* 1923) und Maurice Béjart (* 1928), der mit seinem seit 1960 am Théâtre Royal de la Monnaie in Brüssel bestehenden Ballet du XXème Siècle experimentierfreudige Choreographien bietet, so das Tanzdrama *Orphée* mit der Musik von Pierre Henry (* 1927), das B. *Gala* mit Musik von G. Confalonieri oder die *Symphonie pour un homme seul* von P. Henry und P. Schaeffer. – In der UdSSR wird die große russische B.-Tradition intensiv weitergepflegt. Agrippina Jakowlewna Waganowa (1879–1951) machte sich um die Heranbildung einer neuen Tänzer-Generation verdient. Neben ihr ist Olga Lepeschinskaja (* 1916) als Pädagogin zu nennen. Das Bolschoi-B. in Moskau (die eng mit ihm zusammenarbeitende Staatliche Choreographenschule ist mit über 200 Tänzern bzw. 300 Studierenden das größte B.-Institut der Welt) bereist seit 1950 auch westliche Länder. Das Bolschoi-B. zeichnet sich aus durch große Ensembledisziplin und virtuose Technik, verbunden mit emotionaler Ausdruckskraft. Daneben gibt es in der UdSSR weitere B.-Truppen sowie zahlreiche Volkstanzensembles. Vielfach wurden auf lebensnahe (oft realistische) Libretti symphonisch breit ausgebaute B.e – in Fortsetzung der von Tschaikowsky begonnenen Linie – geschrieben. Glières »Roter Mohn« (1927; nach einem Stoff aus dem Befreiungskampf des chinesischen Volkes) war die erste große B.-Schöpfung des sozialistischen Realismus. Genannt seien auch: B. W. Assafjew, »Der Gefangene aus dem Kaukasus« (1938); Chatschaturjan, *Gajaneh* (1942), »Spartacus« (1956); A. A. Krejn, *Laurencia* (1937), *Tatjana* (1947); Prokofjew, »Romeo und Julia« (1940), »Aschenbrödel« (1945), »Das Märchen von der steinernen Blume« (1954); Schostakowitsch, »Das goldene Zeitalter« (1930), »Der Bolzen« (1931). – In Deutschland entwickelte R. v. → Laban den sogenannten »Ausdruckstanz« (später als »Freier Tanz« bezeichnet), eine Bewegungslehre im Gegensatz zur Positionslehre des akademischen Tanzes. Nach Labans Idee sollte der Tanz selbständiger Ausdruck von Gefühl und Stimmung sein, befreit von traditioneller Technik, pomphaftem Kostüm und der Fessel der Musik. Von großem Einfluß waren die Tanzschöpfungen der Laban-Schülerin MaryWigman (* 1886 zu Hannover). Der Laban-Schüler K. → Looss verwendete in seiner Tanzpantomime *Der grüne Tisch* (1932) mit der Musik von Fritz Cohen einen expressionistischen freien Tanzstil in Verbindung mit klassischer Technik. – Das erste große Ereignis für das deutsche B.-Theater nach dem 2. Weltkrieg war 1948 in München die Uraufführung des »Faust«-B.s *Abraxas* von W. Egk in der Choreographie von Marcel Luipart. Egk fordert von einer B.-Musik: *Die Musik als ein Wesensbestandteil des B.s muß formal klar und überschaubar gegliedert sein und mit den Formgesetzen der klassischen Bewegungsmethoden harmonieren. Sie soll dabei in ihrem Ablauf vor allem rhythmisch kontinuierlich sein, damit sie den Schwung der Bewegung nicht hemme, sondern trage* ... Nach 1945 ist in Deutschland ein Auftrieb der B.-Entwicklung zu beobachten. Von den in Deutschland wirkenden Choreographen und Tänzern seien genannt: Yvonne → Georgie, Tatjana → Gsovsky, Todd Bolender, Alan Carter, John Cranko, Peter van Dyk, Herbert Freund, H. → Kreutzberg, Gerd Reinholm, Erich Walter. – An weiteren B.en des 20. Jh. seien angeführt: Bartók, »Der holzgeschnitzte Prinz« (1917), »Der wunderbare Mandarin« (1925); Blacher, *Hamlet* (1950), *Der Mohr von Venedig* (1955), *Demeter* (1964); Bliss, *Adam Zero* (1946); Blomdahl, *Play for Eight* (1962); Britten, *The Prince of the Pagodes* (1957); J. Chailly, *La dame à la Licorne* (»Die Dame und das Einhorn«, 1953); A. Copland, *El Salón México* (1936), *Billy the Kid* (1938), *Rodeo* (1942); L. Dallapiccola, *Marsyas* (1956); Egk, *Die chinesische Nachtigall* (1953); G. v. Einem, *Prinzessin Turandot* (1944), *Rondo vom Goldenen Kalb* (1952), *Pas de Coeur* (1952), *Medusa* (1957); de Falla, *El Amor Brujo* (1925); W. Fortner, *Die weiße Rose* (1951), *Ballet blanc*; J. Français, *Le roi nu* (1936), *Le Roi Midas* (1957), *Madame dans la Lune* (1958); H. Heiß, *Die Tat* (1961, elektronische B.-Pantomime); H. W. Henze, *Jack Pudding* (1950), *Anrufung Apolls* (1949), *Die schlafende Prinzessin* (1951), *Der Idiot* (1952), *Maratona di Danza* (1956), *Undine* (1958; nach De la Motte-Fouqué), *Des Kaisers Nachtigall* (1959); Hindemith, *Der Dämon* (1923), die Tanzlegende *Nobilissima Visione* (1938), *The Four Temperaments* (1946); Fr. Lhotka, »Der Teufel im Dorf« (1935); Nono, *Der rote Mantel* (1954); H. Reutter, *Die Kirmes von Delft* (1937), *Topsy* (1950), *Notturno Montmartre* (1952); V. Tommasini, *Le Donne di buon Umore* (1917); R. Strauss, *Schlagobers* (1924); K. Weill, *Die sieben Todsünden der Kleinbürger* (Libretto B. Brecht, Paris 1933, deutsche Erstaufführung Frankfurt am Main 1960); B. A. Zimmermann, *Kontraste* (1953), *Alagoana* (1955), *Perspektiven* (1955), *Présence* (1961).

Die Anregung zur Komposition einer B.-Partitur kommt vielfach vom Choreographen. Vor allem in der Vergangenheit waren die Choreographen zumeist *in einem sehr wörtlichen Sinn die Urheber ihrer B.e, ... Librettisten, Komponisten und Ausstatter hatten sich direkt an die von den Choreographen gegebenen Anweisungen zu halten* (Koegler, S. 6). Das moderne B. bezieht die Stoffe und Anregungen zu den Libretti aus Mythen, Sagen und Märchen, aus verschiedenen Gattungen der Literatur (Drama, Roman), aus symphonischen Dichtungen und bildlichen Darstellungen; auch das Leben und die Probleme des modernen Menschen – beginnend schon mit Debussys *Jeux* (1913) – werden auf das B.-Theater gebracht. – Höchst problematisch – vor allem vom musikalischen Standpunkt her gesehen – ist die »bildliche Sichtbarmachung«, die Umsetzung in tänzerische Bewegung, von symphonischer, konzertanter oder Kammermusik. Unter den zahllosen Versuchen (mit denen zuerst Isadora Duncan begonnen hatte) seien genannt: Balanchine: J. S. Bach, Konzert für 2 V. D moll (BWV 1043) als »Concerto barocco« (1945), Bizet, Symphonie C dur als »Le Palais de Cristal«, Brahms, 4. Symphonie als: »Choreartium« (1933); Massin: Schubert, Symphonie C dur als »Labyrinthe« (1941). Restlos gescheitert ist das Experiment von Béjart, die 9. Symphonie von Beethoven (Brüssel 1964) zu vertanzen. Weniger problematisch ist die Choreographie von Programmusiken, wie z. B. R. Strauss' *Till Eulenspiegel*, der öfter (zuletzt von J. Babilée, 1949, und Balanchine, 1952) choreographiert wurde. Unter den nach arrangierter Musik choreographierten B.en ist erwähnenswert das noch heute im internationalen Repertoire zu findende B. *Les Sylphides* von Fokin (1908 in St. Petersburg unter dem Titel »Chopiniana« uraufgeführt) nach Klavierstücken von Chopin, die verschiedene Komponisten instrumentierten. Mit *Les Sylphides* ist eine Abkehr vom abendfüllenden B. und die Einführung eines im wesentlichen undramatischen B.-Typus markiert, der in der Folgezeit immer stärker zum abstrakten B. hinführte. – Die Entwicklung des internationalen Tanztheaters wird – vor allem nach 1945 – auch wesentlich mitbestimmt von Folkloretänzen und Tanzensembles, so aus Spanien, der UdSSR, Südamerika, Indien, China, Japan usw. – Wichtige Aufgaben fallen dem mit der Handlung verknüpften B. in der Oper zu, so bei Gluck (*Orpheus*), Verdi (*Macbeth*, *Aida*), Wagner (*Tannhäuser*), Borodin (»Fürst Igor«), Smetana (»Verkaufte Braut«); in der modernen Oper in Henzes *König Hirsch*, Blomdahls *Aniara*. – Im dramatischen Oratorium (Honegger, *Jeanne d'Arc au bûcher*; Egk, *Columbus*; Orff, *Trionfi*) kann das B. die Ausführung der chorischen Handlung übernehmen. In der in neuerer Zeit (vor allem von deutschen Komponisten) gepflegten B.-Oper verbinden sich Gesangs-, Tanz- und Sprechszenen, so in Henzes *Wundertheater* (1948), Blachers *Preußischem Märchen* (1950) oder Killmayers *La Buffonata* (1961). – Unter den B.-Filmen ragen heraus *The Red Shoes* (»Die roten Schuhe«, 1947) und *Carroussel* (1953) in der Choreographie von L. Massin. Zu den eigens für das Fernsehen konzipierten B.en gehört *Mardi Gras* mit der Musik von Heinz Pauels, in der Choreographie von Gerd Brückner (ARD 1963).

Lit. (abgekürzt auch ballet u. balletto): CL. FR. MENESTRIER, Des b. anciens et modernes ..., Paris 1682; L. DE CAHUSAC, La danse ancienne et moderne, Den Haag 1754; J. G. NOVERRE, Lettres sur la danse, et sur les b., Stuttgart u. Lyon 1760, Wien 1767, London u. Paris 1783, NA Paris 1952, deutsch v. G. E. Lessing 1769; FR.-H.-J. BL. CASTIL-BLAZE, La danse et les b., Paris 1832; A. SOLERTI, Musica, ballo e drammatica alla corte medicea dal 1600 al 1637, Florenz 1905; O. BIE, Der Tanz, Bln 1906, ³1925; A. LEVINSON, Meister d. B., St. Petersburg 1915 (russ.), deutsch Potsdam 1923; P. NETTL, Die Wiener Tanzkomposition in d. 2. Hälfte d. 17. Jh., StMw VIII, 1921; DERS., The Story of Dance Music, NY (1947); W. A. PROPERT, The Russian B. in Western Europe 1909–20, London 1921, 1921–29 NY 1932; R. HAAS, Die Wiener B.-Pantomime, StMw X, 1923; DERS., Der Wiener Bühnentanz, JbP XLIV, 1937 u. XLV, 1938; M. v. BOEHN, Der Tanz, Bln 1925; C. W. BEAUMONT, A. Bibliogr. of Dancing, London 1929; DERS., Complete Book of B., London 1938, ⁴1956, 1. Suppl. London 1951, 2. Suppl. 1954, 3. Suppl. 1955; DERS., B. Past and Present, London 1955; V. JUNK, Hdb. d. Tanzes, Stuttgart 1930; C. SACHS, Eine Weltgesch. d. Tanzes, Bln 1933, engl. NY 1937 u. London 1938, frz. Paris 1938; P. D. MAGRIEL, A. Bibliogr. of Dancing, NY 1936, Suppl. 1936–40, NY 1941; A. CHUJOY, The Symphonic B., NY 1937; DERS., The New York City B., NY 1953; V. ARVEY, Choreographic Music, NY 1941; W. J. TURNER, The Engl. B., London 1944; P. MICHAUT, Hist. du b., Paris 1945, ital. Mailand 1953; DERS., Le b. contemporain, Paris 1950; R.-A. MOOSER, Opéras, intermezzos, b., cantates, oratorios joués en Russie durant le XVIIIᵉ s., Genf 1945, ³1964; J. GREGOR, Kulturgesch. d. B., Zürich u. Wien 1946; D. LYNHAM, B. Then and Now, London 1947, ital.

Florenz 1951; E. RUZICKA, Das Wiener Opernb., Diss. Wien 1948, maschr.; G. AMBERG, B. in America, NY 1949; S. LIFAR, Traité de danse académique, Paris 1949, erweitert Paris 1952; DERS., Hist. du b. russe ..., Paris 1950, engl. London u. NY 1954; DERS., B., 9 Bde, Paris 1941–59; DERS., Traité de chorégraphie, Paris 1952; DERS., La musique par la danse de Lully à Prokofiev, Paris 1955; DERS., B. Panorama, NY 1961; R. LAWRENCE, The Victor Book of B. and B. Music, NY 1950; O. FR. REGNER, Das Ballettbuch, = Fischer Bücherei LXVI, Ffm u. Hbg 1950, ²1954; DERS., Reclams Ballettführer, Stuttgart 1956; A. PUIG, B. y baile español, Barcelona 1951; L. KERSLEY u. J. SINCLAIR, A Dictionary of B. Terms, London 1952, ²1964; T. KROGH u. S. KRAGH-JACOBSEN, Den Kongelige Danske B., Kopenhagen 1952; J. MARTIN, World Book of Modern B., NY 1952; Musik d. Zeit II, hrsg. v. H. LINDLAR, B.-H., Bonn (1952); C. CONYN, Three Cent. of B., Houston 1953; F. HALL, An Anatomy of B., London 1953; La musique et le b., Sonder-H. RM Nr 219, 1953; L. KIRSTEIN, M. STUART u. C. DYER, The Classic B., London u. NY 1953; A. H. FRANKS, 20th Cent. B., London u. NY 1954; J. F. GUEST, The Romantic B. in England, London 1954; B. KOCHNO, Le b. en France du XVe s. à nos jours, Paris 1954; M. NIEHAUS, B., München 1954; A. J. WAGANOWA, Die Grundlagen d. klass. Tanzes, Bln 1954, Köln 1959; F. REYNA, Les origines du b., Paris 1955; Balet Gossudarstvennogo ordena Lenina Akademičeskogo Bol'šogo Teatra SSSR, hrsg. v. A. I. ANISIMOWA, Moskau 1955; M. CLARKE, The Sadler's Wells B., London 1955; W.C. SMITH, The Ital. Opera and Contemporary B. in London, 1789–1820, = The Soc. for Theatre Research, Annual Vol. III, 1953/54, London 1955; A. BONNAT, B. de Moscou, Paris 1956; J. CIPLÍNSKI, Szkic dziejów baletu polskiego (»Abriß d. Gesch. d. polnischen B.«), London 1956; Les fêtes de la Renaissance, hrsg. v. J. JACQUOT, 2 Bde, Paris 1956; H. PROEBSTER, Das Ballettlibretto, Diss. München 1956; E. REBLING, B., Bln 1957; H. THIEMER, H. v. Hofmannsthals Ballettdichtungen, Diss. Greifswald 1957, maschr.; G. B. L. WILSON, A Dictionary of B., Harmondsworth 1957, London ²1961; A. J. BALCAR, Das B.-Lexikon, München 1958; H. SEARLE, B., London 1958; H. KOEGLER, B. international, Bln 1960; M. FOKINE, Memoirs of a B. Master, NY u. London 1961; K. PETERS, Lexikon d. klass. Tanztechnik, Hbg 1961; L. ROSSI, Storia del b., Mailand 1961; Stravinsky and the Dance, A Survey of B. Productions, 1910–62, in: Honor of the Eightieth Birthday of I. Stravinsky, NY 1962; G. ZACHARIAS, B., Gestalt u. Wesen, Köln (1962); H. SCHMIDT-GARRE, Diaghilew-B., NZfM CXXVI, 1965, H. 2–5. – H. KINDERMANN, Theatergesch. Europas, Salzburg (1957ff.).

Balletto (ital. Diminutiv von ballo, s. v. w. Tänzchen), – 1) → Ballett; – 2) Tanzfolge (besonders Ende des 17. Jh.) im Sinne von → Suite oder Sonata da camera; – 3) allgemeine Bezeichnung für Tanz, synonym mit Ballo. Im 15. und noch im 16. Jh. galten als Balletti Hoftänze, die entsprechend dem Titel der Sammlung *Intavolatura de liuto di varie sorte de balli* (I, Venedig 1554) sehr unterschiedlichen Charakters waren und zu deren Ausführung Tanzmeister oft jeweils besondere Vorschriften veröffentlichten; – 4) Aus dem bei der höfischen Gesellschaft beliebten B. des 16. Jh., das nach G. Mainerio sowohl vokal als auch instrumental ausführbar war, sonderte sich vor 1600 ein bestimmter Tanz aus, ebenfalls B. oder Ballo genannt (Praetorius, Synt. III). Er ist zweiteilig und geradtaktig mit oder ohne Auftakt, in raschem Tempo, hat melodieführende Oberstimme, periodisch klar gegliederten homophonen Satz und Fa-la-la-Refrain.

Più d'ogn' al-tro Clo-ri   Tu sei bel-la e va-ge

Dieser Typ des Tanzliedes wurde durch G. Gastoldis *Balletti a cinque voci con li suoi versi di cantare, sonare & ballare* (1591, daraus das Beispiel) und *Balletti a tre voci con la intauolatura del liuto* (1594) gültig geprägt. Er fand schnell zahlreiche Nachahmer: Th. Morley, *The first book of Ballets to 5 voyces* (1595), O. Vecchi, H. L. Hassler, J. Staden u. a. Höfische Maskenspiele auf Grund mehrerer solcher Tanzlieder (zusammenhängenden Textes), sind in Cl. Monteverdis *Scherzi musicali* (1607) überliefert. Bald nach der Jahrhundertwende verschwand jedoch der B. mit gesungenem Text. Dagegen erfreute sich der B. als Instrumentaltanz durch das ganze 17. Jh. hin als Einzeltanz wie als Suitenbestandteil großer Beliebtheit, deren Grund darin gesehen werden kann, daß der B. nicht in den Stilisierungsprozeß der Tänze einbezogen wurde, sondern seine ursprünglich einfache Faktur und damit seine elementare Beschwingtheit stets bewahrte. Gegen Ende des Jahrhunderts wurden Balletti (in Abarten) zu szenischen → Ballets de cour vereint. In Deutschland kann der B. oder Ballo noch bis zum Anfang des 18. Jh. nachgewiesen werden (zweifelhaft ist Bachs Autorschaft bei den in der alten Bach-GA wiedergegebenen Balletti).

Ausg.: G. MAINERIO, Il primo libro de balli, (1578), hrsg. v. M. Schuler, MMD V, 1961.

Lit.: H. RIEMANN, Tänze d. 16. Jh., Mk VI, 1906/07; DERS., Eine 7sätzige Tanzsuite v. Monteverdi, SIMG XIV, 1912/13; P. AUBRY, Estampies et danses royales, Mercure mus. 1906, Sonderdruck Paris 1907; K. NEF, Gesch. d. Sinfonie u. Suite, = Kleine Hdb. d. Mg. nach Gattungen XIV, Lpz. 1921; FR. BLUME, Studien zur Vorgesch. d. Orchestersuite, = Berliner Beitr. zur Mw. I, Lpz. 1925; C. SACHS, Eine Weltgesch. d. Tanzes, Bln 1933, engl. NY 1937 u. London 1938, frz. Paris 1938; I. BRAINARD, Die Choreographie d. Hoftänze in Burgund, Frankreich u. Italien im 15. Jh., Diss. Göttingen 1956, maschr.

Ballo (ital.) → Balletto.

Bamberg.
Lit.: E. v. MARSCHALK, Die B.er Hofmusik ..., B. 1885; FR. LEIST, Gesch. d. Theaters in B. bis zum Jahre 1862, Ber. d. Hist. Ver. B. LV, 1893; O. KAUL, Zur Gesch. d. B.er Hofmusik im 18. Jh., B.er Blätter f. Fränkische Kunst u. Gesch. II, 1925; B. WERNSDÖRFER, Org.- u. Musikpflege im B.er Dom, ebenda VII, 1930; M. KÜNZEL, Die B.er Symphoniker, ZfM CXII, 1951; J. NÜSSLEIN, Das Gesangbuch d. J. Degen v. 1628, Fränkisches Land IV, 1956/57.

Band (bænd, engl.), Bezeichnung für das in der Anzahl der Musiker schwankende Jazzensemble unter der Leitung eines B.-Leaders. Schon seit dem New-Orleans-Jazz – der einzigen Jazzspielweise, in der sich überhaupt eine Standardbesetzung herausgebildet hat – ist jede B. in 2 Gruppen geteilt: Melodic section (Melodie-, Bläsergruppe, im New-Orleans-Jazz: Kornett oder Trompete, Posaune, Klarinette) und Rhythm section (Rhythmusgruppe: Schlagzeug, Gitarre, Schlagbaß, Piano, im New-Orleans-Jazz: Schlagbaß oder Tuba, Schlagzeug, Banjo oder Gitarre, Klavier). Seit dem Chicago-Jazz spielt das Saxophon in der B. eine wesentliche Rolle. In der Swing-Ära entstanden die → Big bands, in denen die Melodiegruppe noch in einzelne Instrumentengruppen (brass section, reed section) unterteilt wurde. Ein kleineres Ensemble (bis zu etwa 8 Musikern) – häufig Mitglieder einer Big band – heißt im modernen Jazz Combo (Abk. für combination) oder Small band. Bekannte Comboformationen sind: Duo, Trio, Quintett, Swingtett, Septett, wobei im modernen Jazz gegenüber dem früheren die Verwendungsmöglichkeiten von Instrumenten erweitert sind (Vibraphon, Harfe, Flöte). Besteht eine B. aus lauter berühmten Musikern, so bezeichnet man sie als All-star b. (All-stars). Eine Studio-B. ist jeweils speziell zu Schallplattenaufnahmen zusammengestellt.

Banda (ital.), **Bande** (frz.), **Band** (engl.), eine Gruppe von Musizierenden, ein Instrumentalensemble. So hießen die 24 violons Ludwigs XIV. La grande bande (zur Unterscheidung von den 16 petits violons), die 24 Fiddlers Karls II. von England The King's private band. Im Jazz ist → Band ein Ensemble nicht bestimmter Größe. Im Orchester bezeichnet B. den Chor der Blechbläser, auch das Bühnenorchester; B. ist auch die →Harmoniemusik, B. turca die → Janitscharenmusik.

Bandola (span., auch vandola), ein kleines lautenartiges Zupfinstrument mit birnenförmigem Corpus, kurzem Hals und 4–6 doppelchörigen Saiten. Die Stimmung war nach Amat im 16./17. Jh. d g c e a d.

Bandonion, eine um 1846 von dem Krefelder Musiker H. Band (1821–60) verbesserte → Konzertina mit zunächst 64, dann 88 und 130 Tönen. Die Grundanordnung der Konzertina wurde beibehalten, die Knopfanlage auf 5 Reihen verteilt. Die äußere Form blieb viereckig. Später wurde der Tonumfang erweitert (bis zu 200 Tönen), aber ohne systematische Anordnung. 1924 schuf die Bundestagung des damaligen Deutschen Konzertina- und B.-Bundes in Essen eine 144tönige Einheitstabelle. Die Notierung erfolgte anfänglich, wie bei der Konzertina, im Waschleinensystem, später auch in Grifftonschrift. Den Mangel an Übersichtlichkeit in der Tonanordnung des wechseltönigen B.s wollte der Berliner Instrumentenbauer J. Zademack (1874–1941) 1902 mit seinem chromatischen B. beseitigen, das auf allen Knöpfen gleiche Töne im Auf- und Zudruck hatte. Für die noch unvollkommene Tonanordnung der linken Hand entwickelten 1926 R. Micklitz (* 1898) und E. Kußerow (* 1897) eine neue Anlage, in der die 12 Halbtöne in 4 Quer- und 3 Längsreihen liegen. Ähnliche Anlagen, die aber meist nach kurzer Zeit wieder verschwanden, waren u. a.: das Chromatiphon von H. Stark, die Chroma-Conzertina von Mathai, das Tetrachord-B. von J. Franke, die chromatische Konzertina von H. Meyer, das Bando-Piano der Firma Töpel. Das Spielgut der B.-Gruppen beschränkte sich zunächst auf Unterhaltungsmusik. Seit 1930 wurde unter dem Einfluß von E. G. Naumann eine künstlerische Belebung der B.-Literatur bemerkbar. Für B. solo und Spielgruppen komponierten u. a. H. Ambrosius, F. Fr. Finke, G. Lampe, K. Schwaen. B.-Schulen schrieben u. a. A. und H. Band, J. Dupont, L. Gnaust, E. Kußerow, H. Pfundt, H. Schlegel.
Lit.: Allgemeine Bandonionzeitung, später als: Allgemeine Konzertina- u. Bandonionzeitung, Lpz. 1895–1906; A. ROTH, Gesch. d. Harmonika-Volksmusikinstr., Essen 1954. EKU

Bandura (russ.), ein cister- oder lautenartiges Instrument mit ovalem bis rundem Corpus, das in einen kurzen Hals übergeht. Ähnlich der Zither hat die B. neben (meist 6–8) Melodiesaiten, die zum Wirbelkasten am Hals laufen, unverkürzbare Saiten (bis zu etwa 40), die über das Corpus vom Saitenhalter bis an die Zarge verlaufen. Die B. wird mit Plektron gespielt. Wahrscheinlich aus dem Orient oder Südeuropa kam sie im 15./16. Jh. nach Rußland, wo sie besonders in der Ukraine volkstümlich wurde und die Kobza (→ Qopuz) verdrängte. Die B. panskaja (»herrschaftliche« B., russ. auch Torban, von Theorbe) hatte 2 Wirbelkästen.
Lit.: A. S. FAMINZYN, Domra i srodnyje jej mus. instr. (»Die Domra u. d. ihr verwandten Musikinstr. d. russ. Volkes«), St. Petersburg 1891.

Bandurria, eine spanische Diskantcister, nach Bermudo mit 3 Saiten, die im Abstand von Quinte und Quarte gestimmt sind, mit 6–7 oder 10 Bünden, daneben auch bundlos. Im 18. Jh. ist sie mit sechs doppelchörigen Saiten (gis cis^1 fis^1 h^1 e^2 a^2) und 12 Bünden nachgewiesen.
Lit.: J. BERMUDO, Declaración de instr. mus., (Osuna) 1555, Faks. hrsg. v. M. S. Kastner, = DMl I, 11, 1957.

Banjo, ursprünglich ein Instrument der afrikanischen, dann der nordamerikanischen Neger, eine Schlaggitarre mit langem Hals und einem dem Tamburin ähnlichen Schallkörper. Der Bezug besteht meist aus 5–7 (seltener bis 9) Darmsaiten. Die gebräuchlichen Stimmungen (eine Oktave tiefer klingend als notiert) sind: g^2 | c^1 g^1 h^1 d^2 oder g d^1 g^1 h^1 d^2 oder g^2 | g c^1 d^1 g^1 h^1 d^2. Die kürzeste Saite, links bzw. oben, unmittelbar neben der tiefsten gelegen, ist die Melodiesaite, die für das Daumenspiel bestimmt ist. Vom Saitenhalter laufen die Saiten über einen auf der Fellbespannung angebrachten Steg zur Wirbelplatte mit hinterständigen Wirbeln, während die Melodiesaite mit einem links des Halses angebrachten Wirbel gestimmt wird. Das B. findet in seiner primitivsten Form (Kürbisschale, Pferdehaarsaiten) gegen Ende des 18. Jh. zum ersten Mal beschrieben. Es gelangte im 19. Jh. nach Portugal und England und nach Nordamerika und schließlich nach Europa, wo es auch mit (etwa 20) Metallbünden versehen und mit Metallsaiten bespannt wird. Das B. findet sowohl zur Gesangsbegleitung als auch solistisch Verwendung. Es wird entweder mit den Fingern (Daumen, Zeige- und Mittelfinger) oder mit einem Plektron gespielt. Es gibt verschiedene Arten von B.s (Zither-B., Tenor-B., Baß-B., Kontrabaß-B., B.-Mandoline, Piccolo-B.). Im Jazz und in der lateinamerikanischen Tanzmusik war das B. das wichtigste Begleitinstrument der Ballads und der Minstrels (→ Minstrelsy) in der 2. Hälfte des 19. Jh. Es hielt sich bis etwa 1930 als wichtiger, wenn auch nicht vielseitig verwendeter Bestandteil der Rhythm section der Jazzband, wo es als 4saitiges Tenor-B. (Stimmung: c^1 g^1 d^2 a^2), seltener als 5saitiges Plektron-B. vorkam. Wegen der technischen und klanglichen Beschränktheit seiner Mittel wurde das B. im Jazz bald von der → Gitarre verdrängt und tauchte erst wieder in der bewußt archaisierenden Klangwelt der Revival-Bewegung in den 1940er Jahren auf. Seitdem kann das Tenor-B. seinen Platz als Begleit- und Soloinstrument in den Dixieland-Bands der Jazzamateure behaupten. – Bedeutende B.-Spieler waren u. a. im 19. Jh. Horace Weston, Edward C. Dobson; im Jazz der 1920er und 30er Jahre John StCyr, Bud Scott, Elmer Snowden, Buddy Christian, Charlie Dixon. Eine Tenor-B.-Schule verfaßte Kl. Buhé (Mainz 1962, mit Schallplatte).
Lit.: G. A. KEELER, Notes on Trick Solo Playing on the B., London 1940; A. P. SHARPE, The B. and You, London 1952.

Bar (Barform) bezeichnet im → Meistersang die für das Meisterlied verbindliche Form des Strophenbaues. Die Strophe besteht aus einem ersten Teil, dem Stollen, auch Gesätz genannt, dem ein metrisch gleichförmiger Gegenstollen (oder Gebäude) folgt, die zusammen den Aufgesang bilden. Der dritte, abschließende Strophenteil, der Abgesang, ist metrisch vom Aufgesang verschieden und kürzer als dieser, jedoch länger als ein einzelner Stollen. Der Umfang dieser Meistersingerstrophe kann bis zu 100 Versen betragen. Die Zahl der Strophen eines Liedes ist meist ungerade (3, 5, 7 bis 13 Strophen). Das 3strophige Lied ist am häufigsten. Eindeutig gelangt der B. als Formprinzip des Meisterliedes erst musikalisch zur Darstellung, indem die für das Gesätz festgelegte Melodie im Gegenstollen wiederholt wird, und der Abgesang eine eigene Melodie erhält, so daß sich die einfachste musikalische Form des B. als A A/B darstellt. Bei dem Reprisen-B. wird das Gesätz im Anschluß an den Abgesang wiederholt

Barbaț

(A A/B A), auch variiert (A A/B A'). Diese musikalischen Wiederholungen sind nicht immer an die sprachlich-metrische Form des Textes gebunden. Die Form des Reprisen-B. wird im frühen Meistersang (Kolmarer Handschrift) bevorzugt. – Formungen nach Art des B., die ein Grundprinzip liedhafter Bildung ausprägt, finden sich u. a. auch bei den spätantiken und frühmittelalterlichen Hymnen, in der Trobadorlyrik (→ Kanzone), im Minnesang, im evangelischen Kirchenlied, in geistlichen und weltlichen Liedern der Barockzeit und im romantischen Klavierlied (Schubert, Schumann, Brahms). Mit Hilfe eines erweiterten Verständnisses des B. versuchte A. → Lorenz, die musikalische Gliederung kleinerer und größerer Abschnitte in R. Wagners Musikdramen zu erfassen. Wagners Erklärung von »Bar« (*Die Meistersinger von Nürnberg*, 1. Akt, 3. Szene, und 3. Akt, 2. Szene) ist historisch nicht gerechtfertigt.

Lit.: A. LORENZ, Das Geheimnis d. Form bei R. Wagner, 4 Bde, Bln 1924–33; A. HEUSLER, Deutsche Versgesch., 3 Bde, Bln u. Lpz. 1925–29; FR. GENNRICH, Grundriß einer Formenlehre d. ma. Liedes, Halle 1932; K. GUDEWILL, Die Barform u. ihre Modifikation, Kgr.-Ber. Lüneburg 1950; W. SERAUKY, Die Todesverkündigungsszene in R. Wagners »Walküre« als mus.-geistige Achse d. Werkes, Mf XII, 1959.

Barbaț (persisch), ein Zupfinstrument, wahrscheinlich eine Kurzhalslaute, das vom 4. Jh. an bei den sassanidischen Persern nachgewiesen ist. Von den arabischen Theoretikern des Mittelalters nennt es Avicenna als ein dem ʿŪd ähnliches Instrument.

Lit.: AVICENNA, Kitab as-Sifa, frz. in: R. d'Erlanger, La musique arabe II, Paris 1935; H. G. FARMER, Studies in Oriental Mus. Instr. II, Glasgow 1939.

Barbershop harmony (b'a:bəʃɔp h'a:məni, engl.-amerikanisch), Slangbezeichnung für parallele Stimmführung in Vokalgruppen. Bevorzugt werden dabei zur Begleitung einer Liedmelodie vor allem Quint-, Quart- und Terzparallelen, wodurch der klangliche Eindruck besonders kompakt wirkt und sich häufig Zusammenklänge ergeben, die nicht funktional zu verstehen sind. Namen und Entstehung verdankt die B. h. dem Friseursalon in kleinen Städten – oft mit Alkoholausschank verbunden –, in dem als allgemeinem Treffpunkt zum Zeitvertreib auch gesungen wurde. Die B. h. entstand zwar als volkstümliche Gesangsmanier der weißen amerikanischen Bevölkerung, verband sich aber unter den Negern bald mit der Vokaltechnik im → Negro spiritual. Seit der Swing-Ära fand die B. h. auch im Vokalgruppengesang des Jazz Verwendung, ist jedoch heute weitgehend in den Bereich der Unterhaltungsmusik abgeglitten.

Barbitos (griech. βάρβιτος, spätellenistisch auch βάρβιτον), – 1) ein der altgriechischen → Lyra ähnliches, von ihr aber bereits in der Antike nicht immer klar unterschiedenes Saiteninstrument asiatischer Herkunft. Der Name B. scheint erstmals durch Sappho (fr. 176 Lobel-Page) bezeugt zu sein. Auf Grund von Pindar fr. 125 nimmt man an, daß das Instrument verhältnismäßig tief geklungen hat und daher möglicherweise größer als die gewöhnliche Lyra war. Versuche, auf Vasendarstellungen zwischen B. und Lyra zu unterscheiden, sind über das Stadium bloßer Hypothesen noch nicht hinausgekommen. – 2) im 17. Jh. seltener antikisierender Name verschiedener tiefklingender Saiteninstrumente (Violon, Viole, Baßlaute).

Barcelona.
Lit.: F. VIRELLA CASSAÑES, La ópera en B., B. 1888; A. ELÍAS DE MOLINS, Diccionario biogr.-bibliogr. de escritores y artistas catalanes del s. XIX, 2 Bde, B. 1889; FR. DE P. BALDELLÓ, La música de l'antic concell barceloni, B. 1929; DERS., La música en B., B. 1943; DERS., Los órganos de la basílica parroquial de Nuestra Señora de los Reyes (Pino) de B., AM IV, 1949; H. ANGLÈS, La música a Catalunya fins al s. XIII, = Publicaciónes del Departamento de música de la Bibl. de Cataluña X, B. 1935; M. J. BERTRAN, El Gran Teatro de Liceo de B. 1837–1930, B. 1931; J. L. DE GRIGNON, Musique et musiciens frç. à B., musique et musiciens catalans à Paris, B. 1935; J. SUBIRÁ, La ópera en los teatros de B., 2 Bde, B. 1946; J. M.ª MADURELL, Documentos para la hist. de maestros de capilla . . . (u. ähnliches), AM III, 1948 – VI, 1951; M. VALLS, La música catalana contemporánea, B. 1960.

Barden (keltisch †bardo; gälisch, irisch, kymrisch bard, Sänger; lat. bardus, von dort als barde im 16. Jh. ins Französische und seit der Mitte des 17. Jh. als Barde ins Deutsche), Sänger und Dichter der Kelten (in Gallien, England, Schottland, Irland), bildeten mit den Druiden die oberste Kaste und hatten zum Crwth Heldenlieder und religiöse Gesänge vorzutragen. Von ihrer esoterisch gepflegten Kunst ist aus der frühen, vorrömischen Zeit nichts überliefert. Im hohen Mittelalter gab es B. als höfische Dichter eigenen Standes in Wales, Irland und Schottland; ihre letzten Nachfahren wirkten noch bis ins 18. Jh. Die Germanen kannten keine B. – Klopstocks *Hermanns Schlacht. Ein Bardiet für die Schaubühne* (1769) erneuerte das Wort im Gedanken an Barde. Doch beruht diese Erneuerung auf dem sachlich und sprachlich mißverstandenen barditus des Tacitus (Germania III), womit der Schildgesang der Germanen beim Beginn der Schlacht bezeichnet war.

Lit.: J. C. WALKER, Hist. Memoirs of the Irish Bards, London 1786; E. JONES, Mus. and Poetical Relicks of the Welsh Bards, London 1784, ²1794; Sketches of the Origin, Progress, and Effects of Music, with an Account of the Ancient Bards and Minstrels, hrsg. v. R. EASTCOTT, Bath 1793; G. DE LA RUE, Essais hist. sur les bardes . . ., 3 Bde, Caen 1834; H. RIEMANN, Hdb. d. Mg. I, 2, Lpz. 1905, ²1920; V. LEDERER, Über Heimat u. Ursprung d. mehrst. Tonkunst, Lpz. 1906; G. BORROW, Celtic Bards, Chiefs and Kings, London 1928; W. EVANS, The Bards of the Isle of Britain . . ., London 1930; I. WILLIAMS, Lectures on Early Welsh Poetry, Dublin 1944.

Bariolage (barjɔl'a:ʒ, frz.; von lat. variolagium, Abwechslung), Bezeichnung für die Vertauschung von Klangfarben auf der Violine, wenn bei raschem Saitenwechsel der höhere Ton auf der tieferen Saite gespielt wird, besonders gebräuchlich beim Wechsel von leerer Saite und gegriffenem Ton, z. B. in J. S. Bachs Violinkonzert A moll, BWV 1041, 3. Satz:

oder im Präludium der Partita für V. solo E dur, BWV 1006.

Bariton (ital. baritono, von griech. βαρύτονος, tieftönend), – 1) Baritonans (lat.) oder Baritonus bezeichnet im 16. Jh. gelegentlich anstelle von Bassus oder Basis die tiefste Stimme eines Satzes, so bei Ornitoparch 1517 und Galliculus 1520, wohl zuerst bei Gaffori 1496 (*Practica Musice* III, 11), der den Baritonans als *pars seu processus gravior in compositione cantilenae* definiert und mit *contratenor gravis* gleichsetzt. – 2) Im 17. und 18. Jh. wurde im mehr als 4st. Satz die zwischen Tenor und Baß liegende Stimme Bar. genannt (frz. → Concordant), so schon bei Viadana 1612. Praetorius (1619) verwendet Barytonus synonym mit Tenor, Quintus und Vagans für Stimmen, die im f-Schlüssel, der auf der Mittellinie steht, aufgezeichnet sind und c nicht unterschreiten. – Bezeichnet das Wort Bar. demnach zunächst eine Lagenstimme, so wurde es später zur Benennung einer Stimmlage im Umfang A–e¹/g¹ (frz. baryton; engl. baritone), *der schönsten aller männlichen*

Stimmgattungen, welche die Würde und Kraft der Baßstimme mit dem Glanz der Tenorstimme vereinigt (Riemann). Etwa seit Mozarts *Don Giovanni* (1787) wird der Bar. in Opern oft als Hauptpartie im Kontrast zu den meist dominierenden Tenorpartien verwendet. Man unterscheidet einen hohen Bar. (früher Tenor-Bar. genannt) und einen tiefen Bar., den Baß-Bar. (frz. basse chantante, früher basse-taille). Die Bühnenpraxis unterscheidet verschiedene Fächer. Der lyrische Bar., der meist auch die Aufgaben des Spiel-Bar.s übernimmt (Figaro im *Barbiere di Siviglia*, Papageno in der *Zauberflöte*), ist das reichhaltigste Fach der Männerstimme (Mozart: Don Giovanni, Graf in *Le Nozze di Figaro*; zahlreiche Partien bei Verdi; Wagner: Wolfram im *Tannhäuser*; Puccini: Sharpless in *Madama Butterfly*). Dem Charakter-Bar. fallen Partien zu wie z. B.: Amonasro (*Aida*), Scarpia (*Tosca*), Mandryka (*Arabella*), Amfortas (*Parsifal*). Der Helden-Bar. benötigt dramatische Wucht und große Stimmkraft, z. B. Wotan, Wanderer (*Ring des Nibelungen*), Telramund (*Lohengrin*) und die Titelpartie in *Der Fliegende Holländer*. – 3) Das in der Harmoniemusik verwendete Blechblasinstrument Bar. (auch Euphonium, Tenortuba, Tenorbaß, Baritonhorn; engl. euphonium, frz. basse à pistons; ital. eufonio; span. bombardino) ist ein Ventilhorn, das um die Mitte des 19. Jh. erfunden wurde und wie das Tenorhorn in B und C steht, 3–4 Ventile hat und in aufrechter wie ovaler Form vorkommt. Es ist jedoch weiter mensuriert, hat deshalb einen massigeren Klang und spricht besonders gut in der Tiefe an (sogar der erste Naturton). Aus diesem Grund wird ihm im Bläsersatz meist nicht die Tenorlage zugewiesen wie dem Tenorhorn, sondern es übernimmt mit der Baßtuba Baßfunktion.

Lit.: zu 2): M. KUNATH, Die Charakterologie d. stimmlichen Einheiten in d. Oper, ZfMw VIII, 1925/26; P. BRUNS, Der B.-Tenor, Bln (1932).

Barkarole (ital. barcaruola von barca, Boot, Barke; frz. barcarolle), Arbeitslied der Gondelführer in Venedig, die von der schaukelnden Bewegung ihrer Schiffe und dem Ruderschlag zur Erfindung ihrer auf Dialekt-Texte vorzugsweise im 6/8-Takt gesungenen B.n angeregt worden sein mochten. Bezeichnend für die B. ist außer ungeradem Takt auch weiche Mollmelodik; in der seit Beginn des 18. Jh. nachweisbaren Kunstform B. wurden beide Charakteristika bewahrt. Die pittoreske Staffage des venezianischen Gondelliedes trug ebenso zu seiner Verbreitung in der Oper bei, wie sie ihm den Salon der Biedermeierzeit öffnete: von A. Campras Ballettoper *Les fêtes vénitiennes* (1710) über Paisiellos *Rè Teodoro*, Webers *Oberon*, Opern von Hérold, Auber, Donizetti, Rossini, Verdis *Otello*, Offenbachs »Hoffmanns Erzählungen« bis zu J. Strauß' *Eine Nacht in Venedig* reicht die Reihe der Opern-B.n; durch Mendelssohn wurde die B. in der Klaviermusik heimisch (*Lieder ohne Worte* op. 19, 6, op. 30, 6 und op. 62, 5), während Schubert als einer der ersten Kunstlieder als B.n zu stilisieren begann (*Auf dem Wasser zu singen*; *Des Fischers Liebesglück*). B.n für Klavier komponierten u. a. auch Chopin (*Barcarolle* op. 60), Liszt (*Gondoliera* in *Venezia e Napoli* der *Années de Pélérinage*), G. Fauré (13 B.n) und B. Bartók (B. in: *Im Freien*, 1926).

Barock. Der Terminus B. (heute meist der, früher das B.; ital. barocco; frz. baroque), bezieht sich entstehungsgeschichtlich auf das Schiefrunde der Perlenmuschel und wurde, wie alle nichtklassizistischen Termini, zunächst in einem geringschätzigen Sinn gebraucht. In der Baukunst bezeichnete er das Bizarre, Unförmige, Ausladende im Gegensatz zu der edlen Einfalt und dem Ebenmaß der Kunst des Klassizismus, sei es der Renaissance, sei es der Aufklärung. J.-J. Rousseau schreibt in seinem *Dictionnaire de musique* (1767) unter dem Stichwort Baroque: *Une Musique Baroque est celle dont l'Harmonie est confuse, chargée de Modulations et de Dissonances, le Chant dur peu naturel, l'Intonation difficile, le Mouvement contraint.* In dem *Musikalischen Lexikon* von H. Chr. Koch (1802) heißt es unter dem Stichwort B.: *Mit diesem Kunstausdrucke bezeichnet man ein Tonstück, in welchem die Melodie oft in schwer zu intonirenden Intervallen fortschreitet, die Harmonie verworren, und der Satz mit Dissonanzen und ungewöhnlichen Ausweichungen überladen ist;* und unter dem Stichwort Singend: *Insbesondere verstehet man aber darunter das Faßliche und Zusammenhängende der Melodie, welches man dem Holperichten und dem, was man barock nennet, entgegensetzt.* Der Geschmack für den B. (goût baroque) war aus Italien und Frankreich nach Deutschland übertragen worden und bevorzugt in der Architektur und Plastik das »Malerische«, in der Musik den concertierenden Stil. Aus der Architekturgeschichte wurde die Bezeichnung auf die Musik- und die Literaturgeschichte, schließlich auf die Gesamtheit der europäischen Kunst von etwa 1600 bis etwa 1740 übertragen. Die anfängliche Auffassung des B.s als einer künstlerischen Verfallserscheinung ist zuerst von C. Gurlitt (*Geschichte des Barockstiles*, 3 Bände, 1887–89) und H. Wölfflin (*Renaissance und B.*, 1888) gründlich revidiert und ins Positive gewendet worden. Seither ist der Terminus B. weit verbreitet, auch in der Musikgeschichte, aber keineswegs allgemein gebräuchlich, weder in den deutschsprachigen noch in den romanischen Ländern, wo er übrigens meist abgelehnt wird. Eine gewisse Unschärfe und Widersprüchlichkeit hat B. mit denjenigen Begriffswörtern gemeinsam, die sehr viel später liegen als der historische Sachverhalt, der mit ihnen bezeichnet wird. H. Riemann gebraucht den Terminus B. nicht und benennt die B.-Epoche *Generalbaßzeitalter*. Der B. in der Musik greift mit seiner Frühstufe bis 1570 zurück, seine Hochstufe wird bis 1680 gerechnet, und seine Spätstufe läuft breit in das 18. Jh. aus, bis sie im Sturm und Drang der »Geniezeit« ihrer Formen unsicher wird, zerfällt und untergeht. Demnach erstreckt sich die Musik-B. zwischen dem Jahrhundert der Kirchenspaltung und dem Jahrhundert Goethes; musikgeschichtlich zwischen den großen Meistern Senfl und Gluck. Im Allgemeinbewußtsein der Musiker und Musikfreunde ist der späte B. bekannter als seine Frühzeit, wobei nur an Vivaldi und D. Scarlatti in Italien, Fr. Couperin und Rameau in Frankreich, Purcell in England sowie J. S. Bach, Händel und Telemann in Deutschland zu denken ist. Das epochal Neue der B.-Musik ist die Generalbaßmonodie und die neue Musizierform des → Concerto. Sie verbreiteten sich von Italien aus über die alteuropäische Musikwelt. Die Vorherrschaft Frankreichs und der Niederlande wurde von derjenigen Italiens abgelöst. Kantate, Madrigal, Oper, Oratorium, Arie und Rezitativ sind Gattungen der italienischen Musik, die sich die anderen Länder Europas zum Vorbild nahmen. Von überall her wanderten Musiker nach Italien; italienische Komponisten und Kapellmeister, Sänger und Sängerinnen, Instrumentalvirtuosen und Impresarios fanden Anstellung an den Höfen und Kirchen außerhalb Italiens. In Paris z. B. schuf der Italiener Lully das barocke Musiktheater mit seiner Tragédie lyrique und seiner Comédie-ballet. Das Neue war in Italien mit einer Kampfstellung gegen die alte Kunst des Kontrapunkts hervorgetreten. Kontrapunktische Chorpolyphonie, so hieß es, verstümmele den Text bis zur Unkenntlichkeit infolge der sich überlagernden Stimmen und der damit zusammenhängenden Ungleichzeitigkeit des Textvortrags. Ihr Vorbild für eine neue Monodie wollten die Musiker der Florentiner Camerata in der Einstimmigkeit der antiken Musik sehen. Caccini, Sänger und Lautenist am Hof der Mediceer in Florenz, veröffentlichte 1602 seine *Nuove musiche*, deren Entstehung zum Teil bis 1585 zurückreicht. Es sind strophische und durchkomponierte Arien und Madrigale für 1 Singstimme mit Generalbaß. In der Vorrede spricht Caccini von *una certa nobile sprezzatura di canto... senza sottoporsi à misura ordinata* (»einer gewissen vornehmen Leichtigkeit des Gesangs ... ohne sich einem vorgeordneten Zeitmaß zu unterwerfen«). Als Solosänger, der auf der Laute sich selbst zum Gesang begleitete, machte Caccini sich von der Bindung an eine objektive Zeitordnung (*con misura*) leichter frei als es der Sänger im Verband einer Chorgemeinschaft vermochte. Im solistischen Gesang sollte die Dichtung inhaltsgemäßer dargestellt und der Gehalt der Textworte durch affettuose Deklamation besser ausgeschöpft werden. Bei dem mit Caccini befreundeten Monteverdi erlangt die neue Art von Musik und Musizieren *senza misura* ihre geniale Verwirklichung. Im 8. Buch seines Madrigalwerkes (1638) findet sich die szenische Kantate *Lamento della Ninfa*, wo die polyphonen Chöre in Einzelstimmen gedruckt sind, *perchè si cantano al tempo de la mano* (nach dem Zeitmaß des gleichmäßigen Auf- und Niederschlages der Hand des Kantors), während das Lamento (mit 3 Singstimmen und Gb.) in Partitur gedruckt ist, *qual va cantato a tempo del'affetto del animo e non a quello de la mano* (nach dem freien Zeitmaß des Affekts der Seele, nicht nach dem Mensurschlag der Hand des Kantors). So heftig in der Frühzeit der B.-Musik der Kampf gegen den Kontrapunkt geführt wurde, so stark sind andrerseits auch wiederum die Bindungen an die alte motettische Kunst. Sie wird beibehalten und mit den neuen concertierenden Errungenschaften ausgestattet. Es entsteht die auch durch die imitierende Motette bestimmten Ricercar des 16. Jh. das monothematische Ricercar (Sweelinck, Bach im *Musicalischen Opfer*) und die auf ein einziges Thema (subjectum) konzentrierte Fuge, die bei Händel und Bach ihre Krönung findet, auch erweitert zur Doppel- und Tripelfuge. Die Koexistenz der beiden Stile, des älteren mensuralen, altniederländischer Herkunft, wie er in der Motetten- und Orgelkomposition fortlebte, und des neuen concertierenden Stils italienischer Herkunft, der in der Monodie und im Rezitativ sich auswirkt, ist für den B. in Deutschland kennzeichnend. So schreibt H. Schütz in seiner *Geistlichen Chor-Music* (1648) 5- bis 7st. Motetten im Stilus gravis (antiquus) und fordert von den jungen Komponisten die Beherrschung des alten *Stylus ohne den Bassum continuum* als Grundlage für den neuen madrigalischen und concertierenden Stil. Das Fortbestehen des alten Stils bildet ein beharrendes Prinzip in der B.-Musik, besonders in der Kirchenmusik. Neue Tendenzen richten sich auf eine gesteigerte Wirkung der Musik, die den Hörer erregen (stile concitato), ihn überreden und überzeugen will. Dabei ist u. a. an die mehrchörige Klangfülle der deutschen Psalmenkompositionen für Soli, Chöre und Orchester zu denken, mit denen M. Praetorius und H. Schütz 1619 die Epoche der B.-Musik in Deutschland eingeleitet haben, oder an den vielstimmigen Kolossalstil der Festmesse für die Einweihung des Salzburger Doms von O. Benevoli (1628) mit 53 Stimmen, 16 vokalen in 4 Chören, 34 instrumentalen, 2 Orgeln und Basso continuo. Die Steigerung des Ausdrucks und der Wirkung zeigt sich auch in der musikalischen Oratorie (→ Figuren); die musikalisch-rhetorische Figurenlehre erfährt im B. ihren systematischen Ausbau. Monteverdi hatte die neue Stilbildung als *seconda prattica* bezeichnet und ihr den alten Stil als *prima prattica* gegenübergestellt. Die Forderung der Seconda pratica lautet: *L'orazione sia padrona dell'armonia e non serva*. Auch in Frankreich richtet eine Gruppe von Dichtern und Musikern der 1570 von A. de Baïf und T. Courville in Paris gegründeten Académie de Poésie et de Musique ihre Bemühungen auf eine engere Verbindung von Sprache und Musik nach antiken metrischen Schemata. Sie unternahmen Versuche mit einer *musique mesurée à l'antique*, die auch in Italien Eingang fand. Noch wichtiger für die B.-Musik sollte die Umbildung des musikalischen Gefüges im Sinne des Dreiklangs (→ Trias harmonica) werden. Homophone Klänge verwendete in gesteigertem Maße bereits Josquin, und homophon waren zu seiner Zeit vor allem die italienischen Lauden und Frottolen angelegt. Für die B.-Musik ist der vertikal-klangliche Bezug der Harmonik verbindlich; die Ausbildung des Generalbaßstils hängt mit einer auf die Baßstimme bezogenen akkordlichen Klanglichkeit zusammen, während die Mittelstimmen, von einer der Außenstimmen abhängig, nur mehr eine füllende Bedeutung haben und durch Bezifferung der Baßstimme angegeben werden. Im 16./17. Jh. sind die Dur-Moll-Akkorde noch vornehmlich im modalen Sinne, d. h. nach dem Prinzip der Kirchentöne, miteinander verknüpft; im späten 17. Jh. dagegen setzt eine Beziehung der Akkorde auf bestimmte tonale Schwerpunkte ein (Tonika, Dominante, Subdominante) und bestimmt ein neuartiges harmonisches Spannungsverhältnis den Werkablauf der spätbarocken Komposition. Analog zu diesem harmonischen Vorgang wird der Tactus zum Takt umgeformt. War der motettische Kunst noch weithin vom Tactus bestimmt, der in gleichmäßiger Folge die mensuralen Einheiten anzeigte, so hatte sich in der gleichzeitigen Tanzmusik bereits eine Folge von »Schwer und Leicht« durchgesetzt, die als Taktschwerpunkte auch in die Kunstmusik eindringen. Der Taktstrich, der Gruppen einer Schwereordnung markiert, ist eine Erfindung der B.-Musik. In der spätbarocken Instrumentalmusik kommt die mechanische Taktordnung zu allgemeiner Geltung, wenn auch mit kunstvollen Ausnahmen rhythmischer Gestaltung. Unter den verschiedenen Formbildungen der B.-Musik ragen hervor: Motette, Ricercar, Fuge; Kantate, Oper (seria und buffa), Oratorium; Suite, Partita, Variation, Kanzone, Da-Capo-Arie, Gruppenformen des Concerto, Trio als Kernform kammermusikalischer Satzkunst; Rezitativ (secco und accompagnato), Arioso, Praeludium, Toccata, Fantasie; Neapolitanische Sinfonia, Französische Ouvertüre, Ensemble- und Solosonate (da chiesa und da camera), mehr- und einstimmiges Lied. Seit etwa 1650 setzte sich in der B.-Musik die soziologische Einteilung nach selbständigen Musikbereichen durch, denen je verschiedene musikalische Formen und Gattungen mehr oder weniger fest zugeordnet waren: *Musica ecclesiastica* (Kirchen-), *musica cubicularis* (Kammer-) und *musica theatralis* (szenische Musik).

Lit.: C. SACHS, Barockmusik, JbP XXVI, 1919/20; TH. KROYER, Zwischen Renaissance u. B., JbP XXXIV, 1927; R. HAAS, Die Musik d. B., Bücken Hdb.; E. WELLESZ, Renaissance u. B., ZfMw XI, 1928/29; A. DELLA CORTE, Il barocco e la musica, in: Mélanges de Musicologie, Fs. L. de La Laurencie, Paris 1933; E. SCHENK, Über Begriff u. Wesen d. mus. B., ZfMw XVII, 1935; E. H. MEYER, Die Vorherrschaft d. Instrumentalmusik im nld. B., TVer XV, 1939; W. GURLITT, Der Bedeutungsanspruch deutscher Barockmusik, Neues Musikblatt LXIX, Mainz 1941; DERS., Vom Klangbild d. Barockmusik, in: Die Kunstformen d. Barockzeitalters, hrsg. v. R. Stamm, = Slg Dalp LXXXII, Bern u. München 1956; A. LIESS, Wiener B., = Wiener Musikbücher III, Wien 1946; M. F. BUKOFZER, Music in the Baroque Era, NY (1947) (mit ausführlichem

Lit.-Verz.); S. CLERCX, Le baroque et la musique, Brüssel 1948; W. GERSTENBERG, Die Krise d. Barockmusik, AfMw X, 1953; H. TINTELNOT, Zur Gewinnung unserer Barockbegriffe, in: Die Kunstformen d. Barockzeitalters, hrsg. v. R. Stamm, = Slg Dalp LXXXII, Bern u. München 1956; H. H. EGGEBRECHT, B. als mg. Epoche, in: Aus d. Welt d. B., Stuttgart 1957; R. DAMMANN, Die Struktur d. Musikgriffs im deutschen B., Habil.-Schrift, Freiburg i. Br. 1958, maschr.; G. BARBLAN, Il termine barocco e la musica, in: Miscelánea en homenaje a H. Anglès I, Barcelona 1958–61; L. RONGA, Un problema culturale di moda: il barocco e la musica, in: L'esperienza storica della musica, = Bibl. di cultura moderna 545, Bari 1960; FR. BLUME, Begriff u. Grenze d. B. in d. Musik, STMf XLIII, 1961; Le baroque mus., = Les Congrès et Colloques de l'Univ. de Liège, Lüttich 1964.

Barré (frz., s. v. w. quergelegt, versperrt), in der Technik des Lauten- und Gitarrenspiels Bezeichnung für den Quergriff eines Fingers über mehrere Saiten; dabei wirkt der greifende Finger als künstlicher Sattel (→ Capotasto). Der B.-Griff ist die Grundlage für das Akkordspiel in den höheren Lagen und für die Bewältigung schwierigerer Tonarten. Der moderne Tanzgitarrist verwendet um der rhythmischen Präzision willen vorzugsweise den B.-Griff.

Barrel-house style, Barrel-house piano (b'ærəlhaus stail, engl. barrel-house, Faßhaus; Lokal, in dem Schnaps aus Fässern ausgeschenkt wurde). In den Städten der Südstaaten der USA wurden die Barrelhouses vor allem von Negern besucht. Die dort auftretenden Musiker waren ebenfalls Neger, vor allem Pianisten, die den B.-h. st. pflegten. Der B.-h. st. entstand, als man begann, Blues auf dem Piano zu spielen (bluespiano, d. h. Improvisieren über Bluesschemata) und entwickelte sich seit der Mitte des 19. Jh. aus dem Jigpiano, einem Vorläufer des → Ragtime. Es herrschen ein harter, gestoßener Anschlag, in der linken Hand rhythmisches Heraustellen des Basses und der Grundfunktionen. Das Pedal wird nicht zur Tonverlängerung, sondern nur zum Treten des → Beat verwendet, in starkem Maße treten Clusters auf. Zum Repertoire der B.-h.-Pianisten gehörten auch → Stomp und → Ragtime, vor allem aber später der → Boogie-Woogie. Dieselbe Spielweise des Pianos findet sich auch im Negerviertel Chicagos, in House-rent parties (auch → Skiffle), die die Farbigen veranstalteten, um durch den Erlös daraus die Miete abdecken zu können. Der B.-h. st. wird häufig – ebenfalls über Bluesschemata – in Gruppen praktiziert, wobei zum Klavier noch Gitarre, Banjo, Schlagzeug, Kazoo (Rohr mit Membrane), Jug (irdener Krug, in den hineingesungen wird) und Washboard treten können. Dieselben Instrumentalgruppen können aber auch Bluessänger oder -sängerinnen begleiten. Bekannte Beispiele für diese Art des B.-h. st. als Bluesvortrag sind die Race record-Aufnahmen von Ma Rainey mit ihrer Tub-Jug-Washboard-Band.

Barrel-organ (b'ærəl 'ɔ:gən, engl.) → Drehorgel.

Baryton (ital. Viola di bordone oder Viola di bardone, auch kurz Bardone), – 1) ein Streichinstrument, von dem ein Exemplar zuerst 1656 belegt ist und das bis ins frühe 19. Jh. bekannt war. Es ist aus der → Viola bastarda entwickelt und hat die Größe der Tenor-Gambe. Der Umriß des Corpus ist vielfältig geschwungen; kennzeichnend sind die langgezogenen und weitausladenden Mittelbügel. Oft sind doppelte Schallöcher in gewundener Schlangen- oder Flammenschwertform angebracht. Der Boden ist – ähnlich dem der Gambe – flach und zum Oberteil hin leicht abgeschrägt. Das B. hat 6–7 Griffsaiten aus Darm (1. Saitenbezug), dazu 9–28 (überwiegend 10–15 → Aliquotsaiten) aus Metall (2. Saitenbezug). Diese laufen, von einem eigenen Saitenhalter unter dem an seinem linken Unterteil verbreiterten Steg hindurch, unterhalb des Griffbretts entlang und münden im Wirbelkasten, wo sie durch Holzwirbel oder Metallschrauben gestimmt werden können. Die Besonderheit des B. besteht darin, daß die Aliquotsaiten nicht nur der Resonanzverstärkung dienen, sondern auch zum Anzupfen durch die Daumenspitze der linken Hand bestimmt sind. Daher ist der Hals des B. rückseitig offen. Ein seltener 3. Saitenbezug besteht aus Baßsaiten (Bordunen, aus Darm). Diese befinden sich auf der Deckenseite und werden mit dem kleinen Finger der rechten, den Bogen führenden Hand angeschnellt. Die Stimmung der Griffsaiten ist nach Speer (1687) und Majer (1741) die der Tenorgambe ($_1$A) D G c e a d^1, nach J. G. Albrechtsberger (1719) ein Ganzton höher; die Stimmung der Resonanz- und Begleitsaiten ergibt eine diatonische Skala. Albrechtsberger zufolge sind die 11 Saiten diatonisch (E–a) zu stimmen, bei größerer Anzahl wählte man eine entsprechende Vergrößerung der diatonischen Skala oder untermischte sie mit Halbtönen; die äußerste Grenze war eine vollständige chromatische Skala. Über den Klang schreibt L. Mozart: *... eines der anmuthigsten Instrumente*, und Koch (1802): *ein Instrument von sehr lieblichem Tone*. Das B. war vor allem in Süddeutschland und Österreich beliebt. Die ältesten überlieferten Kompositionen für B. sind die *IX. Partien / auf die Viola Paradon / aus unterschiedlichen Tonen ...* von Johann Georg Krause, die dieser dem 1704 verstorbenen Herzog Christian Ullrich von Württemberg widmete. Fürst Nikolaus Joseph Esterházy, Haydns Gönner, war ein bekannter Liebhaber dieses Instruments; Haydn hat daher 1766–75 Kompositionen für das B. mit 6 Griffbrettsaiten D G c e a d^1 und 9 Begleitsaiten G (A) d e fis g a h cis^1 d^1 geschrieben (etwa 175, teilweise 1799 beim Schloßbrand zerstört; mit Sicherheit heute 165 nachweisbar, darunter 126 Divertimenti a tre per il B., Viola e Basso, ferner Duette, Sonaten, Kassationen, Konzerte). Auch A. Tomasini (24 Divertissements für B., V. und Vc.), J. Burgkstein, Neumann, A. Lidl, A. Kraft (Trios für 2 B.s und Vc.), Niemecz, F. Paer, J. Weigl, J. L. Eybler, V. Pichl (148 Stücke für B.) schrieben für B. Mit dem 18. Jh. ging die Blütezeit des B. zu Ende. Es begegnet danach nur noch vereinzelt, so wurde es noch von S. L. Friedel († 1842; Königliche Kapelle Berlin) gespielt. – 2) eine kleinere Abart des Violoncello (Stimmung eine Oktave unter der Violine G d a e^1), von C. Henry (Paris 1847) erfunden, vermutlich auf Anregung des Pariser Violoncellisten F. Battanchon (1814–93).

Ausg.: J. HAYDN, 9 Divertimenti f. B., Va u. Baß, hrsg. v. W. Woehl, 3 H., Kassel 1939–52; B.-Trios, Haydn-GA, Reihe 14, Nr 25–96, hrsg. v. H. UNVERRICHT, München u. Duisburg 1958.
Lit.: J. FR. B. C. MAJER, Museum musicum (1732), Faks. hrsg. v. H. Becker, = DMl I, 8, 1954; MOZART Versuch; KOCHL; C. F. POHL, J. Haydn, Bln u. Lpz. 1875–82, I, S. 249ff., u. II, S. 304ff.; G. KINSKY, Kat. d. Musikhist. Museums v. W. Heyer in Cöln II, Köln 1912 (S. 504 Auszug d. Vorber. zu d. IX. Partien v. J. G. Krause); D. FRYKLUND, Va di Bardone, STMf IV, 1922; C. SACHS, Slg alter Musikinstr. ... zu Bln, Beschreibender Kat., Bln 1922; O. STRUNK, Haydn's Divertimenti for B., Va and Bass, MQ XVIII, 1932; A. VAN HOBOKEN, J. Haydn, Thematischbibliogr. Werkverz. I, Mainz 1957; E. FRUCHTMANN, The B. Its Hist. and Its Music Re-examined, AMI XXXIV, 1962.

bas (ba, frz.) → haut.

Bas-dessus (bads'ü, frz.), mittlere Frauenstimme (Mezzosopran oder Alt). → Dessus.

Basel.
Lit.: K. Nef, Die Stadtpfeifereien u. d. Instrumentalmusiker in B. 1385–1814, SIMG X, 1908/09; ders., Die Musik an d. Univ. B., Fs. zur Feier d. 450jährigen Bestehens d. Univ. B., B. 1910; W. Merian, B. Musikleben im 19. Jh., B. 1920; E. Refardt, Biogr. Beitr. zur B.er Mg., I–III, B.er Jb. 1920, 1921, 1922; Fr. Berger, Das B.er Trommeln, B. 1928; M. F. Schneider, Alte Musik in d. Bildenden Kunst B., B. 1940; Fr. Ernst, Die Spielleute im Dienste d. Stadt B. im ausgehenden MA, B.er Zs. f. Gesch. u. Altertumskunde XLIV, 1945; Alte u. neue Musik. Das B.er Kammerorch. unter Leitung v. P. Sacher 1926–51, Zürich 1952; Fr. Morel, Org. u. Organisten im B.er Münster, in: Die Org. im B.er Münster, B. 1956; ders., Schweizerische Musik im B.er Konzertleben früherer Zeit, B.er Stadtbuch 1963; W. Nef, 25 Jahre Schola Cantorum Basiliensis, Jahresber. d. Musik-Akad. d. Stadt B. 1958/59; H. P. Schanzlin, B. private Musikpflege im 19. Jh., B. 1961.

Basilarmembran → Ohr.

Basis (griech., Sockel, Grundlage) begegnet in der *Summa musicae* bei Beschreibung der dyaphonia und triphonia basilica im Sinne des »Haltetons« im Organum (→ Diaphonia). Im 16./17. Jh. bezeichnet B., gleichbedeutend mit → Fundamentum, die Baßstimme (Zarlino, *Istitutioni harmoniche*, 1558, III, 58: ... *il Basso ... è posto per Basa et fondamento dell'Harmonia*), auch den Grundton eines Akkords.

Basken.
Lit.: Ch. Bordes, La musique populaire des Basques, Paris 1899; J. A. de Donostia, La música popular vasca, Bilbao 1918; ders., Notas acerca de las canciones de trabajo en el país vasco, AM III, 1948; ders., Música y músicos en el país vasco, = Monografías vascongadas V, San Sebastian 1951; ders., Instr. mus. del pueblo vasco, AM VII, 1952; ders., Hist. de las danzas de Guipúzcoa..., AM IX, 1954; R. Gallop, The Development of Folksong in Portugal and the Basque Country, Proc. Mus. Ass. LXI, 1935; J. Pérez Vidal, Endechas populares en tristrofos monorrimos s. XV–XVI, La Laguna 1952.

Baß (ital. basso, von mittellat. bassus, fest, dick, niedrig; frz. basse, seit dem 17. Jh.; engl. bass; span. bajo), – 1) die tiefste Stimme einer Komposition, die als reale oder abstrakt-theoretische die Bedeutung einer Grundstimme haben kann und die als Stütze, Grundlage des harmonischen Geschehens eine besondere → Stimmführung aufweist. – Bereits frei erfundene Tenores namentlich in Caccien des Trecento und in Motetten von Ciconia um 1400 prägen in ihrer sprunghaften Führung den Charakter einer Stützstimme aus (→ Bordun). Ab etwa 1430 (Dufay, Binchois) klausuliert der → Contratenor statt in herkömmlicher Parallel- und Oktavsprungkadenz zunehmend mit Quintfall (Doppeloktavkadenz). Damit war der Contratenor als Tiefstimme legitimiert und – zunächst in Kadenzen – Träger einer dominantischen Klangbeziehung. Um 1450 spaltete er sich in Contratenor altus und bassus, letzterer bald einfach bassus, auch → Basis, Baritonans oder → Fundamentum genannt. Im Zusammenhang mit dieser Entwicklung steht die Erschließung des tiefen Klangraums, auch durch Instrumente wie die → Zugtrompete. Frühe Vorschriften für die Bildung einer B.-Stimme gibt Guilelmus Monachus (um 1480; CS III, 296f.), wobei er den je vorletzten und letzten Ton der Stimmen in ihrem Verhältnis zum Tenor (C. f.) und in der Reihenfolge Contratenor bassus, Cantus (Supranus), Contratenor altus beschreibt.

In der alle Stimmen gesanglich und gleichwertig behandelnden Chorpolyphonie seit Ockeghem prägte sich der harmonische Fundamentcharakter des Basses nur zögernd aus, um so mehr jedoch etwa in den volkstümlichen italienischen Tanzliedern (Frottola, Villanella), bald im einfachen Akkordsatz (Contrapunctus simplex) auch anderer Gattungen und speziell in den seit der Jahrhundertmitte gepflegten vielstimmig-mehrchörigen Kompositionen, die als erste den Bassus pro organo fordern, eine Frühform und als Basso seguente eine der Arten des Generalbasses. Dieser gewissermaßen ein Ziel in der Entwicklung der B.-Stimme seit dem 15. Jh.: das Diskant-Tenor-Gerüst ist nun durch den Primat der Außenstimmen verdrängt, wobei der B. die Harmoniefolge trägt und führt und in Erfüllung dieser Aufgabe eine wesenhaft instrumentale Stimme ist, sowohl in seinem Duktus als auch in seiner Forderung nach kräftigerem Hervortreten. Der Generalbaß, eine gleichzeitig reale und theoretische Stimme, wurde ausgeführt durch die → Fundamentinstrumente und durch die mit dem späten 16. Jh. vermehrt aufkommenden Instrumente der B.- und Kontrabaßlage, deren Entwicklung erst mit der Tuba im 19. Jh. abgeschlossen wurde. Viele Arten des Basses unterscheidet das 17. Jh.: nach Lage (Schlüsselung) den Bassus rectus, major (hoher B.), minor (tiefer B.) und → Bassett; im Concertostil den Basso concertante und → Basso ripieno; und je nach Art und Bewegung der B.-Stimme kennzeichnet man diese als → Ostinato, »figurierten« B. (ital. basso figurato), »gehenden« oder »liegenden« B. Nach dem Ende der Generalbaßzeit gab es den B. weiterhin auch in der Art einer theoretischen Fundamentstimme, so in der → Basse fondamentale Rameaus und in Theorien Sechters, Schenkers, Riemanns und Hindemiths. In der weitgehend von der Melodie her konzipierten funktionalharmonischen Musik des späteren 18. und beginnenden 19. Jh. wurde der B. als reale Stimme oft zurückgebildet und erscheint in der Klaviermusik häufig in den Formeln der Alberti-Bässe und Murkys. Namentlich seit Brahms jedoch wurde wieder von einem fundierenden, zugleich aber als vollgültige Stimme ausgebildeten B. aus komponiert; gleichzeitig wurden die konstruktiven Möglichkeiten des Basso ostinato wiederentdeckt. Dagegen vermeidet die Atonale Musik nach der Jahrhundertwende so wie die Vorherrschaft eines Tones oder Klanges auch die einer Stimme. – 2) die tiefste der Stimmgattungen. Die Bezeichnung Bassist ist deutsch zuerst 1517 belegt. Man unterscheidet den tiefen (zweiten) B. und hohen (ersten) B. (B.-Bariton, → Bariton). Der Umfang des Basses ist regulär E–d^1, bei Berufssängern bis f^1; der tiefe B. (ital. basso profondo; frz. basse profonde; engl. deep bass) reicht etwa noch weiter hinab (etwa bis D, C), in einzelnen Fällen bis (Kontra-)B. und tiefer, der hohe (ital. basso; frz. basse, auch basse noble, basse chantante; engl. basse, auch singing bass) nur bis A, während in der Höhe bei beiden die Grenze dieselbe ist oder höchstens um 1–1½ Töne differiert (es^1–fis^1). Die Bühnenpraxis unterscheidet zwischen B.-Buffo und seriösem B. Der B.-Buffo, Vertreter des heiteren Fachs, benötigt Sonorität, stimmliches Charakterisierungsvermögen, bravouröse Deklamation und darstellerische Begabung. Hauptpartien sind: Bartolo (*Barbiere di Siviglia*), Baculus (*Wildschütz*), van Bett (*Zar und Zimmermann*), Ochs von Lerchenau (*Rosenkavalier*). Der seriöse B. erfordert strömende Fülle des Tones bei ausgiebiger Tiefe. Bekannte Partien sind: Sarastro (*Zauberflöte*), Kaspar (*Freischütz*), alle B.-Partien Verdis und Wagners.

Bassanello (ital.), Holzblasinstrument des 16. und 17. Jh., dem → Kortholt verwandt, mit Doppelrohrblatt, zylindrischer Bohrung, geradem Luftkanal und Anblasrohr. Zum Stimmwerk gehörten Baß (C–e oder f), Tenor-Alt (G–c¹) und Diskant (d–g¹). – Bassanelli 8' und 4' stehen in älteren Orgeln als Zungenwerk von »stillem« Klangcharakter, sind jedoch selten.

Basse contrainte (ba:s cõtr'ɛ̃:t, frz.) → Ostinato, → Basso continuo (– 2).

Basse-contre (bask'õ:tr, frz.), s. v. w. sehr tiefe Baßstimme (Basse profonde).

Basse danse (ba:s dã:s, frz.; ital. bassa danza), Hoftanz der Zeit um 1450–1525; nach Arbeau (1588) *danse par bas ou sans sauter.* Die B. d. ist in Frankreich, den Niederlanden und Italien nachweisbar. Über die eigentliche Bedeutung einer spezifischen Tanzform hinaus bezeichnet B. d. auch andere Schreittänze, wie sie an den Fürstenhöfen und in der Adelswelt üblich waren. Die B. d. bestand aus einfachen und Doppelschritten, Seitwärts- und Rückwärtsschritten in mannigfacher Folge. Sie ist vorwiegend geradtaktig mit 3facher Unterteilung. Eine zentrale Quelle der B. d. ist ein kostbares Manuskript der Königlichen Bibliothek in Brüssel, das aus dem Besitz der Margarete von Österreich († 1530) stammt und neben einem einleitenden Traktat 59 in schwarzen Breven (quadratische Choralnote) aufgezeichnete Melodien nebst beigefügten Tanzschritten enthält. Diese Melodien wurden als C. f. verwendet, wozu die Spieler eine oder zwei andere Stimmen improvisierend erfanden. Einige B. d.-Melodien konnten in Chanson-Tenores nachgewiesen werden. B. d.-Melodien wurden auch als Tenor-C. f. von Messen benutzt. Es war üblich, auf eine gravitätische B. d. einen ungeradtaktigen Springtanz folgen zu lassen (Tourdion, Gaillarde, Saltarello). Die Attaingnantschen Sammlungen von 1529–30 enthalten 4st. B.s d.s, die so angelegt sind, daß dieselbe Notierung im geraden Takt als Schreittanz und im ungeraden Takt als Nachtanz dienen konnte. An Musikinstrumenten zur Begleitung der B. d. sind verschiedene Zusammenstellungen gebräuchlich gewesen, z. B. Schalmeien und Trompete; oder Laute, Harfe, Trommel; oder Zink, Posaune und Schnabelflöte mit kleiner Trommel.

Ausg.: Le Ms. dit des B. d. de la Bibl. de Bourgogne, = Soc. des Bibliophiles et Iconophiles de Belgique, Faks. hrsg. v. E. CLOSSON, Brüssel 1912.
Lit.: H. RIEMANN, Die rhythmische Struktur d. B. d. d. Hs. 9085 d. Brüsseler Kgl. Bibl., SIMG XIV, 1912/13; E. CLOSSON, La structure rythmique des B. d. du ms. 9085 de la Bibl. Royale de Bruxelles, ebenda; W. GURLITT, Burgundische Chanson- u. deutsche Liedkunst d. 15. Jh., Kgr.-Ber. Basel 1924; FR. BLUME, Studien zur Vorgesch. d. Orchestersuite im 15. u. 16. Jh., = Berliner Beitr. zur Mw. I, Lpz. 1925; E. HERTZMANN, Studien zur B. im 15. Jh., ZfMw XI, 1928/29; C. SACHS, Der Rhythmus d. B. d., AMl III, 1931; O. GOMBOSI, Der Hoftanz, AMl VII, 1935; DERS., About Dance and Dance Music in the Late Middle Ages, MQ XXVII, 1941; CH. VAN DEN BORREN, in: Mélanges E. Closson, Brüssel 1948; M. F. BUKOFZER, A Polyphonic B. d. of the Renaissance, in: Studies in Medieval and Renaissance Music, NY (1950); M. REIMANN, Zur Entwicklungsgesch. d. Double, Mf V, 1952, u. VI, 1953; K. MEYER-BAER, Some Remarks on the Problems of the B. d., TMw XVII, 1948/55; O. KINKELDEY, Dance Tunes of the 15th Cent., in: Instrumental Music, hrsg. v. D. G. Hughes, Cambridge (Mass.) 1959; E. SOUTHERN, Some Keyboard Basse Dances of the 15th Cent., AMl XXXV, 1963; D. HEARTZ, The Basse Dance. Its Evolution circa 1450–1550, Ann. Mus. VI, 1958–63.

Basse double (ba:s du:bl, frz.; engl. double bass) »gedoppelter Baß«, → Kontrabaß, nach J. G. Walther (1732) so benannt, *weil er fast zweymahl so groß, als ein ordinairer Frantzösischer Baß-Violon ist, und folglich eine Oktav tiefer klingt.*

Basse fondamentale (ba:s fõdamãt'al, frz., Fundamentalbaß), in der Theorie J.-Ph. Rameaus die aus den Grundtönen der Harmonien gebildete Fundamentalstimme; sofern die reale Baßstimme (basse continue) von der Folge der Grundtöne abweicht, ist die B. f. eine gedachte Stimme. Rameau ließ ausschließlich Konsonanzen, steigende und fallende Terzen und Quinten, als Fundamentschritte gelten. Um den steigenden Sekundschritt zwischen Akkordgrundtönen (z. B. in C: C–D) auf einen Quintschritt zurückzuführen, nahm er an, daß entweder unter dem 2. Akkord eine Terz hinzugefügt (also ursprünglich C–F) oder unter dem 1. Akkord eine Terz »verschwiegen« sei (also ursprünglich A–D).

Im 3. Akkord des Beispiels aus dem *Traité de l'harmonie* ist dem eigentlichen Fundamentton d, der durch Quintschritte mit A und G verbunden ist, die Terz B substruiert (Trugschluß). Der 6. Akkord ist doppeldeutig; der zum F dur-Akkord hinzugedachte Fundamentton d gilt in bezug auf den vorausgehenden Akkord (Fundamentschritt C–F) als hinzugefügte Sexte (sixte ajoutée), in bezug auf den folgenden Akkord (Fundamentschritt D–G) als Fundamentton (verschwiegenes Fundament). – S. Sechter nahm ein verschwiegenes Fundament außer beim aufsteigenden Sekundschritt auch beim absteigenden an; in der Akkordfolge II–I sei die (scheinbare) 2. Stufe als Fragment des Nonenakkords der 5. Stufe zu verstehen. Schönberg deutete die Akkordfolge II–I als Abkürzung von II–V–I, als Auslassung von Selbstverständlichem.

Lit.: J.-PH. RAMEAU, Traité de l'harmonie réduite à ses principes naturels, Paris 1722; DERS., Démonstration du principe de l'harmonie, Paris 1750, deutsch v. E. Lesser, = Quellenschriften d. Musiktheorie I, Wolfenbüttel u. Bln 1930; J. D'ALEMBERT, Eléments de musique théorique et pratique, suivant les principes de M. Rameau, Paris 1752, deutsch v. Fr. W. Marpurg, Lpz. 1757; S. SECHTER, Die Grundsätze d. mus. Komposition, 3 Bde Wien 1853–54; A. SCHÖNBERG, Harmonielehre, Wien 1911, ⁵1950, engl. NY 1947; E. KURTH, Die Voraussetzungen d. theoretischen Harmonik u. d. tonalen Darstellungssysteme, Bern 1913; RIEMANN MTh.; R. WANGERMÉE, Le traité du chant sur le livre de P. L. Pollio, Mélanges Ch. Van den Borren, Antwerpen 1945; J. FERRIS, The Evolution of Rameau's Harmonic Theories, Journal of Music Theory III, 1959. CD

Bassett (ital. bassetto, s. v. w. kleiner Baß), findet sich bei Viadana (1612), Praetorius u. a. als Name des Basses eines Chors hoher Stimmen und sollte von einem Tenor gesungen werden. – In Zusammensetzung mit Namen von Instrumenten bedeutet B. Tenor- oder Altlage (Bassetthorn). Besonders ist B. (Bassettl, Baßl, Basso di camera, Halbbaß) ein zwischen Violoncello und Kontrabaß stehendes 3–4-(als Deutscher Baß 5–6-) saitiges Streichinstrument, das um 1840 nicht mehr gebräuchlich war. Im Unterschied zum späteren → Cellone hatte es die Form der Viola da gamba. Bei L. Mozart (1756) ist B. das Violoncell. – Auch eine Orgelstimme (Rohrwerk mit engem Schallbecher) mit diesem Namen kommt in älteren Orgelwerken vor, auch als Labialregister (Hohlflöte 4').

Lit.: A. PLANYAVSKY, Der Kb. in d. Kammermusik, Österreichische Musikzs. XIII, 1958.

Bassetthorn (ital. corno di bassetto, auch clarone; frz. cor de basset), eine um 1770 von Mayrhofer in Passau erfundene Altklarinette in F. Der Umfang ist F–f³ (notiert in neueren Partituren stets im Violinschlüssel c–c⁴). Das B. bestand in seiner älteren Form aus zwei halbmondförmigen, zusammengeleimten und mit Leder überzogenen Holzteilen. Ab etwa 1800 wurde es geknickt gebaut, mit einer meist dreifachen, von einem Kasten (»Buch«) umgebenen Knickung dicht vor der Stürze. Bei der neueren Form (Versuche dazu ab 1808) ist die eng gebohrte, dünnwandige Schallröhre gerade, das Mundstück im flachen Winkel angesetzt und der messingne Schalltrichter wie beim Saxophon abgebogen. Die Mechanik wurde u. a. durch A. und J. Stadler ausgebildet, die im frühen 19. Jh. zu den bereits bestehenden Klappen für klingend F und G weitere für Fis und Gis zufügten. Das moderne B. hat die gleiche Applikatur wie die Klarinette. Der Klang ist dunkel und nicht durchdringend. Er eignet sich daher gut zur Kombination mit tiefen Tönen der Holzblasinstrumente, aber auch der Bratschen und der menschlichen Stimme. Mozart hat das B. mit Vorliebe eingesetzt (u. a. Serenade K.-V. 370a, 1781; *Maurerische Trauermusik* K.-V. 479a, 1785; Requiem K.-V. 626, 1791). Im 19. Jh. wurde es wenig verwendet. Mendelssohn Bartholdy schrieb 2 Konzertstücke für Klar. u. B.; R. Strauss setzte das B. seit *Elektra* (1909) wieder mit wichtigen Aufgaben im Orchester ein. – Das Kontra-B. steht eine Oktave tiefer als das B. Es wurde zuerst gebaut von G. Streitwolf in Göttingen (1. Hälfte des 19. Jh.) und danach mehrfach verbessert.

Baßhorn, um 1800 von A. Frichot in London konstruiertes und daher auch Englisches B. genanntes Blasinstrument aus Holz oder Metall, mit Kesselmundstück an einer S-Röhre und mit Blechstürze, 9 Grifflöchern und 4 Klappen (Umfang: ₁B–g¹), von schwerer Ansprache und dumpfem Klang. Es ging aus dem um 1789 durch fagottartige Knickung des Serpents entstandenen Ophibariton (»Russisches Fagott«) hervor. Das B. wurde nur einige Jahrzehnte zu Anfang des 19. Jh. gebaut. Der Göttinger Instrumentmacher G. Streitwolf entwickelte um 1820 aus ihm das Chromatische B. (10 Klappen, 2 offene Löcher).

Basso concertante (b′asso kontʃert′ante, ital.) → Basso ripieno.

Basso continuo (ital.; neulat. bassus continuus; frz. basse continue; engl. übersetzt als thorough-bass), Abk.: B. c., Kurzform: Continuo, kontinuierlicher, ununterbrochener Baß. – 1) s. v. w. → Generalbaß. – 2) J. G. Walther (1732) nennt im Anschluß an BrossardD (... *Basse-Continuë ... obligée ou contrainte*, Artikel *Obligato*) B. c. obligato jenen Generalbaß, der *an eine gewisse Zahl Tacte, die stets repetirt werden, gebunden ist* oder der *allemahl ein gewisses mouvement halten* oder *nur gewisse Noten machen muß u. d. g.* (*Car il y en a d'une infinité de manieres*, Brossard).

Basson (basɔ̃, frz.), Bassoon (bəs′u:n, engl.) → Fagott.

Basso ostinato (ital.) → Ostinato.

Basso ripieno (ital.), Ripienbaß, in der Generalbaßpraxis der stark registrierte oder besetzte Baß des vollen Chores, der beim Concertieren per choros in den Tutti-(Ripieno-)Partien zur Verstärkung einfällt, im Gegensatz zum Basso concertante (ital.; frz. auch basse recitante) der solistisch concertierenden Partien oder Sätze.

Basso seguente (ital.), die im letzten Viertel des 16. Jh. als Intavolierungsersatz motettischer Kompositionen entstandene Frühform und Art des Generalbasses, die in der Weise eines »Exzerpt-Basses« zustande kommt (daher auch Basso cavato genannt), indem die jeweils tiefste Stimme des meist vielstimmigen, oft mehrchörigen Satzes zu einer fortlaufenden Tiefstimme herausgezogen wird, welche nach Art des Basso continuo auszuführen ist. Ursprünglich und bis um 1600 war der B. s. unbeziffert und für den Organisten bestimmt, daher auch Basso pro organo genannt.

Lit.: H. H. EGGEBRECHT, Arten d. Gb. im frühen u. mittleren 17. Jh., AfMw XIV, 1957.

Bathyphon (griech., »tieftönend«) hieß ein von E. Skorra (1839) und W. Wieprecht in Berlin konstruiertes, zur Familie der Klarinette gehörendes, geknicktes Holz- oder Metallblasinstrument mit S-förmigem Anblasrohr und Metallstürze in Kontrabaßlage (₁D–c) mit stumpfer Klangfarbe zur Tiefe hin. Nach vorübergehender Einführung in Militärmusiken wurde es durch die verbesserte Baßklarinette verdrängt.

Battaglia (batt′a: ʎa, ital., Schlacht), Bezeichnung für die musikalische (klangmalerische) Schilderung einer Schlacht oder eines kriegerischen Aufzugs. Der Kampf mit dem Drachen ist Gegenstand eines Intermediums von 1491 (Florenz) und hat sich als Sujet bis ins 19. Jh. fortgesetzt (Lully, *Cadmus*, 1673; Mozart, *Zauberflöte*; R. Wagner, *Siegfried*). Daneben ist der Venuskrieg, der Liebeskampf der Geschlechter, im 17.–19. Jh. vielfach musikalisch dargestellt worden: *Guerra d'Amore*, Text von Salvadori (Florenz 1615), Musik von Peri; *Combattimento di Tancredi e Clorinda* von Monteverdi (1624), in dem der Komponist neuartige, den Kampf nachahmende musikalische Mittel einsetzt, z. B. das Tempo pirrichio ♩♩♩ im Stile concitato (pirrichio vom pyrrhischen Waffentanz der Antike) und das Violintremolo; *Tannhäuser* und *Parsifal* von R. Wagner. Zu erwähnen sind auch die Moresca sowie die Battaglien, die in den Canti carnascialeschi oder den Mascherate enthalten sind. – Battaglien im Chorstil finden sich seit dem 15. Jh.; von Isaac ist eine vierstimmige instrumentale B. überliefert (etwa 1485, wahrscheinlich die Übertragung einer vokalen Vorlage). Eine berühmte vokale B. ist die 4st. Chanson *La Guerre* (genannt *La Bataille de Marignan*) von Janequin (auf die Schlacht von Marignano 1515), in deren Text Schlachtenlärm onomatopoetisch nachgeahmt wird. Charakteristisch für Janequins *La Guerre* – wie überhaupt für die B.-Kompositionen des 16. Jh. – ist die Konzeption vom Instrumentalen her (gleichbleibende Harmonie, Bordun-technik, Dreiklangstruktur) mit bewegterem Rhythmus (etwa bei der Nachahmung von Trompetenklängen). Die B. Janequins hat vokal wie instrumental vielfältige Nachahmung gefunden (8st. Bearbeitungen für Bläser von A. Gabrieli und A. Padovano). A. Gabrieli schrieb anläßlich der Siegesfeier zur Seeschlacht bei Lepanto gegen die Türken (1571) eine mit Vittoria-Rufen schließende doppelchörige B.; Monteverdi komponierte *Canti guerrini* (1630), Mancinus die *Schlacht für Sievershausen* (1553), Demantius das *Tympanum militare* (1615). Instrumentale Battaglien schrieben Byrd (für Virginal), Sweelinck, Frescobaldi, Fr. Couperin u. a. Besonders bekannt ist der Kampf zwischen David und Goliath in der 1. Sonate für Kl. aus Kuhnaus *Musicalischer Vorstellung Einiger Biblischer Historien ...* (1700). In der Oper des 18. Jh. finden sich häufig Beispiele für Battaglien, auch im 19. und 20. Jh., (Verdi, *La forza del destino*; R. Strauss, *Ein Friedenstag*), ebenso im Oratorium (Loewe, *Zerstörung Jerusalems*) und im Lied (Mussorgskij, »Feldherr«). Für fast jede Schlacht der Kriege Friedrichs II. (z. B. C. H. Graun, *La b. del Rè di Prussia*, 1757) und des Zeitalters der Französischen

Revolution wurde eine B. komponiert; das bedeutendste Beispiel ist Beethovens »Schlachtsymphonie« auf *Wellingtons Sieg oder die Schlacht bei Vittoria* op. 91. Spätere Zeugnisse für die B. sind die *Hunnenschlacht* (1857) von Liszt, die Festouvertüre *1812* (Kampf zwischen Russen und dem napoleonischen Heer) von Tschaikowsky (1880), die VII. Symphonie (C dur, 1942, Belagerung Leningrads 1941) von Schostakowitsch, die Symphonische Ouvertüre *China kämpft* (1942) von K. A. Hartmann, die IV. Symphonie (zum Gedächtnis der Revolution von 1848) von Milhaud (1948).
Lit.: E. BIENENFELD, Über ein bestimmtes Problem d. Programmusik (Darstellung v. Schlachten), ZIMG VIII, 1906/07; E. BÜCKEN, Der heroische Stil in d. Oper, = Veröff. d. Fürstlichen Inst. f. mw. Forschung zu Bückeburg V, 1, Lpz. 1924; R. GLÄSEL, Zur Gesch. d. B., Diss. Lpz. 1931; B. BECHERINI, La canzona »alla b.« de H. Isaac, RBM VII, 1953; D. ARNOLD, A. Gabrieli u. d. Entwicklung d. »corispezzati«-Technik, Mf XII, 1959; ST. KUNZE, Die Instrumentalmusik G. Gabrielis, = Münchner Veröff. zur Mg. VIII, Tutzing 1963.

Battement (batm'ã, frz.; ital. battimento) → Mordent, → Vibrato.

Batterie (batr'i, frz.), Bezeichnung für das Schlagzeug, daneben auch für Trommelwirbel und für militärische Trommelsignale.

Battuta (ital.), Schlag, Takt; Taktschlag auf dem betonten Taktteil; ritmo di tre (di quattro) battute (z. B. im Scherzo von Beethovens 9. Symphonie) verlangt die metrische Zusammenfassung von je 3 oder 4 Takten zu Großtakten. – a battuta (im Takt) zeigt wie misurato und a tempo nach vorausgegangenem colla parte, a piacere, ad libitum den Wiedereintritt strenger Taktordnung an.

Batuque Batucada (bat'ukə, port.), ein negroider Tanz aus Brasilien; der B. ist eine Abart der → Samba in langsamerem Tempo und im 2/4-Takt mit dem Rhythmusschema:

Bauernflöte, Bauernpfeife (lat. tibia rurestris), eine in älteren Orgeln im Pedal nicht seltene kleine Flöten- oder Gedacktstimme 2' oder 1'. Anfangs nannte man alle weiter mensurierten Orgelflöten B.

Bauernleier → Drehleier.

Bautzen.
Lit.: H. BIEHLE, Mg. v. B. bis zum Anfang d. 19. Jh., = Veröff. d. Fürstlichen Inst. f. mw. Forschung zu Bückeburg IV, 3, Bückeburg u. Lpz. 1924.

Bayern.
Lit.: F. J. LIPOWSKY, Baierisches Musik-Lexikon, München 1811; D. METTENLEITER, Registratur f. d. Gesch. d. Musik in B. I, Brixen 1868; FR. W. v. DITFURTH, Die hist. Volkslieder d. bairischen Heeres v. 1620–1870, Nördlingen 1878; A. SANDBERGER, Beitr. zur Gesch. d. bayerischen Hofkapelle unter Orlando di Lasso, Habil.-Schrift München 1894, I u. II Lpz. 1894–95; L. SCHIEDERMAIR, Zur bayerischen Mg. d. 17. Jh., Mk I, 1901/02; DERS., Künstlerische Bestrebungen am Hofe d. Kurfürsten Ferdinand Maria v. B., Diss. Erlangen 1902; = Forschungen zur Gesch. B. X, 1902; O. URSPRUNG, Kirche u. Musikkultur in B., in: Die Kulturarbeit d. kath. Kirche in B., hrsg. v. M. BUCHBERGER, München 1920; K. HUBER u. P. KIEM, Oberbayerische Volkslieder mit Bildern u. Weisen, München 1930, ²1935, ³1937; DIES., Altbayerisches Liederbuch, Mainz 1936; K. HUBER, Volkslied u. Volksmusik, Bayernland XLIV, 1933; DERS., Volkslied u. Volkstanz im bajuwarischen Raum, DMK III, 1938/39; DERS., Volkslied u. Volkstanz. Aufsätze zur Volksliedkunde d. bajuwarischen Raumes, hrsg. v. Cl. Huber u. O. A. v. Müller, Ettal (1959); DERS. u. L. SIMBECK, Niederbairisches Liederbuch, München o. J.; P. KIEM, Slg Oberbay-

rischer Volkslieder, München 1934; H. O. LABER, Ausländische Künstler in B. v. Anfang d. 16. bis Ende d. 18. Jh., Diss. München 1936; W. KLEMM, Benediktinisches Barocktheater in Südbayern, insbesondere d. Reichsstifts Ottobeuren, Diss. München 1938, = Studien u. Mitt. zur Gesch. d. Benediktiner Ordens LIV, N. F. XXVII, 1937; B. PH. BAADER, Der bayerische Renaissancehof Herzog Wilhelms V. (1568–79), Diss. München 1943; L. KUSCHE, Musik u. Musiker in Baiern, München 1963.

Bayreuth.
Lit.: M. SEIFFERT, Aus B. mus. Vergangenheit, AMz XXI, 1894; L. SCHIEDERMAIR, B.er Festspiele im Zeitalter d. Absolutismus, Lpz. 1908; A. v. PUTTKAMER, 50 Jahre B., Bln 1927; E. SCHENK, Zur Mg. B., Arch. f. Gesch. u. Altertumskunde v. Oberfranken XXX, 1927; DERS., G. A. Paganelli ..., nebst Beitr. zur Mg. B., Diss. München 1928; P. BÜLOW, B. – Die Stadt u. ihre Festspiele, 1876–1936, Lpz. 1936; G. RUDLOFF-HILLE, Die B.er Hofbühne im 17. u. 18. Jh., Arch. f. Gesch. u. Altertumskunde v. Oberfranken XXXIII, 1936; Offizieller B.er Festspielführer, Jubiläums-Ausg. 1897–1937, hrsg. v. O. STROBEL, B. 1937; ZD. v. KRAFT, Das Festspielhaus in B., B. 1958; H. BARTH, Internationale Wagner-Bibliogr. 1956–60 u. K. NEUPERT, Die Besetzung d. B.er Festspiele 1876–1960, B. 1961.

B. c., Abk. für → Basso continuo.

Beantwortung nennt man in der Exposition einer Fuge das zweite Auftreten des Themas (Comes) sowie das Verfahren seiner Bildung und Zuordnung zum Thema in seiner Grundgestalt (Dux). Bei der B. wird das Thema dadurch verändert, daß es auf einer neuen Tonstufe und gegebenenfalls mit geringen melodischen Abwandlungen auftritt. Die zwei Gestalten des Themas, Dux und Comes, sind voneinander abhängig, weshalb sie vergleichsweise auch als »Frage« und »Antwort« verstanden werden. Ihr Wechsel, der sich bei entsprechender Stimmenzahl auch in weiteren Thema-Einsätzen der Exposition wiederholt, steht gewöhnlich in Verbindung mit der harmonischen Entwicklung: je nachdem, ob das Thema (als Dux) moduliert oder nicht, leitet der Comes entweder in die Haupttonart zurück oder moduliert seinerseits. Vorherrschend ist die Quint-B. (Comes in der Oberquinte oder Unterquarte des Dux); in der Quarte ist die B. ebenfalls gebräuchlich (Comes in Oberquarte oder Unterquinte), während sie in den übrigen Intervallen weitaus seltener vorgenommen wird. Grundsätzlich unterscheidet man zwei weitgehend von der Melodik des Themas abhängige Arten der B.: In der realen B. sind Dux und Comes entweder intervallgleich (Comes ist transponierter Dux):

J. S. Bach, *Wohltemperiertes Klavier* I, Fuge C dur, BWV 846.

oder, was in der Bach-Zeit jedoch Sonderfall ist, eingeschränkt intervallgleich (Sekunde bleibt Sekunde, Terz bleibt Terz usw., aber kleines und großes Intervall können sich gegenseitig ersetzen):

J. S. Bach, *Kyrie Gott Vater in Ewigkeit*, BWV 669.

In Quint-B. (auf die sich die Notenbeispiele beschränken) werden hauptsächlich nicht modulierende Themen, die im Grundton beginnen und sich stufenweise aufwärts bewegen, real beantwortet. Die reale B. in anderen Intervallen als der Quinte und Quarte ist in älterer Musik wenig gebräuchlich (Beethoven, Klaviersonate op. 101), findet sich aber in neueren Fugen (Hindemith, *Ludus Tonalis*, Fuga tertia in F, Fuga quarta in A). Die tonale B., bei der Dux und Comes stets intervallverschieden sind, stellt eine Verbindung von Quint- und Quart-B. dar. Sie dient zwei voneinander unabhängigen Zielen, denen zwei charakteristische Erscheinungen entsprechen: der Quintton-Grundton-Austausch, d. h. die B. des Quinttones (V) aus dem Dux durch den Grundton (I) meist beim Beginn des Comes, bewirkt die Erhaltung der Haupttonart im Comes-Einsatz und verzögert die Modulation. Es vollzieht sich ein Übergang von der Quart-(4) in die Quint-(5)B., wobei der ausgetauschte Grundton die erstere, der weitere Verlauf des Comes die letztere repräsentiert. Mit Ausnahme solcher Themen, die sich gegen diesen melodischen Eingriff sperren (diese können in Quart-B. real erhalten bleiben: J. S. Bach, Fuge aus der Sonate für Solovioline G moll, BWV 1001), erfahren die mit dem Quintton beginnenden Themen tonale B.:

J. S. Bach, Ouverture Nr 1 C dur, BWV 1066.

Die zahlreichen aus dem Quintsprung I–V entwickelten Themen werden ebenfalls vorwiegend tonal, nämlich durch den Quartsprung V–I, beantwortet (Ausnahme mit realer B.: J. S. Bach, Brandenburgisches Konzert Nr 2 F dur, BWV 1047, 3. Satz):

J. S. Bach, Fuge C moll, BWV 537.

Die zweite Erscheinung der tonalen B., der Abstandwechsel, besteht aus dem Übergang von der Quint-(5) in die Quart-(4)B. mit dem Ziel, die Haupttonart zurückzugewinnen; diese Weise der B. ist den modulierenden Themen vorbehalten (Beispiel eines solchen in ausnahmsweise realer B. und daher mit Modulation in die Doppeldominante: J. S. Bach, *Wohltemperiertes Klavier* I, Fuge E moll, BWV 855). Der Abstandwechsel wird im Comes an möglichst verdeckter Stelle vorgenommen, damit die charakteristischen Züge des Themas erhalten bleiben:

J. S. Bach, Magnificat D dur, *Sicut locutus est*, BWV 243.

Beide Erscheinungen der tonalen B., der Quintton-Grundton-Austausch und der Abstandwechsel, können gemeinsam auftreten:

J. S. Bach, *Der Herr hat Guts an uns getan*, aus der Kantate BWV 119.

Tonale und reale B. können in ein und derselben Exposition miteinander wechseln:

Ebenda (3. und 4. Themeneinsatz).

Weitere kompositorische Möglichkeiten ergeben sich, wenn die B. in Engführung, Umkehrung, Augmentation oder Diminution erfolgt (J. S. Bach, *Wohltemperiertes Klavier* II, Fuge Cis dur, BWV 872, und Contrapunctus 5, 6 und 7 aus der *Kunst der Fuge*, BWV 1080). – Die Vorgeschichte der B. geht bis zur Entstehung des Intervallkanons zurück (frühe Belege bei Landini, Ciconia, Dufay und H. de Lantins). Ramos de Pareja (1482) bezeichnet die → Fuga (Kanon, aber auch schon Imitation) in der Quarte, Quinte und Oktave als »beste Art der Komposition« (*modus organizandi optimus*). Vicentino (1555) bevorzugt ausdrücklich die Quarte und die Quinte als Abstandsintervalle, weil Einklang und Oktave zu wenig Verschiedenheit (*varietà*) bieten. Er zeigt zugleich als erster, allerdings nur bei der Umkehrung, das Verfahren, welches später tonale B. heißt und das trotz seiner Verwendung seit dem 16. Jh. (auch in Zarlinos Beispielen) theoretisch erst von J. G. Walther (1708) unter dem Einfluß der Seconda pratica begründet wird. Die reale B. bewahrt die Tonbedeutungen, die tonale dient der Einhaltung des tonartlichen Modus, der sich aus Quintraum und Quartraum zusammensetzt und je nach deren Lage authentisch oder plagal ist. Mit der Fuge entwickelte sich im 17./18. Jh. aus dem modalen ein harmonischer Sinn der B., der durch die Tonikabindung des Dux und durch den Tonika-Dominant-Wechsel zwischen den Themagestalten gekennzeichnet ist und zum Rückgang der zuvor sehr verbreiteten Quart-B. führte. In der Fuge des 20. Jh. werden die tonalharmonischen Merkmale der B. oft bewußt verschleiert oder haben unter dem Einfluß neuer Tonordnungen ihre Berechtigung verloren.

Lit.: B. RAMOS DE PAREJA, Musica practica, hrsg. v. J. Wolf, = BIMG I, 2, Lpz. 1901; N. VICENTINO, L'antica musica ridotta alla moderna prattica (1555), Faks. hrsg. v. E. E. Lowinsky, = DMI I, 17, 1959; G. ZARLINO, Istitutioni harmoniche, Venedig ³1573, ⁴1593, Neudruck Rochester 1954, Teil III übers. u. mit Kommentar hrsg. v. G. A. Marco, Chicago 1956; Die Kompositionslehre H. Schützens in d. Fassung seines Schülers Chr. Bernhard, hrsg. v. J. MÜLLER-BLATTAU, Lpz. 1926, Kassel ²1963; J. G. WALTHER, Praecepta d. Mus. Composition, hs. Weimar 1708, hrsg. v. P. Benary, = Jenaer Beitr. zur Musikforschung II, Lpz. 1955; M. ZULAUF, Zur Frage d. Quint-B. bei J. S. Bach, ZfMw VI, 1923/24; FR. REUTER, Die B. d. Fugen-Themas (Wohltemperiertes Klavier), Lpz. 1929; E. P. SCHWARZ, Die Fugen-B. vor Bach, Diss. Wien 1932; H. FEDERHOFER, Tonale u. reale B. bei J. S. Bach in: Beitr. zur mus. Gestaltanalyse, Graz u. Wien 1950; A. FORNEROD, Traité de la réponse, SMZ CII, 1962; K. H. HOLLER, G. M. Bononcinis »Musico prattico« in seiner Bedeutung f. d. mus. Satzlehre d. 17. Jh., = Slg mw. Abh. XLIV, Straßburg u. Baden-Baden 1963; C. DAHLHAUS, Chr. Bernhard u. d. Theorie d. modalen Imitation, AfMw XXI, 1964. KJS

Bearbeitung ist im Sinne des modernen Urheberrechts jede Veränderung eines Werkes, die darauf abzielt, das Originalwerk einem bestimmten Zweck anzupassen. An der Bearb. entsteht ein eigenes Urheberrecht, wenn sie eine individuelle Leistung ist (so meist beim → Arrangement, dem Klavierauszug, der Instrumentation), nicht jedoch, wenn sie rein handwerklich-mechanischer Art ist (z. B. eine Transposition). Ob eine schutzfähige Bearb. vorliegt, ist nicht generell zu entscheiden, z. B. nicht hinsichtlich Neuausgaben älterer Musik mit ausgesetztem Generalbaß. Das Verwertungsrecht einer Bearb. ist vom Urheberrecht an dem Originalwerk abhängig. Nicht eine Bearb. im Sinne des Urheberrechts, sondern eine selbstschöpferische Leistung liegt vor bei einem Werk, das in freier Benutzung eines anderen entstanden ist wie die Haydn-Variationen von Brahms oder die *Méditation sur le 1ᵉʳ Prélude de J. S. Bach* von Gounod. Die Grenzen zwischen freier Benutzung und Bearb. sind fließend. – In der musikwissenschaftlichen Terminologie gilt als Bearb. die Komposition, die als Neugestaltung eines Vorgegebenen entstand, wobei auch für die Neugestaltung (im Gegensatz etwa zur Überarbeitung und Neufassung) die Vorlage nicht als überholt abwertet, jedoch die Motivierungen der Bearb. sehr unterschiedlich sind (Modernisieren, Lernen und Lehren, Huldigen, schöpferisches Experimentieren und Adaptieren). Hier also bezieht sich der Begriff Bearb. gerade auf jene letztgenannten Beispiele, die bei einer urheberrechtlichen Behandlung als Bearb. ausscheiden, da sie nicht bloß als zweckbestimmte Änderungen eines Originalwerks zu definieren sind. Die historisch unterschiedliche Rolle der Bearb. im wissenschaftlichen Sinn ergibt sich aus der verschiedenen Bewertung der Komposition als individuelle Leistung. Trat diese bis ins 18. Jh. gegenüber der mehr handwerklich-lehrbaren und unreflektiert traditionsstarken Art des Schaffens zurück, so daß Komponieren und Bearbeiten weitgehend gleichrangig nebeneinanderstanden, so ließ der frühneuzeitliche Individualismus, vor allem dann die mit dem Geniekult des 18. Jh. verbundene Schätzung des »Originalen«, das Weiterarbeiten am fremden Werk mehr als Nebenform musikalischen Gestaltens erscheinen.

Unter den vielfältigen Möglichkeiten von Bearb. im historisch-wissenschaftlichen Sinn sind mehrere Hauptarten zu unterscheiden, die zugleich geschichtliche Traditionszusammenhänge bezeichnen: 1) die kompositorische Bearb. einer vorgegebenen melodischen Substanz (C. f., Soggetto, Thema, Choral, Lied). Sie setzt mit den Anfängen der von liturgischen Melodien ausgehenden Mehrstimmigkeit ein und bleibt als → Choralbearbeitung zunächst der geistlichen Vokalmusik verbunden. Mit der Übernahme der Polyphonie in den weltlichen Bereich (→ Motette) findet sie auch in die Instrumentalmusik Eingang (etwa die *In saeculum*-Stücke des Bamberger Codex). Auf dieser Art von Bearb. beruht der Hauptteil der mehrstimmigen Musik vor 1600, doch blieb sie bis heute als Technik sowohl in der Vokal- als auch in der Instrumentalmusik gebräuchlich. Besondere Arten der Bearb. stellen die Liedsätze und Volkslied-Bearb.en von Haydn, Beethoven, Brahms u. a. dar. – 2) die Bearb. einer mehrstimmigen Komposition im Sinne ihrer adäquaten Erschließung für einen anderen als den ursprünglichen Bereich, wobei der Bearbeiter die vorgegebene Substanz so weit wie möglich zu erhalten sucht. Ihre geschichtlichen Anfänge dürften im Mittelalter in der Übernahme von Vokalkompositionen in die rangmäßig tieferstehende Instrumentalmusik zu suchen sein. Diese Übertragung wird in notierter Form am deutlichsten greifbar in den Intavolierungen, auch mit festgelegter → Kolorierung. Eine Übernahme von ursprünglichen Instrumentalwerken in die Vokalmusik, die über bloße Texterung (→ Kontrafaktur) hinausgeht, ist erst für eine Zeit anzunehmen, in der Vokal- und Instrumentalmusik in ihrem Rang einander angeglichen sind. Dieser Gruppe sind auch neue Instrumentierungen zuzurechnen, die darauf ausgerichtet sind, eine Komposition und ihre Struktur durch veränderten Klang neu zu interpretieren. Beispiele hierzu bieten als Selbst-Bearb.en etwa die Neueinrichtungen eigener Werke bei Bach (z. B. das IV. Brandenburgische Konzert als Klavierkonzert; das Doppelkonzert für 2 V. D moll als Konzert für 2 Kl.) und Beethoven (z. B. die 2. Symphonie als Klaviertrio; das Septett op. 20 als Klaviertrio op. 38; das Klaviertrio C moll op. 1, 3 als Streichquintett op. 104; die Klaviersonate op. 14, 1 E dur zu einem Streichquartett in F dur; das Bläseroktett op. 103 zum Streichquintett op. 4), als Fremd-Bearb.en die Streichtrio- und -quartett-Bearb.en von Fugen aus dem *Wohltemperierten Klavier* durch W. A. Mozart (K.-V. 404a, Echtheit fraglich, und 405) zum Teil mit neuen Präludien und Beethovens Bearb.en der Fuge H moll für Streichquartett und der Fuge B moll für Streichquintett aus dem I. Teil des *Wohltemperierten Klaviers*; → Orchestrationen, die in der ursprünglichen Komposition enthaltene Möglichkeiten klanglich entfalten (Hindemith, *Das Marienleben* op. 27, 1922/23, und die Bearb. von 4 Liedern daraus für S. und Orch., 1939), werden eher dem Bereich der Bearb. zuzurechnen sein als Reduzierungen in der Besetzung, die in der Regel mehr dem → Arrangement zugehören. Ein Eingriff in die Substanz liegt grundsätzlich auch bei Ouvertüren nicht vor, die ursprünglich in den ersten Akt überleiten und zum Zwecke selbständiger Aufführung mit einem »Konzertschluß« versehen wurden, wie Glucks Ouvertüre zu »Iphigenie in Aulis« durch R. Wagner (eine ältere Gestaltung dieses Schlusses wurde W. A. Mozart, K.-V. Anh. 292a zugeschrieben). – 3) die kompositorische Umgestaltung und Neufassung eines Werkes, wobei die Grade des Eingriffs von der bloßen Veränderung oder Zutat einzelner Noten bis zur gänzlichen Neufassung reichen können, die mitunter einer Neukomposition nahekommt. Die frühesten Beispiele solcher Bearb. bieten die verschiedenen Stadien des → Organum der Notre-Dame-Zeit sowie im 13. Jh. das Hinzufügen von Stimmen im → Discantus. In der Musik des 15.–16. Jh. zeigt zu dieser Gruppe von Bearb.en die → Parodie eine gewisse Beziehung. Aus der späteren Zeit sind zu erwähnen: das Konzert *Es steh Gott auf* von Schütz (*Symphoniae sacrae* II) als eine Bearb. zweier Madrigale von Monteverdi und die Bearb.en von Werken Vivaldis, Marcellos, Telemanns und des Herzogs Johann Ernst von Sachsen-Weimar durch J. S. Bach (BWV 592–597, 972–987 und 1065). Werke Bachs wurden von verschiedenen Meistern bearbeitet, so schrieb u. a. Mendelssohn Bartholdy eine Klavierbegleitung zur Chaconne D moll für V. solo, Schumann Klavierbegleitungen zu den Violin- und Violoncello-Solosonaten und -suiten Bachs, Reger arbeitete die 2st. Inventionen zu Trios um, Strawinsky bearbeitete die kanonischen Veränderungen über das Weihnachtslied *Vom Himmel hoch, da komm' ich her*; Grieg versah 4 Klavierwerke Mozarts (K.-V. 189h, 475, 533 und 545) mit frei hinzugefügten Begleitungen eines zweiten Klaviers. Bearb.en von Bühnenwerken sind häufig, so W. A. Mozarts Händel-Bearb.en (*Acis und Galathea*, K.-V. 566; *Alexanderfest*, K.-V. 591; *Caecilienode*, K.-V. 592). Beethovens Festspielmusik zu den *Ruinen von Athen* ist mehrfach für Konzertaufführungen bearbeitet worden, so von Fr. C. Griepenkerl, von R. Strauss und H. v. Hofmannsthal, von H. J. Moser und von J. Urzidil; die Kantate *Der glorreiche Augenblick* (später *Preis der Tonkunst*) als *Europakantate* von R. Pessenlehner und als *Friedenskantate* von H. Scherchen. Die »Nachtwandlerin« von Bellini wurde durch H. W. Henze, der *Boris Godunow* von Mussorgskij durch N. Rimskij-Korsakow wie durch D. Schostakowitsch und Bizets *Carmen* durch E. Guiraud bearbeitet. – Zahlreiche Beispiele für Umarbeitung mit der Absicht der Verbesserung, die an die Stelle der Ausgangsfassung treten soll, bietet das Werk Beethovens, etwa die Umarbeitung der Oper *Leonore–Fidelio*, vor allem mit den verschiedenen Fassungen der Ouvertüre und der Marzellinen-Arie, oder Schumanns Umarbeitung der ursprünglich 2. zur 4. Symphonie D moll, 1851, ebenso die teilweise tiefgreifenden Umarbeitungen Bruckners an seinen Symphonien. – Entgegen dem allgemeinen Sprachgebrauch sind bloße Umstellungen und Kürzungen (Beethoven-Symphonien von L. Stokowski) nicht als Bearb.en anzusprechen. Rekonstruktionen oder Vollendungen von Bruchstücken stehen als Versuche, die ursprüngliche bzw. beabsichtigte Gestalt eines Werkes zu erstellen, im Dienst der Erfüllung des ideellen Kompositionsplans und beabsichtigen keine Neugestaltung (z. B. die Vollendung von Mozarts Requiem K.-V. 626 durch Fr. X. Süßmayr).

Lit.: R. Franz, Offener Brief an E. Hanslick, über Bearb. älterer Tonwerke, Lpz. 1871; W. Voigt, Über d. Originalgestalt v. J. S. Bach's Konzert f. 2 Kl. in C moll (Nr 1), VfMw II, 1886; K. Grunsky, Bachs Bearb. u. Umarbeitungen eigener u. fremder Werke, Bach-Jb. IX, 1912; A. Aber, Studien zu Bachs Kl.-Konzerten, Bach-Jb. X, 1913; W. Altmann, Beethovens Umarbeitung seines Streichtrios op. 3 zu einem Klaviertrio, ZfMw III, 1920/21; A. Orel, Beethovens Oktett op. 103 u. seine Bearb. als Quintett op. 4, ZfMw III, 1920/21; Ders., Original u. Bearb. bei Bruckner, DMK I, 1936; J. Braunstein, Beethovens Leonore-Ouvertüren, = Slg mw. Einzeldarstellungen V, Lzpg 1927; J. Handschin, Zur Frage d. melodischen Paraphrasierung im MA, ZfMw X, 1927/28; J. Mathei, Bearb. u. freie Benutzung im Tonwerkrecht, Diss. Lpz. 1928; A. Landau, Spätromantische Schubert-Ergänzung, ZfMw XI, 1928/29; F. Lederer, Beethovens Bearb. schottischer u. anderer Volkslieder, Diss. Bonn 1934; Fr. Munter, Beethovens Bearb. eigener Werke, Neues Beethoven-Jb. VI, 1935; F. Klose, Zum Thema »Original u. Bearb. bei Bruckner«, DMK I, 1936; M. Auer, R. Pergler u. H. Weisbach, A. Bruckner, Wiss. u. künstlerische Betrachtungen zu d. Originalfassungen, Wien (1937); F. Oeser, Die Klangstruktur d. Bruckner-Symphonie. Eine Studie zur Frage d. Original-Fassungen, Lpz. 1939; G. Troeger, Mussorgskij u. Rimskij-Korsakoff ..., = Breslauer Studien zur Mw. II, Breslau 1941; H. Boettcher, Bachs Kunst d. Bearb., dargestellt am Tripelkonzert a moll, in: Von Deutscher Tonkunst, Fs. P. Raabe, Lpz. 1942; E. Th. A. Armbruster, Erstdruckfassung oder »Originalfassung«?, (Lpz. 1946); H. Engel, Bearb. in alter u. neuer Zeit, Das Musikleben I, 1948; P. Mies, Kritik an Bearb., Deutsche Sängerbundeszeitung XLI, 1952; W. Kolneder, Vivaldi als Bearbeiter eigener Werke, AMl XXIV, 1952; W. Hess, Beethovens Oper Fidelio u. ihre 3 Fassungen, Zürich (1953); Ders., Eine Bach-Bearb. Beethovens, SMZ XCIII, 1953; Ders., Eine Bach- u. Händelbearb. Beethovens, SMZ XCIV, 1954; G. Feder, Bachs Werke in d. Bearb. 1750–1950. 1. Die Vokalwerke, Diss. Kiel 1955, maschr.; Br. Vondenhoff, Die beiden Fassungen d. d-moll-Symphonie R. Schumanns, NZfM CXVII, 1956; R. Craft, Strawinsky komponiert Bach, Melos XXIV, 1957; H. L. Schilling, I. Strawinskys Erweiterung u. Instrumentation d. Canonischen Orgelvariationen »Vom Himmel hoch, da komm ich her« v. J. S. Bach, MuK XXVII, 1957; U. Siegele, Kompositionsweise u. Bearbeitungstechnik in d. Instrumentalmusik J. S. Bachs, Diss. Tübingen 1957, maschr.; E. J. Simon, Sonata into Concerto, AMl XXXI, 1959; A. Holschneider, Händels »Messias« in Mozarts Bearb., Diss. Tübingen 1960, maschr.; Fr. Kaiser, Die authentischen Fassungen d. D-dur-Konzertes op. 61 v. L. van Beethoven, Kgr.-Ber. Kassel 1962.

Beat (bi:t, engl., Schlag), – 1) Bezeichnung für das metrische Fundament des Jazz: ein gleichmäßig durchgehaltenes Schlagen, das nur die geradzahlige Gruppierung von Zähleinheiten erlaubt (two beat, four beat). Der B. beherrscht Metrik und Rhythmik der gesamten musikalischen Negerfolklore der USA, trat deshalb auch schon im frühesten Jazzmusizieren auf und erlangte auf diesem Wege seine zentrale Bedeutung in allen »Stilen« des Jazz. Der vom Schlagzeuger und der Rhythmusgruppe (→ Band) durchgehaltene B. ermöglicht das für den Jazz charakteristische Phänomen des → Off-beat der Melodiegruppe. Durch das gleichzeitige Gegeneinander und durch das Überlagern von B. und Off-beat kommt die für den Jazz typische metrisch-rhythmische Spannung (→ Drive) zustande, deren Ergebnis mit → swing bezeichnet ist. Unterbrochen wird der durchgehaltene B. im Jazz lediglich an entscheidenden Einschnitten, z. B. bei der → Stop time-Technik und beim → Break. Da der B. zu den wesentlichen Merkmalen des Jazz gehört, wird häufig die Qualität einer Band nach dem B. ihres Schlagzeugers bzw. ihrer Rhythmusgruppe beurteilt. – 2) englische Bezeichnung für verschiedene Verzierungen: → Vorschlag von unten, gleichbedeutend mit engl. forefall; → Mordent; ebenso für die übliche Verbindung eines Vorschlags von unten mit einem Mordent; → Anschlag (in J. Callcotts *Musical Grammar*, London 1806).

Bebisation, die von D. Hitzler 1628 in seiner *Newen Musica* veröffentlichte Tonsilbenskala lA Be Ce De mE Fe Ge lA, bei der die chromatischen Töne durch Umwandlung des Vokals e in i (Be, Bi; Ce, Ci usw.) angezeigt werden. Die aus den Tonbuchstaben gebildete B.s-Reihe erlangte jedoch im Gegensatz zu anderen neueren Solmisationssystemen wegen ihrer schlechten stimmbildnerischen Eigenschaften keine nennenswerte Verbreitung.

Be-bop (b'i:-bəp; auch Re-bop, Bop), Bezeichnung für eine seit den 1940er Jahren herrschende Jazzspielweise, in der als im Vordergrund stehendes melodisches Intervall die verminderte Quinte (flatted fifth) angesehen wird. In der Bezeichnung soll durch die bedeutungslosen Silben »be-bop« – angeblich erfunden von Dizzy Gillespie – die Flatted fifth sprachlich nachgeahmt sein. Der Be-b. – vorbereitet in der Swing-Ära durch die Tenorsaxophonisten Coleman Hawkins, Lester Young im Zusammenhang mit dem → Kansas-City-Jazz (Count Basie) – entstand etwa 1941 durch Jam sessions in Harlem, an denen sich vor allem die Musiker Thelonius Monk, Charlie Parker, Dizzy Gillespie, Kenny Clarke beteiligten. Den harmonischen Mitteln nach ist der Be-b. die intellektuell radikalisierte Fortführung des → Swing in Anlehnung an die erweiterte Harmonik der modernen Musik (Einfluß Schönbergs, Strawinskys). Schlagzeuggrundlage des Be-b. ist das dauernd klingend gehaltene Becken mit frei dazwischenfallenden Trommelakzenten (Max Roach). Dazu tritt eine nahezu durchlaufende, häufig die kadenzalen Einschnitte des Harmoniegerüsts überspielende Phrasierung der Melodieinstrumente in Sechzehntelbewegung, meist in kolorierungsartigen Formeln oder abgerissenen Wendungen, wodurch der Be-b. den Charakter einer brillanten, aber auch nervös-hastigen Musizierweise erhält. Im Bereich des Gesangs entsprechen dieser melodischen Phrasierung die Be-b.-vocals (bop-scat, → Scat). Die instrumentalen Soli können im Be-b. an jeder Stelle des → Chorus beginnen oder sich sogar überschneiden. Dadurch ist im Be-b.-Musizieren der zugrunde liegende Chorus, der im Gegensatz zum früheren Jazz nicht mehr vor allem ein bekannter Schlager, sondern sehr häufig auch ein neu komponiertes Thema in Lied- oder Bluesform sein kann, meist nur schwer herauszuhören. Typisch für das Klangbild des Be-b. sind die Ausnutzung der extremsten Instrumentenregister (höchste Lage der Trompete) und die Verwendung des Vibraphons. Die Intonation ist im Gegensatz zur früheren → Hot-Intonation undynamisch, weich, legatohaft, ohne Vibrato. Sie wurde um 1950 zum → Cool-Ideal fortentwickelt. Seit seiner Entstehung führte der Be-b. immer stärker zum modernen experimentellen Jazz, weshalb kleinste Besetzungen bevorzugt werden (typisch: Dizzy Gillespies Quintett). Durch Gillespie wurde der Be-b. jedoch auch in das Big band-Musizieren überführt. Im Zusammenhang mit dem experimentellen Charakter des Be-b. stehen auch die bewußten Rückgriffe auf afrokubanische Rhythmen (→ Afro-Cuban-Jazz) und die neuartige Verwendung des Arrangements auch für kleinere Gruppen (Gil Fuller), wodurch der Be-b. entscheidenden Einfluß auf den → Progressive Jazz gewann. Der Be-b. bildet Ausgangspunkt und Grundlage des gesamten modernen Jazz und erscheint darin selbst in immer neuen Varianten, etwa als Hard bop oder Cool bop.

Lit.: L. FEATHER, Inside B.-b., NY 1949; C. BOHLÄNDER, Jazz – Gesch. u. Rhythmus, = Jazz studio I, Mainz (1960). EWa

Bebung, im Barock häufig verwendete allgemeine Bezeichnung für Vibrato; im besonderen eine nur auf dem Clavichord ausführbare Verzierung, die in einer Verbindung von Schwankungen der Tonhöhe (→ Vibrato) mit solchen der Tonintensität (→ Tremolo) besteht. Die letztgenannte B. kommt durch eine wiegende Vertikalbewegung des Fingers auf der Taste zustande, wobei die Tangente ständig in Berührung mit der Saite bleibt. Sie wurde in allen maßgebenden deutschen Klavierschulen des 18. Jh. beschrieben und vor allem bei einer *langen und affectuösen Note* (C. Ph. E. Bach 1753) sowie *besonders in Tonstücken von traurigem etc. Charakter* (D. G. Türk 1789) mit Erfolg angebracht. Nach Marpurg (1755) *bringet man sie auf wenig Clavichorden erträglich heraus, hingegen kann man sie auf dem hohlfeldischen Bogenflügel auf das vollkommenste ausüben;* auch Türk bestätigt, *daß diese Manier ... nur auf einem sehr guten Klaviere heraus zu bringen ist.* Häufig wurde sie durch das Zeichen (C. Ph. E. Bach) angedeutet, das aber – wie alle Verzierungszeichen im Barock – keineswegs obligatorisch war (Beispiele für dieses Zeichen in C. Ph. E. Bachs Probestücken zum *Versuch*, Sonate IV, Largo maestoso, sowie in der 1. Sammlung für Kenner und Liebhaber, Sonate II, Andante). Nach Marpurg *pflegt man allezeit so viele Puncte über die Note zu setzen, als Bewegungen mit dem Finger gemacht werden sollen.* – Die B. war eines der charakteristischen Merkmale des »seelenvollen« Spiels auf dem Clavichord im Zeitalter der Empfindsamkeit.

bécarre (frz.), unter den → Akzidentien das → Auflösungszeichen ♮, der Bezeichnung und der Gestalt nach entstanden aus dem ♭quadratum (→ B).

Becher (Schallbecher) heißen die → Aufsätze der Zungenpfeifen der Orgel, die meist eine becherförmige Gestalt haben (oben weiter sind); auch das erweiterte Ende der Schallkörper der Holzblasinstrumente (besonders der Klarinetten) wird B. (Schalltrichter) genannt, das der Blechblasinstrumente → Stürze.

Becken (ital. piatti oder cinelli; engl. cymbals; frz. cymbales), Schlaginstrument von unbestimmter Tonhöhe mit grellem, lang anhaltendem Klang, das zumeist aus einem Paar tellerförmiger Metallscheiben (Messinglegierungen, früher auch Bronze) besteht. Die breiten, flachen Ränder sind der klingende Teil, der durchbohrte, konkave Mittelteil, an dem die als Handgriffe dienenden Lederriemen befestigt sind, schwingt nicht mit. Ihren Ursprung haben die B. in einem Kultinstrument der Hochkulturen Asiens (gegeneinandergeschlagene Leerglöckchen, die mit der Zeit flacher wurden), in der Antike waren sie als → Kymbala bekannt. Mittelalterliche Bilddarstellungen zeigen sowohl B., die der heutigen Form ähnlich sind, als auch besonders kleine B., die an Stielen befestigt sind (Gabel-B.). Der erste Beleg für das Wort B. findet sich Anfang des 15. Jh. in Heinrich Wittenwilers Ring (*Über all das bekk erschal*). In die abendländische Kunstmusik gelangte das Instrument durch die → Janitscharenmusik der Militärkapellen im frühen 18. Jh. (N. A. Strungk, *Esther*, 1680; R. Keiser, *Claudius*, 1703; später Gluck, Skythenchor in *Iphigénie en Tauride*, 1779), wie überhaupt die Türken bis in die neueste Zeit Meister in der Herstellung von B. (türkisch zil) waren. Seitdem sind die B. Stamminstrument im Orchesterschlagzeug. Man unterscheidet die etwas tieferen chinesischen (etwa 35 cm ⌀) und die flachen, im Klang besseren türkischen B. (40–50 cm ⌀). Die spieltechnischen Möglichkeiten sind mannigfach: Kräftiges Gegeneinanderschlagen (forte), Aneinander-»Reiben« der Ränder (piano); kurze markierte Schläge erfordern sofortiges Abdämpfen (Anpressen an die Brust). Das hängende B. besteht aus nur einem B.-Teller; es wird entweder frei in der Hand gehalten oder ist auf einem Ständer (auch in Verbindung mit großer Trommel) befestigt; angeschlagen wird es mit den verschiedensten Arten von Schlägeln am Rand. In modernen Partituren wird das B.-Paar durch das Zeichen ╫, das hängende B. durch ⊥ gefordert. Die Neue Musik bedient sich der Klangmöglichkeiten der B. in reichem Maße, ebenfalls der Formen, hier besonders in der Form des → Hi-hat und des hängenden B.s, das anstelle von Schlägeln oft mit dem → Besen geschlagen wird.

Lit.: SACHS Hdb.; C. SACHS, Geist u. Werden d. Musikinstr., Bln 1929; H. KUNITZ, Die Instrumentation, X (Schlaginstr.), Lpz. 1960.

Bedon (bɔdɔ̃, frz.), altfranzösische Bezeichnung für Trommel; b. de Biscaye, s. v. w. tambour de basque (Schellentrommel, Tamburin).

Begabung. Die musikalische B. oder Musikbegabung (»Musikalität«) ist eine Sonderbegabung, die in ihren elementaren Voraussetzungen gleichwohl zum »gesunden«, vollentwickelten Menschen gehört, nur freilich sehr oft nicht geweckt wird. Radikale Unmusikalität (→ Amusie) gilt als pathologisch. Das bloße Nichtsingenkönnen, oft für ein Anzeichen völliger Unmusikalität gehalten, kann auf einem Defekt der Innervation der Kehlkopfmuskulatur beruhen, der weit verbreitet ist. Es gibt produktive Musiker von Rang, die »nicht singen können«, zuweilen sogar wenn sie → Absolutes Gehör besitzen. Letzteres ist kein eindeutiger Gradmesser, auch keine Voraussetzung hoher musikalischer B.; doch ist es eine Übertreibung, daß es auch unmusikalische Absoluthörer geben könne. Ebensowenig steht eine besonders feine Unterschiedsempfindlichkeit für Töne oder ein hoch ausgebildetes Relatives Gehör in einem eindeutigen Zusammenhang mit musikalischer B. Entscheidender ist das musikalische → Gedächtnis und Vorstellungsvermögen, dies besonders beim produktiven Musiker. Von der klanglichen ist die rhythmische Auffassungs- und Gestaltungsfähigkeit zu unterscheiden. Bei der rhythmischen B. hebt sich die metrische B. von der für rhythmische Erfüllung der

Zeitgestalten ab. Nicht nur die musikalische B. überhaupt, sondern auch ihre Faktoren sind weitgehend erbbedingt. Das berühmteste Beispiel für die Vererbung der Musikbegabung ist die Familie Bach. – Bei den Begabungsprüfungen in der pädagogischen Praxis handelt es sich um Tests, in denen die einzelnen Begabungsfaktoren festgestellt werden (Nachklopfen von Rhythmen; Nachsingen oder -pfeifen von Tonfolgen, auch transponiert; Auffinden von Fehlern in bekannten Melodien und dergleichen).

Lit.: TH. BILLROTH, Wer ist mus.?, hrsg. v. E. Hanslick, Bln 1896, ⁴1912; G. RÉVÉSZ, E. Nyiregyházy. Psychologische Analyse eines mus. hervorragenden Kindes, Lpz. 1916; DERS., Einführung in d. Musikpsychologie, Bern 1946; DERS., Die Vererbung d. mus. Anlage, Universitas V, 1950; DERS., Talent u. Genie, Grundzüge einer Begabungspsychologie, Bern 1952; C. E. SEASHORE, The Psychology of Mus. Talent, Boston 1919; J. v. KRIES, Wer ist mus.?, Bln 1926; TH. LAMM, Zur experimentellen Untersuchung d. rhythmischen Veranlagung, Zs. f. Psychologie CXVIII, 1930; A. WELLEK, Typologie d. Musikbegabung im deutschen Volke, München 1939; DERS., Musikpsychologie u. Musikästhetik, Ffm. 1963; H. WING, Tests of Mus. Ability and Appreciation, British Journal of Psychology, Monograph Suppl. XXVIII, 1948; L. KAYSER, Prüfung d. Musikbegabung, Musik im Unterricht (Allgemeine Ausg.) LIII, 1962.
AW

Beggar's Opera (b′egɔz ′ɔpɹɔ, engl.) → Ballad opera.

Begleitung (frz. accompagnement; ital. accompagnamento; engl. accompaniment) ist in der neueren abendländischen Musik alles, was außer den melodieführenden Hauptstimmen erklingt, ihnen untergeordnet ist und dabei ihren metrischen und harmonischen Bau verdeutlicht. Dies leistet bereits eine einfache Akkordunterstützung. Meist aber ist die B. ein Komplex aus Klängen, Rhythmen und verschieden individualisierten Stimmen in wechselnder Anzahl. – Außerhalb der funktionalharmonischen Musik ist es problematisch, einen Teil der Komposition als B. anzusprechen. Nur mit Vorsicht können etwa folgende Arten freier instrumentaler Zutaten der Ausführenden so bezeichnet werden: Verwendung von Schlaginstrumenten zu einfacher Schwerpunktakzentuierung (bei Aufzügen und Tänzen) oder in komplizierten rhythmischen Formeln (wie in der afrikanischen und orientalischen Musik); stereotype Haltetöne oder -intervalle (Dudelsackquinten); Umspielung und Auszierung der Melodie nach Art der → Heterophonie. In der mittelalterlichen Mehrstimmigkeit fehlt eine Qualitätsabstufung der Stimmen im Sinne von Melodie und B. Das gilt sowohl für das Mitgehen von Instrumenten mit den gesungenen Stimmen (wie in der Frühzeit des organalen Gesanges) als auch für die Fälle strenger Parallelführung in → Organum oder → Fauxbourdon; auch im beweglichen Quartenorganum ist die dem Cantus respondierende Stimme durch Gleichrangigkeit charakterisiert; → Diaphonia, → Discantus und Contrapunctus widersprechen schon als Begriffe der Vorstellung begleitender Stimmen. So sind auch die kunstvoll diskantierenden Liedformen des Spätmittelalters nicht so sehr begleiteter Sologesang als vielmehr ein vokal-instrumentaler Verband selbständiger Stimmen. – Eindeutige, als Res facta gestaltete B. ist ein Charakteristikum neuzeitlicher Musik. Sie entstand, indem sich als Harmonie sich auf dem Wege zur dominantischen Tonalität als eigene musikalische Größe konstituierte und als zugleich spezifisch instrumentale und vokale Stimmführungen in der Komposition unterschieden wurden. Ansätze finden sich in den homophonen Liedgestaltungen des frühen 16. Jh., z. B. in der italienischen → Frottola. Die erste vollgültige Ausbildung einer Begleitstruktur brachte jedoch erst der → Generalbaß in seinen verschiedenen Formen und Stadien. Erst seitdem gibt es auch ein Wort (accompagnato), das den musikalischen Tatbestand benennt. Im Generalbaß tritt ein tiefes Melodie- und ein Akkordinstrument, das die harmonische Ausfüllung nach einer andeutenden Bezifferung übernimmt, der führenden Vokal- oder Instrumentalstimme gegenüber. Diese Art der B., Grundlage des solistischen Concerto und der Monodie, wurde zum bestimmenden Stilmerkmal einer musikalischen Epoche. Ihre Anwendung erstreckte sich auf fast alle musikalischen Bereiche. Wichtig wurde z. B. die Orgel-B. des Gemeindegesangs in der Kirche, die B. des Instrumental- oder Gesangssolisten beim Konzertieren sowie die B. des Sängers in der Oper, wo sich die Arten des Seccorezitativs und des → Accompagnato herausbildeten. – Nach dem Ende des Generalbaßzeitalters begann sich in der Instrumentalmusik die Trennung und deutliche Gegenüberstellung von Melodie und B. zunehmend zu verwischen. Stärkere Durchformung und motivische Beteiligung aller Stimmen führte um 1780 in der Kammermusik und Symphonik zu einer Satztechnik, bei der eine in → Durchbrochener Arbeit aufgegliederte Hauptmelodie und das ihr zugeordnete → Obligate Akkompagnement oft nahtlos ineinander übergehen. Im Instrumentalkonzert und in der Oper konnte der neue Orchestersatz als Ganzes der führenden Stimme als B. gegenübertreten. Ein analoger Prozeß führte zu einem neuen, differenzierten Klaviersatz und ermöglichte die neuartige Bedeutung des Klaviers sowohl in der Kammermusik, wo es über die stützende Akkord-B. weit hinausgehend zum führenden und Zusammenhang stiftenden Instrument aufstieg, als auch im Lied. Hier vor allem erhielt die B. einen neuen Sinn; sie wurde zur charakterisierenden Untermalung und – seit Schubert – zu einem Mittel tiefsinniger Ausdeutung des Dichterworts. In der 2. Hälfte des 19. Jh. ist in der Instrumentalmusik ein Stadium stärkster satztechnischer Verflechtung von Solo und Tutti erreicht (Brahms, Klavierkonzerte), in der Oper (Wagner) und im Sololied (H. Wolf) zudem äußerste psychologische und symbolische Ausdrucksfähigkeit der ehemals begleitenden Parts, so daß das Wort B. kaum noch sinnvoll darauf angewendet werden kann. Die Entwicklung setzte sich konsequent fort in einem Teil der neuen und neuesten Musik, dort nämlich, wo das Verhältnis Führung-Unterordnung der Stimmen in die Gleichrangigkeit der musikalischen Elemente übergeht, womit die über 300 Jahre währende Trennung in Melodie und B. aufgehoben wird.

Lit.: BACH Versuch; FR.-J. FÉTIS, Traité de l'accompagnement de la partition, Paris 1829; V. CH. P. DOURLEN, Traité d'accompagnement, Paris 1840; A. A. E. ELWART, Le chanteur-accompagnateur, Paris 1844; FR. A. GEVAERT, Méthode pour l'enseignement du plain-chant et de la manière de l'accompagner, Gent 1856; FR. X. MATHIAS, Hist. Entwicklung d. Choralb., Straßburg 1905; L. LANDSHOFF, Über d. vielst. Accompagnement u. andere Fragen d. Gb.-Spiels, Fs. A. Sandberger, München 1918; K. G. FELLERER, Instr.-B. d. Werke Palestrinas im 18. Jh., Musica Sacra LV, (Regensburg) 1925; FR. TH. ARNOLD, The Art of Accompaniment from a Thorough-Bass, London 1931; L. SÖHNER, Die Gesch. d. b. gregorianischen Chorals in Deutschland, = Veröff. d. Gregorianischen Akad. zu Freiburg i. d. Schweiz XVI, Augsburg 1931; G. MOORE, Singer and Accompanist, London 1953; FR. OBERDÖRFFER, Über d. Gb.-B. zu Kammermusikwerken Bachs u. d. Spätbarock, Mf X, 1957; DERS., Über d. Gb.-B. zu Kammermusikwerken Bachs, Mf XI, 1958; M. BLINDOW, Die Choralb. d. 18. Jh. in d. ev. Kirche Deutschlands, = Kölner Beitr. zur Musikforschung XIII, Regensburg 1957; W. FISCHER, Die »nachschlagende Akkord-B.« bei W. A. Mozart, Mozart-Jb. 1959; C. ECCHER, Accompagnamento Gregoriano, Rom 1960.
PS

Béguine (beg'in, frz.), negroider Tanz aus Martinique und Santa Lucia. Die B., die um 1930 auch in Europa bekannt wurde, ist eine Abart der → Rumba und verläuft in mäßig bewegtem bis raschem Tempo im 2/4-, 4/4- oder 2/2-Takt mit dem Rhythmusschema:

$\frac{4}{4}(\frac{2}{2})$ ♩♩♩♩ ♩♩♩♩ oder ♩♩ ⅞ ♩♩♩♩

Beispielsammlung (engl. anthology; frz. anthologie; ital. antologia), eine Zusammenstellung ausgewählter Noten- oder Schallplattenbeispiele, die den Verlauf der Musikgeschichte im allgemeinen, in einzelnen Ländern, Stilepochen oder die Entwicklung bestimmter Gattungen und Formen aufzeigen. Von diesen B.en zur Musikgeschichte sind im deutschen Sprachbereich zu unterscheiden die musikalischen Anthologien (griech., Blumenlese; lat. florilegium), ältere Sammlungen zumeist zeitgenössischer Komponisten, z. B. E. Bodenschatz' Motettensammelwerk *Florilegium portense* (2 Teile, Leipzig 1618–21), die *Blumenlese* und *Neue Blumenlese* (1782–87) von H. Ph. → Bossler und seine *Musikalische Anthologie* (bis 1799). Der historisch ausgerichteten B. der neueren Zeit verwandt ist schon die 1765 in Paris erschienene 4bändige Chansonsammlung *Anthologie française* von J. → Monnet. An wichtigen allgemeinen B.en sind seit O. Kades Supplement (Leipzig 1882) zu Band III von Ambros' *Geschichte der Musik* und H. Riemanns *Musikgeschichte in Beispielen* (150 Nummern, mit Erläuterungen von A. Schering, Leipzig 1912, ⁴1929) zu nennen: A. Einstein, *B. zur älteren Musikgeschichte* (= Aus Natur und Geisteswelt 439, Leipzig 1917, ⁵1934, englische Ausgabe London 1949 und öfter); J. Wolf, *Sing- und Spielmusik aus älterer Zeit*, herausgegeben als Beispielband zur allgemeinen Musikgeschichte (= Wissenschaft und Bildung 218, Leipzig 1926); A. Della Corte – G. M. Gatti, *Antologia della storia della musica* (2 Bände, Turin 1927–29, ⁴1945); H. Martens, *Musikalische Formen in historischen Reihen* (Spiel- und Singmusik für den Musikunterricht und für das häusliche Musizieren, 20 Hefte, nach Formen getrennt, Berlin 1930–37, 2. Auflage, mit W. Drangmeister und H. Fischer, Wolfenbüttel 1958ff.); A. Schering, *Geschichte der Musik in Beispielen* (350 Tonsätze aus 9 Jahrhunderten, Leipzig 1931, ²1954, englische Ausgabe New York 1954); A. Th. Davison – W. Apel, *Historical Anthology of Music* (2 Bände, Cambridge/Mass. 1947–50, I ²1950); D. Bartha, *A Zenetörténet Antológiája* (»Anthologie der Musikgeschichte«, bis 1750, Budapest 1948); der von K. G. Fellerer herausgegebene b. *Das Musikwerk* (bisher 28 Hefte von 50 geplanten, Köln 1951ff., englisch als *The Anthology of Music*, bisher 20 Hefte). Nationale B.en sind u. a.: die von A. Smijers im Auftrag der Vereeniging voor Nederlandse Muziekgeschiedenis herausgegebene Reihe *Van Ockeghem tot Sweelinck* (Nederlandse Muziekgeschiedenis in voorbeelden, Amsterdam 1939ff., bisher 7 Lieferungen) sowie *Stijlproeven van nederlandse muziek, 1890–1960*, zusammengestellt von E. Reeser, Band I, Amsterdam 1963; S. Lw. Ginsburg, *Istorija russkoj musyki w notnych obrazcach* (»Geschichte der russischen Musik in Notenbeispielen«, 3 Bände, Moskau und Leningrad 1940–52); J. Pohanka, *Dějiny české hudby v příkladech* (»Böhmische Musik in Beispielen«, Prag 1958). (Weitere nationale B.en unter Ausgaben der betreffenden Länderartikel.) – Große Schallplatten-B.en sind: *Anthologie sonore*, begonnen 1934 in Paris und veranstaltet unter Mitarbeit von C. Sachs, F. Agostini, B. Steele und F. Raugel (nach Serien zu je 20 Platten angelegte Sammlung); *Archiv-Produktion* der Deutschen Grammophongesellschaft, begonnen 1949 unter Fr. Hamel, fortgeführt unter H. Hickmann; The *History of Music in Sound* von His Master's Voice, begonnen 1954 unter G. Abraham, als Ergänzung zur *New Oxford History of Music* (London seit 1954).

Belcanto (ital., schöner Gesang), eine erst im 19. Jh. entstandene Bezeichnung für die aus italienischem Musikempfinden erwachsene → Gesangskunst, die sich – ausgehend von dem als *nobile maniera di cantare* von Caccini und Peri um 1600 in Lehre und Praxis begründeten, reich verzierten Sologesang – in enger Wechselwirkung vor allem zwischen weltlicher Kammermusik (Madrigal, Kantate), Oper und Oratorium in Anlehnung an instrumentale Spielpraktiken entwickelte. Der B. war nicht auf Intensität des Ausdrucks und der Deklamation gerichtet; typisch war vielmehr die Beweglichkeit und Ausgeglichenheit der Stimme, die in feinsten Gradationen zu singen vermochte, die Veredelung der Tonbildung und Schönheit des Klanges. – Bereits Zacconi (*Prattica di musica*, 1596) gab eine Anleitung zur Auszierung mehrstimmiger Motetten und Madrigale und wies, wie schon Maffeis *Discorso della voce* (1562), dem ausführenden Sänger eine wichtige Rolle zu. Mit der »melodischen Intensivierung« der Oper, für die Monteverdis *Il ritorno d' Ulisse* (1641) richtungsweisend wurde, entwickelte sich in der → Venezianischen Schule der schlichte und der ausgeschmückte B., der in der → Neapolitanischen Schule zur absoluten Herrschaft des Gesangs führte. Das späte 17. Jh. und besonders das 18. Jh. bildeten den B. zu höchster Virtuosität aus: die Improvisationskunst, *das eigentliche Wesen des alten B.* (Wolff), und die Kehlfertigkeit des → Kastraten und der → Primadonna feierten Triumphe. Die Sänger brillierten in den »Instrument« ihrer vollkommenen Stimme in den (bis zur Verkünstelung in sinnentleerten Wort- und Silbenwiederholungen) ganz auf ihren Bravourgesang angelegten Arien. Die klassischen B.-Methoden, für die als Schulwerk P. Fr. Tosis *Opinioni de' cantori antichi e moderni* (Bologna 1723) grundlegend war, verlangten (in langer, oft 8- bis 10jähriger Ausbildung) die Beherrschung großer Atemtechnik, die Übung des Schwelltones (der → Messa di voce), des Legatos (einem Hauptmerkmal des auch als »gebundener Gesang« bezeichneten B.), der verschiedenen Arten des Vorschlags, der Triller, des Staccatos, Martellatos, Portamentos usw., der Koloraturen und der Kunst der Improvisation, dann erst das Studium der Partituren. An B.-Lehrern des 17. und 18. Jh. ragen hervor: Fr. A. Pistocchi (der um 1700 eine Gesangsschule in Bologna gründete, an der zum ersten Male streng methodisch Gesangsunterricht erteilt wurde und die führend für die 1. Hälfte des 18. Jh. war), A. Bernacchi (nach dessen nicht schriftlich festgelegter Methode noch im 19. Jh. gelehrt wurde), G. Mancini (bedeutend seine *Pensieri e riflessioni pratiche sopra il canto figurato*, 1774) und G. Crescentini (*Raccolta di esercizj per il canto*, 1811). Seit Gluck begann der Sänger seine eigenschöpferische Stellung zu verlieren. Rossini setzte um 1815 der Epoche sängerischer Improvisationskunst ein Ende, indem er selbst die Gesänge bis ins kleinste festlegte. In den Opern Donizettis und Bellinis ist der B. durch eine mit expressiven Zügen bereicherte, zur dramatischen Aktion drängende Melodiebildung gekennzeichnet. Verdi setzte deklamatorische Forderungen durch und erhöhte die individuelle Ausdruckskraft der handelnden Personen, ohne die Sanglichkeit zu vernachlässigen. Mit dem Verismo entfernte sich der italienische Vokalstil immer mehr vom Ideal des B. und gab großer Expressivität und dramatischer Gestaltung Raum. Schon in der französischen Großen Oper hatte sich ein neues Gesangsideal angekündigt, das den alten

»Schön-Gesang« mit einer dramatisch akzentuierten Singweise verband. Die Pädagogik paßte sich den Forderungen nach größerer Stimmstärke usw. an (in Frankreich zuerst M. García, in Deutschland P. Winter) und löste sich allmählich vom B.-Ideal, dem R. Wagner mit dem melodisch-deklamatorischen »Sprechgesang« (wie er zuerst in Tannhäusers Rom-Erzählung vorgebildet ist) ein neues Gesangsideal entgegensetzte.

Lit.: A. M. Pellegrini Celoni, Grammatica, o siano regole di ben cantare, Rom (1810), ²1817; H. Goldschmidt, Die ital. Gesangsmethode im 17. Jh., Breslau 1890, ²1892; M. Kuhn, Die Verzierungs-Kunst in d. Gesangs-Musik d. 16.–17. Jh., = BIMG I, 7, Lpz. 1902; H. Klein, The B., London 1923; V. Ricci, Il b., Mailand ²1923; Fr. Haböck, Die Kastraten u. ihre Gesangskunst, Bln u. Lpz. 1927; E. Ross, Die deutsche u. ital. Gesangsmethode d. 18. Jh., Diss. Königsberg 1927; R. Haas, Die Musik d. Barocks, Bücken Hdb.; H. Arlberg, B., Lpz. 1933; B. Ulrich, Die altital. Gesangsmethode. Die Schule d. B. auf Grund d. Original-Schriften zum ersten Male dargestellt, Lpz. 1933; L. Bocci-Brunacci, Del b., Rom 1934; M. Faller, Die Gesangskoloratur in Rossini's Opern u. ihre Ausführung, Diss. Bln 1935; L. Siotto Pintor, Segreti del B., Mailand 1938; A. Machabey, Le B., Paris 1948; J. Laurens, B. et émission ital., Paris 1950; P. A. Duey, B. in Its Golden Age, NY 1951; R. Maragliano Mori, I Maestri del B., Rom 1953; H. Chr. Wolff, Die Gesangsimprovisation d. Barockzeit, Kgr.-Ber. Bamberg 1953; Ders., Vom Wesen d. alten B., Musik im Unterricht LII, 1961; H.-P. Schmitz, Die Kunst d. Verzierung im 18. Jh., Kassel 1955; E. T. Ferand, Die Improvisation in Beispielen aus 9 Jh. abendländischer Musik, Köln 1956; G. Lauri-Volpi, I misteri della voce umana, Mailand 1957; M. Amstad, Das goldene Zeitalter d. B., SMZ CI, 1961; O. Merlin, Le B., Paris 1961.

Belgien.
Ausg.: → Denkmäler.
Lit.: P. Frédéricq, Onze hist. volksliederen, Gent u. Den Haag 1894; Fl. Van Duyse, Het eenstemmig frans en nederlands wereldlyk lied in de belgische gewesten, Gent 1896; E. Closson, Les chansons populaires des provinces belges, Brüssel 1905, ²1913, ³1920; Ders., La facture des instr. de musique en Belgique, Brüssel 1935; C. Brouwer, Das Volkslied in Deutschland, Frankreich, B. u. Holland, Diss. Groningen 1930; Ch. Van den Borren, Du rôle international de la Belgique dans l'hist. mus., Kgr.-Ber. Lüttich 1930; Ders., Geschiedenis van de muziek in de Nederlanden, 2 Bde, Amsterdam u. Antwerpen 1949–51; Fl. Van der Mueren, Vlaamsche muziek en componisten in de 19. en 20. eeuw, Den Haag 1931; S. Clercx, Les clavecinistes belges et leurs emprunts à l'art de Fr. Couperin et de J.-Ph. Rameau, RM XX, 1939; Dies., Terminologie et réalités, introduction à l'hist. de la musique en Belgique, RBM V, 1951; Dies., La musicologia en Belgique depuis 1945, AMl XXX, 1958; Dies., Complément à la bibliogr. sur la musicologie en Belgique depuis 1945, AMl XXXI, 1959; A. Libiez, Chansons populaires du Hainaut, 4 Bde, Brüssel 1939ff.; K. C. Peters, Het volksche kerstlied in Vlaanderen, Antwerpen 1942; R. Pinon, La nouvelle lyre malmédienne ou la vie en Wallonie malmédienne reflectée dans la chanson folklorique, »Folklore Stavelot-Malmédy« ab Bd. XIII, 1949ff.; J. Stehmann, Hist. de la musique en Belgique, Brüssel 1950; Ch. Leirens, La musique belge, = Art, vie et sciences en Belgique II, Brüssel 1952; R. B. Lenaerts, Contribution à l'hist. de la musique belge de la renaissance, RBM IX, 1955; La musique en Belgique du moyen âge à nos jours, hrsg. v. E. Closson u. Ch. Van den Borren, Brüssel 1956; K. De Schrijver, Levende componisten uit Vlaanderen, 2 Bde, Löwen 1954–55; Ders., Bibliogr. d. belgische toonkunstenaars sedert 1800, Löwen 1958; R. Wangermée, La musique belge contemporaine, Brüssel 1959.

Belgrad.
Lit.: St. Djurić-Klajn, Muzički grad Beograd (»Die Musikstadt B.«), in: Muzika i muzičari (»Musik u. Musiker«), B. 1956.

Bell (engl.) → Glocke, → Stürze der Blasinstrumente.

bémol (frz.), unter den → Akzidentien das Erniedrigungszeichen ♭, der Bezeichnung und der Gestalt nach entstanden aus dem ♭molle oder ♭rotundum (→ B). Im Französischen werden durch den Zusatz bémol zu den Solmisationssilben Tonnamen und Tonartenbezeichnungen angegeben, z. B. si bémol (majeur oder mineur) = B (dur oder moll).

Benedicamus Domino (lat.), eine vermutlich aus der gallikanischen Liturgie in die römische Meßfeier und den Stundengottesdienst übernommene Schluß- bzw. Entlassungsformel, gefolgt von dem Responsum *Deo gratias*. Die seit dem 11. Jh. geltende Ordnung, nach welcher das B. D. im Ausgleich mit dem älteren und zunächst allein gebräuchlichen *Ite missa est* einzusetzen ist, wurde durch den *Novus Codex Rubricarum* von 1960 aufgehoben. Dieser gestattet es nur noch im Abendmahlsamt vom Gründonnerstag und in Messen mit anschließender Prozession (z. B. Fronleichnam). Demgegenüber verwendet das Offizium den B. D.-Gesang in allen Horen. Sein Vortrag erfolgt durch den Zelebranten (Messe), den Diakon (feierliches Hochamt), einen oder mehrere Kantoren (Offizium). – In ihrer melodischen Gestalt sind die B. D.-Weisen – vor allem der Messe – mehrfach den Kyrie-Vertonungen des Ordinarium Missae entnommen, auch lassen sich Schlußmelismen von Responsoria prolixa als Vorlage erkennen. Die Überlieferung der Melodien setzt im 11. Jh. ein. Sie steht in engem Zusammenhang mit den musikgeschichtlich bedeutsamen B. D.-Tropierungen. In der frühen Mehrstimmigkeit gehört die B. D. zu den zentralen Formen. – Die ambrosianische Liturgie verwendet den Entlassungsruf B. D. (mit Responsum *Procedamus in pace*) in allen Messen und in den Gebetsstunden.

Ausg.: El còdex mus. de Las Huelgas III, hrsg. v. H. Anglès, = Bibl. de Catalunya, Publicacions del Departament de música VI, Barcelona 1931; Die 3- u. 4st. Notre-Dame-Organa, hrsg. v. H. Husmann, = PäM XI, Lpz. 1940; Davison-Apel Anth. I, 28.
Lit.: P. Wagner, Einführung in d. Gregorianischen Melodien I u. III, Lpz. ³1911 u. 1921, Neudruck Hildesheim u. Wiesbaden 1962; H. Schmidt, Die 3- u. 4st. Organa, Kassel 1933; J. Handschin, Mg. im Überblick, Luzern (1948), ²1964; A. Geering, Die Organa u. mehrst. Conductus in d. Hss. d. deutschen Sprachgebietes vom 13. bis 16. Jh., = Publikationen d. Schweizerischen Musikforschenden Ges. II, 1, Bern (1952), mit ausführlichen Lit.- u. Quellenangaben; W. Apel, Gregorian Chant, Bloomington (1958); K. v. Fischer, Die Rolle d. Mehrstimmigkeit am Dome v. Siena zu Beginn des 13. Jh., AfMw XVIII, 1961; J. A. Jungmann SJ, Missarum Sollemnia II, Wien, Freiburg i. Br. u. Basel ⁵1962; Fr. Ll. Harrison, B., Conductus, Carol: A Newly-Discovered Source, AMl XXXVII, 1965. KWG

Benedicite omnia opera Domini Domino (lat.), der Gesang der drei Jünglinge im Feuerofen (Dan. 3, 57–88, als Abschluß Vers 56), ein Canticum der römisch-katholischen Liturgie. Es wird in den Laudes des Sonn- und Feiertagsoffiziums verwendet. An den Sonntagen der Advents- und Fastenzeit steht statt dessen Dan. 3, 52–57: *Benedictus es Domine Deus patrum nostrorum*. Dieser letztere Text findet sich auch in der Messe der Quatembersamstage als Antwortgesang nach der 5. Lesung (dort als Hymnus bezeichnet). Er wurde schon in der altspanischen und gallikanischen Liturgie im Anschluß an Schriftlesungen gesungen.

Lit.: P. Wagner, Einführung in d. Gregorianischen Melodien I, Lpz. ³1911, Neudruck Hildesheim u. Wiesbaden 1962; Dictionnaire d'archéologie chrétienne et de liturgie II, Paris 1925.

Benedictus Dominus Deus Israel (lat.), der Gesang des Zacharias (Luc. 1, 68–79), ein Canticum der römisch-katholischen Liturgie. Es bildet den Höhepunkt der Laudes entsprechend dem Magnificat in der Vesper. Wie dieses wird es bei feierlichen Gelegenheiten nach einer eigenen Psalmformel gesungen (→ Psalmtöne).

Benedictus es Domine Deus patrum nostrorum (lat.) → Benedicite omnia opera Domini Domino.

Benedictus qui venit (lat.), der dem Sanctus der Messe angeschlossene Teil in Form eines Lobpreises nach Matth. 21, 9 und Ps. 117, 26. Seine älteste Erwähnung (Caesarius von Arles, † 540) weist nach Gallien, während es für den römischen Gottesdienst im 7. Jh. belegt ist. Im Unterschied zum Missale Romanum, welches bis heute die unmittelbare Aufeinanderfolge von Sanctus und B. qui v. bei der Rezitation durch den Zelebranten vorsieht, wurde der B. qui v.-Gesang - offensichtlich unter dem Einfluß der polyphonen, häufig sehr umfangreichen Sanctusvertonungen (→ Messe) - im Laufe der Zeit verselbständigt und erhielt seinen Platz nach der Wandlung (vgl. die entsprechende Vorschrift im *Caeremoniale episcoporum* von 1600, für den Choral das Dekret Nr 4364 der Ritenkongregation aus dem Jahre 1921, desgl. den Rubrikenteil in der Vatikanischen Ausgabe des Graduale). In der modernen Choralpraxis bleibt die ursprüngliche Zusammengehörigkeit von Sanctus und B. qui v. gewahrt (Instructio der Ritenkongregation vom 3. 9. 1958, Artikel 27d). Hinsichtlich seiner melodischen Struktur ist das einstimmige B. qui v. engstens mit dem → Sanctus verknüpft.

Lit.: P. WAGNER, Einführung in d. Gregorianischen Melodien I u. III, Lpz. ³1911 u. 1921, Neudruck Hildesheim u. Wiesbaden 1962; J. A. JUNGMANN SJ, Missarum Sollemnia II, Wien, Freiburg i. Br. u. Basel ⁵1962.

Berceuse (bɛrsˈøːz, frz., Wiegenlied; engl. lullaby) ging in die Kunstmusik ein durch das Liedschaffen J. Fr. Reichardts: *Wiegenlieder für gute deutsche Mütter* (1798) und erlangte im 19. Jh. besonders durch Instrumentalkompositionen entsprechenden Charakters an Bedeutung. B. überschriebene Instrumentalstücke (vor allem für Klavier) sind im 6/8-Takt komponiert und so von wiegender Bewegung; über einem häufig quasi-ostinaten Baß läuft eine meist schlichte Melodie, die oft in raschere Spielfiguren aufgelöst wird, wie z. B. in der *B.* op. 57 von Fr. Chopin. Außerdem sind zu nennen B. Godards bekannte *B.* op. 100 (der Salonmusik verpflichtet), Liszts B. für Kl., Debussys *B. héroique* für Kl., Ravels *B. sur le nom de Gabriel Fauré* für V. und Kl.; für Orch. *B. élégiaque* op. 42 von Busoni und *B. de l'Oiseau de feu* von Strawinsky.

Bergamasca (auch Bergamasco, Bergamaskertanz), im 16.-17. Jh. volkstümliches Lied aus Bergamo (Norditalien), das schon im 16. Jh. in England bekannt war. Die B. ist geradtaktig und schnell. Mann und Frau bewegen sich im Kreis, jener vorwärts, diese rückwärts, nach Änderung der Melodie erfolgt Umarmung der Partner und ein Drehtanz. Bergamasken mit Text finden sich z. B. in Azzaiolos 3. Buch der *Villotte del Fiore* (1569); diese Sammlung bietet zugleich den ältesten Beleg für die B.:

J.-B. Besard (*Thesaurus harmonicus*, 1603) und S. Scheidt verwandten die Melodie der B. als Vorlage für Variationen; Frescobaldi benutzte sie als Subjekt für eine Canzona mit der Beischrift *Chi questa Bergamasca sonorà, non pocho imparerà* (*Fiori musicali*, 1635). Die Melodie des B.-Tanzes kommt noch vor bei Buxtehude in der Klavierpartita *La capricciosa* und bei J. S. Bach im dem Schlußsatz (Quodlibet) der Goldbergvariationen (1742, BWV 988) mit dem Text *Kraut und Rüben haben mich vertrieben*. Im 19. Jh. hat die B. einen ganz anderen Charakter; sie ist ähnlich der → Tarantella ein 6/8-Tanz (mitunter Prestissimo) mit Betonung des 2. Taktteils. Für Violoncello solo komponierte der aus Bergamo stammende Violoncellist A. Piatti eine B. - Die *Suite bergamasque* von Debussy ist nicht an die Melodie gebunden, sondern durch ländliche Impressionen von Bergamo bestimmt.

Lit.: G. UNGARELLI, Le vecchie danze italiane, = Bibl. nazionale delle tradizioni popolari italiane, Rom 1894; P. NETTL, Die B., ZfMw V, 1922/23; DERS., The Story of Dance Music, NY (1947); M. REIMANN, Zur Entwicklungsgesch. d. Double, Mf VI, 1953.

Bergamo.
Lit.: G. DONATI-PETTENI, L'Istituto mus. G. Donizetti, la Capella mus. di S. Maria Maggiore, il Museo Donizettiano, B. (1928); DERS., Teatro Donizetti, B. 1930; G. ANGELO, B. e la musica, B. 1958; C. TRAINI, Organari bergamaschi, B. 1958.

Bergerette, (bɛrʒərˈɛt, frz., von berger, Schäfer), - 1) eine dem Virelai ähnliche Form der französischen Lyrik des 15. Jh. mit nur einer Stanze. - 2) ein der Basse danse verwandter Tanz des 16. Jh. in schnellem Tripeltakt:

B. *Dont vient cela* (Susato, *Het derde musikboexken*, 1551).

Im 18. Jh. ist die B. in Frankreich eine lyrische Dichtung mit pastoralem oder erotischem Thema, die auch gesungen wird.
Ausg. u. Lit.: Der Kopenhagener Chansonnier, hrsg. v. KN. JEPPESEN, Kopenhagen u. Lpz. 1927; Harmonice Musices Odhecaton A, hrsg. v. H. HEWITT, Cambridge (Mass.) 1942, ²1946; R. W. WINKLER u. G. S. MCPEEK, The B. Form in the Laborde Chansonnier, JAMS VII, 1954.

Bergreihen (Bergkreyen, Bergrei[g]en; von Berg, erzreicher Boden, und Reigen), bergmännische Lieder des 16. bis 18. Jh., zumeist aus dem sächsischen Erzgebirge. Sie finden sich sowohl mit weltlichen als auch mit geistlichen Texten, wobei Kontrafakturen häufig sind. Der früheste Druck ist von W. Meierpeck *Etliche hübsche B.* (Zwickau 1531, ohne Melodien). J. Walter bringt in der letzten (5.) Auflage seines *Geistlichen Gesangbüchleins* (1551) 4 Sätze mit dem Vermerk *Auf B.weis* (*Vater unser im Himmelreich*, 4st.; *Christ ist erstanden*, 3st.; *Jesus Christus unser Heiland*, 3st.; *Vom Himmel hoch*, 3st.; zudem komponierte er *Einen schönen geistlichen und christlichen B. Herzlich tut mich erfreuen* (1552, 2st.). Auch die gedruckten B. von E. Rotenbucher (1551) sind zweistimmig. Die Satzarten der mehrstimmigen B. entsprechen denen der frühen deutschen Tenor-Lieder, oft mit vorausgehender Intonation der Melodie (so noch bei M. Franck 1602). Die Zeilenschlüsse tragen Fermaten und bringen improvisierte meistersangliche »Blumen« im Diskant. Der Satz *Christ ist erstanden* führt die Melodie in langen Werten als C. f. im

Tenor und die beiden Außenstimmen vorwiegend in Duodezimenparallelen. Die Bezeichnung B. wurde im frühen 18. Jh. durch »Bergmannslied« ersetzt.

Ausg.: O. Schade, B., ein Liederbuch d. 16. Jh., Weimar 1854; J. Meier, B., ein Liederbuch d. 16. Jh. nach d. 4 ältesten Drucken v. 1531, 1533, 1536 u. 1537 (ohne Melodien), hrsg. in Braunes Neudrucke deutscher Literaturwerke XCIX/C, Halle 1892; M. Franck, Mus. B., in welchen allweg d. T. zuvorderst intoniert, in contrapuncto colorato auf 4 St. gesetzt (Nürnberg 1602), = Chw. XXXVIII, 1936.

Lit.: R. Bäumer, Untersuchungen über d. B. v. 1531/33/36/ 37, Diss. Lpz. 1895; K. Hennig, Die geistliche Kontrafaktur im Jh. d. Reformation, Halle 1909; W. Gurlitt, J. Walter u. d. Musik d. Reformationszeit, Luther-Jb. XV, München 1933; G. Heilfurth, Das erzgebirgische Bergmannslied, Schwarzenberg 1936; ders., Das Bergmannslied, Kassel 1954; E. Müller, Mg. v. Freiberg, = Mitt. d. Freiberger Altertumsver. LXVIII, Freiberg i. Sa. 1939; C. Gerhardt, Die Torgauer Walter-Hss., = Mw. Arbeiten IV, Kassel 1949; R. Köhler, Bergmannslieder, Weimar 1958.

Berlin.
Lit.: L. Schneider, Gesch. d. Oper u. d. Königlichen Opernhauses in B., B. 1852; K. v. Ledebur, Tonkünstler-Lexicon B. v. d. ältesten Zeiten bis auf d. Gegenwart, B. 1860/61; W. Langhans, Die Königliche Hochschule f. Musik, Lpz. 1873; A. E. Brachvogel, Gesch. d. Königlichen Theaters zu B., 2 Bde, B. 1877–78; M. Blumner, Gesch. d. B.er Singakad., B. 1891; P. Einbeck, Zur Gesch. d. Königlichen Domchors zu B., B. 1893; G. Thouret, Musik am preußischen Hof im 18. Jh., Hohenzollern-Jb. I, B. u. Lpz. 1897; W. Altmann, Chronik d. B.er Philharmonischen Orch. 1882–1901, Mk I, 1901/02; ders., Zur Gesch. d. Königlichen Preußischen Hofkapelle, Mk III, 1903/04; R. Sternfeld, Chronik d. Philharmonischen Chores, B. 1907; C. Sachs, Mg. d. Stadt B. bis zum Jahre 1800, B. 1908; ders., Musik u. Oper am kurbrandenburgischen Hof, B. 1910; ders., Der B.er Instrumentenbau auf d. Ausstellungen d. Königlichen Preußischen Akad. d. Künste, 1794–1844, ZfIb XXXII, 1912; ders., Slg alter Musikinstr. bei d. Staatl. Hochschule f. Musik, B. 1922; H. Kuhlo, Gesch. d. Zelterschen Liedertafel v. 1809–1909, B. 1909; A. Weissmann, B. als Musikstadt, Gesch. d. Oper u. d. Konzerts 1740–1911, B. u. Lpz. 1911; A. Arnheim, Zur Gesch. d. Liebhaberkonzerte in B. im 18. Jh., Jahresber. d. Ges. zur Pflege altklass. Musik, B. 1912/13; dies., Zur Gesch. d. B.er Musikdrucks u. Musikverlags, ebenda, B. 1913/15; dies., Mitt. zur d. B.er Musikkritik im 18. Jh., ebenda, B. 1915/16; M. Schipke, Gesch. d. Akad. Inst. f. Kirchenmusik in B., B. 1922; W. Klatte u. L. Misch, Das Sternsche Konservatorium d. Musik zu B. 1850–1925, B. 1926; 185 Jahre Staatsoper, Fs. zur Wiedereröffnung d. Opernhauses Unter d. Linden 1928, hrsg. v. J. Kapp, B. 1928; J. Wolf, Zur Gesch. d. Musikabt. d. Staatsbibl., B. 1930; H. Leichtentritt, Das Konservatorium d. Musik Klindworth-Scharwenka, B. 1881–1931, Fs. B. 1931; H. U. Lenz, Der B.er Musikdruck v. seinen Anfängen bis zur Mitte d. 18. Jh., Kassel 1933; M. Seiffert, 100 Jahre Musiksektion d. Preußischen Akad. d. Künste, B. 1933; G. Born, Die Gründung d. B.er Nationaltheaters ..., Diss. Erlangen 1931, Borna bei Lpz. 1934; H. Graf, Das Repertoire d. öffentlichen Opern- u. Singspielbühnen in B. seit d. Jahre 1771, B. 1934; 90 Jahre Erk'scher Männer-Gesangver., 1845–1935, B. 1935; W. Wohlberedt, Verz. d. Grabstätten bekannter u. berühmter Persönlichkeiten in Groß-B. u. Umgebung. Nachweis vieler Musikergräber, B. 1935; G. Droescher, Die vormals Königlichen, jetzt Preußischen Staatstheater B. 1. Jan. 1886 – 31. Dez. 1935, B. 1936; S. Söhngen, Frz. Theater in B. im 19. Jh., Diss. Ffm. 1937, = Schriften d. Ges. f. Theatergesch. XLIX, B. 1937; A. Beutner, Blätter zur Gesch. d. B.er Lehrergesangver. 1887–1937, B. 1937; J. Kapp, Gesch. d. Staatsoper B., B. 1937; ders., 200 Jahre Staatsoper B. im Bild, B. 1942; O. Schrenk, B. u. d. Musik ... 1740–1940, B. 1940; G. Schünemann, Die Singakad. zu B., Regensburg 1941; H. Rensmann, Die Entwicklung u. Bedeutung d. B.er Musikinstrumentenbaugewerbes im Handwerks- u. Industriebetrieb, Diss. jur. B. 1942, maschr.; W. David, Die Org. v. St. Marien zu B. u. andere berühmte B.er Org., = Org.-Monographien LX, Mainz 1949; Chr. Friedrich, Staatsoper B., Ein Streifzug durch d. Vergangenheit, B. 1953; F. v. Lepel, Die Städtische Oper in B.-Charlottenburg ..., B. 1954 u. 1957; W. Virneisel, Die Musikabt. d. Deutsche Staatsbibl., Fontes artis musicae II, 1955; ders., 50 Jahre Deutsche Musikslg, in: Musikhandel VII, 1956; Deutsche Staatsoper B. Zur Wiedereröffnung d. Hauses Unter d. Linden am 4. September 1955, hrsg. v. Intendanz d. Deutschen Staatsoper (W. Otto u. G. Rimkus), B. 1955; H. Fetting, Die Gesch. d. Deutschen Staatsoper, B. 1955; Musikstadt B. zwischen Krieg u. Frieden, 13 Essays über d. B.er Musikleben seit 1945, hrsg. v. H. Kunz, B. u. Wiesbaden 1956; E. König, Das Überbrettl E. v. Wolzogens u. d. B.er Überbrettl-Bewegung, Diss. Kiel 1956, maschr.; L. Richter, Parodieverfahren im B.er Gassenlied, Deutsches Jb. d. Mw. IV (= JbP LI), 1959; R. Elvers, A. M. Schlesinger, R. Lienau 1810–1960. 150 Jahre Musikverlag, B. 1960; ders., Altb.er Musikverleger, B. 1961; E. E. Helm, Music at the Court of Frederick the Great, Oklahoma (1960); Fr. Herzfeld, Die B.er Philharmoniker, = Rembrandt-Reihe XXIII, B. (1960); Deutsche Staatsbibl., Die Musikabt., Sonderdrucke aus: Deutsche Staatsbibl. 1661–1961, = Gesch. u. Gegenwart I, Lpz. 1961; W. Bollert, 50 Jahre Deutsche Oper B., B. 1962; A. Berner, Musikinstr.-Slg B., (1963); H. Kunz, 125 Jahre Bote u. Bock. 1838–1963, B. u. Wiesbaden 1963; W. Siebarth, Fünfviertel Jh. Musikalienhandlung A. Glas im alten u. neuen B., B. 1963; S. Borris, Hochschule f. Musik B., B. 1964.

Berliner Schule oder Norddeutsche Schule ist ein Sammelname für die in der 2. Hälfte des 18. Jh. in Berlin wirkenden Komponisten, die zum großen Teil mit dem Hof Friedrichs des Großen (1740–86) verbunden waren, so an erster Stelle C. Ph. E. Bach* (ab 1767 in Hamburg) und J. J. Quantz, ferner J. G. Graun, C. H. Graun und Fr. Benda, Chr. Nichelmann*, Fr. W. Marpurg, J. Ph. Kirnberger*, J. Fr. Agricola, Chr. Fr. Fasch u. a. Die mit * versehenen Komponisten waren Schüler von J. S. Bach, dessen Andenken hier besonders im Kreis um Kirnberger und die Prinzessin Anna Amalia von Preußen gepflegt wurde. Am bedeutendsten ist die B. Sch. auf dem Gebiet der Instrumentalmusik (Symphonien, Konzerte, Klavier- und Kammermusik) und dem des Liedes. Kennzeichen der norddeutschen Instrumentalmusik sind der kontrapunktisch »gearbeitete«, gebundene, strenge Stil und die »galante«, freie, melodisch gefällige (zärtliche, rührende, empfindsame) Schreibart. Ein Merkmal der Schule ist dabei ihre aufgeklärt rationalistische und in allen Fragen der Musik stark theoretisierende Haltung, aus deren Fesseln sich nur C. Ph. E. Bach in vielen seiner Instrumentalwerke ganz befreien konnte. In dem Spannungs- und Lehrverhältnis zwischen der konservativen B. Sch. und der jugendfrischen süddeutschen (→ Mannheimer) Schule setzt sich der schon das 17. Jh. mitbestimmende Gangunterschied von Nord und Süd in der deutschen Musikgeschichte fort. Beurteilte Chr. F. D. Schubart (*Deutsche Chronik*, 1775) die Berliner Musik als *Schulfuchsereien, Entfernung von der Natur und ängstliches Ringen mit der Kunst*, so verurteilte J. A. Hiller (*Wöchentliche Nachrichten* III, 1769) an den Symphonien von Haydn, Dittersdorf u. a. das *seltsame Gemisch des Ernsthaften und Comischen*. – Die Berliner Liederschule wurde 1753 eröffnet durch die von Chr. G. Krause herausgegebenen 31 *Oden mit Melodien* von Agricola, C. Ph. E. Bach, Fr. Benda, den beiden Graun, Krause, Nichelmann und Telemann nach Texten u. a. von Gleim und Hagedorn. 1756–63 folgte die dreiteilige, von Marpurg redigierte Sammlung *Berlinische Oden und Lieder*, zu deren Komponisten neben den vorgenannten (außer Telemann) noch Marpurg, Kirnberger, Quantz, Sack, Rakemann, Janitsch u. a. gehören. Das Programm, gegen den Stil der Opernarie gerichtet, hieß Volkstümlichkeit, also Einfachheit und Gemeinverständlichkeit, so daß die Lieder, möglichst auch ohne Klavierbegleitung, *von* *jedem Munde ohne Mühe angestimmt werden können* (Krause). Aus der Fülle der Liedsammlungen – genannt seien noch Gellerts *Oden und Lieder* (Leipzig 1759) und die 240 *Lieder der Teutschen* (hrsg. von Krause in 4 Bänden, Berlin 1767/68) – finden sich nur wenige Kompositionen, die das Schlagwort von der »Kunstlosigkeit« nicht mißverstanden und in »Verstand, Witz und Moral« der Texte nicht untergingen. Am bedeutendsten ist auch auf diesem Gebiet C. Ph. E. Bach, besonders durch seine 54 *Geistlichen Oden und Lieder* nach Texten von Gellert (1758, ⁵1784). – Begünstigt durch den echt volksmäßigen Ton von Hillers Leipziger Singspielen (ab 1766) und durch die Erneuerung der Dichtung seitens des Göttinger Hainbundes, Herders und des jungen Goethe führte die Entwicklung zur Zeit von Chr. G. Neefes und Glucks Klopstock-Oden (1776 bzw. 1785/86) und gleichzeitig mit der bedeutenden Schwäbischen Liederschule (Schubart, Rheineck, Zumsteeg u. a.) zu einer »Zweiten Berliner Liederschule«, die den Anschluß an die neuere deutsche Dichtung und Kunstmusik fand. Den Übergang bildeten neben J. André und J. A. P. Schulz, J. Fr. Reichardt, der erste bedeutende Goethekomponist, der mit seinen von 1773 bis 1809 entstandenen fast 700 Liedern in etwa 30 Sammlungen das Lied aus den Fesseln der Schule befreit und *der Tyrannei der Volkstümlichkeit ein Ende machte* (Kretzschmar, S. 295). Doch auch C. Fr. Zelters talentvolles Liedschaffen (von etwa 1790 an) wurzelt mit seiner Eigenart der kleinen strophischen Form noch in den Ideen der B. Sch.

Lit.: C. Mennicke, Hasse u. d. Brüder Graun als Symphoniker, Lpz. 1906; M. Flueler, Die norddeutsche Sinfonie ..., Diss. Bln 1908; H. Hoffmann, Die norddeutsche Triosonate ..., Diss. Kiel 1924; E. Stilz, Die Berliner Klaviersonate zur Zeit Friedrichs d. Großen, Diss. Bln 1930; M. Friedlaender, Das deutsche Lied im 18. Jh., 2 Bde (3 Abt.), Stuttgart 1902, Neudruck Hildesheim 1962; H. Kretzschmar, Gesch. d. Neuen deutschen Liedes I, = Kleine Hdb. d. Mg. nach Gattungen IV, 1, Lpz. 1911. HHE

Bern.
Lit.: A. Streit, Zur Gesch. d. B.ischen Bühnenwesens v. 15. Jh. bis auf unsere Zeit, I/II, B. 1873/74; A. Fluri, Verz. d. Kantoren am B.er Münster, Arch. d. hist. Ver. d. Kantons B. XVII, 1903; ders., Org. u. Organisten in B. vor d. Reformation, B. 1905; ders., Versuch einer Bibliogr. d. bernischen Kirchengesangbücher, Gutenbergmuseum VI, 1920, VII, 1921, VIII, 1922, X, 1924; Fr. Brönnimann, Der Zinkenist u. Musikdirektor J. U. Sultzberger u. d. Pflege d. Musik in B. in d. 2. Hälfte d. 17. Jh., Diss. B. 1920; M. Zulauf, Der Musikunterricht in d. Gesch. d. B.ischen Schulwesens v. 1528–1798. = B.er Veröff. zur Musikforschung III, B. 1934; W. Jerg, B.ische Musikges. 1815–1940, B. 1940; E. Refardt, Rückblick auf d. frühen B.er Tonkünstlerfeste, SMZ XXXVIII, 1948; M. Jenny, Die ev. Kirchenmusik in d. bernischen Landeskirche, Musik u. Gottesdienst IX, 1955; C.-A. Beerli, Quelques aspects des jeux, fêtes et danses à Berne pendant la première moitié du XVIᵉ s., in: Les fêtes de la Renaissance I, hrsg. v. J. Jacquot, Paris 1956.

Berner Übereinkunft ist die Bezeichnung für eine Vereinbarung, die 1886 in Bern zwischen einer Reihe von Staaten unter diesem selbst gewählten Namen geschlossen wurde. Diese Staaten waren: Belgien, Deutschland, Frankreich, Großbritannien, Haiti, Italien, Schweiz, Spanien und Tunis. Die B. Ü. ist ein mehrseitiger völkerrechtlicher Vertrag »zum Schutze von Werken der Literatur und der Kunst« und verbindlich für alle Mitgliedstaaten, die zu diesem Zweck einen Verband gegründet haben und bilden. Sie wurde 1908 in Berlin völlig neu gefaßt. Eine weitere Änderung brachte 1928 die römische Fassung. Die letzte Revision der B. Ü. wurde 1948 in Brüssel durch 35 Verbandsländer vorgenommen. Deutschland hat daran nicht teilgenommen, ist jedoch der Brüsseler Fassung der B. Ü. im Zusammenhang mit der deutschen Urheberrechtsreform vom Jahre 1965 beigetreten. Grundgedanke der B. Ü. ist, daß der Urheber eines Verbandslandes in allen anderen Verbandsländern nach den jeweiligen nationalen Gesetzen wie ein Inländer geschützt wird. Auf die Staatsangehörigkeit des Urhebers kommt es bei bereits erschienenen Werken nicht an; auch dem Urheber eines Nicht-Verbandslandes wird in den Verbandsländern Schutz gewährt, sofern sein Werk erstmalig in einem Verbandsland veröffentlicht wurde. Bei einem nicht erschienenen Werk entscheidet dagegen die Staatsangehörigkeit des Urhebers. Die B. Ü. hat keine Gegenseitigkeit geschaffen. Das bedeutet, daß Länder mit etwa höher entwickeltem Urheberrechtsschutz diesen Schutz auch solchen verbandseigenen Werken gewähren, deren Ursprungsland einen geringeren Schutz einräumt. Dieser Grundsatz der Inländerbehandlung ist in bezug auf die Schutzdauer eingeschränkt: hier kann die im Ursprungsland des Werkes geltende Dauer nicht überschritten werden. Die B. Ü. schreibt jedoch de iure conventionis zwingend für alle Verbandsländer eine Mindestschutzdauer von 50 Jahren nach dem Tode des Urhebers vor. Der besondere Vorteil der Konvention besteht darin, daß durch sie eine allmähliche Annäherung der nationalen Regelungen des Urheberrechts in den Verbandsländern erreicht wird. Der B. Ü. gehören zur Zeit noch nicht an die USA, die UdSSR sowie u. a. einige südamerikanische Staaten. Um dem Rechtsschutzgedanken restlos internationale Geltung zu verschaffen, wurden nach dem 2. Weltkrieg, vor allem durch die UNESCO, neue Verhandlungen in die Wege geleitet, die am 9. 6. 1952 zu einem → Welturheberrechtsabkommen führten, das von den meisten Mitgliedstaaten der B. Ü., darüber hinaus z. B. auch von den USA, nicht aber von der UdSSR, ratifiziert wurde. Die B. Ü. besteht daneben fort und behält ihre Gültigkeit für die Verbandsländer.

Lit.: W. Bappert u. E. Wagner, Internationales Urheberrecht, Kommentar zur revidierten B. Ü. u. zum Welturheberrechtsabkommen, München u. Bln 1956; M. Rintelen, Urheberrecht u. Urhebervertragsrecht, Wien 1958, S. 29ff.; E. Ulmer, Urheber- u. Verlagsrecht, Bln, Göttingen u. Heidelberg ²1960, S. 74ff.

Besen (frz. balai; engl. brush), Schlagwerkzeug, das aus einer Anzahl dünner Stahldrähte besteht, die fächerartig an einem Stiel befestigt sind. Besonders im Jazz wird der B. verwendet. Der Schlag auf ein Trommelfell oder auf das hängende Becken ergibt ein zischendes Geräusch. Der B. ist verwandt mit der → Rute.

Bettlerleier → Drehleier.

Bettleroper → Ballad opera.

Beuron (Benediktinerkloster) bei Sigmaringen, eine der angesehensten musikwissenschaftlichen Arbeitsstätten der Benediktiner, im 11. Jh. für reguliette Augustiner-Chorherren gegründet, 1803 aufgehoben, 1862 als Benediktinerkloster eröffnet, ist besonders berühmt durch seinen liturgischen Chorgesang.

Lit.: H. v. Lassaulx, B. u. d. Kirchenmusik (1863–1913), Straßburger Caecilia 1913; C. Gindele, Die B.er Org., Musik u. Altar III, 1950/51; Fs. zum 100jährigen Bestehen d. Erzabtei St. Martin, B. (1963).

Bezifferung der instrumentalen Baßstimme (bezifferter Baß; frz. basse chiffré) → Generalbaß.

Bibliographie, nach heutiger Auffassung in Deutschland die Lehre und Praxis der Schrifttumsverzeichnung (alphabetisch, chronologisch, topographisch, systematisch, nach Schlagworten), auch ein solches Verzeichnis selbst. Im Ausland, besonders im angelsächsischen Raum, umfaßt der Begriff Bibliogr. darüber hinaus die gesamte Buch- und Bibliothekswissenschaft. Das Erfassen auch der handschriftlichen und nichtliterarischen Quellen in Filmen, Schallplatten und Tonbändern (→ Diskographie) sowie den Bildmaterials (→ Ikonographie) weitete das herkömmliche Aufgabengebiet der Bibliogr. Für die Erschließung all dieser Quellen durch Katalogisierung, maschinelle Datenverarbeitung und (entsprechend dem früheren Catalogue raisonné) Veröffentlichung zusammenfassender Inhaltsangaben wurde in neuerer Zeit die Bezeichnung → Dokumentation eingeführt.

Frühformen der Bibliogr. sind die Meßkataloge der Buchhändlermessen in Frankfurt am Main und Leipzig, zuerst 1564, in regelmäßiger Folge für Leipzig 1594–1860, für Frankfurt 1598–1750. Ausschließlich die Musik berücksichtigende Bibliogr.n gibt es, abgesehen von Lagerverzeichnissen (z. B. G. Willer, Augsburg 1622), erst im 18. Jh. Neben dem gescheiterten Plan Brossards, seinem *Dictionaire de musique* (Paris 1703) einen *Catalogue historique et raisonné* folgen zu lassen, ist vor allem Forkels *Allgemeine Litteratur der Musik* (Leipzig 1792, Nachdruck Hildesheim 1962) zu nennen, die durch Lichtenthal 1826 geringfügig erweitert und ins Italienische übersetzt wurde. Forkel beansprucht, mit seinen 3000 Titeln *alle raisonnirende, oder historisch-kritische Werke* vollständig erfaßt zu haben. Der von ihm gewiesene Weg wird auch beschritten von K. F. Becker (*Systematisch-chronologische Darstellung der Musikliteratur*, Leipzig 1836, Nachtrag 1839; Nachdruck Amsterdam 1964, für 1839–46 fortgeführt von R. Eitner, Leipzig 1885) und noch von A. Aber (*Handbuch der Musikliteratur*, = Kleine Handbücher der Musikgeschichte nach Gattungen XIII, Leipzig 1922). Eine knappe Auswahl der wichtigsten → Denkmäler, → Gesamtausgaben und Musikbücher verzeichnen W. Kahl und W. M. Luther in ihrem *Repertorium der Musikwissenschaft* (Kassel 1953). – Regelmäßige internationale Bibliogr.n des Musikschrifttums, oft auch Zeitschriftenaufsätze erfassend, finden sich u. a. in den → Zeitschriften VfMw (1885–94), JbP (1894–1938, nur Bücher und Dissertationen; → Jahrbücher), ZIMG (1899–1914), MQ (seit 1915), ZfMw (1918–33), AMI (1931–52), Notes (seit 1943), MD (seit 1948), Fontes artis musicae (seit 1954; Noten und Musikbücher), Jb. für Liturgik und Hymnologie (seit 1955). Die 1936–39 erschienene *Bibliogr. des Musikschrifttums* (hrsg. v. K. Taut und G. Karstädt, Leipzig 1936–41) wird seit 1950–51 fortgeführt von W. Schmieder (Frankfurt am Main seit 1953). Für Zeitschriftenaufsätze, vor allem in englischer Sprache, gibt es den monatlich erscheinenden *Music Index* (Detroit seit 1949). Der von der Internationalen Vereinigung der Musikbibliotheken (AIBM) 1954 vorgelegte Plan eines *Musicological Index*, einer mit Inhaltsbericht versehenen regelmäßigen internationalen Bibliogr. der Aufsätze über Musik, ist bisher nicht verwirklicht worden. An Bibliogr.n, die ein Sachgebiet oder einen bestimmten größeren bibliographischen Komplex erschließen, sind zu nennen: R. Schaal, *Das Schrifttum zur musikalischen Lokalgeschichtsforschung*, Kassel (1947); A. H. Heyer, *Historical Sets, Collected Editions and Monuments of Music*, Chicago 1957; H. Hewitt, *Doctoral Dissertations in Musicology* (für USA), Denton (Tex.) 1952, Philadelphia ²1961, Supplemente in: JAMS seit 1962; J. Kunst, *Ethnomusicology*, Den Haag ³1959; M. Briquet, *La musique dans les congrès internationaux* (1835–1939), = Publications de la Soc. française de Musicologie II, 10, Paris 1961; Carl Gregor Herzog zu Mecklenburg, *Bibliogr. einiger Grenzgebiete der Musikwissenschaft*, = Bibliotheca bibliographica aureliana VI, Baden-Baden 1962 (dazu R. Stephan in: NZfM CXXIV, 1963, S. 405f.); Å. Davidsson, *Bibliogr. der musiktheoretischen Drucke des 16. Jh.*, ebenda IX, 1962; R. Schaal, *Verzeichnis deutschsprachiger musikwissenschaftlicher Dissertationen 1861–1960*, = Musikwissenschaftliche Arbeiten XIX, Kassel 1963 (dazu E. Schenk in: Mf XVII, 1964).

Musikalienverzeichnisse (meist auch Musikbücher enthaltend) gibt es – abgesehen von Angaben in den Meßkatalogen – auswahlweise in vereinzelten Fachzeitschriften des 18. Jh. Forkel plante eine Bibliogr. der praktischen Musikdrucke. R. → Eitners *Bibliogr. der Musiksammelwerke des 16. und 17. Jh.* (Berlin 1877, Nachdrucke Vermilion/S. Dak. 1954 und Hildesheim 1963) und sein *Biographisch-bibliographisches Quellen-Lexikon*, das durch Anlage und Inhalt freilich die Grenzen einer Bibliogr. in Richtung der großen → Lexika der Musik überschritt, sowie E. → Vogels *Bibliothek der gedruckten weltlichen Vocalmusik Italiens... 1500–1700* (2 Bde, Berlin 1892, Nachdruck Hildesheim 1962) waren lange Zeit die einzigen bibliographischen Nachschlagewerke für Musikdrucke des 16. und 17. Jh. Seit 1960 erscheint das *Répertoire international des sources musicales* (RISM), das die gesamte handschriftlich und im Druck überlieferte Musik vor 1800 verzeichnen soll. Daneben besitzen gedruckte Kataloge des Musikbestandes großer → Bibliotheken besonderen bibliographischen Wert, zumal der Bibliotheken zentral-nationalen Charakters mit Ablieferungspflicht. Das 34bändige *Universalhandbuch der Musikliteratur*, hrsg. von Fr. Pázdirek und seinem Bruder J. P. Gotthard [Pázdirek] (Wien 1904–10), war ein auf den Buch- und Musikalienhandel seiner Zeit abgestelltes Verzeichnis. – Die fortlaufende Verzeichnung neuerschienener Musikalien (und Musikbücher) in Deutschland nahm ihren Ausgang von K. Fr. Whistlings *Handbuch der musikalischen Literatur* (Leipzig 1817–25, ²1828–39), in 3. Auflage (bis 1844) als (*Hofmeisters*) *Handbuch der musikalischen Literatur* (später: *Musikliteratur*) als Mehrjahresverzeichnis fortgeführt (bis 1940 19 Bde, letzter Bd unvollständig, Leipzig 1852–1943). Daneben erscheint von 1829–1942 in 114 Jahrgängen *Hofmeisters musikalisch-literarischer Monatsbericht*, seit 1943, Jg. CXV, als *Deutsche Musikbibliogr.*, bearbeitet von der Deutschen Bücherei Leipzig, und als deren jährliche Zusammenfassung (bis 1944: *Hofmeisters*) *Jahresverzeichnis der deutschen Musikalien und Musikschriften*, Leipzig ab 1852, seit Jg. XCII, 1943, ebenfalls bearbeitet von der Deutschen Bücherei. Für Österreich informiert die *Oesterreichische Musikbibliogr.*, Jg. I–V, 1949–53; für die Zeit 1945–48 und seit 1953 sind die Musikalien in der *Österreichischen Bibliogr.*, *Gruppe 13*, verzeichnet. Frankreich erfaßt seit 1945/46 seine musikalischen Neuerscheinungen (keine Bücher) in der *Bibliogr. de la France, 1ʳᵉ partie, Supplément C*; vorausgegangen war hier als *Bibliogr. musicale* seit 1875 ein Händlerkatalog, hrsg. von der Commission du Commerce de Musique, ab 1927 unter dem Titel *Table alphabétique et systématique des nouvelles publications musicales*. England besitzt seit 1957 einen *British Catalogue of Music* auf der Grundlage des Materials des Copyright Receipt Office of the British Museum. In der UdSSR erscheint vierteljährlich als Sonderbibliogr. der Unionsbücherkammer *Letopis musykal'noj literatury* (»Chronik d. mus. Lit.«), Moskau seit 1931. In den meisten weiteren, hier nicht aufgeführten Ländern ist der Bibliogr. der Musikalien eine besondere Abteilung in den Nationalbibliogr.n zugeteilt.

Lit.: A. GÖHLER, Die Meßkat. im Dienste d. mus. Geschichtsforschung, SIMG III, 1901/02; DERS., Verz. d. in d. Frankfurter u. Lpz.er Meßkat. d. Jahre 1564 bis 1759 angezeigten Musikalien, Lpz. 1902, Nachdruck Amsterdam 1964; H. SPRINGER, Die jüngsten Fortschritte d. Musikbibliogr., Kgr.-Ber. London 1911; DERS., Wiss. u. produktive Musikbibliogr., Kgr.-Ber. Lpz. 1925; G. SCHULZ, Musikbibliogr. u. Musikbibl., Fs. A. Sandberger, München 1918; K. MEYER, Über Musikbibliogr., in: Mw. Beitr., Fs. J. Wolf, Bln 1929; C. SCHNEIDER, Der Schlagwortkat. d. mw. Lit. auf systematischer Grundlage, ZfMw XIII, 1930/31; G. SCHNEIDER, Einführung in d. Bibliogr., Lpz. 1936; L.-N. MALCLÈS, Les sources du travail bibliogr. II, Bibliogr. spécialisées (Sciences humaines), Genf u. Lille 1952; DIES., Manuel de bibliogr., Paris 1963; W. SCHMIEDER, Musikbibliogr. Probleme, Kgr.-Ber. Bamberg 1953; DERS., Musikbibliogr., AfMw XII, 1955; C. HOPKINSON, The Fundamentals of Music Bibliogr., Fontes artis musicae II, 1955; DERS., Towards a Definition of Certain Terms in Mus. Bibliogr., Hinrichsen's 11th Music Book, 1961; K. DREIMÜLLER, Gedanken u. Anregungen zur mus. Bibliogr. u. Quellenkunde, Kgr.-Ber. Wien 1956; A. VAN HOBOKEN, Probleme d. musikbibliogr. Terminologie, Fontes artis musicae IV, 1957; C. FLEISCHHACK, E. RÜCKERT, B. REICHARDT, Grundriß d. Bibliogr., = Lehrbücher f. d. Nachwuchs an wiss. Bibl. II, Lpz. 1957; G. DRAUDIUS, Verz. deutscher mus. Bücher 1611 u. 1625, Faks. hrsg. v. K. Ameln (Bonn 1957); D. W. KRUMMEL u. J. B. COOVER, Current National Bibliogr., Their Music Coverage, Notes II, 17, 1959/60; Detroit Studies in Music Bibliogr., Detroit 1961ff.; H.-M. PLESSKE, Zur Systematik d. Musikbibliogr. d. Deutschen Bücherei, Fontes artis musicae VIII, 1961; A. WEINMANN, Die Wiener Zeitung als Quelle f. d. Musikbibliogr., Fs. A. van Hoboken, Mainz (1962); R. SCHAAL, G. Willers Musikalien-Lagerkat. v. 1622, Mf XVI, 1963; FR. BLUM, Music Monographs in Series, NY 1964; V. DUCKLES, Music Reference and Research Materials, NY u. London (1964).

Bibliotheken werden hier verstanden als Einrichtungen von primär wissenschaftlicher Bedeutung; ihre Aufgabe ist das Sammeln, Bewahren und katalogmäßige Erfassen auch von Musikalien und Musikschrifttum. Diese Musikbibl. bestehen als selbständige Institutionen oder als Unterabteilungen in einem größeren Rahmen und unterscheiden sich von den auf Leihverkehr ausgerichteten Öffentlichen Musikbibl., deren Ziel die Vermittlung von Notenmaterial und Literatur über Musik an ein breiteres musikinteressiertes Publikum ist. Die in den Bibl. aufbewahrten Bestände sind weitgehend durch die Geschichte der Bibl., so etwa ihre Entstehung aus Kloster-, Kapitel- oder Hofbibl. bedingt. Verlagerungen der Bestände erfolgten vor allem um 1800 mit der Auflösung vieler Kloster- und Kirchenbibl. und führten häufig zu Konzentrationen der Bestände in Staats- und Nationalbibl. Ist allgemein die Anschaffung neuer Musikalien und Literatur dem Ermessen der jeweiligen Bibliotheksdirektoren anheimgestellt, so figurieren doch in den verschiedenen Ländern einzelne Bibl. als zentrale Sammelstätten aller im jeweiligen Lande erschienenen Veröffentlichungen, wobei die Ablieferungspflicht (*Copyright, dépôt légal*) einer bestimmten Anzahl von Exemplaren jedes Druckerzeugnisses gesetzlich geregelt ist. Diese zentralen Bibl. übernehmen auch die Ausarbeitung von nationalen → Bibliographien. Die in Deutschland gedruckten Musikalien werden seit 1906 an die Deutsche Musiksammlung der Deutschen Staatsbibl. Berlin abgeliefert. Zentrale Sammelstelle aller deutschsprachigen Bücher ist seit 1913 die Deutsche Bücherei in Leipzig, seit 1947 auch die Deutsche Bibl. in Frankfurt am Main. Im Ausland werden Pflichtexemplare meist in der Bibl. der Hauptstädte gesammelt (Österreichische Nationalbibl. Wien; Schweizerische Landesbibl. Bern; British Museum London; Bibliothèque Royale Brüssel; Bibliothèque Nationale Paris; Library of Congress Washington usw., jedoch in Italien Biblioteca Nazionale Centrale Florenz). Zur Vereinheitlichung der Arbeitsmethoden und zur Realisierung über den nationalen Rahmen hinausgehender Projekte wurde 1951 die Internationale Vereinigung der Musik-Bibl. (Association Internationale des Bibliothèques Musicales, AIBM) gegründet, die seit 1954 in den *Fontes artis musicae* über ein eigenes Publikationsorgan verfügt. – Die im folgenden aufgeführten Bibl. stellen eine Auswahl dar. Sie erscheinen in alphabetischer Ordnung innerhalb der auch ihrerseits alphabetisch geordneten Länder. Zusätzliche Abkürzungen in diesem Artikel: StB = Staatsbibliothek, StUB = Staats- und Universitätsbibliothek, UB = Universitätsbibliothek. Zusätzliche Auskünfte: → Bibliographie, → Cancionero, → Chorbuch, → Dokumentation, → Quellen.

Belgien.

Allgemeines: Cat. général des mss. des bibl. de Belgique, 5 Bde, Gembloux 1934–39.
ANTWERPEN (Anvers), Bibl. d. Koninklijk Vlaams Muziekconservatorium.
BRÜSSEL (Bruxelles), Bibl. du Conservatoire Royal de Musique. Lit.: A. Wotquenne, Cat. de la Bibl. du Conservatoire Royal de Musique de Br., 4 Bde nebst Annexe I, Br. 1898–1912; J.-G. Prod'homme, Les institutions mus. (Bibl. et arch.) en Belgique et en Hollande, SIMG XV, 1913/14; Ch. Van den Borren, Les fonds de musique ancienne de la Collégiate SS. Michel et Gudule à Br., in: Annuaire du Conservatoire Royal, Br. 1930. – Bibl. Royale de Belgique– Koninklijke Bibl. van België; enthält als Hauptbestand d. Bibl. Fr. J. Fétis. Lit.: Bibl. Royale de Belgique, Cat. de la bibl. de Fr. J. Fétis, Paris 1877; J. Van den Gheyn, Cat. des mss. de la Bibl. Royale de Belgique, 13 Bde, Br. 1901–48; Ch. Van den Borren, Inventaire des mss. de musique polyphonique qui se trouvent en Belgique, AMl V, 1933 – VI, 1934; La réserve précieuse, Fs. Fr. Schauwers, Br. 1961; B. Huys, Cat. des imprimés mus. des XVe, XVIe et XVIIe s., Br. 1965.
GENT (Gand), Centrale Bibl. d. Rijksuniv. Lit.: C. A. Voisin, Bibl. Gandavensis, G. 1839; J. De Saint-Genois, Cat. méthodique et raisonné des mss. de la bibl. de la ville et de l'univ. de G., G. 1849–52 (Auszug in: MfM V, 1873, S. 62f.); P. Bergmans, Une collection de livrets d'opéras..., SIMG XII, 1910/11.
LÜTTICH (Liège), Bibl. du Conservatoire Royal de Musique. Lit.: E. Monseur, Cat. de la Bibl. du Conservatoire Royal de Musique de L., Fonds Terry, 3 Bde, L. 1958–63. – Bibl. de l'Univ.
MONS, Bibl. publique de la ville. Lit.: Cat. des livres imprimés de la bibl. publique de la ville de M., 4 Bde, Brüssel 1852 u. M. 1886–87; P. Faider u. Mme. Faider-Feytmans, Cat. des mss. de la bibl. publique de la ville de M., = Univ. de Gent, Werken uitgegeven door de Faculteit der Wijsbegeerte en Letteren LXV, Gent u. Paris 1931.

Dänemark.

ÅRHUS, Statsbiblioteket. Lit.: K. Fr. Schmidt-Phiseldeck u. H. G. Topsøe Jensen, Musikalier, 2 Bde, [nebst] Tillaegslister I–XIV, = Statsbibl. i. Å, Fagkataloger III, Å. 1926–34; E. Sejr, Statsbibl., Å. 1902–52, Å. 1952.
KOPENHAGEN (København), Det Kongelige Bibl. Lit.: P. Hamburger, Ein hs. Klavierbuch aus d. 1. Hälfte d. 17. Jh., ZfMw XIII, 1930/31; H. Neemann, Lauten- u. Gitarrehss. in K., AMl IV, 1932; Sv. Lunn, Det Kgl. Bibl. danske musikautografer, Sonderdruck aus »Bogens Verden« 1941, K. 1941.

Deutschland.

Allgemeines: Dr. Plamenac, Music Libraries in Eastern Europe, Notes II, 19, 1961/62.
AACHEN, Domarch. Lit.: O. Gatzweiler OFM, Die liturgischen Hss. d. A.er Münsterstiftes, = Liturgiegeschichtliche Quellen u. Forschungen X, Münster i. W. 1926. – AUGSBURG, Staats- u. Stadtbibl. Lit.: H. M. Schletterer, Kat. d. in d. Kreis- u. Stadtbibl., d. städtischen Arch. u. d. Bibl. d. Hist. Ver. zu A. befindlichen Musikwerke, = Beilage zu MfM X, 1878 – XI, 1879.
BAMBERG, Staatl. Bibl. Lit.: Fr. Leitschuh u. H. Fischer, Kat. d. Hss. d. Königlichen Bibl. zu B., 5 Bde, B. u. Lpz. 1887–1912. – BAUTZEN, Stadt- u. Kreisbibl. Lit.: H. Decker, Schatzkammer f. Musikfreunde in d. Musikbibl. d. Stadt- u. Kreisbibl. B., B.er Kulturschau 1960, H. 9. – BERLIN,

Bibliotheken (Deutschland)

Musikabt. d. Deutschen StB (bis 1918 Königliche Bibl., bis 1945 Preußische StB); reiche Autographenslg (Bach, Haydn, Beethoven, Schubert, Mendelssohn, Schumann, Brahms), Teile d. ehemaligen Königlichen Hausbibl. Lit.: G. Thouret, Kat. d. Musikslg auf d. Königlichen Hausbibl. im Schlosse zu Bln, Lpz. 1895; Slg Artaria-Prieger. Lit.: G. Adler, Verz. d. mus. Autographe v. L. van Beethoven ... im Besitz v. A. Artaria in Wien, Wien 1890; A. Artaria, Verz. v. mus. Autographen ... im Besitze v. A. Artaria, Wien 1893; Amalienbibl. Lit.: R. Eitner, Kat. d. Musikalienslg d. Joachimsthalschen Gymnasiums zu Bln, Beilage zu MfM XVI, 1884; E. R. Blechschmidt, Die Amalien-Bibl., Diss. Bln 1963; Thulemeier-Slg. Lit.: R. Jacobs u. R. Eitner, Thematischer Kat. d. v. Thulemeier'schen Musikalien-Slg ..., Beilage zu MfM XXX, 1898–XXXI, 1899; Musikalien d. Erfurter Michaeliskirche. Lit.: E. Noack, Die Bibl. d. Michaeliskirche, AfMw VII, 1925; Lübbenauer Tabulaturen (als Leihgabe). Lit.: L. Schierning, Die Überlieferung d. deutschen Org.-u. Klaviermusik ..., = Schriften d. Landesinst. f. Musikforschung Kiel XII, Kassel 1961; Deutsche Musikslg (seit 1906 als Arch. d. deutschen Musikalienproduktion). Lit.: W. Virneisel, 50 Jahre Deutsche Musikslg, in: Der Musikalienhandel VII, 1956. – Die nach Westdeutschland ausgelagerten Bestände werden v. d. Stiftung Preußischer Kulturbesitz verwaltet u. in Marburg u. Tübingen aufbewahrt; d. nach Schlesien ausgelagerten Teile (darunter d. Meyerbeer-Nachlaß) befinden sich in Breslau. Lit.: W. Altmann, Wichtigere Erwerbungen d. Musikabt. d. Preußischen StB, ZfMw II, 1919/20 u. IX, 1926/27; ders., Die Musikabt. d. Preußischen StB in Bln, ZfMw III, 1920/21; W. Virneisel, Die Musikabt. d. Deutschen StB, Fontes artis musicae II, 1955; P. Kast, Die Bach-Hss. d. Berliner StB, = Tübinger Bach-Studien II/III, Trossingen 1958; K.-H. Köhler, Die Musikabt., in: Deutsche StB 1661–1961 I, Lpz. 1961; ders., Die Erwerbungen d. Mozart-Autographe ..., Mozart-Jb. 1962/63. – Bibl. d. Berlinischen Gymnasiums zum Grauen Kloster; starke Kriegsverluste. Lit.: H. Bellermann, Gymnasial-Programm, Bln 1856. – Bibl. d. Staatl. Hochschule f. Musik; enthält d. Bestände d. ehemaligen Staatl. Akad. f. Schul- u. Kirchenmusik. – Charlottenburger Gymnasium. Lit.: F. Schultz, Der ältere Notenschatz d. Kaiserin-Augusta-Gymnasiums, Charlottenburg 1900. – Sing-Akad.; starke Kriegsverluste. – BEURON, Bibl. d. Erzabtei. Lit.: Fr. W. Riedel, Kat. d. Mss. mit älterer Orgelmusik ..., B. 1960, maschr. – BOCHUM, UB; Nachlaß W. Kahl. – BONN, Beethoven-Arch.; darin d. Slg Bodmer. Lit.: J. Schmidt-Görg, Kat. d. Hss. d. Beethoven-Hauses u. Beethoven-Arch. B., B. 1935; M. Unger, Eine Zürcher Beethovenslg, Neues Beethoven-Jb. V, 1933; ders., Eine Schweizer Beethovenslg, = Schriften d. Corona XXIV, Zürich (1939). – UB. Lit.: Th. Clasen, Die mus. Autographen d. UB B., Fs. J. Schmidt-Görg, B. 1957. – BRANDENBURG, Bibl. d. Katharinenkirche. Lit.: J. Fr. Taeglichsbeck, Die mus. Schätze d. St. Katharinen-Kirche zu Br., Gymnasial-Programm Br. 1857. – BRAUNSCHWEIG, Stadtarch. u. Stadtbibl. Lit.: Fr. Hamel u. A. Rodemann, Unbekannte Musikalien im Br.er Landestheater, Gedenkschrift H. Abert, Halle 1928. – BREMEN, StB. Lit.: J. Peters, Theater, Rundfunk u. Musik in Br., = Bremische Bibliogr. II, Br. 1963. – BRESLAU (Wrocław), UB enthält d. Bestände d. früheren Stadtbibl. Br. u. d. Gymnasialbibl. Brieg sowie d. Reste d. Bibl. Rudolphina (Ritterakad.) Liegnitz. Lit.: E. Bohn, Bibliogr. d. Musik-Druckwerke bis 1700, welche in d. Stadtbibl., d. Bibl. d. Akad. Inst. f. Kirchenmusik u. d. Königlichen UB zu Br. aufbewahrt werden, Bln 1883; ders., Die mus. Hss. d. XVI. u. XVII. Jh. in d. Stadtbibl. zu Br., Br. 1890 (unter d. Hss. starke Kriegsverluste); Fr. Kuhn, Beschreibendes Verz. d. alten Musikalien ... zu Brieg, Beilage MfM XXVIII, 1896–XXIX, 1897; S. W. Dehn u. R. Eitner, Kat. d. in d. Königl. Ritterakad. zu Liegnitz befindlichen gedruckten u. hs. Musikalien ..., MfM I, 1869; E. Pfudel, Die Musik-Hss. d. Königlichen Ritter-Akad. zu Liegnitz, Beilage MfM XVIII, 1886 u. XXI, 1889. – Polska Akad. Nauk, Zakład Narodowy imienia Ossolińskich (Bibl. d. Polnischen Akad. d. Wiss.), verwahrt d. Bestände d. ehemaligen gräflich Ossolińskischen Nationalinst. zu Lemberg.

DANZIG siehe unter Polen (Gdańsk). – DARMSTADT, Hessische Landes- u. Hochschulbibl.; schwere Kriegsverluste; d. Restbestand v. Musikerautographen d. Verlagsarch. Breitkopf & Härtel wurde 1953 übernommen. Lit.: Fr. W. Hitzig, Kat. d. Arch. v. Breitkopf & Härtel, 2 Bde, Lpz. 1925–26; W. Schmieder, Beschreibendes Verz. d. Musikautographen d. Slg Dr. v. H[ase], Auktionskat. 498 d. Firma J. A. Stargardt, Eutin 1951; Ph. A. F. Walther, Die Musikalien d. Großherzoglichen Hofbibl. in D., D. 1874, Nachträge v. Fr. W. E. Roth in: MfM XX, 1888. – Internationales Musikinst., Internationale Musikbibl. Lit.: Kat. (maschr.), D. (1956). – DESSAU, Landesbibl. (Öffentliche wiss. Bibl.). Lit.: A. Seidl, Von d. Musikbibl. d. Hoftheaters, in: Ascania, Ges. Aufsätze, Regensburg 1913. – DETMOLD, Lippische Landesbibl., Musikabt. mit Lortzing-Arch. G. R. Kruse. – DONAUESCHINGEN, Fürstlich Fürstenbergische Hofbibl. Lit.: K. A. Barack, Die Hss. d. Fürstlich Fürstenbergischen Hofbibl. zu D., Tübingen 1865. – DRESDEN, Sächsische Landesbibl.; enthält d. ehemalige Königliche Musikalienslg, d. Musik-Slg v. Schloß Oels (Schlesien) sowie d. Musikalien d. ehemaligen Landes-Fürstenschule Grimma, d. Ratsbibl. Kamenz, d. Ratsbibl. Löbau, d. Stadtkirche in Pirna u. d. Kirchenbibl. zu Schwarzenberg/Sachsen. Lit.: A. Kat. d. Hss. d. Sächsischen Landesbibl., Lpz. 1923, Bd IV (S. 195–250: A. Reichert, Die Originalhss. d. Musikabt.); R. Eitner u. O. Kade, Kat. d. Musik-Slg d. Königlichen öffentlichen Bibl. zu Dr., Beilage zu MfM XXI, 1889–XXII, 1890; H. R. Jung, Die Dr.er Vivaldi-Mss., AfMw XII, 1955; O. Kade, Die mus. Schätze d. Landesschule zu Grimma, Serapeum XVI, 1855; N. M. Petersen, Verz. d. in d. Bibl. d. Königlichen Landesschule zu Grimma vorhandenen Musikalien, Gymnasialprogramm Grimma 1861; Fr. Krummacher, Zur Slg Jacobi d. ehemaligen Fürstenschule Grimma, Mf XVI, 1963; O. Kade, Kat. einer Slg alter Choralbücher ... zu Kamenz, Serapeum XIV, 1853; ders., Die Musikalien d. Stadtkirche zu Pirna, ebenda XVIII, 1857; L. Hoffmann-Erbrecht, Die Chorbücher d. Stadtkirche zu Pirna, AMl XXVII, 1955. – DÜSSELDORF, Landes- u. Stadtbibl.; Mss. v. R. Schumann u. F. Mendelssohn Bartholdy. Lit.: E. Jammers, Die Essener Neumenhss. d. Landes- u. Stadtbibl. D., Ratingen 1952.

ELBING, Bibl. d. Marienkirche (heute in Warschau). – ERFURT, Stadt- u. Hochschulbibl. Lit.: W. Schum, Beschreibendes Verz. d. Amplonianischen Mss.-Slg zu E., Bln 1887; R. Hernried, E.er Notenschätze, Neue Musikzeitung XLVI, 1925; J. Handschin, Erfordensia I, AMl VI, 1934. – ERLANGEN, UB. Lit.: H. Fischer, Die lat. Pergament-(Papier-)Hss., = Kat. d. Hss. d. UB E., Neubearb. I–II, E. 1928–36, dazu E. Lutze, ebenda VI, 1936.

FLENSBURG, Staatl. Gymnasium. Lit.: E. Praetorius, Kat. d. Musikalien-Slg d. Königlichen Gymnasial-Bibl. in Fl., Beilage zum Jahresber. Ostern 1906. – FRANKFURT AM MAIN, Stadt- u. UB, Musikabt.; aus d. ehemaligen Ratsbibl. u. d. v. Rothschild'schen Bibl. entstanden, vermehrt durch Bestände ehemaliger Kloster- u. Kirchenbibl. d. Manskopf'schen Museums f. Musik- u. Theatergesch.; hs. thematischer Kat. d. gesamten Vokalmusik Telemanns. Lit.: C. Israël, Die mus. Schätze d. Gymnasialbibl. u. d. Peterskirche zu Ffm., Gymnasialprogramm Ffm. 1872; C. Valentin, Musikbibliographisches aus Ffm., MfM XXXIII, 1901–XXXIV, 1902; C. Süß, Die Mss. d. protestantischen Kirchenmusik zu Ffm., in: Fs. R. v. Liliencron, Lpz. 1910; ders., Stadtbibl. Ffm. Kirchliche Musikhss. d. 17. u. 18. Jh. Kat., bearb. u. hrsg. von P. Epstein, Bln u. Ffm. 1926; A. Gottron, »Capella Fuldensis«, in: Musicae Sacrae Ministerium, Fs. K. G. Fellerer, = Schriftenreihe d. Allgemeinen Cäcilien-Verbandes V, Köln 1962. – Deutsche Bibl.; sammelt d. gesamte seit 1945 erschienene deutsche Schrifttum einschließlich Liederbücher, aber keine Musikdrucke. – Freies Deutsches Hochstift, Bibl. d. Goethe-Museums. – Musikbibl. P. Hirsch, jetzt London, Brit. Museum. – Autographenslg L. Koch, jetzt Koch-Floersheim in Muzzano-Lugano (Schweiz). – FREIBERG/SACHSEN, Bibl. d. Oberschule Geschwister Scholl. Lit.: O. Kade, Die älteren Musikalien d. Stadt Fr., hrsg. v. R. Kade, = Beilage II zu MfM XX, 1888. – FREIBURG I. BR., UB. Lit.: O. Seifert, Die Choralhss. d. Predigerklosters ..., Diss. Fr. i. Br. 1957, maschr. – Deutsches Volksliedarch. – FULDA, Landesbibl. Lit.: H. Hettenhausen, Die Choralhss. d. F.er Landesbibl., Diss. Marburg 1961.

GÖRLITZ, Städtische Kunstslgen, Abt. Oberlausitzische Bibl. d. Wiss. – GÖTTINGEN, Niedersächsische StUB; be-

Bibliotheken (Deutschland)

sitzt d. Nachlaß v. Fr. Ludwig. Lit.: A. Quantz, Die Musikwerke d. Königlichen UB in G., Beilage zu MfM XV, 1883; Die Hss. in G., 3 Bde, hrsg. v. W. Meyer, = Verz. d. Hss. im preußischen Staate I, 1–3, Bln 1893–94; W. M. Luther, Die nichtliturgischen Musikinkunabeln d. G.er Bibl., in: Libris et Litteris, Fs. H. Tiemann, Hbg 1959. – GOTHA, Landesbibl. Lit.: L. Spohr, Ein Kat. d. Landesbibl. G., G. 1959; (I. Preuss), J. L. Böhner, Kat. d. Landesbibl. G., = Veröff. d. Landesbibl. G. VIII, G. 1960. – GREIFSWALD, UB. – GRIMMA/SACHSEN siehe unter Dresden. – GÜSTROW siehe unter Schwerin.
HALLE/SAALE, Univ.- u. Landesbibl. mit Abt. Hauptbibl. d. Francke'schen Stiftungen. – Bibl. d. Kirchenmusikschule. Lit.: Kirchenmus. Bücherei d. Provinz Sachsen, Werkverz., H. 1936. – Bibl. d. Händel-Hauses; Restbestand aus d. Bibl. Fr. Chrysanders (vgl. Hamburg); Hss. v. S. Scheidt, J. Fr. Reichardt, R. Franz, K. Loewe. – HAMBURG, StUB; besitzt d. Chrysandersche Händel-Bibl. – HANNOVER, Niedersächsische Landesbibl. – Stadtbibl., Musikabt.; besitzt im Kestnerschen Nachlaß eine Musikhss.-Slg. Lit.: Th. W. Werner, Die Musikhss. d. Kestnerschen Nachlasses..., ZfMw I, 1918/19, auch in: Hannoversche Gesch.-Blätter XXII, 1919. – SCHLOSS HARBURG/SCHWABEN, Fürstlich Oettingen-Wallerstein'sche Bibl. (bis 1948 in Maihingen). – HEIDELBERG, UB. Lit.: J. Th. Krug, Quellen u. Forschungen zur oberrheinischen Choralgesch. I, Die Choralhss. d. UB H., H. 1936, Teildruck in: Freiburger Diözesan-Arch., N. F. XXXVIII, 1937. – HEILBRONN, Stadtarch.; verwahrt d. Musikaliensig d. früheren Gymnasialbibl. Lit.: U. Siegele, Die Musikslg d. Stadt H., Kat. mit Beitr. zur Gesch. d. Slg u. zur Quellenkunde d. XVI. Jh., = Veröff. d. Arch. d. Stadt H. XIII, H. 1965. – HELMSTEDT siehe unter Wolfenbüttel.
JENA, UB. Lit.: K.-H. Köhler, Ein Musikalienfund..., Wiss. Zs. d. Fr.-Schiller-Univ. J., Gesellschafts- u. Sprachwiss. Reihe IV, 1954/55.
KARLSRUHE, Badische Landesbibl. Lit.: H. Ehrensberger, Bibl. liturgica ms., K. 1889; A. Holder u. K. Preisendanz, Die Reichenauer Hss., 3 Bde, = Die Hss. d. Großherzoglich Badischen Hof- u. Landesbibl. V–VII, Lpz. 1906–18. – KASSEL, Murhard'sche Bibl. d. Stadt K. u. Landesbibl.; besitzt d. Bestände d. Hofkapelle, Kirchenbibl.en v. K. u. Fulda. Lit.: C. Israël, Uebersichtlicher Kat. d. Musikalien d. ständischen Landesbibl. ..., = Zs. d. Ver. f. hessische Gesch. u. Landeskunde, N. F. Suppl. 7, K. 1881; Die Landesbibl. K. 1580–1930 I, hrsg. v. W. Hopf, Marburg 1930; Die LBK. in ihrer gesch. Entwicklung II, hrsg. v. dems., ebenda; G. Struck, Hss.-Schätze d. LBK., Marburg 1930; J. Knierim, Die Heugel-Hss. d. K.er Landesbibl., Diss. Bln 1943, maschr. mit thematischem Kat.; Chr. Engelbrecht, Die K.er Hofkapelle..., = Mw. Arbeiten XIV, K. 1958. – Deutsches Mg. Arch.; mg. Quellen in Mikrofilmen. Lit.: DMA Kassel, Mitt. u. Kat. d. Filmslg, hrsg. v. H. Heckmann, K. seit 1955. – KIEL. Lit.: Kl. Hortschansky, Kat. d. K.er Musikslgen, = K.er Schriften zur Mw. XIV, Kassel 1963. – KÖLN, Univ.- u. Stadtbibl. Lit.: W. Kahl, Werke d. Niederländer..., Kgr.-Ber. Utrecht 1952; ders., Die alten Musikalien d. K.er Univ.- u. Stadtbibl., Jb. d. K.ischen Gesch.-Ver. XXVIII, 1953; ders., Kat. d. in d. Univ.- u. Stadtbibl. K. vorhandenen Musikdrucke d. 16., 17. u. 18. Jh., = Beitr. zur rheinischen Mg. XXVII, K. 1958; ders., Musikhss. aus d. Nachlaß E. Bückens..., in: Aus d. Welt d. Bibliothekars, Fs. R. Juchhoff, K. 1961. – Erzbischöfliche Diözesan- u. Dom-Bibl. Lit.: G. Göller, Die Leibl'sche Slg, Kat. ..., = Beitr. zur rheinischen Mg. LVII, K. 1964. – Musikhist. Museum W. Heyer (1926 aufgelöst). Lit.: G. Kinsky, Musikhist. Museum v. W. Heyer in Cöln IV, Musik-Autographen, K. 1916; Auktionskat. (v. G. Kinsky): Versteigerung v. Musikbüchern... aus d. Nachlaß A. W. Heyer, 2 Bde, Bln 1926–27. – KÖNIGSBERG, StUB (Schicksal seit 1945 unbekannt). Lit.: J. Müller, Die mus. Schätze d. kgl. u. UB zu K. in Preußen, Bonn 1870; J. M. Müller-Blattau, Die mus. Schätze..., ZfMw VI, 1923/24.
LEIPZIG, Musikbibl. d. Stadt Lpz.; entstanden durch Zusammenlegung d. Städtischen Musik-Slgen u. d. Musikbibl. Peters, enthält d. Slg C. F. Becker. Lit.: E. Vogel, Kat. d. Musikbibl. Peters, Lpz. 1894; R. Schwartz, Kat. d. Musikbibl. Peters. Neu bearb., I, Bücher u. Schriften, Lpz. 1910; C. F. Becker, Alphabetisch u. chronologisch geordnetes Verz. einer Slg v. mus. Schriften, Lpz. ²1843. – Deutsche Bücherei, Musikalienslg (seit 1942); sammelt alle Musikalien-Neuerscheinungen u. -Neudrucke Deutschlands; mus. Schrifttum wird im Gesamtrahmen seit 1913 gesammelt. – UB; verwahrt d. Bibl. d. Nikolai- u. d. Thomaskirche. – Verlags-Arch. Breitkopf & Härtel, im Krieg bis auf d. Autographen zerstört, d. sich heute in Darmstadt befinden. – LIEGNITZ siehe unter Breslau. – LÖBAU/SACHSEN, Ratsbibl.; heute in d. Sächsischen Landesbibl. Dresden. Lit.: MfM IV, 1872, S. 28. – LÜBECK, Bibl. d. Hansestadt L.; enthält d. Dombibl., d. Bibl. d. St.-Petri-Kirche, d. Marienkirche, Ägidienkirche, d. Jakobskirche u. d. Katharineums. Ein großer Teil d. alten Kirchenmusikalien befindet sich seit 1814 in Wien (Bibl. d. Ges. d. Musikfreunde). Lit.: C. Stiehl, Kat. d. Musikslg auf d. Stadt-Bibl. zu L., L. 1893; W. Stahl, Die Musikslg, in: W. Pieth, Büchereien u. Gemeinsinn, L. 1926; ders., Musik-Bücher in d. L.er Stadtbibl., L. 1927; ders., Die Musik-Abt. d. L.er Stadtbibl., = Veröff. d. Stadtbibl. d. Freien u. Hansestadt L. IV, 2, L. 1931; ders., Verz. d. in L. (Stadtbibl.) noch vorhandenen Kirchenmusik aus d. 16., 17., 18. Jh., in: J. Hennings u. W. Stahl, Mg. L. II, Kassel 1952; G. Karstädt, Die Musikabt. (d. Stadtbibl.) nach d. Krieg, L.ische Blätter 1957. – LÜNEBURG, Ratsbücherei. Lit.: Fr. Welter, Kat. d. Musikalien d. Ratsbücherei L., Lippstadt (1950).
MAIHINGEN siehe unter Harburg. – MAINZ, UB. – Stadtbibl. u. Stadtarch. verwahrt Bestände d. alten UB, d. Nachlaß P. Cornelius sowie d. meisten d. an d. Musikverlag B. Schott's Söhne gerichteten Briefe Beethovens. Lit.: G. Stephenson, Zeugnisse..., Der P.-Cornelius-Nachlaß d. Stadtbibl. M., M.er Zs. LIX, 1964. – Bibl. d. Bischöflichen Priesterseminars. – MANNHEIM, Wiss. Stadtbibl.; hat vor d. 2. Weltkrieg d. alte Bibl. d. Nationaltheaters übernommen, d. im Kriege verbrannten. Lit.: Fr. Walther, Arch. u. Bibl. d. Großherzoglichen Hof- u. Nationaltheaters in M. 1779–1839, 2 Bde, Lpz. 1899. – MARBACH/NECKAR, Bibl. d. Schiller-Nationalmuseums, Cotta-Arch. – MARBURG/LAHN, Stiftung Preußischer Kulturbesitz, StB; Bestände d. ehemaligen Preußischen StB Bln u. Reste d. Bibl. d. ehemaligen Preußischen Staatstheater-Generalintendantur. Lit.: Westdeutsche Bibl. (Slgen d. ehemaligen Preußischen StB), Musik aus 8 Jh., Hss. u. Drucke, Kat., M. 1951. – Slg Wagener-Strahl (1913 aufgelöst); Teile in Brüssel (Bibl. du Conservatoire), Nürnberg (Germanisches Nationalmuseum), London (Britisches Museum, Slg Hirsch), Bln bzw. Tübingen (ehemalige Preußische StB) u. Ann Arbor/USA (Univ. of Michigan Library). Lit.: Kat. einer wertvollen Bibl. v. Musikbüchern d. XV. bis XVIII. Jh., Versteigerung... durch C. G. Boerner, Lpz. 1913; Musikbücher aus d. Slg Wagener, Lagerkat. XXVII d. Firma Boerner, Lpz. (1914). – MÜNCHEN, Bayerische StB, Musik-Slg; besitzt d. Musikalien d. Bayerischen Hofkapelle, Restbestände d. Mannheimer Hofkapelle, d. Musikbüchereien d. Nürnberger u. Fuggerbibl.; J. J. Maier, Die mus. Hss. d. K. Hof- u. StB in M. I., Die Hss. bis zum Ende d. XVII. Jh., = Cat. codicum manu scriptorum Bibl. regiae monacensis VIII, 1, M. 1879. – Städtische Musikbibl. – UB. – Bibl. d. Theatermuseums, Clara-Ziegler-Stiftung. Lit.: R. Schaal, Die vor 1801 gedruckten Libretti d. Theatermuseums M., Mf X, 1957 – XIV, 1961. – MÜNSTER, Santini-Bibl. – Bischöflichen Stuhles. Lit.: K. G. Fellerer, Verz. d. kirchenmus. Werke d. Santini'schen Slg, KmJb XXXVI, 1931 – XXXIII, 1939; J. Killing, Kirchenmus. Schätze d. Bibl. d. Abbate F. Santini, Düsseldorf (1911); R. Ewerhart, Die Bischöflichen Santini-Bibl., M. 1962.
NÜRNBERG, Bibl. d. Germanischen National-Museums. – Stadtbibl.; Kompositionen d. N.er Stadtmusici; xerographische Reproduktion d. 1894 nach München (StB) verbrachten Noten d. N.er Ratsmusik. Lit.: H. Zirnbauer, Der Notenbestand d. Reichsstädtisch N.ischen Ratsmusik, = Veröff. d. Stadtbibl. N. I, N. 1959. – Bibl. beim Landeskirchlichen Arch. Lit.: H. Botstiber, Eine unbekannte mus. Slg, SIMG I, 1899/1900.
PIRNA siehe unter Dresden.
REGENSBURG, Fürstlich Thurn u. Taxis'sche Hofbibl. – Proske'sche Musikbibl., Bischöfliche Privatbibl. Lit.: K. Weinmann, Die Proske'sche Musikbibl. in R., Fs. R. v. Liliencron, Lpz. 1910, auch in: KmJb XXIV, 1911; Br. Stäblein, Choralhss. d. R.er Bibl., in: Caecilienver.-Organ LXIII, 1932; W. Brennecke, Die Hs. A. R. 940/41 d. Proske-Bibl. zu R., = Schriften d. Landesinst. f. Musikforschung

Bibliotheken (Deutschland)

Kiel I, Kassel 1953; P. Mohr, Die Hs. B 211–215 d. Proske-Bibl. zu R., ebenda VII, Kassel 1955. – Staatl. Bibl. (Kreisbibl.). Lit.: T. Trenkle, Die Kreisbibl. in R., in: Beitr. zur bayerischen Kirchengesch. XXXII, 1925. – RHEDA/WESTF., Schloßbibl. Lit.: J. Domp, Studien zur Gesch. d. Musik an Westfälischen Adelshöfen im XVIII. Jh., = Freiburger Studien zur Mw. I, Regensburg 1934. – ROSTOCK, UB. Lit.: W. Th. Gaethgens, Die alten Musikalien d. UB u. d. Kirchenmusik in Alt-R., = Beitr. zur Gesch. d. Stadt R. XXII, R. 1941; L. Hoffmann-Erbrecht, Das Opus mus. d. J. Praetorius, AMl XXVIII, 1956.
SAALFELD, Thüringisches Heimatmuseum; Kammermusik d. Prinzen Louis Ferdinand v. Preußen. – SCHWABACH B. NÜRNBERG, Kirchenbibl. Lit.: H. Clauß, Die Schw.er Kirchenbibl., München 1921. – SCHWARZENBERG/SACHSEN siehe unter Dresden. – SCHWERIN, Mecklenburgische Landesbibl.; enthält d. Musikalienslg d. Hofkapellen in Ludwigslust u. Schw., Teile d. Musikalienslg d. Landesbibl. Neustrelitz sowie alte Noten aus d. früheren Domschule in Güstrow. Lit.: O. Kade, Die Musikalien-Slg d. Großherzoglich Mecklenburg-Schw.er Fürstenhauses, 2 Bde, Schw. 1893; ders., Der mus. Nachlaß d. Frau Erbgroßherzogin Auguste..., Schw. 1899; Cl. Meyer, Nachtragskat. (hs.), 3 Bde (Drucklegung geplant, Fotokopien in Bln, Deutsche StB u. Lpz., UB); ders., Die Musikalien-Slg d. Mecklenburgischen Landesbibl. im Blickfeld d. Mw., Zentralblatt f. Bibliothekswesen LXVI, 1952. – SONDERSHAUSEN, Kreisbibl.; Musikhss. d. ehemaligen Schloßkirche mit Werken v. Stölzel u. Telemann. – SPEYER, Musikabt. d. Pfälzischen Landesbibl.; Drucke d. Sp.er Verlags Bossler. – STUTTGART, Württembergische Landesbibl.; Noten d. württembergischen Hofkapelle d. 16.–17. Jh., d. Ludwigsburger Hoftheaters, Restbestände d. größtenteils verbrannten u. nicht mehr bestehenden Hofbibl. Lit.: A. Halm, Kat. über d. Musik-Codices d. 16. u. 17. Jh. auf d. Kgl. Landes-Bibl. in St., Beilage zu MfM XXXIV, 1902 – XXXV, 1903; W. Irtenkauf, Die Choralhss. d. Württembergischen Landesbibl. St., 4 Bde, Diss. Tübingen 1953, maschr.; Cl. Gottwald, Die Hss. d. Württembergischen Landesbibl. St. I, 1, = Codices musici I, Wiesbaden 1964.
TRIER, Stadtbibl. Lit.: Beschreibendes Verz. d. Hss. d. Stadtbibl. Tr. IV, Die liturgischen Hss., Tr. 1897; R. Ewerhart, Die Hss. 322/1994..., = Kölner Beitr. zur Musikforschung VII, Regensburg 1955. – Bistumsarch.; Musikalien d. ehemaligen Dommusikschule u. 173 liturgische Hss., teilweise westfälischer Herkunft. – TÜBINGEN, UB mit Depot Berliner Hss. d. Stiftung Preußischer Kulturbesitz. Lit.: A. Bopp, Das Musikleben in d. freien Reichsstadt Biberach, = Veröff. d. Musik-Inst. d. Univ. T. VII, Kassel 1930; W. Virneisel, Musikhss. u. Musikdrucke aus 5 Jh., Beschreibendes Verz., T. 1957. – Musikbibl. d. Konviktes. – Schwäbisches Landesmusikarch. (am mw. Inst. d. Univ. T.); verwahrt rund 3000 Werke vorwiegend d. 18. Jh. aus Klöstern u. Kirchen d. württembergischen Raumes, meist als Dauerleihgaben.
WEIMAR, Thüringische Landesbibl. – Zentralbibl. d. deutschen Klassik. – Stadtbibl. – Bibl. d. Fr.-Liszt-Hochschule f. Musik. – Superintendantur-Bibl. (Ephoralbibl.). – WERNIGERODE, Die ehemalige gräfliche (später fürstliche) Stolbergsche Bibl. wurde 1928 aufgelöst; einen Teil d. Bestände übernahm d. Preußische StB in Bln. Lit.: E. W. Förstemann, Die gräflich Stolbergische Bibl. zu W., Nordhausen 1866; R. Eitner, Die gräfliche (jetzt fürstliche) Stolberg-Wernigeroder Bibl. im Harz, AmZ 1868. – WIESBADEN, Hessische (bis 1963 Nassauische) Landesbibl. Lit.: Fr. W. E. Roth, Musikalisches aus Hss. d. k. Landesbibl. zu W., MfM XX, 1888; G. Zedler, Die Hss. d. Nassauischen Landesbibl. zu W., = Zentralblatt f. Bibliothekswesen, Beiheft LXIII, Lpz. 1931. – SCHLOSS WIESENTHEID/UFR., Musikbibl. d. Grafen v. Schönborn; d. Musikslg v. Schloß Pommersfelden wird in W. mitverwaltet; d. Verz. darüber wird den IV. Bd d. Schönborn-Kat. bilden. – WOLFENBÜTTEL, Herzog August Bibl.; verwahrt d. Bestände d. alten Helmstedter UB. Lit.: E. Vogel, Die Hss. nebst d. älteren Druckwerken d. Musik-Abt. d. Herzoglichen Bibl. zu W., = Die Hss. d. Herzoglichen Bibl. zu W. X, W. 1890.
ZITTAU, Christian-Weise-Bibl. – ZWICKAU, Ratsschulbibl. Lit.: R. Vollhardt, Bibliogr. d. Musikwerke in d. Ratsschulbibl. zu Zw., = Beilage zu MfM XXV, 1893 – XXVII, 1896, auch separat Lpz. 1896. – Robert-Schumann-Haus.

Finnland.
ÅBO (Turku), Sibeliusmuseum. Lit.: O. Andersson, Musikaliska Sällskapet i Å. 1790–1808, = Skrifter utgivna av Svenska Litteratursällskapet i Finnland CCLXXXIII, Helsinki 1940, mit Kat. d. Musik-Slg.
HELSINKI, UB. Lit.: T. Haapanen, Verz. d. ma. Hss.-Fragmente in d. UB zu Helsingfors, 3 Bde, H. 1922–32; ders., Die Neumenfragmente d. UB Helsingfors, Diss. H. 1924.

Frankreich.
ABBEVILLE, Bibl. A. Meyer. Lit.: Fr. Lesure u. N. Bridgman, Collection mus. A. Meyer, A. 1961. – AVIGNON, Bibl. Municipale (Musée Calvet).
BORDEAUX, Bibl. Municipale. Lit.: Cat. des livres composant la bibl. de la ville de B., B. 1830–56, darin: J. Delas, Musique, 1856.
CAMBRAI, Bibl. Municipale. Lit.: Ch. E. H. de Coussemaker, Notice sur les collections mus. des bibl. de C. ..., in: Mémoires de la Soc. d'émulation de C. XVIII, 1843, separat Paris 1843. – CARPENTRAS, Bibl. de la Ville. Lit.: R. Caillet, Cat. de la collection mus. de J.-B. Laurens, C. 1901.
DIEPPE, Bibl. Municipale; Slg Saint-Saëns. Lit.: A. Milet, Cat. du Musée de D., D. 1904. – DIJON, Bibl. Municipale. Lit.: Th. Nisard, Rapport sur les ouvrages des bibl. de Sens et de D. relatifs à la musique, in: Arch. des missions scientifiques et littéraires II, 1851.
LILLE, Bibl. Municipale. Lit.: Ch. E. H. de Coussemaker, Notice sur les collections mus. des bibl. de ... L. ..., in: Mémoires de la Soc. d'émulation de Cambrai XVIII, 1843, separat Paris 1843; anon., Cat. des ouvrages sur la musique et les compositions mus. de la bibl. de L., 1875; anon., Cat. de la bibl. de la ville de L., Sciences et Arts, Suppl. II, L. 1879. – LYON, Bibl. Municipale. – Bibl. du Conservatoire. – Eine reiche Musikalienslg im Palais St. Pierre erwähnt G. Becker in: MfM III, 1871, S. 48.
PARIS, Bibl. Nationale, 1. Département de la Musique, 2. Bibl. du Conservatoire National de musique, 3. Bibl. et Musée de l'Opéra. Das Département de la Musique ist mit rund 500000 Musikdrucken, 15000 Musikhss. (darunter Autographe v. Mozart, Beethoven, Berlioz, Bizet, Debussy, Ravel) u. 75000 Bden Fachlit. eine d. größten Musikslgen. Die Bestände d. Conservatoire mit d. Königlichen Kammer- u. Hofkapellmusik, d. Musikalien d. Concert spirituel, d. Slgen Malherbe, Schoelcher u. Blancheton sind seit 1964 mit d. Beständen d. Musikabt. d. Bibl. Nationale vereinigt, unter denen d. Slgen Weckerlin u. Brossard besonders hervorragen. Lit.: J. Ecorcheville, Cat. du fonds de musique ancienne de la Bibl. Nationale, 8 Bde, P. 1910–14; J.-B. Weckerlin, Bibl. du Conservatoire National de musique et de déclamation, Cat. bibliogr. de la réserve, P. 1885; A. Gastoué, Cat. des mss. de musique byzantine de la Bibl. Nationale de P. et des bibl. publiques de France, P. 1907; M. Unger, Die Beethovenhss. d. P.er Konservatoriumsbibl., Neues Beethoven-Jb. VI, 1935; L. de La Laurencie, Inventaire critique du fonds Blancheton de la Bibl. du Conservatoire de musique de P., 2 Bde, = Publications de la Soc. frç. de musicologie II, 2, P. 1930–31; E. Lebeau, Hist. des collections du département de la musique de la Bibl. Nationale. P. 1946; dies., L'entrée de la collection mus. de S. de Brossard à la Bibl. du roi, Rev. de Musicol. XXXII, 1950 – XXXIII, 1951; Bibl. Nationale, Cat. général des mss. lat., P. seit 1939; S. Wallon, Le fonds Coirault..., Rev. de Musicol. XLIX, 1963; s. auch d. Ausstellungs-Kat. v. A. Gastoué, A. Pirro, H. Expert u. H. Prunières, La musique frç. du moyen âge à la révolution, P. 1934. – Die Bibl. de l'Opéra enthält rund 10000 gedruckte Musikwerke u. 2000 Hss., darunter Werke v. Boccherini, Fauré, Gluck, Massenet, Rameau, Saint-Saëns, Spontini. Lit.: Th. de Lajarte, Bibl. mus. du Théâtre de l'Opéra, Cat. hist., chronologique, anecdotique, 2 Bde, P. 1876–78; Ch. Th. Malherbe, Arch. et bibl. de l'Opéra, RM III, 1903. – Bibl. de l'Arsenal. Lit.: L. de La Laurencie u. A. Gastoué, Cat. des livres de musique (ms. et imprimés) de la bibl. de l'Arsenal, = Publications de la Soc. de musicologie II, 7, P. 1936.
ROUEN, Bibl. Municipale; enthält Teile d. Bibl. d. Klosters Jumièges u. d. große Boieldieu-Slg Mme Sanson geb. Boieldieu.
SCHLETTSTADT, Bibl. Humaniste. Lit.: J. Walter, Cat. général de la Bibl. municipale I, 1–3, Colmar 1920–29; P.

Adam, L'humanisme à Sélestat, Schl. 1962. – SOLESMES, Abbaye Saint Pierre. – STRASSBURG, Bibl. Nationale et Universitaire. Lit.: E. Marckwald, F. Mentz u. L. Wilhelm, Kat. d. Kaiserlichen Univ.- u. Landesbibl. zu Str., Kat. d. Elsaß-Lothringischen Abt., Bibl. Nationale et Univ. de Str., Cat. de la section alsacienne et lorraine, 3 Bde, Str. 1908–29; M. Vogeleis, Die Musikschätze d. früheren Str.er Univ.- u. Stadt-Bibl., Jb. d. Elsaß-Lothringischen wiss. Ges. II, 1929. – Bibl. de la cathédrale. Lit.: Fr. X. Mathias, Thematischer Kat. d. im Str.er Münsterarch. aufbewahrten kirchenmus. Werke Fr. X. Richters, Fs. H. Riemann, Lpz. 1909. – Inst. de musicologie; bewahrt d. Slg Jacobsthal. Lit.: Fr. Ludwig, Die älteren Musikwerke d. v. G. Jacobsthal († 1912) begründeten Bibl. d. »Akademischen Gesangver.«, Str. 1913. – Séminaire Catholique. Lit.: J. Victori, Tonwerke d. Bibl., in: J. Gass, Die Bibl. d. Priesterseminars in Str., Str. 1092; ders., in Beilage I zu MfM XXXIV, 1902.

VERSAILLES, Bibl. municipale. Lit.: Delerot u. Taphanel, Cat. des mss. de la Bibl. Municipale de V., Paris 1888.

Großbritannien.

Über die Bibl. Großbritanniens u. ihre Musikbestände informiert d. Artikel Libraries and Collections von Ch. L. Cudworth in Grove. Die Musikdrucke vor 1800 in 104 Bibl. d. United Kingdom verzeichnet der v. O. E. Deutsch angeregte British Union-Cat. of Early Music, hrsg. v. E. B. Schnapper, 2 Bde, London 1957.

CAMBRIDGE, Fitzwilliam Museum. Lit.: J. A. Fuller Maitland u. A. H. Mann, Cat. of the Music in the Fitzwilliam Museum, C., London 1893. – King's College, The Rowe Music Library. Lit.: J. Vlasto, The Rowe Music Library, MR XII, 1951. – Univ. Library; enthält d. Nachlaß Fr. Th. Arnold u. d. Haydn-Slg M. Scott. – Library of Peterhouse (St. Peter's College). Lit.: A. Hughes OSB, Cat. of the Mus. Mss. at Peterhouse, C. 1953.

DUBLIN, National Library of Ireland. – Library of Trinity College. Lit.: T. K. Abbott, Cat. of the Mss. in the Library of Trinity College, D. 1900.

EDINBURGH, National Library of Scotland. Lit.: C. R. Borland, A Descriptive Cat. of the Western Ma. Mss. in E. Univ. Library, E. 1916. – The Reid Music Library. Lit.: H. Gál, Cat. of Mss., Printed Music and Books on Music up to 1850 in the Library of the Music Department of the Univ. of E. (Reid Library), E. 1941; J. M. Allen, Reid Music Library, Univ. of E., Library World LI, 1948. – Central Public Library, Music Room.

GLASGOW, Mitchell Library; Slgen Fr. Kidson u. Moody-Manners. – Univ. Library; enthält d. Slgen Euing. Lit.: Cat. of the Mus. Library of the Late W. Euing, Gl. 1878.

LEEDS, Music Library-Central Public Library; besitzt einen Teil der Slg Kidson. – LONDON, British Museum. The Music Room ist eine Abt. d. Department of Printed Books u. verwahrt als Sonderslgen The Queen's Music Library, die Slg P. Hirsch, Autographen v. Purcell, Bach, Händel, Mozart, Beethoven. Lit.: A. Hughes-Hughes, A Cat. of Ms. Music in the British Museum, 3 Bde, L. 1906–09, I ²1964; W. B. Squire, Cat. of Printed Music in the British Museum, 2 Bde u. Suppl. I, L. 1912, Suppl. II v. W. Chr. Smith, L. 1940; W. B. Squire u. H. Andrews, Cat. of the King's Music Library, 3 Bde, L. 1927–29; K. Meyer u. P. Hirsch, Kat. d. Bibl. P. Hirsch, 4 Bde, Bln u. Ffm. 1928–36, Cambridge 1947; A. H. King u. C. Humphries, Cat. of Printed Music in the British Museum, Music in the Hirsch Library, L. 1951; Cat. of Printed Books in the British Museum, Accessions III, 291B, Books in the Hirsch Library, L. 1959; Short-title Cat. of Books Printed in the German-speaking Countries ... from 1455 to 1600 now in the British Museum, L. 1962; A. H. King, The Music Room of the British Museum 1753–1953, Proc. R. Mus. Ass. LXXIX, 1952/53; ders., The Hist. and Growth of the Cat. in the Music Room of the British Museum, Fs. O. E. Deutsch, Wien 1963. – British Broadcasting Corporation, Music Library. Lit.: BBC Music Library Cat., 9 Bde, L. ab 1965. – Royal College of Music. Lit.: W. B. Squire, Cat. of Printed Music in the Library of the Royal College of Music, L. 1909; ders., Cat. of the Mss. in the Library of the Royal College of Music 1931, hs. – Royal Acad. of Music Library; Autographen v. Purcell, Mendelssohn, Sullivan.

OXFORD, Bodleian Library; besitzt ma. Mss. d. Bibl. d. Music School, d. Musik v. Stationers' Hall (1759) u. Autographen. Lit.: A. Hughes OSB, Medieval Polyphony in the Bodleian Library, O. 1951; Summary Cat. of Western Mss. in the Bodleian Library IV–VI, O. 1897–1924; Cat. Codicum Mss. Bibl. Bodleianae, O. 1853–1900; E. Gaster, Hist. of the Bodleian Library, 1845–1952, O. 1952; A. Rosenthal, Bodleian Library, O., Engl. Music, O. 1955. – Christ Church Library. Lit.: G. E. P. Arkwright, Cat. of Music in the Library of Christ Church, 2 Bde, O. 1915–23; A. Hiff, Cat. of Printed Music Prior to 1801, now in the Library of Christ Church, O. 1919.

TENBURY, St. Michael's College; enthält d. Slgen Ouseley u. Toulouse-Philidor. Lit.: E. H. Fellowes, The Cat. of Mss. in the Library of St. Michael's College, T., Paris 1934.

Israel.

JERUSALEM, The Jewish National and Univ. Library, Department of Music; besitzt d. Nachlässe Idelsohn u. Lachmann u. steht in Verbindung mit d. Jewish Music Research Center, d. als umfassende Slg aller schriftlichen Dokumentation u. mündlichen Überlieferung jüdischer Musik geplant ist.

Italien.

Einem Überblick über d. Musikbestände d. ital. Bibl. dient d. Reihe Cat. generale delle opere mus., teoriche o pratiche, mss. o stampate, di autori vissuti sino ai primi decenni del XIX s., esistenti nelle bibl. e negli arch. d'Italia, hrsg. v. d. Associazione dei Musicologi Ital. (Parma 1911–41, im folgenden als Cat. AMI zitiert), neuerdings d. v. Cl. Sartori geleitete Bibl. musicae (Mailand seit 1962). Unentbehrliche Hilfsmittel bleiben bis zum Erscheinen d. entsprechenden Bde v. RISM: E. Vogel, Bibl. d. gedruckten weltlichen Vocalmusik Italiens aus d. Jahren 1500–1700, 2 Bde, Bln 1892, Nachdruck Hildesheim 1962; dass., bearb. u. neu hrsg. v. A. Einstein in: Notes II, 2, 1944/45 – 5, 1947/48; Cl. Sartori, Bibliogr. della musica strumentale ital., stampata in Italia fino al 1700, = Bibl. di bibliogr. ital. XXIII, Florenz 1952. Weitere Lit.: A. de Lafage, Essais de diphthérographie mus., Paris 1856, Neudruck Amsterdam 1964; Inventori dei mss. delle bibl. d'Italia, begonnen v. A. Sorbelli, Forli seit 1890; A. Smijers, Vijftiende en zestiende eeuwsche muziekhss. in Italie met werken van nld. componisten, TVer XIV, 3, 1935; G. Gabrieli, Notizie statistiche, storiche, bibliogr. delle collezioni di mss. ..., Mailand 1936; L. Tardo, I codici melurgici bizantini nelle bibl. d'Italia, in: Accad. e bibl. d'Italia XII, 1938 – XIII, 1939; W. H. Rubsamen, Music Research in Ital. Libraries, Notes II, 6, 1948/49 – 8, 1950/51, separat Los Angeles 1951; N. Pirrotta, Le bibl. mus. ital., Rass. mus. XXII, 1952; Cl. Sartori, Finalmente svelati i misteri ..., Fontes artis musicae II, 1955 – III, 1956; Kn. Jeppesen, Fonti, in: Italia sacra musica, Musiche corali ital. sconosciute della prima metà del cinquecento, 3 Bde, Kopenhagen (1962).

ASSISI, Bibl. Comunale. Lit.: Cl. Sartori, A., La cappella della Basilica di S. Francesco I, Cat. del fondo mus. nella Bibl. Comunale, = Bibl. musicae I, Mailand 1962.

BOLOGNA, Civico museo bibliogr. mus. (früher Bibl. del Liceo mus., Bibl. mus. G. B. Martini); Slgen Martini, Mattei, Gaspari, Conti Castelli (Libretti), Autographen v. Bellini, Martini, Mozart, Rossini, Verdi, Wagner. Lit.: G. Gaspari u. a., Cat. della Bibl. del Liceo mus. di B. I–IV, B. 1890–1905, Neudruck 1961; U. Sesini, Cat. ... V, Libretti I, B. 1943. – Bibl. dell'Accad. Filarmonica, Examensarbeiten d. Mitglieder. – Arch. mus. della Basilica di S. Petronio. Lit.: A. Bonora, Arch. della R. Accad. Filarmonica, Arch. mus. della Basilica di S. Petronio, = Cat. AMI II, 1913. – Bibl. Universitaria. Lit.: F. Liuzzi, I codici mus. conservati nella R. Bibl. Universitaria di B., La Rinascita Mus. I, 1909/10; L. Frati, Codici mus. della R. Bibl. Universitaria di B., RMI XXIII, 1916.

FLORENZ, Bibl. Nazionale Centrale; enthält d. Bibl. Magliabechi, Palatina, Panciatichi sowie d. Nachlaß V. Galileis. Lit.: B. Becherini, Cat. dei mss. della Bibl. Nazionale di F., Kassel 1959. – Bibl. Mediceo-Laurenziana. – Bibl. del Conservatorio di musica L. Cherubini. Lit.: R. Gandolfi, C. Cordara u. A. Bonaventura, Città di F., Bibl. del R. Conservatorio di musica, = Cat. AMI IV, 1, 1929 (sehr lückenhaft). – Bibl. Marucelliana. – Bibl. Riccardiana.

GENUA, Bibl. Universitaria. Lit.: R. Bresciano, Città di G., R. Bibl. Universitaria, = Cat. AMI VII, o. J. – GROTTAFERRATA, Badia Greca. Lit.: L. Tardo, La musica bizantina

Bibliotheken (Italien)

e i codici di melurgia della Bibl. della Badia di Gr., in: Accad. e bibl. d'Italia IV, 1930/31.
MAILAND. Lit.: M. Donà, La musica nelle bibl. milanesi, Mostra di libri e documenti, Cat., M. 1963. – Bibl. del Conservatorio di musica G. Verdi; umfangreicher Bestand an neueren Hss. u. Drucken, auch d. Mss. d. Cappella di S. Barbara in Mantua (16.Jh.) sowie Musikalien aus d. Univ. Pavia u. aus d. Bibl. Nazionale Braidense. – Bibl. Nazionale Braidense; hier verblieben liturgische Mss., einige seltene Musikdrucke, Musiktheorie d. 16.–18. Jh. u. Libretti. Lit.: M. Donà, Musiche a stampa nella Bibl. Braidense, in: Fontes artis musicae VII, 1960. – Arch. della Ven. Fabbrica del Duomo. Lit.: Cl. Sartori, La cappella mus. del duomo di M., Cat., M. 1957. – Bibl. Ambrosiana. – G. Ricordi & C.; autographe Partituren u. Briefe v. Verdi u. Puccini. – MESSINA, Bibl. Universitaria. Lit.: O. Tiby, I codici mus. italo-greci di M., in: Accad. e bibl. d'Italia XI, 1937. – MODENA, Bibl. Estense. Lit.: P. Lodi, Città di M., = Cat. AMI VIII, o. J.; G. Roncaglia, Le composizioni strumentali di A. Stradella esistenti presso la R. Bibl. Estense, RMI LXIV, 1940; ders., Le composizioni voc. di A. Stradella ..., RMI LXV, 1941. – Duomo. Lit.: A. Dondi, Notizie storiche ed artistiche del duomo di M., 1896. – MONTECASSINO, Badia. Lit.: P. Ferretti OSB, A. Pirro u. E. Dagnino in: Casinensia I, (M.) 1929.
NEAPEL, Bibl. Nazionale Vittorio Emanuele III; d. Theater-Abt. (Bibl. Lucchesi-Palli) besitzt Partituren sowie Libretti vor allem neapolitanischer Opern. – Bibl. del Conservatorio di musica S. Pietro a Maiella; Hss. u. Libretti vor allem d. neapolitanischen Schule, Autographen v. Gesualdo, Bellini, Donizetti. Lit.: G. Gasperini u. Fr. Gallo, Città di N., Bibl. del R. Conservatorio di musica, = Cat. AMI X, 2, 1934. – Bibl. Oratoriana detta dei Gerolamini. Lit.: S. Di Giacomo, Città di N., Oratorio, = Cat. AMI X, 1, 1918; G. Pannain, Prefazione, in: Istituzioni e monumenti dell'arte mus. ital. V, 1934.
PADUA, Bibl. Universitaria. Lit.: G. Tebaldini, L'arch. mus. della cappella Antoniana, P. 1895; A. Capri, G. Tartini, Mailand 1945. – PARMA, Bibl. del Conservatorio di musica A. Boito; verwahrt auch d. Musikbestände d. Bibl. Palatina. Lit.: G. Gasperini u. N. Pelicelli, Città di P., = Cat. AMI I, 1911.
ROM, Bibl. Apostolica Vaticana; Musik-Hss. enthalten vor allem d. Arch. d. Cappella Sistina u. Cappella Giulia, Musiktheorie d. Mss. vat. lat. 5315–5326. Lit.: Fr. X. Haberl, Bibliogr. u. thematischer Musikkat. d. päpstlichen Kapellarch., Beilage I zu MfM XIX, 1887 – XX, 1888, separat als: Bausteine f. Mg. II, Lpz. 1888; H. M. Bannister OSB, Monumenti vaticani di paleografia mus. lat., 2 Bde, Lpz. 1913; L. Feininger, The Music Mss. in the Vatican, Notes II, 3, 1945/46; J. M. Llorens Cisteró, Las dedicatorias de los mss. mus. de la Capilla Sixtina, AM XI, 1956; ders., Capellae Sixtinae codices ..., = Bibl. Apostolica Vaticana, Studi e testi CCII, R. 1960. – Bibl. Mus. di S. Cecilia; besteht aus einer staatl. Abt. (Slg d. Pflichtexemplare neuer Musikdrucke) u. einer akad. Abt. mit reichen älteren Beständen, Autographen v. Palestrina, Rossini, Bellini, übernahm auch Musikalien d. Bibl. Nazionale, Angelica, Alessandrina u. Vallicelliana. – Bibl. Casanatense. Lit.: A. de Lafage, Essais de diphthérographie mus., Paris 1856, Neudruck Amsterdam 1964. – Bibl. Corsiniana e dell'Accad. Nazionale dei Lincei. Lit.: A. Bertini, Cat. dei fondi mus. Chitie Corsiano, = Bibl. musicae II, Mailand 1964. – Bibl. Vallicelliana; Mss. mit Musik u. Theorie d. 15.–16. Jh. u. Oratorianer-Lauden. – Bibl. ed Arch. Doria-Pamphilj. Lit.: A. Holschneider, Die Musikslg d. Fürsten Doria-Pamphilj ..., AfMw XVIII, 1961.
TURIN, Bibl. Nazionale; Slgen Foà u. Giordano mit (zum Teil autographen) Hss. v. Vivaldi u. Stradella sowie 16 Orgeltabulaturen d. 17. Jh. Lit.: L. Villanis, Alcuni codici mss. ..., in: Atti del congresso internazionale di scienze storiche VIII, Rom 1905; A. Gentili mit L. Torri, La raccolta di rarità mus. »M. Foà«, in: Accad. e bibl. d'Italia I, 1927/28; ders., La raccolta di antiche musiche »R. Giordano«, ebenda IV, 1930/31; A. Cimbro, Città di T., = Cat. AMI XII, 1928; thematischer Kat. d. Tabulaturen v. O. Mischiati in: L'Organo IV, 1963.
VENEDIG, Bibl. Nazionale Marciana; Autographen v. Monteverdi, B. Marcello, Lotti, Slgen Contarini, Canal. Lit.: T. Wiel, I codici mus. Contariniani ..., V. 1888. – Bibl. del Conservatorio di musica B. Marcello; besitzt d. Musikbe-

stände d. Museo Correr u. d. Bibl. e Pinacoteca Querini Stampalia. Lit.: G. Concina, A. D'Este, T. Wiel u. R. Faustini, Città di V., = Cat. AMI VI, 1, 1923–40. – C. Goldoni; Libretti-Slg. – Fondazione G. Cini, Scuola di S. Giorgio per lo studio della civiltà veneziana, Istituto per le lettere, la musica e il teatro; 36000 Libretti (Grundstock ist d. Slg Rolandi, früher Rom), Photokopien-Slg d. gesamten venezianischen Musik, begonnen 1956 durch Übernahme d. Slg v. Don S. Cisilino.

Japan.
TOKIO. Lit.: Cat. of the Nanki Mus. Library, Books on Music, 2 Bde, T. 1918–20; Cat. of the W. H. Cummings' Collection in the Nanki Music Library, T. 1925; Cat. of the Nanki Music Library, Bd I: Musicology, T. 1929.

Niederlande.
AMSTERDAM, Toonkunst-Bibl.; enthält d. Bibl. d. Vereeniging voor Nederlandse Muziekgeschiedenis. Lit.: Cat. van de bibl. der Maatschappij tot Bevordering der Toonkunst en der Vereeniging voor Noord-Nederlands Muziekgeschiedenis, A. 1884, Suppl. A. 1895. C. S. Bottenheim, Cat. van de bibl. der Vereeniging ..., A. 1919. – Stichting Donemus (DOcumentation for NEtherlands MUSic); gegr. 1947, sammelt d. gesamte nld. Musik d. 19.–20. Jh. Lit.: Cat. van vocale muziek, A. 1958 u. 1961; Cat. van instr. muziek, A. 1959.
DEN HAAG, Gemeente Museum, muziekhist. afdeling; enthält d. größten Teil d. Slg Scheurleer. Lit.: D. Fr. Scheurleer, Muziekhist. Museum van D. Fr. Sch., Cat...., 3 Bde, D. H. 1923–25. – Koninklijke Bibl.; besitzt d. Lieder- u. Gesangbücher d. Slg Scheurleer. Lit.: Cat. van schoone kunsten en kunstnijverheid, D. H. 1905.
LEIDEN, UB. Einige Musikdrucke d. 17. u. 18. Jh. sind verzeichnet in: Bouwsteenen III, (Amsterdam) 1881, S. 111ff.
UTRECHT, Bibl. d. Rijksuniv. Lit.: P. A. Tiele u. A. Hulshof, Cat. codicum mss. bibl. Univ. Rheno-Trajectinae, 2 Bde, U. 1887–1909.

Norwegen.
BERGEN, UB. – Bergens Offentlige Bibl.; enthält d. an Musikalien reiche Griegslg.
OSLO, UB.

Österreich.
Eine Reihe mit Kat. österreichischer Musik-Bibl. erscheint seit 1964 (Graz) unter d. Titel Tabulae musicae austriacae.
GÖTTWEIG, Musikarch. d. Benediktinerabtei; Teile d. Slg A. Fuchs; hs. thematischer Kat. v. H. Wondratsch (1830). – GRAZ, UB. Lit.: A. Kern, Die Hss. d. UB Gr., I Lpz. 1942, II Wien 1956. – Bibl. d. mw. Inst. d. Univ. Gr.; enthält d. Musikalien d. St. Jakobskirche Leoben u. d. steiermärkischen Musikver. – Diözesanarch.; enthält d. Musikalien Kärntner u. Steiermärker Klöster. Lit.: H. Federhofer, Alte Musikalien-Inventare u. Klöster St. Paul (Kärnten) u. Göß (Steiermark), KmJb XXXV, 1951; ders., Die Sicherung d. alten Musikalienbestände in: Der österreichische Bibliothekartag 1952, = Biblos-Schriften III, Wien 1953.
KLOSTERNEUBURG, Musikarch. u. Bibl. d. Augustiner-Chorherrenstiftes. Lit.: A. Koczirz, Kl.er Lautenbücher, Musica Divina I, 1913. – KREMSMÜNSTER, Regenterei d. Benediktinerstifts. Lit.: A. Kellner, Mg. d. Stifts Kr., Kassel 1956.
MELK, Stiftsbibl. u. Musikarch. d. Benediktinerstiftes.
SALZBURG, Bibl. d. Städtischen Museums Carolino-Augusteum. Lit.: J. Gassner, Die Musikalienslg ..., in: S.er Museum C. A., Jahresschrift VII, 1961. – Internationale Stiftung Mozarteum.
WIEN, Musikslg d. Österreichischen Nationalbibl. (ÖNB); gegründet 1826, enthält d. Hofmusikarch., Teile d. Hofkapellenarch., private Musikslgen d. Kaiser, Estensische Slg (Lit.: R. Haas, Die Estensischen Musikalien, Regensburg 1927), Slg Kiesewetter (Lit.: Cat. d. Slg alter Musik d. k. k. Hofrathes R. G. Kiesewetter, W. 1874; Galerie d. alten Contrapunctisten, ... aus d. Arch. alter Musik d. k. k. Hofrathes R. G. Kiesewetter, W. 1847), Slg Ambros, Bibl. d. Fugger (Lit.: L. Nowak, Die Musikhss. aus Fuggerschem Besitz in d. ÖNB, in: Die ÖNB, Fs. J. Bick, W. 1948), Arch. d. W.er Theater; Autographen: Haydn, Mozart, Beethoven, Schubert, Brahms, Bruckner; »Arch. f. Photogramme mus. Meisterhss. – Widmung A. van Hoboken«

(Lit.: R. Haas, Arch. f. Photogramme mus. Meisterhss., Verz. d. Aufnahmen, W. 1928); Slg d. gesamten österreichischen Notenproduktion. Lit.: J. Mantuani, Codicum mus. pars I–II, = Tabulae codicum manu scriptorum ... in Bibl. Palatina Vindobonensi asservatorum IX–X, W. 1897; R. Lach, Kat. d. mus. Hss. (N. S.): Suppl. mus. Nr 1–2102 d. Musikalienslg d. W.er Nationalbibl., in: Anzeiger d. philosophisch-hist. Klasse d. Akad. d. Wiss. in W. LXII, 1925; ders., Aus d. Hss.-Schatze d. Musikalienslg, in: Fs. d. Nationalbibl. in W., W. 1926; R. Haas, Die Musikslg d. Nationalbibl., JbP XXXVII, 1930; L. Nowak, Die Musikslg, in: Die ÖNB, Fs. J. Bick, W. 1948; ders., ÖNB, Fontes artis musicae II, 1955; Fr. Grasberger, Musikhss. in d. ÖNB, Österreichische Musikzs. X, 1955. – Bibl. d. Ges. d. Musikfreunde; enthält u. a. d. alten Kirchenmusikalien d. Marienkirche zu Lübeck, d. Nachlässe E. L. Gerber, Köchel u. J. Brahms, d. Schubert-Slg Spaun-Witteczek, Brief- u. Musikautographen v. Schubert, Beethoven, Mozart. Lit.: E. Mandyczewski, Zusatzband zur Gesch. d. K.K. Ges. d. Musikfreunde in W., Slgen u. Statuten, W. 1912. – Musikslg d. W.er Stadtbibl.; enthält d. Schubert-Slg N. Dumba, Autographen v. Schubert, Beethoven. Lit.: K. Gladt, Die W.er Stadtbibl., Amtsblatt d. Stadt W. LV, 1950 – LVI, 1951; Fr. Racek, Die Musikslg d. W.er Stadtbibl., Österreichische Musikzs. X, 1955; Fs. zum 100jährigen Bestehen d. W.er Stadtbibl., W. 1956. – UB. Lit.: W. Merlingen, Der neue Musikalienkat. d. UB W., in: Der österreichische Bibliothekartag 1952, = Biblos-Schriften III, W. 1953. – Arch. d. Österreichischen Minoritenprovinz, Abt. B: Musik-Hss. Lit.: Fr. W. Riedel, Kat. d. älteren Bestandes v. 1789. Das Musikarch. im Minoritenkonvent zu W., Kassel 1963. – Musikarch. d. St. Peterskirche. Lit.: C. Rouland, Kat. d. Musik-Arch. d. St. Peterskirche in W., W. 1908.

Polen.

Allgemeines: Dr. Plamenac, Music Libraries in Eastern Europe, Notes II, 19, 1961/62.
Danzig (Gdańsk), Bibl. Polskiej Akad. Nauk (Bibl. d. polnischen Akad. d. Wiss.). – Stadtbibl.; hat starke Kriegsverluste erlitten, erhalten sind nur noch 685 Werke. Lit.: O. Günther, Die mus. Hss. d. Stadtbibl. u. d. in ihrer Verwaltung befindlichen Kirchenbibl. v. St. Katharinen u. St. Johann in D., = Kat. d. Hss. d. D.er Stadtbibl. IV, D. 1911.
Kattowitz (Katowice), Bibl. Państwowej Wyższej Szkoły Muzycznej (Bibl. d. Musikhochschule). Lit.: K. Musioł, Bibl. Państwowej Wyższej Szkoły Muzycznej in Katowicach (The Library of the Higher School of Music in K., mit einer engl. Zusammenfassung), K. 1960. – Krakau (Kraków). Lit.: A. Chybiński, Die Musikbestände d. Kr.er Bibl.en v. 1500–1650, SIMG XIII, 1911/12. – Archiwum Kapituły Metropolitalnej Krakowskiej (Metropolitankapitel-Arch.). – Bibl. Uniwersytetu Jagiellońskiego. Lit.: W. Wisłocki, Kat. rękopisów Bibl. Uniwersytetu Jagiellońskiego, 2 Bde, Kr. 1877–81; J. Wł. Reiss, Książki o muzyce ... w Bibl. Jagiellońskiej, 3 Bde, Kr. 1924–38; Wł. Hordyński, Dział nut w Bibl. Jagiellońskiej, Przegląd Biblioteczny IX, 1935; Inwentarz rękopisów Bibl. Jagiellońskiej Nr 4175–6000, Kr. 1938, maschr.
Thorn (Toruń), Bibl. Główna Uniwersytetu M. Kopernika (Hauptbibl. d. N.-Kopernikus-Univ.); enthält Teile d. Noten u. Bücher d. Stadtbibl. Elbing u. Stettin, d. Volksbibl. Th. u. d. Bibl. d. Schlosses Pansin b. Stettin. Lit.: Schulprogramm 1871.
Warschau (Warszawa), Bibl. Narodowa, Zakład Muzyczny (Musikabt. d. Nationalbibl.); enthält d. Bestände d. v. d. Grafen Potocki gegründeten Bibl. zu Wilanów. Gesamtbestand über 20000 Musikdrucke u. über 200 Hss. Der Vorkriegsbestand (26000 Musikdrucke, 5000 Hss.) wurde 1944 gänzlich vernichtet. Lit.: Kat. mikrofilmów, Bibl. Narodowa, Stacja Mikrofilmowa i Zakład Muzyczny, W. 1956. – Musikabt. d. Univ.-Bibl. (Oddział Muzyczny Bibl. Uniwersyteckiej), verwaltet d. Bibl. d. Mus. Inst. d. Univ. Breslau. Lit.: E. Kirsch, Die Bibl. d. Mus. Inst. bei d. Univ. Breslau, Hundsfeld 1922; Fr. Feldmann, Der Codex Mf 2016 d. Mus. Inst. bei d. Univ. Breslau, 2 Bde, Breslau 1932. – Wrocław siehe unter Deutschland, Breslau.

Portugal.

Coimbra, UB (Bibl. Geral da Univ.). Lit.: M. S. Kastner, Inventario dos inéditos e impressos musicais I, C. 1937; ders., Los mss. mus. N.^{s} 48 y 242 de la Bibl. General de la Univ. de C., AM V, 1950; U. Berti, Ensaio com notas biogr. de um cat. dos mss. mus. da Bibl. de Univ. de C., = Publicações de Bibl. da Univ. de C., C. 1940; M. de Sampayo Ribeiro, Os mss. mus. nos. 6 e 12 da Bibl. Geral da Univ. de C., C. 1941.
Lissabon (Lisboa), Bibl. da Ajuda. – Bibl. Nacional. – Die Bibl. d. Königs João IV. wurde durch d. Erdbeben 1755 zerstört; d. Kat. v. 1649 Index de obras que se conservão na Bibl. Real da Musica wurde zuerst beschrieben in: J. de Vasconcellos, Ensaio critico sobre o cat. d'el-Rey D. João IV, Porto 1873; Faks.: Index da livraria de música do muyto alto, e poderoso Rey Dom João o IV, hrsg. v. dems., Porto 1874–76. Lit.: ders., El Rey D. João o IV^{to}, Porto 1900, ^{2}1905.

Schweden.

Allgemeines: Å. Davidsson, Cat. critique et descriptif des imprimés de musique des XVIe et XVIIe s. conservés dans les bibl. suédoises (Excepté la Bibl. de l'Univ. Royale d'Upsala), = Studia musicologica upsaliensia I, Uppsala 1952; ders., Cat. critique et descriptif des ouvrages théoriques sur la musique imprimés au XVIe et au XVIIe s. et conservés dans les bibl. suédoises, = ebenda II, 1953; ders., Cultural Background to Collections of Old Music in Swedish Libraries, Fontes artis musicae XI, 1964.
Hälsingborg, D. Frykhunds Samling. Lit.: D. Fryklund, Collection Fryklund, Musica, H. 1929.
Norrköping, Stadsbibl., Musikavdelningen; enthält d. Musikwerke d. Schloßbibl. Finspång.
Stockholm, Kungliga Musikaliska Akademiens Bibl. Lit.: Kat. över Kungliga Mus. Akad. Bibl., 2 Bde, St. 1905–10; C. Fr. Hennerberg, Brevsamlingen i Kungliga Mus. Akad. Bibl., STMf IX, 1927; ders., Kungliga Mus. Akad. Bibl., Nordisk Tidskrift för Bok- och Biblioteksväsen, 1927; C. Johansson, Något om Mazers musiksamling ..., STMf XXXIII, 1951; dies., Studier kring P. Alströmers musiksamling, STMf XLIII, 1961; H. T. Blomstedt, Till kännedomen om J. C. Bachs symfonier, STMf XXXIII, 1951; Å. Lellky, Kat. över orkester- och körverk ..., St. 1953; I. Bengtsson u. R. Danielson, Handstilar och notpikturer i K. Mus. Akad. Roman-samling = Studia musicologica upsaliensia III, Uppsala 1955. – Kungliga Biblioteket. Lit.: C.-G. Stellan Mörner, Rariteter ur en okatalogiserad notsamling ..., STMf XLIII, 1961. – Arch. d. Kungliga Teatern. – Bibl. d. Tyska kyrkan (Deutschen Kirche). Lit.: T. Norlind, Från Tyska kyrkans glansdagar, 3 Bde, St. 1944–45.
Uppsala, UB; enthält d. Slg Düben mit Mss. d. 17. Jh. Lit.: C. Stiehl, Die Familie Düben ..., MfM XXI, 1889; F. Lindberg, Cat. of the Düben Collection ..., Vocal Music in Ms., 1946, maschr.; R. Mitjana u. Å. Davidsson, Cat. critique et descriptif des imprimés de musique des XVIe et XVIIe s. conservés à la bibl. de l'Univ. Royale d'U., 3 Bde, U. 1911–51. R. Engländer, Die Mozart-Skizzen d. UB U. STMf XXXVII, 1955; Å. Davidsson, Cat. of the Gimo Collection ..., U. 1963.
Västerås, Stifts- och Landsbibl. Lit.: W. Molér, Förteckning över musikalier i V. högre allmänna läroverks bibl. t. o. m. 1850, V. 1917.

Schweiz.

Basel, Öffentliche Bibl. d. Univ. B.; enthält d. Bibl. d. Schweizerischen Musikforschenden Ges. (Schweizerische Musikbibl.), d. Slgen B. Amerbach, L. Sarasin, Bibl. d. Collegium musicum B., einen Teil d. Autographenslg Geigy (Lit.: Autographenslg v. K. Geigy-Hagenbach B., Kat. samt Nachtrag I–II. B. 1929, Nachtrag III 1933, IV 1939; für d. nicht in d. UB B. gelangten Teile d. Slg Geigy vgl. d. Auktionskat. 1961 d. Firmen Haus d. Bücher AG, B., u. J. A. Stargardt, M.arburg). Lit.: J. Richter, Kat. d. Musik-Slg auf d. UB in B., Beilage zu MfM XXIII, 1891; E. Refardt, Kat. d. Musikabt. d. öffentlichen Bibl. d. Univ. B. I, B. 1925; ders., Thematischer Kat. d. Instrumentalmusik d. 18. Jh. in d. Hss. d. UB B., = Publikationen d. Schweizerischen Musikforschenden Ges. II, 6, Bern 1957. – Bern, Schweizerische Landesbibl. – Stadt- u. UB. Lit.: H. Hagen, Cat. codicum Bernensium, B. 1874.
Einsiedeln, Musikbibl. d. Benediktinerstifts. Lit.: MfM IV, 1872, 20f.; G. Meier, Cat. codicum manu scriptorum qui in bibl. monasterii Einsidlensis O. S. B. servantur I, E. u. Lpz. 1899; II, Ms. – Engelberg, Bibl. d. Benediktiner-

Bibliotheken (Spanien)

stifts. Lit.: B. Gottwald, Cat. codicum manu scriptorum qui asservantur in bibl. monasterii Engelbergensis, Freiburg i. Br. 1891; J. Handschin, Angelomontana polyphonica, SJbMw III, 1928; ders., Die Schweiz, welche sang, Fs. K. Nef, Zürich u. Lpz. 1933.
GENF, Bibl. publique et universitaire; besitzt d. Slg R. A. Mooser (2000 Bde Russiaca). – Bibl. du Conservatoire de Musique; besitzt Autographen russ. u. frz. Komponisten.
LAUSANNE, Bibl. A. Cortot. Lit.: Bibl. A. Cortot I, Théorie de la musique, Argenteuil 1936. – LUZERN, Zentralbibl. Lit.: W. Jerger, Die Musikpflege in d. ehemaligen Zisterzienserabtei St. Urban, Mf VII, 1954; ders., Kat. d. Musikalien d. Allg. Musikges. in d. Zentralbibl. L., L. 1958, maschr.; ders., Ein Musikalieninventar aus d. Jahre 1661 im Kat. v. St. Urban, Mf IX, 1956.
MUZZANO-LUGANO, Slg Floersheim-Koch. Lit.: G. Kinsky, Mss., Briefe, Dokumente v. Scarlatti bis Strawinsky, Kat. d. Musikautographen-Slg L. Koch, hrsg. v. M.-A. Souchay, Stuttgart 1953.
NEUENBURG, Bibl. publique de la ville; Autographen v. Rousseau.
RHEINFELDEN BEI BASEL, Bibl. d. ehemaligen Chorherrenstiftes zu St. Martin. Lit.: H. P. Schanzlin, Kirchenmusik in d. Stiftsbibl. zu St. Martin in Rh., KmJb XLIII, 1959.
ST. GALLEN, Stiftsbibl. Lit.: G. Scherrer, Verz. d. Hss. d. Stiftsbibl. v. St. G., Halle 1875; ders., Verz. d. Incunabeln d. Stiftsbibl. v. St. G., St. G. 1880; Fr. Labhardt, Das Sequentiar Cod. 546 d. Stiftsbibl. v. St. G., = Publikationen d. Schweizerischen Musikforschenden Ges. II, 8, Bern 1959.
WINTERTHUR, Stadtbibl.
ZÜRICH, Zentralbibl. Lit.: G. Walter, Kat. d. gedruckten u. hs. Musikalien d. 17.–19. Jh. im Besitze d. AMG Z., Z. 1960; L. C. Mohlberg OSB, Kat. d. Hss. d. Zentralbibl. Z. I, Ma. Hss., Z. 1932–1952; E. Schenk, Die österreichische Musiküberlieferung d. Z.er Zentralbibl., in: Die österreichische Nationalbibl., Fs. J. Bick, Wien 1948.

Spanien.

BARCELONA, Bibl. Central de la Diputación Provincial. Lit.: F. Pedrell, Cat. de la Bibl. mus. de la Diputació de B., 2 Bde, B. 1908–09; H. Anglès, Cat. dels mss. de la collecció Pedrell, = Publicacions del Departement de música II, B. 1920; ders., La música española ..., = Cat. de las colecciones de la Bibl. Central de la Provincia de B. V, B. 1941.
EL ESCORIAL, Bibl. u. Arch. de Música. Lit.: Ch. E. Ruelle, Rapports sur une mission littéraire et philol. en Espagne, in: La Bibliogr. Mus. XXII, 1875, separat Paris 1875.
GRANADA, Arch. de Música de la Capilla Real. Lit.: J. López Calo SJ, El Arch. de Música ..., AM XIII, 1958.
MADRID, Bibl. Nacional, Sección de música. Lit.: H. Anglès u. J. Subirá, Cat. mus. de la Bibl. Nacional de M., 3 Bde, Barcelona 1946–51. – Bibl. d. Herzogs v. Alba. Lit.: J. Subirá, La musique de chambre espagnole et frç. du XVIIIe s. dans la bibl. du Duc d'Albe, Rev. de Musicol. X, 1926; ders., La música en la casa del Duque de Alba, M. 1927. – Bibl. Medinaceli. Lit.: J. B. Trend, Cat. of the Music in the Bibl. Medinaceli, Rev. hispanique LXXI, 1927. – Bibl. Municipal. Lit.: J. Subirá, Cat. de la Sección de música ... I, M. 1965. – MONTSERRAT, Bibl. d. Benediktiner-Klosters. Lit.: R. B. Lenaerts, Niederländische polyphone Musik in d. Bibl. v. M., in: Fs. J. Schmidt-Görg, Bonn 1957.
SEVILLA, Bibl. Colombina. Lit.: Hss.-Kat. v. F. Columbus, nach dessen Hs. faksimiliert durch A. M. Huntington, NY 1905; Kn. Jeppesen, Die neuentdeckten Bücher d. Lauden des O. dei Petrucci ..., ZfMw XII, 1929/30; Dr. Plamenac, A Reconstruction of the French Chansonnier in the Bibl. Colombina, MQ XXXVII, 1951 – XXXVIII, 1952; ders., Excerpta Colombiniana, Miscelánea en homenaje a H. Anglès II, Barcelona 1958–61; ferner: H. Anglès, La música conservada en la Bibl. Colombina y en la Catedral de S., AM II, 1947.
TOLEDO, Catedral, Bibl. Capitular. Lit.: J. F. Riaño, Notes on Early Span. Music, London 1887; F. Rubio Piqueras, Códices polifónicos toledanos, T. (1925); H. Anglès, La música medieval en T. hasta el s. XI, in: Span. Forschungen d. Görresges. I, 7, Münster i. W. 1938.
VALENCIA, Arch. Municipal. Lit.: V. Ripollés-Pérez, Cat. de las obras polifónicas conservadas en el Arch. de V., in:
Boletín de la Soc. castellonense de cultura VII, 1925. – VALLADOLID, Arch. mus. de la Catedral. Lit.: H. Anglès, El Arch. mus. ..., AM III, 1948.

Tschechoslowakei.

Zusammenfassend: M. J. Terrayová, Súpis archívnych hudobných fondov na Slovensku (»Verz. mus. Archivbestände in d. Slowakei«), Hudobnovedné študie IVff., 1960ff. – Dr. Plamenac, Music Libraries in Eastern Europe, Notes II, 19, 1961/62.
BARTFELD (Bártfa, Slowakei) siehe unter Ungarn, Budapest. – BRÜNN (Brno), Universitní knihovna, Hudební oddělení (»Musikabt. d. UB«). – Moravské Museum, Oddělení hudebně historické (»Mg. Abt. d. Mährischen Museums«).
KOLIN, Museum. Lit.: H. Oplatková, Staré rukopisy v kolinském museu (»Alte Hss. im Museum v. K.«), in: Miscellanea Musicologica V, Prag 1958. – KREMSIER (Kroměříž), Hudební Arch. Kolegiátního Kostela Sv. Mořice (»Musikarch. d. Kollegiatskapitels St. Moritz«). Lit.: Fr. Högler, Die Kirchensonaten in Kr., Diss. Wien 1926, maschr.; K. Vetterl, Der mus. Nachlaß d. Erzherzogs Rudolf ..., ZfMw IX, 1926/27; A. Breitenbacher, Hudební Arch. Kolegiátního Kostela Sv. Mořice, Kr. 1928; J. Sehnal, Poznámky k hudebnímu arch. Kroměřížskému, Prag 1956. – KRUMAU (Český Krumlov), ehemalige Fürstlich Schwarzenbergsche Musikalienslg. Lit.: J. Záloha, Český Krumlov, Prag 1961.
PRAG (Praha), Hudební oddělení Národního musea (»Musikabt. d. Nationalmuseums«); ihr wurden nach 1945 d. Musikbestände vieler verstaatlichter Klosterbibl. u. standesherrlicher Slgen einverleibt. Lit.: W. Vacek, Die Choralhss. d. Stiftes Tepl, in: Zum 700jährigen Todestage d. Seligen Hroznata I, Marienbad 1917; Hss.-Verz. in: Stift Tepler Vierteljahrsschrift I, 1920; P. Nettl, Musicalia d. Fürstlich Lobkowitzschen Bibl., in: Mitt. d. Ver. f. d. Gesch. d. Deutschen in Böhmen LVIII, Pr. 1920, auch in: Beitr. zur böhmischen u. mährischen Mg., Brünn 1927; Národní museum v Praze 1818–1948 (»Das Nationalmuseum in Pr. 1818–1948«), Pr. 1948; A. Buchner, Hudební sbírka E. Troldy (»D. Musikslg E. Trolda«), in: Sborník Národního musea VIIIA, Historia I, Pr. 1954; ders., Průvodce sbírkami hudebního oddělení Národního musea (»Führer durch d. Slgen d. Musikabt. d. Nationalmuseums«), Pr. 1954; O. Pulkert, The Mus. Department of the National Museum in Prague, Fontes artis musicae II, 1955. – Universitní knihovna (UB). Lit.: R. Eitner, Die k. k. UB in Pr., MfM IX, 1877; J. Wolf, Ein Ms. d. Pr.er UB, KmJb XIV, 1899; E. Urbánková, Rukopisy a vzácné tisky pražské univ. knihovny (»Die Hss. u. seltenen Drucke d. Pr.er UB«), Pr. 1957; M. Svobodová, Le Département de la musique de la Bibl. Univ. de Prague, Fontes artis musicae IV, 1957. – Metropolitankapitel. Lit.: A. Podlaha, Cat. collectionis operum artis musicae quae in bibl. capituli metropolitani Pragensis asservantur, (Pr.) 1926. – Arch. Státní Konservatoře (»Arch. d. Staatl. Musikkonservatoriums«). Lit.: R. v. Prochazka, Aus fünf Jh., Musikschätze d. Pr.er Konservatoriums, Pr. 1911. – Minoritenkloster. Lit.: E. Trolda, Hudební arch. minoritského kláštera u. Sv. Jakuba v Praze (»Das Musikarch. d. Minoritenklosters St. Jakob in Pr.«), in: Cyril XLIV, 1918. – PRESSBURG (Bratislava), UB. – Franziskaner-Bibl. Lit.: D. Orel, Hudební památky františkánské knihovny v Bratislavě (»Die mus. Denkmäler d. Franziskaner-Bibl. zu Pr.«), Pr. 1930.
RAUDNITZ (Roudnice), Augustinerkloster. Lit.: M. Dvořák, Knihovna Augustiánského kláštera Roudnice (»Die Bibl. d. Augustiner-Klosters in R.«), in: Český časopis historický VI, 1900; E. Trolda, Roudnické kancionály (»R.er Kantionalien«), Hudební výchova XVIII, 1937.

UdSSR.

Allgemeines: M. Braschnikow, Russkije pewtscheskije rukopisi ... (»Russ. Gesangs-Hss. u. russ. Paleographie«), = Trudy inst. russ. lit. Akad. Nauk SSSR VII, Moskau 1949.
LENINGRAD, Bibl. publitschnaja imeni M. J. Saltykowa-Schtschedrina (Öff. M. J. Saltykow-Schtschedrin-Bibl.). Lit.: Monuments de la notation ekphonétique et neumatique de l'église lat., hrsg. v. J.-B. Thibaut, St. Petersburg 1912; Monuments de la notation ekphonétique et hagiopo-

lite de l'église grecque, hrsg. v. dems., ebenda 1913; A. N. Rimskij-Korsakow, Musykalnyje sokrowischtscha rukopisnowo otdelenija ...(»Mus. Schätze d. Hss.-Abt. d. Staatl. Öff. M. J. Saltykow-Schtschedrin-Bibl.«), L. 1938.
MOSKAU, Gossudarstwennaja bibl. SSSR imeni W. I. Lenina (Staats-Bibl. d. Sowjetunion). Lit.: I. M. Kurdjawzew, Sobranije D. W. Rasumowskowo i W. F. Odojewskowo, Archiw D. W. Rasumowskowo, Opisanija (Verz. altruss. Gesangs-Mss.), M. 1960. – Zentralnyj musej musykalnoj kultury imeni M. I. Glinka (Zentrales M. I. Glinka-Museum d. Musikkultur); Autographen v. Mozart, Beethoven, Rossini, Berlioz, Liszt, Glinka, Mussorgskij, Tschaikowsky, Rimskij-Korsakow.

Ungarn.

Allgemeines: P. Radó, Index codicum mss. liturgicorum Regni Hungariae, = Orsz. Széchényi Könyvtar kiadványai XIV, Budapest 1941; ders., Répertoire hymnologique des mss. liturgiques dans les bibl. publiques de Hongrie, = ebenda XX, 1945; ders., Libri liturgici manu scripti bibl. Hungariae I, Libri ... ad missam pertinentes, = ebenda XXVI, 1947; ders., Ma. liturg. Hss. deutscher, ital. u. frz. Herkunft..., in: Miscellanea liturgica in honorem L. C. Mohlberg II, Rom 1949; ders., Beschreibung d. Quellen, in: B. Rajeczky, Melodiarum Hungariae medii aevi I, Hymni et sequentiae, Budapest 1956; K. Szigeti, Denkmäler d. Gregorianischen Chorals aus d. ungarischen MA, Studia musicologica IV, 1963.
BUDAPEST, National-Bibl. Széchényi; großer Hss.-Bestand, vor allem zur ungarischen Mg. v. MA bis zur Neuzeit, deutsche Musikhss. d. 16.–17. Jh. aus Bartfeld (Slowakei), verwahrt auch d. Esterházysche Musik-Arch. aus Schloß Eisenstadt. Lit.: E. Bartoniek, Codices manu scripti lat. I, = A magyar nemzeti múzeum könyvtárának, Címjegyzéke XII, 1, B. 1940; K. Isoz, Zenei levelek (»Musikerbriefe«), = ebenda VI, 1, 1921; O. Gombosi, Die Musikalien d. Pfarrkirche St. Aegidi in Bártfa, in: Mw. Beitr., Fs. J. Wolf, Bln 1929; ders., Quellen aus d. 16.–17. Jh. ..., Ungarisches Jb. XII, 1932; H. Albrecht, Zwei Quellen zur deutschen Mg. ..., Mf I, 1948; J. Vécsey, Haydns Werke in d. Nationalbibl. Széchényi, B. 1959, verbessert engl. als: Haydn Compositions in the National Széchényi Library, B. 1960; D. Bartha u. L. Somfai, Haydn als Opernkapellmeister, B. u. Mainz 1960, dazu J. Harich in: Haydn-Jb. I, 1962; L. Somfai, Albrechtsberger-Eigenschriften ..., Studia musicologica I, 1961 u. IV, 1963; I. Kecskeméti, Süssmayr-Hss. ..., ebenda II, 1962. – Akad. d. Wiss., Bartók-Arch.

USA.

Die Music Library Association veröffentlicht in ihrer Zs. Notes (Serie I 1934–42, II seit 1943/44) viele Aufsätze über amerikanische Musik-Bibl. Weitere Lit.: O. E. Albrecht, A Census of Autograph Mus. Mss. of European Composers in American Libraries, Philadelphia 1953; (A. B. Barksdale), Medieval and Renaissance Music Mss., Toledo (O.) 1953 (Ausstellungs-Kat., beschreibt Mss. aus 28 Slgen); (A.-T. Luper), An Exhibit of Music ..., Iowa City 1953 (Ausstellungs-Kat., beschreibt wertvolle Stücke aus Chicago, Iowa City, Rochester, Urbana, Washington); R. Benton, An Introduction to American Music Libraries, Fontes artis musicae IX, 1962.
ANN ARBOR (Mich.), Univ. of Michigan; erwarb 1954 d. Bibl. v. J.-A. Stellfeld (Antwerpen).
BEREA (O.), Baldwin-Wallace College; Bach-Slg Riemenschneider. Lit.: S. W. Kenney, Cat. of the E. and K. Riemenschneider Memorial Bach Library, NY u. London 1961. – BERKELEY (Calif.), Univ. of California, Music Library; d. Musik-Abt. besitzt d. Bibl. v. A. Einstein (s. auch Northampton) u. M. F. Bukofzer, d. Slgen Connick u. Romberg (Oper), A. Olschki (ital. Vokalmusik u. Musiktheorie) sowie 1200 ital. Musik-Hss. d. 18. Jh. Lit.: V. Duckles u. M. Elmer, Thematic Cat. of a Ms. Collection of 18th Cent. Ital. Instr. Music in the Univ. of California, B. 1963. – BOSTON (Mass.), Public Library, Music Department. Lit.: Cat. of the A. A. Brown Collection ..., 3 Bde u. Suppl., B. 1910–16. – Harvard Mus. Association, gegr. 1837; praktische Musik-Slg mit vielen seltenen Werken. – New England Conservatory of Music; besitzt d. OpernSlg G. Farrar. – Handel and Haydn Soc. – Museum of Fine Arts; liturgische Mss.
CAMBRIDGE (Mass.), Harvard Univ.; d. Musikbestände sind auf 3 Bibl. verteilt: d. Houghton Library sammelt vor allem ältere Hss. u. seltene Drucke, d. E. K. Loeb Music Library verwahrt d. neueren Musikalien u. Musikbücher, d. Isham Memorial Library wird als umfassende Mikrofilm-Slg v. Musik-Hss. u. -Drucken vor 1700 ausgebaut. – CHICAGO (Ill.), Newberry Library; liturgische Mss. d. 13.–18. Jh., Tabulatur-Hss. u. -Drucke d. 16. Jh., viele Drucke d. 17.–18. Jh. aus d. ehemaligen Bibl. Wolffheim (Bln), Autographen v. Mozart, Mendelssohn, Chopin, Liszt, Wagner, MacDowell. Lit.: F. Borowski, in: Hdb. of the Newberry Library, Ch. 1938.
IOWA CITY (Ia.), State Univ. of Iowa Libraries. Lit.: Fr. K. Gamble, An Annotated Cat. of Rare Mus. Items in the Libraries of the Univ. of Iowa, I. C. 1963.
LOS ANGELES (Calif.), Univ. of California Library; d. Musik-Abt. besitzt ital. Libretti, Ballad Operas u. andere engl. Musik. d. 17.–18. Jh. sowie eine große Slg amerikanischer Musik.
NEW HAVEN (Conn.), Yale Univ. School of Music Library; Slg L. Mason mit Beständen aus d. Bibl. Chr. H. Rincks, Slg Filmer (engl. Musik d. 17.–18. Jh.), Autographen v. Bach u. Ives. – NEW YORK, Public Library, Music Division; Slg Drexel, über 400 Bde aus d. ehemaligen Bibl. Wolffheim (Bln), Autographen u. Briefe v. Bach, Händel, Haydn, Mozart, Beethoven, Paganini, Schubert, Schumann, Strawinsky. Lit.: H. Botstiber, Musicalia in d. NY Public Library, SIMG IV, 1902/03; V. Duckles, The Gamble Ms., JAMS I, 1948; A. Mell, Paganiniana in the Muller Collection ..., MQ XXXIX, 1951; Fr. Blume, Eine Tabulaturquelle f. M. Praetorius, Mf XV, 1962; J. P. Cutts, »Songs vnto the Violl and Lute« ..., MD XVI, 1962; Dictionary Cat. of the Music Collection, The NY Public Library, Boston (Mass.), seit 1964. – Columbia Univ., Music Department; Volkslied-Slgen v. M. Parry (serbokroatisch) u. B. Bartók. – Pierpont Morgan Library, liturgische Mss. u. Autographen (Beethoven). Lit.: anon., Exhibition of Illuminated Mss., NY 1934. – Hebrew Union College; jüdische Musik. – Heinemann Foundation; Autographen v. Mozart, Schubert, Chopin, R. Strauss. – NORTHAMPTON (Mass.), Smith College; besitzt A. Einsteins Spartierungen v. Madrigalen u. Instrumentalmusik d. 16.–18. Jh.
PHILADELPHIA (Pa.), Curtis Inst. of Music Library; Slgen Burrell (Wagner) u. Farnam (Orgel). – Free Library, Music Department; Fleisher Collection of Orchestral Music u. Lewis Collection. Lit.: E. Wolf II, European Mss. in the J. Fr. Lewis Collection, Ph. 1937.
ROCHESTER (N. Y.), Univ. of R., Sibley Music Library; besitzt 2 zentrale Theoretiker-Hss. d. 11.–12. Jh. (aus Reichenau u. Admont) u. viele Drucke d. 16.–18. Jh.
SAINT-LOUIS (Mo.), Concordia Seminary; hymnologische Slg. – St. L. Univ.; Mikrofilm-Slg d. vatikanischen Mss. – SAN MARINO (Calif.), Huntington Library. Lit.: E. N. Backus, Cat. of Music in the Huntington Library Printed before 1801, S. M. 1949. – SPOKANE (Wash.), Conservatory; Arch. of Music Hist. from Primary Sources. Lit.: H. Moldenhauer, From My Autograph Collection: C. Ph. E. Bach – Dittersdorf – Mozart, Kgr.-Ber. Wien 1956; J. Beale, Weberns mus. Nachlaß, Melos XXXI, 1964. – STANFORD (Calif.), Univ. Library; enthält d. Memorial Library. Lit.: N. van Patten, A Memorial Library of Music at St. Univ., St. 1950.
WASHINGTON (D. C.), Library of Congress; besitzt einige wertvolle Mss. mit Musik u. Musiktheorie d. MA sowie in d. 1897 gegr. Music Division d. wohl größte Musik-Bibl. d. Welt. Die älteren Werke wurden zum Teil aus d. Bibl. Cummings, Heyer, Landau, Prieger, Weckerlin u. Wolffheim angekauft; d. Grundstock d. Slg v. 35000 Libretti bildet d. 1908 übernommene Slg A. Schatz (Rostock). Autographen v. Purcell, J. S. Bach u. seinen Söhnen, Händel, Haydn, Mozart, Beethoven, Weber, Paganini (Slg M. Bang Hohn), Schubert, Schumann, Liszt, Wagner, Brahms, H. Wolf, Mahler, Debussy, Ravel, Sibelius, Reger, Schönberg, A. Berg, Strawinsky, Bartók, Gershwin. Lit.: O. G. Th. Sonneck, Cat. of Opera Scores, W. 1912; ders., Cat. of Opera Librettos Printed Before 1800, 2 Bde, W. 1914; ders.; Cat. of 19th Cent. Librettos, W. 1914; J. Gregory, Cat. of Early Books on Music (Before 1800), W. 1913, dazu Suppl. v. H. Bartlett 1944. – Dumbarton Oaks Research Library; untersteht d. Harvard Univ., sie dient Forschungen zur ma., frühchristlichen u. byzantinischen Kultur. – Folger Shakespeare Library; Materialien zur Gesch. d. engl. Theaters.

Bicinium (lat., Zwiegesang) ist die im 16. Jh. vor allem in Deutschland geläufige, danach mit der Sache selbst allmählich aussterbende Bezeichnung für einen kontrapunktisch gearbeiteten 2st. Vokal- oder seltener Instrumentalsatz. Den Terminus übernahm wahrscheinlich Rhaw (1545) aus Isidors Etymologiae (VI, 19, 6); noch Mattheson (1739) verwendet ihn; bei Koch (1802) bezeichnet er speziell *die kleinen Tonstücke für zwey Hörner oder Trompeten.* – Das B. versteht sich als reizvolle Abweichung von der Norm des 4- oder 5st. Kontrapunkts; deshalb sind seine ältesten, ins 15. Jh. zurückreichenden Vertreter die zweistimmigen, mit dem vollstimmigen Satz kontrastierenden Abschnitte in Messen und Motetten, darunter vor allem die traditionell mit wenig Stimmen komponierten Ordinariumsteile (*Et iterum venturus est*; *Benedictus*; *Pleni sunt coeli* usw.), wie sie seit Dufay u. a. von Isaac, Josquin, Stoltzer, Senfl, J. Walter, Mouton und Morales vertont worden sind. Als vier weitere Arten des B. treten im 16. Jh. deutsche Lieder (Othmayr, P. Rebhun, J. Heller, A. Schwartz, Wannenmacher, M. Praetorius), französische Chansons (Gardano, P. de Manchicourt, Certon, Sweelinck) und italienische Madrigale (G. Scotto) hinzu, sowie 2st. Instrumentalsätze, die von spielmännischer Musik (Rhaw, *Appenzeller Kuhreigen*) über Fantasien und Ricercare (Lassus) bis zum strengen Kanon (J. Walter) reichen. – Dem als Spezialgattung gepflegten B. wurden bald auch Spezialdrucke gewidmet. Hauptsächlich lateinische Motetten überliefern die Drucke von Gardano (1543 und später), E. Rotenbucher (*Diphona amoena*, 1549), A. Chrysoponus (*Bicinia nova*, 1579; auch tschechische Texte), Fr. Lindner (*Bicinia sacra*, 1591), J. de Castro (*Bicinia*, 1593), Calvisius (*Bicinia*, 1599 und 1612), G. Otto (Bicinien, handschriftlich 1601), Bodenschatz (*Bicinia*, 1615) und Friderici (*Bicinia*, 1623 und 1642), ferner die Handschrift 18832 der Nationalbibliothek Wien. 2st. Chansons enthalten u. a. Drucke von Attaingnant (1535), J. Moderne (1538, 1539 und später), Gardano (1539, 1543 und später), J. Gero (1541, Gardano), Sweelinck (1612) und J. de Castro (1634). Deutsche Bicinien liegen vor in Drucken von Othmayr (*Bicinia sacra*, 1547), E. Rotenbucher (*Bergkreyen*, 1551), Wannenmacher (1553) und M. Praetorius (*Musae Sioniae* IX, 1610 und später). Textlose Bicinien sind handschriftlich von J. Walter (1542), im Druck von E. Romano (1521), A. Licino (1545/46 und später), B. Lupacchino mit G. M. Tasso (1559, Gardano, Nachdrucke bis 1701), P. Vinci (1560), V. Galilei (1584), F. E. Lucchese (1588), G. Gastoldi (1598, 21602), G. Puliti, G. B. Cali und R. Amadino (1605) erhalten. Gemischten Inhalts sind die Drucke von Rhaw (*Bicinia gallica, latina, germanica*, 1545), Scotto (3 Bücher Madrigale, auch Motetten und Spielstücke enthaltend, 1541/59/62 u. ö.), Lassus (1577 u. ö., 12 Motetten und 12 Instrumentalsätze enthaltend), Phalèse und Bellère (*Liber musicus* 1571, *Bicinia* 1590, *Bicinia* 1609) und Mancinus (1597, Instrumental- und italienisch textierte Vokalstücke). – Dienten diese Drucke, vor allem diejenigen gemischten Inhalts, generell dem geselligen Musizieren, so waren die deutschen, meist von Schulmeistern zusammengestellten Drucke, zumal wenn sie ausdrücklich Bicinien genannt sind, speziell als Exempla für die Jugend gedacht und für diesen Zweck oftmals eigens kontrafaziert (besonders durch Rhaw). Dementsprechend enthalten auch die Musikkompendien des 16. und noch des 17. und 18. Jh. Bicinien als Lehrbeispiele, u. a. die von S. Heyden, Glarean, Gr. Faber, Gumpelzhaimer, M. Beringer, Banchieri und E. Gruber (1673). – In den Bicinien von Lassus in einer französischen Ballard-Ausgabe von 1601 und denen des M. Praetorius von 1610, welchen jeweils ein Stützbaß unterlegt ist, vollzieht sich der Übergang vom kontrapunktisch gearbeiteten zum harmonisch gestützten 2st. Satz, der forthin die Bezeichnung Duett oder Duo erhält. In choralgebundenen Werken nord- und mitteldeutscher Organisten (vor allem Scheidts) erscheint jedoch bis zum Ende des 17. Jh. auch weiterhin das B. ohne stützenden Baß. Die Singbewegung des 20. Jh. und die Rückbesinnung der Neuen Musik auf alte Stile und Techniken haben zu einer Wiederbelebung der Bicinientradition geführt; neben Neudrucken alter Bicinien, u. a. durch Fr. Jöde (*Altdeutsches Liederbuch*), stehen Neukompositionen u. a. von Bartók, Hindemith, Piston, Genzmer, W. Burkhard, Pepping, Reda, K. Marx, Fr. Dietrich, W. Hensel, A. Knab, J. Bender, H. Walcha, A. Thate, W. Rein.

Ausg.: J. WALTER, Kanons, hrsg. v. W. Ehmann, Kassel 1930, Neudruck als HM LXIII, Kassel 31955; G. RHAW, Bicinia, hrsg. v. H. Albrecht u. M. Geck, Rhaw GA, in Vorbereitung; DERS., 30 Bicinia germanica, hrsg. v. H. Reichenbach, = Der Musikant, Beih. X, Wolfenbüttel 1926; C. OTHMAYR, Geistliche Zwiegesänge, 2 H., hrsg. v. W. Lipphardt, Kassel 1928–29; E. ROTENBUCHER, Schöne u. liebliche Zwiegesänge, hrsg. v. D. Degen, = HM LXXIV, Kassel 1951; J. WANNENMACHER, Bicinia, hrsg. v. A. Müller, in: Vom Turm IV, Dresden 1929; Weltliche Zwiegesänge (4 v. Wannenmacher, 3 aus Rotenbuchers Bergkreyen), hrsg. v. FR. PIERSIG, Kassel 1930; O. DE LASSUS, Bicinien, hrsg. v. G. Pinthus, = HM II, Kassel 1949; DERS., 2× Sechs Fantasien f. 2 Instr., hrsg. v. W. Pudelko, Kassel 1927, Neudruck als HM XVIII–XIX, Kassel 1949; G. OTTO, 9 Bicinien, hrsg. v. G. Heinrichs, in: 25 geistliche Tonsätze, Homberg 1929–33; M. PRAETORIUS, Zwiegesänge, hrsg. v. Fr. Jöde, = Der Musikant, Beih. I, Wolfenbüttel 1924, erweitert 31927; DERS., Zwiegesänge, 2 H., hrsg. v. G. Schwarz, Kassel 1948; J. P. SWEELINCK, Duette, hrsg. v. J. Ph. Hinnenthal, = HM LXXV, Kassel 1951; G. GASTOLDI, 12 Spielstücke f. 2 Instr., hrsg. v. E. (Gerson-)Kiwi, Kassel 1933; 20 Bicinien, hrsg. v. E. DOFLEIN, Mainz 1932.

Lit.: L. NOWAK, Eine Bicinienhs. d. Wiener Nationalbibl., ZfMw XIV, 1931/32; H. ALBRECHT, Zur Rolle d. Kontrafaktur in Rhaus ‚Bicinia', Fs. M. Schneider, Lpz. (1955); A. L. MURPHY, The Bicinia Variorum Instrumentorum of J. Chr. Pezel, Diss. Tallahassee Univ. 1959, maschr.; W. BOETTICHER, Eine frz. Bicinien-Ausg. als frühmonodisches Dokument, Fs. K. G. Fellerer, Regensburg 1962; D. KÄMPER, Das Lehr- u. Instrumentalduo um 1500 in Italien, Mf XVIII, 1965.   MG

BIEM (Bureau International d'Edition Musico-Mécanique), eine seit 1929 bestehende gemeinsame Zentralstelle der deutschen AMMRE, der französischen EDIFO (→ AMMRE) und der italienischen SIDE (Società Incassi Diritti Editoriali) sowie mehrerer ausländischer Verlagsunternehmen, mit dem Sitz in Paris. Die Gründung des BIEM bezweckte vor allem, der international organisierten Schallplattenindustrie gegenüberzutreten. Aus dem BIEM ist die → GEMA 1960 vorsorglich ausgeschieden auf Grund kartellrechtlicher Bedenken des deutschen Bundeskartellamtes gegen die Statuten des BIEM und gegen den zwischen BIEM und IFPI (Internationale Föderation der phonographischen Industrie) vereinbarten sogenannten Normalvertrag für die Schallplattenindustrie. Die dem BIEM angeschlossenen nationalen Verwertungsgesellschaften für mechanische Rechte haben der GEMA ein unmittelbares Mandat zur Wahrnehmung der mechanischen Rechte an ihren jeweiligen Repertoires für das Gebiet der Bundesrepublik Deutschland und West-Berlins erteilt. Umgekehrt werden die der GEMA übertragenen mechanischen Rechte auf Grund entsprechender Vereinbarungen im Ausland durch die nationalen Verwertungsgesellschaften verwaltet. Die GEMA vergibt nunmehr in Deutschland die ihr zur treuhänderischen Wahrnehmung von Komponisten, Textdichtern, Musikverlegern und ausländischen Verwertungsgesellschaften übertragenen mechanischen Vervielfältigungsrechte an Tonträgerhersteller (Schallplattenindustrie usw.) und kassiert von diesen Lizenzgebühren, die im Normalfall gegenwärtig je Plattenseite 4% des Katalog-Detailverkaufspreises betragen. Nach Abzug eines Unkostensatzes (zur Zeit 15%) werden die Einnahmen an die Berechtigten nach Maßgabe des für jedes Werk bestehenden Verteilungsschlüssels weiterverrechnet. Eine Besonderheit bietet die den Herstellern von mechanischen Musikinstrumenten und der Schallplattenindustrie zu Beginn dieses Jahrhunderts eingeräumte Zwangslizenz (→ Lizenz), deren historische Grundlagen überholt sind.

Big band (big bænd, engl., großes Orchester), eine im Jazz übliche Bezeichnung für Ensembles, in denen einzelne Instrumente – anders als in den Small bands – nicht solistisch, sondern mehrfach bzw. chorisch besetzt sind. In der Praxis wird die Anwendung dieser Bezeichnung weniger von der Größe als von der Musizierweise und dem äußeren Auftreten des Ensembles abhängig gemacht. Die instrumentale Zusammensetzung der B. b. ist mit derjenigen der kleinen Ensembles identisch, nur kann jedes einzelne Instrument der Melodiegruppe (Trompete, Posaune, Klarinette, Saxophon) mehrfach (in der Regel zwei- bis fünffach) besetzt sein, während die Rhythmusgruppe (Piano, Gitarre, Schlagzeug, Kontrabaß) unverändert bleibt. Der spezifische Charakter der B. b. kommt vor allem in der satztechnisch und klanglich durchchorganisierten Spielweise zum Ausdruck (→ Arrangement): die arrangierten Passagen sind zahlreicher und differenzierter gestaltet, die einzelnen Instrumentengruppen – Brass section (Trompeten, Posaunen), Reed section (Klarinetten, Saxophone) und Rhythmusgruppe – werden einander in prägnanter Weise gegenübergestellt, und auch unter den mitwirkenden Musikern wird eine Art satzfunktionelle Hierarchie aufgestellt: lead, führende Stimme; leader, Leiter der B. b. (bandleader) oder einer Instrumentengruppe; front line, begleitende Instrumente; sidemen, Neben- oder »Füllstimmen«-Musiker. Dem Prädikat big trägt äußerlich unter anderem das auf Schauwirkung bedachte Auftreten des Ensembles Rechnung (einheitliche Kleidung, dekorative Pulte, eine sorgfältige, wenn auch an keine besonderen Regeln gebundene Aufstellung der einzelnen Gruppen, Verwendung eines Band theme oder Signature tune als Erkennungsmelodie). In der Geschichte des Jazz steht die B. b., weil sie dem individualistischen Charakter des Jazzmusizierens nicht ganz gerecht werden kann, abseits der wesentlichen Entwicklungslinie, obschon viele bahnbrechende Solisten aus größeren Ensembles hervorgegangen sind. Die Blütezeit und auch die zahlenmäßige Konzentration der B. b.s fällt in die Swing-Ära, besonders in die Dekade um 1935-45. Vorher (nach 1920) und nachher (nach 1947) liegt der Schwerpunkt auf den kleineren Ensembles, was sowohl den geschichtlichen als auch den wirtschaftlichen Gesichtspunkten zuzuschreiben ist. – Bedeutende B. b.s leiteten u. a. Fletcher Henderson (1923–37), Duke Ellington (seit 1926), Don Redman und Benny Carter (1928), Earl Hines (1928), Cab Calloway, Andy Kirk (1930), Jimmy Lunceford (1930–47), Chick Webb (1931–39), Benny Goodman (1934), Count Basie, Woody Herman (1937), Stan Kenton (1941), Boyd Raeburn (1944), Dizzy Gillespie (1946).

Biniou (binj'u, frz., von lat. bini, zwei), eine kleine bretonische Sackpfeife mit doppeltem Rohrblatt und 3 Bordunen in einem Sockel mit einfachen Blättern. Im Zusammenspiel begleitet die B. die Bombarde (Schalmei) in der oberen Oktave. In neuerer Zeit werden B.s auch in gleicher Oktavlage mit der Bombarde und nach dem Muster schottischer Sackpfeifen gebaut (grand b.).
Lit.: Cl. Marcel-Dubois, Bombardes et b., Paris 1951.

Birma → Hinterindien.

Birmingham.
Lit.: J. Smith, The Story of Music in B., B. 1945.

Birne (frz. baril; ital. barilotto; engl. pear) heißt wegen seiner Form das Fäßchen unter dem Mundstückteil (Schnabel mit Blatt) der Klarinette. Zum Zwecke der Stimmung der Klarinette verfügt der Bläser über mehrere B.n von geringfügiger Längenverschiedenheit. Zum Feinstimmen können B. und Mundstück auseinandergezogen und zusammengeschoben werden.

bisbigliando (bizbiʎ'ando, ital., flüsternd), auch bisbigliato, besonderer Effekt auf der Harfe, der in einem »sanft flüsternden« Tremolieren eines Akkords oder Einzeltons besteht.

Bisdiapason, latinisierte Form für → Disdiapason.

Bitonalität, häufigste Form der → Polytonalität.

Bitterfeld (Sachsen-Anhalt).
Lit.: A. Werner, Musikpflege in Stadt u. Kreis B. seit d. Reformation, B. 1931; ders., B.er Neujahrssingen in alter Zeit, Heimische Scholle, B. 1935.

Biwa (japanisch) → P'i-p'a.

Black-bottom (blæk-b'ɔtəm), amerikanischer Modetanz um 1926/27, der Gattung des → Ragtime angehörend. Der Name (»schwarzer Boden«) ist von der Bezeichnung der Erde an den Ufern des Mississippi genommen, da der Tanzschritt auf Eigentümlichkeiten der dortigen Negertänze zurückgeht. Der Bl.-b. ist ein langsamer → Foxtrott im 4/4-Takt (♩ = 72) mit Synkopierung auf dem 3. Viertel:

Die Begleitung hat den Akzent auf dem 1. Viertel. Die Musik des ersten Bl.-b. stammt von dem Tanzkomponisten R. Henderson.
Lit.: A. Baresel, Das Jazz-Buch, Lpz. 1926; J. Slawe, Einführung in d. Jazzmusik, Basel 1948.

Bläserquartett, Bläserquintett, Bläsertrio → Quartett, → Quintett, → Trio.

Blanche (blãːʃ, frz., weiße) → Halbe Note.

Blasinstrumente (frz. instruments à vent; engl. wind instruments), die Gruppe der → Aerophone, bei denen der Ton durch Einblasen von Luft erzeugt wird, entweder durch den menschlichen Atem oder durch ein Gebläse wie bei der Sackpfeife und der Orgel. Systematisch werden die Bl. unterteilt in Flöten-, Horn- und Zungeninstrumente, in der Praxis in Holz- und Blech-Bl. sowie Rohrblattinstrumente.
Lit.: E. Euting, Zur Gesch. d. Bl. im 16. u. 17. Jh., Diss. Bln 1899; E. Buhle, Die mus. Instr. in d. Miniaturen d. frühen MA I, Die Bl., Lpz. 1903; V.-Ch. Mahillon, Les instr. à vent, Brüssel 1907; Fr. Brücker, Die Bl. in d. altfrz. Lit., = Gießener Beitr. zur Romanischen Philologie XIX, Gießen 1926: H. Bouasse u. M. Fouché, Instr. à vent, 2 Bde, Paris 1929–30; A. Carse, Mus. Wind Instr., London 1939; B. Hayne, Tonal Spectra of Wind Instr., Proc. R. Mus. Ass. LXXIV, 1947; G. Gorgerat, Encyclopédie de la musique pour instr. à vent, 3 Bde, Lausanne ³1955; I. Horseley, Wind Techniques in the 16th and Early 17th Cent., Brass Quarterly IV, 1960/61.

Blasorchester → Harmoniemusik, → Blechmusik.

Blasquinte (engl. blown fifth), Bezeichnung für die beim Überblasen einer gedackten Pfeife entstehende Quinte über der Oktave des Grundtones (Duodezime), die nach v. Hornbostel mit 678 Cent fast $1/8$ Ton kleiner ist als die reine (durch Saitenteilung entstehende) und die temperierte Quinte (702 bzw. 700 Cent). Maßquinten nannte Bukofzer die ebenfalls zu kleinen Quinten, die an Pfeifen beobachtet werden, wenn die Rohrlängen oder die Grifflochabstände das gemessene Verhältnis 3:2 aufweisen. Für v. Hornbostel, von dem die Bezeichnung Bl. stammt, diente der – übrigens nie realisierte – 23stufige Bl.n-Zirkel als Grundlage seiner Bl.n-Theorie, die das Entstehen einer Reihe von nichteuropäischen Tonsystemen (Pélog, Sléndro) erklären soll. Hypothetisch gewonnene Auswahlleitern schienen durch Messungen bestätigt, die v. Hornbostel und J. Kunst an Panpfeifen und Xylophonen vornahmen. Eine wesentliche Rolle für die Bl.n-Theorie spielt ferner der chinesische Normalton Huang chong (»gelbe Glocke«) = 366 Hz, den v. Hornbostel für eine Pfeife der Normlänge 23 cm (= 1 altchinesischer Fuß) errechnete und an den untersuchten Instrumenten nachwies. Wie Bukofzer jedoch feststellte, widersprechen v. Hornbostels Hypothesen und Berechnungen in verschiedenen Punkten den akustischen Gegebenheiten. Tatsächlich schwankt die Größe der Bl. je nach Rohrlänge und Art des Anblasens zwischen größer und kleiner als die reine Quinte (mit einer Streuung von 100 Cent und mehr). Auch der Huang chong wurde mit 366 Hz als zu hoch berechnet (Bukofzer gibt 358 Hz als gemessenen Wert an). Als weiteren Einwand führt Husmann das Fehlen jeder Überlieferung einer zumindest theoretisch bedeutungsvollen 23stufigen Skala an, akzeptiert aber das Prinzip, wenn er aus der etwas veränderten Bl. einen Zirkel aus 7 Quinten = 4 Oktaven entwickelt, der sich mit der 7stufigen Temperatur als fundamentalem Prinzip in der außereuropäischen Musik deckt.

Lit.: E. M. v. Hornbostel, Mus. Tonsysteme, in: Hdb. d. Physik VIII, hrsg. v. H. Geiger u. K. Scheel, Bln 1927; M. F. Bukofzer, Kann die Blasquintentheorie zur Erklärung exotischer Tonsysteme beitragen?, Anthropos XXXII, 1937; J. Kunst, Around v. Hornbostel's Theory of the Cycle of Blown Fifths, = Mededeling van het Koninklijk Indisch Inst. LXXVI, Amsterdam 1948; J. Handschin, Der Toncharakter, Zürich (1948); H. Husmann, Grundlagen d. antiken u. orientalischen Musikkultur, Bln 1961.

Blatt → Zunge, → Rohrblattinstrumente.

Blechblasinstrumente (frz. cuivre), Sammelbezeichnung für die Gruppe der Horninstrumente des modernen Orchesters, die Trompeten, Waldhörner, Posaunen und Tuben nebst ihren Verwandten umfaßt und der Gruppe der Holzblasinstrumente gegenübersteht.

Lit.: A. Machabey, Aperçus hist. sur les instr. de cuivre, RM 1955, Nr 226; H. Bahnert, Th. Herzberg u. H. Schramm, Metallblasinstr., Lpz. 1958; M. Vogel, Die Intonation d. Blechbläser, Neue Wege im Metallblas-Instrumentenbau, = Orpheus-Schriftenreihe zu Grundfragen d. Musik I, Düsseldorf 1961.

Blechmusik (frz. fanfare; ital. fanfara; span. charanga; engl. brass band), eine Musik, die im Unterschied zur → Harmoniemusik nur von Blechblasinstrumenten ausgeführt wird, im übertragenen Sinn auch das Ensemble selbst. Zur Bl. gehören: in der Militärmusik die reine Signalmusik; das Trompeterkorps der Kavallerie mit Trompeten und Pauken, nach Einführung der Ventilinstrumente ein Klangkörper aus scharfem und weichem Blech; das Waldhornistenkorps der Jäger, nach Wieprechts *Tableau* 1860 ein Trompeterkorps mit Waldhörnern ohne Schlagzeug; ferner die daraus entwickelte Panzermusik. Das kleinste Bl.-Ensemble nach Wieprecht ist die »Signalhornmusik« der Infanterie (→ Spielleute). – Ein Bl.-Ensemble sind auch die kirchlichen »Posaunenchöre« (mit Trompeten, Posaunen und Bügelhörnern).

Lit.: H. C. Hind, The Brass Band, London 1934; J. F. Russell u. J. H. Elliott, The Brass Band Movement, London 1936; J. Franco Ribate, Manual de instrumentación de banda, Madrid 1943.

Blindennotenschrift. Nach mannigfachen früheren Versuchen wurde die Bl. ebenso wie die Blindenbuchstabenschrift 1839 von L. → Braille in Paris erfunden. In deutscher Sprache erschien die erste stereographisch vervielfältigte Darstellung der Bl. 1876. Reformen des Systems in einzelnen Ländern machten (zuerst 1888 in Köln, zuletzt 1954 in Paris) Konferenzen nötig, um die Systeme international zu vereinheitlichen. – Die mit erhabenen Zeichen geschriebene Bl. wird mit den Fingerspitzen tastend gelesen. Die Grundform dieser Schrift besteht aus 6 rechteckig angeordneten Punkten.

```
1 •   • 4
2 •   • 5
3 •   • 6
```

Die Zeichen werden durch Anzahl und Stellung der Punkte gebildet, so aus den Punkten 1, 2, 4 und 5 die Zeichen für die Stammtöne als Achtel- oder Hundertachtundzwanzigstelnote. Durch Zufügen der Punkte 3, 6 oder 3 und 6 werden die größeren Notenwerte dargestellt. Folgen Notenzeichen von gleichem Aussehen, aber verschiedener Bedeutung aufeinander (z. B. Halbe und eine Zweiunddreißigstelnote), so werden sie durch das Taktglieder-Scheidungszeichen getrennt. Bei Akkordbrechungen wird eines der 5 Brechungszeichen (für Brechung in Viertel-, Achtelnoten usw.) hinter die Notenzeichen gesetzt. Anstelle der Schlüssel stehen Oktavzeichen. Die erste Note eines Tonstückes oder Abschnittes erhält stets ein Oktavzeichen, die folgenden nur dann, wenn sie mit der vorangehenden Note eine Sexte oder ein größeres Intervall bilden. Bei der Darstellung von Akkorden werden der oberste bzw. unterste Ton als Noten, die anderen Töne nacheinander mit Intervallzeichen geschrieben. In ungleichen Notenwerten fortschreitende Harmonien werden taktweise in Stimmen aufgelöst und in der Niederschrift durch das Stimmenzeichen auseinandergehalten. Kommen zwischen Noten Vortragsbezeichnungen durch Buchstaben oder Worte vor, so wird das Wortzeichen vorangesetzt. Die nächste Note wird in diesem Fall durch ein Oktavzeichen gekennzeichnet. Spezielle Zeichen gibt es für den Schlußstrich, das Wiederholungszeichen, prima und seconda volta, Fermate, dal segno, da capo, für Phrasierungs- und Artikulationsvorschriften sowie für Verzierungen.

Zeichen der 7 Stammtöne

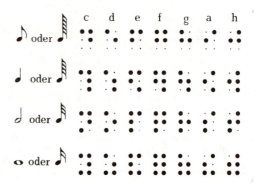

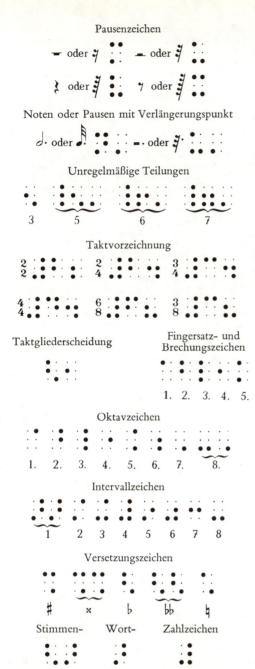

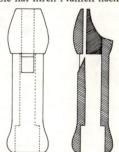

Blockflöte

nen errichteten Leihbibliotheken für Blinde (Hamburg, Leipzig, Marburg).
Lit.: WOLFN; Marburger Beitr. zum Blindenbildungswesen, hrsg. v. Ver. d. blinden Akademiker Deutschlands, Marburg 1930ff., ab Jg. VIII, 1937 hrsg. v. K. STREHL; A. REUSS, Entwicklung u. Probleme d. Bl., Diss. Heidelberg 1933; DERS., Die Weltbl. I: Die abendländische Musik, Hannover 1960; Zs. Der blinde Musiker, Hannover Jg. XXXVIII, 1937 – (XLIX), 1958, lückenhaft; Zs. in Blindendruck: Die Gegenwart, Lpz. 1947ff.; H. V. SPANNER, Revidiertes Internationales Regelbuch nach d. Beschlüssen d. Internationalen Braille-Musikkonferenz Paris 1954, deutsch hrsg. v. A. Reuß, Hannover 1957.

Blockflöte (Schnabelflöte, Kernspaltflöte, im 16.–18. Jh. schlechthin Flöte; ital. flauto diritto, flauto dolce; frz. flûte douce, flûte à bec; engl. recorder), die wichtigste Art der Längsflöten. Sie hat ihren Namen nach dem Verschlußkern, einem hölzernen Block (Kern) im Kopf, neben dem nur eine enge Spalte (Kernspalte) freibleibt, durch die der Atem des Bläsers ohne dessen Zutun gegen die Kante eines Aufschnitts (Fenster) geführt wird. Das Anblasen der Bl. ist daher einfacher als das der → Querflöte; der Ton kann aber nur unwesentlich beeinflußt werden. Er ist verhalten, zart und still. Die bei weiter Mensur fast zylindrische, bei enger Mensur konische Spielröhre (Birne, Ahorn oder Edelhölzer) hat in der Regel 7 vorderständige Grifflöcher und ein Daumenloch. – Die Bl. ist in Europa zuerst im 11. Jh. ikonographisch in Frankreich belegt (Paris, Bibl. Nat., lat. 1118, wo aber die Konstruktion des Instruments nicht erkennbar ist). Funde weisen Frühformen der Bl. (Knochenflöte) in England und Nordeuropa seit der Steinzeit nach. Die volkstümlichen Formen der Bl. zeigen in Machart und Spielweise zum Teil Sondereigenschaften. Die wichtigste, aus der 2. Hälfte des 15. Jh. bekannte Neuerung ist das doppelte unterste Griffloch; je nachdem welche Hand unten spielte, war eines mit Wachs zu verschließen. Bei Praetorius (1619) ist die Bl. zum vollständigen Stimmwerk ausgebaut mit Klein Flötlein in g^2, Diskantflöte in d^2 und c^2, Altflöte in g^1, Tenorflöte in c^1, Bassettflöte in f, Baßflöte in B, Großbaßflöte in F. Die 3 tiefsten Lagen haben eine Klappe für das unterste Griffloch mit einem zweiflügeligen Hebel, der mit der linken oder rechten Hand bedient werden kann, sowie statt des Schnabels eine Windkapsel, in die entweder direkt oder über eine S-förmige Röhre geblasen wird. Im 17. Jh. trat anstelle des Doppellochs das Einzelloch, das seither bei den größeren Instrumenten im drehbaren Fuß sitzt. In England gab es im 17. Jh. Baßflöten (bis 2,50 m Länge), die mit Pedalen zu bedienende Klappen hatten. – Die Barockflöte unterscheidet sich vom früheren Instrument nicht durch die äußere Form, die jetzt mehrfach ausgebuchtet und mit Ringen verziert ist, sondern auch durch die engere Mensur, meist mit breiterem Labium. Der Ton wird dadurch obertonreicher, der Umfang größer (2 Oktaven und mehr, gegenüber 13–14 Tönen bei Praetorius). In der 1. Hälfte des 18. Jh. werden nur noch einige Lagen besetzt, vornehmlich die des Diskant und Alt. Späte Höhepunkte in der Literatur für Bl. sind die Werke von Vivaldi, Telemann, Händel und Bach. In Frankreich hielt sich die Bl. bis in die Mitte des 18. Jh. Sie ist daher auch in den Ouvertürensuiten der von Frankreich her beeinflußten deutschen Komponisten (Chr.

Die einzelnen Takte werden durch einen freien 6-Punkt-Raum abgegrenzt. Eine partiturmäßige Schreibung wird nur selten angewandt. Die Tonstücke werden in Abschnitte (etwa 8 Takte) gegliedert, wobei z. B. im Klaviersatz die rechte und linke Hand getrennt werden, indem einem Abschnitt bzw. einem Takt der rechten Hand gleich jener der linken folgt. Der Blinde muß Takt für Takt auswendig lernen. – Die Literatur in Bl. ist reichhaltig. Die Noten und Bücher werden in den Blindendruckereien in Wien, Paris, London, Kopenhagen sowie in Hannover-Kirchenrode und Marburg an der Lahn gedruckt. Von großem Wert sind die in größeren Städten von Blindenanstalten und -verei-

Förster) zu finden. Die Notierung erfolgt im französischen Violinschlüssel (g¹ auf der 1. Linie). Um 1750 wurde die Bl. von der Querflöte verdrängt. Erst um 1910 gewann sie wieder an Bedeutung, besonders durch die Arbeit von A. Dolmetsch in England und durch P. Harlan in Deutschland in Verbindung mit der Jugendmusikbewegung der 20er Jahre. Die Bl. wird gespielt in der Schul- und Kirchenmusik, in Volksmusikschulen und Jugendgemeinschaften, beim häuslichen Musizieren sowie zur Wiedergabe des historischen Klangbildes in den Collegia musica der Universitäten (in Freiburg im Breisgau 1921 durch W. Gurlitt mit einer Nachbildung des vollständigen Stimmwerks aus dem Germanischen Museum in Nürnberg). Eine größere Zahl von Werkstätten widmet sich heute dem Bau von Bl.n. Neben barocken Modellen stehen Neubildungen nach äußerer Form (Tuju-Bl., aus dem Renaissancetyp entwickelt) und Mensur (mit sogenannter moderner oder deutscher Griffweise neben der barocken), aber auch billige Schulflöten aus Kunststoff (Sopran in C, Alt in F, Tenor in C, Baß in F; alle Flöten klingen eine Oktave höher als notiert, mit Ausnahme der Sololiteratur für Alt-Bl.). Eine reiche Literatur von Neuausgaben alter Musik für chorisches und solistisches Musizieren sowie von zeitgenössischer Spielmusik und Bl.n-Schulen ist vorhanden. – Ein altes Orgelregister heißt Bl. (Blockpfeife), eine weitmensurierte konische Labialpfeife von hellem, füllendem Klang, auch als Gedackt; meist zu 4', 2' oder 1'.

Lit.: S. Virdung, Musica getutscht (1511), hrsg. v. R. Eitner, = PGfM, Jg. X, Bd XI, Bln 1882; dass., Faks. hrsg. v. L. Schrade, Kassel 1931; S. Ganassi, Opera Intitulata Fontegara (1535), Faks. d. Boll. Bibl. Mus., Mailand 1934; dass. als: S. Ganassi, La Fontegara. Schule d. kunstvollen Flötenspiels u. Lehrbuch d. Diminuierens, hrsg. v. E. Dahnk-Baroffio u. H. Peter, Bln 1956; Praetorius Synt. II; M. Mersenne, Harmonie universelle, Paris 1636, Faks. hrsg. v. Fr. Lesure, 3 Bde, Paris 1963; J. Hotteterre, Principes de la flûte traversière ou flûte d'Allemagne, de la flûte à bec ou flûte douce …, Paris 1707, Faks. u. deutsche Übers. hrsg. v. H. J. Hellwig, Kassel (1942, ²1958); J. Mattheson, Das Neu-Eröffnete Orch., Hbg 1713; K. Schlenger, Über Verwendung u. Notation d. Holzblasinstr. in d. frühen Kantaten J. S. Bachs, Bach-Jb. XXVIII, 1931; G. Scheck, Der Weg zu d. Holzblasinstr., in: Hohe Schule d. Musik, hrsg. v. J. Müller-Blattau, Potsdam 1934; D. Degen, Zur Gesch. d. Bl. in d. germanischen Ländern, Kassel (1939); H. A. Moeck, Ursprung u. Tradition d. Kernspaltfl. d. europäischen Volkstums u. d. Herkunft d. Kernspaltfl.-Typen, Diss. Göttingen 1951, maschr.; A. Raistrick, Spaul u. E. Todd, The Malham Iron-Age Pipe, The Galpin Soc. Journal V, 1952; H. Peter, Die Bl. u. ihre Spielweise in Vergangenheit u. Gegenwart, Bln 1953; C. F. Dolmetsch, Recorder and German Flute During the 17th and 18th Cent., Proc. R. Mus. Ass. LXXXIII, 1956/57; L. Höffer v. Winterfeld u. H. Kunz, Hdb. d. Bl.-Lit., Bln u. Wiesbaden 1959; H. Alker, Bl.-Bibliogr., 2 H., = Biblos-Schriften XXVII u. XXVIII, Wien 1960-61; ders., Die Bl., = Wiener Abh. zur Mw. u. Instrumentenkunde I, Wien 1962; Chr. Welsh, Lectures on the Recorder in Relation to Literature, London 1961; E. Halfpenny, Technology of a Bass Recorder, The Galpin Soc. Journal XV, 1962; H.-M. Linde, Hdb. d. Blockflötenspiels, Mainz (1962); E. H. Hunt, The Recorder and Its Music, London (1962), NY (1963).

Blue note (blu: no:t, engl.) → Blues, → Jazz.

Blues (blu:z), die wahrscheinlich einzige, älteste und eigenständige Form in der Musik der nordamerikanischen Neger, die – zunächst in vokaler, dann auch instrumentaler Ausführung – zur Urform, später auch zur wichtigsten Form des Jazz überhaupt wurde. Der Bl. ist aus negerischen Volksgesängen entstanden, die teils auf afrikanische, teils auf europäische Wurzeln zurückgehen. Die Bezeichnung Bl., ein aus blue devils (s. v. w. Trübsinn, Melancholie) zusammengezogenes Wort, ist erst seit dem Jahre 1912 nachweisbar, in dem W. Chr. Handy den *Memphis Bl.* veröffentlichte. 1914 folgte sein *St. Louis Bl.*, der bekannteste aller Bl. In der Entwicklung des Bl. unterscheidet man eine »ländliche« und eine »städtische« bzw. »zeitgenössische« Phase, wobei sich beide Bezeichnungen auf (begleitete) Vokalformen beziehen; der moderne instrumentale Bl. gehört der zweiten Phase an. Für die Zuordnung eines Werkes der Jazzmusik zur Gattung Bl. ist sowohl der Text (Inhalt) und seine dichterische Form als auch die musikalische Gestalt entscheidend. Die Vorherrschaft des instrumentalen Bl. im Jazz der letzten 20 Jahre läßt das rein Musikalische als ein zweckmäßiges Kriterium bei der Definierung des Begriffes Bl. erscheinen. Das einfachste Schema – gleichsam die Standardform – des Bl. weist 3 Gruppen zu je 4 Takten mit folgenden harmonischen Funktionen auf: Tonika (4 Takte) – Subdominante, Tonika (je 2 Takte) – Dominante, Tonika (je 2 Takte). Der Septakkord (kleine Septime) spielt, besonders an den Verbindungsstellen zwischen den einzelnen Taktgruppen, im Bl.-Schema eine entscheidende Rolle. Dies hängt mit der beim Bl. in melodischem wie harmonischem Sinne häufig vorkommenden Erniedrigung der 3. und der 7. Stufe der verwendeten Tonleiter zusammen; die Töne, die häufig um weniger als um einen halben Ton erniedrigt werden, d. h. die kleine Terz und die kleine Septime, werden Blue notes genannt und als für den wehmütig-melancholischen, den »blue«-Charakter der Bl.-Melodien maßgebend betrachtet. Ihrem Charakter und ihrem vokalen Wesen entsprechend wurden die Bl. ursprünglich im langsamen Tempo vorgetragen; der moderne Bl. wie seine Abart, der → Boogie-Woogie, hält sich an keine bestimmten Tempogepflogenheiten. Textlich hat der Bl. meist lyrischen Charakter und gliedert sich in eine Art »Anrufung« und »Antwort« (call and response). – Zu den bedeutendsten Bl.-Sängern gehören Gertrude Ma Rainey, Bessie Smith, Bertha Chippie Hill, Billie Holiday und Jimmy Rushing; bekannte Bl.-Sänger, die sich selbst auf der Gitarre begleiten und in der Tradition des »ländlichen Bl.« stehen, sind: Blind Lemon Jefferson, Big Bill Broonzy, Leadbelly.

Lit.: R. Blesh, Shining Trumpets, NY 1946; W. Chr. Handy, Bl.: An Anth., NY 1926; ders., Father of the Bl., NY 1941; ders., The Birth of the Bl., NY 1941; A. M. Dauer, Der Jazz, Kassel (1958); C. Bohländer, Jazz-Gesch. u. Rhythmus, = Jazz studio I, Mainz (1960); M. Mezzrow u. B. Wolfe, Really the Bl., London 1961; S. B. Charters, The Country Bl., NY 1959, deutsch v. J. u. R. H. Foerster als: die story v. bl., München (1962); C. Gr. Herzog v. Mecklenburg u. W. Scheck, Die Theorie d. Bl. im modernen Jazz, = Slg mw. Abh. XLV, Straßburg u. Baden-Baden 1963.

Blues-piano → Barrel-house style.

Bluette (blü'ɛt, frz., Feuerfünkchen), witzsprühendes (meist satirisches) kurzes Theaterstück, auch musikalischer Art, in einer auf eine einzige Situation zugespitzten dramatischen Form, aus demselben Umkreis wie der → Sketch.

BMI, Broadcast Music Inc. (USA), Verwertungsgesellschaft musikalischer Rechte wie die → ASCAP.

Bobisation → Bocedisation.

Bocca chiusa (b'okka kĭu:za, ital.) → Bouche fermée.

Bocca ridente (ital., lachender Mund), bezeichnet ein Singen bei lächelnder Mundstellung.

Bocedisation, in den Lexika von Walther und Koch synonym mit Bobisation, bezeichnet die auf Waelrant, vielleicht auch D. Mostard zurückgehende Skala der 7 Tonsilben bo ce di ga lo ma ni, die in Deutschland um und nach 1600 (Calvisius, Lippius, Baryphonus) unter dem Namen Voces belgicae als Ersatz für die Solmisation gelehrt wurden. Sie vereinigt stimmbildnerisch vorteilhafte Silben mit einer eindeutigen Markierung der Halbtonstufen durch den Vokal i, allerdings ohne die chromatischen Töne zu bezeichnen.

Bock → Sackpfeife.

Bockstriller, auch Schafs- oder Geißtriller sowie meckernder Triller (ital. caprino; frz. tremblement chevroté, chevrottement) ist der Name für einen fehlerhaften, nämlich ungleichmäßigen und zitternden Triller, der infolge falscher Gesangstechnik im Munde statt im Kehlkopf entsteht. Die meisten Theoretiker des 18. Jh. erwähnen und verurteilen den B. (Tosi, Mattheson, Montéclair, Quantz, Marpurg, L. Mozart, Agricola u. a.). Er ist zu unterscheiden von dem in Italien seit etwa 1600 als wichtige Verzierung des monodischen Stils gelehrten → Trillo. – In der neueren Violintechnik (C. Flesch) bezeichnet man mit B. einen ohne Aufheben des Fingers aus dem Arm erzeugten Triller, »für dicke Finger in sehr hohen Lagen, insbesondere auf halben Tönen« als Notbehelf empfohlen.

Böhmen → Tschechoslowakei.

Böhmische Brüder (Brüdergemeine, Brüderunität; tschechisch Jednota Bratrská), eine in Böhmen aus der hussitischen Bewegung hervorgegangene, 1467 gegründete Sekte, der sich als deutscher Zweig hussitische Waldenser, die 1478 aus der Mark Brandenburg nach Landskron und Fulnek geflohen waren, und die Deutschen Brüder von Leitomischl anschlossen. Das um die Mitte des 16. Jh. blühende Schrifttum der B.n Br. gewann große Bedeutung für die gesamte böhmische Literatur. Nach der Schlacht am Weißen Berg (1621) erlosch das eigenständige Leben der B.n Br. Die von Nikolaus Ludwig Graf von Zinzendorf (1700–60) 1722 gegründete Kolonie Herrnhut in Sachsen und die von ihr ausgehende Bewegung der Brüdergemeine in Deutschland, dem europäischen Ausland und vor allem in Amerika geht auf die B.n Br. zurück. – Für die Hymnologie sind die Gesangbücher der B.n Br. wichtig geworden, deren erstes (tschechisches) 1501 ohne Melodien erschien mit 68 Liedern der Utraquisten und 21 der B.n Br. Die nächsten Gesangbücher erschienen 1505 und 1519 mit Melodien, jedoch sind beide verschollen. Die ersterhaltene tschechische Ausgabe mit Melodien, die Jan → Blahoslav 1541 unter Vorlage der Gesangbücher von 1505 und 1519 besorgte, überliefert 308 Weisen, von denen 260 trotz wechselnder Texte in den folgenden Auflagen bis zur letzten von 1618 unverändert blieben. Der Gesang war offenbar nur einstimmig im Wechsel zwischen Vorsänger und Chor oder zwischen 2 Chören. Figural- und Instrumentalmusik fehlten ganz. – Das früheste deutsche Gesangbuch der B.n Br. gab 1531 in Jungbunzlau Michael Weiße (Weysse) mit 157 notierten Liedern wohl nach dem Brüdergesangbuch von 1519 heraus. Die Melodien im Weißeschen Gesangbuch sind ihrem Ursprung nach als Gesänge der Utraquisten wie der B.n Br. weitgehend Kontrafakta lateinischer Cantionen und liturgischer Gesänge und nur selten von den B.n Br.n neu geschaffen. Weißes besondere Leistung liegt in der Übersetzung und Neugestaltung der Texte und in den eigenen Dichtungen. Um ihren reichen Schatz an Gemeindeliedern wurden die B.n Br. sogar von den Lutheranern beneidet. Zahlreiche Lieder Weißes fanden Aufnahme in die neueren Gesangbücher der evangelischen Kirche, darunter *Christus der uns selig macht,* *Gelobt sei Gott im höchsten Thron, Nun laßt uns den Leib begraben.* Weißes Gesangbuch von 1531 wurde 1544 von J. Horn (= Jan Roh) in Nürnberg und 1566 von Michael Tham, Johannes Geletzky und Petrus Herbertus in Eibenschitz erweitert und neu aufgelegt. Durch die Forschung im 19. Jh. (Wackernagel, Koch, Zahn) wurden die Lieder der B.n Br. für den allgemeinen evangelischen Kirchengesang besonders als Gemeindelieder mit melodisch kirchentonaler Prägung neu wirksam. – Das erste Gesangbuch der Herrnhuter Brüdergemeine von 1704 schloß sich eng an das Freylinghausensche Gesangbuch an und enthält von insgesamt 835 Liedern nur 35 Lieder der B.n Br. Zinzendorf war mit 35 Liedern beteiligt, während im offiziellen Gesangbuch der Brüdergemeine von 1735 von insgesamt etwa 1000 Liedern 225 von Zinzendorf stammen. Für die Praxis der Singstunden erschien gesondert das *Kleine Brüdergesangbuch* (1739, 1761, 1767) mit Liedstrophen und Liedbruchstücken, wie es dem improvisatorischen Brauch während der Singstunden entsprach. 1778 gab der Kantor Christian Gregor (1723–1810) ein großes Gesangbuch heraus. Es wurde erst 1927 durch das *Gesangbuch der evangelischen Brüdergemeine* ersetzt, das sich dem allgemeinen evangelischen Kirchengesang nähert, wie umgekehrt zahlreiche Lieder der Brüdergemeine in die evangelischen Gesangbücher Eingang fanden, z. B. *Herr und Ältester deiner Kreuzgemeine.* Gregor besorgte 1784 auch ein Choralbuch der Brüdergemeine, die eine besonders von K. H. Graun beeinflußte Mehrstimmigkeit pflegte. Bemerkenswert wegen ihrer Bach-Aufführungen (amerikanische Erstaufführungen der großen Vokalwerke Bachs) ist die Brüdergemeine in Bethlehem in Pennsylvanien (USA).

Ausg.: PH. WACKERNAGEL, Das deutsche Kirchenlied III, Lpz. 1869 (alle gereimten Texte d. B. Br.); J. ZAHN, Die Melodien d. deutschen ev. Kirchenlieder, 6 Bde, Gütersloh 1888–93, München ²1946; Das tschechische Kantionale v. 1541, in: Monumenta Bohemia Typographica III, Prag 1927; W. THOMAS u. K. AMELN, Singen wir heut mit gleichem Mund, 20 1st. Chöre f. d. Gemeindegottesdienst, Kassel 1929; M. WEISSE, En new Gesengbuchlen (1531), hrsg. v. W. Thomas, Kassel 1931, u. v. K. Ameln, Kassel 1957; Choralbuch d. ev. Brüdergemeine, Bln 1960.

Lit.: C. v. WINTERFELD, Der ev. Kirchengesang I, Lpz. 1843, S. 265–301; E. E. KOCH, Gesch. d. Kirchenliedes I u. II, Stuttgart ³1866–67; R. WOLKAN, Das deutsche Kirchenlied d. B. Br. im 16. Jh., Prag 1891; J. TH. MÜLLER, Hymnologisches Hdb. zum Gesangbuch d. Brüdergemeine, Herrnhut 1916; DERS., Gesch. d. B. Br., Herrnhut, 3 Bde, 1922–31; E. LEHMANN, M. Weisse, Landskron 1922; W. THOMAS, Deutscher Brüdergesang in Böhmen vor 400 Jahren, MuK II, 1930; H. SCHMIDT, Die B. Br., Bln 1938; B. SAILER, Bach in Bethlehem, MuK XX, 1950; W. BLANKENBURG, Zur Frage nach d. Herkunft d. Weisen d. Gesangbuches d. B. Br. v. 1531, MuK XXI, 1951; BR. STÄBLEIN, Die ma. liturgischen Weisen im Gesangbuch d. B. Br. v. 1531, Mf V, 1952; C. SCHOENBAUM, Die Weisen d. Gesangbuches d. B. Br. v. 1531, Jb. f. Liturgik u. Hymnologie III, 1957; DERS., Zur Problematik d. Mg. Böhmens u. Mährens, Mf X, 1957; J. SLIZINSKI, Über d. literarische Tätigkeit d. B. Br. in Polen, Wiss. Zs. d. E. M. Arndt-Univ., Ges.- u. sprachwiss. Reihe IX, 1959/60; J. KOUBA, Poznámky k české hymnologii (»Bemerkungen zur tschechischen Hymnologie«), Miscellanea Musicologica XII, Prag 1960.   UM

Bogen, – 1) in der Notenschrift ein graphisches Zeichen mit verschiedenen Bedeutungen. Der legato-B. trat in italienischen Orgeltabulaturen des frühen 16. Jh. in Musik für Streicher und Bläser auf und ist zugleich Anweisung für Bogen- bzw. Atemführung. Scheidt übertrug ihn 1624 als imitatio violistica auf die Klavierinstrumente. Der Halte-B. steht über Noten gleicher Tonhöhe und bedeutet Aushalten bis zum Gesamtwert der Noten. Bei direkter Folge von legato- und Halte-B. wurde bis ins 19. Jh. (zum Teil auch wieder in der modernen Editionstechnik) der girlandenförmige B. geschrieben:

Nach C. Ph. E. Bach (1753) wird die 1. Note unter einem B. betont:

Obwohl erst seit Riemann die → Phrasierung durch B. konsequent angezeigt wurde, kommen Phrasierungsbögen schon vorher vor (Beethoven). Um Verwechslungen vorzubeugen, werden jedoch Phrasierungen nicht mehr durch Bögen (wie bei Riemann), sondern durch eckige Klammern angezeigt. Diese Klammern ersetzen in modernen Ausgaben auch den Gruppen-B.:

Sie bezeichnen auch eine aufgelöste → Ligatur. Bei Debussy sind die ins Leere gehenden Bögen Pedalzeichen. Zusammen mit Punkten stehen Bögen bei → staccato und → Bebung. – 2) Der Streichbogen ist zuerst für das 10. Jh. im arabisch-islamischen Raum (al-Fārābī; Abbildungen in mozarabischen Handschriften) und im byzantinischen Reich nachgewiesen. Im Abendland wurde er bei den einheimischen Saiteninstrumenten verwendet, nachdem zuvor um das Jahr 1000 lange Schlag- oder Reibestäbe (→ Plektron) mehr und mehr üblich waren. Das hohe Mittelalter kannte zahlreiche B.-Formen, vom flachen bis zum halbkreisförmigen, von etwa 20 cm – 120 cm Länge. Roßhaarbespannung und deren Bestreichen mit Harz (Kolophonium) ist seit dem 13. Jh. bezeugt; der Bezug war im Mittelalter wesentlich dünner als in der Neuzeit (im 19. Jh. 100–120, im 20. Jh. 150–250 Haare). Bis ins 17. Jh. wurde die Spannung mit den Fingern durch Druck auf den Bezug am unteren Bogenende geregelt. Die Crémaillère, eine Vorrichtung aus Öse und Zahnreihe zur Einstellung der Spannung, wurde im frühen 18. Jh. durch den modernen Frosch mit Stellschraube ersetzt. Damit und mit der Verwendung von Pernambukholz in konkaver Krümmung und Stärke der Stange schuf Fr. → Tourte den modernen B. – Der im 20. Jh. konstruierte »Bach-B.« für das Spiel von J. S. Bachs Sonaten und Partiten solo (BWV 1001–1006; → Telmányi) ist ohne historisches Vorbild. – 3) B. als Musikinstrument → Musikbogen.

Lit.: zu 1): BACH Versuch; H. SCHENKER, Weg mit d. Phrasierungsb., in: Das Meisterwerk in d. Musik I, München 1925; H. UNVERRICHT, Die Eigenschriften u. d. Originalausg. v. Werken Beethovens in ihrer Bedeutung f. d. moderne Textkritik, = Mw. Arbeiten XVII, Kassel 1960; M. SCHULER, Punctum, suspirium u. Bindeb., Mf XV, 1962. – zu 2): G. A. WETTENGEL, Lehrbuch d. Geigen- u. Bogenmacherkunst, Weimar 1869; P. O. APIAN-BENNEWITZ, Die Geige, d. Geigenbau u. d. Bogenverfertigung, Weimar 1892, Lpz. ²1920; H. SAINT-GEORGE, The Bow, Its Hist., Manufacture and Use, London 1896; C. SACHS, Die Streichbogenfrage, AfMw I, 1918/19; F. WUNDERLICH, Der Geigenb., seine Gesch., Herstellung u. Behandlung, Lpz. 1936, Wiesbaden ²1952; H.-H. DRÄGER, Die Entwicklung d. Streichb., Kassel 1937; W. BACHMANN, Die Anfänge d. Streichinstrumentenspiels, = Mw. Einzeldarstellungen III, Lpz. 1964; J. RODA, Bows for Mus. Instr. of the V. Family, Chicago 1959. – A. SCHERING, Verschwundene Traditionen d. Bachzeitalters, Bach-Jb. I, 1904; R. SCHROEDER, Bachs Soloviolinsonaten original, DMK I, 1936/37; DERS., Über d. Problem d. mehrst. Spiels in J. S. Bachs Solovioliniensonaten, in: Bach-Probleme, Lpz. 1950; A. SCHWEITZER, Die f. Bachs Werke f. V. solo erforderliche Geigenb., Bach-Gedenkschrift, Zürich (1950); E. TELMÁNYI, Problemer omkring Bachbuen, DMT XXIX, 1954; D. D. BOYDEN, The V. and Its Technique, Kgr.-Ber. Köln 1958.

Bogenflügel (Streichklavier), ein Klavier, bei dem die Saiten durch Scheibenräder wie bei der → Drehleier angestrichen werden. Das bekannteste war das Nürnbergische Geigenwerk (Geigenclavicymbel) des Hans → Heyden (1575, verbessert bis 1599). Praetorius bildet es 1619 ab und gibt einen Auszug aus der 2. Ausgabe (1610) von Heydens dazugehörendem Traktat. Demnach war es ein Flügel mit 4 Oktaven Umfang, 5–6 mit Pergament überzogen und mit Kolophonium bestrichen, durch einen Pedaltritt oder von einem Kalkanten mit einem Handzug bedienten Rädern. Die Saiten wurden beim Niederdrücken der Tasten durch Häkchen auf die Räder herabgezogen. Das Geigenwerk sollte allen Tasteninstrumenten überlegen sein, da es affektuoses Spiel erlaube und in der Lage sei, *die Moderation der Stimmen auch ins Clavir zu bringen.* – Obwohl zahlreiche Erfinder Konstruktionen von B.n versuchten, setzte sich keines dauernd durch. Die frühesten Entwürfe stammen von Leonardo da Vinci und V. Galilei, der letzte war das Streichharmonium von Beddies in Gotha (1909). Das komplizierteste Instrument dieser Art war die Xänorphika von C. L. Röllig 1797, die für jede Taste einen besonderen Bogen in Bewegung setzte. Ein zwischen B. und Glasharmonika stehendes Instrument war Fr. → Kaufmanns Harmonichord (1808), für das C. M. v. Weber 1811 ein Adagio und Rondo mit Orch. komponierte. C. Ph. E. Bach schrieb 1783 eine Sonate für den B. (Neudruck in: A. Farrenc, *Le Trésor des pianistes* VIII).

Lit.: PRAETORIUS Synt. II; WALTHER L, Artikel Clavier-Gamba; FR. W. MARPURG, Anleitung zum Clavierspielen, Bln 1755, ²1765; J. S. PETRI, Anleitung zur practischen Musik, Lauban 1767, Lpz. ²1782; SACHSL, Artikel Streichkl.; G. KINSKY, H. Haiden, d. Erfinder d. Nürnbergischen Geigenwerks, ZfMw VI, 1923/24; W. KAHL, Das Nürnberger hist. Konzert v. 1643..., AfMw XIV, 1957.

Bogenführung (frz. coup d'archet; engl. bowing), die Führung des Bogens auf den Streichinstrumenten mit dem rechten Arm und der rechten Hand. Ursprünglich war bei der Vielzahl der Saiten auf alten Instrumenten die B. der kompliziertere Bewegungsvorgang gegenüber den ruhigeren Bewegungen von Finger und Hand. Die Bogenhaltung bzw. der Bogengriff, die Art und Weise, wie der Bogen gefaßt, gehalten und über die Saiten gestrichen wurde, war ähnlich wie Form und Mechanik des Bogens einer Entwicklung unterworfen. Mit der Bevorzugung des konkaven Bogens (Tourte) und seiner Mechanik der Spannung hat sich für das Violin-, Viola- und Violoncellospiel der Obergriff in der Höhe des Frosches endgültig durchgesetzt: Zeige-, Mittel- und Ringfinger liegen über der Bogenstange, der kleine Finger steht auf ihr, während der Daumen unmittelbar dort, wo das obere Teil des Froschvorsprungs an der Stange ansetzt, gegenüber dem Mittelfinger gehalten wird. Gambe- und Kontrabaßbogen werden noch heute im Untergriff gespielt: das untere Ende der Bogenstange liegt in der Falte zwischen Daumen und Zeigefinger, die Zeigefingerspitze liegt von unten auf der Stange, die Mittelfingerspitze unmittelbar am Froschausschnitt, das Endglied des Ringfingers und der nicht aktiv beteiligte kleine Finger berühren die Unterseite des Frosches. Die französische Baßbogenhaltung bevorzugt heute den Obergriff. Bei der Streichbewegung (→ Abstrich, Aufstrich) sind Beuge- und Streck-, Roll- und Abbiegungsbewegungen beteiligt. Das Verhältnis von Bogendruck und Strichgeschwindigkeit und die Strich- bzw. Kontaktstelle (Berührungspunkt des Bogens mit der Saite) bestimmen Tonqualitäten, Dynamik, Artikulation und Phrasierung. Die Beziehungen dieser Vorgänge untereinander, durch feinstes Nerven- und

Muskelspiel des rechten Armes geordnet, werden vom Ohr als Initiator und Korrektor der Klangvorstellung überwacht. Die gebräuchlichsten Stricharten sind: → détaché, → martellato, → legato, → portato, → staccato, → spiccato (Springbogen), → flautato, → sul ponticello (au chevalet), → col legno.

Lit.: C. H. P. Stoeving, The Art of V. Bowing, London 1902, deutsch als: Die Meisterschaft über d. Bogen, Lpz. 1923; F. A. Steinhausen, Die Physiologie d. B. auf d. Streichinstr., Lpz. 1903, ²1907, ⁵1928, dazu A. Moser in: ZIMG XII, 1910/11; A. Jahn, Die Grundlagen d. natürlichen B. auf d. V., Lpz. 1913; L. Capet, La technique supérieure de l'archet, Paris 1916; F. Trendelenburg, Die natürlichen Grundlagen d. Streichinstrumentenspiels, Bln 1925; A. de Chessin, Le guide du violoniste, Avignon 1952; F. Küchler, Lehrbuch d. B., Lpz. 1929, NA Lpz. (1954); B. A. G. Seagrave, The French Style of V. Bowing and Phrasing from Lully to Jacques Aubert (1650–1750) ..., Diss. Stanford (Calif.) 1958, maschr. GK

Bolero, spanischer Tanz, um 1780 angeblich von S. Zerezo als Abart des → Fandango gestaltet, in mäßig bewegtem 3/4-Takt (im Wechsel mit 2/4):

gespielt von Gitarre und Tamburin. Der Tanzende begleitet seine Schritte mit Gesang und Kastagnetten. Charakteristisch ist das plötzliche Anhalten der Bewegung, verbunden mit einer Pose, bei der ein Arm über dem Kopf emporgestreckt wird (bien parado). Als Volkstanz ist der B. heute fast verschwunden. Im allgemeinen besteht er aus 5 Teilen (Paseo, Traversias, Diferencias, Traversias, Finale). Frühe rhythmische Formen sind:

eine spätere ist dem klassischen Rhythmusschema der Polonaise ähnlich:

Bekannt ist ein 2st. B. von J. T. Murguía (1758–1836) und ein 3st. B. von F. Sor (B. a solo und B. a due). Der B. kommt in der Kunstmusik vor u. a. bei Beethoven (*Lieder verschiedener Völker*, WoO 158, 1:19 und 20) und in Opern von Méhul, C. M. v. Weber, Auber, häufig in der Klaviermusik (auch Salonmusik), so bei Chopin (op. 19), Moszkowski, Sibelius. Das berühmteste Beispiel in neuerer Zeit ist der ursprünglich als Ballett komponierte B. von M. → Ravel für Orch. (1928). – Von dem spanischen B. ist der kubanische B. als eine Abart der → Rumba zu unterscheiden. Er verläuft in langsamerem Tempo und steht im 2/4- oder 2/2-Takt mit dem Rhythmus:

Er ist ein negroider Tanz, der auch B. cubano genannt wird und als solcher nach 1945 in Europa bekannt wurde.

Lit.: Don Preciso (J. A. de Zamácola), Vorrede zur Colección de las mejores Seguidillas, Tiranas y Polos ..., Madrid 1799, ²1816; F. Sor, Le boléro, in: Encyclopédie pittoresque de la musique, Paris 1835; Estébanez Calderón, Escenas andaluzas, Madrid 1847; W. Hess, Beethovens »B. a solo«, Mk XXX, 1937/38; G. Kinsky, Das Werk Beethovens, hrsg. v. H. Halm, München u. Duisburg (1955).

Bolivien.
Lit.: A. Benjamín, Notas para la hist. de la música en Bolivia, La Paz 1925; T. Vargas, Aires nacionales de Bolivia, 4 Bde, Cochabamba u. Santiago de Chile 1940ff.; J. Díaz Gainza, Hist. mus. de Bolivia. Epoca precolonial, Potosi 1962.

Bologna (Emilia).
Lit.: G. Martini, Serie cronologica de'principi dell'Accad. dei Filarmonici di B., B. 1776; Fr. Tognetti, Discorso su i progressi della musica in B., B. 1818, mit Anh. 1819; G. Gaspari, zahlreiche Studien über Musik u. Musiker in B., in: Atti e memorie della Deputazione di Storia Patria per le provincie della Romagna, B. 1867–80; L. Bignami, Cronologia di tutti gli spettacoli rappresentati nel Gran Teatro Comunale di B., B. 1882; C. Ricci, I teatri di B. nei s. XVII° e XVIII°, B. 1888; ders., Liutisti e liutai a B., RMI XXIII, 1916; ders., Per la storia della musica in B., RMI XXIV, 1917; P. Wagner, Die konzertierende Messe in B., Fs. H. Kretzschmar, Lpz. 1918; Fr. Vatielli, Arte e vita mus. a B., 2 Bde, B. 1922 u. 1927; ders., L'oratorio a B. negli ultimi decenni del Seicento, Note d'Arch. XV, 1938; J. Berger, Notes on some 17th Cent. Compositions for Trumpets and Strings in B., MQ XXXVII, 1951; O. Mischiati, Per la storia dell'oratorio a B., CHM III, 1963.

Bolognesische Schule, eine Gruppe während der 2. Hälfte des 17. Jh. in Bologna wirkender Komponisten, deren Instrumentalkompositionen zur Durchgestaltung von Trio- und Solosonate und zur Entstehung der Konzertform wesentlich beigetragen haben. Die musikalischen Zentren bildeten die Kapelle von San Petronio (Kapellmeister: 1657–71 Cazzati, 1674–95 Colonna, 1696–1756 Perti) und die 1666 gegründete Accademia Filarmonica (Mitglieder u. a. die beiden Bononcini), die im 17. und 18. Jh. eine der wichtigsten Pflegestätten des Palestrinastils war. Sicher hat die mit der B.n Sch. gleichzeitige Pflege des volkssprachlichen Oratoriums in Bologna die Aufnahme des solistischen Konzertstils in die Instrumentalmusik gefördert und die Komposition konzertierender Kurzmessen ohne C. f. für 3 Stimmen (ohne Tenor) und Streicher angeregt (Albergati, degli Antonii, Arresti, Cazzati, Colonna). Zur B.n Sch. zählen u. a. die Komponisten von Violinsolo- und Triosonaten M. Cazzati, G. B. Bassani, D. Gabrielli (diese sowie Albergati, Arresti, Gasparini u. a. sind auch wichtig für die Entwicklung der Kantate), P. degli Antonii, T. A. Vitali und G. Aldrovandini. A. Corelli, der Mitbegründer des Concerto grosso, wurde von 1670 bis etwa 1675 an der Accademia Filarmonica ausgebildet. In den Drucken seiner ersten Werke (Rom 1681–89) wird er »il bolognese« genannt. Am bedeutendsten neben dem Sonatenkomponisten G. B. Vitali ist G. Torelli (1658–1709) als Mitbegründer des Violinkonzertes, das offenbar in der B.n Sch. aus der Sonate für Solotrompete und Streicherbegleitung entwickelt wurde, einer Sonderform der vierstimmigen oder mehrchörigen Orchestersonate oder -sinfonie. Im Solokonzert und im Concerto grosso machte Torelli die Dreisätzigkeit (schnell–langsam–schnell) zur Regel.

Lit.: G. Gaspari, La musica in San Petronio, Bologna 1868–70; A. Schering, Gesch. d. Instrumentalkonzerts bis auf d. Gegenwart, = Kleine Hdb. d. Mg. nach Gattungen I, Lpz. 1905, ²1927; P. Wagner, Die konzertierende Messe in Bologna, Fs. H. Kretzschmar, Lpz. 1918; L. Frati, Per la storia della musica in Bologna nel s. XVII, RMI XXXII, 1925; Fr. Vatielli, La scuola mus. bolognese, in: Strenna storica bolognese, B. 1928; K. G. Fellerer, Der Palestrinastil u. seine Bedeutung in d. vokalen Kirchenmusik d. 18. Jh., Augsburg 1929; N. Morini, La R. Accad. filarmonica di Bologna: monografia storica, Bologna 1930; H. G. Mishkin, The Solo V. Sonata of the Bologna School, MQ XXIX, 1943; W. Newman, The Sonata in the Baroque Era, Chapel Hill 1959; A. Hutchings, The Baroque Concerto, London 1961.

Bombarde (frz.; ital. bombardo), Bomhart, Bezeichnung für verschieden mensurierte Zungenstimmen der Orgel mit trichterförmigem Becher. Im französischen Orgelbau werden unter B. die trompetenartigen Zungenstimmen (mittelweit) in 16′- und 32′-Lage verstanden; in Deutschland wird der Name gleichbedeutend mit den häufiger gebrauchten Registerbezeichnungen Fagott (eng) und Horn bzw. Tuba (weit; hier fälschlich für Bombardon) verwendet.

Bombardon → Tuba (– 2).

Bombo (ital.; lat. bombus) → Schwärmer.

Bomhart, Bombart (frz. bombarde; ital. bombardo; span. bombarda; nhd. umgebildet zu Pommer), Name einer Familie von Doppelrohrblattinstrumenten mit konischer Bohrung, 6–7 vorderständigen Grifflöchern und 1–4 Klappen, die von einer Schutzkapsel (Fontanelle) umgeben werden. Die B.e entstanden wahrscheinlich zu Anfang des 15. Jh., zuerst in Alt- und Tenorlage. 1391 werden in Aragonien *tocadores de chalemia, bombarda y cornemusa* genannt; 1484 nennt Tinctoris eine *tibia tenor quam vulgo bombardam vocant*. Zu Beginn des 17. Jh. ist die Familie bis zum Großbaß ausgebaut; der Diskant, obwohl von gleicher Mensur, hat den Namen → Schalmei behalten. Praetorius gibt 1619 außer Diskant und Klein Discant Schallmey 5 Sorten von Pommern: Klein Alt Pommer g–d²; Nicolo (Groß Alt Pommer) c–g¹; Tenor Pommer G–g¹; Baß Pommer C–h; Groß Baß Pommer ₁F–e. Die Großbaßpommer, mit einer Länge von etwa 3 m, gehören zu den größten Blasinstrumenten und waren schon zu ihrer Zeit Seltenheiten; sie wurden schnell verdrängt durch handlichere Instrumente mit geknickter Röhre wie die Fagotte. Großbaßpommern sind erhalten in Berlin, Lübeck und Salzburg; ein vollständiger Satz von Pommern in Berlin. Die Baßinstrumente wurden mit einem S-förmigen Anblasrohr gespielt, die anderen mit einer Pirouette. Die B.e gehören zur lauten Musik (haute musique) und mit Posaunen und Zinken zum alta-Ensemble. – Im 14. Jh. erscheint Pumhart als Name einer einfachen Baßstimme zu einer Liedmelodie, z. B. beim Nachthorn und Taghorn des Mönchs von Salzburg (Mondsee-Wiener Liederhandschrift); der gleiche Name bezeichnet auch die Baßsaiten der Lauten und Großgeigen.
Lit.: PRAETORIUS Synt. II; W. FREI, Schalmei u. Pommer, Mf XIV, 1961.

Bonang, hinterindisch-indonesisches Gongspiel (balinesisch trompong), das besonders im javanischen → Gamelan gespielt wird. Ein B. besteht aus 2 Reihen Bronzeklangkesseln (im → Pélog 2×7, im → Sléndro 2×5), die in einem Holzrahmen an quergespannten Schnüren hängen; ältere Formen sind einreihig. Jeder Klangkessel ist ein tiefrandiger Gong, dessen Öffnung nach unten zeigt. Je nach Stimmung (und entsprechender Größe) unterscheidet man (tief – mittel – hoch) B. panembung, B. barung und B. panerus. Die Kessel werden an ihrem Schlagbuckel mit einem langen, stoffumwickelten Schlägel angeschlagen.
Lit.: SACHSL; C. SACHS, Die Musikinstr. Indiens u. Indonesiens, Bln 1915, ²1923; DERS., Geist u. Werden d. Musikinstr., Bln 1929; H. SIMBRIGER, Gong u. Gongspiele, = Internationales Arch. f. Ethnographie XXXVI, Leiden 1939; J. KUNST, Music in Java, 2 Bde, Den Haag 1949.

Bongo, eine Paartrommel afrokubanischer Herkunft, die aus zwei verschieden (bis »Quint«-Abstand) gestimmten Trommeln zusammengesetzt ist und mit den lateinamerikanischen Tänzen (Mambo, Cha-cha-cha) Verbreitung gefunden hat. Die Trommeln des B. (etwa 15 bzw. 20 cm hoch, ⌀ ebenfalls 15/20 cm) hängen nebeneinander, sie besitzen jeweils nur ein Schlagfell und sind unten offen. Das B. wird sowohl mit den Fingern (Fingerkuppen, -nägel) als auch mit den Handballen geschlagen. Sein Klang ist hell, trocken und hart. Fell- und Randschläge ergeben mehrere Klangfarben, die durch die verschiedenen Schlagtechniken variiert werden können.

Bonn.
Lit.: A. SANDBERGER, Die Inventare d. B.er Hofkapelle, = Aufsätze zur Mg. II, München 1924; H. E. PFEIFFER, Theater in B. v. seinen Anfängen bis zum Ende d. frz. Zeit, 1600–1814, Diss. Köln 1932, = Die Schaubühne VII, Emsdetten i. W. 1933; J. SCHMIDT-GÖRG, Musikgeschichtliches aus d. ältesten Kapitelakten d. B.er Münsters, in: B. u. sein Münster, B. 1947; TH. A. HENSELER, Das mus. B. im 19. Jh., = B.er Geschichtsblätter XIII, B. 1959.

Boogie-Woogie (b′ugi-w′ugi, engl.), eine unter den Negern der USA im Zusammenhang mit Blues und Jazz entstandene Klavierspielweise, die in Chikago um 1920 den ersten Höhepunkt erlebte, aber erst seit 1930 international bekannt und dann auch von den Big bands der Swing-Ära als Spielweise übernommen wurde. Der B.-W. (auch Breakdown) ist die bekannteste Ausprägung des → Barrel-house style. Es liegt stets ein harmonisches Bluesschema zugrunde, wobei die linke Hand des Pianisten in einprägsamer – meist punktierter – rhythmischer Ausgestaltung die Grundfunktionen angibt, und dieses rhythmisierte Baßschema dauernd wiederholt wird (walking bass). Die rechte Hand führt das Bluesschema stets in neuen Varianten aus, wobei Triller, gebrochene Akkorde, Tonskalen und Tremoli hervorstechend sind. Die wesentlichen Blue notes, deren Intonation auf dem Piano an sich nicht möglich ist, werden durch gleichzeitiges Anschlagen der großen und kleinen Terz wie der großen und kleinen Septimen hervorgebracht, sehr häufig wird das → Riff angewandt. Neben wuchtigen Stücken (Meade Lux Lewis) finden sich auch sehr zarte B.-W.s (Jimmy Yancey). Ursprünglich ist der B.-W. eine Solospielweise des Pianos, später wurden aber auch, besonders in Club-Konzerten, 2–3 Pianos verwendet (Pete Johnson, M. L. Lewis und Gene Ammons). Von den Big bands, die den B.-W. übernahmen, ist vor allem die von Count Basie zu nennen.

Bop → Be-bop.

Bordun (lat. bordunus; frz. bourdon; ital. bordone; engl. burdoun, bourdon; mhd. purdûne). Ein früher italienischer Beleg für B. als musikalischer Ausdruck findet sich bei Dante (*Purgatorio* XXVIII, 18): Vögel singen, die Blätter rauschen den B. zu ihren Liedern (*... che tenevan bordone a le sue rime*). Ähnlich heißt es um 1390 bei Giovanni da Prato (*Il Paradiso degli Alberti*, Bologna 1867, Band III, S. 20): »Zwei Mädchen singen eine Ballata, während Biagio di Sernello die tiefere Stimme hält« (*... tenendo loro bordono*). In England begegnet das französische Lehnwort burdoun seit dem 14. Jh. mehrfach in der Bedeutung »Tiefstimme«, »tiefstimmige Begleitung«, zuerst in einer Chronik des Robert Mannyng von 1338: *wyth treble, mene, and burdoun*, später bei Chaucer u. a. H. Besseler nimmt an, daß der von ihm beschriebene »bassierende« Contratenor im Kantilenensatz der Ciconia-Dufay-Zeit bourdon genannt wurde (→ Fauxbourdon). Im Traktat des Hieronymus de Moravia (um 1270) sind mit bordunus die außerhalb des Griffbretts freilaufenden Saiten der Fiedel (viella) bezeichnet. Ähnlich werden später die tiefen Saiten der Drehleier und die tiefen Pfeifen der Sackpfeife B. genannt, die (auch mit Quinte und Oktave) in unveränderlicher Tonhöhe ständig mitklingen. Daneben werden auch tiefe Glocken B. genannt. Der tiefste Chor der 5chörigen Laute des 15. Jh., im 16. Jh. der zweittiefste der 6chörigen Laute, hieß B. (ital. bordone, auch bordoni). In der Orgel sind B.e Gedacktregister zu 32′, 16′ oder 8′, nach Praetorius 1619 *sonderlich wenn sie enger Mensur sind.* – Im Organum wurde die unbeweglich auf einem Ton liegende Haltestimme bordunus organorum genannt (so bei Anonymus IV, CS I, 359a), auch punctus organicus (daher → Orgelpunkt). Die Praxis des Bordunierens ist alt und heute noch in der Volksmusik Europas und außereuropäischer Länder verbreitet. – Somit deutet B. allgemein auf die Tieflage eines Instruments oder der Stimme einer Komposition, oft in Zusammenhang mit langen, unverändert ausgehaltenen Tönen. – Neuenglisch burden bedeutet auch Refrain.

Lit.: HIERONYMUS DE MORAVIA OP, Tractatus de Musica (Kapitel XXVIII), hrsg. v. S. M. Cserba, = Freiburger Studien zur Mw. II, 2, Regensburg 1935; PRAETORIUS Synt. II; WALTHERL, Artikel Bourdon; M. SCHNEIDER, Gesch. d. Mehrstimmigkeit I, Bln 1934, Rom ²1964; H. BESSELER, Bourdon u. Fauxbourdon, Lpz. 1950; H. M. FLASDIECK, Elisab. Faburden »Fauxbourdon« u. NE. Burden »Refrain«, Anglia LXXIV, 1956.

Bosnien.
Ausg.: VL. MILOŠEVIČ, Bosanske narodne pjesme (»Bosnische Volkslieder«) I: (Texte hrsg. v. Lj. Trivić), II: (Texte hrsg. v. Lj. Trivić, Transkription v. Br. Golubović), Banja Luka 1954–56.
Lit.: M. MURKO, Ber. über phonographische Aufnahmen epischer Volkslieder im mittleren B. u. d. Herzegowina, Wien 1915; BR. MARIJIC, Die Volksmusik B. u. d. Herzegovina, Diss. Wien 1936, maschr.; CVJ. RIHTMAN, Les formes polyphoniques dans la musique populaire de Bosnie et d'Herzégovine, Journal of the International Folk Music Council IV, 1952; D. CHRISTENSEN, Heterogene Musikstile in d. Dorf Gabela (Herzegovina), Kgr.-Ber. Köln 1958.

Boston (Mass., USA).
Lit.: ANON., The Harvard Mus. Ass., 1837–1912, B. 1912; M. A. DE WOLFE HOWE, The B. Symphony Orch., 1881–1931, B. 1931; H. McCUSKER, 50 Years of Music in B., in: Music Books XII, B. 1937; CHR. M. AYARS, Contributions to the Art of Music in America by the Music Industries of B. 1640–1936, NY 1937; H. LEICHTENTRITT, Koussevitzky, the B. Symphony Orch. and the New American Music, Cambridge (Mass.) 1946.

Boston (b'ɔstən, engl.), – 1) eigentlich Valse Boston, der amerikanische langsame Walzer, der nach 1870 aufkam und besonders um 1920 in Europa beliebt war. Das normale Tempo ist ♩ = 132, die Melodik lyrisch mit stark sentimentalem Einschlag. Der B. steht mitunter in Moll; das hebt ihn, mit teilweiser Ausnahme des Tangos, von den übrigen Tänzen der Zeit ab. Rhythmisch unterscheidet sich der B. vom Wiener Walzer durch die Begleitung. Nur die Eins im Takt erhält einen Akzent, während die beiden nachschlagenden Viertel unbetont bleiben. Im Klaviersatz wird das 3. Viertel in der Begleitung häufig gar nicht angeschlagen oder überhaupt nur die Eins mit ♩. taktweise angegeben, wobei dann die Mittelstimmen den laufenden Rhythmus übernehmen. Der gleichmäßige 3/4-Rhythmus wird oft durch Gegenstimmen mit ostinaten Figuren im 2/4- oder 4/4-Rhythmus abwechslungsreicher gestaltet:

Im Gegensatz zu anderen Tänzen dieser Zeit spielte man den B. vorzugsweise in Streicherbesetzung. Beispiele für die Übertragung des B. in die Kunstmusik bieten das I. Streichquartett (Schlußsatz) und die *Suite 1922* von Hindemith, die *Jazzberries* von L. Gruenberg (1925), von E. Schulhoff die *Partita* (1925) und dessen *Esquisses de Jazz* (1927). – 2) Mit to play a b. bezeichnet der Jazzmusiker ein regelmäßiges Angeben der Zählzeiten und somit die Bestimmung des Vortragstempos der Stücke im geraden Takt (4/4, Allabreve), was vor allem mit Hilfe des Klaviers geschieht.

bouché (buʃ'e, frz.), gestopft (bei Horn, Trompete usw.), gedackt (bei Orgelpfeifen).

Bouche fermée (buʃ fɛrm'e, frz.; ital. bocca chiusa), eine Gesangsmanier: wortloses Singen bei geschlossenem Munde; → Brummstimmen.

Bounce (bauns, engl., Sprung; bouncing, lebhaft, munter, hüpfend), Jazzbezeichnung aus der Swing-Ära, die sowohl das Tempo als auch den musikalischen Charakter betrifft. Das Tempo ist mäßig schnell. Der hüpfend schwingende Charakter ergibt sich aus der – gegenüber dem früheren Jazz und dem üblichen → Swing – betonten Unterscheidung von schweren und leichten Taktteilen des 4/4-Takts. Bekannt wurde der B. durch die Big bands von Jimmy Lunceford (Arrangeur Sy Oliver), Count Basie und Benny Goodman.

Bourdon (burd'õ, frz.) → Bordun.

Bourrée (bur'e, frz.; ital. buora, borea; engl. borry, borre), altfranzösischer, dem → Rigaudon ähnlicher Tanz, ein Reigen im 4/4-(4/8-)Takt mit ♩-Auftakt und häufiger Synkopierung des 2. und 3. Viertels. Rousseau (1768) bestätigt die Herkunft der B. aus der Auvergne, wo sie seit etwa 1550 als pantomimischer Tanz bekannt gewesen sein muß; einmal als Doppelfronttanz, dann als offener Paartanz im 3/8-Takt mit Auftakt, zur Sackpfeife oder Drehleier. Als Volkstanz auch außerhalb der Auvergne begegnet man der B. in Frankreich in nach Landschaften unterschiedenen Arten im 2-, teils im 3teiligen Takt. - Am französischen Hofe wurde die B. 1565 vorgestellt. Bereits 1587 scheint man sie gelegentlich in Paris getanzt zu haben. Aber erst seit etwa 1650 wurde der Volkstanz zum Gesellschaftstanz. Früh überlieferte, gesungene B.s (1615 gedruckt) folgen in den Ballets de cour unmittelbar auf die Airs. Zur eigentlichen Blüte gelangte die B. in stilisierter Gestalt jedoch erst im späten 17. Jh. Die erste genauere Beschreibung gibt der Pariser Tanzlehrer R. A. Feuillet (1699). Die Schrittordnung des Hoftanzes (Pas de B.) bestand demnach aus einem Beugeschritt mit folgendem Steifschritt auf den Fußspitzen und Sprung auf dem Standbein oder: Beugeschritt + 2 Steifschritte. Um 1650 findet sich die B. als 2. Satz einer Instrumentalsuite. Durch Lully um 1670 in Oper und Ballett gelangt, erscheint die B. zunehmend auch in Suite und Französischer Ouvertüre. Durch Lully, Rameau, Purcell, Händel fand sie europäische Verbreitung.

B. aus J. C. F. Fischers *Pièces de Clavessin* op. 2 (1696, Nachdruck 1698 als *Musicalisches Blumen-Büschlein*).

Bekannte Beispiele finden sich bei J. S. Bach (Orchester- und Klaviersuiten, 1. und 3. Violin-Solopartita), Händel (»Wassermusik«, Concerto grosso Nr 26), Muffat (Klaviersuite Nr 2), Pachelbel, Charpentier, Destouches, Campra, D. Scarlatti u. a. Österreichische Tanzkomponisten geben die B. unter ihrem italienisierten Namen buora an mit dem Rhythmus:

Ihre Bedeutung schwand nach 1750. – Seit dem Ende des 19. Jh. griffen französische Musiker die B. wieder auf (Saint-Saëns, Chabrier, Roussel, Canteloube, Fl. Schmitt, Lazzari, Pugno).

Lit.: R. A. FEUILLET, Chorégraphie, Paris 1700; J. CANTELOUBE, La danse d'Auvergne, in: Auvergne littéraire et artistique, H. 4, 1936; P. NETTL, The Story of Dance Music, NY (1947); P. R. FOURNIER, Deux noms de danses auvergnates, in: Le Français moderne XVI, Nr 3, 1948.

Boutade (but'ad, frz., Grille, Laune), Improvisation, Caprice, eine Bezeichnung für improvisierte Tänze oder kleine Ballette, auch für Instrumentalphantasien.
Lit.: J. MATTHESON, Das Beschützte Orch., Hbg 1717.

Brandenburg.
Lit.: C. SACHS, Musik u. Oper am kurbr.ischen Hof, Bln 1910; DERS., Mg. d. Provinz Br., in: Landeskunde d. Provinz Br. IV, 1916; K. PAULKE, Musikpflege in Luckau, Niederlausitzer Mitt. 1918; DERS., Die Kantorei-Ges. zu Finsterwalde, Fs. D. Fr. Scheurleer, Den Haag 1925; DERS., Stadtpfeifer, Kantoren u. Organisten in Prenzlau, ZfMw II, 1919/20; L. HAUPT u. J. E. SCHMALER, Volkslieder d. Sorben in d. Ober- u. Nieder-Lausitz, 1841, Neudruck Bln 1953.

Branle, Bransle (brã:l, frz., von branler, sich von einer Seite auf die andere wiegen; ital. brando), im 15./16. Jh. ein Seitenschritt mit Balancement, wie er in den Tanztabulaturen u. a. für die Basse danse (hier am Schluß jedes Abschnitts) festgelegt ist. Der Br. genannte stilisierte Tanz des 16./17. Jh., der ab etwa 1530 belegt ist, steht möglicherweise in Zusammenhang mit diesem Schritt der Basse danse.

T. Susato, *Het derde musyck boexken*, Antwerpen 1551.

Arbeau nennt 1588 26 Arten des Br.; die wichtigsten sind der Br. double (commun) mit einem Doppelschritt nach rechts und links nach der Reverenz:

und der Br. simple mit einfachem Schritt nach rechts und einer entsprechend durch Reduktion aus dem Br. double abgeleiteten Melodie:

Nach diesen feierlichen Schreittänzen im geraden Takt konnten die weniger stilisierten, schnelleren Tänze folgen, so der Br. gay und der sehr lebhafte Br. de Bourgogne. Diese 4 Typen bilden die Grundlage der alten französischen Tanzsuite. Am Schluß stand nach Arbeau der Br. de Bourgogne (auch Br. de Champagne). Der bekannteste der meist nach ihrem Herkommen aus französischen Provinzen oder aus dem Ausland benannten Br.s war der Br. de Poitou. Arbeau zählt auch die Gavotte zu den Br.s. Mersenne nennt 1636 eine Sechserfolge von Br.s: Br. simple, Br. gay, Br. à mener ou de Poictou, Br. double de Poictou, Br. de Montirandé und Gavote, wobei die Tänze von Satz zu Satz an Lebhaftigkeit zunehmen. Nachdem im 17. Jh. die stilisierten Br.s double und simple außer Übung gekommen waren, blieb die Bezeichnung Br. für die volkstümlichen Tänze, wie sie bei Maskeraden oder Wirtschaften (→ Festmusik) gepflegt wurden, oft als Reigen. Bei den Hofbällen Ludwigs XIV. und XV. gab es nur noch 2 Arten des Br.: Br. à mener und Gavotte, denen eine Courante oder auch, wie bei Rameau, ein Menuett folgten. – Br.s gaben heraus Attaingnant 1530 (u. a. von Gervaise und d'Estrée), M. Praetorius 1612 (*Terpsichore*: 55 Br.s, darunter solche von Fr. Caroubel und anderen Spielleuten der Pariser Bruderschaft St. Julien sowie aus der 1. Generation der 24 Violons du Roi) und W. Brade 1617.

Ausg.: TH. ARBEAU, Orchésographie, Langres (1588), NA v. L. Fonta, Paris 1888, engl. v. M. St. Evans, NY 1948; M. PRAETORIUS, Terpsichore, 1612, GA XV, Wolfenbüttel u. Bln 1929; F. DE LAUZE, Apologie de la danse, o. O. 1623; Vingt suites d'orch. du XVIIe s. frç., 1640–70, 2 Bde, hrsg. v. J. ECORCHEVILLE, Bln u. Paris 1906; R. v. LILIENCRON, Die hist. Volkslieder d. Deutschen IV, Bln 1869 (darin 5 Br.).

Lit.: ANON., L'art et instruction de bien danser, Paris um 1495, Faks. d. Royal College of Physicians, hrsg. v. V. Scholderer, London 1936; PRAETORIUS Synt. III; J.-J. ROUSSEAU, Dictionnaire de musique, Genf 1767(?), Paris 1768 u. ö.; J. ECORCHEVILLE, Un livre inconnu sur la danse (F. de Lauze, 1623), in: Gesammelte Studien, Fs. H. Riemann, Lpz. 1909; E. CLOSSON, La structure rythmique des Basses danses ..., SIMG XIV, 1912/13; FR. LESURE, Die »Terpsichore« v. M. Praetorius u. d. frz. Instrumentenmusik unter Heinrich IV., Mf V, 1952; DERS., La communauté d'instr. au XVIe s., Rev. hist. de droit frç. et étranger, 1953; M. DOLMETSCH, Dances of England and France from 1450 to 1600 ..., London (1949), ²1959; P. NETTL, The Story of Dance Music, NY (1947); DERS., Die Tänze J. d'Estrées, Mf VIII, 1955.

Brasilien.
Lit.: M. DE ANDRADE, Ensaio sobre a música brasileira, São Paulo 1928, ²1963; DERS., Popular Music and Song in Brazil, Rio de Janeiro 1943; E. HOUSTON-PÉRET, Chants populaires du Brésil, = Bibl. mus. du Musée de la Parole et du Musée Guimet I/1, Paris 1930; J. C. DE ANDRADE MURICY, Musique brésilienne, Rio de Janeiro 1937; DERS., Caminho de música, 2 Serien in 2 Bden, Curitiba 1946; L. H. CORREA DE AZEVEDO, Escala, ritmo e melodia no música dos indios brasileiros, Rio de Janeiro 1938; DERS., A música brasileira e seus fundamentos (Brief Hist. of Music in Brazil), = Pan American Union, Music Series XVI, Washington 1948; DERS., 150 años de música no Brasil 1800–1950, = Coleção documentos brasileiros LXXXVII, Rio de Janeiro 1956; DERS., CL. PERSON DE MATOS u. M. DE MOURA REIS, Bibliogr. mus. brasileira (1820–1950), = Inst. Nacional do livro, Coleção BI, Bibliogr. IX, ebenda 1952; G. DE BETTENCOURT, Temas de música brasileira, ebenda 1941, ²1946;

R. ALMEIDA, Hist. da música brasileira, Rio de Janeiro ²1942; DERS., Le folklore et l'enseignement de la musique au Brésil, Journal of the International Folk Music Council V, 1953; M. J. HERSKOVITS, Drums and Drummers in Afro-Brazilian Cult Life, MQ XXX, 1944; A. T. LUPER, The Music of Brazil, Washington ²1944; FR. C. LANGE, Ensayo sobre la hist. de la música culta en el Brasil, Montevideo 1948; FR. ACQUARONE, Hist. da música brasileira, Rio de Janeiro 1948; V. MARIZ, Diccionário bio-bibliogr. mus. (brasileiro e internacional), ebenda 1948; DERS., Música brasileña contemporánea, Rosario 1952; E. MEHLICH, Brasilianische Folklore, Melos XVII, 1950; M. SCHNEIDER, Contribución a la música indígena del Matto Grosso (Brasil), AM VII, 1952; O. ALVARENGA, Musica popolare brasiliana, Mailand 1954; M. A. C. GIFFONIK, Danças folclóricas brasileiras, São Paulo 1955; D. P. APPLEBY, A Study of Selected Compositions by Contemporary Brazilian Composers, Diss. Bloomington (Ind.) 1956, maschr.; E. NOGUEIRA FRANÇA, Música do Brasil, Rio de Janeiro 1957; F. BARRETO, Danzas indígenas del Brasil, México 1960; H. R. F. BRAGA, Música sacra evangélica no Brasil, Rio de Janeiro 1961; A. P. MERRIAM, Songs of the Gêge and Jesha Cults of Bahia, Brazil, Jb. f. mus. Volks- u. Völkerkunde I, 1963. – Kat. d. Bibl. Nacional, Seção de Música: Lit. mus. (s. XVI–XVII–XVIII), Rio de Janeiro 1954; Edições raras de obras mus., ebenda 1955; Música no Rio de Janeiro Imperial (1822–70), ebenda 1962.

Brass band (bɹɑːs bænd, engl.) → Marching band, → Blechmusik.

Brass section (bɹɑːs sˈekʃən, engl.) → Big band.

Bratsche, verkürzt aus dem älteren Bratschgeige oder Bratschvioline, einer Lehnübersetzung des italienischen Viola da braccio (Armgeige) im Gegensatz zur Viola da gamba (→ Gambe, Kniegeige). Die Kurzform findet sich schon bei Speer 1687 (Viol Braccio oder Braz). In der neueren Zeit ist Br. eine Bezeichnung für die Altvioline (→ Viola – 2).

Braunschweig.
Lit.: FR. CHRYSANDER, Gesch. d. Br.isch-Wolfenbüttelschen Capelle u. Oper v. 16.–18. Jh., Jb. f. mus. Wiss. I, Lpz. 1863; W. GURLITT, 2 archivalische Beitr. zur Gesch. d. Orgelbaues aus d. Jahren 1626 u. 1631, Br.isches Magazin 1913; H. SCHRÖDER, Verz. d. Slg alter Musikinstr. im Städt. Museum Br., Br. 1928; G. FR. SCHMIDT, Neue Beitr. zur Gesch. d. Musik u. d. Theaters am Herzoglichen Hofe zu Br.-Wolfenbüttel I, München 1929; H. SIEVERS, Die lat. liturgischen Osterspiele d. Stiftskirche St. Blasien zu Br., = Veröff. d. Niedersächsischen Musikges. II, Wolfenbüttel u. Bln 1936; DERS., Die Br.er Tabulaturen, Kgr.-Ber. Lüneburg 1950; DERS., Die Musik in Wolfenbüttel-Br., in: Die Musik in Hannover, 1961; DERS., mit A. Trapp u. A. Schum, 250 Jahre Br.isches Staatstheater 1690–1940, Br. 1941; H. CHR. WOLFF, Die Br.er Konzerte im 18. Jh., Mitt. d. Niedersächsischen Musikges., H. 1/2, Br. 1944; W. SALMEN, Zur Gesch. d. herzoglich-br.ischen Hofmusiker, Niedersächsisches Jb. f. Landesgesch. XXX, 1958; M. HÄRTLING, Der Meßgesang im Br.er Domstift St. Blasii (Hs. Niedersächsisches Staatsarch. in Wolfenbüttel VII B Hs 175), = Kölner Beitr. zur Musikforschung XXVIII, Regensburg 1963.

bravura (ital.; frz. bravoure), als Vortragsbezeichnung con br.: s. v. w. kühne, rasche, prunkende Ausführung eines Musikstücks (Bravourarie, Allegro di br., Valse de bravoure) in virtuosem Stil.

Break (bɹeːk, engl., Lücke, Unterbrechung), im Jazz Bezeichnung für eine kurze, improvisierte, häufig virtuose Phrase eines Solisten, die eine durch das plötzliche Aussetzen der Rhythmus- und Melodiegruppe (→ Band) entstehende Lücke überbrückt. Wegen der Unterbrechung des sonst durchlaufenden → Beat ist jeder Br. ein Einschnitt und kann deshalb nur an bestimmten Zäsurstellen des → Chorus (meist vor dem Halb- oder Ganzschluß) auftreten. Ursprünglich stammt der Begriff Br. aus dem Bluesgesang: Der Sänger unterbrach nach jeder Blueszeile den Gesang und überbrückte Texteinschnitt und Atempause durch ein kurzes Gitarrenzwischenspiel. Dieser Gitarren-Br. schloß, gleichsam kadenzierend, den Vortrag jeder Blueszeile. In der Bluesbegleitung durch instrumentale Gruppen fiel der Br. meist dem Kornett, der Trompete oder der Klarinette zu. Von dort gelangte die Technik des Br. über den instrumentalen Blues auch in den frühen Jazz, wurde bald nicht mehr nur auf Blues, sondern auch auf jeden anderen Chorus (→ Stop time) angewandt und konnte von allen Melodieinstrumenten ausgeführt werden. Schon im New-Orleans-Jazz begegnen Fälle des Doppel-Br., den 2 Melodieinstrumente gleichzeitig übernahmen (Oliver/Armstrong). Seit der Swing-Ära besteht sogar die Möglichkeit eines Schlagzeug-Br. Der Br. wird zwar solistisch vorgetragen, darf aber nicht mit einem Solo oder Solochorus verwechselt werden.

Brelka (russ.), russisches volkstümliches Holzblasinstrument mit einfachem, idioglottem Blatt, das auch in der Sackpfeife verwandt wird. Mit Halbtonklappen versehen kommt es auch im Balalaikaensemble vor.

Bremen.
Lit.: FR. WELLMANN, Die Bremer Stadtmusikanten, Jb. d. bremer Slg IV, 2, 1911; H. TARDEL, Zur bremischen Theatergesch., Bremer Jb. XXX, 1926ff.; FR. PIERSIG, Die Orgeln d. bremischen Stadtkirchen im 17. u. 18. Jh., ebenda XXXV, 1935; DERS. u. R. LIESCHE, Die Orgeln im Bremer Dom, Br. 1939; KL. BLUM, Musikleben in Br., in: Geistiges Br., Br. 1960.

Brescia.
Lit.: G. BIGNAMI, Per la storia della musica a Br., Note d'Arch. IX, 1934; Enciclopedia dei musicisti bresciani, hrsg. v. DEMS., Mailand 1963; P. GUERRINI, Gli organi e gli organisti delle cattedrali di Br., Note d'Arch. XVI, 1939.

Breslau.
Lit.: G. MÜNZER, Beitr. zur Konzertgesch. Br. ..., VfMw VI, 1890; M. SCHLESINGER, Gesch. d. Br.er Theaters, I: 1522–1841, Br. 1897; L. SITTENFELD, Gesch. d. Br.er Theaters v. 1841–1900, Br. 1909; H. H. BORCHERDT, Gesch. d. ital. Oper in Br., Zs. d. Ver. f. Gesch. Schlesiens XLIV, 1910; H. E. GUCKEL, Kath. Kirchenmusik in Schlesien, I: Gesch. d. Br.er Domchors v. 1668–1805, Br. 1912; J. SASS, Die mus. Ämter u. Einrichtungen in d. drei ev. Haupt- u. Pfarrkirchen d. Stadt Br., Diss. Br. 1922, maschr.; FR. FELDMANN, Der Codex Mf 2016 d. Mus. Inst. bei d. Univ. Br., 2 Bde, Br. 1932; DERS., Br. u. d. mus. Romantik im Spiegelbild ihrer führenden Musiker, Zs. f. Ostforschung II, 1953; DERS., Br. Musikleben zur Zeit Beethovens aus d. Sicht L. A. L. Siebigks, AfMw XIX, 1962 – XX, 1963; H.-A. SANDER, Beitr. zur Gesch. d. lutherischen Gottesdienstes in Br., = Br.er Studien zur Mw. I, Br. 1937; M. DZIEDUSZYCKI, Zycie muzyczne we Wrocławiu (»Das Musikleben in Br.«), Muzyka V, 1954; K. G. FELLERER, M. Bruchs Br.er Dirigententätigkeit, AfMw XIX 1962, XX 1963.

Bretagne.
Lit.: R. TREBITSCH, Phonographische Aufnahmen ... in d. Br., = Ber. d. Phonogramm-Arch.-Kommission IX, 1908; V. STEARNS BEEDE, Breton Folk-Songs, MQ XVI, 1930; L. DE LA LAURENCIE, La musique à la cour des ducs de Br. aux XIVe et XVe s., Rev. de Musicol. XIV, 1933; J. CHOLEAU u. M. DROUART, Chansons et danses populaires de Haute Br., Paris 1938; H. CORBES, La musique bretonne aux XVIIe et XVIIIe s., Bull. de la Soc. d'Emulation des Côtes-du-Nord, Jg. 1938; M. COURTONNE, Un s. de musique à Nantes et dans la région nantaise 1850–1950, Nantes 1953; CL. MARCEL-DUBOIS u. M. ANDRAL, Musique populaire vocale de l'ile de Batz, Arts et traditions populaires II, 1954; M. HUGLO, Le domaine de la notation bretonne, AMl XXXV, 1963; J.-M. GUILCHER, La tradition populaire de la danse en Basse-Br., = Etudes européennes I, Paris 1963.

Brevier (lat. breviarium, breviarius, auch directorium oder ordo), die Zusammenfassung aller für das

→ Offizium der katholischen Kirche vorgeschriebenen Texte. Seit dem 10./11. Jh. namentlich in monastischen Kreisen nachweisbar, entstand das Br. aus der Verpflichtung des am gemeinsamen Chorgebet verhinderten Geistlichen zur privaten Rezitation der täglichen Gebetsstunden. Das hierfür notwendige Buch vereinigte die – vorher je nach Gattung in eigenen Bänden aufgezeichneten – Offiziumsteile (mit oder ohne Neumen bzw. Choralnoten). Im 13. Jh. führte auch der Weltklerus den Gebrauch des Br.s ein. Spätestens seit dem 12. Jh. läßt sich überdies die Verwendung von Br.en beim Chorgebet feststellen. Historisch bedeutsam wurde die liturgische Tätigkeit der Franziskaner, welche ab 1223 entscheidend zur Ausbreitung des *Breviarium secundum ordinem Curiae Romanae* (einer kürzeren Fassung des alten, stark benediktinisch geprägten Römischen Br.s) beitrugen. Das heutige Römische Br. beruht auf der 1568 von Pius V. im Auftrag des Tridentiner Konzils veröffentlichten Ausgabe (genannt Pianisches Br.). Es wurde 1911 durch Pius X. einer grundlegenden Reform unterzogen und erhielt 1945 eine neue Psalmenübersetzung (ad libitum), auf die 1955 eine Rubrikenreform und 1960 eine neue Rubrikenordnung folgten (letzte Editio typica 1961). Nach der auf dem 2. Vatikanischen Konzil promulgierten *Constitutio de Sacra Liturgia* (4. 12. 1963) ist eine Revision der liturgischen Bücher und damit auch der Br.-Ausgaben vorgesehen. Abweichend von der römischen Praxis werden im Offizium der älteren Orden vielfach eigene Br.e verwendet (darunter z. B. das *Breviarium Monasticum* der Benediktiner), während die jüngeren Orden die römische Fassung mit Ordensproprium benutzen.

Lit.: S. BÄUMER, Gesch. d. Br., Freiburg i. Br. 1895, erweitert frz. v. R. Biron als: Hist. du bréviaire, 2 Bde, Paris 1905; P. BATIFFOL, Hist. du bréviaire romain, Paris ³1911, engl. 1912; H. BOHATTA, Liturgische Bibliogr. d. XV. Jh., Wien 1911, Neudruck Hildesheim (1960); V.-M. LEROQUAIS, Les bréviaires mus. des bibl. publiques de France, 6 Teile, Paris 1934 (umfassendes Quellenwerk); P. RADÓ, Enchiridion Liturgicum I, Rom, Freiburg i. Br. u. Barcelona 1961. KWG

Brevis (ergänze: nota oder figura; lat., die kurze), Notenwert der Mensuralnotation: ■, seit dem 15. Jh.: ♮, Pause: ⊥. → Allabreve.

Bridge (brɪdʒ, engl.) → Chorus.

Brillenbässe, Spottname für Abbreviaturen, wie die in Achtel- bzw. Sechzehntelnoten aufzulösenden Figuren:

Britische Musik (England mit Schottland, Irland und Wales). Ein frühes Zeugnis angelsächsischer Musik ist die Harfe aus dem 6. Jh. in Sutton Hoo (Suffolk). Giraldus Cambrensis, ein walisischer Geistlicher des späten 12. Jh., erwähnt improvisierten mehrstimmigen Gesang sowie Instrumentalmusik in Wales, Northumbrien und Irland; sein Bericht läßt auf eine lange Tradition schließen. Das Christentum hatte sich nach den Eroberungen der Angelsachsen in Wales erhalten. Von hier aus breitete es sich im 5. Jh. nach Irland, im 6. Jh. nach Schottland aus; Northumbrien wurde in der 1. Hälfte des 7. Jh. christianisiert. Bald (664) erfolgte die Vereinigung der beiden Kirchen Englands. Daraufhin wurde der römische Choral für die ganzen britannischen Inseln offiziell. Aber die Abweichungen, die sich in dem Graduale und Antiphonale von Salisbury finden (bekannt als Sarum Use, doch nicht auf Salisbury beschränkt), lassen darauf schließen, daß von früh an lokale Verschiedenheiten bestanden. – Englands enge Verbindung mit dem Kontinent unter Eduard dem Bekenner (1042–66) wurde nach der Eroberung durch die Normannen noch verstärkt. Winchester mit seiner großen Orgel aus dem 10. Jh. war ein Zentrum der Kirchenmusik. Eines der Winchester Tropare aus dem 11. Jh. enthält neumierte 2st. Organa, die aus nordfranzösischen Klöstern stammen. Die Einwirkung französischer Musik ist auch daran erkennbar, daß Stücke des Notre-Dame-Repertoires in England gesungen wurden. Zahlreiche dieser Stücke finden sich in einer Handschrift, die in St. Andrews benutzt wurde (Wolfenbüttel 677). Sie enthält auch einige Ordinariumstropen, die nicht in französischen Quellen erscheinen und möglicherweise englischer Herkunft sind. Einige der erhaltenen Stücke der Kirchenmusik von Worcester sind Zeugnisse für den englischen Descant. Von den weltlichen Werken des 13. Jh. seien der 6st. Kanon über einen Ground, *Sumer is icumen in*, und eine Anzahl instrumentaler Tänze erwähnt. Englische Theoretiker des 12.–14. Jh. sind Theinred of Dover, W. Odington, Coussemakers Anonymus IV und der Autor des Traktats *De quatuor principalibus musicae* (gewöhnlich S. Tunstede zugeschrieben). J. de Garlandia, ein gebürtiger Engländer, wirkte in Frankreich. Außer den Stücken der Worcester-Fragmente ist nur wenig Musik aus dem 14. Jh. überliefert. Das 15. Jh. hingegen scheint eine Zeit großer musikalischer Aktivität gewesen zu sein. Es ist bezeichnend, daß in den kontinentalen Handschriften viele englische Stücke, besonders von Dunstable, erscheinen. Die bedeutendste Quelle für die Kirchenmusik dieser Zeit ist das Old Hall-Manuskript mit Ordinariumssätzen und Motetten, zum Gebrauch der Königlichen Kapelle bestimmt. In dieser Sammlung wird häufig ein »wandernder« C. f. angewandt. Der spezifisch englische Wohlklang (nach Bukofzer »Euphonie«) hat die Komponisten der Burgundischen Schule stark beeinflußt. Eine andere wichtige Handschrift liturgischer Musik aus dem 15. Jh. (Brit. Mus. Egerton 3307, nach M. F. Bukofzer aus Meaux Abbey in Yorkshire stammend) enthält die früheste bekannte Vertonung der Passionshistorie sowie Carols. Aus der gleichen Zeit stammt auch eine Anzahl weltlicher (zum Teil geselliger) Lieder. Die wichtigste Handschrift des späten 15. und frühen 16. Jh. ist eine Sammlung mehrstimmiger Marienantiphonen und Magnificat, die im Eton College gesungen wurden und dort aufbewahrt sind. Unter den hier vertretenen Komponisten sind John Browne und W. Cornyshe von Bedeutung. Deren Zeitgenossen waren R. Fayrfax und John Lloyd, dem die anonyme Messe *O quam suavis* zugeschrieben wird. Die damalige schottische Musik ist durch R. Carver vertreten. An weltlicher Musik dieser Zeit sind nur einige mehrstimmige Lieder einfachen Charakters erhalten, von denen einige Heinrich VIII. zugeschrieben werden. Der bedeutendste Komponist unter Heinrich VIII. war J. Taverner, der in seiner originellen Messe *Western Wynde* eine weltliche Melodie als C. f. verwendet. – Die englische Reformation, die in die letzten Regierungsjahre Heinrichs VIII. (1509–47) fällt, begann als Bruch mit dem Papsttum aus politischen Motiven. Sie führte zur Einführung der englischen Sprache im Gottesdienst. Das erste englische Gebetbuch erschien 1549, kurz darauf (1550) J. Merbeckes 1st. Vertonung der Liturgie, eine Nachahmung des gregorianischen Chorals. M. Coverdales englische Übersetzung einiger Kirchenlieder von Luther erschien unter Heinrich VIII.; andere metrische Psalter mit und ohne Musik folgten unter Eduard VI. Die erste Standardsammlung metrischer Psalmen mit Musik wurde 1557 in Genf während der Regierung Marias der Katholischen (1553–58) veröffentlicht; eine erweiterte Ausgabe erschien in England erstmalig 1560. Wichtige Beiträge zur englischen Liturgie waren das Anthem und die Vertonung der Canticles für den Morgen- und Abendgottesdienst. Die Nachfolge Marias der Katholischen auf den protestantischen Eduard VI. brachte eingreifende Veränderungen. Nach einer Übergangszeit führte Elisabeth I. (1558–1603) endgültig den anglikanischen Gottesdienst ein. Jetzt wurden lateinische Texte nur noch für Universitäten und die Colleges von Eton und Winchester vertont, ferner für katholische Familien, die eigene Kapellen besaßen. Sowohl die lateinische als auch die englische Kirchenmusik strebten nach einer Vereinfachung im Sinne erhöhter Textverständlichkeit. Im frühen 17. Jh. kam das Verse anthem auf, mit seinen Sätzen für eine oder mehrere vokale Solostimmen mit Orgel- oder Streicherbegleitung. Der Sologesang mit Streicherbegleitung wurde von den Komponisten der Elisabethanischen Zeit gepflegt. Die Stücke in Byrds *Psalmes, Sonets and songs of Sadnes and Pietie* (1588) waren ursprünglich Sologesänge dieser Art, deren Instrumentalstimmen ein Text unterlegt wurde. Französische Chansons und italienische Madrigale sang die gebildete Gesellschaft Englands schon während der frühen Regierungsjahre Elisabeths. Aber erst die Veröffentlichung der *Musica Transalpina* im Jahre 1588, einer Sammlung italienischer Madrigale mit englischen Texten, der weitere englische Sammlungen folgten, gab den Anstoß, Werke dieser Art zu komponieren. Die erste Sammlung original englischer Madrigale wurde 1594 von Morley herausgegeben, die letzte von Pilkington 1624. Stilistisch verfahren die englischen Madrigalisten im ganzen gesehen konservativ; häufig kopieren sie das italienische Madrigal, aber auch französische Einwirkung auf die englische Tradition des begleiteten Gesangs ist nachweisbar. Gleichzeitig mit den Veröffentlichungen von Madrigalen datiert eine Anzahl Sammlungen für Solostimmen und Laute, die verschiedentlich drei weitere Singstimmen ad libitum enthalten. Dowland, dessen erste Sammlung 1597 erschien, war hier am bedeutendsten. Einige dieser Lieder zur Laute sind eindeutige Tanzmelodien, denen ein Text unterlegt wurde, aber das Muster für die meisten dieser Lieder ist das französische Air de cour. – Musik für Tasteninstrumente findet sich schon im 14. Jh. in einer Handschrift aus der Robertsbridge Abbey Sussex. Von den früheren Sammlungen des 16. Jh. ist das Mulliner Book (um 1550–70) wichtig. Hier begegnet die Bearbeitung eines Teils des Benedictus aus Taverners Messe *Gloria tibi Trinitas*, der mit den Worten »in nomine« beginnt. Die Tradition der In nomine-Komposition führt bis zu Purcell. Gegen Ende des 16. Jh. wurden zahlreiche Kompositionen für Klavier (Virginal) geschrieben (Tänze, Fantasien, Variationen). Unter den vielen Handschriften ist das Fitzwilliam Virginal Book die größte; die einzige gedruckte Sammlung ist die *Parthenia* (1611) mit Werken von Byrd, J. Bull und O. Gibbons. Gleichfalls beliebt, doch weniger gedruckt war Musik für Violenensemble: In nomine-Bearbeitungen, Fantasien oder Fancies und Tanzsätze. Die englischen Violenspieler genossen in dieser Zeit hohes Ansehen, viele ihrer Kompositionen waren auf dem Kontinent berühmt. Chr. Simpson's *The Division Violist* (1659) enthält präzise Unterweisungen und Beispiele der beliebten Divisions über einen Ground. Die Violine wurde wahrscheinlich unter Jakob I. (1603–25) als ein für die Kunstmusik qualifiziertes Instrument anerkannt. Vermutlich waren zumindest einige von Gibbons *Fantasies of Three Parts* für 2 V. und Baß-Va gedacht. – Die Musik spielte eine wichtige Rolle in den Stücken Shakespeares und seiner Zeitgenossen, desgleichen in der höfischen Masque (dem Gegenstück zum französischen Ballet de cour), die unter Jakob I. und Karl I. (1625–49) eine Blütezeit erlebte. 1617 wurde Ben Jonsons Masque *Lovers made Men* nach italienischer Art im Stile rappresentativo von N. Laniere vertont, der von Karl I. zum ersten Hofmusikdirektor (Master of the Kings Music) ernannt wurde. Der neue Stil wurde in England heimisch, vor allem durch das Werk von H. Lawes, der 1634 die Musik zu Miltons Masque *Comus* schrieb. Die Commonwealth-Regierung (1649–60) gestattete nur noch privaten Zirkeln die Aufführung von Masques. Ein Beispiel hierfür ist James Shirleys *Cupid and Death* mit der Musik von M. Locke und Chr. Gibbons. Die Restauration unter Karl II. (1660) gab den Anthems und Services in der Kirche wieder Raum. Im besonderen wurde das aus 24 Streichern bestehende Königliche Orchester (den französischen Vingt-quatre violons du Roy nachgebildet) 1662 in die Chapell Royal eingeführt und beteiligte sich an der Aufführung der Verse anthems. Die bedeutendsten Meister dieser Gattung waren Humphrey, J. Blow und Purcell. Viele der weltlichen Lieder (Catches) sind einfach und volkstümlich, andere dagegen nach dem Vorbild der italienischen Cantata geformt. Die Oper hätte sich wahrscheinlich in England schon um die Mitte des Jahrhunderts eingebürgert, wenn die Puritaner die Theater nicht hätten schließen lassen. Mit seinem *The Siege of Rhodes* (1656) versuchte der Dramatiker W. Davenant, das Gesetz zu umgehen (die von verschiedenen Komponisten stammende Musik ist verschollen). Aber auch nach der Wiedereröffnung der Theater unter der Restauration setzte sich die Oper nicht gleich durch, vielmehr begann zunächst das gesprochene Drama eine neue Blüte. Die Musik jedoch spielte eine große Rolle bei diesen Aufführungen, die bisweilen – wie Purcells *Dioclesian* (1690) – in Gestalt vollständiger Masques angelegt waren. Blows *Venus and Adonis* (als Masque ausgegeben) und Purcells *Dido and Aeneas* (1689) sind vollständig vertont und damit nichts anderes als Opern. Nach Purcells Tod (1695) wuchs das Interesse an der italienischen Oper. Händel, der 1710 nach England kam, nutzte diese Situation. Als die Popularität seiner Opern aber durch Intrigen bedroht wurde, wandte er sich dem Oratorium zu, einer in England neuen Gattung. – Die allgemein beliebte Form dieser Zeit war die Ballad opera, das Vorbild J. Gay's *The Beggar's Opera* (1728). W. Boyce schrieb unter Georg II. (1727–60) und in den ersten Jahren der Regierungszeit Georgs III. (1760–1820) mehr als 40 Neujahrs- und Geburtstagsoden; er komponierte auch Kantaten und Opern. Der Einfluß D. Scarlattis ist im Werk von Th. Roseingrave, Worgan und Kelway spürbar.

Ein bezeichnender Zug des 18. Jh. ist das wachsende Interesse an der Musik der Vergangenheit: es erscheinen die Musikgeschichten von J. Hawkins (1776) und Ch. Burney (1776–89) sowie 3 Bände *Cathedral Music* (herausgegeben von W. Boyce, 1760–72). 1710 wurden die Academy of Ancient Music, 1741 die heute noch bestehende Madrigal Society gegründet. Beliebter als das Madrigal war jedoch in der 2. Hälfte des Jahrhunderts das Glee. Ebenfalls ins 18. Jh. fällt die Gründung des Festival of the Three Choirs of Gloucester, Worcester and Hereford (1724); das älteste Festival ist das der Sons of the Clergy. Konzerte gaben in London in der 2. Hälfte des 18. Jh. vor allem J. Chr. Bach, C. Fr. Abel und J. P. Salomon. – Der eigenständigste Komponist zu Anfang des 19. Jh. war der Ire J. Field, der den größten Teil seines Lebens im Ausland verbrachte. In England war die Klaviermusik vor allem durch die Ausländer Clementi und Cramer vertreten. S. S. Wesley bemühte sich, das Niveau der Kirchenmusik zu heben, aber sie blieb weithin in der Konvention erstarrt. Der Versuch, eine englische romantische Oper zu schaffen, begann mit J. Barnetts *The Mountain Sylph* (1834). Die Philharmonic Society (später Royal Philharmonic Society) wurde 1813 gegründet, 10 Jahre später die Royal Academy of Music. Schon 1810 brachte Samuel Wesley, der Vater von S. S. Wesley, eine englische Ausgabe des *Wohltemperierten Klaviers* heraus. Bachs Matthäuspassion wurde 1854 unter W. St. Bennet aufgeführt und die H moll-Messe 1876 unter O. Goldschmidt mit dem neugegründeten Bach-Chor. Gleichzeitig wurden zum Gedächtnis Händels alle drei Jahre groß aufgezogene Festspiele veranstaltet, die im Kristallpalast stattfanden. Wichtige Ereignisse in der 2. Hälfte des 19. Jh. waren die Gründungen des Hallé Orchestra in Manchester (1857) und der Musical Association (1874; heute Royal Musical Association), die Aufführungen von Gilberts und Sullivans *Trial by Jury* (1875), gefolgt von einer Reihe ähnlicher volkstümlicher komischer Opern und Operetten (u. a. *Mikado*, 1885), ferner das Erscheinen des 1. Bandes von Groves *Dictionary of Music and Musicians* (1879), die Eröffnung des Royal College of Music (1882) und der Beginn der Promenade Concerts unter H. J. Wood (1895). Das wachsende Interesse an der Musikforschung hatte sich schon in den Veröffentlichungen der Musical Antiquarian Society (1840–47) gezeigt. Diese Aktivität wurde jetzt durch die Gründung der Purcell Society (1876) und der Plainsong and Mediaeval Society (1888) fortgesetzt. Ein neuer schöpferischer Impuls ist im Werk von Parry spürbar, dessen *Prometheus unbound* 1880 in Gloucester aufgeführt wurde. Das gleiche gilt von seinem Zeitgenossen Ch. Stanford, der um die Herausgabe irischer Volkslieder bemüht war. Der bedeutendste Vertreter der spätromantischen Musik in England ist E. Elgar, dessen *Enigma Variations* 1899 und *The Dream of Gerontius* 1900 in die verstaubte Atmosphäre der späten Viktorianischen Musik wieder frisches Leben brachten. Die Romantik kam im Werk von Fr. Delius zum Ausdruck. Nur einige englische Komponisten des 20. Jh. haben sich im Impressionismus versucht; der bekannteste ist Cyril Scott. Die Einflüsse Elgars im Werk von A. Bliss und W. T. Walton sind ersichtlich. Das Volkslied und die Musik der Elisabethanischen Zeit wirkten sich auf das Schaffen von R. Vaughan Williams aus, der, wie sein Freund C. J. Sharp, selber Volkslieder sammelte. G. Holst vertrat die Reaktion gegen die Romantik. Das Werk Brittens, wenngleich oft eklektisch im Stil, zeigt sich verhältnismäßig wenig mit der englischen Tradition verhaftet. Neben ihm wurden nach dem 2. Weltkrieg Tippet und Fricker international bekannt.

Ausg.: → Denkmäler (England). – The Engl. and Scottish Popular Ballads, hrsg. v. Fr. J. Child, 6 Bde, Boston 1883–98; C. J. Sharp, Engl. Folk-Chanteys, London 1914; F. Delattre u. C. Chemin, Les chansons élizabéthaines, Paris 1948; M. Karpeles, Dances of England & Wales, London 1950; G. Götsch, Engl. Liederbuch, Wolfenbüttel 1953; J. Reeves, The Idiom of the People. 115 Traditional Engl. Folk Songs..., NY 1964.

Lit.: G. Schad, Musik u. Musikausdrücke in d. mittelengl. Lit., Diss. Gießen 1911; J. Pulver, A Dictionary of Old Engl. Music and Mus. Instr., London 1923; ders., A Biogr. Dictionary of Old Engl. Music, London 1927; H. H. Carter, A Dictionary of Middle Engl. Mus. Terms, = Indiana Univ. Humanities Series XLV, 1961. – Fr. J. Crowest, The Story of British Music, London 1895; J. A. Fuller Maitland, Engl. Music in the 19th Cent., London 1902; E. Walker, A Hist. of Music in England, Oxford 1907, ³1952 hrsg. v. J. A. Westrup; Fr. W. Galpin, Old Engl. Instr. of Music, London 1910, ⁴1965; C. Forsyth, Music and Nationalism. A Study of Engl. Opera, London 1911; H. O. Anderton, Early Engl. Music, London 1920; H. Davey, Hist. of Engl. Music, London 1921; W. H. Gr. Flood, Early Tudor Composers, London 1925; ders., Late Tudor Composers, London 1929; W. A. Barrett, Engl. Church Composers, London 1926; J. Brücker, Der Einfluß d. Musik auf d. engl. Wortschatz im 16. u. 17. Jh., Diss. Köln 1926; E. Dent, Foundations of Engl. Opera, Cambridge 1928; J. B. Trend, The First Engl. Songs, ML IX, 1928; G. Becking, Engl. Musik, in: Hdb. d. Englandkunde II, Ffm. 1929; G. Cecil, The Hist. of Opera in England, London 1930; W. H. Hadow, Engl. Music, London 1931; M. F. Bukofzer, Gesch. d. engl. Diskants u. d. Fauxbourdons nach d. theoretischen Quellen, = Slg mw. Abh. XXI, Straßburg 1936; Thr. Georgiades, Engl. Diskanttraktate aus d. 1. Hälfte d. 15. Jh., = Schriftenreihe d. Mw. Seminars d. Univ. München III, München 1937; H. Reichenbach, The Tonality of Engl. and Gaelic Folksong, ML XIX, 1938; J. A. Westrup, Foreign Musicians in Stuart England, MQ XXVII, 1941; ders., Domestic Music under the Stuarts, Proc. Mus. Ass. LXVIII, 1941/42; ders., British Music, NY u. London 1943; ders., Die Musik v. 1830 bis 1914 in England, Kgr.-Ber. Kassel 1962; ders., Cathedral Music in Seventeenth-Cent. England, Fs. Fr. Blume, Kassel 1963; E. Blom, Music in England, Harmondsworth 1942, deutsch Hbg 1947; A. L. Bacharach, British Music of Our Time, London 1946; E. H. Meyer, Engl.Chamber Music, London 1946, ²1951, deutsch als: Die Kammermusik Alt-Englands, Lpz. 1958; R. Nettel, The Orch. in England, London 1946; ders., Sing a Song of England. A Social Hist. of Traditional Song, London 1954; B. Pattison, Music and Poetry of the Engl. Renaissance, London 1948; E. H. Fellowes, The Engl. Madrigal Composers, Oxford 1949; K. Geiringer, Haydn and the Folksong of the British Isles, MQ XXXV, 1949; J. Handschin, The Summer Canon and Its Background, MD III, 1949 u. V, 1951; D. Kennedy, England's Dances, London 1949; ders., Engl. Folk Dancing Today and Yesterday, London 1963; E. W. White, The Rise of Engl. Opera, London 1951; N. Hyde, Music hath Charms. Some Aspects of the Music of the British Isles, Edinburgh 1956; D. J. Lumsden, The Sources of Engl. Lute Music (1540–1620), Proc. R. Mus. Ass. LXXXIII, 1956/57; E. R. Jacobi, Die Entwicklung d. Musiktheorie in England nach d. Zeit v. J.-Ph. Rameau, = Slg mw. Abh. XXXV, XXXIX u. XXXIXa, Straßburg 1957–60; Fr. Ll. Harrison, Music in Medieval Britain, London 1958; H. Rosenthal, Two Cent. of Opera at Covent Garden, London 1958; E. Apfel, Studien zur Satztechnik d. ma. engl. Musik, 2 Bde, = Abh. d. Heidelberger Akad. d. Wiss., Phil.-hist. Klasse, Jg. 1959, Nr 5; ders., Zur Entstehung d. realen 4st. Satzes in England, AfMw XVII, 1960; ders., Über einige Zusammenhänge zwischen Text u. Musik im MA, besonders in England, AMl XXXIII, 1961; ders., England u. d. Kontinent in d. Musik d. späten MA, Mf XIV, 1961; C. C. Wimberg, Folklore in the Engl. and Scottish Ballads, NY 1959; K. H. Darenberg, Studien zur engl. Musikästhetik d. 18. Jh., = Britannica et Americana VI, Hbg 1960; J. Hollander, The Untuning of the Sky. Ideas of Music in Engl. Poetry 1500–1700, Princeton 1961; J. Stevens, Music and Poetry in the Engl. Tudor Court, London 1961; A. Hughes OSB, The Topography of Engl. Medieval Polyphony, in: In memoriam J. Handschin, Straßburg 1962; J. Buxton, Elizabethan Taste, London 1963; A. H. King, Some British Collectors of Music, Cambridge 1963; E. D. Mackerness, A Social Hist. of Engl. Music, NY 1965.   JAW

Broderies (brɔdr'i, frz.) → Verzierungen.

Brügge (Flandern).

Lit.: D. Van de Casteele, Maîtres de chant et organistes de St.-Donatien et de St.-Sauveur à Bruges, Br. 1870; A. C. De Schrevel, Les choraux et les maîtres de chant de St.-Donatien à Bruges jusqu'au XVIe s., in: Hist. du séminaire de Bruges I, 1895; L. Gilliodt van Severen, Les ménestrels de Bruges, B. 1912.

Brüssel.

Lit.: V. Ch. Mahillon, Cat. descriptif et analytique du Musée instr. du Conservatoire royal de musique de Bruxelles, 4 Bde, Gent 1880–1912, I ²1893, II ²1909; P. Bergmanns, L'Acad. royale de Belgique depuis sa fondation 1772–1922, Br. 1922; H. Liebrecht, L'opéra italien à Bruxelles de 1650 à 1750, RM IV, 3, 1923; L. Renieu, Hist.

des théâtres de Bruxelles depuis leur origine jusqu'à ce jour, Paris 1938; S. CLERCX, La chapelle royale de Bruxelles sous l'Ancien Régime, Annuaire du Conservatoire royal de musique de Bruxelles, 1942; DIES., Les Godecharles, musiciens bruxellois au XVIIIe s., Mélanges E. Closson, Br. 1948; J. CUVELIER, La confrérie des musiciens instrumentistes de Bruxelles sous l'Ancien Régime, Bull. de la Classe des Beaux-Arts de l'Acad. royale de Belgique XXVIII, 1946; R. WANGERMÉE, Les maîtres de chant des XVIIe et XVIIIe s. à la collégiale des SS. Michel et Gudule à Bruxelles, Br. 1950.

Bruitismus → Futurismus.

Brummeisen → Maultrommel.

Brummstimmen (Summstimmen) bedeuten s. v. w. Gesang ohne Worte und mit geschlossenem Mund (bocca chiusa, bouche fermée), so daß der Ton brummend durch die Nase kommt. Begleitende Br. sind öfter in Chören gebraucht worden, so von Bruckner, Orff (*Carmina Burana* Nr 8); auch im letzten Akt von Verdis *Rigoletto*, im »Briefchor« (2. Akt) von Puccinis *Madama Butterfly* sowie in den Vokalensembles der modernen Unterhaltungsmusik.

hatte schon 1487 ein Br. Seit dem 18. Jh. verschwindet das Br. allmählich aus der Orgel.

Buchstaben-Tonschrift ist die Anwendung von Buchstaben zur Bezeichnung von Tönen. Sie begegnet zuerst in den Aufzeichnungen → Griechischer Musik, deren älteste um 200 v. Chr. datieren. Doch ist das System der 2 griechischen Tonschriften spätestens in der 1. Hälfte des 3. Jh. v. Chr., wahrscheinlich in Alexandria, entstanden (A. Bataille); sein Kern oder eine nicht erhaltene frühere Schrift war schon Aristoxenos bekannt. Die 2 B.-T.en der Griechen werden nach den Theoretikern (z. B. Gaudentios, S. 350) als vokale und instrumentale unterschieden; doch sind die erhaltenen Aufzeichnungen, die beide Schriften während eines Stückes vermischen, nur schwer hiermit zu vereinbaren. Die Tabelle (nach Henderson) verdeutlicht den parallelen Aufbau beider Schriften in 3 Reihen von Zeichen. Reihe 1 stellt eine diatonische Grundskala dar. Die anderen Reihen bezeichnen Töne, die in Reihe 2 einen Halb- oder Viertelton, in Reihe 3 zwei Halb- oder Vierteltöne über dem entsprechenden Ton von Reihe 1

Brunette (brün'ɛt, von frz. brun, braun) wurde vor allem im 17./18. Jh. ein kleines französisches Lied mit oder ohne instrumentale Begleitung auf pastorale und amouröse Texte von schlichter, volkstümlicher Haltung genannt, das sich von den derberen der Vaudevilles und Airs à boire unterschied. Br.s tauchen auf in einer Sammlung des Pariser Verlegers Ballard von 1703 (mehrfach aufgelegt: 1704, 1709), wo dieser im Vorwort den Liedanfang *Hélas, Brunete, mes amours* zitiert und die den Titel *Br.s ou petits Airs tendres, ...* trägt (3 Bände). Weitere Sammlungen sind J. Pinel, *Nouveau Recueil d'Airs sérieux de br.s ...* (1737) und P. La Garde, *Br.s avec accompagnement de guittarre, ...* (6 Bände, 1740–64) u. a. Bearbeitungen nur für Instrumente wurden besonders im 18. Jh. gebräuchlich, z. B. M. Blavets *Recueil de pièces ..., br.s ... Accomodé pour les flûtes traversières, violons, pardessus de viole ...* (3 Bände, um 1740); außerdem fanden Br.s Eingang in die französische Klaviermusik (Chambonnières, d'Anglebert) und vor allem seit Lully und Rameau auch in die Oper.

Ausg.: Chants de France et d'Italie, hrsg. v. H. EXPERT, 1. Serie: Chansons mondaines des XVIIe et XVIIIe s., Paris 1909; Chansons de la Vieille France ..., hrsg. (harmonisiert) v. CH. TEUROC, Bd II, Paris 1946.

Lit.: P.-M. MASSON, Les Br., SIMG XII, 1910/11; P. COIRAULT, Recherches sur notre ancienne chanson populaire traditionelle, Bull. de l'Inst. général de psychologie III, 1929; DERS., Notre chanson folklorique, Paris 1942.

Bruststimme → Register (– 3).

Brustwerk ist in der Orgel seit dem 15. Jh. das unter dem Hauptwerk (Oberwerk) in der »Brust der Orgel« aufgestellte Regalwerk mit eigener Windlade. Es war, den Raumverhältnissen entsprechend, mit kleineren Pfeifen besetzt und gehörte in der Regel zum 2. oder 3. Manual. Die große Orgel der Pfarrkirche zu Bozen, erbaut von B. Dinstlinger, die P. Hofhaymer abnahm,

liegen. In Reihe 2 werden Halbton (Diatonik und Chromatik) und Viertelton (Enharmonik) nicht sichtbar unterschieden, in Reihe 3 sollen die chromatischen Zeichen (zwei Halbtöne) durch einen zusätzlichen Strich gegen die enharmonischen (zwei Vierteltöne) abgehoben werden, z. B. ∀ gegen ∀. Die 3 Zeichen einer solchen Triade hängen insofern zusammen, als sie – wenigstens in den Grundtonarten dorisch, phrygisch, lydisch – sämtliche Töne innerhalb eines → Pyknon, damit zugleich die grundlegende Bedeutung des → Tetrachords in der griechischen Melodik darstellen, z. B.:

C ∀ R ꓶ
a fis f e
(Zeichen aus Reihe 1 3 2 1)

Die »vokale« Schrift I verwendet die Buchstaben des normalen (ionischen) Alphabets der Griechen für die Oktave f^1–f (nach Reihe 1 gerechnet). Das Alphabet beginnt oben, und zwar in Reihe 3, so daß der 3., 6. usw. Buchstabe die diatonische Grundskala bezeichnet. Dieser Kern wird mit denselben, nun meist auf den Kopf gestellten Zeichen auf a^1–G erweitert. Zwei zusätzliche Erweiterungen sind in beiden Schriften zugleich vorgenommen worden und bilden offenbar die jüngste Schicht des Systems: die Triade über F mit auf die Seite gestellten Buchstaben sowie g^2–h^1, wo die Zeichen der um eine Oktave tieferen Töne mit einem Strich wiederholt werden. Die »instrumentale« Schrift II stellt in der Regel das Zeichen der 1. Reihe in Reihe 2 auf den Kopf, in Reihe 3 auf die Seite oder in Seitenverkehrung. Die Theoretiker nennen die Zeichen in der Normallage σημεῖον ὀρθόν (z. B. Tau: T), das auf den Kopf gestellte ἀνεστραμμένον oder ὕπτιον (⊥), das seitenverkehrte ἀπεστραμμένον (z. B. Gamma ꓶ statt normal Γ), das auf die linke Seite gestellte πλάγιον (⊢), das auf die rechte Seite gestellte πλάγιον ἀπεστραμμένον (⊣), und sie beschreiben alle diese Zeichen als Umformungen verschiedener Buchstaben des normalen Alphabets. Da die Reihenfolge der Normalzeichen nach dieser Deutung zufällig ist, hat man in den letzten hundert Jahren versucht, sie aus archaischen oder außergriechischen Alphabeten abzuleiten und die ganze Schrift II, die als die ältere galt, aus der Stimm- und Spieltechnik der griechischen Saiteninstrumente zu erklären, ohne dadurch zu einer befriedigenden neuen Deutung zu gelangen. 1961 haben Bataille und Chailley wahrscheinlich gemacht, daß Schrift II, die sich von Anfang an über den Raum a¹–G erstreckte, auf folgende Art aus Schrift I entwickelt wurde: a hat in beiden Schriften das gleiche Zeichen Sigma (C); auch das »doppelte Sigma« (bei G) von Schrift I übernimmt II für die entsprechende Triade; in II sind sämtliche Zeichen bei g–A aus dem H, sämtliche Zeichen bei a¹–h aus dem Λ geformt worden.

Die B.-T.en des Mittelalters gehen auf Monochordteilungen zurück; bei der Teilung der Saite werden nämlich wie in der Geometrie Streckenpunkte durch Buchstaben bezeichnet. Boethius (6. Jh.) gibt 4 Buchstabenreihen an. Die eine, die die Töne des → Systema teleion mit A–P bezeichnet, ist von anderen Theoretikern aufgegriffen worden. Daneben ist seit dem späten 9. Jh. die Reihe A–P für die Tonreihe nachweisbar, die der modernen Durtonleiter entspricht. Diese Reihe ist wahrscheinlich der Stimmung der Glockenspiele und Orgelpfeifen angepaßt. Im 10./11. Jh. wurde in die B.-T. die Wiederholung gleicher Buchstaben für Oktavtöne eingeführt (Odonische B.-T.). In dieser Bedeutung gingen einige der Tonbuchstaben als Schlüsselbuchstaben in die Guidonische Notation mit Neumen auf Linien ein.

1)   A B C D E F G H   I K L M N O P
2)   A B C D E F   G H I K L M N   O P
3)   F G A B C D E F   G A B C D E F
4)   Γ A B C D E F G a ♭♭ c d e f g aa (♭♭ ♭♭ cc dd)
5)   G A H c d e f g a b h c¹ d¹ e¹ f¹ g¹ a¹ b¹ h¹ c² d²

1) Boethius 6. Jh.; Anonymus II, GS I, und Musica Enchiriadis 9. Jh.
2) Hucbald, *De harmonica institutione*, Ende 9. Jh.
3) Notker Labeo, GS I, und Bernelinus, GS I, 10. Jh.
4) Odo von St. Maur, GS I, 2. Hälfte 10. Jh.; Guido von Arezzo, *Micrologus*, und Hermannus Contractus, *Musica*, GS II, beide 1. Hälfte 11. Jh.
5) Moderne Bedeutung.

Die mittelalterliche B.-T. war weniger eine Notation als ein Mittel zur theoretischen Demonstration. Als Notenschrift wurde sie nach dem 12. Jh. von der diastematischen Neumen- und Choralschrift verdrängt.

Tonbuchstaben kamen wieder auf in der (sogenannten deutschen) → Orgeltabulatur des 14.–18. Jh. In der → Lautentabulatur bedeuten die Buchstaben nicht Töne, sondern Bünde. Die Oktaveinteilung der B.-T. in der Orgeltabulatur ist uneinheitlich; die Teilung liegt oft zwischen G und A oder B = ♭rotundum und H = ♮quadratum. Die Töne verschiedener Oktaven wurden durch Striche über oder unter den Buchstaben oder durch Doppelbuchstaben bezeichnet.

Seit Anfang des 19. Jh. (Gottfried Weber) hat sich eine Akkordbedeutung der Buchstaben eingebürgert, indem man durch einen großen Buchstaben den Durakkord über dem bezeichneten Ton (ohne Rücksicht auf die Oktavlage) und durch einen kleinen den Mollakkord bestimmte (A = A dur, a = A moll); eine kleine Null bezeichnet den verminderten Dreiklang (a^0 = a–c–es). Auch versteht man unter A die A dur-Tonart und unter a die A moll-Tonart. M. Hauptmann benutzte große und kleine Tonbuchstaben zur Unterscheidung der Quinttöne und Terztöne; er bezeichnete alle Töne, die durch Quintschritte erreicht werden, durch große Buchstaben, die Terztöne dagegen durch kleine (C e G, a C e usw.). Helmholtz (1863) und A. v. Oettingen (1866) dagegen kennzeichneten die durch Quint- oder Terzschritte erreichten Töne durch Horizontalstriche (→ Intervall). Die von H. Riemann entwickelte Akkordschrift (→ Klangschlüssel) läßt diese für die praktische Kunstübung durch die enharmonische Identifikation entbehrlichen Unterscheidungen beiseite und bedient sich ausschließlich der kleinen Buchstaben ohne Kommastriche zur Tonbezeichnung.

Lit.: Aristoxeni Elementa harmonica, griech. u. ital., hrsg. v. R. Da Rios, Rom 1954; Aristeides Quintilianus, De musica, hrsg. v. R. P. Winnington-Ingram, Lpz. 1963; dass., deutsch v. R. Schäfke, Bln 1937; Musici scriptores graeci, hrsg. v. K. v. Jan, Lpz. 1895, Neudruck Hildesheim 1962, S. 299ff. (Bakcheios), 347ff. (Gaudentios), 367ff. (Alypios); Boethius, De institutione musica, hrsg. v. G. Friedlein, Lpz. 1867; Fr. Bellermann, Die Tonleitern u. Musiknoten d. Griechen, Bln 1847; K. Fortlage, Das mus. System d. Griechen ..., Lpz. 1847; R. Westphal, Harmonik u. Melopöie d. Griechen, Lpz. 1863, ³1886; H. v. Helmholtz, Die Lehre v. d. Tonempfindungen ..., Braunschweig 1863, ⁶1913; A. v. Oettingen, Harmoniesystem in dualer Entwickelung, Studien zur Theorie d. Musik, Dorpat u. Lpz. 1866, als: Das duale Harmoniesystem, Lpz. ²1913; H. Riemann, Studien zur Gesch. d. Notenschrift, Lpz. 1878; ders., Hdb. d. Mg. I, Lpz. 1904, erweitert ²1919, ³1923; D. B. Monro, Modes of Ancient Greek Music, Oxford 1894; M. Emmanuel, Grèce, in: Encyclopédie de la musique ... I, 1, hrsg. v. A. Lavignac, Paris (1913); WolfN; Riemann MTh; C. Sachs, Die griech. Instrumentalnotenschrift, ZfMw VI, 1923/24; ders., Die griech. Gesangsnotenschrift, ZfMw VII, 1924/25; Th. Reinach, La musique grecque, Paris 1926; O. Gombosi, Tonarten u. Stimmungen d. antiken Musik, Kopenhagen 1939, Neudruck 1950; ApelN; H.-I. Marrou, Melographia, In: L'antiquité classique XV, 1946; A. Auda, Les gammes mus., Woluwé-St-Pierre 1947; H. Potiron, Origines de la notation alphabétique, Rev. grégorienne XXXI, 1952; S. Corbin, Valeur et sens de la notation alphabétique à Jumièges, Rouen 1955; R. Weakland, Hucbald as Musician and Theorist, MQ XLII, 1956; R. P. Winnington-Ingram, The Pentatonic Tuning ..., Class. Quarterly (N. S. VI), 1956; I. Henderson, Ancient Greek Music, The New Oxford Hist. of Music I, London 1957; J. Smits van Waesberghe SJ, Les origines de la notation alphabétique au moyen âge, AM XII, 1957; J. Chailley, L'imbroglio des modes, Paris (1960); J. M. Barbour, The Principles of Greek Notation, JAMS XIII, 1960; A. Bataille, Remarques sur les deux notations mélodiques de l'ancienne musique grecque, in: Recherches de papyrologie I, Paris 1961, dazu J. Chailley in: Rev. de Musicol. XLVII, 1961; H. Potiron, Boèce ..., = Travaux de l'Inst. cath. de Paris IX, (Paris 1961); ders., Les notations d'Aristide Quintilien ..., Rev. de Musicol. XLVII, 1961.

Bucina (lat. bos, Rind, und canere, singen, als Lehnwort ahd. buchina, mhd. → busine, basune; nhd. Posaune, wird durch Luthers Form, Jes. 27, 13 u. ö., schriftdeutsch), bei den Römern ein dem Tierhorn nachgebildetes Blasinstrument aus Metall, war zunächst ein Instrument der Hirten und Bauern, später militärisches Signalinstrument, gemeinsam mit cornu und tuba verwendet. B. hießen auch die Muschelhörner, die Attribute der Tritonen waren.

Lit.: G. Fleischhauer, B. u. Cornu, Wiss. Zs. d. M. Luther-Univ. Halle-Wittenberg IX, 1960.

Budapest.
Lit.: J. Bayer, A nemzeti játékszin története (»Gesch. d. Nationaltheaters«), B. 1887; O. Gombosi, Mus. Verhältnisse am Hof König Matthias', Muzsika I, 1929; ders., Vita mus. alla corte di Re Mattia, Corvina XVII, 1929; E.

SEBESTYÉN, Magyar operajátszás Budapesten 1793–1937 (»Die ungarische Opernbühne in B.«), B. 1937; K. KRISTÓF, Operai események a Tanácsköztársaság idején (»Die B.er Oper zur Zeit d. Rökrepublik«), in: Uj zenei szemle III, 1952.

Bügelhorn (von frz. und engl. bugle; frz. im 12. Jh. adjektivisch als cor buglerenc oder bugleret, ab Mitte des 13. Jh. bugle, engl. als buglehorn und um 1340 als bugle), seit dem 19. Jh. das Signalhorn, das zunächst mit Klappen (→ Klappenhorn, → Ophikleïde) und um 1830 mit Ventilen versehen wurde. Es entstand eine Familie von Bügelhörnern mit konischem Rohrverlauf, weiter Mensur, wenig ausladender Stürze und Kesselmundstück. Die äußere Form ist meistens der Trompete nachgebildet (ähnlich wie das verwandte → Kornett – 1); daneben wird in den Lagen vom Alt abwärts gleichzeitig auch die ovale und die runde (Helikon-)Form gebaut (→ Flügelhorn, → Tenorhorn, → Bariton – 3, → Euphonium, → Tuba – 2; Bombardon, Kaiserbaß, Sousaphon). Die Bügelhörner haben einen weichen, aber nicht so edlen und charakteristischen Klang wie Trompeten und Waldhörner, doch sind sie leichter als diese zu blasen. Sie werden vor allem in der Harmoniemusik gebraucht, im Orchester nur die Tuba. Für die Bügelhörner wird die → Kornett-Notierung verwendet. – 1845 erhielt A. → Sax ein Patent auf eine Familie von Bügelhörnern von gleichmäßiger äußerer Gestalt und verbesserten Mensuren. Diese Saxhörner werden in allen Lagen (9 Modelle von Saxhorn sopranino bis Saxhorn bourdon) gebaut.

Lit.: J. LEVY, Die Signalinstr. in d. altfrz. Texten, SIMG XII, 1910/11; G. SCHAD, Musik u. Musikausdrücke in d. mittelengl. Lit., Diss. Gießen 1911; FR. BRÜCKER, Die Blasinstr. in d. altfrz. Lit., = Gießener Beitr. zur Romanischen Philologie XIX, Gießen 1926.

Bühnenmusik (Inzidenzmusik, von lat. incidere, einfallen; engl. incidental music; frz. musique de scène; ital. musica di scena) ist im strengen Sinne die zu Bühnenwerken (Opern, Schauspielen) vom Autor vorgeschriebene und in innerer Beziehung zur Handlung stehende Musik, die auf der Bühne, hinter der Szene oder im Orchesterraum auszuführen ist. Zu unterscheiden ist: 1) B. in der Oper zur Heraushebung eines besonderen Handlungsvorgangs entweder auf der Szene, z. B. Mozart, *Don Giovanni*, Ballmusik (1. Akt), und Berg, *Wozzeck*, Militärmusik und Heurigenmusik; oder hinter der Szene, z. B. Beethoven, *Fidelio*, Trompetensignal (2. Akt), und R. Strauss, *Rosenkavalier*, Walzer (3. Akt). B., zum Teil in größerer Besetzung, fordern u. a. auch Wagner (*Rienzi*, *Lohengrin*, *Tannhäuser*) und Verdi (*Il Trovatore*, *Un ballo in maschera*, *Aida*, *Otello*, *Falstaff*). – 2) Im Schauspiel ist es üblich, (A. Aber 1926) drei Hauptarten von B. zu unterscheiden: a) die vom Dichter selbst geforderte Musik, Bühnen- oder Inzidenzmusik im engsten Sinne (Trommelwirbel, Fanfaren, Märsche, Tänze, Liedbegleitungen usw.). b) Musikalische Ausgestaltung eines Schauspiels (Schauspielmusik): Einleitungs- und Verbindungsstücke der Akte, d. h. »Rahmenmusik« (Ouvertüre, Zwischenakts-, Verwandlungs- und Schlußmusik) sowie Begleitmusik und melodramatische Szenen. Die Musik wird – wie in neuerer Zeit auch → Filmmusik, → Hörspielmusik und Musik zu Fernsehspielen – als »Hilfskunst« angesehen und in Form und Stil von den Forderungen des Dramas und seiner Inszenierung bestimmt. c) Hinzufügung von Musik im Schauspiel, die zu diesem in keiner inneren Beziehung steht. Hier hat die Musik als Einlage oder Füllwerk (A. Aber) unterhaltende, Pausen ausfüllende Aufgaben. Sie ist als »Musik im Schauspielhaus« Schauspielmusik im weitesten Sinne, kann aber in formaler Hinsicht ebenfalls als Rahmenmusik angesehen werden und erfüllt wie diese auch rein technische Zwecke (z. B. zur zeitlichen Überbrückung von Dekorationsumbau).

Die Verbindung von darstellendem Spiel und Musik ist in den kultischen Spielen außereuropäischer Völker weit verbreitet (→ Chinesische Musik, → Indische Musik). Sie bildet auch die Grundlage für das antike hellenische Drama (→ Griechische Musik). Musik erklang bei den geistlichen und weltlichen Spielen des Mittelalters, den Trionfi, Maskenzügen, Commedie erudite und Tragödien der italienischen Renaissance (→ Intermedium), in den Maskenspielen am englischen Hofe im 16. und 17. Jh., in den auf das Moralitätenspiel des Mittelalters zurückgehenden Volksschauspielen der Schweiz, im Schuldrama in Deutschland und bei den Bühnenaufführungen in England. Zur Zeit Beaumonts († 1616) und Fletchers († 1625) hatte sich in England eine typische Verwendungsart der Instrumente herausgebildet: Fanfarenstöße beim Auftritt von Fürsten; Trompete zur Andeutung der Schlacht, zur Erregung von Angst und Schrecken; Trommel beim Auftritt von Offizieren, bei Marsch- und Schlachtszenen, gedämpft bei Trauermusiken; Horn bei Jagdszenen; Flöte bei Hochzeits- und Liebesszenen; Laute zur Begleitung von Liedern. – Für die Shakespeare-Zeit war die B. einer der wichtigsten Inszenierungsfaktoren (Kindermann III, S. 130ff.). Außer »Callfor-Songs« (eingefügte Lieder-Szenen, während der die Aktion ruht) verwendete Shakespeare zahlreiche »Impromptus«, die eine handelnde Person kennzeichnen (Gesang der Ophelia in *Hamlet*; Trinklieder Falstaffs). Daneben schrieb Shakespeare in vielfältiger Weise instrumentale Musik vor, vom Fanfarenstoß bis zu Tanzszenen (*Midsummer Night's Dream*), von sphärenhafter Musik im *Tempest* bis zu Hexentänzen und Geisterliedern in *Macbeth*. In der 2. Hälfte des 17. Jh. wurden in England Dramen Shakespeares und seiner Zeitgenossen mit Musik-, Gesangs- und Balletteinlagen so angefüllt, daß eine Grenze zwischen Schauspiel mit Musik und Oper kaum zu ziehen ist (The English opera). An Komponisten sind zu nennen: J. Banister, M. Locke, H. → Purcell. In Frankreich entstanden B.en (Einleitungen, rezitativische und chorische Musik) zu Dramen von Corneille, Racine und → Molière. An Komponisten traten M.-A. Charpentier, J.-B. Moreau und besonders Lully hervor. In Spanien wurde B. zu Dramen von Lope de Vega und Calderon geschrieben; namhafte Komponisten waren M. Romero und C. Patiño.

In Deutschland gab es instrumentale Rahmenmusik als festen Bestandteil von Schauspielaufführungen seit den Wanderzügen der englischen Komödianten. Angeregt durch die Theaterprinzipale entwickelte sich im 18. Jh. eine anspruchsvollere, zum Schauspiel aber meist beziehungslose Rahmenmusik. Gottsched (*Kritische Dichtkunst*, 1730) forderte offenbar als erster, daß die Musik bei Schauspielaufführungen mit dem Inhalt des Dramas übereinstimmen müsse. Bedeutsam sind die Ausführungen J. A. Scheibes (*Critischer Musicus*, 1787, 67. Stück), die eine Ästhetik der B., speziell der Rahmenmusik darstellen. Lessing (*Hamburgische Dramaturgie*, 1767/69, 26. und 27. Stück) stützt sich wesentlich auf Scheibe, der eine Ouvertüre (auf den Inhalt des Dramas hinführend) und 2teilige Zwischenaktsmusiken fordert, deren 1. Satz an den Gehalt des vorausgehenden Akts anschließt, während der 2. Satz das Publikum auf den folgenden Akt vorbereiten soll; die Schlußsymphonie habe dem Ausgang des Stücks zu entsprechen. Der erste Schauspieldirektor, der die Rahmenmusik nicht als Nebensache betrachtete, war Konrad

Ernst Ackermann (1712–71); er verlangte, daß die Musik *überall auf das genaueste mit dem Inhalt des Stückes übereinstimmt* (*Über die Hamburgische Bühne*, 1771). Namhafte deutsche Komponisten schrieben in der 2. Hälfte des 18. Jh. B.en, darunter: J. Haydn; Joh. André (Beaumarchais' »Barbier von Sevilien«, 1776; »König Lear« und *Macbeth*, 1778); K. D. Stegmann (»König Lear«, 1780; *Macbeth*, 1784); J. Fr. Reichardt (*Einige Hexenscenen aus Schackespear's Macbeth*, 1787); W. A. Mozart (*Thamos*, K.-V. 336a). Ende des 18. Jh. und Anfang des 19. Jh. entstanden zahlreiche B.en zu Dramen von → Goethe und → Schiller, unter denen die *Egmont*-Musik Beethovens (1810) herausragt. Gerade an diesem Werk wurde die Problematik des Verhältnisses zwischen B. und Drama deutlich und zum Gegenstand widerstreitender Meinungen (A. Aber, E. Peters, A. Schmitz). *Faust*-Musiken komponierten u. a.: K. Eberwein (1812), A. H. Fürst Radziwill (1835), J. Rietz (vor 1870), E. Lassen (1876), M. v. Schillings (1908), F. v. Weingartner (1908), E. Künneke (1911). Schiller fordert B. in *Die Räuber, Jungfrau von Orléans, Wallensteins Lager, Wallensteins Tod, Wilhelm Tell*.
Bis zur Mitte des 19. Jh. war Rahmenmusik bei Schauspielaufführungen obligatorisch. Neue Bestrebungen um eine möglichst enge Verbindung von Musik und Drama gingen von romantischen Dichterkreisen aus, so von Tieck, Novalis, Eichendorff und E. T. A. Hoffmann, der selbst einige B.en schrieb (*Das Kreuz an der Ostsee* von Z. Werner, 1804/05; *Die Brüder von Mantible* von Calderón-Schlegel, 1809; *Braut von Messina* von Schiller, 1813; *Tassilo* von de la Motte-Fouqué). Aus der 1. Hälfte des 19. Jh. seien noch genannt: J. N. Hummel (*Die Ahnfrau* von Grillparzer, 1823); C. M. v. Weber (*Turandot* von Schiller; *Preziosa* von P. A. Wolff, 1820); Fr. Schubert (*Rosamunde* von H. v. Chézy, 1823); A. Lortzing (*Don Juan und Faust* von Grabbe, 1829); R. Schumann (*Manfred* von Byron, 1852); Fr. v. Flotow (»Wintermärchen«, 1859). Höchsten Rang nimmt Mendelssohns B. zu Shakespeares »Sommernachtstraum« (1826/43) ein. – Da es bei dem schnell wechselnden Spielplan nicht möglich war, für jedes Schauspiel eine passende B. schreiben zu lassen, behalf man sich an den deutschen Theatern mit mehr oder weniger willkürlich eingeschobenen Repertoirestücken. Gegen diesen Brauch richteten sich um die Mitte des 19. Jh. scharfe Angriffe (so F. Hiller in der *Kölnischen Zeitung* vom 25. 8. 1855 und im Kapitel *Zwischenaktsmusik* in *Aus dem Tonleben unserer Zeit*, 1868). 1855 wurde am Berliner Schauspielhaus die Zwischenaktsmusik abgeschafft; weitere Bühnen folgten bald. 1879 verlangte Liszt in einer Schrift *Keine Zwischenaktsmusik mehr!*, daß in einem Schauspiel nur die eigens für dieses komponierte Musik verwendet werden dürfe. Bedeutende B.en der 2. Hälfte des 19. Jh. sind Bizets *L'Arlésienne*-Musik zu Daudets Drama sowie Griegs *Peer Gynt* (1876) für Ibsen; zu dessen »Fest auf Solhaug« schrieben Pfitzner (1889) und H. Wolf (1892) B.en. Viel gespielt wurde auch Pfitzners B. (1905) zu Kleists *Käthchen von Heilbronn*. Im naturalistischen Drama wird B. weniger verwendet; aber bei G. Hauptmann (*Fuhrmann Henschel*, 1898), C. Zuckmayer (*Der fröhliche Weinberg*, 1925) u. a. dient sie zur Hervorhebung dramatischer, folkloristischer Züge usw. Starke Anregungen für die B. kamen vom gefühlsbetonten, lyrisch angelegten Drama der Neuromantik; hier war die B. wieder berufen, *Stimmungen zu wecken, zu stützen oder verklingen zu lassen* (Niessen). Wichtig war das dramatische Schaffen Maeterlincks, für den u. a. J. D. Davis, C. Scott, D. Fr. Tovey, N. O'Neille, E. Humperdinck B.en schrieben. – Mit der Musik von M. Marschalk erregten um die Jahrhundertwende G. Hauptmanns Traumdichtung *Hanneles Himmelfahrt* (1893) sowie sein Glashüttenmärchen *Und Pippa tanzt* (1906) Aufsehen. Im 1. Jahrzehnt des 20. Jh. schrieb E. Humperdinck für den Regisseur Max Reinhardt in Berlin von der Dichtung inspirierte und vom impressionistischen Stil der Inszenierung bestimmte vorbildliche B.-Werke, u. a. zu Shakespeares »Wintermärchen« (1906), »Was ihr wollt«, »Der Sturm« (1907). Für Reinhardt komponierten auch R. Strauss, F. v. Weingartner und d'Albert. Mehr und mehr entstehen die B.en in enger, experimentierfreudiger Zusammenarbeit zwischen Regisseur und Komponist, wobei die Tätigkeit des Musikers durchaus eigenschöpferisch bleibt. Beispiele solcher Zusammenarbeit bieten → Weill und → Dessau mit B. → Brecht, der im Sinne seines »Epischen Theaters« neue und eigene Forderungen, vor allem in der Textausdeutung, an die B. stellte. Zu erwähnen sind auch D. Milhaud und A. Honegger mit B.en für Anouilh, Claudel, Cocteau, Gide u. a. 1939 schrieb C. Orff seine oft gespielte »Sommernachtstraum«-Musik (6. Fassung 1964), die (im Gegensatz zu Mendelssohns romantischer, poesievoller Melodik) unter Betonung des rhythmischen Elements die Shakespearsche Wortdiktion intensiviert und auf größere Formen verzichtet. An zeitgenössischen deutschen B.-Komponisten seien genannt: B. Eichhorn, K. Heuser, Mark Lothar, E. Mausz, G. Münch, H. Trantow, W. Zeller. Die elektroakustischen Anlagen der heutigen Theater bieten neue Möglichkeiten durch Einspielen der B. von Tonträgern. Die modernen Dramatiker geben oft vielfache, präzisierte und differenzierte Anweisungen für die B. Hingewiesen sei auf F. García Lorca (*Amor de Don Perlimplín con Belisa en su jardín*, 1931; *Doña Rosita la soltera*, 1935) und Th. Wilder, der sich in *Our Town* (1938) der Technik des »gesehenen Hörspiels« mit zahlreichen akustischen Effekten bedient und zur Charakterisierung des Kleinstadtbürgertums und einer amerikanischen »Allerweltshochzeit« das (gleichzeitig desillusionierend wirkende) Einspielen von Händels berühmtem Largo, dem Brautchor aus *Lohengrin* und Mendelssohns Hochzeitsmarsch verlangt. Im parodistischen Sinne verwendet, begegnet B. u. a. bei J. Anouilh (Spiel der Klarinette in *Le bal des voleurs*, 1938). In J. Osbornes, nach der Technik der Music-hall geschriebenem *Entertainer* (1957) sind Songs und Rock and Roll-Einlagen wichtig.

Lit.: L. Schneider, Über d. Musik auf d. Bühne, Caecilia XXVII, Mainz 1848; F. Hiller, Aus d. Tonleben unserer Zeit, Bd I, Lpz. 1868; Fr. Liszt, Keine Zwischenaktsmusik mehr!, Gesammelte Schriften, hrsg. v. L. Ramann, III, 1, Lpz. 1881, S. 136ff.; A. Schaefer, Hist. u. systematisches Verz. sämtlicher Tonwerke zu d. Dramen Schillers, Goethes, Shakespeares, Kleists u. Körners, Lpz. 1886; F. Pedrell, La musique indigène dans le théâtre espagnol du XVIIe s., SIMG V, 1903/04; F. Busoni, Entwurf einer neuen Ästhetik d. Tonkunst, Triest 1907, Lpz. [2]1916, Wiesbaden 1954; E. Istel, Schauspielmusik, in: Das literarische Echo IX, 1906/07, Bln 1907; J. Simon, Faust in d. Musik, = Slg »Die Musik« XXI, hrsg. v. R. Strauss, Bln 1907; N. O'Neill, Music to Stage Plays, Proc. Mus. Ass. XXXVII, 1911; H. G. Meyer-Ball, Die Instrumentalmusik in Beaumont u. Fletchers Dramen, Diss. Lugano 1916; E. Refardt, Die Musik d. Basler Volksschauspiele d. 16. Jh., AfMw III, 1921; E. v. Waldthausen, Die Funktion d. Musik im klass. deutschen Schauspiel, Diss. Heidelberg 1921, maschr.; H. Tiessen, Die Tonkunst im Rahmen d. Schauspielbühne, in: Die Volksbühne II, 1921/22, H. 1; O. Bie, Schauspiel mit Musik, in: Das deutsche Theater d. Gegenwart, hrsg. v. M. Krell, München u. Bln 1923; Fr. Mirow, Zwischenaktsmusik u. B. d. deutschen Theaters in d. klass. Zeit, Diss. Erlangen 1923, = Schriften d. Ges. f. Theatergesch. XXXVII, Bln 1927; A. Aber, Die Musik im Schauspiel, Lpz. 1926; A. Schmitz, Beethoven, Bonn 1927; H. Pfitzner, Gesammelte Schriften III, Augsburg 1929;

E. PEETERS, Musik im Schauspiel, in: Prisma XI, 1934/35; J. KLAIBER, Die Aktform im Drama u. auf d. Theater, = Theater u. Drama VI, Bln 1936; H. WIRTH, J. Haydn als Dramatiker, Wolfenbüttel 1940; A. L. LIVERMORE, The Span. Dramatists and Their Use of Music, ML XXV, 1944; O. RIEMER, Musik u. Schauspiel, Zürich 1946; GR. H. BARFUSS, Bühne u. Musik in d. Neuromantik, Diss. Köln 1948, maschr.; K. W. PÜLLEN, Die Schauspielmusiken E. Humperdincks, Diss. Köln 1951, maschr.; H. WANDERSCHRECK, B., Das Musikleben IV, 1951; FR. W. STERNFELD, The Dramatic and Allegorical Function of Music in Shakespeare's Tragedies, Ann. Mus. III, 1955; DERS., Music in Shakespearean Tragedy, London 1963; Songs from Shakespeare's Tragedies, hrsg. v. DEMS., London 1964; J. S. MANIFOLD, The Music in Engl. Drama from Shakespeare to Purcell, London (1956); H. EICHHORN, K. E. Ackermann u. d. Ackermannische Ges., Diss. Bln 1957, maschr.; La musique de scène de la troupe de Shakespeare, hrsg. v. J. P. CUTTS, Paris 1959, dazu Fr. W. Sternfeld in: ML XLI, 1960; J. H. LONG, Shakespeare's Use of Music, Gainesville (Florida) 1961; R. E. MOORE, H. Purcell and the Restoration Theatre, London (1961); H. CHR. WORBS, Die Funktion d. Schauspielmusik im Drama d. Gegenwart, Musica XV, 1961; H. MAYER BROWN, Music in the French Secular Theatre, 1400–1550, Cambridge (Mass.) 1963; Theatrical Chansons of the Fifteenth and Early Sixteenth Cent., hrsg. v. DEMS., ebenda 1963; G. H. COWLING, Music on the Shakespeare Stage, NY 1964; C. ORFF, Musik zum Sommernachtstraum, Shakespeare-Jb. C, hrsg. v. d. Deutschen Shakespeare-Ges., Heidelberg 1964. – H. KINDERMANN, Theatergesch. Europas, Salzburg (1957ff.).

Bünde (engl. frets; frz. touches; ital. tasti; span. trastes), quer über das Griffbrett von Saiteninstrumenten gebundene Saitenstücke oder aufgesetzte Holz- oder Metalleisten, die als Sattel wirken und die Saite abteilen, wenn kurz hinter ihnen der Finger aufgesetzt wird. Der Klang der gegriffenen Saite auf einem Instrument mit B.n ist dem einer leeren Saite ähnlich. B. ermöglichen auf Saiteninstrumenten eine feste Stimmung und Temperatur. Als Faustregel für die Anlage von B.n im Halbtonabstand im modernen Tonsystem gilt, daß vom Sattel oder vom letzten Bund $1/18$ der Saitenlänge abgeteilt wird. B. haben vor allem → Zupfinstrumente seit den ersten Belegen aus dem alten Orient. An Streichinstrumenten sind sie selten; sie sind charakteristisch u. a. für die Viola da gamba. Dem Prinzip der B. ähnlich sind die Griffmarken (z. B. am → K'in); stegartige B. hat die → Vina. Beim gebundenen Clavichord teilen mehrere Tangenten eine Saite ab.

Buffo (ital., von buffone, Hofnarr, komische Theaterfigur); die Bezeichnung B. für eine komische Charakterrolle taucht in der italienischen Oper im 17. Jh. auf. Die (nach Stimmlage unterschiedenen) Fächer des Tenor- und des Baß-B. (ital. basso comico) setzen neben stimmlichen Qualitäten großes Spieltalent voraus. Im Unterschied zur Opera seria, in der der Baß Nebenrollen hatte, erhielt in der Opera buffa der 2. Hälfte des 18. Jh. der Basso b. tragende Rollen. Die Fachbezeichnung für die weiblichen Rollen heißen → Soubrette und Spielaltistin (→ Alt). In der neueren Operette hat sich das Fach des Tanz-B.s herausgebildet, das vor allem tänzerische und darstellerische Begabung erfordert. – Parti buffe sind komische Szenen im Gefüge der venezianischen Oper, die zu den historischen Vorläufern der Opera buffa zählen.

Buffonistenstreit (frz. querelle des bouffons), schlagwortartige Bezeichnung der für die Geschichte der Oper bedeutsamen Auseinandersetzung zwischen den Anhängern der italienischen Musik, den Buffonisten, und denen der französischen Musik, den nationalgesinnten, in erster Linie zur Aristokratie zählenden Antibuffonisten. Der B. entstand 1752 in Paris und währte unterschwellig noch bis in die Mitte der 1770er Jahre, als sich Publikum und Kritiker nach Glucks Reformopern in Gluckisten und Piccinnisten (den Parteigängern von → Piccinni) spalteten. Äußerer Anlaß für den B. waren die Vorstellungen mit → Pergolesis Serva padrona und einigen anderen Intermezzi in der Zeit von 1752–54 durch eine italienische Truppe, nach der französischen Bezeichnung für diese Intermezzi Bouffons genannt, an der Pariser Opéra. (Bis 1752 war die Buffo-oper in Paris nur auf den Foires von Saint-Germain und Saint-Laurent aufgeführt worden.) Ein großer Teil des Publikums und namhafte Kritiker wie J.-J. → Rousseau, Fr. M. → Grimm und Diderot begrüßten lebhaft die Aufnahme der volkstümlichen italienischen Buffokunst, in der sie das neue Ideal des Gefühlsmäßigen und Natürlichen (Rousseau: *ni forcé, ni baroque*) verwirklicht sahen, gegenüber dem als rückständig betrachteten stilisierten Pathos der rationalistischen französischen Operntradition: der Tragédie lyrique Lullys und J.-Ph. Rameaus. Noch zu Rameaus Lebzeiten bildete sich (vor allem durch eine Weiterentwicklung der Comédie mêlée d'ariettes, beginnend mit Rousseaus *Le devin du village*, 1752) die Opéra-comique als eigenständige, heitere französische Oper heraus, die im Gegensatz zur italienischen Opera buffa aus Gründen sprachlicher Prosodie den gesprochenen Dialog verwendet.

Lit.: A. JULLIEN, La musique et les philosophes au XVIIIe s., Paris 1873; E. HIRSCHBERG, Die Encyclopädisten u. d. frz. Oper im 18. Jh., Lpz. 1903; L. DE LA LAURENCIE, Les bouffons, Bull. frç. de la Soc. internationale de musique VIII, 1912; G. CUCUEL, Les créateurs de l'opéra-comique frç., Paris 1914; L. E. REICHENBORG, Contribution à l'hist. de la »Querelle des Bouffons«, Paris 1937; N. BOYER, La guerre des bouffons et la musique frç., Paris 1945; A. R. OLIVER, The Encyclopedists as Critics of Music, NY 1947.

Bugaku (japanisch), Tanzwerke, die zuerst in der Heian-Zeit (etwa 9.–12. Jh.), auf Tanzbühnen (butai) aufgeführt wurden und von denen einige noch heute im traditionellen japanischen Theater lebendig sind. B. gibt es entsprechend dem chinesischen bzw. koreanischen Stil der Orchestermusik als Links- (sa-no-mai) und Rechtstänze (u-no-mai); sie werden bei der Aufführung zu Paartänzen zusammengefügt. B. wird von einem nur aus Bläsern bestehenden Ensemble begleitet. → Gagaku.

Bukarest.
Lit.: A. M. MUSICESCU, Din trecutul muzicii noastre. In ceputurile concertelor simfonice la Bucureşti (»Aus d. Gesch. unserer Musik. Die Anfänge d. symphonischen Konzerte in B.«), Muzica IV, 1954; FR. POLOCZEC, Z činnosti folkloristického inštitutu v Bukureşti (»Von d. Tätigkeit d. Folklore-Inst. in B.«), Hudební rozhledy IX, 1956; I. DUMITRESCU, Muzică în Bucureştiul..., B. 1959; O. L. COSMA, Opera romîneasca, 2 Bde, B. 1962.

Bulgarien.
Ausg.: V. JAGIĆ, Psalterium Bononiense, Wien, Bln u. St. Petersburg 1907; V. STOIN, Narodni pesni ot Timok do Vita (»Volkslieder v. Timok bis Vita«), Sofia 1928; D. CHRISTOV, 66 chansons populaires des Bulgares macédoniens, Sofia 1931; ST. DJOUDJEFF, Mélodies bulgares de l'Albanie du Sud, Belgrad 1936; I. KAMBUROV, Bulgarski narodni pesni (»Bulgarische Volkslieder«), Sofia 1941; R. KATZAROVA, Dances of Bulgaria, = The National Dances of Europe XVII, London 1951; B. CONER, Bulgarski narodni ... (»Bulgarische Volkstänze d. Rutscheniza«), Sofia 1956; G. KEREMIDCIEV, Savramenata bulgarska narodna pesen (»Zeitgenössische bulgarische Volkslieder«), Sofia 1958.
Lit.: A. NIKOLOV, Der altbulgarische Kirchengesang nach russ. notierten Hss. aus d. 17./18. Jh., Sofia 1921 (bulgarisch); P. PANOFF, Altslawische Volks- u. Kirchenmusik, Bücken Hdb.; ST. DJOUDJEFF, Rythme et mesure dans la musique populaire bulgare, Inst. d'études slaves XII, Paris 1931; W. SPASSOV, Volksmusik, Volksmusikinstr. u.

Tänze d. Bulgaren, Diss. Wien 1931; Chr. Obreschkof, Das bulgarische Volkslied, = Berner Veröff. zur Musikforschung IX, Bern 1937; K. Nikolov, Beitr. zum Studium d. bulgarischen Volksliedes (Metrik, Rhythmik, Tonalität), Bln 1942; Lj. Romansky, Die einfachen Koledo-Refrains d. bulgarischen Weihnachtslieder, Sofia 1942; St. Braschowanov, Gesch. d. Musik, Sofia 1946 (bulgarisch); B. A. Kremenliev, Bulgarian-Macedonian Folk Music, Berkely 1952; R. Palikarova-Verdeil, La musique byzantine chez les Bulgares et les Russes, = Monumenta musicae byzantinae, Subsidia III, Kopenhagen 1953; St. Petrov, Očerci po istorija na bulgarskata muzikalna kultura, Bd I, Sofia 1959; M. M. Velimirović, Byzantine Elements in Early Slavic Chant, 2 Bde, = Monumenta musicae byzantinae, Subsidia IV, 1–2, Kopenhagen 1960; E. Pantzscheff, Die Entwicklung d. Oper in B., = Wiener Abh. zur Mw. u. Instrumentenkunde IV, Wien 1962.

BUMA, Het Bureau voor Muziek-Auteursrecht (Niederlande); → CISAC.

Burgenland.
Lit.: 25 Jahre Erforschung u. Pflege d. Volksliedes im B., Eisenstadt 1952; K. M. Klier, Weihnachtslieder aus d. B., Burgenländische Forschungen XXVIII, 1955; ders., Das Totenwacht-Singen im B., ebenda XXXIII, 1956; ders., 3 hs. Liederbücher aus d. B., ebenda XXXVIII, 1958; A. Riedl u. K. M. Klier, Lieder, Reime u. Spiele d. Kinder im B., Eisenstadt 1957; dies., Lied-Flugblattdrucke aus d. B., Eisenstadt 1958; J. Harich, Esterházy-Mg. im Spiegel d. zeitgenössischen Textbücher, Burgenländische Forschungen XLI, 1959.

Burgundische Musik, ein in der Musikgeschichtsschreibung relativ junger Begriff, der aber schon verschiedene Wandlungen erfahren hat. In seinem ursprünglichen Sinn (Gurlitt, Marix) umschließt er die am burgundischen Hof blühende Musik, besonders während der Regierungszeit Philipps des Guten (1419–67). Die wichtigsten Repräsentanten der B.n M. sind Grenon, Binchois, Philippe de la Folie (genannt Foliot), Constant de Trecht, P. Fontaine, Hayne van Ghizeghem, Gilles Joye, Jacques Vide, R. Morton und Busnois. Gurlitt, der auch Dufay mit einbezieht, weist dem burgundischen Staatswesen für die Musikgeschichte eine ähnlich zentrale Rolle zu, wie es Huizinga in »Herbst des Mittelalters« für die allgemeine Kulturgeschichte getan hatte; folgerichtig erweiterte Besseler 1931 den Begriff zur »Burgundischen Epoche« (S. 184ff.); er ersetzte damit die seit einem Jahrhundert übliche Bezeichnung »erste niederländische Schule« für diese Epoche, die von der Persönlichkeit Dufays beherrscht wird. Obwohl dessen Beziehungen zum burgundischen Herzog nur lose waren, wurde der Begriff einer »Burgundischen Epoche« allgemein übernommen. Für die einen ersetzte er endgültig die »Niederländische Schule«, für die anderen die »Ecole franco-flamande« (über diese Begriffe vgl. S. Clercx, *Introduction ...*). Ch. Van den Borren übernahm den Terminus, nuancierte jedoch den Begriff, indem er vorschlug (*Geschiedenis van de muziek ...* I, S. 69ff.), dieses Zeitalter »italo-burgundisch« zu nennen, um Italien mit einzubeziehen. Später revidierte Besseler seine frühere Auffassung und berücksichtigte den Anteil der »wallonischen« und besonders der aus dem Hennegau stammenden Musiker des 15. Jh. (*Bourdon und Fauxbourdon,* S. 193ff.); da er keinen adäquaten Terminus fand, um eine Schule zu bezeichnen, die mehrere Musikzentren umschließt, kommt er auf die alte Bezeichnung »Niederländische Schule« zurück und behält lediglich für die höfische Chanson des 15. Jh. die Bezeichnung »Burgundische Musik« bei. Eine kritische Stellungnahme erfordert einen erneuten Blick auf die geschichtlichen und musikalischen Gegebenheiten. – Zum geschichtlichen Sachverhalt: Der burgundische Hof des 14. Jh. war wie derjenige von Berry, Orleans und Anjou französisch. Philipp der Kühne (1364–1404) handelte zeitlebens nur als französischer Fürst und war der Regierung des (französischen) Königreichs eng verbunden. Seine Interessen für Brabant und Flandern hatten nur das eine Ziel, seine Macht in Frankreich zu vergrößern. Die Haltung von Johann ohne Furcht (1404–19) war die gleiche. Selbst Philipp der Gute blieb zeitlebens ein französischer Fürst; seine Kanzler und Ratgeber waren Franzosen und sein Hof war überwiegend französisch bestimmt. Die Verhältnisse änderten sich unter Karl dem Kühnen (1467–77), der in eine der französischen Monarchie mehr und mehr feindliche Politik hineingezogen wurde. Sein Hofstaat, bestehend aus brabantischen, flämischen und hennegauischen Adligen, verwandelte die Atmosphäre des Hofes, aber seine Ratgeber blieben Burgunder. 1477 eröffnete das Grand Privilège, erlassen von Marie von Burgund, den Zugang zum großen Rat auch den Vertretern von Artois, der Picardie, Hennegau, Namur, Brabant, Flandern, Holland-Seeland, Luxemburg und Limburg, so daß in ihm nur noch vier Burgunder vertreten waren (Pirenne II, S. 16f.). Mit der Katastrophe von Nancy, wo Karl der Kühne ums Leben kam, verlor die burgundische Familie ihr Stammesherzogtum, und es gelang weder Philipp dem Schönen noch Karl V., es den Erben Philipps des Guten zurückzugeben. – Zum musikalischen Sachverhalt: Die Musik unter Philipp dem Kühnen und Johann ohne Furcht war französisch. Sie hatte in Dijon ihr Zentrum. Philipp der Gute hatte die Kapelle seines Vaters geerbt, und deren Musiker waren an der Schule von Notre-Dame in Paris ausgebildet, an der Sainte-Chapelle oder auch in Chartres, Rouen und Toul. Bei häufigem Ortswechsel zwischen Dijon und den nördlichen Residenzen des Hofes blieb die Kapelle in der Auswahl der Musiker französisch. Die Anzahl der aus dem Norden eingestellten Musiker war sehr gering (1436 im Verhältnis 3:20, 1439 – 3:18, 1442 – 3:22, 1447 – 4:21, 1452 – 4:21, 1464 – 4:24). Die ersten Chapelains, die die Oberleitung der Kapelle hatten, waren (mit einer Ausnahme) Franzosen. In der Tat blieb die Kapelle Philipps des Guten – wie ihr Herr – französisch orientiert. Diese Lage änderte sich unter Karl dem Kühnen und Marie von Burgund, und die Kapelle Philipps des Schönen bestand fast ausschließlich aus Musikern aus den Pays-Bas (vgl. van Doorslaer). Diese historischen Tatsachen fordern hinsichtlich des Begriffs der »Burgundischen Musik« eine neue vorsichtige Fragestellung: Können die Musiker, die am burgundischen Hof lebten oder von einem anderen Ort aus für die Herzöge arbeiteten oder deren Werke in den Handschriften zum Gebrauch der herzoglichen Kapelle gesammelt wurden, »burgundisch« genannt werden? Kann die Musik, deren Autoren sie sind, dieses Beiwort unzweideutig bekommen? Kurz: muß das Wort »burgundisch« synonym mit »französisch« verstanden werden oder im Gegenteil als Frankreich »fremd«? Zur Beantwortung der Frage sind verschiedene Abschnitte der Geschichte zu unterscheiden. Zweifellos wurden die ersten Musiker, die aus der Kapelle von Dijon hervorgingen (Grenon, Philippe de la Folie, P. Fontaine, R. de Locqueville) niemals als »Burgunder«, sondern mit Recht als Franzosen bezeichnet. Warum sollte man also die Bezeichnung »Burgunder« auf einen Dufay, Binchois, Gilles Joye, Regis, R. Morton und Busnois anwenden? Im Hinblick auf die Musik genügt die Feststellung, daß die wichtigsten Komponisten der Epoche Philipps des Guten, Dufay und Binchois, ebenso wie Fontaine, Foliot, Locqueville wesentlich durch die Tradition der französischen Musik des 14. Jh. geprägt wurden. Dufay und Binchois verwandelten das Erbe der französischen → Ars nova in Berührung mit der italienischen und der englischen Musik. Noch gegen Ende des 15. Jh. bezeugt es Tinctoris. Worin liegt in den Messen, lateinischen und französischen Motetten, den französischen Chansons das »Burgundische«? Worin unterscheidet sich diese Musik in Form und Kompositionsart vom Werk der A. und H. de Lantins, von Feragut, G. Legrant, Johannes de Lymburgia, Brassart, J. Fr. de Gemblaco, H. Battre – Franzosen oder Lütticher, die man nicht der burgundischen Schule zuzählen kann? Konkordanzvergleich der Handschriften läßt oft Abschreibeverwechslungen erkennen und die Stilanalyse vermag die Zuweisung nicht immer sicher zu entscheiden. In der Tat repräsentieren diese Musiker eine europäische Kunst, was sich aus ihrer umfangreichen Reisetätigkeit erklärt. Aber indem seit der Regierungszeit Karls des Kühnen Musiker aus Flandern und Brabant gerufen wurden und die Abspaltung von Frankreich immer deutlicher in Erscheinung trat, gewann der burgundische Hof eigenständiges Gepräge. Die Musikhandschriften, die Berichte der Chronisten und die Geschichte des Hauses Burgund enthüllen ein strahlendes Zentrum von musikalischer Aktivität und schöpferischer Kraft. Höfische und geistliche Musik strebten in der 2. Hälfte des 15. Jh. äußerster Verfeinerung zu: Verflochtenheit, bewirkt durch Brechung der Melodiezüge, mit Imitationen in Engführung, die den durchimitierenden Stil ankündigen; formelhaft verlängerten Kadenzen, raffinierte Dissonanzen, die oft genug um ihrer Originalität willen kultiviert werden; rhythmische Kontraste im einzelnen, die häufig auf »Arhythmie« hinauslaufen; Raffinement in der Notation; Vorliebe für Kanonprobleme, für das musikalische Rätsel, wo die Gelehrsamkeit der literarischen Anspielung oder sogar dem Wortspiel nahesteht. Der Stil ist ornamental bestimmt im Gegensatz zum Stil Ockeghems. Diese besonders am Werk von Busnois gewonnenen Erkenntnisse belegt Van den Borren auch an den Werken anderer Musiker, die am burgundischen Hof oder in seinem Umkreis gelebt haben: Cornelius Heyns, Regis, Richard Codex, Frye, Hayne van Ghizeghem, R. Morton. Diese Eigenheiten, ihre auf eine bestimmte Gesellschaftsschicht begrenzte Anwendung durch Musiker, die im gleichen Territorium lebten, nämlich in den nördlichen Besitzungen der Herzöge von Burgund, spiegeln unbestreitbar eine Schule. Es ist das erste Mal, daß die am herzoglichen Hofe gepflegte Musik in diesem Maße eigenständig ist. Deshalb kann diese Musik (obwohl keiner der Komponisten, die sie berühmt machten, Burgunder war) vielleicht »burgundisch« genannt werden, wenn man sich auf diesen Namen geeinigt hat. Aber aus dieser Schule einen allgemeinen Stil zu machen (»Spätzeit ... des burgundischen Stils«, Besseler, *Die Musik des Mittelalters* ..., S. 210 ff.) ist gewagt, denn einer Epoche diesen Namen zu geben, so kurz sie auch sei, bedeutet, daß Musiker mit einbezogen werden müssen, die in einem anderen Umkreis lebten und anderen künstlerischen Zielen folgten. In Paris, an der Loire, von wo der französische Hof ausstrahlte, in den großen französischen → Maîtrisen vertraten Ockeghem, Compère, Basiron, Caron, Brumel, Fevin, Verbonnet, Prioris und Josquin, in Antwerpen Barbireau, den internationalen Stil, den der alternde Dufay noch in Cambrai praktiziert hatte, und entwickelten ihn weiter. In Mailand, Ferrara, Florenz, Neapel und in der päpstlichen Kapelle entstand ein neuer musikalischer Stil; hier haben Josquin, Gaspar van Weerbeke, A. Agricola, Isaac und Obrecht der großen französischen Tradition auf Grund ihrer Berührung mit einer spontaneren italienischen Musik Leichtigkeit, Kraft und Grazie hinzugefügt, jene Durchsichtigkeit und Klarheit der Schreibweise, wie sie das ganze 15. Jh. hindurch in Italien lebendig waren. Aus der Verbindung dieser drei musikalischen Zentren (burgundischer Hof – Frankreich – Italien) sollte ein neuer internationaler Stil entstehen: der des 16. Jh. (→ Niederländische Musik; → Franko-flämische Schule.)

Lit.: J. Molinet, Les faictz et dictz..., hrsg. v. N. Dupire, 3 Bde, Paris 1936–39; L. E. S. J. de Laborde, Les ducs de Bourgogne: études sur les lettres ... pendant le XVe s., 3 Bde, Paris 1849–52; J. Huizinga, Herfsttij der middeleeuwen, Haarlem 1919, Ausg. letzter Hand 1941, deutsch v. T. Wolff-Mönckeberg u. E. Lerch als: Herbst d. MA, München 1923, neue Bearb. v. K. Köster, = Kröners Taschenausg. CCIV, Stuttgart 8(1961); W. Gurlitt, Burgundische Chanson- u. deutsche Liedkunst d. 15. Jh., Kgr.-Ber. Basel 1924; O. Cartellieri, Am Hofe d. Herzöge v. Burgund, Basel 1926, engl. London 1929; H. Besseler, Die Musik d. MA u. d. Renaissance, Bücken Hdb.; ders., Bourdon u. Fauxbourdon, Lpz. 1950; M. Emmanuel, Hist. de la musique: l'école bourguignonne, in: Ass. des Soc. savantes, XIe Congrès 1934; G. Van Doorslaer, La chapelle mus. sous Philippe-le-Beau, Rev. belge d'archéologie et d'hist. de l'art IV, 1934; E. Dahnk, Musikausübung an d. Höfen v. Burgund u. Orléans, Arch. f. Kulturgesch. XXV, 1935; E. Dannemann, Die spätgotische Musiktradition in Frankreich u. Burgund, = Slg mw. Abh. XVII, Straßburg 1936; J. Marix, Les musiciens de la cour de Bourgogne au XVe s., Paris 1937 (Ausg.); dies., Hist. de la musique et des musiciens de la cour de Bourgogne ..., = Slg mw. Abh. XXVIII, Straßburg 1939; W. Stephan, Die burgundischnld. Motette ..., = Heidelberger Studien zur Mw. VI, Kassel 1937; A. Pirro, Hist. de la musique de la fin du XIVe s. à la fin du XVIe, Paris 1940; Ch. Van den Borren, Etudes sur le XVe s. mus., Antwerpen 1941; ders., Geschiedenis van de muziek in de Nederlanden I, Amsterdam u. Antwerpen 1948; ders., La musique en Belgique, Brüssel 1950; P. Bonenfant, Philippe-le-Bon, Brüssel 1943; H. Pirenne, Hist. de Belgique, 2 Bde, Brüssel 1948; A. Van der Linden, Les aveugles de la cour de Bourgogne, RBM IV, 1950; S. Clercx, Introduction à l'hist. de la musique en Belgique, RBM V, 1951; E. A. Bowles, Instr. at the Court of Burgundy, The Galpin Soc. Journal VI, 1953; C. Brooks, A. Busnois, JAMS VI, 1953; G. Reese, Music in the Renaissance, NY (1954, 2 1959); La Renaissance dans les provinces du Nord, hrsg. v. Fr. Lesure, Paris 1956; R. B. Lenaerts, Contribution à l'hist. de la musique belge de la Renaissance, RBM IX, 1955; Fl. Van der Mueren, Ecole bourguignonne, école néerlandaise ou début de la Renaissance ?, RBM XII, 1958.   SC

Burla (ital., Spaß, Spott), Posse; von B. abgeleitet Burlesca, Bourlesca, Burlesque (frz.), Burleske, Komposition heiter-karikierenden oder derb-komischen Charakters, seit dem 18. Jh. wiederholt zur Bezeichnung von Instrumental-, vor allem Klaviersätzen verschiedener Größe und Form gebraucht. In J. S. Bachs Partita III A moll (BWV 827) steht als 5. Satz eine *Burlesca*, in Schumanns *Albumblätter* op. 124 (komponiert 1832–45) Nr 12 eine B. Das umfangreichste Stück dieses Genres komponierte R. Strauss mit seiner *Burleske* für Kl. und Orch. (1885). Bekannt sind auch die *Burlesken* op. 58 für Kl. von M. Reger, einem Meister der → Humoreske, die *Burlesques* op. 8c (1908–11) von Bartók und die *Burlesken* op. 31 von Toch. Auch in der modernen Kammermusik (Casella, *Siciliana e Burlesca* für Kl., V. und Vc.) und bei Orchesterstücken (Bartók, *Burlesque* op. 2; Fr. Schmitt, *Ronde Burlesque*) sowie in der Unterhaltungsmusik (für Salonorchester) tauchen die Bezeichnungen auf. – Mit B. oder Burletta bezeichnete man im 18. und frühen 19. Jh. auch eine Opera buffa (J. Haydns *L'Infedeltà delusa*, 1773), deren Handlung von kontrastreicher, oft scharf karikierender Komik getragen war. In ähnlichem Sinn werden für Bühnenwerke noch im 20. Jh. von B. abgeleitete Bezeichnungen angewandt, z. B. Burleske Operette (Křenek, *Schwergewicht*) oder Scènes burlesques (Strawinsky, *Pétrouchka*).

Burlesca (ital.) → Burla.

Busine (altfrz. und mhd., von lat. → bucina, von der sie aber sachlich verschieden ist; frz. auch cor sarrasinois), ist eine lange, gestreckte, seltener auch gebogene Blechtrompete mit Stürze und Mundstück, deren Name zuerst in der Chanson de Roland (um 1100) auftaucht. Die B. ist dem arabischen Nafir nachgebildet, der im Heer der Sarazenen geblasen wurde. Die B. wird oft in mittelalterlichen Dichtungen erwähnt, dabei werden ihre fremdländische Herkunft (Wolfram von Eschenbach, Willehalm: *ûz Thusî di waren brâht*; Wirnt von Gravenberg, Wigalois: *Man hörte da busine vil / Blâsen nâch der heiden sit*) und ihr lauter, schmetternder Ton hervorgehoben. Als Heroldinstrument, mit dem an ihr befestigten Banner, gehörte die B. in das Gefolge der Fürsten im Feldzug und beim Turnier. Neben dem Adel hatten auch einige freie Städte das Recht, B.-Spieler zu halten. Auf der B. konnten bereits Fanfaren geblasen werden; als Begleitinstrument diente die Trommel. Eine kleine Form der B. war das Clarion. Im Abendland hat sich die B. als Trompete und Posaune weiterentwickelt.

Lit.: H. G. FARMER, Crusading Martial Music, ML XXX, 1949; E. A. BOWLES, Unterscheidung d. Instr. B., Cor, Trompe u. Trompette, AfMw XVIII, 1961.

Bylinen → Epos.

Byzantinischer Gesang (Melurgie), die Gesänge für das Offizium und die Leiturgia (Messe) im byzantinischen Kaiserreich. Die Beschränkung auf geistliche Melodien entspricht dem Umstand, daß die entsprechende weltliche Musik nicht bekannt ist: denn die wenigen in einem Manuskript des Klosters Iviron (Athos) gefundenen Melodien reichen für eine gründliche Untersuchung nicht aus. Auch die in der Kirche gesungenen Polychronismoi, die sich in Manuskripten der kukuzelischen Epoche finden, ermöglichen kein Urteil über die Musik, mit der der Kaiser im Zirkus oder bei offiziellen Feierlichkeiten begrüßt wurde. Byzantinisch heißt diese Kunst nach dem bedeutendsten Mittelpunkt ihrer Geschichte, der Hauptstadt des Reiches. Hier trafen die verschiedenen Strömungen aufeinander, und im Laufe der Zeit errang Byzanz eine führende Stellung auch in der Melurgie. Doch ist diese – wie die anderen byzantinischen Künste – aus verschiedenen Elementen zusammengesetzt, und ihre Wurzeln sind in orientalischen Traditionen und Systemen zu suchen. Im Hinblick auf den kirchlichen Charakter der Melurgie wurde bisher vor allem die hebräische und syrische Musik als Vorbild der byzantinischen angesehen, doch sollte die Untersuchung auch auf Elemente anderer orientalischer Kulturen ausgedehnt werden. Da das Studium des B.n G.s erst in jüngster Zeit – seitdem die musikalischen Quellen in größerem Umfang erschlossen sind – ein bedeutendes Ausmaß angenommen hat, ist eine genaue Bewertung seiner Elemente in vielen Fällen noch nicht möglich. – Der B. G. kann eingeteilt werden in: alter B. G., er umfaßt das Repertoire bis um 14. Jh.; mittlerer oder kukuzelischer B. G., vom 14. Jh. bis zur Reform des Chrysanthos (1821); moderner B. G., seit 1821.

In den alten byzantinischen Manuskripten finden sich 2 Typen von Melodien, die sogenannten Gesänge des Hagiopolites und die Asmata, die sich in der Art ihrer Komposition und in einigen Kennzeichen des Tonartensystems unterscheiden. Die Gesänge des Hagiopolites sind Aneinanderreihungen von Formeln, die nach ihrer melodischen Gestalt in Arten oder Typen eingeteilt werden. Der Name Hagiopolites bezieht sich auf die Hagia Polis, das ist Jerusalem mit Einschluß des nahegelegenen Klosters S. Saba. Demnach könnten das System und die frühesten Kompositionen des Hagiopolites aus Palästina stammen. Die Verwendung dieser Bezeichnung sowohl im Gesang als auch für das Typikon (Ordo) der Klöster (das auch Hagiopolites heißt), die zeitliche Übereinstimmung des Auftretens der ersten musikalischen Manuskripte und der gegenseitigen Durchdringung des Typikon der Hagia Sophia und desjenigen der Klöster läßt darauf schließen, daß der musikalische Hagiopolites in den Klöstern entstand. Mit seiner allgemeinen Verbreitung war dann auch die Vervollständigung seines hymnologischen Repertoires sowie – gemäß den Erfordernissen des Offiziums und der Leiturgia – seine Anwendung auf die verschiedenen Arten des Singens verbunden. Es sind dies: 1) Das Genos ekphonetikon (von ἐκφώνησις, Lesung), das der feierlichen Rezitation der biblischen Perikopen (Evangelien, Epistel, Apostelgeschichte, Prophetien) vorbehalten ist. Da die ekphonetische Notation, in der diese Musik aufgezeichnet ist, noch nicht entziffert werden konnte, ist eine genaue Beschreibung der Gesänge nicht möglich. Doch sowohl die Tradition, als auch eine Analyse der handschriftlichen Überlieferung und die entsprechenden Formeln des Codex Sinaiticus 8, f. 303 (veröffentlicht bei C. Høeg, *La notation ekphonétique*) weisen darauf hin, daß das Genos ekphonetikon aus Formeln besteht, die einer melodischen Rezitation sehr ähnlich sind, mit kurzen Notengruppen zu Anfang sowie an textlich besonders bedeutenden Stellen und mehr oder weniger langen Melismen, vor allem am Ende einer Perikope. 2) Das Genos sticherarikon (so genannt nach den στιχερὰ ἰδιόμελα); die Formeln sind meist syllabisch, doch ist mit Rücksicht auf den Text oder die musikalische Form oft eine Silbe mit mehreren Tönen oder Melisma versehen, vor allem in einigen Kadenzformeln. Auch die Heirmoi (εἱρμοί) der Kanones wurden bis ins 14. Jh. im Genos sticherarikon gesungen, und erst der kukuzelische Epoche gab ihnen eine eigene musikalische Form. 3) Das Genos des Asmatikon (nach dem Buch, das die Gesänge dieser Art enthält); die Formeln sind hier stark melismatisch, doch ergibt eine vergleichende Analyse, daß zumindest einige von ihnen verwandt sind mit bestimmten Formeln des Genos sticherarikon, aus dem sie offenbar abgeleitet sind. 4) Das Genos des Psaltikon (nach dem Buch, das diese Gesänge enthält); es ist das kunstreichste dieser Genera. Aus dem Zeugnis der Typika, die diese Melodien als Gesänge mit Cheironomie bezeichnen, und aus der Analyse der melodischen Formeln kann mit Sicherheit geschlossen werden, daß die musikalische Form dieses Genos das Ergebnis einer verfeinerten Ausbildung der Rhythmik, Dynamik oder des Vortrags – der drei durch Cheironomie geregelten Elemente – darstellt. Die Grundlage dieses Genos scheinen die melodischen Formeln des Genos sticherarikon zu bilden, so daß einige Formeln offenbar in dreierlei Gestalt überliefert sind: in den Stichera idiomela, im Asmatikon und im Psaltikon. Das Verfahren, die Gesänge in Hinsicht auf die Cheironomie auszuarbeiten, ist vermutlich sehr alt und wird nachweislich in der musikalischen Tradition vieler östlicher Kirchen auch heute noch angewendet. – Die Gesänge sind nach den genannten Genera in besonderen liturgischen Büchern zusammengestellt. Es sind dies: a) Das Sticherarion mit den Stichera idiomela des ganzen Jahres sowohl für die kalendermäßig fixierten, als auch für die beweglichen Feste, sowie mit dem Oktoechos, d. h. dem Zyklus der Offizien für die 8 Sonntage, an denen die Auferstehung Jesu Christi gefeiert wird. b) Das Heirmologion mit den Heirmoi der Kanones für das ganze Kirchenjahr; seine Einteilung entspricht der Reihenfolge der Tonarten. Im Heirmologion stehen auch die Makarismoi der Messe, die stets zusammen mit den Heirmoi überliefert sind. c) Das Asmatikon enthält die Koinonika und Hypakoai für das ganze Jahr, die Dochai der Prokeimena in der Vesper, das Trisagion in der allgemeinen Form sowie das der Christusfeste, die Troparia, die zu Weihnachten und Epiphanias nach der 3. und 6. Prophetie in der Vesper gesungen werden usw. sowie als Anhang der Asmata. Nach den Feststellungen Strunks vereinigt das Asmatikon die dem Volk oder der Versammlung vorbehaltenen Gesänge. d) Das Psaltikon enthält die Gesänge, die (nach Strunk) dem Solisten (Psaltes) vorbehalten sind, die aber auch vom Chor und an einigen Orten im Wechsel mit dem Volk oder der Versammlung ausgeführt werden können. Es umfaßt die Kontakia der kalendermäßig fixierten und der beweglichen Feste, die Prokeimena der Leiturgia und der Vesper, die Alleluiaria und Hypakoai für das ganze Jahr, Koinonika des Genos psaltikon usw. – Die Asmata unterscheiden sich von den Gesängen des Hagiopolites durch das Tonartensystem, vor allem aber dadurch, daß diese Melodien nicht aus charakteristischen praeexistenten Formeln zusammengesetzt sind, sondern unmittelbar komponiert wurden. Doch sind den Melodien nicht selten Formeln des Hagiopolites (unverändert oder mit Varianten) eingefügt. Die Asmata gehören zum Genos kalophonikon, wie aus dem Codex Messan. gr. 161 hervorgeht; sie sind meist als Anhang dem Asmatikon beigegeben. Das Repertoire der Asmata umfaßt (vollständig oder nur in den solistischen Teilen) Versus des Hexapsalmos der Matutin, das Polyeleos (Ps. 135), das Trisagion aus der Messe des Heiligen Basilios, den Hymnos cherubikos (Großer Introitus), in der kukuzelischen Epoche Asmatikon genannt, Annagrammatismoi, Kratemata usw.

Das melurgische Repertoire der kukuzelischen Epoche unterscheidet sich zumindest teilweise von dem der vorhergehenden Zeit, so daß ebenso wie in der Notation auch in der Geschichte des Repertoires des B.n G.s im Blick auf die oben genannten Kennzeichen von einer kukuzelischen Epoche gesprochen werden kann. Ihre Bezeichnung erhielt sie von dem Beinamen Kukuzeles des Johannes Papadopoulos (um 1300), in dem die Tradition die »Zweite Quelle der byzantinischen Musik« sieht (die erste ist der Heilige Johannes von Damaskus). Das Repertoire des Hagiopolites gerät in der kukuzelischen Epoche zum größten Teil außer Gebrauch. Viele Gesänge erhalten neue Melodien, so die Heirmoi, die allmählich die Kennzeichen des neuen Genos heirmologikon annehmen und sich vom Genos sticherarikon lösen. Nur die Stichera idiomela halten, von geringfügigen Veränderungen abgesehen, noch lange an der Tradition fest. Bezeichnend für die kukuzelische Epoche ist vor allem die stärkere Entwicklung und Bedeutung des Genos kalophonikon, das zwar bereits vorher bestand, doch nun auch auf Texte anderer Gesänge, wie die der Stichera idiomela und der Heirmoi, angewandt wird, die sich so dem neuen Ideal anpassen. Infolgedessen wechselt auch der Bestand an liturgischen Büchern. Die Papadike, die für die kukuzelische Epoche besonders charakteristische Sammlung, ist direkt aus dem Asmatikon (mit den Asmata im Anhang) sowie zum Teil aus dem Psaltikon hervorgegangen und enthält (je nach Vollständigkeit) ungefähr die gleichen Gesänge. Die Bedeutung der Papadike wird noch dadurch erhöht, daß die Handschriften oft mit einem Traktat über die byzantinische Musik beginnen. Erwähnt seien ferner das gewöhnliche und das kalophonische Sticherarion sowie das Heirmologion mit den Melodien des Genos heirmologikon und des Genos kalophonikon; dazu kommen später und in der modernen byzantinischen Musik das Heirmologion syntomon und argon.

Mit der durch Erzbischof Chrysanthos von Madytos († 1843), Gregorios Levita, Kanzler des Patriarchats Konstantinopel († 1822), und Kurzios Georgiu Protopsaltes († 1840) unternommenen Reform der byzantinischen Notation begann die moderne Epoche der byzantinischen Melurgie. Die musikalischen Formen und liturgischen Bücher dieser Zeit bedürfen keiner Erläuterung, da sie aus der vorhergehenden Epoche übernommen wurden. Auch die neuen Melodien (ausgenommen einige in jüngster Zeit geschriebene Gesänge) entfernen sich nicht von den traditionellen Modellen.

Das byzantinische Tonartensystem gilt für sämtliche byzantinischen Kirchengesänge, wie schon aus der Tatsache hervorgeht, daß besondere Zeichen die Tonart anzeigen, in der eine Melodie gesungen wird. Zu unterscheiden sind: das Tonartensystem des Hagiopolites, der Asmata, der kukuzelischen Epoche und der modernen Zeit. Im Hagiopolites (wie in allen anderen Systemen) gibt es 8 Haupttonarten, nämlich vier authentische (kyrioi) und vier plagale (plagioi); daher trägt das System den Namen → Oktoechos. – Das Tongeschlecht des Hagiopolites ist ausschließlich das diatonische mit 5 Ganz- und 2 Halbtönen in der Oktave. Jedoch wechselt die Intervallfolge je nachdem, ob das Oktav- oder Pentachordsystem angewandt wird (das Pentachord wird auch trochos, Rad, genannt). Für jede Tonart gibt es Intonationsformeln mit bestimmten Textsilben. Die Schlüssel (martyriai) sind eine verkürzte Form solcher Intonationsformeln. Viele Merkmale des Tonartensystems des Hagiopolites blieben auch in denjenigen der Asmata und der kukuzelischen Epoche erhalten. In der kukuzelischen Epoche tritt der Gebrauch des Modus legetos (authentisch mit Finalis e^1) und der Chromatik (nenano) stärker hervor. Auch das byzantinische Tonartensystem der modernen Zeit kennt die acht alten Tonarten, doch zeigt ihre Reihenfolge eine gewisse Konfusion, die sich kurz vor der Reform bemerkbar machte; eine weitere Komplikation brachte die Einführung nichtdiatonischer Tonarten mit sich, z. B. der chromatischen II. authentischen und plagalen Tonart. Die drei nunmehr gebräuchlichen Tongeschlechter sind das diatonische, chromatische und enharmonische. Die diatonische Skala besteht aus »natürlichen« Intervallen; Chrysanthos teilt die Oktave in 78 Teile und verwendet größere (12 Teile), kleinere (9 Teile) und kleinste (7 Teile) Intervalle. Die chromatische Skala verwendet Intervalle, die größer sind als das »größere« der diatonischen; sie wird eingeteilt in »gespannte« und »weiche« chromatische Skala. Die enharmonische Skala besteht aus Ganz- und Halbtönen und hat 3 Systeme: das Systema diapason (Oktavsystem), das Pentachord- (Trochos-) und das Tetrachordsystem. Die charakteristische Oktave des Oktavensystems ist d–d^1, das charakteristische Pentachord des Trochossystems d–a, das charakteristische Tetrachord des Tetrachordsystems c–f. – Zur Aufzeichnung der Gesänge verwendet die byzantinische Musik nicht wie die westeuropäische eine diastematische Notation, sondern besondere Zeichen, die die Melodie in ihren konstitutiven Noten darstellen oder ihren Verlauf anzeigen. Am besten unterscheidet man: a) Ekphonetische Notation: sie ist der feierlichen Rezitation der biblischen Perikopen vorbehalten. Høeg unterscheidet in dieser Notation, in der die Herkunft vieler byzantinischer Neumen von den griechischen Prosodiezeichen deutlich zu erkennen ist, 3 Perioden: die archaische, von den Anfängen bis zum 9. Jh.; die klassische, 9.–13. Jh.; die Verfallszeit, 14.–15. Jh. Der Deutung dieser Notation stehen noch ernste Schwierigkeiten entgegen. b) Paläobyzantinische Notation: unter diesem Namen werden mehrere Notationen zusammengefaßt, die in den Grundzügen übereinstimmen, aber im einzelnen charakteristische Unterschiede aufweisen. Nach Tillyard sind (in der wahrscheinlichen chronologischen Anordnung) 4 Arten zu unterscheiden: die Andreatische, Esfingmentianische, Chartres- und Coislin-Notation. Hauptmerkmal der paläobyzantinischen Notation ist, daß ihre Neumen kein bestimmtes Intervall, sondern lediglich die Grundzüge der musikalischen Formeln schriftlich festhalten, so daß sie dem Sänger nur als Gedächtnisstütze dienen. Die Erforschung dieser Notation ist erst in jüngster Zeit vorangekommen, seit man erkannt hat, daß die Gesänge des Hagiopolites (nur diese sind in paläobyzantinischer Notation erhalten) aus charakteristischen Formeln zusammengesetzt sind. c) Neobyzantinische (auch mittelbyzantinische, runde) Notation: im 13. Jh. kam die paläobyzantinische Notation außer Gebrauch und wurde von der neobyzantinischen abgelöst; doch reichen deren Ursprünge ins 12. Jh. zurück, so daß eine Zeitlang beide Notationen nebeneinander verwendet wurden. Prinzipiell unterscheidet sich die neobyzantinische Notation von der paläobyzantinischen dadurch, daß sie die Intervalle fixiert und somit eine eindeutige Darstellung der Gesänge ermöglicht. Für die Deutung des in dieser Notation aufgezeichneten B.n G.s müssen die meist in den Papadiken enthaltenen jüngeren Traktate herangezogen werden. Diese lehren, daß die Notation als ein lebendiges Ganzes betrachtet werden muß, das Körper, Geist und Wesen (oder Hypostasen) besitzt. Demnach werden die Neumen in körperliche und geistige eingeteilt; die körperlichen können allein auftreten, die geistigen nur in Verbindung mit den körperlichen. Mit den körperlichen Neumen allein (einzeln oder in Gruppen) sowie mit der Verbindung von körperlichen und geistigen können sämtliche Intervalle dargestellt werden. Die graphischen und qualitativen Unterschiede solcher körperlicher Neumen, die die gleichen Intervalle darstellen, hängen zusammen mit den Gesetzen der Cheironomie. Große Bedeutung für die richtige Ausführung der durch die Neumen und Neumenverbindungen dargestellten Melodien haben die cheironomischen Zeichen (Große Hypostasis genannt), die den Rhythmus, die Dynamik und die Vortragsart angeben. d) Kukuzelische (auch spätbyzantinische) Notation: sie unterscheidet sich von der vorhergehenden nur durch häufigeren Gebrauch der cheironomischen Zeichen sowie der Phthorai und durch die allmähliche Veränderung der Schreibweise einiger Zeichen. e) Moderne Notation: abgesehen von Änderungen der Gestalt einiger Neumen, die sich beim Übergang zum Musikdruck ergaben, unterscheidet sie sich von der älteren dadurch, daß bei der Reform des byzantinischen Kirchengesangs eine allzu große Zahl von Zeichen ohne hinreichenden Grund getilgt wurde. Von den phonetischen Zeichen blieben nur zehn erhalten, von den cheironomischen acht, denen das Endophonon zur Bezeichnung des nasalierten Singens hinzugefügt wurde. Einige Neumen haben eine von ihrer früheren abweichende Bedeutung erhalten.

Ausg. u. Lit.: Monumenta musicae byzantinae, Kopenhagen, Boston u. Rom: Facsimilia: I Sticherarium (Vindob. theol. gr. 181), hrsg. v. C. Høeg, H. J. W. Tillyard u. E. Wellesz, 1935; II Hirmologium Athoum (Iviron 470), hrsg. v. C. Høeg, 1938; III Hirmologium Cryptense (E. γ. II), hrsg. v. L. Tardo, 1951; IV Contacarium Ashburnhamense (L. 64), hrsg. v. C. Høeg, 1956; V. Hirmologium Chilandaricum (307–308), hrsg. v. C. Høeg u. R. Jakobson, 2 Bde, 1957; VI Contacarium paleoslavicum Mosquense, hrsg. v. A. Brugge, 1960. Transcripta: I Die Hymnen d. Sticherarium f. September, hrsg. v. E. Wellesz, 1936; II The Hymns of the Sticherarium for November, hrsg. v. H. J. W. Tillyard. 1938; III u. V, The Hymns of the Octoechus, hrsg. v. dems., 1940–49; IV Twenty Canons, hrsg. v. dems., 1952; VI The Hymns of the Hirmologium Athoum I, hrsg. v. A. Ayoutanti, C. Høeg u. M. Stöhr, 1952; VII The Hymns of the Pentecostarium, hrsg. v. H. J. W. Tillyard, 1960; VIII The Hymns of the Hirmologium III 2, hrsg. v. dems. u. A. Ayoutanti, 1956; IX The Akathistos Hymn, hrsg. v. E. Wellesz, 1957. Lectionaria: I Prophetologium, hrsg. v. C. Høeg u. G. Zuntz, 5 Bde, 1939–62. Subsidia: I, 1 H. J. W. Tillyard, Hdb. of the Middle Byzantine Mus. Notation, 1935; I, 2, C. Høeg, La notation ekphonétique, 1935; II E. Wellesz, Eastern Elements in Western Chant, 1947, dazu Epilegomena in: MfV, 1952; III R. Palikarova-Verdeil, La musique byzantine chez les Bulgares et les Russes, 1953; IV M. M. Velimirović, Byzantine Elements in Early Slavic Chant, 2 Bde, 1960. – Weitere Ausg.: Monuments de la notation ekphonétique et hagiopolite de l'église grecque, hrsg. v. J.-B. Thibaut, St. Petersburg 1913; Die Musik d. byzantinischen Kirche, hrsg. v. E. Wellesz, = Das Musikwerk XIII, Köln (1959). Theorie u. Gesch.: Chrysantos v. Madytos, Εἰσαγωγὴ εἰς τὸ θεωρητικὸν καὶ πρακτικὸν τῆς ἐκκλησιαστικῆς μουσικῆς, Paris 1821; ders., Μέγα θεωρητικὸν τῆς μουσικῆς, Triest 1832; J. Tzetzes, Die altgriech. Musik in d. griech. Kirchen, München 1874; L. A. Bourgault-Ducoudray, Études sur la musique ecclésiastique grecque, Paris 1877; G. Papadopoulos, Συμβολαὶ εἰς τὴν ἱστορίαν τῆς παρ' ἡμῖν ἐκκλησιαστικῆς μουσικῆς, Athen 1890; ders., Ἱστορικὴ ἐπισκόπησις τῆς βυζαντινῆς ἐκκλησιαστικῆς μουσικῆς, Athen 1904; J.-B. Thibaut, La musique byzantine et le chant liturgique des Grecs modernes, in: Echos d'Orient II, 1898; ders., Les orgues à Byzance, Rev. d'hist. et de critique mus. I, 1901; ders., La musique instr. chez les byzantins, in: Echos d'Orient V, 1902; ders., La musique byzantine chez les Slaves, Tribune de St-Gervais X, 1904; A. Gastoué, La tradition ancienne dans le chant byzantin, Tribune de St-Gervais V, 1899; ders., L'importance mus., liturgique et philologique du ms. Hagiopolite, in: Byzantion 1930; J. B. Rebours, La réforme du chant grec, in: Echos d'Orient IX, 1905; H. Gaisser, Die Antiphon »Nativitas tua« u. ihr griech. Vorbild, Fs. H. Riemann, Lpz. 1909; Th. Reinach, Une ligne de musique byzantine, Rev. archéologique, 1911; H. J. W. Tillyard, Greek Church Music, in: The Mus. Antiquary II, 1911; ders., A Mus. Study of the Hymns of Casia, Byzantinische Zs. XX, 1911; ders., The Acclamation of Emperors in Byzantine Ritual, Annual of the British School of Athens XVIII, 1911/12; ders., Byzantine Music and Hymnography, = Church Music Monographs VI, London 1923; ders., Quantity and Accent in Byzantine Hymnody, in: Laudate IV, 1926; ders., The Hymn »Stars of the morning« and Its Byzantine Melody, ebenda V, 1927; ders., The Stichera Anastasima in Byzantine Hymnody, Byzantinische Zs. XXX, 1931; ders., The Morning Hymns of the Emperor Leo, in: Annual of the British School of Athens XXX, 1931 – XXXI, 1932; ders., Byzantine Music at the End of the Middle Ages, in: Laudate XI, 1933; ders., Byzantine Music about A. D. 1100, MQ XXXIX, 1953; E. Wellesz, Die Kirchenmusik im byzantinischen Reich, in: Oriens Christianus, N. S. VI, 1916; ders., Aufgaben u. Probleme auf dem Gebiete d. byzantinischen u. orientalischen Kirchenmusik, = Liturgiegeschichtliche Forschungen VI, Münster i. W. 1923; ders., Byzantinische Musik, Breslau 1927, span. v. R. Gerhard, Barcelona 1930; ders., A Hist. of Byzantine Music and Hymnography, Oxford 1949, ²1961, mit ausführlicher Bibliogr.; Th. Gérold, Les pères de l'église et la musique, Paris 1931; L. Tardo, La musica bizantina e i codici di melurgia della Bibl. della Badia di Grottaferrata, Accad. e bibl. d'Italia IV, 1930/31; ders., L'antica melurgia bizantina, Grottaferrata 1938; J. D. Petresco, Les idiomèles..., Paris 1932; D. M. Schwarz, Le chant ecclésiastique byzantin de nos jours, in: Irénikon X, 1933 – XI, 1934; L. Brou, L'Alléluia gréco-lat. Dies sanctificatus, Rev. grégorienne XXIII, 1938 – XXIV, 1939; ders., Les chants en langue grecque dans les liturgies lat., in: Sacris erudiri I, 1948 u. IV, 1952; O. Tiby, La musica bizantina, Mailand 1938; Thr. Georgiades, Bemerkungen zur Erforschung d. byzantinischen Kirchenmusik, Byzantinische Zs. XXXIX, 1939; J. Handschin, Das Zeremonienwerk Kaiser Konstantins ..., Rektoratsprogramm d. Univ. Basel f. d. Jah-

re 1940–41, Basel 1942; DERS., Sur quelques tropaires grecs ..., Ann. mus. II, 1954; O. STRUNK, The Tonai System of Byzantine Music, MQ XXVIII, 1942; DERS., S. Salvatore di Messina and the Mus. Tradition of Magna Graecia,in:Πεπραγμένα τοῦ 9 διεθνοῦς βυζαντινολογικοῦ συνεδρίου, Saloniki 1953, Bd II; DERS., St. Gregory Nazianzus and the Proper Hymns for Easter, in: Late Class. and Medieval Studies, Princeton 1955; DERS., The Byzantine Office at Hagia Sophia, in: Dumbarton Oaks Papers IX/X, 1956; R. PALIKAROVA-VERDEIL, La musique byzantine chez les Slaves, in: Byzantinoslavica X, 1949; DIES., La musicologie byzantine et les documents slavons, ebenda XI, 1950; B. DI SALVO, La tradizione orale dei canti liturgici ..., in: Atti del I° Congresso internazionale di Musica sacra, Rom 1950; DERS., La tradizione mus. bizantina ..., Bollettino della Badia Greca di Grottaferrata, N. S. VI, 1952; DERS., Qualche appunto sulla chironomia, in: Orientalia Christiana Periodica XXIII, 1957; DERS., Gli Asmata ..., Bollettino della Badia Greca di Grottaferrata, N. S. XIII, 1959 – XIV, 1960; DERS., L'essenza della musica nelle liturgie orientali, ebenda XV, 1961; DERS., Asmatikon, ebenda XVI, 1962; C. HØEG, The Oldest Slavonic Tradition of Byzantine Music, Proc. R. Mus. Ass. LXXXIX, 1952/53; DERS., Musik og digtning i byzantinsk kristendom, Kopenhagen 1955; G. DÉVAI, The Mus. Study of Koukouzeles ..., in: Acta antiqua Acad. Scientiarum Hungariae VI, 1958; M. ANTONOWITSCH, Die byzantinischen Elemente in d. Antiphonen d. ukrainischen Kirche, KmJb XLIII, 1959; CHR. THODBERG, The Tonal System of the Kontakarium, in: Hist.-Filos. Meddel. Kon. Danske Vedenskab. Selskab XXXVII, 1960; K. J. LEVY, The Byzantine Communion-Cycle ..., in: XIIe Congrès international des études byzantines, Ochrid 1961; DERS., An Early Chant for Romanus, in: Classica et mediaevalia XXII, 1962; DERS., A Hymn for Thursday in Holy Week, JAMS XVI, 1963; DERS., The Byzantine Sanctus ..., Ann. mus. VI, 1963; E. BENZ, C. FLOROS u. H. THURN, Das Buch d. heiligen Gesänge d. Ostkirche, Hbg 1962; E. JAMMERS, Musik in Byzanz ..., = Abh. d. Heidelberger Akad. d. Wiss., Phil.-hist. Klasse, Jg. 1962, Nr 1; J. MATEOS, Le Typicon de la grande église I, = Orientalia christiana analecta CLXV, Rom 1962; L. RICHTER, Antike Überlieferungen in d. byzantinischen Musiktheorie, Deutsches Jb. d. Mw. VI (=JbP LIII), 1962.
Rhythmik: H. J. W. TILLYARD, Rhythm in Byzantine Music, Annual of the British School at Athens XXI, 1914/16; E. WELLESZ, Die Rhythmik d. byzantinischen Neumen, ZfMw II, 1919/20 – III, 1920/21; DERS., Über Rhythmus u. Vortrag d. byzantinischen Melodien, Byzantinische Zs. XXXIII, 1933.
Notation: H. RIEMANN, Die Martyrien ..., Sb. München 1882, II; DERS., Die Metrophonie d. Papadiken, SIMG IX, 1907/08; DERS., Die Byzantinische Notenschrift ..., Lpz. 1909; DERS., Studien zur byzantinischen Musik, Byzantinische Notenschrift, N. F., Lpz. 1915; J.-B. THIBAUT, La notation de S. Jean Damscène ou hagiopolite, in: Iswestija russk. archeol. inst. Konstantinop. III, 1898; DERS., Etude de musique byzantine, Le chant ekphonétique, Byzantinische Zs. VIII, 1899; DERS., Etude de musique byzantine, La notation de Koukouzélès, in: Iswestija russk. archeol. inst. Konstantinop. VI, 1900; DERS., Origine byzantine de la notation neumatique de l'église lat., Paris 1907; O. FLEISCHER, Die spätgriech. Tonschrift, = Neumen-Studien III, Bln 1904; H. A. GAISSER, Les »heirmoi« de pâques dans l'office grec, Rom 1905, dazu H. Riemann, in: ZIMG VII, 1905/06; H. J. W. TILLYARD, Fragments of a Byzantine Mus. Hdb. in the Monastery of Laura ..., Annual of the British School at Athens XIX, 1912/13; DERS., Byzantine Mus. Notation, A Reply, Byzantinische Zs. XXIV, 1923/24; DERS., Signatures and Cadences of the Byzantine Modes, Annual of the British School at Athens XXV, 1923/25; DERS., The Stenographic Theory of Byzantine Music, in: Laudate II, 1924 – III, 1925, u. Byzantinische Zs. XXV, 1925; DERS., Early Byzantine Neumes, in: Laudate VIII, 1930; DERS., Early Byzantine Neumes. A New Principle of Decipherment, ebenda XIV, 1936; DERS., Byzantine Neumes. The Coislin Notation, Byzantinische Zs. XXXVII, 1937; DERS., The Stages of the Early Byzantine Mus. Notation, Byzantinische Zs. XLV 1952; K. A. PSACHOS, 'H παρασημαντική τῆς βυζαντινῆς μουσικῆς, Athen1917; E. WELLESZ, Zur Entzifferung d. byzantinischen Notenschrift, in: Oriens Christianus, N. S. VII, 1918; DERS., Die byzantinischen Lektionszeichen, ZfMw XI, 1928/29; DERS., Studien zur Paleographie d. byzantinischen Musik, ZfMw XII, 1929/30; DERS., Ein griech. Evangelium d. Wiener Nationalbibl. ..., KmJb XXV, 1930; DERS., Das Problem d. byzantinischen Notationen ..., in: Byzantion, 1930; DERS., Die Epochen d. byzantinischen Notenschrift, in: Oriens Christianus III, 7, 1932; DERS., Early Byzantine Neumes, MQ XXXVIII, 1952; E. KOSCHMIEDER, Die ekphonetische Notation in kirchenslawischen Denkmälern, in: Südost-Forschungen V, 1940; DERS., Zur Bedeutung d. russ. liturgischen Gesangstradition f. d. Entzifferung d. byzantinischen Neumen, in: Kyrios V, 1940/41; DERS., Die ältesten Novgoroder Hirmologien-Fragmente, 3 Bde, München 1952–58; O. STRUNK, Intonations and Signatures of the Byzantine Modes, MQ XXXI, 1945; DERS., The Notation of the Chartres Fragment, Ann. mus. III, 1955; B. DI SALVO, La notazione paleobizantina e la sua trascrizione, Atti del I° Congresso internazionale di Musica sacra, Rom 1950; DERS., La notazione paleobizantina e la sua trascrizione, Bollettino della Badia Greca di Grottaferrata, N. S. IV, 1950; DERS., La trascrizione della notazione paleobizantina I–II, ebenda V, 1951. BDS

C

C, – 1) Ton-Name: In der lateinischen → Buchstaben-Tonschrift ist C im allgemeinen die 3. Stufe. Seit Zarlino (1571) ist der Ionius mit dem Grundton C primo modo. C wurde dadurch zum Ausgangspunkt für die Konstruktion von Tonsystem und Quintenzirkel. Bei den romanischen Völkern haben die Solmisationssilben Ut (heute nur noch in Frankreich üblich) und – seit dem 17. Jh. – Do den Buchstaben verdrängt. Die Erniedrigung um einen Halbton heißt Ces (engl. C flat; frz. ut bémol; ital. do bemolle), um 2 Halbtöne Ceses (engl. C double-flat; frz. ut double bémol; ital. do doppio bemolle), die Erhöhung um einen Halbton Cis (engl. C sharp; frz. ut dièse; ital. do diesis), um 2 Halbtöne Cisis (engl. C double-sharp; frz. ut double dièse; ital. do doppio diesis). – 2) Schlüssel: Schon bei Guido von Arezzo erscheint C als Clavis signata, d. h. der Tonbuchstabe wird auf einer Notenlinie vorgezeichnet. Die Form des neueren C-Schlüssels ist aus dem Buchstaben entstanden (→ Schlüssel). – 3) Taktzeichen: 𝄴 und 𝄵 zeigen den 4/4- und Allabrevetakt an. Sie sind aus dem Halbkreis als Zeichen für das Tempus imperfectum entstanden und ähneln dem Buchstaben C nur zufällig. – 4) Seit Anfang des 19. Jh. werden in theoretischen Werken Akkorde mit → Buchstaben-Tonschrift bezeichnet (C bedeutet den C dur-Dreiklang, c den C moll-Dreiklang); im → Klangschlüssel treten Zusatzzeichen hinzu. Der Brauch, eine Tonart nur durch ihren Grundton zu bezeichnen, wurde im 19. Jh. dahin ausgelegt, daß C für C dur, c für C moll stand. – 5) Abk. für Cantus sowie für → Cent.

Cabaletta (frz. cavalette; von ital. còbola, cobbola, s. v. w. Strophe), seit dem 18. Jh. eine kurze Arie einfacherer Art (→ Kavatine). Vor allem im 19. Jh. heißen C. die häufigen Strettaabschlüsse in italienischen Opernarien und -duetten, durch deren prägnanten Rhythmus eine Steigerung herbeigeführt wird, z. B. die Arie der Violetta im 1. Akt von Verdis *La Traviata*.
Lit.: N. PIRROTTA, Falsirena e la più antica delle cavatine, CHM II, 1957.

Cabaza (kavʹasa, auch cabaça, port., Kürbis; auch chaqueré oder xaqué genannt), aus Brasilien stammendes Musikinstrument, das aus einer ausgehöhlten Kalebasse besteht, die an einem Stiel befestigt und mit einem Netz von Perlenkugeln überzogen ist, jedoch im Unterschied zu den → Maracas keine Füllung hat. Die C. wird in der linken Hand gehalten und in beiden Richtungen zum Drehen gebracht, während die Rechte mit der flachen Hand gegen die Kalebasse schlägt und die Perlenkugeln zum Klappern bringt. Der Klang ähnelt dem der Maracas. Das Instrument wird bei den lateinamerikanischen Tänzen, vornehmlich bei der → Samba, verwendet.

Caccia (kʹattʃa, ital., Jagd), eine im 14. Jh. in Italien, besonders in Florenz, auftretende Dichtungs- und Kompositionsform. Der Name C. läßt sich aus dem Stoffkreis der Texte erklären, die vor allem Jagdszenen behandeln. Lebendige, realistische Situationsschilderungen, knappe Diktion, erregte Dialoge und Zurufe sind typisch für die C.-Texte, die aber auch andere Themen einbeziehen, bei denen diese Darstellungsweise zur Geltung kommt, wie Feuersbrunst, Fischfang, Jahrmarkt u. a. Der metrische Textbau schließt in zwei 11Silbern mit Endreim, was auf die literarische Herkunft aus dem Madrigal hindeutet. Als Dichter der C. sind Niccolò Soldanieri sowie die Brüder Franco und Giannozzo Sacchetti bekannt. Der Name C. hat außerdem auch eine musikalische Bedeutung: die verwendete Kanontechnik gilt schon in Quellen des 14. Jh. unabhängig von Textmerkmalen als Kennzeichen der *Cacie sive Incalci* (so in dem von Debenedetti herausgegebenen anonymen Traktat). Die französische → Chasse und die in eine ältere Schicht weisenden Pilgerkanons von Montserrat (mit dem Vermerk *Caça de duobus vel tribus*) zeigen ebenfalls, daß die frühe Kanontechnik u. a. als »Jagd« verstanden und bezeichnet wurde. Es ist noch nicht geklärt, ob diese Namensgebung ursprünglich auf der Vorstellung von sich »jagenden« Stimmen, auf der Bevorzugung von Jagddarstellungen im Text oder bereits auf einer Sinnverbindung beider Motive beruhte. – Die C. ist stets dreistimmig, wobei die beiden Oberstimmen einen Kanon im Einklang mit weitem Einsatzabstand bilden. Die stützende, meist instrumentale Unterstimme nimmt nicht am Kanon teil und ist im Gegensatz zur sonst verbreiteten Praxis jener Zeit keinem vorgegebenen Cantus entnommen. Die Kanonstimme beginnt oft mit einer Longa und anschließendem Melisma und mündet durch Kadenz in einen ausgehaltenen konsonanten Klang, der zugleich Einsatz der nachahmenden Stimme ist. Die Zurufe im Text werden drastisch durch Hoquetustechnik dargestellt. Im Ritornell, das sich gewöhnlich, aber nicht immer, anschließt, werden die Oberstimmen frei oder abermals kanonisch geführt. Da die textlichen und musikalischen Charakteristika der C. nicht stets zusammen auftreten, ist es geboten, zwischen beiden zu unterscheiden. Bisher sind 20 Stücke der musikalischen Gattung C. bekannt, von denen textlich nur 14 als C., die übrigen als Madrigal (5) oder französische Chanson (1) anzusprechen sind. 5 weitere Werke stehen in enger Nachbarschaft, obwohl sie trotz Kanontechnik musikalisch nicht zum C.-Typ gezählt werden können: 4 davon haben Madrigaltext, sind aber entweder überhaupt nur zweistimmig (3) oder dreistimmig mit Quintkanon zwischen Mittel- und Unterstimme (*Deʹdimmi tu* von Landini); diese werden als kanonische Madrigale bezeichnet. Ein Werk mit C.-Text (*Apposte messe*) bildet nach Art der Chasse einen 3st. Kanon (diese Satzweise auch im Ritornell von *Nel bosco*). Jacopo da Bologna, Giovanni da Firenze, Piero, Landini, Niccolò da Perugia u. a. sind in diesem etwa zwischen 1340 und 1380 entstandenen Repertoire vertreten. Als musikalischer Typ trat die C. danach zurück; unter Aufgabe des strengen Kanons gewann allerdings die Satzanlage von imitierendem Oberstimmenduett und stützender Unterstimme (welche nach H. Besseler Vorläufer eines »Harmonieträgers« ist) auch im 15. Jh. Bedeutung. Die C.-Dichtung lebte in einzelnen Beispielen (darunter den Madrigalen *I cani sono fuora* und *Cacciando un giorno vidi una cervetta* von Ciconia) weiter und beeinflußte gegen Ende des 15. Jh. die Canti carnascialeschi, bei denen Beschreibungen der Jagdkunst oft zu zweideutigen Anspielungen benutzt wurden. Auf die C. zu beziehen ist wohl auch die Bemerkung im Breslauer Mensuraltraktat aus dem Anfang des 15. Jh.: *katschetum est, quod habet tres choros in se cum tenore et suo contratenore*.

Ausg.: Fourteenth-Cent. Ital. Cacce, hrsg. v. W. TH. MARROCCO, = The Mediaeval Acad. of America Publications XXXIX, Cambridge (Mass.) 1942, ²1961; The Music of Fourteenth-Cent. Italy, hrsg. v. N. PIRROTTA, = CMM VIII, Amsterdam seit 1954. – J. WOLF, Gesch. d. Mensuralnotation II–III, Lpz. 1904; O. URSPRUNG, Span.-katalanische Liedkunst d. 14. Jh., ZfMw IV, 1921/22.

Lit.: G. CARDUCCI, Cacce in rime dei s. XIV e XV, Bologna 1896; J. WOLF, Florenz in d. Mg. d. 14. Jh., SIMG III, 1901/02; DERS., Ein Breslauer Mensuraltraktat d. 15. Jh., AfMw I, 1918/19, S. 336; H. RIEMANN, Hdb. d. Mg. I, 2, Lpz. 1905, ²1920; F. NOVATI, Per l'origine e la storia delle cacce, Studi medievali II, 1906/07; S. DEBENEDETTI, Un trattatello del s. XIV sopra la poesia mus., ebenda; A. EINSTEIN, Eine C. im Cinquecento, Fs. R. v. Liliencron, Lpz. 1910; FR. LUDWIG, in: Adler Hdb.; H. BESSELER, Die Musik d. MA u. d. Renaissance, Bücken Hdb.; DERS., Bourdon u. Fauxbourdon, Lpz. 1950; F. TORREFRANCA, Il segreto del Quattrocento, Mailand 1939; F. GHISI, Due saggi di cacce inedite ..., Rinascita XXIII, 1942; DERS., Bruchstücke einer neuen Musikhs., AfMf VII, 1942; N. PIRROTTA, Per l'origine e la storia della ».c.« e del »madrigale« trecentesco, RMI XLVIII–XLIX, 1946–47; K. V. FISCHER, Studien zur ital. Musik d. Trecento u. frühen Quattrocento, = Publikationen d. Schweizerischen Musikforschenden Ges. II, 5, Bern (1956), S. 34ff. eine Zusammenstellung d. Cacce; DERS., On the Technique, Origin, and Evolution of Ital. Trecento Music, MQ XLVII, 1961. KJS

Cachucha (katʃutʃa, span.), spanischer Tanz im Dreiertakt (3/4, 3/8) von mäßig schneller Bewegung, eine Abart des → Fandango, ursprünglich zur Gitarre gesungen und von einer Frau getanzt. 1836 brachte die Wiener Tänzerin F. Elßler die C. auf die Bühne.

Cadence (kadã:s, frz.) → Kadenz. Im Barock u. a. gleichbedeutend mit Tremblement (→ Triller). J. S. Bach bezeichnet mit C. den Doppelschlag (*Clavierbüchlein* für W. Fr. Bach).

Caecilianismus heißt die nach der hl. → Caecilia benannte kirchenmusikalische Reformbewegung innerhalb der katholischen Kirche des 19. Jh., die aus dem Rückverlangen nach einer an Palestrinas Musik orientierten a cappella-Kunst hervorging, sich als Reaktion gegen die instrumentale Kirchenmusik der Klassik verstand und als Parallele zum Nazarenertum der zeitgenössischen Malerei angesehen werden kann. – Zu den frühesten Zeugnissen, die in diese Richtung weisen, zählen die Schriften J. G. Herders (*Cäcilia*, 1793, in: Sämmtliche Werke ... XX, herausgegeben von J. v. Müller, Stuttgart 1830), W. Wackenroders (*Phantasien über die Kunst*, 1799) und Kompositionen E. T. A. Hoffmanns (*Canzoni per 4 voci alla Capella*, 1808) sowie der ihm zugeschriebene Aufsatz *Alte und neue Kirchenmusik* (1814). Große Verbreitung erlangte Thibauts Schrift *Über Reinheit der Tonkunst* (1825), in der die Kirchenmusik Haydns, Mozarts und Beethovens verworfen wird zugunsten der Vokalkunst Palestrinas und seiner Nachfolger. In der Berliner Singakademie wurden schon vor 1797 ein 16st. Kyrie von Canniciani, ein Miserere von L. Leo und Teile der 16st. Messe von C. Fr. Fasch eingeübt und 1800 das Crucifixum von Lotti, 1801 eine Motette und um 1816 die *Missa Papae Marcelli* von Palestrina studiert. Der ersten Sammlung G. v. Tuchers (1827) mit Werken von Palestrina, Vittoria, Nanini und Anerio folgten bald weitere von Fr. Rochlitz (1835), S. Dehn (1837) und Fr. Commer (1839). 1828 veröffentlichte G. Baini eine Palestrina-Monographie, die durch Fr. S. Kandlers und R. G. Kiesewetters Auszug 1834 auch in Deutschland bekannt wurde; 1832 erschien C. v. Winterfelds Schrift über Palestrina. P. Alfieri legte zwischen 1841 und 1846 in 7 Foliobänden Werke Palestrinas vor. – Zentrum der aus dem romantischen Historismus hervorgegangenen Kirchenmusikrestauration wurde Süddeutschland. In München führte C. Ett alte Vokalwerke auf und komponierte nach diesen Vorbildern Musik im »echten Kirchenstile«. Neben ihm trat K. Aiblinger mit Orchestermessen in einem gereinigten Stil hervor. In Regensburg bemühte sich K. Proske, der auf Italienreisen eine kostbare Handschriftensammlung zusammentrug, um die kirchenmusikalische Restauration; doch gelang es ihm trotz der Unterstützung Ludwigs I. von Bayern und des Regensburger Bischofs M. Sailer noch nicht, den lokalen Rahmen der Reform zu erweitern. Erst die Konstituierung des Allgemeinen Cäcilienvereins für die Länder deutscher Zunge (ACV) brachte im letzten Drittel des Jahrhunderts die entscheidende Wendung. Sie ist im wesentlichen das Werk Fr. X. Witts. Dieser hatte in seiner Schrift *Der Zustand der katholischen Kirchenmusik zunächst in Altbayern* (1865) ein Programm zur Regeneration der Kirchenmusik aus dem Geiste der Liturgie aufgestellt und fortan mit den von ihm ins Leben gerufenen *Fliegenden Blättern für katholische Kirchenmusik* und der Zeitschrift *Musica sacra* für dessen Ausführung geworben, bis 1868 der Zusammenschluß Gleichgesinnter zum ACV gelang. Die Organisation war von dem Ziel geleitet, die Reformen des → Tridentiner Konzils (1545–63) erneut zu verwirklichen und einen allgemein verbindlichen kirchenmusikalischen Stil zu schaffen. 1870 wurde sie von Pius IX. durch das Breve *Multum ad commovendos animos* bestätigt. Mit Hilfe der dem ACV angegliederten Institutionen: des Vereinskatalogs mit »würdiger« Kirchenmusik, der Kirchenmusikschule in Regensburg (gegr. 1874 von Fr. X. Haberl), der Unterrichtskurse und Musteraufführungen anläßlich der Generalversammlungen, vermochte Witt zugleich als Generalpräses, Redakteur, Dirigent, Komponist und »Wanderapostel« den Gedanken einer choralgebundenen Kirchenmusik bis in die kleinsten Gemeinden auszubreiten. – Wenn auch der cäcilianischen Bewegung der liturgische Ernst der Kirchenmusik eines Liszt (*Missa choralis*), Bruckner, Rheinberger und J. E. Habert zu verdanken ist, deren Wert freilich von strengen Cäcilianern in Frage gestellt wurde, so bedeutet doch die in unmittelbarem Zusammenhang mit der Arbeit des ACV entstandene Kirchenmusik kein Ruhmesblatt in deren Geschichte. Ihr kompositorisch nur durchschnittliches Niveau kann weder mit dem erstrebten kirchlichen Zweck noch mit dem Hinweis auf Palestrina verteidigt werden. Die an Palestrina orientierte Auffassung vom Choral, wie sie Fr. X. Haberl teilte, erwies sich als besonders folgenschwer für den ACV: Haberl hatte seinen päpstlich privilegierten »Regensburger« Choralausgaben die Fassung der → Editio Medicaea von 1614 zugrunde gelegt; durch P. Wagner und Dom A. Mocquereau wurde ihre Unhaltbarkeit erwiesen und die auf älteren Quellen fußende Neuausgabe ermöglicht. Pius X. sanktionierte (1903) diese als → Editio Vaticana seit 1905 erschienene Choralausgabe und verurteilte damit Haberls Choralarbeiten. Eine zweite Krise ähnlichen Ausmaßes erlebte der ACV um 1900, als sich ein Teil seiner Mitglieder von der ausschließlichen Palestrina-Nachfolge abkehrte und im Anschluß an den Zeitstil Chromatik und Leitmotivik in die Kirchenmusik einführte (P. Griesbacher). Seither hat der ACV kein Stilideal mehr mit Ausschließlichkeit vertreten, sondern im Sinne der päpstlichen Erlasse (→ Liturgie) bis in die Gegenwart hinein die Kirchenmusik in allen ihren Formen gepflegt.

Lit.: A. WALTER, Cäcilianische Kirchenmusik-Reform, in: Cäcilienkalender I, 1876; A. D. SCHENK, Zwei wichtige Fragen d. Kirchenmusik-Reform, Regensburg 1877; K. GREITH, Über d. Reform in d. kath. Kirchenmusik, Einsiedeln 1878; O. URSPRUNG, Palestrina u. Palestrina-Renaissance, ZfMw VII, 1924/25; DERS., Die kath. Kirchenmusik, Bücken Hdb.; K. G. FELLERER, Grundzüge d. Gesch. d. kath. Kirchenmusik, Paderborn 1929; DERS., Der Cäcilienver., NZfM CXI, 1950; DERS., Bedeutung u. Aufgabe d. ACV, Zs. f. Kirchenmusik LXXV, 1955; DERS., Der Allgemeine Cäcilien-Verband, Musica sacra LXXVII, 1957; J. HAAS, Die Aufgabe d. ACV... in d. Gegenwart, ebenda; R. QUOIKA, Über d. C.-Cyrilismus in Böhmen, KmJb XLVIII, 1964. RG

Caen.
Lit.: J. A. CARLEZ, La musique à C. de 1066 à 1848, Mémoires de l'Acad. Nationale des sciences, arts et belles-lettres de C., 1876; DERS., La musique et la soc. caennaise au XVIIIᵉ s., ebenda 1884; A. BLOCH-MICHEL, Mélanges sur la vie mus. à C. au XVIᵉ et XVIIᵉ s., Etudes normandes LXXXIII, 1957.

Caisse (kɛ:s, frz., Kiste), Trommel, auch Resonanzkasten; c. claire, c. à timbre (timbre, Schnarrsaite), c. plate (auch tarole), kleine Trommel; grosse c. (auch tonnant), große Trommel; c. roulante, c. sourde, Roll-, Rühr-, Wirbeltrommel.

Cakewalk (kʹe:kwɔ:k, engl.), ein pantomimischer, grotesk gestalteter Tanz der nordamerikanischen Neger, der um 1870 aufkam, in die Minstrelsy gelangte und um 1900, vor allem als Bühnen- und Schautanz, auch in Europa Mode wurde. Der C. steht im synkopischen 2/4-Takt. In der Kunstmusik hat ihn Debussy in seiner Klaviersuite *Children's Corner* (6. Satz, 1906/08) als Vorbild verwendet.

calando (ital.), nachlassend, abnehmend an Lautstärke wie an Lebendigkeit, wie morendo, also zugleich diminuendo und ritardando.

Calata, italienischer Tanz des 15. und 16. Jh. von rascher Bewegung im geraden Takt (4/4 oder 12/8), wobei jedoch drei geradzahlige Einheiten zu einem 3teiligen Maß zusammengefaßt werden (bei 2/4 also $3 \times 2/4 = 3/2$). Der älteste literarische Beleg findet sich um 1435 in einem Gedicht von Simone di Golino Prudenziani. Der Mailänder Lautenist J. A. Dalza unterscheidet 1508 *Calate ala spagnola* und *ala italiana*.

Calvinistische Musik ist, als gottesdienstliche Musik, auf Einstimmigkeit beschränkt, bibeltextlich, fast ausschließlich an die Psalmen gebunden und für den protestantisch-reformierten Gottesdienst bestimmt, wie er der Lehre ihres Begründers – Calvin entspricht. Im Unterschied zur Kirchenmusik lutherischer Prägung werden nur Bibeltexte verwendet, die, durch Cl. → Marot und Théodore de Bèze in Versform gebracht, mit eigenen Melodien versehen wurden. Die wichtigsten Sammlungen von französischen Psalmliedern und Cantica, die als Gesangbücher der Gemeinde dienten, sind: *Aulcuns pseaulmes et cantiques mys en chant* (Straßburg 1539: 18 Psalmen, Lobgesang Simeons, Glaubensbekenntnis, Zehn Gebote, darunter einige poetische Versuche von Calvin selbst neben Psalmen von Marot); *La Forme des prières et chants ecclésiastiques* (der erste Genfer Psalter, 1542); erweiterte Psalter erschienen in Genf 1543 (mit 50 Psalmen, alle von Marot) und 1551 (mit 34 Psalmen von de Bèze); 1562 erschien der vollständige Psalter mit 125 Melodien zu den 150 Psalmen. Die Mitarbeit (1543) von G. → Franc, dem später in Lausanne wirkenden Kantor, ist wahrscheinlich. Als Melodieerfinder ragt L. → Bourgeois hervor, dem etwa ein Drittel der Melodien zu verdanken ist. Die letzten Melodien (1562) schuf vielleicht P. → Dagues. Allen Melodien ist ein flüssiger Duktus gemeinsam; sie verwenden nur die Notenwerte Semibrevis (lang) und Minima (kurz) und deklamieren den Text rein syllabisch. Die calvinistischen Psalmlieder fanden sehr bald weite Verbreitung: in Deutschland ab 1573 durch die berühmte Übertragung A. Lobwassers. In den Niederlanden waren gereimte Psalmen in holländischer Sprache schon 1540 erschienen, die sogenannten → Souterliedekens. Eine holländische Fassung des Genfer Psalters (durch Petrus Dathenus) wurde 1568 (Synode von Wesel) offiziell gebilligt, verdrängte allmählich die Souterliedekens und blieb bis in die 2. Hälfte des 18. Jh. allgemein in Gebrauch, bis heute in einigen Provinzen. Neuere Textfassungen erschienen 1949 (offiziell gebilligt) und 1961. – Der Genfer Psalter beeinflußte maßgebend den Kirchengesang in England; ein erster Versuch erschien 1556 (Druckort Genf), dem zahlreiche englische Ausgaben folgten. Neben Genfer Melodien, die übernommen wurden, entstanden eigene Weisen, die in allen englisch sprechenden Ländern Verbreitung fanden und bis heute gesungen werden. Hervorzuheben sind die Psalter von Sternhold und Hopkins (ab 1556), John Daye (1567), Ravenscroft (1621), Playford (1677), Tate und Brady (1696); auch in Schottland erschien eine Reihe von Psaltern mit zum Teil Genfer Melodien, z. B. in Edinburgh 1564. Durch Emigranten wurde der Gesang der Psalmen in die calvinistischen Gemeinden des amerikanischen Erdteils eingeführt; Genfer Melodien fanden dort Aufnahme besonders durch englische und holländische Übertragungen. – Seit dem Anfang des 18. Jh. hat eine Auflockerung der strengen calvinischen Observanz eingesetzt: neben den Psalmen wurden immer mehr neuere Dichtungen (cantiques) eingeführt, die die alten Psalmen beinahe verdrängten, so daß der gesamte Psalter, mit den Melodien des 16. Jh., jetzt nur noch in den reformierten Gemeinden Hollands und Norddeutschlands gesungen wird. – Die Genfer Melodien, die in der Kirche einstimmig ohne jede Begleitung erklangen, wurden in den Häusern (ès maisons) um so eifriger mehrstimmig gespielt und gesungen, und zwar in C. f.-Sätzen aller Schwierigkeitsgrade, von der rein homophonen bis zur großangelegten Komposition. An Komponisten sind zu nennen: A. Mornable, P. Certon (1546), L. Bourgeois (1547, 1554), A. Le Roy und G. Morlaye (Lautensätze, 1552, 1554), Cl. Janequin (1555, 1559), J. Louys (5st. Sätze, 1555), J. Arcadelt (1559), Ph. Jambe de Fer (1559, 1564), Th. Champion (1561), Cl. le Jeune (ab 1564), P. de L'Estocart (1583), A. Pevernage (1589). Cl. Goudimel († 1572) hat den Psalter 3mal durchkomponiert: 1. großangelegte Motettenbücher (ab 1557); 2. einfache homophone Sätze (1562, komplett 1564-65); 3. C. f.-Sätze in koloriertem Kontrapunkt (1568). Die größte Bedeutung kommt J. P. Sweelinck (1562–1621) zu mit seinen 4–8st. Bearbeitungen in 4 Büchern (ab 1604 in Amsterdam, mit französischem Text). Auch unter den Instrumentalwerken von Sweelinck befinden sich Kompositionen über Psalmlied-C. f. Neben ihm sind als Orgelkomponisten H. Speuy (1610) und A. van Noordt (1659) zu nennen. Auch in England entstanden in der elisabethanischen Zeit mehrstimmige Sätze zu Genfer Psalmliedern (Th. Morley, J. Bull, Th. Tallis u. a.). In der Gegenwart wurde der Wert dieser alten Melodien erneut anerkannt; davon zeugen u. a. A. Honegger (*Le Roi David*), H. Gagnebin, P. Müller-Zürich und B. Reichel.

Ausg.: Aulcuns pseaulmes et cantiques mys en chant, Straßburg 1539, Faks. hrsg. v. D. DELÉTRA, Genf 1919; R. R. TERRY, Calvins First Psalter 1539, London 1932; La forme des prières et chants ecclésiastiques, Genf 1542, Faks. hrsg. v. P. PIDOUX, Kassel 1959; Les pseaumes ... mis en musique à 4 parties par Cl. Goudimel, Genf 1565, Faks. hrsg. v. P. PIDOUX u. K. AMELN, Kassel 1935; Cent cinquante pseaumes de David ... mis en musique ... par P. de l'Estocart, Genf 1583, Faks. hrsg. v. H. HOLLIGER u. P. PIDOUX, = DMI I, 7, 1954.
Lit.: F. BOVET, Hist. du psautier des églises réformées, Paris 1872; O. DOUEN, Cl. Marot et le psautier huguenot, 2 Bde, Paris 1878–79; P. A. SCHOLES, The Puritans and Music in England and New England, London 1934; W. S. PRATT, The Music of the French Psalter of 1562, NY 1939; H. BRUINSMA, The Souterliedekens and Its Relation to Psalmody in the Netherlands, Ann Arbor (Mich.) 1948; H. P. CLIVE, The Calvinist Attitude to Music and Its Literary Aspects and Sources, = Bibl. d'Humanisme et de Renaissance, Travaux et documents XX, Genf 1958; P. PIDOUX, Le psautier huguenot du XVIe s., 2 Bde, Basel 1962.   PP

Calypso, ein Tanz mit dem Rhythmus:

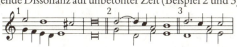

Der C. stammt aus Trinidad, wo er zu Beginn des 20. Jh. von den Farbigen mit Begleitung von Rhythmusinstrumenten gesungen und getanzt wurde. Der C. ist als gesungener Tanz seit 1957 (Harry Belafonte, *Bananaboat*) in Europa bekannt und zum Modetanz geworden.
Lit.: N. R. ORTIZ ODERIGO, El »C.«, expresión mus. de los negros de Trinidad, in: Miscelánea de estudios dedicados F. Ortiz II, Habana 1956; D. J. CROWLEY, Toward a Definition of C., in: Ethnomusicology III, 1959.

Cambiata, Nota cambiata (ital., vertauschte Note, Wechselnote) ist ein dissonierender Ton, der an der Stelle eines konsonierenden steht. Als C. bezeichnete A. Berardi den Transitus irregularis (Jeppesen: »relativ betonte Durchgangsdissonanz«; Beispiel 1), J.J.Fux die von oben eingeführte und zur Unterterz abspringende Dissonanz auf unbetonter Zeit (Beispiel 2 und 3):

Die dritte und vierte Viertelnote in Beispiel 1 sind Note cambiate, »vertauschte Noten«, weil die Dissonanz betont statt unbetont und die Konsonanz unbetont statt betont ist, die Noten (note mutate oder cambiate) also *solcher gestalt mit und unter einander verwechselt* sind (J. G. Walther 1732). Palestrina verwendet die »Berardische C.«, die Chr. Bernhard Quasi-Transitus nannte, vor allem in der Gegenstimme einer synkopierenden Diskantklausel (Beispiel 1). Die »Fuxsche C.« (Fuxsche Wechselnote) beruht nach Fux auf der Vertauschung einer Konsonanz, der Sexte h1, mit einer Dissonanz, der Septime c2 (Beispiel 2 und 3). Sie ist bei Palestrina die einzige Ausnahme von der Regel, daß eine Dissonanz durch einen Sekundschritt aufgelöst werden soll. Ist die halbe Note, die der C.-Dissonanz folgt, unbetont, so muß sie durch einen Sekundschritt aufwärts fortgesetzt werden, den Jeppesen als verzögerte Auflösung der C.-Dissonanz interpretierte (Beispiel 2); ist sie betont, so kann an der Stelle des Sekundschritts ein Terzsprung aufwärts stehen (Beispiel 3).
Lit.: A. BERARDI, Miscellanea mus., Bologna 1689; J. J. FUX, Gradus ad Parnassum, Wien 1725, Faks. Rochester (N. Y.) 1956, engl. v. A. Mann als: Steps to Parnassus, NY 1943, deutsche Teilausg. v. A. Mann, Celle 1938; WALTHERL, Artikel Note mutate; B. ZIEHN, Über d. C. u. andere altklass., melodische Figuren, AMz XXV, 1898; KN. JEPPESEN, Der Palestrinastil u. d. Dissonanz, Lpz. 1925; Die Kompositionslehre H. Schützens in d. Fassung seines Schülers Chr. Bernhard, hrsg. v. J. M. MÜLLER-BLATTAU, Lpz. 1926, Kassel ²1963; C. DAHLHAUS, Die »Nota c.«, KmJb XLVII, 1963.

Cambrai.
Lit.: J. HOUDOY, Hist. artistique de la cathédrale de C., Mémoires de la Soc. des sciences, ... de Lille IV, 7, Lille 1880; A. DURIEUX, Le théâtre à C. avant et depuis 1789, Mémoires de la Soc. d'émulation de C. XXXIX, 1883; G. ARDUIN u. A. DASSONVILLE, A travers chants. Le collège de C. à travers les âges 1270–1911, C. 1912; F. DELCROIX, La musique à C., la maîtrise de C., Mémoires de la Soc. d'émulation de C. LXVIII, 1921; CH. DANCOURT, Notes complémentaires sur les musiciens à C., ebenda LXXV, 1928.

Cambridge.
Lit.: W. GLOVER, Memoirs of a C. Chorister, London 1883; G. FR. COBB, A Brief Hist. of the Organ in the Chapel of Trinity College, C. 1891 (1913); CHR. FR. ABDY WILLIAMS, An Hist. Account of Mus. Degrees at Oxford and C., London 1894; TH. DART, L'enseignement mus. d'aujourd'hui à C., RMB II, 1948; N. C. CARPENTER, Music in the Medieval and Renaissance Univ., Norman/Okla. (1958).

Camerata (ital.) hieß eine Vereinigung nach Art einer → Akademie im Hause des Grafen G. Bardi in Florenz, wo von der Mitte der 70er bis zu Beginn der 80er Jahre des 16. Jh. »nicht nur ein großer Teil des Adels, sondern auch die ersten Musiker, gelehrten Männer, Dichter und Philosophen der Stadt« (Caccini 1601, Vorrede) zusammentrafen. In weiterem Sinne werden alle Komponisten der C. zugezählt, die – obgleich im einzelnen verschiedene Wege einschlagend – bis um 1600 in Florenz an der Entstehung des begleiteten Sologesangs und der Oper mitwirkten. Zentrales Zeugnis für die musikalischen Interessen der eigentlichen C. ist V. Galileis *Dialogo della musica antica et della moderna* (Florenz 1581), der als ein Gespräch zwischen Bardi und P. Strozzi dargestellt wird. Darin übernimmt Galilei – zum Teil wörtlich – Ansichten des in Rom lebenden florentinischen Philologen G. Mei, die dieser ihm seit 1572 in einer Reihe ausführlicher Briefe dargelegt hatte. Auf Meis Forschungen beruht vor allem die grundlegende Forderung des *Dialogo*: Wiederbelebung der antiken Einstimmigkeit als Voraussetzung für jene Verschmelzung von Textvortrag, Affektausdruck und Gesang, auf der die machtvolle Wirkung der alten Musik beruht habe. Aus dieser Überzeugung ergab sich eine grundsätzliche Ablehnung der zeitgenössischen Mehrstimmigkeit, besonders eine Polemik gegen ihren angesehensten Theoretiker, Galileis einstigen Lehrer Zarlino, die – von Galilei bereits 1578 in einem ungedruckten Brief an Zarlino eröffnet – in dessen *Sopplimenti musicali* (Venedig 1588) und Galileis *Discorso intorno all'opere di messer G.Zarlino* (Venedig 1589) fortgeführt wurde. Galileis *Dialogo* bringt keine Darstellung der Kompositionsweise, die seinem neuen Ideal entspräche; seine praktischen Versuche im neuen Stil, 2 Klagen des Jeremias und die Klage des Ugolino (aus Dantes *Inferno* XXXIII; alle 3 nicht erhalten), die er 1582 der C. vortrug, konnten offenbar nicht überzeugen. Jedenfalls hat Galilei in den folgenden Jahren nicht mehr für Bardi komponiert, dagegen wieder Lautensätze und mehrstimmige Madrigale herkömmlicher Art. Erhaltene Kompositionen von Bardi (in den Intermedien von 1589) und Strozzi (in der Festmusik von 1579, gedruckt bei Ghisi 1939) weichen vom älteren Stil nur in der ziemlich streng festgehaltenen Homorhythmik ab. Das früheste überlieferte Werk, in dem die → Monodie im Sinne des neuen Stile recitativo oder rappresentativo voll ausgebildet erscheint, sind G. Caccinis *Le nuove musiche* (Florenz 1601, aber zum Teil schon in den 1580er Jahren komponiert und der C. vorgetragen). Caccinis Zugehörigkeit zur C. ist auch dadurch bezeugt, daß Bardi für ihn einen *Discorso sopra la* *musica antica e'l cantar bene* (vor 1590, gedruckt bei Doni II) schrieb und ihn regelmäßig zu den musikalischen Intermedien der großen Hoffeste heranzog, die nach Bardis Leitgedanken in Szene gesetzt wurden. Dagegen erscheint E. de' Cavalieri als Rivale Bardis. Seine Berufung als Generalinspektor der Künste und Künstler am Hof von Florenz (1588) übertrug ihm Aufgaben, die bis dahin Bardi wahrgenommen hatte, und hängt mit einer politischen Entwicklung zusammen, die Bardi veranlaßte, 1592 als päpstlicher Kämmerer nach Rom zu gehen. Cavalieri führte in Florenz 1590–95 drei Favole pastorali mit eigener Musik (nicht erhalten) auf und machte damit jene literarisch-theatralische Gattung heimisch, die eine Vermischung der Stilbereiche erlaubt und es dem Komponisten ermöglicht, durch das Abwechseln von einfachen Lied- und Tanzsätzen (die mehrfach wiederholt werden können) und rezitativischen Abschnitten musikalische Szenen zu formen. Nunmehr entstand in der Nachfolge der eigentlichen C. durch die Arbeit einer Gruppe unter dem Patronat von J. Corsi die erste → Oper: *La Dafne* (1598; von der Musik nur Bruchstücke erhalten), Text von O. Rinuccini, Musik von J. Peri und Corsi.

Ausg.: Les fêtes de Florence (1589) I, Musique des intermèdes de la Pellegrina, hrsg. v. D. P. WALKER, F. GHISI u. J. JACQUOT, Paris 1963; G. CACCINI, Le nuove musiche, Florenz 1601 u. ö., Faks. hrsg. v. F. Mantica, Rom 1930, u. hrsg. v. Fr. Vatielli, Rom 1934, engl. Übers. in: O. Strunk, Source Readings in Mus. Hist., NY 1950; J. PERI, Le Musiche ... sopra l'Euridice, Florenz 1601, Venedig ²1608, Faks. Mailand 1934, Neudruck in: Torchi VI.
Lit.: G. MEI, Letters on Ancient and Modern Music to V. Galilei and G. Bardi, hrsg. v. Cl. V. Palisca, = MSD III, (Rom) 1960; V. GALILEI, Dialogo della musica antica et della moderna ..., (1581), Faks. hrsg. v. F. Fano, Rom 1934; G. B. DONI, Lyra Barberina, 2 Bde, hrsg. v. A. F. Gori u. G. B. Passeri, Florenz 1763; A. SOLERTI, Le origini del melodramma, Turin 1903; DERS., Gli albori del melodramma, 3 Bde, Mailand 1904–05; R. HAAS, Die Musik d. Barocks, Bücken Hdb., S. 17ff.; DERS., Aufführungspraxis d. Musik, Bücken Hdb., S. 141ff.; H. MARTIN, La C. du Comte Bardi, Rev. de Musicol. XIII, 1932; F. FANO, Einleitung zu Istituzioni e monumenti dell'arte mus. ital. IV, Mailand 1934; N. VALLE, Le origini del melodramma, Rom 1936; F. GHISI, Le feste mus. della Firenze medicea, Florenz 1939; DERS., Alle fonti della monodia, Mailand 1940; DERS., An Early Seventeenth Cent. Ms., AMl XX, 1948; D. P. WALKER, Mus. Humanism ..., MR II, 1941 – III, 1942, deutsch = Mw. Arbeiten V, Kassel 1949; L. SCHRADE, Monteverdi, NY (1950); N. PIRROTTA, Tragédie et comédie dans la C. fiorentina, in: Musique et poésie au XVIe s., = Colloques internationaux du Centre national de la Recherche scientifique, Sciences humaines V, Paris 1954; DERS., Temperaments and Tendencies in the Florentine C., MQ XL, 1954; L. SCHRADE, D. P. WALKER u. F. GHISI in: Les fêtes de la Renaissance I, hrsg. v. J. Jacquot, Paris 1956; W. V. PORTER, The Origins of Baroque Solo Song, 2 Bde, Diss. New Haven (Conn.) 1962, maschr.

Campana (mittellat., ital. und span.; altfrz. campane) ist in der Bedeutung von Glocke als Latinisierung einer ähnlichen osteuropäischen Wortsippe zuerst belegt bei Fulgentius Ferrandus (um 515); die Verkleinerungsform ist campanella (ältere Form campanula oder campanola, davon verkürzt → nola), Glöckchen. In Orchesterpartituren entsprechen Campanelli den modernen (Orchester-) → Glockenspiel, Campane (tubolari) den → Röhrenglocken, Campanacci den (z. B. bei Strauss und Mahler verlangten) Viehschellen bzw. Kuhglocken. – Im späten 17. Jh. ist C. auch eine Orgelstimme (Stab- oder Glockenspiel); J. S. Bach verlangt in der Kantate *Schlage doch, gewünschte Stunde* (BWV 53) zwei »Campanella«, Glöckchen in der Stimmung e und h, als Pedalstimme der Orgel. – N. Paganinis zweites Violinkonzert op. 7 trägt den programmatischen Titel *La Campanella* (danach auch Liszt, Nr 3 der *Etudes ... d'après Paganini*, 1838, sowie in *Grande Fantaisie de bravoure sur la Clochette de Paganini*, 1832).
Lit.: ADLUNG Mus. mech. org.; L. WIENER, Byzantinisches II, Zs. f. romanische Philologie XXXV, 1911; SACHSL; FR. DICK, Bezeichnungen f. Saiten- u. Schlaginstr. in d. altfrz. Lit., = Gießener Beitr. zur romanischen Philologie XXV, Gießen 1932; FR. J. DÖLGER, Glöckchen im Ritual d. Arvalbrüder?, in: Antike u. Christentum, hrsg. v. dems., IV, 4, Münster i. W. 1934.

Canarie (frz.), ein exotischer Paartanz des 16. Jh., der zuerst 1552 von D. Pisador genannt wird und möglicherweise von den Kanarischen Inseln durch Spanien an Frankreich vermittelt wurde. Die C. ist ein schneller Tanz im 3/8-, 6/8- oder 3/4-Takt. Als Gebrauchstanz wird sie schon in den Tanzbüchern von Caroso (1581), Arbeau (1588) und Negri (1604) beschrieben. In der französischen und deutschen Klavier- (Chambonnières, Couperin, J. S. Bach) und Orchestersuite (Lully, G. Muffat, Kusser, Telemann, J. S. Bach) und in der deutschen Klaviermusik des 18. Jh. kommt die C., auch als Typus der → Gigue, vor.

C. aus J. C. F. Fischers *Pièces de Clavessin* op. 2 (1696, Nachdruck 1698 als *Musicalisches Blumen-Büschlein*).

Lit.: TH. ARBEAU, Orchésographie, Langres (1588), NA v. L. Fonta, Paris 1888, engl. v. M. St. Evans, NY 1948; M. PRAETORIUS, Terpsichore 1612, GA Bd XV, Wolfenbüttel u. Bln 1929; MATTHESON Capellm.; WALTHERL; QUANTZ Versuch; P. NETTL, Die Wiener Tanzkomposition in d. 2. Hälfte d. 17. Jh., StMw VIII, 1921.

Cancan (kãk'ã, frz., Lärm, auch Chahut), französischer Gesellschaftstanz, der nach der Julirevolution von 1830 in Paris aufkam. Er steht in lebhaftem 2/4-Takt und kann als eine Nachahmung des Fandangos betrachtet werden. Der C. war einer der beliebtesten Tänze, wenngleich die Indezenz seiner Ausführung ihn bald in Verruf brachte und er von der Obrigkeit als öffentliches Ärgernis verfolgt wurde. Alphons Karr (in den Feuilletons *Guêpes*) berichtet von verschiedenen Abarten des C., deren bekannteste, der Robert-Macaire, von Frédérique Lemaître in Benjamin Antiers Melodram *Auberge des Adrets* (1. Akt) getanzt worden war. Im Variété wurde er chorisch von Frauen als Bühnenschautanz ausgeführt und hat sich im »Moulin-Rouge« bis ins 20. Jh. als Montmartre-Attraktion halten können. In der Operette hat ihn 1854 Hervé (*La Perle d'Alsace*) und als *Galop Infernal* Offenbach in *Orphée aux Enfers* (1858) verwendet.
Lit.: H. HEINE, in: Der Karneval in Paris, 1842; A. MOSS u. E. MARVEL, C. and Barcarolle, NY 1954.

Cancionero (kanθion'ero, span., von canción, Lied; galicisch-port. cancioneiro, s. v. w. Liedersammlung; c. musical popular, Volksliedersammlung), im allgemeinen Sammlung von Gedichten eines oder mehrerer Dichter, auch aus verschiedenen Epochen, die für den Gesang bestimmt und teilweise mit Notenschrift überliefert sind (c.s musicales). Im besonderen versteht man unter C.s Liederbücher einer Dichter- bzw. Komponistengruppe, die an einem fürstlichen Hofe wirkte. Die ältesten überlieferten C.s entstammen dem galicisch-portugiesischen Kulturkreis (→ Cantigas). Die wichtigsten C.s musicales des 16.–17. Jh. sind:
1) C. musical de Palacio (C. Barbieri; Madrid, Bibl.

Real, ms. 2–I–5, olim 1335), mit ursprünglich 304, jetzt 249 Folios. Der alte Index nennt 551 Stücke; erhalten sind 459, davon 9 ohne Noten, 4 in doppelter Aufzeichnung. An Komponisten erscheinen neben J. del Encina (62 Stücke) u. a. Fr. Millán (23), Gabriel (= G. Mena; 19), Escobar (18), Fr. de la Torre (15), J. Ponce (12), Mondéjar (10), Alonso (11), Peñalosa (10), Badájoz (8), Anchieta (7), L. de Baena (7), Madrid (4), Aldomar (3), Almorox (3), Troya (3), Urreda (3), Brihuega (2), Contreras (2), A. de Córdoba (2), Cornago (2), Enrique (2), J. de Espinosa (2), Gijón (2), Triana (2), Ajofrin (1), A. de Alva (1), G. Brocco (1), G. Fogliano (1), Josquin (1), Morton (1). Die Texte sind meist kastilisch, doch auch italienisch, portugiesisch und französisch. Die 2–4st. Sätze werden im alten Index klassifiziert in weltliche und geistliche Villancicos, Estranbotes und Romances; ferner finden sich einige italienische Frottole und instrumentale Stücke. Diese umfangreichste und bedeutendste Quelle spanischer weltlicher Mehrstimmigkeit im frühen 16. Jh. wurde um 1500–30 vermutlich für die Musiker des Königs Ferdinand des Katholischen oder des Herzogs von Alba (dem J. del Encina um 1492–98 diente) geschrieben.
Ausg.: C. mus. de los s. XV y XVI, hrsg. v. Fr. A. Barbieri, Madrid (1890), Neudruck Buenos Aires 1945; C. mus. de Palacio, hrsg. v. H. Anglès, = La música en la corte de los Reyes Católicos II–III, = MMEsp V u. X, Madrid 1947–51.
Lit.: H. Riemann, Hdb. d. Mg. II, 1, Lpz. 1907, ²1920; R. Mitjana, Nuevos notas sul »C. mus. de los s. XV y XVI« ..., Revista de filología española V, 1918; H. Anglès, Die span. Liedkunst im 15. u. am Anfang d. 16. Jh., Fs. Th. Kroyer, Regensburg 1933; M. Schneider, Existen elementos de música popular en el ‚C. mus. de Palacio‘?, AM VIII, 1953; R. Stevenson, Span. Music in the Age of Columbus, Den Haag 1960.

2) C. musical de Sevilla (Sevilla, Bibl. Colombina, ms. 7–1–28), mit ursprünglich 107, heute 90 Folios, trägt den alten Titel: *Cantilenas vulgares puestas en música por varios españoles.* Er enthält 95 3–4st. Sätze; an Komponisten sind neben Triana (20 Stücke) u. a. Cornago (5–6), Urreda (3), Ockeghem (1–2), Gijón (1) und Fr. de la Torre (1) vertreten. Die meisten Texte sind kastilisch, 12 lateinisch und 2 französisch. 20 Sätze finden sich auch im C. musical de Palacio.
Ausg.: Cantilenas vulgares ..., hrsg. v. R. Stevenson, Lima 1958 (Texte).
Lit.: R. Stevenson, Span. Music in the Age of Columbus, Den Haag 1960, darin 13 Stücke.

3) C. musical de Elvas (Elvas, Bibl. Públia Hortênsia, ms. 11973), enthält 65 2–3st. Stücke mit kastilischem (51) oder portugiesischem (14) Text, meist in einfachem akkordischem Satz. Davon finden sich 14 auch im C. musical de Palacio, darunter 4 Sätze von J. del Encina sowie 3 von Escobar.
Ausg.: O C. mus. e poético da Bibl. Públia Hortênsia, hrsg. v. M. Joaquim, Coimbra 1940.

4) C. de Uppsala (Uppsala, Univ.-Bibl., vol. mus., i. Tr. 6. II), die einzige gedruckte Quelle dieses Repertoires: *Villancicos de diversos autores* ..., Venedig 1556, enthält 48 kastilische, 4 katalanische und 2 portugiesische Stücke zu 2–5 St., darunter 6 Sätze von J. del Encina sowie je einen von Flecha, Cárceres, Gombert, Morales und Valderrábano.
Ausg.: C. de Upsala, hrsg. v. R. Mitjana, J. Bal y Gay u. I. Pope, Mexiko 1944. – Cincuenta y cuatros canciones españoles del s. XVI, C. de Uppsala, hrsg. v. R. Mitjana, Uppsala 1909 (Textausg.).
Lit.: L. Querol Roso, La poesía del C. de Uppsala, in: Anales de la Univ. de Valencia X, 1929/30; J. Moll, Un villancico de Morales ..., AM VIII, 1953.

5) C. musical de la Casa de Medinaceli (Madrid, Bibl. de la Casa del Duque de Medinaceli, ms. 13230), mit ursprünglich 235, jetzt 207 Folios, enthält 76 geistliche und 99 (davon 2 doppelt) weltliche Stücke zu 3–5 St. An Komponisten sind u. a. vertreten: Fr. und P. Guerrero (15 Stücke), G. de Morata (13), O. de Lassus (1) sowie eine Reihe weiterer Meister, die zumeist in Andalusien wirkten. Unter den weltlichen Stücken überwiegen Madrigale; daneben finden sich Canciones, Villancicos, vereinzelt auch Romances, Villanescas sowie eine Ensalada. Das in der 2. Hälfte des 16. Jh. entstandene Manuskript weist Konkordanzen mit den C.s de Palacio (2) und Uppsala (1) auf.
Ausg.: C. mus. de la Casa de Medinaceli I, Polifonía profana, hrsg. v. M. Querol Gavaldá, 2 Bde, = MMEsp VIII–IX, Madrid 1949–50.

6) C. musical y poético del siglo XVII (C. Sablonara; München, Bayerische Staatsbibl., Mus. ms. E), mit 84 Folios, enthält 75 2–4st. Kompositionen über weltliche kastilische Texte. Unter den Dichtern sind Quevedo, Góngora und Lope de Vega hervorzuheben, unter den Komponisten Romero (22 Stücke), J. Blas de Castro (20), A. de los Ríos (9), G. Díaz Besson (8) und M. Machado (4). Neben Romances stehen auch Villancicos, Canciones, Novenas, Décimas, Folías. Das Manuskript, von Cl. de la → Sablonara 1624–25 (nach Pfandl) für Pfalzgraf Wolfgang Wilhelm von Neuburg geschrieben, gilt als kostbarste Quelle der spanischen Mehrstimmigkeit im frühen 17. Jh.
Ausg.: C. mus. y poético del s. XVII, recogido por Cl. de la Sablonara, hrsg. v. J. Aroca, Madrid 1916 (auf Umschlag: 1918).
Lit.: R. Mitjana, Comentarios y apostillas al »C. poético y mus. del s. XVII ...«, Revista de filología española VI, 1919; L. Pfandl, Über einige span. Hss. d. Münchener Staatsbibl. I, in: Homenaje a Menéndez Pidal II, Madrid 1925; C. S. Smith, Documentos referentes al »C.« de Cl. de la Sablonara, Revista de filología española XVI, 1929.

7) C. musical de Olot (Olot, Bibl. Pública, ms. I–VIII), mit ursprünglich mindestens 170, jetzt 137 Folios, enthält 74 3–4st. Stücke, überwiegend Villancicos und Romances. Die meisten Texte sind kastilisch, 3 katalanisch. An Komponisten sind J. Pujol (16 Stücke), J. B. Comes (3) und andere, vorwiegend katalanische Meister der 1. Hälfte des 17. Jh. vertreten.
Lit.: J. Romeu Figueras, Las poesías catalanas del ms. mus. de Olot, AM XVIII, 1963; M. Querol Gavaldá, El C. mus. de Olot, ebenda, mit Verz.
Allgemeine Lit. zu d. C.s mus.: H. Anglès, Einleitung zu MMEsp I, 1941; ders. u. J. Subirá, Cat. mus. de la Bibl. Nacional de Madrid I, Barcelona 1946; J. Romeu Figueras, La poesía popular en los c. mus. españoles ..., AM IV, 1949; A. Lerrea Palacín, La canción popular en el tiempo de los Reyes Católicos, in: Curso de conferéncias sobre la política africana de los Reyes Católicos IV, Madrid 1952; M. Querol Gavaldá, El romance polifónico en el s. XVII, AM X, 1955.

cancricans, cancrizans (lat., von cancer, Krebs), im → Krebsgang rückwärts schreitend.

cantabile (ital.; frz. chantable), sangbar, gesangvoll. Schon Zarlino forderte, *che le parti della cantilena siano c.: cioè che cantino bene* (*Istitutioni harmoniche* 1558, III, 34). Im späteren 17. Jh., namentlich in Süddeutschland (Froberger, Kerll, Muffat und in der Nürnberger Schule vor und um Pachelbel), und im 18. Jh. allgemein wurde Cantabilität (*ein überall dominierendes C.*, Heinichen 1728) zu einer Grundforderung der Komposition, speziell der Instrumentalmusik. Cantabel – *das schönste in der Musik* (Mozart Versuch I, 3, § 27) – bedeutet jetzt: leicht faßlich, fließend, ungekünstelt, ausdrucksvoll setzen und spielen; Sangbarkeit der Komposition in allen Stimmen, die wie singend vorzutragen sind (so daß jedem Musiker die Singkunst zu studieren und gute Sänger zu hören empfohlen wird, damit er *singend dencken* lernt, Bach Versuch I, 3, § 12); Meidung *aller künstlichen und ausgesuchten Auszierung* (Scheibe, S. 397); kleine Intervalle, liedhafte Periodik, mäßig langsame Bewegung (hierzu Quantz Versuch, XVII, VII, § 51: *auf ein jedes Achttheil ein Pulsschlag*). J. S. Bach, der im Titel seiner *Auffrichtigen Anleitung* (1723; hierzu Forkel, S. 28ff.) *eine cantable Art* als Lehrziel polyphonen Spiels nennt, bildete in verschiedenen Werken namentlich der Köthener Zeit einen Typus des C. in Satz- und Motivbau heraus, so im Schlußsatz des 5. Brandenburgischen Konzerts (1721, BWV 1050), wo jeweils der kontrapunktische Satz abbricht, der Baß nur noch die schweren Taktteile markiert und über den Begleitfiguren die Melodiestimme bereits jene Verbindung bewegter Auftakte und langgehaltener Motivschlüsse zeigt, die W. Fischer (S. 50) als das Wesen kantabler Motivbildung des Wiener klassischen Stils beurteilt. Ähnlich angelegt ist das C. im Schlußsatz der 3. Gambensonate (um 1720, BWV 1029) und in der Sinfonia der Kantate *Am Abend aber desselbigen Sabbats* (1731, BWV 42). Vollendung findet die vorklassische instrumentale Kantabilität und kantable Motiv- und Satzbildung bei Beethoven, der dem 2. Satz seiner 2sätzigen Klaviersonate op. 90 (1814) im Sinn von c. den Titel gibt: *Nicht zu geschwind und sehr singbar vorgetragen*.

Lit.: WaltherL; J. A. Scheibe, Der critische Musicus, Hbg² 1745; KochL; J. N. Forkel, Über J. S. Bachs Leben, Kunst u. Kunstwerke, hrsg. v. J. M. Müller-Blattau, Augsburg 1925, Kassel ²1932, ⁴1950; W. Fischer, Zur Entwicklungsgesch. d. Wiener klass. Stils, StMw III, 1915; H. Besseler, Bach als Wegbereiter, AfMw XII, 1955.

Cantatorium (lat., Gesangbuch) ist die schon im 1. römischen Ordo (Ende 7. Jh.) vorkommende Bezeichnung für das zumeist hochformatige, oft in kostbarem Einband gehaltene Buch, das die solistisch vorzutragenden Meßgesänge (Graduale, Tractus, Alleluia- und Offertoriumsverse) nach dem Kirchenjahr geordnet enthält. Dazu kommen zuweilen auch die sonst in besonderen Gesangbüchern aufgezeichneten Sequenzen, Tropen, Ordinariums- und Prozessionslieder. Das älteste erhaltene Exemplar stammt aus dem 8. Jh. (Dom zu Monza). Das C. kam im 13. Jh. wieder außer Gebrauch; die solistisch ausgeführten Teile der Messe waren nun im vollständigen Missale oder → Graduale nachzuschlagen.

Ausg.: C. (Codex 359 St. Gallen, 9. Jh.), Paléographie mus., Serie 2, II, 1924.
Lit.: P. Wagner, Einführung in d. Gregorianischen Melodien I, Freiburg i. d. Schweiz 1895, Lpz. ³1911, Neudruck Hildesheim u. Wiesbaden 1962.

Cante chico, Cante jondo (kˈante tʃˈiko, – xˈɔndo, span.) → Flamenco.

Canticum (lat., Gesang) heißen die seit frühchristlicher Zeit in der Liturgie verwendeten lyrischen Texte der Bibel, die nicht aus dem Psalmenbuch stammen, aber nach Inhalt und Form den Psalmen gleichen. Heute sind im Gebrauch im römisch-katholischen Gottesdienst die drei neutestamentlichen Cantica (C. Beatae Mariae Virginis: *Magnificat* = Luc. 1, 46–55; C. Zachariae: *Benedictus Dominus Deus Israel* = Luc. 1, 68–79; C. Simeonis: *Nunc dimittis* = Luc. 2, 29–32); sie bilden den Höhepunkt von Laudes, Vesper und Komplet. Die alttestamentlichen Cantica (besonders zu erwähnen sind C. Moysis: *Cantemus Domino* = Ex. 15, 1–19; C. trium puerorum: *Benedicite, omnia opera Domini, Domino* = Dan. 3, 57–88 und 56) sind in die Psalmodie der Laudes eingereiht. Auch werden Cantica in der Messe der Quatembersamstage und in der Osternachtsfeier verwendet. – Einzelne Cantica des Alten Testaments waren wohl schon Bestandteil der jüdischen Liturgie. In den frühchristlichen Vigilfeiern folgten bisweilen responsorisch vorgetragene Cantica auf die Lesungen. Von hier wurden sie in das Morgenoffizium (Laudes) übernommen. Benedikt von Nursia († 547) bezeugt in seiner Regel (Kap. 13) den Gebrauch der Cantica in den Laudes als bereits bestehenden römischen Brauch. Seit dem 5. Jh. finden sich überdies in den Bibelhandschriften (z. B. im Codex Alexandrinus) Gruppen von 9 oder 14 Cantica als Anhang zum Psalter. Die heute geltende Verteilung der Cantica auf die Laudes der einzelnen Wochentage gilt erst seit der Brevierreform durch Pius X. (1911), bei der vorher gebräuchliche Zahl von 7 Cantica verdoppelt wurde. Zusammen mit den Psalmen wurden unter Pius XII. (1945) auch sämtliche Cantica neu ins Lateinische übersetzt. – Gegenüber den alttestamentlichen Cantica und dem C. Simeonis, deren Vortrag stets der antiphonischen Offiziumspsalmodie entspricht, besitzen *Magnificat* und *Benedictus* melodisch reicher ausgebildete Psalmformeln (heute ad libitum bei feierlichen Gelegenheiten); in allen 3 neutestamentlichen Cantica wird bei jedem Vers das Initium gesungen (Toni communes II). Im Unterschied hierzu folgen die Osternachtscantica dem Vorbild einer Tractusmelodie. – Neutestamentliche Cantica gehören zum festen Bestandteil auch der lutherischen und calvinistischen Kirchenmusik.

Lit.: S. Bäumer OSB, Gesch. d. Breviers, Freiburg i. Br. 1895, erw. frz. v. R. Biron, Hist. du bréviaire I, Paris 1905; P. Wagner, Einführung in d. Gregorianischen Melodien III, Lpz. 1921, Neudruck Hildesheim u. Wiesbaden 1962; Dictionnaire d'archéologie chrétienne et de liturgie II, Paris 1925; J. Pascher, Das Stundengebet d. römischen Kirche, München (1954); Leiturgia IV, Kassel 1961.

Cantigas (span., ältere Aussprache cạntigas), Melodien mit weltlichen oder geistlichen volkssprachigen (galicisch-portugiesischen) Texten, die im 13. Jh. zur Blüte kamen am Hofe des musikkundigen Königs Alfons X., des Weisen (el Sabio), von Kastilien und León († 1284). An weltlichen C. (C. de amigo, C. de amor, C. de escarnio u. a.) sind fast 1700 überliefert in 3 zentralen Handschriften (cancioneiros), die zwar Notenlinien, aber keine Noten enthalten: 1) Cancioneiro da Ajuda (Sigel: *CA*; Lissabon, Bibl. da Ajuda), unvollständig, enthält so jetzt 88 Folios 310 zum Teil fragmentarische C. de amor; diese sind zu 38 Gruppen zusammengefaßt, deren jede vermutlich das Liederheft eines Sängers darstellt. Entstand diese Handschrift um 1300, so handelt es sich bei den beiden folgenden um Manuskripte des 16. Jh., die im Auftrag des Humanisten Angelo Colocci († 1548) angelegt wurden: 2) Cancioneiro da Vaticana (Sigel: *CV*; Rom, Bibl. Vaticana, cod. vat. 4803) mit 210 + 18 Folios, und 3) Cancioneiro Colocci Brancuti (Sigel: *CB*; Lissabon, Bibl. Nacional; früher im Besitz des Conte Brancuti di Cagli) mit 355 Folios; dieser enthält alle bekannten weltlichen C. Darüber hinaus nennt ein eigenhändiger Index Coloccis (Rom, Bibl. Vaticana, cod. vat. 3217) noch 75 Incipits nicht erhaltener C.

Melodien sind nur zu den geistlichen C. überliefert, Lobgesängen zu Ehren der Mutter Maria (C. de Santa María, auch Loores et Milagros de Nuestra Señora), ebenfalls mit galicisch-portugiesischem Text, von denen 427 erhalten sind, teils mehr erzählenden, teils mehr lyrischen Charakters. In der Kathedrale von Sevilla, in der Alfons beigesetzt wurde, befanden sich bis zum 17. Jh. die beiden kostbarsten, reich illuminierten und mit Noten versehenen Pergamenthandschriften, die dann von der Escorial-Bibliothek übernommen wurden: ein Codex (Signatur: T. j. 1) von 256 Folios mit 193 Liedern und über 1000 Miniaturen sowie ein Codex (Signatur: j. b. 2) von 361 Folios mit über 400

Liedern und 40 Vignetten; die Niederschrift beider Manuskripte war nach 1279 abgeschlossen. Ein dritter Codex des alfonsinischen »Liederbuchs auf die Jungfrau Maria« (bereits nach 1257 abgeschlossen) enthält auf 160 Folios 128 Lieder; er befand sich in Toledo und wird seit 1869 in der Nationalbibliothek Madrid (Signatur: 10069) aufbewahrt. Hinzu kommt noch eine Handschrift aus der Florentiner Biblioteca Nazionale (Signatur: II, I, 213), die auf 131 Folios 109 Texte, jedoch keine Noten enthält. – Die C. wurden von christlichen, jüdischen und maurischen Spielleuten, die am Hof tätig waren, vorgetragen (vokal-instrumental). Die Formen der C. – bestimmt durch den Wechsel Vorsänger/Chor – sind sehr unterschiedlich; es gibt Virelai-, Rondeau- und andere Liedformen, die teilweise von der französischen Musik her bekannt waren. Die Melodien ähneln mitunter dem Choral, den Melodien der Troubadours, dem französischen Lai, dem Volkslied oder dem Tanzlied; vereinzelt sind es auch Kontrafakturen. Umstritten sind die Frage nach dem persönlichen Anteil des Königs Alfons des Weisen an Text und Musik der C. de Santa María, der Einfluß arabischer Strophendichtung auf die Form der C. sowie die Übertragung der – von Anglès mensural gedeuteten – Notation.

Ausg.: O Cancioneiro da Ajuda, hrsg. v. C. Michaëlis de Vasconcellos, 2 Bde, Halle 1904; ders., hrsg. v. H. H. Carter, NY u. Oxford 1941; ders., hrsg. v. Marques Braga, 2 Bde, Lissabon 1945. – Il canzoniere port. della Bibl. Vaticana, hrsg. v. E. Monaci, Halle 1875; ders., hrsg. v. T. Braga, Lissabon 1878. – Il canzoniere port. Colocci-Brancuti, pubblicato nelle parti che completano il cod. vat. 4803, hrsg. v. E. G. Molteni, Halle 1880; Cancioneiro da Bibl. Nacional antigo Colocci Brancuti, hrsg. v. E. P. u. J. P. Machado, 2 Bde, Lissabon 1949–50. – C. d'amigo dos trovadores galego-port., hrsg. v. J. J. Nunes, 3 Bde, Coimbra 1926–28; C. d'amor..., hrsg. v. dems., Coimbra 1932. – La música de las c. de S. María del rey Alfonso el Sabio, hrsg. v. H. Anglès, 4 Bde, = Diputación provincial de Barcelona, Bibl. central, Publicaciones de la Sección de música XIX, XV u. XVIII, 1–2, 1943–64, Bd I (Publ. XIX) = Faks. d. Ms. El Escorial j. b. 2, Bd III,1 (Publ. XVIII,1) mit einer Abh. v. H. Spanke, Die Rhythmik d. C.; La música de las c., hrsg. v. J. Ribera y Tarragó, Madrid 1922, Faks. u. Übertragung d. Ms. Madrid, unzuverlässig; Alfonso el Sabio, C. de S. María, hrsg. v. L. Cutto, Marqués de Valmar, 2 Bde, Madrid 1889, Textausg.; dass., hrsg. v. W. Mettmann, 2 Bde, (Coimbra) 1959–61, Textausg.

Lit.: J. Ballera, Las c. de Alfonso el Sabio, Madrid 1882; C. Michaëlis de Vasconcellos u. T. Braga, Gesch. d. port. Lit., in: Grundriß d. romanischen Philol. II, 2, hrsg. v. G. Gröber, Straßburg 1897; P. Aubry, Iter Hispanicum, Paris 1908; A. G. Solalinde, El códice florentino de las c. ..., Revista de filología española V, 1918; N. Aita, O códice florentino das C. ..., Revista de lingua port. XIII, 1921; E. López Aydillo, Los cancioneros gallego-port. como fuentes hist., Rev. hispanique LVII, 1923; Fr. Ludwig, in: Adler Hdb.; R. Menéndez Pidal, Poesía juglaresca ..., Madrid 1924, ⁶1957; J. Ruggieri, Le varianti del canzoniere port. Colocci Brancuti..., Arch. Romanicum XI, 1927; K. Axhausen, Die Theorien über d. Ursprung d. prov. Lyrik, Diss. Marburg 1937; A. Salazar, Poesía y música en las primeras formas de versificación rimada..., Revista de filosofía y letras IV, 1943; F. F. Lopes, A música das ‚C. de S. Maria'..., in: Brotéria XL, 1945; M. Schneider, A propósito del influjo árabe..., AM I, 1946; H. Spanke, La teoría árabe..., ebenda; J. Guerrero Lovillo, Las c., Madrid 1949; P. Le Gentil, La poésie lyrique espagnole et port. à la fin du moyen âge, 2 Bde, Rennes 1949–52; E. S. Procter, Alfonso X of Castile, Oxford 1951.

Cantilena (lat.), Lied, Melodie, Gesang; bezeichnet insbesondere: – 1) den lateinischen Kirchengesang (C. romana, Gregorianischer Gesang), speziell die liedhaften Teile der Liturgie im Unterschied etwa zur Psalmodie; Notker nennt die Sequenzmelodien, Ekkehard IV. die Tropen cantilenae. – 2) in der Organum-lehre des 9.–10. Jh. auch den organalen Gesang liturgischer Cantica oder Carmina sacra: ... *ea nobilis c. quam diaphoniam vocitamus, id est organicum melos* (CS II, 74; diaphonia c., GS I, 165b). – 3) das weltliche, lyrische und epische 1st. Lied und Spielmannslied (C. ioculatoris), so das Spottlied, auch die Chanson de geste (z. B. C. Rolandi, Rolandslied); Dante (*De vulgari eloquentia* II, 8) unterscheidet den hohen (tragischen) Stil der Cantio von dem hoch-niederen (tragisch-komischen) der C., die er als kleine Cantio erklärt (*cantilenam vocamus per diminutionem*). – 4) das Tanzlied, auch Instrumentalstück; J. de Grocheo beschreibt unter den C.-Arten der in Paris gebräuchlichen Musica vulgaris die gesungene und gespielte Rotunda (oder Rotundellus, → Rondeau), Stantipes (→ Estampie) und Ductia. – 5) Im 13.–15. Jh. heißt C. auch der mehrstimmige Liedsatz mit weltlichem Text, namentlich die Refrainformen. C. nennt Franco von Köln vor 1250 eine jener Spezies des Discantus (simpliciter prolatus), die in allen Stimmen gleichen Text haben (*cum eadem littera*; CS I, 130a; vgl. die Erwähnung von cantilenae vulgares schon bei J. de Garlandia, CS I, 116a). Jacobus Leodiensis stellte um 1330 fest, daß die Moderni fast nur noch Motetten und Cantilenae komponieren (CS III, 428b). Tinctoris definiert C. als kleinen mehrstimmigen Gesang, vornehmlich mit amourösem Text (*Diffinitorium*, 1473/74) und meint damit die in allen Stimmen gesungene Chanson (→ Carmen). Für den → Kantilenensatz des 14.–15. Jh. mit gesungener Oberstimme und 1–3 instrumentalen Unterstimmen ist der Terminus C. nach bisheriger Kenntnis nicht belegt. – Im 16.–17. Jh. bezeichnet C. oft den mehrstimmigen Vokalsatz allgemein (nach Zarlino, 1558, besteht die *Arte del contrapunto* im Zusammensetzen der *Consonanze: che sono la materia delle cantilene*). → Kantilene.

Lit.: J. de Grocheo, De arte musicae, in: Der Musiktraktat d. J. de Grocheo, hrsg. v. E. Rohloff, = Media Latinitas Musica II, Lpz. 1943, S. 47ff.; A. Viscardi, »C.«, Studi medievali, N. S. IX, 1936; J. Handschin, Les Etudes sur le XVᵉ s. mus. de Ch. Van den Borren, RBM I, 1946/47, S. 94f.; ders., Réflexions sur la terminologie, RBM VI, 1952, S. 10f. HHE

Cantino (ital.) → Chanterelle.

Cantio (lat.), eine seit dem Mittelalter häufig gebrauchte Bezeichnung für jede Art von Gesangsstücken (z. B. im Gregorianischen Gesang: *responsoria et offertoria et huiusmodi cantiones*, Jacobus v. Lüttich, CS II, 325b), im engeren Sinne, besonders seit dem hohen Mittelalter, für das Lied, etwa gleichbedeutend mit Carmen oder Versus. Von hier ausgehend hat die moderne musikwissenschaftliche Sprachgebrauch die Bedeutung von C. auf das *einstimmige lateinische Lied des Mittelalters, zumeist geistlichen Inhalts* (E. Jammers) festgelegt (→ Kirchenlied), ohne jedoch musikalisch-formal gleichartige vulgärsprachliche, mehrstimmig bearbeitete, mitunter sogar weltliche Lieder grundsätzlich auszuschließen. – Merkmale der C. sind die schlichte Form (wie A A B, A B, A A B A), der streng strophische Bau sowie die konsequente Verwendung eines Kehrreimes. Die Melodien sind oft mit Dreiklangsbildungen und im tänzerischen Dreiertakt gestaltet, von volkstümlichen und kirchlichen Elementen in gleicher Weise bestimmt. Im Gegensatz zur komplizierten Rhythmik des Conductus und zur antikisierenden Metrik des Humanistenliedes ist die C. nach dem einfachen Hebigkeitsprinzip gebildet, das zugleich eine enge Verbindung zum vulgärsprachlichen Text schafft (Übersetzungen geistlicher Lieder waren sowohl aus dem Lateinischen als auch ins Lateinische häufig, oft ist auch eine Mischung lateinischer und deutscher Texte anzutreffen). Inhaltlich ist die C. vom Gedankengut der zeitgenössischen religiösen Bewegungen mit ihrem Ziel persönlicher Frömmigkeit geprägt. Ihre Hauptträger waren Kleriker, Mitglieder der Bruderschaften, Studenten und Lateinschüler, ihre eigentliche Bestimmung waren neben der Offiziumsliturgie die Privatandacht und Prozession. – Ein Vorläufer der C. ist der Conductus des 12./13. Jh., zu dem sie sich wie ein Absenker (O. Ursprung) verhält. Einige von A. Geering (als »Cantionen«) mitgeteilte (retrospektiv-)mehrstimmige Conductus mit 1st. Refrain können als Bindeglieder zwischen beiden angesehen werden. Viele C.nes sind nicht als selbständige Kompositionen, sondern nur als Einschübe in liturgische Gesänge (sehr oft als Benedicamus-Tropen des Offiziums) überliefert. Dieser Sachverhalt ist jedoch nicht so zu deuten, als sei die C. durch Verselbständigung eines Tropus entstanden; vielmehr nahm der jüngere (strophische) Tropus selbst immer mehr die in der C. bereits vorgegebenen Liedelemente in sich auf; dies führte schließlich zur fast völligen Gleichartigkeit und damit zur Vertauschbarkeit von Tropus und C. Auf dem Wege über die volkstümliche C. fanden gelegentlich sogar weltliche Tanzmelodien (als Tropen) Aufnahme in liturgische Gesänge. – Hauptpflegestätte der C. war im 14./15. Jh. Böhmen (das *Gloria Bohemicum* mit der C. *Dies est laetitiae* als Tropus); von hier aus verbreitete sie sich vornehmlich über Süd- und Nordwestdeutschland, wo sie im Laufe des 16. Jh. vom volkssprachlichen Kirchenlied abgelöst wurde. – Wohl auf der allgemeineren Bedeutung von C. fußt der neuzeitliche, bis zum Spätbarock verfolgbare C.-Begriff, der nach Praetorius (Synt. III) auch die Symphonia und das italienische Concerto sowie auch instrumentale Musik umfaßt (... *qua Variae Voces aut Instrumenta Musica ad concertum faciendum committuntur*). In der gleichen terminologischen Tradition steht wohl auch die → Cantio sacra des 16./17. Jh.

Lit.: Analecta hymnica medii aevi, Bde I, XX, XXI, XLV, Lpz. 1886ff.; J. HANDSCHIN, Angelomontana polyphonica, SJbMw III, 1928; DERS., Die Schweiz, welche sang (Über ma. C. aus schweizerischen Hss.), Fs. K. Nef, Zürich u. Lpz. 1933; H. SPANKE, Das Moosburger Graduale, Zs. f. romanische Philologie L, 1930; DERS., Die Stuttgarter Hs. H. B. I Ascet. 95, Zs. f. deutsches Altertum LXVIII, 1931; DERS., Eine ma. Musikhs., ebenda LXIX, 1932; O. URSPRUNG, Die kath. Kirchenmusik, Bücken Hdb.; A. SCHMITZ, Ein schlesisches Cantional aus d. 15. Jh., AfMf I, 1936; A. GEERING, Die Organa u. mehrst. Conductus in d. Hss. d. deutschen Sprachgebietes v. 13. bis 16. Jh., = Publikationen d. Schweizerischen Musikforschenden Ges. II, 1, Bern (1952); BR. STÄBLEIN, Die ma. liturgischen Weisen im Gesangbuch d. Böhmischen Brüder v. 1531, Mf V, 1952; E. JAMMERS, Artikel C., MGG II, 1952; DERS., Der ma. Choral, Mainz 1954; W. IRTENKAUF, Das Seckauer Cantionarium v. Jahre 1345 (Hs. Graz 756), AfMw XIII, 1956; R. STEPHAN, Lied, Tropus u. Tanz im MA, Zs. f. deutsches Altertum LXXXVII, 1956/57. FrR

Cantio sacra (lat., geistlicher Gesang; ital. canzona spirituale), eine in der 1. Hälfte des 16. Jh. zuerst in den Niederlanden greifbare neue Bezeichnung für geistliche (liturgische und nichtliturgische) Kompositionen mit lateinischem Text. Da ein engerer Zusammenhang mit dem Lied (→ Cantio) nicht nachzuweisen ist, fußt wohl der Begriff C. s. auf dem allgemeinen, seit dem Mittelalter geläufigen Cantiobegriff, der im 16. Jh. auch mit Modulatio, Symphonia, Concentus u. a. umschrieben wurde. Die Bezeichnung C. s. erscheint vorwiegend in Titeln von Sammelwerken, wobei die Bedeutungsgleichheit mit Motette (die seit J. Tinctoris als Komposition vorwiegend geistlichen Inhalts definiert wurde) häufig ebenfalls schon im Titel hervorgehoben wird, z. B. *Cantiones sacrae, quae vulgo Muteta vocantur* (J. de Cleve 1559). Vor allem in Deutschland bürgerte sich der Begriff C. s. rasch ein (J. Meiland 1564 und 1575, G. Dreßler 1565 und 1574); hier wurde er nach der Jahrhundertwende auch auf die Komposition deutscher Texte (S. Scheidt 1620, H. Schütz 1625), zuvor bereits auch auf nichtgeistliche Inhalte (L. Lechner 1581, Gr. Aichinger 1590) erweitert. Auch instrumentale Bearbeitungen deutscher Choräle (so in der *Tabulatura Nova* von S. Scheidt 1624) wurden C. s. genannt; dabei näherte sich der Begriff der Cantio wiederum dem des Liedes. Die Hinwendung zum concertierenden Prinzip etwa in der Form des Geistlichen Konzerts seit dem frühen 17. Jh. führte zur allmählichen Abkehr von Begriff und Sache der in der motettischen Tradition beheimateten C. s.; wo die Bezeichnung in späteren Quellen dennoch begegnet (J. K. Kerll 1669, G. Carissimi 1670), schließt sie in der Regel die Bedeutung des Concerto mit ein.

Lit.: PRAETORIUS Synt. III; FR. BLUME, Die ev. Kirchenmusik, Bücken Hdb., Kassel ²1965; A. A. ABERT, Die stilistischen Voraussetzungen d. Cantiones sacrae v. H. Schütz, Wolfenbüttel u. Bln 1935; H. ZENCK, Numerus u. Affectus, hrsg. v. W. Gerstenberg, = Mw. Arbeiten XVI, Kassel 1959.

Canto carnascialesco (kˈanto karnaʃʃalˈesko, ital.), seit dem ausgehenden 15. Jh. in der Toskana übliche Benennung für eine volkstümliche Strophenliedform, die sich bei den Florentiner Karnevalsveranstaltungen unter Lorenzo de' Medici herausgebildet hat. Bei den festlichen Umzügen mit grotesk-prächtig ausgestatteten Wagen (carri carnascialeschi), die Begebenheiten aus Mythos oder Zeitgeschichte, aus Alltag und Berufsleben, aber auch allegorische Stoffe sinnfällig zur Schau stellten, wurden die Canti carnascialeschi von maskierten Sängern vorgetragen. Teils wurde in diesen Liedern zum karnevalistischen Lebensgenuß aufgefordert, teils karikierend der Aufzug der Masken (mascherate) und Carri kommentiert; aber auch menschliche Typen (wie Landstreicher, Waffelbäcker, Einsiedler, Dirnen und Witwen), religiöse Bräuche, Sitten und Unsitten wurden mit beißendem Spott, derber Frivolität oder geistvoller Mehrdeutigkeit besungen. Verschmolzen mit bestimmten Eigentümlichkeiten der Ballata volkstümlichen Charakters wurden die C. c.-Melodien (vor allem unter dem Einfluß des Savonarola-Kreises im letzten Jahrzehnt des 15. Jh.) auch geistlich parodiert und somit in Lauden (→ Lauda) umgewandelt. Auch in den Frottolen und Villanesken (canzoni villanesche) fanden die Stoffe der Mascherate einen Niederschlag. Die bekanntesten Textdichter sind Jacopo da Bientina, Bernardino del Boccia, Angelo Poliziano u. a., besonders jedoch Lorenzo de' Medici il Magnifico, der seinen ersten C. c. von H. Isaac dreistimmig setzen ließ; auch 4st. Sätze wurden geschrieben; die Satzweise ist eine aufgelockerte Homophonie wie in der Frottola. Als Komponisten sind bekannt u. a. A. Agricola, A. Coppinus und Giovane da Nola.

Ausg.: Chants de carnaval florentins, hrsg. v. P.-M. MASSON, Paris 1913; KN. JEPPESEN (mit V. Brøndal), Die mehrst. ital. Laude, Lpz. u. Kopenhagen 1935; Canti carnascialeschi del Rinascimento, Texte, hrsg. v. CH. S. SINGLETON, Bari 1936.

Lit.: F. GHISI, I canti carnascialeschi nelle fonti mus. del XV e XVI s., Florenz 1937; DERS., Le feste mus. della Firenze medicea, Florenz 1939; E. (GERSON-)KIWI, Studien zur Gesch. d. ital. Liedmadrigals im 16. Jh., Würzburg 1938.

Cantor (lat.) → Kantor.

Cantus (lat.; ital. canto; frz. und engl. chant), Gesang, Melodie; in speziellerem Sinn – 1) in der mittelalterlichen Mehrstimmigkeit die melodisch vorgegebene oder zuerst erfundene Stimme: im alten → Organum die Oberstimme (vox principalis), im späteren Organum und im → Discantus des 13. Jh. die untere Stimme (*c. vel tenor est primus cantus primo procreatus vel factus*, Anonymus IV, CS I, 356b; → Cantus firmus), im Kantilenensatz des 14.–15. Jh. und im Vokalsatz seit dem 15. Jh. wiederum die Oberstimme. – 2) Die spätmittelalterliche Systematik der Gesangsarten unterscheidet zwischen → Cantus planus (bzw. anderen Bezeichnungen für den → Choral) und C. mensurabilis (→ Musica mensurabilis) oder → Cantus figuratus. Tinctoris (*Diffinitorium*, um 1473/74) verzeichnet C. simplex planus (*cujus modi est gregorianus*), C. simplex figuratus (einstimmig, mensuriert), C. compositus (mensuriert mehrstimmig, *qui res facta vulgariter appellatur*). Auch ohne näheren Zusatz kann C. die mehrstimmige Komposition bedeuten (z. B. Jacobus Leodiensis, CS II, 432a: *c. antiqui*; Robert de Handlo, CS I, 387b: *in Motetis et in aliis cantibus*). – Zahllose Zusätze kennzeichnen in der lateinischen Musikterminologie die Art des C.

Lit.: M. APPEL, Terminologie in d. ma. Musiktraktaten, Diss. Bln 1935.

Cantus durus, Cantus mollis, Cantus naturalis (lat.) → Dur, → Hexachord.

Cantus figuratus (auch C. figuralis, lat.) bezeichnet – im Anschluß an die Figurae der Notenzeichen – seit dem 15. Jh. (Hothby, CS III, 330; Tinctoris, CS IV, 41b und 179b) im Gegensatz zum Cantus planus die Mensuralmusik (→ Musica mensurabilis). Im 17. und 18. Jh. wird Figuralmusik (Musica figurata oder figuralis) auch als melodische Figuration (figurierter Choral oder Baß) verstanden.

Cantus firmus (lat.; Abk.: C. f.) nennt man – wohl erst seit dem 18. Jh. und im Anschluß an die Sprache der Kontrapunktlehre italienischer Provenienz – die einem mehrstimmigen Satz zugrunde gelegte vorgegebene Melodie oder Tonfolge, die entweder geistlicher oder weltlicher Herkunft oder ad hoc erfunden sein kann. Sie heißt C. f., weil sie in der mittelalterlichen Mehrstimmigkeit vorwiegend und noch später weithin dem Choral entnommen ist, den man Cantus planus oder auch C. f. (ital. canto fermo) nannte. Hieronymus de Moravia setzte gegen Ende des 13. Jh. in bezug auf Einstimmigkeit beide Bezeichnungen gleich (*... firmus sive planus, praecipue ecclesiasticus cantus*, ed. Cserba S. 179) und so auf Grund durchgehender Tradition noch J. G. Walther 1732: *Canto fermo ... der Choral-Gesang*. Andere Bezeichnungen, die der Vorgegebenheit, nicht aber ausdrücklich die chorale Herkunft der mehrstimmig bearbeiteten Melodie ansprechen, sind Cantus prius factus (auch cantus primus, notus oder datus) und Subjectum (→ Soggetto), *eine Melodie, worüber oder worunter eine Composition verfertiget wird* (im Unterschied zur Bedeutung von soggetto etwa als eine *Clausul oder Formul, woraus eine Fuga gemacht werden kan*, WaltherL). In der frühen Mehrstimmigkeit (→ Organum) erklang der Choral als Oberstimme und hieß Cantus oder Vox principalis. Seit dem 12. Jh. bildete er in Organum und → Discantus die Unterstimme, deren tonaler und rhythmischer Duktus für den Bau des Satzes maßgebend war. In dieser Eigenschaft gewann die Unterstimme den Namen Tenor (*quia discantum tenet et fundat*, Jacobus Leodiensis, CS II, 386a), und da der Tenor wesenhaft Träger des C. f. war, erfolgte eine Gleichsetzung beider Begriffswörter: *... primo accipitur cantus aliquis prius factus, qui tenor dicitur, eo quod discantum tenet, et ab ipso ortum habet* (Franco von Köln, CS I, 130b), wiederum bis hin zu Walther (*Tenor ..., weil in den alten Motetten der C. f. ... in dieser Stimme angebracht worden*); andererseits konnte Tenor im 16. Jh. auch die vorgegebene Melodie, unabhängig von ihrer Lage, bezeichnen. – Grundsätzlich ging die mittelalterliche Komposition mehrstimmiger Musik von einem vorher bestehenden oder – wie in Conductus und Liedsatz – von einem primär erfundenen Cantus aus, da dieser, präzisiert durch seine rhythmische Zubereitung, in der Komposition den tonalen Zusammenhang stiftete. In den Organa der Notre-Dame-Zeit bestand der Tenor-C. f. aus den vollständigen solistischen Teilen responsorialer Choralgattungen, in den Klauseln und lateinischen Choralbearbeitungstropen und in den Motetten des 13. und 14. Jh. aus Choralpartikeln, deren Wörter von den Oberstimmentexten paraphrasiert wurden, oder aus weltlichen Liedern oder Refrains. In Verbindung mit neuen Kompositionspraktiken und je nach dem Realitätsgrad, in dem der Cantus als solcher erklingen sollte, erscheint dieser seit dem 14. und beginnenden 15. Jh. auch in kolorierter Gestalt und in wechselnder Lage: in englischen Meßsätzen und Motetten mit Vorliebe in der Mittelstimme oder als »wandernder C. f.«, in Diskantmessen, in Hymnen und im Fauxbourdonstück in der Oberstimme, in 4st. Sätzen, namentlich in Meßzyklen seit Dufay, als Tenor (auch weltlicher Herkunft) zwischen den Contratenores bassus und altus. Die Kunst der C. f.-Bearbeitung, von der sich der abschnittweise durchimitierende Chorstil mit seinen freien Soggetti (Themata) abzweigte, lebte fort – zuweilen gesteigert zur Verbindung mehrerer, auch kanonisch geführter Cantus firmi – im 15. Jh. in den Chansons mit entlehnten Stimmen, in der C. f.- und Parodiemesse, in der imitierenden C. f.-Motette und in Hymnen-, Lamentations- und Psalmbearbeitungen des 16. Jh., in den Kompositionen über Solmisationssoggetti (z. B. Sweelinck, *Fantasia super ut, re, mi, fa, sol, la*), in der organistischen Tradition der C. f.-Bearbeitung, zumal in der Orgelmesse (Buxheimer Orgelbuch, Cavazzoni, Frescobaldi), in den Orgelhymnen und -versetten (namentlich seit Schlick, Hofhaymer, Cabezón) und in der instrumentalen Lied- und Tanzvariation des 17. Jh. Seit dem 16. Jh. ist der C. f. weniger das unabdingbare Fundament des kompositorischen Prozesses, als vielmehr die Melodie, die in kunstvoller Einkleidung dargeboten werden soll, indem *einer eine schlechte Weise oder Tenor (wie es die Musici heissen) her singet* und 3, 4 oder 5 andere Stimmen *mit mancherley art vnd klang dieselbige weise wunderbarlich zieren vnd schmücken* (Luther, Praefatio zu den *Symphoniae iucundae*, in der Übersetzung von J. Walter, Weimarer Luther-Ausgabe, Band L, S. 372). Die C. f.-Bearbeitung dieser Art erlebte eine Blüte im deutschen Tenorlied des 16. Jh. und dann im mittel- und norddeutschen Orgelchoral des 17. und 18. Jh. (Scheidt, Scheidemann, Buxtehude, Pachelbel, J. S. Bach) und in der vokalen oder concertierenden Choralbearbeitung der evangelischen Kirchenmusik von den Komponisten des Wittenberger Kreises um J. Walter bis zu Bach. Das 19. Jh. pflegte die Volksliedbearbeitung (Brahms, *Deutsche Volkslieder*, 1858). Die Orgel- und Chormusik des 20. Jh. brachte eine schöpferische Erneuerung der C. f.-Komposition in Lied- und Choralsatz.

Lit.: P. AUBRY, Recherches sur les »Tenors« lat. dans les motets du XIIIe s. d'après le ms. de Montpellier, La Tribune de Saint-Gervais XIII, 1907, u. Sonderdruck: Recherches sur les »Tenors« frç. ..., Paris 1907; A. SCHERING, Die nld. Orgelmesse im Zeitalter d. Josquin, Lpz. 1912; P. BLASCHKE, Der Choral in H. Isaaks Choralis Constantinus. Ein Beitr. zur Gesch. d. C. f.-Technik, Diss. Breslau 1926, maschr.; FR. DIETRICH, Gesch. d. deutschen Orgelchorals im 17. Jh., =Heidelberger Studien zur Mw. I, Kassel 1932; F. H. SAWYER, The Use and Treatment of canto fermo by the Netherlands School of the Fifteenth Cent., PAMS LXIII, 1937; H. OSTHOFF, Die Niederländer u. d. deutsche

Lied (1400–1640), = Neue deutsche Forschungen CXCVII, Abt. Mw. VII, Bln 1938; H. BESSELER, Bourdon u. Fauxbourdon, Lpz. 1950; H. BITTEL, Der C. f. in d. zeitgenössischen geistlichen Chormusik, Diss. München 1950, maschr.; M. F. BUKOFZER, Studies in Medieval and Renaissance Music, NY 1950; B. MEIER, Die Harmonik im c. f.-haltigen Satz d. 15. Jh., AfMw IX, 1952; G. SCHMIDT, Zur Frage d. C. f. im 14. u. beginnenden 15. Jh., AfMw XV, 1958; L. FINSCHER, Zur C. f.-Behandlung in d. Psalm-Motette d. Josquinzeit, in: H. Albrecht in memoriam, Kassel 1962; E. H. SPARKS, C. f. in Mass and Motet, 1420–1520, Berkeley u. Los Angeles 1963. HHE

Cantus fractus (lat., auch C. fractibilis), in der Musiklehre des hohen und späten Mittelalters eine häufig gebrauchte Bezeichnung für mehrstimmige Kompositionen, Kompositionsabschnitte oder auch einzelne ihrer Stimmen, in denen die Töne der Gerüstklänge bei strenger Beachtung der Mensur durch kleinere Zwischennoten »gebrochen« werden. Als Technik des improvisatorischen wie kompositorischen Verzierens und Ausgestaltens gehört die Fractio cantus, vocis oder modi zu den → Flores; seit dem 14. Jh. begegnet sie auch unter der Bezeichnung → Diminution.

Cantus mensurabilis (lat.) → Musica mensurabilis.

Cantus planus (lat.; frz. plain-chant; ital. canto piano; span. canto llano; engl. plainsong). Das inhaltlich vielschichtige Adjektiv planus findet sich in Verbindung mit cantus bereits bei Odo (Anfang 11. Jh.), der unter C. pl. im Gegensatz zum Cantus acutus einen Gesang mit plagalem Tonumfang versteht (ähnlich Guido von Arezzo). Die seit dem 12./13. Jh. geläufige Bezeichnung des einstimmigen liturgischen Gesanges als C. pl. (vorher nur cantus, musica, cantilena u. a.) entsprang der Notwendigkeit, → Choral und mehrstimmige Musik voneinander abzugrenzen. Dabei galt als Hauptkriterium, daß der C. pl. im Unterschied zum Cantus mensurabilis in annähernder oder in vollständiger Gleichwertigkeit der Noten erfolge (z. B. nach dem am Ende des 14. Jh. entstandenen Traktat *De quatuor principalibus musicae* im 5. oder 6. Modus, d. h. in Longen oder Breven). Den gleichen Sachverhalt beinhaltet die Gegenüberstellung von Musica plana (oder immensurabilis) und → Musica mensurabilis (Quellen ebenfalls seit dem 12./13. Jh.). – Wie die mittelalterlichen Theoretiker hervorheben, bildet der C. pl. die Voraussetzung und das Fundament der mehrstimmigen Musik.

Lit.: ODO, Dialogus de musica, GS I, 259a; GUIDO V. AREZZO, Micrologus, cap. XII, hrsg. v. J. Smits van Waesberghe SJ, = CSM IV, Rom 1955; FRANCO V. KÖLN, Ars cantus mensurabilis, cap. I, GS III, 2a u. CS I, 118a; ELIAS SALOMONIS, Scientia artis musicae, cap. V, GS III, 21b; LAMBERTUS, Tractatus de musica, CS I, 278b; Der Musiktraktat d. J. de Grocheo, hrsg. v. E. ROHLOFF, = Media Latinitas Musica II, Lpz. 1943; THEODONUS DE CAPRI, De musica mensurabili, CS III, 178b; De quatuor principalibus musicae, III. principale, cap. LVIII, CS IV, 251a; CONRAD V. ZABERN, De modo bene cantandi, in: K. W. Gümpel, Die Musiktraktate Conrads v. Zabern, = Akad. d. Wiss. u. d. Lit. Mainz, Abh. d. geistes- u. sozialwiss. Klasse Jg. 1956, Nr 4, S. 265 u. 284f.; P. WAGNER, Einführung in d. Gregorianischen Melodien I u. II, Lpz. ³1911 u. ²1912, Neudruck Hildesheim u. Wiesbaden 1962; C. VIVELL, Zur Musik-Terminologie. »Planus«, ZIMG XV, 1913/14.

Canzona, Canzonetta (ital.) → Kanzone, Kanzonette.

Capotasto (ital., Hauptbund), Kapodaster, bei Saiteninstrumenten mit Griffbrett und Bünden ein verschiebbarer Sattel aus Holz oder Metall, der zur Erleichterung des Spiels in schwierigen Tonarten dient. Künstlerisches Spiel erfordert den → Barré-Griff. Beim aufrechten Pianoforte ist der C. ein auf dem Stimmstock befestigter Druckstab (erfunden von A. Bord, Paris 1843).

Cappella (früher auch Capella; ital.) → Kapelle, → a cappella, → Allabreve, → Mehrchörigkeit.

Capriccio (kapr′ittʃo, ital., Laune, Einfall; frz. caprice). Die Bezeichnung C. tritt zuerst auf im 16. Jh. bei Vokalstücken im Madrigalstil (J. de Berchem, *Primo, secondo et terzo libro del C.*, 1561; L. Balbi, *I Caprici*, 1586; G. Croce, *Triaca musicale ... diversi Caprici*, 1595). Im späten 16. und im 17. Jh. sind die Bezeichnungen C., Fantasie, Ricercar, Kanzone sowie Präludium und Toccata oft gleichbedeutend; sie stehen bei Stücken für verschiedene Instrumente (auch per sonar et cantar) sowie für Klavier in imitierender Schreibweise oder für freie Stücke (G. Bassano, *Il fiore dei Capricci musicali*, 1588; Fr. Stivori, *Ricercari, capricci et canzoni*, 1589ff.; O. Bariola, *Capricci overo Canzoni*, 1594; M. Trabaci, *Ricercate, Canzone francese, Capricci*, 1603, 1615; A. Troilo, *Sinfonie, Scherzi, Ricercari, Caprici et Fantasie*, 1608). Die im Anschluß an die motettische Schreibweise frei gestaltete Art betont Praetorius (1618): *C. seu Phantasia subitanea: Wenn einer nach seinem eignem plesier vnd gefallen eine Fugam zu tractiren vor sich nimpt / darinnen aber nicht lang immoriret, sondern bald in eine andere fugam, wie es jhme in Sinn kömpt / einfället* ... Auf die Erklärung von Praetorius, verbunden mit einem Rückgriff auf die allgemeine Bedeutung von C. beruft sich Strawinsky für sein C. für Kl. und Orch. (1929), in dem »ganz verschiedenartige Episoden in bewußtem Gegensatz aufeinander folgen ... wodurch das Stück einen kapriziösen Charakter erhält ...«. Bei Frescobaldi steht die Fantasie dem altertümlichen Ricercar näher, das C., für das er 1624 freiere Vortragsweise fordert, der Toccata. Jedes der Stücke hat zudem einen bestimmten Vorwurf, meist ein Kompositionsproblem (*C. Cromatico, C. di durezze, C. sopra il Cucho*, Capricci über Solmisationssilben). Den Capricci von Froberger, Strungk und Böhm mit ihren ausgedehnten fugierten Partien stehen die dem Stylus phantasticus zugehörenden von Kerll, Poglietti und Farina im 17. Jh. gegenüber. In diesen finden sich auffallende Themen und Tonmalereien, in Farinas *C. stravagante* (1627) Nachahmungen von Tierlauten und Instrumentenklängen auf der Violine, verbunden mit virtuoser Spieltechnik. Seither, besonders im 18.–19. Jh., können das Nachahmende, auch das Bizarre, und das Virtuose je für sich oder zusammen für die Gattung kennzeichnend sein. Die Freiheit der Form und des Einfalls betonen Brossard 1703 (*C. ..., pieces, où le Compositeur ... donne l'essort au feu de son genie*) und Mattheson 1739, der das C. zu den Fantasien rechnet (*Die Capricci lassen sich nicht wol beschreiben. Der eine hat diese, der andre jene Einfälle. Je wunderlicher und ausserordentlicher sie sind, ie mehr verdienen sie ihren Nahmen*). Über Bachs *C. sopra la lontananza del suo fratello dilettissimo* (BWV 992), Haydns *C. Acht Sauschneider müssen seyn* (Hob. XVII, 1) und die Deutung von Beethovens Rondo a c. op. 129 (*Alla ingherese. / quasi un c.*) als »Wut über den verlornen Groschen« geht die Entwicklung zum Charakterstück (Weber, Mendelssohn, Brahms, Reger, Dvořák, Fr. Kreisler). Im 19. Jh. kann C. ähnlich wie Fantasie oder Rhapsodie eine Bezeichnung für national gefärbte Stücke sein (Tschaikowsky, *C. italien*; Rimskij-Korsakow, *C. espagnol*; Saint-Saëns, *C. arabe* für Orch.). Das Moment des Virtuosen ist besonders in der Violinmusik ausgeprägt seit Locatelli 1733 und Tartini, der Kadenzen zu seinen Violinkonzerten 1740 als *Capricci* veröffentlichte. Im Sinne von Kadenz verwendet auch Mozart die Bezeichnung C. (Variationen K.-V. 299a und 416e); daneben kennt er C. gleichbedeutend mit Fantasie für freie oder auch präludierende Stücke (K.-V. 300g, das wohl nicht mit dem in den Briefen vom 20. und 31. 7. 1778 genannten C. identisch ist). Seit Paganini (Capricen op. 1, um 1810), Kreutzer, Rode sowie Franchomme steht das C. für Streichinstrumente der Etüde nahe, dabei berührt es sich auch mit dem Scherzo (besonders bei Mendelssohn). – Auf den ursprünglichen Sinn von C. ging Cl. Krauss zurück, als er als Textdichter R. Strauss (im Brief vom 6. 12. 1940) den Opernтitel C. vorschlug: *Das ganze ist ja eine Caprice, schließlich ist es ja auch von Ihnen eine Caprice, sich in den Kopf zu setzen, gerade über dieses Thema eine Oper zu schreiben.*

Lit.: A. Moser, Gesch. d. Violinspiels, Bln 1923; M. Wolf, Das C. in Regers Klaviermusik, Diss. Wien 1928, maschr.; J. Müller-Blattau, Grundzüge einer Gesch. d. Fuge, = Königsberger Studien zur Mw. I, Königsberg 1923, Kassel ³1963; R. Strauss, Cl. Krauss, Briefwechsel, hrsg. v. G. K. Kende u. W. Schuh, München ²1964.

Carillon (karijˈɔ̃, frz.) → Glockenspiel. Kleinere C.s werden entweder mit einer Tastatur gespielt (so der Glockenton, eine gemischte Stimme in den älteren Orgeln), oder mit kleinen Klöppeln geschlagen (besonders die tragbaren, früher bei Militärmusiken nicht selten C.s, die jetzt durch die Lyra mit Stahlstäben ersetzt sind). Die Idee des C. ist sehr alt und besonders bei den Chinesen seit langer Zeit verwirklicht; möglicherweise haben die Holländer sie von ihnen übernommen (→ Tintinnabula). Das C. findet Verwendung z. B. bei Händel (*Saul*, 1. Akt, 1738), Meyerbeer (*L'Africaine*, 1865), G. Mahler (VII. Symphonie, 1905). – C. heißen auch Musikstücke, welche die Klangwirkung des Glockenspiels nachahmen sollen.

Lit.: W. G. Rice, C. Music ... of the Old World and the New, NY 1924; J. St. Archer, On C. Music, ML XVIII, 1937.

Carioca, auch Samba c., brasilianischer Tanz in bewegtem Tempo im 4/4- oder 2/2-Takt, eine Abart der → Samba. Er entstammt der Umgebung von Rio de Janeiro. In den 1930er Jahren wurde die C. in Europa bekannt.

Carmagnole (karmaɲˈɔl, frz.) ist ein französisches revolutionäres Tanzlied mit dem Refrain *Dansons la C., Vive le son du canon!*, im schnellen 6/8-Takt, benannt nach der Stadt Carmagnola in Piemont, woher im 18. Jh. viele Savoyarden nach Paris als Straßenmusikanten gekommen waren. Die C., häufig bei Hinrichtungen gesungen, war das bekannteste revolutionäre Lied neben dem *Ça ira* (1790) und der Marseillaise (1792), die dann ebenfalls C. genannt wurden, so daß C. später revolutionärer Gesang schlechthin bedeutet.

Lit.: Ça ira, 50 Chansons ... aus d. Frz. Revolution 1789–95, hrsg. u. übertragen v. G. Semmer, Bln (1958).

Carmen (lat.), in der römischen Antike zunächst s. v. w. religiöse und magische Formel, Zauberspruch (z. B. Livius XXXIX, 18, 3), dann auch allgemein Gedicht, Dichtung (*quicquid pedibus continetur*, Servius, Aeneis-Kommentar III, 287, übernommen von Isidorus, Etym. I, 39, 4), Lied, Gesang. In der Musikgeschichte tritt die Bezeichnung C. in verschiedenen Bedeutungen auf: – 1) in der Liedliteratur für eine Singstimme mit Instrumenten im 14.–15. Jh. als Name der allein gesungenen, das Gedicht vortragenden Stimme; die *Ars discantus secundum Johannem de Muris* unterscheidet im Kapitel De compositione carminum (CS III, 93f.) die Stimmen C., Tenor und Contratenor. Entsprechend heißt eine Messe von H. Isaac, der verschiedene Liedmelodien zugrunde liegen, *Missa carminum*. – 2) Tinctoris definiert: *C. est quicquid cantari potest* (CS IV, 180a), gebraucht die Bezeichnung C. aber auch (neben → Cantilena) für die mehrstimmige Chanson (... *apud BUSNOIS in carmine Je ne demande*, CS IV, 146a). Wegen seiner umfassenden Bedeutung kann C. im 15.–16. Jh. zur Bezeichnung von mehrstimmigen Sätzen verschiedener Arten verwendet werden, so für die humanistische Ode (bei Cochlaeus), für das eine Liedweise als einen Liedsatz verarbeitende Instrumentalstück (Beispiele im Glogauer Liederbuch) oder für das → Tricinium (Formschneyders *Trium vocum carmina*, Nürnberg 1538). Bei Burmeister (*Musica poetica*, Rostock 1606, vor allem S. 71ff.) ist C. – gleichbedeutend mit Cantilena – s. v. w. mehrstimmige, textgebundene Komposition.

Carmina Burana (lat.), eine um 1300 entstandene Liedersammlung (Bayerische Staatsbibliothek München, Clm 4660), die bis zur Säkularisation (1803) dem Kloster Benediktbeuren (Bura Sancti Benedicti) gehörte und von ihrem ersten Herausgeber J. A. Schmeller (1847) C. B. benannt wurde. Die aus vier umfangreichen Teilen bestehende Handschrift ist die wichtigste Sammlung weltlicher Klerikerdichtung aus dem 12. und 13. Jh. Die Texte (moralischen und satirischen Inhalts, Liebeslieder, Trinkgesänge, ein Weihnachts- und ein Osterspiel) sind teilweise volkssprachlich oder in einer lateinisch-deutschen Mischsprache gedichtet, jedoch dominiert die lateinische Lyrik. Die Mehrzahl der Texte ist in Frankreich entstanden; sie sind überwiegend anonym, doch sind ihre Verfasser im Umkreis von Theologen und Dichtern wie Abaelard, Gautier de Châtillon, Pierre de Blois, Hugo von Orléans (= Primas) zu suchen. Es handelt sich bei den meisten Stücken um »profane Dichtungen«; sie gehören zur Kunstpoesie und nicht, außer den Trink- und Spielliedern, zum Liedrepertoire der → Vaganten, als das man früher die C. B. verstehen wollte. Die Handschrift war zum größten Teil für die Neumierung vorbereitet, eingetragen finden sich die Neumen jedoch nur bei verhältnismäßig wenigen Texten. – C. Orff komponierte 1935/36 auf einige ausgewählte Texte eine szenische Kantate mit dem Titel *C. B.*

Ausg.: J. A. Schmeller, C. B., Stuttgart 1847, Breslau ⁴1904; A. Hilka u. O. Schumann, C. B., Bd I Text: 1, Die moralisch-satirischen Dichtungen, Heidelberg 1930, 2, Liebeslieder, ebenda 1941, 3 u. 4 in Vorbereitung, Bd II Kommentar: 1, Einleitung (d. Hs. d. C. B.), d. moralisch-satirische Dichtung, ebenda 1930, Bd III Melodien, hrsg. v. W. Lipphardt (in Vorbereitung); C. B., Lieder d. Vaganten lat. u. deutsch nach L. Laistner, hrsg. v. E. Brost, Heidelberg 1954.

Lit.: O. Schumann, Die deutschen Strophen d. C. B., Germanisch-romanische Monatsschrift XIV, 1926; H. Spanke, Der Codex Buranus als Liederbuch, ZfMw XIII, 1930/31; W. Lipphardt, Unbekannte Weisen zu d. C. B., AfMw XII, 1955; ders., Einige unbekannte Weisen zu d. C. B. aus d. 2. Hälfte d. 12. Jh., Fs. H. Besseler, Lpz. 1961; F. J. E. Raby, A Hist. of Secular Lat. Poetry in the Middle Ages, Oxford ²1957 (Bd II, S. 256ff.).

Carol (kˈærəl, engl., von frz. → Carole), ist bis etwa 1550 ein meist mehrstimmiges Refrainlied mit zeremoniellem, im einzelnen aber wechselndem Textinhalt und später ein formal freies, meist einstimmiges volkstümliches Lied mit dem Hauptthema der Weihnacht. Die frühesten überlieferten C.s, 1st. Lieder aus der 1. Hälfte des 15. Jh., knüpfen wahrscheinlich an eine ältere Tanzliedgattung an. Sie bestehen aus einem Wechsel von Refrain und melodisch gleichen Versen mit der Reimfolge a a a b (R V₁ R V₂ ...), sind formal mit Virelai und Ballata verwandt und auf Grund ihres geistlichen Gehalts mit der Lauda zu vergleichen.

Die Texte sind englisch, seltener lateinisch (dann heißt das C. auch cantilena) und bewegen sich meist um das Thema Jungfrau und Kind, sind aber trotz des häufig auftretenden Freudenrufes »Nowell« nicht mit dem französischen, ausschließlich weihnachtlichen Noël gleichzusetzen. Die Entstehung des C. gegen Ende des 14. Jh. ist möglicherweise als Ersatz für den Conductus in der Liturgie zu verstehen. Dieser Anschluß an eine mehrstimmige Gattung, ferner die Bezeichnung des Refrains als burden (oder foote) und das Auftreten des Wortes faburden in späteren mehrstimmigen C.s machen es wahrscheinlich, daß Teile der einstimmig aufgezeichneten frühen C.s, vielleicht die Refrains, in der Weise des Faburden gesungen wurden. Die meisten C.s des 15. Jh. sind jedoch mehrstimmig in einfachem Satz überliefert. Bald erscheint auch ein zweiter Refrain, der mit dem ersten oft motivisch verwandt und textlich gleich ist (frühestes Beispiel ist das berühmte *Deo gracias, Anglia* auf den Sieg Heinrichs V. bei Agincourt 1415). Der zweite Refrain, meist dreistimmig, wurde chorisch, Vers und erster Refrain, meist zweistimmig, wurden solistisch von den Vorsängern ausgeführt, möglicherweise in der Reihenfolge $R_1 R_2 V_1 R_2 V_2 R_2 V_3$ ... Charakteristisch für die Melodien sind die liedhafte Periodik und das Überwiegen der ionischen Tonart und des dreizeitigen Taktes. In dieser Form gehört das C. zur gottesdienstlichen Übung der königlichen und gräflichen Hauskapellen und zum Prozessionsgesang. Besonders seit Ende des 15. Jh. weist es sich durch kunstvolleren Satz als Eigentum des gebildeten Berufsmusikerstandes aus. – Um die Mitte des 16. Jh. wurde die bisher festliegende Form durch unterschiedliche Vertonung der Verse und Verkümmerung der Refrains aufgelöst, und bald bezeichnete C. ein volkstümliches Lied beliebiger Herkunft, wobei sich der Akzent durch den Einfluß der Reformation von der Jungfrauenverehrung auf Christi Geburt und das weihnachtliche Singen überhaupt verschob. Schon im 17. Jh. gehörten Lieder deutscher Herkunft wie *Joseph, lieber Joseph mein* und *In dulci jubilo* in englischer Übersetzung zu den beliebtesten C.s, und die Anglisierung ausländischer Weihnachtslieder hat sich bis heute fortgesetzt. Im 19. Jh. hat die Rückwendung zur nationalen Vergangenheit das altenglische C. dem englischen Weihnachtsgesange zurückgewonnen.

Ausg.: Engl. C. of the 15th Cent., hrsg. v. J. A. FULLER-MAITLAND, Cambridge 1891; Mediæval C., hrsg. v. J. STEVENS, = Mus. Brit. IV, London 1952; The Engl. C., hrsg. v. E. ROUTLEY, London 1958.
Lit.: W. W. FYFFE, Christmas: Its Customs and C., London 1906; M. SHAW u. P. DEARMER, The Engl. C. Book, 2 Reihen, London 1913 u. 1919; J. ASHLEY, Medieval Christmas C., ML V, 1924; P. BURRA, C., ML XXIV, 1943; R. L. GREENE, The Early Engl. C., London 1935 (Text-Slg); J. A. WESTRUP, N. SABOLY and His »Noels« provençaux, ML XXI, 1940; M. F. BUKOFZER, Studies in Medieval and Renaissance Music, NY 1950; J. STEVENS, C. and Court Songs of the Early Tudor Period, Proc. R. Mus. Ass. LXXVII, 1951; N. WALLIN, Zur Deutung d. Begriffe Faburden – Fauxbourdon, Kgr.-Ber. Bamberg 1953; H. H. CARTER, A Dictionary of Middle Engl. Mus. Terms, = Indiana Univ. Humanities Series XLV, Bloomington (1961); FR. LL. HARRISON, Benedicamus, Conductus, C.: A Newly Discovered Source, AMl XXXVII, 1965.

Carole (kar'ǝlǝ, altfrz.; altprov., ital., span. und port. carola), ein mittelalterlicher Rundtanz in langsamem Tempo, der entweder instrumental oder (häufiger) vokal, oft von einem Vorsänger angeführt, begleitet wurde. Als Tanzlieder sang man Rondeaux, Virelais und Balladen, auch mehrstimmig.
Lit.: L. JORDAN, Der Reigentanz C. u. seine Lieder, Zs. f. romanische Philologie LI, 1931; P. VERRIER, La plus vieille citation de c., Romania VIII, 1932; Y. LACROIX-NOVARO, La c. – Ses origines, Rev. de Musicol. XVI, 1935; R. H. ROBBINS, The Earliest Carols and the Franciscans, in: Modern Language Notes LIII, 1938; M. SAHLIN, Etude sur la c. médiévale, Uppsala 1940, dazu H. SPANKE in: Literaturblatt f. germanische u. romanische Philologie LXIV, 1943.

Cassa (ital., Kiste), Trommel (gran c., große Trommel; c. rullante, Roll-, Rühr-, Wirbeltrommel); im engeren Sinne bezeichnet c. die vornehmlich in der Militärmusik verwendete kleine Trommel (auch tamburo militare oder, dem französischen caisse claire entsprechend, c. chiara genannt).

Catachrese (griech., mißbräuchliche Anwendung), in der Musiklehre des 17. und 18. Jh. eine im Anschluß an die Rhetorik erklärte musikalische Figur. Die Rhetorik versteht unter C. die Verwendung eines Wortes in einer anderen als seiner eigentlichen Bedeutung. In der Musik ist sie nach Walther (1732) *ein Mißbrauch, oder uneigentlicher Gebrauch* und entsteht, wenn eine Dissonanz auf *ausserordentliche und harte Art resolvirt wird* oder in Form von Quartenparallelen in den Oberstimmen, die aber durch den Baß brauchbar gemacht werden. Bernhard spricht von einer Syncopatio catachrestica, wenn eine Synkopendissonanz nicht *durch eine folgende Consonantz, so eine Secunde tieffer ist, resolviret* wird. Burmeister (1606) versteht unter Catachresis Quartae die fälschliche Verwendung der Quarte als Unterstimme eines Zusammenklanges.

Catch (kætʃ, engl., Fang, Beute) wurden im 17. und 18. Jh. drei- und mehrstimmige Kompositionen vornehmlich für Männerstimmen genannt, die als → Kanon (– 3) oder Rundgesang besonders in geschlossenen Gesellschaften (clubs) bei derben Lustbarkeiten gepflegt wurden. Wortspiele, Zerteilung der Texte wie auch der Worte auf verschiedene Stimmen (ähnlich dem → Hoquetus) usw. führten häufig zu gewollten Zweideutigkeiten im Text. Die C.es wurden gegen Ende des 18. Jh. weithin von den milderen → Glees abgelöst. Wie großer Beliebtheit sich die C.es zu ihrer Blütezeit erfreuten, zeigen die vielfältigen Sammlungen und Ausgaben, so die erste 1609 von Th. → Ravenscroft herausgegebene *Pammelia. Musicke's Miscellanie* (neu herausgegeben von P. Warlock, London 1928) und die berühmteste von J. → Hilton, *C. that C. can* aus dem Jahre 1652; alle erreichten mehrere Auflagen. C.es wurden u. a. komponiert von W. Byrd, W. Child, B. Cooke, R. Dering, Th. Ford, N. Laniere, H. und W. Lawes, vor allem auch von H. Purcell und S. Webbe. – Bedeutung erlangte neben vielen anderen der 1761 gegründete Noblemen and Gentlemen's C. Club, der bis in die 1930er Jahre bestand. Die C. clubs förderten durch Preisausschreiben die Komposition und Aufführung von C.es und veröffentlichten viele Sammlungen.
Ausg.: J. WALSH, The C. Club, or Merry Companions ..., um 1730; TH. WARREN, A Collection of C., Canons, and Glees ..., o. O. 1763ff.; E. F. RIMBAULT, The Rounds, C., and Canons of England, o. O. (1864); H. PURCELL, GA Bd XXVIII, London 1922.
Lit.: V. GLADSTONE, The Story of the Noblemen and Gentlemen's Club, o. O. (1931); C. L. DAY u. E. B. MURRIE, Engl. Song-Books 1651–1702, London 1940.

Cauda (lat., Schwanz), – 1) in der Mensurallehre der herabgehende vertikale Strich an den Notenköpfen der Maxima ■ und Longa ▮ sowie in Ligaturen. Seltener ist die Bezeichnung C. für den Strich nach oben (sursum c.) bei der Minima ♩, ♦ und Semiminima ♦ sowie für die opposita proprietas der Ligaturen ▮. Die auf- und abwärts kaudierte Note ♦ wurde um 1400 → Dragma genannt. Im 16. Jh. kann irrtümliche Kaudierung durch Zufügen der zweiten C. rückgängig gemacht werden, so daß z. B. $\phi = \diamond$ ist. Auch die Plica der Mensuralmusik vor 1400 kann C. genannt werden. – 2) In der Formenlehre bezeichnet C. seit dem 13. Jh. einen Anhang, so im Choral das Neuma der Antiphonen (das mißbräuchlich auch in die Psalmodie Eingang fand), im Conductus des 13. Jh. Melismen über der letzten betonten, auch ersten Silbe eines Verses (siehe Perotins 3st. *Salvatoris hodie*, dazu Anon. IV, CS I, 360f.; auch Anon. Sowa 60), in der Liedkunst des späten Mittelalters (z. B. in Walthers Goldener Weise nach der Colmarer Liederhandschrift, in Balladen und Frottole) eine oder mehrere die Strophe abschließende, selbständig komponierte Melodiezeilen. Der Name hat sich in der italienischen Form → Coda für den Schlußteil vor allem in Sonaten-, Variations- und Rondosätzen erhalten.

Lit.: H. Sowa, Ein anon. glossierter Mensuraltraktat 1279, = Königsberger Studien zur Mw. IX, Kassel 1930; Marchettus de Padua, Pomerium, hrsg. v. G. Vecchi, = CSM VI, (Rom) 1961; Die Musiktraktate Conrads v. Zabern, hrsg. v. K. W. Gümpel, = Akad. d. Wiss. u. d. Lit. Mainz, Abh. d. geistes- u. sozialwiss. Klasse, Jg. 1956, Nr 4; P. Wagner, Einführung in d. Gregorianischen Melodien III, Lpz. 1921, Neudruck Hildesheim u. Wiesbaden 1962; J. Handschin in: ZfMw VI, 1923/24, S. 551; U. Aarburg, Walthers Goldene Weise, Mf XI, 1958.

Cavata (ital., von cavare, herausziehen, ausgraben) heißt in der 1. Hälfte des 18. Jh. in Rezitativen ein Schlußabschnitt, in dem der Inhalt des Rezitativs *in gar wenig Worten gleichsam concentrirt, und dergestalt herausgeholet wird, daß es ... nöthig, solche sententiösen Worte nach dem Tact, und arioso zu setzen* (WaltherL). Auch Mattheson betont, die C. sehe *mehr auf eine scharfsinnige Betrachtung, als einen starcken Affect*. Diese Technik der epigrammatischen, arios gestalteten gedanklichen Zusammenfassung innerhalb eines Rezitativs ist schon nachweisbar in D. Mazzocchis *La Catena d'Adone* (Rom 1626), wo solche Abschnitte im Index der Partitur »mezz'Arie« genannt werden. Beispiele für die C. lassen sich vielfach in Kantaten J. S. Bachs belegen, so in *Ein feste Burg* (BWV 80), Schluß des 3. Rezitativs *Erwäge doch, Kind Gottes*; in *Sei Lob und Ehr' dem höchsten Gut* (BWV 117), Schluß des 2. Rezitativs *Es danken dir die Himmelsheer*. Die Cavate in Opern T. Traettas (DTB XIV, 1) sind eher selbständige Stücke in der Art der → Kavatine. J. G. Walther nennt unter Berufung auf Mattheson noch eine zweite Bedeutung des Wortes C.: *wenn eine Arie, oder etwas anders, ungemein wohl ausgeführet, und nach Wunsch gelungen ist*. – Basso cavato (basso pro organo) ist als Exzerptbaß bei vielstimmigen motettischen Kompositionen eine Generalbaßart (→ Basso seguente). – Soggetto cavato ist im 15. und 16. Jh. ein Thema, dessen Töne gewonnen werden, indem die Vokale des Thementextes als Vokale von Solmisationssilben verstanden werden (→ Soggetto).

Lit.: WaltherL; Mattheson Capellm.; N. Pirrotta, Falsirena e la più antica delle cavatine, CHM II, 1957.

Cavatina (ital.) → Kavatine.

Celeritas (lat., Schnelligkeit) → Commissura.

Celesta (tʃel'ɛsta, ital., Himmlische), – 1) Stahlplattenklavier mit oberschlägiger Hammertechnik und hölzernen Resonatoren in einem harmoniumartigen Gehäuse; der lange Nachhall kann mit einer Dämpfung durch Pedaltritt verkürzt werden; notierter Umfang c–c^4 (Klang eine Oktave höher). Der Ton ist nicht laut, die Klangfarbe etwa zwischen der des Glockenspiels und der Glasharmonika. Die C. wurde zuerst von A. Mustel 1886 in Paris gebaut und von Widor, R. Charpentier, Tschaikowsky, Leoncavallo, Puccini, Mahler und R. Strauss (*Rosenkavalier*, 2. Akt, Überreichung der silbernen Rose) im Orchester verwendet. – 2) In der Orgel ist C. ein veraltetes, mit Hammermechanik zu spielendes Register zu 4′.

Celle.
Lit.: W. Wolffheim, Mitt. zur Gesch. d. Hofmusik in C. (1635 bis 1706), Fs. R. v. Liliencron, Lpz. 1910; O. v. Boehn, Der C.er Orgelbau im 15., 16., 17. Jh., in: Der Sachsenspiegel, C. 1930; E. Palandt, Organographia hist. Cellensis, Hildesheim (1932); G. Linnemann, C.er Mg. bis zum Beginn d. 19. Jh., C. 1935; C. Meyer-Rasch, Kleine Chronik d. Calandgasse, C. 1951.

Cello (tʃ'ɛllo), eingebürgertes Bezeichnungsfragment von → Violoncello.

Cellone (tʃell'o:ne, ital.), ein um 1890 von A. → Stelzner gebautes Streichinstrument (Stimmung $_1$G D A e), das größer als das Violoncello und im Klang den anderen Streichinstrumenten besser angepaßt ist als der Kontrabaß. Der C. konnte sich dennoch nicht durchsetzen.

Cembal d'amour (tʃɛmbal dam'u:r, auch clavecin d'amour), eine von Gottfried Silbermann 1721 in Dresden konstruierte Art des Clavichords mit doppeltem Steg und mit Saiten von doppelter Länge, die durch die Tangente in der Mitte angeschlagen wurden, so daß beide Teile denselben Ton gaben. Beim Anschlag wurde die Saite aus einer Dämpfungsleiste herausgehoben. Hinsichtlich der Lautstärke wie der Schattierungsfähigkeit bedeutete diese Erfindung eine Verbesserung des Clavichords, konnte sich jedoch nicht durchsetzen.

Lit.: WaltherL; J. Adlung, Anleitung zu d. mus. Gelahrtheit, Erfurt 1758, Dresden u. Lpz. ^{2}1783; ders., Mus. mech. org. II, S. 124; E. Flade, G. Silbermann, Lpz. 1926, ^{2}1953.

Cembalo (tʃ'ɛmbalo, Abk.: Cemb., von ital. clavicembalo, aus → clavis und cymbal, im Sinne von Psalterium; ital. auch gravicembalo; frz. clavessin, clavecin; engl. harpsichord; deutsch auch Klavizymbel, Kielflügel), ein Klavier mit Zupfmechanik; im engeren Sinn versteht man unter Cemb., im Unterschied zu den kleineren Modellen (→ Spinett, → Virginal, → Arpicordo), das große Modell in Flügelform mit parallel zu den Tasten verlaufenden Saiten. Aufrechte Flügelform hat das → Clavicytherium. – Wahrscheinlich im 14. Jh. wurde das Psalterium mit einer Klaviatur und einer → Mechanik zum Anreißen der Saiten versehen. Das älteste erhaltene Cemb. stammt aus dem Jahr 1521. – Die Saiten des Cemb.s (in der Regel aus Metall, selten aus Darm; → Lautenclavizymbel) verlaufen von den Anhängestiften über einen Steg zu den Stimmwirbeln, die im Stimmstock stecken. In den Resonanzboden ist bei alten Instrumenten eine verzierte Rosette eingelassen. Die Cembali des 16.–18. Jh. wurden meist in einen bemalten Kasten eingeschlossen, der auf einem verhältnismäßig hohen Gestell ruhte. Für italienische Instrumente wurde oft Zedern- oder Zypressenholz verwandt, sonst u. a. Eiche. Cembali mit 2 Manualen sind seit dem späten 16. Jh. nachweisbar. Das 2. Manual war bis um die Mitte des 17. Jh. bei niederländischen Instrumenten als Transpositionsklavier (eine Quarte tiefer stehend als das erste) eingerichtet. Während der niederländische und französische Cemb.-Bau im 17./18. Jh. zahlreiche Cembali mit 2 und seltener 3–4 Manualen hervorbrachte, waren diese in Deutschland und Italien bis zum Anfang des 18. Jh. selten. Der Tonumfang des Cemb.s steigerte sich von knapp 3 im 16. Jh. bis auf über 5 Oktaven im 18. Jh. (→ Manual). Für jedes Manual können mehrere Reihen von Docken eingerichtet werden, die durch Handzüge oder (seit dem 17. Jh. vereinzelt, bei modernen Instrumenten häufig) Pedaltritte ein- und ausgeschaltet und

Cembalo

gekoppelt werden. So kann wie auf der Orgel ein Wechsel von Registern verschiedener Fußtonlage (→ Disposition) oder Klangfarbe gewählt werden. Das häufigste unter den Registern (»Veränderungen«) ist der Lautenzug, dessen Docken näher dem Steg sitzen oder bei dem in jüngeren Cembali (seit dem Ende des 18. Jh.) eine Filzleiste an die Saiten gedrückt wird. Beim Harfenzug werden Leder- oder Filzpolster oder Messinghaken an die Saiten gelegt. Der Klang des Cemb.s ist obertonreich, festlich rauschend und gut zeichnend. Übergangsdynamik kann durch Zu- und Abnahme von Stimmen vorgetäuscht werden. Doch waren gute Cembali auch im → Anschlag modulationsfähig. Den Jalousieschweller (engl. Venetian swell) baute am Cemb. zuerst Shudi 1769. Das Cemb. war neben der Orgel im 16.–18. Jh. das vornehmste Klavier zum solistischen und konzertanten Spiel sowie seit dem 17. Jh. zum Generalbaßspiel (→ Klaviermusik und -spiel). C. Ph. E. Bach stellte das Cemb. in einem Doppelkonzert dem Pianoforte gegenüber. Nach dem Umschwung im Klavierbau um 1760 wurden noch vereinzelt Cembali gebaut, das letzte von Broadwood 1793, von Kirkman wohl 1809. Im 19. Jh. wurde es in historischen Konzerten u. a. von Moscheles (ab 1837), C. Engel, Pauer (ab 1861 in London) sowie Diémer (seit der Pariser Weltausstellung 1889) gespielt. 1882 lieh Erard sich einen Kielflügel von Taskin aus (von 1769) und baute ihn nach. Einen Aufschwung nahm der Cemb.-Bau mit dem Wirken von A. Dolmetsch (ab 1896). Nachdem die ersten Neukonstruktionen noch stark von der Statik des Pianofortes (Eisenrahmen u. a.) beeinflußt waren, hat man im gegenwärtigen Cemb.-Bau versucht, das Klangbild der alten Cembali wiederzugewinnen. Der Einsatz des Cemb.s ist für die Wiedergabe der Klaviermusik des 16.–18. Jh. und als Generalbaßinstrument wieder selbstverständlich geworden. Als Spielerin wirkte u. a. Wanda Landowska bahnbrechend. Für Cemb. komponieren auch zeitgenössische Komponisten, so de Falla (*Concerto* für Cemb. oder Pfte und 5 Instr. 1923–26), Poulenc (*Concert champêtre* für Cemb. und Orch. 1938), Fr. Martin (*Petite Symphonie concertante* für Cemb., Pfte, Harfe und 2 Streichorch.), Cemb.-Konzerte schrieben Distler (1936) und Martinů (1935). Zuweilen wird das Cemb. auch in der Unterhaltungsmusik eingesetzt.

Lit.: Les traités d'H.-A. de Zwolle, hrsg. v. G. LE CERF u. E.-R. LABANDE, als: Instr. de musique du XVᵉ s., Paris 1932; S. VIRDUNG, Musica getutscht (1511), Faks. v. L. Schrade, Basel 1931; PRAETORIUS Synt. II; M. MERSENNE, Harmonie universelle, Paris 1636, Faks. hrsg. v. Fr. Lesure, 3 Bde, Paris 1963; ADLUNG Mus. mech. org.; C. KREBS, Die besaiteten Klavierinstr. bis zum Anfang d. 17. Jh., VfMw VIII, 1892; K. NEF, Clavicymbel u. Clavichord, JbP X, 1903; DERS., Zur Cembalofrage, ZIMG X, 1908/09; E. U. KROPP, Das Zupfkl., Diss. Bln 1925; PH. JAMES, Early Keyboard Instr., London 1930; K. MATTHAEI, Über Cemb.-Neukonstruktionen, Zs. f. Hausmusik II, 1933; H. NEUPERT, Das Cemb., Kassel 1933, ³1956; E. HARICH-SCHNEIDER, Die Kunst d. Cembalospiels, Kassel 1939, ²1957, engl. als: The Harpsichord, Kassel u. St. Louis 1953; F. TRENDELENBURG, E. THIENHAUS u. E. FRANZ, Zur Klangwirkung v. Klavichord, Cemb. u. Flügel, Akustische Zs. V, 1940; H.-H. DRÄGER, Anschlagsmöglichkeiten beim Cemb., AfMf VI, 1941; J. WÖRSCHING, Die hist. Saitenkl. u. d. moderne Klavichord- u. Cembalobau, Mainz 1946; W. LANDOWSKA, Commentaries for the Treasury of Harpsichord Music, NY 1947; N. DUFOURCQ, Le Clavecin, Paris 1949; FR. ERNST, Der Flügel J. S. Bachs, Ffm., London u. NY 1955; FR. J. HIRT, Meisterwerke d. Klavierbaus, Olten 1955; D. H. BOALCH, Makers of the Harpsichord and Clavichord 1440 to 1840, London (1956); R. RUSSELL, The Harpsichord and Clavichord, London (1959); J. LADE, Modern Composers and the Harpsichord, The Consort XIX, 1962; FR. HUBBARD, Harpsichord Regulating and Repairing, Boston 1963.

Cencerro (θɛnθ'ɛrro, span.; engl. cow-bell, Viehschelle, »Kuhglocke«), aus Kuba stammendes Schlaginstrument in den lateinamerikanischen Tänzen, das entweder flach in der Handfläche der linken Hand gehalten und mit einem dicken Stab (oder einer → Claves) angeschlagen oder einzeln bzw. paarweise (dann von verschiedener Klangfarbe) an den → Timbales oder am Jazzschlagzeug befestigt und mit einem Timbales-Stock (bzw. Jazztrommelstock) geschlagen wird. Der Klang ist hell-tönend, die Anzahl der gebräuchlichen Rhythmusformeln relativ klein.

Cent (Abk.: C). Das C.-Maß wurde 1885 von A. J. → Ellis entwickelt, um Tondistanzen unabhängig von den ihnen zugrunde liegenden Schwingungszahlen durch eine lineare Skala darstellen zu können. Als Grunddistanz wird der temperierte Halbton = 100 C gesetzt, so daß die Oktave die Größe von 1200 C erhält. Die Werte der reinen Intervalle weichen von 100 und ihren ganzen Vielfachen ab; so ist die reine Quinte = 702 C, die reine große Terz = 386 C. Um die Größe eines beliebigen Frequenzverhältnisses f_1/f_2 in C.s (i) zu bestimmen, bedient man sich der Gleichung $i = \dfrac{1200}{\lg 2} \lg(f_1/f_2)$. Angaben in C bewähren sich vor allem bei der zahlenmäßigen Darstellung sehr kleiner Intervalle, bei der Feststellung der Frequenzskalen von Musikinstrumenten in fester Stimmung sowie bei der Untersuchung außereuropäischer Tonsysteme in der Musikethnologie. – Zur Berechnung des absoluten C. wird 1 Hz = 0 C gesetzt; es ergeben sich dann: 2 Hz = 1200 C, 4 Hz = 2400 C usw. mit den dazugehörenden Zwischenwerten.

Lit.: A. J. ELLIS, Tonometrical Observations on Existing Non-Harmonic Scales, Proceedings of the Royal Soc. XXXVII, 1884, deutsch v. E. M. v. HORNBOSTEL als: Über d. Tonleitern verschiedener Völker, Sammelbde f. vergleichende Mw. I, 1922; H. HUSMANN, Fünf- u. siebenstellige Centstafeln zur Berechnung mus. Intervalle, = Ethno-Musicologica II, Leiden 1951.

Cento (lat., Flickwerk; ital. centone), ein aus Versen oder Versteilen (z. B. Homer, Vergil oder Ovid) neu zusammengesetztes Gedicht. C. werden auch Choralmelodien genannt, die aus schon vorhandenen Melodieteilen zusammengesetzt sind. Johannes Diaconus spricht vom Antiphonarius c. des Papstes Gregor I., um damit eine Zusammenstellung verschiedener Überlieferungen zu kennzeichnen. Als C. bezeichnet daher die Musikforschung heute Stimmen, die aus verschiedenen Melodieteilen gereiht sind, wie sie in der Motette, der Chanson und besonders im → Quodlibet vorkommen. Im 18. Jh. war C. s. v. w. → Pasticcio.

Lit.: O. DELEPIERRE, Tableau de la lit. du c. chez les anciens et chez les modernes, I–II, London 1874–75; P. WAGNER, Einführung in d. Gregorianischen Melodien I, Lpz. ³1911, Neudruck Hildesheim u. Wiesbaden 1962; P. FERRETTI OSB, Esthétique grégorienne ou Traité des formes du chant grégorien, Paris, Tournai u. Rom 1938.

Cercar della (la) nota (tʃɛrk'a:r d'ella n'ɔ:ta, ital., die Note suchen), Gesangsverzierung des 17. Jh. Man läßt die obere oder die untere Nebennote kurz und leise vor der Hauptnote erklingen, wobei man die Textsilbe der Hauptnote bereits auf diese Nebennote nimmt (→ Antizipation – 3) und sie an die folgende Hauptnote anbindet:

Ceylon.
Lit.: V. ARVEY, Ancient Music and Dance in Modern C., Etude LX, 1942; V. RAGHAVAN, The Kandyan Dance, Music Acad. Journal XXI, 1921; D. SURYA SENA, Folk Songs of C., Journal of the International Folk Music Council VI, 1954; B. DE ZOETE, Dance and Magic Drama in C., London 1957.

C. f. → Cantus firmus.

Cha-Cha-Cha (tʃa-tʃa-tʃa, eigentlich Cha-Cha, lautmalerisch für zwei langsame Schritte; im Stück kommen drei schnelle Schritte, cha-cha-cha, vor), moderner Modetanz aus Kuba im bewegten 2/4- und 4/4-Takt. Der Tanz wurde (wahrscheinlich von Enrique Jorrin in Habana 1953) aus dem → Mambo entwickelt, seit 1957 ist er in Europa bekannt. Typisch für den Cha-Cha-Cha sind die Riff-Bildungen in der Musik mit dem Rhythmusschema:

4/4 (2/2) ♪♪♪♪ ♪♪♪♪ oder ♪♪♪♪ ♪♪♪♪

Chaconne (ʃakˈɔn, frz.; ital. ciaccona; span. chacona), Tanz von offenbar spanischer Herkunft, als Chacota erstmals 1517 beim spanischen Dichter Torres Naharro in der Bedeutung eines bäuerlichen Liedes genannt (*Diganvos una chacota que andavan por la dehesa*). Bereits um 1560 sieht L. Panciatichi die Ch. als Instrumentalstück zusammen mit der Sarabande (*Ciaccona e Sarabande sono sonate famose*), eine Verbindung, die auch später wiederholt begegnet, so bei Cervantes (1610), der beide zusammen mit der Folia nennt, bei Lope de Vega (1618), der Ch. und Sarabande als schamlose und wilde Tänze bezeichnet, bis zum *Dictionnaire de l'Académie française* (1694), in dem die Ch. als eine *Espèce de sarabande par couplets avec le mesme refrain* definiert wird. Die hier gegebene Erklärung der Form scheint schon für die frühesten Belege mit ihrer Nähe zu vokalen Refrainformen und eingeschobenen Couplets gültig zu sein und hat sich in der (mindestens französischen) Liedüberlieferung bis in das 19. Jh. erhalten. Über die Lauten- und Gitarrenmusik dürfte die Vermittlung der Ch. von Spanien nach Italien erfolgt sein. Hier erfährt sie formale Bereicherungen, die erst im späteren Verlauf des Jahrhunderts wieder auf Spanien zurückwirken, wo der Tanz inzwischen im Gegensatz zu den übrigen Ländern unmodern geworden war. Mindestens seit 1610 zeigen Werke der italienischen Lauten- und Gitarrenmusik das Aufkommen der Variations-Ch., die aber in Italien zahlenmäßig bald vor der mit der Ostinatotechnik verbundenen Ch. zurücktritt. Neben der in minderer Zahl vertretenen Passacaglia findet sich die Ch. u. a. in den Tabulaturen von Sanseverino (1622), G. A. Colonna (1623), Caliginoso (1626) und Pico (1628), stets im ungeraden Takt und in Dur gegenüber den sowohl Zweier- und Dreiertakt als auch Dur und Moll verwendenden Passacaglien. Im Gegensatz zur freieren Baßbehandlung der Passacaglia wird etwa seit Frescobaldi der vermutlich vokalem Beispiel folgende strenger durchgeführte Ostinato, der in der Ensembleinstrumentalmusik zuerst bei S. Rossi (1613) auftritt, zum Charakteristikum der italienischen Ch. Seit etwa 1650 unterscheidet sie sich neben der Durtonalität weitgehend auch durch Auftaktlosigkeit von der gleichzeitigen italienischen Passacaglia. Wo im 18. Jh. (wie bei Dall'Abaco) diese Unterschiede zwischen Ch. und Passacaglia verwischt werden, dürfte dies in erster Linie auf französische Einflüsse zurückgehen. – Auch in Frankreich ist die Aufnahme der Ch. auf dem Weg über die Lauten- und Gitarrenmusik anzunehmen, was die frühen Belege bei N. Vallet (1618) und im *Ballet des fées de la forêt de Saint-Germain* (1625) annehmen lassen. Bezeichnend ist die Benennung der Ch. aus Gaultiers *Rhétorique des dieux* (1. Hälfte des 17. Jh.) als Sarabande in einer anderen Quelle. Wie in Italien wird auch in Frankreich die Ch. bald auf die Tasteninstrumente übertragen und findet ihre frühen Vertreter in Chambonnières (vor 1640) und seinem Schüler L. Couperin. Schon bei ihnen ist die für Frankreich charakteristische Ch. en rondeau völlig ausgebildet, so daß die Verbindung der beiden Formen noch früher angenommen werden kann. Im Gegensatz zu Italien zeigt hier die Passacaille ein strengeres Festhalten am Ostinato, wogegen die Ch. im Baßthema eine weitgehend freie Behandlung aufweist. Zur Unterscheidung von der Passacaille wird in Frankreich im theoretischen Schrifttum des 17. und 18. Jh. immer wieder auf die Durtonalität und das raschere Tempo der Ch. hingewiesen. Daß aber Tempomodifizierungen der Ch. bereits im 17. Jh. bekannt waren, zeigt die Ch. grave von N. Lebègue (1675). Die daraus resultierende Verwischung der Formunterschiede und die Schwierigkeit einer deutlichen Unterscheidung wird in Bezeichnungen wie *Ch. ou Passacaille* (L. Couperin) oder *Passacaille ou Ch.* (Fr. Couperin, *Piéces de violes* 1728) deutlich. In Fr. Couperins *Ch. à deux temps* wird schließlich auch der Dreiertakt nicht mehr als unbedingt gültig angesehen. Über die Ballets de cour wird die Ch. in die französische Oper aufgenommen und findet ihre über 100 Jahre festgehaltene Ausprägung durch Lully. Die durch die Bühne erforderte Ausweitung der Form zeigt sich in zunehmendem Maße bei Lully, später auch bei Rameau und Grétry. Wie bei diesen wird auch bei anderen Komponisten (u. a. Collasse, Campra, Destouches) ein 3teiliger Großaufbau in der Folge Dur–Moll–Dur oder instrumental–vokal-instrumental bevorzugt. Daß die Ch. als Tanz mit Vorliebe die glückliche Lösung der Opernhandlung begleitet, unterstreicht ihren heiteren Charakter. Das freie Verhältnis zum Ostinato bleibt dabei auch für ihr Auftreten in der Oper charakteristisch. Mit der Lockerung der Ostinatobehandlung in der Passacaille und dem Fehlen rhythmischer Unterschiede gehen im Laufe des 18. Jh. die beiden Formen mehr und mehr ineinander über, wofür die Verwendung der Ch. aus Glucks *Paride ed Elena* als Passacaille in *Iphigénie en Aulide* ein deutliches Beispiel liefert. Eine Parallele dazu findet sich schon bei G. Muffat, dessen Passacaglio aus der 5. Sonate des *Armonico tributo* (1682) im Concerto grosso Nr 12 (1701) als Ciacona wiederverwendet ist. Entsprechend den wechselnden Einflüssen folgen die deutschen Komponisten in der Ch. entweder italienischem oder französischem Vorbild. Dem letzteren steht eine um 1675 entstandene Ciaccona von Kerll mit freier Baßbehandlung nahe, während etwa die beiden von Biber bekannten Ciacone mit Baßostinato in der italienischen Tradition stehen. Buxtehude in seinen Orgelwerken wiederum verwendet von der Baßbehandlung gesehen in der C moll- und E moll-Ch. den französischen, in der C dur-Ch. den italienischen Typus. Folgt J. Krieger eindeutig der italienischen Ch., so zeigen andere Komponisten (u. a. J. C. F. Fischer, in den Orchesterwerken dem Vorbild von Lully folgt, in den Klavierwerken aber unentschieden bleibt) das Schwanken zwischen italienischer und französischer Tradition, bzw. – was dem etwa gleichkommt – die Unsicherheit in der Verwendung der Termini von Ch. und Passacaglia. Dennoch scheint die italienische Tradition mit strenger Behandlung des Ostinatothemas in Deutschland zu überwiegen. So bezeichnet auch J. G. Walther (1732) die Ch. als einen *Tantz, und eine Instrumentalpiéce, deren Baß-Subjectum oder thema gemeiniglich aus vier Tacten in 3/4 bestehet, und, so lange als die darüber gesetzte Variationes oder Couplets währen, immer obligat,* *d. i. unverändert bleibet.* Dieser Definition entspricht z. B. die *Ciaconia* F moll von J. Pachelbel, während sich die besonders kunstvolle und ausgedehnte Ch. in J. S. Bachs Partita in D moll für V. solo (um 1720, BWV 1004) einer Typisierung widersetzt.

In England vermochte sich die Ch. an die ältere → Ground-Technik anzuschließen. Zeigt Purcell auch hier seine Bindung an die italienische Musik, so läßt sich bei Händel wieder das Schwanken zwischen italienischem und französischem Typus feststellen, was, wie bei der Mehrzahl der deutschen Komponisten, eine eindeutige Trennung von Ch. und Passacaglia nicht mehr gestattet. Die historisierenden Tendenzen der Zeit um 1900 führen zu einer Wiederaufnahme der Form, u. a. durch J. Brahms im Schlußsatz der 4. Symphonie (1885; Ch. oder Passacaglia?) und durch M. Reger in der Schluß-Ch. der Sonate op. 42, Nr 4 (1900) und in der Ch. G moll op. 117, Nr 4 (1910), beide für V. solo.

Lit. J. MATTHESON, Das Neu-Eröffnete Orch., Hbg 1713; MATTHESON Capellm.; WALTHERL; H. RIEMANN, Hdb. d. Mg. II, 2, Lpz. 1912, ²1921; DERS., Große Kompositionslehre II, Bln u. Stuttgart 1903, S. 402–473; G. BECKMANN, Das Violinspiel in Deutschland vor 1700, Bln u. Lpz. 1918; R. OPPEL, Das Thema d. Violinch. u. seine Verwandten, Bach-Jb. XV, 1918; R. LITTERSCHEID, Zur Gesch. d. Basso ostinato, Diss. Marburg 1928; P. MIES, Die Ch. bei Händel, Händel-Jb. II, Lpz. 1929; R. HAAS, Die Musik d. Barocks, Bücken Hdb.; L. NOWAK, Grundzüge einer Gesch. d. Basso ostinato in d. abendländischen Musik, Wien 1932; L. WALTHER, Die Ostinato-Technik in d. Ch.- u. Arien-Formen d. 17. u. 18. Jh., – Schriftenreihe d. mw. Seminars d. Univ. München VI, Würzburg 1940; A. MACHABEY, Les origines de la ch. et de la passacaille, Rev. de Musicol. XXVIII, 1946; K. V. FISCHER, Ch. u. Passacaglia, RBM XII, 1958.

Chalumeau (ʃalüm'o, frz.). – 1) Walther nennt 1732 für Ch. 4 Bedeutungen, zwei beziehen sich auf Schalmeien (Schäferpfeife und Pfeife des Dudelsacks), die beiden anderen auf das Ch. im engeren Sinne, *ein kleines Blaß-Instrument, so sieben Löcher hat* (Umfang f¹–a²). Aus diesem Instrument entwickelte Denner um 1700 die → Klarinette. Diesen verbesserten Typ nennt Walther im Artikel Ch. als viertes Instrument. Für welches Instrument die Ch.-Partien von M. A. Zianis *Caio Pompilio* (1704) bis zu Glucks *Orfeo* (1762) und *Alceste* (1767) gedacht waren, ist nicht bekannt. Telemanns Ch.-Konzerte deuten auf ein Doppelrohrblattinstrument hin. Bei der Klarinette ist Ch. die Bezeichnung für das tiefe, nicht überblasene Register. – 2) Im französischen Orgelbau ist Ch. seit dem 13. Jh. (Dijon: jeu de ch.) und bis etwa 1475 neben Regal das einzige Rohrwerk, eine Zungenstimme mit zylindrischem Becher.

Lit.: WALTHERL; V. FEDELI, Zampogne calabresi, SIMG XIII, 1911/12; O. KROLL, Das Ch., ZfMw XV, 1932/33; F. G. RENDALL, The Clarinet, London (1954, ²1957); H. BECKER, Zur Gesch. d. Klar. im 18. Jh., Mf VIII, 1955.

Chanson (ʃãs'õ, frz.; lat. cantio, Gesang) bezeichnet im weiteren Sinne ein Gedicht lyrischen Charakters, das zum Gesang bestimmt ist, so daß Ch. dem deutschen Begriff Lied in seiner allgemeinen Bedeutung entspricht. Sonderformen sind → Ch. de geste, → Ballade, → Rondeau, → Virelai. Im engeren Sinne bezeichnet Ch. das altfranzösische Minnelied mit Kanzonenstrophe (→ Kanzone). Nach 1500 ist Ch. eine Sammelbezeichnung für Lieder der verschiedensten Arten, die daneben air, mélodie, romance, chant heißen. Der musikwissenschaftliche Begriff Ch. dagegen ist eingeschränkt. Er bezeichnet den mehrstimmigen französischen Liedsatz speziell des 15./16. Jh., dem der → Kantilenensatz vorausgeht. Davon ist die (auch das) Ch. als kabarettistisches Lied des 20. Jh. unterschieden. – Eine liedhafte Gestalt, die sich – als Einheit im Verschiedenen – in der prägnanten Form wie in der Melodik offenbart, ist in allen Ch.s mehr oder weniger ausgeprägt. Wie bei Machaut ist auch in den Ch.s Binchois' (15. Jh.) die Oberstimme von den beiden anderen Stimmen abgehoben. Der Beginn der Ch. *Adieu, adieu*

A – dieu, a – dieu mon joi – eulx

sou – ve – nir

zeichnet sich gegenüber Machaut durch weiträumige, geschlossene Melodik aus. Am Ende des 15. Jh. wird in der imitatorischen Ch. einiges von der Prägnanz der Liedmelodik geopfert, gleichzeitig aber eine Abrundung der melodischen Linie der ganzen Ch. und eine Beherrschung der architektonischen Formung erreicht, die den Einfluß der großen geistlichen Kompositionsgattungen erkennen lassen. Von hier aus geht ein ununterbrochener Traditionszug durch das 16. Jh. Denn selbst die einfachste Ch. zeugt nun von der Beherrschung der polyphon-imitatorischen Technik und schließt sich damit an die Kunst des späten 15. Jh. an. Neue musikalische Impulse kamen für den Liedsatz seit Ende des 14. Jh. aus Italien (Ciconia, Matheus de Perusio, Philipus de Caserta) und England (Dunstable). Zu den Pariser Meistern, die den Weg der Vereinfachung im beginnenden 15. Jh. wählten, gehört vor allem Cesaris. Mit dem Schaffen Dufays und Binchois' wurde die Zeit der Experimente überwunden. Nun herrschte der 3st. Satz mit einem Außenstimmenduo (Cantus und Tenor) und einer Füllstimme (Contratenor). Die mehrstimmige französische Ch. des 15. und 16. Jh. ist trotz ihrer relativen Kürze eine der bedeutendsten Formen der europäischen Musikgeschichte. Im Musizieren der Ch. vereinten sich aristokratische Liebhaber (auch Frauen) und Berufsmusiker. Zu den führenden Komponisten gehören neben Dufay und Binchois vor allem Baude Cordier, Grenon, Lebertoul, Hugho und Arnold de Lantins, etwas später Busnois und Hayne van Ghizeghem. Das Schaffen von Ockeghem, der in näherer Beziehung zu Binchois stand, eröffnete und prägte die folgende Phase der Ch.-Komposition. Die klar gegliederte Oberstimme liedhafter Prägung (Beispiel Binchois, *Adieu, adieu*), die ausgewogenen Proportionen des Ganzen, die weiträumige Melodik (auch etwa Dufays *Helas, ma dame*), die federnde Rhythmik sowie ein Contratenor, der von einer Füllstimme zum Harmonieträger wird, geben diesem Satztyp seine spezifische Gestalt. Andererseits wurde versucht, die Einheit des Satzganzen durch imitatorische Verflechtung der Stimmen zu verwirklichen (schon Binchois' *Vostre alée*). Bei der »Durchvokalisierung« geht der klare Aufbau der Ch. verloren. So werden bei Ockeghem gerade die Einschnitte kunstvoll verdeckt in einer »Kunst des Übergangs«, die für die Ch. am Ende des 15. Jh. charakteristisch ist. Diesem Prozeß gehen Entwicklungen parallel in Formen, die am Rande stehen. Das Quodlibet (etwa Dufays *Je vous pri / Tant que mon argent / Mas tres doulce*) schlägt die Brücke zum C. f.-Satz der Ch. am Jahrhundertende. Die Gattungen der Motetten-Ch. (motettische Struktur, aber französischer Text) und der Liedmotette (Ch.-Struktur, aber lateinischer Text) vermitteln den Übergang zur Ch.-Technik der Josquinzeit. Die Motetten-Ch., in der der C. f. in der tiefsten Stimme des 3st. Satzes liegt, ist die Voraussetzung für die Entstehung der 4–5st. Tenor-Ch.

der Josquinzeit. – In der niederländischen Schule von Ockeghem bis Willaert spielt die Ch. keine zentrale Rolle. Ihre imitatorische Satzstruktur ist derjenigen der großen geistlichen Formen (Messe, Motette) verwandt. Einige Ch.s wurden immer wieder vertont, z. B. *Petite camusette* von Ockeghem, Josquin Desprez, Willaert u. a. Die schon von Dufay angewandte C. f.- und Parodietechnik (Dufay, Missa *Se la face ay pale*) wurde nun häufig geübt (Josquin, Obrecht, Pierre de la Rue, Compère, Brumel). Bei A. Agricola, Josquin, Pierre de la Rue erreicht der Typ der 4st. durchimitierten Ch. seinen Höhepunkt. Am Anfang des 16. Jh. bildete sich daneben ein neuer, einfacherer Typ aus: die Durchimitation wird unterbrochen durch Duos, homophone Partien und Abschnitte in Parlandodeklamation (Compère, *Alons ferons bare*). Diesen einfacheren Stil der »italienischen Ch.« (Gerson-Kiwi), der den Einfluß besonders der Frottola zeigt, schreiben Isaac, Brumel, Obrecht, später auch Willaert, der allerdings zunächst mit Kanonkünsten begonnen hatte. Auch ein Druck A. Antiquis' (1520) zeigt diesen Stil (A. de Fevin, Richafort, Janequin). Die Kompositionsart der Ch. war so verbreitet, daß sie zum Vorbild niederländischer, deutscher und italienischer Liedkomposition wurde (canzone francese). Die Intavolierung von Ch.s reicht durch das ganze 16. Jh.; der Antwerpener Drucker Tilman Susato gab 1551 eine Sammlung mit Tänzen heraus, deren Vorlagen Ch.s sind. Auch Ch.s für Laute wurden gedruckt; noch A. Gabrielis Sammlung *Canzoni alla francese* (1605) enthält sowohl Übertragungen von Ch.s als auch Paraphrasen, in denen nach motettischer Art einzelne Abschnitte der Ch. zitiert und durchgeführt werden. Waren bis ans Ende des 15. Jh. Ch.s vorwiegend im → Chansonnier handschriftlich überliefert, so liegen seit Petrucci (*Odhecaton*, *Canti B* und *C*) die meisten gedruckt vor. Die französischen Drucker Attaingnant und Adrian le Roy/Ballard in Paris und Jacques Moderne in Lyon sowie Tilman Susato in Antwerpen brachten eine große Zahl von Ch.s auf den Markt (Attaingnant in 25 Jahren 50 Sammlungen). Mit dem Druck wandelte sich nach 1520 die Ch.-Komposition und wurde zu einer bürgerlichen Gesellschaftskunst, deren kompositorischer Anspruch bescheiden war. Die Grundlage dieser »Pariser Ch.« ist ein erzählender, meist frivoler, ja obszöner Text. Am bedeutendsten war, neben Claudin de Sermisy, Janequin, der fast 300 Ch.s geschrieben hat. Textinhalte wurden musikalisch nachgeahmt (*Les critz de Paris*, *La Bataille*, *Le siège de Metz*). Die Satztechnik der »Pariser Ch.« ist weitgehend homophon; die Imitation lebte besonders in der gefühlvolleren Ch. weiter. Der Einfluß des Madrigals spielte eine bedeutende Rolle, wie umgekehrt Madrigale durch Übersetzung von Ch.s entstehen konnten. Drucke nach 1540 erneuerten den Einfluß Josquins. Komponisten wie Manchicourt, Lupi und Appenzeller schrieben, nachdem sie zunächst der »Pariser Ch.« nahestanden, polyphone Ch.s. Diese wurden unter dem Einfluß des Madrigals zur Fünf- bis Sechsstimmigkeit erweitert. Von Gombert, Crecquillon, vor allem von Orlande de Lassus und Claude le Jeune wurde dieser Typ zu einer letzten Blüte geführt. Aus dem einfachen, syllabisch deklamierenden Satztyp, dem → Vaudeville, entwickelte sich das Air de cour, in das auch die lautenbegleitete Ch. mündete. In diese Bemühungen um eine solistische Ch. griffen die Dichter der Pléiade (Ronsard, Baïf) ein. Sie entwickelten nach antikem Vorbild eine nach Länge und Kürze gemessene reimlose Strophenform, die eine Musik entsprechen sollte, die das Versmaß streng einhält: die → Vers mesurés. Certon, Goudimel, auch Janequin widmen sich der Komposition solcher Stücke; Costeley und Le Jeune führen diese Kompositionsart zu einem Höhepunkt, der deutlich auf die Monodie vorausweist. – Die reformatorischen Bestrebungen im 16. Jh. regten einen Ch.-Typ an, der in der 2. Hälfte des Jahrhunderts zur Mode wurde: die → Ch. spirituelle. – Trotz der reichen Produktion (bei le Roy/Ballard wurden in knapp 50 Jahren 1963 Ch.s und 491 Psalmen und Ch.s spirituelles gedruckt) und der Vielfalt der Typen verlor die Ch. gegen Ende des Jahrhunderts an Bedeutung. In der europäischen Musik herrschte unter den weltlichen Gattungen nunmehr uneingeschränkt das Madrigal. Mit dem Stilwandel um 1600 verschwand die Ch.

Seit dem 17. Jh. ist Ch. eine Sammelbezeichnung für Strophenlieder heiteren, galanten, politisch-satirischen oder sentimentalen Inhalts. Zu den bekannteren Komponisten von Ch.s im 18. Jh. gehören: Philidor, Rameau, Martini, Dalayrac, Monsigny, Grétry, Laborde, Piccinni. Zu dieser Ch.-Gattung zählen auch die Revolutions-Ch.s (*Marseillaise*, *Ça ira*). Einer der bedeutendsten Schöpfer der volkstümlichen patriotischen Ch. war im 19. Jh. P. J. de Béranger. Während die Ch. bis zur Jahrhundertmitte weitgehend von den Sociétés chantantes gepflegt und von Straßensängern verbreitet wurde, verhalf ihr während der 2. Jh.-Hälfte das Café-concert zu gesteigerter Popularität. Hier traten Chansonniers wie Amiati, Théo, Yvette Guilbert, Fragson auf und begründeten einen neuen Ch.-Stil, der sich in den 1880er Jahren fortsetzte in den Ch.s littéraires, die in den Pariser Cabarets und Boîtes von ihren Verfassern (Poètes-chansonniers) selbst vorgetragen wurden. Die neuere Ch. des 20. Jh. ist weniger durch ihre Verfasser als vielmehr durch ihre Chansonniers bestimmt, wie Mistinguett, Dranem, Chevalier, Trenet, Edith Piaf, Lucienne Boyer, Tino Rossi, Brassens, Yves Montand, Juliette Gréco, Les frères Jacques, Françoise Hardy, Charles Aznavour.

Ausg.: MALDEGHEM Trésor; Le chansonnier du XVIe s., hrsg. v. H.-L. BORDIER, Paris 1870; Dufay and His Contemporaries, hrsg. v. J. F. R. u. C. STAINER, London u. NY 1898; Le Jardin de Plaisance, hrsg. v. E. DROZ u. A. PIAGET, 2 Bde, Paris 1910–25; La fleur des musiciens de P. Ronsard, hrsg. v. H. EXPERT, Paris 1923; Poètes et musiciens du XVe s., hrsg. v. E. DROZ u. G. THIBAULT, = Documents artistiques du XVe s. I, Paris 1924; Trois chansonniers frç. du XVe s., hrsg. v. DENS. u. Y. ROKSETH, ebenda IV, 1927; Der Kopenhagener Chansonnier, hrsg. v. KN. JEPPESEN, Kopenhagen u. Lpz. 1927; Chw. III (Josquin Desprez u. a. Meister), XIII (Lassus), XV (J. Lupi), XIX (Dufay), XXII (Binchois), LXI (12 frz. Lieder aus J. Moderne, Le parangon des Ch.), LXXIII (Janequin), LXXXII (Certon); J. MARIX, Les musiciens de la cour de Bourgogne au XVe s., Paris 1937; Quatorze ch. du XVe s., extraites des arch. namuroises, hrsg. v. E. MONTELLIER, Antwerpen 1939; Harmonice Musices Odhecaton, hrsg. v. H. HEWITT, Cambridge (Mass.) 1946; Pièces polyphoniques profanes de provenance liégeoise (XVe s.), hrsg. v. CH. VAN DEN BORREN, Brüssel 1950; Das mehrst. Lied d. 16. Jh. in Italien, Frankreich u. England, hrsg. v. H. ENGEL, = Das Musikwerk (III), Köln (1952); Anth. de la ch. parisienne au XVIe s., hrsg. v. FR. LESURE, Monaco 1953; Early Fifteenth-Cent. Music I–II, hrsg. v. G. REANEY, = CMM XI, 1955–59; Music from the Pixérécourt Ms., hrsg. v. E. PEASE, Ann Arbor 1960; P. Attaingnant, Transcription of Ch. for Keyboard, hrsg. v. A. SEAY, = CMM XX, 1961; Theatrical Ch. of the Fifteenth and Early Sixteenth Cent., hrsg. v. H. M. BROWN, Cambridge (Mass.) 1963.

Lit.: G. PARIS u. FR. A. GEVAERT, Ch. du XVe s., Paris 1875; Les maîtres musiciens de la Renaissance frç., Bibliogr. thématique, hrsg. v. H. EXPERT, Paris 1900 (nur 2 H. erschienen); H. RIEMANN, Hdb. d. Mg. II, 1, Lpz. ²1920; W. GURLITT, Burgundische Ch.- u. deutsche Liedkunst d. 15. Jh., Kgr.-Ber. Basel 1924; E. DROZ, Les formes littéraires de la ch. frç. au XVe s., Gedenkboek D. Fr. Scheurleer, 's-Gravenhage 1925; M. TRESCH, Evolution de la ch. frç. I,

Paris 1926; Fr. Ludwig, Die geistliche nichtliturgische, weltliche einst. u. d. mehrst. Musik d. MA, Adler Hdb.; O. Gombosi, Ghizeghem u. Compère. Zur Stilgesch. d. burgundischen Ch., in: Studien zur Mg., Fs. G. Adler, Wien 1930; K. Ph. Bernet Kempers, Die wallonische u. d. frz. Ch. in d. 1. Hälfte d. 16. Jh., Kgr.-Ber. Lüttich 1930; D. Bartha, Probleme d. Chansongesch. im 16. Jh., ZfMw XIII 1930/31; E. Dannemann, Die spätgotische Musiktradition in Frankreich u. Burgund vor d. Auftreten Dufays, = Slg mw. Arbeiten XVII, Straßburg 1936; W. Stephan, Die burgundisch-nld. Motette zur Zeit Ockeghems, = Heidelberger Studien zur Mw. VI, Kassel 1937; C. L. W. Boer, Chansonvormen op het einde van de XVe eeuw, Antwerpen u. Paris 1938; E. (Gerson-)Kiwi, Studien zur Gesch. d. ital. Liedmadrigals im 16. Jh., Würzburg 1938; E. Hertzmann, Trends in the Development of the Ch. in the Early Sixteenth Cent.; PAMS LXVI, 1940; D. P. Walker, Some Aspects and Problems of Musique Mesurée à l'Antique, MD IV, 1950; H. Besseler, Bourdon u. Fauxbourdon, Lpz. 1950; ders., Die Besetzung d. Ch. im 15. Jh., Kgr.-Ber. Utrecht 1952; ders., Hat Matheus de Perusio Epoche gemacht?, Mf VIII, 1955; Dr. Plamenac, Deux pièces de la Renaissance frç. tirées de fonds florentins, RBM VI, 1952; G. Reese u. Th. Karp, Monophony in a Group of Renaissance Chansonniers, JAMS V, 1952; Fr. Lesure u. G. Thibault, Bibliogr. des éditions mus. publiées par N. du Chemin (1549–76), Ann. Mus. I, 1953 u. IV, 1956; K. J. Levy, »Suzanne un jour«, The Hist. of a 16th Cent. Ch., Ann. Mus. I, 1953; B. Becherini, La canzone »alla battaglia« di H. Isac, RBM VIII, 1953; Musique et poésie au XVIe s., = Colloques internationaux du Centre National de la Recherche scientifique, Sciences humaines V, Paris 1954; S. Wallon, La ch. sur le pont d'Avignon au XVIe et XVIIe s., in: Mélanges d'hist. et d'esthétique mus. offerts à P.-M. Masson, Paris 1955; S. Goldthwaite, Rhythmic Pattern Signposts in the 15th Cent. Ch., JAMS XI, 1958; Fr. Lesure, Les ch. à trois voix de Cl. Janequin, Rev. de Musicol. XLIV, 1959; V. L. Saulnier, D. Phinot et D. Lupi musiciens de Clément Marot et des Marotiques, ebenda XLIII, 1959; H. M. Brown, The Ch. Rustique: Popular Elements in the 15th and 16th Cent. Ch., JAMS XII, 1959; ders., Music in the French Secular Theatre, 1400–1550, Cambridge (Mass.) 1963; P. Gülke, Das Volkslied in d. burgundischen Polyphonie d. 15. Jh., Fs. H. Besseler, Lpz. 1961; M. A. Baird, Changes in the Literary Texts of the Late 15th and Early 16th Cent., as Shown in the Works of the Ch. Composers of the Pays-Bas Méridionaux, MD XV, 1961; K. Ph. Bernet Kempers, Jacobus Clemens non Papa's Ch. in Their Chronological Order, MD XV, 1961; U. Günther, Das Ende d. ars nova, Mf XVI, 1963; Ch. and Madrigal, 1480–1530, Studies in Comparison and Contrast, hrsg. v. J. Haar, = Isham Library Papers II, Cambridge (Mass.) 1964; W. Marggraf, Tonalität u. Harmonik in d. frz. Ch. zwischen Machaut u. Dufay, AfMw XXIII, 1966. HK

Chanson de geste (ʃãsɔ̃ də ʒ'ɛst, frz.; lat. cantus gestualis, »Tatenlied«), epische Dichtungen des französischen Mittelalters, in denen sagenhafte und geschichtliche Vorgänge aus der nationalen Vergangenheit idealisiert dargestellt werden und der christliche Held zum Vorbild für die eigene Epoche (Zeit der Kreuzzüge) stilisiert wird. Über 100 Ch.s de g. sind in altfranzösischer Sprache erhalten, von denen der überwiegende Teil aus dem 12. Jh. stammt. Dem Umfang nach sind die Epen sehr unterschiedlich. Sie umspannen teilweise über 20000 Verse. Es sind durchweg assonierende 10Silbler bzw. später auch 12Silbler, die zu strophenartigen Abschnitten von unterschiedlicher Länge (Laissen oder Tiraden) zusammengefaßt werden. Das bekannteste und künstlerisch bedeutendste → Epos ist die *Chanson de Roland* (um 1100). – Zu den Ch.s de g. ist keine authentische Melodie überliefert, doch ist bezeugt, daß sie von Jongleurs zur Fiedel (vielle), später auch zur Drehleier (cifonie) gesungen wurden. Wahrscheinlich handelte es sich dabei um die beständige Wiederholung einer Zeilenmelodie, die dem Bau der Verszeile entsprach und wohl mehr oder weniger formelhaft (wie etwa bei den liturgischen Lesungen) gestaltet war. Besteht der Laissenabschluß aus einer Kurzzeile, so wurde vielleicht eine instrumentale Abschlußkadenz angehängt, die das fehlende Zeilenstück ersetzte und überdies als gliederndes Mittel erschien. Als indirekte Zeugnisse sind aus dem 13. Jh. 2 Zeilenmelodien zu Ch. de g.-Parodien erhalten, zur *Bataille d'Annecin* (vgl. Gérold 1932, S. 82) und zum *Audigier* (zitiert von → Adam de la Halle im *Jeu de Robin et de Marion*, ed. Gennrich, S. 33). Wie weit hier sowie in der überlieferten Melodie zu den lyrischen Laissen der Chantefable *Aucassin et Nicolette* (Gennrich 1932, S. 43, in anderer Übertragung MGG II, Sp. 1083) Melodieformeln epischer Laissen der Ch. de g. erhalten, wie weit sie umgestaltet oder karikiert sind, ist umstritten. – J. de Grocheos Beschreibung der Ch. de g. (um 1300) hält als einziges musikalisches Merkmal die endlose Wiederholung einer Zeilenmelodie fest. Sie lautet (nach den Handschriften, der Text Rohloffs ist an dieser Stelle unbrauchbar): *Versus* (d. h. die Zeilen) *autem in cantu gestuali, qui ex pluribus versiculis* (d. h. Laissen) *efficitur, in eadem consonantia dictaminis cadunt. In aliquo tamen cantu clauditur per versum ab aliis consonantia discordantem, sicut in gesta quae dicitur Girardo de Viana. Numerus autem versuum in cantu gestuali non est determinatus, sed secundum copiam materiae et voluntatem compositoris* (d. h. des Dichters) *ampliatur. Idem etiam cantus debet in omnibus versibus reiterari.*

Lit.: Adam de la Halle, Le jeu de Robin et de Marion..., hrsg. v. Fr. Gennrich, = Mw. Studienbibl. XX, Langen 1962; Der Musiktraktat d. J. de Grocheo, hrsg. v. E. Rohloff, = Media Latinitas Musica II, Lpz. 1943; J. Beck, La musique des ch. de g., in: Sb. d. Acad. des Inscriptions et Belles-lettres I, Paris 1911; Fr. Gennrich, Der mus. Vortrag d. altfrz. Ch. de g., Halle 1923; ders., Grundriß einer Formenlehre d. ma. Liedes, Halle 1932; Th. Gérold, La musique au moyen âge, Paris 1932; J. Chailley, Etudes mus. sur la ch. de g. et ses origines, Rev. de Musicol. XXX, 1948; ders., Autour de la ch. de g., AMl XXVII, 1955; R. Louis, Le refrain dans les plus anciennes ch. de g. et le sigle AOI dans le Roland d'Oxford, in: Mélanges... I. Frank, = Annales Univ. Saraviensis VI, 1957; J. van der Veen, Les aspects mus. des ch. de g., Neophilologus XLI, 1958; Ch. de g. u. höfischer Roman, Heidelberger Kolloquium 30. 1. 1961, = Studia Romanica IV, Heidelberg 1963.

Chansonnier (ʃãsɔni'e, frz., Liederbuch), in der neueren wissenschaftlichen Literatur eingeführte Bezeichnung für eine Sammlung französischer weltlicher Lieder, die nur den Text oder auch Melodien oder mehrstimmige Sätze dazu enthalten. Zum 1st. Ch.-Repertoire gehören vor allem die mit Melodien versehenen Manuskripte der → Trobadors und → Trouvères. Die Melodien der Trobadors sind überliefert in 4 Handschriften: der »Chansonnier d'Urfé« (Paris, Bibl. Nat., ms. fr. 22543, olim 2701, La Valière 14; Sigel: *R*) mit heute 151 Folios, entstanden um 1300 im Languedoc, bringt Melodien zu 160 seiner insgesamt etwa 1090 Lieder; der Codex Mailand, Bibl. Ambrosiana, ms. R 71 superiore (Sigel: *G*) mit 142 Folios, Anfang des 14. Jh. in Italien geschrieben, enthält 81 Melodien; kleinere Sammlungen enthalten die Trouvèrehandschriften »Chansonnier du Roi« (Paris, Bibl. Nat., ms. fr. 844, Sigel für den provenzalischen Teil: *W*) mit 51 und »Chansonnier de St-Germain« (Paris, Bibl. Nat., ms. fr. 20050, Sigel für den provenzalischen Teil: *X*) mit 24 Trobadormelodien. – Die Melodien der Trouvères sind in einer Reihe meist umfangreicher Handschriften des 13. und frühen 14. Jh. gesammelt, die sich zum größeren Teil in der Bibliothèque Nationale (fonds français) in Paris befinden; genannt seien die Manuskripte: 844 (»Ch. du Roi«, Sigel: *M* oder *Pb*³, für die provenzalischen Melodien: *W*, für die Motet-

ten: *R*; zum Teil zerstört, jetzt 217 Folios, darin 417 Trouvèremelodien), 20050 (»Ch. de St-Germain«, Sigel: *U* oder *Pb*^{12}, für die provenzalischen Melodien: *X*, für die Motetten: *PaU*; 173 Folios, darin 93 Trouvèremelodien), 765 (Sigel: *L* oder *Pb*^{1} oder *L*^{p}); ein Faszikel von 16 Folios, anscheinend zusammengehörig mit einem Faszikel von 8 Folios in Bern, Stadtbibl., ms. 231, Sigel: *B* oder *B*^{1} oder *L*^{B}), 845 (Sigel: *N* oder *Pb*^{4}; 191 Folios), 846 (»Ch. Cangé«, Sigel: *O* oder *Pb*^{5}, für die Motetten: *PaO*; 217 Folios), 847 (Sigel: *P* oder *Pb*^{6}, für die Motetten: *PaP*; 228 Folios, darin etwa 300 Melodien), 1591 (Sigel: *R* oder *Pb*^{8}; 184 Folios, darin 235 Melodien), 12615 (»Ch. de Noailles«, Sigel: *T* oder *Pb*^{11}, für die Motetten: *N*; 233 Folios, darin etwa 360 Melodien), 24406 (Sigel: *V* oder *Pb*^{14}; 155 Folios, darin 310 Melodien), ferner n. a. fr. 1050 (»Ms. Clairambault«, Sigel: *X* oder *Pb*^{17}, für die Motetten: *PaX*; 272 Folios); unter den → Quellen vermischten Inhalts ist *Fauv* hervorzuheben. An Manuskripten anderer Bibliotheken seien genannt: Arras, Bibl. municipale, ms. 657 (»Ch. d'Arras«, Sigel: *A*; 212 Folios); London, Brit. Mus., ms. Egerton 274 (Sigel: *a*, für die Motetten: *LoB*; 160 Folios, im 4. Faszikel Trouvèremelodien); Paris, Bibl. de l'Arsenal, ms. 5198 (»Ch. de l'Arsenal«, Sigel: *K* oder *Pa*, für die Motetten: *Ars*; 211 Folios); Rom, Bibl. Vat., ms. Reg. Christ. 1490 (Sigel: *D* oder *R*^{1}, für die Motetten: *V*; teilweise zerstört, jetzt 181 Folios, darin etwa 300 Melodien); Siena, Bibl. comunale, ms. H. X. 36 (Sigel: *Z* oder *S*^{1}; 54 Folios). –
Als Hauptquellen für die 1st. Chanson des 15. Jh. gelten die Handschriften Paris, Bibl. Nat., ms. fr. 9346 (»Ms. de Bayeux«) und 12744, deren Melodien vielfach als Tenores mehrstimmiger Sätze verwendet wurden.
Die Sammlung mehrstimmiger Chansons in speziellen Handschriften setzt um 1430 ein. War im frühen 15. Jh. die »gemischte Quarthandschrift« (Besseler) mit einem Maß von etwa 30:20 cm vorherrschend, wie sie in den → Quellen *ModA*, *O*, *Tr* und *Ao* vorliegt, so werden nun die weltlichen und geistlichen Kompositionen getrennt. Die Entwicklung verläuft einerseits zum großformatigen (geistlichen) → Chorbuch, anderseits zum Ch., der zunächst die Größe 25:16 cm hat, im Laufe des 15. Jh. zum Duodezformat 17:12 cm schrumpft und nur in einzelnen Fällen aus repräsentativen Gründen ebenfalls im Chorbuchformat angelegt wird (wie ein Chansonalbum der Margarete von Österreich). Neben Pergament wird Papier verwendet; der Bildschmuck ist oft reichhaltig, da die überlieferten Ch.s meist aus höfischem Umkreis stammen. In der Regel stehen auf einem zweiseitigen Lesefeld links der Cantus mit Text, rechts (untextiert) Tenor und Contratenor. Aus der 1. Hälfte des 15. Jh. sind vor allem folgende Ch.s zu nennen: El Escorial, ms. V. III. 24 (Sigel: *EscA*); München, Bayerische Staatsbibl., Cod. gall. 902 (früher Mus. Ms. 3192, Sigel: *MüM*); Paris, Bibl. Nat., ms. Rothschild 2973 (olim I. 5. 13; »Ch. de J. de Montchenu« oder wegen seines herzförmigen Umrisses »Ch. Cordiforme«) und ms. n. a. fr. 4379, 2. Teil (Sigel: *PC II*). Der erste Teil dieser Handschrift (Sigel: *PC I*) ist aus dem Ch. Sevilla, Bibl. Colombina, ms. 5–I–43 (Sigel: *Sev*) herausgelöst worden; dieser von Dr. Plamenac in seinem Zusammenhang rekonstruierte Codex gehört zu den wichtigsten Ch.s der Zeit um 1450–80. Aus dieser Gruppe seien ferner genannt: Berlin, Kupferstichkabinett, ms. 78 c 28 (olim Hamilton 451); Dijon, Bibl. municipale, ms. 517 (Sigel: *Di* oder *Dij*); El Escorial, ms. IV. a. 24 (Sigel: *EscB*); Florenz, Bibl. Naz., ms. Magl. XIX. 176, und Bibl. Riccardiana, ms. 2356; Kopenhagen, Kgl. Bibl., ms. Thott 291 8º; Monte Cassino, Arch. e Bibl. Abbaziale, ms. 871 N; New Haven, Yale Univ. Library, Mellon Ch.; Neuilly-sur-Seine, Bibl. G. Thibault, Ch. Nivelle de la Chaussée; Pavia, Univ.-Bibl., ms. Aldini 362 (Sigel: *Pav*); Porto, Bibl. municipal, ms. 714 (Sigel: *Por*); Wolfenbüttel, Herzog August Bibl., ms. 287 extravag. (Sigel: *Wol*). Zur spätesten Gruppe handschriftlicher Ch.s, um 1480–1520, gehören: Brüssel, Bibl. Royale, ms. 228 und 11239 (Chansonalben der Margarete von Österreich); Cortona, Bibl. comunale, mss. 95–96 (Cantus und Altus, der Tenor liegt in Paris, Bibl. Nat., ms. n. a. fr. 1817); Florenz, Bibl. Naz., ms. Panciatichi 27, und Bibl. Riccardiana, ms. 2974; London, Brit. Mus., ms. Harley 5242 (»Ch. de Françoise«); Paris, Bibl. Nat., ms. fr. 2245 (Compère-Ch., geschrieben 1496), 15123 (»Ch. Pixérécourt«, Sigel: *Pix*) und n. a. fr. 4379, 3. Teil (Sigel: *PC III*); Rom, Bibl. Casanatense, ms. 2856, und Bibl. Vat., ms. Capp. Giulia XIII 27 (»Medici-Ch.«); Tournai, Bibl. de la Ville, ms. 94; Washington, Library of Congress, ms. M. 2. 1. L 25 Case (»Ch. Laborde«, Sigel: *Lab*). Auch eine Anzahl früher Notendrucke, so schon Petruccis *Harmonice Musices Odhecaton A* (Venedig 1501), sind als Ch.s angelegt.

Ausg.: Trobadors u. Trouvères: U. SESINI, Le melodie trobadoriche nel canzoniere provenzale della Bibl. Ambrosiana, in: Studi medievali, N. S. XII 1939 – XV, 1942, separat Turin 1942, Faks. u. Übertragung; Les ch. des troubadours et des trouvères, hrsg. v. J. B. u. L. BECK, I, 1: Reproduction phototypique du Ch. Cangé, I, 2: Transcription . . . , Paris 1927, II: Le Ms. du Roi, 2 Bde, London u. Philadelphia 1938, Faks. u. Übertragung; Le ch. frç. de St-Germain-des-Prés, hrsg. v. P. MEYER u. G. RAYNAUD, Paris 1892, Faks.; Le ch. de l'Arsenal, hrsg. v. P. AUBRY u. A. JEANROY, Paris u. Lpz. (1909), Faks. u. Übertragung, unvollständig; Le ch. d'Arras, hrsg. v. A. JEANROY, Paris 1925, Faks.; FR. GENNRICH, Die altfrz. Liederhs. London, Brit. Mus. Egerton 274, Zs. f. romanische Philol. XLV, 1926, Übertragung; Il canzoniere francese di Siena, hrsg. v. N. SPAZIANI, Florenz 1957; Eine altfrz. Liederslg. Der anon. Teil d. Liederhss. KNPX, hrsg. v. H. SPANKE, = Romanische Bibl. XXII, Halle 1925, Ausg. d. anon. Texte, dazu 42 Melodien in Übertragung. –
15. Jh.: einst.: Le ms. de Bayeux, hrsg. v. TH. GÉROLD, Straßburg u. Paris 1921. – mehrst.: Codex Escorial . . . Ms. V. III. 24, Faks. hrsg. v. W. REHM, = DMl II, 2, 1958; Le ch. de J. de Montchenu, hrsg. v. G. THIBAULT, Paris 1965; Sevilla 5–I–43 u. Paris N. A. fr. 4379 (Teil I), Faks. hrsg. v. DR. PLAMENAC, = Publications of Mediæval Mus. Mss. VIII, Brooklyn (N. Y.) 1962; Trois ch. frç. du XVᵉ s. I, hrsg. v. E. DROZ, Y. ROKSETH u. G. THIBAULT, = Documents artistiques du XVᵉ s. IV, Paris 1927, Teilausg. v. Di; Der Kopenhagener Ch., hrsg. v. KN. JEPPESEN u. V. BRØNDAL, Kopenhagen u. Lpz. 1927; E. J. PEASE, An Ed. of the Pixérécourt Ms., 3 Bde, Diss. Bloomington 1959, maschr.; DERS., Music from the Pixérécourt Ms. I, Ann Arbor 1960.

Lit.: zu d. Trobadors u. Trouvères: E. SCHWAN, Die altfrz. Liederhss. . . . , Bln 1886; A. JEANROY, Bibliogr. sommaire des ch. frç. du Moyen-Age, = Classiques frç. du Moyen-Age XVIII, Paris 1918; FR. GENNRICH, Die beiden neuesten Bibliogr. altfrz. u. altprov. Lieder, Zs. f. romanische Philologie XLI, 1921; DERS., Das Frankfurter Fragment . . . , ebenda XLII, 1922; L. DE LA LAURENCIE u. A. GASTOUÉ, Cat. des livres de musique . . . de la Bibl. de l'Arsenal à Paris, = Publications de la Soc. frç. de musicologie II, 7, Paris 1936; G. RAYNAUD, Bibliogr. d. altfrz. Liedes, neu bearb. v. H. Spanke, I, Leiden 1955, dazu Fr. Gennrich in: Mf X, 1957; R. G. DENNIS, Ein wiedergefundenes Fragment . . . , Mf XII, 1959; J. SCHUBERT, Die Hs. Paris, Bibl. Nat. fr. 1591, Diss. Ffm. 1963.
15. Jh., mehrst., allgemein: H. BESSELER, Studien zur Musik d. MA, AfMw VII, 1925 – VIII, 1926; DERS., Bourdon u. Fauxbourdon, Lpz. 1950; W. H. RUBSAMEN, Music Research in Ital. Libraries, in: Notes II, 6, 1948/49 – 8, 1950/51, separat Los Angeles 1951; G. REESE, Music in the Renaissance, NY 1954, ²1959; TH. KARP, A Lost Medieval Ch., MQ XLVIII, 1962. – zu einzelnen Ch.: P. AUBRY, Iter Hispanicum, SIMG XIII, 1906/07, separat Paris 1908, zu

EscA u. EscB; Br. Kultzen, Der Codex Escorial IV. a. 24, Diss. Hbg 1956, maschr. – J. Porcher u. E. Droz, Le Ch. de J. de Montchenu, in: Les trésors des bibl. de France XVIII, 1933; E. L. Kottick, The Music of the Ch. Cordiforme, Diss. Univ. of North Carolina 1962, maschr. – H. Anglès, El »Ch. Frç.« de la Colombina de Sevilla, in: Estudis Univ. Catalans XIV, 1929; Dr. Plamenac, A Reconstruction of the French Ch. in the Bibl. Colombina, MQ XXXVII, 1951 – XXXVIII, 1952. – St. Morelot, Notice sur un ms. de musique ancienne de la Bibl. de Dijon, in: Mémoires de la Commission des antiquités du Département de la Côte-d'Or IV, 1856. – Dr. Plamenac, The »Second« Ch. of the Bibl. Riccardiana (cod. 2356), Ann. Mus. II, 1954 u. IV, 1956. – A. Pirro, Un ms. mus. du XVe s. au Mont Cassin, in: Cassinensia I, 1929/30. – M. F. Bukofzer, An Unknown Ch. of the 15th Cent., (The Mellon Ch.), MQ XXVIII, 1942. – B. Meier, Die Hs. Porto 714 als Quelle zur Tonartenlehre d. 15. Jh., MD VII, 1953. – M. Picker, The Chanson Albums of Marguerite d'Autriche, Ann. mus. VI, 1958/63. – G. Gröber, Zu d. Liederbüchern v. Cortona, Zs. f. romanische Philologie XI, 1887. – A. J. H. Vincent, Note sur un ms. du XVe s., Paris 1858, zu Lab; H. E. Bush, The Laborde Ch., PAMS XLVI, 1940. – P. Chaillon, Le ch. de Françoise (Harley 5242 Br. Mus.), Rev. de Musicol. XXXII, 1953. – H. Hewitt, Einleitung zur Ausg. v.: Harmonice Musices Odhecaton A, = The Mediæval Acad. of America Publication XLII, = Studies and Documents V, Cambridge (Mass.) 1946.

Chanson spirituelle, Chanson morale (ʃãsɔ̃ spiritɥ'ɛl, – mɔr'al, frz.). Ch.s sp.s kamen ab etwa 1530 auf im Bereich der reformierten Kirche und im Zusammenhang mit der Gegenreformation in Frankreich; es waren textliche Überarbeitungen (Parodien) weltlicher Chansons oder auch Neukompositionen. Die frivolen Texte der weltlichen Chansons wurden in moralische oder geistliche geändert.
Lit.: H. M. Brown, The Ch. Sp., J. Buus, and Parody Technique, JAMS XV, 1962.

Chant, Chanting (tʃa:nt, engl., Gesang), in England der Psalmen- und Canticagesang, besonders der anglikanischen Kirche. Beim Single ch. hat jeder neue Vers eine eigene Melodie, beim Double ch. werden zwei Verse nacheinander auf dieselbe Melodie gesungen. Das älteste Buch mit Ch.s ist Merbeckes *The booke of Common praier noted* (1550), in der Hauptsache eine Anpassung gregorianischer Melodien des Graduale und Breviers an die englischen Übersetzungen der Texte. Weitere Bücher gaben J. Day, J. Dowland, Th. East u. a. heraus. Nur vorübergehend verstummten zur Zeit Cromwells die Ch.s; schon 1663 wurden sie durch J. Clifford wieder eingeführt. Charakteristisch für die Ch.s ist die Harmonisierung im schlichten 4st. Satz.
Lit.: W. K. Stanton, The Canticles Pointed, Tanworth-in-Arden 1946.

Chanterelle (ʃãtr'ɛl, frz.; ital. cantino), Sangsaite, die höchste Saite der Streich- oder Zupfinstrumente.

Charakterstück ist die Sammelbezeichnung für lyrische Stücke bzw. Genrestücke, wie sie besonders im 19. Jh. – teilweise auch noch im 20. Jh. – beliebt waren. Man versteht darunter ein kürzeres, bisweilen zyklisch gebundenes instrumentales Einzelstück (hauptsächlich für Klavier) beliebiger Form, dessen Charakter meist schon durch die Überschrift bezeichnet wird. Diese Überschriften reichen von Unverbindlichkeiten wie Moment musical, Albumblatt oder Intermezzo bis zu poetisierenden Assoziationen wie in den *Waldszenen* von R. Schumann (z. B. *Vogel als Prophet*). Das Ch. unterscheidet sich von der → Programmusik darin, daß es weniger Außermusikalisches darstellt, als vielmehr dessen Wirkung auf den Menschen bewußt werden läßt. Seine Welt ist daher das *Zuständliche, Stimmungshafte* (W. Kahl). Dies bekunden *der auffällig konzentrierte Ausdrucksgehalt der Einzelmotive ..., ... das entzückte Verweilen des Komponisten bei der Einzelwirkung, das Schwelgen in dem Zauber des Wohlklanges* (H. Riemann). – Als Vorläufer der Gattung darf manches Genrestück der »Virginalisten« betrachtet werden, desgleichen die Tombeau-Kompositionen in der französischen Lautenmusik des 17. Jh., die bei J. J. Froberger unter dem Namen Lamentation (→ Lamento) ihr erstes klavieristisches Seitenstück finden. Weitere Vorläufer stellen die Genrestücke der französischen Clavecinisten dar, vor allem die von Fr. Couperin: u. a. *Les langueurs tendres* (*Pièces de clavecin* II, 6e ordre), oder von J.-Ph. Rameau: *La triomphante* (*Nouvelles suites de pièces de clavecin*). Waren diese Kompositionen noch suitenartig zusammengefaßt, so schreibt C. Ph. E. Bach Einzelstücke (z. B. *Les langueurs tendres*, 2. Sammlung *Musikalisches Allerley*, 1761). Gegen Ende des 18. Jh. entstanden unter Einfluß der »Nachahmungsästhetik« sogenannte »charakteristische Stücke« mit Titeln wie »Fröhlichkeit«, »Zärtlichkeit«, »Schwermut«, »Zorn« (so G. Chr. Füger in seinen *Characterischen Klavierstücken* von 1783 oder 1784). Verwandte Überschriften kommen in der Unterrichtsliteratur der 2. Hälfte des Jahrhunderts vor (→ Handstück). Das eigentliche Ch., das lyrische Klavierstück der Romantik, setzt ein mit den 1810/11 erschienenen *Six Eclogues* op. 35 von V. J. Tomášek. Er und sein Schüler J. H. Voříšek (*Rhapsodien*, 1818; *Impromptus*, 1822) beeinflußten Schubert (*Impromptus* op. 90 und op. 142, *Moments musicaux, Drei Klavierstücke*). Unabhängig davon entstanden die *Nocturnes* für Kl. des Clementi-Schülers J. Field (ab 1814) sowie die Klavierstücke einiger nord- und mitteldeutscher Komponisten wie A. A. Klengel, F. Ries, J. L. Böhner und N. Burgmüller. Manche mehr kantable als brillante Klavieretüde von J. B. Cramer, D. Steibelt, L. Berger und I. Moscheles trug wesentlich zur Entstehung der *Lieder ohne Worte* (ab 1830) von F. Mendelssohn Bartholdy bei. Entgegen dem reflexionslosen Typ des Ch.s von Schubert meldet sich bei Mendelssohn die für die Romantik typische assoziative Gestaltungsweise in Überschriften wie *Jagdlied, Venetianische Gondellieder*, in Beischriften und bisweilen in erläuternden Zeichnungen (Handschrift der 3 Phantasien op. 16 für Kl.) zu Wort. Hier setzt Schumann ein, der das poetisierend-assoziative Verfahren weit über Mendelssohn hinaustreibt und einige Titel erstmalig in die Musik einführte (z. B. → *Arabeske, Blumenstück*, → *Humoreske*, → *Novellette*). Auch neigt er dazu, die einzelnen Ch.e zu Zyklen zusammenzufassen (z. B. *Papillons, Carnaval*). Durch Fr. Chopin wurden das Präludium als → Prélude, die Etude, das Scherzo, der Tanz und die Ballade zu Ch.en. Schumanns Ch. wird von Komponisten wie St. Heller, A. Jensen, Th. Kirchner und E. Grieg fortgesetzt. Im Gegensatz zu dem unüberhörbaren biedermännischen Zug mancher Schumann-Epigonen steht die weltmännische Strahlkraft Fr. Liszts (Petrarca-Sonette, *Consolations*). Die Reaktion auf einen übertriebenen Hang zum Poetisieren erfolgte im Werk von J. Brahms. Die Titel seiner Klavierstücke sind betont unverbindlich (Intermezzo). Dafür rückt die konstruktive Seite des Ch.s in den Vordergrund. Hierin ist Brahms, der nicht nur M. Reger beeinflußte (*Aus meinem Tagebuch*, 1904–12), Vorbild für A. Schönberg (4 Hefte Klavierstücke) und dessen Schüler geworden. Noch das erste der drei, Variationen genannten Klavierstücke op. 27 (1936) von A. Webern erinnert in Form und Diktion an ein Brahmssches Intermezzo. Während das Ch. in Deutschland nach Regers Tod (1916) wohl nur noch im Schaffen von J. Haas einen breiteren Raum einnimmt, kam es in Frankreich durch den Impressionismus zu neuer künstlerischer Bedeutung. Der Einfluß der assoziativen Kunst eines Cl. Debussy, wie sie sich in der Klaviermusik (*Estampes, Images, Préludes*) und in Orchesterwerken (*Nocturnes, La mer*) manifestiert, läßt sich über M. Ravel und E. Satie bis in das Schaffen von O. Messiaen (*Vingt regards sur l'enfant Jésus* für Kl., 1944; *L'ange aux parfums* in *Les Corps glorieux* für Org., 1939) verfolgen. Das französische Ch. für Orgel reicht bis C. Franck zurück (*6 pièces pour grand orgue*, 1860–62, darunter *Pastorale in E* op. 19), beginnt also schon vor ähnlichen Werken M. Regers (z. B. 12 Stücke op. 59, 1901). In der 1. Hälfte des 20. Jh. schrieben Ch.e für Kl. neben A. Skrjabin (op. 51, op. 73 und 74), S. Prokofjew (op. 17, op. 22) und K. Szymanowski (op. 29, op. 34) vor allem B. Bartók (14 *Bagatellen* op. 6; 5 Klavierstücke *Im Freien*); Bartóks *Mikrokosmos* (6 Hefte, beendet 1937) enthält eine Reihe von Ch.en.

Lit.: H. RIEMANN, Hdb. d. Mg. II, 3, Lpz. 1913, ²1922; H. GOLDSCHMIDT, Die Musik-Ästhetik d. 18. Jh., Zürich 1915; W. KAHL, Das lyrische Klavierstück Schuberts u. seiner Vorgänger seit 1810, AfMW III, 1921; DERS., Zu Mendelssohns Liedern ohne Worte, ZfMw III, 1920/21; DERS., Aus d. Frühzeit d. lyrischen Klavierstücks, ZfM LXXXIX, 1922; DERS., Lyrische Klavierstücke d. Romantik, Stuttgart u. Bln 1926; DERS., Schuberts lyrisches Klavierstück, Kgr.-Ber. Wien 1928; DERS., Das Ch., = Das Musikwerk VIII, Köln (1955); M. VIDOR, Zur Begriffsbestimmung d. mus. Ch. mit besonderer Berücksichtigung d. Ch. f. Kl., Diss. Lpz. 1924, maschr.; E. BODKY, Das Ch., = Mus. Formen in hist. Reihen XII, Bln 1933; W. GEORGII, Klaviermusik, Zürich 1941, Zürich u. Freiburg i. Br. ⁴1965; D. SIEBENKÄS, Zur Vergesch. d. Lieder ohne Worte v. Mendelssohn, Mf XV, 1962. ESE

Charivari (ʃarivaˈri, frz., im 14. Jh. auch als chalivali belegt), lautmalende Bezeichnung für ein Durcheinanderklingen, so für ein Scherzständchen mit Lärminstrumenten (»Katzenmusik«), für die Nachahmung von Rufen, Pfiffen und Geräuschen im Quodlibet, für die musikalische Nachahmung von durcheinanderklingenden Tierlauten (Vogelgezwitscher), auch für das Geräusch beim Stimmen und »Präludieren« des Orchesters. Musikalisch kann das Ch. auch durch auffällige Dissonanzen oder Melodieschritte (D. Scarlatti, Fuge G moll, wohl seit Clementi Fuga del gatto, »Katzenfuge« genannt) charakterisiert werden. Auf dem Theater ist Ch. ein Durcheinander auf der Szene (Lully, *Le mariage forcé*, Ch. grotesque im 7. Entrée des Schlußballetts, von einem Rondeau begleitet).

Lit.: G. HÉRELLE, Les ch. nocturnes dans le Pays basque frç., Rev. internationale des études basques XV, 1924; H. u. R. KAHANE, Ch., The Jewish Quarterly Review LII, 1961/62.

Charleston (tʃaˈlstən, engl.), amerikanischer Modetanz, der seinen Namen nach der Stadt Ch. im Staat South Carolina (USA) hat. Zuerst 1922 in den Neger-Revuen des New Yorker Managers G. White angewandt, wurde er später (1926) in gemilderter Form zum Gesellschaftstanz. Musikalisch gehört er zur Gattung des → Ragtime. Er ist eine schnellere Abart des → Foxtrott mit dem ursprünglichen Tempo ♩ = 126, für den Gesellschaftstanz ♩ = 96. Die Musik des Original-Ch. (4/4-Takt) stammt von den amerikanischen Negerkomponisten C. Mack und J. Johnson. Charakteristisch für den Ch.-Rhythmus ist die Synkopierung:

¢ ♩ ♪ ♫ | ♩ ♪ ♫ | ♩ |

Für den grotesken Bühnen-Ch. ist die Negertänzerin J. Baker zu internationaler Berühmtheit gelangt. Den ersten Versuch einer Übertragung des Ch. in die Kunstmusik hat E. Schulhoff in der ersten seiner *Etudes de Jazz* (1927) unternommen.

Charleston-Maschine → Hi-hat.

Chartres.
Lit.: J.-M. CLERVAL, L'ancienne maîtrise de Notre-Dame de Ch. du Vᵉ s. à la Révolution, Paris 1899; CH. MÉTAIS, Les orgues de la cathédrale de Ch., Arch. du diocèse de Ch. XXI, 1914; M. JUSSELIN, Les orgues de Saint Pierre de Ch. (1595–1922), Ch. 1922; DERS., Hist. des livres liturgiques de la cathédrale de Ch. au XVIᵉ s., Mémoires de la Soc. archéologique d'Eure-et-Loire XVI, 1936; J. VILLETTE, Ch. et sa cathédrale, Grenoble 1962.

Chasse (ʃas, frz., Jagd) bezeichnet im 14. Jh. in Frankreich den 3st. Kanon im Einklang. Lediglich eine Stimme der Ch. wurde notiert und zuweilen mit einer Einsatzanweisung für die übrigen Stimmen versehen (*Ch. de septem temporibus fugando et revertendo . . .*; *Iv* f. 52, → Quellen). Nur wenige Beispiele der Ch. sind bekannt: die Hs. Ivrea überliefert, teilweise bestätigt durch andere Handschriften, insgesamt 4 Stücke der Gattung. Von ihnen erscheint *Talent m'est pris de chanter* (*Iv* f. 52), ein kurzes Frühlingslied im Zirkelkanon, umtextiert nicht bei Oswald von Wolkenstein (um 1420). *Se je chant mais que ne sulh* (*Iv* f. 52'), eine Jagdschilderung mit hoketusartigen Partien, wird von Machaut im Refrain der Ballade 12 kurz zitiert. Außer einem anonymen Ch.-Fragment gehören der satztechnischen Anlage nach auch die Ballade 17 und die Kanons aus Lai 16 (mit Vermerk »chace«) und Lai 17 von Machaut in den Bereich der Ch. Sie erzielte zwar nicht die Bedeutung der etwa gleichzeitigen italienischen → Caccia, muß aber innerhalb der französischen Ars nova ausgeprägt und wirksam gewesen sein. Später diente die Bezeichnung Ch., jedoch völlig ohne Bezug auf den Kanon, als programmatischer Titel für Jagdstücke u. a. bei Janequin (*La Ch.*), Gombert (*Ch. de lièvre*) und dann besonders in der Instrumentalmusik des 18. und 19. Jh. (z. B. Haydns Symphonie D dur, Hob. I, 73), wobei gern Signale der → Jagdmusik und ihrer Instrumente, der Trompe de Ch. oder des Cor de Ch., nachgeahmt und eingearbeitet wurden.

Lit.: H. BESSELER, Studien zur Musik d. MA, AfMw VII, 1925; DERS., Die Musik d. MA u. d. Renaissance, Bücken Hdb.; K. TAUT, Die Anfänge d. Jagdmusik, Lpz. 1927; L. K. J. FEININGER, Die Frühgesch. d. Kanons bis Josquin des Prez, Emsdetten 1937; N. PIRROTTA, Per l'origine e la storia della »caccia« e del »madrigale« trecentesco, RMI XLVIII, 1946 – XLIX, 1947; DERS., On the Problem of »Sumer is Icumen In«, MD II, 1948; J. HANDSCHIN, The Summer Canon and Its Background, MD III, 1949.

Chasser (ʃasˈe, frz., jagen) ist in verschlüsselten Auflösungsvorschriften bei kanonisch angelegten Werken um und nach 1400 ein Terminus für die Ableitung einer Stimme aus einer anderen (z. B. Cordiers Kanon in der Hs. Chantilly f. 12) und steht sicherlich im Zusammenhang mit → Chasse und → Caccia.

Lit.: H. RIEMANN, Hdb. d. Mg. I, 2, Lpz. 1905, ²1920, S. 351, u. II, 1, Lpz. 1907, ²1920, S. 83ff.

Chazozrą (Plur. chazozrǫt; hebräisch; in der Septuaginta: salpinx; in der Vulgata: tuba), ein gerades, etwa 2 Fuß langes, enges Blechblasinstrument, das im Alten Testament mehrfach genannt ist (u. a. Num. 10, 1–10; Hos. 5, 8). Abbildungen (immer paarweise) finden sich auf dem Titus-Bogen in Rom (um 80 nach Chr.) und auf Münzen der Bar-Kochba-Zeit. Die Ch. wurde – wie das → Schofar – beim Gottesdienst im Tempel geblasen; sie fand aber auch als Signalinstrument beim Militär Verwendung.

Lit.: E. KOLARI, Musikinstr. u. ihre Verwendung im Alten Testament, Helsinki 1947; H. SEIDEL, Horn u. Trp. im alten Israel . . ., Wiss. Zs. d. K.-Marx-Univ. Lpz. VI, 1956/57; E. GERSON-KIWI in: Dictionnaire de la Bible, Suppl. Bd V, Paris 1957, Sp. 1419ff.; H. AVENARY, Hieronymus' Epistel über d. Musikinstr. u. ihre altöstlichen Quellen, AM XVI, 1961.

Cheironomie (griech.), Leitung (eines Chores) durch Handbewegung, die nicht nur das Tempo regelt, sondern zugleich die melodische Bewegung veranschaulicht und darauf verzichtet, als Gedächtnisstütze Tonhöhe, Intervalle und Rhythmus meßbar festzulegen. Aus Ägypten sind seit der Mitte des 3. Jahrtausends Bildbelege erhalten, die vermuten lassen, daß schon hier Ch. geübt wurde, die vielleicht das Entstehen einer ägyptischen Notenschrift veranlaßt hat (Hickmann). Sicher bezeugt ist die Ch. erst in der altgriechischen Musik sowie im frühchristlichen liturgischen Gesang. Wahrscheinlich sind die komplizierteren Zeichen der byzantinischen, slawischen und hebräischen Notation sowie der Neumenschrift als Darstellung der Ch. zu verstehen. Von der Ch. sind zu unterscheiden das moderne Dirigieren (als Taktgeben) und die Handzeichen der Schulmusik (die Töne und Intervalle bestimmen), wie → Tonika-Do und → Tonic-Solfa.

Lit.: A. KIENLE OSB, Notizen über d. Dirigieren ..., VfMw I, 1885; O. FLEISCHER, Neumenstudien I, Lpz. 1895; G. SCHÜNEMANN, Gesch. d. Dirigierens, = Kleine Hdb. d. Mg. nach Gattungen X, Lpz. 1913; C. SACHS, Die Tonkunst d. alten Ägypter, AfMw II, 1919/20; DERS., The Rise of Music ..., = The Norton Hist. of Music, NY (1943); R. HAAS, Aufführungspraxis d. Musik, Bücken Hdb.; H. HICKMANN, Observations sur les survivances de la chironomie égyptienne ..., Annales du service des antiquités de l'Egypte XLIX, 1949; DERS., Musicologie pharaonique, = Slg mw. Abh. XXXIV, Kehl 1956; DERS., Ägypten, = Mg. in Bildern II, 1, Lpz. o. J. (1962); DERS., Ein neuentdecktes Dokument ..., AMl XXXIII, 1961; C. GINDELE OSB, Chordirektion, Studien u. Mitt. zur Gesch. d. Benediktiner-Ordens LXIII, 1951; B. DI SALVO, Qualche appunto sulla ch. nella musica bizantina, in: Orientalia Christiana Periodica XXIII, 1957; E. WERNER, The Sacred Bridge, London u. NY 1959; M. HUGLO OSB, La chironomie médiévale, Rev. de Musicol. XLIX, 1963.

Chemnitz.
Lit.: W. RAU, Gesch. d. Ch.er Stadtpfeifer, Mitt. d. Ver. f. Ch.er Gesch. XXVIII, 1931/32.

Chevalet (ʃəval'ε, frz.) → Steg.

Chiamata (kiam'a:ta, ital., Ruf), Sammelruf zur oder nach der Jagd. Die Ch. wurde in der venezianischen Opernmusik der Mitte des 17. Jh. verwendet, z. B. in Cavallis *Le nozze di Teti e di Peleo* (1639), wo im 1. Akt ein als *Ch. alla caccia* bezeichnetes 5st. Instrumentalstück dem Chor der nach Waffen rufenden Cavalieri vorangeht.

Lit.: H. KRETZSCHMAR, Die Venetianische Oper u. d. Werke Cavalli's u. Cesti's, VfMw VIII, 1892; H. GOLDSCHMIDT, Studien zur Gesch. d. ital. Oper im 17. Jh. I, Lpz. 1901; E. WELLESZ, Cavalli ..., StMw I, 1913, S. 55; FR. PIERSIG, Die Einführung d. Hornes in d. Kunstmusik ..., Diss. Halle 1927.

Chiarentana (kiarent'a:na, ital. für Kärnten), auch Chiarantana, Chiaranzana, im 15.–16. Jh. ein langsamer Reigen zur Laute in geradem und ungeradem Takt. 14 Chiarentane stehen in der *Intabolatura de Lauto* (1546) des Marcantonio del Pifaro. Die Ch. erwähnen → Caroso und → Negri.

Lit.: V. ROSSI, Un ballo a Firenze nel 1459, Bergamo 1895.

Chiavette (ital. chiavetta, kleiner Schlüssel, auch chiavi trasportate, versetzte Schlüssel, genannt im Gegensatz zu den Chiavi naturali, Normalschlüssel) ist die Bezeichnung für 2 Kombinationen von je 4 Schlüsseln (→ Schlüssel) für mehr als 3st. Tonsätze (siehe Beispiel 1). Bei gleichbleibendem Quint-, Terz- und Quintabstand der Schlüssel stehen die beiden Ch.n-Kombinationen um eine Terz höher bzw. tiefer als die Normalschlüssel, d. h. ein- und dieselbe Note würde unter der hohen Ch. eine Terz höher, unter der tiefen Ch. eine Terz

tiefer erklingen (siehe Beispiel 2). Während die tiefe Ch., die erst von Bellermann so benannt wurde, in der Praxis nur selten begegnet (z. B. O. de Lassus, *Quand me souvient*, GA XIV, Nr 88, mit zusätzlichem Altschlüssel; A. Padovano, Ricercar Nr 9), wurden hohe Ch.n und Normalschlüssel die beiden gebräuchlichsten Schlüsselkombinationen in der 2. Hälfte des 16. Jh. Ihr Aufkommen fällt zeitlich mit der Vorherrschaft des 5st. Satzes zusammen. In noch älterer Zeit, als Drei- und Vierstimmigkeit die Regel war, genügten Zwei- und Dreischlüsselkombinationen. Mehr als zwei Drittel der Werke Palestrinas sind in der hohen Ch. und nur weniger als ein Drittel in den später sogenannten Normalschlüsseln aufgezeichnet, die erst im Laufe des 17. und 18. Jh. das Übergewicht gewannen und infolgedessen mit den Namen der 4 Stimmgattungen Sopran, Alt, Tenor, Baß fest verbunden wurden. Die ältere Zeit ordnete dagegen jeder Stimmgattung mehrere Schlüssel zu, ohne den Begriff der Normalschlüssel zu kennen. Maßgeblich für die Wahl der Schlüssel war der durch die verschiedenen Stimmgattungen und Kirchentonarten bestimmte Tonumfang sowie die Gepflogenheit, Hilfslinien nach Möglichkeit zu vermeiden. Eine Transposition war im allgemeinen nur auf die Oberquarte, bzw. bei hochgelegenen Kirchentönen (z. B. äolisch) in die Unterquinte mittels eines vorgezeichneten ♭ üblich. Daher erweisen sich bei einem Umfang jeder einzelnen Stimme von einer Dezime bis Duodezime die obigen Schlüsselkombinationen für die Aufzeichnung mehrstimmiger Vokalmusik als besonders zweckmäßig. Doch kommen Abweichungen nicht selten vor. Beide Schlüsselkombinationen durchdringen sich besonders im mehr als 5st. Satz. So ist z. B. in der doppelchörigen Motette *Laetamini* von J. Gallus (DTÖ VI, 1, Nr 5) und in den Dialogen *Que dis-tu* und *Dis-moy* von O. de Lassus (GA XIV, Nr 92, 93) der erste Chor in Normalschlüsseln, der zweite Chor in Ch.n aufgezeichnet. Aber auch zahlreiche andere Kombinationen kommen vor. Daß die alten Meister mit der Ch. eine Terztransposition bezweckten, um die Vorzeichnung von mehreren ♯ oder ♭ zu vermeiden, nehmen Bellermann, Riemann und zahlreiche andere Forscher, so vor allem Kroyer, an. Die Sänger hätten (bei genauer Beachtung der Halb- und Ganztonabstände) so gesungen, als ob die Normalschlüssel vorgezeichnet gewesen wären. Bei hoher Ch. würde der Satz infolgedessen um eine (kleine oder große) Terz tiefer, bei tiefer Ch. um dasselbe Intervall höher erklingen (siehe Beispiel 3). Diese Theorie findet jedoch keine Stütze bei den alten Theoretikern, sondern nimmt erst von Kiesewetter (*Galerie der alten Contrapunctisten*, 1847) ihren Ausgang, der die Terztransposition jedoch nur für moderne Aufführungszwecke im Hinblick auf die von der alten Zeit abweichenden neuzeitlichen Chorverhältnisse empfiehlt. Entgegengetreten sind ihr Ehrmann und Schering, die die Ch. als bloßen Schreiberbrauch deuteten,

Hohe Chiavette   Tiefe Chiavette

um Singstimmen, die sich in einer von Natur hochgelegenen Kirchentonart oder in der Hochtransposition einer tieferen bewegten, bequem und ohne Hilfsstriche zu notieren (Schering, S. 118). Ein Vokalensemble konnte nach freiem Ermessen in der jeweils günstigsten Lage einstimmen, was zahlreiche Theoretiker, wie J.Cochlaeus, L. Zacconi und W. C. Printz, bestätigen. Dagegen mußte auf mitwirkende Instrumente mit fester Stimmung (Orgel, Blasinstrumente), auf denen zufolge der ungleichschwebenden Temperatur und der ungleichen Stimmungen nicht jede beliebige Transposition ausführbar war, Rücksicht genommen werden. Der spanische Theoretiker J. Bermudo verbietet z. B. Transpositionen in die kleine oder große Terz aufwärts für Tasteninstrumente ausdrücklich. Eine mit der Ch. verbundene intervallmäßig fixierte Transpositionsanweisung ist erst eine Folge der Continuopraxis. Praetorius fordert bei vorgezeichneter hoher Ch. von den Spielern der Fundamentinstrumente die Transposition um eine Quarte oder Quinte abwärts. Mit ♭-Vorzeichnung wurde um eine Quarte abwärts, ohne Vorzeichnung um eine Quinte abwärts transponiert; doch war in diesem Falle auch die Quarttransposition sehr gebräuchlich. Diese weit verbreitete Praxis erwähnen auch Samber, Paolucci, Martini und Kiesewetter. Hier tritt die Transpositionsbedeutung der Ch. klar zutage, denn Sätze in den Normalschlüsseln blieben auch in den Orgelbässen in der Regel untransponiert. Ein gutes Beispiel bietet der Druck der *Missae quatuor* (Venedig 1621) von G. Valentini. Die Transposition betraf in erster Linie den Organisten, der wegen der damals weitverbreiteten Hochstimmung der Orgel (a = c^1-cis^1) auf die Sänger Rücksicht nehmen mußte. Eine Transposition in andere Intervalle kam weit seltener vor, doch gab es keine allgemein verbindliche Regel. C. Vincentius läßt z. B. die Transposition bei hoher Ch. um eine Quarte oder Quinte abwärts zu (1612), ohne sie ausdrücklich vorzuschreiben. Das beweist die große Freizügigkeit in bezug auf die Einstimmung, die von den zur Verfügung stehenden Stimmen und Instrumenten und erst sekundär von der Schlüsselung abhing. Daß bereits im 16. Jh. die hohe Ch. in der Absicht verwendet worden wäre, eine tiefere Intonation anzudeuten, läßt sich nicht nachweisen. Transpositionen kommen zwar vor. So ist z. B. die 4st. Motette *Johannes Apostolus* von A. Willaert (GA I, S. 43; siehe auch PäM IX, S. XV) sowohl in angenäherter Ch. als auch um eine Quinte abwärts transponiert in tiefen Schlüsseln überliefert. Ebenso enthält A. Gumpelzhaimers *Compendium musicae* (1600) 4st. Beispiele für die 12 Kirchentonarten, sowohl in Normallage als auch um eine Quinte abwärts oder um eine Quarte aufwärts transponiert mit entsprechend geänderter Schlüsselung.

Daraus geht hervor, daß satztechnische Gesichtspunkte die Wahl zwischen Normalschlüssel und Ch. offen lassen. Beide Schlüsselungen dienten auch zur Aufzeichnung von Instrumentalmusik, so daß die Annahme, das Chiavettenproblem könne allein vom Boden der Vokalmusik aus gelöst werden, irrig ist.

Lit.: R. EHRMANN, Die Schlüsselkombinationen im 15. u. 16. Jh., StMw XI, 1924; TH. KROYER, Zur Ch.-Frage, in: Studien zur Mg., Fs. G. Adler, Wien 1930; DERS., Der vollkommene Partiturspieler I, Lpz. 1930; A. SCHERING, Aufführungspraxis alter Musik, = Musikpädagogische Bibl. X, Lpz. 1931; A. MENDEL, Pitch in the 16th and Early 17th Cent., MQ XXXIV, 1948; H. FEDERHOFER, Zur Ch.-Frage, in: Anzeiger d. phil.-hist. Klasse d. Österreichischen Akad. d. Wiss., Wien 1952; DERS., Hohe u. tiefe Schlüsselung im 16. Jh., Fs. Fr. Blume, Kassel 1963; S. HERMELINK, Zur Chiavettenfrage, Kgr.-Ber. Wien 1956; DERS., Dispositiones modorum, = Münchner Veröff. zur Mg. IV, Tutzing 1960; DERS., Ein neuer Beleg zum Ursprung d. Ch., Mf XIV, 1961. HF

Chicago (Ill., USA).

Lit.: K. SP. HACKETT, The Beginnings of Grand Opera in Ch. 1850–59, Ch. 1913; F. BUSONI, Die »Gotiker« v. Ch., in: Von d. Einheit d. Musik, = M. Hesses Hdb. LXXVI, Bln (1922), als: Wesen u. Einheit d. Musik neu hrsg. v. J. Herrmann, Bln u. Wunsiedel (1956); E. A. JOHNSON, The Ch. Symphony Orch., 1891–1942, Diss. Univ. of Ch. 1955.

Chicago-Jazz (Chicago style), Anfang der 1920er Jahre entstandene Jazzspielart weißer Musiker, die den → Dixieland ablöste. – Nach Schließung von Storyville in New Orleans (1917) spielten viele bekannte Jazzmusiker (Oliver, Armstrong, Morton) in der South Side, dem Negerviertel Chicagos. Eine Gruppe junger Studenten (u. a. Frank Teschemacher, später auch Benny Goodman) versuchte, den Jazz der Neger zu imitieren (Austin High School Gang, 1922). Der Jazzjournalist H. Panassié nannte 1934 diese Gruppe Chicagoans, was schließlich zu Ch.-J. als Bezeichnung für den weißen Jazz der 1920er Jahre überhaupt geführt hat. Bestimmend für die Ausprägung des Ch.-J. war auch das Wolverine Orchestra (1923) mit dem Kornettisten Bix Beiderbecke. – Im Gegensatz zum Dixieland hat der Ch.-J. die Entwicklung des gesamten Jazz wesentlich beeinflußt, da hervorstechende Merkmale negerischen Jazzmusizierens (→ Beat, → Off-beat, → Swing, → Hot-Intonation) im Ch.-J. erstmals von Weißen übernommen, aber jeweils zugleich mit der europäischen Musikvorstellung zu einer neuen Spielweise verschmolzen sind. So wurde auch das kollektive Spielen der Neger im → Chorus umgewandelt: es entstand ein in den Harmonien des Chorus kontrapunktisch konzipierter Ablauf von Einzelstimmen. In dieser Form erscheint das Chorusspielen meist nur zu Anfang und am Schluß als Einrahmung. Im übrigen Verlauf herrscht als figurative Umspielung der Grundmelodie der begleitete Solochorus (Hot-Solo), und häufig bestehen die Stücke nur aus einer Aufeinanderfolge solcher Hot-Soli verschiedener Instrumente (Hot-Solo-Folge). Im Ch.-J. trat erstmalig auch das später dominierende Saxophon in den Vordergrund. Der weiße Ch.-J. hatte seinerseits Rückwirkungen auf die Jazzspielweisen der Neger und trug entscheidend bei zur Entstehung des → Swing.

Chile.

Lit.: J. URRUTIA BLONDEL, Apuntes sobre los albores de la hist. mus. chilena, Boletín lat.-americano de música III, 1937; C. ISAMITT, Los instr. araucanos, ebenda IV, 1938; DERS., El folklore en la creación artística de los compositores chilenos, Revista mus. chilena XI, 1957; E. PEREIRA SALAS, Los orígines del arte mus. en Ch., Santiago de Ch. 1941; DERS., La canción nacional de Ch., ebenda 1947; DERS., Guía bibliogr. para el estudio del folklore chileno, ebenda 1952; DERS., Hist. de la música en Ch. 1850–1900, ebenda 1958; M. ABASCAL BRUNET, Apuntes para la hist. del teatro en Ch. La zarzuela grande, ebenda 1941; DERS. u. E. PEREIRA SALAS, Pepe Vila. La zarzuela chica en Ch., ebenda 1952; V. SALAS VIU, Músicos modernos de Ch., Washington 1944; DERS., La creación mus. en Ch. 1900–51, Santiago de Ch. 1952; C. VEGA, La forma en la cueca chilena, ebenda 1947; V. T. MENDOZA, La canción chilena en Méjico, ebenda 1948; E. M. v. HORNBOSTEL, The Music of the Fuegians, Ethnos XIII, 1948; Directorio mus. de la América latina (Mus. Directory of Latin America), Ch., Washington 1954; E. GAYÁN, La educación mus. en Ch., Revista mus. chilena XII, 1958.

Chinesische Musik. Am Anfang der chinesischen Musikgeschichte steht der Mythos. Fünf sagenhafte Kaisergestalten der Vorzeit gelten als die Kulturbringer, der älteste von ihnen, Huang-Ti (»der gelbe Kaiser«) mit einer angenommenen Regierungszeit von 2697–2597 v. Chr., als Erfinder der Schrift und Begründer der durch Maß und Zahl geordneten Musik. Er schickte seinen Minister Ling-Lun an die Westgrenze, wo dieser in einem Bambushain ein Flötenrohr nach der Länge des kaiserlichen Fußes schnitt, das den Grundton des chinesischen Tonsystems und auch die Grundlage aller Längen- und Hohlmaße gab. Eine andere Überlieferung schreibt Ling-Lun sogar die Erfindung des vollständigen Tonsystems der 12 → Lü zu. Der historische Kern dieser Mythe ist die Tatsache, daß China sein Tonsystem aus dem Westen entlehnte. Um 2500 v. Chr. entwickelte sich in China eine Hochkultur durch Anregungen aus den älteren Kulturzentren des westlichen Zentralasien, von denen auch religiöse Vorstellungen, soziale Ordnungen, das Musiksystem und die melodiefähigen Instrumente übernommen wurden. Die vollständige Entwicklung des Tonsystems und der Aufbau eines umfangreichen Rituals höfischer Musik- und Tanzzeremonien dürften jedoch erst in der Schang-Dynastie (1500–1050 v. Chr.) erfolgt sein, der ersten Epoche gesicherter historischer Nachrichten, in der die Volks- und Staatsgründung Chinas abgeschlossen, das Königtum fest begründet und auf die neue Himmelsreligion umgestellt wurde, die die Urmutterkulte ablöste. Die neue Religion erforderte astronomische Beobachtungen, Tempel und Observatorien und eine mathematische Orientierung des Denkens. Frühestens jetzt entstand das bipolare System des solaren männlichen (yang) und des lunaren weiblichen Prinzips (yin), dem das Tonsystem unterstellt wurde, das aus einem Zirkel von 12 Quintfortschreitungen besteht. In halbtonlosen pentatonischen Reihen, die aus den ersten 5 Quintschritten entstehen, sind je nach der Lage des Haupttons 5 verschiedene »Modi« oder »Tonarten« möglich. Mit diesem Ton- und Leitervorrat ist man offenbar sehr lange ausgekommen, und tatsächlich halten sich die ältesten erhaltenen chinesischen Melodien sakraler Hymnen im Rahmen dieses Systems. Sobald man aber beim Instrumentalspiel innerhalb dieser Modi transponieren und modulieren wollte, reichten die 5 Töne in der Oktave nicht aus. Erst mit dem Tonvorrat der 12 Lü konnten nun pentatonische Reihen auf jedem der 12 Grundtöne errichtet werden, wodurch 60 Tonarten entstanden. Die Melodien blieben aber trotz des chromatischen Tonvorrates streng halbtonfrei. Dieses Tonmaterial ist schon früh auf fest abstimmbaren Instrumenten dargestellt worden: neben der Panflöte (pai hsiao) sind Bronzeglockenspiele (dschung) und abgestimmte Klingsteine (tjing) schon für die Schang-Zeit belegt. Als wichtigstes Instrument mit veränderlicher Stimmung ist die 5saitige Zither Tjin um 1500 v. Chr. nachgewiesen. An ihr wurde das Tonsystem aus Quintfortschreitungen weiter erarbeitet und mathematisch begründet. Die so geordnete Musik wird als wichtigster Bestandteil der Zeremonien im Himmels- und Ahnenkult ein Mittel der Staatsführung. Sind die Berichte über die Wirkungen der Musik auf die Natur und die Geisterwelt noch legendär, so wird ihre Wirkung auf das menschliche Gemüt spätestens in der Dschou-Zeit (1050–256 v. Chr.) als gesicherte Erkenntnis hingenommen. Da die 5 Grundtöne den Himmelsrichtungen, Jahreszeiten, Lebensaltern, Farben, Gemütsregungen usw. zugeordnet werden (wobei der erste Grundton immer das Ganze bedeutet, also das ganze Leben, das ganze Jahr, die Mitte usw.), sind die auf ihnen gegründeten Tonarten geeignet, die Menschen zu dieser oder jener Haltung und Regung zu veranlassen. Unter solchen Aspekten gewann die Musik für die Moral und das Wohlergehen des einzelnen wie des Staates eine solche Bedeutung, daß die Dschou-Könige ein eigenes Musikministerium einrichteten, dessen Aufgabe die Ausarbeitung und Überwachung der musikalischen Zeremonien war. Jeder neue Herrscher, vor allem jede neue Dynastie, betrachtete es in der Folge als dringliche Aufgabe, durch die Gelehrten die Übereinstimmung der irdischen Maßnormen mit denen des Himmels festzustellen und ihre richtige Anwendung auf die Musik und die Zeremonien zu sichern. Daher hat es in China mehrfach einen Wechsel des Grundmaßes gegeben. Fast jeder König hatte seinen eigenen Musikstil, und ein Wechsel der Dynastie hatte fast immer einschneidende Änderungen des musikalischen Repertoires zur Folge. In der Dschou-Zeit wurde auch der Musikerziehung breiter Raum gegeben. Jeder Angehörige der vornehmen Stände genoß musikalische Unterweisung innerhalb der täglichen Unterrichts. Ein umfangreiches Schrifttum entstand, in dem die Riten beschrieben, die Maße der Musik erörtert, die Instrumente und Kostüme, die Musikstücke und Programme festgehalten sind. Die älteste erhaltene Quelle zur Musikgeschichte Chinas ist das Buch der Urkunden (*Schu-djing*) aus dem 9.–7. Jh. v. Chr. Der weise Konfuzius (Kung-fu-tse, 551–478) errichtete das endgültige Gebäude der Musiktheorie. Unter seiner Aufsicht entstanden die Aufzeichnungen der »Fünf Klassiker«, Zusammenfassungen offenbar schon älterer Betrachtungen, Beobachtungen und Erörterungen. Zwei dieser Bücher beschäftigen sich mit Musik: das Buch der Lieder (*Schi-djing*), eine Sammlung von 300 Hymnen und Liedern, und das Buch der Riten (*Li-dji*). Die Liedersammlung enthält nur die Texte. Die Melodien gerieten sehr schnell in Vergessenheit, doch gibt es aus späterer Zeit Notierungen der Hymnen für den Tempeldienst, die noch von Konfuzius gedichtet und komponiert sein sollen. Sie werden noch heute gesungen. – Am Ende der ritterlichen Dschou-Zeit ging die alte Ordnung verloren. Nordchina geriet unter den Einfluß westlicher und nördlicher Völker, die neue Musikinstrumente und Melodien in 7stufigen Leitern mitbrachten. Vielleicht ist das System der 12 Lü erst jetzt entwickelt worden, um die pentatonische und die heptatonische Leiter in ein und dasselbe Tonsystem einzuordnen. Es wird zuerst in der Chronik der Dschou-Zeit (*Dschou-Li*) erörtert, die erst am Ende der Dynastie fertiggestellt wurde. Fürst Schi von Tsin, der 256 das Erbe der Dschou antrat und den Kaisertitel Huang-ti annahm, ließ 213 alle Schriften der Konfuzianer verbrennen, dazu viele alte Musikinstrumente. In der Han-Zeit (206 v. Chr. – 220 n. Chr.) wurde die Konfuzius-Lehre wieder restauriert, das Musikamt neu errichtet. Es gab jetzt 4 Abteilungen für die Hofmusik: die zwei der Dschou-Zeit für die kultische und die profane Hofmusik, dazu eine für die Musik in den Frauengemächern und eine für Militärmusik, jede mit eigenem Orchester, insgesamt 829 Musiker. Neue Instrumente waren hinzugekommen: die Querflöte (ti-tse) aus dem Norden, die der Heptatonik zum Durchbruch verhalf, und die Laute (p'i-p'a). Neue Liedformen entstanden neben virtuosen Instrumentalsoli, besonders für die Zither Tjin. Die erste Erwähnung der Notenschrift findet sich in den Aufzeichnungen des Historikers Si-ma Tjiän um 100 v. Chr., sie war aber damals wohl schon lange bekannt. In der folgenden Zeit der Zersplitterung des Reiches und wechselnder Fremdherrschaft (220–560 n. Chr.) kam es zu neuem Eindringen von Musik und Musikern, Tanz und Tänzerinnen, Musikstilen und Instrumenten aus Turkestan, Tibet und Indien. An Melodieinstrumenten wurden jetzt die Harfe Kung-hao und die mongolische Streichlaute Hu beliebt. Die heptatonische Musik aus Turkestan wurde mit ihren mimischen Tänzen als eigener Stil in die Hofmusik übernommen. In Südchina drang indessen die Musik der fremdstämmigen Unterschichten in die Kunstmusik ein. Berufssängerinnen pflegten in den Teehäusern das begleitete »Sololied«. Im Norden blieb die Ausübung der Kunstmusik weiterhin Sache des Adels. – In der wieder rein chinesischen Sui-Dynastie (560–618) hielten die Fremdeinflüsse an. Der erste Sui-Kaiser heiratete eine türkische Prinzessin, die aus Samarkand eine Hofkapelle mitbrachte. 568 kam der turkestanische Musiker Su-Dji-po an den Pekinger Hof, der das endgültige chinesische Tonsystem festlegte, in dem die Fünftonleitern durch Einfügung zweier Halbtöne, Biäns (→ Pien), zur Siebenstufigkeit aufgefüllt sind, wobei jede Stufe Ausgang einer Leiter sein kann. So ergeben sich auf den 12 Lü 84 mögliche Leitern. Um 600 gab es 7 Abteilungen im Musikamt. Die Tang-Zeit (618–906), die zweite große Blüteperiode Chinas, brachte eine weitere Zunahme der höfischen und privaten Musikpflege. 626 errichtete Kaiser Tai-tsung (der Große) die erste Schule für die Hofmusik. Das Musikamt wurde auf 10 Abteilungen erweitert, aber nur 3 der 10 Orchester spielten Ch. M., die übrigen pflegten die importierten Stile. Die Zahl der Musikbeamten im Hofdienst betrug 1200, darunter Tänzer und das technische und Verwaltungspersonal. In diese Epoche fällt das Eindringen des Buddhismus, die neue Musikarten und Instrumente nach China brachte. Aus der Türkei kamen neue Tänze, und der heitere dramatische Bühnentanz nahm solchen Aufschwung, daß der Kaiser Hsüan-tsung um 750 ein eigenes Theateramt einrichtete. Die westlichen Stile verschmolzen mit den alten Ritualtänzen zu einer Art Ballettpantomime; die berühmteste berichtet von »Tjin Wangs Heldentaten« (um 620). In der Schule für dramatische Musik für Männer wirkten zeitweise 200 Lehrer und Schüler, auch der berühmte Li-tai-pe. Wenig später schloß sich eine Schule für Frauen an. Kultische und zeremonielle Musik blieb auch weiterhin den Männern vorbehalten. Der Staat unterhielt nun für die freie weltliche Musik auch eine öffentliche Musikschule für Gesang, Instrumentalmusik und Tanz (Djiau-fang). Kaiser Hsüan-tsung, selbst als Komponist und Lehrer an der Schule für Musik und Drama tätig, gab den inzwischen ganz sinisierten Fremdstilen neue Namen und legte ihre Tonarten fest, von denen jetzt 28 (von 84 möglichen) in Gebrauch waren. Die Lieder der Tang- und der folgenden Sung-Dynastie sind stark vom Volkslied beeinflußt; die Hofdichter ahmten den schlichten Strophenbau nach. Die Sung-Zeit (906–1279) entwickelte diesen Liedstil ins »Barocke« (Tsi), doch bildete sich bald als Gegenstück ein neuer, ungekünstelter, volksliedhafter Stil heraus, dessen Spottname Tjü (unrichtig) schnell zum Ehrennamen wurde. Auch die Hofkonzerte bestanden jetzt aus einer Folge von Tjü-Stücken, zu deren Begleitung die Streichlaute herangezogen wurde. Das Tjin-Lied wurde in die Ballettpantomimen eingeführt und im 13. Jh. zum Hauptbestandteil der Oper. Die Mongolenherrschaft der Yüan-Dynastie (1250–1368) entwickelte die Heptatonik weiter, zuerst in der Theatermusik. Die Oper wurde zum wichtigsten Teil des Musiklebens, ihre Sprache und ihr Inhalt wurden volkstümlicher. Jeder der 4 Akte hatte nur eine Tjü-Melodie, wie heute im Schattenspiel. In der Ming-Zeit (1368–1644) wurden die pentatonischen Orchesterwerke der alten Hofmusik der Tang-Zeit zu neuem Leben erweckt. Historiker bemühten sich um ihre Rekonstruktion. Die 11 Bücher zur Geschichte und Theorie der Ch.n M. des Prinzen Tsai-yü (um 1580) sind die wichtigste Quelle aller späteren Musikgeschichtsschreibung. In der Dynastie der Mandschu (1644–1912) verfiel die Tradition schnell, einzig die Volksmusik und die Oper überlebten. Nach der Schließung der Hofmusikschule im 17. Jh. war die lebendige Überlieferung abgerissen. Nur im Bereich der privaten Musikpflege hielt sich in gelehrten und traditionsbeflissenen Kreisen noch die Kenntnis der alten kunstmäßigen Profanmusik. Erhalten blieb auch die sakrale Musikübung in buddhistischen und Konfuzius-Tempeln. Von der großartigen Kunst der höfischen Orchestermusik, die als höchste Blüte asiatischer Kunstmusik überhaupt zu gelten hat und die Musik weiter Gebiete Asiens nachhaltig beeinflußte, war in China in den letzten 200 Jahren jede Spur verloren. Sie ist nur in übertragener Gestalt bewahrt geblieben in der Musik der Nachbarvölker, speziell in der japanischen Hofmusik (→ Gagaku). In China wurde nur die Oper weitergebildet. Neben dem eleganten südchinesischen Opernstil des 16. Jh. entwickelte sich in Nordchina in der Mitte des 17. Jh. ein etwas derberer Stil, der in der Mandschu-Zeit den feineren verdrängte. Nach 1700 kam ein lärmendes Heldendrama (pang-tse, s. v. w. Trommelstöcke) auf, das heute nur noch in der Provinz anzutreffen ist, während die städtische Oper zwei Stile pflegte, die um 1730 in Mode kamen: das lyrische Musikdrama Hsi-pi und die bürgerliche Oper Oerl-huang. Ihre Stilunterschiede verschmolzen im 19. Jh. zur »Residenz-Melodie«, die in der Pekinger Nationaloper bis zur Mitte des 20. Jh. herrschte. Die moderne chinesische Oper des 19. und 20. Jh., die einzige Form chinesischer öffentlicher Kunstmusik dieser Zeit, ist stark mit pantomimischen und akrobatischen Zügen ausgestattet. Es wirken nur männliche Sänger und Artisten in der Oper mit, und besonders die Darsteller von Frauenrollen sind die Lieblinge des Publikums. – Im heutigen China wird der Musik als Mittel der Massenlenkung große Bedeutung beigemessen. Hymnen und Lieder der kommunistischen Bewegung begleiten das Leben des einzelnen und der Gemeinschaft in Stadt und Land. Auch die Oper ist als Mittel der politischen Agitation eingesetzt und bis in die Dörfer gedrungen. Die Schule hat die Musik in ihren Lehrplan einbezogen. Anstelle der komplizierten alten Notenschrift wird eine Notation mit arabischen Ziffern verwendet, wobei die Zahlen 1 bis 7 für die Stufen der diatonischen Skala relativer Tonhöhe stehen. Neben der in Wort und Weise merklich von sowjetrussischen Vorbildern abhängigen Propagandamusik sind aber auch Bestrebungen zur Konservierung und Wiederbelebung der klassischen Kunstmusik (Pekinger Musikakademie) im Gange. Westlichen Beobachtern zugänglich sind Unterweisung und Pflege der überlieferten Traditionen in Taiwan und Hongkong, wo man auch versucht, Ch. M. auf europäischen Instrumenten und moderne, westlich inspirierte Musik auf traditionellen Instrumenten zu spielen.

Lit.: J. J. M. AMIOT SJ, Mémoire sur la musique des Chinois tant anciens que modernes, Paris 1779, auch in: Mémoires concernant l'hist. ... des Chinois VI, hrsg. v. Abbé Roussier, Paris 1780; J. A. v. AALST, Chinese Music, Schanghai 1884, Peking [2]1933, NY [3]1964; A. DECHEVRENS SJ, Etude sur le système mus. chinois, SIMG II, 1900/01; W. COHN-ANTENORID, Chinesische Musikästhetik, MfM XXXV, 1903; A. JOHN-LAUGNITZ, Neue Beitr. zur chinesischen Musikästhetik, AMz XXXII, 1905; L. LALOY, La musique chinoise, Paris (1910); E. FISCHER, Beitr. zur Erforschung d. ch. M., SIMG XII, 1910/11; M. COURANT, Chine et Corée, in: Encyclopédie de la musique I, 1, hrsg. v. A. Lavignac u. L. de La Laurencie, Paris 1913; E. M. v. HORNBOSTEL, Ch'ao-t 'ien-tzĕ, eine chinesische Notation u. ihre Ausführungen, AfMw I, 1918/19; E. WELLESZ, Vom Geist d. ch. M., Musikblätter d. Anbruch I, 1919; M. GRANET, Danses et légendes de la Chine ancienne, Paris 1926; DERS., Fêtes et chansons anciennes de la Chine, Paris 1929; R. WILHELM, Das Wesen d. ch. M., Sinica II, 1927; Ch. M., hrsg. v. DEMS., Ffm. 1927; Frühling u. Herbst d. Lü Wu Pe, übers. u. hrsg. v. DEMS., Jena 1928; MENG CHIH, Remarks on Chinese Music and Mus. Instr., NY 1932; L. v. KOHL, Die Grundlagen d. altchinesischen Staates u. d. Bedeutung d. Riten u. d. Musik, Baessler-Arch. XVII, 1934; WANG KUANG-KI, Über d. chinesische klass. Oper, Bern 1934; WANG KUO-WEI, Das chinesische Theater vor d. T'ang-Zeit, Asia major X, 1934; A. TSCHEREPNIN, Music in Modern China, MQ XXI, 1935; J. H. LEVIS, Foundations of Chinese Mus. Art, Peiping 1936; H. TREFZGER, Die Musik in China, Sinica XI, 1936; DERS., Das Musikleben d. T'ang-Zeit, Sinica XIII, 1938; DERS., Über d. chinesischen Notenschriften, Universitas VI, 1951; HU SCHI, Ursprung u. Entstehung der Tz'u, übers. v. A. Hoffmann, Sinica XII, 1937; A. HOFFMANN, Kurze Einführung in d. Technik d. San-ch'ü, in: Sinologische Arbeiten I, Peking 1943; DERS., Die Lieder des Li Yü, Köln 1950; H. ECKARDT, Ryôwô, Sinologica III, 1951/53; DERS., Somakusa, ebenda; J. JIRÁNEK, Volkschina in d. Musik, Studienmaterial f. d. künstlerischen Lehranstalten f., Dresden 1955; FR. KORNFELD, Die tonale Struktur ch. M., = St. Gabrieler Studien XVI, Wien-Mödling 1955; G. SCHNERSON, Musykalnaja kultura kitaja, Moskau 1952, deutsch als: Die Musikkultur Chinas, Lpz. 1955; K. REINHARD, Ch. M., Eisenach u. Kassel 1956; KAZU NAKASEKO, Symbolism in Ancient Chinese Music Theory, Journal of Music Theory I, 1957; W. DANCKERT, Der Tiger am Sybboltier d. Musik in Altchina, Zs. f. Ethnologie LXXXIII, 1958; A. L. KAGAN, Music and the Hundred Flowers Movement, MQ XLIX, 1963. FB

Chiroplast (s. v. w. Handbildner, Handleiter; frz. guide-mains), eine als mechanisches Hilfsmittel für das Klavierspiel von → Logier erfundene, 1814 patentierte Vorrichtung, bestehend aus einer Leiste mit 2 Rahmen, durch die die Finger der beiden Hände gesteckt werden; der Apparat wird über der Klaviatur angebracht. Logier benutzte ihn für die ersten Stunden im Anfangsunterricht, um das Absinken des Handgelenks und das Einknicken der Finger zu verhindern. Neben Logier propagierten den Ch. en Fr. → Kalkbrenner, H. Herz sowie viele Nachahmer bis zur Jahrhundertwende.

Lit.: J. B. LOGIER, An Explanation and Description of the Royal Patent Ch., London 1816; DERS., The First Companion to the Royal Patent Ch., London 1818, [19]1867; FR. KALKBRENNER, Méthode pour apprendre le pfte à l'aide du guide-mains, Paris 1830; H. BECKER, System Logier, Musica XI, 1957.

Chitarra battente (ital., »Schlaggitarre«; frz. guitare en bateau, guitare à la capucine), gitarrenartiges Zupfinstrument. Es wurde mit Sicherheit im 17. Jh. in Italien verwendet, ist wahrscheinlich jedoch viel älter. Im 18. Jh. war es in Italien sowie in den an der Adria gelegenen Balkanländern in Gebrauch. Die Ch. b., eine Wölbgitarre mit leichter Flankeneinziehung, zeichnet sich aus durch ihre im Verhältnis zur Gitarre große Zargenhöhe (bis etwa 17 cm) und durch eine stark ausgebildete Bodenwölbung. Das Griffbrett ist mit Darm- oder Messingbünden versehen; einzelne Holzbünde sind der Decke aufgeleimt. Der Bezug besteht aus Metallsaiten in zumeist 5 Chören zu je 2 (oder bei älteren Exemplaren gelegentlich 3) Saiten in Quart-Terz-Stimmung (wie bei der Gitarre). Die noch gegenwärtig in Kalabrien gespielte Ch. b. hat in der Mitte eine einfache Saite als Bordun (scordo). In 7chöriger Typus hielt sich vornehmlich in der Toskana. Auf der Decke der Ch. b. befindet sich ein zentral angebrachtes Schalloch, oft mit einer vertieft gelagerten Rosette. Die Saiten sind an der unteren Zarge eingehängt, laufen über den aufgesetzten Steg und das Griffbrett in den leicht zurückgebogenen Wirbelhalter, wo sie an hinterständigen Wirbeln befestigt sind. Eine Terz höher als die normale Ch. b. steht die Terza di chitarra a battente. Der Terminus Ch. b. deutet auf den Gebrauch des Plektrons.

Chitarrone (ital., Augmentativ von chitarra), auch Romanische (Römische) Theorbe, eine im 17./18. Jh. gebräuchliche mannshohe Erzlaute (Baßlaute) mit doppeltem Wirbelkasten. Der zweite sitzt im Unterschied zu dem der → Theorbe an einem langen, geradlinig über den 1. Wirbelkasten fortgesetzten Hals. In den 1. Wirbelkasten laufen die 2–3chörigen Griffsaiten, in den 2. die meist einfachen Bordunsaiten. Der Bezug bestand aus Draht-, gelegentlich auch aus Darmsaiten, die mit Plektron gerissen wurden. Die Stimmung war nach Praetorius 1619: $_1F\ _1G\ _1A\ _1H\ C\ D\ E\ F\ G\ c\ d\ f\ g\ a$. Der Ch. wurde vor allem beim Generalbaß verwendet; die Baßsaiten waren bei der ungewöhnlich langen Mensur vollklingend. Tabulaturen für Ch. veröffentlichten u. a. J. H. v. → Kapsberger 1604, 1616 und 1624 und D. → Belli 1616.

Lit.: PRAETORIUS Synt. II; WALTHERL; G. KINSKY, A. Piccinini u. sein Arciliuto, AMl X, 1938.

Chladnische Klangfiguren. Zur Feststellung der Schwingungsformen von Platten hat 1787 der deutsche Physiker E. Fl. Fr. Chladni (1756–1827) ein Verfahren angegeben, um mit Hilfe von aufgestreuten leichten Partikeln (Korkpulver) die Knotenlinien sichtbar zu machen. Überall dort, wo die Platte stark schwingt (Schwingungsbäuche), wandern die Partikel fort und sammeln sich an den Stellen, wo die Platte in Ruhe ist (Knoten). Die Anregung zum Schwingen erfolgte bei Chladni meist durch Streichen des Randes mit einem Geigenbogen. H. Backhaus hat solche Klangfiguren bei Geigen aufgenommen, indem er kleine Metallfolien auf verschiedene Stellen des Geigenkörpers klebte und diesen eine Elektrode auf kleinen Abstand näherte. Durch den so gebildeten elektrischen Kondensator konnte er die Amplituden der Schwingungen des Geigenkörpers bei verschiedenen Frequenzen messen. Außerdem war es möglich, die Schwingungsphase festzustellen. Durch elektromagnetische Abtastung wurden ähnliche Klangfiguren beispielsweise auch auf den Resonanzböden von Flügeln ermittelt.

Lit.: E. FL. FR. CHLADNI, Entdeckungen über d. Theorie d. Klanges, Lpz. 1787; DERS., Die Akustik, Lpz. 1802, [2]1830, als: Traité d'acoustique, Paris 1809; H. BACKHAUS, Über Strahlungs- u. Richtwirkungseigenschaften v. Schallstrahlern, Zs. f. technische Physik IX, 1928; M. GRÜTZMACHER u. W. LOTTERMOSER, Neuere Untersuchungen an Flügeln, Akustische Zs. I, 1936.

Chocalho (ʃukʼaʎu, port.; auch chocolo, xocalho, xucalho), aus Brasilien stammendes Rasselinstrument, das zum Schlagzeug der lateinamerikanischen Tänze (besonders der → Samba) gehört. Es besteht aus einem an beiden Enden verschlossenen Metallzylinder (4–6 cm ⌀), der mit Schrot oder Samen gefüllt ist. Der Ch. wird horizontal an den Enden zwischen den Fingern beider Hände gehalten und mit der rechten Hand waagerecht hin und her geschüttelt, während die linke ruhig bleibt.

Chomonje (griech.) → Ananeanes.

Chor (griech. χορός, ursprünglich Tanzplatz, dann Reigen, Tanzlied, Schar der Tänzer; lat. chorus; ital. coro; frz. chœur; engl. choir), bei den Griechen der mit Gesang verbundene und im Kult zu besonderer Bedeutung gelangte feierliche Tanz, Reigentanz. Von Homer oft erwähnt und auf frühen Vasen gern dargestellt, erhielt er wohl erst bei den Dorern des 7. Jh. v. Chr. eine kunstvollere Ausprägung. Die seither faßbare, in der Sprache dorisch gefärbte Chorlyrik, die mit den berühmten Namen Alkman, Stesichoros, Simonides, Bakchylides und besonders Pindaros verknüpft ist, umfaßt zahlreiche Gattungen, u. a. → Päan, → Dithyrambos, → Hymnus, → Threnos und Preislieder zu Ehren der Sieger in den panhellenischen Wettkämpfen. Zum musikalischen Vortrag dieser überaus kunstvoll gebauten Oden (seit Stesichoros meist aus Strophe, Gegenstrophe und Epode bestehend) gehörten auch Instrumente (Aulos, Kithara, Lyra). Durch Hinzutreten eines Schauspielers entstand das attische Drama (Tragödie, Komödie, Satyrspiel), doch blieb der das Volk als Ganzes repräsentierende Ch., auch nach der Einführung von mehr Schauspielern, für das Wesen des Dramas weiterhin bestimmend. Erst die jüngere und nach ihr die römische Komödie hat den Ch. aufgegeben. – Der Reigentanz der Juden (hebräisch māḥōl), der im Gottesdienst einen wichtigen Platz einnahm (2 Mos. 32, 19; Ps. 149, 3 und 150, 4), ist in der Septuaginta durch χορός, in der Vulgata durch chorus wiedergegeben. In frühchristlicher Zeit hat sich neben der Bedeutung als Reigen (Lukas-Ev. 15, 25) immer mehr die als Sängerschar durchgesetzt (so schrieb um 100 n. Chr. Ignatius an die Epheser, daß die Gemeinde zum einstimmig singenden Ch. werden solle, 4, 2). Mit der Unterscheidung zwischen Klerus und Laien und der Stellvertretung der Gemeinde durch den Klerus wurde der Ch.-Gesang im christlichen Kultus institutionalisiert, indem der Klerus die Ausführung der Gesänge übernahm, seit dem 4. Jh. räumlich abgesondert von der Gemeinde um den Altar (Isidor von Sevilla: *Chorus, quod initio in modum coronae circum aras starent et ita psallerent*, Etym. VI, 19). Die Latinität des Kultus sowie die Formen des Gregorianischen Gesanges waren mitbestimmend für die Ablösung des Gemeindegesanges durch den Kleriker-Ch., der von der → Schola cantorum unterstützt wurde; die musikalische Leitung des Ch.es oblag dem → Kantor. Seit dem 12. Jh. wurden auch Laien (die Bruderschaften) am kirchlichen Ch.-Gesang beteiligt, die im Gegensatz zur Prosa des Gregorianischen Chorals die poetische Lauda sangen. Beide Formen wurden sowohl einstimmig als auch mehrstimmig gesungen mit mehrfacher, d. h. chorischer Besetzung jeder Stimme. Auch das alte → Organum bis ins 11. Jh. wurde in mehrfacher Stimmbesetzung durch Sänger und Instrumente ausgeführt. Im 13.–14. Jh. finden sich in England Conductussätze, die wahrscheinlich für chorischen Gesang bestimmt sind. Im 14. Jh. begegnen derartige Sätze auch auf dem Festland (→ Quellen: *Apt* und *Iv*). Während hier die höchste Stimme möglicherweise zusätzlich durch Kapellknaben verstärkt wurde, ist für die übrigen Stimmen eine Besetzung mit 2–3 Sängern anzunehmen. Bereits im Offizium von Sens (Hs. London, Brit. Mus. Egerton 2615; Repertoire des 13. Jh.) ist die sicherlich vielgeübte Praxis des Alternierens zwischen dem Chorus, der den 1st. Choral ausführte, und Solosängern (unus, alter u. a.), die auch im mehrstimmigen (Organum-)Satz (cum organo) sangen, ausdrücklich angegeben. Im frühen 15. Jh. enthalten einzelne Ordinariumskompositionen vorwiegend in italienischen → Quellen (u. a. *BL*, *O* und *Ao*) abschnittweise die Vermerke chorus meist bei drei- und unus oder duo bei zweistimmigen Partien. Zunächst war damit wohl ein Wechsel gemeint zwischen dem choralen Chorus, der von 2 – nicht textierten – Instrumentalstimmen begleitet wurde, und dem vokalen Soloduett besonders der Oberstimmen. Die zunehmende Durchtextierung der Chorusabschnitte, der Übergang zum Chorbuchformat und schließlich der Wegfall des chorus-, aber nicht des duo-Vermerks (→ Quellen: *Ca 6* und *11*; Modena, lat. 454–456) zeigt die Entwicklung zur chorischen Besetzung und damit zum Ch.-Klang, die sich in der 1. Hälfte des 15. Jh. vollzog. Auch die wachsende Sängerzahl ist belegt, z. B. hatte die päpstliche Kapelle 1436 9 Sänger für den Figuralgesang und wurde allmählich auf 12, 16 und in der 2. Hälfte des 15. Jh. auf 24 Sänger erweitert. Die Ausdrücke concentus vocum oder concento di voci weisen im 16. Jh. auf chorische Besetzung hin. Chorus bezeichnet im 16.–17. Jh. nicht nur den vokalen Ch.-Klang, sondern auch die Besetzung und den Zusammenklang von Instrumenten einer Familie (Stimmwerk, → Akkord – 3; → Consort). – In der → Mehrchörigkeit venezianischer Provenienz und dem barocken → Concerto werden verschiedene Arten vokaler und instrumentaler Chöre unterschieden. Der → a cappella-Begriff bezeichnet daneben den Stil der alten Ch.-Musik, wie ihn u. a. Schütz (1648) fortführte. – Der nichthierarchische Kirchenbegriff des Protestantismus wie auch die Einführung der Volkssprache in den Gottesdienst ermöglichten wieder neben der Einsetzung des Gemeindegesangs auch die Verwendung von Laienchören, die für die Gemeinde singen oder deren Gesang führen. Die Arten des Ch.-Singens der evangelisch-lutherischen Schulkantoreien kennzeichnen Haßlers vierstimmig gesetzte Psalmen und Kirchengesänge von 1607 *fugweis komponiert* und *simpliciter gesetzt*. Während Zwingli jeglichen Gesang in der Kirche zunächst abschaffte, später jedoch offenbar wieder an eine Einführung des Gemeindegesanges dachte, ließ Calvin zwar den Gemeindegesang zu, jedoch keine Vertretung der Gemeinde durch den Ch. – In den neuen barocken Gattungen Kantate (Passion) und Oper wurden dem Ch. in Vertretung des Volkes (→ Turbae) oder für überpersönliche Betrachtung homophone und fugierte Sätze übertragen. – Seit dem ausgehenden 18. Jh. wird der Ch.-Gesang in zunehmendem Maße nicht mehr nur in seinen überkommenen Formen und Institutionen gepflegt. Mit dem Aufkommen neuer Vorstellungen von Gemeinschaft und Gesellschaft durch Aufklärung und Romantik (Volk, Nation, Masse, Gemeinschaft, Bund) wurde auch der Ch.-Gesang neu als repräsentativer Ausdruck einer Gemeinschaft verstanden. Im Politischen wirkt der Ch. als repräsentative Darstellung der politischen Gemeinde (der Ch. beim »Fest des höchsten Wesens« 1794 in Paris bestand aus 2400 Personen, die zu je 50 von den 48 Bezirken gestellt wurden, und zwar jeweils 10 alte, 10 junge Männer, 10 Mütter, 10 junge Mädchen, 10 Kinder) oder als Kundgabe eines politischen Willens (so ging Gossec 1795 mit einer Sängergruppe nach Brüssel, um dort Aufführungen »zur Propagierung der Freiheit und Gleichheit« zu veranstalten). Die romantische Vorstellung vom Volksgeist, der sich u. a. im chorisch vorgetragenen Volkslied ausspricht, führte vornehmlich in Deutschland, dann auch in Osteuropa und in den USA zur Gründung von Chören und → Sängerbünden, die sich bis in die kleinste ländliche Gemeinde der Pflege des Volksliedgutes annehmen. Der vierstimmige gemischte Ch. mit Frauen für die Oberstimmen wurde zur Norm neben den Sonderformen von → Männer-Ch., → Frauen-Ch. und Kinder-Ch. In die Symphonik wurde der Ch. als Steigerung einbezogen (Beethoven, 9. Symphonie; Mahler). Daneben ist volkstümlich-romantisch auch die Vertonung von Sololiedern für Ch. möglich, in denen das Ich als romantisch-kollektives gesehen ist. Ch.-Institutionen des 19. und 20. Jh. sind der Kirchen-Ch. mit Laien sowie der → Opern-Ch. und der Rundfunk-Ch. mit Berufssängern. Während die rückgewandten Bewegungen der Ch.-Komposition, der → Caecilianismus des 19. und die Singkreise der → Jugendbewegung des 20. Jh., an den von Gregorianik, Chorpolyphonie und Liedsatz geprägten Formen festhielten, entfernte sich der Ch.-Satz bei Webern, Nono u. a. von diesen traditionellen Vorstellungen.

Lit.: R. v. LILIENCRON, Die Chorgesänge d. lat.-deutschen Schuldramas im XVI. Jh., VfMw VI, 1890; E. BODENSTEINER, Szenische Fragen über d. Ort d. Auftretens u. Abgehens v. Schauspielern u. Ch. im griech. Drama, Lpz. 1893; E. GAUSE, Der Einfluß d. christlichen Kultus auf d. Kirchenbau, Diss. Jena 1901; J. RAUTENSTRAUCH, Luther u. d. Pflege d. kirchlichen Musik in Sachsen bis zum 2. Jahrzehnt d. 17. Jh., Lpz. 1907; R. FISCHER, Der Ch. im deutschen Drama v. Klopstocks Hermannsschlacht bis Goethes Faust II, München 1917; M. SCHNEIDER, Die Besetzung d. vielst. Musik d. 17. Jh., AfMw I, 1918/19; E. TROELTSCH, Die Soziallehren d. christlichen Kirchen u. Gruppen, in: Gesammelte Schriften I, Tübingen 1919; K. MEYER, Der Einfluß d. gesanglichen Vorschriften auf d. Ch.- u. Emporenanlagen in d. Klosterkirchen, MfMw IV, 1922; H. J. MOSER, Das deutsche Chorlied zwischen Senfl u. Hassler, JbP XXXV, 1928; P. EPSTEIN, Der Schulch. v. 16. Jh. bis zur Gegenwart, Lpz. 1929; F. K. ROEDEMEYER, Vom Wesen d. Sprech-Ch., Kassel 1931; A. BELLESORT, Athènes et son théâtre, Paris 1934; W. EHMANN, Das Musizierbild d. deutschen Kantorei im 16. Jh., in: Musik u. Bild, Fs. M. Seiffert, Kassel 1938; DERS., Die Chorführung, Kassel 1950, ²1956; K. THOMAS, Lehrbuch d. Chorleitung, 3 Bde, I–II Lpz. 1935–37, III 1948, Neuauflage I–III Wiesbaden 1961; W. GURLITT, Kirchenmusik u. Kirchenraum, MuK XIX, 1949; H. BESSELER, Bourdon u. Fauxbourdon, Lpz. 1950; E. VALENTIN, Hdb. d. Chormusik I–II, Regensburg 1953–58; J. SMITS v. WAESBERGHE SJ, Herbeni Trajectensis De natura cantus ac miraculis vocis, = Beitr. zur Rheinischen Mg. XXII, Köln 1957; THR. G. GEORGIADES, Musik u. Rhythmus bei d. Griechen, = rde LXI, Hbg (1958); W. WIORA, Der alte u. d. neue Sinn d. Chorgesanges, in: Mus. Zeitfragen II, Kassel 1958; DERS., Die Natur d. Musik u. d. Musik d. Naturvölker, Journal of the International Folk Music Council XIII, 1961; H. REIMANN, Die Einführung d. Kirchengesanges in d. Zürcher Kirche nach d. Reformation, Zürich 1959; Das Chorwesen in unserer Zeit, Musica XIV, 1960; H. J. SCHATTNER, Volksbildung durch Musikerziehung. Leben u. Wirken H. G. Nägelis, Diss. Saarbrücken 1960; E. GERSON-KIWI, Religious Chant: A Pan-Asiatic Conception of Music, Journal of the International Folk Music Council XIII, 1961; R. HAMMERSTEIN, Die Musik d. Engel, Bern (1962); K. G. FELLERER, Soziologie d. Kirchenmusik, = Kunst u. Kommunikation IX, Köln 1963; H. KOLLER, Musik u. Dichtung im alten Griechenland, Bern (1963); A. KUNZMANN, Gesch. d. Chorliedes, Stuttgart 1963; M. RUHNKE, Beitr. zu einer Gesch. d. deutschen Hofmusikkollegien im 16. Jh., Bln 1963.

Choral (lat. choralis, zum Chor gehörig, Adjektiv zu chorus, Chor) kennzeichnet in seiner (zunächst adjektivischen) lateinischen Wortform spätestens seit dem 14. Jh. vorwiegend bestimmte kirchliche Gesänge, ferner deren Ausführende und diese Gesänge enthaltende Bücher. Das Wort bezieht sich zunächst auf den musikalischen Träger der Gesänge, den Chorus, läßt in weiterer Verwendung jedoch in verschiedenen Einzelbedeutungen diesen Bezug nicht mehr erkennen. – Wahrscheinlich weil im ausgehenden Mittelalter die liturgischen Gesänge ausschließlich vom Chorus gesungen wurden, chorischer Gesang aber ursprünglich einstimmig war, wurde Ch. im Spätmittelalter zur Sammelbezeichnung für die einstimmigen, lateinischen, liturgischen Gesänge der abendländischen katholischen Kirche, also des Gregorianischen, Ambrosianischen, Beneventanischen und Mozarabischen Gesanges, und später, soweit sie von den Reformatoren übernommen oder umgestaltet wurden, auch der evangelischen Kirche, nicht aber der Gesänge der Ostliturgien. Der Ausdruck *cantus choralis planus sive Gregorianus* bzw. *cantus choralis* ist bei Conrad von Zabern 1460/70 belegt, um 1490 als *korgesangk* übersetzt. Cantus choralis (frz. plain-chant; engl. plainsong; span. canto llano) grenzt die einstimmigen liturgischen Gesänge gegen die mehrstimmige Mensural- oder Figuralmusik ab: Anonymus XI (CS III, 417, Mitte 15. Jh.) unterscheidet Musica mensuralis und coralis, ebenso zahlreiche andere musiktheoretische Schriften vor allem des 16. Jh. (B. Prasberg, *Clarissima plane atque choralis musice interpretatio*, 1501; M. Agricola, *Musica choralis deudsch*, 1533). Das Wort Ch., in der eingedeutschten Form schon 1566 bei Mathesius belegt, begegnet in diesem Sinne zunächst in Deutschland und Italien, während im englischen und französischen Sprachgebrauch choral allgemein chorisch bedeutet. Es bezeichnet die Gattung, nicht den einzelnen Gesang. Gleichzeitig blieben ältere Bezeichnungen weiterhin in Gebrauch, wie Musica plana, → Cantus planus, Cantus Gregorianus, → Cantus firmus u. ä. Bei Hothby (Mitte 15. Jh.) meint jedoch canto corale den Cantus mensuralis im Gegensatz zu canto legale, dem einstimmigen liturgischen Gesang. Die Ausführenden dieser Gesänge heißen chorales; die Gesänge sind, vor allem in Italien, im Chorale zusammengefaßt; in Deutschland erscheint dieser Titel z. B. im *Chorale vetus pro organoedo* 1511. Auch Zyklen mehrstimmiger Kompositionen über diese Gesänge heißen Ch., z. B. der *Responsorien Choral* im Heidelberger Kapellkatalog von 1544, Isaacs 1555 in Nürnberg gedruckter *Choralis Constantinus* und Kneffels *Cantus choralis* 1575. Der Titel eines Ch.-Buches von 1724 *Cantus choralis figuratus*, der den ursprünglichen Gegensatz in einem Ausdruck vereinigt, kennzeichnet ein späteres Stadium im Gebrauch des Wortes Ch. – Auch die volkssprachigen Strophenlieder der Gemeinde in der evangelischen Kirche, die zum Teil auf vorreformatorische Lieder zurückgehen und in ihren Neuschöpfungen teilweise vom Gregorianischen Gesang beeinflußt sind, werden in Deutschland und den skandinavischen Ländern, allerdings noch nicht bei den Reformatoren selbst, Ch. genannt, möglicherweise weil auch sie zunächst nur einstimmig erklangen, wobei der Chorus choralis unter Leitung des Cantor choralis den Gemeindegesang anführte, oder weil ihre Bedeutung allmählich auf Kosten des Gregorianischen Gesangs zunahm; bezeichnenderweise wurden die volkssprachigen Lieder der katholischen Kirche nicht Ch. genannt. Ch. bedeutet im evangelischen Sprachgebrauch das einzelne Lied. Luther nennt diese Lieder noch korrekt canticum (vernaculum), psalmus (vernaculus), deutsches Lied u. ä., ebenso Calvin cantique oder chant ecclesiastique. Neben diesen Ausdrücken, die bis ins 18. Jh. beibehalten wurden, begegnet die Bezeichnung Ch. für das evangelische → Kirchenlied spätestens seit dem Ende des 16. Jh., so bei Osiander 1586, Eccard 1597, M. Praetorius 1613 und S. Scheidt 1624 und im Titel einer Sammlung erstmalig in D. Speers *Choral Gesang-Buch, Auff das Clavir oder Orgel*, 1692; dieses ist gleichzeitig ein → Choralbegleitbuch. Im Zusammenhang mit den liturgischen Erneuerungsbestrebungen der Gegenwart wird wieder eine Unterscheidung zwischen Ch. und Kirchenlied angestrebt. Schon im 17. Jh. erhielt Ch.

auch die Bedeutung von → Choralbearbeitung, z. B. bei Schütz (Vorrede zum Beckerschen Psalter, 1628), in J. Pachelbels *8 Chorale ... zum praeambulieren* 1693 und in J. S. Bachs *Chorale von verschiedener Art* für Org. (Schüblerchoräle, gedruckt zwischen 1746 und 1750). Bach nannte auch die Choralbearbeitungen in seinen großen Chorwerken Ch., z. B. den Schlußchor des 1. Teiles der *Matthäuspassion*. Ebenso wurden mehrstimmige Kirchenliedsätze als Ch. bezeichnet. In einer Dresdener Gottesdienstbeschreibung von 1660 ist choraliter offenbar gleichbedeutend mit a cappella. Bei all diesen Bedeutungen scheint Ch. vor allem die musikalische Fassung des Kirchenliedes zu bedeuten, also seine wie auch immer geartete kompositorische Bearbeitung, die in Bezeichnungen wie Ch.-Kantate, Ch.-Passion, Ch.-Vorspiel, Orgel-Ch. speziell gekennzeichnet ist (→ Choralbearbeitung). – Da Ch.-Gesang und Kirchenlied seit langem an geprägten Formen und einem festen Bestand festhalten, der stilistisch vergangenen Zeiten der Musikgeschichte angehört, ergriff die neuere weltliche Musik die Möglichkeit, den Ch. zum Ausdruck des Religiösen, Erhabenen, Feierlichen, Archaischen, auch zu parodistischen Zwecken zu verwenden. Teils werden Ch.- bzw. Kirchenliedmelodien übernommen, teils wird in ihrem Stil neu komponiert; bisweilen nennt der Komponist das betreffende Stück Ch. oder bringt eine in diese Richtung deutenden Hinweis. Berlioz verwendet die Sequenz *Dies irae* in seiner *Symphonie fantastique*, ebenso Liszt im *Totentanz*, Hindemith die Sequenz *Lauda Sion* in *Mathis der Maler*; evangelische Kirchenlieder verwenden z. B. Mozart in der *Zauberflöte*, Lortzing im *Wildschütz*, Meyerbeer in den »Hugenotten«, Mendelssohn Bartholdy in der »Reformationssymphonie«, Debussy in *En blanc et noir*; Berg übernimmt einen 4st. Ch.-Satz J. S. Bachs in sein Violinkonzert. Die Bezeichnung Ch. erscheint z. B. in J. Haydns *Chorale St. Antoni*, Mendelssohns Klavierfuge op. 35, 1, Bruckners 5. Symphonie (wonach auch andere Themen bei ihm Ch.-Themen genannt werden), C. Francks Klavier- und Orgelchorälen, Bartóks *Mikrokosmos* und *For Children*, Strawinskys »Geschichte vom Soldaten«, Weills *Dreigroschenoper* und Bergs *Wozzeck*. Mahler schreibt über den 4. Satz seiner 2. Symphonie *choralmäßig*. Unübersehbar ist die Zahl der nach Art des Ch.s gebildeten Sätze, die nicht so genannt sind (z. B. der Pilgerchor aus Wagners *Tannhäuser*, der Mittelteil des 2. Satzes in Bartóks Konzert für Orch.). Einen Hinweis auf choralhafte Vorstellung trägt z. B. in Beethovens Streichquartett op. 132 der Satz *Heiliger Dankgesang eines Genesenen an die Gottheit* (in der Form einer großen Ch.-Bearbeitung) oder in Bartóks 3. Klavierkonzert, das stilistisch deutlich am Ch. orientierte *Adagio religioso*. Honegger nennt seinen *Pacific 231* einen »großen figurierten Ch. ..., der sich in der Form an J. S. Bach anlehnt«.

Lit.: J. MATHESIUS, Historien v. ... M. Luthers anfang..., Nürnberg 1566; A. W. SCHMIDT, Die Calliopea Legale d. J. Hothby, Lpz. 1897; L. SÖHNER, Die Gesch. d. Begleitung d. gregorianischen Ch., = Veröff. d. gregorianischen Akad. zu Freiburg i. d. Schweiz XVI, Augsburg 1931; A. HONEGGER, Je suis compositeur, Paris 1951, deutsch Zürich (1952); S. HERMELINK, Ein Musikalienverz. d. Heidelberger Hofkapelle aus d. Jahre 1544, in: Ottheinrich, Gedenkschrift ..., Heidelberg 1956; Die Musiktraktate Conrads v. Zabern, hrsg. v. K. W. GÜMPEL, = Akad. d. Wiss. u. d. Lit. Mainz, Abh. d. geistes- u. sozialwiss. Klasse, Jg. 1956, Nr 4; O. BRODDE, Ev. Choralkunde, in: Leiturgia IV, Kassel 1961; W. BLANKENBURG, Der gottesdienstliche Liedgesang d. Gemeinde, ebenda; E. SCHMIDT, Der Gottesdienst am kurfürstlichen Hofe zu Dresden, = Veröff. d. ev. Ges. f. Liturgieforschung XII, Göttingen u. Zürich 1961; E. JAMMERS, Ch. u. Liturgie, in: Organicae voces, Fs. J. Smits van Waesberghe, Amsterdam 1963; FR. BLUME, Gesch. d. ev. Kirchenmusik, Kassel ²1965.   GBA

Choralbearbeitung. – 1) Seit dem karolingischen Mittelalter wurde der → Choral, das für den Gottesdienst bestimmte Melodiengut der Kirchen, immer wieder von neuem mehrstimmig gefaßt. Doch hat dieses Schmücken, Paraphrasieren, Deuten nicht zu allen Zeiten die gleichen Gattungen 1st. Gesänge betroffen. Das → Organum der Notre-Dame-Schule bevorzugte die melismatischen Gesänge des Graduale, des Offizium-Responsoriums und des Alleluia. Seit dem 14./15. Jh. fand das Ordinarium der → Messe größere künstlerische Beachtung, während das 15. und 16. Jh. den Weisen des Offiziums besondere Aufmerksamkeit schenkte. In der lutherischen Reformation trat neben den ererbten Bestand alter Gesänge seit etwa 1520 das deutsche → Kirchenlied, das bald in den Rang eines Chorals aufstieg und eine neue Blüte der Ch. einleitete. Von den Liedschöpfungen der anderen Konfessionen hat nur die Gattung des Psalmliedes einen größeren Kreis von Komponisten gefesselt (→ Souterliedekens). – Die mannigfaltigen Arten der mehrstimmigen Bearbeitung des Chorals bewegen sich zwischen zwei Extremen, die im Lauf der Geschichte mit zeitgemäßen Abwandlungen immer wieder begegnen: der schlichten Technik des Contrapunctus simplex, in der sich die Stimmen unauffällig der im Tenor oder im Superius liegenden Weise unterordnen, und der Gattung des »Choralquodlibets« (M. Praetorius 1619), in welcher zusammen mit dem liturgischen C. f. mindestens noch eine weitere überlieferte Melodie oder auch bloß ein anderer Text erklingt. Zur ersten Art gehören außer der improvisatorischen Praxis zahlreiche Werke der englischen gottesdienstlichen Gebrauchsliteratur des 14. Jh. (Hymnen, Magnificat, konservative Messen), die einfachen 4st. calvinistischen Psalmlieder und der protestantisch-lutherische Kantionalsatz. Den Gegenpol hierzu bilden die mittelalterlichen → Motette, ferner im 16. Jh. öfter nachgewiesene Gleichzeitigkeit von liturgischem Text und deutschem Lied und die Zitatweise J. S. Bachs.

Die Geschichte der mehrstimmigen Bearbeitung des deutschen Kirchenliedes, der Ch. im engeren Sinne, beginnt mit der Veröffentlichung des *Wittenbergisch deutschen Geistlichen Gesangbüchleins* von J. Walter (1. Auflage 1524). Da es Walter darum zu tun war, die protestantischen Melodien in Tenor- oder (seltener) Diskantlage deutlich und zusammenhängend hervortreten zu lassen, orientierte er sich nicht an der zeitgenössischen Motette, sondern am deutschen weltlichen Lied. Der dem bürgerlichen Musizieren entgegenkommende Charakter seiner Sätze und der Wunsch Luthers, daß sie an die Stelle des weltlichen Gesangs treten mögen (dazu der starke Anteil lateinischer Musik in den für die Verwendung im Gottesdienst bestimmten Torgauer Walter-Handschriften), deuten auf eine ursprünglich außerkirchliche Bestimmung des Gesangbüchleins. Die durch G. Rhaw 1544 herausgegebenen *Newen deudschen geistlichen Gesenge ... für die gemeinen Schulen* bieten stilistisch ein bunteres Bild. Neben den herkömmlichen Formen finden sich einige große Motetten niederländischer Provenienz. Über den in dieser Sammlung erreichten technischen Stand sind die Komponisten der folgenden Jahrzehnte (M. Le Maistre, G. Otto, A. Scandellus, L. Schröter) kaum hinausgegangen. Die Ch. verlor den Anschluß an die allgemeine künstlerische Entwicklung, wie sie sich in dem internationalen Repertoire freier Motetten der Sammeldrucke zwischen 1550 und 1620 spiegelt; Lied- und Motettenprinzip erweisen sich als schwer zu vereinende Gegensätze. Im → Kantionalsatz zieht sich die Ch.

gewissermaßen auf ihren protestantischen Ausgangspunkt zurück. In den folgenden 50 Jahren erhielt fast jedes deutsche evangelische Territorium seinen eigenen Vorrat von Liedsätzen dieser Art, meist allerdings in aufgelockerterer Gestaltung. Eine Reihe von Komponisten versuchte erneut, aus dem Choral ein zeitgemäßes Kunstwerk zu machen (M. Franck 1602, H. L. Haßler 1607, Schein 1627). M. Praetorius' *Musae Sioniae* I–IV (1605–07) belegen den neuen Typ der doppelchörigen Choralmotette mit episodenhaften Durchimitationen, akkordischen Dialogen und C. f.-Durchführungen. Als Praetorius später dazu überging, Partien für die »Favoriten« (Solisten) und solche für das gesamte Ensemble systematisch zu unterscheiden, war das Choral-(→)Concerto entstanden, dessen glanzvollste Belege (mit Symphonien, obligater Instrumentalbegleitung und Ziergesang) seine Publikationen von 1619–21 füllen. Fast schematisch verwendet dann Scheidt den sukzessiven Kontrast, indem er die Melodiezeilen erst in fugierender Technik vertont und danach sogleich im Kantionalstil und in vergrößerten Notenwerten wiederholt. Von der bewahrenden Gesinnung Scheidts hebt sich Scheins freiere Einstellung zum Lied ab, der die überlieferten Weisen verändert oder sogar preisgibt, wenn sie seinen satztechnischen Plänen widerstreben. Bald scheint man erkannt zu haben, daß das C. f.-Prinzip für affektvolle Deklamation und lyrische Betrachtung ungeeignet ist. Abermals begann der Ch. den freien Kompositionen zu unterliegen. Kirchliche Reformbewegungen lenkten jedoch erneut den Blick auf das Lied. Seit etwa 1650 wurde die Ch. mit Gattungen verbunden, die auf anderen Texten beruhen (→ Kantate, → Passion). Der Choralkantate in ihrer ältesten, schon bei Scheidt erkennbaren Form dient ein einziges Lied per omnes versus als Grundlage einer meist von Strophe zu Strophe wechselnden musikalischen Darbietung. Wieder bedingt die Rücksichtnahme auf eine »Kernweise« die altertümliche Faktur mancher Sätze (z. B. J. P. Krieger, *Ein feste Burg*, 1688, DDT LIII/LIV). Wie in den Liedmessen der Zeit (Bernhard, Theile, Zachow) ist dabei ein historisierender Ton oft nicht zu überhören. Den Rahmen der Kantaten bilden gewöhnlich glanzvolle Konzerte mit Symphonien, solistischen Vorimitationen und Tuttizusammenfassungen (Knüpfer, Schelle). Um auch ausdrucksvolle Solostücke schreiben zu können, verzichtete man in manchen Abschnitten auf die überlieferte Melodiesubstanz oder fügte zwischen den Strophen bzw. an deren Stelle Neudichtungen ein. Diese erweiterte Gestalt zeigen die meisten Choralkantaten J. S. Bachs. Sein sonstiges geistliches Vokalwerk ist voll von choralen Beziehungen. Sie finden sich zum Teil sogar in ouvertürenartigen Formen, in Da-Capo-Arien und Rezitativen. Nach 1750 trat die Ch. in einen Zustand der Erstarrung. In den Motetten thüringischer Komponisten behauptet sich noch eine Zeitlang die simultane oder auch sukzessive Verbindung von Bibeltext und Kirchenlied. Im Gebrauchsstil Note gegen Note beschließt der Choral kantatenhaupte Partien oder markiert Einschnitte in Oratorien. Als man am Ende des 18. Jh. der in formelhaften Wendungen festgefahrenen Kirchenkantate überdrüssig wurde, entstanden die »figurierten Choräle«, in denen etwa nach Art der frühbarocken Aria nach einer mehr oder weniger ausgedehnten, mitunter symphonisch verselbständigten instrumentalen Einleitung ein einfacher, vom Orchester figurierend begleiteter und durch Zwischenspiele gegliederter Liedsatz erklingt. J. A. Hiller hat diesen Typ der Ch., der im Werk von Doles und Türk vertreten ist, zu beschreiben versucht. – Durch den Verfall des kirchlichen Chorwesens und der gottesdienstlichen Formen im Zeitalter des theologischen Rationalismus war der Ch. der Boden entzogen worden. Die unter dem Eindruck J. S. Bachs komponierten Choralkantaten von F. Mendelssohn Bartholdy konnten außerhalb Berlins keine Tradition mehr begründen. Der Choral selbst verblaßte zum Symbol eines vagen Frömmigkeitsideals. Erst im Zuge der liturgischen Erneuerungsbewegungen begann man, die historischen Gattungen zu studieren. Doch mit der alten Ch. erwachte das Problem der stilistischen Assimilierbarkeit des Kirchenliedes. H. Distler, E. Pepping u. a. verzichteten auf den Bruch mit der Tonalität und bestätigten damit jenen Zwang zum Verharren, den die Ch. von jeher ausgeübt hat.

Ausg.: G. v. Tucher, Schatz d. ev. Kirchengesangs im 1. Jh. d. Reformation, 2 Bde, Lpz. 1848; L. Schöberlein, Schatz d. liturgischen Chor- u. Gemeindegesanges I–II, Göttingen ²1928–29; Hdb. d. deutschen ev. Kirchenmusik, hrsg. v. K. Ameln, Chr. Mahrenholz u. W. Thomas, Göttingen 1936ff.

Lit.: J. A. Hiller, Beyträge zur wahren Kirchenmusik, Lpz. ²1791; C. v. Winterfeld, Der ev. Kirchengesang, 3 Bde, Lpz. 1843–47; A. Schering, Gesch. d. ev. Kirchenmusik, Adler Hdb.; Fr. Blume, Das monodische Prinzip in d. protestantischen Kirchenmusik, Lpz. 1925; ders., Die ev. Kirchenmusik, Bücken Hdb.; H. Teuscher, Christ ist erstanden. Stilkritische Studie..., Kassel 1930; O. Ursprung, Die kath. Kirchenmusik, Bücken Hdb.; H. Sirp, Die Thematik d. Kirchenkantaten J. S. Bachs in ihren Beziehungen zum protestantischen Kirchenlied, Bach-Jb. XXVIII, 1931 u. XXIX, 1932; W. Gosslau, Die religiöse Haltung d. Reformationsmusik..., Kassel 1933; W. Gurlitt, J. Walter u. d. Musik d. Reformationszeit, Luther-Jb. XV, 1933; A. Adrio, Die Anfänge d. geistlichen Konzerts, = Neue deutsche Forschungen XXXI, 1, Bln 1935; H. Osthoff, Die Niederländer u. d. deutsche Lied (1400–1640), ebenda CXCVII, 7, Bln 1938; F. Treiber, Die thüringisch-sächsische Kirchenkantate zur Zeit d. jungen Bach (etwa 1700–23), AfMf II, 1937; E. Nievergelt, Die Tonsätze d. deutsch-schweizerischen reformierten Kirchengesangbücher im 17. Jh., Zürich 1944; C. Gerhardt, Die Torgauer Walter-Hss., = Mw. Arbeiten IV, Kassel 1949; A. P. Buker, Ch. from J. Walther to D. Buxtehude, Diss. Boston Univ. 1953; H. H. Eggebrecht, J. Pachelbel als Vokalkomponist, AfMw XI, 1954; Thr. G. Georgiades, Musik u. Sprache..., Bln, Göttingen u. Heidelberg (1954); H. J. Moser, Die ev. Kirchenmusik in Deutschland, Bln u. Darmstadt 1954; W. Fortner, Geistliche Musik heute, MuK XXVII, 1957; S. Sørensen, D. Buxtehudes vokale kirkemusik..., Kopenhagen 1958; A. Forchert, Das Spätwerk d. M. Praetorius, = Berliner Studien zur Mw I, Bln 1959; E. Platen, Untersuchungen zur d. chorischen Ch. J. S. Bachs, Diss. Bonn 1959; J. Stalmann, J. Walters Cantiones latinae, Diss. Tübingen 1960; E. Gesner, S. Scheidts Geistliche Konzerte, Bln 1961; A. Dürr, Gedanken zum Kirchenmusikschaffen E. Peppings, MuK XXXI, 1961; E. H. Sparks, C. f. in Mass and Motets, 1420–1520, Berkeley u. Los Angeles 1963. WB

– 2) Die Ch. für Tasteninstrumente (hauptsächlich Orgel) hat als C. f.-Grundlage wie die vokale Ch. den im weiteren Sinne verstandenen → Choral. Ihre ursprüngliche und bis ins 19. Jh. vorwiegende Bestimmung ist die Verwendung im Gottesdienst; dabei sind ihre Aufgaben hauptsächlich: das versweise Alternieren mit dem Chor oder der Gemeinde (alternativen-Vers und -Strophe, → Versett), das Praeambulieren vor dem Choralgesang (Choralvorspiel) und die Begleitung des Choralgesanges des Liturgen, des Chores oder der Gemeinde (jedoch ist ein Großteil der hierfür bestimmten Sätze bloße Ausharmonisierung und nicht eigentlich als Ch. zu bezeichnen). Daneben kam bereits um 1600, zunächst im calvinistischen Holland, das außergottesdienstliche Orgelspiel in der Kirche auf, das bald darauf in Norddeutschland und Dänemark übernommen wurde; später, besonders seit dem Ende des 19. Jh., bietet es als Orgel-»Konzert« die einzige Aufführungsmöglichkeit für einen großen und gewichtigen Teil der Ch.s-Literatur für Orgel. Eine weitere außerliturgische Musiziergelegenheit besteht in der häuslichen Erbauung; ihr sind besonders die im Stil der Liedbearbeitung gehaltenen Variationenreihen des 17. Jh. (z. B. von Pachelbel) zuzuordnen, die auch ihrer Satzart nach mehr zur Ausführung auf dem besaiteten Tasteninstrument als auf der Orgel geeignet sind. Endlich ist der auf die Beherrschung von Spieltechnik, Improvisation und Komposition gerichtete didaktische Zweck zu nennen, der, meist verbunden mit der liturgischen Bestimmung, in der Geschichte der Gattung von den *Exempla* in Buchners Fundamentbuch über Bachs *Orgelbüchlein* bis zu J. N. Davids *Lehrstück* (*Choralwerk*, Heft 6) immer wieder begegnet. – In der musikalischen Gestaltung der Ch. lassen sich nach der Art der C. f.-Behandlung folgende Grundtypen unterscheiden: 1. die einmalige und vollständige Durchführung der Choralmelodie (meist mit Wahrung der Stimmlage), wobei der Aufbau des C. f. für die Form der Bearbeitung grundlegend bleibt (Orgelchoral); dieser wichtigste und häufigste Grundtypus hat durch die verschiedenen Möglichkeiten hinsichtlich der Stimmenzahl, des Abhängigkeits- oder Kontrastverhältnisses der Gegenstimmen zum C. f., der planen oder kolorierten Darstellung des C. f. sowie dessen Mensurierung die größte Variabilität und damit auch die größte Fähigkeit zur Anpassung an den historischen Stilwandel; 2. die abschnittweise durchimitierende Durchführung der einzelnen Choralzeilen bzw. der aus ihnen abgeleiteten Soggetti (Choralricercar); 3. die abschnittweise Bearbeitung der einzelnen Choralzeilen, die mehrfach und in verschiedenen Techniken durchgeführt werden (Choralfantasie); 4. die fugierte Durchführung der ersten Choralzeile bzw. eines aus ihr gewonnenen Themas (Choralfuge, -fughette). Weitere Möglichkeiten ergeben sich als Übergangs- und Kombinationsformen aus den genannten Grundtypen sowie durch Einbeziehung von Kanon, Ostinato, Elementen der Arienform usw.; daneben begegnen auch Formen, in denen der C. f. frei paraphrasierend behandelt wird und die sich einer Typisierung entziehen. – Die Ch. als zyklisches Gebilde entsteht entweder durch die Zusammenstellung der zum liturgischen Gebrauch erforderlichen Einzelsätze (Versusprinzip) oder ist als zusammenhängende und in sich geschlossene Form komponiert (Variatioprinzip). Im ersten Fall besteht keine Notwendigkeit zu musikalischem Zusammenhang über die in Tonart und C. f. gegebene Einheitlichkeit hinaus, da ein solcher im Rahmen des alternatim-Musizierens nur bedingt zur Geltung kommt; es können sogar innerhalb einer Reihe C. f.-gebundene und freie Sätze zusammentreten (so z. B. in Grignys *Livre d'orgue*). Entsprechend bietet andererseits die rein musikalische, auf motivischem Zusammenhang, auf Kontrast und Steigerung beruhende Zyklenbildung nicht immer die Möglichkeit der Herauslösung von Einzelsätzen für den liturgischen Gebrauch (so etwa in Sweelincks Ch.en mit ihrem fließenden Übergang zwischen den Variationen). Indessen beruht ein großer Teil der zyklischen Ch.en auf der Durchdringung von Versus- und Variatioprinzip; Beispiele dafür bieten die meisten Zyklen in Scheidts *Tabulatura nova*.

Die Geschichte der Ch. für Tasteninstrumente zeigt einen gegenüber der jeweils gleichzeitigen vokalen Ch. weitgehend eigenständigen Verlauf. Die Überlieferung setzt Anfang des 15. Jh. ein mit den Meßsätzen der Hs. *Fa* (→ Quellen), in denen der Tenor-C. f. von einer bewegten Diskantstimme kontrapunktiert wird. Die gleiche Technik zeigen in Deutschland die Ch.en der aus Sagan (um 1425) und Winsem (um 1430) stammenden Fragmente; sie wird auch noch in den älteren Fassungen (Erlangen und Lochamer Liederbuch) von Paumanns *Fundamentum organisandi* gelehrt (→ Fundamentbuch). Demgegenüber ist der Typus, den die Meßsätze, Antiphonen, Hymnen und Magnificat des Buxheimer Orgelbuches (aufgezeichnet etwa zwischen 1460 und 1470) sowie die beiden in dieser Handschrift enthaltenen *Fundamenta* Paumanns ausprägen, zumeist durch Hinzufügung eines Contratenors zur Dreistimmigkeit erweitert. Im Vergleich zu der geringen Anzahl von Quellen aus dem 15. Jh., in dem die Ch. mit ihrer wenig differenzierten Technik wohl weitgehend der Improvisation überlassen blieb, ist aus dem 16. Jh. ein größeres Repertoire überliefert, das eine reiche Entfaltung der kontrapunktischen und formalen Gestaltungsmöglichkeiten zeigt, wobei die Vierstimmigkeit in den Vordergrund tritt. Die deutsche Tradition wird fortgesetzt in Schlicks *Tabulaturen etlicher Lobgesang* (1512) und Buchners im Anschluß an sein *Fundamentum* aufgezeichneten Ch.en; Frankreich ist nur durch Attaingnants Drucke von 1530/31 vertreten; in Italien sind hervorzuheben G. Cavazzonis *Intavolatura* ... (1542) und Cl. Merulos *Messe d'intavolatura* (1568), in Spanien die posthum erschienenen Hymnen, Magnificat, Psalmversetten und Kyrie von A. de Cabezón. Die handschriftlich überlieferten Sätze der englischen Organisten (Redford, Preston, Tallis, Blitheman u. a.) bevorzugen die Zwei- und Dreistimmigkeit und zeigen zum Teil schon das Spiel mit intrikaten Rhythmen und virtuosem Figurenwerk, das später für die Ch.en von Bull charakteristisch ist und auch die Technik Sweelincks und seiner Schüler stark beeinflußt hat. Im 17. Jh. wird in den romanischen Ländern die Tradition der Messen-, Hymnen- und Magnificatkomposition fortgesetzt; aus dem reichen Repertoire ragen hervor die Werke von Titelouze (*Hymnes de l'église*, 1623; *Le Magnificat*, 1626), Correa de Arrauxo (*Libro de tientos ... intitulado Facultad Organica*, 1626), Frescobaldi (*Fiori musicali*, 1635) und die seit 1665 erschienenen Orgelbücher der französischen Organisten (Nivers, Lebègue, Gigault, Couperin, Grigny). Gleichzeitig tritt im protestantischen Teil Deutschlands entsprechend der liturgischen Bedeutung des lutherischen Chorals die deutsche Kirchenliedbearbeitung mehr und mehr in den Vordergrund. Bedeutend als Anreger der deutschen Organisten auf diesem Gebiet ist Sweelinck. Unter seinen zahlreichen Schülern gewann H. Scheidemann zumal mit seinen monodisch-kolorierten Orgelchorälen und Choralfantasien großen Einfluß auf die folgenden norddeutschen Komponisten (Tunder, Reinken, Weckmann, Buxtehude u. a.), während Scheidts *Tabulatura Nova* (1624) mit ihrer Formklarheit und konzentrierten Kontrapunktik zum Anknüpfungspunkt der mitteldeutschen Schule wurde; hier wird eine Reihe kleinerer Meister (Kindermann, Ahle, J. Chr. Bach, Buttstedt, Armsdorf u. a.) von J. Pachelbel überragt, für dessen Schaffen die Choralfuge, die Choralpartita nach Art der Lied- und Ariavariation und der Orgelchoral mit langmensuriertem, zeilenweise vorimitiertem C. f. charakteristisch sind. Mitteldeutsche und norddeutsche Tradition vereinigen sich in den Ch.en von G. Böhm und J. G. Walther. J. S. Bachs Ch.en, teils in Sammlungen (*Orgelbüchlein*, III. Teil der *Clavierübung*, 6 [Schübler-]*Choräle*, 18 *Choräle*), teils als Einzelwerke überliefert, gehören den vorkommenden Typen nach primär der mitteldeutschen Schule zu (Liedbearbeitungstypus der Choralpartiten und des *Orgelbüchleins*, Choralfuge, Orgelchoral Pachelbelscher Prägung); dazu kommen aus norddeutscher Tradition der Orgelchoral mit koloriertem C. f. und die

Choralfantasie (nur BWV 718) sowie, als einziger von Bach neugeschaffener Typus, das Choraltrio (BWV 655, 664, 676). Eigenart und Größe von Bachs choralgebundenem Orgelwerk liegen in der individuellen Ausformung des Einzelstückes, die ihren Höhepunkt im III. Teil des *Clavierübung* erreicht und sich meist auf eine Beziehung zum Choraltext gründet. – Bereits seit dem Anfang des 18. Jh. blieb die Komposition von Ch.en im wesentlichen auf Deutschland, besonders dessen protestantischen Bereich, beschränkt. Nach Bachs Tod entstanden Ch.en bis zum Ende des 19. Jh. fast ausschließlich als Gebrauchskunst minderen Ranges. Ausnahmen sind Mendelssohns 6. Orgelsonate (über *Vater unser im Himmelreich*) und Brahms' Choralvorspiele, die freilich Randerscheinungen im Gesamtwerk dieser Komponisten blieben. Bedeutend tritt die Gattung erst wieder im Schaffen Regers hervor mit den sieben großangelegten zyklischen Phantasien über protestantische Kirchenlieder und drei Sammlungen von Choralvorspielen. Im Gefolge der liturgischen Erneuerungsbestrebungen des 20. Jh. und der Orgelbewegung entstand in den letzten Jahrzehnten eine Fülle von choralgebundenen Orgelwerken sowohl zum liturgischen als auch zum Konzertgebrauch (David, Ahrens, Pepping, Distler, Reda u. a.), in denen das Problem des Ausgleichs von C. f.-Bindung und Kompositionsmitteln der Moderne die verschiedenartigsten Lösungen gefunden hat.

Ausg.: Das Buxheimer Orgelbuch, Faks. hrsg. v. B. A. WALLNER, = DMl II, 1, 1955; dass., hrsg. v. DERS., = EDM XXXVII–XXXIX, Kassel 1958–59; The Mulliner Book, hrsg. v. D. STEVENS, = Mus. Brit. I, London 1952, ²1959; 46 Choräle f. Org. v. J. P. Sweelinck u. seinen deutschen Schülern, hrsg. v. G. GERDES, = MMD III, 1957; Ch. u. freie Stücke d. deutschen Sweelinck-Schule, hrsg. v. H. J. MOSER u. TR. FEDTKE, I–II, Kassel 1954–55; Allein Gott in d. Höh sei Ehr, 20 Ch. d. deutschen Sweelinck-Schule, hrsg. v. DENS., Kassel 1955; Die Lüneburger Orgeltabulatur KN 208¹, hrsg. v. M. REIMANN, = EDM XXXVI, Ffm. 1957; Choralvorspiele alter Meister, hrsg. v. K. STRAUBE, Lpz. 1907; 80 Choralvorspiele deutscher Meister d. 17. u. 18. Jh., hrsg. v. H. KELLER, Lpz. 1937; Orgelchoräle d. 17. u. 18. Jh., hrsg. v. K. W. SENN, W. SCHMIDT u. G. AESCHBACHER, Kassel 1951; Orgelchoräle um J. S. Bach, hrsg. v. G. FROTSCHER, = RD IX, Braunschweig 1937.

Lit.: A. G. RITTER, Zur Gesch. d. Orgelspiels, vornehmlich d. deutschen, im 14. bis zum Anfange d. 18. Jh., 2 Bde, Lpz. 1884; G. RIETSCHEL, Die Aufgabe d. Org. im Gottesdienste bis in d. 18. Jh., Lpz. 1893; FR. DIETRICH, Gesch. d. deutschen Orgelchorals im 17. Jh., = Heidelberger Studien zur Mw. I, Kassel 1932; DERS., J. S. Bachs Orgelchoral u. seine geschichtlichen Wurzeln, Bach-Jb. XXVI, 1929; G. KITTLER, Gesch. d. protestantischen Orgelchorals, Überkmünde 1931; K. G. FELLERER, Beitr. zur Choralbegleitung u. Choralverarbeitung in d. Orgelmusik d. ausgehenden 18. u. beginnenden 19. Jh., = Slg mw. Abh. VI, Straßburg 1932; H. KELLETAT, Zur Gesch. d. deutschen Orgelmusik in d. Frühklassik, = Königsberger Studien zur Mw. XV, Kassel 1933; H. KLOTZ, Über d. Orgelkunst d. Gotik, d. Renaissance u. d. Barock, Kassel 1934; L. SCHRADE, Die Messe in d. Orgelmusik d. 15. Jh., AfMw I, 1936; DERS., The Organ in the Mass of the 15th Cent., MQ XXVIII, 1942; L. SÖHNER, Die Orgelbegleitung zum Gregorianischen Gesang, = Kirchenmus. Reihe II, Regensburg 1936; N. DUFOURCQ, La musique d'orgue frç. de J. Titelouze à J. Alain, Paris ²1949; FR. KESSLER, Neue Bestrebungen auf d. Gebiet d. Orgelchorals, Diss. Mainz 1950, maschr.; H. SCHMIDT, Untersuchungen zur choralbezogenen Orgelmusik seit M. Reger, Diss. Erlangen 1951, maschr.; E. E. LOWINSKY, Engl. Organ Music of the Renaissance, MQ XXXIX, 1953; M. BLINDOW, Die Choralbegleitung d. 18. Jh. in d. ev. Kirche Deutschlands, = Kölner Beitr. zur Musikforschung XIII, Regensburg 1957; G. FROTSCHER, Gesch. d. Orgelspiels u. d. Orgelkomposition, I–II, Bln 1935–36, ²1959; K. V. FISCHER, Zur Entstehungsgesch. d. Orgelchoralvariation, Fs. Fr. Blume, Kassel 1963. WBR

Choral(begleit)buch, eine Sammlung von (evangelischen) Kirchenliedern in der Ordnung des Gesangbuchs in 4st. Bearbeitung (→ Kantionalsatz) oder nur mit Melodien und bezifferten Bässen zum Gebrauch der Organisten zur Begleitung des Gemeindegesanges im Gottesdienst. Das erste Ch. mit Melodie und beziffertem Baß gab 1692 D. → Speer heraus (*Choral Gesang-Buch, Auff das Clavir oder Orgel ...*).

Lit.: J. PETZOLD, Die gedruckten 4st. Choralbücher f. d. Org. d. deutschen ev. Kirche (1785–1933), Diss. Halle 1935; M. BLINDOW, Die Choralbegleitung d. 18. Jh. in d. ev. Kirche Deutschlands, = Kölner Beitr. zur Musikforschung XIII, Regensburg 1957.

Choralnotation ist im Gegensatz zur Mensuralnotation die für den Gregorianischen Gesang übliche Notierungsweise, die nicht den Rhythmus, sondern nur die Tonhöhenveränderungen und die Verteilung der Melismen auf die Textsilben anzeigt, ursprünglich (nachweisbar seit dem 9. Jh.) in der Gestalt der weder die Tonlage noch die Intervalle genau bestimmenden Neumen, seit Guido von Arezzo (um 1020) durch Eintragung in ein geschlüsseltes Liniensystem zwar Tonhöhe und -abstände fixierend, aber ebenfalls ohne rhythmische Wertzeichen. Im engeren Sinne heißen Ch. 2 Schriftarten, die im 13. Jh. herausgebildet wurden und sich nur durch verschiedene graphische Formen unterscheiden, nämlich als gotische und römische Ch. Gemeinsame Kennzeichen sind: diastematische Notierung, meist im Vierliniensystem; die Melodie wird als Folge einzelner Töne (nicht, wie in den älteren Neumen, in ihrem Bewegungsablauf) dargestellt, daher verschwinden viele Differenzierungen der Neumenschrift, vor allem Vortrags- oder Ornamentzeichen; die Tonzeichen herrschen vor, Gruppenzeichen, wo sie nicht aufgelöst wurden, lassen sich als verbundene Punkte auffassen; aufeinanderfolgende Töne können, abgesehen vom Podatuszeichen, nicht über- oder untereinander notiert werden. Diese Umbildung der Neumenschrift vollzog sich parallel zur Ausbildung der Modal- und Mensuralmusik, die ja auch auf den Choralvortrag eingewirkt hat. Die gotische (deutsche) Ch. hat die Formen der Neumen getreuer bewahrt, nur eben vergröbert und wie die gotische Schrift eckig gestaltet; ihre Hauptzeichen sind aus der Virga entwickelt: ↑ ~ ♫ (Hufnagelschrift). In der römischen oder italienischen Ch. hat jede Note quadratische Gestalt (■), weshalb man sie auch nota quadrata oder quadriquarta nannte. Nur die der Virga mit vorausgehenden oder folgenden Punkten entsprechenden Figuren ♩■ und ■♩ zeigen die rhombische Notenform statt der quadratischen, und auch die Vereinigung zweier Noten in einem schrägen Körper (figura obliqua ━) weicht hierin ab. Die quadratische Form des Punctum und seine Rolle als Element der Gruppenzeichen sind Merkmale, die die römische Ch. mit der französischen Neumenschrift (seit dem 11. Jh.) teilt, vor allem der aquitanischen, in der auch die Mehrstimmigkeit von St. Martial geschrieben ist; den hier ausgebildeten Tonzeichen verlieh die Modal- und Mensuralnotation als Longa, Brevis und Semibrevis bestimmte rhythmische Bedeutung. In der Ch. dagegen haben sich vereinzelte Versuche, genaue rhythmische Proportionen durch die verschiedenen Neumentypen oder Zusatzzeichen sichtbar zu machen, nicht durchgesetzt; doch ist im Prinzip unbestritten, daß die verschiedenen Zeichen der Ch. einen freien Choralrhythmus andeuten. Zur Nota romana wurde die Quadratschrift, als Papst Nikolaus III. (1277–80) in Rom die Neumenhandschriften entfernen ließ und an ihrer Stelle die in der neuen Art notierten liturgischen Bücher der Franziskaner einführte. In den liturgischen Büchern ist die römische Ch. vorherrschend geblieben und wird auch heute verwendet. Während des Mittelalters umfaßte ihr Geltungsbereich auch das 1st. Lied (z. B. Cantigas, Laude); hier muß von Fall zu Fall entschieden werden, ob die Aufzeichnung modal, mensural oder rhythmisch frei zu interpretieren ist. Die deutschen Liederhandschriften bis zum frühen Meistersang (ausgenommen der in römischer Ch. geschriebene Jenaer Codex) schließen sich vorwiegend an die gotische Ch. an, bevorzugen jedoch das Punctum inclinatum (Semibrevis) als Hauptzeichen. In der Ch. wurden auch mehrstimmige Psalm- bzw. Falsobordonesätze des 16. Jh. notiert (Contrapunctus floridus der Theoretiker), ferner in einigen Handschriften um 1500 (München, Mus. ms. 3154; Jena, Chorbuch 34; Basler Isaac-Handschrift F. IX. 55) chorale Tenores, deren Grundzeichen dann den Breves der anderen Stimmen entsprechen.

Lit.: H. RIEMANN, Notenschrift u. Notendruck, Fs. C. G. Röder, Lpz. 1896; E. BERNOULLI, Die Choralnotenschrift ..., Lpz. 1898; R. MOLITOR OSB, Reform-Choral, Freiburg i. Br. 1901; DERS., Deutsche Choral-Wiegendrucke, Regensburg 1904; H. SPRINGER, Zur Musiktypographie ..., in: Beitr. zur Bücherkunde u. Philologie, Fs. A. Wilmanns, Lpz. 1903; P. WAGNER, Einführung in d. Gregorianischen Melodien II, Lpz. 1905, Neudruck Hildesheim u. Wiesbaden 1962; O. MARXER, Zur spätma. Choralgesch. St. Gallens, St. Gallen 1908; M. SIGL, Zur Gesch. d. Ordinarium Missae..., Regensburg 1911; H. M. BANNISTER OSB, Monumenti vaticani di paleografia mus. lat., 2 Bde, Lpz. 1913; WOLFN; Mus. Schrifttafeln, hrsg. v. J. WOLF, 10 H., = Veröff. d. Fürstlichen Inst. f. mw. Forschung Bückeburg II, 2, Lpz. 1922–23, Bückeburg u. Lpz. ²1927; GR. M. SUNYOL OSB, Introducción a la paleografía mus. gregoriana, Montserrat 1925, erweitert frz. Paris 1935; R.-J. HESBERT OSB, Les mss. mus. de Jumièges, in: Monumenta musicae sacrae II, Mâcon 1954; FR. TACK, Der gregorianische Choral, = Das Musikwerk XVIII, Köln (1960).

Choralvorspiel → Choralbearbeitung.

Chorbuch (ital. libro de coro; frz. livre de chœur; engl. choir-book; span. libro de facistol oder de atril), ein oft prachtvoll ausgestattetes Buch im (Groß-)Folioformat, in das die Noten in grosso-Schrift gemalt wurden; es wurde in der Kirche auf ein Pult gestellt, damit die Sänger des Chores gemeinsam daraus singen konnten (Abbildung nach → Gaffori u. a. bei P. Wagner 1912, S. 342). Für den 1st. Choral waren Chorbücher vom 13. bis 18. Jh. in Gebrauch. Ein Druck Gafforis von 1512 zeigt die Kantorei und einen mensurierenden Knaben bei einem Ch. mit Choralnoten (die demnach offenbar mensural ausgeführt wurden). Im Zeitalter der mensuralen Chorpolyphonie von etwa 1430 bis zum 17. Jh. wurden die Stimmen in Blöcken je für sich auf eine recto- und verso-Seite geschrieben, nach niederländischem Brauch in der Anordnung:

verso	recto
Discantus	Contratenor
	Altus
Tenor	Contratenor
	Bassus

In deutschen Chorbüchern steht der Bassus auch auf der verso-Seite unter dem Discantus, der Tenor rechts. Der Sinn dieser verschiedenen Anordnung ist offenbar darin zu suchen, daß entweder das traditionelle Discantus-Tenor-Gerüst oder das Außenstimmenpaar Discantus-Bassus hervorgehoben werden soll. – Die ersten Chorbücher wurden um 1430–40 geschrieben. Gedruckte Chorbücher sind im 16. Jh. nicht selten (u. a. der von Senfl redigierte *Liber selectarum cantionum*, Augsburg 1520); zu ihnen gehört noch Schütz' *Becker-scher Psalter* op. 5 (Freiberg 1628, 1640, 1661). Im allgemeinen bot der Notendruck keinen Ersatz für die Anlage von handschriftlichen Chorbüchern; diese hielt vielmehr in den größeren Kapellen (z. B. München, Stuttgart, Kassel, Augsburg) bis zur Einführung der Konzertmusik im frühen 17. Jh. an und wurde unter bestimmten Bedingungen (Cappella Sistina, auch Spanien und Portugal) bis ins 18. und 19. Jh. fortgesetzt. Solche späten Chorbücher haben für die Forschung nicht nur als Zeugnisse für das Repertoire einer Kapelle, sondern vielfach auch als primäre Quellen ihren Wert. Die wichtigsten Chorbücher bis um 1500 sind die → Quellen *Brux 5557, BU, Ca 6* und *11, Chi, CS 14* und *15, ModB, SPB 80.*

Von den späteren seien genannt: ANNABERG (Erzgebirge), St. Annenkirche, Hs. 1126 u. 1248; 2. Viertel d. 16. Jh. Lit.: H. Funck, Die Ch. d. St. Annenkirche zu A., Habil.-Schrift Freiburg i. Br. 1933. – AUGSBURG, Staats- u. Stadtbibl.; 19 Ch., geschrieben 1558–1614 für d. Benediktinerkloster S. Ulrich u. Afra in A. Lit.: H. M. Schletterer, Kat. d. in d. Kreis- u. Stadt-Bibl. zu A. befindlichen Musikwerke, = Beilage zu MfM X–XI, Bln 1878. – BERGAMO, Arch. di S. Maria Maggiore, Cod. 1207D–1209D; hauptsächlich Werke G. Albertis. – BERLIN, Deutsche Staats-Bibl., Mus. ms. 40013 (olim Z. 13), entstanden um 1545 unter J. Walters Aufsicht in Torgau. Lit.: C. Gerhardt, Die Torgauer Walter-Hss., = Mw. Arbeiten IV, Kassel (1949); Mus. ms. 40020, geschrieben 1587, gehört zur Augsburger Ch.-Gruppe. – BRÜSSEL, Bibl. Royale; 5 Ch. aus d. Zeit d. Margarete v. Österreich, darunter ein Chanson-Album (Mus. 228). Lit.: Ch. Van den Borren, Inventaire des mss. ... en Belgique, AMl V–VI, 1933–34; J. Robijns, Eine Musikhs. d. frühen 16. Jh. ..., KmJb XLIV, 1960; M. Picker, The Chanson Albums of Marguerite d'Autriche, Ann. mus. VI, 1958/63. – CAMBRIDGE, Gonville and Caius Medical College, Ms. 667; 1. Hälfte d. 16. Jh., wahrscheinlich für St. Stephen's, Westminster, geschrieben, Messen u. Magnificat. – DRESDEN, Sächs. Landesbibl., verwahrt 7 (v. ehemals 16) Ch. d. Kantoreiges. Pirna, entstanden um 1550–65, zum Teil schlecht erhalten. Lit.: L. Hoffmann-Erbrecht, Die Ch. d. Stadtkirche zu Pirna, AMl XXVII, 1955. – EDINBURGH, National Library, Adv. Ms. 5. 1. 15 (Scone Antiphonary); um 1510–50, engl. Musik u. eine Dufay-Messe. Lit.: K. Elliott, The Carver Choir-book, ML XLI, 1960. – EISENACH, Carl-Alexander-Bibl., Cantorenbuch, angelegt um 1540–50 v. Kantor d. Lateinschule E. Lit.: O. Schröder in: ZfMw XIV, 1931/32. – ERLANGEN, Univ.-Bibl., Ms. 473, 1–4; 4 Ch. aus Heilsbronn, geschrieben 1539–48. Lit.: Fr. Krautwurst, Die Heilsbronner Ch. ..., Jb. f. fränkische Landesforschung XXV, 1965. – ETON COLLEGE, Ms. 178; um 1500 in E. entstanden. Ausg.: The E. Choir-book, hrsg. v. Fr. Ll. Harrison, 3 Bde, = Mus. Brit. X–XII, London 1956–61, dazu L. Finscher in: Mf XVI, 1963. Lit.: Fr. Ll. Harrison, The E. Choir-book, Ann. mus. I, 1953. – FLORENZ, Bibl. Olschki; »Medici-Codex«, geschrieben 1518 zur Hochzeit Lorenzo de'Medicis. Lit.: E. E. Lowinsky, The Medici Codex, Ann. mus. V, 1957. – GOTHA, Landesbibl., Ms. Chart. A. 98, geschrieben 1545 unter Aufsicht J. Walters f. d. Schloßkirche Torgau. Lit.: C. Gerhardt, Die Torgauer Walter-Hss., = Mw. Arbeiten IV, Kassel (1949). – JENA, Univ.-Bibl. 18 Ch., um 1500–20 aus d. kurfürstlich sächsischen Hofkapelle. Lit.: K. E. Roediger, Die geistlichen Musikhss. d. Univ.-Bibl. J., 2 Bde, =Claves Jenenses III, J. 1935. – KASSEL, Landesbibl. 16. Ch. d. Hofkapelle, um 1600, darunter Ms. 2⁰ Mus. 15 mit Lechners Passion, geschrieben 1593 in Stuttgart. Lit.: K. Ameln in: Lechner GA XII, K. 1960. – KÖNIGGRÄTZ (Hradec Králové), Codex Speciálnik, geschrieben 1611, Repertoire d. 15.–16. Jh. Lit.: D. Orel, Der Mensuralcodex Speciálnik, Diss. Wien 1914, maschr. – LONDON, Lambeth Palace, Ms. 1; um 1510, engl. Repertoire. Lit.: Fr. Ll. Harrison in: Mus. Brit. X, L. 1956, S. 142. – LÜTTICH, Bibl. du Conservatoire, Ms. 1325; geschrieben 1645 f. d. Kathedrale L. Lit.: Ch. Van den Borren in: AMl VI, 1934, S. 70ff. – MAILAND, Arch. della Cappella del Duomo, Librone 1–4 (olim Ms. 2266–69), geschrieben 1490–1527, Repertoire d. Kapelle zur Zeit Gafforis. Lit.: Kn. Jeppesen, Die 3 Gafurius-Kodizes ..., AMl III, 1931; Cl. Sartori, Il quarto cod. di Gaffurio ..., CHM I, 1953. – MECHELN, Arch. de la Ville; ein Pracht-Ch.

d. frühen 16. Jh. Lit.: Ch. Van den Borren in: AMl VI, 1934, S. 116f. – MODENA, Bibl. Capitolare, Cod. 4; 1. Hälfte d. 16. Jh., Gebrauchs-Hs. d. Domkapelle mit Messen, Motetten, Hymnen u. Magnificat vornehmlich franco-flämischer Meister. Bibl. Estense; einige Ch. d. Hofkapelle Ferrara um 1500. – MONTSERRAT, Abtei, Ms. 765–788; Ch. aus M. u. aus d. Real Convento de las Señoras de la Encarnación in Madrid. Lit.: R. B. Lenaerts, Nld. polyphone Musik ..., Fs. J. Schmidt-Görg, Bonn 1957. – MÜNCHEN, Bayerische Staats-Bibl.; viele Ch. d. M.er Hofkapelle aus d. 16. Jh. Lit.: J. J. Maier, Die mus. Hss. d. k. Hof- u. Staatsbibl. in M. I, = Cat. codicum manu scriptorum Bibl. regiae Monacensis VIII, 1, M. 1879. – NÜRNBERG, 17 Ch., geschrieben 1573–97 für St. Egidien, befinden sich teils im Landeskirchlichen Arch., teils im Germanischen National-Museum. Lit.: W. H. Rubsamen, The International ‚Catholic' Repertoire ..., Ann. mus. V, 1957. – ROM, Bibl. Apostolica Vaticana, verwahrt d. großen Bestand d. Cappella Sistina u. Cappella Giulia. Lit.: Fr. X. Haberl, Bibliogr. u. thematischer Musikkat. d. päpstlichen Kapellarch. ..., = Beilage I zu MfM XIX, 1886 – XX, 1887, auch als: Bausteine f. Mg. II, Lpz. 1888; J. M. Llorens, Capellae Sixtinae codices..., Rom 1960. – STUTTGART, Württ. Landesbibl.; 48 Ch., d. bis um 1580 für d. St.er Hofkapelle geschrieben wurden, sowie 5 Ch. d. Jahre 1616–26 aus d. Benediktinerkloster Zwiefalten. Lit.: H. Marquardt, Die St.er Ch., Diss. Tübingen 1936. – TOLEDO, Catedral, Arch. mus.; 34 Ch. d. 16.–18. Jh. Lit.: F. Rubio Piqueras, Códices polifónicos toledanos, T. (1925); R. B. Lenaerts, Les mss. polyphoniques de la Bibl. Capitulaire de T., Kgr.-Ber. Utrecht 1952. – VERONA, Bibl. Capitolare, Cod. Mus. DCCLV–DCCLXI. Lit.: G. Turrini, Il patrimonio mus. della Bibl. Capitolare di V., V. (1952). – VILA VIÇOSA, Paço ducal; 20 Ch.-Drucke u. -Hss. d. 16.–19. Jh. aus d. port. Hofkapelle. Lit.: M. Joaquim, Vinte livros de música polifónica do paço ducal de V. V., Lissabon 1953. – WEIMAR, Stadtkirche; 2 Ch. d. kursächsischen Hofkapelle. Lit.: K. E. Roediger, Die geistlichen Musikhss. d. Univ.-Bibl. Jena, 2 Bde, = Claves Jenenses III, Jena 1935; C. Gerhardt, Die Torgauer Walter-Hss., = Mw. Arbeiten IV, Kassel (1949). – WIEN, Österreichische Nationalbibl.; viele Ch. verschiedener Herkunft, u. a. d. Pracht-Ms. 1783, geschrieben 1526 zur Hochzeit Karls V., sowie Ms. Suppl. Mus. 15500, ein deutsches Ch. um 1544. Lit.: W. Kirsch, Ein unbeachtetes Ch. ..., Mf XIV, 1961. – Kunsthist. Staatsmuseum, Slg f. Plastik u. Kunstgewerbe, Ms. 5248; geschrieben 1493 f. Maximilian I. – WOLFENBÜTTEL, Herzog-August-Bibl., Ms. A; Pracht-Ch. um 1510–20.

Lit.: P. WAGNER, Einführung in d. Gregorianischen Melodien II, Lpz. ²1912, Neudruck Hildesheim u. Wiesbaden 1962; H. BESSELER, Studien zur Musik d. MA, AfMw VII, 1925 – VIII, 1926; DERS., Bourdon u. Fauxbourdon, Lpz. 1950; W. GURLITT, Kirchenmusik u. Kirchenraum, MuK XIX, 1949; M. F. BUKOFZER, Studies in Medieval and Renaissance Music, NY 1950.

Chordometer → Saiten.

Chordophone (griech., s. v. w. Saitenklinger) heißen in der Systematik der Musikinstrumente bei Mahillon 1880 und v. Hornbostel und Sachs 1914 die Instrumente, bei denen der Ton durch Anschlagen (wie beim Hackbrett und dem Hammerklavier), Anreißen (→ Zupfinstrumente), Reiben oder Streichen (→ Streichinstrumente) oder Anblasen (wie bei der Aeolsharfe) von Saiten erzeugt wird. Nach ihrer Bauart werden einfache (→ Zither) und zusammengesetzte (→ Leier, → Harfe, → Laute) Ch. unterschieden.

Lit.: K. v. JAN, Die griech. Saiteninstr., = Wiss. Beilage zum Jahresber. d. Gymnasiums zu Saargemünd, Lpz. 1882; E. HERON-ALLEN, De fidiculis opuscula VI, London 1894; A. TOLBECQUE, Notice hist. sur les instr. à cordes et archet, Niort 1898; R. WALLASCHEK, Urgesch. d. Saiteninstr., Mitt. d. Anthropologischen Ges. XXVIII (= N. F. XVIII), 1898; H. PANUM, Middelalderens Strengeinstr., 3 Bde, Kopenhagen 1925–31, engl. als: The Stringed Instr. of the Middle Ages, hrsg. v. J. Pulver, London o. J.; C. SACHS, Der Ursprung d. Saiteninstr., Fs. P. Schmidt, Wien 1928; FR. DICK, Bezeichnungen f. Saiten- u. Schlaginstr. in d. altfrz. Lit., = Giessener Beitr. zur Romanischen Philologie XXV, Gießen 1932; T. NORLIND, Systematik d. Saiteninstr. I–II, Stockholm 1936–39, Hannover ²1941; J.-S. LAURENTY, Les ch. du Congo Belge et du Ruanda-Urundi, = Annales du Musée royal du Congo belge, N. F., Sciences de l'homme II, Tervueren 1960.

Chorea (lat., von griech. χορεία, Reigen), Tanzlied, besonders Allemande (*Ch. germanica* bei M. Reymann 1598; *Choreae quas Allemande vocant germanice* bei Besard 1603) oder Pavane (B. de Drusina 1556). Die Bezeichnung kommt bereits bei Augustinus vor (*chorea est circulus cuius centrum est diabolus et omnes vergunt in sinistrum*), dann im Spätmittelalter bei Johannes de Grocheo (um 1300) und Robert de Handlo (1326). In der Stillehre des Barocks, etwa bei A. Kircher (*Musurgia universalis*, 1650), gibt es einen Stylus choraicus.

Choreographie (von griech. χορεία, Reigen, und γράφειν, schreiben; frz. chorégraphie; ital. coreografia), Tanzschrift, schriftliche Aufzeichnung von tänzerischen Bewegungsfolgen (Stellung, Haltung, Bewegung, Richtung) mit bestimmten, für diesen Zweck erdachten Zeichen auf einem Liniensystem oder mit Bewegungssymbolen oder (auch in Kombinationen) mit musikalischen Notenwertzeichen. – Beschreibungen von Tänzen finden sich bereits in den Lehrtraktaten italienischer Tanzmeister des 15. und 16. Jh., so bei Domenichino da Piacenza (oder da Ferrara), Antonio Cornazano, in → Guglielmo Ebreos *Trattato dell'arte del ballo* und in C. → Negris *Le gratie d'Amore*. Die wichtigste und älteste (aus dem französisch-burgundischen Bereich stammende) Quelle für die Ch. ist das Tanzbuch (Manuscrit dit des → Basses danses) aus dem Besitz der Margarete von Österreich († 1530), in dem Anfangsbuchstaben von Schrittbezeichnungen mit als Breves notierten Tönen verbunden sind. Die erste Tanzwegbezeichnung steht im *Ballerino* (1581) von M. F. → Caroso. Der Vorrat von Tanzschritten wurde in Frankreich weiter ausgebaut und fixiert in den Schriften *Ad compagnones* (1536) von → Antonius de Arena und *Orchésographie* (1588) von Th. → Arbeau, in der Tätigkeit der 1661 in Paris gegründeten Académie Royale de Danse, in der *Chorégraphie* von R. A. → Feuillet (1700) und dem *Maître à danser* von Pierre Rameau (Paris 1725). Feuillets (wahrscheinlich auf dem System von Ch.-L. Beauchamps basierende) *Chorégraphie* wurde in vielen europäischen Ländern gebraucht, vor allem in England (Übersetzung von J. → Weaver 1706) und Deutschland (Übersetzung von G. Taubert 1717). Das Werk stellt die erste grundlegende Ch. vor allem für die Gesellschaftstänze des 18. Jh. dar und ist zugleich das klassische Werk der linearen Aufzeichnung. Feuillet arbeitete mit Bodenwegzeichnungen: rechts und links der Bodenweglinie wurden die Zeichen für die auszuführenden Bewegungen geschrieben. Im 19. und 20. Jh. wurden eine Reihe von Tanzschriftsystemen erdacht mit 2 Grundtypen: 1) Verwendung von Strichfiguren wie bei der A. → Saint-Léon zugeschriebenen, wahrscheinlich von dessen Tanzmeister F. D. Albert stammenden *Sténochorégraphie* (Paris 1852), ferner bei der von F. A. Zorn (*Grammatik der Tanzkunst*, Odessa 1887, neubearbeitet von G. Engelhardt, Berlin 1920), bei der *Tanzfigurenschrift* von W. P. Misslitz (Offenbach 1954) und in der *Benesh Dance Notation* (London 1956) von R. und J. Benesh, die bei Sadler's Wells Ballet in London verwendet wird; 2) Verwendung von musikalischen Notenwertzeichen wie bei B. Klemm (*Katechismus der Tanzkunst*, Leipzig 1855), bei W. J. Stepanow (*Alphabet des mouvements du corps humain*, Paris 1892), bei der *Motographie* von A. Chiosa (in: *Perseo*, Mailand 1934) und in der *Écriture* von P. Conté (Niort 1931). 1928 veröffentlichte R. v. → Laban (*Schrifttanz*) die von ihm erfundene Bewegungsschrift, die Kinetographie Laban, in Amerika Labanotation genannt. Albrecht Knust hat maßgeblichen Anteil an deren weiterer Entwicklung. Das System besteht aus wenigen Grundzeichen, Richtungszeichen für die Fortbewegung und Wendungszeichen für die Drehungen und in einem senkrecht gestellten Liniensystem. Die Länge der Zeichen beschreibt die Dauer der Bewegungen; die Reihenfolge der Zeichen (von unten nach oben gelesen) besagt, wann die Bewegungen auszuführen sind; die Stellung der Zeichen in den Spalten des Liniensystems zeigt an, welcher Teil, der ganze Körper oder einzelne Glieder, die Bewegungen ausführen sollen. Die Kinetographie hat sich seither weit verbreitet; bedeutende Choreographen wie z. B. G. → Balanchine lassen ihre Werke »kinetographisch« notieren. Auch Institute für Volkstumsforschung und Volkstumspflege gebrauchen die Kinetographie als Hilfsmittel. Seit Labans Tod (1958) wird die Weiterbildung und Verbreitung seines Systems vom International Council of Kinetographie Laban gefördert. – Seit dem 18. Jh. wird mit Ch. auch die vom Choreographen in Übereinstimmung mit der Musik (im Sinne eines Regieentwurfs) konzipierte und einstudierte Bewegungsfolge der Solisten und Gruppen eines Tanzes oder Balletts bezeichnet. Mit Ch. kann auch das Libretto eines Balletts bezeichnet werden.

Ausg. u. Lit.: Trattato dell'arte del ballo v. Guglielmo Ebreo, hrsg. v. F. Zambrini, in: Scelta di curiosità letterarie, Bologna 1873; Una sconosciuta compilazione ... (Trattato della danza v. Guglielmo Ebreo u. Domenichino), hrsg. v. C. Mazzi, in: La bibliofilia XVI, 1915; Le ms. dit des basses danses de la Bibl. de Bourgogne, = Soc. des bibliophiles et iconophiles de Belgique, Faks. hrsg. v. E. Closson, Brüssel 1912; Th. Arbeau, Orchésographie, Langres (1588), NA v. L. Fonta, Paris 1888, engl. v. M. St. Evans, NY 1948; WolfN; V. Junk, Hdb. d. Tanzes, Stuttgart 1930; C. Sachs, Eine Weltgesch. d. Tanzes, Bln 1932, engl. NY 1937 u. London 1938, frz. Paris 1938; A. Mary, L'orchéographie de Th. Arbeau, in: Les trésors des bibl. de France V, 1935; A. Knust, Abriß d. Kinetographie Laban, München 1942, Hbg 1956, engl. als: Hdb. of Kinetography Laban, Hbg 1958; P. Nettl, The Story of Dance Music, NY (1947); S. Lifar, Traité de chorégraphie, Paris 1952; G. Balanchine, Balletschrift, in: Musik d. Zeit II, hrsg. v. H. Lindlar, Bonn 1952; M. Dolmetsch, Dances of Spain and Italy, London (1954); A. Hutchinson, Labanotation, NY 1954; I. Brainard, Die Ch. d. Hoftänze in Burgund, Frankreich u. Italien im 15. Jh., Diss. Göttingen 1956, maschr.; R. v. Laban, Principles of Dance and Movement Notation, London 1956; A. Melica, Guglielmo Ebreo da Pesaro, Rass. mus. XXIX, 1959.

Choristfagott → Serpent.

Chorknaben → Kapellknaben.

Chorton (engl. church pitch; frz. ton de chapelle; span. tono de capilla) war bis ins 19. Jh. der auch für den Kirchen- und Schulchor maßgebende → Stimmton der Orgeln. Zeitlich und örtlich hat er stark geschwankt, bis er dem allgemeinen Stimmton angeglichen wurde. Den Orgelbauern war wegen Platz- und Materialersparnis ein hoher Ch. sympathisch, doch berichten Orgelbauakten immer wieder von Vertiefung der Stimmung. Die Abhängigkeit des Ch.s von der Orgelstimmung wird von A. Schlick, M. Praetorius, G. Paolucci u. a. betont. Anderseits wird in Orgelschulen (schon bei Bermudo, Santa María, Diruta) von den Organisten die Fähigkeit des Transponierens gefordert, denn *mann singt an einem ort höher oder nidderer wann an dem andern, darnach die person klein oder gross stymmen haben* (Schlick). Die tiefste Lage hatte der französische Ton de chapelle, im 18. Jh. war er etwa einen Ganzton tiefer als der heutige Normalton. Der spanische, niederländische und römische Ch. war etwa einen Halbton tiefer. In Südwestdeutschland war in der 2. Hälfte des 18. Jh. der Ch. etwa der heutigen Stimmhöhe gleich (Orgeln von Stumm, Brief J. A. Silbermanns vom 20. 1. 1772). In Mittel- und Süddeutschland, auch in der Lombardei und Venetien war der Ch. im 18. Jh. einen Halbton höher, ebenso bei vielen englischen Orgeln. Der englische Ch. des 16. Jh. und der norddeutsche (teilweise auch mitteldeutsche) des 17. Jh. waren dagegen etwa einen Ganzton höher. Norddeutsche und schlesische Orgelbauer bauten im 17./18. Jh. ein oder mehrere Kammerregister, die einen Ganzton oder eine kleine Terz tiefer gestimmt waren. Auch Kammerkoppeln (zum Transponieren) wurden konstruiert, um dem Organisten die Angleichung zu erleichtern. J. S. Bach arbeitete mit transponierten Continuostimmen. Da der Umfang der menschlichen Stimmgattungen sich kaum geändert hat, läßt sich aus dem Gesamtumfang einer Vokalkomposition erkennen, ob sie mit der heutigen Stimmtonhöhe rechnet oder eine höhere bzw. tiefere voraussetzt. Bei vokal-instrumentalen Werken rechtfertigen der natürliche Klang der Singstimmen und ihr schonender Einsatz auch Transpositionen in den Instrumentalstimmen.

Lit.: A. Schlick, Spiegel d. Orgelmacher u. Organisten, Speyer 1511, Faks. u. Übertragung hrsg. v. P. Smets, Mainz 1959; Praetorius Synt. II; J. Adlung, Anleitung zu d. mus. Gelahrtheit, Erfurt 1758, Dresden u. Lpz. [2]1783; Ber. über d. 3. Tagung f. deutsche Orgelkunst Freiberg 1927; A. Merklin, Aus Spaniens altem Orgelbau, Mainz 1939; A. Mendel, Pitch in the 16th and Early 17th Cent., MQ XXXIV, 1948; ders., On the Pitches in Use in Bach's Time, MQ XLI, 1955; R. Lunelli, Der Orgelbau in Italien, Mainz 1956; W. Gurlitt, Der mg. Denkmalwert d. alten Org., Ber. über d. Arbeitstagung d. Orgeldenkmalpfleger in Weilheim/Teck, Bln 1957. RW

Chorus (k'ɔ:rəs, engl., Chor, Chorgesang, Refrain; deutscher Plur. Chorusse). Das kollektive Stegreifspiel des Jazz beruht auf freiem Umspielen einer stets wiederholten Refrainmelodie, dem Ch.-Spiel, das sich ursprünglich unter den Negern in New Orleans als Gebrauchsmusizieren (Märsche, Aufspielen zum Tanz) entwickelt hat. Als Ch. dient bei Wegfall der Vorstrophe nur der Refrain eines Popular song oder ein Blues. Das Harmoniegerüst des Ch. und seine Taktanzahl bleiben unverändert: der Ch. erklingt während eines ganzen Jazzstücks immer wieder von neuem. Hierbei umspielen die einzelnen Instrumente die Melodie des Ch. und manche Akkordtöne seiner harmonischen Anlage – zum Teil in formelhaften Wendungen – und zieren sie aus. Im kollektiven Ch.-Spiel können sich gleichsam Melodien der Instrumente herausbilden, die harmonisch zwar einzeln auf den Ch. bezogen sind, deren Zusammenklang aber dissonant wirken kann. Da bis in die Swing-Ära als Ch. nur die Refrains volkstümlicher Liedformen verwendet sind (z. B. 32taktiger Songrefrain: A A B A, wobei der modulierende Teil B: Bridge, Überleitung, heißt), beruht Jazz auf der andauernden Wiederholung musikalisch einfacher Formen, so auch auf dem die nordamerikanische Negerfolklore beherrschenden → Blues. Schon im früheren Jazz setzte sich ein Musiker mit einem Solo-Ch., der solistischen Umspielung und improvisatorischen Auszierung der Refrainmelodie, von dem Ensemble abheben. Seit dem → Chicago-Jazz ist dies die Regel (Hot-Solo). In derselben Zeit wurde Jazzstücken auf Schallplatten eine kurze Einleitung und ein Schluß hinzugefügt, und allen beteiligten Musikern wurde (während der kurzen Schallplattendauer, ca. 3,5 Min.) ein Solo ermöglicht. Hierzu mußte häufig der Ch. im Verlauf des Stücks in kleinere Soli aufgeteilt werden. Da auch diese kürzeren Soli als Ch. bezeichnet wurden, verwischte sich die Unterscheidung beider Begriffe. Vorherrschend wurde im → Swing neben dem 12taktigen Blues der 32taktige Ch., dessen Wiederholung im → Arrangement, mit längeren Einleitungen, Einfügungen und Schluß versehen, zu einem komponierten Jazzstück (jetzt wirklich im Sinne von »Thema mit Variationen«) ausgeformt ist. Dabei wurde das Solo-Ch.-Spiel dem Background gegenübergestellt und der elegant-virtuose Beginn des Solo-Ch. (genannt Einstieg) kultiviert. Oft geschieht der Einstieg überlappend: die harmonischen Zäsuren der Solofühlung decken sich nicht mehr mit denen des Ch. Im Be-bop und Cool Jazz wurden solche Überlappungen zum Prinzip. Seitdem kann auch das Harmoniegerüst des Ch. selbst im Musizieren bereichert und modifiziert werden. Außerdem hat es sich eingebürgert, als Ch. nicht mehr nur einen Schlager oder Blues zu verwenden, sondern auch neue Ch.se mit selbst schon komplizierterer Harmonik (als »Themen«) zu komponieren.

Chromatik (von griech. χρῶμα, Farbe) ist die »Umfärbung« diatonischer Stufen, die Hoch- oder Tiefalteration um einen Halbton; die chromatischen Varianten z. B. zu f sind fis und fes. Der Begriff der Chr. setzt voraus, daß die 7stufige Diatonik als Grundbestand des Tonsystems gilt. Durch eine chromatische Stufe (fis in der untransponierten diatonischen Skala) wird ein Ganzton (f–g) in einen chromatischen (f–fis) und einen diatonischen Halbton (fis–g) gespalten; der chromatische Halbton ist also die Differenz zwischen dem Ganzton und dem diatonischen Halbton. In der harmonisch-reinen Stimmung unterscheidet man zwischen einem großen und einem kleinen Ganzton, 8:9 und 9:10, und entsprechend zwischen einem großen und einem kleinen chromatischen Halbton, 24:25 und 128:135. Chr. ist am sinnfälligsten, wenn eine diatonische Stufe und eine ihrer chromatischen Varianten einander unmittelbar folgen, und man versteht darum unter Chr. im engeren Sinne den chromatischen Halbtonschritt (f–fis oder f–fes). Außer Stufen werden auch Intervalle und Tonleitern als chromatisch bezeichnet. Chromatische Intervalle sind Tonabstände, die zwischen diatonischen Stufen nicht vorkommen und zu deren Bildung chromatische Stufen notwendig sind: der chromatische Halbton (f–fis), der übermäßige Ganzton (f–gis) und die verminderte Septime (gis–f¹), die übermäßige Quinte (f–cis¹) und die verminderte Quarte (cis–f), die übermäßige Sexte (f–dis¹) und die verminderte Terz (dis–f). Auch der Tritonus (f–h) wird, obwohl er der Diatonik angehört, als übermäßige Quarte, also als Variante der reinen Quarte, bestimmt. Die chromatische Tonleiter, die Halbtonskala, beruht auf der Ausfüllung der 7stufigen Diatonik (c d e f g a h c¹) durch fünf chromatische Zwischenstufen (cis, dis oder es, fis, gis oder as, b; → Orthographie). – In der griechischen Musik steht die Chr. als (vermutlich jüngeres) »farbiges Tongeschlecht« zwischen Enharmonik und Diatonik; das chromatische Tetrachord ordnet die beweglichen Töne innerhalb des festen Quartrahmens so an, daß sich die Folge 1½-, ½-, ½-Ton ergibt, z. B.: e¹–cis¹–c¹–h. Doch unterschieden die griechischen Theoretiker seit Aristoxenos bei der Berechnung der chromatischen Intervalle 2–3 voneinander abweichende Quartunterteilungen, die sogenannten Chroai (»Färbungen«). Die mittelalterliche Musik kannte in der früheren Zeit chromatische Töne, wurde aber durch die Autorität des Guido von Arezzo im 11. Jh. auf strenge Diatonik festgelegt. In der Folgezeit drangen durch die Musica ficta der Mehrstimmigkeit wieder chromatische Töne ein, bis im 15. Jh. eine vollständige chromatische Skala erreicht war. Sie wird theoretisch so erklärt, daß die doppelte Charakterisierung des ♭fa ♮mi auf die anderen Töne der diatonischen Skala übertragen wird; es ergibt sich: c fa – cis mi – d fa mi – es fa – e mi – f fa – fis mi – g fa mi – as fa – a mi – b fa – h mi, also Hexachorde auf: es, b, f, c, g, d, a. In der Praxis diente die Chromatisierung des Tonsystems, wie schon die Verknüpfung mit der Hexachordlehre zeigt, dazu, chromatische Intervalle und »falsche Konsonanzen« (mi contra fa) zu vermeiden. Chromatische Stimmführung, d. h. Aufeinanderfolge von zwei oder mehr Halbtönen, lehrten nur Marchettus de Padua (GS III, 89) und ein Anonymus um 1400 (Handschin in: ZfMw XVI, 1934, S. 120, mit 3st. *Kyrie Cunctipotens* als Beispiel). Zu hoher Bedeutung gelangte die Chr. im 16. Jh., wo (nach Levy) vier Aspekte zu unterscheiden sind: 1) Transpositions-Chr., d. h. manche Autoren, z. B. Salinas, nennen Stücke mit Vorzeichen chromatisch; 2) experimentelle »chromatische Labyrinthe« wie Willaerts *Quid non ebrietas*, Greiters *Passibus ambiguis*, Costeleys *Seigneur Dieu ta pitié* nutzen bei diatonischer, auf Modulation angelegter Melodik und Harmonik das aus der Musica ficta geläufige Prinzip der Hexachordtransposition zu chromatischer Erweiterung des Tonsystems; z. B. geht Costeley durch 16 Hexachorde (von F bis Heseses); sie hängen zusammen mit der Erprobung einer (bei Willaert 12stufigen, bei Costeley 19stufigen) gleichschwebenden Temperatur; 3) die Neubelebung der antiken Chr., deren verschiedene Arten im humanistischen Musikschrifttum ausführlich erörtert werden, unternahmen Vicentino, Le Jeune, Bottrigari, G.B. Doni, D. Mazzocchi und A. Berardi; 4) als zukunftsträchtig erwies sich vor allem die Ausdrucks-Chr. im Madrigal (C. de Rore, L. Marenzio, C. Gesualdo). Die Chr. in der monodischen Musik des 17. Jh. (Monteverdi, Saracini, D. Belli, Schütz) ist ohne sie nicht denkbar. Eine besondere Rolle spielt in der Musik der Barockzeit der chromatische Gang als Soggetto (vor allem im Baß), auch als musikalisch-rhetorische Figur. Seine Bildhaftigkeit oder Affektwirkung wird ganz deutlich nur, wenn er *durch Semitonia majora und minora einhergehet* (WaltherL), wie es in mitteltöniger Temperatur der Fall ist. Die gleichschwebende Temperatur hat dieses Charakteristikum der Chr. nivelliert; dafür ermöglicht sie die enharmonische Umdeutung und damit sowohl unbegrenzte Freiheit der Modulation als auch die Möglichkeit, die gleiche Tondistanz im Sinne verschiedener Intervallqualitäten umzudeuten; z. B. ist c–as als kleine Sexte diatonisches, das gleichklingende c–gis als übermäßige Quinte chromatisches Intervall. J. S. Bach hat die neuen Möglichkeiten vor allem in der *Chromatischen Phantasie und Fuge* konsequent genutzt. Seit C. Ph. E. Bach und Mozart gewinnt die Alterations-Chr. mehr und mehr Gewicht. Diese Entwicklung, die ihren Höhepunkt in Wagners *Tristan und Isolde* (1865) erreichte, endete in R. Strauss' Opern *Salome* (1905) und *Elektra* (1909), der Musik Regers und Schönbergs (bis 1908). – In der freien und der dodekaphonen Atonalität gelten die 12 Stufen der Halbtonskala als gleichberechtigt; der Unterschied zwischen diatonischen und chromatischen Stufen ist aufgehoben, so daß der Ausdruck Chr. seinen Sinn verliert. Ungewiß ist allerdings, ob Halbtonabstände in der Atonalität nichts anderes als engste Distanzen darstellen oder als Leittonbeziehungen zu verstehen sind, die den Unterschied zwischen diatonischem und chromatischem Halbton implizieren.

Lit.: G. JACOBSTHAL, Die chromatische Alteration im liturgischen Gesang ..., Bln 1897, dazu P. H. A. Gaisser in: Rev. bénédictine XIV–XV, 1897/98; RIEMANN MTh; TH. KROYER, Die Anfänge d. Chr. im ital. Madrigal ..., = BIMG I, 4, Lpz. 1902; A. SCHÖNBERG, Harmonielehre,

Wien 1911, ⁵1960, engl. NY 1947; R. v. FICKER, Beitr. zur Chr. d. 14. bis 16. Jh., StMw II, 1914; E. KURTH, Romantische Harmonik ..., Bern u. Lpz. 1920, Bln ²1923; J. S. LEVITAN, A. Willaert's Famous Duo ..., TVer XV, 1938; E. E. LOWINSKY, Secret Chromatic Art ..., NY 1946, dazu M. van Crevel in: TVer XVI, 1940–46, L. Schrade in: Journal of Renaissance and Baroque Music I, 1946/47, L. Finscher in: Mf XV, 1962; DERS., M. Greiter's Fortuna, MQ XLII, 1956 – XLIII, 1957; DERS., A. Willaert's Chromatic »Duo« Re-examined, TMw XVIII, 1956; J. HANDSCHIN, Der Toncharakter, Zürich (1948); A. EINSTEIN, The Ital. Madrigal, 3 Bde, Princeton 1949; H.-H. DRÄGER, Der heutige Hörer u. d. gleichschwebende Temperatur, in: Bach-Probleme, Lpz. 1950; DERS., Zur mitteltönigen u. gleichschwebenden Temperatur, Ber. über d. wiss. Bachtagung Lpz. 1950; W. GURLITT, Zu J. S. Bachs Ostinato-Technik, ebenda; K. J. LEVY, Costeley's Chromatic Chanson, Ann. Mus. III, 1955, dazu C. Dahlhaus in: Mf XVI, 1963; W. KELLER, Hdb. d. Tonsatzlehre, 2 Bde, Regensburg 1957–59; H. H. EGGEBRECHT, Zum Figur-Begriff d. Musica poetica, AfMw XVI, 1959; C. DAHLHAUS, D. Belli u. d. chromatische Kontrapunkt um 1600, Mf XV, 1962; W. J. MITCHELL, The Study of Chromaticism, Journal of Music Theory VI, 1962; R. BULLIVANT, The Nature of Chromaticism, MR XXIV, 1963.

Chromatische Instrumente sind solche, denen alle Töne der chromatischen Tonleiter zu Gebote stehen. Man wendet die Bezeichnung Chr. I. besonders auf Blechblasinstrumente mit Zügen und Ventilen an, zum Unterschied von den Naturinstrumenten, die nur über die Obertonreihe des Eigentons verfügen.

Chromatisches Tonsystem. 1776 erörterte Marpurg die Möglichkeit, die 21 Töne der *vollständig diatonisch-chromatisch-enharmonischen Tonleiter* auf 12 zu reduzieren. Für die enharmonischen Stufen cis ≈ des, dis ≈ es, fis ≈ ges, gis ≈ as und ais ≈ b schlug er 5 neue Einheitsbenennungen vor: k, l, m, n und o. Die vollständige Tonleiter hieße dann: c k d l e f m g n a o h. Seither haben die Versuche nicht aufgehört, das abendländische Musiksystem durch Beseitigung der 7stufigen diatonischen Grundskala und Zugrundelegung der Teilung der Oktave in 12 gleiche Teile (Zwölfhalbtonsystem) zu reformieren. Sie beschränkten sich jedoch nicht auf eine Reform der Tonbenennungen, sondern erstreckten sich auch auf die Notenschrift und auf die Klaviatur (→ Manual) der Tasteninstrumente; zu erwähnen sind die Schriften von J. Rohleder (1791), E. Gambale (1840 und 1846), H. J. Vinzent (ab 1862), M. Balbi (1871) sowie die chromatische Klaviatur von P. von Jankó (1882). Keiner dieser und ähnlicher Bestrebungen war ein nachhaltiger Erfolg beschieden, da die auf der einen Seite erzielte Vereinfachung infolge Vermehrung der Grundwerte auf der anderen das Verständnis tonaler Zusammenhänge stark erschwerte. Erst im 20. Jh. konnte durch die freie Atonalität, die Zwölftontechnik und später die Serielle Musik ein neues Tonsystem entstehen, das nicht nur musizierpraktisch, sondern auch ideell auf der Zwölfteilung der Oktave beruht.

Lit.: FR. W. MARPURG, Versuch über d. mus. Temperatur, Breslau 1776; H. RIEMANN, Das chr. T., in: Präludien u. Studien I, Lpz. 1895; M. AREND, Das chr. T., SIMG III, 1901/02; J. M. HAUER, Zwölftontechnik, Wien 1926; K. STONE, Problems and Methods of Notation, Perspectives of New Music, Princeton (N. J.) 1963.

Chronometer → Metronom.

Chronos protos (griech., erste Zeit), in der antiken Metrik und Musik seit Aristoxenos die kleinste Zeiteinheit, die aber keinen absolut feststehenden Wert hatte. Das Prinzip ihrer Unteilbarkeit schließt melodische Verzierungen nicht aus, jedoch erlangen die Fülltöne keine selbständige Geltung.

Lit.: H. RIEMANN, Hdb. d. Mg. I, 1, Lpz. 1904, erweitert ³1923; C. F. ABDY WILLIAMS, The Aristoxenian Theory of Mus. Rhythm, Cambridge 1911; THR. G. GEORGIADES, Der griech. Rhythmus, Hbg 1949; DERS., Musik u. Rhythmus bei d. Griechen, = rde LXI, Hbg (1958).

Chrotta (lat.) → Crwth, → Rotta.

Chute (ʃüt, frz., auch cheute, Fallen), – 1) → Antizipation; – 2) → Vorschlag von oben; – 3) bei d'Anglebert *Cheute ou port de Voix en montant, en descendant*, Vorschlag von unten und von oben; – 4) → Arpeggio.

Ciaccona (tʃakk'o:na, ital.) → Chaconne.

Cimbalom, Zimbal(on), Czimbal (ungar.; von griech. κύμβαλον; russ. cymbali; rumänisch tambal; polnisch cymbałki), ein → Hackbrett, das charakteristische Instrument in den Zigeunerkapellen. Das moderne C. hat bei seinem Umfang (D)E–e³ insgesamt 35 Saitenchöre, in der Tiefe 16 übersponnene (zu je 3 Saiten), nach der Höhe 19 (zu je 4 Saiten) aus Stahl. Das trapezförmige, auf 4 Beinen stehende Instrument mit Pedaldämpfung wird mit 2 Klöppeln gespielt. Es ist eingesetzt auch in Kodalys *Háry János* und Strawinskys *Renard*. Der Klang des C. ist in Klavierstücken von Schubert (*Divertissement à l'hongroise*) und Liszt nachgeahmt.

Lit.: A. HARTMANN, The Czimbalon ..., MQ II, 1916; C. G. TRICHICI, Metodá de tambal, Bukarest 1956; M. CRITICO, Folk Dance Instr.: The Tzimbalum, Roumania, The Folklorist III, 1957.

Cimbasso (tʃimb'asso), eine von Verdi in seinen Partituren nach dem Aufkommen der Ventilposaunen in Italien für die Baßposaune, speziell für die Ventil-Baßposaune verwendete Bezeichnung. C. ist außerdem Modellbezeichnung für eine 1959 konstruierte Baß/Kontrabaß-Zugposaune von besonderer spieltechnischer Geläufigkeit (System Kunitz).

Cinelli (tʃin'ɛlli, ital.) → Becken.

Circulatio (lat., Umkreisung), auch Kyklosis (griech.) genannt, in der Kompositionslehre des 17.–18. Jh. eine musikalische Figur, die in einer kreisenden Melodiebewegung besteht (*voces quasi in circulum agi videntur*, A. Kircher, 1650) und bei Wörtern wie circumdare, umgeben (*servitque verbis actionem circularem exprimentibus*, ebenda), Krone, Erde usw. angewandt wird. Die C. ist bei den Komponisten des 17.–18. Jh. sehr verbreitet. Von Purcell heißt es (bei D. Webb): »Er begleitet jeden Begriff einer Rundung mit einem unaufhörlichen Umlauf von Noten«. – Die musikalisch enger gefaßten Figuren Circolo (ital.) und Circolo mezzo (→ Doppelschlag) sind Formeln der Diminutionspraxis. Beim Circolo mezzo bilden 4 Noten *im Schreiben einen halben Kreiß* (Printz 1696), wobei – auf- oder absteigend – entweder die 1. und 3. (von Printz Groppo genannt) oder die 2. und 4. Note den gleichen Ort innehaben. Beim Circolo werden (nach WaltherL) *zweene Circoli mezzi also ... an einander gehänget ..., daß, so sie über einander gesetzet werden solten, sie einen vollkommenen Circul darstellen würden*, z. B.:

Lit.: D. WEBB, Betrachtungen über d. Verwandtschaft d. Poesie u. Musik, deutsch v. J. J. Eschenburg, Lpz. 1771.

CISAC (Confédération Internationale des Sociétés d'Auteurs et Compositeurs), auch Konföderation genannt, umschließt die folgenden 5 Föderationen: I. Gesellschaften für Bühnenrechte (Fédération des Sociétés de Droits de Représentation); II. Gesellschaften für musikalische, konzertmäßige Aufführungs- und

Senderechte (Fédération des Sociétés de Droits d'Exécution); III. Gesellschaften für mechanische Vervielfältigungsrechte (Fédération des Sociétés de Droits de Reproduction Mécanique); IV. Gesellschaften für literarische Rechte (Fédération des Sociétés de Gens de Lettres); V. Gesellschaften der Filmautoren (Fédération Internationale des Sociétés et Associations d'Auteurs de Films-Cinéma et Télévision). Den 5 Föderationen gehören gegenwärtig 63 Verwertungsgesellschaften aus 34 Ländern an. – Die CISAC wurde 1926 in Paris gegründet. Ihr Ziel ist die Verwirklichung eines wirksamen Schutzes der Urheber in aller Welt. Präsident ist zur Zeit der italienische Komponist Pizzetti. Als Président délégué der CISAC wirkt in Paris der französische Autor A. Willemetz. Vizepräsidenten sind der französische Komponist G. Auric und der englische Komponist A. Bliss. Zu den früheren Präsidenten zählen L. Fulda, R. Strauss und A. Honegger. Die CISAC gibt die vierteljährlich erscheinende Zeitschrift *Interauteurs* heraus.

Cister (altfrz. citole, frz. cistre, cithre, sistre; ital. cetera, cetra, citola, cistola; span. cedra; engl. 15. Jh.: cithren, cittern, später cithern; deutsch ma. cistole, zitole, 16.–17. Jh. Cither, Citter, Zitter, 18.–19. Jh. Sister), aus der Zupffiedel des hohen Mittelalters hervorgegangenes Zupfinstrument mit flachem, unten kreisrundem und ursprünglich in den Hals spitzbirnenförmig zulaufendem Corpus, dessen Zargenhöhe sich vom Halsende nach unten hin verringert. Die Saiten sind unten an Nägeln befestigt, die sich in der Zarge des Unterbügels befinden, und laufen über den aufgesetzten Steg zur Wirbelplatte. Es sind – nachweisbar seit 1435 – paarweise (chörig) angeordnete Metallsaiten wie später auch bei den zur Gattung der C. gehörenden Instrumenten → Bandurria, → Cithrinchen, → Orpheoreon, → Pandora, → Penorcon.

C. des 17. Jh. aus Brescia mit 12 (= 6chörig) Saiten, 8 seitenständigen und 4 vorderständigen Wirbeln, 18 zum Teil unterbrochenen Bünden aus Messing. Gesamtlänge 91,5 cm, Corpus 41 cm, Breite 35,5 cm, äußerste Zargenhöhe 7 cm (W. Heyer in Köln, Katalog Nr 613).

Die C., zunächst von den französischen Jongleurs gespielt, hatte ihre Blütezeit im 16. bis 18. Jh. Sie konnte sich gegenüber der Laute durchsetzen, weil sie im Orchester besser durchdrang und die Stimmung besser hielt; außerdem war sie billig. Tinctoris verweist um 1484 auf Italien als Ursprungsland der C. und noch Mersenne erklärt 1636, daß sie in Italien gängiger sei als in Frankreich, wo die Laute dominiere; dementgegen hält V. Galilei England für die Heimat der C. In Deutschland setzte sich die C. erst im 16. Jh. durch; weder Virdung (1511) noch Agricola (1528) erwähnen sie. – Sie wurde zunächst mit Plektron oder Federkiel (lat. penna) gerissen, doch bereits in der Darstellung der 4saitigen C. auf dem Münsteraltar in Beverley (Yorkshire) aus dem 14. Jh. mit den bloßen Fingern gezupft. Die Wirbelplatte, die noch im 15. Jh. begegnet, wird allmählich vom Wirbelkasten abgelöst, der nach oben hin meist spitz zuläuft. Im 16. Jh. finden sich – wie in Italien schon um 1435 – Exemplare mit abgesetztem Hals. Im 16. und 17. Jh. bewegt sich die Zahl der Chöre zwischen 4 und 12. In England ist um 1550 die C. mit einer Darmbesaitung versehen (dd gg hh e^1e^1); das späte 16. Jh. in England (A. Holborne, *The Cittharn-Schoole*, 1597) kennt die Stimmung der 4chörigen C. hh gg d^1d^1 e^1e^1 oder ee cc gg aa; bei T. Robinson (*New Citharen Lessons...*, 1609) wird die Stimmung ff gg d^1d^1 e^1e^1 empfohlen. Praetorius zählt 1619 fünf Arten von C.n auf: 1) 4chörige C. oder gemeine Cither in 2 Typen: als italienische C. (hh gg d^1d^1 e^1e^1) und als französische C. (aa gg d^1d^1 e^1e^1); die 4chörige C. ist in Italien, Frankreich, England, Holland und Deutschland bekannt. 2) 5chörige C. – in Italien bereits 1526 bekannt – in 3 verschiedenen Stimmungen (dd hh gg d^1d^1 e^1e^1; FF ee cc gg aa; GG fisfis dd aa hh). Die 5chörige C. war noch im 17. Jh. vorherrschend und ist besonders auf holländischen Bildern zu sehen. 3) 6chörige C. in 3 Stimmungen (aa c^1c^1 hh gg d^1d^1 e^1e^1 altitalienisch; hh GG dd gg d^1d^1 e^1e^1 nach Sixtus Kärgel 1576; GG dd hh gg d^1d^1 e^1e^1). 4) Große 6chörige C. *do das Corpus noch eins* (= doppelt) *so groß ist / vnd vmb eine quart tieffer / als die vorigen sechs Chörichten Cithern...* (fisfis DD AA dd aa hh). 5) 12chörige C. mit Flankeneinbuchtungen, Baß-C. genannt, die *ein herrlichen starcken Resonantz von sich gibt / gleich als wenn ein Clavicymbel oder Symphony gehöret würde.* Sie hat einige frei schwingende, neben dem Griffbrett verlaufende Begleitsaiten (eses BB ff cc gg dd aa ee hh gg d^1d^1 e^1e^1). Um 1600 war zudem die theorbenartige Erz-C. oder Theorben-C. (frz. archicistre; engl. bijuda cither oder syron, Sirene) bekannt mit 11 (davon 5 Bordune), 13, 14, 17 (9 Bordunsaiten + 4 Chöre) oder 21 (7 Bordune + 7 Chöre) Saiten, die mit 19 Bünden und einem zweiten Wirbelkasten für die Bordunsaiten ausgestattet ist; Stimmung nach Robinson (1609): $_1$G $_1$A $_1$B C D E F (Bordunsaiten), GG dd ff bb gg d^1d^1 e^1e^1 (Griffbrettsaiten). Im späten 16. Jh. finden sich C.n mit einer Bespannung bis 40 Saiten (Polyphant). Die Erz-C. war in Deutschland und Frankreich vornehmlich im 18. Jh. beliebt. – Häufig ist die C. im 18. und 19. Jh. mit einer Capotastovorrichtung versehen. Typisch für die C. des 18. Jh. ist die mit einem Stimmschlüsselchen zu bedienende Schraubenstimmung anstelle der älteren Wirbelvorrichtung. Die C. hat zumeist 12 Bünde, gelegentlich 15 (nach Walther 1732, im Anschluß an Furetière: 18 Griffe). Besonders beliebt war in der 2. Hälfte des 18. Jh. die englische, überwiegend 6chörige C. mit 10 Saiten: die English guitar (frz. guitare anglaise, gelegentlich: pandore), deren Corpus mandelförmigen Umriß hat (c e gg c^1c^1 e^1e^1 g^1g^1). Etwas größer ist die 14saitige 7chörige C., die in Frankreich und Holland gespielt wurde (ee a d^1d^1 e^1e^1 a^1a^1 cis^2cis^2), sowie die 11saitige 7chörige französische C.: (umsponnen:) E A d (Messing:) ee (Stahl:) aa cis^1cis^1 e^1e^1. In Frankreich und Holland war die 16saitige 12chörige Archicistre (holländisch Kunst-Citer) beliebt, gelegentlich mit einem der Laute angenäherten Schallkasten, 3 einfachen und 4 doppelten Griffbrettsaiten und 5 einzelnen, unverkürzbaren Baßsaiten (J. Verschuere Reynvaan, *Muzijkaal Kunst-Woordenboek*, 1715) mit der Stimmung A H Cis D Dis (Bordunsaiten) e a cis^1 e^1e^1 a^1a^1 cis^2cis^2 e^2e^2 (Griffbrettsaiten). In Deutschland schuf um 1800 J. W. Bindernagel (Gotha) eine C. mit 7 einfachen Saiten aus Darm (G c f g c^1 g^1). Die Darmbesaitung, der Wegfall der Chöre zugunsten von Einzelsaiten sowie das jetzt offene Schalloch lassen die Einwirkung der Gitarre erkennen, durch welche um 1830 in Deutschland die C. verdrängt wurde (wie schon im 18. Jh. in Italien durch die Mandoline). Als bäuerliches Instrument lebt sie fort in der Wald- und Bergzither (Harz und Thüringen). – Zur Familie der C.n gehört auch das seit jeher als sonderbar empfundene, mannshohe Exemplar einer gotischen Baß-C. aus dem 14.(?)–15. Jh., das der Ambraser Sammlung (im Inventar 1596 als Laute bezeichnet) angehörte.

Lit.: Praetorius Synt. II; M. Mersenne, Harmonie universelle, Paris 1636, Faks. hrsg. v. Fr. Lesure, 3 Bde, Paris 1963; WaltherL; J. Fr. B. C. Majer, Museum musicum, Schwäbisch Hall 1732, Faks. hrsg. v. H. Becker, = DMl I, 8, 1954; Chr. G. Scheidler, Etwas über d. Sister, AmZ IV, 1801; KochL, Artikel Sister; Th. Dart, The Cittern and Its Engl. Music, The Galpin Soc. Journal I, 1948; A. Baines, Fifteenth-Cent. Instr. in Tinctoris' De Inventione et Usu Musicae, ebenda III, 1950; D. Stevens, The Mulliner Book. A Commentary, London (1952), mit Übertragung v. 11 Stücken; H. Charnassé, Sur la transcription des recueils de cistre édités par Adrian Le Roy et Robert Ballard (1564–65), Rev. de Musicol. XLIX, 1963.

Cistole (mhd.), citole (altfrz.) → Cister.

Cithrinchen (ital. citarino; Cytharino, Klein Englisch Zitterlein) ist eine Diskantcister, meist mit 5 Chören. 1688 erwähnt G. Falck in seiner *Idea boni cantoris* die Diskantcister. – Eine Sonderform war das Hamburger C., dessen Corpus den Umriß eines Glockenquerschnitts hatte. Für dieses Liebhaberinstrument mit der Stimmung c e g h e¹ sind Bearbeitungen in französischer Lautentabulatur erhalten, wertvoll, weil sie die einzige Quelle für die Musik des ersten Jahres (1678) der Hamburger Oper am Gänsemarkt sind.

Lit.: Praetorius Synt. II; H. Chr. Wolff, Die Barockoper in Hbg (1678–1738), 2 Bde, Wolfenbüttel 1957.

Clairon (klɛrõ, frz.), – 1) französischer Name des Signalhorns; es gelangte 1822 in die französische Militärmusik. – 2) Cl., auch Clarino (engl. clarion), trompetenartige 4′-Zungenstimme in der Orgel, seltener 16′, 8′ und 2′, von engerer Mensur und hellem Klang. In der spanischen Orgelbaukunst, bei der den Trompetenregistern große Bedeutung zukommt, unterscheidet man eine Reihe von Clarinarten (clarín brillante, clarín coro, clarín suave, clarín fuerte, clarín de eco). Cl. ist auch eine 4′-Stimme im Harmonium.

Clarino (ital., von lat. clarus, hell) ist die hohe Lage der → Trompete, in der die Naturtöne in Sekundabstand aufeinanderfolgen (auch ein Register der Klarinette) sowie im 17./18. Jh. der Name der hohen Solotrompete, die sich nur durch das engere, flache Mundstück von der tieferen (Prinzipal-)Trompete unterschied. Mit dem Aufkommen der Ventile geriet die Kunst des Clarinblasens, wie sie noch J. S. Bach fordert, in Vergessenheit. Erst seit 1960 (Cappella Coloniensis des Westdeutschen Rundfunks Köln) ist die Clarintrompete wieder in Gebrauch, die von O. Steinkopf und H. Finke dem mehrfach gewundenen, etwa 220 cm langen Instrument nachgebaut wurde, das J. S. Bachs Trompeter G. Reiche auf dem Gemälde von E. G. Haußmann in der Hand hält. Nach dem Vorbild historischer Blechblasinstrumente erhielt es 2 kleine Löcher, mit denen die geradzahligen bzw. eine Reihe ungeradzahliger Naturtöne ausgeschaltet werden können, sowie ein Transpositionsloch. – Die Bemühungen um die Rekonstruktion der »Bach-Trompete« reichen in das 19. Jh. zurück, doch gingen sie (noch Menke 1934) von einer geraden Trompete in D (Länge etwa 110 cm) mit Ventilen aus. Die barocken Clarinpartien werden auf diesem Instrument in der Lage gespielt, in der die Naturtöne im Terzabstand aufeinanderfolgen; in dieser Lage jedoch mischen sich die Töne schlecht mit denen anderer Instrumente (J. S. Bach, 2. Brandenburgisches Konzert: Trp., Blockfl., Ob., V.).

Lit.: WaltherL; J. E. Altenburg, Versuch einer Anleitung zur heroisch-mus. Trompeter- u. Pauker-Kunst, Halle 1795, NA Dresden 1911; H. Eichborn, Die Trp. in alter u. neuer Zeit, Lpz. 1881; ders., Das alte Clarin-Blasen auf Trp., Lpz. 1894; R. Hofmann, Die F-Trp. im 2. Brandenburgischen Konzert v. J. S. Bach, Bach-Jb. XIII, 1916; A. Schering, Zu G. Reiches Leben u. Kunst, Bach-Jb. XV, 1918; C. Sachs, Eine unkritische Kritik d. Klarinblasens, AfMw II, 1919/20; E. Gröninger, Die Naturtrp. d. Bach-Zeit, Musik im Unterricht LII, 1961.

Clarone (ital.) → Klarinette, → Bassetthorn.

Clausula (lat.) → Klausel.

Clavecin, Clavessin (klavsɛ̃, frz.) → Cembalo.

Claves (span., Sing. clave), Rumbastäbchen, aus Kuba stammendes Schlaginstrument, das aus 2 runden Stäbchen von etwa 15 cm Länge und 1,5 cm ⌀ aus sehr hartem, resonierendem Holz (Bongossi-, Eben- oder Rosenholz) besteht. Das eine Stäbchen wird in der linken Hand so gehalten, daß die Innenseite der Hand einen Resonanzhohlraum bildet. Die Rechte schlägt das andere Stäbchen mit seinem oberen Drittel auf die Mitte des Stäbchens in der linken Hand. Der Klang der Cl. nähert sich einem hohen Xylophonton, er ist sehr hell und durchdringend. Die Cl. werden in fast allen Tänzen Lateinamerikas verwendet.

Clavicembalo (klavitʃɛmbalo, ital.) → Cembalo.

Clavichord (von lat. → clavis und chorda, Saite), das wichtigste Tasteninstrument in der älteren Musikpraxis neben Orgel und Cembalo. Das Cl. ist aus dem → Monochord hervorgegangen, dessen verschiebbare Stege durch Tasten mit → Tangenten (Stegen) ersetzt wurden. Auf dem hinteren Tastenende ist ein schmales metallenes Stäbchen befestigt, das beim Niederdrücken der Taste emporgehoben wird und die meist 2chörigen Saiten »anrührt« und zugleich abteilt. Zwischen den Saiten eingeflochtene Tuch- oder Filzstreifen verhindern das Mitschwingen des einen abgeteilten Saitenteils. Hauptbestandteile des Cl.s sind: Anhängestock (links vom Spieler), ihm gegenüber Steg und Stimmstock mit Stimmwirbel, Saiten aus Eisen, Stahl oder Messing, die senkrecht zu den Tasten laufen, Resonanzboden mit Schalloch (Rosette), Klaviatur, Tangentenmechanik und meist rechteckiger Kastenkörper. Bis zu Beginn des 18. Jh. gab es nur gebundene Cl.e (so genannt nach den Bünden der Lauten), bei denen ein und dieselbe Saite (bzw. Saitenchor) durch mehrere (höchstens fünf chromatisch benachbarte) Tasten zum Klingen gebracht wird. Seit etwa 1700 gibt es bundfreie Cl.e, bei denen jeweils einer Saite eine Taste entspricht. Da die Art der Mechanik in den alten Instrumentenbeschreibungen nicht immer deutlich wird, ist die Entstehungszeit des Cl.s nicht sicher bestimmbar. Eine Zwischenstufe zwischen Monochord und Cl. ist das 1434 von Georgius Anselmi erwähnte Polychord. Wahrscheinlich entstand das Cl. in der 2. Hälfte des 14. Jh. in Italien. Für 1404 (Minneregel) ist die Bezeichnung clavichordium belegt (daneben steht im 15. Jh. oft die Bezeichnung Monochord für das Cl., während span. clavicordium auch das Cembalo sein kann), und um 1410 entstand der älteste Cl.-Traktat. Auf einer Abbildung von etwa 1440 (Weimarer Wunderbuch) findet sich ein Cl. mit mehreren gleichlangen Saiten. Im 15. Jh. war das Cl. in Mittel- und Nordeuropa weit verbreitet; im 18. Jh. war vor allem in Deutschland der Kurzname »Klavier« dem Cl. vorbehalten. Der Tonumfang des Cl.s (→ Manual) erstreckte sich anfangs auf 20 Töne (G–e²), Virdung (1511) erwähnt 3 Oktaven Umfang mit 38 Tasten (F–g² ohne Fis und Gis), Praetorius (1619) nennt C–a², c³ oder d³, auch f³. Gegen 1700 wurde der Umfang auf ₁F–f³ erweitert, im frühen 19. Jh. sogar auf 6 Oktaven. Die Erweiterungen nach der Tiefe hin erfolgten im 17. Jh. auf dem Weg über die → Kurze Oktave. Die Verbindung des Cl.s mit einem Pedal ergab schon früh die Sonderform des Pedal-Cl.s (→ Pedalklavier). In der Zeit der Empfindsamkeit kam einer mehr gefühlsmäßigen Einstellung gegenüber dem Cl.-Klang die → Bebung entgegen. Das Cl.-Spiel verlangt eine Fingerdrucktechnik bei ruhiger Haltung der Hand und der Finger. Der Klang ist zart, weich, modulationsfähig und seelenvoll, im Gegensatz zu dem rauschenden und scharf umrissenen Klang des Cembalos. Die älteren gebundenen Cl.e hatten einen kernigeren Klang als die späteren bundfreien, die zur Darstellung chromatisch reicherer Musik geeignet sind. Das Cl. diente zum Musizieren im häuslichen Kreis und als das Lehr- und Studieninstrument für den Klavierspieler und Organisten, als das *Fundament aller Clavirten Instrumenten ... Doruff auch die Discipuli Organici zum anfang instruirt vnnd vnterrichtet werden* (Praetorius). Noch Türk empfahl 1789 zum Lernen das Cl. Spielbar auf dem Cl. ist die ganze (vor allem deutsche) Klaviermusik bis Mozart. Im 18. Jh. schrieben neben C. Ph. E. Bach u. a. Haßler, Neefe, Reichardt und Türk speziell für das Cl. Eine Abart des Cl.s ist der → Tangentenflügel. Zu Ende des 18. und zu Anfang des 19. Jh. wurden viele Cl.e durch Einsetzen einer Hammermechanik zu Tafelklavieren umgebaut. Mit der Wiederbelebung alter Musikinstrumente wird auch das Cl. wieder gebaut und gespielt.

Lit.: Volens facere clavichordium (um 1410), in: J. HANDSCHIN, Aus d. alten Musiktheorie, AMl XVI–XVII, 1944–45; Les traités d'H.-A. de Zwolle ..., hrsg. v. G. LE CERF u. E.-R. LABANDE als: Instr. de musique du XVᵉ s., Paris 1932; S. VIRDUNG, Musica getutscht, (Basel 1511), hrsg. v. R. Eitner, = PGfM XI, Bln 1882; DASS., Faks. hrsg. v. K. Schrade, Kassel 1931; PRAETORIUS Synt. II; BACH Versuch; K. NEF, Clavicymbal u. Cl., JbP X, 1903; DERS., J. S. Bachs Verhältnis zu d. Klavierinstr., Bach-Jb. VI, 1909; F. A. GOEHLINGER, Gesch. d. Cl., Diss. Basel 1910; C. SACHS, Die Musikinstr. d. Minneregel, SIMG XIV, 1912/13; C. AUERBACH, Die deutsche Clavichordkunst d. 18. Jh., Kassel 1930, ²1953; M. F. SCHNEIDER, Beitr. zu einer Anleitung, Cl. u. Cemb. zu spielen, Lpz. u. Straßburg 1934; E. HARICH-SCHNEIDER u. R. BOADELLA, Zum Clavichordspiel bei Tomàs de Santa Maria, AfMf II, 1937; E. HARICH-SCHNEIDER, Anmut u. Kunst beim Clavichordspiel, Lpz. 1937; F. TRENDELENBURG, E. THIENHAUS u. E. FRANZ, Zur Klangwirkung v. Klavichord, Cemb. u. Flügel, Akustische Zs. V, 1940; A. KREUTZ, Was ist auf d. Cl. spielbar?, Zs. f. Hausmusik IX, 1940; J. WÖRSCHING, Die hist. Saitenkl. u. d. moderne Klavichord- u. Cembalobau, Mainz 1946; H. NEUPERT, Das Klavichord, (mit Anh. »Von d. wahren Güte d. Cl.« v. J. N. Forkel), Kassel 1948, ²1956; W. NEF, The Polychord, The Galpin Soc. Journal IV, 1951; M. S. KASTNER, Port. u. span. Cl. d. 18. Jh., AMl XXIV, 1952; K. W. GÜMPEL, Das Tastenmonochord Conrads v. Zabern, AfMw XII, 1955; D. H. BOALCH, Makers of the Harpsichord and Cl. 1440 to 1840, London (1956); R. RUSSELL, The Harpsichord and Cl., London (1959); H. KELLETAT, Zur mus. Temperatur insbesondere bei J. S. Bach, Kassel 1960.

Clavicylinder, ein von Chladni 1800 erbautes Tastenfriktionsinstrument, bei dem abgestimmte Eisenstäbe dadurch zum Klingen gebracht wurden, daß sie mittels Tastendruck einen mit Glas überzogenen, durch Pedaltritte rotierenden Zylinder berührten und von ihm angestrichen wurden. Bei dem ebenfalls von Chladni 1790 konstruierten Euphon (von griech. εὔφωνος, wohlklingend) hingegen sind die abgestimmten Klangstäbe (gewöhnlicher Umfang c–f³), die auch aus Glas sein können, unbeweglich. An ihnen sind etwa 50 cm lange Glasröhren befestigt. Diese Streichstäbe werden durch unmittelbare longitudinale Friktion der Finger in Schwingung versetzt, die sich auf die Klangstäbe überträgt. Die Lautstärke sowie das An- und Abschwellen des Tons wurde beim Euphon durch die Intensität der Friktion, beim Cl. durch Tastendruck reguliert. Der Klangcharakter des Euphons kam dem der Glasharmonika sehr nahe, während der Cl. rauher und kräftiger klang.

Lit.: E. FL. FR. CHLADNI, Beyträge zur praktischen Akustik u. ... zum Bau d. Cl. u. damit verwandter Instr., Lpz. 1821.

Clavicytherium, Klaviziterium, auch Cembalo verticale, ein Klavier mit einem hinter der Klaviatur aufrecht stehenden dreieckigen oder flügelförmigen Corpus und darin vertikal verlaufenden Saiten, ähnlich dem späteren → Giraffenklavier. Die erhaltenen italienischen Clavicytherien seit dem 16. Jh. sind aufrechte Cembali, doch scheint es nach den Beschreibungen des 15.–18. Jh. (Paulus Paulirinus um 1460, Virdung 1511, Praetorius 1618, Mersenne 1636, Fuhrmann 1706) auch Clavicytherien mit dem Corpus und Klang von Harfe oder Spitzharfe gegeben zu haben.

Lit.: J. H. VAN DER MEER, Zur Gesch. d. Klaviziteriums, Kgr.-Ber. Kassel 1962.

Clavis (lat., Schlüssel), in der mittelalterlichen Musiktheorie die mit einem Buchstaben (→ Buchstaben-Tonschrift) bezeichnete Tonstufe (vox). Die Tonbuchstaben wurden auch auf die Tasten der Orgel geschrieben; von da ging die Bezeichnung Cl. auch auf die Taste selbst über, die im 16.–18. Jh. in Deutschland oft → Schlüssel genannt wurde (u. a. von Virdung 1511). Im Guidonischen System der Notation mit Notenlinien wurden Tonbuchstaben vor das System geschrieben; hieraus entwickelten sich die modernen Notenschlüssel. Tinctoris definiert Cl. (um 1473) in diesem Sinne als *signum loci lineae vel spatii*; Burmeister (vgl. Ruhnke, S. 75) will nur noch die Schlüssel (*claves signatae externae:* Γ, F, c, g, d) als Cl. bezeichnet wissen. Die vielseitige Bedeutung von Cl. hat sich im englischen → Key noch erhalten.

Lit.: WALTHER L, Artikel Claves ...; H. PFROGNER, Der Cl. in A. Werckmeisters »Nothwendigsten Anmerkungen u. Regeln ...«, Kgr.-Ber. Bamberg 1953; K. W. GÜMPEL, Das Tastenmonochord Conrads v. Zabern, AfMw XII, 1955; M. RUHNKE, J. Burmeister, = Schriften d. Landesinst. f. Musikforschung Kiel V, Kassel 1955.

Climacus (lat.) → Neumen.

Climax, Klimax (griech., Leiter, Treppe), auch Gradatio, Auxesis oder Ascensus genannt, eine in der Kompositionslehre des 17.–18. Jh. im Anschluß an die Rhetorik erklärte musikalische Figur: eine mehrmalige, auf gleichförmige Steigerung angelegte Wiederholung eines Melodieabschnitts auf anderer Stufe. In der Rhetorik ist die Cl. eine Steigerung mittels Satzglieder, die jeweils emphatisch an das Vorhergehende anknüpfen, z. B. *Jauchzet und singet, singet und rühmet, rühmet und lobet.* Burmeister (1606) beschreibt die musikalische Cl. als Figur, *quae per gradus intervallorum similes sonos repetit,* und J. G. Walther (1732) als eine *Clausul mit und ohne Cadentz,* welche *etlichemahl immediatè nach einander um einen Ton höher angebracht wird.* – Eine der Rhetorik analoge Namenswandlung vollzieht sich vom 17. zum 18. Jh. in der Musiklehre: Burmeister, Kircher, Elias Walther (Kaldenbach) sowie die Rhetoriker des 17. Jh. nennen diese Figur Auxesis oder Cl., Janowka (1701) Cl. sive Gradatio, während im 18. Jh. der Name Gradatio üblich wird (Gottsched, Scheibe, Forkel).

Clivis (lat.) → Neumen.

Clog box (engl.), ein in Jazzkapellen gebräuchliches, mit einem Trommelstock zu spielendes Schlaginstrument, das aus einem etwa 18–20 cm langen, mit Einkerbungen versehenen Holzblock besteht.

clos (klo:, frz., geschlossen) → Klausel.

Close shake (klo:s ʃeːk, engl.) → Vibrato.

Cluny (Saône-et-Loire), Benediktinerabtei, gegr. 910.
Lit.: L. SCHRADE, Die Darstellung d. Töne an d. Kapitellen d. Abteikirche zu Cl., DVjs. VII, 1929; J. HOURLIER, Remarques sur la notation clunisienne, Rev. grégorienne XXXI, 1952; K. MEYER-BAER, The Eight Gregorian Modes on the Cl. Capitals, New Rochelle (N. Y.) 1952.

Cluster (klʌstə, engl., Traube) ist ein Klanggebilde, das durch Übereinanderstellung großer und kleiner Sekunden oder noch kleinerer Intervalle entsteht. Die Bezeichnung geht auf H. Cowell (1930) zurück, der solche Gebilde tone-clusters nannte und sie folgendermaßen notiert:

Zu unterscheiden sind festgelegte Cl.s mit konstanter Breite und bewegliche, die sich von einer gegebenen Anfangsbreite zu einer von ihr verschiedenen Endbreite bewegen. Große Cl.s lassen sich durch Addition kleinerer und kleine durch Subtraktion größerer erzielen. Flageolett-Cl.s am Klavier entstehen durch stummes Niederdrücken von Tasten bei gleichzeitigem Anschlagen tieferer Töne oder Cl.s. Nach Cowell muß der Cl. als Einheit behandelt werden, d. h. so, als wäre er nur ein einziger Ton.
Lit.: H. COWELL, New Mus. Resources, NY 1930 (bereits 1919 geschrieben); M. KAGEL, Ton-Cl., Anschläge, Übergänge, in: die Reihe V, Wien 1959; P. BOULEZ, Musikdenken heute 1, = Darmstädter Beitr. zur Neuen Musik V, Mainz (1963).

Cobla (katalanisch, Paar, von lat. copula), katalanische Tanzkapelle, die vor allem die → Sardana spielt. Sie geht in Spielweise und Instrumentarium auf das alta-Ensemble des 15. Jh. zurück. Die Hauptstimme ist der Tenor, nicht wie in den anderen europäischen Tanzkapellen seit den Wiener Meistern des 19. Jh. die Oberstimme. Neben modernen Blechblasinstrumenten gehören ihr Instrumente an, die ihre Vorbilder in mittelalterlicher Spielpraxis haben. Um 1860 legte José (Pep) Ventura die heute übliche Zusammensetzung fest: Fluviol und Tamboril (Einhandflöte und Trommel), 2 Tiples (Diskantschalmeien in F mit Klappen), 2 Tenoras (Tenorschalmeien in B mit Klappen), je 2 Kornette (oder Trompeten) und Flügelhörner, Posaune und Kontrabaß. Das Zentrum der Pflege des C.-Spiels ist Perpignan.
Lit.: J. GRAHIT, Recull sardanístic, Gerona 1916; P. SALVAT, Pep Ventura, Barcelona 1927; A. CAPMAÑY, La sardana a Catalunya, ebenda 1948; H. BESSELER, Katalanische C. u. Alta-Tanzkapelle, Kgr.-Ber. Basel 1949; A. BAINES, Shawms of the Sardana C., The Galpin Soc. Journal V, 1952.

Coburg.
Lit.: H. HIRSCHBERG, Gesch. d. Herzoglichen Hoftheater zu Koburg u. Gotha, 1910; P. v. EBART, 100 Jahre C.ische Theatergesch., C. 1927; H. J. MOSER, Stadt u. Land C. in d. deutschen Mg., Festbuch 2. Gesamtdeutsches Musikfest C. 1956.

Coda (ital., Schwanz), Satzteil, der an Kompositionen angefügt ist (im 19. Jh., seit A. B. Marx, oft »Anhang« genannt), so als Abschluß von Fugen (J. S. Bach, Fuge C moll über ein Thema von Legrenzi, BWV 574), Rondos (W. A. Mozart, Klaviersonate A dur, K.-V. 300i, 3. Satz), auch als abschließender Teil zyklischer Werke (z. B. Tanzzyklen; → Deutscher Tanz). In tanzartigen Sätzen der Klassik (Scherzo, Menuett) schließt die C. an die Wiederholung des Hauptsatzes an (*Scherzo da capo e poi la C.*, z. B. Beethoven Klaviersonate op. 2, Nr 3); in Variationszyklen steht sie oft als zu den Variationen kontrastierende Schlußbekräftigung (Beethoven, *Bei Männern welche Liebe fühlen*, für Kl. und Vc.). Die C. der Sonatensatzform folgt auf die Reprise. Im allgemeinen greift sie auf das thematische Material des Satzes zurück; sie kann dabei als eine Art zweiter Durchführung mit starken modulatorischen Ausweichungen angelegt sein (Beethoven, 3. Symphonie op. 55, 1. Satz) und auch neues thematisches Material einführen (Schumann, 1. Symphonie, 1. Satz). – Die C. verleiht einer Komposition besondere Schlußwirkung; in langsamen Sätzen kann sie beruhigend, epilogartig ausklingen; in raschen Sätzen erreicht sie steigernde Wirkung durch Beschleunigung des Tempos (→ Stretta).
Lit.: B. J. KUSCHNIR, Zur Frühgesch. d. Kodaprinzips, Diss. Erlangen 1947, maschr.; A. SUDER, Die C. bei Haydn, Mozart u. Beethoven..., Diss. München 1951, maschr.

Colascione (kolaʃʃoːne, ital., von griech. καλάθιον, Körbchen, als calison in Venedig 1570 belegt; frz. colachon), eine Langhalslaute, hervorgegangen aus dem orientalischen → Tanbūr, nach Tinctoris (um 1484) *formam quasi coclearis magni continens*. Das älteste (in Brüssel) erhaltene Instrument ist datiert 1564; sein Corpus ist 44 cm, der Hals 103 cm lang, es hat 3 Saiten und 24 Bünde. Mersenne beschreibt es (1636) als Trichord (notierte Stimmung c^1 c^2 g^2) mit 16 Bünden, daneben auch als Bichord. In dieser Form war der C., der u. a. auch von Kircher 1650 und Bonanni 1722 genannt wird, im 17. Jh. besonders in Süditalien beliebt als mit Plektron gespieltes volkstümliches Instrument. Mit 6 Saiten (Hauptstimmung D G c f a d^1) hatte der »Calichen« als Liebhaberinstrument eine Blütezeit vor allem in Süddeutschland um 1650–1750; als Generalbaßinstrument diente er (nach Mattheson 1713) auch in Norddeutschland. Durch die beiden reisenden C.-Virtuosen Colla (* um 1730 zu Brescia) wurde das Instrument auch in Skandinavien eingeführt. Sie spielten auf 2 Colascioni, auch auf C. und Gitarre sowie auf C. und dem eine Oktave höher stehenden Colasciontino (Mezzo C.). Stücke für C. sind erhalten u. a. von G. A. → Brescianello, J. P. Schiffelholz, Colla und Merchi; eine C.-Tabulatur, um 1730 in der Oberpfalz entstanden, enthält Tänze der Zeit, darunter auch taktwechselnde.
Lit.: M. MERSENNE, Harmonie universelle, Paris 1636, Faks. hrsg. v. Fr. Lesure, Bd III, Paris 1963; WaltherL; WolfN, darin ein Menuett v. Brescianello; K. WEINMANN, J. Tinctoris... u. sein unbekannter Traktat »De inventione et usu musicae«, Regensburg u. Rom 1917, S. 42; K. GEIRINGER, Der Instrumentenname »Quinterne« u. d. ma. Bezeichnung d. Gitarre, Mandola u. d. C., AfMw VI, 1924; D. FRYKLUND, C. och colascionister, STMf XVIII, 1936; R. LÜCK, Ein Beitr. zur Gesch. d. C. u. seiner süddeutschen Tondenkmäler im 18. Jh., Diss. Erlangen 1954, maschr.

Colindă (rumänisch, von lat. calendae, auch colind, Plur. colinde), Weihnachtslied, das von rumänischen Bauern beim Umgang von Haus zu Haus, zuweilen im Wechsel zweier Gruppen, gesungen wird. Sein Ursprung reicht wie der der verwandten slawischen → Koleda ins Mittelalter hinauf. In den von Bartók gesammelten Colinde besteht der meist längere, erzählende Text aus trochäischen Zeilen zu 6 oder 8 Silben; Versmaß und Silbenzahl des Refrains sind beliebig gewählt. Musikalisch ist die C. in Strophen mit 1–4 Melodiezeilen gegliedert; als häufigsten Typ nennt Bartók (1935) die 3zeilige Strophe, z. B.:

	Nr 8				Nr 60		
Silbenzahl	6	6	6		8	5	8
Text	a	Refrain	a	oder:	a	Refrain	b
Melodie	A	B	A		A	B	A'

Bartók bearbeitete 20 Colinde als »Rumänische Weihnachtslieder« für Kl. (1915) und legte seiner *Cantata profana* (1930) Colinde-Texte zugrunde.

Ausg. u. Lit.: B. BARTÓK, Volksmusik d. Rumänen v. Maramureş, = Sammelbde f. vergleichende Mw. IV, München 1923; DERS., Die Melodien d. rumänischen C., Wien 1935; S. V. DRAGOI, 303 c., Craiova 1925; C. BRAILOIU, C. şi cîntece de stea (»Colinden- u. Weihnachtslieder«), Bukarest 1931; J. KUCKERTZ, Gestaltvariation in d. v. Bartók gesammelten rumänischen C., = Kölner Beitr. zur Musikforschung XXIII, Regensburg 1963; Z. VANCEA, Einige Beitr. über d. erste Ms. d. C.-Slg v. B. Bartók, Studia Musicologica V, 1963; GH. CIOBANU, Înrudirea dintre ritmul dansurilor şi al colindelor (»Die Verwandtschaft zwischen d. Rhythmen d. Tanz- u. C.-Weisen«), Revista de etnografie şi folclor mus. IX, 1964.

colla parte (ital.), mit der Hauptstimme; wie → suivez Anweisung für die Begleitung, sich einer von der Solostimme rhythmisch frei vorgetragenen Stelle im Tempo anzupassen. Die Wiederaufnahme des strengen Taktmaßes wird durch a battuta angezeigt. – Auch synonym mit → colla voce.

colla voce (k'olla v'o:tʃe, ital.; auch colla parte), mit der Stimme; Besetzungsvorschrift, wonach ein oder mehrere Instrumente eine vokale Stimme notengetreu mitspielen. Eine solche gemischte Ausführung war bei → a cappella-Sätzen des 16.–18. Jh. (so noch bei J. S. Bachs Motetten) üblich, wo nicht, wie in der Cappella Sistina, die Kapellstatuten eine Mitwirkung von Instrumenten ausschlossen.

Collegium musicum (lat.), im 16. bis 18. und wieder im 20. Jh. Vereinigung von Musikfreunden zu privatem gemeinschaftlichem Musizieren, im 16. Jh. vorwiegend vokal, später vorwiegend instrumental. Durch das zweckfreie Musizieren unterschied sich das Coll. mus. von der Kantorei, der durch die Ausgestaltung der Gottesdienste eine feste Aufgabe gestellt war; durch die Beschränkung auf das Musizieren unterschied es sich vom Convivium musicum, dessen Hauptzweck das durch Musik nur ein wenig ausgeschmückte regelmäßige Festmahl darstellte. Sowohl einzelne Kantoreien als auch Convivia sind seit der 2. Hälfte des 16. Jh. gelegentlich als Coll. mus. bezeichnet worden; andererseits haben sich private Musiziergemeinschaften bisweilen auch Musikkränzchen, Musikgesellschaft u. a. genannt. Im 17. Jh. entwickelten sich die Collegia musica zu Vereinen mit regelmäßigen Zusammenkünften bei wechselndem Mitgliederbestand, der sich vor allem aus bürgerlichen Musikliebhabern, in Universitätsstädten aus Studenten rekrutierte; gelegentlich wurden Berufsmusiker zur Unterstützung herangezogen. Man pflegte besonders die jeweils moderne Orchestermusik. Das Musizieren im Coll. mus. hatte den Sinn – wie es in Frankfurt am Main (1718) heißt –, *theils durch diesen unschuldigen Zeitvertreib das von denen Amtsgeschäften ermüdete Gemüth zu erquicken, theils auch die Music durch ein beständiges Exercitium zu desto mehrerem Wachstum zu bringen.* Nach dem Zeugnis Matthesons regte es auch dazu an, die Kompositionen näher zu studieren und über sie zu diskutieren. Durch die Collegia musica wurde vereinzelt schon im 17., vornehmlich im 18. Jh. das öffentliche Konzertwesen vorbereitet oder eingeleitet. Zunächst konnten die Mitglieder Freunde als Zuhörer mitbringen. Die ersten öffentlichen Konzerte eines Coll. mus. fanden seit 1660 unter M. Weckmann in Hamburg statt. Hier sowie in Leipzig und Frankfurt hat dann im besonderen Telemann mit den Collegia musica öffentliche Konzerte durchgeführt. Dabei konnte in Hamburg das zahlende Publikum größerer Gelegenheitsmusiken, Oratorien und sogar Passionen, losgelöst vom Zweck, für den sie geschrieben waren, im Konzertsaal noch einmal hören. Die Konzerte des Leipziger Coll. mus., das seit 1729 von J. S. Bach geleitet wurde, bereiteten den Boden für die späteren Gewandhauskonzerte. – Die Idee des Coll. mus. wurde in Leipzig durch H. Riemann erneuert, der 1908 im Musikwissenschaftlichen Institut der Universität ein Coll. mus. instrumentale gründete und ihm zunächst die Aufgabe stellte, die vergessene Ensemblemusik des Generalbaßzeitalters wieder zu pflegen. Auch seiner großen Sammlung von Ensemblemusik des 18. Jh., vornehmlich von Triosonaten und Quatuors, gab Riemann den Titel *Coll. mus.* Dem Leipziger Vorbild folgten seither alle Universitäten. Führend sollte das von W. Gurlitt im Wintersemester 1919/20 an der Universität Freiburg im Breisgau gegründete akademische Coll. mus. vocale et instrumentale werden. Hier wurde das Repertoire an Chor- und Instrumentalmusik über Barock und Renaissance in das Mittelalter hinein erweitert; außerdem wurde versucht, der originalen Klangwelt der Musik durch Rekonstruktion alter Musikinstrumente näherzukommen und eine historisch möglichst getreue und dabei künstlerisch lebensvolle Wiedergabe zu erreichen. Das Freiburger Coll. mus. bot 1922 in der Badischen Kunsthalle Karlsruhe zum erstenmal Musik des Mittelalters in öffentlichen Aufführungen. Auch zeitgenössische Kammer- und Chormusik wurde (unter H. Erpf) in den Jahren 1923–25 in das Repertoire des Freiburger Coll. mus. einbezogen. Entsprechend dem immer breiter werdenden Interesse an alter Musik im europäischen Musikleben griff die Idee des Coll. mus. über die Universitäten hinaus und begegnete verwandten Ideen der → Jugendmusik-Bewegung und der Schulmusikreform.

Lit.: K. NEF, Die Collegia musica in d. deutschen reformierten Schweiz, St. Gallen 1897; M. SEIFFERT, M. Weckmann u. d. Coll. mus. in Hbg, SIMG II, 1900/01; C. VALENTIN, Gesch. d. Musik in Ffm, Ffm 1906; H. STAUDINGER, Individuum u. Gemeinschaft ..., = Schriften zur Soziologie d. Kultur I, Jena 1913; FR. LUDWIG, Musik d. MA in d. Badischen Kunsthalle Karlsruhe, ZfMw V, 1922/23; A. SCHERING, Mg. Lpz. II, Lpz. 1926, u. III, Lpz. 1941; G. PINTHUS, Das Konzertleben in Deutschland, = Slg mw. Abh. VIII, Straßburg 1932; Zeitschrift Coll. mus., hrsg. v. W. BLANKENBURG, Kassel 1932 u. 1933; E. PREUSSNER, Die bürgerliche Musikkultur, Hbg 1935, Kassel ²1950; H. ZENCK, Das Coll. mus., Neues Musikblatt Nr 17, Mainz 1936; A. WERNER, Freie Musikges. alter Zeit im mitteldeutschen Raum, Wolfenbüttel u. Bln 1940.

col legno (kol l'e:ɲo, ital., mit dem Holz), Vorschrift beim Streichinstrumentenspiel, die Saiten mit der Bogenstange zu streichen (c. l. tratto) oder anzuschlagen (c. l. battuto); der Klang ist hart und spröde (Liszt, *Mazeppa*; Honegger, *La Danse macabre*; Schönberg, *Moses und Aron*, 2. Akt; beide Arten des c. l.-Spiels z. B. in L. Nonos *Varianti*). Ein Unikum in seiner Zeit stellt das c. l.-Spiel (mit Dämpfer) dar, das J. Haydn im 2. Satz der Symphonie Nr 67 (Hob. I, 67) verlangt. Die Beendigung des c. l.-Spiels wird durch → arco angezeigt.

Color (lat., Farbe) kommt in der Musiklehre seit dem späten Mittelalter in verschiedenen Bedeutungen vor: – 1) C. bezeichnet in der Notation seit der Ars nova im 14. Jh. bis zum 17. Jh. Noten, deren Farbe von der üblichen abweicht: in der schwarzen Notation des 14.–15. Jh. die roten (in England zuweilen auch blauen) oder hohlen Noten (notae rubeae sive vacuae, J. de Muris, CS III, 54; die hohlen Noten heißen auch albae, dealbitae, cavatae), in der weißen Notation seit Mitte des 15. Jh. die schwarzen Noten (notae impletae, Tinctoris, CS IV, 65f.; auch notae nigrae, denigratae). Muris erklärt die normalen (bei ihm schwarzen) Noten als perfekt, die kolorierten als imperfekt. Die *Ars perfecta in musica magistri Ph. de Vitriaco* verallgemeinert zu der in der Folgezeit gültigen Regel: »Ferner werden Modus, Tempus und Prolatio durch rote Noten verändert ...; wenn die schwarzen Longae [Breves, Semibreves] im perfekten Modus [Tempus, Prolatio] stehen, sollen die roten im imperfekten sein und umgekehrt« (CS III, 33b, im Anschluß an Vitrys *Ars nova*, Cap. XIX). Im allgemeinen ergibt sich, daß eine Note durch C. ein Drittel ihres Wertes verliert, doch können Noten imperfekter Mensur auch um die Hälfte verlängert werden (ApelN, Faks. 81, aus *Pit*). In der Hauptsache sind folgende Anwendungen des C. zu unterscheiden: Bei perfekter Mensur werden Gruppen von drei 2zeitigen Noten (anstelle von zwei 3zeitigen) koloriert (Hemiole, Traynour, vgl. CS III, 123f.). Stehen zwei kleinere Noten zwischen zwei größeren, so zeigt (in weißer Notation) die Schreibung ♮♦♦♮, seltener ♮♦♦■, an, daß bei den kürzeren Noten keine Alteration eintritt, also ♩♩♩ zu übertragen ist. Umgekehrt wird Alteration oft durch ♮♦■ vorgeschrieben. Bei imperfekter Mensur bezeichnet der C. Triolen; der besonders häufige Minor c. ♦♦ und die Schreibung ■♦ werden aber im 16. Jh. von vielen Handschriften und Theoretikern zu ♩·♪ und ♪·♩ umgedeutet. Ferner dient C. zur Kennzeichnung der Zusammengehörigkeit von Gruppen verschiedener Mensurierung, die sich gegenseitig durchdringen und dadurch Synkopation bewirken (Beispiele aus der Notation um 1400 ApelN, Faks. 84–87 und S. 488f., spätere Beispiele bei Tinctoris, CS IV, 58b und 65f.). In Handschriften des frühen 15. Jh. dient die kolorierte Minima zur Bezeichnung der Semiminima; in der Schreibung der Semiminima als ♦ (heute Viertelnote ♩), d. h. als geschwärzte Minima, und im damit verbundenen Übergang von den (langen) weißen zu den (kurzen) schwarzen Noten hat die »weiße« Mensuralnotation und noch die heutige Notenschrift diesen Gebrauch des C. als Proportio dupla bewahrt. Im 16. Jh. wurde C. als → Augenmusik gern zur Wortdarstellung verwendet. – 2) Colores heißen bei Johannes de Garlandia nach dem Vorbild der Rhetorik Schmückungen des musikalischen Satzes (ed. Cserba, 226f.), darunter auch die Wiederholung eines melodischen Abschnitts in der gleichen (*repetitio ejusdem vocis*; vgl. auch Odington, CS I, 246a) oder in einer anderen Stimme (*repetitio diversae vocis*, Stimmtausch; vgl. auch Anonymus IV über Perotinus, CS I, 342a und 360f.). Zunächst vor allem in Oberstimmen verwendet, wird erstere schon in der Ars antiqua-Motette und dann besonders in der → Isorhythmie der Ars nova zum Ordnungsprinzip des Tenors. Die für das 14.–15. Jh. verbindliche Darstellung bei J. de Muris (CS III, 58b, dazu Pr. de Beldemandis, CS III, 225f. und 247b) sieht für den Tenor nach dem Vorgang »einiger Kantoren« die Unterscheidung von C. als melodischer Wiederholung und Talea als Wiederholung eines rhythmischen Modells vor. C. gilt jedoch weiterhin als beide Arten umfassende Bezeichnung; so nennt E. de Murino die Anlage der Oberstimmen als mehrfache Wiederholung eines rhythmischen Modells »Kolorierung der Motetten« (CS III, 125a). – 3) Marchettus de Padua schlägt vor, den durch Alteration gewonnenen Leitton des Paenultimaklangs als musica (oder dissonantia) colorata (statt des üblichen musica falsa) zu bezeichnen. Er gewinnt diesen Namen sowohl als Übersetzungswort aus seiner falschen Erklärung des chromatischen Halbtons, als auch durch Übernahme des C.-Begriffs der Rhetorik, blieb aber ohne Nachfolger (GS III, 73ff., 83, 89; CSM VI, 68ff.).

Lit.: H. BELLERMANN, Die Mensuralnoten u. Taktzeichen, Bln 1858, hrsg. v. H. Husmann ⁴1963; G. ADLER, Die Wiederholung u. Nachahmung in d. Mehrstimmigkeit, VfMw II, 1886; J. WOLF, Gesch. d. Mensuralnotation, 3 Bde, Lpz. 1904; WOLFN; E. PRAETORIUS, Die Mensuraltheorie d. Fr. Gafurius..., = BIMG II, 2, Lpz. 1905; FR. LUDWIG, Die geistliche nichtliturgische, weltliche einst. u. d. mehrst. Musik d. MA, Adler Hdb.; H. BESSELER in: AfMw VIII, 1926, S. 210ff.; J. HANDSCHIN in: ZfMw XVI, 1934, S. 120f.; M. F. BUKOFZER in: AMl VIII, 1936, S. 109f.; G. KUHLMANN, Die 2st. frz. Motetten... I, Würzburg 1938; APELN; G. REICHERT, Das Verhältnis zwischen mus. u. textlicher Struktur..., AfMw XIII, 1956; DERS., Wechselbeziehungen zwischen mus. u. textlicher Struktur..., in: In memoriam J. Handschin, Straßburg 1962; C. PARRISH, A Curious Use of Coloration..., in: Essays on Music, Fs. A. Th. Davison, Cambridge (Mass.) 1957; U. GÜNTHER, The 14ᵗʰ-Cent. Motet..., MD XII, 1958; M. B. COLLINS, The Performance of Coloration, Sesquialtera, and Hemiola, Diss. Stanford (Calif.) 1963, maschr., Teildruck in: JAMS XVII, 1964.

Combo (von engl. combination) → Band.

Comédie (kɔmedˊi, frz., Komödie), eine Bezeichnung für die frühe französische heitere Oper, meist mit einem Zusatz wie mêlée d'ariettes oder en musique (→ Vaudeville). Die gesprochene Komödie mit eingelegten, original komponierten Arietten (Dalayrac, *La Nina ou la Folle par amour*, 1786) wurde C. à ariettes genannt, im Gegensatz zur C. lyrique, bei der die Musik bereits größeren Anteil hat.

Comédie-ballet (kɔmedˊi-balˊɛ, frz.), eine seit 1664 von Lully und → Molière in enger Zusammenarbeit für die Hoffeste Ludwigs XIV. geschaffene, der Oper nahestehende Gattung des französischen Theaters. In der C.-b. wirkten die klassische gesprochene Comédie und – vom Ballet de cour ausgehende – mit der Handlung verknüpfte Ballets (mit Prolog und Entrées), dramatisch gestaltete Rezitative, Airs, Duette, Terzette, chorische und finalartige Ensembleszenen sowie Dialoge zwischen Schauspielern und Sängern zusammen. Zu den bedeutenden C.-b.s, die einen französischen Buffostil herausbildeten und eine wichtige musikalische Entwicklungsstufe zur → Tragédie lyrique darstellen, zählen Molières und Lullys *La Princesse d'Elide* (1664), *L'Amour médecin* (1665), *La Pastorale comique* (1667), *Le Sicilien* (1667), *Les festes de Versailles* und *Georges Dandin* (1668), *Monsieur de Pourceaugnac* (1669), *Les amants magnifiques* (1670), *Le bourgeois gentilhomme* (1670). Die C.-b.s verloren nach dem Tod Molières an Bedeutung; Musik und Tanz wurden weniger verwendet, und die Gattung wurde den Komödien mit Couplets angenähert, wie sie an der Comédie Italienne und am Théâtre de la Foire gespielt wurden.

Lit.: M. PELLISSON, Les C.-b. de Molière, Paris 1914; FR. NOACK, Die Musik zu d. Moliéreschen Komödie »Monsieur de Pourceaugnac« v. J. B. de Lully, in: Mw. Beitr., Fs. J. Wolf, Bln 1929; FR. BÖTTGER, Die »C.-B.« v. Molière-Lully, Diss. Bln 1941.

Comes (lat., Gefährte), Thema einer Fuge in der Gestalt seiner → Beantwortung. C., durch Calvisius (*Melopoeia* 1592) als Latinisierung von → Conseguente ein-

come sopra

geführt, bezeichnet gelegentlich auch die nachfolgende Stimme im Kanon.

come sopra (ital., wie oben), Anweisung zur Wiederaufnahme von angegebenen Ausführungsvorschriften oder zur Wiederholung eines Satzteils.

come stà (ital., wie es dasteht), in der Zeit der Blüte der Virtuosenzutaten, besonders zu Anfang des 17. Jh., in Instrumentalkompositionen das ausdrückliche Verbot der Auszierung.

Commędia in musica (ital., Komödie mit Musik), auch Commedia per musica sowie Commedia musicale, in der 2. Hälfte des 17. Jh. und im 18. Jh. Bezeichnung für die komische italienische Oper, die Handlungen und Figuren aus der Commedia dell'arte übernahm. Mittelpunkt dieser Kunst war Neapel (C. in m. napoletana, auch Farsa oder Pazzia genannt). Für die heitere italienische Oper wurden auch Bezeichnungen verwendet wie Commedietta, Dramma burlesco (giocoso), Scherzo drammatico (giocoso), Trattenimento carnevalesco, Opera comica.

Commissura (lat., Verbindung), Durchgangsdissonanz, der Sache nach schon von Tinctoris (CS IV, 144) in Nähe zur Rhetorik beschrieben; in der Barockzeit eine musikalische Figur (ohne Namensentsprechung in der Rhetorik), auch Symblema, Celeritas und Transitus genannt. Eine in 31 Versen ausgebreitete Erklärung der C. gibt H. Dedekind (1590). Burmeister (1599, 1606) erkennt Durchgangsdissonanzen als Figur nur im Wert einer Minima (Hälfte des Tactus) an, kleinere Werte als Durchgänge sind ihm dem Figurbegriff gegenüber nicht offenkundig genug. Calvisius (1592) dagegen betrachtet unter Celeritas nur den rein musikalischen Sachverhalt des Dissonanzwertes ohne Reflexion auf den Figurbegriff, er beschränkt sich daher auf das Dissonanzverbot der Semibrevis (ganzer Tactus). Nucius (1613), Goclenius (1613), Thuringus (1625), Bernhard (*Ausführlicher Bericht*) und J. G. Walther (1708, 1732) unterscheiden C. cadens (bzw. Transitus regularis), wobei die 1. Hälfte (thesis ↓) der Schlagzeit konsoniert und die 2. Hälfte (arsis ↑) dissoniert, und C. directa (bzw. Transitus irregularis) mit Auflösung einer dissonierenden Thesis in die Arsis.

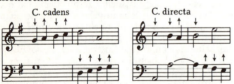

Quasitransitus ist bei Bernhard eine dem Transitus irregularis ähnliche, mit der → Multiplicatio verbundene Art, vor allem im rezitativischen Stil. Im *Tractatus compositionis augmentatus* nennt Bernhard noch den Transitus regularis einfach Transitus, statt Transitus irregularis steht Quasi-Transitus, und der spätere Quasitransitus heißt hier Transitus inversus. Unter den Begriff des Transitus wird in dieser Zeit allgemein auch der Wechselton (→ Wechselnote) subsumiert.

Lit.: H. Dedekind, Praecursor metricus musicae artis, Erfurt 1590; S. Calvisius, Melopoeia..., Erfurt 1592; R. Goclenius, Lexicon Philosophicum..., Ffm. 1613.

Common chord (k'ɔmən kɔ:d, engl., s. v. w. gewöhnlicher Klang), im Generalbaß der konsonante Dreiklang (frz. accord parfait), besonders der Durdreiklang.

Common time (k'ɔmən taim, engl., s. v. w. gewöhnliches Zeitmaß) heißt der auch in Deutschland »gemeiner Takt« genannte 4/4-Takt, in älterer Zeit jeder gerade Takt.

Commune Sanctorum (lat.) → Proprium de Sanctis.

Communio (lat.), genauer: Antiphona ad communionem, das letzte Stück des Proprium missae, der Kommuniongesang der römisch-katholischen Meßfeier. Schon seit dem 4. Jh. läßt sich in verschiedenen Liturgien des Orients und Okzidents als bevorzugter Gesang zur Kommunion Ps. 33 nachweisen, der offensichtlich auf Grund des Textinhaltes von Vers 9 (*Gustate et videte quoniam suavis est Dominus*) verwendet wurde. Auch die römische Liturgie enthielt zunächst einen (in den einzelnen Meßformularen verschiedenen) Kommunionpsalm. Verweise von zwei einander abwechselnden Chören ausgeführt, erklang hierbei vor und nach dem (mit der kleinen Doxologie abgeschlossenen) Psalm bzw. zwischen den einzelnen oder mehreren Versen eine Antiphon (Antiphona ad communionem), welche nach allmählichem Wegfall der Psalmverse (10.–13./14. Jh., vermutlich durch Rückgang der gemeinschaftlichen Kommunion) allein übrigblieb und C. genannt wurde. Nur in der C. *Lux aeterna* der Totenmesse erhielt sich ein Versus (*Requiem aeternam*). Als sehr später Beleg für die Verwendung von C.-Psalmversen gilt das Graduale der Leipziger St. Thomaskirche aus dem 14. Jh. Die musikalische Gestalt der Verse entsprach stets der Introituspsalmodie in romanischer oder germanischer Fassung (vgl. die Formeln in der Vatikanischen Ausgabe des Graduale Romanum und bei P. Wagner, Einführung III, S. 140ff.). Seit der neuen Karwochenliturgie (1956) ist man um eine Wiedereinführung der C.-Psalmen bemüht. Erweiternde Bestimmungen sind in der *Instructio de musica sacra et sacra liturgia* der Ritenkongregation vom 3. 9. 1958 enthalten. Hiernach wird gestattet, beim Kommuniongang der Gläubigen im Anschluß an jene Antiphonen, deren Text einem Psalm entnommen ist, die übrigen Psalmverse mit Gloria patri und abschließender Wiederholung der Antiphon zu singen, wobei auch nach jedem einzelnen oder je 2 Versen eine Repetitio antiphonae möglich ist. Entsprechend kann für Antiphonen ohne Psalmtext ein passender Psalm ausgewählt werden (Artikel 27c). – In der Choralforschung finden die C.-Antiphonen vor allem wegen ihrer oftmals uneinheitlichen tonalen Gestalt zunehmendes Interesse. – Bezeichnungen für den Kommuniongesang in anderen Liturgien sind: Trecanum (gallikanisch), Transitorium (ambrosianisch), Antiphona ad accedentes (altspanisch), Koinonikon (byzantinisch).

Ausg.: Das Graduale d. St. Thomaskirche zu Lpz., hrsg. v. P. Wagner, 2 Bde, = PäM V u. VII, Lpz. 1930 u. 1932.
Lit.: P. Wagner, Einführung in d. Gregorianischen Melodien I u. III, Lpz. ³1911 u. 1921, Neudruck Hildesheim u. Wiesbaden 1962; U. Bomm OSB, Der Wechsel d. Modalitätsbestimmung in d. Tradition d. Meßgesänge im IX. bis XIII. Jh., Einsiedeln 1929. KWG

Completorium (lat.) → Komplet.

Complexio (lat.) → Symploke.

Computer-Musik (kəmpj'u:tɹ, engl.), Musik, die mit Hilfe von elektronischen Rechenanlagen komponiert wird. Regeln der Satztechnik und Gewohnheiten der ästhetischen Bewertung lassen sich als »Programm«

verstehen, innerhalb dessen der Komponist seine Entscheidung trifft. Das Programm definiert das Material und die erlaubten Verknüpfungen, deren Reihenfolge häufig frei ist. Daher kann innerhalb gegebener Grenzen der Zufall sich auswirken. – Computer finden Verwendung, um bekannte Musiksysteme (z. B. tonale Harmonik) zu programmieren, Musik nach statistischen Gesichtspunkten zu komponieren oder elektronische Klänge zu erzeugen. Beispiele: *Illiac Suite* für Streichquartett von Hiller und Isaacson, *Musique algorithmique* von P. Barbaud, *Computer Cantata* von Hiller. Lit.: L. A. HILLER u. L. M. ISAACSON, Experimental Music, NY 1959; J. C. TENNEY, Sound-Generation by Means of a Digital Computer, Journal of Music Theory VII, 1963; I. XENAKIS, Musiques formelles, RM XXXIII, 1963; L. A. HILLER, Informationstheorie u. C.-M., in: Darmstädter Beitr. zur Neuen Musik VIII, Mainz (1964); G. H. ROLLER, The Development of the Methods for Analysis of Mus. Compositions and for the Formation of a Symmetrical Twelve-tone Row Using the Electronic Digital Computer, Diss. Michigan State Univ. 1964, maschr.

Concentus (lat.) → Akzent (– 2).

Concertante (kõsɛrt'ã:t, frz.) → Symphonie concertante.

Concertato (kontʃert'a:to, ital.), concertant (frz.), Abk.: conc., konzertierend. Voci concertate, Concertatstimmen, heißen die solistischen Vokalstimmen im → Concerto; Coro c. ist in der concertierenden → Mehrchörigkeit die Gruppe der Solostimmen im Gegensatz zum vollen Chor. Die Titel *Psalmi concertate* (Viadana, 1612), Musiche concertate (T. Merula, *Madrigali et altre musiche concertate*, 1623), Sonate concertate (D. Castello, 1621) besagen, daß die Kompositionen für das mehrchörige Concertieren oder für Vokal- bzw. Instrumentalsolisten bzw. für deren Mitbeteiligung bestimmt sind. → Symphonie concertante.

Concertina, ein → Harmonika-Instrument mit 6eckigem Querschnitt. Es wurde 1827 von Ch. Wheatstone (1802–75) erfunden und 1829 patentiert. Die C. war das erste gleichtönige Balginstrument und wurde als Sopran-, Tenor-, Bariton-, Baß- und Kontrabaß-C. hergestellt. Eine durchgehende chromatische Tonfolge war auf die beiden Seiten des Instrumentes verteilt. Spielfinger waren der 2., 3. und 4. Finger, der Daumen hielt in einer Lederschlaufe das Instrument, der kleine Finger ruhte als Stütze in einem Metallwinkel. Der Umfang der Sopran-C. reicht von g–c^3, zum Teil bis a^4. Für das Zusammenspiel mit Klavier wird vorzugsweise die Sopran-C. verwendet. Mit der deutschen → Konzertina von Uhlig hatte sie nichts gemeinsam, aber vielleicht wurde Wheatstone durch Uhligs Konstruktion zum Bau der Duett-C. angeregt, die 1844 patentiert wurde und es ermöglichte, mit der rechten Hand die Melodie und mit der linken die Begleitung zu spielen. Die Duett-C. gab es in Größen von 46–81 Knöpfen (größter Tonumfang: C–d^3; von g–c^2 waren die Töne doppelt vorhanden). Die C. wurden nur einfachtönig gebaut (8′-Ton), deshalb war es möglich, den äußeren Umfang des Gehäuses sehr klein zu halten. Der Ton war klar und weittragend, die Ansprache der Zungen leicht. Schulwerke und Kompositionen für die C. schrieben u. a. Wheatstone, G. Case, G. Regondi, R. Blagrove, B. Molique und G. A. Macfarren. – Das Melophon wurde von dem Ungarn Ferenczi (* 1820) der englischen C. nachgebaut. Das seinerzeit in Ungarn sehr beliebte Instrument wird seit 1911 nicht mehr gebaut. – Die Symphonetta wurde 1898 von R. Scheller (1845–1929) in Hamburg konstruiert. Die Knopfanlage entspricht der einer dreireihigen chromatischen Harmonika mit 2 Hilfsreihen. Äußerlich entspricht die Symphonetta einem mitten im Balg aufgeschnittenen → Bandonion, das auf einem Spieltisch so montiert ist, daß die Tastatur vor Augen liegt. Durch wechselndes Hochziehen und Niederdrücken der beiden Balgteile wird die Luft den Tonzungen zugeführt, die nur auf Druck ansprechen und ein ausgezeichnetes Spielen gestatten. Der Gesamtumfang reicht vom B der Kontraoktave bis fis^3. EKu

Concertino (kontʃert'i:no, ital., kleines Konzert, – 1) ähnlich wie → Konzertstück eine Gattungsbezeichnung für Konzertkompositionen kleineren Umfangs oder kleinerer Besetzung (z. B. Strawinsky, C. für Streichquartett, 1920; H. Reutter, C. für Kl. und Streichorch., op. 69; H. Genzmer, C. für Kl. und Str. mit Fl.). – 2) Besetzungsbezeichnung für eine Gruppe von Soloinstrumenten, die dem Orchestertutti gegenübersteht, vor allem im → Concerto grosso und der → Symphonie concertante.

Concerto (kontʃ'ɛrto, ital.) bezeichnet als Stilprinzip und Werktitel die durch ein Ensemble auszuführende Komposition, in der heterogene Elemente zusammenwirken. Begriff und Wesen des C. waren für die Musik der Barockzeit so bestimmend, daß J. Handschin (1948) das 17./18. Jh. die Zeit des »konzertierenden Stils« zu nennen vorschlug; insofern der Generalbaß ein integrierender Bestandteil dieses Stils ist, faßt der Name Generalbaßzeitalter (H. Riemann) die gleiche Erscheinung aus anderer Sicht. – Die Ableitung des Terminus C. ist umstritten. Das Moment des Zusammenwirkens im Ensemble weist auf concertare (mittellat. und ital.), übereinstimmen. Dem entspricht das Verständnis von C. als vokalem, instrumentalem (auch span. tañer en concierto, bei Ortiz 1553; engl. → Consort) oder vokalinstrumentalem Ensemble sowie das Zusammenwirken von Musikern überhaupt, auch im Sinne einer Veranstaltung (Walther 1732, Rousseau 1767; → Konzert – 2), ferner die Gleichsetzung von C. mit Cantio harmonica, Concentus und Sinfonia (Symphonia). Die Heterogenität der zusammenwirkenden Elemente spiegelt sich dagegen in der versuchten Zurückführung des Wortes C. auf concertare (klassisch-lat.), wettstreiten, die seit M. Praetorius in Formulierungen wie *gegeneinander certiren, gleichsam um den Gewinn certiren* immer selbstverständlicher herangezogen wurde. Beim C. in diesem Sinne handelt es sich im Barock um zwei Grundformen. Die frühere ist die → Mehrchörigkeit: *C. in specie* bedeutet, daß die Musici *Chorweise vmbwechseln* (Praetorius Synt. III, S. 5). Sie ist zu verstehen als Steigerung der Motettenkomposition und ist in den *Concerti* von A. und G. Gabrieli 1587 voll ausgeprägt als Zusammenwirken von Singstimmen und Instrumenten, Chören und Solisten über verstärktem Klangfundament. Die Rolle des (wesentlich instrumentalen) Basses, der als Basso pro organo bzw. Generalbaß das musikalische Geschehen trägt und den Stimmen (solistische) Bewegungsfreiheit gewährt oder sie als Füllstimmen oder »Griffe« fungieren läßt, verbindet alle C.-Arten der Barockzeit. Schon im mehrchörigen C. tritt das Gegeneinanderwirken auch als solistisches Sichhervortun von Stimmen auf, das dann in den Begriffswörtern Concertatstimmen, Concertisten, → Concertato, → Concertino (– 2) als charakteristisches Moment des C. angesprochen wird. – Die 2. Grundform des C., die zum Typ des »Kleinen (geistlichen) Concerts« führte, ist zu verstehen als auch unter Einwirkung der → Monodie sich vollziehende Reduzierung der vielstimmigen, auch mehrchörigen Motettenkomposition auf das solistische Singen (bald auch Instrumentalspiel) mit Generalbaß. Epochemachend waren hier L. Viadanas als 1–4st. Solomotetten mit Basso continuo geschriebenen *Cento concerti ecclesiastici* (I, 1602), die in Italien überall Nachfolge fanden (A. Agazzari, A. Grandi u. a.), bereits 1609 auch in Frankfurt erschienen und bald in Deutschland eine große Zahl gleichgearteter Veröffentlichungen zur Folge hatten. Unter diesen sind, neben Gr. Aichinger (ab 1607), J. Staden (ab 1616) u. v. a., vor allem bedeutend die Geistlichen Concerte der *Opella nova* von Schein (1618 und 1626) und die *Kleinen Geistlichen Concerte* von Schütz sowie dessen *Symphoniae sacrae* (I–III, 1629, 1647, 1650), in denen zum solistisch gesungenen Generalbaß-C. auch obligate Instrumente und im Band von 1650 auch Komplementchöre gesetzt sind. Eine spezifisch italienische Ausprägung des kleinen C. ist das Madrigalkonzert (*Intermedii e Concerti*, Florenz 1591; Monteverdis C. genanntes 7. Madrigalbuch, 1619) und eine eigentümlich deutsche Ausprägung das Choral-C. (M. Praetorius, Schein). Es charakterisiert die Entstehung dieser 2. Grundform des C. aus der vollstimmigen Motette, wenn Schütz 1648 betont, daß für den *über den Bassum Continuum concertirenden Stylus Compositionis aus Italia* der Stil der *Chor-Music* das Lehrfundament bildet. Indessen ist es für den neuartigen instrumentalen Grundzug des C. bezeichnend, daß bei der Einrichtung der »Concert-Music« in Wittenberg 1644 mit deren Durchführung der Organist (als Generalbaßspieler) betraut wurde, während die *volstimmige ... alte art der Moteten* Sache des Kantors blieb. – Zwischen der mehrchörigen und der solistischen Grundform des C. gab es im 17. Jh. viele Verbindungen und Zwischenarten, die im Dienste der Varietas zum Teil nur Sache der »Anordnung und Aufstellung« waren, wobei einerseits die Concertatstimmen-Komposition durch Komplementchöre und Ripienoabschnitte in Richtung auf das Concertiren per choros erweitert (hierzu Praetorius' 9 Manieren, Synt. III, S. 175ff.), andererseits der vollstimmige oder mehrchörige Satz auf solistische Ausführung reduziert oder durch solistische Partien aufgelockert wurde. In diesem Zwischenbereich bildete sich (seit J. Schelle, Fr. Tunder und namentlich bei Buxtehude) durch Einbeziehung der musikalisch geschlossenen, textlich betrachtenden Aria und des Chorals die → Kantate heraus. (Noch zahlreiche Kantaten J. S. Bachs wurden von ihm selbst C. genannt.)

Die Anwendung des C.-Prinzips in Ausführung (instrumentale Besetzung) und Komposition auf die instrumentalen Formen der Kanzone, Sonata und Sinfonia führte zur Entstehung der Gattungen → Concerto grosso und Solo-C. Soloepisoden, auch unbegleitete, finden sich ebenso wie Trio- (→ Triosonate) und Duoepisoden schon in Kompositionen des concertierenden Stils seit dem frühen 17. Jh. (Fr. Spongia detto Usper 1619). In der für die Ausbildung des Solo-C. entscheidenden Zeit von etwa 1660–90 wurden im C., zumal wo es bei festlichen Anlässen in der Kirche mit Dilettanten stark besetzt war, schwierige Stellen von Solisten gespielt (vgl. dazu noch Torelli, Vorwort zu op. 8, 1709). Damit lag – beeinflußt auch durch die Ritornellform der Arie – bereits das Solo-C. vor. In der 4–8st. Streichersinfonia oder -sonata besonders der Venezianischen und Bolognesischen Schule kommen auch eine oder 2 Trompetenstimmen vor (z. B. G. B. Bononcini op. 3, 1685). Die Trompete, das bedeutendste Soloinstrument in dieser Zeit, konnte durch Oboe oder Violine (z. B. bei Cazzati 1665) ersetzt werden; dies lag nahe besonders beim C. mit modulierenden Soli. Das vom Komponisten sogleich als solches vorgesehene Violin-C. begegnet zuerst bei Torelli (op. 6, 1698) und Albinoni (op. 2, 1701/02), das Violoncello-C. bei Jacchini (op. 4, 1701). Am bedeutendsten für die Ausbildung der Form, der Thematik, der Besetzung und der Spieltechnik des Solo-C. war Vivaldi, dessen op. 3, wohl im ersten Jahrzehnt des 18. Jh. entstanden, 1712 im Druck erschien. Die beiden schnellen Ecksätze haben Ritornellform. Die Tuttiritornelle werden vom Solo in kleingliedrigen Motiven sequenzierend und modulierend fortgesponnen. Die zunehmend virtuosen Soli beginnen, vor allem bei Torelli und Vivaldi, durch Lösung vom Affekt der Tuttiteile die Themenzweiheit der klassischen Sonatensatzform vorzubilden. Der Mittelsatz ist einfacher und kantabler. Im 18. Jh. ist er oft nur mit wenigen Akkorden skizziert, über denen der Solist zu improvisieren hatte. Vor dem Satzschluß konnte in den Ecksätzen eine betont virtuose Soloepisode (→ Kadenz – 2) eingeschoben werden. Als Soloinstrumente kommen bei Vivaldi vor: neben Violine und Violoncello die Viola d'amore, Mandoline, Oboe (auch als Ersatz für Violine), Fagott und Querflöte (auch Piccolo). In Vivaldis Nachfolge stehen Dall'Abaco, G. M. Alberti, Veracini, Tessarini und, mit virtuosen Violinconcerti, Locatelli. Tartini (op. 1, 1726) gehört nicht mehr in Vivaldis unmittelbare Nachfolge. Zu seinen Schülern zählen Nardini und Pugnani. In Deutschland wurde das Solo-C. schon vor 1710 bekannt. 9 Bearbeitungen Vivaldischer Concerti für Klavier zeugen von J. S. Bachs Beschäftigung mit dem neuen Typ. In seinen eigenen Concerti sind zum Teil die Gattungen Solo-C. und C. grosso (die Benennungen blieben überdies noch im 18. Jh. schwankend) vereint, so in den Brandenburgischen Konzerten Nr 4 und 5; Nr 3 ist dagegen noch ein mehrchöriges C. alten Stils, ebenso wie ein vierchöriges von Stölzel. Die seltene Verbindung von Solo-C. und Suite zeigen das 1. Brandenburgische Konzert in seiner endgültigen Fassung sowie die Ouvertüre H moll. Weitere deutsche Komponisten von Soloconcerti sind Graupner, Telemann, J. Fr. Fasch und Pisendel. Der bedeutendste Meister des Violin-C. in Frankreich war Leclair (→ Violinmusik). Mit Bachs Werken für 1–4 Klaviere (zunächst Bearbeitungen von Violinconcerti) und Händels Konzerten für Kl. (Orgel, Cembalo oder Harfe) beginnt die Geschichte des Klavierkonzerts (→ Klaviermusik). Die Strahlkraft aller dieser C.-Arten und des concertierenden Stils reicht weit über das Zeitalter des Barocks hinaus. In der Klassik und Romantik verläßt das → Konzert (– 1) zum Teil das Prinzip des Concertierens; es erlebte eine bewußte Wiedererweckung im 20. Jh.

Lit.: A. SCHERING, Gesch. d. Instrumentalkonzerts bis auf d. Gegenwart, = Kleine Hdb. d. Mg. nach Gattungen I, Lpz. 1905, ²1927; H. DAFFNER, Die Entwicklung d. Klavierkonzerts bis Mozart, = BIMG II, 4, Lpz. 1906; A. WERNER, Ein Dokument üb. d. Einführung d. »Concerten-Music« in Wittenberg, SIMG IX, 1907/08; H. ENGEL, Das Instrumentalkonzert, = Führer durch d. Konzertsaal: Die Orchestermusik III, Lpz. 1932; O. C. A. ZUR NEDDEN, Der konzertierende Stil, Habil.-Schrift Tübingen 1933, maschr.; H. WEBER, Das Vc.-Konzert d. 18. u. beginnenden 19. Jh., Diss. Tübingen 1932; A. ADRIO, Die Anfänge d. geistlichen Konzerts, = Neue deutsche Forschungen XXXI, Abt. Mw. I, Bln 1935; H. BÜTTNER, Das Konzert in d. Orchestersuiten G. Ph. Telemanns, = Veröff. d. Niedersächsischen Musikges., Beitr. zur Mg. I, Wolfenbüttel 1935; M. DOUNIAS, Die Violinkonzerte G. Tartinis..., Wolfenbüttel 1935; M.-E. BROCKHOFF, Die Konzerttechnik J. S. Bachs, Habil.-Schrift Münster i. W. 1947, maschr.; R. ELLER, Die Konzertform J. S. Bachs, Diss. Lpz. 1947, maschr.; DERS., Die Konzertform A. Vivaldis, Lpz. 1958; DERS., Die Entstehung d. Themenzweiheit in d. Frühgesch. d. Instrumentalkonzerts, Fs. H. Besseler, Lpz. 1961; M. PINCHERLE, A. Vivaldi et la musique instr., 2 Bde, Paris (1948); FR. GIEGLING, Sinn u. Wesen d. »concertare«, Kgr.-Ber. Basel 1949; DERS., G. Torelli. Ein Beitr. zur Entwicklungsgesch. d. ital. Konzerts, Kassel 1949; W. KOLNEDER, Das Frühschaffen A. Vivaldis, Kgr.-Ber. Utrecht 1952; DERS., Aufführungs-

praxis bei Vivaldi, Lpz. (1955); DERS., Die Solokonzertform bei Vivaldi, = Slg mw. Abh. XLII, Straßburg u. Baden-Baden 1961; DERS., Zur Frühgesch. d. Solokonzerts, Kgr.-Ber. Kassel 1962; R. STEPHAN, Die Wandlung d. Konzertform bei Bach, Mf VI, 1953; D. D. BOYDEN, When Is a C. Not a C., MQ XLIII, 1957; R. A. HALL, Ital. »c.« (conserto) und »concertare«, Italia XXXV, 1958; A. FORCHERT, Das Spätwerk d. M. Praetorius, = Berliner Studien zur Mw. I, Bln 1959; E. GESSNER, S. Scheidts Geistliche Konzerte, ebenda II, 1961; A. HUTCHINGS, The Baroque C., London 1961; ST. KUNZE, Die Entstehung d. Concertoprinzips im Spätwerk G. Gabrielis, AfMw XXI, 1964.
HHE

Concerto grosso (ital., s. v. w. großes Ensemble), im Unterschied zum → Concertino der Soli die stärker besetzte Klanggruppe (Tutti, Ripieni), die im Wechsel mit jenem musiziert. Darüber hinaus ist C. gr. ein → Concerto, das nach dem Prinzip dieses Wechsels angelegt ist. Dabei unterscheidet sich das C. gr. vom Soloconcerto durch das mehrstimmige (oft 3st.) Concertino, das mit gleichen oder ungleichen Instrumenten besetzt sein kann. Es entstand etwa gleichzeitig mit dem Soloconcerto im 2. Drittel des 17. Jh. in Oberitalien, auch (und bis ins 18. Jh. so üblich) als eine Ausführungsart der Triosonate, deren Besetzung (2 V., Vc. und B. c.) für das Concertino des C. gr. zunächst typisch war. Vorläufer des C. gr. sind Duo- und Trioepisoden in Kanzonen, Sonaten und Sinfonien (Fr. Spongia detto Usper 1619, D. Castello 1621, Bernardi 1621, 1624, T. Merula 1626). Ein frühes voll ausgebildetes C. gr. bot A. Stradella 1676, dem weitere Komponisten der Bologneser und Modeneser Schule folgten. Diese schrieben auch französisch beinflußte mehrstimmige Tanzmusik, deren Motivik und Rhythmik in den Concerti grossi anklingen. Die Bezeichnung C. gr. ist zuerst 1698 bei L. Gregori nachweisbar. Die bedeutendsten Meister des C. gr. in Italien sind Corelli (*Concerti grossi con duoi Violini e Violoncello di Concertino obligati e duoi altri Violini, Viola e Basso di C. gr. ad arbitrio, che si potranno radoppiare* op. 6, um 1680, veröffentlicht erst 1714, Nachdrucke bis um 1745, enthaltend 8 Concerti da chiesa mit je 4–7 Sätzen und 4 Concerti da camera mit Tanzsätzen), Torelli (*Concerti musicali a 4* op. 6, 1698; *Concerti grossi* op. 8, 1709, geschrieben um 1690, für 2 concertierende und 2 begleitende V., Va und B. c.) und Vivaldi, der neben zahlreichen Soloconcerti eine Reihe von Concerti grossi mit mannigfaltigen Streicher- und Bläserbesetzungen des Concertino komponierte. Sein 3sätziger Typ des C. gr. (schnell – langsam – schnell) mit seinem Besetzungs- und Formenreichtum, seiner prägnanten Thematik, funktionsharmonischen Klangflächen, der Cantabile-Melodik der Mittelsätze und dem rondoartigen Wechsel zwischen funktionellen Tuttirotornellen und modulierenden Concertinoepisoden der schnellen Sätze wurde vorbildlich. – Corellis Technik lernte Georg Muffat 1681/82 in Italien kennen und vermittelte sie an die deutschen Komponisten (*Armonico tributo*, 1682; *Außerlesene ... Instrumental-Music*, 1701). Im 18. Jh. wurde das C. gr. zu einer (nur in Frankreich weniger) verbreiteten Gattung, deren Technik jedoch auch in der französischen Ouvertüre angewandt wurde. Concerti grossi schrieben neben und nach Vivaldi in Italien u. a. Caldara, Marcello, G. Valentini, Fr. Manfredini, Albinoni, Geminiani, P. A. Locatelli, in Deutschland u. a. Heinichen, Telemann, Chr. Graupner, J. Fr. Fasch, Albicastro, Schickhardt, Hurlebusch, Dieupart, Molter, vor allem J. S. Bach in seinen *Concerts avec plusieurs instruments*, den sogenannten Brandenburgischen Konzerten, die das C. gr.-Prinzip vermischt mit anderen Concertotechniken zeigen (BWV 1046–51, beendet 1721). Der Einfluß Händels (op. 3, 1733; op. 6, 1739; u. a. auch Ouvertüre zum »Alexanderfest«) wirkte sich in England und den Niederlanden aus auf W. de Fesch, J. George, J. Hebden und Ch. Avison. Die Besetzungsweise des C. gr. lebte in der 2. Hälfte des 18. Jh. fort in der → Symphonie concertante in der Form der neuen Sonate und Symphonie. – In der 1. Hälfte des 20. Jh. wurde mit der Hinwendung zu Formen des Barocks auch auf das C. gr. zurückgegriffen, so von Reger (*Konzert im alten Stil*, 1912), Kaminski (C. gr. für 2 Orch., 1922), Křenek (Concerti grossi 1921 und 1924). An das C. gr. gemahnen Kompositionen wie die *Phantasie über die Tonfolge b–a–c–h* für 2 Kl., 9 Soloinstrumente und Orch. (1950) von Fortner und die Konzerte für Jazzband und Orch. von Strawinsky (*Ebony-Concerto*, 1945) und R. Liebermann (1954).

Lit.: A. SCHERING, Gesch. d. Instrumentalkonzerts bis auf d. Gegenwart, = Kleine Hdb. d. Mg. nach Gattungen II, Lpz. 1905, ²1927; A. EINSTEIN, Ein C. gr. v. 1619, Fs. H. Kretzschmar, Lpz. 1918; A. BONACCORSI, Contributo alla storia del C. gr., RMI XXXIX, 1932; H. ENGEL, Das Instrumentalkonzert, = Führer durch d. Konzertsaal. Die Orchestermusik III, Lpz. 1932; DERS., Das C. gr., = Das Musikwerk XXIII, Köln (1962); W. KRÜGER, Das C. gr. in Deutschland, Wolfenbüttel 1932; E. H. MEYER, Die mehrst. Spielmusik d. 17. Jh. in Nord- u. Mitteleuropa, = Heidelberger Studien zur Mw. II, Kassel 1934; H. BÜTTNER, Das Konzert in d. Orchestersuiten G. Ph. Telemanns, = Veröff. d. Niedersächsischen Musikges., Beitr. zur Mw. I, Wolfenbüttel 1935; G. HAUSSWALD, J. D. Heinichens Instrumentalwerke, Wolfenbüttel 1937; R. GERBER, Bachs Brandenburgische Konzerte, Kassel 1951; H. BESSELER, Kritischer Ber. zu: J. S. Bach, Sechs Brandenburgische Konzerte, Neue Ausg. sämtlicher Werke VII, 2, Kassel u. Lpz. 1956; J. KREY, Zur Entstehungsgesch. d. ersten Brandenburgischen Konzerts, Fs. H. Besseler, Lpz. 1961; ST. KUNZE, Die Entstehung d. Concertoprinzips im Spätwerk G. Gabrielis, AfMw XXI, 1964; E. SCHENK, Betrachtungen über d. modenesische Instrumentalschule d. 17. Jh., StMw XXVI, 1964.

Conclusion (kõkluzi'õ, frz.; von lat. concludere, abschließen), s. v. w. Schluß, Schlußsatz, bildet im 18. Jh. verschiedentlich als einzelner Orchestersatz den Abschluß (WaltherL: *Schlußmachung*) einer Sammlung von Orchesterstücken, wie u. a. in Telemanns *Musique de table* (1733). Für ein sehr kurzes abschließendes Stück gebrauchte J. J. Fux in seinem *Concentus* (1701) schon die Bezeichnung Finale. Unter neueren Werken findet man wieder mit C. überschrieben z. B. die letzte Szene der *Choéphores* (2. Teil der *Orestie*) in der Vertonung von D. Milhaud (1919).

Concordant (kõkɔrd'ã, frz.), in der französischen vokalen Kirchenmusik des 17. Jh. im 5st. Satz die Stimme, die dem → Quintus entspricht, ferner die der Quinte (frz.) im 5st. Instrumentalsatz der Lully-Zeit entsprechende Lagenstimme zwischen → Taille und Basse. Dem C. als Stimmgattung entsprach zunächst die Basse-taille, in der weltlichen Vokalmusik und der Oper des 18. Jh. die Basse chantante und der → Bariton (– 2).

Concordantia (häufig auch, besonders im frühen Mittelalter, concordia, von lat. concordare, zusammenstimmen) ist in den musiktheoretischen Schriften des Mittelalters neben Symphonia die geläufigste Bezeichnung aller aus einfachen Zahlenverhältnissen gebildeten Intervalle, bezieht sich also in erster Linie auf Oktave (Einklang), Quinte und Quarte. Da diese Intervalle zugleich in engstem Zusammenhang mit den Anfängen der abendländischen Mehrstimmigkeit stehen (→ Organum), fehlt in den Definitionen selten der Hinweis auf ihren »süßen Zusammenklang« (mixtura suavis), welcher seit dem 13. Jh. zum eigentlichen Kriterium des C.-Charakters geworden war: *C. dicitur esse, quando duae voces iunguntur in eodem tempore, ita quod una* *potest compati cum alia secundum auditum* (Johannes de Garlandia, um 1240, CS I, 104b). Der Widerspruch zwischen längst erfolgter empirisch-kompositorischer Anerkennung und zunächst unüberbrückbarer theoretischer Ablehnung der Terz als C. führte im 13. Jh. zu dem Kompromiß der Aufspaltung in Concordantiae perfectae (Einklang, Oktave), mediae (Quarte, Quinte) und imperfectae (beide Terzen). Zwar erwog zu Beginn des 14. Jh. W. Odington eine Vereinfachung der pythagoreischen Terzproportionen 64:81 und 27:32 auf 4:5 und 5:6 (... *quia vicinae sunt sesquiquartae et sesquiquintae habitudinibus*, CS I, 199a), doch mußte auch er noch auf die hörbare *dulcedo* der Terzen sich berufen, da er ihnen die volle Legitimität als Concordantiae *in numeris* nicht zugestehen konnte. Auch das Ausscheiden der Quarte aus der Reihe der Concordantiae im 15. Jh. wurde ästhetisch begründet: als *concentus discrepans* sei sie gebildeten Ohren im Kontrapunkt nicht erträglich (Tinctoris, 1477, CS IV, 85a). Nicht einheitlich ist in den Traktaten die Unterscheidung zwischen C. und Consonantia; gelegentlich werden beide Termini überhaupt synonym gebraucht (Tinctoris nennt in gleicher Bedeutung u. a. noch concrepantia, euphonia, simphonia, CS IV, 78a; W. Odington auch armonia, CS I, 193b). Ist jedoch eine Unterscheidung getroffen, so umfaßt Consonantia in der Regel die Gesamtheit der diatonischen Intervalle, also Concordantiae und → Discordantiae zusammen. Auch wird die Bedeutung von C. infolge ihrer Rolle in der Mehrstimmigkeit häufig auf simultanes Erklingen der Intervalltöne eingegrenzt, während Consonantia eher in der Bedeutung der Tonfortschreitung erscheint; doch findet sich, wie bei J. de Grocheo (um 1300), auch der gegenteilige Sprachgebrauch.

Lit.: J. HANDSCHIN, The Summer Canon and Its Background, MD III, 1949 u. V, 1951; R. L. CROCKER, Discant, Counterpoint, and Harmony, JAMS XV, 1962. FrR

Conductus (lat.; frz. conduit), lateinisches Lied des Mittelalters mit »rhythmischem«, zumeist strophischem Text. Der 1st. C. ist ursprünglich wohl ein liturgischer Gesang, in seiner Blütezeit im frühen 13. Jh. jedoch kaum mehr an die Liturgie gebunden, sondern mehr im außerkirchlichen Leben der Geistlichkeit beheimatet, z. B. an hohen Schulen und im Bereich staatlicher Repräsentation. Seine Inhalte reichen vom noch liturgienahen Festlied über allgemein geistliche, moralisierende oder Mißstände rügende Gesänge bis zu Gelegenheitswerken, die etwa Inthronisation oder Tod von geistlichen und weltlichen Fürsten oder politische Ereignisse zum Anlaß haben und darin den »Staatsmotetten« verwandt sind. Der Grundton des C. ist daher (von parodistischen Ausnahmen abgesehen) festlichgehoben und männlich-ernst. Das Wort C. ist seit dem 12. Jh. (Codex Calixtinus) im musikalischen Bereich nachweisbar, zuerst bei Stücken, die liturgischen Lesungen vorausgehen. Da diese offenbar für den Zug des zum Lesepult schreitenden Geistlichen bestimmt waren, wird der Name als »Geleit-Gesang« gedeutet – außerliturgische Bestätigung bieten ebenso benannte Stücke im Danielspiel von Beauvais (frühes 13. Jh.), wo sie als Auftrittslieder handelnder Personen dienen. Nahe verwandt dem Lektions-C. sind Benedicamus-Einleitungen, in Handschriften oft mit jenen vermischt, stilistisch von ihnen kaum zu trennen. In den Notre-Dame-Handschriften hat sich, nach den Inhalten der C.-Faszikel zu urteilen, der Begriffsumfang erweitert; er umfaßt nun fast alle gebundenen Texte außer Motette und Rondellus, also auch jene, die früher etwa als Versus, Planctus oder (außerliturgischer) Hymnus bezeichnet wurden. – Die Hauptquelle des C. bilden die um St. Martial in Limoges und Notre-Dame zu Paris gruppierten Handschriften, womit zugleich die Hauptepochen und Haupträume seiner Pflege angedeutet sind. Schon in der St.-Martial-Epoche wurde der C. auch mehrstimmig komponiert, ohne daß dies die Pflege des 1st. C. beeinträchtigt hätte. Die mittelalterliche Musiklehre hat nur den mehrstimmigen C. im Auge und ist um seine Abgrenzung von Organum, Clausula und Motette hinsichtlich Satztechnik, Text und C. f. bemüht, nicht jedoch um inhaltliche und funktionelle Bestimmung (ausgenommen Joh. de Grocheo, der Namen und Begriff an »Gastmahl« anknüpft). Den mehrstimmigen (2-, 3-, selten 4st.) C. der Notre-Dame-Epoche kennzeichnen die folgenden Gattungsmerkmale: gleichzeitige Silbenaussprache in allen Stimmen; eine in der Regel nicht präexistente, sondern ad hoc erfundene Grundstimme, die gestaltlich vom Text ausgeht, mit ihm der Tendenz zu symmetrischer Periodik folgt und diese dem ganzen Satz aufprägt. Speziellere Kennzeichen gliedern den Bestand in mehrere Stilgruppen; teils werden die Textstrophen nach derselben Musik gesungen, teils sind sie durchkomponiert (wobei gelegentlich die Stimmenzahl von Strophe zu Strophe wechselt) oder nach Sequenzart paarweise gekoppelt. Die Vertonung kann einerseits streng syllabisch oder von Tongruppen durchsetzt sein, ohne daß (zum Unterschied vom Organumstil mancher St.-Martial-C.) der syllabische Grundrhythmus beeinträchtigt wäre; andererseits gibt es viele Werke festlicherer Haltung, in denen melismatische Teile (sine littera) mit syllabischen (cum littera) abwechseln, wobei die Melismen die tektonische Aufgabe haben, Anfang und Schluß der Komposition bzw. Strophen- und Zeilenzäsuren zu unterstreichen; seltener sind sie tonsymbolisch bedingt. Diese melismatischen Partien, die unter Umständen auch instrumentale Deutung zulassen, erinnern an die von den Melismen des liturgischen C. f. getragenen diskantierenden Teile im Organum; neuerdings sind sogar Fälle direkter Beziehungen zwischen C.-Melismen und Organumklauseln festgestellt worden (Bukofzer). Mit dem Vordringen der Motette, die in mancher Hinsicht das Erbe des C. antrat, verlor letzterer an Lebenskraft; seine Nachfahren nach 1300 finden sich im Bereich der lateinischen Cantio und verwandter volkssprachlicher Gesänge (u. a. im Carol). – Weiterer Klärung bedürfen u. a. die folgenden Problemgruppen: 1) Begriff und Bezeichnung; 2) die Querverbindungen des C. zu Organum und Klausel (vgl. Bukofzer), zum volkssprachlichen Lied (vgl. Spanke, Gennrich) und zum gregorianischen Choral; 3) die Rhythmik der syllabischen Partien – einen methodischen Ansatzpunkt könnte hier der Tatsache bilden, daß oft genug syllabische Stellen als Melismen wiederkehren und deren rhythmische Übereinstimmung als gewiß (Husmann) oder doch als möglich (Handschin) vorausgesetzt wird. Endlich harrt der Großteil des C.-Bestandes noch der Erschließung durch eine wissenschaftliche Edition.

Ausg.: a) nur Text: G. M. DREVES, Lieder u. Motetten d. MA, Analecta hymnica medii aevi XX, XXI, 1895; H. SPANKE, St. Martial-Studien, Zs. f. frz. Sprache u. Lit. LIV, 1931 u. LVI, 1933; DERS., Die Londoner St. Martial-C.-Hs. (= Brit. Mus. Add. 36881), Butlletí de la Bibl. de Catalunya VIII, 1928-32, erschienen 1935. – b) Text u. Musik: H. VILLETARD, Office de Pierre de Corbeil, = Bibl. musicologique IV, 1907; P. WAGNER, Die Gesänge d. Jakobsliturgie zu Santiago de Compostela, Collectanea Friburgensia XXIX (= N. F. XX), 1931; El códex mus. de Las Huelgas, 3 Bde, hrsg. v. H. ANGLÈS, = Bibl. de Catalunya, Publicacions del Departament de música VI, Barcelona 1931; DERS., La música del ms. de Londres ... Brit. Mus. Add. 36881, Butlletí de la Bibl. de Catalunya VIII, 1928-32, erschienen 1935; Liber S. Jacobi, Codex Calixtinus, hrsg. v.

W. M. Whitehill, G. Prado OSB u. J. Carro García, 3 Bde, Santiago de Compostela 1944.
Lit.: J. Handschin, Notizen über d. Notre-Dame-C., Kgr.-Ber. Lpz. 1925; ders., C., in: MGG II, 1952; ders., Zur Frage d. C.-Rhythmik, AfMl XXIV, 1952; ders., C.-Spicilegien, ebenda AfMw IX, 1952; H. Spanke, Das öftere Auftreten v. Strophenformen u. Melodien in d. alt-frz. Lyrik, Zs. f. frz. Sprache u. Lit. LI, 1928; ders., Beziehungen zwischen romanischer u. mittellat. Lyrik, Abh. d. Ges. d. Wiss. zu Göttingen, Phil.-hist. Klasse, 3. Folge XVIII, 1936; Fr. Gennrich, Internationale ma. Melodien, ZfMw XI, 1929; ders., Lat. Liedkontrafaktur. Eine Auswahl lat. C. mit ihren volkssprachlichen Vorbildern, = Mw. Studien-Bibl. XI, Darmstadt 1956; ders., Musica sine littera. Notenzeichen u. Rhythmik d. Gruppennotation, ebenda XIII/XV, 1956; E. Gröninger, Repertoire-Untersuchungen zum mehrst. Notre-Dame-C., = Kölner Beitr. zur Musikforschung II, Regensburg 1939; L. Ellinwood, The C., MQ XXVII, 1941; M. F. Bukofzer, Rhythm and Metre in the Notre Dame C., Bull. of the American Musicological Soc. XI, 1946 – XIII, 1948; ders., Interrelations Between C. and Clausula, Kgr.-Ber. Utrecht 1952, u. ausführlicher in: Ann. mus. I, 1953; A. Geering, Die Organa u. mehrst. C. in den Hss. d. deutschen Sprachgebietes v. 13.–16. Jh., = Publikationen d. Schweizerischen Musikforschenden Ges. II, 1, Bern (1952); H. Husmann, Zur Grundlegung d. Rhythmik d. mittellat. Liedes, AfMw IX, 1952; ders., Das System d. modalen Rhythmik, AfMw XI, 1954; L. Schrade, Political Compositions in French Music of the 12th and 13th Cent. The Coronation of French Kings, Ann. Mus. I, 1953; E. Thurston, The C. Compositions in Ms. Wolfenbüttel 1206, 2 Bde, Diss. NY 1954, maschr.; G. Reaney, A Note on C. Rhythm, Kgr.-Ber. Köln 1958; J. E. Knapp, The Polyphonic C. in the Notre Dame Epoch: A Study of the Sixth and Seventh Fascicules of the MS Florence Bibl. Laurenziana Pluteus 29, 1, 4 Bde, Diss. Yale Univ. 1961, maschr.; Fr. Ll. Harrison, Benedicamus, C., Carol: A Newly-Discovered Source, AMl XXXVII, 1965. GR

Confinalis (lat.), auch affinalis, der Neben-Schlußton bzw. -klang in der Lehre von den → Kirchentönen bzw. in der → Klausel-Lehre.

Confractorium (lat.) → Ambrosianischer Gesang.

Conga (span.-amerikanisches Dialektwort für Kreis), ein aus Kuba stammender volkstümlicher Tanz in bewegtem bis raschem Tempo, im 2/4-, 4/4- oder 2/2-Takt. Sein Name kommt von der C.-Trommel. Die C. wird auch als eine Abart der Rumba verstanden. Nach 1930 wurde sie in Europa bekannt.

Congatrommel, einfach auch Conga (auch Tambora, Tumba), einzelne Standtrommel von etwa 70 cm Höhe und 30 cm ∅, die besonders in den Tänzen kubanischer Herkunft Verwendung findet (→ Afro-Cuban Jazz.) Sie ist entweder faßförmig oder konisch (nach unten schmal zulaufend) und hat nur ein Schlagfell mit Schraubenspannung (unten offen). Sie wird, zumeist sitzend, zwischen die Knie (in leichter Schräghaltung oder gerade hingestellt) eingeklemmt und mit der ganzen Fläche der ausgestreckten Finger beider Hände gespielt. Durch Fell- und Randschläge werden zwei verschiedene dumpfe Klangfarben erzeugt. Vereinzelt verwendet man einen Doppel- oder Tripelsatz von C.n. Auf der C. wird nur eine beschränkte Anzahl von Rhythmen ausgeführt.

Congeries (lat., Zusammenhäufung), eine in der Kompositionslehre des 17. Jh. im Anschluß an die Rhetorik erklärte musikalische Figur. In der Rhetorik ist die C. nach Quintilian (VIII, 4, 26) eine Häufung *verborum ac sententiarum idem significantium*; musikalisch bezeichnet C. eine Anhäufung vollkommener und unvollkommener Konsonanzen in gleichgerichteter Bewegung. Burmeister (1606) definiert die C., die er auch Synatrismos (Synathroismos) nennt, als *coacervatio specierum concordantium tam Perfectarum, quam Imperfectarum, quarum motus est concessus* (offenbar im Anschluß an die *Erotemata* von L. Lossius 1562: *C. est quando plures species coacervantur*); er beschreibt sie als stufenweises Fortschreiten der Stimmen in mehrfachem Wechsel von Dreiklang und Sextakkord(en) auf- und abwärts und nennt folgendes Beispiel aus der 6st. Motette *Tempus est* von Lassus (GA XIII, S. 30):

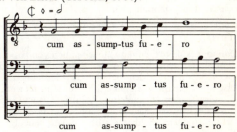

Coniunctura (auch Iunctura, lat., Verbindung), in der Modal- und frühen Mensurallehre meist synonym gebraucht mit → Ligatura (z. B. Lambertus: *ligatura seu c.*, CS I, 274a und passim). Der heutige musikwissenschaftliche Sprachgebrauch grenzt die Bedeutung von C. auf eine Notengruppe ein, die, aus dem Climacus der Neumenschrift hervorgegangen, sich aus einer meist caudierten Einzelnote und einer Folge von zwei oder mehr (in der Regel absteigenden) rautenförmigen Noten, den → Currentes, zusammensetzt, z. B.: ▪•. Der rhythmische Wert der C. ist nicht eindeutig festgelegt. In der Notre-Dame-Zeit ist die Dreier-C. meist wie eine Ligatura ternaria zu lesen; bei größeren Coniuncturae gelten in der Regel die erste bis drittletzte Note zusammen eine Longa, die vorletzte und letzte Brevis und Longa. In der 2. Hälfte des 13. Jh. geht die Bestimmung allmählich nicht mehr von der ganzen C., sondern von der Form der einzelnen Noten aus, die nun als Longa und Semibreves gedeutet werden; dementsprechend ist z. B. in *Fauv* (→ Quellen) ▪• als Longa imperfecta und 2 Semibreves, aber ▪• als Brevis und 2 Semibreves zu übertragen. Die Verbindung einer Ligatur mit einer C. bzw. mit Currentes wird heute häufig als Apposition bezeichnet; Franco spricht in solchen Fällen von *coniuncturae simplicium et ligatarum* (CS I, 126a).

Connsonata-Orgel, ein → Elektrophon der C.G. Conn Ltd. in Elkhart (Ind.). Sie erzeugt, ähnlich wie viele Konkurrenztypen, jede benötigte Frequenz in einem eigenen Generator, der aus einer Elektronenröhre in Rückkoppelungsschaltung besteht. Damit können sowohl Sinusschwingungen als auch (oberschwingungsreiche) Kippschwingungen erzeugt werden, die sich auch mischen lassen. Die 167 Generatoren sind auf 1 Cent genau abgestimmt und haben eine hohe Stimmungskonstanz. 32 Generatoren gehören zum Pedal, 61 zum Hauptwerk und 73 zum Schwellwerk. Die Disposition ist ähnlich der einer kleinen Pfeifenorgel. Ein Wobbelgenerator dient als Tremulant für alle Register. Die elektrische Lautstärkeregelung erfolgt durch zwei Pedale, die auf die verschiedenen Werke aufgeteilt sind. Dadurch lassen sich Registermischungen vornehmen, ohne daß sich die Lautstärke ändert. Jeder Generator besitzt eine Justiermöglichkeit, um die Einschwingzeit zu ändern. – Die Baldwin-Orgel benutzt im Gegensatz zur C.-O. einen Satz von nur 12 Generatoren für die höchste Oktave. Die Schwingungen für die übrigen Oktaven werden durch Frequenzteilung gewonnen.

Lit.: A. DOUGLAS, The Electronic Mus. Instr. Manual, London 1949, ³1957; W. MEYER-EPPLER, Elektrische Klangerzeugung, Bonn (1949).

Conseguente (ital.), die »nachfolgende« (imitierende) Stimme im Kanon sowie, gleichbedeutend mit → Comes, das Thema einer Fuge in der Gestalt seiner → Beantwortung. Die Bezeichnung C. ist, ebenso wie die des Gegensatzes → Guida, seit Zarlino (*Istitutioni harmoniche*, 1558) gebräuchlich.

Consonantia (lat.) → Konsonanz, → Concordantia.

Consort (kˈɔnsɔːt, engl., wahrscheinlich von lat. consortium, Gemeinschaft), ist die Bezeichnung für die aus 4-6 Mitwirkenden bestehenden instrumentalen Ensembles zur Blütezeit der englischen Kammermusik im ausgehenden 16. und 17. Jh. (→ Fancy), dem musikalischen Kränzlein oder Collegium musicum in Deutschland vergleichbar; darüber hinaus bedeutet C. die ausdrücklich für diese Ensembles bestimmte Musik. Je nach der Besetzung werden unterschieden: whole c. (für Instrumente der gleichen Familie, z. B. Violen-C.) und broken c. (für Instrumente verschiedener Familien, z. B. Streicher und Bläser, auch mit Singstimme). Doch gehört es auch beim broken c. zur Eigentümlichkeit der Besetzung und Ausführung, daß die Instrumente *gar still / sanfft vnd lieblich accordiren, vnd in anmutiger Symphonia mit einander zusammen stimmen* (Praetorius Synt. III, S. 5). Durch das Vordringen des öffentlichen Musiklebens gegen Ende des 17. Jh. mußte die C.-Musik dem kräftigeren, von Frankreich eingeführten Lullyschen Orchesterstil weichen: *the Fashion has Cry'd These Things Down* (Th. Mace, *Musick's Monument*, 1676). Sammlungen mit C.-Musik wurden bekannt als *C. Lessons* (s. v. w. Ensembleübungen, Th. Morley 1599, Ph. Rosseter 1609), *The Royal C.s of Viols* (W. Lawes), *Taffel C.* (Th. Simpson 1621).
Ausg.: TH. MORLEY, The First Book of C. Lessons (1599), hrsg. v. S. Beck, NY 1959; Jacobean C. Music, Mus. Brit. IX, 1957; Music of Scotland, Mus. Brit. XV, 1959; Music at the Court of Henry VIII, = Mus. Brit. XVIII, London 1961.
Lit.: E. H. MEYER, Engl. Chamber Music, London 1946, ²1951, deutsch als: Die Kammermusik Alt-Englands, Lpz. 1958; TH. DART, Morley's Lessons of 1599, Proc. R. Mus. Ass. LXXIV, 1947.

contano (ital., Abk.: cont., sie zählen, nämlich die Pausentakte), Hinweis in Partituren zu Anfang oder inmitten eines Satzes, der besagt, daß die betreffenden Instrumente erst später (wieder) eintreten und vorübergehend nicht notiert werden. → tacet.

Continuo (ital.), Abk.: Cont., Bezeichnungsfragment von → Basso c.

Contrainte (kɔ̃trˈɛːt, frz.) → Ostinato.

Contralto (ital., auch frz. und engl.) – 1) → Alt; – 2) ein von J.-B. Vuillaume (Paris 1855) konstruiertes Streichinstrument, das aus der Bratsche entwickelt wurde, sich von dieser jedoch durch einen volleren Klang unterscheidet. Die Länge stimmt mit derjenigen der Bratsche überein, jedoch sind die Bügel stark verbreitert und die Zargenhöhe vergrößert. Der C. setzte sich nicht durch.
Lit.: H. BESSELER, Zum Problem d. Tenorgeige, = Mus. Gegenwartsfragen I, Heidelberg 1949.

Contrapàs (katalanisch, Gegenschritt), alter katalanischer Volkstanz in schnellem Tempo, dessen Text die Passion Christi beschreibt und kommentiert; die charakteristischen Arten dieses in Sprüngen ausgeführten Kreistanzes sind largo, corto, cerdà, porsígola. Auf die Melodie des C. wird auch der → Aurresku getanzt.
Lit.: A. CAPMAÑY, El C., Slg »Minerva« XXXVIII, 1922; FR. PUJOL, L'œuvre du chansonnier populaire de la Catalogne, Kgr.-Ber. Wien 1927; M. QUEROL GAVALDÁ, La música en las obras de Cervantes, Barcelona 1948.

Contrapunctus (lat.) → Kontrapunkt.

Contratenor (lat., auch Contra; span. auch contrabaça), Gegenstimme zum Tenor; die Bezeichnung bezieht sich auf die Lage dieser Stimme im Raum des Tenors, nicht aber auf eine menschliche Stimmgattung (ausgenommen → Countertenor). Im → Kantilenensatz des Kontinents im 14. und 15. Jh. ist der C. zum 2st. Gerüstsatz aus Tenor und Diskant hinzugefügt, wobei er als reine Instrumentalstimme und zufolge seiner Abhängigkeit von den beiden Gerüststimmen auch in Sprüngen sich bewegt und den Tenor oft kreuzt. In Anlehnung an den motettischen C. und wohl unter englischem Einfluß wurde der C. des Kantilenensatzes gegen Mitte des 15. Jh. mehr und mehr zum vokalen C. bassus, dem späteren Baß, so daß ihm zwischen Tenor und Cantus ein C. altus, der spätere Alt, gegenübergestellt werden konnte, womit der Satz vierstimmig wurde. – Der auf dem Kontinent von der Ars nova bis zum beginnenden 15. Jh. in 4st. Motetten und motettischen Messesätzen vorliegende, ebenfalls instrumentale C. war von vornherein mehr linearer Struktur und bildete schon fast immer, wo er sich unter dem Tenor befand, zusammen mit diesem einen kombinierten Klangträger, d. h. den Aufbau der Klänge bestimmt jeweils die Stimme, die den tiefsten Ton hat. Diese von Tenor und C. abwechselnd gebildeten tiefsten Töne wurden manchmal als besondere Stimme (Solus Tenor) notiert, so daß der 4st. Satz auch dreistimmig erklingen konnte. Der motettische C. entstammt offenbar dem textlosen Secundus Tenor, den die Engländer bereits seit Ende des 13. Jh. statt eines höher gelegenen Quadruplum dem Tenor in dessen Raum gegenüberstellten. Mitte des 15. Jh. wurde auch der motettische C. vokalisiert, so daß beide Arten von C. sich weitgehend ähnlich wurden.
Lit.: J. TINCTORIS, Terminorum Musicae Diffinitorium, hrsg. v. A. Machabey, Paris (1951); RIEMANN MTh; A. SCHERING, Studien zur Mg. d. Frührenaissance, = Studien zur Mg. II, Lpz. 1914; H. BESSELER, Bourdon u. Fauxbourdon, Lpz. 1950; E. APFEL, Der klangliche Satz u. d. freie Diskantsatz im 15. Jh., AfMw XII, 1955; DERS., Die klangliche Struktur d. spätma. Musik als Grundlage d. Dur-Moll-Tonalität, Mf XV, 1962.

Contrattempo (ital., »Gegenzeit«; frz. contretemps; engl. syncopation) bezeichnet die Betonung auf schlechtem Taktteil, die in älterer Musik meist mit → Synkope verbunden ist.

Contredanse (kɔ̃trədˈãːs, frz.) ist der etwa 1685 in den Niederlanden und in Frankreich übernommene → Country dance, der im 18. Jh. beliebt wurde. Er wurde am Hofe wie auch in der bürgerlichen Gesellschaft gepflegt. Vornehmlich 5 Tänze wurden im Anschluß an den Country dance auf dem Kontinent entwickelt: die → Quadrille, der → Cotillon, die → Anglaise, die französische C. und in Deutschland der Contretanz (Kontertanz, Kontratanz). 1706 gab Feuillet eine Sammlung von C.s heraus mit 32 Longways, und etwa 1735 veröffentlichte Chédeville l'aîné seine Sammlung *C.s ajustées pour les musettes et les vièles*; weitere C.-Sammlungen folgten. Im späten 18. Jh. nannte man in Frankreich den Tanz in der Doppelreihe für eine größere Teilnehmerzahl nach englischem Vorbild Anglaise (*Colonnes anglaises*, Chavanne 1767) und die Carrée-C. für 4 Paare, analog den englischen

Squares, Quadrille (*C.s françaises en quadrille*, Chavanne 1767). Große Bedeutung errang die C. auf der französischen Bühne von 1710 (zuerst durch Campra) bis etwa 1760; vornehmlich Rameau verwendete C.s häufig. Um 1750 wurde die C. auch mit einer Reihe anderer, ebenfalls geradtaktiger Tänze (Tambourin, Gavotte) vermischt. Haydn, Mozart und Beethoven schrieben Contretänze in großer Zahl. Mozart berichtet 1787 aus Prag von einem Ballabend, wo *auf die Musick meines figaro, in lauter Contretänze und teutsche verwandelt,* getanzt worden sei (vgl. hierzu K.-V. 609, Nr 1). Im 18. Jh. entstanden textierte C.s, die sich großer Popularität erfreuten. Neben dem Menuett erhielten sich der Contretanz und der → Deutsche Tanz, bis der Walzer sie verdrängte.

Ausg. u. Lit.: R. A. FEUILLET, Recueil de c. mises en chorégraphie, Paris 1706; G. TAUBERT, Rechtschaffener Tantzmeister ..., Lpz. 1717; G. DUFORT, Trattato del ballo nobile, Neapel 1728; E.-PH. CHÉDEVILLE L'AÎNÉ, Recueil de c., Paris 1735; J. LECLERC, Premier recueil de c. ..., Paris 1736, II 1737, III 1738; DE LA CUISSE, Le répertoire des bals ou théorie pratique des c.s, Paris 1762; G. CUCUEL, La Pouplinière et la musique de chambre au XVIIIe s., Paris 1913; R. LACH, Zur Gesch. d. Gesellschaftstanzes im 18. Jh., = Museion, Mitt. I, Wien, Prag u. Lpz. 1920; P. COIRAULT, Notre chanson folklorique, Paris 1942; DERS., Les chanteurs chansonniers des rues de Paris au XVIIIe s., Bull. folklorique de l'Ile de France, Paris 1949; CL. MARCEL-DUBOIS u. R. LECOTTÉ, Chants de compagnonnage, Paris 1951 (Musées Nationaux); J. BEYTHIEN, Der Einfluß d. Kontertanzes auf d. Orchestermusik d. deutschen Frühklassik, Diss. Jena 1957, maschr.; H. BESSELER, Einflüsse d. Contratanzmusik auf J. Haydn, Kgr.-Ber. Budapest 1959; J.-M. GUILCHER, La c. frç., ses origines, son évolution, Diss. Paris 1963.

Cool Jazz (ku:l dʒæz, engl., kühler J.), Bezeichnung für die aus dem → Be-bop entstandene, in den 1950er Jahren herrschende Jazzspielweise. Das den Gegensatz zum früheren → Hot kennzeichnende Adjektiv cool bezog sich ursprünglich auf Intonationstechnik und Artikulation: an Stelle der als zu ausdrucksbetont empfundenen → Hot-Intonation tritt im C. J. ein undynamisches Legatospiel, das auf Vibratos sowie auf alle früheren dynamischen Jazzeffekte verzichtet (relaxation) und einen ruhigen, in sich geschlossenen Charakter hat. Konsequent bildete sich daraus eine neue, speziell dem Jazz gemäße musikalische Phrasierung der einzelnen, jetzt kontrapunktisch zueinander konzipierten Linien, was im Extrem ein auf das Vorbild J. S. Bach hin orientiertes polyphones Musizieren erbrachte (Tristano, John Lewis). Die frühere → Offbeat-Technik verwandelt sich im C. J. in einen die Akzente leicht verzögernden, ausgeglichenen rhythmischen Vortrag, der bis zum völligen Verlust des → Swing führen kann. Die Harmonik des C. J. zeigt häufig polytonale und atonale Bildungen. Neben den führenden farbigen Musikern des C. J.: Lester Young, John Lewis, Miles Davis, stehen die Weißen: Lennie Tristano, Lee Konitz, Stan Getz, Gerry Mulligan. Der C. J. ist seiner Art gemäß vorwiegend ein Musizieren in kleineren Gruppen, wurde jedoch mit Hilfe moderner Arrangiertechnik auch auf die Big Bands übertragen. Die seit dem C. J. durch die Annäherung an die moderne Musik immer stärker hervortretenden Experimente im harmonischen, kontrapunktischen, klanglichen (→ Sound) und sogar formalen Bereich haben zu einer Intellektualisierung des modernen Jazz geführt.

coperto (ital.), bedeckt; timpano c. fordert die Dämpfung der Pauke durch ein Tuch oder ein Stück Filz. R. Wagner komponierte einen Trauermarsch für 75 Bläser und 20 gedeckte Trommeln.

Copla (span.) → Couplet.

Copula (lat., Verbindung), bezeichnet im 12. Jh. mehrstimmige Schlußbildungen, im 13. Jh. Auszierungen von Schlüssen und Verbindungsstücke zwischen Discantus- und Organumpartien. – Der Mailänder Traktat *Ad organum faciendum* (um 1100) nennt C. oder Copulatio generell die Verbindung von zwei Stimmen zu einem konsonanten Zusammenklang, speziell den Schlußklang und den Übergang zu ihm. Im Organumtraktat von Montpellier ist dann C. fester Terminus für die Klangfolge von der Paenultima zur Ultima (→ Klausel). – Johannes de Garlandia (Mitte des 13. Jh.) spricht einerseits von der C. als einer Spezies des → Organum und faßt andererseits unter der Bezeichnung C. mehrere Arten der Ausschmückung (color) eines Discantus zusammen (CS I, 114ff.): den Hoquetus, die Unterteilung der Zeitwerte eines rhythmischen Modus und ein Verfahren, das einem einzelnen Tenorton eine längere Reihe von Tönen der Oberstimme entgegensetzt. Mit dem Organum speciale hat eine C. der dritten Art den Halteton des Tenors gemeinsam, mit dem Discantus, daß sie in einem regulären rhythmischen Modus vorgetragen wird (*profertur recto modo*). Wegen ihres stilistisch vermittelnden Charakters wurde die C. als Verbindungsstück zwischen Discantus- und Organum speciale-Partien verwendet (*est inter discantum et organum*). Ungewiß ist, ob sich der Name C. auf die Stellung als Verbindungsstück oder auf den Sachverhalt bezieht, daß der Schluß einer Discantuspartie – also die C. im älteren Wortsinne – durch ein Melisma über einem Halteton ausgeschmückt wurde. – Franco definiert die C. als schnellen → Discantus (*velox discantus*, CS I, 133a). Eine C. werde in Breven und Longen notiert, und zwar die gebundene C. (*ligata*) in Brevis-Longa-Ligaturen, die nicht gebundene (*non ligata*) in Einzelbreven; doch seien die Breven und Longen etwa im Zeitmaß von Semibreven und Breven vorzutragen. – Im 14. Jh. wird der Ausdruck C. in den *Quatuor principalia* (Pseudo-Tunstede) auf die Verbindung kleinerer Zeitwerte zu einer Einheit bezogen (CS III, 362a; CS IV, 295b) und von Pseudo-Theodoricus de Campo der Ligatur gleichgesetzt (CS III, 189a).

Lit.: J. HANDSCHIN, Zur Gesch. d. Lehre v. Organum, ZfMw VIII, 1925/26; DERS., Der Organum-Traktat v. Montpellier, in: Studien zur Mg., Fs. G. Adler, Wien u. Lpz. 1930; H. SCHMIDT, Die 3- u. 4st. Organa, Kassel 1933; W. G. WAITE, Discantus, C., Organum, JAMS V, 1952; FR. ZAMINER, Der Vatikanische Organum-Traktat (Ottob. lat. 3025), = Münchner Veröff. zur Mg. II, Tutzing 1959; G. SCHMIDT, Strukturprobleme d. Mehrstimmigkeit im Repertoire v. St. Martial, Mf XV, 1962; C. DAHLHAUS, Zur Theorie d. Organums im 12. Jh., KmJb XLVIII, 1964; S. GULLO, Das Tempo in d. Musik d. 13. u. 14. Jh., = Publikationen d. Schweizerischen Musikforschenden Ges. II, 11, Bern 1964.   CD

Copyright (kˈɔpiɹait, ursprünglicher Wortsinn: Vervielfältigungsrecht) ist die anglo-amerikanische Bezeichnung für Urheberrecht. Der volle C.-Schutz wird in den USA zur Zeit noch durch die Erfüllung bestimmter Förmlichkeiten erlangt. Hierzu gehören die Anbringung des C.-Vermerks an jedes gedruckte Exemplar von Büchern und Noten (©, Name, Erscheinungsjahr), Anmeldung und Eintragung des mit dem C.-Vermerk versehenen Werks in das C.-Register, das in der Kongreßbibliothek in Washington geführt wird, sowie Hinterlegung zweier vollständiger Exemplare der erschienenen Ausgabe daselbst. Die Schutzdauer für das C. beträgt zur Zeit 28 Jahre nach Erscheinen eines Werkes; sie kann um weitere 28 Jahre verlängert werden. Grundlage des USA-Urheberrechts ist das Gesetz vom 4. 3. 1909. Durch das Inkrafttreten des → Welturheberrechtsabkommens vom 6. 9. 1952,

dem auch die USA beigetreten sind, sind Erleichterungen für die Anmeldung und Eintragung in das C.-Register eingetreten, nicht aber für die Verlängerung der Schutzdauer oder für die Rechtsverfolgung (Welturheberrechtsabkommen). Ein völlig neues USA-C.-Gesetz (Urheberrechtsgesetz) ist in Vorbereitung. In ihm ist u. a. eine Schutzfrist von 50 Jahren vorgeschlagen, die vom Tode des Urhebers an beginnt, und nicht wie seither ab Erscheinen des Werkes.
Lit.: Howell's C. Law, Revised Ed., Washington 1962.

Cor (kɔ:r, frz., Horn); c. anglais → Englisch Horn (Altoboe); c. de basset → Bassetthorn; c. de chasse, → Jagdhorn, → Waldhorn; c. des Alpes → Alphorn; c. à pistons, Ventilhorn; c. simple, Naturhorn.

Corda (ital.; frz. corde), Saite; una c. (auf einer Saite) bedeutet in der Klaviermusik das Anwenden der Verschiebung (→ Pedal); tutte le corde (alle Saiten), ohne Verschiebung. In Beethovens Klaviersonate B dur op. 106, 3. Satz, findet sich die Anweisung *poco a poco due ed allóra tutte le corde* (»allmählich auf zwei und dann auf alle Saiten übergehend«, d. h. eine halbe Verschiebung allmählich weglassen). Auf der Violine wird durch sopra una c. das Spiel einer Phrase auf einer Saite gefordert (auch z. B. durch 4me corde, auf der G-Saite). C. vuota (corde à vide) bedeutet → Leere Saite.

Cornamusa (ital.), Cornemuse (frz., »Blashorn«), seit dem 14. Jh. eine Bezeichnung für → Sackpfeife. Bei Praetorius ist C. daneben ein gedacktes zylindrisches Doppelrohrblattinstrument mit Windkapsel und einkanaliger gerader Schallröhre mit seitlichen Schallöchern; der Klang ist dem der Krummhörner ähnlich, doch *stiller/lieblicher vnd gar sanfft*.
Lit.: PRAETORIUS Synt. II; G. KINSKY, Doppelrohrblatt-Instr. mit Windkapsel, AfMw VII, 1925.

Cornetto (ital.) → Zink.

Cornetton (frz. ton des cornets), auch Zinkenton, war der Stimmton der Stadtpfeifer und Feldtrompeter. Soweit Nachrichten vorliegen, war er immer der höchste Stimmton (Praetorius 1619; Orgelschule *Wegweiser ...*; Samber; Brief J. A. Silbermanns vom 20. 1. 1772, abgedruckt in: AfMf II, 1937, S. 453, und bei Walter 1962). Die Bläser strebten einen hellen, obertönigen, durchdringenden Klang auch durch hohe Stimmung an. Zur Zeit des Praetorius lag der C. etwa eine Quarte über dem heutigen Normalton, Ende des 18. Jh. nur einen Halbton über dem heutigen Standard (Orgeln der Stumm). Der C. unterschied sich um einen halben oder ganzen Ton vom ortsüblichen → Chorton, und zwar regelmäßig, denn die Stadtpfeifer wirkten bei der Kirchenmusik mit. In belgischen, deutschen, österreichischen Militärkapellen hat sich der ein Halbton höhere Stimmton teilweise bis ins 2. Drittel des 20. Jh. behauptet, in Volksmusikkapellen des österreichischen Alpenraums bis heute.
Lit.: PRAETORIUS Synt. II; Orgelschule »Wegweiser«, Augsburg 1668; J. B. SAMBER, Manuductio ad organum u. Continuatio, Salzburg 1704 u. 1707; FR. BÖSKEN, Die Orgelbauer-Familie Stumm. = Mainzer Zs. LV, 1960; R. WALTER, Der Orgelbau f. d. Fürstabtei St. Blasien 1772/75, in: Musicae sacrae ministerium, Fs. K. G. Fellerer, Köln 1962.

Corno (ital.; von lat. cornu, Horn; c. di bassetto → Bassetthorn; c. inglese → Englisch Horn, c. da caccia, → Jagdhorn, → Waldhorn). Das Ventilhorn hat die Bezeichnungen c. ventile, c. a macchina, c. cromatico, c. pistoni. In älterer Zeit ist c. als Bezeichnung ein sehr vieldeutiger Begriff. J. S. Bachs Vorschrift C. bezieht sich auf den Zink (Cornetto); er verwendet Tromba da tirarsi und C. da tirarsi synonym, z. B. in seiner Kantate *Schauet doch* (BWV 46) verlangt er mit der Vorschrift *Tromba o c. da tirarsi* die Tromba da tirarsi, auf der auch die zwischen den Naturtönen liegenden Töne geblasen werden konnten (→ Zugtrompete).
Lit.: C. SACHS, Bachs »Tromba da tirarsi«, Bach-Jb. V, 1908, S. 141ff.; CH. S. TERRY, Bach's Orch., London 1932, ²1958; G. KARSTÄDT, Die Besetzung d. »C.« bei J. S. Bach, Mf IV, 1951.

Cornon, Corno torto (ital.), eine große Art des krummen (S-förmigen) → Zink; Praetorius (Synt. II, S. 36) zufolge steht der C. *ein Quint Tieffer / alß ein rechter gemeiner Zinck* und weil seine *Resonantz gar vnlieblich vnd hornhafftig / so halt ich mehr darvon / das man eine Posaun an dessen stad gebrauche*.

Cornophone (kɔrnəf'ɔn, frz.) → »Wagner«-Tuba.

Cornu (lat., Horn) war bei den Römern ein halbkreisförmig gebogenes Horn aus Metall mit einer Querstange, die beim Blasen über die Schulter gelegt wurde. Bei den Etruskern war es Kultinstrument, im römischen Heer Signalinstrument neben Bucina und Tuba.
Lit.: E. SCHENK, Die C.-Fragmente v. Virunum, Anzeiger d. Österreichischen Akad. d. Wiss., phil.-hist. Klasse LXXXIII, 1946; G. FLEISCHHAUER, Bucina u. C., Wiss. Zs. d. M.-Luther-Univ. Halle-Wittenberg IX, 1960.

Cor omnitonique (kɔ:r ɔmnitɔn'ik, frz., Horn für alle Tonarten), ein → Waldhorn, das mit Zusatzbögen (tons) fest verbunden ist, um das Spielen in mehreren Tonarten zu ermöglichen. Für die Einschaltung der einzelnen Zusatzbögen sahen die Erfinder (Dupont um 1815, Sax 1824) verschiedene Konstruktionen vor (Laufschienen, Drehvorrichtungen, später auch Ventile). Das C. o. kam in Frankreich um die gleiche Zeit auf, als in Deutschland die ersten Ventilhörner gebaut wurden.
Lit.: R. M. PEGGE, The French Horn, London (1960).

Corona (lat. und ital., Krone) → Fermate.

Coro spezzato (ital., geteilter Chor) nennt Zarlino (1558) die in Venedig für Vespern und hohe Feste zu seiner Zeit bereits gebräuchliche Art der Psalmenvertonung (*comporre alcuni Salmi in una maniera, che si chiama Choro spezzato*), bei der das Gesamtkorpus der Sänger geteilt wird in 2 oder 3 je mindest 4st. Chöre, die, voneinander entfernt aufgestellt, miteinander abwechseln und (besonders an Schlüssen) sich vereinen. Die wichtigste der von Zarlino für diese Kompositionsart gebotenen Vorschriften besagt, daß mit Rücksicht auf die getrennte Aufstellung jeder Chor »konsonant« (*consonante*) sein, d. h. einen vollständigen Satz bilden müsse. Diese für Begriff und Prinzip mehrchöriger Komposition elementare Regel wurde laut Zarlino entdeckt (*fu ritrouato*) von A. Willaert, in dessen doppelchörigen *Salmi spezzati* (1550) die → Mehrchörigkeit in Erfüllung jener Regel in der Tat erstmals ausgebildet ist.
Lit.: G. ZARLINO, Istitutioni harmoniche III, 66, Venedig 1558, übers. u. m Kommentar hrsg. v. G. A. Marco, Chicago 1956; WALTHERL, Artikel Choro spezzato; H. ZENCK, A. Willaerts »Salmi spezzati« (1550), Mf II, 1949; G. d'ALESSI, Precursors of A. Willaert in the Practice of C. Sp., JAMS V, 1952; D. ARNOLD, A. Gabrieli u. d. Entwicklung d. »cori-spezzati«-Technik, Mf XII, 1959; DERS., The Significance of »Cori spezzati«, ML XL, 1959.

Corrente (ital.) → Courante.

Corrido (span., s. v. w. abgefeimt), ein mexikanisches Volkslied erzählenden Charakters, oft mit politisierendem Text. Der C. wird meist zweistimmig in Terzen zur Gitarre gesungen und steht im 6/8- bzw.

9/8-Takt; auffallend ist die weiche, »weibliche« Kadenzierung der Lieder. Im Volke ist der C. weit verbreitet; seiner Herkunft nach geht er auf die spanische Romanze zurück.

Lit.: R. M. CAMPOS, El folklore y la música mexicana, Mexiko 1928; V. T. MENDOZA, El romance español y el c. mexicano, Mexiko 1939; E. M. SÁNCHEZ, Romances y c. nicaragüenses, Mexiko 1946.

Costa Rica.
Lit.: A. PRADO AUSADA, Apuntes sintéticos sobre la hist. y producción mus. de C. R., San José 1943; L. F. GONZÁLEZ, Himno nacional de C. R., ebenda 1952; J. R. ARAJA ROJAS, Vida mus. de C. R., ebenda 1957.

Cotillon (kɔtij'ɔ̃, frz., Unterrock), ein zu Anfang des 18. Jh. in Frankreich entstandener Gesellschaftstanz, eine Übernahme des englischen Round (→ Country dance) und als solche auch → Contredanse française genannt. Er ist in Frankreich seit 1723 (J. Bonnet) und in Deutschland seit 1741 (Rost) bekannt, während er nach England mit seinem französischen Namen erst 1770 gelangte. 1769 erschien in Halle eine *Sammlung einer neuen Art gedruckter Contratänze oder C.s*. Der C. ist zweiteilig; je 4 Paare nehmen an ihm teil in überkreuzter Aufstellung und Begrüßung im Rundgang (Entrée) und im Ausführen ihrer »Tour« (Refrain). Zu Beginn des 19. Jh. wurde die Beschränkung auf 4 Paare aufgegeben und der C. durchsetzt mit Walzern, anderen Drehtänzen und allerlei scherzhaften Arrangements, wobei Orden oder Schmuckstücke vergeben wurden. Zur Zeit Napoleons III. galt der C. als stärkster Anziehungspunkt der Pariser Privatbälle, deren glänzenden Höhepunkt und zugleich Abschluß er bildete. Als Musik zum C. wurden bekannte Tänze wie Polka, Walzer, Galopp, Mazurka gespielt, die beim C. mit zusätzlichen Touren versehen wurden. Die klassische Beschreibung des C. zur Zeit Napoleons III. gab E. Zola in *La Curée*.

Lit.: J. BONNET, Hist. générale de la danse, Paris 1723; CHR. G. HÄNSEL, Allerneueste Anweisung zur Äußerlichen Moral ..., Lpz. 1755; G. DESRAT, Le C. avec toutes ses figures, Paris 1855; F. PAUL, Le C. et les quadrilles, Paris 1877; R. LACH, Zur Gesch. d. Gesellschaftstanzes im 18. Jh., = Museion, Mitt. I, Wien, Prag u. Lpz. 1920.

Coulé (frz.) → Vorschlag von oben; → Schleifer (auch tierce coulée, coulement).

Countertenor (k'auntəɹt'enəɹ, abgeleitet von lat. contratenor), auch Alto, englische Bezeichnung für den Männeraltisten (→ Alt – 2), vor allem in der Kirchenmusik des 16. und 17. Jh., der durch Falsettieren fast die Höhe der weiblichen Altstimme erreicht. Der C., dessen normale Stimmgattung Tenor oder Baß sein kann, hat gewöhnlich einen Stimmumfang von c–c², ein hoher C.: g–e². Er wird noch heute in englischen Kirchenchören angetroffen. Auch beim Singen von Glees und Catches wird der Männeraltist eingesetzt. Neuerdings hat A. → Deller als C. den Gesang des Männeralts im Konzertsaal wiederbelebt.

Lit.: A. H. D. PRENDERGAST, The Man's Alto in Engl. Music, ZIMG II, 1900/01; W. J. HOUGH, The Hist. Significance of the C. Voice, Proc. Mus. Ass. LXIX, 1937.

Country dance (k'ʌntɹɪ da:ns, engl., ländlicher Tanz), englischer Gesellschaftstanz, ursprünglich Volkstanz; die Bezeichnung C. d. kommt bereits 1579 vor. Nach der ersten umfangreichen Sammlung von J. Playford: *The English Dancing Master: OR, Plaine and easie Rules for the Dancing of C. D.s, with the Tune of each Dance*, 1650 (von der 2. Auflage an: *The Dancing Master ...*), in der 900 C. d.s beschrieben sind, werden 2 Grundtypen unterschieden: 1) Longways, bei denen 2 Reihen gebildet werden, in denen die Partner einander gegenüberstehen (Reihentänze); 2) Rounds, bei denen die Teilnehmer einen Kreis bilden und die Partner nebeneinanderstehen (Rundtanz). Daneben waren auch Squares (Carréetänze) für wenige Personen (4 Paare) und Tänze für 2 Paare üblich. Der Zweiertakt überwiegt bei weitem. Die Melodien sind teilweise alt; bereits in Elisabethanischer Zeit wurden C. d.-Melodien von den englischen »Virginalisten« als Vorlagen für ihre Klaviermusik verwendet. Es scheinen Liedmelodien gewesen zu sein; sie fanden auch im 18. Jh. wieder Verwendung, so in der Ballad opera. Eine große Anzahl gedruckter C. d.-Sammlungen folgte den 18 Auflagen des *Dancing Master* bis etwa 1825, wobei im Bürgertum die Longways vorherrschend wurden. Im 19. Jh. verlor der C. d. mehr und mehr an Bedeutung. In Schottland blieb er bis heute gebräuchlich, besonders gepflegt von der Scottish C. d. Society. In Frankreich wurde der C. d. als → Contredanse im späten 17. Jh. bekannt. In den Niederlanden fand er am Ende des 17. Jh., in Deutschland im 18. Jh. Verbreitung. Auch Nordamerika hat den C. d. übernommen. Im England des 20. Jh. kam im Zusammenhang mit der Volkstanzpflege der C. d. zu neuer Blüte, ebenfalls in Deutschland durch R. Gardiner (Musikheim Frankfurt an der Oder) und G. Götsch.

Ausg.: The Engl. Dancing Master, Faks. hrsg. v. M. DEAN-SMITH, London 1957, dazu Th. Dart in: ML XXXIX, 1958.
Lit.: TH. WILSON, The Complete System of Engl. Country Dancing, London o. J.; C. J. SHARP, The C. D. Book, 6 Bde, London 1909–22; The Scottish C. D. Soc., 13 Teile, Edinburgh 1924–50; E. K. WELLS, Playford Tunes and Broadside Ballads, Journal of the Engl. Folk Dance and Song Soc. III, 1936–39; M. DEAN-SMITH u. E. J. NICOL, »The Dancing Master«, 1651–1728, ebenda IV, 1943–45; H. THURSTON, Bibliogr. of the C. D. Books, ebenda VII, 1952; M. DEAN-SMITH, Engl. Tunes Common to Playford's »Dancing Master«, the Keyboard Books and Traditional Songs and Dances, Proc. R. Mus. Ass. LXXIX, 1953.

Couplet (kupl'ɛ, frz., Vereinigung, von couple; lat. copula; span. copla). Im Altfranzösischen wurde die → Strophe eines Liedes oder Gedichtes mit cople, später couple bezeichnet (im Altprovenzalischen entsprechend mit cobla). Das Wort C. ist seit dem 14. Jh. belegt, zunächst nur für das Reimpaar, dann auch für die Strophe, so daß im Französischen die Strophe im allgemeinen sowohl c. als auch stance oder strophe genannt werden kann. In der neueren wissenschaftlichen Literatur wird mit C. im besonderen eine assonierende Folge von Versen beliebigen Umfangs bezeichnet, wie sie für die frühe Epoche der altfranzösischen Literatur charakteristisch sind (→ Laisse), dann auch diejenigen Verszeilen, die auf gleicher Melodie vorgetragen werden (z. B. Refrain). Im 17. und 18. Jh. heißen C. die einzelnen Zwischensätze im instrumentalen Rondeau, die den immer wiederkehrenden Hauptsatz (Rondeau) ablösen. In Lullys Opern werden die Strophen der Récits mit C. bezeichnet. Couplets (Plur., später auch Sing.) sind seit dem ausgehenden 18. Jh. Strophenlieder, meist heiteren Inhalts mit witziger Pointe im Refrain, die in den Vaudevilles, aber auch in der Opéracomique und in der Operette als Gesangseinlagen beliebt waren. Diese C.s wurden vom aufkommenden Kabarett übernommen und im 20. Jh. als freche kleine Lieder zu einer obligaten Programmnummer. Den Texten wurden dabei häufig ältere – auch bekannte – Melodien unterlegt.

Courante (kur'ã:t, frz., »schneller Tanz«; ital. corrente oder coranta; engl. corant, corranto), französischer Tanz, nachweisbar seit Mitte des 16. Jh. Arbeau (1588) beschreibt die C. »seiner Zeit« (ca. 1540) als einen Tanz *en forme de jeu et de ballet*. In Namensverbindungen mit anderen Formen begegnet die C. im 16. Jh. etwa als *Bransles courans* (Cl. Gervaise), später als *Allemande c.* (Phalèse 1571). 1577 erscheint im Orgeltabulaturbuch von B. Schmid dem Älteren *La corante du roy* (Merian, S. 112), das erste eindeutig als C. bezeichnete und datierbare Stück. C.n aus der Zeit um (oder kurz nach) 1600 finden sich unter denen des 1. Bandes der *Collection Philidor* (1690, Paris, Bibl. Nat., Rés. F. 494). Diesen frühen C.n sind allgemein ternärer Rhythmus, 2teiliger Aufbau und bei den Teilschlüssen lang überhängende Endungen gemeinsam:

¾ ♩ ♩ | ♩ ♩ ♩ | ♩. ♪♪ | ♩. | ♩

Arbeaus Beispiel (1588) im geraden Takt gab Anlaß zu verschiedenen Deutungen, doch finden sich vereinzelt auch für andere Tänze, für die der ternäre Takt typisch ist, Belege mit binärem Rhythmus. Eine umfangreiche Sammlung französischer C.n bietet (neben einem *Bransle courant*) die *Terpsichore* (1612) von M. Praetorius, der zu den Melodien französischer Komponisten Sätze schrieb und bemerkt, daß die C.n *auff einen gar geschwinden Tact mensuriret werden müssen*. Nach Mersenne (*Harmonie universelle*, 1636) war die C. zu seiner Zeit der in Frankreich gebräuchlichste Tanz; dies bestätigen die musikalischen wie literarischen Quellen. Das von J. Ecorcheville veröffentlichte Kasseler Manuskript von 20 Orchestersuiten vorwiegend französischer Musiker ist eine bedeutende Quelle für die Praxis der C. in der Mitte des 17. Jh. (wichtig auch als Zeugnis für den ununterbrochenen Einfluß der französischen C. in Deutschland). Im Laufe des 17. Jh. wandelte sich der heftige Charakter der C. zu höfisch eleganter Prägung. Seine Blütezeit hatte dieser Tanz zwischen 1610 und 1660, blieb aber bis zum Ende des Jahrhunderts im Repertoire der getanzten Stücke, z. B. der Ballettmusiken am Hofe Ludwig XIV., und hielt sich als Gegenstand der Tanzlehre noch länger. – Neben der Orchestermusik ist es vor allem die Lauten- und Klaviermusik (Gaultier, Chambonnières, d'Anglebert), die die C. pflegte. Im Laufe der 2. Hälfte des 17. Jh. bildete sich die Spätform der französischen C. aus, für die trotz der Unterscheidung in C. gaye und C. grave etwa bei Lebègue (1677) mäßiges Tempo die Regel ist; dabei führte die für Frankreich charakteristische Freizügigkeit des Rhythmus zu häufigem Wechsel zwischen 3/2- und 6/4-Takt und dementsprechender Akzentverschiebung. Die Satzanlage steht polyphoner Stimmführung nahe; das Beispiel zeigt den Anfang einer C. von Chambonnières, *Pièces de Clavessin* I, 1670 (nach der Ausgabe von P. Brunold und A. Tessier, Paris 1925):

Der im Laufe des 17. Jh. sich vollziehende Stilisierungsvorgang der C. führt gleichzeitig zu einer deutlichen Differenzierung von zwei Überlieferungssträngen, die sich seit der Jahrhundertmitte in eigenwertigen Formen gegenüberstehen und allgemein als französische C. und italienische Corrente unterschieden werden; doch nicht immer decken sich die Bezeichnungen mit den zu charakterisierenden Typen. Die Abhängigkeit Italiens von der französischen Praxis erweisen Bezeichnungen wie *Correnti alla francese* (M. Pesenti 1630, später auch M. Uccellini). Die Bevorzugung schnellen Tempos in Italien bekunden die Correnten der *Sonate per camera* op. 1 von Bassani (1677), der *Sonate da camera* op. 2 (1685) und op. 4 (1696) und der *Concerti grossi* op. 6 (1714) von Corelli im starken Überwiegen der Bezeichnungen Allegro und Vivace. Gegenüber dem unsteten Rhythmus der französischen Form zeigt sich hier eine gleichmäßige, konstant eingehaltene Bewegung im lebhaften 3/4- oder 3/8-Takt, so in G. G. Bassanis Corrente aus op. 1 Nr 7, 1677 (nach Wasielewski, S. 56):

Wie die C. um 1600 in England Eingang fand (*Fitzwilliam Virginal Book*), so weisen seit dieser Zeit auch die Werke der deutschen Komponisten sie in schnell zunehmendem Maße auf. 1612 nimmt sie mit 162 Stücken mehr als die Hälfte der *Terpsichore* von Praetorius ein, kommt aber schon 1606 bei Staden, auch 1611 *nach englischer und französischer Art* bei V. Otto vor. In diesem Zusammenhang sind auch die Tanzsammlungen von W. Brade (ab 1609), Th. Simpson (ab 1611) und J. H. Scheins *Banchetto musicale* (1617) zu beachten. Die Klaviersuiten des gleichermaßen unter italienischem und französischem Einfluß stehenden J. J. Froberger zeigen in ihren C.n überwiegend den jüngeren französischen Typus. Die Aufgeschlossenheit der deutschen Musik gegenüber Italien und Frankreich findet ihren Niederschlag auch in der Übernahme der beiden Formtypen, die in klarer Unterscheidung vor allem J. S. Bach in seinen französischen und englischen Suiten und den Partiten verwendet hat (den französischen Typ u. a. in allen Englischen Suiten, den italienischen u. a. in den Französischen Suiten Nr 2, 4, 5, 6). Die Stellung der C. in Verbindung mit anderen Tänzen war sehr verschieden, z. B. Pavane – Galliarde – C. – Tripla oder aber auch C. als ungeradtaktiger Nachtanz in Verbindung mit der Allemande anstelle der älteren Folge Pavane – Galliarde. – Rousseau (1768) vermerkt, die C. sei »nicht mehr im Gebrauch, ebensowenig wie der Tanz, dessen Namen sie trägt«.

Lit.: Th. Arbeau, Orchésographie, Langres (1588), NA v. L. Fonta, Paris 1888, engl. v. M. St. Evans, NY 1948; W. J. v. Wasielewski, Instrumentalsätze v. Ende d. 16. bis zum Ende d. 17. Jh., Bonn 1874; Vingt suites d'orch. du XVIIe s. frç. 1640–70, hrsg. v. J. Ecorcheville, Bln u. Paris 1906; K. Nef, Gesch. d. Sinfonie u. Suite, = Kleine Hdb. d. Mg. nach Gattungen XIV, Lpz. 1921; P. Nettl, Die Wiener Tanzkomposition in d. 2. Hälfte d. 17. Jh., StMw VIII,

1921; Fr. Blume, Studien zur Vorgesch. d. Orchestersuite im 15. u. 16. Jh., = Berliner Beitr. zur Mw. I, Lpz. 1925; W. Merian, Der Tanz in d. deutschen Tabulaturbüchern, Lpz. 1927; C. Sachs, Eine Weltgesch. d. Tanzes, Bln 1933, engl. NY 1937 u. London 1938, frz. Paris 1938; M. Reimann, Untersuchungen zur Formgesch. d. frz. Kl.-Suite, = Kölner Beitr. zur Musikforschung III, Regensburg 1940; I. Herrmann-Bengen, Tempobezeichnungen, = Münchener Veröff. zur Mg. I, Tutzing 1959; Fr. Feldmann, Untersuchungen zur C. als Tanz, Deutsches Jb. d. Mw. VI (= JbP LIII), 1961.

Courtrai (Kortrijk, Westflandern).
Lit.: P. Bergmans, Les musiciens de C. et du Courtraisis, Gent 1912; J. Schmidt-Görg, Die Acta Capitularia d. Notre-Dame-Kirche zu Kortrijk als mg. Quelle, Vlaamsch Jb. voor muziekgeschiedenis I, 1939.

cps (Abk. für engl.: cycles per second, = Hertz) → Frequenz.

Credo (lat.), der 3. Teil des Ordinarium missae (*Cr. in unum Deum*), das Glaubensbekenntnis (Symbolum Nicaeno-Constantinopolitanum). Es wird in der römischen → Messe an allen Sonn- und bestimmten Feiertagen nach dem Evangelium bzw. im Anschluß an die Predigt vorgetragen. (Seine Verteilung auf den Zyklus des Kirchenjahres erfuhr 1960 unter Johannes XXIII. im *Novus Codex Rubricarum* eine offizielle Neuregelung.) Ursprünglich Taufbekenntnis, wurde das Cr. seit Anfang des 6. Jh. nach dem Vorbild Konstantinopels in den übrigen Liturgien des Orients bei jeder Meßfeier üblich und fand 589 als fester Bestandteil Eingang in den mozarabischen Gottesdienst (wo es bis heute vor dem Pater noster steht), gegen 800 ebenfalls in die fränkische Liturgie. Demgegenüber gelangte es erst 1014 – auf Drängen Kaiser Heinrichs II. – in den Bereich der römischen Messe. Der Brauch, das Symbolum dem Evangelium folgen zu lassen, hat seinen Ursprung in einer Verordnung Karls des Großen für den Gottesdienst an der Aachener Pfalzkapelle. – Unter den Cr.-Melodien des Graduale Romanum (Editio Vaticana und erweiterter Nachdruck von Desclée-Tournai) ist die seit dem 11. Jh. überlieferte 1. Vertonung (Cr. I, tonus authentus) ältester, vielleicht östlicher Herkunft. Sie gründet sich auf eine begrenzte Anzahl melodischer Formeln, die im Verlauf des Stükkes in mannigfachen Umgestaltungen und Kombinationen wiederholt werden. Cr. II stellt eine einfachere Fassung dieser Melodie dar. Ebenso leiten sich Cr. V (12. Jh.) und VI (11. Jh) aus ihr ab, während III und IV dem Spätmittelalter entstammen. – Der Choralvortrag des Symbolum erfolgt wechselweise (alternatim) zwischen 2 Chorhälften oder Schola und Chor (Intonation durch den Zelebranten), wobei nach dem *Caeremoniale episcoporum* ein Alternieren mit der Orgel nicht gestattet ist. – Luthers Cr.-Lied *Wir glauben all an einen Gott* hat seinen Vorläufer in einer Weise, welche in mehreren Handschriften aus dem 14.–16. Jh. – erstmals als Tenor einer 2st. Cr. – aufgezeichnet wurde (*Wir glauben in eynen got*).
Lit.: P. Wagner, Einführung in d. Gregorianischen Melodien I u. III, Lpz. ³1911 u. 1921, Neudruck Hildesheim u. Wiesbaden 1962; O. Ursprung, Die kath. Kirchenmusik, Bücken Hdb.; M. Huglo OSB, Origine de la mélodie du Cr. »authentique« de la Vaticane, Rev. Grégorienne XXX, 1951; W. Apel, Gregorian Chant, Bloomington (1958); J. A. Jungmann SJ, Missarum Sollemnia I, Wien, Freiburg i. Br. u. Basel ⁵1962. KWG

Crémaillère (kremaj'ɛːr, frz.) → Bogen (– 2).

Crembalum (lat.) → Maultrommel.

Cremona.
Lit.: P. Lombardini, Cenni sulla celebre scuola cremonese degli stromenti ad arco …, Cr. 1872; La musica in Cr. nella seconda metà del s. XVI …, = Istituzioni e monumenti dell'arte mus. ital. VI, Mailand 1939; R. Monterosso, Cat. storico-critico-bibliogr. dei musicisti cremonesi, Cr. 1951.

Creole Jazz (kɹɪ'oːl dʒæz, engl.), Strömung innerhalb des New-Orleans-Jazz, die dessen Entwicklung bis in die 1920er Jahre nachhaltig beeinflußte. – Die Kreolen im French Quarter von New Orleans bildeten unter den Farbigen eine eigene Gruppe. Ihre Musik hatte enge Beziehungen zur lateinamerikanischen Volksmusik, vor allem in Tanz- und Liedformen (Tango, Habanera, Bamboula, Creole songs). Seit Ende des 19. Jh. gehörten die ein mundartlich ausgeprägtes Französisch sprechenden Kreolen zur wohlhabenden und auch musikalisch gebildeten Schicht von New Orleans. Blasinstrumente, besonders die Klarinette, wurden auch für sie zu Hauptinstrumenten und erlangten über die → Marching bands ihre Bedeutung im Jazz. Die Kreolen festigten die harmonisch-funktionalen Grundlagen des Jazz und förderten entscheidend seine Entwicklung zu einem planvoll organisierten Musizieren (→ Arrangement). Unter den Jazzmusikern sind sie meist an ihren französisch klingenden Namen zu erkennen, z. B. die Klarinettisten Sidney Bechet, Alphonse Picou, Albert Nicholas, Lorenzo Tio, Omer Simeon; die Trompeter Freddie Keppard, Manuel Perez; die Posaunisten Kid Ory, Honoré Dutrey; der Schlagzeuger Johnny St. Cyr. Den Höhepunkt des Cr. J. und zugleich einen der Höhepunkte des New-Orleans-Jazz überhaupt bildete das Musizieren des Pianisten Jelly Roll Morton (Ferdinand Joseph La Menthe) mit seinen weitgehend aus Kreolen bestehenden Red Hot Peppers (1926–30).

crescendo (kreʃʃ'endo, ital.; Abk.: cresc., im 18. Jh. auch: cres.), wachsend, an Schallstärke zunehmend. Die frühesten Anweisungen für cr. und decr. sind abgestufte Folgen von → forte- oder → piano-Bezeichnungen seit dem späten 16. Jh. Sie leiten in 1. Hälfte des 18. Jh. zum Cr. hin. Das Anschwellen und Abschwellen des Tones wurde bereits um 1600 in Gesangsschulen gelehrt (Caccini 1601); D. → Mazzocchi verlangt 1638, daß der mit einem C bezeichnete längere Ton angeschwellt und wieder abgeschwellt werden soll, also die → Messa di voce, und daß der mit V bezeichnete vom piano zum forte zu steigern sei: *cr. à poco, à poco la voce*. Der cr.-Effekt auf kurze Strecken wird 1675 von M. Locke durch *lowder by degrees* angestrebt, 1686 von Mylius ebenfalls beschrieben, 1711 von Maffei und 1740 von de Brosses für römische Konzerte bezeugt. Das Schwellzeichen ◀ bei Fr. → Geminiani (*Prime sonate* 1739, Concerti op. 2 und 3 in der Neuauflage bei Johnson 1755) bezieht sich nur auf Einzeltöne, ebenso die seit 1733 bei Rameau gebräuchlichen Zeichen ◁▷ (später <>) für cr. und diminuendo und die in Geminianis *Treatise of good taste* (1749) gegebene Erklärung der Zeichen ◀ ▶. Die Wortbezeichnungen cr., decr. und diminuendo traten um die Mitte des 18. Jh. auf, ebenso rinforzando als Vorläufer und Ersatz für cr. J. Stamitz wandte die Schwellzeichen für den Einzelton als erster auf längere Tonfolgen an; der als großes Orchester-Cr. bekannte Effekt stellt eine der wichtigsten Errungenschaften der Mannheimer Schule dar. Verbunden mit sequenzierenden Figuren bildet er die von H. Riemann »Mannheimer Orchesterwalze« genannte Manier. Dieses allmähliche, sich über eine größere Anzahl von Takten erstreckende Anschwellen wurde durch cresc. _ _ _ oder cres. a poco a poco verlangt; heute steht statt dessen: cres _ _ _ cen _ _ _ do. Unabhängig von der Mannheimer Schule forderte Jommelli seit seiner Oper *Eumene* (1747) das Cr. (mit der Vorschrift cr. il forte) für vereinzelte erregte Gesangspartien, in denen die mit cr. bezeichneten Streicher in Skalengängen tremolierend mit der Singstimme aufsteigen, während die Bläser meist nur stufenweise die Lautstärke erhöhen. Seit Jommellis Aufenthalt in Stuttgart wird das Cr. in seinen Werken häufiger, wahrscheinlich beeinflußt durch die Mannheimer Schule. Über die Wirkung des damals neuen kontinuierlichen Orchester-Cr.s, dessen präzise Ausführung durch die Mannheimer besonders gerühmt wurde, berichtet Reichardt 1774: *Man erzählet, daß, da Jomelli dieses in Rom zum erstenmale hören ließ, die Zuhörer sich sbey dem cr. allmählig von den Sitzen erhoben, und bey dem diminuendo erst wieder Luft schöpften, und merkten, daß ihnen der Athem ausgeblieben war. Ich habe diese letztere Wirkung in Manheim an mir selbst empfunden.* Im 19. Jh. gibt es sowohl in der Sonate als auch in der Programmusik Formteile, in denen (oft bei Stillstand des übrigen musikalischen Geschehens) ein Cr. (seltener ein Decrescendo) in den Vordergrund tritt. Ein konsequent auskomponiertes Cr. ist der *Bolero* von Ravel. – Während die Singstimmen, die Blas- und Streichinstrumente, da sie den einzelnen Ton anschwellen können, das Cr. völlig in der Gewalt haben, kann das Klavier nur den Schein des Cr.s durch Verstärken der einzelnen Tongebungen hervorbringen. Auch der Orgel fehlte die Möglichkeit des kontinuierlichen Crescendierens; eine Verstärkung konnte nur stufenweise durch Anziehen von immer mehr Registern erreicht werden, ähnlich einem nur durch Hinzutritt von immer mehr Instrumenten bewirkten Cr. des Orchesters. Auf der Orgel des 19. Jh. läßt sich das Cr. durch → Jalousieschweller- und Rollschweller-Vorrichtungen (→ Walze), auf dem Harmonium über Kniehebel ausführen. – Cr. ist auch die Bezeichnung eines von Hofrat Bauer (Berlin) etwa 1780 erfundenen Klaviers, das bei 3 Pedalzügen ein Cr. vom pp bis zum ff ermöglichte.

Lit.: J. Fr. Reichardt, Briefe eines aufmerksamen Reisenden ... I, Ffm. u. Lpz. 1774, 1. Brief; ders., Ueber d. Pflichten d. Ripien-Violinisten, Bln u. Lpz. 1776; C. Mennicke, Gesch. u. d. Brüder Graun als Symphoniker, Lpz. 1906; H. Abert, N. Jommelli als Opernkomponist, Halle 1908; H. Riemann, Zur Herkunft d. dynamischen Schwellzeichen, ZIMG X, 1908/09; A. Heuss, Über d. Dynamik d. Mannheimer Schule, Fs. H. Riemann, Lpz. 1909; L. Riemann, Das Wesen d. Klavierklanges, Lpz. 1911; G. Schünemann, Gesch. d. Dirigierens, = Kleine Hdb. d. Mg. nach Gattungen X, Lpz. 1913; H. Besseler, Charakterthema u. Erlebnisform bei Bach, Kgr.-Ber. Lüneburg 1950. – zu Cr. als Instr.: SachsL.

Croche (krɔʃ, frz., »Haken-Note«), Achtelnote; double cr., Sechzehntel; triple cr., Zweiunddreißigstel; quadruple cr., Vierundsechzigstel. → Crotchet.

Crochęta (lat., »hakenförmige« Note; engl. → crotchet), Viertelnote.

Croma (lat.; von griech. χρῶμα, Farbe), einer der alten Namen der Seminimina (z. B. bei Hothby), bezeichnet in Italien heute die Achtelnote; entsprechend: semicr., Sechzehntel; biscr., Zweiunddreißigstel; semibiscr., Vierundsechzigstel. Der Titel *Madrigali cromatici* oder *cromati* (auch *A Notte Negre*) bei Rore u. a. verweist auf die vielen kleinen (»gefärbten«) Noten und hat mit Chromatik im heutigen Sinne nichts zu tun. → Color (– 1).

Cromọrne (ital.) → Krummhorn.

Crotales (krɔt'al, frz.; nach griech. χρόταλα), kleine Becken (paarig), weitgehend identisch mit den Berliozschen Cymbales antiques (→ Zimbeln – 1). Erst in der neueren Instrumentation (zuerst Ravel, *Daphnis et Chloë*, 1912, und Strawinsky, *Les Noces*, 1917, bis heute, z. B. L. Nono, *Canciones a Guiomar* 1963) werden die (kleinen Tanz-)Becken unter der Bezeichnung Cr. verlangt, die etwas irreführt, da sie auf die eher klapperartigen lateinischen crotala (→ Krotala) hinweist. Strawinsky ließ 1918 in Paris Cr. nach eigenen Angaben (∅ etwa 5 cm, Tonhöhe cis^3 und h^3) gießen.

Lit.: H. Kunitz, Die Instrumentation X (Schlaginstr.), Lpz. 1960; Mus. Instr., hrsg. v. A. Baines, Harmondsworth/Middlesex 1961, deutsch als: Musikinstr., München 1962.

Crotchet (kɪ'ɔtʃit, engl.; vom frz. crochet, Häkchen), die englische Bezeichnung der Viertelnote. Der Widerspruch, daß im Englischen Cr. das Viertel, im Französischen → Croche die Achtelnote ist, erklärt sich daraus, daß → Crocheta der ältere lateinische Name der Seminimina war, als diese noch als hohle Note mit dem Häkchen gezeichnet wurde; als statt dieser die geschwärzte Seminima allgemein durchdrang, behielten die Engländer die Bezeichnung für den Notenwert, die Franzosen für die Notenfigur.

Crwth (kɹu:θ, kymrisch, bauchig; altirisch crott; latinisiert chrotta; engl. crowd), wahrscheinlich das Instrument der keltischen Barden, eine Leier mit Griffbrett. Der Cr. wurde zunächst gezupft; seit dem 11. Jh. ist belegt, daß er auch mit einem Bogen gestrichen wurde. Das Corpus mit Zargen war oval, viereckig oder achtförmig; die ältesten Cr. hatten 3 Saiten, die jüngeren 5–6, von denen 3–4 über das bundlose Griffbrett laufen, während 2 Freisaiten (Bordune) sind. Die linke Hand umfaßte das Griffbrett von hinten. Einen Hinweis auf den Cr. gibt das Distichon des Venantius Fortunatus (um 530–600): *Romanusque lyra, plaudat tibi Barbarus harpa, Graecus Achilliaca, crotta Britanna canat* (Carmina VII, 8, 63f.). Der erste Bildbeleg auf dem Kontinent ist in der Vivian-Bibel (um 847–861) Karls des Kahlen enthalten. Ein Tropar aus dem 11./12. Jh. (Paris, Bibl. Nat., Cod. lat. 1118) zeigt David mit einem Cr. von länglicher 8-Form und mit Bogen. Auf den britischen Inseln (Irland, Wales) und in der Bretagne hat sich der Cr. bei der Landbevölkerung noch bis ins 18./19. Jh. erhalten.

Lit.: O. Andersson, Stråkharpan, Stockholm 1923, engl. als: The Bowed Harp, London 1930; H. Steger, David rex et propheta, = Erlanger Beitr. zur Sprach- u. Kunstwiss. VI, Nürnberg 1961.

Csárdás (tʃ'a:rda:ʃ, ungarisch, von csárda, Wirtshaus, Dorfschenke), ungarischer Tanz, meist bestehend aus einer langsamen, melancholisch-pathetischen Einleitung (Kreistanz der Männer, dem Lassu) und dem eigentlichen Cs. (Paartanz, auch friss oder friszka genannt), der wild aufgeregt ist, im geraden Takt (2/4, 4/4) steht und einen vom Sporenschlag bestimmten akzentuierten Rhythmus hat. Der Cs. ist aus einem mittelalterlichen Tanz hervorgegangen, dem → Hajdútánc (Heiduckentanz). Er gelangte gegen 1835 in die Ballsäle der eleganten ungarischen Welt. Die früheste Veröffentlichung eines Cs. scheint 1834 erfolgt zu sein. Gegen 1850 trat eine Tempobeschleunigung des Cs. ein und zugleich eine Differenzierung in schnellere (sebes) und langsame (lassu) Abarten. Seine Blütezeit war etwa 1845–80. Liszt komponierte verschiedene Cs. für Klavier (z. B. *Cs. macabre* 1881/82; 2 Cs.: *Allegro, Cs. obstiné*, 1884).

Lit.: A. Czerwinski, Die Tänze d. Ungarn, Lpz. 1879; M. Réthei-Prikkel, A magyarság táncai, Budapest 1924; K. Visky, Hungarian Dances, Budapest 1937; E. C. Rearich,

Dances of the Hungarians, NY 1938; I. Tálasi, A magyar táncokról, Budapest 1949; B. György, Dances of Hungary, = Hdb. of National Dances XI, London 1950.

Cueca (kŭ'ɛka, span., auch c. chilena), ein aus der chilenischen → Zambacueca hervorgegangener argentinischer Tanz im 3/4-Takt von bewegtem Charakter und mit Synkopenbildungen, dargestellt durch ein Paar, das Hahn und Henne versinnbildlicht.
Lit.: P. Garrido, Biogr. de la c., Santiago 1943.

Cuivre (kŭ'i:vr, frz., Kupfer), auch instruments de c., → Blechblasinstrumente. – Als Vortragsbezeichnung bedeutet cuivré schmetternd.

Currentes (ergänze: notae, lat., laufende Noten) nennt Anonymus IV (CS I, 337a ff., 340b und passim) Noten in Semibrevisform, die, mitunter in beträchtlicher Anzahl aneinandergereiht, zu einer → Coniunctura oder Apposition (Verbindung einer Ligatur mit einer Coniunctura bzw. mit C.) gehören, z. B. im Organum purum *Viderunt omnes* (zitiert CS I, 363a f.).

Cursus (von lat. currere, laufen), mittelalterlicher Terminus zur Bezeichnung einer rhythmischen Textstruktur an den Satzenden, wie sie seit dem spätantiken 3. Jh. bis ins 14. Jh. gepflegt wurde. Der C. besteht aus 2 Wörtern, zwischen deren betonten Silben zwei oder vier (seltener drei) unbetonte Silben liegen, so daß der Satz wohltönend ausklingt. Man unterscheidet: C. planus (claritáte signórum), C. tardus (crucifíxus appáruit), C. velox (gládio pertransívit), C. trispondiacus (ratiónem confirmávit). Diese durch die Sprache gegebenen Kadenzen finden ihre musikalische Entsprechung, z. B. im gregorianischen Choral, in dem etwa die Betonungen (schwere Silben) längere, die nicht betonten (leichten) Silben kürzere Melismen haben können oder gar syllabisch sind. – »Doppelter C.« ist ein moderner Terminus technicus des Sequenzbaues; er bezeichnet die vor allem für die sogenannte »archaische« → Sequenz (–1) typische Anlage, in der größere Melodieabschnitte, die mehrere Doppelversikel umfassen, mit neuem Text wiederholt werden (z. B. *Rex caeli domine*: aa bb cccc dddd aa bb cccc dddd aa).
Lit.: M. G. Nicolau, L'origine du c. rhythmique..., Paris 1930.

Custos (lat., Wächter; frz. guide; engl. direct), hakenförmiges Hinweiszeichen ✓ oder ✓ am Ende einer Zeile in Handschriften oder Drucken älterer Musik, das die Tonhöhe der nächsten Note auf der folgenden Zeile anzeigt.

Cymbala (Sing. cymbalum) ist seit der Vulgata die Latinisierung des griechischen → Kymbala (Ps. 150, 5; 2. Sam. 6, 5; 2. Chron. 5, 13); das Wort C. wurde seit dem ausgehenden Mittelalter zum sprachlichen Zwischenträger einer Reihe von Instrumentennamen: → Cembalo, → Cimbalom, (engl.) cymbals bzw. (frz.) cymbales (→ Becken). Die mittelalterliche Literatur erwähnt die C. (nebst den Ableitungen in den jeweiligen Sprachen) sowohl in der den Instrumenten des Alten Testaments gemäßen Bedeutung (Becken, auch Gabelbecken; → Zimbeln – 1) als auch, hier besonders die lateinisch schreibenden Theoretiker seit dem 9. Jh., in der (neuen) Bedeutung von Glöckchen bzw. → Glockenspiel (Alanus ab Insulis: *Cymbalum proprie dicuntur parvae campanae, quae acutum reddunt sonum*). Synonym für C. wurde auch das Wort → Tintinnabula gebraucht; für größere Glocken verwandte man die Bezeichnung → Campana oder → Nola. Das Verständnis der C. als Glockenspiel blieb auf das Mittelalter beschränkt, nur das Orgelregister → Zimbelstern erinnert an die alte Bedeutung, ebenso dem Worte nach die frühbarocke Orgelstimme Cymbel (→ Zimbeln – 2). Die nur kurze Erwähnung der *gloecklin und zimeln* als abgestimmte Instrumente (*dann dise betreffen die mensur*) bei S. Virdung (1511) mit dem Hinweis auf Boethius läßt darauf schließen, daß Virdung sie schon als einer vergangenen Zeit angehörend ansah. – Der Sache nach sind die C. Glöckchen ohne (selten mit) Klöppel, die abgestimmt nebeneinander aufgehängt sind (zumeist 4–9) und mit einem kleinen Holzstab oder Hammer angeschlagen wurden. Die zahlreichen ikonographischen Belege zeigen die C. sowohl als Instrument eines der Principes Davids als auch als Anschauungsmaterial für musiktheoretisch-mathematische Betätigung. Letzteres sowie genaue Anweisungen für den Guß der C. bilden den Inhalt der ebenfalls zahlreich überlieferten Traktate, die sich mit den C. beschäftigen. Musikalische Verwendung fanden die C. im Elementarunterricht der Schulen sowie u. a. bei der Ausführung des mittelalterlichen Organum.
Lit.: S. Virdung, Musica getutscht, Basel 1511, Faks. hrsg. v. L. Schrade, Kassel 1931; E. Buhle, Das Glockenspiel in d. Miniaturen d. frühen MA, Fs. R. v. Liliencron, Lpz. 1910; W. Theobald, Die Technik d. Kunsthandwerks im 10. Jh., Bln 1933; J. Smits van Waesberghe SJ, Klokken en klokkengieten in de Middeleeuwen (De cymbalis et nolis), = Nederlandsche muziekhist. en muziekpaedagogische studien, Serie B, Studies over middeleeuwsche muziek I, Tilburg 1937; ders., C. (Bells in Middle Ages), = American Inst. of Musicology, Studies and Documents I, Rom 1951; W. Krüger, Die authentische Klangform d. primitiven Organum, = Mw. Arbeiten XIII, Kassel 1958; H. Steger, David rex et propheta, = Erlanger Beitr. zur Sprach- u. Kunstwiss. VI, Nürnberg 1961.

Cytharino → Cithrinchen.

Czakan (tʃ'akan, ungarisch) → Stockflöte.

Czimbal (tʃ'imbal, ungarisch) → Cimbalom.

D

D, – 1) Ton-Name: In der lateinischen → Buchstaben-Tonschrift ist D im allgemeinen die 4. Stufe, im System der Kirchentöne Finalis des 1. und 2. Tons (Dorisch und Hypodorisch). Seit Zarlino (1571) ist der Ionius auf C primo modo; dadurch rückte D an die 2. Stelle der Normalskala. Bei den romanischen Völkern hat die Solmisationssilbe Re den Buchstaben verdrängt. Die Erniedrigung um einen Halbton heißt Des (engl. D flat; frz. ré bémol; ital. re bemolle), um 2 Halbtöne Deses (engl. D double flat; frz. ré double bémol; ital. re doppio bemolle), die Erhöhung um einen Halbton Dis (engl. D sharp; frz. ré dièse; ital. re diesis), um 2 Halbtöne Disis (engl. D double sharp; frz. ré double dièse; ital. re doppio diesis). – 2) Schlüssel: Im 13.–16. Jh. kann d² auch als Schlüsselbuchstabe geschrieben werden; es erscheint – immer zusammen mit einem G-Schlüssel – häufig in Tabellen der Theoretiker und in der → Tabula compositoria, gelegentlich auch in praktischen Quellen. – 3) Seit dem Anfang des 19. Jh. werden in theoretischen Werken Akkorde mit → Buchstaben-Tonschrift bezeichnet (D bedeutet den D dur-Dreiklang, d den D moll-Dreiklang); im → Klangschlüssel treten Zusatzzeichen hinzu. Der Brauch, eine Tonart nur durch ihren Grundton zu bezeichnen, wurde im 19. Jh. entsprechend den Akkordbezeichnungen so ausgelegt, daß D für D dur, d für D moll stand. – 4) Abk. für Discantus, D für Dominante; D. C. = da capo, D. S. = dal segno. In Musik für Tasteninstrumente steht d. oder d. m. (auch m. d.) für ital. mano destra (frz. main droite, rechte Hand).

da capo (ital., Abk.: D. C.), von vorn; Vorschrift der Wiederholung eines Tonstücks bis zu der mit Fine (Ende), Segno (Zeichen: 𝄋) oder einer Fermate bezeichneten Stelle.

Dämpfer (Sordinen, von ital. sordino; frz. sourdine) sind Vorrichtungen, durch die die Stärke des Tons von Saiten-, Blas- und Schlaginstrumenten vermindert und die Klangfarbe verändert werden kann. Die D. des Pianofortes sollen entweder den Ton ganz auslöschen, durch Aufsetzen von Filzen auf die Saiten (→ Pedal – 2), oder die Schwingungen nur hemmen, wie in den Instrumenten des 18. und frühen 19. Jh., bei denen Filzstreifen auf die Saiten gelegt wurden. Beim Cembalo wirkt ähnlich der Lautenzug. Beim modernen Flügel vertritt die Verschiebung eine Dämpfung dieser Art. Die D. der Streichinstrumente (Violinen und Bratschen) sind Holz-, Kautschuk- oder Metallkämmchen, die auf den Steg geklemmt werden. Sie vermindern nicht das Schwingen der Saiten, sondern modifizieren die Übertragung der Schwingungen durch den Steg auf den Resonanzboden. Das Timbre der gedämpften Streicher gemahnt etwas an den näselnden Klang der Oboen, ist im Piano traumhaft verschleiert und im Mezzoforte seltsam gedrückt. Berühmte Stellen mit gedämpften Streichern sind die Schlafszene in Lullys *Armide*, die Kerkerszene in Beethovens *Fidelio*, der Sylphidenwalzer in Berlioz' *La Damnation de Faust* und die 1. V. im Andante cantabile von Haydns Streichquartett op. 3, Nr 5 (Hob. III, 17). Für die Blechblasinstrumente werden durchbohrte Holzkegel oder D. aus Leichtmetall gebraucht, die in die Stürze eingeschoben werden. Wie beim Stopfen des Horns erhöhen die D. alter Bauart den Ton (um einen oder 2 Halbtöne), da sie die Mensur des Instruments verändern. Gedämpfte Trompeten stehen seit dem frühen 16. Jh. in dramatischen Werken oft in Verbindung mit dem Todesgedanken; gedämpfte Hörner und Trompeten wurden bei Echoeffekten bereits im 18. Jh. eingesetzt. Der Klang der Trommeln wird gedämpft durch Auflegen eines Tuchstreifens auf das Fell; auch bei der Pauke wird ein Tuch auf das Fell gelegt (coperto) oder es werden Schwammschlägel benutzt.

Lit.: H. EICHBORN, Die Dämpfung beim Horn, Lpz. 1897; W. OSTHOFF, Trombe sordine, AfMw XIII, 1956.

Dämpfung bezeichnet die Abnahme der Amplitude einer Schwingung im Zeitverlauf durch Umwandlung der Schwingungsenergie in eine andere Energieform. Bei mechanischen Schwingungen besteht die Hauptursache für die D. in den Reibungskräften, bei höheren Frequenzen kommt die Abstrahlung hinzu. Sind die Reibungskräfte der momentanen Geschwindigkeit (Schallschnelle, → Schall) des Systems proportional, so nimmt die Amplitude (a) nach einer Exponentialfunktion ab: $a = a_0 e^{-\beta t}$; dabei ist a_0 = Ausgangsamplitude, β = Dämpfungskonstante, e = Naturkonstante 2,7182 und t = Zeit.

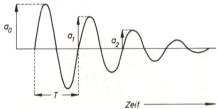

Das Verhältnis zweier aufeinander folgender Amplituden einer gedämpften Schwingung ist konstant, also:

$$\frac{a_1}{a_2} = \frac{a_2}{a_3} = \cdots = \frac{a_{n-1}}{a_n}$$

Der natürliche → Logarithmus dieses Verhältnisses wird als logarithmisches Dekrement (Λ) bezeichnet. Aus dem Dekrement läßt sich die Dämpfungskonstante (β) ableiten, und zwar ist $\beta = \frac{\Lambda}{T}$, wobei T die Dauer einer Schwingung (Periode) bedeutet.

Dänemark.
Ausg. (Erscheinungsort, wenn nicht anders angegeben, Kopenhagen): → Denkmäler. – Danmarks gamle folkeviser, I–V, hrsg. v. S. GRUNDTVIG, 1853–90, VI–VIII, hrsg. v. A. OLRIK, 1898–1919, IX–X, hrsg. v. H. GRÜNER-NIEL-

SEN, 1920–38, XI (Melodier), hrsg. v. E. ABRAHAMSEN u. H. GRÜNER-NIELSEN, 1935–38; A. P. BERGGREN, Folkesange og melodier, 1860ff.; Medieval Mus. Relics of Denmark, hrsg. v. A. HAMMERICH, Lpz. 1912; HJ. L. THUREN u. H. GRÜNER-NIELSEN, Faerøske melodier til danske kaempeviser, 1923; TH. LAUB u. A. OLRIK, Danske folkeviser med gamle melodier, 1930; Gamle danske viser, hrsg. v. A. ARNHOLTZ, N. SCHIØRRING u. F. VIDERØ, 5 Bde, 1941–42.
Lit.: H. PANUM, Musiken og musiklivet i Danmark för anno 1800, 1904; DIES., Musiken og musiklivet i Danmark efter anno 1800, = Grundrids ved folkelig universitetsundervisning CXI, 1906; DIES., Langelegen som dansk folkeinstr., 1919; W. NIEMANN, Die Musik Skandinaviens, Lpz. 1906; HJ. L. THUREN, Das dänische Volkslied, ZIMG IX, 1907/08; DERS., Tanz u. Tanzgesang im nordischen MA nach d. dänischen Balladendichtung, ebenda; E. ABRAHAMSEN, Liturgisk musik i den danske kirke efter Reformationen, 1919; DERS., Eléments romans et allemands dans le chant grégorien et la chanson populaire en Danemark, = Publication de l'Acad. Grégorienne de Fribourg (Suisse) XI, 1923; A. HAMMERICH, Dansk musiks hist. indtil ca. 1700, 1921; S. WIDDING, Dansk messe-, tide- og salmesang, 2 Bde, 1933; C. F. BALSLEV, Den lutherske kirkesang i Danmark, 1934; H. GRÜNER-NIELSEN, Folkemusik i Danmark, 1934; DERS., De faerøske kvadmelodiers tonalitet i middelalderen, 1945; J. HANDSCHIN, Das älteste Dokument f. d. Pflege d. Mehrstimmigkeit in D., AMl VII, 1935; N. SCHIØRRING, Melodistof til danske viser 1530–1630, Musikhist. Arkiv I, 1939; DERS., Det 16. og 17. aarhundredes verdslige danske visesang, 2 Bde, 1950; DERS., Mus. Folklore and Ethnomusicology in Denmark, Les Colloques de Wégimont III, 1956; DERS., Nogle håndskrevne dansk-norske koralbøger ..., in: Natalicia Musicologica, Fs. Kn. Jeppesen, 1962; I. C. AABERG, Hymnus and Hymnwriters of Denmark, Des Moines (Ia.) 1945; H. CHR. BROHOLM, W. P. LARSEN u. G. SKJERNE, The Lures of the Bronze Age, 1949; P. LORENZEN, Dances of Denmark, = The National Dances of Europe IX, London 1950; N. FRIIS, Orgelbau in D., MuK XXII, 1952; L. HANSEN, Spillemanden og hans betydning i dansk folkeliv, 1953; H. GLAHN, Melodistudier til den lutherske salmesangs hist. ..., 2 Bde, 1954; G. HAHNE, Die Bachtradition in Schleswig-Holstein u. D., = Schriften d. Landesinst. f. Musikforschung Kiel III, Kassel 1954; E. DAL, Nordisk folkeviseforskning siden 1800, 1956; K. CLAUSEN, Dansk folkesang gennem 150 aar, 1958; H. ROSENBERG, Mw. Bestrebungen in D., Norwegen u. Schweden in d. letzten ca. 15 Jahren, AMl XXX, 1958; O. MORTENSEN, The Polish Dance in Denmark, Kgr.-Ber. Warschau 1960; Dansk Aarbog for Musikforskning, hrsg. v. d. Dansk Selskab for Musikforskning, seit 1961; Å. DAVIDSSON, Dansk musiktryck ..., = Studia musicologica upsaliensia VII, Uppsala 1962; N. M. JENSEN, Den danske romance 1800–50 og dens mus. forudsaetninger, 1964; S. SØRENSEN, Allgemeines über d. dänischen protestantischen Kirchengesang, in: Norddeutsche u. nordeuropäische Musik, = Kieler Schriften zur Mw. XVI, Kassel 1965.

dal segno (dal s'e:ɲo, ital., vom Zeichen an; Abk.: Dal S., D. S.), Anweisung zum Wiederholen eines Stückes vom Zeichen (𝄋) an.

Damenisation, nach Fr. W. Marpurgs Bericht (*Anleitung zur Musik* ..., 1763, S. 42) eine Erfindung C. H. Grauns als Ersatz für die → Solmisation. Die D. bestand aus den 7 Tonsilben da me ni po tu la be, wobei durch Anhängen von as oder es an die Silbenkonsonanten chromatische Erniedrigung beziehungsweise Erhöhung des betreffenden Tones angezeigt werden sollte. Obwohl die D. erstmalig eine vollkommene Unterscheidung der enharmonischen Stufen bot, wurde sie in der Praxis ihrer Unsanglichkeit wegen kaum verwendet.

Danse macabre (dã:s mak'a:br, frz.) → Totentanz.

Danzig.
Lit.: HINGELBERG, Über D.er Musik u. Musiker, Elbing 1785; J. BOLTE, Das D.er Theater im 16. u. 17. Jh., = Theatergeschichtliche Forschungen XII, Hbg 1895; O. GÜNTHER, Musikgeschichtliches aus D. Vergangenheit, Mitt. d. Westpreußischen Geschichtsver. X, 1911; G. FROTSCHER, Ein D.er Orgelbuch d. 18. Jh., Kgr.-Ber. Lpz. 1925; DERS., Ein D.er Musikantenspiegel v. Ende d. 18. Jh., Fs. A. Schering, Bln 1937; W. LOTT, Zur Gesch. d. Passionsmusiken auf D.er Boden, AfMw VII, 1925; H. RAUSCHNING, Gesch. d. Musik u. Musikpflege in D., = Quellen u. Darstellungen zur Gesch. Westpreußens XV, D. 1931; G. SCHÜNEMANN. D.er Straßenrufe, Mk XXXII, 1939/40; H. J. MOSER, Aus D. mus. Vergangenheit, Zs. Germanien XII, 1940; W. SCHEFFLER, Aus D. Theater- u. Musikleben vor 150 Jahren, in: D.er Heimatkalender 1940; M. ODYNIEC u. R. WYROBEK, Organy oliwskie (»Die Org. in Oliva«), D. 1958.

Darabukka (darboka; ägyptisch), eine runde, unten offene Bechertrommel aus Ton, meist in einen konischen Oberteil und einen engeren zylindrischen Standfuß gegliedert. Sie wird mit Fischhaut oder Leder bezogen und hat Schnur- oder Klebespannung. Die D. wird mit den Fingern gespielt, wobei durch Schläge in der Mitte oder am Rand verschiedene Lautstärken und Klangfarben hervorgebracht werden. Sie ist schon bei der vorislamischen Bevölkerung Ägyptens belegt.
Lit.: H. HICKMANN, La d., Bull. de l'Inst. d'Egypte XXXIII, 1950/51; DERS., Die Gefäßtrommeln d. Ägypter, Mitt. d. Deutschen Archäologischen Inst., Abt. Kairo XIV, 1956; D. DRÖST, Tönerne Trommeln in Afrika, Jb. d. Museums f. Völkerkunde zu Lpz. XIV, 1955.

Darmstadt.
Lit.: E. PASQUÉ, Gesch. d. Theaters zu D. (1557–1710), D. 1853; W. KLEEFELD, Landgraf Ernst Ludwig v. Hessen-D. u. d. deutsche Oper, Bln 1904; H. KAISER, 125 Jahre D.er Oper, D. 1936; DERS., Das Barocktheater in D., D. 1951; DERS., Vom Zeittheater zur Sellner-Bühne. Das Landestheater D. v. 1933–60, D. 1961; KL. STEINHÄUSER, Die Musik an d. Hessen-Darmstädtischen Lateinschule im 16. u. 17. Jh., Düsseldorf 1936; FR. NOACK, Hofkonzerte in D. (1780–90), Mf VII, 1954; Fs. zur Orgelweihe in d. Stadtkirche zu D. 1961 mit Rückblick auf 361 jährigen Orgeldienst ..., hrsg. v. M. KNODT, Langen 1961.

Dasia-Zeichen dienen in der ältesten erhaltenen Lehre mehrstimmiger Musik, der *Musica Enchiriadis* (Ende 9. Jh.; GS I, 152ff.), sowie im ihr nahestehenden Pariser Organumtraktat (CS II, 74ff.), im Bamberger Dialog über das Organum und in den *Scholia Enchiriadis* (GS I, 173ff.) dem schriftmäßigen, d. h. zugleich theoretischen Erfassen des frühen → Organum. Aus einem Ausgangszeichen (Ⱶ), dasia genannt, und offenbar in Anlehnung an den Spiritus asper der Griechen, die προσῳδία δασεῖα, gebildet (→ Prosodie – 1), werden 4 an die griechische Instrumentalnotation erinnernde Grundzeichen entwickelt, die als (protos) archoos, deuteros, tritos und tetrardos das Tetrachord der Finales (der authentischen Modi; wie D, E, F, G) vorstellen. Durch Umlegung und Umkehrung dieser 4 Grundzeichen entstehen 14 weitere Zeichen. Die insgesamt 18 D.-Z. (notae, characteres, figurae) stellen eine Tonordnung (omnis series sonorum) von 4 unverbundenen gleichgebauten Tetrachorden (nämlich graves, finales, superiores und excellentes) und zwei »übrigen« Tönen (residui) dar, wobei das Sich-Entsprechen der Töne in den Tetrachorden (ihre gleiche qualitas) angezeigt ist durch Gleichheit der Namen (z. B. heißt der 2. Ton jedes Tetrachords deuteros) und durch Entsprechung der Zeichen (z. B. für den deuteros: ⌐ ⌐ ⌐ ⌐). Die Zeichen werden (nach dem Prinzip der späteren Schlüssel) den Zwischenräumen von Linien (chordae) vorangestellt, in welche die Textsilben geschrieben werden. Die so entstandenen Descriptiones (Abzeichnungen) stellen die frühesten Niederschriften mehrstimmiger Musik dar, aber nicht im

Sinne von Kompositionen und zwecks praktischer Ausführung, sondern als wesentlicher Bestandteil der Erklärung des (für die Praxis in Neumen notierten) Cantus bzw. des aus dem Stegreif auszuführenden Organum, auf dessen artifizielles Sich-Bewußtmachen die Erfindung der D.-Z. offenbar abzielte.

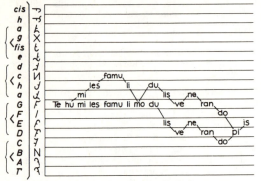

Organum-Descriptio eines Versikels der Sequenz *Rex caeli domini* (in Anlehnung an die Hs. Paris, Bibl. Nat. lat. 7210, p. 16).

Indem die D.-Z. die Töne (phthongi) gemäß dem Umfang der Männerstimmen zur Verfügung stellen, zeigen sie zugleich an, wie sie musikalisch gelten sollen. Die Tonordnung der D.-Z. erfaßt sowohl die melodischen Gegebenheiten der Modi (Tetrachord der Finales und seine Wiederholung in Quintdistanz) als auch das klangliche Prinzip des organalen Respondierens von Stimmen, indem diese Tonordnung das Sich-Vereinen der Stimmen im Quartenorganum durch den Tritonus begründet, der bei bestimmten Schluß- und Anfangswendungen des Cantus dem Respondieren der Vox organalis in Quarten entgegensteht (da das 3. Zeichen eines jeden Tetrachords mit dem zweiten des nächsthöheren eine Quarte, sondern die inconsonantia des Tritonus bildet), »so daß beide Stimmen an einem Tonort zusammenkommen« (*ut ambae in unum conveniant*, GS I, 169b). Diese an Hand der D.-Z. formulierte Regel bezeichnet den Punkt, an dem die artifizielle Mehrstimmigkeit des Abendlandes erstmalig theoretisch erfaßt ist und somit geschichtlich wird, und zugleich – in der Verbindung von → Liniensystem und → Schlüssel – den Beginn der visuell eindeutigen, eigenständig musikalischen Tonschrift. Neben der Abzeichnung des parallelen (usuellen) Quintenorganum diente die Tonordnung der D.-Z. offenbar in erster Linie der Demonstration des nicht durchgehend parallelen (artifiziellen) Quartenorganum. Dem Oktavensingen trägt sie nicht Rechnung, da sie die Abstände B-h, F-fis und C-cis aufweist. Deshalb lehnte Guido von Arezzo die Tonordnung der D.-Z. ab (*Micrologus*, Cap. V, CSM IV, 112f.), da er nicht mehr gelten ließ oder verstand, daß sie das selbstverständliche Prinzip der Oktav-Duplicatio eines Tones oder einer Stimme zugunsten der Tritonustheorie außer acht lassen wollte und konnte.

Lit.: Ph. Spitta, Die Musica enchiriadis u. ihr Zeitalter, VfMw V, 1889; H. Sowa, Textvariationen zur Musica Enchiriadis, ZfMw XVII, 1935; E. L. Waeltner, Das Organum bis zur Mitte d. 11. Jh., Diss. Heidelberg 1955, maschr.; ders., Der Bamberger Dialog über d. Organum, AfMw XIV, 1957; E. Jammers, Anfänge d. abendländischen Musik, = Slg mw. Abhandlungen XXXI, Straßburg u. Kehl 1955; Thr. G. Georgiades, Sprache, Musik, schriftliche Musikdarstellung, AfMw XIV, 1957; E. Jammers, R. Schlötterer, H. Schmid, E. L. Waeltner, Byzantinisches in d. karolingischen Musik, Ber. zum XI. Internationalen Byzantinisten-Kongreß München 1958. HHE

Dauer ist, neben Höhe und Lautstärke, eine der elementaren Toneigenschaften. In der seriellen Musik bildet sie einen der Parameter, die dem Prinzip der Reihentechnik unterworfen werden. Die Auffassung einer D. ist aus Wahrnehmung, Erinnerung (Retention) und Erwartung (Protention) zusammengesetzt. *Die Objektivität des ganzen dauernden Tones konstituiert sich in einem Aktkontinuum, das zu einem Teil Erinnerung, zu einem kleinsten punktuellen Teil Wahrnehmung und zu einem weiteren Erwartung ist* (E. Husserl). Da dem Menschen ein spezifisches Organ zur Zeitschätzung fehlt, ist die Beurteilung einer D. einerseits individuell sehr verschieden und andererseits vom Inhalt einer Zeitstrecke abhängig. »Erfüllte« Zeiten wirken kürzer als »leere«, d. h. die erlebte D. richtet sich nach dem Veränderungsgrad und der Veränderungsdichte der Ereignisse. – Den Maßstab der D. bildet in der Musik entweder eine unteilbare kleinste Einheit, ein → Chronos protos, oder ein mittlerer Zeitwert, eine *der Aufnahme eines mannigfaltigen Inhalts fähige normale Zählzeit* (H. Riemann 1903). In manchen Werken der neuesten Musik werden die Ton-D.n, statt auf eine Zählzeit bezogen zu sein, als Teile einer in Sekunden gemessenen längeren Zeitstrecke bestimmt (Penderecki, *Threni*). – Die Erkennungszeit ist bei Tonwahrnehmungen vom Frequenzbereich abhängig. Zwischen 1000 und 2000 Hz beträgt sie 12 Millisekunden; bei höheren und vor allem bei tieferen Tönen ist sie länger. Von der Erkennungszeit ist die D. zu unterscheiden, die man braucht, um zwei Ereignisse getrennt wahrzunehmen: sie umfaßt 50–60 Millisekunden. Am genauesten ist die Wahrnehmung der D. bei Zeitstrecken von 0,6–0,8 sec. Bei längeren D.n besteht die Tendenz zur Überschätzung, bei kürzeren zur Unterschätzung. Eine rhythmische Gruppe kann bis zu einer Dauer von 3 sec. als ungeteilte Einheit aufgefaßt werden; längere Gruppen werden in der musikalischen Vorstellung zerlegt.

Lit.: E. Meumann, Beitr. zur Psychologie d. Zeitsinns, = Philosophische Studien IX, Lpz. 1894; H. Riemann, System d. mus. Rhythmik u. Metrik, Lpz. 1903; V. Benussi, Psychologie d. Zeitauffassung, Heidelberg 1913; H. Bergson, Durée et simultanéité, Paris 1922; E. Husserl, Vorlesungen zur Phänomenologie d. inneren Zeitbewußtseins, Halle 1928; E. Kurth, Musikpsychologie, Bln 1930, Bern [2]1947; G. Bachelard, Dialectique de la durée, Paris 1936; E. Schmidt, Über d. Aufbau rhythmischer Gestalten, = Neue psychologische Studien XIV, 2, München 1939; G. Brelet, Le temps mus., 2 Bde, Paris 1949; C. Höweler, Tijd en muziek, Amsterdam 1946; K. Stockhausen, Struktur u. Erlebniszeit, in: die Reihe III, Wien 1957; Fr. Winckel, Das Ohr als Zeitmeßorgan, Gravesaner Blätter III, 1957, H. 9; G. Jacono, La perception de la durée, Journal de psychologie LIII, 1956; F. Klugmann, Die Kategorie d. Zeit in d. Musik, Diss. Bonn 1961; G. Rochberg, Der Begriff d. D. in d. Musik, Melos XXIX, 1962. CD

dB → Dezibel.

D. C. → da capo.

Déchant (deʃã, frz., auch deschant) ist das in Chrétien de Troyes' *Erec* (um 1160?) erstmals belegte französische Wort für → Discantus, déchanter (deschanter) das für discantare. D. kann sowohl das Extemporieren einer Gegenstimme zu einem Cantus als auch diese Stimme selbst bedeuten. Die Sublimierung des Diskantstils in der Komposition seit der Notre-Dame-Epoche und die Fassung des Begriffs Discantus im Rahmen der Musica mensurabilis durch die Theoretiker im 13. Jh. betreffen den D. (bzw. die weiterhin bestehende ursprüngliche Art des Discantus) nicht, so daß die neuere Musikwissenschaft (besonders H. Riemann) D. als Terminus für den improvisierten Discantus benutzen konnte.

Decken nennt man die Überführung der offenen Vokale bei zunehmender Hochlage in die ihnen benachbarten geschlossenen: a nach ō, ĕ nach ē. Physiologisch werden dadurch eine Kontraktion des Ringschildknorpelmuskels und eine Kippbewegung des Kehlkopfes hervorgerufen, die die Arbeit des Musculus vocalis (→ Stimme – 2) erleichtert. Der Ton braucht dadurch bei entsprechender Resonanzierung aber nichts an Leuchtkraft einzubüßen; dafür werden grelle, »geschrieene« Töne vermieden.

decrescendo (dekreʃʃˈɛndo, ital.; Abk.: decresc. oder decr.), auch durch die Zeichen ▶ oder ▷ oder ⟩ vorgeschrieben, abnehmend (an Schallstärke), schwächer werdend. → crescendo.

Deklamation (von lat. declamare, laut reden, vortragen), im allgemeinen in der lateinischen Antike wie auch im Humanismus die Redeübung, dann der Vortrag einer Rede überhaupt, seit dem 18. Jh. auch die Vortragsweise. Im Bereich der Musik bezeichnet D. 1. den Wortvortrag seitens des Sängers im Sinne der → Aussprache; 2. den gesprochenen Vortrag eines Textes mit untermalender Musik (→ Melodrama); 3. bei einer Textkomposition das Verhältnis zwischen Sprechweise und Vertonung des Textes in Rhythmus, → Melodie (– 3) und Artikulation; 4. (erweitert) die Verbindung von Text und Musik schlechthin, d. h. die Art, wie ein Text vom Komponisten rhythmisch-melodisch fixiert und bedeutungsmäßig gefaßt wird. Diese auch als Wort-Ton-Verhältnis angesprochene Art der D. gilt als eines der grundlegenden Probleme der Musik, das geschichtlich je verschieden gelöst worden ist. Die Lösungen schwanken zwischen den Polen Musik als absolut Klingendem und Sprache als Verständigung. Sprache und Musik können so koordiniert sein, daß die ihnen immanenten Gesetze sich in ihrer Struktur als einander ähnlich oder identisch zusammenschließen, oder aber je eines von beiden zwingt das andere, sich nach ihm auszurichten. Als schlichteste Möglichkeit der Verbindung gilt das musikalische Erfassen der Klanggestalt des Textes, das Verwirklichen sprachlicher und musikalischer Korrespondenzen hinsichtlich Tonbewegung und Rhythmus. Dem Steigen oder Fallen der Stimme beim natürlichen Sprechen des Textes entsprechen Melodieanstieg oder -abstieg, sprachlichen Betonungen oder Längenverhältnissen musikalische Akzente oder Tondauern (so im → Rezitativ). Indem die Musik zur klanglich-überhöhten Darstellung eines Textes dient, kann sie sich, je nach Textcharakter (Kunstprosa oder Lyrik), auch formal der syntaktischen Struktur durch entsprechende Gliederung, so auch der Versform mit ihren Reimbildungen und Assonanzen, anpassen (so im → Lied). Die kompositorisch kompliziertere und ästhetisch kunstvollere Möglichkeit der Textvertonung ist das musikalische Erfassen des Sinngehalts der Sprache, darüber hinaus das Erfassen von Klanggestalt und Sinngehalt als Einheit durch figürliches Abbilden und rhetorisches Auslegen oder durch Interpretieren des Textes in verschiedenen musikalischen Schichten. Indem zur Textvertonung eine Instrumentalbegleitung hinzutritt, kann auch diese mit den nur ihr eigenen Möglichkeiten in das Erfassen und Deuten des Textes eingreifen und mit der Singstimme zu einer den Text interpretierenden Einheit verschmelzen, zu einem wiederum autonomen Gebilde, das eine »überhöhte« Form des Textes darstellt.

Als Ursprung, zugleich als Sonderfall der abendländischen D. wird der Vers der griechischen Antike angesehen. In der Antike sind Dichtung (Sprache) und Musik noch ungeschieden in der Einheit der μουσική.

Rhythmisch wird der griechische Vers nicht akzentuierend, sondern nach Dauern (Quantitäten) geordnet, klanglich ist das gesprochene dichterische Wort seine melodische Gestalt: *Die Musik ist mit dem Vers gegeben, der Vers ist Musik und Dichtung in einem* (Georgiades 1954, S. 6). Mit der Rhetorisierung der literarischen Sprache, der Loslösung und Systematisierung von ihr eigenen Ausdrucksmöglichkeiten, verzichtet der Text auf den »musikalischen« Vortrag, während die Musik als Eigenständiges dem Text gegenüberzutreten beginnt. Das neue Verhältnis zwischen Sprache und Musik wird historisch faßbar im → Choral der christlichen Liturgie, der als Mittel *des Sprechens mit der Singstimme* (Jammers 1963, S. 14) die Kultsprache verwirklicht auf der Ebene des gehobenen Sprechens (accentus) oder des melismatisch-melodischen Verströmens (concentus, → Akzent – 2). Musik und Sprache treten nun als zwei getrennte Prinzipe auf, wobei aber die Musik weniger akzidentiell zum Text hinzutritt, als vielmehr aus der Klanglichkeit und Struktur der Sprache heraus entsteht. Die Sprache findet klanglich und formal ihren Niederschlag in ihr entsprechenden Ordnungen und Formeln der Musik. Ursprünglich ist die liturgische Sprache Kunstprosa; inwieweit sie als solche den melodischen Ablauf auch rhythmisch prägt, ist umstritten. Rhythmische Musik wird eindeutig erkennbar in den versgebundenen Formen der Liturgie, die zunächst am quantitierenden Prinzip der antiken Metrik orientiert sind, in denen sich jedoch zunehmend das akzentuierende Prinzip durchsetzt. Dieser Übergang scheint aber erst im 11./12. Jh. abgeschlossen zu sein. Das Versmaß prägt den rhythmischen Verlauf der Musik; die musikalische D. richtet sich nach der textlichen, *ut quasi metricis pedibus cantilena plaudatur* (Guido von Arezzo, CSM IV, 164). Während im allgemeinen für alle liedartigen Gattungen (z. B. → Conductus, → Minnesang) bis in die heutige Zeit diese enge Beziehung zwischen Textstruktur und musikalischer Rhythmik gilt, wird sie – eine Errungenschaft der Modalnotation – in → Organum und → Discantus der Notre-Dame-Epoche aufgelockert zugunsten einer vom Text her relativ freien, doch musikalisch streng gegliederten Rhythmik. Der Text der → Motette paßt sich dieser (mit der Mensuralnotation sich verfeinernden Rhythmik) an und hat als Vers- und Strophenbau in der → Isorhythmie formbildenden Charakter; darüber hinaus ist er von ideeller Bedeutung, sofern er einen zumeist liturgischen Cantus prius factus tropiert. Im Verlauf ihrer Geschichte entwickelte sich die Motette in Richtung auf den Text als Bedeutungsträger. Einen ersten Höhepunkt fand diese Entwicklung in Kompositionen Josquins und Lassus' (→ Musica reservata), Vollendung im Sinne der Ausgewogenheit des musikalischen Satzes bei Palestrina. *Den Sinngehalt des Textes ... gleichsam aus sich selbst heraus Musik werden zu lassen* (Besseler 1931, S. 288), ist die eine Grundformel dieser Musik. Mit den humanistischen Tendenzen der → Camerata fiorentina gegen Ende des 16. Jh. setzte im Zusammenhang mit der Entstehung der → Oper eine verstärkte Besinnung auf den Text als Darstellung von Empfindung und Gemütsbewegung ein. Zugunsten der sinngemäßen und ausdrucksvollen D., für die jetzt alle Mittel musikalischer Gestaltung eingesetzt werden, verwarf man in der → Seconda pratica den überkommenen kontrapunktischen Motettenstil (→ Monodie). Während namentlich Monteverdi den Text primär als Affektäußerung betrachtet, versteht der mehr traditionsverbundene deutsche Barock die Vokalkomposition bis hin zu J. S. Bach neben der Affektdarstellung zugleich im Sinne der → Musica poetica und der musikalisch-rhetorischen → Figuren als *Verdeutlichung, Auslegung des Textes, Vergegenwärtigung seines Sinns* (Eggebrecht 1959, S. 64). Seit der beginnenden Klassik kann die Frage nach dem Verhältnis von Sprache und Musik auf die Gattungen Oper und Lied eingeschränkt werden. Die Oper bewegt sich zwischen den Polen des formal gebundenen ariosen Gesangstils und freier, dem Text in seinem Tonfall und seinem Ausdruck folgender Melodik. Ihre prägnanteste Gestaltung finden beide Richtungen im 19. Jh. in den Opern Verdis und in der aus dem Text geborenen »unendlichen Melodie« der leitmotivisch durchkomponierten Opern Wagners. Die Oper des 20. Jh. setzt in Berg, Schönberg, Henze u. a. die Wagnersche D. in Steigerung ihrer Gestik fort, verklammert sie jedoch in musikalische Formen; Strawinsky, Orff, Hindemith u. a. knüpfen in der Art ihrer metrisch skandierenden Textvertonung an Verdi bzw. an die Oper des 17. Jh. an. Das Lied dagegen reicht von der metrisch gebundenen Strophenkomposition bis zur durchkomponierten, den Text frei deklamierenden und interpretierenden Vertonung. Die Extreme werden markiert auf der einen Seite durch die bewußt schlichten Textvertonungen der Liederschulen des 18. und beginnenden 19. Jh., auf der anderen durch die an der Wagnerschen D. und Harmonik orientierten Kompositionen H. Wolfs. Eine Mittlerstellung nehmen Schubert, Schumann und Brahms ein. Mit dem Auflösen der Tonalität im 20. Jh. (Schönberg, Berg, Webern) wird die Frage nach dem Verhältnis von Sprache und Musik zugleich eine Frage nach dem kompositorischen Material. Der Text, vornehmlich Lyrik, wird im Frühstadium der Atonalität zu einem Formfaktor, der Zusammenhang und Einheitlichkeit garantiert. Dabei deckt die Musik mit minuziöser Genauigkeit den Text in seiner klanglichen Struktur und seinem Bedeutungsgehalt auf, und der Text greift in vorher nicht gekannter Weise strukturell in die Musik ein. Indem die Musik sich an den Text verliert, gewinnt sie neue Bereiche tonsprachlicher Möglichkeiten. In jüngster Zeit wurden Versuche gemacht, durch stufenweises Angleichen von elektronischen oder instrumentalen Klängen an den Sprachklang (Stockhausen, Boulez) bzw. durch Ineinanderschieben von Wortpartikeln und Textzeilen (Nono) den Lautwert der Sprache musikalisch zu erschließen und kompositorisch verfügbar zu machen.

Lit.: J. Schuback, Von d. mus. D., Göttingen 1775; J. K. Fr. Rellstab, Versuch über d. Vereinigung d. mus. u. oratorischen D., Bln 1785; N. E. Framéry, Analyse des rapports qui existent entre la musique et la déclamation, Paris 1802; A. Burja, Sur les rapports qu'il y a entre la musique et la déclamation, Sb. Bln, mathematische Klasse, 1803; R. Wagner, Oper u. Drama (1851), in: Sämtliche Schriften u. Dichtungen (Volksausg.) III/IV, Lpz. o. J.; W. Kienzl, Die mus. D., in: Mus.-Philologische Studien, Lpz. 1880; H. Riemann, Katechismus d. Gesangskomposition, Lpz. 1891, ³1921; ders., Große Kompositionslehre III, Bln u. Stuttgart 1913; A. Schönberg, Das Verhältnis zum Text, in: Der Blaue Reiter, München 1912, engl. in: Style and Idea, NY 1950; A. Heuss, Der geistige Zusammenhang zwischen Text u. Musik im Strophenlied, Ber. d. Berliner Kongresses f. Ästhetik u. allgemeine Kunstwiss. 1913; A. Heusler, Deutsche Versgesch. I-III, Bln u. Lpz. 1925-29, Bln ²1956; W. Vetter, Wort u. Weise im deutschen Kunstlied d. 17. Jh., ZfMw X, 1927/28; K. G. Fellerer, Die Deklamationsrhythmik d. vokalen Polyphonie d. 16. Jh., Düsseldorf (1928); ders., Zum Wort-Ton-Problem in d. Kirchenmusik d. 16./17. Jh., StMw XXV, 1962; R. Gerber, Wort u. Ton in d. Cantiones Sacrae v. H. Schütz, Gedenkschrift H. Abert, Halle 1928; A. Schering, Mus. Organismus u. Deklamationsrhythmik, ZfMw XI, 1928/29; H. Abert, Wort u. Ton in d. Musik d. 18. Jh., in: Gesammelte Schriften u. Vorträge, hrsg. v. Fr. Blume, Halle 1929; H. Besseler, Die Musik d. MA u. d. Renaissance, Bücken Hdb.; Ch. K. Scott, Word and Tone, 2 Bde, London 1933; E. E. Lowinski, Zur Frage d. Deklamationsrhythmik in d. a-cappella-Musik d. 16. Jh., AfMl VII, 1935; S. Goslich, D. u. instrumentale Symbolik im begleiteten Kunstgesang, Ber. über d. internationalen Kongreß Singen u. Sprechen, Ffm. 1938; D. Johner OSB, Wort u. Ton im Choral, Lpz. 1940, ²1952; Thr. G. Georgiades, Der griech. Rhythmus, Hbg 1949; ders., Musik u. Sprache..., Bln, Göttingen u. Heidelberg 1954; ders., Sprache, Musik, schriftliche Musikdarstellung, AfMw XIV, 1957; ders., Musik u. Rhythmus bei d. Griechen, = rde LXI, Hbg (1958); G. Baum, Wort u. Ton im romantischen Kunstlied, Das Musikleben III, 1950; W. Edelmann, Über Texte u. Komposition in Schumanns Sololiedern, Diss. Münster i. W. 1950, maschr.; J. Müller-Blattau, Das Verhältnis v. Wort u. Ton in d. Gesch. d. Musik, Stuttgart 1952; Fr. G. Jünger, Rhythmus u. Sprache im deutschen Gedicht, Stuttgart 1952; C. S. Brown, Tones into Words, Mus. Compositions as Subjects of Poetry, Athens (Ga.) 1953; H.-H. Dräger, Zur Frage d. Wort-Ton-Verhältnisses im Hinblick auf Schuberts Strophenlied, AfMw XI, 1954; G. Reichert, Das Verhältnis zwischen mus. u. textlicher Struktur in d. Motetten Machauts, AfMw XIII, 1956; A. A. Abert, H. H. Eggebrecht, G. Feder, H. Federhofer u. W. Krüger in: Kgr.-Ber. Hbg 1956; W. Dürr, Zum Verhältnis v. Wort u. Ton im Rhythmus d. Cinquecento-Madrigals, AfMw XV, 1958; Kl. Heinen, Der sprachliche u. mus. Rhythmus im Kunstlied, Diss. Köln 1958, maschr.; H. H. Eggebrecht, H. Schütz, Musicus poeticus, = Kleine Vandenhoeck-Reihe LXXXIV, Göttingen 1959; ders., Machauts Motette Nr 9, AfMw XIX/XX, 1962/63; K. Stockhausen, Musik u. Sprache, in: die Reihe VI, Wien 1960; H. Fähnrich, R. Strauss über d. Verhältnis v. Dichtung u. Musik (Wort u. Ton) in seinem Opernschaffen, Mf XIV, 1961; G. Günther, Das Wort-Ton-Problem bei Motetten d. späten 14. Jh., Fs. H. Besseler, Lpz. 1961; E. F. Krawitt, The Influence of Theatralic Declamation upon Composers of the Late Romantic Lied, AfMl XXXIV, 1962; E. Jammers, Musik in Byzanz..., = Abh. d. Heidelberger Akad. d. Wiss., phil.-hist. Klasse, 1962, I; ders., Ausgew. Melodien d. Minnesangs, = Altdeutsche Textbibl., Ergänzungsreihe I, Tübingen 1963; H. Husmann, D. u. Akzent in d. Vertonung mittellat. Dichtung, AfMw XIX/XX, 1962/63; Th. W. Adorno, Fragment über Musik u. Sprache, in: Quasi una Fantasia, Mus. Schriften II, Ffm. 1963; P. Boulez, Poésie - Centre et Absence – Musique, Melos XXX, 1963; K. H. Ehrenforth, Ausdruck u. Form. Schönbergs Durchbruch zur Atonalität in d. George-Liedern op. 15, = Abh. zur Kunst-, Musik- u. Literaturwiss. XVIII, Bonn 1963; P. Hartmann, Syntax u. Bedeutung I: Die syntaktische Bedeutungsmatrix, Assen 1964; H. Petri, Lit. u. Musik, = Schriften zur Lit. V, Göttingen 1964. EB

Delitzsch (Sachsen-Anhalt).
Lit.: M. Seiffert, Die Org. d. Stadtkirche in D., Fs. H. Kretzschmar, Lpz. 1918; A. Werner, Zur Mg. v. D., AfMw I, 1918/19 u. VIII, 1926; W. Braun, Zur Passionspflege in D. unter Chr. Schultze, AfMw X, 1953; ders., Der Kantor Chr. Schultze u. d. »Neue Musik« in D., Wiss. Zs. d. M. Luther Univ. Halle, Gesellschaftswiss.-sprachwiss. Reihe X, 4, 1961.

démancher (demãʃ'e, von frz. manche, Griffbrett), beim Streichinstrumentenspiel der Wechsel von einer → Lage (– 3) in eine andere.

Den Haag.
Lit.: D. Fr. Scheurleer, Een Haagsch muziekliefhebber uit de 18ᵉ eeuw, Amsterdam 1910; ders., Het muziekleven te 's-Gravenhage in de tweede helft d. 18ᵉ eeuw, 's-Gravenhage 1911; Het Haagse musiekleven in de 17ᵉ en 18ᵉ eeuw, Kat. d. Gemeentemuseums v. 's-Gravenhage, D. H. 1952; W. Lievense, Die Instrumentenslg d. Gemeinde-Museums D. H., NZfM CXVIII, 1957.

Denkmäler.
Die nachfolgende Aufzählung nennt nur größere Ausgabenreihen bzw. solche, die als umfangreiche Unternehmen geplant waren oder es noch sind. Die einzelnen D.-Reihen sind, in chronologischer Folge, dem Land zuge-

ordnet, das als Hauptträger der Ausgabe angesehen wird. Ausgaben von Musik hier nicht aufgeführter Länder sind im betreffenden Länderartikel zu suchen. Die neben den D.n zu nennenden Ausgaben der sämtlichen Werke einzelner Komponisten sind im Artikel → Gesamtausgaben verzeichnet, sofern sie nicht Bestandteil einer hier zitierten Reihe sind. Das Namensregister am Schluß des Artikels verweist auf alle Stellen, an denen der Komponist innerhalb des Artikels genannt ist.

Belgien.
1) *Trésor musical* (Untertitel: Collection authentique de musique sacrée et profane des anciens maîtres belges), eine f. diese frühe Zeit d. Wiederentdeckung alter Musik hochverdienstliche Slg v. Werken nld. Komponisten d. 15./16. Jh., in Partitur hrsg. v. R.J. Van Maldéghem, 29 Jg. zu je 2 Teilen (Musique profane, Musique religieuse), Brüssel 1865–93; es sind vertreten: Anonymi (Jg. XI, XIII–XX, XXII–XXIV), A. Agricola (III, XI, XXIV, XXIX), B. Appenzeller (XIV, XV, XVIII), J. Arcadelt (II, XX, XXV–XXVIII), H. Barra (XX), J. Baston (XII), J. de Berchem (I, XI, XVII, XXIV), A. Brumel (II, X, XI), J. Bultel (XXVIII), Cabilliau (XVIII), J. Clemens non Papa (I, XIV, XX), J. de Cleve (I, IX, XII–XVI), L. Compère (XIII, XXIII), P. Cornet (XVII), Th. Crecquillon (I, VIII, XII, XIV, XXIV), L. Episcopius (XI), N. Faignient (XIII, XXVIII), A. Feys (XXVIII), J. de Fossa (II), Gheerkin = C. Canis (XV, XXV), N. Gombert (II, XI, XII, XIV, XVII, XX), Cl. Goudimel (III, XI), J. de Hollande (XVI), Cl. le Jeune (XX, XXIX), Josquin Desprez (II, III, XII, XIV–XVI, XX, XXII), G. Junckers (XXI), J. de Kerle (I, XVII, XXIII–XXVIII), Ph. Lapperdey (XVIII), P. de la Rue (XVIII–XXII, XXIX), O. de Lassus (III–V, IX, X, XII, XIII, XXIV), M. Le Maistre (I, XII), B. Le Roy (II), A. de Longaval (I), J. Lupi (XVI, XX, XXIV), J. de Macque (I, VII, IX), J. de Martelaere (I), R. del Mel (I, IX, XI, XII), L. van Meldert (XI), L. Monte (XI), Ph. de Monte (II, IV–X), A. Pevernage (I, II, V–VIII, XVI), M. Pipelare (I, XI, XIII, XIV, XXI), J. de Ponte (I), J. Richafort (XV, XVII), Ph. Rogier (XXI), Rogier Pathie (XIX), C. de Rore (I, VIII, XI, XII), Fr. Sales (I, IV–VI), D. Scheure (XIX), Ph. Verdelot (II, XI, XXIII, XXVIII), C. Verdonck (I, II, XII, XXVIII), H. Waelrant (I), A. Willaert (I, II, XIII, XIV, XVI), A. Yver (XXV).
2) *Monumenta Musicae Belgicae* (MMBelg), hrsg. v. d. Vereeniging voor muziekgeschiedenis te Antwerpen mit Unterstützung d. Muziek-Fonds Koningin Elizabeth, Berchem–Antwerpen 1932ff.: Jg. I (1932), J. B. Loeillet, »Werken voor clavecimbel« (*Lessons* u. *Six suits of lessons*); II (1933), A. Van den Kerckhoven, »Werken voor org.«; III (1936), J.-H. Fiocco, »Werken voor clavecimbel« (*Pièces de clavecin*); IV (1938), »Werken voor org. of voor vier speeltuigen« v. Ch. Guillet (*Vingt quatre fantaisies*), J. de Macque (d. Stücke d. Hs. Neapel) u. Ch. Luyton (8 Orgelstücke u. ein instr. *Ricercare a 4*); V (1943), J. Boutmy, »Werken voor klavecimbel«; VI (1948), »Werken voor org. en/of voor clavecimbel« v. D. Raick (*Six suites* u. *Six petites suites*) u. Ch.-J. Van Helmont (1. Suite aus *Pièces de clavecin* u. 4 d. *Six fugues pour clavier*); VII (1951), G. Havingha, »Werken voor clavecimbel« (8 *Suites voor clavecimbel* op. 1); VIII (1960), P. de la Rue, »Drie missen« (*Missa de Beata Virgine, Missa de Virginibus ‚O quam pulchra est', Missa de Sancta Anna*); IX (1963), »Nederlandse polyphonie uit spaanse bronnen« (N. Bauldewijn, *Missa en douleur et tristesse* u. *Chanson en douleur en* [sic!] *tristesse*; M. Gascongne, *Missa ‚Es hat ein Sin'*; Th. Verelst, *Missa quatuor vocum*).
3) *Flores musicales belgicae*, Veröffentl. d. Soc. belge de musicologie, bisher nur Bd I (Brüssel 1950), *Pièces polyphoniques profanes de provenance liégeoise (XVe siècle)*: »Pièces frç.« v. A. u. H. de Lantins sowie J. Fr. Gemblaco, »Pièces ital.« v. H. de Lantins.

Dänemark.
1) *Dania sonans* (Untertitel: Kilder til musikens historie i Danmark), Serie 4 in d. Veröff. d. Samfundet til udgivelse af dansk musik (d. vorhergehenden 3 Serien, begonnen 1872, enthalten zumeist praktische NA bzw. Erstdrucke, oft in Bearb. für Kl., v. Werken jüngerer u. zeitgenössischer Komponisten), bisher nur Bd I (Kopenhagen 1933), »Vaerker af Mogens Pedersøn« (*Pratum spirituale* u. *Madrigali a cinque voci*).
2) *Monumenta Musicae Byzantinae*, zentrale Publikationsreihe zur ma. liturgischen Musik d. griech.-orthodoxen Kirche, auf Anregung d. Königlich-Dänischen Akad. d. Wiss. hrsg. v. d. Union Académique Internationale in Brüssel unter Leitung v. C. Høeg, H. J. W. Tillyard u. E. Wellesz in Verbindung mit d. Archimandriten v. Grottaferrata (während d. 2. Weltkrieges besorgte d. Byzantine Inst., Boston/Mass., d. Unternehmen weiter), 4 nicht numerierte Serien (davon ist d. Serie »Subsidia«, d. nur Abh. enthält, hier nicht aufgeführt), Kopenhagen (wenn nicht anders angegeben) 1935ff.: Facsimilia: Bd I (1935), *Sticherarium* (Codex vindobonensis theol. gr. 181); II (1938), *Hirmologium Athoum* (Codex Monasterii Hiberorum 470); III (Rom 1950, nebst Beiheft 1951), *Hirmologium e Codice Cryptense* (Codex Cryptensis E.γ.II); IV (1956), *Contacarium Ashburnhamense* (Codex Bibl. Laurentinae Ashburnhamensis 64); V (2 Bde, 1957), *Fragmenta Chiliandarica Palaeoslavica* (A. Sticherarium, B. Hirmologium, nach Codex Monasterii Chiliandarici 307 bzw. 308); VI (1960), *Contacarium Palaeoslavicum Mosquense* (Codex Uspenskogo Sobora 9 d. Hist. Museums Moskau). – Transcripta: Bd I (1936), *Die Hymnen des Sticherarium für September*; II (1938), *The Hymns of the Sticherarium for November*; III (1940), *The Hymns of the Octoechus*, 1. Teil (2. Teil s. u. V dieser Serie); IV (Boston 1952), *Twenty Canons from the Trinity Hirmologium*; V (1949), *The Hymns* ... (s. o. III dieser Serie), Schlußteil; VI (1952), *The Hymns of the Hirmologium*, Teil I, 1. Modus u. 1. plagaler Modus (Fortführung s. u. VIII dieser Serie); VII (1960), *The Hymns of the Pentecostarium*; VIII (1956), *The Hymns* ... (s. o. VI dieser Serie), Teil III/2 (3. plagaler Modus u. Barys); IX (1957), *The Akathistos Hymn*. – Lectionaria: Bd I (bisher 5 Lieferungen), *Prophetologium* (1, 1939, »Lectiones Nativitatis et Epiphaniae«; 2, 1940, »Lectiones Hebdomadarum 1^{ae} et 2^{ae} quadragesimae«; 3, 1952, »Lectiones Hebdomadarum 3^{ae} et 4^{ae} quadragesimae«; 4, 1960, »Lectiones Hebdomadae 5^{ae} quadragesimae et Hebdomadae in Palmis et Maioris«; 5, 1962, »Lectiones Sabbati sancti«).
3) *Italia sacra musica* (Untertitel: Musiche corali ital. sconosciute della prima metà del Cinquecento), hrsg. v. Kn. Jeppesen, 3 Bde, Kopenhagen (1962): Bd I, Messen u. Motetten v. G. Alberti, Ph. Verdelot, G. Fogliano, Fr. Seraphin, H. Maffoni, Mutus, Fra Petrus de Ostia, Laurus Patavus, G. Spataro, G. Buonaugurio da Tivoli, C. Festa; II, Messen u. Motetten v. L. Fogliano, G. Buonaugurio da Tivoli, G. Alberti, M. Cara, Filippus de Lurano, R. Bartolucci da Assisi, Don Michel, A. Benincasa, H. Maffoni, Simon da Ferrara, C. u. S. Festa; III, Messen, eine Passion (Alberti), Lamentationen u. Motetten v. C. Festa, G. Alberti, B. Tromboncino, Bernardo Pisano, P. Bivi u. Palestrina.

Deutschland.
1) *Musica sacra* (Untertitel: Cantiones XVI, XVII, XVIII saeculorum praestantissimas), erste bedeutende NA v. Kirchenmusik, d. nicht nur praktischem Gebrauch, sondern auch mg. Forschung dienen sollte, hrsg. v. Fr. Commer, 28 Bde, Bln (bis Bd XVII) bzw. Regensburg 1839–

Denkmäler (Deutschland)

87 (zur Unterscheidung v. einer gleichnamigen Ed.-Reihe, d., »zum bestimmten Gebrauch f. d. Königl. Berliner Domchor hrsg. v. A. H. Neithardt«, ab Bd V parallel zu erscheinen begann, tragen d. Bde V–XIV d. Commerschen Reihe d. Zusatz »Selectio modorum ...«): Bd I (1839; neu hrsg. als *Meister des Orgelbarock* v. H. F. Redlich, Bln 1931), Orgelwerke v. Anonymus, J. S. Bach, N. Bruhns, D. Buxtehude, Dobenecker, J. E. Eberlin, G. Frescobaldi, J. J. Froberger, Cl. Merulo, Gottlieb Muffat, J. Pachelbel, J. G. Walther, Fr. W. Zachow; II (1840), Werke f. 2–4 Männer-St. v. Carnazzi, B. Cordans, Fr. Durante, E. Fabio, D. Gallo(II), G. Giacomelli, A. Gumpelzhaimer, J. K. Kerll, G. Legrenzi, A. Lotti, Mastioletti, Menegalli, G. P. Palestrina, T. L. de Victoria; III (1841), Werke f. gemischte St. v. A. Caldara, G. Gabrieli, A. Hammerschmidt, Joachim a Burck, G. Legrenzi, L. Leo, J. Pachelbel, G. P. Palestrina, M. Praetorius, A. Scarlatti, H. Schütz, J. Walter; IV (1842), f. Singst. u. Kl. eingerichtete Gesänge v. J. S. Bach, Fr. Durante, G. Fr. Händel, J. A. Hasse, N. Jommelli, L. Leo, A. Lotti, B. Marcello, J. G. Naumann, G. B. Pergolesi, J. H. Rolle, G. Ph. Telemann; V–XII (1860–67, jährlich 1 Bd), gesammelte Werke v. O. de Lassus; XIII–XIV (1872–73), Werke v. H. L. Haßler; XV–XXVIII (1874–87, 1 Bd pro Jahr) Chorsätze v. Gr. Aichinger (XVI, XXVIII), Bl. Amon (XXI), F. Anerio (XV), G. M. Asola (XXVII), Sc. Baroti (XXIV), G. B. Bassani (XXVII), S. Calvisius (XXVIII), G. P. Cima (XXIII), G. Croce (XV, XVI, XXIII), Chr. Demantius (XXVIII), B. Donato (XXIV), G. Dreßler (XV, XXVI), Chr. Erbach (XXVIII), St. Felis (XXIII), A. Ferrabosco (I) (XXV), G. Florio (XVIII), M. Franck (XXIV), G. Gabrieli (XV, XVI, XXI, XXIII, XXVIII), J. Gallus (XV, XXI, XXII, XXVII), R. Giovannelli (XXV, XXVI), G. Guami (XVII, XVIII), Fr. Guerrero (XXVII), A. Gumpelzhaimer (XXVIII), A. Hammerschmidt (XXIV–XXVIII), M. A. Ingegneri (XV), J. Kneffel (XIX), Gr. Lange (XIX), R. de Lassus (XXI), L. Lechner (XVIII, XIX), L. Leoni (XXII), Ch. Luyton (XVII–XX, XXII), St. Mahu (XVII, XVIII), L. Marenzio (XVI, XXV, XXVII, XXVIII), J. Meiland (XIX, XX), R. del Mel (XVI, XX, XXI, XXVI), Cl. Merulo (XVI, XXIII, XXV, XXVII, XXVIII), S. Molinari (XV, XVI, XXII), Ph. de Monte (XXIV), G. M. Nanino (XXV), V. Nerito (XX), Fl. Nocetti (XV), A. Orologio (XXIV), P. Pace (XX), C. Porta (XXVI), V. Puteus (XXI), T. Riccio (XIX), B. Roi (XXV), J. Rosenmüller (XXIV), A. Rota (XVI), Pr. Santini (XXV), A. Scandello (XV, XIX, XX), A. Scarlatti (XXIV), Ph. Schondorffer (XXVII), L. Senfl (XVIII), A. Stabile (XVI, XXII), G. B. Steffanini (XV), Fr. Suriano (XXV), M. Tonsor (XV, XIX, XXII), A. Utendal (XX), J. Vaet (XXII), B. Vannini (XXIV), M. Varotto (XV, XVI), O. Vecchi (XVI, XXIII, XXVII), I. de Vento (XX), St. Venturi (XVI), C. Verdonck (XXI), Chr. Th. Walliser (XV, XIX), G. de Wert (XXIII), P. Zallamella (XXV).

2) *Collectio operum musicorum Batavorum saeculi XV & XVI*, eine d. ersten groß angelegten Slgen nld. Musik d. Palestrina-Epoche, auf Anregung d. Maatschappij tot bevordering d. Toonkunst hrsg. v. Fr. Commer, 12 Bde, Bln (Bd I–IV, XII), Mainz, Antwerpen u. Brüssel (V–VIII), Bln u. Amsterdam (IX–XI), o. J. (1844–58): Bd I–X, Motetten v. J. Arcadelt, Ph. Basiron, J. Buus u. C. Canis (VIII), J. Clemens non Papa (I, II, III ganz, V, VIII, X), J. de Cleve (IV), Th. Crecquillon (X), Cl. Delatre u. N. Gombert (VIII), Chr. J. Hollander (I, IV–VI, IX) u. S. Hollander (I), Josquin Desprez (VI–VIII), O. de Lassus (VII, VIII, X), M. Le Maistre (VIII), Ph. de Monte (VI), J. Mouton u. A. Pevernage (VIII), D. Phinot (VIII, IX), C. de Rore (VII), J. Vaet (II, IV, V, IX), H. Waelrant (I), A. Willaert (I, II); Bd XI, J. Clemens non Papa, d. 4 »Musikbücher« *Souterliedekens*; XII, Chansons u. Madrigale v. J. Arcadelt, A. Barbé, J. Baston, J. Castileti (= Guyot), P. Certon, Claudin (= Cl. de Sermisy), J. Clemens non Papa, Th. Crecquillon, N. Gombert, Cl. Janequin, Josquin Desprez, O. de Lassus, J. Le Cocq, J. Lupi, P. de Manchicourt, J. Richafort, P. de Rocourt, C. de Rore.

3) *Denkmäler der Tonkunst*, eine nicht zu Ende geführte Publikationsreihe, d. d. später folgenden »Denkmälern deutscher Tonkunst« (s. u. Nr 5) als Anregung diente, hrsg. v. Fr. Chrysander, 5 Bde in 6, Bergedorf 1869–71: Bd I, G. P. Palestrina, *Motecta festorum*; II, G. Carissimi, 4 Oratorien (*Jephte, Jonas, Balthazar, Judicium Salomonis*); III, A. Corelli, GA (auf 2 Bde geplant, jedoch hier nur 1. Bd, op. 1–4, erschienen); IV (2 Bde), Fr. Couperin (le grand), 1. u. 2. Buch d. *Pièces de clavecin*; V, Fr. A. Urio, *Te Deum*.

4) *Publikation älterer praktischer und theoretischer Musikwerke* (PGfM), umfangreiche D.-Reihe zur Mg. d. 15. u. 16. Jh. (nebst einigen Abh.), hrsg. v. d. Ges. f. Musikforschung unter d. redaktionellen Leitung v. R. Eitner, 33 Jg. (1873–1905) = 29 Bde, Bln (Jg. I–VII) bzw. Lpz. (o. J.): Jg. I–III (Bd 1–3), J. Ott, *Hundert und fünfftzehen guter newer Liedlein* (1544); dazu im 1. Bd v. IV (4) eine Studie v. A. Kirchhoff, im 2. Bd (5) *Musikalische Spicilegien*..., eine Abh. über ma. Musikpraxis v. A. Schubiger; V (6), Josquin Desprez, ausgew. Werke (*Missa L'Homme armé super voces musicales*, Motetten, Psalmen u. Chansons); VI (7), J. Walter, *Wittembergisch Geistlich Gesangbuch* (1524); VII (8), Heinrich Finck, 35 Vokalsätze (nebst 2 *Melodia epithalamii* v. Hermann Finck); VIII (9), E. Öglin, *Liederbuch zu vier Stimmen* (1512); IX (10), »Die Oper ... bis zur Mitte d. 18. Jh.«, 1. Teil (Fortführung s. u. XI, XIII/XIV, XIX/XX–XXI/XXII), enthält *Marienklage* (anon. geistliches Schauspiel aus d. 14. Jh.), v. P. Rebhun *Ein geistlich Spiel von ... Susannen* (1535), größere Teile aus G. Caccinis *L'Euridice*, M. da Gaglianos *La Dafne* u. Cl. Monteverdis *L'Orfeo*; X (11), S. Virdung, *Musica getuscht* (Faks.); XI (12), »Die Oper ...« (s. o. IX), 2. Teil, enthält Fr. Cavalli, Einleitung u. 1. Akt v. *Il Giasone*, M. A. Cesti, Auszüge aus *La Dori, Le disgrazie d'Amore* u. *La Semirami*; XII (13), M. Praetorius, 2. Bd (»De organographia«) d. *Syntagma musicum*; XIII/XIV (14), »Die Oper ...« (s. o. IX), 3. Teil, enthaltend J.-B. Lully, *Armide* (Akt I u. II), u. A. Scarlatti, *La Rosaura* (2 Akte); XV (15), H. L. Haßler, *Lustgarten Neuer Teutscher Gesäng* (1601); XVI–XVIII (16), Glareanus, *Dodekachordon* (in deutscher Übers. mit Übertragung d. Notenbeispiele); XIX/XX–XXI/XXII (17–18), »Die Oper ...« (s. o. IX), 4. Teil, G. C. Schürmanns *Ludovicus Pius* (teilweise), 5. Teil, R. Keisers *Der lächerliche Prinz Jodelet*; XXIII (19), J. Regnart, *Tricinia* v. 1593, L. Lechners 5st. Bearb. einer früheren Ausg. ders. (1579 v. ihm als *Newe Teutsche Lieder* veröffentlicht) sowie mehrere eigene Sätze; XXIV (20), M. Agricola, *Musica instrumentalis deudsch* (die Ausg. v. 1529 u. 1545; zum Teil in Faks.); XXV (21), J. Eccard, *Newe Lieder* (1589); XXVI (22), Joachim a Burck, *Zwantzig Deutsche Liedlein* (1575), *Die deutsche Passion* (1568) u. *Passio Jesu Christi* (1574); XXVII (23), Ausw. v. »60 Chansons« aus d. bei P. Attaingnant 1539–49 erschienenen Chansonbüchern; XXVIII (24), G. Dreßler, *XVII cantiones sacrae* (1565); XXIX (25), Gr. Lange, 24 Motetten (hauptsächlich aus d. beiden Büchern *Cantiones* v. 1580 u. 1584); XXX (26), O. Vecchi, *L'Amfiparnaso*; XXXI (27), J.-M. Leclair (l'aîné), *Second livre de sonates pour le violon et la flûte traversière*; XXXII (28), M. Zeuner, *LXXXII schöne geistliche Psalmen*; XXXIII (29), d. v. G. Forster 1540 hrsg. Sammelwerk *Der ander theil ... frischer teutscher Liedlein*.

5) *Denkmäler Deutscher Tonkunst* (DDT), zentrales nationales Unternehmen zur wiss. NA alter Musik, begründet v. Ph. Spitta, Fr. Chrysander u. O. v. Hase, ab 1900 hrsg. v. d. Preußischen Mg. Kommission zur Herausgabe d. DDT unter Leitung v. R. v. Liliencron, H. Kretzschmar, H. Abert u. A. Schering, erste Folge (2. Folge, »Denkmäler d. Tonkunst in Bayern«, s. u. Nr 6), 65 Bde, Lpz. 1892-1931 (eine u. H. J. Moser kritisch revidierte Neuauflage aller 65 Bde erschien innerhalb kürzester Zeit, 1957-61, in Wiesbaden u. Graz; vgl. dazu: Addenda et Corrigenda, Mf XVI, 1963): Bd I (1892), S. Scheidt, *Tabulatura nova*; II (1894), H. L. Haßler, »Werke«, 1. Bd (Fortführung s. u. VII u. XXIV/XXV), enthält d. *Cantiones sacrae*; III (1900), Fr. Tunder, »Solokantaten u. Gesangswerke« (nebst einer *Sinfonia à 7 viole*); IV (1901), J. Kuhnau, »Klavierwerke« (d. gedruckt Überlieferte); V (1901), J. R. Ahle, »Ausgew. Gesangswerke«; VI (1901), M. Weckmann u. Chr. Bernhard, »Solokantaten u. Chorwerke« (mit Instr.); VII (1902), H. L. Haßler ... (s. o. II), 2. Bd, *Missae 4–8 vocum*; VIII/IX (1902), I. Holzbauer, Oper *Günther von Schwarzburg*; X (1902), »Orchestermusik d. 17. Jh.« (J. C. F. Fischer, *Le Journal du Printems*; J. A. Schmierer, *Zodiaci Musici ... Pars I*); XI (1903), D. Buxtehude, »Instrumentalwerke« (Triosonaten); XII–XIII (1903-04), H. Albert, alle 8 Teile d. *Arien*; XIV (1903), D. Buxtehude, »Abendmusiken u. Kirchenkantaten« (8 größere Werke); XV (1904), C. H. Graun, Oper *Montezuma*; XVI (1904), »Ausgew. Instrumentalwerke« v. M. Franck u. V. Haußmann; XVII (1904), »Passionsmusiken« (J. Sebastiani, *Das Leiden und Sterben ... Jesu Christi*; J. Theile, *Passio Domini nostri Jesu Christi*); XVIII (1904), J. Rosenmüller, *Sonate da camera*; XIX (1905), A. Krieger, *Neue Arien* (nebst d. 7 Liedern aus d. Liederbuch d. Clodius); XX (1905), J. A. Hasse, Oratorium *La conversione di Sant'Agostino*; XXI/XXII (1905), Fr. W. Zachow, »Gesammelte Werke«; XXIII (1905), H. Praetorius d. Ältere, »Ausgew. Werke« (geistliche Vokalwerke); XXIV/XXV (1906), H. L. Haßler ... (s. o. II), 3. Bd, *Sacri concentus* (1601); XXVI/XXVII (1906), J. G. Walther, GA d. Orgelwerke; XXVIII (1907), G. Ph. Telemann, Singgedicht *Der Tag des Gerichts* u. Kantate *Ino*; XXIX/XXX (1907), »Instrumentalkonzerte deutscher Meister« (J. G. Pisendel, Violinkonzert D dur; J. A. Hasse, Flötenkonzert H moll; C. Ph. E. Bach, Klavierkonzert D moll; G. Ph. Telemann, Violinkonzert F dur; Chr. Graupner, Konzert f. 2 Fl., 2 Ob. u. Streichorch.; G. H. Stölzel, *Concerto grosso a quattro chori* D dur; C. Fr. Hurlebusch, Concerto grosso A moll); XXXI (1907), Ph. Dulichius, *Prima Pars Centuriae* (2. Teil s. u. XLI); XXXII/XXXIII (1907), N. Jommelli, Oper *Fetonte* (1768); XXXIV (1908), d. v. G. Rhaw 1544 gedruckten *Newe deudsche geistliche Gesenge*; XXXV/XXXVI (1909), Sperontes *Singende Muse an der Pleisse*; XXXVII/XXXVIII (1912), R. Keiser, Oper *Der hochmüthige, gestürzte und wieder erhabene Croesus* (1710) u. Ausw. aus d. Oper *L'Inganno fedele* (1714); XXXIX (1909), J. Schobert, »Ausgew. Werke«; XL (1910), A. Hammerschmidt, »Ausgew. Werke« (Vokalmusik); XLI (1911), Ph. Dulichius, *Secunda Pars Centuriae* (1. Teil s. o. XXXI); XLII (1910), J. E. Bach, *Sammlung auserlesener Fabeln*, V. Herbing, *Musikalischer Versuch*; XLIII/XLIV (1913), »Ausgew. Ballette Stuttgarter Meister ...« (Fl. J. Deller, *Orphée et Euridice*, *La Constance*, *Ballo polonois* u. *La schiava liberata*; J. J. Rudolph, *Rinaldo*, *La mort d'Hercule* u. *Medea*); XLV (1911), *M. Hinrich Elmenhorsts ... Geistreiche Lieder* (mit Melodien v. J. W. Franck, G. Böhm u. P. L. Wockenfuß); XLVI/XLVII (1914), Ph. H. Erlebach, d. beiden Teile *Harmonische Freude musicalischer Freunde*; XLVIII (1914), J. E. Bach, »Passionsoratorium«; XLIX/L (1915), »Thüringische Motetten d. ersten Hälfte d. 18. Jh.« (93 Werke aus Ms. 13661 d. Univ.-Bibl. zu Königsberg); LI/LII (1926), Chr. Graupner, »Ausgew. Kantaten« (17 Kirchenkantaten); LIII/LIV (1916), J. Ph. Krieger, »21 ausgew. Kirchenkompositionen«; LV (1916), C. Pallavicini, Oper *La Gerusalemme liberata*; LVI (1917), J. Chr. Fr. Bach, d. Oratorien *Die Kindheit Jesu* u. *Die Auferweckung Lazarus*; LVII (1917), G. Ph. Telemann, »24 Oden« (1741), J. V. Görner, d. 3 Teile d. *Sammlung Neuer Oden und Lieder*; LVIII/LIX (1918), »Ausgew. Kirchenkantaten« (je 4 Werke v. S. Knüpfer, J. Schelle u. J. Kuhnau); LX (1930), A. Lotti, »Messen« (insgesamt 8); LXI/LXII (1927), G. Ph. Telemann, *Musique de table* (alle 3 Teile); LXIII (1928), J. Pezel, »Turmmusiken u. Suiten«; LXIV (1930), G. Benda, d. komische Oper *Der Jahrmarkt*; LXV (1931), Th. Stolzer, »Sämtliche lat. Hymnen u. Psalmen«.

6) *Denkmäler der Tonkunst in Bayern* (DTB), d. DDT (s. o. Nr 5) zweite Folge, veröffentlicht durch d. Ges. zur Herausgabe v. D. d. Tonkunst in Bayern unter Leitung v. A. Sandberger, 30 Jg. = 36 Bde (2 weitere Bde, d. Jg. XXXI/XXXVI u. XXXVII/XXXVIII, stellen d. LD Bayern im EDM dar; s. u. Nr 9), Lpz. bzw. Augsburg (ab 1924) 1900-31 (eine revidierte Neuauflage, besorgt durch d. Ges. f. Bayerische Mg., wurde 1962 in Angriff genommen): Jg. I (1900), E. F. Dall'Abaco, »Ausgew. Werke«, 1. Teil (aus op. 1–4; vollständige Ausg. v. op. 1 s. u. IX,1); II (1901), Bd 1, »Klavierwerke« v. J. u. W. H. Pachelbel (Ausw.), 2, J. K. Kerll, »Ausgew. Werke«, 1. Teil (mehr nicht erschienen); III, 1 (1902), »Sinfonien d. pfalzbayerischen Schule« (weitere Bde s. u. VII,2 u. VIII,2), 10 Werke v. J. Stamitz, Fr. X. Richter u. A. Filtz, 2 (1903), L. Senfl, »Werke«, 1. Teil (hier mehr nicht erschienen), enthält Motetten u. mehrere Magnificat; IV (1903), 1, J. Pachelbel, »Orgelkompositionen« (auch 2 Stücke v. W. H. Pachelbel), 2, Chr. Erbach, ausgew. Werke f. Tasteninstr., H. L. Haßler, »Werke, I. Teil, Werke f. Org. u. Kl.« (enthält auch Stücke v. J. Haßler; Fortführung s. u. V,2 u. XI,1); V (1904), 1, A. Sandberger, »Bemerkungen zur Biogr. H. L. Haßlers«, 2 (²1962), H. L. Haßler, »Werke, II. Teil« (s. o. IV,2), *Canzonette* v. 1590 u. Erstausg. d. *Neue Teutsche gesang* v. 1596; VI (1905), 1, »Nürnberger Meister d. zweiten Hälfte d. 17. Jh.« (geistliche Konzerte u. Kirchenkantaten v. P. Hainlein, H. Schwemmer, G. K. Wecker, J. Pachelbel, J. Ph. u. J. Krieger), 2, A. Steffani, Duette, Scherzi u. »Geistliche Kantaten aus *Sacer Janus quadrifons*«; VII (1906), 1, J. Staden, »Ausgew. Werke«, 1. Teil (2. Teil s. u. VIII,1), 2, »Sinfonien ...« (s. o. III,1), drei Werke v. J. Stamitz, je eines v. Fr. X. Richter, A. Filtz, I. Holzbauer u. C. G. Toeschi; VIII (1907), 1, J. Staden ... (s. o. VII,1), 2, »Sinfonien ...« (s. o. III,1), je zwei Werke v. Chr. Cannabich u. C. Stamitz, je eines v. Fr. Beck u. E. Eichner; IX (1908), 1, E. F. Dall'Abaco ... (s. o. I), 2, L. Mozart, »Ausgew. Werke« (Kammermusik- u. Orch.-Werke); X (1909), 1, Gr. Aichinger, »Ausgew. Werke«, 2, A. Gumpelzhaimer, »Ausgew. Werke«; XI, 1 (1910, ²1962), H. L. Haßler, »Werke, III. Teil« (s. o. IV,2 u. V,2), enthält d. *Madrigali 5–8 vocum*, 2 (1911), A. Steffani, Oper *Alarico* (nebst Bibliogr. sämtlicher Opern); XII (1912), 1, A. Rosetti (= Fr. A. Rößler), »Ausgew. Sinfonien« (2. Teil s. u. XXV), enthält 5 Sinfonien, 2, A. Steffani, »Ausgew. Stücke« (Auszüge aus Opern; vgl. auch VI,2); XIII (1913), J. E. Kindermann, »Ausgew. Werke«, 1. Teil (2. Teils. u. XXI–XXIV), enthält Vokalmusik; XIV (1914), 1, T. Traetta, »Ausgew. Werke« (Szenen aus verschiedenen Opern), 1. Teil (2. Teil s. u. XVII), 2, Chr. W. Gluck, Oper *Le Nozze d'Ercole e d'Ebe*; XV–XVI (1914-15),

»Mannheimer Kammermusik d. 18. Jh.« (Werke v. Chr. Cannabich, W. Cramer, Fr. Danzi, J. Fr. Edelmann, E. Eichner, A. Filtz, I. Holzbauer, Fr. X. Richter, A. u. C. sowie J. Stamitz, J. Fr. X. Sterkel, C. G. Toeschi, G. J. Vogler, J. B. Wendling); XVII (1916), T. Traetta ... (s. o. XIV,1); XVIII (1917), »Gesammelte Werke f. Kl. u. Org.« v. J. u. J. Ph. Krieger sowie Fr. X. A. Murschhauser; XIX/XX (1920), P. Torri, »Ausgew. Werke« (Opernfragmente), 1. Teil (mehr nicht erschienen); XXI–XXIV (1 Bd, 1924), J. E. Kindermann ... (2. Teil; s. o. XIII), Instrumentalmusik u. Gesänge mit Instrumentalbegleitung; XXV (1925), A. Rosetti ... (2. Teil; s. o. XII,1), Orchester- u. Kammermusik; XXVI (1926), J. de Kerle, *Preces speciales*; XXVII/XXVIII (1928), J. Chr. Petz, »Ausgew. Werke«; XXIX/XXX (1931), A. Raselius, *Cantiones sacrae*.

7) *Hebräisch-Orientalischer Melodienschatz*, wichtige Veröff. d. mus. Bestandes d. jüdischen Liturgie u. Folklore, »zum ersten Male gesammelt, erläutert u. hrsg.« (Untertitel) v. A. Z. Idelsohn, 10 Bde, Lpz. 1914–32: Bd I (1914), *Gesänge der jemenischen Juden*; II (1922), *Gesänge der babylonischen Juden*; III (1922), *Gesänge der persischen, bucharischen und daghestanischen Juden*; IV (1923), *Gesänge der orientalischen Sefardim*; V (1929), *Gesänge der marokkanischen Juden*; VI (1932, ebenso alle folgenden Bde), *Der Synagogengesang der deutschen Juden im 18. Jh.*; VII, *Die traditionellen Gesänge der süddeutschen Juden*; VIII, *Der Synagogengesang der osteuropäischen Juden*; IX, *Der Volksgesang der osteuropäischen Juden*; X, *Gesänge der Chassidim*.

8) *Publikationen älterer Musik* (PäM), »veröffentlicht v. d. Abt. zur Herausgabe älterer Musik bei d. Deutschen Musikges.« (Untertitel) unter d. Leitung v. Th. Kroyer, 11 Jg. (in 14 Bden), Lpz. 1926–40 (abgebrochen): Jg. I, Bd 1 (1926), G. de Machaut, »Mus. Werke«, 1. Teil (v. d. geplanten 4 Bden sind in dieser Reihe nur 3, s. u. III,1 und IV,2, erschienen, d. 4., Lpz. 1943, ist eine selbständige Publikation; Neudruck aller 4 Bde Lpz. 1954), enthält d. Balladen, Rondeaux u. Virelais, 2 (1927), J. Ockeghem, »Sämtliche Werke«, 1. Teil (hier mehr nicht erschienen, d. 2. Bd NY 1947; eine NA v. Bd 1 NY 1959), enthält d. Messen I–VIII; II (1927), Don L. Milan, *Libro de música de vihuela de mano*; III (1928), 1, G. de Machaut ..., 2. Teil (s. o. I,1), enthält nur d. kritischen Apparat zu d. 3 Bden Notenteil, 2 (= Abh. I), H. Zenck, *Sixtus Dietrich, ein Beitrag zur Musik und Musikanschauung im Zeitalter der Reformation*; IV (1929), 1, L. Marenzio, »Sämtliche Werke«, 1. Teil (mit d. 2. Teil, s. u. VI, wurde d. Ausg. abgebrochen), enthält d. 1.–3. Buch d. *Madrigali a 5*, 2, G. de Machaut ..., 3. Teil (s. o. I,1), d. Motetten; V (1930), *Das Graduale der St. Thomaskirche zu Leipzig* (Codex 371, 14. Jh.), 1. Teil, »Advent bis Christi Himmelfahrt« (2. Teil, »Christi Himmelfahrt bis Advent, Sanctorale u. Ordinarium Missae«, s. u. VII), enthält auch Faks.; VI (1931), L. Marenzio ... (s. o. IV,1), 4.–6. Buch d. *Madrigali a 5*; VII (1932), *Das Graduale ...* (s. o. V); VIII (1935), d. 1. u. 4. Buch d. bes O. Petrucci gedruckten *Frottole*; IX (1937), A. Willaert, »Sämtliche Werke«, 1. Teil (hier mehr nicht erschienen), enthält d. beiden Bücher 4st. Motetten v. 1539 u. 1545; X (= Abh. II, 1939), H. Schultz, *Das Madrigal als Formideal*; XI (1940), »Die drei- und vierst. Notre-Dame-Organa«.

9) *Das Erbe Deutscher Musik* (EDM), Nachfolgeunternehmen d. DDT (s. o. Nr 5 u. 6), hrsg. v. d. Mg. Kommission e. V. (vormals im Auftrag d. Staatl. Inst. f. Musikforschung), umfaßte in d. ersten Jahren d. Erscheinens (1935–43) zwei voneinander unabhängige Reihen: Reichsdenkmale (= RD), Landschaftsdenkmale (= LD); d. Wiederaufnahme 1953 kennt nur eine Hauptreihe (vormals RD) u. eine Sonderreihe (in d. u. a. Neuauflagen d. nicht mehr fortgeführten LD eingeordnet werden); d. ursprüngliche Unterteilung d. Hauptreihe in 10 Abt. ist beibehalten worden: I, Orchestermusik (Erscheinungsort Wiesbaden, vormals Lpz.), II, Motette u. Messe (Lippstadt, vormals Lpz.), III, Mehrstimmiges Lied (Wolfenbüttel, vormals Wolfenbüttel u. Bln), IV, Oper u. Sologesang (Mainz), V, Kammermusik (Kassel, vormals Hannover), VI, Org., Kl. u. Laute (Ffm., vormals Lpz.), VII, MA (Kassel), VIII, Ausgew. Werke einzelner Meister (Ffm., vormals Lpz.), IX, Oratorium u. Kantate (Kassel), X, Frühromantik (München, vormals Reichenberg). Bde sind sowohl durchlaufend als auch f. jede Abt. gesondert numeriert (nachfolgende Aufzählung ist geordnet nach A. Hauptreihe, B. Sonderreihe, C. LD): A. Bd I–II (2 Sonderbde zum Bach-Gedenkjahr), Lpz. 1935, »Altbachisches Archiv« (v. Vater J. S. Bachs u. ihm selbst angelegte Slg v. Werken Bachscher Familienmitglieder), 1. Bd, Motetten u. Chorlieder, 2. Bd, Kantaten; III (= Abt. V, Bd 1), 1935, J. Chr. Bach, *6 Quintettos* op. 11; IV (= VII,1), 1936, ²1954, *Das Glogauer Liederbuch*, 1. Teil (2. Teil s. u. VIII), »Deutsche Lieder u. Spielstücke; V (= II,1), 1936, L. Senfl, *7 Messen* (= »Sämtliche Werke«, Bd 1; weitere Bde s. u. X, XIII, XV; d. NA, Wolfenbüttel 1949ff., wird nicht mehr in dieser Reihe gezählt); VI (= IV,1), 1936, G. Ph. Telemann, *Pimpinone*; VII (= VII,2), 1936, »Trompeterfanfaren, Sonaten u. Feldstücke« d. 16.–17. Jh.; VIII (= VII,3), 1937, ... (s. o. IV), 2. Teil, »Ausgew. Lat. Sätze«; IX (= VI,1), 1937, »Orgelchoräle um J. S. Bach«; X (= III,1), 1938, L. Senfl, »Deutsche Lieder«, 1. Teil (2. Teil s. u. XV), »Lieder aus hs. Quellen bis etwa 1533« (= »Sämtliche Werke«, Bd 2, s. o. V); XI (= I,1), 1938, »Gruppenkonzerte d. Bachzeit« (je ein Konzert in D dur u. in B dur v. G. Ph. Telemann, in C dur v. J. D. Heinichen, in F dur v. J. Fr. Fasch); XII (= VI,2), 1939, ²1961, »Lautenmusik d. 17./18. Jh.« (Werke v. E. Reusner u. S. L. Weiß); XIII (= II,2), 1939, L. Senfl, »Motetten«, 1. Teil (hier mehr nicht erschienen), »Gelegenheitsmotetten u. Psalmvertonungen« (= Bd 3 d. »Sämtliche Werke«, s. o. V); XIV (= V,2), 1941, ²1961, »Deutsche Bläsermusik v. Barock bis zur Klassik«; XV (= III,2), 1940, L. Senfl ... (s. o. V), 2. Teil, »Lieder aus Hans Otts Liederbuch v. 1534« (= »Sämtliche Werke IV«, s. o. V); XVI (= VIII,1), 1941, C. Othmayr, »Ausgew. Werke«, 1. Teil (2. Teil s. u. XXVI), *Symbola*; XVII (= V,3), 1941, J. J. Walther, *Scherzi da violino solo e con il basso continuo*; XVIII (= I,2), 1942, C. Ph. E. Bach, »Vier Orch.-Sinfonien«; XIX (= IV,2), 1942, V. Rathgeber, *Ohrenvergnügendes und Gemütergötzendes Tafel-Confect*; XX (= III,3), 1942, G. Forster, *Ein Außzug guter alter und neuer teutscher Liedlein* (1. Teil, »Frische Teutsche Liedlein;« 2. u. 3. Teil sind als Bd LX u. LXI dieser Reihe vorgesehen); XXI (= II,3), 1942, G. Rhaw, *Sacrorum hymnorum liber primus*, 1. Teil, »Proprium de tempore« (2. Teil, »Proprium et commune sanctorum«, s. u. XXV); XXII (= VIII,2), 1942, Th. Stoltzer, »Ausgew. Werke«, 1. Teil (mehr nicht erschienen), enthält Messen, Motetten, Instrumentalstücke; XXIII (= VIII,3), 1942, S. Dietrich, »Ausgew. Werke«, 1. Teil (mehr nicht erschienen), enthält d. 1. Abt. d. *Novum opus musicum ... hymnorum* (vollständige Ausg. St. Louis 1960); XXIV (= V,4), 1953, I. Holzbauer, »Instr. Kammermusik«; XXV (= II,4), 1943, G. Rhaw ... (s. o. XXI), 2. Teil; XXVI (= VIII,4), 1956, C. Othmayr ... (s. o. XVI), 2. Teil (*Cantilenae, Epitaphium D. Martini Lutheri, Bicinia sacra, Tricinia*, einzelne Werke aus verstreuten Quellen); XXVII (= IV,3), 1957, J. A. Hasse, *Arminio*, 1. Teil (1. u. 2. Akt; d. 3. Akt, vorgesehen als Bd

XXVIII dieser Reihe, ist noch nicht erschienen); XXIX (= III,4), 1958, J. Jeep, *Studenten-gärtlein*, J. Steffens, *Neue teutsche weltliche Madrigalia und Balletten* (1619); XXX (= I,3), 1956, J. Chr. Bach, »Fünf Sinfonien«; XXXI (= V,5), 1956, Gr. J. Werner, *Neuer und sehr curios-Musicalischer Instrumental-Calender*; XXXII–XXXIII (= VII,4–5), 1956/60, *Der Mensuralkodex des Nikolaus Apel* (d. 3. Teil, vorgesehen als Bd XXXIV dieser Reihe ist noch nicht erschienen); XXXV (= IX,1), 1957, »Kirchenkantaten« v. G. Kirchhoff u. J. G. Goldberg; XXXVI (= VI,3), 1957, »Lüneburger Orgeltabulatur KN 208[1]«; XXXVII–XXXIX (= VII,7–9), 1958/58/59, *Das Buxheimer Orgelbuch*; XL (noch nicht erschienen), vorgesehen ist »Das Liederbuch d. Dr. Hartmann Schedel« (= VII,10); XLI (= I,4), 1957, »Klar.-Konzerte d. 18. Jh.«(J. M. Molter u. Fr. X. Pokorny); XLII (= II,5), 1958, A. P. Coclico, *Musica Reservata... ex psalmis Davidicis*; XLIII (= IV,5), 1962, A. Hammerschmidt, *Weltliche Oden*; XLIV (= V,6), 1956, J. Schenck, d. Gambenwerk *Le nymphe di Rheno*; XLV–XLVI (noch nicht erschienen), vorgesehen sind »Geistliche Konzerte um 1660–1700« (= IX,2–3); XLVII (noch nicht erschienen), vorgesehen sind »Motetten« v. L. Daser (= II,6); XLVIII (= VIII,5), 1960, Chr. Geist, »Kirchenkonzerte«; XLIX (= V,7), 1957, A. Hammerschmidt, Violenconsort *Erster Fleiß*; L (= IX,4), 1961, A. Pfleger, »Geistliche Konzerte Nr 1–11 aus d. Evangelien-Jg.« (*Bicinia et Tricinia*); LI (= I,5), 1964, »Fl.-Konzerte d. Mannheimer Schule« v. A. Filtz, Fr. X. Richter, J., C. u. A. Stamitz, C. G. Toeschi; LII–LVI, noch nicht erschienen; LVII (= VIII,6), 1962, H. Finck, »Ausgew. Werke« (1. Teil, Messen u. Motetten zum Proprium missae). – B. Sonderreihe: Bd I (Kassel 1954), NA v. Chr. Demantius, *Neue deutsche weltliche Lieder* (erstmals in LD Sudetenland..., s. u. C.); II (Kassel 1955), H. Kugelmann, *Concentus novi trium vocum*; III (Mainz 1959), E. Widmann, »Ausgew. Werke«; IV (Kassel 1960), J. Schobert, »Sechs Sinfonien op. 9 u. 10«. – C. LD: Bayern (= DTB XXXI/XXXVI bzw. XXXVII/XXXVIII), I (1936), R. I. Mayr, »Ausgew. Kirchenmusik«, II (1938), J. W. Franck, *Die drey Töchter Cecrops'*; Kurhessen, I (2 Teile, 1936/38), Moritz v. Hessen, »Ausgew. Werke«; Mecklenburg u. Pommern, I (1937), »Hochzeitsarien u. Kantaten Stettiner Meister nach 1700«, II (1942), D. Friderici, »Ausgew. geistliche Gesänge«; Niedersachsen, I (1937), J. Schultz, *Musicalischer Lüstgarte*, II (1942), A. Crappius, »Ausgew. Werke«; Rhein-Main-Gebiet, I (1937), J. A. Herbst, »Drei mehrchörige Festkonzerte f. d. freie Reichsstadt Frankfurt am Main«; Schleswig-Holstein u. Hansestädte, I–II (1937), N. Bruhns, »Gesammelte Werke« (Kirchenkantaten u. Orgelwerke), III (1938), J. S. Kusser, Arien, Duette u. Chöre aus *Erindo*, IV (1942), M. Weckmann, »Gesammelte Werke«; Mitteldeutschland, I (1939), Fr. W. Rust, »Werke f. Kl. u. Streichinstr.«; Ostpreußen u. Danzig, I–II (1939), »Zeitgenössische Kompositionen zu Dichtungen S. Dachs« (I, Geistliche Lieder, II, Weltliche Lieder u. Tänze); Sudetenland, Böhmen u. Mähren, I (1939), Chr. Demantius, *Neue teutsche weltliche Lieder, Convivialium concentuum Farrago* (NA s. o. B. I); Alpen- u. Donau-Reichsgaue, I (1942; = DTÖ 84), »Wiener Lautenmusik im 18. Jh.«.

10) *Denkmäler rheinischer Musik*, hrsg. v. d. Arbeitsgemeinschaft f. rheinische Mg., Düsseldorf 1951ff. (außer Bd II): Bd I (1951), »Sinfonien um Beethoven« (F. Graf v. Waldstein, Symphonie D dur; Chr. G. Neefe, Partita Es dur); II (Köln u. Krefeld 1951), »Das Kölnische Volks- u. Karnevalslied« (hrsg. v. P. Mies); III (1955), K. Hagius, d. Ausg. d. *Psalmen Davids* (nach K. Ulenberg) v. 1589; IV (1954), *Liederbuch der Anna von Köln* (um 1500); V (1955), C. Leibl, Festkantate (zur Wiederaufnahme d. Arbeiten am Kölner Dom); VI (1957), Cornelius Burgh, »Geistliche Konzerte zu vier St.« (1630), 1. Teil (2. Teil s. u. IX); VII (1957), C. Rosier, »Ausgew. Instrumentalwerke«; VIII (1958), A. Steffani, *Tassilone*; IX (1961), Cornelius Burgh ..., 2. Teil (s. o. VI); X–XI (1961/64), Chr. G. Neefe, »12 Kl.-Sonaten«.

11) *Mitteldeutsches Musikarchiv*, veröffentlicht v. Mw. Seminar d. Friedrich-Schiller-Univ. Jena, 2 Reihen (Klaviermusik, Kammermusik), Lpz. (1954ff.): 1. Reihe, H. I (1954), J. Mattheson, *Die wohlklingende Fingersprache*; II (1954), Chr. Graupner, 8 Partiten; III–IV (1954/55), G. Platti, 12 Kl.-Sonaten; V (1955), G. Martini, 6 Sonaten; VI–VII (1955), J. G. Müthel, Sonaten u. Variationen. – 2. Reihe, I–II (1955/57), J. Chr. Pepusch, 6 Triosonaten.

12) *Musikalische Denkmäler* (MMD), veröffentlicht v. d. Kommission f. Mw. an d. Akad. d. Wiss. u. Lit. in Mainz, Mainz 1955ff.: Bd I (1955), »Oberital. Figuralpassionen d. 16. Jh.« (Werke v. Maistre Jhan = J. Le Cocq, C. de Rore, Jachet v. Mantua, G. M. Asola); II (1957), G. Binchois, sämtliche Chansons; III (1957), Orgelchoräle v. J. P. Sweelinck u. seinen deutschen Schülern; IV (1958), G. Frescobaldi, d. beiden Bücher *Arie musicali*; V (1961), G. Mainerio, *Il primo libro de balli*.

13) *Monumenta monodica medii aevi*, hrsg. im Auftrag d. Inst. f. Musikforschung Regensburg v. Br. Stäblein, Kassel 1956ff.; es erschien bisher nur Bd I (Hymnen, 1. Teil), *Die mittelalterlichen Hymnenmelodien des Abendlandes*.

14) *Denkmäler norddeutscher Musik*, hrsg. v. Landesinst. f. Musikforschung Kiel, bisher Bd I: J. Theile, *Musicalisches Kunstbuch*, Kassel 1965.

Frankreich.

1) *Chefs-d'œuvre classiques de l'opéra français* (auch Collection Michaëlis genannt), hrsg. v. Th. de Lajarte (unter Mitwirkung v. C. Franck, Fr. Gevaert, A. Guilmant, V. d'Indy, Ch. Poisot, L. Soumis, J.-B. Weckerlin u. a.), 38 (nicht numerierte) Bde in 7 Serien, Paris (einige Bde auch Lpz.) o. J. (1877–83), umfaßt Kl.-A. v. (insgesamt 41) Opern u. Balletten: B. de Beaujoyeulx (= Baltazarini), *Ballet comique de la Reine*; R. Cambert, *Trio-bouffe de Cariselli*, (jeweils d. 1. Akt v.) *Pomone* u. *Les peines et les plaisirs de l'amour*; A. Campra, *L'Europe galante, Les festes vénitiennes, Tancrède*; Ch.-S. Catel, *Les Bayadères*; P. Colasse, *Thétis et Pélée*; A. Destouches, *Issé, Omphale, Les éléments* (mit M.-R. Delalande); J. Fr. le Sueur, *Ossian*; J.-B. Lully, *Alceste, Armide, Atys, Bellérophon, Cadmus et Hermione, Isis, Persée, Phaéton, Proserpine, Psyché, Thésée, Les saisons* (mit P. Colasse); Fr. A. Philidor, *Ernelinde*; N. Piccinni, *Didon, Roland*; J.-Ph. Rameau, *Castor et Pollux, Dardanus, Les festes d'Hébé, Hippolyte et Aricie, Les Indes galantes, Platée, Zoroastre*; A. Sacchini, *Chimène ou le Cid, Renaud*; A. Salieri, *Les Danaïdes, Tarare*.

2) *Paléographie musicale* (Pal. mus.; Untertitel: Les principaux ms. de chant grégorien, ambrosien, mozarabe, gallican, publiés en fac-similés phototypiques par les Bénédictins de Solesmes), unter d. Leitung v. Dom A. Mocquereau u. Dom J. Gajard (ab 1930) zur zentralen Publikation ma. Choralhss. geworden, 2 Serien = 19 Bde (zum größten Teil in Lieferungen erschienen; d. nachfolgende Aufzählung gibt d. Erscheinungsjahr d. jeweils 1. Lieferung an), Solesmes bzw. Tournai (Bd VIII–XV) 1889-1958 (d. Reihe soll nicht mehr fortgesetzt werden), enthält neben d. Reproduktionen auch Übertragungen u. größere Abh. zur Choralgesch. u. -notation; es erschienen in d. 1. Serie: Bd I (1889), *Antiphonale missarum Sancti Gregorii* (Codex 339 St. Gallen, 10. Jh.); II/III (1891/92), Responsoriengra-

Denkmäler (Frankreich)

duale *Justus ut palma* (nach über 200 hs. Antiphonarien, 9.–17. Jh.); IV (1894), *Antiphonale missarum Sancti Gregorii* (Codex 121 Einsiedeln, 10./11. Jh.); V–VI (1896/1900), *Antiphonarium Ambrosianum* (Codex additional 34209 Brit. Mus., 12. Jh.); VII–VIII (1901), *Antiphonale tonarium missarum* (Codex H. 159 Montpellier, 11. Jh.); IX (1905), *Antiphonaire monastique* (Codex 601 Lucca, 12. Jh.); X (1909), *Antiphonale missarum Sancti Gregorii* (Codex 239 Laon, 9./10. Jh.); XI (1912), *Antiphonale missarum Sancti Gregorii* (Codex 47 Chartres, 10. Jh.); XII (1922), *Antiphonaire monastique* (Codex F. 160 Worcester, 13. Jh.); XIII (1925), *Graduel de Saint-Yrieix* (Codex 903, Bibl. Nat. Paris, 11. Jh.); XIV (1931), *Graduel bénéventain* (Codex lat. 10673 Bibl. Vaticana, 11. Jh.); XV (1937, abgeschlossen Solesmes 1951), *Graduel de Bénévent avec prosaire et tropaire* (Codex VI. 34 Benevent, 11./12. Jh.); XVI (1955), *Le manuscrit du Mont-Renaud* (Graduale u. Antiphonar Noyon, 10. Jh.); XVII (1958), *Fragments des manuscrits de Chartres*. – In d. 2. Serie (»Série monumentale«): I (1900), *Antiphonaire du B. Hartker* (Codex 390/391 St. Gallen, 10. Jh.); II (1924), *Cantatorium* (Codex 359 St. Gallen, 9. Jh.).

3) *Les Maîtres musiciens de la Renaissance française*, erste bedeutende D.-Publikation frz. Mehrstimmigkeit (16. Jh.), hrsg. (in moderner Notation mit Faks. u. kritischen Anm.) v. H. Expert in 23 Bden (ohne Bd-Nr), Paris 1894–1908 (abgebrochen): 2 Bde Messen (1898/99), enthaltend A. Brumel, *Missa De beata virgine*, P. de la Rue, *Missa Ave Maria*, A. de Févin, *Missa Mente tota*, J. Mouton, *Missa Alma redemptoris* (d. Messen v. de la Rue u. Févin sind A. de Antiquis' »Liber XV missarum« entnommen); P. Attaingnant, Sammeldruck *Trente et une chansons musicales* v. 1529 (1897), eine aus seinen »Livres de danceries« zusammengestellte Slg *Danceries* mit Instrumentaltänzen v. E. Dutertre, Cl. Gervaise u. Anonymi (1908, nur Bd I); E. du Caurroy, *Meslanges de musique* (1903); G. Costeley, *Musique* (3 Bde, I 1896, II/III 1904); Cl. Goudimel, *150 pseaulmes de David* (3 Bde, 1895/96/97); Cl. Janequin, d. bei P. Attaingnant 1528 erschienenen *Chansons* (1898); Cl. le Jeune, drittes Viertel d. *Dodecacorde* (1900), *Le printemps* (3 Bde, I 1900, II/III 1901), ein Teil d. *Livre de mélanges* (1902), *Pseaumes en vers mesurés* (3 Bde, I/II 1905, III 1906); O. de Lassus, 1. Teil d. *Meslanges* v. 1576 (1894); J. Mauduit, *Chansonettes mesurées* (1899); Fr. Regnart, *Poésies de P. de Ronsard et autres poètes* (1902).

4) *Archives des maîtres de l'orgue*, groß angelegte Ausg. d. älteren frz. Orgelmusik (16.–18. Jh.), hrsg. v. A. Guilmant (mit biogr. Einführungen v. A. Pirro), 10 Bde, Paris 1898–1910 (später Mainz): Bd I (1898), J. Titelouze, »Œuvres complètes d'orgue«; II (1899), A. Raison, *Livre d'orgue*; III (1901), Fr. Roberday, *Fugues et caprices*, L. Marchand, »Pièces choisies«, L. N. Clérambault, *Premier livre d'orgue*, P. du Mage, *Premier livre d'orgue* (mehr nicht erhalten), L.-Cl. Daquin, *Livre de Noëls*; IV (1902), N. Gigault, *Livre de musique*; V (1904), N. de Grigny, *Premier livre d'orgue* (alles Erhaltene), Fr. Couperin (le grand), »Pièces d'orgue« (2 Messen; als Autor ist irrtümlich Fr. Couperin d. Ältere angegeben), L. Marchand, nur d. hs. erhaltenen (also nicht in »Pièces choisies« hrsg.; s. o. III) Orgelstücke; VI (1905), J. Boyvin, »Œuvres complètes d'orgue«; VII (1906), J. Fr. Dandrieu, *Premier livre de pièces d'orgue*, J. A. Guilain, *Le Magnificat*; VIII (1907), S. A. Scherer, »Œuvres d'orgues« (*Tabulatura in cymbalo et tympano*); IX (1909), N. Lebègue, »Œuvres complètes d'orgue«; X (1910), *Liber fratrum cruciferorum* (Lütticher Orgelsammelwerk aus d. 1. Hälfte d. 17. Jh. mit Werken v. A. Gabrieli, Cl. Merulo, J. P. Sweelinck u. a.).

5) *Monuments de la musique française au temps de la Renaissance*, hrsg. v. H. Expert (in Fortführung d. nicht abgeschlossenen »Maîtres musiciens«; s. o. 3), 10 Bde, Paris 1924–29 (ein 11. Bd 1960): Bd I (1924), Cl. le Jeune, *Octonaires* (Schlußteil in VIII); II (1925), P. Certon, Messen *Sur le pont d'Avignon, Adiuva me, Regnum mundi*; III (1925), Didier le Blanc, *Airs de plusieurs musiciens*; IV–VII, A. de Bertrand, *Amours de P. de Ronsard* (1. Buch, IV/V, 1926; 2. Buch, VI, 1927), *Troisième livre de chansons* (VII, 1927); VIII (1928), Cl. le Jeune, *Octonaires* (Schluß v. I), Ausw. aus *Dix pseaumes de David* u. *Second livre des meslanges*; IX (1928), Cl. Goudimel, *Missae tres*; X–XI (1929/60), P. de L'Estocart, d. 1. u. 2. *Livre des Octonaires*.

6) *Monuments de la musique ancienne*, Serie I d. »Publications de la Soc. frç. de musicologie« (Serie II: Documents, inventaires et catalogues; III: Etudes), Paris 1925–63 (wird fortgeführt): Bd I (1925), *Deux livres d'orgue* (v. 1531 bei P. Attaingnant); II (1926), »Œuvres inédites de Beethoven«; III–IV (1927/29, fälschlich IV–V numeriert), »Chansons au luth et airs de cour frç.« (aus d. 16. Jh.); V (1930), *Treize motets et un prélude réduits en la tablature des orgues* (P. Attaingnants Slg v. 1531); VI–VII (1931–33), D. Gaultier, *La Rhétorique des Dieux et autres pièces de luth* (Faks. u. Übertragung); VIII (1934), J. H. d'Anglebert, *Pièces de clavecin*; IX (1935), J.-J. de Mondonville, *Pièces de clavecin en sonates avec accompagnement de violon*; X (1936), *Le ms. de musique polyphonique du trésor d'Apt* (geistliche Werke, Ende 14. – Anfang 15. Jh.); XI–XII (1944–48), A. Boieldieu, *Sonates pour le Piano-Forte*; XIII (1952), G. Jullien, *Premier livre d'orgue*; XIV (1958), G. Nivers, *Troisième livre d'orgue*; XV (1959), Gautier de Coinci, *Les chansons à la Vierge*; XVI (1960), »Airs de cour pour voix et luth« (1603–1643); XVII (1963), »Anth. du motet latin polyphonique en France« (1609–1661).

7) *Monumenta musicae sacrae* (Untertitel: Collection de mss. et d'études), hrsg. v. Dom R.-J. Hesbert OSB, Mâcon, ab Bd III Rouen 1952ff.: Bd I (1952), *Le prosaire de la Sainte-Chapelle* (Ms. du chapitre de Saint-Nicolas, Bari, um 1250); II (1954), »Les mss. mus. de Jumièges« (10.–15. Jh.); III (1961), *Le prosaire d'Aix-la-Chapelle* (Ms. 13 d. Domstifts Aachen, Anfang 13. Jh.).

8) *Les Luthistes*, hrsg. v. J. Jacquot, Paris 1957ff. (d. Bde werden im Original nicht gezählt; sie folgen hier nach d. Reihenfolge d. Erscheinens): (I, 1957), G. Morlaye, *Psaumes de P. Certon réduits pour chant et luth*; (II, 1960), A. le Roy, *Premier livre de tabulature de luth* (1551); (III, 1962), A. le Roy, »Fantaisies et danses« aus *A Briefe and easye Instruction* (1568); (IV, 1962), A. le Roy, »Psaumes« (enthält d. *Tiers livre de tabulature de luth contenant vingt & un pseaulmes*, 1552, u. 8 Psalmen aus *A Briefe and plaine Instruction*, 1574); (V, 1963), R. Ballard, »Premier livre (1611)«; (VI, 1964), R. Ballard, »Deuxième livre (1614) et Pièces diverses«.

Großbritannien.

1) *Publications of the Musical Antiquarian Society*, eine f. d. Mitte d. 19. Jh. bedeutsame NA-Reihe »v. seltenen u. wertvollen Werken d. frühen engl. Komponisten« (Satzung d. Ges.), 19 nicht numerierte Bde (dazu Kl.-Ausg. in 16 jeweils entsprechenden Bden), London (1840–48): Th. Bateson, *Anthems* (Bd XIV) u. *The First Set of English Madrigales* (XVII); J. Bennet, *Madrigalls to Foure Voyces* (XV); W. Byrd, *Mass in Five Parts* (I) u. *Liber primus sacrarum cantionum* (VI); J. Dowland, *The First Booke of Songes or Ayres* (XII); M. Este (= East), *Anthems* (XIV); Th. Este (= East), *The Whole Booke of Psalmes* (XI); Th. Ford, *Anthems* (XIV); O. Gibbons, *The First Set of Madrigals and Motets* (III) u. *Fantasies of Three Parts* (IX); J. Hilton, *Ayres, or Fa la's* (XIII); W. Holes Sammelwerk *Parthenia* (1611/12; d.

erste gedruckte Virginalmusik) mit Werken v. W. Byrd, J. Bull u. O. Gibbons (XVIII); Th. Morley, *The Firste Booke of Ballets* (V); H. Purcell, *Dido and Aeneas* (IV), *Bonduca* (VII), *King Arthur* (X), *Ode composed for St. Cecilia's Day 1692* (XIX); Th. Weelkes, *Madrigals of Five Parts* (VIII) u. *Anthems* (XIV); J. Wilbye, *The First Set of English Madrigals* (II) u. *The Second Set of Madrigales* (XVI).

2) *The Old English Edition*, hrsg. v. G. Arkwright, 25 Bde, London u. Oxford 1889–1902: Bd I (1889), Th. Campian, *Masque in honour of the Marriage of Lord Hayes* (1607; enthält auch einige Songs v. Th. Giles u. Th. Lupo); II (1890), Th. A. Arne, »Six Songs«; III–V (1891/92), G. Kirbye, *The First Set of English Madrigalls* (1597); VI–IX (1892–93), W. Byrd, *Songs of Sundrie Natures* (1589); X (1893), Chr. Tye, *Messe Euge bone*; XI–XII (1894), A. Ferrabosco(I), 9 Madrigale aus N. Yonges »Musica Transalpina« (1588–97); XIII–XV (1895), Th. Weelkes, *The Balletts and Madrigals* (1598); XVI–XVII (1895–96), Th. Weelkes, *Ayres or Phantasticke Spirites* (1608); XVIII–XX (1898), Fr. Pilkington, *The First Booke of Songs or Ayres* (1605); XXI (1898), Motetten u. Anthems v. G. Daman, G. Kirbye, R. White u. J. Wilbye; XXII (1900), J. Milton, »Six Anthems«; XXIII (1900), J. Blow, »Six Songs«; XXIV (1901), H. Purcell, 6 Songs aus *Orpheus Britannicus*; XXV (1902), J. Blow, *Venus and Adonis*.

3) *The English Madrigalists* (EMS), alter Titel bis Bd XX: *The English Madrigal School*, umfassende Veröff. d. Madrigalschaffens zur Zeit d. elisabethanischen Epoche, hrsg. v. E. H. Fellowes, 36 Bde, London 1913–24 (einige Bde auch in 2. Auflage; eine v. Th. Dart revidierte NA begann in d. letzten Jahren zu erscheinen u. ist durch Angabe d. Erscheinungsjahres gekennzeichnet): Bd I–IV, Th. Morleys weltliche Vokalwerke (I, 1956, *The First Booke of Canzonets* u. *Canzonets, Or Little Short Songs*; II, d. 1. Ausg. d. *Madrigalls* u. 2 Kanzonetten aus d. v. ihm selbst hrsg. Slg. »Canzonets ... of the best and approved Ital. Authors«; III, *Canzonets or Little Short Aers* u. 2 Madrigale aus d. Sammelwerk »The Triumphes of Oriana«, s. u. XXXII; IV, *The Firste Booke of Balletts*); V, O. Gibbons, *The First Set of Madrigals and Motets*; VI–VII, J. Wilbye, GA (VI, *The First Set of English Madrigals* sowie 1 Madrigal u. 2 Motetten aus anderen Slgen; VII, *The Second Set of Madrigals*); VIII, J. Farmer, *English Madrigals* u. d. Madrigal aus »Triumphes ...«; IX–XIII, Th. Weelkes, sämtliche Madrigale (IX, *The Madrigals*; X, *The Balletts and Madrigals*; XI, *Madrigals of Five Parts*; XII, *Madrigals of Six Parts*; XIII, *Ayres or Phantasticke Spirites* u. ein Madrigal aus »Triumphes ...«); XIV–XVI, W. Byrd, gesammelte Madrigale (XIV, aus *Psalmes, Sonets & Songs* u. 2 Madrigale aus N. Yonges Sammelwerk »Musica Transalpina«; XV, aus *Songs of Sundrie Natures*; XVI, aus *Psalmes, Songs and Sonnets* u. ein Madrigal aus Th. Watsons »Italian Madrigalls«); XVII, H. Lichfild, *The First Set of Madrigals*; XVIII, Th. Tomkins, *Songs* u. ein Madrigal aus »Triumphes ...«; XIX, J. Ward, *The First Set of English Madrigals*; XX, G. Farnaby, *Canzonets*; XXI–XXII (1958/60), Th. Bateson, d. beiden *Sets of Madrigals*; XXIII, J. Bennett, *Madrigalls*, ein Madrigal aus »Triumphes ...« u. 2 Songs aus Th. Ravenscrofts Traktat »A Brief Discourse«; XXIV (1961), G. Kirbye, *English Madrigalls* u. ein Madrigal aus »Triumphes ...«; XXV–XXVI (1959/58), Fr. Pilkington, d. beiden Bücher *Madrigals and Pastorals*; XXVII (1960), R. Carlton, *Madrigals* u. ein Madrigal aus »Triumphes ...«; XXVIII, H. Youll, *Canzonets*; XXIX–XXXI, M. East, d. Madrigalwerk (XXIX, 1960, *Madrigales*; XXX, 1961, *The Second Set of Madrigales* u. ein Madrigal aus »Triumphes ...«; XXXI, 1962, d. Madrigale aus d. 3. u. 4. *Set of Bookes*); XXXII, d. v. Th. Morley 1601 veröffentlichte Sammelwerk *The Triumphes of Oriana*; XXXIII (1961), R. Alison, *An Howres Recreation in Musicke*; XXXIV (1958), Th. Vautor, *Songs of Divers Ayres and Natures*; XXXV (1961), R. Jones (*The First Set of Madrigals*) u. J. Mundy (Madrigale aus *Songs and Psalmes*) sowie v. beiden je ein Madrigal aus »Triumphes ...«; XXXVI, M. Cavendish (Airs aus *Tabletorie to the Lute* sowie ein Madrigal aus »Triumphes ...«), Th. Greaves (Madrigale aus *Songs of Sundrie Kindes*), W. Holborne (Airs aus seiner »Cittharn-School«).

4) *The English School of Lutenist Song-Writers* (kurz auch *English Lute-Songs*), nach Originaldrucken d. frühen 17. Jh. hrsg. v. E. H. Fellowes, 2 Serien zu 16 bzw. 17 Bden, London 1920–27 (eine v. Th. Dart revidierte NA sowie weitere Bde, gekennzeichnet durch Jahresangabe, erscheinen seit 1959): 1. Serie (1920–24; jedes Stück sowohl in ursprünglicher Notation als auch in Übertragung): Th. Campian, d. 1. Buch v. Ph. Rosseters *A Booke of Ayres* (Bd IV u. XIII); J. Coperario, *Funeral Teares, Songs of Mourning* u. *The Masque of Squire* (XVII, 1959); J. Dowland, alle Lautenlieder aus d. 1., 2. u. 3. *Booke of Songes or Ayres* (I–II, V–VI, X–XI) sowie *A Pilgrimes Solace* (XII u. XIV); Th. Ford, 1. Buch d. *Musicke of Sundrie Kindes* (III); Th. Morley, *The First Booke of Ayres* (XVI, ²1959); Fr. Pilkington, d. Tabulaturstücke aus *The First Booke of Songs or Ayres* (VII u. XV); Ph. Rosseter, 2. Buch d. Slg *A Booke of Ayres* (VIII–IX; 1. Buch s. o. unter Campian). – 2. Serie (1925–27; Bearb. f. Kl.): J. Attey, *The First Booke of Ayres* (IX); J. Bartlet, *A Booke of Ayres* (III); Th. Campian, 1.–4. *Booke of Ayres* (I–II, X–XI); M. Cavendish, d. Lieder aus d. v. ihm selbst hrsg. Slg *Ayres in Tabletorie to the Lute* (VII); W. Corkine, 1. u. 2. *Booke of Ayres* (XII–XIII); J. Danyel, *Songs for the Lute, Viol and Voice* (VIII); John Earsden, *The Ayres ... 1618* (XVIII, 1962); A. Ferrabosco(II), *Ayres* (XVI); Thomas Greaves, d. Lautenlieder aus *Songes of Sundrie Kindes 1604* (XVIII, 1962); R. Johnson, *Ayres, Songs and Dialogues* (XVII, ²1961); R. Jones, alle Airs zur Laute aus d. 1., 2., 3. (*Ultimum Vale*), 4. (*A Musicall Dreame*) u. 5. (*The Muses Gardin for Delight*) *Booke of Songs and Ayres* (IV, VI, XIV–XV); George Mason, *The Ayres ... 1618* (XVIII, 1962).

5) *Tudor Church Music*, bedeutende Ausg. engl. Kirchenmusik d. 16./17. Jh., im Auftrag d. Carnegie United Kingdom Trust hrsg. unter d. Leitung v. E. H. Fellowes, 10 Bde, London (1923–29; dazu ein Ergänzungsbd 1948): J. Taverner, GA d. kirchlichen Schaffens (Bd I, Messen; III, Motetten); W. Byrd (II, anglikanische Kirchenmusik; VII, d. beiden Bücher *Gradualia*; IX, Messen sowie d. Sätze aus d. mit Th. Tallis hrsg. *Cantiones ... sacrae*); O. Gibbons, d. gesamte geistliche Schaffen (IV); R. White, alle Vokalwerke (V); Th. Tallis, lat. Kirchenmusik (VI); Th. Tomkins, Ausw. aus *Musica deo sacra* (VIII); J. Marbeck (= Merbecke), alle mehrst. Werke (X); H. Ashton, außer 2 Motetten d. gesamte Kirchenschaffen (X); O. Parsley, 5 geistliche Sätze (X).

6) *Musica Britannica* (Mus. Brit.; Untertitel: *A National Collection of Music*), 1951 begonnene Publikation engl. Musik v. MA bis zum frühen 19. Jh., hrsg. in London f. d. Royal Mus. Ass. unter d. Leitung v. A. Lewis u. a.; bisher erschienen: Bd I (1951, ²1954), d. aus d. 2. Hälfte d. 16. Jh. stammende Hs. *The Mulliner Book* (ausgenommen d. nicht f. Tasteninstr. bestimmten Stücke); II (1951), M. Locke u. Chr. Gibbons, Masque *Cupid and Death*; III (1951), Th. A. Arne, Masque *Comus*; IV (1952, ²1958), »Mediæval Carols«; V (1955), Th. Tomkins, »Keyboard Music«; VI (1953),

Denkmäler (Italien)

J. Dowland, *Ayres for Four Voices*; VII (1953), J. Blow, »Coronation Anthems« u. »Anthems with Strings«; VIII (1953), J. Dunstable, »Complete Works«; IX (1955), »Jacobean Consort Music«; X–XII (1956/58/61), *The Eton Choirbook* (Eton Ms. 178, um 1500); XIII (1957), W. Boyce, »Overtures«; XIV (1960), J. Bull, »Keyboard Music«, 1. Teil (2. Teil s. u. XIX); XV (1957), »Music of Scotland 1500–1700«; XVI (1959), St. Storace, *No Song, no Supper*; XVII (1961), J. Field, »Piano Concertos«; XVIII (1962), »Music at the Court of Henry VIII« (*Henry VIII's Manuscript*, Brit. Mus. Add. MS 31922); XIX (1963), J. Bull, »Keyboard Music«, 2. Teil (s. o. XIV); XX (1962), O. Gibbons, »Keyboard Music«; XXI (1963), W. Lawes, »Select Consort Music«.

7) *Early English Church Music*, veröffentlicht f. d. British Acad., London o. J. (1963ff.): Bd I, »Early Tudor Masses«, 1. Teil (Richard Alwood, *Missa ‚Praise Him Praiseworthy'*, u. Th. Ashwell, *Missa ‚Ave Maria'*); II, W. Mundy, »Latin Antiphons and Psalms«; III, O. Gibbons, »Verse Anthems«; IV, »Early Tudor Magnificats«, 1. Teil.

Italien.

1) *Raccolta di musica sacra*, eine d. ersten größeren Slgen v. NA alter Musik, hrsg. in 7 Bden v. P. Alfieri, Rom (1841–46): Bd I–VI, ausgew. Werke v. Palestrina (I, Biogr. u. 6 Messen; II, Motetten; III, *Hymni totius anni* v. 1589; IV, *Lamentationum Hieremiae Prophetae liber primus* v. 1588; V, *Offertoria totius anni* v. 1593; VI, Motetten); VII, neben Palestrinas *Magnificat octo tonum liber primus* (1591) d. *Te Deum* v. C. Festa, eine *Lamentatio* v. E. Genet u. je eine Motette v. Cl. Goudimel u. Chr. Morales.

2) *Biblioteca di rarità musicali*, NA-Reihe hauptsächlich v. Lautentabulaturwerken in moderner Notenschrift, hrsg. v. O. Chilesotti, 9 Bde, Mailand (1883–1915): Bd I (1883), »Danzi del s. XVI« (aus F. Carosos *Nobilità di dame* u. C. Negris *Le gratie d'Amore*); II (1884), L. Picchi, *Intavolatura di balli d'arpicordo*; III (1885), G. Stefani, *Affetti amorosi canzonette ad una voce sola* v. 1623 sowie 4 *Recitativi* v. St. Pesori; IV (1886), B. Marcello, *Intreccio scenico-mus. Arianna* (im Kl.-A.); V (1892), O. Vecchi, *Selva di varia ricreatione* ... v. 1590 (daraus nur »Arie, canzonette e balli«); VI (1909), G. Frescobaldi, Partiten aus d. 1. Buch *Toccate e partite d'intavolatura di cimbalo* (1615); VII (1914), d. »Airs de cour« aus J.-B. Besards *Thesaurus harmonicus* v. 1603; VIII (1915), »Musica del passato« (Lautentänze d. 16.–18. Jh. f. Kl. eingerichtet); IX (1915), Ausw. »Madrigali, villanelle ed arie di danza« aus d. Werken J.-B. Besards.

3) *L'Arte musicale in Italia* (Untertitel: Pubblicazione nazionale delle più importanti opere mus. ital. dal s. XIV al XVIII), hrsg. v. L. Torchi, 7 Bde (ursprünglich auf 34 Bde geplant), Mailand, Rom, Paris u. a. (1897–1907): Bd I–II, »Composizioni sacre e profane a più voci« (Vokalwerke v. insgesamt 38 Meistern d. 14.–16. Jh.); III, »Composizioni per org. o cemb.« (35 Meister d. 16.–18. Jh.); IV, »Composizioni a più voci« (Madrigale u. Madrigalkomödien v. 7 Meistern d. 17. Jh.); V, »Composizioni ad una e più voci« (neben Solokantaten d. 17. Jh. Auszüge aus St. Landis Dramma mus. Il *S. Alessio* u. d. anon. Oratorium *Daniel*, insgesamt 13 Meister); VI, »La musica scenica« (J. Peris *L'Euridice* u. Cl. Monteverdis *Combattimento di Tancredi e Clorinda* u. *Ballo dell'ingrate*); VII, »Musica instr.« (7 Meister d. 17. Jh.).

4) *I Classici della musica italiana* (gleichzeitig in 156 Einzelheften erschienen als *Raccolta nazionale delle musiche italiane*), unter d. Leitung v. G. d'Annunzio hrsg. v. G. Fr. Malipiero, C. Perinello, I. Pizzetti u. Fr. B. Pratella, 36 Bde (v. 150 geplanten), Mailand (1919–21): Bd I (= H. 1–3 d. Raccolta), A. Banchieri, »Musiche corali« (Ausw. aus *La Pazzia senile*, *Il Festino nella sera* u. *Trattenimento in villa*); II (= 4–8), G. B. Bassani, Solokantaten u. einzelne Arien; III (= 164–165), L. Boccherini, Sonaten f. Vc. u. Kl.; IV (= 9–12), G. Caccini, Madrigale; V (= 13–18), G. Carissimi, Auszüge aus d. Oratorien *Jephte* u. *Jonas* sowie aus *Judicium Salomonis*; VI (= 23–27), G. Cavazzoni, 3 Messen u. 22 Orgelstücke; VII, L. Cherubini, »Arie« (Opernarien nebst 3 Ouvertüren); VIII (= 176–181), M. Clementi, Kl.-Sonaten; IX (= 28–34 u. 289–290), A. Corelli, Concerti grossi (aus op. 6); X (= 35–36), E. de' Cavalieri, Teile im Kl.-A. v. *La Rappresentazione di anima e di corpo*; XI (= 40–42 u. 303), Fr. Durante, »Studi, divertimenti e toccate« (Cemb.-Werke); XII (= 43–47), G. Frescobaldi, ausgew. Orgelwerke; XIII (= 54–58), B. Galuppi, sämtliche Arien aus *Il Filosofo di campagna*; XIV (= 59–62), C. Gesualdo (da Venosa), 14 Madrigale; XV (= 63–66), N. Jommelli, 12 Arien aus *La Passione di Gesù Cristo*; XVI (= 155–156 u. 205), Instrumentalkompositionen v. F. G. Bertoni u. P. Locatelli; XVII (= 67–71), B. Marcello, 4 Solokantaten u. 5 Cemb.-Werke; XVIII (= 72–75), Padre G. Martini, 6 »Sonate per pianoforte«; XIX (= 76–79 u. 224–225), Cl. Monteverdi, Auszüge aus *Il Combattimento di Tancredi e Clorinda*; XX (= 80–81), G. Paisiello, Auszüge aus *La Pazza per amore*; XXI (= 82–84), G. P. Palestrina, »Canzonette e madrigali«; XXII (= 85–88 u. 304–305), P. D. Paradies, Kl.-Sonaten; XXIII (= 89–94 u. 306–307), G. B. Pergolesi, Kl.-A. v. *La Serva padrona* u. *Livietta e Tracollo* sowie d. *Stabat Mater*; XXIV (= 95–96), J. Peri, Arien aus *Euridice*; XXV (= 104–107), N. Porpora, 4 V.-Sonaten; XXVI (= 110–113), M. A. Rossi, »Composizioni per org. e cimbalo«; XXVII (= 276–281), G. M. Pl. Rutini, Kl.-Sonaten; XXVIII (= 114–119), G. B. Sammartini, 6 *Sonate notturne* op. 7 (Triosonaten); XXIX (= 266–267 u. 284), G. B. Serini, 2 Sonaten f. Cemb., P. G. Sandoni, 3 Sonaten u. 5 Sonatensätze f. Cemb.; XXX (= 120–125), A. Scarlatti, Kantaten; XXXI (= 126–130), D. Scarlatti, *Essercizi per gravicembalo*; XXXII (= 131–136), G. Tartini, 8 Sonaten; XXXIII (= 286–288), Fr. Turini, Cemb.-Sonaten; XXXIV (= 139–144), Fr. M. Veracini, V.-Sonaten aus op. 1; XXXV (= 294–297), A. Vivaldi, *Le Stagioni*; XXXVI (= 145–150), D. Zipoli, *Sonate d'intavolatura* (1. Teil).

5) *Istituzioni e monumenti dell'arte musicale italiana*, verschiedene Herausgeber, 6 Bde, Mailand 1931–39 (seit 1957 Fortführung in einer »Nuova serie«): Bd I–II (1931–32), »Andrea e Giovanni Gabrieli e la musica instr. in San Marco« (1. Teil, Vokal- u. Instrumentalmusik vor 1590; 2. Teil, Ausw. v. Canzonen u. Sonaten aus G. Gabrielis *Sacrae Symphoniae* v. 1597); III (1933), »Le capelle mus. di Novara dal s. XVI ai primordi dell'ottocento« (Werke v. G. Battistini); IV (1934), »La camerata fiorentina« (Werke v. V. Galilei); V (1934), »L'oratorio dei Filippini e la scuola mus. di Napoli«, 1. Teil (mehr nicht erschienen), »La polifonia cinquecentesca ed i primordi del s. XVII« (geistliche a cappella-Werke v. G. D. Montella, G. M. Trabaci u. C. Gesualdo; VI (1939), »La musica in Cremona nella seconda metà del s. XVI e i primordi dell'arte Monteverdiana« (M. A. Ingegneri, Ausw. aus d. 1.–4. *Libro de madrigali*; Cl. Monteverdi, *Sacrae Cantiunculae* u. *Canzonette 3 vocum*). – »Nuova serie«: Bd I (1956), »La cappella mus. del duomo di Milano«, 1. Teil, »Le origini e il primo maestro di cappella: Matteo da Perugia« (GA); II (1963), Abh. v. F. Torrefranca, »G. B. Platti e la sonata moderna«; III (1964), »Le frottole per canto e liuto intabulate da Franciscus Bossinensis«.

6) *Capolavori polifonici del secolo XVI*, hrsg. v. B. Som-

ma, Rom 1939ff.: Bd I (1939, ²1956), A. Banchieri, *Il Festino nella sera del giovedi grassi*; II (1941, ²1958), O. Vecchi, *Le Veglie di Siena*; III (1942), G. Croce, *Triaca musicale*; IV (1947), A. Striggio, *Il Cicalamento delle donne al bucato*; V (1954), O. Vecchi, *L'Amfiparnaso*.

7) *I Classici musicali italiani* (Fondazione Eugenio Bravi), ursprünglich auf 60 Bde geplantes, jedoch nach d. Tod d. leitenden Herausgebers, G. Benvenuti, abgebrochenes Unternehmen, 15 Bde, Mailand 1941–43 (außer Bd XIV, d. erst 1958 erschien): Bd I, Orgelwerke v. M. A. Cavazzoni (*Recercari, Motetti, Canzoni*), G. Fogliano, G. Segni u. Anonymi (»Ricercari e Ricercate«); II, B. Marcello, 6 »Cantate per contralto e per soprano«; III, F. Giardini, *6 Sonate per cembalo con violino o flauto traverso* op. 3; IV, L. Boccherini, *Sonate per cembalo con violino* op. 5; V, A. Gabrieli, »Musiche di chiesa« (5 Werke zu 5–16 St. aus d. *Concerti* v. 1587); VI, F. Giardini, 2 Streichquartette aus *6 Quartetto's* op. 23; VII, N. Piccinni, Oper *La buona figliuola* (Kl.-A.); VIII, B. Marcello, Oratorium *Joaz* (Kl.-A.); IX, Cl. Monteverdi, *L'Orfeo* (Kl.-A.); X, S. D'India, *Il primo libro de madrigali*; XI, Padre G. Martini, 3 Cemb.-Konzerte (Orch. im Kl.-A.); XII, G. B. Grazioli, 12 Cemb.-Sonaten op. 1 u. 2; XIII, A. Scarlatti, *Il primo e secondo libro di toccate*; XIV, P. Locatelli, d. ersten 6 d. *XII Sonate a violino solo e basso da camera* op. 6; XV, C. Graziani, *Six sonates à violoncelle et basso* op. 3.

8) *Pubblicazioni dell'Istituto italiano per la storia della musica*, 4 Abt., Rom 1941ff.: 1. Abt. (Antologie e Raccolte), Bd I (1941), d. v. G. de Antiquis hrsg. beiden Bücher *Villanelle alla napoletana* (Komponisten d. 16. Jh. aus Bari); 2. Abt. (Monumenti I), I–III (I, 1942, ²1956; II, noch nicht erschienen; III, 1957), C. Gesualdo, d. 1. bzw. 3. Buch d. *Madrigali*; 3. Abt. (Monumenti II), I (1942), P. Nenna, d. 1. u. 4. *Libro de Madrigali*; 4. Abt. (Monumenti III), G. Carissimi, »Historie e Oratorî« (I, 1951, *Historia di Job* u. *Historia di Ezechia*; II, 1953, *Historia di Abramo e Isacco*; III, 1953, *Historia di Balthazar*; IV, 1956, Oratorium *Extremum Dei Judicium*; V, 1958, *Dives malus*; VI, 1960, *Tolle, Sponsa*; VII, 1962, *Daniele*, »Messe e Motetti« (I, 1960, *Missa a 3 voci, Hodie Simon Petrus* u. *Cum reverteretur*), »Cantate« (I, 1960, *Dunque degl' horti miei, Ahi, non torna* u. Serenade *Sciolto havean*).

9) *Monumenta polyphoniae liturgicae Sanctae Ecclesiae Romanae*, hrsg. durch d. Soc. Universalis Sanctae Ceciliae v. L. Feininger, Rom 1947ff. (in neuerer Zeit Trient): 1. Serie (Ordinarium missae), Bd I (1948), je eine *Missa super L'homme armé* v. G. Dufay, A. Busnois, Ph. Caron, G. Faugues, J. Regis, J. Ockeghem, M. de Orto, Ph. Basiron, J. Tinctoris, B. Vacqueras; Bd II (4 Faszikel, 1951–63), Messen v. G. Dufay u. Anonymi; Bd III (1957–65), bisher Faszikel 1–3, 3 Messen *L'homme armé* v. Anonymi aus Hs. Neapel Ms. VI. E.; Bd IV, Faszikel 1 (1965), G. Faugues, *Missa vinus vina*. – 2. Serie (Proprium missae), bisher nur Bd I (1947), »Auctorum anon. missarum propria XVI« (aus Codex Trient 88; 11 d. wiedergegebenen Sätze werden G. Dufay zugeschrieben).

10) *Monumenta liturgiae polychoralis Sanctae Ecclesiae Romanae*, in mehreren Serien hrsg. v. L. Feininger (Soc. Universalis Sanctae Ceciliae), Rom (später Trient) 1950ff.: 1. Serie I (Ordinarium missae), Abt. A (cum quatuor choris), Bd 1–4 (1950/50/51/53), O. Benevoli, Messen *Tu es Petrus, Benevola, Tira corda, Si deus pro nobis*; 5 (1955), G. O. Pitoni, *Missa Albana*; 6 (1956), P. Petti, *Missa in honorem Sanctae Ceciliae*; 7 (1960), G. O. Pitoni, *Missa San Pietro* 1720; 8 (1963), O. Benevoli, *Missa In angustia pestilentiae*; Abt. B (cum tribus choris), Bd 1 (1958), O. Benevoli, *Missa Angelus Domini*; Abt. C (cum duobus choris), Bd 1 (1963), O. Benevoli, *Missa pastoralis*; 2 (1963), Giovanni Giorgi, 2 Messen, Vincentii Tozzi, *Missa octo vocum*. – Serie II (Psalmodia), Abt. A (cum sex choris), Bd 1 (1950), O. Benevoli, Psalm *Dixit Dominus secundi toni*; Abt. B (cum quatuor choris), Bd 1–4 (1951/51/54/54), O. Benevoli, Psalmen *Dixit Dominus primi toni detto Il Bello Carioso* (desgleichen ein Psalm über d. 8. Ton), *Confitebor tibi Domine tertii toni* u. *Laudate pueri Dominum sexti toni* (ein Psalm pro Bd); 5–7 (1959/60/60), G. O. Pitoni, Psalmen *Dixit Dominus octavi toni* (ein Psalm pro Bd); 8 (1961), P. Pisari, Psalm *Dixit Dominus quinti toni*; 9 (1964), O. Benevoli, *Canticum Magnificat tertii toni*; 10–11 (1965), St. Fabri, *Magnificat sexti* u. *octavi toni*; Abt. C (cum tribus choris), Bd 1 (1955), O. Benevoli (nicht gesichert), *Canticum Magnificat secundi toni*; Abt. D (cum duobus choris), Bd 1 (1953), O. Benevoli, d. erste *Magnificat sexti toni*. – Serie III, Abt. A (Proprium de tempore), Bd 1–2 (1960–61), G. Giorgi, *Liturgia paschalis* u. *Liturgia pentecostes*; Abt. B (Proprium de sanctis), Bd 1 (1962; in 2 Teilen), *Officium de Beata Virgine*.

11) *Maestri bolognesi*, Veröff. aus d. Bibl. d. Konservatoriums Giovanni Battista Martini in Bologna, Bologna 1953ff.: H. I (1954), G. Giacobbi, Intermedium *L'Aurora ingannata*; II (1953), F. Azzaiolo, *Il secondo libro de Villote*; III (1955), Gh. Dattari, *Le Villanelle*; IV (1955), A. Trombetti, *Il primo libro delle Napolitane*.

12) *Instituta et monumenta*, eine Slg v. D.-Ausg., Texten u. Abh., hrsg. v. d. Bibl. Governativa u. d. Scuola Universitaria di paleografia mus. in Cremona, mehrere Serien (hier nur Serie I, Monumenta), Cremona 1954ff.: Bd I (1954), d. ersten 3 Bücher *Frottole* v. O. Petrucci; II (1958), *Sacre rappresentazioni* (nach Codex 201 d. Bibl. Municipale d'Orléans); III (1964), A. Vivaldi, Oper *La fida ninfa*.

13) *Classici italiani della musica*, eine Slg unveröffentlichter Musik d. 18. Jh., hrsg. unter d. Protektorat d. Internationalen Musikrates (UNESCO) v. A. Bonaccorsi, Rom 1957ff.: Bd I (1957), L. Boccherini, 4 Quintettini op. 30 u. 6 Quartettini op. 33; II (1958), A. Vivaldi, Concerto in D dur u. F moll; III (1960), G. Brunetti, Sinfonie Nr 33 (*Il Maniatico*) u. Nr 22 in G moll.

14) *Archivium musices metropolitanum mediolanense*, hrsg. v. L. Migliavacca unter Mitwirkung v. A. Ciceri u. E. Consonni, Mailand (1958ff.): Bd I–V (1958–59), Fr. Gaffori, Messen (I–III), Magnificat (IV), Motetten (V); VI–VIII, Messen, Magnificat (IV, 1965) u. Motetten v. Anonymi (VI u. VIII noch nicht erschienen); IX (1961), Anonymi, Motetten; X (1962), H. Isaac, Messen *La bassadanza* (oder ‚*La spagna*'), *Quant j'ai*, *Chargé de deul* u. *Wohlauf gesell von hinnen*; XI (1963), Gaspar van Weerbeke, Messen u. Motetten; XII (1964), Johannes Martini, »Magnificat e messe«.

15) *Monumenti di musica italiana*, hrsg. v. O. Mischiati, G. Scarpat u. L. F. Tagliavini, Brescia u. Kassel, bisher nur Serie I (Werke f. Org. u. Cemb.): Bd I (1961), T. Merula, »Composizioni«; II (1962), G. Frescobaldi, »Nove toccate inedite«; III (1964), G. M. Trabaci, »Composizioni«, 1. Teil (12 *Ricercate* aus Buch I, Neapel 1603).

16) *Collana di musiche veneziane inedite o rare*, hrsg. v. d. Fondazione G. Cini, Mailand (1962ff.): Bd I (1962), G. M. Nanino, G. Croce, L. Bertani, H. Baccusi u. Ph. de Monte, *I diporti della villa in ogni stagione* (5st. Madrigalzyklus nach Texten v. Fr. Bozza, Venedig 1601); II (1963), G. M. Asola, 8st. *Missa Regina coeli* (aus: *Liber secundus missas tres ... continens, octonis vocibus*, Venedig 1588); III (1963), G. Zarlino, 9 5st. Madrigale; IV (1963), 9 5st. Madrigale v. A. Willaert (2), V. Ruffo (2), M. A. Ingegneri (3), Cl. Monteverdi (2); V (1963), G. B. Bassani, »Cantate a v. sola e b. c.«

(8 vollständige Kantaten u. 4 Einzelsätze); VI (1964), B. Galuppi, *Passatempo al cembalo* (6 Sonaten, 1781); VII (1964), A. Fr. Doni, *Dialogo della musica* (Venedig 1543), darin 28 Vokalsätze v. Cl. Veggio (4), V. Ruffo (1), M. Riccio (1), J. Arcadelt (3), A. Fr. Doni (2), G. Parabosco (5), J. Palazzo (1), T. Bargonio (1), M. Novarese (1), Noleth (1), Perison (1), Jachet de Berchem (1), Willaert (2), C. de Rore (1), J. Buus (1) u. Anonymi (2).

17) *Monumenti musicali mantovani*, hrsg. v. Cl. Gallico, Mantua u. Kassel 1965ff.: I (1965), L. Viadana, *Cento concerti ecclesiastici*, 1. Teil.

Niederlande.

1) *Uitgave van oudere nord-nederlandsche meesterwerken*, nach mehrmaliger Titeländerung ab Bd XXXV *Uitgave der Vereeniging voor Nederlandsche Muziekgeschiedenis* (Maatschappij tot bevordering d. Toonkunst), 45 Bde, Utrecht, Amsterdam, Lpz. 1869–1939 (bis 1958 noch 2 Bde): Bd I (1869), J. P. Sweelinck, *Regina coeli*; II (1871), A. Valerius, *Nederlandtsche Gedenck-Clanck* (Ausw. d. nld. Werke); III (1871), Orgelkompositionen v. J. P. Sweelinck u. S. Scheidt; IV (1872), »Twaalf geuzeliedjes« (aus d. Geusen-Liederbüchern v. 1588 u. später); V (1873), Madrigale u. Chansons (insgesamt 5) v. C. Schuyt u. J. P. Sweelinck; VI–VII (1876/77), J. P. Sweelinck, 8 Psalmen sowie Chansons (nebst Biogr.); VIII (1878), Ausw. aus J. Wannings *LII Sententiae*; IX (1880), J. Obrecht, Messe *Fortuna desperata*; X (1882), »Oudnederlandsche danswijzn« (in 4 händiger Kl.-Bearb.); XI (1883), C. Huygens, *Pathodia sacra et profana* (nebst d. mus. Briefwechsel); XII (1884), J. P. Sweelinck, 6 Psalmen; XIII–XIV (1886/87), J. A. Reinken, *Hortus musicus* u. *Partite diverse sopra l' aria »Schweiget mir vom Weiber nehmen«*; XV (1888), J. P. Sweelinck, *Hodie Christus natus est* (Cantio sacra); XVI (1890), »Vier en twintig liederen« aus d. 15./16. Jh. (f. Gesang u. Kl.); XVII (1891), J. P. Sweelinck, d. 150. Psalm (f. 8 St.); XVIII (1894), J. Obrecht (irrtümlich zugeschrieben), *Passio Domini* (nach Matthäus); XIX (1898), A. van Noordt, *Tabulatuur-Boeck*; XX (1897), »Oud-hollandsche boerenliedjes en contradansen« (f. V. u. Kl.), H. 1 (weiteres s. u. XXIII, XXXIII, XXXVI); XXI (1898), »Marschen in gebruik bij het nederlandsche leger gedurende den spaansden successie oorlog« (in 4 händigem Kl.-Arrangement); XXII (1899), C. Boscoop, *Psalmen Davids*; XXIII (1900), »Oud-hollandsche boerenliedjes ...«, H. 2 (s. o. XX); XXIV (1901), J. Tollius, d. 6st. *Madrigali*; XXV (1902), »Nederlandsche dansen d. 16de eeuw« (f. Kl. 4-händig), H. 1 (2 s. u. XXVII); XXVI (1903), P. Phalèses Sammelwerk *Een duytsch musyck boeck* (1572); XXVII (1905), »Nederlandsche dansen ...« (s. o. XXV), H. 2, aus P. Phalèses *Premier livre de danseries* (1571); XXVIII (1907), J. Schenck, *Scherzi musicali*; XXIX (1908), aus T. Susato, *Het derde musyck boexken* (1551); XXX (1910), »Driestemmige oud-nederlandsche liederen« (v. Ende d. 15. Jh.); XXXI (1911), P. Locatelli, 2 V.-Sonaten (op. 6 Nr 7 u. op. 8 Nr 5); XXXII (1912), C. Fr. Hurlebusch, *Compositioni musicali per il cembalo*; XXXIII (1912), »Oud-hollandsche boerenliedjes ...«, H. 3/4 (s. o. XX); XXXIV (1913), Orch.-Kompositionen v. Anfang d. 17. Jh. (Paduanen u. Gaillarden v. M. Borchgrevinck, B. Grep u. N. Gistou); XXXV (1915), A. Willaert, *Missa super Benedicta*; XXXVI (1916), »Oud-hollandsche boerenliedjes ...«, H. 5 (s. o. XX); XXXVII (1918), »Oud-nederlandsche klaviermusik« (aus d. Musikbuch d. Anna Maria van Eijl, 1671); XXXVIII (1920), Ph. de Monte, *Missa ad modulum Benedicta es*; XXXIX (1920), Studie v. M. Seiffert, *Wat leren uns de schilderijen en prenten der 16de eeuw over de instrumentale begeleiding van den zang en den oorsprong van de muziekgravure?*; XL (1921), »Nederlandsche boerendansen«; XLI (1926), P. Hellendaal, 4 Vc.-Sonaten (aus op. 5); XLII (1931), C. Th. Padbrué, *I. V. Vondels Kruisbergh en Klaght*; XLIII (1933), Abh. v. E. Reeser, *De muzikale handschriften van Alphons Diepenbrock*; XLIV (1936), »Drie oud-nederlandsche motetten« (v. J. Obrecht, Josquin Desprez u. J. Clemens non Papa); XLV (3 H., 1937/38/48), C. Schuyt, »5-stemmige madrigalen«; XLVI (1955), R. P. van Oevering, *VI Suittes voor't clavier* op. 1; XLVII (1958), J. P. Sweelinck, Suppl. zu Teil I (Werke f. Org. u. Cemb.) d. GA.

2) *Monumenta Musica Neerlandica*, hrsg. v. d. Vereeniging voor Nederlandse Muziekgeschiedenis, Amsterdam 1959ff.: Bd I (1959), P. Hellendaal, *Six grands concerts* op. 3 (Concerti grossi); II (1959), *Klavierboek Anna Maria van Eijl*; III (1961), »Nederlandse klaviermuziek uit de 16e en 17e eeuw«; IV (1961), P. Locatelli, 1. Teil d. *VI Introductioni teatrali e VI Concerti* op. 4; V (1962), C. Th. Padbrué, d. nld. Madrigale (*Kusjes*, 1641); VI noch nicht erschienen, vorgesehen d. Utrechter Prosarium; VII (1963), »Het geestelijk lied van Noord-Nederland in de vijftiende eeuw« (d. nld. Lieder d. Hss. Amsterdam, Wien ÖNB 12875, u. Utrecht, Berlin MG 8º 190).

Österreich.

Denkmäler der Tonkunst in Österreich (DTÖ), mit d. DDT vergleichbare Publikationsreihe zur österreichischen Mg. v. hohen MA bis zum 19. Jh., veröffentlicht v. d. Ges. zur Herausgabe d. DTÖ unter Leitung v. G. Adler, ab 1947 v. E. Schenk, 45 Jg. (1 Jg. jährlich erschienen) in 83 Bden, Wien 1894–1938 (1905–18 auch Lpz.), unveränderter Neudruck Graz 1959/60; v. Bd 85 an (84 = LD Alpen- u. Donau-Reichsgaue d. EDM, s. o. Deutschland Nr 9) entfällt d. Jg.-Zählung, Wien (Bd 96ff. auch Graz) 1947ff. (seit 1913 erscheinen als Beihefte zu d. DTÖ d. »Studien zur Mw.«, StMw, bisher 26 H.): Jg. I, Bd 1 (= Bd 1 d. Gesamtreihe), J. J. Fux, 4 Messen; I,2 (= 2), Georg Muffat, *Suavioris harmoniae instrumentalis ... Florilegium primum* (2. Teil s. u. II,2); II,1 (= 3), J. J. Fux, 27 Motetten; II,2 (= 4), G. Muffat, *Florilegium secundum* (s. o. I,2); III,1 (= 5), J. Stadlmayr, *Hymni totius anni* v. 1628; III,2 (= 6), M. A. Cesti, *Il Pomo d'oro* (Prolog u. 1. Akt; 2.–5. Akt s. u. IV,2); III,3 (= 7), Gottlieb Muffat, *Componimenti musicali*; IV,1 (= 8), J. J. Froberger, sämtliche »Orgel- u. Klavierwerke«, 1. Teil (2. u. 3. Teil in VI,2 u. X,2); IV,2 (= 9), M. A. Cesti ... (s. o. III,2); V,1 (= 10), H. Isaac, *Choralis Constantinus* v. 1550, 1. Teil (2. Teil s. u. XVI,1); V,2 (= 11), H. I. Fr. Biber, d. V.-Sonaten v. 1681 (d. v. 1674 s. u. XII,2); VI,1 (= 12), J. Gallus, *Opus musicum*, 1. Teil (Fortführung s. u. XII,1, XV,1, XX,1, XXIV u. XXVI), enthält d. Motetten 1. u. 2. Adventssonntag bis Septuagesima; VI,2 (= 13), J. J. Froberger ... (s. o. IV,2), 2. Teil; VII (= 14/15), *Trienter Codices*, 1. Teil (Fortführung s. u. XI,1, XIX,1, XXVI,1, XXXI u. XL); VIII,1 (= 16), A. Hammerschmidt, *Dialogi oder Gespräche*, 1. Teil (hier mehr nicht erschienen); VIII,2 (= 17), J. Pachelbel, »94 Kompositionen ... f. Org. oder Kl.« (Magnificatfugen); IX,1 (= 18), O. v. Wolkenstein, »Geistliche u. weltliche Lieder«; IX,2 (= 19), J. J. Fux, 4 Instrumentalwerke; X,1 (= 20), O. Benevoli, »Festmesse u. Hymnus« (zur Einweihung d. Salzburger Domes); X,2 (= 21), J. J. Froberger ... (s. o. IV,2), letzter Teil; XI,1 (= 22), *Trienter Codices*, 2. Teil (s. o. VII); XI,2 (= 23), Georg Muffat, Ausw. (s. u. Bd 89) aus *Armonico tributo* u. aus *Instrumental-Music* (Concerti grossi); XII,1 (= 24), J. Gallus ... (s. o. VI,1), 2. Teil, Septuagesima bis Karwoche (ohne Lamentationen); XII,2 (= 25), H. I. Fr. Biber ... (s. o. V,2); XIII,1 (= 26), A. Caldara, 12 »Kirchenwerke«; XIII,2 (= 27), »Wiener Klavier- u. Orgelwerke aus d. 2. Hälfte d. 17.

Jh.« (Werke v. A. Poglietti, F. T. Richter, G. Reutter d. Älteren); XIV,1 (= 28), H. Isaac, »Weltliche Werke« (Nachtrag dazu s. u. XVI,1); XIV,2 (= 29), M. Haydn, »Instrumentalwerke«; XV,1 (= 30), J. Gallus ... (s. o. VI,1), 3. Teil, Karwoche (Lamentationen) bis vor Trinitatis; XV,2 (= 31), »Wiener Instrumentalmusik vor u. um 1750«, 1. Teil (2. Teil s. u. XIX,2), enthält Werke v. G. Reutter d. Jüngeren, G. Chr. Wagenseil, M. Monn, M. Schlöger, J. Starzer; XVI,1 (= 32), H. Isaac ..., 2. Teil (s. o. V,1 u. XIV,1); XVI,2 (= 33), J. G. Albrechtsberger, »Instrumentalwerke«; XVII (= 34/35), J. J. Fux, Oper *Costanza e Fortezza*; XVIII,1 (= 36), I. Umlauff, Singspiel *Die Bergknappen*; XVIII,2 (= 37), »Österreichische Lautenmusik im 16. Jh.« (H. Judenkünig, H. Newsidler, S. Gintzler, Greff Bakfark u. a.); XIX,1 (= 38), *Trienter Codices*, 3. Teil (s. o. VII), enthält Messen v. G. Dufay, J. Ockeghem, Anonymi; XIX,2 (= 39), »Wiener Instrumentalmusik ...«, 2. Teil (s. o. XV,2), Werke v. M. Monn u. J. Mann; XX,1 (= 40), J. Gallus ... (s. o. VI,1), 4. Teil, v. Trinitatis bis Ende d. Kirchenjahres (= 3. Buch d. *Opus musicum*); XX,2 (= 41), »Gesänge v. Frauenlob, Reinmar v. Zweter u. Alexander« (aus Hs. Wien 2701); XXI,1 (= 42–44), Fl. L. Gaßmann, *La Contessina*; XXI,2 (= 44a), Chr. W. Gluck, *Orfeo ed Euridice*; XXII (= 45), M. Haydn, Drei Messen; XXIII,1 (= 46), A. Draghi, 5 »Kirchenwerke«; XXIII,2 (= 47), J. J. Fux, *Concentus musico-instrumentalis*; XXIV (= 48), J. Gallus ... (s. o. VI,1), 5. Teil (1. Hälfte d. 4. Buches, Gesänge f. d. Feste d. Heiligen, aus *Opus musicum*); XXV,1 (= 49), Messen v. H. I. Fr. Biber, J. H. Schmelzer u. J. K. Kerll; XXV,2 (= 50), »Österreichische Lautenmusik zwischen 1650 u. 1720«; XXVI (= 51/52), J. Gallus ..., letzter Teil (s. o. VI,1), Gesänge f. d. Feste d. Heiligen (2. Hälfte; s. o. XXIV); XXVII,1 (= 53), *Trienter Codices*, 4. Teil (s. o. VII); XXVII,2 (= 54), »Das Wiener Lied v. 1778 bis Mozarts Tod«; XXVIII,1 (= 55), J. E. Eberlin, Oratorium *Der blutschwitzende Jesus*; XXVIII,2 (= 56), »Wiener Tanzmusik in d. 2. Hälfte d. 17. Jh.« (J. H. Schmelzer, J. J. Hoffer, A. Poglietti); XXIX,1 (= 57), Cl. Monteverdi, *Il Ritorno d'Ulisse in patria*; XXIX,2 (= 58), Gottlieb Muffat, *72 Versetl sammt 12 Toccaten*; XXX,1 (= 59), je ein Requiem v. Chr. Straus, H. I. Fr. Biber, J. K. Kerll; XXX,2 (= 60), Chr. W. Gluck, *Don Juan*; XXXI (= 61), *Trienter Codices*, 5. Teil (s. o. VII); XXXII,1 (= 62), M. Haydn, »Kirchenwerke«; XXXII,2 (= 63), J. Strauß (Sohn), »Drei Walzer«; XXXIII,1 (= 64), »Deutsche Komödienarien 1754 bis 1758«, 1. Teil (mehr nicht erschienen); XXXIII,2 (= 65), J. Lanner, »Ländler u. Walzer« (in Ausw.); XXXIV (= 66), J. Schenk, *Der Dorfbarbier*; XXXV,1 (= 67), E. A. Förster, »Kammermusik« (2 Quartette, 3 Quintette); XXXV,2 (= 68), J. Strauß (Vater), »Acht Walzer«; XXXVI,1 (= 69), St. Bernardi, »Kirchenwerke«; XXXVI,2 (= 70), »Instrumental- u. Vokalwerke« v. P. Peuerl u. I. Posch; XXXVII,1 (= 71), d. Lieder Neidhardts v. Reuenthal; XXXVII,2 (= 72), »Das deutsche Gesellschaftslied in Österreich v. 1480 bis 1550«; XXXVIII,1 (= 73), Bl. Amon, »Kirchenwerke«, 1. Teil (mehr nicht erschienen, enthält *Liber sacratissimorum cantionum* u. *Sacrae cantiones*); XXXVIII,2 (= 74), Josef Strauß, »Drei Walzer«; XXXIX (= 75), A. Caldara, »Kammermusik f. Gesang«; XL (= 76), *Trienter Codices*, letzter Teil (s. o. VII); XLI (= 77), »Ital. Musiker u. d. Kaiserhaus 1567–1625«; XLII,1 (= 78), J. Gallus, »Sechs Messen«; XLII,2 (= 79), »Das Wiener Lied v. 1792 bis 1815«; XLIII,1 (= 80), »Salzburger Kirchenkomponisten« (C. H. Biber, M. S. Biechteler, J. E. Eberlin, A. C. Adlgasser); XLIII,2 (= 81), K. Ditters v. Dittersdorf, »Instrumentalwerke« (3 Sinfonien, 1 Serenata); XLIV (= 82), Chr. W. Gluck, *L'Innocenza giustificata*; XLV (= 83), Fl. L. Gaßmann, ausgew. »Kirchenwerke«; Bd 84 (1942), »Wiener Lautenmusik im 18. Jh.« (= EDM, LD Alpen- u. Donau-Reichsgaue, s. o. Deutschland Nr 9); 85 (1947), J. J. Fux, »Werke f. Tasteninstr.« (7 Sonaten, 3 Einzelstücke, 4 Suiten, 12 Menuette); 86 (1949), »Tiroler Instrumentalmusik im 18. Jh.« (G. P. Falk, J. E. de Sylva, Fr. S. Haindl, N. Madlseder, S. Paluselli); 87 (1951), N. Zangius, »Geistliche u. weltliche Gesänge«; 88 (1952), G. Reutter (d. Jüngere), »Kirchenwerke«; 89 (1953), Georg Muffat, *Armonico tributo* (ganz) u. d. nicht in XI,2 (s. o.) gedruckten Concerti grossi aus *Instrumental-Music*; 90 (1954), »Nld. u. ital. Musiker d. Grazer Hofkapelle Karls II.« (insgesamt 9 Meister); 91 (1955), A. Caldara, Oper *Dafne* (1719); 92 (1956), H. I. Fr. Biber, *Harmonia artificiosa-ariosa*; 93 (1958), J. H. Schmelzer, »Violinsonaten«; 94/95 (1959), J. Gallus, 5 Messen; 96–97 (1960), H. I. Fr. Biber, *Mensa sonora seu Musica instrumentalis* bzw. *Fidicinium sacroprofanum*; 98 (1961), J. Vaet, »Sämtliche Werke«, 1. Teil (Fortführung s. u. 100, 103/104, 108/109), Motetten I; 99 (1961), Arnold von Bruck, »Sämtliche lat. Motetten u. andere unedierte Werke«; 100 (1962), J. Vaet ... (s. o. 98), 2. Teil, Motetten II; 101/102 (1962), »Geistliche Solomotetten d. 18. Jh.« (M. A. Ziani, A. Caldara, Fr. Conti, J. J. Fux); 103/104 (1963), J. Vaet ... (s. o. 98), 3. Teil, Motetten III; 105 (1963), J. H. Schmelzer, *Duodena selectarum sonatarum* (1659) u. »Werke hs. Überlieferung« (Triosonaten); 106/107 (1963), H. I. Fr. Biber, *Sonatae, tam aris, quam aulis servientes*; 108/109 (1964), J. Vaet ... (s. o. 98), 4. Teil, Messen I; 110 (1964), T. Massaini, *Liber primus cantionum ecclesiasticarum* u. 3 Instrumentalkanzonen.

Polen.
Antiquitates musicae in Polonia, hrsg. in Warschau v. d. Mw. Inst. d. Univ.: Bd I (1963), *The Pelplin Tablature. A Thematic Catalogue*.

Portugal.
Portugaliae Musica, hrsg. seit 1959 in Lissabon v. d. Fundaçao Calouste Gulbenkian: Bd I (1959), M. R. Coelho, *Flores de musica*, 1. Teil (Fortführung s. u. III); II (1960), J. de Sousa Carvalho, Ouverture zur Oper *L'Amore industrioso*; III (1961), 2. Teil v. Coelhos *Flores de musica*; IV (1961), E. Lopes Morago, »Várias obras de musica religiosa, a cappella«; V–VI (1963), Frei M. Cardoso, *Liber primus missarum*; VII (1963), J. da Costa de Lisboa, Ausw. aus *Tenção*; VIII (1963), J. D. Bontempo, Sinfonia Nr 1 op. 11; IX (1965), M. Portugal, Ouvertüre zu *Il Duca di Foix*.

Schweden.
1) *Äldre svensk musik*, hrsg. v. d. Svenska Samfundet för Musikforskning, 9 H., Stockholm (1935–45): H. I–V, Werke v. J. H. Roman (I, 1935, *Sonata a tre*; II–III, 1935, Partitur u. Kl.-A. d. V.-Konzertes D moll; IV, 1935, *Sinfonia per la chiesa*; V, 1938, Jubilate-Psalm 100 in Partitur u. Kl.-A.); VI (1940), M. de Ron, Streichquartett F moll (Partitur); VII (1941), A. Wesström, Streichquartett E dur (Partitur); VIII–IX (1944/45), J. H. Roman, 2 Psalmen (Partitur mit Kl.-A.).
2) *Monumenta musicae svecicae*, hrsg. v. d. Svenska Samfundet för Musikforskning, Stockholm 1958ff.: Bd I (1958), J. H. Roman, *Assagi à Violino solo*; II (1960), J. M. Kraus, Werke (1 Symphonie); III (1962), »Musica svecica saeculi XVII«, 1. Teil, anon. Johannespassion.

Schweiz.
Schweizerische Musikdenkmäler (Monuments de la musique suisse), hrsg. v. d. Schweizerischen Musikforschenden Ges., Basel 1955ff.: Bd I (1955), H. Albicastro, 12 *Concerti à 4* op. 7; II (1959), J. M. Gletle, »Ausgew. Kirchenmusik«; III (1960), L. Bourgeois, *Le premier livre des pseaulmes de David* (24 Psalmen); IV (1962), J. Benn, Messen (*Missae concertatae, Missa ab octo*).

Spanien.

1) *Lira sacro-hispana*, erste große, denkmälerähnliche Slg span. Kirchenmusik d. 16.–19. Jh., mit biogr. Anm. hrsg. v. H. Eslava, 10 Bde (nach Jh. zu je 2 Serien geordnet), Madrid (1869); folgende Komponisten sind mit Werken vertreten: 16. Jh. (2 Bde): Serie I, Bd 1, zwei Anonymi, Fr. Bernal Gonzáles, Fr. de Ceballos (eines d. 3 Werke, *Inter vestibulum*, muß R. de Ceballos zugewiesen werden), B. Escobedo, P. Fernández de Castilleja, A. de Févin, Chr. Morales, Fr. de Peñalosa, B. Ribera, M. Robledo, A. de Torrentes; II/1, D. del Castillo, M. Gómez Camargo, Fr. Guerrero, F. de las Infantas, J. Navarro, D. Ortiz, P. Periañez, T. L. de Victoria. – 17. Jh. (2 Bde): I/1, Gr. Baban, D. Cáseda, J. B. Comes, A. de Heredia, A. Juares, A. Lobo, M. Romero, Fray P. Tafalla, U. de Vargas, M. J. Veana, S. de Vivanco; II/1, S. Duron, Fr. de Montemayor, A. T. Ortells, C. Patiño, D. Pontac, J. G. de Salazar. – 18. Jh. (2 Bde): I/1, zwei Anonymi, Fr. V. Cabrera, J. de Cáseda, P. Fuentes, B. Juliá, A. Literes, D. de las Muelas, J. Paez, P. Rabassa, J. P. Roldán, N. Sanjuan, Padre A. Soler, J. de Torres Martínez Bravo, Fr. Valls; II/1, J. Lidón, J. Nebra, A. Ripa. – 19. Jh. (4 Bde): I/1, P. Aranaz y Vides, Fr. J. Cabo, R. F. Cuellár, M. J. Doyagüe, Don Fr. García, A. Montesinos, J. Pons, J. Prieto, Fr. Secanilla; I/2, Fr. Andrevi, J. Bros, N. Ledesma, M. Rodríguez de Ledesma; II/1, H. Eslava; II/2 (nebst Appendix), M. J. Doyagüe, S. Durón, M. Fernández Caballero, M. García, C. J. Hugalde, V. Meton, D. Olleta, R. Ozcoz y Calahorra, J. Perez y Alvarez, H. Prádanos, Fr. Secanilla.

2) *Hispaniae schola musica sacra*, große Slg span. Vokalpolyphonie u. Orgelwerke d. 15.–18. Jh., hrsg. v. F. Pedrell (mit hist.-biogr. Anm.), 8 Bde, Barcelona-Lpz. (1894–98): Bd I, Chr. Morales, »Composiciones« (*Officium defunctorum*, 2 Magnificat, Responsorien u. Motetten, insgesamt 10 Werke); II, Fr. Guerrero, »Composiciones« (*Magnificat primi toni, Salve regina*, 2 Passionen u. 3 Motetten); III–IV u. VII–VIII, A. de Cabezón, »Composiciones« (d. gesamte bis dahin bekannte u. ihm zugeschriebene Orgelwerk); V, J. G. Pérez, »Composiciones« (Ausw. v. 11 Werken aus d. in d. Kathedrale v. Valencia hs. aufbewahrten Stücken); VI, T. de Santa María (*Psalmodia variata*), Anonymi (*Falso bordone, Aliqui psalmi modulati, Psalmodia modulata*), Fr. Guerrero (*Falso bordone*), T. L. de Victoria (*Falso bordone*), Fr. de Ceballos (*Psalmodia modulata*).

3) *Teatro lírico español anterior al siglo XIX*, bedeutende Anth. d. span. Operngesch., hrsg. v. F. Pedrell, 5 Bde (in 4), Madrid u. La Coruña 1897–98: Bd I, J. Valledor, *Vida y muerte del General Malbrú* (vollständiger Kl.-A.); II, Teile aus Werken v. P. Esteve (*El pretendiente, El luto de garrido, El desvalido, Los pasages del verano, La soldada, Los celos iguales, Los majos renidos, La malicia del terno*), G. Ferrer (*El remedo del gato*), Bl. de Laserna (*La vida cortesana, Los amantes chasqueados, La despreciada*), A. Literes (*Acis y Galatea*); III, kleinere Stücke (aus Balletten, Schauspielmusiken) v. Anonymi, J. Bassa, M. Correa, S. Durón, M. Ferrer, J. Hidalgo, J. Marín, J. Navas, C. Patiño, J. Peyró, M. Romero, J. de la Torre; IV–V, weitere Beispiele d. gleichen Art v. Anonymi, J. Asturiano, Fr. Berxes, S. Durón, J. Hidalgo, J. Justo, A. Literes, M. Machado, J. Marín, M. Martí, Fr. Monjo, Fr. Navarro, J. Navas, C. Patiño, J. Serqueira, M. de Villaflor.

4) *Publicacions del Departament de música de la Biblioteca de Catalunya*, begründet u. geleitet v. H. Anglès, Barcelona 1921ff.: Bd I (1921), J. Brudieu, »Els madrigals i la Missa de difunts« (alles Erhaltene); II (1921), eine Schrift v. H. Anglès, »Cat. dels mss. mus. de la collecció F. Pedrell«; III (1926), J. Pujol, »Opera omnia« (2. Teil s. u. VII); IV (1927), J. Cabanilles, »Opera omnia« (Fortführung s. u. VIII, XIII, XVII); V (1929), eine Studie v. C. Rojo u. G. Prado, »El canto mozárabe«; VI (3 Bde, 1931), *El códex musical de Las Huelgas* (Einführung v. H. Anglès, Faks. u. Übertragung); VII (1932), J. Pujol . . . (s. o. III); VIII (1933), J. Cabanilles . . . (s. o. IV), 2. Teil; IX (1933), A. Soler, »Sis Quintets per a instr. d'arc i orgue o clave obligat«; X (1935), Abh. v. H. Anglès, »La música a Catalunya fins al s. XIII«; XI (1933), J. Hidalgo, 1. Akt d. Oper *Celos aun del aire matan* (1662); XII (1935), »El villancico i la cantata del s. XVIII a Valencia«; XIII (1936), J. Cabanilles . . . (s. o. IV), 3. Teil; XIV (1951), D. Terradellas, Oper *La Merope*; XV (1943), »La música de las cantigas de Santa María del Rey Alfonso el Sabio«, 2. Bd, Übertragung (Abh. u. Faks. s. u. XVIII u. XIX); XVI (1954), M. Flecha, *Las Ensaladas*; XVII (1956), J. Cabanilles . . . (s. o. IV), 4. Teil; XVIII (1958), »La música . . .« (s. o. XV), 3. Bd, Abh. v. H. Anglès in 2 Teilen (1, »Estudio crítico« nebst H. Spanke, »Die Metrik d. Cantigas«, 2, »Las melodías hispanas y la monodía lírica europea de los s. XII–XIII«); XIX (1964), »La música . . .« (s. o. XV), 1. Bd, »Facsímil del códice j. b. 2 de El Escorial«.

5) *Mestres de l'escolanía de Montserrat* (Untertitel: Obres mus. dels monjos del monestir de Montserrat 1500–1800), hrsg. in 2 Abt. v. Dom D. Pujol, Montserrat 1930–36 u. 1965: 1. Abt.: J. Cererols, Gesammelte Werke (3 Bde, 1930–32); I, *Salms de Vespres, Completes breus, Antífones finals*; II, *Asperges me*, 2 Messen, 2 Requiems; III, Villancicos, Romanzen, Tonos); M. López, GA, 1. Bd (1965, = Bd VI d. Reihe). – 2. Abt. (Música instr.): I (1934), Kl.- u. Org.-Werke v. M. López u. N. Casanoves, II (1936), A. Viola, *Concert de baixò obligat i orquestra* (Fag.-Konzert), 16 Kl.-Sonaten u. ein Rondo v. F. Rodríguez, Kl.-Sonate v. J. Vinyals.

6) *Monumentos de la Música Española* (MMEsp), groß angelegte D.-Reihe d. span. Musikforschung, mit umfangreichen Abh. hrsg. v. Inst. Español de musicología unter d. Leitung v. H. Anglès, Madrid bzw. Barcelona (einige Bde auch Rom) 1941ff.: Bd I (1941, ²1960), »La música en la corte de los reyes católicos«, 1. Abt., Polifonía religiosa (Polifonía profana s. u. V, X, XIV); II (1944), »La música en la corte de Carlos V« (enthält L. Venegas de Henestrosas *Libro de Cifra Nueva*); III (1945), L. de Narváez, *Los seys libros del Delphin*; IV (1946), J. Vásquez, *Recopilación de sonetos y villancicos*; V (1947), »La música . . .« (s. o. I), 2. Abt., Polifonía profana, 1. Teil d. *Cancionero musical de Palacio* (frühes 16. Jh.); VI (1948), Fr. Correa de Arauxo, *Libro de tientos y discursos de música . . . intitulado Facultad organica* (2. Teil s. u. XII); VII (1949), A. Mudarra, *Tres libros de música*; VIII–IX (1949–50), *Cancionero musical de la Casa de Medinaceli* (16. Jh.), 1. Abt., Polifonía profana (mehr noch nicht erschienen); X (1951), »La música . . .« (s. o. I u. V), *Cancionero . . . de Palacio*, 2. Teil; XI (1952), Chr. Morales, »Opera omnia«, 1. Bd, Ausw. aus *Missarum liber primus* (weitere Bde s. u. XIII, XV, XVII, XX, XXI); XII (1952), Fr. Correa de Arauxo, *Libro de tientos* . . . (s. o. VI); XIII (1953), Chr. Morales . . . (s. o. XI), 2. Bd, *Selección de motetes* (1–25); XIV (1953), als 3. Teil zu V u. X (s. o.) ein literarischer u. mus. Kommentar v. J. Rubió, J. Romeu u. H. Anglès; XV (1954), Chr. Morales . . . (s. o. XI), 3. Bd, *Missarum liber secundus*, 1. Teil (2. Teil s. u. XXI); XVI (1955), Fr. Guerrero, »Opera omnia«, 1. Bd (Fortführung s. u. XIX), 1. Teil d. *Canciones y villanescas espirituales*; XVII (1956), Chr. Morales . . . (s. o. XI), 4. Bd, 16 *Magnificat*; XVIII (1956), »Romances y letras a tres vozes« (1. Bd); XIX (1957), Fr. Guerrero . . . (s. o. XVI), 2. Bd, *Liber primus missarum*; XX (1959), Chr. Morales . . . (s. o. XI u. XIII), 5. Bd, *Selección de motetes* (26–

USA

50); XXI (1962), Chr. Morales ... (s. o. XI u. XV), 6. Bd, *Missarum liber secundus*, 2. Teil.

1) *Smith College Music Archives*, begründet v. R.L. Finney, Northampton/Mass. (1935ff.): Bd I (1935), Fr. Geminiani, 12 V.-Sonaten; II (1936), J.J. Fux, Oper *Costanza e fortezza*; III (1937), L. Boccherini, Konzert f. Vc. u. Streichorch.; IV (1941), »Canzoni, Sonetti, Strambotti et Frottole« (A. de Antiquis' 3. Buch v. 1517 mit d. Titel *Frottole*); V (1942), J. Arcadelt, »Chansons«; VI (1945), C. de Rore, 3- u. 4st. Madrigale; VII (1945), Fr. Caccini, Ballettoper *La liberazione di Ruggiero*; VIII (1947), V. Galilei, *Contrappunti a due voci*; IX (1948), G. Tartini, 2 V.-Konzerte (A moll, F dur); X (1949), J. Haydn, Symphonie Nr 87 in A dur (Hob. I, 87); XI (1950), A. Steffani, 8 Lieder f. Singst. u. Bläser (davon 7 aus *Trastulli*); XII (1954), T. Vitali, *Concerto di sonate* op. 4; XIII (1957), P. Quagliati, *La sfera armoniosa* u. *Il carro di fedeltà d'amore*; XIV (1959), G. B. Vitali, *Artificii musicali* op. 13.

2) *Corpus Mensurabilis Musicae* (CMM), groß angelegte Veröff. d. mus. Hauptwerke d. späten MA u. d. Renaissance in Form einer GA-Reihe, hrsg. v. American Inst. of Musicology in Rom unter Leitung v. A. Carapetyan, Rom (neuerdings Antwerpen) 1947ff.: Abt. 1, G. Dufay, »Opera omnia«, bisher erschienen: Bd I (in ursprünglicher Zählung als Bd I u. II, 1947/48), »Motetti qui et cantiones vocantur« (alle Motetten), II (1960), *Missa sine nomine, Missa Sancti Jacobi, Missa Sancti Antonii Viennensis, Missa Caput, Alleluia Veni Sancte Spiritus, Missa La mort de Saint Gothard* (davon sind d. ersten beiden Werke neue Übertragungen einer schon 1949 als Bd III u. IV dieser Reihe erschienenen Ausg.), III (1951), »Missarum pars altera« (*Se la face ay pale, L'homme armé, Ecce ancilla domini, Ave regina coelorum*), IV (1962), »Fragmenta Missarum«; 2, G. de Machaut, »Opera« (bisher nur 1 Bd, 1949, *La Messe de Nostre Dame*); 3, A. Willaert, »Opera omnia«, bisher: I–II (1950), 1. u. 2. Buch d. *Motetta quatuor vocum* (d. 1. u. 2. Ausg.), III (1950), *Motetta quinque vocum* (beide Ausg.), IV (1952), *Motetta sex vocum*, V (1957), d. Motetten aus *Musica nova*, VII (1959), Hymnen; 4, J. Clemens non Papa, »Opera omnia«, bisher: I (in 4 H., 1951/54), Messen *Misericorde, Virtute magna, En espoir, Ecce quam bonum*, II (1953), *Souterliedekens*, III (1957), Motetten, IV (1958), alle Magnificat, V–VII (1958/59/59), 10 Messen, VIII (1960), *Missa defunctorum, Kyrie paschale, Credo*, IX (1960), Motetten, X–XI (1961/62), Chansons; 5, A. Brumel, »Opera omnia«, bisher nur Bd I (in 2 Teilen, 1951/56), mit d. Messen *L'homme armé* u. *Je nay dueul*; 6, N. Gombert, »Opera omnia«, bisher: I–II (1951/54), d. 4st. bzw. 5st. Messen, III (1963), Messen *Quam pulchra es* u. *Tempore paschali* sowie ein 8st. Credo, IV (1957), 8 Magnificat, V (1961), Motetten; 7, J. Barbireau, »Opera omnia« (2 Bde, 1954/57); 8, »The Music of Fourteenth Cent. Italy«, bisher: I (1954), gesammelte Werke v. Bartholus, Johannes (= Giovanni da Cascia) u. Gherardello de Florentia, II (1960), Werke v. Maestro Pierro (= Piero da Firenze) aus »Codex Vaticanus, Rossi 215« u. anderen Quellen, III (1962), Werke v. Laurentius Massii de Florentia, Donato de Florentia, Rosso da Collegrano u. 9 Anonymi, IV (1963), d. Werke v. Jacopo da Bologna u. Vincentius de Arimino; 9, J. Regis »Opera Omnia«, (2 Bde, 1956); 10, Fr. Gaffori, »Collected Mus. Works«, bisher 2 Bde Messen (1955/60); 11, »Early Fifteenth-Cent. Music«, I (1955), gesammelte Werke v. B. Cordier, J. Cesaris, J. Carmen u. J. Tapissier, II (1959), 67 Werke v. insgesamt 23 Komponisten (v. päpstlichen Hof zu Avignon u. v. burgundischen Hof); 12, G. Gabrieli, »Opera Omnia«, bisher: I–II (1956/59), Motetten aus d. *Concerti* u. d. *Sacrae symphoniae* v. 1597, III (1962), Motetten (*Symphoniae sacrae* 1615); 13 (1957), *Missa Tornacensis*; 14, C. de Rore, »Opera omnia«, bisher: I (1959), Motetten, II (1963), 5st. Madrigale, III (1961), Motetten; 15, L. Compère, »Opera omnia«, bisher: I (1958), alle Messen u. Messenfragmente, II–IV (1958/59/61), Motetten; 16, R. Carver, »Collected Works«, bisher 1 Bd (1959), d. beiden erhaltenen Motetten; 17, R. Fayrfax, »Collected Works«, bisher: I (1959), alle Messen, II (1964), 2 Magnificat, 6 Motetten, Transkriptionen f. Laute; 18, J. Tinctoris, »Opera omnia«, bisher 1 Bd (1960), Messe (f. König Ferdinand v. Sizilien u. Aragon); 19, W. Frye, »Opera omnia« (1 Bd, 1960); 20, P. Attaingnant, »Transcriptions of Chansons for Keyboard« (d. 3 Bücher *Chansons musicales* v. 1531), 1 Bd (1961); 21, »The Cypriot-French Repertory« (Polyphonie in Codex J.II.9 d. Bibl. Nazionale in Turin), I (1960), Messen, II (1961), Motetten, III (1963), Balladen, IV (1963), Virelais u. Rondeaux; 22, A. Agricola, »Opera omnia«, bisher: I (1961), 4 Messen, II (1963), 4 Messen u. Meßsätze; 23, J. Ghiselin (alias Verbonnet), »Opera omnia«, bisher: I (1961), alle Motetten, II (1961), 3 Messen; 24, G. de Wert, »Opera omnia«, bisher: I (1961), 1. Buch d. *Madrigali a 5 voci* v. 1558, II (1962), *Madrigali* 1561, III (1962), *Madrigali* 1563; 25, C. Festa, »Opera omnia«, bisher 1 Bd (1962), alle Messen u. Messeteile; 26, N. Vicentino, »Opera omnia« (1 Bd, 1963); 27, Nicholas Ludford, »Collected Works«, bisher 1 Bd (1963), d. 7 Marienmessen; 29, »Fourteenth-Cent. Mass Music in France« (1 Bd, 1962; dazu Kritischer Ber., = MSD VII, 1962); 33, J. Hothby, »The Mus. Works« (1 Bd, 1964).

3) *The Wellesley Edition*, hrsg. v. J. La Rue, Wellesley (Mass.) 1950ff.: Bd I (1950), J. Jenkins, »Fancies and Ayres«; II (1951), H. Lamb, »Six Scenes« aus d. *Protevangelion*; III (1954), ²1965), d. *Dublin Virginal Manuscript*; IV (1961), J. Haydn, 3 Divertimenti; V (1963), »The Ital. Cantata I: A. Cesti«; VI (1964), »Fifteenth Cent. Basse Dances« (Brüssel, Bibl. Royale Ms. 9085) mit M. Toulouze, *L'art et instruction de bien dancer*.

4) *Collegium musicum*, begonnen v. L. Schrade, New Haven (Conn.) 1955ff.: Bd I (1955), A. Scarlatti, Oratorium nach d. Johannespassion (1708); II (1960), »Thirty Chansons from the Attaingnant Collection«; IV (1963), d. *Wickhambrook Lute Manuscript*; V (1964), G. Dufay, J. Ockeghem, J. Obrecht, *Missae Caput*.

5) *Polyphonic Music of the Fourteenth Century*, hrsg. v. L. Schrade, 4 Bde nebst separaten Kommentar-Bden, Monaco (1956–58): Bd I (1956), *Roman de Fauvel*, GA d. mus. Werke Ph. de Vitrys u. »French Cycles of the Ordinarium Missae«; II–III (1956), G. de Machaut, GA; IV (1958), Fr. Landini, GA.

6) *Publications of Mediæval Musical Manuscripts*, hrsg. v. Inst. of Mediæval Music, Brooklyn (N. Y.) 1957ff.: Bd I (1957), Faks. d. Hs. *Madrid 20486*; II (1960), Faks. d. Hs. *Wolfenbüttel 1099 (1206)*; III (1959), »A Central Source of Notre-Dame Polyphony« (Faks., Kritischer Ber., Übertragungen); IV (1959), d. Hss. *Paris 13521 & 11411* (Faks. u. Übertragung nebst Quellen-Ber.); V (1959), d. Hss. *Worcester Add. 68, Westminster Abbey 33372* u. *Madrid, Bibl. Nac. 192* (Faks. ...; wie oben IV); VI (1960), d. Hss. *Oxford, Latin Liturgical d 20* u. *London, Add. Ms. 25031* sowie *Chicago, Ms. 654 app.* (Faks. ...; wie oben IV); VII (1959), G. Faugues, »Opera omnia« (Faks. d. Werke aus d. Hss. »Trent 88, Trent 91, Cappella Sistina 14, Cappella Sistina 51, Verona DCCLXI, Modena α.M.1.13«).

7) *Monuments of Renaissance Music*, hrsg. v. E. E. Lowinsky, bisher 1 Bd (Chicago 1964), d. Sammelwerk *Musica nova* (Venedig 1540), Werke v. N. Benoist, G. Cavazzoni, G. Colin, G. Parabosco, Segni, Willaert.

Denkmäler (Register)

8) *Corpus of Early Keyboard Music*, hrsg. v. American Inst. of Musicology unter Leitung v. W. Apel, Dallas (Tex.) 1963ff.: Bd I (1963), »Keyboard Music of the Fourteenth and Fifteenth Cent.«; II (1963), M. Facoli, »Collected Works«; III (1964), H. Praetorius, »Magnificats«; IV (1964), G. Salvatore, »Collected Works«; V (1964), B. Pasquini, »Collected Works for Keyboard«, 2 Teile; VI (1964), Johannes de Lublin, »Tablature of Keyboard Music«, 1. Teil.

9) *Recent Researches in the Music of the Renaissance*, bisher 1 Bd (New Haven 1964): G. M. Asola, »Sixteen Liturgical Works«.

10) *Recent Researches in the Music of the Baroque Era*, bisher 1 Bd (New Haven 1964): M.-A. Charpentier, *Judicium Salomonis*.

11) *Monuments of Music and Music Literature in Facsimile*, NY (1965ff.); 1. Reihe, Music: Bd I (1965), H. Purcell, *Orpheus Britannicus* I, Faks. d. Ausg. London 1698; II (1965), J. Blow, *Amphion Anglicus*, Faks. d. Ausg. London 1700. – 2. Reihe, Music Lit.: Bd I (1965), G. Zarlino, *Le istitutioni harmoniche*, Faks. d. Ausg. Venedig 1558.

Register (nach Komponisten; Be = Belgien, Dä = Dänemark, De = Deutschland, Fr = Frankreich, Gr = Großbritannien, It = Italien, Ni = Niederlande, Öst = Österreich, Po = Portugal, Sp = Spanien):

ADLGASSER, A. C.: Öst XLIII,1. AGRICOLA, A.: Be 1(III, XI, XXIV, XXIX); USA 2(22). AGRICOLA, M.: De 4(XXIV). AHLE, J. R.: De 5(V). AICHINGER, GR.: De1(XVI, XXVIII), 6(X,1). ALBERT, H.: De 5(XII–XIII). ALBERTI, G.: Dä 3(I–III). ALBICASTRO, H.: Schweiz I. ALBRECHTSBERGER, J. G.: Öst XVI,2. ALEXANDER: Öst XX,2. ALISON, R.: Gr 3(XXXIII). ALWOOD, J.: Gr 7(I). AMON, BL.: De 1(XXI); Öst XXXVIII,1. ANDREVI, FR.: Sp 1(19.I/2). ANERIO, F.: De 1(XV). D'ANGLEBERT, J. H.: Fr 6(VIII). ANNA v. KÖLN: De 10(IV). ANNA MARIA VAN EIJL: Ni 1(XXXVII), 2(II). ANONYMI: Be 1(XI, XIII–XX, XXII–XXIV); De 1(I), 4(IX); Fr 3; It 3(V), 7(I), 9(1/II, 1/III, 2/I), 14(VI–IX), 16(VII); Öst XIX,1; Schweden 2(III); Sp 1(16.I/1, 18.I/1), 2(VI), 3(III, IV–V); USA 2(8/III). ANTIQUIS, A. DE: Fr 3; USA 1(IV). ANTIQUIS, G. DE: It 8(I). APEL, N.: De 9(A.XXXII–XXXIII). APPENZELLER, B.: Be 1(XIV, XV, XVIII). ARANAZ Y VIDES, P.: Sp 1(19.I/1). ARCADELT, J.: Be 1(II, XX, XXV–XXVIII); De 2(VIII, XII); It 16(VII); USA 1(V). ARNE, TH. A.: Gr 2(II), 6(III). ARNOLD v. BRUCK: Öst 99. ASHTON, H.: Gr 5(X). ASHWELL, TH.: Gr 7(I). ASOLA, G. M.: De 1(XXVII), 12(I); It 16(II); USA 9. ASTURIANO, J.: Sp 3(IV–V). ATTAINGNANT, P.: De 4(XXVIII); Fr 3, 6(I, V); USA 2(20), 4(II). ATTEY, J.: Gr 4(2/IX). AZZAIOLO, F.: It 11(II).

BABAN, GR.: Sp 1(17.I/1). BACCUSI, H.: It 16(I). BACH: De 9(A.I–II, A.IX). BACH, C. PH. E.: De 5(XXIX/XXX), 9(A.XVIII). BACH, J. CHR.: De 9(A.III, A.XXX). BACH, J. CHR. FR.: De 5(LVI). BACH, J. E.: De 5(XLII, XLVIII). BACH, J. S.: De 1(I, IV). BAKFARK, GREFF: Öst XVIII,2. BALLARD, E.: Fr 8(V–VI). BALTAZARINI: Fr 1 BANCHIERI, A.: It 4(I), 6(I). BARBÉ, A. DE: De 2(XII). BARBIREAU, J.: USA 2(7). BARGONIO, T.: It 16(VII). BAROTI, SC.: De 1(XXIV). BARRA, H.: Be 1(XX). BARTHOLUS DE FLORENTIA: USA 2(8/I). BARTLET, J.: Gr 4(2/III). BARTOLUCCI DA ASSISI, R.: Dä 3(II). BASIRON, PH.: De 2(VIII); It 9(1/I). BASSA, J.: Sp 3(III). BASSANI, G. B.: De 1(XXVII); It 4(II), 16(V). BASTON, J.: Be 1(XII); De 2(XII). BATESON, TH.: Gr 1(XIV, XVII), 3(XXI–XXII). BATTISTINI, G.: It 5(1/III). BAULDEWIJN, N.: Be 2(IX). BEAUJOYEULX, B. DE = Baltazarini. BECK, FR.: De 6(VIII,2). BEETHOVEN, L. VAN: Fr 6(II). BENDA, G.: De 5(LXIV). BENEVOLI, O.: It 10(IA/1–4, IA/8, IB/1, IC/1, IIA/1, IIB/1–4, IIB/9, IIC/1, IID/1); Öst X,1. BENINCASA, A.: Dä 3(II). BENN, J.: Schweiz IV. BENNET, J.: Gr 1(XV), 3(XXIII). BENOIST, N.: USA 7. BERCHEM, J. DE: Be 1(I, XI, XVII, XXIV); It 16(VII). BERNAL GONZÁLES, FR.: Sp 1(16.I/1). BERNARDI, ST.: Öst XXXVI,1. BERNARDO PISANO: Dä 3(III). BERNHARD, CHR.: De 5(VI). BERTANI, L.: It 16(I). BERTONI, F. G.: It 4(XVI). BERTRAND, A. DE: Fr 5(IV–VII). BERXES, FR.: Sp 3(IV–V). BESARD, J.-B.: It 2(VII, IX). BIBER, C. H.: Öst XLIII,1. BIBER, H. I. FR.: Öst V,2, XII,2, XXV,1, XXX,1, 92, 96–97, 106/107.

BIECHTELER, M. S.: Öst XLIII,1. BINCHOIS, G.: De 12(II). BIVI, P.: Dä 3(III). BLOW, J.: Gr 2(XXIII, XXV), 6(VII); USA 11(1/II). BOCCHERINI, L.: It 4(III), 7(IV), 13(I); USA 1(III). BÖHM, G.: De 5(XLV). BOIELDIEU, A.: Fr 6(XI–XII). BONTEMPO, J. D.: Po VIII. BORCHGREVINCK, M.: Ni 1(XXXIV). BOSCOOP, C.: Ni 1(XXII). BOURGEOIS, L.: Schweiz III. BOUTMY, J.: Be 2(V). BOYCE, W.: Gr 6(XIII). BOYVIN, J.: Fr 4(VI). BROS, J.: Sp 1(19.I/2). BRUDIEU, J.: Sp 4(I). BRUHNS, N.: De 1(I), 9(C.Schleswig… I–II). BRUMEL, A.: Be 1(II, X, XI); Fr 3; USA 2(5). BRUNETTI, G.: It 13(III). BULL, J.: Gr 1(XVIII), 6(XIV, XIX). BULTEL, J.: Be 1(XXVIII). BUONAUGURIO DA TIVOLI, G.: Dä 3(I, II). BURGH, C.: De 10(VI, IX). BUSNOIS, A.: It 9(1/I). BUUS, J.: De 2(VIII); It 16(VII). BUXTEHUDE, D.: De 1(I), 5(XI, XIV). BYRD, W.: Gr 1(I, VI, XVIII), 2(VI–IX), 3(XIV–XVI), 5(II, VII, IX).

CABANILLES, J.: Sp 4(IV, VIII, XIII, XVII). CABEZÓN, A. DE: Sp 2(III–IV, VII–VIII). CABILLIAU: Be 1(XVIII). CABO, FR. J.: Sp 1(19.I/1). CABRERA, FR. V.: Sp 1(18.I/1). CACCINI, FR.: USA 1(VII). CACCINI, G.: De 4(IX); It 4(IV). CALDARA, A.: De 1(III); Öst XIII,1, XXXIX, 91, 101/102. CALVISIUS, S.: De 1(XXVIII). CAMBERT, R.: Fr 1. CAMPIAN, TH.: Gr 2(I), 4(1/IV, 1/XIII, 2/I–II, 2/X–XI). CAMPRA, A.: Fr 1. CANIS, C.: Be 1(XV, XXV); De 2(VIII). CANNABICH, CHR.: De 6(VIII,2, XV–XVI). CARA, M.: Dä 3(II). CARDOSO, M.: Po V–VI. CARISSIMI, G.: De 3(II); It 4(V), 8(4). CARLTON, R.: Gr 3(XXVII). CARMEN, J.: USA 2(11/I). CARNAZZI: De 1(II). CARON, PH.: It 9(1/I). CAROSO, F.: It 2(I). CARVER, R.: Gr 7(II). CASANOVES, N.: Sp 5(2/I). CÁSEDA, D.: Sp 1(17.I/1). CÁSEDA, J. DE: Sp 1(18.I/1). CASTILETI, J. = Guyot. CASTILLO, D. DEL: Sp 1(16.II/1). CATEL, CH.-S.: Fr 1. DU CAURROY, E.: Fr 5. CAVALIERI, E. DE': It 4(X). CAVALLI, FR.: De 4(XI). CAVAZZONI, G.: It 4(VI); USA 7. CAVAZZONI, M. A.: It 7(I). CAVENDISH, M.: Gr 3(XXXVI), 4(2/VII). CEBALLOS, FR. DE: Sp 1(16.I/1), 2(VI). CEBALLOS, R. DE: Sp 1(16.I/1). CERERES, J.: Sp 5(1/I–III). CERTON, P.: De 2(XII); Fr 5(II), 8(I). CESARES, J.: USA 2(11/I). CESTI, M. A.: De 4(XI); Öst III,2, IV,2; USA 3(V). CHARPENTIER, M.-A.: USA 10. CHERUBINI, L.: It 4(VII). CIMA, G. P.: De 1(XXIII). CLAUDIN = Cl. de Sermisy. CLEMENTI, M.: It 4(VIII). CLEMENS NON PAPA, J.: Be 1(I, XIV, XX); De 2(I–III, V, VIII, X–XII); Ni 1(XLIV); USA 2(4). CLÉRAMBAULT, L. N.: Fr 4(III). CLEVE, J. DE: Be 1(I, IX, XII–XVI). De 2(IV). COCLICO, A. P.: De 9(A.XLII). COELHO, M. R.: Po I, III. COLIN, G.: USA 7. COLLASSE, P.: Fr 1. COMES, J. B.: Sp 1(17.I/1). COMPÈRE, L.: Be 1(XIII, XXIII); USA 2(15). CONTI, FR.: Öst 101/102. COPERARIO, J.: Gr 4(1/XVII). CORDANS, B.: De 1(II). CORDIER, B.: USA 2(11/I). CORELLI, A.: De 3(III); It 4(IX). CORKINE, W.: Gr 4(2/XII–XIII). CORNET, P.: Be 1(XVII). CORREA, M.: Sp 3(III). CORREA DE ARAUXO, FR.: Sp 6(VI, XII). COSTA DE LISBOA, J. DA: Po VII. COSTELEY, G.: Fr 3. COUPERIN (LE GRAND), FR.: De 3(IV); Fr 4(V). CRAMER, W.: De 6(XV–XVI). CRAPPIUS, A.: De 9(C.Niedersachsen II). CRECQUILLON, TH.: Be 1(I, VIII, XII, XIV, XXIV); De 2(X, XII). CROCE, G.: De 1(XV, XVI, XXIII); It 6(III), 16(I). CUELLÁR, R. F.: Sp 1(19.I/1).

DACH, S.: De 9(C.Ostpreußen…). DALL'ABACO, E. F.: De 6(I, IX,1). DAMAN, G.: Gr 2(XXI). DANDRIEU, J. FR.: Fr 4(VII). DANYEL, J.: Gr 4(2/VIII). DANZI, FR.: De 6(XV–XVI). DAQUIN, L.-CL.: Fr 4(III). DASER, L.: De 9(A.XLVII). DATTARI, GH.: It 11(III). DELALANDE, M.-R.: Fr 1. DELATRE, CL.: De 2(VIII). DELLER, FL. J.: De 5(XLIII/XLIV). DEMANTIUS, CHR.: De 1(XXVIII), 9(B.I). DESTOUCHES, A.: Fr 1. DIEPENBROCK, A.: Ni 1(XLIII). DIETRICH, S.: De 8(III,2), 9(A.XXIII). D'INDIA, S.: It 7(X). DITTERS v. DITTERSDORFF, K.: Öst XLIII,2. DOBENECKER: De 1(I). DONATO, B.: De 1(XXIV). DONATO DE FLORENTIA: USA 2(8/III). DONI, A. FR.: It 16(VII). DOWLAND, J.: Gr 1(XII), 4(1/I–II, 1/V–VI, 1/X–XII, 1/XVI), 6(VI). DOYAGÜE, M. J.: Sp 1(19.I/1, 19.II/2). DRAGHI, A.: Öst XXIII,1. DRESSLER, G.: De 1(XV, XXVI), 4(XXVIII). DUFAY, G.: It 9(1/I, 1/II, 2/I); Öst XIX,1; USA 2(1), 4(V). DULICHIUS, PH.: De 5(XXXI, XLI). DUNSTABLE, J.: Fr 2; De 6(VIII). DURANTE, FR.: De 1(II, IV); It 4(XI). DURÓN, S.: Sp 1(17.II/1, 19.II/2), 3(III–V). DUTERTRE, E.: Fr 3.

EARSDEN, J.: Gr 4(2/XVIII). EAST, M.: Gr1(XIV), 3(XXIX–XXXI). EAST, TH.: Gr 1(XI). EBERLIN, J. E.: De 1(I); Öst XXVIII,1, XLIII,1. ECCARD, J.: De 4(XXV). EDELMANN, J. FR.: De 6(XV–XVI). EICHNER, E.: De 6(VIII,2, XV–XVI). EPISCOPIUS, L.: Be 1(XI). ERBACH, CHR.: De

1(XXVIII), 6(IV,2). ERLEBACH, PH. H.: De 5(XLVI/XLVII). ESCOBEDO, B.: Sp 1(16.I/1). ESLAVA, H.: Sp 1(19.II/1). ESTE, M. u. TH. = East. ESTEVE, P.: Sp 3(II).
FABIO, E.: De 1(II). FABRI, ST.: It 10(IIB/10–11). FACOLI, M.: USA 8(II). FAIGNIENT, N.: Be 1(XIII, XXVIII). FALK, G. P.: Öst 86. FARMER, J.: Gr 3(VIII). FARNABY, G.: Gr 3(XX). FASCH, J. FR.: De 9(A.XI). FAUGUES, G.: It 9(1/I, 1/IV); USA 6(VII). FAYRFAX, R.: USA 2(17). FELIS, ST.: De 1(XXIII). FERNÁNDEZ CABALLERO, M.: Sp 1(19.II/2). FERNÁNDEZ DE CASTILLEJA, P.: Sp 1(16.I/1). FERRABOSCO(I), A.: De 1(XXV); Gr 2(XI–XII). FERRABOSCO(II), A.: Gr 4(2/XVI). FERRER, G.: Sp 3(II). FERRER, M.: Sp 3(III). FESTA, C.: Dä 3(I–III); It 1(VII); USA 2(25). FESTA, S.: Dä 3(II). FÉVIN, A. DE: Fr 3; Sp 1(16.I/1). FEYS, A.: Be 1(XXVIII). FIELD, J.: Gr 6(XVII). FILIPPUS DE LURANO: Dä 3(II). FILTZ, A.: De 6(III,1, VII,2, XV–XVI), 9(A.LI). FINCK, HEINRICH: De 4(VII), 9(A.LVII). FINCK, HERMANN: De 4(VII). FIOCCO, J.-H.: Be 2(III). FISCHER, J. C. F.: De 5(X). FLECHA, M.: Sp 4(XVI). FLORIO, G.: De 1(XVIII). FÖRSTER, E. A.: Öst XXXV,1. FOGLIANO, G.: Dä 3(I); It 7(I). FOGLIANO, L.: Dä 3(II). FORD, TH.: Gr 1(XIV), 4(1/III). FORSTER, G.: De 4(XXXIII), 9(A.XX). FOSSA, J. DE: Be 1(II). FRANCISCUS BOSSINENSIS: It 5(2/III). FRANCK, J. W.: De 5(XLV), 9(C.Bayern II). FRANCK, M.: De 1(XXIV), 5(XVI). FRAUENLOB: Öst XX,2. FRESCOBALDI, G.: De 1(I), 12(IV); It 2(VI), 4(XII), 15(II). FRIDERICI, D.: De 9(C.Mecklenburg... II). FROBERGER, J. J.: De 1(I); Öst IV,1, VI,2, X,2. FRYE, W.: USA 2(19). FUENTES, P.: Sp 1(18.I/1). FUX, J. J.: Öst I,1, II,1, IX,2, XVII, XXIII,2, 85, 101/102; USA 1(II).
GABRIELI, A.: Fr 4(X); It 5(1/I), 7(V). GABRIELI, G.: De 1(III, XV, XVI, XXI, XXIII, XXVIII); It 5(1/I–II); USA 2(12). GAFFORI, FR.: It 14(I–V); USA 2(10). GAGLIANO, M. DA: De 4(IX). GALILEI, V.: It 5(1/IV); USA 1(VIII). GALLO(II), D.: De 1(II). GALLUS, J.: De 1(XV, XXI, XXII, XXVII); Öst VI,1, XII,1, XV,1, XX,1, XXIV, XXVI, XLII,1, 94/95. GALUPPI, B.: It 4(XIII), 16(VI). GARCÍA, FR.: Sp 1(19.I/1). GARCÍA, M.: Sp 1(19.II/2). GASCOGNE, M.: Be 2(IX). GASPAR VAN WEERBEKE: It 14(XI). GASSMANN, FL. L.: Öst XXI,1, XLV. GAULTIER, D.: Fr 6(VI–VII). GAUTIER DE COINCI: Fr 6(XV). GEIST, CHR.: De 9(A.XLVIII). GEMBLACO, J. FR.: Be 3. GEMINIANI, FR.: USA 1(I). GENET, E.: It 1(VII). GERVAISE, CL.: Fr 3. GESUALDO, C.: It 4(XIV), 5(1/V), 8(2). GHEERKIN = C. Canis. GHERARDELLO DE FLORENTIA: USA 2(8/I). GHISELIN, J.: USA 2(23). GIACOBBI, G.: It 11(I). GIACOMELLI, G.: De 1(II). GIARDINI, F.: It 7(III, VI). GIBBONS, CHR.: Gr 6(II). GIBBONS, O.: Gr 1(III, IX, XVIII), 3(V), 5(IV), 6(XX), 7(III). GIGAULT, N.: Fr 4(IV). GILES, TH.: Gr 2(I). GINTZLER, S.: Öst XVIII,2. GIORGI, G.: It 10(IC/2, IIIA/1–2). GIOVANNELLI, R.: De 1(XXV, XXVI). GIOVANNI DA CASCIA: USA 2(8/I). GISTOU, N.: Ni 1(XXXIV). GLAREANUS: De 4(XVI–XVIII). GLETLE, J. M.: Schweiz II. GLUCK, CHR. W.: De 6(XIV,2); Öst XXI,2, XXX,2, XLIV. GÖRNER, J. V.: De 5(LVII). GOLDBERG, J. G.: De 9(A.XXXV). GOMBERT, N.: Be 1(II, XI, XII, XIV, XVII, XX); De 2(VIII, XII); USA 2(6). GÓMEZ CAMARGO, M.: Sp 1(16.II/1). GOUDIMEL, CL.: Be 1(III, XI); Fr 3, 5(IX); It 1(VII). GRAUN, C. H.: De 5(XV). GRAUPNER, CHR.: De 5(XXIX/XXX, LI/LII), 11(1/II). GRAZIANI, C.: It 7(XV). GRAZIOLI, G. B.: It 7(XII). GREAVES, TH.: Gr 3(XXXVI), 4(2/XVIII). GREP, B.: Ni 1(XXXIV). GRIGNY, N.: Fr 4(V). GUAMI, G.: De 1(XVII, XVIII). GUERRERO, FR.: De 1(XXVII); Sp 1(16.II/1), 2(II, VI), 6(XVI, XIX). GUILAIN, J.: Fr 4(VII). GUILLET, CH.: Be 2(IV). GUMPELZHAIMER, A.: De 1(II, XXVIII), 6(X,2). GUYOT, J.: De 2(XII).
HÄNDEL, G. FR.: De 1(IV). HAGIUS, K.: De 10(III). HAINDL, FR. S.: Öst 86. HAINLEIN, P.: De 6(VI,1). HAMMERSCHMIDT, A.: De 1(III, XXIV–XXVIII), 5(XL), 9(A.XLIII, A.XLIX); Öst VIII,1. HASSE, J. A.: De 1(IV), 5(XX, XXIX/XXX), 9(A.XXVII). HASSLER, H. L.: De 1(XIII–XIV), 4(XV), 5(II, VII, XXIV/XXV), 6(IV,2, V, XI,1). HASSLER, J.: De 6(IV,2). HAUSSMANN, V.: De 5(XVI). HAVINGHA, G.: Be 2(VII). HAYDN, J.: USA 1(X), 3(IV). HAYDN, M.: Öst XIV,2, XXII, XXXII,1. HEINICHEN, J. D.: De 9(A.XI). HEINRICH VIII.: Gr 6(XVIII). HELLENDAAL, P.: Ni 1(XLI), 2(I). HERBING, V.: De 5(XLII). HERBST, J. A.: De 9(C.Rhein...). HEREDIA, A. DE: Sp 1(17.I/1). HIDALGO, J.: Sp 3(III–V). HILTON, J.: Gr 1(XIII). HOFFER, J.: Öst XXVIII,2. HOLBORNE, W.: Gr 3(XXXVI). HOLE, W.: Gr 1(XVIII). HOLLANDE, J. DE: Be 1(XVI). HOLLANDER, CHR.

J.: De 2(I, IV–VI, IX). HOLLANDER, S.: De 2(I). HOLZBAUER, I.: De 5(VIII/IX), 6(VII,2, XV–XVI), 9(A.XXIV). HOTHBY, J.: USA 2(33). HUGALDE, C. J.: Sp 1(19.II/2). HURLEBUSCH, C. FR.: De 5(XXIX/XXX); Ni 1(XXXII). HUYGENS, C.: Ni 1(XI).
INFANTAS, F. DE LAS: Sp 1(16.II/1). INGEGNERI, M. A.: De 1(XV); It 5(1/VI). ISAAC, H.: It 14(X); Öst V,1, XIV,1, XVI,1.
JACHET V. MANTUA: De 12(I). JACOPO DA BOLOGNA: USA 2(8/IV). JANEQUIN, CL.: De 2(XII); Fr 3. JEEP, J.: De 9(A.XXIX). JENKINS, J.: USA 3(I). LE JEUNE, CL.: Be 1(XX, XXIX); Fr 3, 5(I, VIII). JOACHIM A BURCK: De 1(III), 4(XXVI). JOHANNES DE FLORENTIA = Giovanni da Cascia. JOHANNES DE LUBLIN: USA 8(VI). JOHNSON, R.: Gr 4(2/XVII). JOMMELLI, N.: De 1(IV), 5(XXXII/XXXIII); It 4(XV). JONES, R.: Gr 3(XXXV), 4(2/IV, 2/VI, 2/XIV–XV). JOSQUIN DESPREZ: Be 1(II, III, XII, XIV–XVI, XX, XXII); De 2(VI–VIII, XII), 4(V); Ni 1(XLIV). JUARES, A.: Sp 1(17.I/1). JUDENKÜNIG, H.: Öst XVIII,2. JULIÁ, B.: Sp 1(18.I/1). JULLIEN, G.: Fr 6(XIII). JUNCKERS, G.: Be 1(XXI). JUSTO, J.: Sp 3(IV–V).
KEISER, R.: De 4(XXI/XXII), 5(XXXVII/XXXVIII). KERLE, J. DE: Be 1(I, XVII, XXIII–XXVIII); De 6(XXVI). KERLL, J. K.: De 1(II), 6(II,2); Öst XXV,1, XXX,1. KINDERMANN, J. E.: De 6(XIII, XXI–XXIV). KIRBYE, G.: Gr 2(III–V, XXI), 3(XXIV). KIRCHHOFF, G.: De 9(A.XXXV). KNEFFEL, J.: De 1(XIX). KNÜPFER, S.: De 5(LVIII/LIX). KRAUS, J. M.: Schweden 2(II). KRIEGER, A.: De 5(XIX). KRIEGER, J.: De 6(VI,1, XVIII). KRIEGER, J. PH.: De 5(LIII/LIV), 6(VI,1, XVIII). KUGELMANN, H.: De 9(B.II). KUHNAU, J.: De 5(IV, LVIII/LIX). KUSSER, J. S.: De 9(C.Schlewig... III).
LAMB, H.: USA 3(II). LANDI, ST.: It 3(V). LANDINI, FR.: USA 5(IV). LANGE, GR.: De 1(XIX), 4(XXIX). LANNER, J.: Öst XXXIII,2. LANTINS, A. DE: Be 3. LANTINS, H. DE: Be 3. LAPPERDEY, PH.: Be 1(XVIII). DE LA RUE, P.: Be 1(XVIII–XXII, XXIX), 2(VIII); Fr 3. LASERNA, BL. DE: Sp 3(II). LASSUS, O. DE: Be 1(III–V, IX, X, XII, XIII, XVI, XXIV); De 1(V–XII), 2(VII, VIII, X, XII); Fr 3. LASSUS, R. DE: De 1(XXI). LAURENTIUS MASSII DE FLORENTIA: USA 2(8/III). LAURUS PATAVUS: Dä 3(I). LAWES, W.: Gr 6(XXI). LEBÈGUE, N.: Fr 4(IX). LE BLANC, D.: Fr 5(III). LECHNER, L.: De 1(XVIII, XXI), 4(XXIII). LECLAIR (L'AÎNÉ), J.-M.: De 4(XXXI). LE COCO, J.: De 2(XII), 12(I). LEDESMA, N.: Sp 1(19.I/2). LEGRENZI, G.: De 1(II, III). LEIBL, C.: De 10(V). LE MAISTRE, M.: Be 1(I, XII); De 2(VIII). LEO, L.: De 1(III, IV). LEONI, L.: De 4(XXXV). LE ROY, A.: Fr 8(II–IV). LE ROY, B.: Be 1(II). L'ESTOCART, P. DE: Fr 5(X–XI). LE SUEUR, J. FR.: Fr 1. LICHFILD, H.: Gr 3(XVIII). LIDÓN, J.: Sp 1(18.II/1). LITERES, A.: Sp 1(18.I/1), 3(II, IV–V). LOBO, A.: Sp 1(17.I/1). LOCATELLI, P.: It 4(XVI), 7(XIV); Ni 1(XXXI), 2(IV). LOCKE, M.: Gr 6(II). LOEILLET, J. B.: Be 2(I). LONGAVAL, A. DE: Be 1(I). LOPES MORAGO, E.: Po IV. LÓPEZ, M.: Sp 5(1/VI, 2/II). LOTTI, A.: De 1(II, IV), 5(LX). LUDFORD, N.: USA 2(27). LULLY, J.-B.: De 4(XIII/XIV); Fr 1. LUPI, J.: Be 1(XVI, XX, XXIV); De 2(XII). LUPO, TH.: Gr 2(I). LUYTON, CH.: Be 2(IV); De 1(XVII–XX, XXII).
MACHADO, M.: Sp 3(IV–V). MACHAUT, G. DE: De 8(I,1, III,1, IV,2); USA 2(2), 5(II–III). MACQUE, J. DE: Be 1(I, VII, IX), 2(IV). MADLSEDER, N.: Öst 86. MAESTRO PIERRO = Piero da Firenze. MAFFONI, H.: Dä 3(I, II). MAGE, P. DU: Fr 4(III). MAHU, ST.: De 1(XVII, XVIII). MAINERIO, G.: De 12(V). MAISTRE JHAN = J. Le Cocq. MANCHICOURT, P. DE: De 2(XII). MANN, A.: Öst XIX,2. MARBECK = J.Merbecke. MARCELLO, B.: De 1(IV); It 2(IV), 4(XVII), 7(II, VIII). MARCHAND, L.: Fr 4(III, V). MARENZIO, L.: De 1(XV, XVI, XXVII, XXVIII), 8(IV,1, VI). MARÍN, J.: Sp 3(III–V). MARTELAERE, J. DE: Be 1(I). MARTÍ, M.: Sp 3(IV–V). MARTINI, G.: De 11(1/V); It 4(XVIII), 7(XI). MARTINI, J.: It 14(XII). MASON, G.: Gr 4(2/XVIII). MASSAINI, T.: Öst 110. MASTIOLETTI: De 1(II). MATHEUS DE PERUSIO: It 5(2/I). MATTHESON, J.: De 11(1/I). MAUDUIT, J.: Fr 3. MAYR, R. I.: De 9(C.Bayern I). MEILAND, J.: De 1(XIX, XX). MEL, R. DEL: Be 1(I, IX, XI, XII); De 1(XVI, XX, XXI, XXVI). MELDERT, L. VAN: Be 1(XI). MENEGALLI: De 1(II). MERBECKE, J.: Gr 5(X). MERULA, T.: It 15(I). MERULO, C.: De 1(I, XV, XVIII, XXV, XXVII, XXVIII); Fr 4(X). METON, V.: Sp 1(19.II/2). MICHEL, DON: Dä 3(II). MILAN, L.: De 8(II). MILTON, J.: Gr 2(XXII). MOLINARI, S.: De 1(XV, XVI, XXII). MOLTER,

Denkmäler (Register)

J. M.: De 9(A.XLI). MONDONVILLE, J.-J. DE: Fr 6(IX). MONJO, FR.: Sp 3(IV–V). MONN, M.: Öst XV,2, XIX,2. MONTE, L.: Be 1(XI). MONTE, PH. DE: Be 1(I, II, VI–X); De 1(XXIV), 2(VI); It 16(I); Ni 1(XXXVIII). MONTELLA, G. D.: It 5(I/V). MONTEMAYOR, FR. DE: Sp 1(17.II/1). MONTESINOS, A.: Sp 1(19.I/1). MONTEVERDI, CL.: De 4(IX); It 3(VI), 4(XIX), 5(1/VI), 7(IX), 16(IV); Öst XXIX,1. MORALES, CHR.: It 1(VII); Sp 1(16.I/1), 2(I), 6(XI, XIII, XV, XVII, XX, XXI). MORITZ v. HESSEN: De 9(C.Kurhessen). MORLAYE, G.: Fr 8(I). MORLEY, TH.: Gr 1(V), 3(I–IV, XXXII), 4(1/XVI). MOUTON, J.: De 2(VIII); Fr 3. MOZART, L.: De 6(IX,2). MUDARRA, A.: Sp 6(VII). MUELAS, D. DE LAS: Sp 1(18.I/1). MÜTHEL, J. G.: De 11(1/VI–VII). MUFFAT, GEORG: Öst I,2, II,2, XI,2, 89. MUFFAT, GOTTLIEB: De 1(I); Öst III,3, XXIX,2. MUNDY, J.: Gr 3(XXXV). MUNDY, W.: Gr 7(II). MURSCHHAUSER, FR. X. A.: De 6(XVIII). MUTUS: Dä 3(I).

NANINO, G. M.: De 1(XXV); It 16(I). NARVÁEZ, L. DE: Sp 6(III). NAUMANN, J. G.: De 1(IV). NAVARRO, FR.: Sp 3(IV–V). NAVARRO, J.: Sp 1(16.II/1). NAVAS, J.: Sp 3(III–V). NEBRA, J.: Sp 1(18.II/1). NEEFE, CHR. G.: De 10(I, X–XI). NEGRI, C.: It 2(I). NEIDHART V. REUENTHAL: Öst XXXVII,1. NENNA, P.: It 8(3). NERITO, V.: De 1(XX). NEWSIDLER, H.: Öst XVIII,2. NIVERS, G.: Fr 6(XIV). NOCETTI, FL.: De 1(XV). NOLETH: It 16(VII). NOORDT, A. VAN: Ni 1(XIX). NOVARESE, M.: It 16(VII).
OBRECHT, J.: Ni 1(IX, XVIII, XLIV); USA 4(V). OCKEGHEM, J.: De 8(I,2); It 9(I/I); Öst XIX,1; USA 4(V). ÖGLIN, E.: De 4(VIII). OEVERING, R. P. VAN: Ni 1(XLVI). OLLETA, D.: Sp 1(19.II/2). OROLOGIO, A.: De 1(XXIV). ORTELLS, A. T.: Sp 1(17.II/1). ORTIZ, D.: Sp 1(16.II/1). ORTO, M. DE: It 9(1/I). OTHMAYR, C.: De 9(A.XVI, A.XXVI). OTT, J.: De 4(I–III), 9(A.XV). OZCOZ Y CALAHORRA, R.: Sp 1(19.II/2).
PACE, P.: De 1(XX). PACHELBEL, J.: De 1(I, III), 6(II,1 IV,1, VI,1); Öst VIII,2. PACHELBEL, W. H.: De 6(II,1, IV,1). PADBRUÉ, C. TH.: Ni 1(XLII), 2(V). PAEZ, J.: Sp 1(18.I/1). PAISIELLO, G.: It 4(XX). PALAZZO, J.: It 16(VII). PALESTRINA, G. P.: Dä 3(III); De 1(II, III), 3(I); It 1(I–VI, VII), 4(XXI). PALLAVICINI, C.: De 5(LV). PALUSELLI, S.: Öst 86. PARABOSCO, G.: It 16(VII); USA 7. PARADIES, P. D.: It 4(XXII). PARSLEY, O.: Gr 5(X). PASQUINI, B.: USA 8(V). PATIÑO, C.: Sp 1(17.II/1), 3(III–V). PEDERSØN, M.: Dä 1. PEÑALOSA, FR. DE: Sp 1(16.I/1). PEPUSCH, J. CHR.: De 11(2/I–II). PÉREZ, J. G.: Sp 2(V). PEREZ Y ALVAREZ, J.: Sp 1(19.II/2). PERGOLESI, G. B.: De 1(IV); It 4(XXIII). PERI, J.: It 3(VI), 4(XXIV). PERIAÑEZ, P.: Sp 1(16.II/1). PERISON: It 16(VII). PESORI, ST.: It 2(III). PETRUCCI, O.: De 8(VIII); It 12(I). PETRUS DE OSTIA: Dä 3(I). PETTI, P.: It 10(IA/6). PETZ, J. CHR.: De 6(XXVII/XXVIII). PEUERL, P.: Öst XXXVI,2. PEVERNAGE, A.: Be 1(I, II, V–VIII, XVI); De 2(VIII). PEYRÓ, J.: Sp 3(III). PEZEL, J.: De 5(LXIII). PFLEGER, A.: De 9(A.L). PHALÈSE, P.: Ni 1(XXVI, XXVII). PHILIDOR, FR. A.: Fr 1. PHINOT, D.: De 2(VIII, IX). PICCINNI, N.: Fr 1; It 7(VII). PICCHI, G.: It 2(II). PIERO DA FIRENZE: USA 2(8/II). PILKINGTON, FR.: Gr 2(XVIII–XX), 3(XXV–XXVI), 4(1/VII, 1/XV). PIPELARE, M.: Be 1(I, XI, XIII, XIV, XXI). PISARI, P.: It 10(IIB/8). PISENDEL, J. G.: De 5(XXIX/XXX). PITONI, G. O.: It 10(IA/5, IA/7, IIB/5–7). PLATTI, G.: De 11(1/III–IV); It 5(2/II). POGLIETTI, A.: Öst XIII,2, XXVIII,2. POKORNY, FR. X.: De 9(A.XLI). PONS, J.: Sp 1(19.I/1). PONTAC, D.: Sp 1(17.II/1). PONTE, J. DE: Be 1(I). PORPORA, N.: It 4(XXV). PORTA, C.: De 5(XVII). PORTUGAL, M.: Po IX. POSCH, I.: Öst XXXVI,2. PRÁDANOS, H.: Sp 1(19.II/2). PRAETORIUS (D. ÄLTERE), H.: De 5(XXIII); USA 8(III). PRAETORIUS, M.: De 1(III), 4(XII). PRIETO, J.: Sp 1(19.I/1). PUJOL, J.: Sp 4(III, VII). PURCELL, H.: Gr 1(IV, VII, X, XIX), 2(XXIV); USA 11(1/I). PUTEUS, V.: De 1(XXI). QUAGLIATI, P.: USA 1(XIII).
RABASSA, P.: Sp 1(18.I/1). RAICK, D.: Be 2(VI). RAISON, A.: Fr 4(II). RAMEAU, J.-PH.: Fr 1. RASELIUS, A.: De 6(XXIX/XXX). RATHGEBER, V.: De 9(A.XIX). RAVENSCROFT, TH.: Gr 3(XXIII). REBHUN, P.: De 4(IX). REGIS, J.: It 9(1/I); USA 2(9). REGNART, FR.: Fr 3. REGNART, J.: De 4(XXIII). REINKEN, J. A.: Ni 1(XIII–XIV). REINMAR V. ZWETER (D. ÄLTERE), J.: Öst XX,2. REUSNER, E.: De 9(A.XII). REUTTER (D. ÄLTERE), G.: Öst XIII,2. REUTTER (D. JÜNGERE), G.: Öst XV,2, 88. RHAW, G.: De 5(XXXIV), 9(A.XXI, A.XXV). RIBERA, B.: Sp 1(16.I/1). RICCIO, M.: It 16(VII). RICCIO, T.: De 1(XIX). RICHAFORT, J.: Be 1(XV, XVII); De 2(XII). RICHTER, F. T.: Öst XIII,2. RICHTER, FR. X.: De 6(III,1, VII,2, XV–XVI), 9(A.LI). RIPA, A.: Sp 1(18.II/1). ROBERDAY, FR.: Fr 4(III). ROBLEDO, M.: Sp 1(16.I/1). ROCOURT, P. DE: De 2(XII). RODRÍGUEZ, F.: Sp 5(2/II). RODRÍGUEZ DE LEDESMA, M.: Sp 1(19.I/2). RÖSSLER, FR. A.: De 6(XII,1, XXV). ROGIER, PH.: Be 1(XXI). ROGIER PATHIE: Be 1(XIX). ROI, B.: De 1(XXV). ROLDÁN, J. P.: Sp 1(18.I/1). ROLLE, J. H.: De 1(IV). ROMAN, J. H.: Schweden 1(I–V, VIII–IX), 2(I). ROMERO, M.: Sp 1(17.I/1), 3(III). RON, M. DE: Schweden 1(VI). RORE, C. DE: Be 1(I, VIII, XI, XII); De 2(VII, XII), 12(I); It 16(VII); USA 1(VI), 2(14). ROSENMÜLLER, J.: De 1(XXIV), 5(XVIII). ROSETTI, A. = FR. A. RÖSSLER. ROSIER, C.: De 10(VII). ROSSETER, PH.: Gr 4(1/IV, 1/VIII–IX, 1/XIII). ROSSI, M. A.: It 4(XXVI). ROSSO DA COLLEGRANO: USA 2(8/III). ROTA, A.: De 1(XVI). RUDOLPH, J. J.: De 5(XLIII/XLIV). RUFFO,V.: It 16(IV, VII). RUST, FR. W.: De 9(C. Mitteldeutschland). RUTINI, G. M. PL.: It 4(XXVII).
SACCHINI, A.: Fr 1. SALAZAR, J. G. DE: Sp 1(17.II/1). SALES, FR.: Be 1(I, IV–VI). SALIERI, A.: Fr 1. SALVATORE, G.: USA 8(IV). SAMMARTINI, G. B.: It 4(XXVIII). SANDONI, P. G.: It 4(XXIX). SANJUAN, N.: Sp 1(18.I/1). SANTA MARÍA, T. DE: Sp 2(VI). SANTINI, P.: De 1(XXV). SCANDELLO, A.: De 1(XV, XIX, XX). SCARLATTI, A.: De 1(III, XXIV), 4(XIII/XIV); It 4(XXX), 7(XIII); USA 4(I). SCARLATTI, D.: It 4(XXXI). SCHEDEL, DR. HARTMANN: De 9(A.XL). SCHEIDT, S.: De 5(I); Ni 1(III). SCHELLE, J.: De 5(LVIII/LIX). SCHENCK, J.: De 9(A.XLIV); Ni 1(XXVIII). SCHENK, J.: Öst XXXIV. SCHERER, S. A.: Fr 4(VIII). SCHEURE, D.: Be 1(XIX). SCHLÖGER, M.: Öst XV,2. SCHMELZER, J. H.: Öst XXV,1, XXVIII,2, 93, 105. SCHMIERER, J. A.: De 5(X). SCHOBERT, J.: De 5(XXXIX), 9(B.IV). SCHONDORFFER, PH.: De 1(XXVII). SCHÜRMANN, G. C.: De 4(XIX/XX). SCHÜTZ, H.: De 1(III). SCHULTZ: De 9(C.Niedersachsen I). SCHUYT, C.: Ni 1(V, XLV). SCHWEMMER, H.: De 6(VI,1). SEBASTIANI, J.: De 5(XVII). SECANILLA, FR.: Sp 1(19.I/1, 19.II/2). SEGNI, G.: It 7(I); USA 7. SENFL, L.: De 1(XVIII), 6(III,2), 9(A.V, A.X, A.XIII, A.XV). SERAPHIN, FR.: Dä 3(I). SERINI, G. B.: It 4(XXIX). SERMISY, CL. DE: De 2(XII). SERQUERA, J.: Sp 3(IV–V). SIMON DA FERRARA: Dä 3(II). SOLER, A.: Sp 1(18.I/1), 4(IX). SOUSA CARVALHO, J. DE: Po II. SPATARO, G.: Dä 3(I). SPERONTES: De 5(XXXV/XXXVI). STABILE, A.: De 1(XVI, XXII). STADEN, J.: De 6(VII,1, VIII,1). STADLMAYR, J.: Öst III,1. STAMITZ, A.: De 6(XV–XVI), 9(A.LI). STAMITZ, C.: De 6(VIII,2, XV–XVI), 9(A.LI). STAMITZ, J.: De 6(III,1, VII,2, XV–XVI), 9(A.LI). STARZER, J.: Öst XV,2. STEFANI, G.: It 2(III). STEFFANI, A.: De 6(VI,2, XI,2, XII,2), 10(VIII); USA 1(XI). STEFFANINI, G. B.: De 1(XV). STEFFENS, J.: De 9(A.XXIX). STERKEL, J. FR. X.: De 6(XV–XVI). STÖLZEL, G. H.: De 5(XXIX/XXX). STOLTZER, TH.: De 5(LXV), 9(A.XXII). STORACE, ST.: Gr 6(XVI). STRAUS, CHR.: Öst XXX,1. STRAUSS (VATER), J.: Öst XXXV,2. STRAUSS (SOHN), J.: Öst XXXII,2. STRAUSS, JOSEF: Öst XXXVI,2. STRIGGIO, A.: It 6(IV). SURIANO, FR.: De 1(XXV). SUSATO, T.: Ni 1(XXIX). SWEELINCK, J. P.: De 12(III); Fr 4(X); Ni 1(I, III, V–VII, XII, XV, XVII, XLVII). SYLVA, J. E. DE: Öst 86.
TAFALLA, P.: Sp 1(17.I/1). TALLIS, TH.: Gr 5(VI, IX). TAPISSIER, J.: USA 2(11/I). TARTINI, G.: It 4(XXXII); USA 1(IX). TAVERNER, J.: Gr 5(I, III). TELEMANN, G. PH.: De 1(IV), 5(XXVIII, XXIX/XXX, LVII, LXI/LXII), 9(A.VI, A.XI). TERRADELLAS, D.: Sp 4(XIV). THEILE, J.: De 5(XVII), 14. TINCTORIS, J.: It 9(1/I); USA 2(18). TITELOUZE, J.: Fr 4(I). TOESCHI, C. G.: De 6(VII,2, XV–XVI), 9(A.LI). TOLLIUS, J.: Ni 1(XXIV). TOMKINS, TH.: Gr 3(XVIII), 5(VIII), 6(V). TONSOR, M.: De 1(XV, XIX, XXII). TORRE, J. DE LA: Sp 3(III). TORRENTES, A. DE: Sp 1(16.I/1). TORRES MARTÍNEZ BRAVO, J. DE: Sp 1(18.I/1). TORRI, P.: De 6(XIX/XX). TOULOUZE, M.: USA 3(VI). TOZZI, V.: De 10(IC/2). TRABACI, G. M.: It 5(1/V), 15(III). TRAETTA, T.: De 6(XIV,1, XVII). TROMBETTI, A.: It 11(IV). TROMBONCINO, B.: Dä 3(II). TUNDER, FR.: De 5(III). TURINI, F.: It 4(XXXIII). TYE, CHR.: Gr 2(X).
UMLAUFF, I.: Öst XVIII,1. URIO, FR. A.: De 3(V). UTENDAL, A.: De 1(XX).
VACQUERAS, B.: It 9(1/I). VAET, J.: De 1(XXII), 2(II, IV, V, IX); Öst 98, 100, 103/104, 108/109. VALERIUS, A.: Ni 1(II). VALLEDOR, J.: Sp 3(I). VALLS, J.: Sp 1(18.I/1). VAN DEN KERCKHOVEN, A.: Be 2(II). VAN HELMONT, CH.-J.: Be 2(VI). VANNINI, B.: De 1(XXIV). VARGAS, U. DE: Sp

214

1(17.I/1). Varotto, M.: De 1(XV, XVI). Vásquez, J.: Sp 6(IV). Vautor, Th.: Gr 3(XXXIV). Veana, M. J.: Sp 1(17.I/1). Vecchi, O.: De 1(XVI, XXIII, XXVII), 4(XXX); It 2(V), 6(II, V). Veggio, Cl.: It 16(VII). Venegas de Henestrosa, L.: Sp 6(II). Vento, I. de: De 1(XX). Venturi, St.: De 1(XVI). Veracini, Fr. M.: It 4(XXXIV). Verbonnet = J. Ghiselin. Verdelot, Ph.: Be 1(II, XI, XXIII, XXVIII); Dä 3(I). Verdonck, C.: Be 1(I, II, XII, XXVIII); De 1(XXI). Verelst, Th.: Be 2(IX). Viadana, L.: It 17. Vicentino, N.: USA 2(26). Victoria, T. L. de: De 1(II); Sp 1(16.II/1), 2(VI). Villaflor, M. de: Sp 3(IV–V). Vincentius de Arimino: USA 2(8/IV). Vinyals, J.: Sp 5(2/II). Viola, A.: Sp 5(2/II). Virdung, S.: De 4(X). Vitali, T.: USA 1(XII, XIX). Vitry, Ph. de: USA 5(I). Vivaldi, A.: It 4(XXXV), 12(III), 13(II). Vivanco, S. de: Sp 1(17.I/1). Vogler, G. J.: De 6(XV–XVI).
Waelrant, H.: Be 1(I); De 2(I). Wagenseil, G. Chr.: Öst XV,2. Waldstein, F. Graf v.: De 10(I). Walliser, Chr. Th.: De 1(XV, XIX). Walter, J.: De 1(III), 4(VI). Walther, J. G.: De 1(I), 5(XXVI/XXVII). Walther, J. J.: De 9(A.XVII). Wanning, J.: Ni 1(VIII). Ward, J.: Gr 3(XIX). Watson, Th.: Gr 3(XVI). Wecker, G. K.: De 6(VI,1). Weckmann, M.: De 5(VI), 9(C.Schleswig... IV). Weelkes, Th.: Gr 1(VIII, XIV), 2(XIII–XVII), 3(IX–XIII). Weerbeke = Gaspar van Weerbeke. Weiss, S. L.: De 9(A.XII). Wendling, J. P.: De 6(XV–XVI). Werner, Gr. J.: De 9(A.XXXI). Wert, G. de: De 1(XXIII); USA 2(24). Wesström, K.: Schweden 1(VII). White, R.: Gr 2(XXI), 5(V). Widmann, E.: De 9(B.III). Wilbye, J.: Gr 1(II, XVI), 2(XXI), 3(VI–VII). Willaert, A.: Be 1(I, II, XIII, XIV, XVI); De 2(I, II), 8(IX); It 16(IV, VII); Ni 1(XXXV); USA 2(3), 7. Wockenfuss, P. L.: De 5(XLV). Wolkenstein, O. v.: Öst IX,1.
Yonge, N.: Gr 2(XI–XII), 3(XIV). Youll, H.: Gr 3(XXVIII). Yver, A.: Be 1(XXV).
Zachow, Fr. W.: De 1(I), 5(XXI/XXII). Zallamella, P.: De 1(XXV). Zangius, N.: Öst 87. Zarlino, G.: It 16(III); USA 11(2/I). Zeuner, M.: De 4(XXXII). Ziani, M. A.: Öst 101/102. Zipoli, D.: It 4(XXXVI).

Descort (dɛsk'ɔrt, prov. und altfrz., Mißklang, Zwietracht, von lat. discordare), Bezeichnung einer lyrischen Gattung der provenzalischen, danach auch der altfranzösischen Lyrik vom 12. bis zum Beginn des 14. Jh. Der D. gehört mit dem lyrischen → Lai zu den nichtstichischen unstrophischen Formen. Die mittelalterlichen Theoretiker definieren ihn als Lied eines unglücklich Liebenden. Im Gesang sei dieses Lied allen anderen entgegengesetzt; wo der Gesang ansteigen sollte, da senke er sich. Im Reimwörterbuch des Donatus Provincialis wird descortz definiert als *discordia vel cantilena habens sonos diversos.* Es sind etwa 22 provenzalische und etwa 12 altfranzösische D.s überliefert, letztere überwiegend notiert. Beispiele für D.s sind Aimeric de Peguillans *Qui la ve en ditz* (P.-C. 10, 45; notiert in → Chansonnier *R, W*) und Guillem Augiers *Ses alegratge* (P.-C. 205, 5; notiert in *W*).
Lit.: C. Appel, Vom D., Zs. f. romanische Philologie XI, 1887; P. Aubry, Lais et d. frç., Paris 1901; Fr. Gennrich, Formenlehre d. ma. Liedes, Halle 1932; J. Maillard, Problèmes mus. et littéraires du »d.«, in: Mélanges ... à la mémoire d'I. Frank, = Annales Univ. Saraviensis (Philosophie) VI, Saarbrücken 1957.

Dessau (Anhalt).
Lit.: M. v. Prosky, Das herzogliche Hoftheater zu D. v. seinen Anfängen bis zur Gegenwart, D. 1884, 2. Aufl. o. J.; O. Urban, Der herzogliche Singechor u. d. Kurrende zu D. 1602–1909, D. 1910; H. Wäschke, Die Musik am D.er Fürstenhof zu Anfang d. 17. Jh., Zerbster Jb. VIII, 1912; A. Boës, Die liturgische Arbeit d. Reformation in D., Zs. d. Ver. f. Kirchengesch. d. Prov. Sachsen u. d. Freistaates Anhalt XXXIII/XXXIV, Magdeburg 1938; 140 Jahre Theater in D., D. 1938; H. Lomnitzer, Das mus. Werk Fr. Schneiders (1786–1853), Diss. Marburg 1961.

Dessus (dəs'ü, frz., oben) bedeutet Oberstimme, Diskant, unterteilt in premier d., second d. (→ Bas-dessus) und troisième d. In der Instrumentalmusik kennzeichnet D. die hohen Instrumente einer Instrumentengruppe (d. de violon, d. de hautbois), allgemein auch die Oberstimmen des Orchesters (d. de symphonie); höher liegende Instrumente erhalten den Zusatz pardessus (pardessus de viole, de flûte). Im 17. und 18. Jh. bedeutete D. weitgehend auch Violine. Im Englischen entspricht der D. der → Treble.

détaché (detaʃ'e, von frz. détacher, trennen), Strichart, die im ständigen Wechsel von Ab- und Aufstrich besteht (»abgesetzt«), wobei jede Note einen eigenen Bogenstrich erhält.

Detonieren (von frz. détoner, verstimmen), seit dem 17. Jh. s. v. w. den Ton herunterziehen oder hinauftreiben. Daß a cappella-Chöre leicht tiefer schließen, als sie angefangen haben, ist in der Regel die Folge eines Mangels an Aufmerksamkeit und Energie, von Ermüdung der Stimmbänder oder von zu starkem Atemdruck. Auch das Schwanken zwischen natürlichen und temperierten Intervallen kann Ursache des D.s sein.
Lit.: M. Planck, Die natürliche Stimmung in d. modernen Vokalmusik, VfMw IX, 1893 (mit Beispielen v. D.); K. Thomas, Lehrbuch d. Chorleitung I, Lpz. 1935 u. ö.

Deus in adiutorium meum intende (lat.; Ps. 69, 2), obligatorisches Eingangsstück (Versikel) der Horen des Offiziums (ausgenommen Komplet), mit Responsum *Domine ad adiuvandum me festina* und darauffolgendem *Gloria patri* bzw. (von Septuagesima bis Ostern) *Laus tibi Domine, Rex aeternae gloriae.* In der Komplet steht das *Deus in adiutorium* vor den Psalmen.

Deuterus (von griech. δεύτερος) → Kirchentöne.

Deutsche Musik. Obwohl aus der Frühzeit nichts Schriftliches erhalten ist, läßt sich die Eigenart der D.n M. aus anderen Dokumenten erschließen. Im Altertum war für Griechenland und das Mittelmeergebiet das einstimmig-melodische Musizieren maßgebend, während die Heterophonie nur eine untergeordnete Rolle spielte. Im Gegensatz hierzu fand man aus der Vorgeschichte in Norddeutschland eine große Zahl von → Luren. Oft prachtvoll ausgeführt, stammen sie aus der Bronzezeit, die im nordgermanischen Gebiet vom 16. bis zum 6. Jh. v. Chr. reichte. Der Hochstand dieser Gußtechnik hat die Abwertung der vorgeschichtlichen Germanen zu »Barbaren« endgültig widerlegt. Nach Ausweis der Funde wurden Luren mindestens mit Verdopplung benutzt, und zwar für den Kult. Wahrscheinlich verwandte man sie in Gestalt primärer Klangmusik, einer in Europa fast ausgestorbenen Form des Zusammenspielens, die Klänge ergibt. Als Eigenart der D.n M. läßt sich also eine Vorliebe für Instrumentalmusik, für Mehrstimmigkeit und für Blasmusik schon in der Vorgeschichte erkennen. Im 4. Jh. n. Chr. gab der Historiker Ammianus Marcellinus die Nachricht, die Römer hätten germanische Gefangene als Blechbläser benutzt. Damals hatte das Christentum gesiegt, aber gegen das germanische Brauchtum in Deutschland, wie 1020 beim Friedhofstanz zur heiligen Nacht in Kölbigk (Anhalt), hatte die Kirche noch sehr lange zu kämpfen. Das germanische Brauchtum verwandelte sich in ein christliches und wurde durch neue Feste ergänzt.
Der christliche Kultgesang für die Messe, der später nach Papst Gregor I. benannte Choral, verursachte im Frankenreich Schwierigkeiten, da sein Melodiestil aus Rom stammte. Der zu Unrecht als »germanisch« bezeichnete Choraldialekt bringt hier statt einer Sekunde eine Terz. In Wahrheit handelt es sich um einen deutschen Choraldialekt, der in Westfranken nördlich der Loire zwar vertreten ist, seinen Schwerpunkt aber in Ostfranken hat, das seit dem 9. Jh. Deutschland hieß.

Der Vorrang der Terz erklärt sich zwanglos aus der germanischen Pentatonik, die in ältesten deutschen Volksliedern greifbar wird. Außer durch Vorliebe für die Terz, die später oft zu 2–3 Terzschritten führte, charakterisiert sich die D. M. durch wuchtigeren Vortrag im Klang und Rhythmus. Was die deutsche Sprache betrifft, so ist ihr entscheidendes Merkmal die Herrschaft einer Stammsilbe, die stets den Wortakzent trägt. Das hat zur Folge, daß in der Praxis bis heute jede quantitierende Rhythmik zu einer akzentuierenden verfälscht wird, wobei der Sachverhalt allerdings erst in jüngster Zeit erkannt wurde. Das Lateinische, hierin anders geartet, wurde im 8. Jh. als Kultsprache übernommen. Es gab allmählich Anlaß zu Schwierigkeiten, die erst durch die Reformation grundsätzlich überwunden wurden. Angesichts der neuen Gesamtsituation der D.n M. verlagerte sich die Schöpferkraft schon im 9. Jh. in die neuen Formen Tropus und Sequenz. (Im Gegensatz zum gregorianischen Choral hingen beide mit instrumentaler Musik zusammen.) Von Tuotilo († 915) wird dies ausdrücklich gesagt, und bei Notker Balbulus († 912) nebst seinen Nachfolgern ergibt es sich aus den Texten. Instrumental war schon im 9. Jh. vor allem das mehrstimmige Organum. Die damals geschaffene Formenwelt blieb lange maßgebend, wobei die Einstimmigkeit zahlenmäßig überwog. Für einen konservativen Grundzug der D.n M. ist charakteristisch das lange Festhalten am Organumstil des 10.–11. Jh. und seine Fortbildung. Nun beschränkten sich Melodienschöpfer wie Hermannus contractus († 1054) oder Wipo († 1050) zwar auf die Einstimmigkeit, wirkten jedoch auf das deutsche Lied. Wohl um 1100 gab es die geistlichen Volkslieder *Christ ist erstanden*, mit Motiven aus Wipos Ostersequenz, daher bei Osterspielen sehr beliebt (von Luther zu *Christ lag in Todesbanden* umgeformt), und das Pfingstlied *Nu bitten wir den heiligen Geist*, denen viele andere folgten; in Frankreich kannte man kein Gegenstück hierzu. Erst im 12. Jh. trat bei geistlichen Spielen das Deutsche langsam zum Lateinischen; Hildegard von Bingen († 1179) schrieb ihr Schauspiel mit Musik, wie üblich, noch in lateinischer Sprache. Den endgültigen Durchbruch der Volkssprachen brachte gleichzeitig für die außerreligiöse Kunst an den Höfen der → Minnesang. In der D.n M. folgte man dem Vorbild der Provenzalen noch früher als die nordfranzösischen Trouvères. Das Problem der Einheit von Wort und Weise haben die Minnesänger auf sehr individuelle Art gelöst. Formal beschränkten sich jedoch seit etwa 1200 auf die Strophe mit 2 Stollen und Abgesang (Barform). Walther von der Vogelweide († um 1230) ragt durch dichterische wie musikalische Besonderheit hervor; Neidhart von Reuenthal fand mit seiner Bauernthematik viele Nachfolger, doch überwog in der Hauptentwicklung die Tradition. Mit dem Hervortreten des Bürgertums wurden der Spruch und die religiösen Stoffe immer wichtiger. Seit dem 14. Jh. setzte der bürgerliche, von Handwerkern betriebene → Meistersang die Tradition andersartig fort. In dieser Spätzeit griff der Mönch von Salzburg im ausgehenden 14. Jh. nochmals den Minnesang auf und verband ihn mit einfacher Mehrstimmigkeit. Noch konsequenter und umfassender war bei Oswald von Wolkenstein († 1445) die Verbindung von Minnesang und westlicher Polyphonie, so daß er zu den Wegbereitern jener Kunst in Deutschland gehört. Dagegen verharrte der Meistersang bei der Einstimmigkeit, im Gegensatz zu der vom Patriziat der Städte übernommenen Polyphonie. Als Folge hiervon wurde der Meistersang im 16. Jh. allmählich zu einer Kunst zweiten Ranges und verlor jeden Einfluß; Hans Sachs († 1576) war allgemein bekannt durch sein dichterisches, aber nicht durch sein musikalisches Schaffen. Das lange Fortleben des Meistersangs noch über das 18. Jh. hinaus zeugt in der D.n M. von einer konservativen Grundhaltung. – Konservativ war bis zum 15. Jh. auch das Verhältnis zur Polyphonie. Im Gegensatz zum provenzalischen Minnesang gab das provenzalische Organum von St. Martial der D.n M. keine Anregung. Obwohl dann Franco von Köln um 1260 in das Werden der Mensuralmusik entscheidend eingriff, hinterließ diese Berührung mit der altfranzösischen Kunst nur geringe Spuren. Dabei wurde die Motette zum »Engelberger Stil« vereinfacht und abgewandelt. Hierzu hielt bis zum Beginn des 16. Jh. das Fortleben des Organum in veränderter Form.

Eine neuartige Entwicklung begann erst mit den Trompeterstücken um den Mönch von Salzburg. Daß die → Zugtrompete schon vor 1400 führend auftrat, ist für die D. M. charakteristisch. Deutsche Bläser waren in Europa begehrt. Die deutschen Berufsmusiker, einer → Zunft angehörend, hießen Stadtpfeifer, wobei die Bläser bis zuletzt den Vorrang vor den Streichern hatten; die Zünfte wurden erst im 19. Jh. aufgehoben. Im 15. Jh. verband sich das Patriziat der Städte mit den Berufsmusikern zur Pflege der Polyphonie, um alsbald mit den Höfen in Wettbewerb zu treten. Repräsentativ war damals, als universeller Musiker im Sinne der Frührenaissance, der Organist C. Paumann († 1473). Die Sonderart der D.n M. beruhte auf dem Tenorlied. Um 1500 übernahm es, nachdem die Kirchenmusik vorangegangen war, den für Europa vorbildlichen »Singstil« der Niederländer (d. h. Franko-Flamen; → Niederländische Musik). Hierdurch erklärt sich der Wechsel innerhalb des Gesamtwerkes von H. Finck († 1527). Aber der Liedcharakter war so ausgeprägt, daß der zugewandte Flame H. Isaac († 1517) sich ihm anpaßte. Als ebenso universaler Komponist folgte ihm im Hofdienst sein Schüler L. Senfl († 1543). Für die D. M. der älteren Epochen ist es charakteristisch, daß der Stil anderer Völker maßgebend war.

Der »Singstil« herrschte nach wie vor, als sich in der D.n M. der entscheidende Wandel durch die Reformation vollzog. Ihr Träger war Martin Luther († 1546). Als Kern des Gottesdienstes wurde das Gemeindelied eingeführt, der Anteil des gregorianischen Chorals gekürzt, die Musik auf ein neues Prinzip gestellt. Durch die Mitarbeit von J. Walter († 1570) erhielt der neue, tragende Beruf des Kantors ein Vorbild. Darüber hinaus wurde nun allgemein der Komponist, der Renaissance gemäß, in seiner Individualität als Musicus poeticus anerkannt, zugleich aber in das vom → Mittelalter her fortwirkende theozentrische Weltbild eingefügt. Damit begann eine zu H. Schütz und J.S. Bach führende Entwicklung. Ihre Träger, stets auf beste Gegenwartsmusik gerichtet, waren die protestantischen Staaten und Städte, an Zahl überlegen. Auf katholischer Seite gelang im 16. Jh. dem Herzog von Bayern die Berufung des führenden Niederländers Lassus († 1594) nach München.

Vor und um 1600 änderte sich die Abhängigkeit der D.n M. von fremden Vorbildern insofern, als nun statt der Niederlande Italien die Führung übernahm und für die Instrumentalmusik vorübergehend England hinzukam. Nur in einer Gattung wurde die D. M. damals selbständig, bezeichnenderweise einer instrumentalen: der Orchestersuite, einer solistisch ad libitum besetzten Suite von Tänzen. Unter der Herrschaft des niederländischen Singstils war der Tanz ohne Einfluß. Die zur Neuzeit führende Epochenwende um 1600 ist vor allem dadurch charakterisiert, daß er nun Einfluß gewann und den Akzentstufentakt herbeiführte, wobei Italien mit dem Tanzlied voranging, England außerdem das tanzmäßige instrumentale Charakterstück pflegte (→ Tanz). Nach vielen Einzelpaartänzen bis 1604 verband 1611 P. Peuerl († 1625) zum ersten Mal 2 Satzpaare variationsmäßig zu einem Zyklus, den J. H. Schein († 1630) 1617 zu 5 Tanz- und Charakterstücken steigerte. Seitdem griff die D. M. immer wieder zur instrumentalen Variation. Vor allem die Orgelmusik der Lutheraner brachte das Verfahren bald in die Kirche. Das zeigt 1624 vorbildlich die *Tabulatura nova* von S. Scheidt († 1654). – Für beide Konfessionen war die Tanzmusik eine untergeordnete Gattung, denn die Kirchenmusik hatte um 1600 den absoluten Vorrang. Hier war das Hauptproblem die Umformung des niederländischen Singstils, womit Italien vorangegangen war. Die venezianische → Mehrchörigkeit war sehr beliebt, sie wirkte schon im späteren 16. Jh. auf beide Konfessionen. Die intensive Übernahme der Mehrchörigkeit charakterisiert die D. M. gegenüber England, Frankreich und Spanien. Am frühesten vertrat der Katholik J. Gallus († 1591) diesen Stil. Als Protestant folgte der universale Musiker H. L. Haßler († 1612). Eine schöpferische Auseinandersetzung mit allem Neuen, einschließlich Generalbaß und Monodie, vollzog der Lutheraner M. Praetorius († 1621), der auch das zusammenfassende Lehrwerk *Syntagma musicum* schrieb. In mancher Hinsicht sein Fortsetzer war H. Schütz († 1672), in der D.n M. des 17. Jh. die alles überragende Gestalt. Als Schüler G. Gabrielis, später mit Monteverdi bekannt, hat er die italienischen Vorbilder schöpferisch ins Deutsche umgesetzt, das Entstehen der Kirchenkantate angeregt, auch Oper und Oratorium bedacht, wobei er u. a. das Rezitativ eindeutschte. Sein Hauptverdienst liegt darin, daß er neben der bisherigen typischen eine individuelle Motivik einführte, die im Vokalsatz dem deutschen Text mit seinem Akzent auf der Stammsilbe angepaßt war, also Auftakt und Taktschwere mit prägnantem Rhythmus unterschied. Solche Rhythmen wirkten auf die Instrumentalmusik. Daher hängt die Tonsprache der Polyphonie seit Schütz mit der deutschen Sprache zusammen. Der 30jährige Krieg, die Katastrophe der deutschen Geschichte, machte das Reich 1648 zu einem vom Ausland kontrollierten Staatenbund. Kulturell war der Einfluß des Italiens der Renaissance längst von dem des absolutistischen Frankreich abgelöst worden. Französische Anregungen vermittelte in der Klaviermusik J. J. Froberger († 1667), zuvor Schüler G. Frescobaldis; bezeichnend für die D. M., gab Froberger der Klaviersuite Einheit durch Variation. Am → Collegium musicum der Musikliebhaber, einer für die D. M. charakteristischen Einrichtung des 16. Jh., hielt noch die Epoche Bachs fest. Neben der Suite, die, stilisiert, den Tanzcharakter verlor, pflegte man bald nach italienischem Vorbild die Sonate, beide gut vertreten durch J. Rosenmüller († 1684). Außerdem kannte man stets das Sololied und das Gruppenlied mit Falsettgesang von Männern für den Sopran, im 17. Jh. auf protestantischer Seite vertreten u. a. durch H. Albert († 1651), A. Krieger († 1666) oder Ph. H. Erlebach († 1714). Die alten und vielen neuen Choralmelodien, seit etwa 1660 unter dem Einfluß des Pietismus, wurden von den Organisten nach S. Scheidt mannigfach und umfangreich bearbeitet. Der Organist M. Weckmann († 1674) gründete in Hamburg 1660 ein Collegium musicum mit öffentlichen Vorführungen, dem sich der Schützschüler Chr. Bernhard († 1692) später anschloß. Der phantasievolle Organist D. Buxtehude († 1707) veranstaltete in Lübeck seit 1668 außerhalb des Gottesdienstes der traditionellen → Abendmusiken für die Öffentlichkeit. Die Oper, ein primär gesangliches Kunstwerk, spielte in der D.n M. zunächst eine Nebenrolle, während der instrumentale Suitenzyklus seit 1611 reiche Fortsetzung fand: dort lag der Beitrag der Deutschen. Auf dem Gebiet der Oper hatte Italien seit 1600 die Führung in Europa, und erst 1672 kam die französische Oper von J. B. Lully († 1687) hinzu. An den katholischen Höfen zu Wien, München und seit 1697 auch Dresden herrschte die italienische Oper unbeschränkt. Sie diente im 17. und frühen 18. Jh. vor allem jener Gesamtkunst der Hoffeste, an denen der Adel zum Ruhm des Herrschers aktiv teilnahm. Eine deutsche Oper wurde nach Schütz an verschiedenen protestantischen Stätten versucht, doch hatte nur die in Hamburg eine längere Lebenszeit (1678–1738). Ihr führender Komponist war R. Keiser († 1739), seit 1721 außerdem G. Ph. Telemann († 1767). In Hamburg griff man bald zu italienischen und französischen Opern, während die Schwäche der deutschen oft im Text lag. Die anregende Kraft der französischen Oper mit ihrem Tanzreichtum gab 1682 J. S. Kusser († 1727) Anlaß zur Publikation von 6 Ouvertüren nebst Tänzen. Diese Ouvertürensuite fand viel Nachfolge, bis zu J. S. Bach. Sie drang bald in das Collegium musicum ein. 1695 erschien eine solche Sammlung von J. C. F. Fischer († 1746); er hat vor allem durch Klavier- und Orgelkompositionen (seit 1696) auf J. S. Bach gewirkt. Vorangegangen war ihm hierbei seit 1689 mit Klavierwerken der Thomaskantor J. Kuhnau († 1722). Eine neue Epoche der Musik begann um 1700. Als deutschen Beitrag hierzu schlug der Organist A. Werckmeister († 1706) nach langer Vorarbeit 1697 eine gleichschwebende Temperierung vor. Das Fortleben der Hexachordlehre und der Kirchenarten beendete J. Mattheson († 1764) durch seine kritischen Schriften seit 1713. Denn als Grundlage der Musik dienten jetzt nicht mehr die seit der christlichen Antike überlieferten Zahlenverhältnisse, sondern die von J. Sauveur 1701 experimentell beobachteten Obertöne; der führende französische Komponist J.-Ph. Rameau († 1764) benutzte sie 1722 für seinen *Traité de l'harmonie*. Kennzeichnend für den konservativen Zug der D.n M. war 1725 der *Gradus ad Parnassum* des führenden katholischen Komponisten J. J. Fux († 1741), da dort auf den alten Vokalkontrapunkt zurückgegriffen wird. Infolge der Loslösung des Kontrapunkts vom Generalbaß hielt sich das Werk jedoch überraschend bis zur Gegenwart, im Gegensatz zu den zeitgebundenen Generalbaßschulen, etwa der von J. D. Heinichen († 1729), der Verfasser 1728 zur Kompositionslehre erweiterte. – Zum Neuen in der D.n M. ab 1700 gehört das Streben nach dem Amt eines Kapellmeisters, eines Berufes, der sich immer stärker entwickelte. Wer nicht an einem der vielen Höfe tätig war, wollte wenigstens »Kapellmeister von Haus aus« sein, wie J. S. Bach oder G. Ph. Telemann. So schrieb J. Chr. Graupner († 1760) am Darmstädter Hof Kirchenmusik nebst freien Werken, J. Fr. Fasch († 1758) Entsprechendes als Kapellmeister in Zerbst. Das Hauptwerk Matthesons erschien 1739 unter dem Titel *Der vollkommene Capellmeister*. Der früher so wichtige Beruf des Organisten verlor an Bedeutung; literarisch vertrat ihn 1732 J. G. Walther († 1748) durch sein *Musicalisches Lexicon*, das erste Musiknachschlagewerk für Personen und Sachen in Europa. Es wandte sich auch an den Musikliebhaber, nachdem Mattheson 1713 den *Galant Homme* angesprochen hatte. Neu waren in dessen Erstlingswerk der Begriff des »Geschmacks« (ital. gusto; frz. goût) und das Ziel, den Geschmack zu bilden. Die Abhängigkeit der D.n M. von Vorbildern blieb weithin bestehen. Sie äußerte sich jetzt in der Form, daß man dem italienischen oder dem französischen Geschmack folgen konnte. Noch J. J. Quantz hoffte 1752 in seinem

Lehrwerk, aus einer Mischung des italienischen und französischen Geschmacks werde ein deutscher entstehen.

Um 1700 hatte die D. M. jedoch auf zwei, bezeichnenderweise instrumentalen Gebieten ihre Selbständigkeit erreicht: der protestantischen Orgelkunst und der Klaviermusik. In der Kirchenkantate übernahm man freilich die italienische Folge eines Rezitativs und einer Arie, in der ein Affekt einheitlich dargestellt war. Das Streben nach bester Gegenwartsmusik führte jetzt zur Annäherung an die italienische Oper, und zwar bei den Orthodoxen, da der Pietismus die Mehrstimmigkeit ablehnte. – J. S. Bach († 1750), primär Instrumentalmusiker, Sohn eines Stadtpfeifers, hat den Orgelchoral als Thema seiner Lebensarbeit von der Frühzeit bis zuletzt sehr verschiedenartig ausgestaltet. Bei ihm greifen die meist auftragsbedingten, höchst individuell geprägten Gesangswerke und die zum Teil freien Instrumentalwerke oft ineinander, stehen jedenfalls im Gleichgewicht. Grundlegend für Bachs Verständnis ist die Einheit seiner Tonsprache für den kirchlichen und den weltlichen Bereich, ganz im Sinne der Reformationsepoche, wie das Parodieverfahren beweist. Als dessen letzter Vertreter war er unter den Zeitgenossen eine Ausnahme. In Bachs Gesangsmusik sind die Figuren und Affektmotive seit den Kantaten von 1714 für das wirkliche Miterleben gedacht. Die freien Orgelwerke erreichen eine nur ihm gehörende Großform. Wichtig war in Köthen der Übergang zum Klavier als Hauptinstrument, auf dem sich das Miterleben eines Affektes immer stärker durchsetzte. Die *Chromatische Fantasie* hat im 18. Jh. ununterbrochen gewirkt, und das *Wohltemperierte Clavier* war durch Handschriften bekannt. Bachs Festhalten an der Fuge stand um 1740 im Gegensatz zur Neigung des Liebhabers zum Galanten Stil. Spätwerke wie die Orgelchoralvariationen oder die *Kunst der Fuge* sind Bekenntnisse und wurden von Bach selbst gedruckt, in Erwartung einer ihn verstehenden Zukunft. – Höher als Bach schätzten die Zeitgenossen den etwas älteren G. Ph. Telemann († 1767), der durch Universalität hervorragt. Nicht von Musikern abstammend, setzte er sich gegen bürgerlichen Familienwiderstand durch, ebenso wie sein Freund G. Fr. Händel – ein von da an typischer Fall. Telemann beherrschte den französischen und den italienischen Geschmack ebenso wie den deutschen Kontrapunkt. Sein Hauptziel war aber das freie Kunstwerk, dem es in Hamburg seit 1721 im Collegium musicum (nebst der Oper) diente. Dem Liebhaberwunsch nach Vereinfachung gab Telemann nach und ging zu einem »galanten« Stil über; so wurde er zu einem Wegbereiter der Klassik. – Bei Händel († 1759) war der Wille zum freien Kunstwerk und zur Oper die Triebkraft, die ihn nach Italien und dann nach England führte. Seine Lebensleistung liegt jedoch im Oratorium mit Chören. Es war im sozial fortgeschrittenen, frühkapitalistischen England denkbar. Deutschland schuf bürgerliche, freie Chöre erst 1771 in Leipzig, 1791 in Berlin und allgemein seit 1800, infolge der durch Händel angeregten Oratorien J. Haydns.

Ein wichtiger Einschnitt ist in der Geschichte der D.n M. um 1740 erkennbar; denn in jenen Jahren erfolgte der Übergang vom geselligen Collegium musicum zum Konzertverein mit Trennung von Musikern und Zuhörern. Statt französischer Ouvertüren spielte man jetzt italienische Sinfonien, in Mannheim seit 1741 vorbildlich eingedeutscht durch J. Stamitz († 1757). Seine 4sätzige Symphonie wurde nach dem Pariser Erfolg von 1751 international anerkannt; daß für die Instrumentalform in Westeuropa Erfolg hatte, ist für die D. M. bezeichnend. Nun gab es also eine zweckfreie Instrumentalmusik, im Gegensatz zur dienenden Kirchenmusik und zur wortgebundenen Kunst im Theater: die Neuordnung des → Galanten Stils. – 1741–78 war Mannheim das Zentrum fortschrittlicher Instrumentalmusik. In Wien verband seit 1739 der Hofkomponist G. Chr. Wagenseil († 1777) allmählich den neuen Stil mit Einflüssen der österreichischen Volksmusik, woran J. Haydn anknüpfte. Als eigentlicher Gegenspieler Mannheims erschien seit 1740 Berlin, wo man an der 3sätzigen Symphonie festhielt. Die Führung lag beim Kapellmeister C. H. Graun († 1759) und dem Konzertmeister J. G. Graun († 1771), der hauptsächlich Instrumentalmusik schrieb, schwerblütiger als die in Mannheim und Wien. Maßgebend war als Musikvertrauter des Königs J. J. Quantz († 1773), von dem es außer Kompositionen das vorbildliche Flötenlehrwerk von 1752 gibt. Das Gegenstück für die Violine veröffentlichte in Salzburg 1756 L. Mozart († 1787). Vorangegangen war in Berlin 1753 das hervorragende Klavierlehrwerk von C. Ph. E. Bach († 1788). Aus dessen Berliner Zeit 1740–67 stammt eine Fülle von Kompositionen. Allgemein spielt bei C. Ph. E. Bach zwar das religiöse und weltliche Lied eine Rolle, doch überwiegt die Instrumentalmusik gewaltig an Zahl und Bedeutung. Vor allem die 3sätzige Klaviersonate stand vornan, und einem solchen Frühwerk aus Berlin verdankte J. Haydn den entscheidenden Anstoß.

Die Oper hatte in der D.n M. eine Sonderstellung. Im Berliner Hoftheater begann die Herrschaft der italienischen Oper 1741 mit einem Werk von C. H. Graun; sie endete 1841 mit dem Sturz von G. Spontini († 1851). Im Hoftheater zu Dresden eröffnete diese Herrschaft 1731 J. A. Hasse († 1783); den Abschluß bildete dort, nach dem deutschen Intermezzo C. M. v. Webers, 1841 Morlacchi († 1841). In der Kaiserstadt Wien kannte man seit dem 17. Jh. nur die italienische Oper. Ihr Rückhalt war nach 1730 als Hofdichter der führende Librettist Metastasio († 1782). Von dessen Rokoko-Optimismus und Typik sich langsam gelöst zu haben, ist das Verdienst Glucks († 1787), nachdem er den Realismus der Opéra-comique kennenlernte. Die französische Oper war bereits vor 1700 in Hamburg bekannt und wurde im 18. Jh. von manchen Höfen gepflegt; das hat noch im 19. Jh. nachgewirkt. In Wien gab es seit 1762 die 3 italienischen Reformopern von Gluck und Calzabigi († 1795) mit antiken Themen, im Dienste der Dramatik und Wahrheit, deren Aufnahme jedoch geteilt war. Erst die französischen Reformopern von 1774–79 führten in Paris zum durchschlagenden Erfolg und zur Nachfolge. Aber für die italienische Oper waren nicht Gluck und Calzabigi repräsentativ, sondern die Neuneapolitaner, in deren Richtung L. Mozart seinen Sohn gedrängt hat. Zu ihnen bekannte sich der jüngste Sohn J. S. Bachs, J. Chr. Bach († 1782), der Beherrscher des Londoner Musiklebens, auch in seiner vielseitigen Instrumentalmusik. Er setzte sich überall für das Pianoforte ein und gewann starken Einfluß auf Mozart. – Um 1760 steigerte sich, als Reaktion auf den → Galanten Stil, die »Empfindsamkeit« (von engl. sentimental) bis zur Ausschließlichkeit. Die Führung lag nach wie vor bei der zweckfreien Instrumentalmusik; vor allem trat an die Stelle des Musizierens in der Kirche zunehmend eine konzertmäßige Aufführung von Oratorien, Passionen und ähnlichen Werken. Daher gründete J. A. Hiller († 1804) in Leipzig 1771 eine Chorgesangschule zur Ergänzung der Konzerte. Für das Theater schrieb er seit 1766 mit großem Erfolg 12 »Singspiele« (Operetten) in volkstümlichem Ton, mit gesprochenem Dialog: endlich ein Gegenstück zu den komischen Opern in Frankreich, Italien und England. Anspruchsvoller verfuhr G. Benda

(† 1795) zu Gotha seit 1775 in 10 Melodramen, auch in 4 Singspielen. In Wien gab es 1772–86 beliebte Singspiele von I. Umlauff († 1796), deren Stil aber nicht einheitlich ist. – In die Zukunft führte seit 1778 die Veröffentlichung von Volksliedern durch J. G. Herder († 1803); er gab auch der Musikästhetik eine neue, den Sturm und Drang vorbereitende Grundlage. J. A. P. Schulz († 1800) schrieb seit 1782 *Lieder im Volkston*, der ein Ideal der Romantik blieb. Inzwischen hatte sich die Empfindsamkeit zum Sturm und Drang gesteigert, zur Geniezeit. 1773 galt C. Ph. E. Bach angesichts seines Fantasierens auf dem Pianoforte als *größtes Originalgenie* und *der größte Mann unter uns*. Sein Hamburger Klavierschaffen gipfelte in den 6 *Sammlungen für Kenner und Liebhaber*, mit der Fantasie als neuem Schwerpunkt. Daß nun die Individualisierung in den Künsten allgemein durchgedrungen war, bestätigte die Definition von I. Kant († 1804) in der *Kritik der Urteilskraft* 1790: *Genie ist das Talent [Naturgabe], welches der Kunst die Regeln gibt*.
Der letzte Epochenwechsel der D.n M. erfolgte 1781 mit der Wiener → Klassik. Sie brachte als Abkehr vom Sturm und Drang ein neues Gleichgewicht von Vernunft und Gefühl. 1781 veröffentlichte J. Haydn die vorbildlichen Streichquartette op. 33; im selben Jahr übersiedelte Mozart nach Wien. Charakteristisch für die D. M. wurde hier eine Instrumentalform zum Typus, bald ergänzt durch die der Symphonie, dann durch die der Klaviersonate. Die Instrumentalmusik war zwar längst zweckfrei, aber oft gesellig ausgerichtet; nun wurde sie im Rahmen der Sonatenform eigengesetzlich. Die von J. Haydn 1781 konsequent durchgeführte thematische Arbeit gab dem Streichquartett einen neuen Ernst; mit der autonomen Musik war eine Höhe erreicht, die es bisher nicht gab. Für die Symphonie erreichte Mozart 1788 diese Höhe. Allgemein wirkte jetzt die Herrschaft der großen Form als ein überpersönliches Element. Mag bei Haydn das instrumentale Werk über das gesangliche dem Wert nach vielleicht etwas überwiegen, so stehen sie bei Mozart völlig im Gleichgewicht. Seit 1781 in Wien freier, auf sich selbst gestellter Künstler, schrieb W. A. Mozart († 1791) für Wiener Theater zuerst das Singspiel *Die Entführung aus dem Serail* (1782) und als Abschluß 1791 *Die Zauberflöte*. Die Mehrheit bilden in Wien naturgemäß italienische Opern, auch mit Hauptwerken wie *Figaro* und *Don Giovanni*. Für den Klavierspieler Mozart waren Klavierkonzerte und Klaviersonaten zentral. Eine Hauptleistung Mozarts liegt im Aneignen und völligen Einschmelzen der alten Polyphonie (Fantasie F moll, K.-V. 608, Requiem). Auch wegen der Hintergründigkeit seiner Spätwerke wurde er zum Liebling der Romantik. – Außerhalb der Wiener Klassik stand eine Reihe von Musikern, die heute weniger bekannt sind. Erwähnt seien nur M. Haydn († 1806) in Salzburg und K. Ditters v. Dittersdorf († 1799).
Die Wiener Klassik führte seit 1800 L. van Beethoven († 1827) zur Vollendung; heute sieht man ihn benachbart den 1828 in Wien verstorbenen Fr. Schubert. Beethoven war mit Hilfe des Wiener Adels freier Künstler und hielt an seinem Idealismus trotz mancher Schicksalsschläge fest. Er gab der Orchestermusik die für das 19. Jh. charakteristische Großräumigkeit in Klang und Harmonik; seine Kunst blieb jedoch im alten Sinne der Wirklichkeit nah, wie 1813 *Wellingtons Sieg* op. 91 zeigt. Anderseits ging er von den bisherigen typischen Zeitmaßen zum individuellen Tempo für jeden Satz über (das seit 1816 mit Hilfe von Mälzels Metronom bestimmt wird). Dieser Änderung entsprach eine Intensivierung der Instrumentalmusik, zunächst mit Klavier und Orchester als Schwerpunkten. Ihr Ziel blieb, wie bei Haydn und Mozart, die Darstellung menschlicher Charaktere. Aber auf Beethovens *Missa solemnis* op. 123 und die Symphonie Nr 9 mit Schlußchor folgten die letzten 5 Streichquartette ab op. 127: insgesamt eine Verschiebung zugunsten des Instrumentalen. Da Beethoven im 19. Jh. als der Musiker schlechthin galt, hatte die Instrumentalmusik durch ihn dem Werte nach den Vorrang. – Bei Schubert († 1828) stehen das gesangliche und das instrumentale Schaffen wieder im Gleichgewicht. Seit 1814 benutzte er im Lied eine Spielfigur des Klaviers als Träger einer Stimmung im romantischen Sinne, besonders in den Liederzyklen *Die schöne Müllerin* (1823) und *Die Winterreise* (1827). Instrumental hatte Schubert seinen romantischen Eigenstil seit 1822, der Symphonie H moll. Seine Kammermusik ist oft durch den Zusammenhang mit einem Lied deutbar, so das Streichquartett A moll durch *Die Götter Griechenlands*. Die Klassik Weimars, vor allem Goethe, wirkte außer auf Schubert auch auf Liedkomponisten mit meist schlichterem Stil: auf Reichardt († 1814) und vor allem auf Zelter († 1832). Das Ziel der → Romantik war nicht mehr autonome Instrumentalmusik zur Darstellung von Charakteren, sondern Ehrfurcht vor dem Unendlichen, Inspiriert-Sein durch etwas Seelisches, Ergriffenheit durch eine Naturstimmung. Das Zentrum der Romantik lag für viele Jahrzehnte in Berlin; hier forderte schon W. H. Wackenroder († 1798) den Vorrang der Kirchenmusik. Der universale Künstler E. T. A. Hoffmann († 1822), als Schriftsteller bald im Ausland bekannt, hat die Wiener Klassik und alle Musik »romantisiert«. Nachdem er erstmalig 6 a cappella-Chöre komponiert hatte, forderte er 1814 Musik aus dem 16. Jh. für den Gottesdienst: der folgenschwere Einbruch des Historismus, dessen Mittelpunkt Berlin für ein Halbjahrhundert blieb. In engen Beziehungen zu Berlin stand C. M. v. Weber († 1826) seit der Vertonung von Th. Körners *Leyer und Schwert* 1813. Mit der Erstaufführung der Oper *Der Freischütz* in Berlin 1821 setzte sich die Stimmung, ergänzt durch eine Naturstimmung, als romantische Grundkraft durch; sie verlangt im Gegensatz zur Klassik ein Erfüllt-Werden, also ein passives Hören. Ihr technisches Mittel in der Orchestermusik ist, wie Webers *Oberon* (1826) bestätigt, die Klangfarbe. Als charakteristisch für die D. M. bevorzugte man von jetzt an die Bläser. Eine Verbindung zur Klassik Mozarts versuchte der Romantiker L. Spohr († 1859), der vor allem wertvolle Instrumentalmusik hinterließ. Allgemein gilt nun den Romantikern die Kunst gegenüber der Alltagswirklichkeit als die höhere und eigentliche Welt, wie es Schopenhauer in der Philosophie schon 1818 aussprach (→ Hören). – Die Romantik führte zu einer Teilung des bis zu Schubert einheitlichen Komponierens, die um 1830 durchgedrungen war; ihr Ergebnis war der Verlust eines einheitlichen Stils. Von der hohen Musik für Theater, Konzert und »Kammer« trennte sich die bisher stets dazugehörende für den Tanzsaal ab. Sie wurde als unterste Gattung das Gebiet von Spezialisten: der Walzerkomponisten in Wien, J. Lanner († 1843), J. Strauß Vater († 1849) und J. Strauß Sohn († 1899), der auch Operetten schrieb. Unabhängig von der Tanzmusik entwickelte sich seit ihr der gesellige Männerchor, angeregt 1809 in Berlin durch die → Liedertafel von C. Fr. Zelter († 1832), während man in Süddeutschland mehr dem volkstümlichen Vorbild von H. G. Nägeli († 1836) folgte. In der Kleinstaaterei seit 1815 haben die Männerchöre eine wichtige gesamtdeutsche Aufgabe erfüllt. Volksliedsammlungen für sie veröffentlichte seit 1826 mit Erfolg Fr. Silcher († 1860).

Um 1830 begann mit der Alleinherrschaft der Romantik bei der jüngeren Generation die Entwicklung, die zur Gegenwart führte. Nach Webers frühem Tode galt H. Marschner († 1861) als der Weiterführende, hier sei nur die in Berlin 1833 aufgeführte Stimmungsoper *Hans Heiling* genannt. Erfolgreicher war der in Berlin ausgebildete und zuletzt hier wieder wirkende A. Lortzing († 1851); mindestens seine feinkomischen Opern *Zar und Zimmermann*, *Der Wildschütz* und *Der Waffenschmied* sind noch lebendig. Der führende Musiker des Biedermeiers war F. Mendelssohn Bartholdy († 1847). Durch seine erstmalige Wiederaufführung der *Matthäuspassion* von J.S.Bach in Berlin 1829 gab er zugleich den entscheidenden Anstoß für die Bach-Bewegung. Von Mendelssohn ist ein vielseitiges Werk überliefert, vor allem romantische und klassizistische Orchesterstücke und klassizistische Kammermusik; kein Zeitgenosse war so entschieden Klassizist. Durch die Ausrichtung seiner Instrumentalmusik auf die Formen der Klassik entstand das bisher unbekannte Problem von Form und Inhalt. Dabei war für die Klassiker das Allgemein-Menschliche zentral gewesen. Romantiker hatten zwar einst das Übermenschliche und die Naturstimmung gesucht, aber seit etwa 1830 fesselte sie immer ausschließlicher die Welt des eigenen Inneren. Charakteristisch hierfür ist der 1810 geborene R. Schumann († 1856). Er begann mit originellen, noch heute wohlbekannten Klavierwerken und gab seit 1834 für ein Jahrzehnt erfolgreich eine dem Fortschritt dienende Zeitschrift heraus. Im Mittelpunkt von Schumanns vokalmusikalischem Schaffen stehen seine Liederzyklen, gern einem einzelnen Dichter gewidmet. Von der Orchestermusik nach klassischem Vorbild sind die Konzerte für Klavier und für Violoncello noch lebendig, die 4 Symphonien nur zum Teil. Die noch heute gern gespielte Kammermusik erreichte ihren Gipfel in den Klaviertrios von 1847 mit ihrem neuen, auf Brahms deutenden Stil. 1848 wird in der Oper *Genoveva* aber auch die Chromatik von Wagners *Tristan* vorweggenommen. So hat Schumann, bisher der letzte Universalkomponist, seinen Stil einheitlich bis zu dem Punkt fortgebildet, von dem aus seit 1860 die Konservativen und die »Neudeutschen« gegeneinander wirkten.

Der 1811 geborene Fr. Liszt († 1886) begann als Klaviervirtuose, unterrichtet vom Beethoven-Schüler C. Czerny, und entwickelte in Paris einen persönlichen Vortragsstil. Seit der Klavierübertragung der *Symphonie fantastique* von Berlioz 1833 wirkte Liszt, durchaus revolutionär, im Sinne eines neuen Subjektivismus der Musik. So schuf er nach 1835 Klavierkompositionen gemäß dem Eindruck von Landschaften (Schweiz, Italien), von Kunstwerken (z. B. Michelangelo) und Dichtungen (z. B. Dante) als persönlichen Ausdruck dessen, was er empfand. Dem Vorbild Berlioz' selbständig folgend, schrieb er von 1848–59 als Hofkapellmeister in Weimar 12 Symphonische Dichtungen. Trotz ihres unterschiedlichen Wertes galten sie den Anhängern der Programmusik als Muster. Von diesen »Neudeutschen« trennten sich die Konservativen 1860. Ihr Führer war der 1833 geborene J. Brahms († 1897). Im Gegensatz zu seinem Förderer Schumann schrieb er keine Opern, und da er den Subjektivismus außermusikalischer Programme ablehnte, galt ihm als Höchstes die autonome Instrumentalmusik. Sein Schaffen war der Tradition der Klassik verpflichtet. Außerdem hat er sich mit J.S.Bach und mit älterer Musik auseinandergesetzt. Den Gegenpol der Konservativen bildete der 1813 geborene R. Wagner († 1883). Für die Oper kam es nun zur Umkehrung des bisherigen Vorbildverhältnisses, denn Wagners Tonsprache hat bald auf Europa gewirkt, am stärksten auf Frankreich. Zukunftsträchtig war die Chromatik von *Tristan und Isolde*. Durch die Festspiele in Bayreuth entstand gleichsam ein Nationaltheater, das sich gegen Wagners Absicht auf dessen Werke beschränkt hat. Aber Wagners Mythos der Kunst führte zur grundsätzlichen Trennung von Anhängern und von Gegnern. – Unabhängig von Wagner schuf der vielseitige P. Cornelius († 1874) Gesangsmusik jeder Art, vor allem die heitere Oper *Der Barbier von Bagdad*. – In der Kirchenmusik beider Konfessionen war der Historismus herrschend geworden. Ihn überwand seit 1860 mit originellen Werken im Dienst des Katholizismus A. Bruckner († 1896). Seine Bedeutung für das Musikleben liegt jedoch in den 9 Symphonien, in denen aus eigenem Klanggefühl heraus die Harmonik Wagners aufgegriffen und umgeschmolzen ist. Als Lehrer G. Mahlers hat Bruckner in Wien erneut eine Schule gebildet. Für das Wiener Publikum schrieb seit 1884 Kritiken der Wagnerianer H. Wolf († 1903). Von ihm gibt es außer den Liederzyklen auch eine Oper sowie Orchester- und Kammermusik. Abweichend von Wagner näherte sich E. Humperdinck († 1921) in *Hänsel und Gretel* 1893 erfolgreich dem Volkslied und nahm auch später mit seinem Schaffen eine Sonderstellung ein. Als eigenwilliger Wagnerianer begann 1895 mit neuromantischen Opern H. Pfitzner († 1949), der seinen Höhepunkt 1917 in *Palestrina* erreichte. Hierzu gesellt sich ein umfangreicher Komplex von Kantaten, von Konzert- und Kammermusik; seine Grundlagen hat Pfitzner wiederholt streitbar verteidigt. Fast gleichaltrig mit ihm, und als einziger an Brahms anknüpfend, verzichtete M. Reger († 1916) auf Opern. Er verschmolz jedoch die klassizistische Formenwelt mit Wagners Chromatik. Vor allem griff er in der Instrumentalmusik seit 1904 umfassend auf J. S. Bach zurück. Die Gegenpartei vertritt der von Bruckner herkommende G. Mahler († 1911), der seit 1897 in Wien ansässig war. Seine 9 Symphonien öffnen den Weg in die Zukunft und wirkten besonders auf die Wiener Schule. Dem Vorbild Liszts folgend, schrieb seit 1889 Symphonische Dichtungen in ganz persönlichem Stil R. Strauss († 1949). Als Wagnerianer steigerte er in *Elektra* 1909 das Dissonanzwesen aufs äußerste, bezog aber seit dem *Rosenkavalier* 1911 auch ältere Vorbilder ein. Oper und Ballett waren seitdem sein Hauptschaffensgebiet. Der neuen Musik seit 1921 blieb Strauss fern. – Die katholische Kirchenmusik erneuerte seit 1924 J. Haas († 1960); in seinem sonstigen, wichtigen Gesamtwerk steht das Instrumentale im Gleichgewicht mit dem Vokalen. Geistliche Musik in einem sehr persönlichen Stil schrieb H. Kaminski († 1946).

Der 1895 geborene P. Hindemith († 1963) wurde seit 1921 allmählich zum Führer einer neuen, mit der Romantik brechenden Musik. Bald knüpfte sie an den Barock und an J. S. Bach an. Angeregt durch die musikalische Jugendbewegung (Fr. Jöde), band sie die bisher sich selbst genügende Kunst wieder an Aufträge und Anlässe, bezog seit 1929 bei Gelegenheit auch den Zuhörer aktiv in das Stück ein. Das Gesamtwerk Hindemiths umfaßt alle musikalischen Gattungen, auch Oper und Ballett. – Gleichaltrig mit ihm sind J.N. David (ebenfalls von J.S. Bach angeregt) und C. Orff, der – im Gegensatz zu David – primär am Gesanglichen interessiert und eine Theaterbegabung ist. Statt Wagners wortgezeugter thematischer Arbeit verwendet Orff seit 1937 erfolgreich eine auf sich selbst gestellte Musik mit gleichartigem, ostinatoähnlichem Ablauf. Die Art, wie sie mit einem lateinischen oder deutschen oder italienischen Text verknüpft wird, ist in jedem Werk anders. Vor allem wird statt der früheren Affektensprache eine erstarrte »Maskensprache« angestrebt. Da die Werke sich gegenseitig ergänzen, schuf Orff durch die Verbindung von Spielen jeder Art mit der Sprechbühne und der Oper ein eigenständiges Musiktheater. – Für die Neue Musik seit 1921 ist charakteristisch, daß es (mit einer Ausnahme) keine Schulen mit einheitlicher Ausrichtung gab, sondern ein Nebeneinander von Komponisten, die verschiedene Ziele verfolgten. Alle Möglichkeiten standen offen. Neu war jetzt auch, nach dem Oratorienchor aus der Zeit um 1800, das von der Jugendbewegung als Gemeinschaftsmusik aufgefaßte Chorsingen. Es führte zu einem Aufschwung der evangelischen Kirchenmusik. Als ihr Erneuerer wurde E. Pepping seit 1929 bekannt, auch durch freie Musik für alle Gattungen. Seit 1931 diente jenem Ziel als ebenso vielseitiger Komponist H. Distler († 1942.).

Die Wende zum Heutigen brachte der 1874 geborene A. Schönberg († 1951). Nach langer Vorbereitung schritt er 1921 in Wien zur Kompositionsmethode »mit 12 nur aufeinander bezogenen Tönen«, ermöglicht durch Wagners *Tristan*. Schönberg hatte in Wien mehrere hervorragende Schüler. A. Berg († 1935) schrieb außer Kammer- und Orchesterwerken, teils mit Gesang, die Oper *Wozzeck*, die seit 1925 ungewöhnlichen Erfolg hatte. Weniger beachtet wurde zu Lebzeiten A. Webern († 1945), trotz seiner alles überbietenden Ausdrucksintensität und Knappheit der Form. – Die seit 1900 geborenen Komponisten hatten die Wahl, die Zwölftontechnik abzulehnen oder aufzugreifen. An ihrer Spitze steht der 1900 geborene E. Křenek; nach Versuchen übernahm er diese Methode seit 1938 und bereicherte sie durch Kenntnis spätmittelalterlicher Polyphonie. Ablehnend verhielten sich 2 Altersgenossen mit Theaterinteresse. Von H. Reutter gibt es oratorienhafte Opern, Ballette und Oratorien; der Schwerpunkt des übrigen Schaffens liegt in der Orchester- und Kammermusik, auch mit Gesang. Der Bayer W. Egk hatte dank seinem Theatersinn seit 1933 mit Opern vielfach Erfolg und wirkte ungewöhnlich in die Breite; das gilt auch für Egks Ballette seit 1940. Anders bei W. Fortner, der seit 1929 Instrumental- und Gesangsmusik tonal in persönlichem Stil schrieb; die Zwölftontechnik entwickelte er jedoch seit 1948 weiter, bedachte nun auch Oper und Ballett. – Die erst nach 1945 bekannten Komponisten, frühestens 1926 geboren, bilden eine Gruppe für sich. H. W. Henze beherrscht die Zwölftontechnik und alles Neue ebenso wie das spätromantische Orchester; angesichts der Farbigkeit seiner Musik stehen Oper und Ballett voran, doch hat er außerdem fast alle Gattungen bedacht, die Instrumentalmusik gern mit außermusikalischen Anregungen. Der um 2 Jahre jüngere K. Stockhausen schrieb vielbeachtete Klaviermusik und andere Instrumentalwerke; besonders verdient machte er sich bei der Einführung elektronischer Musik. – Beim Blick auf Europa zeigt sich, daß neben die D. M. seit Wagners Tod eine von ihr unabhängige ausländische Kunst getreten war (Verdi, Puccini, Debussy, Mussorgskij). Doch andererseits hat sich Schönbergs Zwölftontechnik seit 1921 international verbreitet.

Lit.: A. SCHERING, Deutsche Mg. im Umriß, Lpz. 1917; DERS., Vom mus. Kunstwerk, hrsg. v. Fr. Blume, Lpz. 1949, ²1951; H. J. MOSER, Gesch. d. deutschen Musik, Stuttgart u. Bln I 1920, ⁵1930, II, 1, 1922, ⁴1928, als II ⁵1930, II, 2, 1924, als III ²1928; DERS., Kleine deutsche Mg., Stuttgart 1938, ³1949; J. HANDSCHIN, Angelomontana polyphonica, SJbMw III, 1928; R. v. FICKER, Primäre Klangformen, JbP XXXVI, 1929; H. BESSELER, Die Musik d. MA u. d. Renaissance, Bücken Hdb.; DERS., Die Entstehung d. Pos., AMl XXII, 1950; W. DILTHEY, Von deutscher Dichtung u. Musik, hrsg. v. H. Nohl u. G. Misch, Lpz. (1933), Stuttgart u. Göttingen (²1957); H. MERSMANN, Eine deutsche Mg., Potsdam 1934, als: Mg. in d. abendländischen Kultur, Ffm. (²1955); DERS., Deutsche Musik d. XX. Jh., = Kontrapunkte I, Rodenkirchen (1958); E. PREUSSNER, Die bürgerliche Musikkultur, Ein Beitr. zur deutschen Mg. d. 18. Jh., Hbg 1935, Kassel ²1950; E. REBLING, Die soziologischen Grundlagen d. Stilwandlung d. Musik in Deutschland um d. Mitte d. 18. Jh., Diss. Bln 1935; H. FUNCK, Mus. Biedermeier, DVjs. XIV, 1936; G. PIETZSCH, Zur Pflege d. Musik an d. deutschen Univ. bis zur Mitte d. 16. Jh., AfMf I, III, V–VI, 1936–41; A. GEERING, Die Organa u. mehrst. Conductus in d. Hss. d. deutschen Sprachgebietes v. 13. bis 16. Jh., = Publikationen d. Schweizerischen Musikforschenden Ges. II, 1, Bern (1952); W. GURLITT, Die Kompositionslehre d. 16. u. 17. Jh., Kgr.-Ber. Bamberg 1953, Neudruck in: Mg. u. Gegenwart I, = BzAfMw I, Wiesbaden 1966; W. WIORA, Der Brautreigen zu Kölbigk in d. Heiligen Nacht d. Jahres 1020, Zs. f. Volkskunde L, 1953; DERS. u. W. SALMEN, Die Tanzmusik im deutschen MA, ebenda; W. SALMEN, Die Schichtung d. ma. Musikkultur in d. ostdeutschen Grenzlage, = Die Musik im alten u. neuen Europa II, Kassel 1954; DERS., Der fahrende Musiker im europäischen MA, ebenda IV, 1960; FR. BEHN, Musikleben im Altertum u. frühen MA, Stuttgart 1954; THR. G. GEORGIADES, Musik u. Sprache..., Bln, Göttingen u. Heidelberg 1954; DERS., Musik u. Rhythmus bei d. Griechen, Zum Ursprung d. abendländischen Musik, = rde LXI, Hbg (1958); L. SCHIEDERMAIR, Deutsche Musik im europäischen Raum, Münster i. W. u. Köln 1954; H. H. EGGEBRECHT, Das Ausdrucksprinzip im mus. Sturm u. Drang, DVjs. XXIX, 1955; DERS., Barock als mg. Epoche, in: Aus d. Welt d. Barock, Stuttgart 1957; G. CL. SCHOOLFIELD, The Figure of the Musician in German Lit., = Univ. of North Carolina Studies in the Germanic Languages and Lit. XIX, Chapel Hill 1956; Die Stimme d. Komponisten, Aufsätze, Reden, Briefe 1907–58, hrsg. v. H. LINDLAR, = Kontrapunkte II, Rodenkirchen (1958); H. RIEDEL, Musik u. Musikerlebnis in d. erzählenden deutschen Dichtung, = Abh. zur Kunst-, Musik- u. Literaturwiss. XII, Bonn 1959; H. ZENCK, Numerus u. Affectus, Studien zur Mg., hrsg. v. W. Gerstenberg, = Mw. Arbeiten XVI, Kassel 1959; P. BENARY, Die deutsche Kompositionslehre d. 18. Jh., = Jenaer Beitr. zur Musikforschung III, Lpz. (1961); TH. GÖLLNER, Formen früher Mehrstimmigkeit in deutschen Hss. d. späten MA, = Münchner Veröff. zur Mg. VI, Tutzing 1961; R. BROCKPÄHLER, Hdb. zur Gesch. d. Barockoper in Deutschland, = Die Schaubühne LXII, Emsdetten i. W. (1964). HB

Deutscher Tanz (auch »Deutscher«) bezeichnet in Süddeutschland und Österreich im 18. und zu Beginn des 19. Jh. einen geschwinden Drehtanz für Einzelpaare im 3/8- (3/4-)Takt. Seine Beliebtheit auch in Italien und Frankreich bezeugen die auch im deutschen Sprachgebrauch häufigen Benennungen Tedesco (Beethoven, Klaviersonate op. 79, 1. Satz: *Presto alla tedesca*; Weber, *Tedesco*, 1816) und Allemande (Schubert D 366 Nr 17, D 783 Nr 8; Haydn, Schlußsatz des Klaviertrios Es dur, Hob. XV, 29). Die von diesem Tanz völlig abweichenden Allemanden in der Suite der Barockzeit wurden zum Teil ebenfalls als *Teutsche Täntze* bezeichnet (so bei C. Farina 1627). Das ursprünglich Derbe und Volkstümliche des D.n T.es veranlaßte Mozart, in der 21. Szene des *Don Giovanni* Leporello und Masetto *la Teitsch* tanzen zu lassen, nur von Violine und Baß gespielt (während die höhergestellten Personen Don Ottavio und Donna Anna ein Menuett und Don Giovanni mit Zerlina einen Contretanz tanzen). In diesem Sinne ist wohl auch der Bauerntanz im 3. Satz der 6. Symphonie von Beethoven als D. T. gemeint. Zu Beginn des 19. Jh. ging der D. T. unter Beschleunigung des Tempos in den Walzer über (Lanner nannte seine Tänze erst ab op. 7 Walzer, davor Deutsche Tänze oder Ländler), doch bestanden beide Benennungen noch einige Zeit nebeneinander (z. B. in Schuberts Tanzfolgen D 145 und 146; Webers Deutscher von 1815 heißt auch Original-Walzer). Der D.

T. der Wiener Klassik ist meist für Orchester komponiert (35 Stücke von Haydn, 24 von Beethoven, 50 von Mozart), Schuberts weit über 100 Deutsche jedoch sind ausschließlich für Klavier bestimmt. Ein D. T. besteht in der Regel aus zwei wiederholten 8taktigen Perioden, oft mit Trio. Ketten von mehreren, zusammenhängend aufzuführenden Tänzen schließen gewöhnlich mit einer Coda (Mozart K.-V. 567 und 571, Beethoven WoO 8 und Schubert D 420 sind jeweils 6 bzw. 12 Deutsche Tänze mit Coda; Schubert D 128 wird durch eine *Introduzione* eröffnet). In Schuberts 6 Deutschen Tänzen D 820 (1824) ist darüber hinaus durch Wiederaufnahme des 1. Tanzes nach dem 2. und 3. und des 4. nach dem 5. und 6. ein zyklischer Aufbau erreicht.

Devise (frz., Wahlspruch, Kennzeichen), von H. Riemann geprägte Bezeichnung für eine typische Eigentümlichkeit der Barockarie, die schon in der römischen Kantate um 1650 auftaucht und bei späteren, besonders bei italienischen Opern- und Kantatenmeistern sehr häufig ist: die Vorausschickung des vokalen Themenkopfes. Es folgen ihr ein instrumentales Zwischenspiel und die identische Wiederholung des vokalen Themenkopfes mit Weiterführung. Diese textlich-musikalische Eröffnung ist wegen der Beschränkung der Barockarie auf einen Affekt und einheitliche musikalische Substanz dazu bestimmt und geeignet, in der Art einer Ankündigung oder Überschrift Gesamtinhalt und -charakter der Arie zu bezeichnen. Die D. findet sich auch in der Choralbearbeitung für Orgel (z. B. G. Böhm, *Vater unser im Himmelreich*, Versus 1, J. S. Bach, *Christ, der du bist der helle Tag*, Partita II, BWV 766) und in der Soloinstrumentalmusik (Bach, Flötensonate BWV 1035).

A. Steffani, *Alarico* (1687), 1. Akt, 7. Szene.

Lit.: H. RIEMANN, Hdb. d. Mg. II, 2, Lpz. 1912, ³1921; H. J. MOSER, Kleine Beitr. zu Beethovens Liedern u. Bühnenwerken, Neues Beethoven-Jb. II, 1925.

Dezett (von lat. decem, zehn; frz. dixtuor) heißt eine Komposition für zehn selbständig geführte Instrumentalstimmen in gemischter Besetzung, z. B. Fr. Poulencs *Mouvements perpetuels* für Fl., Ob., Englisch Horn, Klar., Horn, Fag. und 4 Streichinstr., B. Blachers *9 Estnische Tänze* für 10 Bläser, auch das Dixtuor für Bläser op. 14 von G. Enescu und schon C. Stamitz' 7 Partien in der doppelten Bläserbesetzung: 2 Fl., 2 Ob., 2 Klar., 2 Hörner, 2 Fag. (Manuskript in der Sächsischen Landesbibl., Dresden).

Dezibel (dB), logarithmisches Maß für den Vergleich von Intensitäts- oder Schalldruckverhältnissen. Man benutzt dieses Maß u. a., um die außerordentlich große Spanne der in Natur, Technik und Musik vorkommenden und vom Gehör zu verarbeitenden Schallintensitäten absolut erfassen zu können. Um beispielsweise einen in µb (→ Mikrobar) gemessenen Schalldruck p in dB anzugeben, setzt man ihn ins Verhältnis zu einem Bezugsschalldruck p_0 (meist der → Hörschwelle bei 1000 Hz = 0,0002 µb) und berechnet den Schallpegel in dB zu $20 \cdot \lg p/p_0$. So entsprechen dem Schalldruck von 200 µb (Schmerzschwelle) 120 dB $(20 \cdot \lg 200/0,0002)$. Das Schalldruckverhältnis ist in dem Fall $10^6:1$. Bei gleichzeitigem Ertönen zweier gleichstarker Schallquellen steigt der Schalldruck maximal auf das Doppelte an, der Schallpegel erhöht sich um 6 dB. Im Mittel steigt er nur um 3 dB, da die Überlagerung von der Phasenlage der Wellenzüge abhängig ist. Rechnet man mit Intensitäten (I), die proportional dem Quadrat des Schalldruckes sind, so gilt für den Schallpegel in dB $= 10 \cdot \lg I/I_0$, wobei I_0 die Bezugsintensität bedeutet.

Dezime (lat. decima), die Oktave der Terz.

Diabasis (griech.) → Metabasis.

Diabolus in musica (lat.) → Tritonus.

Dialog (von griech. διάλογος, Gespräch), allgemein eine musikalische Struktur, die im Gegen- oder Nacheinander der Stimmen eine Analogie zur gesprochenen Wechselrede zeigt, und zwar in vokaler oder instrumentaler, einstimmiger oder mehrstimmiger Ausführung. Die Technik fand zu allen Zeiten Anwendung, z. B. in den alternierenden Teilen Gregorianischer Gesänge, im frühbarocken deutschen Lied (J. Staden, H. Albert), in den englischen und französischen Airs, in der barocken, besonders der französischen Orgelmusik, in der Themengestaltung und Durchführungstechnik der Wiener Klassik, mitunter als Bauprinzip eines ganzen Satzes (Beethoven, Klavierkonzert Nr 4, op. 58, 2. Satz). – Als eigenständige Gattung gewann der D. im 16. und 17. Jh. Bedeutung. Hierbei ist zwischen einer italienischen und einer protestantisch-deutschen Entwicklung zu unterscheiden, ferner zwischen weltlichen und geistlichen und innerhalb der letzteren zwischen vulgärsprachlichen und lateinischen D.en. Das Verbindende ist hier überall die Textanlage als Gespräch, während die musikalischen Formen wechseln. Ursprünge und Ansätze sind zu suchen im lateinischen geistlichen Drama des Mittelalters (→ Liturgisches Drama), im Minnesang, in der paarweisen Chorauftteilung der Niederländer, die sich in der Coro spezzato-Technik Willaerts fortsetzte und die Blütezeit des Motetten- und Madrigal-D.s heraufführte, und in den italienischen D.-Lauden. Mit der Umformung der letzteren durch Filippo Neri für seine *Congregazione dell'Oratorio* in Rom (1551) mündete die Entwicklung in die Vor- und Frühgeschichte des → Oratoriums. Um 1600 setzte sich im D. der monodische Stil allgemein durch; erzählende Teile und ein abschließender Chor erweitern die Form. Gleichzeitig entstanden in Oberitalien die solistisch-concertierenden lateinischen D.e als Einlage bei kirchlichen Festen (Viadana 1602), und als 3. Zweig der Gattung die weltlichen, der Kammerkantate nahestehenden *Dialoghi fuor di scena*, mit Stoffen aus der Schäferpoesie (Melli, *Tirsie Filli*, 1602).

Durch Verschmelzung italienischer Anregungen mit eigenen Vorformen wurde der D. im 17. Jh. eine wichtige kirchenmusikalische Gattung im protestantischen Deutschland. Er hatte als Gradualgesang oder vor (bzw. vor und nach) der Predigt einen festen Platz im Gottesdienst. Die Texte bestehen aus Bibelzitaten, freien geistlichen Dichtungen oder der Mischung beider. Sie wurden entweder realistisch-dramatisch oder mehr lehrhaft-darbietend vertont, zum Teil in sukzessivem, also echt dialogisierendem, zum Teil in simultanem Vortrag. Gemeinsam ist allen D.en die eindringliche Gestaltung des Schlusses (meist für Chor), der eine fromme Betrachtung, allgemeingültige Lehre oder Aufforderung zur Besinnung enthält. Unter den musikalischen Formen des D.s ist am verbreitetsten das (kleine) Geistliche Konzert. Frühe Beispiele dafür sind *Kompt her* von Scheidt (*Geistliche Concerte* II, 1634) und *Sei gegrüßet, Maria* von Schütz (*Kleine Geistliche Concerte* II, 1639); eine berühmte Sammlung sind die *Dialogi oder Gespräche zwischen Gott und einer gläubigen Seelen* von A. Hammerschmidt (DTÖ VIII, 1). Fügen sich die Reden realistisch dargestellter Personen in fortlaufender Handlung zu einer geschlossenen Szene zusammen, so entsteht der Oratorien-D. (z. B. Schütz, *Vater Abraham, erbarme dich mein*, GA XVIII). Instrumentale Vor- und Zwischenspiele wurden hinzugefügt (Kindermann), und mitunter wurden mehrere Szenen zusammengestellt (Rosenmüller), so daß diese Mischgattung allmählich ganz im Oratorium aufging. Gegen Ende des 17. Jh. drangen mit der Zunahme betrachtender, erbaulicher Teile im Text strophische Lieder und Arien in das geistliche Konzert ein. Die so entstehenden D.-Kantaten stellen die Anfänge der deutschen Solokantate dar, die auch später noch, nach dem Verschwinden des D.s als Gattung, dialogische Partien enthalten konnte. Wichtige Meister des D.s im 17. Jh. sind außer den genannten: J. H. Schein, J. R. Ahle, J. Schelle, W. C. Briegel, A. Pfleger, Th. Selle, J. Ph. Krieger, J. Chr. Bach, Chr. Bernhard, Fr. Tunder.

Lit.: Th. Kroyer, D. u. Echo in d. alten Chormusik, JbP XVI, 1909; E. Schmitz, Zur Frühgesch. d. lyrischen Monodie Italiens im 17. Jh., JbP XVIII, 1911; ders., Zur Gesch. d. ital. Continuo-Madrigals im 17. Jh., SIMG XI, 1909/10; ders., Gesch. d. Kantate u. d. geistlichen Konzerts I, Gesch. d. weltlichen Solokantate, = Kleine Hdb. d. Mg. nach Gattungen V, 1, Lpz. 1914, ²1955; A. Schering, Gesch. d. Oratoriums, ebenda III, 1911; Fr. Blume, Das monodische Prinzip in d. protestantischen Kirchenmusik, Lpz. 1925; ders., Die ev. Kirchenmusik, Bücken Hdb.; W. Vetter, Das frühdeutsche Lied I, = Universitas-Arch.VIII, Münster i. W. 1928; K. Fr. Rieber, Die Entwicklung d. deutschen geistlichen Solokantate im 17. Jh., Diss. Freiburg i. Br. 1932; A. Adrio, Die Anfänge d. geistlichen Konzerts, = Neue deutsche Forschungen XXXI, Abt. Mw. I, Bln 1935; G. Frotscher, Gesch. d. Orgelspiels... II, Bln 1936, ²1959; M. Lange, Die Anfänge d. Kantate, Diss. Lpz. 1938; H.-O. Hudemann, Die protestantische Dialogkomposition im 17. Jh., Diss. Kiel 1941, maschr.   PS

Diapason (griech. διὰ πασῶν, durch alle). – 1) In der Theorie der Griechischen Musik stellt der volle Name der 3 Symphoniai D. (Oktave), Diapente (Quinte) und Diatessaron (Quarte) den ihnen gemeinsamen konsonanten Charakter in den Vordergrund: ἡ διὰ πασῶν (oder: διὰ πέντε, διὰ τεσσάρων) χορδῶν συμφωνία, »der im Durchgang durch alle (oder: durch fünf, durch vier) Töne erreichte Zusammenklang«; der Sprachgebrauch hat die unterscheidenden Beifügungen verselbständigt. D. als Bezeichnung der Oktave sagt aus, daß diese zugleich den entferntesten und nächsten Zusammenklang darstellt: den entferntesten, weil sie alle musikalischen Intervalle in sich schließt und es über sie hinaus keinen unvermittelten Zusammenklang gibt, den nächsten, weil alle anderen Intervalle durch Unterteilung der Oktave (1:2) mathematisch bestimmt werden. – 2) Der englische Orgelbau nennt bei den Labialpfeifen das 4′-Register Principal, daher das 8′- (im Pedal 16′-)Register D. (Unteroktave), das 16′- (im Pedal 32′-)Register Double d. Man unterscheidet Open d. (Prinzipal) und Stopped oder Closed d. (Gedackt). – 3) D. hieß auch ein gewisses Modell, *wornach bey den Instrumentmachern die Orgel-Pfeiffen zugeschnitten, die Löcher in die Flöten, u. s. f. gemacht werden* (WaltherL, nach Brossard). Dem entsprechen die verschiedenen Bedeutungen von d. heute im Französischen: D. ist → Mensur (–1) einer Orgelpfeife oder eines Blasinstruments, Anordnung der Grifflöcher, seltener auch Umfang einer Stimme, ferner allgemein Tonhöhe und insbesondere → Stimmton; d. normal Stimmton, d. oder d. à branches Stimmgabel, d. à bouche Stimmpfeife.

Diapente (griech. διὰ πέντε, durch fünf; → Diapason), s. v. w. Quinte. – In lateinischen Kanonvorschriften und Musiktraktaten begegnet auch Epidiapente (Oberquinte) und Hypo- oder Subdiapente (Unterquinte).

Diaphonia (διαφωνία, »Auseinanderklang«), griechischer Name der Dissonanz (dissonantia ist lateinischer Übersetzungsterminus von d.), nämlich im Gegensatz zu den antiphonen und paraphonen Symphonien (Oktave; Quinte, Quarte) die übrigen Intervalle des Tonsystems; so auch noch in der mittelalterlichen Musiklehre: *Cuius* (symphoniae) *contraria est d., id est voces discrepantes vel dissonae* (Isidor, III, 20); *dissonantia autem et d. idem sunt* (Marchettus von Padua, GS III, 80b). – In der Frühzeit der artifiziellen Mehrstimmigkeit (9.–12. Jh.) ist D. der gelehrte griechische Name für das, was damals für gewöhnlich (vulgariter) → Organum hieß; im Unterschied zum älteren Begriff der → Paraphonia bezeichnet D. speziell das nicht durchlaufend parallele Quartenorganum (vgl. *Musica Enchiriadis*, GS I, 165, und Organumtraktat Köln, Domcapitelbibl. Cod. LII, Darmst. 2047, f. 177′: *D. seu organum constat ex diatessaron symphonia naturaliter dirivari*) und seine durch Oktavverdopplung entstehende Quart-Oktav-Quint-Struktur. Dabei erfaßt der Name D. (d. cantilena) sowohl das theoretische Moment (die rationale Tonmessung und das »Zur Schrift-Bringen«) dieses organicum melos, als auch dessen Charakter als diaphonisch-symphonischen (dissonierend-konsonierenden), das ist »einträchtig-auseinanderklingenden« Zusammenklang, mit den Worten der *Musica Enchiriadis* (GS I, 165b): *Dicta autem d., quod non uniformi canore constet, sed concentu concorditer dissono.* (*D. vocum disiunctio sonat, quam nos organum vocamus, cum disiunctae ab invicem voces et concorditer dissonant et dissonanter concordant*, Guido, *Micrologus*, CSM IV, 196f.; *Est ergo d. congrua vocum dissonantia*, Johannes Affligemensis, CSM I, 157). – Die irrtümliche Etymologie: D. = *dyaphonia... a dya, quod est duo, ... quasi duplex sonus* (z. B. CS II, 387) geht zurück auf die Zeit um und nach 1100: *Interpretatur autem d. dualis vox sive dissonantia* (Johannes Affligemensis, CSM I, 157); *D. duplex cantus est* (Organumtraktat von Montpellier, Fac. de méd. H. 384, f. 122). Denn entsprechend dem damaligen Wandel der mehrstimmigen Musik, demzufolge die dem Cantus respondierende Vox organalis selbst die Qualität eines eigenständigen (komponierten) Cantus gewann, wurde D. nun als »zwiefacher Cantus« verstanden, und bald darauf entstand als Analogiebildung zu D. das Begriffswort → Discantus (»Auseinandergesang mehrerer Cantus«), während in dem um 1300 hervortretenden Namen contrapunctus (→ Kontrapunkt) die intervallische Messung des »Gegen-Punctus« in den Vordergrund tritt. – Die *Summa musicae* (GS III, 239f.) unterteilt um 1300 die polyphonia in dya-, tri- und tetraphonia und beschreibt terminologisch recht eigenwillig als dyaphonia basilica (von griech. βάσις, → Basis) den Haltetonstil des Organum (*ita quod unus teneat continue notam unam, quae est quasi basis cantus alterius concinentis*) und als dyaphonia organica den Discantus (*... ab organo vocali nomen accepit, eo quod diversa organa diversimode resonent, quemadmodum et singuli homines singulas habent formas diversas*).

Lit.: Riemann MTh; J. Handschin, Zur Gesch. d. Lehre v. Organum, ZfMw VIII, 1925/26; H. H. Eggebrecht, »D. vulgariter organum«, Kgr.-Ber. Köln 1958.   HHE

Diaschisma (griech.) → Schisma.

Diastematie (von griech. διάστημα, Abstand, Intervall), die Eigenart einer Notenschrift, Tonabstände nach Höhe und Tiefe anzugeben. Der bedeutsame Schritt, das Zeichen für einen »höheren« Ton graphisch

höher zu setzen als das Zeichen für einen »tieferen« Ton und damit die Augenbezeichnungen hoch und tief für Töne herbeigeführt zu haben, die in der mittelalterlichen Musiktheorie dem Höreindruck entsprechend acutus (scharf, spitz) und gravis (stumpf, schwer) genannt wurden, vollzog sich mit der Entwicklung der Neumenschrift im 10. und 11. Jh. in Italien und Frankreich und führte zur Einführung von einer, zwei und mehr Linien und weiter zu deren Schlüsselung durch Guido von Arezzo (*Aliae regulae*, um 1020). – Eine besonders klare D. zeigt um 1000 die aquitanische Neumenschrift durch völlige Auflösung der Ligaturen in Punkte, deren Abstand man zum Teil durch in das Pergament geritzte Linien ordnete, während man im deutschen Sprachraum, z. B. in St. Gallen, linienlose adiastematische (nicht tonabständige) Neumen noch im 14. Jh. schrieb. Sicheres Erkennungszeichen für D. innerhalb der linienlosen Neumierung ist der → Custos.
Lit.: P. WAGNER, Einführung in d. Gregorianischen Melodien II: Neumenkunde ..., Lpz. 1905, ²1912, Neudruck Hildesheim u. Wiesbaden 1962.

Diastolik (von griech. διαστολή, Einschnitt, s. v. w. Interpunktion) nennen ältere Theoretiker (Zarlino), auch noch L. Mozart, die Lehre von den Einschnitten in der Musik, d. h. von der richtigen Gliederung der musikalischen Gedanken, der Phrasierung.

Diatessaron (griech. διὰ τεσσάρων, durch vier; → Diapason), s. v. w. Quarte. – In lateinischen Kanonvorschriften und Musiktraktaten begegnet auch Epidiatessaron (Oberquarte) und Hypo- oder Subdiatessaron (Unterquarte).

Diatonik (von griech. διάτονος, durch Ganztöne gehend). Diatonisch heißt eine Skala, die die Oktave in 5 Ganz- und 2 Halbtöne teilt, wie das Dur und Moll sowie die Kirchentöne. Diatonische Intervalle sind diejenigen, die sich aus einer solchen Skala ableiten lassen, also: reine Quarte, Quinte und Oktave, große und kleine Sekunde, Terz, Sexte und Septime. Der Tritonus wird, obwohl er der D. angehört, als übermäßige Quarte, also als Variante der reinen Quarte, d. h. als chromatisches Intervall bestimmt. Die diatonischen Intervalle gelten in der tonalen Musik im Gegensatz zu den chromatischen Intervallen als unmittelbar verständlich. Dabei ist gleichgültig, ob die das Intervall bildenden Töne Vorzeichen haben oder nicht; gis–a und eses–des sind ebenso diatonische kleine Sekunden wie h–c und e–f, und auch die in C dur leiterfremden Töne fis und cis bilden eine diatonische reine Quinte. – In der antiken griechischen Musik füllt das diatonische Tetrachord mit festen Quartrahmen mit 2 Ganztönen und einem Halbton, z. B.: e^1 d^1 c^1 h. Die Berechnung der »beweglichen« Intervalle bei den Theoretikern wechselt; Ptolemaios gibt 5 fremde, dazu noch 3 eigene Formeln an. Es hängt mit dem prinzipiell einstimmigen Charakter der griechischen Musik zusammen, daß die D. in der Antike kein Übergewicht gegenüber den beiden anderen Genera, → Enharmonik und → Chromatik, erlangte; doch bildet sie für das System der Notenschrift sowie allgemein in den Darstellungen der Musiktheorie den Ausgangspunkt. Erst nach dem Aufkommen der Mehrstimmigkeit wurde im 11. Jh., hauptsächlich unter der Autorität Guidos von Arezzo, die europäische Musik auf D. festgelegt. Im Byzantinischen Gesang ist der Prozeß der Diatonisierung wahrscheinlich erst im 13. Jh. abgeschlossen, doch setzt sich hier seit dem 15. Jh., d. h. seit Byzanz unter türkische Herrschaft geriet, wieder eine stärker differenzierte Tonordnung durch. – D. muß nicht immer mit einem Oktavsystem verbunden sein. So kennt der Byzantinische Gesang neben dem Oktavsystem ein System von durch einen Ganzton getrennten Tetrachorden, in dem sich in der tieferen Oktave b und f^1, in der höheren h^1 und fis^2 ergibt, der russische Kirchengesang ein System von durch einen Halbton getrennten Trichorden mit h in der tieferen und b^1 in der höheren Oktave. Dem genannten byzantinischen gleicht das Tetrachordsystem der *Musica Enchiriadis* (→ Dasia-Zeichen); sein durchaus diatonischer Charakter zeigt sich darin, daß die Töne der übermäßigen Oktaven b–h^1 und f^1–fis^2 zwar durch Oktavierung einer Stimme, aber niemals selbständig in die jeweils andere Oktave versetzt werden können. Dieses die Oktave umgehende System wurde von Hermannus contractus und Guido von Arezzo bekämpft, doch bot auch das nachguidonische Hexachordsystem die Möglichkeit, 3 Hexachorde jeweils im Quintabstand übereinanderzustellen. Sie wurde in der Mehrstimmigkeit bis ins 16. Jh. vielfach genutzt, da in jenem System zum mi und fa des (mittleren) Hexachordum naturale in beiden Richtungen Quinten gesetzt werden konnten, also: a und h^1 zu e^1 mi, b und c^2 zu f^1 fa. Der Tritonus, der sich in der unveränderten Tonart als verminderte Quinte, d. h. falsche Konsonanz (mi contra fa) darstellt, wird in dieser Hexachordschichtung zur übermäßigen Quarte, also zur Alteration eines ohnehin dissonanten Klanges. Die Notierung der Stimmen mit verschiedenen Vorzeichen macht dieses Hexachordsystem sichtbar. Sie bedeutet eine Erweiterung der Tonart insofern, als in solchen Sätzen authentischer und zugehöriger plagaler Modus gleichzeitig erklingen; am häufigsten sind (nach Hoppin): dorisch auf g transponiert (mit ♭) und hypodorisch auf d (ohne Vorzeichen) sowie lydisch untransponiert auf f (mit ♭) und hypolydisch auf c (ohne Vorzeichen). Die Zuordnung der Stimmen zur authentischen und plagalen Form des Kirchentons wechselt; in 3st. Sätzen wird überwiegend die Oberstimme ohne Vorzeichen, der Tenor mit ♭ notiert, der Contratenor aber teilt Klangregion und Vorzeichnung im 14. Jh. meist mit der Oberstimme, im 15. Jh. meist mit dem Tenor. Einen späten Sonderfall stellt die Erweiterung auf 4 Hexachorde in Josquins *Fortuna d'un gran tempo* dar, dessen 3 Stimmen die Hexachorde auf c^1 und g^1 (Oberstimme), f und c^1 (Mittelstimme), B und f (Unterstimme) ausfüllen, die sich hierbei ergebenden Querstände sind jedenfalls gewollt und dürfen nicht durch Akzidentien (vgl. H. Hewitt in der Neuausgabe des Satzes nach Petruccis *Odhecaton*) oder Annahme einer »Secret Chromatic Art« (Lowinsky) umgangen werden. Das für die Mehrstimmigkeit des Mittelalters konstitutive Nebeneinander von Tonart- und Hexachordordnung wird im 16. Jh. aufgegeben, die Tonart wird nunmehr zum einzigen Kriterium der D. Das System der 8 Kirchentöne weicht allmählich der Alleinherrschaft von Dur und Moll, die bis ins 19. Jh. die Grundlage der D. bildet. Humanistische Experimente zur Wiederbelebung der verschiedenen von antiken Theoretikern überlieferten Arten der D. bleiben ohne Ergebnis. Die Chromatik des 16. Jh. dagegen zeitigt eine Vermischung der Tongeschlechter, so daß seit dem 17. Jh. den Komponisten die Einführung von Chromatik in den prinzipiell diatonischen Satz freigestellt ist. Rein diatonisch sind fortan vornehmlich einfache Tänze, Märsche und Lieder sowie Kirchenmusik, die am a cappella-Stil des 16. Jh. festhält. In größeren Zusammenhängen wird es nunmehr zum Stilkriterium, ob ein Komponist (z. B. Händel und Haydn im Vergleich mit Bach und Mozart) oder eine Schule (z. B. die französischen und englischen Komponisten zur Zeit Lullys und Rameaus im Vergleich mit ihren italienischen Zeitgenossen) diatonische Stimmführung und Klangverbindungen bevorzugt. Um die Mitte des 19. Jh. kam es zur Krise der D., für die verschiedene Lösungen gesucht werden. In Deutschland wurde für längere Zeit der Gegensatz Wagner–Brahms beherrschend; Wagner findet im *Tristan* eine prinzipiell auf Chromatik aufgebaute Tonsprache und behält die D. zur Darstellung des Volkstümlichen und Historischen (*Meistersinger*), ursprünglich Naturhaften und Außermenschlichen (z. B. *Rheingold*-Vorspiel und Wotan-Motiv im *Ring*) bei; Brahms hält grundsätzlich an der D. fest, gewinnt ihr aber durch Rückgriff auf die Kirchentöne, Kontrapunktik und eine verfeinerte Technik der motivischen Arbeit neue Wirkung ab (worin ihm u. a. Mahler folgt). D. tritt weiterhin auf, soweit volkstümliche Melodik in die Komposition einbezogen wird, so bei Dvořák, Janáček, Milhaud und den modernen Russen, weniger bei Bartók, Hindemith und Britten. Auch in Strawinskys Musik steht bis in die 1940er Jahre die D. im Zentrum. Unter dem Einfluß der Jugendbewegung und ihrer ideologisch bestimmten Feindschaft gegen das 19. Jh. haben sich vor allem deutsche Komponisten nach dem 1. Weltkrieg wieder einer reinen D. zugewandt, in der sie einen Wesenszug der Kirchen- und Gemeinschaftsmusik sahen.

Lit.: Aristoxeni Elementa harmonica, griech. u. ital., hrsg. v. R. DA RIOS, Rom 1954; Die Harmonielehre d. Klaudios Ptolemaios, hrsg. v. I. DÜRING, = Göteborgs högskolas årsskrift XXXVI, 1, 1930, dazu ebenda XXXVIII, 2, 1932 (Porphyrios' Kommentar) u. XL, 1, 1934 (deutsche Übers.); Musici scriptores graeci, hrsg. v. K. v. JAN, Lpz. 1895, Neudruck Hildesheim 1962; Musica Enchiriadis, GS I; HERMANNUS CONTRACTUS, Musica, GS II; GUIDO v. AREZZO, Micrologus, hrsg. v. J. Smits van Waesberghe SJ, = CSM IV, Rom 1955; RIEMANN MTh; W. APEL, Accidentien u. Tonalität in d. Musikdenkmälern d. 15. u. 16. Jh., Diss. Bln 1936; DERS., The Partial Signatures ..., AMl X, 1938 – XI, 1939; O. GOMBOSI, Tonarten u. Stimmungen d. antiken Musik, Kopenhagen 1939, Neudruck 1950; D. P. WALKER, Mus. Humanism in the 16th and Early 17th Cent., MR II, 1941 – III, 1942, deutsch: Der mus. Humanismus im 16. u. frühen 17. Jh., = Mw. Arbeiten V, Kassel 1949; E. E. LOWINSKY, The Goddess Fortuna in Music, MQ XXIX, 1943; DERS., The Function of Conflicting Signatures ..., MQ XXXI, 1945; DERS., Conflicting Views ..., JAMS VII, 1954; J. HANDSCHIN, Der Toncharakter, Zürich (1948); J. VINCENT, The Diatonic Modes in Modern Music, Berkeley u. Los Angeles 1951; R. H. HOPPIN, Partial Signatures ..., JAMS VI, 1953; DERS., Conflicting Signatures Reviewed, JAMS IX, 1956; H. SEARLE, Twentieth Cent. Counterpoint, London (1954, ²1955); W. KELLER, Hdb. d. Tonsatzlehre I, Regensburg 1957; L. B. SPIESS, The Diatonic »Chromaticism« of the Enchiriadis Treatises, JAMS XII, 1959.

Diazeuxis (griech.) → Systema teleion.

Dies irae (lat., Tag des Zorns; Sophonias 1, 15), die → Sequenz (– 1) der Totenmesse (Requiem), nahm im 13. Jh. von Italien ihren Ausgang und bildet seit der 1570 durch Pius V. eingeführten Neufassung des Missale einen festen Bestandteil der römischen Meßliturgie. Jüngste Bestimmungen über die Verwendung des D. i. wurden 1955 von Pius XII. herausgegeben. In seiner sprachlichen Gestalt ist das D. i., das zu den vollendetsten Schöpfungen der mittelalterlichen Dichtung zählt, ein sequenzartiger Hymnus; die endgültige Textfassung dürfte einem in der 1. Hälfte des 13. Jh. in Italien wirkenden Verfasser (Thomas von Celano?) zuzuschreiben sein. Der melodische Bau des Stückes gliedert sich in 3 Teile, von denen jeder unmittelbar wiederholt wird und die Strophen 1–16 musikalisch zu Strophenpaaren zusammenschließt, während die Schlußstrophen (ab Lacrimosa) melodisch eigenständig sind. Meisterhafte Vertonungen fand die Sequenz in den großen Requiemkompositionen des 18. und 19. Jh. (Mozart, Cherubini, Schumann, Berlioz, Verdi).

Neben Berlioz, der die Melodie des D. i. im 5. Satz (*Songe d'une nuit du sabbat*) seiner *Symphonie fantastique* parodierte, wählte Liszt den ersten Melodieabschnitt als Thema seines *Totentanzes* für Kl. und Orch.

Lit.: CL. BLUME SJ, D. i., Cäcilienvereinsorgan XLIX, 1914; M. INGUANEZ, Il D. i. in un codice del s. XII, Revista liturgica XVIII, 1931; O. URSPRUNG, Die kath. Kirchenmusik, Bücken Hdb.; A. CHIAPPINI, La sequenza »D. i., dies illa« di Fra Tommaso de Celano, Collectanea Franciscana XXXII, 1962; F. WANNINGER, D. I., Its Use in Non-liturgical Music..., Diss. Northwestern Univ. (Ill.) 1962.

Diesis (δίεσις, griech., Abtrennung; frz. dièse) nennt Philolaos den Überschuß der Quarte über 2 Ganztöne, d. h. den später mit Limma (→ Apotome) bezeichneten diatonischen Halbton der Pythagoreischen Skala 256:243. Aristoxenos übertrug die Bezeichnung auf alle Intervalle, die kleiner als ein Halbton sind. Der neuere Gebrauch des Wortes in Italien und Frankreich geht offenbar auf Marchettus de Padua (*Lucidarium*) zurück; dieser erklärt die D. als $1/9$ oder $2/9$ des Ganztons und findet sie im Leittonintervall, das bei der Teilung eines Ganztons *propter aliquam consonantiam colorandam* (wie in der Diskantklausel) entsteht, wobei z. B. c–c♯–d in das Chroma c–c♯ ($7/9$) und die D. c♯–d ($2/9$) geteilt ist (GS III 73b). Dementsprechend wird die Bezeichnung D. im 14.–15. Jh. auf das ♯ übertragen (siehe Nicolaus de Capua 336: *ista figura ♯ quae vocatur d.*); es heißt ital. d., frz. dièse, das ✕ ital. doppio d., frz. double dièse. – In der Akustik werden heute die Bezeichnungen große D. und kleine (enharmonische) D. verwendet: erstere entsteht aus der Differenz von 4 kleinen Terzen und der Oktave:

$$\left(\frac{6}{5}\right)^4 : \frac{2}{1} = \frac{648}{625} \text{ bzw. } 4 \cdot 315{,}64 - 1200 = 62{,}6 \text{ Cent},$$

letztere aus der Differenz von Oktave und 3 großen Terzen:

$$\frac{2}{1} : \left(\frac{5}{4}\right)^3 = \frac{128}{125} \text{ bzw. } 1200 - 3 \cdot 386{,}31 = 41{,}1 \text{ Cent}.$$

Diferencia (difer'enθia, span., Verschiedenheit), in der spanischen Instrumentalmusik des 16. Jh. seit L. de Narváez (1538) soviel wie → Variation.

Differenzen (lat. differentiae, auch diffinitiones, divisiones oder varietates), die regelmäßigen melodischen Schlußformeln der Psalmtöne in der antiphonischen Offiziums- und Meßpsalmodie. Jeweils auf dem Rezitationston (Tenor oder Tuba) des Psalms einsetzend, bilden sie das Verbindungsglied zwischen dem Psalmvers und dem Anfang der Antiphon. Zu ihrer Darstellung werden von alters her die 6 Schlußsilben der kleinen Doxologie (seculorum amen) bzw. deren Vokale (Euouae) herangezogen. Mit Ausnahme der 2. Kirchentonart besitzen alle Psalmtöne mehrere D.
Lit.: P. WAGNER, Einführung in d. Gregorianischen Melodien III, Lpz. 1921, Neudruck Hildesheim u. Wiesbaden 1962; Z. FALVY, Zur Frage d. D. d. Psalmodie, StMw XXV, 1962.

Differenzton → Kombinationstöne.

Diffusität. In der → Raumakustik dient der Begriff der D. als Maß für die allseitige gleichmäßige Erfüllung eines Raumes mit Schallenergie. Für musikalische Darbietungen ist eine genügende Durchmischung der wegen der Reflexionen aus verschiedenen Richtungen einfallenden Schallwellen wichtig, da z. B. das Auftreten von Echos die Klarheit der Wiedergabe wie auch die Sprachverständlichkeit empfindlich stört. Sind die Begrenzungsflächen eines Raumes schallzerstreuend (stark gegliedert), so ist die D. größer, als wenn Wände und Decken reflektierend oder gar schallfokussierend (Kuppeln) wirken. Räume barocken Stils haben dank ihrer aufgegliederten Einbauten (Pfeiler, Säulen, Bö-

gen, Emporen, Stukkaturen) eine große D. In modernen Räumen müssen oft Diffusoren, d. h. schallzerstreuende Einbauten, vorgesehen oder Balkone und Ränge entsprechend aufgegliedert werden. Zur Untersuchung der D. werden mit Mikrophonen hoher Richtwirkung die aus verschiedenen Richtungen einfallenden Schallintensitäten gemessen.
Lit.: W. FURRER, Raum- u. Bauakustik f. Architekten, Basel u. Stuttgart 1956, ²1961 als: Raum- u. Bauakustik – Lärmabwehr; L. CREMER, Statistische Raumakustik, = Die wiss. Grundlagen d. Raumakustik II, Stuttgart 1961.

Dijon (Burgund).
Lit.: L. DE GOUVENAIN, Le théâtre à D. 1422–1790, D. 1888; E. FYOT, A propos des orgues de St-Bénigne, Rev. de Bourgogne XIII, 1923; R. MOISSENET, L'orgue de chœur de la cathédrale de D., ebenda XV, 1925; CH. OURSEL, A propos de la maîtrise de D., Mémoires de l'Acad. de D. 1943/46; J. MARILIER, L'office rythmé de St. Philibert à Tournus et à D., Kgr.-Ber. 13ᵉ Centenaire de Jumièges 1955.

Diktat → Musikdiktat.

Dilettant → Kenner und Liebhaber.

diminuendo (ital.; Abk.: dim. oder dimin.), auch durch die Zeichen ▶ oder ▷ oder ⊳ vorgeschrieben, abnehmend (an Schallstärke), schwächer werdend. → crescendo.

Diminution (lat. diminutio, Verkleinerung). – 1) In der Mensuralnotation heißt D. die Verkürzung von Notenwerten in gerader oder ungerader → Proportion (–2) zu den unmittelbar vorangegangenen integren Werten oder denen einer gleichzeitig erklingenden anderen Stimme. Die D. wird im Zusammenhang mit den Tenores der isorhythmischen Motette zuerst von J. de Muris (CS III, 58) besprochen, tritt aber bereits im 14. Jh. auch in Oberstimmen auf. Angezeigt wird sie durch bestimmte Veränderungen der üblichen Mensurzeichen (z. B. Umkehrung des C zu Ɔ, waagerechte, schräge oder senkrechte Durchstreichung, z. B. ⊖, Zusatz von Zahlen, z. B. C3), anfangs auch durch vom Grundtext abweichende Färbung der Noten oder durch knappe Texthinweise (*haec cantetur per medium*). Am häufigsten begegnet die reguläre Halbierung der Notenwerte (Proportio dupla), und zwar unter den Mensurzeichen ¢, ²⁄₁ oder Ɔ. ɸ bedeutet simultan Verkürzung des Tempus perfectum um die Hälfte, sukzessiv um die Hälfte oder ein Drittel. Auch 4fache Beschleunigung (Proportio quadrupla) ist früh belegt (¢2, ⁴⁄₁, ɸ). Das Notenbeispiel (aus *Ideoque quod nascetur* von H. Isaac, *Choralis Constantinus* II, 1555; vgl. DTÖ XVI, 1, S. 38; Faks. 35 bei ApelN) vereinigt vier verschiedene Mensurverhältnisse. Tenor (Tempus imperfectum) und Bassus (Tempus perfectum) vertreten den → integer valor notarum. Auf sie beziehen sich Cantus (Tempus perfectum diminutum), der um die Hälfte, und Altus (Proportio quadrupla), der auf ein Viertel verkürzt werden muß (siehe das Beispiel oben). Mit Hilfe der D. war es möglich, rasche Werte anzuwenden, ohne Semiminimen (Viertelnoten) benutzen zu müssen. – Seit dem 15. Jh. wurde D. gern in kanonischen Stimmverbindungen verwendet. In der Theorie der Fuge bezeichnet D. die ausgeschriebene Verkürzung der Notenwerte eines Themas auf die Hälfte und erleichtert die Technik der Engführung (z. B. J. S. Bach, *Kunst der Fuge*, Contrapunctus VI). Auch in nicht kontrapunktischer, freier Setzweise findet sie sich (Motiv-D. in Wagners *Meistersinger*-Vorspiel, Takt 122ff.).
– 2) (ital. auch fioretti, passaggi, für vokale D. auch gorgia; span. glosas; in Deutschland auch Passaggio, Coloratura), eine Sammelbezeichnung für → Verzie-

rungen, die durch Zerlegung einzelner Gerüsttöne oder Tonschritte in Gruppen von kleineren, rascheren Noten zustande kommen. – Schon der hoch- und spätmittelalterlichen Musiklehre war die D.s-Technik geläufig, doch fiel sie hier in der Regel unter den Begriff der → Flores, so daß die Bezeichnung D. (J. de Muris, CS III, 62a ff.) bis ins 15. Jh. nur selten begegnet. – Im 16. und 17. Jh. versahen Sänger und Instrumentisten ihre Arien und Partien mit D.en bei der Aufführung von Motetten, Madrigalen, Chansons, Falsi bordoni. Die Länge und mensurale Ordnung der Partien wurde dabei nicht verändert. Um keine Satzfehler zu riskieren, sollten wichtige Ausgangstöne am Anfang und Ende des Ornaments möglichst erhalten bleiben. In den Lehrwerken der Zeit sind Verzeichnisse enthalten, die für die häufigsten melodischen Fortschreitungen (Tonwiederholung, Sekunde bis Quinte und Sexte, seltener auch für den Oktavsprung, steigend und fallend) und für die gebräuchlichsten Klauseln einen Vorrat ornamentaler Umschreibungen zur Wahl stellen, geordnet nach wachsender Schwierigkeit bzw. Schnelligkeit. Viele dieser Ornamente haben sich schon im 16. Jh. zu namentlich benannten Figuren (Groppo, Tremolo u. a.; G. dalla Casa 1584) verfestigt und wurden vor allem in der instrumentalen → Figuration verwendet. Da nach dem Bericht vieler Zeitgenossen die D. im 16. Jh. eher übertrieben als vernachlässigt wurde, mußten den Ausführenden wiederholt strenge Beschränkungen auferlegt werden. Obwohl grundsätzlich alle Stimmen eines Tonsatzes diminuiert werden durften, sollte die improvisierte Auszierung der Baßstimmen möglichst vermieden werden, weil man über einem *instabile fundamentum* kein *stabile aedificium* bauen könne (H. Finck 1556). Da das gleichzeitige Diminuieren in mehreren Stimmen oft wenig diszipliniert geschah, forderte H. Finck, es solle immer nur in jeweils einer Stimme diminuiert werden, wobei sich die Sänger beliebig abwechseln könnten; nur so kämen auch die einzelnen Ornamente wirklich zur Geltung. Begabte Sänger und Spieler durften sich aus zwei oder mehr Stimmen einen virtuosen Auszug herstellen. Auch wo Komponisten in ihren Werken die D. selbst ausgearbeitet hatten oder der ursprünglichen (unverzierten) Fassung einen ausgearbeiteten D.s-Vorschlag beigaben, war der Ausführende nicht daran gebunden. Anderseits wurden die D.en durchaus nicht jedesmal neu improvisiert; gerade die berühmtesten Virtuosen bereiteten (nach D. Ortiz 1553) die Verzierungen schriftlich vor und studierten die Partien nach ihrer persönlichen Fassung. Diese Freizügigkeit in der Ausgestaltung erklärt sich daraus, daß im Verständnis der Komposition noch immer die mittelalterliche Scheidung zwischen primärem Gerüstsatz und dessen kaum festgelegter »Ausfüllung« (Contrapunctus simplex und diminutus) galt, und daß ferner – mit den Worten A. P. Coclicos (1552) – sich das Prinzip der Komposition von dem des (improvisierten) Kontrapunkts kaum unterschied (*Nam regula compositionis à regula contrapuncti parum differt*). – S. Ganassis *Opera Intitulata Fontegara* (1535), nur im Ansatz eine Flötenschule, gilt als älteste gedruckte D.-s-Lehre. Sie nimmt insofern eine Sonderstellung ein, als sie in vier Abteilungen (regole) die zu verzierenden langen Noten zunächst im geraden Verhältnis, dann in den Proportionen 4:5, 4:6 und 4:7 teilt. Diese und andere rhythmische Kompliziertheiten sollten offensichtlich das improvisatorische Ungefähr der Praxis wiedergeben. Die späteren italienischen Lehrbücher bevorzugen einfachere Aufgliederungen. Weitere Lehrbücher schrieben G. C. Maffei (1562), G. dalla Casa (1584), G. Bassano (1585, 1591), R. Rognoni (1592), L. Zacconi (1592), G. Diruta (1593) und G. L. Conforto (1593?, 1607). Außerhalb Italiens scheint die vokale D. keine große Rolle gespielt zu haben. Niederländische Koloristen werden im 16. Jh. zwar öfter erwähnt, sind bisher kaum näher zu bestimmen; in spanischen Besitzungen wurden die instrumentalen → Glosas gepflegt; auch den deutschen Organisten und Lautenisten war die → Kolorierung so vertraut, daß (seit A. G. Ritter 1884) von einer Epoche der »Koloristen« (um 1570-1620) gesprochen worden ist. Theoretische Erörterungen kamen in Deutschland über Ansätze (Coclico 1552, H. Finck 1556) nicht hinaus. Erst spät entstanden hier umfangreichere Verzierungslehren (M. Praetorius 1619, J. Crüger 1654, 1660 u. a.). Zwischen vokaler und instrumentaler D. wurde bis ins 17. Jh. kaum unterschieden: nach S. Ganassi war die menschliche Stimme Vorbild für instrumentale Verzierungen, während M. Praetorius umgekehrt die Sänger auf das Beispiel der Organisten hinwies. Dennoch wurden allmählich Text und Silbenqualität stärker beachtet (G. B. Bovicelli 1594); zur Zeit der frühen Monodie wandte man sich schließlich mit aller Schärfe gegen das rein virtuose, gedankenlose Verzieren der Sänger, das nur denen »einen Ohrenschmaus bereite, die nicht wüßten, was mit Leidenschaft zu singen heißt« (G. Caccini 1601). Indes wurde die D. unter der Bezeichnung »willkürliche Veränderungen« (im Gegensatz zu den aus der → Kolorierung hervorgegangenen und mit abgekürzten Zeichen geschriebenen »wesentlichen Manieren«) bis weit ins 18. Jh. hinein gepflegt (Kastraten in der Neapolitanischen Oper, langsame Instrumentalsätze); selbst im 19. Jh. haben C. Czerny und Fr. Liszt Kompositionen Beethovens bisweilen noch diminuiert vorgetragen.

Ausg.: zu 2): (Quellen bis 1620): Locheimer Liederbuch u. Fundamentum organisandi, Faks. hrsg. v. K. Ameln, Bln 1925; S. Ganassi, Opera intitulata Fontegara (1535), Faks. d. Boll. Bibl. Mus., Mailand 1934; dass. als: S. Ganassi, La Fontegara ..., hrsg. v. E. Dahnk-Baroffio u. H. Peter, Bln (1956); A. P. Coclico, Compendium musices, Nürnberg 1552, Faks. hrsg. v. M. F. Bukofzer, = DMl I, 9, 1954; D. Ortiz, Tratado de glosas sobre cláusulas ..., Rom 1553, Faks. u. Übers. hrsg. v. M. Schneider, Bln 1913, Kassel ²1936; H. Finck, Practica Musica (1556), 5. Buch, übers. v. R. Schlecht, MfM XI, 1879; Fr. T. de Santa María, Libro llamado Arte de tañer ..., Valladolid 1565, auszugsweise übers. v. E. Harich-Schneider u. R. Boadella, Lpz. 1937; G. L. Conforto, Breue et facile maniera d'essercitarsi a far passaggi, Rom 1593(?), Faks. hrsg. v. J. Wolf, = Veröff. d. Musikbibl. P. Hirsch II, Bln 1922; G. B. Bovicelli, Regole passaggi ..., Venedig 1594, Faks. hrsg. v. N. Bridgman, = DMl I, 12, 1957; Th. Morley, A Plaine and Easie Introduction to Practicall Musicke ..., London 1597, Faks. hrsg. v. E. H. Fellowes, = Shakespeare Association Fasc. XIV, London 1937, NA hrsg. v. R. A. Harman u. Th. Dart, London (1952); M. Praetorius, Polyhymnia Caduceatrix (1619), hrsg. v. W. Gurlitt, = GA XVII, Wolfenbüttel u. Bln 1930; Praetorius Synt. III.
Lit.: zu 1): H. Bellermann, Die Mensuralnoten u. Taktzeichen d. XV. u. XVI. Jh., Bln 1858, hrsg. v. H. Husmann ⁴1964; WolfN; C. Dahlhaus, Zur Theorie d. Tactus im 16. Jh., AfMw XVII, 1960; U. Günther, Die Anwendung d. D. in d. Hs. Chantilly 1047, ebenda; dies., Der Gebrauch d. tempus perfectum diminutum in d. Hs. Chantilly 1047, ebenda; dies., Die Mensurallehre d. Ars nova in Theorie u. Praxis, AfMw XIX/XX, 1962/63; ApelN.
Lit.: zu 2): A. G. Ritter, Zur Gesch. d. Orgelspiels, 2 Bde, Lpz. 1884; H. Goldschmidt, Die ital. Gesangsmethode d. 17. Jh., Breslau 1890, ²1892; ders., Verzierungen, Veränderungen u. Passaggien im 16. u. 17. Jh., MfM XXIII, 1891; ders., Die Lehre v. d. vokalen Ornamentik I, Charlottenburg 1907; Fr. Chrysander, L. Zacconi als Lehrer d. Kunstgesanges, VfMw VII, 1891; M. Kuhn, Die Verzierungs-Kunst in d. Gesangs-Musik d. 16. u. 17. Jh., = BIMG I, 7, Lpz. 1902; A. Einstein, Zur deutschen Lit. f. Va da Gamba im 16. u. 17. Jh., = BIMG II, 1, Lpz. 1905; A. Schering, Zur instr. Verzierungskunst im 18. Jh., SIMG VII, 1905/06; A. Beyschlag, Die Ornamentik d. Musik, Lpz. 1908, Neudruck Wiesbaden 1961; O. Kinkeldey, Org. u. Kl. in d. Musik d. 16. u. 17. Jh., Lpz. 1910; R. Lach, Studien zur Entwicklungsgesch. d. ornamentalen Melopöie, Lpz. 1913; W. Merian, Der Tanz in d. deutschen Tabulaturbüchern, Lpz. 1927; H. J. Moser, P. Hofhaimer, Stuttgart u. Bln 1929; A. Allerup, Die Musica Practica d. J. A. Herbst ..., Kassel 1931; W. Apel, Early German Keyboard Music, MQ XXIII, 1937; E. T. Ferand, Die Improvisation in d. Musik, Zürich (1939); ders., Die Improvisation, = Das Musikwerk XII, Köln (1956); ders., Über verzierte »Parodiekantaten« im frühen 18. Jh., Kgr.-Ber. Wien 1956; ders., Die Motetti, Madrigali, et Canzoni Francese ... diminuti ... d. G. Bassano (1591), Fs. H. Osthoff, Tutzing 1961; P. C. Aldrich, J. S. Bach's ... Improvised Ornamentation, MQ XXXV, 1949; ders., Ornamentation in J. S. Bach's Organ Works, NY 1950; I. Horsley, Improvised Embellishment in the Performance of Renaissance Polyphonic Music, JAMS IV, 1951; R. Ide, Die melodischen Formeln d. Diminutionspraxis, Diss. Marburg 1951; H. Chr. Wolff, Die Gesangsimprovisation d. Barockzeit, Kgr.-Ber. Bamberg 1953; H. P. Schmitz, Die Kunst d. Verzierung im 18. Jh., Kassel 1955; V. Duckles, Florid Embellishment in Engl. Song of the Late 16th and Early 17th Cent., Ann. Mus. V, 1957; D. Stevens, H. Chr. Wolff, P. C. Aldrich, J. Müller-Blattau, D. Arnold u. a., Beitr. zu: Improvisation in d. Aufführungspraxis d. 16. u. 17. Jh., Kgr.-Ber. Köln 1958; Fr. Zaminer, Der Vatikanische Organum-Traktat (Ottob. lat. 3025), = Münchner Veröff. zur Mg. II, Tutzing 1959; E. T. Ferand, A Hist. of Music Seen in the Light of Ornamentation, Kgr.-Ber. NY 1961, Bd I; H. Federhofer, Die D. in d. Kl.-Werken v. Chopin u. Liszt, Studia musicologica V, 1963.

Di'oxeian (griech. δι' ὀξεῖαν, »durch einen hohen« Ton) heißt bei Philolaos die Quinte, später allgemein → Diapente genannt.

Diplakusis (von griech. διπλοῦς und ἄκουσις), Doppelt-Hören, meist Folge von Erkrankung eines oder beider Ohren. Bei der D. monauralis echotica und der D. binauralis echotica werden Töne zweimal nacheinander mit dem erkrankten Ohr bzw. erst mit dem gesunden, dann mit dem kranken gehört. D. binauralis disharmonica liegt vor, wenn ein Ton von den beiden Ohren verschieden hoch gehört wird. D. qualitatis nannte Révész die pathologische Erscheinung, bei der innerhalb eines bestimmten Tonhöhenbereiches zwar Tonhöhen unterschieden werden, aber die Qualität (etwa gis) unverändert bleibt.

Lit.: G. Révész, Einführung in d. Musikpsychologie, Bern 1946.

Diple, Diplje, ein in Montenegro beheimatetes gedoppeltes Blasinstrument mit aufschlagender Zunge (einfaches Rohrblatt). Die 5 Grifflöcher der beiden Spielröhren sind im Einklang (mit Schwebungen) gestimmt. D. heißen auch Sackpfeifen mit Doppelpfeifen (6 Grifflöcher) in Bosnien, Herzegowina und Dalmatien.

Director musices (lat.) → Musikdirektor.

Dirge (dəːɪdʒ, engl.) ist ein Grablied, im weiteren Sinne auch ein für Trauer- oder Gedenkfeiern komponiertes Vokal- bzw. (seltener) Instrumentalwerk. Der Name ist abzuleiten vom Textbeginn der 1. Antiphon *Dirige [Domine Deus meus] in conspectu tuo viam meam* (Ps. 5, 9) der Matutin des Officium defunctorum und begegnet häufig erst seit dem 16. Jh., z. B. bei Shakespeare: *Our solemn hymns, to sullen dirges change* (*Romeo and Juliet* IV, 5). In neuerer Zeit wurde er u. a. von I. Strawinsky (*In Memoriam Dylan Thomas, D.-Canons and Song for Tenor Voice, String Quartet, and Four Trombones*, 1954) und B. Bartók (*For Children*, II, Nr 38, 1945) verwendet.

Lit.: CH. L. CUDWORTH, Two Georgian Classics: Arne and Stevens, ML XLV, 1964.

Dirigieren (von lat. dirigere; engl. conducting; frz. conduire), ein Orchester, einen Chor oder eine Opernaufführung usw. durch Gesten leiten, die den metrischen Ablauf darstellen und die Dynamik und Artikulation andeuten. Der Leiter wird Director musices, → Kapellmeister, seit dem 19. Jh. Dirigent (engl. conductor; frz. chef d'orchestre) genannt. – Ein musikalisches Kunstwerk kann innerhalb des Rahmens der vom Komponisten gegebenen Vorschriften in verschiedenster Weise vorgetragen werden, je nach der Auffassung des Interpreten. Bei Aufführung einer Oper, Symphonie usw. ist aber nicht ein einzelner, sondern eine größere Anzahl zugleich tätig, deren individuelle Auffassungen sich einer gemeinsamen unterordnen müssen; der eigentliche vortragende Künstler ist dann der Dirigent. Die Mittel, durch welche derselbe seine Auffassung zur Geltung bringen kann, sind sehr beschränkt, wenigstens während der eigentlichen Aufführung; in den Proben kann er zum Wort seine Zuflucht nehmen, kann den einzelnen Mitwirkenden Stellen vorsingen oder auf ihren Instrumenten vorspielen, Rhythmen mit dem Taktstock aufklopfen usw., doch verbietet sich das bei der Aufführung, und nur die geräuschlosen Bewegungen des Taktstocks und – besonders für Dynamik und Ausdruck – der linken Hand sind heute die Dolmetscher seiner Intentionen. Auch ein Blick, den er einem Sänger oder Spieler zuwirft, kann unschätzbare Dienste leisten. Das wichtigste Organ der Mitteilung bleibt aber doch der Taktstock, dessen Bewegungen daher eine feststehende konventionelle Bedeutung haben. Grundformen des D.s sind die 1-, 2-, 3- und 4teilige Schlagart.

Die Wahl der Schlagart ist von der vorgezeichneten Taktart und vom Tempo abhängig; im Allegretto wird ein 2/4-Takt 2teilig, im Presto einteilig geschlagen. Durch Untergliederung entsteht aus der 2teiligen die 4- oder 6teilige, aus der 3teiligen die 6- oder 9teilige, aus der 4teiligen die 8- oder 12teilige Schlagart. Bei Untergliederung durch zwei wird die Bewegungsstrecke zerlegt; bei Untergliederung durch drei kann die Schlagart der 3teiligen Grundform angedeutet werden. – Unter einem Auftakt versteht man beim D. nicht eine Note oder Notengruppe vor dem Taktstrich, sondern einen Schlag, der dem ersten Ton vorausgeht, um das Zeitmaß festzusetzen. Als Auftakt wird im 3/4-Takt das 3. Viertel geschlagen, wenn der Satz volltaktig beginnt, dagegen das 2. Viertel, wenn er mit dem dritten anfängt. Ein Crescendo wird gewöhnlich durch weiter ausholende Schläge anschaulich gemacht, ein Diminuendo durch Verkleinerung der Schläge. Die Dauer einer Fermate wird durch Stillhalten des Taktstocks in der Höhe angedeutet, ihr Ende durch eine kurze Hakenbewegung. – Die moderne Technik des D.s entwickelte sich seit dem 17. Jh. aus dem → Tactus der Mensuralmusik, dem einfachen Nieder- und Aufschlag (depressio und elevatio). L. Penna (1672) erwähnt die Unterteilung des Tactus durch ein Wiegen der Hand (*un poco ondeggiando la mano*); M. Saint-Lambert (1702) schreibt für 3- und 4teilige Taktarten Seitwärtsschläge vor. Orchesterwerke und italienische und deutsche Opern wurden im 17. und 18. Jh. vom Cembalo aus geleitet; neben dem Kapellmeister am Cembalo, der den Generalbaß spielte und Einsätze durch Anschlag auf dem Instrument markierte, sorgte der erste Violinist, der Konzertmeister, für den Zusammenhalt der Stimmen (auch durch Direktion mit dem Violinbogen). Reich besetzte Kirchenmusiken und französische Chor- und Ballettopern wurden mit einem Taktstock oder einer Taktrolle dirigiert; der große Taktstock, mit dem aufgestampft werden konnte, war im 18. Jh. ein Thema unablässiger Kontroversen. Als der Generalbaß veraltete, setzte sich allmählich auch in der Orchestermusik und in der italienischen und deutschen Oper das D. mit einem Taktstock durch (Reichardt 1775, Weber und Spohr 1817, Spontini 1820, Mendelssohn 1835). Je mehr sich seit den ersten Jahrzehnten des 19. Jh. die Komponisten vom D. zurückzogen (Wagner dirigierte nicht mehr die Uraufführungen seiner späteren Werke), um so mehr entwickelte sich der Stand des Berufsdirigenten, der nun als Interpret neben den Komponisten tritt. Neben der Schlagtechnik, die nur mehr handwerkliche Grundlage ist, werden vom modernen Dirigenten Fähigkeit zur Analyse, Probentechnik und organisatorische Gabe verlangt.

Lit.: A. PISA, Battuta della musica dichiarata, Rom 1611; E. LOULIÉ, Eléments ou principes de musique, Paris 1696, Amsterdam 1698; M. SAINT-LAMBERT, Les principes du clavecin, Paris 1702; MATTHESON Capellm.; QUANTZ Versuch; BACH Versuch; J. FR. REICHARDT, Ueber d. Pflichten d. Ripien-Violinisten, Bln u. Lpz. 1776; J. N. FORKEL, Direktion einer Musik, in: Genauere Bestimmung einiger mus. Begriffe, Göttingen 1780, auch in: K. F. Cramer, Magazin f. Musik I (1783), S. 1039ff.; C. L. JUNKER, Einige d. vornehmsten Pflichten eines Capellmeisters, Winterthur 1782; F. S. GASSNER, Dirigent u. Ripienist, Karlsruhe 1844; H. BERLIOZ, L'art du chef d'orch., in: Traité d'instrumentation ..., Paris 1856; R. WAGNER, Über d. D., Lpz. 1869; E. M. E. DELDEVEZ, L'art du chef d'orch., Paris 1878; M. KUFFERATH, L'art de diriger l'orch., Brüssel 1891, [2]1901; F. WEINGARTNER, Über d. D., Bln 1895; DERS., Ratschläge f. Aufführungen klass. Symphonien I–III, Lpz. 1906–23; E. VOGEL, Zur Gesch. d. Taktschlagens, JbP V, 1898; R. SCHWARTZ, Zur Gesch. d. Taktschlagens, JbP XIV, 1907; R. CAHN-SPEYER, Hdb. d. D., Lpz. 1909, [2]1919; A. CHYBIŃSKI, Beitr. zur Gesch. d. Taktschlagens, Lpz. 1912; H. LÖBMANN, Zur Gesch. d. Taktierens u. D., Düsseldorf 1912; G. SCHÜNEMANN, Gesch. d. D., = Kleine Hdb. d. Mg. nach Gattungen X, Lpz. 1913; FR. MIKOREY, Grundzüge einer Dirigentenlehre, Lpz. 1917; C. KREBS, Meister d. Taktstocks, Bln 1919; A. BOULT, A Hdb. on the Technique of Conducting, London 1921, [2]1949; A. SEIDL, Moderne Dirigenten, Bln 1922; A. WEISMANN, Der Dirigent im 20. Jh., Bln 1925; G. BECKING, Der mus. Rhythmus als Erkenntnisquelle, Augsburg 1928, Neudruck Darmstadt 1958; A. CARSE, Orchestral Conducting, London 1929; DERS., The Orch. from Beethoven to Berlioz, Cambridge 1948; H. SCHERCHEN, Lehrbuch d. D., Lpz. 1929,

Mainz ²1956, engl. London 1933; H. W. v. WALTERSHAUSEN, Dirigentenerziehung, Lpz. 1929; DERS., Die Kunst d. D., Bln 1943, ²1954; W. ERHARD, The Eloquent Baton, Witmark 1931; A. SZENDREI, Dirigierkunde, Lpz. 1932, ³1956; B. GROSBAYNE, A Bibliogr. of Works and Articles on Conductors ..., Brooklyn 1934; DERS., Techniques of Modern Orchestral Conducting, Cambridge (Mass.) u. London 1956; J. MÜLLER-BLATTAU, Die Lehre v. Führen u. Folgen in Chor u. Orch., in: Hohe Schule d. Musik I, Potsdam (1935); O. SCHREIBER, Orch. u. Orchesterpraxis in Deutschland zwischen 1780 u. 1850, = Neue deutsche Forschungen CLXXVII, Abt. Mw. VI, Bln 1938; A. LUALDI, L'arte di dirigere l'orch., Mailand 1940, ³1957; D. E. INGHELBRECHT, Le chef d'orch. et son équipe, Paris 1949; A. JACOBS, Spohr and the Baton, ML XXXI, 1950; M. RUDOLF, The Grammar of Conducting, NY 1950; F. PREVITALI, Guida allo studio della direzione d'orch., Rom 1951; CL. W. HOLSINGER, A Hist. of Choral Conducting ..., Diss. Northwestern Univ. (Ill.) 1954, maschr.; M. BOWLES, The Art of Conducting, NY 1959, engl. Ausg. als: The Conductor, London 1961.

Dirty tones (d'ə:ɪti to:nz, engl., schmutzige Töne), Jazzbezeichnung für unreine, häufig gepreßt intonierte Töne (→ Hot-Intonation), die aus dem vitalen Musizieren Afrikas über die Negerfolklore der USA in Gesang und Instrumentaltechnik des Jazz gelangten. Im frühen Jazz (New Orleans) haben die D. t. als Übertragung der Musiziervorstellung der Neger auf europäische Instrumente zu gelten, so daß ihnen dort weniger ausdruckshafte Bedeutung zukam. In der Entwicklung des Jazz bis zur Swing-Ära wurden sie jedoch immer stärker zu expressiven Elementen umgebildet und dann u. a. als Wa-wa- und Growl-Effekte bewußt eingesetzt.

Discantus (mittellat.), einer der mittelalterlichen Namen artifizieller Mehrstimmigkeit, der im 12. Jh. in Analogie zu → Diaphonia gebildet wurde, wörtlich »Auseinandergesang« bedeutet und sowohl die Gegenstimme zu einem Cantus als auch den Komplex von zwei oder mehr Stimmen bezeichnen konnte. Der D. beruht auf den Konkordanzen Oktave (Einklang), Quinte und Quarte und deren Abwechslung und auf dem Prinzip der Gegenbewegung (mit Stimmkreuzung) und unterscheidet sich vom gleichzeitigen → Organum, bei dem ein Konkordanzensatz mit koloriertem Duplum und dementsprechend gedehnten Cantustönen, also mit einer ungleichen Art der Stimmen vorgetragen bzw. aufgezeichnet wird, grundsätzlich durch die Ton-gegen-Ton-Gemessenheit und dementsprechend durch die Gleichartigkeit, nämlich den Cantuscharakter der Stimmen, deren »auseinander«-tönendes Zusammenpassen durch die Konkordanzen und seit Ende des 12. Jh. außerdem durch die exakte Mensurierung aller Stimmen geregelt ist. – Erstmalig begegnet der Terminus D. in dem von A. de Lafage, zuletzt von A. Seay edierten anonymen Traktat des späteren 12. Jh., wo betont ist, »daß die diskantierende Stimme nicht mehr Noten haben soll als der Cantus« (... *ne d. plures punctos habeat quam cantus, quia aequali punctorum numero ambo debent incidere ... Organum autem non aequalitate punctorum sed infinita multiplicitate ... cantui suo concordat* ..., ed. Seay 33 u. 35), und wo ein Exemplum gegeben wird,

Übertragung der Buchstabennotation. o = Cantus, ● = Discantus. Textunterlegung nach dem Antiphonale Monasticum von Lucca (Paléographie mus. 1, IX, 535).

das in seiner Art zurückweist auf die Mehrstimmigkeitslehre der Traktatengruppe um und nach 1100 (J. Affligemensis, *De musica*, cap. XXIII; Mailand, Bibl. Ambr. M 17 sup., f. 56ff.; Montpellier, Fac. de méd. H 384, f. 122f.). Hier werden D. und Organum noch ungeschieden behandelt und ähnliche, wohl noch primär für Stegreifausführung gemeinte Strukturen unter dem Namen organum vel diaphonia beschrieben, wobei letztere freilich bereits als »zweifacher Cantus« (duplex cantus, dualis vox) erklärt wird (worin das irrtümliche Verständnis von d. als biscantus sich ankündigt). Dabei besteht zunehmend die Tendenz, den Cantus, zumal bei dessen tieferer Lage, als Unterstimme zu führen, wodurch er zum Träger der Klänge und Klangfolgen wird und die Quarte ihre Geltung als perfekte Konkordanz zu verlieren beginnt. In dem 2st. Repertoire des St.Martial-Kreises und des Codex Calixtinus sind zahlreiche Stücke oder Abschnitte in Art des frühen D. gebildet: Note gegen Note syllabisch oder melismatisch (Melisma gegen Melisma), wobei die Neumenschrift den Rhythmus noch nicht oder erst in Ansätzen fixiert, der aber in den syllabischen Partien durch den in der Regel rhythmischen Text gegeben sein mag.

In der Epoche von → Notre-Dame gewinnt der D. zunehmend an Geltung. Bei den im *Magnus liber organi* überlieferten 2st. Choralbearbeitungen (organa dupla) des optimus organista Leoninus liegt das Schwergewicht der Gestaltung noch auf den organalen Partien, die jedoch dort, wo der Choral melismatisch ist, in D.-Partien übergehen. Hier werden in den Note-gegen-Note-Satz zugunsten des Melodieflusses harmonisch freie, oft dissonierende, also in kürzerer Dauer vorzutragende Töne eingefügt,

Übertragung des Anfangs der Diskantpartie »ex semine« aus dem Organum duplum *Alleluya. Nativitas* in der Fassung W_1, f. 42.

wodurch von der Harmonik her ein dem 1. Modus (♩♩) entsprechender Rhythmus entsteht, der wohl als Ausgangspunkt der dann systematisch durch die Art der Ligaturenfolge zur Schrift gebrachten Modalrhythmik anzusehen ist. Als Merkmal des D. gegenüber dem Organum gilt seitdem (erstmals formuliert von J. de Garlandia) die vollständige Mensurierung aller Stimmen, wodurch auch melodisch und harmonisch der kompositorische Vorgang sich steigert im Sinne von Verdichtung, Mannigfaltigkeit und Gestaltungsfreiheit. Zur Zeit und wohl weitgehend als Leistung des Perotinus, den der englische Anonymus IV (CS I 342a) als optimus discantor rühmt, sind alle Stimmen des nun auch 3- und 4st. Satzes modalrhythmisch notiert, und es erfolgt neben dem Neuschaffen von Choralbearbeitungen ein Umgestalten der überlieferten Organa. Dabei gewinnen die D.-Abschnitte (die diskantierenden Clausulae sive puncta) an Zahl, Ausdehnung und Kunst,

Discantus

Übertragung des Anfangs der Diskantpartie »ex semine« aus dem Organum triplum *Alleluya. Nativitas* in der Fassung W_1, f. 11.

und alte wie neue Klauseln werden in gesonderten Faszikeln zu wahlfreiem Einsetzen in die Organa zusammengestellt. Zumal in der Bereicherung der rhythmischen Formeln des Tenors und seiner wiederholten Durchführung und in der Anwendung der wohl zuerst von J. de Garlandia so genannten Colores (ed. Cserba 226f.), deren wichtigste Art die (oft auch variierende) Melodiewiederholung in der gleichen oder einer anderen Stimme ist (*per quam notitiam auditus suscipit placentiam*), entfaltet sich die Kunst des Komponisten. Aus den Klauseln entsteht, durch Unterlegung rhythmischer lateinischer Texte, welche die im Tenor gebotenen Worte des Chorals tropieren, die → Motette, genauer: zunächst der Choralbearbeitungstropus, der anfangs wohl noch ins Organum eingesetzt werden konnte, dann aber in verselbständigter und zunehmend auch in neugeschaffener Form auftritt und den Namen motetus von dem vulgärsprachlichen motet, also von der erst später einsetzenden französischen Textierung oder Umtextierung der D.-Sätze, übernommen zu haben scheint. (Die »ex semine«-Klausel im 3. Beispiel findet sich lateinisch textiert innerhalb der entsprechenden Choralbearbeitung in den englischen Worcester-Fragmenten, als dreistimmige französische Motette in W_2 und als lateinische Doppelmotette in den → Quellen *Mo, Ba, Hu*.) Der »dis-cantus« der Klauseln und Motetten erweist sich in der Tat als ein aus mehreren Cantus bestehender Satz (*D. est aliquorum diversorum cantuum consonantia*, Franco von Köln, CS I, 118b); diese sind tonal ein Ergebnis des praeexistenten Cantus, insofern sich dessen Tonart auf Grund der perfekten Konkordanzen des Harmoniegerüsts sozusagen automatisch in Quint- oder Oktavtransposition auf die Oberstimmen projiziert (vgl. 3. Beispiel), – weshalb in den Choralbearbeitungen das Austauschen von Klauseln möglich war und überhaupt das Komponieren mehrstimmiger Musik weitgehend noch im 13. Jh. einen seinem Wesen nach anonymen Vorgang darstellt. Die »mathematische Art« des D., die sich darin ausprägt, daß die Töne der perfekten Klänge sowohl in ihrer Beziehung zum Tenor als auch in sukzessiver Relation in sich ruhen, hat zur Folge, daß Stimmen hinzukomponiert und weggelassen werden können, wie es auf dem französischen Festland der Überlieferungsbefund der Klauseln und Motetten des 13. Jh. in unzähligen Fällen erweist. (Der D.-Satz im 3. Beispiel findet sich in F und W_2 insgesamt 6mal auch ohne Triplum.)

Seit Mitte des 13. Jh. ist der D., mächtig gefördert durch die von Franco kanonisierte Mensuralnotation, auf dem französischen Festland die ausschließlich gepflegte mehrstimmige Kompositionsweise in den für die → Ars antiqua bezeichnenden Gattungen, in deren Mittelpunkt die Motette steht und der weltliche Liedsatz sich auszubilden beginnt. J. de Garlandia gliedert um 1240 die Musica mensurabilis, insgesamt Organum generale genannt, in die drei Spezies D., Copula und Organum speciale (CS I, 175, und ed. Cserba 211 und 224). Bei Franco von Köln (wohl kurz vor 1250) tritt das Organum, als partim mensurabilis charakterisiert, bereits stark in den Hintergrund gegenüber dem in allen Stimmen mensurierten D., der in simpliciter prolatus, truncatus (= → Hoquetus) und copulatus (= → Copula) unterteilt wird, wobei zur ersteren Art – nach dem Unterscheidungsmodus cum littera (cum eadem vel cum diversis), aut sine et cum littera – die Spezies Cantilena, namentlich Rondellus (frz. rondeau), ferner Motetus und Conductus zählen (CS I 118 und 130). In England gliedert W. Odington um 1320 den Cantus organicus in die beiden Genera Organum purum (*et hoc genus antiquissimum est*) und D. und beschreibt als dessen Spezies neben Conductus, Copula, Motetus und Hoquetus den Rondellus im Sinne des Stimmtausch-Stücks (CS I, 245ff.), das zu den Besonderheiten des D. in England gehört. Diese sind bereits am »Sommerkanon« und für die Zeit bis Mitte des 14. Jh. besonders an dem geistlichen, den Marienkult bevorzugenden Repertoire der Worcester-Fragmente zu studieren mit ihrer englischen Art der Choralbearbeitung, die den »Halteton«-Stil kaum kennt und ganz oder teilweise tropisch textiert ist, ihren lateinischen Motetten, die grundsätzlich nicht auf Klauseln zurückgehen und häufig auch über freie Tenores (pedes) gebildet sind, ihren Ordinariumssätzen, Rondelli und Conductus, deren einige schon hier annähernd den Schematismus der jeweils in den $\frac{8}{5}$-Klang führenden $\frac{6}{3}$-Ketten zeigen.

Übertragung vom Anfang des Conductus cum cauda *Beata viscera Mariae virginis, Worc*, Fragment XIX, f. a2 (ed. Dittmer Nr 91).

Dabei berühren und durchdringen sich die verschiedenen Kompositionsspezies und neigen zur Fundamentbezogenheit des Satzes, zur Strebigkeit der imperfekten Klänge, zu Vielstimmigkeit, großem Klangraum, Stimmtausch und kanonischer Bildung. Indessen wird in Italien der schriftmäßig ausgearbeitete mensurierte D. erst seit dem beginnenden 14. Jh. greifbar und gelangt in den Madrigalen, Caccien und Ballaten des Trecento zu eigenständiger Blüte.

Dagegen stehen in der französischen → Ars nova weiterhin die Motette, seit Ph. de Vitry in isorhythmischer

Form, und der durch G. de Machaut voll ausgebildete Kantilenensatz der Balladen, Rondeaux und Virelais im Mittelpunkt des Komponierens,

G. de Machaut, Anfang des Rondeau Nr 1.

das nun in besonderem Maße nach rhythmischer Subtilitas und harmonischer Dulcedo strebt: durch Synkopen, durch Aufschub, Auslassung und Vorwegnahme von Tönen, durch Vorhalte, Durchgänge und Wechselnoten sowie durch Folgen von imperfekten Klängen und ein Sich-Ausbreiten der Schlußbildungen zurück ins Satzinnere gewinnt die Harmonik, wiewohl sie sich weiterhin aus melodisch eigenständigen, tonal voneinander abhängigen Stimmen konstituiert, einen zu den Endpunkten der Klauseln hin gerichteten Bewegungszug (das 5. Beispiel beginnt, entsprechend dem Wort Doulz, mit einer Paenultimabildung vor g, dem Finalklang des Satzes). In Traktaten der Schule Vitrys und J. de Muris nach 1325 wird der D. erstmals unter dem Namen Contrapunctus (→ Kontrapunkt) gelehrt. Dessen buchstäbliche Bedeutung »punctus contra punctum« war in älteren D.-Beschreibungen bereits angelegt, und im 14. Jh. stehen beide Namen noch nebeneinander; gelegentlich wird sogar der Contrapunctus als »cantus contra cantum«, also noch ganz im Sinne des D. umschrieben (vgl. Prosdocimus de Beldemandis, *Contrapunctus*, Beginn von Cap. I, CS III 194a). Doch setzt sich dann das neue Begriffswort offenbar in dem Maße durch, in dem der musikalische Satz primär nicht mehr als ein solcher aus mehreren Cantus begriffen wurde, sondern als intervallisches Messen von Tönen über einem Klangträger mit zunehmend eigenständig harmonischen Strebigkeiten.

Der improvisierte Diskant (d. ex improviso, d. simplex; frz. → déchant), welcher abseits von den Zentren kunstvoller Mehrstimmigkeit die alte (diaphone) Art über das 13. Jh. hinaus fortsetzt, ist das in zahlreichen Traktaten beschriebene, auch in schriftlich fixierten Sätzen greifbare extemporierte mehrstimmige Singen »über dem Buch« der liturgischen Gesänge (d. supra librum, frz. déchant sur le livre). Dabei handelt es sich um ein Stegreifsingen im wesentlichen Note gegen Note, in langsamem Zeitmaß, nicht mensuriert, unter Beachtung der Gegenbewegung und Varietas der Klangqualitäten, wobei die perfekten Klänge das Maßgebende sind, zwischen denen 1–3 imperfekte »durchgehen« dürfen, und die Gegenstimme stufenweise oder in möglichst kleinen Intervallen geführt wird. Bei 3st. Ausführung wird jeder D. unabhängig vom anderen zum Tenor gebildet. Als Contrapunctus simplex, Contrappunto alla mente, → Sortisatio wird der improvisierte D. bis ins 17. Jh., in Frankreich bis ins 18. Jh. beschrieben und gelehrt. – Eine Sonderart des improvisierten D. ist der von M. F. Bukofzer so genannte »Englische Diskant«, der seit dem späten 14. Jh. auch in Traktaten gelehrt wird, meist in der Vulgärsprache (R. Cutell, L. Powers *Tretis ... upon the Gamme*, Anonymus Pseudo-Chilston u. a.). Die Improvisation der Stimmen (Mene, Treble, Quatreble) geschieht hier mittels transponierender Leseweisen (→ Sight), wobei der notierte Plainsong als Unterstimme erklingt, wenn nicht auch der Sight des Countertenor, Counter oder Faburden erfolgt; Parallelen von (höchstens fünf gleichen) imperfekten Intervallen (acordis) werden als angenehm (fair and merry) charakterisiert. Bei den nach Art dieser Improvisation aufgeschriebenen Stücken ist die Stimmführung freier, und der C. f. liegt, für die damalige englische Musik bezeichnend, oft in der Mittelstimme, wodurch die Unterstimme besonders an den Klauseln die zur Klangbildung nötige Freiheit gewinnt. Der englische D. steht in unmittelbarem Zusammenhang mit dem → Faburden.

Ausg.: → Quellen: Calixtinus, W_1, W_2, MüA, Cl, Ba, Da, Mo, Hu, Tu, Worc, Fauv.

Lit.: Anonymus, hrsg. v. J. A. DE LAFAGE, in: Essais de diphthérographie mus., Paris 1864, Neudruck Amsterdam 1964, S. 355ff., u. v. A. SEAY, An Anon. Treatise from St. Martial, Ann. Mus. V, 1957, d. Abschnitt über D. u. Organum auch hrsg. v. J. HANDSCHIN, AMI XIV, 1942, zuvor ZfMw VIII, 1925/26, S. 333ff.; Discantus positio vulgaris, J. de Garlandia, De musica mensurabili positio, Magistri Franconis Ars cantus mensurabilis, hrsg. v. S. M. CSERBA, in: H. de Moravia ..., = Freiburger Studien zur Mw. II, Regensburg 1935, auch CS I, 94ff., 97ff., 117ff.; J. de Garlandia in anderer Fassung: CS I, 175ff.; Magistri Franconis Ars ..., Neudruck nach CS I u. Faks. v. 2 Hss., hrsg. v. FR. GENNRICH, = Mw. Studienbibl. XV/XVI, Darmstadt 1957; Anonymus IV, CS I, 327ff.

FR. LUDWIG, Repertorium ... I, 1, Halle 1910, I, 2 u. II, hrsg. v. FR. GENNRICH, = Summa Musicae Medii Aevi VII–VIII, Langen 1961–62; DERS., Die Quellen d. Motetten ältesten Stils, AfMw V, 1923, Neudruck in: Summa ... VII, Langen 1961; DERS., Die geistliche nichtliturgische, weltliche einst. u. d. mehrst. Musik d. MA..., Adler Hdb.; J. WOLF, Ein Beitr. zur Diskantlehre d. 14. Jh., SIMG XV, 1913/14; RIEMANN MTh; J. HANDSCHIN, Eine wenig beachtete Stilrichtung ..., SJbMw I, 1924; DERS., Zur Gesch. d. Lehre v. Organum, ZfMw VIII, 1925/26; DERS., Der Organum-Traktat v. Montpellier, in: Studien zur Mg., Fs. G. Adler, Wien u. Lpz. 1930; DERS., Aus d. alten Musiktheorie, AMI XIV, 1942 – XV, 1943; DERS., The Summer Canon ..., MD III, 1949 u. V, 1951; A. HUGHES OSB, Worcester Medieval Harmony, Nashdom Abbey 1928, dazu J. Handschin in: ZfMw XIV, 1931/32; DERS. in: The New Oxford Hist. of Music II, London 1954; R. v. FICKER, Primäre Klangformen, JbP XXXVI, 1929; DERS., Polyphonic Music of the Gothic Period, MQ XV, 1929; DERS., Der Organumtraktat d. Vatikanischen Bibl., KmJb XXVII, 1932; DERS., Zur Schöpfungsgesch. d. Fauxbourdon, AMI XXIII, 1951; H. BESSELER, Studien zur Musik d. MA, AfMw VII, 1925 – VIII, 1926; DERS., Die Musik d. MA u. d. Renaissance, Bücken Hdb.; DERS., Bourdon u. Fauxbourdon, Lpz. 1950; H. SOWA, Ein anon. glossierter Mensuraltraktat 1279, = Königsberger Studien zur Mw. IX, Kassel 1930; S. B. MEECH, Three XVth-Cent. Engl. Mus. Treatises ..., Speculum X, 1935; M. F. BUKOFZER, Gesch. d. engl. Diskants ..., Straßburg 1936; DERS., Popular Polyphony ..., MQ XXVI, 1940; DERS., »Sumer is icumen in«, A Revision, in: Univ. of California Publications in Music II, 2, Berkeley 1944; DERS., Studies in Medieval & Renaissance Music, NY 1950; THR. G. GEORGIADES, Engl. Diskanttraktate ..., = Schriftenreihe d. Mw. Seminars d. Univ. München III, München 1937; E. T. FERAND, Die Improvisation in d. Musik, Zürich (1939); Y. ROKSETH, La polyphonie parisienne du XIIIe s., in: Les cahiers techniques de l'art I, 2, 1947; A. GEERING, Die Organa u. mehrst. Conductus in d. Hss. d. deutschen Sprachgebietes v. 13. bis 16. Jh., = Publikationen d. Schweizerischen

Musikforschenden Ges. II, 1, Bern (1952); E. WALKER, A Hist. of Music in England, Oxford ³1952, hrsg. v. J. A. Westrup; L. A. DITTMER, The Worcester Music Fragments, Diss. Basel 1952, maschr., Auszug Basel 1955; DERS., An Engl. Discantuum Volumen, MD VIII, 1954; W. G. WAITE, D., Copula, Organum, JAMS V, 1952; E. APFEL, Der Diskant in d. Musiktheorie d. 12. bis 15. Jh., Diss. Heidelberg 1953, maschr.; DERS., Der klangliche Satz u. d. freie Diskantsatz im 15. Jh., AfMw XII, 1955; DERS., Studien zur Satztechnik d. ma. engl. Musik, 2 Bde, = Abh. d. Heidelberger Akad. d. Wiss., Phil.-hist. Klasse, Jg. 1959, Nr 5; DERS., Zur Entstehung d. realen 4st. Satzes in England, AfMw XVII, 1960; DERS., England u. d. Kontinent in d. Musik d. späten MA, Mf XIV, 1961; DERS., Über einige Zusammenhänge zwischen Text u. Musik ..., AMl XXXIII, 1961; DERS., Über d. 4st. Satz ..., AfMw XVIII, 1961; S. W. KENNEY, »Engl. Discant« and Discant in England, MQ XLV, 1959; FR. ZAMINER, Der Vatikanische Organum-Traktat (Ottob. lat. 3025), = Münchner Veröff. zur Mg. II, Tutzing 1959; R. L. CROCKER, Discant, Counterpoint and Harmony, JAMS XV, 1962; R. H. PERRIN, Descant and Troubadour Melodies: A Problem in Terms, JAMS XVI, 1963; BR. STÄBLEIN, Modale Rhythmen im St-Martial-Repertoire?, Fs. Fr. Blume, Kassel 1963. HHE

Discordantia (auch Discordia, von lat. discordare, nicht übereinstimmen) bezeichnet in den musiktheoretischen Schriften des Mittelalters alle diatonischen Intervalle, welche keine → Concordantiae sind. Seit dem 13. Jh. werden sie eingeteilt in Discordantiae perfectae (kleine Sekunde, Tritonus, kleine Sexte, große Septime) und imperfectae (große Sekunde, große Sexte, kleine Septime), gelegentlich sind große Sekunde und kleine Sexte auch in einer eigenen Gruppe als Discordantiae mediae zusammengefaßt. Dissonantia wird nicht selten synonym mit D. gebraucht, bezieht sich jedoch häufiger nicht auf bestimmte Intervallgruppen, sondern dient der Beschreibung von Ungereimtheiten in Komposition und Wiedergabe: *Dissonantia ... per falsitatem ... subrepit* (Guido von Arezzo, CSM IV, 134), oder der negativen ästhetischen Beurteilung: was dem einen als *dulcissimum* erscheine, werde von anderen als *dissonum ... atque omnino incompositum* empfunden (Johannes Affligemensis, CSM I, 110). Im positiven Sinne bezeichnet Dissonantia den »auseinanderklingenden« Charakter der → Diaphonia.

Disdiapason (griech. δὶς διὰ πασῶν, zweimal durch alle; → Diapason – 1), s. v. w. Doppeloktave.

Diskant, eine hauptsächlich im 16. Jh. und vor allem in Deutschland gebräuchliche Bezeichnung für die oberste Stimme eines mehrstimmigen Satzes. Ihr Alter läßt sich nicht genau feststellen; doch muß sie schon um die Mitte des 15. Jh. üblich gewesen sein, da viele der in den Trienter Codices enthaltenen 4st. Sätze der traditionsgemäß unbezeichneten Oberstimme einen Discantus secundus gegenüberstellen. Während die Stimmbezeichnung D. fortan außerhalb Deutschlands nur vereinzelt auftrat (häufiger: Prima vox, Superius, Supremus, Sopran, Treble, Cantus), wurde sie in Deutschland seit dem Glogauer Liederbuch besonders im Tenorlied regelmäßig verwandt, offenbar in Anlehnung an die Bezeichnung für die alte Praxis des Übersingens (»Diskantierens«) eines Tenors. Dabei wurde aus der relativ höheren Stimme des alten Diskantierstimmensatzes die absolut höchste Stimme eines vollstimmigen Satzes, dessen einzelne Stimmen durch die Herausbildung charakteristischer Lagen den ganzen der menschlichen Stimme zugänglichen Tonraum ausmessen und gliedern. Die Aufgabe, die absolute Diskantlage darzustellen, fiel den Knaben zu, welche nunmehr als Diskantisten – so nennt sie noch J. S. Bach – die im Mittelalter als Norm gedachte Männerstimmenbesetzung nicht nur aufhellen, sondern erweitern. – In ähnlichem Sinne diente D. vor allem dem 16. und beginnenden 17. Jh. als Bezeichnung für die kleinste Spezies eines in Chören gebauten Instruments wie: D.-Viole, D.-Blockflöte, D.-Pommer, D.-Zink und D.-Posaune. – Gegen Ende des 16. Jh. wurde der Name D. mit dem Vordringen der Oberstimmenmelodik sinnwidrig und deshalb in Deutschland allmählich durch Cantus ersetzt (so schon fast durchgängig bei M. Praetorius), hielt sich aber vereinzelt bis ins 19. Jh. – Die Orgelkunde versteht unter D. ein Register, dessen Umfang auf die obere Hälfte der Klaviatur beschränkt ist, jedoch gern durch ein entsprechendes Baßregister ergänzt wird (z. B. Oboe – Fagott).

Diskographie (von frz. disque, Schallplatte), Bezeichnung für Schallplattenverzeichnis. Die D. entstand aus dem Bestreben des Schallplattenhandels, dem Käufer in Form von Lagerkatalogen eine Übersicht über die im Handel befindlichen Schallplatten zu geben. Die erste D. dieser Art, *The Gramophone Shop Encyclopedia of Recorded Music* von R. D. Darrell (New York 1936, erweiterte Auflagen 1942 und 1948), eröffnete die lange Reihe der heute unentbehrlichen kommerziellen D.n: *Bielefelder Schallplattenkatalog* sowie ab 1964 *Der große Schallplatten Katalog* (Deutschland), *Guide du disque* (Frankreich), *Record Guide* bzw. *Record Year* (England), *Records in Review* und die Zeitschrift *Gramophone Shop Monthly Supplement* (USA). – Aus der Erfahrung, daß Händler- und Firmenkataloge der Bedeutung der Schallplatte als eines musikgeschichtlichen Dokumentes nicht gerecht werden, schufen Fr. F. Clough und G. J. Cuming in der bisher umfassendsten D. *The World's Encyclopaedia of Recorded Music* (London 1952, Supplemente 1953 und 1957) eine wissenschaftliche Bibliographie aller Schallplattenaufnahmen seit 1925 (ausgenommen Unterhaltungsmusik und Jazz). Die frühen Aufnahmen von 1898 bis 1909 hat R. Bauer-Mailand in *The New Catalogue of Historical Records* (London 1947) erfaßt. Die Lücke zwischen 1909 und 1925 ist nur für den amerikanischen Bereich annähernd geschlossen durch J. M. Moses, *Collector's Guide to American Recordings 1895–1925* (New York 1949). Eine vollständige D., die fortlaufend auch die jüngsten Titel verzeichnet, bleibt als vordringliche Aufgabe der Musikbibliographie bestehen. – Spezielle D.n über einzelne Werke, Interpreten und Komponisten bringen hauptsächlich die zahlreichen Schallplattenzeitschriften, die auch über die wichtigsten Neuerscheinungen unterrichten, z. B. *Fonoforum* (Deutschland), *Phono* (Österreich), *Disques* (Frankreich), *Musica e dischi* (Italien), *The Gramophone* (England), *American Record Guide* (früher *The American Music Lover*, USA). – Besondere Bedeutung kommt der Jazz-D. zu, da man die Entwicklung des Jazz infolge fehlender schriftlicher Überlieferung nur an Hand von Schallplatten genauer verfolgen kann. Jazz-D.n sind gekennzeichnet durch eine bis in technische Einzelheiten der Aufnahme gehende Genauigkeit (Namen sämtlicher Musiker, Matrizennummer, Datum und Ort der Aufnahme). Zu den wichtigsten Jazz-D.n gehören u. a.: Ch. Delaunay, *Hot Discography* (Paris 1936) und *New Hot Discography* (New York 1948); D. Carey und A. J. McCarthy, *The Directory of Recorded Jazz and Swing Music* (Fordingbridge/Hampshire 1950–55; bisher 5 Bände: A–Kirk); H. H. Lange, *Die deutsche Jazz-Discographie* (Berlin und Wiesbaden 1955) und *Die deutsche »78«-Discographie der Jazz- und Hot-Dance-Musik 1903–1958* (Berlin 1966); W. Elmenhorst und W. v. Bebenburg, *Die Jazz-Diskothek* (= rowohlts monographien LV/LVI, Hamburg 1960).

Lit.: FR. F. CLOUGH – G. J. CUMING, Phonographic Periodicals, Notes II, 15, 1957/58; J. COOVER u. R. COLVIG,

Mediæval and Renaissance Music on Long-Playing Records, = Detroit Studies in Music Bibliogr. VI, Detroit 1964.

Diskordanz → Discordantia, → Konkordanz.

Diskothek (frz. discothèque; engl. gramophone record library; amerikanisch phonograph record library), Schallplattensammlung; → Phonothek.

Disposition benennt die jeweils in der Orgel vorhandenen → Register und deren Verteilung auf die → Manuale (→ Hauptwerk, → Rückpositiv, → Brustwerk, Oberwerk, → Schwellwerk u. a.) und das → Pedal (– 1), ferner alle technischen Spielhilfen (→ Kombinationen). In der Zusammenstellung dieser Register sowie der Art der klanglichen Proportion der Manuale und des Pedals zueinander bekundet jede Epoche ihre Eigenart. → Positive haben ein Manual, kleinere Orgeln zwei: Hauptwerk (HW), Brustwerk (BW) oder Rückpositiv (RP) und Pedal (P), größere drei: HW, Oberwerk (OW) oder Schwellwerk oder BW, RP und P (frz. grand orgue, récit, positif, pédale; engl. great organ, positive organ, swell organ, choir organ, pedal organ). Viermanualige haben in klassischer Anordnung: HW, BW, OW, RP, P. Ohne Charakterangabe heißen sie: I., II., III. Manual, Fernwerk, Schwellwerk. Frühere Zeiten haben dargetan, daß nicht Fülle, sondern allein funktionell klarer Aufbau eine dispositionelle Einheit erstehen läßt. Der Klang ist durch die Registernamen nur ungefähr beschrieben. Mensuren und Intonation in der jeweiligen Raumakustik sind die entscheidenden Faktoren des Klanges. – Die einmanualige Orgel der Kathedrale in Mailand (begonnen um 1550 von G. G. Antegnati) kennt bis auf ein weites Register (anderwärts 2–3) nur Stimmen der nicht weit mensurierten Prinzipalfamilie, während vergleichsweise die große 3manualige Orgel der Marienkirche zu Danzig (1583–86 von J. J. Friese erbaut) im Hauptwerk neben der Prinzipalfamilie mit großer Mixtur eine Reihe anderer Register (gedeckte, offene und teilweise konische) zeigt und in den anderen Manualen auch eine Anzahl Rohrwerke disponiert.

Mailand 1550	Danzig 1583–86, Hauptwerk
1) Li contrabassi (24′-Pedal F 32′)	1) Großprinzipal 16′
2) La principale (16′)	2) Quintadena 16′
3) L'ottaua (8′)	3) Gedackt (Hohlflöte) 16′
4) La duodecima (5¹/₃′)	4) Octave 8′
5) La quintadecima (4′)	5) Spillflöte 8′
6) La decimanona (2²/₃′)	6) Offenflöte (Viol, Salizional) 8′
7) La vigesimaseconda (2′)	7) Quintadena 8′
8) La vigesimasesta (1¹/₃′)	8) Oktave 4′
9) La vigesimanona (1′)	9) Spillpfeife (Viol) 4′
10) La trigesimaterza (²/₃′)	10) Superoktave 2′ (Sedecima)
11) La trigesimasesta (¹/₂′)	11) Rauschquinte (2²/₃′ + 2′)
12) Il flauto in ottaua de la principale (8′)	12) Zimbel (3fach)
	13) Mixtur (24fach)

Ein weiterer Vergleich der Orgeln verschiedener Epochen zeigt Ansatz und Stilwandel der D.s-Kunst. Die Register werden in Funktionsgruppen zusammengefaßt. Gruppe I enthält die prinzipalartigen Register mit den vollbechrigen → Lingualpfeifen und Rohrwerkimitatoren (pleno); Gruppe II umfaßt die sogenannten füllebetonten oder Weitchorregister (electo). Die III. der kurzbechrigen Rohrwerke entfällt zumeist im Hauptwerk und ist darum in den anderen Werken zu vergleichen. Nachfolgend werden Hauptwerke bzw. Oberwerke folgender Orgeln gegenübergestellt:
1) Dom- und Schloßkirche zu Prag (1556–88, Fr. Pfannmüller, Rudner u. a.);
2) Bückeburg (1615, E. Compenius, nach M. Praetorius);
3) St. Nicolai, Hamburg (1686, A. Schnitger, Dresdner Hs.);
4) Hofkirche zu Dresden (1750, von G. Silbermann begonnen);
5) St. Peter in Salzburg (1805, Simplifikationsumbau nach Abbé Vogler);
6) St. Clothilde, Paris (1859, Cavaillé-Coll).

1) Prag 1556–88		2) Bückeburg 1615
I	Principal 16′	Groß Principal 16′
	Octave 8′	Groß Octava 8′
	Octave 4′	Octava 4′
	Quinte 3′ (2²/₃′)	Mixtur 8–14fach
	Superoctave 2′	
	Sexta 2′ (1³/₅′)	
	Superquinte 1¹/₃′	
	Mixtur 10fach	
	Cimbel 4fach	
II	Großgedackt 16′	Groß Quintadehn 16′
	Gedackt 8′	Gemßhorn 8′
	Offenflöte 4′	Gedacte Blockpfeiffe 8′
	Spitzflöte 2′	Viol de Gamba 8′
	Kützialflöte 1′	Querpfeiffe 4′
		Klein Gedact Blockpfeiff 4′
		Gemßhorn/Quinta 3′
		Klein Flachflœit 2′

3) Hamburg 1686		4) Dresden 1750–54
I	Principal 16′	Principal 16′
	Octava 8′	Principal 8′
	Gr. Kvinta 6′ (5¹/₃′)	Octave 4′
	Octava 4′	Quinta 3′ (2²/₃′)
	Super Octava 2′	Octave 2′
	Scharff 3fach	Tertia 2′ (1³/₅′)
	Rausch-Pfeiffe 3fach	Mixtur 4fach 2′
	Mixtura 8, 9 und 10fach	Cimbel 1¹/₃′ 3fach
	Trompeta 16′	Cornet 5fach ab c′
		Fagott 16′
		Trompete 8′
II	Rohr-Flöthe 16′	Bordun 16′
	Qvintadena 16′	Viol di Gamba oder Spielflöte 8′
	Spitz-Flöthen 8′	Rohrflöte 8′
	Salicional 8′	Spitzflöte 4′
	Flach-Flöthe 2′	

5) Salzburg 1805		6) Paris 1859
I		Montre 16′ (Principal)
	Principal 8′	Montre 8′
	Nassat 5¹/₃′	Prestant 4′
	Principal 4′	Octave 4′
	Quinte 2²/₃′	Nasard 2²/₃′
	Terz 3¹/₅′ (bis as)	Doublette 2′
	Terz 1³/₅′	Plein-Jeu
	Oktav 2′	
		Bombarde 16′
		Trompette 8′
		Clairon 4′
II	Gambe 8′	Bourdon 16′
	Gedackt 4′	Bourdon 8′
		Gamba 8′
		Flûte harmonique 8′

Der Vergleich zeigt für Prag ein voll ausgebautes Plenum mit großer Mixtur (I), auch in II einen abwechslungsreichen Aufbau vom 16′ bis 1′; vollbechrige Zungen sind hier dem Pedal (32′ bis 2′) zugeteilt; das Gruppenverhältnis ist 8 zu 5. E. Compenius bevorzugt die farblich sehr reichhaltige Besetzung in II, disponiert in I weniger Register, dafür aber eine vielchörige Mixtur; vollbechrige Rohrwerke stehen ebenfalls im Pedal (4 zu 8). Bei A. Schnitger steht einem großangelegten Plenum mit Trompete 16′ eine immerhin noch reichhaltige Registerzahl vom 16′ bis 2′ in II gegenüber (8 + 1 zu 5). G. Silbermann zeigt ebenfalls ein vollständiges Plenum mit schon geringchörigen Mixturen, Cornet und 2 Rohrwerken, aber Gruppe II ist nur noch bis zum 4′ besetzt (8 + 3 zu 4). Demgegenüber fehlen bei Vogler der 16′, Rohrwerke und Mixturen; der 5¹/₃′ soll einen akustischen 16′ mit dem 8′ erzeugen; völlig verkümmert ist die farbreiche Gruppe II (7 zu 2, wobei die Aliquote mehrdeutig sind). Cavaillé-Coll hat ein vollständiges Plenum mit 3 Rohrwerken, die Register der Gruppe II aber nicht mehr über die Aequallage hinaus (7 + 3 zu 4). – Die Tendenz einer D. zur polyphonen Musik erweist sich in einem gesunden Verhältnis von Grundton- zu Obertonregistern (hell auf dunkel). Für ein akkordisch vollgriffiges Spiel sind hohe Aliquote störend; polyphon-mehrschichtige Literatur aber braucht sie. Der Vergleich der Aequaltonlagen zu den Obertonspitzen (auf C) zeigt die Anlage des Obertonaufbaues, ob er nun 6–7 Oktaven (16'–1/4' = 6 Oktaven) oder nur 2 Oktaven umfaßt (8'–2'). In der romantischen Orgel stehen zu viele Aequalregister und nur wenige auffallende Obertonstimmen. In übertriebenem Gegensatz dazu wurden manchmal zu wenige Aequal- und zu viele Obertonregister gebaut. Weigle disponierte 1901 (Trier) im Hauptwerk:

16' 16' 16' 8' 8' 8' 8' 8' 8' 8' 8' 4' 4' 4' 2²/₃' Mixtur.

Demgegenüber hat eine Zusammenstellung

8' 4' 4' 4' 2²/₃' 2' 2' 1³/₅' 1¹/₃' 1' ¹/₂' Mixtur Cimbel

ein zu schwaches Fundament und zu viele Obertonregister. Sind sie zu lautstark intoniert, mangelt dieser D. ebenfalls die polyphone Klarheit. – Zu beurteilen ist ferner die Klangproportion der einzelnen Manuale zueinander, ob sie in klarer, eigenständiger Werkmäßigkeit sich befruchtend gegenüberstehen oder in ihrem Verhältnis nur auf Lautstärkedifferenz hin angelegt sind. Verglichen werden müssen außer den Fußtonlagen die Registerarten. So zeigt z. B. J. G. Töpfers Entwurf eines Positivs für die Lutherkapelle der Wartburg 1855 nur 16'-, 8'- und 4'-Register: Gedackt 16', Prinzipal 8', Hohlflöte 8', Quintadena 8', Harmonica 8', Flûte harmonique 4', Flauto dolce 4'. Demgegenüber zeigt das Rückpositiv der Domkirchenorgel in Hadersleben, erbaut 1951 von Marcussen und Sohn (Zachariassen), eine Auflichtung durch Übernahme des bekannten barocken Registerfundus: Gedackt 8', Prinzipal 4', Rohrflöte 4', Octave 2', Nasat 1¹/₃', Sesquialtera 2fach, Scharf 4fach, Dulcian 16', Krummhorn 8'. Folgender D.s-Entwurf (Rößler) weist darüber hinaus klangfunktionell weitergreifend neue Formen auf, insbesondere im Ausbau der electo-Register: Rohrquintade 8', Prinzipal 4', Octave 2', Octave 1', Cymbel 5fach auf ²/₃', Musiziergedackt 8', Sextade 4', Sesquialtera 2fach, Dulcian 2', überblasende Rohr-Gemsquinte 1¹/₃', Un-Tredecime, Rohrkrummhorn 16', Gemshornregal 8'. – Die Pedalfunktion ist ebenfalls aus der Anlage der Register ersichtlich. – Die D. des 2manualigen Cembalos ist bei niederländisch-französischen Meistern des 17. Jh. in der Regel: 8' und 4' auf dem unteren Manual, 8' auf dem oberen. Vereinzelt kommen bei deutschen Kielflügeln des 18. Jh. (Hase; J. Chr. Fleischers Theorbenflügel 1718) unten 8', 16' und oben 8', 4' vor. Die gewöhnliche D. für ein 3manualiges Cembalo ist unten 8', 8', in der Mitte 8', 4'. Das einmanualige italienische Cembalo hatte zwei verschieden intonierte 8'-Bezüge, das französische (8') 8', 4'.

Lit.: Praetorius Synt. II; Adlung Mus. mech. org.; H. H. Jahnn, Die Org. u. d. Mixtur ihres Klanges, Klecken 1922; Dresdener Hs., hrsg. v. P. Smets, Kassel 1930; C. Elis, Neuere Org.-D., Kassel 1930; H. Spies, Abbé Vogler u. d. v. ihm simplifizierte Org. v. St. Peter in Salzburg, = Orgelmonographien V, Mainz 1932; G. Frotscher, Deutsche Org.-D. aus 5 Jh., Wolfenbüttel 1939; Kn. Jeppesen, Die ital. Orgelmusik am Anfang d. Cinquecento, 2 Bde, Kopenhagen 1943, ²1960; W. Supper, Die Org. -D., Kassel 1950; H. Grabner, Die Kunst d. Orgelbaues, Bln u. Wunsiedel 1958; Chr. Mahrenholz, Grundzüge d. Dispositionsgestaltung d. Orgelbauers G. Silbermann, AfMw XVI, 1959, auch in: Musicologica et Liturgica, Kassel 1960.

Dissonanz (lat. dissonantia) → Konsonanz; → Diaphonia, → Discordantia.

Distanz, ein aus der Psychologie des 19. Jh. stammender Begriff, der seit Stumpf in der tonpsychologischen Literatur als Terminus für das Räumlichkeitserlebnis an einem Intervall gebraucht wird, das getrennt neben einer Intervallqualität und gleichzeitig mit ihr auftreten kann. Die von der Tonpsychologie ausgehenden umfangreichen Untersuchungen, deren Ergebnisse darauf abzielen, Rückschlüsse auf die (unbewußte) Mitwirkung des D.-Empfindens beim Intervallhören zu erhalten, lassen zwei verschiedene Methoden erkennen. Die eine richtet sich an dem Sachverhalt aus, daß der Reinheitseindruck eines Intervalls nur selten mit dem mathematisch einfachen Schwingungsverhältnis übereinstimmt (Stumpf). Bei der zweiten wird das Intervallerlebnis auf ein reines D.-Erlebnis reduziert, um die D. meßbar zu machen (Abraham und v. Hornbostel).

Lit.: C. Stumpf, Tonpsychologie I, Lpz. 1883; ders., Über Vergleichungen v. Tondistanzen, Zs. f. Psychologie u. Physiologie d. Sinnesorgane I, 1890; C. Lorenz, Untersuchungen über d. Auffassung v. Tondistanzen, in: Philosophische Studien VI, 1891; O. Abraham u. E. M. v. Hornbostel, Zur Psychologie d. Tondistanz, Zs. f. Psychologie XCVIII, 1926; H.-P. Reinecke, Über d. Eigengesetzlichkeit der mus. Hörens..., in: Mus. Zeitfragen X, hrsg. v. W. Wiora, Kassel 1962; ders., Experimentelle Beitr. zur Psychologie d. mus. Hörens, = Schriftenreihe d. Mw. Inst. d. Univ. Hbg III, Hbg 1964.

Distinctio (lat.), ein zentraler Terminus der mittelalterlichen Tonartenlehre. Er bezeichnet ursprünglich die durch Interpunktion (→ Punctus – 1) entstehenden Abschnitte eines Textes, dann auch die (zumeist ihnen entsprechenden) Melodieabschnitte, die als Glieder im Gesamtbau der Melodie wesentlich durch ihren je nach Tonart wechselnden Anfangs- und vor allem Schlußton bestimmt sind. Die Distinktionen stellen ein maßgebliches Prinzip der formalen und tonartlichen Gestaltung einer Melodie dar. Erstmals zu Beginn des 11. Jh. im einzelnen greifbar (Odo, Guido von Arezzo), fand ihre Lehre eine differenzierte Erläuterung im Musiktraktat Engelberts von Admont. – Die Choralbücher der Editio Vaticana verwenden Striche verschiedener Größe (Distinktionsstriche) zur näheren Kennzeichnung der Distinktionen.

Lit.: H. Oesch, Guido v. Arezzo, = Publikationen d. Schweizerischen Musikforschenden Ges. II, 4, Bern (1954), S. 93f.; W. Apel, Gregorian Chant (Stichworte phrase u. standard phrase), Bloomington/Ind. (1958).

Dithyrambos (griech. διθύραμβος, Herkunft und Grundbedeutung sind umstritten; belegt seit Archilochos fr. 77), eine mit dem Dionysoskult verbundene Art von Chorgesängen, die wohl erst durch Arion (um 600 v. Chr.) festere Form erhielt. Begleitinstrument war der Aulos. Im Versrhythmus und im strophischen Aufbau scheint, nach den überlieferten Texten von Bakchylides und Pindaros, kein wesentlicher Unterschied zu den anderen chorlyrischen Gattungen bestanden zu haben. Das attische Drama soll laut Aristoteles aus dem D. hervorgegangen sein. Nach 470 v. Chr. machte der D. einen tiefgreifenden Wandel durch (Timotheos, Philoxenos), der durch solistischen Vortrag und durch starkes Übergewicht des Musikalischen über das Wort gekennzeichnet ist.

Lit.: A. Pickard-Cambridge, Dithyramb, Tragedy and Comedy, London 1927, Oxford ²1962; H. Schönewolf, Der jungattische D., Diss. Gießen 1938.

Ditonus (lat., von griech. δίτονος, Zweiton) bezeichnet die große Terz, und zwar als ein aus 2 Ganztönen zusammengesetztes melodisches Intervall.

Diurnale oder Horae diurnae (lat.), eine → Brevier-Teilausgabe mit Texten der Tageshoren des Offiziums (Laudes bis Komplet). Analog dem römischen und monastischen Brevier kennt die liturgische Praxis ein D. Romanum und ein D. Monasticum (letzteres auch mit deutscher Übersetzung erschienen als: *Das Tagzeitenbuch des monastischen Breviers*, hrsg. von der Erzabtei Beuron, ⁴1960).

Lit.: H. BOHATTA, Liturgische Bibliogr. d. XV. Jh., Wien 1911.

Divertimento (ital., Vergnügen, Unterhaltung; frz. divertissement), – 1) erscheint vom Ende des 17. Jh. (erstmalig bei C. Grassi 1681) bis gegen Mitte des 18. Jh. als Titel von Sammelwerken unterhaltender Musik unterschiedlicher Art und Besetzung, z. B. R. Keiser, *Divertimenti serenissimi*, 1713 (9 Kantaten) oder J. Fischer, *Neu-verfertigtes Musicalisches Divertissement*, 1700 (6 Ouverturen à 4). Im Laufe des 18. Jh. – besonders in dessen 2. Hälfte – findet sich das Wort in zunehmendem Maße als Bezeichnung für teils sonaten-, teils suitenhafte Instrumentalwerke. Solche Divertimenti waren als höfische (oder bürgerliche) Unterhaltungsmusik sehr beliebt. Im Schaffen J. und M. Haydns, L. und W. A. Mozarts und ihrer Zeitgenossen nehmen sie einen breiten Raum ein. Eine allgemeinverbindliche Definition des D.s stößt jedoch auf Schwierigkeiten, da Form und Anzahl seiner Sätze sowie seine Besetzung nicht festliegen. Zwar handelt es sich in der Regel um Satzzyklen (bis zu 12 Sätzen), doch kennt man auch einsätzige Divertimenti (z. B. J. Haydn, 4 Divertimenti für Baryton, Hob. XII, 20–23). Kompositionen mit 4 bis 10 Sätzen überwiegen, doch sind auch dreisätzige nicht selten (z. B. 4 von M. Haydn, 6 für 4 Instrumente von L. Mozart, W. A. Mozart, K.-V. 136–138). Die Besetzung reicht von einem Soloinstrument, z. B. Klavier (J. Haydn und Wagenseil), bis zum Orchester (z. B. ein *D. a 13 Stromenti* mit 2 Clarinen von J. Riepel). Alle Formen, die in der Sonate Verwendung finden, Sonatenhauptsatzform, Rondo, Variation, Menuett usw., kommen auch im D. vor. Nicht umsonst wurden die Bezeichnungen (D. und Sonate bzw. Quartett usw.) häufig ausgetauscht, z. B. in den Frühwerken J. Haydns. Eine gewisse Vorliebe für Tanzformen teilt das D. mit der → Serenade, aber auch die Grenzen zur → Kassation und zur → Nocturne sind fließend. W. A. Mozarts Divertimenti aus seiner Salzburger Zeit gehören zwar – im Gegensatz zu seinen gleichzeitigen Serenaden – im ganzen der Kammermusik an, ebenso die seines Vaters und M. Haydns, doch scheint man sich außerhalb Salzburgs nicht so streng an den Unterschied zwischen orchestraler Serenade und kammermusikalischem D. gehalten zu haben (vgl. das erwähnte *D. a 13* von Riepel). Mit der zunehmenden Emanzipation des schöpferischen Musikers von seinen bisherigen Auftraggebern (Kirche, Hof, Adel und Bürgertum) gegen Ende des 18. Jh. schwand das Bedürfnis, unterhaltende Musik für eine bestimmte Gesellschaftsschicht zu schreiben; den führenden Komponisten wurden Wirkungsbereich und Aussage der Divertimenti, Serenaden usw. zu begrenzt. Schon zu Beethovens Zeit verflachte das D. zur Salonmusik, äußerlich daran ersichtlich, daß Potpourri und D. häufig bedeutungsgleich sind (Schuberts *Divertissement à la hongroise*, D 818, gehört zu den Ausnahmen). Im 20. Jh. erscheint die Bezeichnung entweder im Sinne von Ballettsuite (z. B. Strawinsky, *D.* für Orch., 1938/50, eine suitenhafte Zusammenfassung von Stükken aus dem Ballett *Le baiser de la fée*, 1928/49) oder als bewußter Rückgriff auf die unkomplizierte Art des D.s in der 2. Hälfte des 18. Jh. (z. B. Bartók, *D. für Streicher*, 1939). – 2) freies, die strenge thematische Arbeit auflockerndes Zwischenspiel in der → Fuge.

Lit.: zu 1): KOCHL; A. SANDBERGER, Zur Gesch. d. Haydnschen Streichquartetts, in: Ausgew. Aufsätze zur Mg. I, München 1921; H. HOFFMANN, Über d. Mozartschen Serenaden u. Divertimenti, Mozart-Jb. III, 1929; G. HAUSSWALD, Mozarts Serenaden, Lpz. 1951; DERS., Der D.-Begriff bei G. Chr. Wagenseil, AfMw IX, 1952; R. HESS, Serenade, Cassation, Notturno u. D. bei M. Haydn, Diss. Mainz 1963. ESE

Divertissement (divertism'ã, frz., Zerstreuung), französische Bezeichnung für die aus dem Ballet de cour hervorgegangenen Tanz- und Gesangseinlagen in Bühnenwerken. D.s stehen zwischen den Akten und am Schluß der → Comédie-ballets des 17. Jh. (z. B. Molière, *Le bourgeois gentilhomme*, 1670, Musik von Lully) und als eingeschobene Episoden, die aber mit der Haupthandlung in Verbindung stehen, in der Tragédie lyrique, die Lully schuf (z. B. *Cadmus et Hermione*, 1673). Die Komponisten der Lully-Nachfolge verselbständigen die D.s zu → Opéra-ballets (Rameau, *Les Indes galantes*, 1735). D.s im Sinne von Balletteinlagen kommen in vielen französischen Opern vor, z. B. in *Iphigénie en Aulide* von Gluck (1774), in *Faust* von Gounod (Uraufführung der Fassung mit Ballett 1869), in *Samson et Dalila* von Saint-Saëns (1877) und in *Pâdmâvatî* von A. Roussel (1923).

Lit.: BROSSARDD; P.-L. MOLINE, Dialogue entre Lully, Rameau et Orphée dans les Champs-Elysées, Amsterdam 1774; Mémoires pour servir à l'hist. de la révolution opérée dans la musique par M. le Chevalier Gluck, hrsg. v. G. M. LEBLOND, Neapel u. Paris 1781, deutsch v. J. G. Siegmayer als: Ueber d. Ritter Gluck, Bln 1823, [2]1837; G. CARRAUD, La danse dans l'opéra de Rameau, Courrier mus., 1908; P.-M. MASSON, Lullystes et Ramistes, L'Année mus. I, 1911; DERS., Le ballet héroique, RM IX, 1928; DERS., L'opéra de Rameau, Paris 1930; H. KRETZSCHMAR, Gesch. d. Oper, = Kleine Hdb. d. Mg. nach Gattungen VI, Lpz. 1919.

divisi (ital.; Abk.: div.), geteilt; bedeutet in den Orchesterstimmen von Streichinstrumenten, daß zwei- oder mehrstimmige Stellen nicht als Doppelgriffe bzw. akkordisch, sondern an jedem Pult geteilt gespielt werden. → due.

Divisio modi (lat., Teilung des Modus), – 1) in der Modalrhythmik des 13. Jh. ein senkrechtes Strichlein von unbestimmter Länge, das zum Abschluß einer melodisch-rhythmischen Periode (→ Ordo) gesetzt wurde, auch → Suspirium genannt. – 2) in der Mensuralnotation der Punkt (→ Punctus – 2) im Sinne von Punctus divisionis.

Division (div'iʒən, engl., Teilung), im 16.–18. Jh. eine Bezeichnung für → Diminution (– 2), besonders für die englische Gattung der D.s über einen → Ground. Es handelt sich dabei um ursprünglich improvisierte Diminution eines Baßmodells (breaking the ground), das gleichzeitig unverändert erklingen kann, oder um (zunächst ebenfalls improvisierte) Oberstimmenbildung über einem fortwährend unverändert wiederholten Baß (descant d.). Kompositorische Mittel dieser Variationskunst sind (neben der Diminution) Figuration, Kolorierung, Passagen und Akkordbrechungen. In der 2. Hälfte des 17. Jh. wurden häufig auch Lied- und Tanzmelodien mit Grounds verbunden und über deren unveränderter Wiederholung variiert. In der Kammermusik erklang der Ground auf einem → Fundamentinstrument, während auf einem oder mehreren Ornamentinstrumenten improvisierte oder komponierte D.s gespielt wurden. Daneben gab es D.s für Klavier oder für Melodieinstrument allein, besonders für die Viola da gamba. *Sets of D.s* für Va da gamba schrieben D. Norcombe (* 1576) sowie Chr. Simpson, der in seiner Sammlung *The D. Violist* (1659, [2]1665) diese Praxis ausführlich darstellte. J. Playfords Sammlung *The D. Violin* (um 1680, erhalten nur die 2. Auflage 1685) enthält Kompositionen von Chr. Simpson, Davis Mell, Reading, Farinel, Th. Baltzer, J. Bannister, R. Smith, Shmett, Tollet, Frecknold, Paulwheel, Becket und (Zusatz der 2. Auflage) A. Poole. Ein Werk gleichen Titels in 2 Bänden mit neuem Inhalt gab 1688–93 H. Playford (Sohn) heraus, mit Beiträgen

Divisiones

von H. und D. Purcell, Clark, Eccles u. a. Anonym erschienen 1706–08 2 Bände *The D. Flute*.
Ausg.: CHR. SIMPSON, The D. Violist... (1665), Faks. hrsg. v. N. Dolmetsch, NY 1955.
Lit.: A. DOLMETSCH, The Interpretation of the Music of the XVIIth and XVIIIth Cent., London (1916, [2]1946); A. MOSER, Zur Genesis d. Folies d'Espagne, AfMw I, 1918/19; E. H. MEYER, Engl. Chamber Music, London 1946, [2]1951, deutsch als: Die Kammermusik Alt-Englands, Lpz. 1958.

Divisiones (lat., Teilungen), mensurales Ordnungsprinzip in der italienischen Notation des 14. Jh., das seinen Namen von der Teilung der Brevis in 2–12 Semibreves hat; diese wird wie folgt durchgeführt:

Der eindeutigen Festlegung des Rhythmus dienen neue Notenformen und Angabe der Divisio; hierfür gelten folgende Abkürzungen: bei Marchettus de Padua i = imperfecta, p = perfecta, b = binaria, t = ternaria, g = senaria gallica (senaria imperfecta), y = senaria ytalica (senaria perfecta); bei Pr. de Beldemandis b = binaria, t = ternaria, q = quaternaria, si = senaria imperfecta, sp = senaria perfecta, o = octonaria, n = novenaria, d = duodenaria. Von den → Quellen der Trecentomusik enthalten die frühesten (*Rs*) ausschließlich, *PR I* und *Lo* überwiegend diese Notation. In der 2. Hälfte des 14. Jh. setzten sich in Notation und Komposition mehr und mehr die Errungenschaften der französischen Ars nova durch, deren Rhythmik nicht an das Einhalten von Taktgrenzen gebunden ist.
Lit.: MARCHETTUS DE PADUA, Pomerium, hrsg. v. G. Vecchi, = CSM VI, (Rom) 1961; DERS., Brevis compilatio, hrsg. v. G. Vecchi, in: Quadrivium I, 1956; CL. SARTORI, La notazione ital. del Trecento in una redazione inedita... di Pr. de Beldemandis, Florenz 1938; N. PIRROTTA, Marchettus de Padua..., MD IX, 1955; K. v. FISCHER, Studien zur ital. Musik d. Trecento..., = Publikationen d. Schweizerischen Musikforschenden Ges. II, 5, Bern (1956); DERS., Zur Entwicklung d. ital. Trecento-Notation, AfMw XVI, 1959.

Dixieland, Dixieland style (d'iksilænd stail), frühester Jazz weißer amerikanischer Musiker, die das Musizieren der Neger in New Orleans imitierten. Der geographische Begriff D. (Gebiete südlich der um 1765 festgelegten Dixon Line) wurde im 19. Jh. volkstümlicher Name für die Südstaaten der USA und sollte somit auch die Herkunft dieser Musik aus dem Süden kennzeichnen. Der D. entstand um 1890 als Verbindung des europäischen Marsches mit → Ragtime und → Marching band music. Jack »Papa« Laine's Reliance Band (um 1900) ahmte als erste auch kleinere Unterhaltungskapellen der Neger nach. Ein Mitglied dieser Band, Nick La Rocca, spielte in Chicago um 1914 mit einer Gruppe, aus der 1917 die Original Dixieland Jazz Band (ODJB) hervorging, die dann Jazz (zuerst in der Schreibung Jass) als Name und Musik popularisierte (1917 erste Jazzschallplatte). Mehr Einfühlungsvermögen in die Musizierweise der Neger als die ODJB zeigten die New Orleans Rhythm Kings (1921). – Der D. übernimmt äußerlich das kollektive Chorusspiel. Da seine Rhythmik jedoch rein auf Takt mit Synkopen beruht, fehlen die für den Jazz der Neger typischen Phänomene: → Beat, Off-beat und → swing. Harmonisch entfällt im D. die → Blues-Tonalität. Die europäische Instrumentaltechnik des D. ist bereichert durch Effekthaschereien, die aus der mißverstandenen → Hot-Intonation der Neger resultieren. Durch den → Chicago-Jazz der 1920er Jahre wurde der D. verdrängt. Seit dem Revival (D. Renaissance) am Ende der 1930er Jahre wird der D. jedoch – musikalisch zwar entscheidend beeinflußt vom → Swing – in den USA und in Europa vor allem in Amateurkreisen immer wieder bevorzugt.

Do, erste Silbe der → Solmisation, die seit dem 17. Jh. dem älteren Ut aus gesangstechnischen Gründen vorgezogen wird. Die wahrscheinlich auf G. B. Doni zurückgehende Silbe bezeichnet in Italien, Spanien, vereinzelt auch Frankreich den Ton C.

Docke → Mechanik.

Doctor of Music (d'ɔktəɪ ɔv mj'u:zik, engl.) → Akademische Grade.

Dodekaphonie → Zwölftontechnik.

Dokumentation. Die D. hat die Aufgabe, Dokumente zu sammeln und nachzuweisen, ihre Inhalte zu erschließen und die Informationen auf kürzestem Wege zur Kenntnis zu geben. Die Musik-D. unterscheidet sich auf Grund ihres Materials von der allgemeinen D., da zu den Wortdokumenten die Klangdokumente hinzutreten und da die Musik eine geistige Ausdrucksform ist, die ihre eigenen Gesetzmäßigkeiten hat. – Die Musik und ihre Wirkung bildet folgende Dokumente: Graphisch festgehaltene Musik (Noten) und Betrachtungen über Musik (Musikliteratur) sowie bildliche Darstellungen und in Tonträgern festgehaltene Klänge (Schallplatten, Tonbänder). Das Musikleben führt zu ephemeren Dokumenten wie Programmen, Textheften, Plakaten, Anzeigen, Statistiken usw. Diese Dokumente werden in Sammlungen aller Art (Bibliotheken, Institute, Archive) erfaßt. Das Vorhandensein dieser Objekte wird zur allgemeinen Kenntnis gegeben durch Verzeichnisse und Kataloge, die jedes Objekt entweder unter dem Namen des Autors oder, bei anonymen Verlautbarungen, unter dem Titel aufführen. Damit ist aber erst die Voraussetzung für die eigentliche D. gegeben, die das einzelne Objekt auf die in ihm beschlossenen Sachinhalte untersucht und von jedem dieser Inhalte her den Weg zu den Objekten weist. Die klassische Form dieser Inhaltsanalyse sind Sachverzeichnisse und -kataloge, deren Anlage sich im Laufe der Jahrhunderte wandelte und in systematischen, Stich- und Schlagwortkatalogen, Kreuzkatalogen und geschlüsselten Sachkatalogen ihre prägnantesten Ausbildungen fand. In neuerer Zeit haben sich technische Verfahren gebildet, die raschere und umfassendere Informationsmöglichkeiten bieten. Für die Musikwissenschaft haben das Nadellochkarten- und das Sichtkartensystem besondere Bedeutung gewonnen. Beim Nadellochkartensystem wird jedem Dokument eine Dokumentenkarte zugeordnet. Die Codezeichen für die Stichworte (Descriptoren) werden durch Kerben oder Schlitze festgehalten. Die Selektion erfolgt durch Nadeln, wobei die Kartenkapazität durch Größe und Genauigkeit der Nadeln begrenzt ist. Beim Sichtlochkartensystem wird jedem Stichwort eine Karte zugeordnet (Descriptorkarte). Jedem Dokument wird auf den einzelnen Karten eine bestimmte Lochposition zugewiesen. Bei der Fragestellung werden die der Frage entsprechenden Descriptorkarten herausgenommen und übereinandergehalten. An allen Stellen, wo Licht durch die Karten fällt, sind Dokumente gelocht, deren Descriptoranzahl gleich groß oder größer als die Anzahl der Fragestellungen ist. Zum Zweck der D. werden auch elektronische Datenverarbeitungsanlagen verwendet. Zu den wichtigsten Teilen dieser Anlagen gehören die Speicher, die auf dem Prinzip der magnetischen Aufzeichnung beruhen. Sie müssen in der Lage sein, alle zur Festlegung der Dokumente dienenden Symbole so aufzubewahren, daß sie für die zur Beantwortung der Frage erforderlichen Operationen zur Verfügung stehen. Dazu gehört 1., daß das Speichermedium eine einmal aufgenommene Information beliebig lange aufzubewahren vermag, 2. eine Anlage zur Übertragung und Rückübertragung der Information und 3. eine Speichersteuerung, die es erlaubt, jede beliebige Information wiederzufinden. Das zentrale Steuerwerk vermag auf einen Startbefehl hin nach einem bestimmten Programm die gesuchten Daten aus dem Speicherwerk herauszuholen, zu entschlüsseln und der Operation zuzuleiten. Die Eingabe der Daten erfolgt zumeist über Lochkarten oder -streifen, die Ausgabe auf verschiedenen Wegen, im allgemeinen über Zeilenschnelldrucker oder photographische Ausgabeeinrichtungen. – Inwieweit elektronische Datenverarbeitungsanlagen für die Musikwissenschaft anwendbar und rentabel sind, bedarf exakter Untersuchungen, da die Zahl ihrer Sachsymbole im Vergleich z. B. zu den Naturwissenschaften klein ist und da die Erfassung von Musik-Incipits (→ Incipit, → Thematische Kataloge), die einen wesentlichen Teil musikwissenschaftlicher Registrierarbeit ausmacht, von der Möglichkeit brauchbarer und allen Musikgattungen gerecht werdender Ordnungsmethoden (Schlüssel) abhängig ist. Neben diesen Methoden der Musik-D. steht schließlich die laufende, kritisch-räsonierende, den geistigen Produkten unmittelbar folgende Berichterstattung etwa in der Art der im angelsächsischen Raum verbreiteten Abstracts, die vor allen maschinellen Datenspeicherungen den Vorzug haben, ein Objekt auf gedrängtem Raum total zu erschließen und den Forscher nicht mit dem Stellen von zahlreichen Einzelfragen zu belasten.

Lit.: E. C. CHERRY, Kybernetik, Köln u. Opladen 1954; E. PIETSCH, D. u. mechanisches Gedächtnis, ebenda; Ausschuß f. wiss. Verwaltung, Die Handlochkarte, Ffm. 1958; H. GRÖTTRUP, Studienanalyse halbautomatischer Dokumentationsselectoren, = Forschungsber. d. Landes Nordrhein-Westfalen Nr 604, 1958; Arbeitsgruppe Musikd., Kgr.-Ber. Kassel 1962; E. L. WAELTNER, Plan u. Durchführung d. »Lexicon Musicum Latinum«: Archivaufbau mit Hilfe maschineller Datenverarbeitung, ebenda; W. SCHMIEDER, Aphorismen zur Musik-D., in: H. Albrecht in memoriam, Kassel 1962; M. WOITSCHACH u. H. G. KÖRNER, Automatische Bibl., in: Taschenbuch d. Nachrichtenverarbeitung, hrsg. v. K. Steinbuch, Bln, Göttingen u. Heidelberg 1962. WoS

dolce (d'oltʃe, ital.), – 1) als Vortragsbezeichnung süß, sanft, lieblich; dolcissimo, äußerst weich, sehr zart. – 2) Das Orgelregister D. ist ein Labialregister enger Mensur.

Dolcian → Dulzian.

Dolzaina, Dulzaina (ital.) → Dulzian.

Dolzflöte, – 1) um 1600 eine von der Seite her angeblasene zylindrische Blockflöte; im frühen 19. Jh. auch Bezeichnung der Querflöte. – 2) in der Orgel eine Labialstimme mit offenen Pfeifen im 8′, seltener 4′, von enger Mensur und sanftem Klang.

Dominante (frz. dominante), auch Ober-D., heißt in der funktionalen Harmonielehre die Quinte über der → Tonika. Der auf der Quinte errichtete Dreiklang wird Dominantdreiklang genannt. Der Begriff D. ist jedoch älter als die dur-moll-tonale Musik. S. de Caus nannte bei authentischen Tönen die 5., bei plagalen Tönen die 4. Stufe D. Andere bezeichneten die Repercussa eines Tones als D. (BrossardD). D. als mögliche Benennung des zweitwichtigsten Tones jeder Kirchentonart – anstelle von Tenor oder Tuba – hat sich bis in unser Jahrhundert erhalten (Johner). Zu Beginn des 18. Jh. gehörte die D. als 5. Ton der Leiter neben Finalis und Mediante zu den Sons essentielles eines Modus (BrossardD). Die heutige Bedeutung des Begriffs als eine der drei Grundfunktionen tonaler Harmonik geht auf J.-Ph. Rameau zurück. Dieser versteht unter D. im allgemeinen jeden Ton, der Basis eines Septakkordes ist, unter d. tonique – tonische D. (Fr. W. Marpurg) – im besonderen die Quinte der Tonart und den darauf errichteten Septakkord, der sich in den Tonikadreiklang auflöst. Von Rameaus unmittelbaren Nachfolgern übernahmen nur wenige (J. Fr. Daube) die neue Lehre von den Grundfunktionen. J.-J. Rousseau baute die Benennung der einzelnen Tonleiterstufen weiter aus (z. B. Sus-d. für die 6. Stufe), um dadurch die hervorhebende Bedeutung der Termini Tonika, D. und Sub-D. wieder abzuschwächen. Jedoch unterscheiden H. Chr. Koch und G. Weber ausdrücklich zwischen wesentlichen (Tonika-, Dominant- und Subdominantdreiklang) und zufälligen bzw. Nebenharmonien einer Tonart. Weber weist auch als einer der ersten darauf hin, daß der Akkord der Ober-D. immer (auch in Moll) ein Durdreiklang ist. Die endgültige Festigung des D.-Begriffs geschah durch M. Hauptmann, der diesen von der → Quinte, dem zweiten der drei direkt verständlichen Intervalle (Oktave, Quinte, Großterz), ableitete. Die Funktionsbezeichnung *D* für D. führte H. Riemann ein.

Lit.: S. DE CAUS, Institution harmonique ..., Frankfurt 1615; BROSSARDD, Artikel D. u. Mode; J.-PH. RAMEAU, Nouveau système de musique théorique ..., Paris 1726; J. D'ALEMBERT, Eléments de musique théorique et pratique, suivant les principes de M. Rameau, Paris 1752, ²1759, Lyon ³1766, deutsch v. Fr. W. Marpurg als: Hrn. d'Alembert ... Systematische Einleitung in d. mus. Setzkunst, nach d. Lehrsätzen d. Herrn Rameau, Lpz. 1757; J. Fr. DAUBE, General-Baß in drey Accorden, Lpz. 1756; J.-J. ROUSSEAU, Dictionnaire de musique, Genf 1767(?), Paris 1768 (Artikel D. u. Mode); H. CHR. KOCH, Hdb. bey d. Studium d. Harmonie, Lpz. 1811; G. WEBER, Versuch einer geordneten Theorie d. Tonsetzkunst, 3 Bde, Mainz 1817–21, 4 Bde, Mainz ²1824, ³1830–32; M. HAUPTMANN, Die Natur d. Harmonik u. d. Metrik, Lpz. 1853, ²1873; H. RIEMANN, Vereinfachte Harmonielehre oder d. Lehre v. d. tonalen Funktionen d. Akkorde, London u. NY 1893, ²1903; RIEMANN MTh; D. JOHNER OSB, Neue Schule d. gregorianischen Choralgesanges, Regensburg 1906, ⁷1937 als: Große Choralschule, ⁸1956 hrsg. v. M. Pfaff als: Choralschule. ESe

Dominantseptakkord heißt der Akkord aus Durdreiklang und kleiner Septime auf der → Dominante, z. B. in C dur: g–h–d–f. Hinsichtlich seiner Umkehrbarkeit unterscheidet er sich nicht vom leitereigenen → Septimenakkord auf anderen Tonleiterstufen (3 Umkehrungen). Im Gegensatz zu diesen mehr oder weniger zufälligen Bildungen nimmt er jedoch in der dur-moll-tonalen Harmonik eine Schlüsselstellung ein, denn er ist immer – auch auf anderen Tonstufen – dominantisch, gleichgültig ob er sich (regulär) in den Tonikadreiklang auflöst oder nicht. Bei der Auflösung ist zu beachten, daß die Septime stufenweise nach unten, die Terz (Leitton) stufenweise nach oben geführt wird. Im strengen Satz verdoppelt man weder Terz noch Septime. Die Funktionsbezeichnung des D.s ist D^7. Eine Sonderform des Akkordes ist der $\cancel{D}^7$ (verkürzter D., in C dur: h–d–f), der sogenannte »verminderte Dreiklang«. Hier darf die Septime auch im strengen Satz verdoppelt werden, z. B. in C dur: d–f–f–h.

Dominikanische Republik.
Lit.: J. FR. GARCÍA, Panorama de la música dominicana, Santo Domingo 1917; J. ARZENO, Del folklore mus. dominicano, ebenda 1927; FL. DE NOLASCO, La música en Santo Domingo y otros ensayos, ebenda 1939; J. D. CERÓN, Canciones dominicanas antiquas, ebenda 1947; J. M. COOPERSMITH, Music and Musicians of the Dominican Republic, Washington (D. C.) 1949.

Domra, Dombra, Dumbra (russ., wahrscheinlich auf → Ṭanbūr zurückgehend), eine Langhalslaute mit bauchigem Corpus und 3 Drahtsaiten, die mit Schlagring gespielt werden. Im 16./17. Jh. wurde das Spiel auf der D. von Künstlern gepflegt; in neuerer Zeit ist sie neben der Balalaika das beliebteste volkstümliche Zupfinstrument in Rußland. Die Stimmungen der 6 Größen der D. sind denen der Balalaikafamilie gleich.
Lit.: A. S. FAMINZYN, Domra i srodnyje jej mus. instr. (»Die D. u. d. ihr verwandten Musikinstr. d. russ. Volkes«), St. Petersburg 1891.

Donaueschingen (Baden).
Lit.: G. DINGES, Untersuchungen zum Donaueschinger Passionsspiel, Breslau 1910; Das fürstliche Fürstenbergische Hoftheater zu D. 1775–1850, bearb. v. ... FR. DOLLINGER u. G. TUMBÜLT, D. 1914; H. BENNWITZ, D. u. d. Neue Musik, 1921–55, D. 1956; DERS., Die Donaueschinger Musiktage v. 1921 bis 1926, Diss. Freiburg i. Br. 1962, maschr.; M. RIEPLE, Musik in D., Konstanz (1959).

Donnermaschine ist ein Geräuschinstrument, das vor allem zu Bühneneffekten, aber auch bei konzertanten Werken (R. Strauss, *Eine Alpensinfonie*) Verwendung findet. Die D. besteht gewöhnlich aus einer auf 2 Zapfen gelagerten und an einer Seilvorrichtung aufgehängten Trommel von übergroßer Dimension, die, mit Steinen gefüllt, um sich selbst bewegt wird, wobei der Trommelinhalt an die Außenwände schlägt, was ein donnerndes Geräusch verursacht. Donnergeräusch wird auch erzeugt mit großen, senkrecht aufgehängten Blechen, die am unteren Rand angefaßt und hin und her geschüttelt werden, oder durch große, mit Paukenfell überzogene Resonanzkästen, die man mit Schlägeln bearbeitet. Einschlagen des Blitzes und nachfolgender langer Donner (auch Einsturz eines Hauses usw.) können mit Hilfe des sogenannten Einschlagkastens vorgetäuscht werden. Dieser ist ein vom Schnürboden bis zur Unterbühne reichender, senkrecht stehender Holzkanal mit quadratischer Grundfläche (etwa 40 cm Seitenlänge), in welchem abwechselnd rechts und links schräg abfallende, die halbe Weite des Kanals deckende Bretter eingebaut sind. In den hölzernen Schacht werden von oben schwere Bleikugeln geschüttet, die, auf die Bretter aufschlagend, nach unten poltern.

Doppelchor, ein in zwei, meist je 4st. Halbchöre geteilter Chor (→ Coro spezzato; → Apsidenchöre), die häufigste Chorteilung der → Mehrchörigkeit.

Doppelflöte, Duiflöte, Doiflöte, Gedacktregister der Orgel im 4′, auch 8′, meist aus Holz, gelegentlich auch aus Metall, mit doppelten Labien, die entweder im Winkel nebeneinander oder sich gegenüber liegen und *just einander gleich respondiren.* Der Ton wird dadurch kräftiger. Die D. ist nach Praetorius (Synt. II, S. 140) von Esaias Compenius (um 1590) erfunden worden.

Doppelfuge, eine Fuge, in der 2 Themen durchgeführt werden. Man unterscheidet 3 Typen der D.: Die progressive oder synthetische D. bringt getrennte Durchführungen von Thema 1 und anschließende von Thema 2, danach in einem dritten Teil die Kombination beider Themen (J.S.Bach, *Wohltemperiertes Klavier* II, Fuge Gis moll, BWV 887). In der simultanen D. werden beide Themen von Anfang an gemeinsam durchgeführt; als Unterscheidungsmerkmal von der sehr ähnlichen (einfachen) Fuge mit beibehaltenem Kontrasubjekt gilt, daß dieser Typ der D. nicht einstimmig, sondern zweistimmig und bereits doppelthemig beginnt (J.S.Bach, Thema fugatum der Passacaglia C moll, BWV 582). Als Mischtyp ist eine D. anzusprechen, wenn zwar Thema 1 gesondert durchgeführt wird, danach jedoch Thema 2 sofort in der Kombination mit Thema 1 einsetzt (J.S.Bach, *Wohltemperiertes Klavier* II, Fuge H dur, BWV 892). Zuweilen wurden auch Fugen mit beibehaltenem Kontrapunkt als D.n bezeichnet, weil bei ihnen Thema und Kontrasubjekt im doppelten Kontrapunkt vertauschbar sind (z. B. Matthesson Capellm., Kap. 23).

Doppelgriff (engl. double stop; frz. double corde), das gleichzeitige Greifen zweier Töne auf einem Streichinstrument oder Klavier. D.-Spiel wurde auf der Viola da gamba im 17. Jh. gepflegt, auf der Violine mit der Tradition des polyphonen Spiels in der deutschen Geigerschule des 17. Jh. (noch bei J.S.Bach), virtuos in der französischen des 18. Jh. Auf dem Klavier wurde das geläufige D.-Spiel in Terzen, Quarten, Sexten und Oktaven seit dem frühen 19. Jh. ausgebildet, im 20. Jh. noch um Sekunden, Septimen usw. erweitert. Die spieltechnischen Probleme sind bei den Streichern neben der Fingersatz die Bogenführung, wobei auch besondere Bögen benutzt werden (→ Bogen – 2), auf dem Klavier ein Fingersatz, der auf Bindung (auch mit Gleiten) abzielt.

Doppelkonzert nennt man eine Komposition für 2 Soloinstrumente und Orchester (J.S.Bach, D. für 2 V., D moll, BWV 1043; Mozart, D. für Fl. und Harfe, K.-V. 299; Brahms, D. für V. und Vc. op. 102). Im letzten Drittel des 18. Jh. hießen die D.e, Tripelkonzerte usw. → Symphonie concertante.

Doppelkreuz (engl. double sharp; frz. double dièse; ital. doppio diesis), ein Vorzeichen, das die nochmalige chromatische Erhöhung eines bereits durch einfaches Kreuz erhöhten Tones anweist. Die heute gebräuchliche Schreibung mit ×, sinnvoller waren bis etwa 1800 gebräuchliche Zeichen wie ♯♯, ×× , ✱, ✲ oder ✳. Die noch bei Koch 1802 belegte Aussprache fisfis usw. hat sich, offenbar in Anlehnung an die des Doppel-♭, zu fisis usw. abgeschliffen. Das D. wurde in der 1. Hälfte des 18. Jh. nötig, als die Einführung der temperierten Stimmung das Komponieren in entlegenen Tonarten (Bach, *Wohltemperiertes Klavier*) und in diesen den häufigeren Gebrauch alterierter Akkorde ermöglichte.

Doppelleittonklang, Bezeichnung für einen Klang, der auf Grund von Leittonbeziehungen auf einen Duroder Molldreiklang reduzierbar ist, d. h. ein D. entsteht, wenn ein Dreiklangston (in Dur zumeist Prim, in Moll zumeist Quinte) durch seine beiden Leittöne von oben und unten ersetzt wird (z. B. h–des–e–g statt c–e–g; c–es–fis–as statt c–es–g). Da jeder Dreiklangston von 2 Leittönen eingerahmt wird, können auch zwei oder alle Dreiklangstöne durch ihre Leittöne ersetzt werden. So entstehen drei-, vier- und mehrfache Leittonklänge. Die Fortschreitungsmöglichkeiten solcher Klänge lassen den Begriff D. und die in ihm beschlossene Sicht fragwürdig erscheinen.
Lit.: H. ERPF, Studien zur Harmonie- u. Klangtechnik d. neueren Musik, Lpz. 1927.

Doppelorchester, der der Doppelchortechnik (→ Coro spezzato) entsprechende Aufstellung des in 2 Halbchöre oder Haupt- und Fernchor getrennten Orchesters. Die Übertragung dieses Prinzips der vokalen auf die Instrumentalmusik hat G.Gabrieli durchgeführt. Vivaldi schrieb ein *Concerto in due cori,* Stölzel ein *Concerto grosso a 4 chori* in D dur, J.Chr.Bach 3 Symphonien für D. op. 18. J. Stamitz führte ein *von ihm componirtes Concert von zweyen Chören* 1742 in Frankfurt am Main auf. C. Stamitz komponierte außer einer Symphonie für 2 Orch. in Es dur auch ein *Divertimento a due chori* in Es dur (»Das Echo bey Saarlouis«), dessen 2. Chor wie bei einer Symphonie concertante aus einem Solistenensemble besteht, welches nach Anweisung des Komponisten in einem entfernten Zimmer plaziert werden soll, damit man die Echos mit halber Stärke höre. Auch Glucks 1778/79 entstandene Ouverture zur Oper *Echo et Narcisse* verlangt ein D.; das 2. Orchester, mit 2 Klar., 2 Fag. und 2 V. besetzt, führt Echoantworten aus. Beethoven stellt in seiner Symphonie *Wellingtons Sieg* op. 91 die Schlacht bei Vittoria ebenfalls mit getrennt aufgestellten Gruppen der Trommeln, Trompeten, Kanonen (und Kleingewehrfeuermaschinen) auf der englischen und auf der französischen Seite dar. Berlioz bedient sich in seinem Requiem eines Fernchors von Blechbläsern. Die D.-Technik wandte auch Kaminski in seinem Concerto grosso für 2 Orch. 1922 an.

Doppelschlag (ital. gruppetto; frz. doublé; engl. turn), eine Verzierung, bei der die Hauptnote so umspielt wird, daß ihre obere und ihre untere Nebennote je einmal nach Art eines → Vorschlags berührt werden (daher der Name D.). Der D. im engeren Sinn besteht aus 4 Noten und beginnt mit der oberen Nebennote: . Beim Beginn mit der unteren Nebennote spricht man von umgekehrtem D. (engl. inverted turn). D.-artige Figuren (Diminutionsformeln) sind der Groppo (Gruppo) und der Circolo mezzo (→ Circulatio) – nach W. C. Printz, *Compendium musicae signatoriae et modulatoriae vocalis* (1689):

Diese Bezeichnungen finden sich bei deutschen Theoretikern des 17. und 18. Jh. (für den früheren italienischen Groppo → Triller). Marpurg bemerkt (1755), daß der zu den Spielmanieren gehörende D. seine Entsprechung bei den Setzmanieren im Halbzirkel habe (→ Manier – 2). – Der D. kann über einer Note oder zwischen 2 Noten vorkommen. Im ersteren Fall, wo der D. im allgemeinen aus 4 Noten besteht, kann die Hauptnote als fünfte Note vorangestellt werden (geschnellter D.); er wird sowohl bei 4 Noten als auch bei 5 Noten meistens auf den Schlag genommen, im 19. Jh. jedoch auch vor den Schlag (dann kommt die letzte Note auf den Schlag). – Während der D. zwischen 2 Noten nur eine melodische Funktion ausübt, kann der D. über einer Note auch harmonische und rhythmische Funktionen erfüllen, entsprechend denjenigen des Vorschlags und des Trillers in ähnlichen Fällen. – Der D. kann einen kurzen Triller mit Nachschlag ersetzen; seine Zeichen (∞, ∾, §) kommen in der Zeit vor der Wiener Klassik fast nur in der Musik für Tasteninstrumente vor. (Th. Mace verwendet 1676 für die von ihm Single relish genannte Lautenverzierung ein anderes, aus Punkten bestehendes Zeichen.) – Beim D. haben sich Zeichen und Ausführung im Laufe der Zeit bis heute weit weniger verändert als bei anderen Verzierungen. Bei Chambonnières allerdings, in der ersten Verzierungstabelle der französischen Clavecinisten (1670), bedeutet das Zeichen eine Double cadence folgender Ausführung: Bei seinem Schüler d'Anglebert, dessen Verzierungstabelle (1689)

nachweislich auch J. S. Bach verwendet hat, erscheint eine ähnliche Form der Double cadence neben der später geläufigen (sans tremblement, von Fr. Couperin in seiner Verzierungstabelle 1713 dann Double genannt) sowie noch eine weitere Form (sur une tierce):

Während noch Dieupart zu Beginn des 18. Jh. seine Double Cadence (von ihm mit *a Shake turn* übersetzt) wie folgt vorschreibt:

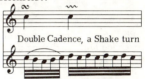

bezeichnet Le Roux 1705 mit demselben Namen bereits den normalen Barock-D., und J. S. Bach verwendet in seinem *Clavierbüchlein* für Wilhelm Friedemann (1720) das (schräge) Zeichen ebenfalls in diesem noch heute geläufigen Sinn, nennt die Verzierung aber Cadence: Die Unterscheidung zwischen ∞ für den gewöhnlichen und ∾ oder § für den umgekehrten D. wurde erst im späten 18. Jh. verlangt; dies hat sich aber nicht durchgesetzt: Hummel und Spohr verwendeten in ihren Lehrwerken das Zeichen ∞ für den gewöhnlichen D., worin ihnen viele gefolgt sind. R. Wagner verwendete für den D. das Zeichen ∾, ähnlich wie vor ihm bereits Spohr, Schumann und Chopin in manchen ihrer Werke. Allerdings hat Wagner selber dieses Zeichen nicht konsequent interpretiert, indem er z. B. in *Rienzi* bei der Stelle:

in früheren und späteren Jahren den D. von oben, dagegen in seinen mittleren Jahren den D. von unten bevorzugte; in seinen späteren Opern ging Wagner, der den D. besonders häufig verwendet hat, immer mehr zur Ausschreibung in großen Noten über, wie zum Beispiel in der *Götterdämmerung* (Brünnhilde-Motiv):

Vorzeichen für chromatische Veränderungen der oberen bzw. der unteren Nebennote können heute über bzw. unter das D.-Zeichen gesetzt werden, während sie in der Barockzeit ausschließlich über das Zeichen gesetzt wurden, häufig dann etwas nach links oder nach rechts verschoben, für die früher bzw. später erklingende Nebennote. – Das Umspielen eines Tones anstelle seiner unmittelbaren Intonation gehört zu den ursprünglichen Verzierungsmitteln des Gesangs. (Für das dem D. ähnliche Quilisma der mittelalterlichen Choralnotation und die doppelschlagartigen Redobles und Quiebros in der spanischen Musik des 16. Jh. für

Tasteninstrumente: → Triller.) – Bemerkenswert sind gewisse Vorschriften im Barock, welche die rhythmische Ausführung des D.s in Beziehung zum Tempo der betreffenden Stelle setzen und ihm dadurch größere Brillanz verleihen. Hatte schon d'Anglebert bei seiner Double cadence die ersten beiden Noten in kürzeren Werten als die übrigen notiert, so rhythmisiert Gottlieb Muffat in der Verzierungstabelle zu seinen *72 Versetl Sammt 12 Toccaten* für Org. (1726) den D. verschieden bei Viertel- und Achtelnoten:

und ähnlich bei seinen *Componimenti Musicali* für Cemb. etwa ein Jahrzehnt später:

Aber erst C. Ph. E. Bach bringt dieses Prinzip, im Zuge der fortschreitenden Differenzierung der Wiedergabevorschriften, in seinem *Versuch* (1753) zu klarer Darstellung:

Auch für die Rhythmisierung des D.s hinter punktierten Noten hat C. Ph. E. Bach genaue Vorschriften gegeben, wobei die punktierte Rhythmus entsprechend verkürzt wird. Ähnlich, aber noch differenzierter sind – eine Generation später – Türks Vorschriften in seiner *Klavierschule* (1789):

Hierbei gelten (1) und (3) sowohl für langsameres als auch für rascheres Tempo, während im mittleren Beispiel die Ausführung bei (2b) für rascheres Tempo gilt. – C. Ph. E. Bach führte zwei besondere Formen des D.s ein, den prallenden D. und den geschnellten D. Ersterer ist eine Kombination von Pralltriller (→ Triller) und D., der dem Klavierspiel *zugleich besondere Anmuth und Glantz giebt*:

(Die Kombination dieser Zeichen kann in der französischen Clavecinmusik jedoch einen → Triller mit Nachschlag bedeuten.) Der aus 5 Noten bestehende,

mit der Hauptnote (auf den Schlag) beginnende geschnellte D. wird durch eine zusätzliche kleine Zweiunddreißigstelnote vor der Hauptnote angedeutet (C. Ph. E. Bach). Eine gewisse Ähnlichkeit mit dieser Verzierung hatte der Turn H. Purcells (*A Choice Collection of Lessons*, 1696):

Um die Wende des 18./19. Jh. gerät die bis dahin bestehende Tradition der Ausführung des D.s auf den Schlag ins Wanken, ähnlich der Entwicklung beim → Vorschlag. In seiner *Musical Grammar* (1806) unterscheidet Callcott folgende 2 Formen:

Das 19. Jh. kennt sowohl den D. mit vier als auch denjenigen mit 5 Noten, in verschieden rhythmisierter Form, meist in den Zeitwert der vorausgehenden Note fallend, und im Zug der fortschreitenden Ausschreibung in großen Noten (R. Wagner) wird der D. häufig zum ausdrucksvollen Motiv.

Lit.: → Verzierungen; besonders auch: H. SCHENKER, Ein Beitr. zur Ornamentik, Wien 1908. ERJ/BB

Doppeltriller, Bezeichnung für gleichzeitige → Triller auf 2 Tönen desselben Akkords; die Ausführung unterliegt denselben Regeln wie diejenige des einfachen Trillers, ist aber technisch bedeutend schwieriger, vor allem auf der Violine und auf dem Klavier mit einer Hand. – Marpurg nennt (1755) den einfachen Triller mit Nachschlag den *zusammengesetzten oder D.*; in ähnlicher Weise bezeichnet Agricola (1757) den Triller von oben bzw. von unten mit Nachschlag als D. (→ Double cadence).

Doppelzunge → Zungenstoß.

Doppioni (ital.) nennt Zacconi (1592) in ihrer Bauart nicht näher bestimmte Blasinstrumente mit Doppelrohrblatt, die möglicherweise mit den von ihm genannten Sordoni (→ Sordun) identisch sind. Cerone übernahm 1613 für die spanischen Doplados die Angaben Zacconis.

Lit.: L. ZACCONI, Prattica di musica ..., Venedig 1592, ²1596; P. CERONE, El Melopeo, Neapel 1613; PRAETORIUS Synt. II; C. SACHS, Doppione u. Dulzaina, SIMG XI, 1909/10; G. KINSKY, Doppelrohrblatt-Instr. mit Windkapsel, AfMw VII, 1925; A. REIMANN, Studien zur Gesch. d. Fag., Diss. Freiburg i. Br. 1956, maschr.

Dorisch → Systema teleion, → Kirchentöne. – D.e Sexte ist die große Obersexte einer Molltonika, z. B. in D moll d–h; sie beruht jedoch in Moll auf Alteration (d–h anstelle von d–b), während sie in D. leitereigen ist.

Dortmund.

Lit.: B. FRIEDHOF, Gesch. d. Instrumentalmusik in D. seit d. Ausgange d. 18. Jh., D. 1912; R. SCHROEDER, Studien zur Gesch. d. Musiklebens d. Stadt D. vom frühen MA bis zum Ausgange d. 19. Jh., = Münsterische Beitr. zur Mw. V, Kassel 1934; A. MÄMPEL, Das D.er Theater I, 1500–1600, D. 1935.

Double (dubl, frz.), in der französischen Instrumental- und Vokalmusik des 16.–18. Jh. Bezeichnung für die verzierte (diminuierte) Wiederholung eines Satzes. Der Terminus ist zuerst 1552 (*Tiers liure de tabulature de guiterre* bei Le Roy und Ballard) belegt. In Deutschland bezeichnete D. speziell die Veränderung eines Tanzsatzes, während die Veränderung z. B. einer Aria Variatio genannt wurde (so u. a. bei Biber 1681). Ab etwa 1650 verschwanden D.s aus der deutschen und französischen Orchestersuite; die mehrstimmige Kammersuite verwendete D.s kaum, die Solosuite hingegen bevorzugte sie. Um 1760 wurde die Bezeichnung D. allgemein durch die Bezeichnung → Variation ersetzt.

Lit.: WALTHERL; MATTHESON Capellm.; FR. BLUME, Studien zur Vorgesch. d. Orchestersuite im 15. u. 16. Jh., = Berliner Beitr. zur Mw. I, Lpz. 1925; M. REIMANN, Zur Entwicklungsgesch. d. D., MfV, 1952–VI, 1953.

Doublé (frz.) → Doppelschlag.

Double cadence (d'ublə kad'ā:s, frz.) → Doppelschlag, auch → Triller mit Nachschlag.

Double relish (dʌbl ɹˈeliʃ, engl.), eine beliebte zusammengesetzte Verzierung des 17. Jh. (Playford 1654; Simpson 1659; Mace 1676), die in ihrer typischen Form aus 2 Trillern mit verschiedenartigen Nachschlägen besteht.

Doxologie (griech. δοξολογία, Lobpreisung), in der christlichen Kirche der liturgische Lobspruch oder Lobgesang zur Verherrlichung der göttlichen Trinität. Die Liturgik unterscheidet 2 Formen der D.: Die große D. (Doxologia maior), das *Gloria in excelsis Deo* der Messe (nach Lukas 2, 14 auch Hymnus angelicus genannt), wird gesungen an den Sonntagen des Kirchenjahres (ausgenommen die Advents-, Vorfasten- und Fastenzeit), an allen Festtagen sowie an den Wochentagen der Osterzeit. Die kleine D. (Doxologia minor, auch Hymnus glorificationis), das *Gloria Patri et Filio et Spiritui Sancto* mit dem Nachsatz *Sicut erat in principio et nunc et semper et in saecula saeculorum, Amen,* beschließt (mit einigen Ausnahmen) in ihrer vollständigen Form den antiphonischen Psalmengesang (→ EUOUAE). – Luther behielt in der Formula missae die kleine D. mit dem Introitus bei, ebenso das Gloria nach dem Kyrie; noch in der preußischen und bayerischen protestantischen Kirchenordnung finden sich beide D.n.

Dp (*Dp*), Abk. für Dominantparallele (Funktionsbezeichnung nach Riemann).

Dragma (griech., Garbe) heißt im späten 14. Jh. und bis um 1430 eine Note mit nach oben und unten gezogener → Cauda: ♦. Das Dr. wurde häufig notiert, blieb aber vieldeutig; u. a. kann es eine imperfekte Semibrevis (→ Quellen: *Sq* und *Pit*) oder eine um die Hälfte verlängerte Minima, d. h. die Hälfte einer Semibrevis maior (♦♦ = ♦; *ModA* und *Ch*) bezeichnen. Es soll vorübergehenden Mensurwechsel und synkopierte Rhythmik verdeutlichen.

Lit.: CS III 186 (Th. de Caprio) u. 373 (Anon. III); WOLFN; APELN; K. v. FISCHER, Studien zur ital. Musik d. Trecento u. frühen Quattrocento, = Publikationen d. Schweizerischen Musikforschenden Ges. II, 5, Bern (1956), S. 120.

Drame lyrique (dram liɾˈik, frz.), die zu Beginn der 2. Hälfte des 19. Jh. in Frankreich durch Verschmelzung von Stilelementen der Grand opéra und der Opéra-comique entstandene Gattung einer auf Gefühlswirkungen zielenden und zum Sentimentalen neigenden Oper mit Chor und Ballett, in ihren Anfängen noch mit gesprochenem Dialog (wie die Opéra-comique), dann mit Rezitativen. Der Typus des Dr. l. prägt sich in Gounods (in vielem noch zur Grand opéra tendierenden) *Faust* (1859) aus. Einen entscheidenden Beitrag zur Entwicklung des Dr. l. leistete Thomas mit *Mignon* (1866). Formale Eleganz, subtile Instrumentation, Verwendung von Erinnerungsmotiven, eine teils rhythmisch lebhafte und graziöse, teils kontrastierend von Sentiment erfüllte Melodik sind kennzeichnend. Beispiele des späteren, durch besondere Betonung melodischer Süße stark ins Sentimentale gewandten Dr. l. stellen *Manon* (1884) und *Werther* (1886) von → Massenet dar. Mit G. Charpentiers *Louise* (1900) übernimmt das Dr. l. Züge des italienischen → Verismo. Zu den bedeutenden Komponisten des Dr. l. zählen Lalo, Saint-Saëns, Bizet, Chabrier, Fauré, Widor. Zur Gattung des Dr. l. gehört auch *Pelléas et Mélisande* von Debussy, das Hauptwerk des → Impressionismus.

Dramma per musica (ital.), auch Dramma in musica (Monteverdi 1641 und 1642) oder Dramma musicale (Landi 1634), ist im 17.–18. Jh. häufig Bezeichnung für ernste Opern, vor allem im Einflußbereich der → Neapolitanischen Schule. Mit der Benennung Dramma sind im 17. Jh. auch kennzeichnende Adjektiva wie pastorale, morale, fantastico, im 18. Jh. serio, semiserio, giocoso (so Mozarts *Don Giovanni*), semigiocoso, comico, seriocomico verbunden. J. S. Bach nannte einige seiner nicht für die Kirche geschriebenen Kantaten Dr. per m., z. B. *Der Streit zwischen Phoebus und Pan* (BWV 201) und *Hercules auf dem Scheidewege* (BWV 213).

Dramma sacro (ital.), eine Gattung des neapolitanischen Musiktheaters, eine geistliche Oper nach Stoffen aus der Heiligenlegende mit eingeschobenen derbrealistischen Buffoszenen. Es wurde vor allem von den Konservatorien, geistlichen Kongregationen und Orden aufgeführt. Ein frühes Beispiel eines Dr. s. ist *Il fido campione* von G. Francesco del Gesù (1656). Auch Pergolesis erstes dramatisches Werk, *Li Prodigi della divina grazia nella Conversione, e morte di S. Guglielmo Duca d'Aquitania* (1731), gehört zu dieser Gattung.

Lit.: H. HUCKE, Die neapolitanische Tradition in d. Oper, Kgr.-Ber. NY 1961, Bd I.

Dreher, ein österreichischer, dem → Ländler ähnlicher Tanz im 3/4-Takt, dessen Melodie gewöhnlich zwei zu wiederholende 8taktige Gruppen umfaßt.

Drehleier, Radleier, Bauern- oder Bettlerleier (lat. organistrum, symphonia mit vielen volkssprachlichen Nebenformen wie cifonie, chifonie; frz. vielle à roue, im 15. Jh. auch vielle schlechthin; ital. lira tedesca; span. zanfonía; engl. hurdy-gurdy), ein Streichinstrument, dessen Saiten durch ein im Innern des Corpus laufendes, mit einer Kurbel gedrehtes Scheibenrad angestrichen werden. Die Saiten werden verkürzt durch Tangententasten. Das Corpus hat die verschiedenen Formen der Fiedel (Birnen-, Kasten-, 8-Form); Corpus und Tasten waren zunächst so groß, daß 2 Spieler das Instrument bedienen mußten. In Europa ist die Dr. zuerst abgebildet in Spanien (Portalplastik an Santo Domingo in Soria um 1150), danach auch in Frankreich und England. Die Traktate des 13. Jh. (GS I, 303 und II, 286) handeln von den Mensuren der Tangenten. Zu dieser Zeit hatte die Dr. 6–8 Tasten; damit war eine Melodie im Umfang einer Oktave spielbar. Im 14. Jh. wurde die Zahl der Tasten erhöht. Das bei Virdung 1511 abgebildete Instrument hat 4 Saiten; erst im 18. Jh. wurden sechs üblich. Nach den Drehtangenten, die alle Saiten zugleich verkürzen, kamen schon um 1200 Stoßtangenten auf, die nur eine Saite berühren, während die anderen unverkürzt weiterklingen. Die der Dr. gemäße Spielweise ist daher der organale Parallelklang bzw. die von Bordunen begleitete Melodie. Als diese Praktiken gänzlich unzünftig wurden, sank auch die Dr. ab. M. Praetorius (1619) nennt sie *Bawren- vnnd vmblauffenden Weiber Leyre*. Zu Anfang des 18. Jh. erlebte sie zusammen mit der → Musette (–1) eine Nachblüte in der französischen Schäfermode. Für Dr. schrieben u. a. J. Aubert, Ch. Baton und → Boismortier. Französische Instrumentenmacher wie Baton, Louvet, Delaumay, Lambert und Barge fertigten kostbar verzierte Dr.n in Lauten- oder Gitarrenform. Schuberts Lied *Der Leiermann* (Schlußlied der *Winterreise*) bezieht sich auf den Dr.-Spieler, nicht auf den Drehorgelmann. Die Bezeichnung Leiermann gilt einem abgesunkenen Musikerstand; das Wort leiern bekam geringschätzige Bedeutung. – Eine Dr. mit Melodie- und Bordunsaiten sowie einigen Orgelpfeifen war die Vielle organisée oder Lira organizzata, für die Gyrowetz, Pleyel, Sterkel und J. Haydn (Konzerte Hob. VIIh, 1–5, Notturni Hob. II, 25*–32*) komponierten.

Lit.: S. VIRDUNG, Musica getutscht (Basel 1511), hrsg. v. R. Eitner, = PGfM, Jg. X, Bd XI, Bln 1882; DASS., Faks. hrsg. v. L. Schrade, Kassel 1931; PRAETORIUS Synt. II; M. MERSENNE, Harmonie universelle, Paris 1636, Faks. hrsg. v. Fr.

Lesure, 3 Bde, Paris 1963; A. TERRASSON, Diss. hist. sur la vielle, Paris 1741, auch in: Mélanges d'hist., de lit. ..., Paris 1768; M. CORRETTE, Méthode pour apprendre à jouer de la vielle, Paris 1763; H. LAPAIRE, Vielles et cornemuses, Moulins 1901; E. DE BRICQUEVILLE, Notices sur la vielle, Paris ²1911; E. WINTERNITZ, Bagpipes and Hurdy-Gurdies in Their Social Setting, Bull. of the Metropolitan Museum of Art, N. F. II, 1943; H. R. EDWALL, Ferdinand IV and Haydn's Concerts for the Lira organizzata, MQ XLVIII, 1962.

Drehorgel (Leierkasten; frz. orgue de barbarie; ital. organino), eine fahrbare oder tragbare kleine Orgel mit gedackten Pfeifen oder auch mit Zungenpfeifen, durch eine Kurbel nicht nur mit Wind versorgt, sondern auch gespielt, indem eine dadurch in Umdrehung versetzte Stiftwalze oder in neuerer Zeit eine gelochte Scheibe (Notenblatt) die Ventile zu den Pfeifen öffnet (→ Mechanische Musikwerke). Nicht selten ist die Dr. auch mit einem Tremulanten versehen (Wimmerorgel). Die für die Dr. charakteristische Koppelung von Stiftwalze und Kurbel ist erst um 1700 nachweisbar. Bis etwa 1800 bestanden → Drehleier und Dr. nebeneinander, danach blieb die Dr. allein übrig, vor allem als Instrument der Straßenmusikanten, nachdem sie seit der 2. Hälfte des 18. Jh. in Verbindung mit dem → Bänkelsang stand. Als Barrel-organ fand die Dr. in kleineren englischen Gemeinden in der 1. Hälfte des 19. Jh. Eingang in die Kirche.

Lit.: H. ZERASCH, Dr., Serinette u. barrel organ, Diss. Lpz. 1961, maschr.

Drei-D-Klang → High Fidelity.

Dreiklang (lat. trias; frz. triple accord; engl. triad), ein aus zwei Terzen zusammengesetzter 3töniger Akkord, speziell der Dur- oder Mollakkord (c–e–g; d–f–a). Die Bezeichnung Dr. ist als Übersetzung von Trias im frühen 18. Jh. geprägt worden, wobei man unter Klang (lat. → sonus) einen Einzelton verstand (Mattheson 1739). Die unharmonischen Dreiklänge (triades anarmonicae), der verminderte Dr. (trias deficiens; cis–e–g) und der übermäßige Dr. (trias superflua; c–e–gis) sind als Abweichungen vom harmonischen Dr. (trias harmonica; c–e–g) zu verstehen. Unter der Voraussetzung, daß Töne im Oktavabstand harmonisch (qualitativ) identisch sind, umfaßt der Begriff des Dr.s außer der Grundform (c–e–g) auch Oktaverweiterungen (c–g–e^1, »zerstreuter« Dr., trias diffusa), Oktavverdoppelungen (c–e–g–c^1, »vermehrter« Dr., trias aucta) und Umkehrungen (Sextakkord e–g–c^1, Quartsextakkord g–c^1–e^1). – Bis zum 16. Jh. wurden in der Theorie der Mehrstimmigkeit 3tönige Zusammenklänge als Komplexe von zweitönigen begriffen, z. B. die Klangfolge $\begin{smallmatrix} e^1-f^1 \\ g-f \\ c-f \end{smallmatrix}$ als Zusammensetzung von $\begin{smallmatrix} e^1-f^1 \\ g-f \end{smallmatrix}$ und $\begin{smallmatrix} e^1-f^1 \\ c-f \end{smallmatrix}$ sowie $\begin{smallmatrix} g-f \\ c-f \end{smallmatrix}$. Als erster sah Zarlino (1558) im Dr. eine übergeordnete Einheit; nicht nur die einzelnen Konsonanzen, die Quinte (3:2 in der Messung nach Saitenlängen), die große Terz (5:4) und die kleine Terz (6:5), sondern auch die Dreiklänge im Ganzen sind nach Zarlino »Harmonien«, hinter denen »ausgezeichnete« Zahlenverhältnisse stehen: hinter dem Dur-Dr. die harmonische Proportion (15:12:10), hinter dem Moll-Dr. die arithmetische (6:5:4). C. Schneegaß (1592) und J. Lippius (1612) deuten den Dr. als Trinitätssymbol. Die Theorie der Dr.s-Umkehrung, die Unterscheidung zwischen Grundton (c^1 in e–g–c^1) und Baßton (e in e–g–c^1), entstand im frühen 17. Jh. (J. Lippius 1612, H. Baryphonus 1630), setzte sich aber erst im 18. Jh. (J.-Ph. Rameau 1722) gegenüber der Vorstellung durch, daß der (General-)Baß auch als Träger von Sextakkorden das Fundament der Zusammenklänge bilde. – Rameau sah in der Partialtonreihe (C c g c^1 e^1 g^1 ... = 1:2:3:4:5:6 ...) das Naturvorbild des Dur-Dr.s; für den Moll-Dr. aber fehlt ein physikalisches Modell. Läßt man dennoch außer der Quinte nur die große Terz, aber nicht die kleine, als »direkt verständliches« (in der Partialtonreihe unmittelbar auf den Grundton bezogenes) Intervall gelten (M. Hauptmann), so kann man den Moll-Dr. als bloße Variante des Dur-Dr.s oder als Dr. mit doppeltem Grundton (f neben d in d–f–a) deuten. In der Theorie des harmonischen → Dualismus besteht nach A. v. Oettingen der Dur-Dr. (c^1–e^1–g^1) aus Obertönen eines gemeinsamen Grundtons (C) und der Moll-Dr. umgekehrt aus Grundtönen (d–f–a) eines gemeinsamen Obertons (a^3). H. Riemann konstruierte als Analogon zur Obertonreihe eine (fiktive) Untertonreihe (a^2 a^1 d^1 a f d ...) und erklärte den obersten Ton (a) des Moll-Dr.s (d–f–a) zu dessen harmonischem Zentrum.

Lit.: M. HAUPTMANN, Die Natur d. Harmonik u. d. Metrik, Lpz. 1853, ²1873; A. v. OETTINGEN, Harmoniesystem in dualer Entwicklung, Dorpat u. Lpz. 1866, Lpz. ²1913 als: Das duale Harmoniesystem; C. STUMPF, Konsonanz u. Konkordanz, = Beitr. zur Akustik u. Mw. VI, Lpz. 1911; H. RIEMANN, Ideen zu einer Lehre v. d. Tonvorstellungen, JbP XXI, 1914 – XXII, 1915; DERS., Neue Beitr. zu einer Lehre v. d. Tonvorstellungen, JbP XXIII, 1916; RIEMANN MTh; J. HANDSCHIN, Der Toncharakter, Zürich (1948); C. DAHLHAUS, War Zarlino Dualist?, Mf X, 1957; J. A. MORTON, Numerical Orders in Triadic Harmony, Journal of Music Theory IV, 1960; E. APFEL, Satztechnische Grundlagen d. Neuen Musik d. 17. Jh., AMl XXXIV, 1962. CD

Dresden.
Lit.: M. FÜRSTENAU, Beitr. zur Gesch. d. kgl. sächsischen mus. Kapelle, Dr. 1849; DERS., Zur Gesch. d. Musik u. d. Theaters am Hofe zu Dr., 2 Bde, Dr. 1861/62; H. MANNSTEIN, Denkwürdigkeiten d. Churfürstlichen u. Königlichen Hofmusik in Dr. im 18. u. 19. Jh., Lpz. 1863; R. PRÖLSS, Beitr. zur Gesch. d. Hoftheaters zu Dr., Erfurt 1879; O. SCHMID, Musik am sächsischen Hofe, 10 Bde, Lpz. 1905; DERS., Die sächsische Staatskapelle in Dr. 1548–1923 u. ihre Konzerttätigkeit, Dr. 1924; H. v. BRESCIUS, Die Kgl. Sächsische mus. Kapelle v. Reißiger bis Schuch, Dr. 1898; R. HAAS, Beitr. zur Gesch. d. Oper in Prag u. Dr., Neues Arch. f. Sächsische Gesch. XXXVII, 1916; Musik in d. kath. Hofkirche zu Dr., hrsg. v. d. Ges. zur Erhaltung u. Förderung d. Musik in d. kath. Hofkirche zu Dr., Dr. 1929; P. ADOLPH, Vom Hof- zum Staatstheater, Dr. 1932; W. GURLITT, Joh. Walter ..., Luther-Jb. XV, 1933; R. ENGLÄNDER, Die Instrumental-Musik am Sächsischen Hofe unter Friedrich August III. u. ihr Repertoire, Neues Arch. f. Sächsische Gesch. LV, 1934; DERS., Die Dresdner Instrumentalmusik in d. Zeit d. Wiener Klassik, = Uppsala Universitets Årsskrift V, 1956; DERS., Zur Jahrhundertfeier d. Dr.er Oper 1834–1934, Dr. 1934; G. PIETZSCH, 125 Jahre Opernschaffen in Dr., Mk XXX, 1938; F. KUMMER, Dr. u. seine Theaterwelt, Dr. 1939; Dr.er Kapellbuch, hrsg. v. G. HAUSSWALD, Dr. 1948; H. SCHNORR, Dr., 400 Jahre Deutsche Musikkultur, Dr. 1948; FR. BUSCH, Aus d. Leben eines Musikers, Zürich 1949; R. MAUERSBERGER, Dr. u. Bach, in: J. S. Bach 1750–1950, hrsg. v. G. Haußwald, Dr. 1950; W. VIRNEISEL, Zur Gesch. d. Bachpflege in Dr., ebenda; I. BECKER-GLAUCH, Die Bedeutung d. Musik f. d. Dr.er Hoffeste, = Mw. Arbeiten VI, Kassel 1951; FR. v. SCHUCH, R. Strauss, E. v. Schuch u. Dr. Oper, Dr. (1952), ²1953; F. v. LEPEL, Kurzgefaßtes Dr.er Musiklexikon, Bln (1953); K. LAUX, Bausteine zu einer Dr.er Mg., Wiss. Annalen V, 1956; E. H. HOFMANN, Capella Sanctae Crucis, Bln 1956, ²1957; K.-H. KÖHLER, Die Triosonate bei d. Dr.er Zeitgenossen J. S. Bachs, Diss. Jena 1956, maschr.; E. SCHMIDT, Der Gottesdienst am kurfürstlichen Hofe zu Dr., = Veröff. d. ev. Ges. f. Liturgieforschung XII, Göttingen u. Zürich 1961; W. BECKER, Die deutsche Oper in Dr. unter d. Leitung v. C. M. v. Weber 1817–26, = Theater u. Drama XXII, Bln (1962).

Drive (drɑiv, engl., antreiben, hetzen), metrisch-rhythmische Intensität, die für die mitreißende Dynamik im Jazzmusizieren wesentlich ist und durch das Überlagern von → Beat und Off-beat zustande kommt. Die Qualität einer Band wird häufig nach ihrem Dr. beurteilt.

Drum (drʌm, engl.), Trommel; im Jazz bezeichnet dr.s, häufig auch dr. set (Trommelsatz, frz. batterie), das → Schlagzeug, das in einer gewissen gleichbleibenden Anordnung um einen Spieler (Schlagzeuger; engl. drummer) gruppiert ist. Es besteht hauptsächlich aus großer und kleiner Trommel, Cow-bell (Kuhglocke), Wood block (Holzblock), Tom-tom und Becken verschiedener Größe.

Dualismus, eine Theorie, die annimmt, daß im Durdreiklang (c–e–g) der unterste Ton (c), im Molldreiklang (A–c–e) der oberste Ton (e) das harmonische Zentrum (centre harmonique) bilde. M. Hauptmann, der nur Oktave, Quinte und große Terz als *direkt verständliche Intervalle* gelten ließ, deutete 1853 den Durdreiklang als aktives Quint- und Terz-Haben, den Molldreiklang als passives Quint- und Terz-Sein eines Tones. Dieser Interpretation des Dur-Moll-Gegensatzes – Ergebnis der dialektischen, von Hegel beeinflußten Denkweise Hauptmanns – verdankt der D. seine Entstehung. A. v. Oettingen begründete ihn 1866 dahingehend, daß die Akkordtöne in Dur (z. B. g^1 h^1 d^2) einen gemeinsamen Grundton (G), in Moll dagegen (z. B. d B G) einen gemeinsamen Oberton (d^2) haben. Dort sind g^1 h^1 d^2 Obertöne von G, hier d B G Untertöne von d^2. H. Riemann übernahm v. Oettingens Bezeichnungsweise des Dur- und Molldreiklangs (z. B. g^+ für g–h–d, ^{0}d für d–b–g), setzte sich jedoch nicht wie dieser für die Einführung des reinen Mollgeschlechts (als Spiegelbild des reinen Durgeschlechts) in die Musikpraxis ein. Nach anfänglichem Glauben an die psychologische, zeitweise sogar an die akustische Realität der → Untertöne, kam er später unter dem Einfluß der Tonpsychologie C. Stumpfs ganz davon ab, im akustischen Phänomen der Partialtöne eine natürliche Erklärung der beiden Dreiklänge zu suchen. Statt dessen führte er 1905 den Unterschied zwischen Dur und Moll darauf zurück, *daß die Durkonsonanz in den einfachsten Verhältnissen der Steigerung der Schwingungsgeschwindigkeit ihr Wesen hat, die Mollkonsonanz dagegen auf den einfachsten Verhältnissen der Vergrößerung der schwingenden Masse (Schallwellenlänge ...) beruht.* Der D. fand seine Vollendung (und Übersteigerung) im Polarismus S. Karg-Elerts, der, wie vor ihm schon v. Oettingen, auch die 3 Hauptfunktionen beider Tongeschlechter in die Spiegelbildlichkeit einbezog und – der musikalischen Praxis teilweise zuwider – entsprechend umbenannte, z. B. in C dur Contra(domina)nte = f–a–c, dagegen in F moll Contra(domina)nte = g–es–c.

Lit.: M. HAUPTMANN, Die Natur d. Harmonik u. d. Metrik, Lpz. 1853, ²1873; A. V. OETTINGEN, Harmoniesystem in dualer Entwickelung, Dorpat u. Lpz. 1866, Lpz. ²1913 als: Das duale Harmoniesystem; H. RIEMANN, Über d. mus. Hören, Diss. Göttingen 1873, Lpz. 1874 als: Mus. Logik; DERS., Mus. Syntaxis, Lpz. 1877; DERS., Das Problem d. harmonischen D., Lpz. 1905; Riemann MTh; S. KARG-ELERT, Akustische Ton-, Klang- u. Funktionsbestimmung, Lpz. 1930; DERS., Polaristische Klang- u. Tonalitätslehre, Lpz. 1931; C. DAHLHAUS, War Zarlino Dualist?, Mf X, 1957; D. JORGENSON, A Résumé of Harmonic D., ML XLIV, 1963; P. RUMMENHÖLLER, M. Hauptmann als Theoretiker, Wiesbaden 1963.

Ductia (lat.) → Estampie.

Dudelsack → Sackpfeife.

due (ital., zwei), a due (frz. à deux), a 2, zu zweien, zeigt in Orchesterpartituren an, daß zweifach besetzte Instrumente (z. B. Flöten, Oboen, Klarinetten), die auf einem System notiert sind, dasselbe zu spielen haben.

Düsseldorf.
Lit.: G. WIMMER, Theater u. Musik in D., Fs. zur 600-Jahrfeier d. Stadt D., 1888; FR. WALTER, Gesch. d. Theaters u. d. Musik am kurpfälzischen Hofe, = Forschungen zur Gesch. Mannheims ... I, Lpz. 1898; J. ALF, Gesch. u. Bedeutung d. Niederrheinischen Musikfeste, in: D.er Jb. XLII/XLIII, 1940/41; Jb. 106. Niederrheinisches Musikfest in D. u. ff., hrsg. v. J. ALF, D. 1951ff.; Beitr. zur Mg. d. Stadt D., hrsg. v. K. G. FELLERER, = Beitr. zur rheinischen Mg. I, Köln u. Krefeld 1952; G. CROLL, Zur Vorgesch. d. »Mannheimer«, Kgr.-Ber. Köln 1958; DERS., Musikgeschichtliches aus Rapparinis Johann-Wilhelm-Ms., Mf XI, 1958.

Duett (ital. duetto, Diminutiv von duo), ein Gesangsstück für zwei gleiche oder ungleiche Singstimmen mit Begleitung eines oder mehrerer Instrumente. Die im 18. Jh. D. genannten Instrumentalstücke werden heute meist als → Duo bezeichnet. Von den 2st. Vorläufern im 16. Jh. (→ Bicinium, Canzone, Duo, Madrigal, Motette) sind die D.e deutlich durch den Generalbaß und die aus ihm herausgebildeten Arten der Begleitung getrennt. Die Bezeichnung D. trat nicht gleichzeitig mit der Sache auf. Bis weit ins 17. Jh. kennzeichnete man die Form (Canzone, Madrigal, Scherzo), die Anzahl der Stimmen (a due voci; a due tenori) oder der Personen (Due Ninfe sole in Caccinis *Euridice*) oder kombinierte die Benennung der Form mit der Angabe der Stimmenzahl (*Arie musicali a una, a due, a tre voci,* Frescobaldi 1630). Während in der Oper erst im 18. Jh. die Bezeichnung D. zur Regel wurde, erscheint sie in Kantaten 1651 (B. Strozzi, *Cantate, Ariette e Duetti*) und in Kammer-D.en 1677 (M. Cazzati, *Duetti per camera*). – In der Oper steht das D. seit Mitte des 17. Jh. nur noch gelegentlich an Aktschlüssen. Im 18. Jh. erhielt es in der Opera buffa (Pergolesi, *La serva padrona*) und unter deren Einfluß auch in der Opera seria wieder einen festen Platz. Im 19. Jh. wurde das D. wie die Arie als geschlossene Form aufgelöst. Das »Liebes-D.« aus Wagners *Tristan und Isolde* ist eine Szene. Doch neben dem Wagnerschen Musikdrama blieb das D. als geschlossene Form bei den »Circumpolaren« (Kroyer) erhalten; in der italienischen Oper erhielt es eine bedeutende Aufgabe (Verdi, *Rigoletto*). Das Wiederaufleben der Nummernoper im 20. Jh. festigte die Stellung des D.s in der Opernform. – Aus den 2st. Continuomadrigalen entwickelte sich im 17. Jh. das Kammer-D. Neben dem → Dialog (Fr. Rasi, *Dialoghi rappresentativi*, 1620) bildeten sich verschiedene Formen der Zweistimmigkeit heraus, die dann in den Kammer-D.en verbunden wurden: Wechselrede und 2st. Vokalsatz, polyphone und homophone Struktur, bloße Generalbaßbegleitung und Hinzufügung von obligaten Instrumenten. Den Höhepunkt dieser Gattung bilden die Kammer-D.e A. Steffanis, die vorbildlich für das frühe 18. Jh. wurden. – Daß das gesellige Lied sich gern der Zweistimmigkeit bedient, bedarf keiner Begründung. Doch können Lied-D.e auch das Niveau der Vortragslieder des 19. Jh. erreichen (Schumann, *Er und Sie*, op. 78, 2; Brahms, op. 20). Andererseits verleugnen sie nicht die ästhetische Problematik, das Aufgesetzte der 2. Stimme, solcher erweiterten Sololieder.

Ausg.: Alte Meister d. Bel canto. Ital. Kammerd. d. 17. u. 18. Jh., hrsg. v. L. LANDSHOFF, Lpz. 1927.
Lit.: E. SCHMITZ, Zur Gesch. d. ital. Continuo-Madrigals im 17. Jh., SIMG XI, 1909/10; DERS., Zur Gesch. d. ital. Kammerd. im 17. Jh., JbP XXIII, 1916; TH. KROYER, Die circumpolare Oper, JbP XXVI, 1919. HK

Duisburg.
Lit.: Beitr. zur D.er Theatergesch., hrsg. v. O. C. A. ZUR NEDDEN, D. 1953ff.; FR. MEYER-TÖDTEN, D. als Musikstadt in Vergangenheit u. Gegenwart, D.er Forschungen III, D. 1960; Beitr. zur Mg. d. Stadt D., hrsg. v. G. v. RO-

DEN u. FR. MEYER-TÖDTEN, = Beitr. zur rheinischen Mg. XXXVII, Köln 1960.

Dulcimer (dˈʌlsɪmər, engl.) → Hackbrett.

Dulzian, – 1) Name eines Doppelrohrblattinstruments, das in der altfranzösischen Literatur bis um 1500 douçaine heißt, bei Tinctoris 1486 dulcina (mit 7 vorderständigen Grifflöchern und einem Daumenloch) genannt und als tibia imperfecta der Schalmei gegenübergestellt wird. Als volkstümliches Schalmeiinstrument ohne Lippenstütze lebt die Dulzaina in Spanien bis in die Gegenwart fort. – Um 1500 tritt in Oberitalien der Name dolzaina auf. Bei Zacconi 1592 hat die Dolzaina 8 Grifflöcher (Umfang c–d¹, mit Klappen 2–3 Töne mehr). Um 1600 ist D. in Deutschland ein Name für das Fagott, bei Praetorius 1619 auch für den Sordun. G. B. Buonamente veröffentlichte (1636) eine *Canzon à 2. Canon Violinò & dolzaina ò Basso da brazzo*. – 2) In der Orgel ist D. (Dolcian, Dolcan) eine sanfte, leicht näselnde Zungenstimme zu 16' und 8' mit zylindrischem langem Becher und meist kurzem konischem Unterteil. Sie kommt vom 15. bis ins 19. Jh. vor und neuerdings wieder seit der Reform durch die Orgelbewegung. D. wird auch als konische und zylindrische streichende Labialstimme (Dulzflöte) gebaut, zu 8' oder 4', als trichterförmige offene Stimme (Dolkan, Tolkan, Dulzain, Dolcan – Nikolaus Maas –) und offene Trichterflöte.

Lit.: zu 1): L. ZACCONI, Prattica di musica . . ., Venedig 1592, ²1596; PRAETORIUS Synt. II; C. SACHS, Doppione u. Dulzaina. Zur Namensgesch. d. Krummhorns, SIMG XI, 1909/10, dazu u. a. G. Kinsky, Doppelrohrblatt-Instr. mit Windkapsel, AfMw VII, 1925; F. BRÜCKER, Die Blasinstr. in d. altfrz. Lit., = Giessener Beitr. zur Romanischen Philologie XIX, Gießen 1926; J. A. DONOSTIA u. J. TOMÁS, Instr. de música popular española, AM II, 1947; A. BAINES, Fifteenth-Cent. Instr. in Tinctoris »De Inventione et Usu Musicae«, The Galpin Soc. Journal III, 1950; A. REIMANN, Studien zur Gesch. d. Fag., Diss. Freiburg i. Br. 1956, maschr.

Dumka (Deminutivum zu ukrainisch duma, Gedanke, Volkslied; Mehrzahl dumki) ist das ukrainische und polnische lyrische und epische Volkslied, auch die Volksballade. Zu ihren Merkmalen gehören starke Mollfärbung, langsames Tempo und ein dementsprechend elegisch-sentimentaler Ausdruck. Die D. fand auch in die Instrumentalmusik vor allem slawischer Komponisten Eingang; bedeutend ist Dvořáks Klaviertrio op. 90, das *Dumky*-Trio (1891), in dessen 6 Sätzen entsprechendes Melodiengut verarbeitet ist, die schon in seinen Klavierstücken *D.* op. 35 (1876) und *D. und Furiant* op. 12 (1884). Beachtenswert ist auch die D. im Intermezzo »Traum des jungen Landmanns« vor Ende des 1. Aktes in Mussorgskijs unvollendeter Oper *Sorotschinskaja jarmarka* (»Der Jahrmarkt von Sorotschinzy«).

Ausg.: Pesni i dumy Sowjetskoj Ukrainy (»Lieder u. Balladen d. Sowjet-Ukraine«), hrsg. v. G. LITWAK, Moskau 1940, mit einer Abh. v. M. RYLSKIJ ²1951.

Lit.: DM. M. REWUZKIJ, Ukrainski dumy ta pisni istorytschni (»Ukrainische Balladen u. hist. Lieder«), Kiew 1919, Charkow ²1930; Ukrainska radjenska Enzyklopedija (Ukrainische Enzyklopädie), Bd IV, hrsg. v. d. Akad. d. Wiss., Kiew (1961), Artikel Dúmka.

Duo (lat. zwei; ital. due) bezeichnet sowohl vokale als auch unterschiedlich gebildete instrumentale Stücke und bezieht sich auf die Anzahl der Spieler (D. für 2 Fl.; D. für Kl. vierhändig), der Stimmen (C. Ph. E. Bach, *D. contrapuncto* für Kl.) oder der Melodiestimmen (*D. . . . bedeutet instrumentaliter eine Composition von 2 Singe-Stimmen, welche von einem G. B. als der dritten Partie begleitet wird*, Walther 1732). Bei der Triosonate wird manchmal der Generalbaß nicht mitgezählt (Joh. Ph. Krieger, *12 Sonate a 2*), meist aber in die Zählung eingeschlossen (A. Corelli, *Sonate da Camera a tre*). Wie das Zählverfahren wechselt auch die Bezeichnung für gleichgeartete Stücke: Telemanns op. 2 wird in den Quellen als *Sonates sans basse*, *à deux Flutes traverses*, aber auch als *Six Sonatas or Duets for two German Flutes* und als *Duetto a due Flauti a traverso* bezeichnet; die gleich gebauten Stücke op. 5 tragen u. a. den Titel *VI Sonates en D. a Flutes traverses*. Auch das 2st. Musikstück für ein Instrument kann D. oder → Duett heißen (J. S. Bach, 4 Duette aus dem III. Teil der *Clavierübung*). Die Bezeichnungen Sonate, Duett und D. werden bis zum Ende des 18. Jh. synonym gebraucht. – Einige Motetten des 14. Jh. beginnen mit teilweise langen 2st. Einleitungen (Machaut, Motette Nr 21). Diese 2st. Partien werden in Motetten und Messen des 15. Jh. zu selbständigen Teilen ausgebildet und oft D. genannt. Ob der frühe Beleg *Dui – Chorus* bei Ciconia schon D. als Bezeichnung für die Zahl der Stimmen verwendet oder auf den Gegensatz chorisch – solistisch (wie das parallel gebrauchte *Unus – Chorus* nahelegt) hinweist, ist schwer zu entscheiden. Von Dufay, Dunstable, Ockeghem, Josquin wird D. als Bezeichnung der Stimmenzahl verwendet. Selten kommt Gemel (→ Gymel) vor. Im 16. Jh. steht D. neben Bicinium (P. de la Rue, Gombert, Clemens non Papa, bei dem analog trio gebildet wird). Auf synonymen Gebrauch weist der Titel *Bicinia sive d.* (1553). Am Ende des Jahrhunderts taucht D. auch als Bezeichnung für instrumentale Stücke auf, die neben vokalen aufgezeichnet wurden (Whythorne, *D.s or Songs for 2 voices*, 1590). Für Instrumentalstücke ist allerdings bis ins frühe 18. Jh. der Ausdruck D. ungebräuchlich. Stücke für 2 Melodieinstrumente hießen Air (Ayre), Capriccio, Divertimento, Fantasia (besonders in England), am häufigsten Sonata, wobei entweder die Anzahl der beteiligten Instrumente angegeben (*Sonata a due istromenti*) oder diese aufgezählt werden (*Suonate per camera a Violino, e Violoncello* von B. Laurentius 1691). L. Rossis *Sonata in dialogo* (1613) schließt im Titel an die Dialogkomposition der Monodisten an; Joh. Schenk wählte für seine D.s für 2 Sologamben einen Phantasietitel (*Le nymphe di Rheno*, um 1700). K. Fr. Rieks Bezeichnung *Duetto a Oboe e Violino* (Ende des 17. Jh.) dürfte in Anlehnung an das vokale Kammerduett (→ Duett) gebildet sein. Während die Gewohnheit, die Stücke Sonate zu nennen, bis ins 20. Jh. reicht, verschwanden die anderen Bezeichnungen allmählich, und es wurden 2st. Stücke oder solche für 2 Spieler in England meist Duet, in Frankreich meist D., in Deutschland D. oder Duett genannt. D.s für mannigfaltige Besetzungen, mit Vorliebe für 2 Violinen, 2 Flöten oder Violine und Flöte, schrieben die Komponisten der Mannheimer Schule sowie C. Ph. E. und W. Fr. Bach. Von ersteren sind auch *Duette für 2 Claviere* überliefert, von W. Fr. Bach ein *Duetto* (Sonata in F major für 2 Kl.). Der spätere Brauch, sowohl Stücke für Klavier vierhändig als auch für 2 Klaviere D. bzw. Duett zu nennen, hat hier seine Wurzeln. Auch Stücke für ein Melodieinstrument und Klavier wurden gelegentlich statt Sonate D. bzw. Duett genannt (C. Ph. E. Bach, *Duetto a Cembalo obligato e Violino*, 1731), doch setzte sich diese Bezeichnung nicht durch. Am Ende des 18. Jh. stieg die Anzahl der originalen D.-Kompositionen wie der Arrangements für D. (von Opern, Kirchenmusik, Kammermusik) erheblich; der Pariser Musikverleger Sieber verdoppelte sein Angebot an D.s in 20 Jahren, und der 1796 erschienene Katalog von Imbault zählt neben vielen originalen D.s für mannigfache Instrumentenkombinationen (Streicher, Bläser und vermischt) 155 Ar-

rangements von Ouvertüren für 2 Violinen, 73 für 2 Flöten und 46 für 2 Klarinetten auf. Wahrscheinlich hat diese Flut französischer Drucke mit D.-Kompositionen zur Festigung der Bezeichnung D. gegenüber Duett in Deutschland beigetragen. Von Mozart, Haydn, Beethoven und Schubert sind einige D.s bekannt, ferner vor allem von Violinvirtuosen wie Pleyel, Viotti und Spohr; J. Offenbach schrieb D.s für 2 Violoncelli. Auch Kompositionen für 2 Klaviere (Czerny, Dussek, H. Herz, Kalkbrenner, Moscheles) und Klavier vierhändig (Hünten, Marschner, Onslow werden häufig D. genannt. Im 20. Jh. komponierten D.s u. a. Reger, Bartók, Hindemith und Strawinsky (*D. concertant*). Die Bezeichnung Duett ist manchmal als Diminutiv gemeint (Bartók), aber nicht immer, wie die Verwendung des Diminutivs von Duett, Duettino, zeigt (E. Walker, *Six Duettinis*; Busoni, *Due tino Concertante*).
Lit.: WALTHERL; A. EINSTEIN, Zur deutschen Lit. f. Va da Gamba im 16. u. 17. Jh., BIMG II, 1, Lpz. 1905; H. RIEMANN, Mannheimer Kammermusik d. 18. Jh., 2. Teil: Trios u. D., = DTB XVI, Lpz. 1915; L. DE LA LAURENCIE, L'école frç. de violon de Lully à Viotti, 3 Bde, Paris 1922–24; E. H. MEYER, Die mehrst. Spielmusik d. 17. Jh. in Nord- u. Mitteleuropa, = Heidelberger Studien zur Mw. II, Kassel 1934; DERS., Die Vorherrschaft d. Instrumentalmusik im nld. Barock, TVer XV, 1939; O. GOMBOSI, Violinduette im 15. Jh., AMl IX, 1937; W. ALTMANN, Verz. v. Werken f. Kl. vier- u. sechshändig, sowie f. zwei u. mehr Kl., Lpz. 1943; DERS., Kammermusik-Kat. Ein Verz. v. seit 1841 veröffentlichten Kammermusikwerken, Lpz. ⁶1945; H. MOLDENHAUER, Duo-Pianism, Chicago (1950); H. BESSELER, Bourdon u. Fauxbourdon, Lpz. 1950; CL. SARTORI, Bibliogr. della musica strumentale ital. stampata in Italia fino al 1700, = Bibl. di bibliogr. ital. XXIII, Florenz 1952; C. JOHANSSON, French Music Publisher's Cat. of the Second Half of the 18th Cent., Faks., Stockholm 1955; D. KÄMPER, Das Lehr- u. Instrumentald. um 1500 in Italien, Mf XVIII, 1965.   HK

Duodezime (lat. duodecima), die Oktave der Quinte.

Duole (ital., Zweier; frz. duolet), eine für 3 Noten eintretende Figur von 2 Noten gleicher Form. In neuerer Zeit wird sie (weniger gut) auch wie im 2. Beispiel notiert. Vor 1800 selten, ist die D. im 19. Jh. charakteristisch für das Bestreben Schuberts,  Brahms' und vor allem Bruckners, die Melodik vom Gleichmaß des Taktrhythmus zu befreien.

Dupla (lat.), Bezeichnungsfragment von Proportio d. (→ Proportion – 2; → Diminution – 1).

Duplex longa (lat.) → Maxima.

Duplum (lat.) heißt die Gegenstimme des Cantus im (2st.) Organum purum (auch organum d. oder organum in duplo) sowie die 2. Stimme im (3st.) Organum triplum und (4st.) Organum quadruplum der Notre-Dame-Epoche. Das textierte D. einer zur Motette verwandelten Klausel wird motetus genannt. → Meane.

Dur (von lat. durum, hart). Die Theorie der Griechischen Musik bezeichnet seit Aristoxenos verschiedene Arten eines Tongeschlechts als »schlaff« (μαλακόν) und »tonig« oder »gespannt« (τονιαῖον, σύντονον). So lauten die Intervalle eines Tetrachords (das für Aristoxenos aus 30 gleichen Teilen besteht) im »schlaffen Chroma« 22–4–4, im »tonigen Chroma« 18–6–6, in der »schlaffen Diatonik« 15–9–6, in der »gespannten Diatonik« 12–12–6; d. h. die »schlaffe« Art bevorzugt stärker unterschiedene, die »tonige« oder »gespannte« ausgeglichene Intervalle. Unter diesem Gesichtspunkt lassen sich auch die Tongeschlechter so gruppieren, daß die Enharmonik (24–3–3) das »schlaffste«, die Chromatik »schlaffer« als die »gespanntere« Diatonik ist; Boethius (I, 21, nach Ptolemaios I, 12–16) führt in diesem Zusammenhang die Unterscheidung dur (Diatonik) und moll (Chromatik) ein. Für die Diatonik ist der Ganzton charakteristisch, für die Chromatik der Halbton. Der mittelalterlichen Boethius-Nachfolge galt jener als »hart«, dieser als »weich«. Die Bezeichnung h durum für h und b molle für b geht darauf zurück, daß h mit dem darunterliegenden a einen »harten« Ganzton, b mit a einen »weichen« Halbton bildet. Dieses wurde der »weichen« Chromatik zugerechnet, jenes der »harten« Diatonik. Nach dem Vorkommen von h durum im Hexachord g–e hieß dieses hexachordum durum (cantus durus), das Hexachord f–d mit b molle hingegen hexachordum molle (cantus mollis). Adam von Fulda (15. Jh.) unterschied zwischen duralen und mollaren (sowie naturalen) Hexachordstufen, d. h. solchen, die wie h durum einen Ganzton unter sich und einen Halbton über sich haben (mi und la), und solchen, die wie b molle über sich einen Ganzton und unter sich einen Halbton haben (die naturalen Stufen re und sol sind von Ganztönen umgeben). – Die Entwicklung der modernen Bedeutung von D. wurde durch Glarean eingeleitet, der 1547 (*Dodekachordon*) außer dem Äolischen (bzw. Hypoäolischen) auf A als 9. (bzw. 10.) Modus das Ionische (bzw. Hypoionische) auf C als 11. (bzw. 12.) Modus den 8 Kirchentonarten anfügte. Dieser war vorher nur als 5. Kirchenton (mit ♭) möglich gewesen – transponiert konnte er auch von C aus begonnen werden. Glarean unterstrich die Beliebtheit des Ionicus und seine besondere Eignung für Tänze. Zarlino (1558) knüpfte an Glarean an, gab jedoch den 12 Kirchentönen eine andere Reihenfolge, indem er mit dem auf C begann. Sämtliche Modi teilte er in 2 Gruppen ein, in solche mit großer Terz und großer Sexte über der Finalis (C, F und G) und in solche mit kleiner Terz und kleiner Sexte (D, E und A), wobei er den ersteren den Vorzug gab. Hier macht sich der Einfluß von Zarlinos Dreiklangslehre bemerkbar (*Istituioni* III, 31). Danach beruht die Vielfalt der Harmonie nicht nur auf der Verschiedenheit zweistimmiger Zusammenklänge, sondern auch auf der durch Einstimmung der Terz bewirkten Verschiedenheit der Harmonien (gemeint sind Dreiklänge). Zwei Arten von Dreiklängen unterscheidet Zarlino. Die eine entspricht – geht man von Saitenlängen aus – der harmonischen Proportion (15: 12:10). In ihr liegt die große Terz unten; sie wirke heiter (allegra). Die andere entspricht – ebenfalls unter Zugrundelegung von Saitenlängen – der arithmetischen Proportion (6:5:4). In ihr liegt die große Terz oben, sie wirke traurig (mesta). Auch erscheine sie weniger vollkommen als die erste, da ihre Bestandteile sich nicht in der natürlichen Lage befänden (Anspielung auf die Reihenfolge der Proportionen, die nach späteren Feststellungen die ersten 6 Töne der Obertonreihe bilden). Zarlinos Auffassung vom Dreiklang als einem Gebilde von zwei festen Außentönen mit einem variablen Mittelton wurde von J. Lippius (*Synopsis musicae novae*, 1612) übernommen. Den D.-Dreiklang nannte er Trias harmonica perfecta oder naturalis, den Molldreiklang Trias harmonica imperfecta oder mollis. Statt perfecta sagte man in der Folgezeit major, statt imperfecta auch minor. Bei A. Werckmeister (*Musicalische Temperatur*, 1686/87) findet sich die Bezeichnung h dur, e dur, a dur, fis dur und cis dur für die Töne h, e, a, fis und cis als »durale« große Terzen diatonischer Stufen; analog dazu sprach er von b moll, e moll und a moll, wenn er b, es und as meinte. Überhaupt war es im Generalbaß üblich, das durale ♯ (mi) und das mollare ♭ (fa) als Zeichen für große und kleine Terzen bzw. für die ihnen entsprechenden Dreiklänge zu verwenden. Möglicherweise haben sich von hier aus die Termini D. und Moll für Dreiklänge durchgesetzt. Bereits zu Beginn des 17. Jh. hatte J. Kepler (*Harmonice Mundi* ..., 1619) über dem Grundton G aus der Vereinigung der »harten« und »weichen« Intervalle (große Terzen und Sexten bzw. kleine Terzen und Sexten) mit dem Cantus durus bzw. mollis ein Genus durum bzw. Genus molle entwickelt, die gewissermaßen einen abstrakten Entwurf der modernen Tongeschlechter D. und Moll darstellen. Doch gebrauchte noch das ganze 18. Jh. den Terminus genus für die griechischen Tongeschlechter bzw. für das, was man damals darunter verstand. Erst das 19. Jh. sprach vom Tongeschlecht D. (und Moll). Beide galten seit A. Werckmeister (*Die nothwendigsten Anmerkungen* ..., 1698) als die zwei einzigen Modi, die auf jeder temperierten Tonstufe errichtet werden können. Ihre Bezeichnung als Modus major (und minor; WaltherL, 1732) hat sich in Frankreich als mode (oder ton) majeur (und mineur) bis heute gehalten. – Seit Rameau (*Traité de l'harmonie*, 1722) wurde es üblich, die Obertonreihe zur Ableitung des D.-Dreiklangs heranzuziehen. Gemäß der funktionalen Harmonielehre (Riemann) kann jeder Ton eines Dreiklangs als dessen Vertreter aufgefaßt werden; z. B. kann sowohl c als auch g oder e allein im Sinne des C dur-Akkordes verstanden werden. Ebenso können 2 Töne eines Dreiklangs diesen vertreten, z. B. c–g oder c–e, sogar e–g den C dur-Dreiklang. Auch bei einer Änderung der Reihenfolge der Töne, d. h. bei einer → Umkehrung des Dreiklangs (z. B. e–g–c¹ statt c–e–g), gelten die Töne als zur einheitlichen Vorstellung des Dreiklangs verschmolzen. Die D.-Skala (mit den Halbtönen zwischen der 3. und 4. sowie 7. und 8. Stufe) gilt seit Rameau (*Nouveau système de musique théorique et pratique*, 1726) als horizontale Entfaltung der drei funktionalen Grundharmonien jeder Tonart, des Tonika-, Dominant- und Subdominantdreiklangs; z. B. in C dur:

Es ist daher möglich, eine in der Tonart bleibende (nichtmodulierende) Melodie mit diesen 3 Hauptakkorden zu harmonisieren. Dennoch verzichtet schon das 18. Jh. nicht auf leiterfremde Töne. Ihr Überhandnehmen verwischte bis Ende des 19. Jh. den Unterschied zwischen D. und Moll mehr und mehr. Die Vorrangstellung des Dreiklangs (D. und Moll) war schon in Wagners *Tristan* (abgeschlossen 1859) gebrochen. Im 20. Jh. wandten sich auch die Komponisten tonaler Musik von der D.-Moll-Vorstellung wieder ab. Die – noch von Hindemith vorgenommene – Ableitung des D.-Dreiklangs aus der Obertonreihe, wodurch seine Naturgegebenheit bewiesen sein soll, steht im Widerspruch zu der Tatsache, daß dieser (wenn überhaupt) nur eine Auswahl von Teiltönen darstellt und sein musikalischer Vorrang zeitlich begrenzt ist. Auch sind weder D. noch Moll musikalische Urphänomene, sondern Ergebnis eines geschichtlichen Prozesses mit fixierbarem Anfang und Ende.

Lit.: Aristoxeni Elementa harmonica, griech. u. ital. hrsg. v. R. DA RIOS, Rom 1954; Die Harmonielehre d. Klaudios Ptolemaios, hrsg. v. I. DÜRING, = Göteborgs högskolas årsskrift XXXVI, 1, 1930, dazu ebenda XL, 1, 1934 (deutsche Übers.); G. ZARLINO, Istitutioni harmoniche, Venedig 1558, Faks. d. 1. Auflage, = MMMLF I, 1, NY (1965); J.-PH. RAMEAU, Traité de l'harmonie, Paris 1722; DERS., Nouveau système de musique théorique, Paris 1726; WaltherL; H. v. HELMHOLTZ, Die Lehre v. d. Tonempfindungen ..., Braunschweig 1863, ⁶1913; A. v. OETTINGEN, Harmoniesystem in dualer Entwickelung, Dorpat u. Lpz. 1866, ²1913 als: Das duale Harmoniesystem; A. THÜRLINGS, Die beiden Tongeschlechter u. d. neuere mus. Theorie, Bln 1877; RIEMANN MTh; F. BUSONI, Entwurf einer neuen Ästhetik d. Tonkunst, Triest 1907, ²1916, Wiesbaden 1954; R. MAYRHOFER, Der Kunstklang I, Das Problem d. Durdiatonik, Wien 1910; A. SCHÖNBERG, Harmonielehre, Wien 1911, ⁵1960, engl. NY 1947; H. J. MOSER, Die Entstehung d. D.-Gedankens, ein kulturgeschichtliches Problem, SIMG XV, 1913/14; J. C. JEANNIN OSB, Etude sur le mineur et le majeur dans un certain nombre de systèmes mus., RMI XXII, 1915; H. PFITZNER, Futuristengefahr, München u. Lpz. 1917; H. ERPF, Studien zur Harmonie- u. Klangtechnik d. neueren Musik, Lpz. 1927; P. HINDEMITH, Unterweisung im Tonsatz, I Mainz 1937, ²1940, II Mainz 1939, engl. als: Craft of Mus. Composition, I London 1942, II 1941; E. KURTH, Musikpsychologie, Bern 1947; J. HANDSCHIN, Der Toncharakter, Zürich (1948); R. DAMMANN, Zur Musiklehre d. A. Werckmeister, AfMw XI, 1954; C. DAHLHAUS, Die Termini D. u. Moll, AfMw XII, 1955; DERS., Eine deutsche Kompositionslehre d. frühen 16. Jh., KmJb XL, 1956; P. BEYER, Studien zur Vorgesch. d. D.-Moll, Kassel 1958; E. APFEL, Die klangliche Struktur d. spätma. Musik als Grundlage d. D.-Moll-Tonalität, Mf XV, 1962; DERS., Spätma. Klangstruktur u. D.-Moll-Tonalität, Mf XVI, 1963. ESe

Durchbrochene Arbeit (durchbrochener Stil) kennzeichnet als kompositionstechnischer und stilgeschichtlicher Begriff (besonders seit H. Riemann und G. Adler) die Verteilung einer in ihre Motive aufgegliederten Melodie auf mehrere Stimmen, wie in Beethovens Streichquartett op. 131 Cis moll, 4. Satz (Andante, ma non troppo e molto cantabile):

Die D. A. ist eine Synthese älterer kontrapunktischen Denkens und neuerer homophoner Setzweise, in der eine Hauptstimme die Führung hat. Ihre Entstehung hängt aufs engste mit dem → Obligaten Akkompagnement zusammen und ist wie dieses ein wesentliches Charakteristikum des Wiener klassischen Instrumentalsatzes. Ein erster Höhepunkt für D. A. ist die Kammermusik und Symphonik Haydns und besonders Mozarts (G moll-Symphonie, K.-V. 550, 1. Satz, 2. Thema, 2. Satz, Anfang; »Jupiter«-Symphonie, C dur, K.-V. 551, 3. Satz, Trio). Zu letzter Vollendung führte sie Beethoven (z. B. *Eroica*, 1. Satz, 2. Thema), dessen Instrumentalsatz für das 19. Jh. richtunggebend geworden ist. Über Brahms und R. Wagner bis zu R. Strauss wird die D. A. in immer feinerer Aufsplitterung zu den überraschendsten und raffiniertesten orchestralen Wirkungen eingesetzt. Erst in der Musik des 20. Jh. verliert die Bezeichnung D. A. ihren Sinn. Entweder hebt sich, mit dem Verschwinden einer tonal bezogenen, führenden Melodie, dieses satztechnische Prinzip in seiner Radikalisierung selbst auf (Schönberg, Berg, Webern), oder es wird durch folkloristische, archaisierende oder experimentelle Neuansätze überhaupt die Grundlage verlassen, auf der D. A. entstehen konnte.

Lit.: G. ADLER, Der Stil in d. Musik I, Lpz. 1911, ²1929; DERS., Die Wiener klass. Schule, Adler Hdb.; H. RIEMANN, Große Kompositionslehre III, Bln u. Stuttgart 1913; DERS., Hdb. d. Mg. II, 3, Lpz. 1913, ²1922, S. 175ff.

Durchführung (frz. développement; engl. development) bedeutet *Beybehaltung und stete Bearbeitung des Hauptgedankens in verschiedenen Wendungen und Modifikationen* (KochL). Die Musiklehre des Barocks kennt den Begriff D. noch nicht; sie verwendet den aus der Rhetorik entlehnten Terminus elaboratio allgemein für die Ausarbeitung einer Komposition. J. S. Bach benützt in diesem Sinne die verbale Form (*gute inventiones*) *durchführen* in seiner *Auffrichtigen Anleitung* (1723). Als tektonischer Begriff taucht D. zuerst in der Lehre von der Fuge auf und bezeichnet hier das Erscheinen des Themas als Dux oder Comes in mehreren Stimmen, wobei die D. vollständig ist, wenn das Thema in allen Stimmen erscheint. Die Exposition der Fuge ist stets eine vollständige D. – In größeren musikalischen Formen bezeichnet D. den Teil der Komposition, der fast ausschließlich der Entwicklung der im thematischen Material enthaltenen musikalischen Ideen dient. D.s-Teile finden sich in Sätzen, die in 2- oder 3teiliger Liedform geschrieben, ebenso wie in Rondoformen und sogenannten freien Formen (z. B. in der Programmusik). In der Sonatensatzform steht die D. als zentraler, kontrastierender Teil zwischen → Exposition und → Reprise. In diesem Teil werden die Themeneinheiten der Exposition in ihre motivischen Elemente zerlegt, modulierend verarbeitet, mit Hilfe kontrapunktischer Techniken wie Imitation, Fugato, Umkehrung, Diminution und Augmentation umgeformt, verschieden angeordnet und dadurch zum Teil in neue Beziehungen zueinander gestellt. – Der D.s-Teil des Sonatensatzes wurde gleichzeitig mit der Reprise ausgebildet. Schon bei D. Scarlatti finden sich Ansätze zu D.s-Teilen in einigen seiner Sonaten dort, wo im 2. Teil, bei der Rückmodulation von der Dominante zur Grundtonart, der Anfang des Stückes Veränderungen unterworfen ist. Aber in der mosaikartigen Technik Scarlattis haben sie noch, ähnlich wie in den Fugenepisoden, mehr die Bedeutung des Verbindenden und Beigeordneten. Die Entwicklung der D. führte in Verbindung mit der Ausbildung der klassischen Sonatensatzform über C. Ph. E. Bach, die Wiener und Mannheimer Schule zu J. Haydn, W. A. Mozart und Beethoven, wo die D. als kontrastierender Mittelteil vollausgebildet dasteht. Gleichzeitig wandelte sie sich von melodisch-spielerischer Art zu kunstvoller Erschließung und Verarbeitung, weiterhin zu dramatischer und poetischer, psychisch motivierter Ausdeutung der in den musikalischen Grundgedanken enthaltenen melodischen, rhythmischen und dynamischen Substanzen. Die Länge der D. ist unbestimmt. War sie in der frühen Klassik noch einfach und knapp gehalten, so wurde sie seit Beethoven zum wichtigsten Teil des Sonatensatzes. Die D. ist formal nicht gebunden; aus seiner künstlerischen Phantasie und mit den kompositorischen Möglichkeiten seiner Zeit gestaltet und beleuchtet der Komponist das thematische Material der Exposition durch Herausarbeiten von Kontrasten. Doch können auch in der D. zusammenhängende Teile durch längeres Festhalten an einer Tonart und Verarbeitung bestimmter Themenabschnitte entstehen. Die D. kann von scheinbaren Reprisen unterbrochen werden. Die Grundtonart des Werkes wird aber in der Regel ausgespart, um dem Eintritt der Reprise Überzeugungskraft zu sichern. Neue Themen, oft modulierend angelegt, zumindest neues motivisches Material, werden häufig eingeführt (Beethoven, 3. Symphonie; Schubert, Klaviertrio op. 100, D 929), oft nur als Episoden oder als melodischer Kontrapunkt zur Verarbeitung eines Expositionsthemas. Die vorklassischen Phantasie-D.en Schoberts, die auf weite Strecken kein thematisches Material der Exposition verarbeiten, sondern frei, improvisationsartig gebildet sind, und von denen W. A. Mozart stark beeinflußt wurde, sind ebenso Ausnahmen wie D.en, die nur auf einem Orgelpunkt aufgebaut sind (Brahms, Violinsonate op. 108, 1. Satz). Durchführungsartige Partien gibt es auch in Exposition, Reprise und Coda. Doch sind bestimmte Arten kontrapunktischer Verarbeitung, wie Diminution und Augmentation, selbst bei Bruckner vor allem dem Mittelteil des Sonatensatzes vorbehalten. Hier können in den Prozeß der »Umcharakterisierung« (Korte) und Umbildung alle Themen einbezogen werden.

Lit.: R. v. TOBEL, Die Formenwelt d. klass. Instrumentalmusik, = Berner Veröff. zur Musikforschung VI, Bern u. Lpz. 1935; W. BROEL, Die Durchführungsgestaltung in Beethovens Sonatensätzen, Neues Beethoven-Jb. VII, 1937; FR. NEUMANN, Der Typus d. Stufengangs d. Mozart'schen Sonatend., Diss. Graz 1958, maschr.; W. F. KORTE, Bruckner u. Brahms, Die spätromantische Lösung d. autonomen Konzeption, Tutzing 1963. PA

Durchgang (lat. transitus), durchgehende Note, heißt im musikalischen Satz ein harmoniefremder Ton, der als verbindendes Glied zwischen die akkordeigenen Töne eingeschoben wird. Im Gegensatz zum → Vorhalt steht er auf unbetonter Taktzeit und dient der figurativen Ausgestaltung. In der Kontrapunktlehre des 16./17. Jh. gehört der D., meist unter der Bezeichnung → Commissura, zu den fundamentalen Figuren beim Gebrauch der Dissonanzen. – Man spricht auch von »durchgehenden Harmonien«, die sinngemäß von den D.s-Tönen zu unterscheiden sind.

Lit.: CH. KOECHLIN, Etude sur les notes de passage, Paris 1922.

Durchkomponiert ist ein Lied, dessen Melodie sich nicht wiederholt, wie beim Volks- und einfacheren Kunstlied (Strophenlied), sondern durch alle Strophen hindurch fortgeführt wird. Das d.e Lied kann auf Einzelheiten des Textes eingehen, während das strophische Lied nur dem Grundgehalt oder der Stimmung des Gesamttextes zu entsprechen vermag. Allerdings führt das Durchkomponieren leicht zur Vorherrschaft der Musik gegenüber der dichterischen Struktur, weshalb es z. B. Goethe für seine Gedichte ablehnte. Die Vielfalt der dem Durchkomponieren möglichen musikalischen Formen ist besonders bei Schubert zu sehen. – Der Begriff wird auch auf Oper und Musikdrama angewandt in dem Sinne, daß der musikalische Verlauf nicht durch gesprochene Stellen unterbrochen wird.

Durchstecher in der Orgel bewirken ein gedämpftes Mitklingen von Pfeifen, die nicht erklingen sollen (Heuler). Der D. entsteht, wenn die Kanzellenschiede nicht völlig dicht sind, indem sich die Pfeifenstöcke von den Dämmen heben oder die Schleifen sich bei großer Hitze oder Trockenheit werfen. Der Wind geht hierbei aus der durch Niederdrücken einer Taste geöffneten Kanzelle in die benachbarte über.

Durezza (ital., Härte) bezeichnete im italienischen Sprachgebrauch des 17. Jh. eine Art der Stimmführung oder der Klangfortschreitung, die von den traditionellen Satzregeln abweicht, z. B. unvorbereitete Einführung oder regelwidrige Auflösung von Dissonanzen, querständige Klangfolgen und dissonante Intervalle, wie sie dann Chr. Bernhard in seinen Traktaten als musikalische → Figuren (unter ihnen der Passus bzw. Saltus duriusculus) systematisch zu erfassen sucht. Solche Kompositionsmittel sind aus dem Madrigal bekannt, wo sie z. B. bei Galilei, Marenzio und Luzzaschi auch bei den Wörtern duro und d. auftreten; in der Klaviermusik wurden sie zuerst von Macque und Trabaci verwendet. Ihre Benennung als D. (A. Banchieri, *Cartella musicale*, 1614, S. 103; G. d'Avello, *Regole di musica*, 1657, S. 145) und ihre auf einzelne Werke beschränkte Häufung bei Frescobaldi (*Capriccio di durezze*, *Toccata ... di durezze e ligature*) und Kerll (*Toccata ... cromatica con durezze e ligature*) – wobei ligatura dissonierende Synkopierung bedeutet – lassen erkennen, daß ihre »harte«, überraschende Wirkung bewußt als Abweichen vom regulären Satz verstanden wurde. – Die späteren Vortragsbezeichnungen con d. oder duramente fordern eine harte, bestimmte Spielweise.

Dux (lat., Führer), Thema einer Fuge in seiner Grundgestalt. Als Latinisierung von → Guida durch Calvisius (*Melopoeia*, 1592) eingeführt, kann D. auch die beginnende Stimme beim Kanon bezeichnen.

Dvojnice (dvˈɔinitsɛ), jugoslawische volkstümliche Doppelflöte (Kernspaltflöte), aus einem Stück gefertigt, mit 4 (seltener 5) Grifflöchern in der einen, 3 (4) in der anderen Spielröhre. Bei der einfacheren Technik spielen beide Hände in parallelen Griffen, so daß die Melodie im Sekund- oder Terzabstand verdoppelt wird. Durch schräges Ansetzen des Instruments kann ein Rohr ausgesetzt werden.

Dynamik (von griech. δύναμις), – 1) das Phänomen und die Theorie der Klang- oder Tonstärkegrade. Den der Philosophie seit der Antike vertrauten Terminus hat wahrscheinlich zuerst H. G. Nägeli (1810) auf die Musik übertragen und damit eine Eigenschaft des Musikwerks bezeichnet, die bis dahin in dem größeren Zusammenhang des musikalischen Vortrags gesehen wurde. Kann allgemein Musik als Äußerung eines immanenten Kräftespiels verstanden werden, dessen Träger primär die musikalischen Elemente – Rhythmus, Melodie, Harmonie – sind, so hat H. Riemann, von der Metrik ausgehend, zuerst die besondere Rolle des im engeren Verstande Dynamischen systematisch untersucht und dargestellt. Die musikgeschichtlichen Epochen nehmen zum Phänomen der dynamischen Abstufung der Töne und der Klänge ein wechselndes Verhältnis ein. Zahl und Präzision der Anweisungen und Zeichen aus dem Bereich der D. sind ein Spiegel innermusikalischer Vorgänge; seit dem Barock treten sie im Verlauf einer zunehmenden Differenzierung des musikalischen Vortrags in Handschriften und Drucken in wachsender Zahl auf. Diese Bewegung kulminiert in der Musik der Spätromantik. – Vom Ursprung her haben die dynamischen Hinweise einen dialektischen Charakter: sie bezeichnen bestimmte innermusikalische Formen und Strukturen, richten sich aber weiterhin zugleich an den Interpreten, dessen Aufgabe es ist, diese Linien und Umrisse sinngemäß wiederzugeben. Die Grundwerte → forte und → piano fixieren, auch in den Steigerungsformen ff, fff, ffff und pp, ppp, pppp, die dynamische Ordnung eines mehr oder minder umfangreichen Abschnittes oder einer Fläche (Flächen- oder »Terrassen«-D.); einen stärker gleitenden Wechsel der Tonstärke fordern dagegen die Evolutionsanweisungen → crescendo und decrescendo oder → diminuendo (Evolutions- oder Kurven-D.); die Akzentzeichen sforzato u. ä., die einen Einzelton oder -klang hervorheben, können sich auf die Metrik auswirken. Alle dynamischen Stufen sind jeweils auf einen ideellen Mittelwert zu beziehen, der im einzelnen von zahlreichen Faktoren abhängt, etwa von Instrumententypus und Raum, von der Anzahl der Stimmen und der Musizierenden. Die vorbarocke Musik beruht wesentlich auf dem Prinzip der auskomponierten D. (Satz- und Lagen-D.). Hieran anknüpfend ist dem Barockmusiker das Dynamische etwas Akzidentelles, repräsentiert im Kontrast von Solo und Tutti des Concerto sowie im → Echo, andererseits versteht er es als Affektausdruck und damit als ein Element der musikalischen Rhetorik (oratorische D.). Die auf Evolution, Steigerung und Höhepunkt zielende Sonate und Symphonie der Klassiker bezieht das Dynamische ganz in ihre Formen und Strukturen ein (organische D.). Neuere Untersuchungen gelten dem Nachweis dynamischer Individualstile. Der Musik der Gegenwart gehören Versuche an, den Reihenbegriff auf alle Toneigenschaften anzuwenden. Um das Problem serieller Organisation der D. haben sich besonders P. Boulez (1963, S. 52) und K. Stockhausen (1963, S. 162) bemüht. Dieser nennt die historische Basis: *Im Parameter der Tonlautheit ist uns bis jetzt jedes exaktere Proportionieren fremd (was die Instrumentalmusik betrifft)*; jener formuliert: *Eine genaue Kontrolle der D. lassen nur die elektroakustischen Mittel zu.*

Lit.: H. Riemann, Mus. D. u. Agogik, Hbg u. St. Petersburg 1884; ders., Katechismus d. Musik-Ästhetik, Lpz. 1890; ders., Die Elemente d. mus. Ästhetik, Bln u. Stuttgart 1900; A. Heuss, Über d. D. d. Mannheimer Schule, Fs. H. Riemann, Lpz. 1909; H. Mersmann, Angewandte Musikästhetik, Bln 1926; R. E. M. Harding, Origins of Mus. Time and Expression, London 1938; Th.-M. Langner, Studien zur D. M. Regers, Diss. Bln 1952, maschr.; W. Gerstenberg, Die Krise d. Barockmusik, AfMw X, 1953; D. Schnebel, Studien zur D. A. Schönbergs, Diss. Tübingen 1955, maschr.; I. Fellinger, Studien zur D. in Brahms' Musik, Bln 1961; H. Jurisch, Prinzipien d. D. im Klavierwerk Ph. E. Bachs, Diss. Tübingen 1959, maschr.; K. Stockhausen, Musik im Raum, in: die Reihe V, Wien 1959, auch in: Texte I, Köln (1963); P. Boulez, Musikdenken heute 1, = Darmstädter Beitr. zur Neuen Musik V, Mainz (1963). WG

– 2) In der Akustik ist D. das Verhältnis des größten zum kleinsten Schalldruck, der von Musikinstrumenten erzeugt bzw. von elektrischen Übertragungsanlagen einwandfrei verarbeitet wird. Die dynamischen Grenzen der Musikinstrumente sind gegeben durch ihre Spielmechanismen, durch Störgeräusche, die bei der Klangerzeugung entstehen, sowie durch Wirkungsgrad und Belastbarkeit der Instrumente und das physische Vermögen des Spielers. Der D.-Bereich elektrischer Übertragungsanlagen (Störabstand) ist begrenzt durch Störpegel und Klirrfaktor. Es ist üblich, die D. im logarithmischen Verhältnismaß → Dezibel anzugeben. So haben z. B. ein Orchester je nach Größe eine D. von 50–70 dB, Klavier 45 dB, Streichquartett 43 dB, Orgel 37 dB, Cembalo 30 dB, während der Störabstand guter Magnettongeräte und Verstärker bei etwa 55 dB liegt. Bei der Schallplatte nimmt die D. (maximal 50 dB) zur Mitte hin um etwa 4 dB ab (30 cm Langspielplatte), da sich die relative Rillengeschwindigkeit gegenüber der Nadel von etwa 50 cm/sec auf weniger als die Hälfte verringert.

E

E, – 1) Ton-Name: In der lateinischen → Buchstaben-Tonschrift ist E im allgemeinen die 5. Stufe, im System der Kirchentöne Finalis des 3. und 4. Tons (Phrygisch und Hypophrygisch). Seit Zarlino (1571) ist der Ionius auf C primo modo; dadurch rückte E an die 3. Stelle der Normalskala. Bei den romanischen Völkern hat die Solmisationssilbe Mi den Buchstaben verdrängt. Die Erniedrigung um einen Halbton heißt Es (engl. E flat; frz. mi bémol; ital. mi bemolle), um 2 Halbtöne Eses (engl. E double flat; frz. mi double bémol; ital. mi doppio bemolle), die Erhöhung um einen Halbton Eis (engl. E sharp; frz. mi dièse; ital. mi diesis), um 2 Halbtöne Eisis (engl. E double sharp; frz. mi double dièse; ital. mi doppio diesis). – 2) Seit Anfang des 19. Jh. werden in theoretischen Werken Akkorde mit → Buchstaben-Tonschrift bezeichnet (E bedeutet den E dur-Dreiklang, e den E moll-Dreiklang); im → Klangschlüssel treten Zusatzzeichen hinzu. Der Brauch, eine Tonart nur durch ihren Grundton zu bezeichnen, wurde im 19. Jh. entsprechend den Akkordbezeichnungen so ausgelegt, daß E für E dur, e für E moll stand.

East-Coast-Jazz (iːst-koːst-dʒæz, engl.) → Modern Jazz.

Échappement (eʃapm'ã, frz.), Auslösung, double é., doppelte Auslösung, → Mechanik.

Echeia (griech. ἠχεῖα; lat. vasa aerea) hießen bronzene Schallbecken, die nach Vitruvs Schrift *De architectura* 1, 1, 9 und 5, 5 als Resonatoren zur Verlängerung der von der Bühne herkommenden Schallimpulse in die aus Stein erbauten Zuschauerräume der antiken Theater unter den Sitzstufen in besonderen Schallkammern eingebaut wurden. Die E. waren untereinander in ihren Intervallen harmonisch abgestimmt; aus Sparsamkeit wurden sie auch aus Ton hergestellt.
Lit.: P. THIELSCHER, Die Schallgefäße d. antiken Theaters, Fs. F. Dornseiff, Lpz. 1953.

Échiquier (eʃiki'e, frz.) → Schachbrett.

Echo ist nach der griechischen Mythologie eine Bergnymphe, die sich in vergeblicher Liebe zu Narcissus verzehrte und in einen Felsen verwandelt wurde; nur noch ihre Stimme blieb. Nach einer anderen Überlieferung wurde E. als unglückliche Liebe des Pan von Hirten zerrissen (Ovid, Metamorphosen III, 356; Ausonius, Epigramme 101; Euripides, Andromeda, Fragment 114). Dieser Stoff wurde mehrfach dramatisch bearbeitet, komponiert u. a. von Cavalli 1642, A. Draghi (*I desiderii d'Eco e di Narcisso*, 1677), D. Scarlatti (*Narcisso*, 1720), Gluck (*E. et Narcisse*, 1780). – In der Akustik versteht man unter einem E. den reflektierten Schall, der getrennt vom Primärschall mit einer gewissen zeitlichen Verzögerung wahrgenommen wird. Beträgt diese Verzögerung (→ Laufzeitunterschied) weniger als $1/20$ sec, so wird das E. nicht getrennt gehört, sondern verschmilzt mit dem Primärschall und wirkt schallverstärkend. Eine größere Anzahl dicht aufeinanderfolgender, genügend in der Intensität abnehmender E.s wird als → Nachhall gehört. Eine oder mehrere einzelne Schallreflexionen jedoch, die beim Hörer mit mehr als $1/20$ sec Verzögerung eintreffen, werden vom Primärschall getrennt gehört und können die Verständlichkeit einer Sprach- oder Musikdarbietung empfindlich stören (Ein- oder Mehrfach-E.s). – Das E. wird in der Musik oft nachgeahmt; der E.-Effekt oder ihm ähnliche Erscheinungen liegen immer nahe, wenn kürzere Abschnitte, vor allem mit klanglicher oder dynamischer Abwechslung, wiederholt werden, so daß echoartige Stellen in fast allen Gattungen der Musik, auch ohne Beziehung zur Nachahmung des E.s, auftreten. E.s häufen sich seit der Mitte des 16. Jh., wo sie mit dem Aufkommen des Konzertierens und einer bewußt eingesetzten Dynamik zusammenhängen. Praetorius (1619) nennt das E. in Zusammenhang mit dem → Dialog und in seinen Beispielen zur Aufführungspraxis (Synt. III, S. 194f.): *Wann nemblich die Stimmen oder Chori sich selbsten oder aber per vices in art eines E., forte & Pian, starck vnd still respondiren.* In der Vokalmusik des 16.–17. Jh. sind Kanon und Imitation, beide auch mehrchörig (Lassus: *O la, o che bon e.*), die satztechnischen Mittel zur Nachahmung des E.s. Dem Vorbild in der Natur kommt die Art am nächsten, bei der eine Stimme den Zeilenschluß auf den Text der letzten Silben (die wieder für sich einen Sinn ergeben) wiederholt. E.s begegnen besonders häufig in Madrigalen, seit Bertoldo 1561 bei zahlreichen italienischen Meistern (Marenzio, Agostini, Vecchi, Mel); Mazzocchi verwendet 1638 E. als Vortragsbezeichnung, auch in Motetten, Kantaten und Opern, in Frankreich seit le Jeune 1585, in Deutschland in der Lassus-Nachfolge. E.-Szenen im Frage-und-Antwort-Spiel finden sich in der Oper u. a. bei Purcell (*The Fairy Queen*), Gluck (*Orfeo*), Humperdinck (*Hänsel und Gretel*), R. Strauss (*Ariadne auf Naxos*). Von E.-Musiken für Instrumente seien genannt: A. Banchieri, *Fantasia in eco* (1603), B. Marini, *Sonata in eco* (1629), J. C. F. Fischer, E. in der VIII. Partie des *Journal du Printems* (1695), C. Stamitz, *Symphonie en écho* (1790/91), J. Haydn, E. für 2 Streichtrios (Hob. II, 39*), W. A. Mozart, Notturno für 4 Orch. (K.-V. 286). – Bei Orgelregistern deutet der Zusatz E. auf zarte Intonation; ein E.-Register ist die Zartflöte, die seit der Mitte des 17. Jh. unter der Bezeichnung E. vorkommt. Im französischen Orgelbau des 17.–18. Jh. wird Cornet d'écho (→ Kornett – 2) als Solostimme auf einem eigenen Clavier d'écho disponiert (N. Gigault z. B. läßt es mit dem Grand Cornet alternieren). Durch G. Silbermann kam das E.-Kornett nach Deutschland; er kannte auch die E. von der Kuppel einer Kirche herab. In der Musik für Tasteninstrumente, die eine »Terrassendynamik« verwirklichen können (Orgel, Cembalo), stehen E.s vorwiegend in freien Kompositionen (Fantasien) und Variationen, so bei Sweelinck (*Fantasien op de manier van een e.*), J. E. Kindermann (*E. mit 2 Clavirn*), S. Scheidt (2 E.s in der

Tabulatura nova II), W. H. Pachelbel (Variationen über *O Lamm Gottes*); J. S. Bach nennt den letzten Satz der Ouvertüre in H moll (*Clavier-Übung* II, BWV 831) *E.*
Lit.: Praetorius Synt. III; R. Schwartz, H. L. Haßler unter d. Einfluß d. ital. Madrigalisten, VfMw IX, 1893; Th. Kroyer, Dialog u. E. in d. alten Chormusik, JbP XVI, 1909; M. Schneider, Die Anfänge d. B. c. u. seiner Bezifferung, Lpz. 1918, darin: Eco con due risposte di G. Peri; Chr. Mahrenholz, Die Orgelregister, ihre Gesch. u. ihr Bau, Kassel 1930, ²1944; G. Frotscher, Gesch. d. Orgelspiels u. d. Orgelkomposition, 2 Bde, Bln 1935–36, ²1959; J. Bolte, Das E. in Volksglauben u. Dichtung, Sb. Bln XVI, 1935; H. Haas, Über d. Einfluß eines Einfach-E. auf d. Hörsamkeit v. Sprache, Acustica I, 1951.

Echos (griech.) → Oktoechos.

Écossaise (ekɔsˈɛːz, frz.), ein Volkstanz Schottlands, im 3teiligen Takt, eine Art der Country dances. In Frankreich wurde die E. um 1700 als → Anglaise zu einem geradtaktigen (2/4) Tanz in raschem Tempo. In die Kunstmusik gelangte die E. um 1800 (Beethoven; Schubert op. 18, 33, 67; Chopin op. 72).

Ecuador.
Lit.: S. L. Moreño, La música en el E., in: El E. en cien años de independencia II, Quito 1930; ders., Música y danzas autóctonas del E., Quito 1949; S. M. Duran, La musique aborigène et populaire de l'Equateur, in: Art populaire II, Paris 1931; J. P. Muñoz Sanz, La música ecuatoriana, Quito 1938; R. M. Monteros, Música autóctona del oriente ecuatoriano, Quito 1942; L. H. Salgado, Música vernácula ecuatoriana, Quito 1952.

Editio Medicaea heißt die auf den Arbeiten F. Anerios und Fr. Surianos beruhende Choralreformausgabe des Römischen Graduale (Dominicale 1614, Sanctuarium 1615), so genannt nach der mediceischen Druckerei in Rom (Eigentümer war der Kardinal Ferdinando di Medici, in der sie gedruckt wurde). Sie gehört zu den vielen Choralausgaben, die im Gefolge der nachtridentinischen liturgisch-kirchenmusikalischen Reformbestrebungen vom Ende des 16. Jh. an erschienen und die überlieferte Choralgestalt im Sinne der humanistischen Wort-Ton-Vorstellungen und der Musikideals der Palestrina-Zeit veränderten (Entfernung weitgespannter Melismen bzw. deren Beschränkung, in verkürzter Form, auf Akzent- oder Endsilben; Tonalitätsverdeutlichung durch starren Modusbeginn auf Tonika oder Dominante und Einführung des ♭ und ♯; Textverständlichkeit durch Annäherung an deklamatorische Melodiewendungen). Die E. M. hatte noch im 19. Jh. Bedeutung, als der Reformerkreis um Fr. X. → Haberl sie zur Vorlage seiner Choralausgaben nahm (Graduale 1871, Antiphonarium 1878). Heute ist der Choralgesang verbindlich für die ganze römisch-katholische Kirche in der → Editio Vaticana festgesetzt.
Lit.: R. Molitor OSB, Die Nach-Tridentinische Choral-Reform zu Rom, 2 Bde, Lpz. 1901–02.

Editionen → Denkmäler, → Gesamtausgaben, → Quellen.

Editionstechnik. Musikalische E. ist die Art der Herausgabe musikalischer Texte. Sie ist abhängig vom Grad der Sicherheit und Vollständigkeit in der Deutung der überlieferten Notation, von der Nähe oder Ferne der erhaltenen Quellen zum Original, vom geschichtlich veränderlichen Verhältnis zwischen geschriebenem Text und erklingender Musik und von Annahmen des Herausgebers über die Benutzer, an die eine Edition sich wendet. Konflikte sind manchmal unvermeidlich, und die Geschichte der E. ist zu einem nicht geringen Teil eine Geschichte von Kontroversen. – Die Voraussetzung einer Edition bildet, außer bei Faksimileausgaben, eine vollständige oder unvollständige Deutung der originalen Schrift. In dem Verfahren, bei Nachzeichnung des Originals (oder diplomatischem Abdruck) verwischte Zeichen durch deutliche wiederzugeben, steckt bereits ein Ansatz zur Interpretation; andererseits enthält eine Edition, die in Klavierwerken des 18. Jh. umstrittene Verzierungszeichen unaufgelöst stehenläßt, einen Rest von Ungedeutetem. – Zu den Problemen der E., die weniger nach allgemeinen Regeln als im Einzelfall zu lösen sind, gehören die Umschrift veralteter Notationen, die Beurteilung von Abweichungen zwischen verschiedenen Quellen des gleichen Werkes und die Entscheidung, ob eine Ausgabe die Schreib- oder die Klangintention des Komponisten rekonstruieren soll. Umschriften (Transkriptionen, Übertragungen) sind Kompromisse zwischen dem Zweck, leichter lesbar zu sein als das Original, und der Bedingung, daß der musikalische Sinn nicht verzerrt werden darf. So läßt z. B. die Umschrift ♩♩. ♩|♩♩. ♫ | des Originals ♩. ♦♦♦♦♦ (spätes 14. Jh.) nicht erkennen, daß die erste Note und die beiden letzten als »zerschnittene« 3/8-Gruppe zu verstehen sind; ein Ausweg ist das Verfahren, die Umschrift durch entgegengesetzte Richtung der Notenhälse zu verdeutlichen (W. Apel): ♩ ♪ ♪ ♪ ♪ . Ob Transkriptionsmethoden durch Konvention festgesetzt werden sollen, um einheitlich zu sein, oder veränderlich sein dürfen, um sich dem Einzelfall anpassen zu können, ist umstritten. Dem konventionellen Verfahren, sämtliche Notenwerte der Musik um 1500 im Verhältnis 2:1 zu reduzieren und die Entscheidung über die Temporelation zwischen dem Tempus non diminutum (○, C) und dem Tempus diminutum (⌽, ₵) offen zu lassen, steht die Methode gegenüber, das Tempus diminutum zu interpretieren und zwischen den Verkürzungsverhältnissen 2:1 und 4:1 abzuwechseln. – Bei der Beurteilung voneinander abweichender Quellen eines Werkes ist es nicht selten schwierig zu entscheiden, ob die Überlieferungen sich ergänzen oder gegenseitig ausschließen, ob also der Herausgeber aus der Konfrontation der Quellen einen kritischen (auf der Unterscheidung guter und schlechter Lesarten beruhenden) Text entwickeln soll oder die Fassungen nebeneinander stehenlassen muß und in der Edition nicht vermischen darf. Aus dem Mißtrauen, daß rigorose Textkritik in Gefahr sei, aus den Quellen ein Werk des Herausgebers statt des Komponisten herzustellen, erwächst das Verfahren, in Editionen die Quellenlage zu spiegeln und den Anspruch, das »Werk selbst« zu rekonstruieren, preiszugeben. Die Konsequenz ist, daß primäre und sekundäre Quellen (z. B. eine autographe Partitur und ein vom Komponisten benutzter, aber nicht selbst geschriebener Stimmensatz) auch dann, wenn sie sich ergänzen, in der Edition typographisch unterschieden werden, obwohl es im Werk selbst eine Differenz zwischen primären und sekundären Noten oder Vortragszeichen nicht gibt. – Die Kontroverse, ob eine Edition die Schreib- oder die Klangintention des Komponisten wiedergeben müsse, ist in der kaum lösbaren Schwierigkeit begründet, daß eine Ausgabe in moderner Notenschrift als abgeschlossener Text erscheint, während die musikalische Notation vor der Mitte des 18. Jh. oft weder vollständig war noch den Sinn hatte, ein unveränderliches Werk zu repräsentieren. Ein Herausgeber, der nichts außer der Schreibintention des Komponisten gelten läßt, setzt sich über den Sachverhalt hinweg, daß die musikalische Schrift weniger ein für sich bestehender Text als eine bloße Vorschrift war, die manches unausgesprochen ließ, weil es sich von selbst verstand. Doch ist andererseits auch die Berufung auf die Klangintention, also der Versuch, die originale Schrift aus der Kenntnis der Ausführungsweise durch zusätzliche Vorzeichen (Akzidentien), Verzierungen oder Generalbaßaussetzungen zu ergänzen, nicht unproblematisch; denn die Rekonstruktion des Klangbildes in einer Edition schließt eine Umdeutung von veränderlichen Momenten der Ausführungsweise zu festen Merkmalen eines abgeschlossenen Textes ein.

Die Typen musikalischer Ausgaben werden nach der Zweckbestimmung, dem Inhalt oder der Editionsmethode unterschieden. Denkmälerausgaben sind primär für das wissenschaftliche Studium gedacht. Sie veröffentlichen Quellen mit Werken verschiedener Komponisten (Trienter Codices, Rhaw-Drucke, Lüneburger Orgeltabulaturen) oder Werke eines Komponisten aus verschiedenen Quellen. Quellenausgaben erhalten den Vorzug, wenn der einzelne Komponist von geringerer geschichtlicher Bedeutung ist als das Repertoire, an dessen Bildung er mitgewirkt hat. Eine Gesamtausgabe der Werke eines Komponisten kann eine Denkmäleredition (Alte Bach-Ausgabe), aber auch eine praktische, für Aufführungen bestimmte Ausgabe sein (Neue Bach-Ausgabe). Zwischen praktischen und wissenschaftlichen Editionen besteht, sofern der Ausdruck »wissenschaftlich« die Editionsmethode und nicht die Bestimmung einer Ausgabe für das wissenschaftliche Studium (Denkmäleredition) bezeichnet, kein Gegensatz. Eine Ausgabe ist praktisch, wenn die Ausführenden, für die sie gedacht ist, sie ohne Unsicherheiten und Mißverständnisse lesen können. Sie ist wissenschaftlich, wenn der Herausgeber einerseits auf die primären Quellen (oder, bei deren Verlust, auf die dem Original nächsten stehenden Quellen) zurückgegangen ist und andererseits Korrekturen und Ergänzungen des überlieferten Textes kenntlich macht und philologisch oder historisch zu rechtfertigen vermag. (Philologisch motiviert sind z. B. Korrekturen eines durch ein Autograph überlieferten Textes durch bessere Lesarten autorisierter Abschriften; historisch begründet sind Ergänzungen aus der Kenntnis »verlorengegangener Selbstverständlichkeiten« der Ausführungsweise.) Konflikte entstehen erst, wenn typographische Unterscheidungen im Notentext und Kritische Berichte als unpraktisch angesehen werden oder wenn die wissenschaftlich begründbaren Ergänzungen und Verdeutlichungen des Originaltextes für die Praxis nicht ausreichen oder nicht auszureichen scheinen. (Zu entscheiden, ob ein langer oder ein kurzer Vorschlag gemeint sei, ist wissenschaftlich manchmal nicht möglich, aber in der Praxis unumgänglich.) Instruktive Ausgaben ergänzen den musikalischen Text durch Spielhilfen (Fingersätze, Angabe der Auf- und Abstriche); Phrasierungsangaben (H. Riemann) kennzeichnen durch Bögen, die nicht mit Legatobögen verwechselt werden dürfen, die motivische Gliederung. Unter einer Bearbeitungs- oder Interpretationsausgabe ist im allgemeinen eine Edition zu verstehen, die den Originaltext verändert (z. B. die p-Vorschriften in pp, p und mp differenziert) oder durch Zusätze ergänzt, die nicht philologisch oder historisch, sondern in dem Versuch begründet sind, ein Werk den Klangvorstellungen der Gegenwart (des Bearbeiters) anzugleichen (H. v. Bülow, M. Reger, F. Busoni). Den Gegensatz zur Bearbeitungsausgabe bildet seit dem Ende des 19. Jh. (*Urtext classischer Musikwerke*, Berliner Akademie der Künste) die Urtextausgabe, die für die Praxis bestimmt ist, aber Korrekturen und Zusätze des Herausgebers entweder vermeidet oder in den Grenzen des wissenschaftlich Begründbaren hält. Bei der Benennung wird manchmal nicht berücksichtigt, daß der Begriff → Urtext seine festen Umrisse verliert, wenn ein Werk nur in sekundären Quellen überliefert ist oder wenn der Herausgeber Vortragszeichen einfügt, die wissenschaftlich begründet sind, ohne in den Quellen zu stehen. – Der kritische Apparat einer wissenschaftlichen Edition besteht aus einem Kritischen Bericht einerseits und Zusatzzeichen oder typographischen Unterscheidungen im Notentext andererseits. Kritische Berichte enthalten eine Beschreibung der äußeren Gestalt, des Inhalts, der Herkunft und der Geschichte der Quellen, ferner einen Versuch, die Abhängigkeit (Filiation) der Quellen voneinander darzustellen, oft in der Form eines Stammbaums (Stemma), und schließlich eine Aufzählung der vom edierten Text abweichenden Lesarten der Quellen (Revisionsbericht). Ist die Filiation eindeutig und der Wert einer sekundären Quelle gering, so genügt es, einige abweichende Lesarten auszuwählen, um die Abhängigkeit zu beweisen. Die Forderung, daß die Quellen in ihren für die Textgestalt wesentlichen Merkmalen aus der Edition rekonstruierbar sein sollen, gilt dann nur für die primäre Quelle. (Die Entscheidung, was ein für die Textgestalt wesentliches Merkmal sei, ist vom Stand der Forschung abhängig; scheinbar gleichgültige Eigentümlichkeiten eines Schreibers können später als relevant für die Abhängigkeit der Quellen und damit für die Textgestalt erkannt werden.) Zwischen Kritischem Bericht und Zusatzzeichen oder typographischen Unterscheidungen im Notentext bestehen keine festen Grenzen. Typographisch abgehoben werden Ergänzungen des Herausgebers (Vorzeichen in Klammern oder über statt vor den Noten, Textunterlegungen in Kursivdruck, Generalbaßaussetzungen in Kleinstich, Vortragszeichen in dünneren Lettern), in manchen Editionen aber auch Lesarten aus sekundären Quellen. Zeichen, die für die musikalische Ausführung ohne Bedeutung sind, beziehen sich auf die Transkription (Winkelklammern für geschwärzte Noten). Allerdings ist der Unterschied zwischen Transkriptions- und Interpretationszeichen nicht immer deutlich; das Verfahren, Ligaturen der Modal- oder Mensuralnotation durch Bögen zu kennzeichnen, läßt offen, ob eine Deutung als Legato gemeint ist oder nicht.

Daß die Methoden der E. historisch differenziert sind, ist im geschichtlichen Wechsel der Notierungs- und Überlieferungsformen und in den Veränderungen des Verhältnisses zwischen geschriebenem Text und musikalischer Ausführung begründet. »Gregorianische« und mittelalterliche Choralmelodien werden im allgemeinen in gotischer Quadratnotation (ohne die rhythmischen Differenzierungen der sankt-gallischen Neumen) ediert. Die Umschrift in runde Notenköpfe ohne Hälse, bei der zwar Ligaturen durch Bögen gekennzeichnet, Unterschiede der Neumenformen aber unterdrückt werden, ist ein bloßer Notbehelf. – Bei mittelalterlichen Liedmelodien in Quadratnotation ist die E. einerseits vom Grad der Anerkennung, Ablehnung oder Modifizierung der Modaltheorie und andererseits von dem Ausmaß abhängig, in dem der Herausgeber sich zu musikalischer Textkritik (Fr. Gennrich, W. Bittinger), zur Abhebung authentischer Texte von Varianten und Irrtümern, entschließt. – Das einzige gemeinsame Merkmal aller Editionen von mehrstimmiger Musik des 13.–16. Jh. ist die Übertragung der in Chor- oder Stimmbüchern überlieferten Sätze in Partitur (Spartierung). Die Schlüsselung und die Transposition, die Änderung der Notenformen, die Reduktion der Werte und die Wiedergabe von Mensurzeichen, die Akzidentiensetzung und die Textunterlegung sind einem Wechsel der Editionsmethoden unterworfen. Die originalen Schlüssel werden in manchen Editionen beibehalten, in anderen durch moderne Schlüssel ersetzt. Als gebräuchlich gelten heute einzig der Violin- und der Baßschlüssel, während noch zu Anfang des 20. Jh. auch der Sopran-, Alt- und Tenorschlüssel in praktischen Ausgaben benutzt wurden. Für Stimmen in Tenor- oder tiefer Altlage hat sich der oktavierende Violinschlüssel durchgesetzt; er erscheint als Violinschlüssel mit supponierter Ziffer 𝄞, als doppelter Violinschlüssel 𝄞𝄞 oder als einfacher Violinschlüssel, dessen oktavierende Bedeutung aus der Stimmbezeichnung erschlossen werden muß. Die Hypothese, die hohen Schlüssel (Chiavetten) seien im 16. Jh. ein Transpositionszeichen gewesen, ist zu fragwürdig, um als Prinzip der E. brauchbar zu sein. – Veraltete Notenformen werden den modernen angeglichen; Editionen, in denen die Rhomben nicht durch runde Notenköpfe ersetzt sind, bilden eine Ausnahme (R. v. Ficker, DTÖ LXXVI). Ligaturen werden durch eckige, seltener durch runde Bögen, Kolorierungen (hohle oder rote Noten in schwarzer und schwarze Noten in weißer Notation) durch Winkelklammern gekennzeichnet. Die originalen Notenwerte werden im allgemeinen reduziert. Das Verfahren, sie unverkürzt zu lassen, beruhte im 19. Jh. auf einem Irrtum über das Zeitmaß der Musik vor 1600, später auf der Vorstellung, daß in der modernen Aufführungspraxis alter Musik genügend historisches Bewußtsein herrsche, um Mißverständnisse auszuschließen (J. Wolf, Kn. Jeppesen, Fr. Blume). Dennoch ist es in den meisten neueren Editionen durch die Reduktionsmethode verdrängt worden. Als Normen, die allerdings Ausnahmen dulden, gelten die Reduktionen 8:1 (Brevis = Viertelnote) bei der Ars antiqua, 4:1 (Minima = Achtelnote) bei der Ars nova (und der Ars subtilior), 2:1 (Semibrevis = Halbe Note) bei Werken, die nach 1430 entstanden sind. Die Proportio tripla des 15. und 16. Jh. wird in manchen Editionen im Verhältnis 4:1 verkürzt. Die originalen Mensurzeichen, die durch die Reduktion ihren Sinn verlieren, für die aber die moderne Notenschrift keine Äquivalente kennt, sollten über dem Notentext verzeichnet werden. Es wirkt verwirrend, wenn nicht zu ersehen ist, ob der Ziffer 3 ein Tempus perfectum, ein Tempus perfectum diminutum, eine Proportio sesquialtera oder eine Proportio tripla entspricht. Eine der Konsequenzen der Partituranordnung ist die Notwendigkeit einer Gliederung des Schriftbildes durch Orientierungsstriche. Man benutzt durchgezogene oder punktierte Taktstriche (Dr. Plamenac, Ockeghem-GA), Doppelpunkte im Notensystem, die vom Divisionspunkt des 14. Jh. abgeleitet sind (R. v. Ficker, DTÖ LXXVI), oder Striche zwischen den Notensystemen, die sogenannten Mensur- oder Mensurzwischenstriche, die das Lesen erleichtern, ohne den für die Musik des 15. und 16. Jh. charakteristischen »Stimmstrom« (H. Besseler) zu zerteilen. Die Herausgeber von Werken des 13. und 14. Jh. verwenden Taktstriche, sei es weil sie der Musik Taktqualität zuschreiben oder weil die Gleichzeitigkeit eines 2/4-Taktes mit einem 3/4- oder 6/8-Takt die Anwendung des Mensurstrichs ausschließt. Die Gliederungsstriche werden im Abstand eines Tempus (*Das Chorwerk*), eines Doppeltempus (*Corpus mensurabilis musicae*) oder eines Tactus gesetzt (A. Auda, *Les »Motets wallons« du manuscript de Turin: Vari 42*, 2 Bde, Woluwé-St-Pierre 1953; M. van Crevel, Obrecht-GA). Striche in ungleichen Abständen deuten wechselnde rhythmische Gruppenbildungen des ganzen Stimmenverbandes (R. v. Ficker, DTÖ LXI) oder der einzelnen, durch Verschiedenheit der »Taktart« voneinander abgehobenen Stimmen an (H. Leichtentritt, O. Gombosi). – Die Akzidentiensetzung, das Hinzufügen von Vorzeichen, erscheint als kaum lösbares Problem der E., solange ungeklärt ist, ob die Komponisten feste Normen voraussetzten oder die Anwendung der Musica ficta dem Ermessen der Ausführenden überließen; der Versuch, das intendierte Klangbild zu rekonstruieren, wäre im einen Falle sinnvoll, im anderen vergeblich. Die meisten Herausgeber von Werken des 15. und 16. Jh. beschränken sich auf das Einfügen des Leittons in Kadenzen und das Vermeiden des Tritonus und der verminderten Quinte. Ob in Kollisionsfällen die Stimmführung (W. Apel) oder der Zusammenklang (E. E. Lowinsky) als entscheidend gelten soll, ist umstritten. Die zusätzlichen Vorzeichen werden über, seltener in Klammern vor die Note gesetzt. – Die in Werken des 15. und des frühen 16. Jh. fast immer fragmentarische Texierung zu ergänzen, ist ebenso unumgänglich wie schwierig; die Methoden lassen sich nicht in allgemeine Regeln fassen, sondern müssen aus der satztechnischen und stilistischen Analyse der einzelnen Werke entwickelt werden. Die von G. Zarlino (1558) und G. Stocker (um 1580; vgl. E. E. Lowinsky in: Festschrift H. Besseler, Leipzig 1961) formulierten Normen gelten für den Stil Willaerts, vielleicht auch Josquins. – Geringer an Zahl, aber kaum weniger schwierig sind die Probleme, die dem Herausgeber von Musik des 17. und frühen 18. Jh. begegnen: veraltete Partituranordnungen, Differenzen zwischen geschriebener und realer Taktart, das Fehlen dynamischer Zeichen, der Generalbaß, doppeldeutige Verzierungssigel. Die Entscheidung, ob die Anordnung der Instrumente in der Partitur den heute herrschenden Normen anzugleichen sei, ist vom Bedeutungsgehalt der originalen Disposition abhängig; man wird eine alte Reihenfolge der Holzbläser eher preisgeben als Bachs Verfahren, die Trompeten an die Spitze der Partitur zu stellen. – Die originalen Gliederungsstriche widersprechen im frühen 17. Jh. nicht selten den realen rhythmischen Gruppierungen; dennoch sind Editionen, die einen Wechsel der Gruppierung als Änderung der Taktart ausschreiben (H. Riemann, A. Schering), problematisch, da der Begriff des Taktwechsels dem Sachverhalt nicht uneingeschränkt gerecht wird. – Dynamische Zeichen, die der Herausgeber hinzufügt, werden durch dünnere oder kleinere Lettern oder durch Klammern vom Originaltext abgehoben. Für die Ergänzung gilt, wenn auch nicht ausnahmslos, die Regel, daß Forte als dynamische Norm und Piano als Abweichung zu verstehen sei; ein p in der zweiten Phrase einer Melodie setzt ein f in der ersten voraus, und Wiederholungen wurden im allgemeinen dynamisch abgeschwächt. – Daß Generalbässe ausgesetzt und nicht der Improvisation überlassen werden, ist sowohl in Denkmälereditionen als auch in praktischen Ausgaben die Regel; Ausnahmen sind selten (Neue Bach-Ausgabe). Die Art der Generalbaßbehandlung ist von der Anzahl und Besetzung der Stimmen und vom Stil eines Werkes abhängig. Satztechnische Makellosigkeit ist weniger ein Merkmal der Continuopraxis des 17. und 18. Jh. als eine Konsequenz des Sachverhalts, daß in einer Edition die Generalbaßaussetzung als festgelegter Text erscheint. (Auch die Kargheit und Befangenheit mancher Generalbaßaussetzungen dürfte zum Teil in dem Unterschied zwischen Improvisation und geschriebenem Text begründet sein.) – Veraltete Verzierungszeichen werden, sofern sie eindeutig sind, durch moderne ersetzt; bestehen Zweifel über den Sinn eines Zeichens, so wird es in seiner originalen Gestalt reproduziert. (Vor erläuternden Anmerkungen scheuen die meisten Editionen zurück.) Ornamentsigeln einzufügen ist ungebräuchlich, auch dann, wenn die Verwendung einer Verzierung feststeht; sogar Appoggiaturen (Vorhalte) werden im allgemeinen nicht ausgeschrieben (und darum in der Praxis des Rezitativvortrages nicht selten vernachlässigt). – Bei Wiederaufführungen war es im 17. und noch im 18. Jh. gebräuchlich, ein Werk umzuarbeiten; und es ist oft schwierig, wenn nicht unmöglich, ohne Willkür zu entscheiden, ob eine Änderung des musikalischen Textes dem »äußeren Zwang« der Umstände oder der Gelegenheit zur Korrektur zuzuschreiben ist. Eine Vermischung der Fassungen in einer Edition wäre also dem Sachverhalt unangemessen; und ob dem Herausgeber die frühere Version als »rudimentär« und die spätere als »endgültig« oder umgekehrt die frühere als »authentische Urform« und die spätere als Resultat »bloßer Anpassung« erscheint, ist für die E. belanglos und ändert nichts an der Notwendigkeit, beide Fassungen zu edieren (J. S. Bach, Magnificat). – Die Probleme, die der E. aus den ehemaligen Notierungs- und Überlieferungsformen erwachsen, schrumpfen bei der Musik des späten 18. und des 19. Jh. zu geringen Resten. (Ungewiß ist manchmal die Entscheidung zwischen langen und kurzen Vorschlägen, nicht lückenlos geklärt die Relevanz oder Irrelevanz der Differenz zwischen Staccatostrichen und -punkten.) Ein übliches, aber nicht immer unbedenkliches Verfahren der E. ist die Angleichung von Parallelstellen, z. B. die Korrektur von Legatobögen, die in der Reprise eines Sonatensatzes anders gesetzt sind als in der Exposition. – In Schwierigkeiten, die bei der Herausgabe älterer Musik kaum jemals entstehen, gerät die E. durch den Sachverhalt, daß von Werken Haydns oder Beethovens nicht selten sowohl eine Urschrift und Reinschrift als auch eine autorisierte Abschrift (Stichvorlage) und ein Originaldruck erhalten sind, die in Einzelheiten voneinander abweichen. (Unter einem Originaldruck ist ein vom Komponisten autorisierter → Erstdruck zu verstehen.) Ob in den Fällen, in denen keine der Lesarten als Irrtum erkennbar ist, der Originaldruck dem → Autograph vorzuziehen sei (M. Friedlaender, W. Altmann, W. Schmieder, G. v. Dadelsen) oder umgekehrt (H. Schenker, P. Mies, H. Unverricht), ist umstritten. Eine E., die das musikalische Urteil überflüssig macht, ist kaum vorstellbar.

Lit.: O. Jahn, Beethoven u. d. Ausg. seiner Werke, in: Gesammelte Aufsätze über Musik, Lpz. 1866; Fr. Chrysander, Die Verwendung d. Schlüssel bei d. Herausgabe älterer Musikwerke, AmZ V, 1870; C. P. Graedener, Über instructive Ausg. mus. Classiker, ebenda; M. Friedlaender, Über d. Herausgabe mus. Kunstwerke, JbP XIV, 1907; G. Adler, Über Textlegung in d. »Trienter Codices«, Fs. H. Riemann, Lpz. 1909; A. Schering, Takt u. Sinngliederung in d. Musik d. 16. Jh., AfMw II, 1919/20; H. Wetzel, Über Textkritik, Analyse u. Bearb. v. Musikwerken, ZfMw II, 1919/20; Th. Kroyer, Denkmäler d. Tonkunst in Österreich, ZfMw V, 1922/23; H. Müller, Zur E. bei Kirchenmusikwerken d. klass. Vokalperiode, Cäcilienvereinsorgan LVII, 1925; H. Schenker, Das Meisterwerk in d. Musik, München, Wien u. Bln 1925; L. Schrade, L. Milan, Mus. Werke, = PäM II, Lpz. 1927, Vorbemerkung zur Übertragungsmethode (dazu O. Gombosi u. L. Schrade in: ZfMw XIV, 1931/32 – XVI, 1933/34); H. Besseler, Von Dufay bis Josquin, ZfMw XI, 1928/29; ders., Grundsätzliches zur Übertragung v. Mensuralmusik, StMw XXV, 1962; H. Birtner, Die Probleme d. spätma. Mensuralnotation u. ihrer Übertragung, ZfMw XI, 1928/29; Fr. Blume, Zur Notationsfrage, Musikantengilde VII, 1929; E. Beninger, Pianistische Herausgebertätigkeit, ZfMw XII, 1929/30; O. Gombosi, Zur Deutung gewisser rhythmischen Figuren d. 16. Jh., ebenda; K. Ameln, Zur Gestalt d. neueren kirchenmus. Veröff., MuK VIII, 1936; Fr. Gennrich, Grundsätzliches zu d. Troubadour- u. Trouvèreweisen, Zs. f. romanische Philologie LVII, 1937; L. Landshoff, J. S. Bach, Mus. Opfer, Beih. zur Urtext-Ausg., Lpz. 1937; W. Apel, The Partial Signatures in the Sources up to 1450, AMl X, 1939; J. P. Larsen, Die Haydn-Überlieferung, Kopenhagen 1939; W. Altmann, Ist d. Originalhs. oder d. Erstdruck maßgebend?, AMz LXVII, 1940; W. Schmieder, Nochmals: Originalhs. oder Erstdruck?, ebenda; M. Unger, Grundsätzliches über Revisionsausg. v. Beethovens Werken, Mk XXXIII, 1940; E. E. Lowinsky, The Function of Conflicting Signatures in Early Polyphonic Music, MQ XXXI, 1945; ders., Early Scores in Ms., JAMS XIII, 1960; R. v. Ficker, Probleme d. modalen Notation, AMl XVIII/XIX, 1946/47; ders., Probleme d. E. ma. Musik, Kgr.-Ber. Basel 1949; A. H. King, Some Recent Trends in Mus. Publishing and Bibliogr., MMR LXXVIII, 1948; W. S. Drew, On Song-Editing, The Mus. Times XC, 1949; W. Emery, New Methods in Bach-Editing, ebenda XCI, 1950; ders., Ed. and Musicians, London 1957; W. Bittinger, Studien zur mus. Textkritik d. ma. Liedes, = Literarhist.-mw. Abh. XI, Würzburg 1953; R. H. Hoppin, Partial Signatures and Musica Ficta in Some Early 15th-Cent. Sources, JAMS VI, 1953; Th. Dart, The Interpretation of Music, London 1954, deutsch als: Practica Musica. Vom Umgang mit alter Musik, = Slg Dalp XXIX, Bern (1959); G. Henle, Über d. Herausgabe v. Urtexten, Musica VIII, 1954; Ch. L. Cudworth, Ye Olde Spuriosity Shoppe, Notes II, 12, 1954/55; S. Clercx, Les accidents sous-entendus et la transcription en notation moderne, Les Colloques de Wégimont II, 1955; F. Oberborbeck, Original u. Bearb., Fs. M. Schneider, Lpz. 1955; Thr. G. Georgiades, Zur Lasso-GA, Kgr.-Ber. Wien 1956; ders., Musik u. Schrift, München 1962; Fr. Giegling, Probleme d. Neuen Mozart-Ausg., SMZ XCVI, 1956; U. Aarburg, Muster für d. Ed. ma. Liedmelodien, Mf X, 1957; P. Mies, Textkritische Untersuchungen bei Beethoven, München u. Duisburg 1957; Editionsprobleme d. späten 18. Jh. (Arbeitsgemeinschaft), Kgr.-Ber. Köln 1958; A. Dürr, Wiss. NA u. d. Praxis, MuK XXIX, 1959; G. v. Dadelsen, Fr. Smends Ausg. d. h-moll-Messe v. J. S. Bach, Mf XII, 1959; ders., Die »Fassung letzter Hand« in d. Musik, AMl XXXIII, 1961; G. Feder u. H. Unverricht, Urtext u. Urtextausg., Mf XII, 1959; H. Unverricht, Die Eigenschriften u. d. Originalausg. v. Werken Beethovens in ihrer Bedeutung f. d. moderne Textkritik, = Mw. Arbeiten XVII, Kassel 1960; A. Carapetyan, Problems of Editing and Publishing Old Music, MD XV, 1961; Kn. Jeppesen, Et par notationsteknjske problemer i det 16. aarhundredes musik og nogle dertil knyttede iagttagelser (Taktinddeling-Partitur), STMf XLIII, 1961; J. LaRue, Watermarks and Musicology, AMl XXXIII, 1961; D. Stevens, Problems of Editing and Publishing Old Music, Kgr.-Ber. NY 1961, Bd I u. II; W. Osthoff, Per la notazione originale nelle pubblicazioni di musiche antiche e specialmente nella nuova ed. Monteverdi, AMl XXXIV, 1962; M. Reimann, Zur E. v. Musik d. 17. Jh., in: Norddeutsche u. nordeuropäische Musik, = Kieler Schriften zur Mw. XVI, Kassel 1965. CD

Editio Vaticana, die von Pius X. in dem Motu proprio von 1903 angeordnete Neuausgabe des Gregorianischen Chorals in seiner wiederhergestellten traditionellen Gestalt; sie löste als amtliche, für die gesamte römisch-katholische Kirche (mit Ausnahme der Dominikaner, Prämonstratenser, Zisterzienser und des ambrosianischen Liturgiekreises) verbindliche Choralausgabe alle bisherigen Fassungen ab (→ Editio Medicaea). Hergestellt in der Vatikanischen Druckerei, erschienen bis heute → Kyriale 1905, → Graduale (–2) 1908, Totenoffizium 1909, → Antiphonarium (ohne Matutin) 1912, Karwochenoffizium 1923. Der Anstoß zu dieser bisher umfassendsten Choralreform ging hauptsächlich von den Forschungen der Benediktiner von Solesmes aus, doch sind sie am Zustandekommen der Ausgabe selbst, die weniger wissenschaftlichen Ansprüchen als den Belangen der liturgischen Praxis genügen soll, nicht beteiligt.

Lit.: P. Wagner, Der Kampf gegen d. E. V., Graz 1907; U. Bomm OSB, Vom Sinn u. Wert d. E. V., in: Musicus – Magister, Fs. Th. Schrems, Regensburg (1963).

Eger (Böhmen).

Lit.: P. Nettl, Aus E. mus. Vergangenheit, Mitt. d. Ver. f. Gesch. d. Deutschen in Böhmen LVIII, Prag 1920; K. Riess, Die Mg. d. Stadt E. im 16. Jh., Brünn 1935; K. M. Komma, E. u. d. Egerland in d. Mg., Jb. d. Egerländer 1955.

Eichstätt (Mittelfranken).
Lit.: J. SAX, Musik u. Theater in d. fürstbischöflichen Residenzstadt E. bis 1802, 46. Jahresber. d. Hist. Ver. f. Mittelfranken, Ansbach 1898; J. GMELCH, Die Mg. E., E. 1914; G. SCHÖRNER, Die Barockorg. in d. Pfarr- u. Klosterkirche St. Walburg zu E./Bayern, Musik u. Altar III, 1950/51.

Eidos (griech.) → Genos.

Eilenburg (Sachsen).
Lit.: A. WERNER, Die E.er Kantorei u. M. Rinckarts Verdienste um dies., MGkK VII, 1902; DERS., M. Rinckarts Satzungen für d. E.er Kantorei 1646, Heimatzs. d. Schönburgbundes »Forschung u. Leben«, Halle 1930.

Einhandflöte (prov. galoubet; mittelfrz. flaihutel, auch flageol; frz. flutet; baskisch → txistu; mhd. holre oder holler, vielleicht von Holunder; bei deutschen Autoren des 16./17. Jh. Schwegel, was aber in Oberdeutschland Querflöte ist; 1589 in einem württembergischen Inventar korrumpiert tammarinpfeife; tämerlinpfeife; bei Praetorius 1619 Stamentien Pfeiffe; Trommelpfeife) ist eine Schnabelflöte von zylindrischer Bohrung und enger Mensur mit 2 Grifflöchern vorn und einem Daumenloch. Die E. bläst daher leicht in den 2. und 3. Teilton über; in dieser Lage wird sie meist gespielt. Gelegentlich wurde das Mündungsloch mit dem kleinen Finger halb gedeckt. Die E. hatte einen scharfen, lauten Klang und wurde im 9.–19. Jh. von einem Spieler zusammen mit einer kleinen Trommel oder einem anderen Schlaginstrument gespielt (frz. galoubet et tambourin; engl. pipe and tabor; span. fluviol oder flabiol und tamboril; → Cobla). Im 15. Jh. begegnen E.n in Diskant- und Tenor-, im 16. Jh. dazu in Baßlage (mit S-förmigem Anblasrohr). Das Ambraser Inventar verzeichnet 1596 *Flauti, mit clainen drümblen zu gebrauchen, 6 stuckh, ain pasz, 3 tenor und 2 discant.* – Die Kombination E. und Trommel war in Westeuropa verbreitet, während Deutschland sich distanziert verhielt. Virdung (1511), Agricola (1528) und Praetorius (1619) kennzeichnen sie als ausländisch, und schon in der Manesse-Handschrift (14. Jh.) wird die Trommel mit 2 Schlägeln, also mit beiden Händen und ohne Flöte, gespielt. Spätestens aus dem 14. Jh. sind Belege bekannt, wonach Trommel und E. von 2 Musikanten getrennt gespielt wurden. Auf einem Stich des Matthäus Zasinger (1500), der ein Münchner Hofturnier darstellt, sitzen Trommler und Pfeifer Rücken an Rücken auf einem Pferd. Im 17. Jh. begegnen Pfeifer auf den Rücken der Trommler. Bilder dieser Art kennzeichnen Jahrmarktsbräuche in der Fortsetzung mittelalterlicher Spielmannsart. Mit dem gleichzeitigen Spiel zweier verschiedenartiger Instrumente wollte sich der Joculator des Mittelalters produzieren und durch praktisches Können eine Rangstufe vorweisen, die ihm die Hierarchie der Musikerstände wegen seines Mangels an theoretischem Wissen versagte. In der 1. Hälfte des 9. Jh. (Bibel Karls des Kahlen) wurden Horn und Gabelbecken von einem Spieler bewältigt, im 11. Jh. begegnet die Verbindung Panpfeife und Gabelbecken, im 12. Jh. (Albanpsalter Hildesheim) findet man 2 Bläser, die in der Rechten ein Stierhorn halten, während die Linke eine vor der Brust angebrachte Trommel schlägt; ein Bild aus Reims (13. Jh) zeigt einen Jongleur, der mit beiden Händen die Flöte spielt und die hinten angegürtete Trommel mit dem Kopf schlägt.
Lit.: CHR. LEHMANN, Florilegium politicum, 3 Bde, Ffm. 1630–42; FR. VIDAL, Lou Tambourin ..., Aix u. Avignon 1864; D. FRYKLUND, Studier över galoubets, Hälsingborg 1939; W. SALMEN, Zur Verbreitung v. E. u. Trommel im europäischen MA, Jb. d. österreichischen Volksliedwerkes VI, 1957; Das Ständebuch. 114 Holzschnitte v. J. AMMANN mit Reimen v. H. SACHS, Lpz. 1960, S. 109.

Einklang → Unisono.

Einschwingen → Ausgleichsvorgänge.

Eisenach (Thüringen).
Lit.: E. BUHLE, Verz. d. Slg alter Musikinstr. im Bachhause zu E., = Veröff. d. Neuen Bachges. XXXVIII, 2, Lpz. (1913), ^{3}1939; W. NICOLAI, Die Wiederbelebung d. Kurrende in E., Bach-Jb. XI, 1914; O. SCHRÖDER, Das E.er Kantorenbuch, ZfMw XIV, 1931/32; C. FREYSE, E. Beitr. zur Musikkultur, in: 34. Deutsches Bachfest d. Neuen Bachges., E. 1957; W. BRAUN, Th. Schuchardt u. d. E.er Musikkultur im 17. Jh., AfMw XV, 1958.

Eisteddfod (ǝist′eðvod, von eistedd, walisisch, sitzen, »Sitzung«), die noch heute alljährlich abgehaltenen walisischen Musikfeste, zurückgehend auf frühmittelalterliche Bardenwettkämpfe (einer der ersten 1176 in Cardigan). Berühmte E.s fanden 1450 zu Carmarthen, 1569 zu Caerwys unter der Schirmherrschaft Elisabeths I., 1681 zu Bewpyr Castle und 1819 wiederum zu Carmarthen statt. Neben Vortragskünstlern und Sängern stellen sich dem Wettbewerb heute auch Instrumentalisten, Kunstgewerbler, Chöre und Tanzgruppen. Das National E. wird stets im August in walisischen Städten veranstaltet; ein International Musical E., an dem sich auch ausländische Teilnehmer beteiligen, wird ebenfalls jährlich seit 1947 in Llangollen abgehalten.
Lit.: P. NETTL, Die Bedeutung d. keltischen Barden f. d. Entwicklungsgesch. d. Tonkunst, ZIMG XIV, 1912/13; T. PARRY u. T. CYNAN, The E. of Wales, Liverpool 1951.

ekmelisch → emmelisch.

ekphonetisch (von griech. ἐκφώνησις, Vortrag) heißt seit Tzetzes (1885) der musikalische Vortrag der biblischen Lesungen im → Byzantinischen Gesang. Entsprechend der jüdischen → Kantillation und dem Accentus (→ Akzent – 2) des lateinischen Kirchengesangs ist er an die Gliederung des Textes gebunden und bildet keine autonom musikalischen Formen aus. Seine Wurzeln reichen vermutlich in die Spätantike. Handschriften des 10.–13. Jh. überliefern eine eigenständige e.e Notation, deren Grundlage die prosodischen Zeichen des griechischen Alphabets bilden. Zu Anfang und Ende eines Wortes oder Satzteils wird ein Paar meist gleicher Zeichen gesetzt; am Schluß eines Abschnitts oder an besonders wichtigen Stellen fordert Häufung oder (an diesen Stellen oft verdoppelten) Zeichen kunstvolleren Vortrag (→ Akzent – 1).
Ausg.: Monuments de la notation ekphonétique ..., hrsg. v. J.-B. THIBAUT, St. Petersburg 1913; Prophetologium, hrsg. v. C. HØEG u. G. ZUNTZ, = Monumenta Musicae Byzantinae, Lectionaria I, 1–5, Kopenhagen 1939–62.
Lit.: J. TZETZES, Ἡ ἐπινόησις τῆς παρασημαντικῆς τῶν Βυζαντινῶν, in: Parnassos IX, 1885; C. HØEG, La notation ekphonétique, = Monumenta Musicae Byzantinae, Subsidia I, 2, Kopenhagen 1935; L. TARDO, L'antica melurgia bizantina, Grottaferrata 1938.

Elbing (Ostpreußen).
Lit.: G. DÖRING, Die mus. Erscheinungen in E. bis zum Ende d. 18. Jh., E. 1868; R. EITNER, G. Döring, Königlicher Musikdirektor u. Kantor ... in E., MfM I, 1869; H. GERIGK, Mg. d. Stadt E., Teil I. Bis zum Ausgang d. polnischen Zeit, Diss. Königsberg 1929, E.er Jb. VIII, 1929; BR. TH. SATORI-NEUMANN, 300 Jahre berufsständisches Theater in E., Bd I, 1605–1846, Danzig 1936.

Elegie (griech. ἐλεγεία, verwandt mit ἐλεγεῖον, Distichon, und ἔλεγος, Trauergesang mit Aulosbegleitung; als Wort seit dem 5. Jh. v. Chr. belegt, wohl aus Kleinasien stammend). E. war in der Antike die seit Ende des 8. Jh. v. Chr. überlieferte, von Ionien aus verbreitete und mit einem spätantiken Ausdruck Distichon (Zweizeiler) genannte Versform (epischer

Hexameter in fester Verbindung mit dem Pentameter) sowie allgemein jedes Gedicht in dieser Versform (u. a. Kampf-, Trink-, Klagelieder, oft politischen, philosophischen Inhalts); sie wurde anscheinend meist mit Begleitung des Aulos vorgetragen, und zwar gewöhnlich bei Symposien. Berühmte griechische Elegiker waren Archilochos, Tyrtaios, Theognis, Solon, Xenophanes und in hellenistischer Zeit Kallimachos. Bei den Römern war es vor allem die in Distichen geschriebene Liebes- und Klagedichtung (Catull, Tibull, Properz, Ovid u. a.), die dem Begriff der E. einen speziellen Inhalt gab, so daß für die Nach- und Neudichtungen von E.n seit 1500 nicht mehr die Form, sondern der sehnsüchtig-klagende Inhalt als Kennzeichen der Gattung gilt: E.n sind *Klagelieder und verliebte Gedichte* (Gottsched). Vertonungen von E.n sind vereinzelt seit der Humanistenzeit nachweisbar (z. B. von H. Purcell) und wurden besonders gegen Ende des 18. Jh. beliebt (J. Fr. Reichardt, J. R. Zumsteeg u. a., auch Beethoven, *Elegischer Gesang* für 4 Singst. und Streichquartett op. 118, 1814). Seit dem 19. Jh. sind gelegentlich auch reine Instrumentalwerke E. betitelt, zuerst wohl von J. L. Dussek (1806). E.n für Kl. schrieben u. a. Liszt, Busoni, Reger und Fortner, eine *E.* für Vc. und Kl. Fauré, eine *E.* für V. oder Va solo Strawinsky. An Orchester-E.n seien genannt: Bartók, 3. Satz des *Konzerts für Orch.* (1943), Strawinsky, *Ode, Elegiacal Chant* (1943), Křenek, *Sinfonische E. in memoriam A. von Webern* (1946).

Lit.: M. Friedlaender, Das deutsche Lied im 18. Jh., 2 Bde (in 3 Abt.), Stuttgart 1902, Neudruck Hildesheim 1962; J. H. Lipsius, Der Ursprung d. E., Lpz. 1914; C. M. Bowra, Early Greek Elegists, Oxford 1938; Fr. Beissner, Gesch. d. deutschen E., = Grundriß d. germanischen Philologie XIV, Bln 1941, ²1961.

Elektrochord, Anfang der 1930er Jahre von O. Vierling entwickelter elektroakustischer (Förster-) Flügel, bei dem der Resonanzboden durch einen (kapazitiven) Schwingungsabnehmer, Verstärker und Lautsprecher ersetzt wurde. Im Unterschied zu W. Nernst (→ Neo-Bechstein-Flügel) kam es Vierling nicht auf eine Verbesserung des Klavierklanges an; die Entwicklung des E.s sollte vielmehr dazu dienen, neue Klangmöglichkeiten zu finden. Vierling ging von der Tatsache aus, daß bestimmte Teilschwingungen durch Überlagerung der an verschiedenen Stellen der Saite gleichzeitig abgenommenen Schwingungen besonders verstärkt bzw. ausgeschaltet werden. Ferner verändert sich der (abgenommene) Schwingungsvorgang völlig, wenn der Schwingungsabnehmer nicht in der Anschlags- und Schwingungsrichtung, sondern senkrecht zu ihr angebracht ist. Aus dem bekannten Klavierton wird ein langsam anklingender orgelähnlicher Ton. Das E., wie auch der Neo-Bechstein-Flügel, lieferte Erkenntnisse über die Natur der Saitenschwingungen, wenn auch beide Instrumente nicht serienmäßig gebaut wurden und heute kaum noch Bedeutung haben.

Lit.: O. Vierling, Das elektroakustische Kl., Diss. Bln 1936; ders., Das Förster-E., Zs. d. Ver. Deutscher Ingenieure LXXX, 1936.

Elektronenorgel (elektronische Orgel), umstrittene Bezeichnung für eine Reihe von → Elektrophonen, die die Form eines freistehenden Orgelspieltisches mit einem oder mehreren Manualen aufweisen und auf ihren Registerwippen ebenfalls die Namen von Orgelregistern übernehmen. Die Schallerzeugung geschieht bei den verschiedenen Fabrikaten (Ahlborn, Conn, Hammond, Lipp, Wurlitzer u. a.) entweder elektromagnetisch oder elektrostatisch durch Abtasten von schwingenden Zungen oder rotierenden Profil- bzw. Lochscheiben oder rein elektronisch durch Tongeneratoren (Röhre bzw. Transistor – Spule – Kondensator). Klangfarbenunterschiede werden bei der letzteren Art selektiv durch Filterungen des Grundspektrums erreicht. Obertonregister (Aliquote) werden oft nach Art des Multiplexverfahrens als Auszug aus einer Grundreihe angelegt. Lautsprecher für hohe, mittlere und tiefe Frequenzen – zum Teil mit regelbarem Nachhall – ermöglichen ein Crescendieren bis zu höchsten Stärkegraden. J. A. Dereux entwickelte seine pfeifenlose Dereux-Orgel (deutsches Patent 1961), indem er verschiedene Register von Cavaillé-Coll-Orgeln Ton für Ton aufnahm und ihre Schwingungskurven im Druckverfahren mit einer Silbermetallegierung auf Bakelitscheiben übertrug. Beim Spielen wird der Klang elektrostatisch reproduziert. – Abgesehen von diesen gespeicherten Orgelklängen führt die elektronische Tonerzeugung artgemäß nicht zur Kopie historischer Orgeln. Um aber weniger aufwendig an Platz und Kosten einen Ersatz für Orgelinstrumente zu offerieren, übernimmt die elektronische Orgel Namen und Klänge der bekanntesten Orgelregister. Ihr Klang aber dürfte die tonpsychologisch so wichtigen Nuancen des Orgelklangspektrums nach Anlaut, Anschlagsnuancierung (besonders auf mechanischer Schleiflade), die vollkommene Mischungsmöglichkeit auch entfernter Fußtonlagen sowie die oszillierenden fremdartigen Beimischungen im Orgelklangspektrum und damit dessen innere Lebendigkeit nicht erreichen.

Elektronenröhre dient der Verstärkung und Gleichrichtung elektrischer Schwingungen und ist wesentlicher Bestandteil vom → Verstärker. Durch Bestrahlung mit kurzwelligem Licht oder durch Erhitzen, wie es bei der E. geschieht, gibt Metall Elektronen ab, die sich durch ein elektrisches Feld in gewünschter Richtung ablenken lassen. Je geringer der Gasdruck auf der Oberschicht des Metalles ist, desto besser können die Elektronen austreten. So wird ein dünner Metallzylinder (Kathode), der durch einen in ihm aufgespannten Draht zum Glühen erhitzt wird, in eine möglichst hochevakuierte gläserne oder metallene Röhre eingeführt. Dieser und ein zweiter Metallzylinder (Anode) stehen einander gegenüber und sind mit den Polen einer Spannungsquelle (Anodenbatterie) so verbunden, daß die von der Heizkathode ausgeschwitzten Elektronen von der Anode abgesaugt werden können. Ein zwischen beiden Elektroden angebrachter Wechselstrom, dessen Ladung wechselphasig positiv oder negativ ist, macht die E. zu einem Gleichrichter, einer weiteren Verwendungsmöglichkeit neben der Verstärkung. Mit Hilfe einer dritten Elektrode, die in Form einer feinen Drahtspirale oder eines Drahtnetzes die Kathode umschließt, wird bei konstanter Heiz- und Anodenspannung der Elektronenstrom zwischen Kathode und Anode durch das elektrostatische Feld vom Gitter her gesteuert. Bei geringer Spannung dieses Steuergitters (Triode) werden die Elektronen abgestoßen. Wird die Anodenspannung zusätzlich erhöht, kann ein ausreichender Elektronenstrom fließen, wenn das Gitter stromlos bleibt. Die Größe der gewählten Gittervorspannung im Verhältnis zu den Elektrodenspannungen bezeichnet man in den Kennlinien der E. als Arbeitspunkt. Kennlinien sind die graphischen Darstellungen der Abhängigkeit z. B. des Anodenstromes von der Gitterspannung. Ein weiteres Verstärkerelement ist der → Transistor.

Lit.: H. Barkhausen, Lehrbuch d. E. u. ihrer technischen Anwendungen, Lpz. ⁷1955; M. J. O. Strutt, E., = Lehrbuch d. drahtlosen Nachrichtentechnik III, hrsg. v. N. v. Korshenewsky u. W. T. Runge, Bln, Göttingen u. Heidelberg 1957; E., in: Technik IV, = Das Fischer Lexikon XXXIII, (Ffm.) 1963.

Elektronische Musik

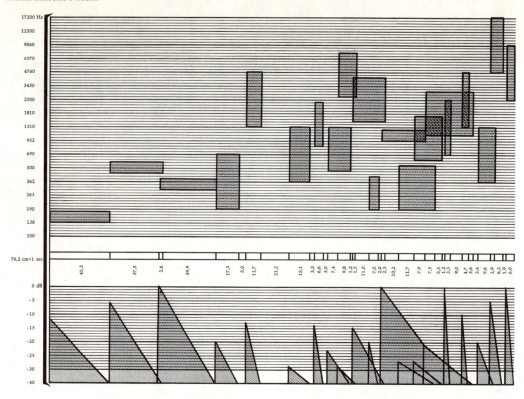

K. Stockhausen, *Nr. 3 Elektronische Studien. Studie II*, Partitur-Seite 15.

Elektronische Musik ist der um 1950 von W. Meyer-Eppler eingeführte Begriff für musikalische Phänomene, die ausschließlich auf elektrischem Wege entstehen. Anstelle der traditionellen Orchesterinstrumente werden Meßgeräte sowie Aufnahme- und Wiedergabeverfahren der elektroakustischen Übertragungstechnik verwendet. Als Klangquellen dienen elektrische → Generatoren für periodische und aperiodische Schwingungsformen (Sinuston, weißes Rauschen, Impuls); Deformationen dieses Materials werden durch Filterung, Transposition, Verhallung, Modulation und Zerhackung erreicht. Der Komponist hat theoretisch stets eine genaue Kontrolle über den Verlauf der elektrischen Schwingungen, die im Lautsprecher als Klang hörbar werden, und damit über die Klangfarbe, die sich in der Instrumentalmusik dem seriellen Kompositionsverfahren nicht einfügen wollte (→ Serielle Musik). In der Praxis jedoch läßt er sich häufig von der empirischen Klangerfahrung leiten. Davon zeugen die Partituren der E.n M., die nicht den Schwingungsverlauf festhalten, sondern Arbeitsprozesse beschreiben. Als Arbeitsgrundlage dient eine Partitur, in der die einzelnen Klangelemente zeitabhängig als Frequenzbreiten notiert sind, deren dynamischer Verlauf einem zweiten System entnommen werden kann. Die Zahlen in der Zeitskala zwischen den beiden Systemen geben die benötigten Bandzentimeter an (siehe Abbildung oben). Zu diesen noch nicht eindeutigen Angaben kommen spezielle über die Teilfrequenzzusammensetzung, Modulation, Verzerrung, Verhallung usw. – E. M. wird in speziellen Studios produziert, die teils von Rundfunkanstalten, teils von Universitäten, selten von Musikschulen eingerichtet wurden. Das erste entstand 1951 am Nordwestdeutschen Rundfunk in Köln, weitere folgten in fast allen europäischen Ländern, in Japan, Kanada, Chile und den USA. Neben der Grundausrüstung (mehrere Tonbandgeräte, Generatoren, Filter, Modulatoren, Hallraum, Mischpult) wurden Spezialgeräte entwickelt oder in den Dienst der E.n M. gestellt, so in Paris Phonogène und Morphophone (zur Klangtransposition auf die Stufen der chromatischen Tonleiter und zur Erzeugung variabler Echofrequenzen), in Köln ein Verfahren zur Drehbewegung der Klänge im Raum, in New York (Columbia-Princeton University) ein Synthesizer, in München (Studio der Firma Siemens) eine ähnlich wirkende Lochstreifensteuerung aller Studiogeräte und ein Vocoder (Modulation mit Sprache), in Urbana (University of Illinois) elektronische Rechenmaschinen (→ Computer-Musik). Diese Entwicklung, die keineswegs abgeschlossen ist, dient einerseits der Arbeitsvereinfachung, andererseits der Herstellung komplexer Klangstrukturen. – Die Produktionsweise der E.n M. läßt sich schematisch in drei Abschnitte gliedern: Produktion, Transformation und Synchronisation der Klänge. Zur Produktion gehören der Aufbau von Spektren aus Sinustönen, die Zerlegung des weißen Rauschens in farbiges Rauschen, die Filterung von Impulsen und ihre Zusammensetzung zu Impulsstrukturen, gegebenenfalls auch die Mikrophonaufnahme von natürlichen Klängen oder der menschlichen Stimme; zur Transformation die Zeitdehnung und -raffung, die Verschiebung im Frequenzbereich, lineare und nichtlineare Verzerrung (Veränderung der Dynamik bzw. der spektralen Zusammensetzung), die Zerhackung mittels Bandschnitt oder elektrischen Zerhackers, die Verräumlichung durch natürlichen oder künstlichen Hallraum (Hallplatte); zur Synchronisation die Zusammensetzung aller Klänge nach einem festgelegten Zeitplan sowie die Verteilung auf die Tonspuren eines

Mehrkanalmagnetophons. Unter diesen Bedingungen entstehen stationäre Klangfarben, ähnlich denen der Instrumentalmusik, d. h. in sich einfarbige Klänge mit definiertem Anfang und Ende (Rhythmik), oder Klänge mit rasch oder unmerklich wechselndem Farbverlauf, die aber im Detail kompositorisch unkontrollierbar sind. Daraus werden zwei Konsequenzen gezogen: statistische Definition des Klanges (Einführung von Zufallsentscheidungen, Festlegung pauschaler Strukturmerkmale) oder kontrollierbare Veränderung des Schwingungsverlaufs durch automatische Steuerungen (Lochstreifen oder Computer). Im ersten Fall unterliegt die Klangproduktion einem interpretativen Eingriff durch den Komponisten oder einen Realisator, im anderen einer durchgehenden Serialisation, die durchaus einen Übergang zu aleatorischen Vorgängen erlaubt. Der Gestaltung komplexer Strukturen dient auch die Verwendung von Sprache. – Nach anfänglichen Experimenten in Köln mit elektrischen Spielinstrumenten, wie Trautonium und Melochord (Eimert und Beyer), beschränkte man sich zunächst auf Sinustonspektren (Goeyvaerts, Gredinger, Hambraeus, Pousseur, Stockhausen), ehe Geräusche, Impulse und vielfache Transformationen den Klang reicher und flexibler machten (Brün, Evangelisti, Kagel, Koenig, Ligeti). Die menschliche Stimme wurde teils einbezogen (verstehbarer Text), teils als Material verwendet (Boehmer, Eimert, Křenek, Stockhausen), auch Orchesterinstrumente sind zuweilen an der Aufführung beteiligt (Badings, Boehmer, de Leeuw, Stockhausen). – An der technischen oder musikalischen Entwicklung der E.n M. waren außerdem stark beteiligt die Studios in Mailand (Berio, Castiglioni, Maderna, Nono), München (Riedl), New York (Babbitt, Luening, Ussachevsky) und Urbana (Hiller).

Lit.: Gravesaner Blätter I–VI, 1955; W. MEYER-EPPLER, Elektrische Klangerzeugung, Bonn (1949); C. MARTIN, La musique électronique, Paris 1950; Technische Hausmitt. d. NWDR VI, 1954, Sonder-H.; E. M., = die Reihe I, Wien 1955; Klangstruktur d. Musik, hrsg. v. FR. WINCKEL, Bln 1955, als: Phänomene d. mus. Hörens, Bln u. Wunsiedel ²1960; Musique expérimentale, RBM XIII, 1959, mit umfassender Bibliogr.; A. A. MOLES, Les musiques expérimentales, Paris 1960; VL. USSACHEVSKY, Notes on a Piece for Tape Recorder, MQ XLVI, 1960; FR. C. JUDD, Electronic Music and Musique Concrète, London 1964; FR. K. PRIEBERG, E. M. aus Lochstreifen, Melos XXXI, 1964; Répertoire international des musiques expérimentales, hrsg. v. Service de la Recherche de la RTF.

Elektrophone, Elektro(pho)nische Musikinstrumente (oft auch Elektrische Musikinstrumente genannt) sind dadurch charakterisiert, daß sie von elektroakustischer Verstärkung Gebrauch machen und den Schall über sekundäre → Schallwandler abstrahlen; hingegen sind unter Elektrischen Musikinstrumenten strenggenommen nur elektrifizierte → Mechanische Musikwerke zu verstehen. Zu unterscheiden sind E. mit mechanischer und solche mit elektronischer Schwingungserzeugung (siehe nebenstehende Abbildung). Gruppe I kann einmal nach den Schwingungserzeugern klassifiziert werden (Saiten, Zungen, rotierende Scheiben), zum andern nach der Art der Schwingungsabnahme (elektromagnetisch, elektrostatisch, photoelektrisch und elektroakustisch). Die Schwingungserzeugung in Gruppe II erfolgt entweder durch 2 Hochfrequenz-(HF-)Generatoren oder in einem oder mehreren Niederfrequenz-(NF-)Generatoren. Wichtiger Bestandteil fast aller E. sind Filter sowie Amplituden- und Frequenzmodulatoren, deren Verwendung bestimmte Veränderungen im Spektrum bzw. im zeitlichen Verlauf der Schwingungsvorgänge ermöglicht, wobei entweder bekannte Instrumente imitiert oder neue Klangfarben gefunden werden sollen. Eine Sonderstellung nehmen einige Instrumente der Gruppe Ia ein (z. B. → Neo-Bechstein-Flügel, Thienhaus-Cembalo), die zunächst lediglich einen Verstärkerzusatz erhielten, um eine bessere Schallabstrahlung zu ermöglichen. Die dabei nicht zu vermeidende Klangverfremdung führte dann gelegentlich dazu, diesen neuen »sound« besonders zu pflegen (Elektrogitarre).

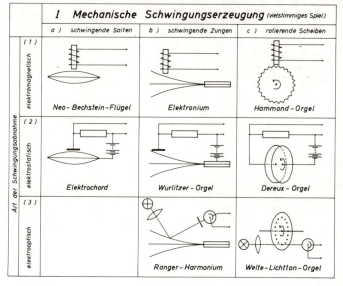

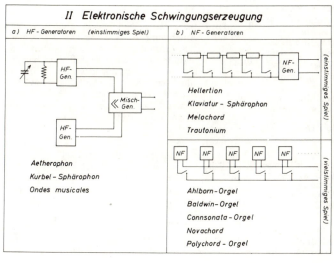

– Die meisten E. sind Tasteninstrumente. Besondere Spielmechaniken wurden u. a. entwickelt für → Trautonium und Hellertion (Bandmanual), → Ondes musicales (Seilzugmanual, kombiniert mit Klaviatur) und → Aetherophon (manualloser Spielapparat).

Lit.: W. HEINITZ, Instrumentenkunde, Bücken Hdb.; P. LERTES, Elektrische Musik, Dresden u. Lpz. 1933; W. MEYER-EPPLER, Elektrische Klangerzeugung, Bonn (1949); E. STOCKMANN, Der mus. Sinn d. elektroakustischen Musikinstr., Diss. Bln 1953, maschr.; A. DOUGLAS, The Electronic Mus. Instr. Manual, London 1949, ³1957; Actes du IIIème Congrès international de musique sacrée Paris 1957, Paris (1959).

Ellig (auch ellicht, ellich, eine Elle), alte Bezeichnung statt »in Zweifußton« (2' = eine Elle; halbellig = 1') für Orgelstimmen.

Ellipsis (griech., Auslassung), in der Musiklehre des 17.–18. Jh. eine aus der Rhetorik übernommene Bezeichnung für eine musikalisch-rhetorische Figur, von Bernhard definiert als *Verschweigung einer Consonans*, sei es, daß an deren Stelle eine Pause steht und eine Dissonanz folgt (*E. aus dem Transitu herrührend*):

sei es, daß in Kadenzen die Quarte nicht in die Terz aufgelöst oder statt der Terz eine andere Konsonanz genommen wird (*E. so aus der Syncopation herrühret*):

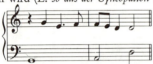

Bei Scheibe und Forkel ist E. das überraschende Einsetzen eines neuen musikalischen Gedankens, ebenso die unerwartete Modulation aus einer Kadenz heraus. – In der neueren Harmonielehre wird die Bezeichnung Ellipse seit H. Riemann für die Auslassung eines Tonikaklanges verwendet (z. B. A. Berg, Streichquartett op. 3, Schluß des 1. Satzes).

Lit.: H. RIEMANN, Hdb. d. Harmonielehre, Lpz. ³1898.

Elmuahim (arab., Rhombe), Simile E. (Rhomboid) und Elmuarifa (arab., unregelmäßiges Viereck) werden von dem englischen Musiktheoretiker Anonymus IV (um 1275, CS I, 339a ff.) zur Beschreibung der Semibrevisform gebraucht, Elmuarifa nur in Zusammenhang mit der für die englische Mensuralnotation des 13./14. Jh. typischen Form mit linksseitig absteigender Cauda (♪). Die arabischen Wörter sind in lateinischer Übertragung wohl erstmals greifbar bei dem Engländer Adelard von Bath (um 1120), der sie selbst einer arabischen Übersetzung des Euklid entnommen hat.

Lit.: H. G. FARMER, The Arabian Influence on Mus. Theory, Journal of the Royal Asiatic Soc. 1925, S. 76; J. HANDSCHIN, Zur Leonin-Perotin-Frage, ZfMw XIV, 1931/32, S. 321; L. A. DITTMER, Anonymous IV, = Mus. Theorists in Translation I, Brooklyn 1959, S. 31.

El Salvador.
Lit.: R. GONZÁLEZ SOL, Datos hist. sobre el arte de la música en El S., San Salvador 1940; M. DE BARATTA, Ensayo sobre música indígena de El S., Revista de estudios mus. I, Mendoza 1950; DIES., Cuzcatlán típico. Ensayo sobre etnofonía de El S., 2 Bde, San Salvador (1951–52).

Elsaß.
Lit.: J. F. LOBSTEIN, Beitr. zur Gesch. d. Musik im E., Straßburg 1840; E. BARRE, Über d. Brüderschaft d. Pfeifer im E., Colmar 1873; J.-B. WECKERLIN, Chansons populaires de l'Alsace, 2 Bde, Paris 1883; FR. X. MATHIAS, Die Musik im E., Straßburg 1905; M. VOGELEIS, Quellen u. Bausteine zur Gesch. d. Musik u. d. Theaters im E., 500–1800, Straßburg 1911; A. OBERDOERFFER, Nouvel aperçu hist. sur l'état de la musique en Alsace ... de 1840 à 1913, Straßburg 1914; J. MÜLLER-BLATTAU, Das E., ein Grenzland deutscher Musik, Freiburg i. Br. 1922; DERS., Das elsässische Volkslied, in: Deutsches Arch. f. Landes- u. Volksforschung I, 1937; W. KIPP, Das singende E., Colmar o. J.; O. BAENSCH, Elsässisches Musikleben v. 1871–1918, in: Wiss., Kunst u. Lit. in E.-Lothringen 1871–1918, hrsg. v. G. Wolfram, = Das Reichsland E.-Lothringen III, Ffm. 1934; E. FLADE, Die elsässischen Org. d. Brüder Silbermann bis 1710, in: G. Silbermann, Lpz. 1953; J. CH. HAEBERLÉ, Les premiers s. des lettres et de la musique en Alsace, Straßburg 1953; E. MÜLLER, Das neue Gesangbuch f. E. u. Lothringen, Jb. f. Liturgik u. Hymnologie I, 1955; F. A. GOEHLINGER, Der elsässische Episkopat u. seine Förderung d. Kirchengesanges im Laufe d. letzten 4 Jh., in: Caecilia, Straßburg LXIII, 1955, u. LXIV, 1956; DERS., Gesang u. Musik im E. im Laufe d. letzten Jh., ebenda LXV, 1957; J. WÖRSCHING, Die Orgelwerke d. Abteien Maursmünster u. Ebersmünster, Mainz 1956.

Embellishments (imbˈeliʃmənts, engl.; ital. abbellimenti) → Verzierungen.

Emilia (Italien).
Lit.: ANON., Cat. delle rappresentazioni in musica esposte nei teatri di Reggio dal 1701 al 1825, Reggio nell'E. 1826; A. G. SPINELLI, Notizie spettanti alla storia della musica in Carpi, Carpi 1900; FR. VATIELLI, La stampa mus. a Ferrara, Bologna, Modena e Parma, in: Tresori delle bibl. d'Italia, Mailand 1932; G. PORISINI, Musica e balli in Faenza nel 1775, Faenza 1935; FR. B. PRATELLA, Etnofonia di Romagna, Udine 1938; Accad. mus. Chigiana. Musicisti della Scuola emiliana, hrsg. v. A. DAMERINI u. G. RONCAGLIA, Siena 1956; Musicisti e artisti forlivesi. Note storiche e biogr., Forlì 1957; Musicisti lombardi ed emiliani. Per la XV settimana mus., hrsg. v. A. DAMERINI u. G. RONCAGLIA, Siena 1958; M. BORGATTI, Canti popolari emiliani, = Bibl. di »Lares« IX, Florenz 1962.

emmelisch (von griech. ἐμμελής, im Melos) nennt die Theorie der Griechischen Musik die Töne mit fester Tonhöhe, deren zahlenmäßig bestimmbare Intervallbeziehungen das Melos vom Klang der Rede unterscheiden. In engerem Sinne heißen e. die Intervalle, die kleiner als eine Quarte und durch überteilige Proportion (wie der Ganzton, 9:8 oder 10:9) bestimmt sind. Intervalle mit komplizierteren Proportionen oder Klänge ohne feste Tonhöhe (ψόφοι) passen nicht zum Melos und heißen ekmelisch (ἐκμελής, auch πλημμελής). – Emmeleia bezeichnet auch einen, vor allem zur Tragödie gehörenden, nach Platon (*Nomoi* VII, 816B) ruhigen Tanz.

Empfindsamer Stil, Stilperiode zwischen etwa 1740–60. In Anlehnung an das Wort *Empfindung*, einen der ästhetischen Grundbegriffe der Zeit, meint E. St. unter Verwendung von Lessings Begriffswort *empfindsam*, das er 1768 als Übersetzung des englischen *sentimental* vorschlug, jene expressive, *rührende* (bewegende), gefühlsbetonte Komponente der nachbarocken und vorklassischen Übergangszeit, die zusammen mit dem → Galanten Stil zum Wesen des musikalischen Rokokos gehört.

Emphasis (griech., Verdeutlichung, Nachdruck), bedeutet in der Kompositionslehre des 18. Jh. eine nachdrückliche Vortragsweise, die (nach Vogt) entweder vom Komponisten gefordert oder vom Ausführenden selbständig vorgenommen wird. Im weiteren Sinne können als E. auch die Nachdruck bewirkenden Wiederholungsfiguren verstanden werden (→ Figuren, musikalisch-rhetorische).

Engführung (lat. restrictio; ital. und engl. stretto; frz. strette), eine Art der imitativen Themendurchführung, bei der eine Stimme mit dem Thema einsetzt, bevor es in der vorangehenden zu Ende geführt ist. Ein Beispiel reicher Verwendung der E. ist die 1. Fuge in Bachs *Wohltemperiertem Klavier* (BWV 846).

England → Britische Musik.

Englisch Horn (ital. corno inglese; frz. cor anglais), eine Altoboe in F (Umfang es oder e–b², im Violinschlüssel eine Quinte höher als klingend notiert). Das E. H. ist um 1730–40 aus der Oboe da caccia hervorgegangen. Von etwa 1770–1820 wurde es wegen des etwas rohen Tons wenig verwendet. Es hatte zunächst die sichelförmig gekrümmte Gestalt wie der Zink und das Bassetthorn der gleichen Zeit, zusammengesetzt aus 2 ausgehöhlten Teilen und mit Leder überzogen. Um 1820–30 wurde die Altoboe von Triébert und Brod als Cor anglais in Paris in Anlehnung an die Oboe neu konstruiert. Sie bekam gerade Form mit abgeknicktem Mundstück und modernem Klappenmechanismus; der → Liebesfuß blieb. In dieser Form konnte sich das E. H. durchsetzen und wird seitdem im großen Orchester vorgeschrieben.

Englisch Violet, nach L. Mozart (1756) *hauptsächlich von der Viola d'Amore nur dadurch unterschieden, daß es oben 7. und unten 14. Seyten (Aliquotsaiten), und folglich auch eine andere Stimmung hat, auch wegen Viele (der Menge) der untern Klangseyten einen stärkern Laut von sich* gebend; Albrechtsberger zufolge hat das E. V. nur 6 Saiten. Koch hob 1802 als Unterschied die 14 Resonanzsaiten (statt der 6–7 der Viola d'amore) und die andere Stimmung hervor. Nach C. Sachs ist E. V. mit 6 oder 7 spielbaren Saiten (dazu die Resonanzsaiten unter dem Griffbrett) nichts anderes als eine Viola d'amore. Auch nannte man eine früher manchmal angewandte besondere Stimmung (Scordatura) der Viola (e a e¹ a¹) E. V.

English Waltz ('iŋgliʃ wɔːls, engl.), auch → Boston, ist ein um 1915 in Amerika entstandener langsamer Walzer (ruhiger 3/4-Takt), der sich in den 1920er Jahren vor allem auch in Deutschland einbürgerte und noch heute zu den Standardtänzen gehört; die Melodien sind häufig sentimental (z. B. *Moonlight Madonna*; *Charmaine*).

Enharmonik (von griech. ἐναρμόνιος, in der Harmonia) ist die Verwendung von Intervallen, die kleiner sind als der chromatische Halbton. Ihre Größe, akustische Realisation und kompositorische Anwendung haben im Lauf der Musikgeschichte mehrfach gewechselt. Das Prinzip der E. in der antiken griechischen Musik ist – in ursprünglichem Gegensatz zur Diatonik – das Aufsuchen der kleinstmöglichen Intervalle als Kontrast zum symphonen Rahmen der Harmonia, der in der Oktave (sie heißt bei Philolaos Harmonia) und ihrer Teilung in 2 Quarten (und einen Ganzton) gegeben ist. Die ältere E. des Auleten Olympos teilt die Quarte in große Terz und Halbton und gelangt so zu einer pentatonischen Skala, z. B.: e¹ c¹ h a f e. Das charakteristische → Pyknon der jüngeren, heptatonischen E. drängt die 2 beweglichen Intervalle des Tetrachords im Raum eines Halbtons über dem tiefen Grenzton zusammen. Der Pythagoreer Archytas von Tarent (1. Hälfte des 4. Jh. v. Chr.), der als tiefstes Intervall im enharmonischen wie auch im diatonischen und chromatischen Tetrachord einen Drittelton benutzt, stellt die E. als eine Folge Große Terz – Sechstelton – Drittelton dar. Die anderen Theoretiker setzen im allgemeinen den Halbton der E. dem der anderen Genera gleich und unterteilen ihn in meist ungleiche Vierteltöne. Typisch ist in jedem Falle der scharfe Kontrast von 3 Intervallarten: symphone Quarte und Quinte, große Terz und Halbton-Pyknon mit Unterteilung in 2 kleinste Tonschritte. Als Zeugnis antiker E. ist das Bruchstück eines Chorlieds aus Euripides' *Orestes* auf einem Papyrus des 3.–2. Jh. v. Chr. erhalten. – Inwieweit E. in der Musik des Mittelalters Verwendung fand, ist noch nicht geklärt. Kleinere als Halbtonschritte sind in manchen Choralhandschriften zwar nachweisbar und werden von verschiedenen Theoretikern bezeugt, scheinen jedoch nicht auf die griechische E. zurückzugehen. Marchettus von Padua (GS III, 72ff.) unterscheidet 3 Halbtöne, den »enharmonischen« (a–b = 2 Diesen), den diatonischen (b–♮ = 3 Diesen) und den chromatischen (c–cis = 4 Diesen); der Ganzton beträgt bei ihm 5 Diesen. Besondere Zeichen zur Unterscheidung der 3 Halbtöne entwickelte Ciconia († 1411). In ausdrücklichem Gegensatz zu Marchettus baut → Beldemandis (CS III, 251ff.) den Ganzton aus 9 Chromata auf und teilt ihn überall in 2 Halbtöne (semitonium maius = 5, semitonium minus = 4 Chromata; ähnlich Tinctoris *Diffinitorium*, Artikel Semitonium minus). Auf diese Weise erhält er – wohl als erster im Mittelalter – eine 17stufige enharmonisch-chromatische Skala. – Zu hoher Aktualität gelangte die E. – neben der Chromatik – im Zusammenhang mit den Bemühungen um eine Wiederbelebung der antiken Tongeschlechter in der Musiktheorie des 16. Jh.

Ausgehend von der damals herrschenden mitteltönigen Temperatur (entweder mit reinen großen oder reinen kleinen Terzen) nannte man E. die Ausweitung des 12stufigen Systems c cis d es e f fis g as(gis) a b h (entstanden durch Hoch- bzw. Tiefalteration der Fa- und Mi-Stufen aller 3 Hexachorde) zur gleichschwebenden Temperatur mit 19 (Salinas) bzw. 31 Stufen (Vicentino); für Salinas z. B. galten die Töne, dis, eis, ges, as, ais als »enharmonisch«. In Vicentinos Temperatur (1555) beträgt die Differenz zwischen gis und as (diesis minore enarmonico) einen Fünftelton. Die Erhöhung um die kleine Diesis bezeichnete Vicentino durch einen Punkt über der Note. Auf seinem Archicembalo waren sämtliche diatonischen, chromatischen und enharmonischen Töne darstellbar. Als sich im Laufe des 18. Jh. die zwölftönig temperierte Stimmung (gleich- oder ungleichschwebend) durchsetzte, konnte der Unterschied z. B. zwischen gis und as nicht mehr realisiert werden. Zwar blieb die reine Stimmung auch in der Musik für Tasteninstrumente noch lange (teilweise bis ins 20. Jh.) wenigstens ideell die Grundlage aller Intervallvorstellungen, weshalb M. Hauptmann 1853 sagen konnte, daß auch temperierte Intervalle als rein gelten wollen. Dadurch aber wurde die Unterscheidung der Intervalle weitgehend zu einer Sache der Auffassung, die ihrerseits vom Kontext abhing. Das »Enharmonische« hat seitdem *dieses Sonderbare, daß es gewissermaßen nur in der Einbildung besteht, und dennoch große Würkung thun kann* (Sulzer 1792). Diese Wirkung vollbringen, worauf zwischen 1727 und 1731 bereits J.-Ph. Rameau hinwies, *différentes modulations*, durch welche ein und dieselbe Tonstufe unmittelbar nacheinander unterschiedliche tonale Bedeutungen erhält. Diese enharmonische Umdeutung ersetzt seit Anfang des 18. Jh. in steigendem Maße die eigentliche E. Mit ihren Möglichkeiten haben sich Rameau (z. B. *L'Enharmonique* für Cemb., 2. *Trio des Parques* in *Hippolyte et Aricie*, 2. Akt), B. Marcello (Solokantate *La Stravaganza*), Fux (Sonata VI für Cemb.) und J. S. Bach (z. B. Chromatische Fantasie) auseinandergesetzt. Besondere Bedeutung erlangte sie als Modulationsmittel über den verminderten Septimenakkord, den übermäßigen Quintsextakkord u. a. – die »enharmonischen Akkorde«, wie sie seit E. A. Förster (1805) vielfach genannt werden. Von der enharmonischen Umdeutung muß die enharmonische Verwechslung, die bloße schreibtechnische Auswechslung von ♯ und ♭, geschieden werden. Sie geschieht aus Gründen der leichteren Lesbarkeit bzw. Ausführbarkeit und bedeutet keinen Wechsel in der tonalen Auffassung einer Tonstufe. Ein Sonderfall enharmonischer Umdeutung ist die »harmonische Spirale« (W. Keller): Modulation in eine Tonart, die durch enharmonische Umdeutung mit der Ausgangstonart gleichgesetzt werden kann (z. B. His dur = C dur). Ihr Ursprung sind jene »harmonischen Labyrinthe« durch mehrfache Hexachordtranspositionen (K. Levy), wie sie im 16. Jh. beliebt waren (z. B. A. Willaert, *Quid non ebrietas*, 1519). Als »harmonische Circuln« wurden sie um 1700 durch die Theoretiker der zwölftönig temperierten Stimmung und durch Generalbaßschulen wie die von Heinichen (1728) und Mattheson (1731) geläufig (→ Quintenzirkel). In der Komposition blieben sie im 18. Jh. – wie die enharmonische Umdeutung überhaupt – meist auf die freie Fantasie und das Rezitativ beschränkt. Erst zu Anfang des 19. Jh. fanden sie, besonders durch Schubert, auch in die übrigen Formen und Gattungen der Musik Eingang. Vor allem blieben sie nicht mehr auf die Musik für Tasteninstrumente beschränkt. Enharmonische Umdeutungen und harmonische Spiralen nehmen zu Beginn des 20. Jh. schließlich so überhand, daß sie ihre ursprüngliche Reizwirkung verlieren. Schönberg erkennt im »vagierenden« Charakter des verminderten Septimenakkords, der oft mit enharmonischer Umdeutung verbunden ist, eine jener Funktionen des tonalen Systems, *die zur Aufhebung der Tonalität führen mußten* (Harmonielehre, 3. Auflage, S. 239), und legt seinen Kompositionen die gleichschwebend temperierte chromatische Skala zugrunde. Kleinste Intervalle verwendet auf traditionellen Instrumenten vor allem A. Hába in seiner → Vierteltonmusik und in Werken mit Drittel- und Sechsteltönen. In jüngster Zeit ermöglicht die → Elektronische Musik dem Komponisten, kleinste Intervalle verschiedener Größe nach Belieben in die Komposition einzuführen.

Lit.: Aristoxeni Elementa harmonica, griech. u. ital., hrsg. v. R. Da Rios, Rom 1954; Die Harmonielehre d. Klaudios Ptolemaios, hrsg. v. I. Düring, = Göteborgs högskolas årsskrift XXXVI, 1, 1930, dazu ebenda XXXVIII, 2, 1932 (Porphyrios' Kommentar) u. XL, 1, 1934 (deutsche Übers.); Plutarque de la musique, hrsg. v. Fr. Lasserre, = Bibl. helvetica romana I, Olten u. Lausanne 1954; Musici scriptores graeci, hrsg. v. K. v. Jan, Lpz. 1895, Suppl. 1899, Neudruck Hildesheim 1962; Marchettus de Padua, Lucidarium, GS III; Pr. de Beldemandis, Libellus monocordi, CS III; J. Tinctoris, Terminorum Musicae Diffinitorium, lat. u. frz., hrsg. v. A. Machabey, Paris (1951); N. Vicentino, L'antica musica ridotta alla moderna prattica, Rom 1555, Faks. hrsg. v. E. E. Lowinsky, = DMl I, 17, 1959; A. Kircher, Musurgia universalis, Rom 1650, Kap. VII, 7; J.-Ph. Rameau, Nouvelles suites de pièces de clavecin avec des remarques sur les différents genres de la musique, Paris (zwischen 1727 u. 1731), darin L'Enharmonique; ders., Démonstration du principe de l'harmonie, Paris 1750, deutsch v. E. Lesser, = Quellenschriften d. Musiktheorie I, Wolfenbüttel u. Bln 1909; J. D. Heinichen, Der Gb. in d. Composition, Dresden 1728; J. A. Scheibe, Compendium Musices theoretico-practicum ..., um 1730, hrsg. v. P. Benary, in: Die deutsche Kompositionslehre d. 18. Jh., = Jenaer Beitr. zur Musikforschung III, Lpz. 1961; J. D'Alembert, Elémens de musique ..., Paris 1752 u. ö., deutsch v. Fr. W. Marpurg, Lpz. 1757; G. Tartini, Trattato di musica ..., Padua 1754, deutsch v. A. U. Rubeli, Diss. Zürich 1958; Fr. W. Marpurg, Hdb. bey d. Gb. ... I, Bln 1755, [2]1762; J.-J. Rousseau, Dictionnaire de musique, Genf 1767(?), Paris 1768 u. ö., Artikel Enharmonique; J. Ph. Kirnberger, Die Kunst d. reinen Satzes I, Bln 1771; J. G. Sulzer, Allgemeine Theorie d. Schönen Künste II, Lpz. [2]1792, Artikel Enharmonisch; E. A. Förster, Anleitung zum Gb., Wien 1805; M. Hauptmann, Die Natur d. Harmonik u. d. Metrik, Lpz. 1853, [2]1873; Riemann MTh; L. Laloy, Anciennes gammes enharmoniques, Rev. de philologie XXIII, 1899; ders., Le genre enharmonique des Grecs, Kgr.-Ber. Paris 1900; H. Abert, Ein neuer mus. Papyrusfund, ZIMG VIII, 1906/07; R. Louis u. L. Thuille, Harmonielehre, Stuttgart 1907, [5]1916, [9]1929, neubearb. v. W. Courvoisier, R. G'schrey, G. Geierhaas u. K. Blessinger [10]1933; J. Gmelch, Die Vierteltonstufen im Meßtonale v. Montpellier, = Veröff. d. Gregorianischen Akad. zu Freiburg VI, Eichstätt 1911; A. Schönberg, Harmonielehre, Wien 1911, [5]1960, engl. NY 1947; C. Del Grande, Musica enarmonica nell'antica Grecia, RMI XXXVI, 1929; R. P. Winnington-Ingram, Aristoxenus and the Intervals ..., The Class. Quarterly XXVI, 1932, dazu K. Schlesinger, ebenda XXVII, 1933; ders., Die E. d. Griechen, Mf XVIII, 1965; W. Dupont, Gesch. d. mus. Temperatur, Kassel 1935; H. Husmann, Olympos, JbP XLIV, 1937; J. S. Levitan, A. Willaert's Famous Duo ..., TVer XV, 1938, dazu E. E. Lowinsky in: TMw XVIII, 1956; O. Gombosi, Tonarten u. Stimmungen d. antiken Musik, Kopenhagen 1939, Neudruck 1950; D. P. Walker, Mus. Humanism in the 16th and Early 17th Cent., MR II, 1941 – III, 1942, deutsch als: Der mus. Humanismus im 16. u. frühen 17. Jh., = Mw. Arbeiten V, Kassel 1949; J. Handschin, Der Toncharakter, Zürich (1948); H.-H. Dräger, Der heutige Bach-Hörer u. d. gleichschwebende Temperatur, in: Bach-Probleme, Lpz. 1950; ders., Zur mitteltönigen u. gleichschwebenden Temperatur, Ber. über d. wiss. Bachtagung Lpz. 1950; S. Clercx–Lejeune, J. Ciconia théoricien, Ann. mus. III, 1955; K. J. Levy, Costeley's Chromatic Chanson, ebenda, dazu C. Dahlhaus in: Mf XVI, 1963; H. Pfrogner, Zur Theorieauffassung d. E. im Zeitalter Mozarts, Kgr.-Ber. Wien 1956; C. Girdlestone, J.-Ph. Rameau, London (1957); W. Keller, Hdb. d. Tonsatzlehre I, Regensburg 1957; J. Lohmann, Die griech. Musik als mathematische Form, AfMw XIV, 1957; E. Seidel, Die E. in d. harmonischen Großformen Fr. Schuberts, Diss. Ffm. 1962; M. Vogel, Anregendes Griechentum, Mf XV, 1962; ders., Die E. d. Griechen, 2 Bde, = Orpheus-Schriftenreihe zu Grundfragen d. Musik III–IV, Düsseldorf 1963.   ESe

Ensalada (span., Salat, »Mischmasch«), eine in Spanien in der 1. Hälfte des 16. Jh. verbreitete Kompositionsform, die ähnlich wie das → Quodlibet aus bekannten Melodien zusammengesetzt ist. Quodlibetisch ist schon die 6st. Cancion *Por las sierras* von Fr. de Peñalosa. Die bedeutendsten E.s sind die von M. Flecha dem Älteren (*Las E.s de Flecha ... recopiladas por F. Matheo Flecha*, 1581; darin auch E.s von Flecha dem Jüngeren, Chacón, Cárceres und Vila). Sie haben einen religiösen Grundzug und sind für die Weihnachtsfeiern des herzoglichen Hofs von Kalabrien geschrieben; gleichzeitiger Vortrag verschiedener Texte kommt in Battaglia-Szenen vor (Kampf des Guten gegen das Böse). – Als Bezeichnung für ein Orgelstück begegnet E. bei Aguilera de Heredia.

Ausg.: Fr. de Peñalosa, Por las sierras, in: Cancionero mus. de los s. XV y XVI, hrsg. v. Fr. Ansenjo Barbieri, Madrid (1890), Neudruck Buenos Aires 1945; M. Flecha, Las E., hrsg. v. H. Anglès, = Publicacions del Departament de música de la Bibl. de Catalunya XVI, Barcelona 1954; S. Aguilera de Heredia, E. f. Org., in: Hist. Organ Recitals I, hrsg. v. J. Bonnet, NY (1940).

Lit.: J. Romeu Figueras, Las canciones de raíz tradicional acogidas por Cárceres en su e. »La trulla«, Miscélanea en homenaje a H. Anglès II, Barcelona 1958–61; K. Gudewill, Ursprünge u. nationale Aspekte d. Quodlibets, Kgr.-Ber. NY 1961, Bd I u. II.

Ensemble (ãs'ã:bl, frz., zusammen, miteinander), im älteren französischen Sprachgebrauch adverbial verwendet zur Charakterisierung des Zusammenwirkens einer musizierenden Gruppe; später bezeichnet musique d'ensemble Kammermusik, auch mehrstimmige Musik überhaupt. Ein E. ist, auch außerhalb Frankreichs, jede Art von Kammermusikvereinigung, in der

Unterhaltungsmusik und im Jazz eine Kleinbesetzung. Auch das ständige Sängerpersonal einer Opernbühne heißt E. – In Opern wird seit der Mitte des 18. Jh. ein Abschnitt, in dem mehrere Solisten zusammenwirken, E. genannt. Gewöhnlich steht es im Aktinneren und hat die gleichzeitig kundgetanen Gedanken verschiedener Personen zum Inhalt; oft bildet es einen Ruhepunkt im Handlungsablauf und steht somit im Gegensatz zum breiter und dramatischer angelegten, zum Teil durch Chor verstärkten → Finale (– 2). Das E. taucht schon in Opern des 17. Jh. auf, z. B. bei Abbatini, Rossi, Cesti, Lully und Provenzale; eine fortlaufende Entwicklung setzt aber erst in der italienischen Opera buffa am Anfang des 18. Jh. ein (A. Scarlatti 1718). Seitdem ist das E. wesentlicher Bestandteil der Opernliteratur (Mozart, *Don Giovanni*, Sextett im 2. Akt; Verdi, *Rigoletto*, 3. Akt, vor dem Mord an Gilda; Strawinsky, *The Rake's Progress*, Schluß des 1. Akts).

Lit.: H. GOLDSCHMIDT, Studien zur Gesch. d. ital. Oper im 17. Jh., 2 Bde, Lpz. 1901–04; DERS., Fr. Provenzale als Dramatiker, SIMG VII, 1905/06, S. 609; E. J. DENT, E. and Finales in 17th Cent. Ital. Opera, SIMG XI, 1909/10 – XII, 1910/11; H. ABERT, Piccinni als Buffokomponist, JbP XX, 1914; DERS., Paisiellos Buffokunst u. . . . Mozart, AfMw I, 1918/19; M. FUCHS, Die Entwicklung d. Finales in d. ital. Opera buffa vor Mozart, Diss. Wien 1932, maschr.

Entr'acte (ātr'akt, frz., Zwischenakt; ital. auch → Intermezzo), Zwischenaktsmusik bei Opern und Schauspielen (hier Teil der → Bühnenmusik).

Entrada (span.), **Entrata** (ital.) → Intrada.

Entrée (ātr'e, frz.), – 1) im 16.–18. Jh. im französischen Ballett (Ballet de cour, Ballet à e.s) der Auftritt der Personen zu einer Szene, im weiteren Sinne die Szene selbst, ein Abschnitt in der locker gefügten Handlung, der ein bestimmtes Sujet darstellt. Ein großes Ballett umfaßte bis zu 30 E.s. Auch die Musik zu Teilen oder zum Ganzen der Szene oder ein Zwischenspiel (E. des luths vor dem abschließenden Grand ballet) wurde als E. bezeichnet. Als Einzugsmusik (→ Intrada) ist sie feierlich schreitend, im Rhythmus von Pavane, Allemande, später (bei Rameau) oft im Marschrhythmus. Die charakterisierende Musik zu den E.s des ganzen Ensembles (das z. B. in exotischen, militärischen oder komischen Kostümen auftritt) und der Solisten (E. à caractère) wurde auch zu Suiten zusammengestellt (z. B. in Georg Muffats Orchesterouvertüren: Pavane *E. des Espagnols*, Gavotte *E. des Fraudes*); auch wurden Suiten ohne Bindung an die Bühne mit Stücken in der Art der E.s komponiert (→ Charakterstück). – 2) der Einsatz einer Stimme im kontrapunktischen Satz.

Lit.: zu 1): WALTHERL; MATTHESON Capellm.; H. PRUNIÈRES, Le ballet de cour en France avant Benserade et Lully, Paris 1914.

Enzyklopädien → Lexika.

Epanalepsis (griech., Wiederaufnahme), eine in der Kompositionslehre um 1700 (z. B. bei Ahle und Vogt) auf die Musik übertragene Bezeichnung einer rhetorischen Figur, die noch Gottsched im Sinne antiker Rhetorik erklärt (ähnlich WaltherL): *E., die Wiederholung des Anfangswortes am Ende desselben Satzes: oder auch kurz darauf, beim Schlusse des ganzen Satzes.* Entsprechend bezeichnet E. in der Musik die emphatische Wiederholung einer Tongruppe zu Beginn einer Periode an deren Ende, ähnlich der → Symploke.

Epilog (griech. ἐπίλογος, Nachwort, Nachspiel), in Schauspiel und Oper Schlußworte oder -verse mit einer allgemeinen Betrachtung über das Werk, oft die Lehre des Stückes zusammenfassend, oder als Huldigung (→ Licenza). Im instrumentalmusikalischen Bereich erscheint der E. in seiner einfachsten Form als eine der Schlußkadenz angehängte Figurierung des Schlußakkordes. In der vollentwickelten Sonatensatzform ist E. die an den → Seitensatz anschließende Schlußgruppe der Exposition, oft nicht mehr als eine ausgeweitete Schlußkadenz, die vielfach durch ihre Wiederholung Geschlossenheit erhält (W. A. Mozart, Violinkonzert G dur, K.-V. 216). Der E. nimmt in seinem musikalischen Aufbau Bezug auf die vorangegangenen Themen oder führt neues thematisches Material ein. In diesen Fällen liegt ihm oft der 2teilige Liedtypus zugrunde (W. A. Mozart, Ouvertüre zu *Le Nozze di Figaro*). Seine thematische Eigenständigkeit führte bei Brahms und Bruckner zur Ausbildung des 3. Themas in der Exposition. – E. wird auch synonym für → Coda verwendet. – Als Überschrift findet sich E. für abschließende Teile ein- und mehrsätziger Kompositionen (Fortner, *Shakespeare-Songs*; R. Strauss, *Till Eulenspiegels lustige Streiche*) und in der Oper (Strawinsky, *The Rake's Progress*).

Épinette (epin'ɛt, frz.) → Spinett; é. des Vosges → Scheitholz.

Epiphonus (lat.) → Neumen (– 1).

Episema (griech.) → Neumen (– 1).

Episode (griech. ἐπεισόδιον, Einschaltung), in eine Komposition eingeschobener Teil, der für die Entwicklung innerhalb des Werkes eine untergeordnete Rolle spielt und außerhalb der eigentlichen thematischen Arbeit steht. In der Fuge werden die Zwischenspiele zwischen den Durchführungen E.n genannt. Sie verwenden thematisches Material oder sind aus neuen Motiven entwickelt und übernehmen die Aufgabe der Modulation. In dem fugierten Hauptteil der französischen Ouvertüre nach 1700 stechen die Zwischenspiele in Gestalt von Trio-E.n stark gegen die Tuttifugierung ab (z. B. J. S. Bachs Orchesterouvertüren). Bei Werken mit refrainartig wiederkehrenden Hauptgedanken (Hauptteilen), wie dem Rondo, bilden die Zwischenglieder (E.n) einen Kontrast zum Hauptgedanken. E.n in der → Sonatensatzform sind thematisch und motivisch Einschübe, die nicht weiter verarbeitet werden und außerhalb des eigentlichen thematischen Geschehens liegen (z. B. Einführung eines neuen Themas in Beethovens *Sinfonia eroica*, Takt 284ff.). Für die Opernliteratur wird E. im literarischen Sinne verwendet als in sich geschlossene Einschaltung, die mit der Haupthandlung nicht in unmittelbarer Beziehung steht (Lever-Szene im *Rosenkavalier*, 1. Akt; Romanze und Arie des Ännchen im *Freischütz*, 2. Akt). E. als Werkbezeichnung findet sich z. B. bei Reger: *E.n*, Klavierstücke op. 115.

Epistel (griech. ἐπιστολή, Brief), die 1. Lesung der römischen Messe, auch Lectio (bis zur Karolingerzeit Apostolus) genannt. Sie umfaßt bestimmte Abschnitte (Perikopen) aus Apostelbriefen und -geschichte, Apokalypse sowie Altem Testament mit Überschrift (= Titulus, z. B. *Lectio libri Sapientiae*), Einleitungsformel (z. B. *Fratres*; *Haec dicit Dominus*) und gelegentlicher Schlußformel (z. B. *in Christo Jesu, Domino nostro*). Nach den ältesten Quellen war der Vortrag des E.-Textes an einen Lektor gebunden, dessen Funktion seit dem 4. Jh. vor allem in Rom auch von Knaben ausgeübt und später im päpstlichen Stationsgottesdienst dem Subdiakon übertragen wurde (7./8. Jh., Ordo Romanus I, 56). In Fortsetzung dieser Praxis kann die E. noch heute in Messen mit dem Volk von einem Lektor ausgeführt werden (Instructio der Ritenkongregation vom 26. 9. 1964, Artikel 50); doch bleibt sie im Hochamt dem Subdiakon vorbehalten. Entgegen

Epistel

der bisherigen Tradition gestattet die Liturgiekonstitution des 2. Vatikanischen Konzils (Artikel 54) den Gebrauch der Muttersprache bei sämtlichen Lesungen jener Meßgottesdienste, an denen das Volk teilnimmt. – Der musikalische Vortrag der E. vollzieht sich im sogenannten E.-Ton, dessen formelhafter Verlauf nach Art des Accentus (→ Akzent – 2) mehr oder weniger der Metrik und Sinngliederung des Textes untergeordnet ist. Neben dem einfachen Tonus epistolae mit fortlaufender Rezitation auf dem Tenor (c^1) und Fragemodulation verwendet die moderne Choralpraxis eine dem Cantorinus von 1513 entnommene, melodisch reichere Formel (Graduale Romanum: Toni communes III). Sie weist vier – den Interpunktionsstellen des Textes zugeordnete – Kadenzbildungen (pausationes, positurae) auf: 1) das zweiakzentige, von einer einzelnen Note vorbereitete Metrum, welches gewöhnlich beim Semikolon und beim Doppelpunkt (sofern diesem keine direkte Rede folgt), bisweilen auch beim Komma steht; 2) das Punctum am Schluß eines Satzes (zweiakzentig); 3) die Interrogatio (Fragemodulation); 4) die Conclusio mit zwei einakzentigen melodischen Wendungen am Ende eines Textes, auch wenn dieser mit einer Frage schließt.

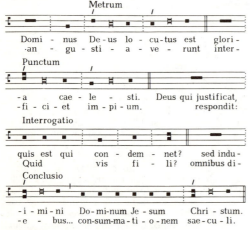

Der Titulus enthält seiner jeweiligen Länge entsprechend Punctum (und Metrum); die Eröffnungsformeln erklingen – mit Ausnahme von In diebus illis (Metrum) – recta voce.

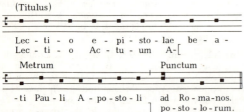

Den prophetischen Lesungen der Quatembertage, der Fastenzeit (Quadragesima), des Karfreitags und der Ostervigil wird der Tonus prophetiae zugrunde gelegt (Toni communes II). – Innerhalb des Repertoriums mittelalterlicher Mehrstimmigkeit lassen sich nur wenige E.-Vertonungen nachweisen: als frühestes Beispiel die 2st. Lesung In omnibus requiem quaesivi (Mariä Himmelfahrt; St. Martial: Ms. lat. 1139 der Bibl. Nat. Paris). – Von der evangelischen Kirche wurde die E. teils in lateinischer, teils in deutscher Sprache in den Gottesdienst übernommen. Für den gesungenen Vortrag schuf M. Luther zusammen mit J. Walter ein eigenes Modell (8. Kirchenton), welches er in seiner deutschen Messe (1526) vorlegte.

Ausg.: Analecta hymnica medii aevi XLIX, Lpz. 1906 (Texte v. E.-Tropen).
Lit.: P. WAGNER, Einführung in d. Gregorianischen Melodien II u. III, Lpz. ²1912 u. 1921, Neudruck Hildesheim u. Wiesbaden 1962; F. GEBHARDT, Die mus. Grundlagen zu Luthers Deutscher Messe, Luther-Jb. X, 1928; A. GEERING, Die Organa u. mehrst. Conductus in d. Hss. d. deutschen Sprachgebietes v. 13. bis 16. Jh., = Publikationen d. Schweizerischen Musikforschenden Ges. II, 1, Bern (1952), S. 31f.; G. KUNZE, Die Lesungen, in: Leiturgia II, Kassel 1955; W. APEL, Gregorian Chant, Bloomington (1958), S. 203ff.; O. BRODDE, Ev. Choralkunde, in: Leiturgia IV, Kassel 1961; J. A. JUNGMANN SJ, Missarum Sollemnia I, Wien, Freiburg i. Br. u. Basel ⁵1962; L. SCHRADE, Ein neuer Fund früher Mehrstimmigkeit, AfMw XIX/XX, 1962/63.   KWG

Epistrophe (griech., Umwendung), in der Kompositionslehre des 17.–18. Jh. eine im Anschluß an die Rhetorik erklärte emphatische Wiederholungsfigur. In der Rhetorik ist E. (Epiphora) die Wiederholung eines Satzteiles am Ende aufeinanderfolgender Wortgruppen. In der Musik erscheint sie zunächst als eine Weise der Textanordnung durch den Komponisten, z. B. singet dem Herren / rühmet den Herren / lobet den Herren, statt: singet, rühmet und lobet (J. G. Ahle 1697, ähnlich WaltherL), später auch als gleiche Schlußwendung aufeinanderfolgender Melodieteile (J. A. Scheibe 1745, ähnlich Forkel).

Epithalamion (zum Brautgemach, griech. θάλαμος, gehörend) war in Griechenland ein Hochzeitslied, das von einem Chor vor dem Brautgemach gesungen wurde. Das Wort bezeichnet auch in späterer Zeit häufig eine → Festmusik zur Hochzeitsfeier.
Lit.: A. L. WHEELER, Tradition in the E., American Journal of Philology LI, 1930; R. KEYDELL, Artikel E., Reallexikon f. Antike u. Christentum V, Stuttgart 1962; H. KOLLER, Musik u. Dichtung im alten Griechenland, Bern u. München (1963).

Epizeuxis (griech., Zusammenfügung), in der Kompositionslehre des 17. und 18. Jh. eine im Anschluß an die Rhetorik erklärte musikalische Figur. Wiederholung eines Wortes oder einer kleinen Wortgruppe in unmittelbarer Aufeinanderfolge, verbunden mit einer gleichbleibenden Tongruppe, deren Wiederholung auf höherer (Beispiel 1) oder tieferer Stufe (Beispiel 2) erfolgen kann (Beispiele nach J. G. Ahle, 1697):

Epos (griech.) ist ein längeres Gedicht erzählenden oder lehrhaften Inhalts, das sich aus einer Folge gleichartiger Verse (z. B. Hexameter) oder Strophen (strophisches E.; z. B. Nibelungenlied) zusammensetzt. Poetische und musikalische Form sind einander. Daß das altgriechische und das Homerische E. gesungen wurde, begleitet von der Kitharis oder der Phorminx, gilt für die Frühzeit als erwiesen. Im Gegensatz zu dem liedhaften Proömium basierte der Epenvortrag auf einem einzigen, improvisatorisch ausgeschmückten (Distinktions-)Modell, das ständig wiederholt wurde. Etwa seit der Zeit Homers bestanden 2 Vortragsarten nebeneinander: eine ältere, bei der sich der Aöde, der das E. sang, selbst auf einem Saiteninstrument begleitete, und eine jüngere, bei der der Rhapsode den Text nur rezitierte, entweder ganz ohne

Begleitung oder unterstützt von einem Instrumentalisten. Durch diese schlichtere Art der Rezitation wurde der Epengesang schließlich stark zurückgedrängt, kam aber wohl doch nicht ganz außer Übung. Noch Juvenal (VII, 82ff.) weiß davon zu berichten, daß die *Thebais* seines Zeitgenossen Statius gesungen wurde, und Boethius (*De institutione musicae* I, 12) beschreibt (nach dem Vorgang des Albinus) noch eine eigene Art des Sprechgesanges beim E. Im allgemeinen hat man aber in Rom die epischen Dichtungen nicht mehr gesungen, sondern im Sprechgesang rezitiert, und was im Mittelalter etwa an Ausschnitten aus Vergils *Aeneis* oder der *Thebais* des Statius gesungen wurde, war, wie die Neumen in verschiedenen Handschriften des 10.-11. Jh. bezeugen, »durchkomponiert«. – Beim Vortrag der mittelhochdeutschen strophischen Epen hat der Sänger Strophenmodelle wiederholt. Die älteste bekannte Epenmelodie gehörte zu Otfrieds Evangelienbuch (9. Jh.); die Melodie umfaßt ein Langzeilenpaar und ist verhältnismäßig schlicht. Bedeutend reicher ist das zum Nibelungenlied gehörende 4zeilige Modell, das jüngst aus Kontrafakturen zurückgewonnen werden konnte, sowie das Melodiemodell zu Albrecht von Scharfenbergs *Titurel* (14. Jh.), das wohl auch schon zu Wolfram von Eschenbachs gleichnamigem E. gehört. Aus dem späten Mittelalter ist noch das Melodiemodell zu des Michel Beheim Reimchronik *Das Buch von den Wienern* bekannt. Seit dem 15. Jh. lebte der Epengesang nur noch im Bereich der Volksmusik, als Bänkelsang teilweise bis ins 19. Jh. fort. (Zu den französischen Epen → Chanson de geste.) – Im Zuge der Erneuerung antiker Traditionen haben einige Humanisten epische Dichtungen in antiken Versmaßen zu vertonen unternommen. Fr. Salinas teilt im 6.-7. Buch seiner *Musica* (1577) verschiedene Melodiemodelle mit, u. a. für Hexameter und für die spanische Romanze, deren Melodie er als *cantus antiquissimus & simplicissimus* kennzeichnet (S. 346). – Außerhalb West- und Mitteleuropas hat sich mündlich überlieferter volkstümlicher epischer Gesang bis in die Gegenwart erhalten. Der Epengesang der Südslawen besteht grundsätzlich aus (improvisierten) reimlosen Zehnsilblern, die musikalisch frei, unter Verwendung verschiedener, miteinander verwandter Zeilenmodelle – freien sprachbedingten Kombinationen von 3 Haupt- und 2 Nebentönen im Raum einer Quarte – zur Begleitung der Gusla gesungen werden. Der verwendete Tonvorrat, der nicht unserem diatonischen System entspricht, läßt ebenso wie manche Stoffe auf hohes Alter schließen, ohne daß deshalb ein unmittelbarer Traditionszusammenhang mit der Antike angenommen werden dürfte. Die Formen des ostslawischen Epengesanges weichen grundsätzlich von denen des südslawischen ab. Die Vorformen der von den Großrussen gepflegten Byline reichen bis ins 10. Jh. zurück und wurden wohl von den Nachfahren der byzantinischen Mimen angeregt. Die Bylinendichtung entstand aber erst nach dem Untergang des Kiewer Reichs in Mittelrußland (Nowgorod) und blühte im 16. und 17. Jh. Seit dieser Zeit datiert die Verfolgung der Skomorochen, der berufsmäßigen Bylinensänger, durch Kirche und Staat, wodurch der Bylinengesang immer mehr auf Laien überging. Die Bylinen sind heroische Gesänge ohne Strophengliederung, mit ungleich langen Versen (7-16, meist 10-12 Silben pro Vers), deren musikalischer Vortrag bestimmte, dem jeweiligen Sänger eigentümliche Modelle frei abwandelt. Die Melodie, bestehend aus einem bestimmten Formelvorrat, ist nicht mit einem Text fest verbunden, sondern kann durch eine andere ersetzt werden, ebenso wie auch die einzelnen Formeln auf verschiedene Lieder angewandt werden können. Der Vortrag der Byline kennt keine Instrumentalbegleitung. Auch die (von der Byline ganz unabhängige) Duma (Plur. Dumy) der Ukrainer kennt keine Strophengliederung und keine einheitlich geformten Verse. Die Dumy, deren älteste kaum über das 15. Jh. zurückreichen, werden grundsätzlich begleitet, entweder durch die Kobza – nach ihr heißen die sich stets selbst begleitenden Dumy-Sänger Kobzaren – oder durch die Lyra, eine Art Drehleier. (In neuerer Zeit wird die Kobza gern durch die Bandura ersetzt.) Der Gesang der Dumy zeichnet sich durch Melismenreichtum bei den Kadenzen und freie Ausgestaltung der zum Teil weiträumigen (großen Ambitus) Modelle aus. In der Gestaltung macht sich hier, wie auch bei den Bylinen, eine gewisse Neigung zu kleinen Parallelismen (verbunden mit primitivem Reim) bemerkbar. Über den Epengesang in Asien (Indien, Persien, Sibirien) und Afrika ist bisher nur wenig bekannt.

Lit.: H. Riemann, Hdb. d. Mg. I, 1, Lpz. 1904; F. Kolessa, Über d. melodischen u. rhythmischen Aufbau d. ukrainischen ... rezitierenden Gesänge, Kgr.-Ber. Wien 1909 u. Österreichische Monatsschrift f. d. Orient XLII, 1916; ders., Pro genesu ukrainskich narodnich dum (»Zur Entstehung d. ukrainischen Volks-E.«), Lemberg 1922; J. Meier, Werden u. Leben d. Volkse., Halle 1909; G. Becking, Der mus. Bau d. montenegrinischen Volkse., Arch. néerlandaises de phonétique expérimentale VIII/IX, 1932; P. Diels, Die Duma, Mitt. d. schlesischen Ges. f. Volkskunde XXXIV, 1934; R. Trautmann, Die Volksdichtung d. Großrussen I, Heidelberg 1935; ders., in: Neue Jb. f. deutsche Wiss. XIII, 1937; W. Wünsch, Heldensänger in Südosteuropa, Lpz. 1937; ders., Der Brautzug d. Banović Michael, Stuttgart 1958; M. Scherrer, Les dumy ukrainiennes, Paris 1947; A. Geering, Die Nibelungenmelodie in d. Trierer Marienklage, Kgr.-Ber. Basel 1949; Thr. G. Georgiades, Der griech. Rhythmus, Hbg (1949); ders., Musik u. Rhythmus bei d. Griechen, = rde LXI, Hbg (1958); G. Wille, Die Bedeutung d. Musik im Leben d. Römer, Diss. Tübingen 1951, maschr.; F. Hoerburger, Westöstliche Entsprechungen im Volkse., Mf V, 1952; C. M. Bowra, Heroic Poetry, London 1952; E. Seemann, Ballade u. E., Schweizerisches Arch. f. Volkskunde LI, 1955; R. Stephan, Über sangbare Dichtung in ahd. Zeit, Kgr.-Ber. Hbg 1956; K. H. Bertau u. R. Stephan, Zum sanglichen Vortrag mhd. strophischer Epen, Zs. f. deutsches Altertum LXXXVII, 1956/57; E. Jammers, Das ma. deutsche E. u. d. Musik, Heidelberger Jb. I, 1957, dazu K. H. Bertau u. R. Stephan in: Anzeiger f. deutsches Altertum LXXI, 1959; A. Lesky, Gesch. d. griech. Lit., Bern 1958; A. B. Lord, The Singer of Tales, = Harvard Studies in Comparative Lit. XXIV, Cambridge (Mass.) 1960; Ch. Petzsch, Otfrieds Cantus lectionis, Euphonion LV, 1962; Fr. W. Neumann, Die älteste deutsche Bylinen-Nachdichtung, in: Die Welt d. Slawen IX, 1964; K. H. Bertau, Epenrezitation im deutschen MA, Etudes germaniques XX, 1965. RSt

Equal(e) → Aequal.

Erfurt.
Lit.: L. Meier, De schola franciscana Erfordiensi s. XV, in: Antonianum 1930; A. Dreetz, Aus E. Mg. (1750-1800), Lpz. 1932; H. Eberhardt, Die ersten deutschen Musikfeste in Frankenhausen am Kyffhäuser u. E. 1810, 1811, 1812 u. 1815, Greiz 1934; G. Pietzsch, Zur Pflege d. Musik an d. deutschen Univ. bis zur Mitte d. 16. Jh., AfMf VI, 1941; Fr. John, J. S. Bachs E.er Vorfahren, in: Bach in Thüringen, Bln 1950; O. Rollert, Die E.er Bache, in: J. S. Bach in Thüringen, hrsg. v. H. Besseler u. G. Kraft, Weimar 1950; G. Hummel, E.er Theaterleben im 18. Jh., = Beitr. zur Gesch. d. Stadt E. III, E. 1956; S. Orth, Neues über d. Stammvater d. »E.er Bache«, J. Bach, Mf IX, 1956.

Erlangen.
Lit.: M. Rupprecht, Die Klavierbauerfamilie Schiedmayer, Diss. E. 1955, maschr.; A. Pongratz, Mg. d. Stadt E. im 18. u. 19. Jh., Diss. E. 1958 (mit Lit.-Verz.).

eroico (ital.), héroique (erɔ'ik, frz.), heldenhaft. Die Originalausgabe der Symphonie Es dur op. 55 von Beethoven (»geschrieben auf Bonaparte«) trägt den Titel *Sinfonia eroica ... composta per festeggiare il sovvenire di un grand'Uomo.*

Erstdruck ist die erste Druckausgabe eines bis dahin nur als → Autograph oder Kopie vorhandenen musikalischen Werkes. Der Begriff E. umfaßt sowohl die authentische, d. h. die auf den Autor selbst zurückgehende, mit seinem Willen und unter seiner Mitwirkung entstandene Erstausgabe (originaler E.) als auch die nichtauthentische Erstveröffentlichung, die zu Lebzeiten des Autors ohne sein Zutun oder erst nach seinem Tode erschienen ist. Bei der Feststellung des → Urtextes von Werken der Meister des 18. und 19. Jh. spielt der originale E. eine bedeutende Rolle. Die für die Erkenntnis der Filiation (zeitliche Aufeinanderfolge und wertmäßige Abstufung) der Quellen notwendige Datierung des E.s ist oft schwierig, denn häufig erstreckte sich die Ausgabe über mehrere Jahre, da der Verleger Abzüge von den E.-Platten je nach Verkaufsbedarf anfertigen ließ. Die in der Mitte des unteren Plattenrandes einer Stichplatte befindliche Plattennummer (nicht identisch mit der Verlagsnummer) kann auch für mehrere zu verschiedenen Zeiten gestochene Werke gelten und versagt deshalb oft als Datierungshilfe. Als Quelle ist der E. den autographen Niederschriften (erste vollständige Niederschrift = Urschrift, Reinschrift) vorzuziehen, wenn der Autor Änderungen am Werk noch während der Drucklegung vornehmen ließ (Beethoven) oder in ein fertiges E.-Exemplar Verbesserungen eintrug, diese aber nicht in seinem Manuskript vermerkte (Brahms). Sein Quellenwert ist gering, wenn die authentische Stichvorlage durch Druck- und Lesefehler sowie eigenmächtige Änderungen des Verlegers falsch wiedergegeben ist (Mozart, Beethoven) und der Autor korrektere zweite oder dritte Ausgaben veranlaßt hat (Beethoven). – Die umfassendste systematische Sammlung von E.en und Originalausgaben musikalischer Meisterwerke befindet sich im Privatbesitz von A. van → Hoboken in Ascona (Schweiz).

Lit.: K. MEYER, Was sind mus. Erstausg.?, in: Philobiblon VIII, 1935; O. E. DEUTSCH, Music Publishers Numbers, London 1946, 2. verbesserte u. 1. deutsche Auflage Bln 1961; H. UNVERRICHT, Die Eigenschriften u. d. Originalausg. v. Werken Beethovens in ihrer Bedeutung f. d. moderne Textkritik, = Mw. Arbeiten XVII, Kassel 1960; C. HOPKINSON, Towards a Definition of Certain Terms in Mus. Bibliogr., Hinrichsen's 11th Music Book 1961.

Erzlauten (ital. arciliuti) heißen die im 16. Jh. in Italien aufgekommenen Baßlauten (→ Theorbe, theorbierte Laute, → Angelica, → Chitarrone) mit 2 Hälsen (Kragen), die in Deutschland früh im Inventar der Fugger von 1566 erwähnt werden. In den 1. Wirbelkasten laufen die Griffsaiten, in den 2. die Freisaiten (Abzüge, Bordunsaiten, Kontrasaiten; ital. bordoni, contrabassi).

Lit.: G. KINSKY, A. Piccinini u. sein Arciliuto, AMI X, 1938.

Eskimo-Musik. Von der Ostküste Nordsibiriens über die Aleuten nach Alaska und Kanada bis nach Grönland erstreckt sich das Wohngebiet der Eskimos, altmongolischer Primitivstämme, deren Musik wegen der Abgelegenheit und weitgehenden Unberührtheit durch Fremdeinflüsse von der Musikethnologie als Musterbeispiel eines primitiven Musikstils angesehen wird. Wie die Einheit der Sprache trotz lokaler Dialekte über das riesige Verbreitungsgebiet hinweg gewahrt blieb, ist auch die Musik der weitzerstreuten Stämme im Prinzip einheitlich. Einzelne stilistische Unterschiede lassen sich als Stadien der kulturellen Entwicklung, andere als Einfluß indianischer Nachbarn deuten (→ Indianermusik). Die E.-M. ist vokal; als einziges Instrument wird eine runde Rahmenfelltrommel (mit Schlägel) verwendet. Sie wird zu allen Gesängen geschlagen, jedoch unabhängig von dem Rhythmus der Vokalmelodie. Die Eskimolieder sind einstimmig; sie werden meist vom Chor, aber auch solistisch gesungen. Tanzlieder bilden die größte Gruppe. Sie sind persönliches Eigentum des Dichter-Komponisten, werden aber vom Chor der Zuschauer gesungen, während er (oder sie) mit der Trommel dazu tanzt. Eine zweite Gruppe bilden improvisierte Streit- oder Fußballspiellieder, eine dritte die magischen Gesänge der Angogoks (Schamanen), meist rhythmische Rezitationen von Beschwörungen, die der maskierte Zaubersänger vorträgt. Die Melodik ist engstufig mit Ansätzen zur Pentatonik; sie hat gewöhnlich eine sehr einfache tonale Struktur mit zwei Zentralpunkten der Melodiebewegung, dem Ruhepunkt und einem meist eine Sekunde darüber liegenden Spannungspol, beide mit Umspielungstönen nach oben und unten (Beispiele nach Estreicher):

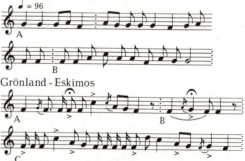

Rentier-Eskimos (Padleirmiut)

Grönland-Eskimos

Die Gesänge sind Strophenlieder mit Refrain. Strophenbau und Rhythmik wechseln bei den einzelnen Gruppen; die Schamanengesänge und die improvisierten Schmählieder sind freier in ihrem Gefüge als die Tanzlieder. Auch unterscheiden sich die verschiedenen Stämme der Eskimos in ihrem Bestand an Liedern und deren Gestaltung. Da die Wanderwege der einzelnen Stämme bekannt sind, erlaubt die heutige Verbreitung ihrer verschiedenen musikalischen Formen Rückschlüsse auf die historische Entwicklung der E.-M. Den ältesten Typus vertreten die Rentier-Eskimos an der Hudsonbai; auch die Grönland-Eskimos haben archaische Formen bewahrt. Die kanadischen und Alaska-Eskimos sind zum Teil von indianischer Musik beeinflußt, in Alaska ist ebenfalls ein mongolischer Einfluß sehr wahrscheinlich. Die Musik der sibirischen Eskimos ist bis heute weitgehend unerforscht.

Lit.: FR. BOAS, The Central Eskimo, = Annual Report of the Bureau of American Ethnology VI (Smithsonian Inst.), Washington 1888; CHR. LEDEN, Musik u. Tänze d. grönländischen Eskimos, Zs. f. Ethnologie XLIII, 1911; W. THALBITZER, E.-M. u. Dichtkunst in Grönland, Anthropos VI, 1911; DERS., Légendes et chants esquimaux du Groenland, = Collection de contes et chansons populaires XLV, Paris 1929; DERS. u. HJ. THUREN, Melodies from East Greenland, in: Meddelelser om Grønland XL, 1911; HJ. THUREN, On the Eskimo Music in Greenland, ebenda; H. H. ROBERTS, Mus. Areas in Aboriginal North America, = Yale Univ., Publications in Anthropology XII, New Haven (Conn.) u. London 1936; Z. ESTREICHER, Die Musik d. Eskimos, Anthropos XLV, 1950; DERS., Cinq chants des Esquimaux Ahearmiut, in: Research-Report on Caribou Eskimo Law, hrsg. v. G. v. d. Steenhoven, Den Haag 1956; E. GROVEN, Eskimomelodier fra Alaska, Oslo 1956; P. R.

OLSEN, Dessins mélodiques dans les chants esquimaux du Groenland de l'est, Dansk aarbog for musikforsking III, 1963. FB

espressivo (ital.; Abk.: espr.), ausdrucksvoll; c. espr. = con espressione, mit Ausdruck. Als Vortragsbezeichnung steht e. oft in Verbindung mit Tempoangaben, aber auch als Anweisung innerhalb eines Satzes oder für eine Stimme, die betreffende Stelle hervorzuheben, sowie zur Bezeichnung eines Solos.

Essen.
Lit.: W. NELLE, Die ev. Gesangbücher d. Städte Dortmund, E., Soest, Lippstadt in d. Grafschaft Mark, Jb. d. Ver. f. d. ev. Kirchengesch. d. Grafschaft Mark, Jg. 1901; TH. DÖRING, Die Gesch. d. E.er Theaters v. d. Anfängen bis 1892, = Beitr. zur Gesch. v. Stadt u. Stift E. XLIX, E. 1931; E. JAMMERS, Die Bedeutung d. Hss. Düsseldorf D 1–3 aus E. f. d. Musik- u. Geisteswiss., = E.er Beitr. LXVII, 1952; Beitr. zur Mg. d. Stadt E., hrsg. v. K. G. FELLERER, = Beitr. zur Rheinischen Mg. VIII, Köln u. Krefeld 1955; H. KETTERING, Quellen u. Studien zur E.er Mg. d. Hohen MA, ebenda XVII, E. 1960.

Estampie (εstãp'i, frz.; prov. estampida; ital. istampita; lat. stantipes; mhd. stempenie), eine ähnlich wie die Sequenz und der Lai auf dem Prinzip der fortschreitenden Wiederholung beruhende Form in der weltlichen (vornehmlich instrumentalen) Musik des 13./14. Jh. Eine E. besteht aus mehreren Puncta (Abschnitten, den Doppelversikeln der Sequenz entsprechend); jedes Punctum besteht aus zwei Teilen, von denen der Anfang gleich ist, der Schluß in ouvert (x_o) und clos (x_c) ausläuft; nach einer Reihe von Puncta kann eine neue Schlußmelodie – die wie ein musikalischer Refrain oder Reim wirkt – eingeführt werden (a+x_o a+x_c b+x_o b+x_c ..., weiter statt f+x_o f+x_c auch f+y_o f+y_c ...). Die E. (stantipes) wird von Grocheo (um 1300) von der kürzeren ductia und der nota recta unterschieden. Überliefert sind 8 einstimmige E.n in einem Nachtrag aus der 1. Hälfte des 14. Jh. zur Handschrift Paris, Bibl. Nat. fr. 844, 3 zweistimmige in der Handschrift London, Brit. Mus. Harleian 978, aus dem 13. Jh., 8 einstimmige (auch mit wechselnden »Reimteilen«), darunter das *Lamento di Tristano*, in der italienischen Trecentohandschrift *Lo* (→ Quellen), sowie 19 mit E. bezeichnete Texte ohne Melodien im Ms. Oxford, Bodleian Library, Douce 308, frühes 14. Jh. Dem normalen Aufbau der E. entspricht nicht Raimbaud de Vaqueiras' *Kalenda maya* (2. Hälfte 12. Jh.), die im Text und in der Legende über seine Entstehung als E. bezeichnet wird. – M.Praetorius (Synt. III) nennt *Balli oder Ballette ... welche keinen Text haben: Vnd wenn dieselbigen mit Schallmeyen oder Pfeiffen zum tantze gespielet werden, so heist es stampita.*
Ausg.: P. AUBRY, E. et danses royales, Mercure mus. 1906, Sonderdruck Paris 1907; J. WOLF, Die Tänze d. MA, AfMw I, 1918/19; Les e. frç., hrsg. v. O. STRENG, in: Les classiques frç. du Moyen-Age LXV, Paris (1931), dazu H. Spanke in: Zs. f. romanische Philologie LII, 1932.
Lit.: H. J. MOSER, Stantipes u. Ductia, ZfMw II, 1919/20; J. HANDSCHIN, Über E. u. Sequenz I–II, ZfMw XII, 1929/30 – XIII, 1930/31; FR. GENNRICH, Grundriß einer Formenlehre d. ma. Liedes, Halle 1932; LL. HIBBERD, E. and Stantipes, Speculum XIX, 1944; H. HUSMANN, Kalenda maya, AfMw X, 1953.

estinto (ital., erloschen), Bezeichnung für das äußerste Pianissimo (ppp, z. B. bei Liszt).

Estland.
Lit.: H. NEUS, Ehstnische Volkslieder, Reval 1850–52; A. LAUNIS, Über Art, Entstehung u. Verbreitung d. estnischfinnischen Runenmelodien, Helsinki 1913; DERS., Eesti runoviiisid (»Estnische Runenmelodien«), Tartu 1930; A. RAUDKATS, Estnische Volkstänze u. Kinderspiele, Tartu 1926/27; W. GRAF, Über d. deutschen Einfluß auf d. estnischen Volksgesang, Diss. Wien 1932, maschr.; DERS., Das estnische Volkslied, Wien 1933; DERS., Die ältesten deutschen Überlieferungen estnischer Volkslieder, in: Musik d. Ostens I, Kassel 1962; E. ARRO, Gesch. d. estnischen Musik, Tartu 1933.

Estribillo (estriv'iλo, span.) → Refrain.

Ethos (griech. ἦθος). Das Wort bezeichnet seit den Pythagoreern die Wesensart einer Melodie oder bestimmter musikalischer Ordnungen. Wie das gesamte pythagoreische Weltbild beruht die Lehre vom E. auf der Überzeugung von der grundlegenden Rolle der Zahl auch für die Ordnung der musikalischen und seelischen Bewegungen. Sie besagt, daß durch die Musik bestimmte seelische Willenshaltungen dargestellt und im Hörer wiedererweckt werden können, da sich die Bewegungen seines Gemüts denen der Melodietöne angleichen. Daraus ergibt sich die hohe erzieherische Bedeutung der Musik; dem Musiker ist aufgegeben, aus der Fülle möglicher Tonordnungen jene auszuwählen, die die zunächst ungeordneten Bewegungen in der Seele des Hörers zum Guten lenken. Die wissenschaftliche Betrachtung der Musik unter diesem Gesichtspunkt fand ihre Hauptvertreter in dem Staatsmann Damon von Athen, seinem Schüler Platon, den Platonikern und Neuplatonikern (Plotin) sowie den Stoikern; kompromißhaft abgeschwächt erscheint die E.-Lehre auch bei Aristoteles. Im Gegensatz zu diesen »Ethikern« leugnen die »Formalisten« jeden Zusammenhang zwischen Musik und Ethik; zu ihnen gehören vor allem Sophisten und Epikureer (Philodemos). Die E.-Lehre wird auch von den Humanisten bis zur Entstehung der Ästhetik im 18. Jh. häufig erörtert. – Für den Gesamtcharakter eines Stückes sind nach der E.-Lehre der Charakter seiner Tonart (ἁρμονία), des Rhythmus, des begleitenden Instruments (Kithara oder Aulos) und der Tonlage (τόπος φωνῆς, Aristeides Quintilianus) von bestimmender Bedeutung. So gilt Dorisch als fest, streng und erhaben, Phrygisch als milde (Platon) oder als enthusiastisch und ekstatisch (Aristoteles), Lydisch als klagend (Platon) oder als anmutig (Aristoteles). Die mittelalterlichen Theoretiker (Guido von Arezzo, CSM IV, 158ff.; Hermannus contractus, GS II, 148a; Johannes Affligemensis, CSM I, 109ff.; Pseudo-Muris, *Summa musicae*, GS III, 235f.) stützen sich, wenn sie vom gewichtigen Ernst des Dorischen, dem sprunghaften Enthusiasmus des Phrygischen oder der Anmut und dem lasziven Reiz des Lydischen sprechen, auf die Bruchstücke der antiken Überlieferung bei Boethius (I, 1), ohne zu wissen, daß das antike Dorisch (entsprechend e^1–e) eine andere Skala ist als das mittelalterliche (d–d^1). Noch Zarlino hält, obwohl er in der C-Skala das antike Dorisch erkannt zu haben glaubt, an der Meinung fest, daß der D-Modus ernst und der C-Modus zu Tänzen geeignet sei (*Istitutioni harmoniche*, 1558, IV, 18f.). Mit dem Übergang zu den Dur- und Molltonarten entwickelte sich seit dem 17. Jh. die moderne Lehre vom → Tonartencharakter.
Lit.: H. ABERT, Die Lehre vom E. in d. griech. Musik, = Slg mw. Arbeiten II, Lpz. 1899; DERS., Die Musikanschauung d. MA u. ihre Grundlagen, Halle 1905; DERS., Gesammelte Schriften u. Vorträge, hrsg. v. Fr. Blume, Halle 1929; J. STENZEL, Platon d. Erzieher, = Die großen Erzieher XII, Lpz. 1928, Neudruck Hbg 1961; E. M. v. HORNBOSTEL, Tonart u. E., in: Mw. Beitr., Fs. J. Wolf, Bln 1929; R. SCHÄFKE, Gesch. d. Musik-Ästhetik in Umrissen, Bln 1934, Tutzing ²1964; W. VETTER, Artikel Musik, in: Pauly-Wissowa RE XVI, 1; DERS., Mythos – Melos – Musica, 2 Bde, Lpz. 1957–61; O. GOMBOSI, Tonarten u. Stimmungen d. antiken Musik, Kopenhagen 1939, Neudruck 1950; D. P. WALKER, Mus. Humanism in the 16th and early 17th Cent., MR II, 1941 – III, 1942, deutsch als: Der mus.

Humanismus im 16. u. frühen 17. Jh., = Mw. Arbeiten V, Kassel 1949; C. SACHS, The Rise of Music..., The Norton Hist. of Music I, NY (1943); W. JAEGER, Paideia II, Bln 1944, ²1954; H. KOLLER, Die Mimesis in d. Antike, = Diss. Bernenses I, 5, Bern 1954; Plutarque de la musique, hrsg. v. FR. LASSERRE, = Bibl. helvetica romana I, Olten u. Lausanne 1954; E. MOUTSOPOULOS, La musique dans l'œuvre de Platon, Paris 1959.

étouffé (etuf'e, frz., erstickt), für Pauke, Becken und Tamtam Vorschrift sofortiger Dämpfung nach dem Schlag; auf der Harfe werden bei é. die Saiten sofort nach dem Anspielen mit dem gleichen Finger oder durch Auflegen der flachen Hand abgedämpft.

Etruskische Musik. Im Unterschied zur Griechischen Musik und auch zum römischen Musikleben besteht zur Musik der alten Etrusker heute kein unmittelbarer Zugang, da nicht nur Musikdenkmäler wie Noten und Instrumente, sondern auch eigene etruskische Literaturnotizen völlig fehlen. Ein gewisser Aufschluß ist nur zu gewinnen durch Nachrichten griechischer und lateinischer Schriftsteller und besonders Darstellungen der Malerei und Reliefkunst, welche allerdings durch vielfache motivische Anleihen bei der griechischen Kunst als historische Quellen nur mit Vorbehalt verwendbar sind. Aus der Gesamtheit der vorliegenden Überlieferung ergibt sich die Vorliebe der Etrusker für Blasmusik. Die Trompete soll dem Abendland durch tyrrhenische Seeräuber vermittelt worden sein; die instrumentalen Sonderformen Lituus und Cornu wurden von den Etruskern entwickelt. Den → Aulos, der später als Tibia das Nationalinstrument der Römer geworden ist, haben sie möglicherweise aus ihrem kleinasiatischen Ursprungsland mitgebracht. Der Volumnier-Sarkophag in Perugia trägt das älteste europäische Zeugnis der Querflöte. Von den griechischen Saiteninstrumenten fanden Lyra und Kithara, seltener der Barbitos, Aufnahme; an Schlaginstrumenten finden sich Krotala, auch in der Sonderform der Stabklappern, und Kastagnetten. – Für die Bedeutung der Musik im Leben der Etrusker zeugt ihre Nachwirkung in der öffentlichen und sakralen Musik der Römer. Das kultische Tibiaspiel, das zu den Römern durch die Zunft der Subulones gelangte, begleitete Opfer, Festzüge und Begräbnisse. Einen Aufzug mit großer musikalischer Besetzung, nämlich Cornu, Lituus, Wiegenkithara und Aulos, zeigt ein Steinsarkophag aus Caere. Eine Besonderheit etruskischen Musikgebrauchs ist die häufige Doppelbesetzung der Metallblasinstrumente bei Triumph- und Leichenzügen. Hochzeitssänger aus Fescennia regten die Römer zu Scherzliedern an. Die römische Theatermusik, im Zusammenhang mit Sühnefeierlichkeiten entstanden, ist vom Vorbild etruskischer Kultmusiker und -tänzer angeregt. Etruskische Waffentänze können als Vorläufer der römischen angesehen werden. Bei rhythmischen Arbeitsvorgängen und bei der Gymnastik war Aulosmusik geschätzt. Darstellungen an den Wänden der alten Etruskergräber zeigen Tänzer und Spieler von Aulos und Saiteninstrumenten in ausgelassener Fröhlichkeit.
Lit.: FR. BEHN, Musikleben im Altertum u. frühen MA, Stuttgart 1954; G. FLEISCHHAUER, Bucina u. Cornu, Wiss. Zs. d. Martin-Luther-Univ. Halle-Wittenberg IX, 1960; DERS., Etrurien u. Rom, = Mg. in Bildern II, 5, Lpz. (1964).
GWI

Etüde (frz. étude; ital. studio; engl. study), ein Stück, das zur Bewältigung eines bestimmten spieltechnischen Problems geschrieben ist. Von der bloßen Fingerübung, deren pädagogische Zielsetzung sie teilt, unterscheidet sich die E. als formal abgerundete, häufig einthemige Komposition. Der E.n-Begriff kam auf, als höhere spieltechnische Schwierigkeiten auf dem Hammerklavier einen Eigenwert bekamen und nur noch von Virtuosen gemeistert werden konnten. Um 1800 war die Bezeichnung E. bereits bekannt, wenn auch noch nicht auf spieltechnische Studien eingeschränkt (z. B. A. Reicha, *Etudes de Transition et 2 Fantaisies* op. 31, 1800 – es handelt sich um Modulationsübungen). Auch erscheint sie anfangs oft als Sammelbegriff. Die einzelne Studie heißt dann Exercice, aber auch Caprice (vor allem in der Violinliteratur), wie überhaupt die Bezeichnungen E., Studie, Exercice, Caprice und → Capriccio bis zur Mitte des 19. Jh. vielfach dasselbe bedeuten. Die erste epochemachende E.n-Sammlung im eingangs beschriebenen Sinn sind J. B. Cramers *Etudes pour le pianoforte en 42 exercices*... (I. Teil 1804, II. Teil 1810). Clementis *Gradus ad Parnassum* (I. Teil) erschien 1817. Cramers E.n sind mit Ernst und Konsequenz durchgeführte Studien über technische Schwierigkeiten und Vortragsmotive, die bisweilen in die Richtung des lyrischen Klavierstücks weisen. In der Klavierliteratur unterscheidet man heute 2 Arten von E.n: die eine (vor allem von C. Czerny ausgebildete) ist der Typ des technischen Übungsstückes für die allerersten Anfänge im Spiel des Instrumentes bis zur Ausbildung höchster Virtuosität; die andere, die Konzert-E., ist für den öffentlichen Vortrag bestimmt. Doch bleibt auch bei dieser das Charakteristikum eine Anhäufung technischer Schwierigkeiten und Vortragsprobleme – neuerdings (bei Messiaen) auch Kompositionsprobleme. Konzert-E.n für Kl. schrieben: Chopin (2 mal 12 E.n, op. 10, 1829–32, und op. 25, 1832–36), R. Schumann (6 Konzert-E.n, komponiert nach Capricen von Paganini, op. 10, 1833, und 12 Symphonische E.n – in Form von Variationen – op. 13, 1834), Liszt (u. a. *Grandes Etudes de Paganini*, 1851 – Liszt hat teilweise dieselben Capricen bearbeitet wie Schumann, *Etudes d'exécution transcendante*, 1851/52, und 2 weitere Konzert-E.n, *Waldesrauschen* und *Gnomenreigen*, für die Klavierschule von Lebert und Stark), Brahms (28 Variationen über ein Thema von Paganini op. 35, 1862/63 und 1866 – im Untertitel als Studien bezeichnet), Debussy (*Douze Etudes*, 1915), Bartók (3 Studien op. 18, 1918) und Messiaen (*Quatre Etudes de Rythme*, 1949/50), ferner F. Mendelssohn Bartholdy, A. Rubinstein, A. Skrjabin, K. Szymanowski, A. Tscherepnin, H. Pfitzner (als Studien bezeichnet), P. Höffer und H. Degen. Der musikalische Rang der Klavier-E.n wird von den E.n für andere Instrumente nicht erreicht. Berühmte E.n für V. schrieben u. a. R. Kreutzer, P. Rode, Fr. Baillot und O. Ševčík; für Vc. u. a. D. Popper und Fr. Grützmacher. Dagegen sind aus dem 20. Jh. E.n für Orch. bzw. für Soloinstrumente mit Orch. hervorzuheben, z. B. Milhaud, *Cinq Etudes pour piano et orch.* (1920); Strawinsky, 4 E.n für Orch. (1929; Bearbeitungen eigener Stücke); H. W. Henze, *Symphonische E.n* für Orch. (1955) und Fr. Martin, *Etudes pour orch. à cordes* (1956).
Lit.: FR.-H.-J. CASTIL-BLAZE, Dictionnaire de musique moderne, Paris 1821, ²1825; DASS. bearb. v. J. H. Mées, Brüssel 1828, Artikel Etude u. Exercice; K. B. V. MILTITZ, Exercise u. E., AmZ XLIII, 1840/41; KOCHL, bearb. v. A. v. Dommer, Heidelberg 1865, Artikel E.; E. GURK, Die Klavieretüde v. Mozart bis Liszt, Diss. Wien 1930, maschr.; S. KASWINER, Die Unterrichtspraxis f. Tasteninstr. (1450–1750) mit besonderer Berücksichtigung d. Vorformen d. Klavieretüde, Diss. Wien 1930, maschr.; R. HÄFNER, Die Entwicklung d. Spieltechnik u. d. Schul- u. Lehrwerke f. Klavierinstr., München 1937; W. GEORGII, Brauchen wir noch Klavier-E.?, Der Musikerzieher XXXV, 1939; DERS., Klaviermusik, Zürich 1941, Zürich u. Freiburg i. B. ⁴1965; FR. GOEBELS, Die moderne Kl.-E., Musik im Unterricht (Allg. Ausg.) XLIII, 1952; P. F. GANZ, The Development of the E. for Pfte, Diss. North Western Univ. (Ill.) 1960, maschr.; D. THEMELIS, Vorgesch. u. Entstehung d. Violinetüde, Diss. München 1964.
ESE

Eunuchenflöte → Mirliton.

EUOUAE, die Vokale von seculorum amen, den Schlußworten der kleinen → Doxologie in den römischen Choralausgaben (→ Differenzen).

Euphon → Clavicylinder.

Euphonium (von griech. εὔφωνος, wohlklingend), – 1) Baritonhorn in B, ein Blechblasinstrument von weiter Mensur; – 2) Orgelstimme zu 8', 4', 16', zumeist mit durchschlagender Zunge gebaut, deren Klang weich und sanft ist. Als Erfinder gilt Du Hamel; zuerst verwendet 1827 (Kathedrale zu Beauvais in Nordfrankreich).

Eurhythmie (griech. εὐρυθμία) war in der griechischen Antike kein fester Terminus und konnte allgemein die rhythmische Ordnung oder Bewegung sowie die Anmut bezeichnen. Erst im Anschluß an eine vieldiskutierte Stelle bei Vitruv (1. Jh. v. Chr.; *De architectura* 1, 2) erlangte der Begriff in der Architekturtheorie seit der Renaissance einige Bedeutung im Sinne von »Gleichmaß der Teile untereinander und Wohlproportioniertheit der Teile zum Ganzen«. Zusammen mit Proportion, Harmonie und Symmetrie gehört E. zu den Begriffen, die eine Brücke zwischen Architektur- und Musiktheorie bildeten. – Für J. G. Walther (1732) ist E. die *Zierlichkeit und Schönheit so in der Music aus den Zahlen entstehet*, wie sie vor allem in den ebenmäßig geformten, von der Tanzkunst beeinflußten Stücken in der französischen Musik zu beobachten sei. – Die E. in der Anthroposophie ist eine Art der → Rhythmischen Erziehung.

Evacuant ist in der Orgel ein durch einen Registerzug zu öffnendes Ventil, durch das nach beendetem Spiel der noch im Gebläse vorhandene Wind rascher abgelassen werden kann.

Evangelium (griech. εὐαγγέλιον, Frohbotschaft), die Hauptlesung aller christlichen Liturgien. In der katholischen Meßfeier bildet es den Höhepunkt des Wortgottesdienstes. Die bisher gültige Verteilung ausgewählter Abschnitte aus den 4 Evangelienberichten auf die einzelnen Tage des Kirchenjahres erhielt ihre einheitliche Festlegung im Missale Pius' V. (1570). Doch soll sie jetzt durch eine mehrjährige Perikopenordnung ersetzt werden (Liturgie-Konstitution des 2. Vatikanischen Konzils, Artikel 51). Ebenso darf das E. neuerdings gleich den übrigen Lesungen in Messen, an denen das Volk teilnimmt, in der Muttersprache verkündigt werden (Artikel 54). Im Unterschied zur Epistel kommt sein Vortrag dem Diakon (ältester Beleg: Ordo Romanus I, 11, 7./8. Jh.) oder dem zelebrierenden Priester zu. Die Lesung wird eingeleitet durch Gruß (*Dominus vobiscum*) und Gegengruß (*Et cum spiritu tuo*), denen die Ankündigung der Perikope (z. B. *Sequentia sancti Evangelii secundum Lucam*) mit Akklamation *Gloria tibi Domine* folgt. Als eine Besonderheit gegenüber dem römischen Ritus erklingt in der Mailändischen Liturgie nach der Perikope neben einem 3fachen Kyrie die sogenannte Antiphona post evangelium. – Dem gesungenen Vortrag des E.s liegt die Form eines liturgischen Rezitativs zugrunde, dessen Kadenzen (pausationes oder positurae) den Text nach seinem jeweiligen Sinnzusammenhang in einzelne Abschnitte gliedern. Während in älterer Zeit vornehmlich auf subtonalem Tenor (Tuba) rezitiert wurde, enthalten die Quellen seit dem 12. Jh. überwiegend subsemitonale Tenores (c^1 und f). Die Editio Vaticana des Graduales bietet aus der ursprünglichen Vielzahl von Modellen 3 Evangelientöne (→ Toni communes IV), deren erster durch schlichte Rezitation (Tenor c^1) mit Punctum (a auf der viertletzten Silbe), Interrogatio (→ Epistel) und zweiakzentiger Conclusio (a–h–c^1 auf dem vorletzten Wortakzent) ausgeführt wird. Reichere Gestalt zeigen der (subtonale) Tonus antiquior und der Alter tonus ad libitum (in eckiger Klammer):

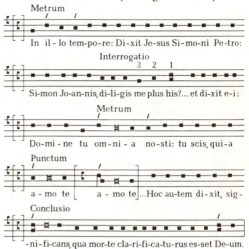

Auch in der Matutin des Offiziums (1. Lectio der 3. Nokturn) findet eine – allerdings auf den Anfangssatz der Tagesperikope beschränkte – Lesung aus dem E. statt (Vortrag im Tonus lectionis). Das monastische Stundengebet enthält überdies den entsprechenden vollständigen E.s-Text im Schlußteil der Matutin. – Wie die Quellen der Reformationszeit zeigen, bediente man sich im evangelischen Gottesdienst zunächst der regional überkommenen subsemitonalen Evangelientöne (lateinisch und deutsch). Auf Luther selbst gehen 2 Modelle zurück: das erste mit 3 Tubae (Vox evangelistae, Vox Christi, Vox personarum: f, c^1, a) und mehreren Kadenzen, während im zweiten a und f als Tubae ohne Charakterisierung der redenden Personen einander abwechseln. Letzteres wurde in vereinfachter Form in die Lutherische Agende übernommen. Hingegen enthält das Alpirsbacher Antiphonale den Trierer Evangelienton (lateinische Vorlage bei P. Wagner, *Einführung* III, S. 51). – Die mehrstimmige Vertonung des E.s (seit Josquin Desprez) gehört zur Geschichte der Motette (und in die Nachbarschaft der Figuralpassion und Evangelienhistorie), später zu der der Kantate (Evangelienkantate). Zuerst von H. → Herpol 1565 und späterhin namentlich im Bereich der evangelisch-lutherischen Kirche wurden lateinische oder deutsche Evangelienmotetten, oft jeweils ausgewählte Verse des Sonntagsevangeliums, zu Kirchenjahrgängen zusammengestellt (L. Paminger 1573–80, A. Raselius 1594 und 1595, G. Otto 1604, M. Vulpius 1612–16 u. a.). Im evangelischen Gottesdienst des 16.–17. Jh. traten sie oft an die Stelle der Lesung dieser Verse.

Lit.: P. WAGNER, Einführung in d. Gregorianischen Melodien II u. III, Lpz. ²1912 u. 1921, Neudruck Hildesheim u. Wiesbaden 1962; H. J. MOSER, Die mehrst. Vertonung d. E. I, = Veröff. d. Staatl. Akad. f. Kirchen- u. Schulmusik Bln II, Lpz. 1931; DERS., Die ev. Kirchenmusik in Deutschland, Bln u. Darmstadt (1953); A. GEERING, Die Organa u. mehrst. Conductus in d. Hss. d. deutschen Sprachgebietes v. 13. bis 16. Jh., = Publikationen d. Schweizerischen Musikforschenden Ges. II, 1, Bern (1952), S. 31f.; W. APEL, Gregorian Chant, Bloomington (1958); O. BRODDE, Ev. Choralkunde, in: Leiturgia IV, Kassel 1961; P. RADÓ, Enchiridion Liturgicum, 2 Bde, Rom, Freiburg i. Br. u. Barcelona 1961; J. A. JUNGMANN SJ, Missarum Sollemnia I, Wien, Freiburg i. Br. u. Basel ⁵1962. KWG

Evergreen (ˈevɔɹgɹiːn, engl.) → Schlager.

Evirati (ital.) → Kastraten.

Exaquier (eksakiˈɛr, span.) → Schachbrett.

Exclamatio (lat., Ausruf; griech. ἐκφώνησις), in der Kompositionslehre des 18. Jh. eine im Anschluß an die Rhetorik erklärte musikalische Figur. In der Rhetorik ist E. die Umwandlung eines Aussagesatzes in einen Ausruf; Walther (1732) schreibt, daß man sie *in der Music gar füglich durch die aufwerts springende Sextam minorem* ausdrücken könne. Mattheson (1739) beschreibt mehrere Arten der E. Bei Scheibe (1745) heißt es, daß die E. aufwärts geführt werden soll, und zwar konsonierend oder dissonierend je nach dem freudigen oder traurigen Affekt.

Exequien (lat. exsequiae), die Riten beim letzten Geleit, kirchliche Leichenfeier. In der römisch-katholischen Kirche haben die E. gemäß Titel VII des Rituale Romanum folgenden Aufbau: 1) Prozession von der Kirche zum Sterbehaus, wo die Segnung der Leiche stattfindet, anschließend Überführung zur Kirche. 2) Die eigentlichen E.: Responsorium *Subvenite sancti Dei* beim Einzug in die Kirche – Totenoffizium (Matutin und Laudes aus dem Officium defunctorum) – Totenmesse (Missa defunctorum de die obitus) – Absolution – Oration – Responsorium *Libera me Domine*, darauf folgend Kyrie eleison, Pater noster und Oration. 3) Prozession zum Grab: Antiphon *In paradisum*. 4) Beerdigung, eingeleitet durch die Besprengung und Beräucherung von Grabstätte und Sarg – Antiphon *Ego sum resurrectio* mit Canticum Zachariae *Benedictus Dominus Deus Israel*, Wiederholung der Antiphon – weitere Gebete und Fürbitten. 5) Rückweg zur Kirche: Antiphon *Si iniquitates* mit Psalm 129 *De profundis* (ohne Gesang) – abschließende Versikel und Oration. – In der evangelischen Kirchenmusik ragen die zur Begräbnisfeier für Fürst Heinrich von Reuß komponierten *Musicalischen Exequien* von H. Schütz (1636) hervor; sie bestehen aus einem Concert in Form einer deutschen Missa (brevis), einer 2chörigen Motette über den Text der Leichenpredigt (Ps. 73, 25–26) und dem Canticum B. Simeonis (Luk. 2, 29–32) nebst einem Secundus Chorus der *Beata anima cum Seraphinis* mit dem Gesang von Offb. 14, 13 und Weish. Sal. 3, 1.
Ausg.: Rituale Romanum. Editio typica, letzte Auflage Rom 1952; Officium et missae pro defunctis, Tournai 1924.
Lit.: P. RADÓ, Enchiridion Liturgicum I, Rom, Freiburg i. Br. u. Barcelona 1961.

Exotische Musik (nach frz. exotique, das sich für fremde Pflanzen und Tiere eingebürgert hat; zuerst lexikalisch belegt bei Sperander 1727) ist Musik fremder Völker, die, bezogen auf geltende musikästhetische Vorstellungen, als fremdländische Zutat, als Reiz oder Farbmittel zur neuabendländischen Musik aufgenommen wird. Im Unterschied dazu kann eine fremde Musikkultur im Ganzen und mit Berücksichtigung ihrer eigenen soziologischen und ästhetischen Bedingungen aufgefaßt und so Gegenstand der → Musikethnologie werden. Da sich außereuropäische Musik in der Regel nicht mit abendländischen Musikinstrumenten im abendländischen Tonsystem wiedergeben läßt, gibt es – wo nicht überhaupt Surrogate herangezogen werden – nur wenig rein musikalische Mittel der Darstellung, wie → Ganztonleiter, → Pentatonik, → Zigeunertonleiter, Verzicht auf Mehrstimmigkeit und ihr Ersatz durch Parallelklänge usw. Am ehesten läßt sich der Rhythmus originalgetreu darstellen, so auf exotischen Instrumenten in der → Janitscharenmusik und im → Afro-Cuban Jazz. Exotische Musikinstrumente sind bei Praetorius 1619, Mersenne 1636 und F. Bonanni 1722 abgebildet. – Exotismen gibt es in der bildenden Kunst und der Literatur seit der Antike; sie hatten größere Bedeutung in Perioden, die dem Phantastischen, Pittoresken zuneigten, wie im Hellenismus, im Barock und im 19. Jh. Die klassischen exotischen Länder sind seit dem Mittelalter China, Indien und der Vordere Orient; in neuerer Zeit kamen u. a. die Südsee und das indianische Amerika hinzu. Doch sind von Mitteleuropa aus gesehen auch europäische Randländer exotisch. Das 19. Jh. mit seiner kolonialen Entwicklung, besonders aber die Pariser Weltausstellung (1889), brachte den europäischen Musikern eine lebendige Berührung mit Musik- und Musizierformen des Nahen und Fernen Ostens. Infolge der technischen Fortschritte im 20. Jh. ist die Kunst fast aller Zeiten und Länder wie in einem Museum verfügbar geworden, und damit verlor das Exotische weitgehend den anziehenden Charakter des Fremdartigen. – E. M. findet sich häufig in Tänzen (u. a. → Moresca), in Zusammenhang mit exotischer Ausstattung in Bühnenwerken. Im 19. Jh. enthält die Programmusik oft Exotismen; seit dem Anfang des 20. Jh. hat sich die E. M. in die »Unterhaltungsmusik« verloren. Bekannte Werke mit E.r M. sind u. a.: Lully, *Le triomphe de l'Amour* (1681), *Ballet des nations* in *Le bourgeois gentilhomme* (1670); Campra, *L'Europe galante* (1697); Rameau, *Les Indes galantes* (1735); Gluck, *Le cinesi* (1754), *L'orfano della China* (1774); Félicien David, *Le désert* (1844); Saint-Saëns, u. a. *Le rouet d'Omphale* (1869); Balakirew, *Islamej* (1868); Borodin, »Eine Steppenskizze aus Mittelasien« (1880); Debussy, *Pagodes* aus *Estampes* (1903); Puccini, *Madama Butterfly* (1904); Busoni, *Indianisches Tagebuch* (1915–16).
Lit.: O. ABRAHAM u. E. M. v. HORNBOSTEL, Über d. Harmonisierbarkeit exotischer Melodien, SIMG VII, 1905/06; G. CAPELLEN, Ein neuer exotischer Musikstil, Stuttgart 1906; R. LOUIS u. L. THUILLE, Harmonielehre, Anh. III, Stuttgart 1907, ⁹1929; R. MITJANA, L'orientalisme mus. et la musique arabe, Uppsala 1907; R. ENGLÄNDER, Glucks »Cinesi« u. »Orfano della China«, Gluck-Jb. I, 1913; FR. BRIE, Exotismus d. Geistes, Eine Studie zur Psychologie d. Romantik, Sb. Heidelberg XI, 3, 1920; G. KNOSP, Essai d'harmonie exotique, RMI XXXVIII, 1931; J. BALTRUSAITIS, Le moyen-âge fantastique, Paris 1955; B. SZABOLCSI, Exoticism in Mozart, ML XXXVII, 1956; G. O. REES, Exotismus bei frz. Schriftstellern, Germanisch-romanische Monatsschrift XXXVII (= N. F. VI), 1956; G. CONFALONIERI, Immagini esotiche nella musica ital., in: Immagini esotiche nella musica ital., hrsg. v. A. Damerini u. G. Roncaglia, Siena 1957; R. ALLORTO, Mala di terre lontane, ebenda; G. BANDMANN, Das Exotische in d. europäischen Kunst, in: Der Mensch u. d. Künste, Fs. H. Lützeler, Düsseldorf (1962).

Explicit (lat., vermutlich Abk. für explicitus est, es ist zu Ende), Zitat des Schlusses eines Textes. Bei mittelalterlichen Traktaten ist die Angabe von → Incipit und E. im allgemeinen unerläßlich. Dem Textschluß läßt der Schreiber oft einen Titel folgen, der mit dem Wort E. beginnt, z. B.: ... *volentibus et desiderantibus introduci. Explicit ars magistri et famosi musici J. de Muris Expleta 1478 in 22 dominica post pentecosten* (J. de Muris, Libellus cantus mensurabilis, Ms. München, Staatsbibl., Clm 15632, f. 103ʹ, Faks. in: MGG VII, Tafel VI, vgl. CS III, 58).

Exposition (lat. expositio, Aufstellung). In der → Fuge wird E. die erste Durchführung des Themas als Dux und Comes in allen Stimmen genannt. – In der → Sonatensatzform ist die E. zumeist zweiteilig: der → Hauptsatz bringt das Hauptthema in der Grundtonart und leitet unter Verwendung des thematischen Materials oder neuer Motivgruppen zum → Seitensatz über. Überleitung und → Epilog (Schlußsatz) schließen die E. ab, die in der Klassik fast immer wiederholt wird; Beethoven verzichtet in seinem Spätwerk oft darauf (op. 90). Was als Typus der E. angesprochen wird, erscheint in den Werken der Komponisten in großen Differenzierungen. Der Seitensatz kann in Dursätzen statt in der Dominante auch in der Mollparallele stehen (Beethoven, op. 10 Nr 3, 1. Satz) oder in der Obermediante (Beethoven, op. 31 Nr 1, 1. Satz). Er weist, wie auch der Hauptsatz, nicht selten mehrere Themen auf; neues thematisches Material können Überleitung und Epilog enthalten. Milhaud bringt in den E.en seiner Kammersymphonien das gesamte thematische Material eines Satzes gleichzeitig in verschiedenen Tonarten. – Wichtig für die Gestaltung der E. und der Sonatensatzform als Ganzes ist das Verhältnis zwischen Haupt- und Seitensatz, das vielfach als dualistisch bezeichnet wird. Indem beide Teile der E. gleichzeitig sich ergänzen und kontrastieren sollen, ergibt sich die Gestaltung des Seitensatzes als Folge des Hauptsatzes. Kontrastierung ist oft schon im Aufbau eines Themas zu erkennen (Hauptthema in Mozarts Klaviersonate K.-V. 309, 1. Satz). Das kontrastierende Element zeigt sich in der E. besonders deutlich in der Gegenüberstellung zweier tonartlicher Ebenen im Haupt- und Seitensatz. Letzterer kann ohne Unterbrechung des melodischen Flusses in der neuen Tonart beginnen oder durch Pause, Tempoänderung, sogar Taktwechsel vom ersten Teil der E. abgesetzt sein. Die E. im Instrumentalkonzert wird meist zuerst vom Orchester vorgetragen (Tutti-E.), dann vom Soloinstrument unter Mitwirkung des Orchesters wiederholt, wobei in der Solo-E. nicht selten neues, dem Instrument gemäßes thematisches Material eingeführt wird (Mozart K.-V. 466) und die Seitenthemen der Tutti-E. teilweise oder ganz durch neue ersetzt werden (Beethoven, 2. Klavierkonzert, op. 19). Oft beginnt das Soloinstrument vor dem Einsatz des Hauptthemas mit einer präludierenden Eingangskadenz (Brahms, Violinkonzert, op. 77). Die Einführung einer dritten Tonart in der E. der Sonatensatzform (Schubert, 7. Symphonie, D 944, 1. Satz) führt bei Bruckner zu einer Aneinanderreihung von drei thematischen Komplexen in der E., oft substantiell miteinander verkettet.

Expression (frz.), im → Harmonium ein Register, bei dem der Wind direkt aus den Schöpfbälgen zu den Pfeifen gelangt. Das An- und Abschwellen des Tones kann daher mit den Füßen reguliert werden. Die E. wurde 1843 von A. F. Debain konstruiert; Doppel-E. in größeren Harmonien ist eine Erfindung von C. V. Mustel (1854).

Expressionismus, eine Kunstrichtung, die seit dem Beginn des 20. Jh. vorwiegend in Deutschland und Österreich zunächst die Malerei (»Die Brücke«, Dresden 1905; »Der Blaue Reiter«, München 1909; H. Walden: Galerie »Der Sturm«, Berlin 1910), dann auch die Literatur (Trakl, Heym, Stramm, Benn, Wildgans, Wedekind, Toller u. a.) – auch im dramatischen Inszenierungs- und Darstellungsstil – und die Musik (Schönberg seit 1908, Berg, Webern, Ch. Ives, Strawinsky um 1911, Bartók, A. Honegger, P. Hindemith, Dallapiccola u. a.) erfaßte. Es ist ein programmatischer Versuch, aus Tradition und überkommener Ästhetik auszubrechen und mit revolutionären Ausdrucksformen und -mitteln (Abstraktion, Konstruktion, Symbolik, Karikatur, Groteske) künstlerisch ins Unterbewußte, Irrationale und Transzendentale vorzudringen. – Der musikalische E. zog aus der Tonsprache der romantischen Musik die äußersten Konsequenzen. Die Dynamik reicht vom Flüstern bis zum Schrei. Die Klangfarbe emanzipierte sich. Die Rhythmik begann ihre neue Entwicklung als motorisches Element von starker Reizwirkung, andererseits als höchst differenzierbare, gestalt- und formgebende Faktur. Die Tonalität wurde zugunsten der → Atonalität aufgegeben. Die traditionellen Formen wurden aufgelöst oder auf engsten Raum reduziert. Formung wurde Ergebnis eines Forminstinkts. Da jegliche Stilisierung dem Wesen des E. widerspricht, war er bei fast allen Künstlern eine vorübergehende Phase, der Tendenzen wie Motorik, Vitalismus, Folklore, Konstruktivismus, Neobarock oder -klassizismus folgen konnten.

Lit.: Der Blaue Reiter, hrsg. v. W. Kandinsky u. Fr. Marc, München 1912, NA m. Anh., hrsg. v. Kl. Lankheit, ebenda 1965; A. Schering, Die expressionistische Bewegung in d. Musik, in: Einführung in d. Kunst d. Gegenwart, Lpz. 1919; S. Borris, Einfluß u. Einbruch primitiver Musik in d. Musik d. Abendlandes, Sociologus, N. F. II, 1952; L. Rognoni, Espressionismo e dodecafonia, Turin 1954; H. H. Stuckenschmidt, Lineamenti dell'espressionismo, Musica d'oggi, N. S. I, 1958; J. Maegaard, Some Formal Devices in Expressionistic Works, Dansk aarbog f. musikforskning I, 1961.

Expressivorgel (frz. orgue expressif) → Harmonium.

Extemporieren → Improvisation.

Extensio (lat.) → Multiplicatio.

Extravaganza (ekstrævəg'ænzə, engl.) → Operette.

Exultet-Rolle → Rotulus.

F

F, – 1) Ton-Name: In der lateinischen → Buchstaben-Tonschrift ist F im allgemeinen die 6. Stufe, im System der Kirchentöne Finalis des 5. und 6. Tons (Lydisch und Hypolydisch). Seit Zarlino (1571) ist der Ionius auf C primo modo; dadurch rückte F an die 4. Stelle der Normalskala. Bei den romanischen Völkern hat die Solmisationssilbe Fa den Buchstaben verdrängt. Die Erniedrigung um einen Halbton heißt Fes (engl. F flat; frz. fa bémol; ital. fa bemolle), um 2 Halbtöne Feses (engl. F double flat; frz. fa double bémol; ital. fa doppio bemolle), die Erhöhung um einen Halbton Fis (engl. F sharp; frz. fa dièse; ital. fa diesis), um 2 Halbtöne Fisis (engl. F double sharp; frz. fa double dièse; ital. fa doppio diesis). – 2) Schlüssel: Seit Guido von Arezzo wird in der tieferen Lage vorzugsweise der Ton F mit → Schlüssel bezeichnet. Ursprünglich wurde der gewöhnliche Buchstabe geschrieben, der erst allmählich die heutige Form des F-Schlüssels annahm. Im 15.–17. Jh. erscheint der F-Schlüssel je nach seiner Stellung auf der 3., 4. oder 5. Linie des Liniensystems als Bariton-, Baß- oder Subbaßschlüssel; seither ist der Baßschlüssel auf der 4. Linie vorherrschend. – 3) Seit Anfang des 19. Jh. werden in theoretischen Werken Akkorde mit → Buchstaben-Tonschrift bezeichnet (F bedeutet den F dur-Dreiklang, f den F moll-Dreiklang); im → Klangschlüssel treten Zusatzzeichen hinzu. Der Brauch, eine Tonart nur durch ihren Grundton zu bezeichnen, wurde im 19. Jh. entsprechend den Akkordbezeichnungen so ausgelegt, daß F für F dur, f für F moll stand. – 4) Abk. für forte; ff: fortissimo.

Fa, in der mittelalterlichen → Solmisation die 4. Silbe des Hexachords (im Sinne von f, b oder c); in romanischen Sprachen Name für den Ton F. Zur Mi contra Fa-Regel → Mi.

Faburden (fˈaːbəːɪdn, engl.; mittelengl. faburdon) nennt der englische Diskanttraktat Anonymus Pseudo-Chilston in der um 1450 kompilierten Handschrift London, Brit. Mus. Lansdowne 763, die Unterstimme eines im Blick auf einen geistlichen C. f. (Plainsong) improvisierten 3st. Satzes, die Terzen oder Quinten zur Mittelstimme (Mene) und Sexten oder Oktaven mit der zur Mittelstimme quartparallelen Oberstimme (Treble) bildet. Der *faburdener* gewinnt seine Stimme mit Hilfe eines → Sight an der Mittelstimme, die – wie in der englischen Musik dieser Zeit häufig – den Plainsong trägt, wobei aber die Formulierung des Traktats (*the mene of the plainsong*) offen läßt, ob nicht auch der Treble als (transponierter) Plainsong angesehen wird,

zumal er keine Sight-Lesung hat. In diesem einfachen Satz Note gegen Note sollen am Beginn und je am Wortschluß Quint-Oktav-Klänge stehen, die dazwischen verlaufenden Terz-Sext-Ketten können durch einzelne Quint-Oktav-Klänge unterbrochen werden. Der *sight of faburdon* war nach dem Zeugnis des Traktats in England sehr beliebt (*most in use*). Musikalische Belege bieten englische Handschriften aus der 2. Hälfte des 15. Jh. (z. B. London, Lambeth Palace 438, f. 180ʹ), wobei es sich jeweils um die Niederschrift einer F.-Unterstimme handelt, die mit dem zugehörigen Plainsong und der mit diesem ober- bzw. unterquartparallelen 3. Stimme einen Satz ergibt, wie ihn Pseudo-Chilston lehrt. Der Plainsong liegt dann entweder original im Mene, original im Treble oder oktavtransponiert im Treble; offenbar hängt also die Art der F.-Ausführung supra librum von der Höhenlage des liturgischen Cantus ab. Eine alternatim-Verwendung des durch den F. gekennzeichneten Satzes ist im → Carol bezeugt (z. B. Mus. Brit. IV, S. 83). Im 16. Jh. benutzen englische liturgische Orgelkompositionen in Anlehnung an diese vokalen Praktiken den F. eines Plainsong als Grundstimme eines Satzes, der häufig in den figurierten Oberstimmen den Plainsong selbst – oft koloriert – verwendet (z. B. J. Redford, *O lux on the faburden*, Mus. Brit. I, S. 23). Der Schottische Anonymus (London, Brit. Mus. Add. 4911, f. 94–112, nach 1558) lehrt als F. (neben anderen homophonen Techniken in Art des → Falsobordone) eine Setzweise mit einem in originaler oder oberquarttransponierter Lage erklingenden Oberstimmen-Plainsong (Treble), einer dazu unterquartparallelen Mittelstimme (Counter) sowie einer Sexten oder Oktaven zur Oberstimme bildenden Unterstimme (Barytonant). Noch bei Morley (1597) aber hat F. die alte Bedeutung der Unterstimme, die sich auch in literarischen Quellen bis in diese Zeit nachweisen läßt. – Der früheste Wortbeleg in einem in Hemingbrough (Yorkshire) 1432 geschriebenen Empfehlungsbrief für ein Vikariat (*redyng and si[n]gyng of plane sang and te synge a tribull til faburdun*) erweist Volksläufigkeit von Wort und Sache um 1430 in England. Dabei spricht der Wortlaut für Zusammenhang mit der Sight-Technik (»Lesen und Singen«) und mit den späteren Zeugnissen der F.-Unterstimme (»einen Treble zum F. singen«). – Die durch den F. gekennzeichnete, primär vom Klanglichen bestimmte Setzweise bevorzugt volkstümliche geistliche Kleinformen (Hymnen, Psalmen, Kyrie, Magnificat) und wird gern alternierend als Kontrast eingesetzt. Sie konvergiert so einem Typus der Akkordrezitation in liturgischen Kleinformen, der in England schon im 14. und über das 15. Jh. hinaus nachweisbar ist. Bei einem Versuch, die Entstehungszeit einzukreisen, ergeben sich zusammenfassend folgende Fakten: 1) Existenz der von Pseudo-Chilston in Regeln gefaßten Stegreiftechnik mit F.-Unterstimme und Sight-Lesung in volkstümlichen liturgischen Gattungen um 1430; Kennzeichnung als F. nur bei strenger Anwendung der Technik. 2) Belege für klangdeklamatorische Ausführung der auch vom F.-Satz bevorzugten Gattungen schon im 14. Jh.; burdoun in der Bedeutung »Tiefstimme« vor und um 1400 (→ Bordun); Fehlen einer F.-Beschreibung in dem von Pseudo-Chilston benutzten Diskanttraktat des L. Power; Entwicklung der Klangtechnik der englischen Res facta in den → Quellen *Worc* und *OH* bis an die Schwelle des strengen F.-Satzes. Bei Berücksichtigung dieser Ergebnisse ist – mit aller Vorsicht – eine Entstehung der F.-Praxis um 1420/30 anzunehmen. Ob sie eigenständig englisch aus der insularen Tradition erwachsen oder über deren Vermittlung zum Kontinent als Reflex des im klanglichen Ergebnis gleichen → Fauxbourdon entstanden ist, läßt sich aus der bisher bekannten Material nicht zwingend ableiten. Auch ist eine rein englische Wortdeutung, die – gegenüber der sprachgeschichtlich schwer haltbaren These, F. sei eine englische Lehnübersetzung von frz. fauxbourdon – den F. als einen durch die Solmisationssilbe fa bestimmten burden erklärt, nicht überzeugend geglückt. Die Deutung, F. sei eine Unterstimme, die *in voice* nur ♭fa hat, gilt auch für den countir des Pseudo-Chilston.

Lit. (ausschließlich d. in →Fauxbourdon genannten): J. Hawkins, A General Hist. of the Science and Practice of Music I, London 1776; Ch. Burney, A General Hist. of Music II, London 1782; Riemann MTh; P. C. Buck, in: The Oxford Hist. of Music I, London ²1929; O. Ursprung, Die kath. Kirchenmusik, Bücken Hdb.; S. B. Meech, Three XVth-Cent. Engl. Mus. Treatises, Speculum X, 1935; M. F. Bukofzer, Gesch. d. engl. Diskants u. d. Fauxbourdons nach d. theoretischen Quellen, = Slg mw. Abh. XXI, Straßburg 1936; ders., Fauxbourdon Revisited, MQ XXXVIII, 1952; ders. in: The New Oxford Hist. of Music III, Kap. 6, London 1960; Thr. G. Georgiades, Engl. Diskanttraktate aus d. 1. Hälfte d. 15. Jh., = Schriftenreihe d. Mw. Seminars d. Univ. München III, München 1937; H. M. Miller, XVIth Cent. Engl. F. Compositions for Keyboard, MQ XXVI, 1940; D. Stevens, The Mulliner Book. A Commentary, London (1952), mit Übertragung von 11 Stücken; ders., Processional Psalms in F., MD IX, 1955; H. M. Flasdieck, Frz. »faux-bourdon« u. frühneuengl. »f.«. Ein sprachwiss. Beitr. zur europäischen Mg., AMl XXV, 1953; ders., Elisab. F.»Fauxbourdon« u. NE. Burden »Refrain«, Anglia LXXIV, 1956; N. Wallin, Zur Deutung d. Begriffe F. – Fauxbourdon, Kgr.-Ber. Bamberg 1953; G. Reese, Music in the Renaissance, NY (1954), ²1959; Fr. Ll. Harrison, Music in Medieval Britain, London (1958); ders., Music for the Sarum Rite, Ann. Mus. VI, 1958/63; ders., F. in Practice, MD XVI, 1962; G. Schmidt, Zur Frage d. C. f. im 14. u. beginnenden 15. Jh., AfMw XV, 1958; E. Apfel, Studien zur Satztechnik d. ma. engl. Musik I, = Abh. d. Heidelberger Akad. d. Wiss., Phil.-hist. Klasse, Jg. 1959, Nr 5; Br. Trowell, F. and Fauxbourdon, MD XIII, 1959; S. W. Kenney, »Engl. Discant« and Discant in England, MQ XLV, 1959; H. H. Carter, A Dictionary of Middle Engl. Mus. Terms, = Indiana Univ. Humanities Series XLV, Bloomington 1961. RB

Fackeltanz, im preußischen Hofzeremoniell bis ins 20. Jh. bei Vermählungen und ähnlichen Anlässen üblicher Rundgang der Hofgesellschaft nach Art der alten Pavanen oder der späteren Polonaisen, für den Spontini, Flotow, Meyerbeer und andere Komponisten Musikstücke geschrieben haben.

Fado (f'adu, port., »Schicksal«; auch fadinho), in den Städten Portugals seit Beginn des 19. Jh. populärer Gesang, dessen Ursprung wahrscheinlich in der Negermusik Brasiliens oder Afrikas zu suchen ist. Früher ausschließlich von Berufssängern vorgetragen, ist der F. heute, wie der Schlager, weitgehend kommerzialisiert. Die in der Regel zweiteilige, geradtaktige Melodie wird – ähnlich dem Jazz – in freiem, stark synkopiertem Rhythmus zu rhythmisch strenger Gitarrenbegleitung gesungen; gelegentlich dient der F. auch als Tanzmusik. Seine Texte, früher oft improvisiert, sind überwiegend sentimental und elegisch.

Lit.: R. Gallop, The F., MQ XIX, 1933; ders., The Folk Music of Portugal, ML XIV, 1933; ders., The Folk Music of Eastern Portugal, MQ XX, 1934; F. Lopes Graça, A música portuguesa, 2 Bde, I Porto 1944, II Lissabon 1959.

Fagott (das oder der Fag., im 17. Jh. auch Dolcian, Dulcian, im 18. Jh. Basson; ital. fagotto; frz. basson; engl. bassoon, im 17. Jh. curtall; span. bajón, seit dem 19. Jh. fagot), Doppelrohrblattinstrument von konischer Bohrung mit geknicktem, in 2 Kanälen parallel verlaufendem Windkanal und S-förmigem Anblasrohr. Als Material wird meist Ahorn verwendet, zum Teil mit Kautschuk gefüttert. Die Bezeichnung Fag. ist auf Instrumente dieser Bauart früh übertragen worden, obwohl die ursprüngliche Bedeutung des Wortes (um 1500 ital. fagotto, Bündel) nicht mehr zutrifft, wie es noch beim → Phagotum und den fagotti genannten gedoppelten Blasinstrumenten der Biblioteca Capitolare in Verona der Fall war. Die ältesten Fag.e von etwa 1570 bis 1670 waren aus einem Holzblock gebohrt und hatten (wie bei Praetorius 1619) 7 vorderständige Grifflöcher, davon eines mit offener Klappe sowie 2 Daumenlöcher und ein hinterständiges Griffloch mit Klappe. Bei Praetorius gehören zum Stimmwerk Diskant $g-c^2$, Piccolo $G-f^1(g^1)$, Choristfag. (offen oder halbgedackt) $C-d^1(g^1)$ und Doppelfag. als Quart- oder Quintfag. $_1G-f(a)$ oder $_1F-e(g)$. Um 1670 bis 1780 bestand das Fag. meist aus 3 Teilen, Flügel, Stiefel und Baßröhre (dazu Schallstück und Anblasrohr), und hatte 3–4 Klappen. Um die volle chromatische Tonleiter zu ermöglichen, wurde die Zahl der Grifflöcher mit Klappen sehr vermehrt (um 1800 bis zu 10 Klappen, heute nach dem französischen System Buffet 22 Klappen und 6 offene Grifflöcher, nach dem System → Heckel 24 Klappen und 5 offene Grifflöcher). Der Umfang des modernen Fag.s ist $_1B$ (mit aufgesetzter Extrastürze $_1A$)–es^2; die Ansprache der höchsten Töne wird durch ein hartes Rohrblatt erleichtert. Der Klang des Fag.s ist wegen der geknickten Röhre weich, dabei trocken und etwas näselnd. In der Oper sind dem Fag. daher gelegentlich Stellen mit komischer oder grotesker Wirkung anvertraut. Es eignet sich jedoch gleich gut für alle Bereiche des musikalischen Ausdrucks. Als Generalbaßinstrument trat es um 1620 auf (Schütz op. 2 und 4), im Orchester zunächst als Baß der Oboen (Lully, *Psyché*, 1674). Im klassischen Orchester ist es in der Regel zweifach besetzt, im romantischen dreifach (3. Fag. auch Kontrafag.). Solokonzerte für Fag. schrieben Vivaldi, J. Chr. Bach, W. A. Mozart und C. M. v. Weber. Schulen wurden verfaßt u. a. von Ozi, Blasius, J. Fröhlich, → Almenräder, J. Weissenborn (¹¹1929), Oubradous und W. Spencer. – Nach verschiedenen Versuchen (einer wird von Praetorius erwähnt) entwickelte Heckel 1877 das heute gebräuchliche Kontrafag. mit dem Umfang $_1C-f$ (eine Oktave höher notiert). Im Orchester wird es u. a. von Händel, Haydn, Mozart (*Maurerische Trauermusik*), Beethoven (*Fidelio*, 5. und 9. Symphonie), Meyerbeer, doppelt besetzt von Schönberg (*Gurre-Lieder*) und Strawinsky (*Sacre du Printemps*) verlangt; daneben fand es Anwendung in der Militärmusik des 19. Jh. Ein Subkontrafag. baute V. F. Červený 1873. Das Quintfag. in Tenorlage (tiefster Ton F) ist heute nicht mehr in Gebrauch.

Lit.: L. Zacconi, Prattica di musica ..., Venedig 1592, ²1596; Praetorius Synt. II; M. Mersenne, Harmonie universelle, Paris 1636, Faks. hrsg. v. Fr. Lesure, 3 Bde, Paris 1963; J. Fr. B. C. Majer, Museum musicum, Schwäbisch Hall 1732, Faks. hrsg. v. H. Becker, = DMl I, 8, 1954; G. Tamplini, Brevi cenni sul sistema Boehm e della sua applicazione al fag., Bologna 1888; W. Heckel, Der Fag., Biebrich 1899, Lpz. ²1931, engl. Biebrich 1931 u. in: The Journal of Musicology II, 1940; A. Orefice, Storia del fag.,

Turin 1926; L. G. LANGWILL, The Bassoon, Proc. Mus. Ass. LXVI, 1939; DERS., The Bassoon and Double Bassoon, London (1947); DERS., The »Boehm« Bassoon: A Retrospect, The Galpin Soc. Journal XII, 1959; A. BAINES, Two Curious Instr. at Verona, ebenda VI, 1953; A. REIMANN, Studien zur Gesch. d. Fag., Diss. Freiburg i. Br. 1956, maschr.; H. KUNITZ, Fag. (= Die Instrumentation V), Lpz. 1957; W. SPENCER, The Art of Bassoons Playing, Evanston (Ill.) 1958; P. R. LEHMAN, The Harmonic Structure of the Tone of the Bassoon, Diss. Univ. of Michigan 1962.

Fagottgeige (ital. viola di fagotto), ein im 17. und 18. Jh. der Violinfamilie verwandtes Streichinstrument mit der Stimmung C G d a (wie das Violoncello). Die F. hatte einen Bezug von übersponnenen Saiten, *welche ... hernach im Streichen schnurren / und werden solche Violen / um dieser schnurrenden Saiten halben / Violae di Fagotto tituliret* (D. Speer 1687). Eine etwas größere F. wurde nach L. Mozart (1756) auch Handbaßel genannt.

Falsa musica (lat.) → Musica ficta.

Falsett → Register (– 3).

Falsettisten (ital. alti naturali, natürliche Altstimmen) hießen die Sänger der Sopran- und Altpartien in der Chorpolyphonie des 16. Jh. Da Frauen in den Kapellchören nicht singen durften und auch → Kastraten, die erst im 17.–18. Jh. eine größere Rolle spielen, nicht offiziell zugelassen waren, wurden die Altpartien von Tenoristen mit Kopfstimme gesungen, ausnahmsweise auch die sonst von Knaben gesungenen Diskantpartien. Die Bezeichnung Alti naturali verdrängte ab 1652 (nach Zulassung der Kastraten zur päpstlichen Kapelle) die ältere Bezeichnung → Tenorini, um den Unterschied zwischen den falsettierenden Männerstimmen und den »unnatürlichen« Kastratenstimmen (voci artificiali) zu verdeutlichen.

Falsobordone (ital., von frz. fauxbourdon) ist – außer der italienischen Bezeichnung des strengen → Fauxbourdon – seit dem späten 15. Jh. Sammelbegriff für alle durch Akkorddeklamation gekennzeichneten Sätze (Akkordrezitation bei gleicher Tonhöhe in Psalmen u. ä.; C. f.-Harmonisierungen Note gegen Note; auch der Contrappunto alla mente zu einem in gleichen Werten schreitenden Tenor). Dabei wurde der Name (nicht aber die Klangtechnik) des seit der Mitte des 15. Jh. ebenfalls durch einen akkordlichen Satz bestimmten Fauxbourdon übernommen. Die klangdeklamatorische Ausführung von Psalmen, Magnificat u. ä. selbst hat eine bis ins 14. Jh. zurück belegbare Tradition (→ Faburden). In der Liturgie wurden (teilweise heute noch) F.-Sätze → alternatim mit Einstimmigkeit gesungen, ähnlich der Orgelpraxis beim → Versett.
Lit.: H. SCHÜTZ, Auferstehungshistorie (1623), Vorrede, GA I; F. PEDRELL, Vorw. zu: Hispaniae schola musica sacra VI, Barcelona u. Lpz. 1897; PIUS X., Motu proprio, 1903; R. LACH, Alte Kirchengesänge d. ehemaligen Diözese Ossero, SIMG VI, 1904/05; H. J. MOSER, Die mehrst. Vertonung d. Evangeliums I, = Veröff. d. Staatl. Akad. f. Kirchen- u. Schulmusik Bln II, Lpz. 1931; KN. JEPPESEN (mit V. Brøndal), Die mehrst. ital. Laude um 1500, Kopenhagen u. Lpz. 1935; E. (GERSON-)KIWI, Studien zur Gesch. d. ital. Liedmadrigals im 16. Jh., Würzburg 1938; M. F. BUKOFZER, Studies in Medieval and Renaissance Music, NY 1950.

Fancy (f'ænsi, engl.), auch fansy, phancy, fantasy u. ä., ist die englische Ausprägung der → Fantasie (auch in England ohne Unterschied Fantasie und Fantasia genannt) und der Haupttypus der englischen Kammermusik von etwa 1575 bis 1680, bei dem nach Th. Morley (1597, ähnlich bei Th. Mace 1676) *may more art be showne than in any other musicke*. Die vielen hundert F.-Kompositionen fanden zum größten Teil nur handschriftliche Verbreitung. Ihre Entwicklung verlief parallel zu der des etwas älteren → In nomine. Die F. läßt sich auf die in England seit Beginn des 16. Jh. sehr beliebte rein instrumentale Ausführung von Motetten, meist durch Violenensemble, zurückführen, in deren Abschnitten Motive des Gregorianischen Gesangs imitatorisch durchgeführt wurden. Die Geschichte der F. begann, als das thematische Material der einzelnen Abschnitte vom Komponisten frei erfunden wurde, wobei zunächst keine weiteren Unterschiede zum vokalen Vorbild der Motette bestanden. Das älteste bekannte Beispiel, ein Orgelstück von Newman, steht in dem nach 1553 geschriebenen *Mulliner Book*. Folgende Merkmale kennzeichnen die weitere Entwicklung der F.: das Entstehen eines ausgeprägten Instrumentalstils durch wachsenden Umfang der Stimmen, prägnante Motive, typische Instrumentalfiguren wie große Sprünge, rasche Tonwiederholungen, mehrfach sequenzierte schnelle Spielfiguren; ferner die deutliche Trennung der einzelnen Abschnitte durch Kadenzen (erstmals von Th. Morley 1595 in 2st. Fantasien konsequent durchgeführt); bald nach 1600 die kontrastierende Gestaltung der Abschnitte bis hin zu selbständigen Sätzen, während gleichzeitig auch die einthematige F. gepflegt wurde. Die F. nahm sämtliche Kompositionsformen der damaligen Kammermusik in sich auf (was Th. Mace ausdrücklich hervorhebt). Ihre originär imitatorische Anlage wurde, vereinzelt schon im 16. Jh., mit homophonen und toccatenhaften Abschnitten durchsetzt; Tanz (z. B. Th. Morley), Variation (P. Philips) und Ground (J. Baldwine, H. Purcell, J. Bull) drangen in die F. ein. War die F. seit ihren Anfängen vorwiegend für 3–6st. Violenensemble in solistischer Besetzung oder für Klavier bestimmt, so wurden seit O. Gibbons auch die modernen italienischen Violinen und im 2. Drittel des 17. Jh. auch Instrumente verschiedener Familien (nach Art des broken → consort) verwendet; auch wurden nun u. a. Tasteninstrumente oder Harfe konzertant eingesetzt. 4 Stadien lassen sich in der Geschichte der F. unterscheiden: bis etwa 1600 die Emanzipation von der Kirchenmusik; danach das Streben nach Kontrastreichtum und das Eindringen volkstümlicher Elemente; seit etwa 1625 eine Zeit des Experimentierens, der Formspielereien, zunehmender Verwendung der Chromatik, daneben gibt es betont volkstümliche Stücke, die auch in größerer Zahl gedruckt wurden; etwa nach 1650 wachsende italienische und französische Einflüsse, z. B. des Concerto grosso und der Triosonate, die zur Auflösung der F. führten. Als letzter schrieb H. Purcell 1680 mehrere Fancies. – Außer den namentlich genannten Komponisten sind bedeutend E. Blanke, W. Byrd, die beiden A. Ferrabosco, Th. Ravenscroft, Th. Ford, J. Jenkins, W. Lawes, Chr. Simpson und M. Locke.
Lit.: TH. MORLEY, A Plaine and Easie Introduction to Practicall Musicke, London 1597, NA hrsg. v. R. A. Harman, London (1952); TH. MACE, Musick's Monument, London 1676, Faks., = Collection »Le Chœur des Muses«, Paris 1958; E. H. MEYER, Die mehrst. Spielmusik d. 17. Jh., = Heidelberger Studien zur Mw. II, Kassel 1934; DERS., Engl. Chamber Music, London 1946, [2]1951, deutsch als: Die Kammermusik Alt-Englands, Lpz. 1958; E. BLOM, Music in England, Harmondsworth/Middlesex 1942, deutsch Hbg 1947, ital. Florenz 1954; D. STEVENS, Purcell's Art of Fantasia, ML XXXIII, 1952; C. ARNOLD u. M. JOHNSON, The Engl. Fantasy Suite, Proc. R. Mus. Ass. LXXXII, 1955/56; TH. DART, The Printed Fantasies of O. Gibbons, ML XXXVII, 1956; M. TILMOUTH, The Technique and Forms of Purcell's Sonatas, ML XL, 1959; E. FR. NELSON, An Introductory Study of the Engl. Three-Part String-F., Diss. Ithaca (N. Y.) 1960, maschr.; P. WILLETTS, Sir Nicholas le Strange and J. Jenkins, ML XLII, 1961. GBA

Fandango (span., wahrscheinlich von afroamerikanisch fanda, s. v. w. Gastmahl), ein seit dem frühen 18. Jh. bekanntes spanisches Tanzlied im 3/4- oder 3/8-, seltener im 6/8-Takt von mäßiger bis rascher Bewegung. Der F., dessen Arten nach Landschaften auch Granadina, → Malagueña, Murciana und Rondeña genannt werden, wird mit Begleitung von Gitarre und Kastagnetten, auch mit Sackpfeife, Schalmei und (Schellen-)Trommel gesungen; die Kastagnetten markieren den scharfen Rhythmus:

Der F. ist ein Werbetanz; seine Ausführung wurde oft als anstößig empfunden. Häufig wird er durch eine rhythmisch freie Copla unterbrochen, in der Tänzer seiner Partnerin zusingt. Zwischen die Verse werden meist instrumentale Ritornelle eingefügt, die den F.-Stil prägten und deren Formen und Motive in die spanische Gitarren- und Klaviermusik eingingen. Stilisiert findet sich der volkstümliche F. im *Capriccio espagnol* op. 34 von Rimskij-Korsakow (1887), in den *Iberia*-Klavierstücken von I. Albéniz (1906–09), den *Goyescas* für Kl. (F. de candil) von E. Granados (1911) und im »Dreispitz« de Fallas (1919). Eine berühmte, wahrscheinlich andalusische F.-Melodie wurde bearbeitet von Gluck im »Don Juan«-Ballett (1761) und von Mozart in *Le Nozze di Figaro* (1786, Ende d. 3. Aktes); sie findet sich auch in einem Skizzenbuch Beethovens von 1810.

Fanfare (frz.; ital. fanfara) s. v. w. → Blechmusik, auch speziell eine lange Trompete (→ »Aida«-Trompete). Danach hat F. die vorherrschende Bedeutung von Signalmusik (→ Signale). Eine berühmte Trompeten-F. verkündet in Beethovens *Fidelio* (2. Akt) die Ankunft des Gouverneurs (auch in den Leonoren-Ouvertüren Nr 2 und Nr 3). Mehrchörige F.n für Trompeten, Hörner und Posaunen komponierte B. Blacher zur Einweihung der Berliner Philharmonie 1963. Nachahmung instrumentaler F.n in der Vokalmusik gibt es u. a. in der Caccia des 14. Jh. und in Chansons des 16. Jh. (Janequin). – In Orchestersuiten des 18. Jh. kommt die Bezeichnung F. vor für kurze rauschende Sätze mit schnellen Akkordrepetitionen. – In der Musikethnologie wird die ausschließliche oder bevorzugte melodische Verwendung größerer Intervalle (Terz, Quarte, Quinte) als F.n-Melodik bezeichnet. Sie findet sich vor allem bei Indianern sowie bei verschiedenen Zwergvölkern (Pygmäen) Afrikas, Australiens und der Südsee (→ Jodeln).

Ausg.: Trompeterf., Sonaten u. Feldstücke nach Aufzeichnungen deutscher Hoftrompeter d. 16./17. Jh., hrsg. v. G. SCHÜNEMANN, = RD VII, Kassel 1936, dazu ders., Sonaten u. Feldstücke d. Hoftrompeter, ZfMw XVII, 1935.

Fantasie (lat. und ital. fantasia; frz. fantaisie; engl. fancy; von griech. φαντασία, Erscheinung, Vorstellung). Seit dem frühen 16. Jh. (Orgeltabulaturbücher von H. Kotter 1513ff.; L. Kleber 1524) ist der Ausdruck F. als Titel für Instrumentalstücke belegt. Gegenüber anderen Bezeichnungen von Spielmusik, wie Praeludium, Toccata, Ricercar, Capriccio, gewann die F. ihre Eigenart wohl vor allem auf Grund der Vorstellungen, die der anspruchsvolle Name F. nahelegt in bezug auf Besonderheit, Unmittelbarkeit und Freiheit der Erfindung und Gestaltung. Im 16. Jh. konnte bereits das Fehlen eines Textes als Besonderheit gelten. In diesem weiten Sinne hießen F.n Intavolierungen von Vokalkompositionen und Tänzen oder Tanzliedern (B. de Drusina 1556) oder C. f.-Bearbeitungen (R. Rodio 1575), sogar textlose Sängerübungen. Unmittelbarkeit lag vor bei Instrumentalwerken, die eigene Themen verwendeten oder nur motivisch an Bekanntes anknüpften. Der größte Teil schon der F.n des 16. und 17. Jh. ist in dieser Hinsicht »freie« Musik. Im 18. und 19. Jh. nannte man gern eigenwillige Formstrukturen F., namentlich bei Abweichungen gegenüber der Sonatensatzform. Wie in ihren Anfängen setzt die F. auch hier eine Norm voraus, von der sie sich distanziert. – In der 1. Hälfte des 16. Jh. gehört die F. fast ausschließlich dem Lauten- und Vihuelaspiel an. In diesem außerkirchlichen Milieu zeigt sie im Unterschied zu den Vorspielen und Intonationen Züge eines eigenständigen Musizier- und Vortragsstücks. Dem umfangreichsten Repertoire von F.n dieser Zeit, L. Milans *El maestro* (1535), ist zu entnehmen, daß Modifikationen des Tempos erwünscht und üblich waren. Weitere spanische Vihuela-F.n stammen u. a. von L. de Narváez (1538) und M. de Fuenllana (1554). In Italien wurde die Lauten-F. durch Francesco da Milano, in Frankreich vor allem durch A. de Rippe (aus Mantua), G. de Morlaye und J. Belin gepflegt. Deutschlands Anteil an dieser Gattung ist anfangs verhältnismäßig klein gewesen. H. Gerle bemühte sich um engen Anschluß an die heimische organistische Kolorierungspraxis. Doch rühmt er an seiner 1536 veröffentlichten Lautenkomposition *Praeambel oder Fantasey* die *zwifachen und drifachen doppel lauffen / auch sincupationes / und viel schöner fugen*, womit eine Buntheit im Satz beschrieben wird, die auch für außerdeutsche Belege typisch ist. – Eine neue Phase in der Geschichte der F. beginnt um 1560, als in Italien besonders unter der älteren Bezeichnung → Ricercar eine instrumentale Gattung entstand, die sich von der bisherigen Spielmusik durch ihre Kontrapunktik, von der Motette durch ihre Tendenz zur Einthemigkeit unterscheidet. Da die Laute zur Darstellung polyphoner Strukturen wenig geeignet ist, wuchs das Repertoire für Tasteninstrumente. Auch in Stimmbüchern wurde die imitierende Musik verbreitet (G. Tiburtino 1549 u. ö.; G. Bassanos F.n, 1585). Sie verläuft in schmuckloser Strenge (z. B. doppelte bis achtfache Vergrößerungen und Umkehrung eines Themas in einer F. von O. Vecchi) oder in ornamentaler Ausschmückung (so in A. Gabrielis *Fantasia allegra*). Höhepunkt und Abschluß der italienischen F. bilden Frescobaldis 1608 veröffentlichte Kompositionen. Sie sind mehrteilig, wechseln zwischen Zwei- und Dreizeitigkeit und variieren ihre Themen. – Ähnliche Entwicklungen haben sich in Spanien vollzogen, wo das → Tiento den allgemeinen geschichtlichen Prozeß spiegelt. Unter F. verstand man hier nach 1560 weniger eine Gattung als die Tätigkeit der Improvisation, so T. de Santa María (1565), dem das polyphone Stegreifspiel als Ziel des Klavierunterrichts galt. – Die Geschichte der F. im 17. Jh. vollzog sich in anderen europäischen Ländern. In England formte sich unter dieser Bezeichnung eine eigenständige Tradition (→ Fancy). Die französischen F.n wurden um 1610 zumeist in Stimmen verbreitet; den F.n von E. du Caurroy liegen überwiegend vokale Themen zugrunde. Zwei Arten von F.n schrieb der Niederländer J. P. Sweelinck: einerseits dicht gefügte, oft homophone Echostücke, wie sie ähnlich in Italien nachgewiesen sind, andererseits diminuierende und augmentierende, durch Zwischenspiele gegliederte Durchführungen eines Themas, wobei kolorierende Gegenstimmen den Einfluß der englischen »Virginalisten« verraten. – In Deutschland war die F. für ein Ensemble von Musikern zunächst gleichfalls an englischen Vorbildern orientiert, während die Klavier- und Orgel-F. aus Italien und von Sweelinck die stärksten Anregungen empfing. H. L. Haßlers umfangreiche Hexachord-F.

Fantasie

beruht wohl vorwiegend auf südlichen Traditionen. Wie Frescobaldi hat sein Schüler J. J. Froberger die Satzüberschriften als Stilbezeichnungen aufgefaßt. Die F. steht dabei der altertümlichen Gravität des Ricercars näher als der Modernität von Toccata, Capriccio und Canzona. S. Scheidt (1624) und J. U. Steigleder (1626) wählten den Ausdruck F. je einmal für Bearbeitungen deutscher Kirchenlieder. Die vielgliedrige Choral-F., in den Quellen zumeist nur durch den Anfang des Liedtextes angekündigt, wurde wenig später zu einer Spezialität deutscher Organisten. Für die imitierende Behandlung eines freien Themas bürgerte sich allmählich der Name → Fuga ein; die F. hingegen fand wieder Anschluß an freiere Techniken. Sie paßte sich dem Stil des zeitgenössischen Präludiums an (J. Pachelbel), machte sich die Ritornellform des Concertos zu eigen (J. Krieger 1697) und verband sich, zum Teil noch fugierend, mit den Galanteriestücken der Suite (G. Muffat 1739). Telemann verwendet den Begriff F. für mehrsätzige oder mehrteilige selbständige Kompositionen, die von einem Instrument allein auszuführen sind (Klavier, Flöte, Violine). Auf einer anderen Ebene stehen die F.n von J. S. Bach durch ihre Sinnfülle, ihre Expressivität und durch ihre alle Möglichkeiten der damaligen Orgeln und Klaviere ausnutzende Virtuosität. Meist folgt ihnen eine Fuge. Die *Chromatische F.* (BWV 903) enthält ein ausdrücklich so genanntes Rezitativ. Dieses Stück wirkt *wie eine erschütternde Szene* (Ph. Spitta). Es gewann besondere Bedeutung für C. Ph. E. Bach, dessen rezitativische C moll-F. von 1753 der Dichter H. W. v. Gerstenberg durch Textunterlegung zu deuten versuchte. In seinen *Freien F.n* (1783, 1785) hat C. Ph. E. Bach Stilelemente der Toccata und des Präludiums verarbeitet und um kantable, taktmäßig geordnete Mittelpunkte gruppiert. Das Fehlen von Taktstrichen in den von unruhigen einstimmigen Läufen beherrschten Partien und die generalbaßartigen Skizzierungen darin mit der Vorschrift arpeggio zeigen, wie stark noch mit Improvisation und freier Gestaltung durch den Spieler gerechnet wurde. 1787 traten dann rondohaft geglättete Formen an die Stelle dieser rhapsodischen Gebilde. – Für die Klassik war die F. von geringerer Bedeutung. W. A. Mozarts Klavier-F.n D moll K.-V. 397 und C moll K.-V. 475 sind kleine »durchkomponierte« Zyklen, kontrastreich, teilweise ohne Bindung an einen Takt und verhältnismäßig weit entfernt vom tonalen Zentrum. Dem Überlieferungsbefund zufolge konnten sie als Einleitungsstücke verwendet werden. Die formale Ungebundenheit der F. wird im Werk Beethovens abermals deutlich. In seiner Klavier-F. G moll op. 77 läßt die gleichsam improvisatorische Reihung musikalischer Gedanken das Schlußallegretto erst spät eintreten, während in der F. für Kl., Chor und Orch. C moll op. 80 nach einer solistischen Einleitung das teils rezitativische, teils in Art von Variationen angelegte, schließlich hymnische Finale eindeutig im Vordergrund steht. Beethovens Klaviersonaten op. 27 Nr 1 und 2 tragen den Untertitel *quasi una fantasia*, weil ihre Sätze den herkömmlichen Bauplänen widersprechen und weil ihre Satzgrenzen zu verfließen beginnen. – Eine Fülle von offenen und versteckten Beziehungen verbindet die einzelnen Teile der romantischen F., obwohl Schuberts große F.n (op. 15 für Kl.; op. 103 für Kl. zu vier Händen; op. 159 für V. und Kl.) noch eine traditionell viersätzige Anlage und Mendelssohn Bartholdys Klavier-F. Fis moll op. 28 Rudimente der Sonatensatzform erkennen lassen. Bei Schubert werden die thematischen Beziehungen deutlich formuliert; bei Schumann sind sie oft *mehr zu ahnen als klar zu erfassen* (M. Friedland), z. B. in der Klavier-F. C dur op. 17 (mit dem Motto Fr. Schlegels). Schumanns F.-Stücke op. 16 (*Kreisleriana*) und op. 12 setzen sich aus musikalisch abgeschlossenen Sätzen zusammen, die sich als poetische Bilder gegenseitig ergänzen und bedingen. Diesem romantischen Reihungstyp ist noch Brahms (op. 116, 1892) verpflichtet, während Chopins F. F moll (op. 49, 1842) dem zyklischen Prinzip folgt. – Die F. in der 2. Hälfte des 19. Jh. bezieht sich nicht mehr auf die Sonate, sondern vorwiegend auf die Technik der Variation. Das zeigt sich sowohl in dem überaus populären Genre der sogenannten Opern-F. für Klavier, die durch S. Thalberg und Fr. Liszt auf eine künstlerische Höhe gebracht wurde, als auch an M. Regers monumentalen Choral-F.n. – Obwohl die F. eng mit dem Klavier verbunden bleibt – C. Czernys *Anleitung zum Fantasieren* (op. 200) bemüht sich wie in alter Zeit formelhaft systematisch um das pianistische Stegreifspiel –, wurde sie seit S. v. Neukomm (op. 9, 11 und 27, 1807, 1810, 1821) auch auf Orchestermusik angewendet. R. Schumanns 4. Symphonie (op. 120) hieß in ihrer ersten Fassung (1841) *Symphonische F*. Unter dieser Bezeichnung und unter dem Titel Rhapsodie charakterisierte man etwa zwischen 1860 und 1920 auch fremde Völker und Länder, meist im Anschluß an ein charakteristisches Lied. Auf diesem Gebiet waren russische Komponisten (A. Glasunow, M. Balakirew u. a.) führend. – Nach 1920 erschien der Begriff F. einer Generation, die neue Bindungen suchte, zu vage. Erst nachdem solche Orientierungspunkte gefunden waren, wirkte die F. wieder sinnvoll (E. Pepping, F.n für Kl., 1945; A. Schönberg, F. für V. und Kl. op. 47, 1949; W. Fortner, *Phantasie über die Tonfolge b-a-c-h* für 2 Kl., 9 Soloinstr. und Orch., 1950).

Lit.: Fr. CHRYSANDER, Eine Kl.-Phantasie v. C. Ph. E. Bach, VfMw VII, 1891; O. DEFFNER, Über d. Entwicklung d. F. f. Tasten-Instr. (bis J. P. Sweelinck), Diss. Kiel 1927; P. HAMBURGER, Die F. in E. Adriansens Pratum musicum (1600), ZfMw XII, 1929/30; M. FRIEDLAND, Personlichkeitsstil in d. Variationswerken d. mus. Romantik, = Slg mw. Einzeldarstellungen XIV, Lpz. 1930; E. H. MEYER, Die mehrst. Spielmusik d. 17. Jh., = Heidelberger Studien zur Mw. II, Kassel 1934; E. T. FERAND, Die Improvisation in d. Musik, Zürich (1938); M. REIMANN, Zur Deutung d. Begriffs Fantasia, AfMw X, 1953; R. M. MURPHY, Fantasia and Ricercare in the 16th Cent., Diss. Yale Univ. (Conn.) 1954, maschr.; DERS., Fantaisie et Recercare dans les premières tablatures de luth du XVIe s., in: Le luth et sa musique, hrsg. v. J. Jacquot, Paris 1958; H. H. EGGEBRECHT, Studien zur mus. Terminologie, = Akad. d. Wiss. u. d. Lit. Mainz, Abh. d. geistes- u. sozialwiss. Klasse, Jg. 1955, Nr 10; D. LAUNAY, La f. en France jusqu'au milieu du XVIIe s., in: La musique instr. de la Renaissance, hrsg. v. J. JACQUOT, Paris 1955; D. PRESSER, Die Opernbearb. d. 19. Jh., AfMw XII, 1955; E. A. WIENANDT, D. Kellner's Lautenbuch (1747), JAMS X, 1957; A. COHEN, The Evolution of the F. and Works in Related Styles in the 17th Cent. Instr. Ensemble Music of France and the Low Countries, Diss. NY Univ. 1959, maschr.; DERS., The Fantaisie for Instr. Ensemble in 17th Cent. France, MQ XLVIII, 1962; H. C. SLIM, The Keyboard Ricercar and F. in Italy, c. 1500–1550, with Reference to Parallel Forms in European Lute Music of the Same Period, Diss. Harvard Univ. 1960, maschr.; D. T. KELLY, The Instr. Ensemble Fantasias of A. Banchieri, Diss. Florida State Univ. 1962, maschr.; G. v. NOÉ, Der Strukturwandel d. zyklischen Sonatenform, NZfM CXXV, 1964. WB

Farandole (farãd'ɔl, frz.; prov. farandoulo), ein sehr alter, noch heute lebendiger südfranzösisch-provenzalischer Kettentanz, an dem Männer und Frauen teilnehmen. Er verläuft im 6/8-Takt und wird von einem Spieler mit Einhandflöte und Tamburin begleitet. – Gounod bringt die F. in *Mireille*, Bizet in *L'Arlésienne*. Auch d'Indy, Pierné und Milhaud haben sie verwendet.

Lit.: A. MATHIEU, La farandoulo, Avignon 1861; J. BAUMEL, Les danses populaires, les f., les rondes, les jeux chorégraphiques et les ballets du Languedoc méditerranéen, Paris 1958.

Farbenhören (engl. colour hearing; frz. audition colorée). Daß Farbe und Ton, allgemeiner: Gesicht und Gehör in Beziehung stehen, ist nicht, wie lange geglaubt wurde, eine mehr oder minder phantastische ästhetizistische Konstruktion der Romantik und des Symbolismus oder das Resultat einer abwegigen Sonderveranlagung einiger weniger. Vielmehr findet sich das funktionelle Zusammengehen beider »kosmischen« Sinne als psychologische Erscheinung nicht selten in mehr oder minder ausgesprochener Form bei Einzelpersonen als F. und Tönesehen. Ein Beispiel für F., noch ohne daß das psychologische Phänomen erkannt wäre, gibt schon J. Locke (1690); ausdrücklich wird das F. erst von dem englischen Augenarzt J. Th. Woolhouse († 1734) beschrieben (Trompetenklang erscheint »rot«). Andererseits ist die Auffassung von der Einheit der Sinne – nicht allein von Gesicht und Gehör – schon im Altertum bei den Chinesen, Indern, Persern und Arabern, Babyloniern, Ägyptern und Juden belegt. So lehren die Veden im Zusammenhang ausgedehnter und verschlungener zahlenmystischer Spekulationen die Entsprechung von Metren, Tönen und Tonarten mit Farben auf Grund der als kosmisch geltenden Siebenzahl, wobei teils je 7 konkrete Farben konkreten diatonischen Leitern, teils aber überhaupt Farben nach Belieben zugeordnet werden. Ähnliche Farbentonleitern finden sich bei Persern und Arabern bis zu den neuzeitlichen Entdeckern der → Farbenmusik. Aber auch Vokalfarben, die von A. W. Schlegel über Rimbaud bis zu E. Jünger in der Literatur beliebt sind, haben Vorgänger im Altertum. Der Versuch, die eine oder die andere dieser Farbentonleitern (oder Vokalspektren) als objektiv gültig zu etablieren, mußte der Natur der Sache nach scheitern. Vielmehr haben die mit dem F. Begabten ihre Photismen (»Sichtgebilde«) je individuell verschieden, und auch die akustischen Gegenstände, auf die die Farben jeweils bezogen sind, differieren sehr oft. Desgleichen ist der Grad der Eindringlichkeit und Verbindlichkeit, der sinnlichen Lebhaftigkeit und Frische der Photismen individuell sehr verschieden: von bloßen relativ blassen, oft auch veränderlichen Vorstellungen bis zu unmittelbar empfindungsmäßigen »eidetischen Anschauungsbildern« (E. R. Jaensch), die sich konstant aufdrängen und nicht abweisen lassen. Manche Farbenhörer haben überhaupt nur eine einzige Farbe für einen einzigen Ton oder Akkord oder Vokal, andere eine reichhaltige Palette von Klangphotismen, d. h. Farben für Timbres, wieder andere haben regelrechte Systeme von Ton- und Tonartfarben bis zu vollständigen chromatischen Oktaven samt enharmonischen Varianten, Schattierungen je nach Oktavlage usw. Bei einem ganz andersartigen Typ gehen die Farben nicht analytisch von einzelnen Tönen und dergleichen aus, sondern von ganzen Musikstücken, mit denen anschaulich gesehene Gemälde verbunden werden, was Anschütz (1925) als »komplexe musikalische Synopsie« beschrieben und als einen besonderen Typ des F.s klassifiziert hat. Ein erstaunliches Beispiel systematisch-analytischer Art haben schon R. Lach 1903 an sich selbst und R. Wallaschek 1905 an Lach beschrieben, ein anderes noch 1948 Handschin an J. Kunst. Besonders häufig finden sich solche Farbensysteme bei Personen mit Absolutem Gehör, zu denen gerade auch die Genannten zählen. Wellek fand (1938) unter 65 Absoluthörern 21 Farbenhörer verschiedensten Grades, darunter 9 Fälle mit Tonfarbensystemen, vollständig mindestens für die 12 Töne oder Tonarten (oder beides), mehrfach auch mit enharmonischen Varianten. Manche von diesen Absoluthörern, so Lach, bedienen sich der Farbe als eines Mittels oder Kriteriums der absoluten Tonerkennung, und dies nach eigener Beobachtung wie auch nach dem objektiven Kriterium der Fehlerneigung. Bei Lach verblaßte das in der Jugend »eidetisch« eindringliche, sehr komplizierte Ton- und Tonartfarbensystem in reiferen Jahren, und damit zugleich schwand auch das ursprünglich sichere Absolute Gehör. Es gibt also einen »synoptischen Typ des Absoluten Gehörs« (Wellek). Auch unter Blinden (Erblindeten) sind solche Fälle häufig. In reiner Form, wie im Falle Lach, stellt sich der Universal-Synästhetiker heraus, der alles mit allem verbindet und in Farben (Photismen) sieht: nicht bloß Töne, Klangfarben, Akkorde, Sprachlaute, sondern auch Düfte, Geschmäcke, Schmerz- und Temperaturempfindungen, ja Abstrakta wie Zahlen, Wochentage, ferner Personen, Tiere usw., und der gleicherweise alles in oder mit Klängen hört (Phonismen). – Die unmittelbare, nicht ästhetisch begründete Neigung zu Tonmalerei und Programmusik steht mit dem musikalischen Synästhetikertyp in Zusammenhang. Man muß die Sonderphänomene der Synästhetiker in Verbindung sehen mit den ursprünglichen, allgemeinmenschlichen Entsprechungen zwischen verschiedenen Sinnesbereichen, wie sie von Wellek als »Ursynästhesien« oder Ur-Entsprechungen systematisiert wurden. Solche finden sich in den sprachlichen Bezeichnungen der Töne und Laute als hell, klar, hoch, scharf, dünn, spitz, leicht usw. (samt dem Gegenteil) und auch schon in alter Mythologie und Philosophie, wie bei Platon und Aristoteles. Aus dem Tönesehen im Sinne solcher Urentsprechungen ist über die Cheironomie die ursprünglich weitgehend anschauliche Neumennotation und schließlich unsere gegenwärtige Notenschrift hervorgegangen.

Lit.: J. LOCKE, An Essay Concerning Human Understanding, London 1690 (III, 4); G. T. L. SACHS, Hist. naturalis duorum leucaethiopum auctoris ipsius et sororis eius, Diss. med. Erlangen 1812; E. BLEULER u. K. LEHMANN, Zwangsmäßige Lichtempfindungen durch Schall u. verwandte Erscheinungen auf d. Gebiete d. anderen Sinnesempfindungen, Lpz. 1881; TH. FLOURNOY, Des phénomènes de synopsie (audition colorée), Paris u. Genf 1893; R. LACH, Über einen interessanten Spezialfall v. »Audition colorée«, SIMG IV, 1902/03; R. WALLASCHEK, Psychologie u. Pathologie d. Vorstellung, Lpz. 1905; G. ANSCHÜTZ, Untersuchungen zur Analyse mus. Photismen, Arch. f. d. gesamte Psychologie LI, 1925; DERS., Untersuchungen über komplexe mus. Synopsie, ebenda LIV, 1926; DERS., Farbe-Ton-Forschungen, 3 Bde, Lpz. 1927, Hbg 1936 u. 1931; DERS., Das Farbe-Ton-Problem im psychischen Gesamtbereich, = Deutsche Psychologie V, 5, Halle 1929; DERS., Psychologie, Hbg 1953; FR. MAHLING, Das Problem d. »Audition colorée«, Arch. f. d. gesamte Psychologie LVII, 1926, u. in: G. Anschütz, Farbe-Ton-Forschungen I, Lpz. 1927; A. WELLEK, Das F. im Lichte d. vergleichenden Mw., ZfMw XI, 1928/29; DERS., Das Doppelempfinden in d. Geistesgesch., Zs. f. Ästhetik u. allgemeine Kunstwiss. XXIII, 1929; DERS., Der Sprachgeist als Doppelempfinder, ebenda XXV, 1931; DERS., Zur Gesch. u. Kritik d. Synästhesie-Forschung (mit Bibliogr.), Arch. f. d. gesamte Psychologie LXXIX, 1931; DERS., Das Doppelempfinden im abendländischen Altertum in d. MA, ebenda LXXX, 1931; DERS., Renaissance- u. Barock-Synästhesie, DVjs. IX, 1931; DERS., Die Entwicklung unserer Notenschrift aus d. Tönesehen, AMI IV, 1932; DERS., Das Doppelempfinden im 18. Jh., DVjs. XIV, 1936; DERS., Das Absolute Gehör u. seine Typen, = Zs. f. angewandte Psychologie u. Charakterkunde, Beih. LXXXIII, Lpz. 1938; DERS., Musikpsychologie u. Musikästhetik, Ffm. 1963; G. RÉVÉSZ, Einführung in d. Musikpsychologie, Bern 1946; J. HANDSCHIN, Der Toncharakter, Zürich (1948); J. AMORÓS, El problema de las relaciones subjetivas entre colores y sonidos, Fs. H. Anglès I, Barcelona 1958–61. AW

Farbenmusik meint eine besondere Art von Kunstsynthese oder »Gesamtkunstwerk«, worin Musikstücke mit Farbdarbietungen verbunden werden. Psychologische Grundlage ist das → Farbenhören und Tönesehen. Voraussetzung bei der F. ist allerdings, daß hier nicht wie bei den eigentlichen Farbenhörern oder Synästhetikern eine enge subjektive Bindung an bestimmte Farbe-Ton-Entsprechungen besteht, sondern daß in spielerischer Weise und nach ästhetischem Belieben über solche Zusammenhänge verfügt wird und diese abgewandelt werden können. Aus der alten Vorstellung von einer Sphärenharmonie oder Sphärenmusik, in der das farblose Licht als klingend gedacht war, ist die Idee einer Farbenharmonie und F. in der farbenfreudigen Barockepoche entstanden, zunächst bei A. Kircher und, von diesem angeregt, in wissenschaftlicher Begründung in der Optik von Newton. Von beiden ging um 1722 der französische Mathematiker L. B. Castel aus, indem er ein Farbenklavier und andere Farbeninstrumente zu konstruieren versuchte. Kurz nach dessen Tode (1757) hat ein anonymer englischer Jünger (vermutlich A. Morley) in London die Konstruktion eines Ocular harpsichord zustande gebracht und wohl auch vorgeführt. Dieses Augenklavier bestand aus einem Kasten, der auf ein normales Klavier vorn aufgesetzt wurde und mehrere hundert Lämpchen enthielt, die durch mechanische Koppelung mit dem Anschlag der Taste zum Aufleuchten gebracht wurden. Der Gedanke des Farbenklaviers wurde schon zu Lebzeiten Castels (z. B. durch Telemann 1738) und seither vielfältig diskutiert, teils gepriesen, teils lächerlich gemacht; er hat zu der in der Romantik zur Hochblüte gelangenden literarischen Mode der Synästhesien nicht unwesentlich beigetragen. Goethe äußerte sich in der Farbenlehre überwiegend kritisch zur F. Bereits seit Castel und Newton geht der Streit vor allem um die richtige Zuordnung der »richtigen« Tonleiter zu den Grundfarben des Spektrums. Newton hatte die Farben von Rot bis Violett der dorischen Leiter, d. h. deren Intervallen zugeordnet, während Castel die Töne der C dur-Tonleiter mit Blau beginnen und über Gelb und Rot mit Violett (bei h) schließen ließ, ein Streit, der sich der Natur der Sache nach nicht objektiv entscheiden läßt. Andererseits war schon Castel selbst von dem Ungenügen einer bloßen kaleidoskopartigen Farbenfolge überzeugt und darauf bedacht, ein ganzes Orchester von Farbeninstrumenten in seiner Phantasie zu projektieren. Das 19. Jh., obwohl es die Programmusik und das »Gesamtkunstwerk« zum Höhepunkt führte und in ersterer auch Vertonungen von Gemälden versuchte (Liszt, Mussorgskij, Reger u. a.), hat diese Entwicklung nicht weiter gefördert. Erst A. Skrjabin wollte seinen *Prométhée* (*Le Poème du feu*) von einem Clavier à lumières begleiten lassen. Für dieses auch damals noch hypothetische Instrument notierte er in der Partitur eine Stimme in gewöhnlichen Noten, deren Farbenbedeutung nicht ganz widerspruchsfrei überliefert ist. Zur Durchführung kam dieses Vorhaben erst nach seinem Tode bei einer Aufführung in New York (1916), wobei für die Farbentonleiter ein Vorschlag des Engländers A. Wallace Rimington verwendet wurde. Von da an mehrten sich Versuche ähnlicher Art, die bald auch die »analytisch-synoptische« mechanische Abhängigkeit der Farben von Einzeltönen abstreiften und zu selbständigen Farbenkompositionen, nach Art von zeitlich wandelbaren Gemälden, übergingen. Einen wissenschaftlich ambitionierten Vorschlag in dieser Richtung machte der Psychologe R. H. Goldschmidt mit seinen »Farbwandelspielen« (1928), die ein gestaltfreies »Lichtnebelgewoge« bieten sollten. Hier, wie auch schon bei der Farbenorgel von A. Lapp, wird auf eine Verbindung mit Musik nicht Wert gelegt, sondern – in höchst problematischer Absicht – eine reine, »absolute F.« als ein farbliches Analogon zur Musik angezielt. Neue Möglichkeiten eröffnete hier der Zeichentrickfilm, auch als Tonfilm, so zuerst durch die abstrakten Filme von O. und H. Fischinger in Berlin, vor allem dann durch Walt Disney. Weniger beachtenswert ist der 1925 von dem ungarischen Pianisten A. László angebotene Versuch eines »Farblichtklaviers«, wobei allerdings bloß ein gewöhnliches Klavier mit einem Lichtbildprojektor gekoppelt wurde, immerhin ebenfalls losgelöst von einer Umsetzung einzelner Töne in feststehende einzelne Farben. – In großer Anzahl gibt es Versuche, eine Verknüpfung von Tönen mit Farben gehörbildnerisch fruchtbar zu machen, besonders zur Anerziehung eines Absoluten Gehörs, so in den USA von E. Maryon (1924), in England von Louise Gros schon während des 1. Weltkriegs, ebenso auch in Deutschland.

Lit.: A. KIRCHER, Magnes, sive de arte magnetica, Rom 1641; DERS., Musurgia universalis, Rom 1650, ²1690, 2 Bde; DERS., Phonurgia nova, sive conjugium mechanico-physicum artis et naturae ..., Campidone 1673; I. NEWTON, Opticks II, London 1704, deutsch Lpz. 1898; J. L. HOFFMANN, Versuch einer Gesch. d. mahlerischen Harmonie überhaupt u. d. Farbenharmonie insbesondere, Halle 1786; A. W. RIMINGTON, Colour-Music, London 1912; E. MARYON, Marco-Tone. The Art of Tone-Color, Boston 1924; A. LÁSZLÓ, Die Farblichtmusik, Lpz. 1925; R. H. GOLDSCHMIDT, Postulat d. Farbwandelspiele, Sb. Heidelberg VI, 1928; A. WELLEK, Synästhesie u. Synthese bei R. Wagner, Bayreuther Blätter LII, 1929; DERS., Beitr. zum Synästhesie-Problem, Arch. f. d. gesamte Psychologie LXXVI, 1930; DERS., Das homophone u. kontrapunktierende Farbengehör u. Farbenkl., ZfM XCVII, 1930; DERS., Farbenharmonie u. Farbenkl. Ihre Entstehungsgesch. im 18. Jh., Arch. f. d. gesamte Psychologie XCIV, 1935; G. ANSCHÜTZ, Abriß d. Musikästhetik, Lpz. 1930; L. HIRSCHFELD, ZD. PEŠÁNEK, A. v. VIETINGHOFF-SCHEEL, O. FISCHINGER, H. GRAHL u. a., in: G. Anschütz, Farbe-Ton-Forschungen III, Hbg 1931. AW

Farce (fars, frz., von lat. farcire, stopfen, einlegen; ital. und span. farsa), – 1) Bezeichnung für eine Art des → Tropus (besonders in der Epistel). – 2) Im Mittelalter wurde in Frankreich mit F. zunächst ein komisches Zwischenspiel bezeichnet, im 14.–16. Jh. ein kurzes (bis zu 500 Verse) selbständiges Bühnenstück mit eingelegten bekannten Chansons (in den Textsammlungen sind meist nur die Incipits überliefert). Die F., die als Vorform des späteren französischen Comédie-vaudeville betrachtet werden kann, verbreitete sich im 16. Jh. auch in Spanien, Italien und England; dagegen wurde die Bezeichnung in der deutschen Literatur erst seit der Sturm-und-Drang-Zeit übernommen, hier gleichbedeutend mit Posse. Im späten 18. und frühen 19. Jh. kann auch eine kurze, meist einaktige Opera buffa Farsa heißen. Solche Farse komponierten u. a. Cimarosa (*L'impresario in angustie*, Neapel 1786), Paer, Paisiello und Rossini (*Il Signor Bruschino*, Venedig 1813). Wie in der Opera buffa dieser Zeit gab es in der F. neben komischen Stücken solche mit ernsten und rührenden Zügen (F. sentimentale, auch F. lagrimosa).

Ausg.: zu 2): FR. MICHEL u. A.-J.-V. LE ROUX DE LINCY, Recueil de f., moralités et sermons joyeux, 4 Bde, Paris 1831–38; E. PICOT u. P. PYROP, Nouveau recueil de f. frç., Paris 1880; P. AEBISCHER, Trois f. frç. inédites trouvées à Fribourg, Paris 1925; Recueil de f. inédites du XVᵉ s., hrsg. v. G. COHEN, Cambridge (Mass.) 1949.

Lit.: zu 2): L. PETIT DE JULLEVILLE, Répertoire du théâtre comique en France au moyen-âge, Paris 1886; DERS., La comédie et les mœurs en France au moyen-âge, Paris 1886; A. BENEKE, Das Repertoire u. d. Quellen d. frz. F., Diss. Jena 1910; A. WIEDENHOFER, Beitr. zur Entwicklungsgesch. d. frz. F., Diss. Münster i. W. 1913; F. NERI, F.: Interludia,

Lucca 1916, Neudruck in: Fabrilia, Turin 1930; W. KLEMM, Die engl. F. im 19. Jh., Diss. Basel 1946; J. MAXWELL, French F. and J. Heywood, London u. Melbourne 1946; G. COHEN, Etudes d'hist. du théâtre en France au moyen âge et à la Renaissance, Paris 1956; R. L. L. HUGHES, A Cent. of Engl. F., Princeton (N. J.) 1956.

Fasola, während des 17.–18. Jh. in England und Amerika verbreitetes Tonsilbensystem zur Aufzeichnung einfacher Melodien. F. berücksichtigt ausschließlich das Durgeschlecht, das durch vier guidonische Solmisationssilben wiedergegeben wurde (fa sol la fa sol la mi). Als Buchstabennotierung (F S L M), später auch als Notation mit eigenen Notentypen (◊ ◊ ◊ ◊), wurde F. gelegentlich in Kirchengesangbüchern angewendet.

Lit.: W. TH. MARROCCO, The Notation in American Sacred Music Collections, AMl XXXVI, 1964.

Faulenzer → Abbreviaturen (– 3).

Fauxbourdon (foburdõ, frz.; ital. falsobordone) tritt als Terminus zuerst in kontinentalen Handschriften um 1430 (also etwa gleichzeitig mit dem englischen → Faburden) im Sinne einer Anweisung (→ Kanon – 3) auf, die besagt, daß ein zweistimmig in Stimmen notierter Satz, der Sexten bzw. Oktaven zwischen Oberstimmen-C. f. und Tenor bildet, durch eine zum C. f. unterquartparallele Mittelstimme zu ergänzen ist. *Si trinum queras / a summo tolle figuras // Et simul incipito / dyatessaron insuebundo*, lauten die den F.-Vermerk erläuternden Reimverse bei Dufays *Postcommunio* der *Missa S. Jacobi* in der Handschrift *BL* (→ Quellen), Nr 119.

Dieser 3st. Satz mit F. ist – im Gegensatz zum englischen Satz mit Faburden – eine Res facta. Seine Notierungsweise verrät kontrapunktisches Denken, indem die von der Theorie der Zeit verbotenen Quartenparallelen in der Notation nicht aufscheinen, sondern durch Ableitung der Mittelstimme von der Oberstimme mittels eines Kanons eingeführt werden. Bei Diskantlage des meist kolorierten, überwiegend oktavtransponierten C. f. deckt der Tenor die Quarten zwischen den Oberstimmen durch die Sexten und Oktaven zum Diskant. Dies ergibt die charakteristische einfache Klangtechnik auf der Grundlage nur zweier Akkorde, mit dem Hervortreten der imperfekten Terz-Sext-Klänge (in der Frühzeit bis zu 5; später in langen Ketten) zwischen den maßgebenden perfekten Quint-Oktav-Klängen; zugleich resultiert rhythmisch ein Satz fast Note gegen Note, verbunden mit nahezu syllabischer Deklamation (in der Frühzeit auch größere melismatische Partien); beides bewirkt eine weitgehende Parallelität aller Stimmen. Der Satztyp ist daher stark vom Klanglichen bestimmt, die selbständige Stimmführung – Kennzeichen der Polyphonie der Zeit – tritt zurück hinter dem homogenen Verlauf der im akkordlichen Satz aufgehenden, wenn auch linear gestalteten Stimmen. Allerdings figurieren gerade in einigen frühen Werken mit F. (z. B. in Dufays *Postcommunio*) Diskant und Tenor rhythmisch unabhängig, wobei auch ungedeckte Quarten entstehen; die Entwicklung führt aber zur Angleichung der Stimmen (Besselers »Sing-F.«). In manchen Werken (z. B. Dufays Hymnus *Iste confessor*, *BL*, Nachtrag, 313) kontrastieren zeilenweise einfacher akkordischer Satz und rhythmisch freie Führung der Außenstimmen (mit Vorhaltsbildungen u. a.). Merkmal früher Kompositionen mit F. ist auch der häufige Quartfall des Tenors – vor allem in Kadenzen – bei abwärts schreitendem Diskant (z. B. in Dufays *Postcommunio*, Lymburgias Marienantiphon *Regina celi letare*, *BL* 199, Binchois' Hymnus *Ut queant laxis*; typisch auch insgesamt für den englischen Stegreifsatz mit Faburden bei unkoloriertem C. f.), was später durch Diskantkolorierung (Unterterzklausel) vermieden wird. Die seit der 2. Hälfte des 15. Jh. (z. B. in *ModC*, → Quellen) belegte und von Guilelmus Monachus (um 1480) beschriebene Erweiterung des F.-Satzes durch einen Contratenor bassus zur grundtönigen Vierstimmigkeit (wobei mit dem Fortfall der Kanonnotation der strengen Quartenparallelen zum Teil aufgegeben werden, das Sext-Oktav-Verhältnis von Diskant und Tenor aber durchscheint) bezeichnet das Ende der Blütezeit des F. Der akkordliche Satz findet seine Fortsetzung im → Falsobordone. Die folgenden Jahrhunderte trennen nicht scharf zwischen F. und Falsobordone; der F. ist hier oft nur Sonderfall des Falsobordone. In der Barockzeit gilt der F. auch als musikalische Figur (Burmeister 1606, Thuringus 1625).

Die Werke mit F. bilden mit etwa 170 Kompositionen nur einen kleinen Teil des Gesamtrepertoires des 15. Jh. Die Komponisten sind an diesem Bestand je nach dem Umfang ihres Schaffens und dem Stand der Überlieferung (die zentralen burgundischen Handschriften z. B. sind verloren) beteiligt, so Dufay mit 24, N. de Merques, Binchois, Brassart und Roullet mit je 6, A. Janue und Lymburgia mit je 5 Werken. Diese »F.-Stücke« (Besseler) sind zum Teil selbständige Kompositionen meist kleinerer, volkstümlicher liturgischer Gattungen oder Vertonungen einzelner ihrer Verse (z. B. Hymnen, Psalmen, Magnificat, Introitus, Antiphonen, Sequenzen), zum Teil Abschnitte in liturgischen Werken (z. B. in Messesätzen), selten Teile nichtliturgischer Kompositionen (z. B. in Motetten). Ob die zahlreichen zweistimmigen, ohne F.-Anweisung überlieferten Sätze auf der Grundlage von Sexten und Oktaven in Handschriften des 15. Jh. ebenfalls F.-Sätze sind, oder aber originär zweistimmig (was die Darstellung des 2st. → Gymel als einer dem F. verwandten Kompositionsart bei Guilelmus Monachus nahelegt), ist nicht geklärt. Immerhin ist der Hymnus *Ut queant laxis* von Binchois (Marix 226; J. Wolf, *Sing- und Spielmusik aus älterer Zeit*, Leipzig 1926, Nr 13) sowohl als F.-Stück (Venedig, Bibl. Marc. IX, 145, 25; in singulärer Weise mit zu ergänzender Oberstimme) als auch in einer diesem F.-Satz entsprechenden 2st. Form ohne F.-Vermerk (*Em* 171) überliefert. – Früheste Aufzeichnungen von Wort und Sache F. bietet die oberitalienische Handschrift *BL* mit 2 Werken (Dufays *Postcommunio*, Lymburgias *Regina celi letare*) im Corpus und 16 Werken (Dufay 9, Lymburgia 5, Feraguti 2) im Nachtrag; es folgen als zentrale → Quellen: *Em*, *Ao*, *ModB*, *Tr 87*, *Tr 92*, *Tr 90*, *ModC*, *CS 15*. Ort (beim Tenor oder Diskant) und Wortlaut (*f.*, *au f.*, *a f.*) des Vermerks sind in den Handschriften nicht einheitlich. Zwar überwiegt in *BL* die Stellung beim Tenor in der Form *Tenor au(x) f.* (»Tenor mit F.«; daher bezieht sich das Wort wohl nicht auf den Tenor selbst), später aber (z. B. in *ModB*) heißt es meist *Tenor a f.* (wohl: »auf F.-Art«); gerade die zwei frühesten Aufzeichnungen in *BL* (beide vom Schreiber A) haben *Tenor f.*, und in Dufays Motette *Supremum est*, *BL* (Nachtrag) 168, stehen *aux f.* oder *f.* immer beim Diskant (wie auch häufig in *Ao*). In literarischen Quellen begegnet das Wort seit der Mitte des 15. Jh. (z. B. bei Charles d'Orléans 1459/60); in der Musiktheorie tritt es erst in der 2. Jahrhunderthälfte auf (Tinctoris 1477, Guilelmus Monachus um 1480). – Im liturgischen und kompositorischen Zusammenhang wird der Satz mit F. durchweg als Kontrast eingesetzt: im Wechsel mit 1st. Gesang für Einzelverse, z. B. in Hymnen Dufays; alternierend mit anderen Satzweisen polyphonen Charakters, z. B. in Dufays Kyrie *Orbis factor* (GA IV, 11) für eine Christe-Anrufung; in Dufays dreistimmiger isorhythmischer Motette *Supremum est* (GA II, 5; DTÖ LXXVI, 24 und 100) anstelle des »motettischen Duos« zu Beginn und an Gliederungspunkten, hier als F.-Satz mit 2 Diskanten (Teilung der Oberstimme in der Art des Gymel) und Contratenor (bei pausierendem Tenor). Alternierender Praxis dienen auch die zu F.-Sätzen komponierten Contratenores *sine f.* Lymburgias Hymnus *Magne dies leticie*, *BL* (Nachtrag) 282, z. B. hat zum Vers *Puer in fide* einen 3st. Satz mit Diskant, Tenor und vagierendem Contratenor; statt des Contra kann bei gleichbleibenden Gerüststimmen *si placet* die F.-Mittelstimme eintreten. Hier besteht also Wechselmöglichkeit zwischen 1st. Cantus, 3st. Satz mit und 3st. Satz ohne F.

In einigen Fällen gibt es neben dem für den F.-Satz komponierten Tenor noch einen zweiten Tenor für den freien Satz, z. B. bei Binchois' Introitus *Salve sancta*, *Ao* 2, Dufays Hymnus *Exultet celum*, *BL* (Nachtrag) 311. Im Rahmen eines F.-Ausführung geeigneten Gerüstsatzes aber bestimmt die Eigenart der Mittelstimme, was Satz mit F. oder ohne F. ist. Der *Contratenor sine f.*, der bei hohen Tenortönen die sonst resultierenden Folgen von Terz-Sext-Klängen durch »Bassieren« im Sinne von Grundtönigkeit der Klänge unterbricht (Notenbeispiel, Mensur 2–3) und dabei einen Satz in weiter Lage in Art imperfekter englischer Klanglichkeit ergibt, nimmt bei tiefem »F.-Tenor« notwendig als Mittelstimme die Quarte unter dem Diskant ein; daher sind viele Abschnitte in beiden Setzweisen identisch, z. B. ergeben in Dufays Hymnus *Ave maris stella*, *BL* (Nachtrag) 304, 11 von 23 Mensuren des Satzes *sine f.* einen reinen F.-Satz. Die Bezeichnung F. scheint sich somit nicht auf den Tenor zu beziehen, sondern auf die besondere Art der Mittelstimme und vor allem auf den durch diese bewirkten strengen Quartenparallelismus. Ob nun F. zunächst eine Stimmbezeichnung für den speziellen Contratenor (→ Bordun) war (dann wäre *Contratenor sine f.* ein Widerspruch), oder sofort die später sicher belegte Bedeutung einer Setzweise (*modus f.* der Theoretiker) hatte, ist strittig. Auf jeden Fall steht die ungewöhnliche Quartenbehandlung im Mittelpunkt, der Kanon verweist darauf, die Theoretiker behandeln den F. jeweils im Kapitel über die Quarte als einen Sonderfall, auch die einzige zeitgenössische, wenn auch späte Namensdeutung bei Adam von Fulda (*quia tetrum reddit sonum*) erklärt ihn von der »häßlich klingenden« Quarte her. – Die geschichtliche Bedeutung des offenbar aus dem Einfluß englischer Klanglichkeit auf die festländische Polyphonie hervorgegangenen F. besteht vor allem in der Vermittlung eines spezifischen Klangsinns als neuer Komponente des Komponierens, die dann im »freien F.-Stil« auf der Grundlage der Sextenkopplung von Diskant und Tenor deutlich hervortritt und zugleich die spätere große Chorpolyphonie der franko-flämischen Schule vorbereitet. Das Abhängigkeitsverhältnis von F. und Faburden ist dabei schwer zu bestimmen: beide Belegreihen setzen etwa zur gleichen Zeit ein, das Alter der (dem F. klanglich gleichen) englischen volksläufigen Stegreifkunst ist nicht eindeutig zu klären. Auch ist sprachgeschichtlich nicht völlig sicher, ob F. eine Fehlwiedergabe von Faburden infolge Dialektlautung ist (Flasdieck) oder ob das englische Wort eine Übersetzung des französischen darstellen kann (Besseler). Immerhin wäre wichtig zu bemerken, daß sowohl die spanische als auch die deutsche Lautform (span. *fabordón* seit 1463 belegt; deutsch faburdon 1447 in H. Rosenplüts Gedicht auf C. Paumann, später auch für Orgelregister) dem englischen Idiom verpflichtet sind.

Ausg.: G. Dufay, Sämtliche Hymnen, hrsg. v. R. Gerber, Chw. LXIX, Wolfenbüttel 1937; J. Marix, Les musiciens de la cour de Bourgogne au XVᵉ s., Paris 1937.
Lit. (ausschließlich d. in → Faburden genannten): J. Tinctoris, De arte contrapuncti (1477), CS IV, 84f.; Guilelmus Monachus, De preceptis artis musice ..., CS III, 288f. u. 292f. (verbesserte Lesarten bei Bukofzer 1936 u. Trumble 1959), neu hrsg. v. A. Seay, CSM XI, 1965; Adam v. Fulda, De musica (1490), GS III, 352f.; Fl. de Faxolis, Liber musices (1495/96), teilweise hrsg. v. A. Seay, in: Musik u. Gesch., Fs. L. Schrade, Köln (1963); Fr. Gaffori, Practica musice, Mailand 1496, Buch I, Kap. 5; J. Galliculus, Isagoge ..., Lpz. 1520; G. M. Lanfranco, Le scintille di musica ..., Brescia 1533, S. 117; O. Luscinius, Musurgia ..., Straßburg 1536, Kap. 4, S. 91f.; H. Faber, Musica poetica (1548); A. P. Coclico, Compendium musices, Nürnberg 1552, Faks. hrsg. v. M. F. Bukofzer, = DMl I, 9, 1954, fol. 52; G. Zarlino, Istitutioni harmoniche, Venedig 1558, III, Cap. LXI; J. Burmeister, Musica poetica, Rostock 1606, Faks. hrsg. v. M. Ruhnke, = DMl I, 10, 1955, S. 65; Praetorius Synt. III, S. 9f.; J. Thuringus, Opusculum bipartitum de primordiis musicis, Bln 1625; WaltherL, Artikel Falsobordone; A. W. Ambros, Gesch. d. Musik, II–III, Breslau 1864–68; G. Adler, Studie zur Gesch. d. Harmonie, = Sb. Wien XCVIII, 3, 1881; A. Orel, Einige Grundformen d. Motettkomposition im 15. Jh., StMw VII, 1920; ders., Die mehrst. geistliche (kath.) Musik v. 1430–1600, Adler Hdb.; R. v. Ficker, Die frühen Messenkompositionen d. Trienter Codices, StMw XI, 1924; ders., Zur Schöpfungsgesch. d. F., AMl XXIII, 1951; ders., Epilog zum Faburdon, AMl XXV, 1953; ders., The Transition on the Continent, in: The New Oxford Hist. of Music, London 1960; Th. Kroyer, Die threnodische Bedeutung d. Quarte in d. Mensuralmusik, Kgr.-Ber. Basel 1924; H. Besseler, Die Musik d. MA u. d. Renaissance, Bücken Hdb.; ders., Der Ursprung d. F., Mf I, 1948; ders., Dufay, Schöpfer d. F., AMl XX, 1948; ders., Bourdon u. F., Lpz. 1950, dazu A. Schmitz in: Mf VI, 1953; ders., Tonalharmonik u. Vollklang. Eine Antwort an R. v. Ficker, AMl XXIV, 1952; ders., Das Neue in d. Musik d. 15. Jh., AMl XXVI, 1954; ders., Artikel Dufay u. F., in: MGG III, 1954; ders., Das Ergebnis d. Diskussion über »F.«, AMl XXIX, 1957; ders., Dufay in Rom, AfMw XV, 1958; G. Reese, Music in the Middle Ages, NY (1940), London 1941; J. Handschin, Aus d. alten Musiktheorie III, AMl XV, 1943; ders., Mg. im Überblick, Luzern (1948), ²1964; ders., Eine umstrittene Stelle bei Guilemus Monachus, Kgr.-Ber. Basel 1949; ders., Artikel Dreiklang, in: MGG III, 1954; A. Schmitz, Die Figurenlehre in d. theoretischen Werken J. G. Walthers,

AfMw IX, 1952; W. GURLITT, Die Kompositionslehre d. deutschen 16. u. 17. Jh., Kgr.-Ber. Bamberg 1953, Neudruck in: Mg. u. Gegenwart I, = BzAfMw I, Wiesbaden 1966; DERS., Canon sine pausis, in: Mélanges d'hist. et d'esthétique mus. offerts à P.-M. Masson I, Paris 1955; G. KIRCHNER, Frz. faux-bourdon u. frühneuengl. faburden (H. M. Flasdieck). Epilog zum Faburdon (R. v. Ficker). Eine Erwiderung, AMl XXVI, 1954; FR. FELDMANN, Untersuchungen zum Wort-Ton-Verhältnis in d. Gloria-Credo-Sätzen v. Dufay bis Josquin, MD VIII, 1954; DERS., Das »Opusculum bipartitum« d. J. Thuringus (1625) besonders in seinen Beziehungen zu J. Nucius (1613), AfMw XV, 1958; S. CLERCX, Aux origines du faux-bourdon, RM XL, 1957; B. MEIER, Alter u. neuer Stil in lat. textierten Werken v. O. di Lasso, AfMw XV, 1958; G. SCHMIDT, Über d. F. Ein Literaturber., Jb. f. Liturgik u. Hymnologie IV, 1958/59; E. TRUMBLE, F. A Hist. Survey I, = Inst. of Mediæval Music, Wiss. Abh. III, Brooklyn 1959; DERS., Authentic and Spurious Faburden, RBM XIV, 1960; R. BOCKHOLDT, Die frühen Messenkompositionen v. G. Dufay, = Münchner Veröff. zur Mg. V, Tutzing 1960. RB

Favola (per musica) war eine im 17. Jh. vor allem in Italien übliche Bezeichnung für Oper, auch in Verbindung mit Beiwörtern wie boschereccia, pastorale (→ Pastorale), scenica, dramatica.

Feldmusik (frz. musique d'écurie), bis ins 18. Jh. die Musik der zünftigen Hof- und Feldtrompeter, die neben der Kammer-, Kirchen- und Theatermusik stand. Zur F. gehören die einfachen → Signale sowie die aus mehreren Abschnitten (Posten, Punkte) zusammengesetzten größeren Stücke, die Feldstücke, -sonaten und -partiten, Toccaten, Aufzüge und Serenaden. Neben den typischen Trompetenmotiven kommen auch Anlehnungen an Volkslieder vor. Die überlieferten Feldstücke sind überwiegend einstimmig, einige auch zweistimmig; bei feierlichen Anlässen gehören als »Baß« die Pauken dazu.

Ausg.: Trompeterfanfaren, Sonaten u. Feldstücke nach Aufzeichnungen deutscher Hoftrompeter d. 16./17. Jh., hrsg. v. G. SCHÜNEMANN, = RD VII, Kassel 1936.
Lit.: J. E. ALTENBURG, Versuch einer Anleitung zur heroisch-mus. Trompeter- u. Pauker-Kunst, Halle 1795, NA Dresden 1911; G. SCHÜNEMANN, Sonaten u. Feldstücke d. Hoftrompeter, ZfMw XVII, 1935.

Feldpfeife → Querpfeife.

Feria (lat.), in der katholischen Liturgik Bezeichnung der Wochentage (F. II = Montag usw. bis F. VI = Freitag). Der Samstag hat von alters her den Namen Sabbatum; die Bezeichnung ferial meint jedoch alle Wochentage mit Einschluß des Samstags. – Im einzelnen unterscheidet die Liturgik zwischen Feriae minores (Wochentage ohne Vorrecht), Feriae maiores (Wochentage der Advents- und Fastenzeit u. a.) und Feriae maiores privilegiatae (Aschermittwoch und Montag bis Mittwoch der Karwoche).

Fermate (ital. fermata oder corona; frz. point d'orgue; engl. pause), Haltezeichen (⌒ oder ⌣, früher auch ⌐, ⌙). Die F. bezeichnet seit dem frühen 15. Jh. Noten, durch deren längeres Aushalten die strenge rhythmische Messung aufgehoben wird. Sie steht vor allem bei der Schlußnote einer Stimme, deren Wert unter Umständen sehr stark verlängert wird (bis die übrigen Stimmen den Schlußklang erreichen), ferner beim Paenultimaklang und bei homophonen Klangfolgen, durch die emphatische Textstellen hervorgehoben werden; in Kanons bezeichnet sie auch die Schlußnoten der später einsetzenden Stimmen – also stets die Stellen eines Satzes, an denen die Stimmen wie in den Gerüstklängen des Organum zusammentreten und die sich durch die Dehnung (Tinctoris: *Punctus morae generalis ... Et hic punctus vulgariter organi vocatur*, CS IV, 75f.), meist auch durch Generalpause (Adam von Fulda, GS III, 362a) von ihrer Umgebung abheben. In Da-Capo-Arien zeigt die F. den Schlußakkord des Hauptteils an, häufig mit dem Zusatz Fine. In neuerer Zeit findet sie sich nicht selten über einer Pause oder – ebenfalls eine Pause fordernd – über dem Taktstrich. Die F. über längeren Pausen verlängert deren Wert nicht, sondern macht ihn nur unbestimmt, so daß sie oft sogar kürzer werden; z. B. schreibt L. Mozart (Versuch, ³1787, S. 45):

Hier wird länger still gehalten.

Diese Pause wird nicht ausgehalten.

Eine F. von besonderer Bedeutung ist die, welche in Solowerken vorwiegend des 18. Jh. Gelegenheit zur Einlegung eines improvisierten Solos gibt. Sie steht in Arien zuweilen beim Einsatz des Solisten, in Konzerten regelmäßig vor dem Abschluß des letzten Solos (daher → Kadenz – 2 genannt) über dem Dominantquartsextakkord, oft mit einer zweiten über dessen Auflösung in den Dominantdreiklang, so daß erst mit Erreichen der Tonika das a tempo des abschließenden Tutti einsetzt. Statt der F. über dem Taktstrich verwendet Bartók Pausenzeichen über dem Taktstrich, die eine feinere Abstufung ermöglichen.

Lit.: QUANTZ Versuch, 131f., 151f., 163f., 258f.; BACH Versuch, I, 112ff., u. II, 266ff.; MOZART Versuch; E. PRAETORIUS, Die Mensuraltheorie d. Fr. Gafurius ..., = BIMG II, 2, Lpz. 1905; H. BESSELER, Bourdon u. Fauxbourdon, Lpz. 1950, Tafel V–VI; FR. NOSKE, Bemerkungen zur F., Mf XVII, 1964.

Fernsehen (Fernsehrundfunk; engl. television; frz. télévision) ist ein fernmeldetechnisches, elektronisches Publikationsmittel, das mit Hilfe rundstrahlbarer elektromagnetischer Schwingungen durch optische und akustische Wirkung einem theoretisch unbeschränkten Kreis von Teilnehmern Information über aktuelle, kulturelle und unterhaltende Themen bietet. Ein regelmäßiger Fernsehdienst für Publikum begann in Deutschland 1935 (nach dem Krieg 1952), in Großbritannien 1936 (nach dem Krieg wieder 1946), in den USA 1944, in Frankreich 1951, in der UdSSR 1939 (nach dem Krieg wieder 1945), in Japan 1950. Die Sender der Bundesrepublik schlossen sich im Bereich des F.s zur Arbeitsgemeinschaft der Rundfunkanstalten Deutschlands (ARD) zusammen. Am 1. 4. 1963 begann das Zweite Deutsche F. (ZDF) mit der Ausstrahlung des Programms. – 1953 erfolgte die Gründung der Europa-Television (Abk.: Eurovision) mit dem Zweck des Programmaustausches der ihr angeschlossenen Länder. 1960 schlossen sich die Sendeanstalten im osteuropäischen Bereich zur Intervision zusammen. Zur Zeit strahlen in 193 Ländern etwa 3500 Sender Fernsehprogramme aus. – Die ersten Versuche im Farb-F. unternahm 1928 das Bell-Laboratorium in den USA. Die Deutsche Reichspost führte 1935 die ersten deutschen Experimente durch. Farb-F. mit regelmäßiger Programmausstrahlung gibt es seit 1955 in den USA, seit 1957 in Japan. Die deutschen Fernsehanstalten wollen mit einem Farbfernsehprogramm im Herbst 1967 beginnen. – Das F. hat als einer der Allgemeinheit dienende öffentliche Einrichtung gleichzeitig publizistische und künstlerische Aufgaben zu erfüllen. Sein Programm kann alle Kommunikationsmittel einschließen: neben der Live-Sendung werden der Film, das Standbild, die Graphik, die Techniken des → Rundfunks sowie die Produktionsmethoden des Theaters und der Varietébühnen angewendet. – Der Musik kommen im F. verschiedenartige Aufgaben zu: Die Vorlauf-, Zwischen- und Schlußmusik leitet das Tagesprogramm ein bzw. schließt es ab und überbrückt kurze Pausen zwischen den Sendungen. Häufig dient die Musik als Geräuschkulisse und Untermalung, eigens dafür komponiert oder aus Vorhandenem ausgesucht. Hier reicht die Skala von ihrer Verwendung als Kennmelodie (z. B. Eurovisionsfanfare) über die einfache Begleitmusik bis zum dramaturgisch notwendigen Einsatz etwa in einem Fernsehspiel als Inzidenzmusik (→ Bühnenmusik, → Filmmusik, → Hörspielmusik). Schlager, Chansons, Unterhaltungsmusik, Liedgesang, Kammermusik, Kirchenmusik, Instrumentalkonzerte, Werke für großes Orchester, Musical, Operette, Ballett und Oper bieten die Möglichkeit zu eigenständigen Sendeformen im F. Für die künstlerische Gestaltung ist wesentlich, daß die optischen und akustischen Dimensionen im Verhältnis zum Bildschirm unmittelbar voneinander abhängen, von der Relation zur Wirklichkeit aber weitgehend unabhängig sind. Die Grenzen werden durch eine dramaturgisch und raumakustisch richtige Führung gezogen, die keinen Widerspruch zwischen Bild und Ton aufkommen läßt. – Bei der Fernsehgestaltung von Bühnenwerken sind die Bewegungsvorgänge musikalisch sorgfältig zu stufen, damit sich unter Beachtung der »Substanzdichte« (Koster) und der einzelnen Komponenten die szenisch-musikalische Gesamtwirkung einstellt. Das → Playback-Verfahren ist etwa bei der → Fernsehoper ein wesentliches Gestaltungsmittel. Die konzertante Musik hat als eigenständige Sendeform des F.s bisher 2 Stadien durchlaufen. Zunächst wurde versucht, die Musik durch eine bildhafte Auflösung dem Zuschauer »verständlich« zu machen (»plätschernde Brunnen«, »Sommerwiese«) oder durch Gemälde und Werke der Baukunst zu »interpretieren«, die ihr stilistisch entsprechen. Wenn auch diese Art der Darstellung von Musik im F. heute noch einzelne Verfechter findet, gilt sie doch als überholt. Dagegen werden in neueren Musiksendungen hauptsächlich die Ausführenden während des Konzerts im Bild gezeigt. Das Kriterium einer solchen Sendung bildet die Frage, wie weit es gelungen ist, durch die Wahl der Interpreten sowie durch die Zusammenarbeit von Bild- und Tonregisseur beim Einsatz der technischen Mittel des F.s zum richtigen Verständnis des übertragenen Werks beizutragen. – Die vielfältigen Aufgaben, die der Musik im F. gestellt sind, bildeten das Thema der in Salzburg bisher durchgeführten vier Internationalen Kongresse über *Die Oper in Rundfunk, F. und Film* (1956), *Oper und Ballett in F. und Film* (1959), *Musik im F.* (1962) und *Tanz, Ballett und Pantomime in Film und F.* (1965).

Lit.: G. LEITHÄUSER u. FR. WINCKEL, F., Bln, Göttingen u. Heidelberg 1953; Fernsehtechnik, I: Grundlagen d. elektronischen F., II: Technik d. elektronischen F., hrsg. v. F. SCHRÖTER, = Lehrbuch d. drahtlosen Nachrichtentechnik, hrsg. v. N. v. Korshenewsky u. W. T. Runge, Bd 5, Bln, Göttingen u. Heidelberg I 1956, II 1963; Film, Rundfunk, F., hrsg. v. L. H. EISNER u. H. FRIEDRICH, = Das Fischer Lexikon IX, Ffm. (1958); A. V. J. MARTIN, Technical Television, Englewood Cliffs (N. J.) 1962; Gravesaner Blätter VII, 1964, H. 25. – H. BREDOW, Vergleichende Betrachtungen über Rundfunk u. F., Heidelberg 1950; G. ECKERT, Die Kunst d. F., Emsdetten u. W. (1953); G. GOEBEL, F. in Deutschland bis 1945, in: Arch. f. d. Post- u. Fernmeldewesen, hrsg. im Auftrag d. Bundesministers f. d. Post- u. Fernmeldewesen, V, 1953; E. KOSTER, Musikdramatisches im F., in: Rufer u. Hörer VIII, 1953/54; H. J. GIROCK, Die Sinfonie auf d. Fernsehschirm, ebenda; G. HAHN, Der Fernsehzuschauer, in: Rundfunk u. F. II, 1954; Die 3 großen »F«. Film, Funk, F., = Musik d. Zeit, hrsg. v. H. LINDLAR u. R. SCHUBERT, N. F. II, Bonn (1958); The Broadcasting of Music in Television, in: BBC Engineering Monograph XL, London 1962, Neudruck 1963; H. SIEBLER, Musik im F., NZfM CXXV, 1964; S. GOSLICH, Die Musik im F., in: medium, Zs. f. ev. Rundfunk- u. Fernseharbeit II, 1965; J. THIEL, Musikdramaturgie f. d. Bildschirm, NZfM CXXVI, 1965. – Internationales Hdb. f. Rundfunk u. F., hrsg. v. H. Bredow-Inst. f. Rundfunk u. F. an d. Univ. Hbg, seit 1957 (jährlich). KHH

Fernsehoper (engl. television opera; frz. opéra en télévision; ital. opera televisiva) heißen Opern, die eigens für das Fernsehen komponiert werden (→ Funkoper); in diesem Falle ergeht gewöhnlich ein Auftrag von einer Fernsehanstalt an einen Komponisten. Die F. kam gerade im Augenblick der technischen Vervollkommnung von Ausstrahlungs- und Empfangsmöglichkeiten des Fernsehens auf, als damit auch höhere Ansprüche an die Programmgestaltung gestellt werden konnten und die Möglichkeit gegeben war, fernseheigene Inszenierungen zu bringen, die durch entsprechende Regiekonzeption und Kameraführung der Fernsehausstrahlung (kleine Bildfläche, kein großer Bewegungsraum) Rechnung tragen. – Anfangs kannte das Fernsehen nur die Direktübertragung von Bühnenaufführungen. Nach ersten Versuchen durch die BBC im Jahre 1936 mit Szenen aus *Mr. Pickwick* von A. Coates gab es die ersten Sendungen in den USA in Form von Übertragungen der Saison-Eröffnungsvorstellungen aus der Metropolitan Opera (1948 Verdis *Otello*, 1949 R. Strauss' *Der Rosenkavalier*). Die ersten speziell für das Fernsehen inszenierten Versuche waren Kurzopern: *Down in the Valley* von K. Weill (NBC, 14. 1. 1950), »Der kleine Schornsteinfeger« von B. Britten (NWDR, 19. 4. 1953); später kamen auch große Opern zur Sendung, z. B. »Die Macht des Schicksals« von Verdi (WDR, 1960), »Aus einem Totenhaus« von Janáček (ÖRF, 1961), *Carmen* von Bizet (BBC, 1963) u. a. – Man kennt 2 Arten der Ausstrahlung: die Live-Sendung (Direktsendung) und die Aufzeichnung (Film oder Magnetband), wobei entweder der Originalton gesendet bzw. aufgezeichnet oder aber das → Playback-Verfahren angewendet wird. – Ausgesprochene F.n, die vor allem den Notwendigkeiten der Fernseh-Programmgestaltung (Beschränkung der Aufführungsdauer) und den technischen Möglichkeiten angepaßt wurden, sind: *Amahl and the Night Visitors* von G. C. Menotti (erste F., NBC, 24. 12. 1951; auch RTF, 1961); *The Marriage* von B. Martinů (NBC, 1953); *Griffelkin* von L. Foss (NBC, 1955); *Die Auszeichnung* von H. Poser (NDR, 1959); *Ausgerechnet und verspielt* von E. Křenek (ÖRF, 1962); *Battono alla porta* von R. Malipiero (RAI, 1962); *Noah and the Flood* von I. Strawinsky (CBS, 1962); *Leonce und Lena* von W. Haentjes (WDR, 1963); *Labyrinth* von G. C. Menotti (NBC, 1963); *Die Baßgeige* von H. Poser (ZDF, 1964). 1959 wurde von der Stadt Salzburg ein Preis für die beste F. gestiftet, mit dem 1962 die japanische F. »Die seidene Trommel« von Y. Irino und 1965 *Das Gespenst von Canterville* von H. Sutermeister (ZDF, 1964) ausgezeichnet wurden.

Lit.: A. HOLDE, Die F., Das Musikleben IV, 1951; R. A. WRIGHT, Musik u. Fernsehen, in: Gravesano, hrsg. v. W. Meyer-Eppler, Mainz (1955); Die 3 großen »F«. Film, Funk, Fernsehen, = Musik d. Zeit, hrsg. v. H. LINDLAR u. R. SCHUBERT, N. F. II, Bonn (1958); A. BRASCH, Wege u. Irrwege d. F., NZfM CXXII, 1961; K. O. KOCH, Die Technik d. Opernproduktion im Fernsehen, NZfM CXXIII, 1962.

Fernwerk → Orgel, → Disposition.

Ferrara (Emilia).
Lit.: P. ANTOLINI, Notizie e documenti intorno al Teatro Comunale di F., Atti della deputazione ferrarese di storia

patria, F. 1889; A. LAZZARI, La musica alla corte dei duchi di F., F. 1928; W. WEYLER, Documenten betreffende de muziekkapel aan het hof van F., Vlaamsch Jb. voor muziekgeschiedenis I, 1939.

Festivals (f'estivəlz, engl.) → Festspiele.

Festmusik ist als Begriff so weit wie der des Festes, der in spezieller Abgrenzung jedoch weniger das im kirchlichen und politischen Jahr regelmäßig wiederkehrende, das stehende, als vielmehr das besonders veranlaßte und angeordnete Fest meinen kann: Geburts- (Tauf-)feste, Hochzeiten und Begräbnisse, Genesungen und Empfänge, Erbhuldigungen, Sieges- und Friedensfeste, Staatsverträge, Krönungs-, Reichs- und Fürstentage, Grundsteinlegungen und Weihefeste, Eröffnungs-, Jubiläums- und Gedenkfeierlichkeiten. Dabei bedeutet das Fest für die Musikgeschichtsschreibung nicht selten ein sicheres Datierungsmittel musikalischer Werke, so unter den mittelalterlichen Conductus z. B. die 3 Gattungsbelege zu den französischen Königskrönungen von 1179, 1223 und 1226; unter den englischen Carols *Deo gratias Anglia* zum Sieg Heinrichs V. über die Franzosen bei Agincourt 1415; unter den Chansons *Tra quante regione* von H. de → Lantins zur Hochzeit des Theodoros Palaiologos mit Cleofe Malatesta zu Mistra 1421 und *Resvellies vous* von Dufay zur Hochzeit Carlo Malatestas mit Vittoria Colonna in Rimini 1423; später z. B. die F.en in J. S. Bachs Schaffen. Die Festbeschreibungen in Chroniken, Schilderungen der Hofpoeten, Berichten (Relationen) der Agenten und Korrespondenten (zusammen mit dem Material der Futter- und Furierzettel) sowie die Bilddarstellungen von Festen bieten wertvolle musikgeschichtliche Aufschlüsse, z. B. über Aufgaben der Hoftrompeter, Zusammensetzung der Kapellen, Musikerbiographien und Aufführungspraxis.

Im Bereich des außergewöhnlichen Festes, dessen Anlaß begrüßt oder gesucht, ja erfunden wurde, um das Außergewöhnliche zu rechtfertigen, waren die Jahrhunderte vom späten Mittelalter bis zum Ausklang des Rokokos, besonders Renaissance und Barock, die Zeit des Festes als Lebensstil. Geschichtliche Bedeutung kommt besonders den Festen des Burgundischen Hofes im 15. Jh. zu, dessen Prachtentfaltung den Höfen anderer Länder zum Vorbild diente. Unter den Jahresfesten (Fasanenbankette) des von Philipp dem Guten 1429 gestifteten Ordens vom Goldenen Vlies ist das am 17. 2. 1454 in Lille gehaltene Banquet du vœu denkwürdig. Es diente der Vorbereitung eines Kreuzzugs zur Wiedereroberung Konstantinopels, zu dem u. a. Dufays 4st. Motette *O tres piteulx* (eine Klage der Kirche von Konstantinopel) aufrief. Später waren es vor allem die Höfe von Florenz, Mantua, Ferrara und – im 17.–18. Jh. – Versailles, deren Feste stilbildend wirkten. Dabei ist das Fest zugleich selbst ein Kunstwerk gewesen, und die Musik war räumlich (in Gärten, auf Wagen oder Schiffen, in Nebenräumen, in Kuppeln) und gedanklich (nach Instrumentarium: z. B. Sackpfeife und Schalmei für die bäuerliche Pars oder Invention in Festaufzügen, und nach Gattungen: z. B. die Huldigungsoper) sowie gesellschaftlich (z. B. Mitwirkung des Adels) ins Zusammenspiel der Künste und in den Gesamtplan des Festes eingeordnet. Doch gegenüber solcher Bedeutung der Musik für die Feste ist musikgeschichtlich wohl noch relevanter die Bedeutung der Feste für die Musik und die Kunst überhaupt, die in jener Zeit weitgehend Kunst der Feste war: *Das barocke Fest hat der Kunst ihre gewaltigsten Anstrengungen entlockt* (Alewyn, S. 11). Als Überhöhung der Wirklichkeit, als Abbild oder Allegorie der Weltenordnung und -harmonie, als stilisierter Ausdruck des städtischen, kirchlichen, besonders des höfischen Lebens, das im Fest zu seinem Wesen gelangte, als Glorifizierung und Repräsentation des göttlichen wie des weltlichen Regiments, als Ergötzung und Zeitvertreib erforderte und ermöglichte das Fest den erhöhten Aufwand an Mitteln, Erfindungskraft und Modernität und veranlaßte auch den Komponisten zu höchster Leistung. In dem Maße wie Musik in Komposition und Ausführung bis in die nachbarocke Zeit gebunden war an Amt und Anlaß, ist das Fest als ein Hauptanlaß zur Musik zu werten. Erst mit der Vorstellung des freien Schaffens und dem Beginn des öffentlichen Konzertwesens im späteren 18. Jh. verlor die F. (zusammen mit dem Fest) an Geltung und geschichtlicher Bedeutung und berührt den nun abschätzigen Begriff der »Gelegenheits«-Kunst.

Was in Renaissance und Barock bei den unzähligen Geburts- und Namenstagen, Banketten, Hoftänzen, Ritterspielen, Turnieren, Festzügen (mit ihren Musikwagen), Schiffspromenaden, Karnevals, Maskaraden und den typisch deutschen »Bauernhochzeiten« und »Wirtschaften« (bei denen die hohe Herrschaft, kostümiert, als Gastgeber die in Nationaltrachten erschienenen Hofgäste bewirtete) an Musik erklang, ist sehr oft nicht nachweisbar oder entspricht dem Musikrepertoire der Zeit. Einzelne Musikarten, die meist bestimmten Gattungen zugehören, sind durch ihre Namen als F.en gekennzeichnet oder besonders geeignet: Epithalamion (A. Scandello zur Hochzeit von J. Walter in Torgau 1564, A. Schröter zur 2. Hochzeit von G. Dreßler in Zerbst 1577); »Wassermusik« (J. D. Heinichen, *Serenata fatta sulla Elba* bei den Vermählungsfeierlichkeiten Friedrich Augusts II. in Dresden 1719, Händel zu einem von König Georg I. verordneten Wasserfest auf der Themse 1717); »Feuerwerksmusik« (Händel zur Londoner Feier des Friedens zu Aachen 1749); Begräbnislieder und -motetten (z. B. die Motetten J. S. Bachs); »Trauermusik« (W. A. Mozart, *Maurerische Trauermusik*, K.-V. 477, zum Tode von Herzog August von Mecklenburg und Graf Franz Esterházy); → Masque; → Actus; auch Ode (6 Geburtstagsoden von H. Purcell für die Königin Maria von England 1689–94, Geburtstagsode von Händel für die Königin Anna von England 1713); Serenata (z. B. von A. Scarlatti zum Geburtstag des Erzherzogs Leopold in Wien 1716); → Te Deum (fast regelmäßig bei Hochzeiten; außerdem z. B. von Händel zur Feier des Utrechter Friedens 1713 sowie des Sieges bei Dettingen 1743, von Lully zur Tauffeier seines Sohnes 1677, von J. A. Hasse zur Einweihung der Dresdener Hofkirche 1742); → Requiem (so von T. L. da Victoria zum Tode der Kaiserin Maria 1603, von G. Croce für den Dogen Marino Grimani in Venedig 1605, von J. A. Hasse für August III. von Sachsen 1763, von M. Haydn für Erzbischof Sigismund in Salzburg 1771). – Oft prägte die Musik in Besetzung und Kompositionsart (z. B. »starke« Besetzung, häufig mit Bläsern und Pauken und in kompositorischer Nachahmung freudigen Affekts) den besonderen Charakter der F. aus. Zu den Hochzeitsfeierlichkeiten des Herzogs Georg von Bayern 1475 in Landshut waren 105 Trompeter, Pauker und Pfeifer anwesend; die Tafelmusik beim Friedensbankett 1649 in Nürnberg wurde unter Leitung von S. Th. Staden von 51, in 4 Chöre geteilten Instrumentisten und Sängern ausgeführt; für den Festzug zum Karusellrennen beim Besuch des Dänenkönigs Friedrich IV. 1709 in Dresden forderte die Festordnung 180 Musiker; Händels »Feuerwerksmusik« verlangt 54 Bläser und 3 Pauken (→ Harmoniemusik), bei seinen *Coronation Anthems* von 1727 wird von 200 Ausführenden berichtet. Gleichwohl kann auch für Renaissance- und Barockzeit von F. als musikalischer Gattung nicht ge-

Festmusik

sprochen werden. Indessen erreichten einzelne Gattungen als F.en ausgeprägte Stadien, auch Höhepunkte ihrer Geschichte oder erhielten durch ihre Bestimmung zu festlichen Anlässen entscheidende Impulse zu schöpferischer Neuerung und wurden zum Teil als repräsentative Großformen langhin speziell als F.en komponiert. Genannt seien: 1) die – teils noch isorhythmische – Tenormotette in ihrem Spätstadium, so von Dufay: *Apostolo glorioso* zur Domweihe auf der Akropolis von Patras 1426; *Ecclesiae militantis* zur Papstwahl Eugens IV. 1431; *Supremum est* anläßlich des Friedens von Viterbo 1433; *Nuper rosarum flores* zur Domweihe in Florenz 1436; *Magnanimae gentis* zum Abschluß des Städtebündnisses Freiburg–Bern 1438; ferner spätere Motetten von Brassart, *O rex Friderice tu* zur Thronbesteigung Kaiser Friedrichs III. 1440; J. Mouton, *Quis dabit oculis nostris* zum Tod der Königin Anna von Frankreich 1514; Chr. Morales, *Jubilate Deo* zum Frieden von Nizza 1538 und *Gaude et laetare* zur Kardinalserhebung Ippolitos d'Este in Ferrara 1539; J. Walter, *Beati immaculati in via* zur Einweihung der erneuerten Kapelle in Torgau durch Luther 1544; T. Michael, 3 Festmotetten zum Friedensfest in Leipzig 1650 und die Motette *In Not und Angst* für sein Begräbnis in Leipzig 1657. 2) das mehrstimmige Ordinarium missae: die bahnbrechende Messe von Machaut (zur Krönung Karls V. in Reims 1364?); späterhin N. Gombert, Messe *A la Incoronatione* wahrscheinlich zur Kaiserkrönung Karls V. in Bologna 1530; A. Scandello, 6st. Messe zum Tode des Kurfürsten Moritz von Sachsen 1553; O. Benevoli, 52st. Messe zur Domweihe in Salzburg 1629; H. Schütz, *Musicalische Exequien* (*Teutsche Begräbnis-Missa*, *Motette* und *Concert*) zum Tode des Heinrich Posthumus von Reuß 1636; J.S. Bach, Kyrie und Gloria zur Regierungsübernahme Augusts III. von Sachsen 1733; W.A. Mozart, Missa C dur K.-V. 317 (»Krönungsmesse«), komponiert 1779 zur Erinnerung an das 1751 gekrönte Gnadenbild der Gottesmutter Maria Plain. 3) das italienische Madrigal vor und um 1400, so von Jacopo da Bologna *O, in Italia* zur Taufe der Visconti-Zwillinge in Mailand 1346; von Landini *Godi, Firenze* zum Sieg von Florenz über Pisa 1406; von Antonello da Caserta *Del glorioso titolo* zur Hochzeit Johannas II. 1415; und im 16. Jh. die 16 Madrigale (gedruckt Venedig 1539) von Fr. Corteccia, C. Festa u. a. zur Hochzeit Cosimos de' Medici in Florenz 1539 sowie die 19 Madrigale (gedruckt Venedig 1579 als *Trionfo di Musica*) von T. Massaini, A. Gabrieli, Cl. Merulo, Ph. de Monte, A. Striggio und O. Vecchi zur Hochzeit Francescos de' Medici in Florenz 1579. 4) die Kantate als F., so vor allem von J.S. Bach die Ratswahlkantaten, die Thomasschulkantaten (BWV, Anhang 18 und 19), die Kantate Nr 194 (*Höchsterwünschtes Freudenfest*) zur Orgelweihe in Störmthal 1723 sowie die zahlreichen F.en für die Fürstenhäuser von Weimar, Weißenfels und Köthen, für das Kurfürstlich-Sächsische Haus und für Leipziger Universitätsfeiern (Neue Bach-Ausgabe, Serie I, Band 35ff.); späterhin z. B. von J. Haydn die Kantate *Vivan gl'illustri sposi* zur Hochzeit Antons von Esterházy 1763; von Zelter die Festkantate zur Orgelweihe in der St. Georgen-Kirche in Berlin 1782 und die Kantate auf den Tod Friedrichs II. von Preußen 1786; von W.A. Mozart *Eine kleine Freimaurerkantate*, K.-V. 623, zur Tempeleinweihung der Wiener Loge »Zur neugekrönten Hoffnung« 1791. 5) das Anthem als F., so von G.Fr. Händel 4 *Coronation Anthems* zur Krönung Georgs II. von England in London 1727 und die Anthems *This is the Day* zur Trauung von Wilhelm, Prinz von Oranien, in London 1734 und *Sing into God* zur Hochzeit von Frederick, Prinz von Wales, in London 1736, das *Funeral Anthem* zum Begräbnis von Königin Caroline 1737 und das *Dettingen Anthem* von 1743. – Wiederum andere Gattungen verdanken wesentliche Impulse ihrer Entstehung und Fortbildung dem festlichen Anlaß, so die → Toccata als Bläserfanfare; die Intermedien, z. B. von C. Festa und Fr. Corteccia für *Il Commodo* von A. Landi zur Hochzeit des Cosimo de' Medici in Florenz 1539 sowie von G. Bardi, C. Malvezzi, L. Marenzio, J. Peri und E. de Cavalieri zur Hochzeit von Ferdinand I. von Medici in Florenz 1589; ferner das → Liturgische Drama; die → Masque; das Ballett (z. B. L. de Beaulieu und J. Salmon, *Circe, ou Ballet comique de la Royne* zur Hochzeit des Duc de Joyeuse in Paris 1581), auch das Roßballett (ital. balletto a cavallo; frz. ballet de chevaux): so unter vielen anderen *La guerra d'amore* mit der Musik von G.B. Signorini, G. Del Turco, P. Grazi und J. Peri 1615/16 zum Geburtstag Cosimos II. in Florenz und *La contesa dell'aria e dell'acqua* mit der Vokalmusik von A. Bertali, Trompetenmusik von J.H. Schmelzer zur Hochzeit Leopolds I. in Wien 1667; vor allem die Barockoper, die ihrem Wesen nach selbst als ein Fest der Künste und (wie aus unzähligen Belegen hervorgeht) als die höfische F. par excellence angesprochen werden kann. Eine ausgesprochen festliche Kompositionsart für große Stadtkirchen, Schloßkapellen und Hofkantoreien schuf sich die Barockzeit in der → Mehrchörigkeit. Nach den richtungweisenden Vorbildern in San Marco in Venedig, der bayerischen Hofkapelle in München und der kaiserlichen Hofkapelle in Wien und Prag bildete für die mehrchörige Concertomusik in Mitteldeutschland der Naumburger Fürstentag von 1614 mit der Dresdener Hofkapelle unter M. Praetorius in der Naumburger St. Wenzelskirche den Auftakt. Ihm folgte 1619 die Veröffentlichung von Schützens *Psalmen Davids* und Praetorius' *Polyhymnia . . . Solennische Friedt- vnd Frewden-Concert . . . respectivè, bey Käyser: König: Chur: vnd Fürstlichen zusammen Kunfften . . .*
Ein Beispiel für den Übergang von der sozialgeschichtlichen Gebundenheit des Kunstwerks zu freiem Schaffen im Bereich der F. bietet Beethovens *Missa solemnis*, komponiert zur Inthronisation des Erzherzogs Rudolf von Österreich zum Erzbischof von Olmütz 1820, vollendet aber erst 1822, erste (Teil-)Aufführung dann in Wien 1824 im Kärntnertor-Theater. – Auch im 19. und 20. Jh. entstanden unzählige F.en, oft monströs in Besetzung und Stil: zum *Preußischen Volksgesang* von G. Spontini beim Geburtstag der Königin von Preußen 1821 waren 350 Ausführende aufgeboten; Berlioz' *Grande messe des morts*, geschrieben im Auftrag der Regierung für eine Gedenkfeier für die Gefallenen der Revolution von 1830, fordert u. a. 6 Paukenpaare und 4 Blechbläserorchester und wurde bei der Erstaufführung 1837 anläßlich der Beisetzung des Generals Damrémont im Dôme des Invalides zu Paris – laut Verordnung des Kriegsministeriums – von 300 Spielern ausgeführt. Doch in der Zeit des durch Inspiration und Erleben, Freiheit und Einsamkeit bedingten Schaffens ist die Festveranstaltung weithin Veranlassung bloßer Gelegenheitsarbeit, die nach künstlerischem Rang und geschichtlicher Relevanz hinter den frei geschaffenen Werken der Komponisten in der Regel zurücksteht. Aus der Fülle der Beispiele seien genannt: Berlioz, *Grande symphonie funèbre et triomphale* zur Überführung der Opfer der Revolution von 1830 in ein Grabmal auf der Place de la Bastille in Paris 1840 (die Partitur verlangt über 100 Musiker; für die Freilichtaufführung hatte Berlioz 207, für die Konzertaufführungen im August 1840 250 Instrumentisten zur Verfügung); F. Mendelssohn Bartholdy, Symphonie D dur op. 107 zur 300-Jahr-Feier der Augsburger Konfession 1830;

Cherubini, Messen in F dur zur Kirchweihe in Chimay 1809 und in D moll zur Salbung König Karls X. von Frankreich 1825; Liszt, *Missa solemnis* zur Domweihe in Gran 1856 und *Ungarische Krönungsmesse* zur Krönung Kaiser Franz Josephs zum ungarischen König in Budapest 1867, Festkantate zur Enthüllung des Beethoven-Denkmals in Bonn 1845 sowie seine Weimarer F.en (zur Goethe-Jubiläumsfeier 1849, zur Enthüllung des Herder-Denkmals 1850, zur Eröffnung der 10. allgemeinen deutschen Lehrerversammlung, zur Schiller-Feier 1859, zur Säkularfeier Beethovens 1870); Bruckner, Festkantaten *Preiset den Herrn* zur Grundsteinlegung des neuen Linzer Doms 1862 und *Helgoland* zum 50jährigen Bestehen des Wiener Männergesangvereins 1893; Wagner, Trauerode für Männerchor und *Trauermarsch* über 2 Motive aus *Euryanthe* für 75 Bläser und 20 gedeckte Trommeln zur Heimbringung von Webers Leiche aus London nach Dresden 1844, *Kaisermarsch* zum Sieg über die Franzosen 1871, *Großer Festmarsch zur Eröffnung der hundertjährigen Gedenkfeier der Unabhängigkeitserklärung der Vereinigten Staaten von Nordamerika* 1876; R. Strauss, *Olympische Fanfare* für Berlin 1936, F. zur Feier des 2600jährigen Bestehens des Kaiserreichs Japan 1940 (op. 84); Fortner, *Bläsermusik* (Praeludium und Hymnus) zur 500-Jahr-Feier der Universität Freiburg im Breisgau 1957; Hindemith, *Mainzer Umzug*, zur 2000-Jahr-Feier der Stadt Mainz 1962.

Lit.: PH. HARSDÖRFFER, Frauenzimmer Gesprechspiele ..., Nürnberg 1641–49; T. NORLIND, Ein Musikfest zu Nürnberg im Jahre 1649, SIMG VII, 1905/06; O. v. GERSTENFELDT, Hochzeitsfeste d. Renaissance in Italien, Eßlingen 1906; H. PRUNIÈRES, L'opéra ital. en France avant Lully, Paris 1913; DERS., Le ballet de cour en France avant Benserade et Lully, Paris 1914; H. RADIGUER, La musique frç. de 1789 à 1815, in: Encyclopédie de la musique I, 3, hrsg. v. A. Lavignac u. L. de la Laurencie, Paris (1914); P. NETTL, Ein verschollenes Tournierballett ..., ZfMw VIII, 1925/26; E. MAGNE, Les fêtes en Europe au 17e s., Paris 1930; G. MOUREY, Le livre des fêtes frç., Paris 1930; G. PIETZSCH, Dresdner Hoffeste v. 16.–18. Jh., in: Musik u. Bild, Fs. M. Seiffert, Kassel 1938; DERS., Die Beschreibung deutscher Fürstenhochzeiten v. d. Mitte d. 15. bis zum Beginn d. 17. Jh. als mg. Quellen, AM XV, 1960; F. GHISI, Feste mus. della Firenze medicea, 1480–1589, Florenz 1939; J. MARIX, Hist. de la musique et des musiciens de la cour de Bourgogne sous le règne de Philippe le Bon (1420–67), = Slg mw. Abh. XXVIII, Straßburg 1939; I. BECKER-GLAUCH, Die Bedeutung d. Musik f. d. Dresdener Hoffeste in d. Zeit Augusts d. Starken, = Mw. Arbeiten VI, Kassel 1951; L. SCHRADE, Political Compositions in French Music of the XIIth and XIIIth Cent., Ann. Mus. I, 1953; Les fêtes de la Renaissance, hrsg. v. J. JACQUOT, 2 Bde, Paris 1956–60; R. ALEWYN u. K. SÄLZLE, Das große Welttheater. Die Epoche d. höfischen Feste in Dokument u. Deutung, = rde XCII, Hbg (1959); Les fêtes du mariage de Ferdinand de Médicis et de Christine de Lorraine, Florenz 1589, I: Musique des intermèdes de »La Pellegrina«, hrsg. v. D. P. WALKER, F. GHISI u. J. JACQUOT, = Collection »Le Chœur des Muses«, Paris 1963; N. BRIDGMAN, La vie mus. au Quattrocento et jusqu'à la naissance du madrigal, Paris (1964). HHE

Festspiele, Musikfeste sind Veranstaltungen, die den Zweck haben, Aufführungen von besonderer Qualität oder solche mit für den Repertoirebetrieb nicht erreichbaren Besetzungen möglich zu machen. Auch durch die Wahl eines Festspielortes, der durch Tradition, durch Bauten und Säle oder durch ferienhafte Atmosphäre ausgezeichnet ist, werden F. aus dem Rahmen des Alltäglichen herausgehoben. Das Streben nach exemplarischen, aber auch oft sensationellen Aufführungen und besonders die Erteilung von Auftragskompositionen mögen Beziehungen zur älteren → Festmusik erkennen lassen, doch unterscheiden sich F. und M. grundsätzlich von ihr, da die Musik selbst der Anlaß ist. Die ersten modernen F. fanden in England statt (Three Choirs Festival ab 1724 in jährlichem Wechsel in Gloucester, Worcester und Hereford; M. in York ab 1791, in Liverpool ab 1794, in Norwich ab 1770). Die Niederrheinischen M. wurden veranstaltet, um »einige jener klassischen Werke aufzuführen, welche nur durch ein stark besetztes Orchester würdig vorgetragen werden können« (ab 1817 jährlich zu Pfingsten in rheinischen Städten). Die Tonkünstler-Versammlung (1859–1937) des Allgemeinen Deutschen Musikvereins (→ Gesellschaften und Vereine) war mit Aufführungen klassischer und zeitgenössischer, meist großangelegter Chor- und Orchesterwerke verbunden. In den Niederlanden veranstaltet die Maatschappij tot bevordering der Toonkunst seit 1834 M. Seit der Mitte des 19. Jh. nahm in den USA die Zahl der F. zu (zuerst Worcester, Mass., ab 1858; Cincinnati ab 1873).

Eine Reihe von M.n ist der Pflege je eines Komponisten gewidmet; die wichtigsten sind: Deutsche Bachfeste der Neuen Bach-Gesellschaft seit 1901; Leipziger Bachfeste des Leipziger Bach-Vereins 1908–39; Bachfeste der Internationalen Bach-Gesellschaft, alle 2 Jahre in Schaffhausen seit 1946; Bachwoche in Ansbach 1948–64. Beethovenfeste der Stadt Bonn seit 1931. Händel-Feste in der Westminster Abtei und im Pantheon in London 1784–91; Händelfeste in Deutschland seit 1786; Händelfeste der Sacred Harmonic Society im Kristallpalast in London seit 1857; Händelfeste der Deutschen Händel-Gesellschaft seit 1926; Göttinger Händelfeste seit 1920. Mozartfeste der Internationalen Stiftung Mozarteum seit 1877. Schützfeste der Schütz-Gesellschaft 1922–29 und der Neuen Schütz-Gesellschaft seit 1930. Sibelius-Woche in Helsinki seit 1951.

Die M. der Internationalen Gesellschaft für Neue Musik seit 1923 mit wechselnden Festspielorten in Europa (seit 1940 wiederholt auch in den USA) sind ausschließlich zeitgenössischer Musik gewidmet. – Vor allem in den Jahren der wirtschaftlichen Prosperität nach etwa 1950 ist die Zahl der F. und M. sprunghaft gestiegen. Der Europäischen Vereinigung der Musik-F. in Genf sind 29 Veranstaltungen aus 18 Ländern angeschlossen; insgesamt wurde für 1965 mit etwa 130 Festivals in Europa (davon 40–50 in Deutschland) gerechnet.

Von den wichtigsten F.n und M.n mit feststehenden Orten seien genannt:

ALDENBURGH. Aldenburgh Festival, begründet von B. Britten, jährlich seit 1948 (Juni): Konzert.

AIX-EN-PROVENCE. Festival International de Musique, jährlich seit 1948 (Juli): Oper, Konzert.

AMSTERDAM, Den Haag, Scheveningen. Holland Festival, jährlich seit 1948 (Juni/Juli): Oper, Konzert, Schauspiel, Ballett, Ausstellungen.

BATH. Bath Festival, jährlich seit 1951 (Juni), unter Leitung von Y. Menuhin: Konzert, Jazz.

BAYREUTH. R.-Wagner-F., seit 1876 (Juli-August), in dem von Wagner zur Aufführung des *Ring des Nibelungen* und des Bühnenweihfestspieles *Parsifal* (dessen Aufführung bis 1913 Bayreuth vorbehalten blieb) erbauten Festspielhaus. Später wurden mit Ausnahme der Frühwerke auch die anderen Bühnenwerke Wagners in das Programm aufgenommen. Das Unternehmen steht unter Leitung der Enkel Wieland und Wolfgang Wagner. Von Bayreuth-Dirigenten sind zu nennen: Mottl, Furtwängler, Toscanini, Knappertsbusch, v. Karajan, K. Böhm. In Wagners Bemühen um *das wahre Wesen des deutschen Geistes* sollte Bayreuth zu einer *wirklichen national-künstlerischen Institution* werden und *nichts anderes bieten, als den örtlich fixierten periodischen Vereinigungspunkt der besten theatralischen Kräfte Deutschlands zu Übungen und Aufführungen in einem höheren deutschen Originalstile ihrer Kunst, welche ihnen im gewöhnlichen*

Festspiele, Musikfeste

Laufe ihrer Beschäftigungen nicht ermöglicht werden können. Nach den in München erfahrenen Anfeindungen ergab sich für Wagner der Wunsch nach einem kleinen Festspielort aus dem Streben nach Unabhängigkeit von Presse, Hof- oder Stadtverwaltungen. Dies bot gleichzeitig die Möglichkeit einer völligen Isolierung der Künstler und des Publikums von allem städtischen Getriebe. Die geographische Lage Bayreuths, der vorwiegend protestantische Charakter und die sonstigen Verhältnisse der Stadt ließen die ehemalige markgräfliche Residenz Wagner für sein Vorhaben besonders geeignet erscheinen.

Lit.: R. WAGNER, Bayreuth (1873), = Sämtliche Schriften u. Dichtungen, Volks-Ausg., Lpz. ⁶1912–14, Bd IX; Parsifal. Organ zum Zwecke d. Erreichung d. Richard Wagner'schen Kunstideale, hrsg. v. E. KASTNER, 1884–85; K. HECKEL, Die Bühnenf. zu Bayreuth, Lpz. 1891; W. GOLTHER, Bayreuther F. u. Festspielhaus., o. O. 1904; Bayreuther Blätter, hrsg. v. H. v. WOLZOGEN, Chemnitz 1878–1939 (dazu Inhaltsverz. 1878–1927 v. A. Moritz, 1928); S. WAGNER, Bayreuth, Mk XXII, 1930; A. LORENZ, Die F. in Bayreuth, ebenda; R. REICHWEIN, Werden u. Wesen d. Bayreuther F., Bielefeld 1934; Der Fall Bayreuth, = Theater unserer Zeit II, Basel u. Stuttgart (1962).

BERGEN. Festspillene i Bergen, begründet 1898 von Grieg, seit 1953 jährlich (Mai/Juni): Oper, Konzert, Ballett, Schauspiel, Folklore, Ausstellungen.

BERLIN. Berliner Festwochen, jährlich seit 1951 (September/Oktober): Oper, Konzert, Ballett, Schauspiel, Jazz, Ausstellungen.

DONAUESCHINGEN. Donaueschinger Musiktage für Zeitgenössische Tonkunst, jährlich seit 1950, vorher schon 1921/26 (Oktober), begründet durch die Gesellschaft der Musikfreunde, unter der Schirmherrschaft des Fürsten von Fürstenberg, geleitet von H. Strobel vom Südwestfunk Baden-Baden.

EDINBURGH. International Festival, jährlich seit 1947 (August/September): Oper, Konzert, Ballett, Schauspiel, Ausstellungen, unter Mitwirkung internationaler Orchester und Opernensembles.

Lit.: Edinburgh Festival: A Review of the First Ten Years of the Edinburgh International Festival ..., Edinburgh 1956.

FLORENZ. Maggio musicale Fiorentino, seit 1933, anfangs alle 2 Jahre, jetzt jährlich mit Unterbrechungen (Mai/Juni): Oper, Konzert, Ballett, Schauspiel.

FRANKFURT AM MAIN. Deutsches Jazz Festival, jährlich seit 1953.

GLYNDEBOURNE. Glyndebourne Festival, begründet durch J. und A. Christie mit Fr. Busch, C. Ebert, R. Bing, seit 1934 mit Unterbrechungen jährlich (Mai/August): Oper.

HITZACKER/ELBE. Sommerliche Musiktage, seit 1946 mit Unterbrechungen jährlich (Juli/August): Kammeroper, Konzert.

JERUSALEM, Tel Aviv, Haifa. The Israel Festival, jährlich seit 1961 (Juli/August): Konzert, Ballett, Schauspiel, Folklore.

LISSABON, Porto, Coimbra, Guimarães, Santarém, Leiria, Aveiro, Evora, Braga. Festival Gulbenkian de Música, jährlich seit 1957 (Mai/Juni): Oper, Konzert, Ballett.

LUZERN. Internationale Musikfestwochen, jährlich seit 1938, außer 1940 (August/September): Konzert, Schauspiel, Ausstellungen.

MÜNCHEN. Münchner (Opern-)F., seit 1901 mit Unterbrechungen jährlich (Juli/August): Oper, Konzert, Ballett; zunächst unter Mottl spezifisch dem Schaffen R. Wagners gewidmet, neuerdings stehen die Werke von R. Strauss im Vordergrund.

NEWPORT (R. I.). American Jazz Festival, jährlich seit 1954 (Juli).

PRADES. Seit 1950, veranstaltet von P. Casals in seiner Wahlheimat: Kammermusik.

PRAG. Prager Frühling, jährlich seit 1946 (Mai/Juni): Oper, Konzert, Ballett, Ausstellungen.

RECKLINGHAUSEN. Ruhr-F., jährlich seit 1946 (Juni/Juli): Oper, Konzert, Schauspiel, Jazz, Folklore, Ausstellungen.

SALZBURG. Salzburger F., jährlich seit 1920, außer 1924 und 1944 (Juli/August): Oper, Konzert, Ballett, Schauspiel. Nach Gründung des Vereins Salzburger Festspielhausgemeinde 1917 Eröffnung 1920 mit *Jedermann* von H. v. Hofmannsthal (Regie M. Reinhardt). Zunächst Mozart, dann auch R. Strauss im Vordergrund, nach 1945 auch (Auftrags-)Werke zeitgenössischer Musik. Die F. sind stark vom Charakter der Stadt geprägt; neben den eigens erbauten Festspielhäusern (Großes Festspielhaus 1960) dienen Felsenreitschule, Residenz, Mozarteum und die Kirchen der Stadt als Aufführungsstätten.

Lit.: Mitt. d. Salzburger Festspielhausgemeinde, hrsg. v. F. NEUMAYR (1919–22 v. E. Kerber), Salzburg 1918–22; A. KUTSCHER, Das Salzburger Barocktheater, Wien 1924; DERS., Vom Salzburger Barocktheater zu d. Salzburger F., Düsseldorf 1939; ST. ZWEIG, Salzburg, Die Stadt als Rahmen, Mk XXII, 1930; R. TENSCHERT, Die Salzburger F., ebenda; DERS., Salzburg u. seine F., Wien 1947; E. KERBER, Ewiges Theater. Salzburg u. seine F., München 1936; W. SCHNEDITZ, Das Buch v. d. Salzburger F., Linz, Wien u. München 1948; O. KELDORFER, Klingendes Salzburg, Zürich, Lpz. u. Wien (1951); Offizieller Almanach d. Salzburger F., hrsg. v. L. GRUNDNER (ab 1956 v. M. Kaindl-Hönig), 1953ff.; H. C. FISCHER, Die Idee d. Salzburger F. ..., Diss. München 1954, maschr.; Salzburger F. ... 1824–1960, hrsg. v. F. HADAMOWSKY u. G. RECH, Salzburg 1960; J. KRAUT, F. in Salzburg, ebenda 1965.

SCHWETZINGEN. Schwetzinger F., jährlich seit 1952 (Mai/Juni): Oper, Konzert, Ballett, Schauspiel; veranstaltet vom Süddeutschen Rundfunk Stuttgart, der Kompositionsaufträge vergibt.

SPOLETO. Festival dei due Mondi, begründet von G. C. Menotti, jährlich seit 1958 (Juni/Juli): Oper, Konzert, Ballett, Schauspiel.

TANGLEWOOD (Mass.). Berkshire Symphonic Festival, begründet von S. A. Kussewitzky, jährlich seit 1937 (Juli/August): Oper, Konzert, Kurse.

WARSCHAU. Międzynarodowy Festiwal Muzyki Współczesnej. Warszawska Jesień (»Internationale F. für moderne Musik. Warschauer Herbst«), seit 1956 jährlich (September): Oper, Konzert, Ballett (zeitgenössische Musik).

WIEN. Wiener Festwochen, jährlich seit 1951 (Mai/Juni): Oper, Konzert, Ballett, Schauspiel.

ZAGREB. Musicki biennale – Internacionalni Festival suvremene Muzike, alle 2 Jahre seit 1961 (Mai): Oper, Konzert, Ballett.

Lit. zu F.: H. J. MOSER, Gesch. d. mus. F., Mk XXII, 1930; G. PINTHUS, Die Entwicklung d. Konzertwesens in Deutschland bis zum Beginn d. 19. Jh., = Slg mw. Abh. VIII, Straßburg 1932; W. A. FISHER, Music Festivals in the USA, Boston 1933; D. STOLL, Music Festivals of Europe, London 1938; G. GAVAZZENI, Le feste mus., Mailand 1944; J. FESCHOTTE, Les hautslieux de la musique, Paris 1949; N. BOYER, Petite hist. des festivals en France, Paris 1955; British Federation of Music Festivals, Jb. 1960 u. 1961. – zu M.: CH. BURNEY, An Account of the Mus. Performances in Westminster-Abbey and the Pantheon ... in Commemoration of Handel, London (1785), dazu Bibliogr. in: Händel-Jb. VI, 1933; A. J. BECHER, Das Niederrheinische Musikfest, ästhetisch u. hist. betrachtet, Köln 1836; E. A. HAUCHCORNE, Blätter d. Erinnerung an d. 50jährige Dauer d. niederrheinischen M., Köln 1868; ANON., Zur Gesch. d. M. in Birmingham, in: Neue Berliner Musikzeitung XXXVI, 1882; J. BRENNET u. F. R. STARK, Hist. of the Leeds Festivals 1858–89, Leeds 1892; R. H. LEGGE u. W. E.

HANSELL, Annals of the Norfolk and Norwich Triennal Mus. Festivals, Norwich 1896; R. JECHT, Die schlesischen M., Görlitz 1911; R. WALTERS, The Bethlehem Bach-Choir, Boston u. NY 1918; C. LEE WILLIAMS u. H. GODWIN CHANCE, Annals of the Three Choirs from 1895–1922, London 1922; M. GONDOLATSCH, Die schlesischen M. u. ihre Vorläufer, Görlitz 1925; H. LEICHTENTRITT, Göttingen u. d. Händel-F., Mk XXII, 1930; P. BEKKER, Wiesbaden, ebenda; J. ALF, Gesch. u. Bedeutung d. Niederrheinischen M. in d. 1. Hälfte d. 19. Jh., in: Düsseldorfer Jb. XLII/XLIII, 1940/41; M. A. HOWE DE WOLFF, The Tale of Tanglewood, Berkshire, Mus. Festivals, NY 1946; R. MORIN, The Worcester Music Festival ... 1858–1946, Worcester 1946; K. G. FELLERER, Mozart im Programm d. frühen Niederrheinischen M., Mozart-Jb. XII, 1962/63; D. GRAY, Music Festivals of the World, Oxford 1963.

Fest- und Gedenkschriften zur Ehrung bedeutender Musikwissenschaftler (frz. mélanges offerts à . . ., span. miscelánea dedicados a ... oder en homenaje a . . . ; engl. papers in honour of . . .) erscheinen meist in Form eines gesonderten Bandes mit Werkbibliographie des Geehrten, doch auch als Heft oder Jahrgang einer musikwissenschaftlichen Zeitschrift. Die folgende Übersicht nennt den Titel der Festschrift nur dann, wenn der Haupttitel nicht »Festschrift für . . . « lautet.
H. ABERT, Gedenkschrift, Halle 1928; G. ADLER zum 75., Studien zur Mg., Wien u. Lpz. 1930; H. ALBRECHT, In memoriam, Kassel 1962; H. ANGLÈS zum 70., 2 Bde, Barcelona 1958–61; W. APEL zum 70., = MD XVII, 1963; B. BARTÓK, Studia Memoriae Belae Bartók Sacra, Budapest 1956, ²1957; H. BESSELER zum 60., Lpz. 1961; J. BIEHLE zum 60., Lpz. 1930; FR. BLUME zum 70., Kassel 1963; A. CHYBIŃSKI zum 50., Krakau 1930, – zum 70., Krakau 1964; E. CLOSSON zum 75., Brüssel 1948; A. TH. DAVISON zum 75., Essays on Music, Cambridge 1957; O. E. DEUTSCH zum 80., Kassel 1963; W. EHMANN zum 60., Musik als Lobgesang, Darmstadt 1964; A. EINSTEIN zum 60., MQ XXVII, 1941, – Gedenkschrift, = CHM I, Florenz 1953; C. ENGEL zum 60., A Birthday Offering, NY 1943; H. ENGEL zum 70., Kassel (1965); VL. FÉDOROV zum 65., = Fontes artis musicae XIII, 1966, H. 1; K. G. FELLERER zum 60., Regensburg 1962, – zum 60., Musicae sacrae ministerium, = Schriftenreihe d. Allgemeinen Cäcilienverbandes ... V, Köln 1962, – zum 60., Studien zur Mg. d. Rheinlandes II, = Beitr. zur rheinischen Mg. LII, Köln 1962; W. FISCHER zum 70., = Innsbrucker Beitr. zur Kulturwiss., Sonderh. 3, Innsbruck 1956; M. FRIEDLÄNDER zum 60., = JbP XXVIII, 1921; W. GERSTENBERG zum 60., Wolfenbüttel u. Zürich (1964); W. GURLITT zum 70., = AfMw XVI, 1959, H. 1/2; J. HANDSCHIN, In memoriam, = MD X, 1956, – In memoriam, Straßburg 1962; P. HIRSCH zum 70., = MR XII, 1951; A. VAN HOBOKEN zum 75., Mainz 1962; KN. JEPPESEN zum 70., Natalicia Musicologica, Kopenhagen 1962; D. JOHNER OSB zum 75., Der kultische Gesang d. abendländischen Kirche, Köln 1950; O. KINKELDEY zum 80., = JAMS XIII, 1960; A. KOCZIRZ zum 60., Wien, Prag u. Lpz. 1930; Z. KODÁLY zum 60., Budapest 1943, – zum 80., ebenda 1962; H. KRETZSCHMAR zum 70., Lpz. 1918; I. KROHN zum 60., Helsinki 1927, – zum 70., ebenda 1937, – zum 80., ebenda 1947, – zum 90., ebenda 1957; TH. KROYER zum 60., Regensburg 1933; L. DE LA LAURENCIE = Publications de la Soc. frç. d. musicologie II, 3/4, Paris 1933; R. LACH zum 80., Persönlichkeit u. Werk, Wien 1954; R. v. LILIENCRON zum 90., Lpz. 1910; P.-M. MASSON zum 60., Mélanges d'hist. et d'esthétique mus., 2 Bde, Paris (1955); H. MERSMANN zum 65., Musikerkenntnis und Musikerziehung, Kassel 1957; P. MIES zum 70., Beitr. zur Mg. d. Stadt Köln, = Beitr. zur rheinischen Mg. XXXV, Köln 1959; C. A. MOBERG zum 65., = STMf XLIII, 1961; E. MÜLLER V. ASOW zum 60., Epistolae et Musica, Hbg 1953; J. MÜLLER-BLATTAU zum 65., = Annales Univ. Saraviensis, Phil. Fakultät, Bd IX, Saarbrücken 1960, – zum 70., = Saarbrücker Studien zur Mw. I, Kassel 1966; R. MÜNNICH zum 80., Lpz. 1957; K. NEF zum 60., Zürich u. Lpz. 1933; L. NOWAK zum 60., Bruckner-Studien, Wien (1964); A. OREL zum 50., Wien 1939, – zum 70., Wien u. Wiesbaden (1960); H. OSTHOFF zum 65., Tutzing 1961; F. PEDRELL zum 70., Escritos heortásticos, 2 Bde, Tortosa 1911; H. PRUNIÈRES, In memoriam, = RM 1952-53, Sonderh.; P. RAABE zum 70., Von deutscher Tonkunst, Lpz. 1942; G. REESE zum 65., Aspects of Mediaeval and Renaissance Music, NY (1966); H. RIEMANN zum 60., Lpz. 1909; C. SACHS zum 60., MQ XXVII, 1941, – Gedenkschrift, The Commonwealth of Music, NY (1965); A. SANDBERGER zum 50., München 1918; O. M. SANDVIK zum 70., Oslo 1945; E. SCHENK zum 60., = StMw XXV, 1962; A. SCHERING zum 60., Bln 1937; D. FR. SCHEURLEER zum 70., Den Haag 1925; L. SCHIEDERMAIR zum 60., Beethoven u. d. Gegenwart, Bln u. Bonn 1937, – zum 80., Studien zur Mg. d. Rheinlandes, = Beitr. zur rheinischen Mg. XX, Köln 1956; E. FR. SCHMID, Gedenkschrift, Recklinghausen 1961; J. SCHMIDT-GÖRG zum 60., Bonn 1957; A. SCHMITZ zum 70., = AfMw XIX/XX, 1962/63, H. 3/4; M. SCHNEIDER zum 70., Halle 1935, – zum 80., Lpz. (1955); L. SCHRADE zum 60., Musik u. Gesch., Köln (1963); TH. SCHREMS zum 70., Musicus – Magister, Regensburg (1963); E. SEEMANN zum 75., = Jb. f. Volksliedforschung IX, 1964; A. SEIDL zum 50., Musik u. Kultur, Regensburg 1913; M. SEIFFERT zum 70., = AfMf III, 1938, H. 1, – zum 70., Musik u. Bild, Kassel 1938; FR. SMEND zum 70., Bln (1963); J. SMITS VAN WAESBERGHE SJ zum 60., Organicae voces, Amsterdam 1963; O. G. SONNECK zum 60., = MQ XIX, 1933; FR. STEIN zum 60., Braunschweig 1939; J. SUBIRÁ zum 80., = AM XVIII, 1963; CH. VAN DEN BORREN zum 70., Antwerpen 1945, – zum 75., = RBM III, 1949, – zum 80., = RBM VIII, 1954, H. 2–4, – zum 90., Antwerpen 1964; FL. VAN DER MUEREN zum 60., Miscellanea Musicologia, Gent 1950; P. WAGNER zum 60., Lpz. 1926; J. WOLF zum 60., Mw. Beitr., Bln 1929; R. ZODER zum 75., (Wien) 1957.

Eine zweite Art von F.- u. G. ist als Publikation ungedruckter oder als Sammlung verstreut erschienener Arbeiten des Geehrten angelegt.
FR. BLUME zum 70., Syntagma Musicologicum, Kassel 1963; A. EINSTEIN, Gedenkschrift, Essays on Music, NY 1956; J. HANDSCHIN, Gedenkschrift, Bern 1957; CHR. MAHRENHOLZ zum 60., Musicologica et Liturgica, Kassel (1960); H. J. MOSER zum 65., Kassel 1954; E. REFARDT zum 75., Musik in d. Schweiz, Bern 1952, – zum 80., Thematischer Kat. d. Instrumentalmusik d. 18. Jh. in d. Hss. d. Univ.-Bibl. Basel, = Publikationen d. Schweizerischen Musikforschenden Ges. II, 6, Bern (1957); L. SCHRADE, Gedenkschrift, De scientia musicae studia atque orationes, Basel 1965.

Fiedel (Fidel, → Viola), – 1) Bezeichnung für eine Gruppe von Streichinstrumenten im abendländischen Mittelalter, meist in Diskant- oder Altlage. Die F. erscheint zuerst abgebildet auf einem Buchdeckel aus Elfenbein vom Ende des 8. Jh. (Musée du Louvre in Paris) und im Utrecht-Psalter (860; → Cister); für die gleiche Zeit ist sie auch literarisch nachgewiesen (Otfried von Weißenburg, *Evangelienharmonie* V, Zeile 197–199). Bevor sich im 12./13. Jh. ein einheitlicher Typ herausbildete, mit ovalem Corpus, C-förmigen Schallöchern, abgesetztem geradem Hals, Wirbelklotz oder -platte und mit vorder- oder hinterständigen Wirbeln, gab es verschiedene Formen: Spaten-, Rhombus-, Flaschen-, Keulen- oder Birnenform des Corpus, wobei die Abbildungen nicht erkennen lassen, ob Zargen vorhanden sind oder ob das Corpus aus einem Stück gearbeitet ist. Demnach kommen als Verwandte oder Vorbilder der F. mehrere orientalische Instrumente in Frage: → Ṭanbūr, – Rabāb, – Kamāngā oder turkestanische Geige. – Im letzten Viertel des 13. Jh. beschreibt Hieronymus de Moravia die F. (viella) als wichtiges Instrument, auf dem man alle Musik der Zeit spielen könne. Sie ist fünfsaitig und kann 3 Stimmungen haben: D G g d¹ d¹ (die D-Saite ist eine Bordunsaite und läuft außerhalb des Griffbretts), G d g d¹ g¹ und G G d c¹ c¹. Gespielt wurde die F. meist in Armhaltung, gegen die Schulter gelehnt oder gestemmt, auch mit Tragriemen vor der Brust, seltener in Schoß- oder Kniehaltung. – 2) Seit etwa 1920 (P. → Harlan) werden F.n für das Musizieren der Jugend und Laien gebaut, auch im Selbstbau (Tennsee-F. von Mönke-

Figuralmusik

meyer). Dabei handelt es sich zum Teil nicht um historische Formen, sondern um Instrumente, die Merkmale u. a. der Violen aufgenommen haben. Diese F.n sind meist fünfsaitig in Quintstimmung, seltener in Quart-Terz-Stimmung; sie werden meist in Knichaltung gespielt, auch die kleinen Instrumente des F.-Quartetts (c g d¹ a¹ e² bis F c g d¹ a¹). Besonders eignen sie sich für das Zusammenspiel mit Blockflöten.

Lit.: HIERONYMUS DE MORAVIA OP, Tractatus de Musica, hrsg. v. S. M. Cserba OP, = Freiburger Studien zur Mw. II, Regensburg 1935; W. BACHMANN, Die Anfänge d. Streichinstrumentenspiels, = Mw. Einzeldarstellungen III, Lpz. 1964.

Figuralmusik → Cantus figuratus.

Figura obliqua (lat.) → Ligatur (- 1).

Figuration, Figurierung, die Brechung einer Melodie oder eines Akkords durch rhythmische, meist auch melodisch einheitlich gebildete Formeln (Figuren, »Satzmanieren«, KochL), die sich von ausgesprochenen → Verzierungen schon auf Grund ihrer oft etwas schematischen Verwendung unterscheiden. F. ist charakteristisch für den instrumentalen Improvisations- und Kompositionsstil (vor allem der Tasteninstrumente) des 16.–19. Jh.; sie ist als improvisierte Technik jedoch gewiß älter und findet sich gelegentlich auch in Werken der Vokalmusik (hauptsächlich des Spätbarocks). Obwohl der Terminus F. erst seit dem späten 18. Jh. greifbar ist, wird er im heutigen Sprachgebrauch rückwirkend auch für analoge Bildungen in den Techniken von → Diminution (- 2) und → Kolorierung verwendet, z. B. im Begriff der C. f.-F. – Am häufigsten begegnet die F. in der stetigen Wiederholung der gleichen Spielfigur in anderer Lage oder Stimme, so vor allem in den Figuralvariationen über einem harmonischen Modell. Seit A. de Cabezon, den »Virginalisten«, G. Frescobaldi und dem Kreis um J. P. Sweelinck wurde die F. in der Bearbeitung geistlicher und weltlicher Lieder, in Pavane und Gaillarde, Passacaglia und Chaconne gepflegt; sie lebte in der klassischen und romantischen Musik fort in Wiederholungen, Reprisen und Variationssätzen (z. B. Beethoven, Klaviersonate op. 106, Adagio sostenuto, vgl. Takt 2ff. mit 87ff.). Auch bei der Erfindung und Fortspinnung einer Melodie (z. B. in den konzertanten Fugenthemen der Bach-Zeit) spielte die F. eine wichtige Rolle, ebenso wie sie – namentlich im figurierten Choral – durch imitierende und sequenzierende Verwendung gleicher (Choral-)Motive in allen Stimmen zur beherrschenden Technik bei der Gestaltung eines Einzelsatzes werden konnte. Die Brechung der Grundharmonie (Akkord-F.) bot – besonders in dem seit der Klassik gepflegten Klaviersatz – darüber hinaus die Möglichkeit, einen liegenden Klang nicht nur stetig zu erneuern und dynamisch zu verändern (z. B. in Form von → Murkys oder → Albertischen Bässen), sondern auch wechselnde Harmonien bruchlos, fast gleitend miteinander zu verflechten und zugleich innig mit der Melodie zu verbinden (z. B. Schubert, *Impromptu* op. 142, Nr 3, Variation 1). Ist diese Art der F. schließlich kaum mehr im Sinne rhythmischer Akkordbrechung aufzufassen, so wurde die Brechung der Grundharmonie doch andererseits auch zur Bildung von Spielfiguren mit betont melodischer Wirkung gebraucht (z. B. J. S. Bach, *Goldberg-Variationen*, Variation Nr 8).

Figuren, musikalisch-rhetorische (lat. figurae musicae) sind in der Musik des 16.–18. Jh. kunstvolle Tonfügungen des musikalischen Satzes. Im Bereich der Vokalmusik entwickelt (mit Ansätzen im 14. Jh.; → Noëma), bedeuten sie als je besondere Bildung und Gestalt einen Schmuck (ornamentum; color; flos) der Musik und können dabei nicht nur zur schmückenden oder emphatischen Hervorhebung von Wörtern, sondern zugleich als Abbild des Textes, seines Sinn-, Bild- und Affektgehalts dienen; für den Komponisten bietet die figürliche Darstellung und Ausdeutung des Textes zudem eine »Erfindungsquelle« (fons inventionis). Die allgemeine historische Voraussetzung für die m.-rh.n F. war die fortwirkende Auffassung der Musik als eine der septem artes (→ Ars musica) und ihre – als Praxis der Komposition – damit bedeutete Nachbarschaft zur Rhetorik. Wie die rhetorische Figur (nach Quintilian) als »Abweichung von der gewöhnlichen ... Art zu sprechen« definiert ist, so die m.-rh. Figur (nach Burmeister 1606) als tractus musicus, »der von der einfachen Art der Komposition abweicht«. Die besondere kompositionsgeschichtliche Voraussetzung des für die Barockmusik kennzeichnenden, seit Josquin, Lassus, den italienischen Madrigalisten über Schütz bis zu J. S. Bach sich steigernden Gebrauchens und Erfindens der m.-rh.n F. war demnach einerseits ein betontes Festhalten am tradierten kontrapunktischen Satz (welcher der Oratio propria, der gewöhnlichen Rede, entsprach), andererseits ein neuer Ausdruckswille, der (analog der Oratio figurata) die abweichende und ungewöhnliche kompositorische Bildung als Figur einsetzte. Dieses Verhältnis zwischen der tradiert Regulären als Fundament und der Figur als Licentia (Freiheit) gegenüber diesem Regulären wird besonders deutlich in der gestaffelten Stillehre Bernhards, in deren Mittelpunkt eine Lehre von den Dissonanzfiguren steht (*Figuram nenne ich eine gewiße Art die Dissonantzen zu gebrauchen*): in der *fundamental Composition* (stilus antiquus) werden nur wenige, und zwar die Figurae fundamentales gebraucht (von Kircher Figurae principales genannt), nämlich → Durchgang bzw. → Wechselnote (→ Commissura) sowie → Vorhalt-Bildungen (→ Synkope), während in den neueren Stilarten eine Fülle von Figurae superficiales verwendet wird (z. B. → Abruptio, → Ellipsis, → Multiplicatio), welche aber *die alten Componisten zu ihrem Grunde haben*. – Der Ausdruck des Textgehalts durch m.-rh. F. geschieht – noch weitab von psychologischen Begründungen – nach dem für die Barockzeit kennzeichnenden Prinzip der Nachahmung bzw. des Denkens in Analogien oder partiellen Übereinstimmungen: einem wesentlichen Merkmal der Figur als kompositorisch sinnvollem Gebilde (z. B. dem deutlichen Aufsteigen der Töne) entspricht ein wesentliches Merkmal des durch den Text Bezeichneten (z. B. *Ich hebe meine Augen auf zu den Bergen*; → Anabasis; → Hypotyposis). Stets gilt für die m.-rh. Figur, daß sie auch nur als Ornamentum gebraucht werden und in Beziehung zum Text mit unterschiedlichen Wörtern partiell übereinstimmen kann. Oft wird eine Textstelle durch mehrere Figuren zugleich abgebildet; im Beispiel aus den *Symphoniae Sacrae* II, Nr 4 von Schütz (*und läßt die Reichen leer*):

wird der Begriff »leer« dargestellt durch das Doppelecho (Töne verhallen im »leeren« Raum), durch den lang ausgehaltenen (»leeren«) Generalbaßton sowie durch die »Leere« der → Apokope-Pause. Weitgehend war zunächst der Text Anlaß und Rechtfertigung des Ungewöhnlichen, besonders bei den Dissonanzfiguren

(z. B. → Parrhesia), die der Komposition Neuland eröffneten und bald auch in die rein instrumentale »Klangrede« (Mattheson) Einlaß fanden (hierzu Scheibe S. 684f.), speziell in jene poetisierenden Typen der Instrumentalmusik, die in Bach einen Höhepunkt fanden (z. B. Orgelchoräle; 3st. Sinfonia F moll, BWV 795). – Eine große Zahl m.-rh.r F. wird in der Kompositionslehre der Barockzeit, speziell in der → Musica poetica, seit J. Burmeister (1599, der die Figuren zugleich an Kompositionen des späten 16. Jh. nachweist), fernerhin namentlich von Chr. Bernhard bis hin zu J. G. Walther (1708 und 1732) und mit Ausläufern bis zu J. N. Forkel (1788) systematisch erfaßt. Diese Lehre von den m.-rh.n F. entstand im Anschluß an die Figurenlehre der Rhetorik bzw. in deren Nachahmung, so daß prinzipiell alle Lehrfiguren als »rhetorisch« bezeichnet werden können, so wie die damalige Musica selbst, besonders im Stilus recitativus, *wegen Menge der Figuren ... einer Rhetorica zu vergleichen* ist (Bernhard; nach ihm auch Walther, *Praecepta* S. 265f.). Dabei wurden teils Name und Sache aus dem rhetorischen in den musikalischen Bereich übertragen (z. B. → Analepsis), teils besteht nur eine mehr äußerliche (zuweilen gezwungene) Analogie (z. B. → Hypallage), teils wurden – wie Bernhard betont – *Figuren erfunden* (z. B. → Passus duriusculus), teils die improvisierten Sing- und Spielmanieren (→ Verzierungen) kompositorisch als Figuren verwendet (z. B. → Tirata). Doch über die Lehrfiguren hinaus konnte jede musikalische Bildung und Erfindung, sofern sie im Gefüge der Komposition sich abhebt, wie als Ornamentum des Satzes so auch als Ausdruck des Textes gelten. Dieses Sich-Abheben der Figuren bedeutet bei J. S. Bach (im Vergleich etwa zu Schütz) – entsprechend der Bereicherung seines musikalischen Satzes – notwendig eine Steigerung und Intensivierung der figürlich gemeinten Bildung. Das Ende der m.-rh.n F. in Lehre und Praxis geht zusammen mit dem Ende des tradierten kontrapunktischen Satzes als »Hintergrund« eines figürlichen »Vordergrunds« sowie mit dem Ende der barocken Nachahmungsästhetik und ihres Denkens in Analogien. Das mächtige Vordringen der funktionalen Harmonik sowie die damit verbundene neue Art des musikalischen → Ausdrucks hoben das kompositorische Darstellen der m.-rh.n F. fort auf neue Ebenen, wobei freilich Prinzipien des figürlichen Ausdrucks in vielen Formen fortlebten oder wiedererschienen.

Die wichtigsten Figuren sind: die → Hypotyposis und deren Arten → Anabasis, → Circulatio, → Fuga (alio nempe sensu), → Hyperbole, → Katabasis, → Tirata; die melodischen Figuren → Exclamatio, → Interrogatio, → Passus (Saltus) duriusculus, → Pathopoiia, → Synhaeresis; die Pausenfiguren → Abruptio, → Apokope, → Aposiopesis, → Homoioteleuton, → Suspiratio, → Tmesis; die meist als → Emphasis wirkenden Wiederholungsfiguren → Anadiplosis, → Analepsis, → Anaphora, → Anaploke, → Climax, → Epanalepsis, → Epistrophe, → Epizeuxis, → Hyperbaton, → Mimesis, → Palillogia, → Paronomasia, → Polyptoton, → Polysyndeton, → Symploke (Complexio); die → Fuga-Figuren → Hypallage, → Parembole; die Satzfiguren → Antitheton, → Catachrese, → Congeries, → Ellipsis, → Fauxbourdon, → Heterolepsis, → Metabasis, → Metalepsis, → Multiplicatio (Extensio), → Noëma, → Parrhesia, → Pleonasmus; außerdem als Arten der → Synkope: Mora, Prolongation, Retardation, und die bei Bernhard beschriebenen Satzfiguren Cadentia duriuscula, Consonantiae impropriae (deficientes und superfluae), Mutatio toni, Quaesitio notae; auch Manieren der Sänger und Instrumentisten wie Accentus oder Superjectio (→ Akzent – 4), Anticipatione della nota und della sillaba (→ Antizipation – 3), Bombo, Gruppo (→ Doppelschlag), Passaggio (Coloratura oder Variatio, → Variation), Subsumptio (→ Cercar della nota), → Tremolo, → Trillo.

Lit.: M. T. CICERO, De oratore, hrsg. v. O. Jahn u. W. Kroll, Bln [5]1913; DASS., hrsg. v. W. Friedrich, Lpz. 1931; M. F. QUINTILIANUS, Institutionis oratoriae ... libri XII, hrsg. v. L. Rademacher, 2 Bde, Lpz. 1907-35, [2]1959; L. LOSSIUS, Erotemata dialecticae et rhetoricae Philippi Melanchthonis, Lpz. 1562; G. J. VOSSIUS, Commentatorium rhetoricorum, Leiden 1606; J. CHR. GOTTSCHED, Versuch einer critischen Dichtkunst f. d. Deutschen, Lpz. 1730; J. CHR. ERNESTI, Lexicon technologiae Graecorum rhetoricae, Lpz. 1795; DERS., Lexicon technologiae Latinorum rhetoricae, Lpz. 1797; R. VOLKMANN, Die Rhetorik d. Griechen u. Römer, Lpz. [2]1874; L. ARBUSOW, Colores rhetorici, Göttingen 1948, [2]1963; H. LAUSBERG, Elemente d. literarischen Rhetorik, München 1949, [2]1963; DERS., Hdb. d. literarischen Rhetorik, 2 Bde, ebenda 1960; W. S. HOWELL, Logic and Rhetoric in England 1500-1700, Princeton (N.J.) 1956. – S. CALVISIUS, Melopoeia ..., Erfurt 1592; J. BURMEISTER, Hypomnematum musicae poeticae ... synopsis, Rostock 1599; DERS., Musica poetica, Rostock 1606, Faks. hrsg. v. M. Ruhnke, = DM II, 10, 1955; J. LIPPIUS, Disputatio musica III, Wittenberg 1610; DERS., Synopsis musicae novae..., Straßburg 1612; J. NUCIUS, Musices poeticae... praeceptiones absolutissimae, Neiße 1613; J. THURINGUS, Opusculum bipartitum de primordiis musicis, Bln 1625; J. A. HERBST, Musica poetica, Nürnberg 1643; A. KIRCHER, Musurgia universalis, 2 Bde, Rom 1650, [2]1690; CHR. BERNHARD, Tractatus compositionis augmentatus u. Ausführlicher Bericht v. Gebrauche d. Con- u. Dissonantien, hrsg. v. J. M. Müller-Blattau als: Die Kompositionslehre H. Schützens in d. Fassung seines Schülers Chr. Bernhard, Lpz. 1926, Kassel [2]1963; E. WALTHER (Chr. Caldenbach), Dissertatio musica, Tübingen 1664; W. C. PRINTZ, Phrynis Mitilenaeus, Dresden u. Lpz. [2]1696; J. G. AHLE, Mus. Frühlings-, Sommer-, Herbst- u. Wintergespräche, Mühlhausen 1695-1701; TH. B. JANOWKA, Clavis ad Thesaurum magnae artis musicae, Prag 1701; J. G. WALTHER, Praecepta d. Mus. Composition, hs. Weimar 1708, hrsg. v. P. Benary, = Jenaer Beitr. zur Musikforschung II, Lpz. 1955; WALTHER L; J. KUHNAU, Texte zur Lpz.er Kirchenmusic 1709/10, hrsg. v. B. Fr. Richter, MfM XXXIV, 1902; M. J. VOGT, Conclave thesauri magnae artis musicae, Prag 1719; J. A. SCHEIBE, Der critische Musicus, Hbg [2]1745; MATTHESON Capellm.; M. SPIESS, Tractatus musicus compositorio-practicus, Augsburg 1745; J. N. FORKEL, Allgemeine Gesch. d. Musik I, Lpz. 1788, Einleitung. – A. SCHERING, Die Lehre v. d. mus. Figuren, KmJb XXI, 1908; DERS., Das Symbol in d. Musik, hrsg. v. W. Gurlitt, Lpz. 1941; K. ZIEBLER, Zur Ästhetik d. Lehre v. d. mus. Figuren im 18. Jh., ZfMw XV, 1932/33; H. BRANDES, Studien zur mus. Figurenlehre im 16. Jh., Diss. Bln 1935; H. H. UNGER, Die Beziehungen zwischen Musik u. Rhetorik im 16.-18. Jh., = Musik u. Geistesgesch. IV, Würzburg 1941; W. GURLITT, Musik u. Rhetorik, Helicon V, 1944; DERS., Zu J. S. Bachs Ostinato-Technik, in: Ber. über d. wiss. Bachtagung Lpz. 1950; DERS., Die Kompositionslehre d. deutschen 16. u. 17. Jh., Kgr.-Ber. Bamberg 1953, Neudruck in: Mg. u. Gegenwart I, = BzAfMw I, Wiesbaden 1966; G. TOUSSAINT, Die Anwendung d. m.-rh. F. in d. Werken v. H. Schütz, Diss. Mainz 1949, maschr.; A. SCHMITZ, Die Bildlichkeit d. wortgebundenen Musik J. S. Bachs, = Studien zur Mw. I, Mainz (1950); DERS., Die oratorische Kunst J. S. Bachs, Kgr.-Ber. Lüneburg 1950; DERS., Die Figurenlehre in d. theoretischen Werken J. G. Walthers, AfMw IX, 1952; DERS., Die Kadenz als Ornamentum musicae, Kgr.-Ber. Bamberg 1953; DERS., Einleitung zu: Oberital. Figuralpassionen d. 16. Jh., = MMD I, Mainz 1955; DERS., Musicus poeticus, in: Universitas, Fs. A. Stohr II, Mainz 1960; G. MASSENKEIL, Die oratorische Kunst in d. lat. Historien u. Oratorien G. Carissimis, Diss. Mainz 1952, maschr., daraus: Die Wiederholungsfiguren in d. Oratorien G. Carissimis, AfMw XIII, 1956; H. FEDERHOFER, Die Figurenlehre nach Chr. Bernhard u. d. Dissonanzbehandlung in d. Werken v. H. Schütz, Kgr.-Ber. Bamberg 1953; C. DAHLHAUS, Die Figurae superficiales in d. Traktaten Chr. Bernhards, ebenda; FR. FELDMANN, Untersuchungen zum Wort-Ton-Verhältnis in d. Gloria-Credo-Sätzen v. Dufay bis Josquin, MD VIII, 1954; DERS., Musiktheoretiker in eigenen Kompositionen, Deutsches Jb. d. Mw. I (= JbP XLVIII), 1956; DERS., Das »Opusculum bipartitum« des J. Thuringus (1625) . . ., AfMw XV, 1958; DERS., Mattheson u. d. Rhetorik, Kgr.-Ber. Hbg 1956; M. RUHNKE, J. Burmeister, = Schriften d. Landesinst. f. Musikforschung Kiel V, Kassel 1955; H. H. EGGEBRECHT, Zum Wort-Ton-Verhältnis in d. Musica poetica v. J. A. Herbst, Kgr.-Ber. Hbg 1956; DERS., Zwei Nürnberger Org.-Allegorien d. 17. Jh., MuK XXVII, 1957; DERS., Zum Figur-Begriff d. Musica poetica, AfMw XVI, 1959; DERS., H. Schütz, Musicus poeticus, = Kleine Vandenhoeck-Reihe LXXXIV, Göttingen 1959. HHE

Filar un suono (ital.; frz. filer un son; den Ton »spinnen«), ursprünglich für den Gesang, später auch für Melodieinstrumente verwendete Bezeichnung eines gleichmäßig fließenden, lang ausgehaltenen Tones ohne Atem- bzw. Bogenwechsel. Der Ausdruck kann das Aushalten eines Tones bei gleichbleibender Stärke bedeuten (L'Abbé le Fils, Violinschule, 1761), er kann aber auch ein allmähliches An- oder Abschwellen oder eine Verbindung von beiden (→ Messa di voce) einschließen (J. Fr. Agricola, *Anleitung zur Singkunst*, 1757; G. B. Mancini, *Pensieri e riflessioni pratiche sopra il canto figurato*, 1774).

Filmmusik. In der frühen Stummfilmzeit wurde Begleitmusik (Potpourris, Paraphrasen usw.) auf → Mechanischen Musikinstrumenten, auf dem Klavier oder Harmonium gespielt. Um die Jahrhundertwende gab es bereits mit Schallplatten gekoppelte Filme (Kinematograph von Edison 1894, Tonbilder von Oskar Messter 1903). Die Kinopianisten versuchten bald, eine zu den Filmhandlungen passende Musik zu improvisieren; auf Geräuschinstrumenten produzierten sie naturalistische Untermalungen (Donner, Glocken, Schüsse usw.). Mit der Etablierung von Lichtspieltheatern (nach 1900) wurde die Begleitmusik von kleinen (oft → Salon-)Orchestern, gegen Ende der 1920er Jahre auch von größeren Orchestern ausgeführt. Zu dieser Zeit tauchte auch die → Kinoorgel auf. – Zur Begleitung typischer, in den Filmen immer wiederkehrender Situationen oder Stimmungen wurden dann eigens F.en komponiert, so vor allem von Giuseppe Becce (Sammlung *Kinothek*), von W. R. → Heymann, Marc Roland. Eines der ersten Beispiele einer für einen bestimmten Film geschriebenen Musik ist Saint-Saëns' op. 128 (für Streicher, Kl. und Harmonium) zu *L'Assassinat du Duc de Guise* (1908), in Deutschland die F. von Joseph Weiß zu *Der Student von Prag* (1913). E. Satie komponierte 1924 für sein Ballett *Relâche*, in dem erstmalig ein Film in einem Theaterstück verwendet wurde, die Musik zu einem Entr'acte cinématographique. Nennenswerte F.en der Stummfilmzeit schrieben Honegger zu *La Roue* und *Napoléon* (1922), Milhaud zu *L'Inhumaine* (1923), Edmund Meisel zu »Panzerkreuzer Potemkin« (1926), Schostakowitsch zu »Das neue Babylon« (1928), Gottfried Huppertz zu *Nibelungen* (1922) und *Metropolis* (1927), M. Roland zu *Fridericus Rex* (1922) und *Weltkrieg* (1927). 1925 bearbeitete R. Strauss seinen *Rosenkavalier* zur Verfilmung; 1927 erregte Hindemiths Musik für mechanische Orgel zu einem *Kater-Felix*-Trickfilm Aufsehen. – Trotz der anfangs schlechten Tonwiedergabe verdrängte der Tonfilm seit Ende der 1920er Jahre den Stummfilm rasch. 1928 setzte man sich auf dem Baden-Badener Musikfest mit dem Problem der F. auseinander (Melos VII, 1928); 1929 stand dort der französische Tonfilm *La p'tite Lilli* mit der Musik von Milhaud im Mittelpunkt des Interesses. Die Musik zum ersten deutschen Tonfilm (*Melodie der Welt*, 1929) schrieb Wolfgang Zeller, der auch besonders als Komponist für Kulturfilme hervortrat. – Die F., die (mit Ausnahme der Opern-, Komponisten-, Sänger-, Schlager-, Revuefilme und musikalischen Teile in Dokumentarfilmen) in ihrer meist nur dienenden Rolle der → Bühnenmusik und der → Hörspielmusik verwandt ist, soll Zeit, Ort, Milieu der Handlung unterstreichen, Vorgänge und Text intensivieren, Übergänge markieren, emotionale Eindrücke vertiefen, Gedankenverbindungen (die über das Optische hinausgehen) herstellen, Atmosphäre schaffen. Zwei Hauptarten der F., in Hollywood *Underscoring* und *Mood Technique* genannt, lassen sich unterscheiden. Die erste Art setzt den Bildablauf untermalend und illustrierend ins Akustische um (so die F. von Max Steiner zu »Vom Winde verweht«, 1939). Die zweite Art deutet die Vorgänge psychologisch aus und vertieft Dialog und visuellen Eindruck auch durch ironisierende oder im Charakter kontrastierende Momente, so die F.en von Auric für Jean Cocteau. – Eine Reihe namhafter Komponisten schrieb F. gelegentlich, unter ihnen Dessau, Egk (*Der Herr vom anderen Stern*, 1948), Eisler, Fortner (*Begegnung mit Werther*, 1949), Henze (*Muriel*, 1963), Zillig; Walton; Petrassi, Pizzetti, Renzo Rossellini; Antheil, Bliss, Copland, Rathaus, Rózsa; Chatschaturjan, Prokofjew, Schostakowitsch. Von den zahlreichen deutschen Komponisten, die sich – meist von Operette und Unterhaltungsmusik herkommend – in besonderem Maße der F. widmeten, seien genannt: Böhmelt, Carste, Dostal, Eisbrenner, Grothe, Jary, Künneke, M. Lothar, Mackeben, Melichar, Nick, Richartz, Schmalstich, Schmidseder, Schmidt-Gentner, N. Schultze, G. Winkler. – Ein Spezialgebiet sind die Filme, die rein musikalische Vorgänge durch Zeichnungen (geometrische Figuren o. ä.) ins Optische übertragen, so von Oskar Fischinger, Sergej Alexejew (»Eine Nacht auf dem kahlen Berge« nach Mussorgskij, 1933), Germaine Dulac, Walter Ruttmann. – Die heutige F. bedient sich auch der elektronischen Musik, z. B. der amerikanische Film *Forbidden Planet* (1955) mit Musik von Louis und Bebe Barron, oder der polnische Film *Milcząca Gwiazda* (»Der schweigende Stern«, 1960) mit Musik von A. Markowski.

Lit.: E. Rapée's Encyclopedia of Music for Pictures, NY 1925; Allgemeines Hdb. d. F., hrsg. v. H. ERDMANN u. G. BECCE, 2 Bde, Bln 1927; K. LONDON, Film Music, London (1936); G. GROLL, Film, die unentdeckte Kunst, München 1937; Z. LISSA, Muzyka w film, Lemberg 1937; DIES., Formprobleme d. F., Fs. K. G. Fellerer, Regensburg 1962; DIES., Estetyka muzyki filmowej (»Ästhetik d. F.«), Krakau 1963; K. OTTENHEYM, Film u. Musik bis zur Einführung d. Tonfilms, Diss. Bln 1944, maschr.; H. EISLER, Composing for the Films, NY u. London 1947, deutsch Bln 1949; R. U. NELSON u. W. H. RUBSAMEN, Bibliogr. of Books and Articles on Music in Film and Radio, in: Hinrichsen's Mus. Year Book VI, 1949/50; L. CHIARINI, La musica nel film, Rom 1956; CL. MCCARTY, Film Composers in America, Glendale (Calif.) 1954; Über d. Musik im Film, hrsg. v. Staatl. Komitee f. Filmwesen, = Beitr. zu Fragen d. Filmkunst II, Bln ²1954; FR. V. ZGLINICKI, Der Weg d. Films, Bln (1956); E. NICK, Musik d. Stummfilmzeit, in: Die 3 großen »F«. Film, Funk, Fernsehen, = Musik d. Zeit, N. F. II, Bonn (1958); FR. K. PRIEBERG, Die mus. Kulisse, ebenda; H. A. THOMAS, Die deutsche Tonf., = Neue Beitr. zur Film- u. Fernsehforschung III, Gütersloh 1962, mit ausführlichem Verz. v. F.-Komponisten; U. GREGOR u. E. PATALAS, Gesch. d. Films, Gütersloh (1962); H. COLPI, Défense et illustration de la musique dans le film, Lyon 1963; U. SEELMANN-EGGEBERT, Prokofjew u. d. F., NZfM CXXV, 1964.

Filter. Elektrische F. oder Siebe werden in der Elektroakustik zur Aussonderung bestimmter Frequenzbereiche verwendet. Sie werden aus Induktivitäten (Drosseln, Spulen) und Kapazitäten (Kondensatoren) bestimmter (meist veränderlicher) Dimensionierung zusammengeschaltet. Hoch- und Tiefpässe haben den Zweck, nur Frequenzen oberhalb bzw. unterhalb einer bestimmten Grenzfrequenz durchzulassen und den übrigen Frequenzbereich abzusperren. Werden z. B. ein Hochpaß mit der unteren Grenzfrequenz von 100 Hz und ein Tiefpaß mit der oberen Grenzfrequenz von 200 Hz hintereinander geschaltet, so entsteht ein Bandpaß, mit einem Durchlaßbereich zwischen 100 und 200 Hz. Gebräuchlich sind Bandpässe, die jeweils den Bereich eines bestimmten Intervalls durchlassen (Terzsieb, Oktavsieb), und solche, bei denen die Grenzfrequenzen unabhängig voneinander eingestellt werden können. Durch Parallelschalten eines Hoch- und eines Tiefpasses entsteht eine Bandsperre. Sie unterdrückt einen bestimmten Frequenzbereich (Sperrbereich) und läßt die außerhalb liegenden durch.

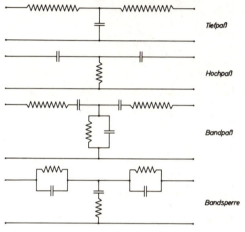

F. finden in allen Bereichen der Elektroakustik Verwendung.

Lit.: R. FELDTKELLER, Einführung in d. Siebschaltungstheorie d. elektrischen Nachrichtentechnik, = Monographien d. elektrischen Nachrichtentechnik IV, Stuttgart (1938), ⁴1956.

Finale (ital., Schlußstück), – 1) der letzte Teil mehrsätziger (zyklischer) Kompositionen, besonders der Sonate oder Symphonie und der nach gleicher Form gearbeiteten Werke. Im 18. Jh. ist das F. in der Regel heiteren Charakters (»Kehraus«-F. bei Haydn) und meist ein schneller Satz in Form eines Rondos, gelegentlich als Sonatensatz, gelegentlich als Thema mit Variationen komponiert. Noch KochL schreibt dem F. als Satztypus den *Charakter der Munterkeit, der Freude, oder des Scherzes* zu; zuweilen aber schon bei Mozart (F. der »Jupiter-Symphonie«), vor allem dann bei Beethoven, Brahms und Bruckner wird das F. Gegenstück zum 1. Satz und oft leidenschaftlicher Höhepunkt, mit dem das Werk sieghaft und apotheotisch schließt. Beethoven zieht zum ersten Male als Steigerungsmittel die menschliche Stimme hinzu (F. der Phantasie op. 80 und der 9. Symphonie). Auffallend sind bei Beethoven der häufige attacca-Anschluß des F.s an den vorangehenden Satz (Klavierkonzerte Nr 4 und 5, Violinkonzert, Symphonien Nr 5 und 6) und dessen thematische Beziehungen zu den ersten Sätzen (Symphonien Nr 5 und 9). Die Technik des Themenrückgriffs im F. wird besonders von Brahms (3. Symphonie) und Bruckner (Kombination aller vier Hauptmotive im F. der 8. Symphonie) weitergeführt. – 2) in der klassischen Oper Schlußszene eines Aktes. Das Opern-F. entwickelte sich um die Mitte des 18. Jh. in der italienischen Opera buffa. Die in Rezitativen vorangetriebene dramatische Handlung klingt im F. nicht mehr lediglich aus (Arien-F. ohne fortschreitende Handlung, auch Chorabschluß), sondern wird in ihm intensiviert. Das Ensemble übernimmt dabei die Darstellung kontrastierender Charaktere und läßt die Fäden der Handlung in fortschreitender Aktion zusammenlaufen. Ein frühes Beispiel für ein dramatisches F. bietet Logroscinos *Il Governatore* (1747). Neben das durchkomponierte F. trat bald das Ketten-F. In ihm werden musikalisch einzeln gestaltete Handlungsabschnitte aneinandergereiht, wobei die gleiche Grundtonart zu Beginn und am Schluß dem F. Einheit verleiht. Aus dem Ketten-F. entwickelte sich durch Wiederholung musikalischer Hauptgedanken das organisch gegliederte Rondo-F. (zuerst in Piccinnis *La buona figliuola*, 1760), in dem sich dramatische Aktion und eine rein musikalische Form verbinden. Das Opern-F. erreichte bei Mozart seine Vollendung (z. B. *Le Nozze di Figaro*, 1. F.), indem bei vollkommener musikalischer Form in ausgewogenen Proportionen der Teile die dramatische Handlung mit den verschiedenen sowohl sukzessiv wie in Ensembles simultan dargestellten Charakteren sich spannungsvoll entfaltet und fortgeführt wird.

Lit.: H. KRETZSCHMAR, Zwei Opern N. Logroscinos, JbP XV, 1908; H. ABERT, W. A. Mozart, 2 Bde, Lpz. 1919–21, ⁷1955; M. FUCHS, Die Entwicklung d. F. in d. ital. Opera buffa vor Mozart, Diss. Wien 1932, maschr.; H. ENGEL, Die Finali d. Mozartschen Opern, Mozart-Jb. 1954; D. ROSSELL, The Formal Construction of Mozart's Operatic Ensembles and F., Diss. Nashville (Tenn.) 1955, maschr.; G. v. NOÉ, Der Strukturwandel d. zyklischen Sonatenform, NZfM CXXV, 1964. UM

Finalis (lat.), – 1) in der Lehre von den → Kirchentönen der Schlußton einer Melodie (clavis f., vox f., sedes f., auch finis genannt). Zusammen mit Ambitus und Tenor (tuba) zählt sie zu den strukturbildenden Elementen der mittelalterlichen Einstimmigkeit. Die regulären Finales der 8 Kirchentöne sind d (1. und 2. tonus), e (3. und 4.), f (5. und 6.), g (7. und 8.). Sie entsprechen den Tönen des Tetrachordum finalium; – 2) in der → Klausel-Lehre der Schlußklang.

Fine (ital.), Fin (fɛ̃, frz.), Ende. Das Wort findet sich vielfach am Schluß eines Werkes, um anzuzeigen, daß weitere Sätze nicht folgen (das Gegenteil bedeutet die Beischrift segue). Auch dient es gleich den Zeichen 𝄋 (→ segno) und 𝄐 (→ Fermate) bei Sätzen mit einem D. C. (da capo) zur Bezeichnung der Stelle, bis zu der die Wiederholung reicht.

Fingersatz (Applikatur; engl. fingering; frz. doigté; ital. digitazione, diteggiatura), im kunstgerechten Instrumentenspiel die physiologisch angemessene (»natürliche«), durch Übersichtlichkeit und Einfachheit die psychologisch beste, durch Unterstützung von Dynamik und Artikulation die der Komposition gemäße Zuordnung der Spielfinger zu Grifflöchern (mit Ventilen oder Klappen), Positionen auf Griffbrettern oder Tasten. Die direkte Aufzeichnung der Griffe ist eine → Tabulatur (–1). Die Zahl der F.-Möglichkeiten ist bei Blechblasinstrumenten mit Ventilen gering, bei Griffloch- und Griffbrettinstrumenten noch beschränkt, beim Klavier ist sie sehr groß. – Das Grundprinzip der Grifflochinstrumente ist, daß durch Aufheben der Finger (Bezeichnung links + rechts 1–2–3 + 1–2–3–4 oder 1–2–3 + 4–5–6–7) nacheinander die diatonische Tonleiter erzeugt wird. Chromatische Zwischentöne werden durch → Gabelgriffe gespielt, bei den modernen Holzblasinstrumenten durch Griffe auf → Klappen. – Die Sopran-Alt-Instrumente mit Griffbrett (Kleingeigen) werden meist mit diatonischem F., die Tenöre und Bässe mit gemischtem bis chromatischem

Fingersatz

gespielt; chromatischer F. (zwischen je zwei Fingern liegt ein Halbton) gilt auch für die meisten Bundinstrumente. Die F.-Bezeichnung ist 1 – 4 vom Zeigefinger bis zum kleinen der linken Hand; der Daumenaufsatz wird mit 0 angezeigt. Durch den F. ist grundsätzlich auch die → Lage (– 3) bestimmt. Beim Übergang von einer Saite auf eine andere stehen (in der 1. Lage) der 4. Finger oder die leere Saite zur Wahl. Die Grundpositionen der Finger werden durchbrochen bei Doppelgriffen, beim Unter- und Überstrecken sowie beim Gleit-F.

Die moderne F.-Bezeichnung im Klavierspiel, die sich schon bei Diruta 1609 findet, ist für jede Hand 1 (Daumen) – 5 (kleiner Finger). Die alte deutsche ist rechts 5 (Daumen) – 1 (Zeigefinger) – 2 – 3 – 4, links mit durchstrichenen Ziffern spiegelbildlich entsprechend (Hofhaymer; Ammerbach 1571: 0 statt 5). Die englische Bezeichnung bis Purcell ist rechts 1 (Daumen) – 2 (Zeigefinger) – 3 – 4 – 5, links 1 (kleiner Finger) – 2 – 3 – 4 – 5. Die F.-Technik vor der Bach-Zeit schloß den Daumen und den kleinen Finger nach Möglichkeit aus, die langen mittleren Finger wurden übereinandergeschlagen (so in der Sweelinck-Schule rechts aufwärts 3 – 4, abwärts 2 – 3, links umgekehrt). Die folgende Periode, bis in die ersten Dezennien des 19. Jh., beschränkte die beiden kurzen Finger für gewöhnlich auf die Untertasten. Das brillante Klavierspiel stellte feste Regeln in den 24 Tonarten für Tonleitern und Akkordformen auf mit strikter Oktavidentität des F.es. Das späte 19. Jh. seit Liszt, Tausig und Bülow ignorierte die Unebenheit der Klaviatur und hob das Verbot des Unter- und Übersetzens nach dem 5. Finger auf (Busoni). Ein neues Element war die Phrasierungslehre (Riemann), die nach Möglichkeit den F. von der Motivbildung abhängig machte. »Gute« Finger für »gute« Noten hatte jedoch schon Diruta gefordert. F.-Probleme waren von jeher Doppelgriffe, Diminution und Verzierungen. Doppelgrifftonleitern wurden durch die Schule Clementis systematisiert und u. a. durch Chopin (Gleitfingersätze) geschmeidiger gemacht zu einer Zeit, als die Pedalisierung ein strenges Finger-Binden an einzelnen Stellen überflüssig machte. Repetitionen wurden schon von Scheidt mit Fingerwechsel gefordert; stummen Wechsel lehrte Couperin 1716. – In der spättonalen und atonalen Musik des 20. Jh. ist das Regelwesen des F.es unwesentlich geworden; es gilt, was schon C. Ph. E. Bach in seiner Zeit beobachtet hatte: *daß jeder neue Gedancke bey nahe seine eigene Finger-Setzung habe.* –

Auf der Harfe entfällt wegen der Haltung der Hände eine Unterscheidung von rechter und linker Hand in der Bezeichnung; auf der Pedalharfe sind zudem die Fingersätze in allen Tonarten gleich. Unter- und übersetzt werden kann aufsteigend mit dem 4., 3. oder 2. Finger unter den Daumen, absteigend mit dem Daumen über den 2., 3. oder 4.; der 5. Finger wird selten eingesetzt.

Lit.: Fr. Couperin, L'art de toucher le clavecin, Paris 1716, [2]1717, Faks. hrsg. v. A. Linde, Lpz. 1933; Bach Versuch; D. G. Türk, Klavierschule, Lpz. u. Halle 1789, Faks. hrsg. v. E. R. Jacobi, = DMl I, 23, 1962; J. K. Fr. Rellstab, Anleitung f. Clavierspieler ..., Bln 1790; L. Adam (mit L. Lachnith), Méthode ou principe général du doigté, Paris 1798; Ch. Neate, An Essay of Fingering, London 1855; A. Kullak, Ästhetik d. Klavierspiels, Bln 1860, [7–8]1920; L. Köhler, Der Kl.-F., Lpz. 1862; H. Riemann, Vergleichende theoretisch-praktische Klavierschule, Hbg u. St. Petersburg 1883, [4]1912; O. A. Klauwell, Der F. d. Klavierspiels ..., Lpz. 1885; G. A. Michelsen, Der F. beim Klavierspiel, Lpz. 1896; M. Seiffert, Gesch. d. Klaviermusik, Lpz. 1899; A. Dolmetsch, The Interpretation of the Music of the XVIIth and XVIIIth Cent., London (1916, [2]1946); S. Babitz, On Using J. S. Bach's Keybord Fingerings, ML XLIII, 1962.

Finnland.

Ausg.: Suomen kansan sävelmiä (»Finnische Volksmelodien«), Helsinki, 5 Bde, hrsg. v. I. Krohn (I 1898–1901, II 1904–32, III 1893), J. A. Launis (IV 1910 u. 1930) u. A. O. Väisänen (V 1928); O. Andersson, Folkvisor I, Den äldre folkvisan, Helsinki 1934.

Lit. (Erscheinungsort, wenn nicht anders angegeben, Helsinki): I. Krohn, Über d. Art d. Entstehung d. geistlichen Volksmelodien in F., Journal de la Soc. finno-ougrienne XVI, 1899; ders., Die finnische Volksmusik, in: Ber. aus d. Inst. f. Finnlandkunde IX, Greifswald 1935; ders., Merkmale d. finnischen Volksmusik, AMz LXV, 1938; K. Flodin, Finska musiker och andra uppsatser, 1900; ders., Musikliv och reseminnen, 1930; O. Andersson, Inhemska musiksträfvanden, 1907; ders., Über schwedische Volkslieder u. Volkstänze in F., 1908; ders., Musik och musiker, 1917; ders., Stråkharpan, Stockholm 1923, engl. als: The Bowed Harps, London 1930; J. A. Launis, Über Art, Entstehung u. Verbreitung d. estnisch-finnischen Runenmelodien, 1910; T. Haapanen, Finnen, Adler Hdb.; ders., Kyrkomusiken i F. under medeltiden, in: Musik och musikinstr., hrsg. v. O. Andersson, = Nordisk kultur XXV, Stockholm, Oslo u. Kopenhagen 1934; ders., Die mw. Forschung in F., AfMf IV, 1939; ders., Suomen säveltaide (»Die Tonkunst F.«), 1940 (auch schwedisch); ders., F. musikhistoria, Strängnäs 1956; Musiikin tietokirja, hrsg. v. dems., T. Kuusisto, L. Arvi, P. Poijärvi, V. Helasvuo, [2]1956; J. Väänänen, Beobachtungen über Verbreitung u. Art d. finnischen Volkswalzermelodien, 1945; I. Lagercrantz, Luthersa kyrkovisor i finländska musikhss. från 1500- och 1600-talen, 2 Bde, 1948–62; V. Helasvuo, Ny musik i F., in: Ny musik i Norden, Stockholm 1953; A. O. Väisänen, Kalevalamelodin, En jämförande undersökning, STMf XXXVI, 1954; E. Ala-Koenni, Die Polska-Tänze in F., 1956; N.-E. Ringbom, Die Musikforschung in F. seit 1940; AMl XXXI, 1959; Composers of F., hrsg. v. T. Karila, Porvoo 1961; Cat. of Finnish Orchestral Works, hrsg. v. Teosto (Tekijänoikeustoimisto, »Ges. f. Urheberrechte«), [2]1961.

Fioriture, Fioretti (ital.) → Verzierungen.

Fistel → Register (– 3).

Fistula (lat., Röhre, Rohrpfeife), mittellat. Bezeichnung für Flöte (z. B. f. anglica, Blockflöte; f. germanica, Traversflöte; f. pastoralis, Schalmei), dann auch für Orgelpfeife (f. organica) und, mit entsprechenden Zusätzen, für einzelne Orgelregister; oft gleichbedeutend mit → Tibia.

Flabiol, Fluviol (span.) → Einhandflöte.

Flageolett (flaʒɔl'ɛt, frz. flageolet, Diminutiv von altfrz. flageol, Flöte), – 1) eine kleine Schnabel-(Block-)Flöte, angeblich 1581 von Juvigny in Paris zuerst gespielt, mit 4 vorderständigen Griff- und 2 Daumenlöchern (notierter Umfang d^1–c^3, Klang meist eine Un- oder Duodezime höher). Das Fl. war zum Spielen von Tanzmusik seit der Mitte des 17. Jh. in England verbreitet; es hielt sich in Frankreich (mit 6 vorderständigen Grifflöchern und einem Daumenloch, auch mit Klappen) bis ins 19. Jh. Der im Orchester des 18. Jh. (Gluck, *Les Pèlerins de Mecque*; Mozart, *Die Entführung aus dem Serail*) vorgeschriebene Flauto piccolo ist noch ein Fl. – In England wurden im 19. Jh. Fl.s mit sehr schmalem Schnabel, auch als Doppel- oder Tripelflöten gebaut. – 2) in der Orgel ein Flötenregister zu 2′ oder 1′. – 3) Fl.-Töne (frz. sons harmoniques; engl. harmonics) werden auf Saiteninstrumenten durch leichtes Aufsetzen des Fingers auf die Teilungspunkte $1/2$, $1/3$, $1/4$ usw. erzeugt. An dieser Stelle entsteht dann ein Schwingungsknoten; die Saite schwingt in 2, 3, 4 ... Teilen, von denen jeder den betreffenden Oberton der ganzen Saite erklingen läßt, ein Vorgang, der dem → Überblasen der Blasinstrumente vergleichbar ist. Der Klang der Fl.-Töne ist hohl und pfeifend. Neben diesen »natürlichen« Fl.s werden künstliche erzeugt, indem ein Finger fest aufgesetzt wird und so einen neuen Sattel bildet und ein weiterer Finger lose aufgesetzt wird. Fl. ist auch in Doppelgriffen möglich. Die Notierung der Fl.-Töne ist uneinheitlich (Griffschrift in rhombischen Noten, Klangschrift durch 0 über der Note, auch umgekehrt). – Fl. schrieb J.-J. de → Mondonville in den 6 Sonaten *Les sons harmoniques* op. 4 (um 1738) vor. Gegen das Einmischen von Fl.-Tönen unter die gewöhnlichen wandte sich L. Mozart 1756. Noch Spohr hatte eine Abneigung gegen Fl.s, während Paganini sie effektvoll anbrachte (1. Konzert, 3. Satz). Fl. kann auch auf Zupfinstrumenten (Harfe) und dem Pianoforte (Schönberg op. 11, Nr 1) hervorgebracht werden; nur im Fl. wurde das → Trumscheit gespielt.

Lit.: zu 1): M. MERSENNE, Harmonie universelle, Paris 1636, Faks. hrsg. v. Fr. Lesure, 3 Bde, Paris 1963; WALTHER L. – zu 3): H. HELLER, Lehre d. Fl.-Töne, Bln 1927; W. KIRKENDALE, Segreto comunicato da Paganini, JAMS XVIII, 1965.

Flamenco (span.), auch Canto (cante) flamenco, Bezeichnung für südspanische (andalusische) volkstümliche Tänze und Gesänge. Der Fl. gehört zu den bekanntesten und eigenartigsten musikalischen Erscheinungen der südspanischen Folklore. Seine Herkunft ist umstritten; es wurden maurische, aber auch synagogische Einflüsse angenommen. Da er seit dem Beginn des 19. Jh. vorzugsweise von den Zigeunern Andalusiens und Altkastiliens (daher auch cante gítano) tradiert und verbreitet wurde, hielt man ihn vielfach und leichthin für Zigeunermusik. Zu unterscheiden sind zwei Stilarten des Fl.: der Cante jondo (jondo ist die andalusische Form für span. hondo, s. v. w. tief, tiefgründig, innerlich) oder auch Canto grande und der Cante chico (s. v. w. kleiner Gesang). Um eine Tänzerin (bailaora) gruppieren sich die Gitarrespieler (tocaoras) und die Sänger (cantaoras). Der Cante jondo setzt mit einem abwechselnd laut und leise klagenden »Ay, Ay« ein. Der folgende schlichte Gesangstext, in dem meist Liebe, Tod, Schuld und Sühne beklagt werden, besteht überwiegend aus 4 Verszeilen (ungleich gereimte 8Silbler) mit Refrain. Die Form des Textes wird jedoch durch die stereotypen oder variierten Wiederholungen der Melodie (mit exzessiven Verzierungen) verundeutlicht, wobei sich auch der Stimmklang ändert (bis ins Falsett). Der kontrastreiche, dramatische und ungewöhnlich ausdrucksstarke Cante jondo mit seiner freien Melodieführung und wechselnden Rhythmik erfordert virtuosen Vortrag des Sängers (an dessen Individualität er jeweils gebunden ist), so daß hier, im Unterschied zu den Cante chico-Stilen, dem Gesang gegenüber der Gitarre der Vorrang zukommt. Als Unterarten gelten die Seguiriyas, Canas, Polos, Soleares, Martinetes. Der Cante chico ist wesentlich schlichter und deshalb landläufiger. Zu ihm zählen die Bulerías, Solearíllas, Alegrías, Sevillanas, Fandangillos, Tangos. – Der Fl.-Gesang wird vom Fl.-Tanz begleitet oder nur eingeleitet. Auch bei ihm wird zwischen Baile jondo und Baile chico unterschieden. Beides sind Solo- bzw. Einzelpaar-Tanzstile; die Tänzer stampfen den Takt mit den Füßen (zapateado), schlagen ihn mit den Händen oder mit den Kastagnetten. Zu den bekannten Fl.-Tänzerinnen gehören: Pepa (Sevilla), Carmencilla (Málaga); zu den Sängern und Sängerinnen: La Niña de los Peines, Juan Cepero, Chacón, Aurelio Sellés. In der Kunstmusik wurde der Fl. von de Falla, Granados, Albéniz, Turina gepflegt.

Lit.: A. MACHADO DEMÓFILO, Collección de cantes fl., Sevilla 1881; H. SCHUCHARDT, Die cantes fl., Zs. f. romanische Philologie V, Halle 1881; V. ALMIRALL, Consideracions sobre los balls de gitanos en los Vallés, Barcelona 1887; FR. MASPONS Y LABRÓS, Ball de gitanas en lo Vallés, Barcelona 1887; CABARRUS, Hist., usos y costumbres de los gítanos, Madrid 1920; M. DE FALLA, El cante jondo: canto primitivo andaluz, Granada 1922, ital. in: Rass. mus. XI, 1938; I. BROWN, Deep Song. Adventures with Gypsy Songs and Singers in Andalusia and Other Lands, NY 1929; M. AZARA, »Cante jondo« y cantares sinagogales, Revista de Occidente VIII, 1930; C. u. P. CABA, Andalucía, su comunismo y su cante jondo, Madrid 1933; M. GARCÍA MATOS, Cante fl., Algunos de sus presuntos orígenes, AM V, 1950; DERS., Bosquejo hist. del cante fl. ..., Madrid 1958; D. MANFREDI CANO, Geografía del cante jondo, Madrid 1955.

Flammenorgel → Pyrophon.

flat (flæt, engl., »flach«), unter den → Akzidentien das Zeichen für die Erniedrigung ♭. Im Englischen werden durch den Zusatz fl. zu den Tonbuchstaben Tonnamen und Tonartenbezeichnungen angegeben, z. B. B fl. (major oder minor) = B (dur oder moll).

Flatsche → Mirliton.

Flatté (frz.) → Vibrato.

Flatted fifth (fl'ætid fifθ, engl.) → Be-bop.

Flatterzunge → Zungenstoß.

flautato, flautando (ital., auf Flötenart, auch sulla tastiera; frz. sur la touche, auf dem Griffbrett), bei Streichinstrumenten Vorschrift der Bogenführung nahe am Griffbrett, wodurch die Bildung der geradzahligen Obertöne verhindert wird. Der Terminus fl. wird bisweilen auch für das Flageolettspiel gebraucht.

Flautino (ital.), kleine Flöte, → Piccolo oder → Flageolett (– 1).

Flauto (ital.) → Flöte; fl. traverso → Querflöte; fl. piccolo → Piccolo; fl. dolce, fl. diritto → Blockflöte.

Flensburg.
Lit.: H. WITT, Fl., Theaterleben v. 16. Jh. bis zur Gegenwart, Fl. 1953; H. P. DETLEFSEN, Mg. d. Stadt Fl. bis zum Jahre 1850, = Schriften d. Landesinst. f. Musikforschung Kiel XI, Kassel 1961.

Flexa (lat.) → Neumen (– 1).

Flexaton (von engl. to flex a tone, einen Ton biegen), Schüttel-Klingelinstrument, im Jazzinstrumentarium der 1920er Jahre verwendet und von A. Schönberg in das Schlagzeug einiger seiner Werke aufgenommen (*Variationen für Orch.* op. 31, *Moses und Aron*). Es besteht aus einer elastischen länglichen Stahlplatte (Stärke 0,7 mm, Länge ca. 18 cm), die zum einen Ende hin etwas schmäler und zum anderen (größte Breite etwa 8 cm). An ihrem breiteren Ende ist sie in eine Holzleiste eingefügt, die auf den Enden eines gabelschleuder-ähnlichen Handgriffes sitzt. Von dort führt die Platte etwas schräg von der Gabel weg frei nach unten. Zwei beidseitig der Platte auf dünnen Stahlfedern sitzende Holzkügelchen schlagen beim Schütteln gegen die Platte und erzeugen die für das Instrument typischen, sehr schnell repetierenden Töne. Die Veränderung der Tonhöhe (Umfang bei Schönberg: cis^3–d^4) wird dadurch erreicht, daß der Daumen die Platte am freien Ende mehr oder weniger zur Gabel hin drückt.

Lit.: K. GENTIL, Das »Flex a tone« u. d. »Singende Säge«, Acustica VII, 1957.

Flöte (frz. flûte; engl. flute; ital. flauto; span. flauta; mhd. vloite; möglicherweise onomatopoetisch von lat. †flauta; auch Pfeife, mhd. phife, vom vulgärlat. †pipa, einer Rückbildung aus lat. pipare, piepen der Vögel; lat. auch fistula und tibia), eine Bezeichnung für Blasinstrumente, sowohl für die Fl.n im engeren Sinne als auch für die Rohrblattinstrumente; sie entspricht damit der Sache nach etwa dem antiken Begriff → Aulos oder dem altarabischen Zamr (→ Mizmār). Im engeren Sinn ist Fl. ein Instrument, bei dessen Ton-

Flöte

bildung ein Luftband gegen eine scharfe Kante geleitet wird, wo es sich in Wirbeln bricht. Die Luftsäule des Corpus wird durch Resonanz zum Schwingen angeregt und stabilisiert gleichzeitig den Spalt- oder Schneidenton. Für die Frequenz ist die Länge der Röhre bestimmend unter Einbeziehung der Mündungskorrekturen an beiden Enden. Wird die Röhre an einem Ende geschlossen (→ Gedackt), so ist die Frequenz halb so groß. Die wirksame Länge der Röhre kann durch Grifflöcher verkürzt werden. Sind mehr Grifflöcher als deckende Finger vorhanden, so werden sie bei hochentwickelten Formen durch → Klappen geschlossen. In der Höhe kann der Umfang durch → Überblasen (→ Blasquinte) erweitert werden. Für den Klang der Fl. ist neben der Bohrung (in der Regel zylindrisch oder leicht konisch) die Mensur bestimmend. Fl.n weiter Mensur klingen dunkler. Der Klang der gedackten Fl. ist dumpfer, weil nur die ungeradzahligen Partialtöne hervorgebracht werden. Der Klangcharakter wird in zweiter Linie durch das Material bestimmt. Die technologisch einfachsten Fl.n sind die aus hohlen Ästen, Knochen oder natürlichen Gefäßen wie Muscheln. Bei den handwerklich hergestellten überwiegen als Material Holz und Metall, seltener werden Glas und (in neuester Zeit) Kunststoffe verwendet. – Die Systematik teilt die Fl.n ein nach der Spielhaltung in Längs- und Quer-Fl.n, weiter nach der Anblasart und -vorrichtung (Kerben, Kernspalt, Schnabel). Darin sind alle entwicklungsfähigen Typen einzuordnen; periphere Formen sind u. a. die Nasen-Fl. und die Gefäß-Fl. (→ Okarina). Die Längs-Fl. kommt auch gedoppelt vor; eine gereihte Längs-Fl. ist die → Panflöte. – Die ältesten Funde von Fl.n, auch in Europa, werden ins Jungpaläolithikum datiert. Unter ihnen sind bereits Fl.n mit Kernspalten und Grifflöchern. Die historisch ältesten Fl.n sind die im alten Orient ikonographisch belegten, möglicherweise aus Innerafrika stammenden Längs-Fl.n von enger und weiter Mensur, die noch heute durch die Typen Naỹ und 'Uffâta repräsentiert werden. Der älteste namentlich bekannte Musiker ist der ägyptische Flötist → Khufu-'anch. Quer-Fl.n sind zuerst belegt im 9. Jh. v. Chr. in China, danach in Indien, Etrurien, Byzanz und bei den slawischen Völkern. In Mitteleuropa sind die Längs-Fl. (als Block-Fl.) und die Quer-Fl. kurz nacheinander seit dem 10./11. Jh. belegt. Die Verwendung der Fl. ist ebenso vielseitig wie ihr Reichtum an Typen und Formen auf der ganzen Erde. Sie wird gebraucht u. a. als Spielzeug wie als Hirten- und Soldateninstrument. Die Fl.n der abendländischen Kunstmusik sind neben der → Blockflöte und der → Querflöte die → Labialpfeifen der Orgel. Dort werden als Fl.n die offenen Stimmen des Weitchors, aber auch die teilgedeckten, gedeckten und überblasenden bezeichnet, die je nach Bauart und Klangcharakter besondere Namen haben wie Block-, Doppel-, Dulz-, Feld-, Fern-, Hell-, Hohl-, Pyramid-, Quer-, Rohr-, Spill-, Still-, Schweizer-, Tubal-, Wald- und Zart-Fl. Zum Unterschied von diesen zumeist in 4′ oder 8′ stehenden Registern werden die entsprechenden zu 2′ oder 1′ auch als Pfeifen bezeichnet, wie Feld- oder Schweizerpfeife.

Lit.: W. Foy, Zur Verbreitung d. Nasenfl., Ethnologica I, 1909; D. Ehrlich, The Hist. of the Fl. from Ancient Times to Boehm's Invention, NY 1921; H. Plischke, Geistertrp. u. Geisterfl. aus Bambus v. Sepik, Neuguinea, Jb. d. Museums f. Völkerkunde zu Lpz. VIII, 1922; C. Sachs, Geist u. Werden d. Musikinstr., Bln 1929, Neudruck Hilversum 1965; V. Belaiev, The Longitudinal Open Fl. of Central Asia, MQ XIX, 1933; P. R. Kirby, The Reed-Fl. Ensembles of South Africa, Journal of the Anthropological Inst. XIII, 1933; S. Nadel, Messungen an kaukasischen Grifflochpfeifen, Anthropos XXIX, 1934; O. Seewald, Beitr. zur Kenntnis steinzeitlicher Musikinstr., = Bücher zur Ur- u. Frühgesch. II, Wien 1934; P. Brömse, Fl., Schalmeien u. Sackpfeifen Südslawiens, = Veröff. d. Mw. Inst. d. Deutschen Univ. Prag IX, Brünn 1937; M. u. R. d'Harcourt, Sifflets et ocarinas du Nicaragua et du Mexique, Journal de la Soc. des Américanistes, N. S. XXXIII, 1941; S. Wolf, Zum Problem d. Nasenfl., Abh. Völkerkundemuseum Dresden, N. F. I, 1941; R. A. Hall, The Romance Words for »flute«, Studies in Linguistics I, 1942, dazu L. Spitzer, ebenda II, 1943; W. Graf, Zur Spieltechnik u. Spielweise v. Zeremonialfl. v. d. Nordküste Neuguineas, Arch. f. Völkerkunde II, 1947; K. Dittmer, Zur Entstehung d. Kernspaltfl., Zs. f. Ethnologie LXXV, 1950; H. A. Moeck, Ursprung u. Tradition d. Kernspaltfl. d. europäischen Volkstumes u. d. Herkunft d. mg. Kernspaltfl.-Typen, Diss. Göttingen 1951, maschr.; H. Hickmann, The Antique Cross-Fl., AMI XXIV, 1952; ders., Unbekannte ägyptische Klangwerkzeuge, Mf VIII, 1955; W. J. St. John, The Lit. of the Transverse Fl. in the Seventeenth and Eighteenth Cent., Diss. Evanston (Ill.) 1952, maschr.; P. Wirz, Über sakrale Fl. u. Pfeifen d. Sepik-Gebietes (Neu Guinea), Verhandlungen d. Naturforschenden Ges. Basel LXV, 1954; Fr. Zagiba, Funde zur vorgeschichtlichen Musik in Österreich, Anzeiger d. philosophisch-hist. Klasse d. Österreichischen Akad. d. Wiss. XCI, 1954; E. D. Edwards, Principles of Whistling – Hsiao chih – anon., Bull. of the School of Oriental and African Studies XX, 1957; A. Häusler, Neue Funde steinzeitlicher Musikinstr. in Osteuropa, AMI XXXII, 1960.

Flötenuhr, eines der → Mechanischen Musikwerke: ein Spieluhrwerk mit Walze und Flötenstimmen, die durch einen Blasebalg mit Wind gespeist werden. Oft sind sie mit Zeituhren gekoppelt und spielen zu jeder vollen Stunde. Im allgemeinen werden 2 Register verwendet (z. B. Gedackt 4′, Offen 2′). Fl.en begegnen schon im 16. Jh.; ihre Blütezeit fällt in die Jahre 1770 bis 1860.

Lit.: G. Kinsky, Beethoven u. d. Fl., Beethoven-Almanach, Regensburg 1927; E. Fr. Schmid, J. Haydn u. d. Fl., ZfMw XIV, 1931/32; K. Walther, C. Ph. E. Bachs Kleine Stücke f. d. Fl., Zs. f. Schulmusik VI, 1933.

Florenz.

Lit.: L. Puliti, Cenni storici della vita del Serenissimo Ferdinando dei Medici ..., Atti dell'Accad. del Real Istituto mus. di Firenze, 1874; A. Ademollo, I primi fasti del teatro di Via della Pergola in Firenze, 1657–61, Mailand 1885; U. Angeli, Notizie per la storia del teatro a Firenze nel s. XVI, Modena 1891; R. Gandolfi, Illustrazione di alcuni cimeli concernenti l'arte mus. in Firenze, Fl. 1892; ders., Accad. storica di musica Toscana, Fl. 1893; ders., In onore di antichi musicisti fiorentini, Rassegna Nazionale 1906; ders., La cappella mus. della corte di Toscana, 1539–1859, RMI XVI, 1909; G. Pavan, Saggio di cronistoria teatrale fiorentina: serie cronologica delle opere rappresentate al teatro ... della Pergola nei s. XVII e XVIII, Mailand 1901; J. Wolf, Fl. in d. Mg. d. 14. Jh., SIMG III, 1901/02; C. Lozzi, La musica e il melodramma alla corte medicea, RMI IX, 1902; A. Solerti, Musica, ballo e drammatica alla corte medicea dal 1600 al 1637, Fl. 1905; G. Piccini, Storia aneddotica dei teatri fiorentini: I, Il teatro della Pergola, Fl. 1912; A. Bruno, Il Teatro Alfieri in Firenze, Rivista teatrale ital. 1914; G. Conti, I teatri di Firenze, in: L'illustratore fiorentino XI, 1914; U. Morini, La R. Accad. degli Immobili ed il suo teatro »La Pergola« 1694–1925, Pisa 1926; L. Cellesi, Documenti per la storia mus. di Firenze, RMI XXXIV, 1927 – XXXV, 1928; R. Lustig, Per la cronistoria dell'antico teatro mus.: il teatro della Villa Medicea in Pratolino, RMI XXXVI, 1929; F. Ghisi, I canti carnascialeschi, Fl. 1937; ders., Feste mus. della Firenze medicea, 1480–1589, Fl. 1939; ders., Alle fonti della monodia, Mailand 1940; ders., Ballet Entertainments in Pitti Palace, Fl. 1608–25, MQ XXXV, 1949; ders., Un processionale inedito ..., RMI LV, 1953; H. Kühner, Dokumentarisches zur Mg. v. Fl. im 14. u. 15. Jh., Diss. München 1937, maschr.; E. Sanesi, Maestri d'organo in S. Maria del Fiore (1430–1600), Note d'Arch. XIV, 1937; B. Becherini, Un canto in panca fiorentino, Antonio di Guido, RMI L, 1948; dies., La musica nelle »Sacre rappresentazioni fiorentine«, RMI LIII, 1951;

DIES., Musica ital. al Firenze nel XV s., RBM VIII, 1954; Città di Firenze, Accad. Nazionale »L. Cherubini« di musica, lettere e arti figurative. Esposizione nazionale dei conservatori mus. e delle bibl., Palazzo Davanzati, 27. X. 1949 – 8. I. 1950, Cat., Fl. 1950; L. PARIGI, I disegni mus. del gabinetto degli »Uffizi« ..., Fl. 1951; M. BERNARDI u. A. DELLA CORTE, Gli strumenti mus. nei dipinti della Galleria degli Uffizi, Turin 1952; H. NOLTHÉNIUS, Renaissance in Mei. Florentijns leven rond Fr. Landini, Utrecht u. Antwerpen 1956; A. SEAY, Fl.: The City of Hothby and Ramos, JAMS IX, 1956; DERS., The 15th Cent. Cappella at S. Maria del Fiore in Fl., JAMS XI, 1958; FR. A. D'ACCONE, A Documentary Hist. of Music at the Florentine Cathedral and Baptistry in the 15th Cent., Diss. Harvard Univ. (Mass.) 1960, maschr.; DERS., The Singers of San Giovanni in Fl. During the 15th Cent., JAMS XIV, 1961.

Flores (lat., Blumen), eine vor allem im Mittelalter gebräuchliche Bezeichnung für vokale und instrumentale → Verzierungen aller Art, die wohl aus der Rhetorik übernommen ist, wo sie häufig die Figuren des Ornatus facilis zusammenfaßt (*Sunt autem flores quibus est sententia vocum florida*, Galfredus de Vino salvo, *Poetria nova*, 1208/13). – Hieronymus de Moravia (späteres 13. Jh., CS I, 91a ff.) versteht unter *flos armonicus* eine *decora ... et celerrima procellarisque vibratio [vocis]* und unterscheidet zwischen Fl. longi, aperti und subiti: Trillern, die nach Geschwindigkeit und Halbbzw. Ganztonrepetition verschieden sind und die als Gesangsverzierungen bezeichnenderweise mit Hilfe des Orgeltrillers erklärt werden. Bei Johannes de Garlandia (um 1240, CS I, 115b f.) heißt das Bebenlassen der Stimme auf einem Ton (anschaulich gemacht durch eine Folge von Semibreven gleicher Tonhöhe) *florificatio soni*, und Anonymus IV (um 1275, CS I, 358b f., 363a f.) nennt als bevorzugte Träger derartiger Verzierungen Tonwiederholungen oder duplices longae (*floratae*), wie sie vor allem zu Beginn oder auf der Paenultima einer Komposition stehen. Beliebt scheinen Fl. besonders in den (solistisch vorgetragenen) Melismen des Organum purum gewesen zu sein (Franco, um 1245, CS I, 135b; Anonymus IV, CS I, ebenda); W. Odington (nach 1300, CS I, 246b) schlägt sogar für den Vortrag der organalen Haltetöne die überwiegend in Choraltraktaten (Hucbald, GS I, 118a; Guido, CSM IV, 164) erwähnte Tremula (Liqueszenz, Bebung oder Triller) vor, die jedoch nur eine der vielen im Choralgesang gepflegten Verzierungen (wie Quilisma, Reverberatio, Plica u. a.) ist. – Beziehen sich diese Angaben zumeist auf die isolierte Verzierung einer Einzelnote, so empfiehlt Pseudo-Tunstede (nicht vor 1380, aber in weiten Partien auf der Musiklehre des 13. Jh. fußend, CS IV, 252a ff.) derartige Fl. auch in Zusammenhang mit der melodischen Verbindung zweier Töne mittels »durchgehender« Zwischennoten (*transcurrendo discordantias imperfectas in locis debitis*, CS IV, 294b). Ihnen haben sich in der Praxis wohl meist noch weitere, umspielende Ziernoten angeschlossen, und zwar nicht nur in den naturgemäß stärker ausgezierten Oberstimmen, sondern nach Ausweis des gleichen Autors (CS IV, 295a f.) auch im Tenor, sofern der Sänger mit seinen *pulchrae ascensiones et descensiones* den Discantus nicht störte. Diese »melodische Paraphrasierung« (Handschin), die wohl wichtigste Technik der mittelalterlichen Melodiebildung im Choral (besonders ausgeprägt in der responsorialen Psalmodie und im südländischen Spissim-Stil) wie in der Mehrstimmigkeit (schon um 1100 spricht Johannes Affligemensis von der Möglichkeit, in der Diaphonia *simplices motus duplicare vel triplicare vel quovis modo competenter conglobare*, CSM I, 160f.), fand in der Ausgierung der Paenultimaregion ihre größte, immer neue Aufgabe. Als *deflorere finem clausulae* ist sie in dem anonymen, nach seinem ersten Herausgeber A. de Lafage benannten Traktat (spätes 12. Jh.) näher umrissen (Ann. Mus. V, 1957, S. 33); der früheste greifbare Beleg steht um 1100 im Mailänder Organumtraktat. Schluß-(und Initial-)Melismen in Minne- und Meistersang (»Blumen«) oder die Caudae der Conductus sind weitere Beispiele. Seit dem 13. Jh. gehört die *Copula, id est floritura* (CS IV, 278a, ähnlich Jacobus von Lüttich, CS II, 385b) zu dem vornehmsten Schmuck des Organum und unterscheidet sich vom normalen Discantussatz hinsichtlich des Vortrags als *velox discantus* (Franco, CS I, 133a ff.), welcher *delicatiore modo et subtiliore voce quam discantus [simpliciter prolatus] provulgatur* (Anonymus St.Emmeran, 1279, ed. H.Sowa, 126), mitunter auch hinsichtlich der Satzweise als Hoquetus (Sowa, 5) oder *punctus puri organi* (Anonymus IV, CS I, 361a f.). – Das Copulabeispiel zeigt bereits deutlich, daß die hoch- und spätmittelalterliche Musiklehre den Terminus Fl. nicht nur in dem speziellen Sinne von in sich abgeschlossenen, nach Beispiel oder Vorschrift improvisierten Verzierungsformeln verwendet, sondern unter dieser Bezeichnung auch viele technische und stilistische Besonderheiten zusammenfaßt, die sich in der niedergeschriebenen Komposition gegenüber dem einfachen Gerüstsatz wie Verzierungen ausnehmen. Die Lehre spricht nämlich selbst dann noch von Fl. oder Colores, wenn diese Elemente längst (wenigstens aus heutiger Sicht) zu den Grundlagen der jeweils typischen Kompositionsart einer musikgeschichtlichen Epoche geworden sind, z. B. der in Analogie zu den Versfüßen beschriebene modale Rhythmus (Anonymus II, CS I, 307b), die Auflösung von Longa und Brevis in Semibrevis- und Minimawerte seit der Ars nova (Petrus dictus palma ociosa, 1336, SIMG XV, 1913/14, S. 518ff.), die eigentlich selbstverständliche Verwendung perfekter Klänge auf den Mensurschwerpunkten (Anonymus St.Emmeran, 120) oder sogar der offenbar nicht alltägliche Gebrauch der duplex longa (ders., 87). Der Nachdruck bei der Begriffsbestimmung von Fl. liegt also nicht so sehr auf der Trennung zwischen improvisatorischen und kompositorischen Gestaltungsmitteln, als vielmehr auf dem bezeichnenden Rangunterschied zwischen dem primären, durch den Cantus prius factus weitgehend vorbestimmten Gerüstsatz und den zwischen den Mensurschwerpunkten gelegenen »indifferenten Partien«, die der individuellen Ausführung vorbehalten sind (so schon Anonymus IV, CS I, 356b, 359b). Denn auch das (mehrstimmige) »Komponieren« selbst wird nicht als ein geschlossener Prozeß beschrieben, sondern es wird zumeist aufgeschlüsselt in die Vorgänge des ordinare, colorare, deflorere (florificare) und umschließt so bruchlos auch alle improvisierten, nur scheinbar sekundären Zutaten, die als vollwertige Bestandteile der erklingenden Komposition geschätzt und erwartet wurden, ebenso wie die Verzierungen des Chorals vom Melodiebau organisch getragene und keinesfalls bereits verselbständigte Ornamente sind. – Der Übergang von dieser *era of free, creative ornamentation* (E. T. Ferand, *A History ...*, S. 467) zum Verzierungswesen der beginnenden Neuzeit ist fließend und vollzog sich hauptsächlich in der allmählichen Scheidung zwischen den Techniken der → Diminution (– 2) und der → Kolorierung; beide sind bereits im 13. Jh. prinzipiell ausgebildet, erstere am deutlichsten in der rhythmisch präzisen Fractio modi (bzw. cantus), letztere in den vielen Arten der Einzelverzierungen. Im Verlauf jener fortschreitenden technischen und terminologischen Differenzierung wurden auch Fl. und Florificatio durch exaktere, teils noch anschaulichere, teils auch klangvollere Bezeichnungen (wie Ornamenta, Licentiae,

Elegantiae) weitgehend verdrängt; in einzelnen Ausdrücken blieben sie dennoch weit über das Mittelalter hinaus geläufig – in Contrapunctus floridus (fractus, diminutus) bis zum Spätbarock, in den italienischen Termini Fiori, Fioretti bis zur Gegenwart.

Lit.: HIERONYMUS DE MORAVIA OP, Tractatus de Musica, hrsg. v. S. M. Cserba OP, = Freiburger Studien zur Mw. II, Regensburg 1935; CH. E. H. DE COUSSEMAKER, L'art harmonique aux XIIe et XIIIe s., Paris 1865; G. ADLER, Die Wiederholung u. Nachahmung in d. Mehrstimmigkeit, VfMw II, 1886; H. E. WOOLDRIDGE, in: The Oxford Hist. of Music I, Oxford 1901, ^{2}1929; R. LACH, Studien zur Entwicklungsgesch. d. ornamentalen Melopöie, Lpz. 1913; RIEMANN MTh; J. HANDSCHIN, Zur Frage d. melodischen Paraphrasierung im MA, ZfMw X, 1927/28; Y. ROKSETH, La musique d'orgue au XVe s. et au début du XVIe, Paris 1930; H. BESSELER, Die Musik d. MA u. d. Renaissance, Bücken Hdb.; R. HAAS, Aufführungspraxis d. Musik, ebenda; L. SCHRADE, Die hs. Überlieferung d. ältesten Instrumentalmusik, Lahr 1931; E. T. FERAND, Die Improvisation in d. Musik, Zürich 1938; DERS., A Hist. of Music Seen in the Light of Ornamentation, Kgr.-Ber. NY 1961, Bd I; FR. ZAMINER, Der Vatikanische Organum-Traktat (Ottob. lat. 3025), = Münchner Veröff. zur Mg. II, Tutzing 1959; S. CORBIN, Note sur l'ornementation dans le plain-chant grégorien, Kgr.-Ber. NY 1961, Bd I; G. THIBAULT, L'ornementation dans la musique profane au Moyen-Age, ebenda. FRR

Flügel. Fl.-Form kommt seit dem 14. Jh. beim → Psalterium vor, von dem es auf die frühen Tangenten- und Kielklaviere überging. Fl. sind die großen Modelle des Cembalos (Kiel-Fl.) und des Pianofortes (heute vom Klein-Fl., etwa 140 cm lang, über den Stutz-Fl., etwa 165–180 cm, bis zum Konzert-Fl., etwa 250–290 cm), daneben gab es aufrechte Fl. (→ Clavicytherium, → Giraffenklavier, Pyramidenklavier).

Flügelhorn (möglicherweise verderbt aus → Bügelhorn, mit dem es im allgemeinen auch synonym gebraucht wird) ist im besonderen der Sopran der Bügelhornfamilie (in B). Es wird in Trompetenform gebaut und ist dem → Kornett (-1) verwandt. Das Fl. kam um 1825 in Österreich auf.

Folia (port., Tollheit; span. folía; ital. follia; frz. folie), zunächst eine um 1500 in Portugal bezeugte Art von Tanz- und Gesangsdarbietung, deren Formen und Melodien noch unbekannt sind. Hofchroniken verzeichnen *danças e f.s* u. ä.; der Dichter Gil Vicente verwendet z. B. *em f.* als Ausführungsanweisung in Theaterstücken. Unsicher ist, ob hier die F. der ältesten Beschreibung einer F. durch S. de Covarrubias (*Tesoro de la lengua castellana*, Madrid 1611) entspricht, wonach es sich um einen lärmenden Tanz vermummter und verkleideter Tänzer, begleitet von Kastagnetten und anderen Instrumenten, handelt, dessen Lebhaftigkeit den Eindruck erweckt, als hätten alle »den Verstand verloren«. Cervantes erwähnt 1613 (in der Novelle *La ilustre fregona*) nebeneinander *çarabandas, chaconas y f.s.* – F. ist sodann ein musikalisches Satzmodell, das mit → Passamezzo (antico) und → Romanesca verwandt ist und in Abschnitten übereinstimmt. Wie alle derartigen Modelle beruht die F. auf einem Gerüstsatz der Außenstimmen, der von elementarer Eingängigkeit ist und als Grundlage für eine Kolorierung, Variierung, gegebenenfalls Texturierung der Oberstimme sowie für die Rhythmisierung und begrenzte Abwandlung des Basses dient. Instruktiv ist eine schematische Zusammenstellung der genannten Modelle nach D. Ortiz (1553, nach *Recercada qvarta, primera* und *settima*), der jedoch die Typennamen noch nicht verwendet (die wichtigsten Abweichungen, die gegenüber den Fassungen von Ortiz in der sonstigen Überlieferung anzutreffen sind, wurden in Klammern ergänzt):

Folia

Passamezzo antico

Romanesca

Das F.-Modell läßt sich schon im → *Cancionero musical de Palacio* und vor allem in der spanischen Vihuelamusik des 16. Jh. nachweisen, doch heißen die Sätze Pavana, Aria oder nach Texttiteln, z. B. *La cara rosa*. Salinas gibt in *De musica* (Salamanca 1577, S. 309) erstmalig zum Namen F. ein Notenbeispiel, dem sich harmonisch das Romanescamodell unterlegen läßt:

Im 17. Jh. wird der F. genannte Tanz musikalisch an das F.-Modell gebunden, das nun erst seinen Namen zu Recht trägt. Die seit J. H. Kapsberger (1604) zahlreich überlieferten F.-Kompositionen bewahren vor allem die Baßformel, die jedoch in voneinander abweichenden Typen auftritt. Neben dem Ortiz-Typ erscheint in italienischen Quellen häufig die folgende auftaktige Baßformel (nach H. Spohr):

Außerdem gibt es offenbar Zwischenglieder der Modelle, die namensmäßig nicht streng unterschieden werden, z. B. das *Fedele*, das G. Montesardo (1606) mit F. identifizierte (*F. chiamata così da Spagnuoli, che da Italiani si chiama Fedele*), das aber wohl eigene Merkmale trägt, denen Frescobaldis *Partite sopra l'Aria di Follia* (1615) zu entsprechen scheinen. Überwiegend steht die F. im Tripeltakt, einzelne Ausnahmen zeigen die Verwandtschaft mit der → Pavaniglia. Seit etwa 1650 wird die F. oft als Les Folies d'Espagne bezeichnet. In der Fassung von M. Faninel wurde die F. berühmt und als Thema für Variationen beliebt, wobei der Name F. zunehmend auf die sarabandenartige Oberstimmenmelodie bezogen wurde:

Thema von *Faronell's division on a ground*, Nr 5 aus J. Playfords *The Division-Violin* (1685).

Einzelne Verarbeitungen der F. finden sich in Opern, Kantaten (z. B. J. S. Bach, BWV 212, Arie *Unser trefflicher lieber Kammerherr*), Orchester- und Instrumentalwerken bis ins 20. Jh. hinein. – Gelegentlich tragen marsch- oder tanzartige Sätze unabhängig vom F.-Modell den Titel F., z. B. in einer Musik zu einem Pferdeballett von J. H. Schmelzer (*Follia per nuovo ingresso de i Saltatori, & altre operazioni de Cavalli*, 1667).

Lit.: H. RIEMANN, J. Playford's Division Violin ..., Mk X, 1910/11; A. MOSER, Zur Genesis d. Folies d'Espagne, AfMw I, 1918/19; P. NETTL, Zwei span. Ostinatothemen, ZfMw I, 1918/19; O. GOMBOSI, Zur Frühgesch. d. F., AMl VIII, 1936; DERS., The Cultural and Folkloristic Background of the F., PAMS IV, 1940; J. WARD, The F., Kgr.-Ber. Utrecht 1952; H. SPOHR, Studien zur ital. Tanzkomposition, Diss. Freiburg i. Br. 1956, maschr.

Folies d'Espagne (fɔl'i dɛsp'aːɲ, frz.) → Folia.

Folklore, seiner Herkunft nach englischer Sammelbegriff für Kunde oder Wissen des Volks, d. h. Volksüberlieferungen. W. J. Thoms prägte die Bezeichnung F. 1846 für den Gegenstand (nicht für die Wissenschaft) der Volkskunde.

Lit.: H. A. KRAPPE, The Science of Folk-Lore, NY u. London 1930; Funk and Wagnalls Standard Dictionary of F., Mythology and Legend, hrsg. v. M. LEACH u. J. FRIED, NY 1949-50.

Forlana, Furlana, Frulana, Friauler, aus der italienischen Provinz Friaul (ital. Friuli), ein sehr lebhafter, ursprünglich werbender 6/8-Tanz für ein oder zwei Paare, vielleicht slawischer Herkunft. Im 16. Jh. begegnet er im Zweiertakt als Ballo F. in Phalèses *Danseries* (1583), der → Allemande ähnlich. Im 17. Jh. verläuft die F. im schnellen 6/4- oder 6/8-Takt; als Volkstanz war sie besonders im Venedig des 18. Jh. beliebt. In der französischen Oper findet sich die F. bei A. Campra, *L'Europe galante* (1697) und *Le carnaval de Venise* (1699), dann in Wien und Deutschland (Bach, Orchestersuite C dur, BWV 1066). In Frankreich blieb die F. bis in die Gegenwart lebendig (Ravel, F. im *Tombeau de Couperin*).

Lit.: C. BLASIS, Manuel complet de la danse, Paris 1830; G. CASELLATI u. G. TROMBINI, F., Venedig 1914; A. CACCIALUPI, La f., Paris 1914; R. LACH, Zur Gesch. d. Gesellschaftstanzes im 18. Jh., = Museion. Mitt. I, Wien, Prag u. Lpz. 1920; P. NETTL, The Story of Dance Music, NY (1947).

Form ist *Einheit im Verschiedenen* (Riemann). Der Begriff der F. ist in dreifachem Sinne relativ. Erstens, vermittelt in Plotins Metaphysik des Schönen, die in der Ästhetik des 18. und 19. Jh. durch Shaftesbury und Winckelmann wirksam wurde, die F. (εἶδος) zwischen der Idee (ἰδέα) und der erscheinenden Gestalt (μορφή); sie ist einerseits »innere« F. (ἔνδον εἶδος), andererseits »äußere«. Zweitens ist der Begriff der F. davon abhängig, wie das der F. Zugrundeliegende (ὑποκείμενον, subiectum) bestimmt wird: als Tonmaterial, Thema (subiectum), Affekt, Stimmung oder »Vorwurf« (sujet); ist das Zugrundeliegende ein Thema, so ist F. die Ausarbeitung; ist es ein Sujet, so erscheint F. als »Darstellung in Tönen«. Relativ ist drittens die aristotelische Kategorie der F.; der einzelne Ton ist F. der schwingenden Materie (Kant), die Liedzeile F. der Töne, das ganze Lied F. der Zeilen. Aus der Reihe der relativen Stoffe und F.en aber heben sich nach Aristoteles bestimmte Stufen dadurch heraus, daß sie eine »Vollendung«, ein »Ziel« (τέλος) darstellen; das ganze Lied ist eher ein »Ziel« als die einzelne Zeile oder der Ton. Als »Ziel«, also als F. im ausgezeichneten Sinne, galt in der Theorie der Kunst bis zum 18. Jh. weniger das einzelne Werk als die Gattung; erst seit dem 19. Jh. setzte sich allmählich die Vorstellung durch, daß das einzelne Werk für sich stehe und nicht an einer Gattungsnorm gemessen werden dürfe. Aus dem Wandel in der Bestimmung des Telos ist es zu verstehen, daß der Begriff der F. einerseits an den der Gattung, andererseits an den der Struktur (des Einzelwerkes) angrenzt. Die musikalische Formenlehre, die im späten 18. Jh. entstand, hält sich in einer vagen Mitte zwischen dem Anspruch, die den Gattungen – der Motette, der Opernarie oder der Sonate – eigentümlichen und angemessenen Normen der F. zu bestimmen, und der bescheideneren Absicht, bloße Schemata zu entwerfen, deren Zweck in nichts anderem besteht, als daß durch Abhebung von ihnen die besonderen Formen der einzelnen Werke beschrieben werden können. – Die tragenden Kategorien der Formästhetik – Proportion und Symmetrie, Einheit in der Mannigfaltigkeit, Harmonie des Entgegengesetzten und Zusammenstimmen der Teile (congruentia, convenientia, consonantia partium) – sind bis zum 19. Jh. in der Philosophie des Schönen entwickelt worden; noch Hanslicks Entwurf einer Ästhetik des musikalischen F. ist ein Buch *Vom Musikalisch-Schönen* (1854). In der neueren Ästhetik, die auf den Begriff des Schönen verzichtet, werden dessen Momente – die »innere« und die »äußere« F., das gestaltende Prinzip und die erscheinende Gestalt – manchmal als »Formung« und »Form« voneinander abgehoben. Die »Formung« wird psychologisch oder metaphysisch als Schöpfung des Komponisten – schon das 16. Jh. kannte die Vorstellung vom Dichter als einem zweiten Gott (alter deus, J. Scaliger) –, ontologisch als »Wille« eines in den Tönen waltenden Formgesetzes (A. Halm) oder geschichtsphilosophisch als *Tendenz des Materials* der in den Tonbeziehungen *sedimentierten Geschichte* (Adorno) interpretiert. – Die Elemente der musikalischen F. sind die Toneigenschaften Höhe, Dauer, Stärke und Farbe; ob auch die Tonverwandtschaft (Konsonanz) in einer Toneigenschaft fundiert sei, ist umstritten (v. Hornbostel, Handschin). Die untersten formalen Kategorien sind Relation, Maß und Niveau. Töne sind erstens in Relation zueinander höher und tiefer (Diastematie, von griech. διάστημα, Intervall), länger und kürzer, stärker und schwächer; sie erscheinen zweitens, bezogen auf ein mittleres Maß, als hoch und tief, lang und kurz, stark und schwach; und drittens sind die Relationsgefüge transponierbar: relative Tonhöhen können in eine andere Lage, relative Zeitwerte in ein anderes Tempo und relative Stärkegrade auf eine andere dynamische Stufe versetzt werden. Allerdings entziehen sich Tempo und Bewegung einer generellen Definition. In Tanzsätzen ist das Tempo durch die Dauer der Zählzeit und die Bewegung (mouvement), außerdem durch die Taktart und die Akzentabstufung bestimmt. Die rhythmische Ausfüllung erscheint als sekundäres Merkmal; ein Menuett in Sechzehnteln ist nicht »schneller« als eines in Vierteln. Dagegen fallen in rhythmisch irrationalen melismatischen Gesängen, z. B. in primitiven Totenklagen, Tempo und Bewegung mit den realen Tondauern zusammen; gedehnte Töne sind »langsam«, flüchtige »schnell«. – Die in einem engeren Sinne formalen Momente der Musik, Gliederung, Gewichtsabstufung und das Hervortreten von *Attraktionspunkten* (Brenn), sind im allgemeinen nicht an ein einzelnes Substrat (Höhe, Dauer, Stärke) gebunden, sondern in Wechselwirkungen zwischen den elementaren Faktoren begründet. Die rhythmische Geschlossenheit einer Taktgruppe und die harmonische einer Akkordfolge können sich gegenseitig stützen oder durchkreuzen, und nur im ersten Fall entsteht eine deutliche Zäsur; und ob der erste oder der zweite Takt einer Phrase als »schwer« erscheint, ist nicht nur von seiner Stellung, sondern auch vom melodischen und harmonischen Inhalt abhängig (Riemann). – Formale Funktionen sind auf Systeme oder Modelle bezogen. Eine melodische Phrase erfüllt die Funktion eines Vorder- oder Nachsatzes im Hinblick auf ein System, z. B. die Stufenordnung einer Tonart, oder auf ein Modell, z. B. die Psalmodie. Die Übergänge zwischen Bezugssystemen und Modellen sind manchmal fließend. Die harmonische Tonart ist als Inbegriff von Akkordfunktionen ein Bezugssystem; die Regel aber, daß die Subdominante der Dominante vorausgehen und nicht folgen soll, ist im Modellcharakter der Kadenz *T–S–D–T* begründet. – Bestimmungsmomente der musikalischen F. als einer »Einheit in der Mannigfaltigkeit« sind Wiederholung, Abwandlung (Variation), Verschiedenheit und Kontrast. *Die wesentliche Forderung für alle Formgebung, auch die musikalische, ist Einheit; diese kommt aber erst zur vollen Entfaltung ihrer ästhetischen Wirkung am Gegensätzlichen, am Kontrast und Widerspruch (Konflikt). Die Einheit in der speziell musikalischen Gestaltung tritt uns entgegen im konsonanten Akkord, in der Ausprägung einer Tonart, dem Festhalten einer Taktart, eines Rhythmus, in der Wiederkehr rhythmisch-melodischer Motive, der Bildung und Wiederkehr prägnanter Themen; der Kontrast und Konflikt [erscheint] im Harmoniewechsel, der Dissonanz, Modulation, dem Wechsel verschiedener Rhythmen und Motive, der Gegenüberstellung im Charakter gegensätzlicher Themen* (Riemann). – Man unterscheidet Reihungs- von Entwicklungs-F.en oder plastische von logischen F.en (Handschin). Die Begriffe sind als Bestimmungen von Idealtypen im Sinne Max Webers zu verstehen; eine ausschließlich »logische« F. ohne »plastische« Momente ist kaum vorstellbar. In primär »logischen« F.en, z. B. manchen Sonatensätzen von Beethoven, beruht der musikalische Zusammenhang auf *entwickelnder Variation* (Schönberg) von Themen und Motiven; ein zweiter Gedanke wird einem ersten nicht wie eine Komplementärfarbe entgegengesetzt, sondern durch *kontrastierende Ableitung* (A. Schmitz) gewonnen. An *plastischen* F.en, z. B. dem Rondo, treten *tektonische* und *architektonische* Momente (Fr. Blume), Symmetrie und Proportion, deutliche Gliederung und der Unterschied zwischen Hauptteilen und überleitenden Verbindungsstücken, in den Vordergrund. Ein ergänzender Kontrast erscheint als Kontrapost, nicht als Umschlag eines Gedankens in sein Gegenteil.

Lit.: M. STEINITZER, Über d. psychologischen Wirkungen d. mus. F., Diss. München 1885; G. ENGEL, Der Begriff d. F. in d. Kunst u. in d. Tonkunst insbesondere, VfMw II, 1886; H. RIEMANN, Das formale Element in d. Musik, in: Präludien u. Studien I, Heilbronn 1895; W. HARBURGER, Grundriß d. mus. Formvermögens, München 1912; H. ERPF, Der Begriff d. mus. F., Diss. Lpz. 1914, Teildruck in: Zs. f. Ästhetik u. allgemeine Kunstwiss. IX, 1914; A. HALM, Die Symphonie A. Bruckners, München 1914; K. BLESSINGER, Versuch über d. mus. F., Fs A. Sandberger, München 1918; A. SCHMITZ, Beethovens »Zwei Prinzipe«, Bln u. Bonn 1923; R. v. FICKER, Formprobleme d. ma. Musik, ZfMw VII, 1924/25; A. LORENZ, Das Geheimnis d. F. bei R. Wagner, 4 Bde, Bln 1924–33; DERS., Das Relativitätsprinzip in d. mus. F., in: Studien zur Mg., Fs. G. Adler, Wien 1930; E. KURTH, Bruckner, 2 Bde, Bln (1925); P. BEKKER, Mg. als Gesch. d. mus. Formwandlungen, Mk XVIII, 1925/26; E. BÜCKEN, Geist u. F. im mus. Kunstwerk, Bücken Hdb.; FR. BLUME, Fortspinnung u. Entwicklung, JbP XXXVI, 1929; H. MERSMANN, Zur Gesch. d. Formbegriffs, JbP XXXVII, 1930; B. WL. ASSAFJEW, Musykalnaja forma kak prozess (»Die mus. F. als Prozeß«), 2 Bde, Moskau u. Leningrad 1930–47; E.G. WOLFF, Grundlagen einer autonomen Musik-Ästhetik = Slg mw. Abh. XV, Straßburg 1934; K. HERBST, Der Begriff d. mus. F., Mk XXVII, 1934/35; K. WESTPHAL, Der Begriff d. mus. F. in d. Wiener Klassik, Lpz. 1935; E. C. BAIRSTOW, The Evolution of Mus. F., Oxford 1943; G. ABRAHAM, Design in Music, Oxford 1949; TH. W. ADORNO, Philosophie d. neuen Musik, Tübingen 1949; FR. BRENN, Das Wesensgefüge d. Musik, Kgr.-Ber. Basel 1949; DERS., F. in d. Musik, Freiburg i. d. Schweiz 1953; H. FEDERHOFER, Mus. F. als Ganzheit, in: Beitr. zur mus. Gestaltanalyse, Graz 1950; O. GOMBOSI, Gothic F., MD IV, 1950; A. CŒUROY, La musique et ses formes, Paris 1951; W. KOLNEDER, Motivische Gliederung u. F., SMZ XCIII, 1953; I. KROHN, Einheitliche Grundzüge mus. Formgebung, AMl XXV, 1953; W. GURLITT, F. in d. Musik als Zeitgestaltung, = Akad. d. Wiss. u. d. Lit. Mainz, Abh. d. geistes- u. sozialwiss. Klasse, Jg. 1954, Nr 13; G. NESTLER, Die F. in d. Musik, Freiburg i. Br. u. Zürich 1954; R. KELTERBORN, Gegensätzliche Formprinzipien in d. zeitgenössischen Musik, SMZ XCVII, 1957; G. LIGETI, Wandlungen d. mus. F., in: die Reihe VII, Wien 1960. CD

Formant. Jedes schwingungsfähige System, so auch Musikinstrumente und das menschliche Stimmorgan, besitzt eine oder mehrere Eigenfrequenzen. Sofern eine periodische Kraft gleicher oder unmittelbar benachbarter Frequenz darauf einwirkt (→ Resonanz), schwingt es stärker mit als bei erzwungener Schwingung außerhalb der Eigenresonanz. Die Breite eines Resonanzgebietes hängt u. a. von der → Dämpfung des Systems ab. Resonanzkörper bzw. Luftsäulen von Musikinstrumenten verfügen zumeist über verschiedene mehr oder minder breite Resonanzgebiete. Werden sie durch periodische Kräfte angeregt, deren Zeitverlauf nicht sinusförmig ist (z. B. bei Anstreichen einer Saite oder Anblasen eines Blasinstrumentes), so entsteht ein Frequenzspektrum aus mehreren Teilschwingungen, von denen einige jeweils in ein solches Resonanzgebiet fallen können und dadurch verstärkt werden. Der Begriff F. für solche Verstärkungsgebiete innerhalb der Frequenzspektren von Klängen geht auf L. Hermann zurück. F.en vor allem verursachen die charakteristische Färbung von Vokalen; sie liegen jeweils in charakteristischen Frequenzgebieten:

Vokal U: 200–400 Hz
  O: 400–600 Hz
  A: 800–1200 Hz
  E: 400–600 Hz und 2200–2600 Hz
  I: 200–400 Hz und 3000–3500 Hz

Auch die Klangfarben von Musikinstrumenten werden weitgehend durch Anzahl und Lage ihrer F.en beeinflußt. Während v. Helmholtz noch annahm, daß für die Färbung eines Klanges die Teilschwingung einer bestimmten Ordnungszahl entscheidend sei, deren Frequenz also mit der Tonhöhe wechselt (Helmholtzsche Relativtheorie), konnte E. Schumann auf Grund sehr vieler Klanganalysen zeigen, daß dies nur innerhalb sehr enger Grenzen zutrifft. Die Schumannschen Klangfarbengesetze beschreiben das Verhalten der F.en genauer: bei gleichbleibender Grundfrequenz, aber zunehmender Klangstärke, wandern die F.en auf Teilschwingungen höherer Ordnung (akustisches Verschiebungsgesetz); seine direkte Parallele bildet das Wiensche Verschiebungsgesetz der Strahlungsphysik. Bei Klängen mit zwei F.en springt das Maximum bei Intensitätssteigerung von der unteren F.-Strecke zur oberen über (Schumannsches Sprunggesetz). Bei gleichbleibender Intensität, aber steigender Grundfrequenz bleibt das Maximum nur so lange auf der gleichen Teilschwingung, bis es die obere Grenze der F.-Strecke erreicht hat; danach verlagert sie sich auf eine in der gleichen F.-Strecke befindliche Teilschwingung niederer Ordnung (hierin steckt die Helmholtzsche Hypothese). Sofern ein Klang zwei F.en enthält, bilden diese ein für das jeweilige Instrument typisches Frequenzverhältnis (Intervall), z. B. für Oboe 1:2, Englisch Horn 2:5, Fagott 3:8 (Schumannsches F.en-Intervallgesetz). Andere Instrumente lassen nur einen F.en erkennen (Flöte, Horn) oder ergeben unübersichtlichere Verhältnisse (Klarinette, Streichinstrumente). F.en werden auch künstlich erzeugt, so in den Mixturen, Scharfs und Zimbeln der Orgel durch Hinzunahme von 8′-, 4′- bzw. 2′-Register in Oktav-, Quint- oder Terzlage (Cornett). Durch Repetition dieser Stimmen bleibt der F.-Bereich über die ganze Klaviatur hinweg erhalten. Meyer-Eppler schließlich wies auf das Zustandekommen eines Tonhöheneindrucks durch Erzeugung und Veränderung elektroakustisch hergestellter F.en hin: schickt man einen musikalischen Schallablauf über ein elektrisches Filter, dessen Durchlaßbereich variiert werden kann, so löst seine Veränderung deutlich den Eindruck wechselnder Tonhöhen – auch gegenläufig zu den musikalischen Tönen – aus. Auf diesem Wege sind melodieartige Tonhöhenbewegungen möglich.

Lit.: H. v. HELMHOLTZ, Die Lehre v. d. Tonempfindungen ..., Braunschweig 1863, ⁶1913; L. HERMANN, Phonophotographische Untersuchungen I–VI, Pflügers Arch. XLV, 1889–XLVII, 1890, LIII, 1892 u. LVIII, 1894; DERS., Über d. Verhalten d. Vokale am neuen Edisonschen Phonographen, ebenda XLVII, 1890; DERS., Weitere Untersuchungen über d. Wesen d. Vokale, ebenda LXI, 1895; K. W. WAGNER, Der Frequenzbereich v. Sprache u. Musik, Elektrotechnische Zs. XLV, 1914; C. STUMPF, Die Struktur d. Vokale, Sb. Bln, Physikalisch-mathematische Klasse 1918; DERS., Die Sprachlaute, Bln 1926; E. SCHUMANN, Akustik, Breslau 1925; DERS., Die Physik d. Klangfarben, Habil.-Schrift Bln 1929; H. WINKHAUS, Vergleichende akustische Untersuchungen, Diss. Bln 1930; E. THIENHAUS, Neuere Versuche zur Klangfarbe u. Lautstärke v. Vokalen, Zs. f. Technische Physik V, 1934; Y. KATSUKI, The F. Construction of Japanese Voices Vowels, Shindo (Vibration) I, 1947; T. TOKIZANE, The F. Construction of Japanese Vowels, Japanese Journal of Physiology I, 1951; H.-P. REINECKE, Über d. doppelten Sinn d. Lautheitsbegriffes beim mus. Hören, Diss. Hbg 1953, maschr.; DERS., Experimentelle Beitr. zur Psychologie d. mus. Hörens, = Schriftenreihe d. Mw. Inst. d. Univ. Hbg III, Hbg 1964; W. MEYER-EPPLER, Die dreifache Tonhöhenqualität, Fs. J. SCHMIDT-GÖRG, Bonn 1957; F. TRENDELENBURG, Einführung in d. Akustik, Bln, Göttingen u. Heidelberg ³1961. HPR

Formenlehre ist (nach dem herrschenden Sprachgebrauch) die systematische Darstellung von Typen der Gliederung musikalischer Werke, der Gruppierung thematischer und nichtthematischer Teile und der Disposition der Tonarten. Die einzelnen Perioden oder Zeilen, deren Struktur die Melodielehre und die musikalische Metrik untersuchen, werden in der F. als Einheiten vorausgesetzt. – Die F. entstand im 18. Jh., als durch die Verselbständigung der Instrumentalmusik die Form zum Problem wurde. J. Riepel (1752) und H. Chr. Koch entwickelten, nach Ansätzen bei J. Mattheson (1739) und J. A. Scheibe (*Critischer Musicus*, 1739), eine F. als Erweiterung der Lehre vom musikalischen Periodenbau. *Die Form hängt theils von der bestimmten Anzahl der Hauptperioden, theils von der Tonart, in welche dieser oder jener Periode hingeleitet wird, theils aber auch von dem Orte ab, wo dieser oder jener Haupttheil wiederholt wird* (Koch, II, S. 103). A. B. Marx sah in der Dreiteiligkeit, der Gliederung in Exposition der Thematik, modulierenden *Bewegungstheil* und Reprise, ein *Naturgesetz* der musikalischen Form, das sowohl in Tanzsätzen als auch in der Fuge und in der Sonate herrsche. Im Gegenzug zu dem Verfahren, Formen als Dispositionen von Teilen zu erklären, betont H. Riemann den thematisch-motivischen Zusammenhang, die *Unterscheidung von eigentlich den Aufbau konstituierenden, entwickelnden Partien und von Einschaltungen* (*Große Kompositionslehre* I, S. 425). Die Veränderung im Ansatz der F. ist ästhetisch motiviert. Zählt man die Form zum bloß *mechanischen Theil der Ausführung* (Koch), so genügt es, sie als Syntax zu beschreiben, den inneren Zusammenhang stiftet der »Inhalt«, die »Modifikation des Affekts«. Werden aber statt der Affekte musikalische Themen zum »Inhalt« der »absoluten Musik« erklärt, so rückt die thematisch-motivische Entwicklung in den Vordergrund. Aus der Erkenntnis, daß die Voraussetzung der F., die Lehre von Periodenbau, der Fuge inadäquat ist, zog A. Halm die Konsequenz, Fuge und Sonate als *zwei Kulturen der Musik* einander entgegenzusetzen. Als Ausweitung der Kontrastierung von Fuge und Sonate erscheint der Versuch, eine F. aus der Antithese von »Lied« und »Kontrapunkt« zu entwickeln (H. Leichtentritt, J. Müller-Blattau). Im Begriff der »kontrapunktischen Formen« sind Satztechnik und Form verschränkt. Ob aber die durchimitierte Motette des 16. Jh. Gegenstand einer F. sein kann, ist zweifelhaft, obwohl jede einzelne Motette ihre Form hat. Denn eine F. muß, um Lehre zu sein, verallgemeinern, und Verallgemeinerung ist nicht immer möglich; am klassischen Sonatensatz ist (nicht ohne wesentliche Einschränkungen) die Form, aber nicht die Satztechnik generalisierbar, an der durchimitierten Motette umgekehrt die Satztechnik, aber nicht die Form. Anderseits legt der Sachverhalt, daß Formkategorien wie Exposition, Verarbeitung und Wiederkehr, Ergänzung, Fortsetzung und Überleitung, Vorbereitung, Episode und Anhang, Steigerung und Auflösung nicht ohne Berücksichtigung satztechnischer und stilistischer Bedingungen sinnvoll anwendbar sind, die Folgerung nahe, die F. in musikalischer Analyse (E. Ratz) oder historischer Typologie (Ansätze bei H. Leichtentritt) aufgehen zu lassen. – Die Namen musikalischer Gattungen beziehen sich im allgemeinen nicht auf die Form, sondern auf die Bestimmung eines Werkes für Singstimmen oder Instrumente (Kantate, Sonate), die Besetzung und die Anzahl der Stimmen (Streichquartett), die Satztechnik (Fuge) oder den Text (Messe), die Funktion eines Stücks (Präludium) oder den Aufführungsort (Sonata da chiesa). Bezeichnungen wie Lied-, Fugen-, Konzert- oder Sonatenform, die einer durch andere Merkmale definierten Gattung eine bestimmte Form zuschreiben, sind also mißverständlich; nicht alle Lieder folgen dem Schema der »Liedform« (A B A). Aus der Vielfalt der Formen, die seit dem 18. Jh. ausgeprägt worden sind, zum Teil in Wechselwirkung zwischen Vokal- und Instrumentalmusik, hebt die F. einige Typen heraus. Von der einfachen Reihung A B C ... heben sich durch Wiederholung oder Wiederkehr von Teilen die 3teilige Liedform (A B A), die Barform (A A B, zwei Stollen und

Abgesang) und die Gegenbarform (A B B) ab; eine Erweiterung der Barform ist die Reprisenbarform (A A B A). Von der (3teiligen) Liedform A B A unterscheidet sich das kleine Rondo durch Untergliederung und schärfere Abhebung der Teile (A B A = a b a / c d c / a b a, z. B. Menuett mit Trio). Die Abgrenzung des großen Rondo von der Konzertform beruht auf der Tonartendisposition. In der Rondoform A B A C A (D A oder B A) kehrt das Ritornell (A) immer in der Haupttonart wieder; in der Konzertform A B A C A (D A oder B A) wird es transponiert, z. B. nach dem Schema $T–D–Tp–T$, und die Episoden (B, C, D), die Solo- oder Concertinopartien, vermitteln modulierend die Übergänge zwischen den Tonartenstationen des Ritornells. Verwandt mit der Konzertform ist der Haupttypus der großen Da-Capo-Arie des frühen 18. Jh.

Vokal: a a' b a a'
Instrumental: A A A   A A A
Tonarten: $T D T$ $Tp T D T$

Zu den geschichtlichen Voraussetzungen der klassischen → Sonatensatzform gehört außer der Konzertform eine 2teilige Form des frühen 18. Jh., die von H. Riemann als *embryonale Sonatenform*, von R. Sondheimer als *Suitensatzform* bezeichnet worden ist. Beiden Teilen liegt das gleiche thematische Material zugrunde; der erste moduliert zur D, der zweite, oft auf dem Weg über die Tp oder die S, zurück zur T. – Dem Verfahren, Formen durch Buchstabenfolgen darzustellen, liegen die Kategorien Gleichheit (A A), Ähnlichkeit (A A') und Verschiedenheit (A B) zugrunde; allerdings fehlt bisher eine genügend differenzierte Auslegung der Kategorie Verschiedenheit, eine Systematik der Möglichkeiten zwischen den Extremen der Beziehungslosigkeit und des ergänzenden Kontrasts. Die Schemata müssen, um nicht nichtssagend zu sein, in einer Weise interpretiert werden, die sowohl den stilistischen und satztechnischen Bedingungen als auch der relativen und absoluten Länge der Formteile und Formen gerecht wird. Eine F., die von der Struktur der Einheiten, deren Disposition und Zusammenhang sie beschreibt, absähe, wäre leer und abstrakt. Die Periodenbildung kann auf der Reihung von Liedzeilen oder der Abwandlung von Psalmodiemodellen, der Gruppierung rhythmischer »ordines« (Notre-Dame-Organa) oder der Orientierung an einem rhythmischen Typus (Übergang von langsamer zu rascherer Bewegung und Rückkehr zu langsamer), der Weiterführung eines Vordersatzes durch Fortspinnung (spätbarocker Fortspinnungstypus) oder der Ergänzung eines offenen Vordersatzes durch einen schließenden Nachsatz (klassische Periode) beruhen. Und es ist nicht gleichgültig, ob der Umriß der »Suitensatzform« oder »embryonalen Sonatenform« durch einen Vordersatz mit Fortspinnungen oder durch eine Reihe kurzer, in sich geschlossener Phrasen ausgefüllt wird. – Die F., die als Theorie der Instrumentalmusik des 18. Jh. entstanden ist, beschreibt primär die Gleichheit, Ähnlichkeit oder Verschiedenheit melodischer Perioden. Melodische Beziehungen sind aber nicht die einzige Möglichkeit, musikalische Form als »Rhythmus im Großen« zu verwirklichen. Die Disposition der Tonlagen in Choral- und Liedmelodien des Mittelalters, die Chorspaltung und das Alternieren zwischen polyphonem und homophonem Satz in Motetten des 16. Jh. oder der Wechsel zwischen scharf voneinander abgehobenen rhythmischen Bewegungsarten in Sonaten und Instrumentalkanzonen des frühen 17. Jh. sind als Formprinzipien von kaum geringerer Bedeutung als die melodische Wiederholung, Abwandlung und Kontrastierung. – Die relative Länge der Formteile ist nicht nur ästhetisch relevant, sondern kann sogar ein Klassifikationsmerkmal sein.

In der Kanzonenstrophe des Mittelalters, der »Barform« A A B, soll der Abgesang (B) nicht kürzer als der Stollen (A) sein; eine Strophe, in der zwei melodisch gleichen Langzeilen eine Kurzzeile folgt, gilt also nicht als Kanzonenstrophe. Die Bedeutung der absoluten Länge einer Form, z. B. die Berechtigung des Verfahrens, einen musikalischen Zusammenhang, der sich in einem Musikdrama Wagners über Hunderte von Takten erstreckt, als Barform zu kennzeichnen (A. Lorenz), ist umstritten. – Teilformen können zu übergeordneten Formen, Sätze zu Zyklen zusammengeschlossen werden. Übergeordnete Formen sind z. B. der doppelte Cursus in manchen Sequenzen, die Verkettung von Solo-, Ensemble- und Chorpartien zu einem Opernfinale, aber auch die Sonatensatzform, wenn deren Teile, Haupt- und Seitenthema, Durchführung und Reprise, die Satztypen des Sonatenzyklus repräsentieren (Schubert, Wanderer-Phantasie; Liszt, H moll-Sonate). Haupttypen der Zyklenbildung sind in der Vokalmusik die mehrstimmige Messe mit wiederkehrendem C. f. oder Satzanfang und die Kantate, in der Instrumentalmusik die Partita, die Suite und die mehrsätzige Sonate. Klassifiziert man Zyklen nach den Temporelationen der Sätze, so kann man der Kirchensonate des späten 17. Jh. (langsam – schnell – langsam – schnell) die klassische Sonate (schnell – langsam – schnell – schnell) kontrastieren oder dem Konzert und Opernsinfonia und dem Konzert des frühen 18. Jh. (schnell – langsam – schnell) die französische Ouvertüre (langsam – schnell – langsam). – Eine scharfe Abgrenzung der Formen von bloßen Ausführungsweisen ist nicht immer möglich. Man kann die Praxis, die Antiphon eines Psalms erst nach dem letzten statt nach jedem Vers zu wiederholen, als Veränderung der Form oder der Ausführungsweise verstehen; und ob die Teilwiederholungen in Sonaten- und Symphoniesätzen ein essentielles oder ein akzidentelles Moment sind, ist nicht selten ungewiß. Manche Formen, die bei ihrer Entstehung mit Ausführungsweisen verbunden waren – mit dem Wechsel von Halbchören (Sequenz) oder von Vorsänger und Chor (Rondeau, Virelai) –, sind später von ihrem Ursprung abgelöst worden. Die fortschreitende Repetition (a a b b c c ...) wurde von der Sequenz auf die solistische Instrumentalmusik übertragen (Estampie), und die Formen, die das Zusammenwirken von Vorsänger und Chor spiegeln, sind auch im instrumental begleiteten Sololied verwendet worden (Machaut).

Lit.: H. Chr. Koch, Versuch einer Anleitung zur Composition, 3 Teile, I Rudolstadt 1782, II–III Lpz. 1787–93; A. Reicha, Traité de haute composition mus., 2 Bde, Paris 1824–26; A. B. Marx, Die Lehre v. d. mus. Komposition, 4 Bde, Lpz. 1837–47 u. ö., neu bearb. v. H. Riemann, I ^{9}1887, II ^{7}1890, IV ^{5}1888; E. Fr. E. Richter, Die Grundzüge d. mus. Formen u. ihre Analyse, Lpz. 1852; J. Chr. Lobe, Lehrbuch d. mus. Composition I–III, Lpz. 1858–60; B. Widmann, F. d. Instrumentalmusik, Lpz. 1862; L. Bussler, Mus. F., Bln 1878; Fr. Zd. Skuhersky, Mus. F., Prag 1879; H. Riemann, Systematische Modulationslehre als Grundlage d. mus. F., Hbg 1887; Ders., Grundriß d. Kompositionslehre (Mus. F.), Lpz. 1889; Ders., Große Kompositionslehre, 3 Bde, Bln u. Stuttgart 1902–13; S. Jadassohn, Die Formen in d. Werken d. Tonkunst, Lpz. 1889, ^{6}1923; E. Prout, Mus. Form, London 1893; Ders., Applied Forms, London ^{3}1895; O. Klauwell, Die Formen d. Instrumentalmusik, = Universalbibl. f. Musiklit. IX/X, Lpz. u. Bln 1894, ^{2}1948 redigiert v. W. Niemann; St. Krehl, Mus. F., 2 Teile, = Slg Göschen Nr 149 u. 150, Lpz. 1902–05, I Bln ^{2}1914, II ^{2}1911, Neudruck 1928; M. J. Löwengard, Lehrbuch d. mus. Formen, Bln 1904; H. Leichtentritt, Mus. F., = Hdb. d. Musiklehre VIII, Lpz. 1911, ^{5}1952, erweitert engl. Cambridge (Mass.) u. London 1951; R. Stöhr, Mus. F., Lpz. 1911, NA mit H. Gál u. A. Orel als: F. d. Musik, Lpz. 1933, Neudruck Lpz. 1954; S. G. Kallenberg, Mus. Kompositionsformen, = Aus Natur u. Geisteswelt Nr 412, Lpz. u. Bln 1913; A. HALM, Von zwei Kulturen d. Musik, München 1913, Stuttgart ³1947; DERS., Eine vergessene Form, in: Von Grenzen u. Ländern d. Musik, München 1916; P. WAGNER, Einführung in d. Gregorianischen Melodien III: Gregorianische F., Lpz. 1921, Neudruck Hildesheim u. Wiesbaden 1962; K. WEIDLE, Bauformen in d. Musik, Stuttgart 1925; K. BLESSINGER, Grundzüge d. mus. F., ebenda 1926; TH. WIEHMAYER, Mus. F. in Analysen, Magdeburg 1927; H. REICHENBACH, F. d. Musik, Bln 1929; H. MARTENS, Mus. Formen in hist. Reihen, 20 H., Bln 1930–37, 2. Auflage mit W. Drangmeister u. H. Fischer, Wolfenbüttel (1957ff.); H. EIMERT, Mus. Formstrukturen im 17. u. 18. Jh., Augsburg 1932; FR. GENNRICH, Grundriß einer F. d. ma. Liedes, Halle 1932; R. NOATZSCH, Praktische F. d. Klaviermusik, Lpz. 1932; H. GRUNSKY, Neues zur F., ZfMw XVI, 1933/34; J. MÜLLER-BLATTAU, Hohe Schule d. Musik, 4 Bde, Potsdam (1934–37); R. v. TOBEL, Die Formenwelt d. klass. Instrumentalmusik, = Berner Veröff. zur Musikforschung VI, Bern u. Lpz. 1935; E. J. DENT, Binary and Ternary Form, ML XVII, 1936; H. MERSMANN, Musikhören, Potsdam u. Bln 1938, Ffm. ²1952; J. DANISKAS, Grondslagen voor de analytische vormleer d. muziek, Rotterdam 1948; E. RATZ, Einführung in d. mus. F., Wien 1951; H. DEGEN, Hdb. d. F., Regensburg 1957; G. KÄHLER, Studien zur Entstehung d. F. in d. Musiktheorie, Diss. Heidelberg 1958, maschr.; W. HESS, Die Dynamik d. mus. Formbildung, 2 Bde, Wien 1960–64; J. P. LARSEN, Sonatenform-Probleme, Fs. Fr. Blume, Kassel 1963; W. F. KORTE, Struktur u. Modell als Information in d. Mw., AfMw XXI, 1964; G. v. NOÉ, Der Strukturwandel d. zyklischen Sonatenform, NZfM CXXV, 1964. CD

forte (ital.), stark, laut, als Vortragsbezeichnung der dynamischen Gegenpol zu → piano, Abk.: f; fortissimo (im Barock già forte), Abk.: ff, sehr stark; mezzoforte, Abk.: mf, »mittelstark«, d. h. ziemlich stark, zwischen forte und piano; fortepiano, Abk.: fp, stark und sofort wieder leise. Im Englischen kommt, forte und piano entsprechend, loud, Abk.: lo, und soft, Abk.: so, vor (z. B. Th. Mace 1676). forte und piano treten zuerst bei G. Gabrieli (1597) und Banchieri (1601, 1608) auf. Bald danach erscheinen auch die Abbreviaturen. Zur Modifizierung werden vor allem seit dem 18. Jh. Beiwörter wie meno, molto, poco, quasi und possibile gebraucht. Bei Klaviermusik können durch f und p verschiedene Manuale (»Terrassendynamik«) gefordert werden. Durch f und p kann auch ein crescendo oder decrescendo bezeichnet werden (f–p–pp bei Mazzocchi; loud – soft – softer bei M. Locke). In der neueren Musik kommt das f gesteigert bis zum fffff vor (Tschaikowsky op. 74; Reger op. 40, Nr 2).

Fortepiano → Pianoforte.

Fortspinnung, in der Musik das Verfahren der melodischen Ableitung aus nur einem Bewegungsimpuls. Ein bevorzugtes Mittel ist die Sequenz. J. S. Bachs F.s-Technik wurde von E. Kurth beschrieben und der »klassischen Motivtechnik« gegenübergestellt. Bei W. Fischer bildet F. im engeren Sinn den Mittelteil des »F.s-Typus« (Vordersatz – F. – Epilog), der dem »Liedtypus« (Vordersatz – Nachsatz) als »primärem Tanzmelodietypus« konfrontiert wird. Diese beiden kontrastierenden Strukturtypen – als Begriffspaar nach dem Vorbild der Kunstgeschichte (Wölfflin) konzipiert – findet Fischer in der Musik vor und nach dem Stilwandel um 1750: der F.s-Typus wird zur Form der Exposition des Sonatensatzes (abgesehen vom Seitensatz), nämlich der Vordersatz zum Hauptsatz, die F. zur modulierenden Überleitung, der Epilog zum Abschluß der Überleitung. Da die Betrachtung sich auf die Melodik beschränkt, die verschiedenartigsten Mischformen weit überwiegen und nur formale Merkmale erfaßt werden, ist die Brauchbarkeit des Begriffspaares in Frage gestellt. Fr. Blume wollte daher beide Begriffe nicht als Typen, sondern ähnlich wie Kurth als Prinzipien musikalischer Gestaltung verstanden wissen. Er schlug dafür die sprachlich allerdings fast synonymen Begriffe F. (Weiterspinnen aus einem Urgebilde) und Entwicklung (lockere Aneinanderreihung geschlossener Gebilde) vor zur Bezeichnung von Kriterien namentlich für die Musik des 18. Jh.

Lit.: W. FISCHER, Zur Entwicklungsgesch. d. Wiener klass. Stils, StMw III, 1915; DERS., Instrumentalmusik v. 1750–1828, Adler Hdb.; E. KURTH, Grundlagen d. linearen Kontrapunkts, Bern 1917, Bln ³1927, S. 205, 225–249; P. MIES, Die Bedeutung d. Skizzen Beethovens zur Erkenntnis seines Stils, Lpz. 1925; FR. BLUME, F. u. Entwicklung, JbP XXXVI, 1929.

forzato (ital.; Abk.: fz), s. v. w. → sforzato.

Fourieranalyse (Harmonische Analyse) ist ein mathematisches Analysierverfahren, das auf den Satz des französischen Mathematikers und Physikers Baron J. B. Fourier (1768–1830) zurückgeht (Fourier-Theorem), nach dem sich jede beliebige periodische Kurvenform (z. B. Schwingungsbewegung) durch Überlagerung mehrerer (im Grenzfall unendlich vieler) Sinuskurven mit verschiedenen Perioden als deren algebraische Summe darstellen läßt. Demnach kann jede beliebige Schwingungsbewegung als aus sinusförmigen Teilschwingungen zusammengesetzt verstanden werden. Ihre Perioden T (→ Frequenz) stehen als Glieder dieser Fourierschen Reihe im Verhältnis

$$1 : \frac{1}{2} : \frac{1}{3} : \frac{1}{4} : \ldots : \frac{1}{n};$$

ihre Frequenzen $f\ (=\frac{1}{T})$ verhalten sich entsprechend wie $1:2:3:4:\ldots:n$. Der Fouriersche Satz gilt genau genommen nur für streng periodische Kurven. Doch auch bei nur annähernd periodischen Abläufen wie z. B. musikalischen Schallvorgängen läßt er sich innerhalb eines begrenzten Zeitintervalles mit ausreichender Genauigkeit anwenden. Eine Funktion F von einer unabhängigen Veränderlichen t ist durch die unendliche Reihe

$$F(t) = A_0 + A_1 \cos \omega t + A_2 \cos 2\omega t + A_3 \cos 3\omega t + \ldots$$
$$+ B_1 \sin \omega t + B_2 \sin 2\omega t + B_3 \sin 3\omega t + \ldots$$

darstellbar, wobei $\omega = \frac{2\pi}{T}$ die Kreisfrequenz bedeutet. $A_0, A_1, A_2, \ldots, B_1, B_2, \ldots$ sind konstante Größen. In der Praxis kann man meist von einem bestimmten Gliede an die weiteren als vernachlässigbar klein fortlassen, so daß eine endliche Reihe herauskommt. Es gibt verschiedene mechanische und elektrische Verfahren der Fourierzerlegung.

Lit.: O. MADER, Ein einfacher harmonischer Analysator mit beliebiger Basis, Elektrotechnische Zs. XXX, 1909; A. KALÄHNE, Grundzüge d. mathematisch-physikalischen Akustik, 2 Bde, Lpz. u. Bln 1910–13; A. GALLE, Mathematische Instr., Lpz. u. Bln 1912; L. ZIPPERER, Tafeln zur harmonischen Analyse periodischer Kurven, Bln 1922; G. v. BÉKÉSY, Über d. mechanische Frequenzanalyse einmaliger Schwingungsvorgänge ..., Akustische Zs. II, 1937; A. HUSSMANN, Rechnerische Verfahren zur harmonischen Analyse u. Synthese, Bln 1938; M. GRÜTZMACHER, Eine neue Darstellungsform d. harmonischen Analyse ..., Akustische Zs. VIII, 1943; W. MEYER-EPPLER, Experimentelle Schwingungsanalyse, in: Ergebnisse d. exakten Naturwiss. XXIII, Bln, Göttingen u. Heidelberg 1950; O. v. ESSEN, Mathematische Analyse periodischer Vorgänge in gemeinfaßlicher Darstellung, = Hamburger Phonetische Beitr. II, Marburg 1961; F. TRENDELENBURG, Einführung in d. Akustik, Bln, Göttingen u. Heidelberg ³1961.

Fourniture (furnit'ü:r, frz., Zutat) bedeutet in französischen Orgeldispositionen Mixturregister, die tiefer als Cymbale » plein jeu« stehen.

Foxtrott (engl. foxtrot, Fuchsgang), ein aus → Ragtime und → Onestep entwickelter Gesellschaftstanz, der um 1914 in England, nach dem 1. Weltkrieg im übrigen Europa große Verbreitung fand und noch heute zu den Standardtänzen gehört. Der F., ein mäßig schneller Tanz im 4/4-(¢-)Takt mit leicht synkopierter Rhythmik, ist zum Grundtyp des Geh- bzw. Schrittanzes geworden. Seit 1924 wurde er nach dem Vorbild des Onestep in raschem Tempo getanzt mit vereinfachter Schrittfolge. Diese sich fest einbürgernde Seitenform des F.s wurde nun Quickstep genannt (im Deutschen blieb die Bezeichnung F.); für den eigentlichen, den mäßigschnellen F. wurde in Deutschland zur Abgrenzung vom »schnellen Fox« (Quickstep) die Bezeichnung Slowfox gebräuchlich. In der Kunstmusik ist der F. besonders in vom Jazz beeinflußten Werken der 1920er Jahre anzutreffen (F. für Orch., Tanz der Holzpuppen, in *Tuttifäntchen* von Hindemith, 1922; Seiber, F. und Slowfox in *Leichte Tänze* für Kl., 1932). In der Tanz- und Unterhaltungsmusik ist der F. außerordentlich häufig (*Ein Glück, daß man sich so verlieben kann ...* aus der Operette *Hochzeitsnacht im Paradies*; *Über die Prärie* usw.); auch im Jazz spielt er eine Rolle.

Fragments (fragm′ã, frz., Bruchstücke). Mit Fr. wurden die um 1700 (unter den Nachfolgern Lullys) in Paris in Mode gekommenen Bearbeitungen für die Bühne von Teilen aus beliebten Balletten und Opern eines oder mehrerer Komponisten bezeichnet, wie z. B. *Les Fr. de M. de Lully* (1702) von Campra nach Lullys *Les fêtes de l'Amour*, *Le bourgeois gentilhomme*, *Les Amours déguisés* und weiteren Stücken. In *Télémaque, fr. des modernes* (1704) verarbeitete Campra zusammen mit seinem Librettisten → Danchet Musik aus mehr als 10 Bühnenwerken von Collasse, M.-A. Charpentier, Desmarets, J. F. Rebel und von sich selbst.

Française (fräs′ɛ:z, frz.) → Anglaise.

Franken.
Lit.: Fr. W. v. Ditfurth, Fränkische Volkslieder mit ihren 2st. Weisen, Lpz. 1855; C. Valentin, Theater u. Musik am Fürstlich Leiningischen Hofe, Neujahrsblätter d. Ges. f. Fränkische Gesch. XV, Würzburg 1921; M. Böhm, Volkslied, Volkstanz u. Kinderlied in Mainfranken ..., Nürnberg 1929; Ders., Volksmus. Erinnerungen an ein oberfränkisches Dorf im Fichtelgebirge, Jb. d. Österreichischen Volksliedwerkes VI, 1957; O. Kaul, Zur Mg. d. ehemaligen Reichsstadt Schweinfurt, Würzburg 1935; E. Federl, Spätma. Choralpflege in Würzburg u. in mainfränkischen Klöstern, Diss. Würzburg 1937; W. Schwinn, Studien zur Slg »Fränkische Volkslieder« v. Fr. W. Ditfurth, München 1939; A. Scharnagl, J. Fr. X. Sterkel, Ein Beitr. zur Mg. Mainfrankens, Diss. Würzburg 1943; Ders., Fränkische Musik d. Vergangenheit, Mg. im Spiegel einer Landschaft, Musica VII, 1953; H. v. d. Au, Über d. Volkstanzgut im westlichen Mainfranken, Bayerisches Jb. f. Volkskunde 1952; W. M. Brod, J. M. Bachmann ..., Ein Beitr. zur Gesch. d. fränkischen Kirchenmusik, Mainfränkisches Jb. f. Gesch. u. Kunst V, 1953; Ders., J. M. Bachmann, Ein Nachtrag ..., ebenda VII, 1955; H. Dennerlein, Musik d. 18. Jh. in Fr. Die Inventare d. Funde v. Ebrach, Burgwindheim, Maria Limbach u. Iphofen, Vorabdruck aus Ber. d. Hist. Ver. Bamberg 1953, Münsterschwarzach 1954; R. Laugg, Studien zur Instrumentalmusik im Zisterzienserkloster Ebrach in d. 2. Hälfte d. 18. Jh., Diss. Erlangen 1953, maschr.; E. Fr. Schmid, Musik am Hofe d. Fürsten v. Löwenstein-Wertheim-Rosenberg (1720–89), Mainfränkische Hefte XVI, 1953; R. Steglich, Der Anteil d. fränkischen Univ. an d. Musikforschung, Musica VII, 1953; Fr. Krautwurst, Taktwechselnde Volkstänze in Fr., Jb. d. Österreichischen Volksliedwerkes IV, 1955; D. Bloch, Gesch. d. Kirchen-, Schul- u. Stadtmusik in Neustadt a. d. Aisch, Diss. Erlangen 1956; Fr. Moeckl, Fränkisches Liederbuch, Regensburg 1961.

Frankfurt am Main.
Lit.: E. Pasqué, Fr.er Musik- u. Theatergesch., Fr. 1872; C. Israel, Fr.er Konzertchronik 1713–80, Neujahrsblatt d. Ver. f. Gesch. u. Altertumskunde, Fr. 1876; C. Valentin, Gesch. d. Musik in Fr. v. Anfange d. 14. bis zum Anfange d. 18. Jh., Fr. 1906; F. Mamroth, Aus d. Fr.er Theaterchronik 1889–1907, 2 Bde, Bln 1908; H. Dechent, Kirchengesch. v. Fr. seit d. Reformation, Lpz. u. Fr. 1913; P. Epstein, Die Fr.er Kapellmusik zur Zeit J. A. Herbsts, AfMw VI, 1924; O. Bacher, Beitr. zur Gesch. d. Fr.er Oper im 18. Jh., 2 Bde, Diss. Fr. 1924, maschr.; Ders., Fr. mus. Bühnengesch. im 18. Jh., Teil I: Die Zeit d. Wandertruppen (1700–86), = Arch. f. Fr. Gesch. u. Kunst I, 4, Fr. 1925; Ders., Die Gesch. d. Fr.er Oper im 18. Jh., Fr. 1926; Gassenhawerlin u. Reutterliedlin zu Franckenfurt am Meyn (1535), Faks. hrsg. v. H. J. Moser, Augsburg 1927; H. de Bary, Gesch. d. Museumsges. zu Fr., Fr. 1937; A. R. Mohr, Fr.er Theaterleben im 18. Jh., Fr. 1940; Th. Peine, Der Orgelbau in Fr. a. M. u. Umgebung v. d. Anfängen bis zur Gegenwart, Fr. 1957; Das »Museum«: 150 Jahre Fr.er Konzertleben, 1808–1958, hrsg. v. H. Weber, Fr. 1958; W. Saure, Die Gesch. d. Fr.er Oper v. 1792 bis 1880, Diss. Köln 1959.

Frankfurt an der Oder.
Lit.: G. Pietzsch, Zur Pflege d. Musik an d. deutschen Univ. bis zur Mitte d. 16. Jh., AfMf VII, 1942; H. Grimm, Der Anteil einer Stadt am deutschen Theater ..., Fr. a. d. O., Bln u. Posen 1942; Ders., Meister d. Renaissancemusik an d. Viadrina, Fr. a. d. O. u. Bln 1942.

Franko-flämische Schule. Seit den Arbeiten Kiesewetters und Fétis' (1829) über die »Alten Niederländer« ist die Einheitlichkeit einer um 1430–1560 für mehrstimmige Komposition normgebenden, hauptsächlich im Gebiet beiderseits der heutigen französisch-belgischen Grenze beheimateten Schule unbestritten. Die meist für sie verwendeten Namen, → Burgundische Musik, → Niederländische Musik, sind jedoch insofern unbefriedigend, als sie mit neueren Staatsbildungen (Niederländisch, Belgisch) oder mit Teilaspekten (Flämisch, Burgundisch) verbunden sind. Auch geben sie keinen Hinweis darauf, daß die Fr.-fl. Sch. mit der französischen Musiktradition eng zusammenhängt. Dagegen soll die Bezeichnung franko-flämisch die auch für die Musikgeschichte grundlegende Tatsache festhalten, daß das in Frage stehende Gebiet seine eigene Kultur seit Beginn unseres Jahrtausends über die Grenzen zweier Staaten (Frankreich und das Kaiserreich) und Sprachen (französisch und flämisch-niederländisch, das zum Niederdeutschen gehört) hinweg ausbildete. Die Kompositionsart der Fr.-fl.n Sch. wurde in ständiger Auseinandersetzung mit der Kunst Englands und Italiens geschaffen; dennoch erscheint es angebracht, durch die Benennung darauf hinzuweisen, daß die meisten ihr zugezählten Komponisten nach Herkunft und Ausbildung aus dem franko-flämischen Gebiet kommen. Obgleich seit Anfang des 15. Jh. franko-flämische Komponisten in Italien und Frankreich, später auch Deutschland künstlerisch und erzieherisch wirken, bleibt der hohe Stand der Musikübung in den Maîtrisen ihrer Heimat so vorbildlich, daß bis um 1550 viele Höfe sich neue Kapellmeister und Sänger von dorther verschrieben.

Französische Musik. In der Antike hieß das zum größten Teil von ligurischen und keltischen Völkern besiedelte heutige Frankreich Gallien. Um 600 v. Chr. gründete ein aus Kleinasien stammender Grieche die Stadt Marseille. Nach der Eroberung Galliens durch Caesar blieb das Land 500 Jahre lang an das römische Imperium gebunden; damit kam auch griechisch-römische Musik ins Land. Die erste christliche Gemeinde in Gallien entstand 160 in Lyon; später entwickelten sich auch Marseille, Narbonne, Arles, Vienne, Autun, Orléans und Tours zu bedeutenden Zentren des → Gallikanischen Gesangs. Die syrische Hymnodie wurde im 4. Jh. von einem verbannten Gallier, Bischof Hilarius von Poitiers, für die westliche Kirche entdeckt. Nachdem der Gallikanische Gesang unter den Merowingern volle Freiheit genossen hatte, verordneten im 8.–9. Jh. die fränkischen Könige Pippin und Karl der Große die Übernahme des Gregorianischen Gesangs aus Rom. Die Tropen und Sequenzen, die im nordfranzösischen Kloster Jumièges aufkamen, wurden in St. Martial (Limoges) weiterentwickelt und bildeten eine der Grundlagen für die Lyrik der Trobadors und Trouvères und das liturgische Drama. – Die Mehrstimmigkeit ist nach 900 von den Schulen von Chartres, Fleury, Fécamp, Limoges und Cluny gepflegt worden. Nach 1150 entstand die Schule der französischen Polyphonie in Paris, dem geistigen Mittelpunkt Alteuropas, mit Leoninus und Perotinus als den Schöpfern einer neuen Kunst des → Organum. An sie knüpft die Motette der → Ars antiqua an, von deren Komponisten mit Namen nur Petrus de Cruce aus Amiens bekannt ist, der 1260 Organist an Notre-Dame wurde. Die weltliche Mehrstimmigkeit fand in den Rondeaux und Chansons à danser von Adam de la Halle einen ersten Höhepunkt. Das 1st. Lied mit geistlichem oder profanem Text wurde im 12.–13. Jh. von den Trobadors und Trouvères gepflegt. In ihrem Repertoire standen neben sehr kunstvollen Formen auch volkstümliche wie die Klagelieder, Pastourellen, Chansons d'amour, Berceusen, Chansons de métier, Chants de saison und Tanzlieder. Einen ungewöhnlich breiten Überblick über die Formen ein- und mehrstimmiger Komposition um 1300 bietet unter den → Quellen *Fauv*; in ihr stehen auch isorhythmische Motetten von Ph. de Vitry, der neben G. de Machaut als Hauptmeister der → Ars nova des 14. Jh. hervorragt. In der Nachfolge Machauts wurden von den Komponisten der → Quellen *Ch* und *O* vor allem der → Kantilenensatz der Balladen, Rondeaux und Virelais zu höchster, zuweilen manieristischer Kunstfertigkeit gesteigert, bis um 1430 Binchois und Dufay den neuen »euphonischen Kontrapunkt« (Besseler) aufbrachten, in dem auch die Klangkunst des → Fauxbourdon verarbeitet ist. Dufays Schüler Ockeghem, der im Dienst der Könige Karl VII., Karl VIII. und Ludwig XI. stand, A. Busnois, der am Hofe Karls des Kühnen lebte, und Ph. Caron werden in einer zum Gedenken Dufays von L. Compère komponierten Gebetsmotette genannt. Josquin wurde zum Schöpfer der neuen französischen polyphonen → Chanson. Neben ihm sind J. Mouton, A. le Riche, Cr. van Stappen, Fr. de Layolle und E. Genet (Carpentras), Leiter der Päpstlichen Kapelle von Avignon, zu nennen. Vertreten diese den in ganz Europa gepflegten Kontrapunkt der → Franko-flämischen Schule, so erscheint in den geistvollen Chansons von Janequin, Passereau, Sermisy, O. de Lassus, Arcadelt, Fr. Regnart, Costeley und A. de Bertrand ein spezifisch französischer Stil, der mit der Zeit auch in Messe und Motette eindrang. Zwischen 1528 und 1552 veröffentlichte der Pariser Drucker P. Attaingnant nicht weniger als 1500 Chansons. Zur gleichen Zeit beeinflußte die Reformation die Psalmenkompositionen Goudimels und die Harmonisierungen von Ph. Jambe de Fer und L. Bourgeois. Als erste Sammlungen von Instrumentalmusik erschienen 1531 drei Bücher Orgelwerke, ferner Lautentabulaturen, Musik für Clavichord, Spinett und Gitarre, für Violen und Violinen, sowie Danceries von Gervaise und Dutertre.

Im Zeichen des Humanismus gründete der Dichter J.-A. de Baïf mit dem Musiker Th. Courville unter dem Protektorat Karls IX. in Paris 1570 die Académie de Poésie et de Musique, in der nach antikem Vorbild quantitierende Verse (vers mesurés à l'antique) komponiert wurden (Cl. le Jeune, E. du Caurroy, Mauduit). Gegen Ende des Jahrhunderts wurde der musikalische Geschmack weitgehend vom Königshof bestimmt. Während sich die alte 4st. Chanson zum 1st. Air de cour mit Lautenbegleitung entwickelte, blühte das Ballett, eine aristokratische Unterhaltung, in der halb florentinischen Atmosphäre des Hofes der Katharina von Medici und ihrer Söhne. Das *Balet comique de la Royne* (1581) gilt als erstes → Ballet de cour. Der von Italien kommende Generalbaß und die italienische Oper, die durch Kardinal Mazarin († 1661) eingeführt wurde, lösten das Ballet de cour ab. Dauernden Erfolg errang erst der gebürtige Italiener Lully, der die Tragédie en musique (→ Tragédie lyrique) und zusammen mit Molière die → Comédie-ballet begründete. Im Pariser Opernhaus, das 1671 mit Camberts Pastorale *Pomone* eröffnet worden war, ging 1673 *Cadmus et Hermione* als erste der 13 von Lully vollendeten Tragédies lyriques über die Bühne. Das Neue in den Werken Lullys war das der französischen Deklamation angepaßte Rezitativ mit B. c. oder Orchester, aus dem an den Höhepunkten der Handlung die Airs herauswachsen. Große Chöre, Tanzsätze, Märsche und festliche Aufzüge bereichern das Schauspiel, dem eine feierliche und glanzvolle → Ouvertüre vorangeht. M. P. de Montéclair, M.-A. Charpentier, Collasse, M. Marais, A. C. Destouches, Mouret und vor allem Campra setzten Lullys Kunst fort, gaben aber den gesungenen Airs und den Tänzen das Übergewicht und schufen das → Opéra-ballet, das unter Ludwig XV. zur beliebtesten Vergnügung der großen Gesellschaft wurde. Beide Gattungen, Tragédie lyrique und Opéra-ballet, bereicherte Rameau, der große französische Klassiker, um hervorragende Werke. – Seit Beginn des 17. Jh. unterlag die Kirchenmusik dem Einfluß der dramatischen und der instrumentalen Kunst. Während Formé, Moulinié und Cosset in ihren Messen der a cappella-Musik treu blieben, ersetzten Dumont, Lully, Delalande und später Campra, Bernier, Fr. Couperin, H. Madin (1698–1748), Mondonville und Blanchard die Messe durch die große konzertierende Motette. Neben ihnen sind noch einige Kirchenmusiker zu nennen, wie M.-A. Charpentier, der der italienischen Musik am nächsten stand und den Oratorienstil seines Lehrers Carissimi nach Frankreich übertrug, D. Danielis (1635–96), Lorenzani und Lallouette, Kapellmeister an Notre-Dame als Nachfolger Campras. Die Tanzsuite wurde zunächst von den Lautenisten Gaultier, Gallot und Ch. Mouton gepflegt, später von den Clavecinisten Chambonnières, J. H. d'Anglebert und Lebègue aufgegriffen und neu gestaltet, um schließlich zu den Ordres von Couperin und den Pièces von Rameau, Dandrieu, Duphly, Dornel und Fr. d'Agincourt zu führen. Die Orgelmusik war bei Titelouze (*Hymnes de l'église*, Paris 1623), Roberday, Lebègue, Fr. Couperin und N. de Grigny zunächst streng liturgisch, wurde aber dann bei Gigault, Raison, Boyvin, L. Marchand, P. du Mage, Clérambault, Corrette und Daquin durch die anmutige Spielweise der Clavecinisten beeinflußt. Die Gambe war noch immer beliebt dank der Gambistenfamilien Forqueray und Marais; doch die Violine, der schon Mersenne 1636 den Vorrang gegeben hatte, trat im 18. Jh. mit den Sonaten von Couperin, Rebel, Anet und Mondonville sowie den Konzerten von Aubert und Leclair rasch in den Vordergrund. Das Repertoire der Blasinstrumente wurde durch Sonaten von J. Hotteterre, Blavet, J. B. de Boismortier und Corrette bereichert. – Regelmäßige Konzerte veranstaltete A.-J.-J. de La Poupelinière, bei dem um 1750 Rameau, J. Stamitz und Gossec Konzertdirektoren waren. Große Bedeutung hatte auch das 1725 von A. Philidor gegründete Concert spirituel in der Salle des Suisses des Tuilerien-Schlosses, in dem Instrumentalwerke und konzertierende Motetten miteinander abwechselten. Seinem Beispiel folgten zahlreiche Académies de musique in der Provinz. – Über die Grenzen Frankreichs hinaus wirkte auch das französische Musikschrifttum des 18. Jh.; seine wichtigsten Zeugnisse um 1750 sind Rameaus *Démonstration du principe de l'harmonie, servant de base à tout l'art musical* (Paris 1750), deren Hauptgedanken d'Alembert in vereinfachter Darstellung publizierte (*Elémens de musique théorique et pratique, suivant les principes de M. Rameau*, Paris 1752, deutsch von Fr. W. Marpurg, Leipzig 1757), sowie die *Lettre sur la musique française*, mit der Rousseau 1753 in den → Buffonistenstreit eingriff. – Nach dem Tode Rameaus und Leclairs wurde die Fr. M. ein Jahrhundert lang zum großen Teil von ausländischen Meistern repräsentiert. Doch gab Fr.-A. Philidor der Opéra-comique ihre endgültige Form, und der Lütticher Grétry führte diese Gattung mit Monsigny, Dalayrac, Boieldieu, Riegel und J. P. Martini (eigentlich Schwartzendorf) weiter. 1773 kam Gluck mit Unterstützung seiner ehemaligen Schülerin, der Dauphine Marie-Antoinette, nach Paris und belebte die Tragédie en musique neu. Nach dem anhaltenden Erfolg der Motetten von Delalande und Mondonville feierten die Pariser im Concert spirituel die Violinisten Guillemain, Saint-Georges, Gaviniès und Viotti, die Clavecinisten und Organisten Balbastre und Séjan sowie viele ausländische Virtuosen. Neben Instrumentalwerken von Vivaldi, Sammartini, Wagenseil, Cannabich, Stamitz, Haydn und Mozart wurde auch die französische Symphonie gepflegt, als deren Hauptmeister Gossec, später Méhul und Cherubini zu nennen sind.

In der Revolutionszeit entstanden patriotische Oden und Hymnen, Auftragsmusik, die charakterisiert ist durch Freiheit des Rhythmus, einfache Melodik und Harmonik, dargeboten von riesigen Chören und Orchestern. Der Konvent gründete das Institut National de Musique (1795 Conservatoire, seit 1831 Conservatoire National de Musique). Hérold und Halévy im Theater sowie Berlioz und F. David im Konzertsaal eröffneten um 1830 die romantische Epoche. Die großen Opern Meyerbeers waren ein halbes Jahrhundert lang auf allen europäischen Bühnen vertreten. Mit Berlioz bemühten sich in den folgenden Jahrzehnten Gounod, Saint-Saëns und Bizet, die Fr. M. von ausländischen Einflüssen zu befreien. Neben der Opéra-comique triumphierte im 2. Kaiserreich die Operette mit Offenbach, Hervé und Delibes. Zur Erneuerung der Kirchenmusik trugen Choron und Niedermeyer bei. Niedermeyer gründete 1853 eine Musikschule, um Gregorianik und Polyphonie des 16. Jh. zu lehren und den Grund für eine neue kirchliche Orgel- und Vokalmusik zu legen. Vorbildliche Aufführungen der Symphonien Haydns, Mozarts und Beethovens brachte die Société des concerts du Conservatoire unter Leitung Habenecks. Ein größeres Publikum gewann ab 1861 Pasdeloup mit den Concerts populaires, wo auch Werke junger Komponisten, wie Saint-Saëns und Bizet, gespielt wurden. Unter dem Motto »ars gallica« standen die Konzerte der Société nationale de musique, die 1871 von Saint-Saëns gegründet wurde; zu ihrem Kreis gehörten C. Franck, Lalo, Duparc, V. d'Indy, Chabrier, Bordes, Chausson, P. O. de Bréville, Fauré, Pierné und der junge Debussy. An Bühnenwerken dieser Zeit blieben bekannt: Gounods *Faust* (1859), *Mireille* (1864) und *Roméo et Juliette* (1867), Bizets *Carmen* (1875), Lalos *Le roi d'Ys* (1888) sowie von Delibes die Ballette *Coppélia* (1870) und *Sylvia* (1876) und die Oper *Lakmé* (1883). In Weimar erlebte 1877 Liszt stürmischen Beifall mit Saint-Saëns' *Samson et Dalila*, auf dessen Annahme durch die Pariser Oper der Komponist bis 1892 warten mußte. Wagners Einfluß wurde spürbar in Chabriers *Gwendoline* (1886) und V. d'Indys *Fervaal* (1897). Schulbildend wirkten unter den Kompositionslehrern des Conservatoire in dieser Zeit vor allem Massenet, bei dem u. a. Bruneau und G. Charpentier – die Vertreter des Naturalismus auf der Bühne – studierten, und Fauré, der sein Ideal einer Rückkehr zur französischen Tradition auf seine Schüler Fl. Schmitt, Ravel, Aubert, Köchlin, Roger-Ducasse und Ladmirault übertrug. Operette und Opéra-comique glänzten mit Lecocq, Audran, Varney, Planquette, Chabrier, Messager, Terrasse, Pierné, R. Hahn, Yvain und L. Beydts. 1902 vollendete Debussy das Drame lyrique *Pelléas et Mélisande*, das eine künstlerische Wende der Fr.n M. herbeiführte. Debussys Kunst wurde bestimmend für eine große Zahl von Komponisten, namentlich Dukas, Ravel, L. Boulanger, Ibert, J. de La Presle und Rivier. Mit der Wiederbelebung des Gregorianischen Gesangs durch die Benediktiner von Solesmes, der Gründung der Schola Cantorum durch Bordes, Guilmant und V. d'Indy 1896, den Messen, Motetten und Requiems von Fauré, Ropartz und Poulenc, den Psalmkantaten von Fl. Schmitt, Roussel und Tournemire und den Oratorien *Mors et vita* von Gounod, *Rédemption* und *Les Béatitudes* von Franck, *Miroir de Jésus* von Caplet, *L'Apocalypse de Saint Jean* von La Presle sowie *La Passion* und *Saint Germain d'Auxerre* von Migot gewann die geistliche Musik eine neue Farbe, ebenso die Orgelmusik mit den Sonaten, Symphonien und liturgischen Stücken von Franck, Guilmant, Widor, Vierne, Dupré, Duruflé, Messiaen, J. Alain, Litaize, Langlais, J. Demessieux und R. Falcinelli.

Nach dem 1. Weltkrieg entzog sich die junge Generation mehr und mehr dem Einfluß Wagners und Debussys. Sie berief sich auf den Jazz und den »style dépouillé«, eine Doktrin der Einfachheit, die durch Satie in Mode kam. Zur Gruppe der Six (1918) gehörten, neben Milhaud und Honegger, Auric, Poulenc, Durey und G. Tailleferre. 1923 bildeten Sauguet, Cliquet-Pleyel, M. Jacob und Desormière als Anhänger Saties und seines Strebens nach Einfachheit und Klarheit die Ecole d'Arcueil. Die Gruppe »Jeune France«, 1936 von Baudrier, Jolivet, Messiaen und Daniel-Lesur gegründet, setzte sich die »Rehumanisierung« der Musik zum Ziel; Jolivet und Messiaen haben auf den Weg der jüngsten Fr.n M. bestimmenden Einfluß gewonnen. Unabhängig von diesen Gruppen waren Komponisten wie Bondeville, Barraud, E. Barraine, Françaix, Martinon, Landowski und Dutilleux erfolgreich mit Werken, die der Tradition treu blieben. Nach dem 2. Weltkrieg haben Schönberg und seine Schüler Berg und Webern – vor allem durch Leibowitz – weitgehend auf die Fr. M. eingewirkt. Die Auseinandersetzung mit den Problemen der Elektronischen Musik führte zunächst zur Entwicklung der → Musique concrète, wurde aber vor allem von einigen Schülern Messiaens fruchtbar gemacht; genannt seien M. Le Roux, Martinet, Nigg und – der bedeutendste – Boulez.

Ausg.: →Denkmäler. – J.-B. WECKERLIN, Chansons populaires du pays de France, Paris 1903; TH. GÉROLD, Chansons populaires du XVe et XVIe s. avec leurs mélodies, = Bibl. romanica Nr 190/192, Straßburg 1913; J. POUEIGH, Chansons populaires des Pyrénées frç. I, Paris 1926; A. UDRY, Les vieilles chansons patoises de tous les pays de France, Paris 1930; French Secular Music of the Late Fourteenth Cent., hrsg. v. W. APEL, = The Mediæval Acad. of America, Publications LV, Cambridge (Mass.) 1950; J. CANTELOUBE, Anth. de chants populaires frç., 4 Bde, Paris 1951; Anth. de la chanson parisienne au XVIe s., hrsg. v. FR. LESURE, Monaco 1953; Les Luthistes, Paris seit 1957; Fourteenth-Cent. Mass Music in France, hrsg. v. H. STÄBLEIN-HARDER, = CMM 29, (Rom) 1962, dazu Critical Text, = MSD VII, (Rom) 1962.

Lit. (wenn nicht anders angegeben, in Paris erschienen): N. DUFOURCQ, Larousse de la musique, 2 Bde, 1957; Encyclopédie de la musique Fasquelle, hrsg. v. FR. MICHEL, 3 Bde, 1958–61. – M. DIETZ, Gesch. d. mus. Dramas in Frankreich..., Wien u. Lpz. 1886, ²1893; J. TIERSOT, Les types mélodiques dans la chanson populaire frç., 1894; DERS., Les fêtes et les chants de la Révolution frç., 1908; DERS., Un demi-s. de musique frç. ..., 1918, ²1924; M. BRENET, Les concerts en France sous l'ancien régime, 1900; DIES., Musique et musiciens de la vieille France, 1911; Mélanges de musicologie critique, 3 Bde, hrsg. v. P. AUBRY, 1900–01; E. HIRSCHBERG, Die Encyclopädisten u. d. frz. Oper im 18. Jh., Lpz. 1903; L. DE LA LAURENCIE, Le goût mus. en France, 1905; DERS., L'école frç. de violon de Lully à Viotti, 3 Bde, 1922–24; G. CUCUEL, La Pouplinière et la musique de chambre au XVIIIᵉ s., 1913; DERS., Les créateurs de l'opéra-comique frç., 1914; H. PRUNIÈRES, L'opéra ital. en France avant Lully, 1913; DERS., Le ballet de cour en France..., 1914; Hist. de la musique, France, in: Encyclopédie de la musique I, 3, hrsg. v. A. LAVIGNAC u. L. DE LA LAURENCIE, (1914); A. GASTOUÉ, L'orgue en France, 1921; DERS., Les primitifs de la musique frç., 1922; TH. GÉROLD, L'art du chant en France au XVIIIᵉ s., Straßburg u. Paris 1921; A. CŒUROY, La musique frç. moderne, 1921; F. RAUGEL, Les organistes, 1923, ³1961; M. PINCHERLE, Les violinistes, 1924; A. PIRRO, Les clavecinistes, 1924; DERS., L'enseignement de la musique aux univ. frç., AMl II, 1930; O. SÉRÉ, 50 ans de musique frç., 2 Bde, 1921; TH. W. WERNER, Musik in Frankreich, Breslau 1927; Y. ROKSETH, La musique d'orgue au XVᵉ s. et au début du XVIᵉ, 1930; A. CORTOT, La musique frç. de piano, 3 Bde, 1930–44; R. DUMESNIL, La musique contemporaine en France, 2 Bde, 1930; DERS., La musique frç. entre les deux guerres, Genf 1946; Publications de la Soc. frç. de musicologie, Série II–III, seit 1930; E. BORREL, L'interprétation de la musique frç., 1934; H. ECKARDT, Die Musikanschauung d. frz. Romantik, = Heidelberger Studien zur Mw. III, Kassel 1935; L. SCHRADE, Das frz. Beethovenbild d. Gegenwart, in: Beethoven u. d. Gegenwart, Fs. L. Schiedermair, Bln u. Bonn 1937; DERS., Beethoven in France, New Haven 1942; DERS., Political Compositions in French Music of the XIIᵗʰ and XIIIᵗʰ Cent., Ann. Mus. I, 1953; H. BARTENSTEIN, Berlioz' Instrumentationskunst u. ihre geschichtlichen Grundlagen, = Slg mw. Abh. XXVIII, Straßburg 1939; E. REESER, De klaviersonate met vioolbegeleiding..., Rotterdam 1939; N. DUFOURCQ, La musique d'orgue frç. de J. Titelouze à J. Alain, 1941, ²1949; DERS., La musique frç., 1949; DERS., Aspects inédits de l'art instr. en France, RM Nr 226, 1955; »Recherches« sur la musique frç. class., hrsg. v. DEMS., 4 Bde, 1960–64 (= La vie mus. en France sous les Rois Bourbons); DERS., Die klass. frz. M., Deutschland u. d. deutsche Mw., AfMw XXII, 1965; J. GAUDEFROY-DEMOMBYNES, Les jugements allemands sur la musique frç. au XVIIIᵉ s., 1941; DERS., Hist. de la musique frç., 1946; P. LANDORMY, La musique frç., 3 Bde, 1943–44; B. CHAMPIGNEULLE, L'âge class. de la musique frç., 1946; W. GURLITT, Deutschland u. Frankreich in d. Musik, in: Almanach zu d. Kunstwochen Tübingen 1946; A. R. OLIVER, The Encyclopedists as Critics of Music, NY 1947; F. A. YATES, The French Acad. of the XVIᵗʰ Cent., = Univ. of London, Warburg Inst., Studies XV, London 1947; W. L. CROSTEN, French Grand Opera, NY 1948; A. LIESS, Deutsche u. frz. Musik..., Wien u. Vaduz 1950; M. COOPER, French Music, from the Death of Berlioz to the Death of Fauré, London, NY u. Toronto 1951; A. HIEBNER, Frz. Musik, Olten u. Freiburg i. Br. 1952; CL. ROSTAND, La musique frç. contemporaine, 1952; DERS., Bibliogr. d. zeitgenössischen frz. Musik (1935–55), Antares IV, 1956; P. SCHAEFFER, A la recherche d'une musique concrète, 1952; G. FAVRE, La musique frc. de piano avant 1830, 1953; La Renaissance dans les provinces du nord, hrsg. v. FR. LESURE, 1954; TH. MARIX-SPIRE, Les romantiques et la musique, Le cas G. Sand, (1954); FR. NOSKE, La mélodie frç. de Berlioz à Duparc, 1954; FR. LESURE, Musicians and Poets of the French Renaissance, NY 1955; DERS., La musicologie frç. depuis 1945, AMl XXX, 1958; J. VAN DER VEEN, Le mélodrame mus. de Rousseau au romantisme, Den Haag 1955; W. AMTMANN, La vie mus. dans la nouvelle France, Diss. Straßburg 1956; D. L. HEARTZ, Sources and Forms of the French Instr. Dance in the 16ᵗʰ Cent., Diss. Harvard Univ. 1957, maschr.; J.-A. THOUMIN, Bibliogr. rétrospective des périodiques frç. de littérature mus., 1870–1954, 1957; J. CHAILLEY, L'école mus. de St-Martial de Limoges jusqu'à la fin du XIᵉ s., 1960; CL. MARCEL-DUBOIS, Ethnomusicologie de la France 1945–59, AMl XXXII, 1960; J. EPPELSHEIM, Das Orch. in d. Werken J.-B. Lullys, = Münchner Veröff. zur Mg. VII, Tutzing 1961; U. BÄCKER, Frankreichs Moderne v. Cl. Debussy bis P. Boulez, Zeitgesch. im Spiegel d. Musikkritik, = Kölner Beitr. zur Musikforschung XXI, Regensburg 1962; B. S. BROOK, La symphonie frç. dans la seconde moitié du XVIIIᵉ s., 3 Bde, 1962; M. HONEGGER, La musique frç. de 1830 à 1914, Kgr.-Ber. Kassel 1962; U. ECKART-BÄCKER, Frankreichs Musik zwischen Romantik u. Moderne, = Studien zur Mg. d. 19. Jh. II, Regensburg 1965. FER

Frauenchor, eine Vereinigung weiblicher, nicht solistisch Singender, auch Bezeichnung für eine von ihnen gesungene Komposition. Im Vergleich zum in gleicher Tonhöhe singenden Kinder- oder Knabenchor ist für den Fr. sein (vor allen Dingen durch die Altstimmen bedingtes) größeres Klangvolumen charakteristisch. – Fr.-Gesang ist in frühen Hochkulturen (z. B. Ägypten und Palästina) im kultischen (bei Gottesdienst, Totenfeiern, Initiationsriten) und weltlichen Bereich (z. B. bei Siegesfeiern) nachweisbar. Im Frühchristentum beteiligte sich der Fr. am Hymnen- und Psalmengesang in der Kirche; von Jungfrauenchören vorgetragene Gesänge richteten sich gegen die arianische Lehre. Die Bemühungen, den Fr. aus der Kirche zu verbannen (seit dem 4. Jh.), wirkten sich im 6. Jh. auf die Gemeindekirchen aus (wo Knaben die Frauenstimmen ersetzten) und bezogen im 7. Jh. auch die Nonnenklöster ein. Doch nur von wenigen Orden (z. B. Prämonstratenser und Bernhardiner) wurden diese Verbote befolgt, so daß – auch durch die Aufführung geistlicher Spiele – die Nonnenklöster im Mittelalter Hauptpflegestätten des chorischen Frauengesanges waren. In italienischen Klöstern gab es seit dem 15. Jh. Kompositionen von Nonnen. Daß ihre Gesänge oft die der Kultmusik gezogenen Grenzen überschritten, zeigt die Ermahnung Savonarolas von 1494, »vom Prunk und Tand bei der Einkleidung der Nonnen« (über die Funktion des Fr.s bei diesem Feste schreibt B. Buonmattei, *Modo di consecrar le vergini*, 1622) und »von den künstlichen Gesängen«, d. h. von der Figuralmusik, abzulassen. Der geforderten Schlichtheit entsprechen die für die Florentiner Nonnen geschriebenen Lauden von S. Razzi (Buch I Venedig ²1563, Buch II Florenz 1609), die zu den frühesten mehrstimmigen Kompositionen für Fr. zählen. Die vier venezianischen Mädchenkonservatorien (degli Incurabili, dei Mendicanti, di San Giovanni e Paolo und della Pietà) wurden von einem Maestro di Coro geleitet. Zu den Musikern, die diese Stellung bekleideten oder Kompositionen für jene Anstalten schrieben, gehören Bertoni, Cimarosa, Galuppi, Gasparini, Hasse, Jommelli, Legrenzi, Lotti, Porpora, Saratelli, Traetta, Vivaldi und Ziani. Gesangs- und Instrumentalmusik wurde von den Schülerinnen aufgeführt, so etwa bei der Aufführung des Oratoriums *Il ritorno di Tobia* von Galuppi anläßlich der Anwesenheit Papst Pius' VI. (1782). Von den für die Konservatorien geschriebenen Werken sind besonders wichtig das Miserere für 4st. Fr., Soli und Orch. (1782) von Hasse und das *Laudate pueri* für doppelten Fr. von Jommelli. – Außerhalb Italiens war für die Entwicklung des Fr.s im 17.–18. Jh. vor allem das Musikleben an den Mädchenpensionaten entscheidend. In England dirigierte Susanna Perwich um 1650 in einer von ihrer Mutter geleiteten Mädchenschule Chor und Orchester der Zöglinge. 1689 führten Schülerinnen des Internats Chelsea Purcells Oper *Dido and Aeneas* auf. In Frankreich schrieben Lully, Couperin, Delalande, Mattheau, Coqueret und Clérambaut für die Mädchen des von Madame de Maintenon 1682 begründeten Pensionats (Maison Royale) in St. Cyr. Für dieses Institut entstanden auch die von J.-B. Moreau vertonten 1–3st. Chöre zu den Aktschlüssen der ebenfalls für die Mädchen geschriebenen Dramen *Esther* und *Athalie* von Racine. – Obwohl die Frau schon frühzeitig (in der 2. Hälfte des 16. Jh. in Italien, im 17. Jh. in Frankreich, im 18. Jh. in Deutschland) als Solistin oder als Mitglied eines weiblichen Ensembles musizierte, trat sie als Chorsängerin (auch im gemischten Chor) außer im Kloster, Konservatorium oder Pensionat erst seit der 1. Hälfte des 19. Jh. auf. Verhältnisse wie am Baden-Durlachischen Hofe, wo der Markgraf Karl Wilhelm von 1714 bis 1737 ein nur aus Mädchen zusammengesetztes Opernensemble einschließlich Chor und Ballett unterhielt, sind Ausnahmeerscheinungen. Die seit der Mitte des 18. Jh. fortschreitende Emanzipierung der Frau veränderte auch ihre Stellung im öffentlichen Musikleben. Zwar blieb das Musizieren der Frau zunächst noch auf den häuslich-gesellschaftlichen Kreis beschränkt, drang aber im Laufe des 19. Jh. immer mehr auch in die Öffentlichkeit, begünstigt durch die Eingliederung der Musikerziehung für Mädchen in den Lehrplan der Schulen. 1834 wurden das Singen nach Noten und das Chorsingen in den Elementarschulen Berlins für Mädchen obligatorisch. Es entstand die besondere Literaturgattung der Märchenkomposition (Reinecke, Abt, Hummel, Krause), bestimmt für Frauenchöre an höheren Töchterschulen und Lehrerinnenseminaren. An den neuentstandenen Singschulen (1771 in Leipzig durch Hiller, 1806 Singinstitut für junge Frauenzimmer in Erlangen) wurden auch Frauen unterwiesen. Frauenchöre bildeten sich zunächst als gesellige Zirkel um einen Komponisten (Brahms leitete ab 1857 in Detmold, ab 1859 in Hamburg einen Fr.) oder als Schülerkreise von Gesangslehrerinnen (Schubert komponierte für die Schülerinnen von Anna Fröhlich in Wien; in Hamburg schrieb 1823 Louise Reichardt für ihren 1814 gegründeten Fr.; in Stuttgart bestand 1830 ein Fr. unter Emilie Zumsteeg). Häufig entstand ein separater Fr. aus den Damen eines gemischten Chores; Schumann schrieb seine Fr.-Romanzen op. 69 und 91 für die Damen der unter seiner Leitung stehenden Dresdener Chorgemeinschaft. Im 19. und zu Beginn des 20. Jh. schrieben für Fr.: Berlioz, Brahms, Bruch, Debussy, Fauré, Gade, Glasunow, Grieg, Ljadow, Liszt, Mahler, Mandyczewski, Pfitzner, Rheinberger, Rimskij-Korsakow, Rossini, Roussel und Verdi. Weber (*Freischütz*), Lortzing (*Wildschütz*), Verdi (*Il Trovatore* und *Aida*) verwendeten in der Oper den Fr. selbständig. Im 20. Jh. nahm das Interesse am Fr.-Gesang, bedingt u. a. durch die musikalische Jugendbewegung, stark zu, und es kam zur Gründung eigener Vereine. Zu den Komponisten, in deren Werk Kompositionen für Fr. enthalten sind, gehören Bartók, Distler, Driessler, Haas, Knab, Kodály, Křenek, Lahusen, Marx, Micheelsen, Pepping, Ravel, Reger, Rein, Reutter, Rohwer, Strawinsky, Stürmer und Zilcher.

Lit.: A. TAPHANAEL, Le théâtre de St. Cyr, Paris 1876; H. KRETZSCHMAR, Chorgesang, Sängerchöre u. Chorver., = Slg mus. Vorträge I, hrsg. v. P. Graf v. Waldersee, Lpz. 1879; M. BRENET, La musique dans les convents de femmes depuis le moyen âge jusqu'à nos jours, Paris 1898; E. CHAILLIER, Frauen- u. Kinderchor-Kat., Gießen 1904; L. SCHIEDERMAIR, Die Oper an d. badischen Höfen d. 17. u. 18. Jh., SIMG XIV, 1912/13; K. MEYER, Der chorische Gesang d. Frauen mit besonderer Bezugnahme seiner Betätigung auf geistlichem Gebiet I: Bis zur Zeit um 1800, Lpz. 1917; A. KRILLE, Beitr. zur Gesch. d. Musikerziehung u. Musikübung d. deutschen Frau v. 1750-1820, Diss. Bln 1938; W. EHMANN, Der Thibaut-Behaghel-Kreis, AfMf III, 1938 – IV, 1939; H. ENGEL, Das Chorwesen in soziologischer Sicht, ZfM CXIII, 1952; E. VALENTIN, Hdb. d. Chormusik, 2 Bde, Regensburg 1953–58; S. DRINKER, Die Frau in d. Musik, Zürich 1955; H. FREY, Werden Frauenchöre zu wenig beachtet?, Deutsche Sängerbundzeitung XLIII, 1954; DERS., J. Brahms u. d. Fr., Lied u. Chor L, 1958; DERS., Aus d. Gesch. d. Fr., ebenda; A. FRIEDRICH, Beitr. zur Gesch. d. weltlichen Fr. im 19. Jh. in Deutschland, = Kölner Beitr. zur Musikforschung XVIII, Regensburg 1961; S. KROSS, Brahmsiana, Der Nachlaß d. Schwestern Völckers, Mf XVII, 1964.

Freiberg in Sachsen.
Lit.: G. SCHÜNEMANN, Fr.er Bergmusiker, Fs. H. Kretzschmar, Lpz. 1918; DERS., Die Bewerber um d. Fr.er Kantorat (1556–1798), AfMw I, 1918/19; E. MÜLLER, Mg. v. Fr., = Mitt. d. Fr.er Altertumsver. LXVIII, Fr. 1939; DERS., Die Musikinstr. in d. Fr.er Domkapelle, AfMw XIV, 1957.

Freiburg im Breisgau.
Lit.: J. B. TRENKLE, Fr. gesellschaftliche, theatralische u. mus. Inst., Fr. 1856; W. SCHLANG, Das Fr.er Theater, Fr. 1910; O. HOERTH, Fr. u. d. Musik, Fr. 1923; C. WINTER, Das Orgelwerk d. Fr.er Münsters, Fr. (1930); G. v. GRAEVENITZ, Musik in Fr., Fr. 1938; H. WACHTEL, Die liturgische Musikpflege im Kloster Adelhausen u. d. Gründung d. Klosters 1234 bis um 1500, = Fr.er Diözesan-Arch., N. F. XXIX, 1938; G. PIETZSCH, Zur Pflege d. Musik an d. deutschen Univ. bis zur Mitte d. 16. Jh., AfMf VI, 1941; A. E. HARTER, Zur Mg. d. Stadt Fr. i. Br. um 1500, Diss. Fr. 1952, maschr.; R. HAMMERSTEIN, Die Musik am Fr.er Münster, AfMw IX, 1952; K. AMELN, Die neue Praetorius-Org., Musica X, 1956; W. GURLITT, The Praetorius Organ in Fr., The American-German Review XXII, 1956; G. SEIFERT, Die Choralhss. d. Predigerklosters zu Fr. i. Br. um 1500, Diss. Fr. 1957, maschr.

Freiburg im Uechtland (Schweiz).
Lit.: K. G. FELLERER, Ma. Musikleben d. Stadt Fr. i. Ue., = Fr.er Studien zur Mw. III, Regensburg 1935; DERS., Orgeln u. Organisten an St. Nikolaus zu Fr. i. d. Schw. im 15.–19. Jh., KmJb LII, 1958; J. KELLER, La vie mus. à Fribourg de 1750 à 1843, Arch. de la Soc. d'hist. du canton de Fribourg XV, 1941; G. ZWICK, Les proses en usage à l'église de St. Nicolas à Fribourg jusqu'au 18e s., 2 Bde, Immensee 1950.

Freimaurermusik. Neben der Musik für den Ritus wurde besonders im 18. Jh. das gesellige volkstümliche Lied gepflegt, wobei bekannten Melodien oft (in England Catches und Glees, in Frankreich Chansons und Vaudevilles; ein Freimaurerlied bei Sperontes, *Die singende Muse an der Pleiße*, 1736) neue Texte unterlegt wurden. Im späten 18. und frühen 19. Jh. war der humanitäre Geist auch außerhalb des Freimaurertums verbreitet (Beethoven war nicht Freimaurer). Eine Reihe bedeutender Musiker war Freimaurer, in England, wo in London 1717 die erste Loge gegründet worden war, Ch. King, Boyce, Arne, S. Wesley, W. Hayes und Th. Attwood, in Frankreich, wo die Freimaurerei von England aus ab 1725 Fuß faßte, u. a. Clérambault, in Österreich, wo das Freimaurertum nach 1740 eine Blüte erlebte, Wranitzky, Kozeluch, G. Benda, J. Haydn und W. A. Mozart. Mozart schrieb an Fr. die Lieder K.-V. 468, 483, 484, die Kantaten K.-V. 471 und 623, die *Maurerische Trauermusik* K.-V. 477; Gedanken des Freimaurertums sind auch in K.-V. 429 und 619 enthalten. Das bedeutendste Werk im humanitären Geiste der Freimaurerei ist die *Zauberflöte*. In Deutschland waren Freimaurer u. a. Löwe, Abt, Lortzing, Reißiger, Spohr, Naumann, Liszt, auch H. Riemann. Freimaurerlieder erschienen in Sammlungen von Naudot (1737), in Deutschland zuerst von L. Fr. Lenz (1746, mit Melodien anonymer Komponisten), in England von Th. Hale (1763), außerdem u. a. von Scheibe (1749–85), C. Ph. E. Bach, Naumann und Schulz (1788), J. K. Ambrosch und J. M. Böheim

(1793ff.), A. André (o. J.), Liborius von Bergmann (1785), J. G. Naumann (1782), Fr. Hurka (um 1800), A. Neithardt (1820).
Lit.: P. NETTL, Mozart u. d. Königliche Kunst, Bln 1932, als: Musik u. Freimaurerei, Eßlingen [2]1956, engl. NY 1957; O. E. DEUTSCH, Mozart u. d. Wiener Logen, Wien 1932; R. COTTE, Les musiciens dans l'hist. de la Franc-Maçonnerie, Rev. internationale de musique Nr 11, 1951; S. MORENZ, Die Zauberflöte, Münster i. W. 1952; R. HAMMERSTEIN, Der Gesang d. geharnischten Männer, AfMw XIII, 1956; E. A. BALLIN, Der Dichter v. Mozarts Freimaurerlied »O heiliges Band« u. d. erste erhaltene deutsche Freimaurerliederbuch, Tutzing 1960.

Freising (Oberbayern).
Lit.: O. URSPRUNG, Fs. ma. Mg., in: Wiss. Festgabe zum 1200jährigen Jubiläum d. Hl. Korbinian, hrsg. v. J. Schlicht, München 1924; DERS., Das Fr.er Petruslied, Mf V, 1952; K. G. FELLERER, Beitr. zur Mg. Fr. v. d. ältesten christlichen Zeiten bis ... 1803, Fr. 1926.

French sixth (fɾentʃ siksθ, engl., französische Sexte), bei englischen Theoretikern (und selbst dort als willkürlich bezeichneter) Name für den übermäßigen Terzquartakkord = Doppeldominantseptakkord auf der tiefalterierten Quinte ($D^7_{5>}$), z. B. in C dur as–c–d–fis. → German sixth, → Italian sixth.

Frequenz bezeichnet die Anzahl von → Schwingungen pro Zeiteinheit. Sie wird in Hertz (Hz) = Schwingungszahl pro Sekunde angegeben (nach dem Physiker Heinrich Hertz, 1857–94, der als erster Versuche und Berechnungen über die Ausbreitung elektromagnetischer Wellen anstellte). Im Ausland gilt die Bezeichnung cycle per second (cps). Unter der Periode T einer Schwingung wird ihre Dauer verstanden. Sie ist der Kehrwert der Fr. Ist f die Fr., dann gilt also $f = \frac{1}{T}$, d. h. je kürzer die Periode ist, um so größer ist die Fr. Beispielsweise ist für 1000 Hz (= 1 kHz) $T = 1/1000$ sec.

Frequenzanalyse (auch Klang-, Schall-, Schwingungs-, Spektralanalyse) ist die Beobachtung und Messung der in einem Schwingungsablauf enthaltenen Amplituden, Frequenzen und Phasen von Teilschwingungen. Sie gibt Aufschluß über Schwingungsstrukturen von Instrumenten, Sprache und Gesang, die wiederum zur Lösung einer Vielfalt musikalisch-akustischer Probleme beitragen. Vor der Entwicklung elektrischer Verstärkersysteme wurden dazu mechanische Geräte (Resonatoren, Interferenzröhren) und die → Fourieranalyse benutzt. Die modernen elektrischen Verfahren (Oktavsieb-, Suchtonanalyse u. a.) haben gegenüber den älteren den Vorzug, eine unmittelbare Analyse des Schallvorganges zu ermöglichen. Allen Analysen liegt eine von G. S. Ohm 1843 veröffentlichte Abhandlung zugrunde, in der u. a. Untersuchungen zusammengesetzter Schwingungen mitgeteilt werden. Ihr Ergebnis, die Hypothese über die Eigenschaft des Ohres, periodische Schwingungsvorgänge in ihre Teilschwingungen zu zerlegen, ist als sogenanntes Ohmsches Gesetz der Akustik bekannt. H. v. Helmholtz lieferte darauf aufbauend mittels Resonatorversuchen die ersten Analysen, nach denen er z. B. die Klangfarbe durch Zahl und Stärke vorhandener Teilschwingungen zu bestimmen suchte und vor allem Anregung für seine Resonanztheorie des Hörens gewann (→ Hörtheorie); in diesem Zusammenhang steht der Begriff »mechanische Fr. der Schnecke« (v. Békésy). Stumpf beobachtete sowohl den Umfang beteiligter Frequenzen bei Vokalen und Konsonanten als auch Klangfarbenänderungen bei Entzug von Teilschwingungen, den er durch Interferenz eines durch Röhren geleiteten Schalles erreichte. Bereits 1898 wurde ein erstes Verfahren zur unmittelbaren Analyse (von Wechselströmen) durch Th. des Coudres angegeben. Aber erst die Entwicklung der → Elektronenröhre ermöglichte es, die geringen Energien akustischer Prozesse einer genauen physikalischen Messung zuzuführen, so daß nun elektronische Analysatoren die Stelle der bisher ausschließlich subjektiven Beobachtung einnehmen. Die gebräuchlichsten Verfahren sind die Suchtonanalyse (Grützmacher), das Tonfrequenzspektrometer (Freysted), die Oktavsieb-Oszillographie (Trendelenburg) und die → Visible speech-Analyse. Mit ihnen werden hauptsächlich die Amplituden und Frequenzen der Teilschwingungen bestimmt. Die Analysatoren erfassen oft nur die (quasi-)stationären Abschnitte eines Schwingungsverlaufes, da die Einschwingvorgänge einiger Bestandteile (Siebkette, Filter) der Apparaturen langsamer verlaufen als die der zu messenden Schwingungen. Die Untersuchungen über Frequenzumfang, Intensität, genaue spektrale Verteilung (→ Frequenzspektrum) und den zeitlichen Verlauf der Teilschwingungen bei Stimm- und Instrumentenklang verhelfen zu Aussagen über stimmphysiologische Vorgänge, über instrumentale Schallerzeugung, sie geben Aufschlüsse für Instrumentenbau und die Schallübertragungstechnik.

Lit.: G. S. OHM, Über d. Definition d. Tones ..., Annalen d. Physik u. Chemie LIX, 1843 – LXII, 1844; H. v. HELMHOLTZ, Die Lehre v. d. Tonempfindungen, Braunschweig 1863, [4]1877; C. STUMPF, Tonpsychologie II, Lpz. 1890; TH. DES COUDRES, Eine direkte Methode f. Wechselstromanalyse, Elektrotechnische Zs. XXI, 1900; M. GRÜTZMACHER, Eine neue Methode d. Klanganalyse, Elektrische Nachrichtentechnik IV, 1927; E. FREYSTEDT, Das Tonfrequenzspektrometer, ein Frequenzanalysator ..., Zs. f. technische Physik XVI, 1935; F. TRENDELENBURG u. E. FRANZ, Untersuchungen an schnellveränderlichen Schallvorgängen, ebenda; G. v. BÉKÉSY, Fortschritte d. Hörphysiologie, ebenda XVII, 1936; DERS., Über d. mechanische Fr. einmaliger Schwingungsvorgänge ..., Akustische Zs. II, 1937; H. H. HALL, Sound Analysis, JASA VIII, 1936/37; F. TRENDELENBURG, Ohms akustisches Grundgesetz u. d. neueren Anschauungen über d. Klanganalyse durch d. Ohr, Elektrotechnische Zs. LX, 1939; DERS., Einführung in d. Akustik, Bln, Göttingen u. Heidelberg [3]1961; W. MEYER-EPPLER, Die Spektralanalyse d. Sprache, Zs. f. Phonetik IV, 1950; DERS., Schwingungsanalyse nach d. Suchtonverfahren, Arch. d. elektrischen Übertragung IV, 1950; DERS., Experimentelle Schwingungsanalyse, in: Ergebnisse d. exakten Naturwiss. XXIII, Bln, Göttingen u. Heidelberg, 1950; F. A. FISCHER, Die grundlegenden Begriffe u. Gesetze d. Fr., in: Der Fernmeldeingenieur VI, 1952, H. 10; W. KALLENBACH, Anwendungsmöglichkeiten d. Schallspektrographie bei akustischen Untersuchungen, Acustica IV, 1954; E. SKUDRZYK, Die Grundlagen d. Akustik, Wien 1954; H. HUSMANN, Einführung in d. Mw., Heidelberg (1958). WID

Frequenzbestimmung. Zur Fr. können Vergleichs- und Zählverfahren benutzt werden. Im einfachsten Fall dient als Vergleichsnormal eine geeichte Stimmgabel. Um etwa die genaue Frequenz des a^1 eines Orgelregisters bestimmen zu können, läßt man die Orgelpfeife und eine Stimmgabel (440 Hz) gleichzeitig erklingen und zählt (mit einer Stoppuhr) die Anzahl der auftretenden → Schwebungen. Bei z. B. 3 Schwebungen/sec beträgt die gesuchte Frequenz 440 + oder − 3 Hz. Ob die Pfeife 443 oder 437 Hz abgibt, läßt sich feststellen, indem man die Frequenz der Gabel durch Beschweren einer Zinke mit einem leichten Gewicht herabsetzt. Werden darauf die Schwebungen schneller, so gilt für die Pfeife 443 Hz, werden sie langsamer, gilt 437 Hz. Für genauere Messungen wird die Stimmgabel durch einen → Generator ersetzt, dessen Frequenz meßbar geregelt werden kann und auf Schwebungsfreiheit eingestellt wird. Auch das stroboskopische Verfahren liefert gute Ergebnisse. Mit der zu untersuchenden Frequenz wird eine Glimmlampe gesteuert, die eine rotierende, in schwarze und weiße Segmente aufgeteilte Scheibe beleuchtet. Die Geschwindigkeit der Scheibe ist regelbar und wird so eingestellt, daß scheinbarer Stillstand beobachtet wird. Aus der Anzahl der Segmente multipliziert mit der Anzahl der Umdrehungen/sec ergibt sich die Frequenz. Neuerdings werden in zunehmendem Maße elektronische Zähler benutzt. Nach Aussieben der Oberschwingungen hinter Mikrophon und Verstärker wird die zu messende Grundschwingung in eine synchrone Impulsfolge umgewandelt, die wiederum zur Auslösung dekadischer Zählapparaturen dient. Auf diese Weise lassen sich die Frequenzen des Hörbereiches mit größter Genauigkeit messen.

Lit.: L. L. BERANEK, Acoustic Measurements, NY u. London (1949), ²1950; W. MEYER-EPPLER, Experimentelle Schwingungsanalyse, in: Ergebnisse d. exakten Naturwiss. XXIII, Bln, Göttingen u. Heidelberg 1950; H. HUSMANN, Einführung in d. Mw., Heidelberg (1958); F. TRENDELENBURG, Einführung in d. Akustik, Bln, Göttingen u. Heidelberg ³1961.

Frequenzspektrum wird die graphische Darstellung der Teilschwingungen eines Schwingungsablaufes genannt, die zu einer optischen Vorstellung über deren Anzahl, Stärke und Verteilung verhilft. Die Zerlegung in einzelne, diskret verteilte Schwingungen im Linienspektrum geschieht so, daß die gemessenen Frequenzen und Amplituden in ein Koordinatensystem eingetragen werden, wobei die Amplituden als Strecken (parallel zur Ordinate) über den auf der Abszisse (nach rechts) abgetragenen Frequenzen erscheinen. Auf das Bandenspektrum führt z. B. die → Fourieranalyse. Hier erscheinen in der graphischen Darstellung die Amplituden im kontinuierlichen Ablauf, zusammengesetzt aus einer Vielzahl unendlich dicht nebeneinanderliegender Teilschwingungen.

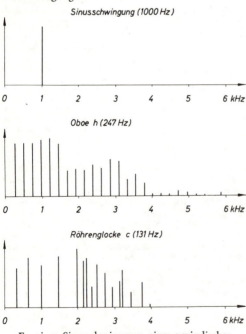

Fr. einer Sinusschwingung, eines periodischen (Oboe) und eines unperiodischen Schwingungsvorganges (Röhrenglocke).

Sehr oft lassen sich am Fr. eines Instrumentes und besonders der menschlichen Stimme Amplitudenmaxima nachweisen, die trotz veränderter Tonhöhe ihre Lage über einem bestimmten Frequenzgebiet (auf der Abszisse) beibehalten. Solche bevorzugt ausgebildeten Gebiete von Teilschwingungsgruppen werden Formantgebiete (→ Formant) genannt.

Fricassée (frz.), in Frankreich im 16. Jh. eine dem → Quodlibet und frühen → Potpourri ähnliche, meist 4st. Komposition. Die erste gedruckte Fr. erschien in Attaingnants *Trente et quatre chansons musicales* (1528); eine Fr. von H. Fresneau im 3. Buch von *Le Parangon des chansons* (1538) enthält Bruchstücke von 100 Chansons. Wahrscheinlich unter französischem Einfluß entstanden ähnliche, meist 3st. Kompositionen (Medley) in England und Schottland. So sind in den von J. Forbes in Aberdeen 1666 in 2. Auflage gedruckten *Songs and fancies* 3 Stücke überliefert, die wohl aus der 1. Hälfte des 16. Jh. stammen. Wie die französische Fr. gehören sie mit Tanz und Spiel in den Rahmen eines kirchlichen (Weihnachten), höfischen oder ländlichen Festes.

Ausg.: Pleugh Song u. Christmas Medley, in: Music of Scotland 1500–1700, hrsg. v. K. ELLIOTT u. H. M. SHIRE, = Mus. Brit XV, London 1957.

Lit.: FR. LESURE, Eléments populaires dans la chanson frç. au début du XVIᵉ s., in: Musique et poésie au XVIᵉ s., = Colloques internationaux ..., Sciences humaines V, Paris 1954; H. M. SHIRE u. K. ELLIOTT, La fr. en Ecosse ..., in: Les fêtes de la Renaissance I, hrsg. v. J. Jacquot, Paris 1956.

Friktionsinstrumente (frz. friction, Reibung), durch Reiben zum Erklingen gebrachte Instrumente; außer der → Reibtrommel handelt es sich um → Idiophone. Die Friktion kann unmittelbar mit der Hand (Glasharmonika, Euphon) oder mechanisch durch rotierende Zylinder u. ä. (→ Clavicylinder, → Nagelgeige, → Terpodion) erfolgen. Auch das Streichen bei den Bogeninstrumenten ist, streng genommen, eine Sonderform der Friktion.

Friss, Friszka (ungarisch) → Csárdás.

Frosch (engl. nut, frog, heel; frz. talon; ital. tallone), das Griffende beim → Bogen (–2) der Streichinstrumente; »am Frosch« (au talon) zu spielen, wird vorgeschrieben, um eine harte Tongebung zu erzielen.

Frottola (ital., wahrscheinlich von frotta, Schwarm; eine Ansammlung von Sonderbarem), eine in der 2. Hälfte des 15. und in den ersten Jahrzehnten des 16. Jh. in Ober- und Mittelitalien (Mantua, Verona, Modena, Padua, Venedig, Florenz) gepflegte Liedform, die besonders durch die Sammelbände des venezianischen Druckers Petrucci (11 Bücher von 1504–14) bekannt ist. Weitere Sammlungen liegen vor in Drucken von A. de Antiquis (ab 1510). Der letzte bekannte Frottolendruck erschien 1531 in Rom bei Valerio Dorico. Danach genügte diese Gattung den gesteigerten Ansprüchen nicht mehr und wurde von Madrigal, Villota und Villanesca verdrängt. Der musikalische Satz der Fr. ist fast durchweg vierstimmig und homophon gehalten; in Anlehnung an die Setzweise der Niederländer kommt es mitunter zu einer Scheinpolyphonie: Sopran und Tenor bilden das Gerüst des Satzes, Baß und Alt umspielen mehr den harmonischen Verlauf. Die Melodie liegt im Sopran, der Baß verläuft in der Art des späteren Generalbasses in Quint- und Quartschritten; im Gegensatz zum Madrigal sind bei der Fr. die Stimmen sukzessiv (Sopran – Tenor – Baß – Alt) konzipiert. Das zeigt sich u. a. darin, daß bei Lautenintavolierungen der Alt als zuletzt eingefügte Stimme weggelassen wird. Mit Text versehen ist meist nur die

Oberstimme, was auf fakultative instrumentale Ausführung schließen läßt. Von geschickten Lautensängern wurden vielfach an den Höfen Frottolen aus dem Stegreif improvisiert; feste Melodieschemata, die auf Verse mit einer bestimmten Silbenzahl paßten, kamen ihnen dabei zu Hilfe. Zur Fr. im weiteren Sinne gehören auch die Florentiner Karnevalslieder (→ Canto carnascialesco) die als 3- oder 4st. Aufzugslieder von Masken ihre Blütezeit in Florenz während der Regierungszeit des Lorenzo de' Medici († 1492) hatten. Die Hauptvertreter der 4st. Fr.-Komposition sind Marchetto Cara aus Verona und B. Trombonino in Mantua. In Petruccis Drucken sind unter anderen vertreten: Fr. Ana, G. Broccho, Capreolo, L. Compère, Onofrio Antenoreo, Jusquin d'Ascanio (Josquin Desprez), Cariteo, Pelegrino Cesena, Eneas Dupre, G. Luppatus, F. de Lurano, M. Pesenti, Nicolo Pifaro, G. de la Porta, A. Rigum, A. Rossetus, Rossino. Namentlich bekannte Dichtersänger sind Cariteo (Neapel), Serafino Aquilano (Rom), Cosa (Mailand), Testagrossa (Pavia). Die Fr.-Dichter wurden zwar von der Volksdichtung inspiriert, schrieben und sangen aber für die gebildete Bürgerschicht und die Aristokratie. Als Dichtungsform ist die eigentliche Fr. ein Absenker der Ballata und repräsentiert deren einfachste und kunstloseste Art mit folgenden zwei Typen: die Fr. barzelletta, bestehend aus Ripresa mit vier trochäischen 8Silbern mit der Reimfolge a b b a oder a b a b, Mutazione mit der Reimfolge c d c d und der Volta mit der Reimfolge d a o der d e e a; ein zweiter Fr.-Typus, bestehend aus Strophen zu vier jambischen 7Silbern mit oder ohne Refrain, dessen Reimordnung in der Ripresa a b b a oder a a a a, in den Strophen c c c a, d d d a, e e e a usw. ist. Darüber hinaus ist Fr. ein Sammelbegriff, der viele in Musik gesetzte Dichtungsformen umfaßt: den Strambotto (auch Rispetto oder Ottava rima genannt) mit Strophen zu je acht 11Silbern nach dem Reimschema a b a b a b c c; den Capitolo, eine Strophenfolge von je drei 11Silbern nach dem Reimschema a b a, b c b, c d c usw.; die Oda, eine Folge von 4zeiligen Strophen, von denen die ersten drei Verse stets jambische 7Silber darstellen, der letzte 4, 5, 7 oder 11 Silben zählen kann, nach dem Reimschema a b b c, c d d e, e f f g; das Sonetto mit 14 11silbigen Verszeilen nach dem Reimschema a b b a, a b b a, c d e, c d e; die Kanzone, die sich aus Strophen zusammensetzt, in denen 7- und 11Silber frei wechseln, deren jede sich in zwei Teile, in Fronte mit zwei Piedi und Volta, gliedert. Die Fr.-Komponisten suchten leicht eingängliche Melodien zu schaffen. Eine bemerkenswerte Klarheit im Formaufbau erreichten sie, indem z. B. gleiche Reimzeilen musikalisch wiederholt werden. Bei mehrstrophigen Gebilden begnügten sich die Frottolisten oft nur mit der Vertonung der ersten Strophe des Textes und überließen die Unterlegung der weiteren den Ausführenden. Die Texte haben inhaltlich die Liebe zum Hauptgegenstand, als Loblied auf die geliebte Person, häufiger als Beschreibung der Leiden des verschmähten oder erfolglosen Liebhabers; sie galten als gesellschaftliches poetisches Spiel.

Ausg.: O. PETRUCCI, Frottole, Buch I u. IV, hrsg. v. R. Schwartz, = PäM VIII, Lpz. 1933–35; A. EINSTEIN, Canzoni, sonetti, strambotti et frottole, libro tertio, = Smith College Music Arch. IV, Northampton (Mass.) 1941; W. RUBSAMEN, Literary Sources of Secular Music in Italy, = Univ. of California Publications in Music I, 1, Berkeley 1943; Le frottole nell'edizione di O. Petrucci, Tomo I, libro I, II, e III, = Inst. et monumenta, Serie I, 1, hrsg. v. R. MONTEROSSO mit einer Einführung v. B. Disertori, Cremona 1954.
Lit.: R. SCHWARTZ, Die Fr. im 15. Jh., VfMw II, 1886; DERS., Nochmals »Die Fr. im 15. Jh.«, JbP XXXI, 1924; DERS., Zum Formproblem d. Fr. Petruccis, Fs. Th. Kroyer, Regensburg 1933; A. EINSTEIN, Das 11. Buch d. Fr., ZfMw X, 1927/28; DERS., Die mehrst. weltliche Musik v. 1450–1600, Adler Hdb. I; H. BESSELER, Die Musik d. MA u. d. Renaissance, Bücken Hdb.; E. FERAND, Ein neuer Fr.-Fund, AMI X, 1938; F. TORREFRANCA, Il segreto del quattrocento, Mailand 1939; Das mehrst. Lied d. 16. Jh. in Italien, Frankreich u. England, hrsg. v. H. ENGEL, = Das Musikwerk III, Köln (1952); G. REESE, Music in the Renaissance, NY (1954), ²1959; W. H. RUBSAMEN, From Fr. to Madrigal: The Changing Pattern of Secular Ital. Vocal Music, in: Chanson and Madrigal, 1480–1530, hrsg. v. J. Haar, = Isham Library Papers II, Cambridge (Mass.) 1964.

Führer → D u x.

Füllstimmen, im mehrstimmigen Tonsatz harmonie- und klangverstärkende Stimmen (→ Mittelstimmen), die an der Satzstruktur relativ unbeteiligt sind. Die F. ergänzen zumeist einen innerhalb des Satzgefüges fehlenden Harmonieton, was zu sprunghafter Stimmführung führen kann (→ Vagans); als Klangverstärker können sie auch parallel zu einer Stimme verlaufen.

Fuga (lat., Flucht) bezeichnete seit dem 14. Jh. den Kanon, seit Ende des 15. Jh. auch Arten der Imitation, nahm aber seit dem 17./18. Jh. die spezielle Bedeutung von Fuge an. Schon Jacobus Leodiensis (um 1330) kannte die F. als ausgeprägten Typ, denn er erwähnt die Anwendung des Discantus *in fugis* (CS II, 395) und den Wechselgesang von 2 Sängergruppen *ad modum fugae* bei den responsorialen Neumata (CS II, 339). Sicherlich ist damit der Kanon gemeint, da sich alle anderen Frühbelege eindeutig auf ihn beziehen: das Verbum fugare kommt in der 2. Hälfte des 14. Jh. im Bereich der → Chasse und seit etwa 1400 neben dem Wort F. besonders in Kanonanweisungen vor (Ciconia, Matheus de Perusio, Oswald von Wolkenstein, Dufay, Ockeghem u. a.). Kanontechnik wurde offenbar als ein »Jagen« oder »Gejagt-Werden« (»Fliehen«) der Stimmen aufgefaßt, was sich auch in den Namen → Caccia und Chasse ausdrückt. Seit der 2. Hälfte des 15. Jh. erscheint die Bezeichnung Missa ad fugam bei Messen mit Kanontechnik (Standlay, de Orto, Josquin Desprez, Palestrina). Neben anderen Theoretikern des ausgehenden 15. Jh. (Tinctoris, Florentius de Faxolis, Gaffori) ist Ramos de Pareja (1482) für die F. wichtig, weil er die Möglichkeit erwähnt, vom strengen Kanonverlauf abzuweichen. Das Vordringen der freien → Imitation in dieser Zeit führte dazu, daß Zarlino (1558) die offenbar nicht mehr klar abgegrenzten satztechnischen Termini so bestimmte, wie sie bis ins 17./18. Jh. hinein zumeist verstanden wurden: F. nannte er die streng intervallgleiche Nachahmung, die nur in Einklang, Quarte, Quinte und Oktave erfolgen kann; als Imitatione dagegen bestimmte er die nicht streng Ganz- und Halbtonschritte berücksichtigende Nachahmung, die sich in den übrigen Intervallen ergibt. F. und Imitation können entweder kanonisch gebunden (legata) oder frei (sciolta) weitergeführt verlaufen. Aus der F. sciolta entwickelte sich im 17. Jh. der spezielle Typ der → Fuge. Seine Verbreitung führte dazu, daß im 18. Jh. die F. legata in der seit langem gleichbedeutenden Bezeichnung Canon aufging. – In der Musica poetica gehört die F. (als F. realis, Burmeister 1606) zu den musikalischen Figuren, die Bildlichkeit annehmen können, und »dient dazu, aufeinanderfolgende Handlungen auszudrücken« (*servit quoque actionibus successivis exprimendis*, Kircher 1650). Die »F., jedoch im anderen Sinn« (*F. alio nempe sensu*, Janowka 1701) ist dagegen eine musikalisch-rhetorische Figur, die durch schnelle, flüchtige Bewegung einer oder mehrerer Stimmen gebildet wird; sie wird verwendet bei Wörtern, die ein »Fliehen« aussagen, steht aber sonst in keinem Zusammenhang zur F. im satztechnischen Sinn.

Lit.: J. Tinctoris, Terminorum Diffinitorium musicae, CS IV; ders., De arte contrapuncti, CS IV; B. Ramos de Pareja, Musica practica, Bologna 1482, neu hrsg. v. J. Wolf, = BIMG I, 2, Lpz. 1901; Fr. Gaffori, Practica musice, Mailand 1496; Fl. de Faxolis, Liber musices (um 1495), teilweise hrsg. v. A. Seay in: Musik u. Gesch., Fs. L. Schrade, Köln (1963); G. Zarlino, Istitutioni harmoniche, Venedig 1558, Neudruck Rochester 1954, Teil III übers. u. mit Kommentar hrsg. v. G. A. Marco, Chicago 1956; Riemann MTh; H.-H. Unger, Die Beziehungen zwischen Musik u. Rhetorik im 16.–18. Jh., = Musik u. Geistesgesch. IV, Würzburg 1941. KJS

Fugara (Vogara, von böhmisch fujara, Hirtenflöte), in der deutschen Orgel seit dem 17. Jh. (in Frankreich erst nach 1850) ein Labialregister zu 8′ oder 4′ in mittelenger Mensur mit scharf streichendem, hellem Klang.

Fugato (ital., fugiert), fugenmäßig gearbeiteter Abschnitt (oftmals nur aus einer Exposition bestehend) als Teil eines nicht vorwiegend in Fugentechnik geschriebenen Satzes. Fugati finden sich oft innerhalb der Sätze von Symphonien, Sonaten, Konzerten usw., besonders bei Beethoven (z. B. im Allegretto der 7. Symphonie und in der Durchführung des 1. Satzes von op. 59, 1).

Fuge (lat. und ital. fuga; engl. und frz. fugue, Flucht), ein musikalisches Werk, das streng stimmig gesetzt ist (zwei- bis acht-, meist aber drei- oder vierstimmig), das geprägt wird von einem charakteristischen, alle Stimmen durchwandernden Thema, und das sinnfällig mit diesem Thema in jeder der nacheinander einsetzenden Stimmen beginnt. Die F. unterscheidet sich vom Kanon durch ihren freien Stimmenverlauf; gegenüber der Imitation als einer kontrapunktischen Technik ist sie durch formale Einheit ausgezeichnet. Kanon und Imitation, welche ehemals beide den Namen → Fuga trugen, sind die Ahnen der F., die im 17. Jh. entstand und in der Epoche J. S. Bachs überragende Bedeutung gewann. Seit dem Zurücktreten der F. um 1750 ist die F.n-Komposition im wesentlichen als ständig neue Auseinandersetzung mit den Werken jener Blütezeit zu verstehen. – Die Bauweise der F. entzieht sich auf Grund einer Vielfalt von Möglichkeiten allen Versuchen der generellen Bestimmung. Daher lassen sich nur typische Züge der F. exemplarisch veranschaulichen (hier an J. S. Bachs F. C moll, BWV 847, aus dem *Wohltemperirten Clavier* I):

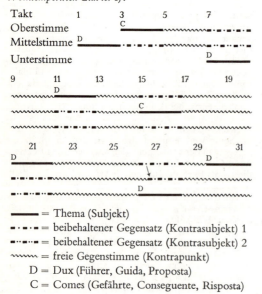

—— = Thema (Subjekt)
– · – · = beibehaltener Gegensatz (Kontrasubjekt) 1
– · · – · · = beibehaltener Gegensatz (Kontrasubjekt) 2
〜〜〜 = freie Gegenstimme (Kontrapunkt)
D = Dux (Führer, Guida, Proposta)
C = Comes (Gefährte, Conseguente, Risposta)

Die Exposition (1. Durchführung des Themas) umfaßt die sukzessiven Themaeinsätze des Anfangs und wird gemessen bis zum Ablauf des Themas in der zuletzt einsetzenden Stimme (Takte 1–9). Dem einstimmig vorgetragenen Thema in seiner Grundgestalt (Dux, hier auf der 1. Stufe) folgt die im vorliegenden Fall »tonale« → Beantwortung durch das 2. Thema-Zitat (Comes, hier auf der 5. Stufe). Da der Comes in die Dominanttonart moduliert, ist eine Rückmodulation eingefügt (Takte 5–6), bevor der 3. Einsatz (wiederum als Dux auf der 1. Stufe) erfolgt. Die Gegenstimmen zum Thema (Takte 3–5 und 7–9 der Mittelstimme) werden in der vorliegenden F. bei allen Auftritten des Themas beibehalten (Ausnahme: Takte 29–31, mit Abweichungen: Takte 11–13 und 26–28) und deshalb → Kontrasubjekte genannt. Für die Exposition gilt weithin, daß alle Stimmen nacheinander, thematisch und meist mit Abstand einer Themalänge einsetzen. Typisch ist das Verfahren der Beantwortung – in der F.n-Lehre des 18. Jh. als → Repercussio (– 3) bezeichnet: es wechseln sich Dux mit Comes und dadurch in der Regel auch Tonika- mit Dominanttonalität ab. Vom weiteren Verlauf einer F. lassen sich dagegen nur die groben Umrisse verallgemeinern. Das Wiederauftreten des Themas erfolgt in freier Anordnung, zuweilen als Neueinsatz einer pausierenden Stimme; es vollzieht sich jedoch seltener in Einzelzitaten des Themas als in weiteren Durchführungen, die Gruppen bilden. Diese sind oft weder vollständig (d. h. je Stimme ein Themaeinsatz) noch hinsichtlich des Dux-Comes-Wechsels regelmäßig. Allerdings wird oft → Engführung des Themas vorgenommen und zuweilen dabei auch seine → Augmentation (– 3), → Diminution (– 2) oder → Umkehrung angewendet. Zwischenspiele (Andamenti, Divertimenti oder Episoden), die vielfach auf Elemente der Exposition zurückgreifen und sie weitertragen, vermitteln zwischen den thematischen Strecken. Der Exposition folgen Partien, die in verwandte Tonarten modulieren; der Schluß leitet in die Ausgangstonart zurück. Es ist jedoch irreführend, von diesem zwangsläufigen Modulationsschema her die F. als eine »dreiteilige Form« zu bestimmen. Vielmehr ist die F. ihrem Wesen nach formal offen, erfüllt sich in freier, scheinbar ungebundener Entfaltung und bildet, wenn überhaupt, individuelle, nicht typische Abschnitte. Die »Strenge« der F.n-Komposition liegt weder in der Beachtung von »Regeln« noch in der Anpassung an eine äußere »Form«, sondern in der Forderung nach innerer, musikalischer Folgerichtigkeit des nicht vorgegliederten Ablaufs.

Die Geschichte der F. beginnt mit der Übertragung der Bezeichnung Fuga (im Sinne von Fuga sciolta) auf ein ganzes Stück und ist bis in die 2. Hälfte des 17. Jh. hinein nicht zu trennen von → Kanzone (– 2), → Capriccio, → Fantasie, → Ricercar und → Tiento. Alle diese Gattungen sind, obwohl sie ausnahmslos der Instrumentalmusik (vorwiegend für Tasteninstrumente) angehören, dem Stylus moteticus (WaltherL) zuzuordnen; sie verweisen durch Vokalduktus der Stimmen und Mehrteiligkeit in unterschiedlichem Grade auf ihre gemeinsame Herkunft aus der Motette. Mit diesen nicht streng gegeneinander abgrenzbaren Typen wurde die F. zunächst gleichgesetzt, z. B. *F.n (oder wie es die Italiener nennen) Canzoni alla Francese* (B. Schmid der Jüngere, Tabulaturbuch 1607). Die *Fantasia super Io son ferito lasso, Fuga quadruplici* (Scheidt) zeigt sich die Mehrdeutigkeit der Bezeichnung Fuga am Vermerk *concursus et coagmentatio omnium quatuor fugarum* beim Beginn der vierfachen Themenkombination. Weitere Frühbelege mit der Bezeichnung F. finden sich u. a. in einer anonymen Tabulatur von 1593

(W. Merian, *Der Tanz ...*, Leipzig 1927, S. 216f.), bei H. L. Haßler (darunter *Psalmen und Christliche Gesäng ... fugweiß componiert*, 1607), in der Tabulatur von J. Woltz (1617) und in Scheidts *Tabulatura nova* (1624). In der 2. Hälfte des 17. Jh. setzte sich der Name F. durch im Zusammenhang mit zunehmend einthemiger, einheitlicher Bauweise, instrumentaler Thematik und harmonisch-figurativem Satz. In J. Kriegers *Anmuthiger Clavier Übung* (1699) ist beispielsweise die Abgrenzung von F. und Ricercar, dem Vokalität und ruhiger Rhythmus eigen sind, offenkundig. Die Bedeutung der F. wuchs auch dadurch, daß sie seit Lully in die französische Ouvertüre, seit Froberger in die Gigue der Suite und seit den italienischen Meistern der Sonata da chiesa in die Triosonate eindrang. In der C. f.-freien Klaviermusik war die F.n-Technik, wenn auch unter verschiedenen Bezeichnungen, seit A. Gabrieli und besonders durch Sweelinck und Frescobaldi verwurzelt, von denen sich sowohl die Haupttradition der selbständigen F. herleitet als auch jener Typ der von F.n-Teilen durchsetzten Praeludien und Toccaten Buxtehudes, Muffats u. a. Die fugierte Choralbearbeitung, ein anderer Seitenzweig der F., ist in der Sammlung *Hymnes de l'église pour toucher sur l'orgue, avec les fugues et recherches sur leur plain chant* (1623) von Titelouze ausgeprägt. Aus der Literatur selbständiger F.n sind Pachelbels Zyklus von Magnificat-F.n und die Miniatur-F.n in Murschhausers *Octi-Tonium* (1696) und J. C. F. Fischers *Ariadne Musica* (1715) hervorzuheben. Eigenständige Vokal-F.n konnten sich dagegen noch nicht entwickeln; wohl aber ist in den Motetten und (den meist noch nicht als solchen bezeichneten) Kantaten des ausgehenden 17. Jh. fugische Satztechnik gebräuchlich, gelegentlich auch mit »instrumentaler« Stimmführung (Buxtehude, *Cantate Domino canticum novum*). Im Werk J. S. Bachs wird die F.n-Tradition zu ihrem Höhepunkt geführt. Die frühen Orgelkompositionen zeigen deutlich das Übernommene; in denen der Weimarer Zeit wird die Gegenüberstellung von Praeludium (Toccata oder Fantasie) und F., die als getrennte Sätze miteinander korrespondieren, zur Regel; außerdem wachsen die Dimensionen (A moll, BWV 543; F dur, BWV 540) und die Intensität (dorisch, BWV 538) auf die späteren großen Werke zu (Es dur, BWV 552). Einflüsse der konzertanten F. (Brandenburgisches Konzert Nr 4, BWV 1049) finden sich auch in Orgel- (E moll, BWV 548) und Cembalokompositionen (Prélude der Englischen Suite E moll, BWV 810). Die Vokal-F. ist in Motetten, Kantaten, Messen und Passionen reich vertreten, entweder als geschlossener Satz (*Wer an ihn glaubet*, BWV 68), als Satzteil (1. Kyrie der H moll-Messe, BWV 232) oder in Abhängigkeit zu nichtfugischen Chorpartien, wobei zuweilen der besondere Typ der → Permutations-F. verwendet wird. Bachs Bestreben, Werke in Zyklen zusammenzuschließen, bekundet sich in den zweimal 24 Praeludien und F.n des *Wohltemperirten Claviers* (Teil I, BWV 846–869, 1722; Teil II, BWV 870–893, bis 1744), einer Sammlung, die auch als Lehrwerk für F. zentralen Rang hat, und in der *Kunst der F.* (1749–50; BWV 1080, dem die Durchnumerierung folgt), die als Höhepunkt der F.n-Komposition anzusehen ist. In diesem Werk wird in letzter Vollkommenheit bei einer Vielfalt der Gestaltung geistige Einheit verwirklicht: ein Grundthema, zu dem andere, darunter »BACH« hinzutreten, durchzieht in immer neuen Themenverbindungen 19 F.n und Kanons, und das Aufgebot aller kontrapunktischen Techniken unter Einbeziehung von Gegen-F.n (Durchführung des Themas und seiner Umkehrung, Nr 5–7), Spiegel-F.n (Umkehrung des gesamten Satzes, Nr 12–13), Doppel- (Nr 9–10), Tripel- (Nr 8 und 11) und Quadrupel-F.n (die unvollendete Nr 19) steht im Dienste bewundernswerter Ausdruckskraft und einer über das Musikalische hinausgreifenden Symbolik. Neben den Werken J. S. Bachs sind die Vokal-F.n aus Händels Oratorien durch prägnante Thematik, besonders übersichtlichen, oft sparsamen Satz und durch die mit homophonen Chorabschnitten wirkungsvoll kontrastierende Anlage zu Vorbildern geworden. Um die Mitte des 18. Jh. entstanden grundlegende Lehrschriften der F. (Scheibe um 1730, Mattheson 1739, Marpurg 1753–54). Mit dem gleichzeitigen, einschneidenden Stilwandel zum freistimmigen Satz, zur Herrschaft der Harmonik und motivischen Fortspinnungstechnik rückte die F. in den Hintergrund. Sie verlor ihre Selbständigkeit und lebte nun überwiegend in Bindung an zyklische Formen weiter. Die F.n-Komposition wurde in der geistlichen Musik geradezu als eines ihrer Stilmerkmale allgemein beibehalten und läßt sich über die Messen und Oratorien von Haydn, Mozart, Beethoven, Schubert, Mendelssohn, Brahms, Bruckner u. a. bis ins 20. Jh. weiter verfolgen. Im zentralen Schaffensbereich der Klassik, in Symphonie, Streichquartett und Sonate, kam es zu einer Synthese von Sonatenform und F.n-Technik, wobei letztere entweder als → Fugato in den Durchführungsteil des Sonatensatzes Eingang fand oder als »Schlußsteigerungs-F.« das mehrsätzige Werk beschloß (Haydn, Quartette Nr 32, 35, 36, 47; Mozart, Quartett K.-V. 387 und »Jupiter-Symphonie« C dur, K.-V. 551; Beethoven, Eroica-Variationen op. 35 und Quartett op. 59, 3). Besondere Bedeutung kommt der F. in den späten Werken Beethovens zu (op. 101, op. 106, op. 110, Quartett op. 131, »Große F.« op. 133), dessen Äußerung, wonach *heutzutage in die althergebrachte Form ein anderes, ein wirklich poetisches Element kommen muß*, den Sinnwandel zeigt, der für einen Teil der F.n des 19. Jh. bezeichnend ist. Bei den Romantikern, denen die F. im Grunde wesensfremd war, die aber deshalb in ihr geistige Annäherung an das Vergangene suchten, lassen sich zwei Wege der Begegnung mit der F. aufweisen, wenn auch nicht streng trennen. An die Klassik, besonders an Beethoven anknüpfend, stellen z. B. Liszt (»Dante-Symphonie«), Wagner (*Meistersinger*) und R. Strauss (*Sinfonia domestica*) die oft recht frei behandelte F.n-Technik in den Dienst einer programmatischen Idee. Dabei wird die F. gelegentlich zur Trägerin negativer Charakterisierungen, etwa zum Bild des Chaos (Berlioz, »Hexensabbath« der *Symphonie phantastique*), des Teuflischen (Liszt, *Mephisto* der *Faust-Symphonie*) oder der trockenen Gelehrsamkeit (R. Strauss, *Von der Wissenschaft* in *Also sprach Zarathustra*). Andere Komponisten suchten auf dem Wege über die Kunst Bachs und Händels, also ohne die Vermittlung der Klassik, die F. als geistige Ordnung in ihr Schaffen aufzunehmen, so z. B. Mendelssohn (op. 7, op. 35, op. 37, op. 81, 4), Schumann (BACH-F.n op. 60, op. 72, op. 126), Brahms (Händel-Variationen op. 24) und Busoni (*Fantasia contrappuntistica*). Bruckner gelang es, beide Traditionslinien gültig zu vereinen (5. Symphonie). Ebenfalls bedeutsam, doch wesentlich umfangreicher ist das F.n-Schaffen Regers. Hier erfährt die spätromantische »Monumental-F.«, die durch gewaltige dynamische und agogische Steigerungen gekennzeichnet ist, ihre letzte Ausprägung (Orgel-F.n op. 29, op. 46, op. 57, op. 73, Beethoven-, Hiller- und Mozart-Variationen). Zugleich aber ersteht bei Reger auch von neuem der Typ der in sich ruhenden, »kleinen F.« (F.n für Soloviline op. 42, op. 91, op. 117, op. 131a sowie Klavier- und Orgel-F.n). Die F.n-Lehre des 19. Jh. behandelt meist eine »Schul-F.« als feste, vorgegebene Form, deren Beherrschung zum technischen Rüstzeug des Komponisten gehört, deren Schematik jedoch nicht das Wesen der F. in ihrer gültigsten Ausprägung trifft. In verschiedenen Stilrichtungen der nachromantischen neueren Musik des 20. Jh., in denen polyphone Prinzipien vorherrschen, hat die F. mannigfache Verwendung, aber zugleich einschneidende Wandlungen besonders hinsichtlich der tonalen Anlage erfahren. Berg (*Wozzeck*, 1922), Strawinsky (*Concerto per due pianoforti soli*, 1935), Hindemith (*Ludus tonalis*, 1943), Schostakowitsch (24 Praeludien und F.n op. 87, 1951) und andere bieten Beispiele sowohl für die fortdauernde Ergiebigkeit des F.n-Prinzips als auch für das Weiterwirken der bedeutenden F.n-Tradition.

Lit.: J. A. SCHEIBE, Compendium Musices theoretico-practicum..., um 1730, hrsg.v. P. Benary in: Die deutsche Kompositionslehre d. 18. Jh., = Jenaer Beitr. zur Musikforschung III, Lpz. 1961; MATTHESON Capellm.; FR. W. MARPURG, Abh. v. d. F., 2 Teile, Bln 1753–54, Lpz. ²1806; FR.-J. FÉTIS, Traité du contrepoint et de la fugue, Paris 1824, ²1846; TH. WEINLIG, Anleitung zur F., Lpz. 1852; E. FR. E. RICHTER, Lehrbuch d. F., Lpz. 1859, ⁹1921; H. RIEMANN, Lehrbuch d. einfachen, doppelten u. imitierenden Kontrapunkts, Lpz. 1888, ⁴⁻⁶1921, engl. Lpz. 1904; DERS., Katechismus d. F.-Komposition, Lpz. 1890, ³1914; A. HALM, Von zwei Kulturen d. Musik, München 1913, Stuttgart ³1947; J. MÜLLER-BLATTAU, Grundzüge einer Gesch. d. F., = Königsberger Studien zur Mw. I, Königsberg 1923, Kassel ³1963; E. GATSCHER, Die Fugentechnik M. Regers in ihrer Entwicklung, Stuttgart 1925; W. FISCHER, Zur Gesch. d. Fugenthemas, Kgr.-Ber. Lpz. 1925; W. WESELY, Die Entwicklung d. F. bis Bach, Diss. Prag 1928, maschr., Auszug in: Jb. d. Philosophischen Fakultät d. Deutschen Univ. in Prag V, 1927/28; H. GRABNER, Anleitung zur Fugenkomposition, Lpz. 1934, ²1944; M. DUPRÉ, Cours complet de fugue, 2 Bde, Paris 1938; W. NEUMANN, J. S. Bachs Chor-F., = Schriftenreihe d. Staatl. Inst. f. Deutsche Musikforschung IV, Lpz. 1938, als: Bach-Studien III, ³1953; J. LAMBERT, L'art de la fugue, Paris 1945; G. OLDROYE, The Technique and Spirit of Fugue, London 1948; W. JACOBI, Lehrbuch d. F., Regensburg 1950; A. GHISLANZONI, Storia della Fuga, Mailand 1952; DERS., Arte e tecnica della fuga, Rom 1953; PH. T. BARFORD, The Idea of Fugue, MR XV, 1954; C. DAHLHAUS, Bachs konzertante F., Bach-Jb. XLII, 1955; U. UNGER, Die Klavier-F. im 20. Jh., = Kölner Beitr. zur Musikforschung XI, Regensburg 1956; A. MANN, The Study of Fugue, New Brunswick (N. J.) 1958; K. TRAPP, Die F. in d. deutschen Romantik v. Schubert bis Reger, Studien zu ihrer Entwicklung u. Bedeutung, Diss. Ffm. 1958; G.-FR. WIEBER, Die Chor-F. in Händels Werken, Diss. Ffm. 1958; M. TALING-HAJNALI, Der fugierte Stil bei Mozart, = Publikationen d. Schweizerischen Musikforschenden Ges. II, 7, Bern (1959); A. ADRIO, Die F., H. I, = Das Musikwerk XIX, Köln 1960; N. LINKE, Die Orchesterf. in Spätromantik u. Moderne, Diss. Hbg 1960, maschr.; Z. GÁRDONYI, Zur Fugentechnik J. S. Bachs, Studia musicologica III, 1962; G. PAULY, G. Fr. Händels Klavierf., Diss. Saarbrücken 1962; H. J. PAULY, Die F. in d. Orgelwerken D. Buxtehudes, = Kölner Beitr. zur Musikforschung XXXI, Regensburg 1964; W. KIRKENDALE, F. u. Fugato in d. Kammermusik d. Rokoko u.d. Klassik, Tutzing 1966. KJS

Fughetta (ital.), kleine Fuge. Unter Bachs Fughetten sind sicher vom Komponisten als solche bezeichnet Variation 10 der Goldberg-Variationen (BWV 988) sowie die Choralfughetten BWV 679, 681, 698, 699, 701–704. Aus dem 19. Jh. sind zu nennen: Beethoven, Diabelli-Variationen op. 120, Variation 24; Schumann, op. 68, 40 und op. 126; Reger, op. 80, 2.

Fulda (Hessen).
Lit.: Sacramentarium Fuldense S. Decimi, hrsg. v. G. RICHTER u. A. SCHÖNFELDER, F. 1912; W. LEWALTER, Zur Gesch. d. fürstbischöflichen Hofkapelle in F. im 18. Jh., F.er Geschichtsblätter XXXV, 1959; A. GOTTRON, »Capella Fuldensis« u. d. F.er Dommusik im 19. Jh., in: Musicae Sacrae Ministerium, Fs. K. G. Fellerer, = Schriftenreihe d. Allgemeinen Cäcilien-Verbandes V, Köln 1962.

Fundamentbuch (von lat. fundare, den Grund, fundus, zu etwas legen) ist im 15. und beginnenden 16. Jh. die Bezeichnung für eine Folge methodischer Übungsstücke für Orgel oder Klavier, an denen die griff- und satztechnischen »Grundzüge« des Tasteninstrumentenspiels dargelegt werden. Die Fundamentbücher gehören zu den ältesten Quellen der Instrumentalmusik auf deutschem Boden. Das erste bedeutende F., C. Paumanns *Fundamentum organisandi* (1452, zusammengebunden mit dem Lochamer Liederbuch; zwei weitere Fundamentbücher Paumanns im Buxheimer Orgelbuch), steht noch in der Nähe der instrumentalen Improvisationskunst des Mittelalters. Notiert in deutscher → Orgeltabulatur, lehren 2- und 3st. Beispiele das diminuierende und figurierende Umspielen eines formelhaften (ascensus simplex, ascensus per tercias, descensus) oder Lied-C. f. im Diskant. Darüber hinaus baut H. Buchner sein F. (um 1520) nach einer einleitenden Unterweisung in den Anfangsgründen der Musiklehre als eine Ars organistarum (Organistenlehre) in 3 Hauptstücken auf: 1. *via ludendi* (Einführung zum Spielen auf Clavichord und Orgel), 2. *ratio transferendi compositas cantiones in formam organistarum, quam tabulaturam vocant* (Methode des »Absetzens« mehrstimmiger vokaler Kompositionen in die Orgeltabulatur), 3. *ratio quemvis cantum planum redigendi ad justas duarum, trium aut plurium vocum diversarum symphonias, quam rationem uno nomine fundamentum dicunt* (fundamentum im engeren Sinne des Wortes als die Methode der zwei-, drei- oder mehrstimmigen Komposition und Bearbeitung eines Cantus planus, zudem die Ars fugandi, die Lehre vom Kontrapunkt, der Imitation und vom Kanon). – In den Orgel- und Lautentabulaturen, die das F. um 1500 abzulösen beginnen, bezeichnet F. nur noch den Teil, der dem Instrumentalisten die musikalischen Grundbegriffe, den »rechten Grund«, vermittelt. Im Tabulaturcodex des B. Amerbach (1513) ist das Fundamentum Kotters eine Tabelle von Tabulaturzeichen nebst deren Erklärungen. Das F. wird nicht mehr als ein Lehrgebäude instrumentengerechten Spielens und Komponierens verstanden. In J. Kuhnaus Kompositionslehre *Fundamenta compositionis* (1703) ist der Begriff F. in seiner alten Bedeutung als umfassender Lehrgang noch einmal aufgenommen.

Ausg.: C. PAESLER, F. v. H. v. Constantz, VfMw V, 1889; Locheimer Liederbuch u. Fundamentum..., Faks. hrsg. v. K. AMELN, Bln 1925; Das Buxheimer Orgelbuch, Faks. hrsg. v. B. A. WALLNER = DMl II, 1, 1955; DASS., hrsg. v. DERS., = EDM XXXVII–XXXIX, Kassel 1958–59.

Lit.: W. MERIAN, 3 Hss. aus d. Frühzeit d. Klavierspiels, AfMw II, 1919/20; L. SCHRADE, Die hs. Überlieferung d. ältesten Instrumentalmusik, Lahr 1931; FR. FELDMANN, Ein Tabulaturfragment d. Breslauer Dominikanerklosters, ZfMw XV, 1932/33; O. A. BAUMANN, Das deutsche Lied u. seine Bearb. in d. frühen Orgeltabulaturen, Kassel 1934; G. FROTSCHER, Gesch. d. Orgelspiels I, Bln 1935, ²1959; W. GURLITT, J. Kotter u. sein Freiburger Tabulaturbuch v. 1513, Elsaß-Lothringisches Jb. XIX, 1940; B. A. WALLNER, C. Paumann u. sein Werk, Zs. f. Kirchenmusik LXXIV, 1954; H. H. EGGEBRECHT, Studien zur mus. Terminologie, = Akad. d. Wiss. u. d. Lit. Mainz, Abh. d. geistes- u. sozialwiss. Klasse, Jg. 1955, Nr 10; K. HAHN, J. Kuhnaus »Fundamenta Compositionis«, Kgr.-Ber. Hbg 1956; H. J. MARX, Der Tabulatur-Codex d. Basler Humanisten B. Amerbach, in: Musik u. Gesch., Fs. L. Schrade, Köln (1963); H. R. ZÖBELEY, Die Musik d. Buxheimer Orgelbuchs, = Münchner Veröff. zur Mg. X, Tutzing 1964.

Fundamentinstrumente heißen bei Praetorius 1619 (nach Agazzari 1607) die zur Ausführung des Generalbasses gebrauchten Instrumente, die des Akkordspiels fähig sind (instrumenta omnivoca) und *das rechte Fundament vnd die Harmony fest vnd beständig halten*, nämlich Orgel, Positiv, Regal, Cembalo und in einer *stillen*

Music Spinett, Laute, Theorbe usw. Den Gegenpart hierzu bilden die Ornamentinstrumente, nämlich Spinett, Laute usw., wenn sie nicht als F. gebraucht werden, und alle *einfachen* Instrumente (univoca seu simplicia), die – kontrapunktierend und verzierend – die Oberstimme(n) ausführen.

Fundamentum (lat., Grund) bezeichnet kraft seines ursprünglich architektonischen Sinnes (*f. dictum, quod fundus sit aedificii,* Isidorus, orig. XIX, 10, 2) im Spätmittelalter den Charakter und erklärt den Namen des Tenors, »über den der Discantus gebaut wird(*fundatur*), wie ein Gebäude über sein Fundament«, und welcher Tenor heißt, »weil er der Discantus hält und gründet« (*quia discantum tenet et fundat,* Jacobus Leodiensis, CS II, 386a). Der Tenor ist nach Tinctoris (CS IV, 29b) *f. totius relationis,* d. h. das F. der tonalen, auch rhythmischen und harmonischen Struktur der Komposition. – Seit dem 16. Jh. (Zarlino) bezeichnet F. (ital. fondamento; frz. fondement) neben und im Sinne von → Basis die Baßstimme (*... supra Bassum vel f.,* Praetorius, Synt. III, S. 80), im 17. Jh. speziell den Generalbaß, *weil dieser, nebst den Grund-Noten, auch die Harmonie zugleich mit exprimiret* (WaltherL, nach BrossardD).

Funkoper (engl. radio-opera; frz. opéra radiophonique; ital. opera radiofonica). Opern werden im Rundfunk auf verschiedene Weise gesendet: Opernübertragung ist die Direktsendung oder Wiedergabe der Schallaufzeichnung einer Aufführung im Theater; Sendeoper die »funkgemäße« Bearbeitung für die Sendung aus dem Studio (dramaturgische Straffungen, Erläuterungen durch Sprecher usw.); Opernquerschnitt eine Sendung (Schallaufzeichnung) von Teilen einer Oper. – Da einerseits das Wirkfeld von Bühnenwerken durch die Beschränkung des Rundfunks auf das Akustische eingeengt wird, andererseits im akustischen Bereich Stoffe gestaltet werden können, die sich der sichtbaren Darstellung weitgehend entziehen (Märchen, Traum mit unwirklichen Gestalten; Mystisches, Abstraktes), entwickelte sich eine neue Kunstgattung dramatischen Charakters: das eigens für den Rundfunk geschriebene Funkwerk, das sich gliedert in die Gattung des Hörspiels (→ Hörspielmusik), das auf dem gesprochenen Wort basiert, und in die des Sendespiels(F., Funkoperette, Funkoratorium, Funkballade), bei dem die Musik dominiert. – Die erste Opernübertragung durch Rundfunk fand, lange vor Beginn regelmäßiger Sendungen in Deutschland, am 8. 6. 1921 aus der Berliner Staatsoper mit Puccinis *Madama Butterfly* statt. Ende 1924 begann die sogenannte Sendespiel-Bühne des Berliner Funkhauses mit Mozarts »Figaros Hochzeit« ihre Opernproduktion, bei der die Werke im allgemeinen in der Originalfassung geboten wurden. Da die Dauer der Aufnahmewilligkeit des Rundfunkhörers im allgemeinen begrenzt ist (erfahrungsgemäß etwa 45 Minuten), wurde nach und nach versucht, durch Kürzungen (Auswahl wichtiger Szenen) und verbindende Texte, erweiterte Dialoge, Geräuschkulissen u. ä. eine möglichst »funkgerechte« Sendeoper zu produzieren. Nachdem seit 1924 Erfahrungen mit dem Hörspiel gesammelt waren, konnte Ostern 1929 der Sender Leipzig das originale Funkoratorium *Rundfunkpassion* von H. Ambrosius aufführen, bald danach die Deutsche Welle das Sendespiel *Mord* von W. Gronostay (bereits eine Vorform der F.) und am 24. 12. 1929 der Sender Köln-Langenberg *Christkindleins Erdenreise* von G. Kneip, die erste eigentliche F. Bis zum 2. Weltkrieg ist die F. vor allem in Deutschland entwickelt worden. Herausragende Werke sind: *Columbus* von Egk (Sender München, 1933), *Das kalte Herz* von M. Lothar (Deutschlandsender, 1935), *Die schwarze Spinne* von Sutermeister (Radio Beromünster, 1936), *Die Geschichte vom braven Kasperl und dem schönen Annerl* von L. J. Kauffmann (Sender Köln, 1937). Seit etwa 1940 fand die F. internationales Interesse; an ihrer Entwicklung beteiligten sich vor allem die Schweiz, dann u. a. Frankreich, Italien und die USA. Wichtige F.n sind die Opéra radiophonique *Thyl Claes* von Wl. Vogel (Radio Genf, 1942), *Don Quichotte* von Ibert (Radio Lausanne, 1947), ferner *The Old Maid and the Thief* (Sender NBC, 1939) von Menotti, die Trilogie *Féeries mythologiques* (*Psyché; Perséphone; Pan*) von P. Wissmer und C. Hornung (Radio Genf, 1949–51) in Musique concrète, P. Schaeffers melodramatisch mit Zwölftontechnik gestaltete Pantomime lyrique *Toute la Lyre* (1951). Nach 1945 zeichnet sich in Deutschland eine »Literarisierung« des F.n-Librettos ab, so z. B. in *Ein Landarzt* von Henze (NWDR, 1951) nach Kafka, *Die Brücke von San Luis Rey* von Reutter (Hessischer Rundfunk, Frankfurt am Main, 1954) nach Th. Wilder, *Die Verlobung in St. Domingo* von Zillig (NDR, 1957) nach Kleist. Gestaltungsmäßig hat sich die F. – mit der Tendenz zur Verwendung funkischer Mittel (Berücksichtigung der Wortverständlichkeit, kleinen Besetzungen und besonderen Satztechniken) – immer mehr dem Melodramatischen, auch dem Balladesken genähert. In zunehmendem Maße findet ein modernes Instrumentarium (präparierte Klaviere usw.) Verwendung und werden die technischen Möglichkeiten des Rundfunkstudios (Geräusche, Halleffekte) ausgenutzt. Seit 1950 sind in die Entwicklung der F. die Klangmontage und die elektronische Klangerzeugung einbezogen, wobei jedoch noch immer die Faktoren wirksam bleiben, die den Eigenschaftskomplex »opernhaft« ausmachen. Eine Reihe F.n, die nicht auf die spezielle Technik des Rundfunkstudios angewiesen sind, gelangten auch zur szenischen Darstellung auf der Bühne, z. B. Egks *Columbus,* Blachers *Die Flut* und Sutermeisters *Die schwarze Spinne.* Die meisten F.n entstanden als Auftragswerke von Rundfunkanstalten. Seit 1948 gibt es den Premio Italia für funkeigene Musikwerke, mit dem u. a. ausgezeichnet wurden: *Ifigenia* von Pizzetti (1949), *St. François d'Assise* von Honegger (1949) und *Orestes* von Badings (1962). Im Rahmen der Berliner Festwochen 1961 wurden die F.n *Escorial* von H.-Fr. Hartig und *Der Doktor aus Glas* von R. Vlad vom Sender Freies Berlin uraufgeführt. – Der Typ des Funkoratoriums wird durch Werke repräsentiert wie *Battements du Monde* (1944) von Honegger und *Die Passion des Prometheus* von Fr. Wohlfahrt (1955). – Fernsehoper.
Lit.: H. BREDOW, Aus meinem Arch., Heidelberg 1950; KL. BLUM, Die F., Diss. Köln 1951, maschr.; DERS., F.n als musikdramatische Funkwerke, in: Die 3 großen »F«. Film, Funk, Fernsehen, = Musik d. Zeit, N. F. II, Bonn (1958); S. GOSLICH, Die F., Musica XIII, 1959; W. EGK, Musik – Wort – Bild, München 1960. – Vierteljahrsschrift Rundfunk u. Fernsehen, Hbg. 1951ff.

Funktionsbezeichnung nennt H. Riemann die Chiffrierung der Harmonien mit T, S und D, die deren Bedeutung für die Logik der Kadenzbildung klarstellt (erstmalig in: *Vereinfachte Harmonielehre,* 1893). Auch die kompliziertesten dissonanten Bildungen und Trugfortschreitungen sind dann zu verstehen als mehr oder minder modifizierte Gestalten der drei allein wesentlichen Funktionsharmonien: Tonika- (T), Subdominant- (S) und Dominantdreiklang (D). Diese sind in Dur zunächst Durakkorde (T^+, S^+, D^+), in Moll Mollakkorde (^0T, ^0S, ^0D); doch kann der S-Dreiklang in Dur auch ein Mollakkord (^0S) und der D-Dreiklang in Moll auch ein Durakkord sein (D^+). Die mehr als dreitönigen dissonanten Formen der Dominantharmonien (Dreiklänge mit hinzugefügten charakteristischen

Dissonanzen) sind zunächst: S^6, D^7, S^{VII}, D^{VI}. Dazu kommen die scheinkonsonanten Formen, die den Klang als einen Akkord gegenteiligen Geschlechts maskieren, nämlich die Stellvertretung der Quinte durch die Sexte ($\genfrac{}{}{0pt}{}{6}{5}$) in den Parallelklängen: Tp, Sp, Dp (in Moll: ^0Tp, ^0Sp, ^0Dp) und die der Prime durch die kleine Gegensekunde (II ^{01}, ^{02} I) in den Leittonwechselklängen: $\mathcal{T}$, $\mathcal{S}$, $\mathcal{D}$ in Dur und $\mathcal{T}$, $\mathcal{S}$, $\mathcal{D}$ in Moll (erstere 3 die Durprime durch die kleine Untersekunde ersetzend, letztere 3 die Mollprime durch die kleine Obersekunde, z. B. in A moll $\mathcal{T}$ = a–c–f statt a–c–e, in C dur $\mathcal{T}$ = h–e–g statt c–e–g usw.) – alles Akkorde, für deren Setzweise (Terzverdopplung usw.) die Ableitung von den durch sie vertretenen Hauptklängen maßgebend ist. Leiterfremde Töne einführende Harmonien stellen sich meist als Dominanten ihnen folgender einfacherer Funktionsharmonien heraus (→ Zwischendominanten) und werden dementsprechend bezeichnet. Zur direkten Bezeichnung der Oberterz- und Unterterzklänge führte Riemann in seinen Analysen der Beethoven-Sonaten die F.en 3^+ für den Oberterzklang und III^+ für den Unterterzklang in Dur, ^0III für den Unterterzklang und ^{03} für den Oberterzklang in Moll ein (z. B. 3^+ in C dur = e–gis–h, III^+ in C dur = as–c–es; ^0III in A moll = f–as–c, ^{03} in A moll = c–es–g). Zur Bezeichnung der → Varianten bediente er sich der Chiffren Tv (in C dur = c–es–g) und ^0Tv (in A moll = a–cis–e). Zahlen bei den F.en, z. B. D^7, fordern dissonante Zusatztöne, Durchstreichen des Buchstabens bedeutet den Ausfall der Prim (z. B. $\cancel{D}^7$ in C dur = h–d–f). Chromatische Hoch- oder Tiefalteration wird durch das Zeichen < bzw. > angegeben (z. B. $D^{7>}_{5>}$ in C dur = g–h–des–f). Wenn auch die von der jeweiligen Tonart unabhängigen F.en heute nicht mehr allen Anforderungen einer wissenschaftlich exakten Analyse genügen (genauere Bezeichnungen wurden u. a. von W. Keller auf der Basis der Noten-Reinschrift A. v. Oettingens entwickelt), so werden sie doch den Ansprüchen des Tonsatzunterrichts eher gerecht als die → Stufenbezeichnungen. Die F.en verdeutlichen in klarer Weise die strenge Logik aller Harmoniebewegung. Einfache und schwerer verständliche Wendungen treten als solche auch in der Bezeichnung sofort hervor. F.n sollten freilich nur auf dur-moll-tonale Musik angewandt werden – im wesentlichen also auf die Musik vom 18. bis zum Beginn des 20. Jh. (bis zu R. Strauss, Pfitzner, Reger, dem jungen Schönberg u. a.). H. Erpfs Bemühen, auch tonale Musik aus der Zeit nach Auflösung der Funktionsharmonik mit Hilfe der F.en zu analysieren, vermag daher nicht immer zu überzeugen; um so wertvoller ist der Reichtum seiner Untersuchungen, die sich im 3. Kapitel seiner Studien (1927) auch auf »funktionslose Zusammenhänge«, darunter die »Zwölf-Töne-Musik« erstrecken. Im Gegensatz zu S. Karg-Elerts extrem dualistischer (polaristischer) Harmonielehre, worin an Stelle von Subdominante von Kontradominante gesprochen wird (Kontradominante von C dur zwar f–a–c, von A moll aber e–g–h als Spiegelung der Funktionsverhältnisse von C dur, → Dualismus), hat H. Grabner die F. Riemanns übernommen, jedoch die F.en ihrer dualistischen Zutaten entkleidet und sie im monistischen Sinne verwendet. Auf Grabner beruhen mehrere bekannte Harmonielehren des 20. Jh., wie die von H. Distler und W. Maler. Den Mollsubdominantdreiklang mit tiefalterierter Sexte – nach Riemann der Leittonwechselklang der Mollsubdominante ($\mathcal{S}$) – bezeichnet Maler mit s^n (= $s^{\overset{6}{5}}$). Die in der Spätphase der dur-moll-tonalen Musik häufigen chromatisch alterierten Klänge, die zum folgenden Akkord nur leit-

tönig sind und eine eindeutige dominantische Wurzel nicht mehr erkennen lassen, nennt er »freie Leittoneinstellungen«. Fr. Neumann faßt diese und ähnliche Bildungen als Verselbständigung der oberen und unteren Nebennoten (»Wechseltöne«) von Funktionsharmonien auf und gibt ihnen den Namen »Strebeklänge«.

Lit.: H. RIEMANN, Vereinfachte Harmonielehre oder Lehre v. d. tonalen Funktionen d. Akkorde, London u. NY 1893, ^{2}1903; RIEMANN MTh; DERS., L. van Beethovens sämtliche Klaviersolosonaten. Ästhetische u. formal-technische Analyse mit hist. Notizen, 3 Bde, = M. Hesses illustrierte Hdb. I–III, Bln 1918–19, ^{4}1920; A. v. OETTINGEN, Harmoniesystem in dualer Entwickelung, Dorpat u. Lpz. 1866, als: Das duale Harmoniesystem, Lpz. ^{2}1913; H. GRABNER, Die Funktionstheorie H. Riemanns u. ihre Bedeutung f. d. praktische Analyse, München 1923, ^{2}1930; DERS., Allgemeine Musiklehre, Stuttgart 1924, Kassel ^{7}1959; DERS., Hdb. d. Harmonielehre, 2 Bde, Bln 1944, ^{2}1955; H. ERPF, Studien zur Harmonie- u. Klangtechnik d. neueren Musik, Lpz. 1927; E. KIRSCH, Wesen u. Aufbau d. Lehre v. d. harmonischen Funktionen, Habil.-Schrift Breslau 1928; S. KARG-ELERT, Akustische Ton-, Klang- u. Funktionsbestimmung, Lpz. 1930; DERS., Polaristische Klang- u. Tonalitätslehre, Lpz. 1931; W. MALER, Beitr. zur Harmonielehre, München u. Lpz. 1931, dass. neu bearb. mit G. Bialas u. J. Driessler als: Beitr. zur durmolltonalen Harmonielehre, ebenda ^{3}1950, München u. Duisburg ^{4}1957; K. DENNECKE, Die Kompositionslehre H. Riemanns, Diss. Kiel 1937; H. DISTLER, Funktionelle Harmonielehre, Kassel 1940; Fr. NEUMANN, Synthetische Harmonielehre, Lpz. 1951; H. FEDERHOFER, Die Funktionstheorie H. Riemanns u. d. Schichtenlehre H. Schenkers, Kgr.-Ber. Wien 1956; W. KELLER, Hdb. d. Tonsatzlehre I, Regensburg 1957.

Furiant, ein schneller, feuriger böhmischer Tanz, weist als Volkstanz die Eigentümlichkeit des Taktwechsels (2/4 und 3/4) auf, wie ihn auch der → Zwiefache kennt. Der F. wird bei D. G. Türk (*Klavierschule*, 1789, S. 400) als Beispiel angeführt und »Furie« genannt. In der Kunstmusik des 19. Jh. ist er durchgehend im 3/4-Takt notiert, wobei durch Verschiebungen des Taktschwerpunktes scharf akzentuierter Hemiolenrhythmus erreicht wird, z. B. Dvořák, *Zwei F.en für Kl.* op. 42 (1878) und F. in der 6. Symphonie op. 60, 3. Satz (1880) sowie der bekannte F. aus Smetanas »Verkaufter Braut« (1866):

Furlana → Forlana.

Fusa (lat., nota oder figura f., wohl von fusus, Sprosse) heißt in der Mensuralnotation eine Note mit Fähnchen: ♩ oder ♪. Sie gilt die Hälfte der entsprechenden Note ohne Fähnchen (Minima oder Semiminima).

Fußtonzahl bezeichnet die Tonhöhe eines Orgelregisters. Zur Abkürzung der F. dient ein ′ bei der Zahl (16′, 8′, 4′). Fuß ist ein altes nach Land, Ort und Zeit variables Längenmaß von etwa 30 cm. Eine offene Labialpfeife im Ton (groß) C mißt ungefähr 8 Fuß (= ca. 2,40 m, je nach Weitenmensur etwas verschieden). Daher heißen alle Orgelregister, die auf der Taste C den Ton (groß) C bringen, achtfüßig, auch wenn sie als Gedackte nur 4′-Länge haben. Sie klingen in der geschriebenen Tonhöhe (Äquallage). Entsprechend ergeben sich für die verschiedenen Fußtonbezeichnungen (→ Grundstimme – 2, → Aliquotstimmen) folgende Tonhöhen: 32′ = $_2C$, 16′ = $_1C$, $10^2/_3$′ = $_1G$, 8′ = C, $5^1/_3$′

= G, 4' = c, $3^{1}/_{5}'$ = e, $2^{2}/_{3}'$ = g, $2^{2}/_{7}'$ = b, 2' = c^{1}, $1^{3}/_{5}'$ = e^{1}, $1^{1}/_{3}'$ = g^{1}, $1^{1}/_{7}'$ = b^{1}, 1' = c^{2}, $^{8}/_{9}'$ = d^{2}, $^{4}/_{5}'$ = e^{2}, $^{2}/_{3}'$ = g^{2} usw. bis $^{1}/_{10}'$ = e^{5}. 6' in barocken Angaben ist $5^{1}/_{3}'$, 3' = $2^{2}/_{3}'$, $1^{1}/_{2}'$ = $1^{1}/_{3}'$, $1^{5}/_{6}'$ und $1^{4}/_{5}'$ = $1^{3}/_{5}'$. Prinzipal 24' heißt: der 32' beginnt erst in der 24'-Lage, also bei (groß) F. Auch $^{8}/_{11}'$, $^{8}/_{13}'$, $^{8}/_{15}'$ werden heute gebaut. Der italienische Orgelbau bezeichnet die Register nicht nach F.en, sondern zählt vom Grundton aus die Entfernung in diatonischen Stufen. So ist Ottava auf Prinzipalbasis 8' der 4', auf 16'-Basis der 8':

Duodecima	= $2^{2}/_{3}'$	bzw. $5^{1}/_{3}'$
Decima quinta	= 2'	bzw. 4'
Decima nona	= $1^{1}/_{3}'$	bzw. $2^{2}/_{3}'$
Vigesima seconda	= 1'	bzw. 2'
Vigesima sesta	= $^{2}/_{3}'$	bzw. $1^{1}/_{3}'$
Vigesima nona	= $^{1}/_{2}'$	bzw. 1'
Trigesima terza	= $^{1}/_{3}'$	bzw. $^{2}/_{3}'$
Trigesima sesta	= $^{1}/_{4}'$	bzw. $^{1}/_{2}'$ usw.

Die spanische Fußtonbestimmung geht aus von Tapada oder Tapadillo de 13 als Norm (= 8'), 26 entsprechen dem 16', 52 dem 32'. Die kleinen Maße (4', 2', 1') haben besondere Namen nach Stufenzahl (Octava, Quincena, Xanto en 2). Die Quintstimmen gehen aus von Nasardo (= Quint $2^{2}/_{3}'$), Docena de 26 (= $5^{1}/_{3}'$); Octava de nasardo (= $1^{1}/_{3}'$) geht auf Diezmonovena (19) zurück.

Futurismus (ital. futurismo) nannte eine Vereinigung junger Dichter, Maler und Musiker Italiens ihre Kunstrichtung, die laut der ersten Formulierung ihres Programms durch F. T. Marinetti (*Le Figaro*, Paris, 20. 2. 1909) den radikalen Bruch mit der Vergangenheit forderte und die technifizierte Welt zum einzig kunstwürdigen Gegenstand erklärte. Gleichgesinnte Gruppen bildeten sich u. a. auch in Deutschland (H. Walden, 1910; → Expressionismus), Rußland (S. Sewerjan, 1911) und Frankreich (Albert-Birot, 1916). Im Vorwort seiner *Musica Futuristica per Orch.* op. 30 (erschienen im Klavierauszug 1912, aufgeführt 1913) setzte Fr. B. Pratella dem musikalischen F. das Ziel, »der Masse, den großen Industriebetrieben ... Panzerkreuzern, Automobilen und Flugzeugen die musikalische Seele zu geben. Den großen innersten Motiven der Tondichtung das Reich der Maschine ... hinzuzufügen«. Das Werk selbst bediente sich auf relativ niederem Niveau der Ganztonleitermelodik, symmetrischen Rhythmik und Tritonusharmonik, und hatte, wie auch Pratellas Fliegeroper *L'Aviatore Dro* (1920), musikalisch keine Zukunft. In einem offenen Brief an Pratella (*Corriere di Napoli*, 20./21. 3. 1913) schlug der Maler-Musiker L. Russolo vor, Geräusche als Material musikalischer Gestaltung zu verwenden; auch lieferte er eine Systematik der Geräusche und führte 1913 seine zusammen mit U. Piatti konstruierten Geräuschinstrumente (intonarumori) öffentlich vor. Ein zweites, mit Marinetti veranstaltetes Konzert in Mailand (1914), mit Kompositionen wie »Die Versammlung der Autos und Flugzeuge« und »Überfall in der Oase«, löste einen Kampf zwischen Futuristen und Publikum aus. Den Höhepunkt des musikalischen F. bezeichnet wohl das Konzert (1921) im Théâtre des Champs-Elysées in Paris (mit Milhaud und Strawinsky als Zuhörern); Intonarumori, in zwei kurzen und einfachen Stücken (*Il Cappuccino* und *Corale*) zusammen mit einem herkömmlichen Orchester eingesetzt, entfachten auch hier einen Pressesturm. Während Marinetti den F. an den Faschismus verriet und am 29. 3. 1934 in Berlin als Vorkämpfer des Faschismus in Italien gefeiert wurde (Manifest *Stile futurista*, 1934), widmete sich Russolo der Verbesserung seiner Bruiteurs futuristes. Es gelang ihm, sie im Rumorarmonio, in Frankreich auch Russolophone genannt, zu einem Instrument für das ungestufte Reich der Geräusche zu vereinen, das er 1929/30 A. Honegger und E. Varèse vorführte. Eine Verwirklichung der Idee des musikalischen F., der nach Pratella »die neue Ordnung der Unordnung begründen« wollte (Mailand, 18. 7. 1912), glückte – ohne futuristische Instrumente – annähernd erst Varèse mit Werken wie *Hyperprism* (1923) und *Ionisation* (1931).

Lit.: L. Russolo, L'arte dei rumori, Mailand 1916, frz. Neudruck als: L'art des bruits, Paris 1954; Fr. B. Pratella, Appunti biogr. e bibliogr., Ravenna 1931; ders., Evoluzione della musica dal 1910 al 1917, 2 Bde, Mailand (1918); N. Slonimsky, Music Since 1900, NY 1937, ³1949; Fr. K. Prieberg, Lexikon d. neuen Musik, Freiburg i. Br. u. München 1958; ders., Musica ex machina, Bln, Ffm. u. Wien 1960; H. H. Stuckenschmidt, Die Ordnung in d. Freiheit, Melos XXIX, 1962; Chr. Baumgarth, Gesch. d. F., Hbg 1966.   RG

fz (forzato, ital.), **ffz** (forzatissimo), identisch mit sf, sff; → sforzato.

G

G, – 1) Ton-Name: In der lateinischen → Buchstaben-Tonschrift ist G im allgemeinen die 7. Stufe, im System der Kirchentöne Finalis des 7. und 8. Tons (Mixolydisch und Hypomixolydisch). Der Ton unter dem tiefen A wird bis ins 16. Jh. im Sinne der griechischen Musiktheorie als hinzugefügter verstanden und → Gamma genannt. Seit Zarlino (1571) ist der Ionius auf C primo modo; dadurch rückte G an die 5. Stelle der Normalskala. Bei den romanischen Völkern hat die Solmisationssilbe Sol den Buchstaben verdrängt. Die Erniedrigung um einen Halbton heißt Ges (engl. G flat; frz. sol bémol; ital. sol bemolle), um 2 Halbtöne Geses (engl. G double flat; frz. sol double bémol; ital. sol doppio bemolle), die Erhöhung um einen Halbton Gis (engl. G sharp; frz. sol dièse; ital. sol diesis), um 2 Halbtöne Gisis (engl. G double sharp; frz. sol double dièse; ital. sol doppio diesis). – 2) Schlüssel: Der Ton g^1 wird in Choralhandschriften selten, in mehrstimmigen Manuskripten seit der St.-Martial-Zeit häufig durch → Schlüssel bezeichnet. Ursprünglich wurde der gewöhnliche Buchstabe geschrieben, der erst allmählich die heutige Form des G-Schlüssels annahm. Dieser wurde im 17.–18. Jh. als Violinschlüssel auf der 2. Linie oder als Französischer Violinschlüssel auf der 1. Linie des Liniensystems vor allem in der Instrumentalmusik verwendet. Über das Klavierlied drang er schon bald auch in die Vokalmusik ein, verdrängte hier aber erst seit 1800 den Diskantschlüssel. Der G-Schlüssel auf der 2. Linie wird auch für die Notierung der Tenorstimme herangezogen; er bezeichnet dann nicht g^1, sondern g, entweder ohne Zusatzzeichen (so schon kurz nach 1800 in Klavierauszügen), wo sich die oktavierende Ausführung aus dem Zusammenhang ergibt, oder mit Zusatzzeichen (heute meist eine kleine 8 am Fuße des Schlüssels). Der tiefe G- (eigentlich Gamma-)Schlüssel, der im 16.–17. Jh. gelegentlich (meist zusammen mit einem F-Schlüssel) auftritt, erlangte keine praktische Bedeutung. – 3) Seit Anfang des 19. Jh. werden in theoretischen Werken Akkorde mit → Buchstaben-Tonschrift bezeichnet (G bedeutet den G dur-Dreiklang, g den G moll-Dreiklang); im → Klangschlüssel treten Zusatzzeichen hinzu. Der Brauch, eine Tonart nur durch ihren Grundton zu bezeichnen, wurde im 19. Jh. entsprechend den Akkordbezeichnungen so ausgelegt, daß G für G dur, g für G moll stand. – 4) Abk. für frz. gauche, m. g. = main gauche (linke Hand).

Gabelgriffe (engl. cross fingering) sind auf Blasinstrumenten mit Grifflöchern Griffe, bei denen die gedeckten bzw. offenen Grifflöcher nicht (wie bei Normalgriffen) in ununterbrochener Folge liegen. G. sind auf Instrumenten mit diatonischer Grifflochfolge immer notwendig bei chromatischen Tönen, bei der Blockflöte mit barocker Griffweise auch für die diatonische 4. Stufe. Daneben sind G. oft nötig, um die Intonation zu korrigieren. Mit G.n erzeugte Töne klingen matter als die mit Normalgriffen erzeugten. Auf der Querflöte und der Oboe werden G. seit dem 18. Jh. mehr und mehr durch vermehrte (chromatische) Grifflöcher im Zusammenhang mit → Klappen vermieden.

Gabelklavier → Adiaphon (– 2).

Gagaku (japanisch), die »vornehme Musik«, bezeichnet die seit der Heian-Zeit (etwa 9.–12. Jh.) am japanischen Hof gepflegte und bis heute fast unverändert überlieferte Tonkunst. Sie spiegelt in ihren verschiedenen Elementen von Lied und Tanz der alten japanischen Tradition, von neuerer, instrumentalbegleiteter Vokalmusik und von aus anderen Teilen Asiens (u. a. China, Indien, Korea) eingeführten oder in diesem Stil neukomponierten Werken die im Laufe der Geschichte der japanischen Musik wirksam gewordenen Einflüsse wider. Die orchesterbegleiteten Tänze des → Bugaku sind in dem Gesamtkomplex G. einbegriffen.
Lit.: E. HARICH-SCHNEIDER, The Rhythmical Patterns in G. and Bugaku, = Ethno-Musicologica III, Leiden 1954, dazu L. Picken u. E. P. Ceadal in: ML XXXVI, 1955; H. ECKARDT, Das Kokonchomonshû d. Tachibana Narisue als mg. Quelle, = Göttinger Asiatische Forschungen VI, Wiesbaden 1956; W. P. MALM, Japanese Music and Mus. Instr., Rutland (Vt.) u. Tokio 1959.

Gagliarda (gaʎ'arda, ital.) → Galliarde.

Gaillarde (gaj'ard, frz.) → Galliarde.

Gaita (kastilisch und galicisch-port., wahrscheinlich von gotisch gaits, Ziege, Geiß; vom Spanischen ins Arabische, Türkische und in die Balkansprachen als gajda, gajde), eine → Sackpfeife (meist in Zusammensetzung wie g. gallega, g. asturiana). Daneben kommt g. als Bezeichnung für Schalmei vor (g. zamorana), gelegentlich für Drehleier.

Galanterien wurden im 18. Jh. gewöhnlich kleinere homophone Sätze ähnlich dem Air und einzelne Suitentanzsätze genannt, vornehmlich für Tasteninstrumente. So heißt es im Titel zu J. S. Bachs *Clavier-Übung* 1. Teil (1731): *bestehend in Praeludien, Allemanden, ... Menuetten, und andern G.* (→ Galanter Stil).

Galanter Stil (frz. galant, s. v. w. elegant, modern). Das Modewort galant, aus dem Französischen übernommen, wurde zuerst um 1700 in der deutschen Dichtung heimisch als Bezeichnung einer aristokratisch orientierten, spielerisch-erotischen Gesellschaftspoesie in witzig-pointierten Kleinformen. In der Musiklehre begegnet es gelegentlich bei J. G. Walther (*Praecepta* 1708, II, 10), Heinichen (1728), Scheibe (um 1730) und Mattheson (1739), um bei Quantz (1752) und C. Ph. E. Bach (1753, Vorrede: *... bald nach der Strenge der Harmonie, bald galant ...*) zur häufig verwendeten Kennzeichnung eines Grundzuges der neuen, *freyen Schreibart* zu werden. Diese setzte sich bewußt ab vom gebundenen, gelehrten oder gearbeiteten Stil des Hochbarocks einschließlich J. S. Bachs. Ihre ästhetischen Forderungen zielen auf Deutlichkeit und Klarheit, Zierlichkeit, Anmut und Gefälligkeit der Musik als einer ausdrucksvollen Klangrede. Gegenüber der älteren Auffassung vom einheitlichen Affekt eines Tonstücks soll jetzt die Musik durch angenehme Mannigfaltigkeit überraschen. Sie soll unmittelbar verständlich sein und sich das Ohr des genießenden Liebhabers und nicht das Auge des scharfsinnigen Kenners zum Richter wählen. Ausgeprägte Führung einer kantablen Melodie über sparsamen und harmonisch durchsichtigen Begleitstimmen, kleine Formen, kleine und kleinste Symmetriebildungen und Motivwiederholungen (*ein graziös prononziertes Mehrmalsagen im Sinne der zeitgenössischen, feingeschliffenen Konversationsmanier*, Bücken Hdb.), die aber durch reiche und variative Ornamentik aufgelockert werden, kontrastierende Dynamik, Beschleunigung der langsamen Sätze (Bevorzugung des Andante) sind musikalische Merkmale des G.n St.s. Seine wichtigsten Komponisten in der ersten Generation sind – mit einzelnen Werken und Werkgruppen – in Frankreich Fr. Couperin (le grand), in Italien D. Scarlatti, in Deutschland Keiser und Telemann. Bezeichnend sind z. B. die *Six Sonates en quatuors ou conversations galantes et amusantes ...* von Guillemain (1743) und J. W. Görners *Sammlung Neuer Oden und Lieder* (1742), in deren Vorrede es heißt: *Das Gefällige, das Reizende, das Scherzende, das Tändelnde, das Verliebte, das Lustige ist in den Melodien mein Vorwurf gewesen.* Zu einer zweiten Generation, in der die zärtlich-elegische Komponente des G.n St.s stärker hervortritt, gehören u. a. Pergolesi, Sammartini, Galuppi sowie die Norddeutschen Gebrüder Graun, Quantz, auch C. Ph. E. Bach. Doch läßt sich keiner dieser Komponisten unter der Bestimmung G. St. ganz erfassen. Die expressive Melodik mancher (Adagio-)Sätze, die sich ausbreitende Seufzermotivik, die Dur-Moll-Rückungen und harmonischen Ausweichungen in entlegene Tonarten, der Schwung und die freieren Bögen vieler thematischer Bildungen zeigen den Einbruch eines neuen, gefühlsbetonten Ausdruckswillens an, der zunächst als → Empfindsamer Stil in und neben dem G.n St. bemerkbar ist, ihn allmählich zurückdrängt und ihn als musikalischer Sturm und Drang überwindet. Galanter und Empfindsamer Stil bilden die beiden Teilaspekte des musikalischen Rokokos. Dementsprechend finden sich in der Musiklehre – vor allem bei Quantz – neben den galanten Stilbestimmungen andere ästhetische Begriffe, die das neue Ideal der Natürlichkeit, Wahrheit und edlen Einfalt (so Mattheson schon vor Winckelmann), des beseelten Gesangs, der Rührung des menschlichen Herzens (Dubos' *toucher*) zum Inhalt haben und insgesamt die Forderung nach dem Ausdruck reiner menschlicher Empfindungen (= Gefühle) umschreiben. Quantz' Begriff des *Vermischten Geschmacks*, zunächst nur als deutsche Vermittlung und als Überwindung der Nationalstile gemeint, bedeutet zugleich ein erstes Selbstverständnis der Musik als einer allgemeinen, universellen Sprache. Aus dem Gedankengut des G.n St.s entwickelten sich, unter Aufnahme englischer (Shaftesbury, Young) und französischer Einflüsse (Rousseau), die Ideen der Empfindsamkeit und des Sturm und Drangs und bereiteten die neue kunsttheoretische Grundlegung der Klassik und Romantik vor. So auch führten die jüngeren Komponisten der galanten und empfindsamen Periode (Schobert, J. Chr. Bach, Mannheimer und Wiener Vorklassik), von der auch Haydn und der junge Mozart noch ausgehen, den Instrumentalstil über den musikalischen Sturm und Drang bis an die Schwelle der Wiener Klassik.

Lit.: Quantz Versuch; A. Schering, Die Musikästhetik d. deutschen Aufklärung, ZIMG VIII, 1906/07; ders., C. Ph. E. Bach u. d. »redende Prinzip« in d. Musik, in: Vom mus. Kunstwerk, hrsg. v. Fr. Blume, Lpz. ²1951; E. Bücken, Der G. St., ZfMw VI, 1923/24; ders., Die Musik d. Rokokos u. d. Klassik, Bücken Hdb.; R. Schäfke, Quantz als Ästhetiker. Eine Einführung in d. Musikästhetik d. G. St., AfMw VI, 1924; W. Dahms, The »Gallant« Style of Music, MQ XI, 1925; P. Gradenwitz, Mid-18th-Cent. Transformations of Style, ML XVIII, 1937; H. H. Eggebrecht, Das Ausdrucksprinzip im mus. Sturm u. Drang, DVjs. XXIX, 1955; L. Hoffmann-Erbrecht, Der »G. St.« in d. Musik d. 18. Jh., StMw XXV, 1962. PS

Galliarde (ital. gagliarda, Femininum zu gagliardo, stark, rasch; frz. gaillarde; engl. gaillard; span. gallarda), ein – seinem Namen entsprechend – ausgelassener und kecker Tanz des 16. und 17. Jh. von französischer oder italienischer Herkunft, der als pantomimischer Paartanz (Werbetanz) ausgeführt wurde. Schon Bojardos Dichtung *Orlando innamorato* (1480) belegt die G. in der Lombardei; die ältesten musikalischen Belege enthält die Sammlung *Six Gaillardes et six Pauanes ...* (1529) von P. Attaingnant. Die G. steht hier im Dreiertakt ist vorwiegend dreiteilig, homophon und aus geradzahligen Taktgruppen zusammengesetzt:

Die G. tritt zwischen 1550 und 1650 vielfach in Verbindung mit der → Pavane auf, der sie, den Saltarello ersetzend, als schnellerer Nachtanz folgt; dabei enthält die G. in der Regel die in den Tripeltakt umgeformte melodisch-harmonische Substanz der vorangestellten Pavane:

Aus *Liber primus leviorum carminum*, Löwen 1571.

Oft wird an beide Tänze noch ein dritter angehängt (Tourdion, Ripresa, Recoupe), der wiederum schneller ist als die G. Die Kopplung gleicher Tanzmelodien in verschiedener Taktart war bereits in der Vulgärmusik des Mittelalters Brauch als ein Verfahren zur Repertoireerweiterung. Im 17. Jh. entstand aus dem Tanzpaar nach demselben Umformungsprinzip die Variationensuite. – In England zur Zeit Shakespeares sind sink-a-pace, sinque-pace, sinco-pas Bezeichnungen für die G. Dazu erklärt Praetorius (Synt. III, 24), daß *ein*

Galliard fünff tritt hat | vnd dahir ein Cincquebaß genennet wird; demnach hat als Schrittfolge für die G. zu gelten (* = Sprung):

```
l r l r * l   r l r l * r   l ...
1 2 3 4 5 6   1 2 3 4 5 6   1 ...
```

Unrichtig ist, die G. mit der → Romanesca zu identifizieren, da diese nur eine bestimmte Melodieform der G. darstellt. – Bereits um 1600 war die G. hoffähig; sie wurde zumeist instrumental ausgeführt, doch schloß dies nicht aus, daß *bißweilen amorosische Texte darunter gesetzt seyn | welche sie in Mascaraden selbst singen | vnd zugleich tantzen | ob gleich keine Instrumenta darbey vorhanden* (Praetorius Synt. III, 24). Textierte G.n bot z. B. V. Haußmann (1604). Vor allem durch die G.n von Byrd, Gibbons und Schein wurde eine Entwicklung eingeleitet, die als fortschreitender Stilisierungsprozeß zu kunstvoller polyphoner Durcharbeitung, gelegentlich auch zu Chromatik in der G. geführt hat (*Galliarda cromatica* von G. M. Trabaci, 1615). – In der 2. Hälfte des 17. Jh. löste sich die G. aus der Verbindung mit der Pavane und kommt als selbständiger Tanz vor (z. B. bei E. Reusner, C. A. Marino, S. Mazzella, M. Locke u. a.); auch bei D. Gaultier und den französischen Lautenisten seiner Zeit, ferner bei Chambonnières, ist die Kopplung beider Tänze nicht mehr üblich. Durch ihre Verselbständigung wurde die G. für Wandlungen ihres Typus anfällig. Nachdem es bereits im späten 16. Jh. vereinzelt G.n im 2/2-Takt gegeben hatte (*Gagliarda di Spagna* von F. Caroso), gelangte nun die geradtaktige Form neben der ungeradtaktigen zur Verbreitung. Während, vor allem als Folge des 30jährigen Krieges, die Tanzkultur mehr und mehr verfiel und das Tempo der G. als Gebrauchstanz in dem Maß schneller wurde, als der Übermut der Tänze sich steigerte, verlangsamte sich das Tempo der Kunstform G. zusehends. Schon J. Vierdanck warnte in der Vorrede seiner *Newen Pavanen, Gagliarden, Balletten und Correnten* (I, 1641) vor einer übertrieben schnellen Ausführung der G., da *die Pavanen und sonderlich die Gagliarden, einen gantz langsamen und von Correnten Art weit unterschiedenen Tact ... erfordern ...* Th. Mace (1676) sprach bereits von einer gravitätischen Vortragsweise der G. und d'Anglebert (1689) schrieb sogar lentement vor. Ende des 17. Jh. kam die G. außer Gebrauch.

Lit.: Th. Arbeau, Orchésographie, Langres (1588), NA v. L. Fonta, Paris 1888, engl. v. M. St. Evans, NY 1948; F. Caroso, Nobilità di dame (1605), hrsg. v. O. Chilesotti, in: Bibl. di rarità mus. I, Mailand (1883); Th. Mace, Musick's Monument, London 1676, Faks. Paris 1958; J.-H. d'Anglebert, Pièces de clavecin ... avec la manière de les jouer, Paris 1689, hrsg. v. M. Roesgen-Champion, = Publications de la Soc. frç. de musicologie I, 8, Paris 1934; Vingt suites d'orch. du XVIIe s. frç., 1640–70, hrsg. v. J. Ecorcheville, Bln u. Paris 1906; P. Nettl, Die Wiener Tanzkomposition in d. 2. Hälfte d. 17. Jh., StMw VIII, 1921; Ders., The Story of Dance Music, NY (1947); Fr. Blume, Studien zur Vorgesch. d. Orchestersuite im 15. u. 16. Jh., = Berliner Beitr. zur Mw. I, Lpz. 1925; C. Sachs, Eine Weltgesch. d. Tanzes, Bln 1933, engl. NY 1937 u. London 1938, frz. Paris 1938.

Gallikanischer Gesang

Gallikanischer Gesang, Gesang der altgallischen Liturgie (im engeren Sinn). Diese ist aber nicht als Einheit zu verstehen, so daß das von ihr entworfene Bild unsicher ist. Ihre näheren Verwandten sind die ambrosianische, mozarabische, keltische Liturgie, die mit ihr die gallikanische Liturgie (im weiteren Sinne) bilden. Sie hat manche Einzelheiten mit östlichen Liturgien gemeinsam, während sie sich von der römischen durch einen größeren Reichtum unterscheidet. Sie wurde unter Pippin dem Jüngeren und Karl dem Großen zugunsten der römischen verboten. Die wichtigste Quelle, die auch über die Musik berichtet, ist die fälschlich Germanus von Paris († 576) zugeschriebene *Expositio brevis antiquae liturgiae gallicanae* aus der Zeit um 700. Von der Musik selber haben sich nur wenige Gesänge erhalten, die dank besonderer Umstände in südfranzösische Choralhandschriften aufgenommen wurden. Die in der *Expositio* erwähnten Gesänge der Messe sind hauptsächlich folgende: in der Vormesse die Antiphona ad praelegendum (entsprechend dem römischen Introitus), das Trishagion (῎Αγιος ὁ θεός – Sanctus Deus – ῎Αγιος ἰσχυρός usw.), das Kyrie (wie das römische), das *Benedictus* des Zacharias (im Wechselgesang); im Lesegottesdienst: nach den Lektionen aus dem Alten Testament und den Apostelbriefen das *Benedicite* der drei Jünglinge im Feuerofen (oder ein Gesang *Sanctus Deus archangelorum*) und ein Responsorium (gemäß dem römischen Graduale). Das Evangelium wird feierlich eingeleitet durch ein neues Trishagion oder eine Antiphona ante evangelium (ähnlich dem späteren Conductus) und beendigt wieder durch ein Trishagion oder die Laudes (im römischen Ritus Alleluia). Nach der nun folgenden Predigt werden die Preces, groß aufgebaute Litaneien, angestimmt. Der sakramentale Teil der Messe wird eröffnet durch den Sonus und andere Laudes oder das Alleluia (anstelle des römischen Offertoriums). Präfation und Sanctus entsprechen den römischen Formen. Statt des ursprünglichen römischen Agnus wird eine Antiphona ad confractionem gesungen. Es folgen eine gesungene Benedictio und schließlich das Trecanum (entsprechend der römischen Communio). Über die Ordnung des Stundengebetes ergibt sich aus der *Expositio* nichts Sicheres. Auch im gallikanischen Stundengebet finden sich die bekannten Formen: Psalm, Antiphon, Responsorium, Hymnus. – Musikalisch wichtig ist, daß manche Gesänge nur einen Text für das ganze Kirchenjahr besitzen, dem aber mehrere Melodien entsprechen können, vielleicht ein Hinweis auf eine gesonderter Verbreitung; das gibt der Musik eine größere Selbständigkeit. Ferner spielt die Prozession eine beachtliche Rolle, so beim Hereintragen des Evangelienbuches oder in der Hymnodie, was für die Gestaltung und Entwicklung des Rhythmus von Bedeutung sein dürfte. Architektonischer Aufbau der Gesänge, z. B. bei den Preces, ist öfters zu beobachten. Die Melodik entfernt sich wiederholt von den Formen des Rezitativs, so durch eine Vorliebe für Terzaufstiege (c e g, d f a) oder für Quintsprünge auf- und abwärts. Wie weit die Instrumente eine Rolle spielten, ist schwer zu fixieren; dichterischen Äußerungen zufolge gab es ein größeres Instrumentarium, das nach Betätigung verlangen mußte. Die in die Choralhandschriften aufgenommenen Melodien enthalten viele Melismen; die silbenweise Unterlegung von Texten unter überkommene Melismen, die sofort nach der Einführung des Gregorianischen Gesanges einsetzt, läßt aber eine starke Neigung zur syllabischen Musik und ein Einzeltonhören statt des gregorianischen Tongruppenhörens vermuten.

Lit.: A. Gastoué, Les origines du chant liturgique dans l'église de Paris, Rev. du chant grégorien XI, 1902/03 – XII, 1903/04; Ders., Le chant gallican, ebenda XLI, 1937 – XLIII, 1939; H. Netzer, L'introduction de la messe romaine en France, Paris 1910; P. Wagner, Einführung in d. Gregorianischen Melodien III, Lpz. 1921, Neudruck Hildesheim u. Wiesbaden 1962; H. Leclercq, Artikel Gallicane (Église et liturgie), in: Dictionnaire d'archéologie chrétienne et de liturgie VI, 1, Paris 1924; A. Wilmart, Artikel Germain de Paris (Lettres attribuées à Saint), ebenda; J.-B. Thibaut, L'ancienne liturgie gallicane, Paris 1929; F. Cabrol, Les origines de la liturgie gallicane, Rev. d'hist. ecclésiastique XXX, 1930; J. Quasten, Expositio antiquae liturgiae gallicanae, = Seria Liturgica III, Münster i. W. 1934; E. Wellesz, Eastern Elements in Western Chant, = Monumenta Musicae Byzantinae, Subsidia II (= American Series I), Boston 1947, dazu Epilegomena in: Mf V, 1952; E. GRIFFE, Aux origines de la liturgie gallicane, Bull. de lit. ecclésiastique XXV, 1951; BR. STÄBLEIN, Artikel Gallikanische Liturgie, in: MGG IV, 1955; G. OURY OSB, Les messes de St. Martin..., Études grégoriennes V, 1962.

Galopp (beschleunigte Gangart des Pferdes), auch Galopade, Rutscher, Galoppwalzer, ein besonders um 1820–75 beliebter Paartanz nach Art einer Schnellpolka, meist dreiteilig im 2/4-Takt in schneller, springender Bewegung (♩ = ca. 126 M.M.). Das Schrittschema ist (r = rechter Fuß, l = linker Fuß):

$$\begin{array}{c}\frac{2}{4} \text{♪|♩.♫ ♩|♩.♫} \\ \text{r l rl l r lr}\end{array}$$

Jeder der 3 Teile ist zweifach, später dreifach unterteilt. An Titeln finden sich *Wilde Jagd, Leichts Blud, Kruppsche Kanonen-G.e* u. ä. In Paris fand der G., von Deutschland kommend, in den 1820er Jahren schnell Eingang als Complément du bal. Auch gelangte er früh in die Oper (z. B. Auber, *Gustave III*, 1833). Beliebt waren akustische Effekte zum Anfeuern der Tänzer (z. B. Pistolenschüsse). Populäre Opern- und Operettenmelodien wurden häufig zu G.s umgestaltet. An Komponisten sind zu nennen J. Strauß Vater (über 30 G.s ab 1827), Marschner, A. Adam, Czerny, Liszt (*Grand Galop chromatique*, 1838; *Galop du Bal*, um 1880), Johann, Joseph und Eduard Strauß; berühmt ist Offenbachs *Galop infernal* (in *Orphée aux enfers*, 1858) mit der bekannten Cancanmelodie.

Galoubet (galub'ɛ, prov.) → Einhandflöte.

Gambang, Sammelbezeichnung für Stab- bzw. Plattenspiele im indonesischen → Gamelan; sie bestehen entweder aus Metall (Bronze, G. gangsa) oder aus Holz (G. kayu). Die Platten hängen waagerecht über einem als Resonanzkasten dienenden hölzernen Trog und werden mit 2 Klöppeln gespielt. Der Umfang der G.-Instrumente umfaßt 3–4 Oktaven.

Gambe, verkürzt aus Viola da gamba (– 1), Knieviola, Beingeige, Kniegeige.

Gambenstimmen → Viola da gamba (– 2).

Gamelan, das überwiegend aus Idiophonen bestehende Instrumentenensemble, dessen Spiel besonders auf Java und Bali zu hoher Kultur entwickelt wurde. Nach ihrer Aufgabe sind im G. 3 Hauptgruppen von Instrumenten zu unterscheiden: Zu den Instrumenten, die das unverzierte Kern-»Thema« Balungan (→ Patet) spielen, gehören → Bonang in der älteren (einreihigen) Form sowie → Saron in drei im Oktavabstand stehenden Größen (in einem großen G. bis zu 14 Sarons). Die Instrumente, denen Verzierung und Umspielung (panerusan) des Kernthemas obliegen, haben insgesamt eine höhere Tonlage als die Balungan-Instrumente. Zu den Panerusan-Instrumenten gehören → Gender, Bonang (der neuen Form) sowie das Xylophon → Gambang. Hinzu kommen das Streichinstrument → Rabāb, die Zither Chelempung, in Stücken sanften Charakters die Längsflöte Suling sowie die Singstimme. Die dritte Gruppe wird von den → Gong-Instrumenten gebildet. Sie gliedern mit ihren Schlägen das Stück in Perioden, der größte Gong ageng in Abschnitte von 8–32 »Takt«-Einheiten (gongan), die kleineren (helleren) Kenong, Ketuk und Kempul unterteilen weiter. Der Spieler der Trommel Kendang leitet das Ensemble, indem er durch Veränderung der Schlagabfolge Tempobeschleunigung und -verlangsamung angibt. Obwohl es Aufzeichnungen von Stücken (gending) gibt, wird in der Regel improvisiert.

Lit.: J. GRONEMAN, De g. te Jogjakarta, Amsterdam 1890; J. S. u. A. BRANDTS BUYS-VAN ZIJP, Omtrent notaties en transscripties en over de constructie v. gamelanstukken, Djåwå XIV, 1934; DIES., Land's transscripties v. gending's, Djåwå XV, 1935; DIES., Javaansche gendings bij Land en bij Seelig, Djåwå XVI, 1936 u. XVIII, 1938; C. MCPHEE, Angkloeng G. in Bali, Djåwå XVII, 1937; DERS., G.-muziek v. Bali..., Djåwå XIX, 1939; DERS., The Five-Tone G. Music of Bali, MQ XXXV, 1949; J. KUNST, Music in Java I, Den Haag 1949; DERS., G. Music, Kgr.-Ber. Utrecht 1952; M. HOOD, The Nuclear Theme as a Determinant of Patet in Javanese Music, Groningen u. Djakarta 1954; J. BARBER MURRAY, Mißverständnisse beim d. Stimmung d. javanischen G., Mf XVI, 1963; D. A. LENTZ, The G. Music of Java and Bali, Lincoln/Nebr. (1965).

Gamma (als griech. Großbuchstabe Γ), im 10.–16. Jh. die Bezeichnung für den dem großen G entsprechenden Ton. Während das griechisch-antike → Systema teleion A als tiefsten Ton hatte, wurde im System der → Kirchentöne seit Odo von Cluny (10. Jh.) der Ton Γ hinzugefügt, zunächst ohne ihn in ein → Tetrachord einzubeziehen (»Proslambanomenos«). Vom Γ als Tiefengrenze des Tonsystems und Ausgangspunkt der Guidonischen Hand in der → Solmisation (Γ ut) ging die Bezeichnung auf die Gesamtskala über (engl. gamut; frz. gamme). – In alten Notierungen kommt das Γ auch als Schlüsselbuchstabe vor: 𝄢

Ganze Note (ital. semibreve; frz. ronde; engl. semibreve; in den USA auch whole note): 𝅝; Pause (frz. la pause): ▬.

Ganzinstrument wird (seit K. v. Schafhäutls Bericht über die Musikinstrumente der Münchner Industrieausstellung von 1854) ein Blechblasinstrument genannt, bei dem der tiefe Eigenton des Rohrs sicher anspricht und praktisch verwendbar ist, was nur bei Instrumenten von ziemlich weiter Mensur (Verhältnis der Durchmesser des Schallrohrs vom Mundstück bis zum Schalltrichter bis 1:20) der Fall ist; die eng mensurierten schlagen sogleich in die Oktave über. Von den heute üblichen Blechblasinstrumenten sind nur die Bügelhörner und Tuben G.e, alle anderen sind eng mensurierte (1:4 bis 1:8), also Halbinstrumente (Kornette, Trompeten, Waldhörner, Posaunen).

Ganzschluß → Kadenz (– 1), → Klausel.

Ganzton (lat. tonus), das größere der beiden Sekundintervalle der Grundskala (c–d, d–e, f–g, g–a, a–h sind Ganztöne, e–f und h–c Halbtöne). Die reine Stimmung unterscheidet zwei Ganztöne, den großen oder pythagoreischen G. (8:9; in C dur c–d, f–g und a–h) und den kleinen G. (9:10; in C dur d–e und g–a). Der akustische Unterschied zwischen großem und kleinem G., das syntonische → Komma, wird in der musikalischen Praxis nicht berücksichtigt. Bei einer exakten Analyse tonaler Verhältnisse (etwa mit Hilfe der Noten-Reinschrift A. v. Oettingens) wird er jedoch bewahrt. Die → Zwölftontechnik kennt nur den temperierten G. ($^1/_6$ Oktave). Eine temperierte Zwölfhalbton-Notierung entwickelte J. M. Hauer, weil die korrekte Orthographie temperierter Intervalle in unserer pythagoreisch orientierten Notenschrift nicht möglich ist.

Ganztonleiter, Teilung der Oktave in 6 gleiche Teile (temperierte Ganztöne). Eine korrekte Orthographie der G. ist in unserer pythagoreisch orientierten Notenschrift nicht möglich; für die Notierung entscheidet jeweils die an der Diatonik orientierte leichtere Lesbarkeit. Das charakteristische Intervall der Skala ist die »Halboktave« (Jelinek); sie tritt im temperierten System an die Stelle von Tritonus und verminderter Quinte, während die reine Quinte fehlt. Da Original und Transposition der G. zusammen die 12 Töne der chromatischen Tonleiter enthalten, läßt sich die G. nur einmal transponieren (nach Messiaen ein *mode à transpositions limitées*):

transponiert:

Ein frühes Beispiel für die Verwendung der G. findet sich in Mozarts »Dorfmusikantensextett« (*Ein musikalischer Spaß*, 1787, K.-V. 522, 3. Satz), wo in der Cadenza der 1. Violine das Solo eines Dilettanten mit falsch intonierter Durtonleiter eine komische Wirkung beabsichtigt. Die unvollständige 5tönige G. verwendet C. Loewe in der Melodie der Ballade *Edward* (1818): g f es des ces und e d c B As. Bei Schubert taucht die G. ab 1824 gelegentlich auf, so im Finale des Oktetts (D 803, 1824), im 1. Satz der VII. Symphonie in C dur (D 944, 1828) und zu Beginn des Sanctus in der Es dur-Messe (D 950, 1828), als Fragment im Finale des Streichquintetts (D 956, 1828) und im langsamen Satz der Klaviersonate in C moll (D 958, 1828). Abgesehen vom Anfang des Sanctus in der Es dur-Messe (Partie der Orchesterbässe) handelt es sich jedoch nie um echte Hexaphonie, sondern stets um Modulationsergebnisse. Dasselbe gilt teilweise auch noch von den Ganztonfolgen bei Glinka (»Ruslan und Ljudmila«), Dargomyschskij, Borodin und einigen anderen russischen Komponisten des 19. Jh., die anscheinend Liszt zu ähnlichen Versuchen anregten (*Sursum corda* aus *Années de Pélerinage* III und *Unstern*, entstanden zwischen 1880 und 1886). Die erste konsequente Anwendung scheint die G. bei W. J. Rebikow (1866–1920) gefunden zu haben, der *Les Démons s'amusent* ausschließlich auf der G. aufbaut. Zu Beginn des 20. Jh., auf der Suche nach neuen Möglichkeiten gegenüber der Dur-Moll-Tonalität, erlebte die G. ihre Blütezeit. Sie erscheint episodisch häufig vor allem bei Debussy (z. B. in *Pelléas et Mélisande*, 1902, *La Mer*, 1905, und *Cloches à travers les feuilles*, in: *Images* II, 1907) und Dukas (*Ariane et Barbe-Bleue*, 1906). Man findet sie unter anderem bei A. Schönberg (*Pelleas und Melisande*, 1903), R. Strauss (*Salome*, 1905), Pfitzner (*An den Mond*, 1906), Busoni (*Sonatina*, 1910) und Reger (*Romantische Suite*, 1912, *Notturno*). Immer aber hat die G. nur als ein Kompositionsmittel unter anderen zu gelten; Stücke wie das fast durchgehend auf der G. beruhende Prélude *Voiles* (1910) von Debussy sind selten. Nach dem 1. Weltkrieg verlor die G. wieder an Bedeutung. Messiaen hält ihre Verwendungsmöglichkeiten seit Debussy und Dukas für erschöpft.

Lit.: R. LOUIS u. L. THUILLE, Harmonielehre, Stuttgart 1907, 9 1929, neubearb. v. W. Courvoisier, R. G'schrey, G. Geierhaas u. K. Blessinger 10 1933; A. SCHÖNBERG, Harmonielehre, Wien 1911, 5 1960, engl. NY 1947; H. RIEMANN, Hdb. d. Mg. II, 3, Lpz. 1913, S. 251ff.; O. MESSIAEN, Technique de mon langage mu. I, Paris 1944, S. 52; H. JELINEK, Anleitung zur Zwölftonkomposition I, Wien 1952, S. 10; K. PH. BERNET KEMPERS, Ganztonreihen bei Schubert, in: Organicae Voces, Fs. J. Smits van Waesberghe, Amsterdam 1963; H. SERAPHIN, Debussys Kammermusikwerke ..., Kassel 1964. ESe

Gassenhauer (hauen, frühnhd., Kraftwort für gehen), kennzeichnete im 16. Jh. zuerst Personen als Gassensänger (Vaganten, Bettelstudenten), dann die von diesen gesungenen Lieder, Tänze und Ständchen. Als Bezeichnung mit ursprünglich soziologischem Gehalt blieb der Begriff G. bis nahezu ins 18. Jh. ohne abwertenden Nebensinn, wenngleich der G. als niedere Kunstgattung bezeugt ist. H. Sachs nannte in einer Aufzählung seiner poetischen Werke (1567) *psalmen und ander kirchengsäng ... auch gassenhawer hin und wider ... auch etlich bullieder darbei*. Charakteristisch für den G. ist ein derb humoristischer Ton: *da sie aber anfiengen zu gumpen, dasz der ganze bau zitterte, weil man eben einen trollichten g. aufmachte ...* (Grimmelshausen, *Simplizissimus*, 1669). Doch enthalten die *Gassenhawerlin und Reutterliedlin* von 1535, Chr. Egenolffs ältester deutscher Liederbuchdruck, auch kunstvoll gesetzte Hofweisen von Isaac, Hofhaymer und Senfl. – Nach Herders Einführung des Kunstwortes Volkslied (1773) verlor der Begriff G. das Ansehen, das er bis dahin auch durch seine Nachbarschaft zum Begriff der älteren Ballade (engl. ballad) besessen hatte. Schon im 18. Jh. galt das landläufig gewordene Singspiel- und Opernlied, mit neuem parodistischem Text versehen, als Inbegriff des G.s in der Bedeutung des Abgedroschenen, Gemeinen, nicht der Kunst Würdigen. Die von der Hamburger Oper ausgehenden G. enthielten oft obszöne Anspielungen; gut bürgerlich und sittsam, wenn auch trivial, traten dagegen erhobene G. als Parodien bekannter Melodien in Sperontes' *Singender Muse* (1736) auf. Im späten 18. und in der 1. Hälfte des 19. Jh. wurde das Wiener Singspiel (J. Weigl, W. Müller, P. Wranitzky) zu einer reich fließenden Quelle für G. (vgl. Hegels Brief vom 25. 9. 1824 aus Wien), ebenso der → Bänkelsang. Eine der beliebtesten G.-Melodien, auf die zahlreiche parodierende Texte gesungen wurden, war C. M. v. Webers Lied *O du schöner grüner Jungfernkranz* aus dem *Freischütz*. Durch Textierung von Märschen, Polkas, Rheinländern und Wiener Walzern entstand die Mehrzahl der G. der 2. Hälfte des 19. Jh. (z. B. *Denkste denn, denkste denn, du Berliner Pflanze* auf den *Petersburger Marsch*). – Dem → Volkslied und dem G. gemeinsam ist der produktive Anteil des Volkes bzw. der Großstadtbevölkerung. Indem der G. oft historische Geschehnisse spiegelt, an Straßenfiguren, Gewerbe oder Volksfeste anknüpft, stand er gleich dem Volkslied in einem Lebenszusammenhang. Bedingten solche Anlässe auch die Kurzlebigkeit des G.s, die er mit dem → Schlager gemeinsam hat, so unterscheidet ihn doch von diesem die aktive Beteiligung des Volkes.

Ausg.: CHR. EGENOLFF, Gassenhawer u. Reutterliedlin, Faks. hrsg. v. H. J. Moser, Augsburg u. Köln 1927.
Lit.: R. HILDEBRANDT, Artikel G., in: Grimm, Deutsches Wörterbuch IV, Bln 1878; H. NAUMANN, Artikel G., in: Reallexikon d. deutschen Literaturgesch., hrsg. v. P. Merker u. W. Stammler, Bd I, Bln 1925, 2 1958 hrsg. v. W. Kohlschmidt u. Stammler – PH. SPITTA, Zu Sperontes' Singender Muse, VfMw I, 1885; FR. M. BÖHME, Der G. seit 100 Jahren, Centralblatt f. Instrumentalmusik XI, 1896; L. RIEMANN, Der G., Neue Musikzs. XXIX, 1908; A. PENKERT, Kampf gegen d. mus. Schundlit. I: Das Gassenlied, Lpz. 1911; L. BAND, Der Kampf gegen d. G., Neue Musikzs. XLVII, 1926; H. J. MOSER, Gesch. d. deutschen Musik, Stuttgart u. Bln I 1920, 5 1930, II, 1 1922, 4 1928, als II 5 1930, II, 2 1924, als III 2 1928; H. CHR. WOLFF, Die Barockoper in Hbg (1678–1738), 2 Bde, Wolfenbüttel 1957; L. RICHTER, Parodieverfahren im Berliner Gassenlied, Deutsches Jb. d. Mw. IV (= JbP LI), 1959.

Gavotte (frz.; ital. gavotta; engl. gavot; span. gavota, wahrscheinlich von altprov. gavot, Spottname für die Bewohner des Berglandes in der Provence), ein Tanz, der heute noch in Frankreich, besonders in der Bretagne und im Pays Basque, als Reihentanz sowie als pantomimischer Paartanz mit eingeschobenen Tanzfiguren wie Promenades und Baisers getanzt wird. Die G. steht im geraden Takt (2/2, ¢, 2) und beginnt in der Regel auftaktig mit 2 Vierteln. Kürzere Notenwerte als Achtel sind selten. Sie umfaßt 2 Teile, die je aus 4, 8 oder 16 Takten bestehen und jeweils zu wiederholen sind. Verbreitet ist auch die G. en → rondeau (- 2). Seit Anfang des 17. Jh., wo die G. noch in Verbindung mit dem zu ihr kontrastierenden → Branle (z. B. Kasseler Ms., herausgegeben von Ecorcheville) stand, dessen *Commotion vnd bewegung ... gar gelind* war, galt sie als ein lebhafter Tanz (Praetorius Synt. III, 25). Diesen Charakter bewahrte die G. durch zwei Jahrhunderte; zwar schrieben d'Anglebert (1689) und Rameau (1732) Lentement vor, doch überwiegen Vorschriften wie Allegro, Vivace und Presto weitaus. Mattheson Capellm. nennt ihren *Affekt ... wircklich eine rechte jauchzende Freude* und *das hüpffende Wesen* im Gegensatz zum *fließenden* der → Bourrée als ihr eigentümlich. – Mit Beginn des 17. Jh. erlangte die G. als Hoftanz Anerkennung (Mersenne, *Harmonie universelle*, 1636). Am Hof von Versailles wurde sie fester Bestandteil des Balletts. Lully bürgerte den neuen Modetanz in die Orchestersuite (→ Suite) ein. Sein G.n-Typ ist von seinen Nachahmern unzählige Male kopiert worden. Über das Ballett zog die G. auch in die Oper ein: außer Rameau (*Les Indes galantes, Castor et Pollux, Les Paladins* u. a.) verwandten sie Händel (*Ottone*), Gluck (*Orpheus*) und Grétry (*Céphale et Procris*). – In der Kammersonate machte Corelli die G. heimisch (op. 2 und op. 4, 1685 und 1694); dort behielt sie ihren Platz bis hin zu Vivaldi (*Il Pastor fido* op. 13, 1737) und Händel (op. 5, 1739), wenn auch zuweilen nur noch als »A tempo di gavotti«. – In die Klaviersuite scheint die G. durch N. Lebègue eingeführt worden zu sein (*Second liure de clavecin*, 1687); von hier gelangte sie in die Ordres und Suiten von d'Anglebert, J. K. F. Fischer und Pachelbel; zum Höhepunkt ihrer kunstvollen Ausgestaltung führten sie Fr. Couperin (*Les Nations, sonates et suites de symphonies en trio*, 1726) und vor allem J. S. Bach, der sie als Solostück (Suiten V und VI für Solo-Vc., BWV 1011 und 1012; Partita III für Solo-V., BWV 1006), als Cembalostück (Englische Suiten III und VI, BWV 808 und 811; Französische Suiten IV, V, VI, BWV 815, 816, 817; Klavierpartita VI, BWV 830) sowie als Orchestertanz komponierte (Ouvertüre C dur, BWV 1066; Ouvertüren D dur, BWV 1068 und 1069). Aus der Ouvertüre D dur (BWV 1068, G. II) stammt das wohl einprägsamste Beispiel einer G.:

Die Verbindung zweier G.n, von denen die zweite gegen die erste entweder als Triosatz oder durch Musettencharakter (→ Musette – 4) absticht, findet sich bei J. S. Bach öfter. – Nachdem die G. in der Klassik und Romantik außer Gebrauch gekommen war, erlebte sie in der Spätromantik und Moderne eine Art Renaissance: G.n schrieben Saint-Saëns (Septett op. 65), d'Albert (Klaviersuite op. 1), R. Strauss (Suite für 13 Bläser op. 4), Reger (op. 82 und op. 131c), auch Schönberg (Suite für Kl. op. 25), Prokofjew (Kl.-Stücke op. 12) und A. Casella (*Serenata*, 1927).

Lit.: M. PRAETORIUS, Terpsichore (1612), GA, Bd XV (1929); M. MERSENNE, Harmonie universelle, Paris 1636, Faks. hrsg. v. Fr. Lesure, 3 Bde, Paris 1963; BROSSARDD; KOCHL; Vingt suites d'orch. du XVIIᵉ s. frç., 1640–70, hrsg. v. J. ECORCHEVILLE, Bln u. Paris 1906; P.-M. MASSON, L'opéra de Rameau, Paris 1930, ²1943; C. SACHS, Eine Weltgesch. d. Tanzes, Bln 1933, engl. NY 1937 u. London 1938, frz. Paris 1938; N. DUFOURCQ, La musique frç., Paris 1949. RG

Gedackt (Gedact; engl. covered stops; frz. jeux bouchés; span. tapada), gewöhnliche Bezeichnung der gedeckten, d. h. an ihrem Ende geschlossenen Labialstimmen der Orgel. Die Fußtonbestimmung der G.e bezieht sich auf die Tonhöhe und nicht auf die Pfeifenlänge, d. h. G. 16' gibt dieselbe Tonhöhe wie Prinzipal 16', aber durch halb so lange Pfeifen. G.e begegnen im Orgelbau seit dem 14. Jh. (1361 im Magdeburger Dom), sind aber vermutlich älter. Die Pfeifen sind aus Metall oder Holz, zylindrisch oder konisch und halb- (seit etwa 1450) oder vollgedackt (= G.). Die Deckvorrichtung heißt Haube, Büchse, Hut, Stulpe, Stöpsel oder Spund; Kapseln finden sich im deutschen Orgelbau seit 1650, Verschraubvorrichtungen nach 1822. Zugelötete G.e wurden am Seitenbart gestimmt. Bei G.en fehlen die geradzahligen Teiltöne (2., 4.), die ungeradzahligen, besonders Quinte und Terz (3., 5. Partialton), klingen mehr oder weniger stark mit; dies hat den eigentümlich hohlen Klang zur Folge. Überblasende G.e erklingen im 3. Teilton, d. h. in der Duodezime (g.e Schweizerflöte und Querflöte). Praetorius (Synt. II, S. 139f.) nennt 6 Größen: *Groß Gedact* 16' (mit einem *thunen vnd stillen Klang* im Pedal auch *groß Gedacter SubBaß* 32'), G. 8', *Klein Gedact* 4', *Gedacte Quinta* 3', *Supergedäctlein* 2', *Bawerflöit Baß* oder *Päurlin* 1'. G. 32' heißt gewöhnlich Untersatz, Majorbaß, Großsubbaß, Infrabaß, Subkontrabaß (lat. pileata maxima; engl. great bourdon; frz. sous-bourdon; span. tapada de 52); 16' Bordun, Perduna, Subbaß (engl. double stopped diapason; span. tapada de 26); 8' Mittel-G. (lat. pileata maior; engl. stopped diapason; frz. grosse flûte; span. tapada de 13); 4' Klein-G., pileata minor, flûte. Noch kleinere G.e finden sich in alten Orgeln (Bauernflöte zu 2' und 1'). Die engere Bauart des G.s heißt G.-Pommer, auch Nachthorn (M. Praetorius).

Gedächtnis. Die Fähigkeit, Musikstücke aus der Erinnerung in der Phantasie zu reproduzieren, ist weniger verbreitet, als etwa das Behalten einer Melodie, kann aber durch anhaltende Übung sehr gesteigert werden. Ein gutes G. ist besonders für den Opernsänger erforderlich, aber auch von dem Konzertspieler, von dem seit der 1. Hälfte des 19. Jh. verlangt wird, daß er auswendig spielt. Die beste Methode, ein Werk dem G. einzuprägen, ist die → Analyse (Leimer-Gieseking: Reflexion). Neben dem Erfassen des formalen Zusammenhangs wird die klangliche Vorstellung, die Erinnerung an das Notenbild sowie die durch Übung erreichte Automatisierung der Bewegungen mit, um Kompositionen aus dem G. zu reproduzieren. – Auch → Absolutes Gehör ist eine Sonderleistung des Ton- und Tonart-G.ses. Die erstaunlichen G.-Leistungen, die von großen Komponisten wie Mozart und auswendig dirigierenden Kapellmeistern berichtet werden, wären ohne Mitwirkung des Absoluten Gehörs nicht möglich.

Lit.: K. LEIMER mit W. Gieseking, Modernes Klavierspiel, Mainz (1931) u. ö., Neudruck (1965); G. CLOSTERMANN, Spiele auswendig. Zur Psychologie d. auswendigen Klavierspiels, = Praktische Arbeits- u. Bildungspsychologie VI, Münster i. W. (1963).

Gedenkschriften → Fest- und Gedenkschriften.

Gefährte → Comes.

Gegenbewegung (lat. motus contrarius), eine Grundmöglichkeit der → Stimmführung: das Fortschreiten zweier Stimmen in entgegengesetzter Richtung. Unter G. eines Motivs, Themas oder Cantus ist dessen → Umkehrung zu verstehen.

Gegenfuge (lat. fuga contraria), eine Fuge, deren Comes die melodische → Umkehrung des Dux ist (z. B.

J. S. Bach, *Kunst der Fuge*, BWV 1080, Nr 5; verbunden mit Diminution und Augmentation auch Nr 6 und 7). → Hypallage.

Gegensatz, Kontrapunkt zum Thema einer Fuge, speziell der beibehaltene Kontrapunkt, das → Kontrasubjekt.

Gehörbildung ist die Heranbildung und Schulung des musikalischen Unterscheidungs- und Reproduktionsvermögens. Ausgehend vom Nachsingen und Bestimmen einzelner Intervalle und vom Erkennen von Zusammenklängen und Rhythmen, soll der Schüler gehörte musikalische Zusammenhänge notenschriftlich fixieren (→ Musikdiktat) und harmonische Vorgänge (Modulationen) über das Gehör erfassen und analysieren lernen. G. erfolgt empirisch schon durch die Anfänge der → Musikerziehung beim Kinde. Besonders ein Anfangsunterricht auf Instrumenten mit festen Tonhöhen (z. B. Klavier, auch Blockflöte) muß durch G. ergänzt werden, damit Tonvorstellung und Intonationsvermögen sich ausbilden. Wie das → Relative Gehör durch G. zu fördern ist, so muß auch das → Absolute Gehör meist durch individuelle G. für die musikalische Praxis geschult werden. In der → Schulmusik, auf Konservatorien und Musikhochschulen wird systematische G. betrieben. – Durch Jahrhunderte hindurch war die → Solmisation die herrschende Methode; sie verband mit der G. das Erkennen der Tonqualitäten und die Stimmbildung. Im 19. Jh. betonten erstmals Pfeiffer und Nägeli (1810) die Notwendigkeit der G., danach besonders A. B. Marx (1855). Neue Methoden der G. erprobten der Pestalozzi-Schüler C. A. Zeller, J. N. Schelble, G. L. Wilhem, P. Galin und E.-J.-M. Chevé; auch A. E. Choron trat mit einer *Méthode concertante* hervor. In Frankreich wurde nach dem Vorbild der italienischen Gesangsübungen (Solfeggio) im 19. Jh. das → Solfège zu einer – ähnlich wie die Solmisation – auch die Stimmbildung umfassenden Methode der G. ausgebaut; grundlegend ist das Werk von A. → Lavignac. In methodischer Anlehnung an das Solfège soll auch das → Tonic-Solfa-System von J. Curwen, das von A. Hundoegger als → Tonika-Do-Methode in Deutschland eingeführt (und u. a. von R. Münnich abgewandelt) wurde, der G. und der elementaren Einführung in das Tonsystem dienen; doch während in Italien und Frankreich Solfègesilben und Tonbenennung der Kunstmusik identisch sind, müssen die englischen und deutschen Silbensysteme, auch das → Tonwort von Eitz, in einem fortgeschritteneren Stadium der Ausbildung wieder verlassen werden. Eine Überbewertung der Frage der Methode kann vom eigentlichen Ziel der G., dem Dienst an der musikalischen Gesamtausbildung, ablenken.

Lit.: M. Tr. Pfeiffer u. H. G. Nägeli, Vollständige u. ausführliche Gesangschule I (Gesangbildungslehre nach Pestalozzischen Grundsätzen), Zürich 1810; C. A. Zeller, Elemente d. Musik, Königsberg 1810; A. E. Choron, Méthode élémentaire de musique et de plain-chant, Paris 1811; ders., Méthode concertante de musique à plusieurs parties, Paris 1815; A. B. Marx, Die Musik d. Neunzehnten Jh. u. ihre Pflege, Lpz. 1855; K. Lang, J. N. Schelbles Gehörentwicklungsmethode, Braunschweig 1873; F. G. Shinn, Elementary Ear Training, 2 Bde, London 1899–1900; F. J. Sawyer, The Teaching of Harmony as a Basis of Ear Training, Proc. R. Mus. Ass. XXVII, 1900; M. Battke, Die Erziehung d. Tonsinns. 304 Übungen f. Ohr, Auge u. Gedächtnis, Bln 1905, ²1906; St. Macpherson u. E. Read, Aural Culture Based Upon Mus. Appreciation, 3 Bde, London 1912–18; A. Gedalge, L'enseignement de la musique par l'éducation méthodique de l'oreille, 2 Bde (I Texte, II Exercices), Paris 1920; E. Dahlke, Das Arbeitsprinzip im Gesangunterricht, Essen 1921; Fr. Reuter, Das mus. Hören auf psychologischer Grundlage, Lpz. 1925, Lindau ²1942; W. Howard, Übung im Hören, = Auf d. Wege zur Musik III, Bln 1926; E. Read, Exercises in Aural Training, 2 Bde, London 1941; H. Grabner, Neue Gehörübung, Bln 1950.

Gehörphysiologie ist die Wissenschaft von den organischen Funktionen des Gehörs. – Periodische Luftdruckschwankungen zwischen 16 Hz und 20 kHz sind erst dadurch Schall, daß sie vom Gehör aufgenommen, weitergeleitet und wahrgenommen werden (→ Akustik). Das Hörorgan besteht aus zwei Ohren und einem komplizierten Reizübertragungssystem, das zum Gehirn führt, außerdem die Ohren untereinander wie auch mit anderen Sinnesorganen und Zentren verbindet. – Die biologische Aufgabe des Gehörs besteht darin, im Zusammenwirken mit anderen Sinnesorganen die Orientierung im Lebensraum sicherzustellen und Gefahren anzuzeigen. Zur Orientierung dient vor allem seine ausgeprägte Fähigkeit, aus Intensitäts-, Laufzeit- sowie Strukturunterschieden der Schallreize an den Ohren die Schallrichtung zu ermitteln. Bemerkt wird bereits eine Abweichung der Schallrichtung um 3° von der Mittelebene (entsprechend einem Zeitunterschied von ca. $1/30000$ sec). In der Regel verschmelzen die verschiedenen Schallrichtungen zu einem allgemeinen Raumeindruck, doch kann ein Schallereignis durch größere Intensität oder besondere Erwartung aus diesem Hintergrund herausgehoben und isoliert wahrgenommen werden. Für die dann folgende Einschätzung von Schallereignissen kann das Gehörorgan ein Schallsignal bis zum gewissen Grad in seine Frequenz- und Amplitudenstruktur zerlegen (→ Fourieranalyse). Auf Grund der Struktur des Schalles werden aus dem Schallreiz Eindrücke oder Anmutungen entnommen: Hörwahrnehmungen. Der ursprüngliche biologische Sinn dieser Fähigkeit ist, Aufschluß zu geben über die Mächtigkeit eines Gegenübers.

Der Hörvorgang verläuft etwa in der Weise, daß (mehr oder minder) periodische Luftdruckschwankungen das Trommelfell jedes der beiden Ohren erreichen. Sie werden über die angekoppelte Knöchelkette ins Innenohr übertragen und zugleich auf höhere Druckwerte transformiert. Trommelfell, Knöchelkette und Schnecke bilden ein eng verkoppeltes Schwingungssystem, das allerdings die aufgenommenen Schwingungen nicht getreu überträgt: die Kurvenverläufe werden verformt (→ Verzerrung). Die Schnecke oder Cochlea (→ Ohr) hat die Aufgabe, die ankommenden Schwingungsbewegungen in Nervenreize umzusetzen. Dieser spiralförmig gewundene, mit Flüssigkeit (Perilymphe) gefüllte Hohlraum ist durch die Basilarmembran längsgeteilt, deren Ende durchbrochen ist (Helikotrema). Die Druckwelle wird vom Trommelfell über die Knöchelkette durch das ovale Fenster geleitet und setzt sich in der U-förmigen Schneckenflüssigkeitssäule fort. Sie findet ihren Druckausgleich durch das runde Fenster hindurch. Dieser mechanische Aufbau hat zur Folge, daß die Basilarmembran in ihrer Länge phasenabhängig bewegt werden kann: sie spricht an der Nähe der Fenstermembranen auf schnelle, am Helikotrema auf langsame Schwingungsvorgänge an (→ Hörtheorie). In dem auf der Basilarmembran befindlichen Cortischen Organ sind ca. 25000 Nervenfasern, deren Enden erregt werden. Bei Beschallung des Ohres und Reizung der Nervenenden entsteht einmal der »Mikrophonstrom« mit einem der Schwingungsform entsprechenden Kurvenverlauf, zum anderen aber werden die weit wichtigeren Aktionspotentiale hervorgerufen, impulsartige Spannungsstöße unveränderlicher Größe. – Lediglich Häufigkeit und zeitliche Strukturierung (z. B.

periodische Wiederkehr von Dichteschwankungen) liefern die Informationen für die Hörempfindung. Die Nervenfasern sind jedoch nicht in der Lage, die Aktionspotentiale in beliebiger Folge zu erzeugen, da sie zwischen jeder Erregung während einer Erholungszeit (Refraktärzeit) von ca. $^{1}/_{1000}$–$^{3}/_{1000}$ sec unempfindlich bleiben. Daher werden Schwingungsstöße nur bis etwa 1000 Hz synchron in Aktionspotentiale pro Nervenfaser umgesetzt. Die Aktionspotentiale pflanzen sich mit endlicher Geschwindigkeit (zwischen 1 und 120 m/sec) im Hörnerv fort und unterliegen vielerlei Umformung in den »Schaltstellen«. Eine der wichtigsten dieser Art scheint der Mittlere Kniehöcker (corpus genitalium mediale) zu sein, in dem es wahrscheinlich zu einem Vergleich der Reizstrukturen beider Ohren kommt (→ Konsonanz – 2). Neben den mannigfaltigen Nichtlinearitäten bei der Reiztransformation beeinflußt eine besondere Eigenschaft des Ohres die Hörwahrnehmung: das Ohr paßt sich einem mittleren Reizniveau an, indem es seine Empfindlichkeit verändert, vergleichbar mit der Helligkeitsregulierung des Auges durch die Pupillenweite (→ Adaptation). Diese schallpegelabhängige Empfindlichkeitsveränderung kann auch dazu führen, daß ein bestimmter akustischer Reiz infolge der gleichzeitigen Einwirkung eines anderen gar nicht zur Wahrnehmung kommt: er wird verdeckt. Diese → Verdeckung hängt von der Frequenzlage der Reihe ab: im allgemeinen verdeckt ein Schall höherer Frequenz einen tieferen nur dann, wenn die Frequenzdistanz gering ist, ein tieferer einen höheren, sofern er größere Intensität besitzt. Vor allem aber verdecken sich Tonreize in ganzzahligen Schwingungsverhältnissen gegenseitig recht stark, was zu verstärkter Einheitlichkeit des Klangempfindens führt (→ Verschmelzung). Adaptation und Verdeckung relativieren besonders auch die Lautstärkeempfindung, so daß schallintensitätsbezogene Lautstärkemaße nur einen begrenzten Wert für die psychologische Einschätzung der Lautstärke besitzen (→ Lautstärke). Auch bei der Einwirkung von einzelnen Schallreizen ist das Hörorgan für verschiedene Frequenzbereiche unterschiedlich empfindlich. Zu den äußeren Frequenzbereichen hin nimmt die Empfindlichkeit deutlich ab. Der Gesamtbereich hörbaren Schalles zwischen unterer (ca. 16 Hz) und oberer (20 kHz) Hörgrenze sowie zwischen Hörschwelle (0,0002 μb bei 1000 Hz) und Schmerzschwelle (ca. 200 μb) wird als Hörfeld bezeichnet. Man hat die unterschiedliche Empfindlichkeit durch Vergleiche mit Sinusschwingungen zu bestimmen versucht und ist dadurch zu Kurven gleicher Lautstärke (Fletcher und Munson), sogenannten Isophonen, gekommen, von denen die quantitativen Lautstärkemaße wie Phon und Sone abgeleitet wurden. Auch die lineare Komponente der Tonhöhe korreliert nur begrenzt mit der Frequenz, ganz abgesehen von der qualitativen (→ Tonigkeit): Sie ändert sich sowohl mit dem Frequenzbereich als auch mit der Intensität (→ Tonhöhe). Schallereignisse werden sinnvoll ausgewertet nur unter Hinzunahme von Informationen aus anderen Bereichen, den anderen Sinnesgebieten – vornehmlich dem visuellen Bereich –, der Erinnerung, Motivation, Erwartung usw. Es kommt meist zu einer Einschätzung (Wahrnehmung), die über die reine Reizinformation hinausgeht und teilweise davon stark abweicht. So korreliert die musikalische Lautstärke (pp–ff) mehr mit der aus der Schallstruktur entnommenen Information als mit dem Pegel (das »Leisedrehen« eines Radioapparates macht einen Fortesatz niemals zum piano). → Tonhöhe im musikalischen Sinn ist ebenfalls etwas anderes und über die Frequenzparallelität Hinausgehendes. Indessen ist die Kenntnis der physiologischen Vorgänge notwendige Voraussetzung für die Beschreibung und Deutung der Hörphänomene.

Lit.: H. v. HELMHOLTZ, Die Lehre v. d. Tonempfindungen ..., Braunschweig 1863, [6]1913; ST. SM. STEVENS u. H. DAVIS, Hearing. Its Psychology and Physiology, NY (1938, [5]1960); Hdb. of Experimental Psychology, NY 1951; H. HUSMANN, Der Aufbau d. Gehörswahrnehmungen, AfMw X, 1953; O. FR. RANKE u. H. LULLIES, Gehör, Stimme, Sprache, = Lehrbuch d. Physiologie, hrsg. v. W. Trendelenburg u. E. Schütz, Bln, Göttingen u. Heidelberg 1953; E. G. WEVER u. M. LAWRENCE, Physiological Acoustics, Princeton (N. J.) 1954; H. REIN u. M. SCHNEIDER, Physiologie d. Menschen, Bln, Göttingen u. Heidelberg [11]1955.   HPR

Gehörpsychologie → Hörpsychologie, → Musikpsychologie.

Geige (ahd. giga, herzuleiten von germanisch geigan, hin- und herbewegen; dänisch gige; frz. → gigue; ital. giga; engl. → jig), ältere Bezeichnung für verschiedene Bogeninstrumente. Ein bestimmter Typ läßt sich dem Wort nicht zuordnen; es scheint vielmehr die jeweils verbreitetste Streichinstrument einer Zeit zu bezeichnen, oft synonym mit → Fiedel (– 1) – Luther übersetzt 1. Sam. 8, 6, 1523 *fiddeln*, 1534 *geygen*. Die Instrumentensystematik benutzt das Wort G. zur Bezeichnung primitiver sowie höher entwickelter Streichinstrumente, besonders wenn sie nicht dem Lautentyp (mit abgesetztem Hals) zugehören. – Im *Dictionarius* des Johannes de Garlandia (um 1230) wird giga genannt und in Glossarien des 12. Jh. als tricordium erklärt. In Dichtungen des Mittelalters wird die G. verschiedentlich erwähnt, so im altfranzösischen Alexander-Roman (*rote, harpe, vielle et gigue et ciphonie*), bei Adenet le Roi im Cléomadès-Roman (*gigueours d'allemagne*); bei Heinrich von Freiberg (*Tristan* 1285) wird die G. ausnahmsweise nicht gestrichen (*gigen garren*, s. v. w. auf die G. klopfen); Dante nennt (*Paradiso* XIV) *giga ed arpa*. Die G. wurde mit anderen Instrumenten beim Turnier und zur Hochzeit gespielt, zum Tanz auch allein. Agricola nennt 1529 drei Arten von G.n: *die großen G.n* (1545: *welsche G.n*; bei Praetorius 1619 sachlich zutreffend: *Alte Fiddel*, *die kleinen G.n* (1545: *Handgeiglein*) und kleine G.n mit 3 Saiten in Quintstimmung und ohne Bünde, deren Corpus vom → Rebec-Typ ist (1545: *Polnische G.n*). Praetorius bezeichnet die Violen da gamba nach dem Brauch der Kunstpfeifer in den Städten als Violen, die Violen da braccio als G.n, darunter auch die nicht zur Violenfamilie gehörende → Pochette (*gar klein Geiglein*). Bei L. Mozart (1756) ist *das Wort G. ein allgemeines Wort, welches alle Arten der Geiginstrumente in sich einschließet; es sei Mißbrauch, wenn man die Violin platterdings die G. nennet*. Dennoch ist seit dem 18. Jh. G. in der Regel gleichbedeutend mit → Violine, besonders im volkstümlichen Sprachgebrauch.

Lit.: S. VIRDUNG, Musica getutscht (Basel 1511), hrsg. v. R. Eitner, = PGfM, Jg. X, Bd XI, Bln 1882, dass. Faks. hrsg. v. L. Schrade, Kassel 1931; M. AGRICOLA, Musica instrumentalis deudsch, Wittenberg 1528 u. [4]1545, neu hrsg. v. R. Eitner, = PGfM XXIV, Bd XX, Lpz. 1896; PRAETORIUS Synt. II; WALTHERL, Artikel Giga; MOZART Versuch; A. SCHELER, Trois traités de lexicographie lat. du XIIe et du XIIIe s., Jb. f. Romanische u. Engl. Lit. VI, 1865, separat Lpz. 1867; J. RÜHLMANN, Die Gesch. d. Bogeninstr., 2 Bde, Braunschweig 1882; D. FRYKLUND, Etymologische Studien über G. – Gigue – Jig, = Studier i modern sprakvetenskap VI, Uppsala 1917; L. SPITZER, Die G., Arch. romanicum X, 1926; D. TREDER, Die Musikinstr. in d. höfischen Epen d. Blütezeit, Diss. Greifswald 1933; N. BESSARABOFF, Ancient European Mus. Instr., Boston 1941; K. M. KLIER, Volkstümliche Musikinstr. in d. Alpen, Kassel 1956.

Geigenbau, einer der wichtigsten Zweige im → Instrumentenbau, der sich mit der Anfertigung von

Violinen, Bratschen, Violoncelli und Kontrabässen (heute seltener noch mit der von Lauten, Gitarren usw.) befaßt, daneben mit Reparaturen und Restaurierungen, Taxationen und Handel. Obwohl der Geigenbauer heute eine Reihe von Halbfertigfabrikaten bezieht (geleimte Bodenbretter, Hälse), ist seine Arbeit im wesentlichen die gleiche wie vor 250 Jahren. – Am berühmtesten sind die Instrumente der italienischen G.-Schulen, der von Brescia (Blütezeit um 1520–1620, → Gasparo da Salò, → Maggini), Cremona (um 1550–1760, → Amati, → Guarnerius, → Stradivari, → Bergonzi), Mailand und Neapel (um 1680–1800, → Grancino, → Testore, → Gagliano), Venedig (um 1690–1765, → Montagnana) sowie Florenz, Rom und Bologna (um 1680–1760). In Cremona lernten die Gründer der Tiroler (J. → Stainer) und Mittenwalder (M. → Klotz) Schule. Die klassischen italienischen Modelle wurden in Frankreich (→ Vuillaume und → Lupot, nach Stradivari) nachgebaut, die Stainers in England und im Vogtland.

Lit.: O. Bachmann, Theoretisch-praktisches Hdb. d. G., Quedlinburg u. Lpz. 1835; G. de Piccolellis, Liutai antichi e moderni, Florenz 1885; G. Hart, The V., Its Famous Makers and Their Imitators, London 1887, ²1909; A. Vidal, La lutherie et les luthiers, Paris 1889; C. Stainer, A Dictionary of V. Makers, London 1896, ²1901; P. de Wit, Geigenzettel alter Meister, 2 Bde, Lpz. 1902–10; W. L. v. Lütgendorff, Die Geigen- u. Lautenmacher v. MA bis zur Gegenwart, 2 Bde, Ffm. 1904, ⁵–⁶1922; A. Fuchs, Taxe d. Streichinstr., Lpz. 1906, ⁶1960; A. Jacquot, La lutherie lorraine et frç., Paris 1912; J. Maçon, Die Entwicklung d. Geigenindustrie in Mittenwald, Diss. Erlangen 1913; H. Boltshauser, Gesch. d. Geigenbaukunst in d. Schweiz, Lpz. 1923; H. Poidras, Dictionnaire des luthiers anciens et modernes, Rouen 1924, ²1930; ders., Critical and Documentary Dictionary of V. Makers, Reading 1928; O. Haubensak, Die geschichtliche Entwicklung u. d. wirtschaftliche Aufbau d. Geigenindustrie in Deutschland Diss. Marburg 1926, maschr.; F. Niederheitmann, Cremona. Charakteristik d. ital. G.er u. ihrer Instr., Lpz. 1928, Ffm. ⁸1956; O. Möckel, Die Kunst d. G., Bln 1930, (²1954) hrsg. v. Fr. Winckel; D. J. Balfoort, De Hollandsche vioolmakers, Amsterdam 1931; Fr. Hamma, Meisterwerke ital. Geigenbaukunst, Stuttgart 1932; ders., Meisterwerke deutscher Geigenbaukunst, Stuttgart 1948, engl. London 1961; R. Vannes, Dictionnaire universel des luthiers, 2 Bde, Paris 1932, Brüssel ²1951; J. Reiter, 250 Jahre Mittenwalder G. 1685–1935, Mittenwald (1936); A. Riechers, Die Geige u. ihr Bau, Lpz. 1940, Wiesbaden ²1955 hrsg. v. O. Bahlmann; K. Jalovec, Houslari I, tschechisch u. engl. Prag 1948, ²1952, deutsch als: Ital. G.er (Prag 1957); ders., Česti houslari, Prag 1959; W. Senn, Forschungsaufgaben zur Gesch. d. G., Kgr.-Ber. Bamberg 1953; Zdz. Szulc, Słownik lutników polskich, Posen 1953; M. Möller, The V. Makers of the Low Countries (Belgium and Holland), Amsterdam 1955; W. Lottermoser, Die akustische Prüfung v. V., Kgr.-Ber. Wien 1956; W. Henley, Universal Dictionary of V. and Bow Makers, 5 Bde, Brighton 1959–60.

Geigenprinzipal, Geigendprinzipal (engl. violin diapason, auch crisp toned diapason), offene, zylindrische, labiale Orgelstimme aus Metall (in tieferen Lagen gelegentlich Holz, heute oftmals Zink), mit niedrigem Aufschnitt, obertonreicher als das Prinzipal, im 8' und 4'. Mensur und Klang liegen etwa in der Mitte zwischen Prinzipal- und Gambenstimmen. Das Register begegnet gelegentlich im Barock als prinzipalartiges Salizional (Danzig 1549), besonders aber in der Romantik (als 8' im Nebenwerk), doch auch heute noch (vornehmlich im III. Manual als 4').

Geigenwerk → Bogenflügel.

Geißlerlieder werden die Gesänge der Geißler (ital. flagellanti, disciplinati u. a.) genannt, die sich im 13. und 14. Jh. vor allem in Italien und Deutschland unter dem Eindruck bedrückender politischer und sozialer Mißstände und in Erwartung des Anbrechens der Endzeit zu Büßergemeinschaften zusammenschlossen. Die erste, 1258 von Umbrien ausgehende Bewegung knüpfte bei den Laudesi an; von den überlieferten Lauden, die mit den Geißlern in Zusammenhang gebracht werden können, ist jedoch nur *Chi volo de mondo desprezzare* im Codex Cortona mit Noten versehen. Über eine zweite, im Pestjahr 1349 von Österreich ausgehende und schnell sich verbreitende Bewegung berichtet u. a. das Chronikon Hugos von Reutlingen, das überdies Texte und – als einzige Quelle – auch Melodien von 6 G.n in gotischen Neumen überliefert. Von diesen geht allerdings nur der Leis *Nu tret herzuo* auf die Geißler selbst zurück; die anderen Lieder entstammen älterem Liedgut und sind daher eine wichtige Quelle für das älteste deutsche geistliche Volkslied. Außerdem sind zwei französische, von den deutschen beeinflußte G. erhalten. Die Rufzeile, der Kern des geistlichen Volksliedes, ist auch für die G. charakteristisch. Von diesen lebt *Nu ist diu betfart so here* noch 1666 in einem Prozessionslied der *Catholisch Geistlich Nachtigal* fort. Beeinflussung der Großen Tageweise des Grafen Peter von Arburg durch den Leis *Nu tret herzuo* konnte nachgewiesen werden.

Lit.: Die Lieder u. Melodien d. Geißler d. Jahres 1349 nach d. Aufzeichnung Hugo's v. Reutlingen, hrsg. v. P. Runge, Lpz. 1900, mit Beitr. v. H. Schneegans u. H. Pfannenschmid; A. Hübner, Die deutschen G., Bln 1931; J. Müller-Blattau, Die deutschen G., ZfMw XVII, 1935; ders., Zu Form u. Überlieferung d. ältesten deutschen geistlichen Lieder, ebenda; ders., In Gottes Namen fahren wir. Studie zur Melodiegesch. d. altdeutschen Fahrtenliedes, Fs. M. Schneider, Halle 1935.

GEMA (Abk. von: Gesellschaft für musikalische Aufführungsrechte), eine → Verwertungsgesellschaft, welche das → Aufführungsrecht und die sogenannten mechanischen Rechte (→ AMMRE) ihrer Mitglieder (Komponisten, Textdichter, Musikverleger) verwaltet. – In Frankreich wurde bereits 1851 die heute noch bestehende Société des auteurs, compositeurs et éditeurs de musique (SACEM) gegründet, das Vorbild für alle späteren Verwertungsgesellschaften. In Deutschland wurde erst durch das Urheberrechtsgesetz von 1870 ein Aufführungsrecht anerkannt, aber an einen Vorbehalt durch Aufdruck auf den Musiknoten gebunden. Nicht zuletzt durch das unermüdliche Eintreten von R. Strauss und Fr. → Rösch wurde im Urheberrechtsgesetz von 1901 das Aufführungsrecht bedingungslos im heutigen Sinne statuiert. Als Folge entstanden am 14. 1. 1903 mit R. Strauss an der Spitze die Genossenschaft Deutscher Tonsetzer (GDT) und ein halbes Jahr später, am 9. 7. 1903, die Anstalt für musikalische Aufführungsrechte (AFMA) als erste deutsche Verwertungsgesellschaft. Daneben entstand 1915 die Genossenschaft zur Verwertung musikalischer Aufführungsrechte (GEMA, Vorläuferin der heutigen), die überwiegend die Unterhaltungsmusik vertrat, besonders nach der ein Jahr später erfolgten Gründung des Musikschutzverbandes zum Schutze musikalischer Aufführungsrechte für Deutschland) in Gemeinschaft mit der österreichischen Schwestergesellschaft → AKM. Das ungute Nebeneinander mehrerer Gesellschaften und der Sog des wirtschaftlich weit überlegenen Musikschutzverbandes führte 1930 zum Beschluß einer gemeinsamen Wahrnehmung der Aufführungsrechte. Im September 1933 entstand nach Liquidation der bestehenden Gesellschaften die gemeinsame Staatlich genehmigte Gesellschaft zur Verwertung musikalischer Aufführungsrechte (STAGMA). Nach dem 2. Weltkrieg wurde 1945 die STAGMA auf Verlangen der Alliierten wieder in GEMA umbenannt, unter Belassung der rechtlichen Struktur. Der GEMA obliegt die treuhänderische Verwaltung der ihr übertragenen Rechte. Dies sind im besonderen die konzertanten Aufführungs- und Senderechte (sogenannte Kleine Rechte), also nicht die Aufführungsrechte von Bühnenwerken (Tantiemen = Große Rechte), ferner die mechanischen Vervielfältigungsrechte (Schallplatten, Tonbänder) und eine Reihe anderer Werknutzungsrechte. Die Berechnung der Aufführungsgebühren durch die GEMA erfolgt nach Tarifen, die mit den zuständigen Organisationen der Musikverbraucher vereinbart werden. Hierbei handelt es sich bei den Aufführungsgebühren überwiegend um Pauschalen (je nach Bedeutung der Veranstaltung, in Gaststätten besonders nach Konzerthäufigkeit, Anzahl der Musiker, Raumgröße usw.). Für Sendegebühren liegen besondere Vereinbarungen mit den Rundfunk- und Fernsehanstalten vor. Die Verteilung der Gebühren erfolgt nach einem Verteilungsplan, dem eine Punktbewertung zugrunde liegt; diese unterscheidet hinsichtlich der Höhe zwischen Ernster (E-Musik) und Unterhaltungsmusik (U-Musik). Die Verrechnung erfolgt auf Grund der eingesandten Musikprogramme.

Die Verwaltung der mechanischen Rechte lag zunächst bei der 1909 gegründeten → AMMRE, ging dann 1938 mit deren Eingliederung in die Vorläuferin der GEMA auf diese über. Die der Industrie abverlangten Lizenzen wurden durch das → BIEM für die ihr angeschlossenen Verwertungsgesellschaften, wozu auch die AMMRE bzw. die GEMA gehörten, mit der Industrie einheitlich vereinbart. Nachdem die GEMA 1964 ihre Mitgliedschaft bei dem BIEM aus kartellrechtlichen Gründen vorsorglich gekündigt hat, verwaltet sie die ihr übertragenen mechanischen Rechte eigenen Namens. Der Name AMMRE wurde im gleichen Jahr aufgegeben. Als Lizenzgebühr gilt im Normalfall gegenwärtig 4% des Katalogpreises je Plattenseite, und bei Langspielplatten ein entsprechend angemessener Betrag. Die Einnahmen werden den Berechtigten nach einem für jedes Werk bestehenden Verteilungsschlüssel abgerechnet. – Die GEMA ist ein gemeinnütziges Unternehmen und erzielt keine eigenen Gewinne. Ihre Unkosten werden mit einer verhältnismäßig kleinen Provision bestritten. Auf Grund von Gegenseitigkeitsverträgen mit den ausländischen Schwestergesellschaften, die in 40 Ländern bestehen und in der → CISAC vereinigt sind, ist die GEMA in der Lage, über das Musikrepertoire der Welt zu verfügen. Aufführungen im Ausland, die deutsche Autoren betreffen, werden von den ausländischen Verwertungsgesellschaften mit der GEMA abgerechnet, wie umgekehrt seitens der GEMA. – Die GEMA hat ihren Sitz in West-Berlin und eine Geschäftsstelle in München. Der Außendienst der GEMA ist in 15 Bezirksdirektionen eingeteilt, welche die Musikaufführungen kontrollieren und die Gebühren kassieren. Die GEMA beschäftigt zur Zeit ca. 1000 Angestellte.

Der Mitgliederversammlung obliegt die Wahl des Aufsichtsrats, die Wahl der Ehrenmitglieder (zur Zeit je 2 Komponisten, 1 Textdichter, 2 Verleger), die Beschlußfassung über Änderung der Satzungen und des Verteilungsplans. Der Aufsichtsrat besteht aus 15 Personen, von denen 6 Komponisten, 5 Verleger und 4 Textdichter sein müssen. Der Vorsitzende ist ein Komponist. Der Vorstand (gegenwärtig Erich Schulze) wird vom Aufsichtsrat bestellt. – Die GEMA erfreut sich in Verbraucherkreisen, vor allem im Gaststättengewerbe, keiner besonderen Beliebtheit. Die Erkenntnis darüber, daß die geforderten Gebühren keinem Erwerbsunternehmen zugute kommen, sondern das Entgelt darstellen für die Leistungen der Urheber und der Verleger, macht aber allmählich Fortschritte. Mit zunehmender Mechanisierung (Rundfunk, Schallplatten usw.) werden die bei der GEMA eingehenden Beträge für deren Mitglieder zur überwiegenden, wenn nicht zur einzigen Einnahmequelle. Der überwiegende Betrag fließt an die an der Unterhaltungsmusik Beteiligten.

Lit.: E. SCHULZE, Urheberrecht in d. Musik u. d. deutsche Urheberrechtsges., Bln 1951, ²1956; Musik u. Dichtung, Fs. d. GEMA, München 1953; E. ULMER, K. BUSSMANN u. S. WEBER, Das Recht d. Verwertungsges., Weinheim (Bergstraße) 1955; E. ULMER, Urheber- u. Verlagsrecht, Bln, Göttingen u. Heidelberg ²1960.

Gemischte Stimmen (engl. compound stops; frz. jeux composés) sind in der Orgel die aus mehreren Obertonstimmen (→ Aliquotstimmen) zusammengesetzten Register (Mixtur, Scharf, Zimbel, Rauschpfeife, Kornett, Sesquialtera, Terzian).

Gemshorn (engl. goat-horn), – 1) eine bei Virdung (1511) und Agricola (1529) genannte und abgebildete Blockflöte mit 4 Grifflöchern in der Form eines kurzen Tierhorns (Horn des Steinbocks; gekrümmt, kegelförmig), bei der am dickeren, verschlossenen Ende Anblasevorrichtung und Aufschnitt angebracht sind; als Randzeichnung von A. Dürer findet sich ein G. im Gebetbuch für Kaiser Maximilian I. – 2) ein Labialregister der Orgel mit konischen Pfeifen im 8′, 4′ oder 2′, auch als Quinte $2^2/_3$′ oder $1^1/_3$′. Der Klang ist weich und hornartig. Das G. war ursprünglich und bis ins 18. Jh. weiter mensuriert, wurde dann enger und neuerdings wieder in der alten Mensur gebaut. Praetorius (Synt. II, S. 154f.) nennt *Groß Gemßhorn* 16′ (*besonders im Pedal, liebliche Stimme*), *Aequal G.* 8′ (*eine sonderbahre liebliche vnd süsse Stimme*), *Octaven G.* 4′ und *Klein Octaven G.* 2′ (*gehöret mehr ins Rückpositiff*).

Gendèr (Gendir), Metallophonfamilie des → Gamelan, bestehend aus der mehroktavigen G. panerus und G. barung (1 Oktave tiefer) sowie den einoktavigen G. slentem (oder panembung) und G. demung bzw. gantung (1 Oktave höher). In der Tonhöhenlage entspricht der G. slentem der untersten Oktave des G. barung. Bestandteile des G. sind dünne, an Schnüren aufgehängte Metallplättchen (Bronze) sowie als Resonatoren ein zu jedem Plättchen gehörendes Bambusrohr mit dem gleichen Eigenton.

Generalauftakt (Terminus von H. Riemann) ist ein Auftakt höherer Ordnung, der nicht Bestandteil des folgenden Motivs, sondern Überleitung zu einem neuen Gedanken oder zur Wiederholung eines bereits vorher aufgetretenen Themas ist. Die Bedeutung des G.s erkannte bereits J.J. de Momigny; er nennt ihn lien (Band). M. Lussy, der Momignys Ideen wieder aufgriff (1873), nennt die Überleitungstöne notes de soudure (Naht). In H. Riemanns Phrasierungsausgaben ist der G. durch einen vorwärts überlaufenden Bogen kenntlich gemacht.

Generalbaß (ital. basso continuo; engl. thoroughbass; frz. basse continue) ist die Bezeichnung der seit dem Ende des 16. Jh. in mehrstimmiger Musik gebräuchlichen instrumentalen Baßstimme, die zur stegreifartigen Darstellung des harmonischen Verlaufs in einfachen oder verzierten Akkordgriffen dient. Voraussetzung für diese Praxis ist der Dreiklang als Norm des Zusammenklangs. Häufig, aber nicht immer, deutet eine über oder seltener unter den Noten der Gb.-Stimme befindliche Bezifferung die zu greifenden Intervalle von der Prim aufsteigend mit den Zahlen 1, 2, 3 usw. an und setzt im Bedarfsfalle Akzidentien vor oder nach diesen. Abweichungen von diesem Prinzip dienen der Vereinfachung der Gb.-Schrift. Leitereigene Dreiklänge in ihrer Grundstellung bleiben unbezeichnet, wenn sie nicht Ziel einer Dissonanzauflösung sind, und bei der Bezifferung der Akkordbildungen entfallen ebenfalls häufig die Ziffern 3 und 5. Für den Sextakkord steht in der Regel nur die Ziffer 6 anstatt $^6_3$; nicht leitereigene kleine und große Terzen werden häufig bloß durch ♭ bzw. ♯ und Erhöhungen auch mittels kleiner Striche durch die betreffenden Ziffern angedeutet. Die Ziffern werden je nach Intervallgröße, die sie bezeichnen, übereinandergesetzt, ohne eine bestimmte Lage vorzuschreiben. Waagerechte Striche fordern die Fortdauer der vorangegangenen Harmonie. Oft ist die Bezifferung aus drucktechnischen Gründen oder aus Flüchtigkeit unvollständig oder fehlend. Zusammengesetzte Intervalle bezeichnen Frühmonodisten wie Caccini, Peri und Cavalieri zahlenmäßig exakt (»hohe Bezifferung«), wodurch ausnahmsweise die Lage der Begleitstimmen festgelegt erscheint, während sonst häufig eine None und Dezime durch die Bezifferung von Sekunde und Terz unterschieden werden. Das Pausieren der Begleitung über dem Baß wird durch Tasto solo (T. S.) bezeichnet, an dessen Stelle auch die Ziffer 1 oder Striche stehen können.

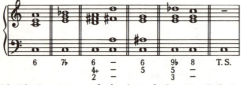

Als Gb.-Instrumente finden je nach Gattung, Stil, Ort und verfügbarem Instrumentarium vor allem Orgel, Cembalo, Laute, Theorbe, Chitarrone oder Gitarre Verwendung, denen meist ein Streich- oder Blasinstrument wie Viola da gamba, Violoncello, Violone, Fagott oder Posaune zur Verstärkung der Baßlinie an die Seite tritt. In geistlicher Musik ist die Orgel das wichtigste Continuoinstrument, ohne das Cembalo in der Kirche auszuschließen, wie umgekehrt die Orgel auch in Kammer und Theater Verwendung finden kann. – Der Gb. knüpft an den unbezifferten Basso pro organo des 16. Jh. an, der als Basso seguente der jeweils tiefsten Stimme folgt und auf Grund festliegender Intervallkombinationen ein Mitspielen der anderen Stimmen ermöglicht. Als frühestes Beispiel dieser Art ist aus dem Jahre 1587 die 41. Pars zu einer 40st. Motette von A. Striggio bekannt. Solche Orgelbässe wurden erst nachträglich zum Zwecke einer Begleitung hinzugefügt und kommen mit oder ohne Bezifferung auch im 17. und 18. Jh. vor. Diesen Notationsbehelf, der an die Stelle einer Orgeltabulatur trat, wandelten L. Viadana (*Concerti ecclesiastici*, 1602) zwecks Schaffung einer eigenständigen solistischen Motettenliteratur und die Meister der Florentiner Camerata zwecks Verwirklichung der instrumentalbegleiteten Monodie zu einem Kompositionsprinzip um. Die Gb.-Stimme als Träger der Harmonie wird dadurch organischer Bestandteil des Satzes. Sie dient bei größerer Besetzung zugleich als Direktionsstimme (→ Partitur; → Dirigieren) und trägt dann häufig den Vermerk M. D. C. (maestro di capella). Obwohl der Gb. nur im Rezitativ und bei Kompositionen mit wenigen Stimmen unentbehrlich ist, tritt er als instrumentales Harmoniegerüst mit der Aufgabe, ein Ensemble im Ton und Takt zu halten sowie klanglich zu stützen, auch zu allen sonstigen Musikgattungen mit Ausnahme solistischer Musik für Tasten- oder andere Instrumente hinzu und behielt in dieser Eigenschaft seine im wesentlichen unverminderte Geltung bis zur Mitte des 18. Jh. Ausgehend von Italien drang er zunächst nach Deutschland, wo Gr. Aichinger seine *Cantiones ecclesiasticae* (1607) mit Gb. versah und der italienische Frühmonodist B. Mutis, Conte di Cesana (*Musiche*, 1613), bereits ab 1604 am Grazer Hof wirkte. Vor allem die Nachdrucke von Viadanas Konzerten durch N. Stein verschafften der neuen Praxis in Deutschland weite Verbreitung und Anerkennung, wenngleich im Gegensatz zum katholischen Süden der protestantische Norden daneben noch bis zum Anfang des 18. Jh. die deutsche Orgeltabulatur pflegte und vor allem H. Schütz für das Mitspielen der Chormusik im alten Stil die Intabulierung fordert. Doch ließen Verleger, um der Bequemlichkeit der Organisten entgegenzukommen, selbst Werke von Palestrina und anderen Meistern des 16. Jh. mit Generalbässen versehen, denen zur Erleichterung der Ausführung bisweilen ein Sopran beigedruckt wurde, wie M. Praetorius dem Basso continuo seines *Puericinium* (1621) noch einen Cantus continuus hinzufügte. Englische Gb.-Drucke lassen sich seit 1637 (H. Lawes), französische seit 1652 (H. Dumont) nachweisen. Der Gb. findet zunächst in Vorreden zu gedruckten Kompositionen, dann in Lehrbüchern teils knapp, teils sehr ausführlich Behandlung. Für die Frühzeit gewähren in Italien u. a. Viadana, A. Agazzari, G. Caccini, J. Peri, E. de Cavalieri und G. Sabbatini Aufschluß, in Deutschland M. Praetorius (Synt. III), der sich vor allem auf Viadana und Agazzari stützt. An Vorreden von H. Schütz und H. Albert sowie an Lehrbüchern von A. Werckmeister (1689), Fr. E. Niedt, nach dessen *Musicalischer Handleitung* (1700) noch J. S. Bach unterrichtete, J. P. Treiber (1704), J. D. Heinichen (1711, 1728), D. Kellner (1732), J. Mattheson (1735), G. Ph. Telemann (1733/35), J. J. Quantz (1752), C. Ph. E. Bach (1762), J. Ph. Kirnberger (1781) und D. G. Türk (1791) ist die weitere Entwicklung in Mittel- und Norddeutschland abzulesen, während in Süddeutschland und Österreich die Gb.-Lehre über die kaiserlichen Hofmusiker W. Ebner (1653), A. Poglietti (1676) und J. J. Prinner (1677) einen Höhepunkt in den *Regulae concentuum partiturae* (1699) von Georg Muffat findet, an den die Salzburger Organisten J. B. Samber (1704), M. Gugl (1719 u. ö.) und M. Haydn anschließen. In Italien treten L. Penna (1672) und Fr. Gasparini (1708), in Frankreich M. de Saint-Lambert (1680, 1707) und in England M. Locke (1673) und G. Keller (1707) als Theoretiker hervor. – Die Gb.-Lehre ist eine Akkord- und Stimmführungslehre, zugleich war sie eine Anleitung zur Improvisation über vorgegebene Bässe, auch eine Einführung in die Komposition und ein Ausgangspunkt der → Harmonielehre. Die Ausführung ist von Zeit, Ort, Gattung und Besetzung abhängig. Als Tabulaturersatz spielte der Gb. zunächst mehr oder weniger getreu die Hauptstimmen einschließlich der Oberstimme mit. Eine solche Begleitung blieb auch späterhin in Werken, die noch dem Umkreis des Stylus antiquus angehören, Norm. In konzertierender Musik hingegen übernimmt der Gb. die Aufgabe der Klangfüllung und vermeidet nach Möglichkeit ein Mitspielen des melodisch oft bewegteren Diskants im Einklang. Auch ein Übersteigen der höchsten Stimmen ist verboten. In bezug auf Anzahl der Stimmen kann Drei- bis Vierstimmigkeit, die Muffat neben der Fünfstimmigkeit ohne Bevorzugung der einen Art vor der anderen lehrt, als Normalbegleitung angesehen werden. Doch ist je nach Umständen Ein- bis Zehnstimmigkeit möglich, und die Anzahl der Begleitstimmen sowie ihre Registrierung kann innerhalb ein- und desselben Stückes wechseln. Geteiltes Akkompagnement ist nur bei mäßig bewegtem Baß möglich, während bei laufenden Bässen zumeist die rechte Hand allein die Begleitung übernehmen muß. Der Gb. richtet sich zwar prinzipiell nach den jeweils geltenden Stimmführungsregeln, gestattet aber als Improvisationspraxis manche satztechnische Freiheiten, besonders bei Vollstimmigkeit. So sind bei fünf- und mehrstimmiger Begleitung parallele Oktaven und Quinten nur zwischen den Außenstimmen verpönt. Je weniger Stimmen im Akkompagnement ausgeführt werden, desto größere Sorgfalt erfordert auch die Führung der Mittelstimmen. Einklangs- oder Oktavparallelen der Continuostimmen mit Hauptstimmen sind mit der vorhin gegebenen Einschränkung in bezug auf die Oberstimme erlaubt. Erfindungsgabe des Begleiters erfordert der »Manierliche Gb.«, der Verzierungen, Passagen, Arpeggios, Imitationen einstreut, ja selbst den Baß erfaßt und durch Vermehrung oder Verminderung der Stimmenzahl den Intentionen des Komponisten folgt. Schon M. Praetorius gestattet dem Organisten Verzierungen, die den Solisten nicht stören, und im gleichen Sinne äußern sich D. Heinichen und C. Ph. E. Bach. Arpeggieren der Akkorde ist vor allem im Rezitativ, zumal auf dem Cembalo und auf Zupfinstrumenten gebräuchlich. Ein von Theoretikern mehrfach empfohlenes Mitspielen von Fugeneinsätzen ist nur dort möglich, wo diese in der Gb.-Stimme enthalten sind. Eine aus dem Gb. abgeleitete Praxis ist das → Partimento-Spiel. – Als die Komponisten seit der Mitte des 18. Jh. die Begleitung immer häufiger selbst ausschrieben (→ Obligates Akkompagnement) oder die Ausfüllung mit Mittelstimmen zugunsten eines 2st. Satzes verschmähten, verlor der Gb. allmählich seine Bedeutung für die Praxis, obwohl die Kirchenmusik noch bis weit in das 19. Jh. an ihm festhielt. Anknüpfend an Rameaus Lehre von der Umkehrbarkeit der Akkorde verband H. Riemann Elemente der Gb.-Schrift mit der von ihm entwickelten Funktionstheorie. – Neuausgaben älterer Musik enthalten zur Erleichterung für den Begleiter zumeist eine ausgesetzte Gb.-Stimme. Eine solche Ausgabe gilt als schutzfähige → Bearbeitung, wenn nachgewiesen werden kann, daß der Gb. nicht mechanisch ausgesetzt ist. Einen Gb. dem jeweiligen Zeitstil gemäß auszusetzen, erfordert in jedem Fall Entscheidungen des Bearbeiters, die über rein handwerkliche Tätigkeiten hinausgehen.

Lit.: H. Riemann, Anleitung zum Gb.-Spielen, Bln 1889 u. ö.; O. Kinkeldey, Org. u. Kl. in d. Musik d. 16. Jh., Lpz. 1910; A. Dolmetsch, The Interpretation of the Music of the XVIIth and XVIIIth Cent., London (1916, ²1946); M. Schneider, Die Anfänge d. B. c. u. seiner Beziffering, Lpz. 1918; Fr. Th. Arnold, The Art of Accompaniment from a Thorough-Bass as Practised in the 17th and 18th Cent., London 1931 (grundlegend); H. Keller, Schule d. Gb.-Spiels, Kassel 1931 u. ö.; E. Ulrich, Studien zur deutschen Gb.-Praxis in d. 1. Hälfte d. 18. Jh., = Münsterische Beitr. zur Mw. II, Kassel 1932; Fr. Oberdörffer, Der Gb. in d. Instrumentalmusik d. ausgehenden 18. Jh., Kassel 1939; K. G. Fellerer, Der Partimentospieler, Lpz. (1940); A. Mendel, On the Keyboard Accompaniments to Bach's Lpz. Church Music, MQ XXXVI, 1950; W. Gurlitt, Die Kompositionslehre d. deutschen 16. u. 17. Jh., Kgr.-Ber. Bamberg 1953, Neudruck in: Mg. u. Gegenwart I, = BzAfMw I, Wiesbaden 1966; H. H. Eggebrecht, Arten d. Gb. im frühen u. mittleren 17. Jh., AfMw XIV, 1957; P. Benary, Die deutsche Kompositionslehre d. 18. Jh., = Jenaer Beitr. zur Musikforschung III, Lpz. 1961; G. Kirchner, Der Gb. bei H. Schütz, = Mw. Arbeiten XVIII, Kassel 1960; U. Thomson, Voraussetzungen u. Artung d. österreichischen Gb.-Lehre zwischen Albrechtsberger u. Sechter, Diss. Wien 1960, maschr.; L.-U. Abraham, Der Gb. im Schaffen d. M. Praetorius u. seine harmonischen Voraussetzungen, = Berliner Studien zur Mw. III, Bln 1961;

Georg Muffat, An Essay on Thorough-Bass, hrsg. v. H. Federhofer, = MSD IV, 1961; H. Federhofer, Striche in d. Bedeutung v. »tasto solo« oder d. Ziffer »1« bei Unisonostellen in Continuostimmen, in: Neues Augsburger Mozartbuch, Augsburg 1962; G. Buelow, The Full-Voiced Style of Thorough-Bass Realization, AMl XXXV, 1963; W. J. Mitchell, Chord and Context in 18th-Cent. Theory, JAMS XVI, 1963.   HF

Generalpause (engl. general rest; frz. silence; ital. vuoto; Abk.: G. P.), bei größer besetzten Werken (vor allem für Orchester) eine allen Stimmen gemeinsame längere Pause, die den Fluß eines Tonstücks plötzlich und auffallend unterbricht. Bis zur Mitte des 18. Jh. bedeutet das Zeichen der Fermate, wenn es am Schluß eines Abschnitts *über gewissen Noten in allen Stimmen zugleich vorkommt, ein allgemeines Stillschweigen, oder eine Pausam generalem* (WaltherL 1732, Artikel *Corona*). → Aposiopesis.

Generator. Seit Erfindung der Elektronenröhre ist eine Reihe von G.en zur elektr(on)ischen Schwingungserzeugung entwickelt worden. G.en finden in der elektroakustischen Meßtechnik, in elektronischen Musikinstrumenten und in der elektronischen Musik Verwendung. Die wichtigsten Typen sind Rückkopplungs-G., RC-G. und Schwebungssummer. Sie liefern Sinusschwingungen (Frequenzabweichungen < 1%, Klirrfaktor < 0,5%), bei Rückkopplungs- und RC-G.n direkt aus einem abstimmbaren Schwingkreis, bei Schwebungssummern als Differenzfrequenz zweier hochfrequenter Schwingungen, deren eine in ihrer Frequenz verändert werden kann. Für bestimmte Aufgaben dienen G.en, die statt der Sinusschwingungen z. B. »Rechteck«- oder »Sägezahn«-Schwingungen abgeben oder mit denen ein kontinuierliches Frequenzspektrum erzeugt werden kann (»Rausch«-G.). Zur Erzeugung beliebiger Schwingungsabläufe werden Photosirene (→ Sirene) und Kathodenstrahl-G. verwendet.

Género chico (x'enero tʃ'iko, span., kleine Gattung), Bezeichnung für eine Gattung einaktiger spanischer Bühnenstücke mit Musik, die nach ihrem operettenartigen Stil der neueren → Zarzuela ähnlich sind und als Fortsetzung der → Sainete angesehen werden können. Sie wurden in der 2. Hälfte des 19. Jh. gepflegt. In Madrid gab es allein 11 Theater für diese Gattung. Bekannte Komponisten sind: F. Chueca, T. Bretón, R. Chapí y Lorentes und J. Gimenez.

Lit.: E. Cotarelo, Ensayo hist. sobre la zarzuela, Boletín Acad. Española XIX, 1932 – XXI, 1934; M. Muñoz, Hist. de la zarzuela y el g. ch., Madrid 1946; J. Deleyto y Piñuelò, Origen y apogeo del g. ch., Madrid 1949.

Genf.

Lit.: Fr. Choisy, La musique à Genève au XIXe s., G. 1914; W. Tappolet, La musique au collège de Genève, Bull. de la Soc. suisse de musicologie I, 1934; P. F. Geisendorf, Une famille d'organistes à Genève au XVIIIe s.: les Scherer, SMZ LXV, 1945; Cl. Tappolet, Fragments d'une hist. de la musique à Genève (bis 17. Jh.), SMZ XCIII, 1953 – XCV, 1955; ders., La musique à Genève au XIXe et au XXe s., G. 1956; P. Pidoux, Le psautier huguenot du XVIe s., Faks., 2 Bde, Basel 1962; H. Husmann, Zur Gesch. d. Meßliturgie v. Sitten u. über ihren Zusammenhang mit d. Liturgien v. Einsiedeln, Lausanne u. G., AfMw XXII, 1965.

Genos (griech. γένος, Gattung, Geschlecht; lat. genus; ital. genere; frz. genre; engl. kind, class). Genera sind in wissenschaftlichen Schriften Einteilungen eines Oberbegriffs, die häufig weiter zerlegt werden in Arten (εἴδη, species). Das aus der Umgangssprache stammende Wort wird bei Aristoteles zum Terminus; danach ist G. in der Definition »die Aussage über das Wesen mehrerer Dinge von verschiedener Art« (To-

pik I, 5, 102a 31ff.). Die griechische Musiklehre nennt G. vor allem die → Diatonik, → Chromatik und → Enharmonik; diese werden verstanden als »ein gewisses Verhalten der Tonstufen zueinander, die zusammen die Quartkonsonanz ausfüllen« (Ptolemaios I, 12). In vereinfachender Darstellung erscheinen als Arten dieser Gattungen die »Färbungen« (χρόαι; z. B. Kleoneides, S. 190); dagegen läßt Ptolemaios die »Färbungen« ebenfalls als Gattungen gelten und erklärt, der Aristotelischen Methode folgend, die Arten als »eine gewisse Lage der für jedes G. durch ihre besondere Begrenzung charakteristischen mathematischen Verhältnisse (Intervalle, λόγοι)« (II, 3). Danach wird z. B. das Tetrachord des chromatischen G. im Chroma malakon des Aristoxenos durch die Zahlenfolge 22 + 4 + 4 dargestellt, im Chroma toniaion durch 18 + 6 + 6; charakteristisches Intervall des chromatischen G. ist die kleine Terz (22 oder 18); sie nimmt in der ersten Art des chromatischen Tetrachords die höchste Stelle ein. – Die Frage, ob die zeitgenössische Musik einem antiken G. zugeordnet werden kann und ob es möglich ist, die Vielfalt der alten Genera wiederzubeleben, gehört zu den Hauptthemen des musikalischen Humanismus. Zur gleichen Zeit erhält der Begriff G. in der Tonartenlehre eine neue Bedeutung: *Bis zum 17. Jh. galten die Transpositionsskalen (der ‚cantus durus' und der ‚cantus mollis') als Tongeschlechter (Genera), die Modi (z. B. c-jonisch und a-äolisch) als Tonarten (Spezies). Seither betrachtet man die Modi als Genera (den jonischen Modus als Dur-Geschlecht, den äolischen Modus als Moll-Geschlecht) und die Transpositionsskalen als Spezies (C-Dur und a-moll als Tonarten)* (Dahlhaus, S. 296). – In der Kunstlehre gehört die Aufstellung und Behandlung von Gattungen zu den hauptsächlichen Arbeitsweisen; ihre Systematik und normative Geltung wird um so strenger festgehalten, je mehr sich der Autor von schulmäßig und klassizistischen Vorstellungen leiten läßt. In der Musik sind vor allem Kompositions- (z. B. Symphonie, Suite, Ouvertüre, Oper, Oratorium, Kantate, Lied) und → Stil-Gattungen zu beachten; die letzteren werden im 16.–18. Jh. zum Teil von den Genera dicendi der Rhetorik und Poetik abgeleitet und als Stilus gravis (hoher oder erhabener Stil), mediocris (mittlerer oder mittelmäßiger) und humilis (niedriger oder gemeiner) bestimmt, meist jedoch im Hinblick auf die gesellschaftliche Einstufung eines Werks als Kirchen-, Theatral- und Kammer-Stil, *denn alle und iede Ausdrücke, sie mögen was erhabenes, mäßiges oder geringes begreiffen, müssen sich unumgänglich nach obbesagten dreien vornehmsten Geschlechtern der Schreib-Art, mit allen Gedancken, Erfindungen und Kräfften, als Diener nach ihren Herren, zur Ausnahm richten* (Mattheson, S. 69).
Lit.: Die Harmonielehre d. Klaudios Ptolemaios, hrsg. v. I. DÜRING, = Göteborgs högskolas årsskrift XXXVI, 1, Göteborg 1930; Musici scriptores graeci, hrsg. v. K. v. JAN, Lpz. 1895, Nachdruck Hildesheim 1961; BOETHIUS, De institutione musica, hrsg. v. G. Friedlein, Lpz. 1867; N. VICENTINO, L'antica musica ..., Rom 1555, Faks. hrsg. v. E. E. Lowinsky, = DMI I, 17, 1959; G. ZARLINO, Istitutioni harmoniche, Venedig 1558, ³1573, ⁴1593, Faks. d. 1. Auflage, = MMMLF II, 1, NY (1965); V. GALILEI, Dialogo della musica antica et della moderna..., Florenz 1581, Faks. hrsg. v. F. Fano, Rom 1934; MATTHESON Capellm.; E. KATZ, Die mus. Stilbegriffe d. 17. Jh., Diss. Freiburg i. Br. 1926; F. FANO, La camerata fiorentina, = Istituzioni e monumenti dell'arte mus. ital. IV, Mailand 1934; D. P. WALKER, Mus. Humanism in the 16th and Early 17th Cent., MR II, 1941 – III, 1942, deutsch als: Der mus. Humanismus im 16. u. frühen 17. Jh., = Mw. Arbeiten V, Kassel 1949; E. R. CURTIUS, Europäische Lit. u. lat. MA, Bern (1948, ³1961); C. DAHLHAUS, Die Termini Dur u. Moll, AfMw XII, 1955; M. FUHRMANN, Das Systematische Lehrbuch, Göttingen (1960); H. W. KAUFMANN, Vicentino and the Greek G., JAMS XVI, 1963.

Gent.
Lit.: P. CLAYS, Hist. du théâtre à Gand, 3 Bde, G. 1892; E. VAN DER STRAETEN (mit C. Snoeck), Etude biogr. et organographique sur les Willems, luthiers gantois du XVIIᵉ s., G. 1896; P. BERGMANS, La musique gantoise au XVIIIᵉ s., G. 1898; TH. DART, The Ghent Chime Book, The Galpin Soc. Journal VI, 1953.

Genua.
Lit.: ANON., Tavola cronologica di tutti li drammi o sia opere in musica, recitati alli teatri detti del Falcone, e da Sant'Agostino da cento anni ... 1670 al 1771, G. 1771, Appendice ..., G. 1772; ANON., Annuario dei teatri di Genova, dal 1828 al 1844, G. 1844; G. B. VALLEBONA, Il Teatro Carlo Felice (1828–1928), G. 1928; R. GIAZOTTO, Il melodramma a Genova nei s. XVII e XVIII ..., G. 1951; DERS., La musica a Genova nella vita pubblica e privata dal XIII al XVIII s., G. (1952).

Gera.
Lit.: W. WEBER, Studie zu einer Gesch. d. G.er Musik- u. Theaterlebens, 2 Bde, G. 1937; H. R. JUNG, Ein unbekanntes Gutachten v. H. Schütz über d. Neuordnung d. Hof-, Schul- u. Stadtmusik in G., Beitr. zur Mw. IV, 1962, dazu AfMw XVIII, 1961, S. 241ff.

Geräusch ist eine Gehörwahrnehmung, die – im Gegensatz zum Ton – eher amorphen Charakter besitzt und keine eindeutige Tonhöhe aufweist. Zur Unterscheidung der in vielfältiger Gestalt vorkommenden G.e besitzt die Sprache eine große Anzahl beschreibender Ausdrücke, wie z. B. säuseln, rauschen, knarren, klatschen, knallen. Durch solche Begriffe lassen sich die Färbung, die Lautstärke, der zeitliche Verlauf und die Dauer, wie auch die Höhenlage eines bestimmten G.es mehr oder weniger gut angeben. Die Akustik definiert das G. oft als Schallvorgang, der sich aus sehr vielen, meist zeitlich veränderlichen, in ihren Frequenzen unharmonischen Schwingungen zusammensetzt. In dem von Musikinstrumenten abgestrahlten Schall ist stets ein bestimmter Geräuschanteil enthalten (z. B. das Anstrich-G. bei der Violine); ferner wird der Schall der Schlaginstrumente mit unbestimmter Tonhöhe vorwiegend geräuschhaft gehört. Ein Schallvorgang, der mit gleicher Amplitude in sämtlichen Frequenzen eines bestimmten Frequenzbereiches schwingt, wird als »farbiges Rauschen« bezeichnet. Umfaßt sein Frequenzspektrum den gesamten Hörbereich, so spricht man – analog zur Optik – von »weißem Rauschen«. Solche Schallvorgänge lassen sich künstlich durch einen → Generator erzeugen und finden in der Meßtechnik Verwendung.
Lit.: R. FELDTKELLER u. E. ZWICKER, Das Ohr als Nachrichtenempfänger, = Monographien d. elektrischen Nachrichtentechnik XIX, Stuttgart 1956.

German sixth (dʒˈəːmən siksθ, engl., deutsche Sexte), bei englischen Theoretikern (und dort selbst als willkürlich bezeichneter) Name für den übermäßigen Quintsextakkord = verkürzter Doppeldominantseptnonenakkord auf der tiefalterierten Quinte: $D^{9>}_{7}$ z. B. in C dur as–c–es–fis, oder für die Subdominante mit hochalterierter Sexte: $S^{9<}$, z. B. in C dur f–a–c–dis. → French sixth; → Italian sixth.

Gesätz → Bar.

Gesamtausgaben der musikalischen Werke bedeutender Komponisten haben die Aufgabe, den Werkebestand vollständig (unter Ausscheidung fälschlich zugeschriebener Stücke) zugänglich zu machen und den Text in einer für Praxis und Forschung brauchbaren kritischen Fassung vorzulegen. Die Überlieferung der mittelalterlichen Musik beruht in der Regel auf der Sammlung eines Repertoires, so z. B. in den → Quellen der Notre-Dame-Zeit. Nennung des Autors und

Sammlung eines Gesamtwerks wurden von der Literatur übernommen; bezeichnenderweise handelt es sich bei den ersten Sammlungen sämtlicher Kompositionen eines Meisters um Dichter-Musiker (Adam de la Halle, Machaut), deren musikalische Werke hier Teil einer GA ihrer Texte sind. Bis um 1800 gibt es nur einzelne Versuche, Teilgebiete des Schaffens eines Komponisten in einer Ausgabe zu sammeln (z. B. H. Praetorius 1616–22, Joachim a Burck 1626, der bedeutendste ist Lassus' *Magnum opus musicum*, München 1604, herausgegeben von seinen Söhnen, mit 516 von insgesamt um 1200 Motetten). Einen Sonderfall stellt M. Praetorius dar, dessen erhaltene Werke (mit ganz wenigen Ausnahmen) als Teil eines Sammelwerks zu verstehen sind, das (an einigen Stellen durch Stücke anderer Autoren ergänzt) den gesamten Bereich der kirchlichen und weltlichen Musik, der Musiklehre und Erbauungsliteratur umfassen sollte (Gesamtplan in Praetorius Synt. III, S. 198ff.). Bei den neueren GA sind 2 Typen zu unterscheiden: entweder bieten sie einen vom Komponisten selbst (Haydn) oder von den Verwaltern seines Nachlasses (Mozart, Mendelssohn, Schumann, Brahms, Reger, Schönberg) autorisierten Werkbestand und Text, oder sie entstehen im Zuge der historischen Musikforschung (so schon die erste Händel-GA S. Arnolds, ab 1787, ferner: Bach, Beethoven, Berlioz, Bruckner usw.). In beiden Fällen gehören die GA selbst der Geschichte der Musik an; die Kriterien und Ergebnisse ihrer → Editionstechnik sind nicht endgültig, so daß im Laufe der Zeit neue Arbeiten und Anschauungen auch neue GA als notwendig erscheinen lassen (siehe Lassus, Bach, Händel, Mozart, Beethoven, Schubert). – Bisher sind als selbständige Publikationen (GA innerhalb größerer Veröffentlichungsreihen → Denkmäler) folgende GA erschienen (einschließlich der unvollendet gebliebenen):

K. FR. ABEL, 2 Bde, Cuxhaven (1963ff.; Hrsg.: W. Knape). – ADAM DE LA HALLE, Paris 1872 (E. de Coussemaker). – J. S. BACH, 1): 46 Jg. (Jg. XLVII als Suppl. 1926), Lpz. 1851–99 (Bach-Ges.), Nachdruck Ann Arbor (Mich.) 1948; 2): neue Ausg., bisher 27 Bde (nebst 3 Suppl.-Bden), Kassel 1954ff. (Johann-Sebastian-Bach-Inst. Göttingen u. Bach-Arch. Lpz.). – BEETHOVEN, 1): 24 Serien (1 Suppl.), Lpz. 1862–65 (1888), Nachdruck Ann Arbor (Mich.) 1949, Suppl. dazu in bisher 7 Bden, Wiesbaden 1959ff. (W. Hess); 2): neue Ausg., bisher 2 Bde, München u. Duisburg 1964ff. (Beethoven-Arch. Bonn). – BERLIOZ, 9 Serien in 20 Bden, Lpz. 1900–07 (Ch. Malherbe u. F. Weingartner). – FR. BERWALD, bisher 1 Bd (I. Bengtsson u. a., in: Monumenta musicae svecicae), Kassel 1966. – G. BÖHM, 2 Bde, = Veröff. d. Kirchenmus. Inst. d. ev.-lutherischen Landeskirche . . . , Lpz. 1927–32 (J. Wolgast), Neuauflage in je 2 Teilen, Wiesbaden 1952ff. (G. Wolgast, H. Kümmerling). – BRAHMS, 26 Bde, Lpz. 1926–28 (Ges. d. Musikfreunde in Wien), Nachdruck Ann Arbor (Mich.) 1949. – BRUCKNER, bisher 16 Bde, Augsburg, Lpz. u. Wien 1930–44, Wien u. Wiesbaden 1951ff. (Österreichische Nationalbibl. u. Internationale Bruckner-Ges.). – BUXTEHUDE, 8 Bde, I–II, Klecken 1925–26, III–VII, Hbg 1930–37, VIII, Bln 1958 (Glaubensgemeinde Ugrino in Verbindung mit d. Inst. f. Musikforschung Bln). – W. BYRD, 20 Bde, London 1937–50 (E. H. Fellowes). – J. CH. DE CHAMBONNIÈRES, Paris 1925 (P. Brunhold u. A. Tessier). – M.-A. CHARPENTIER, Paris 1948ff. (G. Lambert). – CHOPIN, 1): 14 Bde, Lpz. 1878–80 (Bargiel, Brahms, Franchomme, Liszt, G. Reinecke, Rudorff); 2): neue Ausg., 21 Bde, Warschau 1949–63 (Paderewski, Bronarski, Turczyński). – CORELLI, 3 Bde, London 1888–91 (J. Joachim, Fr. Chrysander). – P. CORNELIUS, 5 Bde, Lpz. 1905–06 (M. Hasse, W. v. Bausznern). – FR. COUPERIN, 12 Bde, Paris 1932–33 (M. Cauchie). – L. COUPERIN, Paris 1936 (P. Brunold), NA 1962 (Th. Dart). – DVOŘÁK, bisher 45 Bde, Prag 1955ff. (Dvořák-Ges. Prag). – C. FR. CHR. FASCH, 2 Bde (unvollständig), Bln 1839 (Singakad. in Bln). – FRIEDRICH II. V. PREUSSEN, 3 Bde (mehr nicht erschienen), Lpz. 1889 (Ph. Spitta, P. Graf v. Waldersee). – J. J. FUX, bisher 6 Bde, Graz 1960ff. (Johann-Joseph-Fux-Ges. Graz). – GESUALDO DA VENOSA, bisher 9 Bde (von 10), Hbg 1957ff. (W. Weismann, Gl. E. Watkins). – M. I. GLINKA, bisher 8 Bde, Moskau 1955ff. (D. Schostakowitsch). – GLUCK, bisher 13 Bde, Kassel 1951ff. (Inst. f. Musikforschung Bln). – A. E. M. GRETRY, 49 Bde (nur Bühnenwerke), Lpz. u. Brüssel 1883–1937 (Gouvernement Belge). – HÄNDEL, 1): 36 Bde, London 1787–97 (S. Arnold); 2): 16 Bde (abgebrochen), London 1843–58 (Handel-Soc.); 3): 93 Bde (6 Suppl.), Lpz. 1858–1903 (Fr. Chrysander im Auftrag d. Deutschen Händel-Ges.); 4): Hallische Ausg., bisher 20 Bde, Kassel 1955ff. (Georg-Friedrich-Händel-Ges.). – HAYDN, 1): 12 Lieferungen (nur Kammermusik), Lpz. 1800–1806; 2): 11 Bde (mehr nicht erschienen), Lpz. 1907–32 (E. Mandyczewski, F. Weingartner, M. Friedländer, K. Päsler, H. Schultz), fortgeführt als 3): 4 Bde, Boston, Wien, Lpz. u. Wiesbaden 1950–51 (Haydn-Soc.), abgebrochen u. übergeführt in 4): bisher 6 Bde, München 1958ff. (Joseph-Haydn-Inst. Köln). – HILDEGARD V. BINGEN, Düsseldorf 1913 (J. Gmelch). – E. T. A. HOFFMANN, 3 Bde (mehr nicht erschienen), Lpz. 1922–27 (G. Becking). – JACOPO DA BOLOGNA, Los Angeles 1954 (W. Th. Marrocco). – JOSQUIN DESPREZ, 49 Lieferungen (wird fortgesetzt), Lpz. u. Amsterdam 1921–63 (A. Smijers im Auftrag d. Vereniging voor Nederlandse Muziekgeschiedenis). – FR. LANDINI, Cambridge (Mass.) 1939, ²1945 (L. Ellinwood). – J. LANNER, 1): 14 Bde, Wien 1888–89 (E. Kremser); 2): 8 Bde (f. Kl.), Lpz. 1889–91 (ders.). – LASSUS, 1): 21 Bde (unvollständig), Lpz. 1894–1927 (F. X. Haberl, A. Sandberger), fortgesetzt als 2): neue Ausg., bisher 6 Bde, Kassel 1956ff. (Acad. Royale de Belgique, Bayerische Akad. d. Wiss.). – L. LECHNER, bisher 8 Bde, Kassel 1954ff. (K. Ameln im Auftrag d. Neuen Schütz-Ges.). – LISZT: 34 Bde, Lpz. 1907–36 (Franz-Liszt-Stiftung), ergänzt durch: 4 Bde, London 1952ff. (Liszt-Soc.). – D. LOBO, bisher 1 Bd, Lissabon 1945 (M. Joaquim). – C. LOEWE, 17 Bde (nur Werke f. Singst. u. Kl.), Lpz. 1899–1904 (M. Runze). – V. LÜBECK, Klecken 1921 (G. Harms). – J.-B. LULLY, 10 Bde (nicht abgeschlossen), Paris 1930–39 (H. Prunières). – MAHLER, bisher 4 Bde, Bln, Wiesbaden u. Wien 1960ff. (Internationale Gustav-Mahler-Ges.). – MENDELSSOHN-BARTHOLDY, 1): 19 Serien in 36 Bden, Lpz. 1874–77 (J. Rietz); 2): Lpz.er Ausg., bisher 1 Bd, Lpz. (1961) (Internationale Felix-Mendelssohn-Ges.). – PH. DE MONTE, 31 Bde (unvollständig), Brügge u. Düsseldorf 1927–39 (J. Van Nuffel, G. Van Doorslaer, Ch. Van den Borren). – MONTEVERDI, 16 Bde (in 20), Wien u. Asole-Gardone 1926–42 (G. Fr. Malipiero), fortgeführt 1954–67. – MOZART, 1): 3 Abt. u. Nachtrag, Lpz. 1798–1808; 2): 24 Serien in 69 Bden, Lpz. 1876–1905 (Brahms, Joachim, Ritter v. Köchel, Ph. Spitta, Wüllner u. a.); 3): neue Ausg., bisher 42 Bde (nebst 6 Suppl.-Bden), Kassel 1955ff. (Internationale Stiftung Mozarteum Salzburg). – FR. NIETZSCHE, 1 Bd (unvollständig), Lpz. 1924 (G. Göhler). – J. OBRECHT, 1): 30 Lieferungen, Lpz. u. Amsterdam 1908–21 (J. Wolf); 2): bisher 8 Faszikel, Amsterdam 1953ff. (A. Smijers im Auftrag d. Vereniging voor Nederlandse Muziekgeschiedenis). – OCKEGHEM, bisher 2 Bde (Dr. Plamenac); = American Musicological Soc., Studies and Documents I u. III, NY 1947 u. 1959. – A. PACELLI, bisher 1 Bd, Rom 1947 (M. Gliński). – PALESTRINA, 1): 33 Bde, Lpz. 1862–1907 (Th. de Witt, Rauch, Espagne, Commer, Haberl); 2): bisher 26 Bde, Rom 1939ff. (R. Casimiri, L. Virgili, Jeppesen, Bianchi). – G. B. PERGOLESI, 27 Bde (Opern nur im Kl.-A.), Rom 1939–42 (F. Caffarelli). – M. PRAETORIUS, 21 Bde, Wolfenbüttel u. Bln 1928–59 (Fr. Blume, A. Mendelssohn, W. Gurlitt). – PURCELL, 26 Bde, London 1878–1928 (Purcell-Soc.), fortgeführt seit 1962, bisher 5 Bde (The New Purcell Soc.). – J.-PH. RAMEAU, 18 Bde, Paris 1895–1929 (Saint-Saëns, M. Emanuel, M. Ténéo). – REGER, bisher 20 Bde, Wiesbaden 1954ff. (Max-Reger-Inst. Bonn). – A. RENER, bisher 1 Bd, Brooklyn (N. Y.) 1964 (Inst. of Mediæval Music). – G. RHAW, bisher 5 Bde (begonnen v. H. Albrecht im Auftrag des Landesinst. f. Musikforschung Kiel). – N. A. RIMSKY-KORSAKOW, bisher 42 Bde, Moskau 1946ff. (B. Wl. Assafjew u. a.). – D. SCARLATTI, 1): 2 Bde (lückenhaft, nur Kl.-Werke), Wien 1839 (C. Czerny); 2): 10 Bde, 1 Suppl. (Kl.-Werke), Mailand 1907–37 (A. Longo). – S. SCHEIDT, bisher 10 Bde, Klecken u. Hbg 1923ff. (G. Harms, Chr. Mahrenholz). – J. H. SCHEIN, 1): 7 Bde (unvollständig), Lpz. 1901–23 (A. Prüfer, K. Hasse, B. Engelke); 2): neue Ausg., bisher 2 Bde, Kassel 1963ff. (A. Adrio). – SCHÖN-

BERG, bisher 1 Bd, Mainz u. Wien 1966 (J. Rufer). – SCHUBERT, 1): 20 Serien in 40 Bden, Lpz. 1888–97; 2): neue Ausg., bisher 1 Bd (nebst 2 Suppl.-Bden), Kassel 1964 (Internationale Schubert-Ges.). – SCHÜTZ, 1): 16 Bde u. 2 Suppl., Lpz. 1885–94, 1909/27 (Ph. Spitta, A. Schering); 2): neue Ausg., bisher 16 Bde, Kassel 1955ff. (Neue Schütz-Ges., seit 1963 Internationale Heinrich-Schütz-Ges.). – SCHUMANN, 14 Serien mit 31 Bden, Lpz. 1879–93 (Cl. Schumann, Brahms). – L. SENFL, bisher 8 Bde (einschließlich d. früher in EDM erschienenen → Denkmäler), Wolfenbüttel 1949ff. (Landesinst. f. Musikforschung Kiel, Schweizerische Musikforschende Ges.). – L. SPOHR, bisher 15 Bde (große Ausw.-Ausg.), Kassel 1949ff. (Fr. O. Leinert). – TH. SPORER, Kassel 1929 (H. J. Moser). – J. STRAUSS (Vater), 7 Bde (im Kl.-A.), Lpz. 1887–89 (J. Strauß [Sohn]). – J. P. SWEELINCK, 10 Bde, Den Haag u. Lpz. 1894–1901 (M. Seiffert), 2 Suppl. Wiesbaden 1957/58 (A. Annegarn, B. Van den Sigtenhorst Meyer). – TELEMANN, bisher 18 Bde (große Ausw.-Ausg.), Kassel 1944/53ff. (Ges. f. Musikforschung). – J. THEILE, bisher 10 Bde, Düsseldorf 1955ff. (W. Maxton). – TSCHAIKOWSKY, bisher 44 Bde, Moskau 1946ff. (J. Gleboff). – T. L. DE VICTORIA, 8 Bde, Lpz. 1902–13 (F. Pedrell). – VIVALDI, bisher 300 Lieferungen, Mailand 1947ff. (Istituto Ital. A. Vivaldi). – R. WAGNER, 10 Bde (unvollständig), Lpz. 1912–29 (M. Balling). – J. WALTER, bisher 4 Bde, Kassel 1943/53ff. (O. Schröder). – WEBER, 3 Bde (abgebrochen), Augsburg 1926ff. (H. J. Moser). – H. WOLF, bisher 3 Bde, Wien 1963ff. (Internationale H.-Wolf-Ges.).

Gesangbuch ist der Name des Buches, das die Gesänge der Kirchengemeinden zum Gebrauch im Gottesdienst enthält. Liedgesang der Gemeinde war schon im katholischen Gottesdienst des Mittelalters üblich. Doch das Aufblühen des Gemeindeliedes und die Entwicklung des G.s waren Folgen der reformatorischen Absicht, die Gemeinde am Gottesdienst stärker zu beteiligen. Die Ordnung der Lieder im G. erfolgte im Anschluß an die Gradualien, Cantualien usw. gemäß dem Verlauf von Kirchenjahr und Liturgie. Etwas später als in der protestantischen Kirche setzte die Ausbildung des G.s in der katholischen Kirche ein. In der Reformationszeit wird das Gemeinde-G. mit Enchiridion, Geistliche Lieder, Psalmen usw. betitelt. Erst im 18. Jh. ist die Bezeichnung G. allgemein gebräuchlich geworden, nachdem das unbegleitete Auswendigsingen der Gemeinde und der alternatim-Gebrauch der Orgel verlorengegangen waren. Die Orgel hatte Ende des 17. Jh. mit der Begleitung zugleich die Leitung des Gemeindegesangs übernommen. Während für den Organisten Choralbegleitbücher erschienen, ging das G. aus der Hand des Pfarrers, des Kantors, des Organisten und des Schulmeisters in die Hand der Gemeindeglieder über. Dabei verschwanden die Melodien aus dem G. und kamen erst im 19. Jh. wieder auf. – Das erste volkssprachliche G. erschien 1501 tschechisch (→ Böhmische Brüder). Die beiden wichtigsten, weil unmittelbar auf → Luther zurückgehenden und von ihm mit je einer Vorrede versehenen Gesangbücher der Reformationszeit sind das Klugsche und das Babstsche G. Ersteres erschien unter dem Titel *Geistliche lieder auffs new gebessert zu Wittemberg. D. Mart. Luth. Gedruckt zu Wittemberg durch Joseph Klug 1529*, ausgezeichnet mit Luthers Wappen (weitere Auflagen 1533, 1535, 1543ff.). Klug hatte 1524 das Chor-G. von J. → Walter (*Geystliche gesangk Buchleyn*), ebenfalls mit einer gewichtigen Vorrede von Luther, gedruckt (Nachdruck 1525 bei P. Schöffer in Worms, 2. Auflage 1534 in Straßburg bei Schöffer und Apiarius, 3. ebenda 1537, 4. bei G. Rhaw in Wittenberg 1544, 5. ebenda 1551). Das Babstsche G. (Leipzig 1545) ist das letzte zu Lebzeiten Luthers erschienene und mit einer Vorrede von ihm versehene G. Bedeutende Gesangbücher sind außerdem das Straßburger *Teutsch Kirchen amt* (1525), das Leipziger *Enchiridion* (1530), das erste deutsche G. der Böhmischen Brüder von M. Weysse (1531), das

Nüw gsangbüchle (Zürich 1540), das große Straßburger G. mit einer Vorrede von M. Bucer (Butzer) 1541 und der Genfer Liederpsalter (→ Calvinistische Musik). Das mehrstimmige Chor-G. war bis Ende des 17. Jh. gebräuchlich, solange nämlich an manchen Orten alternatim-Gesang der Choräle zwischen Figuralchor und Gemeinde üblich war (→ Kantionalsatz). Das G. der Reformationszeit enthält einen festen Stamm von Liedern, der nahezu 200 Jahre lang den Kern der meisten evangelischen Gesangbücher bildete, zudem mehr oder weniger zeitgebundene Lieder, die später in den »Anhang« aufgenommen wurden. Der Stamm blieb unangetastet, während der Anhang etwa alle 30 Jahre umgestaltet oder gegen andere Lieder ausgewechselt wurde, bis unter dem Einfluß des Pietismus der Anhang das Übergewicht erhielt. Das reformatorische Bekenntnis- und Zeugnislied ist durch das private Haus-G. mit seinem pietistischen »Kämmerleinlied« und seinen neuen Erbauungsliedern und -arien mehr und mehr verdrängt worden. Von Luther abgesehen ist kein Liederdichter in dem Maße wie P. Gerhardt (1607–76) in das lebendige Erbe des evangelischen G.s eingegangen. Als Beispiele für das pietistische G. »zur Beförderung sowohl Kirchen- als Privat-Gottesdienstes« seien genannt die Gesangbücher von J. Crüger (vierstimmig mit Gb., Berlin 1644; in 2. Auflage als *Praxis pietatis melica* 1647, das allein in Berlin 44mal aufgelegt wurde), von J. A. Freylinghausen (Halle/Saale, 1. Teil 1704, 2. Teil 1714, 19 1759), daran anschließend Zinzendorfs Bethelsdorfer G. von 1775, das trotz Traditionszusammenhang zwischen Herrnhuter Brüdergemeinde und Böhmischen Brüdern kaum noch Lieder aus deren Gesangbüchern enthält, und schließlich Schemellis *Musikalisches G.* (Leipzig 1736), für das J. S. Bach Lieder beigesteuert hat. Das G. der Aufklärung verlagert das Verhältnis von Gemeindelied und privatem Erbauungslied noch weiter zugunsten des letzteren und ordnet die Lieder nicht mehr nach dem Ablauf von Liturgie und Kirchenjahr, sondern nach erbaulichen Lehrschemata. Genannt seien die Gesangbücher von H. Lindenberg (Köln 1741, katholisch), G. J. Zollikofer (Leipzig 1766, reformiert) und J. S. Diterich (Berlin 1783, lutherisch). – Das älteste katholische G. mit Melodien gab M. Vehe, Stiftspropst zu Halle (Saale), heraus (Leipzig 1537); es folgen das G. von J. Leisentritt (Bautzen 1567) sowie die lange Reihe der Diözesangesangbücher, die den evangelischen Landeskirchengesangbüchern nachgebildet sind. Das evangelische G. des 19. Jh. spiegelt die kirchliche Erweckung wider, die im Zusammenhang mit den Freiheitskriegen, später mit der kirchlichen Erneuerung und der Neubesinnung auf das Erbe der Reformation hervortrat. E. M. Arndt (*Von dem Wort und dem Kirchenliede*, Bonn 1819) war der erste, der den Gedanken eines christlichen deutschen Einheits-G.s aussprach, das sowohl für die evangelischen als auch die katholischen Christen gleichermaßen gültig sein sollte. Im 20. Jh. setzte dann eine umfassende G.-Reform ein, die nicht zuletzt auch die praktischen Erfahrungen der Jugendmusikbewegung sowie die Erkenntnisse des musikgeschichtlichen Zweigs der Hymnologie verwertete. Dabei wurde der Liedbestand auf die wertvollsten Kernlieder hin gesiebt und jeweils die Urfassungen angemessen berücksichtigt. So entstand, bearbeitet von Chr. Mahrenholz und O. Söhngen, 1950 das heute gültige Evangelische Kirchen-G. Zu seinen 394 Stammliedern kommen jeweils noch etwa 60–100 regional gebräuchliche Kirchenlieder (Württemberg hat deren 200) im Anhang, der etwa alle 20 Jahre revidiert werden soll. Konfessionelle Besonderheiten finden sich ebenfalls im Anhang berücksichtigt. Neben den katholischen Diözesangesangbüchern sind als überregional zu nennen H. Bones *Cantate* (1847) sowie das *Kirchenlied* (1928) und das Einheitsliederbuch der deutschen Bistümer (1947) mit 74 Liedern.

Ausg.: J. WALTER, Geystliche gesangk Buchleyn (Wittenberg 1524), hrsg. v. O. Kade, = PGfM Jg. VI, Bd VII, Bln 1878; DASS., hrsg. v. O. Schröder, in: J. Walter, GA I–III, Kassel 1943–55; Geystliche Lieder (Babstsches G., Lpz. 1545), Faks. hrsg. v. K. AMELN, Kassel 1929, ²1959; Erfurter Enchiridion (1524), Faks. Kassel 1929; Teutsch Kirchen amt (Straßburg 1525), Faks. hrsg. v. K. REINTHALER, Erfurt 1948; Lpz.er Enchiridion (1530), Faks. hrsg. v. H. Hofmann, Lpz. 1914; M. WEYSSE, Ein new Geseng buchlen (Jungbunzlau 1531), Faks. hrsg. v. W. THOMAS, Kassel 1931; Geistliche lieder auffs new gebessert (Wittenberg 1533), Faks. hrsg. v. K. AMELN, Kassel 1954; Nüw gsangbüchle (Zürich 1540), Faks. hrsg. v. J. HOTZ, Zürich 1946; Gesangbuch, darinn begriffen sind, d. aller fürnemisten u. besten Psalmen, geistliche Lieder, u. Chorgesang (Straßburg 1541), Faks. Stuttgart 1953; Les pseaumes ... mis en musique à 4 parties par Cl. Goudimel (Genf 1565), Faks. hrsg. v. P. Pidoux u. K. Ameln, Kassel 1935; N. BEUTTNER, Catholisch Gesang-Buch (Graz 1602), Faks. hrsg. v. W. Lipphardt, Graz 1964.

Lit.: FR. ZELLE, Das erste ev. Choralbuch (Osiander 1586), Wiss. Beilage zum Jahresber. d. 10. Realschule zu Bln, 1903; CH. SCHNEIDER, Luther poète et musicien et les Enchiridions de 1524, Genf 1942; O. SÖHNGEN, Die Zukunft d. G., Bln (1949); CHR. MAHRENHOLZ, Das Ev. Kircheng., Kassel 1950; W. BRENNECKE, Das Hohenlohesche G. v. 1629 u. J. Jeep, Jb. f. Liturgik u. Hymnologie IV, 1958/59; M. JENNY, Gesch. d. deutsch-schweizerischen ev. G. im 16. Jh., Basel 1962.

Gesangschulen → Gesangskunst.

Gesangskunst setzt in technischer Hinsicht die souveräne Beherrschung des Stimmapparates, präzise Artikulation und reine Intonation voraus; in musikalischer Hinsicht erfordert sie eine sinnvolle Interpretation des Notentextes, verbunden mit persönlicher Ausstrahlung des Sängers auf sein Publikum. – Die Pflege des Gesanges läßt sich bis ins Altertum zurückverfolgen, dessen Schriftsteller über verschiedene, zum Teil hoch virtuose Arten des Gesangsvortrags berichten; auch liegen Nachrichten über das Wirken von Gesanglehrern (→ Phonascus) vor. Den Kirchenvätern galt kunstvoller Gesang überwiegend als heidnisch und anstößig, da er die Deutlichkeit des Textvortrags und durch seinen sinnlichen Reiz die Andacht der Gemeinde stören konnte. Zur Ausübung einer neuen, kirchlichen Forderungen entsprechenden G. kam es in der vermutlich im 5. Jh. gegründeten römischen → Schola cantorum, die für die im 8. Jh. entstehenden Schulen in Metz und St. Gallen vorbildlich wurde. Während Schulen dieser Art (später auch in Paris und Cambrai) der gesanglichen Ausbildung von Klerikern und der korrekten Überlieferung des Gregorianischen Gesanges dienten, entstanden daneben bei Klöstern und größeren Kirchen Schulen, in denen Knaben neben der allgemeinen Ausbildung auch im gottesdienstlichen Gesang unterrichtet wurden (→ Schulmusik, → Kantorei, Domchor, → Maîtrise). – In der Mitte des 16. Jh. erwachte das Interesse an der → Stimmbildung, der wichtigsten Voraussetzung der G. In seinem Brief *All'Illustrissimo Signor d'Alta Villa* (Neapel 1562) behandelt G. C. Maffei die Anatomie der Stimmorgane und bringt Gesangsregeln und Übungen für die → Verzierungen. G. dalla Casa (*Il vero modo di diminuir ...*, Venedig 1584), G. Bassano (*Motetti, madrigali et canzoni franceße*, Venedig 1591), G. B. Bovicelli (*Regole, passaggi di musica*, Venedig 1594) und L. Zacconi (*Prattica di musica*, Venedig 1596) zeigen an Hand von Verzierungsbeispielen in Madrigalen und Motetten, wie einzelne Stimmen mehrstimmiger Kompositionen solistisch verziert ausgeführt werden können. G. Caccini, der in der Vorrede zu *Le nuove musiche* (1601) seine Kunst des ausdrucksvollen Sologesanges darlegt, gibt zur Erzielung einer *nobile maniera di cantare* (→ Monodie) für die *Intonazione*, die *Esclamazione* und das *crescere e scemare della voce* Anweisungen, die einen wichtigen Ansatzpunkt für den → Belcanto mit einer sich über das ganze 17. Jh. erstreckenden Nachwirkung bilden. Im 18. Jh. richtete man sorgfältig abgestufte Übungen ein, deren vollkommene Beherrschung ein langwieriges Studium erforderte. Über diese Vorbildung informieren Passaggien- und Solfeggienwerke (→ Solfège), so die *Opinioni de' cantori antichi e moderni* (1723) von P. Fr. Tosi, die *Pensieri e riflessioni pratiche sopra il canto figurato* (1774) von G. Mancini und die *Raccolta di esercizj per il canto* (1811) von G. Crescentini. Es zeichnen sich dabei vier Grundstufen ab: das Solmisieren, das Vokalisieren (→ Vocalise), die → Messa di voce und die Ausführung der improvisierten Verzierungen. – In Frankreich setzte sich eine derartige G. nicht durch. Die Aufführung italienischer Opern in Paris während der Amtszeit des Kardinals Mazarin veranlaßte die Franzosen zu einer eigenen Gesangsästhetik, die ganz auf den rationalistischen Prinzipien der Vernunft und der Klarheit gegründet war. Als erster behandelt M. Mersenne im 6. Buch seiner *Harmonie universelle* (1636) Stimme und Gesang; dabei zieht er die kleineren Stimmen den größeren vor. Das gleiche tut B. de Bacilly in seinen *Remarques curieuses sur l'art de bien chanter* (1668), da die kleineren Stimmen zum Vortrag der *avec douceur* zu singenden Verzierungen geeigneter seien. Bacilly verlangte vor allem genaue Artikulation der Wörter und scharfe Deklamation der Verse; beide Forderungen wurden dann oberste Grundsätze für die Tragédie lyrique. – Mit der Erneuerung der Oper durch Gluck änderten sich auch die seitherigen Grundlagen. In der von B. Mengozzi verfaßten und von H. Fr. M. Langlé 1802 herausgegebenen *Méthode de chant du Conservatoire* wird versucht, die französische Tradition mit den italienischen Tendenzen in Einklang zu bringen. Hierbei handelt es sich nicht mehr um bloße Anweisungen wie in den Verzierungslehren des 18. Jh., sondern um ein methodisches Lehrwerk, dessen Übungen nicht direkt verwertbar sind, sondern erst nachträglich auf den Gesangsvortrag angewendet werden. Unter dem Einfluß von Physiologen, besonders von F. Magendie, entstand *L'art du chant* (1845) von G. Duprez, eine auf der Lautbildung (phonation) beruhende Gesangsmethode. Der Sänger und Wissenschaftler M. García, der 1840 der Académie Française in der *Mémoire sur la voix humaine* physiologische Untersuchungen vorgelegt hatte, schuf 1855 durch die Erfindung des Laryngoskops, des Kehlkopfspiegels, die Voraussetzung für auf systematischer Schulung der → Stimme (– 2) beruhende Gesangsmethoden. Durch seinen *Traité complet du chant* hatte García 1847 die erste moderne Gesangschule begründet, die, wie viele folgende Schulen, sich dem zielbewußten Aufbau der Singstimme und ihrem Training widmete. Der mit R. Wagner befreundete Fr. Schmitt stellte in seiner *Großen Gesangschule für Deutschland* (1854) eine nach Schwierigkeitsgraden angelegte Stufenleiter auf, systematisch angeordnete Übungen von Tonverbindungen und Tongruppen bis zur Oktave; erst nach der Stimmbildung folgt dann die sprachgesangliche Erziehung. Sein Schüler J. Hey verlegte in seinem *Deutschen Gesangunterricht* (1885) neben der Ton- und Stimmbildung die Sprecherziehung in den Mittelpunkt seiner Lehre. Die Sprache steht als Ausgangspunkt in der *Gesangsmethode* (1884) von J. Stockhausen; die Gesangsübungen beginnen in der Mittellage mit Schwelltönen innerhalb des Hexachordraumes; zur Gewinnung eines dunklen Timbres empfiehlt Stockhausen die Tiefhaltung des Kehlkopfes. Br. Müller-Brunow verbreitete mit seinem Buch *Tonbildung oder Gesangunterricht* (1898) die Lehre vom *primären Ton*, mit dem der jedem Menschen seiner Natur nach am nächsten liegende Grundton gemeint ist, *der fesselos dem leichtgeöffneten Munde entströmt* (S. 9). Diese Theorie erregte um 1904 zwei einander diametral widersprechende Methoden: das »Stauprinzip« von G. Armin, der nur von der Bruststimme aus zu optimalen Erfolgen gelangen zu können glaubte, und die Minimallufttheorie oder die Lehre vom »Freilauf« und den »Partialtönen« von P. Bruns, der unter optimaler Lockerheit vom Falsett aus zum Ziel zu kommen vermeinte. Eine Synthese beider Theorien versuchten die Dänen J. und V. Forchhammer in ihrer *Theorie und Technik des Singens und Sprechens* (1921). Einen von der physiologischen Methode abweichenden Weg beschritt Fr. Martiensen (*Das bewußte Singen*), die von der *psychologischen Grundlage der echten Gesangstechnik* ausging. – Heute bestehen nebeneinander die verschiedenen Gesangstechniken der Italiener, deren G. auf der Trennung der Stimmregister beruht, und die deutsche G., die darauf gerichtet ist, die verschiedenen Register zu überbrücken.

Lit.: G. CACCINI, Le nuove musiche, Florenz 1601 u. ö., Faks. hrsg. v. F. Mantica, Rom 1930, u. hrsg. v. Fr. Vatielli, Rom 1934, engl. in: O. Strunk, Source Readings in Music Hist., NY 1950; O. DURANTE, Arie devote ..., Rom 1608; FR. ROGNONI-TAEGGIO, Selva di varii passaggi ..., Mailand 1620; J. CRÜGER, Kurzer u. verständlicher Unterricht, recht u. leichtlich singen zu lernen, Bln 1625; M. MERSENNE, Harmonie universelle, Paris 1636, Faks. hrsg. v. Fr. Lesure, 3 Bde, Paris 1963; J. A. HERBST, Musica practica, Nürnberg 1642, erweitert Ffm. 1653; B. DE BACILLY, Remarques curieuses sur l'art de bien chanter, Paris 1668; P. FR. TOSI, Opinioni de' cantori antichi e moderni, Bologna 1723, Faks. hrsg. v. E. R. Jacobi, Celle 1963, engl. London 1742, [2]1743, deutsch v. J. Fr. Agricola, Bln 1757, frz. Paris 1874; G. MANCINI, Pensieri e riflessioni pratiche sopra il canto figurato, Wien 1774, Mailand [2]1777, frz. 1776 u. 1796, nld. 1837, engl. um 1912; J. A. HILLER, Anweisung zum mus.-richtigen Gesange, Lpz. 1774, [2]1798; DERS., Anweisung zum mus.-zierlichen Gesange, Lpz. 1780; B. MENGOZZI, Méthode de chant ..., hrsg. v. H. Fr. M. Langlé, Paris 1803/04; G. CRESCENTINI, Raccolta di esercizj per il canto, Paris 1811 u. ö.; A. DE GARAUDÉ, Méthode complète du chant, Paris 1825; M. GARCÍA, Mémoire sur la voix humaine, Paris 1840, deutsch Wien 1878; DERS., Traité complet de l'art du chant, 2 Teile Paris 1840–47, deutsch v. M. C. Wirth u. Mangold, Mainz (1858), in abgekürzter Form v. Fr. Volbach als: García-Schule, Mainz 1891–92, [2]1895, NA 1898 u. ö. als: Gesangsschule oder Die Kunst d. Gesanges, 2 Bde, Mainz 1911, engl. v. B. García als: Hints of Singing, London 1895; FR. SCHMITT, Große Gesangsschule f. Deutschland, München 1854, [2]1864; J. HEY, Deutscher Gesangsunterricht, Mainz 1881, 4 H., Mainz 1885ff.; J. STOCKHAUSEN, Gesangsunterrichtsmethode, 2 Teile, Lpz. 1886–87; DERS., Gesangstechnik, Lpz. o. J.; H. GOLDSCHMIDT, Die ital. Gesangsmethode im 17. Jh., Breslau 1890, [2]1892; DERS., Hdb. d. deutschen Gesangspädagogik I, Lpz. 1896; BR. MÜLLER-BRUNOW, Tonbildung oder Gesangunterricht, Lpz. 1890, [6]1912; L. LEHMANN, Meine G., Bln 1902, [3]1922, Nachdruck Wiesbaden 1961, engl. v. R. Aldrich als: How to Sing, NY u. London 1902, [3]1924 u. 1949, frz. v. E. Naegely als: Mon art du chant, Paris 1911; P. BRUNS-MOLAR, Neue Gesang-Methode nach erweiterten Grundlehren v. primären Ton, Bln 1906; DERS., Die Registerfrage, I Das Problem d. Kontraaltst., Bln 1906, [2]1930 als: Das Kontraaltproblem, II Bar. oder T., Bln 1910; DERS., Minimalluft u. Stütze, Bln 1927, [2]1929, als: Atemkunst u. Stimmhöhe, Bln 1932; DERS., Bar.-T., Bln 1932; G. ARMIN, Das Stauprinzip, Lpz. 1909, NA 1912; DERS., Von d. Urkraft d. St., Lpz. 1921; DERS., Carusos Technik, Bln 1922; DERS., Der Modegesanglehrer, Stuttgart 1925; J. v. FORCHHAMMER, Theorie u. Technik d. Singens u. Sprechens, Lpz. 1923; FR. MARTIENSSEN-LOHMANN, Das bewußte Singen, Lpz. 1923, [3]1951; DIES., Der wissende Sänger, Zürich u. Freiburg i. Br. 1956; A. THAUSIG, Die Sängerst., Stuttgart 1924, Hbg [3]1957; E. ROSS, Deutsche u. ital. Gesangsmethode, = Königsberger Studien zur Mw. III, Kassel 1928; DERS., Gesang u. Gesangsmethode, in: Hohe Schule d. Musik, hrsg. v. J. Müller-Blattau, Bd III, Potsdam (1935); K. J. KUTSCH u. L. RIEMENS, Unvergängliche St., Kleines Sängerlexikon, = Slg Dalp XCII, Bern u. München (1957); H. HÖLZEN, Die methodisch-pädagogischen Grundsätze deutscher Gesangskultur im 19. Jh., Diss. Münster i. W. 1958; R. HUSSON, La voix chantée, Paris 1960; G. BAUM, Die bühnentaugliche Singst., Musik im Unterricht (allgemeine Ausg.) LII, 1961; FR. HERZFELD, Magie d. St., Bln, Ffm. u. Wien (1961); E. ROSSI, Neue Grundlagen f. d. Sprech- u. Gesangsunterricht, München u. Basel 1965.

Geschichte der Musik. Es liegt im abendländischen, seiner Herkunft nach griechischen und von daher durch das Spannungsverhältnis von → Theorie und Praxis gekennzeichneten Begriff der Musik beschlossen, daß sie Gesch. hat im Sinne eines immerwährenden Wandels ihrer Erscheinungsformen, in der Weise einer beständigen Folge neuer Musik. In solcher Geschichtlichkeit ist die Musik eine nur dem Abendland eigene Erscheinung. Ihr gegenüber steht als Gegenpol die vorgeschichtliche (vormusikalische), gleichsam naturwüchsige, oder die noch nicht europäisch beeinflußte Gestaltung des Klingenden, die so wenig Praxis genannt werden kann, wie sie Theorie kennt, und die sich durch ihre relative Geschichtslosigkeit auszeichnet. Das Verhältnis zwischen diesen Polen ist nicht wechselseitig: Begegnungen zwischen Naturwüchsigem und Artifiziellem geschehen im Endergebnis wohl stets zugunsten des letzteren, sei es als ohne Befruchtung der abendländischen Musik, ihrer Gesch., sei es als Europäisierung, indem sich das Artifizielle neben die einheimische Überlieferung stellt, sie durchdringt, in ihrer Eigenart gefährdet und auszulöschen droht. Zwar spricht der Europäer heute (so wie auch dieses Musiklexikon) von Musik der Naturvölker, Eskimo-Musik, Negermusik, Afrikanischer Musik usw. und ihrer Gesch. (ein eigenes Problem ist womöglich die → Chinesische Musik), doch geschieht dies weithin unreflektiert in Ermangelung und als Ersatz der kultureigenen Begriffswörter und dabei zumeist in blind europäisierender Sicht. Die Konzeption einer musikalischen Universalgesch. ist wohl möglich angesichts der *Ausbreitung abendländischer Melodik und Harmonik über die ganze Erde* (Wiora), muß aber problematisch bleiben, wo die Eigenart fremder Klangwelt zugunsten von universalgeschichtlich konzipierten Weltaltern der Musik verkannt und dem in Terminologie und Tonschrift grundsätzlich theoretischen, artifiziellen und geschichtlichen Begriff der Musik adaptiert wird. – Die Gesch. d. M., in der die unaufhörliche Folge der Neuerungen zugleich ein Kontinuum der Tradition darstellt und die sich seit dem 12./13. Jh. primär als Gesch. der → Komposition abspielt, begleitet ein beständiges Sich-Erinnern an die Vergangenheit. Dieses hat selbst Gesch.; es wandelt sich zusammen mit der Art, in der die Tradition in der Gesch. d. M. wirksam ist.

Das mittelalterliche Musikschrifttum (ähnlich schon in der Spätantike der unter Plutarchs Namen überlieferte Dialog Περὶ μουσικῆς) erinnert an die Vergangenheit nach Art der Weltchroniken: es erzählt den biblischen (Jubal/Thubalkain, Genesis 4, 21f.; z. B. Isidorus, *Etymologiae* III, 16, 1) oder griechischen (Mythologie, Pythagoras-Legende; z. B. Guido von Arezzo, *Micrologus*, CSM IV, 229ff.) Ursprung der Musik, die späteren »Erfindungen«, die biblischen oder legendären

Berichte über die Wirkungen der Musik und die Leistungen der Autoritäten (Kirchenväter, Gregor I., Guido, Franco). Die Erinnerung steht im Dienst der Wesensschau, des Bewahrens und Überliefens von Wissen, des Lobes und der Rechtfertigung der Musik, noch nicht aber im Zeichen von Wiederentdeckungen. Dies entspricht der Eigenart der mittelalterlichen Gesch. d. M., in der die Tradition noch gleichsam selbsttätig (daher unreflektiert) wirksam war. Die aus der griechischen Antike tradierten Grundlagen entfaltete die Musik des → Mittelalters seit der karolingischen Zeit zu einer grundsätzlich neuen Art musikalischer (d. h. von theoretischer Reflexion begleiteter) Praxis, die durch die Entstehung der Mehrstimmigkeit (→ Organum), der tonlich und rhythmisch eindeutigen Modalnotation und der Komposition mehrstimmiger Musik gekennzeichnet ist und Gesch. hatte in den Erscheinungen Sequenz und Tropus, Organum, Discantus und Contrapunctus, Clausula, Motette und Chanson, → Ars antiqua und → Ars nova. Doch hinter der Folge der Neuerungen standen als traditionsstiftende Momente nicht nur musikalische Prinzipien (z. B. die Relation zwischen Ton und Tonsystem oder das tonsprachliche Gestalten von Anfang, Mitte und Schluß), die ins je Neue sich entfalteten, sondern auch die beharrliche Geltung der Theoretiker (wie es z. B. die Boethius- und die *Musica Enchiriadis*-Überlieferung zeigt) und die Konstanz des Chorals. An den Zentren der Musikpflege waren gegenwärtig gültig die neuen Arten der Musik, während die vergangenen veralteten und weithin vergessen wurden. Doch das Vergangene war im Neuen mit eingeschlossen und wirksam: *in der jeweils neuen Musik waren die ihr vorausgegangenen Stufen implicite enthalten* (Georgiades).

Erstmals haben → Humanismus und → Renaissance des ausgehenden 15. und 16. Jh. mit ihrem Interesse am originalen früh- und hochmittelalterlichen Musikschrifttum (besonders im Zurückgreifen auf Boethius und Guido von Arezzo) und an der antik-griechischen Musik und Musiktheorie (Gaffori, Glarean, Vicentino, G. Mei, V. Galilei) Vergangenes wiederentdeckt. Zwar war auch in der Florentiner → Camerata die Berufung auf die Musica antica noch ein Mittel der Rechtfertigung, nämlich der polemischen Erörterung und der Verteidigung einer neuen Art von Musik gegenüber der derzeitigen Musica moderna. Indem nun aber die Besinnung auf die Antike im Hinblick auf die zeitgenössische Praxis entdeckerisch über den Traditionsprozeß hinwegzugreifen strebte, waren erstmalig die Voraussetzungen für das neuzeitlich reflektierende Sich-Verhalten gegenüber der Gesch. d. M., für ein Traditions-»Bewußtsein« und für das Wiederentdecken alter Musik gegeben. Die Gliederung des Gesamtgeschehens in die Zeitalter Antike, Mittelalter und Neuzeit und die entwicklungsgeschichtliche Vorstellung von Blüte-, Niedergangs- und Aufstiegszeit haben hier ihre Wurzeln. – Doch neben dem, auch als → Seconda pratica proklamierten, »neuen Stil« der Musik, der durch Monodie, Generalbaß und neuartige Dissonanzbehandlung gekennzeichnet ist und in Madrigal und Concerto, Oper und Oratorium, Rezitativ und Arie konstitutiv wurde, blieb im 17. Jh. der »alte Stil« der Musik unmittelbar wirksam, teils als der für die Kirchenmusik geforderte oder für einzelne Gattungen (Messe, Motette) besonders geeignete – Stil, teils als Lehrfundament (Schütz; im 18. Jh. noch Fux) und überall in der gegenseitigen Durchdringung der Stile. Dementsprechend stand bis in die Bach-Zeit auch das Schreiben über die alte Musik weithin noch nicht unter dem Aspekt des Wiederentdeckens, sondern bewahrte den Charakter der Musica historica. Diese *erzehlet den Ursprung und erste Erfindung der Music ..., auch deren Aufnahme und Fortgang, ingleichen die berühmtesten Auctores* (Walther 1732). Sie besteht im Zusammenstellen von Quellenexzerpten, und ihre Motivierung ist das Rühmen der Musik und des Musikerstandes, das exemplarische Belegen der »Nutzbarkeit« der Musik (für Gemüt, Tugend, Gesundheit, Belustigung usw.) und ihres Höhersteigens bis zur jetzigen Vortrefflichkeit. Zu den Topoi der »historischen Beschreibung« gehören z. B. der Beweis, *daß die Kirchväter im Newen Testament die Instrumentalische Musicam nicht verworffen haben* (Praetorius Synt. I, S. 135ff.), und die Erörterung *Von der Music Endzweck* (Printz, Kap. 14). Zur Musica historica (oder Musica historia) zählen der 2. Teil der *Exercitationes musicae duae* (1600) von S. Calvisius, der *de Initio et Progressu Musices* unter musiktheoretischem Aspekt berichtet; das lateinisch geschriebene *Syntagma musicum* I (1615) von M. Praetorius, das im 1. Teil *Von der Geistlichen- vnd Kirchen-Music ... vorzeiten / wie auch noch jtzunder* (bis zur Reformation) handelt und im 2. Teil *Eine Historische Beschreibung der Alten Politischen vnd Weltlichen Music* gibt; ferner die *Historische Beschreibung ...* (1690) von W.C. Printz, deren 12. Kapitel (*Von Denen Berühmtesten Musicis des 17. Jh.*) zusammen etwa mit Walthers *Lexicon* (1732) und Matthesons *Ehren-Pforte* (1740) der späteren biographischen Musikgeschichtsschreibung als Quelle diente.

Eine auf die Quellen zurückgehende, philologisch, historisch und kritisch verfahrende Musikgeschichtsschreibung entstand im Zusammenhang mit der Aufklärung zuerst in Frankreich, teils in Verbindung mit der »Querelle« über die Vorzüge der italienischen und französischen Musik (→ Raguenet 1702 und 1705; → Lecerf de la Viéville 1704ff.; auch die *Histoire de la musique* von → Bourdelot-Bonnet, 1715, gehört teilweise hierher), teils im Dienst der »Querelle des Anciens et des Modernes« auf musikalischem Gebiet (Burette 1729). In der Tradition benediktinischer Gelehrsamkeit steht der *Essai d'une histoire de la musique* des Mauriners Ph. J. → Caffiaux (3 Bde, 1757, hs.), der, bis 1754 reichend, ausschließlich Musikschrifttum heranzieht, dieses jedoch breit und gründlich verarbeitet. Ein Ergebnis systematischen Forschens unter dem Aspekt wissenschaftlicher Aufklärens ist 1780 die enzyklopädische Bewältigung des musikgeschichtlichen Stoffes durch J.B. de Laborde. In Italien erarbeitete Padre G.B. Martini in kritischer Methode aus den Quellen seiner gewaltigen Bibliothek eine *Storia della musica*, die in den gedruckten 3 Bänden (1757–81) jedoch nicht über die Musik des Altertums hinauslangte. In Deutschland schuf M. Gerbert, geleitet vom Interesse an kirchenmusikalischen Fragen, mit seinem Werk *De cantu et musica sacra ...* (1774) eine reiche Materialsammlung zur Musica sacra, der Musica sacra und mit seinen *Scriptores ...* (1784) ein Quellenwerk ersten Ranges für die Erforschung der mittelalterlichen Musiklehre. In England veröffentlichte 1776 der Jurist J. Hawkins *A General History ... of Music*, die besonders in der Mitteilung von Partien des Musikschrifttums und etwa 150 Kompositionen älterer Zeiten eine Fülle erstmals erschlossenen Materials bietet, gegenüber der Moderne indessen von Skepsis erfüllt ist. Dagegen liegt der besondere Wert von Ch. Burneys *A General History of Music ...* (Bd I, ebenfalls 1776) gerade in dem letzten, 4. Band (1789) über die Musik des 18. Jh., die Burney auf seinen Reisen durch Europa (1770 und 1772) studiert hatte. Fortschrittsglaube und musikalisches Standesbewußtsein führen ihn zu skeptischer Beurteilung des einseitigen Interesses an der Musik der Antike (*Indeed, I should have been glad to have waived all discussion about it: for ... the study of ancient music is now become the business of an Antiquary more than of a Musician).* Übersichtlich ordnet er die Gesch. d. M. nach Zeiten, Schulen und Sachproblemen und versucht sie je als Teil eines Kulturganzen zu sehen; doch seine Definition der Musik als *an innocent luxury* bietet noch keine Impulse zur Entfaltung einer tieferen Konzeption. Eine solche Konzeption stellt J.N. → Forkels *Versuch einer Metaphysik der Tonkunst* dar, der den I. Band seiner *Allgemeinen Gesch. d. M.* (1788) einleitet (Bd II reicht bis ins 16. Jh.; der nicht erschienene Bd III war als eine *Specialgesch. der deutschen Musik* geplant). In Forkels Leitgedanken ist die Frühromantik erkennbar: die universalhistorische Betrachtungsweise und die Idee der organischen Entwicklung, die durch die Göttinger Geschichtsschule und besonders wohl durch Herders Gedanken des Wachstums, der kulturhistorischen Bedingtheit und des Eigenwertes der geschichtlichen Erscheinungen auf Forkel einwirkten. Doch letztlich ist Forkels Werk noch immer im Sinne der Aufklärung konzipiert als *stuffenweise Ausbildung der Musik vom ersten Anfang bis zu ihrer höchsten Vervollkommnung* (Einleitung, § 1). Ein Maßstab, der systematisch nach Art der *Natur-Lehre* aus der *Natur der Kunst und des Menschen* und geschichtlich aus der Musik des 18. Jh. (namentlich J.S. Bachs, Haydns und Dittersdorfs) gewonnen ist, dient zur Beurteilung der Erscheinungen im Sinne des Fortschritts. Forkels Motive der Musikgeschichtsschreibung sind vornehmlich das Interesse an der »wahren Musik«, das Aufdecken der *Ursachen des jetzigen Verfalls* der Kirchenmusik und ihre *Verbesserung* (Einleitung zu Bd II) und das Rühmen der deutschen Musik des 18. Jh. In seiner Monographie über J.S. Bach (1802, ursprünglich als Abschluß seiner *Gesch. d. M.* geplant), die sich methodisch durch das Zurückgehen auf die Quellen auszeichnet und praktisch die Wiederentdeckung Bachs vorbereiten half, wird Bach gepriesen als *der erste Klassiker, der je gewesen ist, und vielleicht je seyn wird,* und als *ein Deutscher.* Von einer zusammen mit J. Sonnleithner auf 50 Bände geplanten *Gesch. d. M. in Denkmälern* wurde nur Band I fertiggestellt (dessen Bleiplatten jedoch 1805 vernichtet worden sind).

Das Interesse an der Gesch. d. M. brach im 3. und 4. Jahrzehnt des 19. Jh. mit der Vehemenz einer Existenzfrage hervor. So wie kompositorisch die noch in der Klassik bestehende Einheit von Tektonik und Sinn jetzt in die Antithese »Form« und »Inhalt« (→ Ausdruck) auseinanderbrach – wobei die Formen weitgehend historische Formen sind –, so ist die neue Zeit ab etwa 1830 durch den *Bruch im Gedächtnis* (Georgiades) gekennzeichnet, der ein antithetisches Verhältnis von Gesch. und Gegenwart zur Folge hat und anstelle des selbsttätigen Prozesses der Tradition die Aneignung der Gesch. im Akt der Reflexion fordert. Das 19. Jh. beginnt, *den Inbegriff von Musik erst in der Gesamtheit der historisch erfaßbaren Musik zu erblicken* (Georgiades). Zu den Erscheinungsformen dieses neuen Interesses an der Gesch. d. M. gehören die Wiederbelebung älterer Musik (Berliner Singakademie schon seit 1791, Aufführung von Bachs Matthäuspassion 1829), das Entstehen der historischen Konzerte, privat (van Swieten, Kiesewetter) und öffentlich (Fétis 1832/33), die praktischen Neuausgaben älterer Musik (→ Tucher 1827; → Rochlitz ab 1837, → Dehn 1837, → Alfieri ab 1840), die Gründung von → Gesellschaften zur Förderung oder als Träger musikgeschichtlicher Unternehmungen (Bach-Gesellschaft 1850; Deutsche Händel-Gesellschaft 1856), die bald einsetzende Edition von → Denkmälern (Deutschland: *Musica sacra,* hrsg. von → Commer, ab 1839; England: *Publications ...,* ab 1840; Italien: *Raccolta ...,* hrsg. von Alfieri, ab 1841) und → Gesamtausgaben (Händel ab 1843; Bach ab 1851) sowie die daraus sich entwickelnde Wissenschaft der → Editionstechnik und → Aufführungspraxis; auf seiten der Komponisten bekundet sich jene neue Situation in der Stilnachahmung namentlich der alten a cappella-Musik (E.T.A. Hoffmann 1808; → Ett), vor allem jedoch in der bewußten Auseinandersetzung mit Techniken und Formen älterer Musik (Mendelssohn Bartholdy, 6 Präludien und Fugen für Kl. op. 35, 1832–37; Spohr, *Historische Symphonie im Styl und Geschmack vier verschiedener Zeitabschnitte,* op. 116, 1839; Schumann, *6 Fugen über den Namen BACH* op. 60, 1845; späterhin z. B. Brahms, IV. Symphonie op. 98, 4. Satz: *Passacaglia,* 1884/85; Reger, *Konzert im alten Stil* op. 123, 1912; Strawinsky, *Pulcinella,* 1919; A. Berg, *Wozzeck,* 1914–21; Hindemith, *Ludus tonalis,* 1942). – Zu den Motivierungen der Musikgeschichtsschreibung zählt zunächst weiterhin vor allem die Frage nach der »wahren Kirchenmusik«, die Thibaut in seiner Schrift *Über Reinheit der Tonkunst* (1825) beantwortete mit dem Hinweis auf die *religiöse Demut, Begeisterung und Erhabenheit, wodurch die großen alten Meister so oft den veredelten Menschen den Himmel öffnen* (Ausgabe 1907, S. 46), und die dann auf katholischer Seite (→ Caecilianismus) besonders zu den Arbeiten des Regensburger Reformkreises (→ Proske, J.G. → Mettenleiter, J. → Schrems, Fr. X. → Haberl), zu den Choralforschungen der Benediktiner von Solesmes (→ Guéranger, → Pothier, → Mocquereau; → Denkmäler *Paléographie musicale*) und zur Choralrestauration zu Beginn des 20. Jh. (→ Editio Vaticana) führte. Auf evangelischer Seite steht der Gedanke der Erneuerung der Kirchenmusik im Hintergrund der Arbeiten z. B. von → Tucher (1840), C. v. Winterfeld (*Der evangelische Kirchengesang,* 1843–47) und Ph. Spitta (*J.S. Bach,* 1873–80) und führte im 20. Jh. zu den historischen Forschungen der → Orgelbewegung und der kirchenmusikalischen Erneuerungsbestrebungen allgemein (→ Kirchenmusik – 2). – Im Zusammenhang mit der Restauration der Kirchenmusik war auch G. Bainis Arbeit über Palestrina (1828) entstanden, die als Komponistenmonographie Vorgänger hat in den Arbeiten u. a. von Mainwaring (Händel, 1760), J. Hawkins (Corelli, 1777), Hiller (*Lebensbeschreibungen ...,* 1784), Forkel (Bach, 1802), G.N. Nissen (Mozart, 1828–29). Doch die eigentliche historische Monographie als Gattung der Musikgeschichtsschreibung entstand im 19. Jh. aus der Verehrung der Heroen der Wiener Klassik und der Meister des Barocks und auf dem Fundament der in der klassischen Philologie entwickelten Forschungsmethoden; sie wurde begründet durch O. → Jahn (Mozart, ab 1856; H. → Abert) und fortgeführt in den Monographien von Chrysander (Händel, ab 1858), Thayer (Beethoven, 1866), Ph. Spitta (Bach, 1873–80), C.F. Pohl (Haydn, 1878–82). – Als Folge der sich steigernden Ansprüche des Wissenwollens richtete sich die forschende Arbeit in zunehmendem Maße auf eingegrenzte Gebiete. Die musikalische Völkerkunde erhielt, nach den Ansätzen im 18. Jh., besonders durch Kiesewetter (1842) und Fétis (1867) neue Impulse (→ Musikethnologie); für das Verständnis der antiken Griechischen Musik wurden neue Grundlagen geschaffen (A. Böckh, 1811, R. Westphal, ab 1854, K. v. Jan, 1895); die Musik des Mittelalters wurde auf der Basis von Arbeiten zur Gesch. der Notation (H. Bellermann) und von Editionen des musiktheoretischen Schrifttums (Coussemaker, *Scriptores,* 1864–76; Lafage, *Essais de diphthérographie musicale,* 1864) in zunehmendem Maß ein Gegenstand spezieller Arbeit; die Erforschung des Chorals (Danjou, Nisard, Gevaert) und des evangelischen Kirchengesangs (Mortimer, v. Winterfeld, Ph. Wackernagel, J. Zahn) wurde intensiviert. Die Darstellungen nationaler Komponistenschulen wurden eröffnet durch die quellenkundlich und methodisch vorbildlichen Preisschriften von Kiesewetter und Fétis über die Verdienste der Niederländer (beide 1829 erschienen), die der einseitig italienisierenden Auffassung des Entstehens der neuzeitlichen Musik kräftig entgegenwirkten, während C. v. Winterfeld durch seine Arbeit über *Johannes Gabrieli und sein Zeitalter* (1834) von der *Blüthe heiligen Gesanges* im 16. Jh. zur Wiederentdeckung Schützens geführt wurde. In immer größerer Zahl entstanden musikgeschichtliche Einzeldarstellungen von Städten, Ländern und Schulen, Gattungen und Formen, auch z. B. Monographien über Instrumente, ihre Spieltechnik und Literatur (Weitzmann, Wasielewski, A. G. Ritter). Alle diese Forschungszweige erhielten um 1900 eine neuartige Intensivierung und Vertiefung durch das methodisch anspruchsvollere Erschließen und Interpretieren der praktischen und theoretischen Quellen, namentlich auf dem Gebiet der Notation (J. Wolf), des Gregorianischen Chorals (Jacobsthal, P. Wagner), der mittelalterlichen ein- und mehrstimmigen Musik (Aubry, J.-B. Beck, Fr. Ludwig), der Gesch. der Musiktheorie (H. Riemann) und der Musikinstrumente (C. Sachs, ab 1913), und in grandiosen Leistungen begann das forschende Interesse das gesamte Gebiet der Gesch. d. M. in seiner Weite und Tiefe zu durchmessen und auszuloten. Daneben waren die Grundlagen der Musikgeschichtsschreibung erneut durchdacht worden, namentlich von → Fétis in seinem *Résumé philosophique de l'histoire de la musique*, den er seiner *Biographie universelle* (1837–44) voranstellte, und in H. Riemanns musikgeschichtlicher Konzeption. Während Fétis sich gegen die Auffassung eines beständigen »Fortschritts« in der Musik wandte zugunsten des Erkennens bloßer Umformungen (*transformations*) musikalischer Prinzipien, sah Riemann die Gesch. d. M. an als fortschreitende Entwicklung, als zielstrebigen Prozeß des In-Erscheinung-Tretens ihrer natürlichen Gesetzmäßigkeit. Damit war der Musikgeschichtsschreibung des 20. Jh. eine der zentralen Fragen gestellt.

Die Einzelforschungen sammelten sich im 19. und beginnenden 20. Jh. in den Gesamtdarstellungen namentlich von Kiesewetter (1834), Fétis (1869–76, reicht bis ins 15. Jh.), Ambros (ab 1862, reicht bis zum Beginn des italienischen Barocks) und Riemann (*Handbuch der Mg.*, ab 1904). Ambros betrachtete in seinem grundlegenden Werk, dessen Höhepunkt die Darstellung der Renaissance (Band III, 1868) bildet, die Gesch. d. M. *culturhistorisch*, mit dem *Blick auf gleichzeitige bildende Kunst, auf politische und sociale Verhältnisse* (1862, S. XIV), um sie als *Äußerung einer und derselben geistigen Strömung* zu verstehen (*Bunte Blätter* ..., 1872, S. XI). Diese kulturhistorische Interpretation der Mg., angebahnt schon durch C. v. Winterfeld, wurde fortgeführt und vertieft insbesondere durch Ph. → Spitta, H. → Kretzschmar und A. → Schering. Demgegenüber führte H. → Riemann die an einem autonom-musikalischen Wertsystem sich orientierende und programmatisch in der formal-technischen Analyse verharrende Musikgeschichtsschreibung zu einem Höhepunkt. Vornehmlich auf dem Boden der musikalisch-analytischen Betrachtungsweise wurde die Gesch. d. M. zu Beginn des 20. Jh. als Stilgesch. (Riemann, G. Adler 1911, W. Fischer 1915, → Stil) und als Formen- bzw. Gattungsgesch. (Kretzschmars *Handbücher*, ab 1905) geschrieben. Eindringlich forderte W. Gurlitt 1918/19 die Synthese der Form- und Inhaltsperspektive, der stilkritischen Werkbeschreibung und der geistesgeschichtlich orientierten Deutung. Seine namentlich von W. Dilthey inspirierte Konzeption der »Musikgesch. als Geisteswissenschaft« verankert die Musik als Gegenstand des analytischen Befragens in die Geistigkeit, die Individualität und Subjektivität des Menschen (des Volkes, der Zeit) und führte somit zu vertieftem Erkennen und Begründen der Geschichtlichkeit und Jeweiligkeit, Eigenwertigkeit, Gegenwartsbezogenheit und Standortgebundenheit alles musikalischen Denkens, Erfindens und Auffassens (→ Terminologie).

Nach 1918 und abermals nach 1945 gab die in der → Neuen Musik sich vollziehende Umformung musikalischer Prinzipien und Begriffe dem Interesse an der Gesch. d. M. durch neue Fragestellungen neue Impulse. Daneben richtet sich die Arbeitskraft in verstärktem Maß auf das Erschließen der praktischen und theoretischen Quellen, die in kritischen Ausgaben (zunehmend auch als nationale und landschaftlich gebundene → Denkmäler), in Katalogen und Werkverzeichnissen erstmals oder erneut dargeboten werden. Und neben der anhaltenden Besinnung auf die Grundlagen der Musikgeschichtsschreibung und dem Zusammenfassen und Gliedern des Stoffes in Handbüchern (Adler, 1924, Bücken, ab 1927; vorher schon *The Oxford History of Music*, ab 1901, und die zuerst von Lavignac redigierte *Encyclopédie*, ab 1913) sucht ein immer intensiveres Wissenwollen – vornehmlich in der Veröffentlichungsform von Aufsätzen (→ Zeitschriften) – den Stoff im Detail zu durchdringen, wobei sich die forschende Arbeit (nicht selten kritiklos) bis in die entferntesten lokalgeschichtlichen und »kleinmeisterlichen« Bereiche ausgedehnt hat. Die Detailforschung sammelte sich in Darstellungen einzelner Zeiträume (z. B. des Mittelalters durch Besseler 1931 und Reese 1940, des Barocks durch Haas 1928 und Bukofzer 1947), Gattungen (z. B. Rokseth 1930 und Frotscher 1935 über Orgelmusik, de La Laurencie 1922 über Violinmusik, Reeser 1939 und W. Newman ab 1959 über die Sonate, Einstein 1949 über das Madrigal) und Komponisten oder unter bestimmten Fragestellungen (Georgiades 1954), während eine Gesamtdarstellung, die eigenes Forschen und Werten verbindet, nach 1945 Handschin (1948) gelang; und bedeutende Leistungen entstehen in Erfüllung des verstärkten Verlangens nach dem quellenkundlichen, bibliographischen, lexikalischen und enzyklopädischen Verfügbarmachen des Wissensstoffes (*Musik in Gesch. und Gegenwart*, seit 1949, hrsg. von Fr. Blume; → Lexika). – Erneut stellt sich für die Musikgeschichtsschreibung die Aufgabe der »gedeuteten Analyse«, doch heute in jener strengeren Art der → Interpretation, die in Überwindung der auf Merkmalkategorien abzielenden Stilforschung und zugunsten der Einmaligkeit des Werks (die in der Gesamtheit seiner Merkmale beschlossen liegt) die Gesch. d. M. als Gesch. musikalischer Sinnträger erarbeitet – als wichtigster Teil der → Musikwissenschaft und in steter Wechselbeziehung zur systematischen Grundlegung sowie in voller Bewußtheit der im Zusammenführen von Musik, Ethnologie und Universalgesch. gelegenen Problematik.

Bibliogr.: bis 1825: S. CALVISIUS, Exercitationes musicae duae, Lpz. 1600, zusammen mit Exercitatio musica tertia (1609) als: Exercitationes musicae tres, ²1611; M. PRAETORIUS, Syntagma musicum I, Wittenberg 1615, Faks. hrsg. v. W. Gurlitt, = DMl I. 21, 1959; W. C. PRINTZ, Hist. Beschreibung d. Edelen Sing- u. Kling-Kunst, Dresden 1690, Faks. hrsg. v. O. Wessely, = Die großen Darstellungen d. Mg. in Barock u. Aufklärung I, Graz 1964; G. A. BONTEMPI, Hist. musica..., Perugia 1695; P. BOURDELOT, P. BONNET-BOURDELOT u. J. BONNET, Hist. de la musique, et de ses effets depuis son origine, les progrès successifs de cet art jusqu'à présent, Paris 1715, Nachdrucke (zusammen mit einem Werk v. → Lecerf) Amsterdam, Den

Haag u. Ffm. 1721 u. ö.; A. MALCOLM, Treatise of Musick, Speculative, Practical, and Hist., Edinburgh 1721, erweitert London ²1730, NA (verkürzt) 1776 u. 1779; P.-J. BURETTE, Dissertation, où l'on fait voir, que les merveilleux effets, attribuez à la Musique des anciens, ne prouvent point, qu'elle fust aussi parfaite que la nôtre, in: Acad. des inscriptions et belles-lettres (Paris, Mémoires), Paris 1729, ital. Venedig 1748; G. B. MARTINI OFM, Storia della Musica, 3 Bde, Bologna 1757–81; FR. W. MARPURG, Kritische Einleitung in d. Gesch. u. Lehrsätze d. alten u. neuen Musik, Bln 1759; CH.-H. DE BLAINVILLE, Hist. générale, critique et philologique de la musique, Paris 1767; M. GERBERT OSB, De cantu et musica sacra, a prima ecclesiae aetate usque ad praesens tempus, 2 Bde, St. Blasien 1774; J. HAWKINS, A General Hist. of the Science and Practice of Music, 5 Bde, London 1776 (dazu J. N. Forkel, in: Mus.-kritische Bibl. II, Gotha 1778, Faks. Hildesheim 1964), NA in 3 Bden 1853, dass. 1875, NA in 2 Bden hrsg. v. Ch. L. Cudworth, NY u. London 1963; CH. BURNEY, A General Hist. of Music from the Earliest Ages to the Present Period, 4 Bde, London 1776–89, Bd I–II ²1789, NA in 2 Bden hrsg v. F. Mercer, NY u. London 1935, NA in 4 Bden Baden-Baden 1958, separat: d. Abh. über d. Musik d. Alten, deutsch v. J. Eschenburg, Lpz. 1781; Essai sur la musique ancienne et moderne, hrsg. v. J. B. DE LABORDE, 4 Bde, Paris 1780, 2 Suppl. Paris 1781; G. LEOPOLD, Gedanken u. Konjecturen zur Gesch. d. M., Stendal 1780; J. N. FORKEL, Allgemeine Gesch. d. M., 2 Bde, Lpz. 1788–1801; TH. BUSBY, A General Hist. of Music..., Condensed from the Works of Hawkins and Burney, 2 Bde, London 1819, deutsch v. Chr. Fr. Michaelis als: Allgemeine Gesch. d. Tonkunst, 2 Bde, Lpz. 1821–22.

1825–1900: R. G. KIESEWETTER, Die Verdienste d. Niederlaender um d. Tonkunst, u. FR.-J. FÉTIS, Mémoire sur cette Question: »Quels ont été les mérites des Neerlandais dans la musique... ?«, in: Verhandelingen over de vraag: Welke verdiensten hebben zich de Nederlanders vooral in de 14ᵉ, 15ᵉ en 16ᵉ eeuw in het vak der toonkunst verworven... ?, Amsterdam 1829; R. G. KIESEWETTER, Gesch. d. europäisch-abendländischen oder unserer heutigen Musik, Lpz. 1834, ²1846, engl. v. R. Miller, London 1848; C. v. WINTERFELD, Johannes Gabrieli u. sein Zeitalter, 2 Bde Text, 1 Bd Musikbeispiele, Bln 1834, Nachdruck Hildesheim 1965; DERS., Der ev. Kirchengesang u. sein Verhältnis zur Kunst d. Tonsatzes, 3 Bde, Lpz. 1843–47; FR.-J. FÉTIS, Résumé philosophique de l'hist. de la musique, in: Biogr. universelle des musiciens I, Brüssel, Mainz u. Paris 1837; DERS., Hist. général de la musique, 5 Bde, Paris 1869–76; J. A. DE LAFAGE, Hist. générale de la musique et de la danse, 2 Bde u. ein »Atlas«, Paris 1844; K. FR. BRENDEL, Grundzüge d. Gesch. d. M., Lpz. 1848, nld. v. Kist, russ. v. P. Sinowjew, St. Petersburg 1877; DERS., Gesch. d. M. in Italien, Deutschland u. Frankreich..., 2 Bde, Lpz. 1852, ⁸1893, NA ergänzt v. R. Hövker 1902; K. CZERNY, Umriss d. ganzen Musik-Gesch., dargestellt in einem Verz. d. bedeutenderen Tonkünstler aller Zeiten... chronologisch geordnet, Mainz 1851, engl. v. C. Engel als: Mus. Myths and Facts, London 1876; A. W. AMBROS, Gesch. d. M., Bd I (Antike Musik), Breslau 1862, Lpz. ²1880, bearb. v. B. v. Sokolowsky ³1887, Bd II (Musik d. MA bis Dufay u. Busnois), Breslau 1864, hrsg. v. O. Kade Lpz. ²1880, hrsg. v. H. Reimann ³1892, Bd III (Gesch. d. M. im Zeitalter d. Renaissance bis zur Palestrina), Breslau 1868, hrsg. v. O. Kade, Lpz. ²1881, ³1891, Bd IV (Gesch. d. ital. Musik nach 1550, nach d. unvollendeten Ms. v. Ambros), hrsg. v. G. Nottebohm, Lpz. 1878, ²1881, ergänzt u. bis 1650 fortgeführt v. H. Leichtentritt ³1909, Bd V (Beispielslg zu Bd III), hrsg. v. O. Kade, Lpz. 1882, ²1887, ³1911, Namen- u. Sachregister zu Bd I–V v. W. Bäumker, Lpz. 1882, Fr. W. Langhans, Die Gesch. d. M. d. 17., 18. u. 19. Jh. (als Fortsetzung v. Ambros' Werk), 2 Bde, Lpz. 1881–87; A. v. DOMMER, Hdb. d. Mg., Lpz. 1868, ²1878, völlig neu bearb. v. A. Schering ³¹1914, ⁴⁻⁶1923; H. A. KÖSTLIN, Gesch. d. M. im Umriß, Bln 1875, hrsg. v. W. Nagel Lpz. ⁶1910; E. NAUMANN, Illustrierte Mg., 2 Bde, Stuttgart 1880–84, bearb. v. E. Schmitz ²1907–08, ⁴1920, ¹⁰1934; H. RIEMANN, Katechismus d. Mg., 2 Bde (I, Gesch. d. Musikinstr. u. Gesch. d. Tonsysteme u. d. Notenschrift; II, Gesch. d. Tonformen), = Hesse's Illustrierte Katechismen I–II, Lpz. 1888, als: Abriß d. Mg., Bln ⁷1918; A. PROSNIZ, Compendium d. Mg., 3 Bde, Wien 1889–1915, ³1920; CH. H. PARRY, The Art of Music, London 1893, erweitert als: The Evolution of the Art of Music, = The International Scientific Series LXXX, London 1896, NA erweitert v. H. C. Colles, NY 1930, NA London 1950.

ab 1900: H. RIEMANN, Gesch. d. M. seit Beethoven, Bln 1901; DERS., Hdb. d. Mg., 2 Bde in 5: I, Altertum u. MA, 1, Die Musik d. (klass.) Altertums, 2, Die Musik d. MA (bis 1450), II, 1, Das Zeitalter d. Renaissance (bis 1600), 2, Das Generalbaßzeitalter (Die Monodie d. 17. Jh. u. d. Weltherrschaft d. Italiener), 3, Die Musik d. 18. u. 19. Jh. (Die großen deutschen Meister), Lpz. 1904–13, hrsg. v. A. Einstein ²1919–22, Bd I, 1 ³1923; DERS., Kleines Hdb. d. Mg. mit Periodisierung nach Stilprinzipien u. Formen, Lpz. 1908, ³1919, hrsg. v. A. Einstein ⁴⁻⁵1922, ⁸1951, ⁹1952; DERS., Mg. in Beispielen, Lpz. 1912, ⁴1929; The Oxford Hist. of Music, hrsg. v. W. H. HADOW, 6 Bde, I–II, H. E. Wooldridge, The Polyphonic Period, III, Ch. H. Parry, The Music of the XVIIᵗʰ Cent., IV, J. A. Fuller-Maitland, The Age of Bach and Handel, V, W. H. Hadow, The Viennese Period, VI, E. Dannreuther, The Romantic Period, Oxford 1901–05, in 8 Bden, Introductory Volume, hrsg. v. P. C. Buck, I–II, Method of Mus. Art 300–1400 bzw. 1500–c. 1600, bearb. v. P. C. Buck, III hrsg. v. E. J. Dent, VII, H. C. Colles, Symphony and Drama 1850–1900, London ²1929–38; R. STORCK, Gesch. d. M., 2 Bde, Stuttgart 1904–05, ⁶1926; H. LEICHTENTRITT, Gesch. d. M., = Hillger's Illustrierte Volksbücher XXXVI, Bln 1905; DERS., Music, Hist. and Ideas, Cambridge (Mass.) u. London 1938, ⁷¹1946, span. Buenos Aires 1945; Kleine Hdb. d. Mg. nach Gattungen, hrsg. v. H. KRETZSCHMAR, 14 Bde, Lpz. 1905–22 (I, A. Schering, Gesch. d. Instrumentalkonzerts, 1905, ²1927; II, H. Leichtentritt, Gesch. d. Motette, 1908; III, A. Schering, Gesch. d. Oratoriums, 1911; IV, H. Kretzschmar, Gesch. d. Neuen Deutschen Lieds I, 1911; V, E. Schmitz, Gesch. d. weltlichen Solokantate, 1914, ²1955, Nachdruck Hildesheim 1965; VI, H. Kretzschmar, Gesch. d. Oper, 1919; VII, ders., Einführung in d. Mg., 1920; VIII, J. Wolf, Hdb. d. Notationskunde, 2 Bde, 1913–19, Nachdruck Hildesheim 1963; IX, H. Botstiber, Gesch. d. Ouverture u. d. freien Orchesterformen, 1913; X, G. Schünemann, Gesch. d. Dirigierens, 1913, Nachdruck Hildesheim 1965; XI, P. Wagner, Gesch. d. Messe I, 1913, Nachdruck Hildesheim 1963; XII, C. Sachs, Hdb. d. Musikinstrumentenkunde, 1920, ²1930; XIII, A. Aber, Hdb. d. Musiklit., 1922; XIV, K. Nef, Gesch. d. Sinfonie u. Suite, 1921;) R. BATKA, Allgemeine Gesch. d. M., 2 Bde, Stuttgart 1909–11; Encyclopédie de la musique et dictionnaire du Conservatoire, hrsg. v. A. LAVIGNAC u. L. DE LA LAURENCIE, Iᵉʳᵉ Partie: Hist. de la musique, 3 Bde, Paris 1913–14; J. COMBARIEU, Hist. de la musique, 3 Bde, Paris 1913–19, NA erweitert um 2 Bde v. R. Dumesnil 1946–60; A. SCHERING, Tabellen zur Mg., Lpz. 1914, ⁴1934, bearb. v. H. J. Moser, Wiesbaden ⁵1962, ital. Mailand 1941; DERS., Deutsche Mg. im Umriß, Lpz. 1917; DERS., Gesch. d. M. in Beispielen, Lpz. 1931, Neudruck 1954; A. EINSTEIN, Gesch. d. M., = Aus Natur u. Geisteswelt 438, Bln u. Lpz. 1918, dazu: Beispielslg zur älteren Mg., ebenda 439, 1917, NA erweitert in 1 Bd, Zürich u. Stuttgart 1953, engl. als: A Short Hist. of Music, NY 1937, ³1947, neu hrsg. v. A. H. King, London 1953; K. NEF, Einführung in d. Mg., Basel 1920, ²1930, hrsg. v. W. Nef, Zürich ³1945, frz. bearb. v. Y. Rokseth als: Hist. de la musique, Paris 1925, ²1931, Lausanne ³1944, norwegisch v. R. Brehmer als: Musikhistorie, Oslo 1932, engl. v. C. Fr. Pfatteicher als: An Outline of the Hist. of Music, = Columbia Univ. Studies in Musicology I, NY 1935, ²1950, griech. mit Suppl. v. Ph. Anojanakis, Athen 1957; H. J. MOSER, Gesch. d. deutschen M., 3 Bde, Stuttgart u. Bln I 1920, ⁵1930, II, 1 1922, ⁴1928 (als II ⁵1930), II, 2 1924 (als III ²1928); DERS., Lehrbuch d. Mg., = Hesses Hdb. d. Musik II/III, Bln 1936, ¹²1953; Hdb. d. Mg., hrsg. v. G. ADLER, Ffm. 1924, in 2 Bden Bln ²1930, Neudruck Tutzing 1961; J. WOLF, Gesch. d. M. in allgemeinverständlicher Form, 3 Bde, = Wiss. u. Bildung CCIII–CCIV u. CCLIII, Lpz. 1925–29, dazu Sing- u. Spielmusik aus älterer Zeit, ebenda CCXVIII, 1926, span. mit Anh. v. H. Anglès, Barcelona 1934, ⁴1957, engl. NY 1950; P. BEKKER, Mg. als Gesch. d. mus. Formwandlungen, Stuttgart 1926, engl. v. M. D. H. Norton u. A. Kortschaak als: The Story of Music, an Hist. Sketch of the Changes in Mus. Form, NY 1927, frz. Paris 1929; Hdb. d. Mw., hrsg.

v. E. BÜCKEN, 13 Bde in 10 (H. Besseler, Die Musik d. MA u. d. Renaissance; R. Haas, Die Musik d. Barocks; ders., Aufführungspraxis d. Musik; E. Bücken, Die Musik d. Rokokos u. d. Klassik, ders., Die Musik d. 19. Jh. bis zur Moderne; ders., Geist u. Form im mus. Kunstwerk; H. Mersmann, Die moderne Musik seit d. Romantik; O. Ursprung, Die kath. Kirchenmusik; Fr. Blume, Die ev. Kirchenmusik; W. Heinitz, Instrumentenkunde; C. Sachs, Die Musik d. Antike, P. Panóff, Die altslavische Volks- u. Kirchenmusik, R. Lachmann, Die Musik d. außereuropäischen Natur- u. Kulturvölker), Potsdam (1927–34); A. LORENZ, Abendländische Mg. im Rhythmus d. Generationen, Bln 1928; A. DELLA CORTE, Scelta di musiche per lo studio della storia, Mailand 1928, ²1939, erweitert ³1949; DERS. u. G. PANNAIN, Storia della musica, 2 Bde, Turin 1936, in 3 Bden ²1942, ³1952, ⁴1964; G. KINSKY (mit R. Haas u. H. Schnoor), Gesch. d. M. in Bildern, Lpz. 1929, engl. hrsg. v. E. Blom, London u. NY 1930, Neudruck 1951, frz. hrsg. v. H. Prunières, Paris 1930, ital. hrsg. v. G. Cesari, Mailand 1930; H. Mersmann, Eine deutsche Mg., Potsdam (1934), als: Mg. in d. abendländischen Kultur, Ffm. (²1955); TH. GÉROLD, Hist. de la musique des origines à la fin du XIVᵉ s., A. PIRRO, Hist. de la musique de la fin du XIVᵉ s. à la fin du XVIᵉ, = Manuels d'hist. de l'art, Paris 1936–40; FR. ABBIATI, Storia della musica, 5 Bde, Mailand 1939–46; (Norton Hist. of Music), NY 1940ff.: C. Sachs, The Rise of Music in the Ancient World (1943), G. Reese, Music in the Middle Ages (1940), ders., Music in the Renaissance (1954, ²1959), M. F. Bukofzer, Music in the Baroque Era (1947), A. Einstein, Music in the Romantic Era (1947, deutsch als: Die Romantik in d. Musik, München 1950), A. Salazar, Music in Our Time (engl. v. I. Pope) 1946; P. H. LANG, Music in Western Civilization, NY 1941, deutsch als: Die Musik im Abendland, 2 Bde, Augsburg 1947; A. TH. DAVISON u. W. APEL, Hist. Anth. of Music, 2 Bde, Cambridge (Mass.) 1947–50, Bd I ²1950; C. SACHS, Our Mus. Heritage, A Short Hist. of World Music, NY 1948, ²1955, London 1949; J. HANDSCHIN, Mg. im Überblick, Luzern (1948), hrsg. v. Br. u. H. Stäblein ²1964; Das Musikwerk, Eine Beispielsg zur Mg., hrsg. v. K. G. FELLERER, Köln (seit 1951); E. PREUSSNER, Mg. d. Abendlandes, 2 Bde, Wien 1951, in einem Bd ²1958; E. H. MEYER, Musik im Zeitgeschehen, Bln 1952; H. SCHNOOR, Gesch. d. M., Gütersloh 1953, ²1954; K. H. WÖRNER, Gesch. d. M., Göttingen 1953, erweitert ³1961; The New Oxford Hist. of Music, hrsg. v. J. A. WESTRUP u. a., 11 Bde, London seit 1954; D. J. GROUT, A Hist. of Western Music, NY 1960; Hist. de la musique, hrsg. v. ROLAND-MANUEL, 2 Bde, = Encyclopédie de la Pléiade IX u. XVI, Paris (1960–63); K. M. KOMMA, Mg. in Bildern, Stuttgart 1961; Mg. in Bildern, hrsg. v. H. BESSELER u. M. SCHNEIDER, Lpz. o. J. (seit 1962); H. RENNER, Gesch. d. M., Stuttgart 1965.

Lit.: PH. SPITTA, Mw. u. Kunst, in: Zur Musik, Bln 1892; H. KRETZSCHMAR, Kurze Betrachtungen über d. Zweck, d. Entwicklung u. d. nächsten Zukunftsaufgaben d. Musikhistorie, JbP XIV, 1907; A. SCHERING, Experimentelle Mg., ZIMG XIV, 1912/13; E. WELLESZ, Die Grundlagen d. mg. Forschung, AfMw I, 1918/19; W. GURLITT, H. Riemann u. d. Mg., ZfMw I, 1918/19; DERS., Fr.-J. Fétis u. seine Rolle in d. Gesch. d. Mw., Kgr.-Ber. Lüttich 1930, beide Abh. auch in: Mg. u. Gegenwart, hrsg. v. H. H. Eggebrecht, = BzAfMw II, Wiesbaden 1966; G. ADLER, Methode d. Mg., Lpz. 1919; H. ABERT, Über Aufgaben u. Ziele d. mus. Biogr., AfMw II, 1919/20; DERS., Kunst, Kunstwiss. u. Kunstkritik, Mk XVI, 1923/24, beide Abh. auch in: Gesammelte Schriften u. Vorträge, hrsg. v. Fr. Blume, Halle 1929; H. J. MOSER, Zur Methodik d. mus. Geschichtsschreibung, Zs. f. Aesthetik u. allgemeine Kunstwiss. XVI, 1920; C. SACHS, Die Musik im Rahmen d. allgemeinen Kunstgesch., AfMw VI, 1924; E. BÜCKEN, Grundfragen d. Mg. als Geisteswiss., JbP XXXIV, 1927; FR. BLUME, H. Abert u. d. Mw., in: Gedenkschrift f. H. Abert, Halle 1929, auch in: Syntagma Musicologicum, Fs. Fr. Blume, hrsg. v. M. Ruhnke, Kassel 1963; L. SCHRADE, Eine Einführung in d. Musikgeschichtsschreibung älterer Zeit, Die Musikerziehung VII, 1930; E. HEGAR, Die Anfänge d. neueren Musikgeschichtsschreibung um 1770 bei Gerbert, Burney u. Hawkins, = Slg mw. Abh. VII, Straßburg 1932; H. OSTHOFF, Die Anfänge d. Musikgeschichtsschreibung in Deutschland, AMl V, 1933; K. G. FELLERER, Zur Erforschung d. antiken Musik im 16.–18. Jh., JbP XLII, 1935; DERS., Gesch. d. M. – Gesch. d. Musizierens, Mk XXIX, 1936/37; W. D. ALLEN, Philosophies of Music Hist., A Study of General Hist. of Music, London 1939, NA NY 1962; M. F. BUKOFZER, Hist. Musicology, The Music Journal IV, 1946; A. H. KING, Mus. Research: Background and Sources, The Year's Work in Music, 1948/49; FL. VAN DER MUEREN, Persoonlijkheid van individu en tijd in de muziekgeschiedschrijving, in: Mededelingen van de Kgl. Vlaamse Acad. voor wetenschap en schone kunsten van Belgie XIV, 2, 1952; DERS., Over constanten in de muziekgeschiedenis, ebenda XV, 4, 1953; DERS., L'hist. de la musique et la comparaison avec les autres arts, Kgr.-Ber. Wien 1956; DERS., Is parallelvergelijkende muziekgeschiedenis mogelik?, Antwerpen 1958; THR. G. GEORGIADES, Musik u. Sprache. Das Werden d. abendländischen Musik dargestellt an d. Vertonung d. Messe, = Verständliche Wiss. L, Bln, Göttingen u. Heidelberg 1954; J. A. WESTRUP, An Introduction to Mus. Hist., London 1955; W. WIORA, Zur Grundlegung d. Allgemeinen Mg., Deutsches Jb. d. Mw. I (= JbP XLVIII), 1956; DERS., Die vier Weltalter d. Musik, = Urban Bücher LVI, Stuttgart 1961, engl. v. M. D. H. Norton als: The Four Ages of Music, NY 1965; DERS., Mw. u. Universalgesch., AMl XXXIII, 1961; W. KAHL, Das Nürnberger hist. Konzert v. 1643 u. sein Geschichtsbild, AfMw XIV, 1957; W. VETTER, Gedanken zur mus. Biogr., Mf XII, 1959; H. ZENCK, Mg. Wirklichkeit (Vortrag v. 23. 10. 1932), in: H. Zenck, Numerus u. Affectus, hrsg. v. W. Gerstenberg, = Mw. Arbeiten XVI, Kassel 1959; K. v. FISCHER u. H. H. EGGEBRECHT, The Concept of the »New« in Music from the Ars nova to the Present Day, Kgr.-Ber. NY 1961, Bd I u. II.   HHE

Gesellschaften und Vereine. Ansätze für Vereinigungen, die das Musikleben ihrer Zeit gefördert und beeinflußt haben, finden sich seit dem späten Mittelalter in den → Kantorei-G. und in den Singschulen des → Meistersangs. Seit dem 17. Jh. entwickelten sich G., die ohne Bindung an eine bestimmte Institution ihre Organisationsform und ihre Ziele nach dem Vorbild der italienischen → Akademien frei setzen. Bekannt ist die 1636 in Königsberg gegründete »Kürbishütte« mit ihrer auf der Zusammenarbeit von Dichtern (Simon Dach) und Komponisten (J. Stobaeus, H. Albert) beruhenden Bedeutung für das deutsche Lied. In Nürnberg entstand 1644 der »Pegnesische Hirten- und Blumenorden«, gegründet von G. Ph. Harsdörfer (seit 1642 Mitglied der »Fruchtbringenden Ges.«). J. Rist wurde zum Mittelpunkt des 1656 in Hamburg entstandenen »Elbschwanenordens«. In der Zusammensetzung dieser Vereinigungen deuten sich schon jene sozialen Umschichtungen an, die im 18. Jh. neben der Aristokratie das Bürgertum als Träger des Kulturlebens in den Vordergrund treten ließen. Das Gesellschafts- und Vereinswesen neuerer Form nimmt (noch ohne rechtlich verbindliche Grundlage) im 18. Jh. seinen Anfang, als das in den größeren Städten sich entwickelnde Musikleben und Konzertwesen (→ Konzert-2) Zusammenschlüsse zur Bewältigung organisatorischer und wirtschaftlicher Belange nahelegte. Dieses neue Vereinswesen richtete sich zunächst in Form von Konzert-G., Musikausübenden G. usw. besonders auf die Aktivierung des öffentlichen Musiklebens, so in England u. a. die Academy of Ancient Music (1710), etwas später auch die den Männergesang pflegenden → Catch- und → Glee-Clubs und die Caecilian Society (1785). Während die zu dieser Zeit ins Leben gerufenen Konzertreihen, z. B. die berühmten Concerts spirituels in Paris (1725), mehr als Institution denn als eigentliche Ges. zu bezeichnen sind, waren die Wiener Tonkünstler-Societät (1771) und die Ges. Felix Meritis in Amsterdam (1777) schon eher V., zumal sich die erstere auch sozialen Belangen widmete (Witwen- und Waisenbetreuung in Musikerkreisen). Zu Beginn des 19. Jh. wurden besonders in deutschen Städten G. u. V. ins

335

Leben gerufen zur Förderung des Musiklebens durch Gründung und Unterhaltung von größeren Orchestern und Konservatorien, so die Frankfurter Museumsges. (1808), die Kölner Musikalische Ges. (1812, ab 1827 Concertges.) und die Berliner Philharmonische Ges. (1826, begründet von E. Rietz). Daneben sind nennenswert: die Philharmonischen G. in London (1813) und St. Petersburg (1802); die noch heute bestehende Ges. der Musikfreunde (vormals: des österreichischen Kaiserstaates) in Wien, die auf Anregung von I. v. Sonnleithner und Fanny v. Arnstein 1812 gegründet wurde und durch deren Initiative u. a. ein Konservatorium, das Gesellschaftsorchester, ein Archiv und eine Musikbibliothek eingerichtet wurden; die Maatschappij tot Bevordering der Toonkunst in Amsterdam (ab 1829); die Schweizerische Musik-Ges. (Luzern, ab 1808, nur wenige Jahrzehnte tätig); die Society of British Musicians in London (ab 1834, Förderung des englischen Komponistennachwuchses); die »Kaiserlich Russische Musik-Ges.« (ab 1859). Der Allgemeine Deutsche Musikver. wurde 1859 von Fr. Brendel und L. Köhler gelegentlich des 25jährigen Jubiläums der *Neuen Zeitschrift für Musik* (NZfM), die dann lange das Organ des Ver.s war, begründet. Sein Zweck war die Aufführung von bemerkenswerten neuen und selten gehörten bedeutenden älteren Kompositionen, wozu alljährlich ein Musikfest (Tonkünstlerversammlung) veranstaltet wurde. Neben diesen vornehmlich dem Konzertwesen dienenden G. u. V.n gibt es die zahlreichen Gesang-V., Chor-G. und -bünde. – Mit der Entwicklung der musikwissenschaftlichen Forschung wuchs das Bestreben, diese durch Gründung von G. zu fördern.

Die wichtigsten musikwissenschaftlichen G. mit den von ihnen herausgegebenen → Zeitschriften sind: Ges. für Musikforschung (1868–1906), begründet in Berlin von Fr. Commer und R. Eitner: *Monatshefte für Musikgeschichte* mit Beilagen (MfM; 1869–1905), als praktische Ausgabe die *Publikation älterer praktischer und theoretischer Musikwerke* (PGfM; 1873–1905) mit 29 Bänden. Ges. für Musikforschung (1946), begründet in Kiel von Fr. Blume: *Die Musikforschung* (Mf; 1948ff.). Deutsche Musikges. (1918–35), begründet von H. Kretzschmar u. a. zu Berlin als Ersatz der 1914 auseinandergebrochenen Internationalen Musikges.: *Zeitschrift für Musikwissenschaft* (ZfMw), als praktische Ausgabe die *Publikationen älterer Musik* (PäM; 12 Jg., 1926–43). Ges. zur Erforschung der Musik des Orients (1930–36), begründet in Berlin unter Vorsitz von G. Schünemann: *Zeitschrift für vergleichende Musikwissenschaft* (3 Jg., 1933–35), erneut begründet in Hamburg als Deutsche Ges. für Musik des Orients (1960): *Jahrbuch für musikalische Volks- und Völkerkunde* (I, 1963). – G. im Ausland: Vereeniging voor nederlandse Muziekgeschiedenis (1868): *Tijdschrift der Vereeniging voor nederlandse Muziekgeschiedenis* (TVer; 1882ff.), seit 1947 *Tijdschrift voor Muziekwetenschap* (TMw), zuvor einige Jahrbücher *Bouwstenen* (1872, 1874, 1881). Royal Musical Association (1874), begründet in London auf Anregung von J. Stainer: *Proceedings of the Musical Association* (1874ff.), seit 1945 *Proceedings of the Royal Musical Association*. Associazione dei Musicologi Italiani (1908–41), begründet von G. → Gasperini, neu begründet 1964. Musikvetenskapliga sällskapet i Finnland (1916), begründet von I. Krohn. Société française de Musicologie (1917), begründet in Paris von L. de La Laurencie: *Revue de Musicologie* (1922ff.), zuvor *Bulletin de la Société française de Musicologie* (1917–21). Schweizerische Musikforschende Ges. (1919), hervorgegangen aus der Internationalen Musikges. in Basel (ursprünglich Neue Schweizerische Musikges.): *Schweizerisches Jahrbuch für Musikwissenschaft* (SJbMw; 1924–38, nicht regelmäßig), seit 1934 Mitteilungen der Schweizerischen Musikforschenden Ges. Svenska samfundet för Musikforskning (1919), begründet zu Stockholm: *Svensk Tidskrift för Musikforskning* (STMf; 1919ff.). American Musicological Society (1934), begründet in New York von O. Kinkeldey u. a.: *Papers of the American Musicological Society* (PAMS; 1936–41), daneben das *Bulletin of the A.M.S.* (1936–47), *Journal of the American Musicological Society* (JAMS; 1948ff.). Norsk samfund for Musikkgranskning (1937), begründet zu Oslo: *Norsk Musikkgranskning* (Jb., 1937ff.). Instituto Español de Musicología (1943), begründet zu Barcelona: *Anuario Musical* (AM; 1946ff.). Société Belge de Musicologie (1946), begründet in Brüssel von Ch. Van den Borren: *Revue Belge de Musicologie* (RBM; 1946ff.). The Galpin Society (1946), begründet speziell für instrumentenkundliche Forschung in London von Schülern Fr. W. → Galpins: *The Galpin Society Journal* (1948ff.). – Bedeutende internationale G.: Internationale Musikges. mit einzelnen Ländersektionen (1899–1914), begründet unter Vorsitz von O. Fleischer: *Zeitschrift der Internationalen Musikges.* (ZIMG), *Sammelbände der Internationalen Musikges.* (SIMG) und *Publikationen der Internationalen Musikges., Beihefte* (BIMG; 1899–1914). An ihre Stelle trat die Union Musicologique, begründet 1921: *Bulletin de la Société Union Musicologique* (BUM; 1921–26). Eine Art Fortsetzung ist die Internationale Ges. für Musikwissenschaft (Société Internationale de Musicologie), begründet auf Anregung von H. Prunières anläßlich des Musikwissenschaftlichen Kongresses in Wien 1927 (Sitz in Basel): *Mitteilungen der I. G. M.* (1928–30), dann *Acta Musicologica* (AMl; 1931ff.). Internationale Ges. für Musikerziehung (engl. International Society for Music Education; 1953), begründet in Brüssel (ISME, 1960ff.). Internationale Ges. für Neue Musik (IGNM; engl. International Society for Contemporary Music; frz. Société Internationale de Musique Contemporaine; ital. Società Internazionale di Musica Contemporanea; 1922), begründet in Salzburg zur Förderung des zeitgenössischen Musikschaffens (alljährliche Musikfeste in wechselnden Orten).

Seit Mitte des 19. Jh. gibt es G. u. V. zur Pflege bzw. Wiederbelebung der Werke bestimmter Komponisten, die sich zum Teil auch mit der Herausgabe von → Gesamtausgaben oder → Jahrbüchern, Mitteilungen usw. und der Veranstaltung von Konzerten, → Festspielen und Musikfesten verdient gemacht haben. Genannt seien: Bach-Ges., Leipzig 1850, Neue Bach-Ges. 1900, Internationale Bachges., Schaffhausen 1946 (→ Bach). Deutsche Händel-Ges., Hamburg 1856, Händel-Ges., Leipzig 1925–35 und Georg-Friedrich-Händel-Ges., Halle 1955 (→ Händel). Purcell Society, London 1876. Allgemeiner R.-Wagner-Ver., Bayreuth 1883, hervorgegangen aus dem 1877 gegründeten Bayreuther Patronatsver., der die Fortsetzung der Wagner-Festspiele ermöglichen sollte. Ver. Beethovenhaus, Bonn 1889. J.-Brahms-Ges., Wien 1904 und Berlin 1906. Robert-Schumann-Ges., Zwickau 1920, Frankfurt am Main 1956. Société Fr. Chopin, Paris 1911, Internationale Chopin-Ges., Wien 1952. Max-Reger-Ges., Leipzig 1916 (heute Reger-Institut in Bonn). Bruckner-Ges., Leipzig 1925, Internationale Bruckner-Ges., Wien 1929. Heinrich-Schütz-Ges., Dresden 1922, Neue Schütz-Ges., Kassel 1930. Dietrich-Buxtehude-Ges., Lübeck 1932. Deutsche Mozart-Ges., Augsburg 1951. Internationale R.-Strauss-Ges., München und Berlin 1951. J.-Haydn-Institut e. V., Köln 1955. Internationale Mahler-Ges., Wien 1955. Internationale F.-Mendelssohn-Ges., Basel 1958. Dvořák-Ges., Prag 1963. Internationale Schubert-Ges., Tübingen 1963.

Lit.: J. C. C. OELRICHS, Hist. Nachrichten v. d. akademischen Würden in d. Musik u. öffentlichen mus. Akad. u. G., Bln 1752; C. F. POHL, Die Ges. d. Musikfreunde u. ihr Konservatorium, Wien 1871; E. ALBRECHT, Abriß d. Gesamttätigkeit d. Petersburger Philharmonischen Ges., St. Petersburg 1884; A. v. BÖHM, Gesch. d. Singver. d. Ges. d. Musikfreunde in Wien, Wien 1908; E. BERNOULLI, Über d. Schweizerischen Musikges., Kgr.-Ber. Wien 1909; N. FINDEISEN, Gesch. d. St. Petersburger Sektion d. Kaiserlich Russ. Musikges. 1859–1909, St. Petersburg 1909; A. SEIDL, Fs. zum 50jährigen Bestehen d. ADMV, Bln 1911; M. B. FOSTER, Hist. of the Philharmonic Soc. of London, 1813–1912, London 1912; R. v. PERGER, E. MANDYCZEWSKI u. R. HIRSCHFELD, Gesch. d. k. k. Ges. d. Musikfreunde in Wien 1812–1912, u. Die Slgen u. Statuten, 2 Bde, Wien 1912; J.-G. PROD'HOMME, Les inst. mus. ... en Belgique et en Hollande, SIMG XV, 1913/14; A. DANDELOT, La Soc. des concerts du Conservatoire de 1828 à 1923, Paris 1923; L. KESTENBERG, Jb. d. deutschen Musikorganisation, Bln 1931; J. H. RAILEY, Hist. of the Handel and Haydn Soc. of Boston 1903–33, Boston 1933; H. RUTZ, Fs. zum 75jährigen Bestehen d. ADMV, Bln 1936; C. LAFITE, Gesch. d. Ges. d. Musikfreunde in Wien 1912–37, Wien 1937; K. GEIRINGER, The Soc. of Friends of Music, MQ XXIV, 1938; J. ERSKINE, The Philharmonic-Symphony Soc. of NY, NY 1943; H. ENGEL, Musik u. Ges., Bln u. Wunsiedel (1960); D. W. MACARDLE, Beethoven and the Philharmonic Soc. of London, MR XXI, 1960.

Gesellschaftstanz, (neulat. choreae, saltationes conviviales; frz. danses du salon; engl. ballroom dances; ital. ballo; span. baile). Zum Unterschied vom theatralischen Tanz (dramatischer Tanz, Schautanz, Ballett), Sakraltanz und Volkstanz ist G. die moderne Bezeichnung für alle jene Tanzformen, die der geselligen Unterhaltung dienen und von zwei oder mehreren Personen gemeinsam getanzt werden und deren Elemente von Amateuren in älterer Zeit bei Tanzmeistern, in jüngster Zeit in Tanzschulen erlernt werden. – Der G. ist an den italienischen Fürstenhöfen des 15. Jh. aufgekommen; dort wurden auch die ersten Tanztheorien, Tanztabulaturen und -lehrbücher verfaßt. Während noch bis zum Beginn des 15. Jh. die Spielleute das Tanzen lehrend vermittelten – an den provenzalischen und burgundischen Höfen des Mittelalters waren die Trobadors die Vortänzer gewesen –, hatten die italienischen Renaissancefürsten bereits eigene Tanzlehrer (professori di ballare). Von den spätmittelalterlichen Tanzformen waren noch beliebt die Doppeltänze: Estampie oder Basse danse mit Saltarello, Pavane mit Galliarde, Passamezzo mit Galliarde, Courante oder Canarie. Als Gruppenpaartanz pflegte man den Branle, der in Frankreich später zum beherrschenden Modetanz wurde. Als einzigen Drehtanz mit Umarmungsstellung (bis zum späteren Walzer) tanzte man die Volte. Mit dem ausgehenden 16. und vollends dann im 17. Jh. wurde Frankreich bestimmend für die Formen und den Stil des G.es. Im 16. Jh. tritt an den französischen Höfen gegenüber dem geselligen das repräsentative Moment (Paradetanz) stärker hervor. Mit der Gründung der Académie de Danse unter Ludwig XIV. zu Paris (1662) wird die Improvisation beim Tanz verpönt. Der Tanzmeister hatte neben täglicher Unterweisung im Tanzen auch bei den Hofbällen die Regeln und die Rangfolge zu »observiren«. An der Académie unterrichteten allein 13 Maîtres de danse. Berühmte Tanzmeister ihrer Zeit waren in Frankreich Beauchamps – der Tanzlehrer Ludwigs XIV. –, Pécour, Marcel; in Spanien A. de Almeda, Esquivel Navarro – der Tanzlehrer Philipps IV. Wie hoch auch immer der Anteil regionaler, fremdländischer und bäuerlicher Tänze an der Entstehung und Erneuerung der höfisch-geselligen Tänze veranschlagt werden muß, entscheidend ist die Stilisierung und Systematisierung, die sie innerhalb des höfischen Zeremoniells erfahren. Die beliebtesten Tänze des 17. Jh. waren in Frankreich Bourrée, Gavotte, Allemande, Chaconne, Gigue, Sarabande und Menuett. – In Deutschland war es M. Praetorius, der in seiner *Terpsichore* (1612) *allerley Frantzösische Däntze und Lieder ..., Wie dieselbige von den Frantzösischen Dantzmeistern in Franckreich gespielet / etc. vnnd vor Fürstlichen Taffeln / auch sonsten in Convivijs zur recreation vnd ergötzung gantz wol gebraucht werden können*, bekannt macht. Von welschen Tanzmeistern, die generell an deutschen Höfen das Tanzen lehrten, berichtet schon 1610 Guarinonius. – Die zwanglosere Form des G.es wurde im 18. Jh. entwickelt (Passepied, Musette, Rigaudon, die englischen Contres und Ecossaisen und der deutsche Ländler). Während im 17. Jh. der akademische Hoftanzlehrer nur gelegentlich auch dem reichen Bürgertum Unterricht erteilte (Molière, *Le bourgeois gentilhomme*, 1670), begegnen im 18. Jh. bürgerliche Tanzlehrer (Tanzmeisterzunft in Prag), die später, nach der Französischen Revolution, in den Städten gegen Entgelt allgemein zugängliche Tanzkurse veranstalteten oder Privatunterricht erteilten, aber auch den bürgerlichen Soirées dansantes und den Tanzveranstaltungen der Geselligkeitsvereine vorstanden. Öffentliche Bälle wurden seit dem Beginn des 18. Jh. üblich. (Seit 1716 wurden im Saal der Pariser Oper, später auch in der Comédie-Française, während der Wintermonate regelmäßig Bälle veranstaltet.) Die große Gesellschaft tanzte die Chaconne, den Lieblingstanz Ludwigs XIV., den Branle, die Courante, die Gavotte und die Loure, die dann vom Menuett verdrängt wurden. – Der Bal paré (ohne Masken, in festlich reich geschmückter Kleidung) wurde am Hofe bei feierlichen Anlässen als Bal de cérémonie veranstaltet. Der Ball begann, wenn sich der König oder der Fürst und mit ihm die Gäste erhoben und er sich auf die Tanzfläche begab, um mit der Königin oder mit der ersten Prinzessin den ersten Tanz – einen Branle – zu tanzen. Auf den Branle folgte eine Courante und eine Gavotte und schließlich ein Menuett, das zunächst nur von der ranghöchsten Person getanzt wurde. Außer bei dem Eröffnungstanz befand sich beim Bal de cérémonie stets nur ein Paar auf der Tanzfläche. Seit dem 19. Jh. wurde der Bal paré von der ranghöchsten Person mit einer Polonaise eröffnet. – Die Tanzmusik auf Hofbällen (wie auch bei Tafel) wurde, da sie nur niedere Fertigkeit erforderte, gewöhnlich nicht den königlichen oder fürstlichen Kapellisten übertragen.

Seit der Französischen Revolution verlor der G. in zunehmendem Maße seine ständische Bindung und seine großen festen Formen. Er wird freier und wesentlich mitgetragen von der nichthöfischen, bürgerlichen Gesellschaft. Diesem nunmehr gemischten Tanzpublikum wurden in Deutschland z. B. die jeweils modischen Tanztouren alljährlich in W. Gottlieb Beckers *Taschenbuch zum geselligen Vergnügen* (Leipzig 1791–1814) durch Kupfertafeln und Beschreibungen bekannt. – Die Lanciers, der Ländler, der Galopp, der Cancan (auch Chahut) und schließlich die Polka waren die beliebtesten Modetänze jener Jahrzehnte, bis schließlich um die Jahrhundertmitte der Wiener Walzer vorherrschend wurde. Während das Volk in der 1. Hälfte des 18. Jh. noch sein Tanzvergnügen in Paris in den Vorortkneipen (Guinguettes) suchen mußte, kamen gegen Ende des Jahrhunderts die ersten städtischen Tanzlokale auf. 1768 gründete Torre in Paris nach englischem Vorbild das Vauxhall; 1813 wurde in Paris das erste Café chantant (Café Montausier) eröffnet. Um die Jahrhundertmitte waren die Gartenlokale große Mode (in Paris u. a. der Mabille-Garten). Gegen 1867 sind in Paris über 400 öffentliche Ballokale bekannt, wenngleich die höhere Gesellschaft noch bis zur Jahrhundertwende den Thé dansant, die Soirée dansante und auch ihre großen Bälle exklusiv in Privathäusern zu veranstalten bevorzugte. Die gesellschaftsfähigen Tanzbars und Dancing-rooms kamen erst im 20. Jh. auf. – Zu den beliebtesten Mondäntänzen zu Beginn des 20. Jh. gehörten der Boston, der Grizzly-bear, der Turkeytrott (1914 vom Vatikan abgelehnt) und vor allem der Tango. In Paris und Nizza wurden die ersten Tanzweltmeisterschaften ausgetragen. Nach dem 1. Weltkrieg war der Charleston, seit 1926 der Black-bottom bevorzugter Modetanz. Der Jitterbug wurde Mitte der 1940er Jahre populär. Neben diesen nordamerikanischen Tänzen kamen nach dem 1. Weltkrieg auch süd- und mittelamerikanische Tänze in Mode: Rumba, Machiche, Samba. Die modernen Standardtänze der Tanzschulen, zum Teil auch der Tanzturniere, sind: Waltz, Tango, Quickstep, Slowfox, Wiener Walzer und die jeweiligen Modetänze wie Cha-Cha-Cha, Boogie, Twist. – Ein Reichsverband zur Pflege des G.es (RPG) wurde 1925 gegründet; nach 1945 Deutscher Verband zur Pflege des G.es, später Deutscher Amateurtanzsport-Verband. 1963 hat der Allgemeine Deutsche Tanzlehrer-Verband das vom Internationalen Rat für G. in London beschlossene »Welttanzprogramm« befürwortet. Es besteht aus zehn Tänzen: langsamer Walzer, schneller Foxtrott (Quickstep), Wiener Walzer, Tango, Rumba, Cha-Cha-Cha, Samba, Paso doble, Boogie und Blues.

Bibliogr. u. Lit.: DOMENICO DA PIACENZA, De la arte di ballare e danzare, 1416, Ms.; GUGLIELMO EBREO, Trattato dell'arte del ballo, hrsg. v. F. Zambrini, in: Scelta di curiosità letterarie, Bologna 1873; Una sconosciuta compilazione ... (Trattato della danza v. Guglielmo Ebreo u. Dommenichino), hrsg. v. C. MAZZI, in: La Bibliofilia XVI, 1914; A. CORNAZANO, Il libro dell'arte del danzare, 1455, Ms., hrsg. v. C. Mazzi, ebenda XVII, 1915; R. COPLANDE, The Manner of Dauncynge after the Use of Fraunce and Other Places Translated out of Frenche in Englysshe, 1521, NA v. F. J. Furnivall, London 1871; M. F. CAROSO, Il ballerino, Venedig 1581, Nachdruck Rom 1630; TH. ARBEAU, Orchésographie, Langres 1588, NA v. L. Fonta, Paris 1888, engl. v. M. St. Evans, NY 1948, deutsche Übers. im Auszug v. A. Czerwinski, Die Tänze d. XVI. Jh., Danzig 1878; H. GUARINONIUS, Die Grewel u. Verwüstung menschlichen Geschlechts, Ingolstadt 1610, S. 1194; C. NEGRI, Le gratie d'Amore, Mailand 1602; J. DE ESQUIVEL NAVARRO, Discursos sobre el arte del dançado ..., Sevilla 1642; J. PLAYFORD, The Engl. Dancing Master or Directions for Country Dances, London 1650, [12]1703, [18]1728; R. A. FEUILLET, Chorégraphie, Paris 1699, deutsche Übers. v. R. Taubert als: Rechtschaffener Tantzmeister oder gründliche Erklärung d. frz. Tantzkunst, Lpz. 1717; GR. LAMBRANZI, Neue u. curieuse theatralische Tantz-Schul, Nürnberg 1716, = »Deliciae theatrales«, engl. v. C. W. Beaumont als: New and Curious School of Theatrical Dancing, London 1928; P. RAMEAU, Le maître à danser, Paris 1725; G. DUFORT, Trattato del ballo nobile, Neapel 1728; M. DE CAHUSAC, La danse ancienne et moderne, Den Haag 1754; CHR. G. HÄNSEL, Allerneueste Anweisung zur Äußerlichen Moral ..., Lpz. 1755; J. G. NOVERRE, Lettres sur la danse, et sur les ballets, Lyon u. Stuttgart 1760, Wien 1767, Paris u. London 1783, NA Paris 1952, deutsche Übers. v. G. E. Lessing, Hbg u. Bremen 1769; E. C. MÄDEL, Die Tanzkunst f. d. elegante Welt, Erfurt 1805; C. BLASIS, Code complet de la danse, Paris 1830; A. CZERWINSKI, Die Tänze d. XVI. Jh. u. d. alte frz. Tanzschule vor Einführung d. Menuett, Danzig 1878 (mit deutscher Übers. v. Teilen v. Arbeaus »Orchésographie«); DERS., Brevier d. Tanzkunst, Lpz. 1879; FR. M. BÖHME, Gesch. d. Tanzes in Deutschland, 2 Bde, Lpz. 1886 (dort weitere Lit.); F. A. ZORN, Grammatik d. Tanzkunst, Lpz. 1887; M. ROSÉRI, Katechismus d. Tanzkunst, = M. Hesse's illustrierte Katechismen XLII, Lpz. 1896; O. BIE, Der Tanz, Bln 1906, [3]1925; C. CAFFIN, Dancing and Dancers of Today, NY 1912; C. WALKER, The Modern Dances How to Dance Them, Chicago 1915; R. LACH, Zur Gesch. d. G. im 18. Jh., = Museion, Mitt. I, Wien, Prag u. Lpz. 1920; F. W. LOEBNER, Das neue Tanzbrevier, Bln 1920; H. BRANDENBURG, Der moderne Tanz, München 1921; H. POLLACK, Die Revolution d. G., Dresden 1922; J. SCHIKOWSKI, Der neue Tanz, = Kunst u. Volk, Bln (1924); F. AEPPLI, Die wichtigsten Ausdrücke f. d. Tanzen in d. romanischen Sprachen, = Beih. zur Zs. f. romanische Philologie LXXV, Halle 1925; M. V. BOEHN, Der Tanz, Bln 1925; FR. BÖHME, Der Tanz d. Zukunft, München 1926; V. SILVESTER, Modern Ballroom Dancing, London 1927, erweitert [2]1935, deutsch als: G., Lpz. 1930; W. SCHUFTAN, Hdb. d. Tanzes, Mannheim 1928; C. W. BEAUMONT, A Bibliogr. of Dancing, London 1929; I. A. LEVINSON, La danse d'aujourd'hui, Paris 1929; F. GIOVANNINI, I balli di ieri e di oggi, Mailand 1930; P. G. CRESSEY, The Taxi Dance Hall, Chicago 1932; E. L. BAUM, Dictionary of Dance Terms, Chicago 1932; C. SACHS, Eine Weltgesch. d. Tanzes, Bln 1933, engl. NY 1937 u. London 1938, frz. Paris 1938; FR. FOSCA, Hist. des Cafés de Paris, Paris 1934; O. GOMBOSI, Der Hoftanz, AMl VII, 1935; FR. PUJOL u. J. AMADES, Diccionari de la dansa (dels instr. de música i sonadors), Barcelona 1936; W. BAHR, Zur Entwicklungsgesch. d. höfischen G., Diss. Breslau 1941; PH. J. S. RICHARDSON, A Hist. of Engl. Ballroom Dancing (1910–45), London 1946; P. NETTL, The Story of Dance Music, NY (1947); A. CHUJOY, The Dance Encyclopedia, NY 1949; P. CONTÉ, La danse et les lois, Paris 1952; A. MOORE, G., Stuttgart 1954; A. J. WAGANOWA, Die Grundlagen d. klass. Tanzes, Bln 1954, Köln 1959; Der Tanz in d. modernen Ges., hrsg. v. F. HEYER, = »Soziale Wirklichkeit« IV, Hbg 1958; H. GÜNTHER u. H. SCHÄFER, Vom Schamanentanz zur Rumba, Stuttgart 1959; D. BIANCHI, Un trattato inedito di Domenico da Piacenza, in: La Bibliofilia LXV, 1963.   HOc

Gigue (3ig, frz., über engl. jig von altfrz. giguer, s. v. w. tanzen; möglicherweise auch von altfrz. gigue, mhd. gîge, mittelengl. gige, s. v. w. → Geige, abgeleitet davon ital. giga), ein besonders in der Instrumentalmusik des 17.–18. Jh. weit verbreiteter Tanz, der von einem noch heute in Irland gebräuchlichen Tanz(-Lied) abstammt, dann jedoch in England, Frankreich, Italien und Deutschland Sonderentwicklungen durchlief. – Die → Jig wurde von dem englischen Hoflautenisten J. Gaultier (um 1635) von London nach Paris verpflanzt und – grundlegend verändert – durch ihn und D. Gaultier in 2 G.-Typen einem Schülerkreis bis hin zu R. de Visée übermacht. Dem ersten Typ liegt das rhythmische Schema (♪)| ♩. ♪♪♪♪ | ♩ im 4/4-Takt zugrunde, auch (♪)| ♩. ♪♪·♪♪·♪ | ♩ ; dem zweiten dagegen das Schema ♩ | ♩ ♩ | ♩ ♩ | ♩ ♩ |, auch in kleineren Werten (♪| ♪♪♪ und ♪| ♪♪♪) im 3/4-, 6/4-, 6/8-(3/8-)Takt. – Während für den zweiten Typ in der Lautenliteratur keine hochstilisierten Belege auffindbar sind, zählt der erste mit 1st. Beginn und homophoner oder imitierender Fortspinnung zum festen Grundstock der Lautensuite (Allemande, Courante, Sarabande, G.). In der französischen Klaviersuite dagegen fand gerade der zweite Typ durch Chambonnières

J. Ch. Chambonnières, Œuvres complètes, hrsg. von P. Brunold und A. Tessier, Paris (1925), S. 16.

(*Pièces de clavessin*, 1670) und seine Nachfolger L. Couperin, d'Anglebert, Lebègue höchst subtile Ausprägung durch Synkopen, Vorhalte, Ornamente, Figuration und Komplementärrhythmik; häufig sind Imitationen (nach 1st. Beginn) und fugierte Partien, ohne daß daraus, wie in Deutschland, G.-Fugen entstanden. Fr. Couperin, bei dem alle zu seiner Zeit geläufigen G.-Typen nachweisbar sind, steht wie nach ihm Rameau bereits unter dem Einfluß auch der italienischen Violingiga. Zeigte bei Chambonnières die G. Verwandtschaft mit der Courante, so führte Lully eine mit dem für die Canarie typischen Auftakt ♪♪ | ♩. versehene Form der G. ein (Ballette *Les gardes* und *Les saisons, Amadis, Persée, Roland*) und trug damit nicht wenig zu einer Verwirrung der Tanztypen bei, zumal bei ihm die Canarie generell auftaktlos erscheint. Eine französische Eigentümlichkeit ist auch die G. en rondeau (zuerst bei Lebègue 1677).

Die italienische Giga kann einerseits von der französischen G. der Klaviersuite hergeleitet werden (z. B. P. degli Antoni, *Partitura balletti e arie diverse a violino ... e anco per suonare nella spinetta ...* op. 3, 1671, wo neben der Giga im 12/8-Takt auch die G. mit punktiertem 4/4-Takt erscheint und der Titel den Zusammenhang zwischen Violin- und Klaviermusik andeutet), andererseits von den Schlußallegri der altitalienischen Kirchensonate bzw. Kanzone. Die Giga ist »glatt rhythmisiert« (Danckert), hat sehr schnelle Tempi, typische Violinfiguration, bloße Baßstütze, in Triosätzen meist Terzen- und Sextenparallelen, später lange Phrasen; Imitation und Volltaktigkeit erscheinen als Reste der ricercarartigen Kanzone. Die früheste bekannte Sammlung stammt von Vitali (op. 4, 1668), die charakteristische Form, Vorbild für die französische (J.-M. Leclair) und deutsche Geigerschule (J. J. Walther), von Corelli (op. 1–4 und 5, 1681ff.):

A. Corelli, Giga aus op. 4 Nr 4 (1694).

Die Giga nach 1700 hat in Italien das Virtuosentum geprägt; für ihre zäsurlose Fortspinnungs- und Sequenzenmelodik ist die Charakteristik: *wie der glattfortschiessende Strom-Pfeil eines Bachs*, zutreffend (Mattheson Capellm.). Über die Neapolitaner (Sammartini, Pergolesi) fand sie als Satztyp Eingang in die Kammer- und Orchestermusik der Frühklassik, wo sie (z. B. bei Haydn) oft als Presto den Kehraus abgibt.

Nachdem E. Reusner die französische G. in die deutsche Lautensuite eingeführt hatte, begegnet zuerst bei Froberger die für Deutschland typische Fugen-G., der schlußkräftige Finalsatz der Klaviersuite. Die französische Fugierungstechnik in der G. und das italienische kanzonenhafte Prinzip des Kontrasts für die G. nutzend, fügt Froberger dem nach Taktart und Rhythmus auf die französische Lauten-G. zurückgehenden G.-Thema einen Kontrapunkt hinzu, der auch zum 2. Subjekt der kontrapunktischen Verarbeitung wird, und leitet den 2. Teil der G. mit Themaumkehrung ein. Damit war das Modell für Bachs spätere Doppelfugen-G. aufgestellt. – Lullys deutsche Schüler (Kusser 1682, Erlebach 1693, Mayr 1692, Georg Muffat 1695/98, J. Fischer 1702) ahmten dessen Suitentyp und damit auch die Canarie-G. nach, während österreichische Komponisten (J. H. Schmeltzer, Poglietti) die G. als wirkliches Tanzstück komponierten und Biber, Muffat und Fux (*Concentus*, 1701, Vorrede) volkstümliche Einfachheit in der G. anstrebten. Für die Tradition der Frobergerschen Klavier-G. wurde die mittel- und norddeutsche Schule (Reinken, Kuhnau, Lübeck, Böhm) maßgebend; nicht Händel, der in allen Instrumentalkompositionen, so auch in den Klaviersuiten, die italienische G. bevorzugte, sondern J. S. Bach empfing sie hier. Er rezipierte im übrigen alle G.-Modelle und fügte sie in seine Violoncellosuiten I–VI (BWV 1007–1012), Violinpartiten II und III (BWV 1004 und 1006), Klavierpartiten I, III–VI (BWV 825 und 827–830) und Englischen und Französischen Suiten (BWV 806–817) ein; dabei gestaltete er die Fugen-G. durch kontrapunktische Konsequenz zu einer G.n-Fuge um, wie z. B. in der Französischen Suite Nr IV:

Wie andere Tänze erlebte auch die G. in neuerer Zeit eine Wiedergeburt: u. a. durch Cl. Debussy (*Images* I: *G.s*, 1912), J. Françaix (Sonatine 1952), Ph. Jarnach (Quintett op. 10), Reger (V.-Solo op. 42; Vc.-Solo op. 131c; op. 36 für Kl.), Schönberg (Suiten op. 25 und op. 29), Strawinsky (*Duo concertant* 1932, Septett 1952/53).

Lit.: J. PULVER, The G., Proc. Mus. Ass. XL, 1913/14; D. FRYKLUND, Etymologische Studien über Geige – G., = Studier i modern sprakvetenskap VI, Uppsala 1917; J. MÜLLER-BLATTAU, Grundzüge einer Gesch. d. Fuge, = Königsberger Studien zur Mw. I, Königsberg 1923, Kassel ³1963; W. DANCKERT, Gesch. d. G., = Veröff. d. mw. Seminars d. Univ. Erlangen I, Lpz. 1924; C. SACHS, Eine Weltgesch. d. Tanzes, Bln 1933, engl. NY 1937 u. London 1938, frz. Paris 1938; M. REIMANN, Untersuchungen zur Formgesch. d. frz. Klaviersuite, = Kölner Beitr. zur Musikforschung III, Regensburg 1940; E. BAUER, Die Klaviersuite bei J. J. Froberger, Diss. Saarbrücken 1962.   RG

Giraffenklavier, eine Art der aufrecht stehenden Hammerflügel, die, auf das → Clavicytherium zurückgehend, um 1745–60, danach in der 1. Hälfte des 19. Jh. vielfach gebaut wurde. Pyramidenflügel (im Unterschied zum G. symmetrisch) sind von Del Mela 1739 und Friederici 1745 nachgewiesen. Lyraflügel baute zuerst J. C. Schleip 1824 in Berlin. – Das liegende G. gehört zu den Vorformen des → Pianinos.

Gitarre (von → kithara, mit der jedoch sachlich kein Zusammenhang besteht; ital. chitarra, auch viola; span. guitarra, auch vihuela; frz. guiterne, guitare; engl. gittern, guitar), Zupfinstrument mit 8förmigem Corpus, Zargen, flachem Boden und flacher Decke, in die ein großes rundes Schalloch eingelassen ist, heute offen, früher mit einer Rosette verziert. Die 6 Saiten der modernen G. (E A d g h e¹, notiert eine Oktave höher) laufen vom Querriegel über den Hals mit Bünden zum leicht abgeknickten Wirbelkasten; die moderne G. hat eine Schraubenmechanik statt der Wirbel. – Die G. ist im Abendland seit dem 13. Jh. in Spanien nachgewiesen (Cantigas de Santa María), als Guitarra moresca (→ Mandora) und Guitarra latina (s. v. w. G. der Einheimischen). Ihre Herkunft aus dem Orient ist möglich, doch konnte bisher noch kein mit der G. in Einzelzügen verwandtes Instrument als Vorfahr nachgewiesen werden. Die Guitarra latina (guitarra española) hatte zunächst 4 Saiten und 4 Bünde, im 15. Jh. 4 doppelchörige Saiten (verschiedene Stimmungen, u. a.

cc¹ ff aa d¹d¹, FF cc ee aa) und im 16. Jh. 4 oder 5 Chöre (u. a. Aa dd¹ gg hh e¹). Sie unterschied sich dadurch von der → Vihuela mit 5–7 Saiten. Im 18. Jh. kam eine 6. Saite hinzu, der Bezug wurde einchörig. Die ersten Stücke für G. wurden von Mudarra und Fuenllana in ihren Drucken von Tabulaturen für Vihuela veröffentlicht, die erste Ausgabe nur für G. von J. C. Amat (1596). Im gleichen Maß, wie die kunstreiche Literatur für Vihuela am Ende des 16. Jh. verfiel, blühte die volkstümlichere für G. im 17. Jh. auf. Neben dem Spiel in Einzelnoten (span. punteado) steht nun das akkordische Spiel (rasgueado). Die Tabulaturen für G. enthalten u. a. Airs de cour, Romances, Seguidillas, Volkslieder und Tänze; die G. war sowohl im Volke als auch in der städtischen Gesellschaft beliebt. Die wichtigsten spanischen und portugiesischen Komponisten für G. sind Briceño (1627), Velasco, Sanz, Ruiz de Ribayaz, Guerau, Abreu, im 19. Jh. Sor und Tárrega. In jüngster Zeit hat A. Segovia durch Erneuerung der Spieltechnik und des Repertoires (Kompositionsaufträge) die künstlerische Bedeutung der G. wieder herausgestellt.

Die italienische Literatur für G. im 16.–19. Jh. ist die reichste für das Instrument überhaupt; genannt seien M. de Barberiis (1549), G. Montesardo, G. A. Colonna, B. Sanseverino, P. Millioni, A. Trombetti, A. M. Bartolotti, A. Carbonchi. Auch zur Kammermusik wurde die G. herangezogen, so von Boccherini, M. Giuliani, Porro, Zani de Ferranti und Paganini, der auch ein Virtuose auf der G. war. In England hat die G. in der mittelalterlichen Gittern (im 13. Jh. im Ormesba Psalter abgebildet) eine Sonderform (Stücke dafür im Mulliner Book), die im 17. Jh. durch die spanische G. abgelöst wurde. In Frankreich veröffentlichten u. a. Morlaye, le Roy & Ballard, Grénerin, de Visée, Desorières, Medard, Vabray und Campion Tabulaturen für G. – In Deutschland scheint die G. nicht im gleichen Maße beliebt gewesen zu sein. Praetorius (Synt. II, S. 53) nennt 1619 die Quinterna oder Chiterna mit 4 (c f a d¹ oder f g d¹ g¹) oder 5 Chören, und *brauchens in Italia die Ziarlatini vnd Salt'in banco (das sind beyn vns fast wie die Comoedianten vnnd Possenreisser) nur zum schrumpen; Darein sie Villanellen vnd andere närrische Lumpenlieder singen. Es können aber nichts desto weniger auch andere feine anmuthige Cantiunculae, vnd liebliche Lieder von eim guten Senger vnd Musico Vocali darein musicirt werden.* Erst nachdem die Herzogin Anna Amalia von Sachsen-Weimar (wahrscheinlich) 1788 eine G. aus Italien mitgebracht hatte und der Geigenmacher J. A. Otto auf Veranlassung von J. G. Naumann G.n nachbaute, wurde sie zum Modeinstrument, vor allem in Wien, wo neben S. Molitor und den Italienern M. Giuliani und Legnani auch der Böhme Matiegka zahlreiche Werke für G. veröffentlichte. – In Rußland wurde die G. um 1800 als Saloninstrument überaus beliebt, und eine Reihe von Virtuosen (Sichra, Wyssozkyj) kultivierten das Solospiel. – Das Spiel auf der G. (Klampfe, Zupfgeige) nahm in Deutschland durch die → Jugendbewegung und das von ihr wachgerufene Interesse für ältere Spielmusik wieder einen Aufschwung. Im Jazz verdrängte die G. als Begleit- (in der Rhythmusgruppe neben Piano, Baß und Schlagzeug) und Soloinstrument zum Teil das Banjo. Starker Einfluß auf die Single note-Spielweise ging von Dj. → Reinhardt aus. Seit etwa 1940 wird die G. in Jazz und Unterhaltungsmusik elektrisch verstärkt mit Plektron gespielt. – Die G. hat zahlreiche Nebenformen, oft von regionaler Bedeutung, die sich in Größe und Stimmung unterscheiden: Terz- und Quint-G., Baß-G. mit freien Saiten in der Schrammelmusik; portugiesische Machete, → Ukulele; Venturina, Chitarrina, Guitarrillo; → Lyra-G., Guitare d'amour (→ Arpeggione).

Lit.: J. BERMUDO, Declaración de instr. mus., (Osuna) 1555, Faks. hrsg. v. M. S. Kastner, = DMl I, 11, 1957; M. MERSENNE, Harmonie universelle, Paris 1636, Faks. hrsg. v. Fr. Lesure, 3 Bde, Paris 1963; J. FR. B. C. MAJER, Museum musicum (1732), hrsg. v. H. Becker, = DMl I, 8, 1954; J. A. OTTO, Ueber d. Bau u. d. Erhaltung d. Geige u. alter Bogeninstr., Halle 1817; FR. W. GALPIN, Old Engl. Instr. of Music, London 1910, ³1932, ⁴1965 hrsg. v. Th. Dart; J. ZUTH, S. Molitor u. d. Wiener Gitarristik, Wien (1920); DERS., Hdb. d. Laute u. G., Wien 1926–28; B. HENZE, Die G. u. ihre Meister d. 18. u. 19. Jh., Bln 1920; A. KOCZIRZ, Die Fantasien d. M. de Barberis f. d. siebensaitige G., ZfMw IV, 1921/22; DERS., Die Gitarrekompositionen in M. de Fuenllanas Orphénica lyra (1554), AfMw IV, 1922; K. GEIRINGER, Der Instrumentenname »Quinterne« u. d. ma. Bezeichnungen d. G., Mandola u. d. Colascione, AfMw VI, 1924; F. BUEK, Die G. u. ihre Meister, Wien 1926, Bln ³1952; S. N. CONTRERAS, La guitarra, sus antecedentes hist. y biogr. de ejecutantes célebres, Buenos Aires 1927; E. PUJOL VILLARUBÉ, La guitarra e su hist., Buenos Aires 1932; DERS., Escuela razonada de la guitarra, 5 Bde, ebenda 1932–35; DERS., Les ressources instr. et leur rôle dans la musique pour vihuela et pour guitare au XVIᵉ et au XVIIᵉ s., in: La musique instr. de la Renaissance, hrsg. v. J. Jacquot, Paris 1955; D. PRAT, Diccionario biogr., bibliogr., hist., critico de guitarras, guitarristas..., Buenos Aires 1934; E. SCHWARZ-REIFLINGEN, La chitarra in Germania, La chitarra I, 1934; F. ANDORRA, La chitarra, Mailand 1936; M. GIORDANO, Contributo allo studio della chitarra, Mailand 1936; B. TERZI, Dizionario dei chitarristi e liutai ital., Bologna 1937; S. BLOCH, Lute Music, Its Notation, Technical Problems in Relation to the Guitare, The Guitare Review IX, 1949; H. HICKMANN, Ein unbekanntes ägyptisches Saiteninstr. aus koptischer Zeit, Mf III, 1950; FR. LESURE, Le guitare en France au XVIᵉ s., MD IV, 1950; PH. J. BONE, The Guitar and Mandolin, London ²1954; A. P. SHARPE, The Story of the Span. Guitar, London 1954; R. SAINZ DE LA MAZA, La guitarra y su hist., Madrid 1955; T. USHER, The Span. Guitar in the 19ᵗʰ and 20ᵗʰ Cent., The Galpin Soc. Journal IX, 1956; D. L. HEARTZ, The Elizabethan Tutor for the Guitar, ebenda XVI, 1963.

Giustiniane (dʒustiniˈa:ne, ital.; auch Justiniane, Veneziane), scherzhaft pointierte Liebeslieder des 15.–16. Jh., die nach dem Begründer dieser Gattung, dem venezianischen Dichter L. → Giustiniani, benannt wurden. Es sind 8zeilige Gedichte in venezianisch dialektaler Färbung, im Stil des begleiteten Sololiedes. Melismatische Auszierung der Oberstimme ist zum Teil in den Quellen überliefert und muß auch für die übrigen G. (im Gegensatz zur Frottola) angenommen werden. Mit diesen G. des 15. Jh. haben die G. des späten 16. Jh. nur die Dreistimmigkeit und die venezianische Färbung des Textes gemeinsam; im übrigen handelt es sich dabei um Sätze von schlicht villanellenartiger Faktur.

Lit.: A. EINSTEIN, The Greghesca and the Giustiniana of the Sixteenth Cent., Journal of Renaissance and Baroque Music I, 1946; W. H. RUBSAMEN, The Justiniane..., AMI XXIX, 1957.

giusto (dʒ'usto, ital., richtig), verselbständigt aus Tempo g., Normaltempo, gleichbedeutend mit Tempo ordinario. Allegro tempo g. erscheint als Satzbezeichnung noch in Oboenkonzerten E. Eichners (1764 und 1772); g. zeigt auch (wie → a tempo) den Wiedereintritt des Hauptzeitmaßes an.

Glagolitischer Kirchengesang → Altslawischer Kirchengesang.

Glasharfe, ein von Bruno Hoffmann 1929 konstruiertes und gespieltes Glasreibspiel mit senkrecht stehenden Gläsern. Sie ähnelt den älteren Formen der → Glasspiele, die vor Franklins → Glasharmonika verbreitet waren. Werke für Gl. schrieben neben Br. Hoffmann u. a. H. Genzmer (Variationen für Gl., Fl., Va und Vc.) und J. N. David (*Choral und Fuge* für Gl. solo).

Glasharmonika (engl. und frz. glass harmonica; ital. armonica) im 18. und 19. Jh. einfach Harmonika genannt, eine Bezeichnung, die auch für manche anderen Instrumente galt, bei denen auf gestimmten festen Körpern mehrstimmiges Spiel möglich war, z. B. Stahl- (Nagelgeige), Holz- (Xylophon), Steinharmonika (Lithophon); davon hergeleitet und auf Instrumente mit schwingenden Zungen bezogen: → Harmonika-Instrumente. Die Gl. ist ein → Friktionsinstrument, dessen schwingende Teile Glasglocken, -stäbe oder -röhren sein können. Zu größter Verbreitung gelangte die Gl. in der Form, wie sie B. Franklin 1762 in London konstruierte, indem er Glasglocken auf eine Achse reihte in der Anordnung eines Glasglockenkegels, der, waagerecht vor dem Spieler liegend, durch Pedaltritte über Treibriemen und Schwungrad gedreht wird. Gespielt wird diese Gl. durch Berührung der Fingerkuppen mit den sich drehenden, wasserbenetzten Glocken. Der ursprüngliche Tonumfang g–g² wurde nach 1770 von A. Schmittbaur auf c–c⁴ erweitert. Die Gl. verdrängte das Verrillon (→ Glasspiele) und erlebte ihre Blütezeit in Deutschland. Berühmte Virtuosen auf der Gl. waren J. L. Dussek und die blinde Marianne Kirchgäßner, für die Mozart das Adagio und Rondo K.-V. 617 schrieb. Auch Beethoven, J. G. Naumann, J. Fr. Tomaschek schrieben Kompositionen für die Gl. Dem Instrument, das dynamischer Schattierungen fähig ist, *und zwar vom leisesten Hauche bis zu einer merklichen Stärke* (KochL), fehlt jeder Anlaut. Der ätherische Klang erinnert an ein zartes streichendes Orgelregister und ließ die Gl. zu einem bevorzugten Instrument des empfindsamen 18. Jh. werden. Die Vermutungen jener Zeit, daß *die Glasvibration in direkter innigster Weise durch die Fingerspitzen auf das Nervensystem* (Mendel) schädigend wirke, auch ein längeres Anhören des Gl.-Spiels der Gesundheit nicht zuträglich sei, bewegten lange die Gemüter. Um die Mitte des 19. Jh. war das Instrument in Vergessenheit geraten. R. Strauss verlangt es dann noch einmal in der *Frau ohne Schatten* (1919), heute jedoch üblicherweise ersetzt durch zwei »kühl geschlagene« Vibraphone (ohne »Vibrato«-Klang). – Kaum ein anderes Instrument hat je so die Phantasie zu Verbesserungsversuchen angeregt. Mit Tasten versehen, von denen aus eine gepolsterte Streichvorrichtung an die Glasglocken gebracht wurde, hieß die Gl. Clavier-Harmonica; bereits 1769 wurde der Bau eines solchen Instrumentes empfohlen. Hierher gehören auch Chladnis Konstruktionen (→ Clavicylinder). Kombinationen von Tastenharmonika und Orgelstimmen erfolgten 1795 (Harmonicon), eine Art Orgelharmonika mit 2 Manualen entstand 1800 (Coelestine), ein Cherubine Minor verband noch 1859 Glasglocken, Harfe, Klavier und Orgel zu einem Instrument. Bei all diesen Mechanisierungsversuchen ging freilich der feinnervige Klangcharakter verloren.

Lit.: C. L. RÖLLIG, Über d. Harmonica, Bln 1787; J. CHR. MÜLLER, Anleitung zum Selbstunterricht auf d. Harmonica, Lpz. 1788; K. BARTL, Nachricht v. d. Harmonika u. . . . d. Tastenharmonika, Brünn 1799; C. F. POHL, Zur Gesch. d. Gl., Wien 1862; Mus. Conversations-Lexikon IV, hrsg. v. H. MENDEL, Bln 1874, Artikel Harmonica; SACHSL; SACHS HDB.; W. LÜTHGE, Die Gl., d. Instr. d. Wertherzeit, in: Der Bär, 1925; BR. HOFFMANN, Gl. u. Glasharfe, Musica IV, 1950; O. E. DEUTSCH, Neues v. d. Gl., Österreichische Musikzs. IX, 1954; KL. W. NIEMÖLLER, J. A. Schmittbaurs Werke . . . , Fs. K. G. Fellerer, Regensburg 1962.

Glasspiele (frz. verrillons; engl. musical glasses), → Idiophone aus Glas, die durch Friktion (seltener durch Schlagen, z. B. die xylophonartige Glasstabharmonika) zum Erklingen gebracht werden. In der einfachsten Form sind es senkrecht stehende, durch entsprechende Wasserfüllung eingestimmte dünnwandige Trinkgläser, die mit befeuchteten Fingerspitzen am oberen Rande der Gläser angerieben werden (→ Glasharfe). So waren die Gl. in Europa vor Einführung der Glasharmonika allgemein, besonders aber in England, bekannt. Ihr Ursprung ist vermutlich auf die im indisch-persischen Mittelalter verbreiteten, mit Wasser abgestimmten Schalen aus Porzellan oder Ton zurückzuführen, die aber mit Stöckchen angeschlagen wurden (→ Jaltarang). Seit Fr. Gafforis *Theorica musicae* (1492) und der Erwähnung *ain Instrument aus glaswerch* im Ambraser Verzeichnis (1596) reißt die theoretische und praktische Beschäftigung mit den Gl.n nicht mehr ab und erreicht ihren Höhepunkt in der 2. Hälfte des 18. Jh. mit der Konstruktion der → Glasharmonika und damit verwandter Instrumente.

Lit.: A. FORD, Instructions for Playing of the Mus. Glasses, London 1761; A. H. KING, The Mus. Glasses and Glass Harmonica, Proc. Mus. Ass. LXXII, 1945/46.

Glee (gli:, engl.; von angelsächsisch glíw oder gléo, [musikalische] »Unterhaltung« bezeichnet in der englischen Musik ursprünglich (meist) dreistimmige, unbegleitete Chorlieder, die geselligem Zeitvertreib dienen. Schon in der Mitte des 17. Jh. (z. B. in Playfords *Select musicall Ayres, and Dialogues*, 1652) findet sich die Bezeichnung in dieser Bedeutung, ohne Fixierung von Form und Besetzung. Besondere Pflege erfuhr das Gl. in den Männer-Clubs (u. a. Londoner Gl.-Club, 1783–1857), wodurch sich seine weitgehende Bevorzugung der Männerstimmen erklärt. Als Blütezeit des Gl. gelten etwa die Jahre zwischen 1750 und 1830, als bedeutendster Komponist von Gl.s wird S. → Webbe (Vater) genannt. Die häufige Gleichsetzung von Gl. und Madrigal ist insofern unzutreffend, als das Gl. als eigenständige Chormusik des 18. Jh. durch die stilistischen Eigenheiten seiner Zeit geprägt ist, so durch Verzicht auf polyphone Gestaltung und eine schlichte, oft klar periodisierende Anlage. Noch im 18. Jh. wurde die Bezeichnung Gl. auch für instrumental begleitete Trios, Quartette und Chöre verwendet, die nicht selten dem Opernrepertoire entnommen sind.

Ausg.: H. R. BISHOP, A Complete Collection of the Gl., Trios . . . and Chorusses, 10 Bde, London 1839. – B. COOKE, A Collection of Gl., Catches and Canons for 3, 4, 5 and 6 Voices, London (1775); DERS., 9 Gl. and 2 Duets op. 5, London 1795; W. HORSLEY, 6 Gl. for 2 Trebles and a B. op. 3, London (1806); DERS., A Second Collection of Gl., Madrigals, . . . op. 4, London o. J.; DERS., A Fourth Collection of Gl., Canons . . . , London 1827; TH. ATTWOOD, A Collection of Gl. for 3, 4, 5 and 6 Voices, London 1827.

Lit.: W. A. BARRETT, Engl. Gl. and Part-Songs, London 1886; Cat. of Engl. Song Books Forming a Portion of the Library of Sir J. Stainer, London 1891; D. BAPTIE, Sketches of the Engl. Gl. Composers, London (1896).

glissando (Abk.: gliss.), auch gliss(ic)ato, glissicando (ital., gleitend, von frz. glisser), das Gleiten durch ein größeres Intervall, im Gesang oder auf Instrumenten ohne feste Tonhöhen (Streichinstrumente) durch Verschleifen der einzelnen Tonstufen. Im Unterschied zum → Portamento, das dem Bereich des (ausdrucksvollen) Vortrags angehört und das vor allem im Jazz (→ Tail gate), in der volkstümlichen und in der Unterhaltungsmusik oft fälschlich als gl. bezeichnet wird, ist das echte Gl. stets ein fester Bestandteil des vorgetragenen Werks. Auf dem Klavier wird gl. durch schnelles Streichen mit der Nagelseite der Finger über die Ober- oder die Untertasten hervorgebracht. Die chromatische Tonleiter läßt sich, wie C. Tausig gezeigt hat, mit täuschender Wirkung mit 2 Fingern einer Hand im Gl. ausführen. Ein frühes Zeugnis für das Sexten-Gl. begegnet bei Mozart 1778 (Klaviervariationen über *Lison dormait*, K.-V.

264); Glissandi in Oktaven fordert Beethoven (Klavierkonzert C dur) und Weber (Konzertstück op. 79), in Terzen und Quarten Ravel (*Miroirs*). Noch Mozart und Beethoven schrieben das Gl. in Noten aus (oft mit auskomponiertem Accelerando); seither ist die → Abbreviatur (- 7) gebräuchlich. Chromatische ein- und mehrstimmige Glissandi sind auf der Jankó-Klaviatur (→ Manual) ausführbar. Das Gl. auf der Pedalharfe ist in allen einstellbaren Tonfolgen möglich, auch Doppel- und Akkord-Gl. Das Gl. auf den Pedalpauken fordert Bartók in seiner *Musik für Saiteninstrumente, Schlagzeug und Celesta* und der Sonate für 2 Kl. und Schlagzeug. Gl. auf dem Orgelpedal verlangt Fortner im 1. seiner *3 Intermezzi* (1962). → strisciando.

Glocke (aus dem keltischen ⁺clocc, daraus mittellat. clocca, frz. cloche, nld. klok, russ. kolokol; als romanische Wortform ital. und span. → campana; engl. bell; lat. signum, daher altfrz. sin, seing, port. sino). Als Musikinstrument fand die Einzel-Gl. wegen ihrer Größe und ihres Gewichtes nur ausnahmsweise Verwendung (als Effektinstrument im Opernorchester des 19. Jh.). Wo ihr Klang gefordert ist, werden heute Ersatzinstrumente, wie abgestimmte Stahlplatten oder → Röhren-Gl.n, verwandt. Hingegen ist die Zusammenstellung mehrerer Gl.n zu einem abgestimmten → Gl.n-Spiel sehr häufig anzutreffen (→ Carillon) und seit dem hohen Mittelalter (→ Cymbala) belegt. – Die Gl. als Klangwerkzeug läßt sich bis in die Vorgeschichte zurückverfolgen; nachweisbar ist die Ton-Gl. der Steinzeit, die äthiopische Stein-Gl., die altägyptische Gold- oder Silber-Gl., abgesehen von der Natur-Gl., bestehend aus Fruchtschalen (Kürbis, z. B. als Rasselinstrument) oder als eigentliche Gl. mit Klöppel aus Zahn. Die Hand-Gl. gab es in China bereits gegen Ende des 2. Jahrtausends, die Bronze-Gl. (gegossen) im 9. Jh. v. Chr. in Asien und im Vorderen Orient (Assyrien, Ägypten). Diese Frühformen dienten dem Bannen von Dämonen (Gl.n an Tieren), dem Schmuck oder der Magie (von Menschen getragen; griechische Antike, Ägypten), als Zeit-Gl. (Vorderindien, bis heute in der Liturgie der Kopten vom Priester geschlagen, auch zur Markierung ritueller Höhepunkte in der römisch-katholischen Messe), als Feuer-Gl. (in der römischen Antike), als Sturm-Gl. usw. Im Abendland fand die Gl. sowohl profane als auch sakrale Verwendung; das Mittelalter kannte, heidnischen Vorstellungen entsprechend, die Wetter-Gl., die dem Unwetter wehren sollte; in späterer Zeit diente sie nur noch als Signal-(Unwetter-, Feuer-)Gl. Lange vermochte sich der profane Gebrauch der Gl. (auch als Gerichts-, Rats-, Bier-Gl. u. a.) neben der Kirchen-Gl. zu behaupten; seit dem 19. Jh. beschränkt er sich im wesentlichen auf die Zeit-(Uhr-)Gl. Der Brauch, Gl.n mit Inschriften, Symbolen oder Zierrat zu versehen, geht bis ins Altertum zurück. – Die Verwendung der Gl. in der christlichen Kirche nahm ihren Ausgang von den orientalischen Klöstern, verbreitete sich von dort nach Rußland und ins nördliche Abendland, nach Irland und Schottland, und von da nach dem kontinentalen Europa (zunächst Frankreich und Italien). Das 6. Jh. (2. Hälfte) kennt bereits die Kirchen-Gl., aus dem 8. Jh. sind Gl.n-Weihe und »Gl.n-Taufe« bekannt. Die Klöster waren im Mittelalter Pflegestätten des Gl.n-Gießens, hier insbesondere die Benediktiner (mindestens seit dem 8. Jh.). Die wichtigste Quelle ist eine Aufzeichnung des benediktinischen Presbyters Theophilus (10. Jh.); nach ihm nannte man die Gl.n seiner Zeit »Theophilus-Gl.n«. Bis ins 12. Jh. bestehen Klosterprivilegien für den Guß von Gl.n, die dann auf bürgerliche Handwerker (Wien) übergehen, bis im 15. Jh. mit der Erfindung des Schießpulvers die Gl.n-Gießer auch für die Herstellung von Kanonenrohren in Anspruch genommen wurden und Gl.n- und Kanonengießerei in ein und derselben Werkstatt erfolgte. Neben den Gl.n-Formen des Altertums (Hickmann nennt deren 33) war im Mittelalter (bis 12. Jh.) besonders die Bienenkorbform mit nach außen geschweiftem Rand verbreitet, daneben die Zuckerhutform (beide dissonant); aus ihnen entstand die gotische Gl., die von der Bienenkorbform das Verhältnis von Höhe und Durchmesser übernahm ($4/5$ Rand – $\varnothing$ = Höhe) und von der Zuckerhutform das Verhältnis von unterem und oberem Durchmesser (2:1). Im 13./14. Jh. wurden die Gl.n-Formen wesentlich vergrößert (die Osanna im Freiburger Münster von 1258: $\varnothing$ unten 1,60 m). – Der gute »Ton« der Gl. und ihr angenehmes Zusammenklingen hängen sowohl vom Stoff (Gl.n-Speise) und seiner Bereitung wie von der Stimmung ab; im allgemeinen wird Bronze verwendet (78–80% Kupfer + 20–22% Zinn); als vorzügliche Mischung geben englische Meister 80% feinstes russisches Kupfer, 10–11% feinstes englisches Zinn, 5–6% Zink und 3–4% Blei an, doch ist auch mit Stahl-Gl.n gute Wirkung erzielt worden (im 17. Jh., zuerst in Genf, stellte man gußeiserne Gl.n her; im Unterschied zu diesem Grauguß 1852 in Bochum die Gußstahl-Gl.). Das Gl.n-Geläute, die Zusammenstellung (Disposition) mehrerer Gl.n mit verschieden gelagerten Schlagtönen, kann sukzessiv erfolgen (Melodie; insbesondere bis zum 18. Jh.) oder simultan (Harmonie); für letzteres wird heute die pentatonische Reihe (ausschnittweise) bevorzugt.

Die akustischen Eigenschaften der Gl. werden seit Ende des 19. Jh. (Rayleigh) von Physikern, Gl.n-Bauern und Musikern untersucht. Dabei stehen zwei Besonderheiten des Schwingungsablaufs im Mittelpunkt der Forschungen: der unharmonische spektrale Aufbau der Teilfrequenzen und der Schlagton. Das Spektrum einer durch Klöppelschlag erregten Gl. besteht – wie bei allen mehrdimensionalen Schwingern – vorwiegend aus nicht harmonisch zur Grundschwingung liegenden Teilschwingungen. Die Ausbildung dieser Schwingungen ist ausschließlich vom Querschnitt des Gl.n-Mantels, der sogenannten Gl.n-Rippe, abhängig, und der Gl.n-Gießer ist bemüht, möglichst harmonisch zueinander stimmende Teilschwingungen im Prinzipalbereich zu erhalten: Unteroktave, Prime, Terz, Quinte, Oberoktave. Diese unteren Teilschwingungen besitzen große Intensität und sind gegenüber den höheren im Mixturbereich nur gering gedämpft. Während alle Teilschwingungen einzeln erregt, d. h. objektiv nachgewiesen werden können, entzieht sich der Schlagton der physikalischen Messung. Bei einigen Gl.n-Typen wird der Schlagton im Oktavabstand unter der 5. Teilschwingung gehört. Einige Forscher sehen darin eine Abhängigkeit des Schlagtons von der Oberoktave (Rayleigh, Griesbacher, Jones, van Heuven). Andere deuten den Schlagton als Resultante mehrerer Teilschwingungen (Schaeben) und halten ihn für »imaginär« (Biehle). Gegen die Erklärung als Differenzton von Duodezime und Oberoktave (Meyer und Klaes) wendet sich besonders J. Arts. Allen diesen (hypothetischen) Erklärungen steht die von Schouten 1940 aufgestellte Theorie der → Residualtonhöhe als plausibelste Deutung gegenüber.

Lit.: LORD RAYLEIGH (J. W. Strutt), On Bells, Physiological Magazine and Journal of Science V, 29, 1890; J. J. RAVEN, The Bells of England, London 1906; K. WALTER, Glockenkunde, Regensburg u. Rom 1913 (mit umfangreicher Bibliogr.); J. BIEHLE, Die Analyse d. Glockenklanges, AfMw I, 1918/19; P. GRIESBACHER, Glockenmusik, Regensburg 1927; H. LÖBMANN, Das Gl.-Ideal, Bln 1928; SACHS Hdb.; DERS., Geist u. Werden d. Musikinstr., Bln 1929, Nachdruck Hilversum 1965; DERS., The Hist. of Mus.

Instr., NY (1940); E. MEYER u. J. KLAES, Über d. Schlagton v. Gl., Die Naturwiss. XXI, 1933; A. SCHAEFFNER, Origine des instr. de musique, Paris 1936; A. T. JONES, The Strike Note of Bells, JASA VIII, 1936/37; J. ARTS, The Sound of Bells, JASA XI, 1939/40 (ders. auch in: JASA IX, 1937/38); S. N. COLEMAN, The Book of Bells, London 1938 (mit Bibliogr.); CL. MARCEL-DUBOIS, Les instr. de musique de l'Inde ancienne, Paris 1941; CHR. MAHRENHOLZ, Glokkenkunde, Kassel (1948); E. W. VAN HEUVEN, Acoustical Measurements on Church-Bells and Carillons, 's-Gravenhage 1949; C. STÜBER, Akustische Untersuchungen an Gl., Instrumentenbau Zs. IV, 1950; H. HICKMANN, Zur Gesch. d. altägyptischen Gl., MuK XXI, 1951; E. MORRIS, Bells of All Nations, London 1951; DERS., Tintinnabula: Small Bells, London 1959; F. ORTIZ, Los instr. de la música afrocubana II, Habana 1952; (A.-P.) PALUEL-MARMONT, Cloches et carillons, Paris (1953); J. SCHAEBEN, Die Bedeutung d. Materials f. d. Klangcharakteristik d. Gl., Zs. f. Kirchenmusik LXXIII, 1953; M. GRÜTZMACHER, Über d. Klänge v. Gl. u. Org., Acustica IV, 1954; T. INGRAM, Bells in England, London 1954; H.-P. REINECKE, Untersuchungen über d. Klangabläufe angeschlagener Gl., AfMw XII, 1955; W. ELLERHORST, Hdb. d. Glockenkunde, bearb. u. hrsg. v. Gr. Klaus, Weingarten 1957; SC. B. PARRY, The Story of Handbells, Boston 1957; J. V. GARDNER, Gl. als liturgisch-mus. Instr. in d. russ. Kirche, Ostkirchliche Studien VIII, 1958; Deutscher Glockenatlas, hrsg. v. G. GRUNDMANN, I, Württemberg u. Hohenzollern, bearb. v. S. Thurm, München u. Bln 1959; A. LEHR, De klokkengieters Fr. en P. Hemony, Asten 1959 (mit umfangreicher Bibliogr.); A. WEISSENBÄCK u. J. PFUNDNER, Tönendes Erz, Graz u. Köln 1961; E. ARRO, Hauptprobleme d. osteuropäischen Mg., in: Musik d. Ostens I, Kassel 1962; J. PFUNDNER, Über d. Schlagton d. Gl., Acustica XII, 1962.

Glockenspiel (holländisch beiaard, klokkenspel; frz. carillon; engl. chime). Im Mittelalter sind an Rahmen aufgehängte, in Skalen abgestimmte, mit Hämmern zu spielende kleine Glocken (→ Cymbala) oft belegt. Im Spätmittelalter wurde als Ankündigung des Stundenschlags von den Türmen (belfried, belfort) eine kleine Melodie gespielt (»Vorschlag«, holländisch rammel) durch Anschlagen einiger (anfänglich 4, daher carillon von lat. quadrillionem) Glocken mit einem Hammer. Noch im ausgehenden Mittelalter erfolgte die Einführung des durch Stiftwalze gespielten mechanischen Gl.s (→ Mechanische Musikwerke) und begann deren Verwendung in den astronomischen Uhren (1352 erste Straßburger Münsteruhr, 1405 Marienkirche in Lübeck, 1419 Olmütz, 1441 Lund in Schweden). Beim Walzenautomaten schlägt der Klöppel die Glocke auf der Außenseite, bei dem 1510 in Audenarde erstmals belegten Gl. mit einer Klaviatur von innen an. Für die großen Glocken sind nach 1600 auch Pedale angebracht. Jeder Glocke entspricht eine Taste mit Grundton- (nicht Schlagton-)Benennung. Die Traktur ist in alten Gl.en mechanisch mit einem Drahtzug, in modernen elektrisch oder pneumatisch. Zu einem Gl. gehören heute mindestens 25 Glocken in chromatischer Folge; der Umfang ist in Europa 2–4 (C–c³), in den USA bis 6 Oktaven. Gl.e sind besonders in Holland, Belgien und Nordfrankreich verbreitet und galten als hörbares Zeichen der reichen Städte. Berühmte Hersteller waren im 17. Jh. die Brüder Hemony. Das Interesse an Gl.en wurde neu geweckt vor allem durch J. Denijn, der in Mecheln ab 1892 im Sommer wöchentliche Gl.-Konzerte gab und 1922 eine Beiaardschool gründete. Kleinere klavierte Gl.e sind vom 17. Jh. an bekannt. Sie wurden als Halbregister auch in die Orgel eingebaut und fanden Eingang ins Orchester (Händel *Saul*, Mozart *Zauberflöte*); heute sind sie ersetzt durch Lyra-Gl. und Celesta.

Lit.: C. DASYPODIUS, Wahrhafftige Außlegung d. astronomischen Uhrwerks zu Straßburg, Straßburg 1578; A. ROCCA, De campanis commentarius, Rom 1612; H. MAGIUS, De tintinnabulis, Amsterdam 1664; E. VAN DER STRAETEN, Notice sur les carillons d'Audenarde, Antwerpen 1855; E. BUHLE, Das Gl. in d. Miniaturen d. frühen MA, Fs. R. v. Liliencron, Lpz. 1910; A. LOOSJES, De torenmuziek in de Nederlanden, Amsterdam 1916; W. G. RICE, Carillon Music and Singing Towers of the Old World and the New, NY 1924, London 1926; DERS., Beiaarden in de Nederlanden, Amsterdam 1927; P. VERHEYDEN, Beiaarden in Frankrijk, Mechelen 1926; P. GRIESBACHER, Glockenmusik, Regensburg 1927 u. 1929; FR. P. PRICE, The Carillon, London 1933; DERS., Campanology Europe 1945–47, Ann Arbor 1948; G. KARSTÄDT, Spieltechnik u. Musik auf Turmgl., Deutsche Musikkultur III, 1938; A. PROTZ, Beitr. zur Gesch. d. mechanischen Musikinstr. im 16. u. 17. Jh., Kassel 1943; F. TIMMERMANS, Luidklokken en beiaarden, Amsterdam ²1944; P. D. PEERY, Chimes and Electronic Carillons, NY 1948; K. LEFÈVRE, Bells over Belgium, NY 1949; A. L. BIGELOW, Engl. Type Carillonic Bells, Sellersville 1949; J. SMITS VAN WAESBERGHE SJ, Cymbala (Bells in the MA), = American Inst. of Musicology, Studies and Documents I, Rom 1951; J. ROTTIERS, Beiaarden in Belgie, Mechelen 1952; FR. M. FELDHAUS, Deutsche Gl., AfMw X, 1953; A. LEHR, De klokkengieters Fr. en P. Hemony, Asten 1959.

Gloria in excelsis Deo (lat., Ehre sei Gott in der Höhe), der 2. Teil des Ordinarium missae in Form eines Lob-, Dank- und Bittgesanges, auch Hymnus angelicus oder (im Unterschied zur Doxologia minor, der Schlußformel *Gloria patri*) Doxologia maior genannt. Sein liturgischer Ort ist der Wortgottesdienst, in welchem es an allen Sonntagen des Kirchenjahres (außerhalb des Advents, der Vorfasten- und Fastenzeit), an Festtagen im weiteren Sinne und an den Wochentagen der österlichen Zeit nach dem *Kyrie eleison* rezitiert oder gesungen wird (nähere Angaben über seine Verwendung im *Novus Codex Rubricarum* von 1960, Artikel 431–432). Gleich dem Hymnus *Te decet laus* des monastischen Offiziums und dem Te Deum zählt das Gl. zu den in Anlehnung an biblische Vorbilder, vor allem Psalmen, entstandenen literarischen Neuschöpfungen (psalmi idiotici) der christlichen Antike. Die heutige Textgestalt hat ihren Vorläufer in dem griechischen Text des *Codex Alexandrinus* (5. Jh.). Als älteste Quelle der lateinischen Fassung gilt ein Manuskript der irischen Abtei Bangor (um 690; Mailand, Bibl. Ambrosiana, Ms. C 5 inf.); die endgültige Version überliefert erstmals der Codex 20 der Stiftsbibl. St. Gallen (9. Jh.). Der Text selbst enthält den Gesang der Engel in Bethlehem (nach Luc. 2, 14), hierauf folgend Lobpreisungen Gottes (*Laudamus te ... Deus pater omnipotens*) und einen christologischen Abschnitt (*Domine fili unigenite... Amen*). – Ursprünglich Bestandteil des kirchlichen Stundengebets (Morgen- und Abendoffizium), desgleichen als feierlicher Dankgesang nachweisbar, fand der Hymnus angelicus erst allmählich Eingang in die römische Messe, wobei sein Gebrauch dem Bischof vorbehalten und auf die Mitternachtsmesse von Weihnachten beschränkt war. Nach einer Notiz des *Liber pontificalis* (um 530) gestattete Papst Symmachus (498–514) das Gl. außerdem in den Bischofsmessen der Sonntage und der Märtyrerfeste. Demgegenüber wurde es den Priestern nur für die Osternacht und den Tag ihrer Primiz zugebilligt. Erst im ausgehenden 11. Jh. erlosch das Vorrecht der Bischöfe unter dem starken Einfluß fränkischer Kleriker. Auch begann man nunmehr, das Gl. in zahlreiche weitere Messen aufzunehmen. – Wie aus dem 1. Römischen Ordo (Ende 7. Jh.) ersichtlich ist, wurde der Gl.-Gesang im päpstlichen Stationsgottesdienst vom Pontifex, zum Volk gewandt, angestimmt (I, 53). Seine Weiterführung war – abgesehen von einer möglichen Beteiligung der Gemeinde in ältester Zeit – Angelegenheit des Totus chorus (oder Totus clerus), d. h. aller bei der Meßfeier im Chorraum versammelten Kleriker (frühester Beleg: *Ordo Romanus* V, 24, kurz vor 900). Ein Gleiches berichten die Quellen für die Kathedral- und Klosterkirchen. Der Vortrag erfolgte geschlossen durch den Gesamtchor oder im Wechsel zweier Chorhälften (nach Johannes de Grocheo *tractim et ex longis et perfectis ad modum cantus coronati*; vgl. *The New Oxford History of Music* II, S. 228). Häufig wurde auch die Orgel als alternierendes Instrument einbezogen. Bei dieser hauptsächlich im 15. und 16. Jh. verbreiteten Aufführungsweise wechselten Orgel und Chor zeilenweise miteinander ab. Die Vatikanische Ausgabe des Graduale sieht nach der Intonation durch den Zelebranten (*Gl. in excelsis Deo*) alternatim-Gesang zwischen zwei Chorhälften oder Schola und Chor vor. Im Zuge der liturgischen Reformbestrebungen wird die aktive Teilnahme der Gläubigen auch am gregorianischen Gl.-Gesang, insbesondere nach Ordinarium XV, empfohlen (*Instructio de musica sacra et sacra liturgia* vom 3. 9. 1958, Artikel 25b). – Das mittelalterliche Repertoire 1st. Vertonungen des Hymnus angelicus – neuere Forschungen erbrachten 56 Melodien, von denen 18 im Graduale (Editio Vaticana) enthalten sind – zeigt im ganzen eine relative Einheitlichkeit stilistischer Merkmale. In melodischer Hinsicht wesentlich durch Umfang und Struktur des Textes mitbestimmt, bewegen sich die Stücke im Rahmen einer vorwiegend syllabischen Kompositionsweise. Nur selten kommt es zu ausgesprochen melismatischen Wendungen (Gl. III ad libitum). Dagegen bildet die Wiederholung gleicher oder ähnlicher Motive in verschiedenen Textzeilen eines der wichtigsten Kriterien. Als vermutlich älteste Melodie erweist sich Nr XV der Editio Vaticana (überliefert seit dem 10. Jh.). Ihr liegt eine den Ambitus einer Quinte (e-h, ohne f) umspannende archaische Psalmformel zugrunde (vgl. auch Te Deum und altspanisches Pater noster, letzteres in *The New Oxford History of Music* II, S. 82). Besonderes Interesse verdient ebenfalls Gl. I ad libitum, dessen schwer singbare Melodie von ungewöhnlichen Intervallsprüngen beherrscht und bis zur Duodezime ausgeweitet wird; nach Ms. 366 der Fragmentensammlung des Klosters Einsiedeln soll es von Papst Leo IX. (1049–54) komponiert worden sein. – Seit dem 10. Jh. wurde die Gl. mit zahlreichen Tropen ausgestattet, die man vielfach als Laudes (lauda, laude) bezeichnete. Ihre letzten Ausläufer reichen bis ins 14. Jh. Einige von ihnen finden sich in mehrstimmigen Vertonungen des Ordinarium missae wieder, darunter der bekannte Tropus *Spiritus et alme orphanorum Paraclite* zum Gl. der 1. Marienmesse (Ordinarium IX). – Die Mailändische Liturgie verwendet 4 Melodien des *Gl. seu Laus missae* (vgl. *Antiphonale Missarum juxta ritum Sanctae Ecclesiae Mediolanensis*, Rom 1935). Melodie I (Tonus festivus) wurde auch in die Desclée-Ausgabe des Vatikanischen Graduale übernommen (= Gl. IV ad libitum: More Ambrosiano).

Ausg.: Analecta hymnica medii aevi XLVII, Lpz. 1905 (Texte v. Gl.-Tropen). – 1st. Fassung d. Tropus Spiritus et alme orphanorum Paraclite: Graduale Sarisburiense, hrsg. v. W. H. FRERE, London 1894, Tafel 14*, u. P. WAGNER, Gesch. d. Messe... III, Lpz. 1921, Nachdruck Hildesheim u. Wiesbaden 1962, S. 510. – Mehrst. Vertonungen: El còdex mus. de Las Huelgas, hrsg. v. H. ANGLÈS, = Publicacions del Departament de música de la Bibl. de Catalunya VI, Barcelona 1931, III Nr 6 (vgl. dazu Bd I d. Ausg., S. 119ff., mit weiteren Quellenangaben); J. DUNSTABLE, Complete Works, hrsg. v. M. F. Bukofzer, = Mus. Brit. VIII, London 1953, I 9 (Gl.); CHR. MORALES, Gl. d. Missa de beata virgine, in: Opera omnia, hrsg. v. H. Anglès, = MMEsp XV, Rom 1954 (auch bei P. Wagner, Gesch. d. Messe, S. 463ff.); Ein 3st. Spiritus et alme in: CH.-E.-H. DE COUSSEMAKER, Hist. de l'harmonie au moyen âge, Paris 1852, Tafel 33.

Lit.: CL. BLUME SJ, Der Engelhymnus Gl. in excelsis Deo, in: Stimmen aus Maria-Laach LXXIII, 1907; P. WAGNER, Einführung in d. Gregorianischen Melodien I u. III, Lpz. ³1911 u. 1921, Nachdruck Hildesheim u. Wiesbaden 1962; DERS., Gesch. d. Messe I, = Kleine Hdb. d. Mg. nach Gattungen XI, 1, Lpz. 1913, Nachdruck Hildesheim 1963; M. ANDRIEU, Les Ordines romani du haut moyen âge II, = Spicilegium Sacrum Lovaniense. Études et documents, Fasc. 23, Löwen 1948; W. STAPELMANN, Der Hymnus Angelicus, Heidelberg 1948; M. HUGLO OSB, La mélodie grecque du »Gl. in excelsis Deo« et son utilisation dans le Gl. XIV, Rev. grégorienne XXIX, 1950; D. BOSSE, Untersuchung einst. ma. Melodien zum Gl. in excelsis Deo, Diss. Erlangen 1954; The New Oxford Hist. of Music II, London 1954, ²1955, u. III, 1960; Acta Apostolicae Sedis L, Rom 1958; W. APEL, Gregorian Chant, Bloomington (1958); J. A. JUNGMANN SJ, Missarum Sollemnia I, Wien, Freiburg i. Br. u. Basel ⁵1962.   KWG

Glosa (span., Auslegung, Erläuterung, von lat. glossa; griech. γλῶσσα), in der spanischen Musikpraxis des 16. und frühen 17. Jh. bezogen auf die Auszierung eines mehrstimmigen Tonsatzes (→ Diminution – 2) und auf dessen instrumentale Erweiterung und Verwandlung (→ Variation).

Glottis (griech.) bezeichnet den Zwischenraum zwischen den beiden Stimmlippen (manchmal werden auch die Stimmlippen selbst in den Begriff mit einbezogen). Die Gl. kann durch die Bewegungsmöglichkeiten der beiden Stellknorpel (→ Stimme – 2, → Ansatz – 2) verschiedene Form annehmen: ein gleichschenkliges, spitzwinkliges Dreieck bei ruhiger Atmung, ein weites Fünfeck bei kraftvoller Einatmung. Bei der Phonation nähern sich die Stimmlippen einander so weit an, daß die Gl. nur noch einen schmalen, spindelförmigen Spalt bildet. Völliger Gl.-Schluß tritt ein beim Schluckakt und beim Anhalten der Luft. Unter Gl.-Schlag versteht man das plötzliche Aufspringen eines vollen Gl.-Schlusses durch den Atem zum Zwecke der Phonation, wodurch der Ton mit einem knackenden Geräusch anlautet. Der Gl.-Schlag wird in der Stimmbildung vor allem wegen seiner möglichen schädigenden Folgen für den Stimmapparat vermieden.

Görlitz (Schlesien).
Lit.: L. HAUPT, Gesch. d. Org. in ... St. Peter u. Paul in G., G. 1859; M. GONDOLATSCH, G.er Musikleben in vergangenen Zeiten, G. 1914; DERS., Beitr. zur Mg. d. Stadt G., I: Die Organisten, II: Die Kantoren, in: AfMw VI, 1924 u. VIII, 1926; DERS., Der Personenkreis um d. G.er Convivium u. Coll. mus. im 16. u. 17. Jh., Neues Lausitzisches Magazin CXII, 1936; H. HOFFMANN, Das G.er barocke Schultheater, = Königsberger deutsche Forschungen X, Königsberg 1932; M. KIRCHNER, Das G.er Stadttheater 1851–98, = Wiss. Beitr. zur Gesch. u. Landeskunde Ost-Mitteleuropas L, Bln 1960.

Goliarden → Vaganten.

Gong, aus Indonesien (Java) stammende onomatopoetische Bezeichnung (in Hinterindien: khong; im englischen Sprachgebrauch steht das Wort g. allgemein für massive, dumpf klingende Schallgeräte, z. B. slitg., Schlitztrommel, rock-g., Felsenlithophon) für ein metallenes, vorwiegend bronzenes Aufschlagidiophon. Der (seltener das) G. besteht aus einer runden Platte mit oder ohne Schlagbuckel, deren Rand mehr oder weniger tief umgebogen ist – bis zu trichterförmigen, trommelähnlichen Klangkesseln (Kessel-G., oft Metall- oder Bronzetrommel genannt). Angeschlagen wird der G. mit einem weichen Schlägel in der Mitte der Scheibe; im Unterschied zu den Glockeninstrumenten und den Becken befindet sich der Schwingungsscheitel nicht am Rand, sondern in der Mitte. Das Verbreitungsgebiet der in mannigfachen Formen vorkommenden G.-Instrumente, Erzeugnisse asiatischer Hochkulturen des 1. Jahrtausends v. Chr., erstreckt sich von Indien und Indonesien über Hinterindien bis nach China, Japan und Korea. Die Verwendung und Symbolhaftigkeit reicht von Geisterabwehr und Repräsentation bis zum Kult- und Signalinstrument (in letzterer Verwendung z. B. der europäische Tisch-G.). Im indonesischen → Gamelan wie auch in den hinterindischen Orchestern bilden die verschiedenen G.-Formen eine Instrumentengruppe: die vertikal aufgehängten G.s treten einzeln oder paarweise auf, ihre Tonhöhe ist nur annähernd fixiert, während die waagerecht ruhenden Klangkessel der G.-Spiele Kenong, Ketuk oder → Bonang zu Skalen abgestimmt sind; das chinesische G.-Spiel → Yün-lo hängt in einem vertikalen Rahmen. – Die Einführung des G.s in das europäische Orchester erfolgte um die Wende des 18./19. Jh. unter der Bezeichnung → Tamtam. Erst die neuere Instrumentation begann zu unterscheiden zwischen dem großen G. von unbestimmter Tonhöhe (Tamtam) und den kleineren (abgestimmten) Formen: chinesischer (Flach-) und javanischer (Buckel-)G.

Lit.: H. SIMBRIGER, G. u. Gongspiele, = Internationales Arch. f. Ethnographie XXXVI, Leiden 1939 (grundlegend); J. KUNST, A Hypothesis about the Origin of the G., Ethnos XII, 1947; DERS., Music in Java, 2 Bde, Den Haag ²1949; L. VANDERMEERSH, Bronze Kettledrums of Southeast Asia, Journal of Oriental Studies III, 1956.

Gopak (russ.) → Hopak.

Gorgia (g′ordʒa, ital., »Gurgel«) ist im 16. Jh. Terminus für die Gesangskoloraturen, Triller und Läufe, mit denen die Kunstsänger vor allem Ende des 16. Jh. die Melodien systematisch ausschmückten, ganz ähnlich wie die Organisten sie kolorierten. Gorgheggiare ist also gleichbedeutend mit Diminuieren (→ Diminution – 2).

Gospelsong (engl.; Gospel, Evangelium), religiöse Gesangsgattung der nordamerikanischen Neger, die sich in Anlehnung an die → Negro spirituals des 19. Jh. entwickelt hat. Ursprünglich entstand der G. im Gegensatz zum Spiritual innerhalb des Gottesdienstes während der Auslegung des Evangeliums durch den Prediger aus spontanen Zurufen der Gemeinde, die ins Singen übergingen. Dabei ergaben sich kurze, formelhaftprägnante Melodien, die – vielstimmig ausgeführt und ausgeziert – immer von neuem wiederholt wurden und so zu ekstatischem Singen und sogar Tanzen (holy dancing) der Gemeinde führen konnten. Die modernen G.s, meist komponierte Melodien in einfachen Liedformen, werden ebenfalls von der Gemeinde, aber auch von Solisten (Mahalia Jackson) gesungen und im Gegensatz zum Spiritual stets von kleineren Instrumentalensembles begleitet. – Seit den 1930er Jahren gelangte der G. im Zusammenhang mit dem Jazz zu weltweiter Verbreitung, die – wie auch bei Blues und Spiritual – gleichzeitig seine Kommerzialisierung und Verflachung durch virtuose reisende Vokalensembles und Solisten eingeleitet hat. In nordamerikanischen Negergemeinden jedoch erklingt auch noch heute der moderne G. als inbrünstige oder ekstatische Gesangsgattung während des Gottesdienstes.

Lit.: G. P. JACKSON, White Spirituals in the Southern Uplands, Chapel Hill (N. C.) 1933; G. CHASE, America's Music, NY 1955, frz. Paris 1957, deutsch als: Die Musik Amerikas, Bln u. Wunsiedel (1958); M. W. STEARNS, The Story of Jazz, NY 1956; A. M. DAUER, Jazz – d. magische Musik, Bremen 1961.

Gotha.
Lit.: H. HIRSCHBERG, Gesch. d. herzoglichen Hoftheater zu Coburg u. G., Berlin-Charlottenburg 1910; K. SCHMIDT, G. im heimatkundlichen Schrifttum, G. 1939; A. FETT, Mg. d. Stadt G. Von d. Anfängen bis zum Tode G. H. Stölzels (1749), Diss. Freiburg i. Br. 1952, maschr.; W. BLANKENBURG, Die Aufführungen v. Passionen u. Passionskantaten in d. Schloßkirche auf d. Friedenstein zu G. zwischen 1699 u. 1770, Fs. Fr. Blume, Kassel 1963.

G. P., Abk. für → Generalpause.

Graces (gɪ′eːsiz, engl.) → Verzierungen.

Gradatio (lat.) → Climax.

Graduale (lat.), – 1) Responsorium aus dem Wortgottesdienst der römischen Messe (2. Stück des Proprium missae), unter der Bezeichnung Responsorium graduale erstmals im 8. Jh. in Gesangbüchern fränkischer Herkunft überliefert. Als selbständiger Teil der liturgischen Handlung steht es heute nach der Epistel, gefolgt von Alleluia oder Tractus, während es ursprünglich wahrscheinlich im Anschluß an die (frühestens zu Beginn des 6. Jh. entfallene) erste von insgesamt 3 Lesungen vorgetragen wurde. Das Gr. hat seine Wurzeln in der altchristlichen Psalmodie, die mit synagogalem Vorbild zwischen den Lesungen erklang (älteste Zeugnisse: Tertullian, *De anima* IX, 4, *Corpus Christianorum* II, 792; *Constitutiones Apostolorum* II, 57, 6, herausgegeben von Fr. X. Funk, I, Paderborn 1905, S. 161). Hierbei handelte es sich um den solistischen Vortrag eines ganzen Psalms mit gleichbleibendem Kehrvers (Responsum) der Gemeinde. Die Vermutung, daß der responsorische Gesang im Lesegottesdienst der Messe zunächst ebenfalls einen vollständigen Psalm unter Teilnahme des Volkes enthielt, bestätigt nach dem hl. Augustinus und anderen Kirchenvätern noch im 5. Jh. Papst Leo der Große (*Sermo* III, 1, Migne Patr. Lat. LIV, 145). Dagegen weisen die entsprechenden Stücke schon in den ältesten liturgischen Büchern (8. Jh.) einen einzigen Psalmvers auf (vgl. *Antiphonale Missarum Sextuplex*, herausgegeben von R.-J. Hesbert, Brüssel 1935). Eine Ausnahme bilden lediglich die später als Tractus bezeichneten Gesänge *De necessitatibus* vom Quatembermittwoch der Fastenzeit, *Domine exaudi* vom Mittwoch der Karwoche und *Domine audivi auditum tuum* vom Karfreitag (im Meßantiphonale von Blandinenberg auch das Gr. *Haec dies* des Ostersonntags; vgl. Ant. Miss. Sext., 80). Der Grund für jene Textverkürzung – sie erfolgte in Rom vermutlich zwischen 450 und dem ersten Drittel des 7. Jh. – liegt nach Ansicht der Choralwissenschaft in der allmählichen Ausbildung eines vorwiegend melismatischen Stils, der sich zunächst der Solverse des Meßresponsoriums bemächtigte, schließlich aber auch zu einer kunstvollen Erweiterung des Kehrverses führte. – Wie aus den Quellen hervorgeht, fungierten im römischen Stationsgottesdienst ursprünglich Diakone als Sänger der solistisch ausgeführten Teile der Gr.s. Durch ein Verbot Gregors des Großen (595) offenbar zur Angelegenheit der Subdiakone geworden, wurde jene Aufgabe jedoch schon bald von einem oder auch mehreren Sängern aus dem Kreis der Schola übernommen und die Gemeindepartien dem Chor bzw. der Schola anvertraut. Zum Vortrag begaben sich die Cantores (Solosänger) auf den Ambo oder, römischfränkischer Ordnung folgend, auf eine seiner Stufen (gradus: daher Gr.?). Der Gesang wurde mit dem Responsum (Solo) eingeleitet, wiederholt vom Chor, worauf der Solovers erklang und eine erneute Repetition des Responsum (Chor) den Abschluß bildete. Erst im späten Mittelalter setzte sich der Brauch, die 2. Responsumwiederholung ganz auszulassen, durch, nachdem diese schon seit dem 12. Jh. entfallen war, wenn das betreffende Meßformular im Anschluß an das Gr. einen weiteren Zwischengesang (Alleluia oder Tractus) verzeichnete. – Für den heutigen Gottesdienst ist folgende Ausführung vorgesehen (Gr. Romanum:

De ritibus servandis in cantu Missae IV): ein oder zwei Solisten beginnen mit dem Responsum, welches der Chor »aut saltem cantores designati« zu Ende führen. Ebenso wird der von zwei Solisten gesungene Versus durch den Chor abgeschlossen. Daneben darf das Gr. auch »iuxta ritum responsorialem« mit einer (Chor-) Wiederholung des Responsum schließen. In diesem Fall bleibt der Versus ganz den Solisten überlassen. Während des Kirchenjahres wird das Gr. vom Samstag nach Ostern bis zum Freitag der Pfingstquatember durch Alleluiagesang ersetzt. Auch die Osternachtsfeier enthält kein Gr. – Innerhalb des einstimmigen liturgischen Repertoires genießen die Gradualien eine hervorragende Stellung. Ihre stilistische Eigenart wird wesentlich durch den Gebrauch äußerst kunstvoller, meist üppiger Melismen bestimmt, wobei sich häufig die Tendenz zeigt, den Versus durch eine reichere Gestaltung gegenüber dem Responsum auszuzeichnen. Im Unterschied zu den Psalmelli des mailändischen Liturgiekreises lassen die Gradualien der römischen Überlieferung eine betont strenge stilistische Einheitlichkeit erkennen, die sich weitgehend aus der Bindung an vorgegebene Melodiemodelle erklären dürfte. Als Repräsentanten des ältesten Typus gelten die Gesänge *A summo caelo* (Sabbato Quatuor Temporum Adventus) bzw. *Justus ut palma* (Commune Confessoris non Pontificis): in ihnen blieb das Modell einer archaisch geprägten Melodie erhalten. Das gregorianische Repertoire zählt 19 Stücke, deren Melodie diesem wohl noch außerhalb der 8 Kirchentöne (Modi) stehenden Typus verpflichtet ist. Responsum und Versus schließen auf a, weshalb sie gewöhnlich als transponierter 2. Modus angesprochen werden. Doch ordnen ältere Theoretiker die Gesänge bisweilen dem 4. Modus mit Finalis e zu (Aurelianus Reomensis, *Musica disciplina*, GS I, 47b f.; *Alia musica*, GS I, 135a). Hinsichtlich der kirchentonal, d. h. im Rahmen der 8 Modi ausgeführten Gradualresponsorien bietet sich als Hauptmerkmal für eine stilistische Einordnung die offenkundig auf den Vortrag des Solisten zugeschnittene höhere Lage der Versus. Auch in diesen – überwiegend den authentischen Kirchentönen angehörenden – (jüngeren) Stücken steht das Prinzip modellgebundener Melodiegestaltung im Vordergrund. Relativ unveränderliche Teile, vor allem greifbar in den Zäsurmelismen, verbinden sich mit variabel umgeformten Abschnitten zu kunstvoller Einheit. (Über mehrstimmige Vertonungen des Gr.s → Messe.)

– 2) Seit dem 12. Jh. enthält das als Gr. bezeichnete Choralbuch der römischen Kirche sämtliche Meßgesänge (ausgenommen die Gesänge des Priesters). Seine jüngere Geschichte ist eng verbunden mit den schon bald nach dem → Tridentiner Konzil einsetzenden Versuchen einer Choralreform. Nachdem der im Auftrag Gregors XIII. von Palestrina und A. Zoilo besorgten Überarbeitung des Gr.s (1577/78) die Drucklegung vorenthalten worden war, erschien 1614 mit der sogenannten Editio Medicaea unter Paul V. eine 2bändige Privatausgabe, die – bis zum Ende des 19. Jh. in zahlreichen Neuauflagen verbreitet – durch die willkürlichen Eingriffe ihrer Herausgeber F. Anerio und Fr. Suriano zugleich eine Periode des Niederganges römischer Choralüberlieferung einleitete. Noch Fr. X. Haberls »Regensburger Ausgabe« (1871 und 1873) bediente sich der Editio Medicaea als unmittelbarer Vorlage. – Das heute gültige Meßgesangbuch für alle Kirchen des römischen Ritus erschien 1908 in der Vatikanischen Druckerei (daher → Editio Vaticana, auch Editio typica) unter dem Titel *Gr. Sacrosanctae Romanae Ecclesiae De Tempore et De Sanctis* ... (kurz *Gr. Romanum*; zur Drucklegung siehe das Dekret Nr 4203 der Ritenkongregation vom 7. 8. 1907). Es bietet die von Pius X. im Rahmen der kirchenmusikalischen Restauration veranlaßte offizielle Neufassung der gregorianischen Meßgesänge. Die Ausgabe beruht auf Handschriften aus dem 9. bis 12. Jh. Den Kern des Vatikanischen Gr.s bilden folgende 3 Hauptteile: 1) das Proprium de tempore, d. h. alle an den Sonntagen und an den beweglichen Festen mit Ausnahme der Heiligenfeste wechselnden Gesänge: Introitus, Gr., Alleluia, Tractus, Sequenz, Offertorium und Communio (die ursprüngliche Vermischung von De tempore- und Heiligenfesten blieb nur zwischen Weihnachten und Epiphanie erhalten); 2) das Proprium Sanctorum mit den veränderlichen Gesängen der an ein Kalenderdatum gebundenen (zumeist Heiligen-) Feste, ebenso des Kirchweihfestes; 3) das Commune Sanctorum: es umfaßt die Gesangstücke solcher Heiligenfeste, die kein eigenes Meßformular oder nur Teile daraus besitzen. Hierauf folgen Votivmessen und Formulare von lokal gefeierten Festen. Ein weiterer Abschnitt ist dem Ordinarium missae gewidmet (als *Kyriale seu Ordinarium missae* bereits 1905 erschienen). Er vereinigt die textlich gleichbleibenden Gesänge *Kyrie eleison, Gloria in excelsis Deo, Sanctus / Benedictus qui venit* und *Agnus Dei*, desgleichen den Entlassungsruf *Ite missa est* bzw. *Benedicamus Domino* in 18 Zyklen (Festlegung durch A. Mocquereau); es folgen 6 Credo-Melodien. Am Ende dieses Teiles stehen verschiedene Ordinariumsstücke ad libitum. Nach den Gesängen für Totenmesse (Missa pro defunctis) und Begräbnisfeierlichkeiten (Absoluto pro defunctis und Exequien) bringt ein besonderer Abschnitt mit dem Titel *Toni communes Missae* die Melodieformeln der rezitativischen Meßgesänge (Orationen, Prophetie, Epistel usw.), ferner – in kirchentonaler Ordnung – die Formeln der Introituspsalmverse sowie Alleluiaanhänge der österlichen Zeit für Introitus, Offertorium und Communio. Neueste Ergänzungen und Änderungen des Rubrikenteils *De ritibus servandis in cantu Missae* finden sich in der *Instructio de musica sacra et sacra liturgia* vom 3. 9. 1958, Art. 27a–c.

Ausg.: zu 1) u. 2): Analecta hymnica medii aevi XLIX, Lpz. 1906 (Texte v. Tropen zum Gr.). Faks. ma. Quellen: Paléographie mus. I/1 (St. Gallen 339, 10. Jh.), I/4 (Einsiedeln 121, 10. Jh.), I/7–8 (Montpellier H 159, 11. Jh.), I/10 (Laon 239, 9./10. Jh.), I/11 (Chartres 47, 10. Jh.), I/13 (Paris, Bibl. Nat. lat. 903, 11. Jh.), I/14 (Rom, Bibl. Vat. 10673, 11. Jh.), I/15 (Benevent VI 34, 11./12. Jh.), Solesmes seit 1889; Gr. Sarisburiense (13. Jh.), hrsg. v. W. H. Frere, London 1894. – Le graduel romain. Ed. critique par les moines de Solesmes, bisher erschienen: II (Les sources), IV, 1 u. 2 (Le texte neumatique), Solesmes 1957, 1960 u. 1962. – Bekanntester Nachdruck d. Editio typica d. Vatikanischen Gr.: d. bei Desclée (Tournai) verlegte Ausg. mit d. rhythmischen Zusatzzeichen d. Mönche v. Solesmes (letzte Auflage 1961). Eigene Ordensausgaben mit Sondertradition besitzen d. Zisterzienser (Westmalle 1899), Dominikaner (Rom 1907) u. Prämonstratenser (Rom 1910).

Lit.: zu 1) u. 2): R. Molitor OSB, Die Nach-Tridentinische Choral-Reform zu Rom, 2 Bde, Lpz. 1901–02; P. Wagner, Einführung in d. Gregorianischen Melodien I, Lpz. ³1911, u. III, Lpz. 1921, Nachdruck Hildesheim u. Wiesbaden 1962; C. H. Leineweber, Das Gr. Junta 1611, = Veröff. d. Gregorianischen Akad. zu Freiburg (Schweiz) IV, Freiburg i. d. Schweiz 1909; A. Gastoué, Le graduel et l'antiphonaire romains, Lyon 1913; L. Eisenhofer, Hdb. d. kath. Liturgik II, Freiburg i. Br. 1933, ²1941; D. Delalande, Le Graduel des Prêcheurs, = Bibl. d'hist. dominicaine II, Paris 1949; G. Birkner, Die Gesänge d. Gr. Karlsruhe Pm 16, Diss. Freiburg i. Br. 1951, maschr.; H. Hucke, Improvisation im Gregorianischen Gesang, KmJb XXXVIII, 1954; ders., »Gr.«, in: Ephemerides Liturgicae LXIX, 1955; J. Aengenvoort, Quellen u. Studien zur Gesch. d. Gr. Monasteriense, = Kölner Beitr. zur Musikforschung IX, Regensburg 1955 (mit zahlreichen Quellen); Fr. A. Stein, Das Moosburger Gr., Diss. Freiburg i. Br. 1956, maschr.; Br. Stäblein, Artikel Gr., in: MGG V, 1956; W. Apel, Gregorian Chant, Bloomington (1958); H. Husmann, Das Gr. v. Ediger, Fs. K. G. Fellerer, Regensburg 1962; J. A. Jungmann SJ, Missarum Sollemnia I, Wien, Freiburg i. Br. u. Basel ⁵1962; K. Meyer-Baer, Liturgical Music Incunabula. A Descriptive Cat., London 1962; F. Haberl, Die Gradualien d. 3. Modus u. ihre mus. Struktur, in: Musicus – Magister, Fs. Th. Schrems, Regensburg 1963. KWG

Granada.
Lit.: Fr. de Paula Valladar, Apuntes para la hist. de la música en Gr., Gr. 1922; J. Lopez Calo SJ, La música en la catedral de Gr. en el s. XVI, Gr. 1964.

Grand chœur (grã kœ:r, frz.), – 1) im Barock Bezeichnung für den Tuttichor, Ripienochor, den »großen« oder »Capell-Chor« im Gegensatz zum schwach besetzten Solochor; – 2) in der Orgelmusik (auch frz. plein jeu; engl. full organ; ital. organo ripieno) des 17.–18. Jh. volles Werk (Plenum) ohne Zungenstimmen, später mit Zungenstimmen, volle Klangstärke der Orgel; gelegentlich bezeichnet Gr. ch. auch Hauptwerk (Manual I).

Grand jeu (grã ʒø, frz., großes Spiel), in der Orgel die Verbindung von vollbechrigen Rohrwerken wie Trompette und Clairon (grand orgue), auch Cromorne (im Positif), mit Prestant, Cornet, Nasard, Tierce, vor 1680 noch mit Montre, Bourdon und (etwas länger gebräuchlich) Doublette; nach 1760 tritt im Positif Cromorne zugunsten des Clairon zurück. Die Klaviere werden gekoppelt, die Pedalbässe wie im Plein jeu behandelt. Das Récit wird ebenfalls cornetartig registriert. – Im Harmonium heißt der das volle Werk zur Ansprache bringende Registerzug Gr. j.

Grand orgue (grã t'ɔrg, frz.; Abk.: G. O.) in der französischen Orgel das → Hauptwerk, auch Hauptorgel (orgue concertant) im Gegensatz zur Chororgel (orgue de chœur).

Grave (ital., schwer, ernst), als Tempo- und Charakterbezeichnung seit dem frühen 17. Jh. (A. Brunelli, *Ballo gr.*, 1616; B. Marini, *Symphonia gr.*, 1617) für langsame Sätze oder Satzteile verwendet, die dem Barockideal der Gravitas, des gewichtigen Ernstes, entsprechen. Besondere langsame Einleitungen (Intraden, Entrées) werden oft als Gr. charakterisiert (B. Marini 1655). Brossard (1703) beschreibt das Gr. als »schwer, bedächtig, majestätisch und darum fast immer langsam«. Andererseits scheint, sogar in der Oper (A. Scarlatti, *Statira*, 1690), manchmal die Vorstellung des gebundenen Kirchenstils (stylus gravis) die Wahl der Bezeichnung Gr. mitbestimmt zu haben. Die Gr.-Sätze des 18. und 19. Jh. lassen von den Teilmomenten der Gravitas entweder das Majestätische (Bach, Kantate BWV 182; Beethoven, op. 43) oder das schwermütige Pathos hervortreten (Beethoven, op. 13 und op. 135).
Lit.: BrossardD; I. Herrmann-Bengen, Tempobezeichnungen, = Münchner Veröff. zur Mg. I, Tutzing 1959.

Graves (lat., voces gr.), im Mittelalter die Töne des tiefsten → Tetrachords.

Gravicembalo (gravitʃ'embalo, ital.) → Cembalo.

Graz.
Lit.: F. Bischoff, Zur Gesch. d. Theaters in Gr. (1574–1775), Mitt. d. hist. Ver. f. Steiermark XL, 1892; A. Seydler, Gesch. d. Domchors in Gr., KmJb XV, 1900; O. E. Deutsch, Beitr. zur Gesch. d. Gr.er Theaters 1824–25, Steirische Zs. f. Gesch. III, 1905; R. Hofer, Das Jesuitentheater 1573 bis 1600, Diss. Gr. 1931, maschr.; A. Einstein, Ital. Musik u. ital. Musiker am Kaiserhof u. an d. erzherzoglichen Höfen in Innsbruck u. Gr., StMw XXI, 1934; H. Federhofer, Zur Musikpflege d. Jesuiten in Gr. im 17. Jh., in: Aus Arch. u. Chronik XI, 1949; ders., Die Gr.er Stadtmusikanten u. d. privilegierte Stadtmusikantenkompanie, Zs. d. hist. Ver. f. Steiermark XLII, 1951; ders., Die Gr.er Hofmusikkapelle, in: Neue Chronik zur Gesch. u. Volkskunde d. innerösterreichischen Alpenländer XV, 1953; ders., Die Musikpflege an d. ev. Stiftskirche in Gr., 1570–99, Jb. d. Ges. f. d. Gesch. d. Protestantismus in Österreich LXVIII/LXIX, 1953; ders., Die Gr.er Stadtpfarrmatrikel als mg. Quelle, Zs. d. hist. Ver. f. Steiermark XLV, 1954; ders., Gr. Court Musicians and Their Contribution to the »Parnassus musicus Ferdinandaeus« 1615, MD IX, 1955; E. Krempel, Anfänge d. Gr.er Konzertgesch., Diss. Gr. 1950, maschr.; A. P. Walner, Gesch. d. Gr.er Opernhauses 1899–1938, Diss. Gr. 1955, maschr.; E. Eisbacher, Das Gr.er Konzertleben von 1815 bis März 1839, Diss. Gr. 1956, maschr.

Greghesca (ital.), ein im 16. Jh. in Venedig geläufiges mehrstimmiges Musikstück von variabler Form, komponiert nach Gedichten, oft volkstümlich-komischen Charakters, von Antonio Molino in der Lingua gr. e stradiotesca (der Sprache der im Dienste der Venezianischen Republik stehenden griechischen Söldner), einem Gemisch aus venezianischem Dialekt und neugriechischen Wörtern. Die Gr., in ihrer Textform und musikalisch der → Villanella nahestehend, war offenbar vorwiegend als Zwischenaktsgesang bei Lustspielen bestimmt. Die beiden einzigen bekannten Sammlungen von Greghesche sind: *Di Manoli Blessi* (A. Molino) *il primo libro delle Greghesche*, 4–8st., Venedig 1564, mit Kompositionen von Bell'Haver, A. Gabrieli, Guami, Merulo, Padovano, Porta, Rore, Vento, Wert, Willaert u. a.; ferner A. Gabrieli, *Greghesche et Justinianae*, 3st., Venedig 1571.
Lit.: A. Einstein, The Gr. and the Giustiniana of the Sixteenth Cent., Journal of Renaissance and Baroque Music I, 1946.

Gregorianischer Gesang, im weiteren Sinne die in der Liturgie der römischen Kirche wurzelnden Frühformen des einstimmigen lateinischen Gesangs (Orationen, Lektionen, Antiphonen, Responsorien, Hymnen, Sequenzen usw.), im engeren Sinne diejenigen Melodien des Meß- und Offiziumsantiphonale (= Graduale bzw. Antiphonale), die in der römisch-fränkischen Liturgie gebraucht wurden. Auszuschließen sind hier also: die Hymnen des Offiziums, die Gesänge des Ordinariums bzw. Kyriales, die Rezitationen, die jüngeren Offizien (wie das vom Dreifaltigkeits- oder vom Fronleichnamsfest). Einer bis ins 8. Jh. zurückgehenden Überlieferung zufolge hat → Gregor der Große die Melodien des Offiziums (Antiphonale) und der Messe gesammelt. Diese traditionelle Auffassung wurde mehrfach verworfen (Gevaert 1890, Dom R. Van Doren 1923, Dom S. Brechter 1939), dann wieder als begründet anerkannt (Dom Cagin 1890, Dom Morin 1890, Gastoué 1907 usw.). Die Aktivität Gregors des Großen auf dem Gebiet der Liturgie ist jedoch inzwischen einwandfrei erwiesen. Es ist aber ungewiß, ob die ersten Zeugen für Gregors musikalische Leistung unseren jetzigen Gr.n G. meinen oder aber den sogenannten altrömischen oder sogar den »protorömischen« Gesang. – Der altrömische Gesang ist in Rom und dessen Umgebung durch Handschriften zwischen der Mitte des 11. und dem Ende des 13. Jh. nachgewiesen. Es will scheinen, daß sich auf Grund einiger mittelbarer Zeugen seine Existenz bereits seit Ende des 8. Jh. belegen läßt. Der altrömische Gesang unterscheidet sich vom gregorianischen durch seine weniger ausgewogene Architektur und seine viel weniger feste Modalität. Obwohl seine Melodien des öfteren reicher ornamentiert sind, haben sie im Grundsätzlichen verwandte Züge mit den entsprechenden gregorianischen Melodien. Die bisher vorgeschlagenen Lösungen seiner historischen Einordnung lassen sich in drei Punkte zusammenfassen: 1) der Gr. G. führt zum altrömischen Gesang; 2) der Gesang der Frühkirche führt zum altrömischen, Gregorianischen und → Ambrosianischen Gesang; 3) der altrömische Gesang führt zum Gr.n G. Die 1. Lösung (*Paléographie musicale* I, 2, S. 5) betrachtet den altrömischen Gesang als eine Entartung des gregorianischen, entstanden in einer Niedergangszeit. Die 2. Lösung sieht in dem frühen Gesang der lateinischen Kirche die Vorform der drei Zweige des heute bekannten. Damit ließe sich die Ähnlichkeit dieser verschiedenen Repertoires erklären (W. Lipphardt). Bei der 3. Möglichkeit (der altrömische Gesang als die unmittelbare Vorform des gregorianischen) sind sich die Autoren über den Zeitpunkt uneinig. Für die einen (Dom Andoyer 1912, Bannister 1913, J. de Valois 1957) ist der altrömische Gesang das vorgregorianische Repertoire, aus dem Gregor den Gr.n G. ausgewählt hat. Stäblein zufolge hat sich diese Umformung erst unter dem Pontifikat Vitalians (657-672) vollzogen. Nach einer eher gewagten als fundierten Interpretation des *Liber pontificalis* wäre der altrömische Gesang derjenige der Kleriker und der Schola, der gregorianische hingegen der Gesang der Mönche (Smits van Waesberghe). Einer radikaleren Interpretation zufolge ist der altrömische Gesang der traditionelle Gesang Roms, genau wie der altbeneventanische Gesang derjenige von Benevent ist (vgl. *Paléographie musicale* I, 14, S. 447ff.); der Gr. G. hingegen wäre eine Umformung des altrömischen, die sich im fränkischen Gebiet zwischen Rhein und Loire vollzogen haben soll in der Zeit, in der die von den Karolingern vorgeschriebene römische Liturgie umgeformt wurde (Hucke).

Dieser neuartige Gesang, dem man den Namen Gregors gab, soll sich ab etwa 850 überall durchgesetzt haben, abgesehen von Spanien (→ Mozarabischer Gesang) und Mailand. Mailand soll diesem Gr.n G. mehr als 200 Stücke entnommen, sie aber im Sinne der ambrosianischen Musik umgestaltet haben (Huglo 1956, S. 127ff.). Die ältesten Denkmäler des Gr.n G.s sind die nicht neumierten Manuskripte, die nur den Text der Gesangsstücke enthalten. Diese Handschriften aus dem späten 8. und dem 9. Jh. gestatten einen Einblick in die Zusammensetzung und die Ordnung der Texte des Repertoires frühgregorianischer Musik (vgl. Dom R.-J. Hesbert, *Antiphonale Missarum Sextuplex*, Brüssel 1935; *Corpus Antiphonalium Officii* I–II, Rom 1963–65). Andere Handschriften (Tonarien) ordnen die Gesangstücke nach ihren Tonarten (Tonar von St. Riquier, 8. Jh.; Tonar von Metz, 9. Jh.). – Im 9. Jh. entstand ein vollständiges musikalisches Notationssystem. Es umfaßt die einfachen und kombinierten → Neumen (→ 1) oder musikalischen Akzente. Dieses in seiner Art vollkommene System hat den Nachteil, daß es die Größe der Intervalle nur ungenau wiedergibt, aber es legt die Nuancen der Bewegung und des Ausdrucks genau fest. Die diastematisch neumierten Handschriften hingegen helfen dem Mangel an Fixierung der Tonhöhe ab (campo aperto-Notierung), indem sie Notenzeichen mit präzisen Größenverhältnissen für die Intervalle verwenden. Diese Notation wurde von Guido von Arezzo vervollkommnet, dem es durch Anordnung der Linien im Terzabstand und durch Buchstabenschlüssel bzw. farbige Linien gelang, den Platz des Halbtons im Notensystem sichtbar zu machen. Die wichtigsten Choralhandschriften des Mittelalters sind in der *Paléographie musicale* (→ Denkmäler) reproduziert. Guidos System der Notation sollte die Ausbildung der Sänger vereinfachen. Aber es führte allmählich dazu, daß zahlreiche Verzierungen verschwanden, die in der neumatischen Notation durch besondere Zeichen vermerkt waren, sowie verschiedene (irrationale) Intervalle der Tonleiter, besonders innerhalb des Halbtonfeldes. Außerdem ging die Fixierung der agogischen und dynamischen Nuancen verloren. Sie wurden von Sänger und Chor aus dem Gedächtnis berücksichtigt. Es ist verständlich, daß auf Grund dieser nicht adäquaten Notation allmählich der Gesangsvortrag seinen ursprünglichen Wert verlor. Überdies wurde der Niedergang noch beschleunigt durch die Konkurrenz der aufkommenden Mehrstimmigkeit. Die ersten in Deutschland um 1500 sowie im frühen 16. Jh. in Frankreich und in anderen Ländern erschienenen Choraldrucke (→ Notendruck) enthalten die traditionelle Liniennotierung: Hufnagelnotation (gotische Choralnotenschrift) in Deutschland, Quadratnotation (römische Choralnotenschrift) in den anderen Ländern. Aber im Verlauf des 16. Jh., vornehmlich jedoch im 17. Jh., löste sich in den Choraldrucken das traditionelle Notationssystem auf; Form und Anordnung der Noten wurden nicht mehr eingehalten. Außerdem nahmen Anerio und Suriano in der berühmt gewordenen → Editio Medicaea (1614–15) willkürliche Veränderungen der Melodien vor; sie ließen Melismen ausfallen oder versetzten sie. Der Editio Medicaea folgten bis zum Ende des 19. Jh. viele Neuauflagen. Das Niveau der gedruckten Gesangbücher des 18. und 19. Jh. zeigt eindringlich den Niedergang des Gr.n G.s. Die traditionelle Vortragsweise war schon seit langem verlassen. Der Gesang hatte nunmehr einen abgerissenen, gekünstelten und rhythmisch starren Charakter. Die Restauration der römischen Liturgie nahm ihren Ausgang von Frankreich. Ihr Inaugurator ist Dom → Guéranger. Er veranlaßte Neuausgaben des Graduales und des Antiphonales im Anschluß an die mittelalterlichen Handschriften. Die Neuausgaben erschienen erst nach seinem Tode (1883 und 1891). Auch unterwies er seine Schüler in einem leichten, natürlichen und ungekünstelten Gesangsstil, wobei der freizügige, rhythmische Vortrag wesentlich sein sollte. Diese Praxis wurde methodisch gefestigt und theoretisch formuliert durch Arbeiten von Gontier (1859) und Dom J. Pothier (1880), der die Theorie des oratorischen Rhythmus darlegte; ihm folgte Dom L. David († 1955) und die Pariser Schola cantorum (heute C.-Franck-Schule); eine ausführliche Darlegung der Theorie des freien musikalischen Rhythmus bot Dom A. Mocquereau (1908–27). Mehreren bis in die Gegenwart hinein vertretenen Lehrmeinungen zufolge ist der Gr. G. nach einem festliegenden Maß und nicht in einem freien Rhythmus vorzutragen. Die Theorien eines mensuralen Vortrags kamen erst im späten 19. Jh. auf (Dechevrens 1895 und 1904; Houdard 1897f.; Mgr. Foucault 1903; Dom Ferretti 1913; Dom → Jeannin 1926–30; gegenwärtig E. Jammers, J. W. A. Vollaerts u. a.). Diese Theorien weichen voneinander ab, und oft erscheinen Transkriptionen eines gregorianischen Stückes, die völlig verschieden mensuriert sind. Die Autoren stützen sich auf Schriften mittelalterlicher Theoretiker oder übertragen die prosodische Quantität des Textes auf die Melodie, oder sie deuten gewisse Zeichen und Buchstaben der Neumenschrift als Kennzeichnung der Tondauer. – In der heutigen Praxis singen die meisten Chöre nach freiem Rhythmus. Die offizielle melodische Version ist die der → Editio Vaticana. Pius X. inaugurierte die Restauration der katholischen Kirchenmusik. Er berief eine Kommission ein (geleitet von Dom Pothier) und betraute sie mit der Vorbereitung der offiziellen Neufassung. 1908 erschien das *Graduale Romanum*, 1912 das *Antiphonale*

Romanum (weitere Editionen: *Kyriale seu Ordinarium missae*, 1905; *Officium mortuorum*, 1909; *Officium hebdomadis sanctae*, 1923). Dieser offiziellen Fassung fügen verschiedene Ausgaben noch rhythmische Zeichen hinzu (z. B. die Ausgaben von Solesmes: *Antiphonale Monasticum*, 1934; *Graduale Romanum*, 1937/38). Der Restaurationsphase, deren unmittelbares Ziel praktischer Art war, folgt gegenwärtig eine Phase wissenschaftlicher Forschung, die sich in kritischen Ausgaben liturgischer Gesangbücher widerspiegelt. Wie die Liturgiekonstitution (1963) des 2. Vatikanischen Konzils ausführt, sieht die Kirche im Cantus gregorianus »den der römischen Liturgie eigenen Gesang« (Artikel 116). Gleichzeitig jedoch gestattet sie andere Arten der Kirchenmusik, darunter vor allem die vokale Mehrstimmigkeit, und empfiehlt mit besonderem Nachdruck eine Pflege des religiösen Volksgesangs. – Die Modalität des Gr.n G.s läßt sich auf zwei Arten studieren: durch Analyse des kritisch durchgesehenen Repertoires und durch das Studium mittelalterlicher Autoren, die seit dem 9. Jh. die traditionelle Theorie der 8 → Kirchentöne dargelegt haben. – In ihrer Melodik sind viele gregorianische Stücke auf den Umfang eines Hexachords beschränkt. Andere Melodien sprengen diese Grenzen, begeben sich in weitere Bereiche des Kirchentons und wechseln ihn sogar. Diese Beweglichkeit modaler Melodien macht den gregorianischen Choral abwechslungsreich. Es erscheint heute sonderbar, daß zahlreiche Stücke, die auf eine derartige Beweglichkeit hin angelegt sind, im 10. Jh. als irregulär abgewertet wurden. Einige Theoretiker haben sie sogar dementsprechend überarbeitet, unter dem Gesichtspunkt, daß die Einheit des Kirchentons normativ sein müsse. Dieses Einheitsprinzip allein schien ihnen dem Geist gregorianischer Melodien angemessen. In diesem Sinne überarbeiteten die Zisterzienser zwischen 1134 und 1147/48 systematisch zahlreiche Stücke ihres Repertoires. Unter dem Ordensgeneral Humbertus de Romanis übernahmen die Dominikaner 1256 einen beträchtlichen Teil der von den Zisterziensern bearbeiteten Stücke. Aus der Reihe territorialer Eigentraditionen des Gr.n G.s sei der → Sarum use genannt.

Im 9. Jh. wurden neue Psalmtöne hinzugewonnen. Einige von ihnen, z. B. der später sogenannte → Tonus peregrinus, sind vermutlich sehr alt. Jedoch reichen ihre Wurzeln bis in den Bereich der frühgregorianischen Musik zurück. Gleichzeitig wurden die 8 Psalmformeln der Responsorien in der Vesper durch reichhaltiger verzierte und sorgfältig strukturierte Melodietypen ersetzt. Schon im 9. Jh. begegnen auf einer der letzten Silben im abschließenden Responsorium der Nokturnen lange textlose Melismen. Amalar von Metz nennt sie neuma *(Studi e testi* CXL, S. 54ff.). Bald versah man diese mit einem Text (prosula; → Prosa): auf eine Note kommt eine Silbe (syllabische Textierung). Diese Technik der Interpolation läßt sich auch in den Meßgesängen beobachten, vor allem im Alleluia. Der »endlosen alleluiatischen Melodie« gibt man eine »Prosa«, auch hier mit syllabischer Textierung. Solche Prosatechnik wurde für Notker Balbulus in seiner um 860–887 entstandenen Sequenzensammlung, dem *Liber Ymnorum*, mustergültig.

Andere Teile des Gr.n G.s, besonders die des Ordinarium missae, werden mit musikalisch-literarischen Interpolationen (Tropen) versehen. In → Tropus und → Sequenz (– 1) werden allmählich neue musikalische Vorgänge erkennbar, wie »kaudale« Melismen, harmonischer Gang und große Intervalle (Septime, Oktave), die im Gr.n G. vorher nicht üblich waren. – Eine andere, erstmals im 9. Jh. greifbare Erscheinung, ebenfalls im Gr.n G. wurzelnd, sollte einen gleichgroßen Erfolg haben: das → Organum und später der → Discantus. Die Geschichte der Mehrstimmigkeit spiegelt eine fortschreitende Loslösung vom gregorianischen Melos wider und führte in der Neuzeit zum Zerfall des kirchentonalen (modalen) Systems.

Ausg.: Paléographie mus. Les principaux mss. de chant grégorien ..., publiés ... par les Bénédictins de Solesmes, Solesmes seit 1889; C. WEINMANN, Hymnarium Parisiense. Das Hymnar d. Zisterzienser-Abtei Pairis, = Veröff. d. Gregorianischen Akad. zu Freiburg i. d. Schweiz II, Regensburg 1904; Le graduel de l'église cathédrale de Rouen au XIIIe s., Faks. hrsg. v. H. LORIQUET, J. POTHIER OSB u. A. COLLETTE, Rouen 1907; Monumenti vaticani di paleografia mus. lat., 2 Bde, hrsg. v. H. M. BANNISTER, = Codices vaticani selecti phototypice expressi XII, Lpz. 1913; Das Graduale d. St. Thomaskirche zu Lpz., Faks. hrsg. v. P. WAGNER, 2 Bde, = PäM V u. VII, Lpz. 1930–32; Die Gesänge d. Jakobusliturgie zu Santiago de Compostela, hrsg. v. DEMS., = Collectanea Friburgensia XXIX (N. F. XX), Freiburg i. d. Schweiz 1931; Monumenta musicae sacrae, hrsg. v. R.-J. HESBERT OSB, Mâcon seit 1952; Monumenta Monodica Medii Aevi, hrsg. v. BR. STÄBLEIN, Kassel seit 1956; Le graduel romain. Ed. critique par les moines de Solesmes, Solesmes seit 1957; W. LIPPHARDT, Der karolingische Tonar v. Metz, = Liturgiewiss. Quellen u. Forschungen XLIII, Münster i. W. 1965.

Lit. zu d. Quellen: M. PELLECHET, Notes sur les livres liturgiques des diocèses d'Autun, Châlon et Mâcon, Paris u. Autun 1883; F. E. WARREN, The Leofric Missal, Oxford 1883; J. F. RIAÑO, Critical and Bibliogr. Notes on Early Span. Music, London 1887; H. EHRENSBERGER, Bibl. liturgica mss., Karlsruhe 1889 (liturgische Hss. v. Karlsruhe); DERS., Libri liturgici Bibl. Apostolicae Vaticanae, Freiburg i. Br. 1897; A. EBNER, Quellen u. Forschungen zur Gesch. u. Kunstgesch. d. Missale Romanum im MA. Iter Italicum, Freiburg i. Br. 1896; C. DAUX u. CH. MORELOT, Deux livres choraux monastiques, Paris 1899; W. H. FRERE, Bibl. musico-liturgica, London 1901; A. GASTOUÉ, Un rituel noté de la province de Milan ..., Rassegna gregoriana II, 1903; M. SABLAYROLLES OSB, Iter Hispanicum, SIMG XIII, 1911/12; Monuments de la notation ekphonétique et neumatique de l'église lat. Exposé documentaire des mss. de Corbie, St-Germain-des-Prés et de Pologne, conservés à la Bibl. Impériale de St-Pétersbourg, hrsg. v. J.-B. THIBAUT, St. Petersburg 1912; P. FERRETTI OSB, I mss. gregoriani dell'Arch. di Monte Cassino, Casinensia I, 1929; H. WILSON, The Gregorian Sacramentary ..., = Publications of the H. Bradshaw Soc. XLIX, London 1915; P. WAGNER, Ein bedeutsamer Fund zur Neumengesch., AfMw I, 1918/19; V. LEROQUAIS, Les sacramentaires et les missels mss. des bibl. publiques de France, 3 Bde, Paris 1924; DERS., Les bréviaires mss. des bibl. publiques de France, 6 Teile, Paris 1934; DERS., Les psautiers mss. lat. des bibl. publiques de France, 3 Bde, Mâcon 1940–41 (mehrere Hymnare); K. HAIN, Ein mus. Palimpsest,« = Veröff. d. gregorianischen Akad. zu Freiburg i. d. Schweiz XII, Freiburg i. d. Schweiz 1925; U. LINDELÖF, Rituale Ecclesiae Dunelmensis. The Durham Collector, = Surtees Soc. CXL, London 1927; A. DOLD OSB, Neuentdeckte Bruchstücke neumierter liturgischer Mss. ..., Gregorius-Blatt LIII, 1929; DERS., Die Zürcher u. Peterlinger Messbuch-Fragmente, in: Texte u. Arbeiten d. Erzabtei Beuron XXV, 1934; DERS., Ein neues Winithar-Fragment mit liturgischem Text, ebenda XXXI, 1940; DERS., Gesch. eines karolingischen Plenarmissales ..., Archivalische Zs. XLVI, 1950; A. SCHRÖDER, Bruchstück eines Meßantiphonars ..., Arch. f. d. Gesch. d. Hochstifts Augsburg VI, 1929; B. EBEL OSB, Das älteste alemannische Hymnar mit Noten, Kodex 366 (472) Einsiedeln, = Veröff. d. gregorianischen Akad. zu Freiburg i. d. Schweiz XVII, Einsiedeln (1931); E. OMLIN OSB, Die St.-Gallischen Tonarbuchstaben, ebenda XVIII, Regensburg 1934; J. HANDSCHIN, The Two Winchester Tropers, The Journal of Theological Studies XXXVII, 1936; DERS., Eine alte Neumenschrift, AMl XXII, 1950; L. DE LA LAURENCIE u. A. GASTOUÉ, Cat. des livres de musique de la Bibl. de l'Arsenal à Paris, = Publications de la Soc. frç. de musicologie II, 7, Paris 1936; Cat. mus. de la Bibl. Nacional de Madrid I, hrsg. v. H. ANGLÈS u. J. SUBIRÁ, Barcelona 1946;

Gregorianischer Gesang

H. SIDLER OMCap, Ein kostbarer Zeuge d. deutschen Choralüberlieferung, KmJb XXXIV, 1950; P. SIFFRIN OSB, Eine Schwesterhs. d. Graduale v. Monza: Reste zu Bln, Cleveland u. Trier, Ephemerides liturgicae LXIV, 1950; Trésor des bibl. d'Italie, Paris, Bibl. Nat., 1950; M. HUGLO OSB, Die Adventsgesänge nach d. Fragmenten v. Lucca (8. Jh.), KmJb XXXV, 1951; DERS., Un tonaire ... du VIIIe s., Rev. grégorienne XXX, 1952; DERS., Le chant »vieux-romain«. Liste d. mss. et témoins indirects, in: Sacris erudiri VI, 1954; DERS. in: Fonti e paleografia del canto ambrosiano, = Arch. Ambrosiano VII, Mailand 1956; G. VECCHI, Atlante paleografico mus., Bologna 1951; E. JAMMERS, Die Essener Neumenhss. d. Landes- u. Stadtbibl. Düsseldorf, Ratingen 1952; Tafeln zur Neumenschrift, hrsg. v. DEMS., Tutzing 1965; R.-J. HESBERT OSB, Un curieux antiphonaire palimpseste de l'office, Rev. bénédictine LXIV, 1954; W. LIPPHARDT, Ein Quedlinburger Antiphonar d. 11. Jh., KmJb XXXVIII, 1954; B. MORAGAS, Contenido y procedencia del himnario de Huesca, in: Scripta et Documenta VII, Liturgica I, Montserrat 1956; J. CHAILLEY, Les anciens tropaires et séquentiaires de l'Ecole de St-Martial de Limoges, Etudes grégoriennes II, 1957; C. MARCORA, Il messale di Civate, in: G. B. Bognetti, L'abbazia benedettina di Civate, Civate 1957; J. HOURLIER OSB, Le bréviaire de St-Taurin, Etudes grégoriennes III, 1958; J. A. EMERSON, The Recovery of the Wolffheim Antiphonal, Ann. Mus. VI, 1958 – XI, 1963; L. GHERARDI, Il codice Angelica 123, in: Quadrivium III, 1959; J. LECLERCQ OSB, Un missal noté de Montiéramey, in: Scriptorium XIII, 1959; H. HUSMANN, Das Graduale v. Ediger. Eine neue Quelle d. rheinischen Augustinerliturgie, Fs. K. G. Fellerer, Regensburg 1962; DERS., Tropen- u. Sequenzenhss., = RISM B V 1, München u. Duisburg (1964); KL. GAMBER, Codices liturgici lat. antiquiores, = Spicilegii Friburgensis Subsidia I, Freiburg i. d. Schweiz 1963; La notation mus. des chants liturgiques lat., présentée par les moines de Solesmes, Paris (1963).

Lit. zu allgemeinen Fragen: M. GERBERT OSB, De cantu et musica sacra, 2 Bde, St. Blasien 1774; J. L. D'ORTIGUE, Dictionnaire liturgique, hist. et théorique de plain chant et de musique d'église, Paris 1853, [2]1860; A. GONTIER, Méthode raisonnée de plain-chant, Paris u. Le Mans 1859; J. POTHIER OSB, Les mélodies grégoriennes d'après la tradition, Tournai 1880, [3]1890, deutsch 1881; P. CAGIN OSB, Un mot sur l'Antiphonale Missarum, Solesmes 1890; FR. A. GEVAERT, Les origines du chant liturgique de l'église lat., Gent 1890, deutsch v. H. Riemann, Lpz. 1891; DERS., La mélopée antique dans le chant de l'église lat., Gent 1895/96; G. MORIN OSB, Les véritables origines du chant grégorien, Maredsous 1890; Rev. du chant grégorien, seit 1892; A. DECHEVRENS SJ, Du rythme dans l'hymnographie lat., Paris 1895; DERS., Le rythme grégorien, Annecy 1904; O. FLEISCHER, Neumenstudien, I–II Lpz. 1895–97, III Bln 1904; P. WAGNER, Einführung in d. gregorianischen Melodien, 3 Bde, I Freiburg i. d. Schweiz 1895, Lpz. [3]1911, II Lpz. 1905, [2]1912, III Lpz. 1921, Nachdruck Hildesheim u. Wiesbaden 1962; DERS., Einführung in d. kath. Kirchenmusik, Düsseldorf 1919; G. HOUDARD, L'art dit grégorien d'après la notation neumatique, Paris 1897; DERS., Le rythme du chant dit grégorien ..., Paris 1898; R. MOLITOR OSB, Die Nach-Tridentinische Choral-Reform zu Rom, 2 Bde, Lpz. 1901–02; Rassegna gregoriana, seit 1902; MGR. FOUCAULT, Le rythme du chant grégorien, Paris 1903; A. GASTOUÉ, Cours théorique et pratique de chant grégorien, Paris 1904; DERS., Les origines du chant romain, Paris 1907; DERS., L'art grégorien, Paris 1911; DERS., Le graduel et l'antiphonaire romains. Hist. et description, Lyon 1913; D. JOHNER OSB, Neue Schule d. gregorianischen Choralgesangs, Regensburg 1906, [7]1937 als: Große Choralschule, [8]1956 hrsg. v. M. Pfaff OSB als: Choralschule, gekürzt als: Kleine Choralschule 1910, [3]1932; DERS., Wort u. Ton im Choral, Lpz. 1940, [2]1952; A. MOCQUEREAU OSB, Le nombre mus. grégorien, 2 Bde, Rom u. Tournai 1908–27; H. NETZER, L'introduction de la messe romaine en France, Paris 1910; J. GMELCH, Die Vierteltonstufen im Meßtonale v. Montpellier, = Veröff. d. gregorianischen Akad. zu Freiburg i. d. Schweiz VI, Eichstätt 1911; Rev. grégorienne, seit 1911; R. ANDOYER, Le chant romain antérieur au grégorien, Rev. du chant grégorien XX, 1912; P. FERRETTI OSB, Il cursus metrico e il ritmo delle melodie gregoriane, Rom 1913; DERS., Estetica gregoriana I, Rom 1934, frz. v. A. Agaësse, Tournai 1938; WOLFN; L. DAVID OSB, Méthode pratique du chant grégorien, Lyon 1922; R. VAN DOREN OSB, Etude sur l'influence mus. de l'abbaye de St. Gall du VIIIe au XIe s., Löwen 1923; GR. SUNYOL OSB, Introducció a la paleografia mus. gregoriana, Montserrat 1925, erweitert frz. Paris 1935; H. ANGLÈS, La música a Catalunya fins al s. XIII, = Publicacions del Departament de música de la Bibl. de Catalunya X, Barcelona 1935; K. G. FELLERER, Der gregorianische Choral im Wandel d. Jahrhunderte, Regensburg 1936; DERS., Deutsche Gregorianik im Frankenreich, = Kölner Beitr. zur Mw. V, ebenda 1941; DERS., Der gregorianische Choral, Dortmund 1951; DERS., Zur Choralbewegung im 19. Jh., KmJb XLI, 1957; J. SMITS VAN WAESBERGHE SJ, Muziekgeschiedenis der Middeleeuwen, 2 Teile, Tilburg 1936–39 u. 1939–47; DERS., Die Tradition d. »Altrömischen« u. d. Gregorianischen Chorals, Kgr.-Ber. Köln 1958; DERS., Das gegenwärtige Geschichtsbild d. ma. Musik, KmJb XLVI, 1962 – XLIX, 1965; E. JAMMERS, Der gregorianische Rhythmus, = Slg mw. Abh. XXV, Straßburg 1937; DERS., Der ma. Choral, = Neue Studien zur Mw. II, Mainz (1954); DERS., Musik in Byzanz, im päpstl. Rom u. im Frankenreich, = Abh. d. Heidelberger Akad. d. Wiss., phil.-hist. Klasse 1962, Nr 1; L. KUNZ OSB, Aus d. Formenwelt d. gregorianischen Chorals, 4 H., Münster i. W. 1946–50; H. POTIRON, L'analyse modale du chant grégorien, Tournai 1948; W. V. DEN STEINEN, Notker d. Dichter, 2 Bde, Bern 1948 (kleine Ausg. d. Ed.-Bd, hrsg. v. G. Birkner, Bern u. München 1960); D. DELALANDE, Vers la version authentique du graduel grégorien: le Graduel des Prêcheurs, Paris 1949; J. CHAILLEY, Hist. mus. du moyen âge, Paris 1950; DERS., La musique médiévale, = Les grands musiciens I, Paris (1951); DERS., L'école mus. de St-Martial ..., Paris 1960; BR. STÄBLEIN, Zur Frühgesch. d. römischen Chorals, Atti del Congresso di Musica Sacra ..., Rom 1950; S. R. MAROSSZÉKI OCist, Les origines du chant cistercien, = Analecta Sacri Ordinis Cisterciensis VIII, Rom 1952; Etudes grégoriennes, seit 1954; H. HUCKE, Gr. G. in altrömischer u. fränkischer Überlieferung, AfMw XII, 1955; W. LIPPHARDT, Über Alter u. Ursprung d. deutschen Choraldialekts, Jb. f. Liturgik u. Hymnologie II, 1956; J. DE VALOIS, Art. Grégorien, in: Larousse de la Musique, Paris (1957); W. APEL, Gregorian Chant, Bloomington (1958); J. W. A. VOLLAERTS SJ, Rhythmic Proportions in Early Medieval Ecclesiastical Chant, Leiden 1958, [2]1960; G. MURRAY OSB, The Authentic Rhythm of Gregorian Chant, Bath 1959; E. WERNER, The Sacred Bridge, London u. NY 1959; S. CORBIN, L'église à la conquête de sa musique, Paris 1960; L. AGUSTONI, Elementi di canto gregoriano, Padua 1959, deutsch Freiburg i. Br., Basel u. Wien (1963); E. CARDINE OSB, Le chant grégorien, est-il mesuré?, Etudes grégoriennes VI, 1963.
MH

Greiz.
Lit.: W. QUERFELD, Kultur- u. Vereinsleben in d. Stadt Gr. während d. 19. Jh., = Beitr. zur ma., neuen u. allgemeinen Gesch. XXVII, Jena 1957; H. R. JUNG, Gesch. d. Musiklebens d. Stadt Gr. I: Von d. Anfängen bis zum Stadtbrand 1802, = Schriften d. Heimatmuseums Gr. IV, Gr. 1963.

Grenoble.
Lit.: G. HELBIG, La très curieuse hist. du grand orgue de Saint-Louis de Gr., RM XI, 1930; L. ROYER, Les musiciens et la musique à l'ancienne collégiale Saint-André Gr. du XVe au XVIIIe s., Paris 1939; CH. J. BIARD, L'orgue de la collégiale et la paroisse Saint-André de Gr., Gr. 1950.

Griechenland.
Ausg. (Erscheinungsort, wenn nicht anders angegeben, Athen): 30 mélodies populaires de Grèce ..., hrsg. v. L. BOURGAULT-DUCOUDRAY, Paris 1876; Mélodies populaires grecques de l'île de Chio, hrsg. v. H. PERNOT, Paris 1903; (260) Δημώδη ἑλληνικὰ ᾄσματα, hrsg. v. G. PACHTIKOS, 1905; Δημώδη ᾄσματα Σκύρου, hrsg. v. K. A. PSACHOS, 2 Bde, 1910–11; (66) Δημώδη ᾄσματα Γορτυνίας, hrsg. v. DEMS., 1923; (50) Δημώδη ᾄσματα Πελοποννήσου καὶ Κρήτης, hrsg. v. DEMS., 1930; (66) Τραγούδια τῆς Ρουμέλης, hrsg. v. M. MERLIER, 1931; Ἡ Ἑλληνικὴ δημώδης μουσική, hrsg. v. G. LAMBELET, 1933; Τραγούδια τῶν Δωδεκανήσων, hrsg. v. S. BAUD-BOVY, 2 Bde, 1935–38; 50

ἑλληνικοὶ χοροί, hrsg. v. K. SAKELLARIOU, 1940; Μουσικὰ κείμενα δημοτικῶν τραγουδιῶν τῆς Θράκης, hrsg. v. P. KABAKOPOULOS u. a., 1956.

Lit.: T. SYNADINOS, Ἱστορία τῆς νεοελληνικῆς μουσικῆς 1824–1919, Athen 1919; S. MICHAELIDES, The Neohellenic Folk-Music, Limassol 1948; THR. G. GEORGIADES, Der griech. Rhythmus, Hbg 1949; Kgr.-Ber. Musiche popolari mediterranee Palermo 1954, Palermo (1959); S. BAUD-BOVY, Etudes sur la chanson cleftique, Athen 1958; DERS., La systématisation des chansons populaires, Studia musicologica VII, 1965; S. MOTZENIGOS, Νεοελληνικὴ μουσική, Athen 1958; D. MAZARAKI, Τὸ λαϊκὸ κλαρίνο στὴν Ἑλλάδα, Athen 1959; M. MERLIER, La chanson populaire grecque, AMI XXXII, 1960; P. TZERMIAS, Die volkstümliche Musik Gr., Zürich u. Stuttgart 1962; N. SLONIMSKY, New Music in Greece, MQ LI, 1965.

Griechische Musik. Von der altgriechischen Musik läßt sich ein zutreffendes Bild nicht gewinnen ohne Kenntnis der grundsätzlichen Schwierigkeiten, vor die sich der Forscher gestellt sieht. Die Musik selbst ist verschollen. (Die überlieferten musikalischen Aufzeichnungen bilden keine ausreichende Grundlage für die Rekonstruktion der Musik.) Vom Rhythmus abgesehen, der durch die Verse festgelegt ist, gibt es im wesentlichen nur indirekte Quellen: literarische Zeugnisse (Hinweise von Dichtern und Schriftstellern), Musiktheorie und bildliche Darstellungen. Aus diesen Quellen kann aber die altgriechische Musik in ihrer Gesamtheit nicht mehr rekonstruiert werden.

Am Anfang der Überlieferung, zur Zeit der homerischen Epen, gab es weder das Wort »Musik« noch einen anderen äquivalenten Ausdruck. Die Sprache enthielt zwar eine Reihe musikalischer Bezeichnungen, z. B. für »singen« (ἀείδειν), »singen und tanzen« (μέλπειν), »auf der Kitharis spielen« (κιθαρίζειν), auch geht aus den zahlreichen Musenanrufungen hervor, daß Singen und Sagen eine göttliche, von den Musen verliehene Gabe war, aber es fehlte eine zusammenfassende Bezeichnung. In der Frühzeit hingen Vers, Musik und Tanz aufs engste zusammen. Es scheint, daß der epische Hexameter rhythmisch vom Reigen her zu verstehen ist. Die Verbindung mit dem Tanz war noch bedeutsamer für die Chorlyrik und die Chorlieder des Dramas (χορός bedeutet »Reigen«). Allerdings haben die Rhapsoden in der nachhomerischen Zeit die homerischen Verse, ähnlich später die Schauspieler die Dramenverse, nur rezitiert. – In den homerischen Gedichten werden mehrere Arten von Gesängen erwähnt: παιήων (paieon, → Pään) als Dankgesang an Apollon, λίνος (→ Linos) als Winzerlied, θρῆνος (→ Threnos) als Klagegesang. Unter den Musikinstrumenten werden die Zupfinstrumente → Phorminx und Kitharis (→ Kithara) am häufigsten genannt, seltener → Aulos, → Syrinx und → Salpinx. Über die äußere Beschaffenheit der Instrumente geben die ältesten bildlichen Darstellungen Aufschluß. – Im ionischen, äolischen und dorischen Sprachbereich entstand im 7. Jh. eine zumal durch die Vielfalt der Versrhythmen und durch die menschliche Haltung von Epos verschiedene Verskunst, für die seit der Spätantike die Bezeichnung »Lyrik« (von Lyra) gebräuchlich ist. Doch wurden die Verse nicht ausschließlich zur → Lyra (– 1) gesungen, sondern auch zu Phorminx, Kithara sowie zum Aulos, den ein sagenhafter Phrygier, Olympos, aus Kleinasien mitgebracht haben soll. Mit dem Aulos kam ein neues, ekstatisches Moment in die Gr. M., das die Haltung zumal des → Dithyrambos (eine Gattung der Chorlyrik) bestimmte, aber auch auf die gesamte Lyrik einwirkte. Die Auseinandersetzung zwischen der Lyra- und der Aulosmusik wurde in einem Mythos als Wettkampf zwischen Apollon und Marsyas, dem Lehrer des Olympos, dargestellt, aus dem Apollon als Sieger hervorging. – Solistisch vorgetragen wurden die in Ionien entstandenen Formen der → Elegie und des Iambos, deren größter Meister Archilochos von Paros war. Das monodische Lied (μέλος, → Melos) erreichte bei den Äolern auf Lesbos (Sappho, Alkaios) seinen Höhepunkt. Berühmt war auch der ionische Lyriker Anakreon. Die wohl aus Sparta stammende und sich später weit ausbreitende dorische Lyrik hingegen wurde von einer tanzenden Gruppe, dem »Chor«, vorgetragen, begleitet von Leier oder Aulos oder von beiden zusammen. Bedeutende Chorlyriker waren Alkman, Stesichoros, Simonides, Bakchylides und vor allem Pindar. Eine als Lyriker kaum noch faßbare bedeutende Musikerpersönlichkeit war Terpandros, der die Zahl der Saiten auf 7 erhöht und mehrere »Nomoi« eingeprägt haben soll; → Nomos bedeutet »Gesetz« und bezeichnet hier eine Art Melodietypen, wie sie ähnlich auch heute noch im Orient weiterleben (→ Maqām, → Rāga).

Im Bereiche der dorischen Chorlyrik begegnet zum ersten Male das Wort μουσική (musikē), von μοῦσα, Muse, wörtlich »(die) Musische« (ältester erhaltener Beleg bei Pindar, 1. Olympische Ode von 476). Die Deutung der Musikē als einer τέχνη (technē, Kunst, Geschicklichkeit) stammt erst aus nachklassischer Zeit; früher galt sie wohl eher als zur παιδεία (paideía, Bildung, Erziehung) gehörend oder auch als eine δύναμις (dynamis, Fähigkeit, Vermögen). Die Musikē beanspruchte als Einheit von Vers, Gesang, instrumentaler Begleitung und Tanz den ganzen Menschen; sie wirkte auf ihn nicht als bloße Kunst (im späteren abendländischen Sinn des Wortes), sondern als eine den Charakter des Menschen bildende Kraft (→ Ethos). Die Musikē geht daher weder in der Kategorie des Autonom-Ästhetischen noch in dem Begriff der abendländischen → Musik (→ Musica) auf. – Das attische Drama soll aus dem Dithyrambos hervorgegangen sein. Diese ekstatischen Gesänge mit Aulosbegleitung, die einst von einem Chor in Bocksverkleidung zu Ehren des Weingottes Dionysos vorgetragen und getanzt wurden, gaben später den Rahmen für eine szenische Handlung ab. Mit dem attischen Drama sind die Namen der drei großen Tragiker Aischylos († 456), Sophokles († 406), Euripides († 406), und des Komödiendichters Aristophanes († 388) verknüpft. Gegen Ende des 6. Jh. trat zum Chor zunächst ein Schauspieler hinzu, bei Aischylos ein zweiter und bei Sophokles ein dritter; der Chor wurde auf 15 Mitglieder erweitert und wurde teils von der Kithara, teils vom Aulos begleitet. Von den rezitierten Versen der Schauspieler heben sich die rhythmisch komplizierteren dorischen Chorlieder, die strophisch gebaut sind, deutlich ab.

Von der Mitte des 5. Jh. an begannen neue musikalische Kräfte in Erscheinung zu treten, die im 4. Jh. schließlich die Oberhand gewannen und eine grundlegende Wende herbeiführten. Schon innerhalb des Dramas hatte Euripides als Neuerer gewirkt, indem er den Solo- und den Wechselgesang in den Vordergrund rückte. Die leidenschaftliche Äußerung brach überall hervor. Spätere Quellen bezeugen, daß sich im neuen Dithyrambos, der mit dem alten kaum noch etwas gemein hatte, das bisherige Verhältnis von Text und Melodie umkehrte. Das melodische Moment dominierte und begann zu wuchern; der Aulos beherrschte das Musikleben; die Kithara erhielt bis zu 11 und 12 Saiten. Als Neuerer galten vor allem Phrynis, Timotheos, Philoxenos. Es gibt Anzeichen dafür, daß in derselben Zeit die eigenständig musikalisch-rhythmische Seite der griechischen Sprache zu schwinden begann. Der Vers verlor im 4. Jh. seine verbindliche Kraft und trat hinter der seit der 2. Hälfte des 5. Jh.

Griechische Musik

aufblühenden Prosa zurück. – Seit dem 5. Jh. gibt es eine neue Art Quellen, die sich mit dem Phänomen Musik gedanklich auseinandersetzt. Pythagoras (6. Jh.) befaßte sich mit den mathematisch-akustischen Grundlagen der Musik; seine schriftlich nicht fixierten Erkenntnisse sind auf dem Umweg über die sogenannten Pythagoreer nur mittelbar bekannt. Platon erörterte (»Staat«, »Gesetze«) die hervorragende Bedeutung der Musikē für die Erziehung und wandte sich deshalb (»Staat«, 4. Buch) energisch gegen die musikalischen Neuerungen; denn er sah in ihnen, wie vor ihm schon Damon, den Anfang eines unaufhaltsamen Niedergangs der staatlichen Ordnung. Nach Aristoteles, der die Forschung auf allen Gebieten befruchtet hat, traten zum ersten Male musikalische Fachgelehrte auf. Aristoxenos von Tarent, ein Schüler des Aristoteles, verfaßte mehrere Schriften über Musik, von denen die »Elemente der Harmonik« und Fragmente seiner »Rhythmik« auf uns gekommen sind. In einer dem Plutarch zugeschriebenen Abhandlung über Musik heißt es, daß »die meisten Platoniker und die Besten unter den Philosophen der Peripatetischen Schule mit Eifer über die alte Musikē und ihren Niedergang« geschrieben hätten. Das meiste davon ging verloren. In den überlieferten musiktheoretischen Schriften, die in erster Linie über die Musik ihrer eigenen Zeit Aufschluß geben, werden u. a. folgende Gegenstände behandelt: das Tonmaterial und seine Struktur, Rhythmus, Metrum, musikalische Erziehung, Instrumente, Notenschrift, die mathematisch-physikalischen Grundlagen der Musik, Weltenharmonie. Außer von Aristoxenos sind Schriften erhalten von Eukleides (um 300 v. Chr.), Philodemos (1. Jh. v. Chr.), Sextus Empiricus, Ptolemaios, Kleoneides, Nikomachos (2. Jh. n. Chr.), Aristeides Quintilianus (unsicher, 2. oder 3. Jh. n. Chr.), Alypios (4. Jh. n. Chr.), Bakcheios und Gaudentios (wohl 4. Jh. n. Chr.); hinzu kommt eine anonyme, im Corpus Aristotelicum innerhalb der »Problemata« überlieferte Schrift. – Einige spätantike Schriften beschäftigen sich auch mit der Frage nach der Herkunft der Musik. So enthält die unter dem Namen Plutarchs († um 120 n. Chr.) überlieferte Schrift »Über die Musik« wichtige, von Widersprüchen jedoch nicht ganz freie Angaben über die Musik der älteren Zeit, namentlich vom 7. bis zum 4. Jh. v. Chr.; darunter ist eine sachlich nicht ausreichend geklärte Stelle (Kap. 28) über instrumentale Begleitung des Gesangs (κροῦσις ὑπὸ τὴν ᾠδήν – πρόσχορδα κρούειν), die aber nicht im Sinne rationaler Mehrstimmigkeit zu deuten ist. – Die → Buchstaben-Tonschrift, deren Anfänge im Dunkel liegen und die seit dem 4. Jh. v. Chr. eindeutig bezeugt ist (Aristoxenos), wurde 1847 anhand der Tabellen des Alypios entziffert.

Die am ehesten zugängliche Seite der Gr.n M. ist der Rhythmus. Erreichbar ist er in den Versen selbst, da Vers und Musik (wenigstens bis zur klassischen Zeit) innig zusammenhängen. Zwar kann der Rhythmus an den bloßen Texten bereits abgelesen werden, doch ist er zunächst noch nicht ohne weiteres verständlich, denn er unterscheidet sich grundsätzlich vom abendländischen Rhythmus. Der griechische beruht auf der → Quantität, der abendländische auf einem System von Betonungen. Diese beiden rhythmischen Haltungen schließen einander aus. Im Altgriechischen wurde der aus Längen und Kürzen bestehende Quantitätsrhythmus gänzlich frei von jeglicher Betonungsordnung (Takt, Schlagzeit) vollzogen. Die Kürze (⌣) galt als kleinste, nicht weiter teilbare rhythmische Einheit (Aristoxenos nennt sie → Chronos protos); die Länge (–) entsprach in der Regel der Dauer zweier Kürzen (– = ⌣⌣), konnte aber auch ausnahmsweise die Dauer von anderthalb Kürzen einnehmen (so im epischen Hexameter, dessen daktylisches Maß Aristoxenos als Choreios alogos, d. h. als irrationalen Reigenrhythmus bezeichnet). Durch die Aneinanderreihung von Längen und Kürzen ergaben sich bestimmte immer wiederkehrende rhythmische Elementargruppen, die sogenannten Füße (beim Tanz), bestehend aus wenigstens 2 Elementen, z. B. ⌣ – (Iambos), – ⌣ ⌣ (Daktylos). »Innere Responsion« liegt vor, wenn innerhalb eines Verses der gleiche Fuß wiederholt wird, z. B. beim epischen Hexameter, der aus Daktylen besteht. Schwieriger wird die Beschreibung von Versen ohne innere Responsion, weil dort die eindeutige Abgrenzung der rhythmischen Elemente nach Füßen oft nicht möglich und auch nicht sinnvoll ist (besonders in der Chorlyrik). Diese scheinbar regellosen Verse, die äußerlich fast an Prosa erinnern, enthalten aber doch gewisse charakteristische Wendungen, die im Zusammenhang mit den übrigen Versen des Gedichts als solche sinnfällig in Erscheinung treten. So läßt sich z. B. aus den verschiedenen Spielarten des sogenannten Glykoneus – ⌣ – ⌣ ⌣ – ⌣ oder – ⌣ – ⌣ ⌣ – ⌣ folgende als charakteristische Wendung herausheben: – ⌣ ⌣ – ⌣ –. Solche rhythmischen Gestalten kehren innerhalb einer Strophe mehrfach wieder und tragen so zur Gliederung des rhythmischen Ablaufs bei. Mit ihrer durch die musikalische Quantität bedingten festkörperlichen Beschaffenheit hängt zusammen, daß sie sich nicht willkürlich ändern ließen und daher beim Vortrag von subjektiver Deutung und persönlichem Ausdruck unberührt blieben. Nachdem die Einheit der Musikē verlorengegangen war (nach dem 5. Jh. v. Chr.), begann auch die theoretische Unterscheidung zwischen der sprachlichen Metrik (→ Metrum – 1) und dem musikalischen → Rhythmus.

Über das Tonmaterial der Gr.n M. und seine praktische Verwendung gibt vor allem die Musiktheorie Auskunft. Den Tonvorrat der ältesten Zeit kennen wir nicht zuverlässig; es scheint, daß die anhemitonische Pentatonik vorherrschte, und daß erst im Zusammenhang mit der Verbreitung des Aulos auch die kleineren, teilweise irrationalen Tonstufen ($1/2$-, $1/3$-, $1/4$-Töne) Eingang in die Gr. M. fanden. In der Musiktheorie wurden nur heptatonische Leitern behandelt. – Die Intervalle wurden von den sogenannten Kanonikern (Pythagoras und seine Schule) mathematisch, durch Saitenteilung, bestimmt, im Gegensatz zu den Harmonikern (besonders Aristoxenos), die von Beobachtungen der musikalischen Praxis ausgingen. Für das griechische Tonsystem war die fallende Quarte (→ Tetrachord) charakteristisch. Das Quartintervall selbst blieb stets unverändert (ἀκίνητον), dagegen war die Tonhöhe für die 2 Zwischentöne (κινούμενοι) je nach dem Tongeschlecht (γένος) variabel (die Schritte von oben nach unten gerechnet):

$1 + 1 + 1/2$	$1\,1/2 + 1/2 + 1/2$	$2 + 1/4 + 1/4$
e d c h	e des c h	e deses ces h
diatonisch	chromatisch	enharmonisch

(Die modernen Tonbezeichnungen sind lediglich zur Verständigung herangezogen und nicht als absolute Tonhöhen zu verstehen, die die Antike nicht kannte.) Das diatonische Geschlecht soll das älteste gewesen sein und galt – auch bis in die Spätzeit – als Grundlage der Gr.n M. Das chromatische und das enharmonische Geschlecht traten seit der klassischen Zeit in den Vordergrund, scheinen aber in nachchristlicher Zeit wieder an Bedeutung verloren zu haben. Der Darstellung der griechischen Tonarten dient das → Systema teleion.

An erhaltenen Aufzeichnungen in griechischer Notenschrift sind bisher bekannt geworden (ausführliches

Verzeichnis mit Literaturangaben bei Pöhlmann, 1960):
1) Fragment aus dem 1. Stasimon des »Orestes« von Euripides (Vers 338–344). Der erhaltene Papyrusrest wurde zwischen 260 und 150 v. Chr. geschrieben; daher handelt es sich möglicherweise um keine Euripideische Melodie (Wien, Papyrus Rainer G. 2315).
2) Fragmente dramatischer Texte, Papyrus aus der 2. Hälfte des 2. Jh. v. Chr. (Wien, Papyrus Rainer G. 29825a–f, veröffentlicht durch Hunger und Pöhlmann 1962).
3) Fragment mit 3 Schlußzeilen eines unbekannten Gedichtes, möglicherweise aus einer Tragödie (Papyrus Kairo 59533, aus der 1. Hälfte des 2. Jh. v. Chr.).
4) Fragment aus einer unbekannten Tragödie (Papyrus Oslo 1413a–m, wohl aus dem 2. Jh. n. Chr.).
5) und 6) Zwei Apollonhymnen, eingemeißelt außen in die südliche Mauer des Schatzhauses der Athener in Delphi (2. Jh. v. Chr.).
7) Skolion auf der Grabsäule eines gewissen Seikilos, die in Tralles (Kleinasien) gefunden wurde (Datierung unsicher: zwischen 2. Jh. v. Chr. und 1. Jh. n. Chr.).
8) Fünf Fragmente auf einem Berliner Papyrus (P. 6870, 2. Jh. n. Chr.): Paian, 2 Instrumentalstücke, ein Stück auf den Selbstmord des Aias und ein Tragödienfragment.
9–11) Helioshymnus und Nemesishymnus von Mesomedes (2. Jh. n. Chr.) sowie ein anonymer Musenhymnus (Cod. Neapel III C 4 u. Venedig Marc. VI 10).
12) Fragment einer Monodie, vielleicht aus dem »Meleagros« von Euripides (Papyrus Oxy. 2436, 2. Jh. n. Chr.).
13) Fragment, noch unveröffentlicht (Papyrus Michigan 2958, 2. Jh. n. Chr.).
14) Frühchristlicher Hymnus auf einem Papyrus aus Oxyrhynchos (Papyrus Oxy. 1786, 3. Jh. n. Chr.).
15) Fragmente mit Instrumentalnotenschrift aus einem spätantiken Musiktraktat (hrsg. von H. Bellermann).
Die von Athanasius Kircher († 1680) angeblich aus einer jetzt verlorenen Handschrift abgeschriebene Melodie zu Pindars 1. Pythischer Ode gilt als unecht (R. Wagner; anders P. Friedländer). Die Entzifferung der obigen Aufzeichnungen ist zwar zum Teil gelungen, doch hat man jetzt nur einen ungenügenden Hinweis auf die Beschaffenheit der Musik; denn diese ließe sich erst mit Kenntnis einer Fülle in der Notenschrift nicht enthaltener musikalischer Voraussetzungen herstellen. So bleiben die Aufzeichnungen im Grunde musikalisch unerschlossen und wohl auch unerschließbar.
Nachdem in der Spätantike Augustinus († 430), Martianus Capella (5. Jh.), Cassiodorus († 580), Isidorus von Sevilla († 636) und besonders Boethius († 524) das Gedankengut der griechischen Musiktheorie für den lateinischen Sprachraum erschlossen hatten, bildete dieses (allerdings in nunmehr modifizierter Form) die Grundlage für die Musiktheorie des Mittelalters und wirkte auch auf die musikalische Praxis ein. Das Interesse für die Gr. M. lebte neu' auf als in der Zeit der Renaissance und des Humanismus griechische Handschriften aus Byzanz nach dem Westen kamen und die griechische Musiktheorie im Originaltext zugänglich wurde. Die zusammenfassende und für die folgenden Jahrhunderte maßgebende Ausgabe griechischer Musiktheoretiker bot Marcus Meibom 1652 (mit lateinischer Übersetzung). Eine andere Form der Auseinandersetzung waren die Wiederbelebungsversuche der antiken Tragödie in Italien, aus denen um 1600 die → Oper hervorging. Im Zuge der allgemeinen Hinwendung zur Geschichte erwachte im 19. Jh. auch das Interesse an der antiken Musik von neuem. Ihre Erforschung war eine Angelegenheit reiner Gelehrsamkeit und lag daher in Händen von Philologen (A. Böckh, Fr. Bellermann, K. Fortlage, R. Westphal, K. v. Jan), die allerdings weitgehend in den musikalischen Vorstellungen ihrer eigenen Gegenwart befangen blieben (vgl. jedoch Nietzsches Rhythmusstudien). Hier schalteten sich Musikhistoriker ein (Fr. A. Gevaert, H. Riemann, H. Abert). Neue Anregungen empfing die musikhistorische Forschung durch die sogenannte Vergleichende Musikwissenschaft, die deutlich zu machen versuchte, daß gewisse Züge der außereuropäischen Musik eher zum Verständnis der altgriechischen beizutragen vermögen als die abendländischen (C. Stumpf, C. Sachs). Als fruchtbarer erwies sich in neuester Zeit die Behandlung des Rhythmus (die bisher den Philologen überlassen blieb) von musikhistorischer Seite und unter Heranziehung der neugriechischen Volksmusik (Thr. G. Georgiades). Anregungen gingen ferner von der Instrumentenkunde aus für die Deutung der Notenschrift, der Tonarten und Stimmungen (C. Sachs, O. Gombosi). → Maqām, → Rāga.

Ausg.: M. Meibom, Antiquae musicae auctores septem, graece et lat., 2 Bde, Amsterdam 1652 (Texte v. Aristoxenos, Eukleides, Nikomachos, Alypios, Gaudentios, Bakcheios, Aristeides Quintilianus); Musici scriptores graeci, hrsg. v. K. v. Jan, Lpz. 1895 (Aristoteles, Pseudo-Aristotelische Problemata, Eukleides, Bakcheios, Gaudentios, Kleoneides, Nikomachos, Alypios, Suppl., Melodiarum reliquiae, erweitert 1899), Nachdruck Hildesheim 1962. – Aristoxenos v. Tarent, Melik u. Rhythmik d. class. Hellenenthums, I (Übers. u. Kommentar) v. R. Westphal, Lpz. 1883, II (Text) hrsg. v. Fr. Saran, Lpz. 1893, Nachdruck Hildesheim 1965; ders., The Harmonics, hrsg. mit engl. Übers. v. H. S. Macran, Oxford 1902; Die Schule d. Aristoteles, Texte u. Kommentar, H. II: Aristoxenos, hrsg. v. Fr. Wehrli, Basel (1945), enthält d. indirekte Überlieferung; Aristoxeni elementa harmonica, griech. u. ital., hrsg. v. R. Da Rios, 2 Bde, Rom 1954; ders., Rhythmica, hrsg. v. G. B. Pighi, Bologna 1959; Euclidis opera omnia, hrsg. v. J. L. Heiberg u. H. Menge, Bd VIII, Lpz. 1916; Philodemos, De musica, hrsg. v. J. Kemke, Lpz. 1884; ders., De muziek, griech. u. nld., hrsg. v. D. A. van Krevelen, Diss. Amsterdam 1939; Plutarch, Über d. Musik, griech. u. deutsch, hrsg. v. R. Westphal, Breslau 1865; ders., De la musique, griech. u. frz., hrsg. v. H. Weil u. Th. Reinach, Paris 1900; ders., De musica, hrsg. v. K. Ziegler, in: Plutarchi Moralia IV, 3, Lpz. 1953; Plutarque de la musique, griech. u. frz., hrsg. v. Fr. Laserre, = Bibl. helvetica romana I, Olten u. Lausanne 1954; Sextus Empiricus III, hrsg. v. J. Mau, Lpz. 1954; Die Harmonielehre d. Klaudios Ptolemaios, hrsg. v. I. Düring, = Göteborgs högskolas årsskrift XXXVI, 1, Göteborg 1930; Porphyrios' Kommentar ..., hrsg. v. dems., ebenda XXXVIII, 2, 1932; Ptolemaios u. Porphyrios über d. musik, deutsch v. dems., ebenda XL, 1, 1934; Aristeides Quintilianus, De musica libri III, hrsg. v. A. Jahn, Bln 1882; dass., hrsg. v. R. P. Winnington-Ingram, Lpz. 1963; dass., deutsch v. R. Schäfke, Bln 1937.

Lit.: A. Böckh, De metris Pindari, Lpz. 1811; Fr. Bellermann, Die Tonleitern u. Musiknoten d. Griechen, Bln 1847; K. Fortlage, Das mus. System d. Griechen in seiner Urgestalt, Lpz. 1847; A. Rossbach u. R. Westphal, Metrik d. griech. Dramatiker u. Lyriker, 3 Bde, Lpz. 1854–65, neu bearb. in 4 Bden als: Theorie d. musischen Künste d. Hellenen, ³1885–89; R. Westphal, System d. antiken Rhythmik, Lpz. 1865; ders., Die Musik d. griech. Altertums, Lpz. 1883; Fr. A. Gevaert, Hist. et théorie de la musique de l'antiquité, 2 Bde, Gent 1875–81; ders., La mélopée antique dans le chant de l'église lat., Gent 1895; Ch. E. Ruelle, Etudes sur l'ancienne musique grecque, 2 Bde, Paris 1875–90; O. Crusius, Zu neuentdeckten antiken Musikresten, Philologus LII, 1893; D. B. Monro, Modes of Ancient Greek Music, Oxford 1894; C. Stumpf, Die pseudo-aristotelischen Probleme über Musik, = Abh. d. Kgl. Akad. d. Wiss. zu Bln, Phil.-hist. Klasse III, Bln 1896; H. Abert, Die Lehre v. Ethos in d. gr. M., = Slg mw. Arbeiten II, Lpz. 1899; ders., Die Musikanschauung d. MA u. ihre Grundlagen, Halle 1905, Faks. hrsg. v. H. Hüschen, Hildesheim 1965; ders., Gesammelte Schriften u.

Vorträge, hrsg. v. Fr. Blume, Halle 1929; H. RIEMANN, Hdb. d. Mg. I, 1, Lpz. 1904, ³1923; W. CRÖNERT, Die Hibehrede über d. Musik, in: Hermes XLIV, 1909; FR. NIETZSCHE, Philologica II, = Werke Bd XVIII, Lpz. 1912; C. SACHS, Die griech. Instrumentalnotenschrift, ZfMw VI, 1923/24; DERS., Die griech. Gesangsnotenschrift, ZfMw VII, 1924/25; DERS., Die Musik d. Antike, in: Bücken Hdb.; DERS., The Rise of Music in the Ancient World, East and West, = The Norton Hist. of Music I, NY (1943), span. Buenos Aires 1946; TH. REINACH, La musique grecque, Paris 1926; W. VETTER, Artikel Musik, Musikunterricht u. a. in: Pauly-Wissowa RE XVI, 1; DERS., Antike Musik, = Tusculum-Schriften XXVI, München 1935; DERS., Mythos – Melos – Musica, 2 Bde, Lpz. 1957–61; J. QUASTEN, Musik u. Gesang in d. Kulten d. heidnischen Antike u. christlichen Frühzeit, = Liturgiegeschichtliche Quellen u. Forschungen XXV, Münster i. W. 1930; H. HUCHZERMAYER, Aulos u. Kithara in d. gr. M. bis zum Anfang d. klass. Zeit, Diss. Münster i. W. 1931; B. MEYER, APMONIA. Bedeutungsgesch. d. Wortes v. Homer bis Aristoteles, Diss. Freiburg i. d. Schweiz 1932; P. FRIEDLÄNDER, Die Melodie zu Pindars 1. pythischem Gedicht, = Sb. Lpz. LXXXVI, 4, 1934; DERS., Adnotatiunculae, Hermes LXXXVII, 1959; G. LEHMANN, Theorie u. Gesch. d. griech. Harmonik in d. Darstellung durch A. Böckh, Diss. Hbg 1934; M. GUILLEMIN u. J. DUCHESNE, Sur l'origine asiatique de la cithare grecque, in: L'antiquité class. IV, 1935; R. WAGNER, Zum Wiederaufleben d. antiken Musikschriftsteller seit d. 16. Jh., Philologus XCI, 1936; R. P. WINNINGTON-INGRAM, Mode in Ancient Greek Music, = Cambridge Class. Studies II, Cambridge 1936; DERS. u. J. F. MOUNTFORD, »Music«, in: Oxford Class. Dictionary, 1949; DERS. mit S. EITREM u. L. AMUNDSEN, Fragments of Unknown Greek Tragic Texts, Symbolae Osloenses XXXI, 1955; DERS., The Pentatonic Tuning of the Greek Lyre, Class. Quarterly L (= N. S. VI), 1956; DERS., Ancient Greek Music 1932–57, Lustrum III, 1958; H. HUSMANN, Olympos, JbP XLIV, 1937; DERS., Zur Metrik u. Rhythmik d. Mesomedes, in: Hermes LXXXIII, 1955; DERS., Grundlagen d. antiken u. orientalischen Musikkultur, Bln 1961; L. P. WIKINSON, Philodemus on ‚Ethos' in Music, Class. Quarterly XXXII, 1938; K. SCHLESINGER, The Greek Aulos, London 1939, dazu J. Handschin in AMl XX, 1948; O. GOMBOSI, Tonarten u. Stimmungen d. antiken Musik, Kopenhagen 1939, Neudruck 1950; DERS., Key, Mode, Species, JAMS IV, 1951; E. JAMMERS, Rhythmische u. tonale Studien zur Musik d. Antike u. d. MA I, AfMf VI, 1941; I. HENDERSON, The Growth of the Greek »Harmoniai«, Class. Quarterly XXXVI, 1942; DIES., Ancient Greek Music, The New Oxford Hist. of Music I, London 1957; I. DÜRING, Studies in Mus. Terminology in the 5ᵗʰ Cent. Lit., Eranos XLIII, 1945; E. WELLESZ, The Earliest Example of Christian Hymnody, Class. Quarterly XXXIX, 1945; H.-I. MARROU, Melographia, in: L'antiquité class. XV, 1946; THR. G. GEORGIADES, Der griech. Rhythmus. Musik, Reigen, Vers u. Sprache, Hbg 1949; DERS. mit FR. ZAMINER, Musik u. Rhythmus bei d. Griechen. Zum Ursprung d. abendländischen Musik, = rde LXI, Hbg (1958); M. WEGNER, Das Musikleben d. Griechen, Bln 1949; DERS., Griechenland, = Mg. in Bildern II, 4, Lpz. o. J. (1963); E. MARTIN, Essais sur les rythmes de la chanson grecque antique, Paris 1953; DERS., Trois documents de musique grecque, Paris 1953; A. J. NEUBECKER, Die Bewertung d. Musik bei Stoikern u. Epikureern, = Deutsche Akad. d. Wiss. zu Bln, Inst. f. griech.-römische Altertumskunde, Arbeitsgruppe f. hellenistisch-römische Philos., Veröff. V, Bln 1956; J. CHAILLEY, Le mythe des modes grecs, AMl XXVIII, 1956; DERS., La musique de la tragédie grecque..., Rev. de Musicol. XXXIX, 1957; DERS. u. A. MACHABEY, A propos de Thémison, ebenda XLI, 1958; J. LOHMANN, Die gr. M. als mathematische Form, AfMw XIV, 1957; DERS., Der Ursprung d. Musik, AfMw XVI, 1959; O. BECKER, Frühgriech. Mathematik u. Musiklehre, AfMw XIV, 1957; E. MOUTSOPOULOS, La musique dans l'œuvre de Platon, Paris 1959; B. PIGHI, Ricerche sulla notazione ritmica greca, Aegyptus, N. F. I, 1959; C. DEL GRANDE, Cenni sulla musica greca, in: Enciclopedia classica II, Bd V, 2, Turin (1960); E. PÖHLMANN, Griech. Musikfragmente, = Erlanger Beitr. zur Sprach- u. Kunstwiss. VIII, Nürnberg 1960; D. D. FEAVER, The Mus. Setting of Euripides' Orestes, American Journal of Philology LXXXI, 1960; L. RICHTER, Die Beziehungen zwischen Theorie u. Praxis d. Musik im aristotelischen Protreptikos, in: Hermes LXXXVIII, 1960; DERS., Zur Wissenschaftslehre v. d. Musik bei Platon u. Aristoteles, = Deutsche Akad. d. Wiss. zu Bln, Schriften d. Sektion f. Altertumswiss. XXIII, Bln 1961; DERS., Griech. Traditionen im Musikschrifttum d. Römer, AfMw XXII, 1965; L. GAMBERINI, La parola e la musica nell'antichità, = Hist. musicae cultores Bibl. XV, Florenz 1962; H. HUNGER u. E. PÖHLMANN, Neue griech. Musikfragmente..., Wiener Studien LXXV, 1962; B. AIGN, Gesch. d. Musikinstr. d. ägäischen Raumes bis um 700 v. Chr., Diss. Ffm. 1963; E. K. BORTHWICK, The Oxyrhynchos Mus. Monody..., American Journal of Philology LXXXIV, 1963; H. KOLLER, Musik u. Dichtung im alten Griechenland, Bern u. München (1963); H. HOMMEL, Das Apollonorakel in Didyma. Pflege alter Musik im spätantiken Gottesdienst, in: Gottesdienstliche Fragen d. Gegenwart, Fs. Fr. Smend, Bln 1963; M. VOGEL, Die Enharmonik d. Griechen, 2 Bde, = Orpheus-Schriftenreihe zu Grundfragen d. Musik III–IV, Düsseldorf 1963; E. A. LIPPMAN, Mus. Thought in Ancient Greece, NY 1964. ThG

Griffbrett (ital. tastiera) heißt bei den Saiteninstrumenten das auf den Hals aufgeleimte, schwarz gebeizte oder aus Ebenholz gefertigte Brett, auf das der Spieler die Saiten beim Greifen niederdrückt. Bei den Zupfinstrumenten sowie bei den Violen trägt das Gr. die → Bünde.

Grönland → Eskimo-Musik.

Ground (graund, engl., Grund), auch Gr.-bass, bezeichnet in der Musikliteratur englischer Sprache den Basso ostinato in umfassendem Sinne, speziell in englischen Ostinatovariationen des 16.–18. Jh. (spätestens seit *My Ladye Nevells Book*, 1591) sowohl die ostinat beibehaltene Tonfolge (nach Th. Mace, 1676, S. 129, *a set Number of Slow Notes, very Grave, and Stately*) als auch die über eine solche Tonfolge gebildete (polyphone oder homophone) Komposition, die entsprechend ihrer Kompositionsart oft auch Divisions upon a gr. heißt (→ Division). Nur ein Teil der als Gr. anzusprechenden Werke ist in den Quellen so bezeichnet. Ebenso wie andere Bezeichnungen von Ostinatoformen kennzeichnet Gr. weniger eine bestimmte Form als eine Praxis, die in verschiedene Kompositionsformen eindrang und in sämtlichen damals üblichen Besetzungsarten vorkommen kann. Fast alle bedeutenderen englischen Komponisten des angegebenen Zeitraumes schrieben Gr.s. Besondere Bedeutung gewann der Gr. in der englischen Klaviermusik des 17. Jh. und in der Oper (z. B. bei Purcell). – Während in England auch kontinentale Ostinatoformen Gr. genannt wurden (die → Folia z. B. war hier als *Farinell's Gr.* bekannt) und manche Erscheinungsformen des Gr. sich von kontinentaler Praxis nicht abheben, wird der Gr. in anderen Fällen von anderen Formen abgegrenzt (z. B. in *The Division Flute*, 1708: *divisions upon ... gr.s ..., as also several ... chacon's ...*) und hat ihnen gegenüber ein eigenes Gepräge. Einerseits kennzeichnet ihn das anscheinend typisch englische Festhalten an wenigen die Komposition beherrschenden Klängen; es findet sich schon in englischen Kompositionen des 13.–14. Jh. - so im »Sommerkanon«, in dessen → Pes (–2) die Töne f und g abwechseln – und ist charakteristisch für W. Byrds *The Bells*, deren Gr. aus den Tönen c und d besteht. Derart kurze Gr.s sind indessen nicht die Regel. Oft ist der Gr. auch ein ostinates Klanggerüst. Anderseits ist im Unterschied zu kontinentalen Ostinatoformen das Vorkommen des Gr. im Sinne der ostinaten Tonfolge nicht auf die tiefste Stimme beschränkt. Der harmonische Gr. besteht zwar vorwiegend aus typischen Baßschritten und kommt dementsprechend im allgemeinen nur im Baß vor; über ihm werden entweder fortwährend neue Oberstimmen gebildet oder bestimmte, mit dem Gr. verbundene Tonfolgen (besonders in der 2. Hälfte des 17. Jh. oft bekannte Liedmelodien) variiert. Der melodische Gr. hingegen kann im gleichen Werk in allen Stimmen vorkommen; auch ostinate Tonfolgen, die nur in den Oberstimmen erscheinen, werden Gr. genannt. Dabei verwischen sich die Grenzen zu anderen Gattungen: z. B. können Werke, denen als Gr. das durch alle Stimmen wandernde Hexachord oder eine ähnliche Tonfolge zugrunde liegt, als → Fancy angesprochen werden. Die ostinate Tonfolge kann auch in Bruchstücken auf verschiedene Stimmen verteilt und auf verschiedene Tonstufen, bis hin zu sämtlichen Stufen der chromatischen Skala transponiert werden. Neben der melodischen Gestalt kann auch die Länge des Gr. geringen Änderungen unterworfen sein. – Die Bezeichnung Gr. ist im 16. Jh. auch belegt für einen C. f., über dem diskantiert wird.

Lit.: Th. Mace, Musick's Monument, London 1676, Faks., = Collection «Le chœur des Muses», Paris 1958; Ch. Van den Borren, Les origines de la musique de clavier en Angleterre, Brüssel 1912, engl. London 1913; A. Moser, Zur Genesis d. Folies d'Espagne, AfMw I, 1918/19; R. Gress, Die Entwicklung d. Klaviervariation v. A. Gabrieli bis zu J. S. Bach, = Veröff. d. Musik-Inst. d. Univ. Tübingen VI, Kassel 1929; L. Neudenberger, Die Variationstechnik d. Virginalisten im Fitzwilliam Virginal Book, Diss. Bln 1937; H. W. Shaw, Blow's Use of Gr. Bass, MQ XXIV, 1938; E. H. Meyer, Engl. Chamber Music, London 1946, ²1951, deutsch als: Die Kammermusik Alt-Englands, Lpz. 1958; E. Apfel, Ostinato u. Kompositionstechnik bei d. engl. Virginalisten, AfMw XIX/XX, 1962/63. GBa

Growl (graul, engl., brummen), Bezeichnung für Instrumentaleffekte im Jazz (→ Dirty tones), die sich bei Veränderung der natürlichen Klangfarbe von Blechinstrumenten – etwa durch Dämpfer oder Flatterzunge – einstellen. Beliebt war der Gr. bei Trompetern und Posaunisten der → Swing-Ära, so z. B. bei der Nachahmung von Tierstimmen im Jungle style (Duke Ellington).

Grundstimme, – 1) seit dem 17. Jh. nachgewiesen als deutsche Bezeichnung des Basses in seiner Rolle als → Fundamentum eines Satzes, später auch für Rameaus Basse fondamentale. – 2) in der Orgel im allgemeinen Register zu 16', 8' und 4' im Unterschied zu den → Aliquotstimmen und → Gemischten Stimmen.

Grundton, – 1) im Generalbaß, teils auch in der Harmonielehre der Ton, auf dem sich bei terzweisem Aufbau der Akkord erhebt, der Gr. mit dem Baßton identisch ist. Letzterer ändert sich bei → Umkehrung des Akkordes, während der Gr. immer derselbe bleibt. Bisweilen nötigt der Kontext dazu, als Gr. eines Akkordes einen Ton anzunehmen, der nicht

wirklich erklingt, so in op. 15 Nr 13 von Schumann, wo der Vorschlag in der linken Hand vor dem vierten Akkord diesen als A moll-Sextakkord ausgibt, ohne daß a als Gr. akustisch vorhanden wäre. Nach P. Hindemith (*Unterweisung . . . I,* S. 120) ist der Gr. eines jeden Akkordes identisch mit dem Gr. seines »besten«, d. h. am leichtesten verständlichen Intervalls, z. B. beim Durdreiklang mit dem Gr. der Quinte. Kommt das beste Intervall mehrfach im gleichen Akkord vor, *so dient das am tiefsten gelegene zur Grundtonbestimmung.* Der Akkord enthält sein bestes Intervall, die Quinte, zweimal: cis²–gis² und a¹–e²; sein Gr. ist a¹. – 2) bisweilen s. v. w. → Tonika. – 3) in der Akustik der tiefste Teilton eines Klanges.

Gruppo, Groppo, Groppolo, Groppetto (ital.), → Triller, → Doppelschlag.

Guatemala.
Lit.: J. Saenz Poggio, Hist. de la música guatemalteca desde la monarqía española hasta fines del año 1877, G. 1947; J. Castrillo, La música maya-quiché, Quetzaltenango 1941; J. A. Vásquez, Hist. de la música en G., G. 1950; V. Chenoweth, The Marimbas of G., Lexington (Ky.) 1964.

Guayana.
Lit.: L. C. van Panhuys, Les chansons et la musique de la G. Néerlandaise, Journal de la Soc. des Américanistes de Paris, N. F. IX, 1912; M. J. u. F. S. Herskovits, Suriname Folklore, = Columbia Univ. Contributions to Anthropology XXVII, NY 1936; W. G. Gilbert, Een en ander over de negroide muziek van Suriname, = Koninklijke Vereeniging »Koloniaal Inst.«, Mededeeling LV, Afd. Volkenkunde 17, Amsterdam 1940; G. D. van Wengen, The Study of Creole Folk Music in Surinam, Journal of the International Folk Music Council XI, 1959.

Gudok, altrussisches volkstümliches Streichinstrument, das in Kniehaltung gespielt wird. Von den drei Saiten sind zwei als Bordunsaiten im Quintabstand gestimmt.

Guida (ital., Führer), die beginnende Stimme beim Kanon sowie das Thema einer Fuge in seiner Grundgestalt; Gegensatz von → Conseguente.

Guidonische Hand (lat. manus Guidonis oder manus Guidonica, in Traktaten meist als manus bezeichnet; auch Harmonische Hand genannt), ein seit dem späten 11. Jh. im Musikunterricht allgemein verbreitetes Mittel zur Veranschaulichung des Tonsystems. Sein Prinzip besteht darin, die einzelnen Töne bzw. Tonbuchstaben (litterae), gewöhnlich auch die Solmisationssilben (syllabae) mit Hilfe der linken Innenhand (Fingergelenke und -spitzen) darzustellen und so dem Schüler gleichzeitig eine Stütze beim Erlernen der Scientia recte cantandi zu geben. (Das Singen nach der Manus bildete durch Jahrhunderte einen festen Bestandteil des Elementarunterrichtes.) Wie Sigebert von Gembloux (*De viris illustribus,* um 1105/10: Migne Patr. lat. CLX, 204) und jüngere Autoren (z. B. Johannes Gallicus, CS IV, 379; Adam von Fulda, GS III, 342b) ausführen, soll es sich hierbei um eine Erfindung Guidos von Arezzo handeln. Doch wird die Manus, deren Gebrauch in der Musiklehre wie auch in anderen Disziplinen – z. B. beim Rechnen – auf einer älteren Tradition beruht (vgl. u. a. den Traktat *Super unum concavum lignum,* MfM VII, 1875, S. 47; Anonymus II, GS I, emendierter Text bei Smits van Waesberghe, *De . . . Guidone,* S. 116), im Umkreis der Guidonischen Lehre erstmals von Johannes Affligemensis erwähnt (CSM I, 50). Ihre Abbildung im Codex Montecassino 318 (um 1100) stellt eine ältere, speziell zur Veranschaulichung von Ganz- und Halbtönen dienende Form aus der Zeit Guidos dar. Diese umfaßt lediglich die Litterae Γ-g (= G-g¹, ohne Solmisationssilben). Als eine weitere Eigenart sei die Fixierung der Töne C-F (untere Fingergelenke) sowie Γ und b-e (oberhalb von Daumen und Fingerspitzen) genannt (siehe umseitige Abbildung links). Erst am Ende des 12. Jh. kam es zur Ausbildung jener Form, wie sie noch in Quellen aus dem 17./18. Jh. enthalten ist (siehe Abbildung rechts). Die zentrale Bedeutung der G.n H. im Rahmen des Elementarunterrichtes wird von zahlreichen Theoretikern hervorgehoben. Die Kenntnis der Doctrina manualis (Tinctoris, CS IV, 2b) war dem Ler-

Guiro

nenden unentbehrlich beim Umgang mit den für die Gesangspraxis nötigen musiktheoretischen Grundbegriffen (Tonbuchstaben, Silben, → Solmisation, → Mutation – 1). Daher galt die Manus als ein Symbol der gesamten Ars musica: ... *est clavis, figura sive instrumentum continens omnimodam notitiam artis musicae seu omnium, quae recte cantari possunt, manifestationem, sine cuius notitia scientia nulla* (Elias Salomonis, GS III, 23a).

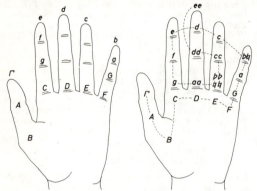

Lit.: J. SMITS VAN WAESBERGHE SJ, School en muziek in de Middeleeuwen, Amsterdam 1949; DERS., De musico-paedagogico et theoretico Guidone Aretino, Florenz 1953; H. OESCH, Guido v. Arezzo, = Publikationen d. Schweizerischen Musikforschenden Ges. II, 4, Bern (1954).   KWG

Guiro (g'iro; seltener Guero, span., Gurke), lateinamerikanisches Rhythmusinstrument (Schraper) kubanischer Herkunft, ein ausgehöhlter Flaschenkürbis, der auf einer Seite mit Rillen versehen ist. Abarten in Form einer Bambusröhre sind der aus Brasilien stammende Reco-reco und der Sapo (cubana), beide mit trockenerem Klang als der G. Über das Instrumentarium der lateinamerikanischen Tänze hinaus sind diese Instrumente, besonders der G., zum Bestandteil des modernen Orchesterschlagzeugs geworden (z. B. Strawinsky, *Sacre du Printemps*; E. Varèse, *Ionisation*).

Guitarre → Gitarre.

Gusla (serbokroatisch), auf dem Balkan ein griffbrettloses Streichinstrument mit einer Saite aus Roßhaar, die von der Seite her mit den Fingern abgeteilt wird, wobei vielfach Flageolettöne entstehen. Das Corpus hat eine Decke aus Fell. Die Guslaren begleiten sich auf der G. zum Vortrag der Volkslieder und -epen.
Lit.: W. WÜNSCH, Die Geigentechnik d. südslawischen Guslaren, = Veröff. d. mw. Inst. d. Deutschen Univ. Prag V, Brünn 1934; DERS., Die südosteuropäische Volksepik ..., Kgr.-Ber. Bamberg 1953; G. A. KÜPPERS-SONNENBERG, Ornamente u. Symbole südslawischer Bauernlauten (G.), Zs. f. Ethnologie LXXXIV, 1959.

Gusli (russ.), Bezeichnung für verschiedene russische Zithertypen. Die altrussische G. ist eine Brettzither wie die finnisch-baltische → Kantele: ein kleiner flacher Resonanzkasten mit einer Decke aus Ahornholz und 5–7 Saiten. Der G.-Psaltyr des 14./15. Jh. ist eine größere Brettzither mit 18–32 Saiten. Im 18. Jh. wurde eine Art Clavichord als G. bezeichnet.
Lit.: A. S. FAMINZYN, G., ein volkstümliches russ. Musikinstr., St. Petersburg 1890, russ.; A. O. VÄISÄNEN, Das Zupfinstr. G. bei d. Wolgavölkern, Suomalais Ugrilaisen Seuran Toimituksia (Memoiren d. finnisch-ugrischen Ges.) LVIII, 1928.

Gymel (engl., auch gemell, gimel, von lat. gemellus, Zwilling) wird in Handschriften des späten 15. und 16. Jh. ein in einer mehrstimmigen Komposition durch Spaltung einer Einzelstimme (z. B. einer Diskantstimme in 2 Diskantstimmen) entstehendes solistisches Duo genannt, wobei die beiden gleichgeschlüsselten und in gleicher Lage erklingenden Stimmen bei möglicher Stimmkreuzung imperfekte Intervallabstände bevorzugen. Vielleicht ist G. auch Stimmbezeichnung für eine der Duostimmen. Der G. gilt als spezifisch englisch. Das früheste Beispiel bietet allerdings ein 3st. Sanctus von Roullet (München, Bayer. Staatsbibl. mus. 3232), in dem die durch Aufspaltung der Oberstimme entstehenden zweistimmigen (tropierenden) Zwischensätze gemell heißen. Wohl aus der gleichen Zeit stammen die beiden mit Gimel und alius Gimel gekennzeichneten Zusatzstimmen zu Dunstables *O rosa bella* in den Trienter Codices (DTÖ VII, 229f. und Lederer, S. 361). Jede von ihnen ergibt mit dem originalen Diskant Dunstables einen G. Die Hs. Breslau Mf. 2016 überliefert um 1510 einen G. in einer anonymen Messe. Die meisten Belege aber bieten englische Handschriften um 1500. Dabei tritt die Spaltung einer Stimme zum G. oft mit anderen ungeteilten Stimmen zugleich auf. Statt G. steht hier auch das gleichbedeutende semel, was der synonymen Verwendung von Duo und Unus in Handschriften des 15. Jh. entspricht. Singulär ist die Erwähnung eines Countergemel bei Pseudo-Chilston (Brit. Mus. Lansdowne 763; um 1450). → Guilelmus Monachus (CS III, 289 und 292f., vgl. Bukofzer 1936) definiert den G. neben dem ihm verwandten → Fauxbourdon als einen 2st. *modus Anglicorum* auf der Grundlage der imperfekten Konsonanzen von der Unterterz bis zur Dezime. Eine tiefere 3. Stimme (Contratenor bassus) kann zum Supranus-Tenor-Gerüst hinzutreten. – In einem weiteren Sinn heißen in der musikwissenschaftlichen Literatur G. oft auch die seit dem späten 13. Jh. überlieferten zweistimmigen englischen Sätze in conductusartiger Setzweise mit imperfekten Klängen, die, wenn liturgisch, kleinere Gattungen (Hymnus, Sequenz usw.) bevorzugen. Wiederholt ist in Zusammenhang mit dem G. wegen der analogen Bezeichnung *Tvísöngvar* (isländisch, Zwiegesang) auf eine volkläufige 2st. Musizierpraxis auf Island hingewiesen worden. Auch das sogenannte »motettische Duo« in englischen Kompositionen des frühen 15. Jh. wird heute oft als G. angesprochen. Aus dieser dann auch auf das Festland hinüberwirkenden Technik abschnittsweisen 2st. Setzens ist der G., wie er innerhalb mehrstimmiger Kompositionen auftritt, sicher hervorgegangen. Es bleibt aber zu bedenken, daß die Bezeichnung G. selbst erst im Verlauf des 15. Jh. erscheint.

Lit.: G. ADLER, Studie zur Gesch. d. Harmonie, Sb. Wien XCVIII, 3, 1881; H. E. WOOLDRIDGE, Early Engl. Harmony I, London 1897; RIEMANN MTh; V. LEDERER, Über Heimat u. Ursprung d. mehrst. Tonkunst, Lpz. 1906; FR. FELDMANN, Der Codex Mf. 2016 d. Mus. Inst. bei d. Univ. Breslau, = Schriften d. Mus. Inst. bei d. Univ. Breslau II, Breslau 1932; J. HANDSCHIN, A Monument of Engl. Medieval Polyphony, The Mus. Times LXXIII, 1932–LXXIV, 1933; M. F. BUKOFZER, The G., the Earliest Form of Engl. Polyphony, ML XVI, 1935; DERS., Gesch. d. engl. Diskants u. d. Fauxbourdons nach d. theoretischen Quellen, = Slg mw. Abh. XXI, Straßburg 1936; DERS., Popular Polyphony in the Middle Ages, MQ XXVI, 1940; DERS., Studies in Medieval and Renaissance Music, NY 1950; DERS., Artikel G., in: MGG V, 1956; DERS., in: The New Oxford Hist. of Music III, London 1960, Kap. 4 u. 6; THR. G. GEORGIADES, Engl. Diskanttraktate aus d. 1. Hälfte d. 15. Jh., = Schriftenreihe d. Mw. Seminars d. Univ. München III, München 1937; G. REESE, Music in the Middle Ages, NY (1940), London 1941; DERS., Music in the Renaissance, NY (1954), ²1959; FR. LL. HARRISON, Music in Medieval Britain, London (1958); DERS., Faburden in Practice, MD XVI, 1962; E. TRUMBLE, Fauxbourdon. An Hist. Survey I, = Inst. of Medieval Music III, Brooklyn 1959; H. H. CARTER, A Dictionary of Middle Engl. Mus. Terms, = Indiana Univ. Humanities Series XLV, 1961.   RB

H

H, – 1) Ton-Name: In der lateinischen → Buchstaben-Tonschrift reichte die Oktave im allgemeinen von A bis G mit B als 2. Stufe, einen Ganzton über A. Im 12. Jh. verfestigte die Einführung des Hexachordum molle auf F eine Spaltung des B in 2 Tonstufen; der Ganzton über A hieß nun B durum (♮) und war als ♮mi große Terz über G, bildete also mit F einen Tritonus. Im System der → Kirchentöne ist ♮mi Confinalis des Phrygischen; wegen der verminderten Quinte ♮mi–f konnte es auch im erweiterten System des 16. Jh. nicht selbst zum Finalton werden. Infolge der Verwendung der Drucktype H für ♮ wurde im 16. Jh. in Deutschland die Bezeichnung H für die 7. Stufe der seit Zarlino (1571) mit C beginnenden Grundskala üblich. In England heißt unser H noch heute B, bei den romanischen Völkern hat die Solmisationssilbe Si den Buchstaben verdrängt. Die Erniedrigung des H um einen Halbton heißt B (engl. B flat; frz. si bémol; ital. si bemolle), um 2 Halbtöne Heses (engl. B double flat; frz. si double bémol; ital. si doppio bemolle), die Erhöhung um einen Halbton His (engl. B sharp; frz. si dièse; ital. si diesis), um 2 Halbtöne Hisis (engl. B double sharp; frz. si double dièse; ital. si doppio diesis). – 2) Seit dem Anfang des 19. Jh. werden in theoretischen Werken Akkorde mit → Buchstaben-Tonschrift bezeichnet (H bedeutet den H dur-Dreiklang, h den H moll-Dreiklang); im → Klangschlüssel treten Zusatzzeichen hinzu. Der Brauch, eine Tonart nur durch ihren Grundton zu bezeichnen, wurde im 19. Jh. entsprechend den Akkordbezeichnungen so ausgelegt, daß H für H dur, h für H moll stand.

Habanera, ein in Kuba beheimateter und nach dessen Hauptstadt Habana benannter Tanz, der, seit Anfang des 19. Jh. bekannt, im späten 19. Jh. nach Europa kam. Die H., dem Tango ähnlich, ist von gemäßigter bis langsamer Bewegung mit dem Rhythmus: 2/4 ♪♫. Bizets H. in *Carmen* (1875) fußt auf der H. *El arreglito* von S. de Iradier. Weitere Stücke mit H.-Charakter schrieben u. a. Chabrier (*H.* für Kl., 1885), Ravel (*H.* für 2 Kl., 1895, orchestriert in der *Rapsodie espagnole*, 1907; *Vocalise en forme de H.*, 1907) und Debussy (*La soirée dans Grenade, Mouvement de H.*, in: *Estampes* für Kl., 1903).

Hackbrett (engl. dulcimer; frz. tympanon; ital. salterio tedesco; ungarisch cimbalom), ein zur Klasse der Zithern gehörendes Instrument (meist mit Schallkasten), dessen Metallsaiten mit Klöppeln angeschlagen werden. Vom verwandten → Psalterium ist es (spätestens seit dem 17. Jh.) durch 2 durchlochte oder balustradenförmige Stege unterschieden, über die jeweils die Hälfte der Saiten läuft. Der linke Steg vergrößert den Tonvorrat, indem er die Saiten (meist im Verhältnis 2:3) teilt. Das H. tritt im 15.–18. Jh. vor allem in Deutschland zahlreicher auf, anfangs in sehr einfachen Formen; eine Beeinflussung vom vorderorientalischen → Sanṭûr ist nicht gesichert. Eine frühe Abbildung eines 4eckigen H.s mit 2 runden Schallöchern, 7 Saiten und löffelartigen Klöppeln zeigt Jan de Taverniers *Boom Jesse* (um 1450). Im 16. Jh. hat das H. zum Teil Trapezform, auf italienischen Bildern auch ein Corpus von fiedelähnlicher Gestalt. Das H. wird von Virdung 1511 (f. B II'), im Anschluß an ihn von Agricola 1528 (S. 106) und Praetorius 1619 (Tafel 18) als 4eckiges Instrument mit 6–10 Saitenchören abgebildet. Praetorius sieht in ihm, wie auch die Initiatoren des Nürnberger historischen Konzerts von 1643, ein Instrument der *irregular-Music*. Unter dem Namen *Psalterion* beschreibt Mersenne 1636 (*Traité des instruments*, S. 173ff.) ein 3eckiges H. mit 13 Saitenchören; doch überwiegt auch im 17.–18. Jh. die 4eckige Form, tragbar oder mit Beinen versehen (Bonanni, Laborde). Der Umfang wird im 17.–18. Jh. mit c–g^1 (bei Mersenne dazu eine G-Saite als *bourdon*), in Italien auch f–f^3 angegeben. Ein vergrößertes H. war das → Pantaleon; als → Cimbalom wird das H. noch heute in den Ländern der Balkanhalbinsel gespielt. Auch in der Volksmusik der Alpenländer wird das H. weiterhin gepflegt.

Lit.: Praetorius Synt. II; G. Kinsky, Musikhist. Museum v. W. Heyer II, Köln 1912; V. Denis, De muziekinstr. in de Nederlanden en in Italië naar hun afbeelding in de 15e-eeuwsche kunst I, = Publicaties op het gebied d. geschiedenis in d. philologie III, 20, Löwen 1944; Ch. F. Bryan, American Folk Instr. I/II, Tennessy Folklore Soc. Bull. XVIII, 1952; K. M. Klier, Volkstümliche Musikinstr. in d. Alpen, Kassel 1956; W. Kahl, Das Nürnberger hist. Konzert v. 1643 u. sein Geschichtsbild, AfMw XIV, 1957; Ch. Seeger, The Appalachian Dulcimer, Journal of American Folklore LXXI, 1958, auch separat Santa Monica (Calif.) 1958; A.-E. Cherbuliez, Quelques observations sur le »psaltérion« (tympanon) populaire suisse: »H.«, Journal of the International Folk Music Council XII, 1960.

Hagenau (Elsaß).
Lit.: A. Pirro, Orgues et organistes de H. de 1491 à 1525 environ, Rev. de Musicol. X, 1926; W. Kipp, Eine Musikerfamilie aus d. 17. Jh.: die Böddecker aus H., Bull. de la Soc. d'hist. et d'archéologie de H. IX/X, 1928/29; G. Schmidt, Über d. Org. v. H., in: Die Musik am Hofe d. Markgrafen v. Brandenburg-Ansbach . . ., Kassel 1956.

Haiti.
Lit.: R. R. Terry, Vooduism Music, London 1934; H. Courlander, Mus. Instr. of H., MQ XXVII, 1941; ders., The Drum and the Hoe, Berkeley u. Los Angeles 1960; M. Blanco Bárzaga, La música de H., Habana (1953); M. P. Hyppolite, Une étude sur le folklore haïtien, Port-au-Prince 1954.

Hajdútánc (h'ajdu:ta:nts, ungarisch), Tanz der Heiducken, Haidones, ein in hockender Stellung ausgeführter, von Händeklatschen und Gejohle begleiteter ungarischer Tanz, aus dem sich später der Csárdás entwickelte.

Halbe Note (ital. minima; frz. blanche; engl. minim; in den USA auch half note): ♩; Pause (frz. demi-pause): ▬.

Halbinstrumente → Ganzinstrumente.

Halbmond → Schellenbaum.

Halbsatz → Metrum (– 3), → Periode.

Halbschluß → Kadenz (– 1), → Klausel.

Halbton (lat. semitonium, auch hemitonium), das kleinste Intervall unseres Tonsystems. Die pythagoreische Stimmung unterscheidet 2 Halbtöne: → Apotome und Limma (→ Diesis), die Reine Stimmung deren drei: den natürlich-harmonischen H. (15:16), das große Chroma (128:135) und das kleine Chroma (24:25); die gleichschwebend-temperierte Stimmung kennt nur den temperierten H. ($^1/_{12}$ Oktave). Seit der Erfindung einer Noten-Reinschrift durch A. v. Oettingen (1913) sind die kompliziertesten tonalen Verhältnisse im Fünfliniensystem darstellbar. Dennoch rechnet die musikalische Praxis, soweit es sich um tonale Werke handelt, nur mit 3 Arten von Halbtönen, dem diatonischen (kleine Sekunde), dem chromatischen und dem enharmonischen (doppelt verminderte Terz). Der diatonische H. findet sich nur zwischen Tönen, die auf benachbarten Stufen der Grundskala ihren Sitz haben, z. B.: h-c. Im Verhältnis des chromatischen H.s stehen dagegen Töne, die von demselben Ton der Grundskala abgeleitet sind, z. B.: c-cis. Der enharmonische H. entsteht, wenn Töne, die in der Grundskala Terzabstand aufweisen, durch verschiedene Vorzeichnung einander auf den Abstand eines H.s angenähert werden, z. B.: cis-eses. Gehört der diatonische H. zu den konstituierenden Intervallen der Dur- und Molltonleiter, so setzen die beiden anderen Arten des H.s kompliziertere Harmonik voraus. Über die Art des H.s gibt im einzelnen Fall der harmonische Zusammenhang Auskunft, nicht immer die → Orthographie, die durch enharmonische Verwechslung vereinfacht werden kann. Neuere tonale Tonsatzlehren (Schönberg, Hindemith) sowie die → Zwölftontechnik rechnen nur noch mit dem gleichschwebend temperierten H.

Halle an der Saale.
Lit.: K. E. FÖRSTEMANN, Familiennachrichten über G. Fr. Händel u. Verz. Hallischer Musiker d. 17. Jh., H. 1843; H. MUND, Hist. Nachrichten über d. Kirchenorg. in H., H. 1908; W. SERAUKY, Mg. d. Stadt H., 3 Bde Text, 2 Bde Musik, = Beitr. zur Musikforschung I, VI–IX, H. u. Bln 1935–43; DERS., Das Hallische Coll. mus. d. 18. Jh., Thüringisch-sächsische Zs. f. Gesch. u. Kunst XXVI, 1938; O. REBLING, Kleine Beitr. zur Mg. d. Stadt H., Fs. M. Schneider, Lpz. (1955); W. SIEGMUND-SCHULTZE, H. Beitr. zur Mg., H. 1961; W. RACKWITZ, Die Hallische Händel-Renaissance v. 1859 bis 1952, Diss. H. 1963, maschr.; Traditionen u. Aufgaben d. Hallischen Mw., Wiss. Zs. d. Martin-Luther-Univ. H.-Wittenberg 1963 (Sonder-Bd); W. STÜVEN, Org. u. Orgelbauer im h.schen Land vor 1800, Wiesbaden 1964.

Halleluja → Alleluia.

Halling, norwegischer Volkstanz im 2/4- (selten im 6/8-)Takt in mäßiger Bewegung, in der Regel begleitet mit der → Hardanger Fiedel. In der Kunstmusik haben Ole Bull und E. Grieg den H. verwendet.

Hals heißt bei den Instrumenten vom Typ der → Laute die schmale massive Verlängerung des Schallkörpers, über die die Saiten nach dem Wirbelkasten laufen. Auf der den Saiten zugekehrten abgeplatteten Seite des H.es ist das Griffbrett aufgeleimt; die untere Seite ist gerundet und gestattet ein bequemes Hinauf- und Heruntergleiten der (linken) Hand.

Hamburg.
Lit.: J. FR. SCHÜTZE, H.ische Theatergesch., H. 1794; L. WOLLRABE, Chronologie sämtlicher H.er Bühnen, H. 1847; E. O. LINDNER, Die erste stehende Oper in Deutschland, 2 Bde, Bln 1855; FR. CHRYSANDER, Die H.er Oper (1678–1738), AMz XIII, 1878; L. MEINARDUS, Rückblick auf d. Anfänge d. deutschen Oper in H., H. 1878; J. SITTARD, Gesch. d. Musik u. d. Concertwesens in H., Altona u. Lpz. 1890; DERS., Musik u. Theater in H. um d. Jahrhundertwende 1800, H. 1900; W. KLEEFELD, Das Orch. d. H.er Oper 1678–1738, SIMG I, 1899/1900; W. GURLITT, Die H.er Grünrolle v. Jahre 1691, SIMG XIV, 1912/13; Die Musik H. im Zeitalter Seb. Bachs, Ausstellungs-Kat. 1921; H. LEICHSENRING, H.ische Kirchenmusik aus d. Reformationszeitalter, Diss. Bln 1922, maschr.; P. A. MERBACH, Das Repertoire d. H.er Oper v. 1718–50, AfMw VI, 1924, dazu E. H. Müller in: AfMw VII, 1925; TH. CORTUM, Die Orgelwerke d. ev.-luth. Kirche im H.ischen Staate, Kassel 1928; L. KRÜGER, Die H.ische Musikorganisation im 17. Jh., = Slg mw. Abh. XII, Straßburg 1933; DIES., J. Kortkamps Organistenchronik, eine Quelle zur h.ischen Mg. d. 17. Jh., Zs. d. Ver. f. h.ische Gesch. XXXIII, 1933; DIES., »Verz. d. Adjuvanten ...«, in: Beitr. zur H.ischen Mg., = Schriftenreihe d. mw. Inst. d. Univ. H. I, H. 1956; H. FUNCK, Beitr. zur Altonaer Mg., Altonaische Zs. f. Gesch. u. Heimatkunde VI, Neumünster (Holstein) 1937; H. FREUND u. W. REINKING, Mus. Theater in H., H. 1938; W. SCHULZE, Die Quellen d. H.er Oper (1678–1738) = Mitt. aus d. Bibl. d. Hansestadt H., N. F. IV, H. u. Oldenburg 1938; H. BECKER, Die frühe H.ische Tagespresse, in: Beitr. zur H.ischen Mg., = Schriftenreihe d. mw. Inst. d. Univ. H. I, H. 1956; K. STEPHENSON, Mus. Biedermeier in H., ebenda; H. CHR. WOLFF, Die Barockoper in H. (1678–1738), 2 Bde, Wolfenbüttel 1957.

Hammer wird im Orchester zum Schlagen eines → Ambosses oder eines Holzbretts (Mahler, 6. Symphonie; Schönberg, *Die glückliche Hand*) gebraucht. – Weniger als Schlaginstrument als in anhaltender Erinnerung an die Legende, nach der Pythagoras die Konsonanzen durch Wiegen von Hämmern gefunden habe, bilden u. a. noch Virdung und Praetorius (Synt. II, Tafel XXIII, zusammen mit Pauken und Trommeln) H. und Amboß ab.
Lit.: H. OPPERMANN, Eine Pythagoras-Legende, Bonner Jb. CXXX, 1925.

Hammerklavier (ital. cembalo a martelli) → Pianoforte.

Hammondorgel ist ein elektrophonisches Tasteninstrument, das 1934 von Laurens Hammond in Chicago konstruiert wurde. Sein Tonerzeugungsapparat besteht im Manual aus 91 gleichmäßig rotierenden Metallscheiben, deren Ränder – Zahnrädern vergleichbar – entsprechend den zu erzeugenden Schwingungen verformt sind. Jede Scheibe läuft mit ihrem Rand an einem Elektromagneten vorbei und induziert an dessen Spule einen sinusförmigen Spannungsverlauf definierter Frequenz. Die einzelnen Spannungen werden verstärkt und über Mischeinrichtungen und Filter geleitet, mit deren Hilfe verschiedene Registrierungen ermöglicht werden, die der Pfeifenorgel nachgebildet sind. Nach Leistungsverstärkung wird der Ton über Lautsprecher abgestrahlt. Die H. besitzt infolge einer gewissen Starrheit ihrer Klänge einen eigenartigen Charakter, der sie vor allem für die Unterhaltungsmusik geeignet erscheinen läßt.
Lit.: S. IRWIN, Dictionary of Hammond Organ Stops, NY 1952, ³1961.

Handharmonika, zur Familie der → Harmonika-Instrumente gehörige Gruppe von wechseltönigen Instrumenten, bei denen die durchschlagenden Zungen durch Saug- und Druckluft aus einem hin- und herbewegten Faltenbalg (Zug und Druck) zum Schwingen gebracht werden (im Unterschied zur → Mundharmonika und zum gleichtönigen → Akkordeon). Heute ist der Begriff H. eingeengt auf die wechseltönigen diatonischen Instrumente; speziell wird das mit einer Gleichtontaste (c²) und einer besonderen Hilfstastenreihe ausgestattete Modell als H. bezeichnet (Klubmodell). Von den einfacheren diatonischen H.s (heute meist Ziehharmonika genannt) haben sich nur die 1–3reihigen Wiener Modelle erhalten, für die es auch eine eigene, bequem lesbare Griffschrift gibt. Sehr verbreitet war auch die Bandonika, eine H. in Bandonionform. Werke für Klubmodelle komponierten u. a.: Fr. Haag, H. Herrmann, H. Schittenhelm, Kl. Treidler, E. Wild, R. Würthner, H. Zilcher.

Lit.: A. FETT, Die H., Kleine Instrumentenkunde, = Kleine Bücherei d. Harmonika-Freundes XV, Trossingen (1956).

Handleiter → Chiroplast.

Handschriften → Quellen, → Autograph.

Handstück. H.e nennt D. G. Türk (1789) *kurze Allegros, Andante u. dgl. auch leichte und gut gesetzte Menuetten, Polonoisen etc.* für den Unterricht am Klavier zur musikalischen Ergänzung der rein technischen Übungen. Gattungsgeschichtlich gehört das H., das oft von der Affektenlehre beeinflußte Überschriften trägt, zu den in der 2. Hälfte des 18. Jh. häufigen »charakteristischen Klavierstücken«. Der Satz ist oft zweistimmig, Liedformen überwiegen. Die H.e wurden vielfach von den Klavierlehrern unmittelbar für die Bedürfnisse ihrer Schüler geschrieben und nur zu einem geringen Teil veröffentlicht, *weil nicht leicht ein Komponist von Ruf damit auftreten mag* (Türk). Die wichtigsten Sammlungen stammen von Türk (*Zwölf H.e*, in: *Klavierschule*, 1789; zweimal *60 H.e für angehende Klavierspieler*, 1792), der auch manches nicht ausdrücklich so benannte kurze Klavierstück C. Ph. E. Bachs zur Gattung der H.e zählte. Zu Beginn des 19. Jh. wurde das H. von der → Etüde abgelöst, doch ist die Bezeichnung H. im Sinne von leichter Etüde noch in den 1860er Jahren nachzuweisen.

Lit.: D. G. TÜRK, Klavierschule, Lpz. u. Halle 1789, Faks. hrsg. v. E. R. Jacobi, = DMl I, 23, 1962; L. HESSE, Sonatine u. H. f. Kl., Diss. Freiburg i. Br. 1941, maschr.; R. SOFFER, From Pièces de genre to H., Musicology II, 1949; W. KAHL, Das Charakterstück, = Das Musikwerk VIII, Köln (1955).

Hannover.

Lit.: G. FISCHER, Opern u. Konzerte im Hoftheater zu H. bis 1866, H. u. Lpz. 1899, ²1903 als: Musik in H.; E. ROSENDAHL, Gesch. d. Hoftheater in H. u. Braunschweig, = Niedersächsische Hausbücherei I, H. 1927; TH. ABBETMEYER, Zur Gesch. d. Musik am Hofe in H. vor A. Steffani 1636–89, Diss. Göttingen 1931; TH. W. WERNER, Hauptstadt H. 300 Jahre. Von d. Hofkapelle zum Opernhausorch. 1636–1936, Fs. H. (1937); Landestheater H., 100 Jahre Opernhaus (1852–1952), hrsg. v. K. H. STREIBING, H. (1952); G. VORKAMP, Das frz. Hoftheater in H., Diss. Göttingen 1957, maschr.; H. SCHREWE u. FR. SCHMIDT, Das H.sche Hof- u. Opernorch. u. seine Mitglieder, H.sche Geschichtsblätter, N. F. XI, 1958; H. SIEVERS, Musik in H., H. 1961.

Hardanger Fiedel (norwegisch hardingfele oder hardangerfele), ein in Norwegen volkstümliches Streichinstrument in Violinform, jedoch kürzer als die Violine und mit niedrigerem Griffbrett und Steg sowie dünneren Saiten. Unter den 4 Spielsaiten laufen 4 Sympathiesaiten; für beide gibt es mehrere Stimmungen. Auf der H. F. wird mit vielen Doppelgriffen und Verzierungen gespielt. Das älteste bekannte Instrument wurde 1651 gebaut. In neuerer Zeit wurde die H. F. u. a. von Ole → Bull gespielt.

Ausg.: Norsk folkemusikk, Serie I, Hardingfelesláttar, 3 Bde, hrsg. v. O. GURUIN u. E. GROVEN, Oslo 1958–60.

Lit.: S. B. OSA, Hardang Fela . . ., Oslo 1952; A. BJØRNDAL, Nasjonalinstr. Hardingfela, = Univ. i. Bergen Årbok 1950, Hist.-antikvarisk rekke III; DERS., The H. Fiddle, Journal of the International Folk Music Council VIII, 1956.

Harfe (von germanisch †harppo, ahd. harpfa, harffa, mhd. harpfe, herpfe, die Schreibung mit pf hielt sich zum Teil bis ins 18. Jh.; engl. harp; frz. harpe; ital. arpa; lat. harpa zuerst belegt bei Venantius Fortunatus im 6. Jh., Carmina 7, 8; mittellat. cithara), ein zusammengesetztes Chordophon, dessen Saitenebene senkrecht zum Schallkörper steht. Die H. ist nicht nur das größte und im modernen Orchester das einzige regelmäßig verwendete Zupfinstrument, sondern auch eines der ältesten, traditionsreichsten und symbolträchtigsten Musikinstrumente. Seit dem Mittelalter ist sie das Attribut König Davids (dessen historisches Instrument allerdings das → Kinnor war) und Orpheus' (anstelle der antiken → Lyra – 1). Noch heute hat die H. ungewöhnlich viel Zierat (Vorderstange in Form einer klassizistischen Säule, Vergoldung). – Die H. war neben der → Leier das wichtigste Saiteninstrument des alten Orients. In Sumer (belegt 2400–1800 v. Chr.) herrschte die große, vertikale H. in unsymmetrischer Parabelform vor mit boots- oder löffelförmigem Schallkörper und 3–7 Saiten, die ohne Plektron gespielt wurden. Eine kleine Trag-H. ist nur episodisch für die Mesilim-Zeit nachgewiesen. Die ersten ägyptischen Belege stammen aus der Zeit der 4. Dynastie (ab 2703 v. Chr.); es sind Bogen-H.n mit meist 6 Saiten. Ihre Form wandelt sich im Neuen Reich (ab 1580) zu einer Tiefbogenform als große Stand-H. und kleine Schulter-H., daneben treten Winkel-H.n auf, die schon vorher aus Babylon bekannt sind. Während bei der Bogen-H. Schallkörper und Hals ineinander übergehen, sind sie bei der Winkel-H. getrennt; dadurch ist der Widerstand gegen den Zug der Saiten größer. Auch die Rahmen-H., die dritte mögliche Grundform der H., war dem Orient nicht unbekannt, wurde aber erst im mittelalterlichen Europa zur herrschenden Form. In der griechischen Antike waren verschiedene Typen der H. (Trigonon, Sambyke) vertreten; die H. galt jedoch als fremdes Instrument. Außerhalb der Hochkulturen sind H.n in Afrika und Asien (Altindien, Birma, in Nordasien bei den Ostjaken) verbreitet. In Europa taucht die H. zuerst im 8. Jh. auf den britischen Inseln bei den Angelsachsen und den irischen Kelten auf (Irland hat noch heute die H. im Landeswappen). Es handelt sich um eine Rahmen-H., bestehend aus Schallkasten, Hals (Saitenträger) und Vorderstange. Sie wurde als Cithara anglica um 1000 auf dem Festland bekannt (ikonographisch belegt bei Gerbert 1774, nach einer Handschrift des 12. Jh.). Diese kurze, runde, breite, mit einem Tierkopf verzierte »romanische« Form hielt sich bis um 1400. Danach erscheinen auf niederländischen Bildwerken die ersten H.n einer neuen »gotischen«, schlanken und schmalen Form mit einer langen Vorderstange (Baronstange, von mhd. barre, Riegel; vgl. Abbildung). Sie hat ihre typische Ausbildung mit den beiden Nasen am Saitenträger um 1450–1500 erreicht (z. B. H. Memlings Gemälde »Gott und die musizierenden Engel«, um 1490). In Italien lag der Umschwung etwa 25 Jahre später. Die mittelalterliche H. hatte ursprünglich 7–9 Saiten; nebenher entwickelte sich eine größere Form mit ungefähr 24 Saiten (Machaut nennt 25). Sie findet sich in Händen der vornehmen Sänger als Begleitinstrument. Seit dem Anfang des 17. Jh. wurde das Instrument größer und schwerer; die gemeine einfache H. hat bei Praetorius (Synt. II) 24 oder mehr Saiten und ist diatonisch im Umfang F–c^1 oder a^2 gestimmt. Neben der diatonischen wurden seit dem 16. Jh. (Bermudo 1555) chromatische Saitenanordnungen ersonnen (Saiten einreihig hintereinander, 2–3reihig nebeneinander; zweiseitig gekreuzte im 19. Jh.). – Eine Sonderheit war die irländische H., die einen stark verbreiterten Schallkasten, Messingsaiten C–e^3 mit Halbtönen und *einen aus der massen lieblichen Resonantz* (Praetorius, Synt. II) hatte. Die Lösung des Problems der Umstimmens bahnte sich jedoch erst an mit der Tiroler Haken-H. in der 2. Hälfte des 17. Jh., bei der drehbare Haken am oberen Saitenende mit der Hand umgelegt werden können, um die Saite zu verkürzen. Ein Umstimmen ohne Unterbrechung des Spiels wurde bei der Pedal-H. (5, dann 7 Pedale) möglich, so bei der von Georg(?) Hochbrucker (* um 1670, † 1763) in Donauwörth um 1720 erfundenen »Tretharpfe«. Dieser H.n-Typ steht (wie noch die heutige Tiroler Volks-H.) in Es dur und kann nur in ♭-Tonarten gespielt werden. Mozarts Konzert für Fl., H. und Orch. (K.-V. 299) ist für diesen Typ geschrieben. – Die letzte entscheidende Verbesserung war 1810 die Doppelpedal-H. (harpe à double mouvement) von S. → Erard. Die moderne H. ist diatonisch in Ces dur temperiert gestimmt (Umfang 47 Saiten von Ces^1–ges^4, auch 46 oder 48 Saiten). Jeder der 7 Pedaltritte wirkt auf alle Oktavlagen eines Tones und kann in 2 Stufen getreten werden, von denen jede um einen Halbton erhöht. Damit werden alle Tonarten ausführbar, zum Teil allerdings nur nach enharmonischer Umdeutung. Die moderne (beidhändige) H.n-Spieltechnik verwendet Daumen, Zeige-, Mittel- und Ringfinger (→ Fingersatz). Auf der H. sind ausführbar Einzeltöne, Akkorde und → glissando, charakteristisch sind gebrochene Akkorde (→ Arpeggio); entwickelt wurden auch Tonrepetitionen (→ bisbigliando, → martèlement), Tremolo und Triller sowie → flageolett (–3), secco oder sec (»trocken«, d. h. kurz und hart gezupft), → étouffé, → Mediator-Anschlag, → près de la table. – Die Besaitung der H. ist im Baß stahlumsponnen, in der Mittel- und Diskantregion aus Darm, heute vielfach auch aus Nylon oder Perlon. F-Saiten sind blau, C-Saiten rot gefärbt. Moderne H.n sind etwa 180 cm hoch (die gotische H. maß kaum 50 cm) und 35 kg schwer. – An heutigen H.n-Baufirmen seien genannt: Erard (Frankreich), R. Wurlitzer sowie Lyon & Healy (USA); in Deutschland: Löffler (Berlin, jetzt Wiesbaden), Obermayer (München), J. M. Vosseler (Schwenningen/Neckar). – Die H.n-Musik des 16./17. Jh. steht der für besaitete Tasten- und Zupfinstrumente nahe (die scharfe Trennung zwischen H.n- und Klaviermusik brachte erst das 19. Jh.). Die ersten Tabulaturen gaben Bermudo 1555 und Mudarra 1546 heraus. Als Ornament- und → Fundamentinstrument konnte die H. im 17./18. Jh. im Solo und im Generalbaß eingesetzt werden; im Orchester wurde sie von Monteverdi 1607, dann von Landi, Händel (*Giulio Cesare*, 1724, *Esther*, 1732), Gluck (*Orfeo*, 1762) u. a. gefordert. Im 18. und 19. Jh. zeugt eine große Anzahl von Galanteriestücken von der Beliebtheit der H., vor allem bei Dilettanten. Zahlreiche H.n-Kompositionen erschienen nach 1760 in Paris (Sonaten, Tänze, Duos; Begleitungen zu kleinen Arien, Romanzen u. ä.). Bedeutende Werke mit H. schufen L. Spohr (2 Concertanten für H., V. und Orch., 1807; Trio; 5 Sonaten für H. und V.; Solostücke) und E. T. A. Hoffmann (Quintett C moll). Bekannte Virtuosen, die auch zahlreiche Stücke für ihr Instrument schrieben, waren Fr. J. → Naderman, → Backofen, → Dalvimare, → Dizi, → Labarre, → Parish-Alvars. In der Oper des 19. Jh. ist die H. vor allem bei Ballett-, Chor-, Zauberszenen u. ä. vorgeschrieben, gegen Ende des Jahrhunderts auch in den meisten Werken für großes Orchester. Sie gehört zum Kolorit des französischen Impressionismus (Debussy, Fauré, Ravel) ebenso wie zum Orchesterklang bei Boulez, Henze u. a., oft im Ensemble der → Kurztoninstrumente und des Schlagzeugs. H.n-Sonaten schrieben u. a. Hindemith (1939), A. Casella (1946), G. Tailleferre (1953), Soli mit Orchester Glier, Křenek, Jolivet, Villa-Lobos, Milhaud, Genzmer, Fr. Martin (*Petite symphonie concertante*, 1945), Hindemith (Konzert für Holzbläser, H. und Orch., 1949). An H.n-Schulen seien genannt: Ph. J. Mayer (*Nouvelle méthode pour apprendre à jouer de la harpe*, Paris um 1770), J. G. Wernich (*Versuch einer richtigen Lehrart die H. zu spielen*, Berlin 1772), J. G. H. Backofen (*Anleitung zum Harfenspiel*, Leipzig 1801ff.), Bochsa, Fr. J. Naderman, Labasse (1844), Ch. Oberthür (1852), Žabel (1900), M. V. Grossi und M. Bauer-Ziech (1912), C. Salzado (1921), H. J. Zingel (*Neue H.n-Lehre*, 4 Bände, Frankfurt am Main 1961ff.).

Lit.: J. Bermudo, Declaración de instr. mus., (Osuna) 1555, Faks. hrsg. v. M. S. Kastner, = DMl I, 11, 1957; Praetorius Synt. II; M. Mersenne, Harmonie universelle, Paris 1636, Faks. hrsg. v. Fr. Lesure, 3 Bde, Paris 1963; R. B. Armstrong, The Irish and the Highland Harps, Edinburgh 1904; W. H. Grattan Flood, The Story of the Harp, London 1905; H. Panum, H. u. Lyra im alten Nordeuropa, SIMG VII, 1905/06; F. Jonsson, Das Harfenspiel d. Nordens in d. alten Zeit, SIMG IX, 1907/08; A. Kastner, The Harp as a Solo Instr. and in the Orch., Proc. Mus. Ass. XXXV, 1908; C. Fox, Annals of the Irish Harpers, London 1911; M. V. Grossi, L'arpa e il suo meccanismo, Bologna 1911; R. Ruta, Storia dell'arpa, Aversa 1911; H. Sperber, Deutsch »H.« u. seine Verwandten, in: Wörter u. Sachen III, 1912; C. Sachs, Die altägyptischen Namen d. H., Fs. H. Kretzschmar, Lpz. 1918; Fr. W. Galpin, The Sumerian Harp of Ur, ML X, 1929; R. Herbig, Griech. H., Mitt. d. Deutschen Archäologischen Inst., Athenische Abt. LIV, 1929; B. Bagatti, Arpa e arpisti, Piacenza 1932; H. J. Zingel, H. u. Harfenspiel v. Beginn d. 16. bis ins 2. Drittel d. 18. Jh., Halle 1932; ders., Zur Gesch. d. Harfenkonzerts, ZfMw XVII, 1935; ders., Zur Bibliogr. d. Schulwerke f. H., AMl VII, 1935; ders., Wandlungen im Klang- u. Spielideal d. H., Fs. M. Schneider, Halle 1935; ders., Studien zur Gesch. d. Harfenspiels, in AfMf II, 1937; ders., Die Einführung d. H. in d. romantische Orch., Mf II, 1949; ders., Die H. in d. Musik unserer Zeit, Fs. M. Schneider, Lpz. 1955; ders., Theorie u. Praxis in d. zeitgenössischen Notation f. H., in: Das Orch. IX, 1961; J. Duchesne u. M. Guillemin, La harpe en Asie occidentale ancienne, Rev. d'assyriologie XXXIV, 1937; A. O. Väisänen, Die obugrische H., Finnisch-ugrische Forschungen XXIV, 1937; G. Beaumont, La harpe irlandaise, Paris 1941; V. Denis, De muziekinstr. in de Nederlanden en in Italië naar hun afbeelding in de 15e-eeuwsche kunst I, = Publicaties op het gebied d. geschiedenis en d. philologie III, 20, Löwen 1944; H. Hickmann, Miscellanea musicologica, Annales du service des antiquités de l'Egypte XLVIII, 1948, L, 1950 u. LIII, 1953; ders., Das Harfenspiel im alten Ägypten, Mf V, 1952; ders., Les harpes de l'Egypte pharaonique, Bull. de l'Inst. d'Egypte XXXV, 1954; ders., A New Type of Egyptian Harp, AMl XXVI, 1954; ders., La scène mus. d'une tombe de la VIe dynastie à Guîzah (Idou), Annales du service des antiquités de l'Egypte LIV, 1957; R. Rensch, The Harp, NY 1950; R. Hayward, The Story of the Irish Harp, London 1954; J. Werner, Leier u. H. im germanischen Frühmittelalter, Fs. Th. Mayer, Lindau (1954); K. M. Klier, Volkstümliche Musikinstr. in d. Alpen, Kassel 1956; Kl. P. Wachsmann,

Harp Songs from Uganda, Journal of the International Folk Music Council VIII, 1956; W. STAUDER, Die H. u. Leiern d. Sumerer, Ffm. 1957; M. TOURNIER, La harpe, Paris u. Brüssel 1959; H. KUNITZ, Die H., = Die Instrumentation XI, Lpz. 1961; A. N. SCHIRINZI, L'arpa, Mailand 1961; H. STEGER, David rex et propheta, = Erlanger Beitr. zur Sprach- u. Kunstwiss. VI, Nürnberg 1961; J. RIMMER, The Morphology of the Irish Harp, The Galpin Soc. Journal XVIII, 1964; E. HEINRICH, Die H. in d. Kammermusik d. 20. Jh., Deutsches Jb. d. Mw. X (= JbP LVII), 1965.

Harfenett → Spitzharfe.

Harmonia (lat.; griech. ἁρμονία) ist in der griechischen Musik eine kunstvolle Mischung (κρᾶσις) aus dem »Hohen« und »Tiefen« des Klanges (im Griechischen als ὀξύ, scharf, und βαρύ, schwer, qualitativ bezeichnet), analog dem Begriff des Rhythmus, den Platon in *Symposion* als eine kunstvolle Mischung aus schneller und langsamer Bewegung erklärt. In einer mehr technischen Definition ist die griechische H. eine kunstmäßig gefügte Oktavstruktur. Völlig frei von jeder späteren Vorstellung einer Tonleiter entspricht diese autonome, in sich selbst ruhende Oktavstruktur nach Aristoteles in ihrer Rolle für die Musik genau der des Alphabets in der Sprache, wenn man darunter nicht eine Schrift, sondern die elementare Artikulation der Sprache selbst versteht. Die auf dieser Grundlage aufgebaute → Griechische Musik oder »musische Kunst« (μουσική, Dichtung und Musik zugleich) besteht aus den Disziplinen Harmonik (der eigentlichen Musik-Theorie), Rhythmik, Metrik und eventuell Instrumentenkunde (ὀργανική).

Die Oktavstruktur der H. setzt sich zusammen aus 4 festen (etwa e¹ h a e oder auch e¹ d¹ a e) und 4 beweglichen »Klängen« (φθόγγοι; etwa d¹ c¹ g f oder auch c¹ b g f), wobei die letzteren im Verhältnis zu den festen Klängen in ihrer gegenseitigen Lage variabel sind gemäß den Tongeschlechtern (enharmonisch, chromatisch, diatonisch). Diese Unterscheidung eines festen Rahmens von 2 Quartintervallen, in den als Kontrast je 2 bewegliche Klänge eingesetzt wurden, muß mit der Unterscheidung der Klänge als symphonoi (σύμφωνοι) und diaphonoi (διάφωνοι; im Lateinischen nachgebildet als consonantes und dissonantes) zusammengenommen werden. Die 4 »zusammenklingenden«, in der Oktavstruktur von vornherein fixierten Symphonoi sind in jeder Hinsicht das Gegenteil der »auseinanderklingenden« und unfesten Diaphonoi, weshalb auch alle Erwägungen, warum die Terz hier nicht zu den symphonen Intervallen gehört, abwegig sind. Mit dieser Struktur bildet die H. als Ganzes ein in wechselseitiger Spannung in sich ausgewogenes Gefüge, das Heraklit mit der widerstrebend-zusammenstrebenden Fügung des Bogens verglich (→ Syllabē). In den Quellen hat H., ähnlich wie tonos (τόνος; → Ton), zwei konkrete technische Bedeutungen, die sich aus der allgemeinen Bedeutung von H. als Oktavstruktur ableiten lassen: 1) die durch die Transpositionen des Ausgangssystems sich ergebenden einzelnen Oktavgestalten, die in anderer Hinsicht auch tonoi (τόνοι, »Tonarten«) genannt werden; 2) das enharmonische Geschlecht, bei dem die beweglichen Tonstufen so in das → Tetrachord hineingesetzt werden, daß sich die Folge Ditonus – Vierteltson – Vierteltson ergibt. Die beiden Namen der → Enharmonik, harmonia und genos enarmonion (γένος ἐναρμόνιον), erklären sich gegenseitig. Der zweite Name bezeichnet das Genos als »im Rahmen der Oktave (= harmonia) verbleibend«; der erste beweist die Identität von harmonia und Oktavstruktur. In Form einer exakten quantitativen Definition ist diese Identität im ältesten Zeugnis über das System der griechischen Musik als H. im Fragment des Philolaos bezeugt: ἁρμονίας μέγεθός ἐστι συλλαβὰ καὶ δι' ὀξειᾶν ..., »die H. ist gleich Quartintervall (Syllabē) + Quintintervall ...« (ed. Diehls-Kranz, Fragment B 6). Daß der Name genos enarmonion hier das auf die einzelne H. (= Oktave) beschränkte Tongeschlecht bezeichnen soll, geht auch hervor aus dem Gegenbegriff des genos diatonon (γένος διάτονον), des Genos mit durchgehender, nicht auf den Oktavrahmen beschränkter Tonbewegung. Dafür, daß geschichtlich die Form der Oktavstruktur als harmonia = genos enarmonion am Anfang gestanden hat, spricht sowohl dessen Bezeichnung als harmonia schlechthin als auch die vielfach wiederholte Angabe des Aristoxenos, wonach die ältere Schule der Harmoniker allein dieses theoretisch behandelt hätten. Gerade diese Oktavstruktur, Ditonus – Vierteltson – Vierteltson – Ganzton – Ditonus – Vierteltson – Vierteltson (der Ganzton kann auch nach oben gesetzt werden, → Systema teleion), verbindet ein Höchstmaß von »Auseinanderklingen« mit dem »Zusammenklang« des Gefüges der Oktavstruktur im ganzen. Die H. ist das »Prinzip« der griechischen Musik und auch der Ausgangspunkt des anscheinend schon von → Terpandros von Antissa im 7. Jh. v. Chr. begründeten Systems. Das Prinzip der H. wurde jedenfalls so früh aufgestellt, daß Harmonia als Tochter von Ares und Aphrodite (Personifikationen von »Auseinanderklang« und »Zusammenklang«) und Gemahlin des zu »Kosmos« umgedeuteten Kadmos noch in den gemeingriechischen Mythos aufgenommen wurde. Harmoniai waren ursprünglich die ein Floß oder die Planken eines Schiffes zusammenfügenden Klammern. Wahrscheinlich in einem bewußten Schöpfungsakt wurde aus den fügenden Klammern der Harmoniai die H. als Prinzip der Fügung gewonnen, ähnlich und wohl auch gleichzeitig mit den analogen Umdeutungen von μέλος (→ Melos) zum Prinzip der Gliederung (als musikalischer Form) und ἦθος (→ Ethos) zum Prinzip des menschlichen Verhaltens und der hinter diesem Verhalten stehenden seelisch-charakterlichen »Gestimmtheit« des Menschen.

Das Verständnis der H. als eines Gefüges, dessen Teile voneinander unabhängig, aber in ihren Bewegungen aufeinander bezogen sind, blieb als Erbe der Pythagoreer und Platons in der Geistesgeschichte des Abendlands wirksam. Ausschlaggebend dafür war, daß die verschiedenen Arten von Zahlenbeziehungen in den qualitativen Unterschieden der Intervalle unmittelbar sinnfällig werden. Damit ist die Harmonik ein besonders eindringliches Beispiel für das philosophische Verfahren, die Erscheinungen der Außenwelt als Abbilder von Zahlen (Pythagoreer) oder Ideen (Platon) zu erklären. Als Zahlenlehre wurde sie unter die mathematischen Disziplinen der ἐγκύκλιος παιδεία aufgenommen (→ Ars musica). Zugleich kam ihr der zentrale Platz in der Theorie der Griechischen Musik zu, die als μουσική im weiteren Sinne »aus dreierlei besteht: Logos, H. und Rhythmus« (Platon, *Politeia* III, 398d), d. h. Dichtung und Tanz einschließt. Diese Konzeption der Harmonik als Teilgebiet einer umfassenden Musiklehre, die sich auch in Augustins *De musica* nachweisen läßt, wurde dem Mittelalter vor allem durch Cassiodors Klassifikation der → Musica in armonica (*est scientia musica quae decernit in sonis acutum et gravem*), rithmica und metrica (*Institutiones* II, 5, 4) überliefert, die u. a. von Isidorus übernommen wurde (*Etymologiae* III, 18; im folgenden Kapitel wird harmonica zu »Vokalmusik« umgedeutet). Sie wirkt noch in Zarlinos *Istitutioni harmoniche* (Venedig 1558, II, 7; dazu Zenck, S. 566) nach. Jedoch wurde die Harmonik auch mit der Musica schlechthin gleichgesetzt, vor allem seit Boethius, dessen *De institutione musica* ausschließlich die Harmonik behandelt (vgl. Rud. Wagner in: MGG II, Sp. 51). Andererseits ermöglichte es eine nur den mathematischen Sachverhalt berücksichtigende Definition der H. (z. B. Boethius, *De institutione arithmetica* II, 32: *Est enim armonia plurimorum adunatio et dissidentium consensio*), den Geltungsbereich der H. über das Klangliche hinaus auszudehnen. Auch diese Tradition geht auf die Pythagoreer zurück; ihr Grundgedanke war: »Die harmonische Kraft wohnt allem inne, was seiner Natur nach vollendet ist, und erscheint am deutlichsten in der menschlichen Seele und in den Bewegungen der Gestirne« (Ptolemaios III, 4). Gelegentlich wurde darüber hinaus die H. in der Staatsordnung behandelt, so mehrmals von Cicero. Die wichtigsten Abhandlungen über diese im Makro- und Mikrokosmos waltende H. sind Buch III der 'Ἁρμονικά des Claudius Ptolemaios und das 3. Buch der Schrift Περὶ μουσικῆς des Aristeides Quintilianus. Beide wurden von Boethius ausgewertet, durch den die hier als ἡ τοῦ παντὸς ἁρμονία und ψυχικὴ ἁρμονία (beides nach Aristeides Quintilianus III, 9) behandelten Erscheinungsformen der H. in der Dreigliederung der Musica mundana, humana und *quae in quibusdam constituta est instrumentis* (Boethius I, 2) zum Gegenstand der mittelalterlichen Ars musica wurden. Für die christliche Anschauung bekundet sich in der zahlenmäßigen Bestimmtheit der Weltordnung ihre Herkunft aus Gott, gemäß dem Bibelwort: *omnia in mensura, et numero, et pondere disposuisti* (*Liber Sapientiae* 11, 22). Auch diese theologische Begründung der H. knüpft an die Pythagoreer und besonders an die Erörterungen über die → Sphärenharmonie und den Schöpfergott in Platons oft kommentiertem Dialog *Timaios* an. – Seit den Neupythagoreern und Neuplatonikern der spätantiken Zeit gibt es neben der streng mathematischen Harmonik eine reiche Literatur, die dem Wirken der H. in den verschiedensten Daseinsbereichen und den darauf beruhenden vielfältigen Analogien nachspürt, wobei vielfach mystische und magische Vorstellungen einfließen. Zu dieser Tradition gehören u. a. die Humanisten M. Ficino und Agrippa von Nettesheim, im 17. Jh. A. Kircher und R. Fludd, dessen Schriften in der deutschen Musiklehre um 1700 viel beachtet wurden. Streng mathematisch ging J. Kepler in seinen *Harmonices mundi libri* V (1619) vor, der, unter Verzicht auf die symbolische Deutung der H. und gestützt auf den Eukleides-Kommentar des Proklos, den Kreis zum Urbild aller H. des Seins erklärte. M. Mersenne (*Harmonie universelle*, 1636–37; *Cogitata physico-mathematica*, 1644) schließt sich mit der erneuten Betonung des Strukturhaften in der Zahl enger an Platon und Augustinus an. Zu höchster Bedeutung gesteigert erscheint der Begriff der (von Gott) prästabilierten Harmonie der Weltordnung in der Philosophie Leibniz'. Von hier aus lassen sich Parallelen zur Kunst J. S. Bachs ziehen, namentlich aber zur Musiklehre des deutschen Spätbarocks (vor allem Werckmeister), die es noch einmal unternimmt, mit einer theologischen und naturphilosophischen Deutung der H. den hohen Rang der Musik zu begründen. Im 18. Jh. wurde der Begriff der H. zu einer primär ästhetischen Kategorie und von der traditionellen Bindung an die Zahlenproportionen weitgehend gelöst. Im Zusammenhang mit den Empfindungen vom Schönen und Guten sah Wieland *die Wissenschaft der Harmonie, des Schönen und mit der Seele zusammen stimmenden, welche die alten Griechen Musice geheissen haben, und die man jezo die schönen Wissenschaften zu nennen pflegt* (1754). Seit der Mitte des 19. Jh. ist einerseits die Zahlentheorie wieder in das Zentrum philosophischen Interesses gerückt, andererseits hat die spekulative Harmonik in A. v. Thimus ihren gründlichen Erforscher, in H. Kayser einen vielbeachteten modernen Vertreter gefunden.

Lit.: Dem 1. u. 2. Absatz dieses Artikels liegt ein Ms. v. J. LOHMANN, Freiburg i. Br., zugrunde. – Die Fragmente d. Vorsokratiker I, hrsg. v. H. DIEHLS u. W. KRANZ, Bln ⁷1954; Aristoxeni Elementa harmonica, griech. u. ital., hrsg. v. R. DA RIOS, 2 Bde, Rom 1954; Die Harmonielehre d. Klaudios Ptolemaios, hrsg. v. I. DÜRING, = Göteborgs högskolas årsskrift XXXVI, 1, Göteborg 1930, dazu Porphyrios' Kommentar, ebenda XXXVIII, 2, 1932, deutsche Übers. ebenda XL, 1, 1934; ARISTEIDES QUINTILIANUS, De musica, hrsg. v. R. P. Winnington-Ingram, Lpz. 1963, deutsch v. R. Schäfke, Bln 1937; BOETHIUS, De institutione arithmetica..., De institutione musica, hrsg. v. G. Friedlein, Lpz. 1867; CASSIODORUS, Institutiones, hrsg. v. R. A. B. Mynors, Oxford 1937, Neudruck 1963; ISIDORUS, Etymologiarum... libri XX, hrsg. v. W. M. Lindsay, 2 Bde, Oxford 1911, Neudruck 1957; G. ZARLINO, Istitutioni harmoniche, Venedig 1558, ³1573, ⁴1593, Faks. d. 1. Auflage, = MMMLF II, 1, NY (1965); R. FLUDD, De templo musicae, Oppenheim 1617; J. KEPLER, Harmonices mundi libri... V, Linz 1619, deutsch v. M. Caspar, München u. Bln 1939; M. MERSENNE, Harmonie universelle, 2 Bde, Paris 1636, Faks. hrsg. v. Fr. Lesure, 3 Bde, Paris 1963; DERS., Cogitata physico-mathematica, 3 Bde, Paris 1644; A. KIRCHER SJ, Musurgia universalis, 2 Bde, Rom 1650, ²1690; A. V. THIMUS, Die harmonikale Symbolik d. Alterthums, 2 Bde, Köln 1868–76; RIEMANN MTh; H. ABERT, Die Musikanschauung d. MA u. ihre Grundlagen, Halle 1905, Faks. hrsg. v. H. Hüschen, Hildesheim 1965; J. STENZEL, Zahl u. Gestalt bei Platon u. Aristoteles, Lpz. 1924; G. PIETZSCH, Die Klassifikation d. Musik..., = Studien zur Gesch. d. Musiktheorie im MA I, Halle 1929; H. ZENCK, Zarlinos »Istitutioni harmoniche«..., ZfMw XII, 1929/30; H. KAYSER, Der hörende Mensch, Bln (1932); DERS., Akroasis. Die Lehre v. d. Harmonik d. Welt, Basel 1946, Stuttgart 1947; DERS., Lehrbuch d. Harmonik, Zürich 1950; B. MEYER, Ἁρμονία [H.]. Bedeutungsgesch. d. Wortes v. Homer bis Aristoteles, Diss. Freiburg i. d. Schweiz 1932; A. SPEISER, Kepler u. d. Lehre v. d. Weltharmonie, in: Die mathematische Denkweise, Zürich 1932, = Wiss. u. Kultur I, Basel ³1952; R. SCHÄFKE, Gesch. d. Musik-Ästhetik..., Bln 1934, Tutzing ²1964; O. GOMBOSI, Studien zur Tonartenlehre d. frühen MA, AMl X, 1938 – XII, 1940; J. HANDSCHIN, Der Toncharakter, Zürich (1948); E. BINDEL, Die Zahlengrundlagen d. Musik im Wandel d. Zeiten I, Stuttgart 1950; H. H. EGGEBRECHT, Bach u. Leibniz, in: Ber. über d. wiss. Bachtagung Lpz. 1950; D. P. WALKER, Ficino's Spiritus and Music, Ann. Mus. I, 1953; R. DAMMANN, Zur Musiklehre d. A. Werckmeister, AfMw XI, 1954; G. STEYER, Ein kritisches Wort zur harmonikalen Musik- u. Weltbetrachtung, MuK XXVII, 1957; L. RICHTER, Die Aufgaben d. Musiklehre nach Aristoxenos u. Klaudios Ptolemaios, AfMw XV, 1958; W. BLANKENBURG, Der Harmonie-Begriff in d. lutherisch-barocken Musikanschauung, AfMw XVI, 1959; K. G. FELLERER, Agrippa v. Nettesheim u. d. Musik, ebenda; J. LOHMANN, Der Ursprung d. Musik, ebenda; E. MOUTSOPOULOS, La musique dans l'œuvre de Platon, Paris 1959; R. HAASE, Einführung in d. harmonikale Symbolik, München 1960; R. HAMMERSTEIN, Die Musik d. Engel, Bern u. München (1962); E. E. LIPPMANN, Hellenic Conceptions of Harmony, JAMS XVI, 1963; L. SPITZER, Classical and Christian Ideas of World Harmony, Baltimore 1963.

Harmonichord → Bogenflügel.

Harmonie ist das Zusammenstimmen von Verschiedenem oder Entgegengesetztem (→ Harmonia), musikalisch das Gefüge der Töne bzw. Klänge und in der Neuzeit der Akkord und Akkordzusammenhang. Die Ausdrücke Harmonik und Harmonielehre bedeuteten ursprünglich dasselbe, haben sich aber voneinander getrennt. Der Terminus → Harmonielehre bezeichnet eine Theorie oder eine Unterweisung und ist auf die Akkorde und Akkordverbindungen der dur-moll-tonalen Musik eingeschränkt. Dagegen wird das Wort Harmonik heute für den Gegenstand der Theorie, den

Klang- oder Akkordvorrat und dessen Verwendung, gebraucht; und man spricht von Harmonik nicht nur bei dur-moll-tonaler, sondern auch bei atonaler Musik und bei der modalen Mehrstimmigkeit des Mittelalters und der frühen Neuzeit. – Ein höherer und ein tieferer Ton bilden nach antiker, vom Mittelalter übernommener Auffassung eine H., wenn der Tonbeziehung eine einfache, »ausgezeichnete« Zahlenproportion zugrunde liegt (→ Konsonanz – 1), sei es unmittelbar (c–g) oder indirekt (c–d, vermittelt durch c–g und g–d). Der H.-Begriff des Mittelalters umfaßt technisch sowohl Tonfolgen (Isidorus von Sevilla, GS I, 21b) als auch 2tönige Zusammenklänge (Scholien zur *Musica Enchiriadis*, GS I, 193a). Die Übertragung auf 3tönige Zusammenklänge war zunächst (Fr. Gaffori 1496, G. Zarlino 1558) mit Spekulationen über »ausgezeichnete« 3gliedrige Zahlenverhältnisse, die »harmonische« und die »arithmetische« Proportion, verbunden (→ Harmonische Teilung). J.-Ph. Rameau (1726) führte den Durdreiklang, den Zarlino mathematisch erklärt hatte, auf das Naturvorbild der Partialtonreihe zurück (→ Naturklangtheorie); die H., das Zusammenstimmen der Akkordtöne, sei in der Einheit des Bezugspunktes (centre harmonique, Grundton) begründet. Außer der Struktur von Akkorden umfaßte der H.-Begriff des 16.–18. Jh. auch die Zusammenfügung von Tönen zu einer Melodie, von Stimmen zu einem Satz (G. Zarlino 1558, S. Calvisius 1592), von konsonanten und dissonanten Zusammenklängen zu einer nach den Normen des Kontrapunkts geregelten Folge (J. G. Walther 1732) oder von Akkorden zu einer durch die → Basse fondamentale bestimmten Progression (d'Alembert 1752, Fr. W. Marpurg 1757). Im 19. Jh. wurde der H.-Begriff auf die Akkordlehre eingeschränkt. Die Ausdrücke H. und Akkord werden entweder synonym gebraucht, oder die H. wird als zugrunde liegendes Wesen vom Akkord als äußerer Erscheinung unterschieden: verschiedene Akkorde (c–e–g, e–g–c¹) repräsentieren die gleiche H. (C dur-H.). In der den → Funktionsbezeichnungen zugrunde liegenden Theorie wird der H.-Begriff manchmal, allerdings nicht terminologisch streng, verwendet, um die funktionsbestimmenden Töne eines Akkords von Zusätzen zu unterscheiden: nach H. Riemann besteht z. B. die Subdominantparallele, in C dur d–f–a, aus den Subdominant-Tönen f–a und dem »harmoniefremden« (»auffassungsdissonanten« oder »scheinkonsonanten«) Zusatzton d. CD

Harmoniefremde Töne, auch akkordfremde Töne, → Nebennoten.

Harmonielehre ist die Lehre vom Aufbau und von der Bedeutung der Akkorde in der dur-moll-tonalen Musik. Dabei meint der Begriff Harmonie alles, was im Akkord und zwischen den Akkorden Zusammenhang stiftet. Die H. ist einerseits eine Theorie der »natürlichen« Beschaffenheit dieser Zusammenhänge, andererseits eine (heute historische) Satzlehre, die sich aus dem Generalbaß entwickelt hat. Theorie und Satzlehre haben sich wechselseitig beeinflußt, so daß theoretische Erkenntnisse häufig nur schwer von praktischen Lehrsätzen zu trennen sind (z. B. in Rameaus Schriften von 1722 und 1726 sowie in Riemanns *Vereinfachter H.* von 1893). Voraussetzung für das Entstehen der H. war die Auffassung des Dur- und Molldreiklangs als akkordliche Einheit (Zarlino 1558), die Lehre von der Umkehrbarkeit der Dreiklänge (entwickelt vor allem von Th. Campian 1613, Werckmeister 1687 und G. Keller 1707) und im Zusammenhang damit die durch den Generalbaß bewirkte klangliche Identifizierung von Akkorden, die aus gleichnamigen Tönen – gleichgültig welcher Oktavlage – bestehen, schließlich die Ablösung der Kirchentöne durch → Dur und → Moll. Die → Regola dell'ottava läßt ein bereits beträchtlich entwickeltes Gespür für die Logik dur-moll-tonaler Akkordfolgen erkennen. – Das deutsche Wort H. taucht anscheinend bei G. A. Sorge (*Compendium harmonicum oder ... Lehre von der Harmonie*, 1760) zuerst auf, blieb aber bis ins 19. Jh. meist der Generalbaßlehre verbunden, so noch 1816 in der *Harmonie- und Generalbaßlehre* von J. Drechsler.

Als Theorie wie als Satzlehre beginnt die H. mit Rameaus Hauptschriften (ab 1722). Dennoch darf keine von ihnen als H. im Sinne des späteren 19. Jh. mißverstanden werden. Dazu fehlt ihnen, soweit sie sich überhaupt der praktischen Satzlehre widmen, beispielsweise die Beschränkung auf die homophone Setzweise. Als Repräsentant des Aufklärungszeitalters war Rameau darauf bedacht, alle musikalischen Erscheinungen auf »Naturgegebenheiten« zurückzuführen (→ Naturklangtheorie). Andererseits ließ er die Akkorde durch Über- bzw. Untereinanderschichtung von Terzen entstehen. Grundakkorde sind ihm der Dreiklang sowie der durch Hinzufügung einer weiteren Terz davon abgeleitete Septimenakkord. Die Töne der Akkorde beziehen sich auf den bei Grundstellung tiefsten Ton, den Grundton, das centre harmonique. Auf diesem Begriff, nicht bloß auf dem Dreiklang, beruht nach Rameau das principe de l'harmonie (*Traité*). Im *Nouveau système* ist erstmalig von den drei sons fondamentaux und ihren Akkorden als den drei Grundpfeilern jeder Tonart die Rede, dem son principal oder der (note) tonique (→ Tonika) mit dem Dreiklang auf der 1. Stufe der Tonleiter, der dominante (→ Dominante) mit dem Akkord der kleinen Septime auf der 5. Stufe und der sousdominante (→ Subdominante) mit dem Quintsextakkord auf der 4. Stufe. Tonique, dominante und sousdominante werden durch die ihnen eigenen Akkorde unverwechselbar geprägt. Jeder Dreiklang kann durch Hinzufügen einer großen Sexte zum Akkord der Subdominante (z. B. c¹–a¹ zu c¹–e¹–g¹ = c¹–e¹–g¹–a¹ = Subdominante mit → Sixte ajoutée von G dur), jeder Durdreiklang durch Hinzufügen einer kleinen Septime zum Dominantseptakkord werden (z. B. c¹–b¹ zu c¹–e¹–g¹ = c¹–e¹–g¹–b¹ = Dominantseptakkord von F dur). Beide verlangen eine bestimmte Fortschreitung bzw. Auflösung, haben also modulatorische Wirkung. Auch sind beide miteinander verwandt: während in der Septime des Dominantseptakkordes gleichzeitig die Subdominante vertreten ist, enthält diese in der zur Dreiklangsquinte dissonierenden Sexte ihrerseits als Bestandteil der Dominante deren Quinte. Der son principal steht zur sousdominante, die dominante zum son principal im Verhältnis einer reinen Quinte. Eine sinnvolle Folge von Akkordgrundtönen werde daher in erster Linie von Quintschritten, erst in zweiter von Terzschritten geprägt (→ Basse fondamentale). Als erster vertrat Rameau die für die Entwicklung der H. entscheidende These, daß die Melodie aus der Harmonie hervorgehe (*Traité*). Die Durtonleiter entwickelt er daher aus den Akkorden der drei sons fondamentaux, ein Verfahren, das er auf die (harmonische) Molltonleiter überträgt. Seine Lehre vom Terzenaufbau und die Begriffe Tonika und Subdominante fanden rasch Verbreitung. Doch scheinen – sieht man von J. Fr. Daube ab (1756) – die Theoretiker und Praktiker des 18. Jh. die Bedeutung der drei sons fondamentaux für die Logik der Akkordfolgen noch nicht recht erkannt zu haben. So betrachtete Kirnberger die Akkorde der Tonika, Dominante und Subdominante nur als elementare Harmonisierungsmöglichkeiten einer Melodie. Zusammen mit den Akkorden auf den übrigen Stufen der Leiter ergäben sich reichere Möglichkeiten. Auch herrscht noch lange Uneinigkeit über die Anzahl der Grundakkorde. Erst H. Chr. Koch (1811) unterscheidet strikt zwischen »wesentlichen« (auf der 1., 4. und 5. Stufe der Tonleiter) und »zufälligen« Dreiklängen (auf den übrigen Tonleiterstufen). Der verminderte Dreiklang gilt ihm entgegen manchen Generalbaßlehren (Sorge, Kirnberger) als dissonant. Sein eigentlicher Grundton sei die Quinte der Tonart; diese Interpretation ist seither zum festen Bestandteil vor allem der funktionellen H. geworden. Dem fortgeschrittenen Wissen um die Logik von Akkordverbindungen konnte die Generalbaßbezifferung nicht mehr genügen. Als daher der Generalbaß gegen Ende des 18. Jh. aus der musikalischen Praxis verschwand, stand einer neuen Bezeichnungsweise der Akkorde – nun ausschließlich für analytische Zwecke, dem Ziele Rameaus (1732) entsprechend – nichts mehr im Wege. Sie wurde 1817 von G. Weber als → Buchstaben-Tonschrift entwickelt. Mit ihr bezeichnete er sieben Grundakkorde (Dur- und Molldreiklang, verminderter Dreiklang, Dur- und Molldreiklang mit kleiner Septime, verminderter Dreiklang mit kleiner Septime, Durdreiklang mit großer Septime), während er alle übrigen Akkordbildungen als zufällig betrachtete und unbezeichnet ließ. Weber übernahm auch die 1800 von G. J. Vogler eingeführte Numerierung der Tonleiterstufen und ihrer Akkorde mit römischen Ziffern. Mit ihrer Hilfe ließ sich zum erstenmal die Umdeutung eines Akkordes bei Modulationen genau bezeichnen. Vor allem von E. Fr. Richter (1853) wurde die neue Bezeichnungsweise – entgegen Webers Absicht – durch Bestandteile der Generalbaßschrift ergänzt. In dieser Gestalt ist sie, wenn auch im 20. Jh. öfter mit Funktionsbezeichnungen verquickt (Schönberg 1954), als → Stufenbezeichnung noch heute in Gebrauch. Eine Erweiterung der Rameauschen Idee vom Centre harmonique bedeutete der von Castil-Blaze (1821) geprägte Begriff tonalité (→ Tonalität), den Fr. J. Fétis 1844 als Beziehung der Akkorde auf ein gemeinsames Tonzentrum präzisierte. Sein starkes Bewußtsein von der geschichtlichen Bedingtheit der abendländischen Musik ließ Fétis – im Gegensatz zu Rameau – erkennen, daß die Harmonie nicht a priori von der Natur gegeben, sondern als Erscheinung menschlichen Empfindens und Denkens geschichtlichen Wandlungen unterworfen ist. Prophetisch hat Fétis die Entwicklung der Musik zu tonaler Vieldeutigkeit vorausgesehen.

Im Laufe des 19. Jh. bildeten sich zwei Systeme der H. von weitreichender Bedeutung: die Fundamenttheorie S. Sechters (1853/54) und die Funktionstheorie H. Riemanns (ab 1872). Sechters Theorie fußt auf Rameaus Basse fondamentale und auf dessen Lehre vom Terzenaufbau der Akkorde. Alle Akkorde bauen sich auf dem Baßfundament auf, das auch verschwiegen sein, das heißt hinzugedacht werden kann (z. B. zwischen den Akkorden mit c^1 und d^1 ein a unter c^1, denn das Fundament, dessen primäres Intervall die Quinte sei, steige hier nur scheinbar um eine Stufe). Die Dreiklänge erscheinen – ganz wie später im Sinne der Tonpsychologie C. Stumpfs (1883–90) – als Verschmelzung zweier Terzen (Durdreiklang: große und kleine Terz, Molldreiklang: kleine und große Terz). Auch Riemann bezieht sich auf Rameau, jedoch auf den Harmoniker (d. h. den Verfechter der Naturklangtheorie); Rameaus Lehre vom Terzenaufbau der Akkorde lehnt er als unfruchtbaren Schematismus ab. Im Gegensatz zum überwiegend pädagogisch-praktisch orientierten Sechter ist Riemann sowohl Theoretiker als auch Pädagoge. Der Theoretiker empfing entscheidende Anregungen von den akustischen und tonphysiologischen Entdeckungen H. v. Helmholtz' (1863). Musikhören war ihm jedoch eine hochgradig entwickelte Betätigung logischer Funktionen des menschlichen Geistes. Daher kam er später mehr und mehr davon ab, von den positiven Wissenschaften Aufschlüsse über das innerste Wesen der Musik zu erwarten. Nach der Auseinandersetzung mit der Tonpsychologie Stumpfs gelangte er schließlich zu der Überzeugung, daß *gar nicht die wirklich erklingende Musik, sondern vielmehr die in der Tonphantasie des schaffenden Künstlers vor der Aufzeichnung in Noten lebende und wieder in der Tonphantasie des Hörers neu entstehende Vorstellung der Tonverhältnisse das Alpha und das Omega der Tonkunst ist* (1914/15). Der Grundgedanke seiner H., daß Töne stets als Vertreter von Klängen (Akkorden) aufzufassen seien (→ Klangvertretung), betrifft eine Vorstellung (keine akustisch-physiologische Realität). Sie gilt unter der Voraussetzung, daß der Dreiklang, nicht aber Töne oder Intervalle als das in der Musik primär Gegebene angesehen werden. Auch Riemanns → Dualismus (Interpretation des Durdreiklangs als Oberklang, des Molldreiklangs als gleichberechtigter, aber polar entgegengesetzter Unterklang eines Tones) hat seine Realität in der Vorstellung. Dies mag erklären, warum Riemann auch dann noch an dieser Auffassung festhielt, nachdem er sich von der Unhörbarkeit der »Untertöne«, in denen er den Beweis für die Konsonanz des Mollakkordes gefunden zu haben glaubte, überzeugen mußte. Dualismus und Klangvertretung bilden die Basis, auf der sich sein System der H. aufbaut. Dissonant sind ihm alle Akkorde, die sich nicht aus Prime, Terz und Quinte desselben Ober- bzw. Unterklanges zusammensetzen, also auch der aus Prime und Terz der Subdominante und aus der Quinte der Dominante bestehende scheinbare Molldreiklang auf der 2. Stufe in Dur (→ Auffassungsdissonanz). War Riemann schon die Unterscheidung von Konsonanz und Dissonanz eine *Betätigung unseres logischen Instinkts auf dem Gebiete der Musik*, so noch mehr die Beurteilung von Akkordfortschreitungen. Schon 1872 hatte er aus der Kadenz I–IV–I–V–I, dem *Typus aller musikalischen Form*, die Grundzüge einer harmonischen Logik entwickelt, indem er M. Hauptmanns dialektische Begriffe (1853) der Oktave, Quinte und (Groß-)Terz (Einheit – Entzweiung – Einigung) auf das zeitliche Nacheinander der Akkorde übertrug. Im zweiten Auftreten der Tonika nach der Subdominante sah er das Quintentzweiung oder Antithese, die sich der Oktaveneinheit (These) des ersten Auftretens entgegensetzt und die ihre Terzeinigung durch die Oberdominante (Synthese) wieder in der Tonika findet. Die Hauptmannschen Begriffe gab Riemann zwar schon 1873 wieder auf, später auch die Termini These, Antithese und Synthese, die Interpretation der Akkorde in ihrem Sinne blieb jedoch erhalten, d. h. die Logik der Akkordfolgen und die Logik der vollständigen Kadenz sind ihm eins. Riemanns H. erhielt 1893 ihre abschließende Formulierung in der Lehre von den tonalen Funktionen der Akkorde (→ Funktionsbezeichnung). Riemanns Akkordbezeichnungen, die allmählich aus denen G. Webers und A. v. Oettingens (1866) entstanden, trennen die H. endgültig vom Generalbaß, indem sie auch die Akkordumkehrungen nicht mehr vom Baßton, sondern vom Bezugston des Akkordes aus beziffern; z. B. den C dur-Sextakkord als $\overset{5}{T}$. Seine 1893 entwickelten Buchstabensymbole (T = Tonika, D = Dominante, S = Subdominante u. a.) interpretieren nicht die Klänge a priori; sie sind vielmehr die Funktionsbezeichnungen. Funktion ist nach H. Grabner *die Be-*

deutung des einzelnen Klanges für den harmonischen Gesamtverlauf des Stückes. Dieser wird bestimmt durch die Beziehung aller Klänge auf ein harmonisches Zentrum, die Tonika. Umgekehrt aber – so ist zu ergänzen – wird nur der Klang zur Tonika, auf den sich alle übrigen Klänge beziehen. Die meisten Lehrbücher des 20. Jh. sind von Riemanns H. mehr oder weniger beeinflußt, selbst Unterrichtswerke, die, wie die H. von R. Louis und L. Thuille (1907), die Weberschen Stufenbezeichnungen beibehielten. Doch gerade von überzeugten Verfechtern der funktionellen H. wurden Riemanns Lehren weitgehend umgestaltet. So betonte H. Grabner (1923) stärker die Selbständigkeit der Nebendreiklänge und ließ die Möglichkeit, sie als Scheinkonsonanzen aufzufassen, mehr in den Hintergrund treten. Er gab den Dualismus Riemanns auf und sah die Nebendreiklänge unter dem Blickwinkel der Terzverwandtschaft. Hier ist der Einfluß spätromantischer Harmonik spürbar. In stärkerem Maße noch gilt dies von Grabners neuem Begriff Mediantik, einer Sonderform der Terzverwandtschaft, die sich nur mehr auf das Grundtonverhältnis (Groß- oder Kleinterz) beschränkt; z. B. as–c–es = untere Großterzmediante von c–e–g. Doch sind im 20. Jh. auch wieder pythagoreische Vorstellungen von der Quinte als dem einzigen die Tonverwandtschaften konstituierenden Intervall lebendig (Handschin 1948). Aus dem Dualismus v. Oettingens und Riemanns entwickelte S. Karg-Elert ein System extremer Polarität (Polarismus). Monistische Vorstellungen (Auffassung des Mollakkords im Dursinne) kommen demgegenüber in den Funktionssymbolen des Grabner-Schülers W. Maler zum Ausdruck (Großschreibung der Dur- und Kleinschreibung der Mollsymbole). Der Bruckner-Schüler H. Schenker löste 1906 den allzu neutralen Stufenbegriff aus der engen Bindung an den einzelnen Dreiklang. Nicht jeder Dreiklang sei mit einer Stufe identisch. Diese bilde vielmehr *eine höhere abstrakte Einheit, so daß sie zuweilen mehrere Harmonien konsumiert, von denen jede einzelne sich als selbständiger Dreiklang oder Vierklang betrachten ließe … Die so definierten Stufen bilden übergeordnete Zusammenhänge,* die Hindemith (1937) im Anschluß an Schenker → Stufengang nannte. Den harmonisch komplizierten Werken am Ende der dur-molltonalen Epoche wird die H. zumeist nicht mehr gerecht. In Schönbergs im wesentlichen »klassischer« H. (1911) – nur am Ende des Buches ist von schwebender und aufgehobener Tonalität, von der Ganztonleiter und von Quartenakkorden die Rede – kommt dies deutlich zum Ausdruck. Aber auch einfache Dreiklangsfolgen richten sich (z. B. bei Debussy) oft nicht mehr nach der Logik des Kadenzgeschehens. Gleichzeitig unterlag der Grundgedanke der H., alle Tonereignisse auf Klänge zurückzuführen, seit E. Kurth (1913) mehr und mehr der Kritik. Auch verlor die H. die Vorrangstellung im Unterricht, die ihr vor allem in der zweiten Hälfte des 19. Jh. zugefallen war, an den → Kontrapunkt. Unter dem Oberbegriff → Satzlehre werden beide Disziplinen heute zusammengefaßt, ohne daß damit jedoch eine Vermischung beider gemeint ist. Das Interesse der Musiktheoretiker an der H. ist stark geschwunden, seitdem – ausgelöst vor allem durch die Musik der Wiener Schule – die Frage nach den Tonzusammenhängen neu gestellt werden mußte.

Lit.: G. ZARLINO, Istitutioni harmoniche, Venedig 1558, ³1573, ⁴1593, Faks. d. 1. Auflage, = MMMLF II, 1, NY (1965); DERS., Dimostrationi harmoniche, Venedig 1571, Faks., ebenda II, 2, (1965); TH. CAMPIAN, A New Way of Making Four Parts in Counter-Point, London (1613); A. WERCKMEISTER, Musicae mathematicae Hodegus curiosus, Ffm. u. Lpz. 1686/87, ²1689; G. KELLER, Rules for a Complete Method … to Play a Thorough-Bass, London 1707 u. ö.; FR. CAMPION, Traité d'accompagnement et de composition selon la règle des octaves, Paris u. Amsterdam 1716; J.-PH. RAMEAU, Traité de l'harmonie reduite à ses principes naturels, Paris 1722; DERS., Nouveau système de musique théorique, Paris 1726; DERS., Dissertation sur les différentes méthodes d'accompagnement pour le clavecin ou pour l'orgue …, Paris 1732; DERS., Génération harmonique, ou Traité de musique théorique et pratique, Paris 1737; DERS., Démonstration du principe de l'harmonie, servant de base à tout l'art mus. théorique et pratique, Paris 1750, deutsch v. E. Lesser, = Quellenschriften d. Musiktheorie I, Wolfenbüttel u. Bln 1930; DERS., Code de musique pratique …, Paris 1760; L. EULER, Tentamen novae theoriae musicae, St. Petersburg 1739; G. A. SORGE, Vorgemach d. mus. Composition, 3 Bde, Lobenstein 1745–47; DERS., Compendium harmonicum oder kurzer Begriff d. Lehre v. d. Harmonie, ebenda 1760; J. D'ALEMBERT, Elémens de musique théorique et pratique, suivant les principes de M. Rameau, Paris 1752, ²1759, Lyon ³1762, deutsch v. Fr. W. Marpurg als: Hrn. d'Alembert … Systematische Einleitung in d. mus. Setzkunst, nach d. Lehrsätzen d. Herrn Rameau, Lpz. 1757; G. TARTINI, Trattato di musica secondo la vera scienza dell'armonia, Padua 1754, deutsch v. A. U. Rubeli, Diss. Zürich 1958; DERS., Dissertazione dei principii dell'armonia mus., Padua 1767; FR. W. MARPURG, Hdb. bey d. Gb. u. d. Composition, 3 Teile, Bln 1755–58, Anh. 1760, 1. Teil ²1762; DERS., Anfangsgründe d. theoretischen Musik, Lpz. 1757; DERS., Versuch über d. mus. Temperatur, Breslau 1776; J. FR. DAUBE, General-Baß in drey Accorden, Lpz. 1756; J.-J. ROUSSEAU, Dictionnaire de musique, Genf 1767(?), Paris 1768 u. ö.; J. G. SULZER, Allgemeine Theorie d. Schönen Künste, 2 Teile, Lpz. 1771–74, Artikel Harmonie; J. PH. KIRNBERGER, Die Kunst d. reinen Satzes in d. Musik, 2 Bde, Bln u. Königsberg 1771–79; G. J. VOGLER, Tonwiss. u. Tonsetzkunst, Mannheim 1776; DERS., Choral-System, Kopenhagen 1800; DERS., Hdb. d. H. u. f. d. Gb., Prag 1802; H. CHR. KOCH, Versuch einer Anleitung zur Composition I Rudolstadt 1782, II–III Lpz. 1787–93; DERS., Hdb. bey d. Studium d. Harmonie, Lpz. 1811; G. WEBER, Versuch einer geordneten Theorie d. Tonsetzkunst, 3 Bde, Mainz 1817–21, ²1824 (4 Bde), ³1830–32; Fr. H. J. CASTIL-BLAZE, Dictionnaire de musique moderne, Paris 1821, ²1825, bearb. v. J. H. Mées, Brüssel 1828; FR.-J. FÉTIS, Traité complet de la théorie et de la pratique de l'harmonie, Paris 1844, ⁷1861, ¹²1879; A. B. MARX, Die Lehre v. d. mus. Komposition, 4 Bde, Lpz. 1837–47 u. ö., neu bearb. v. H. Riemann I ⁹1887, II ⁷1890, IV ⁵1888; E. FR. E. RICHTER, Lehrbuch d. Harmonie, Lpz. 1853, ³⁴1948; S. SECHTER, Die Grundsätze d. mus. Komposition, 3 Bde Wien 1853–54; M. HAUPTMANN, Die Natur d. Harmonik u. d. Metrik, Lpz. 1853, ²1873; H. v. HELMHOLTZ, Die Lehre v. d. Tonempfindungen …, Braunschweig 1863, ⁶1913; A. v. OETTINGEN, Harmoniesystem in dualer Entwickelung, Dorpat u. Lpz. 1866, als: Das duale Harmoniesystem, Lpz. ²1913; H. RIEMANN, Mus. Logik, NZfM LXVIII, 1872, Nr 28ff. (unter d. Pseudonym Hugibert Ries), auch in: Präludien u. Studien III, Lpz. 1901; DERS., Ueber d. mus. Hören, Diss. Göttingen 1873, als: Mus. Logik, Lpz. 1873; DERS., Mus. Syntaxis. Grundriß einer harmonischen Satzbildungslehre, Lpz. 1877; DERS., Skizze einer neuen Methode d. H., Lpz. 1880, umgearbeitet als: Hdb. d. H., ²1887, ⁵1912, ⁷1920, ¹⁰1929; DERS., Vereinfachte H. oder d. Lehre v. d. tonalen Funktionen d. Akkorde, London u. NY 1893, ²1903; RIEMANN MTh; DERS., Ideen zu einer Lehre v. d. Tonvorstellungen, JbP XXI, 1914 – XXII, 1915; DERS., Neue Beitr. zu einer Lehre v. d. Tonvorstellungen, JbP XXIII, 1916; A. THÜRLINGS, Die beiden Tongeschlechter u. d. neuere mus. Theorie, Bln 1877; C. STUMPF, Tonpsychologie, 2 Bde, Lpz. 1883–90, Nachdruck Hilversum u. Amsterdam 1965; B. ZIEHN, Harmonie- u. Modulationslehre, Braunschweig 1888, ²1910; G. CAPELLEN, Die »mus.« Akustik als Grundlage d. Harmonik u. Melodik, Lpz. 1903; DERS., Fortschrittliche Harmonie- u. Melodielehre, Lpz. 1908; M. REGER, Beitr. zur Modulationslehre, Lpz. 1903; A. HALM, H., = Slg Göschen CXX, Bln u. Lpz. 1905, Neudruck 1934; H. SCHENKER, Neue mus. Theorien u. Phantasien I, H., Stuttgart u. Bln 1906, engl. Chicago 1954; R. Louis u. L. THUILLE, H., Stuttgart 1907, ⁹1929, neu bearb. v. W. Courvoisier, R. G'schrey, G. Geierhaas u. K. Blessinger, [10]1933; A. SCHÖNBERG, H., Wien 1911, [5]1960, engl. NY 1947; DERS., Structural Functions of Harmony, London u. NY 1954, deutsch als: Die formbildenden Tendenzen d. Harmonie, Mainz 1957; E. KURTH, Die Voraussetzungen d. theoretischen Harmonik u. d. tonalen Darstellungssysteme, Bern 1913; DERS., Romantische Harmonik u. ihre Krise in Wagners Tristan, Bern u. Lpz. 1920, Bln [2]1923; H. GRABNER, Regers Harmonik, München 1920, [2]1961; DERS., Die Funktionstheorie H. Riemanns u. ihre Bedeutung f. d. praktische Analyse, München 1923, [2]1930; DERS., Die wichtigsten Regeln d. funktionellen Tonsatzes, Lpz. 1935; DERS., Hdb. d. H., 2 Bde, = Hesses illustrierte Hdb. XV(a) u. XXV, Bln 1943–44, [2]1951 = Hesses Hdb. d. Musik XV; S. KARG-ELERT, Die Grundlagen d. Musiktheorie, Lpz. 1920; DERS., Akustische Ton-, Klang- u. Funktionsbestimmung, Lpz. 1930; DERS., Polaristische Klang- u. Tonalitätslehre, Lpz. 1931; H. ERPF, Studien zur Harmonie- u. Klangtechnik d. neueren Musik, Lpz. 1927; E. KIRSCH, Wesen u. Aufbau d. Lehre v. d. harmonischen Funktionen, Habil.-Schrift Breslau 1928; H. MERSMANN, Musiklehre, Bln 1929; W. MALER, Beitr. zur H., 3 Hefte, Lpz. 1931, neu bearb. mit G. Bialas u. J. Driessler als: Beitr. zur durmolltonalen Harmonik, München u. Lpz. [3]1950, München u. Duisburg [4]1957; H. L. DENECKE, Die Kompositionslehre H. Riemanns, hist. u. systematisch dargestellt, Diss. Kiel 1937; P. HINDEMITH, Unterweisung im Tonsatz, 2 Bde, I Mainz 1937, [2]1940, II Mainz 1939, engl. als: Craft of Mus. Composition, I London 1942, II 1941; DERS., A Concentrated Course in Traditional Harmony, NY I 1943, [2]1944, II 1948, deutsch als: I Aufgaben f. Harmonieschüler u. II Harmonieübungen f. Fortgeschrittene, Mainz 1949; W. PISTON, Harmony, NY 1944; J. HANDSCHIN, Der Toncharakter, Zürich (1948); FR. NEUMANN, Synthetische H., Lpz. 1951; W. KELLER, Hdb. d. Tonsatzlehre, 2 Bde, Regensburg 1957–59; A. FORTE, Schenker's Conception of Mus. Structure, Journal of Music Theory III, 1959; W. DUNWELE, The Evolution of 20th-Cent. Harmony, London 1960; J. MEKEEL, The Harmonic Theories of Kirnberger and Marpurg, Journal of Music Theory IV, 1960; M. VOGEL, Der Tristan-Akkord u. d. Krise d. modernen H., = Orpheus-Schriftenreihe zu Grundfragen d. Musik II, Düsseldorf 1962; P. RUMMENHÖLLER, M. Hauptmann als Theoretiker, Wiesbaden 1963; J. W. KREHBIEL, Harmonic Principles of J.-Ph. Rameau and His Contemporaries, Diss. Indiana Univ. 1964, maschr.; E. SEIDEL, Die H. H. Riemanns, in: Beitr. zur Musiktheorie d. 19. Jh., hrsg. v. M. Vogel, = Studien zur Mg. d. 19. Jh. IV, Regensburg 1966.

Harmoniemusik (frz. harmonie; ital. banda, armonia; engl. wind band), im Unterschied zur reinen → Blechmusik ein Blasorchester mit gemischter Besetzung aus Holz- und Blechblasinstrumenten (auch mit Schlagzeug), wie es (als Musikkorps) vor allem für die → Militärmusik typisch ist. Außerdem wird die gemischte Bläserbesetzung von zahlreichen Musikvereinen und Stadtmusikkapellen, in den USA von Schul-, Hochschul- und Universitätsblasorchestern bevorzugt. Im Anschluß an die → Orphéon-Bewegung entstanden in Frankreich neben Fanfares (Blechorchestern) auch Harmonies. – In der Infanteriemusik deutscher Heere kam die H.-Besetzung in der 2. Hälfte des 18. Jh. auf, doch gibt es gemischte (ad hoc zusammengestellte) Bläserbesetzungen schon früher (z. B. Händels »Feuerwerksmusik« 1749). Das früheste Einsetzen mit dem Bestand von Originalkompositionen für H. im 18. Jh. (meist als Parthien bezeichnet, z. B. von I. Fränzl, Fr. A. Rößler und J. Haydn, Hob. II, 41*–46*) ist noch nicht überschaubar. Eine verbreitete Standardbesetzung der 1770er Jahre war das Bläseroktett (2 Ob., 2 Klar., 2 Hörner und 2 Fag.). Mozart und Beethoven schrieben nicht nur mehrere Originalwerke für H., sondern hatten Teil an der zu ihrer Zeit schon verbreiteten Praxis des Arrangierens für H. (vgl. Mozarts Brief an den Vater vom 20. 7. 1782 über die Bläserbearbeitung der *Entführung*; während Beethovens op. 20 und 72 noch von Fremden arrangiert wurden, entstanden die Übertragungen von op. 84 und 91 *für vollständige Türkische Musik* und von op. 92 und 93 für Bläsernonett unter Aufsicht des Komponisten und erschienen gleichzeitig mit der Originalausgabe. Das Aufkommen der Ventile an den Blechblasinstrumenten und die zahlreichen neu entwickelten Instrumentenformen erweiterten die Besetzungsmöglichkeiten der H. im 19. Jh. Qualitativ hochstehende Kompositionen für H. wurden nun seltener (Mendelssohn Bartholdy, *Ouverture für H.* op. 24, 1828), dafür machten die H.-Arrangements die jeweils neuesten Werke des Konzertsaals und der Oper einem weiteren Publikum in regelmäßigen Garten- und Promenadenkonzerten bekannt. In neuerer Zeit schrieben anspruchsvollere Kompositionen für H. u. a. Strawinsky (*Symphonie d'instruments à vent*, 1921, revidiert 1947; *Circus Polka*, 1942), Hindemith (*Konzertmusik für Blasorch.* op. 41, 1926) und Schönberg (*Theme and Variations* op. 43A, 1943).

Lit.: J. H. SARO, Instrumentationslehre f. Militärmusik, Bln 1883; A. KALKBRENNER, Die Organisation d. Militärmusikchöre aller Länder, Hannover 1884; G. PARÈS, Traité d'instrumentation et d'orchestration à l'usage des musiques militaires, Paris 1898; L. DEGELE, Die Militärmusik, Wolfenbüttel 1937; B. HUSTED, The Brass Ensemble, Diss. Rochester (N. Y.) 1955, maschr.; J. WAGNER, Band Scoring, NY 1960; R. FR. GOLDMAN, The Wind Band, Boston 1961.

Harmonik → Harmonia, → Harmonie.

Harmonika → Glasharmonika.

Harmonika-Instrumente, Gattungsbezeichnung für eine in vielfältigen äußeren Formen ausgeprägte Familie von Musikinstrumenten mit durchschlagenden Zungen, die seit ihrer Erfindung kurz nach 1800 Eingang in das volkstümliche Musizieren fanden und um die Mitte des 19. Jh. auch von Virtuosen aufgegriffen wurden. Nach dem 1. Weltkrieg erlebten sie vor allem durch den »Trossinger Kreis« einen neuen Aufschwung und sind im Laienmusizieren unserer Zeit sehr verbreitet. Ihre höchstentwickelten Formen, das → Akkordeon und die (chromatische) → Mundharmonika, haben sogar Eingang in den Konzertsaal gefunden. – Nach 1750 mehren sich die Zeugnisse für die Verwendung der durchschlagenden Zunge. Chr. G. Kratzensteins um 1780 geschaffene Sprechmaschine zur Nachahmung der menschlichen Stimme sowie die Versuche der Orgelmacher Kirsnik und Racknitz und die endgültige Übernahme der durchschlagenden Zunge in den Orgelbau durch Abbé Vogler sind für die Ausprägung der H.-I. nicht so bedeutsam wie Chr. Fr. L. Buschmanns Mund-Aeoline (1821). Dieses Instrument – die Vorläuferin der Mundharmonika – sollte zunächst lediglich zum Orgelstimmen dienen, wurde aber schon ein Jahr später, um die Hände beim Stimmen frei zu bekommen, mit einem senkrecht stehenden Faltenbalg versehen, der aufgezogen wurde und unter dem eigenen Gewicht langsam wieder zusammensank, dadurch einen gleichmäßig strömenden Lufthauch erzeugend. Diese »Hand-Aeoline« – die Vorform aller späteren Handharmonikatypen – wurde von Buschmann selbst später Concertina genannt; sie wurde von C. Demian in Wien mit Baßtasten versehen und 1829 als Accordion patentiert. Beide Instrumente hatten mit dem heutigen Akkordeon die Art der Tonerzeugung gemein; das Spiel war auf 1–3 diatonische Durtonleitern beschränkt und nach Art der wechseltönigen → Handharmonika erklangen beim Niederdrücken ein und derselben Taste bei Balgzug und -druck zwei verschiedene Töne. Die Buschmannsche Hand-Aeoline entwickelte sich in Deutschland zur sogenannten deutschen Harmonika (eine Neben-

form führte über die → Konzertina zum → Bandonion, während das Demiansche Accordion zum Wiener Modell weitergebildet wurde. In Tonaufbau und -anordnung, Tonerzeugung und Spieltechnik entsprechen sich deutsche und Wiener Harmonika, unterscheiden sich aber in ihrer äußeren Form (offene Klappenanordnung beim deutschen Modell) und vor allem dadurch, daß die Wiener Instrumente feste Kopplungen der einzelnen Stimmzungenreihen (Chöre) hatten (Kopplungen der 8′-Grundreihe mit der tiefen Oktave oder einer meist parallel zur Grundreihe verlaufenden Schwebetonreihe), während die einzelnen Chöre des deutschen Modells durch der Orgel nachgebildete Registerschieber wahlweise ein- und ausgeschaltet werden konnten. Beide Typen gingen allmählich zur einseitigen Balgführung – Bedienung des Balges nur mit einer Hand – über, dagegen behielten die Konzertina und ihre abgeleiteten Formen die doppelseitige Balgführung bei. – Die steigenden musikalischen Anforderungen an die Handharmonika ließen ihre Beschränkung auf ein bis höchstens drei diatonische Durtonleitern mehr und mehr spürbar werden. Man fügte Hilfstasten ein, die wenigstens ein Ausweichen in die Oberdominante zuließen. Andere Versuche führten um 1850 (durch den Wiener Musiker Walter) zur Chromatisierung der Diskantseite und schließlich zur »Gleichtönigkeit«, wobei aber auf der Baßseite die Wechseltönigkeit zunächst beibehalten wurde (Typ der Wiener Schrammelharmonika). Gegen Ende des Jahrhunderts wurde auch die Baßseite gleichtönig. Das nun entstandene Instrument erhielt den Namen → Akkordeon und trug bereits alle Wesensmerkmale des heutigen Instruments gleichen Namens. – Beim Wiener Modell konzentrierte sich die weitere Entwicklung auf den Zweireiher, der besonders nach dem 1. Weltkrieg durch Einfügung mehrerer nun in one 3. Tastenreihe verlegter Hilfstasten (in der Regel 7) und durch den 1916 geschaffenen »Gleichton« (c^2) in der 2. Reihe zum »Klub-Modell« ausgebaut wurde, der heute herrschenden diatonischen Handharmonika. Später wurden beide Instrumententypen, (diatonische) Handharmonika und (chromatisches) Akkordeon, auch technisch vervollkommnet und ihre musikalischen Möglichkeiten durch Register und andere Spielhilfen erweitert. Hand in Hand mit der technischen Vervollkommnung des Instruments ging die 1926 von E. Hohner angeregte musikliterarische und spielmethodische Entwicklung, die zu dem von H. Herrmann geführten »Trossinger Kreis« sowie zur 1931 gegründeten Städtischen Musikschule Trossingen und der im gleichen Jahr ins Leben gerufenen Edition Hohner führte. – Weiterbildungen der H.-I. (Baritonakkordeon, Baßorgel u. a.) hielten sich im wesentlichen an die überlieferten Formen. In jüngster Zeit wurde dem Akkordeon ein weiteres Manual auf der Baßseite zugefügt, das Melodiespiel über $5^1/_2$ Oktaven ermöglicht. Völlig neu ist die Anwendung des Prinzips der elektronischen Tonerzeugung bei den H.-I.n, die zur Electravox, einem rein elektronischen Akkordeon, führte. – Die Entwicklung der Mundharmonika verlief wesentlich einfacher. Die diatonische Mundharmonika herrschte in verschiedenen, nur dem Tonumfang und dem Klang nach verschiedenen Typen bis weit ins 20. Jh. hinein allein. Sie galt zunächst als Musikspielzeug, wurde aber in den 1920er Jahren durch Übernahme in das Volksmusizieren mehr und mehr zum Musikinstrument. Das solistische Musizieren verlangte jedoch nach der chromatischen Mundharmonika und nach Spezialinstrumenten tieferer Tonlage, unter denen die Baßmundharmonikas und die Akkordbegleitinstrumente im Vordergrund stehen. Ein neuerer Typ (Harmonetta) vereinigt Melodie- und Begleitinstrument in einem. Daneben wurde die Mundharmonika aber auch als reines Melodieinstrument weiterentwickelt. Als wichtigstes Ergebnis dieser Bemühungen gilt die Melodica, ein in ihrer äußeren Form der Blockflöte nachgebildetes Mundharmonika-Instrument, dessen Klappenmechanik durch Klaviertasten ausgelöst wird. Es wird in verschiedenen Stimmlagen (Sopran, Alt) gebaut. – Die Harmonikaherstellung erfolgte ursprünglich auf rein handwerklicher Basis. Die rege Nachfrage nach seinen Mundharmonikas nötigte aber den Trossinger Uhrmacher Matthias → Hohner schon 1857, mit der fabrikmäßigen Herstellung zu beginnen, aus der dann ein ganzer Industriezweig entstand, der heute neben Mund- und Handharmonikas auch andere (vor allem elektronische) Instrumente herstellt und in alle Welt exportiert. Weitere Schwerpunkte der europäischen Harmonikaherstellung liegen im Vogtland (Klingenthal) und in Italien.
Lit.: H. BUSCHMANN, Chr. Fr. L. Buschmann, Trossingen 1934; J. FISCHER, M. Hohner, Stuttgart 1940; R. SONNER, Schwingende Zungen, Trossingen 1956; A. FETT, 30 Jahre Neue Musik f. Harmonika, 1927–57, ebenda 41964. AWF

Harmoniker heißen in der antiken Griechischen Musik allgemein die Theoretiker, entsprechend der zentralen Stellung der → Harmonia im System der Musiklehre (in dieser Bedeutung findet sich das Wort u. a. bei Aristoxenos). H. im speziellen Sinne werden Aristoxenos und seine Schule genannt, die bei der Intervallbestimmung, im Unterschied zu den pythagoreischen Harmonikern, nicht von der Saitenmessung am Monochord (κανών) ausgehen, sondern dem Gehörsurteil den Vorrang geben. Bezugsgröße ist für Aristoxenos der Ganzton; alle anderen Intervalle werden als Vielfache (Oktave = 6 Ganztöne) oder Teile (Halb-, Drittel-, Vierteltön) des Ganztones beschrieben. Dadurch ergeben sich für die »beweglichen« Intervalle innerhalb des Tetrachords zwar ungenauere, aber einfachere Zahlenbeziehungen als bei den Kanonikern.

Harmonische Hand → Guidonische Hand.

Harmonische Teilung ist die Zerlegung einer Strecke, in der Musiktheorie einer schwingenden Saite, nach der Formel $b = \frac{a+c}{2}$. Aus der Oktave (1:2 = 2:4) ergeben sich durch h. T. die Quinte und die Quarte (2:3:4), aus der Quinte (2:3 = 4:6) die große und die kleine Terz (4:5:6), aus der großen Terz (4:5 = 8:10) der große und der kleine Ganzton (8:9:10). Die Formel $b = \frac{a+c}{2}$, die arithmetische Darstellung der harmonischen Streckenteilung, wird arithmetische Proportion oder arithmetisches Mittel genannt, während der Ausdruck harmonische Proportion oder harmonisches Mittel eine Proportion bezeichnet, der die Formel $b = \frac{2ac}{a+c}$ zugrunde liegt, z. B. 10:12:15. Eine arithmetische Teilung gibt es nicht; der Gebrauch des Wortes beruht auf einer Verwechslung von Teilung und Proportion. Im musikalischen Resultat ist einerseits eine arithmetische Proportion, also eine h. T., die Umkehrung einer harmonischen; die arithmetische Proportion 4:5:6 entspricht, bezogen auf Schwingungszahlen, dem Durdreiklang, die harmonische Proportion 10:12:15 dem Molldreiklang. Anderseits sind die Proportionen von Schwingungszahlen die Umkehrung der Proportionen von Saitenlängen, weil die größere Zahl bei Schwingungen dem höheren, bei Saitenlängen dem tieferen Ton entspricht. Bezogen auf Schwingungszahlen repräsentiert die arithmetische Proportion 4:5:6 den Durdreiklang, bezogen auf Saitenlängen den Molldreiklang.

Harmonium, gebräuchlicher Name für die um 1800 aufgekommenen Tasteninstrumente mit durchschlagenden (freischwingenden) Zungen aus Metall ohne Aufsätze. Der erste, der Orgelregister mit durchschlagenden Zungen (nach dem Vorbild der chinesischen Mundorgel) baute, war der St. Petersburger Orgelmacher Kirsnik um 1780, dessen Schüler, der Schwede Racknitz (Rackvitz), solche in Abbé Voglers → Orchestrion einfügte. Vorläufer des H.s waren die Orgue expressif von G.-J. Grenié (1810) mit durchschlagenden Zungen, aber noch orgelregisterartigen Becheraufsätzen, die Physharmonika von Häckl (1818) sowie das Accordéon und das Mélodium von Alexandre (1829). Eine Reihe von Instrumentenmachern baute H.-Typen, mit Namen wie Aeoline, Aelodicon, Aérophone, Mélophone, Poikilorgue von Cavaillé-Coll (1834) und Seraphine. Den Namen H. gab A. Debain seinen 1840 patentierten Instrumenten, die als erste mehrere (4) Register und Koppeln hatten. Von Bedeutung für die Entwicklung zum Kunst-H. waren die Einführung der Perkussion (1841; Hammeranschlag gegen die Zungen zu präziserer Ansprache, wodurch auch schnelles Spiel im Staccato ermöglicht wurde), des Prolongement (Verankerung einzelner Tasten in herabgedrückter Lage) und des doppelten Druckpunktes (Erzeugung von 2 Tonstärken auf einer Taste). Bei der Expression wird der Wind nicht über das Magazin, sondern direkt aus dem Schöpfbalg an die Zungen geführt. Da der Wind durch Pedaltreten erzeugt wird, ist der Ton so vom Spieler in der Stärke beeinflußbar. Bei der Double expression (V. Mustel 1854) ist das Register geteilt. Erfindungen zur Verstärkung der Außenstimmen sind Melody attachment (1864) und Pedalsubstitute. Das moderne H. hat meist 1–2 Manuale mit einer Klaviatur von 5 Oktaven (im Saugwindsystem von F bis f^3 mit Registerteilung bei h/c^1, im Druckwindsystem zumeist von C–c^4 und Registerteilung bei e^1/f^1. Kleinere H.s reichen von C–c^3). Die Fußtonlagen der Register (Spiele) sind 8′, 4′, 16′. Große H.s haben im Baß noch einen 2′, im Diskant einen 32′. Die Zahl der Registerzüge ist oft größer als die der vorhandenen Zungenreihen (Spiele), weil einige Registerzüge die Aufgabe haben, durch unterschiedlich weite Öffnung von Verschlußklappen verschiedene Lautstärkegrade der Register (Spiele) einzustellen. Kniehebel ermöglichen ein Generalcrescendo. Bekannte deutsche H.-Fabriken sind Schiedmayer und Steinmeyer, Hofberg, Hörügel, Burger sowie (aus Schweden kommend) Lindholm und Mannborg. Eine ganz neue Bauart ist die → Amerikanische Orgel. Als Musikinstrument hat das H. auf die Dauer weder mit der Orgel (im kirchlichen Raum) noch mit dem Klavier (als Haus- und Konzertinstrument) konkurrieren können; gebraucht wurde es im → Salonorchester. Originalwerke für H. schrieb u. a. S. Karg-Elert, Schulen: B. Mettenleiter, Leybach, Piechler und Karg-Elert. Da bei Zungen Ober- und Kombinationstöne sowie Schwebungen gut hörbar sind, wurde das H. auch zu einem Instrument für akustische Experimente, an dem zuerst praktische Versuche mit der Reinen Stimmung unternommen worden sind.

Lit.: J. PROMBERGER, Theoretisch-praktische Anleitung zur Kenntnis u. Behandlung d. Physharmonika, 1830; G. ENGEL, Das mathematische H., Bln 1881; J. LEDERLE, Das H., Freiburg i. Br. 1884; W. RIEHM, Das H., Bln ²1886, ³1897; H. M. ALLIHN, Wegweiser durch d. H.-Musik, Bln 1894; A. REINHARD, Etwas vom H. (Ergänzung: Das H. v. heute), Bln 1895, ²1903; W. LÜCKHOFF, Das H. d. Zukunft, Bln 1901; DERS., Über d. Entstehung d. Instr. mit durchschlagenden Zungenstimmen u. d. ersten Anfänge d. Harmoniumbaues, ZfIb XXI, 1901 – XXII, 1902; V. MUSTEL, L'orgue expressif ou l'h., 2 Bde, Paris 1903; R. A. MILÉ, Das deutsch-amerikanische H., Hbg 1905; O. BIE, Kl., Org. u. H., = Aus Natur- u. Geisteswelt 325, Lpz. 1910, ²1921; L. HARTMANN, Das H., Lpz. 1913; E. BENZ, Die Diktatur d. H., Erfahrungen einer fernöstlichen Studienreise, Eckart XXVIII, 1959. – Zs.: Das H., hrsg. v. W. LÜCKHOFF, I–IX, Weimar u. Lpz. 1900–11; Der Harmoniumfreund, I–III, Bln 1927–30.

Harpsichord (h'a:ɪpsikə:ɹd, engl.) → Cembalo.

Harschhorn (Harsthorn, von Harst, seltener Harsch, Vortrupp der älteren Schweizer Kriegsheere) ist ein Signalhorn, ursprünglich ein Stierhorn, dann (mit Silber) verziert, später ganz aus Metall, von durchdringendem Ton. Die Luzerner Harschhörner wurden im Feldzug meist paarweise geblasen; entsprechende Instrumente in den anderen Kantonen waren der Stier von Uri, das Landhorn von Unterwalden. Seit dem 15. Jh. wurden die Harschhörner mehr und mehr durch die Pfeifer und Trommler verdrängt.

Lit.: Schweizerisches Idiotikon II, hrsg. v. FR. STAUB, L. TOBLER u. R. SCHOCH, Frauenfeld 1885; E. A. GESSLER, Die Harschhörner d. Innerschweizer, Anzeiger f. Schweizerische Altertumskunde, N. F. XXVII, 1925.

Hauptsatz. In der Sonatensatzform enthält der H. als erster Teil der → Exposition das häufig periodisch in Vorder- und Nachsatz gegliederte Hauptthema in der Grundtonart, das oft, schon bei den Vorklassikern, in sich kontrastierend angelegt ist (W. A. Mozart, »Jupiter-Symphonie«, K.-V. 551, 1. Satz). Der H. kann aus mehreren thematischen Gedanken gebildet sein (Beethoven, Klaviersonate op. 2 Nr 2, 1. Satz), auch zwei Hauptthemen enthalten (W. A. Mozart, Symphonie Es dur, K.-V. 543, 1. Satz). Er schließt nur selten mit einer Vollkadenz, oft leitet er motivisch zum → Seitensatz über. Motivische, durchführungsmäßige Arbeit ist von Beginn des Werkes an möglich (Beethoven, 5. Symphonie op. 67, 1. Satz). In der Rondoform wird die refrainmäßige Wiederkehr des H.es (Rondeau, Ritornello) von Episoden unterbrochen.

Hauptton, – 1) In den meisten Musikkulturen läßt die Art der Gestaltung von »horizontalen« Tonbewegungen eine Differenzierung des Tonmaterials nach Haupt- (oder Zentral-) und Nebentönen erkennen (→ Melodie). – 2) Im engeren Sinne beruht der Begriff der melodischen Verzierung auf der Unterscheidung von H. und Nebentönen (Hauptnote und Nebennoten). Im Schriftbild ist der H. indirekt oft schon daran zu erkennen, daß die Nebentöne in kleineren Noten notiert oder durch bloße Verzierungszeichen (tr, ∾, ⁓, ⁓ usw.) vorgeschrieben sind. – 3) In der dualistischen Harmonielehre Riemanns (→ Dualismus) ist H. der Bezugston des Dreiklangs, und zwar in Dur der →Grundton (– 2), in Moll die Quinte.

Hauptwerk, in der Orgel das Hauptmanual mit geschlossenem Prinzipalchor, Mixturen und zumeist vollbechrigen Rohrwerken (Trompeten) sowie einigen Weitchorregistern. Das H. großer, 3–4manualiger Orgeln basiert auf dem Prinzipal 16′, mittelgroße Instrumente haben neben dem Prinzipal 8′ einen gedackten 16′ (z. B. Quintadena). Kleine Orgeln, in deren H. der Prinzipal 4′ bestimmend ist, haben einen gedackten 8′ als Basis; diese Disposition wird auch als Positiv bezeichnet. Das H. liegt räumlich über dem Brustwerk und führt bei 2manualigen Orgeln und bei 3manualigen mit Rückpositiv auch den Namen Oberwerk.

Hausmusik ist das Musizieren im häuslichen Kreise zur musikalischen Erbauung und Unterhaltung der Ausübenden, ihrer Familie oder Freunde. Kammermusikwerke, die durch Besetzung, relativ leichte Ausführbarkeit und intimen Charakter für solche private

Musikausübung besonders geeignet erscheinen, werden ebenfalls H. genannt, außerdem die ausdrücklich für H. bestimmten Kompositionen. – Als gesellschaftliche Erscheinung ist H. Ausdruck der Musikkultur des Bürgertums, während die → Kammermusik aus dem Lebensbereich des Adels erwuchs. J. Staden bestimmte seine *Hauss-Music* (1623), schlichte drei- und mehrstimmige Sätze über deutsche geistliche Dichtungen (*Darinnen ich nit auff grosse Kunst . . . gesehen*), ausdrücklich für den häuslichen Gesang im Kreis der Familie; Gegensatz ist hier die kunstvollere Kirchenmusik. Zugleich mit dem musikalischen Dilettantentum erlebte die H. eine Blüte im 18. Jh.; das Wort H. als Titel erscheint jedoch erst wieder um die Mitte des 19. Jh. W. H. Riehl lehnt in der Einleitung zu seiner Liedersammlung *H.* (Stuttgart 1855, ²1860) die → Salonmusik ab, andeutungsweise auch schon die Entwicklungstendenzen der spätromantischen Kunstmusik, deren technische Ansprüche und deren Ausdruckswelt zusehends über die Möglichkeiten der H. hinauswuchsen und die sich in gleichem Maße der beliebten Arrangierpraxis entzog. Klavierauszüge und Bearbeitungen aller Art bildeten bis ins 20. Jh. einen wichtigen Zweig der Literatur für H. H. Leichtentritts *Deutsche H. aus vier Jahrhunderten* (Berlin 1905–07) und H. Riemanns *H. aus alter Zeit* (Leipzig 1906) kündigten die Hinwendung der H. auf Musik der Vergangenheit an, doch bedeutete dann auch die gesellschaftliche Krise des Bürgertums auch einen Bruch in der Geschichte der H. – Die aus der Jugend- und Singbewegung erwachsenen musikalischen Erneuerungsbestrebungen brachten den Aufschwung einer durch die → Musikerziehung und durch Öffentlichkeitsarbeit geförderten H., in der das Laienmusizieren und die Spielmusik in den Vordergrund traten. In der Erkenntnis, daß häusliches Musizieren nicht nur der Nährboden für musikalische Talente, sondern auch für die Bildung eines am öffentlichen Konzertleben interessierten Publikums ist, verbanden sich Pädagogen und Komponisten, Musikalienverlage und -händler sowie die Musikinstrumentenindustrie im politisch und wirtschaftlich erschütterten Deutschland zur Werbung für die H. Seit 1932 fand jährlich im November der Cäcilientag der deutschen H. statt (heute: Tage für H., fast überall kommunal gefördert); große Breitenwirkung erlangte der 1933 (Kasseler Musiktage) gegründete Arbeitskreis für H. (*Zeitschrift für H.*). Die Bemühungen um eine Verankerung der erneuerten H. in der Familie haben einen schweren Stand gegenüber den technischen Tonübermittlern (Rundfunk, Schallplatte, Fernsehen) und der Anziehungskraft von Jazz- und Schlagermusik.

Lit.: K. F. BECKER, Die H. in Deutschland in d. 16., 17. u. 18. Jh., Lpz. 1840; R. WAGNER, Über deutsches Musikwesen, in: Gesammelte Schriften u. Dichtungen I, Lpz. 1871, S. 149ff.; J. HULLAH, Music in the House, London 1877; A. REISSMANN, Die H., Bln 1884; K. STORCK, Musik-Politik, Bln 1911; L. KESTENBERG, Musikerziehung u. Musikpflege, Lpz. 1921, ²1927; M. C. HERBST, Das Kind, d. Eltern u. d. H., Lpz. 1930; Die Förderung der H. u. d. Durchführung d. »Tages d. deutschen H.«, hrsg. v. d. Arbeitsgemeinschaft H. in d. Reichsmusikkammer, Bln 1938; H. LEMACHER, Hdb. d. H., Graz 1948; E. VALENTIN, Musica domestica, Trossingen 1958. – Zs.: G. PH. TELEMANN, Der Getreue Musikmeister, Hbg 1728 (enthält nur Kompositionen f. H.); Blätter f. Haus- u. Kirchenmusik, hrsg. v. E. RABICH, Langensalza 1897–1915; Zs. f. H., hrsg. v. W. BLANKENBURG, Kassel 1933–43, 1948ff. hrsg. v. R. BAUM, seit 1962 vereinigt mit Musica. HHA

haut (o, frz., hoch oder laut). Im klassischen Latein bedeutet altus räumlich hoch oder tief, daneben auch laut und hell; bassus ist erst spätlateinisch in den Bedeutungen fett, dick belegt, im 8. Jh. in St. Gallen in der Bedeutung niedrig. Altfranzösisch bedeutet h. hoch oder laut (neufranzösisch sind Synonyme nach Rousseau: aigu und fort), bas (seit dem 12. Jh.) tief oder leise (grave oder doucement, à demi voix). In Frankreich wurden etwa ab 1400 Instruments h.s und bas unterschieden; am burgundischen Hof rangierten die Joueurs des h.s instruments hinter den Hoftrompetern vor den Spielern der Bas musique. Tinctoris nennt um 1484 alta (musica) das Zusammenwirken von Schalmei, Dulzian, Trombone und Zugtrompete (→ Cobla). Zu den starken Instrumenten gehörten im Spätmittelalter Schalmeien, Sackpfeifen, Hörner und Blechblasinstrumente wie Busine, Schlaginstrumente wie Trommel und Becken. Mit ihnen wurde im Freien, bei Turnier, Tanz und Mummerei musiziert. Zu den stillen Instrumenten gehörten Flöte, Blockflöte, Krummhorn, Saiteninstrumente wie Harfe, Psalterium, Laute, Gitarre, Fiedel sowie das Portativ. Mit ihnen wurde die Musik in der Kammer und bei Mysterienspielen gespielt. – Die Holzblasinstrumente der starken Musik hießen h. bois; bis ins 20. Jh. war Hautboist der Name der Bezeichnung für Militärmusiker (Bläser) schlechthin. Mit der Entwicklung der Bomharte (Praetorius zufolge von den Franzosen Hautbois, von den Engländern Hoboyen genannt) ging das französische Wort hautbois (bis ins 18. Jh. gesprochen obo'ɛ; ital. oboè) unter Bedeutungsverengung auf das moderne Instrument → Oboe (– 1) über.

Lit.: PRAETORIUS Synt. II; J.-J. ROUSSEAU, Dictionnaire de musique, Artikel h. u. bas, Genf 1767(?), Paris 1768; A. BAINES, Fifteenth-Cent. Instr. in Tinctoris' De Inventione et Usu Musicae, The Galpin Soc. Journal III, 1950; E. A. BOWLES, H. and Bas. The Grouping of Mus. Instr. in the Middle Ages, MD VIII, 1954.

Hautbois (obǔ'a, frz.) → Oboe (– 1).

Hautboisten, Hoboisten, bis 1918 in Deutschland allgemeine Bezeichnung für die Militärmusiker der Infanterie. Diese sind aus die Schalmei, später die Oboe (beides frz. hautbois) blasenden Regimentspfeifern des 17. Jh. hervorgegangen. Die Bezeichnung blieb auch dann noch bestehen, als schließlich von 42–48 Musikern nur noch 2 die Oboe bliesen.

Haute-contre (otkɔ̃:tr, frz., von → contratenor altus) ist die höchste Männerstimme (hoher Tenor, männlicher Alt); haut-contre de violon → Viola tenore (– 1).

Heckelphon, eine 1904 von W. → Heckel konstruierte Baritonoboe mit → Liebesfuß. Es steht eine Oktave unter der Oboe und unterscheidet sich durch seinen vollen Klang von den französischen Konstruktionen tiefer Oboen im 19. Jh. (Triébert um 1825). Das H. wurde zuerst von R. Strauss (*Salome, Elektra*) und von M. v. Schillings (*Mona Lisa*) vorgeschrieben.

Heidelberg.
Lit.: F. W. E. ROTH, Zur Gesch. d. Hofmusik zu H. im 16. Jh., Neues Arch. f. d. Gesch. d. Stadt H. VI, 1905; FR. STEIN, Gesch. d. Musik- u. Konzertwesens in H. bis zum Ende d. 18. Jh., H. 1921, u. in: Neues Arch. f. d. Gesch. d. Stadt H. XI, 1924; D. BARTHA, Zur Gesch. d. Hofmusik in H., ZfMw XII, 1929/30; DERS., Neue Mitt. über d. Hofmusikkapelle in H. unter Pfalzgraf Ludwig V., Mannheimer Geschichtsblätter XXXI, 1930; C. PH. REINHARDT, Die H.er Liedmeister d. 16. Jh., = H.er Studien zur Mw. VIII, Kassel 1939; G. PIETZSCH, Zur Pflege d. Musik an d. deutschen Univ. bis zur Mitte d. 16. Jh., H. u. Köln, AfMf V, 1940; DERS., Quellen u. Forschungen zur Gesch. d. Musik am kurpfälzischen Hof in H. bis 1622, = Akad. d. Wiss. u. d. Lit. Mainz, Abh. d. geistes- u. sozialwiss. Klasse, Jg. 1963, Nr 6; S. HERMELINK, Ein Musikalienverz. d. H.er Hofkapelle aus d. Jahre 1544, in: Ottheinrich, Gedenkschrift . . ., H. 1956.

Heirmos (griech. εἱρμός, Reihe, Kette), heißt in jeder der 9 Oden eines → Kanons (– 2) das erste Glied der Reihe von Troparia. Bau und Melodik dieser Strophe werden in allen folgenden Strophen übernommen; der H. ist also ein Automelon (→ Troparion) und steht in gewissem Maße dem antiken Nomos nahe. Da viele Kanones des kirchlichen Repertoires die gleiche Folge von Heirmoi besitzen, ist deren Zahl geringer als die der Kanones. Meist sind die Heirmoi eine ziemlich genaue Umschreibung, zuweilen fast Wiederholung des entsprechenden biblischen Gesangs und vor allem des Hypopsalma; nur an den größeren Festen sind sie inhaltlich selbständiger. Die 9. Ode ist dem Gedächtnis und Lob der Jungfrau Maria vorbehalten, da sie in der Matutin auf das Magnificat folgt. In der musikalischen Überlieferung bilden die Heirmoi ein besonderes Buch, das Heirmologion, in dem sie nach Tonarten zusammengestellt sind. In den liturgischen Büchern für das Offizium ist sehr häufig nicht der ganze H. aufgezeichnet, sondern nur ein Incipit. Wird ein H. am Ende der Ode gesungen, so heißt er Katabasia (Abstieg), weil während dieses Gesangs das Chorgestühl verlassen wird.

Helikon (griech. ἑλικών), – 1) ein Berg in Boiotien, bekannt als Wohnsitz der → Musen; – 2) ein mit 4 Saiten gleicher Stimmung bezogenes Instrument, das wie das Monochord nur der Intervallbestimmung diente. Eine ausführliche Beschreibung gibt Ptolemaios II, 2 (dazu der Kommentar des Porphyrios), eine kürzere Aristeides Quintilianus III, 3, sowie im 13. Jh. G. Pachymeres; – 3) ein vor allem in der Militärmusik gebrauchtes großes Blechblasinstrument der Bügelhornfamilie (eine Tuba, vor allem die Kontrabaßtuba), das kreisrund gewunden ist und über der Schulter getragen wird. Eine Abart des H.s mit nach vorn gerichteter Stürze ist das Sousaphon.

Helligkeit → Tonhöhe, → Klangfarbe.

Helmstedt.
Lit.: W. GURLITT, Was ist während d. 17. Jh. in St. Stephani musiziert worden?, H.er Kreisblatt 1912, Nr 127, 128, 139; A. BEHSE, Das Coll. mus. an d. H.er Univ., Zs. Alt-H. I, 1915; G. PIETZSCH, Zur Pflege d. Musik an d. deutschen Univ. bis zur Mitte d. 16. Jh., AfMf VII, 1942; A. BRÜGGEMANN, Um d. Stadtmusik: Bestallung d. Hausmanns zu H. 1685, Zs. Alt-H. XL, 1955.

Helsinki.
Lit.: O. ANDERSSON, Den unge Pacius och musiklivet i Helsingfors på 1830-talet, H. 1938; J. ROSAS, Musikaliska sällskapet och symfoniföreningen i Helsingfors 1827–53, H. 1952; A. LARVOUEN, Sibelius-Akad. 1882–1957, H. 1957; N.-E. RINGBOM, Musiklivet, in: Helsingfors stads historia V, 2, H. 1965.

Hemiole (von griech. ἡμιόλιος, anderthalb; lat. proportio hemiolia, hemiola, sesquialtera) heißt in der Mensuralnotation seit dem 15. Jh. eine Gruppe von 3 imperfekten, mit → Color (– 1) geschriebenen Noten, die anstelle von 2 perfekten Noten gleicher Gestalt gesetzt wird (vgl. Tinctoris, CS IV, 161, auch 183 und 181b), z. B.:

Die Notierung einer H. durch geschwärzte Noten ist in der Kirchen-, Orgel- und Klaviermusik noch im 18. Jh. anzutreffen. In den meisten Fällen jedoch wird die H. seit dem 17. Jh. nicht mehr durch Schwärzung angezeigt, sondern ist an der melodischen Gliederung und am Harmoniewechsel abzulesen. Ihr Sinn ist im Taktsystem des 17.–19. Jh. die rhythmische Zusammenfassung zweier ungerader Takte zu einem einzigen mit doppelt so langer Zählzeit, z. B.:

entspricht

Beim 6/4- oder 6/8-Takt verwandelt die H. die innere Gliederung des Taktes dementsprechend von 2 × 3 in 3 × 2. Bis um 1750 ist die H. einerseits in Tänzen (vor allem Couranten), andererseits allgemein wegen ihrer verbreiternden Wirkung vor dem Schluß eines Satzes oder Themas beliebt. Nachdem sie bei den Wiener Klassikern etwas in den Hintergrund getreten war, begegnet sie im 19. Jh. wieder häufig, vor allem bei Schumann und Brahms, aber auch – bei festgehaltenem Begleitrhythmus – vielfach in Walzermelodien.
Lit.: H. H. WINTERSGILL, Handel's Two-length Bar, ML XVII, 1936; W. TELL, Die H. bei Bach, Bach-Jb. XXXIX, 1951/52; K. HLAWICZKA, Die rhythmische Verwechslung, Mf XI, 1958, dazu R. Steglich in: Mf XII, 1959; K. PH. BERNET KEMPERS, Hemiolenrhythmik bei Mozart, Fs. H. Osthoff, Tutzing 1961; M. B. COLLINS, The Performance of Coloration, Sesquialtera, and Hemiola (1450–1750), Diss. Stanford (Calif.) 1963, maschr., Teildruck in: JAMS XVII, 1964.

Hemitonium (lat., auch semitonium; von griech. ἡμιτόνιον) → Halbton.

Hermeneutik (von griech. ἑρμηνεύειν, deuten) ist die Lehre von der Auslegung eines objektiven Sinngebildes. Ursprünglich als Anleitung zum Textverständnis Bestandteil der Theologie und Philologie, wird bei Dilthey (1900) *diese Lehre von der Interpretation ein wichtiges Verbindungsglied zwischen der Philosophie und den geschichtlichen Wissenschaften, ein Hauptbestandteil der Grundlegung der Geisteswissenschaften* (Gesammelte Schriften V, S. 331). Anwendungen der Diltheyschen H. auf die Musikgeschichte bilden z. B. H. Kretzschmars Versuch einer Wiederbelebung der Affektenlehre, A. Scherings Lehre vom *Symbol in der Musik* und seine Forschungen über das poetische Programm der Instrumentalwerke Beethovens, G. Beckings Behandlung des *Musikalischen Rhythmus als Erkenntnisquelle* und H. Zencks Untersuchungen über *Grundformen der Musikanschauung*.
Lit.: W. DILTHEY, Die Entstehung d. H., Fs. Chr. Sigwart, Tübingen 1900, auch in: Gesammelte Schriften V, Bln 1924; DERS., Von deutscher Dichtung u. Musik, hrsg. v. H. Nohl u. G. Misch, Lpz. (1933), Stuttgart u. Göttingen (²1957); H. KRETZSCHMAR, Anregungen zur Förderung mus. H., JbP IX, 1902, auch in: Gesammelte Aufsätze II, Lpz. 1911; DERS., Neue Anregungen zur Förderung mus. H., JbP XII, 1905; A. SCHERING, Zur Grundlegung d. mus. H., Zs. f. Ästhetik u. allgemeine Kunstwiss. IX, 1914; DERS., Beethoven in neuer Deutung, Lpz. (1934); DERS., Beethoven u. d. Dichtung, = Neue deutsche Forschungen LXXVII, Abt. Mw. III, Bln 1936; DERS., Das Symbol in d. Musik, hrsg. v. W. Gurlitt, Lpz. 1941; H. BESSELER, Grundfragen d. Musikästhetik, JbP XXXIII, 1926; G. BECKING, Der mus. Rhythmus als Erkenntnisquelle, Augsburg 1928, Neudruck Darmstadt 1958; E. BETTI, Zur Grundlegung einer allgemeinen Auslegungslehre, Fs. E. Rabel II, Tübingen 1954; H. ZENCK, Numerus u. Affectus, hrsg. v. W. Gerstenberg, = Mw. Arbeiten XVI, Kassel 1959; H.-G. GADAMER, Wahrheit u. Methode. Grundzüge einer philosophischen H., Tübingen 1960; G. FUNKE, Krise d. H.?, Zs. f. Religions- u. Geistesgesch. XIII, 1961.

Hertz → Frequenz.

Hessen.
Lit.: W. DIEHL, Die Org., Organistenstellen u. Organistenbesoldungen in d. alten Obergrafschaftsgemeinden d. Großherzogtums H., Darmstadt 1908; H. LEMACHER, Zur Gesch. d. Musik am Hofe zu Nassau-Weilburg, Diss. Bonn 1916; G. HEINRICHS, Beitr. zur Gesch. d. Musik in Kurh.,

4 Bde, Homberg 1921–25; T. Sokolskaja, Alte deutsche Volkslieder in d. oberhessischen Sprachinsel Belowjisch (Nord-Ukraine), Hessische Blätter f. Volkskunde XXIX, 1930; K. Steinhäuser, Die Musik an d. H.-Darmstädtischen Lateinschulen im 16. u. 17. Jh., Diss. Gießen 1936; K. Schmidt, Aus vergangenen Zeiten. Gesammelte Aufsätze zur Musik- u. Kulturgesch. d. ehemaligen Reichsstadt Friedberg in d. Wetterau, I Friedberg ²1935, II 1934; K. Dreimüller, Die Musik d. Alsfelder Passionsspiels, 3 Bde, Diss. Wien 1935, maschr.; H. v. d. Au, Das Volkstanzgut im Rheinfränkischen, = Gießener Beitr. zur deutschen Philologie LXX, Gießen 1939; E. Imbescheid, Die Melodien d. Volkslieder in Oberh., Diss. Gießen 1941, maschr.; E. Gutbier, Zur Gesch. d. Kirchenmusik in Frankenberg bis zum Ausgang d. 18. Jh., = Beitr. zur Gesch. d. ev. Kirchenmusik in Kurh.-Waldeck I, Kassel 1952; D. Grossmann, Zu einer Gesch. d. Orgelbaues in H., Zs. d. Ver. f. hessische Gesch. u. Landeskunde LXVIII, 1957; H. J. Moser, Zur Musikbegabung d. Alth., ebenda; D. Rouvel, Zur Gesch. d. Musik am Fürstlich Waldeckschen Hofe zu Arolsen, = Kölner Beitr. zur Musikforschung XXII, Regensburg 1962.

Heterolepsis (griech., Ergreifen eines anderen Gegenstandes), in der Kompositionslehre des 17. und 18. Jh. eine musikalische Figur. Chr. Bernhard beschreibt sie als unregelmäßige Dissonanzbildung oder -auflösung durch Springen zu einem Ton, der nach den Regeln des strengen Satzes nur in einer anderen Stimme erscheinen kann. J. G. Walther (1708) spricht allgemeiner von einer H., *wenn eine Stimme aus einer andern bisweilen einen Clavem hinweg nimmet, und den ihrigen unterdaß jener beraubten Stimme zukommen läßet*, und fügt hinzu, daß diese Figur *sich einer großen Freyheit anmaset*. Im folgenden Beispiel (Schütz, *Symphoniae Sacrae* II, Nr 3, *Herr unser Herrscher*; GA VII, S. 19) ergreift die Singstimme bei * das im Sekundschritt erreichte c² der Violine II, das seinerseits wieder heteroleptisch weitergeführt wird:

Heterophonie (griech. ἑτεροφωνία, von ἕτερος, anders, verschieden, und φωνή, Stimme) wurde als Terminus von C. Stumpf (1901) – unter Berufung auf eine Stelle bei Platon (»Gesetze« 812d–e) – in die Vergleichende Musikwissenschaft eingeführt und später in verschiedenem, mitunter wenig prägnantem Sinne verwendet. Primär versteht man unter H. ein von strengem Unisono und von rationaler Mehrstimmigkeit verschiedenes Prinzip des Zusammenspielens und -singens, das außerhalb Europas in Hoch- und Primitivkulturen weit verbreitet und vereinzelt auch in europäischen Randgebieten (z. B. Balkan, Rußland) anzutreffen ist. Es läßt sich etwa dahingehend charakterisieren, daß »in den Grundzügen identische Tonbewegung« (Stumpf) gleichzeitig in verschiedenen Abwandlungen realisiert wird: die Ausführenden folgen im großen derselben Bewegungsrichtung, weichen im einzelnen aber spontan immer wieder von ihr ab. Die hier gemeinte H. wird auf die unterschiedlichste Weise praktiziert: in einigen, vorwiegend linear-melodisch orientierten Musikkulturen erscheint sie mehr als Umspielung eines melodischen Kerns, in anderen, vorwiegend vertikal-klanglich orientierten Musikkulturen erweckt sie mehr den Eindruck einer Umspielung von an sich starren Klängen. Daneben gibt es Zwischenstufen und Übergangserscheinungen, die unter systematischen Gesichtspunkten schwerer zu fassen sind. Typische Arten der H. sind: 1) Zur vorgetragenen Melodie gesellt sich eine (oft instrumental ausgeführte) umspielende Begleitung, die vielerlei zufällige Zusammenklänge entstehen läßt. Verbreitet ist diese Art zumal im Orient und in Nordafrika (→ Arabisch-islamische Musik). 2) Gleichberechtigte Versionen (Varianten) einer Melodie erklingen gleichzeitig, wobei sich an den abweichenden Stellen Zusammenklänge ergeben, die aus meist kleineren Intervallen bestehen. Für diese Art ist die Bezeichnung Varianten-H. gebräuchlich (zur Varianten-H. im weiteren Sinne wird gelegentlich auch die zuerst genannte Art gerechnet). Sie ist im Orient und bei vielen Naturvölkern zu finden (Ceylon, Indonesien, Ozeanien, Afrika und sonst). Ein Sonderfall liegt **vor**, wenn die Abweichungen vom Unisono unbewußt entstehen (was allerdings nicht leicht zu beurteilen ist); hierfür wurde die Bezeichnung »negative H.« vorgeschlagen (C. Sachs). 3) Eine besonders kompliziert erscheinende Art, die in Hinterindien und Indonesien gepflegt wird, beruht auf dem Zusammenwirken zahlreicher Instrumente (→ Gamelan). Jedes von ihnen wird auf eine andere, seiner Eigenheit gemäße Art gespielt. Die durch die Vielzahl der Instrumente und der Mitwirkenden bedingte Buntheit im Zusammenspiel war es in erster Linie, die C. Stumpf an die erwähnte Platon-Stelle erinnerte. – H. hat ferner die abgeleitete Bedeutung einer gleichsam nach Art der eigentlichen H. eingerichteten Technik oder Manier im Zusammenspiel. In dieser übertragenen Bedeutung wird der H.-Begriff manchmal auch bei Erscheinungen der abendländischen Musik angewendet (z. B. wenn zwei Stimmen im Prinzip die gleiche Bewegung zusammen ausführen, wobei jedoch die eine zusätzlich diminuiert oder ausgeziert wird). – Entgegen einer häufig anzutreffenden Meinung hat sich das Wort ἑτεροφωνία in der Antike anscheinend noch nicht zu einem musikalischen Terminus verfestigt. Platon spricht an der genannten Stelle von ἑτεροφωνία τῆς λύρας, einer (von der Singstimme) »abweichenden Tonführung der Lyra«. Diese Musizierweise lehnt er für die Erziehung der Jugend in seinem Idealstaat ab. Wie sie konkret ausgeführt wurde, ist aus seiner polemischen Beschreibung schwer zu erkennen. Das Wort ἑτεροφωνία hat er wohl ad hoc gebildet; es ist im Griechischen nur noch bei Theophrast in ganz anderem Sinn belegt.

Lit.: C. Stumpf, Tonsystem u. Musik d. Siamesen, in: Beitr. zur Akustik u. Mw. III, Lpz. 1901, auch in: Sammelbde f. Vergleichende Mw. I, München 1922; G. Adler, Über H., JbP XV, 1908; M. Schneider, Gesch. d. Mehrstimmigkeit I, Bln 1934, Rom ²1964; J. Handschin, Mg. im Überblick, Luzern (1948), ²1964; H. Görgemanns u. A.-J. Neubecker, »H.« bei Platon, AfMw XXIII, 1966.

FZa

Hexachord (lat. hexachordum, von griech. ἕξ, sechs, und χορδή, Saite; Analogiebildung zu tetrachordum), eine Reihe von 6 in gleicher Richtung stufenweise aufeinanderfolgenden Tönen, in der mittelalterlichen Musiktheorie speziell der Tonraum aus 2 × 2 Ganztonschritten mit in der Mitte liegendem Halbtonschritt. Mit diesem Tonraum, der wohl aus den Gegebenheiten des mehrstimmigen Musizierens erwuchs und erstmalig von → Guido von Arezzo beschrieben wurde, konnte der gesamte damals verwendete Tonbereich systematisch erfaßt werden, indem man um die Halbtöne e–f, a–b und h–c jeweils ein derartiges H. gruppierte. Die in bezug auf den die Mitte bildenden Halbtonschritt qualitativ gleichen Stufen der verschiedenen H.e wurden unabhängig von ihrer Tonhöhe mit gleichen

Tonsilben (voces, syllabae) bezeichnet (ut re mi – fa sol la; → Solmisation). Entsprechend den drei genannten Halbtonschritten unterschied man ein Hexachordum naturale (c–a), molle (f–d) und durum (g–e), letztere benannt nach dem darin verwendeten ♭molle (= b) bzw. ♮durum (= h). Da seit dem späten Mittelalter, wohl nicht ohne Einfluß der zunehmenden Mitwirkung von in ihrer Stimmung mehr oder weniger unveränderlichen Instrumenten, die Stufen des Tonsystems immer mehr mit absoluten Tonhöhen gleichgesetzt wurden, war es erforderlich, alle Tonarten durch entsprechende Transpositionen unter Einführung weiterer, nicht im guidonischen System vorhandener Halbtonschritte (mit Hilfe der → Akzidentien; → Musica ficta) von allen Stufen aus bilden zu können. Dies hat dazu geführt, daß die H.e, die streng diatonisch, dafür aber nicht unbedingt an eine absolute Tonhöhe gebunden waren, allmählich durch andere Erfassungsmöglichkeiten des in der Praxis verwendeten Tonraumes abgelöst wurden (→ Dur, → Moll).

Hifthorn (von hief, hift, Jagdsignal; umgedeutet zu Hüfthorn), mittelalterliches Signalhorn, das auf dem Rücken oder an einem Gürtel um die Hüfte getragen wurde. Es war eine metallene Nachbildung des geschwungenen Stier- oder Kuhhorns. Die am H. des 14. Jh. erkennbare Biegung der Röhre führte zum gewundenen Jägerhorn.

Lit.: E. BUHLE, Die mus. Instr. in d. Miniaturen d. frühen MA I, Die Blasinstr., Lpz. 1903.

High Fidelity (hai faid'eliti, engl.; Abk.: Hi Fi [hai fai]) ist der mit der Ausbreitung der Langspielplatte zunächst in den USA, später auch in Europa eingeführte Begriff für ein Optimum originalgetreuer elektrischer Musikwiedergabe. H. F.-Qualität wird heute durchweg stereophonischen Wiedergabegeräten (→ Stereophonie) zuerkannt, sofern deren technische Eigenschaften bestimmten hochgesetzten Normen (Din 45500) hinsichtlich des Übertragungsbereiches, des Klirrfaktors (→ Verzerrung), der Dynamik usw. genügen. Musikalisch gesehen betrifft die technische Übertragungsqualität den Höreindruck nicht zentral, da sie lediglich jene Bereiche berührt, die etwa durch die Polaritäten hell–dunkel, hart–weich, kühl–warm, voll–leer charakterisiert sind. Kriterien höherer Strukturebene werden wenig oder gar nicht beeinflußt, wie z. B. auch der Sinngehalt der gesprochenen Rede sich etwa durch die Mängel einer Telephonübertragung nicht ändert.

Lit.: H. BRAUNS, Stereotechnik, Stuttgart 1963; O. STÜRZINGER, Hi-Fi-Technik, ebenda 1963; Deutsches H. F. Jb., Karlsruhe 1963/64; E. P. PILS, Rundfunk-Stereophonie, Stuttgart 1964; H. P. REINECKE, Der Eindrucksspielraum v. erklingender Musik, in: Mitt. d. Deutschen Musikphonothek I, Bln 1965; Einführung in d. H.-F. u. Stereophonie, hrsg. v. dhfi Deutsches H.-F. Inst. e. V., Düsseldorf 1965. – Zs. HiFi Stereophonie, Karlsruhe seit 1962.

Hi-hat (h'ai-hæt, engl., von high hat, hoher Hut), besteht aus 2 auf einem Ständer horizontal angebrachten Becken, von denen das obere, bewegliche Becken durch Treten eines Pedals gegen das untere, festliegende geschlagen wird. Das Hi-hat, fälschlich auch Charleston-Maschine genannt (diese ist nur etwa halb so hoch wie das Hi-hat), gehört zur Rhythm section des Jazzorchesters.

Hinterindien.
Lit.: C. SACHS, Die Musikinstr. Birmas u. Assams im K. Ethnographischen Museum zu München, = Sb. München 1917, II; L. STRICKLAND-ANDERSON, Music in Malaya, MQ XI, 1925; M. KOLINSKI, Die Musik d. Primitivstämme auf Malakka u. ihre Beziehungen zur samoanischen Musik, Anthropos XXV, 1930; K. REINHARD, Die Musik Birmas, = Schriftenreihe d. mw. Seminars d. Univ. München V, Würzburg 1939; PHRA CHEN DURIYANGA, Thai Music. = Thailand Culture Series VIII, Bangkok 1948, ^{4}1956; R, DÉVIGNE, L'Indochine folklorique: Chants et musique du Laos, du Cambodge et de l'Annam, Orphée I, 1953; NGUYÊN-DINH LAI, Étude sur la musique sino-viêtnamienne et les chants populaires du Viêt-Nam, Bull. de la Soc. des études indochinoises, N. F. XXXI, 1956; H. NEVERMANN, Die Stimme d. Wasserbüffels. Malaiische Volkslieder, Kassel 1956; A. DANIÉLOU, La musique du Cambodge et du Laos, = Publications de l'Inst. frç. d'indologie IX, Pondichéry 1957, Paris ^{2}1959; L. PICKEN, The Music of Far-Eastern Asia, in: The New Oxford Hist. of Music I, London 1957; DH. YUPHO, Thai Mus. Instr., (Bangkok 1960); TRÂN VĂN KHÊ, La musique viêtnamienne traditionnelle, = Annales du Musée Guimet LXVI, Paris 1962.

Hintersatz (auch Nachsatz oder Lokatz, verderbt von lat. locatio, Stellung; später auch Blockwerk genannt) hieß in der spätgotischen Orgel dasjenige Pfeifenwerk, das hinter der Hauptstimme (lat. vox principalis, daher → Prinzipal) auf der Windlade stand. Der H. ist eine ungeteilte und nicht repetierende Großmixtur mit bis zu 10, 22 und mehr Chören. Originale H.-Laden finden sich vor allem noch auf der schwedischen Insel Gotland. Der 7chörige H. der Nikolai-Orgel in Utrecht von 1479 bestand aus 16′, 8′, 5¹/₃′, 4′, 2²/₃′, 2′, 1¹/₃′ mit ansteigender Chorzahl (auf F 8, auf a² 17 Pfeifen). Nachdem A. Schlick (1511) den H. abgelehnt hatte, kam er allmählich außer Gebrauch und wurde in Orgelregister aufgeteilt.

Historia (lat., Historie, Geschichte), im späten Mittelalter eine Bezeichnung für die Antiphonen und Responsorien des Offiziums eines Tages, wohl deshalb so genannt, weil sie ursprünglich der jeweiligen Heiligenvita entnommen waren. Die deutschen Reformatoren verwendeten H. im Sinne von Heilsgeschichte häufig anstelle von Evangelium; seitdem begegnet H. bis hin zu Schütz verschiedentlich in den Titeln der nun meist deutschsprachigen Passionskompositionen (H. des Leidens ...). Gegen Mitte des 16. Jh. bildete sich in den protestantischen Kirchen Sachsens und Thüringens der Brauch heraus, auch die Evangelien hoher Festtage, besonders von Ostern und Weihnachten, nach dem Vorbild der responsorialen → Passion mit verteilten Rollen und Choreinschüben musikalisch aufzuführen. Diese H. genannten Kompositionen wurden ursprünglich in den Haupt-, später in den Gebetsgottesdiensten (Vesper, Mette) gesungen. Demgemäß berücksichtigt der Text der H., abgesehen von Einleitungs- und Schlußchor, normalerweise nur die Worte des jeweiligen Festevangeliums. Für die liturgische Verwendung der H. spricht auch der zumindest für die frühe H. eigentümliche Rezitationston: wie in den Passionen wurde den verschiedenen Rollen je nach Stimmlage und Ausdrucksgehalt eine eigene Tuba zugewiesen, beim Osterton: Evangelist a, Christus d oder f, vox personarum d¹ oder f¹, Maria Magdalena e¹. Zunehmende Ausdruckssteigerung führte jedoch von der ursprünglich psalmodischen Rezitation mehr und mehr zum dramatischen, oft generalbaßbegleiteten Rezitativ und ließ die H. in die aus Italien stammende Tradition des Oratoriums übergehen. – Unter den Historien wurde die Vertonung der Auferstehungsgeschichte bevorzugt. Schon der erste Beleg, die anonyme Oster-H. aus Sachsen (um 1550) nach dem Text der Evangelienharmonie J. Bugenhagens (1526), verwendet den Osterton, dessen Herkunft noch nicht geklärt ist. Bedeutung erlangte Scandellos Auferstehungs-H. (1568), die u. a. für N. Rosthius (1598), A. Finold (1611) und B. Faber (1621) zum Vorbild wurde. Eines ihrer Hauptmerkmale ist die aus Italien stammende Synthese von durchkomponierter und responsorialer Vertonung, bei der die Worte des Evangelisten einstimmig, die der Soliloquenten zwei- oder dreistimmig, die Christusworte vierstimmig, die Turbae und Rahmenchöre fünfstimmig gesetzt sind. Auch die Auferstehungs-H. von Schütz (1623) übernimmt Textvorlage, Oserton und die gemischte Schreibweise von Scandello. Schütz schreibt für seine Komposition durchweg Generalbaß vor; die teilweise schon rezitativisch auskomponierten Evangelistenworte werden von einem Gambenquartett begleitet. Zu den 2st. Christuspartien und Worten der Maria Magdalena bemerkt Schütz, daß *beyde Stimmen, oder nur eine gesungen, die andre Instrumentaliter gemacht, oder auch wol, si placet, gar ausgelassen werden* könne. Die Auferstehungs-H. von Selle nähert sich stilistisch bereits dem Oratorium; dasselbe gilt wahrscheinlich auch für die vier verschollenen Historien von J.-Ph. Krieger. – Die Geschichte der Weihnachts-H. beginnt mit der Empfängnis- und der Weihnachts-H. von R. Michael (1602), die stilistisch der H. von Scandello nachgebildet sind. Nach der anonymen *H. Nativitatis Christi* (Breslau 1638) folgt als bedeutendstes Werk dieser Art die Weihnachts-H. von Schütz (1664). Die Worte des Evangelisten sind hier als dramatische Rezitative komponiert, können aber der Vorrede zufolge auch ohne Generalbaß choraliter aufgeführt werden. Neben den beiden Rahmenchören stehen als besonders wichtige Teile die acht als Intermedien bezeichneten solistischen oder chorischen Vertonungen der Reden, die jeweils von einer charakteristischen Instrumentengruppe begleitet werden. Neben T. Zeutschner (1649) schrieb auch J. Ph. Krieger 5 Weihnachtshistorien, die jedoch verschollen sind. – Von Historien über andere Evangelien sind u. a. bekannt: P. Schede, *H. de navicula vehente Christum* (1565); E. Gerlach, *H. von dem christlichen Lauff und seeligen Ende Johannis des Teuffers* (1612); S. Knüpfer, *H. de Missione Spiritus.* H. nennt Carissimi einen Teil seiner Oratorien über Stoffe aus dem Alten Testament (Job, Ezechia, Baltazar, Abraham und Isaak). Gleichfalls alttestamentarische Szenen behandelt Kuhnau in seinen Klaviersonaten *Musicalische Vorstellung Einiger Biblischer Historien* (1700). – In der neueren evangelischen Kirchenmusik entstanden eine Reihe von Kompositionen nach dem Vorbild der Historien (Distler, H. Degen, Reda), wobei die Bezeichnung H. jedoch durchweg von dem deutschen Wort Geschichte abgelöst wird.

Ausg.: Hdb. d. deutschen ev. Kirchenmusik I, 3–4, hrsg. v. K. AMELN, CHR. MAHRENHOLZ u. W. THOMAS, Göttingen 1937–39; R. MICHAEL, Mit der Empfängnis unseres Herrn Jesu Christi nach d. Evangelisten Lukas u. Matthäus (1602), hrsg. v. H. Osthoff, Kassel 1937; H. SCHÜTZ, H. d. Geburt Jesu Christi, hrsg. v. F. Schöneich, Kassel 1955; DERS., H. d. Auferstehung Jesu Christi, hrsg. v. W. S. Huber, Kassel 1956.
Lit.: O. KADE, Die ältere Passionskomposition bis zum Jahre 1631, Gütersloh 1893; A. SCHERING, Gesch. d. Oratoriums, = Kleine Hdb. d. Mg. nach Gattungen III, Lpz. 1911, Nachdruck Hildesheim 1966; P. WAGNER, Ursprung u. Entwicklung d. liturgischen Gesangsformen bis zum Ausgang d. MA, = Einführung in d. Gregorianischen Melodien I, Lpz. ³1911, Nachdruck Hildesheim u. Wiesbaden 1962; H. J. MOSER, Die mehrst. Vertonung d. Evangeliums I, = Veröff. d. Staatl. Akad. f. Kirchen- u. Schulmusik Bln II, Lpz. 1931; DERS., H. Schütz, Kassel ²1954; H. OSTHOFF, Die Historien R. Michaels, Fs. A. Schering, Bln 1937; W. MATTHÄUS, Die Evangelienhistorie v. J. Walter bis H. Schütz..., Diss. Ffm. 1943, maschr.; K. AMELN, Die Anfänge d. deutschen Passionshistorie, Kgr.-Ber. Basel 1949. NJ

Hit (engl.) → Schlager.

Hochdruckregister in der Orgel werden Lingual- und Labialregister genannt, die mit erhöhtem Winddruck (bis 300 mm und mehr) angeblasen werden. Die ersten H. wurden von der Firma Weigle 1893 für die Orgel der Liederhalle in Stuttgart mit sehr breitem Labium – bis zu ½ des Umfanges – und Bogenoberlabium gebaut. Die 1901 patentierten Seraphonstimmen stellen eine andere Form der H. dar; ihre Pfeifen weisen zwei flache Labien auf, die im stumpfen Winkel aufeinanderstoßen.

Hochschule für Musik → Konservatorium.

Hölzern Gelächter, Hülzern Glachter → Strohfidel.

Hören ist als musikalisches H. *ein aktives Auffassen von Tonfolgen und Zusammenklängen, ein logisches Verknüpfen von Tonvorstellungen* (H. Riemann). Als »logische Aktivität« des H.s, die der »musikalischen Logik« des Werks korrespondiert und die als → Begabung gleichwohl der Ausbildung bedarf, kennzeichnet Riemann die auf Gedächtnis- und Phantasiekraft beruhende Fähigkeit, beim H. von Musik das in zeitlichem Ablauf akustisch Geschehende zu umgrenzen, zu gliedern, zu vergleichen und »synthetisch« zueinander in Beziehung zu setzen. Während das H. als psychologisches Phänomen Gegenstand der an naturwissenschaftlichen Methoden orientierten → Hörpsychologie und → Musikpsychologie, in seiner gesellschaftlichen Bedingtheit Gegenstand der → Soziologie ist, erscheint es als Instanz des Verstehens von Sinnzusammenhängen zugleich bedingt durch die → Geschichte der Musik und durch das für die → Komposition jeweils geltende System der musikalischen Werte. Gleichwohl ist im historisch Jeweiligen ein Immerwährendes, Kategoriales wirksam, das das (begrenzt unmittelbare) Erfassen auch der geschichtlichen (»vergangenen«) Musik ermöglicht und die geschichtliche Fragestellung in fruchtbare Spannung setzt zur Wissenschaft und Lehre musikalischer Prinzipien und Kategorien. Bei der Musik *erscheint das Ohr eingeschaltet zwischen zwei Welten: die naturhafte Welt der ... Schallwellen und Luftschwingungen einerseits und die menschlich-geistig-geschichtliche Welt der uns ansprechenden musikalischen Sinngestalten, Sinnbedeutungen und Bedeutungszusammenhänge andererseits* (Gurlitt, S. 9). Die Frage nach dem Abhängigkeitsverhältnis beider je eigengesetzlichen Schichten des H.s ist eine der Grundfragen der Musikwissenschaft, während die Relation zwischen kompositorischem Erfinden (Ausdenken) und musikalischem H. (Verstehen) durch die Neue Musik der Gegenwart als Frage neu gestellt wurde.

Lit.: H. RIEMANN, Mus. Logik, Lpz. 1873, Diss. Göttingen 1874 als: Ueber d. mus. H.; DERS., Ideen zu einer Lehre v. d. Tonvorstellungen, JbP XXI, 1914 – XXII, 1915; DERS., Neue Beitr. zu einer Lehre v. d. Tonvorstellungen, JbP XXIII, 1916; H. MERSMANN, Versuch einer Phänomenologie d. Musik, ZfMw V, 1922/23; DERS., Musikh., Potsdam u. Bln 1938, erweitert Ffm. ²1952; K. HUBER, Der Ausdruck mus. Elementarmotive, eine psychologische Untersuchung, Lpz. 1923; FR. REUTER, Das mus. H. auf psychologischer Grundlage, Lpz. 1925, Lindau ²1942; H. BESSELER, Grundfragen d. mus. H., JbP XXXII, 1925; DERS., Das mus. H. d. Neuzeit, Sb. Lpz. CIV, 6, 1959; J. HANDSCHIN, Der Toncharakter, Zürich (1948); W. GURLITT, H. Riemann, = Akad. d. Wiss. u. d. Lit. Mainz, Abh. d. geistes- u. sozialwiss. Klasse, Jg. 1950, Nr 25; H. H. EGGEBRECHT, Musik als Tonsprache, AfMw XVIII, 1961; Z. LISSA, Zur hist. Veränderlichkeit d. mus. Apperzeption, Fs. H. Besseler, Lpz. 1961; R. STEPHAN, Hörprobleme serieller Musik, in: Der Wandel d. mus. H., = Veröff. d. Inst. f. Neue Musik u. Musikerziehung Darmstadt III, Bln 1962.

Hörfeld (Hörfläche) bezeichnet den durch Hör- und Schmerzschwellenkurve (→ Hörschwelle) begrenzten Bereich des hörbaren Schalles, der sich graphisch in einem Intensitäts-Frequenz-Koordinatensystem (nach R. Feldtkeller und E. Zwicker) darstellen läßt (siehe umseitige Abbildung).

Hörpsychologie

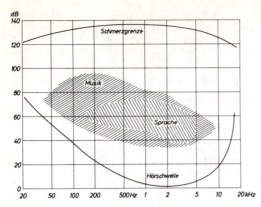

Im H. lassen sich verschiedene Bereiche erkennen, die den musikalischen bzw. den Sprachschall umfassen (etwa 1/4 bzw. 1/10 des H.es). Ein gesundes Ohr kann bei mittlerer Lautstärke im unmittelbaren Vergleich etwa 1500 verschiedene Tonhöhenstufen und bei mittlerer Tonhöhe etwa 325 verschiedene Lautstärkestufen unterscheiden. Das ergibt insgesamt etwa 340000 im direkten Vergleich unterscheidbare Hörelemente (Valenzen).

Hörpsychologie oder **Gehörpsychologie** (Wellek), früher als Tonpsychologie (Stumpf) bezeichnet, auch s. v. w. Psychologische Akustik, handelt von den Gehörerscheinungen, einschließlich der musikalischen, und den zugrunde liegenden Gehöranlagen oder -fähigkeiten unter dem Aspekt und der Methodik der Psychologie. Als Zweig der Sinnes- oder Wahrnehmungspsychologie einerseits, der Begabungspsychologie andererseits geht die H. (G.) von dem Gehör als einem Sinnes- oder Rezeptionsorgan und seinen Erlebnissen als einem Sinnesbereich (-modus) aus, zunächst ohne auf die musikalischen Erscheinungen besonders abzuzielen, schreitet aber auch zu diesen fort, soweit die Hörfunktionen grundsätzlich betroffen sind, d. h. soweit elementare Phänomene und Vorgänge in Frage stehen wie der Einzelklang, Zwei- und Mehrklang, Ton- und Akkordschritt. Dagegen wird die Entfaltung in der Zeit in mehrgliedrigen Aufeinanderfolgen, somit der Rhythmus und die Musik im eigentlichen Sinn, nicht von der H. (G.), sondern von der → Musikpsychologie behandelt; die Aufgabe der H. (G.) wird an diese weitergegeben, sobald Musik und Rhythmus als kulturelle Strukturen zum Gegenstand werden. In diesem Sinne ist zuerst von Kurth (1931), hiernach von Wellek (1934 und später) grundsätzlich unterschieden worden. – Zunächst waren es die auf der Reduktionshypothese aufbauende Psychophysik (hier: Psychoakustik) in der Nachfolge Fechners und die Elementenpsychologie des 19. Jh., welche die hörpsychologische Forschung bestimmten. Bahnbrechend wirkte v. Helmholtz mit dem Buche *Die Lehre von den Tonempfindungen als physiologische Grundlage für die Theorie der Musik* (1863), worin er mit einer Resonanztheorie des Hörens die moderne physiologische → Hörtheorie begründete und damit den »elementaren« psychischen Inhalt der Empfindung auf die Sinusschwingung als einfachsten physikalisch-akustischen Vorgang zurückführte. Die Tonhöhe ist hiernach das psychische Äquivalent oder Korrelat der Frequenz, die erlebte Lautheit entspricht dem physikalischen Schalldruck, die Klangfarbe der spektralen Zusammensetzung des Schalls (der Kurvenform). Auch komplexe Phänomene wurden in gleicher Weise den physikalischen Tatbeständen unmittelbar zu- und untergeordnet, so → Konsonanz und Dissonanz (– 2) als Erfolg der Interferenzen (Rauhigkeiten) und des Zusammenfalls von Obertönen (Partialschwingungen) bei zwei und mehr gleichzeitigen Klängen. Eine stärker an den Erscheinungen als solchen interessierte Wendung, mit einschneidender Kritik an den Ansätzen H. v. Helmholtz', wurde der nach ihm so genannten Tonpsychologie (1883 und 1890) von Stumpf gegeben, der z. B. für die Konsonanztheorie von dem Phänomen der Verschmelzung ausging und diesem nur sekundär im Physiologischen »spezifische Synergien« rein hypothetisch zuordnete. Ihm folgte G. Révész (ab 1912) mit grundlegenden Verbesserungen in der Theorie der Tonhöhe. 1890 durch Chr. v. Ehrenfels und vor allem ab 1900 durch F. Krueger wurde ein später als »Krise der Psychologie« (K. Bühler) interpretierter grundsätzlicher Umschwung in der psychologischen Theorienbildung eingeleitet, der als Wendung von der Elementen- zur Ganzheits- und Gestaltpsychologie bezeichnet wird. Schon v. Ehrenfels selbst wies (1890) gerade am Beispiel der Melodie, der Harmonie und des musikalischen Satzes nach, daß diese nicht auf Elemente zurückführbare, sondern »übersummenhafte« und »transponierbare« Gebilde darstellen, die er Gestaltqualitäten nannte. Krueger entwickelte ähnliche Ansätze (ab 1900) in seinen Untersuchungen zur Konsonanz; er führte die Konsonanz auf farbenartige Qualitäten hinaus, die den Zusammenklängen eigentümlich sind und die er den Gestaltqualitäten als (gleichfalls übersummenhafte) »Komplex-« oder »Ganzqualitäten« beiordnete. Die von Chr. v. Ehrenfels ausgehende Schule der Berliner »Gestalttheorie« wandte sich in zweien ihrer Begründer und führenden Köpfe, E. v. Hornbostel und W. Köhler, der Tonpsychologie, besonders als Phänomenologie zu; der erstgenannte gab 1926 eine erste, bis heute mustergültige Darstellung der *Psychologie der Gehörserscheinungen* bis hin zum Tonschritt und Mehrklang. Schon früher und parallel hierzu hatte Krueger in Leipzig die Schule der Genetischen Ganzheitspsychologie begründet, in welcher Wellek, bei ihm und auch bei v. Hornbostel anknüpfend, die Psychologie der Gehörserscheinungen auf die sukzessiven Mehrheiten (Satzformen) als die »musikalischen Erscheinungen« ausdehnte und von da aus zur → Musikpsychologie überleitete, zugleich auch die Theorie der Gehöranlagen, zumal des → Absoluten Gehörs und → Relativen Gehörs, entwickelte. Mit der Ganzheits- und Gestaltpsychologie wird auch der Reduktionismus im Sinne des Abhängigkeitssatzes (der »Konstanzannahme«) der älteren Psychophysik hinfällig, d. h. die Voraussetzung eindeutiger Beziehungen zwischen (physikalischem) Reiz und (psychischem) Reizerfolg. Zugleich wird die Annahme einer »reinen«, »einfachen« Empfindung, aus der sich die komplexe Wahrnehmung aufbauen soll, fallen gelassen und der originäre Charakter der Qualitäten-(Farben-) und Gestaltwahrnehmung auf allen Sinnesbereichen erkannt. Damit entfällt die Festlegung des Begriffs der → Tonhöhe auf eine einzige, angeblich allein originäre Qualität; die von Révész so genannte »musikalische Qualität« – nach v. Hornbostel Tonigkeit genannt – wird als selbständige (nach Wellek »zyklische«) Wahrnehmungs-»Dimension« neben dieser eingeführt und die Mehrseitigkeit der Tonhöhe anerkannt. Von daher wird eine qualitative Aufgliederung auch der Klangfarbe und der Tonzwei- und -mehrheiten möglich, die v. Hornbostel begonnen, Wellek durchgeführt hat. Die Probleme physikalischer und physiologischer Korrelate verlieren damit innerhalb der H. (G.) an Gewicht und werden der Psychoakustik als einer physikalisch-physiologischen Disziplin überwiesen, wo sie neuestens u. a. durch Heranziehung der Informationstheorie und Kybernetik und ihrer höchst fruchtbaren Modellvorstellungen neuen theoretischen Möglichkeiten zugeführt wurden. Andererseits gewinnen mathematisierte Methoden an Bedeutung: innerhalb der Phänomenologie in der Erarbeitung von »Phänomenskalen«, wie der Phon- und Soneskala für Lautstärken (St. Sm. Stevens) und der Melskala für Tonhöhen; in der Analyse der Gehöranlagen (-strukturen) durch die Korrelationsrechnung, mit der besonders die von Wellek entdeckten Gehör- und Musikalitätstypen und deren Zusammenhang mit allgemein-psychologischen Typen (ab 1934) gesichert werden konnten; desgleichen für Grundfragen der musikalischen Erbforschung seit Galton. Hochformalisierte Methoden und Modelle, wie die genannten, die in England bei Galton und dessen Schülern, zumal Ch. Spearman, dann auch in Deutschland (ab 1906) bei Krueger und dessen Schülern ihren Ursprung hatten, wurden zwischen den Weltkriegen und seither in Nordamerika in großem Stil weiterentwickelt, ähnlich die auf Fechner (1860) zurückgehende Psychophysik und Maßmethodik in der neueren Psychometrik. In deren Anwendung auf die H. (G.) nimmt der Harvard-Psychologe St. Sm. Stevens eine führende Stellung ein. Der von der Erkenntnistheorie her traditionelle Gegensatz von Subjekt und Objekt, Subjektivität und Objektivität wird solchermaßen im Bereiche der psychologischen Phänomenologie entschärft, ja unaktuell, da auch der »objektive«, d. h. intersubjektiv gültige Gehalt des Subjektiven mit exakter Methodik aufgewiesen werden kann, während die Gehöranlagen eo ipso objektive Gegebenheiten organismischer (»struktureller«) Art darstellen und als solche gleichfalls exakt formalisierender Methodik, z. B. der Faktorenanalyse, zugänglich sind.

Lit.: H. v. HELMHOLTZ, Die Lehre v. d. Tonempfindungen ..., Braunschweig 1863, 61913; C. STUMPF, Tonpsychologie, 2 Bde, Lpz. 1883–90, Nachdruck Hilversum u. Amsterdam 1965; Beitr. zur Akustik u. Mw., hrsg. v. DEMS., 9 H., Lpz. 1898–1924; DERS., Die Sprachlaute... nebst einem Anhang über Instrumental-Klänge, Bln 1926; W. KÖHLER, Akustische Untersuchungen, Zs. f. Psychologie LIV, 1909, LVIII, 1910 u. LXIV, 1913; DERS., Tonpsychologie, in: Hdb. d. Neurologie d. Ohres I, hrsg. v. G. Alexander u. O. Marburg, Bln u. Wien 1923; G. RÉVÉSZ, Zur Grundlegung d. Tonpsychologie, Lpz. 1913; DERS., Einführung in d. Musikpsychologie, Bern 1946; H. J. WATT, The Psychology of Sound, Cambridge 1917; R. M. ODGEN, Hearing, NY 1924; E. M. v. HORNBOSTEL, Psychologie d. Gehörserscheinungen, in: Hdb. d. normalen u. pathologischen Physiologie XI, hrsg. v. A. Bethe u. a., Bln 1926; E. SCHUMANN, Die Physik d. Klangfarben, Habil.-Schr. Bln 1929; H. SCHOLE, Tonpsychologie u. Musikästhetik, Göttingen 1930; A. WELLEK, Musik, Neue Psychologische Studien XII, 1, 1934, 21954; DERS., Typologie d. Musikbegabung im deutschen Volke, = Arbeiten zur Entwicklungspsychologie XX, München 1939; DERS., Musikpsychologie u. Musikästhetik. Grundriß d. systematischen Mw., Ffm. 1963 (mit Bibliogr.); ST. SM. STEVENS u. H. DAVIS, Hearing. Its Psychology and Physiology, NY (1938, 51960); ST. SM. STEVENS, J. G. C. LORING u. D. COHEN, Bibliogr. on Hearing, Cambridge (Mass.) 1955 (über 10000 Titel); G. ALBERSHEIM, Zur Psychologie d. Ton- u. Klangeigenschaften, = Slg mw. Abh. XXVI, Lpz., Straßburg u. Zürich 1939; J. HANDSCHIN, Der Toncharakter, Zürich (1948); E. B. NEWMAN, Hearing, in: Foundations of Psychology, hrsg. v. E. G. Boring, H. S. Langfeld u. H. P. Weld, NY 1948; H. HUSMANN, Vom Wesen d. Konsonanz, = Mus. Gegenwartsfragen III, Heidelberg 1953; W. MEYER-EPPLER, Grundlagen u. Anwendungen d. Informationstheorie, Bln, Göttingen u. Heidelberg 1959; G. v. BÉKÉSY, Experiments in Hearing, NY u. London 1960; H.-P. REINECKE, Experimentelle Beitr. zur Psychologie d. mus. Hörens, = Schriftenreihe d. mw. Inst. d. Univ. Hbg III, Hbg 1964; W. WIORA, A. Welleks »Grundriß d. Systematischen Mw.« ..., Mf XIX, 1966. AW

Hörsamkeit ist ein subjektiver und sehr komplexer Begriff aus der → Raumakustik, der sich nicht exakt festlegen läßt. Man faßt darunter all das zusammen, was in der Umgangssprache unter der »Akustik« eines Raumes verstanden wird. H. läßt sich durch akustisch definierte Größen (z. B. Nachhallkurve, Diffusität) annähernd beschreiben.

Hörschwelle ist die Bezeichnung für den intensitätsbedingten, frequenzabhängigen Übergang vom Unhörbaren zum Hörbaren. Die durch subjektive Urteile ermittelten Schalldruckwerte, durch welche die H.n bei den verschiedenen Frequenzen markiert sind, ergeben die »H.n-Kurve«. Die Bezeichnung ist genaugenommen unzulässig, da es sich nicht um die graphische Darstellung der H.n selbst handelt, die einer Messung gar nicht zugänglich sind, sondern um die Darstellung von Mittelwerten der als eben hörbar bzw. eben unhörbar beurteilten Schalldrücke. – Eine entsprechende Kurve, die sogenannte Schmerzschwellenkurve, gibt an, bei welchen Werten ein Schall so stark ist, daß er als schmerzhaft empfunden wird. Beide Kurven umgrenzen das → Hörfeld. Die H. liegt für 1000 Hz bei etwa 0,0002 μb, die Schmerzschwelle bei über 200 μb, das ist mehr als das 10^6fache. Die H. kann durch → Adaptation und → Verdeckung verändert werden.

Lit.: ST. SM. STEVENS u. H. DAVIS, Hearing. Its Psychology and Physiology, NY (1938, 51960); G. v. BÉKÉSY, Über ein neues Audiometer, Arch. d. elektrischen Übertragung I, 1947; O. FR. RANKE, Physiologie d. Gehörs, in: Lehrbuch d. Physiologie, hrsg. v. W. Trendelenburg u. E. Schütz, Bln, Göttingen u. Heidelberg 1953; R. FELDTKELLER u. E. ZWICKER, Das Ohr als Nachrichtenempfänger, = Monographien d. elektrischen Nachrichtentechnik XIX, Stuttgart 1956.

Hörspielmusik. Im Hörspiel wird wie in der → Funkoper der Rundfunk vom Informations- und Übertragungsmittel zum künstlerischen Instrument. Das Hörspiel gewinnt seine endgültige Klanggestalt erst im Lautsprecher; in der vorangehenden Produktion existieren nur seine Bruchstücke Wort, Geräusch und Ton, deren jedes elektrisch verformt werden kann (z. B. durch Hall). Die Funkhäuser beherbergen eigene Hörspielstudios mit akustisch wirksamer Einrichtung (Zimmer verschiedener Hörsamkeit, halltoter Raum, Hallraum, Regie- und Mischpult, Tonträgerraum für das Zuspielen vorproduzierter Bestandteile) sowie Geräuscharchive. – Die Bezeichnung Hörspiel geht auf Nietzsches *Also sprach Zarathustra* (IV, *Die Begrüßung*) zurück und wurde von H. v. Heister in die Radioliteratur eingeführt (*Der deutsche Rundfunk*, August 1924). Wie Dicht- und Tonkunst kann das Hörspiel sich nur in der verrinnenden Zeit darbieten, es formt aber auch selbst das Gefühl des Hörers für den Ablauf, der rasch, träge, gleichmäßig oder diskontinuierlich zu wirken vermag. Unter Aufhebung der Zeitkonstante kann zeitweilig ein Nebeneinander von Vergangenheit, Gegenwart und Zukunft beschworen werden. Dramatische, balladeske, oratorische, edukative Mittel sind im Hörspiel angewandt worden; L. Weismantels *Totenfeier* (1931) hat Kantatenform, R. Leonhard spricht 1927 (Vorwort zu *Wettlauf*) vom Hörspiel als Sprechoper. Feature, Hörfolge und -bild sind Mischgattungen, die Mittel der Erzählung, Chronik und Reportage einbeziehen. Das erste europäische Hörspiel schrieb R. Hughes (*A Comedy of Danger*, BBC 1924), das erste deutsche R. Gunold (*Gespenstersonate*, nach E. T. A. Hoffmann, Breslau 1924). Zum Wort treten die akustisch wahrnehmbaren Äußerungen von Mensch, Tier, Naturerscheinung oder Maschine als Ausdrucks- und Symbolwerte hinzu. Von der anfangs unbedenklichen Überfütterung mit naiv-naturalistischen Lauten gelangte man immer mehr zur sparsamen Andeutung und überließ Klangvorstellungen des Hörers der Suggestivkraft des Wortes. Illusionsfördernd können indessen ostinat gebrauchte Zeitsymbole (Uhrenticken, Wassertropfen) wirken. Manche Autoren fordern musikalische Personen- und Situationscharakteristika (J. M. Bauer, *Der geduldige Lügner* mit dem 4händigen Klavierspiel der alten Liebenden; E. Ionesco, *Der Automobilsalon* mit der Zuordnung elektronischer Tierstimmenparodien). Beim Gebrauch autonomer Musik als Background ist zuweilen noch Respekt- und Instinktlosigkeit zu beklagen. Demgegenüber gründet sich die eigens komponierte H. auf die Gemeinsamkeit der Bedeutung von Metrum, Rhythmus, Klangfarbe und Lautstärke für Wort- und Tonkunst. Wesentliches Gebot ist aphoristische Prägnanz: vielfach ist die H. nur nach Sekunden festgelegte klingende Interpunktion. Leitmotivik, unterstützt durch die Logik sparsamer Instrumentation, wird gern gebraucht. Die Musik tritt als milieubestimmender Faktor in das Spiel ein, fixiert geschichtliche Handlungsorte, erläutert Szenenwechsel, markiert Zäsuren, läßt Gesprächsinhalte nachwirken, intensiviert oder parodiert den Text. Von Exotik und Folklore reicht ihre Skala über das Volkstümliche bis zum Expressionistischen und zur Elektronik; die Ausdrucksmittel der Musique concrète ordnen sich der funkischen Worthandlung mühelos zu. Stilbildende H.-Komponisten sind u. a. H. Badings, G. Bialas, B. Blacher, W. Egk, F. Faßbind, W. Fortner, S. Franz, W. Haentjes, A. Honegger, M. Lothar, G. Petrassi, L. Roselius, H. Sutermeister, W. Zillig und B. A. Zimmermann.

Lit.: H. Pongs, Das Hörspiel, in: Zeichen d. Zeit I, Stuttgart 1930; F. Fassbind, Dramaturgie d. Hörspiels, Zürich 1943; H. Jedele, Reproduktivität u. Produktivität im Rundfunk, Diss. Mainz 1952, maschr.; G. Eckert, Skizzen zu einer deutschen Hörspielgesch., in: Rufer u. Hörer VIII, 1953; W. Haentjes, Über H., Melos XX, 1953; G. Müller, Dramaturgie d. Theaters, d. Hörspiels u. d. Films, Würzburg ⁶1954; G. Prager, Das Hörspiel in sieben Kapiteln, in: Akzente I, 1954; E. Koster, Mus. Kulisse im Hörspiel, in: Das Musikleben VIII, 1955; Fr. Sieburg, Klangkulisse zum Bildschirm, Melos XXII, 1955; G. Bonte, Die Frage d. H., NZfM CXVII, 1956; F. Knilli, Das Hörspiel, Stuttgart 1961; H. Schwitzke, Das Hörspiel, Köln u. Bln 1963 (mit Verz. d. seit 1945 gedruckten Hörspiele). SG

Hörtheorie. Die Beschreibung von Aufnahme und Weiterleitung akustischer Reize im Gehör muß sich besonders für das Innenohr auf Modellversuche und theoretische Berechnungen stützen, da der Schwingungsverlauf innerhalb der Schnecke (→ Ohr) direkter Messung nicht zugänglich ist. Die anfangs hier ansetzenden Untersuchungen beschränkten sich auf die Erklärung hauptsächlich des Tonhöhen-Unterscheidungsvermögens durch physiologische Abläufe. Am Beginn dieser H.n steht die Resonanzhypothese, deren Urheber H. v. Helmholtz ist. Sie geht auf das Ohmsche Gesetz der Akustik (→ Frequenzanalyse) zurück. Nach dieser Theorie ist bei Einwirken eines Reizes jede Faser oder Fasergruppe entsprechend ihrer Eigenfrequenz in Resonanz mit der Schneckenflüssigkeit und den sonstigen vorhandenen Massen (z. B. Aufbauten auf den Fasern). Diese Annahme setzt voraus, daß die Fasern auf der Basilarmembran wie Resonatoren oder Saiten mechanische Schwingungen ausführen, wogegen sich besonders die Einwände der Physiologie wandten, so vor allem die von Max Wien, der rechnerisch nachwies, daß die (mechanische) Einschwingzeit der Basilarmembran-Resonatoren den zeitlichen Abstand zweier gerade noch getrennt wahrnehmbarer Schwingungsimpulse demnach noch weit übersteigen müßte. Diese physikalische Betrachtung von Ein- und Ausschwingzeiten der Resonatoren wird durch neuere Überlegungen in ihrer Bedeutung abgeschwächt, welche die wesentlich kürzeren Zeiten auf rein physiologische Vorgänge zurückführen (Erregung in Sinneszellen und Nervenfasern). Der Resonanzhypothese steht neben der Schallbilderhypothese von Ewald (nicht aus dem Ort der Schwingungsmaxima auf der Basilarmembran, sondern durch den Abstand dieser Maxima zueinander wird dem Nervensystem die Möglichkeit der Tonhöhenbestimmung gegeben) vor allem die hydrodynamische Theorie gegenüber. Sie besagt, daß die Schwingungsform der Basilarmembran durch ihre Elastizität sowie durch die Wellenbewegung der Schneckenflüssigkeit bestimmt wird. Daran knüpfen eine Reihe von Hörtheorien (vgl. dazu Waetzmann), die zunächst die Wellenbewegung berücksichtigen, ohne mathematisch-physikalische Analysen heranzuziehen. Gildemeister teilte sie durch Art und Form der sich auf die Basilarmembran abbildenden Flüssigkeitsbewegung sowie nach Anzahl der Schwingungsmaxima in Ein-, Zwei- und Mehrortstheorien auf. Später lieferten dann Kucharski, Ranke und Zwislocki mathematische Berechnungen der Vorgänge im Innenohr und vor allem Békésy diesem genau entsprechende Modelle und hervorragende Untersuchungen am Präparat. In neuerer Zeit wurde der Untersuchungsbereich auf die Hörbahnen und -zentren ausgedehnt, außerdem neben der Tonhöhenunterscheidung die anderen Eigenschaften des Gehörs berücksichtigt (Lautstärkeempfindung, Klangfarbensinn, Schallortung) und erkannt, daß diese Eigenschaften nicht ausschließlich durch physiologische Vorgänge im Innenohr erklärt werden können. So besagt die Salventheorie von Wever und Bray, daß Frequenzen über 1000 Hz, die eine einzelne Faser nicht weiterleiten kann, in salvenähnlichen Impulsen von mehreren zusammenwirkenden Fasern transportiert werden. Mit Schouten ist anzunehmen, daß die Frequenzanalyse nicht ausschließlich auf der Basilarmembran geschieht. In jüngster Zeit baute Licklider eine Triplex-Theorie aus. Danach kommt die Tonhöhenwahrnehmung durch ein Zusammenwirken dreier verschiedener Vorgänge zustande, nämlich der Frequenzanalyse in der Cochlea, ferner einer Autokorrelationsanalyse (→ Statistik) sowie weiterer Prozesse in höheren Zentren.

Lit.: H. v. Helmholtz, Die Lehre v. d. Tonempfindungen ..., Braunschweig 1863, ⁴1877, ⁶1913; E. Mach, Zur Theorie d. Gehörorgans, Sb. d. Kaiserlichen Akad. d. Wiss. Bln, mathematisch-naturwiss. Klasse, XLVIII u. L, 1863; ders., Die Analyse d. Empfindungen, Jena 1903, ⁹1922; J. R. Ewald, Zur Physiologie d. Labyrinths VI, Eine neue H., Pflügers Arch. f. d. gesamte Physiologie LXXVII, 1899; ders., Zur Physiologie d. Labyrinths VII, Die Erzeugung v. Schallbildern in d. Camera acustica, ebenda XCIII, 1903; M. Wien, Ein Bedenken gegen d. Helmholtzsche Resonanztheorie d. Hörens, Fs. A. Wüllner, Lpz. 1905; E. Waetzmann, Zur Helmholtzschen Resonanztheorie, Habil.-Schrift Bln 1906; ders., H., in: Hdb. d. normale u. pathologischen Physiologie XI, hrsg. v. A. Bethe u. a., Bln 1926; E. Budde, Über d. Resonanztheorie d. Hörens, Physikalische Zs. XXVIII, 1927; G. v. Békésy, Zur Theorie d. Hörens, ebenda XXIX, 1928 – XXX, 1929; ders., Physikalische Probleme d. Hörphysiologie, Elektrische Nachrichten-Technik XII, 1935; ders., Über d. Schwingungen d. Schneckentrennwand beim Präparat u. Ohrenmodell, Akustische Zs. VII, 1942; ders., Beitr. zur Frage d. Frequenzanalyse in d. Schnecke, Arch. f. Ohren-, Nasen-, Kehlkopfheilkunde CLXVII, 1955; M. Gildemeister, Probleme u. Ergebnisse d. neueren Akustik, Zs. f. Hals-, Nasen- u. Ohrenheilkunde XXVII, 1930; W. Kucharski, Schwingungen v. Membranen in einer pulsierenden Flüssigkeit, Physikalische Zs. XXXI, 1930; E. G. Wever u.

CH. W. BRAY, Auditory Nerve Impulses, Science LXXI, 1930; J. F. SCHOUTEN, Die Tonhöhenempfindung, Philips Technische Rundschau V, 1940; J. ZWISLOCKI, Zur Theoried. Schneckenmechanik, Acta oto-laryngologica LXXII, 1948; O. FR. RANKE, Hydrodynamik d. Schneckenflüssigkeit, Zs. f. Biologie CIII, 1950; DERS., Physiologie d. Gehörs, in: Lehrbuch d. Physiologie, hrsg. v. W. Trendelenburg u. E. Schütz, Bln, Göttingen u. Heidelberg 1953; L. CREMER, Über d. ungelösten Probleme in d. Theorie d. Tonempfindungen, Acustica I, 1951; J. MATZKER, Untersuchungen über d. zentrale Tonhöhenwahrnehmung, Zs. f. Laryngologie, Rhinologie, Otologie u. ihre Grenzgebiete XXXIII, 1954; J. C. R. LICKLIDER, Auditory Frequency Analysis, in: Information Theory, London 1956; H. FACK, Informationstheoretische Behandlung d. Gehörs, in: Impulstechnik, zusammengestellt u. bearb. v. Fr. Winckel, Bln, Göttingen u. Heidelberg 1956; W. MEYER-EPPLER, Die dreifache Tonhöhenqualität, Fs. J. Schmidt-Görg, Bonn 1957. WID

Hörversuch. Mit der unter Laboratoriumsbedingungen einsetzenden Beobachtung von Schallereignissen, deren Parameter variiert werden, bezog die ältere Tonpsychologie das Experiment in den Bereich ihrer Forschungsmethodik ein. Diese Einbeziehung ging zeitlich parallel mit der systematischen Inanspruchnahme experimenteller Möglichkeiten in der Psychologie überhaupt, die um die Mitte des 19. Jh. begann. Das Ziel des experimentellen H.s ist, in Entscheidungs- und Erkundungsversuchen aus theoretischen Erwartungen (Hypothesen) von musikalischen, psychologischen, physiologischen und physikalischen Erscheinungen Ergebnisse des Experimentes zu deduzieren bzw. diese Phänomene greifbar zu machen. Einer der ältesten H.e stammt von dem Physiologen E. H. Weber, der als Schallquelle zwei Taschenuhren benutzte: Indem er je eine Uhr vor das rechte und linke Ohr hielt, hatte er sich der Methode der getrenntohrigen (binauralen oder dichotischen) Reizdarbietung bedient, wie sie wenige Jahrzehnte später in der experimentellen Tonpsychologie angewendet wurde. E. Mach und C. Stumpf entdeckten mit dieser Darbietungsart und mit Stimmgabeln als Schallquellen, daß die Schwebungen und Kombinationsfrequenzen, die bei beidohrigem (monauralem oder monotischem) Hören zweier Töne auftreten, hierbei ausbleiben. Dieses Versuchsergebnis wurde als Einwand gegen die Helmholtzsche Dissonanzerklärung vorgebracht. Die ältere Tonpsychologie, beeinflußt durch die psychophysischen Methoden des 19. Jh., lieferte besonders Untersuchungen über Hörschwellen, Schallokalisation, Unterschiedsempfindlichkeit, ferner Beobachtungen von Kombinationstönen, Hörgrenzenbestimmung usw. Ihre Versuchsapparatur bestand aus Stimmgabeln oder Stimmzungen, denen schalleitende Rohre angeschlossen wurden. Eine Verbesserung trat ab 1878 durch die Anwendung des Telephons ein (Tarchanow, Preyer). Aber erst die Entwicklung der Elektroakustik erweiterte die experimentellen Möglichkeiten (Meßgeneratoren, Kopfhörer), die dann für die Arbeiten von A. Wellek und H. Sandig gegeben waren. H. Husmann benutzte die binaurale Darbietung zu Beobachtungen von Intervallen, auf die er seine »Koinzidenztheorie der Konsonanz« gründete; an diese Untersuchungen knüpfen mehrere Arbeiten seiner Schüler an. H.-P. Reinecke gelang 1961 durch die gleiche Darbietungsart die Entdeckung von Tonerscheinungen, den »Binaural-Tönen«, für die kein unmittelbares physikalisches Korrelat vorhanden ist. Die Verfeinerung und Erweiterung der Untersuchungsmethoden im Rahmen der Psychologie ist nicht ohne Einfluß auf das Hörexperiment. So richtet sich Anordnung, Durchführung und Interpretation der neueren H.e an den statistischen Methoden der Psychologie aus.

Lit.: W. PREYER, Die akumetrische Verwendung d. Bell'schen Telephons, Sb. d. Jenaischen Ges. f. Medicin u. Naturwiss. f. d. Jahr 1878; J. TARCHANOW, Das Telephon als Anzeiger d. Nerven- u. Muskelströme beim Menschen ..., St. Petersburger medizinische Wochenschrift III, 1878; C. STUMPF, Tonpsychologie I, Lpz. 1883, Nachdruck Hilversum u. Amsterdam 1965; DERS., Über d. Ermittlung v. Obertönen, Annalen d. Physik u. Chemie, N. F. LVII, 1896; DERS., Binaurale Tonmischung, Mehrheitsschwelle u. Mitteltonbildung, Zs. f. Psychologie LXXV, 1916; K. L. SCHAEFER, Die Bestimmung d. unteren Hörgrenze, Zs. f. Psychologie u. Physiologie d. Sinnesorgane XXI, 1899; F. KRUEGER, Beobachtungen an Zweiklängen, in: Philosophische Studien XVI, 1900; G. MELATI, Ueber binaurales Hören, ebenda XVII, 1901; ST. BALEY, Versuche über d. Lokalisation beim dichotischen Hören, Zs. f. Psychologie LXX, 1914/15; E. M. v. HORNBOSTEL, Beobachtungen über ein- u. zweiohriges Hören, ebenda LXXV, 1916; M. GILDEMEISTER, Untersuchungen über d. obere Hörgrenze, Zs. f. Psychologie u. Physiologie d. Sinnesorgane L, 1919; J. WITTMANN, Beitr. zur Analyse d. Hörens bei dichotischer Reizaufnahme, Arch. f. d. gesamte Psychologie LI, 1925; A. WELLEK, Die Aufspaltung d. »Tonhöhe« in d. Hornbostelschen Gehörpsychologie..., ZfMw XVI, 1934; H. SANDIG, Beobachtungen an Zweiklängen..., in: Gefühl u. Kunst, hrsg. v. A. Wellek, = Neue psychologische Studien XIV, 1, München 1939; H. HUSMANN, Eine neue Konsonanztheorie, AfMw IX, 1952; DERS., Vom Wesen d. Konsonanz, in: Mus. Gegenwartsfragen III, Heidelberg 1953; P. R. HOFSTÄTTER, Psychologie, = Das Fischer Lexikon VI, Ffm. (1957); I. KORTHAUS, Die Beurteilung mus. Intervalle im mittleren u. unteren Hörbereich, Diss. Hbg 1960, maschr.; W. WILLE, Das Verhalten mus. Intervalle in mittleren u. hohen Tonlagen, Diss. Hbg 1960, maschr.; H.-G. LICHTHORN, Zur Psychologie d. Intervallhörens, Diss. Hbg 1962; V. RAHLFS, Zur Anwendung quantitativer Methoden in d. Tonpsychologie, Mf XV, 1962; H.-P. REINECKE, Experimentelle Beitr. zur Psychologie d. mus. Hörens, = Schriftenreihe d. mw. Inst. d. Univ. Hbg III, Hbg 1964. WID

Hofmusikkapelle, Wiener. Die W. H. geht zurück auf die am 30. 6. 1498 gestiftete → Kapelle Kaiser Maximilians I., die bis 1520 bestand. Seit der Neugründung einer Kapelle durch Ferdinand I. 1526/27 bestand sie bis 1919, in den ersten Jahrhunderten den mehrfach wechselnden Residenzorten des Habsburger Hofes folgend (vor allem nach Prag) und lebhaft verbunden mit den Kapellen der erzherzoglichen Höfe in Innsbruck und Graz. Dank dem Musikverständnis vieler Habsburger hatte die W. H. stets eine große Zahl hervorragender Kapellmeister und Musiker aufzuweisen. Unter Maria Theresia wurden 1746 die Hofmusik (Kirchen-, Kammer- und Tafelmusik) und die Oper getrennt. Zur Hofmusik gehörte ein Konvikt für Sängerknaben, dem u. a. Haydn und Schubert angehörten und das in den Wiener Sängerknaben fortlebt.

Lit.: L. RITTER v. KÖCHEL, Die kaiserliche H., Wien 1869; A. SMIJERS, Die kaiserliche Hofmusik-Kapelle v. 1543–1619, StMw VI, 1919 – IX, 1922; P. NETTL, Zur Gesch. d. kaiserlichen H. v. 1636–80, StMw XVI, 1929 – XIX, 1932; A. KOCZIRZ, Die Auflösung d. H. nach d. Tode Kaiser Maximilians I., ZfMw XIII, 1930/31; H. SCHWEIGER, Archivalische Notizen zur Hofkantorei Maximilians I., ZfMw XIV, 1931/32; O. C. A. ZUR NEDDEN, Zur Gesch. d. Musik am Hofe Maximilians I., ZfMw XV, 1932/33; A. EINSTEIN, Ital. Musik u. ital. Musiker am Kaiserhof..., StMw XXI, 1934; H. FEDERHOFER, Etats de la chapelle mus. de Charles-Quint (1528) et de Maximilien (1554), RBM IV, 1950; G. REICHERT, Die Preces-primariae-Register Maximilians I. ..., AfMw XI, 1954; W. SENN, Musik u. Theater am Hof zu Innsbruck, Innsbruck 1954; O. WESSELY, Archivalische Beitr. zur Mg. d. maximilianischen Hofes, StMw XXIII, 1956.

Hohlflöte ist in der Orgel ein weit mensuriertes, zylindrisch offenes, mitunter auch gedecktes oder teilgedecktes Labialregister im Manual und Pedal von 16', 8', 4' und 2' (als Hohlpfeife); als Quintstimme Hohlquinte genannt. Die Herleitung des Namens von »hohl klingender Flöte«, wie Praetorius meint, wird bestritten, dagegen vom Material her, Holderflöte = Holunderflöte vorgeschlagen.

Holler (h'ɔlɔɹ, engl., schreien, laut rufen, abgeleitet von hallo, hollah), in der nordamerikanischen Negerfolklore eine Art gellender, schriller Rufe zwischen Singen und Sprechen, bei denen die Stimme über ein grell tönendes Schreien hinaus einen ausgeprägt melodisch-expressiven Charakter gewinnt. H.s beanspruchen den gesamten Stimmumfang (vom Falsett bis zum Grunzen oder Brummen), sind nie instrumental begleitet und erklingen zur Verständigung als Zurufe (Cornfield h. bei Landarbeitern), aber auch als stimmungsbedingte Ausrufe. Dem Typ der H.s stehen Call und → Street cry nahe.

Holzblasinstrumente (verkürzt auch Holz; frz. bois; engl. wood; ital. legni), Sammelbezeichnung für eine Gruppe von Instrumenten des modernen Orchesters, welche die Flöten, Oboen, Klarinetten und Fagotte nebst ihren Verwandten (Piccoloflöte, Englisch Horn, Baßklarinette, Bassetthorn, Kontrafagott, Saxophon, Sarrusophon usw.) umfaßt. Die Mehrzahl dieser Instrumente ist allerdings in der Regel aus Holz gefertigt; aber auch Flöten aus Silber oder Klarinetten und Saxophone usw. aus Blech werden H. genannt, im Gegensatz zu den in ihrer Spieltechnik grundverschiedenen Blechblasinstrumenten.

Lit.: A. BAINES, Woodwind Instr. and Their Hist., London 1957; J. MEYER, Akustik d. Holzblasinstr. in Einzeldarstellungen, = Fachbuchreihe Das Musikinstr. XVII, Ffm. 1966.

Holzblock (engl. wood block; ital. legno) ist in der »chinesisch« genannten Form eine länglich-rechteckige → Schlitztrommel mit einem schmalen, geraden Schlitz durch die obere Hälfte. Das Instrument ist meist in 3 Größen anzutreffen (z. B. Varèse, *Intégrales*: 3 Blocs chinois – hoch, mittel, tief); die mittlere Größe hat Abmessungen von etwa 18 × 7,5 × 4 cm. Der H. ist über das Schlagzeug des Jazz (hier besonders in der Dixieland-Gruppe verwendet; eine Abart ist der → Clog box) in das Orchesterschlagzeug gelangt (wohl zuerst bei Hindemith, *Kammermusik Nr 1*, 1921) und hat dort, im Gegensatz zu den verwandten → Tempelblöcken, seinen festen Platz erhalten (Ravel, Konzert für die linke Hand; Hindemith, *Symphonische Metamorphosen*; Prokofjew, 5. Symphonie). Der »amerikanische« H. besteht aus zwei durch einen Schaft verbundenen Holzzylindern, die, an beiden Enden unterschiedlich lang ausgehöhlt, verschiedene Klanghöhe ergeben und in der Längsrichtung geschlitzt sind. Angeschlagen werden beide Formen mit Holzschlägeln oder Filzklöppeln. Der Klang ist hell, kurz und hohl. Im Instrumentarium des Orffschen Schulwerkes ist der H. unter den Bezeichnungen Holzblocktrommel bzw. Röhrenholztrommel vertreten.

Holztrompete → Alphorn.

Homoioteleuton (griech., das Gleich-Endende), in der Kompositionslehre des 17.–18. Jh. eine musikalische Figur, die in Abweichung von dem H. in der Rhetorik (Ähnlichkeit der Endungen mehrerer Perioden) eine Generalpause bezeichnet. Die Definition des H. bei Nucius (1613): *cum post communem vocum concursum Semibrevis aut minimae Pausae interventu generale silentium indicitur ac Harmonia interrumpitur* übernimmt Thuringus (1625) mit dem Zusatz: *est finale silentium in medio cantionis*, stellt dem H. aber das Homoioptoton (*Est cum generalis pausa ... in omnibus vocibus simul inseritur*) unter dem Oberbegriff → Aposiopesis gegenüber. Deutlicher erklärt Walther (1732) mit Hinweis auf Thuringus die beiden Arten der Aposiopesis, wobei das H. eine Generalpause bedeutet, die *in der Mitte eines Stücks, vermittelst einer vorhergehenden Final-Cadenz ... gemacht wird*, während das Homoioptoton *formalen Schluß oder Cadenz* nicht kennt.

Homophonie (griech. ὁμοφωνία, Gleichklang; → Iso-) nennt man den Akkordsatz, bei dem alle Stimmen rhythmisch gleich (homorhythmisch) oder fast gleich gebildet sind (*absolute H. basiert auf der übereinstimmenden Rhythmisierung* der Stimmen, Riemann, S. 340), bzw. den Melodiesatz, bei dem eine melodische Hauptstimme (meist die Oberstimme) akkordisch oder von Nebenstimmen im Sinne eines Akkordgefüges begleitet wird, im Gegensatz zur rhythmisch-melodischen Eigenwertigkeit der Stimmen in der → Polyphonie. – Griech. ὁμόφωνος φθόγγος bezeichnet (Ptolemaios I, 7) die Oktave und Doppeloktave (lat. aequisonus), später auch den Einklang (unisonus). Diese Bedeutung besteht bis ins 18. Jh. WaltherL definiert *suoni homofoni* (ital.) als *gleichlautende Klänge*, *Fuga homophona* als *Fuga in Unisono*. Der Übergang zur heutigen Bedeutung des Begriffs H. erfolgte im Zusammenhang mit dem Hervortreten des funktional-harmonischen Melodiesatzes offenbar erst gegen Ende des 18. Jh. (KochL: *Homophonische Setzart*). Ältere Bezeichnungen für derartige Satzstrukturen sind Contrapunctus simplex (→ Kontrapunkt) und der im 16. Jh. in Italien zu belegende Begriff Stile famigliare. Erscheinungen eines gleichrhythmischen, in Vokalmusik oft syllabisch textierten Ganges der Stimmen (von denen eine als Cantus, Liedmelodie oder Oberstimme ausgezeichnet sein kann) begegnen – wenn auch kompositorisch unter sehr verschiedenen Aspekten – u. a. als Discantus, mehrstimmiger Hymnus und Conductus (»Conductussatz«), Fauxbourdon, Frottola, Villanella, Tanzsatz, Kantionalsatz, Odenkomposition usw.

Lit.: H. RIEMANN, Große Kompositionslehre I, Der homophone Satz, Bln u. Stuttgart 1902.

Honduras.

Lit.: M. ADALID Y GAMERO, La música hondureña, Revista del arch. y bibl. nacionales XVI/XVII, 1938 (Tegucigalpa); R. COELLO RAMOS, La cultura mus. del pueblo hondureño, Boletín latino-americano de música IV, 1938.

Hopak (ukrainisch), Gopak (russ.), ein vor allem in der Ukraine und Weißrußland beheimateter 2zeitiger Tanz in schnellem Tempo, der von einer oder mehreren Personen meist akrobatisch ausgeführt wird. Eingang fand der H. z. B. in Werke Mussorgskijs: Finale der Oper *Sorotschinskaja jarmarka* (»Der Jahrmarkt von Sorotschinzy«, 1874) in der Fassung N. Tscherepnins.

Hoquetus (auch [h]oketus, [h]ochetus, latinisiert aus altfrz. hoquet, womöglich ein das »Schlucken« nachahmendes Wort, jedoch nach Husmann aus dem arabischen Stammwort al-qaṭʿ abzuleiten und dementsprechend altfrz. hoqueter, zerschneiden, und H. umschrieben als truncatio vocis; ital. ochetto), das Durchsetzen zweier Cantus mit Pausen, »so daß, wenn einer pausiert, der andere nicht pausiert, und umgekehrt« (Franco von Köln, CS I, 134b), eine Art des → Discantus, die zuerst in der nachleoninischen Zeit der Epoche von Notre-Dame, also seit etwa 1200 in Nordfrankreich, in einzelnen Partien von 2st. Klauseln und 3st. Organa erscheint und in der Ars antiqua und Ars nova verbreitet war. Beschrieben wird der H. (discantus truncatus, harmonia resecata, cantus abscisus) u. a. von Franco von Köln (CS I, 134a: *Truncatio est cantus rectis obmissisque vocibus truncate prolatus*), Lambertus (CS I, 281), Walter Odington (CS I, 248ff.) und Johannes de Grocheo (ed. Rohloff, S. 57 und 87f., wo die mobilitas und velocitas des H. betont ist). Die von den Theoretikern gebrauchten Bezeichnungen H. duplex, triplex und quadruplex sind in ihrer Bedeutung noch nicht erschlossen. Auch in den 3- und 4st. Kompositionen hoquetieren in der Regel nur 2 Stimmen gegeneinander. Jacobus von Lüttich nennt (CS II, 394b, 401a, 429a) auch den H. contraduplex: womöglich das Hoquetieren zweier Stimmen unter einer nicht hoquetierenden Stimme (wie in *Mo*, f. 357'/358). Zu unterscheiden sind die H.-Partie innerhalb eines Satzes und der H. als Stück oder Gattung – nicht textiert (instrumental?) oder textiert –, wie er in den → Quellen *Mo* und *Ba* begegnet. Ein im 13. Jh. besonders bekannter H. ist das *In seculum longum* (*Ba*, f. 63'; 4st. mit französisch textiertem Quadruplum in *Mo*, f. 1'; vgl. auch Franco, CS I, 134a, und Anonymus IV, CS I, 350a):

Gegen 1330 bedauerte Jacobus von Lüttich (*Speculum musicae*, CS II, 394b), daß heutige Discantatores den H. als Cantus antiquus verschmähen, es sei denn, daß sie H.-Partien in Motetten einfügen. Die Komponisten der Ars nova gebrauchen die H.-Technik mit Vorliebe in isorhythmischen Motetten als Gliederungsmittel am Ende oder Anfang jeder Talea (Machaut, Motette Nr 19), doch auch im Kantilenensatz (Machaut, Ballade Nr 1), im 14. Jh. textbezogen auch in der Chasse, besonders in der italienischen → Caccia. Den Höhepunkt (und einen Sonderfall) der Gattung H. bildet Machauts 3st. Double Hoquet (Tenor, H., Triplum) über dem isorhythmisch angeordneten Tenor *David*.

Lit.: M. SCHNEIDER, Der H., ZfMw XI, 1928/29; H. HUSMANN, Der Hoketus »A l'entrade d'avril«, AfMw XI, 1954; DERS., Die Etymologie v. „hoquet" u. d. arabische Einfluß in d. gotischen Musik, Romanisches Jb. VII, 1955/56; J. H. KWABENA NKETIA, The Hocket-Technique in African Music, Journal of the International Folk Music Council XIV, 1962. HHE

Horn (deutsch und engl.; ahd. belegt seit dem 9. Jh., auch als wichorn, herhorn, hornelīn u. a.; lat. → cornu; ital. → corno; frz. → cor; span. cuerno; lat. u. a. auch tuba), ein (Blech-)Blasinstrument, bei dem der Ton durch die als Gegenschlag-(Polster-)Zungen wirkenden Lippen des Bläsers erzeugt wird. Der der Lippenfrequenz am nächsten liegende Eigenton des Corpus wird durch Resonanz zum Klingen gebracht; er stabilisiert durch akustische Rückkopplung die Lippenfrequenz. Die Lücken zwischen dem Grundton (der bei eng mensurierten sogenannten Halbinstrumenten oft nicht erzeugt werden kann; → Ganzinstrument) und den ersten Teiltönen können überbrückt werden durch Verkürzung der Röhre mittels Grifflöcher (wie beim Zink, auch durch Klappen gedeckt), Ventile oder Züge (wie bei der Zugtrompete oder der Posaune). Geringere Abweichungen von den Naturtönen werden auch durch Stopfen mit der Hand, Einführung von Dämpfern (beides erhöht), seltener durch Einführung eines Röhrchens oder durch Decken (beides vertieft) erreicht. Für den Klang des H.es ist von Einfluß die Bohrung (konisch oder zylindrisch), die Mensur, die Form (gerade wie Chazozra, Salpinx, Nafir, Busine, Trompete, Posaune; geknickt wie Schofar, Karnyx; gebogen oder eingerollt wie die Jagd- und Waldhörner), daneben das Material (Holz wie beim Alphorn; Tier-H., worauf zahlreiche Bezeichnungen hinweisen, wie bugle, → Bügelhorn, Bucina, Olifant). Mit Metall beschlagene Tierhörner oder reine Metallhörner sind aus dem alten Orient, der Antike, der germanischen Kultur (→ Luren) bekannt, in Europa in verstärktem Maße seit der Völkerwanderungszeit. Der Klang des H.es ist meist kräftig und weittragend, reicht dabei von dumpf bis zu scharfer Helle und schwingt relativ rasch ein. Zur Erleichterung des Anblasens kann ein → Mundstück vorhanden sein. Hörner werden meist an einem Ende angeblasen; seitlich angeblasene Querhörner sind selten. Eine ausgebildete → Stürze strahlt die hohen Frequenzen gebündelt ab. – In den technologisch einfachsten Formen als Tier- oder Muschel-H. oder als hohler pflanzlicher Tubus ist das H. seit vorgeschichtlicher Zeit über die ganze Erde verbreitet. Meist ist es ein Instrument für das Ritual, den Kult, die Jagd oder das Kriegswesen (→ Harschhorn). Oft begleitet von Schlagwerk, wird sein Klang sowohl als Klangzauber wie als Signal eingesetzt. Die klingende Verwendung des H.es reicht von Eintonsignalen bis zu erweiterten Fanfaren und der vollen chromatischen Ausnutzung der hochentwickelten Formen der Trompeten, Posaunen, Waldhörner und Flügelhörner im modernen Orchester seit dem 2. Drittel des 19. Jh.

Lit.: W. JACKSON, Shell-Trumpets ..., Memoirs of the Manchester Literary Soc. LX, 1916; M. BÜTTNER, Studien zur Gesch. d. Trp., Diss. Münster i. W. 1953, maschr.; F. J. YOUNG, The Natural Frequencies of Mus. H., Acustica X, 1960; E. A. BOWLES, Unterscheidung d. Instr. Buisine, Cor, Trompe u. Trompette, AfMw XVIII, 1961.

Hornpipe (h'ɔːɪnpaip, engl.), – 1) ein Blasinstrument mit einfachem Rohrblatt und einem Schallstück aus einem Tierhorn oder -huf, das einzeln oder gedoppelt mit dem Mund angeblasen oder auch als Spielpfeife einer Sackpfeife benutzt wird. Eine H. ist auch das englische → Pibgorn; Instrumente vom H.-Typ sind auf der Erde etwa im gleichen Maße verbreitet wie die → Sackpfeife. – 2) eine Gruppe von englischen Tänzen, ursprünglich in Schottland und Wales beheimatet. Bis um 1760 stand der H. im Tripeltakt (3/2), danach meist im geraden Takt. H.s schrieben u. a. H. Ashton (vor 1522), J. Ravenscroft, Purcell und Händel.

Lit.: MATTHESON Capellm.; CH. BURNEY, A General Hist. of Music IV, London 1789, Neudruck Baden-Baden 1958, darin H. v. Ravenscroft; H. BALFOUR, The Old British »Pibcorn« or »Hornpipe« and Its Affinities, Journal of the Royal Anthropological Inst. of Great Britain and Ireland XX, 1891; A. BAINES, Bagpipes, = Occasional Papers on Technology IX, Oxford 1960.

Hornquinten → Parallelen.

Hot (hɔt, engl., heiß), Inbegriff der für den Jazz typischen Merkmale im Bereich des Melodischen (→ Dirty tones), des Rhythmischen (→ Off-beat, → swing), besonders aber der Tonbildung (→ Hot-Intonation). Als ein Zentralbegriff des Jazz wurde H. in den Jahren 1925–35 häufig gleichbedeutend mit Jazz verwendet (h. music, h. style), wodurch zugleich die Verschiedenheit dieses Musizierens von der kommerziellen Sweet music herausgestellt war. Als Gegensatz zu H. wurde in den 1950er Jahren der Begriff Cool zur Bezeichnung eines neuen Jazzideals geprägt (→ Cool Jazz).

Hot-Intonation, die für den Jazz bis zum Cool Jazz typische vokale und instrumentale Tonbildung. Charakteristisch sind im instrumentalen Bereich: vehementes Anspielen der Einzeltöne (→ Attack), Vibrato, → Dirty tones, Blue notes, → Growl, → Off-beat. Die H.-I. ist die Übertragung der Gesangsvorstellung der nordamerikanischen Neger auf Blasinstrumente (singing horns).

Hot-Solo → Chicago-Jazz.

Hufnagelschrift → Choralnotation.

Humanismus. Das seit Mitte des 19. Jh. belegte Wort wurde abgeleitet von dem schon im 16. Jh. geläufigen lateinischen humanista (s. v. w. Lehrer oder Student der alten Sprachen). Es bezeichnet eine Bildungsform, die im 14. Jh. in Italien entstand und sich seit dem 15. Jh. bis jetzt (allerdings mit nachlassender Intensität seit der Mitte des 19. Jh.) als eine Grundlage der neuzeitlichen europäischen Kultur behauptet hat. Im engeren Sinne bezeichnet das Wort meist den H. des 15.–16. Jh., also der → Renaissance-Zeit, die selbst in der Pflege der *renascentes bonae litterae* (Erasmus) ihre vordringlichste kulturelle Aufgabe sah. Mit der kirchlichen Reformation des 16. Jh. verbanden den H. Beziehungen persönlicher Art, die vor allem in der Neugestaltung des Schulwesens sowie in der Erneuerung des Bibel- und des Augustinus-Studiums zum Ausdruck kamen. Jedoch ergaben sich – am deutlichsten in der Auseinandersetzung Luther–Erasmus – unüberbrückbare Gegensätze bei der Entscheidung für ein religiös gebundenes oder indifferentes Bildungsideal. Obgleich die von Melanchthon geprägte protestantische Lateinschule an der kirchlichen Bindung festhielt (was auch in der Beteiligung der Schulchöre am Gottesdienst zum Ausdruck kam; → Schulmusik), hat sie jedoch gerade durch ihre Pflege der alten Sprachen ein Element des H. nachhaltig gefördert, wofür noch in der Zeit Bachs die Behandlung der typischen Redewendungen der Humanistensprache (»Adagia«) im Unterricht (vgl. Freyse 1951/52) wie auch etwa in J. G. Walthers *Musicalischem Lexicon* (Leipzig 1732) zeugen. Die zentrale Idee des H., daß das Wesen allen Unterrichts nicht in der Weitergabe eines systematisch geordneten Lehrstoffs, sondern in der menschlichen Begegnung von Lehrer und Schüler vermittelt wird, die diesen zu selbständiger Auseinandersetzung mit dem vorgetragenen Stoff führt, prägt auch den Umgang der Humanisten mit den Werken antiker Autoren: diese werden als Lehrer und Freunde betrachtet, deren Vorbild auch in der Bevorzugung bestimmter literarischer Formen (wie Rede, Dialog, Brief) befolgt wird. Die Reflexion über das eigene Leben und die eigene Umwelt äußert sich weitgehend in der Form von Randbemerkungen zu einem antiken Text. So finden sich auch humanistische Würdigungen berühmter zeitgenössischer Musiker in dieser Art überliefert, von Petrarcas Notiz zum Gedächtnis Ph. de Vitrys (in seiner Vergil-Handschrift) bis zu J. M. Gesners bewundernder Schilderung J. S. Bachs (in seiner Ausgabe von Quintilians *De institutione oratoria*, Göttingen 1738, zu I, 12, 3). Wie es bei Gesner die Direktion einer Aufführung (von der Orgel aus) ist, die höchste Bewunderung erregt, so beachtet auch der frühe H. in der Musik vor allem die Ausführung, und in den Erziehungsprogrammen wird nur die Ausbildung in Gesang und Lautenspiel zur Abrundung der gesellschaftlichen Umgangsformen berücksichtigt. Im frühen 16. Jh. wandten die Humanisten Österreichs, der Schweiz und Süddeutschlands ihr Interesse auch den Tasteninstrumenten zu, wofür die vielfältigen Verbindungen zwischen ihnen und der Hofhaymer-Schule Zeugnis geben.

Das Eindringen humanistischer Gedanken in Musiktheorie und Komposition war Ergebnis eines Prozesses gegenseitiger Durchdringung zweier ursprünglich ganz voneinander getrennter Sphären: der kirchlich und höfisch gebundenen Mehrstimmigkeit sowie der im Universitätsbetrieb verwurzelten Musiktheorie einerseits und des von allen traditionellen Bindungen freien Lehrbetriebs der Humanisten andererseits. Ein erstes Anzeichen dieser Durchdringung ist die Tatsache, daß Vittorino da Feltre (um 1378–1446) die Musiktheorie nach Boethius in den Studienplan seiner Schule in Mantua aufnahm. Sein Schüler Johannes Gallicus (um 1415–73) unternahm in seinem *Ritus canendi vetustissimus et novus* eine Erneuerung der Musiktheorie nach Boethius (wobei er sich polemisch gegen Marchettus de Padua richtete) sowie der Gesangslehre nach Guido von Arezzo (wobei er auf Abschaffung des als nachguidonisch erkannten Hexachordsystems mit seinen Mutationen drang). Die Erneuerung des Boethius-Studiums war ein Teil des humanistischen Kampfes gegen die »Artes«, d. h. gegen vereinfachende Auszüge aus grundlegenden Werken, wie sie für die Musiktheorie in J. de Muris' *Musica speculativa secundum Boetium ... abbreviata* und den noch weiter verkürzenden Bearbeitungen dieses Traktats vorlagen. Sie gipfelte in Fr. Gafforis *Theoricum opus musicae disciplinae* (Neapel 1480), in dessen Neufassung (als *Theorica musicae*, Mailand 1492) die Ergebnisse von Gafforis Aristoteles-Studien eingearbeitet sind. Die Kenntnis griechischer Musiktheoretiker, die sich Gaffori noch durch in seinem Auftrag angefertigte handschriftliche Übersetzungen ins Lateinische verschaffen mußte (vgl. Gallo 1963), wurde im 16. Jh. durch eine Reihe lateinischer und zweisprachiger Druckausgaben gefördert. Ging es Gaffori vor allem um eine verbesserte Formulierung und vertiefte Begründung der traditionellen Lehre (wodurch er nachhaltig auch auf die deutschen Musiklehrbücher des 16. Jh. einwirkte), so gelangte sein Lehrer Tinctoris in seinen Schriften zu neuen Ergebnissen und Ansätzen: er bot im *Terminorum musicae diffinitorium* (um 1473/74) eine aufschlußreiche Interpretation der musikalischen Fachwörter und übertrug im *Liber de arte contrapuncti* (1477) die Methode humanistischer Textkritik auf das Studium der zeitgenössischen Kompositionsweise, die er durch viele Notenbeispiele zitiert; und indem er zum Abschluß dieses Traktats – gestützt auf die antike Poetik – die Varietas als wichtigstes Erfordernis jeder Komposition darstellt, leitet er über den Rahmen einer Kontrapunktlehre hinaus zum Studium der unterschiedlichen Handhabung der Satzmittel in verschiedenen Formen, aber auch durch verschiedene Komponisten an. Folgerichtig erscheinen im Vorwort seines *Proportionale musices* (um 1473) als Träger der geschichtlichen Entwicklung der neuesten Zeit die Komponisten, während für die älteren Epochen die Gestalten der biblischen Geschichte, der heidnisch-antiken Mythologie und Geschichte, Papst Gregor I. sowie Dichter und Theoretiker der spätantiken Zeit, Guido von Arezzo und J. de Muris genannt sind. Auch für das Geschichtsbild späterer Humanisten ist es kennzeichnend, daß die Autorität Guidos für die Musica plana und Muris' für die Musica mensurabilis anerkannt wird. Als das Neue der jüngsten Zeit seit etwa 1435 spricht Tinctoris die Konsonanz- und Dissonanzbehandlung sowie die Vielfalt der Kompositionsmittel der franko-flämischen Komponisten seit Dufay an. Die Entfaltung dieser neuen Kunst vollzieht sich nach ihm in einer Folge von Generationen, wie sie – mit unterschiedlicher Wertung und Charakterisierung – auch Glarean, Coclico und Finck darstellen. Die Vorrangstellung des Theorie und Praxis zugleich beherrschenden Komponisten gegenüber dem Nur-Theoretiker (dem Boethius und das Mittelalter die höchste Stellung einräumten) und dem Nur-Praktiker, in Italien von Zarlino in seiner auf Willaert bezogenen Schilderung des Musico perfetto postuliert, führte in Deutschland (seit Listenius 1533) zu einer neuen Klassifikation der Musik, die im Anschluß an Aristoteles der Musica theorica und practica die → Musica poetica als umfassende und höchste Art musikalischer Tätigkeit hinzufügte. Wenngleich damit ursprünglich nur allgemein das Schaffen (ποιεῖν) eines Kunstwerks bezeichnet wurde, haben in der Folge die Lehrbücher der Musica poetica zunehmend ihre Aufgabe in der Übertragung der Dichtungstheorie, vor allem der Lehre von den rhetorischen → Figuren auf die Musik gesehen. Auch wenn das Musikschrifttum des H. sich anderen speziellen Fragen zuwandte, blieb sein Leitgedanke immer das Postulat einer Verbindung von antikem Musikdenken und zeitgenössischer Musizierpraxis, in der Formulierung N. Vicentinos: *L'antica musica ridotta alla moderna prattica* (Rom 1555). Ebenso wichtig wie radikale Vorschläge zur Wiederbelebung antiker Musik (wie Vicentinos Versuche mit der Enharmonik und V. Galileis Forderung, durch Rückkehr zur Einstimmigkeit die Reinheit des antiken Tonsystems wieder herzustellen) konnten dabei produktive Mißverständnisse sein (wie Glareans Versuch, sein System der 12 Kirchentöne auf antike Autorität zu stützen).

Auf die Entwicklung der Kompositionskunst hat der H. mehr indirekt eingewirkt. Im Bereich der traditionellen Mehrstimmigkeit wurde antike Dichtung nur ausnahmsweise vertont. Dem Universitäts- und Schulunterricht gehörte die humanistische → Odenkomposition an, bei der es meist um die Vertonung nicht eines bestimmten Textes, sondern eines Strophenmusters ging. Sie bezog seit Grefinger frühchristliche Dichtung ein (Prudentius), die auch in der protestantischen, meist als Schulmusik konzipierten Hymnenkomposition einen festen Platz hatte. Die Odenkomposition selbst sowie die spätere Komposition von französischen → Vers mesurés à l'antique sind nur ein Symptom für die Einwirkung des H. auf die Kompositionsweise, die im Verlauf des 16. Jh. zu einer völlig veränderten Haltung zum Text führte. War noch für Tinctoris, der sich stilistisch an späten Dufay und an Ockeghem orientierte, das Verhältnis von mehrstimmiger Komposition und Text keiner Erläuterung wert, so trat dieses Problem um 1500 in den Vordergrund, sowohl in den Kompositionen Josquins, seiner Schüler und Nachfolger bis hin zu Palestrina und den Madrigalisten, als auch in der Musiklehre von Gaffori und Glarean bis zu Coclico, Zarlino und V. Galilei. Für die katholische Kirchenmusik wurde Verständlichkeit des Textes nachdrücklich von der Gegenreformation gefordert und auf dem → Tridentiner Konzil diskutiert. Neben der zunehmend intensivierten Affektdarstellung der Madrigalisten (die durch Beziehung auf die antike Lehre vom → Ethos gerechtfertigt werden konnte) trat im Laufe des 16. Jh. die Musik für Theater in den Vordergrund. Dabei handelte es sich in Italien meist um Favole pastorali (hervorzuheben ist A. Polizianos *Fabula di Orfeo*, Mantua, wahrscheinlich 1480, Musik von Germi?) mit Musikeinlagen, im Norden vorwiegend um Schuldramen mit Chören im homorhythmischen Odensatz. Zu einer grundlegend neuen Lösung gelangte die → Camerata in Florenz ab 1580, die auf Grund der Forschungen Meis die moderne Mehrstimmigkeit überhaupt verwarf und durch Rückkehr zur instrumental begleiteten → Monodie die mächtigen Wirkungen der antiken Musik wieder erreichen wollte. Die spätere Camerata verband dann diese neue Monodie nicht mit der Tragödie (wofür die Aufführung von Sophokles' »König Ödipus« in der Übersetzung von O. Giustiniani, mit gesprochenem Dialog und drei- bis sechsstimmigen homophonen Chören von A. Gabrieli, Vicenza 1585, einen Anhaltspunkt geboten hätte), sondern wiederum mit der Favola pastorale. Erscheint demnach die Wiederbelebung des antiken Musiktheaters in der frühen → Oper durch Rücksichtnahme auf die Konventionen der eigenen Zeit abgeschwächt, so bekennt sich doch auch ein so moderner Komponist wie Monteverdi (der mit seiner *Arianna* 1608 zum ersten Mal einen Tragödienstoff als Oper vertonte) als Humanist, wenn er (mehrfach in seinen Briefen) die Naturlehre und Platon als seine einzigen Lehrmeister anerkennt.

Lit.: W. DILTHEY, Weltanschauung u. Analyse d. Menschen seit Renaissance u. Reformation, = Schriften II, Lpz. u. Bln 1914; FR. PAULSEN, Gesch. d. gelehrten Unterrichts auf d. deutschen Schulen u. Univ., hrsg. v. R. Lehmann, 2 Bde, Lpz. ³1919–21, Neudruck Bln 1960; P. WAGNER, Aus d. Mg. d. deutschen H., ZfMw III, 1920/21; H. BIRTNER, Studien zur nld.-humanistischen Musikanschauung, Habil.-Schrift Marburg 1928, Teildruck Heidelberg 1930; H. ZENCK, Zarlinos »Istitutioni harmoniche« als Quelle zur Musikanschauung d. ital. Renaissance, ZfMw XII, 1929/30; DERS., N. Vicentinos »L'antica musica« (1555), Fs. Th. Kroyer, Regensburg 1933; DERS., Grundformen deutscher Musikanschauung, Jb. d. Akad. d. Wiss. in Göttingen f. 1941/42, Neudruck in: H. Zenck, Numerus u. Affectus. Studien zur Mg., hrsg. v. W. Gerstenberg, = Mw. Arbeiten XVI, Kassel 1959; G. TOFFANIN, Storia dell'Umanesimo, Neapel 1933, Neudruck Bologna 1950, deutsch als: Gesch. d. H., Amsterdam 1941; G. CESARI, Einleitung zu: Fr. Gaffori, Theorica musicae (1492), Faks., Rom 1934; F. FANO, La Camerata fiorentina, = Istituzioni e monumenti dell'arte mus. ital. IV, Mailand 1934; R. SCHÄFKE, Gesch. d. Musikästhetik in Umrissen, Bln 1934, Tutzing ²1964; W. JAEGER, Humanistische Reden u. Vorträge, Bln u. Lpz. 1937, erweitert Bln ²1960; H. RÜDIGER, Wesen u. Wandlung d. H., Hbg 1937; D. P. WALKER, Mus. Humanism in the 16th and Early 17th Cent., MR II, 1941 – III, 1942, deutsch als: Der mus. H. im 16. u. frühen 17. Jh., = Mw. Arbeiten V, Kassel 1949); DERS., Ficino's Spiritus and Music, Ann. mus. I, 1953; DERS., Le chant orphique de M. Ficin, in: Musique et poésie au XVIe s., = Colloques internationaux du Centre National de la Recherche scientifique, Sciences humaines V, Paris 1954; W. GURLITT, Musik u. Rhetorik, Helicon V, 1944, Neudruck in: Mg. u. Gegenwart I, = BzAfMw I, Wiesbaden 1966; DERS., Die Kompositionslehre d. deutschen 16. u. 17. Jh., Kgr.-Ber. Bamberg 1953, Neudruck ebenda; E. R. CURTIUS, Europäische Lit. u. lat. MA, Bern (1948, ³1961); J. HANDSCHIN, Anselmi's Treatise on Music Annotated by Gafori, MD II, 1948; C. FREYSE, Die Schulhefte W. Fr. Bachs, Bach-Jb. XXXIX, 1951/52; L. SCHRADE, Renaissance, Kgr.-Ber. Utrecht 1952; DERS., La représentation d'Edipo Tiranno..., Paris 1960; K. G. FELLERER, Zur Oratio de laudibus musicae disciplinae d. O. Gratius, KmJb XXXVII, 1953; DERS., Agrippa v. Nettesheim u. d. Musik, AfMw XVI, 1959; H. WEINSTOCK, Die Tragödie d. H., Heidelberg 1953, ²1954; THR. G. GEORGIADES, Musik u. Sprache..., = Verständliche Wiss. L, Bln, Göttingen u. Heidelberg 1954; B. MEIER, H. Loriti Glareanus als Musiktheoretiker, in: Beitr. zur Freiburger Wiss.- u. Universitätsgesch. XXII, Freiburg i. Br. 1960; KL. W. NIEMÖLLER, Die Musik im Bildungsideal d. allgemeinen Pädagogik d. 16. Jh., AfMw XVII, 1960; H. EGGEBRECHT, Musik als Tonsprache, AfMw XVIII, 1961; W. KAHL, Das Geschichtsbewußtsein in d. Musikanschauung d. ital. Renaissance u. d. deutschen H., in: H. Albrecht in memoriam, Kassel 1962; A. GALLO, Le traduzioni dal Greco per Fr. Gaffurio, AMI XXXV, 1963.

Hummel, – 1) (schwedisch, nach 1770 literarisch nachgewiesen; norwegisch langleik, Nachweis seit dem frühen 17. Jh.; isländisch langspil), eine volkstümliche Griffbrettzither. Das Corpus hat entweder gerade Zargen wie das → Scheitholz oder eine Ausbuchtung auf einer Seite, der »Salzburger Zither« ähnlich, oder Ausbuchtungen auf beiden Seiten. Die Saiten sind mit vorderständigen Eisenstiften oder seitenständigen Wirbeln verstellbar; die Wirbelplatte oder der Wirbelkasten läuft meist in eine Schnecke aus. Die Zahl der Saiten liegt zwischen 3 und etwa 20, häufig sind es etwa 10, wobei jeweils der kleinere Teil über das Griffbrett läuft. Die Abstände der Bünde schwedischer H.n weisen Intervalle auf, die von den Normintervallen zum Teil abweichen. Die H. wurde wie die → Zither (– 2) gespielt, meist mit Plektron, von Bauernmusikanten zur Begleitung weltlicher und geistlicher Lieder, auch solistisch, sowie in bürgerlichen Kreisen schwedischer Städte in der 2. Hälfte des 18. Jh. Zu Anfang des 19. Jh. wurde sie überall weitgehend durch moderne Instrumente verdrängt. – 2) H., Hümmelchen → Sackpfeife.

Lit.: zu 1): E. EGGEN, Skalastudier, Oslo 1923; T. NORLIND, Systematik d. Saiteninstr. I, Gesch. d. Zither, Stockholm 1936; ST. WALIN, Die schwedische H., = Nordiska museets handlingar XLIII, ebenda 1952, dazu E. Emsheimer in: STMf XXXVII, 1955.

Humoreske (Wortbildung in Analogie zur älteren Burleske, Groteske, frühester Beleg 1838) nennt R. Schumann sein vielgliedriges, in gegensätzlichen Stimmungen schwankendes Klavierstück op. 20 (1839). Die Bezeichnung H. für ein instrumentales Charakterstück erscheint damit zum erstenmal in der Musikgeschichte. Schumann, der die Bezeichnung danach nur noch einmal anwandte (Nr 2 der *Fantasiestücke* für Klaviertrio op. 88), verstand sie im Sinne Jean Pauls (Humor als *glückliche Verschmelzung von Schwärmerei und Witz*). St. Heller (op. 64), E. Grieg (op. 6: 4 H.n, 1865), A. Dvořák (op. 101: Acht H.n, 1894 – darunter die berühmte in Ges dur, Nr 7), M. Reger (u. a. 5 H.n op. 20 und op. 26, Nr 4) u. a. übernahmen von Schumann nur die Bezeichnung, der Charakter ihrer H.n läßt sich nicht auf einen Nenner bringen. Die genannten Stücke sind, von Schumanns op. 88/2 abgesehen, sämtlich für Klavier geschrieben. Zu erwähnen sind auch C. Loewes 5 H.n für 4 Männerst. op. 84 (1843) und E. Humperdincks H. für Orch. (1879).

Lit.: A. PENKERT, Die mus. Formung v. Witz u. Humor, Kgr. f. Ästhetik u. allgemeine Kunstwiss. Bln 1913, Stuttgart 1914; R. HOHENEMSER, Über Komik u. Humor in d. Musik, JbP XXIV, 1917.

Hupfauf → Nachtanz.

Hurdy-gurdy (h′ɔːɪdi-gəːɪdi, engl.) → Drehleier.

Hydraulis (griech., Wasserorgel; von ὕδωρ, Wasser, und αὐλός, Schalmei, Pfeife; auch hydra oder hydraulikon organon; lat. organum hydraulicum), eine Orgel, bei der durch Wasserdruck die Luftzuführung zur Windlade reguliert wird. Ihre Erfindung wird von → Heron und Vitruvius (*De architectura* X, 8; 1. Jh. v. Chr.) dem Mechaniker Ktesibios von Alexandria (3. Jh. v. Chr.) zugeschrieben. Nach ihren Darstellungen besteht das Gebläse aus einem zum Teil mit Wasser gefüllten, meist sechseckigen geschlossenen Metallsockel, auf dessen Boden eine ebenfalls metallene Halbkugel mit kleinerem Durchmesser und Öffnungen an unterem Rand steht. Vom Scheitelpunkt der Halbkugel führt eine Röhre zur Windlade. 2 Pumpen drücken von oben Luft in diese Röhre oder die Halbkugel; dadurch wird das Wasser aus der Halbkugel hinaus und im äußeren Gefäß nach oben gedrückt, bewirkt nun aber durch sein Gewicht, daß der bei nicht ganz gleichmäßiger Handhabung der Pumpen schwankende Winddruck auf gleicher Höhe gehalten wird. Die Windlade ist bereits bei Vitruvius in Registerkanzellen unterteilt; den Zutritt der Luft zu den Pfeifen regeln mit Löchern versehene Metallschleifen, die durch Tastendruck bewegt werden. Verwendet wurden wahrscheinlich nur Labialpfeifen (offen und gedackt). Die 3 Register des H.-Modells von Karthago werden nach den Größenverhältnissen als Grundton, Oktave und Quinte, die 4 Register der Orgel von Aquincum als Grundton (offen), Quinte, Dezime und Doppeloktave (alle gedackt) angenommen. Die Zahl der Pfeifen je Register, in Aquincum 13, schwankt auf Darstellungen zwischen 7 und 18; für Aquincum wird als Tonfolge die diatonische Skala angenommen. Die Anlage des Instruments erlaubt gleichzeitiges Erklingen mehrerer Töne sowie – bei mehreren Registern – Klangverstärkung zum Plenum- oder Mixturklang. Allgemein hat man sich den Klang der H. als ziemlich hoch und laut vorzustellen. Neben der eigentlichen H., bei der Kalkanten nötig waren, kannte die Antike auch Orgeln mit Balggebläse, das wahrscheinlich vom Spieler selbst bedient wurde. Nach Iulius Pollux war die H. das größere, die Orgel mit Balggebläse das kleinere Instrument, wobei in der Benennung nicht streng unterschieden wurde. Darstellungen, die sicher eine H. zeigen, lassen die Schätzung zu, daß das Instrument etwa 1,60–2 m hoch und halb so breit war. Die sehr viel kleineren Maße (Breite 35 cm, Höhe wahrscheinlich etwa 60 cm) der Orgel von Aquincum sowie die Tatsache, daß von deren (bei einer H. notwendigerweise metallenem) Gebläse keine Reste erhalten sind, machen es wahrscheinlich, daß dieses Instrument keine H. war, auch wenn es in der 228 n. Chr. datierten Widmungsinschrift als »hydra« bezeichnet ist. Für die Beliebtheit der H. zeugt zuerst eine Inschrift, wonach ein H.-Spieler in den musikalischen Wettkämpfen der Delphischen Spiele 90 v. Chr. Sieger wurde, in der römischen Kaiserzeit das Vorhandensein von Münzen, die H.-Spieler mit Siegeszeichen darstellen. Auch Nero ließ sich als H.-Spieler bewundern. Mosaiken des 1.–2. Jh. n. Chr. (Zliten in Libyen; Nennig/Mosel) zeigen Gladiatorenkampfszenen, die von einer H.-Spielerin und einigen Blechbläsern begleitet werden; diese Verbindung der H. mit dem Zirkus bestätigt um 300 n. Chr. der Historiograph Ammianus Marcellinus. Als beste Darstellung hat eine Terracottalampe des 2. Jh. n. Chr. in Karthago (Musée Lavigerie) zu gelten, die in Form einer H. mit Spieler gehalten ist. Zahlreiche Darstellungen späterer Jahrhunderte, die besten bei → Mūristus und im Utrechter Psalter (9. Jh.), beruhen wohl nicht mehr auf eigener Anschauung.

Lit.: CH. MACLEAN, The Principle of the Hydraulic Organ, SIMG VI, 1904/05, mit Ausg. d. wichtigsten Texte; H. DEGERING, Die Org., ihre Erfindung u. ihre Gesch. bis zur Karolingerzeit, Münster i. W. 1905; H. G. FARMER, The Organ of the Ancients from Eastern Sources, London 1931; L. NAGY, Az Aquincumi Orgona (»Die Org. v. Aquincum«), = Az Aquincumi Muzeum Kiadvanya II, Budapest 1933, ungarisch mit deutschem Auszug; J. HANDSCHIN, »Antiochien, jene herrliche Griechenstadt«, AfMf VII, 1942; W. APEL, Early Hist. of the Organ, in: Speculum XXIII, 1948; TH. SCHNEIDER, Organum Hydraulicum, Mf VII, 1954; J. PERROT, L'orgue de ses origines hellénistiques à la fin du XIIIe s., Paris 1965.

Hymenaios (griech. ὑμέναιος), griechischer Hochzeitsgesang, der die Braut zum Haus des Bräutigams geleitete, ausgeführt von einem Chor mit Kithara, Flöten- und Tanzbegleitung. → Epithalamion.

Hymnographie, byzantinische, ist ihrem Wesen nach eine kirchliche Kunst, obgleich in einigen ihrer Formen auch Werke vorliegen, die nicht für das Offizium oder die Leiturgia (Messe) bestimmt sind. Byzantinisch heißt diese Kunst, weil Byzanz zwar nicht ihr Ursprungsort, aber als politische und kulturelle Hauptstadt des Kaiserreichs der Ort war, wo Liturgie und Hymnographie zur Vollständigkeit ausgebildet wurden und dessen künstlerisches Leben weithin nachgeahmt wurde. Wie alle byzantinische Kunst stellt auch die b. H. eine Synthese dar; sie hat auch orientalische Elemente aufgenommen, unter denen die Mēmrē und Madrāšē der syrischen Dichtung (→ Syrischer Kirchengesang) große Bedeutung erlangten. Westliche Gelehrte neigen dazu, diese orientalischen Elemente hervorzuheben, dagegen betonen griechische Forscher stärker den Beitrag Griechenlands. Jedenfalls ist nicht zu übersehen, daß die frühesten und größten »Meloden« Syrer waren, so Auxentios (Ende des 4. Jh. bis um 473), Romanos »der Melode« (2. Hälfte des 5. Jh. bis 2. Hälfte des 6. Jh.), Sophronios von Jerusalem (um 550–638), Andreas von Kreta (um 660–740), Johannes von Damaskus (Ende des 7. Jh. bis 749), Kosmas von Maiuma († 760; dieser zumindest seiner Erziehung nach). Die frühesten Troparia, von denen wir wissen, sind in der Vita des Auxentios zusammengestellt. Es ist nicht unwahrscheinlich, daß es schon vor dieser Zeit Troparia gab, jedoch wird der praktische Beginn der b.n H. gewöhnlich ins 5. Jh. gesetzt. In ihrem goldenen Zeitalter (vom 6. Jh. an) entstanden das Kontakion und der Kanon. Im 10. Jh. begann die Dekadenz, und nach dem 13. Jh. versiegte die Schaffenskraft der byzantinischen Hymnographen. – Die frühesten Zentren und Schulen der neuen melodischen Kunst bestanden in Syrien und Palästina, wo das Kloster S. Saba nahe Jerusalem besondere Bedeutung erlangte. Sophronios von Jerusalem, Andreas von Kreta, Johannes von Damaskus, Kosmas von Maiuma, Stephan von S. Saba sind die bedeutendsten Vertreter dieser Schule. Ihr folgt die sizilianische Schule, deren Hauptmeister jedoch in Konstantinopel wirkten; genannt seien Methodios von Syrakus, Patriarch von Konstantinopel (Ende des 8. Jh. bis 847), und Joseph »der Hymnograph« (um 813–883). Diese beiden Schulen trafen in Konstantinopel aufeinander, wo die H. schon seit längerem bekannt war und eine eigene bedeutende Schule bestand. Von den Meistern der Schule von Konstantinopel seien genannt Theodoros Studita (779–826) und sein Bruder Joseph, Erzbischof von Saloniki (um 762–832), Theophanes Graptos (778–845), die Nonne Cassia (9. Jh.), der Kaiser Theophilos (9. Jh.). Die italogriechische Kultur fand eine Pflegestätte im Kloster Grottaferrata bei Rom; zu einer Zeit, da die H. des Ostens bereits zur Dekadenz neigte, entstanden hier Werke, die sich den besten der Schule von Konstantinopel an die Seite stellen können. Die Hauptmeister dieser Schule sind die Heiligen Bartolomeo, Luca, Clemente und Arsenio. – Grundlage und Kern der gesamten b.n H. ist das → Troparion. Von ihm sind die größeren Formen abgeleitet, deren wichtigste das → Kontakion und der → Kanon (– 2) sind.

Ausg.: Ῥωμανοῦ τοῦ Μελῳδοῦ Ὕμνοι, hrsg. v. N. TOMADAKE u. N. A. LIBADARA, 4 Bde, Athen 1952–57; Romano il Melode, (8) Inni, griech. u. ital. hrsg. v. G. CAMMELLI, = Testi cristiani II, Florenz 1930; Anth. graeca carminum christianorum, hrsg. v. W. CHRIST u. J. PARANIKAS, Lpz. 1871; Analecta sacra spicilegio solesmensi parata I, hrsg. v. J. B. PITRA, Paris 1876, griech. u. lat.; Die Ostkirche betet, übersetzt v. K. KIRCHHOFF OFM, 4 Bde, Lpz. 1934–37, neu bearb. v. Chr. Schollmayer OFM, 2 Bde, Münster i. W. 2(1962–63); Osterjubel d. Ostkirche, übersetzt v. DEMS., 2 Bde, Münster i. W. 1940; Ἐκλογή ἑλληνικῆς ὀρθοδόξου ὑμνογραφίας, hrsg. v. P. TREMPELA, Athen 1949.

Lit.: K. KRUMBACHER, Gesch. d. byzantinischen Lit., = Hdb. d. klass. Altertumswiss. IX, 1, München 1890, erweitert 2 1897, griech. v. G. Soteriades, Athen 1897. – J. B. PITRA, Hymnographie de l'Eglise grecque, Rom 1867; P. BOUVY, Poètes et mélodes, Nîmes 1886; K. KRUMBACHER, Die Akrostichis in d. griech. Kirchenpoesie, Sb. München 1903; P. MAAS, Das Kontakion, Byzantinische Zs. XIX, 1910; E. MIONI, Romano il Melode, Turin 1937, darin 10 Hymnen; L. TARDO, L'antica melurgia bizantina, Grottaferrata 1938; R. CANTARELLA, Poeti bizantini, Mailand 1948; G. SCHIRÒ, Lineamenti storici sulla genesi e lo sviluppo del Syntomon, Bollettino della Badia greca di Grottaferrata, N. S. III, 1949; E. WELLESZ, A Hist. of Byzantine Music and Hymnography, Oxford 1949, 2 1961; G. GIOVANELLI, Gli inni sacri di S. Bartolomeo Juniore, Grottaferrata 1955; N. TOMADAKE, Εἰσαγωγὴ εἰς τὴν βυζαντινὴν φιλολογίαν, Athen 2 1958; B. DI SALVO, Gli asmata nella musica bizantina, Bollettino della Badia greca di Grottaferrata, N. S. XIII, 1959 – XIV, 1960.

Hymnus (griech. ὕμνος), – 1) in der griechischen Dichtung der Antike ein Fest- oder Preislied (Homerische Hymnen, Pindar) zu Ehren eines Gottes oder Heros (lat. meist als carmen übersetzt). Die christliche Literatur übernahm die Bezeichnung und bürgerte das Lehnwort H. auch im Lateinischen ein. Im Neuen Testament wird der H. nur an zwei Stellen genannt, beide Male in der Verbindung λαλοῦντες ἑαυτοῖς ψαλμοῖς καὶ ὕμνοις καὶ ᾠδαῖς πνευματικαῖς (»miteinander in Psalmen, Hymnen und geistlichen Liedern singend«, Eph. 5, 19, ähnlich Kol. 3, 16). Die Möglichkeit, diese drei Bezeichnungen voneinander abzugrenzen, ist umstritten. Da jedoch das Verbum ὑμνεῖν an zwei Stellen auf das Singen des Hallel (Hebr. 2,12, Zitat von Psalm 22, 23) und der Hallel-Psalmen (Matth. 26, 30 = Mark. 14, 26) zurückgeführt wird (→ Alleluia) und da die Psalmen in frühchristlichen Texten mehrfach als »Hymnen Davids« bezeichnet werden, liegt offenbar die Weiterführung einer traditionellen jüdischen Gesangsweise vor. Von der Hymnendichtung der ältesten Kirche haben sich nur das → Gloria in excelsis Deo (H. angelicus), → Sanctus (H. seraphicus) und die älteste Schicht des → Te Deum (sogenannter H. Ambrosianus) im Gebrauch erhalten. Diese frühesten Hymnen waren Gemeindegesänge, *meist kunstlose Gebilde, die gleich den biblischen Psalmen und Cantica nicht auf Rhythmus und Versmaß gebaut sind* (Jungmann I, S. 446). Dementsprechend verzichtet noch im 5. Jh. Augustinus in seiner Definition des H. auf die Nennung formaler Merkmale: *Cantus est cum laude Dei. Si laudas Deum, et non cantas, non dicis hymnum; si cantas, et non laudas Deum, non dicis hymnum; si laudas aliud quod non pertinet ad laudem Dei, etsi cantando laudas, non dicis hymnum. H. ergo tria ista habet, et cantum, et laudem, et Dei. Laus ergo Dei in cantico, h. dicitur* (*Enarrationes in Psalmum* CXLVIII, 17). Zur Zeit des Augustinus liegt jedoch bereits eine reich entwickelte Literatur strophischer Hymnen vor, deren ältester Zweig im → Syrischen Kirchengesang mit → Ephraim dem Syrer (um 310–373) als bedeutendstem Dichter zu finden ist. Er gab das Vorbild für die im 5. Jh. einsetzende byzantinische → Hymnographie, deren früheste »Meloden« ebenfalls aus Syrien stammten, wie auch für lateinische Autoren, vor allem Hilarius von Poitiers (um 315–367), den noch Isidorus von Sevilla als ersten lateinischen Hymnendichter nennt. Erhalten sind von ihm 3 H.-Fragmente, deren Strophenform an die kunstvolle Metrik der weltlichen Lyrik anschließt. Als eigentlicher Begründer des lateinischen strophischen liturgischen H. gilt → Ambrosius von Mailand. Der Erfolg seiner Lieder darf vor allem der schlichten Form von 8 vierzeiligen jambischen Dimeterstrophen zugeschrieben werden, die für die als authentisch gesicherten Hymnen verbindlich ist und sich wahrscheinlich mit einer der weltlichen Liedtradition nahestehenden Melodik verband. Augustinus, Schüler von Ambrosius, belegt für dessen Hymnen am Beispiel des *Deus creator omnium* den Dreierrhythmus mit 12 Zählzeiten für jede Zeile, d. h. mit Jamben aus einzeitiger Kürze und zweizeitiger Länge (*De musica* VI, 2):

De-us, cre-a-tor om-ni-um

Von den unmittelbaren Nachfolgern des Ambrosius ist am bedeutendsten der Spanier → Prudentius. Mit voller Beherrschung der klassischen Sprachkunst verbindet er ungewöhnlichen Formenreichtum. Seine Dichtungen sind als Literatur konzipiert; in die Liturgie fanden überwiegend Ausschnitte aus seinen Gedichten oder Bearbeitungen Eingang, die einzelne Strophen oder Verse, oft mit Umstellungen und Änderungen, zu einem → Cento verbinden. Neben Paulinus von Nola († 431), Caelius Sedulius (Mitte des 5. Jh.) und Magnus Felix Ennodius († 521) steht eine große Reihe anonymer Hymnendichter. Entscheidend für die rasche Verbreitung des H. wurde seine Aufnahme in das kanonische Stundengebet der monastischen Gemeinschaften durch → Benedictus von Nursia um 530. Im Anfangsteil der Vigil und kleineren Horen wie vor dem Schluß von Matutin, Vesper und Komplet erhielt er seinen festen Platz. Seither gilt als H. im engeren Sinne nur der Offiziums-(Brevier-) und der Prozessions-H. Ihm steht als H. im weiteren Sinne die Gesamtheit der strophisch gegliederten lateinischen geistlichen Dichtung gegenüber, zu der auch → Tropus, → Sequenz (- 1; vgl. Notkers *Liber hymnorum*) und → Reimoffizium gehören. Die Zahl der bekannten Hymnen im weiteren Sinne beträgt etwa 35000. Auch die Zahl der Offiziums- und Prozessionshymnen ist so groß, daß örtlich ganz verschiedene Repertoires entstanden, die seit dem 7. Jh. in Hymnarien gesammelt wurden; als frühestes Hymnar mit diastematischer Notation gilt das Hymnar von Moissac (Rom, Bibl. Vat., Ms. Rossi 205, um 1000; Ausgabe der Melodien in *Monumenta monodica medii aevi* I). Die Verbreitung des H. erfolgte jedoch nicht ohne Widerstände. So sprachen sich im 4.–6. Jh. mehrere Konzilien gegen die Zulassung solcher freien Dichtung aus, und in Rom fand der H. erst im 13. Jh. Eingang in die Liturgie. Daher liegt der Schwerpunkt der Hymnendichtung im 6.–8. Jh. in Spanien, Gallien (Venantius Fortunatus, † nach 600) und England (→ Beda venerabilis). Charakteristisch für die Hymnodie der Karolingerzeit mit ihrer Nähe zur weltlichen strophischen Dichtung ist das Zusammentreffen der ambrosianischen Tradition und ihrer Dimeterstrophen mit der auf Prudentius zurückgehenden kunstmäßigen Dichtung und ihrem Formenreichtum. Aus der folgenden Zeit sind als Hymnendichter zu nennen: Paulus Diaconus († 799), Theodulphus von Orléans († 821), Rhabanus Maurus († 856), sein Schüler Walahfrid Strabo († 849) und Ratpert von St. Gallen († nach 884). Im Laufe des 9. Jh. verbreitete sich (unter Ausschluß Mailands) ein neues Repertoire von Hymnen, das (nach Ph. A. Becker) unter der Verantwortung Benedikts von Aniane († 821) entstanden sein könnte, wobei Rhabanus Maurus an dessen Redaktion beteiligt gewesen wäre. Zwar trat im 10.–11. Jh. neben dem H. die Sequenz in den Vordergrund, doch wurde die Tradition ununterbrochen weitergeführt, in St. Gallen von Hartmann († 924) und Ekkehard I. († 973), in Deutschland von → Berno von Reichenau und Gottschalk von Limburg († 1098), in Frankreich durch → Hucbald von Saint-Amand, → Odo von Cluny, Fulbert von Chartres († 1029), Adémar von Chabannes († 1034) und Odilo von Cluny († 1048), auch in England und Italien, hier vor allem durch Petrus Damiani († 1072). – Die an der Wende zum 12. Jh. neu einsetzende Epoche der Literatur zeigt in der Hymnendichtung ein Zurücktreten des Benediktinerordens, an dessen Stelle bald andere Ordensgemeinschaften, seit dem 13. Jh. vor allem die Franziskaner, traten. Bis in die neuere Zeit (Leo XIII., Festoffizium von der Heiligen Familie, 1892) ist dann die Neuschöpfung von Hymnen nicht abgebrochen.

Ausg. u. Lit.: Augustinus, Enarrationes in Psalmos CI–CL, hrsg. v. E. DEKKERS OSB u. J. FRAIPONT, = Corpus Christianorum, Series lat. XL, Turnhout 1956. – F. J. MONE, Lat. Hymnen d. MA, 3 Bde, Freiburg i. Br. 1853–55; Analecta hymnica medii aevi, hrsg. v. G. M. DREVES u. CL. BLUME SJ, vor allem d. Bde II: Moissac, 10. Jh. (1888), XIVa: San Severin, Neapel (1893), XVI: Spanien (1894), XXVII: Mozarabische Hymnen (1897), sowie d. Hymni inediti in d. Bden IV, XI, XII, XIX, XXII, XXIII, XLIII, d. Hymnographi latini in Bd XLVIII u. L u. d. Hymnen neuerer Ausg. (u. a. v. H. A. Daniel) in Bd LI u. LII; U. CHEVALIER, Repertorium hymnologicum, Löwen u. Brüssel 1892–1921; E. GARBAGNATI, Gli inni del breviario ambrosiano, Mailand 1897; C. WEINMANN, Hymnarium Parisiense. Das Hymnar d. Zisterzienser-Abtei Pairis im Elsaß, = Veröff. d. Gregorianischen Akad. zu Freiburg/Schweiz II, Regensburg 1904; G. M. DREVES, Ein Jahrtausend lat. Hymnendichtung, 2 Bde, Lpz. 1909; P. WAGNER, Einführung in d. Gregorianischen Melodien I u. III, Lpz. ³1911 u. 1921, Nachdruck Hildesheim u. Wiesbaden 1962; Antiphonaire monastique, XIIIe s., Cod. F 160 de la Bibl. de la cathédrale de Worcester, = Paléographie mus. XII, Solesmes u. Tournai 1922–24; B. EBEL OSB, Das älteste alemannische Hymnar mit Noten, Kodex 366 (472) Einsiedeln (12. Jh.), = Veröff. d. Gregorianischen Akad. zu Freiburg i. d. Schweiz XVII, Einsiedeln (1931); O. URSPRUNG, Die kath. Kirchenmusik, Bücken Hdb.; PH. A. BECKER, Vom christlichen H. zum Minnesang, Historisches Jb. d. Görres-Ges. LII, 1932; CL. BLUME, Unsere liturgischen Hymnen. Das Hymnar d. altchristlichen Kirche, Regensburg 1932; FR. GENNRICH, Grundriß einer Formenlehre d. ma. Liedes, Halle 1932; R. E. MESSENGER, Christian Hymns of the First Three Cent., NY 1942; DERS., The Medieval Lat. H., Washington 1953; E. JAMMERS, Rhythmische u. tonale Studien zur Musik d. Antike u. d. MA I, AfMf VIII, 1943; W. R. BONNIWELL, A Hist. of the Dominican Liturgy, NY ²1945; BR. STÄBLEIN, Die ma. Hymnenmelodien, Habil.-Schrift Erlangen 1946, maschr.; DERS., Zur Gesch. d. choralen Pange-lingua-Melodie, in: Der kultische Gesang d. abendländischen Kirche, Fs. D. Johner OSB, Köln 1950; Monumenta Monodica Medii Aevi I, Hymnen (I), Die ma. Hymnenmelodien d. Abendlandes, hrsg. v. DEMS., Kassel 1956; DERS., Parerga zu Monumenta Monodica Medii Aevi I, Mf X, 1957; C.-A. MOBERG, Die liturgischen Hymnen in Schweden, = Beitr. zur Liturgie u. Mg. d. MA u. d. Reformationszeit I, Kopenhagen u. Uppsala 1947; U. SESINI, Poesia e musica nella latinità cristiana dal III al X s., = Nuova bibl. ital. VI, Turin 1949; E. WELLESZ, A Hist. of Byzantine Music and Hymnography, Oxford 1949, ²1961; DERS., Die Hymnen d. Ostkirche, = Basilienses de musica orationes I, Basel (1962); G. VECCHI, Poesia lat. medievale ..., = Collezione Fenice XVII, Parma 1952; C. E. POCKNEE, The French Diocesan Hymns and Their Melodies, London 1954; Hymni et Sequentiae, hrsg. v. B. RAJECZKY u. P. RADÓ, = Melodiarium Hungariae medii aevi I, Budapest 1956; LXX Hymni antiquissimi, hrsg. v. W. BULST, Heidelberg 1959; J. A. JUNGMANN SJ, Missarum Sollemnia, 2 Bde, Wien, Freiburg i. Br. u. Basel ⁵1962; W. SH. SMITH, Mus. Aspects of the New Testament, Diss. theol. Amsterdam 1962; Y. SZÖVÉRFFY, Die Annalen d. lat. Hymnendichtung, 2 Bde, Bln (1964–65); PL. MITTLER OSB, Melodieuntersuchung zu d. dorischen Hymnen d. lat. Liturgie im MA, = Siegburger Studien II, Siegburg 1965.

– 2) die mehrstimmige Hymnenbearbeitung (hier abgekürzt: Hb.). Unter den frühesten Beispielen von Hb.en finden sich 2st. Sätze, die auf dem Prinzip des Stimmtausches aufgebaut sind (*Iam lucis orto sidere*, 12. Jh., in einem Ms. von Nevers). Eine andere Art des 2st. Satzes (*Nobilis, humilis, Magne*, in einem Ms. in Uppsala) ist hauptsächlich in Terzparallelen geschrieben. Die → Quelle Apt enthält 10 Hb.en (etwa letztes Drittel des 14. Jh.) für die Hauptfeste des Kirchenjahres. Mit einer Ausnahme erscheint die Hymnenmelodie gewöhnlich in leicht verzierter Form im Diskant; zwei dieser Hb.en haben eine instrumentale Mittelstimme. Der musikalisch relativ schlichte Satz ist jeweils für die 1. Strophe bestimmt, was darauf schließen läßt, daß er für alle ungeradzahligen Strophen benutzt wurde, während die geradzahligen einstimmig gesungen wurden. In anderen Handschriften ist der Wechsel umgekehrt, offenbar je nach lokalem Gebrauch. Aus dem 15. Jh. sind etwa 20 Hb.en von Dufay (um 1430) erhalten. Im Ms. Cappella Sistina 15 (um 1500; → Quellen: *CS 15*), das die meisten von Dufays Hb.en enthält, wird ein neues Prinzip befolgt: jede Wechselstrophe erhält einen (wohl rein vokalen) neuen mehrstimmigen Satz bei gleichem C. f. Die meisten Hb.en Dufays sind dreistimmig mit dem leicht stilisierten C. f. in der Oberstimme, einige jedoch zweistimmig mit → Fauxbourdon-Vermerk. In den anderen Hb.en von *CS 15* erscheint der C. f. auch im Tenor oder unter die Stimmen verteilt oder im strengen Kanon. Einige Sätze sind imitierend, einige akkordartig komponiert, während andere einen Wechsel beider Satzarten zeigen. Von 71 mehrstimmigen Strophensätzen der 28 Hb.en sind 6 kanonisch angelegt.

Vor der Mitte des 16. Jh. erscheinen die 4 vollständigen Zyklen durchs Kirchenjahr von Carpentras, Festa, Willaert und Corteccia. Der *Liber hymnorum* von Carpentras (um 1533 in Avignon gedruckt) enthält 31 2-6st. (meist 4st.) Hb.en dazu verschiedene Versionen für bestimmte Hymnen oder Strophen, insgesamt etwa 120 Stücke. Fast durchweg sind Sätze für die Doxologie beigefügt. Mitunter erscheint die Hymnenmelodie unverändert im Tenor, wie z. B. in der Bearbeitung des Advents-H. *Conditor alme*, der zweimal vollständig komponiert ist (einmal für die ungeradzahligen und einmal für die geradzahligen Strophen). Oft wechseln 4st. und 3st. Sätze in einer Hb. ab; in der Doxologie wird bisweilen ein 5st. Kanon eingeführt. C. Festas *Hymni per totum annum* (3-6st.) sind Vesperhymnen. Das Prinzip, jede zweite Strophe eines H. mehrstimmig zu setzen, wird beibehalten. Die 90 Sätze der Sammlung bilden eine Art Abriß des Motettenstils im frühen 16. Jh. Die überall vorhandene Grundmelodie führt dazu, daß die Anzahl der Teile und somit auch die Gesamtlänge der einzelnen Kompositionen beschränkt bleibt. Infolge des Vorherrschens der 4zeiligen Strophe ist der 4teilige Typus am häufigsten. Willaert (*Hymnorum musica*, Venedig 1542) setzt gewöhnlich die geradzahligen Strophen aus, wobei er 2-6 Stimmen mit großer kontrapunktischer Mannigfaltigkeit und freier Stilisierung der Hymnenmelodien gebraucht. Im freien kontrapunktischen Stil des *Hinnario di Fr. Corteccia* (Ms. Florenz, Laur. Med. Palat. 7, um 1543) wechselt die Stimmenzahl in der Abfolge 4-3-5, mit einem gelegentlichen Satz zu 6 Stimmen. Die *Himni vesperorum totius anni* von Jachet von Mantua (posthum, Venedig 1566) entstanden wahrscheinlich vor der Jahrhundertmitte. Konsequent sind die geradzahligen Strophen ausgelassen; der Kanon erscheint regelmäßig im 5st. Schlußsatz. – Nach der Mitte des Jahrhunderts vermehrten sich die Veröffentlichungen von Hymnenzyklen in Italien, besonders in Venedig, Rom und Mailand. Zu erwähnen sind die Zyklen von J. de Kerle (Rom 1558–60), G. Contino (Venedig 1561), D. Ortiz (Venedig 1565), Aretino (Mailand 1565) und M. Varotto von Novara (Venedig 1568). In seinen *Hymni totius anni* (Rom 1581) variiert Victoria die Stimmenzahl nach dem Muster 4-3-4. Palestrina läßt in seinen *Hymni totius anni* (Rom 1589) in der Regel die 1. Zeile der 1. Strophe einstimmig und setzt die übrigen Zeilen sowie die ungeradzahligen Strophen mehrstimmig. Andere Hymnenzyklen schrieben J. Sabino (Venedig 1582), G.M. Asola (Venedig 1585), G. Navarro (Rom 1590), G. de Wert (2 Bände, Mailand, Cons. SB 167–168, 1590), P. Ponzio (Venedig 1596), Orfeo Vecchi (Mailand 1600), C. Porta (Venedig 1602), Orazio Vecchi (Venedig 1604), G. Cavaccio (Venedig 1605), M.A. Ingegneri (Band II, Venedig 1606) und F. Vitali (Rom 1636). Der Einfluß neuer Stilarten wird deutlich in S. Stellas *Hymnorum ecclesiasticorum liber I* (Neapel 1610, *simul canendi atque sonandi*) und in P. Lappis *Hymni per tutto l'anno a 4 voci con ... organo* (Venedig 1628). Spätere Beispiele enthalten die *Inni novi concertati* für 2-6 Stimmen mit Instrumenten *per le sinfonie* von A. Freddi (Venedig 1632), die *Hinni sacri concertati* für 1 bis 6 Stimmen von A. Mattioli (Venedig 1646), die *Hinni per tutto l'anno a voce sola con violini a beneplacito* von M. Cazzati (Bologna 1662) und ähnliche Sammlungen von C.D. Cossoni (1668), Seb. Cherici (1672), G.A. Florimi (1673) und B. Graziani (1674). In der Nachfolge Cazzatis stehen die Werke von G.B. Vitali (Modena 1681) und G.A. Silvani (Bologna 1702). Von dieser Zeit an begnügten sich die italienischen Komponisten damit, einzelne Hb.en für besondere Anlässe zu komponieren.

Deutschland zeigt im 15. und 16. Jh. für die Hb. wegen ihrer Verwandtschaft mit dem strophischen Tenorlied eine besondere Vorliebe (z. B. enthält der Apelsche Codex 47 3-5st. Offiziumshymnen). Einer der frühesten deutschen Komponisten von Hb.en, Adam von Fulda, bringt in seinem 5st. *Nuntius celso* (NA Chorwerk XXXII, Nr 11) einen Diskant-Tenor-Kanon in der Oktave und einen zweiten C. f. mit zusätzlichem Text nach Art eines Tropus. In der deutschen Hb. liegt der C. f. entweder im Tenor oder im Diskant, oft gekoppelt mit einem textlich auf ihn abgestimmten anderen lateinischen oder deutschen C. f., während die übrigen Stimmen textlos und von instrumentalem Charakter sind; so wird der Pfingst-H. *Veni creator* mit dem altdeutschen Lied *Tannhauser ihr seid mir lieb* verbunden. In seinem *Sanctorum hymnorum liber primus* (Wittenberg 1542), der 113 deutsche Einzelsätze enthält, nennt G. Rhaw im Titel als *primi artifices* Th. Stoltzer, H. Finck und Arnold von Bruck. Außer diesen Meistern begegnen in der Sammlung auch Sätze von Senfl, Isaac und Obrecht. Die Hb.en von Sixt Dietrich (Wittenberg 1545) waren ausdrücklich für den evangelischen Vespergottesdienst bestimmt. Ihre beiden Teile (Proprium de tempore und de Sanctis) enthalten insgesamt 122 Sätze. Es seien noch genannt die Sammlungen von L. Schröter (Erfurt 1587), B. Gesius (Wittenberg 1595) und M. Praetorius (*Hymnodia Sionia*, 145 Sätze à 2 bis 8, Wolfenbüttel 1611). Der meist homophone *Hymnus scholasticus* ist ein Sonderzweig der Hb. für die evangelische Lateinschule. Komponisten dieses Typus waren M. Agricola (1557), W. Figulus (1594, 1605), B. Gesius (1597, 1609) und S. Calvisius (1594). Die 32 *Hymni per totum annum* von O. de Lassus (1580/81) sind nie veröffentlicht worden (Bayerische Staatsbibl. München, Mus. Ms. 55). Andere Sammlungen von Hb.en aus Süddeutschland sind die von W. Perckhaimer (Wasserburg am Inn 1564, München ²1591), C. de Zachariis (München 1594) und J. Lefébure (Konstanz 1596). Gelegentlich erschienen in Deutschland Hb.en auch während des 17. und 18. Jh.

Neben den Spaniern in Italien gab es eine Anzahl Hymnenkomponisten, deren Werke in spanischen Bibliotheken aufbewahrt werden. Das Ms. Taragona, Musikarchiv der Kathedrale, Ms. no. 2, enthält einen Zyklus mit 20 4st. Hb.en von Escobar (8), Dalua (6), Peñalosa (4), Sanabria (1) und Urreda (1). Stilistisch haben sie viel mit den italienischen Hb.en des frühen 16. Jh. gemeinsam. – In Frankreich ist der Bestand an Hb.en nach der Reformation verhältnismäßig unbedeutend. Der Codex Cambrai No. 17 (Mitte 16. Jh.) enthält 35 anonyme Hymnensätze. Als Hymnenkomponisten sind bekannt: Fr. Callet (Douai 1586), J. Bournonville (Paris 1612), Ch. de Helfer (1660, nach Fétis) und M.A. Charpentier. Das Ms. Paris, Bibl. Nat., Ms. Vm¹ 1171, enthält eine Anzahl Hymnen, aber keinen eigentlichen Zyklus. – Das Ms. Brit. Mus., Egerton 3307 (2. Viertel des 15.

Jh.), enthält 6 Kompositionen der Prozessionshymnen für die Karwoche nach dem Ritus der Diözese Sarum im modifizierten englischen Conductusstil, gewöhnlich mit dem figurierten Cantus im Superius (dreistimmig oder wechselnd zwei- bis vierstimmig). Im 16. Jh. wurden nur wenige lateinische Hymnen von Tallis, Byrd und anderen komponiert; die protestantische Kirchenkomposition wandte sich in England mehr den Psalmsätzen und volkssprachigen Liedern zu.

Das Prinzip der Hb. wird im 15. Jh. auch für die Orgel übernommen. Angefangen bei Paumann (1452) bis zu Hofhaymer, Schlick, Buchner und Sicher († 1546) sind die frühen Orgelhymnen im C. f.-Satz geschrieben und bringen die Melodie in langen Noten im Tenor, die anderen Stimmen in kontrapunktischer Ausarbeitung. Die spätere Entwicklung schloß kanonische Durchführung ein. Die Orgelhymnen von G. Cavazzoni (1542) zeigen den flämischen Motettenstil. Das Prinzip des Wechsels ist ganz augenscheinlich in G. M. Asolas *Canto fermo sopra Messa, Hinni ... ai suonatori d'organo per rispondere al coro* (1596). Die Komposition von Orgelhymnen wurde in Italien fortgeführt von A. Banchieri (1605), B. Bottazzi (1614), Frescobaldi (1627), G. B. Fasolo (1645), G. Scipione (1650) und G. C. Arresti (1664). Weitere Komponisten des Orgel-H. sind Cabezón, J. Bull, Sweelinck, Praetorius, Scheidt und Titelouze.

Ausg.: Der Mensuralkodex d. N. Apel, hrsg. v. R. GERBER, = EDM XXXII, Abt. MA IV, 1956; H. FINCK, 8 Hymnen zu 4 St., hrsg. v. R. Gerber, Chw. IX, 1931; Deutsche Meister d. 15. Jh., 12 Hymnen zu 3–5 St., hrsg. v. R. GERBER, Chw. XXXII, 1935; G. DUFAY, Sämtliche Hymnen, hrsg. v. R. Gerber, Chw. XLIX, 1937; G. RHAU, Sacrorum hymnorum liber I (1542), hrsg. v. R. Gerber, RD XXI u. XXV, 1942–43; C. FESTA, Hymni per totum annum, 3–6st., hrsg. v. Gl. Haydon, = Monumenta polyphoniae ital. III, Rom 1958; FR. CORTECCIA, Hinnario, hrsg. v. dems., = Musica liturgica I, 4, Cincinnati 1958; SIXT DIETRICH, Hymnen (Wittenberg 1545), hrsg. v. H. Zenck, mit einem Geleitwort v. W. Gurlitt, Saint Louis (USA) 1960.

Lit.: A. ELLING, Die Messen u. Hymnen d. Hs. v. Apt, Diss. Göttingen 1924, maschr.; A. GASTOUÉ, Le ms. de musique du trésor d'Apt, = Publications de la Soc. frç. de musicologie I, 10, Paris 1936; GL. HAYDON, The Lateran Cod. 61, Kgr.-Ber. Köln 1958; DERS., The Hymns of C. Festa, JAMS XII, 1959; DERS., The Dedication of Fr. Corteccia's Hinnario, JAMS XIII, 1960; DERS., The Hymns of Jacobus de Kerle, in: Aspects of Mediæval and Renaissance Music, Fs. G. Reese, NY (1966); R. GERBER, Zur Gesch. d. mehrst. H. (Die Textwahl in d. mehrst. Hymnenkomposition d. späten MA; Die Hymnen d. Apelschen Kodex; Die Sebaldus-Kompositionen d. Berliner Hs. 40021; Span. Hymnensätze um 1500; Römische Hymnenzyklen d. späten 15. Jh.; Die Hymnen d. Hs. Monte Cassino 871), = Mw. Arbeiten XXI, Kassel 1965. für Hymnus (– 2): GH

Hypallage (griech., Veränderung), in der Kompositionslehre des 17.–18. Jh. eine musikalische Figur, die in Anlehnung an die rhetorische H. erklärt wurde. Diese entsteht durch Verschiebung der grammatischen und semantischen Beziehung eines Adjektivs (z. B. *des Knaben lockige Unschuld*), so daß sich eine Umkehrung in der Zuordnung ergibt. Nach Burmeister (1606) liegt eine musikalische H. vor, wenn die Fuga in umgekehrter Intervallanordnung eingeführt wird (*quando Fuga converso intervallorum ordine introducitur*), also eine Gegenfuge entsteht. Ein Beispiel textbedingter Anwendung der H. findet sich in der Motette *Exaudi Domine* von Lasso (GA VII, S. 158) bei den Wörtern *ne avertas (faciem tuam a me)*. Außer Burmeister verbindet nur Janowka (1701) die Gegenfuge mit dem Namen H.

Hypatē (griech.) → Systema teleion.

hyper (griech. über; lat. super), **hypo** (griech. unter; lat. sub), in Zusammensetzungen bei Intervallbezeichnungen wie Hyperdiatessaron (Oberquarte), Hypodiapente (Unterquinte), oder bei den Namen der Skalen des → Systema teleion und der → Kirchentön wie hypodorisch.

Hyperbaton (griech.; lat. verbi transgressio, Wortversetzung), eine in der Kompositionslehre des 18. Jh. im Anschluß an die Rhetorik erklärte musikalische Figur. In der Rhetorik ist das H. nach Gottsched *die Versetzung eines Worts oder Gedankens von seiner natürlichen Stelle, die ... aus der Heftigkeit des Affects herrührt* (Critische Dichtkunst, X. Hauptstück, § 10). Scheibe (*Critischer Musicus*, 75. Stück) erklärt die Figur musikalisch als Versetzung eines Tones oder Motivs in eine andere Lage.

Hyperbolę (griech., Überwerfen; lat. superlatio), in der Kompositionslehre des 17. Jh. eine musikalisch-rhetorische Figur. In der Rhetorik ist die H. eine Übertreibung (z. B.: in Tränen zerfließen). Burmeister erklärt (1606) die H. musikalisch als das Überschreiten des Notenliniensystems nach oben hin. Hypobole nennt er das Unterschreiten des Liniensystems. Beide Figuren können zur Darstellung des besonders Hohen bzw. Tiefen verwendet werden (wie Himmel, Hölle), wobei der mit dem Verlassen des Notenliniensystems gegebene optische Eindruck mitspielt.

Hyporchema heißt in der griechischen Antike eine Gattung von Chorliedern (Fragmente von Pindar), später ein zur Begleitung einer pantomimischen Darstellung geschaffenes Tanzlied (Platon, *Ion*, 534C; Lukian, *De saltatione*, 16).

Lit.: H. KOLLER, Die Mimesis in d. Antike, = Dissertationes Bernenses I, 5, Bern 1954.

Hypotyposis (griech., Abbildung) nennt Burmeister (1606; im Anschluß an die rhetorische H. in L. Lossius' *Erotemata*, 1544) jenes für die Vokalkomposition seit dem 16. Jh. zentrale musikalische Abzeichnen (*H. vel descriptio* heißt sie bei Lossius, »Abschilderung« bei Gottsched), wodurch »lebendig zu sein scheint, was hinter dem Text verborgen ist.« *Hoc ornamentum usitatissimum est apud authenticos Artifices* (Burmeister). H. als Figur der Musica poetica ist demnach eine Sammelbezeichnung für unzählige Verwirklichungen solchen Abbildens, Belebens und Veranschaulichens des Sinn- und Affektgehalts der Wörter; sie kommt zustande, indem die musikalische Erfindung (nach Bewegungsart, Stimmenlage, Modulationsgang usw.) analog dem Textgehalt gebildet ist (z. B. bei Wörtern wie Freude, Schmerz; Seufzen, Schweigen; Wasser, Schlange; Pauken, Trompeten). Denn man soll *das freudige, freudig, das traurige, traurig, das geschwinde, geschwind, das langsame, langsam etc. machen* (Bernhard). – Als Klasse der H.-Figuren können eine Reihe spezifischer Bildfiguren zusammengeschlossen werden, wie → Anabasis und → Katabasis, → Circulatio, → Tirata, → Passus duriusculus, → Suspiratio u. a.

Hz (Abk. für Hertz) → Frequenz.

I

i, bei Kirnberger (1771) Bezeichnung der von ihm versuchsweise in die Komposition und Notenschrift eingeführten natürlichen Septime (7. Naturton; → Intervall-Tabelle); sie hat 968,8 Cent und ist somit um 27,3 Cent kleiner als die pythagoreische und um 31,2 Cent kleiner als die temperierte kleine Septime. Durch Rameaus Erklärung der Konsonanz aus dem Phänomen der Obertöne war der Gedanke nahegelegt, ob nicht auch die höheren primären Teiltöne für die Theorie der Harmonie in Frage kommen, und noch vor Kirnberger hatte 1754 Tartini (*Trattato di musica* ...) mit dem die Erniedrigung um etwa einen Achtelton andeutenden Zeichen ↓ oder, wenn dasselbe zu einem ♭ hinzukommt, ♭↓ praktische Versuche gemacht:

Euler (1739) schrieb der Naturseptime wegen ihres einfachen Zahlenverhältnisses (4:7) einen hohen Konsonanzgrad zu und erklärte die angenehme Wirkung des Dominantseptakkords dadurch, daß der Hörer statt der erklingenden Septime (8:15) die Naturseptime (8:14) auffasse. Es steht experimentell fest, daß der Zusammenklang 4:5:6:7 (c–e–g–i) sehr schön klingt, auch ist z. B. die bekannte Stelle im Trio des Scherzos (Takt 236) der 3. Symphonie Beethovens (des¹–es¹–b¹), von drei Naturhörnern geblasen, mit dem 7. Naturton im 2. Horn von bezaubernder Wirkung. Gehörte die Naturseptime bis zur Einführung der Ventilinstrumente um die Mitte des 19. Jh. zum Klangbild der Blechbläser (allerdings wegen der Diskrepanz zu anderen Instrumenten oft durch Umspielung verdeckt), so wird sie in der neueren Musik in einzelnen Fällen als besonderer Effekt vorgeschrieben, z. B. in der Einleitung zu Brittens Serenade für T., Horn und Streichorch. op. 31 (1943).

Lit.: M. Vogel, Die Zahl Sieben in d. spekulativen Musiktheorie, Diss. Bonn 1955, maschr.; ders., Die Intonation d. Blechbläser, = Orpheus-Schriftenreihe zu Grundfragen d. Musik I, Düsseldorf 1961; ders., Der Tristan-Akkord ..., ebenda II, 1962.

Iastisch → Systema teleion.

Idée fixe (id'e fiks, frz.) nennt Berlioz das Kernthema (*une pensée musicale*) seiner *Symphonie fantastique* (1830), das in deren 5 Sätzen in je abgewandelter Form den unglücklichen Künstler durch verschiedene Situationen seines Lebens als »melancholischer Reflex« verfolgt, – ein Vorläufer des → Leitmotivs.

Idiophone (Eigenklinger, von griech. ἴδιος, eigen), im Anschluß an die Instrumentensystematik Mahillons (1880; *instruments autophones*) von E. M. v. Hornbostel und Sachs (1914) gebildete Bezeichnung für Instrumente, bei denen der schwingende Instrumentenkörper selbst, und nicht eine gespannte Membran (→ Membranophone) oder Saite (→ Chordophone), den Ton erzeugt. In ihrem Material bestehen die I. aus Holz (→ Xylophon), Stein (→ Lithophone), Metall (→ Metallophon) oder Glas (→ Glasspiele). Die Erregung des Schwingungsvorganges kann erfolgen durch unmittelbares Schlagen (→ Schlaginstrumente), Schütteln (Rasseln, Sistrum, Angklung), Schrapen (Ratsche, Guiro), Zupfen (Maultrommel, Sansa) sowie Reiben (→ Friktionsinstrumente).

Ikonographie, musikalische (von griech. εἰκών, Bild, und γράφειν, schreiben), die Wissenschaft von den Bildzeugnissen zur Geschichte der Musik. Sie umfaßt 3 Arbeitsbereiche: 1) kritische Sichtung der Bilddokumente zur Biographie eines Komponisten (vorbildlich z. B. O. E. Deutsch 1913 und 1961, W. Neumann 1953) und seiner Umwelt; dieser Bereich der mus.n I. berührt sich mit der musikalischen Lokalgeschichtsschreibung. 2) Sammlung von Bildzeugnissen zur → Aufführungspraxis (z. B. Besseler 1952 und 1959); dieser Bereich der mus.n I. steht vor allem der Instrumentenkunde nahe. 3) Tritt die mus. I. in den bisher genannten Zusammenhängen als Hilfswissenschaft auf, so liegt doch ihr zentraler Arbeitsbereich in der Sinndeutung künstlerischer Musikdarstellungen, die zuverlässig nur unter Zusammenfassung musik- und kunstgeschichtlicher Kriterien möglich ist. Zu untersuchen ist dabei vor allem die Frage, welchen Anteil Darstellung der Wirklichkeit, Symbolik und freie Phantasie in einem bestimmten Kunstwerk einnehmen; an der Beantwortung dieser Frage entscheidet sich, ob ein Bild als Zeugnis für die musikalische Praxis oder für das Musikdenken einer Epoche gelten kann. Am Ausbau dieses Zweiges der mus.n I. sind als Kunsthistoriker vor allem A. Warburg und E. Panofsky, als Musikhistoriker u. a. W. Gurlitt und R. Hammerstein beteiligt. – Die Katalogisierung der Quellen zur mus.n I. steht noch in den Anfängen.

Lit.: E. Buhle, Die mus. Instr. in d. Miniaturen d. frühen MA I, Die Blasinstr., Lpz. 1903; ders., Das Glockenspiel in d. Miniaturen d. frühen MA, Fs. R. v. Liliencron, Lpz. 1910; H. Leichtentritt, Was lehren uns d. Bildwerke d. 14.–17. Jh. über d. Instrumentalmusik ihrer Zeit?, SIMG VII, 1905/06; K. Storck, Musik u. Musiker in Karikatur u. Satire, Oldenburg 1910; O. E. Deutsch, Fr. Schubert. Sein Leben in Bildern, = Fr. Schubert. Die Dokumente seines Lebens u. Schaffens III, München 1913; ders., Mozart u. seine Welt in zeitgenössischen Bildern, = W. A. Mozart, Neue GA X, 32, Kassel 1961; M. Seiffert, Bildzeugnisse d. 16. Jh...., AfMw I, 1918/19; M. Sauerlandt, Die Musik in fünf Jh. d. europäischen Malerei, Königstein u. Lpz. 1922; E. Droz u. G. Thibault, Poètes et musiciens du XVᵉ s., = Documents artistiques du XVᵉ s. I, Paris 1924; C. Moreck, Die Musik in d. Malerei, München (1924); A. Schering, Zur Frage d. Orgelmitwirkung in d. Kirchenmusik d. 15. Jh., in: Ber. über d. Freiburger Tagung f. deutsche Orgelkunst, hrsg. v. W. Gurlitt, Augsburg 1926; G. Kinsky (mit R. Haas u. H. Schnoor), Gesch. d. Musik in Bildern, Lpz. 1929, engl. hrsg. v. H. Besseler, M. Schneider u. E. Blom, London u. NY 1930, Neudruck 1951, frz. hrsg. v. H. Prunières, Paris 1930, ital. hrsg. v. G. Cesari, Mailand 1930; L. Schrade, Die Darstellung d. Töne an d. Kapitellen d. Abteikirche zu Cluny, DVjs. VII, 1929; E.

PANOFSKY, Hercules am Scheidewege, = Studien d. Bibl. Warburg XVIII, Lpz. 1930; DERS., Who is Jan van Eyck's »Thymotheos«?, Journal of the Warburg and Courtauld Inst. XII, 1949; R. VAN MARLE, Iconographie de l'art profane au moyen-âge et à la Renaissance, 2 Bde, Den Haag 1931–32; A. WARBURG, Gesammelte Schriften, hrsg. v. G. Bing u. Fr. Rougemont, 2 Bde, Lpz. 1932; L. PARIGI, I pittori lombardi e la musica, Mailand 1934; DERS., La musica nelle gallerie di Milano, Mailand 1935; DERS., Musica in pittura, Florenz 1939; DERS., I disegni mus. del gabinetto degli »Uffizi« . . ., Florenz 1951; W. GURLITT, Die Musik in Raffaels Heiliger Caecilia, JbP XLV, 1938, Neudruck in: Mg. u. Gegenwart I, = BzAfMw I, Wiesbaden 1966; E. REUTER, Les représentations de la musique dans la sculpture romane en France, Paris 1938; Musik u. Bild, Fs. M. Seiffert, Kassel 1938; M. F. SCHNEIDER, Alte Musik in d. bildenden Kunst Basels, Basel 1941; DERS., Musik d. Neuzeit in d. Bildenden Kunst Basels, Basel 1944; M. WEGNER, Das Musikleben d. Griechen, Bln 1949; DERS., Musikinstr. d. alten Orients, = Orbis antiquus II, Münster i. W. 1950; H. BESSELER, Die Besetzung d. Chansons im 15. Jh., Kgr.-Ber. Utrecht 1952; DERS., Umgangsmusik u. Darbietungsmusik im 16. Jh., AfMw XVI, 1959; M. BERNARDI u. A. DELLA CORTE, Gli strumenti mus. nei dipinti della galleria degli Uffizi, Turin 1952; R. HAMMERSTEIN, Die Musik am Freiburger Münster, AfMw IX, 1952; DERS., Instrumenta Hieronymi, AfMw XVI, 1959; DERS., Die Musik d. Engel, Bern u. München (1962); K. MEYER-BAER, The Eight Gregorian Modes on the Cluny Capitals, The Art Bull. XXXIV, 1952; W. NEUMANN, Auf d. Lebenswegen J. S. Bachs, Bln 1953; A. G. HESS, The Cataloging of Music in the Visual Arts, Notes II, 11, 1953/54; FR. BEHN, Musikleben im Altertum u. frühen MA, Stuttgart 1954; M. LISNER, Die Sängerkanzel d. Luca Della Robbia, Diss. Freiburg i. Br. 1955, maschr.; J. BANACH, Tematy muzyczne w płastyce polskiej, 2 Bde, (Krakau 1956–60), deutsch als: Die Musik in d. Bildenden Künsten Polens, ebenda 1957–65; Les fêtes de la Renaissance, hrsg. v. J. JACQUOT, 2 Bde, Paris 1956; E. WINTERNITZ, Alcune rappresentazioni di antichi strumenti ital. a tastiera, CHM II, 1957; DERS., The Visual Arts as a Source for the Hist. of Music, Kgr.-Ber. NY 1961, Bd I; G. BANDMANN, Melancholie u. Musik, = Wiss. Abh. d. Arbeitsgemeinschaft d. Landes Nordrhein-Westfalen XII, Köln 1960; H. STEGER, David rex et propheta, = Erlanger Beitr. zur Sprach- u. Kunstwiss. VI, Nürnberg 1961; Mg. in Bildern, hrsg. v. H. BESSELER u. M. SCHNEIDER, Lpz. (seit 1962); A. OTT, Tausend Jahre Musikleben, = Bibl. d. Germanischen National-Museums XVIII/XIX, München (1963); H. HEYDE, Die Musikinstrumentendarstellung auf d. Mindener Altar, Beitr. zur Mw. VI, 1964; A. P. DE MIRIMONDE, Remarques sur l'iconographie mus., Rev. de Musicol. LI, 1965; E. u. R. L. WALDSCHMIDT, Musikinspirierte Miniaturen aus d. Slg d. Museums f. Indische Kunst Bln, Bd I, = Veröff. d. Museums f. Indische Kunst Bln II, Wiesbaden 1966.

Imbroglio (imbr'ɔʎo, ital., Vermischung, Verwirrung) bezeichnet in der Musik, sofern sie auf einheitlicher Taktordnung beruht, die rhythmische Verwicklung, die durch Vermischung oder Überlagerung verschiedener Taktarten entsteht. Bekannte Beispiele bieten das 1. Finale in Mozarts *Don Giovanni*, der Schluß des 1. Akts von Wagners *Meistersinger* und die Eröffnungsszene des 3. Aktes im *Rosenkavalier* von R. Strauss.

Imitation (lat. imitatio, Nachahmung), grundlegende Satztechnik in der mehrstimmigen Musik: eine melodisch-rhythmische Sinneinheit (Motiv, Soggetto, Thema oder längere Melodielinie) der einen Stimme wird gleich oder ähnlich in einer anderen Stimme wiederholt. Hinsichtlich der Bewegungsrichtung ist die wichtigste Art der I. diejenige in gleicher Bewegung (imitatio aequalis motus), bei der die Nachahmung als solche vernehmbar ist, weil der Melodiezug des Vorbildes erhalten bleibt. I. in Gegenbewegung (inaequalis motus oder motu contrario), also mit melodischer → Umkehrung oder Spiegelung, sowie die selteneren Arten im → Krebsgang (cancricans) und seiner Umkehrung (cancricans motu contrario) sind dagegen für den Hörer schwieriger oder gar nicht zu erkennen. Die I. kann auf derselben Tonstufe (in unisono) oder in anderen Intervallen (in secunda, in tertia usw.) oberhalb oder unterhalb (superior oder inferior) des Vorbildes einsetzen. Zu berücksichtigen ist jedoch, daß die Bezeichnung I. lange Zeit in einem engeren Sinn, nämlich als Gegensatz zur → Fuga verwendet und dabei auf die nicht streng intervallgleiche Nachahmung in der Sekunde, Terz, Sexte und Septime bezogen wurde (Zarlino 1558 und noch WaltherL). Außerdem kann die I. mit Verlängerung oder Verkürzung der rhythmischen Werte (per augmentationem oder per diminutionem) auftreten oder auch durch Pausen unterbrochen werden (imitatio interrupta). – Die ausgedehnten Anwendungsfelder der I. lassen sich durch den Gegensatz von strenger und freier I. abstecken: In strenger I. folgt die imitierende Stimme der vorangehenden vollständig, wie es für alle Arten des Kanons kennzeichnend ist; bei freier I. trennt sich die nachfolgende Stimme nach einer Strecke der Nachahmung vom Vorbild, was etwa bei Fuge und Motette ebenso der Fall ist wie bei der Technik der motivischen I., die auch außerhalb der kontrapunktisch bestimmten Formen vielfältig verwendet worden ist. Bezogen auf das jeweilige Werk kann die I. alle beteiligten Stimmen erfassen oder sich auf zwei beschränken, längere Abschnitte ganz beherrschen oder nur vereinzelt auftreten und in entsprechendem Maße zur organischen Entfaltung und architektonischen Geschlossenheit der Komposition beitragen. Da nur gleichberechtigte Stimmen an der I. teilnehmen können, bleibt eine einzelne C. f.-Stimme, sofern sie Eigencharakter hat, von der Nachahmung ausgeschlossen. Deshalb entstammen die ältesten Beispiele der I. dem Conductus und den C. f.-freien Stimmen aus dem 3- oder 4st. Organum der Notre-Dame-Epoche (Anfang 13. Jh.):

Perotinus, Organum *Viderunt principes*
(Übertragung des Anfangs).

Dieses Frühstadium verwendet die I. (a) neben der einfachen Wiederholung eines Melodiegliedes in derselben Stimme (b) und neben dem → Stimmtausch (a und c).

Die beiden letztgenannten Satztechniken werden in ihrer ältesten theoretischen Erwähnung durch Johannes de Garlandia (Mitte des 13. Jh.; CS I, 116) als *repetitio ejusdem vocis* und *repetitio diversae vocis* bezeichnet und zum Schmuck (color, pulchritudo soni) der Musik gezählt. Von hier aus führt die Entwicklung sowohl zu den Frühformen des Kanons als auch über weitere Ansätze (z. B. im Bamberger Motettenkodex und bei Machaut) zur Ausbreitung der freien I. seit dem Anfang des 15. Jh. In der burgundischen Epoche wurde die Praxis der Eingangs-I. ausgebildet. Mit dem Vordringen der C. f.-freien Motette im ausgehenden 15. Jh. erfaßte die I. zunehmend alle Stimmen des Satzes. Josquin Desprez, für dessen Werk die I. in Stimmenpaaren charakteristisch ist, förderte entscheidend die Entwicklung des »durchimitierenden Stils« (H. Riemann), der im 16. Jh. geradezu satztechnische Norm wurde: von Abschnitt zu Abschnitt wandert das dem jeweiligen Textglied zukommende → Soggetto imitierend durch alle nunmehr gleichberechtigten Stimmen. Die Einsatzfolge wird im Innern eines Stückes überwiegend freizügig behandelt, bei der Eingangs-I. dagegen oft sehr regelmäßig angeordnet (N. Gombert, in: *Magnificat octavi toni*, CMM 6, IV, S. 90). Die Durch-I. griff seit dem 16.–17. Jh. auch auf die Instrumentalmusik über und begründete u. a. die Entwicklung der Fuge, bei der im Verfahren der → Beantwortung eine prägnante Weise der I. entstand. Vom 18. Jh. an wurde die I. in wachsendem Maße der metrischen Periodik angepaßt und bewirkt im harmonisch bestimmten Satz der Klassik und Romantik stets, wenn auch oft nur kurz, den teilweisen oder völligen Durchbruch zur Polyphonie; sie tritt hier vorzugsweise an Stellen von besonderer Dichte und als Impuls der Durchführung und Steigerung auf und erscheint häufig hervorgehoben und individualisiert durch Instrumentierungskontraste.

J. Haydn, Streichquartett D moll (Hob. III, 76), 4. Satz, Takt 93ff.

L. van Beethoven, Streichquartett F dur op. 18, Nr 1, 1. Satz, Takt 129ff.

– In der Kompositionslehre nimmt der »imitierende Kontrapunkt« seit dem 17. Jh. einen führenden Platz ein. Grundsätzlich beschränkt sich aber die Anwendung der I. nicht auf einzelne Epochen.

Lit.: G. ADLER, Die Wiederholung u. Nachahmung in d. Mehrstimmigkeit, VfMw II, 1886, S. 271ff.; H. RIEMANN, Lehrbuch d. einfachen, doppelten u. imitierenden Kontrapunkts, Lpz. 1888, ³1915, ⁴–⁶1921, engl. Lpz. 1904; DERS., Hdb. d. Mg. II, 1, Lpz. 1907, ²1920, S. 212ff.; W. GURLITT, Burgundische Chanson- u. deutsche Liedkunst d. 15. Jh., Kgr.-Ber. Basel 1924, Neudruck in: Mg. u. Gegenwart I, = BzAfMw I, Wiesbaden 1966; H. BESSELER, Studien zur Musik d. MA II, AfMw VIII, 1926; M. SCHNEIDER, Zur Satztechnik d. Notre-Dame-Schule, ZfMw XIV, 1931/32; W. APEL, I. in the 13th and 14th Cent., in: Essays on Music, Fs. A. Th. Davison, Cambridge (Mass.) 1957; C. DAHLHAUS, Chr. Bernhard u. d. Theorie d. modalen I., AfMw XXI, 1964; D. HARBINSON, I. in the Early Motet, ML XLV, 1964; J. KERMAN, Byrd, Tallis, and the Art of I., in: Aspects of Medieval and Renaissance Music, Fs. G. Reese, NY (1966). KJS

Imperfektion (von lat. imperfectus, unvollkommen) ist in der Mensuralnotation »die Wegnahme eines Drittels vom eigentlichen Wert einer ganzen Note oder ihrer Teile« (Tinctoris, *Liber imperfectionum notarum musicalium*, CS IV, 54a). Nach Franco von Köln (ed. Cserba, S. 235ff.) tritt I. einer Longa oder Brevis dann ein, wenn ihr eine einzelne Note der nächst kleineren Gattung folgt und dieser wieder eine größere, oder wenn mehr als 3 Noten der nächst kleineren Gattung folgen, z. B.:

Abweichung von diesen Regeln wird durch → Divisio modi (– 2), später Punctus divisionis (→ Punctus – 2), angezeigt, vor allem wenn z. B. eine Brevis zwischen 2 Longae nicht die vorhergehende Longa imperfiziert (I. a parte post), sondern die folgende (I. a parte ante):

Die Ars nova (J. de Muris, CS III, 47–52, und GS III, 296–300; dagegen Jacobus Leodiensis, CS II, 424–427) läßt auch I. der Maxima und Semibrevis zu und führt neben der bei Franco allein üblichen I. um $1/3$ (I. ad totum) auch die I. ad partem propinquam ein; bei ihr wird nur die Hälfte oder ein Drittel der Note imperfiziert, so daß sich insgesamt Verkürzung um $1/6$ oder $1/9$ ergibt. Die Musiklehre beschreibt auch die I. ad partem remotam (z. B. Maxima durch Semibrevis imperfiziert) und die I. ad partem remotiorem (Maxima durch Minima imperfiziert). Weitere Komplikationen ergeben sich dadurch, daß eine Note mehrfach imperfiziert werden kann, auch gleichzeitig a parte post und a parte ante, und daß auch die imperfizierende Note ihrerseits imperfiziert wird. Ein Schulbeispiel geben die *Quatuor principalia* (CS IV, 270b, vgl. ApelN, 388). Wie durch verschiedene I. der Wert einer Brevis von 9 auf 4 Minimae verringert werden kann, zeigt der Anfang des Contratenors in Machauts Ballade Nr 32:

Impressionismus. »Impressionistisch« hat man vor allem die Musik Debussys, Ravels und ihrer Schüler genannt, weil sie Bildvisionen mit suggestiver Kraft heraufbeschwor und das Atmosphärisch-Dunstige des Klanges (»Sfumato«), die harmonikale »Farbe« gegenüber dem melodischen »Umriß« bevorzugte. Auch die Vorliebe für das vibrierend Lebendige hat die impressionistische Musik mit der gleichbenannten Malerei vielfach gemeinsam, nicht aber die Schätzung des flüchtigen Augenscheins, das Momentane, Eilend-Vergängliche, Zügig-Bewegte, ebensowenig das geheimnislose, nüchterne Freilicht. Debussy selbst hat schnellfertige Rezensenten, die seine Musik in Bausch und Bogen »impressionistisch« nannten, nicht ohne Grund als Dummköpfe bezeichnet. Denn von der Oberflächenwelt bloßer Sinneseindrücke trennt ihn seine durchaus seelenhafte, dem Mythischen nahekommende Naturschau. In dieser Hinsicht steht er – nicht nur durch die Mittlerschaft der symbolistischen Dichter – der Grundauffassung deutscher Romantik oft näher als dem Weltbild der französischen Malerimpressionisten. Er schätzte Whist-

Impromptu

lers Nachtstücke und die eroshafte Atmosphäre in manchen Bildern von Degas, mißbilligte hingegen die endlos wiederholten Momentstudien Monets. In seinen Klangvisionen von arkadischen Landschaften und fernen paradiesischen Inseln kommt er der Südseemalerei Paul Gauguins oft nahe. Schon der mittlere Stil, mehr noch der Spätstil Debussys hatte übrigens eine Erneuerung der melodischen Linie, der »göttlichen Arabeske«, angestrebt: Abkehr von der Vorherrschaft harmonikaler Flächen. Dem I. der Maler kommt der reizsame, tagwach-sinnenscharf beobachtende Ravel oft näher als Debussy. »Impressionistisch« hat man schließlich jede Musik um und nach 1900 genannt, in der Klanglich-Stimmungshaftes und Koloristisches als Eigenwerte hervortraten, selbst die ekstatisch bewegten Tondichtungen eines Skrjabin. Bei solchen Ausweitungen verflüchtigt sich der Begriff des I. leicht zur bloßen Sammelkategorie von geringem Aussagewert. Selbständige Farbwirkungen findet man nicht nur bei Debussy, Dukas, Satie, Ravel, Aubert, Caplet, Roland-Manuel, Roussel, de Falla, Respighi, sondern auch etwa im Spätwerk des »Klassizisten« Fauré, massiver bei C. Scott, Fr. Delius, Kodály, R. Strauss, zum »Klangsumpf« verdickt bei Schreker. Als unmittelbare Vorfahren solcher Verselbständigung des Koloristischen wären etwa Chopin, Liszt, Chabrier, vor allem aber Mussorgskij und Borodin zu nennen, als frühe Wegbereiter vielleicht sogar italienische Madrigalisten wie Marenzio, Gesualdo und Monteverdi. Ein so weit gefaßter Begriff des I. nivelliert begreiflicherweise viele feinere Stilunterschiede, vor allem die Kluft zwischen der Musique descriptive (z. B. bei R. Strauss) und der Musique évocatrice Debussys, die auf unmittelbare Erweckung, Beschwörung individueller Stimmungsgehalte ausgeht. Man muß jedenfalls immer dessen eingedenk sein, daß der Begriff I. anfänglich ein der Freilichtmalerei zugedachtes, später umgedeutetes und angenommenes Schmähwort war, welches in seiner ursprünglichen Bedeutung als Vision immédiate (Augenblicksmalerei) gerade die Traumkunst des frühen Debussy (etwa der drei *Nocturnes* für Orch.) nicht trifft.

Lit.: W. DANCKERT, Das Wesen d. mus. I., DVjs. VII, 1929; DERS., Liszt als Vorläufer d. mus. I., Mk XXI, 1928/29; DERS., Cl. Debussy, Bln 1950, mit ausführlichem Lit.-Verz. zur Frage d. I. in Malerei u. Musik; H. F. KÖLSCH, Der I. bei Debussy, Diss. Köln 1937; H.-G. SCHULZ, Mus. I. u. impressionistischer Klavierstil, Würzburg 1938; E. KROHER, I. in d. Musik, Lpz. 1957. WD

Impromptu (ɛ̃prɔ̃pt'ü, frz.; von lat. in promptu esse, bei der Hand, bereit sein) war im 17. Jh. in der Bedeutung von Stegreifgedicht oder als Zwischenakteinlage bei Bühnenstücken im Französischen (Molière, *L'I. de Versailles*, 1663) gebräuchlich. Mattheson (1739) bezeichnet einen bei einer Geselligkeit »stehenden Fußes« geschriebenen und gesungenen Kanon als I. Die Nähe zur Improvisation zeigen Liszts *I.s sur des thèmes de Rossini et Spontini* (1824). In der Romantik wurde I. zum Werktitel von Charakterstücken für Klavier, die in 2- oder 3teiliger Liedform, Rondo- oder seltener in Sonatenhauptsatzform (Schubert, op. 142 Nr 1) komponiert sind, daneben auch in Variationsform (Schumann, op. 5 auf ein Thema von Clara Wieck, 1833, 2. Fassung 1850). I.s schrieben 1822 Voříšek, op. 7, und H. Marschner, op. 22 und 23. Besondere Beliebtheit erlangten Schuberts I.s op. 90 (1827, hier wurde der Titel *I.s* durch den Verleger Haslinger hinzugefügt) und op. 142 (1838, aus dem Nachlaß) neben den I.s Chopins (op. 29, 36, 51, 66) sowie Liszts *Valse-I.* (1852).

Lit.: MATTHESON Capellm.; W. KAHL, Das lyrische Klavierstück Schuberts u. seiner Vorgänger seit 1810, AfMw III, 1921; DERS., Aus d. Frühzeit d. lyrischen Klavierstücks,

ZfM LXXXIX, 1922; H. H. EGGEBRECHT, Studien zur mus. Terminologie, = Akad. d. Wiss. u. d. Lit. Mainz, Abh. d. geistes- u. sozialwiss. Klasse, Jg. 1955, Nr 10; L. MISCH, Ein unbekanntes »I.« v. Beethoven, NZfM CXVII, 1956.

Improperien (lat. improperia, Vorwürfe), Gesänge zur feierlichen Kreuzverehrung in der römischen Karfreitagsliturgie, die Klagen des leidenden Heilands über das undankbare jüdische Volk darstellend. Sie beginnen mit den sogenannten Improperia maiora: *Popule meus* und 3 Verse (*Quia eduxi te de terra Aegypti – Quia eduxi te per desertum – Quid ultra debui facere tibi*), zwischen denen das griechisch-römische Trishagion erklingt ("Ἅγιος ὁ θεός, Sanctus Deus usw.). Die hieran anschließenden Improperia minora umfassen 9 psalmodisch vertonte Verse, jeweils gefolgt von einer Wiederholung des *Popule meus*. – Als ältestes Dokument, das den vollständigen Text der während des 11.–12. Jh. vom fränkischen in den römischen Liturgiebereich übernommenen Improperia maiora und des → Trishagion vereinigt, gilt das Graduale von Senlis aus dem 9. Jh. Erste Melodieaufzeichnungen finden sich im Graduale von Laon (10.–11. Jh.; Paléographie musicale I, 10). Demgegenüber gehören die Improperia minora einer späteren Zeit, vermutlich dem 11. Jh., an. Seit dem 16. Jh. existieren auch mehrstimmige I.-Bearbeitungen (Palestrina).

Improvisation (von lat. improvisus, unvorhergesehen; ex improviso, ohne Vorbereitung) besteht musikalisch im Erfinden und gleichzeitigen klanglichen Realisieren von Musik; sie schließt die schriftliche Fixierung (→ Komposition) ebenso aus wie das Realisieren eines Werkes (Aufführung, Wiedergabe, → Interpretation). Daher kann strenggenommen nur im Abendland, und selbst da erst von einer geschichtlich späteren Stufe an, von I. gesprochen werden, da die außereuropäische und die ältere europäische Musik jenseits der Scheidung in Komposition und Aufführung stehen, die den Begriff I. voraussetzt. Mündliche Überlieferung ist kein Kriterium für I. – Improvisieren bedeutet (vgl. Goethe, Gespräche mit Eckermann am 28. 2. 1824 und 29. 1. 1826), über einen Gegenstand, der zur Aufgabe gestellt ist, unvermittelt produktiv werden. Weitgehend die gleiche Bedeutung haben die Wörter extemporieren (von lat. ex tempore, etwas »aus dem Augenblick heraus« erfinden und sofort äußern) und aus dem Stegreif formulieren bzw. musizieren (aus dem Steigbügel, d. h. wie ein Reiter, der etwas erledigt, ohne abzusitzen). – I. bekundet sich musikalisch als klingendes Ergebnis der Auseinandersetzung spontaner Eingebungen mit einer gestellten Aufgabe; die Spannung zwischen der Objektivität eines Gegebenen oder Modellhaften und der Subjektivität spontanen Produzierens macht das Wesen der I. aus. Nach KochL (1802) ist Improvisieren *die Geschicklichkeit eines Tonsetzers, über ein ihm noch unbekanntes Gedicht sogleich aus dem Stegreife eine Komposition zu verfertigen und solche zugleich singend unter der Begleitung eines Instrumentes vorzutragen.* KochL nennt außerdem die italienischen Improvisatori, die öffentlich über eine ihnen aufgegebene Materie in der Art eines Rezitativs zur Gitarre, auch im Dialog, improvisierten. Eine literarisch-theatralische Form der I. ist die gleichfalls spezifisch italienische Commedia dell'arte, in der die Spieler als Verkörperung feststehender, meist sehr populärer (mithin in ihren Äußerungen weitgehend festgelegter) Typen nach einem vereinbarten oder schriftlich festgelegten Szenarium (canevas) ihren Text spontan formulierten. Elemente der Commedia dell'arte drangen über die Parti buffe auch in die → Oper ein; noch bei den Proben zur ersten Aufführung von W. A. Mozarts *Don*

Giovanni in Prag wurde die Tafelszene improvisiert (Abert II, 419). – Das Vorgegebene kann als melodisches (zu variierendes oder zu kontrapunktierendes), harmonisches oder rhythmisches Gerüst, auch als ein alle drei Kategorien umfassendes Modell der improvisatorischen Betätigung zugrunde liegen oder von ihr verarbeitet werden. Je nach Grad bzw. Abhängigkeit der I. von Vorgegebenem sind verschiedene Erscheinungen musikalischer I. feststellbar: Stegreifausführung, I. im eigentlichen Sinne und Fantasieren, die freilich nicht immer streng voneinander zu scheiden sind. Wird die musikalische Darbietung, obwohl sie keine Komposition vermittelt, durch ein Regelsystem oder ein im Gedächtnis bewahrtes Modell in feste Bahnen gelenkt und ist der Anteil persönlicher Initiative gering, so liegt Stegreifausführung in einem speziellen, von der I. abgegrenzten Sinne vor. Gelangt jedoch die Ausführung gegenüber dem Vorgegebenen (Modellhaften, tradiert Regelhaften, Schematischen) in spontaner Äußerung zu je eigenartiger und immer wieder neuer Wirklichkeit, so kann von I. im eigentlichen Sinne gesprochen werden. Ohne Bindungen an konkret Vorgegebenes, vor allem an rhythmische oder an sonstige den zeitlichen Ablauf der I. festlegende Gerüste, verläuft das Fantasieren, das sich in Ausdruck und Wahl der technischen Mittel oft nur der Situation und dem Ort seiner Ausführung anpaßt. Doch nicht selten bindet sich auch der fantasierende Musiker an strenge kompositorische Regeln (kontrapunktisches Fantasiaspiel im 16. Jh.) oder Formen (extemporierte Fugen oder Ricercari), verarbeitet bekannte Themen oder vorgegebene Werke, über die er quasi musikalisch meditiert. Hierher gehört z. B. das improvisierte Choralvorspiel (→ Choralbearbeitung – 2), das in Tonart und Thematik gebunden ist (→ Praeludium). Unter den genannten Arten der I. wird das Fantasieren am ehesten in seinen historischen Ausprägungen greifbar, insofern es Vorbild und Ausgangspunkt für die als Komposition niedergeschriebene → Fantasie war. – I.en können zwar schriftlich protokolliert oder auf Tonträgern (Schallplatte, Tonband) festgehalten werden, sind dann aber nicht als I.en reproduzierbar. Als Augenblickserzeugnis der → Phantasie verlangt die I. vom Ausführenden eine besondere Art und einen hohen Grad der Begabung, so daß seine Leistung (in ganz anderer Weise als die eines Interpreten) beim Hörer auch das Moment des Bewunderns ästhetisch ins Spiel bringt. – Improvisatorische Momente sind zu allen Zeiten in der → Aufführungspraxis wirksam gewesen. Daher wiederholt sich in der Geschichte der Musik mehrfach der Vorgang, daß Elemente aus der I.s-Ebene in die der Schriftlichkeit aufgenommen werden.

In den meisten außereuropäischen Hochkulturen gilt die tongetreue Wiederholung eines Stückes als wertlos. Das Ausgestalten und Verändern von schriftlos überlieferten Melodiemodellen (→ Maqām, → Paṭet, → Rāga) geschieht dort jedoch festgelegt durch eine relativ strenge Tradition. Es ist bezeichnend, daß den europäischen Sprachen für diese Art der Klangformung offenbar kein umfassendes Begriffswort zur Verfügung steht. – In ihrer Frühzeit (9.–11. Jh.) wurde die abendländische Mehrstimmigkeit als → Organum nicht schriftlich ausgearbeitet, doch (da ihrem Zustandekommen das Moment der Spontaneität und Erfindungsfreiheit ganz fehlt) auch nicht improvisiert, sondern als eine besondere Ausführungsweise des Cantus nach bestimmten Regeln chorisch, später auch solistisch aus dem Stegreif ausgeführt. Auch neben dem Entstehen und Aufblühen komponierter Mehrstimmigkeit seit dem 12. Jh. lebte deren Stegreifausführung fort. Über den extemporierten → Discantus berichtet aus der Mitte des 13. Jh. u. a. der Anonymus II (CS I, 311a: *componere et proferre discantum ex improviso*). Nach Tinctoris (1477) kann sowohl der schlichte als auch der diminuierte Kontrapunkt nicht nur schriftlich (→ Res facta), sondern auch aus dem Stegreif (super librum, ex mente) ausgeführt werden, wobei die Stimme harmonisch nur auf ihr Verhältnis zum Cantus Rücksicht nimmt. Die Kunst der vokalen Stegreifmehrstimmigkeit, die in den einzelnen Ländern Europas zum Teil eine eigene Entwicklung hatte (→ Sight, → Gymel, → Faburden, → Sortisatio), ist im 15.–17. Jh. von Theoretikern beschrieben worden (u. a. von Calvisius 1592, Zacconi 1622). Der Contrappunto alla mente, der in Italien als Stegreifausführung über dem gregorianischen Choral spätestens um 1600 aus dem Gottesdienst verdrängt worden war, erlebte im frühen 17. Jh. durch einige Gesangsvirtuosen als solistische I. eine Nachblüte. In Frankreich hielt sich der Chant sur le livre noch bis ins späte 18. Jh. – Die → Fundamentbücher des 15. Jh. knüpfen an eine bereits entwickelte I.s-Kunst auf Tasteninstrumenten an, die dadurch teilweise greifbar wird. Auch als »komponierte« Formen verleugnen z. B. → Praeludium, → Toccata, → Ricercar nicht ihre Herkunft aus der I. zum Zwecke der → Intonation (– 1) und des Ausprobierens eines Instrumentes. Die Ende des 16. Jh. einsetzende I.s-Praxis des Generalbaßspiels hat eine ihrer Wurzeln in der Praxis der extemporierten Fantasia, wie sie z. B. T. de Santa María (1565) und G. Diruta (1609) lehrten. – Vokale und instrumentale Diminutionen bzw. Verzierungen, die sich meist »quasi improvisierend« gebärden, können nur soweit als I.en gelten, als sie tatsächlich aus spontaner Eingebung beim reproduktiven Musizieren erfolgen. Doch wurden Verzierungen oft schematisch nach Lehrbüchern und -beispielen ausgeführt. Im 17. Jh. wurden sie – seit Caccinis Forderung (1601) – auch in den Dienst des Ausdrucks (affetto) gestellt und teilweise schon vom Komponisten notiert. Das Variieren, das dem Improvisieren eng verbunden ist, wurde besonders seit dem 16. Jh. in verschiedenen, auf die Komposition ausstrahlenden Formen ausgebildet (→ Variation, → Ostinato). Nach 1700 erreichte die Praxis des Verzierens der Da-Capo-Arie ihren Höhepunkt. Die der freien I. (nach Art der Fantasie) vorbehaltene Stelle in der Arie wie im Konzert ist die → Kadenz (– 2), die jedoch seit dem Ende des 18. Jh. zunehmend vom Komponisten selbst ausgeschrieben wird. Hier – wie schon bei der Diminution bzw. Verzierung – wird in die Komposition als Res facta aufgenommen, was zuvor in der I. Usus war, und somit für die Aufführungspraxis der Abstand zwischen Schrift und Klangbild verringert. Im 19. Jh. wuchs der Widerstand gegen improvisatorische Ausschmückung der Komposition durch den Interpreten, die schließlich fast völlig verschwand. Dem entspricht auch, daß das freie Fantasieren vor Zuhörern, wie es u. a. für J. S. und C. Ph. E. Bach, W. A. Mozart, Beethoven, Chopin und Liszt rühmend bezeugt ist, heute nur noch ganz vereinzelt vorkommt (W. Kempff, Fr. Gulda). Dafür wurden im 19. Jh. als improvisatorisch geltende Merkmale abermals zunehmend in die Komposition einbezogen, wie freie Formen, → Tempo rubato (Chopin), und es entstanden Stücke, die als I. (Reger op. 18) oder → Impromptu bezeichnet wurden. Das seit der Mitte des 19. Jh. übliche Auswendigspielen der Solisten im Konzertsaal behielt oft noch die Geste des Improvisierens bei. Am längsten hielt sich die I.s-Kunst bei den Organisten (C. Franck, Bruckner, Dupré); die I. von Choralbearbeitung und Fuge gehört noch heute zu jeder zünftigen Organistenprobe. Die neuzeitliche Musikerziehung hat sich, nach Vorgängern im 18. Jh.

(Rousseau, Basedow), wieder der I. zugewandt und nutzt sie besonders für die → Rhythmische Erziehung und die musikalische Elementarlehre.

Seit den 1950er Jahren entstehen Werke (wie das Klavierstück XI von K. Stockhausen oder die III. Klaviersonate von P. Boulez), deren Gesamtform nicht festgelegt ist. Der Interpret erhält gleichsam vorgefertigte Bauelemente, mit denen er innerhalb der vom Komponisten gesetzten Grenzen beliebig verfahren darf. Der Gegensatz zwischen I. und Komposition ist im 20. Jh. aber weniger in der → Aleatorik aufgehoben, als vielmehr in mehrdeutig notierten Kompositionen oder in Grafiken, die zu musikalischen Assoziationen anregen sollen und eine scheinbar völlige Freiheit gewähren (E. Brown, *Folio*, 1952–53). – Die Vorherrschaft der I. gegenüber der Komposition gilt seit jeher als eines der wesentlichen Merkmale des → Jazz. Anfänglich wurde ohne Noten aus dem Stegreif gespielt, weil viele Spieler Noten nicht lesen konnten (oft waren die Stücke aber gut einstudiert und wurden aus dem Gedächtnis reproduziert). Seit den späten 1920er Jahren wurde, teilweise unter dem Einfluß von Jazzkritikern, die I. im von der europäischen Tradition bestimmten Sinn von ausgebildeten Musikern übernommen, doch bildet nach wie vor das → Arrangement den Rahmen für I.en über Tunes (Melodien) in Liedform oder Harmoniefolgen (→ Blues), die strophenartig (→ Chorus) aneinandergereiht werden.

Lit.: Koch L, Artikel Improvisatori u. Improvisieren; E. Jaques-Dalcroze, Le rythme, la musique et l'éducation, Basel 1922, auch engl. u. deutsch; A. M. Richardson, Extempore Playing, NY 1922; M. Dupré, Traité d'i. à l'orgue, Paris 1924; G. F. Wehle, Die Kunst d. I., I–III, Münster i. W. 1925–32; Fr. Jöde, Das schaffende Kind in d. Musik, in: Hdb. d. Musikerziehung, hrsg. v. E. Bücken, Potsdam (1931); M. Fischer, Die organistische I. im 17. Jh., = Königsberger Studien zur Mw. V, Kassel 1929; K. G. Fellerer, Zur Gesch. d. freien I., Die Musikpflege II, 1932; Fr. Dietrich, Elemente d. Orgelchoral-I., Kassel 1935; E. T. Ferand, Die I. in d. Musik, Zürich (1939); ders., Die I., = Das Musikwerk XII, Köln (1956, ²1961); ders., G. Guerson's Rules of Improvised Counterpoint (ca. 1500), Miscelánea en homenaje a H. Anglès I, Barcelona 1958–61; M. Fritsch, Variieren u. Improvisieren, Kassel 1941; P. Aldrich, Bach's ... Improvised Ornamentation, MQ XXXV, 1949; P. Nettl, Casanova u. seine Zeit, Eßlingen 1949 (S. 153); R. Wangermée, L'i. pianistique au début du 19ᵉ s., Miscellanea musicologica Fl. Van der Mueren, Gent 1950; I. Horsley, Improvised Embellishment in the Performance of Renaissance Polyphonic Music, JAMS IV, 1951; J. Smits van Waesberghe SJ, Guido of Arezzo and Mus. I., MD V, 1951; H. Chr. Wolff, Die Gesangsi. d. Barockzeit, Kgr.-Ber. Bamberg 1953; A. Hodeir, Hommes et problèmes du jazz, Paris 1954, engl. als: Jazz, Its Evolution and Essence, NY 1956; H. Hucke, I. im Gregorianischen Gesang, KmJb XXXVIII, 1954; E. Haraszti, La technique des improvisateurs de langue vulgaire et de latin au quattrocento, RBM IX, 1955; P. C. Aldrich, W. Blankenburg, R. B. Lenaerts, J. Müller-Blattau, B. Szabolcsi, H. Chr. Wolff in: Kgr.-Ber. Köln 1958; G. Ligeti, Zur III. Klaviersonate v. Boulez, in: Berichte – Analysen, = die Reihe V, Wien 1958; B. Hansen, Variationen u. Varianten in d. mus. Werken Fr. Liszts, Diss. Hbg 1959, maschr.; M. Kagel, Translation – Rotation, in: Form – Raum, = die Reihe VII, Wien 1960; A. M. Dauer, Jazz – d. magische Musik, Bremen 1961; J. Prim, Chant sur le Livre in French Churches in the 18ᵗʰ Cent., JAMS XIV, 1961; H. A. Löw, Die I. im Klavierwerk L. van Beethovens, Diss. Saarbrücken 1962; P. Boulez, »Sonate, Que Me Veux-Tu?« in: Perspectives of New Music, Princeton (N. J.) 1963.

Incatenatura (ital.) → Villota, → Quodlibet.

Incipit (lat., es beginnt; auch Initium), Zitat des Anfangs eines literarischen oder musikalischen Textes. Bei mittelalterlichen Traktaten ist die Angabe von I. und → Explicit im allgemeinen unerläßlich. Sie erlaubt die Identifizierung anonym überlieferter Werke und gibt einen Hinweis darauf, ob eine Schrift vollständig, im Auszug oder in einer Umarbeitung vorliegt. Zu beachten ist, daß das I. sehr bekannter Werke auch in mehr oder weniger freien Bearbeitungen oft beibehalten ist. Häufig ist dem Textanfang ein Titel vorangestellt, der mit dem Wort I. beginnt, z. B.: *I. ars cantus mensurabilis secundum J. de Muris. Quilibet in arte practica mensurabilis cantus* ... (J. de Muris, *Libellus cantus mensurabilis*, Rom, Bibl. Vat., Ms. Cappon. 206, f. 179; vgl. MGG VII, Tafel 6). Für das musikalische I. gibt es verschiedene Zitierweisen. Bei Werken in größerer Besetzung wird gewöhnlich nur die führende Stimme wiedergegeben; Angabe der ausführenden Stimmen (oder Instrumente) ist wünschenswert. Beginnt ein Satz mit Vorspiel, so erscheinen der Anfang des Vorspiels und das I. des Hauptsatzes bzw. der Solisten- oder Sängereinsatz. – Die Anlage von I.-Katalogen ist abhängig von der Art des zu erfassenden Repertoires. → Thematische Kataloge eines Komponisten (z. B. Köchel für Mozart) geben das I. zwecks eindeutiger Identifizierung in möglichst authentischer Fassung. I.-Kataloge eines (wenigstens teilweise) anonymen Repertoires haben ihr frühestes Vorbild im Index des Kodex *Em* (→ Quellen). Ihr Ordnungsprinzip ist die Intervallfolge. Um die Stücke auf einen Nenner zu bringen, werden sie entweder auf den gleichen Anfangs- oder Schlußton transponiert oder in einen Zahlenschlüssel umgesetzt, z. B. (Bridgman 1961): g a b a b = [0] +2 +3 +2 +3; hierbei ist [0] Anfangston der Oberstimme, +2 und +3 das Intervall von 2 bzw. 3 Halbtönen über dem Anfangston; der Rhythmus wird nicht berücksichtigt.

Lit.: C. Vivell OSB, Initia tractatuum musices ..., Graz 1912; H. Walther, Initia carminum ac versuum medii aevi posterioris lat., = Carmina medii aevi posterioris lat. I, Göttingen u. Zürich 1959; J. Smits van Waesberghe SJ, P. Fischer u. Chr. Maas, The Theory of Music from the Carolingian Era up to 1400, I, = RISM B IV¹, München u. Duisburg (1961). – H. Barlow u. S. Morgenstern, Dictionary of Mus. Themes, NY 1948. – O. Koller, Die beste Methode, Volks- u. volksmäßige Lieder nach ihrer melodischen Beschaffenheit lexikalisch zu ordnen, SIMG IV, 1902/03; I. Krohn, Welche ist d. beste Methode ..., ebenda; W. Heinitz, Eine lexikalische Ordnung ..., AfMw III, 1921; B. Bartók, A magyar népdal (»Das ungarische Volkslied«), Budapest 1924, deutsch Bln 1925, engl. London 1931; K. Dèzes, Der Mensuralcodex d. Benediktinerklosters Sancti Emmerami ..., ZfMw X, 1927/28; S. B. Hustvedt, Melodic Index of Child's Ballad Tunes, = Publications of the Univ. of California at Los Angeles in Languages and Lit. I, 2, Los Angeles 1936, dazu S. P. Bayard in: Journal of American Folklore LV, 1942; W. J. Entwistle, Notation for Ballad Melodies, in: Publications of the Modern Language Ass. LV, 1940; N. Bridgman, L'établissement d'un cat. par i. mus., MD IV, 1950; dies., Nouvelle visite aux i. mus., AMl XXXIII, 1961; J. LaRue u. M. Rasmussen, Numerical I. for Thematic Cat., Fontes artis musicae IX, 1962; J. Lansky u. W. Suppan, Der neue Melodien-Kat. d. Deutschen Volksliedarch., ebenda X, 1963; G. Birkner, Eine mus. Katalogisierung d. neueren deutschen Volkslieds, Zs. f. Volkskunde LX, 1964.

Indianermusik. Die Ureinwohner des amerikanischen Erdteils sind zwar rassisch recht einheitlich, doch kulturell verschieden und sprachlich zersplittert. Ihre Musik als ein Kulturelement, das von der Sprache wesentlich abhängt, zeigt daher eine Fülle von Dialekten. Die gemeinsamen Merkmale aller I. sind: das Überwiegen der vokalen gegenüber der instrumentalen Musik und demgemäß eine relative Armut an Musikinstrumenten. Chorlieder, bis auf geringe Ausnahmen einstimmig, sind häufiger als Sologesänge. Lieder und Tänze sind stammeseigener Besitz und meist Bestandteil und Hauptinhalt von kultischen Zeremonien. Die formalen Unterschiede sind groß, die klanglichen gering. Der Bewegungscharakter ist gemessen, ernst, pathetisch, der Stimmklang rauh, oft gepreßt, zuweilen leidenschaftlich verhalten. Der Aufbau der Gesänge ist regelmäßig und strophisch. Die Melodik ist mit geringen Ausnahmen weiträumig und vielgestaltig, die Rhythmik prägnant. Melodische Gestalt und Gestaltung sind liedhaft und stehen den abendländischen Volksmusikstilen näher als etwa afrikanische → Negermusik. – Deutlich heben sich, wenn man von den nichtindianischen Eskimos im äußersten Norden des Kontinents absieht (→ Eskimo-Musik), zwei große Stilkomplexe heraus, die durch die Zweiteilung des Kontinents gegeben sind.

Die Musik der Indianer in Nordamerika ist die am besten bekannte Musik aller Naturvölker, da sie der Beobachtung durch amerikanische Forscher leicht erreichbar ist. Die Kongreßbibliothek in Washington sammelt auf Walzen, Schallplatten und Bändern die Musik der in den USA noch lebenden Indianerstämme, manche Universitäten und Museen des Landes besitzen gleichfalls Archive und Forschungsstätten. Überwog anfangs der Eindruck einer stilistischen Einheitlichkeit der nordamerikanischen I., so sind heute (nach Br. Nettl) 6 Stilkreise zu unterscheiden: 1) Die Gesänge der Indianer der Nordwestküste und der Selisch-Indianer der Staaten Washington und Oregon ähneln in ihrem primitiven Bau denen der nördlich angrenzenden Eskimos. Ihre Melodiezeilen sind aus Reihungen und Veränderungen kleiner Motive gebildet. Rhythmik und Metrik sind komplizierter, das Instrumentarium etwas reicher als das der zentraleren Stämme.

Nordwestküste (Makah)

Aus Fr. Densmore, *Yuman and Yaqui Music* ..., 1932.

2) Die Great-Basin-Stämme der kalifornischen Wüste, Oregons, Nevadas und Utahs sind Nomaden, die von der Jagd leben. Ihre Strophenlieder haben tetrachordale Leitern im Umfang einer Quinte oder Sexte und Strophen aus 2 oder 3 selbständigen Teilen, die jeweils wiederholt werden. Instrumente sind kaum vorhanden, auch nicht die sonst allgemein verbreiteten Trommeln. 3) Trotz kultureller Unterschiede bilden die Navahos und Apachen im Südwesten der USA einen musikalischen Stilkreis, dessen auffallendstes Merkmal der schlichte, 2teilige Rhythmus ist, der nur einen langen und einen kurzen Wert kennt. Die Melodien der Apachen sind schlichter als die der Navahos, die stärker von den benachbarten Pueblos beeinflußt scheinen. 4) Entwickeltere Melodik zeigen die Gesänge der Stämme des mittleren und südlichen Kaliforniens und der Yuma-Gruppe in Süd-Arizona (siehe folgendes Beispiel). Die Strophen haben mehrere Teile, deren mittlerer auf einer höheren Tonlage intoniert wird. 5) Am bekanntesten ist die Gruppe der Prärie- und Pueblo-Indianer. Ihr Verbreitungsgebiet reicht von den großen Seen im Norden bis nach Arizona im Süden der Staaten. Ihre

Kalifornien (Yuma)

Aus Fr. Densmore, *Nootka and Quileute Music* ..., 1939.

Gesänge fallen auf durch die expressive, stark akzentuierende Vortragsweise mit bellenden Einsätzen und tonschwachem Pulsieren der Stimme sowie durch umfangreiche Strophen und großräumiges Melos, das von einem hohen, oft im Falsett intonierten Spannungsniveau terrassenförmig bis an die untere Grenze des Stimmbereichs absinkt. Die Melodien werden gewöhnlich zuerst auf sinnlosen Silben gesungen, danach mit dem zugehörigen Text wiederholt.

Prärie-Indianer (Arapaho)

Nach Br. Nettl, *Stylistic Variety* ..., 1953.

6) Die Indianer im Osten des Kontinents leben schon seit Jahrzehnten nicht mehr in geschlossenen Stammesverbänden. Ihre bis auf kärgliche Spuren verschollene Musik hatte wellenförmige Melodik und unregelmäßig gebaute Strophen aus kleinen, in der Wiederkehr variierten Motiven, die im Wechsel von Vorsänger und Chor vorgetragen wurden. – Musikinstrumente treten bei den nordamerikanischen Indianern fast nur in Verbindung mit Gesang und Tanz auf. Als selbständiges Melodieinstrument existiert nur eine Kernflöte in Art des Flageoletts, die als Liebeszauber bei den Omahas u. a. verwandt wird. Die auf ihr gespielten Melodien heben sich von den sonstigen Zeremonialgesängen merklich ab. Rasselgehänge dienen als tönender Schmuck der Tänzer und unterstreichen den Rhythmus der Tanzschritte, andere Rasseln verschiedener Form werden in den Händen gehalten; sie gelten als Zauberinstrumente, besonders bei der Krankenheilung. Der Magie dienen auch die artenreichen Trommeln, überwiegend Felltrommeln, die stets mit Stöcken, nie mit der Hand geschlagen werden. Ihr Rhythmus ist oft von dem der Gesangsstimme unabhängig.

Stärker als in Nordamerika sind in Mittel- und Südamerika die indianischen Ureinwohner mit den europäischen Eroberern und Siedlern kulturell und rassisch verschmolzen. Reinrassige und kulturell unbeeinflußte Indianerstämme gibt es im ganzen iberoamerikanischen Kulturbereich nur noch in den abgelegensten Gebieten, vor allem in den undurchdringlichen Urwäldern Brasiliens. Im Gegensatz zu Nordamerika werden ihnen weder Reservate zur Verfügung gestellt, noch werden sie sonst staatlich betreut; ihre Kultur und ihre Musik sind auch kaum systematisch erforscht.

Indianermusik

Die kulturellen Unterschiede zwischen den Stämmen sind in Lateinamerika noch größer als im Norden, entsprechend auch die Stilunterschiede in der Musik. Im allgemeinen bietet sich das bei Naturvölkern übliche Bild: ein festes Repertoire von Festgesängen und -tänzen zu den religiös bestimmten Jahreszeiten-, Ernte-, Jagd-, Kriegszeremonien und Krankenkuren, daneben einige Gesänge und Tänze und auch Instrumentalstücke, die der Belustigung dienen, sowie ein bescheidenes, bei den verschiedenen Kulturgruppen aber recht unterschiedliches Instrumentarium. Neben diesen Primitivschichten gab es in Lateinamerika zur Zeit der Eroberung durch Spanier und Portugiesen Hochkulturen, die sich in den Andengebieten Perus, Kolumbiens, Ekuadors sowie in Mittelamerika und in Mexiko erst in neuerer Zeit entwickelt hatten und zum Teil noch in der Entfaltung standen, als die europäischen Eroberer sie vernichteten. Unsere Kenntnis über die hochentwickelte Musikkultur der Inkas, Chibchas, Azteken, Mayas u. a. stützt sich auf Funde, Ausgrabungen, Darstellungen in Stein und Ton und in den Bilderhandschriften sowie auf Berichte der Europäer über die zur Zeit der Eroberung noch intakten Kulturen. Auch hier war Musik Teil des kultischen Lebens, stand aber nicht ausschließlich im Dienste der Religion. Wie alles, war auch das Musikleben staatlich geordnet. Groß war der Reichtum an Gesängen und Musikarten, bedeutend die Zahl und die Kunstmäßigkeit der Instrumente, die zum Teil auch ohne vokale Mitwirkung gebraucht wurden, so vor allem Trommeln aller Arten und Größen, darunter die Gold- und in Nordamerika nicht heimische Schlitztrommel. Melodiefähige Instrumente sind fast ausschließlich Blasinstrumente: Flöten, meist paarweise gebraucht, Okarinas aus Ton in Tier- oder Menschengestalt, Hörner oder Trompeten aus Tierhorn, Meeresschnecken, Holz, Ton oder Gold und zahlreiche Arten der Panpfeife. Während bei den Flöten die Anordnung der Grifflöcher nach metrischen Gesichtspunkten erfolgte (gleiche Abstände), sind die Panpfeifen meist in musikalisch brauchbaren Tonfolgen gestimmt und weisen auf das Vorhandensein eines Tonsystems. – Die Musik der heutigen Indianer in den Gebieten der untergegangenen mittel- und südamerikanischen Hochkulturen ist, soweit nicht schon völlig europäisiert, diejenige entwickelterer Naturvölker. Sie enthält jedoch Elemente, die auf die Hochkulturen zurückweisen. Auch die Musik benachbarter Indianervölker im Ausstrahlungsbereich der einstigen Hochkulturen bewahrt solche Überlieferungsreste. So sind vor allem die Musikinstrumente der andinen Hochkulturen in Südamerika weit über den einstigen Ausbreitungsbezirk hinaus verstreut, besonders die Panpfeife, die nur im äußersten Süden wie in Nordamerika fehlt. Der Musikbogen, in Südamerika heimisch, wird auch bei Völkern angetroffen, die nicht von Einflüssen der Hochkulturen erreicht wurden. Auch die Schlitztrommel findet sich bei den primitiveren Völkern Südamerikas, außerdem der Tanzbalken, das Stampfbrett und das Schwirrholz, Instrumente, die bei den Hochkulturen nicht vorhanden waren. Wie in Nordamerika ist das musikalische Brauchtum mit der Ausübung kultisch-magischer Zeremonien verknüpft. Profane Musik ist selten und meist erst als Folge des Kulturzerfalls aufzufassen; oft werden Kultgesänge und -tänze der Nachbarstämme zur Belustigung aufgeführt. Die primitivsten Stile finden sich bei den auch anthropologisch und kulturell altertümlichsten Stämmen, den Feuerländern und einigen Inlandsstämmen des tropischen Urwaldmassivs, wie den Uitotos: engstufiges Melos mit wenigen Tonstufen und geringe Variabilität der Gestalten.

Aus E. M. v. Hornbostel, *The Music of the Fuegians*, 1958.

Die große Masse der südamerikanischen Indianervölker hat eine entwickeltere Musik mit gestaltreichem Melos, vielzeiligen Strophen und größerem Ambitus.

Aus R. Lehmann-Nitsche, *Patagonische Gesänge* ..., 1908.

Im Bereich der alten Inka-Kultur findet sich auch in vokaler Musik häufig halbtonlose Pentatonik, die die herrschende Instrumentalstimmung der Inkas gewesen zu sein scheint. Die Indianer im Bereich der nördlicheren andinen Hochkulturen haben, wie die Arhuacos in Kolumbien, recht entwickelte Musikstile. Ihre Gesänge zeigen weitgeschwungene Melodik, oft terrassenförmig absteigend, großen Ambitus mit diatonischen Leitern, reich gegliederte Strophen, ausgeprägte, unterschiedliche Gestalten, komplizierte Rhythmen und einen pathetischen Vortragsstil mit Falsettgebrauch und Pulsationen.

Aus Fr. Bose, *Die Musik der Chibcha* ..., 1958.

Die Übereinstimmung mit den Stilen der Pueblo- und Prärieindianer Nordamerikas ist auffällig und auf den Einfluß gleicher oder verwandter Hochkulturstile zurückzuführen. In neuerer Zeit durchsetzt sich auch die I. Lateinamerikas stark mit Elementen der europäischen Musik; die meisten heutigen Indianer sind musikalisch völlig assimiliert. Beachtlich ist auch der Einfluß der Neger, die in Süd- und Mittelamerika einen wesentlichen Bestandteil der Bevölkerung bilden und mit der indianischen wie mit der weißen Bevölkerung rassisch vermischt sind.

Lit.: zu Nordamerika: Th. Baker, Über d. Musik d. nordamerikanischen Wilden, Lpz. 1882; A. C. Fletcher, A Study of Omaha Indian Music, Cambridge (Mass.) 1893; Fr. R. Burton, American Primitive Music, NY 1909; Fr. Densmore, The American Indians and Their Music, NY 1926; dies., Yuman and Yaqui Music, = Smithsonian Institution, Bureau of American Ethnology, Bull. Nr 110, Washington 1932; dies., Nootka and Quileute Music, ebenda 124, 1939 (weitere Publikationen ders. Autorin ebenda 45, 53, 61, 75, 80, 90, 102, 136, 1910–43); dies., Music of the Maidu Indians of California, = Frederick Webb Hodge Anniversary, Publication Fund VII, Los Angeles 1958; G. Herzog, Mus. Styles in North America, in: Proceedings of the 23rd International Congress of Americanists,

NY 1928; DERS., Special Song Types in North American Indian Music, Zs. f. vergleichende Mw. III, 1935; J. DE ANGULO u. M. BÉCLARD-D'HARCOURT, La musique des Indiens de la Californie du Nord, Journal de la Soc. des Américanistes, N. F. XXIII, 1931; H. H. ROBERTS, Form in Primitive Music, NY 1933; DIES., Mus. Areas in Aboriginal North American Indian Music, = Yale Univ. Publications in Anthropology XII, New Haven (Conn.) u. London 1936; DIES., Songs of the Nootka, Philadelphia 1955; W. N. FENTON, Songs from the Iroquois Longhouse, Washington 1942; D. P. MCALLESTER, Peyote Music, NY 1949; DERS., Enemy Way Music, Cambridge (Mass.) 1954; DERS., The Role of Music in Western Apache Culture, in: Men and Cultures, Fifth Congress of Anthropological and Ethnological Sciences, Philadelphia (1960); BR. NETTL, Stylistic Variety in North American Indian Music, JAMS VI, 1953; DERS., North American Indian Mus. Styles, Journal of American Folklore LXVII, 1954; DERS., Mus. Völkerkunde in Amerika, Mf IX, 1956; DERS., Polyphony in North American Indian Music, MQ XLVII, 1961; W. RHODES, North American Indian Music in Transition, Journal of the International Folk Music Council XV, 1963.

zu Mittel- u. Südamerika: R. LEHMANN-NITSCHE, Patagonische Gesänge u. Musikbogen, Anthropos III, 1908; O. ABRAHAM u. E. M. v. HORNBOSTEL, Phonographierte Indianermelodien aus Britisch-Columbia, Sammelbde f. vergleichende Mw. I, 1922; CH. W. MEAD, The Mus. Instr. of the Incas, Anthropological Papers of the American Museum of Natural Hist. XV, 1924; R. u. M. D'HARCOURT, La musique des Incas et ses survivances, Paris 1925; DIES., La musique des Aymara, Journal de la Soc. des Américanistes, N. F. XLVIII, 1959; FR. DENSMORE, Music of the Tule Indians of Panama, = Smithsonian Miscellaneous Collections LXXVII, 11, Washington 1926; FR. BOSE, Die Musik d. Uitoto, Zs. f. vergleichende Mw. II, 1934; DERS., Die Musik d. Chibcha u. ihrer heutigen Nachkommen, Internationales Arch. f. Ethnographie XLVIII, 1958; K. G. IZIKOWITZ, Music and Other Sound Instr. of the South American Indians, = Göteborgs Kungl. Vetenskaps- och Vitterhets-Samhälles Handlingar V. A, 5, Nr 1, Göteborg 1935; L. H. CORREA DE AZEVEDO, Escala, rítmo e melodia na música dos indios brasileiros, Rio de Janeiro 1938; R. GALLOP, The Music of Indian Mexico, MQ XXV, 1939; E. M. v. HORNBOSTEL, The Music of the Fuegians, Ethnos XIII, 1948; S. L. MOREÑO, Música y danzas autóctonas del Ecuador, Quito 1949; DERS., La música de los Incas, Quito 1957; C. W. GOULD, An Analysis of the Folk Music in the Oaxaca and Chiapas Areas of Mexico, Diss. Northwestern Univ. (Ill.) 1954; J. VIGGIANO ESAIN, La musicalidad del os Tupi guarani, = Publicaciones de l'Univ. Nacional de Córdoba, Inst. de Arqueología, Linguistica y Folklore »Dr. Pablo Cabrera« XXV, Córdoba 1954; S. MARTÍ, Instr. mus. precortesianos, Mexico 1955; DERS., Canto, danza y música precortesiano, Mexico 1959. FB

Indische Musik. Der Einfluß der I. n M. erstreckt sich in den vorderen Orient und weit in den Osten bis nach Japan, im Süden auf den malaiischen Archipel, im Norden über Tibet hinaus nach Zentralsibirien. Die Kontakte mit den Nachbarvölkern setzen schon in vorgeschichtlicher Zeit ein und sind in Ägypten und Mesopotamien bereits vor dem Eindringen der Inder in den heutigen Siedlungsraum nach der Mitte des 2. vorchristlichen Jahrtausends nachweisbar. Um diese Zeit beginnt auch die datierbare Musikgeschichte Indiens mit den vedischen Büchern (veda, Wissen), 4 großen Sammlungen religiöser Dichtung, deren erste und älteste (*Rigveda*), eine Sammlung liturgischer Rezitationen (ohne Melodien) in 10 Büchern, zum Teil schon vor der Einwanderung der Indoarier nach Indien entstanden sein soll. Auch die 3 anderen Veden enthalten Materialien für den Kult (*Sâmaveda, Âtharvaveda, Yajurveda*). Der in den letzten vorchristlichen Jahrhunderten entstandene 5. Veda (*Nâtyaveda*) enthält Gesänge und einen Abriß der Musiklehre. Er ist in dem Lehrbuch der Theaterkunst (*Nâtyashâstra*) von Bharata enthalten, der dort eine knappe Darstellung der sakralen wie der profanen Kunstmusik Indiens gibt. Auch die weltliche Musik Altindiens beruht auf den älteren Überlieferungen des *Rigveda* und des *Sâmaveda*, wurde aber bereits (3.–2. Jh. v. Chr.) von den Traditionen der unteren Kasten und der nichtarischen Ureinwohner beeinflußt. Mit dem Kult des nichtarischen Gottes Shiva gelangte eine sinnenfrohere Richtung neben der ernsten Würde des vedischen Kultes in die I. M. In den Schriften von Matanga und Dattila (1. Jh. n. Chr.) wird die Musik nach den von Bharata niedergelegten Regeln behandelt, doch wird zwischen Kultmusik und höfischer Kunstmusik strenger unterschieden, die hier deshî (Musik des Landes) genannt wird. Dieser Begriff bedeutete allgemein Unterhaltungsmusik, während die Kunstmusik mârga hieß (*Sangîtadarpana*, »Spiegel der Musik«, von Dâmodara, 17. Jh.). Die Hauptquelle der indischen Musiklehre nach Bharata ist das *Sangîtaratnâkara* (»Ozean der Musik« von Shârugadeva (13. Jh.). Im 14. Jh. begann die Spaltung der bis dahin einheitlichen Kult- und Hofmusik in zwei selbständige Stilkreise; der Norden des Landes geriet unter den Einfluß des Islams und der arabisch-persischen Musik, während der Süden die alten Überlieferungen weiterentwickelte. Mit dem Schwinden des Sanskrits als lebendiger Volkssprache um 1500 wurde auch die auf den Sanskritüberlieferungen aufbauende Kult- und Hofmusik immer mehr zu einer Kunst der Gebildeten und Gelehrten. Ihre durch Jahrhunderte kaum veränderte Form erlosch erst in der Neuzeit mit der Auflösung der Feudalherrschaft; erst in jüngster Zeit gibt es unter staatlicher Förderung Ansätze zu einer Neubelebung.

Von der klassischen altindischen Musik hat sich die vedische Kultmusik bis heute erhalten. Melodien und Vortrag von Rig und Sâman werden streng unterschieden. Der magische Gehalt der *Rigveda*-Texte haftet an den Worten, die deshalb die musikalische Gestalt bestimmen: eine feierliche Rezitation mit 3 Akzenten, denen 3 verschiedene Tonhöhen entsprechen. Die metrisch nicht gegliederte, syllabisch deklamierte Melodie pendelt um einen Zentralton Udâtta (der »Gehobene«), sinkt um einen Ganzton zum Anudâtta (der »Nichtgehobene«) oder erhebt sich um einen Ganz- oder Halbton zum Svarita (der »Stimmhabende«). Ob eine Silbe diesen oder jenen Akzent erhält, hängt von ihrer Wort- und Satzstellung ab, melodieähnliche Gestalten entstehen auf diese Weise nicht. Das ist dem Sâman vorbehalten, bei dem sich die Melodie weitgehend vom Wort gelöst hat und ein Eigenleben führt. Durch Einfügen sinnloser Silben wird der Text zerrissen, er wird unverständlich und kann auch ganz fehlen. Der Sâman wird auch nicht zu den täglichen Opferriten, sondern nur zu bestimmten großen und seltenen, besonders heiligen Zeremonien benutzt und wird geheimgehalten. – Die Darstellung der Musiklehre von Bharata dürfte bereits auf eine seit langem bestehende Tradition zurückgehen. Die beiden Tonsysteme sind siebenstufige Leitern im Oktavumfang aus Halbtönen, kleinen und großen Ganztönen. Die Schrittgröße dieser 3 Intervalle wird bereits bei Bharata so definiert, daß der Halbton aus 2, der kleine Ganzton aus 3 und der große Ganzton aus 4 Kleinintervallen (shruti) aufgebaut ist. Addiert man die Tonstufen jeder der beiden Skalen (grâma), so erhält man 22 Shruti in der Oktave. Die Minimalintervalle, die etwas größer als Vierteltöne sind, werden also nicht durch Teilung der Oktave gewonnen und sind auch nicht mathematisch bestimmt. Nach dem Anfangston heißen die beiden Skalen sa-grâma und ma-grâma. Die Stufennamen (als Notenbezeichnung auf ihre 1. Silbe gekürzt) sind in beiden Leitern identisch, aber die Schrittgröße der Stufen ist in ihnen verschieden. Pa ist im sa-grâma als 5. Stufe ein großer, im ma-grâma als 2. Stufe ein kleiner Ganzton; dha im sa-grâma ein kleiner und im ma-grâma ein großer Ganzton.

```
sa-grâma    sa  ri  ga  ma  pa  dha  ni
ma-grâma    ma  pa  dha ni  sa  ri   ga
```

Im sa-grâma ist der 3. Schritt ein Halbton, so daß er im Kleinterzabstand zum Grundton steht, im ma-grâma ein großer Ganzton. Auf jeder der 7 Tonstufen werden nun Tonleitern modalen Charakters aufgebaut, wobei 4 dem sa-, 3 dem ma-grâma entnommen sind. Aber auch diese modalen Leitern (mûrchanâ) sind nur das Rohmaterial für die tatsächlich gebrauchten Modi (jâti), zu deren Kennzeichnung noch Anfangston, Zentralton und Finalis der Melodie, die Binnenkadenz, Lage des Modus gegenüber dem Grundton des Systems und die Stufenzahl der Leiter gehören. Bharata unterscheidet 7 reine Jâtis, die den erwähnten 7 Mûrchanâs entsprechen und stets heptatonisch sind (shaddhajâti), gleich den griechischen Modi, und 11 gemischte (viktrajâti), die aus 2 oder mehr der reinen Jâtis zusammengesetzt sind. Nach der Funktion der einzelnen Leitertöne ergeben sich weitere Modifikationen, die später zur Ausbildung des → Râga-Systems führen. – Nach der Islamisierung des Nordens ging auch die Musiklehre getrennte Wege. An den Höfen der Mogulen wird von mohammedanischen wie Hindu-Musikern im wesentlichen das überlieferte System beibehalten und ausgebaut. In Südindien fließen viele Charakterzüge der dravidischen Unterschichten in die reine Hindumusik ein. Es fehlt nicht an Versuchen, System in die unübersehbare Mannigfaltigkeit der Gestalten zu bringen. Das gelang am vollständigsten Venkatamakhin, der Anfang des 17. Jh. die 18 Jâtis Bharatas oder Grâmarâgas Shârugadevas (13. Jh.) durch ein System von 72 Grundtonreihen (melakarta) ersetzte, das wie bei Bharata auf 2 Ausgangstonsystemen aufbaut, deren Unterschied jetzt allerdings nicht die große oder kleine Terz, sondern die reine oder übermäßige Quarte ist. Die stets 7stufigen Skalen sind so geordnet, daß jeweils 6 mit gleichem unterem Tetrachord eine Gruppe bilden (cakra). Jeder Melakarta ist dann wieder die Grundlage einer Reihe von Râgas und Râginîs, je nach der Funktion der Leitertöne in der Melodie. Freilich werden in der Praxis längst nicht alle Melakartas gebraucht, aber trotz seiner spekulativen Konstruktion ist dieses System bis heute die theoretische Grundlage der südindischen Musik. Die melodische Gestaltung ist prinzipiell einstimmig, vokale Ausführung herrscht vor, die Instrumente wirken ursprünglich nur als rhythmische und melodische Stütze des Gesangs mit. Alle Stücke werden zunächst von einem Vorspiel (âlâpa) eingeleitet, in dem der Solist ohne jede Begleitung die Hörer mit dem Râga oder Râginî vertraut macht. Danach erst folgt, nun stets von Trommeln begleitet, das eigentliche Stück. Weitere mitwirkende Instrumente haben nur die Rolle eines Bordun auf den Haupttönen des Râga. Größere Ensembles gibt es in der klassischen I.n M. nicht. – Die alte erhabene Musik (mârga) kannte nur 3 rhythmische Werte: laghu (leicht), guru (schwer), pluta (gedehnt). In der späteren deshî-Musik kamen noch 2 kurze Werte hinzu: druta und anadruta. Für diese Zeitwerte gibt es Schriftsymbole, ähnlich unseren Mensuralnoten. Ein Punkt verlängert den Notenwert um die Hälfte, so daß neben binären und ternäre Takte und aus beiden kombinierte, z. B. 5- und 7teilige Takte vorkommen. 3 oder (meistens) 4 solcher Takte, die jedoch nicht selbständig gedacht sind, bilden eine Einheit (tâla), die wiederum viermal hintereinander auftritt. In Nordindien gibt es zahllose Tâlas, die ohne Ordnung wie die Râgas nebeneinander bestehen, während der Süden auch für die Rhythmik ein System von 35 Tâlas mit 7 Grundformen und je 5 Abarten entwickelt hat. Die eine Hand des Trommlers gibt das Grundschema, die andere spielt bereits ein Gegenstimme, zu der noch die Stimme des Solisten als dritte rhythmische Komponente hinzukommt.

Die Instrumente werden schon bei Bharata in 4 Klassen eingeteilt. In der Klasse der Idiophone kommen Glöckchen und Zimbeln außer im Kult auch in der weltlichen Kunstmusik und natürlich in der Kunstmusik zur Unterstreichung des Rhythmus vor. Von Membranophonen gibt es viele Arten von Trommeln. Bei Doppelfelltrommeln stimmt man das 2. Fell in der Oktave, Quinte oder auch Quarte des Grundtons. Meist benutzt man jedoch 2 verschieden gestimmte Trommeln. Es wird mit den Fingern oder dem Handballen geschlagen, auf die Mitte oder den Rand der Membran. Das ergibt einen großen Reichtum an Abstufungen. Jeder Trommelschlag hat seinen Namen, so daß ein Trommelstück auch gesprochen und niedergeschrieben werden kann. Wie bei der Trommelstimme, so gehört die Vielfalt an Schattierungen und Verzierungen auch der Melodie zum Charakter der I.n M. Unter den Saiteninstrumenten überwiegen die gezupften (→ Vînâ, → Sitar). Der aus Persien stammende Sarod mit bundfreiem Steg und wenigen Bordunsaiten gehört in die Lautenfamilie wie auch die Tambura, die 4 Saiten hat, die in den Haupttönen des Râga gestimmt werden und stets leer zur Stützung der Melodie als Bordun erklingen. Die jüngeren Streichinstrumente gehören mehr zur Volksmusik an. An Blasinstrumenten gibt es Quer- und Längsflöten sowie eine Schalmei (shannai) arabischer Herkunft, die stets paarweise auftritt. Der Dudelsack und ein Rohrblattinstrument mit Windkapsel (bîn), das von Schlangenbeschwörern benutzt wird, gehören in die Volksmusik. Diese ist in einem so großen, aus so verschiedenen Sprach- und Rassengruppen gemischten Gebiet naturgemäß außerordentlich artenreich. Da die Kunstmusik das Privileg der höchsten Kasten und nur dem gelehrten Kenner verständlich war, bestand neben ihr zu allen Zeiten eine blühende Volksmusik. – Die Begegnung mit der Musik des Abendlandes hat in Indien zu einem Chaos geführt, aus dem erst schwache Ansätze zu einer neuen nationalen Musikkultur erkennbar sind. Die Unvereinbarkeit des einheimischen Tonsystems mit dem europäischen steht einer echten Verschmelzung entgegen. R. Tagore hat als erster versucht, zu seinen Gedichten eine Musik zu schaffen, die im Sinne des abendländischen »Liedes« dem Wort wieder einen stärkeren Anteil an der Komposition einräumt. Sein Vorgehen hat Schule gemacht und eine neue, volkstümliche Musikgattung einstimmiger begleiteter Solo- und Chorlieder ins Leben gerufen. Rundfunk und Tonfilm in Indien bevorzugen diesen neuen Stil.

Lit.: CH. R. DAY, The Music and Mus. Instr. of Southern India and the Deccan, NY u. London 1891; E. FELBER u. B. GEIGER, Die I. M. d. vedischen u. klass. Zeit, Wien 1912; R. SIMON, Die Notationen d. vedischen Liederbücher, Wiener Zs. f. d. Kunde d. Morgenlandes XXVII, 1913; A. H. FOX STRANGWAYS, The Music of Hindostan, Oxford 1914, Nachdruck NY 1966, dazu R. Lachmann in: AfMw VI, 1924, S. 484ff.; C. SACHS, Die Musikinstr. Indiens u. Indonesiens, Bln 1915, ²1923; H. A. POPLEY, The Music of India, London 1921; O. ABRAHAM u. E. M. v. HORNBOSTEL, Phonographierte indische Melodien, Sammelbde f. vergleichende Mw. I, 1922; B. BRELOER, Die Grundelemente d. altindischen Musik nach dem Bhâara-tiya-nâtya-sâstra, Diss. Bonn 1922; E. ROSENTHAL, The Story of Indian Music and Its Instr., London (1928); A. A. BAKE, Indian Music, London 1932; DERS., Der Begriff Nâda in d. I. M., Kgr.-Ber. Basel 1949; DERS., Some Aspects of the Development of Indian Music,

Proc. R. Mus. Ass. LXXVI, 1949/50; DERS., Die beiden Tongeschlechter bei Bharata, Kgr.-Ber. Lüneburg 1950; DERS., The Music of India, in: The New Oxford Hist. of Music I, London 1957; E. M. v. HORNBOSTEL u. R. LACHMANN, Das indische Tonsystem bei Bharata u. sein Ursprung, Zs. f. vergleichende Mw. I, 1933; H. L. ROY, Problems of Hindustani Music, Kalkutta 1937; A. MAJUMDAR, Die nordindische Musik d. Gegenwart, Diss. Königsberg 1941, maschr.; CL. MARCEL-DUBOIS, Les instr. de musique de l'Inde ancienne, Paris 1941; A. DANIÉLOU, Northern Indian Music, 2 Bde, London u. Kalkutta 1949–54; DERS., A Cat. of Recorded Class. and Traditional Indian Music (engl. u. frz.), o. O. o. J. (UNESCO 1951); P. SAMBAMOORTHY, South Indian Music, 5 Bde, Madras 1951–56; DERS., A Dictionary of South Indian Music and Musicians, 2 Bde, Madras 1952–59; FR. BOSE, I. M., Atlantis XXVI, 1954; DERS., Volksmusik in Indien, Musica VIII, 1954; O. GOSVAMI, The Story of Indian Music, Bombay 1957; L. FRÉDÉRIC, La danse sacrée de l'Inde, Paris 1957; S. SWARUP, The Arts and Crafts of India and Pakistan, Den Haag 1958; Sw. PRAJNANANDA, The Hist. Development of Indian Music, London 1960; H. HUSMANN, Grundlagen d. antiken u. orientalischen Musikkultur, Bln 1961; T. V. S. RAO, Studies in Indian Music, London 1962; BH. A. PINGLE, Hist. of Indian Music, Kalkutta ³1963. FB

Indonesien.
Lit.: C. SACHS, Die Musikinstr. Indiens u. I., Bln 1915, ²1923; J. KUNST u. C. J. A. KUNST-VAN WELY, De toonkunst van Bali, Weltevreden 1925; W. KAUDERN, Mus. Instr. in Celebes, = Ethnographical Studies in Celebes III, Göteborg 1927; J. KUNST, Hindoe-javaansche muziekinstr., = Studien over javaansche en andere indonesische muziek II, Weltevreden 1927; DERS., De toonkunst van Java, 2 Bde, Den Haag 1934, engl. als: Music in Java, 2 Bde, Den Haag 1949; DERS., Ein musikologischer Beweis f. Kulturzusammenhänge zwischen I. ... u. Zentral-Afrika, Anthropos XXXI, 1936; DERS., The Cultural Background of Indonesian Music, = Publications of the Royal Tropical Inst. Amsterdam LXXXII, 1949; DERS., Kulturhist. Beziehungen zwischen d. Balkan u. I., ebenda CIII, 1953; DERS., Die 2000jährige Gesch. Süd-Sumatras gespiegelt in ihrer Musik, Kgr.-Ber. Lüneburg 1950; A. STEINMANN, Über anthropomorphe Schlitztrommeln in I., Anthropos XXIII, 1938; S. WOLF, Zum Problem d. Nasenflöte, Jb. Völkerkundemuseum Dresden, N. F. I, 1941; W. DANCKERT, Älteste Musikstile u. Kulturschichten in Ozeanien u. I., Zs. f. Ethnologie LXXVII, 1952; J. A. DUNGGA u. L. MANIK, Musik di Indonesia dan beberapa persoalannja, Djakarta 1952; T. NORLIND, Die indonesischen Gambus-Instr., Ethnos XVIII, 1953; M. HOOD, The Nuclear Theme as a Determinant of Patet in Javanese Music, Groningen u. Djakarta 1954; J. BOUWS, Die Musikpflege bei d. holländischen ost- u. westindischen Kompagnien, Mf X, 1957; H. HUSMANN, Grundlagen d. antiken u. orientalischen Musikkultur, Bln 1961; A. M. JONES, Africa and Indonesia. The Evidence of the Xylophone and Other Mus. and Cultural Factors, Leiden 1964; C. MCPHEE, Music in Bali, Leiden 1966.

Informationstheorie. Die methodischen Verfahren der I. sind in den letzten Jahren in verschiedenen Gebieten angewandt worden, in der Musikwissenschaft vor allem in der Wahrnehmungspsychologie und bei der Analyse musikalischer Strukturen. In der Gehörpsychologie konnte z. B. erstmals die Frage mathematisch exakt untersucht werden, wieviel Töne auf einer Dimension (bzw. in mehreren Dimensionen) von einem Beobachter einwandfrei erkannt (identifiziert) werden können (recognition problem). Das statistische Werkzeug für diese Untersuchung ist die vor allem von Garner und Hake sowie von McGill aus dem Informationsmaß entwickelte Multivariate informational analysis. Die von Shannon operational definierten Begriffe Information und Redundanz sind als analytische Hilfsmittel auch in mehreren statistischen Untersuchungen musikalischer Strukturen angewandt worden. Hierbei wurde gewöhnlich die relative Häufigkeit (= Wahrscheinlichkeit des Auftretens) von Tondauern oder -höhen in der Partitur durch Auszählen bestimmt; durch Einsetzen in die Formeln ergab sich der Informationsgehalt bzw. die Redundanz. Auf diese Art untersuchte Fucks die Tonhöhenhäufigkeiten von Musik verschiedener Epochen, Francès Tonhöhen und -dauern von Volksliedern und Kompositionen Bachs, Mozarts, Beethovens u. a., Cohen die Tonhöhen zweier Rock-and-Roll-Tänze. Mit informationstheoretischen Maßen analysieren seit 1960 an der University of Illinois Youngblood Lieder romantischer Komponisten und Brawley die Rhythmik musikalischer Stile. In welchem Grade die neuen mathematischen Werkzeuge Stilkriterien zu erschließen vermögen, läßt sich wegen der Spärlichkeit des vorliegenden Faktenmaterials zur Zeit noch nicht entscheiden. Eine Hauptaufgabe erblickt die I. darin, schwer faßbare Begriffe der Ästhetik, wie Ordnung, Einheit, durch operational definierte Begriffe zu ersetzen.

Lit.: R. V. L. HARTLEY, Transmission of Information, Bell System Technical Journal VII, 1928; A. KOLMOGOROFF, »Interpolation u. Extrapolation v. stationären zufälligen Folgen«, Iswestija Akademii nauk SSSR, Serija matematicheskaja V, 1942; N. WIENER, Cybernetics, NY 1948, deutsch als: Kybernetik, Düsseldorf u. Wien ²1963; C. E. SHANNON u. W. WEAVER, The Mathematical Theory of Communication, Urbana 1949; W. R. GARNER u. H. W. HAKE, The Amount of Information in Absolute Judgments, Psychological Review LVIII, 1951; W. J. MCGILL, Multivariate Information Transmission, Psychometrika XIX, 1954; R. C. PINKERTON, Information Theory and Melody, Scientific American CXCIV, 1956; A. A. MOLES, I. d. Musik, Nachrichtentechnische Fachber. III, 1956; DERS., Théorie de l'information et perception esthétique, Paris 1958; C. CHERRY, On Human Communication, NY 1957, deutsch als: Kommunikationsforschung – eine neue Wiss., o. O. 1963; A. I. KHINCHIN, Mathematical Foundations of Information Theory, engl. v. R. A. Silverman u. M. D. Friedman, NY 1957; R. FRANCÈS, La perception de la musique, Paris 1958; D. KRAEHENBUEHL u. E. COONS, Information as a Measure of the Experience of Music, Journal of Aesthetics and Art Criticism XVII, 1958/59; E. COONS u. D. KRAEHENBUEHL, Information as a Measure of Structure in Music, Journal of Music Theory II, 1958; F. ATTNEAVE, Applications of Information Theory to Psychology, NY 1959; J. G. BRAWLEY, JR., Application of Information Theory to Mus. Rhythm, Diss. Indiana Univ. 1959, maschr.; W. MEYER-EPPLER, Grundlagen u. Anwendungen d. I., Bln, Göttingen u. Heidelberg 1959; DERS., Informationstheoretische Probleme d. mus. Kommunikation, in: die Reihe VIII, Wien 1962; J. E. YOUNGBLOOD, Music and Language: Some Related Analytical Techniques, Diss. Indiana Univ. 1960, maschr.; J. E. COHEN, Information Theory and Music, Behavioral Science VII, 1962; W. R. GARNER, Uncertainty and Structure as Psychological Concepts, NY 1962; H.-P. REINECKE, Zur Frage d. Anwendbarkeit d. I. auf tonpsychologische Probleme, Kgr.-Ber. Kassel 1962; W. FUCKS, Mathematische Analyse v. Formalstrukturen v. Werken d. Musik, = Veröff. d. Arbeitsgemeinschaft f. Forschung d. Landes Nordrhein-Westfalen, Natur-, Ingenieur- u. Gesellschaftswiss. H. 124, Köln u. Opladen (1963); DERS. u. J. LAUTER, Exaktwiss. Musikanalyse, = Forschungsber. d. Landes Nordrhein-Westfalen Nr 1519, ebenda 1965; L. A. HILLER JR., I. u. Computermusik, = Darmstädter Beitr. zur Neuen Musik VIII, Mainz (1964); FR. WINCKEL, Die informationstheoretische Analyse mus. Strukturen, Mf XVII, 1964; E. N. FERENTZY, Computer Simulation of Human Behaviour and Concept Formation in Music Composition, in: Computational Linguistics IV, Budapest 1965; W. RECKZIEGEL, Theorien zur Formalanalyse mehrst. Musik, Köln u. Opladen (1966). VR

Inganno (ital., Täuschung), auch cadenza d'i., Trugkadenz, → Trugschluß.

Ingressa (lat.) → Ambrosianischer Gesang.

Initium (lat., Anfang), – 1) im Gregorianischen Gesang die aus zwei oder mehr Tönen bestehende Initialformel der → Psalmtöne. Sie verbindet das Ende der Antiphon mit dem Rezitationston (tenor, tuba). Im antiphonischen Psalmengesang beginnt in der Regel nur der erste Vers mit dem I., während die folgenden Verse auf dem Tenor einsetzen. Die Cantica ex Evangelio (*Magnificat, Benedictus Dominus Deus Israel* und *Nunc dimittis*) verlangen für jeden Vers die Initialformel. – 2) in der Kompositionslehre des 16. Jh. Terminus für den Anfangsabschnitt eines mehrstimmigen Vokalwerkes, auf den dann Medium (Mittelteil) und Finis (Schlußabschnitt) folgen.

In nomine (lat., Im Namen). Den zahlreichen so benannten Instrumentalwerken englischer Meister im 16. und 17. Jh. liegt meist als C. f. die Antiphon *Gloria tibi Trinitas* (Beispiel nach *Antiphonale Sarisburiense*) in Festo Sanctissimae Trinitatis zugrunde, deren Text jedoch keinen Anhaltspunkt für den Namen der Stücke bietet.

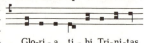

Glo-ri - a ti - bi Tri-ni-tas

Diese Antiphon hatte J. Taverner als C. f. seiner gleichnamigen Messe verwendet (vor 1528), in deren Benedictus sie zu den Worten *in nomine Domini* im Medius (zweitoberste Stimme) zum einzigen Mal zusammenhängend in ruhigen, gleichlangen Notenwerten erklingt, während die anderen Stimmen in lebhafterem Rhythmus kontrapunktieren. Mit instrumentalen Übertragungen dieses anscheinend sehr beliebten 4st. Vokalsatzes beginnt die lange Reihe fortan originär instrumentaler I. n.-Kompositionen, die außer ihrem Namen auch kompositorische Eigentümlichkeiten von dort entnehmen: der C. f. tritt zunächst fast nur in den Mittelstimmen auf und hebt sich in seinen ruhigen, gleichlangen Notenwerten von den immer lebhafter werdenden übrigen Stimmen deutlich ab; einige Komponisten übernehmen sogar die Anfangsmotivik der kontrapunktierenden Stimmen von Taverner. – Das I. n., dessen kirchliche Bindung sofort nach Taverner abriß, ist die erste eigentlich instrumentale, von der Liturgie und vom Tanz unabhängige Kompositionsgattung der englischen Musikgeschichte. Zunächst bestehen kaum Unterschiede zur vokalen C. f.-Motette, doch beginnt schon um die Mitte des 16. Jh. ein Prozeß zunehmender Instrumentalisierung, ähnlich wie bei der → Fancy. Im Laufe der Entwicklung entstand eine Form, die unabhängig von der Gestalt des C. f. aus mehreren Abschnitten besteht, die später durch Kadenzen deutlich voneinander getrennt und immer kontrastierender gestaltet werden. – Fast alle bedeutenden englischen Komponisten von Taverner bis Purcell schrieben I. n.-Kompositionen, vor allem für 4–7st. Violenensemble und für Klavier. Der größte Teil der etwa 150 überlieferten I. n. stammt aus den Jahren 1560–1610. Einige I. n.-Kompositionen heißen entsprechend ihrem C. f. *Gloria tibi Trinitas*, andere tragen besondere Titel, z. B. bei Chr. Tye, einem Hauptmeister der Gattung, *Farewell my good lord for ever*, oder bei O. Gibbons die berühmten *Cries of London* für Vokalstimmen und Violenensemble. In späterer Zeit zeigen einzelne I. n. genannte Kompositionen keinen Zusammenhang mit einem C. f. Andere, I. n.-Fantasie genannte Werke verwenden die Antiphon nicht als C. f., sondern bilden daraus ihr thematisches Material. – R. Strauss verwendet in seiner Oper *Die schweigsame Frau* im 3. Akt ein I. n. von J. Bull.

Lit.: E. H. MEYER, Die mehrst. Spielmusik d. 17. Jh. in Nord- u. Mitteleuropa, = Heidelberger Studien zur Mw. II, Kassel 1934; DERS., The »I. N.«, ML XVII, 1936; DERS., Engl. Chamber Music, London (1946, ²1951), deutsch als: Die Kammermusik Alt-Englands, Lpz. 1958; G. REESE, The Origin of the Engl. I. N., JAMS II, 1949; DERS., Music in the Renaissance, NY (1954), ²1959; R. DONINGTON u. TH. DART, The Origin of the I. N., ML XXX, 1949; D. STEVENS, The Mulliner Book. A Commentary, London (1952). GBA

Innsbruck.
Lit.: FR. WALDNER, Nachrichten über d. Musikpflege am Hofe zu I., Beilage zu MfM XXIX, 1897ff.; H. v. ZINGERLE, Die ein- u. zweist. Kirchengesänge d. Codex 457 d. Universitätsbibl. I. aus d. Kartause Schnals, Diss. I. 1925, maschr.; G. GRUBER, Das deutsche Lied in d. I.er Hofkapelle d. Erzherzogs Ferdinand (1567–95), Diss. Wien 1928, maschr.; A. EINSTEIN, Ital. Musik u. ital. Musiker am Kaiserhof u. an d. erzherzoglichen Höfen in I. u. Graz, StMw XXI, 1934; W. SENN, Musik u. Theater am Hof zu I., I. 1954; K. M. KLIER, I.er Lied-Flugblätter d. 17. Jh., Jb. d. Österreichischen Volksliedwerkes IV, 1955.

Instrument (lat. instrumentum, griech. ὄργανον, Werkzeug), im Bereich der Musik ein meist handwerklich hergestelltes Gerät zum Erzeugen vor allem musikalisch verwendbaren Schalles; physikalisch ist auch die menschliche → Stimme (–2) ein Instr., in Theorie und Praxis wird sie jedoch oft den Instr.en gegenüber gestellt, und zwar – wo nicht die Instr.e zum Verfremden der Stimme dienen – als Maßstab der »Vollkommenheit«. Nicht eigentlich Instr.e sind auch die Organe des menschlichen Körpers, die gleichwohl als Rhythmusgeber eingesetzt werden; primitive Instr.e sind zum Teil technologisch als Organprojektionen zu verstehen. Für die von der Natur fertig gegebenen Gegenstände ist die Bezeichnung Schallgerät sinnvoll; die Grenzen zwischen diesen und den Instr.en sind fließend. – Den Hochkulturen ist das Streben gemein, die vorhandenen Instr.e zu klassifizieren. Die altchinesische Einteilung ist vom Material her gedacht und unterscheidet 8 Gruppen: Metall (Glocken), Stein (→ K'ing), (Ton-)Erde (Gefäßflöte), Leder oder Fell (Trommel), Seide (Saiten, → K'in), Holz (zum Schlagen oder Reiben), Kürbis (Sheng, → Mundorgel) und Bambus (Flöte). Bei den 4 altindischen Gruppen sind der Bau und die Erregungsart berücksichtigt: Ghana (von han, schlagen; Schlagidiophone, wie Becken und Gongs), Avanaddha (von nath, hinzufügen, und ava, decken; Membranophone, wie Trommeln), Tata (von tan, ziehen; Saiteninstr.e) und Sushire (Tubus- oder Blasinstr.e). Die im Abendland bis ins späte Mittelalter in Grundzügen geltende und meist innerhalb der Klassifikation der → Musica erörterte Einteilung in Saiten-(instrumenta chordata), Blas- (pneumatica) und Schlaginstr.e (pulsatilia) stellt zugleich eine Rangordnung dar, die den Saiteninstr.en den Vorrang gab, weil an ihnen die Theorie darstellbar ist. Sie blieb als Einteilungsgrundsatz bis in die moderne Orchestergliederung lebendig. Den ersten Platz in der Wertschätzung nahmen in der Renaissancezeit die Blasinstr.e ein, nach soziologischer Rangordnung wieder in sich gegliedert (→ haut). Das Attribut perfekt bekamen im 16. Jh. die akkordfähigen Instr.e (→ Fundamentinstr.e). Im 18./19. Jh. waren für den Vergleich mit der Stimme die Melodiefähigkeit und der Klangcharakter bestimmend, wenn Violine (Schubart), Querflöte oder Klarinette als ideal bezeichnet werden. Ein neues Interesse an einer Systematik erwachte am Ende des 19. Jh. unter dem Einfluß der Physik und Völkerkunde. Die zuerst von Mahillon (1880) vorgelegte Systematik nach dem schwingenden Medium setzte sich in der Neufassung von E. M. v. Hornbostel und Sachs (1914) allgemein durch. Sie gliedert in → Idiophone, → Membranophone, → Chordophone und → Aerophone; in neuester Zeit kamen die → Elektrophone hinzu. Kriterien der weiteren Unterteilung sind die Spielart (Idiophone, Membranophone) sowie formale (Chordophone) oder funktionell-konstruktive (Aerophone) Merkmale. Dagegen wird eine einheitliche Systematik nach der Bauart, vor allem des Resonators, von Schaeffner (1931) vorgeschlagen (instruments à corps solide und vibrant, andererseits à air vibrant, wobei die ersteren weiter gegliedert sind nach nicht gespannten, gespannten und flexiblen Körpern). Dräger (1948) erfaßt mit einer größeren Zahl Kategorien von der äußeren Kennzeichnung und Tonerzeugung über die Klangerregung und -art bis zum Spiel möglichst vielseitig das Instr. und dessen Funktion. Die Systematik von Husmann (1958) geht dagegen konsequent von der Physik des Schwingenden aus.

Die frühesten nachweisbaren Instr.e sind prähistorisch (→ Horn, → Flöte). Die Kulturkreislehre (Sachs 1929) schließt nach dem Vorkommen von Instr.en-Formen auf ein Zentrum im ägyptisch-mesopotamischen und auf eines im chinesischen Altertum, daneben auf ein möglicherweise noch älteres gemeinsames Zentrum in Zentralasien. Als Entstehungsfolge nimmt Sachs (1959) an: Urbesitz: Aufschläger, Rasselgehänge. – Paläolithikum: Schwirrholz, Schraper, Flöte, Schnecken- und Tubushorn. – Älteres Neolithikum: Schlitztrommel, Grifflochflöte, einfellige Trommel, Musikbogen, Panpfeife. – Jüngeres Neolithikum: Querflöte und -horn, Xylophon, Mirliton, Cricri, Maultrommel, Rohrblattpfeife, Nasenflöte, Trommelschlägel. – Ältere Metallzeit: Metallglocke, Floß-, Brett- und Schalenzither. – Ab etwa 4000 v. Chr.: Harfe, Leier. – Ab 3000 v. Chr.: zweifellige Trommel, Rahmentrommel. – Ab 2000 v. Chr.: Becken, Laute, Metalltrompete, Doppelrohrblattpfeife. – Ab 1000 v. Chr.: Kastagnetten, Sackpfeife. – Um Christi Geburt: Mundorgel. – Ab etwa 1000 n. Chr.: Gong, Metallophon, Zargenlaute, Geige. – 2. Jahrtausend n. Chr.: Pauke.

Die Theorie der »Wanderungen« läßt sich nur bedingt nachweisen. Funde sind nur in einer natürlichen Auswahl von Instr.en aus vorwiegend hochwertigen Stoffen erhalten, die schon Sammler- oder Handelsgut sind. Gewisse Anhaltspunkte für die Forschung geben die Namen der Instr.e, doch haben sich an ihnen entwickelte Herkunftstheorien oft als Irrtümer erwiesen. Nicht selten finden sich Bezeichnungen (z. B. Kithara – Gitarre – Cister – Zither) für – nicht nur der Bauart nach – verschiedene Instr.e tradiert. Ein Teil der Instr.en-Bezeichnungen ist wahrscheinlich aus onomatopoetischen Bildungen entstanden (→ Viola – 1, Pommer, Flöte), andere gehen auf Spielbewegungen zurück (→ Geige), kennzeichnen Material, Bauart oder Form (Horn, Kithara, Aulos, Korthold) oder definieren den Klangcharakter (Hautbois, Sordun, Schryari). In den Hochkulturen läßt sich darüber hinaus die Geschichte der Instr.e aus Schrift- und Bildbelegen (→ Ikonographie) deuten. Die Funktion von Instr.en als magische oder kultische Geräte oder als Träger von Maßnormen mehr denn als Schallgeräte ist aus außereuropäischen Hochkulturen wie aus einfachen Kulturen bekannt. So wie die ethnologische Feldforschung der Meinung ist, daß zwar Instr.e »wandern«, nicht aber mit ihnen der Klangcharakter oder Melodien, so wird auch für die abendländische Musikgeschichte angenommen, daß sich jede Epoche ihr Instrumentarium nach ihrem Klangideal schaffe. Dem in der Geschichte der abendländischen Musikinstr.e seit dem Mittelalter erkennbaren Zug, die Geräuschkomponente zurückzudrängen und einen dem Tonsystem gemäßen »reinen« Obertonaufbau im Klang zu erreichen, scheint die Musik seit etwa 1950 und das Aufkommen elektronischer Instr.e mit manipulierbarem Geräuschspektrum entgegenzuwirken.

Lit.: allgemein: V.-CH. MAHILLON, Cat. descriptif et analytique du Musée instr. (hist. et technique) du Conservatoire Royal de Musique de Bruxelles I, Gent 1880, ²1893; D. FRYKLUND, Vergleichende Studien über deutsche Ausdrücke mit d. Bedeutung Musikinstr., Uppsala 1910; C. SACHS, Real-Lexikon d. Musikinstr., Bln 1913, Nachdruck Hildesheim 1962 u. (mit Corrigenda u. Addenda) NY 1964; SACHS Hdb.; DERS., The Hist. of Mus. Instr., NY (1940); DERS., Vergleichende Mw., = Musikpädagogische Bibl. II, Heidelberg (²1959); E. M. v. HORNBOSTEL u. C. SACHS, Systematik d. Musikinstr., Zs. f. Ethnologie XLVI, 1914, engl. v. A. Baines u. Kl. P. Wachsmann als: Classification of Mus. Instr., The Galpin Soc. Journal XIV, 1961; E. HARASZTÍ, Schallnachahmung u. Bedeutungswandel in d. Instrumentenkunde mit Rücksicht auf d. ungarische Organographie, Budapest 1928; W. HEINITZ, Instrumentenkunde, Bücken Hdb.; H. MATZKE, Grundzüge einer mus. Technologie, Breslau 1931; DERS., Unser technisches Wissen v. d. Musik, Lindau (1949), Wien ²1950; A. SCHAEFFNER, Projet d'une classification nouvelle des instr. de musique, Bull. du Musée d'Ethnographie du Trocadéro I, 1931; O. TIBY, Acustica mus. e organologia degli strumenti mus., Palermo 1933; T. NORLIND, Musikinstr. hist. i ord och bild, Stockholm (1941); R. WRIGHT, Dictionnaire des instr. de musique, London 1941; H.-H. DRÄGER, Prinzip einer Systematik d. Musikinstr., = Mw. Arbeiten III, Kassel 1948; K. REINHARD, Musikinstr. u. Kulturkreise. Versuch einer primär mw. Instrumentenkunde, Habil.-Schr. Bln 1950, maschr.; DERS., Beitr. zu einer neuen Systematik d. Musikinstr., Mf XIII, 1960; A. BUCHNER, Musikinstr. im Wandel d. Zeiten, Prag (1956, ²1962); H. HUSMANN, Einführung in d. Mw., Heidelberg (1958); S. MARCUSE, Mus. Instr., A Comprehensive Dictionary, Garden City (N. Y.) 1964.

Europäisch-abendländische Mg.: S. VIRDUNG, Musica getutscht (Basel 1511), hrsg. v. R. Eitner, = PGfM, Jg. X, Bd XI, Bln 1882; DASS., Faks. hrsg. v. L. Schrade, Kassel 1931; M. AGRICOLA, Musica instrumentalis deudsch, Wittenberg 1529 u. ⁴¹1545, hrsg. v. R. Eitner, = PGfM, Jg. XXIV, Bd XX, Lpz. 1896; J. BERMUDO, Declaración de instr. mus., (Osuna 1555), Faks. hrsg. v. M. S. Kastner, = DMl I, 11, 1957; PRAETORIUS Synt. I–II; M. MERSENNE, Harmonie universelle, Paris 1636, Faks. hrsg. v. Fr. Lesure, 3 Bde, Paris 1963; P. TRICHET, Traité... (vers 1640), hrsg. v. Fr. Lesure, Ann. Mus. III–IV, 1955–56, auch separat Neuilly-sur-Seine 1957, Suppl. in: The Galpin Soc. Journal XV, 1962 – XVI, 1963; J. MATTHESON, Das neu-eröffnete Orch., Hbg 1713; F. BUONANNI, Gabinetto armonico, Rom 1722, ²1723, engl. Teilausg. als: The Showcase of Mus. Instr., hrsg. v. Fr. Ll. Harrison u. J. Rimmer, NY (1960); J. FR. B. C. MAJER, Museum musicum, Schwäbisch-Hall 1732, Faks. hrsg. v. H. Becker, = DMl I, 8, 1954; J. CHR. WEIGEL, Mus. Theatrum, Faks. hrsg. v. A. Berner, = DMl I, 22, 1961; W. SCHNEIDER, Hist.-technische Beschreibung d. mus. Instr., Neisse u. Lpz. 1834; H. WELCKER V. GONTERSHAUSEN, Neu eröffnetes Magazin mus. Tonwerkzeuge, Ffm. 1855; A. J. HIPKINS, Mus. Instr., Historic, Rare and Unique, Edinburgh 1888, verkürzte Ausg. London 1921; H. RIEMANN, Katechismus d. Musikinstr., Lpz. 1888 u. öfter (später Hdb. genannt); F. PEDRELL, Organografia antigua española, Barcelona 1901; C. SACHS, Die Musikinstr. d. Minneregel, SIMG XIV, 1912/13; DERS., Die modernen Musikinstr., = M. Hesses Hdb. LXVIII, Breslau (1923); R. BRANCOUR, Hist. des instr. de musique, Paris 1921; J. SCHLOSSER, Unsere Musik-Instr., Wien 1922; J. PULVER, A Dictionary of Old Engl. Music and Mus. Instr., London 1923; A. ABER, Musikinstr. u. ihre Sprache, = Zellenbücherei LXXI, Bln 1924; K. GEIRINGER, Musikinstr., in: Adler Hdb.; DERS., Mus. Instr., London (1941, ²1945, 3. Auflage o. J.); W. GIESE, Maurische Musikinstr. im ma. Spanien, Iberica III, 1925; D. PARENT, Les instr. de musique au XIVᵉ s., Diss. Paris 1925, Auszug in: Ecole Nationale de Chartres, Positions de Thèses; K. NEF, Gesch. unserer Musikinstr., = Wiss. u. Bildung CCXXIII, Lpz. 1926, Basel ²1949; FR. GENNRICH, Zur Musikinstrumentenkunde d. Machaut-Zeit, ZfMw IX, 1926/27; W. GURLITT, Der mus. Denkmalwert d. alten Musikinstr., in: Tag f. Denkmalpflege u. Heimatschutz Breslau 1926, Bln 1927; G. R. HAYES, Mus. Instr. and Their Music 1500–1750, 2 Bde, London 1928–30; G. PIETZSCH, Die Klassifikation d. Musik v. Boetius bis Ugolino v. Orvieto, = Studien zur Gesch. d. Musiktheorie im MA I, Halle 1929; H. SCHULTZ, Instrumentenkunde, Lpz. 1931, ²1956; D. TREDER, Die Musikinstr. in d. höfischen Epen d. Blütezeit, Diss. Greifswald 1933; H. PANUM, Middelalderens musikinstr., in: Musik och musikinstr., hrsg. v. O. Andersson, = Nordisk kultur XXV, 1934; G. Schünemann, Die Musikinstr. d. 24 Alten, AfMf I, 1936; Fr. W. Galpin, A Textbook of European Mus. Instr., NY (1937); Th. Gérold, Les instr. de musique au moyen âge, Rev. des cours et conférences XXIX, 1938; N. Bessaraboff, Ancient European Mus. Instr., Boston 1941; J. Hutter, Hudební nástroje (Musikinstr.), Prag 1945; A. Baines, J. Talbot's Ms. (Christ Church Library Music MS 1187), I, Wind Instr., The Galpin Soc. Journal I, 1948; ders., Fifteenth-Cent. Instr. in Tinctoris' De Inventione ..., ebenda III, 1950; Mus. Instr., hrsg. v. dems., Harmondsworth/Middlesex 1961, deutsch als: Musikinstr., München 1962; R. Donington, The Instr. of Music, London 1949; A.-F. Marescotti, Les instr. d'orch. ..., Paris (1951); E. A. Bowles, Instr. at the Court of Burgundy (1363–1467), The Galpin Soc. Journal VI, 1953; ders., Mus. Instr. in Civic Processions During the Middle Ages, AMI XXXIII, 1961; ders., Haut and Bas. The Grouping of Mus. Instr. in the Middle Ages, MD VIII, 1954; I. Otto, Die instrumentenkundliche Auswertung d. deutschen Lexika d. 18. Jh., Kgr.-Ber. Köln 1958; D. Devoto, La enumeración de instr. mus. en la poesía medieval castellana, in: Miscelánea en homenaje a H. Anglès I, Barcelona 1958–61; H. Riedel, Musik u. Musikerlebnis in d. erzählenden deutschen Dichtung, = Abh. zur Kunst-, Musik- u. Literaturwiss. XII, Bonn 1959; R. M. Longyear, Some Aspects of 16th Cent. Instr. Terminology and Practice, JAMS XVII, 1964; Fr. Ll. Harrison u. J. Rimmer, European Mus. Instr., London 1964; NY 1965; E. Winternitz, Die schönsten Musikinstr. d. Abendlandes, München (1966). Außereuropäisches u. Volksinstr.: H. G. Farmer, The Music and Mus. Instr. of the Arab, NY u. London (1916); ders., Studies in Oriental Mus. Instr., 2 Serien, London 1931, Glasgow 1939; ders., Turkish Instr. of Music in the 17th Cent., = Collection of Oriental Writers on Music III, Glasgow 1937; E. Wiedemann u. F. Hauser, Byzantinische u. arabische akustische Instr., Arch. f. Gesch. d. Natur u. Technik VIII, 1918; G. Montandon, La généalogie des instr. de musique et les cycles de civilisation, Arch. suisses d'anthropologie générale III, 1919; C. Sachs, Geist u. Werden d. Musikinstr., Bln 1929, Nachdruck Hilversum 1965; P. R. Kirby, The Mus. Instr. of the Native Races of South Africa, Oxford u. London 1934, Johannesburg ²1953; O. Seewald, Beitr. zur Kenntnis d. steinzeitlichen Musikinstr. Europas, = Bücher zur Ur- u. Frühgesch. II, Wien 1934; K. G. Izikowitz, Mus. and Other Sound Instr. of the South American Indians, = Göteborgs Kungl. Vetenskaps- och Vitterhets-Samhälles Handlingar, 5. Folge, Serie A, Bd V, 1, Göteborg 1935; A. Schaeffner, Origine des instr. de musique, Paris 1936; G. Barblan, Musiche e strumenti mus. dell'Africa orientale ital., Neapel 1941; Cl. Marcel-Dubois, Les instr. de musique de l'Inde ancienne, Paris 1941; W. Friedrich, Die älteste türkische Beschreibung v. Musikinstr. aus d. Anfang d. 15. Jh. v. A. Šukrüllâh, Diss. Breslau 1944, maschr.; K. Dittmer, Musikinstr. d. Völker, Hbg 1947; E. Kolari, Musikinstr. u. ihre Verwendung im Alten Testament, Helsinki 1947; M. Wegner, Die Musikinstr. d. alten Orients, = Orbis antiquus II, Münster u. W. 1950; F. Ortiz, Los instr. de la música afrocubana, 5 Bde, Habana 1952–55; S. Martí, Instr. mus. precortesianos, Mexiko 1955; H. Avenary, Magic, Symbolism and Allegory of the Old-Hebrew Sound Instr., CHM II, 1956; H. Hickmann, Musicologie pharaonique, = Slg mw. Abh. XXXIV, Kehl 1956; B. Söderberg, Les instr. de musique du Bas-Congo et dans les régions avoisinantes, = The Ethnographical Museum of Sweden, Monograph Series, Publication III, Stockholm 1956; H. Fischer, Schallgeräte in Ozeanien, = Slg mw. Abh. XXXVI, Straßburg u. Baden-Baden 1958; E. Stockmann, Towards a Hist. of European Folk Music Instr., Studia musicologica VII, 1956.

Instrumentalmusik ist im Unterschied zur → Vokalmusik für instrumentale Ausführung bestimmt und nicht an Sprache gebunden. Historisch gesehen ist die Trennung von I., die nur für Instrumente, und Vokalmusik, die nur für Singstimmen konzipiert ist, lediglich innerhalb der abendländischen Musik möglich, und im engeren Sinne erst seit der Entstehung einer selbständigen I. im 16. Jh. In jeder früheren Kultur begleitete instrumentales Spiel als selbstverständliche Komponente der Musik Kult und Festlichkeit. Dasselbe gilt für die außereuropäische Musik bis heute. Trotzdem lassen sich spezifische dem Spiel auf Instrumenten übertragene Aufgaben erkennen: Eröffnung, Zwischenspiel und Spiel zu Tanz und Marsch sowie Begleitung der Singstimme. Auch die I. seit dem 16. Jh. bis zur Symphonie des 18. Jh. steht mit diesen Aufgaben in Verbindung und wird von ihnen zum Teil deutlich geprägt. – Der jüdische Synagogalgesang des 1. Jahrtausends n. Chr. verbannt, als Vortrag des gottesdienstlichen Wortes, die Instrumente aus dem Kult. Demgegenüber war die frühere jüdische Tempelmusik stark instrumental geprägt. Dem frühen Christentum galt instrumentales Spiel, da es nicht dem liturgischen Wort diente, als Inbegriff des Heidnischen, daher Weltlichen, Profanen, und hatte folglich niedrigeren Rang. Innerhalb der griechischen Kirche bewahrte die Musik bis heute den rein vokalen Charakter. – Wesentlich auf instrumentales Zusammenspiel und damit auf Mehrstimmigkeit ausgerichtet ist die Musik, die R. v. Ficker als »primär klanglich« bezeichnet hat (z. B. Gamelan auf Java). Es scheint, daß ein primär klangliches Musizieren in Nordeuropa entscheidend bei der Entstehung der abendländischen, geschichtlichen Mehrstimmigkeit im 9. Jh. beteiligt war. Seitdem steht die Musik jeweils mehr oder weniger im Zeichen des Instrumentalen. Aber erst im 16. Jh. begann die I. sich zu emanzipieren, und etwa seit 1600 wird für die Musik immer mehr der instrumentale Satz maßgebend.

In der Antike, die eine Orientierung weltlich-geistlich nicht kannte, ließ sich das Instrumentalspiel von der μουσική, die bis zum 5. Jh. v. Chr. Dichtung und Musik umfaßte, nicht trennen: die homerischen Gesänge wurden ursprünglich mit Begleitung der Kithara (Phorminx, Lyra) vorgetragen, und der frühe aulodische und kitharodische → Nomos hängt noch eng mit dem Vers zusammen. → Lyra (–1) und → Aulos sind die Symbole von Apoll und Dionysos und damit für die beiden Pole griechischen Wesens. Im 6. Jh. v. Chr. ließ man indessen auch das solistische Aulosspiel (Sakadas) und etwas später das selbständige Kitharaspiel bei den Agonen zu. Mit der instrumentalen Begleitpraxis verbunden sind die κρούσις ὑπὸ τὴν ᾠδήν, »Instrumentalspiel zum Gesang« (Plutarch, § 28), und die → Heterophonie, beides wohl eine Art variierendes Mitspielen der Hauptmelodie. Aufgabe und Entstehungszeit der instrumentalen Griffschrift sind noch ungeklärt. Die instrumentale Komponente der antiken Musik trat erst mit dem Zerfall der Einheit von Vers und Musik im 4. Jh. v. Chr. selbständig in Erscheinung. Virtuoses Instrumentalspiel, mitunter in Massenbesetzung (römisches Circus-»Orchester«), ist bis in die Spätantike (byzantinische Orgel) bezeugt; besonders wegen seiner Verbindung mit dem Circus wurde es von der Kirche bekämpft. – Im Osten (Byzanz) wie im Westen war die liturgische Musik einstimmig und vokal. Im germanischen Norden jedoch erfuhr der Choral während des 9.–10. Jh. wohl unter dem Einfluß instrumentaler Elemente eine Verwandlung durch Diatonisierung. Unmittelbar mit I. hängen die Sequenzmelodien des 9. Jh. zusammen, wie die Beischriften Symphonia, Frigdola, Chithara und ähnliche zeigen. Die früheste, → Organum genannte Mehrstimmigkeit des 9. Jh. beruht stark auf instrumentalen Vorstellungen. Zum ersten Mal innerhalb der liturgischen Musik waren daher die Instrumente wesentlich an der Ausführung beteiligt. Man weiß von der Einweihung einer Orgel mit über 400 Pfeifen in der Kathedrale zu Winchester im Jahr 980. Jede Musik war nun Musica instrumentalis und schloß instrumentale und vokale Ausführung ein.

Erst aus dem 13. und 14. Jh. sind vereinzelte untextierte Stücke, z. B. das *In seculum viellatoris* in *Ba* (→ Quellen), und meist einstimmige instrumentale Tänze (Stantipes, Ductia, Saltarello, Trotto) überliefert. Mit der nur spärlich tradierten Spielmannsmusik befaßt sich u. a. der Traktat des Johannes de Grocheo (Paris um 1300). Vielle und Rubeba waren die bevorzugten Instrumente. Dagegen ist das instrumentale → Carmen bei Isaac und Hofhaymer am Vokalsatz der Zeit orientiert. – Innerhalb der sprachgebundenen Musik ist jedoch ein im 14. Jh. einsetzender und Anfang des 16. Jh. reichender Instrumentalisierungsprozeß festzustellen. Vor allem die Musik der Niederländer seit Dufay ist mit instrumental-konstruktiven Elementen (Ostinato, Sequenz) durchsetzt. Dies äußert sich auch in Bezeichnungen wie *Gloria ad modum tubae* (Dufay), *Missa tubae* (Cousin, um 1450), *Missa trombetta* (Gaffori?). Einzelne Instrumente, z. B. die Posaune, und die Bläsermusik (Dreiklangsharmonik, C- und F-Tonart) haben hier auf den Satz eingewirkt. Die sprachgebundene Musik, die seit etwa 1500 einer satztechnischen Klärung in Richtung auf reine Vokalität unter Ausstoßung der instrumentalen Elemente entgegenging (Höhepunkt Palestrina), blieb jedoch bis zum Ende des 16. Jh. führend. In Lauten- und Orgeltabulaturen wird aber schon um 1450 in Deutschland und kurz nach 1500 in Italien (Venedig) eine blühende Instrumentalpraxis greifbar. Die Wege, die die I. zu ihrem ersten Höhepunkt um 1600 führen sollten, zeichnen sich hier bereits ab. Paumanns *Fundamentum organisandi* (1452) und das Buxheimer Orgelbuch (um 1470) sowie die ersten italienischen Tabulaturen von Spinaccino, Dalza und Bossinensis (1507–09) für Laute und von M. Cavazzoni (1523) für Orgel enthalten: 1) Bearbeitungen vokaler Sätze bzw. von Cantus firmi (früheste Beispiele in einer englischen Orgeltabulatur um 1330) durch instrumentale Kolorierung und Anpassung an die Spieltechnik des Instruments; 2) freie Praeludien, in Deutschland Praeambeln, in Italien → Ricercare genannt; 3) Tanzbearbeitungen bzw. Tänze (vor allem 1529 bei Attaingnant; Basses danses für Laute). Mit Ausnahme der Tänze handelt es sich bei diesen frühen Sammlungen nicht so sehr um selbständige Kompositionen im Sinne der Vokalmusik, sondern mehr um Spielanweisungen mit Beispielen. Die Richtung der deutschen Organisten nach Paumann: Schlick, Kleber, Kotter u. a., der »Koloristen«, führte zunächst nicht weiter. Auch die Tänze spielten für den Aufschwung der I., der im 16. Jh. vor allem in Italien erfolgte, eine verhältnismäßig geringe Rolle. Die I. ging nun – schon durch die Bearbeitung von Vokalstücken – bei der sprachgebundenen Musik in die Schule. Der durchimitierte 4st. Satz diente als Vorbild. Diese Vokalisierung der I. hinsichtlich Stimmführung und -umfang vollzog sich innerhalb der Gattung des Ricercars (des → Tiento in Spanien) seit G. Cavazzoni (1542/43). Damit war die Voraussetzung dafür gegeben, daß auch der Geist der sprachgebundenen Musik auf die I. überging. Diese trat nun aus dem Stadium der Spielmannsmusik in die Geschichte ein, und erst jetzt konnten Kompositionen im Sinne der Vokalmusik entstehen. In der I. waren nun die italienischen Organisten führend. Aus dem Ricercar entwickelte sich die → Fuge unter Einbeziehung von Elementen der Kanzone. Aus der freien Improvisation erwuchsen → Toccata und → Intonation (– 1). Von J. P. Sweelinck übernahmen die deutschen Organisten des 17. Jh. (S. Scheidt) vor allem englische und spanische Traditionen, von G. Frescobaldi die italienische. Eine ursprünglich instrumentale, zuerst in Spanien greifbare Gattung von weittragender Bedeutung erstand in der → Variation über ostinate Tanzbässe, vielleicht zum Teil spanischer Herkunft (Passamezzo, Ciaccona, Follia, Passacaglia), oder über volkstümliche Weisen (Romanesca, Ruggiero). Aus Variationen über Baßostinati (→ Ostinato, → Ground) bestand neben Lied- und Tanzbearbeitungen zum großen Teil das Repertoire der I. für das Tasteninstrument in England, das vor allem im *Fitzwilliam Virginal Book* (1570–1625) gesammelt ist.

Doch erst Ende des 16. Jh. trat in Venedig mit den 3–22st. Kanzonen und Sonaten G. Gabrielis eine der geistlichen und weltlichen Musik ebenbürtige, in der → Mehrchörigkeit wurzelnde I. für mehrere Instrumente auf. Gabrieli ist der erste Organist, der als Komponist Gleichbedeutendes in I. und Vokalmusik leistete. Die Canzona bzw. die Sonata verbindet nun die spezifisch instrumentale, beweglich-concertierende Faktur mit der Würde des Vokalsatzes zu neuer Einheit. In diese Zeit fällt die Entstehung von → Generalbaß und → Concerto, wodurch erstmalig instrumentale und vokale Partien getrennt sind und die Musik nun überhaupt auf instrumentaler Grundlage ruht. Die Kanzonen G. Gabrielis führten durch Verselbständigung der zusammenhängenden Kanzonenabschnitte und unter dem Einfluß der Tanzsuite einerseits zur mehrsätzigen Solo- und Triosonate, andererseits in Verbindung mit dem Satz der venezianischen Opernsinfonie zu einer Vielfalt von reich besetzten Stücken unter den Titeln Canzona, Sinfonia und Concerto. Zwischen venezianischer Kanzone und A. Corellis Solo- und Triosonaten vermitteln Kompositionen S. Rossis (1607–13), T. Merulas (1615 und 1637), B. Marinis (1617), D. Castellos (1621), G. B. Fontanas (posthum 1641), M. Cazzatis (1656) u. a. Es kommt zur klassischen Satzfolge der Sonata da chiesa und da camera. Bis zum Ausgang der Generalbaßepoche um 1750 kommt dem Triosonatensatz zentrale Stellung zu. Im mehrchörigen Concertieren der Gabrieli-Zeit liegen auch die Keime des um 1680 als Gattung auftretenden → Concerto grosso. Voraussetzung für das Solokonzert (G. L. Gregori, G. Torelli 1698) war nicht nur der Quartettsatz in Streicherbesetzung seit etwa 1650, sondern auch die venezianische Opernarie (Cavalli), deren harmonische Anlage sich in den Konzerten Vivaldis wiederfindet. Nach Entstehung eines spezifischen Instrumentalsatzes, vor allem durch G. Gabrieli, wurden nach 1600 in verstärktem Maße wieder die Tänze in die I. einbezogen. Eine lebhafte Wechselwirkung zwischen dem Satz für instrumentales Ensemble und der Tanzkomposition setzte ein. Das Ergebnis war eine Stilisierung und Durchgeistigung der Tänze vom Musikalisch-Technischen her (→ Suite). Der Gebrauchstanz war nur noch als Typus wirksam. Die wechselnde, meist reiche Besetzung wurde im Verlauf des 17. Jh. auf den 4- bzw. 5st. Streichersatz reduziert, der sich etwa gleichzeitig in Italien und Frankreich (Lully) ausbildete. Seit etwa 1670 trat die → Ouverture genannte Suite die Herrschaft an. In Frankreich eröffnete Ch. de Chambonnières die Reihe der Clavecinisten (Fr. Couperin, J.-Ph. Rameau). Von ihm übernahm Froberger die Klaviersuite, vertiefte aber gleichzeitig den Klaviersatz. Alle Wege und Traditionen dieser großen Zeit der I. laufen in Deutschland zusammen, wobei auch der Satz und das Instrumentarium (Bläser) ungeahnte Bereicherung erfuhren. Hier trat J. S. Bach auf. Sein sprechend-artikulierender Instrumentalsatz eröffnete der I. auch dort, wo er an Concerto grosso, Triosonate oder Suite anknüpft, eine neue Dimension und Aussagekraft und sichert ihr von da an den Vorrang. Bachs I. wird außerdem geprägt von der spezifisch norddeutschen Organisten- und Kantorentradition des 17. Jh. Auch für diese Musik bedeutet Bach die Erfüllung.

Schon um 1720 bahnte sich in Italien die Auflösung der Generalbaßkomposition an. Die alten Gattungen Triosonate, Concerto grosso und Suite verschwanden allmählich. Insbesondere durch die Opera buffa (Pergolesi) entstand ein neuer, auf gleichartigen Kadenzfolgen beruhender, beweglicher, in kleinteiligen Symmetrien fortschreitender Satz (z. B. Pergolesis Triosonaten von 1731). Der Typus der italienischen Opernsinfonie, die auch als selbständiges Konzertstück diente (A. Scarlatti, G. B. Sammartini), führte zur → Symphonie der Vorklassiker. Die typische Orchesterbesetzung der italienischen Oper wurde bindend: Streichorchester (3- bzw. 4st.) und harmoniefüllende Bläser (Oboen, Hörner). Durch J. Haydn, W. A. Mozart und Beethoven wurde die Symphonie neben Streichquartett, Klavierkonzert und Sonate zur vornehmsten Gattung. In Haydns »russischen« Quartetten (1781) und 12 Londoner Symphonien, in Mozarts Haydn-Quartetten (1782–86) und späten Symphonien, in Beethovens 9 Symphonien und 16 Quartetten ist ein durch und durch instrumentaler Satz von höchster Vergeistigung wirksam, der es nicht zuletzt durch konsequent angewendete motivische Arbeit vermag, jedem Werk einen einmaligen Sinn zu geben. Die süddeutsche instrumentale Tradition der Divertimenti, Kassationen und Serenaden hat die Musik der Wiener Klassiker stark mitgeprägt. Ihr volkstümlich-bodenständiges Moment wurzelt vornehmlich in dieser Tradition. Der Rang der Wiener klassischen I. ließ sie schon zu ihrer Zeit als Höhepunkt der I. und als Inbegriff der Musik (→ Absolute Musik) erscheinen. Eine einzigartige Stellung nimmt die späte I. von Schubert seit der H moll-Symphonie (1822) ein, in der das Erbe der Wiener Klassik durch die schmelzende Kraft der einheitlichen Liedmelodie verwandelt ist. Auseinandersetzung mit dem Phänomen der Wiener klassischen Musik sind die »romantische« Symphonik einschließlich → Symphonische Dichtung und → Programmusik sowie die Kammermusik des 19. Jh. Einzelne Komponenten erfuhren nun neue Ausweitung (Harmonik, Instrumentation). Aber an die Stelle des Denkens in großen musikalischen Zusammenhängen traten das Prinzip der Variierens für sich stehender Gedanken, die Isolierung des → Ausdrucks und die als feste »Formen« übernommenen Gattungen der Klassiker. Daher finden sich die vielleicht vollkommensten und originären Werke im Bereich der Klaviermusik (→ Charakterstück, → Etüde) und im ausdrucksbetonten Klavierlied. Neben die in Wollen und Sinngebung divergierende Symphonik trat seit 1850 immer mehr das musikalische Theater in den Mittelpunkt: das in Variation der »Leitmotive« durchkomponierte und von der »instrumentalen Melodie« getragene Musikdrama Wagners, die Opern von Verdi und von R. Strauss. Die I. nach Wagner steht stark unter dessen Eindruck. Neue Möglichkeiten auch für die I. eröffneten demgegenüber die Opern von Mussorgskij, des späten Verdi, von Debussy und R. Strauss. Die Neue Musik des 20. Jh. ist wieder vornehmlich I. (Debussy, Strawinsky, Bartók, Hindemith); sie ist gekennzeichnet teils durch Anknüpfung an die Romantik oder durch Abkehr vom Ausdruckselement (Spielmusik), teils durch klassizistische Hinwendung zu weit zurückliegender Musik, teils durch Folklore (Melodik, Rhythmik) bzw. bewußte Einbeziehung exotischer Musik (z. B. Pentatonik, Gamelan), vor allem aber durch Isolierung einzelner musikalischer Elemente (Rhythmus, Klanglichkeit, Linearität usw.). Diese stärkere Einbeziehung nicht mehr unmittelbar aus geschichtlicher Kontinuität erklärlicher Mittel ist nur als I. möglich, da das Vokale stets auch eine Bindung an ungebrochene Tradition bedeutete. Mit → Zwölftontechnik und → Serieller Musik ist eine Entwicklung angebahnt, die das Komponieren mehr und mehr dem Bereich der instrumentalen oder vokalen Ausführung entrückt, teils durch Ausschaltung des Interpreten (→ Elektronische Musik), teils durch eine gänzlich neutrale Einstellung zum ausführenden Medium.

Lit.: G. Gaspari, Musicisti bolognesi nel s. XVII, Modena 1875–80; W. J. v. Wasielewski, Gesch. d. I. im XVI. Jh., Bln 1878; M. Seiffert, Gesch. d. Klaviermusik I, Lpz. 1899; O. Körte, Laute u. Lautenmusik, = BIMG I, 3, Lpz. 1901; K. Nef, Zur Gesch. d. deutschen I. in d. 2. Hälfte d. 17. Jh., = BIMG I, 5, Lpz. 1902; A. Heuss, Die Instrumentalstücke d. Orfeo v. Monteverdi, SIMG IV, 1902/03; A. Einstein, Zur Gesch. d. deutschen Lit. f. Va da Gamba, BIMG II, 1, Lpz. 1905; F. Pedrell, El organista liturgico español, Barcelona 1905; A. Schering, Zur instr. Verzierungskunst im 18. Jh., SIMG VII, 1905/06; O. Kinkeldey, Org. u. Kl. in d. Musik d. 16. Jh., Lpz. 1910; Ch. Van den Borren, Les origines de la musique de clavier en Angleterre, Brüssel 1912, engl. London 1913; ders., Les origines de la musique de clavier aux Pays-Bas, Brüssel 1914; A. Halm, Von zwei Kulturen d. Musik, München 1913, Stuttgart ³1947; J. Wolf, Tänze d. MA, AfMw I, 1918/19; A. Moser, Gesch. d. Violinspiels, Bln 1923; O. Deffner, Über d. Entwicklung d. Fantasie f. Tasten-Instr. (bis J. P. Sweelinck), Diss. Kiel 1927; R. v. Ficker, Primäre Klangformen, JbP XXXVI, 1929; M. Fischer, Die organistische Improvisation im 17. Jh., = Königsberger Studien zur Mw. V, Kassel 1929; G. Oberst, Engl. Orchestersuiten um 1600. Ein Beitr. zur deutschen I. nebst einer Bibliogr. d. Tanzlit. bis 1900, Wolfenbüttel 1929; C. Auerbach, Die deutsche Clavichordkunst d. 18. Jh., Kassel 1930, ²1953; H. Spanke, Tanzmusik in d. Kirche d. MA, Neuphilologische Mitt. XXXI, 1930; S. Pfau, Die Violinmusik in Italien, 1600–50, Diss. Bln 1931; L. Schrade, Die hs. Überlieferung d. ältesten I., Lahr (Baden) 1931; G. Cesari, Origini della canzona strumentale, Einleitung zu: Istituzioni e monumenti dell'arte mus. ital. II, Mailand 1932; E. H. Meyer, Die mehrst. Spielmusik d. 17. Jh. in Nord- u. Mitteleuropa, = Heidelberger Studien zur Mw. II, Kassel 1934; E. Elsner, Untersuchung d. instr. Besetzungspraxis d. weltlichen Musik im 16. Jh. in Italien, Diss. Bln 1935; R. v. Tobel, Die Formenwelt d. klass. I., = Berner Veröff. zur Musikforschung VI, Bern u. Lpz. 1935; G. Frotscher, Gesch. d. Orgelspiels u. d. Orgelkomposition, 2 Bde, Bln 1935–36, ²1959; O. Schreiber, Orch. u. Orchesterpraxis in Deutschland zwischen 1780 u. 1850, = Neue deutsche Forschungen CLXXVII, Abt. Mw. VI, Bln 1938; E. v. Rumohr, Der Nürnbergische Tasteninstrumentalstil im 17. Jh., Diss. Münster i. W. 1939; LL. Hibberd, Musica ficta and Instr. Music ca. 1250 – ca. 1350, MQ XXVIII, 1942; ders., On Instr. Style in Early Melody I, MQ XXXII, 1946; Kn. Jeppesen, Die ital. Orgelmusik am Anfang d. Cinquecento, 2 Bde, Kopenhagen 1943, ²1960; Fr. Giegling, G. Torelli. Ein Beitr. zur Entwicklungsgesch. d. ital. Konzerts, Kassel 1949; Cl. Sartori, Bibliogr. della musica strumentale ital. stampata in Italia fino al 1700, = Bibl. di bibliogr. ital. XXIII, Florenz 1952; Fr. Bose, Instrumentalstile in primitiver Musik, Kgr.-Ber. Bamberg 1953; U. Siegele, Kompositionsweise u. Bearbeitungstechnik in d. I. J. S. Bachs, Diss. Tübingen 1957, maschr.; Fr. W. Riedel, Quellenkundliche Beitr. zur Gesch. d. Musik f. Tasteninstr. in d. 2. Hälfte d. 17. Jh. (vornehmlich in Deutschland), = Schriften d. Landesinst. f. Musikforschung Kiel X, Kassel 1960; J. Eppelsheim, Das Orch. in d. Werken J.-B. Lullys = Münchner Veröff. zur Mg. VII, Tutzing 1961; St. Kunze, Die I. G. Gabrielis, ebenda VIII, 1963; E. Southern, The Buxheim Organ Book, = Musicological Studies VI, NY 1963; H. M. Brown, Instr. Music Printed Before 1600. A Bibliogr., Cambridge (Mass.) 1965; D. Schuberth, Splendor imperii sonus. Voraussetzungen f. d. Einbeziehung v. Musikinstr. in d. abendländische Liturgie d. frühen MA, Diss. theol. Hbg 1965; H. R. Zöbeley, Die Musik d. Buxheimer Orgelbuchs, = Münchner Veröff. zur Mg. X, Tutzing 1965.

StK

Instrumentation heißt die Verteilung des musikalischen Satzes auf die Instrumente in einer Orchesterkomposition. Versuche, den Begriff enger zu fassen, haben sich nicht durchsetzen können. Seit Berlioz in seinem klassischen Lehrbuch (1844) I. und → Orchestration gleichgesetzt hatte, sind immer wieder Vorschläge zur Unterscheidung gemacht worden: 1) Unter dem historischen Aspekt sollte die Orchesterbehandlung vor 1750 Orchestration heißen. 2) I. sollte sich auf die für Orchester konzipierte Komposition, Orchestration hingegen auf die Bearbeitung eines anders konzipierten Werkes für Orchester beziehen. 3) I. sollte den Satz für Symphonieorchester, Orchestration den Satz für andere Ensembles (z. B. → Harmoniemusik) bezeichnen. Sogar I. und Instrumentierung werden gelegentlich unterschieden, um stilgeschichtlich bestimmbare Arten der I. (z. B. Klangfarbe als »Strukturwert« oder als »Ausdruckswert«) begrifflich von einer Orchesterbehandlung zu trennen, die stilistisch unabhängig sei. Eindeutig abgrenzbar ist die I. vom → Arrangement und der → Bearbeitung (– 2); ihnen gegenüber kann von I. nur da gesprochen werden, wo schon im Konzept die Möglichkeiten eines Orchesters mit verbindlicher Besetzung berücksichtigt sind oder wo eine Vorlage ohne Veränderung der Substanz in die Orchestersprache übersetzt wird. – Mischung und Kontrastierung der Klangfarben gehören ebenso zum Begriff I. wie die fachkundige und angemessene Verwendung der einzelnen Instrumente; und zwar wäre in einer I.s-Lehre die Verwendung des Einzelinstruments als technische Grundlage zuerst zu lehren, erst danach die eigentliche I., die Technik der Kombination, Mischung und Kontrastierung. Gerade diese jedoch hielt schon Berlioz für nicht lehrbar; er legte das Hauptgewicht auf die Instrumentenkunde und begnügte sich damit, den eigentlichen Gegenstand seines Buches an Partiturbeispielen zu demonstrieren. Dabei ist es bis heute geblieben: *Für gute I. gibt es keine Rezepte* (L.K. Mayer). Einzig E. Wellesz verzichtet auf den instrumentenkundlichen Teil und gibt eine Darstellung der I., wie sie sich nach R. Wagner und R. Strauss entwickelt hat. – Die I. unterliegt, von ihren Anfängen bei Monteverdi bis in unsere Tage, in der Tat einer solchen Vielfalt von beeinflussenden und bedingenden Faktoren (auch etwa sozialgeschichtlicher Art), daß an eine systematische Darstellung und an ein zeitlos gültiges Lehrsystem nicht zu denken ist. Wenn z. B. H. Riemann vom Klaviersatz ausgeht und die I. von Klavierstücken zum Lehrprinzip erhebt, so ist dieses Verfahren nicht schlechthin abzulehnen, sondern als Indiz für eine orchestrale Satztechnik zu werten, wie sie z. B. in der Symphonik Schumanns zu finden ist. Der Bedeutung des Klaviers bei Schumann entspricht bei Bruckner die der Orgel, deren Registerprinzip in seiner Orchesterbehandlung wiederkehrt.

Der Weg, den die I. vom Absterben der fakultativen Besetzung nach 1600 bis hin zum regelmäßigen Gebrauch von Dirigierpartituren in der Opernmusik (→ Partitur) genommen hat, ist ungewiß und kann nur aus Beschreibungen, Spielanweisungen und einigen meist handschriftlich überlieferten Kompositionen erschlossen werden. Fest steht, daß die Opernkomponisten den mächtigsten Anstoß gegeben haben und daß der solistischen Instrumentalmusik ein bedeutender Anteil an der Herausbildung eines orchestralen Idioms zukommt. Beherrschend blieben für die barocke I. das Generalbaßfundament und das Prinzip der Variatio per choros (→ Mehrchörigkeit). Die Wendung zur klassischen I. ist demgemäß weniger von der Zunahme der Mittel als vom Abtreten des Generalbasses, der durch den Streicherkörper ersetzt wurde, und von den Anfängen der → Durchbrochenen Arbeit ablesbar. Hatte die Streichertechnik schon bei A. Vivaldi eine hohe Entwicklungsstufe erreicht, so ist für die klassische I. die Differenzierung der Holzbläser, daneben auch des Schlagzeugs (→ Janitscharenmusik), charakteristisch. Der Neigung zum »redenden Prinzip« (C. Ph. E. Bach) entspricht das Aufkommen der Klarinette, die einer reicheren Nuancierung fähig ist als die anderen Blasinstrumente. Kontrastierung und Klangmischung sind auch über die Klassik hinaus Kennzeichen der I. des 19. Jh. Die Tendenz zu »koloristischer« statt »struktureller« I. ist unverkennbar, ohne daß jedoch eine schroffe Trennung der beiden Momente möglich wäre. Zwar entwickelte sich die I. vor allem in der Opern- und Programmusik, doch wurden die in der »malenden« und »redenden« Musik entdeckten Klangmittel dann auch zur Verdeutlichung des Tonsatzes, zur Unterscheidung der Stimmen, Phrasen, Perioden oder Satzgruppen gebraucht. Die Vergrößerung des → Orchesters ist vom Standpunkt der I. her gesehen nicht so sehr als quantitative Erweiterung beachtenswert, sondern eher als Folge des Strebens nach äußerster Differenzierung, nach Belebung und Durchformung im »Inneren« des Orchestersatzes zu bewerten. Beispielhaft sind die Partituren R. Wagners. In ihrem Nuancenreichtum einerseits und ihrem Volumen andererseits lagen die Keime für die künftige Entwicklung der I. Nach 1900 beginnt die Trennung dieser beiden Momente, meist bei ein und demselben Komponisten, am deutlichsten wohl bei G. Mahler, der trotz monumentaler Ausweitung des Volumens die Differenzierung der Einzelstimmen so weit treibt, daß von einer kammermusikalischen I. eines Riesenorchesters gesprochen werden kann. Strawinsky, der an die I.s-Kunst Rimskij-Korsakows anschließt, R. Strauss, der das von Wagner überkommene Orchester zugleich erweitert und verfeinert, oder A. Schönberg, dessen *Gurre-Lieder* ein überaus voluminöses Orchester aufweisen, sie alle verwirklichten früher oder später neue instrumentatorische Ideen mit kleinen Ensembles, nutzten aber die so gewonnenen Erfahrungen meist auch wieder für die I. des großen Orchesters. Die weitere Differenzierung der I. bis in feinste Verästelungen bei A. v. Webern, die → Klangfarbenmelodie Schönbergs, aber auch der Rückgriff auf den Klanggruppenkontrast der Barockzeit bei P. Hindemith sind für die Wandlungen der musikalischen Sprache um 1920 ebenso bezeichnend wie in der Folgezeit Hindemiths an Bruckner anknüpfende I., der Versuch einer Rehabilitierung des im späten 19. Jh. üblichen großen Orchesters bei K. A. Hartmann oder die um 1950 aufkommende Verwendung ungewöhnlicher und neuer (z. B. elektronischer) Klangmittel für die stilistische Vielfalt der heutigen Musik.

Lit.: Praetorius Synt. II/III; V. Roeser, Essai d'instruction à l'usage de ceux qui composent pour la clarinette et les cors, Paris 1764; Fr.-J. Fétis, Manuel des compositeurs . . . ou traité méthodique de l'harmonie, des instr., . . ., Paris 1837; H. Berlioz, Traité d'i. et d'orchestration modernes, Paris 1844, erweitert Paris ²1856, deutsch Lpz. 1843, NA bearb. v. R. Strauss, Lpz. 1905, ²1955; A. Tosoroni, Trattato pratico di strumentazione, Florenz 1850; F. Gleich, Hdb. d. modernen Instrumentierung f. Orch. u. Militär-Musikcorps, Lpz. (1853, ²1860, ⁴1903); Fr. A. Gevaert, Traité général d'i., Gent 1863, umgearbeitet u. erweitert als: Nouveau traité d'i., Paris u. Brüssel 1885, deutsch v. H. Riemann, Lpz. 1887; F. Sandi, Trattato di strumentazione pratica, Mailand 1864; E. Prout, I., London (1878), deutsch als: Elementar-Lehrbuch d. I., Lpz. ³1904; L. Bussler, Praktische mus. Kompositionslehre III: I. u. Orchestersatz, Bln 1879; S. Jadassohn, Mus. Kompositionslehre, Teil II, Die Lehre v. d. freien Komposition, Bd V: Lehrbuch d. I., Lpz. 1889, ³1924; J. Fr. Giraud, Le polycorde, ou nouveau traité théorique et pratique de musique . . ., Paris 1875, ³1876, ⁵1884; H. Riemann, Katechismus d. Orchestrierung (Anleitung zum Instrumentieren), = Hesse's illustrierte Katechismen XXXI,

Lpz. 1902; CH.-M. WIDOR, La technique de l'orch. moderne, Paris 1904, ²1906, deutsch v. H. Riemann als: Die Technik d. modernen Orch., Lpz. 1904, ²1929, engl. London 1906 u. 1946; E. v. KOMORZYNSKY, Mozarts Kunst d. I., Stuttgart 1906; FR. MAYERHOFF, Instrumentenlehre I: Text, = Slg Göschen Nr 437, Bln u. Lpz. 1909, Neudruck 1913; R. HAAS, Zur Frage d. Orchesterbesetzung in d. 2. Hälfte d. 18. Jh., Kgr.-Ber. Wien 1909; FR. HÖFER, Instrumentationslehre mit besonderer Berücksichtigung d. Kirchenmusik, = Slg Kirchenmusik X–XI, Regensburg 1913; N. RIMSKIJ-KORSAKOW, Osnowi orkestrowki (»Grundlagen d. Orchestration«), 2 Bde, hrsg. v. M. O. Steinberg, Bln, St. Petersburg u. Moskau 1913, Moskau u. Leningrad ²1946, frz. Bln 1914, engl. Bln 1922, in 1 Bd NY 1964; FR. VOLBACH, Die Instr. d. Orch., = Aus Natur u. Geisteswelt Bd 384, Lpz. u. Bln 1913, ²1921; C. FORSYTH, Orchestration, London u. NY 1914, ²1935; G. BORCH, Practical Manual of I., NY 1918; M. SCHNEIDER, Die Besetzung d. vielst. Musik d. 17. u. 16. (sic!, 18.) Jh., AfMw I, 1918/19; A. CARSE, Practical Hints on Orchestration, London (1919); DERS., The Hist. of Orchestration, London 1925, NY ²1964; DERS., The Orch. in the 18th Cent., Cambridge 1940; V. RICCI, L'orchestrazione nella sua essenza, nella sua evoluzione e nella sua tecnica, Mailand 1920; F. G. FIDLER, A Hdb. of Orchestration, London 1921; A. SANDT, K. M. v. Weber's Opern in ihrer I., Diss. Ffm. 1921, maschr.; H. D. BRUGER, Glucks dramatische Instrumentationskunst u. ihre gesch. Grundlagen, Diss. Heidelberg 1922, hs.; O. KARSTEN, Die I. Schumanns, Diss. Wien 1922, maschr.; J. KOFFLER, Über orchestrale Koloristik in d. symphonischen Werken v. F. Mendelssohn-Bartholdy, Diss. Wien 1923, maschr.; H. SCHMIDT, Die Einflüsse d. Italiener auf d. I. d. Mozartschen Jugendopern, Diss. Münster i. W. 1923, maschr.; W. WECZERZA, Das koloristisch-instr. Moment in d. Sinfonien J. Haydns, Diss. Wien 1923, maschr.; G. KOZLIK, Der Haydn'sche Streichersatz, Diss. Wien 1925, maschr.; FR. KÖNIGSHOFER, Die Orchestration bei L. van Beethoven, Diss. Wien 1927, maschr.; H. J. MOSER, Zur Anfänge d. Instrumentationskunst 1600–1750, Das Orch. IV, 1927; V. ZUCKERKANDL, Prinzipien u. Methoden d. I. in Mozarts dramatischen Werken, Diss. Wien 1927, maschr.; H. BOTSTIBER, Die I. bei J. Haydn, Das Orch. V, 1928; K. NEF, Zur I. im 17. Jh., JbP XXXV, 1928; E. WELLESZ, Die neue I., 2 Bde, Bln 1928–29; M. HASSE, Die I. J. S. Bachs, Bach-Jb. XXVI, 1929; H. STUTE, Studien über d. Gebrauch d. Instr. in d. ital. Kirchenorch. d. 18. Jh., Diss. Münster i. W. 1930; P. BERL, Die Opern G. Verdis in ihrer I., Diss. Wien 1931, maschr.; O. KAUL, Die I. Mozarts, Ber. über d. mw. Tagung d. Stiftung Mozarteum in Salzburg 1931; FR. KOSCHINSKY, Das protestantische Kirchenorch. im 17. Jh., Diss. Breslau 1931; W. NEDWED, Die Entwicklung d. I. v. d. Wiener Klassik bis zu d. Anfängen R. Wagners, Diss. Wien 1931, maschr.; A. SCHERING, Aufführungspraxis alter Musik, = Musikpädagogische Bibl. X, Lpz. 1931; H. W. v. WALTERSHAUSEN, R. Wagners I., Das Orch. VIII, 1931; TH. WIESENGRUND-ADORNO, Zur I. v. Bergs frühen Liedern, SMZ LXXII, 1931; CH. S. TERRY, Bach's Orch., London 1932, ²1958; N. ELLIS, I. and Arranging for the Radio and Dance Orch., NY 1936; A. LORENZ, Zur I. v. A. Bruckners Sinfonien, ZfM CIII, 1936; A. SCHAEFERS, G. Mahlers I., Diss. Bonn 1936; C. THIEME, Der Klangstil d. Mozartorch., Diss. Lpz. 1936; B. W. MERRILL, Practical Introduction to Orchestration and I., Ann Arbor (Mich.) 1937; J. ROYÈRE, Orchestration, = Collection La Phallange, Paris 1937; R. TENSCHERT, Zur Frage d. Brahmsschen I., AMz LXIV, 1937; H. BARTENSTEIN, H. Berlioz' Instrumentationskunst u. ihre gesch. Grundlagen, = Slg mw. Abh. XXVIII, Lpz. u. Straßburg 1939; FR. OESER, Die Klangstruktur d. Bruckner-Symphonie, Lpz. 1939; W. H. REESE, Grundsätze u. Entwicklung d. I. in d. vorklass. ü. klass. Sinfonie, Diss. Bln 1939; B. BAZALA, Die Grundzüge d. Orchestrierung v. Berlioz bis zu R. Strauss, Diss. Lpz. 1943, maschr.; A. BAUER, Der Instrumentator. Einführung in d. I., Freising 1949; F. SCHROEDER, Die I. bei Mozart u. seine Bearb. eigener Werke, Diss. Köln 1949, maschr.; A.-F. MARESCOTTI, Les instr. d'orch., leurs caractères, leurs possibilités et leur utilisation dans l'orch. moderne, Paris (1951); B. ROGERS, The Art of Orchestration, NY 1951; W. GURLITT, Das hist. Klangbild im Werk J. S. Bachs, Bach-Jb. XXXIX, 1951/52; P. BARZIZZA, L'orchestrazione moderna nella musica leggera, Mailand 1952; K. W. KENNAN, The Technique of Orchestration, NY 1952; CH. KOECHLIN, Traité de l'orchestration I–III, Paris 1954–56; S. KÖHLER, Die I. als Mittel mus. Ausdrucksgestaltung, Diss. Lpz. 1955, maschr.; H. KUNITZ, Die I. Ein Hand- u. Lehrbuch, 12 Teile, Lpz. 1956–60; A. ROESELER, Studien zum Instrumentarium in d. Vokalwerken v. H. Schütz. Die obligaten Instr. in d. Psalmen Davids u. in d. Symphoniae sacrae I, Diss. Bln (FU) 1957; H. ERPF, Lehrbuch d. I. u. Instrumentenkunde, Mainz (1959); R. L. WEAVER, 16th-Cent. I., MQ XLVII, 1961; H. BECKER, Gesch. d. I., = Das Musikwerk XXIV, Köln (1964); A. D. MCCREDIE, Instrumentarium and I. in the North German Baroque Opera, Diss. Hbg 1964. LA

Instrumentenbau als Zweig der Wirtschaft kann nur in Kulturen entstehen, in denen an das Musikinstrument hohe Anforderungen hinsichtlich Qualität und Normung gestellt werden und in denen es als wertvoller Gegenstand auch der Repräsentation dienen oder als Sammler- und Handelsobjekt auftreten kann. Unter diesen Bedingungen hat sich besonders im Abendland der I. aus einer Nebentätigkeit von Handwerkern und Musikern zu einem vielfach spezialisierten Handwerk und zu Industrie und Handel entwickelt. Die wichtigsten Zweige sind der Orgelbau, → Klavierbau, → Geigenbau, dazu seit dem 16. Jh. der Blechblas-, später der Holzblas-I. und in neuester Zeit der Bau von Harmonikas und elektrischen Instrumenten. Als Wirtschaftszweig entwickelt ist der I. besonders in Deutschland, Großbritannien, Frankreich, Italien (Geigenbau, Saiten), Österreich, Japan (in jüngster Zeit mit besonders preiswerten Instrumenten), den Niederlanden, der Schweiz, Skandinavien (Holzinstrumente), der Tschechoslowakei und den USA. Da I. bis heute oft in Familientradition ausgeübt wird, haben sich Schulen des I.s und landschaftliche Schwerpunkte gebildet. Zu den Aufgaben des Instrumentenbauers gehören neben der Fertigung die Pflege, Reparatur, Restauration, in früherer Zeit auch oft das Umarbeiten, der Entwurf (weniger des Prinzips als der äußeren Form), die Berechnung und die Technologie (Werkstoffprüfung). In der modernen Wirtschaft entstanden überregionale Zunftverbände des Handwerks und Verbände von Industrie und Handel. Diese Fachverbände sind gegliedert nach Groß- (Orgel, Klavier) und Klein-I. Als optimale Betriebsgröße für den ersteren hat sich die städtische Werkstatt, für den letzteren der Mittelbetrieb (auch in kleinen Gemeinden gelegen) herausgestellt. Die Verbände fördern den Export wie den Vertrieb im Inland. Der Verkauf geht bei großen Firmen zum Teil durch eigene Häuser, sonst durch Musikalienhandlungen, die schon seit langem Verbundgeschäfte sind und seit etwa 1950 auch den Verkauf von Phonogeräten betreiben. Der Information und Werbung dienen Messen und Kongresse. Für die Ausbildung des Nachwuchses haben die Verbände Schulen errichtet, oft in Zentren des historischen I.s, so in Deutschland für den Geigen- und Lautenbau zuerst in Markneukirchen 1834. Heute sind die wichtigsten die Fachschule für Musikinstrumentenberufe (Meisterschule für Orgel-, Klavier- und Harmoniumbauer) in Ludwigsburg und die Staatliche Berufsfachschule für Musik-I. (Holz) in Bubenreuth.

Lit.: ZfIb, hrsg. v. P. DE WIT, 1880–1940; Deutsche I.-Zeitung, hrsg. v. E. EUTING, 1899–1943; I. Zs., hrsg. v. H. MATZKE, seit 1946; Das Musikinstr., hrsg. v. E. BOCHINSKY, seit 1952. P. DE WIT, Internationales Hand- u. Adressbuch f. d. gesamte Musikinstrumentenbranche, Lpz. 1883, ab 1890: Weltadressbuch d. gesamten Musikinstr.-Industrie, zuletzt in 2 Bden, I 1929/30, II 1926/27. – TH. BERTHOLD u. M. FÜRSTENAU, Die Fabrikation mus. Instr. . . . im königlich sächsischen Vogtlande, Lpz. 1876; P. KÜPPERS, Ein Beitr. zur Gesch. d. Musik-Instrumentenmacher-Gewerbes mit besonderer Rücksicht auf Lpz., Diss. Lpz. 1886; H. NIRRNHEIM, V. HECKSCHER, P. DE WIT, Zur Gesch. d. I., Mitt. d. Ver. f. hamburgische Gesch. XIX, 1898 – XXI, 1900; W.

KÜRTH, Die hausindustrielle Fabrikation kleinerer mus. Instr. im Vogtland u. in Oberbayern, Diss. Lpz. 1910; W. HÄNGER, Die Musikinstr.-Industrie, = A. Weber, Ueber d. Standort d. Industrien II, 4, Tübingen 1919; J. ZIMMERMANN, Die deutschböhmische Musikinstrumentenindustrie d. Gebiete v. Schönbach u. Graslitz, Diss. Lpz. 1921, maschr.; R. BRÜCKNER, Die Musikinstrumentenindustrie v. Markneukirchen i. V., Diss. Jena 1923, maschr.; FR. JAHN, Die Nürnberger Trp.- u. Posaunenmacher im 16. Jh., AfMw VII, 1925; A. NEUMANN, Die Musikinstrumentenindustrie Deutschlands, Diss. Lpz. 1925, maschr.; G. BRETSCHNEIDER, Das Hausgewerbe in d. vogtländischen Musikinstrumentenindustrie, Diss. iur. Lpz. 1926, maschr.; E. JAHN, Die Lage d. vogtländischen Musikindustrie, d. Interesse d. Verlegers an d. Hausindustrie u. Heimarbeit u. d. volkswirtschaftliche Bedeutung d. Aktienges. f. Geigenindustrie in Markneukirchen, Diss. Ffm. 1927; R. BETHMANN, Die Versorgung d. Welt mit Musikinstr., Diss. Bln 1929; W. THEOBALD, Technik d. Kunsthandwerks im 10. Jh., Bln 1933; E. CLOSSON, La facture des instr. de musique en Belgique, Brüssel 1935; H. RENSMANN, Die Entwicklung u. Bedeutung d. Berliner Musikinstrumentenbaugewerbes im Handwerks- u. Industriebetrieb, Diss. iur. Bln 1942, maschr.; A. MALECEK, Beitr. zur Gesch. d. Wiener Lautenmacher im MA, Jb. d. Ver. f. Gesch. d. Stadt Wien V/VI, 1946/47; P. LOUBET DE SCEAURY, Musiciens et facteurs d'instr. sous l'Ancien Régime, Paris 1949; H. HICKMANN, Fabrikationsmarken an altägyptischen Blasinstr., Mf III, 1950; FR. LESURE, Les facteurs d'instr. de musique à Paris au XVIᵉ s., Paris 1950, maschr.; DERS., La facture instr. à Paris au XVIᵉ s., The Galpin Soc. Journal VII, 1954; A. FUCHS, Die Standortverlagerung d. sudetendeutschen Kleinmusikinstr.-Industrie v. Graslitz u. Schönbach, = Schriften d. Inst. f. Kultur- u. Sozialforschung e. V. in München IV, Marburg 1953; W. WÖRTHMÜLLER, Die Nürnberger Trp.- u. Posaunenmacher d. 17. u. 18. Jh., Mitt. d. Ver. f. Gesch. d. Stadt Nürnberg XLV, 1954; DERS., Die Instr. d. Nürnberger Trp.- u. Posaunenmacher, ebenda XLI, 1955; H.-H. DRÄGER, Die hist. Entwicklung d. I., in: Klangstruktur d. Musik, hrsg. v. Fr. Winckel, Bln (1955); A. LAYER, Die Anfänge d. Lautenbaukunst in Schwaben, Mf IX, 1956; J. MARTIN, Graslitz. Seine Anfänge u. seine Entwicklung zur Zentrale d. Blasinstrumentenindustrie d. österreichisch-ungarischen Monarchie 1610–1918, Wien 1957, maschr.; U. LACHMANN, Die Struktur d. deutschen Musikmarkts..., Diss. iur. Tübingen 1960, maschr.; L. G. LANGWILL, An Index of Mus. Wind-Instr. Makers, Edinburgh 1960, ²1962; H. HAUPT, Viennese Instr.-Makers from 1791 to 1815, Kgr.-Ber. Budapest 1961; M. VOGEL, Die Intonation d. Blechbläser. Neue Wege im Metallblas-I., = Orpheus-Schriftenreihe zu Grundfragen d. Musik I, Düsseldorf 1961.

Instrumentensammlungen in ihrer modernen Form haben neben dem musealen Zweck die Aufgabe, den Bestand musikgeschichtlich und ethnologisch bedeutsamer Instrumente durch Sammeln, Beschreiben und Restaurieren der Forschung als dokumentarisches Quellenmaterial zu erschließen sowie Vorlagen zur Kopie und Neukonstruktion von Instrumenten zu liefern, die bei der Aufführung alter Musik verwendet werden. – Als ihre Vorläufer sind die in den Kunst- und Wunderkammern weltlicher und geistlicher Renaissancehöfe bzw. reicher Bürger (Handelsherren) zusammengetragenen musealen Sammlungen anzusehen, die künstlerisch ausgestaltete Prachtstücke sowie Instrumente von Kuriositätswert (alte oder exotische Instrumente) enthielten, ferner die für den praktischen Gebrauch der höfischen und städtischen Musikkapellen bestimmten Instrumentenkammern (oft zusammen mit einer Musikaliensammlung). Auf diese in Deutschland und Italien im 16. Jh. recht zahlreichen Instr.-Slgen konnten die mit dem Erwachen des historischen Bewußtseins im 19. Jh. entstehenden Instr.-Slgen nur selten zurückgreifen (Ambraser und Estensische Sammlung in Wien, Sammlung Contarini–Correr in Paris und Brüssel). Den Grundstock zu der heute üblichen Form als öffentliches Museum bilden zumeist bedeutende Privatsammlungen (Crosby Brown, Fryklund, Galpin, Heyer, Mahillon, Scheurleer, Snoeck, Tagore, de Wit). Der Bestand der Instr.-Slgen in Privatbesitz (Neupert, Rück), öffentlichen Sammlungen und von Ausstellungen zu besonderen Anlässen (The Royal Military Exhibition, London 1891; die Ausstellung »Musik im Leben der Völker«, Frankfurt am Main 1927) ist zum großen Teil in gedruckten Katalogen erfaßt. – Für die ältere Zeit geben die erhaltenen Inventare Auskunft, von denen die wichtigsten sind (mit Angabe ihrer Veröffentlichung): Instrumentarium Isabellas der Katholischen im Alcázar von Segovia (1503), bei F. Pedrell, *Emporio científico é histórico de organografía musical española antigua*, Barcelona 1901; Instr.-Slgen Heinrichs VIII. von England (1547), in: Fr. W. Galpin, *Old English Instruments of Music*, London 1910, ³¹932, ⁴¹965; Instrumente der Königin Maria von Ungarn (1559), in: H. Anglès, *La música en la corte de Carlos V*, = MMEsp II, Barcelona 1944; *Verzaichnuß Rayd. (Raimund) Fuggers Instrument vnd Musica 1566*, bei A. Sandberger, *Bemerkungen ... zur Musikgeschichte der Städte Nürnberg und Augsburg ...*, DTB V, 1, Leipzig 1904, dazu B. A. Wallner, *Ein Instrumentenverzeichnis aus dem 16. Jh.*, Festschrift. A. Sandberger, München 1918, R. Schaal, *Die Musikinstrumenten-Sammlung von Raimund Fugger d. J.*, AfMw XXI, 1964; Instrumentarium der Weimarer Hofkapelle (um 1570 und 1662), bei A. Aber, *Die Pflege der Musik unter den Wettinern ...*, = Veröffentlichungen des fürstlichen Instituts für musikwissenschaftliche Forschung zu Bückeburg IV, 1, Bückeburg und Leipzig 1921; Instrumente der Hofkapelle zu Kassel (1573, 1613, 1638), bei E. Zulauf, *Beiträge zur Geschichte der Landgräflich Hessischen Hofkapelle ...*, Kassel 1902, sowie Chr. Engelbrecht, *Die Hofkapelle des Landgrafen Carl von Hessen-Kassel*, in: Zeitschrift des Vereins für Hessische Geschichte und Landeskunde LXVIII, 1957; Grazer Instrumentenkammer (1577, 1590), Ambraser Sammlung (1596) und Kunstkammer des Manfredo Settala in Mailand (1664), bei J. Schlosser, *Die Sammlung alter Musikinstrumente*, Wien 1920; Instrumentarium der brandenburgischen Hofkapelle in Berlin (1582, 1667), bei C. Sachs, *Musik und Oper am kurbrandenburgischen Hof*, Berlin 1910; Sammlung der Stuttgarter Hofkapelle (1589), bei G. Bossert, *Die Hofkapelle unter Eberhard III.*, in: Württembergische Vierteljahreshefte für Landesgeschichte, N. F. XXI, 1912; Kurfürstlich-sächsische Instrumentenkammer (1593), bei M. Fürstenau, *Beiträge zur Geschichte der Königlich sächsischen musikalischen Kapelle*, Dresden 1849, sowie: *Ein Instrumenten-Inventarium von 1598*, Dresden 1872; Instr.-Slg der Herzöge d'Este in Ferrara (1598) und Modena (1600 und 1625), bei E. Van der Straeten, *La musique aux Pays-Bas avant le XIXᵉ siècle*, Band VI, Brüssel 1882. – Bedeutende Instr.-Slgen sind: in Basel die Instrumentenabteilung des Historischen Museums (erste Aufstellung 1894); in Berlin die Musikinstr.-Slg beim Institut für Musikforschung (1888 gegründet; durch Erwerb von Teilen der Sammlungen de Wit und Snoeck kam ein reicher Bestand an europäischen und exotischen, besonders chinesischen, Instrumenten zusammen, der durch den 2. Weltkrieg starke Verluste hinnehmen mußte); in Boston die Leslie Lindsey Mason Collection im Museum of Fine Arts (Hauptbestand geht auf die 1916 erworbene Sammlung Galpin zurück); in Brüssel das Musée Instrumental du Conservatoire Royal de Musique (begonnen 1872 mit der Sammlung Fétis, später erweitert durch die indische Sammlung S. M. Tagore, einen Teil der aus dem 17. Jh. stammenden Sammlung Contarini–Correr und den flämisch-niederländischen Teil der Sammlung Snoeck); im Haag die Musikabteilung des Gemeentemuseums (aus der 1935 erworbenen Sammlung Scheurleer hervorgegangen und 1951 durch den leihweise überlassenen Instrumentenbestand des Rijksmuseums Amsterdam erweitert); in Kopenhagen das 1897 gegründete Musikhistorisk Museum; in Leipzig das Instrumenten-Museum am Musikwissenschaftlichen Institut der Universität Leipzig (begründet 1926 durch Übernahme der ehedem 2600 Nummern umfassenden Sammlung Heyer aus Köln, im 2. Weltkrieg zu 40% zerstört); in London die 1857 von C. Engel im South Kensington (jetzt Albert & Victoria) Museum eingerichtete Instr.-Slg sowie die des Royal College of Music (seit 1894 aus den Sammlungen Donualdson, Hipkins, Tagore); in New York die Crosby Brown Collection im Metropolitan Museum of Art (Grundstock ist die 1889 erworbene Sammlung Crosby Brown mit Instrumenten aus allen Kulturkreisen); in Nürnberg die 1859 begonnene Sammlung des Germanischen Museums; in Paris das Musée du Conservatoire de Musique (seit 1861); in Stockholm das 1901 eröffnete Musikhistoriska Museet; in Wien die Sammlung alter Musikinstrumente im Kunsthistorischen Museum (hervorgegangen 1814 aus der fast vollständig erhaltenen Sammlung Ferdinands von Tirol aus Schloß Ambras, erweitert 1916 durch die Estensische Sammlung und 1938 durch das leihweise überlassene Instrumentenmuseum der Gesellschaft der Musikfreunde).

Lit.: S. v. QUICKELBERG, Inscriptiones vel tituli Theatri amplissimi, München 1565; J. RÜHLMANN, Über Museen oder Slgen mus. Instr., NZfM LXII, 1866; DERS., Die Gründung eines Instr.-Museums, MfM V, 1873; C. ENGEL, A Descriptive Cat. of the Mus. Instr. in the South Kensington Museum, London 1870, ²1874; G. CHOUQUET, Le Musée du Conservatoire National de Musique, Paris 1875, ²1884, Suppl. v. L. Pillaut, 1894, 1899, 1903; V.-CH. MAHILLON, Cat. descriptif et analytique du Musée instr. (hist. et technique) du Conservatoire Royal de Musique de Bruxelles, 4 Bde, Gent 1880–1912, I u. II ²1893 u. ²1909; E. DE BRICQUEVILLE, Les collections d'instr. de musique aux XVIe, XVIIe et XVIIIe s., in: Un coin de la curiosité ..., Paris 1895; Cat. of the Crosby Brown Collection ..., 4 Bde, = The Metropolitan Museum of Art, Hdb. XIII, NY 1904–07; K. NEF, Kat. d. Musikinstr. im Hist. Museum zu Basel, in: Fs. zum 2. Kgr. d. Internationalen Musikges., Basel 1906; G. KINSKY, Kat. d. Musikhist. Museums v. W. Heyer in Cöln, I Lpz. 1910, II 1912, IV 1916; DERS., Musikinstr.-Slgen in Vergangenheit u. Gegenwart, JbP XXVII, 1920; A. HAMMERICH, Das Musikhist. Museum zu Kopenhagen, Kopenhagen 1911; T. NORLIND, Musikhist. Museets in Stockholm, STMf II, 1920; J. SCHLOSSER, Die Slg alter Musikinstr., = Kunsthist. Museum in Wien. Publikationen aus d. Slgen f. Plastik u. Kunstgewerbe III, Wien 1920; C. SACHS, Slg alter Musikinstr. bei d. Staatl. Hochschule f. Musik, Bln 1922; DERS., La signification, la tâche et la technique muséographique des collections des instr. de musique, Mouseion VIII, 1934; W. GURLITT, Der mus. Denkmalwert d. alten Musikinstr., in: Tag f. Denkmalpflege ... Breslau 1926, Bln 1927, auch in: Richtlinien zum Schutze alter wertvoller Orgeln, zugleich Ber. über d. Tagung d. Orgeldenkmalpfleger in Weilheim/Teck, Bln 1958; H. SCHULTZ, Führer durch d. Mw. Instr.-Museum d. Univ. Lpz., Lpz. 1929; H. NEUPERT, Führer durch d. Musikhist. Museum Neupert, Nürnberg 1938; N. BESSARABOFF, Ancient European Mus. Instr. An Organological Study of the Mus. Instr. in the Leslie Lindsey Mason Collection ..., Boston 1941; A. BERNER, Die Berliner Musikinstr.-Slg, Bln 1952; A. W. LIGTVOEGT, Muziekinstr. uit het Rijksmuseum te Amsterdam, Den Haag 1952; DERS., Exotische en oude europese muziekinstr. in de muziekafdeling van het Haagse Gemeentemuseum, ebenda 1955 (auch engl.); W. SERAUKY, Ausgew. instrumentenkundliche Probleme in einem Musikinstr.-Museum, Kgr.-Ber. Bamberg 1953; P. RUBARDT, Führer durch d. Musikinstr.-Museum d. Karl-Marx-Univ. Lpz., Lpz. 1955; J. H. VAN DER MEER, Gedanken zur Darbietung einer Musikinstr.-Slg, Museumskunde XXXIII, 1964.

intavolieren (von ital. intavolare), intabulieren, auch »absetzen«, heißt eine mensural notierte Komposition in eine → Tabulatur (– 1) übertragen.

integer valor notarum (lat., unveränderter Notenwert), in der Mensurallehre (S. Heyden 1537) die gewöhnliche Geltung der Notenwerte, die durch Vorzeichnung von Diminution, Augmentation oder einer Proportion verändert werden kann. Reduktion der mit Proportionszeichen geschriebenen Noten auf den i. v. n. gestattet also die Bestimmung der Temporelationen, die in der Mensurallehre als Abwandlungen einer gleichbleibenden Grundbewegung verstanden sind. Als deren Maßeinheit wird die Semibrevis bei einigen Autoren mit den Einheiten anderer regelmäßiger Bewegungen verglichen: bei Gaffori (1496) und Lanfranco (1533) mit dem Pulsschlag (etwa M.M. 60–80), bei Vanneo (1533) mit dem Gang einer Uhr (etwa M.M. 60), bei Buchner (vor 1538) mit dem Schritt eines Menschen (etwa M.M. 60–75); dagegen rechnet M. Praetorius (1619) 320 Semibreves auf eine Viertelstunde, was M.M. 85 für eine Semiminima (Viertelnote) ergibt und dem heutigen Andante entspricht. Neuere Versuche, mit einer Lehre vom i. v. n. zahlenmäßig bestimmte Temporelationen noch im Werk von Bach, Beethoven und ihren Zeitgenossen zu ermitteln, werden durch derartige Hinweise nicht hinreichend gestützt; einerseits ist in der Geschichte der Mensuralmusik die Verlangsamung der Notenwerte als kontinuierlicher Vorgang zu beobachten, andererseits sind die genannten Theoretiker besser dahingehend zu deuten, daß bereits das frühe 16. Jh. beginnt, Tempounterschiede bewußt zu beobachten und damit das moderne Taktsystem vorbereitet, das seit dem 17. Jh. mit dem Nebeneinander vielfältig abgestufter Tempi rechnet, zwischen denen keine zahlenmäßigen Beziehungen hergestellt werden.

Intensität (Schallstärke) bezeichnet in der physikalischen Akustik die Schallenergiemenge, die bei einer ebenen Welle durch die Einheit der Fläche pro Zeiteinheit befördert wird.

Interferenz ist der von H. v. Helmholtz definierte Begriff für die Erscheinungen, die beim Zusammentreffen von Schwingungen oder Wellen mit festen Phasenbeziehungen auftreten. Haben zwei Schwingungen gleiche Frequenz und Phase, so addieren sich die Amplituden; sind die Phasen um 180° (= π) gegeneinander verschoben, so löschen sich die Schwingungen bei Amplitudengleichheit aus.

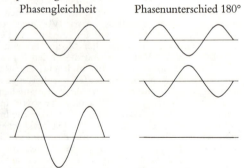

I. von zwei Sinusschwingungen.

I. läßt sich in Räumen mit reflektierenden Wänden bei konstanter Frequenz und Amplitude gut beobachten. Es bilden sich stehende Wellen, die am Vorhandensein von Punkten größerer und geringerer Intensität im Raum festgestellt werden können.

Interludium (lat., Zwischenspiel), – 1) (auch ital. intermezzo; frz. entr'acte) in der Oper ein szenisches (→ Intermedium) oder instrumentales Zwischenspiel zwischen 2 Szenen oder Akten (→ Intermezzo (– 1); – 2) ein Zwischenspiel für Orgel zwischen Hymnen-, Psalm- oder Choralversen oder -strophen, das (wie auch Praeludium und Postludium) zu improvisieren war. Für den Gemeindechoral des 18./19. Jh. galt, daß sich das I. motivisch an die Choralmelodie anzulehnen habe, sich jedoch von der Strophe unterscheiden müsse (Türk 1787, Kittel 1801–08, Koch 1802). Seit dem 18. Jh. (D. Purcell, *The Psalms Set Full for the Organ or Harpsicord ... as also with their Interludes ...*, posthum 1718), zunehmend im 19. Jh. wurden solche Interludiensammlungen gedruckt. – Selbständige, oft modulierende Sätze sind die Interludien zwischen Suiten- und Sonatensätzen, z. B. die *Interludes* für Laute in Th. Mace's *Musick's Monument* (1676), auch die Interludien in Hindemiths *Ludus tonalis*.

Intermedium (ital. intermedio, auch intermezzo; frz. intermède) ist die Bezeichnung für die in Italien im 15. Jh. aufgekommene Zwischenaktsunterhaltung, die wahrscheinlich von den Rappresentazioni sacre ihren Ausgang nahm und bald in die Aufführung von Schauspielen, vor allem Komödien, eindrang. Dabei handelte es sich um reine Pantomimen oder um Maskeraden, Tänze oder Musikstücke, die anfangs mit dem Hauptstück nicht oder nur in sehr loser Verbindung standen, aber es manchmal so beherrschten, daß sie, was die Dichter wiederholt beklagten, das ganze Interesse des Publikums auf sich zogen. Bereits 1487 sind in den *Cefalo* von Nicolò da Correggio Intermedien eingeschlossen, wie sie dann für das 16. Jh. charakteristisch sind: Nymphenchor, von Coridon und Tirsis vorgetragene Ekloge, Faunentanz zum Klang von Instrumenten, Lamento der Musen und Ballo der Nymphen. 1519 wurden vor Papst Leo X. die *Suppositi* von Ariost mit mehreren Intermedien aufgeführt (*L'ultimo intermedio fu la moresca, che si rappresentò la favola di Gorgon, et fu assai bella*). Gleichermaßen prunkhafte wie selbständige Intermedien enthielt die 1513 in Urbino aufgeführte Komödie *La Calandria* des Kardinals Bibbiena (Beschreibung in einem Brief Castigliones). Bekannt sind die Intermedien von Corteccia zu A. Landis *Il commodo* (1539) und vor allem die 1589 in Florenz als → Festmusik aufgeführten Stücke (*Intermedii et concerti ...*, hrsg. v. Cr. Malvezzi, Venedig 1591, NA als: *Les fêtes du mariage ...*, Paris 1963). In ihnen kommen zwar bereits Kompositionen für nur eine Singstimme mit Instrumenten vor, doch nicht als Monodie, sondern als diminuierte Madrigale. Für die frühen Intermedien trifft die Charakterisierung von M. Praetorius zu (Synt. III), daß *in comoedien zwischen jedem Actu eine feine liebliche Musica Instrumentalis, mit cornetten, Violen oder andern dergleichen Instrumenten vmbwechselnde / bißweilen auch mit Vocal Stimmen angeordnet ... wird; Damit vnter dessen die personatae personae sich anders vmbkleiden vnd zu folgendem Actu praepariren*. Nach 1600 ist eine Reihe kleiner Opern nachweisbar, die ebenfalls noch als Intermedien bruchstückweise zwischen die Akte eines Dramas eingeschoben wurden, so D. Bellis *Orfeo dolente* (1616, zu Tassos *Aminta*), G. Boschettis *Strali d'amore* (1618) und O. Vernizzis *Ulisse e Circe* (1619, zu Branchis *Alteo*). Daß daneben die ursprüngliche Tradition weitergeführt wurde, zeigen die Intermedien zur Rappresentazione sacra *La Maddalena* (1617; mit Kompositionen von G. B. Andreini, M. Effrem, A. Guivizzani, S. Rossi u. a.). Von anderen gleichzeitigen Intermedienkomponisten seien die Brüder Monteverdi (Intermedien zur *Idropica* von G. B. Guarini, zusammen mit S. Rossi und M. da Gagliano, 1608; Musik verloren), G. Giacobbi, L. Aleardi und F. Vitali genannt. – Die in Oberitalien beheimatete und vom spanischen Drama (das seinerseits im Entremés einen eigenen, mit Musik und Tanz verbundenen Typ des I.s ausgebildet hatte) wiederholt angeregte Gattung fand in ihrer Vielfalt entsprechende Aufnahme im übrigen Europa. Das englische Drama kennt sie ebenso wie das französische Ballet de cour. Als frühe französische Belege sind die *Airs de cour* nach Texten von Ronsard (gedruckt 1571 bei Adrien le Roy) zu den Intermedien von Fontainebleau zu nennen. Auch in die protestantische Kirchenmusik Deutschlands wurden sie in einer dem geistlichen Rahmen entsprechenden Weise eingeführt. So finden sich Intermedien als betrachtende Psalmchöre 1643 in der Johannespassion von Th. Selle; bei H. Schütz führen sie als konzertierende Einlagen (vokal und instrumental) zu einer Formerweiterung seiner *Historia von der freudenreichen Geburt* (1664). Die Intermedien in der italienischen Oper des 17. Jh. zeigen noch häufig mythologische Szenen, daneben auch Tänze und seit der Mitte des Jahrhunderts zunehmend Einlagen von komischem Charakter. In der klassizistischen Tragédie lyrique Frankreichs erscheinen Intermedien dagegen nur als Balletteinlagen, die man dem Inhalt der Tragödie anzupassen suchte. Bezeichnend ist, daß in der Londoner Oper, in der seit 1710 die italienische Sprache herrschte, das Englische nur noch im Intermezzo geduldet wurde. Die komischen Elemente der Intermedien hatten häufig das Libretto der Opera seria so durchwuchert, daß der eigentliche Charakter der Oper überdeckt wurde. Die vor allem von Zeno und Metastasio getragene Reform merzte diese fremden Elemente in den für Wien und andere deutsche Höfe geschriebenen Werken aus. In Italien aber blieben sie an den Aktschlüssen sehr im Schwange und übernahmen als Intermezzi die Stellung der früheren Intermedien, meist in burlesken Duoszenen für Sopran (Dienstmagd) und Baßbuffo. Wegen ihrer Unabhängigkeit von der Haupthandlung wurden diese Szenen nicht selten aus einer Oper in eine andere übernommen. Der Plural Intermezzi wird auch zur Bezeichnung eines Werkes mit abgeschlossener Handlung gebraucht, weil es sich um 2 oder mehrere Zwischenaktsszenen handelt. Zu A. Scarlattis Oper *Scipione nelle Spagne* (1714, Libretto von Zeno) sind die Buffoszenen *Pericca e Vallone* erhalten, die 1730 in Bologna als *La dama spagnola ed il cavalier romano* aufgeführt wurden; Scarlattis Buffoszenen *Despina e Niso* wurden 1714 mit seiner Oper *L'amor generoso* und 1724 mit G. M. Orlandinis *Antigona* aufgeführt. Die Autorschaft Scarlattis an dem Intermezzo *Palandrana e Zamberlucco* zu seiner Oper *Carlo rè d'Allemagna* (1716) ist nicht gesichert; von *Vespetta e Milo* (1717 für Lottis *Giove in Argo*) ist die Musik verloren. Das historisch bedeutsamste Werk dieser Gattung ist das Intermezzo *La serva padrona* von Pergolesi, 1733 für seine Opera seria *Il prigionier superbo* komponiert. Mit diesem Werk setzt die eigentliche Geschichte der Opera buffa ein; es löste 1752 in Paris den → Buffonistenstreit aus und gab einen entscheidenden Anstoß für die französische komische Oper. Angeregt von Pergolesi und aus Verehrung für ihn schrieb J.-J. Rousseau sein Intermède *Le devin du village* (1752); A. Dauvergne folgte dem italienischen Beispiel mit *Les Troqueurs* (1753).

Ausg.: Les fêtes du mariage de Ferdinand de Médicis et de Christine de Lorraine, Florence 1589, I, Musique des intermèdes de »La Pellegrina«, hrsg. v. D. P. Walker, F. Ghisi u. J. Jacquot, = Collection »Le Chœur des Muses«, Paris 1963.

Lit.: A. D'Ancona, Sacre rappresentazioni dei s. XIV, XV e XVI, 3 Bde, Florenz 1873; ders., Il teatro mantovano nel

s. XVI, Giornale storico della letteratura ital. VII, 1886 (auch Turin ²1891) u. A. NERI, Gli »Intermezzi« del »Pastor fido«, ebenda IX, 1888; DERS., Le origini del teatro ital., 2 Bde, Turin ²1891; G. CARDUCCI, Su l'»Aminta« di T. Tasso..., = Bibl. critica della letteratura ital. XI, Florenz 1896; H. GOLDSCHMIDT, Studien zur Gesch. d. ital. Oper im 17. Jh., 2 Bde, Lpz. 1901–04; A. SOLERTI, Le origini del melodramma, Turin 1903; DERS., Gli albori del melodramma, 3 Bde, Palermo 1904–05; DERS., Musica, ballo e drammatica alla corte medicea dal 1600 al 1637, Florenz 1905; R. ROLLAND, L'opéra avant l'opéra, in: Musiciens d'autrefois, Paris 1908; E. COTARELO Y MORI, Colección de entremeses, loas, bailes, jácaras y mojigangas desde fines del s. XVI a mediados del XVIII, 2 Bde, Madrid 1911; M. FEHR, A. Zeno u. seine Reform d. Operntextes, Diss. Zürich 1912; DERS., Pergolesi u. Zeno, SIMG XV, 1913/14; H. PRUNIÈRES, Le ballet de cour en France avant Benserade et Lully, Paris 1914; J. PULVER, The Intermezzi of the Opera, Proc. Mus. Ass. XLIII, 1916/17; O. G. TH. SONNECK, A Description of A. Striggio's and F. Corteccia's Intermedi »Psyche and Amor« 1565, in: Miscellaneous Studies in the Hist. of Music, NY 1921; A. EINSTEIN, Firenze prima della monodia, Rass. mus. VII, 1934; DERS., The Ital. Madrigal, 3 Bde, Princeton (N. J.) 1949; F. GHISI, Feste mus. della Firenze medicea, 1480–1589, Florenz 1939; U. ROLANDI, Il libretto per musica attraverso i tempi, Rom 1951; L. MAGAGNATO, Teatri ital. del Cinquecento, Venedig 1954; S. T. WORSTHORNE, Venetian Opera in the 17th Cent., Oxford 1954; H. ENGEL, Nochmals d. Intermedien v. Florenz 1589, Fs. M. Schneider, Lpz. (1955); Les fêtes de la Renaissance I, hrsg. v. J. Jacquot, Paris 1956.

Intermezzo (ital.), – 1) ein szenisches (→ Intermedium) oder instrumentales (Mascagni, *Cavalleria rusticana*; Fr. Schmidt, *Notre Dame*; Berg, *Lulu*) Zwischenspiel in einer Oper. – 2) im 19. Jh. Bezeichnung für ein → Charakterstück, sowohl als selbständiges Stück (Schumann op. 4, Brahms, Reger) als auch als (meist Mittel-)Satz des Sonaten-Satzzyklus (Schumann, Klavierkonzert) oder als Trio eines 3teiligen Satzes (Schumann, im Scherzo der Sonate op. 11).

Interpretation ist als nachschöpferisches Verwirklichen musikalischer Komposition durch den Instrumentalisten, Sänger oder Dirigenten (→ Dirigieren) nicht nur Auslegung (lat. interpretatio) eines Sinnträgers, sondern zugleich Umschaffen (Übersetzen bzw. Rückübersetzen) eines Sinnträgers Schrift in den Sinnträger Klang. In der Spanne zwischen dem Notenbild, das auf den Akt jenes Umschaffens berechnet und angewiesen ist, und seinem Erklingen kommen – auf der Ebene des Verstehens und Auffassens – Qualität, Subjektivität und Geschichte der I. ins Spiel. – Geschichte hat aber bereits das Verhältnis zwischen Schrift und Erklingen. In älterer Zeit ist Klangverwirklichung noch nicht eigentlich I., sondern »Ausführung« (executio) von Vorschriften (wie beim frühen Organum) oder eines Schriftbildes, das mit neuen Praktiken der Klangverwirklichung rechnet (im Barock z. B. Besetzungsart, Generalbaß, Ornamentik, Kadenz), die durch Tradition, Gepflogenheit und Regeln in einem weiten Spielraum zu »Selbstverständlichkeiten« gefestigt waren. Und in jüngster Zeit basiert Klangverwirklichung nicht mehr auf I., wo die Schallplatte in Fortsetzung des Aufzeichnungsprozesses die authentische Fassung fixieren soll (Strawinsky) oder wo die nur andeutenden Diagramme der Aleatorik die Ausführung zur Wahl stellen oder wo Elektronische Musik und Musique concrète die I. ausschalten. – Begriff und Sache der I. wurden zu jener Zeit (besonders seit Mitte des 18. Jh.) zunehmend aktuell, wo der Komponist zugunsten der »Originalität« seiner Aussage die Distanz zwischen Schrift und Erklingen zu verringern strebte und von der Ausführung gefordert wurde, *daß sie dem Charakter des Tonstücks, und der Absicht des Tonsetzers vollkommen entspricht* (KochL, Artikel *Ausführung*). Je mehr die neuzeitliche Musik Ausdruck subjektiver Innerlichkeit wurde (und je diffiziler ihre Technik), desto mehr forderte sie, auch durch → Vortragsbezeichnungen, den Durchgang durch die Subjektivität des Ausführenden, der als Interpret (und → Virtuose) besonders seit dem 19. Jh. Triumphe feiert. Für H. Riemann ist dementsprechend musikalische I. weitgehend identisch mit jener Art »lebendigen Vortrags«, dessen Gesetzlichkeiten er in einer Lehre vom → Ausdruck systematisch zu erfassen suchte. Doch Kunst und Problematik der I. steigern sich nicht nur zusammen mit der Subjektivität der Aussage (auch technischen Schwierigkeit) der Komposition, sondern zusammen auch mit deren geschichtlicher Entfernung. Ebenfalls im 19. Jh. wurde Musik der Vergangenheit ein Gegenstand der Wiederbelebung. Die Schwierigkeiten der richtigen I. aber vergrößern sich in dem Maße, als das auszuführende Werk in Niederschrift und Art der geläufigen Musikübung fernliegt und die Forderung nach historisch getreuer Wiedergabe gestellt wird. Zur Erfüllung dieser Forderung sind Wissenschaft und Lehre der → Editionstechnik und → Aufführungspraxis entstanden. Doch schon jegliches Übersetzen eines originalen Notentextes ins heute verständlichere Bild und auch jeder Versuch der Rekonstruktion alter Musizierpraktiken sind I. geschichtlicher Gegebenheiten. – Die Qualität der I. gilt als abhängig vom Grad der Annäherung ans kompositorisch Gemeinte. Doch das Streben nach der richtigen I. wird getragen und zugleich durchkreuzt durch die individuelle und geschichtliche Subjektivität des Interpreten. Mit ihrem Entstandensein tritt die Komposition, selbst eine geschichtliche Größe, zugleich in eine Geschichte ihrer I. ein. Zeichen dieser Geschichte des Verstehens und Übersetzens sind z. B. das Verändern von Ausführungspraktiken, so das akkordische Aussetzen des Gregorianischen Gesangs und die B. c.-Begleitung von a cappella-Werken im 17. Jh., und innerhalb der schriftlichen Fixierung die → Bearbeitung als Anpassung an den lebendigen Zeitstil, so z. B. die Neuinstrumentierung von Werken Händels durch Mozart 1788–90 (K.-V. 566, 572, 591, 592) oder in neuerer Zeit als ein Paradigma solchen Bearbeitens A. Weberns Instrumentation des 6st. Ricercars aus J. S. Bachs *Musicalischem Opfer*: um diese Musik *endlich zugänglich zu machen, indem ich versuchte, darzustellen ..., wie ich sie empfinde ...* Beständig bieten die Werke der Vergangenheit Möglichkeiten des Miß- und Neuverstehens ihrer ursprünglichen Intention zugunsten ihrer geschichtlichen Wirksamkeit, ihrer Gültigkeit im Gegenwärtigen. I. ist das Zusammenwirken mehrerer Größen: des Werkes selbst in seiner Geschichtlichkeit, des Willens zu ihm und der Zeitbedingtheit dieses Willens.

I. ist auch theoretische I. durch das Wort. Sie erfordert das Übersetzen der Sinnträger Tonschrift/Erklingen in Wörter: das »Zur Sprache-Bringen« der Musik als Akt der Transformation von einem Medium des Denkens und Aussagens in ein anderes. Die I. als erklärendes Wort dient der praktischen I., dem Umschaffen von Schrift in Erklingen, oder sie dient dem musikalischen Hören als Verstehenshilfe. Doch in ihrer eigentlich theoretischen Zielsetzung dient sie nicht, sondern verleiht dem Werk jene Weise des Daseins, die es nur auf der Ebene der Wörter und Begriffe gewinnt und die unter der Frage steht: Was ist das? Stufen der theoretischen I. sind das Beschreiben (das schon in der Wahl der Wörter und Termini unausweichlich interpretiert; → Terminologie), das Erklären (das als → Analyse die Kompositionsart und deren Sinn entdeckt) und das Deuten (das den Musik immanenten Gehalt zur Sprache bringt). Diese Stufen sind unlöslich aufeinander bezogen: Beschreiben ohne Erklären bleibt blind, so wie bloßes Deuten (Schreiben über Musik ohne Beschreiben und Erklären) leer ist. Geschichtsschreibung der Musik unter dem Aspekt der I., die ausschließlich in der Komposition selbst sowohl die Einmaligkeit und Qualität als auch die für Geschichte und Prinzip exemplarische Bedeutung des Werkes aufzeigt, ist eine noch weitgehend unbewältigte Aufgabe der Musikwissenschaft, die freilich auch als »Struktur-Analyse« die biographische, quellenkundliche, sozialgeschichtliche usw. Fragestellung und Forschung einzubeziehen hat. Dabei muß die I. ihre Methode am Gegenstand stets neu entwickeln (Rezepte der I. gibt es nicht). Und wie die praktische, hat auch die theoretische I. unausweichlich Geschichte zufolge der geschichtlichen und individuellen Subjektivität des Interpreten.

Lit.: A. DOLMETSCH, The I. of Music of the XVIIth and XVIIIth Cent., London (1916, ^{2}1946); K. FABIAN, Die Objektivität in d. Wiedergabe v. Tonkunstwerken ..., Diss. Hbg 1929; I. STRAWINSKY, Poétique mus., Paris u. NY 1942, Dijon ^{5}1945, erweitert Paris 1952, engl. Cambridge (Mass.) 1942 u. 1947, London u. Oxford 1948, NY 1956, deutsch v. H. Strobel als: Mus. Poetik, Mainz 1949, ^{2}1960; TH. DART, The I. of Music, London 1954, deutsch als: Practica Musica. Vom Umgang mit alter Musik, = Slg Dalp XXIX, Bern u. München (1959); THR. G. GEORGIADES, Die mus. I., Studium Generale VII, 1954; E. JAMMERS, Interpretationsfragen ma. Musik, AfMw XIV, 1957; M. PINCHERLE, On the Rights of the Interpreter in the Performance of 17th- and 18th-Cent. Music, MQ XLIV, 1958; TH. WOHNHAAS, Studien zur mus. Interpretationsfrage (Anhand v. Schallplattenaufnahmen d. Coriolan-Ouvertüre Beethovens), Diss. Erlangen 1959; Vergleichende Interpretationskunde, = Veröff. d. Inst. f. Neue Musik u. Musikerziehung Darmstadt IV, Bln 1963; TH. W. ADORNO, Der getreue Korrepetitor. Lehrschriften zur mus. Praxis, Ffm. 1963; R. HAMMERSTEIN, Musik als Komposition u. I., DVjs. XL, 1966. HHE

Interrogatio (lat., Frage), musikalische Figur der Frage: zumeist Sekundschritt aufwärts. Die I., in dieser Form schon im mittelalterlichen Choral eine feststehende Melodieformel, ist den Komponisten und der Musikleeren des 16.–18. Jh. zwar geläufig (Bernhard: *Die Fragen werden gemeinem Brauche nach am Ende eine Secunde höher als die vorhergehende Sylbe gesetzt*), doch wird sie erst im 18. Jh. von J. A. Scheibe als Figur angesprochen.

Lit.: P. MIES, Die Behandlung d. Frage in d. Bachschen Kantaten, Bach-Jb. XVII, 1920.

Intervall (lat. intervallum, Zwischenraum; griech. διάστημα) ist heute sowohl der Abstand (→ Distanz) als auch das Verhältnis zweier nacheinander (sukzessiv) oder gleichzeitig (simultan) erklingender Töne. Im Sinne von Tonabstand gibt es das Wort bereits in der Antike (*harmoniam autem ex intervallis sonorum nosse possumus*, Cicero, Tusc. I, 41). Die im Mittelalter häufige Definition: *intervallum est vocis a voce, seu soni acuti gravisque distantia*, geht auf Boethius zurück (*De institutione musica* V). Sie hat über Zarlino (1558) und J.-J. Rousseau (1768) bis ins 19. Jh. nachgewirkt (z. B. bei G. Weber: *Die Entfernung von einem höhern Ton zu einem tiefern ... nennt man I.*). Daneben kannte das Mittelalter noch andere Bezeichnungen für Tonhöhenabstände bzw. -unterschiede, wie modus, spatium, diastema und coniunctio.

I.e können einerseits nach ihrer Distanz quantitativ gemessen, andererseits im Hinblick auf ihren Grad an → Konsonanz und Dissonanz (– 1) qualitativ beschrieben werden. Für die I.-Messung wird heute allgemein die → Cent-Rechnung von A. Ellis benutzt, die jeden gleichschwebend temperierten Halbton in 100 gleiche Teile zerlegt. Auch die seit den Kontrapunkttraktaten des 14.–15. Jh. geläufige Bezeichnung der I.e als Prime, Sekunde, Terz, Quarte, Quinte, Sexte, Septime, Oktave usw. begnügt sich mit einer Abstandsmessung, setzt allerdings (wie die Liniennotation) den Wechsel von Ganz- und Halbtonschritten des diatonischen Tonsystems voraus, so daß z. B. die Quarte nicht mit 3, sondern mit $2^1/_2$ Ganztönen bemessen ist. In der mathematischen Theorie der Griechischen Musik werden die I.e qualitativ als Zahlenverhältnisse beschrieben und diese am Monochord durch die Proportionen der klingenden Saitenlänge hörbar gemacht. Dem entspricht die Bezeichnung der I.e (in der latinisierten Form): semitonium (»Halbton«), tonus (»Ton«), semiditonus (»Anderthalbton«), ditonus (»Zweiton«), diatessaron (»durch vier«, d. h. der im Durchgang durch vier Töne erreichte Zusammenklang), tritonus (»Dreiton«), diapente (»durch fünf«), semitonium cum diapente, tonus cum diapente, ditonus cum diapente, diapason (»durch alle«). Die durch die Art ihrer Benennung deutlich herausgehobenen Symphoniai (consonantiae) entsprechen den einfachen Zahlenverhältnissen 1 : 2 (diapason = Oktave), 2:3 (diapente = Quinte) und 3:4 (diàtessaron = Quarte); sie allein sind »feststehend«. Im Gegensatz zu ihnen gelten die kleineren I.e als Diaphoniai (dissonantiae) und »beweglich«; sie werden im Durchgang durch ein symphones I. verwirklicht; ihre zahlenmäßige Darstellung stimmt bei den verschiedenen Autoren nicht überein, mit Ausnahme des Ganztons 8:9, der als Differenz zwischen Quarte und Quinte oder 2 Quarten und Oktave (diazeuxis) zu den das → Systema teleion konstituierenden I.en gehört, womit zugleich seiner Bedeutung für die Melodik Rechnung getragen wird. Von weittragender Bedeutung wurde die Klassifikation der I.e bei Ptolemaios (I, 7) in Phthongoi homophonoi (»gleichklingende Töne«, Oktave und Doppeloktave), symphonoi (»zusammenklingende«, Quinte und Quarte mit ihren Oktavversetzungen) und emmeleis (die übrigen »im Melos« vorkommenden I.e), die Boethius (V, 5ff.) ins Lateinische überträgt als Voces aequisonae, consonae, emmeles. Das spätere Mittelalter klassifizierte die I.e meist an Hand der Termini → Concordantia (oder consonantia, → Konsonanz – 1, auch symphonia, → Symphonie) und → Discordantia (dissonantia). – Ist das griechische Systema teleion eine ideale Konstruktion, die sich durch Zusammenstellung aller üblichen I.e ergibt, so geht dagegen Boethius von einem wirklichen, diatonischen Tonsystem aus, in dem alle möglichen I.e gegeben sind. Im Mittelalter stehen beide Arten von Tonordnungen nebeneinander. Vom I. her aufgebaut sind z. B. das byzantinische und das russische Tonsystem sowie das Tetrachordsystem der *Musica Enchiriadis* (→ Dasia-Zeichen). Die Oktave, in den Boethius folgenden Tonordnungen Prüfstein und Ausgangspunkt aller I.-Bestimmungen, ist bei solchen vom I. her aufgebauten Systemen nicht konstitutiv; so sieht die *Musica Enchiriadis* über B und f die übermäßigen Oktaven h und fis^1 vor, obgleich die Praxis des Organumsingens mit Oktavverdopplung rechnet (womit sich b und f^1 ergibt). Von Guido von Arezzo gilt für mehrere Jahrhunderte eine doppelte Tonbezeichnung. Geben die Tonbuchstaben a, b, c, d, e, f, g, nun auch in der Liniennotation und ihren Schlüsseln dargestellt, eine Stelle im Tonsystem an, ohne den Wechsel von Ganz- und Halbtonschritten zu berücksichtigen, so definieren die Tonsilben ut, re, mi, fa, sol, la (→ Solmisation) einen Ton durch die ihn umgebenden I.e, vor allem zum nächsten Halbtonschritt; jedes Re hat Ganzton und kleine Terz über sich, jedes Mi einen Halbton über sich, jedes Fa einen Halbton unter sich usw. Da jedes → Hexachord um je einen anderen Halbton (e–f; a–b; h–c) zentriert ist, ergibt sich bei den

Tonsilben Oktavwiederholung nur sekundär; die Oktave über dem d re des Hexachordum naturale wird im Aufstieg durch die dorische Tonleiter als d sol des Hexachordum durum erreicht und kann erst durch → Mutation (-1) wieder in ein d re verwandelt werden. Die zunehmende Einführung chromatischer Tonstufen führte um 1500 zur Entstehung der mitteltönigen Temperatur und damit, zunächst im Spiel der Tasteninstrumente, zur Fixierung des Gebrauchs unreiner I.e. Von Italien ausgehend, bahnte sich im 16. Jh. der Übergang vom kontrapunktischen Satz, dessen Zusammenklänge auf der je besonderen Konstellation der I.e zwischen den einzelnen Stimmen beruhen, zum akkordischen Satz an, in dem die I.-Struktur durch Rückführung auf die Grundform des Akkords zu deuten ist. Rameau, der den Dreiklang als »natürliches Prinzip der Harmonie« erklärt, ist zugleich Verfechter der gleichschwebenden Temperatur. Diese begrenzt die Zahl der wirklichen I.e auf die möglichen Kombinationen von 12 Halbtönen innerhalb einer Oktave; doch kann in ihnen eine unendliche Zahl von I.en vorgestellt werden, und die gleichklingenden I.e sind je nach dem Satzzusammenhang verschieden zu deuten. So ist c–es als kleine Terz konsonant, das gleichklingende c–dis als übermäßige Sekunde → Auffassungsdissonanz. Die Möglichkeit, durch enharmonische Umdeutung von I.en und Klängen unerwartete melodische und harmonische Fortschreitungen zu rechtfertigen, ist für die Harmonik des 18.–19. Jh. grundlegend. Dagegen geht Schönberg in seiner Zwölftonmusik davon aus, daß immer das erklingende temperierte I. selbst gemeint ist. Die neueste Musik bezieht in zunehmendem Maße auch irrationale I.e in die Komposition ein; neben Busonis und Hábas Propagierung der $1/4$-, $1/3$- und $1/6$-Töne fördern vor allem die elektronische Komposition und die Begegnung mit außereuropäischen Musizierweisen diese Entwicklung.

Prime, Quarte, Quinte und Oktave gelten als reine I.e, eine Charakterisierung, die sich erst im 19. Jh. durchgesetzt hat (noch A.B. Marx spricht von »großen« statt von reinen Quinten). Alteriert werden sie zu übermäßigen und verminderten. Die anderen I.e sind entweder groß oder klein; alteriert werden die großen zu übermäßigen und die kleinen zu verminderten. Jedes einfache I. kann durch sein Komplementär-I. zur Oktave ergänzt werden, z. B. Quinte + Quarte = Oktave (→ Umkehrung). Im europäischen → Tonsystem gelten seit dem 16. Jh. nur die Dreiklangs-I.e Prime oder Oktave, (große) Terz und reine Quinte als »direkt verständlich« (M. Hauptmann). *Da es keine weiteren einheitlich auffaßbaren Zusammenklänge, keine ‚Klänge' gibt, als den Oberklang (Durakkord) und Unterklang (Mollakkord), vielmehr alle anderen noch so komplizierten Bildungen im Sinne eines dieser beiden verstanden werden, so lassen sich tatsächlich alle Konsonanzen auf die Grund-I.e oder natürlichen I.e: Oktave, Quinte, Terz zurückführen* (H. Riemann [6]1918, S. 59). Danach erscheint z. B. (immer mit Oktavtransposition) die große Sekunde (c–d) als 2. Oberquinte oder als große Oberterz der 2. Unterquinte, die große Septime (c–h) als 5. Oberquinte oder als große Oberterz der Oberquinte oder als 2. große Oberterz der 3. Unterquinte. Aus der fortwährenden Durchkreuzung von Quint- und Großterzbeziehungen in der tonalen Musik ergeben sich weit mehr I.e als unsere pythagoreisch orientierte Notenschrift darzustellen imstande ist. In der untenstehenden, beliebig zu erweiternden Übersicht ist jeder horizontale Schritt ein Quintschritt, jeder vertikale ein Terzschritt. Die Striche (Kommastriche) über bzw. unter den Tonnamen gehen auf A. v. Oettingen zurück – sie wurden von H. v. Helmholtz, H. Riemann (*Musik-Lexikon*, 1.–11. Auflage) u. a. in umgekehrter Anordnung übernommen. Nach A. v. Oettingen bedeutet gegenüber dem gleichnamigen, von c aus durch Quintschritte erreichbaren Ton ein Strich über dem Tonbuchstaben die Vertiefung, unter dem Tonbuchstaben die Erhöhung um ein syntonisches Komma. So ist z. B. das dem c nächstverwandte d̄is (mit 2 Kommastrichen) über zwei Terzen und eine Quinte zu erreichen und um 2 Kommata tiefer als das dis der Horizontalreihe von c (9. Oberquinte). Oktavtranspositionen werden nicht berücksichtigt, da sie auf die Tonverwandtschaft keinen Einfluß ausüben. – A. v. Oettingen entwickelte später (1913) eine Notenreinschrift, mit deren Hilfe sich alle erdenklichen Tonbeziehungen innerhalb unseres Fünfliniensystems eindeutig darstellen lassen. Alle diese Notationen sind für die tonale Analyse von Bedeutung. Die Musizierpraxis kann auf sie verzichten, da die tonverwandtschaftlich richtige Auffassung der I.e vom Kontext und nicht von der Intonation abhängt. Hier spielen historisch bedingte Hörgewohnheiten eine wichtige Rolle, z. B. die lange Gewöhnung an die gleichschwebende → Temperatur, die ihrerseits eine ästhetisch allgemein befriedigende akustische Realisation der komplizierten Tonbeziehungen der dur-moll-tonalen Musik erst ermöglicht hat. Denn auch auf Instrumenten, deren »Tonorte« nicht fixiert sind, muß der Ausführende zwischen dem

		Oberquinte											
		1.	2.	3.	4.	5.	6.	7.	8.	9.	10.	11.	12.
Oberterz	3.					aīs	eīs	hīs	fīsis	cīsis	gīsis		
	2.	ē	h̄	f̄is	c̄is	ḡis	d̄is	āis	ēis	h̄is			
	1.	f̄	c̄	ḡ	d̄	ā	ē	h̄	fis	cis	gis	dīs	
		deses asas eses heses fes ces ges des as es b f c g d a e h fis cis gis dis ais eis his
	1.	heses fes ces ges des as es b f c g
	2.	deses asas eses heses fes ces ges des as	Unterterz
	3.	ceses geses deses asas eses
12. 11. 10. 9. 8. 7. 6. 5. 4. 3. 2. 1.
Unterquinte

	Tonbezeichnung und Intervall (bezogen auf c)		Verwandt-schaftsgrad: Q = Quinte T = große Terz + = aufwärts − = abwärts	Logarithmen der relativen Schwingungs-zahlen auf der Basis 10	Cent	Verhältnis der Schwingungszahlen zur Prime
1)	c	reine Prime, 1. Naturton		0,00000	0	$1,00000 = \frac{1}{1}$
2)	$\overline{\overline{His}}$	Schisma	+8Q + 1T	0,00049	1,95	$1,00113 = \frac{32805}{32768}$
3)	$\underset{=}{deses}$	Diaschisma	−4Q − 2T	0,00491	19,6	$1,01136 = \frac{2048}{2025}$
4)	$\underline{c}$	syntonisches Komma	+4Q − 1T	0,00540	21,5	$1,01250 = \frac{81}{80}$
5)	His	pythagoreisches Komma	+12Q	0,00589	23,5	$1,01364 = \frac{531441}{524288}$
6)	$\underset{=}{deses}$	kleine Diesis	−3T	0,01030	41,1	$1,02400 = \frac{128}{125}$
7)	$\underset{\equiv}{deses}$	große Diesis	+4Q − 4T	0,01570	62,6	$1,03680 = \frac{648}{625}$
8)	$\overline{\overline{cis}}$	kleines Chroma, (kleinere) übermäßige Prime	−1Q + 2T	0,01773	70,7	$1,04167 = \frac{25}{24}$
9)	(cis)	kleiner mitteltöniger Halbton		0,01907	76,0	1,04489
10)	des	pythagoreisches Limma, pythagoreische kleine Sekunde	−5Q	0,02263	90,2	$1,05350 = \frac{256}{243}$
11)	$\overline{cis}$	großes Chroma, (größere) übermäßige Prime	+3Q + 1T	0,02312	92,2	$1,05469 = \frac{135}{128}$
12)	[des = cis] $\frac{1}{12}$ Oktave			0,02509	100,0	1,05947
13)		17. Naturton		0,02633	105,0	$1,06250 = \frac{17}{16}$
14)	$\underline{des}$	diatonischer Halbton, (kleinere) kleine Sekunde	−1Q − 1T	0,02803	111,7	$1,06667 = \frac{16}{15}$
15)	cis	pythagoreische Apotome, pythagoreische übermäßige Prime	+7Q	0,02852	113,7	$1,06787 = \frac{2187}{2048}$
16)		großer mitteltöniger Halbton [z. B. (cis) − (d)]		0,02938	117,1	1,06998
17)	$\underset{=}{des}$	großes Limma, (größere) kleine Sekunde	+3Q − 2T	0,03342	133,2	$1,08000 = \frac{27}{25}$
18)	$\overline{\overline{\overline{cisis}}}$	doppelt übermäßige Prime	+2Q + 3T	0,04085	162,9	$1,09863 = \frac{1125}{1024}$
19)		$\frac{1}{7}$ Oktave		0,04300	171,4	1,10409
20)	eses	pythagoreische verminderte Terz	−10Q	0,04527	180,5	$1,10986 = \frac{65536}{59049}$
21)	$\overline{d}$	große Sekunde, kleiner Ganzton	−2Q + 1T	0,04576	182,4	$1,11111 = \frac{10}{9}$
22)	(d)	mitteltöniger Ganzton		0,04847	193,2	1,11806
23)	[d]	$\frac{2}{12}$ Oktave		0,05017	200,0	1,12246
24)	d	pythagoreische große Sekunde, großer Ganzton, 9. Naturton	+2Q	0,05115	203,9	$1,12500 = \frac{9}{8}$
25)	$\underset{=}{eses}$	verminderte Terz	−2Q − 2T	0,05606	223,5	$1,13778 = \frac{256}{225}$
26)		$\frac{1}{5}$ Oktave		0,06021	240,0	1,14870
27)	$\overline{\overline{dis}}$	übermäßige Sekunde	+1Q + 2T	0,06888	274,6	$1,17188 = \frac{75}{64}$
28)	es	pythagoreische kleine Terz	−3Q	0,07379	294,1	$1,18519 = \frac{32}{27}$
29)		19. Naturton		0,07463	297,5	$1,18750 = \frac{19}{16}$
30)	[es = dis] $\frac{3}{12}$ Oktave			0,07526	300,0	1,18921
31)	(es)			0,07784	310,3	1,19630
32)	es	natürliche kleine Terz	+1Q − 1T	0,07918	315,6	$1,20000 = \frac{6}{5}$
33)	dis	pythagoreische übermäßige Sekunde	+9Q	0,07967	317,6	$1,20135 = \frac{19683}{16384}$
34)		$\frac{2}{7}$ Oktave		0,08601	342,9	1,21901

		Tonbezeichnung und Intervall (bezogen auf c)	Verwandtschaftsgrad: Q = Quinte T = große Terz + = aufwärts − = abwärts	Logarithmen der relativen Schwingungszahlen auf der Basis 10	Cent	Verhältnis der Schwingungszahlen zur Prime
35)	fes	pythagoreische verminderte Quarte	−8Q	0,09642	384,4	$1{,}24859 = \frac{8192}{6561}$
36)	$\overline{e}$ = (e)	natürliche große Terz, mitteltönige große Terz, 5. Naturton	+1T	0,09691	386,3	$1{,}25000 = \frac{5}{4}$
37)	[e]	$\frac{4}{12}$ Oktave		0,10034	400,0	1,25992
38)	fes	(kleinere) verminderte Quarte	−4Q −1T	0,10182	405,9	$1{,}26420 = \frac{512}{405}$
39)	e	pythagoreische große Terz	+4Q	0,10231	407,8	$1{,}26563 = \frac{81}{64}$
40)	$\overline{\overline{fes}}$	(größere) verminderte Quarte	−2T	0,10721	427,4	$1{,}28000 = \frac{32}{25}$
41)	$\overline{\overline{eis}}$	(kleinere) übermäßige Terz	−1Q +3T	0,11464	457,0	$1{,}30208 = \frac{125}{96}$
42)		21. Naturton		0,11810	470,8	$1{,}31250 = \frac{21}{16}$
43)	$\overline{\overline{eis}}$	(größere) übermäßige Terz	+3Q +2T	0,12003	478,5	$1{,}31836 = \frac{675}{512}$
44)		$\frac{2}{5}$ Oktave		0,12041	480,0	1,31951
45)	f	pythagoreische reine Quarte	−1Q	0,12494	498,0	$1{,}33333 = \frac{4}{3}$
46)	[f]	$\frac{5}{12}$ Oktave		0,12543	500,0	1,33484
47)	(f)			0,12628	503,4	1,33746
48)		$\frac{3}{7}$ Oktave		0,12901	514,3	1,34590
49)	eis	pythagoreische übermäßige Terz	+11Q	0,13082	521,5	$1{,}35152 = \frac{177147}{131072}$
50)	geses	doppelt verminderte Quinte	−1Q −3T	0,13524	539,1	$1{,}36533 = \frac{512}{375}$
51)		11. Naturton		0,13830	551,3	$1{,}37500 = \frac{11}{8}$
52)	(fis)			0,14537	579,5	1,39757
53)	ges	pythagoreische verminderte Quinte	−6Q	0,14757	588,3	$1{,}40466 = \frac{1024}{729}$
54)	$\overline{fis}$	übermäßige Quarte, Tritonus	+2Q +1T	0,14806	590,2	$1{,}40625 = \frac{45}{32}$
55)	[ges = fis]	$\frac{6}{12}$ Oktave		0,15052	600,0	1,41421
56)	ges	verminderte Quinte	−2Q −1T	0,15297	609,8	$1{,}42222 = \frac{64}{45}$
57)	fis	pythagoreische übermäßige Quarte, pythagoreischer Tritonus	+6Q	0,15346	611,7	$1{,}42383 = \frac{729}{512}$
58)		23. Naturton		0,15761	628,3	$1{,}43750 = \frac{23}{16}$
59)	$\overline{\overline{fisis}}$	doppelt übermäßige Quarte	+1Q +3T	0,16579	660,9	$1{,}46484 = \frac{375}{256}$
60)	asas	pythagoreische verminderte Sexte	−11Q	0,17021	678,5	$1{,}47981 = \frac{262144}{177147}$
61)		$\frac{4}{7}$ Oktave		0,17202	685,7	1,48599
62)	(g)			0,17475	696,6	1,49537
63)	[g]	$\frac{7}{12}$ Oktave		0,17560	700,0	1,49831
64)	g	pythagoreische reine Quinte, 3. Naturton	+1Q	0,17609	702,0	$1{,}50000 = \frac{3}{2}$
65)		$\frac{3}{5}$ Oktave		0,18062	720,0	1,51572
66)	$\overline{\overline{asas}}$	(kleinere) verminderte Sexte	−3Q −2T	0,18100	721,5	$1{,}51704 = \frac{1024}{675}$
67)	$\overline{\overline{asas}}$	(größere) verminderte Sexte	+1Q −3T	0,18639	743,0	$1{,}53600 = \frac{192}{125}$
68)	$\overline{\overline{gis}}$ = (gis)	(kleinere) übermäßige Quinte, natürliche Doppelterz, 25. Naturton	+2T	0,19382	772,6	$1{,}56250 = \frac{25}{16}$
69)	as	pythagoreische kleine Sexte	−4Q	0,19873	792,2	$1{,}58025 = \frac{128}{81}$
70)	$\overline{gis}$	(größere) übermäßige Quinte	+4Q +1T	0,19922	794,1	$1{,}58203 = \frac{405}{256}$
71)	[as = gis]	$\frac{8}{12}$ Oktave		0,20069	800,0	1,58740
72)	$\underline{as}$	natürliche kleine Sexte	−1T	0,20412	813,7	$1{,}60000 = \frac{8}{5}$

		Tonbezeichnung und Intervall (bezogen auf c)	Verwandt-schaftsgrad: Q = Quinte T = große Terz + = aufwärts − = abwärts	Logarithmen der relativen Schwingungs-zahlen auf der Basis 10	Cent	Verhältnis der Schwingungszahlen zur Prime
73)	gis	pythagoreische übermäßige Quinte .	+8Q	0,20461	815,6	$1{,}60181 = \frac{6561}{4096}$
74)		13. Naturton		0,21085	840,5	$1{,}62500 = \frac{13}{8}$
75)		$\frac{5}{7}$ Oktave		0,21502	857,1	1,64067
76)	gisis	doppelt übermäßige Quinte	+3Q +3T	0,21694	864,8	$1{,}64795 = \frac{3375}{2048}$
77)	heses	pythagoreische verminderte Septime	−9Q	0,22136	882,4	$1{,}66479 = \frac{32768}{19683}$
78)	a͞	natürliche große Sexte	−1Q +1T	0,22185	884,4	$1{,}66667 = \frac{5}{3}$
79)	(a)	. . . .		0,22319	889,7	1,67182
80)	[a]	$\frac{9}{12}$ Oktave		0,22577	900,0	1,68179
81)	a	pythagoreische große Sexte, 27. Naturton	+3Q	0,22724	905,9	$1{,}68750 = \frac{27}{16}$
82)	heses͇	verminderte Septime	−1Q −2T	0,23215	925,4	$1{,}70667 = \frac{128}{75}$
83)		$\frac{4}{5}$ Oktave		0,24082	960,0	1,74109
84)		natürliche kleine Septime, 7. Naturton, → i		0,24304	968,8	$1{,}75000 = \frac{7}{4}$
85)	ais͞	übermäßige Sexte	+2Q +2T	0,24497	976,5	$1{,}75781 = \frac{225}{128}$
86)	b	pythagoreische kleine Septime . . .	−2Q	0,24988	996,1	$1{,}77778 = \frac{16}{9}$
87)	[b = ais]	$\frac{10}{12}$ Oktave		0,25086	1000,0	1,78180
88)	(b)	. . . .		0,25256	1006,8	1,78879
89)	b̲	kleine Septime	+2Q −1T	0,25527	1017,6	$1{,}80000 = \frac{9}{5}$
90)	ais	pythagoreische übermäßige Sexte . .	+10Q	0,25576	1019,6	$1{,}80203 = \frac{59049}{32768}$
91)		$\frac{6}{7}$ Oktave		0,25803	1028,6	1,81145
92)		29. Naturton		0,25828	1029,6	$1{,}81250 = \frac{29}{16}$
93)	ceses¹͇	doppelt verminderte Oktave	−2Q −3T	0,26018	1037,2	$1{,}82044 = \frac{2048}{1125}$
94)	h͞	(kleinere) große Septime	−3Q +2T	0,26761	1066,8	$1{,}85185 = \frac{50}{27}$
95)	(h)	. . . .		0,27166	1082,9	1,86922
96)	ces¹	pythagoreische verminderte Oktave .	−7Q	0,27251	1086,3	$1{,}87289 = \frac{4096}{2187}$
97)	h̲	(größere) große Septime, 15. Naturton	+1Q +1T	0,27300	1088,3	$1{,}87500 = \frac{15}{8}$
98)	[h]	$\frac{11}{12}$ Oktave		0,27594	1100,0	1,88775
99)	ces¹	(kleinere) verminderte Oktave . . .	−3Q −1T	0,27791	1107,8	$1{,}89630 = \frac{256}{135}$
100)	h	pythagoreische große Septime . . .	+5Q	0,27840	1109,8	$1{,}89844 = \frac{243}{128}$
101)	ces¹͇	(größere) verminderte Oktave . . .	+1Q −2T	0,28330	1129,3	$1{,}92000 = \frac{48}{25}$
102)		31. Naturton		0,28724	1145,0	$1{,}93750 = \frac{31}{16}$
103)	his͇	übermäßige Septime	+3T	0,29073	1158,9	$1{,}95313 = \frac{125}{64}$
104)	deses¹	pythagoreische verminderte None . .	−12Q	0,29514	1176,5	$1{,}97308 = \frac{1048576}{531441}$
105)	c¹	reine Oktave, 2. Naturton		0,30103	1200,0	$2{,}00000 = \frac{2}{1}$

Streben nach akustisch exakter Darstellung tonaler Tonbeziehungen einerseits und dem Wunsch nach »reinen« I.en (im Detail) andererseits ständig Kompromisse schließen. Erleichtert wird ihm dies dadurch, daß selbst die reinen I.e nur im mittleren Hörbereich akustisch einigermaßen genau erkannt werden. Die Grenze der Empfindlichkeit liegt im Laboratoriumsversuch bei etwa 8 Cent (den Pythagoreern galt die enharmonische Diesis = 1/2 Limma = 45,1 Cent als kleinstes singbares I.). Darüber hinaus bleibt heute nicht unbestritten die weit verbreitete Ansicht, die tonale Auffassung der I.e sei von vornherein gegeben. Selbst reine Quinte und Großterz, die tonale Beziehungen zwischen den Tönen überhaupt erst konstituieren, haben diese Fähigkeit offenbar nur in einem tonal komponierten Stück. Maßgebend für die Auffassung der I.e ist in jedem Fall der Zusammenhang. Dazu bemerkt H. Riemann (MTh, S. 522), ... *daß wir nicht* durch rein hervorgebrachte Intervallfolgen gezwungen werden können, dieselben entsprechend zu verstehen, sondern daß wir der reinen Stimmung zum Trotz lieber *falsche Tongebungen, unreine Intonationen als unlogische Tonfolgen hören*. Weder hat das Musizieren auf temperierten Instrumenten das Aufkommen tonaler Hörvorstellungen verhindert, noch ist etwa nur das Klavier adäquates Darstellungsmittel zwölftöniger Strukturen. M. Hauptmanns für die tonale Musik zutreffende Bemerkung, daß temperierte I.e als rein gelten wollen, läßt sich umkehren: auch reine I.e wollen in einem zwölftönigen Werk als temperiert gelten.

Die I.-Tabelle (S. 411–413) enthält – an der Oktave c–c^1 demonstriert – die reinen I.e, die Naturtöne 1–31 (0.–30. Oberton) sowie die I.e der 12-, 7- und 5stufigen sowie der mitteltönigen Temperatur (wobei die Töne der 12stufig-gleichschwebenden Temperatur in eckige, die der mitteltönigen in runde Klammern gesetzt sind) mit den Angaben der Schwingungszahlverhältnisse in reinen Brüchen (soweit möglich), in Dezimalbrüchen, deren Logarithmen auf der Basis 10, und die Größe der I.e in Cent. Aus den Logarithmen ergeben sich durch Multiplikation mit 1000 die Savart. Die absoluten Frequenzen berechnen sich durch Multiplikation einer festen Frequenz für c mit den Verhältniszahlen, z. B. bei c^1 = 261,63 Hz (440 Hz : 1,68179) ist g^1 = 261,63 Hz · 1,49831 = 392,000 Hz.

Lit.: W. C. Printz, Exercitationes musicae theoretico-practicae curiosae de concordantiis singulis, Dresden 1689; J. A. Scheibe, Abh. v. d. mus. I. u. Geschlechtern, Hbg 1739; G. A. Sorge, Genealogia allegorica intervallorum..., d. i. Geschlechtsregister d. I. nach Anleitung d. Klänge, so d. große Waldhorn gibt, Hof 1741; J.-Ph. Rameau, Démonstration du principe de l'harmonie..., Paris 1750, deutsch v. H. Lesser, = Quellenschriften d. Musiktheorie I, Wolfenbüttel u. Bln 1930; J. d'Alembert, Elémens de musique théorique et pratique, suivant les principes de M. Rameau, Paris 1752, ^{2}1759, Lyon ^{3}1766, deutsch v. Fr. W. Marpurg als: Herrn D'Alembert..., Systematische Einleitung in d. mus. Setzkunst, nach d. Lehrsätzen d. Herrn Rameau, Lpz. 1757; F. W. Riedt, Versuch über d. mus. I., Bln 1753; Fr. W. Marpurg, Anfangsgründe d. theoretischen Musik, Lpz. 1757; J.-J. Rousseau, Dictionnaire de musique, Genf (1767?), Paris 1768, Artikel I.; C. L. Röllig, Versuch einer mus. Intervallenlehre, Lpz. 1789; G. Weber, Versuch einer geordneten Theorie d. Tonsetzkunst, 3 Bde, Mainz 1817–21, 4 Bde ^{2}1824, ^{3}1830–32; F. v. Drieberg, Die mathematische Intervallenlehre d. Griechen, Bln 1818; A. B. Marx, Die Lehre v. d. mus. Komposition, 4 Bde, Lpz. 1837–47 u. ö., neu bearb. v. H. Riemann I ^{9}1887, II ^{7}1890, IV ^{5}1888; M. W. Drobisch, Über d. mathematische Bestimmung d. mus. I.e, Lpz. 1846; ders., Nachträge zur Theorie d. mus. Tonverhältnisse, Lpz. 1855; M. Hauptmann, Die Natur d. Harmonik u. d. Metrik, Lpz. 1853, ^{2}1873; H. Chr. Koch, Mus. Lexikon, bearb. v. A. v. Dommer, Heidelberg 1865, Artikel I.; A. v. Oettingen, Harmoniesystem in dualer Entwickelung. Studien zur Theorie d. Musik, Dorpat u. Lpz. 1866, als: Das duale Harmoniesystem, Lpz. ^{2}1913; J. G. H. Bellermann, Die Größe d. mus. I. als Grundlage d. Harmonie, Bln 1873; H. v. Helmholtz, Die Lehre v. d. Tonempfindungen..., Braunschweig 1863, ^{4}1877, ^{6}1913; H. Riemann, Allgemeine Musiklehre, = M. Hesses illustrierte Handbücher V, Bln ^{6}1918; Riemann MTh; W. Freudenberg, Die Lehre v. d. I., Bln 1902; G. Capellen, Die Freiheit oder Unfreiheit d. Töne u. I., Lpz. 1904; R. P. Winnington-Ingram, Aristoxenos and the Intervals, Classical Quarterly XXVI, 1932; P. Hindemith, Unterweisung im Tonsatz I, Mainz 1937, ^{2}1940, engl. als: Craft of Mus. Composition I, London 1942; H. Jelinek, anleitung zur zwölftonkomposition I, Wien 1952; R. Dammann, Zur Musiklehre d. A. Werckmeister, AfMw XI, 1954; W. Keller, Hdb. d. Tonsatzlehre I, Regensburg 1957; H. Husmann, Einführung in d. Mw., Heidelberg (1958); I. Korthaus, Die Beurteilung mus. I. im mittleren u. unteren Hörbereich, Diss. Hbg. 1960, maschr.; J. Lohmann, Der Ursprung d. Musik, AfMw XVI, 1959; Fr. Onkelbach, L. Lossius u. seine Musiklehre, = Kölner Beitr. zur Musikforschung XVII, Regensburg 1960; W. Wille, Das Verhalten mus. I. in mittleren u. hohen Tonlagen, Diss. Hbg 1960, maschr.; H.-G. Lichthorn, Zur Psychologie d. Intervallhörens, Diss. Hbg 1962; S. Smedeby, Interval Notation, STMf XLV, 1963; H.-P. Reinecke, Experimentelle Beitr. zur Psychologie d. mus. Hörens, = Schriftenreihe d. Mw. Inst. d. Univ. Hbg III, Hbg 1964.

Intonarium (lat.) → Tonar.

Intonation (lat. intonatio; ital. intonazione), – 1) das nach Tonart und Tonhöhe richtige Anstimmen eines Gesanges, im gregorianischen Choral oft solistisch ausgeführt (z. B. Kantor: *Ad te levavi* – Chorus: *animam meam ...*). Seit dem 14. Jh. intoniert auch der Organist mit einer kurzen, in der Regel improvisierten Einleitung den Gesang (vor allem Introitus, Gloria und Magnificat), seit der Reformation auch den lutherischen Gemeindechoral. Schriftlich festgehaltene I.-s-Sätze, meist aus Akkordzerlegungen oder Laufwerk frei geformt und noch im 18. Jh. *so viel möglich, ungezwungen und ohne Vermerckung des Tacts* (Mattheson Capellm., S. 477) vorzutragen, begegnen häufig in Sammlungen »durch alle Tonarten« (*Intonationi d'organo ... composte sopra tutti li dodeci toni ...*, 1593, von A. und G. Gabrieli), jedoch keineswegs immer unter der ausdrücklichen Benennung I., der in Spanien und Portugal die Bezeichnung Entrada (de verso) entsprechen konnte. Nur selten kommt die Satzüberschrift I. auch bei gleichartigen Einleitungssätzen zu weltlichen Liedern und Tänzen vor (so im Kopenhagener Klavierbuch, um 1626). Da im Hintergrund der Entstehungsgeschichte von → Toccata, → Ricercar, → Praeludium ebenfalls die Aufgabe des Intonierens steht, werden diese Satzbezeichnungen auch alternativ mit I. gebraucht (von den 12 I.en A. Gabrielis von 1593 sind 4 als Toccata bezeichnet, im Kopenhagener Klavierbuch wechseln die Bezeichnungen I. und Praeludium. Die als I. bezeichneten Sätze bewahrten ihren ursprünglich improvisatorischen Charakter bis zum Spätbarock.
– 2) Mit I. werden (entsprechend dem allgemeinen Wortsinn) auch das Treffen und Einhalten eines Tones beim Vortrag, das Einstimmen und die Ansprache eines Instruments oder das Einregulieren der Klangfarbe (besonders bei den Orgelregistern) bezeichnet. Beim Pianoforte werden der Klangcharakter und der Ausgleich zwischen den Lagen durch Stechen (das den Ton weicher macht) oder Abfeilen des Filzbelags der Hammerköpfe erreicht, auch durch Bearbeiten der Hammerstiele. – 3) In Anlehnung an den I.-s-Begriff der Phonetik versteht B. Wl. Assafjew unter musikalischer I. die Gesamtheit aller Merkmale, die die inhaltliche Bedeutung einer Melodie oder eines Themas festlegen; eindeutige Bestimmung solcher Inhaltlichkeit setzt voraus, daß der Komponist in Melodik, Satz- und Vortragsweise Elemente des Zeitstils oder der Volksmusik, d. h. einer überindividuellen, allgemeinverständlichen Ausdrucksform verwendet.

Lit.: zu 1): L. Schrade, Ein Beitr. zur Gesch. d. Tokkata, ZfMw VIII, 1925/26; G. Frotscher, Gesch. d. Orgelspiels u. d. Orgelkomposition, 2 Bde, Bln 1935–36, ^{2}1959; H. H. Eggebrecht, Studien zur mus. Terminologie, = Akad. d. Wiss. u. d. Lit. Mainz, Abh. d. geistes- u. sozialwiss. Klasse, Jg. 1955, Nr 10; M. Reimann, Materialien zu einer Definition d. Intrada, Mf X, 1957. – zu 3): B. Wl. Assafjew, Musykalnaja forma kak prozess, 2 Bde, Moskau u. Leningrad 1930–47; H. Goldschmidt, Mus. Gestalt u. I., Beitr. zur Mw. IV, 1962; R. Kluge, Definition d. Begriffe Gestalt u. I. als Beitr. zur Mathematisierung d. Mw., ebenda VI, 1964.

Intrada (ital. entrata; span. und port. entrada; frz. entrée; engl. entry), Bezeichnung für ein meist kurzes Instrumentalstück, das in wörtlicher oder übertragener Bedeutung auf ein »Eintreten« (lat. intrare) bezogen ist.

Im wohl ursprünglichen Sinn begleitet die I. (*welch man bey grosser Herren Einzug oder Auffzügen im Turnieren vnd sonsten zu gebrauchen pflegt*, Praetorius Synt. III), vor allem als Trompetensignal, -tusch oder -satz, das Erscheinen hochgestellter Personen, später auch in vielfältigen Besetzungsarten das Auftreten der Darsteller bei Theater- und Tanzdarbietungen (*wenn die Personen in der Mummerey zum eingang erscheinen*, ebenda), besonders im französischen Ballett (→ Entrée – 1). Vom gleichen äußeren Anlaß her geprägt ist die Bezeichnung Aufzug, die neben und anstelle von I. Ende des 16. bis Mitte des 17. Jh. in deutschen Quellen oft verwendet wird. Im übertragenen Sinn bewirkt die I. als Eröffnungsstück oder Einleitungssatz das »Eintreten« in eine festliche Veranstaltung oder speziell in eine musikalische Darbietung. Bei den zahlreichen Beispielen der I. im 17. Jh. lassen sich (nach M. Reimann) folgende Typen unterscheiden: ein Aufzugstypus, geradtaktig, mit Marschrhythmus, Signalmotivik und Tonwiederholungen (vgl. Beispiel), ein geradtaktiger, langsamer und feierlicher Pavanentypus, ein ungeradtaktiger, bewegter Tanztypus sowie ein durch Homophonie und Volksliedmelodik bestimmter Liedtypus.

M. Franck, I. aus *Neue musicalische Intraden*, 1608 (nach DDT XVI, S. 61).

Der Eröffnungscharakter rückt die I. in die Nähe von Introduktion, Ouvertüre und Praeludium, doch tritt im Gegensatz zu diesen Bezeichnungen der Name I. bereits Ende des 17. Jh. zurück. Eine Verwendung der I. als Intonation für den Chor im Gottesdienst bezeugt u. a. M. Altenburg (1620): *Kirchen-Intraden ... zwischen einem jeglichen Gesang, bevorauß wann figural gesungen würde, ... damit unter deß der Schulmeister oder Cantor ... desto bequemer ... anstimmen und anfahen köndte*. In der Orchestersuite des 17. Jh. tritt die I. auch als Binnensatz und anstelle eines Vortanzes (zu Galliarde oder Courante) oder eines Nachtanzes (der Pavane) auf, ist selbst jedoch nicht als Tanz mit feststehenden Merkmalen nachzuweisen. Im bisher frühesten Beleg, der *Fantasia sobre la entrada di una baxa* (Valderrábano, *Silva de Sirenas*, 1547), hat Entrada die Bedeutung von Stimmeinsatz in einer kontrapunktischen Komposition; dieser Sinn blieb in den Wortformen Entrée und Entrata, die auch in die Fugenlehre eindrangen, bewahrt. Hervorzuheben sind die Beispiele der I. aus den Sammlungen von M. Franck (zwischen 1603 und 1627), V. Haußmann (1604), Demantius (1608), Schein (1609), H. L. Haßler und J. Staden (1610), Peuerl (1611 und 1625), Kindermann (1643), Pezel (1669 und 1685). Noch Glucks *Alceste* (italienische Fassung, 1767), Mozarts *Bastien und Bastienne* (1768) und Beethovens op. 25 werden durch eine I. eingeleitet. Im 20. Jh. wurde die I. vereinzelt wieder aufgegriffen (z. B. von J. Ahrens, C. Orff, E. Pepping).

Lit.: K. NEF, Die I. v. A. Orologio, Fs. D. Fr. Scheurleer, 's-Gravenhage 1925; M. REIMANN, Materialien zu einer Definition d. I., Mf X, 1957.

Introduktion (ital. introduzione), kurzer, oft mit Halbschluß endender Einleitungsteil zum 1. Satz von Symphonien oder Divertimenti, seltener von Quintetten (Mozart K.-V. 452; Beethoven op. 16), Streichquartetten (Beethoven op. 59, 3) oder Streichtrios (R. Kreutzer). – J. Haydn, der in seinen Instrumentalwerken zahlreiche langsame Einleitungen schrieb, verwendet das Wort I. hierfür nicht. Beethoven gebraucht die Bezeichnung I. u. a. für den Mittelsatz der Klaviersonate op. 53, für die Einleitungssätze der Variationenwerke op. 35 und op. 121a und in einem Brief an Varena (Thayer III, S. 306) auch für die Ouvertüre zu *Die Ruinen von Athen*, op. 113. – Die erste, unmittelbar an die Ouvertüre anschließende Gesangsszene der Nummernoper heißt bisweilen I. (W. A. Mozart, *Don Giovanni*, *Zauberflöte*), manchmal aber auch nur die eine Oper oder einen Akt eröffnende Instrumentaleinleitung zur 1. Gesangsszene (Beethoven, *Fidelio*, 2. Akt: I. und Arie; → Vorspiel). Typische Elemente der I.en wie auch ihr oft pathetischer und feierlicher Charakter gehen auf den Graveanfang der französischen Ouvertüre Lullyscher Prägung zurück. Als Zeitmaß ist meist Grave, Largo, Adagio oder Andante vorgeschrieben, oft mit dem Zusatz Maestoso.

Lit.: W. GERSTENBERG, Über d. langsamen Einleitungssatz in Mozarts Instrumentalmusik, = Innsbrucker Beitr. zur Kulturwiss., Sonder-H. 3, Innsbruck 1956; G. E. MENK, The Symphonic Introductions of J. Haydn, Diss. State Univ. of Iowa 1960, maschr.

Introitus (lat.), genauer: Antiphona ad introitum, der Einleitungsgesang der römisch-katholischen Messe (1. Stück des Proprium missae). Je nach Festgrad des betreffenden Tages von einem bis 4 Kantoren angestimmt und durch Schola oder Gesamtchor weitergeführt, erfolgt sein Vortrag, während der Klerus bzw. zelebrierende Priester Einzug hält und zum Altar schreitet. Nach dem Stand der Quellen war in Rom bereits vor Mitte des 6. Jh. antiphonischer, d. h. wechselchöriger I.-Gesang der Schola üblich. Dieser bestand aus einem Psalm mit folgendem *Gloria patri*, eingeleitet und abgeschlossen durch die Antiphona ad introitum, wobei sich – noch in späterer Zeit – die Anzahl der Psalmverse nach der Dauer der liturgischen Handlung richtete. Im fränkischen Raum wurde die Antiphon außerdem zwischen den einzelnen Versen wiederholt. Während der I. zunächst auf den feierlichen Gottesdienst beschränkt war, wurde er, seit dem 8. Jh. nachweisbar, Bestandteil auch der Missa lecta. Seine später allgemein verbreitete Form, welche außer der Antiphon nur noch einen einzigen Psalmvers mit kleiner Doxologie enthält, ist das Ergebnis eines längeren Rückbildungsprozesses (8.–11. Jh.). Überdies seiner eigentlichen Aufgabe beraubt, erklang er nunmehr beim Stufengebet der Messe. Als eine reichere Ausgestaltung findet sich seit dem 11. Jh. vielerorts der Brauch, die Antiphon bei festlichen Gelegenheiten durch zusätzliche (Teil-)Wiederholungen zwischen Vers und *Gloria patri* dreimal zu singen (»triumphare psalmis«, »triplicare«; noch heute bei den Prämonstratensern, Karmeliten u. a.); auch entstanden zahlreiche Tropierungen der I.-Texte und -Melodien (darunter der Tropus *Hodie cantandus est* des Tuotilo, siehe P. Wagner, *Einführung* III, S. 511f.). – Erst in den liturgischen Vorschriften der jüngeren Zeit wurde die ursprüngliche Form und Aufgabe des I.-Gesanges wieder aufgegriffen. So können bei längerem Einzugsweg des Zelebranten in die Kirche im Anschluß an die Antiphon nach Bedarf mehrere Verse des I.-Psalms – auch mit Einschub der Antiphon nach jeweils einem oder 2 Versen – gesungen werden. Der Gesang schließt mit dem *Gloria patri* und der Repetitio antiphonae (vgl.

Artikel 27a der *Instructio de musica sacra et sacra liturgia* der Ritenkongregation vom 3. 9. 1958). Nach ältestem Brauch bleibt das Hochamt der Osternacht ohne I., die Doxologie entfällt vom 1. Passionssonntag bis zum Gründonnerstag. (Weitere Bestimmungen im *Novus Codex Rubricarum* von 1960, Artikel 427–429.) – Der melodische Verlauf der I.-Antiphon zeigt gewöhnlich einen mittleren, wenngleich im einzelnen steigerungsfähigen Grad an kompositorisch-stilistischer Ausgestaltung. Er wird vorwiegend durch eine von syllabischen Partikeln durchzogene Gruppenmelodik bestimmt. Die Antiphon als musikalische Form erreicht in den I.-Gesängen ihren unbestreitbaren Höhepunkt. – Der Vortrag von Psalmvers(en) und kleiner Doxologie erfolgt nach den Formeln der antiphonischen Meßpsalmodie, deren romanische Fassung im *Graduale Romanum* (Editio Vaticana) überliefert wird (die germanische Version bei P. Wagner, *Einführung* III, S. 140ff.). – Die dem I. entsprechenden Einleitungsgesänge anderer Liturgien tragen folgende Namen: Ingressa (ambrosianisch, ohne Psalmvers und Doxologie), Antiphona ad praelegendum (gallikanisch), Officium (altspanisch sowie bis heute bei den Kartäusern, Karmeliten und Dominikanern). KWG

Invention (lat. inventio, von invenire, finden) bedeutet im weiteren Sinne Findung, Einfall, Erfindungskraft, auch Einrichtung. In Werktiteln und Vorreden seit dem 16. Jh. kann I. eine besondere Art der musikalischen Erfindung ankündigen: Cl. Janequin nannte seine schildernden Chansons (z. B. *La guerre*) *I.s musicales* (2 Bücher 1555). Meist aber werden Neuheit oder Besonderheit der I. durch Beiwörter eigens gekennzeichnet: Viadana bezeichnet die neue Art seiner *Cento concerti ecclesiastici* (1602) im Untertitel als *nova inventione* (übernommen in Untertitel und Vorrede von Scheins *Opella nova* I, 1618); B. Marini veröffentlichte *Sonate, symphonie ... e alcune sonate capricciose ..., con altre curiose e moderne inventioni* op. 8 (1626); G. B. Vitali betitelt in seinen *Artificii musicali* op. 13 (1689) 2 Balletti als *inventioni curiose*: beim ersten ist jede der Stimmen verschieden mensuriert, beim zweiten mit verschiedenen Vorzeichen notiert. Vier der als *Invenzioni a violino solo e B. c.* bezeichneten 10 partitenartigen Satzfolgen von Fr. A. Bonporti (op. 10, 1713) liegen in einer Abschrift J. S. Bachs vor; sie wurden lange Zeit irrtümlich als Werk Bachs (GA XLV) und als Vorläufer seiner I.en angesehen. – Wengleich Poetik und Musiklehre des Barocks die I. als angeboren beurteilen (*Die I. ist uns angeboren*, Heinichen, S. 22) und von der Disposition des Gemüts abhängig machen und auch die »unvermutete« Art des Einfalls kennen (*inventio ex abrupto*, Mattheson Capellm., S. 132), entwickelten vor allem deutsche Komponisten und Theoretiker (Kircher, Niedt, Kuhnau, Heinichen, Mattheson) eine ausgedehnte musikalische I.s-Lehre, die wesentlich auf Kombinatorik und Veränderungskunst und auf dem Prinzip der Nachahmung beruht. Zu den Hilfsmitteln des Erfindens gehören speziell die Ars combinatoria oder Verwechslungskunst der Töne oder Rhythmen und die oratorischen Loci topici. Mattheson behandelt in seiner *lehrreichen Betrachtung von der Erfindungs-Kunst* (Capellm., S. 121ff.) 15 derartige »Erfindungs-Quellen« und als deren reichste den Locus notationis, das systematische Verändern der Noten eines Satzes, und den Locus descriptionis, das Beschreiben oder Abmalen der Gemütsbewegungen. Als Fons inventionis galt auch die Lehre von den musikalisch-rhetorischen → Figuren. – Im engeren Sinne bezeichnet I. die Erfindung, die vor der Ausarbeitung steht, speziell das zum Durchführen oder Variieren bestimmte Soggetto oder Thema (z. B. Murschhauser: *inventioni ac imitationi* im Appendix zum *Octi-Tonium novum organicum*, 1696). Dies entspricht der aus der lateinischen Rhetorik (Cicero, Quintilian) überkommenen, im Barock lebendigen Lehre von der Stufenfolge beim Fertigen einer Rede: Inventio – Dispositio (Einrichtung) – Elaboratio/Decoratio (Ausarbeitung/Schmückkung) – Executio (Ausführung). Dementsprechend definiert J. G. Walther (*Praecepta*, 1708) die → Musica poetica: sie *unter richtet, wie man eine ... Zusammenstimmung der Klänge erstlich inventiren* (Inventio), *und hernach aufsetzen und zu Papier bringen soll* (Elaboratio), *damit selbige hernachmahls kann gesungen oder gespielet werden* (Executio). J. S. Bach verwendet Inventio 1723 im Titel *Auffrichtige Anleitung ...* der als Spiel- und Kompositionslehre bestimmten Endfassung seiner I.en und Sinfonien im Sinne dieser musikalisch-rhetorischen Tradition: *... gute inventiones nicht alleine zu bekommen, sondern auch selbige wohl durchzuführen, am allermeisten aber eine cantable Art im Spielen zu erlangen ...* In dieser Erläuterung meint mit der Inventiobegriff keine Form, sondern ein Prinzip des Komponierens und bezieht sich sowohl auf die 2st. I.en (im *Clavierbüchlein* für Friedemann Bach um 1720 Praeambula genannt) als auch auf die 3st. Sinfonien (ebenda Fantasiae genannt), deren besonderer Titel besagen mag, daß sie im Ergebnis der »Zusammenstimmung« eine Stufe höher stehen als die 2st. Kompositionen. Kompositionsgeschichtlich stehen die 2- und 3st. Stücke, tonartlich je aufsteigend geordnet und primär fürs Clavichord bestimmt, vor dem Hintergrund des Bicinium, der zweistimmigen italienischen Ricercars des 17. Jh. sowie des Triosatzes der Sonata und des Kammerduetts mit Baß. Dennoch sind sie ihrem Typus nach eigenständig, und dies vornehmlich auf Grund höchster Ausprägung des Inventio/Elaboratio-Prinzips, das sie nach alter Weise in Lehrexempla vorführen: Inventio ist hier sowohl der zwei- oder dreistimmige, zum Durchführen geeignete Einfall als auch das durch ihn vorgezeichnete Stück, in dem aus dem Keim des jeweiligen Einfalls verschiedene Satztypen und Formen disponiert und elaboriert sind (Reprisenformen, Forma bipartita und tripartita nach genauen Klauselplänen, fugierte und kanonische Anlage, Spielstück und affektvolle Klangrede). Im Anschluß an Bachs I.en, deren Kompositionsprinzip späterhin namentlich in Stücke des *Wohltemperirten Claviers* (Praeludien, 1. Teil Nr 14, 19, 2. Teil Nr 2, 8, 10, 20, 24) und in die Duette des 3. Teils seiner *Clavierübung* ausstrahlt, wurde I. in einseitig formaler Bestimmung zu einem stehenden Terminus, sowohl theoretisch (Forkel, S. 76) als auch kompositorisch (z. B. J. Ahrens, I. in *5 kleine Stücke*, 1938). Näher stehen dem Bachschen Inventiobegriff jene Kompositionen, die aus einer thematischen Substanz eine Struktur entwickeln, wie A. Bergs I.en im 3. Akt des *Wozzeck* (I. über einen Ton, einen Rhythmus, einen Sechsklang usw.) und Jelineks I.en im *Zwölftonwerk* H. 1 (über Reihen). Zahlreiche I. genannte Kompositionen des 20. Jh. knüpfen teils formal an den Typ Bachs, teils offenbar mehr an die vokabulare Bedeutung des Begriffs an: E. Pepping, *I.* für kleines Orch., 1931; B. Blacher, *Zwei I.en* für Orch. op. 46; Kl.-I.en von H. Reutter (*Die Passion in 9 I.en* op. 25), W. Fortner, W. Maler, G. Klebe (*Vier I.en* op. 26).

Lit.: A. KIRCHER SJ, Musurgia universalis, Rom 1650, lib. VIII; J. KUHNAU, Texte zur Lpz.er Kirchen-Music (1709/10), hrsg. v. B. Fr. Richter, MfM XXXIV, 1902; Fr. E. NIEDT, Handleitung zur Variation, Hbg 1706, ²1721; J. G. WALTHER, Praecepta d. Mus. Composition, hs. Weimar 1708, hrsg. v. P. Benary, = Jenaer Beitr. zur Musikforschung II, Lpz. 1955; J. D. HEINICHEN, Der Gb. in d. Composition, Dresden 1728; MATTHESON Capellm.; J. N. FOR-

KEL, Über J. S. Bachs Leben, Kunst u. Kunstwerke, Lpz. 1802, ²1855, NA v. J. Müller-Blattau, Augsburg 1925, Kassel ⁴1950; R. OPPEL, Die neuen deutschen Ausg. d. zwei- u. dreist. I., Bach-Jb. IV, 1907; A. SCHERING, Geschichtliches zur ars inveniendi in d. Musik, JbP XXXII, 1925, u. in: Das Symbol in d. Musik, hrsg. v. W. Gurlitt, Lpz. 1941; FR. JÖDE, Die Kunst Bachs, dargestellt an seinen I., Wolfenbüttel 1926; L. LANDSHOFF, Revisionsber. zur Urtextausg. v. J. S. Bachs I. u. Sinfonien, Lpz. 1933; W. GURLITT, Zu J. S. Bachs Ostinato-Technik, Ber. über d. wiss. Bachtagung Lpz. 1950, Neudruck in: Mg. u. Gegenwart I, = BzAfMw I, Wiesbaden 1966; K. v. FISCHER, Zum Formproblem bei Bach. Studien an d. I., Sinfonien u. Duetten, in: Bach-Gedenkschrift, Zürich 1950; E. RATZ, Einführung in d. mus. Formenlehre. Über Formprinzipien in d. I. J. S. Bachs..., Wien 1951; H. H. EGGEBRECHT, Studien zur mus. Terminologie, = Akad. d. Wiss. u. d. Lit. Mainz, Abh. d. geistes- u. sozialwiss. Klasse, Jg. 1955, Nr 10; FR. FELDMANN, Mattheson u. d. Rhetorik, Kgr.-Ber. Hbg 1956; J. N. DAVID, Die zweist. I. v. J. S. Bach, Göttingen 1957; DERS., Die dreist. I. J. S. Bachs, ebenda 1959.
HHE

Inventionshorn, ein Waldhorn, bei dem die Stimmbögen nicht am Mundstück, sondern in den Windkanal (ventus) im Innern der Windung eingesetzt wurden. Dadurch wurde das Instrument beim Einsetzen der Bögen nicht vom Spieler abgerückt, so daß die Stopftechnik nicht mehr erschwert wurde. Nach Angabe des Dresdner Hofmusikers A. J. Hampel soll es von dem Instrumentenmacher J. Werner in Dresden zuerst 1753 gebaut worden sein. Die Erfindung wurde auch auf die Trompete übertragen, geriet aber nach Erfindung der → Ventile (- 2) in Vergessenheit.
Lit.: FR. PIERSIG, Die Inventionstrp., Zs. f. Instrumentenbau XLVII, 1927.

Inversion → Umkehrung.

Invitatorium (lat., Aufforderung), die mit dem (I.s-)Psalm 94 *Venite exsultemus Domino* verbundene Antiphon zu Beginn der → Matutin im römisch-katholischen Offizium. Seiner Struktur nach ein chorischer Kehrvers, steht das I. am Anfang und Schluß des solistisch vorgetragenen Psalms sowie abwechselnd vollständig oder mit der 2. Hälfte zwischen den in 5 Strophen + Doxologie gegliederten Versen. Die heutige Praxis kennt etwa 60 Invitatorien.
Ausg.: Invitatoria cum Psalmo Venite exsultemus per varios tonos, Tournai ²1948.

Inzidenzmusik → Bühnenmusik.

Ionisch → Systema teleion, → Kirchentöne.

Irland.
Lit.: E. BUNTING, Ancient Music of I., Dublin 1840; W. H. GR. FLOOD, A Hist. of Irish Music, Dublin 1895, ³1913; D. B. MACDONALD, Irish Music and Irish Scales, Lpz. 1910; H. GRAHAM, The Early Irish Monastic Schools, London 1925; M. HANNAGAN u. S. CLANDILLON, Songs of the Irish Gaels with the Music and Engl. Metrical Translation, 3 Bde, London 1927; D. J. O'SULLIVAN, Folk Music and Songs I–IV, London 1927–39; DERS., Songs of the Irish, London 1960; R. HENEBRY, A Hdb. of Irish Music, London 1929; A. G. FLEISCHMANN, Music in Ireland, Cork u. Oxford 1952; R. HAYWARD, The Story of the Irish Harpe, Belfast 1954; I. M. HOGAN, Anglo-Irish Music 1780–1830, Diss. Dublin 1957/58. – Journal of the Irish Folk Song Soc., London 1940ff.

Island.
Ausg. u. Lit.: A. HAMMERICH, Studien über isländische Musik, SIMG I, 1899/1900; Icelandic Folktunes, hrsg. v. B. THORSTEINSSON, Kaupmannahöfn 1906–1909; H. WIEHE, Om Islandsk tonekunst og musikliv, = Dansk-islandske samfunds smaskrifter X, Kopenhagen 1922; J. LEIFS, Isländische Volkslieder, ZfMw XI, 1929; E. M. v. HORNBOSTEL, Phonographierte isländische Zwiegesänge, in: Deutsche Islandforschung 1930, hrsg. v. W. H. Vogt u. H. Späthmann, = Veröff. d. Schleswig-Holsteinischen Universitätsges. XXVIII, 1, Breslau 1933; FR. METZLER, Tonalität u. melodische Struktur d. älteren deutschen u. nordischen Volksweise mit besonderer Berücksichtigung d. isländischen Kleinmelodik, Diss. Tübingen 1950, maschr.; H. HELGASON, Das jüngere Heldenlied in I., Diss. Zürich 1954; DERS., Das Bauernorganum auf I., Kgr.-Ber. Köln 1958; M. ST. SELDEN, The Music of Old I., American-Scandinavian Review XLV, 1957.

Iso- (von griech. ἴσος, gleich, besonders hinsichtlich der äußeren Beschaffenheit) hat in den auf Musik bezüglichen Wortzusammensetzungen meist die spezielle Bedeutung: im Zeitablauf, im Nacheinander unverändert wiederkehrend (im Unterschied zu Homo-, von griech. ὁμός, gemeinsam, das über die Qualität des Gleichklangs hinaus die Bedeutung eines gleichzeitigen Vorgangs angenommen hat). Im Anschluß an die von Fr. Ludwig (SIMG V, 1903/04, S. 223f.) geprägten Ausdrücke isorhythmisch und Isorhythmik (→ Isorhythmie) sind weitere Komposita gebildet worden, über deren Berechtigung und Bedeutung die Meinungen divergieren. – 1) Isoperiodik betrifft, nach Handschin (*Musikgeschichte*, 1949, S. 201f.), in der vorisorhythmischen Motette die Faktur der Oberstimmen und besteht darin, daß *die Periodenbildung, d. h. die Einschnittsetzung in ihnen gleich bleibt bei verschiedenem melodischem Material.* Für Besseler hingegen (MGG I, 1949–51, Sp. 708f.) ist Isoperiodik ein *Bauprinzip, das von Philippe de Vitry bis weit ins 15. Jh. hinein gültig blieb: der Aufbau des Werkes mit Hilfe mehrfach wiederkehrender, zahlenmäßig streng geregelter Perioden*, mit Einschluß des Tenors; Isoperiodik der Oberstimmen liegt vor, wenn *der Schlußton jedes Melodieteils und sämtliche Pausen in genau gleichem Abstand wiederkehren.* – 2) Isomelisch und isomelodisch: Wiederkehr des gleichen Melos (Bukofzer, *Studies...*, 1950, S. 65 u. ö.: *isomelic repeat*; Handschin, MD V, 1951, S. 75: *isoperiodical sections are at the same time isomelodical in the Tenor*). – 3) Isochron: von gleicher Zeitdauer, wobei entweder einzelne Töne gemeint sein können (ApelN, S. 265; hier wird der 5. Modus als isochronus bezeichnet) oder mehrere Töne innerhalb einer festen Taktordnung (*Encyclopédie de la musique*, 1959, Artikel Isochrone). – 4) Isometrisch und Isometrie werden häufig mißverständlich oder unrichtig gebraucht. Von der Wortbedeutung her erwartet man, daß es sich um ein wiederkehrendes gleiches Metrum handelt (was immer → Metrum dabei heißen mag); statt dessen werden die Ausdrücke etwa im Sinne von homorhythmisch (mit gleichem Rhythmus in mehreren Stimmen, wie im Conductus oder im homophon gesungenen Kirchenlied) oder isochron verwendet (in Adler Hdb. I, S. XIII, ist isometrisch erklärt: *rhythmische Gleichwertigkeit der Noten und metrische Gleichwertigkeit der Silben, im Gegensatz zu polymetrisch*).

Isorhythmie (nach dem Griech., gleiche rhythmische Ordnung) nennt Fr. Ludwig ein Kompositionsprinzip der → Motette im 14.–15. Jh.; *nicht nur im Tenor kommen jedesmal die analogen Töne der einzelnen Abschnitte auf rhythmisch verschiedene Stellen, sondern auch in den Oberstimmen, da diese die I. der einzelnen Tenorabschnitte*

ebenfalls ganz scharf ausprägen (SIMG VI, 1904/05, S. 622). Grundlage einer isorhythmischen Komposition ist die Zubereitung des Tenors mit Unterscheidung von → Color (– 2: Melodieabschnitt) und → Talea (»Strophe«, rhythmisch festgelegter Abschnitt). Die für die Gliederung eines Stücks maßgebende Folge der Taleae überschneidet oft die der Colores; das Notenbeispiel (Machaut, *Speravi – Puisque – De bon espoir*) zeigt 2 Colores zu je 18 Tönen, die von 3 Taleae zu je 12 Tönen überlagert sind (siehe vorige Seite). Die frühe I. knüpft an die Motettentradition des 13. Jh. an, wobei an die Stelle der modalen Tenor-Ordines die längeren, frei gebildeten Taleae treten. Isorhythmische Ordnung nur des Tenors (in 4st. Motetten des Tenors und Contratenors) nennt Besseler Isoperiodik. Sie begegnet vor allem in frühen Quellen (Vitrys Motetten in *Fauv*). *Die isorhythmische Motette Machauts ist eine auf dem Tenor aufgebaute Strophenform; sie will einen vers- und strophenförmigen Text musikalisch zur Erscheinung bringen* (Eggebrecht). Text und Musik, oft das Werk eines Dichterkomponisten, sind in ihrer Struktur meist so aufeinander bezogen, daß Korrespondenz zwischen Strophe und Talea besteht. Die Perioden der Oberstimmen beginnen entweder gleichzeitig mit den Tenor-Taleae (nach Reichert »Phasengleichheit«) oder sie überbrücken den Einschnitt und beginnen in einem festgelegten Abstand dazu (»Phasendifferenz«, Apel: »isoperiodicity«). Einer Verdeutlichung der I. dienen vor allem Hoqueti und melodische Analogien, die gewöhnlich an den Außenstellen der Perioden wiederkehren (Apel: »sectional isorhythm«). Bei mehrteiligen isorhythmischen Motetten werden die Teile 2–4 meist durch Diminution des Tenors und Mensurwechsel der Oberstimmen gekennzeichnet. Der Tenor wird in der Regel nur einmal notiert, seine Veränderung in den späteren Teilen durch Proportionszeichen oder Kanonanweisungen vorgeschrieben. Motetten mit streng durchgeführter Talea-Ordnung auch der Oberstimmen (Apel: »panisorhythmic motet«) sowie die Übertragung dieser Satzweise auf Meß- und Liedsätze begegnen vereinzelt bei Machaut und in der Handschrift *Iv*, hauptsächlich jedoch in den späteren → Quellen *Ch*, *TuB*, auch *OH*, sowie bei Ciconia, Dunstable, Dufay, Spätformen der I. noch bei Willaert.

Lit.: Fr. Ludwig, Rezension zu J. Wolf, Gesch. d. Mensuralnotation, 3 Bde, Lpz. 1904, in: SIMG VI, 1904/05; ders., Die isorhythmische Motette ..., Adler Hdb. I, S. 265ff., besonders S. 273; H. Besseler, Studien zur Musik d. MA, AfMw VII, 1925 – VIII, 1926; ders., Die Musik d. MA u. d. Renaissance, Bücken Hdb.; J. Handschin, Mg. im Überblick, Luzern (1948), ²1964, S. 201ff.; R. Dammann, Spätformen d. isorhythmischen Motette im 16. Jh., AfMw X, 1953; W. Apel, Remarks About the Isorhythmic Motet, in: Les Colloques de Wégimont II, 1955; G. Reichert, Das Verhältnis zwischen mus. u. textlicher Struktur d. Motetten Machauts, AfMw XIII, 1956; ders., Wechselbeziehungen zwischen mus. u. textlicher Struktur in d. Motette d. 13. Jh., in: In memoriam J. Handschin, Straßburg 1962; U. Günther, Der mus. Stilwandel d. frz. Liedkunst in d. 2. Hälfte d. 14. Jh., Diss. Hbg 1957, maschr., Auszug engl. als: The 14th-Cent. Motet ..., MD XII, 1958; E. Apfel, Studien zur Satztechnik d. ma. engl. Musik, 2 Bde, = Abh. d. Heidelberger Akad. d. Wiss., Phil.-hist. Klasse, Jg. 1959, Nr 5; ders., Zur Entstehung d. realen 4st. Satzes in England, AfMw XVII, 1960; H. H. Eggebrecht, Machauts Motette Nr 9, AfMw XIX/XX, 1962/63; D. Harbinson, Isorhythmic Technique in the Early Motet, ML XLVII, 1966.

istesso tempo (ital.) → l'istesso tempo.

Italian sixth (it'æljən siksθ, engl., italienische Sexte), bei englischen Theoretikern (und dort selbst als willkürlich bezeichnete) Benennung des übermäßigen Sextakkords, d. h. des verkürzten Doppeldominantseptakkords auf der tiefalterierten Quinte ( ), z. B. in C dur: as–c–fis. → French sixth, → German sixth.

Italienische Musik. Obgleich Italien erst vor hundert Jahren seine staatliche Einheit erlangte, hat es in den vergangenen Jahrhunderten doch eine Musik von einheitlicher Eigenart und großer Ausstrahlungskraft besessen, auch wenn nacheinander verschiedene Städte mit ihren mehr oder weniger großen Territorien die führende Rolle übernahmen: Turin, Mailand, Venedig, Mantua, Bologna, Modena, Florenz, Neapel und Rom. – Die Grundlage der I.n M. ist die → Römische Musik. Eine fortwirkende Kraft war im frühen italienischen Mittelalter der liturgische Gesang, vor allem in dem strophischen Hymnus des Ambrosius, Bischof von Mailand. Mailand, Rom und Benevent (Kampanien) waren die Mittelpunkte kirchlicher Musikpflege, wo der ambrosianische, der römische (im engeren Sinne gregorianische) und der beneventanische Choral entstanden. Dem Benediktinermönch Guido von Arezzo verdankt das Abendland die Erfindung der Intervallnotenschrift auf Linien. Mit dem Erstarren des Gregorianischen Gesanges entstand in Italien die 1st. Lauda, ein Bindeglied zwischen dem Kirchengesang und der weltlichen Kunst des Trecentos. Die Pflege früher kirchlicher Mehrstimmigkeit wird belegt für Mailand (997) und Rom (12. Jh.); 1215 bezeugt der Ordo officiorum des Doms von Siena die Pflege mehrstimmigen Gesanges, der in seiner liturgischen Stellung dem Repertoire von Winchester verwandt und von dem der gleichzeitigen Notre-Dame-Schule grundlegend verschieden ist. Die wenigen bekannten Sätze aus dem 12. Jh. (Sizilien, Lucca, Verona) und aus der Zeit um 1300 (Padua, Bologna, Cividale und in 2 Florentiner Laudenhandschriften) gehören zum Typus der »retrospektiven Mehrstimmigkeit« und stehen offenbar der Gesangspraxis von Siena nahe. Die Hauptmeister des Trecentos, Jacopo da Bologna, Bartolino da Padova und Francesco Landini, sowie ihr wichtigster Theoretiker, Marchetto da Padova, lebten in Ober- und Mittelitalien, wo auch die bedeutenden Trecentohandschriften *Rs*, *PR*, *FP*, *Lo*, *Pit* und *Sq* (→ Quellen) entstanden, hinzu kommt aus dem Süden Anthonello da Caserta. Von Madrigal, Caccia und Ballata führt der Weg einerseits zur Polyphonie der franko-flämischen Meister im 15. Jh., andererseits zu den typisch italienischen volkstümlichen Formen in homophonem satz, den Canti carnascialeschi, den venezianischen Giustiniane, den Strambotti, Frottole und mehrstimmigen Laude. Bemerkenswert ist im 15. Jh. auch die Kultur der italienischen Tanzmusik und Tanzmeister (→ Gesellschaftstanz). Die Handschriften mehrstimmiger Musik spiegeln um 1400 den wachsenden französischen Einfluß in Melodik, Rhythmus, Formbau und Notation (*PR*, *Mod*) und bald ein fast ausschließliches Vorherrschen ausländischer Kompositionen in der italienischen Musikübung (*BL*, *O*, *BU*, Trienter Codices). Denn als Lehrer der polyphonen Kunst des Nordens kamen viele niederländische Komponisten nach Italien; hier wiederum lernten sie den ungekünstelten Stil, der sich der Volksmusik nähert, sowie Einfachheit und Wohlklang des Satzes. Die bekanntesten dieser Meister sind Ciconia (ab 1403 beständig in Padua), Dufay, der bei den Malatesta in Rimini, am Hofe von Savoyen sowie am päpstlichen Hof wirkte, Josquin, der seine frühen Jahre als Domsänger in Mailand verbrachte, später Willaert, der Begründer der Venezianischen Schule, und Isaac, der in Ferrara und Florenz, dann in Deutschland tätig war, bevor er nach Florenz zurückkehrte.

Aus solcher gegenseitigen Durchdringung entstand in Italien das Madrigal des 16. Jh., Zeugnis einer Gesellschaftskunst, wie sie von den höheren Ständen und besonders an den Höfen gepflegt wurde. Mit dem 5-, 4- und 3st. Madrigal, das vor allem in England und Deutschland Schule machte, erwuchs der I.n M. die europäische Vorbildlichkeit. Die Villanella als typisch italienische volkstümelnde Gattung wirkte mit ihrer Neigung zu frischer Ausgelassenheit und Parodie auf das vornehme Madrigal bis zum Ende des Jahrhunderts anregend. Die italienische Musiklehre dieser Zeit gipfelt in Gaffori und Zarlino. Die Welt der Commedia dell'arte, an deren musikalischer Ausschmückung sich in Venedig und Neapel viele bekannte Musiker beteiligten, spiegelt sich in den Werken von G. Croce und in den Madrigalkomödien von Vecchi und Banchieri. Das gesteigerte Streben nach Affektdarstellung, schon in der Chromatik eines Gesualdo und C. de Rore sowie im Lyrismus Luzzaschis offenkundig, erreichte seinen Höhepunkt bei Monteverdi, der die dramatische Darstellung auch ins Madrigal einführte und damit den ursprünglichen Rahmen dieser höfischen Kunstform sprengte. – Zur Vorgeschichte der Oper gehören Aufführungen von Bühnenwerken mit Vertonung einzelner Chöre und Gesänge (zuerst Polizianos *Orfeo* mit Musik von Germi, Mantua 1471 [oder 1480?], am bedeutendsten O. Giustinianis *Edipo Tiranno* nach Sophokles mit Chören von A. Gabrieli, Vicenza 1585, aber auch eine Reihe von Komödien, Pastoralstücken und Rappresentazioni sacre) und die Intermedien der Hoffeste, vor allem in Florenz, Ferrara, Mantua und Venedig, sowie theoretische Arbeiten (Mei, V. Galilei, später G.B. Doni) und praktische Experimente (Caccini, Peri) der Florentiner Camerata. Die eigentliche Geschichte der Oper begann in Mantua mit Monteverdis *Orfeo* und *Arianna*. Mittelpunkt der Opernpflege war zunächst Rom mit Cavalieri, D. und V. Mazzocchi, Marazzoli, St. Landi, L. und M. Rossi, Vittori und Abbatini; aber es zogen Operntruppen bald durch ganz Italien und ins Ausland. Eine glänzende Fortsetzung erfuhr das Opernwesen in Venedig mit der Eröffnung der ersten öffentlichen Opernhäuser, für die als Komponisten Sacrati, Cavalli, Monteverdi, später auch Cesti wirkten. Die venezianische und die römische Schule versorgten ihr Publikum mit prunkvollen und farbenprächtigen Stücken, bis am Ende des 17. Jh. die → Neapolitanische Schule mit ihren Neuerungen sich durchzusetzen begann und als Hauptmeister Provenzale, A. Scarlatti und L. Leo, später auch die Deutschen Händel, Hasse und Gluck, als Reformer Jommelli und Traetta, als Librettisten Zeno, Metastasio und Calzabigi herausstellte und sich die Opera buffa (Pergolesi, Logroscino, Paisiello, Cimarosa) verselbständigte. Das Dramma in musica wandelte sich zur Oper des 18. Jh. An die Stelle dramatischer Darstellung trat die Arienkette konzertähnlichen Charakters. Das Interesse konzentrierte sich auf die berühmten Primadonnen und Kastraten, die die Chronik der Zeit mit ihren Launen und Streitereien füllten: die Cuzzoni, die Bordoni-Hasse, die Tesi-Tramontini, die Gabrielli sowie Siface, Matteucci, Senesino, Carestini, Farinelli, Caffarelli, Gizziello und Guadagni. Der Erfolg dieser Opernkunst erfaßte binnen kurzem ganz Europa und führte zu einem Export I.r M. und Musiker. Regionale Kompositionsschulen bildeten sich auch außerhalb der Oper.

In Rom erhielt die mehrstimmige Kirchenmusik, deren wichtigster italienischer Meister um 1500 Gaffori in Mailand gewesen war, während des 16. Jh. eine neue Richtung zum Affektuosen, fand ihren abgeklärten Höhepunkt im klassischen Palestrina-Stil und wandelte sich mit der Römischen Schule (und unter dem Einfluß der Venezianer A. und G. Gabrieli) zum Prunk der barocken Mehrchörigkeit. Neben ihr stehen das Oratorium (Carissimi), das geistliche Konzert (Viadana) und der einfache Laudenstil des Kreises um den hl. F. Neri. In der Kammerkunst folgte den *Nuove musiche* Caccinis die Solokantate, die sich – auch als Duett – bis hin zu A. Steffani großer Beliebtheit erfreute; ihr nahe stehen die Psalmkantaten des Venezianers B. Marcello, deren vorbildliche Deklamation noch Verdi rühmte. Während im 16. Jh. an allen Höfen die Lautenkunst gepflegt wurde, entstand, besonders in Venetien und der Toscana, eine bedeutende Orgelkunst, beginnend mit Marc'Antonio Cavazzoni (bolognesischer Herkunft), dessen Orgeltabulatur (*Recerchari motetti canzoni*, Venedig 1523) Italiens älteste gedruckte Orgelkompositionen enthält, bis hin zu G. Frescobaldi († 1643 zu Rom). Ein wichtiges Dokument italienischer Orgelmusik bereits des frühen 15. Jh. stellt der neuentdeckte Codex Faenza (*Fa*) dar. Im 15. und besonders im 16. Jh. blühte der Bau von Orgeln (Familien Da Prato und Antegnati) und Streichinstrumenten (Familien Amati, Guarneri, Stradivari in Cremona). Das 17. Jh. brachte zudem einen Höhepunkt der Musik für Violine und andere Streichinstrumente mit den Zentren Bologna (→ Bolognesische Schule) und Modena, wo neben der Triosonate und dem Solokonzert als neue Form das Concerto grosso gepflegt wurde (Corelli, D. Gabrielli, Torelli). Corellis affektbetonte Schreibweise erfährt bei Vivaldi, Tartini und Viotti eine vor allem die Melodik und Spielweise verwandelnde Erneuerung. Der Notendruck trug – nachdem Petrucci in Venedig 1501 mit dem Druck von Mensuralnoten begonnen hatte – zur Verbreitung der Musik in Italien und im übrigen Europa bei; wie bei den Instrumentenmachern vererbten sich die großen Unternehmungen in der Familie durch mehrere Generationen, so bei den Gardano, Scotto, Vincenti, Monti, Sala, Zatta. Weiteste Verbreitung erlangten die Formen der Sinfonia da concerto, der Sonata a più stromenti (Sonata da camera und Sonata da chiesa) und der Sonate für Cembalo. Vor allem das Schaffen D. Scarlattis verdrängte die Orgel in der Gunst des Publikums. Nachdem Zipoli und Della Ciaja die Cembalomusik zu einer letzten Blüte geführt hatten, eröffnete die Erfindung des Pianofortes durch Cristofori neue Bahnen. Während sich die moderne Sonate und die Symphonie entwickelten (Sammartini und Platti), widmeten sich venezianische, toskanische und neapolitanische Komponisten dem Streichtrio, -quartett und -quintett (Cambini und Boccherini). In Bologna wirkte Padre Martini als höchste Autorität in musikalischen Fragen.

Mit dem Beginn des 19. Jh., einer Epoche der Oper und des Klaviers, verdrängte Rossini die späte neapolitanische Schule vollständig von der Opernbühne. Nach ihm führten Mercadante, Bellini und Donizetti zu der überschwenglichen Romantik Verdis, die ihrerseits von Puccinis bürgerlich-intimer Dramatik sowie vom Verismo der »Giovane scuola italiana« (Mascagni, Leoncavallo, Giordano und Cilea) abgelöst wurde. Als Violinvirtuose glänzte der Genuese N. Paganini mit eigenen Kompositionen. Unter den im Ausland wirkenden Opernkomponisten ragen Salieri, Cherubini und Spontini hervor. Die in der Nachfolge Bazzinis, Sgambatis, G. Martuccis und Busonis stehende Generation (Respighi, Pizzetti, Malipiero, A. Casella, Lualdi, Ghedini) pflegte wieder verstärkt die Instrumentalmusik und gab dem Geschmack des Publikums eine kosmopolitische Richtung. Die Zeitgenossen übernahmen Zwölftontechnik und serielle Methoden (Dallapiccola, R. Malipiero, Petrassi, Donatoni, Nono, Berio). Die Vorherrschaft des Klaviers, für das im 19. Jh. ausschließlich Opernfantasien und Variationen geschrieben wurden, wurde überwunden, und in allen größeren Städten entstanden Konzertgesellschaften sowie Symphonieorchester, um dem erneuerten Verlangen nach Instrumentalmusik zu entsprechen. Im Konzertsaal erschienen bedeutende Virtuosen (Bazzini, Sivori, die Schwestern Milanollo), im Opernhaus große Sängerinnen (A. Catalani, A. Patti, G. Pasta), Sänger (Lablache, Rubini, Battistini, Caruso) und Dirigenten (Bolzoni, Mancinelli, Faccio, Mariani), unter denen A. Toscanini hervorragte. Es entstanden die Verlagshäuser (Ricordi 1808, Lucca 1825, Sonzogno 1874), die staatlichen → Konservatorien (nach dem Vorbild der alten Conservatori in Neapel und Ospedali in Venedig), die → Zeitschriften (*Gazzetta musicale di Milano*, 1842; *Rivista musicale italiana*, 1894; *Musica d'oggi*, 1919; *Rassegna musicale*, 1928); die großen → Denkmäler-Ausgaben älterer I.r M. (L. Torchis *L'arte musicale in Italia*, 1897–1907; *I classici musicali italiani* von G. Benvenuti und E. Bravi, 1941–56, sowie die von G. Cesari begründeten, regional gegliederten *Istituzioni e monumenti dell'arte musicale italiana*, 1931–41; Nuova serie seit 1956).

Das Musikleben der Gegenwart wird getragen von 13 staatlichen Konservatorien (neben weiteren öffentlichen Musikschulen), den 3 großen Opernhäusern (La Scala in Mailand, Teatro dell'Opera in Rom und San Carlo in Neapel), weiteren regionalen Opernveranstaltungen (wie in der Arena von Verona) und Stagioni, den Symphonieorchestern der Mailänder Scala, der Accademia di Santa Cecilia in Rom, der Società Scarlatti in Neapel sowie von den Sendern Turin, Mailand und Rom der Rundfunk- und Fernsehgesellschaft (RAI). Internationale Bedeutung haben die Festspiele zeitgenössischer Musik in Venedig, der Maggio Musicale Fiorentino, die Settimana Senese (veranstaltet von der Accademia Chigiana; die beiden letzteren mit wertvollen Programmbüchern), ferner die Sagra Musicale Umbra in Perugia, seit 1958 das Festival dei Due Mondi in Spoleto und seit 1961 die Internationale Woche Neuer Musik in Palermo.

Ausg.: → Denkmäler, → Quellen.

Lit.: P. LICHTENTHAL, Dizionario e bibliogr. della musica, 4 Bde, Mailand 1826, erweitert frz. v. D. Mondo, Paris 1839; C. SCHMIDL, Dizionario universale dei musicisti, 2 Bde, Mailand 1887–89, ²1926–29, Suppl. 1938; E. VOGEL, Bibl. d. gedruckten weltlichen Vocalmusik Italiens aus d. Jahren 1500–1700, 2 Bde, Bln 1892, Nachträge v. A. Einstein in: Notes II, 2, 1944/45 – 5, 1947/48, Nachdruck (mit d. Nachträgen) Hildesheim 1962; G. u. C. SALVIOLI, Bibliogr. universale del teatro drammatico ital. I, Venedig 1903; G. BUSTICO, Bibliogr. delle storie e cronistorie dei teatri ital., Domodossola 1913, Mailand ²1929; G. COCCHIARA, L'anima del popolo ital. nei suoi canti, Mailand 1929; F. TORREFRANCA, Le origini ital. del romanticismo mus., Turin 1930; DERS., Il segreto del Quattrocento, Mailand 1939; A. DELLA CORTE u. G. PANNAIN, Storia della musica, 3 Bde, Turin 1936, in 3 Bden ³1952, ⁴1964, span. Barcelona 1950–56; V. SANTOLI, I canti popolari ital.: ricerche e questioni, Florenz 1940; FR. ABBIATI, Storia della musica, 5 Bde, Mailand 1941–46; KN. JEPPESEN, Die ital. Orgelmusik am Anfang d. Cinquecento, 2 Bde, Kopenhagen 1943, ²1960; DERS., Über ital. Kirchenmusik in d. 1. Hälfte d. 16. Jh., Studia musicologica III, 1962; I. PIZZETTI, La musica ital. del '800, Turin 1946; CL. SARTORI, Bibliogr. della musica strumentale ital., stampata in Italia fino al 1700, = Bibl. di bibliogr. ital. XXIII, Florenz 1952; DERS., Dizionario degli editori mus. ital., ebenda XXXII, 1958; DERS. mit F. Broussard, F. Colorni Zambrini, A. Ferrari, G. Manzoni, P. Santi, G. Tintori, E. Fossati u. A. Gentile, Dizionario Ricordi della musica e dei musicisti, Mailand (1959); DERS. mit R. Allorto, La musicologia ital. dal 1945 a oggi, AMl XXXI, 1959; DERS. mit R. Allorto, A. Bertini, Fr. Bussi, F. Colorni Zambrini, M. Donà, G. Dotti, E. Farina, G. Manzoni, U. Prota-Giurleo, G. C. Testoni, G. Tintori, Enciclopedia della musica, 4 Bde, Mailand (1963–64); Enciclopedia dello spettacolo, unter Leitung v. S. D'AMICO, 9 Bde, Rom 1954–62; G. GAVAZZENI, La musica e il teatro, Pisa (1954); M. MANFERRARI, Dizionario universale delle opere melodrammatiche, 3 Bde, Florenz 1954–55; D. CARPITELLA, Ritmi e melodie di danze popolari in Italia, Rom 1956; DERS., Rassegna bibliogr. degli studi di etnomusicologia in Italia dal 1945 a oggi, AMl XXXII, 1960; R. LUNELLI, Der Orgelbau in Italien ..., Mainz 1956; L. RONGA, Arte e gusto nella musica, Mailand u. Neapel 1956; DERS., L'esperienza storica della musica, = Bibl. di cultura moderna 545, Bari 1960; K. v. FISCHER, Die Rolle d. Mehrstimmigkeit am Dom v. Siena zu Beginn d. 13. Jh., AfMw XVIII, 1961; Storia della danza popolare e d'arte, hrsg. v. G. D'ARONCO, 6 Bde, Florenz 1962; CL. GALLICO, Un libro di poesie per musica dell'epoca di Isabella d'Este, Mantua 1961; M. LAGHUZZA RICOGNI, Studi sul canto lirico monostrofico popolare ital., = Bibl. di Lares XI, Florenz 1963; M. BORTOLOTTO, The New Music of Italy, MQ LI, 1965; P. COLLAER, Lyrisme baroque et tradition populaire, Studia musicologica VII, 1965; N. PIRROTTA, Music and Cultural Tendencies in 15th-Cent. Italy, JAMS XIX, 1966. – Studien zur ital.-deutschen Mg. I–III, = Analecta musicologica I–III, Köln u. Graz 1963–66. CLS

J

Jack (dʒæk, engl.), Springer, → Mechanik.

Jagdhorn (ital. corno da caccia; frz. trompe oder cor de chasse), in der neueren Zeit das gewundene kleine Horn, das im Unterschied zum größeren → Waldhorn, mit dem es die Frühgeschichte gemeinsam hat, an der Hüfte zu tragen ist. Während das Waldhorn ein Instrument der Kunstmusik wurde, blieb das J. wie das → Hifthorn, → Harschhorn und das → Posthorn Signalinstrument. Im 17. Jh. wurden die Horntypen nach ihrer Größe bezeichnet, z. B. als Waldhorn, Mittelhorn, Rüdenhorn und Zinggl. Das am meisten verbreitete moderne J. ist das Pleßhorn (genannt nach Herzog Heinrich XI. von Pleß) in B mit Lederwicklung.

Lit.: B. POMPECKI, Jagd- u. Waldhornschule ..., Neudamm (²1926); H. JACOB, Anleitung zum Jagdhornblasen, Hbg u. Bln (⁴1958).

Jagdmusik. Seit jeher bedarf die Jagd der akustischen Verständigung: aus Schreien und Zurufen der Jäger bildeten sich (durch Intervalle und Rhythmus unterschiedene) Jagdrufe, die hinüberleiten zum Signal und Signalinstrument. Funde aus der Eiszeit deuten auf die Verwendung von Signal- und Lockinstrumenten (Phalangenpfeifen, Knochenflöten). In den alten Kulturen (Ägypter, Babylonier, Assyrer) spielte Musik bei Jagd und Jagdopfern eine Rolle, ebenso in der Antike beim Artemis- und Diana-Kult. Auch die Germanen feierten Jagdfeste mit Gesängen. Jagdrufe erwähnt Xenophon in seinem Κυνεγητικός. Die mittelalterlichen Quellen mit Jagdberichten gehen bis ins 8. Jh. zurück. Signale, bestehend aus verschiedenen Folgen kurzer oder langer Töne gleicher Höhe, wurden auf dem → Olifant oder auf dem → Hifthorn geblasen. – Als ältestes Jagdlehrbuch gilt *Le Dit de la Chace dou Cerf* aus der Zeit Ludwigs IX. von Frankreich († 1270). Das *Livre du Roy Modus* (1338) nennt 5 Signale, Hardouin (1394) bereits 14. Aus dem frühen 14. Jh. stammt G. Twicis *L'art de Vénerie*, eines der ältesten englischen Jagdbücher. Die wörtliche Wiedergabe des Kapitels über Signale aus *La Vénerie* (1561) von Du Fouilloux findet sich in S. Feyerabends *Neuw Jag vnnd Weydwerck Buch* (1582). – Mit der Vervollkommnung der Instrumente wird im 17. Jh. das Intervallsignal möglich (Parforcehorn). In verschiedenen Abwandlungen finden die Motivtypen der Signale vom 14. Jh. an in die Kunstmusik Eingang (→ Caccia, Madrigal, Canto carnascialesco, Chanson; allegorische Jagdszenen bei Nasco, Striggio, Marenzio, O. Vecchi). Die wahrscheinlich ursprüngliche Weise von Herzog Ulrich von Württembergs Jagdlied *Ich schell mein Horn* (1510, aus Hs. 77, St. Blasien) ist im Liederbuch des Arnt von Aich (Köln, um 1520) erhalten. Zwei weitere Melodien bieten L. Senfl in → Forsters *Ein Auszug frischer teutscher Liedlein* (1539ff.) und Brahms (op. 41 Nr 1). Seit M. A. Rossis *Erminia sul Giordano* (1637) werden immer wieder Jagdszenen in Opern und Balletten eingefügt; so bei Cavalli (→ Chiamata), Purcell (*Dido and Aeneas*, 1689, 2. Akt, 2. Szene, mit einem zweimal erklingenden Signal aus Fouilloux' *La Vénerie*), Lully (*La princesse d'Elide*, 1664). – Das technisch weiterentwickelte Jagdhorn (→ Waldhorn) wird in das Orchester eingeführt. Eine Sonderform des Signalhorns verwendet J. A. Mareš 1751 in seiner »Russischen J.«. Das musikalische Jagdidiom in der Kunstmusik war wesentlich durch imitierende Elemente, die spezifische Hornklangwirkung und Fanfarenmotive, oft durch schnellen, den Galopp der Parforcejagd nachahmenden 6/8-Takt gekennzeichnet. Die Aufnahme zum Teil stilisierter französischer Parforcejagdsignale zeigen Haydns *Jahreszeiten* und die Symphonien Hob. I, 31 und I, 73. Musikalische Elemente der Jagd finden sich im symphonischen Schaffen von C. Stamitz und L. Mozart, in Finalsätzen von W. A. Mozarts Konzerten für Horn und Orch. K.-V. 412, 417, 447 und 495, im Streichquartett K.-V. 458 und in »La Chasse«, K.-V. Anh. 103. Auch im Themenkreis von Bühnenwerken erscheint die Jagd immer häufiger (E. G. Duni, J. A. Hiller).

In der Entwicklung eines spezifisch romantischen Jagdidioms gipfelt die Verbindung von Jagd und Musik. Webers *Freischütz* inspirierte zu einer Anzahl ähnlicher, das Jagdmilieu kennzeichnender Werke (u. a. von Marschner, Lortzing, C. Kreutzer, Rossini). Bei Wagner charakterisieren ganze Szenenvorspiele und -nachspiele die Jagdsituation (z. B. *Walküre*, Vorspiel zum 3. Akt). Auch die Lied- und Männerchorliteratur sowie die Instrumentalmusik der Romantik haben öfters jagdliches Geschehen zum Vorwurf (Schubert, op. 13 Nr 3, op. 96 Nr 2, op. posth. 139; C. Kreutzer, *Des Jägers Lust*; Schumann, *Jägerliedchen* aus op. 68, *Jäger auf der Lauer* aus op. 82; Mendelssohn Bartholdy, Jägerlied aus op. 19, *Durch schwankende Wipfel* ... op. 59; Brahms, 4. Satz der 3. Symphonie op. 90, op. 28 Nr 4; Grieg, op. 4 Nr 4; Bruckner, Scherzo der 4. Symphonie; Mahler, 1. Satz, *Wie ein Naturlaut*, der 1. Symphonie; H. Wolf, *Jägerliedchen* aus den Mörike-Liedern, 1888; C. Franck, *Le chasseur maudit*, 1882). Um die Mitte des 19. Jh. tauchen ständische Liederbücher auf: *Jägerlieder* (1843) von Franz Graf Pocci und Franz Ritter von Kobell, *Jagd- und Waldlieder* von H. Chr. Burckhardt (1865). Immer wieder vertont wurde der seit 1813 melodisch nachweisbare *Jäger aus Kurpfalz* (erste bekannte Männerchorfassung von Fr. Silcher, 1839). In den 3 Bänden *Denkmäler Deutscher Jagdkultur* (1938) von C. Clewing sind Jagdmadrigale und Chorgesänge des 16. bis 19. Jh. und alle bedeutenden Lieder dieses Stoffbereiches gesammelt. In der Kunstmusik klingt das Jagdidiom bis zum *Jäger aus Kurpfalz* in Bergs *Wozzeck* und zu Torquins Ritt in Brittens *The Rape of Lucretia* (1946) durch.

Ausg.: Livres du Roy Modus (1338), hrsg. v. G. TILANDER, 2 Bde, Paris 1932; GASTON PHOEBUS DE FOIX, Le livre de chasse (1387), hrsg. v. J. Lavallée, Paris 1854; HARDOUIN, SEIGNEUR DE FONTAINE-GUÉRIN, Trésor de vénerie (1394), hrsg. v. M. H. Michelant, Metz 1856; C. OTHMAYR, Reutterische u. Jegerische Liedlein (1549), hrsg. v. Fr. Piersig, Wolfenbüttel u. Bln 1928; J. DU FOUILLOUX, La Vénerie, Poitiers 1561 u. ö., Paris 1573 u. ö., Rouen 1650, 1656, Bayreuth 1754, Angers 1844, Niort 1864, 1888, Mailand 1615, Ffm. 1582, Straßburg 1590, Dessau 1727; FR. DE LA MARCHE, Mus. Jägerhorn, Konstanz 1655; J. M. GLETLE, Musica genialis latino-germanica op. IV, Augsburg 1675; H. FR. V. FLEMING, Der vollkommene teutsche Jäger u. Fischer, Lpz. 1719; H. W. DÖBEL, Neu eröffnete Jägerpraktika..., Lpz. 1754; Denkmäler Deutscher Jagdkultur, hrsg. v. C. CLEWING, Neudamm u. Kassel, 3 Bde, I: Musik u. Jägerei, 1937, II: Jägerlieder..., 1938, III: Jagdmadrigale..., 1938; Die deutschen Jagdsignale u. Brackensignale mit Merkversen v. W. FREVERT, Hbg u. Bln 1952.

Lit.: P. M. SAHLENDER, Der Jagdtraktat Twici's, d. Hofjägers bei Edward II. v. England u. seine Überlieferung, Diss. Lpz. 1894; U. WENDT, Kultur u. Jagd, 2 Bde, Bln 1907–08; O. WIENER, Das deutsche Jägerlied, = Slg gemeinnütziger Vorträge 388/389, Prag 1911; H. BENZMANN, Die Jagd im deutschen Liede, in: Der Sammler XC, 1921; A. BIERL u. B. v. PRESSENTIN-RAUTER, Die Jagd mit Lockinstrumenten, Köthen 1924; K. TAUT, Die Anfänge d. J., Lpz. 1927; J. THIÉBAUD, Bibliogr. des ouvrages frç. sur la chasse, Paris 1934; W. FREVERT, Das jagdliche Brauchtum, Hbg u. Bln ⁶1952, ⁹1962 (darin d. deutschen Jagd- u. Brakkenjagdsignale); A. L. RINGER, The Chasse as a Mus. Topic of the 18th Cent., JAMS VI, 1953; DERS., The Chasse..., Diss. Columbia Univ. 1955, maschr.; M. FEHR, Mus. Jagd, Neujahrsblatt d. Allgemeinen Musikges. Zürich CXLI, 1954; E. PAUL, Österreichische J., Österreichische Musikzs. XII, 1957; DERS., Jagd u. Musik, in: Musikerziehung XV, 1961/62; Kapitel »Jagd u. Musik« v. G. KARSTÄDT u. KL. BLUM, in: Die Jagd, = Convivium Symbolicum III, hrsg. v. E. Lutze u. Kl. Blum, Bremen (1959), mit Notenbeispielen; S. HERMELINCK, Jägermesse, Mf XVIII, 1965.

Jahrbücher (engl. yearbooks; frz. annales; ital. annuarii; span. anuarios), einige der wichtigsten sind:
– 1) *Musikalisches Jahrbüchlein*, mit dem Untertitel *Bericht aller bemerkenswerten Ereignisse im Gebiete der Tonkunst*, hrsg. von J. E. Haeuser (nur 1833); *J. des Deutschen Nationalvereins für Musik und ihre Wissenschaft*, hrsg. von G. Schilling, I–IV Karlsruhe 1839-42; *J. für musikalische Wissenschaft*, hrsg. von Fr. Chrysander, I Leipzig 1863, II 1867, der erste Versuch einer periodischen, rein musikwissenschaftlichen Publikation mit Statistiken über die Gesangvereine und Konzertinstitute Deutschlands und der Schweiz; *Caecilien-Kalender*, hrsg. von Fr. X. Haberl, I–X Regensburg 1876–85, erweitert fortgeführt als *Kirchenmusikalisches Jb.* (KmJb), hrsg. von Fr. X. Haberl 1886–1907, K. Weinmann 1908–11, als Veröffentlichung des Allgemeinen Cäcilienvereins hrsg. von K. G. Fellerer seit 1930, I–XXIV (= XI–XXXIV des Caecilien-Kalenders) Regensburg 1886–1911, XXV–XXXIII Regensburg (ab 1936 Köln) 1930-38, XXXIVff. Köln 1950ff.; *Jb. der Musikbibliothek Peters* (JbP), hrsg. von E. Vogel 1894–1900, R. Schwartz 1901-28, K. Taut 1929-38, E. Schmitz 1939-40, I–XLVII Leipzig 1894–1940, bot, neben musikologischen Arbeiten, zusammen mit einer Liste der Neuzugänge der Bibliothek eine Übersicht über die Neuerscheinungen des betreffenden Jahres (dazu ab 1913 eine Jahrestotenliste der Musiker und 1931-38 ein Verzeichnis der musikwissenschaftlichen Dissertationen an den deutschen und österreichischen Universitäten), seit 1956 fortgeführt als *Deutsches Jb. der Musikwissenschaft*, hrsg. vonW. Vetter, Iff. (=XLVIIIff. des JbP) Leipzig 1956ff. (Aufsätze, Totenliste der Musiker und Verzeichnis der im Berichtsjahr bei der Deutschen Bücherei zu Leipzig registrierten Dissertationen und Habilitationsschriften). Über die Musikpflege in Österreich und die bedeutendsten Musikstädte des Auslandes berichtete von 1904 bis 1913 das *Musikbuch aus Österreich*, das auch musikwissenschaftliche Abhandlungen enthält (von dem als Weiterführung versuchten *Wiener Musik- und Theateralmanach* erschien nur der Jg. 1913/14). Als J. des deutschen Musiklebens bestanden: *Deutsches Musik-Jb.*, hrsg. v. R. Cunz, I–IV Essen 1923–26; *Jb. der deutschen Musikorganisation*, hrsg. von L. Kestenberg, F. W. und E. A. Beidler, Berlin 1931; *Jb. des Deutschen Sängerbundes*, I–X Dresden (ab 1934 Berlin) 1926–1935/36, XIff. Mönchen-Gladbach (ab 1956/58 Köln) 1952ff. (XV 1956/58, XVI 1959/60, XVIIff. 1961ff.); *Katholisches Kirchenmusik-Jb.*, hrsg. von H. Hoffmann, I–II Kronach 1927–28; *Jb. der staatlichen Akademie für Kirchen- und Schulmusik Berlin*, hrsg. von H. Halbig, I–V Kassel 1928–32; *Jb. der Musikwelt*, hrsg. von H. Barth, I Bayreuth 1949/50 (mehr nicht erschienen). Weitere Publikationen sind das *Jb. für Volksliedforschung*, hrsg. von J. Meier, I–VIII Berlin 1929–51; *Jb. für Liturgik und Hymnologie*, hrsg. von K. Ameln, Chr. Mahrenholz, K. F. Müller, Iff. Kassel 1955ff. (Jg. VI 1961, VII 1963); *Jb. für musikalische Volks- und Völkerkunde*, hrsg. von Fr. Bose, I Berlin 1963, II 1966. An ausländischen J.n sind zu nennen: *Schweizerisches Jb. für Musikwissenschaft* (SJbMw), hrsg. von der Schweizerischen Musikforschenden Gesellschaft, I Basel 1924, II–VI Aarau 1927–29, 1931, 1933, VII Basel 1938; *Vlaamsch Jaarboek voor muziekgeschiedenis*, hrsg. von J. A. Stellfeld, A. Corbet, W. Weyler, I Antwerpen 1939, II/III 1940/41, IV 1942, fortgesetzt als *Jaarboek* (1 Jg. 1959), hrsg. von Fl. Van der Mueren; *Hinrichsen's ... Music Book*, hrsg. von R. Hill und M. Hinrichsen 1944–46, M. Hinrichsen seit 1947, I–VII London 1944–52, VIIIff. London und New York 1956ff.; *Anuario musical* (AM), hrsg. von H. Anglès, Iff. Barcelona 1946ff.; *Musica Disciplina* (MD), hrsg. von A. Carapetyan, I Rom 1946/47 unter dem Titel *Journal of Renaissance and Baroque Music*, IIff. Rom 1948ff. (mit Beiträgen besonders zur Musikgeschichte des Mittelalters); *Journal of the International Folk Music Council* (mit Unterstützung der UNESCO), Iff. London 1949ff.; *Jb. des Österreichischen Volksliedwerkes*, hrsg. von L. Nowak, L. Schmidt, R. Zoder, Iff. Wien 1952ff.; *Annales musicologiques* (Ann. Mus.), *Moyen-Age et Renaissance*, Publications de la Société de musique d'autrefois, hrsg. von G. Thibault, I–II Paris 1953–54, III–V Neuilly-sur-Seine 1955–57, VI 1958/63; *Dansk Aarbog for Musikforskning*, hrsg. von N. Schiørring und S. Sørensen, Iff. Kopenhagen 1961ff.
– 2) J. für große Meister der Musik: *Bach-Jb.*, im Auftrag der Neuen Bach-Gesellschaft hrsg. von A. Schering 1904–39, M. Schneider 1940–52, A. Dürr und M. Neumann 1953ff., I–XXXVI Leipzig 1904–39, XXXVII 1940/48, XXXVIII 1949/50 XXXIX 1951/52, XLff. Berlin 1953ff.; *Richard-Wagner-Jb.*, hrsg. von L. Frankenstein, I–V Berlin 1906–13; *Beethoven-Jb.*, hrsg. von Th. v. Frimmel, I–II München 1908–09, *Neues Beethoven-Jb.*, hrsg. von A. Sandberger, I–X Augsburg 1924–42, *Beethoven-Jb.*, hrsg. von P. Mies und J. Schmidt-Görg in den »Veröffentlichungen des Beethovenhauses in Bonn«, Iff. Bonn 1953/54ff.; *Gluck-Jb.*, hrsg. von H. Abert (Veröffentlichung der Gluck-Gesellschaft), I–IV Leipzig 1913–18; *Mozart-Jb.*, hrsg. von H. Abert, I–II München 1923–24, III Augsburg 1929, *Neues Mozart-Jb.*, hrsg. von E. Valentin im Auftrag des Zentralinstituts für Mozartforschung am Mozarteum Salzburg, I–III Regensburg 1941-43, *Mozart-Jb.*, hrsg. von G. Rech (Internationale Stiftung Mozarteum Salzburg), Salzburg 1950ff. (ohne Jahrgangszählung); *Händel-Jb.*, im Auftrag der Händel-Gesellschaft hrsg. von R. Steglich 1928–33, fortgeführt von der G.-Fr.-Händel-Gesellschaft, hrsg. von M. Schneider und R. Steglich 1955ff., I–VI Leipzig 1928–33, VIIff. (= Neue Folge Iff.) Leipzig 1955ff.; *Richard-Strauss-Jb.*, hrsg. von W. Schuh, I Bonn 1954, II 1960; *Chopin-Jb.*, hrsg. von Fr. Zagiba, Wien 1956 und 1963, *Annales Chopin*, hrsg.

von J. M. Chomiński, Iff. Warschau und Krakau 1956ff.; *Haydn-Jb.*, hrsg. von H. Singer, K. Füssl, H. C. Robbins Landon, Iff. Wien 1962ff.

Jale, von Richard Münnich erdachtes Tonsilbensystem, das die Vorzüge der Tonika-Do- und der Eitzschen Tonwort-Methode zu verbinden sucht. Den Ausgangspunkt bildet die diatonische Durtonleiter, die mit den Silben ja le mi ni ro su wa ja wiedergegeben wird. Diatonische Halbtonschritte werden durch Konsonantenwechsel (z. B. cis, d, es = je, le, me), chromatische Halbtöne durch Vokalwechsel (z. B. des, d, dis = la, le, li) angezeigt.
Lit.: R. MÜNNICH, J., ein Beitr. zur Tonsilbenfrage, Lahr 1930, Wolfenbüttel ²1957; S. BIMBERG, Chr. Lange u. Fr. Bachmann, Fs. R. Münnich, Lpz. 1957.

Jalousieschweller, in der Orgel ein größerer Schrank, in dem die Register eines Manuals (→ Schwellwerk) stehen. Durch Öffnen und Schließen der Klappen (Jalousien) sind Lautstärke und Höreindruck des Orgeltones zu variieren. Der J. wird vom Spieler über einen Fußhebel am Spieltisch bedient. Der Erfinder des J.s ist Th. Mace (1676), aber erst durch die beiden Abraham Jordan (1712) fand er weitere Verbreitung. Während in der Frühromantik die Schwellwerke nur schwach besetzt waren, wurden sie im späten 19. Jh. mit zahlreichen und stark klingenden Registern versehen. Schon das alte → Regal (– 1) hatte einen Kasten zum Abdecken der Regalpfeifen. Einen Venetian swell für Cembalo ließ sich Tschudi 1769 patentieren.
Lit.: E. FLADE, Zur Gesch. d. dynamischen Ausdrucksfähigkeit d. Orgeltons, Zs. f. kirchenmus. Beamte I, Borna 1919, Nr 11–13; W. L. SUMNER, The Organ, London ²1953.

Jaltaraṅg, persisch-indisches Musikinstrument; es besteht aus durch Wasserfüllung abgestimmten Porzellanschalen, die im Halbkreis um den Spieler aufgestellt und mit Stöckchen angeschlagen werden. Das J., das noch heute vereinzelt in Indien anzutreffen ist, erlebte seine Blütezeit im arabischen Mittelalter; es wurde sāz kāsāt, in Persien pingān, in der Türkei finġān genannt. Ähnliche Instrumente aus der gleichen Zeit (13.–17. Jh.), die aber nicht geschlagen, sondern mit den Fingern gerieben wurden, sind als Vorbilder für die späteren europäischen → Glasspiele anzusehen.

Jamaika.
Lit.: H. H. ROBERTS, A Study of Folk Song Variants ..., Journal of the American Folklore XXXVIII, 1925; DIES., Possible Survivals of African Song in Jamaica, MQ XII, 1926; M. WARREN BECKWITH u. H. H. ROBERTS, Jamaica Folklore, NY 1928.

Jam session (dʒæm sˈeʃən, engl.), Zusammenkunft von Jazzmusikern in zufälliger Besetzung aus Freude am freien Musizieren (ohne → Arrangement, Publikum oder »Stilzwang«). Solche Sitzungen fanden schon in New Orleans und Chicago statt, erlangten aber erst in der → Swing-Ära, als viele Musiker in Engagements zum Spielen von Sweet music gezwungen waren, besondere Bedeutung. Aus Experimenten in J. s entstand um 1942–45 der → Be-bop. In neuerer Zeit werden J. s häufig zu Plattenaufnahmen und als Konzerte organisiert und verlieren so ihren ursprünglichen Sinn.

Janitscharenmusik (auch »Türkische Musik« genannt; ital. banda turca; frz. musique turque; engl. janissary, janizary oder turkish music) ist die Bezeichnung für die Feldmusik der Janitscharen, im engeren Sinne für das für sie charakteristische Lärm- und Rhythmusinstrumentarium (große und kleine Trommel, Becken, Tamburin, Triangel, Schellenbaum). Die J. wurde im Gefolge der Türkenkriege durch türkische Militärkapellen in Europa bekannt; das Instrumentarium fand Eingang in die Militärmusik (in Polen um 1720 durch August II., in Rußland 1725, in Österreich 1741, bald darauf auch in Preußen). In die Kunstmusik gelangte die J. durch die »Türkenopern«, wie Glucks *La rencontre imprévue* (»Die Pilger von Mekka«, 1764; große Trommel) und *Iphigénie en Tauride* (1779; Becken, Triangel, kleine Trommel) sowie Mozarts *Entführung aus dem Serail* (Becken, Triangel, große Trommel). Über diese Beschränkung auf die exotismenhafte Darstellung orientalischen Kolorits hinaus wurde die J. Ausdrucksmittel des Kriegerisch-Martialischen (Haydn, »Militärsinfonie«, 1749, Hob. I, 100; Beethoven, *Wellingtons Sieg oder Die Schlacht bei Vittoria* op. 91, 1813) und des ekstatischen Überschwanges (Beethoven, Finale der 9. Symphonie). Für den musikalischen Stil der J., die oft als solche durch die beigegebene Stilbezeichnung alla turca noch besonders gekennzeichnet war (z. B. Mozart, Schlußsatz der Klaviersonate A dur K.-V. 331), ist die dick unter eine Melodie gesetzte lärmende, zwischen wenigen Akkorden wechselnde Begleitung eigentümlich. Der Beliebtheit der J. folgend wurden um 1800 Pianofortes mit einem Janitscharenzug ausgerüstet, durch den Glöckchen, Becken sowie (durch Schlag eines Klöppels auf den Resonanzboden) der Klang der großen Trommel nachgeahmt wurden; auch Orchestrions wurden mit Türkischer Musik versehen.
Lit.: R. HARDING, The Piano-forte, Cambridge 1933; H. G. FARMER, Turkish Instr. of Music in the 17th Cent., = Collection of Oriental Writers on Music III, Glasgow 1937; P. PANÓFF, Das mus. Erbe d. Janitscharen, Atlantis XX, 1938; N. BESSARABOFF, Ancient European Mus. Instr., Boston 1941; FR. J. HIRT, Meisterwerke d. Klavierbaus, Olten 1955; C. M. ALTAR, W. A. Mozart im Lichte osmanisch-österreichischer Beziehungen, RBM X, 1956; E. SIMON, Mechanische Musikinstr. früherer Zeiten u. ihre Musik, Wiesbaden 1960; G. ORANSAY, Von d. Türken dölpischer Musik, Südosteuropa-Jb. VI, 1962.

Japan.
Ausg. (Erscheinungsort, wenn nicht anders angegeben, Tokio): S. IZAWA, Collection of J.ese Koto-Music, hrsg. v. d. Imperial Acad. of Music, I 1888, ²1914, II 1914; Gesammelte Werke d. Weltmusik (transkribierte j.ische Musik in d. Bden XVIII, XXV u. XXXIV), o. J.; N. PÉRI, Cinq Nô, Paris 1921, NA: Le Nô, Tokio 1944; SASSA YO SASSA, J.ische Tänze, Bln 1927; Denkmäler, hrsg. seit 1930 v. d. Nanki Musik-Bibl. Abt. I, Hofmusik, 1. H.: Saibara, hrsg. v. KANETUNE-KYOSKE u. SYOTI TUDI; D. TAKI u. T. YOSCHIDA, Tendai-syōmyō-taisei (»Slg d. Syōmyō d. Tendai-Sekte«), 2 Bde, Kioto 1935–55; T. IWAHARA, Nanzan-syōmyō-kyōten (»Slg d. Syōmyō d. Nanzan-Schule«), Kōyasan 1938; Tōhoku-minyō-shū (»Slg d. Volkslieder in d. Nordost-Region J.s«), hrsg. v. Nippon-Hōsō-Kyōkai, 4 Bde, 1942–59; Nihon-no-minyō (»Slg j.ischer Volkslieder«), hrsg. v. Nippon-Hōsō-Kyōkai, 4 Bde, 1944–60; G. F. HUGHES, Rhymes Sung by J.ese Children, Western Folklore X, 1951; E. NORBECK, J.ese Folk-Music, NY 1951; S. SCHIBA, Gagaku – J.ische Hofmusik, 2 Bde, 1955–56; K. KANAL, Ryūkyū-no-minyō (»Volkslieder v. Riukiu«), 1956; I. KOMIYA, J.ese Music and Drama in the Meiji Era, 1956; K. KUBO, Minami-Nihon-minyō-kyokushū (»Slg d. Volkslieder in Süd-J.«), 1960; K. ISCHII, J.ese Folk Songs, 3 Bde, 1961; M. YAMANOI, Fuzoku-yaku-fu (»Slg d. Fuzoku-uta«), 1961.
Lit. (Erscheinungsort, wenn nicht anders angegeben, Tokio): C. G. KNOTT, Remarks on J.eśe Mus. Scales, Transactions of the Asiatic Soc. of J. XIX, 1891; F. T. PIGGOTT, The Music and Mus. Instr. of J., London 1893, ²1909; O. ABRAHAM u. E. M. v. HORNBOSTEL, Studien über d. Tonsystem u. d. Musik d. J.er, SIMG IV, 1902/03; H. RIEMANN, Über j.ische Musik, Mus. Wochenblatt XXXIII, 1902; K. SUZUKI, Nihon-ongaku-schi (»Gesch. d. j.ischen Musik«), 1913, ²1944; H. TANABE, Schōsōin-gakki-no-tschosahōkoku (»Ber. über d. Musikinstr. in d. kaiserlichen Schatzkammer Schōsōin«), in: Teischitsu Hakubutsukan Gakuhō II, 1921; DERS., Nihon-ongaku-no-kenkyū (»Studien über d.

j.ische Musik«), 1926; DERS., J.ese Music, 1936, ²1959; R. LACHMANN, Musik u. Tonschrift d. Nô, Kgr.-Ber. Lpz. 1925; K. KONAKAMURA, Kabu-ongaku-ryakuschi (»Eine kurze Gesch. d. Sing- u. Tanzmusik J.«), 1928; H. ECKARDT, Zum Verständnis d. j.ischen Musik, in: Yamato, Bln 1929; DERS., Wesenszüge d. j.ischen Musik, in: Nachrichten d. Deutschen Ges. f. Natur- u. Völkerkunde Ostasiens XLIII, 1937; DERS., Zur Frage d. Netori, Monumenta Nipponica I, 1938; DERS., Die Ei u. Saezuri, verschollene melismatische Gesangsformen im j.ischen Tanz, Kgr.-Ber. Lüneburg 1950; DERS., Ryôwô, Sinologica III, 1951/53; DERS., Somakusa, ebenda; DERS., Das Kokonchomonshû d. Tachibana Narisue als mg. Quelle, = Göttinger Asiatische Forschungen VI, Wiesbaden 1956; DERS., Zur Frage u. Bedeutung d. Ranjô, Fs. H. Besseler, Lpz. 1961; T. TAKANO, Nihon-kayô-schi (»Gesch. d. j.ischen Liedes«), 1930; R. UEHARA, Zokugaku-senritsu-kô (»Studien über d. volkstümlichen Melodien«), 1932; T. IBA, Nihon-ongaku-schi (»Gesch. d. j.ischen Musik«), 1934; N. PÉRI, Essay sur les gammes japonaises, Paris 1934; R. UMEMOTO u. Y. ISHIZAWA, Introduction to the Classical Dances of J., 1935; K. SUNAGA, J.ese Music, 1936; A. BEAUJARD, Le théâtre comique des Japonais, Paris 1937; K. TAKANO, Beitr. zur Gesch. d. j.ischen Musik, AfMf II, 1937; G. MORITA, Un coup d'œil sur la musique et la danse traditionnelles au Japon, Paris 1937; M. PIPER, Das j.ische Theater, Ffm. 1937; H. BEYER, Deutsche Musik in J., ZfM CVIII, 1941; K. BÔDA, Nihon-senritsu-to-wasei (»Melodik u. Harmonik d. j.ischen Musik«), 1941; S. TANAKA, Nihon-waseinokiso (»Grundlage d. Harmonik in d. j.ischen Musik«), 1941; K. SCHIMOFUSA, Nihon-minyô-no-onkai-no-hanaschi (»Gespräch über Volkslieder u. Tonleitern J.«), 1942, ²1954; J. LARUE, Native Music on Okinawa, MQ XXXII, 1946; DERS., The Okinawan Notation System, JAMS IV, 1951; E. KIKKAWA, »Charakter d. j.ischen Musik«, 1948; DERS., Hôgaku-kanschô (»Einführung in d. j.ische Musik«), 2 Bde, Tôkyô; E. CUNNINGHAM, J.ese Ko-uta and Hauta, MQ XXXIV, 1948; R. A. WATERMAN u. a., Bibliogr. of Asiatic Musics V, B, J., in: Notes II, 7, 1949/50; E. HARICH-SCHNEIDER, Die Gagaku in d. Musikabt. d. j.ischen Kaiserhofes, Kgr.-Ber. Lüneburg 1950; DIES., Koromogae, Monumenta Nipponica VIII, 1952; DIES., The Present Condition of J.ese Court-Music, MQ XXXIX, 1953; DIES., The Rhythmical Patterns in Gagaku and Bugaku, = Ethno-Musicologica III, Leiden 1954; DIES., The Earliest Sources of Chinese Music and Their Survival in J., Monumenta Nipponica XI, 1955; DIES., Über d. Gilden blinder Musiker in J., Kgr.-Ber. Hbg 1956; DIES., Regional Folk Songs and Itinerant Minstrels in J., JAMS X, 1957; DIES., The Remolding of Gagaku under the Meiji Restoration, Transactions of the Asiatic Soc. of J. III, 5, 1957; DIES., Roei, the Medieval Songs of J., Monumenta Nipponica XIV, 1958 – XVI, 1960; DIES., Ein Beitr. zur Quellenkunde j.ischer Musik, Kgr.-Ber. Köln 1958; G. KATAOKA, Musikerziehung in J., ZfM CXVI, 1955; J.ese Music and Drama in the Meiji Era, hrsg. v. T. KOMIYA, = J.ese Culture in the Meiji Era III, 1956; M. MURAI, Der gegenwärtige Stand d. Musik in J., Kgr.-Ber. Wien 1956; Y. TOGASCHI, Nihon-nosakkyokuka (»Komponisten in J.«), 1956; P. ARNOLD, Le théâtre japonais: nô, kebuki, shimpa, shingeki, Paris 1957; F. KOIZUMI, Nihon-dentô-ongaku-no-kenkyû (»Studien über d. traditionelle Musik J.«), 1957; T. MINAGAWA, J.ese »Noh« Music, JAMS X, 1957; S. MITA, A Comparative Study of the Preparation of School Music Teachers in J. and the United States, Diss. Michigan State Univ. 1957, maschr.; FR. Y. NOMURA, Gegenwärtige Probleme d. Mw. in J., Kgr.-Ber. Köln 1958; DERS., Musicology in J. since 1945, AMI XXXV, 1963; W. P. MALM, J.ese Music and Mus. Instr., Rutland (Vt.) u. Tokio 1959; DERS., Special Bibliogr. A Bibliogr. of J.ese Magazines and Music, Ethnomusicology III, 1959; DERS., Nagauta. The Heart of Kabuki Music, Rutland (Vt.) u. Tokio 1963; S. MATSUMIYA, Traditional Music and Dance in J. To-day, Its Stability and Evolution, Journal of the International Folk Music Council XI, 1959; E. MAY, J.ese Children's Folk Songs Before and After Contact with the West, ebenda XI, 1959; R. UCHIDA, Über d. j.ische Volkslied, Deutsches Jb. d. Mw. IV (= JbP LI), 1959; Bibliogr. of Standard Reference Books for J.ese Studies, VII: Theatre, Dance and Music, 1961; J. T. ARAKI, The Ballad-Drama of Medieval J., Berkeley (Calif.) 1964. – Zs.: Tôyô-ongaku-kenkyû (Journal of the Soc. for Research in Asiatic Music), 1938-41, N. F. seit 1951; Ongaku-gaku (Zs. d. j.ischen Ges. f. Mw.), seit 1955.

Jazz (dʒæz, engl.-amerikanisch), eine Ende des 19. Jh. unter den Negern in den Südstaaten der USA (Louisiana: New Orleans) als Synthese aus afroamerikanischer Volksmusik und europäischer Volks-, Unterhaltungs- und Militärmusik entstandene Musizierweise. Der J. verbreitete sich seit etwa 1915 in den USA, gelangte im 1. Weltkrieg nach Europa und wird seither international in verschiedenen, zeitlich nacheinander aufgekommenen Ausführungsarten (»Stilen«) praktiziert. – Die Etymologie des Wortes jazz (anfänglich geschrieben jass) ist umstritten. Es kann von einem amerikanischen Slangwort (jazz[y], grell, bunt, erregend, schreiend) hergeleitet werden. – J. ist in seinem Ursprung Gebrauchsmusizieren in »kollektiver Improvisation«, auf Grund des → Chorus, d. h. eines allen Mitspielern in seinem melodischen und harmonischen Verlauf bekannten Schlagerrefrains, bzw. eines Blues oder Marsches. Der Chorus wird fortlaufend wiederholt und von den einzelnen Musikern, je nach Talent und technischem Können, rhythmisch umgestaltet und melodisch umspielt. Hierbei ist Spontaneität, aber auch die Anwendung stereotyper melodischer Formeln wesentlich, so daß ein J.-Stück, auch von denselben Musikern gespielt, jedesmal auf andere Weise, häufig mit erheblichen Abweichungen, erklingen kann. Die Dauer eines solchen J.-Stücks, d. h. die Anzahl der »Chorusse«, liegt nicht fest. Jedoch war die Schallplatte (3½ Min.) als erstes Medium der Konservierung von J. mitbeteiligt an der Herausbildung einer Standardanzahl von Chorussen in den verschiedenen Tempi. Durch Langspielplatte und Tonband entfiel die zeitliche Begrenzung, wodurch häufig die frühere Geschlossenheit und Knappheit der Stücke verlorenging. Der J. ist – vor allem in seinen »Stilen« vor der Swing-Ära – ein Chorusspielen in bestimmten Manieren. Die These, die musikalische Form des J. sei »Thema mit Variationen«, ist also irreführend: sie ist Ergebnis einer Betrachtungsweise, die unreflektiert Begriffe der Kunstmusik auf den J. projiziert. Im moderneren J., der immer stärker den Einflüssen der Kunstmusik erlegen ist, finden sich denn auch Bestrebungen, tatsächlich Thema mit Variationen zu gestalten. – Da J. einerseits ohne Notenschrift entstehen kann, andererseits aber durch sie nicht restlos zu erfassen ist, existiert ein J.-Stück nicht als aufgeführte Komposition, sondern nur als jeweils einmaliges Erklingen. (Viele berühmte Musiker des früheren J. konnten keine Noten lesen.) Die Eigenschaft, daß sich J. letztlich der Notenschrift entzieht, zeigt noch seine ursprüngliche Gemeinsamkeit mit der afroamerikanischen Volksmusik, und sie resultiert, wie in dieser, aus rhythmischen, melodischen und den mit beiden zusammenhängenden intonatorischen Bedingungen. So liegen auch in diesen Bereichen die wesentlichen Merkmale des J., und gerade sie sind von der afroamerikanischen, ganz ursprünglich aber von der afrikanischen Musik herzuleiten: im Rhythmischen → Beat (-1), → Off-beat und der auf Grund ihrer Übertragung auf gerade Taktarten (2/4, 4/4) sich einstellende → swing; im Melodischen die aus der Gesangsvorstellung der Neger stammende Umspielungs- und Kolorierungstechnik. Dieser entspricht die – von der sprachlichen Artikulation der Neger herzuleitende und für den früheren J. typische – vehemente und zugleich vibrierende Intonation (→ Hot-Intonation), an deren Stelle jedoch im modernen J. (→ Be-bop; → Cool J.) eine geschmeidigere Tongebung, verbunden mit der sogenannten J.-Phrasierung getreten ist. In Zusammenhang mit den melodischen Bedingungen sind wohl auch die über den → Blues in den J. eingegangenen Blue notes (gleichberechtigte große und kleine Terzen und Septimen) zu bringen. – J. ist im Prinzip Gruppenmusizieren. Eine → Band besteht aus einer Melodie- und einer Rhythmusgruppe. Die Rhythmusgruppe gibt mit dem Beat das metrische und teilweise zugleich das harmonische Fundament, während die Melodiegruppe, vornehmlich Blasinstrumente, zu der gegebenenfalls auch eine Gesangsstimme zählt, sich durch Off-beat-Phrasierung »swingend« von jener abhebt. Als Instrumente, auf denen ein Musiker als einzelner J. vortragen kann, eignen sich nur solche, bei denen Rhythmus- und Melodiegruppe durch beide Hände des Spielers repräsentiert sind (Piano, Wurlitzer-Orgel; → Boogie-Woogie). Seit der Swing-Ära wurden Vibraphon und elektrisch verstärkte Gitarre zu beliebten J.-Instrumenten. Im modernen J. finden sich auch Experimente mit Flöten, Harfe, Cembalo u. a. – Die Harmonik des früheren J. beruhte auf funktionaler Tonalität: im Laufe der J.-Entwicklung wurde sie der spätromantischen Harmonik, im modernsten J. sogar teilweise dem Klangbild modernerer Musik angeglichen.

Ausgangspunkt für die Entstehung des J. war das auf der Grundlage der musikalischen Negerfolklore der USA (→ Worksongs; → Negro spirituals; → Blues) um 1880 entstandene Musizieren der schwarzen → Marching bands (brass bands) in New Orleans, die europäische Marschmusik nachzuahmen versuchten. Als Verkleinerung solcher Bands entstanden um 1895 Tanzkapellen mit der für den → New-Orleans-J. typischen Standardbesetzung, deren Musizieren jedoch auch von dem damals schon weitverbreiteten → Ragtime beeinflußt wurde. Aus dem New-Orleans-J., der noch Gruppenmusizieren ohne wesentliches Hervortreten von Solisten war, gingen die ersten namhaften J.-Musiker hervor: z. B. Buddy Bolden, King Oliver, Johnny Dodds, Baby Dodds, Sidney Bechet, Kid Ory, Louis Armstrong. Andererseits hatten schon Ende des 19. Jh. weiße Bands in New Orleans das Musizieren der Neger nachzuahmen versucht, was zu dem stark unter dem Einfluß des Ragtime (ohne Beat, Off-beat, swing) stehenden → Dixieland führte. Aus weißen Musikern rekrutierte sich später auch die Original Dixieland Jazz Band, die ab 1917 (erste Schallplattenaufnahmen) den J. weltbekannt machte. Als 1917 das Vergnügungsviertel Storyville in New Orleans geschlossen wurde, übersiedelten viele J.-Musiker nach Chicago, wo der J. in den 1920er Jahren seinen ersten Höhepunkt erreichte. Um in Chicago als Tanzkapellen konkurrenzfähig zu werden, mußten die schwarzen Musiker ihre Technik vervollkommnen und gelangten so zu einer geglätteteleganten und virtuosen Spielweise. Erst in Chicago entstanden 1923–28 die wichtigen Plattenaufnahmen des New-Orleans-J. (z. B. Oliver, Armstrong, Morton). Wohl im Zusammenhang mit dem organisierten Musizieren für Schallplatten traten in dieser Zeit das → Arrangement (Head-Arrangement), das Solochorus-Spiel (Hot-Solo) und verbunden damit auch der Typ des J.-Stars in den Vordergrund. Beteiligt an dieser Entwicklung waren auch Weiße, die erneut den J. der Neger imitierten, und den → Chicago-J. kreierten, in dem (gegenüber dem Dixieland) Beat, Off-beat, swing, Hot-Intonation und Blue notes realisiert sind (Beiderbecke). Darüber hinaus ist der weiße Chicago-J. durch Erweiterungen in der Harmonik, Einführung des Saxophons und zunehmende Verquickung von J.-Elementen mit der Sweet music gekennzeichnet. Die weltweite Bedeutung, die der J. von Chicago aus erlangte (»J. Age«), spiegelt sich nicht zuletzt in seinem Einfluß auf Komponisten wie Strawinsky, Gershwin, Milhaud, Křenek, Hindemith. – Ende der 1920er Jahre war, ausgehend von New York und gefördert von der Kulturindustrie, eine neue Musizierweise Mode geworden: große Schauorchester spielten in Hotels und Rundfunk sogenannten Symphonischen J. (P. Whiteman), eine mit J.-Elementen durchsetzte komponierte Unterhaltungsmusik. Die schwarzen J.-Musiker mußten sich der neuen Situation anpassen und sich ebenfalls auf Musizieren in größeren Orchestern umstellen. Mit den in der Folgezeit gegründeten → Big bands begann Ende der 1920er Jahre der → Swing, der 1930–45 die vorherrschende J.-Spielweise blieb (Bandleader: Henderson, Lunceford, Ellington, Basie, Benny Goodman). Merkmale des Swing sind raffinierte Arrangements mit ausgesparten Partien für improvisierte Soli, Instrumentaleffekte, Ausweitung der Harmonik in Anlehnung an den Impressionismus, → Riff-Technik, J.-Komposition. Auf Grund der im Swing erreichten vollkommenen Verschmelzung des Taktprinzips mit Beat und Off-beat konnte nun jede Musik im geraden Takt so gespielt werden, daß sie swingt (Verjazzen älterer Musik, z. B. J. S. Bach). Das »Swingen« galt als ausschlaggebendes Kriterium für J., weshalb in dieser Periode J. vielfach mit »Swing« gleichgesetzt wurde. Die Grenzen zwischen J. und kommerzieller Tanzmusik wurden fließend (Glenn Miller). Erst seitdem muß von J.-Musikern, Kennern und Journalisten auf die grundlegende Verschiedenheit von J. gegenüber komponierter und mit swing-Momenten ausgestatteter Tanzmusik hingewiesen werden. Dadurch trat aber zugleich eine neue Situation ein: für den »wirklichen« J. wurde gleichzeitig mehr und mehr der Anspruch auf Kunstmusik geltend gemacht (J.-Kompositionen, J.-Konzerte). Zusammen mit dieser immer stärker in den Vordergrund tretenden Anschauung führte der perfektionierte Big band-J. der Swing-Ära auf Grund seiner Einengungen der improvisatorisch-spielerischen Möglichkeiten für die einzelnen Musiker zu zwei Reaktionen: zur New Orleans Renaissance bzw. Dixieland Revival (seit etwa 1940) als Folge der Erinnerung an unbekümmertes früheres J.-Musizieren (Comeback alter Musiker und seitherige internationale Beliebtheit des Old time-J. unter Amateuren), aber auch zur Entstehung des → Modern J., dessen Entwicklung wieder wesentlich von kleineren Ensembles bestimmt ist. In der Swing-Ära hatten sich zwei Möglichkeiten zum Musizieren in kleineren Gruppen herausgebildet: die Combo (→ Band) als gleichsam kammermusikalische Solistengruppe aus berühmten Big bands (B. Goodman Trio, Quartett) und die → Jam session. Durch Jam sessions in Harlem entstand – vorbereitet durch den → Kansas-City-J. – zwischen 1942–45 der → Be-bop. Mit dieser Musizierweise des modernen, intellektuellen Großstadtnegers (Gillespie, Monk, Parker) war eine J.-Konzeption geschaffen, in der zum ersten Male das Suchen nach einem für die heutige Zeit gültigen künstlerisch-musikalischen Ausdruck im Bereich des J. zentrales Thema wurde. – Seit 1943 entwickelte sich neben dem Be-bop durch neue Versuche, symphonischen J. mit Hilfe stark konzertanter Arrangements zu gestalten, der → Progressive J. (Stan Kenton), in dem weitgehend Mittel modernerer Musik (Hindemith) übernommen sind. Seit dem Aufkommen des → Cool J. um 1950, der gegenüber dem Be-bop eine betont verhaltene Spielweise (Lester Young), teilweise verknüpft mit moderner Kontrapunktik (Lennie Tristano, John Lewis), darstellt, werden die in die verschiedensten Richtungen gehenden Experimente häufig unter dem Begriff → Modern J. zusammengefaßt.

Lit.: CH. DELAUNAY, Hot Discographie, Paris 1936; DERS., New Hot Discography, NY 1948; H. H. LANGE, Die Deutsche J.-Discographie, Bln 1955; DERS., Die deutsche »78«-Discographie d. J.- u. Hot-Dance-Musik 1903–58, Bln 1966. – H. PANASSIÉ, Le J. Hot, Paris 1934, engl. als: Hot J., NY 1936; W. SARGEANT, J.: Hot and Hybrid, NY 1938; R. BLESH, Shining Trumpets, NY 1946, London ⁵1958; S. FINKELSTEIN, J.: A People's Music, NY 1948, deutsch Stuttgart 1951; J. SLAWE, Einführung in d. Jazzmusik, Basel 1948; L. FEATHER, Inside Be-bop, NY 1949; DERS., The Encyclopedia of J., NY 1955, ²1960; Metronome Yearbook, NY seit 1950; R. HARRIS, J., Harmondsworth (Middlesex) 1952, erweitert als: The Story of J., NY 1955; B. ULANOV, A Hist. of J. in America, NY 1952, deutsch als: J. in Amerika, Bln 1958; W. LAADE, W. ZIEFLE, D. ZIMMERLE, J.-Lexikon, Stuttgart 1953 (mit Bibliogr. u. Angabe d. wichtigsten J.-Zss.); A. HODEIR, Hommes et problèmes du J., Paris 1954, engl. als: J., Its Evolution and Essence, NY 1956; P. E. MERRIAM, A Bibliogr. of J., Philadelphia 1954; TH. W. ADORNO, Zeitlose Mode. Zum J., in: Prismen, Ffm. 1955; O. KEEPNEWS u. W. GRAUER, Pictorial Hist. of J., NY 1955; Down Beat Music, Annual Yearbook, Chicago seit 1956; Down Beat J. Record Reviews, ebenda o. J. (seit 1956); M. W. STEARNS, The Story of J., NY 1956, deutsch als: Die Story v. J., München 1959 (mit umfangreicher Bibliogr.); W. BURKHARDT, Artikel J., in: MGG VI, 1957; ST. LONGSTREET u. A. M. DAUER, Knaurs J.-Lexikon, München 1957; A. M. DAUER, Der J., Kassel (1958); DERS., J., d. magische Musik, Bremen 1961; J. E. BERENDT, das neue jazzbuch, Ffm. 1959; CH. FOX, J. since 1945, Proc. R. Mus. Ass. LXXXVI, 1959/60; C. BOHLÄNDER, J.-Gesch. u. Rhythmus, = J. studio H. 1, Mainz (1960); C. GR. HERZOG ZU MECKLENBURG u. W. SCHECK, Die Theorie d. Blues im modernen J., = Slg mw. Abh. XLV, Straßburg u. Baden-Baden 1963; E. L. WAELTNER, Metrik u. Rhythmik im J., in: Terminologie d. Neuen Musik, = Veröff. d. Inst. f. Neue Musik u. Musikerziehung Darmstadt V, Bln 1965; H. H. LANGE, J. in Deutschland ... 1900–60, Bln 1966.   EWa

Jeu parti (ʒø part'i, altfrz.; prov. joc partit), eine Form des mittelalterlichen Streitliedes, die von den Trobadors ausgebildet, von den Trouvères vor allem in den → Puys gepflegt wurde und eine Art Sängerkrieg darstellt. Ein Sänger formuliert in der Eingangsstrophe eine strittige Frage – meist über ein Thema der höfischen Liebe –, auf die ein zweiter Sänger einseitig pointiert antwortet, dem der erste wiederum mit Gegenargumenten in der nächsten Strophe entgegnet. Im Unterschied zur Tenzone gibt sich der J. p. spielerisch geistreich und meidet jede Polemik. Am Schluß können in zwei kürzeren Geleitstrophen (envoi) Unbeteiligte zur Entscheidung über die Streitfrage angerufen werden. Von den über 180 erhaltenen J.x p.s ist die Mehrzahl sechsstrophig und durchgereimt. Der Umfang der Strophen schwankt zwischen 6 und 15 Versen. Metrische Form und Melodie werden vom ersten Sänger in der ersten Strophe vorgegeben und in den folgenden Strophen wiederholt.

Ausg.: A. LÅNGFORS, Recueil général des j. p. frç., Paris 1926. Lit.: K. KNOBLOCH, Die Streitgedichte im Provenzalischen u. Altfrz., Diss. Breslau 1886; H. JANTZEN, Gesch. d. Streitgedichtes im MA, in: Germanistische Abh. XIII, Breslau 1896; FR. FISET, Das altfrz. J. p., Romanische Forschungen XIX, 1906; FR. GENNRICH, Der Gesangswettstreit im Parfait du Paon, ebenda LVIII/LIX, 1947; E. KÖHLER, Zur Gesch. d. altprov. u. altfrz. Streitgedichts, Wiss. Zs. d. Univ. Lpz. 1951/52.

Jig (dʒig, engl. to jig; mhd. gîgen; altfrz. giguer, s. v. w. sich schnell und schwankend hin und her bewegen; → Geige), ein auf den englischen Inseln beheimateter Tanz. Die in abgelegenen Gegenden Irlands noch heute gebräuchliche J. wurde seit dem 16. Jh. in Reihen oder Ketten (rounds or hayes) getanzt und gesungen. Sie gehört zu den Ballads; durch ihre spöttischen Texte unterscheidet sie sich von den übrigen Tanzliedern. In der zeitgenössischen Literatur wurden J. und → Country dance häufig gleichbedeutend gebraucht. Auf den grotesken Charakter der J. weist, daß der Veitstanz in England noch immer »St. Vitus' J.« genannt wird; schon Th. Mace (1676) hatte die J. als *only fit for Fantastical, and Easie-Light-Headed People* bezeichnet. – Erst aus der Elisabethanischen Zeit, als vulgäre Tänze am Hof Eingang fanden, sind J.s überliefert. Im *Fitzwilliam Virginal Book*, in Th. Robinsons *Schoole of Musicke* (1603) und Th. Fords *Musicke of Sundrie Kindes* (1607) kommen bei den J.s folgende Taktarten vor: 2/4 und 2/2 bei 2teiliger Form; 9/8, 9/4 und 6/4, 6/8, 3/8 bei 3teiliger Form. Charakteristisch sind der melodische Terzfall und eine als Scotch snap bezeichnete Synkopenbildung. Die meisten J.s tragen Titel, wie die *Nobodyes Gigge* von R. Farnaby aus dem *Fitzwilliam Virginal Book* (II, 162):

Die Titel weisen auf bekannte Schauspieler (jester), die jene J.s in Singspielen bekannt machten. Die J. als Singspiel hat sich aus dem Solosketch entwickelt, in dem Gesangs- und Tanzeinlagen enthalten waren. Die zur Shakespeare-Zeit weit verbreitete Singspiel-J. mündete, nachdem ihr Dialog schriftlich fixiert war, in das → Intermedium. Mit dem Ende der Elisabethanischen Epoche starb die J. fast ganz aus. Purcell und seine Zeitgenossen, denen sie in der Form der über Frankreich internationalisierten → Gigue wiederbegegnete, verhielten sich ihr gegenüber reserviert, wohl wegen ihres an die niedere Abkunft gemahnenden Namens. Erst das bürgerliche Zeitalter, das in der *Beggar's Opera* (1728) sich seiner Vulgärmusik erinnerte, belebte auch die J. wieder.

Lit.: D. FRYKLUND, Etymologische Studien über Geige – Gigue – J., = Studier i modern språkvetenskap VI, Uppsala 1917; W. DANCKERT, Gesch. d. Gigue, = Veröff. d. Mw. Seminars d. Univ. Erlangen I, Lpz. 1924; C. R. BASKERVILLE, The Elizabethan J., Chicago 1929; F. J. u. T. M. FLETT, Dramatic J. in Scotland, Folklore LXVII, London 1956.   RG

Jodeln (alpenmundartliche Benennung für das Jo-Rufen, schriftdeutsch seit Goethe) ist das volkstümliche textlose Singen der Älpler in vorwiegend großen Intervallen (Quarte, Sexte, Dezime) und auf Akkordzerlegungen (Dominantsept- und Nonenakkord) bei häufigem Umschlagen vom Brust- ins Kopfregister (Falsett). Das alpenländische J. wird auch mehrstimmig im kanonartigen Füreinand und mit Stimmkreuzungen im Nacheinand gesungen. Die wichtigsten Beispiele für jodlerähnliches Singen außerhalb Europas geben die Pygmäen und Buschmänner in Afrika sowie die Melanesier.

Ausg.: J. POMMER, Jodler u. Juchezer, Wien 1890, weitere Ausg. ebenda 1893, 1902, 1906; H. COMMENDA, 25 oberösterreichische Volkslieder u. Jodler, 2 H., Linz 1920–25, ²1929; H. POMMER, Volkslieder u. Jodler aus Vorarlberg, = Österreichisches Volkslied-Unternehmen III, Wien u. Lpz. 1926; DERS., Jodler d. deutschen Alpenvolkes, Lpz. 1936; M. HAAGER, Das Jodelbuch, Graz 1936; H. GIELGE, Klingende Berge. Juchzer, Rufe u. Jodler, Wien 1937; G. KOTEK, Volkslieder u. Jodler um d. Schneeberg u. Semmering in Niederdonau, Wien u. Lpz. (1944).

Lit.: A. TOBLER, Kühreihen oder Kühreigen, Jodel u. Jodellied in Appenzell, Zürich 1890; E. M. V. HORNBOSTEL, Die Entstehung d. J., Kgr.-Ber. Basel 1924; G. KOTEK, Der Jodler in d. österreichischen Alpen, Kgr.-Ber. Wien 1927; W. SICHARDT, Der alpenländische Jodler u. d. Ursprung d. J., = Schriften zur Volksliedkunde u. völkerkundlichen Mw. II, Bln 1939; C. BRAILOIU, A propos du jodel, Kgr.-Ber. Basel 1949; W. WIORA, Zur Frühgesch. d. Musik in d. Alpenländern, = Schriften d. Schweizerischen Ges. f. Volkskunde XXXII, Basel 1949; J. DNESEL, Der Jodel u. d. Jodellied in d. Schweiz, Heimatleben XXVIII, 1955; W. DANCKERT, Hirtenmusik, AfMw XIII, 1956; W. SCHRAMMEK, Über d. J. im Harz, in: Zur Situation d. traditionellen

Volkskunst im Harz, Inst. f. Volkskunstforschung ..., Lpz. 1958; W. Wünsch, Zur Frage d. Mehrstimmigkeit d. alpenländischen Volksliedes (Steirischer Landschaft), Kgr.-Ber. Köln 1958; M. Probst, Vom J. u. Singen im Allgäu, in: Sänger -u. Musikantenzeitung II, 1959; H. Gielge, Sprachliche u. mus. Gesetzmäßigkeiten bei d. Anordnung v. Jodlersilben, Jb. d. österreichischen Volksliedwerkes X, 1961; W. Graf, Zu d. Jodlertheorien, Journal of the International Folk Music Council XIII, 1961; W. Senn, J., Ein Beitr. zur Entstehung u. Verbreitung d. Wortes, Jb. d. österreichischen Volksliedwerkes XI, 1962.

Jongleur (ʒõgl'œːr, frz.; prov. joglar; altfrz. jougleur; span. juglar; mittellat. joculari[u]s, nach lat. joculator, s. v. w. Spaßmacher) bezeichnet seit dem 7. Jh. zunächst allgemein den aus den antiken Histriones und Mimi hervorgegangenen berufsmäßigen Schausteller, Akrobaten, Zauberkünstler, Musikanten, der sich der Unterhaltung des Publikums widmete. Seit dem Entstehen einer volkssprachlichen Dichtung – der Chansons de geste, der Fabliaux, der bretonischen Lais, aber auch der Heiligenviten und der Trobador- und Trouvèrelyrik – oblagen auch der musikalische Vortrag und die Verbreitung dieser Dichtung weitgehend den J.s. Sie traten bei höfischen und Kirchweihfesten in Erscheinung, spielten bei den Jahrmärkten zum Tanz auf und begleiteten die Heere auf den Kreuzzügen. Ihre bevorzugten Begleitinstrumente waren die Viella und die Rotta. Neben diesen fahrenden → Spielleuten (– 1) niederen Standes und geringer Wertschätzung traten auch einige J.s hervor, die zugleich Trouvères waren (z. B. Rutebœuf), und andere, die an den Höfen eine feste und ehrbare Anstellung fanden (→ Ménestrel).
Lit.: E. Freymond, J. u. Menestrels, Diss. Halle 1883; E. Faral, Les j. en France, Paris 1910; R. Menéndez Pidal, Poesía juglaresca y juglares, Madrid 1924, ⁶1957; W. Salmen, Der fahrende Musiker im europäischen MA, = Die Musik im alten u. neuen Europa IV, Kassel 1960.

Jota (x'ota, span.), ein schneller (gesungener) spanischer Volkstanz im 3/8- oder 3/4-Takt, meist von Gitarren und Bandurrias (spanischen Diskantcistern), seltener von Trommel und Pfeife begleitet. Die J. stammt aus der Provinz Aragón (Nordspanien) und ist in Spanien sehr verbreitet. Sie erfordert größte körperliche Behendigkeit und Virtuosität im doppelhändigen Kastagnettenspiel. Bei Schautänzen ist am Schluß eine Stretta üblich. Verschiedene Komponisten übernahmen die J., z. B. Liszt in der *Rhapsodie espagnole* (*Folies d'Espagne et J. aragonesa*) für Kl. (um 1863). Glinka schrieb ein Orchesterstück *J. aragonesa*, M. de Falla eine J. im Ballett *El sombrero de populares españolas* (1922) und I. Albéniz eine *J. aragonesa* in *Deux danses espagnoles* op. 164 für Kl.
Lit.: J. Ribera y Tarragó, La música de la j. aragonesa. Ensayo hist., Madrid 1928; M. Arnaudas Larrodé, La j. aragonesa, Saragossa 1933; A. de Larrea Palacín, Preliminares al estudio de la j. aragonesa, AM II, 1947; M. Schneider, Zambomba u. Pandero, Span. Forschungen d. Görresges. I, 1, Münster i. W. 1954.

Jubalflöte, Tubalflöte, tonstarkes Flötenregister in der Orgel, mitunter mit doppeltem Labium, im 8′, 4′, 2′ oder 1′. Das Register ist nach Jubal bzw. Thubalkain benannt (1. Mos. 4, 21f.), daher nicht: Jubelflöte.

Jubilee (dʒuːbiliː, engl.), eine ekstatische, dem → Negro spiritual und dem → Gospelsong, auch dem Ring-shout (→ Shout) nahe verwandte religiöse Gesangsgattung der nordamerikanischen Neger. Die J.s entstanden aus englischen Chorälen (hymns), deren Strophen von den Negern auf Grund der melodischen Wiederholung als → Chorus betrachtet und auf der Basis von → Beat (– 1) und → Off-beat in der für die Negerfolklore typischen Gesangsweise (blue notes, Kolorierung) ausgeführt wurden. Ein bekanntes Beispiel neuerer J.s ist *When the Saints go marching in*.

Jubilus (lat., auch jubilum, jubilatio, neuma, sequentia), eine melismatische textlose Melodie, im besonderen die mit dem Alleluia, seltener auch mit Antiphonen oder Responsorien verbundene melismatische Partie. Verschiedentlich wird der J. aus dem für die Antike und auch die spätere Zeit (in gewissen Volkstraditionen noch bis heute) vielfach bezeugten wortlosen Singen oder Rufen der Hirten, Schiffer und Soldaten abgeleitet. Doch darf die Existenz melismatischen Singens in vorchristlichen Kulten und seine Übernahme aus dem synagogalen Gesang als sicher angenommen werden (hebräisch hallel, → Alleluia; griech. ἰαχή; → Melos). Den J. bezeugen für die vorgregorianische Liturgie u. a. Hilarius, Hieronymus und Augustinus. Letzterer definiert ihn in der für das ganze Mittelalter gültigen Weise als *sonus quidam ... significans cor parturire quod dicere non potest* (*Enarrationes in psalmos* 32). Als Inbegriff der expressiven Freude wird er *non articulatis sermonibus*, sondern *confusa voce* gesungen (Cassiodorus, *Expositio in psalterium* 46). Im Mittelalter wurde zur Erhöhung der Feierlichkeit gewissen Antiphonen und Responsorien ein J. finalis (auch finalis oder cauda; → Neumen – 2) angehängt; die fränkische Liturgie steigerte bei einigen Responsorien den Schluß-J. zum Neuma triplex. Dem J. am engsten verwandt sind die Melismen auf dem Schlußvokal des → Alleluias, das vor der Reform durch Gregor den Großen noch weit ausgedehntere Jubili kannte; von diesen vermitteln besonders die nach dem Vers gesungenen Melodiae der Mailändischen Tradition eine Vorstellung. In solchen langen Melismen (sequentia) sieht man allgemein die von Notker im Prooemium seines *Liber ymnorum* genannten *melodiae longissimae*, durch deren syllabische Texierung die Prosen entstanden sein sollen (→ Sequenz – 1).
Lit.: P. Wagner, Einführung in d. Gregorianischen Melodien I, Lpz. ³1911 u. III, 1921, Nachdruck Hildesheim u. Wiesbaden 1962; ders., Die Koloraturen im ma. Kirchengesang, JbP XXV, 1918; R. Lach, Studien zur Entwicklungsgesch. d. ornamentalen Melopöie, Lpz. 1913; E. Gerson-Kiwi, Halleluia and J. in Hebrew-Oriental Chant, Fs. H. Besseler, Lpz. 1961; W. Wiora, Jubilare sine verbis, in: In memoriam J. Handschin, Straßburg 1962.

Jüdische Musik. Die Deutung der alttestamentarischen Musik auf Grund der Textaussagen allein blieb bis in die jüngste Zeit hinein hypothetisch, da notierte Melodien, musiktheoretische Schriften und, bis auf einige Ausnahmen, auch Bildwerke zur Musik fehlen. Neue Anstöße gingen von der Erforschung der Frühliturgien der Ost- und Westkirche aus, ebenso von der Musikethnologie durch Tonaufnahmen schriftloser Traditionen. Diese Arbeit hat erstmalig A. Z. Idelsohn (ab 1914) für die hebräischen Liturgien unternommen. Ähnlich läßt sich auch das biblische Instrumentarium durch vorderasiatische Volksinstrumente zum Teil rückerschließen, gestützt auf die ikonographischen Quellen und auf archäologische Funde. Auch zur vergleichenden Liturgiegeschichte des hellenistischen Judaismus und Frühchristentums sind neue Forschungen entstanden (E. Werner, H. Avenary). – Die Musik der Bibel verteilt sich auf mehrere große Zeitalter, die Nomaden-, Königs- und nachexilische (Propheten-)Zeit. Die ungleich und spärlich verstreuten musikalischen Textaussagen lassen vorläufig noch kein geschlossenes musikalisches Geschichtsbild erkennen. Dagegen ist gleich in der ersten Erwähnung der Musik ein Hinweis zur Sichtung des Stoffes gegeben: Im Rahmen der Schöpfungsgenealogien erscheint (Gen. 4, 20–22) neben Jawal, dem seßhaften Bauern, sein

Bruder Jubal (Juwal) als Vater der *Geiger und Pfeifer* (→ Kinnor, → 'Ūġāb). Zudem deutet Jubals Eigenname auf eine dritte Instrumentengattung hin, die der Tierhörner, im besonderen auf das Widderhorn (→ Schofar), das auch Jowel, Keren oder Sachar genannt wird. Den drei Kategorien von Leiern, Flöten und Hörnern entsprechen drei ihnen verbundene Lebensbezirke: die Priesterkaste (Cohanim) mit Hörnern, die Tempelmusiker (Leviten) mit Leiern und Harfen (Kinnor, Newel, Assor, Minnim, Sambukka, Santerin) und die außerliturgische Volksmusik mit Flöten und Rohrblattinstrumenten ('Ūġāb, Chālīl, Mashroqita, Abuw). Diese Trias wird von einer Gruppe eherner Idiophone (Zimbeln und Glocken, Becken und Gongs) ergänzt, die sich im Namen der Urmutter Zilla (Zilzal, Miziltajim) und ihres Sohnes Thubalkain (Tuwal Kain), des Urvaters von *Erz- und Eisenwerk*, ankündet. Als Kultinstrumente, beladen mit starkem apotropäischem Gehalt, sind sie dem Höchsten eines Standes vorbehalten (Exod. 28, 33–35: das Glockengewand des Hohenpriesters; I. Chron. 16, 5: das Zimbelpaar des Levitenführers Assaph. Zu ergänzen sind die Trommel- oder Fellinstrumente Toph, oft zum Frauenbereich gehörig, und das antiphonale Chorsingen (l'tanot; Jud. 5, 11; 11, 40), das sich zusammen mit den Trommeltänzen bis heute in orientalisch-jüdischen Frauengemeinschaften (besonders den jemenitischen) erhalten hat. Frühformen der liturgischen Männergesänge bevorzugen dagegen die responsorialen Formen mit Vorsänger und kurzen Chorrufen (I. Sam. 10, 24); auch sie werden noch heute gepflegt, besonders in Gebetslyrik und Psalmlesung. – Die Organisation einer kultischen Musikbühne mit Orchester und Chören erforderte die berufliche Ausbildung der Musiker in Tempelschulen und ihren Zusammenschluß in der Musikergenossenschaft der Levitenkaste. David als höchster Musikpriester sorgte für eine feste Hierarchie des Musikerstandes und für die Kontinuität der Schultradition: 6 Levitenfamilien bildeten den obersten Rat, der die 3 Hauptmusiker erwählte, welche ihrerseits wieder 12 Helfer zur Seite hatten. Nach I. Chron. 25 waren diese in 24 Ordnungen eingeteilt, so daß der Akademie insgesamt 288 Berufsmusiker angehörten, auf erblicher Grundlage. Weiterhin sind im Mischna-Traktat Arachin (II, 3, 5, 6) die Minimum- und Maximumzahlen der Orchesterinstrumente überliefert. – Die stille Klanglichkeit von Harfen und Zimbeln ist auf das Wort religiöser Poesien abgestimmt und verwandelte sich in eine geistige Kraft im Dienste des biblischen Sehertums (I. Sam. 10, 5–6).

Die musikalische Liturgie der Synagoge hat ihre Wurzeln in dem jahrhundertelangen Antagonismus zwischen Tempel und Bethaus. Während der Königszeit hatten sich die musischen Kräfte des jüdischen Volkes entfaltet und mit ihnen die Organisation der Tempelorchester und -chöre sowie die Berufsausbildung des Musikerstandes (II. Chron. 5, 12–14). Doch schon in der nachsalomonischen Zeit, mit der Teilung des Reiches, schwand die Pracht des Tempeldienstes, die soziologischen Bindungen seiner Musikergilden lockerten sich, und die ersten Anzeichen einer Abkehr vom instrumentalen Prunkstil sind erkennbar. Der Wandel der Auffassungen führte zur »pneuma«-erfüllten menschlichen Stimme als dem einzigen Instrument, und für die Formen des Singens und Lobpreisens häufen sich die Ausdrücke, in denen wohl auch verschiedene Arten von Gesangsstilen zu vermuten sind (Jes. 12, 4–6: 6 Arten; I. Chron. 16, 4: 3 Arten; I. Chron. 16, 8: 10 Arten). Verbunden mit dem Wort wurde Musik zum »redenden« Ton, zu jener »Gedankenmusik«, die seit den Tagen der Schriftpropheten zum eigensten musikalischen Erbe Israels geworden ist. Von den Priestern und Leviten ging die Musik in die Hände der Propheten über. In der neuartigen poetischen Prosa ihrer Reden fand das Davidische Psalmenwerk seine innere Fortsetzung und Erneuerung, und es ist anzunehmen, daß so manche Teile von ihnen in einem der Psalmodie ähnlichen Kantillationsstil vorgetragen wurden. Hier liegen die Wurzeln der späteren Synagogalmusik. – Der liturgische Gesangsstil gliedert sich in Psalmodie, Lectio und Hymnodik. Offenbar waren die Psalmen ursprünglich für festliche Aufführung mit Instrumentenspiel und Chor bestimmt. An diese verlorengegangene Tradition erinnert eine Reihe von Psalmtiteln, die zweifellos Anweisungen zur praktischen Ausführung in einer den damaligen Musikergilden geläufigen Berufssprache enthalten, aber schon den Übersetzern der Septuaginta nicht mehr verständlich waren. Generationen von Bibelexegeten haben sich um eine Erklärung bemüht, hielten die Worte meist für verschollene Musikinstrumente, obwohl ihre Namen an keiner anderen Stelle der Bibel mehr vorkommen, ungleich dem Kinnor oder Schofar (ajjeleth haschachar, Ps. 32; maḥalat, Ps. 53 und 88; jonath elem rehoqim, Ps. 56; šošanim, Ps. 45 und 94). Nach C. Sachs handelt es sich hier um Kennwörter gewisser weltlicher Volkslieder, die als Melodiemodelle nach Art des arabisch-persischen → Maqām-Systems auf geeignete Texte angewandt wurden. – Die rein gesangliche Psalmodie lehnte sich eng an den parallelistischen Bau so vieler Psalmdichtungen an. Es entstand die musikalische Psalmformel, aufgebaut auf dem zentralen Rezitationston der Tuba (schofar munach, – mehuppach, – ilui, – mekarbel), welche an Satzanfang, -mitte und -ende durch drei Melismata unterbrochen wird (initium – mediatio – finalis; hebräisch: qadma, peticha, paschta – athnach – soph passuq). Das Psalmodieren ist mindestens aus dem letzten vorchristlichen Jahrhundert in mehreren Arten responsorialer Antiphonie (Sela) bekannt. Dagegen wurde die monumentale Chorantiphonie biblischer Zeiten (Jos. 8, 33ff.; Neh. 12, 27ff.) nicht in die Synagoge übernommen. Die neuen Antriebe, die gleichermaßen grundlegend für die frühen Liturgien der Diasporasynagogen wie für diejenigen der frühchristlichen Sekten und Kirchen waren, gingen von der Solopsalmodie aus (mit Responsen oder Akklamationen). Hier war der Wendepunkt erreicht, wo aus judenchristlichem Geist heraus hellenisches Wesen für alle Zeiten gebrochen wurde.

Die starke Neigung zum kantillierenden Sprechen ließ den östlichen Menschen sich nicht auf lyrische Texte beschränken. Biblische Prosa, auch Mischna und Talmud, wurden gleichermaßen mit einem Netz syntaktischer Melodik überzogen. Die hebräische Psalmodie wurde, trotz ihrer lyrischen Bindung an die dichotomische Verszeile, zum Urbestand aller weiteren Leseformen. Ihre drei ekphonetischen Grundakzente (acutus – gravis – circumflexus) wurden in die irregulären Satzglieder der biblischen Prosa eingebaut. Nicht das Lesen, sondern das Vorlesen der Bibel mag die musikalische Kantillation angeregt haben. Der Gedanke wurde erst in nachexilischer Zeit reif (regelmäßige Vorlesung des Priesterkodex durch Esra, ab 444 v. Chr.), doch noch ein weiteres Jahrtausend war notwendig, ehe sich die Schriftzeichen und die Systematik der Leseakzente entwickelten. Die seit Abschluß des Talmuds (um 500) einsetzende Arbeit der Masoreten in Babylonien und Israel (Tiberias) gipfelte in dem noch heute für den Bibelgesang verbindlichen Kodex des A. ben Ascher (895). Er erweiterte die ältere frühisraelische Punktnotation um Striche, Haken und Kreise; Akzente treten jetzt gruppenweise als Reges und Servi (melachim, meschartim) auf, zu größeren syntaktischen wie melischen Einheiten verbunden. Doch nicht immer vermochte die Praxis der Kantoren den vorgesteckten Plan der Grammatiker musikalisch auszufüllen. Bei Abschluß des Tiberianischen Systems hatten sich schon die Diasporakreise der orientalischen, sephardischen und aschkenasischen Juden gebildet, von denen nur die letzteren, durch palästinische Lehrer unterrichtet, eine getreue Tradition aufweisen, nach den musikalischen Notierungen bei J. Reuchlin (1518) und S. Muenster (1524) zu urteilen. Die sephardischen Gemeinden wie auch die jemenitischen Juden waren der älteren babylonischen Schule zugewandt und zeigen weit geringeren Motivschatz (Notierung bei J. Bartoloccius, 1693; nach Avenary). Die sephardischen Gemeinden am Mittelmeer standen zudem unter dem starken Einfluß der arabischen Kunstmusik, welche die ursprüngliche Akzentreihung von innen her auflöste zugunsten eines reich ornamentierten arabischen Melos.

Die Ansätze der Hymnodik und Gebetslyrik liegen im aramäisch-ostsyrischen Raum. Anfänglich Psalmparaphrase, auch poetisch noch lange im psalmographen Rahmen gehalten, entwickelte sich der hebräische Pijjut seit dem 6. Jh. (J. ben José; E. Kalir). Bis zum Einbruch der metrischen arabischen Lyrik (10. Jh.) wurden als musikalisches Gewand von Hymnen und Gebeten freirhythmische Rezitative und Gebetsformeln bevorzugt, oft ohne Rücksicht auf den strophischen Bau. Erst während der spanischen Epoche erfolgte Angleichung an das Lied (Villancico). Die neuere Gebetslyrik erweiterte ältere Formen zu emotionalornamentalen Motivketten und erforderte daher den stimmbegabten Kantor (chasan), dessen Wirken fortan das Gewicht der Synagogenmusik von Psalm und Lectio auf die solistische Gebetslyrik (chasanuth) verschob. Ihre schöpferischen Epochen waren die Kabbala zu Safed (16. Jh.) sowie des Chassidismus (18. Jh.) in Osteuropa. In seinen »Steigern« wurden ältere östliche Modellieder zu neuen Gebetsmodellen umgeschmolzen (Ahabah Rabbah; Magen Aboth) und erhielten in den Mi-Sinai-Gesängen (mit Erinnerungsmotiven älterer Litaneien) einen weiteren Schaffenszweig. Seit der jüdischen Emanzipation bewirkte die synagogale Reform eine Angleichung der Kantoralmusik an die europäische Kunstmusik (S. Sulzer, L. Lewandowski, S. Naumbourg, mit ihren Bearbeitungen von Chasanuth-Melodien für mehrstimmige Synagogenchöre im zeitgenössischen Stil Mendelssohnscher Oratorien).

Jüdisches Schrifttum im Mittelalter zur Wissenschaft der Musik setzt mit Saadya Gaon (892–942) ein, der im 10. Kapitel seines *Kitāb al-amānāt ...* (»Glauben und Wissen«, Bagdad 933) die griechische Ethoslehre der Rhythmen vertieft, fußend auf al-Kindīs Neuuntersuchung dieses Stoffes. Poetische Metrik und das Verhältnis von Wort und Musik erhielten neuen Antrieb in der spanisch-jüdischen Dichterschule des 11.–12. Jh. mit Abr. ben Halfon (um 1000), Schmuel Hanagid (1020–55), Schlomoh Gabriol (um 1020–58), Abr. ibn Esra (1092–1167) und Moscheh ibn Esra (1060–1139); letzterer hat in seiner »Poetik« die Systematik der neuen metrischen Verslehre sowie die Geschichte dieser Dichterschule (mit etwa 60 Dichtern) niedergelegt. – Unter den jüdischen Philosophen, die sich um die Deutung der Musik in ihrem Weltbild bemühten, sind zu nennen: Maimonides (1135–1205), »Führer der Verirrten« III, 46; Responsa Nr 129 und 143); Jos. ibn Aknin (1160–1226; »Heilung der Seelen«, Kap. 27); Schemtow Falaquera (um 1225–95; »Anfang der Weisheit«); → Abu ṣ-Ṣalt Umayya (1068–1134; Musiktraktat, Paris, f. hebr. 1037); Abr. Abulafia (um 1240–90; *Gan Na'ul*, München 58, 324b); Profiat Duran (um 1400; *Maasse Efod* – Zum Wesen jüdischer Musik); Leo Hebraeus (Gersonides, Levi ben Gerson, 1288–1344; *De numeris harmonicis*, 1343, im Auftrag von Ph. de Vitry, ed. Carlebach 1910).

Die italienische Spätrenaissance brachte eine Reihe jüdischer Musiker und Musikphilosophen hervor, viele von ihnen mit dem Mantuaner Hof der Gonzaga verbunden, darunter als bedeutendster Salomone → Rossi. Von jüdischen Madrigalisten seien genannt: Davit Civita (1616), Anselmo de' Rossi (1618), Allegro Porto (1619), Muzio Effrem (1623); dazu Abramo dall'Arpa (um 1542–66, Harfenist, Sänger und Schauspieler), sein Neffe Abramino dall'Arpa (1566–87) und die Lautenisten Gianmaria dal Cornetto (14 Stücke in Gerles Lautenbuch 1552) und Jacchino Massarano (um 1583–99). Jüdisches Schrifttum aus dem Mantuaner Kreis: Jehuda Moscato, »Betrachtungen zum Leierspiel« (1589, hrsg. v. H. Shmueli, Tel Aviv 1953); Leone de' Sommi Portaleone, *Dialoghi sull'arte rappresentativa*; Leone da Modena (1571–1641), Streitschriften und Responsa zur jüdischen Kunstmusik, Vorwort zu S. Rossis *Salmi ...*, Begründer einer jüdischen Musikakademie im Getto Venedig (um 1629–39). Der Schüler Moscatos, Abraham Portaleone (1542–1612), schrieb *Schiltē ha-Giborim* (Mantua 1612); es enthält eine Analyse des biblischen Instrumentariums und wurde in Kirchers *Musurgia universalis* (Rom 1650) verwertet, 10 Kapitel daraus auch in lateinischer Übersetzung in B. Ugolinis *Thesaurus antiquitatum sacrarum* (Venedig 1744–60), Band XXXII. Nach dem Mantuanischen Erbfolgekrieg 1628–31 und dem Pestjahr 1630 trat das philosophisch-theoretische Schrifttum zur jüdischen Musik in eine lange Pause ein. – Auch das Musikleben und -schaffen innerhalb der Gemeinden Italiens setzte sich nur in bescheidenem Maße fort, hauptsächlich durch die Tätigkeit der jüdischen Sängerbrüderschaften, die sich die Ausführung hebräischer Festkantaten und Hymnen zur Aufgabe machten. Sie sind nicht nur in Italien, sondern auch in Prag, Regensburg, Amsterdam, Offenbach und Mainz anzutreffen und bilden wohl die sonst fehlende Brücke zur jüdischen Musik der Emanzipationszeit (18./19. Jh.).

Neue Ansätze zur Erforschung der Musik jüdischer Stämme liegen in der Sammelarbeit lokaler Synagogalstile, die sich während der fortschreitenden Emanzipation im 19. Jh. auflockerten, vermischten und europäisiert wurden. Drei ethnische Gruppen lassen sich erkennen, deren Vertreter fast ausnahmslos im heutigen Israel zu finden sind:

1) die orientalischen Gemeinden im Jemen, in Babylonien (Irak), Kurdistan, Persien, Indien, Abessinien. Unter diesen sind die Weisen der jemenitischen Juden von hohem Alter, dank der geographischen Isolierung und einer hohen Stammeskultur, auch im Kunsthandwerk und in der Literatur (bedeutender kabbalistischer Dichter: Salim Schabasi, * 1619). Ihre Bibellesungen bilden wichtige Prototypen für die frühchristlichen Lectioformen; ihre halbreligiösen Fest- und Hochzeitslieder eröffnen einen Einblick in mittelalterliche Hymnentypen, auch in Formen primitiver Mehrstimmigkeit. – Neben ihnen zeigen die babylonischen Juden aus dem Irak und aus Kurdistan eine der ältesten Liturgien. Persien mit seinen alten Kulturprovinzen in der Buchara, in Aserbeidschan, Kaukasien, Afghanistan, Daghestan zeigt vielfache Überlagerung von Stilschichten, die aus indischen, persischen, türkischen, slawischen und vor allem sephardischen Elementen resultieren. Zum weiteren Kreis dieser orientalischen Gruppen gehören einige abgesprengte Stämme aus

Südindien (Cochin), China, Abessinien (Falaschas), ebenso einige jüdische Sekten wie die Samaritaner oder die Karäer.
2) die spanisch-sephardischen Gemeinden des Mittelmeerkreises in Spanien, Italien, den Balkanländern, der Türkei, Israel, den nordafrikanischen Ländern, mit dem westeuropäischen Zweig in Amsterdam und London. – Während des mittelalterlichen spanischen Exils fand eine fruchtbare Kultursymbiose der althebräischen mit spanisch-christlichen und maurisch-arabischen Elementen statt. Als während der Pogrome der Inquisition 1492 der große Rückzug einsetzte, wurde Judäospanisches mitgetragen und lebt bis heute in Verkapselungen oder örtlichen Varianten weiter. In ihren Romanzen und Villancicos haben sich, zusammen mit der altkastilischen Sprache und Poesie, Reste der historischen Musikformen erhalten. Im liturgischen Bereich hat ihr Einfluß seit langem zur Hispanisierung auch der altorientalischen Stämme geführt.
3) die aschkenasischen Gemeinden in West- und Osteuropa. Diese bauten ihre alten Siedlungen an der Römerstraße, d. h. vom provenzalischen Carpentras aus nordwärts am Rhein entlang. Ihre liturgischen Gesänge wie auch die Umgangssprache haben noch Wesentliches des mittelalterlichen, südwestdeutschen Idioms bewahrt. Verfolgungen trieben sie nach Osteuropa, wo im Schatten der Gettos eine Blüte des ostjüdischen Liedes einsetzte, das durch den Chassidismus des 18.–19. Jh. neuen Auftrieb erfuhr. Der Rückzug nach dem Westen, der während der Polen- und Russenkriege einsetzte und zu neuen Vermischungen zwischen ost- und west-aschkenasischen Elementen führte, leitete auch liturgische Reformbewegungen ein und den Anschluß an die zeitgenössische Kunstmusik, wie die oratorienartigen gottesdienstlichen Kompositionen von E. Bloch, Milhaud oder das *Kol Nidre* von Schönberg bezeugen. Sie finden in den Kantaten israelischer Komponisten wie Mordechai Seter, A. Uri Boscovich, Karel Salomon, Marc Lawri, Jehuda Scharet eine innere Fortsetzung.

Das israelische Volkslied ist eng mit der Renaissance der hebräischen Sprache und ihrer Umwandlung von einer Bibel- und Gebetssprache in die moderne Umgangs- und Literatursprache verbunden. Systematische Pflege und Sammelarbeit begannen mit dem ostjüdischen Volkslied durch Gründung der St. Petersburger Gesellschaft für jüdische Volksmusik 1908 unter der Leitung von Joel → Engel. Die reiche Liederwelt der osteuropäischen Juden, genährt an den mystisch-wortlosen Melodien (Niggun) des Chassidismus und mit vielen Elementen der slawonischen, ukrainischen und balkanischen Folklore untermischt, wurde mit frühen Einwanderern 1907–18 nach Palästina verpflanzt und blieb lange das Vorbild für neuhebräische Lieder. In den 1920er Jahren sind eine deutliche Abkehr von der harmonikalen Melodieauffassung und eine Hinwendung zu modalen und pentatonischen Neubildungen zu verzeichnen, auch eine neue Rhythmussprache, durch Berührung mit türkisch-arabisch-jemenitischen Volkstänzen, vornehmlich den Horra- und Debka-Typen. In den 1930er Jahren entstand eine Neuorientierung. Die Umschichtung zum Bauernberuf, das Gemeinschaftsleben auf den Kollektivfarmen (Kibbuz), brachte die ersten Hirten- und Naturlieder hervor, an arabische Flötenmelodik anklingend. Nach 1940 entstand eine Volkstanzbewegung, die aus den Schritt- und Sprungfiguren orientalischer Tänze neue Anregungen gewann. Als mit der Staatsgründung 1948 die Verpflanzung ganzer Gemeinden nach Israel einsetzte (aus Jemen, Kurdistan, Südindien, Marokko), erweiterten sich die Kultursymbiosen um ein Vielfaches.

Seit den 1950er Jahren verfestigt sich der Mischtyp zwischen westlichen Liedformen und östlichen Gesangsmotiven von jemenitisch-arabischer, spanisch-marokkanischer oder bucharisch-persischer Herkunft. Dazu kommen in letzter Zeit (süd)amerikanische »Ballad«- und »Song«-Elemente. Mit der Wiederbelebung biblischer Bauern- und Pilgerfeste, die während des 2000jährigen Exils in Vergessenheit geraten waren (Baumpflanzung, Winterkornernte, Erstlingsfrüchte), setzte die Schaffung von Volkskantaten und dramatischen Spielen (Massechta) ein. Einige Volkskomponisten orientalischer Abkunft bestimmen wesentlich die Umbildung und Absorbierung östlicher Stile, darunter Esra Aharon (Bagdad), Esra Gabbai (Persien) und Sarah Lewi-Tannai (Jemen), die mit ihrer jemenitischen Tanzgruppe »Inbal« eine neuartig stilisierte Volkskunst ins Werk gesetzt hat. – Die zahlreichen Schulen und Entwicklungsphasen der israelischen Kunstmusik lassen sich in folgenden Richtungen zusammenfassen: 1) die Nachfahren der russisch-impressionistischen Schule mit J. Engel, J. Stutschewsky und M. Lawri. 2) Die um 1900 geborene Generation der Neoimpressionisten aus westlichen Schulen, zu denen die führenden Komponisten des Landes gehören, hat durch Einbeziehung biblischer Stoffe und orientalischer Musizierweisen neue Klangverbindungen angestrebt. Zu diesen Symphonikern eines »Mittelmeer-Stils« gehören E.-W. Sternberg, P. Ben-Haim und M. Brod. 3) Die um 1910 geborene Gruppe der in atonalen, neoklassischen oder dodekaphonischen Schulen aufgewachsenen Musiker sind wie die vorigen noch bei europäischen Meistern ausgebildet. Aus der Bartók-Kodály-Schule kommen in erster Linie Ö. Partos, aus der französischen A. U. Boscovich, M. Seter und M. Avidom. Während sie eine Erneuerung der musikalischen Sprache durch eingehendes Studium der östlichen Folklore anbahnen, suchen die aus der Hindemith-Schule kommenden Musiker wie H. Jacoby und J. Tal eine Neuorientierung durch Ausbau absolut-musikalischer Strukturen, wobei J. Tal letzthin zur elektronischen Musik vorgedrungen ist. Aus dem Schönberg-Kreis kommen B. Bergel und St. Wolpe. Zur jüngeren dodekaphonischen Gruppe gehören H. Brün und R. Haubenstock-Ramati. Von weiteren, schon in Israel erzogenen Musikern der um 1920–30 geborenen Generation seien genannt: H. Alexander, J. Böhm, M. Lustig, Ben-Zion Orgad, R. Starer (in den USA lebend), R. Da-oz, Zvi Snunit, Schlomoh Jaffe, N. Scheriff und der junge arabische Komponist Chabib Touma (Nazareth). – Seit den bahnbrechenden Arbeiten A. Z. Idelsohns und R. Lachmanns ist die Musikforschung in Israel bemüht, die »Einsammlung der Exile« und das Zusammentreffen von mehr als 70 jüdischen »Stämmen« zu erfassen und phonographisch festzuhalten. Das erste Phonogrammarchiv in Jerusalem wurde 1935 durch R. Lachmann gegründet. Ein neueres Archiv für Orientalische und Jüdische Musik besteht seit 1947 in Jerusalem (Leitung: E. Gerson-Kiwi); das Jewish Music Research Center (Leitung: I. Adler) entstand 1964 in Verbindung mit der Nationalbibliothek Jerusalem. Dazu kommen das Institut für Religiöse Musik (A. Herzog) in Jerusalem sowie das Musikmuseum in Haifa, dessen Leiter, M. Gorali, auch Herausgeber der Musikzeitschrift *Tatzlil* ist. Musikwissenschaft wird an den Universitäten Jerusalem, Tel Aviv und Haifa gelehrt. Zwei Musikakademien und -seminare sorgen für den Nachwuchs an Lehrern, Interpreten und Komponisten.

Ausg.: S. NAUMBOURG, Recueil de chants religieux et populaires des Israélites, Paris 1876; J. S. u. M. CREMIEU, Chants hébraïques ... de l'ancien Comtat Venaissin, Aix-en-Provence 1885; FR. CONSOLO, Sefer szirè Israel ... An-

tichi canti liturgici dell rito degli Ebrei spagnoli, Florenz (1892); A. DANON, Recueil des romances judéo-espagnoles chantées en Turquie, Rev. des études juives XXXII, 1896; A. Z. IDELSOHN, Hebräisch-orientalischer Melodienschatz, 10 Bde, Lpz. 1914–32; E. DE SOLA u. D. AGUILAR, The Ancient Melodies of the Span. and Portuguese Jews, Neudruck London 1931; A. DE LARREA PALACÍN, Cancionero judío ... I–IV, Madrid seit 1952; Out-of-Print Classics of Synagogal Music, 25 Bde, NA 1953–55; CH. VINAVER, Anth. of Jewish Music, NY 1955; O. CAMHY, Liturgie séphardie, London 1959; E. WERNER, Hebräische Musik, = Das Musikwerk XX, Köln (1961), dazu H. Avenary in: Mf XVI, 1963.
Lit.: Bibliogr. of Asiatic Musics, Notes II, 5, 1947/48; A. SZENDREI, Bibliogr. of Jewish Music, NY 1958. – A. ACKERMANN, Der synagogale Gesang in seiner hist. Entwicklung, Trier 1894; J. CARLEBACH, Levi ben Gerson als Mathematiker, Bln 1910; A. Z. IDELSOHN, Die Vortragszeichen bei d. Samaritanern, Monatsschrift f. Gesch. u. Wiss. d. Judentums XXV, 1917; DERS., Parallelen zwischen gregorianischen u. hebräisch-orientalischen Gesangsweisen, ZfMw IV, 1921/22; DERS., Jewish Music in Its Hist. Development, NY 1929, ²1946; DERS., Jewish Liturgy, NY 1932; P. NETTL, Alte jüdische Spielleute u. Musiker, Prag 1923; A. HEMSI, La musique de la Torah, Alexandria 1929; H. LOEWENSTEIN (AVENARY), Eine pentatonische Bibelweise, ZfMw XII, 1929/30; DERS., Formal Structure of Psalms and Canticles in Early Jewish and Christian Chant, MD VII, 1953; DERS., Etudes sur le cancionero judéo-espagnol, Sefarad XX, 1960; DERS., Hieronymus' Epistel über d. Musikinstr. u. ihre altöstlichen Quellen, AM XVI, 1961; DERS., Studies in the Hebrew, Syrian and Greek Liturgical Recitative, Tel Aviv 1963; O. GLASER, Die ältesten Psalm-Melodien, Zs. f. Semitistik VIII, 1932; E. WERNER, Die hebräischen Intonationen in Marcello's Estro poetico-armonico, Monatsschrift f. Gesch. u. Wiss. d. Judentums XLV, 1937; DERS., The Sacred Bridge, London u. NY 1959; DERS., Die Bedeutung d. Totenmeerrollen f. d. Mg., Studia musicologica IV, 1963; DERS. u. I. SONNE, The Philosophy and Theory of Music in Judeo-Arabic Lit., Hebrew Union College Annual XVI/XVII, 1941/43; R. LACHMANN, Jewish Cantillation and Song in the Isle of Djerba, Jerusalem 1940; H. G. FARMER, Medieval Jewish Writers on Music, MR III, 1942; DERS., Sa'adyah Gaon on the Influence of Music, London 1943; C. SACHS, The Rise of Music ..., = The Norton Hist. of Music I, NY (1943); E. KOLARI, Musikinstr. u. ihre Verwendung im Alten Testament, Helsinki 1947; P. GRADENWITZ, The Music of Israel, NY 1949, span. Buenos Aires 1949, neue Bearb. deutsch als: Die Mg. Israels, Kassel 1961, dazu I. Adler in: Rev. de Musicol. XLVIII, 1962; A. M. ROTHMUELLER, Die Musik d. Juden, Zürich 1951, engl. London (1953), NY (1954); H. SHMUELI, Higgajon Bĕchinnor (Betrachtungen zum Leierspiel) d. Jĕdūdah ... Moscato, Tel Aviv 1953; E. GERSON-KIWI, Musique (dans la Bible), in: Dictionnaire de la Bible, Suppl. V, Paris 1957; DIES., Musicology in Israel, AMI XXX, 1958; DIES., Halleluia and Jubilus in Hebrew-Oriental Chant, Fs. H. Besseler, Lpz. 1961; DIES., Religious Chant ..., Journal of the International Folk Music Council XIII, 1961; DIES., On the Mus. Sources of the Judaeo-Hispanic Romance, MQ L, 1964; DIES., The Bards of the Bible, Studia musicologica VII, 1965; B. BAYER, The Material Relics of Music in Ancient Palestine and Its Environs, Tel Aviv 1963; Dv. LAPSON, Jewish Dances of Eastern and Central Europe, Journal of the International Folk Music Council XV, 1963; E. MANDELL, A Collector's Random Notes on the Bibliogr. of Jewish Music, Fontes artis musicae X, 1963; A. U. BOSKOVITCH, La musique israélienne contemporaine et les traductions éthniques, Journal of the International Folk Music Council XVI, 1964; I. ADLER, Les chants synagogaux notés au XIIe s. (ca 1103–50) par Abdias, le prosélyte normand, Rev. de Musicol. LI, 1965; DERS., La pratique mus. savante dans quelques communautés juives en Europe aux XVIIe–XVIIIe s., Paris 1965; A. L. RINGER, Mus. Composition in Modern Israel, MQ LI, 1965.   EGK

Jugendbewegung. Die Generation junger Menschen in Deutschland, die in den ersten Jahren des 20. Jh. die Schule besuchte, strebte leidenschaftlich nach einem neuen jugendgemäßen Leben. Dazu sollte die Flucht aus der Großstadt und den Bezirken der Erwachsenen in die freie Natur und in eine Gemeinschaft verhelfen, die außerhalb von Schule und Elternhaus in Gruppen (Bünden) frei ihre Anhänger warb. Gelebter Protest gegen den zu engen Lebensraum der bürgerlichen Welt, gegen ihre Lebensformen und geltenden Werte, gegen die zunehmende Mechanisierung des Lebens und der Kunst im Massendasein, gegen jede Art von Bildungsphilisterei sammelte sich in dem Kampfbegriff »19. Jahrhundert«. Ergebnis dieses Aufstandes der Jugend waren der Wille zur Selbsterziehung in den Jugendgruppen, eine neue Form der Geselligkeit, die Wanderlust, die Freude am Singen von Volksliedern zur Klampfe (Gitarre), am Volkstanz und Laienspiel (→ Jugendmusik). Das am weitesten verbreitete Wandervogel-Liederbuch war der *Zupfgeigenhansl*, herausgegeben 1909 von dem Heidelberger Studenten der Medizin H. Breuer (gefallen 1918 an der Westfront). Gruppen der J. kamen Oktober 1913 auf dem Hohen Meißner (südöstlich von Kassel) zu einem Freideutschen Jugendtag zusammen, der einen Höhepunkt der J. bedeutet. Im gleichen Jahr erschien G. Wyneckens *Schule und Jugendkultur*, worin der Leiter der Freien Schulgemeinde Wickersdorf bei Saalfeld (Thüringen) die Musik und das Musizieren der J. kritisierte und ihr die Musikpflege in Wickersdorf unter A. → Halm gegenüberstellte. Halm hatte ein neues Verständnis für das »Eigenreich der Musik« (mit Bach und Bruckner im Mittelpunkt) erweckt und gewann einen starken Einfluß auf die Jugend. Neben ihm ragte Fr. → Jöde als eine der markantesten Persönlichkeiten der J. hervor, der 1918 mit dem Sammelband *Musikalische Jugendkultur* (mit Beiträgen u. a. von H. Breuer, A. Halm, Fr. Jöde, P. Natorp, H. Reichenbach, G. Wynecken) ein Bekenntnis zur J. ablegte und in ihren Reihen vor allem die volkserzieherischen Kräfte weckte. In den nach dem 1. Weltkrieg gegründeten Neudeutschen Künstlergilden war Jöde Obmann der Musikergilde. 1923 fand die erste deutsch-böhmische Singwoche unter W. Hensel in Finkenstein bei Mährisch-Trübau statt. Beide Singbewegungen, der Jöde- und der Finkensteiner Kreis, wirkten selbständig nebeneinander bis zu ihrer Eingliederung in den Reichsbund Volkstum und Heimat (1934): die reichsdeutsche Bewegung (ab 1922/23) mit der Zeitschrift *Die Musikantengilde* (früher *Die Laute*), die Hensel-Bewegung (ab 1924) mit der Zeitschrift *Die Singgemeinde*. Die weitere Entwicklung der J., die sich während des nationalsozialistischen Regimes nur eingeschränkt betätigen konnte, führte nach dem 2. Weltkrieg 1952 zu einem Zusammenschluß der Sing- und Spielkreise der wiedererstandenen beiden alten Bewegungen. Doch sind die charakteristischen Auswirkungen beider Richtungen der J. auch heute noch spürbar: die Arbeit des Jöde-Kreises führte breiter ins Erzieherische in Jugendorganisationen, zur Gründung von Volks- und Jugendmusikschulen, zu einer Reform des Schul- und Privatmusikunterrichts sowie zur Einrichtung Offener Singstunden, während die Arbeit des Finkensteiner Bundes eine Reform der Haus- und Kirchenmusik erstrebte (Kasseler Musiktage, begründet 1933, nach dem 2. Weltkrieg erstmals wieder 1950). Seit 1927 (Hindemiths *Schulwerk des Instrumental-Zusammenspiels*) besteht eine stärkere Verbindung der J. mit der Neuen Musik.

Lit.: H. BLÜHER, Wandervogel. Gesch. einer J., 2 Bde, Prien (Chiemsee) 1912, ⁵1920; A. MESSER, Die freideutsche J., = Manns pädagogisches Magazin, Langensalza 1915, ²¹1922; O. STÄHLIN, Die deutsche J. ..., Lpz. u. Erlangen 1922; FR. JÖDE, Unser Musikleben. Abgabe u. Beginn, Wolfenbüttel 1924, ²1926; DERS., Musikdienst am Volk. Ein Querschnitt in Dokumenten, Wolfenbüttel 1927; DERS., Vom Wesen u. Werden d. Jugendmusik, Mainz (1954); H.

Höckner, Die Musik in d. deutschen J., Wolfenbüttel 1927; H. Klein, Die Wurzeln d. Finkensteiner Bewegung, in: Musik u. Volk I, Kassel 1933; W. Kamlah, Die deutsche Musikbewegung, ebenda; ders., Die Singbewegung u. d. musische Bildung, Die Sammlung X, 1955; H. Nohl, Die pädagogische Bewegung in Deutschland u. ihre Theorie, Ffm. 1935, ⁴1957; W. Ehmann, Erbe u. Auftrag mus. Erneuerung, Kassel 1950; R. Stephani, Die deutsche mus. J., Diss. Marburg 1952, maschr.; E. Spranger, 5 Jugendgenerationen 1900–49, in: Pädagogische Perspektiven, Heidelberg 1951; H. Erpf, Neue Wege d. Musikerziehung, Stuttgart 1953; Th. W. Adorno, Kritik d. Musikanten, in: Dissonanzen, Ffm. 1956.   HiH

Jugendmusik, Bezeichnung der aus der deutschen → Jugendbewegung erwachsenen und von ihr gepflegten Musik und der Formen dieser neuen jugendgemäßen Musikübung sowie der dazugehörenden Musikliteratur. Das Lied ist ursprünglich der Inhalt der J.; schon im *Zupfgeigenhansl* (1909) steht das Volkslied im Vordergrund. Es wurde auf Fahrt und im Lager übungsmäßig zur Klampfe (Gitarre) gesungen. Einen entscheidenden Schritt vorwärts brachte das (1.) *Jenaer Liederblatt* (1917), das neben 3st. Volksliedbearbeitungen eine Anzahl Lautenlieder mit zusätzlicher Begleitung der Violine und Flöte im Satz von W. v. Bausznern enthielt. Eine andere verbreitete Form wurde die Lied-»Kantate«, die ein Lied in den Mittelpunkt gemeinsamen Musizierens stellt. In der Chormusik führte der Weg vom zweistimmigen polyphon gesetzten Lied über Jödes *Alte Madrigale* (1921) zu neuen Liedsätzen. Die Verbindung mit zeitgenössischen Komponisten (stärker seit 1927) brachte Chöre, Spielmusiken, Kantaten, Lehrstücke, Kinder- und Schulopern, u. a. von Hindemith. Die Pflege alter Sing- und Spielmusik führte (nicht ohne Einfluß der Musikwissenschaft) zur Einbeziehung alter und danach zum Teil selbstgebauter Instrumente, vor allem der → Blockflöte, von Gamben, Fiedeln, Clavichord und Cembalo. Der Gebrauch der Streichinstrumente sowie der Querflöte führte zu einer Wiedererweckung alter Kammer- und Orchestermusik (zumeist aus der Barockzeit). Der Kanon, gesungen und gespielt, fand seit dem Erscheinen von Jödes Sammlung *Der Kanon* (1925) weitverbreitete Pflege. Im Hinblick auf den Verwendungszweck stehen nebeneinander: eine Literatur für das »offene« Singen (Liederbücher, Liederblätter, zum Teil mit Instrumentalsätzen), eine Literatur für das »geschlossene« Singen (die eigentliche Chorliteratur), eine Literatur für Instrumentalkreise (Spielmusiken, alte Orchester- und Kammermusik, Musik für Fiedeln, Blockflöten, zu Spiel und Tanz) sowie eine solche für Sing- und Spielkreise zusammen (Liedkantaten). Einige Ausgaben von Liedern der deutschen Jugendbewegung fanden weite Verbreitung, darunter: H. Breuer, *Der Zupfgeigenhansl* (Leipzig 1909, ¹⁶⁴1940, Mainz seit 1950); Fr. Fischer, *Wandervogel-Liederbuch* (Leipzig 1911); W. Hensel, *Strampedemi* (Kassel 1929); Th. Warner, *Lieder der bündischen Jugend* (Potsdam 1929); G. Götsch, *Der Jungfernkranz* (Wolfenbüttel 1930); K. Müller, *Lieder der Trucht* (Plauen 1933); G. Schulten, *Der Kilometerstein* (Potsdam 1934); W. Jahn, *Biwak und Lagerfeuer* (Plauen 1936); A. Zschiesche, *Wenn die bunten Fahnen wehen* (Plauen 1936); *Der Turm* (Bad Godesberg I 1952ff., II 1962ff.); K. Roller, *Lieder des Bundes* (Bund deutscher Pfadfinder, ebenda 1954).   HiH

Jugoslawien.
Ausg.: Fr. Š. Kuhač, Južno-slovjenske narodne popijevke (»Jugoslawische Volkslieder«), I–IV, Zagreb 1878–81, V hrsg. v. B. Širola, 1941; D. Janković u. Lj. S. Janković, Narodne igre (»Volkstänze«), 7 Bde, Belgrad 1934–52.
Lit.: W. Wünsch, Die Geigentechnik d. südslawischen Guslaren, = Veröff. d. mw. Inst. d. Deutschen Univ. Prag V, Brünn 1934; ders., Die südeuropäische Volksepik, d. Ballade u. d. Tanzlied im Vergleich zu d. Frühformen in d. abendländischen Musikkultur, Kgr.-Ber. Bamberg 1953; R. Gallop, Folk Music of the Southern Slavs, MQ XXIII, 1937; P. Brömse, Flöten, Schalmeien u. Sackpfeifen Südslawiens, = Veröff. d. mw. Inst. d. Deutschen Univ. Prag IX, Brünn 1937; A. B. Lord, Yugoslav Epic Songs I, Cambridge (Mass.) 1954; Dr. Cvetko, The Problem of National Style in South Slavonic Music, Slavonic Review XXXIV, 1955; ders., Les formes et les résultats des efforts musicologiques yougoslaves, AMl XXXI, 1959; ders., Die Situation u. d. Probleme d. slowenischen, kroatischen u. serbischen Musik d. 19. Jh., Kgr.-Ber. Kassel 1962; D. Janković u. Lj. S. Janković, Prilog proučavanju ostataka orskih obrednih igara u Jugosłaviji (»Ein Beitr. zu einer Studie über d. noch erhaltenen Tänze in J.«), Belgrad 1957; V. Žganec, The Tonal and Modal Structure of Yugoslav Folk Music, Journal of the International Folk Music Council X, 1958; ders., La gamme istrienne dans la musique populaire yougoslave, Studia musicologica IV, 1963; J. Andreis u. Sl. Zlatić, Yugoslav Music, Belgrad (1959); Lj. S. Janković, La situation actuelle de l'ethnomusicologie en Yougoslavie, AMl XXXII, 1960; J. Andreis, Dr. Cvetko u. St. Đurić-Klajn, Historijski razvoj muzičke kulture u Jugoslaviji (»Geschichtliche Entwicklung d. Musikkultur in J.«), Zagreb 1962; E. Helm, Music in Yugoslavia, MQ LI, 1965; R. Petrović, The Oldest Notation of Folk Tunes in Yugoslavia, Studia musicologica VII, 1965.

Jump (dʒʌmp, engl.) → Rhythm and blues.

Justiniane (ital., venezianische Dialektform) → Giustiniane.

K

Kadenz (ital. cadenza; frz. und engl. cadence, Schlußfall; Abk.: Cad.). – 1) Der Terminus K., der von italienischen Theoretikern des 16. Jh. in die Musiktheorie eingeführt wurde, bezeichnet bei Zarlino (1558) primär eine mehrstimmige und sekundär eine melodische Schlußformel, bei J.-Ph. Rameau eine abschließende Akkordfolge mit einer charakteristischen Dissonanz (D^7-T oder $S^{\,6}_{\,5}-T$) und bei H. Riemann die Darstellung einer Tonart durch harmonische Funktionen (→ Funktionsbezeichnung). – Im Mittelalter wurden Schlüsse in der Ein- und Mehrstimmigkeit conclusio, finis, pausatio, terminatio oder teleusis, in der Mehrstimmigkeit auch occursus, copula oder finis concordii genannt. K.-Typen des gregorianischen und des mittelalterlichen Chorals sind die Tonfolgen II–I (e–d), VII–I (c–d) und VII–II–I (c–e–d); in der lydischen K. wurde, aus Scheu vor dem Halbton, die Untersekunde oft durch die Unterterz ersetzt (g–d–f). – Im → Organum des späten 11. und des 12. Jh. beruhte die K., die → Copula, auf dem Prinzip des Wechsels der Klangqualitäten; Quinte oder Quarte bildeten die Paenultima (→ Klausel), Einklang oder Oktave die Ultima (Mailänder Traktat *Ad organum faciendum*):

Die Progressionen Terz–Einklang und Sexte–Oktave, im Organumtraktat von Montpellier (Anfang 12. Jh.) als sekundäre K.en zugelassen, setzten sich im 13. Jh. als primäre Schlußtypen durch. Im 14. und frühen 15. Jh. galt die Norm, daß dem Einklang die kleine Terz, der Quinte die große Terz und der Oktave die große Sexte vorausgehen soll (GS III, 306b; CS III, 72a, 496b; CS IV, 384b). Sie wird sowohl von der phrygischen K. (Beispiel a) als auch von der »Doppelleitton-K.« (Beispiel b) erfüllt:

Die primäre K. des späten 15. und der 1. Hälfte des 16. Jh., die Zusammensetzung der Sext-Oktav-Progression mit einem Quartsprung des Basses (Beispiel c; → Klausel), vermittelte den Übergang vom Intervall- zum Akkordsatz; statt der Sext-Oktav-Progression (Diskant-Tenor-Gerüst) wurde die vom Fundamentschritt des Basses getragene Akkordfolge V–I ($D-T$) als Substanz der K. aufgefaßt. Eines der Anzeichen des Wandels ist die Wendung des Tenors zur Terz des Schlußklangs (Beispiel d). Bis zum frühen 18. Jh. wurde die Mollterz im Schlußklang im allgemeinen zur Durterz alteriert (→ Pikardische Terz), weil der Klang eines lang ausgehaltenen Mollakkords durch Schwebungen getrübt ist. – Zarlino (*Istitutioni harmoniche*, 1558, III, cap. 51) unterscheidet die einfache K. Note gegen Note (cadenza semplice, Beispiel a) von der durch Dissonanzen und rhythmische Differenzierung ausgezierten K. (cadenza diminuita, Beispiel b). Der Schluß in der Oktave oder im Einklang ist nach Zarlino vollkommen (cadenza perfetta), der Schluß in der Quinte oder Terz unvollkommen (cadenza imperfetta oder sfuggita, Beispiele c und d). Für vollkommene K.en gilt die Regel, daß sie mit Textzäsuren zusammentreffen sollen; Abweichungen konnten ein Mittel zur Ausdeutung des Textinhalts sein. – Nach der Terminologie des frühen 18. Jh. ist die authentische K. (V–I) vollkommen (parfaite), die plagale (IV–I), die in der Literatur des 19. Jh. manchmal »Kirchenschluß« genannt wird, unvollkommen (imparfaite oder, bei Rameau, irrégulière). Eine K. auf der Tonika gilt als Ganzschluß, eine K. auf der Dominante als Halbschluß (I–V). Der Gebrauch der Bezeichnungen »authentisch« und »plagal« für Schlüsse beruht auf irriger Übertragung; man nannte den Schluß von der Quintstufe zum Grundton »authentisch« und den Schluß von der Quartstufe zum Grundton »plagal«, weil die Oktave in einem authentischen Modus durch die Quinte (1. Modus: d–a–d¹) und in einem plagalen durch die Quarte geteilt wird (2. Modus: A–d–a); doch bildet nicht A, sondern d den Grundton des 2. Modus. Rameau postuliert, nach dem Prinzip des Wechsels der Klangqualitäten, für die vollkommene K. die Dominantseptime (Beispiel a), für die unvollkommene die hinzugefügte Sexte (sixte ajoutée; Beispiel b); diese »charakteristischen Dissonanzen« (H. Riemann) können real gegeben oder bloß vorgestellt

sein. Die Akkordfolge I–IV–I–V–I ($T-S-T-D-T$) bildet nach Rameau, wenn die charakteristischen Dissonanzen hinzugedacht werden, einen Komplex von Cadences parfaites (I–IV und V–I) und Cadences irrégulières (IV–I und I–V). Die Progression V7–VI (D^7-Tp) wird → Trugschluß (cadence rompue oder évitée) genannt. – Übertrug Rameau den K.-Begriff von der Funktion, der Schlußbildung, auf das Substrat, die Akkordfolge, so bezeichnet Riemann außer einzelnen Progressionen ($D-T$ oder $S-T$) auch größere Komplexe von Akkorden, die eine Tonart darstellen ($T-S-T-D-T$), als K. (»vollständige K.«). Durch Einfügen von → Zwischendominanten entsteht eine »erweiterte K.«:

$T \quad (D^7) \quad Tp \quad (D^{9>}) \quad Sp \quad (D^7) \quad D^{\,6}_{\,4}\ D \quad T$

Differenzierte Analysen von K.-Bildungen berücksichtigen außer den Akkordfunktionen die »innere Dyna-

mik« (Riemann), die Leittonstrebungen (E. Kurth), die formalen Gewichtsabstufungen der Schlüsse (H. Schenker) und die rhythmisch-metrische Stellung der Akkorde (H. J. Moser).
– 2) K. werden seit dem 16. Jh. (G. Bassani 1585) auch die improvisierten oder ausgeschriebenen Verzierungen der Schlüsse genannt. Stereotype Koloraturen (Passagen, Triller, Groppo) umschreiben in der Vokal- und Instrumentalmusik des 16. und 17. Jh. den Schlußklang oder die Antepaenultima und Paenultima der Klausel. Aus der K. über einem Dominantorgelpunkt (A. Corelli) entwickelte sich die eingeschobene K. des Solconcertos (G. Torelli, A. Vivaldi). Eine Vorform der lang ausgesponnenen K. sind die »perfidie« in den Konzerten Torellis, Einschübe, die auf hartnäckiger Wiederholung einfacher Motive (oft Dreiklangsbrechungen) beruhen. Als Vorbereitungsakkord setzte sich um die Mitte des 18. Jh. statt der Dominante der Quartsextakkord durch (»aufgehaltene« K., C. Ph. E. Bach). Die Improvisation der K. wich allmählich der Niederschrift durch den Komponisten (C. Ph. E. Bach, Mozart, Beethoven) oder einen Virtuosen; die K.en, die Mozart und Beethoven zu ihren Klavierkonzerten schrieben, scheinen für Ausführungen der Werke durch Freunde oder Schüler bestimmt gewesen zu sein. Im ersten Satz des Es dur-Konzerts von Beethoven ist die K. statt einer Einfügung ein integrierender Teil der Komposition; improvisatorische Zusätze werden untersagt: *Non si fa una Cadenza*. – Die K. im Solokonzert erschöpft sich nicht in der Demonstration spieltechnischer Virtuosität, sondern ist an ästhetische Kriterien gebunden. Einerseits wird sie durch thematische Anspielungen oder sogar durch Kombinationen mehrerer Themen auf den Satz bezogen, den sie unterbricht. Andererseits darf die K., um den Charakter einer Verzögerung, einer »Aufhaltung« zu wahren, keine Schlußbildungen enthalten; daß sie eine bloße Unterbrechung darstellt, wird durch abrupte Modulationen in fremde Tonarten fühlbar gemacht.

Lit.: zu 1): J.-PH. RAMEAU, Traité de l'harmonie ..., Paris 1722; DERS., Nouveau système de musique théorique, Paris 1726; H. RIEMANN, Mus. Logik, in: Präludien u. Studien III, Lpz. 1901; RIEMANN MTh; E. M. LEE, Cadences and Closes, Proc. Mus. Ass. XXXI, 1904/05; DERS., The Future of the Cadence?, ZIMG VII, 1905/06; H. SCHENKER, Neue mus. Theorien u. Phantasien I, Harmonielehre, Stuttgart u. Bln 1906; E. KURTH, Die Voraussetzungen d. theoretischen Harmonik u. d. tonalen Darstellungssysteme, Bern 1913; M. FREY, Die Hauptk. im Wandel d. Zeiten, Mk XIII, 1913/14; H. J. MOSER, Die harmonischen Funktionen in d. tonalen K., ZfMw I, 1918/19; DERS., Das Schicksal d. Penultima, JbP XLI, 1934; R. TENSCHERT, Die Kadenzbehandlung bei R. Strauss, ZfMw VIII, 1925/26; FR. TH. ARNOLD, The Art of Accompaniment from a Thorough-Bass, London 1931; H. NAUMANN, Struktur. bei Beethoven, Lpz. 1931; CH. L. CUDWORTH, Cadence galante, MMR LXXIX, 1949; W. BIBER, Das Problem d. Melodieformel in d. einst. Musik d. MA, = Berner Veröff. zur Musikforschung VII, Bern 1951; M.-E. BROCKHOFF, Die K. bei Josquin, Kgr.-Ber. Utrecht 1952; P. HAMBURGER, Subdominante u. Wechseldominante, Kopenhagen u. Wiesbaden 1955; J. SMITS VAN WAESBERGHE SJ, A Textbook on Melody, Rom 1955; J. WERNER, The Mendelssohnian Cadence, The Mus. Times XCVII, 1956; E. APFEL, Studien zur Satztechnik d. ma. engl. Musik, 2 Bde, = Abh. d. Heidelberger Akad. d. Wiss., Phil.-hist. Klasse, Jg. 1959, Nr 5; K. STOCKHAUSEN, Kadenzrhythmik bei Mozart, in: Darmstädter Beitr. zur Neuen Musik IV, Mainz (1962), auch in: K. Stockhausen, Texte ... II, Köln 1964; D. SCHJELDERUP-EBBE, Purcell's Cadences, Oslo 1962. – zu 2): QUANTZ Versuch; BACH Versuch; J. FR. AGRICOLA, Anleitung zur Singekunst, Bln 1757; C. CZERNY, Systematische Anleitung zum Fantasieren auf d. Pfte, op. 200; A. SCHERING, Zur instr. Verzierungskunst im 18. Jh., SIMG VII, 1905/06 H. GOLDSCHMIDT, Die Lehre v. d. vokalen Ornamentik I, Charlottenburg 1907; H. KNÖDT, Zur Entwicklungsgesch. d. K. im Instrumentalkonzert, SIMG XV, 1913/14; R. STOCKHAMMER, Die K. zu d. Klavierkonzerten d. Wiener Klassiker, Diss. Wien 1936, maschr.; P. u. E. BADURA-SKODA, Mozart-Interpretation, Wien (1957). CD

Kärnten.
Lit.: E. SCHENK, Musik in K., Wien 1941; H. FEDERHOFER, Alte Musikalien-Inventare d. Klöster St. Paul (K.) u. Göß (Steiermark), KmJb XXXV, 1951; DERS., Eine Kärntner Org.-Tabulatur d. 16. Jh., Carinthia CXLII, 1952; DERS., Beitr. zur älteren Mg. K., ebenda CXLV, 1955; DERS., Ital. Musik am Hofe d. Fürstbischofs v. Gurk, J. J. Lamberg 1603–30, CHM II, 1957; FR. KOSCHIER, Der »Steirische« in K., Carinthia CXLIV, 1954; DERS., Kärntner Volkstänze. I. Teil mit Beih. »Tanzweisen«v. A. Anterluch, = Kärntner Museumsschriften XXVII, Klagenfurt 1963; W. IRTENKAUF, Eine St. Pauler Hs. aus d. Jahre 1136, Carinthia CXLV, 1955; DERS. u. H. EGGERS, Die Donaueschinger Marienklage, ebenda CXLVIII, 1958; G. MITTERGRADNEGGER, Die Lieder in d. Kärntner Passionsspielen, Diss. Wien 1964, maschr.

Kaiserbaß → Tuba (– 2).

Kalkant (Calcant, von lat. calx, Ferse), Bälgetreter der Orgel. K. heißt auch der Klingelzug, der, vom Organisten bedient, dem Bälgetreter das Zeichen gibt, in Tätigkeit zu treten (vgl. die Teilansicht der zur Orgel im Dom zu Halberstadt, 1361, gehörenden Kammer der Bälgetreter bei Praetorius Synt. II, *Theatrum Instrumentorum* XXVI).

Kamāngā (von arabisch kamān, Bogen; persisch kemānče), eine seit dem 10. Jh. erwähnte Spießlaute. Seit dem Mittelalter ist die K. im ganzen vorderen Orient verbreitet als Streichinstrument, mit kleinem, eckigem oder rundem Corpus (Kokosnuß, Holz), das mit einer Membran (Tierhaut) oder einer dünnen Holzplatte bedeckt ist, mit langem dünnen Hals, seitenständigen Wirbeln (2–4 Saiten) und oft einem Stachel aus Eisen. Seit dem 19. Jh. umfaßt die Bezeichnung K. auch die europäischen Streichinstrumente, besonders die Violine.

Lit.: A. BERNER, Studien zur arabischen Musik, = Schriftenreihe d. Staatl. Inst. f. deutsche Musikforschung II, Lpz. 1937.

Kambodscha → Hinterindien.

Kammermusik (von ital. musica da camera; frz. musique de chambre; engl. chamber music), eine Sammelbezeichnung für weltliche Vokal- und Instrumentalmusik, deren Stimmenzahl, Besetzung und Kompositionstechnik auf kleine bis mittelgroße Räume berechnet sind. Im 17. Jh. zählten alle höfischen Musizierformen zur K., z. B. Cantata da camera (→ Kantate), Sonata da camera (→ Sonate). Die Bezeichnung bezog sich zunächst noch nicht auf die Größe der Ensembles, deren Repertoire bis ins 18. Jh. auch Musik für → Orchester mit umfaßte, sondern ursprünglich auf die fürstliche »Kammer« als den Ort, für den die Musik bestimmt war. Für die Kammer wurde ein eigener Besoldungsetat der Hofbuchhaltung geführt, dem die K. – im Unterschied z. B. zur Feldmusik (frz. musique d'écurie) – unterstand. Daher rührt der Titel Kammermusiker: 1601 bittet Monteverdi den Herzog von Mantua um Beförderung zum *maestro de la camera et da chiesa sopra la musica*; ebenso führen ihn in Ausgaben ihrer Kompositionen u. a. E. Radesca 1605 (Musico di camera) und S. d'India 1611 (Maestro della musica da camera). Der Titel Kammermusiker wird noch heute durch den Staat (bzw. die Stadt) an beamtete oder angestellte Musiker verliehen. – Auf die Unterschiede der kompositorischen Behandlung von vokaler K. gegenüber der Kirchenmusik wies schon N. Vicentino hin (1555; f. 37: K. wird *piano* ausgeführt; f. 84': zur Textbehandlung); in Deutschland hebt erst H. Guarinonius 1610 die *Kamer-Music (Gemächer-Music)*, die *in der stille mit halben oder sonst wol moderirten Stimmen vorgetragen wird*, gegen die Kirchenmusik ab. Vokale *Concerti da camera* gab G.G. Arrigoni 1635 in Venedig heraus; 1637 veröffentlichte T. Merula gleichfalls in Venedig *Canzoni overo sonate concertate per chiesa e camera*. Bestand im Instrumentalbereich im 17. Jh. kein Unterschied zwischen Kirchen- und Kammerstil, so wurde im 18. Jh. wieder differenziert: nach Mattheson (1739) zeichnet sich der *Kammer-Styl* durch kunstvolleren Satz aus im Unterschied zu Kompositionen für Kirche und Theater, und nach Quantz (1752) erfordert er *mehr Lebhaftigkeit und Freyheit der Gedanken ..., als der Kirchenstyl; und weil keine Action dabey statt findet,* erlaubt er *mehr Ausarbeitung und Kunst ..., als der Theaterstyl.* – Da seit dem Ende des 18. Jh. das höfische Musikleben mit seinem intimen Aufführungsrahmen zurücktrat gegenüber den öffentlichen Konzertveranstaltungen (→ Konzert – 2), erfuhr der Begriff K. einen Bedeutungswandel: der Gegensatz von K. ist nicht mehr Kirchen- oder Theatermusik, sondern die große Konzert-, d. h. Orchester- und Chormusik. Zur K. werden nun alle Werke in solistischer Besetzung gezählt, wie Streich- und Klaviertrios, Quartette, Quintette, Werke für Soloinstrumente mit Klavier, für Bläser- und gemischte Ensembles (→ Sextett, → Septett, → Oktett, → Nonett) und allgemein Werke, die an die ältere → Serenade anschließen. Auch Lieder, Duette usw. mit Instrumentalbegleitung (Klavier oder wenige Instrumente) werden zur K. gerechnet. K. blieb oft nun am ehesten dem privaten Musizieren und der Darbietung vor einem kleineren Kreis von Kennern und Liebhabern vorbehalten; das moderne Konzertwesen kennt allerdings auch K.-Veranstaltungen mit großem Publikum. Wird der Unterschied zwischen K. und → Hausmusik nicht nur in den unterschiedlichen technischen Anforderungen der Werke gesehen, so ist doch in soziologischer Hinsicht zu unterscheiden zwischen darbietungsmäßigem Musizieren als K. und umgangsmäßigem als Hausmusik. – Schon bei Haydn findet sich die kompositionstechnische Differenzierung der K. gegenüber der großen Konzertmusik und anderen Gattungen. Im kammermusikalischen Satz tritt das artifizielle Element besonders hervor, speziell im → Streichquartett, das bis ins ausgehende 19. Jh. als wichtigste Gattung der K. und als Prüfstein kompositorischen Könnens galt. In der Regel setzt sich die K. mit der Sonatensatzform und dem Sonaten-Satzzyklus auseinander. Charakteristisch für den K.-Stil sind das Streben nach Gleichrangigkeit der Stimmen (Partner) und besonders die → Durchbrochene Arbeit. K.-Stil und reduzierte Besetzung kennzeichnen die kammermusikalischen Ableitungen größerer Gattungen (Kammeroper, Kammersymphonie). Für die kompositorische Entwicklung der Musik im beginnenden 20. Jh. war die K. des 19. Jh. von großer Bedeutung; in ihrer bewußt kunstvollen, thematisch-motivischen Satzart bereiteten sich Tendenzen vor, die in den frühen atonalen Kompositionen der Wiener Schule entscheidend wirksam wurden.

Lit.: N. VICENTINO, L'antica musica ridotta alla moderna prattica (Rom 1555), Faks. hrsg. v. E. E. Lowinsky, = DMI I, 17, 1959; H. GUARINONIUS, Die Grewel d. Verwüstung menschlichen Geschlechts, Ingolstadt 1610; MATTHESON Capellm.; QUANTZ Versuch; KOCHL; H. CHR. KOCH, Mus. Lexikon, bearb. v. A. v. Dommer, Heidelberg 1865; H. MENDEL, Mus. Conversations-Lexikon V, Bln 1875; M. E. SACHS, Die weitere Entwickelung d. K., ZIMG IV, 1902/03; W. ALTMANN, Zur weiteren Entwicklung d. K., ebenda; DERS., K.-Kat. Lpz. 1910, ⁶1945; FR. NIECKS, Wind Instr. Chamber Music, ZIMG V, 1903/04; N. KILBURN, The Story of Chamber Music, London u. NY 1904, revidiert als: Chamber Music and Its Masters, hrsg. v. G. E. H. Abraham, London 1932; R. H. WALTHEW, The Development of Chamber-Music, London 1909; H. PRUNIÈRES, La musique de la chambre et de l'écurie sous le règne de François Ier, L'Année mus. I, 1911; TH. FR. DUNHILL, Chamber Music, London 1913; A. HEUSS, Kammermusikabende, Lpz. 1919; H. MERSMANN, Beitr. zur Aufführungspraxis d. vorklass. K. in Deutschland, AfMw II, 1919/20; DERS., Die K., = H. Kretzschmars Führer durch d. Konzertsaal III, 4 Bde, Lpz. 1930–33; W. W. COBBETT, Cyclopedic Survey of Chamber Music, 3 Bde, Oxford 1929, 2. Auflage hrsg. v. C. Mason, London 1963; N. RUET, Musique de chambre, o. O. 1930; L. DE LA LAURENCIE, Les débuts de la musique de chambre en France, Rev. de Musicol. XVIII, 1934; W. HUTSCHENRUYTER, De geschiedenis d. kamermuziek, Hilversum 1935; E. H. MEYER, Engl. Chamber Music, London 1946, ²1951, deutsch als: Die K. Alt-Englands, Lpz. 1958; A. H. KING, Chamber Music, London 1948; M. PINCHERLE, L'orch. de chambre, Paris 1948; H. ULRICH, Chamber Music, NY 1948, ²1953; R. H. ROWEN, Early Chamber Music, NY 1949; CL. ROSTAND, Les chefs-d'œuvre de la musique de chambre, Paris 1952; A. CŒUROY, La musique de chambre, Paris 1953; O. ALAIN, La musique de chambre, = Les cahiers du journal mus. frç. XIII, Paris 1955; H. RENNER mit W. Zentner, A. Würz u. S. Greis, Reclams K.-Führer, Stuttgart 1955, ⁴1962; A. ROBERTSON, Chamber Music, Harmondsworth/Middlesex 1957; J. FR. RICHTER, K.-Kat., Lpz. 1960; TH. W. ADORNO, Einleitung in d. Musiksoziologie, Ffm. 1962, S. 96ff., R. M. JACOBS, The Chamber Ensembles of C. Ph. E. Bach Using Two or More Wind Instr., Diss. State Univ. of Iowa 1964.

Kammerregister heißt in der Orgel des 17. bis Anfang des 19. Jh. diejenige Orgelstimme, die im → Kammerton stand (daher auch Kammerstimme), also eine große Sekunde oder kleine Terz tiefer als alle anderen, im Cornett- oder im Chorton stehenden Register der Orgel. Das Kammergedackt (Musicgedackt) diente zur Ausführung des Generalbasses, der mit dem Kammerton rechnete, sonst aber vom Organisten in diesen transponiert werden mußte. Eine transponierende Koppel heißt Kammerkoppel (Schlick, Adlung).

Kammerton (frz. ton de chambre; engl. chamber pitch) wurde von → Chorton, → Cornetton und → Operntom unterschieden. Nach M. Praetorius wurde er *vor der Taffel vnd in Convivijs zur frölickeit gebraucht,* nach Adlung so bezeichnet, *weil man ihn bey der Tafel in Zimmern zur Frölichkeit gebraucht, daß man die Vokalisten schonen könnte.* Grundsätzlich gilt auch für den K., *daß der Thon so wol in Orgeln als andern Instrumentis Musicis offt sehr varijre* (Praetorius). – Nach Praetorius und Mersenne war in der 1. Hälfte des 17. Jh. der K. höher als der Chorton. Um 1700 wurde er unter dem Einfluß französischer Holzblasinstrumente tiefer als der Chorton. Hierüber berichtet Quantz: *Nachdem aber die Franzosen, nach ihrem angenehmen tiefern Tone, die deutsche Querpfeife in die Flöte traversiere, die Schallmey in den Hoboe, und den Bombart in den Basson gewandelt hatten, hat man in Deutschland auch angefangen, den hohen Chorton mit dem K.e zu verwechseln ... Ich halte ... den deutschen sogenannten A-K., welcher eine kleine Terze tiefer ist, als der alte Chorton, für den besten.* Diesen K. führte J. Kuhnau, Bachs Vorgänger im Leipziger Thomaskantorat, bald nach seinem Amtsantritt 1702 für die Leipziger Kirchenmusik ein, so daß Bachs in Leipzig entstandene Kirchenkompositionen für diese Stimmhöhe berechnet sind. Der K., der etwa einen halben Ton tiefer lag als der heutige Stimmton, wurde auch für manche Orgelbauten verwendet, etwa für G. Silbermanns Dresdener Orgeln, für J. Gablers Orgel in Weingarten und für die meisten Orgeln J.A. Silbermanns (z. B. die im Kloster St. Blasien, bei deren Planung sich Silbermann brieflich über die verschiedenen Stimmtöne äußerte). – Von etwa 1700 bis um 1820 war der K. ziemlich konstant: Bachs Stimmton betrug (nach der Dresdener Sophienorgel) 415,5 Hz, Händels Stimmgabel hatte 422,5 Hz, die Berliner Stimmhöhe war 1752 422 Hz, Mozarts Stimmgabel gab 421,6 Hz, und die Pariser Stimmhöhe lag 1810 bei 423 Hz. Nach 1820 setzte ein Steigen des K.s ein, das im Streben nach mehr Brillanz des Orchesterklangs begründet sein dürfte. 1858 waren folgende Stimmhöhen erreicht: Turin 445 Hz, Paris 449 Hz, Mailand 451 Hz, Berlin 452 Hz, London 453 Hz. 1874 stimmte man in London 455 Hz, um 1880 stimmte Steinway in New York seine Klaviere auf 457 Hz ein. Durch die Wiener Stimmtonkonferenz von 1885 versuchte man, die Überhöhung rückgängig zu machen und eine internationale Einigung zu erzielen (→ Stimmton).

Lit.: PRAETORIUS Synt. II; M. MERSENNE, Harmonie universelle, Paris 1636, Faks. hrsg. v. Fr. Lesure, 3 Bde, Paris 1963; J. MATTHESON, Critica musica II, Hbg 1725, Neudruck Amsterdam 1964; QUANTZ Versuch; ADLUNG Mus. mech. org.; K. NÄKE, Über Orchesterstimmung, Dresden 1862; A. J. ELLIS, On the Hist. of Mus. Pitch, Journal of the Soc. of Arts 1880, separat London 1880, dazu G. Adler in: VfMw IV, 1888, beides in Nachdruck Amsterdam 1963; A. SCHERING, J. S. Bachs Lpz.er Kirchenmusik, = Veröff. d. Neuen Bach-Ges. XXXVI, 2, Lpz. 1936, ²1954; FR. HAMEL, Die Schwankungen d. Stimmtons, DMK IX, 1944; A. MENDEL, Pitch in the 16th and Early 17th Cent., MQ XXXIV, 1948; DERS., On the Pitches in Use in Bach's Time, MQ XLI, 1955. RW

Kanada.
Lit.: E. GAGNON, Chansons populaires du Canada, Quebec 1865, ³1894; H. KALLMANN, Cat. of Canadian Composers, Toronto 1952; DERS., A Hist. of Music in Canada 1534–1914, Toronto (1960); W. SARGEANT, Folk and Primitive Music in Canada, Journal of the International Folk Music Council IV, 1952; E. F. FOWKE u. R. JOHNSTON, Folk Songs of Canada, Waterloo (Ontario) ²1955; Music in Canada, hrsg. v. E. C. MACMILLAN, Toronto 1955; R. u. M. D'HARCOURT, Chansons folkloriques frç. au Canada, Quebec 1956; G. P. HOWELL, The Development of Music in Canada, Diss. Rochester (N. Y.) 1959, maschr.; M. BARBEAU, Canadian Folk Songs, Journal of the International Folk Music Council XIII, 1961.

Kanon (griech. κανών; lat. canon; Maßstab, Regel), – 1) im Altertum die Meßleiste zur Messung der Proportionen schwingender Saitenlängen, seit dem 2. Jh. n. Chr. → Monochord genannt, sowie das aus der Messung gewonnene Zahlensystem der Intervallverhältnisse. Daneben ist K. auch eine Bezeichnung für monochordähnliche Instrumente, noch im Mittelalter für das Psalterium, und gelegentlich für Instrumententeile, z. B. den Querstab der Kithara (bei Porphyrios), verschiedene Trakturstäbe der Hydraulis (bei Heron) oder das Griffbrett von Saiteninstrumenten (im Spätlateinischen). – 2) In der byzantinischen Liturgie ist K. eine der wichtigsten hymnischen Dichtungs- und Liedformen. Er schließt sich in Aufbau, Reihenfolge und Inhalt an die 9 biblischen Cantica an, gehört liturgisch in die Matutin und folgte ursprünglich auf die Cantica, an deren Stelle er später trat. Der K. setzt sich aus 9 Oden zusammen, von denen die 2. Ode, die dem Canticum des Mose vor seinem Tod (5. Mose 32, 1–43) entspricht, meist weggelassen, aber dennoch mitgezählt wurde. Im Triodion, einem K. von nur 3 Oden für die Fastenzeit, findet sich in der Regel auch die 2. Ode. Jede der 9, 8 oder 3 Oden des K.s besteht aus einer Modellstrophe, dem → Heirmos, und mehreren formal und melodisch mit ihr übereinstimmenden Troparia. Der K., wohl zu Unrecht als Erfindung des Andreas von Kreta (um 660–740) angesehen, trat als Form gegen Ende des 7. Jh. auf, verdrängte das → Kontakion und wurde seit dem 8. Jh. von vielen kirchlichen Dichtern gepflegt, unter denen hervorzuheben sind: Kosmas von Maiuma († um 760), Johannes von Damaskus (um 675–750), Theophanes Graptos (um 775–845), Theodoros Studites (759–826), Joseph von Thessalonike (762–832), Methodios (843–847 Patriarch von Konstantinopel), Joseph »der Hymnograph« (um 816–886), Bartolomeo von Grottaferrata († 1055) sowie die Schule dieses Klosters und die Nonne Kasia (im 9. Jh.). – 3) In der mehrstimmigen Musik ist K. zunächst ein bestimmten Stücken beigefügter Schlüsselspruch, meist als Anweisung, aus einer einzigen aufgezeichneten Stimme mehrere Stimmen abzuleiten (*ex una voce plures deducere*, Glarean 1547). Sodann bezeichnet K., wie bis zum 17. Jh. auch → Fuga, die für dieses Verfahren besonders geeignete Satztechnik der strengen → Imitation, bei der mindestens eine Stimme, die Conseguente, einer anderen, der stets notierten Guida, in melodischer und rhythmischer Identität (zuweilen mit gewissen Einschränkungen) folgt. Das satztechnische Grundschema des K.s setzt voraus, daß die K.-Melodie sich abschnittsweise selbst zu kontrapunktieren vermag. Der K.-Schluß erfolgt in allen Stimmen gemeinsam, so daß die Conseguente unvollständig bleibt (Kennzeichnung der Schlußtöne oft durch Fermaten u. a.), oder läuft entsprechend dem Anfang stimmenweise einzeln aus. Ein Zirkel-K. (Canon infinitus oder perpetuus) liegt vor, wenn die Stimmen in ihren Anfang einmünden und somit theoretisch unendlich sind (z. B. J.S. Bach, *Musicalisches Opfer*, BWV 1079 Nr 2). Der Spiral-K. (Canon per tonos) ist ein Zirkel-K., der durch Modulation seinen Anfang auf jeweils neuer Tonstufe wiedergewinnt und dadurch allmählich »durch die Töne« wandert (z. B. J. S. Bach, ebenda Nr 3e; Modulation um einen Ganzton aufwärts). – Zur eindeutigen Bestimmung eines nach dem Grundschema gebauten K.s sind Stimmenzahl und Einsatzabstand anzugeben. Die Differenzierung der K.-Technik machte es bereits im 14./15. Jh. notwendig, darüber hinaus gegebenenfalls den Intervallabstand, die Bewegungsrichtung, die Mensurrelation der Stimmen oder weitere Besonderheiten der Ableitung zu vermerken. Anhand dieser Kennzeichen, die gewöhnlich in der K.-Anweisung genannt werden, läßt sich die Vielfalt kanonischer Möglichkeiten systematisieren. Hinsichtlich der Stimmenzahl wird beim K. Zwei- bis Vierstimmigkeit bevorzugt, allerdings auch oft überschritten. Der vielstimmige K. hat häufig die Struktur eines mehrfachen K.s, dessen Kennzeichen mehrere Guide ausbildet. Als Doppel-, Tripel-, Quadrupel-, allgemein Gruppen-K. wird gewöhnlich ein K. bezeichnet, den 2, 3 oder 4 gleichzeitig auftretende Guide eröffnen. Das 36st. *Deo gratias* von Ockeghem(?) und die 24st. Motette *Qui habitat in adiutorio* von Josquin, berühmte Beispiele extremer Stimmenzahl, sind demgegenüber als Addition von 4 einfachen K.s anzusprechen: die 4 notierten Stimmen werden nacheinander in jeweils 9- bzw. 6st. K.-Blöcken eingeführt. Der K. kann entweder in vollständig oder in teilweise kanonischem Satzgefüge, d. h. als reiner oder gemischter (auch angewandter) K., auftreten. Im zweiten Fall verbindet er sich mit einer oder mehreren freien Stimmen, deren Zahl und Gepräge den mannigfachen Möglichkeiten der K.-Behandlung angepaßt werden können. Der Einsatzabstand der K.-Stimmen wird allgemein in Tempusoder Taktmensuren angegeben, oft auch durch Einsatzzeichen markiert. Die Fuga ad minimam des 15./16. Jh. ist ein charakteristischer Typ mit engem Einsatzabstand von einer Minima (z. B. in Josquins 6st. *Agnus* aus der *Missa Malheur me bat* sowohl zwischen der geteilten Baß- als auch Altstimmen). Aus der Gruppe von K.-Arten mit dem Einsatzabstand null sind zunächst Grenzfälle des K.s zu nennen: Canon sine pausis (z. B.

Scheidt, *Tabulatura nova*, K. Nr 6 und 7) und → Fauxbourdon, bei denen die K.-Stimmen ständig parallel geführt werden, so daß eine Stimme der anderen strukturell, aber nicht zeitlich »folgt«. Hinsichtlich des Intervallabstandes ist der K. auf gleicher Tonstufe (Einklang oder Oktave) die ursprüngliche und häufigste Art. Der Intervall-K. tritt vorzugsweise in Quinte und Quarte auf, die weitgehende intervallische Identität der Conseguente ermöglichen, während in den übrigen Intervallen vielfach zur Wahrung der Tonart Ganzton- durch Halbtonschritte und umgekehrt ersetzt werden müssen. Drei- und mehrstimmige K.s können verschiedene Intervallabstände aufweisen. Umkehrungs-(oder Gegen-)K., Krebs-K. und Spiegelkrebs-K. entstehen dadurch, daß die Conseguente nicht in der Bewegungsart der Guida, sondern in deren → Umkehrung, → Krebsgang oder in umgekehrtem Krebsgang fortschreitet. Bei Umkehrungs-K. und Spiegelkrebs-K. genügt die bloße Angabe des Intervallabstands der einsetzenden Stimmen nicht; zur wesentlichen Bestimmung ist die Nennung derjenigen Tonstufe nötig, welche »beibehalten« bleibt, d. h. die Achse der melodischen Spiegelung zwischen Guida und Conseguente bildet (→ Umkehrung). Krebs- und Spiegelkrebs-K. beginnen in der Regel ohne Einsatzabstand, was auch für die K.-Arten mit ungleicher Mensurrelation der Stimmen gilt: der Mensur- oder Proportions-K. (oft mit dem Zusatz *simul incipiendo*) ist an die Möglichkeiten der → Mensuralnotation gebunden, welche perfekte (dreizeitige) und imperfekte (zweizeitige) Wertung der Noten vorsieht sowie → Proportionen (– 2) einbezieht. Das folgende Beispiel ist aufzulösen mit Hilfe der vier Mensurzeichen, die die Proportionen und Einsatztöne der Stimmen angeben.

P. de la Rue, *Missa L'homme armé*,
Anfang des *Agnus* III (nach Glareanus, *Dodekachordon*, Basel 1547, S. 445).

Das K.-Prinzip der ungleichen Mensurrelation beschränkt sich seit dem 16. Jh. auf den Vergrößerungs- oder Augmentations-K. (z. B. J. S. Bach, Variation IV der *Canonischen Veränderungen über Vom Himmel hoch*, BWV 769). Im Gegensatz zu den genannten K.-Arten, bei denen die Conseguente der Guida stetig folgt, enthält der im 15.–17. Jh. gelegentlich verwendete Aussparungs- oder Reservat-K. Vorbehalte für die Ableitung: z. B. in Nr 27–29 der *29 Canons on plain-song melodies* von Byrd sind 3st. Reservat-K.s aus einer abschnittsweise rot und grün notierten Stimme zu gewinnen, indem eine Stimme die roten, eine andere die grünen, die dritte unter Auslassung der Pausen rote und grüne Noten übernimmt. Ähnlich sind 2st. K.s ebenda in Nr 14–15 gemäß dem Schlüsselspruch *digniora sunt priora* zu lösen, der besagen soll, daß die Conseguente aus den Guidanoten in der Reihenfolge ihrer rhythmischen Werte, beginnend mit dem größten, zu bilden ist. Die Wichtigkeit des Schlüsselspruchs, der besonders im 15. Jh. oft in Zitate gekleidet ist, als Rätsel erscheint und »die Absicht des Komponisten irgendwie verdunkelt wiedergibt« (*voluntatem compositoris sub obscuritate quadam ostendens*, Tinctoris' *Diffinitorium*), macht verständlich, daß »Canon« zum Merkmal und schließlich zur Bezeichnung der streng imitatorischen Satztechnik werden konnte. Die Differenz beider Wortbedeutungen von K. (Anweisung und strenge Imitation) ist bei folgenden modernen Termini zu beachten: unter Tenor- oder Linear-K. wird die einzelne (Tenor-)Stimme verstanden, wenn in ihr ein Soggetto mehrmals nacheinander auftritt und sie verkürzt notiert werden kann (z. B. Josquin, *Gloria* der *Missa Hercules Dux Ferrariae*); Formal-K. dagegen ist die auf mehrere Stimmen verteilte, kanonähnliche Durchführung eines solchen Soggettos (z. B. ebenda, *Kyrie* I und 6st. *Agnus*). Unabhängig von der dargestellten Systematik können als weitere K.-Eigenschaften auftreten: das Fehlen einer Ableitungsanweisung beim Rätsel-K. (enigmatischer K.), dessen Lösung gesucht werden soll, was z. B. J. S. Bach im *Musicalischen Opfer* (BWV 1079 Nr 6) durch den Schlüsselspruch *quaerendo invenietis* (nach Matth. 7, 7) ausdrückt, und die Möglichkeit mehrerer Lösungen im polymorphen K. (z. B. der Byrd zugeschriebene K. *Non nobis Domine* mit elf 2- bis 4st. Lösungen).

Die ältesten Belege kanonartiger Technik, 2st. Beispiele aus dem 12. Jh. (z. B. Hymnus *Nunc sancte nobis spiritus*, Hs. Oxford, Bodl., Corp. Christi Coll. 134, f. 73) und dreistimmige aus dem 13. Jh. (z. B. *Benedicamus Domino*, Hs. F, f. 47′; Hu, f. 25′–26), beruhen auf → Stimmtausch, wie er von Odington (CS I, 245ff.) als → Rondellus beschrieben ist. Da es sich hierbei um Stimmen gleicher Lage handelt, liegt klanglich eine auf mehrere Stimmen verteilte Wiederholung desselben Satzabschnitts vor. In dieser Weise ist der 2st. Pes von *Sumer is icumen in* (»Sommer-K.«, um 1300 in der Abtei Reading aufgezeichnet) angelegt. Die 4 weiteren Stimmen dieses Stückes unterliegen dagegen dem Prinzip der → Rota: sie beginnen nacheinander, sind melodisch gleich und ermöglichen 1st. Notierung, aus der mit Hilfe der beigegebenen Anweisung ein mehrstimmiger Satz gewonnen werden kann. Rondellus und Rota haben häufig Zirkelablauf und sind besonders in England im 13./14. Jh. belegt. Auf dem Festland entstanden im 14. Jh. als Formen der Gesellschaftskunst → Chasse und → Caccia. Sie zeigen die Tendenz zu großgliedrigem Bau und zielstrebigem Fortschreiten. Ab 1400 drang die K.-Technik, nun überwiegend unter dem Namen → Fuga und in 1st. Notierung mit dazugehörigem Canon (Anweisung), in die geistliche Musik (Meßsätze und Motetten) ein. Diese Entwicklung stand in Wechselwirkung mit einer fortschreitenden Festigung der Konsonanz-Dissonanz-Ordnung im musikalischen Satz überhaupt und schuf in der Dufay-Zeit die für die niederländische K.-Technik wesentlichen Typen. Darüber hinaus gewann der K. Symbolbedeutung, die sich in (oft biblischen)

Canonsprüchen bekundete. In den Werken von Josquin, Isaac, Mouton und de la Rue wurden Artistik, musikalischer Gehalt und Sinnbildcharakter der K.-Kunst zu einem Höhepunkt geführt. Der 2–3st. Gerüst-K. als Kern eines größeren Werkes war auch im 16. Jh. gebräuchlich (Messen von Palestrina); die komplizierten K.-Arten traten dagegen zurück und wurden Gegenstand des theoretischen Interesses. Da die K.-Technik, die vielfach als höchste, kunstvollste Stufe der Kompositionslehre angesehen worden ist, eine faszinierende Kraft der strengen Ordnung in sich birgt, hat sie seither mannigfach und kontinuierlich als Impuls gewirkt. Hervorzuheben sind die Bedeutung des K.s im Orgelchoral und in der Kammermusik des Barocks, der hohe Rang der K.-Verwendung besonders im Spätwerk J.S.Bachs und die verstärkte Hinwendung zur K.-Technik seit etwa 1920. In der Schulmusik seit der Reformation wurde der didaktische Wert des K.s genutzt, vorwiegend durch Pflege besonders einfacher Arten. Kanonische Miniaturkunst, die bis zum umgangsmäßigen Musizieren im Mittelalter (mittelalterlicher Lied-K.) zurückverfolgt werden kann, durchzieht als Gesellschafts-K. (in bestimmten Epochen auch unter speziellen Namen wie → Radel, → Round, → Catch) die K.-Geschichte und prägt sich daneben aus im Porträt- und Stammbuch-K. und ähnlichen Arten, die den K. als Standesausweis der Musiker zeigen.

Lit.: zu 1): S. WANTZLOEBEN, Das Monochord als Instr. u. als System, Halle 1911; SACHSL.; SACHS Hdb.; H. OPPEL, KANΩN, = Philologus, Suppl.-Bd XXX, 4, Lpz. 1937. – zu 2): K. KRUMBACHER, Gesch. d. byzantinischen Lit. = Hdb. d. klass. Altertumswiss. IX, 1, München 1890, erweitert ²1897, griech. v. G.Soteriades, Athen 1897; H.J.W. TILLYARD, Byzantine Music and Hymnography, = Church Music Phonographs VI, London 1923; DERS., Twenty Canons from the Trinity Hirmologium, Boston 1952; E. WELLESZ, A Hist. of Byzantine Music and Hymnography, Oxford 1949, ²1961; H.-G. BECK, Kirche u. theologische Lit. im byzantinischen Reich, = Hdb. d. Altertumswiss. XII, 2, 1 (Byzantinisches Hdb. II, 1), München 1959. – zu 3): O. A. KLAUWELL, Die hist. Entwicklung d. mus. K., Diss. Lpz. 1875; H. RIEMANN, Hdb. d. Mg. I, 1, Lpz. 1904, ³1923 u. II, 1, Lpz. 1907, ²1920; O. URSPRUNG, Span.-katalanische Liedkunst d. 14. Jh., ZfMw IV, 1921/22; FR. JÖDE, Der K., 3 Teile, Wolfenbüttel 1925 (umfassende Beispielslg v. Vokal-K.); DERS., Vom Geist u. Gesicht d. K. in d. Kunst Bachs..., ebenda 1926; P. MIES, Der K. im mehrsätzigen klass. Werk, ZfMw VIII, 1925/26; L. K. J. FEININGER, Die Frühgesch. d. K. bis Josquin des Prez (um 1500), Emsdetten i. W. 1937; R. H. ROBBINS, Beitr. zur Gesch. d. Kontrapunkts v. Zarlino bis Schütz, Diss. Bln 1938; M. F. BUKOFZER, »Sumer is icumen in«, A Revision, in: Univ. of California Publications in Music II, 2, Berkeley u. Los Angeles 1944; N. PIRROTTA, Per l'origine e la storia della »caccia«..., RMI XLVIII, 1946 – XLIX, 1947; DERS., On the Problem of »Sumer is Icumen In«, MD II, 1948; J. HANDSCHIN, The Summer Canon and Its Background, MD III, 1949 u. V, 1951; W. BLANKENBURG, Die Bedeutung d. K. in Bachs Werk, Ber. über d. Wiss. Bachtagung Lpz. 1950; FR. SMEND, J. S. Bach, bei seinem Namen gerufen, Kassel 1950; W. WIORA, Der ma. Liedk., Kgr.-Ber. Lüneburg 1950; E. SCHENK, Das »Mus. Opfer« J. S. Bach, Sb. Wien XC, 1953, Nr 3; J. HEIN, Die Kontrapunktlehre bei d. Musiktheoretikern im 17. Jh., Diss. Köln 1954, maschr.; W. GURLITT, Canon sine pausis, in: Mélanges d'hist. et d'esthétique mus. offerts à P.-M. Masson I, Paris 1955, Neudruck in: Mg. u. Gegenwart I, = BzAfMw I, Wiesbaden 1966; J. J. A. VAN DER WALT, Die Kanongestaltung im Werk Palestrinas, Diss. Köln 1956; B. BRAND, The Use of Canon in Bartóks Quartets, MR XVIII, 1957; J. D. ROBINSON, The Vocal Canon of the Classical Era, Diss. Indiana Univ. 1959, maschr.; FR. LL. HARRISON, Rota and Rondellus in Engl. Medieval Music, Proc. R. Mus. Ass. LXXXVI, 1959/60. für Kanon (– 3): KJS

Kanoniker → Harmoniker.

Kansas-City-Jazz, eine in Kansas City seit etwa 1925 entstandene Jazzspielweise, die sich in den 1930er Jahren mit dem Big band-Jazz der Swing-Ära verband und teilweise die Entwicklung zum moderneren Jazz vorbereitete (Charlie Parker; Lester Young; → Bebop; → Cool Jazz). Typisch für die Bands des K.-C.-J. (Benny Moten, Count Basie) sind der federnde Jump-Rhythmus (→ Bounce) und der bewußte Rückgriff auf den → Blues als → Chorus, der gleichzeitig zur Ausbildung der → Riff-Technik geführt hat.

kantabel → cantabile.

Kantate (ital. cantata, von lat. und ital. cantare, singen), im 17. und bis Mitte des 18. Jh. als Cantata die wichtigste Gattung des italienischen weltlichen Sologesangs außerhalb der Oper; im 18. Jh. die Hauptgattung der deutschen evangelischen Kirchenmusik. Im 19. Jh. werden größere, aus Sologesängen, Duetten usw. und Chorsätzen bestehende Vokalwerke mit Instrumentalbegleitung als K. bezeichnet, deren Verse lyrische, d. h. weder epische noch dramatische Inhalte (→ Oper, → Oratorium) behandeln. Als Sammelbezeichnung für Vokalmusik mit Instrumenten begegnet K. heute hauptsächlich in der → Jugendmusik. – Cantata war in der 1. Hälfte des 17. Jh. ein zunächst nur gelegentlich verwendeter Name für ein ausgedehnteres, mehrteiliges Sologesangstück mit B. c. Um 1620 herausgewachsen aus den Monodien von Caccini und Peri, erreichte die Cantata nach einer Periode formaler Experimente etwa seit der Jahrhundertmitte ihre Blütezeit. Die bei A. Grandi (*Cantade et Arie*, 1620) erstmals nachweisbare Bezeichnung wurde wohl in Analogie zu der schon früher bekannten Sonata gebildet. Die Cantata besteht bei Grandi und seinen Nachfolgern (G.P. Berti, C. Milanuzzi u. a.) aus einer Folge von 5–9 durchkomponierten Strophen eines madrigalischen, d. h. heterometrischen Textes über gleichbleibendem Baß, im Unterschied zu der gleichfalls strophischen Aria (→ Arie), bei der alle Strophen auf die gleiche Musik gesungen (aber wahrscheinlich ex tempore variiert) wurden. Caccini, in dessen *Nuove musiche* (1601) beide Arten strophischer Komposition schon nebeneinander auftreten, bezeichnet die durchkomponierten Stücke noch als Aria. – Cantata hießen seit Fr. Turin (1624) auch die nichtstrophischen → Lamento-Kompositionen, woraus die »Sujet-Cantata« (E. Schmitz) entstand. Monteverdi gebraucht für das strophisch durchkomponierte *Tempro la cetra* (1619) die Bezeichnung Cantata noch nicht (sein *Lamento d'Arianna* wird erst in späteren Abschriften Cantata überschrieben), ebensowenig P.Possenti für sein *Lamento d'Ariana* (1623) und das strophische *Udite, udite* (1625), doch sind diese Stücke, wie auch die durchkomponierten strophischen Gesänge von Landi (*Arie a una voce*, 1620), obwohl der Name fehlt, unter die Anfänge der Gattung Cantata einzuordnen. Von großer Bedeutung für die weitere Geschichte der Cantata waren die drei Bücher *Musiche varie* (1633–41) von B. Ferrari, der den Basso ostinato als satztechnisches Kunstmittel zu voller Vollendung führte. Außerdem bahnte sich in seinen Cantate auch die prinzipielle Scheidung von Rezitativ und Arie an, die das Gesicht der Gattung fernerhin bestimmen sollte. Den ersten Werken des neuen Stils fehlte noch das wichtigste Element des späteren Recitativo, das Prosaartige, Ungebundene, das den Eindruck des Sprechens im Gegensatz zum Singen bedingt. Die spätere Gegensätzlichkeit von Rezitativ und Arie entsprang zum Teil aus dem gern angewendeten Wechsel von geradem in den Tripeltakt. Dadurch entstand vom Musikalischen her ein Kontrast zwischen mehr rezitierenden und mehr ariosen Teilen, so bei Peris *Se tu parti*

(1609), das Riemann eine »wirkliche kleine K.« nennt. Die ariosen Teile (im Tripeltakt) kehren in vielen Cantate rondoartig wieder. Entscheidende Voraussetzung für die Trennung von Rezitativ und Arie war jedoch die Beschaffenheit des Textes, der Wechsel von Erzählung und Betrachtung. Ferrari, der viele seiner Texte selbst verfaßt hat, scheint der Urheber dieses bis ins 18. Jh. (Neapolitanische Oper, Metastasio) wirksamen dichterisch-musikalischen Formschemas zu sein.

Die Blütezeit der Cantata setzte mit den zahlreichen Kompositionen von L. Rossi und G. Carissimi ein. Die strophische Art der Cantata tritt nur noch selten auf, um so häufiger die mehrsätzige, in der einzelne mit vorangehendem Rezitativ kombinierte Da-Capo-Arien aneinandergereiht sind. Textgestaltung und musikalische Mittel (Ritornell, Basso ostinato) verbürgen bei stark wechselnder Anzahl der Arien die Geschlossenheit einer Einzelszene. Die Hauptmeister der Cantata nach der Jahrhundertmitte sind Cavalli, Cesti und Legrenzi, ferner A. Stradella. Beachtenswert ist die Bologneser Schule, wo auch die Cantata con stromenti, d. h. mit orchestraler oder solistisch konzertierender Instrumentalbegleitung, zuerst erscheint, die dann bei den Komponisten der Neapolitanischen Schule (Fr. Provenzale, A. Scarlatti u. a.) häufiger begegnet, wodurch sich die Cantata der Opernszene nähert, namentlich dann, wenn ein Accompagnato hinzutritt. Bei A. Scarlatti waren vielteilige Formen noch gleichberechtigt neben der nach ihm zur Norm werdenden 3- bis 4sätzigen Cantata, die mehr und mehr ihre Selbständigkeit gegenüber der sie verdrängenden Opernarie bzw. -szene verlor und schließlich in die Konzertarie ausmündete. – Im 17. Jh. gehörte die K. als Cantata da camera zur → Kammermusik. Als Gattung der geistlichen Musik war die Cantata in Italien unbekannt: Cantate mit geistlichem, aber italienischem Text sind keine Kirchenmusik, sondern geistliche Kammermusik oder Oratorien (die mitunter als Cantata bezeichnet wurden). Geistliche Sologesänge mit lateinischem Text trugen stets die Bezeichnung Concerti ecclesiastici oder Motetti a voce sola. – In Frankreich wurde die Cantata erst in der stereotypen Zwei-Arien-Form übernommen, doch wurde nicht selten eine dritte Arie (mit Rezitativ) angehängt. Die K. galt als Dichtungsgattung (Hauptdichter: J. Bapt. Rousseau), die letzte Arie sollte den Point moral der Geschichte enthalten. Die wichtigsten Meister der kurzen Blütezeit (1715–25) sind L. N. Clérambault und J.-Ph. Rameau. Die Sujet-K. mit antiken Stoffen überwiegt, doch nehmen einige K.n Bezug auf aktuelle Stoffe (Kaffee-K. von Bernier). Lange Zeit ist die K. eine beliebte Kompositionsaufgabe für Wettbewerbe (z. B. für den Rompreis) geblieben.

In Deutschland veröffentlichte als erster K. Kittel 1638 nach italienischem Vorbild *Arien und Cantaten*, strophische Sololieder mit Wiederholung des 1. Teils, die teilweise wie die Cantata durchkomponiert sind und (laut Vorrede) den Dresdener Kapellsängern die italienische Gesangskunst nahebringen sollten. Da auf Diminution mehr Wert gelegt ist als auf Affetto, stehen die Stücke der Strophenaria näher als der Cantata. Für eine Einbürgerung der weltlichen K. in Deutschland fehlten damals nicht nur die Voraussetzungen bei den Sängern und beim Publikum, sondern es mangelte vor allem an deutschsprachigen K.n-Texten. Den Anregungen zu madrigalischer Dichtung von Caspar Ziegler (1653), die wie Kittels K.n aus der persönlichen Umgebung von Schütz herrührten, blieb literarisches oder musikalisches Echo versagt. Ansätze zu kantatenähnlichen Kompositionen bei H. Albert erbrachten, da sie auf den üblichen Liedtexten basierten, keinen künstlerischen Gewinn gegenüber der Strophenaria. Dagegen bahnte sich auf dem Gebiet der protestantischen Kirchenmusik eine echte Auseinandersetzung mit der Gattung Cantata an. Seit im Geistlichen Concerto außer dem Bibelwort auch Choraltexte und geistliche Oden vertont wurden, gab es mehrstrophige durchkomponierte Stücke, die gelegentlich Berührung mit der italienischen Cantata aufweisen (z. B. Buxtehudes mit *Aria* betitelte Kompositionen über Strophenbässen). Doch werden die einzelnen Strophen nur ausnahmsweise von einem einzigen Solisten vorgetragen, meistens von den verschiedenen Stimmgattungen reihum abwechselnd, auch mit Duetten, Trios und Chören untermischt (noch bei Bach wechselt die Besetzung fast regelmäßig nach jedem Stück, auch zwischen Rezitativ und Arie). Eingangs- und Schlußchor über einen Bibelspruch (Dictum) bilden häufig die Umrahmung für den strophischen Mittelteil, in den auch Ritornelle eingeschaltet sein können. Die Textzusammenstellung aus Spruch und Ode (die wohl auf D. Pohle zurückgeht) wurde am bedeutsamsten für die Zukunft; sie erlaubte einen klaren architektonischen Aufbau des Werkes und kombinierte das subjektive Dichterwort auf glückliche Weise mit dem authentischen Bibeltext. Ebensooft wurden aber auch andere mehrsätzige, nichtstrophische Textkombinationen angewendet, darunter auch die Dialogform. – Ph. Spitta hat für die protestantischen Kirchenkompositionen des 17. Jh., denen zwar das Rezitativ fehlt, doch deren formale Anlage im übrigen schon auf die Kirchen-K. Bachs hinweist, die Bezeichnung »ältere K.« eingeführt (*J. S. Bach* I, S. 226 und 291). Die Bezeichnung K. wurde dann von Schering durchweg angewendet, unabhängig davon, ob eine Beziehung zur italienischen Cantata vorliegt oder nicht; Kriterium hierfür war ihm lediglich die Mehrsätzigkeit. Zu ihrer Zeit besaßen diese mehrteiligen Kompositionen keinen eigentlichen Gattungsnamen. In den Manuskripten sind gewöhnlich nur Textanfang, Tonart, Besetzung und liturgische Bestimmung angegeben. Wenn überhaupt eine Benennung stattfand, wurde neben Motetto die Bezeichnung Concerto (so noch meist bei J. S. Bach) weiterhin verwendet. Das Fehlen einer verbindlichen Gattungsbezeichnung, das besonders durch die in Sekundärquellen (Textdrucke, Dokumente usw.) angewendeten Umschreibungen deutlich hervortritt, konnte nur bei der überwiegend handschriftlichen Überlieferung hingenommen werden. Seitdem die Bachsche Kirchenmusik in der alten Gesamtausgabe gedruckt vorliegt, ist der Gattungsname K. dafür eingeführt, den man heute auch – in unberechtigter Verallgemeinerung – für geistliche Kompositionen der 2. Hälfte des 17. Jh. in Neuausgaben anwendet. – Die kontinuierliche Entfaltung der evangelischen vokal-instrumentalen Kirchenmusik, an deren Höhepunkt die Werke J. S. Bachs stehen, vollzog sich im 17. und 18. Jh. als Geschichte einer Gattung, die anfänglich noch identisch war mit dem Geistlichen Konzert (aus dem auch die Mehrsätzigkeit organisch erwuchs). Aber die eigentliche K., die der Gattung später den Namen geben sollte, war innerhalb dieser Entwicklung ursprünglich nur eine Sondererscheinung. Unter dem Titel *Geistliche Cantaten statt einer Kirchen-Music* erschienen 1704 geistliche Dichtungen in madrigalischen, d. h. freien Versen (ohne Strophenbindung), die der Weißenfelser Pfarrer Erdmann Neumeister vor oder um 1700 verfaßt hatte. Im Vorwort erklärt er die K. als eine Folge von Rezitativen und Arien; als musikalisch-formales Vorbild nennt er die Oper. Die Einführung des Rezitativs in die Kirchenmusik durch Neumeister geschah kaum aus rein musikalischen Erwägungen (für Bibeltexte war es schon vorher gelegentlich verwendet worden). Einerseits konnte er in der Kombination Rezitativ–Arie das subjektiv-religiöse Empfinden stärker hervortreten lassen, andererseits bot das Rezitativ durch prosaartige Ungebundenheit der Sprache mehr Raum für theologische Erörterung als die Odenstrophe. Für die Arien empfiehlt Neumeister die Da-Capo-Form, ohne sie von der Dichtung her zur Bedingung zu machen. Die ersten Kantatentexte Neumeisters, deren Inhalt Predigtgedanken für alle Sonn- und Festtage des Jahres bilden, wurden vollständig vertont von J. Ph. Krieger. Für Krieger, von dem wahrscheinlich die Anregung zur K. kam, hatte Neumeister schon früher einen Jahrgang *Poetische Oratorien* (ohne Rezitative) gedichtet (von allen Kompositionen Kriegers über Neumeister-Texte ist keine einzige K. erhalten; vgl. M. Seiffert in DDT LIII/LIV, 1916). Die Neuerung breitete sich rasch aus, allerdings setzte sofort ein Prozeß der Verschmelzung mit den herkömmlichen Textgrundlagen der Kirchenmusik ein: in einem Danziger Jahrgang von 1708 wurden *die Texte ... nach Cantaten Art eingerichtet / und umb mehrer Erbauung willen gemeiniglich einen Spruch aus heiliger Schrifft vorgesetzet / übrigens aber / die Gemeinde desto mehr zu obligiren / hier und dar Stücke aus bekandten Choral Gesängen eingerücket / und mithin einen jeden freygestellet / mitzusingen* (vgl. Rauschning 1931). Schon für den 2. Jahrgang seiner Kantatentexte (1708, die Musik von Erlebach ist verloren) dichtete Neumeister Eingangsverse für Chor- bzw. Tuttibesetzung; im 3. und 4. Jahrgang (1711 und 1714), komponiert von Telemann, fügte er den herkömmlichen Dicta und Choralstrophen ein (andernorts wurden umgekehrt auch ältere Texte durch Einfügung von Rezitativen modernisiert). Diese Textvermischung war die Voraussetzung für die Übertragung der Bezeichnung K. auf die Gattung der »ordentlichen Kirchenstücke«, die schon 1739 von Mattheson (Capellm., S. 215) beobachtet bzw. gerügt wurde, aber erst bei Koch (1802) vollzogen erscheint. Die Einführung von Rezitativ und Da-Capo-Arie in die Kirchenmusik war auch auf Ablehnung bei Theologen (z. B. Chr. Gerber) und Musikern (J. H. Buttstedt) gestoßen, doch setzten sich die Kritiker der Neuerung nicht durch, vielmehr folgten andere Dichter dem Vorbild Neumeisters (S. Franck, J. K. Lichtenberg, J. J. Rambach u. a.). Das Rezitativ vermochte die Aufmerksamkeit der Komponisten erneut auf das Wort hinzulenken: dies entsprach in besonderer Weise der Aufgabe der K. als Predigtmusik (Aufführung im Gottesdienst meist unmittelbar vor der Predigt oder diese umrahmend). Ein wesentliches, künstlerisches Merkmal der K. besteht in der Vielfalt der möglichen Textzusammenstellungen aus Bibelwort und Choral einerseits als den Elementen der kirchlichen Tradition, Predigtwort und subjektiv gefärbter religiöser Aussage in Rezitativ und Arie andererseits als Zeugen lebendiger Gegenwart. Diese Vielfalt der Texte fand ihr Gegenstück in der Fülle der musikalischen Gestaltungsmöglichkeiten, die vor allem Bachs K.n-Werk kennzeichnet, aber eine präzise Definition der Gattung oder eine systematische Einteilung nach K.n-Typen erschwert. Mit wenigen Ausnahmen enthalten alle der rund 200 überlieferten K.n von Bach Rezitative und schließen mit einer vom Chor bzw. Tutti ausgeführten Choralstrophe. Bach hat auch einige Solo-K.n geschrieben (z. B. BWV 51, 54 und 56), die nach Besetzung und formaler Struktur der italienischen Cantata am nächsten kommen. Die meisten K.n Bachs knüpfen jedoch durch ihre Eröffnung mit großen, vom Orchester begleiteten Chorsätzen an die seit dem 17. Jh. bestehende Tradition des evangelischen Geistlichen Concertos an. Anstelle des Chores begegnen auch einleitende, meist aus weltlichen Werken übernommene Instrumentalsätze, die mitunter durch Einfügung von Chorstimmen in den Orchestersatz bearbeitet sind (z. B. BWV 110 nach BWV 1069). In der Leipziger Zeit entwickelte Bach besonders den Sonderform der Choral-K. zu höchster Reife; er fand hierin keine Nachfolger. – In der 2. Hälfte des 18. Jh. wird die musikalische Produktion von Kirchen-K.n überschattet von aufklärerischer Kritik, die sich gegen die Art der religiösen Dichtung ebenso richtet wie gegen den »unkirchlichen« Charakter ihrer Musik. Während man im Gottesdienst zu Anfang des 19. Jh. den einfachen Choralgesang für erbaulicher zu halten begann als Figuralmusik, wanderten anspruchsvollere Kompositionen (C. Loewe, Mendelssohn) in den Konzertsaal ab. Dort vollzog sich auch die Wiederbelebung der Bachschen Kirchenmusik. Erst im 20. Jh. erwacht wieder ein lebendiges Interesse an neuen kirchenmusikalischen Kompositionen, wobei unter anderen Formen auch eine erneuerte K. gepflegt wird.

Die italienische Cantata erlebte während des 18. Jh. eine bescheidene Nachblüte an deutschen Fürstenhöfen. Verbreitet war die Cantata (auch unter dem Namen Serenata) vor allem als Glückwunsch- und Gelegenheitskomposition (diese Art bestand auch in Italien und Frankreich fort). Als Textdichter war Metastasio über seinen Tod hinaus beliebt. Die Koloratur blieb Bestandteil der Cantata bis nach 1800, doch fand etwa ab 1750 ein Übergang zur Konzert-K. statt, angezeigt durch häufigere Verwendung des Chores. Als internationale Gattung fand die italienische Cantata, im Gegensatz zur nationalen deutschen und französischen Konzert-K., im 19. Jh. keine Fortsetzung. – Im Gefolge der Oper war um 1700 auch die weltliche K. über deutsche Texte aufgekommen, vor allem in Hamburg (R. Keiser, *Gemütsergötzung*, 1698). Die wichtigsten Textdichter waren Hunold, Gottsched (der sich im Versuch einer *Critischen Dichtkunst*, Leipzig ⁴1751, auch theoretisch äußerte) und Herder. Deutsche weltliche K.n stehen im Schaffen der meisten Komponisten am Rande (C. H. Graun, Telemann, J. S. Bach, G. H. Stölzel, J. A. Hiller), doch führt eine kontinuierliche und bisher noch nicht zusammenfassend dargestellte Tradition (Kirnberger, J. Chr. Fr. Bach, Fr. Benda, Abbé Vogler u. a.) zur Konzert-K. des 19. Jh. Im Gefolge der Händel-Verehrung, besonders auch seit Haydns *Schöpfung* und *Jahreszeiten* (und Beethovens 9. Symphonie) wurde die Begeisterung für größere Vokalwerke mit Chor und Orchester geweckt (→ Oratorium). Als »Musikvereinskunst« (Schnoor 1939), auch unter Berücksichtigung der zahlreichen Männerchöre, entstand eine umfangreiche Literatur, wobei die Grenzen zwischen Oratorium und K. fließen. Die K. zeichnete sich immer noch durch größere Gegenwartsnähe aus (Beethoven op. 136; Weber, *Kampf und Sieg*, 1815), doch wurden auch Balladen, Märchenstoffe usw. vertont. Für diese Werke (z. B. Schumann, *Das Paradies und die Peri*, 1843; M. Bruch, *Szenen aus der Fritjofsage*, 1864; J. Brahms, *Rinaldo*, 1868, und *Schicksalslied*, 1871; R. Strauss, *Wanderers Sturmlied*, 1886; u. a.) bevorzugte H. Riemann die genaueren, an der Textvorlage orientierten Bezeichnungen: Chorballade, Chorode, Legende, lyrische Szene und Mysterium. Entstand noch 1921 als Spätwerk der musikalischen Romantik Pfitzners Eichendorff-K. *Von deutscher Seele*, so setzten schon im gleichen Jahrzehnt als Zweig der »Gebrauchsmusik« die besonders für das Gemeinschaftsmusizieren bestimmten K.n ein: P. Höffer, *Fröhliche Wanderkantate* (nach Eichendorff); Hindemith, *Mahnung an die Jugend, sich der Musik zu befleißigen* (K. aus *Plöner Musiktag*). Jugend-K.n komponierten in neuerer Zeit auch J. Haas, H. Bergese, H. Bräutigam u. a. Die zwei K.n von Webern (über Dichtungen von H. Jone, op. 29, 1938/39, und op. 31, 1941/43) knüpfen weniger an das äußere (stilistische), als an das geistige Vorbild der Gattung K. an.

Ausg.: K.-Frühling, hrsg. v. H. RIEMANN, Lpz. 1909–13; Ausgew. Kammerk., hrsg. v. DEMS., 6 H., Lpz. o. J.; Alte Meister d. Belcanto I–III, hrsg. v. L. LANDSHOFF, Lpz. 1912–15; La Flora, hrsg. v. KN. JEPPESEN, 3 Bde, Kopenhagen 1949; The Ital. Cantata I (A. Cesti), hrsg. v. D. BURROWS, = The Wellesley Ed. V, Wellesley (Mass.) 1963.

Lit.: PH. SPITTA, J. S. Bach, 2 Bde, Lpz. 1873–80, Wiesbaden ⁵1962, engl. London 1884–99 u. NY 1951, span. Mexiko 1950; DERS., Die Anfänge madrigalischer Dichtung in Deutschland, in: Mg. Aufsätze, Bln 1894; H. GOLDSCHMIDT, Die ital. Gesangsmethode im 17. Jh., Breslau 1890, ²1892; J. TIERSOT, Cantates frç. du XVIIIᵉ s., Le Ménestrel LXIX, 1893; CH. TH. MALHERBE, Einleitung zu J.-Ph. Rameau, Œuvres complètes III (Cantates), Paris 1897; A. SCHWEITZER, J. S. Bach, Lpz. 1908 u. ö., Kap. VI (Die K. u. Passionen bis zu Bach); H. LEICHTENTRITT, Der monodische Kammermusikstil in Italien bis gegen 1650, in: A. W. Ambros, Gesch. d. Musik IV, Lpz. ³1909; E. J. DENT, The Ital. Chamber Cantatas, The Mus. Antiquary, Jg. 1911; A. SCHERING, Über d. Kirchenk. vorbachischer Thomaskantoren, Bach-Jb. IX, 1912; DERS., Mg. Lpz. II, Lpz. 1926, u. III, 1941; E. SCHMITZ, Gesch. d. K. u. d. geistlichen Konzertes I, Gesch. d. weltlichen Solok., = Kleine Hdb. d. Mg. nach Gattungen V, 1, Lpz. 1914, ²1955, Nachdruck Hildesheim 1965; M. SEIFFERT in: DDT LIII/LIV, Lpz. 1916, ²1963, S. 74ff.; P. BRAUSCH, Die K., ... zur Gesch. d. deutschen Dichtungsgattungen I: Gesch. d. K. bis Gottsched, Diss. Heidelberg 1921, maschr.; J. MÜLLER-BLATTAU, Hamann u. Herder in ihren Beziehungen zur Musik, = Schriften d. Königlichen Deutschen Ges. zu Königsberg i. Pr. VI, Königsberg 1931; H. RAUSCHNING, Gesch. d. Musik u. Musikpflege in Danzig, = Quellen u. Darstellungen zur Gesch. Westpreußens XV, Danzig 1931; K. FR. RIEBER, Über die Entwicklung d. deutschen geistlichen Solok. im 17. Jh., Diss. Freiburg i. Br. 1932; U. LEUPOLD, Die liturgischen Gesänge d. ev. Kirche im Zeitalter d. Aufklärung u. d. Romantik, Kassel 1933; FR. TREIBER, Die thüringisch-sächsische Kirchenk. zur Zeit d. jungen J. S. Bach (etwa 1700–23), AfMf II, 1937; W. LANGE, Die Anfänge d. K., Dresden 1938; G. SCHWANBECK, Die dramatische Kirchenk. d. Romantik in Deutschland, Diss. Bln 1938; H. SCHNOOR, Oratorien u. weltliche Chorwerke, in: H. Kretzschmar, Führer durch d. Konzertsaal II, 2, Lpz. ⁵1939; A. DÜRR, Über Kantatenformen in d. geistlichen Dichtungen S. Francks, Mf III, 1950; R. B. MORRIS, A Study of Ital. Solo Cantata Before 1750, Diss. Indiana Univ. 1955, maschr.; E. T. FERAND, Embellished »Parody Cantatas« in the Early 18ᵗʰ Cent., MQ XLIV, 1958; H. MELCHERT, Das Rezitativ in d. Kirchenk. J. S. Bachs, Diss. Ffm. 1958; FR. KRUMMACHER, Die Überlieferung d. Choralbearb. in d. frühen ev. K., = Berliner Studien zur Mw. X, Bln 1965; G. SCHUHMACHER, Gesch. u. Möglichkeiten d. Vertonung v. Dichtungen Fr. Hölderlins, Diss. Saarbrücken 1965, maschr. HHA

Kantele (estnisch kannel; lettisch kuokle; litauisch kankles), das finnische Nationalinstrument, eine flache Zither ohne Griffbrett, mit 3eckigem Resonanzkörper aus Holz und bis zu 30 Saiten (heute in der Regel aus Stahl). Die K. wird auf den Schoß oder einen Tisch gelegt und mit den bloßen Fingern gespielt. – Die Jouhikko-K. ist eine Streichleier.

Ausg.: Kantelejo jouhikko sävelmiä (»K. u. Jouhikko-Melodien«), = Suomen kansan sävelmiä V, hrsg. v. A. O. VÄISÄNEN, Helsinki 1928.

Lit.: O. ANDERSSON, Stråkharpan, Stockholm 1923, engl. als: The Bowed Harp, London 1930; T. NORLIND, Bidrag till k. hist., StMf V, 1923; DERS., Systematik d. Saiteninstr. I, Gesch. d. Zither, Stockholm 1936; A. O. VÄISÄNEN, Wirklichkeitsgrund d. finnisch-estnischen K.-Runen, Acta Ethnologica I, 1938; DERS., Y. Kilpinens kanteletar-Lieder, Kgr.-Ber. Hbg 1956; FR. BOSE, Die finnische K., d. älteste Zither Europas, Atlantis XXIV, 1952.

Kantilene (frz. cantilène) bezeichnet seit Ende des 17. Jh. (im Anschluß an die Grundbedeutung von lat. → cantilena) einen Gesang oder ein Lied, nach Brossard (1703) eine Komposition mit ausgeprägter Melodieführung (ähnlich → cantabile), nach Koch (1802) speziell eine kleine Solokantate, im 19. Jh. allgemein eine (auch instrumentale) Melodie von ausgesprochen gesanglich-lyrischem Charakter.

Kantilenensatz, in der neueren Musikgeschichtsschreibung eine im Anschluß an → Cantilena (– 5) gebildete Bezeichnung für den Typus des Liedsatzes im 14. und 15. Jh. mit textiertem, solistisch gesungenem, wohl auch auf einem Instrument mitzuspielenden Cantus und 1–3 instrumentalen Stimmen. Der K. wurde in Frankreich ausgebildet als eine Spätform des → Discantus und eine Art der mehrstimmigen → Chanson, die in der allen Stimmen textierten Form des 13. Jh. Cantilena, im späteren 15. und im 16. Jh. neben Cantilena und Chanson auch → Carmen hieß, während für den K. eine spezielle Bezeichnung nicht belegt ist. A. Schering (1914) nannte das Lied im K. mißverständlich »Diskantlied« (Oberstimmenlied) und Fr. Ludwig einseitig »Balladenform« (z. B. ZfMw V, 1922/23, S. 443) oder »Balladenstil«, da jener Typ des Liedsatzes im 14. Jh. am häufigsten in der Ballade ausgeprägt ist. Doch auch die Bezeichnung K. hat als »gemachter« (nicht historischer) Terminus Nachteile, vor allem bei der Abgrenzung gegenüber dem Chansonsatz, der nach heutiger Übereinkunft im 15. Jh. dem K. folgte, wenngleich schon bei Machaut die Bezeichnung Chanson (chanson notée, chanson mise en chant) als Oberbegriff seiner Liedformen begegnet. – Der K., der die mehrstimmige Cantilena des 13. Jh. (Adam de la Halle, L'Escurel) ablöste, entstand als eine Schöpfung der Ars nova wohl vor dem Hintergrund des improvisiert begleiteten Trouvèreliedes und unter dem Einfluß der französischen Motette mit frei erfundenem instrumentalem Tenor. Der Dichterkomponist Machaut erhob ihn in den (jetzt ganz ins Solistische gewendeten) Refrainformen Ballade, Rondeau und Virelai zu hoher, dem Motettensatz künstlerisch ebenbürtiger Ausprägung. Von seinen insgesamt 41 mehrstimmigen Balladen und 21 Rondeaux sind 19 bzw. 8 zweistimmig, 17 bzw. 11 dreistimmig und 5 bzw. 2 vierstimmig. Darunter befinden sich als Sonderart – unter dem Einfluß der Motette stehend – zwei 3st. Tripelballaden (mit 3 verschiedenen Texten), eine 4st. Doppel- und eine 2st. isorhythmische Ballade. (Von den 34 Virelais sind 7 zwei-, eine drei-, die übrigen einstimmig.) Seinem Typus nach geht der K. – im Unterschied zum älteren Conductus sowie zum Motettensatz – von der Komposition des für hohe, zuweilen mittlere Männerstimme geschaffenen Cantus aus, dem der instrumentale Tenor fest beigegeben wird. Sowohl die Kompositions- als auch die Überlieferungsart – zahlreiche Sätze sind zwei- und dreistimmig, bzw. drei- und vierstimmig tradiert – weisen in den 3- und 4st. Liedsätzen den Cantus-Tenor-Satz als Gerüstsatz aus, der durch Hinzufügung eines instrumentalen Contratenors (in der Lage des Tenors) oder Triplum (in der Lage des Cantus) zur Drei-, durch Zufügung von Contratenor und Triplum zur Vierstimmigkeit erweitert werden konnte. Der Satz ist in allen Stimmen versmäßig gegliedert (mit gelegentlichen Überleitungen in einer der Unterstimmen), die Zeilen des Stollenpaars sind meist durch ouvert- und clos-Schlüsse differenziert, die Strophenteile auch sonst tonal zueinander in Beziehung gesetzt sowie die Enden des Anfangs- und Schlußteils oft durch musikalischen »Rücklauf« verbunden. Die für Synkopierungen geeignete Prolatio minor-Einteilung des Taktes wird bevorzugt. Die rhythmische Subtilitas der Ars nova-Notation ermöglicht durch das Spiel der Synkopen, Vorhalte, Antizipationen, Tonverschweigungen usw. höchst diffizile harmonische Bildungen vor dem Hintergrund des 2st. Kernsatzes und im Rahmen des in der Regel klanglich perfekten Beginnens und Schließens der Partikel und Zeilen.

Machaut, Beginn der Ballade Nr 33.

Der K. strahlte im späteren 14. Jh. auch auf die mehrstimmige Liedkunst Italiens aus, namentlich auf die Ballata (Fr. Landini). In der französischen Spätzeit, nach Machauts Tod (1377), erlangte der jetzt fast ausschließlich 3- und 4st. K. die Vorherrschaft gegenüber der Motette (die → Quelle *Ch* enthält neben nur 13 Motetten 99 Kantilenensätze, davon 70 Balladen). In Verbindung mit der äußersten Verfeinerung der Notationskunst steigerte sich die rhythmische, melodische und klangliche Subtilitas der Liedsätze. Gleichzeitig schritt die gegenseitige Durchdringung des Motetten- und K.es weiter fort, indem letzterer häufig die Isorhythmie sowie die Doppel- und Tripeltextierung aufnahm, während die Motetten- und Meßsätze, namentlich bei Binchois und dem jüngeren Dufay, oft nach Art des K.es gebildet wurden (»Kantilenenmotette«, Besseler 1950; »Balladenmesse«, Ludwig, AfMw VII, 1925, S. 424ff.). Während sich nach 1400 innerhalb der Liedformen im K. das Schwergewicht von der Ballade auf das Rondeau verlagerte, wirkte der K. (als von der Oberstimme her konzipierter Kernsatz, der mannigfacher Erweiterungen fähig ist) außer auf Motette und Messe auch auf andere Gattungen ein, sei es, daß nur die Oberstimme textiert ist (wie oft in der Lauda, Frottola und im Villancico), sei es, daß der ganze Satz vokal ist (wie im Carol und im Fauxbourdonstück, in Hymnen und Antiphonen). Bis zur Zeit Ockeghems ist der K. ein Haupttypus unter den Kompositionsarten. Unter dem Einfluß Englands (Dunstable) und im Zuge der sich festigenden tonalen Harmonik über einer Klangträger-Tiefstimme wichen sowohl die Scheidung zwischen gesungenen und gespielten Stimmen als auch die Gerüstsatzstruktur im Liedsatz des späteren 15. Jh. der vokalen Gleichrangigkeit und satztechnischen Unentbehrlichkeit aller Stimmen – Kennzeichen des neueren → Chanson-Satzes.

Lit.: Fr. Ludwig, Die mehrst. Musik d. 14. Jh., SIMG IV, 1902/03; ders. in: Adler Hdb.; J. Handschin, Mg. im Überblick, Luzern (1948), ²1964; ders., Réflexions sur la terminologie, RBM VI, 1952; H. Besseler, Bourdon u. Fauxbourdon, Lpz. 1950; G. Reaney, Fourteenth Cent. Harmony and the Ballades, Rondeaux, and Virelais of G. de Machaut, MD VII, 1953; U. Günther, Der mus. Stilwandel d. frz. Liedkunst in d. 2. Hälfte d. 14. Jh., dargestellt an Virelais, Balladen u. Rondeaux v. Machaut sowie datierbaren k. seiner Zeitgenossen ..., Diss. Hbg 1957, maschr.; E. Apfel, Beitr. zu einer Gesch. d. Satztechnik v. d. frühen Motette bis Bach I, München 1964 (S. 54ff.: Der Satz d. mehrst. weltlichen Liedes seit d. Ars nova). HHE

Kantillation, Bezeichnung für den bei biblischen Gebeten und Lesungen des synagogalen Gottesdienstes gebrauchten, solistisch psalmodierenden Sprechgesang, der weitgehend die gleichen Charakteristika aufweist wie die aus ihm hervorgegangenen Lektions- und → Psalmtöne der christlichen Kirche. Die ursprünglich nur über die Cheironomie gelehrte Bibellesung in der Synagoge ist bereits durch Philon von Alexandrien († um 45–50 n. Chr.) und das Neue Testament bezeugt. Durch schlichte melodische Wendungen werden Versmitte und -ende, mitunter auch der Anfang hervorgehoben, wogegen der größere Teil des Textes auf dem (in den verschiedenen Vershälften gern wechselnden) Rezitationston vorgetragen wird, der, der orientalischen Praxis entsprechend, häufig umspielt werden kann. Wenn auch die Frühformen der K. nicht mehr rein erhalten sind, lassen sie sich doch als gemeinsames Element in der K. der Hauptgruppen der Jüdischen Gemeinden feststellen. Die orientalische K. ist, vor allem in ihren jemenitischen, persischen und indischen Zweigen, als die älteste anzusehen. Sie läßt noch Zusammenhänge mit der ursprünglichen babylonischen Tradition erkennen, die auch in den sephardischen Gesängen festzustellen sind.

Exodus 12, 21. – Jemen (nach E. Gerson-Kiwi).

Die auf mündlicher Überlieferung basierende ältere Tradition übernahm für die K. nur in beschränktem Maße die melodisch reichere Gestaltung, die mit der systematischen Ausbildung eines weitentwickelten schriftlichen Akzentsystems Hand in Hand ging. Dieses System einer den textbegleitenden Akzentzeichen mit einer der → ekphonetischen Notation nahekommenden Bedeutung verdankt seine Vervollkommnung vor allem der Schule von Tiberias um 900. Es ist für die schriftliche Bibelüberlieferung in der dort entwickelten Form noch bis heute gültig und bedeutet die von ihr ausgehende Gestaltung der K. im Unterschied zu der noch heute bestehenden mündlichen Überlieferung.

Lit.: A. Z. Idelsohn, Hebräisch-orientalischer Melodienschatz, 10 Bde, Lpz. 1914–32; ders., Phonographierte Gesänge u. Aussprachproben d. jemenitischen, persischen u. syrischen Juden, Sb. Wien 1917; ders., Die Vortragszeichen bei d. Samaritanern, Monatsschrift f. Gesch. u. Wiss. d. Judentums LXI (N. F. XXV), 1917; ders., Parallelen zwischen gregorianischen u. hebräisch-orientalischen Gesangsweisen, ZfMw IV, 1921/22; P. Kahle, Die Lesezeichen bei d. Samaritanern, in: Oriental Studies, Fs. P. Haupt, Baltimore u. Lpz. 1926; R. Lachmann, Jewish Cantillation and Song in the Isle of Djerba, Jerusalem 1940; E. Werner, Preliminary Notes for a Comparative Study of Catholic and Jewish Mus. Punctuation, Hebrew Union College Annual XV, 1940; ders., The Origin of Psalmody, ebenda XXV, 1954; H. Avenary, Systematik u. Tradition im Vortrag d. hebräischen Bibel, Jerusalem 1956 (Mikrofilm); S. Rosowsky, The Cantillation of the Bible, NY 1957; S. Corbin, La cantillation des rituels chrétiens, Rev. de Musicol. XLVII, 1961; E. Gerson-Kiwi, The Legacy of Jewish Music Through the Ages, Jerusalem 1963; J. Spector, Samaritan Chant, Journal of the International Folk Music Council XVI, 1964; ders., The Significance of Samaritan Neumes ..., Studia musicologica VII, 1965.

Kantionalsatz. Der gottesdienstliche Liedgesang in der evangelischen Kirche war anfänglich einstimmig und unbegleitet. Erst L. → Osiander schuf für das gemeinsame Singen des Figuralchors der städtischen Lateinschule und der Kirchengemeinde einen vierstimmigen homorhythmischen K. mit der Melodie in der Oberstimme. 1586 veröffentlichte er in Nürnberg seine *Fünfftzig Geistliche Lieder vnd Psalmen. Mit vier Stimmen / auff Contrapunctsweise (für die Schulen vnd Kirchen im löblichen Fürstenthumb Würtenberg) also gesetzt / das* *ein gantze Christliche Gemein durchauß mit singen kan.* In der Vorrede heißt es, daß *die Componisten sonsten gewöhnlich den Choral im Tenor führen. Wann man aber das thut, so ist der Choral vnter andern Stimmen vnkenntlich: Dann der gemein Mann verstehet nicht, was es für ein Psalm ist: vnd kan nicht mit singen. Darumb hab ich den Choral inn den Discant genommen, damit er ja kenntlich, vnd ein jeder Leye mit singen könne.* Nach Osianders Vorbild entstand eine Reihe bedeutender Kantionalien, u. a. von R. Michael (1593), J. Eccard (1597), S. Calvisius (1597), A. Raselius (1559), B. Gesius (1601), M. Vulpius (1604), M. Praetorius (1605ff.), H. L. Haßler (1608), J. H. Schein (*Cantional oder Gesangbuch*, 1627) und M. Franck (1631). Der K. verdrängte nach und nach den 1st. Gemeindegesang in der Kirche. Um die Wende zum 18. Jh. wurde er durch Gesangbuchdrucke mit Melodie und beziffertem Baß abgelöst.

Ausg.: L. Osiander, Fünfzig geistliche Lieder, hrsg. v. Fr. Zelle, in: Wiss. Beilage zum Jahresber. d. 10. Realschule zu Bln, Bln 1903; M. Praetorius, Musae Sioniae V–VIII, = GA V–VIII, Wolfenbüttel u. Bln (1928ff.); H. L. Hassler, Kirchengesänge, hrsg. v. R. v. Saalfeld, Augsburg (1925).

Lit.: Fr. Blume, Die ev. Kirchenmusik, Bücken Hdb., als: Gesch. d. ev. Kirchenmusik, Kassel ²1965, unter Mitarbeit v. L. Finscher, G. Feder, A. Adrio u. W. Blankenburg; H. Osthoff, Die Niederländer u. d. deutsche Lied (1400–1600), = Neue deutsche Forschungen CXCVII, Abt. Mw. VII, Bln 1938; H. J. Moser, Die ev. Kirchenmusik in Deutschland, Bln u. Darmstadt (1954); W. Blankenburg, Der gottesdienstliche Liedgesang d. Gemeinde, in: Leiturgia. Hdb. d. ev. Gottesdienstes IV, Kassel 1961; E. Wolf, Der vierst. homophone Satz. Die stilistischen Merkmale d. K. zwischen 1590 u. 1630, Wiesbaden 1965.

Kantor, allgemein Sänger, seit dem Mittelalter Kirchensänger, seit dem 16. Jh. speziell der für die Kirchenmusik verantwortliche Schulgesanglehrer, in neuester Zeit an größeren Kirchen der leitende Kirchenmusiker. Als Cantor bezeichnet noch Boethius, der antiken Tradition entsprechend, den zu den niederen Schichten gehörenden fahrenden Sänger im Gegensatz zum gelehrten → Musicus, der durch Kenntnis der spekulativen Musiktheorie die Einsicht in die mathematischen Gesetze der Musik besaß. Bis ins frühe Mittelalter, als man die Sänger der kirchlichen Liturgie als Cantores bezeichnete, haftete an dem Begriff etwas Abwertendes, bis sich eine eigene Theorie und Lehre des Kirchengesangs entwickelte. Der mit den Regeln der Gesangskunst vertraute Kirchensänger wurde bei Guido von Arezzo in den Rang eines Musicus erhoben. Der allmähliche Wandel des Begriffs cantor zeigt sich darin, daß im Gegensatz zum ungebildeten Praktiker, der nur nach dem Gehör sang (cantor per usum), der kunsterfahrene Sänger jetzt auch als Cantor per artem bezeichnet wurde. Zu diesem Kreis der gebildeten Cantores zählten einerseits die Sänger der Dom- und Hofkapellen, andererseits die Sangmeister und Musiklehrer der Kloster-, Dom- und Stadtschulen. – Ein neuer Typ des K.s bildete sich im 16. Jh. an den protestantischen Lateinschulen heraus. So wie die Schule einerseits Bildungsanstalt sein sollte, andererseits nach dem Vorbild der alten Stiftsschule die Sänger für den liturgischen Kirchengesang stellen mußte, war auch der K. der Schule und der Kirche verpflichtet. In der Schule unterrichtete er nicht nur in der Musik, sondern auch in wissenschaftlichen Fächern. An vielen Orten mußte ein K. daher den → Akademischen Grad des Magisters erworben oder wenigstens an einer Universität studiert haben. Für den theoretischen Musikunterricht verfaßten zahlreiche K.en im 16. und 17. Jh. eigene Lehrbücher der Musica practica (Gesangslehre); den Stoff der Musica poetica (Kompositionslehre) und der Musica theoria (spekulative Musiktheorie vermittelten sie einer Auswahl begabter Schüler im Privatunterricht. Im Gottesdienst leitete der K. zunächst den einstimmigen liturgischen Gesang der Schüler. Schon im 16. Jh. wurde vielerorts von ihm aber auch Figuralgesang gefordert, zuerst nur an den Festtagen, schließlich jeden Sonntag; dabei wurde sein Auswahlchor oder seine → Kantorei regelmäßig von den Stadtpfeifern unterstützt. In größeren Städten wurde vom K. erwartet, daß er die sonntäglichen Motetten oder später Kantaten selbst komponierte. Die zunehmenden musikalischen und kompositorischen Aufgaben konnte er in der Regel nur erfüllen, wenn die Schule ihn vom wissenschaftlichen Unterricht entlastete und wenn die Stadt ein zentrales Kantorat einrichtete, d. h. wenn sie dem K. als dem Director musices die Verantwortung über die Musik in allen Kirchen übertrug. In einer solchen Stellung galt der K. als die führende Persönlichkeit des städtischen Musiklebens. Er komponierte von Amts wegen auch die Musik für die städtischen Feste und mußte mit seinen Schülern bei Hochzeiten und Familienfesten der Bürger sowie regelmäßig bei Beerdigungen singen. Die ihm aus diesen Nebendiensten zufallenden Entschädigungen (Akzidentien) bildeten den weitaus größten Teil seiner Einkünfte. Die feste Lehrerbesoldung machte bei Demantius in Freiberg etwa ein Sechstel, bei Bach in Leipzig etwa ein Siebentel der Gesamtentlohnung aus. So war es für viele K.en eine Existenzfrage, wenn sie hartnäckig um ihre Sonderrechte und damit um ihre Nebeneinnahmen kämpften. – Entsprechend den lokalen Unterschieden im Schulwesen waren Stellung und Aufgaben des K.s örtlich sehr verschieden. An kleineren Schulen stand der K. im Kollegium an zweiter Stelle hinter dem Rektor; hier nahm für ihn die → Schulmusik einen relativ breiten Raum ein. Dagegen hat man an vielen der im 16. Jh. neugegründeten zentralen Stadtschulen die musikalischen Verpflichtungen der Schüler als unbequeme, das eigentliche humanistische Bildungsprogramm störende Beigabe empfunden und den dafür erforderlichen Musikunterricht soweit wie möglich eingeschränkt. Hier wurde der K. seinem wissenschaftlichen Unterricht entsprechend in das Kollegium eingeordnet und konnte die 4. oder 5. Stelle einnehmen. An einer Schule, die in allen Kirchen der Stadt die Musik ausführen mußte, gab es mitunter 3 oder 4 K.en, von denen jeder mit einer Klasse einer Kirche zugeteilt war. Hier kam es ebenso zu einer Zersplitterung der Kräfte wie in den Städten, in denen es mehrere Schulen, aber kein zentrales städtisches Musikdirektorat gab. In diesen relativ unbedeutenden und wegen der geringen Nebeneinnahmen auch wenig einträglichen Kantoraten findet sich kaum ein bekannterer Komponist. Nicht selten konnte hier der Organist zur führenden Musikerpersönlichkeit einer Stadt werden. Kleinere Kantorate wurden vielfach nur als Durchgangsstation auf dem Wege zu einem Pfarramt angesehen. In den maßgebenden Musikzentren aber behauptete sich von Johann Walter bis zu J. S. Bach eine feste Tradition amtsbewußter protestantischer K.en, die sich in den Dienst von Kirche, Stadt und Bürgerschaft stellten und von ihrem Kirchenamt her die höchste Stufe in der Rangordnung der Musiker einnahmen. Die Tradition endet im Zeitalter des Rationalismus, als die alte Lebensordnung nicht mehr anerkannt wurde und das städtische Musikleben sich von Grund auf wandelte.

Lit.: R. Vollhardt, Gesch. d. Cantoren u. Organisten v. d. Städten im Königreich Sachsen, Bln 1899; E. Preussner, Die Methodik im Schulgesang d. ev. Lateinschulen d. 17. Jh., Diss. Bln 1924, maschr., Teildrucke in: AfMw VI, 1924, u. Fs. Fr. Stein, Braunschweig 1939; G. Schünemann,

Gesch. d. deutschen Schulmusik, 2 Teile, Lpz. 1928–32, I ²1931; A. WERNER, Vier Jahrhunderte im Dienste der Kirchenmusik, Lpz. 1933; G. PIETZSCH, Bildung u. Aufgaben d. K. im MA u. Frühprotestantismus, Die Musikpflege IV, 1933/34; W. M. LUTHER, Die gesellschaftliche u. wirtschaftliche Stellung d. protestantischen K., MuK XIX, 1949; W. GURLITT, Zur Bedeutungsgesch. v. musicus u. cantor bei Isidor v. Sevilla, = Akad. d. Wiss. u. d. Lit. Mainz, Abh. d. geistes- u. sozialwiss. Klasse, Jg.1950, Nr 7, Neudruck in: Mg. u. Gegenwart I, = BzAfMw I, Wiesbaden 1966; KL. W. NIEMÖLLER, Grundzüge einer Neubewertung d. Musik an d. Lateinschulen d. 16. Jh., Kgr.-Ber. Kassel 1962; D. KRICKEBERG, Das protestantische Kantorat im 17. Jh., = Berliner Studien zur Mw. VI, Bln 1965.
MR

Kantorei, in Städten die vom Schulkantor geleitete freiwillige Vereinigung sangesfreudiger Bürger zur Förderung der Kirchenmusik, auch die durch Männerstimmen verstärkte Schulchor eines Kantors, an Höfen die Vereinigung der besoldeten Berufssänger oder der Sänger und Instrumentisten. – Für die Ausführung der Figuralmusik in den städtischen Kirchen stand dem Kantor der Chorus symphoniacus, ein aus Schülern aller Klassen gebildeter Auswahlchor, zur Verfügung. Er wurde vervollständigt durch die Schulkollegen des Kantors, die zur Mitwirkung verpflichtet waren, sowie durch Gehilfen (meist ehemalige Schüler), die freiwillig oder gegen Entschädigung mitsangen (→ Adjuvantchöre). Die Stadtpfeifer mußten diesen gelegentlich schon als K. bezeichneten Chor regelmäßig bei der Figuralmusik unterstützen. – Die eigentlichen bürgerlichen K.en gehen in Zielsetzung und Organisation zurück auf vorreformatorische Laienvereinigungen wie die Kalandsbruderschaften (benannt nach den an den Calendae, den ersten Monatstagen, abgehaltenen Versammlungen) und die Stabulisten- oder Konstablervereine (von lat. stabilire, befestigen, stärken).Während vor der Reformation musikalische Sonderleistungen in der Regel durch eine Stiftung veranlaßt waren und die Ausführenden oder die Bruderschaft dafür Entschädigungen oder Vergünstigungen erhielten, forderte Luther, daß Laien sich ohne alle Stiftung und nur aus fröhlichem Gewissen und Herzen zu K.en zusammenschließen und bei der Kirchenmusik mitwirken sollten. Diese Forderung blieb 2 Jahrhunderte lang das Ideal der zahlreichen, vor allem in Mitteldeutschland gegründeten K.en. In den Satzungen wird stets betont, daß die Hauptaufgabe das Singen im Gottesdienst sei. In zunehmendem Maße wurden die Mitglieder aber auch durch die geselligen Umrahmungen der Übungsabende und durch materielle Vorteile zum Beitritt veranlaßt. Die K. sang bei Hochzeiten oder Beerdigungen ihrer Mitglieder. Wer in Not geriet, wurde unterstützt. Jährlich wurde ein großes Festmahl veranstaltet, das sich an einigen Orten zu mehrtägigen städtischen Feiern ausdehnte. Auch nichtsingende Bürger konnten die Mitgliedschaft erwerben, mußten jedoch Beitrag zahlen. Im 16. Jh. war in vielen kleineren Städten erst durch die Gründung einer K. die Aufführung mehrstimmiger Gesänge im Gottesdienst möglich geworden. Der 30jährige Krieg unterbrach die Entwicklung. Die in der 2. Hälfte des 17. Jh. neu gegründeten oder wiederbelebten K.en hielten im allgemeinen am alten Motettenrepertoire fest und verpaßten den Anschluß an die neuere Kunstmusik. Pietismus und Aufklärung führten im 18. Jh. mit neuen Vorstellungen von Kirchenmusik und neuen Formen bürgerlicher Geselligkeit zum Ende der städtischen K.en. – Vorwiegend an den protestantischen, aber auch an einigen katholischen Höfen bezeichnete man seit dem 16. Jh. als K. im Gegensatz zur → Kapelle, der auch alle Hofgeistlichen und Meßdiener angehörten, die selbständig gewordene Gruppe der höfischen Sänger und Organisten. Seit Mitte des 16. Jh. wurde den K. auch die Gruppe der Instrumentisten zugeordnet; diese hatte bis dahin in geringerem Ansehen gestanden und war deshalb organisatorisch stets von der Kapelle getrennt und dem niederen Hofgesinde zugeordnet gewesen, führte aber mit den Sängern zusammen die gottesdienstliche Figuralmusik aus. Sänger und Instrumentisten waren in den Hof-K.en etwa in gleicher Zahl vertreten. Mit dem stärkeren Ausbau der höfischen Orchester im 17. Jh. (→ Kammermusik) verloren die Hof-K.en ihre Struktur und ihren Namen.

Lit.: A. WERNER, Gesch. d. Kantoreiges. im Gebiete d. ehemaligen Kurfürstentums Sachsen, = BIMG I, 9, Lpz. 1902; DERS., Freie Musikgemeinschaften alter Zeit im mitteldeutschen Raum, = Schriftenreihe d. Händelhauses in Halle VII, Halle 1940; J. RAUTENSTRAUCH, Luther u. d. Pflege d. kirchlichen Musik in Sachsen ... Ein Beitr. zur Gesch. d. sächsischen K., Lpz. 1907; H. BIRTNER, Ein Beitr. zur Gesch. d. protestantischen Musik im 16. Jh., ZfMw X, 1927/28; W. GURLITT, J. Walter u. d. Musik d. Reformationszeit, Luther-Jb. XV, München 1933; W. EHMANN, Das Musizierbild d. deutschen K. im 16. Jh., in: Musik u. Bild, Fs. M. Seiffert, Kassel 1938; M. RUHNKE, Beitr. zu einer Gesch. d. deutschen Hofmusikkollegien im 16. Jh., Bln 1963.
MR

Kanzellen (lat. cancellae), in der Orgel die einzelnen Abteilungen der → Windlade, die den Wind zu den Pfeifen führen. Bei den Ton-K. (Schleifladen, Springladen als den beiden wichtigsten Ton-K.-Systemen) stehen über ein und derselben Kanzelle die Pfeifen, die zu einer Taste gehören, bei den Register-K. (mit meist kegelförmigen Ventilen, Kegelladen) dagegen alle zu derselben Stimme (Register) gehörenden Pfeifen.

Kanzone (prov. canso; ital. canzona, auch canzone, Plur. canzone oder canzoni; frz. chanson; span. canción; engl. canzon), – 1) Bezeichnung für eine lyrische Dichtungsgattung provenzalischer Herkunft, die dann vor allem bei den Italienern vom 13. bis 17. Jh. gepflegt wurde. Bereits bei den Provenzalen ist die K. eng an die Musik gebunden. Ihrer strophischen Gliederung entspricht die Musik durch Wiederholung der Strophenmelodie. Beispiel *Quan l'erba fresc' e·l foilla par* (P–C 70, 39) des Bernart de Ventadorn:

8Silbler α β γ α
          a b a b
10Silbler δ ε ζ
          c c d d

Die Musik berücksichtigt die strophische Einheit sowie die Zweiteilung der Strophe, jedoch nicht die kleineren Einheiten. Für Dante steht die K. zuoberst in der Hierarchie der lyrischen Gattungen als ein *vulgarium poematum supremum* (*De vulgari eloquentia* II, VIII, 7). Die K.n-Strophe wird gegliedert in Fronte und Sîrima, wobei die Fronte wiederum aus 2 Piedi bestehen kann und die Sîrima aus 2 Volte. Zwischen Fronte und Sîrima kann eine Chiave eingeschoben werden. Die Zahl der Stanzen schwankt zwischen 2 und 10. Es überwiegen jedoch die 5- bis 7strophigen K.n. Beispiel Petrarca, *S' i' 'l dissi mai, ch' i' vegna*, komponiert von B. Tromboncino (gedruckt 1507; vgl. A. Einstein, *The Italian Madrigal* III, Nr 12), 1. Stanze:

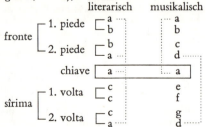

Aus dem 14.–15. Jh. sind nur vereinzelte K.n-Kompositionen bekannt, darunter als wichtigste Dufays 3st. Liedmotette *Vergine bella* (nach Petrarca). Die italienische K. des frühen 16. Jh., auf Texte Petrarcas oder des durch Bembo angeregten Petrarchismus, gehört nach ihrer Kompositionsweise in die Nähe der → Frottola, mit der zusammen sie sich auch veröffentlicht findet (z. B. *Canzoni sonetti strambotti et frottole libro quarto*, Rom, bei A. de Antiquis und N. Giudici, 1517). Gegen Mitte des 16. Jh. wurden auch volkstümliche Formen, die in den Stilbereich der → Villanella (→ Villotta) fallen und wie diese meist schlicht Note gegen Note gesetzt sind, als Canzoni alla napoletana (1572) und Canzoni villanesche (1541) bezeichnet. – 2) Im 16. und 17. Jh. ist K. auch ein Instrumentalstück, entweder eine Bearbeitung einer französischen Chanson oder eine in deren Stil gehaltene instrumentale Originalkomposition. Die französische vokale Chanson, die sich in Italien großer Beliebtheit erfreute, und ihr instrumentaler Ableger hießen hier Canzon (alla) francese, letzterer auch, mit ausdrücklicher Unterscheidung von der Vokalform, Canzona da sonar. M. A. Cavazzonis K.n (*Recerchari, motetti, canzoni*, Venedig 1523) sind die ersten unter dieser Bezeichnung nachweisbaren Werke. Während in Italien die K. zu einer Gattung der Klaviermusik wurde, blieben im Ursprungsland der Chanson Attaingnants 1530 erschienene *Chansons musicales reduictes en la tabulature des orgues, espinettes ...* isoliert (weitere Chansonübertragungen beschränkten sich auf Bearbeitungen für Laute). Obwohl viele der in Italien entstandenen K.n als Überschrift ein französisches Textincipit aufweisen, sind die vokalen Vorlagen oft nicht mehr nachweisbar, so daß für die Gesamtheit der K.n-Literatur der Anteil von Bearbeitungen und primär instrumental konzipierten Neukompositionen nicht geklärt ist. Tonrepetitionen in den Kopfmotiven und lebhafter Rhythmus weisen auf die französische Chanson zurück. Imitierende wechseln mit homophonen, stimmig dichte mit aufgelockerten Abschnitten. Folgende 3 K.n-Typen lassen sich unterscheiden: die unmittelbar der Chanson nachgebildete (oder übertragene) 4st. K. mit imitierender Einleitung und vielen abwechslungsreichen Abschnitten, die K. mit deutlicher Neigung zu thematischer Vereinheitlichung und die großangelegte mehrchörige K. (zuerst G. Gabrieli, 6 K.n, 1608). – K.n wurden als Intavolierung (meist diminuierte Bearbeitung), in Partitur oder in Stimmbüchern (meist Originalkompositionen »alla francese«) veröffentlicht. Bei letzteren war entweder die Aufführung durch Ensemble oder nachträgliche Intavolierung und Bearbeitung für Orgel möglich. K.n für Tasteninstrumente veröffentlichten neben M. A. Cavazzoni vor allem G. Cavazzoni (sehr freie Chansonbearbeitungen), A. Gabrieli (diminuierte Bearbeitungen und Neukompositionen; Annäherung von K. und → Ricercar), Cl. Merulo (viele K.n ohne Modelle, doch dem Schema verpflichtet) und G. P. Cima (16 K.n in Partitur, 1606). Frescobaldi verließ das überlieferte K.n-Schema weitgehend, seine K.n (erschienen zwischen 1615 und 1640) wandeln oft ein Thema in verschiedenen Abschnitten fugiert ab (Variations-K.). Durch seine Schüler Froberger und Kerll kam die K. nach Deutschland, wo noch Buxtehude und J. S. Bach (BWV 588) K.n schrieben. Die K. für Tasteninstrumente ging in die → Fuge über (schon 1607 werden K.n im *TabulaturBuch* von B. Schmid dem Jüngeren als Fugen bezeichnet; Murschhauser spricht noch 1707 von Canzona sive fuga). – Die bedeutendsten Komponisten von in Stimmbüchern veröffentlichten K.n nach Vicentino (1572) und Ingegneri (1579) waren die von A. Raverii in seinem großen Sammelwerk *Canzoni per sonare con ogni sorte di stromenti a 4, 5 e 8 con il suo basso generale per l'organo* (1608) vereinigten berühmten italienischen Organisten: G. Gabrieli, Cl. Merulo, G. Guami, Fl. Maschera, L. Luzzaschi, C. Antegnati, P. Lappi, G. Frescobaldi, G. B. Grillo, B. Chilese, O. Bartolini und T. Massaini, außerdem A. Banchieri, G. Cima und G. D. Rognoni. In der K. für Ensemble trat um 1600 die Vierstimmigkeit zurück gegenüber der → Mehrchörigkeit (hier finden sich auch Ursprünge des → Concerto grosso), doch begegnen seit Frescobaldi (*Il primo libro delle canzoni a 1, 2, 3 e 4 voci*, 1628) auch generalbaßbegleitete K.n für Soloinstrumente; Erweiterung und Verselbständigung ihrer einzelnen Teile durch Takt- und Tempowechsel führten zur → Sonate. – 3) Das späte 18. und das 19. Jh. haben den Namen K. nicht aufgegeben, gebrauchen ihn aber hauptsächlich für Musikstücke von lyrischem Charakter, in denen eine kantable Melodik überwiegt, vokal z. B. *Voi che sapete* aus Mozarts *Le Nozze di Figaro* und instrumental der langsame Satz in Tschaikowskys 4. Symphonie (*in modo di canzone*).

Lit.: DANTE, De vulgari eloquentia II, VIII; DERS., Divina commedia, Purgatorio II, 112; BOCCACCIO, Decamerone X, 7; L. BIADENE, Indice delle canzoni ital. del s. XIII, Asolo 1886; A. HEUSS, Die venetianischen Opern-Sinfonien, SIMG IV, 1902/03; FR. GENNRICH, Grundriß einer Formenlehre d. ma. Liedes, Halle 1932; W. KRÜGER, Das Concerto grosso in Deutschland, Wolfenbüttel 1932; A. SCHLOSSBERG, Die ital. Sonata f. mehrere Instr. im 17. Jh., Diss. Heidelberg 1935; J. M. KNAPP, The Canzone Francese and Its Vocal Models, Diss. Columbia-Univ. (N. Y.) 1941, maschr.; E. C. CROCKER, An Introductory Study of the Ital. Canzona for Instr. Ensembles, Diss. Radcliffe College, Cambridge (Mass.) 1943, maschr.; KN. JEPPESEN, Die ital. Orgelmusik am Anfang d. Cinquecento, 2 Bde, Kopenhagen 1943, ²1960; A. EINSTEIN, The Ital. Madrigal, 3 Bde, Princeton 1949; E. SEGURA COVARSI, La canción petrarquista en la lírica española del siglo de oro, = Anejos de cuadernos de lit. V, Madrid 1949. – H. WILKINS, The Derivation of the Canzone, Modern Philology XII, 1914/15.

Kanzonette (ital. canzonetta, Diminutiv von canzona) bezeichnet im späten 16. und im 17. Jh. kurze Vokalstücke von leichter und geschwinder Art, die oft den Charakter von Tanzliedern haben. Ihren Ursprung hat die K. in Italien, wo sie sich neben der hohen Kunstform des → Madrigals und der süditalienischen → Villanella zu einer eigenen Gattung entwickelte mit der volkstümlichen Strophenform aa b cc (in den K.n *wird meistentheils die erste vnd letzte Reye repetirt, die mittelste aber nicht*, Praetorius Synt. III). K.n sind von einfacher Struktur, meist nicht polyphon gearbeitet; sie zeigen gegenüber dem Pathos des Madrigals den raschen, aggressiv klopfenden Puls des Tanzes mit kräftig bestimmten Ikten. An italienischen Komponisten sind u. a. zu nennen: Agazzari, Gastoldi (2 Bücher 3st. *Canzonette*, 1592 und 1595), G. Torelli, O. Vecchi (ab 1580 mit mehreren Büchern K.n), Viadana, auch Monteverdi (*Canzonette a tre voci*, 1584, und eine posthume Ausgabe mit 2st. K.n, 1651). Für die Beliebtheit der K. im letzten Drittel des 16. Jh. zeugen die zahlreichen Drucke. Unter italienischem Einfluß komponierten K.n in Deutschland vornehmlich H. L. Haßler (24 4st. *Canzonette*, 1590, und 4–8st. *Neue Teutsche gesang nach art der welschen Madrigalien und Canzonetten*, 1596), Gr. Aichinger, V. Haußmann (4st. weltliche K.n, 1596), Chr. Demantius und L. Lechner. Schon J. Regnart und A. Scandello hatten italienische mehrstimmige Liedtypen in Österreich und Deutschland eingeführt (→ Villotta). In England nahm sich vor allem Th. Morley der K. an (3st. *Canzonets*, 1594, ⁴1631), die sich dort um 1600 zum Ayre (→ Air) entwickelte. – Im 18. Jh. erschienen vereinzelt Sololieder (anfangs mit Generalbaß-, später mit Klavierbegleitung) unter der Bezeichnung K., so von W. de Fesch (*Canzonette ed arie a voce sola di soprano con basso continuo*, 1738/39). *Canzonettas* für Singst. und Kl. komponierte J. Haydn auf Texte von A. Hunter (Hob. XXVI, 25–30). Eine *Canzonette* für Streichorch. von J. Sibelius (1911) bearbeitete Strawinsky für 8 Soloinstr.

Ausg.: H. L. HASSLER, Canzonette (1590) u. Neue Teutsche Gesang (1596), hrsg. v. R. Schwartz, = DTB V, 2, Lpz. 1904; CL. MONTEVERDI, Canzonette (1584) u. Madrigali (1651), hrsg. v. G. Fr. Malipiero, GA X u. IX, Asola u. Vittoriale degli Italiani (d. i. Gardone) (1929); DERS., Canzonette (1584), hrsg. v. G. Cesari u. G. Pannain, = Istituzioni e monumenti dell'arte mus. ital. VI, Mailand 1939; TH. MORLEY, Canzonets to Three Voyces, hrsg. v. E. H. Fellowes, = EMS I, London 1913; DASS., revidiert v. Th. Dart, London (1956); DASS., Faks. hrsg. v. J. E. Uhler, = Louisiana State Univ. Studies, Humanities Series VII, Baton Rouge (La.) 1957.

Lit.: FR. VATIELLI, Canzonieri mus. del cinquecento, RMI XXVIII, 1921; H. J. MOSER, Das deutsche Chorlied zwischen Senfl u. Haßler, JbP XXXV, 1928; E. (GERSON-)KIWI, Studien zur Gesch. d. ital. Liedmadrigals im 16. Jh., Würzburg 1938; DIES., Sulla genesi delle canzoni popolari nell '500, in: In memoriam J. Handschin, Straßburg 1962; H. OSTHOFF, Die Niederländer u. d. deutsche Lied (1400–1640), = Neue deutsche Forschungen CXCVII, Abt. Mw. VII, Bln 1938; A. EINSTEIN, The Ital. Madrigal, 3 Bde, Princeton (N. J.) 1949; L. SCHRADE, Monteverdi, NY (1950), London 1951; FR.-J. MACHATIUS, Über mensurale u. spielmännische Reduktion, Mf VIII, 1955; W. DÜRR, Die ital. Canzonette u. d. deutsche Lied im Ausgang d. 16. Jh., Fs. L. Bianchi, Bologna (1960).

Kapelle (lat.; ital. cappella; frz. chapelle; engl. chapel). Cappella (auch capella), in der Merowingerzeit Bezeichnung einer Martinsreliquie, umfaßt seit dem 8. Jh. einen dreifachen Begriffsinhalt, *den dinglichen (als gottesdienstliches Gerät), den räumlichen (als Ort des herrscherlichen Gottesdienstes) und den persönlichen (als die Gesamtheit der am Hofe dienenden Geistlichen)* (Klewitz, S. 119, Anm. 1). Der letztere ist für die Musikgeschichte bedeutsam, da die K. bis ins 16. Jh. in erster Linie ein Element feudaler Herrschaftsstruktur darstellt. Die Capellani unterstanden allein dem obersten Geistlichen des Hofes; ihrer engen Bindung an die Person des Herrschers entsprach es, daß sie neben der (den Choralgesang einschließenden) Abhaltung der Gottesdienste auch Aufgaben der Verwaltung, Rechtsprechung und Diplomatie übernahmen und für die Ausbildung jüngerer Kräfte auf allen diesen Gebieten sorgten. Ihre Versorgung durch kirchliche Pfründen, deren Verleihung dem Herrscher zustand, diente vor allem in der früheren Geschichte der K. nicht zuletzt dem Zweck, die Verbindung des Hofes mit den großen Kirchen seines Machtbereichs zu pflegen. Im 14. Jh. wurde die Sängergruppe innerhalb der K. nach Zahl und Ansehen zum bestimmenden Element. Nachweisbar ist diese Entwicklung zuerst 1336 am Hofe Papst Benedikts XII. in Avignon, wo neben der wachsenden Zahl von Capellani commensales (nun nurmehr ein Ehrentitel) die Capella intrinseca mit 12 Capellani et cantores und einem Leiter (ab 1341: Magister capellae) gebildet wurde, der nun die Ausgestaltung der päpstlichen Gottesdienste oblag und die nach der Rückkehr des Hofes nach Rom die Funktion der → Schola cantorum übernahm. Die Zahl der Sänger einer K. überstieg selten 20–25, wozu noch etwa 10 Sängerknaben kommen konnten; eine größere Zahl von Ausführenden verhinderte schon die charakteristische Aufführungsweise des Singens aus dem → Chorbuch. Neben der geistlichen Mehrstimmigkeit pflegten die Hof-K.n des 15. Jh. auch die mehrstimmige Chanson. Das Vorbild der oft zur Repräsentation herangezogenen Hof-K.n wurde an großen Kirchen, bei denen die rechtlichen Voraussetzungen zur Gründung einer K. nicht gegeben waren, seit dem 15. Jh. durch Stiftung von Kantoreien (auch Sängerei, Chor, in Frankreich → Maîtrise) nachgeahmt, deren Mitglieder nicht Geistliche, sondern im allgemeinen Bürger oder Berufsmusiker waren. Dadurch wurde die im 16. Jh. eintretende Wandlung des K.-Begriffs vorbereitet; hielt auch der kaiserliche Hof (als Nachfolger des burgundischen) an der traditionellen Organisationsform der K. im geistlichen Rahmen fest, neben der (in der Wiener Hofmusik-K. bis um 1600) Instrumentisten und Trompeter getrennte, anderen Hofämtern unterstehende Gruppen bildeten, so wurde anderwärts im allgemeinen die Bezeichnung K. auf die Gesamtheit der an einem Hof oder an einer Kirche wirkenden Musiker übertragen. Nach Ausweis der Bildzeugnisse wandelte sich auch die Aufführungsweise; ist für das 15. Jh. mehrfach rein vokale Besetzung belegt, so zeigen Darstellungen der K. Maximilians I. Gesang mit Orgel (dabei ist an alternatim-Praxis zu denken) oder mit Bläsern; ab etwa 1550 war Gesang mit verschiedenen Instrumenten die Regel, wo nicht – wie in der → Sixtinischen K. – durch besondere Vorschriften Instrumente ausgeschlossen waren. Seit dem 17. Jh. dient das Wort K. in zunehmendem Maße zur Benennung von Orchestern eines Hofes, einer Stadt, eines Theaters, Regiments, Kurorts, schließlich eines Unterhaltungsbetriebs. – Als historisches Erbe der Kapellmusik im 15.–16. Jh. hat sich die Satz- und Aufführungsweise → a cappella bis heute erhalten. Ihre Bezeichnung weist darauf hin, daß die K. 2 Jahrhunderte lang der entscheidende Träger der Kompositionskunst und -lehre war. Die großen Meister dieser Zeit waren fast alle (auch Organisten wie Schlick und Hofhaymer) Mitglieder einer K. Da die Diskantstimme von Knaben gesungen wurde, die von einem zur K. gehörenden Magister puerorum (oft ein Sänger oder Organist) ausgebildet wurden, war auch die Voraussetzung für eine kontinuierliche Tradition gegeben. Andererseits zogen oft politische Ereignisse, vor allem Regentenwechsel, beträchtliche Veränderungen oder Auflösung einer K. nach sich; zusammen mit der ohnehin starken Wanderlust vieler Sänger, den häufigen Reisen ganzer K.n, die sich gelegentlich zu regelrechten Wettbewerben trafen, sowie der absoluten Vorherrschaft der frankoflämischen Kompositions- und Gesangschule förderten sie die ziemlich gleichmäßige Verbreitung eines internationalen Repertoires, das kaum regionale oder nationale Besonderheiten zuließ. Die handschriftlichen Quellen dieser Musik sind zum großen Teil in einer oder für eine K. oder Kantorei entstanden; das Notieren und Ingrossieren gehörte zur Ausbildung des jungen Sängers. Die Einzelstimmennotierung der für die Aufführung bestimmten Handschriften hat ihr Korrelat in der zur kompositorischen Niederschrift und zum Studium benutzten → Tabula compositoria. Die spärliche Überlieferung zur Tabula compositoria entspricht dem vorwiegend mündlichen Charakter des Unterrichts; was hier gelehrt wurde, wird zum ersten Mal bei Tinctoris (*in legibus licentiatus ac regis Siciliae capellanus*) greifbar und begründet die außerordentliche Ergiebigkeit seiner Schriften, die zusammen mit denen seines Schülers Gaffori für die Schultheorie des 16. Jh. grundlegend wurden.

Lit.: E. FR. RIMBAULT, The Old Cheque Book of the Chapel Royal, London 1871; FR. X. HABERL, Bausteine f. Mg., 3 Bde, Lpz. 1885–88; H. C. DE LA FONTAINE, The King's Music, London 1898; L. SCHIEDERMAIR, Die Blütezeit d. Öttingen-Wallerstein'schen Hofk., SIMG IX, 1907/08; W. H. GR. FLOOD, The Engl. Chapel Royal Under Henry V and VI, SIMG X, 1908/09; DERS., The Beginnings of the Chapel Royal, ML V, 1924; DERS., Early Tudor Composers, London 1925; M. BRENET, Les musiciens de la Ste-Chapelle du Palais, Paris 1910; H.-W. KLEWITZ, Königtum, Hofk. u. Domkapitel im 10. u. 11. Jh., Arch. f. Urkundenforschung XVI, 1939, separat Darmstadt 1960; J. MARIX, Hist. de la musique et des musiciens de la cour de Bourgogne..., = Slg mw. Abh. XXVIII, Straßburg 1939; FR. LL. HARRISON, Music in Medieval Britain, London (1958); J. FLECKENSTEIN, Die Hofk. d. deutschen Könige I, = Schriften d. Monumenta Germaniae Hist. XVI, 1, Stuttgart 1959; G. PIETZSCH, Die Beschreibungen deutscher Fürstenhochzeiten..., AM XV, 1960; DERS., Quellen u. Forschungen zur Gesch. d. Musik am kurpfälzischen Hof zu Heidelberg bis 1622, = Akad. d. Wiss. u. d. Lit. Mainz, Abh. d. geistesu. sozialwiss. Klasse, Jg. 1963, Nr 6; N. GRASS, Pfalzk. u. Hofkirchen in Österreich, Zs. f. Rechtsgesch., Kanonistische Abt. XLVI, 1960 – XLVII, 1961; E. SCHMIDT, Der Gottesdienst am kurfürstlichen Hofe zu Dresden, = Veröff. d. Ev. Ges. f. Liturgieforschung XII, Göttingen 1961; B. GUILLEMAIN, La cour pontificale d'Avignon, = Bibl. des Ecoles frç. d'Athènes et de Rome CCI, Paris 1962; W. BOETTICHER, Aus O. di Lassos Wirkungskreis. Neue archivalische Studien zur Münchner Mg., Kassel 1963; M. RUHNKE, Beitr. zu einer Gesch. d. deutschen Hofmusikkollegien im 16. Jh., Bln 1963, mit Bibliogr.; N. BRIDGMAN, La vie mus. au Quattrocento..., Paris (1964); U. GÜNTHER, Zur Biogr. einiger Komponisten d. Ars subtilior, AfMw XXI, 1964.

Kapellknaben (Chorknaben; lat. pueri, scholares; ital. fanciulli, putti; span. moços de capilla; frz. enfants de chœur; engl. choir boys, children of the chapel) heißen die in einer Vokalkapelle singenden Knaben. Schon in der hochmittelalterlichen → Kapelle wurden in der Regel Knaben zum Choralgesang mit herangezogen, mit deren Versorgung und musikalischer wie allgemeiner Ausbildung ein Kapellmitglied bzw. M. Magister puerorum beauftragt war. Überwiegend blieben die K. auch als Erwachsene im Kapelldienst; später hatten sie vielfach nach dem Stimmbruch Anrecht auf ein Stipendium für das Universitätsstudium. In den meisten Kapellen des 15.–16. Jh. hatten die K. – selten mehr als 10 – den Discantus zu singen. Einzelheiten der K.-Ausbildung dieser Zeit beschreibt Johannes von Soest, ihre wesentlichen Grundlagen L. Senfl. Die meisten bedeutenden Komponisten des 15.–16. Jh. und viele aus späterer Zeit begannen ihre Laufbahn als K. Seit dem 17. Jh. kann die Bezeichnung K. allgemein auf Sängerknaben größerer Kirchenchöre übertragen werden; häufig ist ein solcher Chor, wie die → Maîtrise in Frankreich, mit einer Internatsschule verbunden.

Lit.: M. BRENET, Les musiciens de la Ste-Chapelle du Palais, Paris 1910, S. 15ff.; J. v. SOEST, Selbstbiogr., hrsg. v. J. C. v. Fichard, in: Frankfurtisches Arch. f. ältere deutsche Lit. u. Gesch. I, 1811; L. SENFL, Liedtext »Lust hab ich ghabt zuer Musica«, in: Deutsche Lieder I, hrsg. v. A. Geering u. W. Altwegg, = RD X, Abt. Mehrst. Lied I, Wolfenbüttel u. Bln 1938.

Kapellmeister (lat. magister cappellae) ist entweder der Leiter eines Chores (ital. maestro del coro; frz. chef de chœur; engl. choirmaster) oder eines Orchesters (auch Dirigent; ital. direttore; frz. chef d'orchestre; engl. conductor). Der Titel ist zuerst in der Form Magister capellanorum regis um die Mitte des 11. Jh. am französischen Königshof nachzuweisen und bezeichnet hier bis um 1300 den obersten Hofgeistlichen. Am päpstlichen Hof in Avignon wird der Leiter der Capellani et cantores capellae intrinsecae ab 1341 Magister capellae (→ Kapelle) genannt. In gleichem Sinne heißt K. bis 1500 nicht ein Musiker, sondern der Geistliche, dem die Leitung des herrscherlichen Gottesdienstes und damit die Oberaufsicht über die Kapellsänger oblag. Noch jetzt bezieht sich in Italien Maestro di cappella und in Frankreich Maître de chapelle auf Kirchenmusiker. Dagegen wurde K. in Deutschland seit dem 16. Jh. zum Titel des Leiters einer Hofmusik (in Frankreich im 17.–18. Jh. Surintendant de la musique du Roi, in England Master of the King's Music), dem im städtisch-kirchlichen Bereich der Titel Director musices (→ Musikdirektor) entsprach. Mit dem Absinken des Wortes Kapelle verlieren auch die Benennung K. im 19. Jh. ihren bis dahin hohen Rang; sie kann nun auf jeden Leiter eines musikalischen Ensembles angewendet werden, bezeichnet besonders den 2. oder 3. Dirigenten, der dem Musikdirektor oder (Chef-)Dirigenten nachgeordnet ist. K. dient nun auch zur abfälligen Charakterisierung eines bloß routinierten Orchesterleiters, wie auch eine eklektische Komposition nun geringschätzig als »K.-Musik« bezeichnet wird.

Kapodaster → Capotasto.

Karlsruhe.

Lit.: W. HARDER, Das K.r Hoftheater, mit einem Anh.: Die K.r Oper, v. J. Siebenrock, K. 1889; H. ORDENSTEIN, Mg. d. Haupt- u. Residenzstadt K. bis 1914, K. 1915; H. POPPEN, Gesch. d. Großherzoglichen Hofkirchenmusik zu K., MGkK XXIV, 1919; W. BAUER, Das Hoftheater zu K. 1715–1810, Diss. Heidelberg 1923, maschr.; G. HAASS, Gesch. d. ehemaligen Großherzoglich-Badischen Hoftheaters K. ... 1806–52, Bd I: 1806–22, K. 1934.

Kassation (von ital. cassatione, Entlassung), im 18. Jh. ein mehrsätziges, locker gereihtes Werk im Charakter eines Ständchens für mehrere, meist solistisch besetzte Instrumente. Die K. wurde wohl vorwiegend für Aufführungen im Freien komponiert. Eine eindeutige Abgrenzung zu den verwandten Gattungen ist nicht möglich; der für einige K.en charakteristische Marsch als Einleitungs- oder Schlußsatz findet sich z. B. auch in Divertimenti. Bezeichnend ist, daß bei J. Haydns Streichquartetten Nr 1–12 im Entwurfskatalog (vgl. Hob. I) der ursprüngliche Titel Cassatio in Divertimento geändert wurde. Oft kommen die Bezeichnungen Cassatio, Divertimento, Notturno, auch Sinfonia in verschiedenen zeitgenössischen Ausgaben oder Abschriften gleicher Werke synonym vor.

Lit.: KOCHL, Artikel Cassatio; A. SANDBERGER, Zur Gesch. d. Haydnschen Streichquartetts, in: Ausgew. Aufsätze zur Mg. I, München 1921; G. HAUSSWALD, Mozarts Serenaden, Lpz. 1951; R. HESS, Serenade, Cassation, Notturno u. Divertimento bei M. Haydn, Diss. Mainz 1963.

Kassel.

Lit.: J. D. v. APELL, Gallerie d. vorzüglichsten Tonkünstler u. merkwürdigen Musik-Dilettanten in Cassel, K. 1806; W. LYNCKER, Gesch. d. Musik u. d. Theaters in K., 1865, ²1886; W. BENNECKE, Das Hoftheater in K. v. 1814 bis zur Gegenwart, K. 1906; H. KUMMER, Beitr. zur Gesch. d. ... Hoforch., d. Hofoper u. d. Musik zu K. im Zeitraum v. 1760–1822, Diss. Ffm. 1922, maschr.; FR. BLUME, Geistliche Musik am Hofe d. Landgrafen Moritz v. Hessen, K. 1931; Jubiläum d. Hessischen Staatskapelle K. 1502–1952, K. 1952; CHR. ENGELBRECHT, Die Hofkapelle d. Landgrafen Carl v. Hessen-K., 1677–1730, Zs. d. Ver. f. Hessische Gesch. u. Landeskunde LXVIII, 1957; DIES., Die K.er Hofkapelle im 17. Jh. u. ihre anon. Musikhss. aus d. K.er Landesbibl., = Mw. Arbeiten XIV, 1958; E. WOLFF v. GUDENBERG, Beitr. zur Mg. d. Stadt K. unter d. letzten beiden Kurfürsten (1822–66), Diss. Göttingen 1958, maschr.; K. VÖTTERLE, Haus unterm Stern, K. 1963.

Kastagnetten (span. castañuelas, ma. castañetas; katalanisch castanyoles; andalusisch auch palillos, Hölzchen; portugiesisch castanholas; ital. castagnette und castagnole; frz. castagnettes; engl. castanets), ein einfaches, in Spanien und Unteritalien verbreitetes Klapperinstrument, bestehend aus 2 Holzschalen (etwa von der Gestalt einer mitten durchgeschnittenen Kastanienschale), die mit einem Band am Daumen befestigt und mit den anderen Fingern gegeneinander geschnellt werden. Gespielt werden die K. von Tänzern (so beim

→ Flamenco). Ein ähnlicher, auch K. genannter Effekt (Nebrija, 1492: castañuelas entre dedos, digitorum crepitus) kann auch durch Abschnellen der Finger von der Daumenspitze auf den Daumenballen (»Fingerschnalzen«) erzielt werden. Im modernen Orchester werden zur Kennzeichnung spanischen oder neapolitanischen Kolorits (*Carmen* von Bizet, *Tannhäuser* von Wagner) 3teilige K. verwendet, bei denen die beiden Schalen abwechselnd gegen ein flaches Mittelteil schlagen, das an einem Stiel gehalten wird. → Krotala.
Lit.: Fray J. Fernández de Rojas (Pseudonym Fr. A. Florencio), Crotalogía ó ciencia de las castañuelas, Madrid 1792; Fr. Asenjo Barbieri, Las castañuelas. Estudio jocoso, Madrid 1879; A. Moya, El triunfo de las castañuelas, Barcelona 1882; Fr. A. Gevaert, Nouveau traité d'instrumentation, Paris 1885, deutsch v. H. Riemann, Lpz. 1887.

Kastilien
Lit.: E. García Chico, Documentos para el studio del arte en Castilla. Maestros de Hacer Organos, AM VII, 1953; D. Devoto, La enumeración de ritm. mus. en la poesía medieval castellana, in: Míscelánea en homenaje a H. Anglès I, 1958–61; Cancionero popular de la Provincia de Madrid, hrsg. v. M. García Matos u. a., 3 Bde, I–II Barcelona 1951–52, III Madrid 1960,

Kastraten (ital. castrati, von lat. castrare, verschneiden), auch Evirati. In Italien wurde schon seit der Spätantike die Verstümmelung von Knaben vorgenommen, um die → Mutierung zu verhüten und die Knabenstimme zu erhalten. Die Stimme des erwachsenen K. vereinigte mit dem Timbre und der Tonlage der Knabenstimme (soprano oder contralto) die Brustresonanz und Lungenkraft des Mannes; dies erlaubte die Ausführung von virtuosen Passagen und eine erstaunliche Ausdehnung der → Messa di voce. In der katholischen Kirchenmusik in Italien vertraten die K. seit dem 17. Jh. zunehmend die → Falsettisten bei der Ausführung des Diskants, doch war der eigentliche Ort ihrer Erfolge die Oper. Eine Glanzleistung des berühmten K.-Sängers → Farinelli († 1782) ist in dessen Ausarbeitung der von seinem Bruder R. Broschi komponierten Arie *Son qual nave* erhalten, die als Einlage der von J. A. Hasse 1730 in Venedig uraufgeführten Oper *Artaserse* diente. Das Publikum bevorzugte K.-Stimmen so sehr, daß in der Opera seria Männerstimmen nahezu verschwanden. Sogar die Frauenstimmen hatten es nicht leicht, sich zu behaupten, und übernahmen deshalb öfters Männerrollen (»Hosenrollen«). Der K.-Sänger Senesino (Fr. → Bernardi) galt um 1710 mit seinem Mezzosopran als einer der besten Sänger Europas. Von B. Ferri berichtete A. Bontempi 1695, daß sich um seine Dienste mehrere Fürsten bemühten, weil er eine Sopranstimme von unbeschreiblicher Reinheit und Technik besaß. Der K.-Sänger G. Cafarelli († 1783) konnte sich von seinem erworbenen Vermögen ein Herzogtum kaufen. Angesichts der Erfolge einiger K. wurde die Kastration zu Ende des 17. Jh. zu einer verwerflichen Spekulation. Die katholische Kirche hat zwar 1587 die Kastration verboten, doch war schon 1588 ein Kastrat päpstlicher Sänger, und in A. → Moreschi († 1922) hat die Sixtinische Kapelle noch zu Beginn des 20. Jh. einen K. besessen.
Lit.: Ch. Ancillon, Traité des eunuques..., o. O. 1707; A. Vallisnieri, Lettres sur la voix des eunuques, Genf 1730; G. Monaldi, Cantanti evirati celebri del teatro ital., Rom 1920; Fr. Haböck, Die K. u. ihre Gesangskunst, Bln u. Lpz. 1927; H. B. Bowman, A Study of the Castrati Singers and Their Music, Diss. Indiana Univ. 1952; A. Heriot, The Castrati in Opera, London 1956; H. Hucke, Die Besetzung v. S. u. A. in d. Sixtinischen Kapelle, in: Miscelánea en homenaje a H. Anglès I, Barcelona 1958–61; Fr. Herzfeld, Magie d. Stimme, Bln, Ffm. u. Wien (1961); W. Ruth, Die K. u. ihre Gesangskunst, in: Bühnengenossenschaft XV, 1963.

Katabasis (griech., Abstieg; lat. descensus), in der Kompositionslehre des 17. und 18. Jh. eine musikalische Figur. Sie besteht aus einem deutlich sich abhebenden Abwärtsgang einer Stimme und dient häufig zur bildhaften Darstellung von Textaussagen wie »hinabfahren«, »Erde«, »Hölle«, »Erniedrigung«, »Knechtschaft« u. a. (Beispiel: → Paronomasia). Die K. gehört wie ihr Gegensatz, die → Anabasis, zur Gruppe der → Hypotyposis-Figuren.

Katalonien.
Ausg.: → Denkmäler (Spanien).
Lit.: A. Elías de Molins, Diccionario biogr.-bibliogr. de escritores y artistas catalanes del s. XIX, Gaceta mus. barcelonesca 1860ff. u. Revista mus. catalana 1904ff.; O. Ursprung, Span.-katalanische Liedkunst d. 14. Jh., ZfMw IV, 1921/22; H. Anglès, Cantors u. Ministrers in d. Diensten d. Könige v. K.-Aragonien im 14. Jh., Kgr.-Ber. Basel 1924; ders., La música a Catalunya fins al s. XIII, = Publicacions del Departament de música de la Bibl. de Catalunya X, Barcelona 1935; Fr. Pujol, L'œuvre du chansonnier populaire de la Catalogne, Kgr.-Ber. Wien 1927; D. Johner OSB, Die Musik in K. bis zum Ende d. 13. Jh., Benediktinische Monatsschrift XVIII, 1936; H. Besseler, Katalanische Cobla u. Alta-Tanzkapelle, Kgr.-Ber. Basel 1949; J. Amades, Folklore de Catalunya, 2 Bde, Barcelona 1950–51; ders., Strumenti di musica popolare in Catalogna, in: Kgr.-Ber. Musiche popolari mediterranee Palermo 1954, Palermo 1959; ders., Las danzas de espadas y de palos en Cataluña..., AM X, 1955; J. Romeu Figueras, El cantar paralelístico en Cataluña..., AM IX, 1954; M. Schneider, Singende Steine. Rhythmus-Studien an drei katalanischen Kreuzgängen romanischen Stils, Kassel 1955; H. Pépratx-Saisset, La sardane. La danse des Catalans, Perpignan 1956; M. Valls, La música catalana contemporánea, Barcelona 1960.

Kaval, volkstümliche jugoslawische Längsflöte, die auch in Albanien, Bulgarien und Rumänien vorkommt, von enger Mensur, vorn 7 Griff- und 3 Schallöcher, hinten je ein Griff- und Schalloch. Der K. wird schräg an den Mund gesetzt, der Klang ist weich; meist werden zwei gleiche Instrumente gespielt, entweder im Einklang oder mit Bordun.

Kavatine (ital. cavatina, Diminutiv von cavata; frz. cavatine) ist in Opern und Oratorien des 18. und 19. Jh. ein lyrisches Sologesangstück mit Instrumentalbegleitung, das sich von der Arie durch einfachere, fast liedmäßige Behandlung abhebt, Textwiederholungen und größere Koloraturen einschränkt und mit seinem schlichten, ein- bis zweiteiligen Aufbau vom Schema der Da-Capo-Arie abrückt. Die K. entwickelte sich aus der → Cavata des frühen 18. Jh. zu einem selbständigen Stück. Beispiele aus dem Bereich des Oratoriums sind die K.n *Dem Druck erlieget die Natur* und *Licht und Leben sind geschwächet* in J. Haydns *Die Jahreszeiten*; aus dem Bereich der Oper sind vor allem die 3 K.n aus *Le Nozze di Figaro* von W. A. Mozart zu nennen sowie die K.n von C. M. v. Weber: *Und ob die Wolke sie verhülle* (*Freischütz*), *Glöcklein im Thale* und *Hier dicht am Quell* (*Euryanthe*). – Gelegentlich kommt Cavatina als Satzüberschrift in der Instrumentalmusik des 19. Jh. vor, z. B. in Beethovens Streichquartett op. 130 (5. Satz) bis hin zu J. J. Raffs Stücken für V. und Kl. op. 85, Nr 3.
Lit.: N. Pirrotta, Falsirena e la più antica delle cavatine, CHM II, 1957.

Kegellade → Windlade.

Kehlkopf → Stimme (– 2).

Kemānče (persisch) → Kamaṅğā.

Kenner und Liebhaber. An den Schönen Künsten hatten im 18. Jh. neben den Berufskünstlern die K. (frz. connaisseurs) und L. (frz. amateurs) großen Anteil. Der häufig synonym und vor dem 19. Jh. stets in positivem Sinn gebrauchte Ausdruck Dilettant (von ital. diletto, Vergnügen) umfaßte beide Arten von Kunst- und Musikinteressierten. Als Dilettanti bezeichneten sich im 16.–18. Jh. in Italien Hofleute, darunter Musiker wie Gesualdo, Cavalieri, Bardi, Albinoni, Astorga und Marcello. Im Musikleben des 18. Jh. ist K., wer die Regeln der Musik, auch die der alten oder nationalen Stile, kennt und die Kompositionen danach beurteilt. Ein K. war z. B. der Baron van Swieten, der Mozart zum Studium des gebundenen Stils Bachs und Händels anregte. Der L. dagegen spielt oder genießt die Musik unbefangen. Seinem Verständnis kommen Überschriften entgegen, wie sie u. a. für Symphonien und Sonaten Haydns und Beethovens gängig sind. Der Forderung, die Musik dem Ort und der Zeit ihrer Aufführung sowie den Zuhörern anzupassen, die im 18. Jh. Heinichen, Scheibe, Quantz und Reichardt stellten, entspricht es, wenn Komponisten in ihren Werken für L. auf gearbeitete oder gelehrte Setzweise, auf improvisiert auszuzierende Adagios und schwierige Modulationen verzichten und das *Brillante und Gefällige* (Quantz) des → Galanten Stils bevorzugten. Die Bestimmung für K. oder L. wurde oft im Titel ausgesprochen; dabei gilt die Widmung an das »schöne Geschlecht« (z. B. C. Ph. E. Bach, *Six sonates pour le clavecin, à l'usage des dames*, 1770) als gleichbedeutend mit »für L.«. D. Scarlatti bestimmte seine *Essercizi per gravicembalo* (1738), Boccherini seine Quartette op. 1 (1761) und C. Ph. E. Bach seine 6 Sammlungen *Sonaten, Fantasien und Rondos* (1779–87) ausdrücklich für K. u. L. Auch Mozart schrieb in der Regel für beide, wenn auch z. B. in seinen Klavierkonzerten erkennbar solche für K. (K.-V. 449 und 453 für Barbara de Ployer; K.-V. 491) neben den Virtuosenkonzerten stehen. Das Mechanische der Ausführung konnten K. u. L. beherrschen. Mit der Steigerung der Spieltechnik in der 1. Hälfte des 19. Jh. jedoch wurden viele Kompositionen nur noch für Berufsspieler und → Virtuosen ausführbar; wo sich der L. dennoch mit ihnen vorwagte, kam für ihn der jetzt abschätzige Begriff des Dilettanten auf, während gleichzeitig der des Künstlers eine Aufwertung zu seiner heutigen Bedeutung erfuhr. Seit der 2. Hälfte des 18. Jh. gab es organisierte Konzerte (→ Konzert – 2) für oder mit Beteiligung von L.n, so die Concerts des amateurs ab 1769 in Paris, die mit den Concerts spirituels rivalisierten. Bis weit in das 19. Jh. blieb der L. für öffentliches Auftreten als Orchester- oder Chormitglied geschätzt, doch zog er sich mehr und mehr auf die → Hausmusik bzw. den Konzertbesuch zurück.

Lit.: J. G. SULZER, Allgemeine Theorie d. Schönen Künste, 2 Teile, Lpz. 1771–74 u. ö.; J. W. v. GOETHE, Über d. sogenannten Dilettantismus und d. practische Liebhaberey in d. Künsten, 1799, in: Werke I, 47, Weimar 1896; KOCHL; H. J. MOSER, Amateur u. Professional, Mk XX, 1927/28; DERS., Die frühesten Zs. f. Musikliebhaber, Die Volksmusik V, 1938; A. SCHERING, Künstler, K. u. L. d. Musik im Zeitalter Haydns u. Goethes, JbP XXXVIII, 1931; E. PREUSSNER, Die bürgerliche Musikkultur, Hbg 1935, Kassel ²1950; O. SCHREIBER, Orch. u. Orchesterpraxis in Deutschland zwischen 1780 u. 1850, = Neue deutsche Forschungen CLXXVII, Abt. Mw. VI, Bln 1938; H. CHR. WORBS, Komponist, Publikum u. Auftraggeber ..., Kgr.-Ber. Wien 1956.

Kenong → Gong.

Kenthorn → Klappenhorn.

Kettledrum (k'etldɹʌm, engl.) → Pauke.

Key (ki:, engl., Schlüssel) ist wie das lateinische → clavis ein Wort von vielfacher Bedeutung: Taste bei Klavier, Orgel usw., Klappe (ital. chiave; frz. clef) bei den Blasinstrumenten, Tonbuchstabe, Schlüssel, Vorzeichen, auch Tonart (frz. clef); key-note ist s. v. w. Tonika, keyboard (frz. clavier) s. v. w. Klaviatur und bei Saiteninstrumenten das Griffbrett mit Bünden.

Kiedrich (Rheingau).
Lit.: W. LIPPHARDT, Die K.er Schola, Musica sacra LXVII, 1937; DERS., K. im Rheingau, ein Dorf mit 600jähriger Choraltradition, Benediktinische Monatsschrift XIX, 1937; P. SMETS, Org. d. St. Valentinuskirche zu K., Mainz 1945; G. TOUSSAINT, Neue Quellen zur Gesch. d. Chorstifts K., AfMw XIX/XX, 1962/63.

Kiel.
Lit.: W. v. GERSDORFF, Gesch. d. Theaters in K. unter d. Herzögen zu Holstein-Gottorp bis 1773, = Mitt. d. Ges. f. K.er Stadtgesch. Nr 27, 1911 u. Nr 28, 1912; TH. VOSS, P. L. Wockenfuß, Kantor an St. Nicolai in K. v. 1708–21, ebenda Nr 33, 1926; G. JUNGE, Die Gesch. d. Theaters in K...., 1774–1841, Diss. K. 1928; K. GUDEWILL, Musik an d. K.er Univ., Kgr.-Ber. K. 1963; DERS., Musik an d. K.er Univ., in: Norddeutsche u. nordeuropäische Musik, = K.er Schriften zur Mw. XVI, Kassel 1965; DERS., Zur Gesch. d. Faches Mw. an d. Chr.-Albrechts-Univ. in K., in: Musikerziehung in Schleswig-Holstein, ebenda XVII, 1965.

Kielflügel → Cembalo.

K'in (chinesisch), eine Wölbbrettzither aus Holz mit (5-)7 seidenen Saiten in verschiedenen Stimmungen (darunter eine in Quinten). Das K. wird auf einen Tisch (»K.-Altar«) gelegt, die rechte Hand zupft die Saiten ohne Plektron, die linke greift; zum Auffinden der Töne sind unter der Melodiesaite Griffmarken angebracht. Das K. wird zuerst erwähnt im *Shi-king* (»Buch der Lieder«, aus dem 9.–6. Jh. v. Chr.), doch soll es schon Jahrhunderte früher entstanden sein. Es galt vor allem als sakrales Instrument; besonders der Taoismus (seit dem 6. Jh. v. Chr.) hat sich spekulativ mit ihm beschäftigt. Das Spiel auf dem K. blühte vor allem in der Ming-Dynastie (um 1368–1644); die hervorragende Schrift aus dieser Zeit ist *K'in shen shih liu fa* (»16 Regeln für die Töne des K.«) von Leng Chien (um 1375). Darin werden die vielfältigen Klangschattierungen beschrieben, die bei der leichten Ansprache des Instruments je nach Wahl des Fingers und der Anschlagstelle erzeugt werden können. Eine ältere chinesische Notation ist durch eine jüngere, wohl buddhistische (mit mehr als 200 Zeichen) verdrängt worden.
Lit.: R. H. v. GULIK, The Lore of the Chinese Lute, Tokio 1940, Addenda u. Corrigenda Tokio 1951; DERS., Hsi K'ang and His Poetical Essay on the Lute, Tokio 1941; H. TREFZGER, Das Musikleben d. T'ang-Zeit, Sinica XIII, 1938; DERS., Über d. K...., SMZ LXXXVIII, 1948.

Kinderlied. Den verschiedenen Entwicklungsstufen vom Kleinkind bis ins Schulalter entsprechen in Text und Melodik durchaus verschiedene Stufen des K.es. Während nach oben die Grenze zum → Volkslied fließt, steht das für Kleinkinder geeignete K. textlich und melodisch auf einer Stufe, die vielfach urtümlich erscheint: Aneinanderreihung pentatonischer Melodieformeln, häufig Wortklangspiele oder Lautmalerei; eintönige, »leiernde« Melodik geht einher mit einförmigem, meist geradtaktigem Rhythmus, den schon das Kleinkind bald spontan mit Bewegungen verbindet. Im 2. Lebensjahr beginnt das Nachplappern der Texte oder Nachsingen der Melodien. Der Stimmumfang ist meist noch auf d^1–a^1 beschränkt, Halbtöne werden schwerer intoniert. Das K. ist Basis und Grundstock der → Musikerziehung. Von der individuellen Entwicklung des Kindes ist es abhängig, wann K.er im Umfang von Sexte und Oktave und in 3teiliger Liedform erfaßt werden. Daneben bleibt die Verbindung zwischen reihender, oft halbtonloser Melodik und Bewegungsspielliedern und Abzählversen bestehen. – Das K. trägt Sinnzusammenhänge der Umwelt dem Kind als gesungene Sprache zu. Andererseits werden Texte oft rein lautlich, ohne Sinnverständnis aufgenommen und weitergegeben. In manchen K.-Texten finden sich Nachklänge von Sagen oder Brauchtum der Vergangenheit, möglicherweise sogar Reste alter Zauber- oder Beschwörungsformeln (z. B.: *Heile, heile, Segen* ...). Moritaten und Balladen, Reigenspiele, Mittwinterlieder sind ins K. eingegangen. Manche K.-Texte und -Motive sind international verbreitet (z. B. Brückenlieder), bei regionaler Verschiedenheit der Melodien. – Die erste Textsammlung von K.ern boten A. v. Arnim und C. Brentano im Anhang zum III. Band von *Des Knaben Wunderhorn* (1808). Seit Mitte des 19. Jh. erschienen zahlreiche Publikationen mit meist regionalem Repertoire, leider nur selten mit den Melodien. In von Musikern besorgten Ausgaben erhielten die K.er oft Durschlüsse, oder die für das K. charakteristischen gesprochenen Schlüsse wurden mit festen Tonhöhen wiedergegeben; die mündlich überlieferten Texte und Melodien wurden orthographisch bearbeitet, die oft allzu einförmigen Melodien »belebt«. Die Jugendmusikbewegung brachte die Besinnung auf das ursprünglich Kindgemäße im K. (Jöde, Orff). – Die *Lieder für Kinder* (nach dem gleichnamigen Gedichtband von F.Chr. Weiße) von J.A. Scheibe (1766 und 1768) gehören zur → Schulmusik an; Reichardts *Lieder für Kinder* (1781) stehen auf der Grenze zwischen Kunst- und Volkslied (daraus z. B. *Schlaf, Kindchen, schlaf*). In der Romantik regte das K. Dichter und Komponisten an, sich bewußt »kindlich« zu geben, z. B. Schumann, Brahms, Reger, Humperdinck, Prokofjew, Knab; Mussorgskij verarbeitete K.-Motive milieuschildernd in seiner »Kinderstube«.

Ausg. u. Lit.: Fr. Zimmer, Volkstümliche Spiellieder u. Liederspiele, Quedlinburg 1879; J. Lewalter (mit G. Eskuche), Hessische Kinderliedchen, Kassel 1891; ders. (mit G. Schläger), Deutsches K. u. Kinderspiel, in Kassel ... gesammelt, Kassel 1911; P. Eickhoff, Westfälische ma. Volkslieder, VfMw VIII, 1892; Fr. M. Böhme, Deutsches K. u. Kinderspiel, Lpz. 1897, Neudruck 1924; W. Lehnhoff, Schöne alte Singspiele, München 1907, ²1918; K. Wehrhan, K. u. Kinderspiel, = Hdb. zur Volkskunde IV, Lpz. 1909; ders. u. J. Dillmann, Vierzehn Engel fahren. K., in Frankfurt gesammelt, Ffm. 1923; ders., Frankfurter Kinderleben in Sitte u. Brauch, K. u. Kinderspiel, Wiesbaden 1929; Fr. Jöde, Ringel Rangel Rosen. 150 Singspiele u. 100 Abzählreime ..., Lpz. 1913, ⁴1928; ders., Singsang för Kinners, = Uns' Modersprak III/IV, Wolfenbüttel 1930; H. Enders, Ringa Ringa Reia, = Österreichisches Liederbuch I, Wien 1924; J. Wenz, K. u. Kinderseele, in: Musikerziehung. Stuttgarter Vorträge, hrsg. v. H. Keller, Kassel 1928; ders., Die goldene Brücke, Kassel 1929; M. Böhm, Volkslied, Volkstanz u. K. in Mainfranken, Nürnberg 1929; K. Ameln u. H. Hetzer, Lied u. Musik im Kinderleben, Kassel 1933; A. Göpel, Der Wandel d. K. im 18. Jh., Diss. Kiel 1935, maschr.; E. Goedel u. G. Waldmann, Kinder singt mit, Mainz (1936); W. Pudelko, Das Rosentor, Kassel 1941; ders., Mutter Sonne, Kassel (1942); E. v. Bochmann-Eggebrecht u. H. Degn, Sonne Sonne scheine, Hbg 1949; J. u. P. Opie, The Oxford Dictionary of Nursery Rhymes, Oxford 1951; dies., The Oxford Nursery Rhyme Book, Oxford 1955; B. Kürth, Das deutsche K. d. 19. Jh., Diss. Halle 1955, maschr.; R. Lorbe, Das K. in Nürnberg. Versuch einer Phänomenologie des K., = Nürnberger Forschungen III, Nürnberg 1956; B. Bronson, The Traditional Tunes of the Child Ballads with Their Texts, According to the Extant Records of Great Britain and America, Princeton (N. J.) 1959; W. S. Miles, Children's Hymn and Chorus, London 1960; H. M. Enzensberger, Allerleirauh, Ffm. 1961 (mit Bibliogr.); E. May, The Influence of the Meiji Period on Japanese Children's Music, Berkeley u. Los Angeles 1963. HHA

K'ing (tjing), chinesisches Schlaginstrument aus der Familie der → Lithophone. Es hat die Form eines stumpfen Winkels; an dessen kürzerem Schenkel sind in einem reich verzierten Gestell in 2 Reihen meist 16, in früheren Zeiten auch 12, 14 oder 24 Klingsteine aufgehängt, die mit Klöppeln angeschlagen werden. Jede der beiden Reihen bildet eine Folge von Ganztönen, die obere Reihe steht einen Halbton über der unteren:

fis gis ais/b c d e fis¹ gis¹
f g a h cis dis f¹ g¹

Von den 12 Tonstufen (→ Lü) des chinesischen Tonsystems enthält die obere Reihe die »weiblichen« Töne (yin lü), die untere die »männlichen« (yang lü). Diese Anordnung ermöglicht das Spiel aller traditionellen (im Prinzip pentatonischen) Melodien, ihre Transposition und jeden Moduswechsel. Das Instrument wurde im Tempel- und Hoforchester verwendet. → Chinesische Musik.

Lit.: P.-M. Cibot, Essai sur les pierres sonores de Chine, in: Mémoires concernant l'hist., les sciences, les arts ... des Chinois ... VI, Paris 1780; A. V. Moule, A List of the Mus. and Other Soundproducing Instr. of the Chinese, Journal of the North China Branch of the Royal Asiatic Soc. XXXIX, 1908; Fr. A. Kuttner, A »Pythagorean« Tone-System in China..., Kgr.-Ber. Köln 1958.

Kinnor (hebräisch), eine Leier, ist neben dem Schofar im Alten Testament das am häufigsten erwähnte Instrument. Jubal wird (Gen. 4, 21) als Vorvater der K.- und 'Ūgāb-Spieler genannt. Danach begegnet K. erst wieder (1. Sam. 10, 5) als Instrument in den Händen von Wanderpropheten, zusammen mit → Newel, Toph und Chālīl. Davids K. ist die assyrische Form der Jochleier mit geschlossenem trapezoidem Rahmen über dem Corpus und fächerartiger Bespannung mit meist 5, 7 oder 9 Saiten. Es war Hauptinstrument der Tempelperiode und verbreitete sich über die syrischen Nordprovinzen westlich bis nach Hellas. – In den Händen des königlichen Dichtermusikers David wird die Leier K. zum Symbol der Musik überhaupt. Leier und Harfe waren die bevorzugten Begleitinstrumente zum Gesang der Psalmen und religiöser Poesien.

Kinoorgel ist ein Orgeltyp, der bei kleinem Pfeifenbestand eine große Anzahl von Registerauszügen besitzt. Auch werden Schlaginstrumente, wie Gong, Vibraphon, kleine Trommel, über die Manuale und das Pedal gespielt. Das ganze Instrument steht in Schwellkästen. Die K. wurde vor allem von der Wurlitzer Company in den USA gebaut. Ursprünglich hatte die K. den Stummfilm musikalisch zu illustrieren, sie ist, wie die → Hammondorgel, auch für Unterhaltungsmusik und Schlager geeignet.

Kirchenlied ist, sofern nicht in einem allgemeinen Sinn als geistliches gegenüber dem weltlichen Lied verstanden, das nationalsprachige Gemeindelied als Symbol christlichen Glaubens und Bestandteil des Kultus. Wesentlich für den Begriff K. ist der mit ihm verbundene Anspruch: das K. hat Tradition, ist allgemeingültig und allgemein verbreitet; es steht für den ganzen Glaubensinhalt der Kirche. – Die Bezeichnung K. setzte sich um die Mitte des 17. Jh. durch, als (wie im Titel des Lüneburgischen Gesangbuchs von 1661) zwischen *gewöhnlichen alten Kirchen-Liedern* und *neuen nützlichen Gesängen*, d. h. zwischen dem alten Choral Lutherscher Prägung und dem neuen Andachtslied (Aria), bewußt unterschieden wurde. Hier ist das K. durch seine Zugehörigkeit zum erweiterten Corpus reformatorum, seine Aufgabe im Gemeindegottesdienst, seine allgemeine Verbreitung und die Einheit von Wort und Weise bestimmt, die Aria dagegen als erbauliches, vor allem der Privatandacht dienendes geistliches Lied, das weder lange Lebensdauer noch Symbolcharakter beansprucht. Während diese Kluft in anderen europäischen Ländern (mit Ausnahme Schwedens) weitaus weniger zutage tritt, da dort die alten Lieder allmählich umgesungen und zum Teil durch neue ersetzt wurden, bestimmte sie die weitere Geschichte des deutschen K.es. Nachdem gegen 1700 einerseits der Kanonisierungsprozeß des reformatorischen Liedes abgeschlossen worden, andererseits das neue Andachtslied tiefer in die kirchliche Frömmigkeit eingedrungen war, folgte – etwa mit den Lebensdaten Bachs sich deckend – eine Übergangszeit, in der auch viele Andachtslieder Eingang in den für den Gottesdienst bestimmten Liedkanon fanden. In der Zeit des späten Pietismus Hallescher und Herrnhuter Prägung, noch stärker im Zeichen der Aufklärung ab etwa 1750, nahm man dann gerade am kanonischen Anspruch des reformatorischen Liedes Anstoß und ersetzte es weitgehend durch »zeitgemäße« Andachtslieder erwecklichen oder aufgeklärten Inhalts. Mit Beginn des 19. Jh. erfolgte, durch Herder vorbereitet und u. a. von E. M. Arndt vorgetragen, ein Gegenstoß, der wiederum dem reformatorischen K. zu seinem Recht gegenüber pietistischer und rationalistischer Verflachung verhelfen sollte. Nachdem dieser Gegenstoß zunächst von den Ideen der nationalen Romantik und des Historismus getragen war, wurde er allmählich, besonders intensiv mit Beginn des 20. Jh., seitens der theologischen und liturgischen Bewegungen des Protestantismus verstärkt. Da das K. nun wieder strikt in den Dienst der Verkündigung gestellt (K. Barth) und gleichzeitig als Element des Kultus (W. Stählin) verstanden wird, betrachtet man im wesentlichen das reformatorische K. als legitimen Träger dieses Namens mit dem oben definierten Anspruch. Als solches wird es in den Mittelpunkt des 1950 verbindlich für alle deutschen lutherischen und unierten Landeskirchen geschaffenen Evangelischen Kirchengesangbuchs (→ Gesangbuch) gerückt. Dabei ist freilich nicht zu übersehen, daß diese Leitidee eines liturgischen Bekenntnisliedes dem Anspruch der Gemeinde auf ein ihrem jeweiligen Lebensgefühl gemäßes Erbauungslied nicht genügt. Die praktischen Bemühungen um ein »zeitgemäßes«, u. a. an Jugendlied, Spiritual, Chanson, Jazz und Schlager orientiertes geistliches Lied haben bisher nicht zu überzeugenden Ergebnissen geführt.

Das mit den Karolingern in Deutschland sich ausbreitende Christentum führte den gregorianischen Choral ein und für das Volk den einfachen Kyrie eleison-Ruf. Auf einer zweiten Entwicklungsstufe entstanden in Deutschland aus der Verbindung des überkommenen Volksgesangs und des römischen liturgischen Gesangs neue liedhafte Formen, deren wichtigste Arten in lateinischer Sprache die → Sequenz (– 1) und in deutscher die → Leise sind. Dabei fußten besonders die Leise oft auf älteren Strophenmodellen, die zu neuen Text und das angehängte *Kyrie eleis* zu christlichen Liedern wurden. Besonders volkstümlich sind die Rufe, eine an die Leise angrenzende und an die Litanei anknüpfende Gattung, die sich durch knappen Strophenbau (oftmals nur 2 Langzeilen) und große Strophenzahl mit ständig eingeschobenem Bittruf als Kehrreim auszeichnet. Der typische Ruf *Maria, unser Fraue* gehört zu den 1349 aufgezeichneten Liedern der Geißlerbewegung. – In schriftlichen Quellen erst seit dem 14. Jh. greifbar, aber offenbar älter, ist eine zweite große Gattung des geistlichen mittelalterlichen Liedes, die → Cantio, wie sie vor allem in Klöstern und Schulen gepflegt wurde. Lieder wie *In dulci jubilo* und *Joseph, lieber Joseph mein* deuten darauf hin, daß diese Gattung ihren Platz hauptsächlich im christlichen Weihnachtsbrauch hatte (etwa entsprechend den englischen Carols). Manche Cantiones sind auch in Mysterienspiele und Marienklagen eingegangen. – In der Nähe des geistlichen Kunstliedes steht eine dritte, vor allem im 15. Jh. bezeugte Gattung, die als spätmittelalterliche Liedmystik bezeichnet werden kann: besonders Jesus- und Marienlieder in den Formen des Minne- und frühen Meistersangs, als Typenkontrafaktur oder direkte Umdichtung weltlicher Vorlagen. Die von den Niederlanden ausgehende Devotio moderna hat dieser Gattung vor allem in Nonnenklöstern Eingang verschafft. Ihr Repertoire spiegeln u. a. das Hohenfurther und das Liederbuch der Anna von Köln, die Mondseer, Donaueschinger und Kolmarer Liederhandschriften (→ Liederbücher). – Als letzte Gattung sind die Übersetzungen von Hymnen und anderen liedhaften liturgischen Stücken zu nennen, die vereinzelt seit der Karolingerzeit belegt sind, in größerem Ausmaß aber erst im 14. Jh. bei Hermann von Salzburg im 15. Jh. bei Heinrich Laufenberg begegnen. Von ersterem stammt u. a. eine Verdeutschung des Hymnus *A solis ortu cardine*, von letzterem eine der vielen Übertragungen der Mariensequenz *Ave maria praeclara maris stella*. – Am Ausgang des Mittelalters steht eine Gruppe einzelner, wohl sämtlich erst im 15. Jh. geschaffener Lieder: sie sind länger, schwingen textlich und musikalisch weiter aus, sind freier und reicher in der Gedankenführung und weisen damit auf den Anbruch der Reformation voraus, z. B. *Komm heiliger Geist, Herre Gott*; *Ein Kindelein so löbelich*; *Wir glauben all an einen Gott* und die Weise *Es ist das Heil uns kommen her*.

Ab etwa 1522 nahm in den Bemühungen Luthers um die praktische Ausbreitung seiner Lehre das K. einen wichtigen Platz ein. Es sollte vor allem *das heilige Evangelium treiben und in Schwang bringen*. Als volkssprachiges Lied entspricht es den nationalen Grundlagen der Reformation, als Nachfahre des mittelalterlichen geistlichen Volksliedes wurzelt es im Volk, als Lied schlechthin ist es besonders geeignet, zum lebendigen Symbol einer Bewegung zu werden. Luther ging von dem vorhandenen Liedbestand aus, um ihn im Sinne des Evangeliums zu »bessern« und zu erweitern. Auf diese Weise entstanden neue Strophen zu *Gelobet seist du, Jesu Christ*; *Nun bitten wir den heiligen Geist*; *Wir glauben all an einen Gott*; Hymnenübertragungen wie *Nun komm der Heiden Heiland*; *Komm Gott, Schöpfer, heiliger Geist*; ferner Lieder, die sich an einen bereits vorhandenen weltlichen Typus anschließen, wie *Nun freut euch lieben Christen g'mein* an den Typus des erzählenden Liebesliedes, *Ein neues Lied wir heben an* und *Ein feste Burg* an den des politischen Marktliedes, *Vom Himmel hoch* an den des geselligen Kränzelliedes. Andere Lieddichtungen gehen nicht auf ältere Textmodelle zurück, halten sich dafür aber an Bibeltexte wie die Psalmlieder *Ach Gott vom Himmel sieh darein*; *Es wolle Gott uns gnädig sein*; *Aus tiefer Not* oder die Katechismuslieder *Dies sind die heilgen zehn Gebot*; *Vater unser im Himmelreich*; *Christ unser Herr zum Jordan kam*. Luthers genialer Aussagekraft vermochten seine Zeitgenossen nur wenig Gleichrangiges an die Seite zu stellen, am ehesten Speratus mit *Es ist das Heil uns kommen her*, L. Spengler mit *Durch Adams Fall ist ganz verderbt* und J. Gramann mit *Nun lob mein Seel den Herren*. Unauffälliger vollzog sich die Übernahme und Neufassung der Weisen durch unveränderte Übernahme (*Gelobet seist du, Jesu Christ*), geringfügige, durch Übersetzung hervorgerufene Änderungen (*Nun komm der Heiden Heiland*), liedmäßige Formung choraler Vorlagen (*Jesaja dem Propheten das geschah*), Erweiterung und Umbildung geistlicher Volkslieder (*Christ ist erstanden* zu *Christ lag in Todesbanden*; *Maria, du bist gnadenvoll* zu *Es wolle Gott uns gnädig sein*), Anknüpfung an Typen des weltlichen Liedes (*Nun freut euch lieben Christen g'mein*; *Ein neues Lied wir heben an*; *Ein feste Burg*; die ältere Weise zu *Vom Himmel hoch*, aus der die heute geläufige Weise vielleicht durch Übersingen hervorgegangen ist). Sofern es sich um kunstvollere Melodien handelt (*Aus tiefer Not schrei ich zu dir*; *Mit Fried und Freud ich fahr dahin*; beide aus dem Kreis J. Walters und M. Luthers), mögen die wenigen reformatorischen Weisen, zu denen sich bisher keine Vorlagen nachweisen lassen, als Liedtenores für mehrstimmige Sätze geschaffen worden sein. – Nur sehr zögernd wurde das K. in den Gottesdienst aufgenommen und ist hier zunächst wiederum weniger von der Gemeinde, welche keine eigenen Gesangbücher besaß, als vom Schülerchor gesungen worden, zumal viele Liedtenores für die Gemeinde zu schwierig waren. Dem hat die nachlutherische Generation Rechnung getragen, vor allem N. Hermann, dessen Lieder – zum Teil in Anklang an geistliche Bergreihen – in Wort und Weise frische und einfache Züge zeigen (*Lobt Gott ihr Christen allzugleich*; *Erschienen ist der herrlich Tag*; *Steht auf ihr lieben Kinderlein*). Erst im letzten Drittel des 16. Jh. bürgerte sich mit der Hinwendung zum → Kantionalsatz mit Oberstimmenmelodie (L. Osiander, L. Lossius, M. Praetorius) das reformatorische Lied als gottesdienstliches Gemeindelied fest ein. An neuen Liedern entstanden vor allem solche für den täglichen Wandel der Christen und seine Festigung in Glaubensstreitigkeiten, wie etwa N. Selneckers *Laß mich dein sein und bleiben*. – Zeigt das lutherische K. des Reformationsjahrhunderts eine bunte Vielfalt, so entwickelte sich demgegenüber das reformierte K. – nach einer ersten Blüte durch die noch stark dem Luthertum verpflichteten Reformatoren J. Zwick und A. Blaurer – geradlinig auf den Lobwasser-Psalter zu, der gegen Ende des 16. Jh. in den reformierten Gemeinden meist fest eingeführt war und als reformierter Liedkanon bis tief ins 18. Jh. gültig geblieben ist. Stark auf Volkstraditionen fußt das Sondergut der → Böhmischen Brüder.

Während Ph. Nicolai an der Schwelle zum 17. Jh. seine beiden christusmystischen Lieder *Wie schön leuchtet der Morgenstern* und *Wachet auf, ruft uns die Stimme* als genialer Einzelner schrieb, bildete sich in der ersten Generation des 17. Jh. das mystisch-frühpietistische Andachtslied als eine eigene Gattung heraus, deren hervorragende Vertreter J. Heerman als Dichter und M. Vulpius als Melodieschöpfer sind. Heermans Texte (*O Jesu Christe, wahres Licht*; *Herzliebster Jesu*; *Frühmorgens, da die Sonn aufgeht*; *O Gott, du frommer Gott*) zeigen die veränderte Blickrichtung des K.-Sängers: hatte der reformatorische Liedsänger sich zu Gott und seinen Heilstaten emporgewandt, so beginnt der Liedsänger des 17. Jh. sich selbst zum Gegenstand andächtiger Betrachtung zu machen, seine Einsamkeit und Sündhaftigkeit in seiner Begegnung mit dem Seelenbräutigam Jesus zu preisen. Dem entspricht musikalisch der Übergang von der Volkslied- oder C. f.-Weise zum solistischen Lied, wie er in den Kantionalsätzen des M. Vulpius (*Gelobt sei Gott im höchsten Thron*; *Lobt Gott den Herrn, ihr Heiden all*; *Die helle Sonn leucht' jetzt herfür*; *Hinunter ist der Sonnen Schein*) sich anbahnt: die Weisen folgen weder einem vorgeprägten Melodietypus oder »Ton«, noch sind sie auf eine mehrstimmige Bearbeitung hin geschaffen; sie sind knapp, strebig und setzen harmonisches Hören voraus. – Ähnliche Züge, meist noch verstärkt, zeigt das Lied der zweiten Generation, welcher neben J. Rist (*O Traurigkeit, o Herzeleid*; *Werde munter, mein Gemüte*; *O Ewigkeit, o Donnerwort*), C. Homburg (*Jesu, meines Lebens Leben*) und J. Franck (*Jesu, meine Freude*) in P. Gerhardt (*Ich steh an deiner Krippen hier*; *O Haupt voll Blut und Wunden*; *Auf auf, mein Herz, mit Freuden*; *Die güldne Sonne*; *Nun ruhen alle Wälder*) ein Dichter angehört, der die Kraft orthodoxer Glaubensgewißheit mit der innigen Wärme pietistischer Jesusfrömmigkeit vereint. Als Musiker kongenial zur Seite steht J. Crüger (*Fröhlich soll mein Herze springen*; *Nun danket alle Gott*; *Ach wie flüchtig, ach wie nichtig*; *Lobet den Herren alle, die ihn ehren*); ferner sind J. Schop (*Sollt ich meinem Gott nicht singen*; *Werde munter mein Gemüte*) und J. Ebeling (*Du meine Seele singe*; *Warum sollt ich mich denn grämen*) zu nennen. In der dritten Generation, namentlich bei J. Neander (*Lobe den Herren, den mächtigen König der Ehren*), nimmt in den Liedtexten der nunmehr weichliche Jesuston zu; musikalisch vollzieht sich die Hinwendung zu einem Liedtypus, der – wie die Aria – weiche, fließende Achtelmelismen bevorzugt. Die 1. Hälfte des 18. Jh. ist von dem Bestreben des jüngeren Pietismus beherrscht, sein Liedgut, das bis dahin fast ausschließlich der Privatandacht gedient hatte, in den Gemeindegottesdienst einzuführen. Daß dies in großem Umfang gelang, ist an der Zahl der von Bach choralmäßig vertonten Arien abzulesen. Das jüngere pietistische Lied ist dementsprechend gemeindebewußt, dennoch in seinem Lebensgefühl schwankend zwischen sieghaftem Überschwang und tiefster Sündenzerknirschung; die Jesusfrömmigkeit bleibt dominierend, verliert sich aber, besonders bei Zinzendorf, in Sakramentsschwärmerei. Gemäßigter dichten B. Schmolck (*Schmücket das Fest mit Maien*; *Liebster Jesu, wir sind hier*) und J. J. Rambach (*Ich bin getauft auf deinen Namen*); eine zarte Spätblüte niederrheinischer Mystik bringen die Lieder G. Teerstegens (*Ich bete an die Macht der Liebe*). Musikalisch treten neben den Ariatypus des 17. Jh. ein emphatischer (*Jesus ist kommen, Grund ewiger Freude*; *O Durchbrecher aller Bande*), ferner ein tändelnder im Dreierrhythmus (*Eins ist not*), um dessentwillen der Pietismus den Vorwurf der Weltlichkeit hat hinnehmen müssen, schließlich ein rational-schlicht und isometrisch gebildeter Typus (*O daß ich tausend Zungen hätte*; *Herz und Herz vereint zusammen*). Viele der Weisen sind anonym überliefert, von begeisterungsfähigen Dilettanten geschaffen, oft in Anlehnung an weltliche Vorlagen. – Nachdem im Pietismus an die 70000 Lieder entstanden waren, scheint um 1750 der Born erschöpft. Die nun folgende Aufklärung verwandte fast mehr Mühe darauf, die bestehenden Gesangbücher zu reinigen, als selbst Lieder zu dichten, besaß freilich in Chr. F. Gellert (*Wenn ich o Schöpfer deine Macht*) einen fähigen Dichter, dessen Texte u. a. J. A. Hiller und C. Ph. E. Bach vertont haben. Unter den damals beliebten »Liedern im Volkston« ragt als geniale Schöpfung hervor *Der Mond ist aufgegangen* (Worte von M. Claudius, Weise von P. A. Schulz). Aus der Zeit des Idealismus sind Fr. G. Klopstock (*Auferstehn, ja auferstehn wirst du*) und E. M. Arndt (*Ich weiß, woran ich glaube*; *Du lieber, heiliger, frommer Christ*), aus der Frühromantik Novalis (*Wenn ich ihn nur habe*) bekannt geworden. Das 19. Jh. brachte neben dem wiedererwachenden historischen Interesse am K. auch Dichter hervor, die im Geiste der Reformatoren zu schaffen versuchten, vor allem Fr. Spitta mit seiner Sammlung *Psalter und Harfe* (*Ich steh in meines Herren Hand*) und A. Knapp (*Eines wünsch ich mir vor allem andern*). Von den Dichtern des 20. Jh. haben vor allem R. A. Schröder und J. Klepper, in Vertonungen von G. Schwarz, Chr. Lahusen u. a., Aufnahme in das evangelische Kirchengesangbuch gefunden.

Während das protestantische K. seit seinen Anfängen ein konstituierender Bestandteil von Kultus und Frömmigkeit gewesen ist und – ausgenommen im 19. Jh. – auch in der Geistesgeschichte eine wichtige Rolle spielte, hat das katholische K., von wenigen Ausnahmen abgesehen, weder liturgisch unentbehrlich noch geistesgeschichtlich dominierend zu werden vermocht, dafür freilich in stiller Anonymität das Erbe des mittelalterlichen geistlichen Volksgesangs weitergeführt. Nachdem sich die ersten gegenreformatorischen Gesangbücher entweder eng an das protestantische Repertoire angeschlossen oder eine nicht immer fruchtbare Apologetik getrieben hatten, waren seit dem Ende des 16. Jh. eine Reihe von Gesangbüchern bemüht, unter Auslassung des reformatorischen Liedguts bewußt an das mittelalterliche Erbe anzuknüpfen; viele alte Rufe und Leise teilen u. a. die Gesangbücher von N. Beuttner (1602ff.) und G. Corner (1625ff.) mit. Die Folgezeit ist bis zum Ende des 17. Jh. beherrscht von den Andachtsbüchern des Jesuitenordens mit ihrem teils volkstümlichen, teils anspruchsvolleren barockmystischen Inhalt. Zu nennen sind vor allem Fr. v. Spees *Geistliches Psälterlein* (1637) und W. Nakatenus' *Himmliches Palm-Gärtlein* (1660ff.). Angelus Silesius steht mit seiner *Heiligen Seelenlust* von 1657 (*Morgenstern der finstern Nacht*; *Ich will dich lieben, meine Stärke*) zwischen der jesuitischen und der gleichzeitigen frühpietistischen Dichtung. Im Zeitalter der Aufklärung verfiel auch das katholische K. den Vorstellungen einer »vernünftigen« Erbauung und Belehrung. Das 19. Jh. brachte auf der einen Seite einen Zug zum mitunter kraftlos-süßlichen geistlichen Volkslied (*Stille Nacht*), auf der anderen Seite eine Rückbesinnung auf das Traditionsgut (Sammlungen von J. F. Schlosser, J. Kehrein und G. M. Dreves). Im 20. Jh. hat die katholische Jugendbewegung (*K.*, 1928) dem Liedgesang Impulse gegeben, die sich – wenn auch noch zögernd – in der Gestaltung der neuen Diözesangesangbücher auszuwirken beginnen.

Lit.: M. Luther, Werke XXXV, Die Lieder Luthers, hrsg. v. W. Lucke, H. J. Moser u. O. Albrecht, Weimar 1923. – Hoffmann v. Fallersleben, Gesch. d. deutschen K. bis auf Luthers Zeit, Hannover ³1861; Ph. Wackernagel, Das deutsche K. v. d. ältesten Zeit bis zum Anfang d. 17. Jh., 5 Bde, Lpz. 1864–77; E. E. Koch, Gesch. d. K. u. d. Kirchengesanges ..., 8 Bde, Stuttgart ³1866–77; W. Bäumker, Das kath. deutsche K. in seinen Singweisen ... bis gegen Ende d. 17. Jh., 4 Bde, Freiburg i. Br. 1883–1911; J. Zahn, Die Melodien d. deutschen ev. K., 6 Bde, Gütersloh 1888–93, Nachdruck Hildesheim 1963; P. Dietz, Die Restauration d. ev. K., Marburg 1903; A. F. W. Fischer u. W. Tümpel, Das deutsche ev. K. d. 17. Jh., 6 Bde, Gütersloh 1904–16; P. Sturm, Das ev. Gesangbuch d. Aufklärung, Barmen 1923; R. Giessler, Die kirchliche Lieddichtung d. Katholiken im Zeitalter d. Aufklärung, = Schriften zur deutschen Lit. X, Augsburg 1928; W. Nelle, Gesch. d. deutschen K., Hbg ³1928; W. Stählin, Die Bedeutung d. Singbewegung f. d. ev. Kirchengesang, Kassel 1928; U. Leupold, Die liturgischen Gesänge d. ev. Kirche im Zeitalter d. Aufklärung u. d. Romantik, Kassel 1933; K. Barth, Die kirchliche Dogmatik I, 2, München ⁴1948; W. Blankenburg, Wertmaßstäbe f. Choralweisen, MuK XVIII, 1948; O. Schlisske, Hdb. d. Lutherlieder, Göttingen 1948; O. Söhngen, Die Zukunft d. Gesangbuchs, Bln (1949); Chr. Mahrenholz, Das Ev. Kirchengesangbuch, Kassel 1950; K. Berger, Barock u. Aufklärung im geistlichen Lied, Marburg 1951; Hdb. zum ev. Kirchengesangbuch, hrsg. v. Chr. Mahrenholz u. O. Söhngen, 4 Bde, Göttingen 1953ff.; P. Gabriel, Das deutsche ev. K. v. M. Luther bis zur Gegenwart, Bln ³1956; I. Roebbelen, Theologie u. Frömmigkeit im deutschen ev.-lutherischen Gesangbuch d. 17. u. frühen 18. Jh., = Forschungen zur Kirchen- u. Dogmengesch. VI, Göttingen 1957; Leiturgia. Hdb. d. ev. Gottesdienstes, hrsg. v. K. F. Müller u. W. Blankenburg, Bd IV: Die Musik d. ev. Gottesdienstes, Kassel 1961; W. Wiora, The Origins of German Spiritual Folk Song, Ethnomusicology VIII, 1964. MG

Kirchenmusik. – 1) Unter katholischer K. wird sowohl die den eigentlichen liturgischen Handlungen (actiones liturgicae, z. B. → Messe, → Offizium) zugeordnete Musik als auch jene verstanden, welche bei den übrigen Gottesdiensten (pia exercitia, z. B. Andachten) zum Vortrag gelangt. Sie wird wesentlich bestimmt durch ihre unmittelbare Bindung an die → Liturgie im engeren und weiteren Sinne und ist *ausgezeichnet unter allen übrigen künstlerischen Ausdrucksformen vor allem deshalb, weil sie als der mit dem Wort verbundene gottesdienstliche Gesang einen notwendigen und integrierenden Bestandteil der feierlichen Liturgie ausmacht* (Artikel 112 der *Constitutio de sacra Liturgia* vom 4. 12. 1963). Das wechselseitige Verhältnis von Liturgie und Musik und deren gegenseitige Durchdringung ist historisch bedingt. Aus ihrer Einbeziehung in den Bereich der Liturgie erwächst die fundamentale und zugleich vornehmste Aufgabe katholischer K.: die feierliche Ausgestaltung der liturgischen Handlung zum Lobpreis Gottes und zur religiösen Erbauung der Gläubigen. Um dieser Aufgabe gerecht werden zu können, muß sie selbst die in der Liturgie innewohnenden Eigenschaften – Heiligkeit, Güte der Form, Allgemeinheit – besitzen, wie Pius X. in seinem richtungweisenden Motu Proprio *Tra le sollecitudini* (1903) fordert. – Nach der *Instructio de Musica sacra et sacra Liturgia* vom 3. 9. 1958 umfaßt die katholische K. (Musica sacra) folgende Gattungen: a) Cantus gregorianus (→ Gregorianischer Gesang). In ihm, der die genannten Eigenschaften am meisten in sich vereinigt und als das vollkommenste Beispiel kirchlicher Musik gilt (vgl. Motu Proprio, 1903), erblickt die Kirche den *cantus sacer Ecclesiae Romanae proprius et principalis*. Er soll unter den übrigen Gattungen absoluten Vorrang genießen, bei liturgischen Handlungen die erste Stelle einnehmen; b) Polyphonia sacra, die sakrale Mehrstimmigkeit (a cappella) besonders der 2. Hälfte des 16. Jh., vornehmlich geeignet zur feierlicheren Gestaltung der liturgischen Akte; c) Musica sacra moderna (moderne K.). Sie darf – auch unter Mitwirkung von Instrumenten – in allen Actiones liturgicae verwendet werden, wenn sie der *dignitas*, *gravitas* und *sanctitas Liturgiae* entspricht und die Voraussetzungen für eine werkgerechte Aufführung gegeben sind; d) Musica sacra pro organo (solistische sakrale Orgelmusik); e) Cantus popularis religiosus, der religiöse Volksgesang (z. B. das deutsche → Kirchenlied) mit seinem bevorzugten Platz in den (innerhalb und außerhalb der Kirche vollzogenen) Pia exercitia, während seiner Verwendung bei den Actiones liturgicae Beschränkungen auferlegt sind; f) Musica religiosa (geistliche Musik). Wenngleich von religiösen Intentionen getragen, ist sie doch nicht eigens für den Cultus divinus bestimmt und darf daher nur in den Pia exercitia zur Anwendung kommen. – Eine entscheidende Erweiterung dieses Rahmens traf die Liturgiekonstitution des 2. → Vatikanischen Konzils, indem hier autoritativ festgestellt wird, daß die Kirche *alle Formen wahrer Kunst, welche die erforderlichen Eigenschaften besitzen*, billigt und zur Liturgie zuläßt (Artikel 112). Dabei werden mit besonderem Nachdruck auch die musikalischen Eigentraditionen, vor allem der Missionsländer, erwähnt und in ihrer zentralen Bedeutung für den Gottesdienst jener Völker herausgestellt (Artikel 119). Überdies rückt die Konstitution die aktive Teilnahme der Gemeinde am liturgischen Gesang in den Vordergrund und empfiehlt eine eifrige Pflege des religiösen Volksgesanges (Artikel 114 und 118). KWG

– 2) Wesen und Berechtigung der protestantischen K. lutherischer Prägung als gottesdienstlicher Musik beruhen auf → Luthers Auffassung von der Musik als einer *laeta creatura* (vgl. sein *Encomion musices*). Sie betont neben ihrem göttlichen Ursprung zugleich ihre Nähe zum Glauben. Der schöpfungsmäßige Zusammenhang von Musik und Freude läßt die Musik als *eine Art Na-*

turform des Evangeliums (A.D. Müller) und von daher im theologischen Sinne als prädestiniert für das christliche Leben des einzelnen sowie der Gemeinde erscheinen. Da Musik jedoch nicht nur Freude auszudrücken, sondern auch hervorzurufen vermag, ist die K. in doppelter Aufgabe Lobpreis und Verkündigung in einem. Die Frage, ob sie angesichts der Polarität von Luthers Gottesdienstverständnis als Wort (Predigt des Pfarrers) und Antwort (Gebet und Lobgesang der Gemeinde; vgl. die Einleitung der Predigt zur Einweihung der Schloßkirche zu Torgau vom 5. 10. 1544) nur zur letzteren gehört, ist gegenstandslos. Da *die noten ... den text lebendig* machen (*Tischreden* Nr 2545 u. ö.), hat die K. immer auch die Fähigkeit und Aufgabe des Verkündigens. Ohne daß der Protestantismus je eine allgemeingültige Wesensbestimmung der K. geboten hat, ist doch Luthers Musikanschauung zu allen großen Zeiten der K. bis zur Gegenwart bestimmend geblieben. Auch Calvins Anschauung von der Musik berührt sich im wesentlichen Punkt mit der Luthers (→ Calvinistische Musik). Im Unterschied zur katholischen Auffassung von mehreren, verschieden gewerteten Graden der K. steht die protestantische K., mit Ausnahme ihrer Beschränkung auf das Gemeindelied in der Frühzeit des Calvinismus, allen Möglichkeiten gottesdienstlicher Musik offen. Grundlage bildet freilich überall das durch Luther zu liturgischem Rang erhobene strophische Gemeindelied (*quo verbum Dei vel cantu inter populos maneat,* Luther an Spalatin Ende 1523). Jedoch ist die K. zunächst als Lesungsmusik in der Form der Evangelien- oder Spruchmotette, dann aber mehr und mehr in der Form der musikalischen Auslegekunst als Geistliches Konzert und Kantate von Schütz bis zu Bach neben und in Verbindung mit dem Kirchenlied zum wichtigsten Bestandteil der gottesdienstlichen Musik geworden. Die Gegenüberstellung der Worte Concio und Cantio durch M. Praetorius meint nicht eine Polarität von Predigt und Gesang, sondern die Musik als integrierenden Bestandteil gottesdienstlicher Verkündigung. Er erläutert das Begriffspaar mit einem Satz von Justinus Märtyr († 167): *Es ist vnd bleibet Gottes Wort / auch das da im Gemüth gedacht / mit der Stimme gesungen / auch auff Instrumenten geschlagen vnd gespielet wird* (Widmung der *Polyhymnia caduceatrix et panegyrica,* 1619). Hier findet sich zugleich eine theologische Rechtfertigung der Instrumentalmusik im Gottesdienst. Ausführlicher erfolgte sie bereits in einem Gutachten der Wittenberger Theologischen Fakultät von 1597, dort mit ausdrücklichem Bezug auf die *instrumentalis musica ... wenngleich mit menschlicher Stimme darunter nicht gesungen wird.* War in der Zeit von Luther bis Bach die Frage nach dem rechten Stil der K. allenfalls von peripherer Bedeutung, weil sie jeweils die sich ihr bietenden neuen musikalischen Errungenschaften aufgriff, so wird diese Frage – nach einer Epoche des Niedergangs während des Rationalismus – im späten 18. und beginnenden 19. Jh. entscheidend. Wenn jetzt, vornehmlich unter den Auswirkungen der Theologie Schleiermachers, die K. der religiösen Selbstdarstellung und Erweckung frommer Gefühle diente, dann mußte die Frage nach der echten K. laut werden. So fand die romantische Restauration in dem feierlichgetragenen, an Palestrina und vor allem an einen mißverstandenen Eccard angelehnten puristischen a cappella-Stil und dessen »edler Simplizität« den Inbegriff von K., vor dem auch J. S. Bach nicht bestehen konnte. In dessen Werken *trete doch einesteils eine Fremdartigkeit der Ausdrucksweise hervor ..., andernteils eine gewisse Manier des Kirchenstyls, der ... unsern Bedürfnissen nicht mehr entspreche* (C. v. Winterfeld, Über Herstellung des Gemeinde- und Chorgesanges, S. 145). Diese Vorstellung von K. blieb vorherrschend bis in die ersten Jahrzehnte des 20. Jh., wenn sie auch in ihren wichtigsten Vertretern, wie L. Schoeberlein, R. v. Liliencron, Ph. und Fr. Spitta, Ph. Wolfrum sowie J. Smend, Auflockerung erfuhr. Die kirchenmusikalische Erneuerung führte seit dem 2. Viertel dieses Jahrhunderts zu einer völligen Neuorientierung der K. an der Reformation und gewann damit auch ihre doppelte Aufgabe im Gottesdienst zurück. Von den zahlreichen literarischen Äußerungen erscheint die bekenntnishafte von H. Distler (1935) besonders bedeutungsvoll. Die Gegenwart führte demzufolge auch zu einer Erneuerung des kirchenmusikalischen Amtes und zu einer neuen liturgischen Eingliederung der K. Mit der Überwindung des a cappella-Ideals hat sich die K. auch dem Reichtum verschiedener musikalischer Stile geöffnet, wozu auch die ökumenische Ausweitung des kirchlichen Lebens sowie die musikalischen Erscheinungsformen im Industriezeitalter drängen. In neuester Zeit ist zufolge der jüngsten Musikentwicklung, der sich die K. um ihrer Aktualität willen nicht entziehen kann und will, das Problem der Verständlichkeit und Eignung heutiger Musik als K. brennend geworden, das freilich durch eine Spaltung der K. in gottesdienstliche und geistliche Musik (W. Fortner) nicht gelöst werden kann. WBL

Lit.: zu 1): K. WEINMANN, Gesch. d. K., = Slg Kösel VI, Kempten 1906, München [4]1925; P. WAGNER, Einführung in die kath. K., Düsseldorf 1919; O. URSPRUNG, Die kath. K., Bücken Hdb.; M. KAT, De geschiedenis d. kerkmuziek, Hilversum 1939; K. G. FELLERER, Gesch. d. kath. K., = Veröff. d. Gregorianischen Akad. zu Freiburg i. d. Schweiz XXI, Düsseldorf 1939, [2]1949; DERS., Soziologie d. K., = Kunst u. Kommunikation IX, Köln u. Opladen 1963; F. ROMITA, Jus musicae liturgicae, Rom 1947; H. LEMACHER u. K. G. FELLERER, Hdb. d. kath. K., Essen 1949; Documenta pontificia ad instaurationem liturgicam spectantia I (1903–53) u. II (1953–59), collegit ... A. BUGNINI, = Bibl. »Ephemerides liturgicae«, Sectio practica VI u. IX, Rom (1953 u. 1959); FR. KRIEG u. E. TITTEL, Kath. K., St. Gallen 1954; P. HUME, Cath. Churchmusic, NY 1957; A. PONS, Droit ecclésiastique et Musique sacrée, 5 Bde, St-Maurice (Schweiz) 1958–64; P. RADÓ OSB, Enchiridion Liturgicum, 2 Bde, Rom, Freiburg i. Br. u. Barcelona 1961; J. GELINEAU, Chant et musique dans le culte chrétien, Paris 1962, deutsch als: Die Musik im christlichen Gottesdienst, Regensburg (1965); H. HUCKE, Die K. in d. Liturgiekonstitution d. 2. Vatikanischen Konzils, Musik u. Altar XVI, 1964; DERS., Die Instruktion v. 26. 9. 1964 über d. ... Liturgiekonstitution ..., ebenda XVII, 1965.
– zu 2): C. v. WINTERFELD, Über Herstellung d. Gemeinde- u. Chorgesanges in d. ev. Kirche, Lpz. 1848; R. v. LILIENCRON, Über d. Chorgesang in d. ev. Kirche, = Deutsche Zeit- u. Streitfragen IX, H. 144, Bln 1880; L. SCHOEBERLEIN, Die Musik im Cultus d. ev. Kirche, Heidelberg 1881; G. RIETSCHEL, Lehrbuch d. Liturgik I, Göttingen 1900, neu bearb. v. P. Graff [2]1951; J. SMEND, Der ev. Gottesdienst, Göttingen 1904; PH. WOLFRUM, Die ev. K., = Kirchenmus. Arch. XXII, Bremen 1914; FR. BLUME, Die ev. K., Bücken Hdb., als: Gesch. d. ev. K., Kassel [2]1965, unter Mitarbeit v. L. Finscher, G. Feder, A. Adrio u. W. Blankenburg; H. DISTLER, Vom Geiste d. neuen ev. K., ZfM CII, 1935; A. D. MÜLLER, Musik als Problem lutherischer Gottesdienstgestaltung, Bln 1947; H. J. MOSER, Die ev. K. in Deutschland, Bln u. Darmstadt (1954); CHR. MAHRENHOLZ, Die K. in d. neuen Lutherischen Agende, MuK XXV, 1955; DERS., Fs.: Musicologica et Liturgica, Kassel 1960; DERS., Richtlinien f. d. Tätigkeit d. Chores im Gottesdienst, desgl. d. Org., in: Kompendium d. Liturgik, Kassel 1963; W. FORTNER, Geistliche Musik heute, MuK XXVII, 1957; L. FENDT, Einführung in d. Liturgiewiss., Bln 1958; A. BRUNNER, Wesen, Funktion u. Ort d. Musik im Gottesdienst, Zürich (1960); Leiturgia. Hdb. d. ev. Gottesdienstes, hrsg. v. K. F. MÜLLER u. W. BLANKENBURG, Bd IV: Die Musik d. ev. Gottesdienstes, Kassel 1961; CHR. ALBRECHT, Schleiermachers Liturgik, Bln 1962; K. F. MÜLLER, Der Kantor, Gütersloh 1964.

Kirchenschluß → Kadenz (– 1).

Kirchentöne (lat. modi, toni, tropi), auch Kirchentonarten genannt, bilden das tonale Ordnungsprinzip, die Art der Tonalität der Musik vom frühen Mittelalter bis ins 16. Jh., mit unmittelbaren Nachwirkungen bis ins 17. und 18. Jh. – Ansätze zu einer Lehre von den K.n und damit zu dem Versuch, die liturgischen Gesänge hinsichtlich ihrer tonalen Struktur zu erfassen und verbindliche Normen für sie aufzustellen, dürften erst erfolgt sein, nachdem das gregorianische und ambrosianische Melodienrepertoire fertig ausgebildet war. Die Vermutung, daß bei der Entwicklung des abendländisch-lateinischen Systems der 8 K. byzantinisch-griechische Einflüsse wirksam wurden, ist naheliegend, da den lateinischen Modi und den byzantinischen Echoi (→ Oktoechos) neben der Anzahl und Benennung (protus, deuterus, tritus, tetrardus) die Unterscheidung von authentischen und plagalen Modi und deren paarweise Anordnung (authentisch/plagal) gemeinsam sind. Als älteste bisher bekannte theoretische Quelle aus dem abendländischen Raum, die sich mit den 8 K.n befaßt, gilt die *Musica disciplina* des Aurelianus Reomensis (entstanden um 850; Kap. 8–18, GS I, 39b ff.; vgl. dazu den bei GS I, 26f. unter dem Namen des → Alcuinus abgedruckten Traktat über die 8 K.). Sie zeigt einen Modusbegriff, der sich primär auf die Beobachtung formelhafter Melodiewendungen, des Tonraums und möglicher Schlußbildungen gründet, während eine Fixierung des Tonmaterials (im Zusammenhang mit den K.n erstmals bei Odo von St. Maur, *Dialogus de musica*, GS I, 259ff.; → Odo von Cluny), der Intervalle sowie weiterer wichtiger Einzelheiten fehlt. Wenige Jahrzehnte später lassen sich die ersten Anfänge einer Herleitung und Rechtfertigung der K. aus der griechischen Musiktheorie nachweisen. Zwar beruhten jene – im Rahmen der *Alia musica* einsetzenden – Versuche auf einem folgenschweren Irrtum, da man die durch Boethius (*De institutione musica* IV, Kap. 15, ed. Friedlein, S. 342) überlieferten Transpositionsskalen (tonoi) des Ptolemaios als Oktavgattungen (A–a bis g–g¹) verstand und diese mit den K.n identifizierte (GS I, 126b ff.). Gleichwohl schufen sie die Basis für weitere Bestrebungen, die K. der Ordnung des geltenden (diatonischen) Systems anzupassen. Den Endpunkt dieses langwierigen Systematisierungsprozesses setzte der Reichenauer Mönch → Hermannus contractus mit seiner »Erfindung« des hypomixolydischen, d. h. plagalen 8. Kirchentons (d–d¹), welcher den ptolemäischen Tropus hypermixolydius (a–a¹) ablöste (*Musica*, GS II, 132a ff.). Als gemeinsames Bauprinzip liegen den paarweise miteinander verbundenen authentischen und plagalen Modi nach Hermannus jeweils die gleiche Quart- und Quintgattung und damit die gleichen Gerüsttöne (principales litterae) zugrunde. So enthält etwa der phrygische Kirchenton die 2. Quintspecies (e–h) mit darüberstehender 2. Quartspecies (h–e¹), wogegen der hypophrygische Kirchenton die umgekehrte Anordnung zeigt (H–e + e–h). Hieraus ergibt sich auch die wichtige Folgerung, daß dorischer und hypomixolydischer Modus trotz Verwendung derselben Oktavgattung (d–d¹) in ihrer inneren Struktur voneinander unterschieden sind (dorisch: d–a = a–d¹; hypomixolydisch: d–g = g–d¹). Das System der K. hat fortan folgende Gliederung (◫ = Finalis, * = Tenor, + = älterer Tenor):
Erster Kirchenton, seit dem 10. Jh. auch dorischer Modus genannt (älteste Bezeichnung: protus authentus): D E F G a ♭ c d (mittelalterliche Schreibweise, entspricht den modernen Tonstufen d e f g a h c¹ d¹).

Zweiter oder hypodorischer Kirchenton (protus plagalis): A B C D E F G a (= A H c d e f g a).

Dritter oder phrygischer Kirchenton (deuterus authentus): E F G a ♭ c d e (= e f g a h c¹ d¹ e¹).

Vierter oder hypophrygischer Kirchenton (deuterus plagalis): B C D E F G a ♭ (= H c d e f g a h).

Fünfter oder lydischer Kirchenton (tritus authentus): F G a ♭ c d e f (= f g a h c¹ d¹ e¹ f¹).

Sechster oder hypolydischer Kirchenton (tritus plagalis): C D E F G a ♭ c (= c d e f g a h c¹).

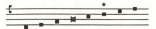

Siebenter oder mixolydischer Kirchenton (tetrardus authentus): G a ♭ c d e f g (= g a h c¹ d¹ e¹ f¹ g¹).

Achter oder hypomixolydischer Kirchenton (tetrardus plagalis): D E F G a ♭ c d (= d e f g a h c¹ d¹).

Die komplexe, jeweils unverwechselbare Einheit eines Kirchentons erfährt etwa seit der Mitte des 10. Jh. ihre nähere Charakterisierung durch Finalis, Tenor und Ambitus, die in den musiktheoretischen Schriften als Hauptkriterien der Modi herausgearbeitet werden. Unter ihnen kommt der Finalis und dem Tenor die wichtige Bedeutung von Gerüsttönen zu, wobei der (entwicklungsgeschichtlich ältere) Tenor als bevorzugt angestrebter Ton einer Melodie oder – wie in den verschiedenen Formen der Psalmodie – als Rezitationston in Erscheinung tritt (→ Repercussa). Demgegenüber stellt die Finalis den zentralen Bezugspunkt eines Gesanges dar. Als Grund- und Schlußton der den einzelnen K.n eigenen Skalen bildet sie das Regulativ für den Melodieverlauf und ist zugleich ausschlaggebendes Kriterium für die Beurteilung und modale Einordnung der Gesänge. Vor diesem Hintergrund wird die während des ganzen Mittelalters maßgebliche Definition Odos von St. Maur verständlich: *Tonus vel modus est regula, quae de omni cantu in fine diiudicat* (GS I, 257b). Das System der K. sieht für die einander zugehörigen authentischen und plagalen Modi die gleiche Finalis vor (1. und 2. Modus d, 3. und 4. Modus e usw.), aber verschiedene Tenores. Letztere befanden sich in den authentischen K.n ursprünglich eine Quinte, in den plagalen eine Terz oberhalb der Finalis. Die noch heute gebräuchliche endgültige Ordnung, nach welcher der Tenor des 3. und 8. Modus auf c¹ statt h und der des 4. Modus auf a statt g gesungen wird, findet sich schon im 12. Jh. bei Johannes Affligemensis (*De musica*, Kap. 11, CSM I, 82ff.). Der Tonumfang der einzelnen K. war innerhalb des Systems prinzipiell an die Oktave gebunden. Allerdings wurde er, im Hinblick auf die praktischen Gegebenheiten des vorhandenen Melodiengutes, schon bald um einige Tonstufen erweitert. Spätere Musiktheoretiker unterschieden zwischen dem regulären Ambitus eines Modus und solchen Tonstufen, deren Verwendung nur »per licentiam« erlaubt war. Nach Johannes Affligemensis dürfen z. B. alle authentischen K. regulär bis zur Oktave des Finaltones ansteigen, entsprechend der Licentia bis zur None oder Dezime, während die plagalen Modi über einen Ascensus zur Quinte (regula) bzw. Sexte (licentia) verfügen. Im Unterschied hierzu wird der – nur per regulam verlaufende – Melodieabstieg in den authentischen Gesängen von der Untersekunde (Ausnahme: 5. Modus mit f als tiefstem Ton), in den plagalen Gesängen von der Unterquarte oder -quinte begrenzt (Kap. 12, CSM I, 91ff.). – Wie die Quellen des einstimmigen liturgischen Repertoires erkennen lassen, wurden zahlreiche Stücke transponiert aufgezeichnet, wobei mit Rücksicht auf den diatonischen Charakter des mittelalterlichen Tonsystems meist Transpositionen in die Oberquinte oder -quarte zur Anwendung kamen (im 1. und 2. Modus gewöhnlich von d nach a, im 3. von e nach a, im 4. von e nach a oder h, im 6. von f nach c¹; Transpositionen der übrigen Modi kommen gar nicht oder nur äußerst selten vor). In solchen Fällen tritt an Stelle der regulären Finalis die Confinalis (= affinalis: a, h, c¹) als Schlußton. Ferner begegnen, vor allem in der Mehrstimmigkeit, Nebenformen des 1. und 5. Modus mit regelmäßigem ♭molle (= b) statt des ♭durum (= h) und als ihre Transpositionen authentische Skalen ohne Vorzeichen auf a und c¹. In seinem *Dodekachordon* von 1547 fügte der humanistische Musikgelehrte → Glareanus diese Skalen nebst ihren plagalen Formen dem herkömmlichen System der K. als eigenständige Modi hinzu. Außer den traditionellen 8 umfaßte das System nunmehr folgende 4 Modi: den äolischen und hypoäolischen Modus (auf a und e mit Finalis a):

sowie den ionischen und hypoionischen Modus (auf c¹ und g mit Finalis c¹):

Damit waren sämtliche Töne der diatonischen Grundskala – außer h – als Finalis eines Kirchentons vertreten. (Der schematisch aufgestellte lokrische und hypolokrische Modus auf h und f mit Finalis h wurde unterdrückt.) Nach Glareanus setzte sich auch → Zarlino für die allgemeine Annahme des erweiterten Systems der K. ein. In den *Dimostrationi harmoniche* (1571) führte er erstmals eine neue Moduszählung durch, welche mit den Skalen auf c¹ (ionisch) und g (hypoionisch) als 1. und 2. Kirchenton beginnt.
Die Auflösung des Systems der K. ging Hand in Hand mit der seit dem 16. Jh. sich anbahnenden Dur-Moll-Tonalität. Die K. blieben mit ihrer modalen Ordnung dort bestehen, wo gregorianische Gesänge polyphon verarbeitet wurden, daneben auch im protestantischen Choral. Beispiele für ältere, kirchentonal gebundene protestantische Choräle sind: *Mit Fried und Freud ich fahr dahin*; *Vater unser im Himmelreich*; *Durch Adams Fall ist ganz verderbt* (dorisch); *Wer nur den lieben Gott läßt walten* (hypodorisch); *Ach Gott, vom Himmel sieh darein* (phrygisch); *Mitten wir im Leben sind* (hypophrygisch); *Nun bitten wir den heiligen Geist* (lydisch); *Es ist das Heil uns kommen her* (mixolydisch); *Erhalt uns Herr bei deinem Wort* (äolisch); *Allein zu dir, Herr Jesu Christ* (hypoäolisch); *Vom Himmel hoch, da komm ich her*; *Ein feste Burg* (ionisch); *Nun freut euch, lieben Christen gmein* (hypoionisch). Aus dem Transpositionssystem der K. zu verstehende »modale« Vorzeichnung findet sich bis ins 18. Jh. Doch waren zur Zeit J. G. Walthers, der 1708 in den *Praecepta der Musicalischen Composition* sämtliche 12 Modi erläuterte, *bey denen heütigen Musicis nicht mehr als Dorius, Aeolius und Ionicus im Gebrauch* (Kap. 8, ed. Benary, S. 164ff.). Noch im 19. Jh. spielten kirchentonale Wendungen eine bedeutsame Rolle, so z. B. bei Beethoven (Streichquartett A moll op. 132, 3. Satz: *Heiliger Dankgesang eines Genesenen an die Gottheit, in der lydischen Tonart*), besonders jedoch bei R. Franz, Brahms und Chopin. In der 1. Hälfte des 20. Jh. führte das Bestreben zur Erweiterung des Dur-Moll-Systems vielfach zu einem Rückgriff auf die K., der dadurch begünstigt wurde, daß die K. im europäischen Volkslied wirksam blieben.

Lit.: W. BRAMBACH, Das Tonsystem u. d. Tonarten d. christlichen Abendlandes im MA ..., Lpz. 1881; G. JACOBSTHAL, Die chromatische Alteration im liturgischen Gesang d. abendländischen Kirche, Bln 1897; P. WAGNER, Einführung in d. Gregorianischen Melodien I u. III, Lpz. ³1911 u. 1921, Nachdruck Hildesheim u. Wiesbaden 1962; DERS., Elemente d. Gregorianischen Gesanges, = Slg Kirchenmusik II, Regensburg u. Rom ²1917; DERS., Zur ma. Tonartenlehre, in: Studien zur Mg., Fs. G. Adler, Wien u. Lpz. 1930; W. MÜHLMANN, Die Alia musica, Diss. Lpz. 1914; FR. HÖGLER, Bemerkungen zu Zarlinos Theorie, ZfMw IX, 1926/27; U. BOMM OSB, Der Wechsel d. Modalitätsbestimmung in d. Tradition d. Meßgesänge im IX. bis XIII. Jh., Einsiedeln 1929; A. AUDA, Les modes et les tons de la musique, Brüssel 1930; DERS., Contribution à l'hist. de l'origine des modes et des tons grégoriens, La Rev. du chant grégorien XXXVI, 1932; A. GASTOUÉ, Über d. acht Töne ..., KmJb XXV, 1930; A. M. RICHARDSON, The Medieval Modes, NY 1933; F. S. ANDREWS, Medieval Modal Theory, Diss. Cornell Univ. (N. Y.) 1935, maschr.; L. BALMER, Tonsystem u. K. bei J. Tinctoris, = Berner Veröff. zur Musikforschung II, Bern u. Lpz. 1935; E. CLEMENTS, The Four Parent Scales of Modal Music, Proc. Mus. Ass. LXII, 1936; O. GOMBOSI, Studien zur Tonartenlehre d. frühen MA, AMl X, 1938 – XII, 1940; G. REESE, Music in the Middle Ages, NY (1940), London 1941; O. URSPRUNG, Die antiken Transpositionsskalen u. d. K. d. MA, AfMf V, 1940; G. REICHERT, Kirchentonart als Formfaktor, Mf IV, 1951; E. JAMMERS, Der ma. Choral. Art u. Herkunft, = Neue Studien zur Mw. II, Mainz (1954); W. APEL, Gregorian Chant, Bloomington/Ind. (1958); J. CHAILLEY, La naissance de la notation modale au moyen âge, in: Miscelánea en homenaje a H. Anglès I, Barcelona 1958–61; DERS., Alia Musica (Traité de musique du IXᵉ s.), Ed. critique commentée, = Publications de l'Inst. de musicologie de l'Univ. de Paris VI, Paris (1965); H. SCHMID, Byzantinisches in d. karolingischen Musik, in: Ber. zum XI. Internationalen Byzantinisten-Kgr. V, 2, München 1958; K. W. GÜMPEL, Zur Interpretation d. Tonus-Definition d. Tonale Sancti Bernardi, = Akad. d. Wiss. u. d. Lit. Mainz, Abh. d. geistes- u. sozialwiss. Klasse, Jg. 1959, Nr 2; S. HERMELINK, Dispositiones Modorum, = Münchner Veröff. zur Mg. IV, Tutzing 1960; B. MEIER, Heinrich Loriti Glareanus als Musiktheoretiker, in: Beitr. zur Freiburger Wiss.- u. Universitätsgesch. XXII, Freiburg i. Br. 1960; H. OESCH, Berno u. Hermann v. Reichenau als Musiktheoretiker, = Publikationen d. Schweizerischen Musikforschenden Ges. II, 9, Bern (1961).

Kit (engl.) → Pochette.

Kithara (griech. κιθάρα), in der Antike das neben der Lyra am weitesten verbreitete Saiteninstrument der Griechen. Das Wort ist seit dem 5. Jh. v. Chr. belegt (u. a. Herodot I, 24, 5), kommt aber als Kitharis (κίθαρις) bereits bei Homer (z. B. *Ilias* III, 54) und den Lyrikern mehrfach vor. Die K. wird heute gewöhnlich als ein in der Regel 7saitiges, entweder gezupftes oder mit → Plektron gespieltes Instrument charakterisiert, das einen aus Holz gefertigten und in verhältnismäßig dicke Jocharme unmittelbar übergehenden Schallkörper besaß (im Unterschied etwa zur → Lyra – 1). Diese Charakteristik bezieht sich in erster Linie auf ein vom Ende des 7. Jh. v. Chr. bis in römische Zeit auf Bilddarstellungen nachweisbares Instrument mit unten abgeflachtem, kastenartigem Schallkörper (die sogenannte Konzert-K.; siehe Abbildung links). Darüber hinaus soll der Name K. aber vielfach auch noch ein oder mehrere ähnlich aussehende Instrumente mit erfassen,

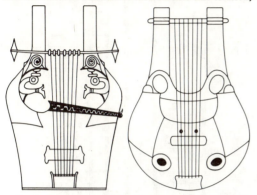

z. B. ein Instrument mit unten abgerundetem Schallkörper (ähnlich der → Phorminx), das auf Vasenbildern des 5. Jh. v. Chr. oft dargestellt wurde (die sogenannte Wiegen-K.; siehe Abbildung rechts). Ob es sich in diesen Fällen um dasselbe oder um verschiedene Instrumente (mit jeweils eigenem Namen) handelt, ist unklar. Erst recht gilt dies für die noch viel zahlreicheren Instrumentenformen der Frühzeit. Daher dürfte es aussichtslos sein, zwischen K. und Kitharis sowie zwischen Kitharis und Phorminx scharf unterscheiden zu wollen, zumal diese Namen in der Antike selbst offenbar nicht immer klar auseinandergehalten wurden (z. B. *Ilias* XVIII, 569f.: φόρμιγγι κιθάριζε; *Odyssee* I, 153ff.: κίθαριν ... ὁ φορμίζων; in hellenistischer Zeit etwa Aristoxenos, fr. 102, ed. Wehrli: κίθαρις γάρ ἐστιν ἡ λύρα). Aus demselben Grund ist die Frage der Herkunft der K. sehr umstritten. Als gesichert gilt, daß die K. zuerst bei den kleinasiatischen Griechen in Gebrauch war (deshalb auch Ἀσιάς genannt, z. B. Euripides, *Kyklops* 443). Zusammen mit der auf Lesbos im 7. Jh. v. Chr. zur Blüte gelangten Kitharodie (Gesang mit K.-Begleitung) und mit den dort u. a. von Terpandros geschaffenen kitharodischen Nomoi (→ Nomos) scheint die von einem Schüler Terpanders, Kepion, in eine neue Form gebrachte K. dann auch im Mutterland ziemlich rasch Fuß gefaßt zu haben. Denn schon gegen Anfang des 6. Jh. v. Chr. sollen im Rahmen der Pythischen Spiele in Delphi Preise für die Kitharodie und wenig später für die Kitharistik (K.-Spiel ohne Gesang) ausgesetzt gewesen sein (Pausanias X, 7, 4 und 7). Anders als die Lyra wurde die K. allmählich das bevorzugte Instrument der Virtuosen, die ihrerseits die Zahl der Saiten bis auf 11 und 12 erhöhten (Timotheos und Melanippides gegen Ende des 5. Jh. v. Chr.). Als typisches Virtuoseninstrument aber eignete es sich nicht mehr für den gewöhnlichen Musikunterricht (Aristoteles, »Politik« VIII, 6, 5). Die K., später auch von den Römern übernommen (lat. cithara), blieb bis in die Spätantike in Gebrauch. Das Instrument Davids, der hebräische → Kinnor, in der Septuaginta noch κινύρα genannt, heißt in der Vulgata (1. Sam. 16, 23) cithara.

Lit.: TIMOTHEOS, Die Perser, hrsg. v. U. v. Wilamowitz-Moellendorff, Lpz. 1903 (mit einem Modelltext d. virtuosen Kitharodie); C. SACHS, Die griech. Instrumentalnotenschrift, ZfMw VI, 1923/24; DERS., Die griech. Gesangsnotenschrift, ZfMw VII, 1924/25; DERS., The Rise of Music in the Ancient World, East and West, = The Norton Hist. of Music I, NY (1943); L. DEUBNER, Die viersaitige Leier, Mitt. d. Deutschen Archäologischen Inst., Athenische Abt. LIV, 1929; H. HUCHZERMEYER, Aulos u. K. in d. griech. Musik bis zum Anfang d. klass. Zeit, Diss. Münster i. W. 1931; J. W. SCHOTTLÄNDER, Die K., Diss. Bln 1933, maschr.; T. NORLIND, Lyra u. K. in d. Antike, STMf XVI, 1934; M. GUILLEMIN u. J. DUCHESNE, Sur l'origine asiatique de la cithare grecque, L'antiquité classique IV, 1935; O. GOMBOSI, Tonarten u. Stimmungen d. antiken Musik, Kopenhagen 1939, Neudruck 1950; M. WEGNER, Das Musikleben d. Griechen, Bln 1949; DERS., Griechenland, = Mg. in Bildern II, 4, Lpz. (1963); FR. BEHN, Musikleben im Altertum u. frühen MA, Stuttgart 1954; H. G. FARMER, I. HENDERSON u. J. E. SCOTT, in: The New Oxford Hist. of Music I, London 1957; B. AIGN, Die Gesch. d. Musikinstr. d. ägäischen Raumes bis um 700 v. Chr., Diss. Ffm. 1963; G. FLEISCHHAUER, Etrurien u. Rom, = Mg. in Bildern II, 5, Lpz. (1964). FZA

Klampfe → Gitarre.

Klang ist der allgemeine Begriff für akustische Erscheinungen, die in der Skala der Einheitlichkeit etwa zwischen Ton (prägnant) und Geräusch (amorph) liegen. Dabei trägt dieser Begriff einen positiven Akzent gegenüber dem (amorphen) Geräusch und dem (negativen) Lärm. Akustisch und psychologisch bestimmendes Merkmal ist seine → Klangfarbe. Im umgangssprachlichen Gebrauch dient der Begriff Kl. der allgemeinen Charakterisierung von akustischen Eindrücken (Glocken-Kl., Instrumenten-Kl., Kl.-Ideal). In der speziellen musikalischen Terminologie ist der Kl. die Verbindung von simultan erklingenden Tönen (Zwei-Kl., → Drei-Kl.) bzw. der Zusammen-Kl. von Tönen, der nicht als Akkord und somit als Akkordfunktion aufgefaßt und benannt werden soll. – Im 19. Jh. bürgerte sich vor allem im Anschluß an H. v. Helmholtz ein physikalisierender Gebrauch des Begriffs ein. In diesem Sinne ist der Tonbegriff auf das erlebnismäßige Korrelat der Sinusschwingung eingeengt; als Klänge werden demgegenüber alle Schallvorgänge bezeichnet, in denen Oberschwingungen enthalten sind. Diese Klassifizierung entspringt dem damaligen Konzept der Reduktion aller Hörerscheinungen auf physikalische Sachverhalte und Gesetze, widerspricht aber sowohl den Hörtatsachen als auch dem musikalischen Sprachgebrauch.

Lit.: H. v. HELMHOLTZ, Die Lehre v. d. Tonempfindungen ..., Braunschweig 1863, [6]1913; E. WAETZMANN, Ton, Kl. u. sekundäre Klangerscheinungen, in: Hdb. d. normalen u. pathologischen Physiologie XII, Bln 1926; J. HANDSCHIN, Der Toncharakter, Zürich (1948); A. WELLEK, Musikpsychologie u. Musikästhetik, Ffm. 1963; H.-P. REINECKE, Experimentelle Beitr. zur Psychologie d. mus. Hörens, = Schriftenreihe d. mw. Inst. d. Univ. Hbg III, Hbg 1964.

Klangfarbe. – 1) historisch: Tonhöhe und Dauer sind »zentrale«, Lautstärke und Kl. »periphere« Toneigenschaften (J. Handschin). Obwohl die Kl.n die Wirkung von Musik wesentlich mitbestimmen, haben sie eher verdeutlichende als konstitutive Funktion, da sie, im Unterschied zu Tonhöhen und Zeitwerten, keine Skala bilden. Zwar sind Einzelmomente der Kl., wie Fülle und spezifische Helligkeit, im Sinne einer Stufenfolge wahrnehmbar; im wesentlichen aber stehen sich die Kl.n als selbständige, nicht aufeinander reduzierbare Qualitäten gegenüber. Mit dem akzessorischen Charakter der Kl. hängt es zusammen, daß sie einerseits bis zum 19. Jh. kein Gegenstand der Musiktheorie gewesen ist und andererseits nicht isoliert betrachtet werden kann. Die Instrumentationstechnik orientiert sich oft weniger an der eigentlichen Kl. als

Klangfarbe

an der Intensität und dem Volumen, der Spieltechnik und der Artikulation der Instrumente. – Klangstile sind ein *Ausdruck individuell, zeitlich und national begrenzten geschichtlichen Lebens* (W. Gurlitt). Sie sind 1) durch die Neigung entweder zum »Spalt-« oder zum »Verschmelzungsklang« (A. Schering), 2) durch die Bevorzugung bestimmter Instrumente und Instrumentengruppen, 3) durch die Symbolfunktionen und die Sozial- oder Ausdruckscharaktere von Instrumenten und 4) durch die Vorliebe für einen distanzierten oder einen beseelten, dem Tonfall und Modulationsreichtum der menschlichen Stimme ähnlichen Klang gekennzeichnet und bestimmt. So hängt z. B. die Einführung der Klarinette und des Waldhorns im 18. Jh. mit der Orientierung am Klangideal der menschlichen Stimme zusammen. – Man kann zwischen funktioneller, den Tonsatz vordeutlichender und koloristischer, die Wirkung belebender Verwendung der Kl. unterscheiden, ohne daß zwischen den beiden Momenten ein ausschließender Gegensatz bestünde. Die kontrastreichen Instrumentenensembles des 14. und 17. Jh. dienten sowohl der Differenzierung der Stimmen als auch der Buntheit des Klangbildes. Und umgekehrt ist eine die Stimmen verschmelzende Instrumentation nicht nur koloristisch, sondern als Darstellung eines durch ineinandergleitende Akkorde bestimmten Tonsatzes zugleich funktionell.

Lit.: W. Gurlitt, Die Wandlungen d. Klangideals d. Org. im Lichte d. Mg., in: Ber. über d. Freiburger Tagung f. deutsche Orgelkunst Augsburg 1926, Neudruck in: Mg. u. Gegenwart II, = BzAfMw II, Wiesbaden 1966; Ders., Vom Klangbild d. Barockmusik, in: Die Kunstformen d. Barockzeitalters, = Slg Dalp LXXXII, Bern u. München 1956, Neudruck ebenda I, I, 1966; A. Schering, Hist. u. nationale Klangstile, JbP XXXIV, 1927; G. Pietzsch, Der Wandel d. Klangideals in d. Musik, AMl IV, 1932; Fr. Dietrich, Vom Spielklang, DMK II, 1937; K. G. Fellerer, Satzstil u. Klangstil, Mk XXX, 1937/38; Ders., Die Klangwirklichkeit im mus. Erbe, Das Musikleben VI, 1953; E. Halfpenny, The Influence of Timbre and Technique on Mus. Aesthetic, The Music Review IV, 1943; J. Handschin, Der Toncharakter, Zürich (1948); Fr. Ernst, Die Klangwelt d. alten Musik, SMZ XCII, 1952; E. Laaff, Überschätzung d. Klanges?, Das Musikleben VII, 1954; H. J. Moser, Farben u. Kl., Musica XI, 1957. CD

– 2) akustisch: Kl. benennt den »zuständlichen« Aspekt unter den einem Klang zugeschriebenen Fundamentaleigenschaften neben Tonhöhe, Lautstärke und Dauer. Der Begriff entstammt dem akustischen Konzept des 19. Jh. und deutet eine gewisse Parallelität zum Visuellen an, in dem die Farbe eine analoge Funktion ausübt. In der klassischen Akustik wurde die Kl. auf das tönende Objekt bezogen, auf das Musikinstrument bzw. die Singstimme (»Geigen-Kl.«, »Klarinetten-Kl.«, »Chor-Kl.«). Man suchte folglich die Kriterien in der Schallstruktur des jeweiligen Klangerzeugers. Ausgangspunkt dieser Bemühungen und Beginn der modernen akustischen Forschung bildete die Kl.n-Theorie v. Helmholtz', der die Erklärung für die Kl. in *der Art und Weise sah, wie die Bewegung innerhalb jeder einzelnen Schwingungsperiode vor sich geht.* Seine an Hand von Einzelbeobachtungen aufgestellte Hypothese lautet, daß für die Kl. bestimmter Musikinstrumente immer eine Teilschwingung bestimmter Ordnung innerhalb des Klangspektrums entscheidend sei, deren Frequenz also mit der Tonhöhe wechsele (Relativtheorie). Diese Annahme wurde 1929 von E. Schumann widerlegt, der nach umfangreichen Messungen mehrere Kl.n-Gesetze formulierte: 1) Die Klänge bestimmter Musikinstrumente weisen – wie die Sprachlaute – unabhängig von ihrer Grundfrequenz Gebiete verstärkter Teilschwingungen auf, die an feste Frequenzbereiche (Formantstrecken, → Formant) gebunden sind. 2) Mit zunehmender Klangstärke verla-

gert sich bei gleicher Tonhöhe das Intensitätsmaximum auf Teilschwingungen höherer Ordnungszahlen (Akustisches Verschiebungsgesetz).

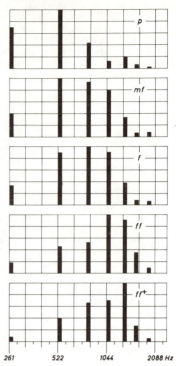

Schumannsches Verschiebungsgesetz beim Klang einer Flöte; bei Intensitätssteigerung verlagert sich das Maximum auf Teilschwingungen höherer Ordnungszahl.

3) Liegt bei Klängen mit zwei Formanten das Intensitätsmaximum im Bereich der tieferen Formantstrecke, so springt es unter geeigneten Bedingungen bei Steigerung der Klangstärke direkt auf die obere Formantstrecke über (Schumannsches Sprunggesetz).

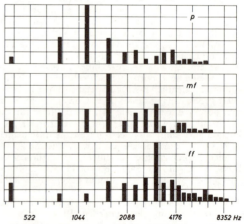

Schumannsches Sprunggesetz beim Oboenklang; das Maximum überspringt bei Intensitätssteigerung von mf zu ff alle zwischen den Formantstrecken liegenden Teilschwingungen.

4) Bei steigender Grundfrequenz, aber gleicher Intensität bleibt das Intensitätsmaximum so lange auf der glei-

chen Teilschwingung bestimmter Ordnungszahl, bis die obere Grenze der Formantstrecke erreicht ist. Danach springt es zurück auf eine in der gleichen Formantstrecke befindliche Teilschwingung niederer Ordnungszahl.

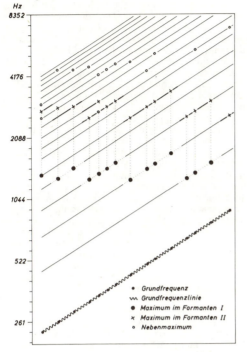

Verlauf der Intensitätsmaxima innerhalb einer Formantstrecke bei steigender Tonhöhe.

5) Hat ein Instrumentenklang zwei Formanten, so bilden deren Maxima immer ein charakteristisches festes und einfaches Frequenzverhältnis, so Oboe 1:2, Englisch Horn 2:5 und Fagott 3:8 (Schumannsches Formantenintervallgesetz). – Mit der Formulierung dieser Gesetzmäßigkeit wurde die physikalische Beschreibung der stationären Schallvorgänge zu einem gewissen Abschluß gebracht. Sie bilden die Voraussetzung für die weitere Behandlung der Fragen des Zusammenhangs zwischen Schallstruktur und Klangerlebnis. Schon Stumpf (1926) unterschied die Kl. im engeren und im weiteren Sinn. Zu letzterer rechnet er alle erlebnismäßigen Verschiedenheiten, die sich aus dem zeitlichen Ablauf des Klanges ergeben, z. B. beim Zupfen, Anblasen usw. Dazu gehören auch die typischen Klangeinsätze und Ausgleichsvorgänge beim Übergang von einem zum anderen Ton. Vor allem die subjektive Seite des Kl.n-Begriffs wird von Stumpf betont. *So kann ein Klang weich, hart, rauh, voll, leer sein, ein Vokal dunkel, hell.* Wellek hat eine sehr weitgehende Klassifizierung der emotionellen Affinitäten von Klängen gegeben, die jedoch noch empirischer Überprüfung harrt. Einen integrierenden Aspekt der Kl. hat Fr. Blume (1959) als das »spezifische Kolorit« bezeichnet. Innerhalb jeder Kulturgruppe wird das Klangmaterial aus einem theoretisch unendlichen Reservoir in langen Selektionsprozessen den spezifischen Hörbedürfnissen angepaßt, so daß sich die Klänge gegenüber denen anderer ethnischer Gruppen mehr oder minder stark unterscheiden. Es entstehen charakteristische Eindruckswerte, welche gewissermaßen »über alles« wirken und so das Integral eines spezifischen Kolorits entstehen lassen. In diese Richtung weisen auch schon die von Wellek geprägten Begriffe der integrierenden Klangeigenschaften bestimmter Instrumentengruppen, die er als Gattungtimbre (Streicherklang, Bläserklang) bezeichnet, doch fehlt hier der soziologisch differenzierende Akzent. Das allen Gemeinsame ist das Zuständliche, die emotionelle Färbung, welche alles von dem Kl.n-Begriff Umschlossene auszeichnet.

Lit.: H. v. HELMHOLTZ, Die Lehre v. d. Tonempfindungen ..., Braunschweig 1863, [6]1913; SACHS Hdb.; C. STUMPF, Die Sprachlaute..., Bln 1926; E. SCHUMANN, Die Physik d. Kl., Habil.-Schrift Bln 1929; H. BACKHAUS, Über d. Bedeutung d. Ausgleichsvorgänge in d. Akustik, Zs. f. Technische Physik XIII, 1932; DERS., Über Ausgleichsvorgänge an Streichinstr., ebenda XVIII, 1937; F. TRENDELENBURG, Klänge u. Geräusche, Bln 1935; DERS., Einführung in d. Akustik, Bln, Göttingen u. Heidelberg[3] 1961; FR. WINCKEL, Klangwelt unter d. Lupe, = Stimmen d. XX. Jh. I, Bln u. Wunsiedel (1952), neubearb. als: Phänomen d. mus. Hörens, ebenda IV, (1960); Klangstruktur d. Musik, hrsg. v. DEMS., Bln (1955); H. HUSMANN, Einführung in d. Mw., Heidelberg (1958); FR. BLUME, Was ist Musik?, = Mus. Zeitfragen V, Kassel 1959; W. MEYER-EPPLER, Grundlagen ... d. Informationstheorie, Bln, Göttingen u. Heidelberg 1959; A. WELLEK, Musikpsychologie u. Musikästhetik, Ffm. 1963; H.-P. REINECKE, Experimentelle Beitr. zur Psychologie d. mus. Hörens, = Schriftenreihe d. mw. Inst. d. Univ. Hbg III, Hbg 1964; V. RAHLFS, Die Kl., Diss. Hbg 1966, maschr. HPR

Klangfarbenmelodie nennt Schönberg am Schluß seiner *Harmonielehre* (Wien 1911, [3]1922, englisch New York 1947) eine Folge von Klangfarben, *deren Beziehung untereinander mit einer Art Logik wirkt, ganz äquivalent jener Logik, die uns bei der Melodie der Klanghöhen genügt.* Die Idee der Kl. hat Schönberg im dritten seiner *Fünf Orchesterstücke* op. 16 (1909), ursprünglich *Farben* betitelt, zu verwirklichen versucht. Ansätze zur Kl. finden sich in der spätromantischen und impressionistischen Orchesterbehandlung, z. B. Wechsel von Instrumenten auf gleichbleibender Tonhöhe (Debussy). Im Unterschied zu Schönbergs Idee der Eigenständigkeit der Klangfarbe, verdeutlicht sie bei Webern dienend die Tonhöhenstruktur der Komposition, die sich somit zugleich als Farbstruktur darstellt. Ein weiterer Schritt ist die Behandlung der Klangfarbe als Parameter in der → Seriellen Musik.

Klangfiguren → Chladnische Klangfiguren.

Klangschlüssel nennt H. Riemann die in seinen theoretischen Schriften entwickelte und ausschließlich angewandte Harmoniebezeichnung, die aus derjenigen G. Webers und A. v. Oettingens herausgewachsen ist und stets einen Klang (Dur- oder Mollakkord) als Haupinhalt hinstellt, z. B. c^7 = C dur-Akkord (mit kleiner Septime), $g^{9>}$ = G dur-Akkord (mit kleiner Septime und kleiner None und Auslassung der Prim) usw. Beim Kl. werden ebenso wie beim Generalbaß die Zahlen 1–10 verwendet, aber die Intervalle nicht vom Baßton aus gezählt, sondern von der Prime des Klanges. Für Durakkorde werden arabische Ziffern, für Mollakkorde römische gebraucht; jene bedeuten die Intervalle vom Hauptton nach oben, diese die nach unten. Der Hauptton selbst wird mit einem lateinischen Buchstaben (c, a usw.) notiert. Die Zahlen haben folgende Bedeutung: 1 (I) Hauptton, 2 (II) große Sekunde, 3 (III) große Terz, 4 (IV) reine Quarte, 5 (V) reine Quinte, 6 (VI) große Sexte, 7 (VII) kleine Septime, 8 (VIII) Oktave (= Prime), 9 (IX) große None (= Sekunde), 10 (X) große Dezime (= Terz). Alle Zahlen, außer 1, 3, 5 (8, 10) bzw. I, III, V (VIII, X), bedeuten dissonante Töne; denn nur Haupt-, Terz- und Quintton sind Bestandteile des (Dur- oder Moll-)Klan-

ges. Chromatische Veränderungen der oben aufgezählten 7 (10) Grundintervalle werden durch < für die Erhöhung und > für die Erniedrigung um einen Halbton angezeigt. Den Durakkord (Oberklang) bezeichnet das abkürzende Zeichen ⁺ statt $\frac{5}{3}$, den Mollakkord
(Unterklang) das Zeichen ⁰ statt $\frac{I}{V}$; wo Zahlen (für Lagen, Zusatztöne usw.) das Klanggeschlecht anzeigen, bleibt das Klangzeichen (⁺ oder ⁰) weg. Auch wird, da der Durakkord häufiger ist als der Mollakkord, bei Fehlen jeder Bezeichnung der Durakkord gemeint. Der Name Kl. unterscheidet diese an eine bestimmte Tonart gebundene Bezeichnung von der daraus seit 1893 von Riemann entwickelten, für jede Tonart geltenden → Funktionsbezeichnung. → Dualismus.

Lit.: H. RIEMANN, Skizze einer neuen Methode d. Harmonielehre, Lpz. 1880, umgearbeitet als: Hdb. d. Harmonielehre, Lpz. ²1887, ⁵1912, ⁷1920, ¹⁰1929; DERS., Vereinfachte Harmonielehre..., London u. NY 1893, ²1903; DERS., Elementar-Schulbuch d. Harmonielehre, Lpz. 1906, Bln u. Lpz. ³1918.

Klangstufen → Stufen, → Stufenbezeichnung.

Klangvertretung nennen A. v. Oettingen und H. Riemann in Weiterentwicklung eines Gedankens v. Helmholtz' (1863) die besondere Bedeutung, die ein Ton (oder ein Intervall) gewinnt, je nachdem er als Bestandteil dieses oder jenes Dreiklangs aufgefaßt wird. Gilt z. B. der Ton C als Terz des As dur-Dreiklangs, so hat er eine andere Bedeutung für die Logik des Tonsatzes, als wenn er als Terz des A moll-Dreiklangs auftritt; in jenem Fall ist er nächstverwandt mit Des und dem Des dur-Dreiklang, in diesem mit H und dem E dur- und E moll-Dreiklang. Jeder Ton kann 6 verschiedene Klänge vertreten, nämlich als Grundton, Quinte und Terz 3 Dur- und 3 Molldreiklänge, z. B.:

Im musikalischen Zusammenhang aber hat jeder Ton nur eine einzige dieser Bedeutungen. Entsprechendes gilt für Intervalle als Vertreter von Dreiklängen. Wird ein Ton irgendeinem Dreiklang als dissonanter Ton beigegeben oder anstelle eines von dessen Akkordtönen als Vorhalt oder alterierter Ton eingestellt, so ist – nach Riemann – seine Bedeutung dennoch im Sinne eines der oben genannten sechs Dreiklänge, und zwar des nächstverwandten, zu bestimmen.

Lit.: H. v. HELMHOLTZ, Die Lehre v. d. Tonempfindungen..., Braunschweig 1863, ⁶1913; A. v. OETTINGEN, Harmoniesystem in dualer Entwicklung, Dorpat u. Lpz. 1866, als: Das duale Harmoniesystem, Lpz. ²1913; H. RIEMANN, Mus. Syntaxis, Lpz. 1877; DERS., Die Natur d. Harmonik, = Slg mus. Vorträge, hrsg. v. P. Graf v. Waldersee, 4. Reihe, Nr 40, Lpz. 1882; RIEMANN MTh.

Klangzentrum, als Zentrum eines Klanges (Rameaus centre harmonique) der → Grundton (– 1) eines Akkordes im Gegensatz zum Baßton; nach Hindemith (1937) als tonales Zentrum der Bezugsklang einer Akkordgruppe, ähnlich → Tonika; nach H. Erpf (1927) ein *nach Intervallzusammenhang, Lage im Tonraum und Farbe bestimmter Klang, der dadurch konstitutive Bedeutung erlangt, daß er nach kurzen Zwischenstrecken immer wieder auftritt.* Klangzentren der letzteren Art finden sich u. a. in Schönbergs op. 19, 6 und in Strawinskys *Sacre du Printemps* (Anfang des 2. Teils).

Lit.: J.-PH. RAMEAU, Traité de l'harmonie..., Paris 1722; H. ERPF, Studien zur Harmonie- u. Klangtechnik d. neueren Musik, Lpz. 1927; P. HINDEMITH, Unterweisung im Tonsatz I, Mainz 1937, ²1940, engl. als: Craft of Mus. Composition I, London 1942.

Klappen sind die bei den Holzblasinstrumenten seit dem 1. Drittel des 16. Jh. nachweisbaren, im 19. Jh. auch bei den Blechblasinstrumenten verwendeten metallenen, mit weichem Leder (meist Ziegenleder) gepolsterten Verschlußdeckel für die Tonlöcher. Nach ihrer Normalstellung, in der sie durch Federdruck gehalten werden, sind offene (Deck-Kl.) und geschlossene Kl. zu unterscheiden. Die geschlossenen Kl. scheinen erst im 17. Jh. aufgekommen zu sein. Ursprünglich dienten die Kl., durch einfache Hebel betätigt, nur zur Deckung der für die Finger nicht oder nur schwer erreichbaren Tonlöcher; sie waren daher nur in sehr geringer Zahl angebracht, die sich im 18. Jh. allmählich steigerte. Die für das heutige Kl.-System der Holzblasinstrumente maßgebende Verbesserung ersann Th. → Böhm, der im Jahre 1832 die erste → Querflöte anfertigen ließ, bei der die Tonlöcher an den akustisch richtigen Stellen des Rohres angebracht waren und die mit einem sinnreich konstruierten Kl.-Mechanismus versehen war. Ähnlich hatte bereits seit 1824 → Almenräder am Fagott einige Tonlöcher tiefer gelegt und sie mit entsprechenden Deck-Kl. versehen; auch brachte er verschiedene andere Kl. zur Verbesserung der Intonation und zur Erleichterung der Applikatur an. An den Holzblasinstrumenten und den Saxophonen werden heute unterschieden: die Drehklappe (modern), bei der die Bewegung des Hebels durch eine am Rohr entlangführende Welle auf die Klappe übertragen wird; die Ringklappe, ein ringförmiger Betätigungshebel, der über einem offenen Griffloch liegt und beim Greifen bewirkt, daß die Klappe über einem anderen Tonloch mitbewegt wird (nach SachsL wurde diese Art von Kl. 1808 von Fr. Nolan erfunden); die Trillerklappe zur Erleichterung der Ausführung von bestimmten Trillern; die Schleif- oder Oktavklappe auf der Unterseite des Rohres, die der Erleichterung des Überblasens dient. Das Anbringen von Kl. an den Blechblasinstrumenten zu Beginn des 19. Jh. konnte sich gegenüber den Vorteilen der etwa gleichzeitig erfundenen → Ventile (– 2) nicht durchsetzen (→ Kl.-Horn, → Ophikleïde).

Klappenhorn (frz. bugle à clefs; engl. key bugle), ein Blechblasinstrument mit Tonlöchern und (geschlossenen) Klappen. Erfolgreicher als das Waldhorn mit Klappen (→ Amorschall) waren Bügelhörner mit Klappen, vor allem das Kl. von J. Halliday (Dublin, patentiert 1810) mit 5 Klappen, das auch Kenthorn genannt wird (weil es ein Herzog von Kent als Signalhorn in die englische Armee einführte). Die Zahl der Klappen wurde bald auf 6 oder – vornehmlich in Deutschland – auf 7 erhöht (davon eine offene), wodurch die der Naturtonreihe fehlenden Töne hervorgebracht werden konnten, wenn auch nicht mit der gleichen Reinheit wie auf Ventilhörnern (→ Ventile – 2). – Zur Kl.-Familie gehören: Kl. in C oder B als Diskant mit dem Umfang h–c³ bzw. a–b², Kl. in F oder Es als Alt (e–f³ bzw. d–es³) sowie die → Ophikleïde.

Klappentrompete, eine 1801 von Weidinger (Wien) erfundene Trompete, die zur Ausfüllung der Naturtonreihe mit diatonischen und chromatischen Stufen 4–6 gedeckte Tonlöcher hatte.

Klappern, ein Gegenschlagidiophon aus Metall, Knochen, Holz oder harten Fruchtschalen. Die Kl. gehören zu den ältesten und verbreitetsten Rhythmusinstrumenten. Aus den in Handform geschnitzten altägyptischen Kl. (um die Mitte des 3. vorchristlichen Jahrtausends) kann geschlossen werden, daß die Kl. aus dem Händeklatschen hervorgegangen sind. Im Brauchtum werden Kl. heute noch (auch unter verschiedenen schallnachahmenden Bezeichnungen) neben Knarren und → Ratschen vor allem zur Fastnacht verwendet und in katholischen Kirchen an den Kartagen, wenn die Glocken schweigen müssen. Besonders ausgebildete Kl. sind die → Kastagnetten. → Crotales, → Krotala.

Lit.: I. Jurk-Bauer, Volkstümliche Lärminstr., Diss. Hbg 1937; H. In der Gand, Volkstümliche Musikinstr. in d. Schweiz, Schweizerisches Arch. f. Volkskunde XXXVI, 1937/38; H. Hickmann, La cliquette, un instr. de percussion égyptien de l'époque copte, Bull. de la Soc. d'archéologie copte XIII, 1948/49; Ders., Cymbales et crotales dans l'Egypte ancienne, Annales du service des antiquités de l'Egypte XLIX, 1949; Ders., Du battement de la main aux planchettes entrechoquées, Bull. de l'Inst. d'Egypte XXXVII, 1954/55.

Klarinette (ital. clarinetto, Diminutiv von → clarino), ein zylindrisches Blasinstrument mit einfachem, als aufschlagende Zunge wirkendem Rohrblatt. Die Klar. besteht aus Schnabel, Birne, Ober- und Unterstück sowie Stürze. In die Unterseite des Schnabels ist eine schräge Bahn eingelassen, auf die das Blatt gebunden oder (seit etwa 1810) geschraubt wird. Bis ins 19. Jh. hinein wurde das Mundstück, im Unterschied zur modernen Spielweise, mit dem Blatt nach oben eingesetzt. Auf der Klar., die akustisch (infolge des aufschlagenden Rohrblatts) wie eine gedackte Pfeife wirkt, sprechen nur die ungeradzahligen Naturtöne an; es wird daher in den 3. (Duodezime), 5. usw. Naturton überblasen. Um den Abstand zwischen dem 1. und 2. Register chromatisch zu überbrücken, sind daher (mindestens) 18 Grifflöcher nötig. – Die Klar. ist hervorgegangen aus dem → Chalumeau (– 1). J. G. Doppelmayr berichtet 1730, → Denner habe *Zu Anfang des laufenden Seculi ... die sogenannte Clarinette erfunden*; der Name der Klar. ist zuerst im Titel eines anonymen Sammelwerks (*Airs à deux chalumeaux, deux trompettes, ... deux clarinettes, ou cors de chasse ...*) des Amsterdamer Musikverlags Roger und Le Cène belegt (ca. 1716). Das verbesserte Chalumeau hatte ein Überblasloch und 2 Klappen. Dadurch wurde das Spiel im 2., dem Clarinregister möglich. Die trompetenähnliche Führung der Klar. zeigen noch die Klar.n-Konzerte von Molter (um 1740–50). Walther schreibt 1732: *Clarinetto ... klingt von ferne einer Trompete ziemlich ähnlich*. Die Ausnutzung des nicht überblasenen Chalumeauregisters zeigen deutlich erst die Klar.n-Konzerte von Pokorny (1765). Damit bekam die Klar. den ihr eigenen Klang, der schon von Eisel 1738 mit der menschlichen Stimme verglichen wurde und der sie im 19. Jh. zu einem »romantischen« Instrument werden ließ. Berlioz (1856) beschreibt die Register und die Qualitäten der Klar. ausführlich, besonders die Mittellage sei *favorable à l'expression des sentiments ... les plus poétiques*. R. Strauss (in der Neuausgabe von Berlioz' Werk, 1905) bemerkt: *Die französischen Klar.n haben einen flachen, näselnden Ton, während die deutschen sich der Gesangsstimme nähern.* – Nachdem die Klar. in der 1. Hälfte des 18. Jh. als Nebeninstrument von Oboisten und Flötisten geblasen worden war, tauchen Klarinettistenstellen in den Kapellakten nach 1750 auf (Mannheim 1759). Zu den ersten Komponisten, die Klar.n in Oper und Symphonie vorschrieben, gehören Rameau (1749), J. Stamitz (1753) und C. Fr. Abel (1763; unter K.-V. Anh. 109^I als Werk Mozarts bezeichnet). Um 1760 hatte die Klar. 4, gegen Ende des Jahrhunderts 6 Klappen, bei der Klar. von I. → Müller um 1812 waren es 13. Bis 1844 wurde das Böhmsche Ringklappensystem von Klosé und Buffet auf die Klar. übertragen. In Deutschland hielt sich noch lange das von Bärmann verbesserte System Müllers. Im klassischen Orchester (Haydn, Londoner Symphonien; Beethoven von der 1. Symphonie an) sind 2 Klar.n üblich, im romantischen 3–4, von neueren Komponisten werden auch mehr (Mahler, 8. Symphonie: 6; Schönberg, *Gurre-Lieder*: 7) vorgeschrieben. Konzerte für Klar. schrieben C. Stamitz, A. Dimler, Rosetti, Mozart, Reissiger, Rietz, C. M. v. Weber, Spohr, Rimskij-Korsakow, Nielsen, Debussy, Milhaud, Busoni, Copland, Hindemith und Seiber; bedeutende Kammermusikwerke mit Klar. komponierten Mozart und Schubert, außerdem Weber, Schumann, Brahms, Reger, Bartók u. a. Berühmte Klarinettisten älterer und neuerer Zeit, die zum Teil auch Schulen verfaßten, sind: Joseph Beer, Fr. Tausch, Yost, Lefèvre, Blasius, Blatt, H. J. und K. Bärmann, Fr. Berr, Hermstedt, G. Chr. Bachmann, Mühlfeld, Ch. Draper, Jost Michaels und H. Geuser. – Im Jazz war die Klar. neben der Trompete das wichtigste Melodieinstrument, bis sie vom Saxophon etwas in den Hintergrund gedrängt wurde. Ihre große Zeit war der Swing der 1930er Jahre. Die bekanntesten Jazzklarinettisten sind A. Nicholas, Benny Goodman, Artie Shaw, Woody Herman, Stan Hasselgard, Buddy de Franco und Jimmy Giuffre. – Ansätze zur Bildung einer Klar.n-Familie zeigten sich in der 2. Hälfte des 18. Jh., doch ist ein Teil der bis ins 19. Jh. entwickelten Lagen nur in der → Harmoniemusik verwendet worden. Im Orchester ist das Standardinstrument die Klar. in B (Notation transponierend im Violinschlüssel, notierter Umfang e–a^3), daneben die in A und C, selten die höheren in D, Es, F und As. Das → Bassetthorn ist eine Altklar. Baßklar.n gibt es seit etwa 1780, einen verbesserten Typ brachte Sax 1838 heraus. Heute werden neben der Baßklar. in B (eine Oktave unter der normalen) auch die in A und C gespielt. Kontrabaß- (in Es oder F, auch in B) und Oktokontrabaß-Klar.n sprechen bei weitem schwerer an als die gewöhnliche Klar. Im späten 18. Jh. entstand die Clarinette d'amour mit → Liebesfuß.

Ausg.: Klarinettenduette aus d. Frühzeit d. Instr., hrsg. v. H. Becker, = Coll. mus. CVI, Wiesbaden (1954); Klar.-Konzerte d. 18. Jh., hrsg. v. Dems., = EDM XLI, ebenda 1957.

Lit.: J. G. Doppelmayr, Hist. Nachricht v. d. Nürnbergischen Mathematicis u. Künstlern, Nürnberg 1730; J. Fr. B. C. Majer, Museum musicum, Schwäbisch Hall 1732, Faks. hrsg. v. H. Becker, = DMI I, 8, 1954; WaltherL; V. Roeser, Essai d'instruction à l'usage ... de ceux qui composent pour la clar. et les cors, Paris 1764; F. Antolini, La retta maniera di scrivere per il clar., Mailand 1813; H. Berlioz, Traité d'instrumentation et d'orchestration modernes, Paris 1844, erweitert ^{2}1856, deutsch Lpz. 1843, NA bearb. v. R. Strauss, Lpz. 1905, ^{2}1955; W. Altenburg, Die Klar., Heilbronn 1904; G. Cucuel, La question des clar. dans l'instrumentation du XVIIIe s., ZIMG XII, 1910/11; Ders., Etudes sur un orch. au XVIIIe s., Paris 1913; L. de La Laurencie, Rameau et les clar., La Rev. mus. mensuelle IX, 1913; O. W. Street, The Clar. and Its Music, Proc. Mus. Ass. XLII, 1915/16; J.-G. Prod'homme, Notes d'arch. concernant l'emploi des clar. en 1763, Bull. de la Soc. frç. de musicologie III, 1919; E. Elsenaar, De clarin, Hilversum 1929; V. Aschoff, Experimentelle Untersuchungen einer Klar., Akustische Zs. I, 1936; P. Gradenwitz, The Beginnings of Clar. Lit., ML XVII, 1936; A. Gabuzzi, Origine e storia del clar., Mailand ^{2}1937; R. Dunbar, Treatise on the Clar., London 1939; G. Lavo, Cenni storici sull'origine del clar., Salerno 1939; H. Boese, Die Klar. als Soloinstr. in d. Musik d. Mannheimer Schule, Dresden 1940; R. Maramotti, Il clar., Bologna 1941; W. Nef, Die Baßklar., SMZ LXXXIV, 1944; R. B. Chatwin, Handel and the Clar., The Galpin Soc. Journal III, 1950; Th. Dart, The Earliest Collections of Clar. Music, ebenda IV, 1951; Ders., The Mock Trumpet, ebenda VI, 1953; W. Kolneder, Die Klar. als Concertino-Instr. bei Vivaldi, Mf IV, 1951; F. G. Rendall, The Clar., London (1954, ^{2}1957); H. Becker, Zur Gesch. d. Klar. im 18. Jh., Mf VIII, 1955; R. W. Young u. J. C. Webster, Die Innenstimmung v. Musikinstr. (III), Die Klar., Gravesaner Blätter IV, 1958/

60, H. 11/12; K. Opperman, Repertory of the Clar., NY 1960; H. Kunitz, Die Klar., (= Die Instrumentation IV), Lpz. 1961; O. Kroll, Die Klar., Ihre Gesch., ihre Lit., ihre großen Meister, bearb. v. D. Riehm, Kassel 1964.

Klassik. Der Begriff des Klassischen vereinigt in sich eine normative und eine geschichtliche Bedeutung; er bezeichnet einerseits das schlechthin Vollendete, Mustergültige, andererseits eine historische Stilkategorie, die aber keinen übergeschichtlichen Wertgedanken einzuschließen braucht. Infolgedessen wird bei den Künsten Kl. sowohl für einzelne Werke, einzelne Meister (Klassiker) als auch für ganze Epochen gebraucht. So unsicher ein solcher, erst durch geschichtliche Bewährung und weitreichende Übereinkunft möglicher Urteilsspruch bleiben muß, so ist doch stets gemeint, daß ein emotional und rational gleichgewichtiger Darstellungswille seine völlige Entsprechung im Kunstwerk gefunden hat. Über die Art und die Mittel der Gestaltung wird zugleich ausgesagt, daß die einzelnen künstlerischen Elemente ein harmonisches Ganzes bilden. In der Musik bezieht sich der Terminus Kl. vor allem auf die Gipfelwerke Haydns, Mozarts und Beethovens. Wie weit die drei Großmeister das Kunstschaffen ihrer engeren und weiteren Umwelt mitbestimmt haben, ist eine Frage für sich, die nur bei Haydn, nicht zuletzt als Folge seiner langen Lebenszeit, durchweg positiv beantwortet werden kann. Mit Recht ist die Wertung als »Klassiker« auch Komponisten anderer Epochen und Nationen zuteil geworden, so etwa Bach und Händel als »Altklassikern«. Klassische Höhepunkte sind auch im Lebenswerk Glucks und Schuberts erkannt worden, ohne daß die Reihe damit abzuschließen braucht. Kl. im weiten Sinn ist in allen Epochen möglich. – In der internationalen Verständigung ist »Wiener Kl.« auch als Epochenbezeichnung gebraucht worden, etwa für je 3 Jahrzehnte vor und nach 1800. Damit finden auch Stilbestimmungen einen brauchbar abgesteckten Zeitraum. Dieser überschneidet sich weitgehend mit der Blütezeit deutscher Dichtkunst in der »Weimarer Kl.«. Deren Ausrichtung auf eine freie, selbstverantwortliche Ausbildung des einzelnen zu einem geläuterten Menschentum stand im Zeichen hoher ethischer Wertsetzung. Ein neues Humanitätsideal trat im Denken Herders, Goethes und Schillers hervor, schon angekündigt in den Begriffen Gott, Freiheit und Unsterblichkeit bei Chr. Wolff, in der Kulturkritik Lessings, bestätigt durch das »moralische Gesetz in mir« Kants, durch den Gedanken der sittlichen Gemeinschaft aller Menschen bei Hegel und in W. v. Humboldts Theorie der Bildung, künstlerisch gestaltet u. a. in Goethes großem Erziehungsroman. Nach Schiller erweckt das Erlebnis des Schönen notwendig den Trieb zum guten Handeln. Beethoven hat sich um den Anschluß an das Weimarer Bildungsgut zäh bemüht; die menschliche Gesamthaltung der Weimarer Kl. stand aber auch hinter dem Schaffen Haydns und Mozarts. Damit diese Haltung zu künstlerischer Auswirkung gelangen konnte, wurde ein bisher unbekanntes Maß an persönlicher und Schaffensfreiheit nötig. Die Musiker lösten sich aus den Bindungen und der Geborgenheit der Höfe, der Kirche und der Städte als freie Künstler. Den Übergang in diesen neuen Stand hat Haydn erst nach Jahrzehnten höfischer Bedienstung, gestützt auf seinen persönlichen Ruhm, vollziehen können, Mozart frühzeitig durch den Bruch mit dem Salzburger Hof, Beethoven nach dem Abschied von Bonn zunächst unter dem Schutz der Wiener Hocharistokratie. Das Geschehen in Wien spiegelte die europäische Gesamtentwicklung; das im ausklingenden Absolutismus wieder erstarkende Bürgertum wurde zunehmend Mitträger der Musikübung, im öffentlichen Konzert, durch die Bildung von Musikvereinen und in einer aufblühenden Hausmusik. Mit dem Entstehen einer »musikalischen Öffentlichkeit« verfestigten sich die Typen des reisenden Virtuosen, des Musiklehrers und -schriftstellers, des musikalischen Unternehmers im Konzert, im Verlag und in der Instrumentenfabrikation. Als Organe seiner kunstrichterlichen Gewalt schuf sich das Bürgertum Musikzeitschriften und öffentliche Kritik. Die damit geschaffenen Grundlagen behielten ihre Gültigkeit bis in die Gegenwart.

Die neue Kunsthaltung, die in Wien zu Gipfelleistungen führte, ist musikgeschichtlich in einer Anlaufzeit (»Vorklassik«, u. a. → Mannheimer Schule), einer Verfestigung (»Hochklassik«) und einem Auslauf neben anderen Haltungen, der romantischen, biedermeierlichen, klassizistischen, zu erkennen. In einzelnen Gattungen hat die Barockmusik ohne entschiedenen Bruch in die neue Epoche hineingewirkt, vorzüglich in der Vokalkunst. Der Übergang von der gesellschaftlich-artistischen Opera seria, ihrer französischen Abwandlung bei Lully und Rameau sowie ihrer deutschen (vor allem in Hamburg) zu den Meisterwerken Mozarts, zur Verkündigung bürgerlich-humanitärer Leitwerte in der *Entführung* und *Zauberflöte* und in Beethovens *Fidelio* verlief fließend über den menschlich-vertieften Händelschen Typ, über spätneapolitanisches Erneuerungsstreben, über Glucks reifste Werke. Die komische Kleinoper (Opera buffa) hat bei der Ausbildung der Lebenswahrheit auf der Musikbühne entscheidend mitgewirkt. Ihr Ursprung aus der neapolitanischen Schule (Pergolesi) blieb bis über die Jahrhundertwende hinaus sichtbar. Die Schwenkung zum bürgerlichen Libretto, auch ernsterer Haltung, in der Opéra-comique und im deutschen Singspiel hat den Boden für die Wiener Meisterwerke mitbereitet. Verfrühte Versuche, den italienischen und französischen Großformen ein deutsches musikalisches Drama gegenüberzustellen, hatten Holzbauer und, in der Form des Mono-(Duo-)dramas, A. Schweitzer in Verbindung mit Wieland schon zu Beginn der Epoche gemacht. – In behutsamer Umwandlung setzte sich die katholische Kirchenkunst des österreichischen Spätbarocks – durch die liturgische Bestimmung eng an die Überlieferung gebunden – bis zu Haydn und Mozart fort. Erst mit der Hochsteigerung des Ausdrucks der Individualität in Beethovens *Missa solemnis* wurde der liturgische Zusammenhang zugunsten konzertmäßiger Haltung gelockert. In der evangelischen Kirche begann schon zu J. S. Bachs Lebzeiten, zugleich mit der zunehmenden Entkräftung der kirchlichen Musikübung, eine Abwendung von der barocken Kunst. Daß in Norddeutschland mit der Verpflanzung religiöser Erbauungsmusik in den Konzertsaal ein neues, aufklärerisch-empfindsames geistliches Oratorium entstand, konnte auf die Wiener Entwicklung um so weniger einwirken, als hier die Verbindung mit dem altitalienischen Oratorium Dauer erwies, ähnlich wie der Anschluß der englischen Komponisten an die Händelschen Meisterwerke. Händels Vorbild regte noch den alten Haydn zu den Großwerken *Die Schöpfung* und *Die Jahreszeiten* an, in denen sich eine religiöse Grundhaltung mit der Darstellung irdischer Fülle verbindet. – Entscheidende Vorgänge in der Ausbildung des → Lieds (zum Klavier) zwischen dem Barock und dem ersten deutschen Großmeister Schubert spielten sich außerhalb Wiens ab. Obwohl die Entwicklung in Wien nachvollzogen werden mußte und Haydn wie Mozart das Lied nur am Rande ihres Schaffens pflegten, haben beide über die Ariette und das stimmungshafte Arienlied hinaus Liedkunstwerke von klassischem Rang geschaffen. Dagegen hat Beethoven unter dem Einfluß hoher Dichtkunst (vor allem Gellerts und Goethes), aber auch mit dem Liederkreis *An die ferne Geliebte* die Wiener Klassik auch als Liedkomponist voll repräsentiert. – In geschlossener Gesamtleistung führten die Wiener Großmeister die Instrumentalmusik zu jener Höhe, an die sich die Bezeichnung »klassisch« in erster Linie angeknüpft hat und mit welcher der Beginn eines »deutschen Zeitalters« der Tonkunst deutlicher als in der Vokalmusik erkannt worden ist. Einzelne barocke Formen wie die Suite, Kammer- und Triosonate, auch die Orgelkunst und Lautenmusik klangen mit der Praxis des Generalbasses aus, andere erfuhren Umwandlungen, die Neuschöpfungen gleichkamen, vor allem mit dem Ausbau des Sonaten-Satzzyklus. Waren an dieser Entwicklung, die sich in Jahrzehnten und weiträumig anbahnte, neben norddeutschen, böhmischen und österreichischen Komponisten auch italienische noch unmittelbar beteiligt, so verlagerte sich seit etwa 1770 mit Haydn das Schwergewicht nach Wien. Die neuen Baugesetze der Sonatensatzform im engeren Sinne durchdrangen auch das ältere Rondo, die Variation und das Menuett und schließlich die formal geschlossenste Gestalt des Barocks, die Fuge. Eigenheiten der Klaviersonate, der Spielarten der Kammermusik, der Symphonie und des Instrumentalkonzerts (nebst deren Verschmelzungsformen), auch des neuen Divertimentos, erscheinen als besetzungs- und zweckbedingte Abwandlungen der beherrschenden Grundgestalt, noch bei den Fortbildungen in Beethovens Spätwerk und weit darüber hinaus.

Stilistisch wurde die Ausbildung einer »diskursiven Tonsprache« (Riemann) grundlegend und folgenreich. An die Stelle der barocken Einhelligkeit in Struktur und Affekt traten Beweglichkeit und Spannungsfähigkeit durch schnelle Kontrastierungen (Themenpolarität) bzw. rasch wechselnden Ausdruck. Die Melodie als Hauptträger des Ausdrucks umschließt in übersichtlicher oder auch kunstvoll verschleierter Periodisierung (→ Metrum – 3) die Bauelemente des Satzes (Motivaufschließung) und tritt im Stimmengefüge beherrschend hervor. Faßlichkeit im Sinne der – häufig unmittelbar eingewobenen – Volksmusik wurde oft angestrebt. Die betonte Vereinfachung der Harmonieführung auf der vorklassischen Stufe, die Reduzierung der Funktionen und der Akkordbildungen, wirkt gegen den Reichtum der barocken Harmonik wie eine Absage. Dagegen haben die Wiener Klassiker den Reichtum harmonischer Wirkungen durch die Ausdehnung des tonalen Bereichs (auch im Zyklus), durch Alterationsklänge und oft überraschende Modulationen zurückerobert und ausgebaut und dadurch die Grundlage für die »Ausdrucksharmonik« des 19. Jh. geschaffen. Der rhythmische Verlauf wurde mannigfaltiger und plastischer. Die dynamischen und farblichen Schattierungsmöglichkeiten der (zum Teil baulich weiterentwickelten) Instrumente wurden in die neue Satzweise einbezogen. Dem entspricht der Schritt zum Violoncello, zur Querflöte und zum Fortepiano bzw. dessen Ausbau vom noch relativ zarten Tasteninstrument (Mozart) zum Hammerflügel mit orchestraler Wirkungsmöglichkeit (Beethoven). Das virtuos-beweglichste und klanglich wandlungsfähigste Instrument, die Violine, und mit ihr der Streichkörper wurden zur Grundsubstanz des Orchesterklanges und bildeten in der kammermusikalischen Einheit des Streichquartetts (-quintetts) die reinste Erfüllung des neuen Klangbedürfnisses. Daneben wurden die selbständigen Klangfarben der Bläser (vor allem der neu ins Orchester eingetretenen Klarinette, der Hörner, Trompeten und Posaunen) entdeckt und ihr Wert für satztechnische und ausdrucksmäßige Differenzierung erkannt. Ging der Grundsatz der barocken Klangaufspaltung auch nicht völlig unter, so setzte sich doch das Leitbild einer vielfältig abgestuften Klangverschmelzung durch. Gegenüber der vielschichtigen Entwicklung der Jahrzehnte vor der Wiener Hochklassik sind die Versuche der Musikgeschichtsschreibung, vorbereitende Hauptkräfte als Galanten und Empfindsamen Stil (mit einer Sturm-und-Drang-Episode) zu benennen, nur als erste Verständigungsmittel zu verstehen. Der Sammelbegriff »vorklassisch« erscheint insofern berechtigt, als die Wiener Meister die noch unterschiedlichen und gesellschaftlich begrenzten Kunsthaltungen des 18. Jh. zu einer »klassischen« überhöhen und in ihrer Kunst der → Komposition die einzelnen Stilmittel zur Einheit verschmelzen konnten.

Lit.: H. RIEMANN, Hdb. d. Mg. II, 3, Lpz. 1913; W. FISCHER, Zur Entwicklungsgesch. d. Wiener klass. Stils, StMw III, 1915; A. SCHERING, Beethoven u. d. deutsche Idealismus, Lpz. 1921; P. MOOS, Die Philosophie d. Musik v. Kant bis E. v. Hartmann, Stuttgart ²1922; G. BECKING, Kl. u. Romantik, Kgr.-Ber. Lpz. 1925; A. SCHMITZ, Das romantische Beethovenbild, Bln u. Bonn 1927; E. BÜCKEN, Die Musik d. Rokokos u. d. Kl., Bücken Hdb.; P. MIES, Zu Musikauffassung u. Stil d. Kl., ZfMw XIII, 1930/31; H. BIRTNER, Renaissance u. Kl. in d. Musik, Fs. Th. Kroyer, Regensburg 1933; E. PREUSSNER, Die bürgerliche Musikkultur, Hbg 1935, Kassel ²1950; R. v. TOBEL, Die Formenwelt d. klass. Instrumentalmusik, = Berner Veröff. zur Musikforschung VI, Bern u. Lpz. 1935; R. GERBER, Klass. Stil in d. Musik, in: Die Slg IV, 1949; H. J. MOSER, Goethe u. d. Musik, Lpz. 1949; THR. G. GEORGIADES, Zur Musiksprache d. Wiener Klassiker, Mozart-Jb. 1951; K. STEPHENSON, Die mus. Kl., = Das Musikwerk VI, Köln (1953); H. H. EGGEBRECHT, Das Ausdrucksprinzip im mus. Sturm u. Drang, DVjs. XXIX, 1955; W. SEIFERT, Chr. G. Körner, Ein musikästhetiker d. deutschen Kl., = Forschungsbeitr. zur Mw. IX, Regensburg 1960. KS

Klassizismus bezeichnet die formale Anlehnung eines Werkes oder einer Kunstrichtung an klassische Vorbilder. Dies schließt notwendig den Begriff der stilistischen Nachbildung ein, die sowohl zu schöpferischer Neugestaltung aufsteigen als auch zu epigonaler, manieristischer Nachahmung absinken kann. Als klassizistisch im weitesten Sinne sind alle abendländischen Kunstäußerungen einschließlich der Renaissance benannt worden, die unter dem unmittelbaren Einfluß der klassischen Antike standen. In zeitlicher Verengung wird der Name auf antikisierende Stilkräfte angewendet, die von etwa 1750 bis 1850 neben anderen hervorgetreten sind, vor allem in den bildenden und darstellenden Künsten. Im Bereich der Musik entfiel die Möglichkeit zur Anlehnung an musikalische Muster des Altertums. Die Vorstellung der Florentiner Camerata, mit einer Verschmelzung von Wort, Ton und szenischer Darstellung der altklassischen Tragödie nahe zu kommen, beruhte auf theoretischen Erwägungen. Seitdem sind auch Stoffe aus der antiken Dichtung auf der Musikbühne (einschließlich Ballett) und auch in anderen Vokalformen immer wieder behandelt worden, u. a. in Meisterwerken von Händel, Gluck, Mozart, bis in die neueste Zeit hinein durch R. Strauss, Strawinsky, Křenek u. a., doch kann von daher ein musikalischer Kl. nicht definiert werden. Der Begriff wird im engeren musikhistorischen Sinn mit der Nachfolge der Wiener Klassiker verknüpft, vorwiegend im Bereich der Instrumentalkomposition und zuweilen in Gedanken an Schubert und Mendelssohn. Dabei darf jedoch Klassizität keineswegs als bloßes Nachahmen und Epigonentum beurteilt werden, und es bleibt zu bedenken, daß die Kompositionskunst des 19. Jh. insgesamt aus Vorklassik und Klassik hervorgewachsen ist und mit der Wiederentdeckung Bachs und Palestrinas Anlehnungen an Stile der Vergangenheit noch weit über die Wiener Klassik zurück wirksam geworden sind, so bei Brahms, Reger, Busoni, Hindemith und in der neuen Chormusik. – Die Pariser Gruppe um Strawinsky, »Les Six« und Cocteau haben in den 1920er Jahren für ihre Rückgriffe auf Musik des 18. Jh. die Bezeichnung Neoklassizismus gewählt.

Lit.: O. WEINREICH, Fr. Schuberts Antikenlieder, DVjs. XIII, 1935; R. GERBER, Klass. Stil in d. Musik, in: Die Slg IV, 1949; W. VETTER, Schuberts Klassizität, Mf VIII, 1955.
KS

Klausel (lat. clausula) bezeichnet in der Grammatik und Rhetorik den rhythmischen Schluß einer Periode, in der Musiklehre eine Schlußformel oder einen Abschnitt. In der musikwissenschaftlichen Literatur wird Kl. im allgemeinen als Bezeichnung für die Schlußformeln einzelner Stimmen eines mehrstimmigen Satzes verwendet. Die Unterscheidung zwischen Kl. und → Kadenz (– 1) stützt sich darauf, daß die lateinisch schreibenden deutschen Musiktheoretiker seit Anfang des 16. Jh. (M. Schanppecher 1501, J. Cochlaeus 1507) primär die Formeln der Einzelstimmen Kl.n nennen, während die Italiener (P. Aron 1523, N. Vicentino 1555, G. Zarlino 1558) unter der Bezeichnung cadenza die Stimmen zusammenfassen (Zarlino, *Istitutioni harmoniche*, 1558, III, cap. 53: *La cadenza adunque è vn certo atto, che fanno le parti della cantilena cantando insieme*). – Im Mittelalter wird der Terminus clausula, abgesehen von einer umstrittenen Stelle im Organumtraktat von Montpellier, als Bezeichnung für einen Abschnitt im Choral (GS II, 276b) oder in der Mehrstimmigkeit (CS I, 271b, 342a, 357a, 363a, CS IV, 180a) verwendet. Anonymus IV (13. Jh.) erwähnt (CS I, 342a), daß Perotin die Organa Leonins (→ Organum) durch Kl.n ergänzte (*fecit clausulas sive puncta plurima meliora*); Fr. Ludwig nannte darum Perotins Ersatzkompositionen Kl.n. – Die Termini clausum und apertum (frz. clos und ouvert) für den Ganz- und den Halbschluß sind seit 1300 überliefert (CS III, 128b; Johannes de Grocheo). Als Halbschlüsse, die einen tonalen Gegensatz zum Ganzschluß auf der 1. Stufe bilden, werden im d- und f-Modus die 5., im e- und g-Modus die 4. Stufe bevorzugt. Von clausula im Sinne eines Schlusses auf der Finalis spricht, in Anlehnung an die Grammatik, Adam von Fulda (1490; GS III, 352a). In der Theorie der Mehrstimmigkeit werden die Kl.n als melodische Formeln beschrieben, die 2 oder (nach Guilelmus Monachus, CS III, 289b) 3 Töne umfassen: die Antepaenultima, die Paenultima und die Ultima. Das unterscheidende Merkmal einer Kl. ist der Schritt oder Sprung von der Paenultima zur Ultima: der Halbtonschritt aufwärts im Diskant, die Tonwiederholung oder (seit dem späten 15. Jh.) der Terzfall im Alt, der Ganztonschritt abwärts im Tenor und der Quartsprung aufwärts oder der Quintfall im Baß. (Die ältere Formel des Contratenor bassus, der Oktavsprung aufwärts, veraltete um 1500.) Die Umschreibung der Diskantformel durch eine Ausweichung zur Unterterz wird »Landino-Kl.« oder »Unterterz-Kl.« genannt:

Die Stimmen können ihre Formeln austauschen; erscheint die Diskant-, Alt- oder Tenorformel z. B. im Baß, so sprechen die Theoretiker des 17. Jh. von einer clausula cantizans, altizans oder tenorizans des Basses (Chr. Bernhard, A. Werckmeister, J. G. Walther). S. Calvisius (1592) und J. Lippius (1612), die sich in der Sache, wenn auch nicht in der Terminologie, auf G. Zarlino (1558) stützen und unter Clausula die mehrstimmige, von Zarlino cadenza genannte Schlußbildung verstehen, teilen die Kl.n in eigentliche (propriae) und uneigentliche (impropriae) ein: als Clausulae propriae galten Kl.n auf den Stufen I (primaria), V (secundaria) und III (tertiaria) der Tonart; die Secundaria wurde auch als Clausula confinalis bezeichnet. Die umfassendste und verwickeltste Kasuistik und Terminologie der Kl.-Bildung entwarf W. C. Printz (1696).

Lit.: J. DE GROCHEO, De arte musicae, in: Der Musiktraktat d. J. de Grocheo, hrsg. v. E. Rohloff, = Media Latinitas Musica II, Lpz. 1943; Fr. LUDWIG, Die liturgischen Organa Leonins u. Perotins, Fs. H. Riemann, Lpz. 1909; H. BESSELER, Bourdon u. Fauxbourdon, Lpz. 1950; B. MEIER, Die Harmonik der C. f.-haltigen Satz d. 15. Jh., AfMw IX, 1952; DERS., Wortausdeutung u. Tonalität bei Orlando di Lasso, KmJb XLVII, 1963; M. F. BUKOFZER, Interrelations Between Conductus and Clausula, Ann. Mus. I, 1953; A. SCHMITZ, Die Kadenz als Ornamentum musicae, Kgr.-Ber. Bamberg 1953; R. JAKOBY, Untersuchungen über d. Klausellehre in deutschen Musiktraktaten d. 17. Jh., Diss. Mainz 1955, maschr.; L. FINSCHER, Tonale Ordnungen am Beginn der Neuzeit, in: Mus. Zeitfragen X, Kassel 1962; G. SCHMIDT, Strukturprobleme d. Mehrstimmigkeit im Repertoire v. St. Martial, Mf XV, 1962; N. E. SMITH, The clausulae of the Notre-Dame School, 3 Bde, Diss. Yale Univ. (Conn.) 1964.
CD

Klaviatur (von lat. → clavis; frz. clavier; ital. tastatura; span. tecla; engl. keyboard; lat. auch abacus), eine Reihe von Hebeln (Tasten), die mit den Händen (→ Manual) oder Füßen (→ Pedal – 1) gespielt werden und eine → Mechanik oder Traktur in Tätigkeit setzen. Die Kl., vor allem als Manual, ist das gemeinsame Merkmal der Tasteninstrumente (u. a. Klaviere, Glockenspiel, Celesta, Drehleier und Schlüsselfiedel). Eine Frühform der Kl. sind die Spielhebel an der antiken → Hydraulis; handbreit große Tasten gab es an einzelnen Instrumenten (Sundre-Orgel um 1370), doch sind seit dem Spätmittelalter Kl.en, die den modernen mit Unter- und Obertasten ähnlich sind, nachweisbar. Die frühesten Angaben über Kl.en sind überliefert bei Johannes Gallicus (CS IV, 298) sowie Georgius Anselmi, Conrad von Zabern und Henri Arnaut de Zwolle aus dem 15. Jh. – Stumme und halbstumme Kl.en (meist als Manuale für Pianofortes) wurden als Übungsinstrumente gebaut; bekannt wurde u. a. das Virgil-Klavier (1882), das eine mechanische Kontrolle des Legatos erlaubte.

Lit.: T. NORLIND, Systematik d. Saiteninstr. II, Gesch. d. Klaviers, Stockholm 1939, Hannover ²1941; K. W. GÜMPEL, Das Tastenmonochord Conrads v. Zabern, AfMw XII, 1955.

Klavier, die Gesamtheit der Claves (→ Clavis), besonders im Sinne von Tasten eines Instruments (→ Klaviatur), danach ein Tasteninstrument überhaupt. Unter Kl.en sind im engeren Sinne die klassischen Tasteninstrumente Orgel, Clavicembalo, Clavichord und Pianoforte zu verstehen, die bis zum Ende des 18. Jh. in der Regel als geschlossene Gruppe der »clavierten Instrumente« angesehen wurden (und im Barock den → Fundamentinstrumenten zugehörten); die → Klaviermusik bis ins 18. Jh. hinein war grundsätzlich auf allen Kl.en ausführbar, die verschiedene Art der Tonerzeugung war ein sekundäres Merkmal. Vornehmlich an Kl.en mit einem festliegenden Tönen wurden seit dem 16. Jh. (→ Archicembalo) akustische Probleme demonstriert (u. a. → Temperatur). – Der Begriff Kl. wurde in der 2. Hälfte des 18. Jh. vorwiegend auf das Clavichord bezogen, ab etwa 1800 auf das Pianoforte und von der 2. Hälfte des 19. Jh. an auf das Pianino.

Lit.: PRAETORIUS Synt. II/III; J.-J. ROUSSEAU, Dictionnaire de musique, Genf 1767(?), Paris 1768, Artikel Clavier; ADLUNG Mus. mech. org.; C. KREBS, Die besaiteten Klavierinstr. bis zum Anfang d. 17. Jh., VfMw VIII, 1892; G. KINSKY, Musikhist. Museum w. W. Heyer in Cöln I, Lpz. 1910; SACHSL; SACHS Hdb.; C. SACHS, Das Kl., Bln 1923; T. NORLIND, Systematik d. Saiteninstr. II, Gesch. d. Kl., Stockholm 1939, Hannover ²1941.

Klavierauszug ist ein → Arrangement von Ensemblemusik (instrumental, vokal oder gemischt vokal-instrumental) für Klavier; er dient zum Kennenlernen durch Spielen, zum Mitspielen oder Begleiten bei Proben, seltener auch bei (Liebhaber-)Aufführungen. Insofern dabei die dem Klavier eigene Möglichkeit der Vollstimmigkeit ausgenutzt wird, ist der Kl.-A. die Wiederaufnahme der älteren Praxis des Intavolierens (seit dem 17. Jh. hatte der Generalbaß das Arrangieren von Instrumentalbegleitungen überflüssig gemacht). Das Aufkommen des modernen Kl.-A.s nach der Mitte des 18. Jh. – zunächst vornehmlich in Deutschland – stand in unmittelbarem Zusammenhang mit dem Fortfall des Generalbasses in der Komposition und damit auch für die Probenarbeit. Auf dem neuen schallstarken und modulationsfähigen Pianoforte konnte der Klang des größer werdenden Orchesters nachgeahmt werden. Im Zusammenhang mit der Bearbeitungstechnik des Kl.-A.s drangen Spielfiguren und Satzelemente der Orchestermusik in die → Klaviermusik ein, z. B. Trommel- und Albertibässe, später u. a. Tremoli und Oktavverdopplungen. Die frühesten bekannten Klavierauszüge sind die zu J. Fr. Agricolas *Cleofide* (1754), Galuppis *Il mondo alla roversa* (1758) und Hasses *Alcide al livio* (1763). J. A. Hiller gab 1761–62 zeitgenössische Symphonien (*Raccolta delle megliore sinfonie*) und ab 1766 seine Singspiele in Klavierauszügen heraus. Eigene Systeme für die Singstimmen verwendeten zuerst André (1776), Dittersdorf (1787) und Neefe (1797, Kl.-A. von Mozarts *Don Giovanni*); der Kl.-A. mit in den Klaviersatz einbezogenen Singstimmen blieb seitdem auf den Gebrauch in der Hausmusik beschränkt. Seit C. M. v. Weber (1821) wird auch die originale Instrumentation im Notentext des Kl.-A.s angedeutet. Die Anwendung des lithographischen Verfahrens, das den Notendruck wesentlich verbilligte und höhere Auflagen gestattete, begünstigte die Ausbreitung des Kl.-A.s seit etwa 1830 außerordentlich. Besonders beliebt wurden Klavierauszüge einzelner Instrumentalstücke aus erfolgreichen Opern (z. B. Opernmärsche, Ouvertüren). Symphonische Musik fand vor allem in Form der Bearbeitung zu 4 Händen Eingang in die Hausmusik. Auch bedeutende Musiker fertigten – besonders in jungen Jahren – Klavierbearbeitungen klassischer und zeitgenössischer Orchesterwerke an (besonders → Liszt; R. Wagners erstes Verlagsangebot an Schott war 1831 seine Klavierbearbeitung der 9. Symphonie von Beethoven); die Grenze zwischen Kl.-A., Transkription und Konzertparaphrase ist oft nicht scharf zu ziehen. Die Zunahme von Koloristik und Figuration in den Orchesterstimmen führte im Kl.-A. zur Ausbildung spezifisch klavieristischer, den Orchestersatz nur klanglich nachahmender Spielfiguren. Der komplizierte gewordene Orchestersatz des späten 19. und des 20. Jh. stellt die Bearbeiter vor die Wahl eines in Einzelheiten reduzierten, aber leicht spielbaren oder eines möglichst partiturgetreuen Klaviersatzes (z. B. waren die Klavierauszüge Tausigs von Werken R. Wagners kaum spielbar, im Unterschied zu den von Wagner persönlich veranlaßten von → Klindworth). Der Partiturauszug (Müller-Rehrmann) überließ es dem Spieler, wie er den teilweise auf 3 oder 4 Systemen notierten Satz auf dem Instrument darstellen will. Diese Schwierigkeiten der Ausführung, letztlich auch die Unmöglichkeit der Wiedergabe moderner oder gar avantgardistischer Orchestermusik auf dem Klavier, haben die Bedeutung des Kl.-A.s geschmälert. Vor allem bei der Einstudierung von musikalischen Bühnenwerken (für Sänger und → Korrepetitor) und beim Gesangsunterricht und -studium ist der Kl.-A. jedoch nach wie vor ein unentbehrliches Hilfsmittel.

Lit.: K. GRUNSKY, Die Technik d. Kl.-A., dargestellt am 3. Akt v. Wagners Tristan, Lpz. 1911; M. BROESIKE-SCHOEN, Der moderne Kl.-A., Die Musikwelt II, 1921/22; DERS. in: Mk XVI, 1923/24; M. HANSEMANN, Der Kl.-A. v. d. Anfängen bis Weber, Lpz. 1943; H. H. EGGEBRECHT, Arten d. Gb. im frühen u. mittleren 17. Jh., AfMw XIV, 1957; E. VALENTIN, Vom Kl.-A. zum Partitur-Auszug, NZfM CXX, 1959.

Klavierbau. Klaviermacher als Hersteller von Cembali und Clavichorden sind seit dem 2. Jahrzehnt des 15. Jh. nachweisbar in Venedig, Florenz, Mailand, Rom und Antwerpen, etwas später u. a. in München und Paris. Vom Ende des 16. bis in die 2. Hälfte des 18. Jh. war Antwerpen durch das Wirken der → Ruckers und Couchet ein Zentrum des Kl.s. Dort hatten die Klaviermacher Zugang zur St.-Lukas-Gilde der Maler, zunächst weil sie ihre Instrumente bemalten, ab 1558 in ihrer Eigenschaft als Instrumentenmacher. Neben den berühmten Klaviermachern befaßten sich bis ins 19. Jh. auch Orgelmacher, Organisten, Schreiner u. a. mit Kl. – Einen Aufschwung nahm das Gewerbe nach der Erfindung des Pianofortes im 18. Jh. Die bedeutendsten Schulen des neueren Kl.s waren die der → Silbermann in Sachsen und im Elsaß, von denen die wichtigsten Kl.-Schulen des späten 18. Jh. ausgingen: die süddeutsche, seit dem Ende des Jahrhunderts in Wien (Stein, Streicher, Graf, Walter, Bösendorfer), sowie die englische (Tschudi, Kirkman, Zumpe, Longman & Broderip; Broadwood seit 1773, 1862 wurden bei Broadwood 560 Arbeiter beschäftigt und über 2000 Klaviere gebaut). Die bekanntesten Manufakturen in Paris waren die von Erard (1777, bis 1900 wurden 100000 Instrumente gefertigt), Pleyel (1807), Gaveau und Herz. In den USA waren einige Werkstätten um die Mitte des 19. Jh. zu großen Fabriken geworden, so Chickering in Boston, Knabe in Baltimore und Steinway in New York, ähnlich in Deutschland die neuen Firmen Ibach in Barmen, Schiedmayer in Stuttgart, Blüthner in Leipzig, Bechstein in Berlin (1853; 1863 fertigten dort 130 Arbeiter 400 Klaviere, 1914 1200 Arbeiter 5000 Klaviere), ferner u. a. Feurich, Förster, Grotrian-Steinweg, Rönisch und Sauter. Bedeutende Klavierfabriken entstanden daneben in Rußland (Schröder in St. Petersburg 1818), in der 2. Hälfte des 19. Jh. auch in Japan sowie in den Niederlanden (Rippen in Ede 1937). Der Kl. erreichte bis zum 1. Weltkrieg den Gipfel seiner Konjunktur. 1911 wurden in den USA 350000 Klaviere verkauft, 1913 wurden in Deutschland 170000 hergestellt, davon 50% für den Export. Nach dem 2. Weltkrieg ist der Umsatz in Europa stärker zurückgegangen als in den USA; er betrug 1966 in der Bundesrepublik Deutschland einschließlich West-Berlin etwa 20% des Gesamtumsatzes der Musikinstrumentenindustrie (→ Instrumentenbau).

Lit.: S. HANSING, Das Pfte in seinen akustischen Anlagen, Schwerin 1888, ²1909, Neudruck Bln 1950; D. SPILLANE, The Hist. of the American Pfte, Its Technical Development and Its Trade, NY 1890; A. DOLGE, Pianos and Their Makers, Covina (Calif.) 1911–13; TH. CIEPLIK, Entwicklung d. deutschen Klavierindustrie ... unter besonderer Berücksichtigung d. nordamerikanischen Konkurrenz, Diss. Gießen 1923, maschr.; G. ROOS, Die Entwicklung d. deutschen Klavierindustrie nach dem Weltkriege bis ... 1923, Diss. Bln 1924, maschr., Auszug in: Jb. d. Philosophischen Fakultät Bln II, 1923/24; J. GOEBEL, Grundzüge d. modernen Klavierbaus, = Die Werkstatt LXVII, Lpz. ³1925, ⁴1952; Der Piano- u. Flügelbau, bearb. u. hrsg. v. H. JUNGHANNS u. a., = Bibl. d. gesamten Technik 396, Lpz. 1932, Bln ²1952, Ffm. ³1962 = Fachbuchreihe Das Musikinstr. IV; O. FUNKE, Theorie u. Praxis d. Klavierstimmens, Dresden 1940, als: Das Kl. u. seine Pflege, Radebeul ²1946, Ffm. ³1962 = Fachbuchreihe Das Musikinstr. II; H. FREYGANG, Die Produktions- u. Absatzbedingungen d. deutschen Klavierindustrie, Diss. (Wirtschafts- u. Sozialwiss.) Bln (F. U.) 1949, maschr.; FR. J. HIRT, Meisterwerke

d. Klavierbaus, Olten 1955; D. H. BOALCH, Makers of the Harpsichord and Clavichord 1440 to 1840, London (1956); P. J. HARDOUIN, Harpsichord Making in Paris, 18th Cent., The Galpin Soc. Journal X, 1957, XII, 1959 – XIII, 1960; Michel's Piano Atlas, Ffm. ²1961; H. K. HERZOG, Taschenbuch d. Piano-Nrn, Ffm. (1961).

Klavierduo, Klavierquartett, Klavierquintett, Klaviertrio → Duo, → Quartett, → Quintett, → Trio.

Klaviermusik ist das Repertoire für die klavierten, d. h. die Tasteninstrumente, das bis ins 18. Jh. zu einem Ganzen verbunden war, in dem sich Satz und Ausführung auf den Ebenen von Stegreifspiel, Improvisation, Übertragung (Intavolierung) und Komposition gegenseitig durchdringen und bedingen. Vor allem wegen der Vollstimmigkeit und der festen (temperierten) Stimmung waren Klaviere seit Beginn ihrer Geschichte in den verschiedensten Standesbereichen und Musikerkreisen beliebt. Als traditionsreichstes der Klaviere nahm die Orgel den ersten Rang ein. Eine feste Zuordnung von Teilen des Repertoires oder Gattungen zu bestimmten Klaviertypen widerspräche jedoch bis ins 18. Jh. dem Begriff und der Eigenart der Kl.-M. Das schließt nicht aus, daß es Fakturen des Satzes gibt, die auf einem bestimmten Klavier eigene Klangwirkungen ergeben oder der Spieltechnik eines Klaviertyps besonders entgegenkommen. Bezeichnend aber ist, daß das Spiel von Tänzen auf der Kirchenorgel im 15./16. Jh. immer wieder verboten werden mußte. Zu den Gründen für das Auseinanderfallen des Repertoires, das Entstehen von »zwei Kulturen« der Kl.-M., gehören die nachbarocke Trennung der Sphären weltlich und kirchlich (geistlich) und damit die Festlegung der Orgel auf den kirchlichen Bereich, anderseits das Heraufkommen eines modernen Konzertbetriebs und die Trennung der Literatur für Liebhaber und Virtuosen, gleichzeitig mit der Ablösung des Cembalos durch das Pianoforte. Als Konvention blieb noch – in Deutschland bis um 1800, in England bis um 1830 – auf Notendrucken die Bestimmung »für alle Arten von Klavieren«, seit den 1770er Jahren jedoch oft mit ausdrücklicher Nennung des Pianofortes und mit selbstverständlichem Ausschluß der Orgel.

Es liegt nahe, daß auf der → Orgel im 9./10. Jh. in einfacher Weise einstimmig intoniert oder (alternatim) Choral gespielt wurde; 1st. Choralspiel hielt sich stellenweise bis ins 16. Jh. Die Vieldeutigkeit des Begriffs → Organum läßt es nicht zu, eindeutige Zusammenhänge zwischen der frühen Mehrstimmigkeit und ihrer Ausführung speziell auf der Orgel festzustellen. Darstellbar auf ihr sind aber sowohl der Satz Note gegen Note (→ Discantus) in längeren Werten als auch der Haltetonstil des Organum, bei dem eine bewegte Stimme gegen lange Cantusnoten in der Unterstimme (wie beim → Orgelpunkt) gesetzt ist. Eine dritte grundlegende Spielform der Kl.-M. ist im → Hoquetus vorgebildet; dem komplementär-rhythmischen Verlauf entspricht technisch das Ablösen der Hände. Dem klangbetonten Satz kommen das Blockwerk der mittelalterlichen Orgel, später die Mixturen, Koppeln und die Möglichkeit von Oktav- und Akkordgriffen entgegen. Die Ausführung bewegter Stimmen wurde möglich auf Klavieren von zierlicherem Bau und leichterer Gangart. Die Anfänge einer auch in Quellen belegten Kl.-M. fallen daher nicht zufällig in die Zeit der Auflösung des Blockwerks (zunächst in Italien, im 14. Jh. auch im übrigen Europa) und des Aufkommens der leichtgängigeren Mechaniken der Orgeln, vor allem der kleineren Pfeifenklaviere (Positiv, Portativ, Regal) und der Saitenklaviere (Clavichord, Cembalo) im 13./14. Jh. Als älteste Quelle der Kl.-M. gilt der Robertsbridge-Codex (um 1320), der 2st. Estampien und kolorierte Motetten (zum Teil aus dem *Roman de Fauvel*) enthält, notiert in der Art der älteren deutschen → Orgeltabulatur. Im Klaviersatz des um 1420 abgeschlossenen Codex Faenza (→ Quellen: *Fa*), in italienischer Orgeltabulatur, mit 2st. Meß- und Liedsätzen des Trecentos (Jacopo da Bologna, Landini) und der Ars nova (Machaut), liegt über dem Tenor eine bewegte, rhythmisch und kontrapunktisch durchgeformte Oberstimme. Dem hohen Stand dieser Kl.-M. entspricht die angesehene Stellung von Klaviermeistern wie → Landini und → Squarcialupi, in Deutschland später das Ansehen Paumanns oder Hofhaymers; Organisten standen an Rang und Besoldung vor den höfischen und städtischen Spielleuten. Das wichtigste Dokument der Kl.-M. des 15. Jh. in Deutschland ist das Buxheimer Orgelbuch (*Bux*), aufgezeichnet um 1460-70. Es enthält 4 Fundamenta (davon 2 unter dem Namen Paumanns; ein weiteres Paumann-Fundamentum ist in Verbindung mit dem Lochamer Liederbuch überliefert; → Fundamentbuch), liturgische Sätze, die zum Teil noch der mehrstimmigen Stegreifausführung des Chorals nahestehen, Intavolierungen deutscher Tenorlieder und französischer Chansons sowie Praeludien. Die Intavolierungen der älteren Schicht gehen von zwei Gerüststimmen, Cantus und Tenor, aus (gelegentlich mit Contratenor), die je koloriered umschrieben werden. Bei dem jüngeren Typ ist das Klanggerüst des Satzes in Form von Griffen herausgezogen, die dann durch Kolorierungen verbunden werden. Zu diesem Satztyp gehören weitgehend die Übertragungen motettischer Vorlagen und von Tänzen der Paumann- und Hofhaymer-Schule (Buchner, Kotter, Kleber, Sicher, Tabulaturen aus Lublin 1540 und Krakau 1548) sowie der deutschen Koloristen der 2. Hälfte des 16. Jh. In deren gedruckten Tabulaturbüchern, in neuerer deutscher Orgeltabulatur (Ammerbach 1571, B. Schmid der Ältere und der Jüngere, Paix, Löffelholtz, Nörmiger 1598) herrschen viertönige (oft doppelschlagartige), stereotyp angebrachte Diminutionsformeln vor. Außerhalb dieser Gruppe steht Schlick, der 1512 bereits einen Lauten- und Orgeltabulaturdruck erscheinen ließ und in späten Stücken (1520) über die Drei- bis Vierstimmigkeit hinausgehend bis zum 10st. Satz (mit 4 Pedalstimmen) gelangt. 1517 wurden bei A. de Antiquis *Frottole intabulate da sonare organi* gedruckt; 1523 erschienen mit den *Recerchari, motetti, canzoni* von M. A. Cavazzoni Kompositionen, die die stimmige Satzanlage in aufgelockerter klavieristischer Form vorbildlich ausprägen. Durch freie Verbindung der Formen des Diminuierens und Passeggierens ist die Toccata des Marcus-Organisten in Venedig, Merulo, geprägt, dessen Klavierlehre durch Diruta (1593) überliefert ist. Seit der Mitte des 16. Jh. erschienen auch in Spanien Drucke von Kl.-M., darunter die des bedeutenden Cabezón (1557; *Obras*, posthum 1578), Lehrwerke von Bermudo (1555), der die Diminution grundsätzlich ablehnt, und von Santa María (1565). Tientos, Glosas und Diferencias sind nach Cabezón die wichtigsten Satzformen der iberischen Schule, die über Correa de Arauxo bis Cabanilles († 1712) reicht. Nach den Drucken von Tänzen und motettischen Sätzen bei Attaingnant, beginnend kurz vor 1530, erschien in Frankreich nur vereinzelt Kl.-M., bis die Überlieferung 1623 mit Titelouzes *Hymnes de l'église* im imitativen, von der Vokalpolyphonie herkommenden Satz wieder einsetzt. Von nachhaltigem Einfluß auf die Kl.-M. des 17. Jh. in Deutschland war die Satztechnik der englischen Kl.-M., wie sie im *Mulliner Book* (abgeschlossen nach 1553), dem *Fitzwilliam Virginal Book* (abgeschlossen erst um 1620 durch → Tregian) und in

der gedruckten Sammlung *Parthenia* (1611) überliefert ist. Die Gegenstimme zum unverzierten C. f. oder die Abschnitte der Bearbeitung eines Lied- oder Tanzmodells oder eines → Ground ist gebildet durch sequenzierende, abschnittsweise rhythmisierte Spielfiguren. In diesen Sammlungen sind neben britischen Komponisten, die meist Organisten der Chapel royal waren (Blitheman, Byrd, Farnaby, Gibbons; Bull und Philips wirkten auch als Hoforganisten in Brüssel), die Niederländer Cornet und Sweelinck vertreten. In den Niederlanden wirkten die städtischen Organisten nach der Reformation und dem Verlust der liturgischen Aufgaben in Konzerten und Abendmusiken mit. Davon zeugt das Klavierwerk Sweelincks, das in Fantasien, Echofantasien und Toccaten venezianischen, in Lied- und Choralvariationen englischen Einfluß zeigt. Seine Kompositionen und die seiner nord- und mitteldeutschen Schüler Scheidt, J. Praetorius und Scheidemann sowie die der Süddeutschen Haßler und Erbach sind in nord- und süddeutschen Sammelhandschriften (Lübbenauer und Lüneburger Tabulaturen, um 1640-60; Wien, Minoritenkloster; Turiner Orgeltabulaturen) überliefert, die teilweise durch die Praxis von Parodie und Pasticcio als Gebrauchssammlungen gekennzeichnet sind. Ist die süddeutsche Kl.-M. des 17. Jh. ausgezeichnet durch Formenreichtum und satztechnische Schulung italienischer Prägung, so wird in der norddeutschen, über Weckmann und Buxtehude bis zu Bach führenden Entwicklung das obligat und virtuos eingesetzte Pedal zu einer Spezialität. Als Klaviermeister von europäischer Geltung ragt der Italiener Frescobaldi heraus, dessen Kanzonen, Capricci, Toccaten, Fantasien und Variationen ab 1608 gedruckt verbreitet wurden. Sein in Partitur notiertes Spätwerk, *Fiori musicali* (1635), galt als Exemplum des strengen Stils in der Kl.-M. Ausgeprägter noch als bei Frescobaldi hat sich bei seinem deutschen Schüler Froberger die im 17. Jh. vieldiskutierte Stillehre in der Notation niedergeschlagen. Froberger notiert den Stylus moteticus (gebundene Formen wie Ricercar, Kanzone, Capriccio) in Partitur, den Stylus fantasticus (Präludium, Toccata) in italienischer, den Stylus choraicus (Tänze) sowie den Stylus melismaticus (Lied- und Tanzvariation) in französischer Tabulatur, worin sich die Geltung französischer Klavieristen wie L. Couperin und Chambonnières für die Tanz- und Suitenkomposition anzeigt. Die Kl.-M. im Umkreis der Wiener Hofkapelle (Poglietti, Kerll, beide Muffat) dagegen kultivierte die großangelegten Formen des italienischen strengen Stils und des Programmstücks im Stylus fantasticus. Als Erweiterung des stilistischen Rahmens der modischen Suite – der fast alle Klavieristen Mitteldeutschlands im letzten Drittel des 17. Jh. Veröffentlichungen widmeten – führte Kuhnau die Formtypen der Sonate in die Kl.-M. ein (1692), verbunden mit literarischem Programm und affekthaltigen Figuren (*Biblische Historien*, 1700). Vorwiegend für den liturgischen Dienst an der Kirchenorgel bestimmt sind die strengen und gebundenen Formen, Fuge und Choralbearbeitung, von J. C. F. Fischer, Krieger und J. Pachelbel.
Die Festigung des Generalbasses in Komposition und Ausführung im Laufe des 17. Jh. gab dem Klavier unter den → Fundamentinstrumenten die bedeutendsten Aufgaben, denn sowohl die Technik der Reduzierung motettischer Sätze auf Solostimme(n) und Begleitung als auch der Generalbaß des solistischen → Concertos waren weitgehend am Klavier entwickelt und durch dessen Grifftechnik bestimmt. Da das Concerto auch auf einem Klavier allein (vornehmlich dem mit mehreren Manualen) zu verwirklichen ist, errang das Klavier eine Vorrangstellung, die es bis zum Ende des 19. Jh. behalten sollte. Die Forderungen, die im späten 17. und im 18. Jh. an einen Organisten gestellt wurden und in der Orgelprobe nachzuweisen waren, setzten sich daher zusammen aus dem Generalbaß (einschließlich des manierlichen, d. h. improvisiert auszuzierenden), der »Tabulatur«, d. h. dem Spiel nach Tabulatur oder Noten überhaupt, sowie der Verfügung über freie und gebundene Formen in der Improvisation. Diese Grundforderungen differenzieren sich in den nationalen Schulen der Kl.-M. Der in Oper und Ballett beheimatete Récit- und Tanzstil findet sich nicht nur in den Tänzen, Rondeaus und Charakterstücken der Suiten von Fr. Couperin und Rameau, sondern auch in den liturgischen Livres d'orgue französischer Klavieristen. Den vollstimmigen, gravitätischen Sätzen (Ouvertüren, Allemanden, Plein jeu) steht ein durchsichtige, galante Satzart gegenüber; sie beherrscht die über 500 Sonaten (auch Essercizi, Toccate genannt) des auf der iberischen Halbinsel wirkenden Neapolitaners D. Scarlatti. Seine Technik der vielfältigen Skalenfiguren, der Doppelgriffe, des Überschlagens der Hände entfaltete sich auf dem Grund eines 2st. Satzes. Von Händels Kl.-M. erlangten die Suiten (1722) größte Verbreitung, mit ihren hochbarock »deutschen« und konzertanten und galanten »italienischen« Sätzen, und die für Orgel, Cembalo oder Harfe mit Orchester komponierten Konzerte (op. 4, 1738), die dem Klavier die Rolle des Concertinos im Concerto grosso zuweisen; sie wurden ursprünglich (ab 1735) als Intermezzi bei Oratorienaufführungen gespielt und waren (nach Burney) bis in die 1780er Jahre in Konzert und Hausmusik beliebt. – Die Geschichte des Klavierkonzerts beginnt mit J. S. Bach, der zunächst, während seiner Weimarer Tätigkeit, Arrangements vor allem Vivaldischer Violinkonzerte für Org. (BWV 592–597) und für Cemb. (BWV 972–987) vornahm, später auch mehrere fremde und eigene Concerti für 1–4 Cemb. und Orch., wahrscheinlich für sich und seine Söhne, arrangierte (BWV 1052–1060 und 1062–1065). Original für Cembalo von Bach komponiert sind nur der Solopart von BWV 1050 und das Concerto C dur für 2 Kl. und Orch. (BWV 1061). Bachs Söhne C. Ph. E., W. Fr. und J. Christian haben entscheidend eingewirkt auf die weitere Geschichte dieser für die gesamte Kl.-M. (und auch für den Pianofortebau) einflußreichen Gattung, die im Klavierkonzert der Wiener Klassiker, vor allem in den Werken W. A. Mozarts und Beethovens kulminiert. Das Virtuosentum des 19. Jh., in Verbindung mit differenziertem Klangsinn und symphonischer Gestaltung des Klavierparts, verhalf dem Klavierkonzert zu einer bis an die Gegenwart heranreichenden Blütezeit, deren Höhepunkte durch die Namen C. M. v. Weber, Mendelssohn Bartholdy, R. Schumann, Chopin, Liszt, C. Franck, Anton Rubinstein, Brahms, Tschaikowsky, Grieg und Rachmaninow gekennzeichnet sind.
Der universellste Klavierist seiner Zeit und der Musikgeschichte überhaupt war J. S. Bach. Das Satzpaar Praeludium (Toccata, Fantasie) und Fuge erhielt einerseits durch seine großangelegten Formen mit Pedal, andererseits durch die beiden Sammlungen für Klavier manualiter durch alle Tonarten, *Das Wohltemperirte Clavier* (1722, 1744), die klassische Ausprägung. Stilelemente französischer, italienischer und wohl auch englischer Musik (Purcell) sind in seinem Suitenwerk nachweisbar. Einen breiten Raum nehmen in Bachs Kl.-M. die Exempla der Komposition ein, die zugleich Unterweisung im Spiel sind. Der Hauptzweck liegt bei den Inventionen (Praeambula) und Sinfonien (Fantasien) auf klavieristischer Themenerfindung und -verarbeitung und dem cantablen Spiel, bei den Choralbearbeitungen des *Orgelbüchleins* auf der Durch- und

Klaviermusik

Ausführung des Chorals mit obligatem Pedal. Exemplarisch in der Stilisierung und daher dem Druck anvertraut sind die vier Teile der *Clavier-Übung*: der 1. Teil (geschlossen vorliegend 1731) ist der Suite (Partita) mit wechselnden Typen von Einleitungssätzen gewidmet, der 2. (1735) dem italienischen Concerto und der französischen Ouvertüre auf dem Cembalo mit 2 Manualen, der 3. (1739) den von Praeludium und Fuge eingerahmten Choralbearbeitungen (oft als »Orgelmesse« gedeutet) und 2st. Satzformen der inventionsartigen Duette; den 4. Teil (1742) bilden die »Goldberg-Variationen«. Ausläufer der Gattung der (in Partitur geschriebenen) Kunstbücher und damit primär Kl.-M. ist die *Kunst der Fuge*. Für den Triosatz findet Bach vielfältige Anwendungen: in der Choralbearbeitung, in der Sonate für 2 Manuale und Pedal sowie in der Kammermusik, wo ein Melodieinstrument (Violine, Viola da gamba, Flöte) einen Cantus übernimmt. Bachs Klavierkonzert, zunächst entstanden aus Übertragungen von Violinkonzerten, erwies sich als zukunftsträchtiger als das Händels. Sein vollstimmiger Satz überwiegt die Ansätze eines modernen Galanten Stils (z. B. im 2. Teil des *Wohltemperirten Claviers*), hatte jedoch zur Folge, daß die Verbreitung seiner Kl.-M. nach seinem Tode zunächst auf seinen Schülerkreis beschränkt blieb. Von großer Wirkung auf die Generation der Stürmer und Dränger waren Bachs »Charakterthema« und freie Satztypen, vor allem die *Chromatische Phantasie*. Nachdem C. Ph. E. Bach die Sonate (auch für Orgel) in einer Reihe von Veröffentlichungen (1742 und später) zu hoher Gestaltung gebracht hatte, trat neben sie in den anschließenden *Sammlungen für Kenner und Liebhaber* (1779-87) die »freie« Phantasie und das leichte Rondo. In seinem *Versuch*, etwa gleichzeitig mit den Lehrwerken für Flöte bzw. Violine von Quantz und L. Mozart erschienen, in der Wirkung (bis Haydn und Beethoven) noch weiter reichend, ist das System der Kl.-M. noch intakt. Gelehrt werden Fingersatz, Manieren (einschließlich der »freien« Phantasie) und Generalbaß. Doch kündigt sich hier – wie auch in den Schriften von Mattheson und Forkel – die Spezifizierung der Gattungen auf bestimmte Instrumente an. Seit den 1740er Jahren war in Deutschland (am Hof Friedrichs des Großen), seit den 1760er Jahren in Paris, wahrscheinlich auch am Hof in Madrid, wo Scarlatti wirkte, das Pianoforte in Gebrauch. C. Ph. E. Bach, der 1733-78 etwa 50 Klavierkonzerte komponierte, stellt in 2 Doppelkonzerten das Pianoforte dem Cembalo gegenüber. Waren von ihm die aus der Oper kommenden Spielfiguren wie Trommelbässe, Murkys und Albertische Bässe noch abgelehnt worden, so wurden sie im → Galanten Stil (Telemann, Paradies, Galuppi, Durante, J. Chr. Bach), auch in Zusammenhang mit der Herausbildung des modernen → Klavierauszugs, zu häufigen Begleitungsformen der einfachen Melodie in der Diskantlage. Das Interesse an der Erfindung von Spielfiguren nahm zu in der brillanten Kl.-M. Zwar enthält Clementis Lehrwerk *Gradus ad Parnassum* (1817) noch strenge Stücke (Kanons), doch schulbildend (Cramer, Field, Moscheles) war er allein durch die neue Satzart, die – auf den neuen, klangstarken englischen Pianofortes zu spielen – Oktaven, Doppelgriffläufe, Trillerketten einsetzte. Mozarts Spieltechnik, aus der Wiener Schule (Wagenseil, Kozeluch) herkommend, ist »brillant« nur in einigen Ecksätzen der Konzerte und in den Klaviervariationen. Seine Sonaten und Konzerte, gewichtige Werke für Kenner, mit Formen im »alten Stil« und mit ausgezierten Adagios, schließen durch die an der barocken Klavierkunst gebildete Artikulation ein mechanisches und bloß geläufiges Spiel aus. Seit Mozart gibt es einen kompositorisch wie pianistisch vollgültigen Satz für Klavier zu 4 Händen. Das umfangreiche Klavierwerk Beethovens, der als Improvisator und charakteristischer mehr denn als brillanter Spieler gerühmt wird, erhebt sich über alle modischen Strömungen. Einzelne Sätze sind in der frühromantisch-brillanten Art etwa Hummels oder Webers geschrieben, andere bahnen in der Ausweitung der Spielfiguren auf die äußeren Lagen bereits die kompositorisch vollgültige virtuose Technik an (op. 53, 57, 73, 106). Grundlage für den Satz Beethovens ist die → Durchbrochene Arbeit und das → Obligate Akkompagnement kammermusikalischen oder symphonischen Stils. Die Zentren der modischen Kl.-M. zu seiner Zeit waren noch Paris, wo die neuere Geschichte der Kammermusik mit Klavier begann, und Wien, wo Beethovens Schüler Czerny das Ideal der Geläufigkeit und Fingerfertigkeit in zahlreichen für Lehrzwecke bestimmten Kompositionen kodifizierte: einen extrem homophonen Satz mit Bevorzugung der hohen Diskantlage für Melodiefiguration bei stereotyper Begleitung durch die linke Hand.

Das romantische Liedideal kündigte sich im → Charakterstück bei Tomášek und Voříšek an, das bei Mendelssohn (→ Lied ohne Worte) und vor allem bei Schubert zu einem wesentlichen Element auch in der Sonate wurde. Als Gegenpol zum Liedhaften dienen die durchgehaltenen poetisierenden Begleitungsfiguren (auch in der Klavierbegleitung des Liedes) dem Ausdruck zuständlicher oder schwankender Stimmung. Als Kenner der Kl.-M. Beethovens, Schuberts, aber auch J. S. Bachs, bildete Schumann seine ganz eigene Technik der romantisch verschlungenen Stimmzüge und Metren aus. Auch als Kritiker stand er im Gegensatz zur modischen Kl.-M. seiner Zeit, in der Pianisten wie Pleyel, Herz (in dessen epigonenhaften Klavierkompositionen sich fast das gesamte Repertoire von Figurationsformeln seiner Zeit widerspiegelt) und Kalkbrenner ein stark wachsendes Publikum von Zuhörern, aber auch von Klavierlehrern und spielenden Dilettanten mit ihren Kompositionen ebenso wie mit den Erzeugnissen ihrer Verlage und Klavierfabriken beherrschten. Der Reichtum an Figurationen im Klaviersatz Chopins entstand auf dem Grund der romantischen Harmonik durch eine Technik der diatonischen und chromatischen Nebennoten, die – auch in Doppelgriffen und Oktavversetzungen – Passagen und Akkordzerlegungen verzieren, so besonders in den Seitensätzen von Expositionen und Reprisen, in Durchführungen der Konzerte und Sonaten, in den Etüden, Préludes, Scherzi und Impromptus. Zu diesem und dem akkordischen Satz kontrastiert der von Field herkommende, von Chopin in einigen Nocturnes, in 2. Themen von Sonatensätzen und getragenen Mittelteilen 3teiliger Formen verwandte Satz; dessen (verzierte) Melodie in der Diskantlage ist dem Belcanto der italienischen Oper des frühen 19. Jh. abgelauscht und wird von einer großräumigen Akkordbrechung in der linken Hand begleitet. Chopins grundsätzlich homophone Satzanlage wird nur episodisch von selbständigen Mittelstimmen und Polymelodik durchbrochen. Der sorgsamen Ausgewogenheit der Kantilenen und Spielepisoden des Chopinschen Satzes steht der Klavierstil Liszts gegenüber, dessen Pole pathetisches Rezitativ und Arioso (z. B. als Daumenmelodie in der Tenorlage) sind. Die betont symmetrische Figuration erscheint als Ornamentierung eines Gerüstes vordergründiger als bei Chopin. Liszts kompakter Akkordsatz ist ein Zeichen für den endgültigen Bruch mit der nachmozartschen Schule der Fingertechnik. Die klavieristische Erfindung Liszts, in dessen Werk die → Transkriptionen und → Paraphrasen die Originalwerke an Zahl übertreffen, ist angeregt von Spielfiguren und Klang des Geigenspiels Paganinis und des Orchesters Berlioz'. Das Ablösen der Hände wird sowohl in raschen Passagen als auch für die Kantilene eingesetzt. Durch virtuose Sprungtechnik und Pedal lassen sich alle Elemente zu einem mehrschichtigen Satz verbinden, der die Notierung zum Teil auf 3-4 Systemen erfordert. Liszts Ruhm als reisender Virtuose und Improvisator ab 1836 überstrahlte den aller Rivalen, Thalberg eingeschlossen. Seine Spielart überlieferten mehrere Generationen von Schülern, darunter Bülow, Tausig, d'Albert und, zwar als indirekter Schüler, aber konsequenter Fortsetzer, Busoni. Liszts Klaviersatz war Vorbild für die Klavierkomposition der Neudeutschen Schule, russischer Komponisten wie Tschaikowsky, Rubinstein, bis zu Rachmaninow, Prokofjew und Chatschaturjan, für die französische Kl.-M. des späten 19. Jh. (Fauré, Franck, zum Teil noch Messiaen); sie war aber auch Voraussetzung für großangelegte Kompositionen aus der Leipziger Mendelssohn-Schumann-Schule (z. B. Klavierkonzert von Grieg) und für Brahms und Reger, die jedoch kompositorisch an Beethoven anknüpften. Liszts intimerer Spätstil (*Les jeux d'eau à la villa d'Este*, erschienen 1877), verbunden mit dem bewußten Rückgriff auf den spielerischen Geist der Clavecinisten des 18. Jh., ging in den Klaviersatz von Debussy und Ravel ein. Deren Klangtechnik ermöglichte die Begegnung mit dem Jazz, dessen gebildetste Solopianisten (Art Tatum, Oscar Peterson) seit der Swing-Ära mit der Harmonik auch das Repertoire von Spielformen der Kl.-M. etwa seit Schumann einsetzten. Dieses Jazzklavier war weitgehend von den Aufgaben der Rhythm section befreit, die die linke Hand in den frühen, von der Tanzmusik des 19. Jh. herkommenden Formen, im → Ragtime sowie im → Boogie-Woogie bindet. Das Schlagzeug als Vorbild für einen Klavierstil führte zu antiromantischer Motorik (Bartók, *Allegro barbaro*, 1911; Hindemith, Suite *1922*). Als folgenreicher erwies sich das Ausspielen von schlagzeugähnlichen Klangfarben des Klaviers bei Bartók (u. a. Sonate für 2 Kl. und Schlagzeug, 1937), früher noch bei Ives (um 1909) und Cowell, die durch → Cluster, direktes Anzupfen oder Schlagen der Saiten und des Instrumentenkörpers (*Banshee*; *Aeolian harp*, 1925) die Klangfarben radikal zu erweitern und von den für das Klavier bislang charakteristischen festen Tonhöhen loszukommen suchten. Diese Techniken, auch ihre Ergänzung durch das → Prepared piano und die Elektronik (Stockhausen, *Kontakte*, 1960; Kagel, *Transicion II* für 2 Kl., Schlagzeug – d. h. Schlägel – und 2 Tonbänder, 1958) blieben bis in die 1960er Jahre im Stadium des Experiments. Die Tendenz, den Klavier- mit dem Orchesterklang zu verschmelzen, als Fortsetzung der Verwendung des Klaviers als obligates und nur episodenhaft konzertantes Instrument seit der Spätromantik, erreichte bei Skrjabin (*Prométhée*, 1911), Strawinsky (*Pétrouchka*, 1911 und 1946; Solofassung 1921), Schreker und Berg je eigene Lösungen. Ein völliges Aufgehen in den Ensembleklang folgte aber erst zwingend aus dem von aller flächenhaften Geläufigkeitstechnik absehenden, stark auf isolierten Sprüngen und Griffen beruhenden Klaviersatz der strengen Reihentechnik der seriellen und postseriellen Musik (Webern, Konzert op. 24, Variationen op. 27; Schönberg, Suite op. 25; Messiaen, *Modes de valeurs et d'intensités*, 1949; Boulez, Sonaten, *Structures* für 2 Kl.; Stockhausen, Klavierstücke ab 1952; auch Henze, *Sonata*, 1959), so daß das Klavier bei diesen Komponisten gleichzeitig zu der für den Orchesterklang seit Schönberg wesentlichen Gruppe der → Kurztoninstrumente gehört.

Ausg.: A. u. L. Farrenc, Le trésor des pianistes, 23 H., Paris 1861–72; The Fitzwilliam Virginal Book, hrsg. v. J. A. Fuller-Maitland u. W. Barclay Squire, 2 Bde, London u. Lpz. 1894–99, Neudruck NY 1963; Torchi; Guilmant-Pirro; Wiener Kl.- u. Orgelwerke aus d. 2. Hälfte d. 17. Jh., hrsg. v. H. Botstiber, = DTÖ XIII, 2 (Bd 27), Wien 1906; Organum, Reihe IV; H. Expert u. P. Brunold, Anth. des maîtres frç. du clavecin des XVIIe et XVIIIe s., Paris 1913–22; G. Benvenuti, Cembalisti ital. del settecento, Mailand 1926; My Ladye Nevells Booke, hrsg. v. H. Andrews, London u. Philadelphia 1926; Aus R. Buchmayers Hist. Klavierkonzerten, hrsg. v. R. Buchmayer, 5 H., Lpz. 1927; Liber organi, hrsg. v. E. Kaller, 10 Bde, Mainz (1931–54); Tagliapietra Ant.; Musik aus früher Zeit f. Kl., hrsg. v. W. Apel, 2 H., Mainz (1934); Concord Classics of the Piano, hrsg. v. dems., Boston 1938; Masters of the Keyboard, hrsg. v. dems., Cambridge (Mass.) 1947; Keyboard Music of the Fourteenth and Fifteenth Cent., hrsg. v. dems., = Corpus of Early Keyboard Music I, Rom 1963; Deutsche Kl.-M. d. 17. u. 18. Jh., hrsg. v. H. Fischer u. Fr. Oberdoerffer, 9 H., Bln 1935–36; Clavistas portuguezes, hrsg. v. M. S. Kastner, 2 Bde, Mainz (1935–50); Parthenia, Faks. hrsg. v. O. E. Deutsch, = The Harrow Replicas III, Cambridge 1943; C. Sachs, The Evolution of Piano Music 1350–1700, NY 1944; W. Georgii, Vierhundert Jahre europäische Kl.-M., = Das Musikwerk I, Köln (1950, ^{2}1959); The Mulliner Book, hrsg. v. D. W. Stevens, = Mus. Brit. I, London 1952, ^{2}1959; Parthenia, hrsg. v. K. Store, NY 1951; Ant. organistica ital., hrsg. v. P. Ferrari, Mailand 1954; Choralbearb. u. freie Orgelstücke d. deutschen Sweelinck-Schule, hrsg. v. H. J. Moser u. Tr. Fedtke, 2 Bde, Kassel 1954–55; Die Lüneburger Orgeltabulatur KN 208^1, hrsg. v. M. Reimann, = EDM XXXVI, Ffm. 1957; 46 Choräle f. Org. v. J. P. Sweelinck u. seinen deutschen Schülern, hrsg. v. G. Gerdes, = MMD III, Mainz 1957; Das Buxheimer Orgelbuch, Faks. hrsg. v. B. A. Wallner, = DMl II, 1, 1955, dass., hrsg. v. ders., = EDM XXXVII–XXXIX, Kassel 1958–59; Klavierboek A. M. van Eijl, hrsg. v. Fr. Noske, = Monumenta Musica Neerlandica II, Amsterdam 1959; Nederlandse Klaviermuziek uit de 16^e en 17^e eeuw, hrsg. v. A. Curtis, ebenda III, 1961; An Early Fifteenth-Cent. Ital. Source of Keyboard Music. The Cod. Faenza..., Faks. hrsg. v. A. Carapetyan, = MSD X, (Rom) 1961; Tabulatura organowa Jana z Lublina (»Orgeltabulatur d. Johannes v. Lublin«), Faks. hrsg. v. Kr. Wilkowska-Chomińska, = Monumenta Musicae in Polonia, Serie B, Bd I, Krakau 1964; dass., hrsg. v. J. R. White, = Corpus of Early Keyboard Music VI, Rom 1964.

Lit.: A. G. Ritter, Zur Gesch. d. Orgelspiels, vornehmlich d. deutschen im 14. bis zum Anfange d. 18. Jh., 2 Bde, Lpz. 1884; M. Seiffert, Gesch. d. Kl.-M. I, Lpz. 1899; G. Pannain, Le origini e lo sviluppo dell'arte pianistica in Italia dal 1500 al 1730 circa, Neapel 1919; A. Brugnoli, La musica pianistica ital. dalle origini al 1900, Turin 1932; G. Frotscher, Gesch. d. Orgelspiels u. d. Orgelkomposition, 2 Bde, Bln 1935–36, ^{2}1959; G. Schünemann, Gesch. d. Kl.-M., Bln 1940, neu hrsg. v. H. Gerigk, Münchberg 1953, Hbg ^{2}1956; W. Georgii, Kl.-M., Zürich 1941, Zürich u. Freiburg i. Br. ^{4}1965. – J. K. Eschmann, Wegweiser durch d. Klavierlit., Zürich 1869, Lpz. ^{3}1888 bearb. v. A. Ruthardt, Zürich ^{8}1914–^{10}1925 als: A. Ruthardt, Wegweiser...; A. Prosnitz, Hdb. d. Klavierlit., 2 Bde, Wien u. Lpz. 1884–1907, ^{8}1918; Ch.-Fr.-H. Parent, Répertoire encyclopédique du pianiste, 2 Bde, Paris 1900–07; R. Teichmüller u. K. Herrmann, Internationale moderne Kl.-M., Lpz. u. Zürich 1927, Nachtrag 1934; W. Altmann, Verz. v. Werken f. Kl. vier- u. sechshändig sowie f. zwei u. mehr Kl., Lpz. 1943; E. Hutcheson, The Lit. of the Piano, NY 1948; H. Moldenhauer, Duo-Pianism, Chicago (1950); J. Friskin u. I. Freundlich, Music for the Piano ... 1580–1952, NY 1953.

J. Wolf, Zur Gesch. d. Orgelmusik im 14. Jh., KmJb XIV, 1899; O. Kinkeldey, Org. u. Kl. in d. Musik d. 16. Jh., Lpz. 1910; A. Schering, Die nld. Orgelmesse im Zeitalter d. Josquin, Lpz. 1912; ders., Studien zur Mg. d. Frührenaissance, = Studien zur Mg. II, Lpz. 1914; Ch. Van den Borren, Les origines de la musique de clavier en Angleterre, Brüssel 1912, engl. London 1913; ders., Les origines de la musique de clavier dans les Pays-Bas nord et sud jusque vers 1630, Brüssel 1914; W. Merian, Der Tanz in d. deutschen Tabulaturbüchern, Lpz. 1927; Y. Rokseth, La musique d'orgue au XVe s. et au début du XVIe, Paris 1930;

Klaviermusik

W. APEL, Die Tabulatur d. Adam Ileborgh, ZfMw XVI, 1934; DERS., Early Span. Music for Lute and Keyboard Instr., MQ XX, 1934; DERS., Neapolitan Links Between Cabezón and Frescobaldi, MQ XXIV, 1938; DERS., Die südital. Clavierschule d. 17. Jh., AMl XXXIV, 1962; KN. JEPPESEN, Die ital. Orgelmusik am Anfang d. Cinquecento, 2 Bde, Kopenhagen 1943, ^{2}1960; G. S. BEDBROOK, Keyboard Music from the Middle Ages to the Beginnings of the Baroque, London 1950; DR. PLAMENAC, Keyboard Music of the 14th Cent. in Cod. Faenza 117, JAMS IV, 1951; M. S. KASTNER, Parallels and Discrepancies Between Engl. and Span. Keyboard Music of the 16th- and 17th-Cent., AM VII, 1952; D. STEVENS, The Mulliner Book. A Commentary, London (1952); E. E. LOWINSKY, Engl. Organ Music of the Renaissance, MQ XXXIX, 1953; J. WARD, Les sources de la musique pour le clavier en Angleterre, in: La musique instr. de la Renaissance, hrsg. v. J. Jacquot, Paris 1955; CH. JACOBS, La interpretación de la música española del s. XVI para instr. de teclado, Madrid 1959; L. SCHIERNING, Quellengeschichtliche Studien zur Org.- u. Kl.-M. in Deutschland aus d. 1. Hälfte d. 17. Jh., = Schriften d. Landesinst. f. Musikforschung Kiel XII, Kassel 1961; E. APFEL, Ostinato u. Kompositionstechnik bei d. engl. Virginalisten d. elisabethanischen Zeit, AfMw XIX/XX, 1962/63; W. YOUNG, Keyboard Music to 1600, MD XVI, 1962 – XVII, 1963; K. PARTON, On Two Early Tudor Mss. of Keyboard Music, JAMS XVIII, 1964; H. R. ZÖBELEY, Die Musik d. Buxheimer Orgelbuchs, = Münchner Veröff. zur Mg. X, Tutzing 1964.

W. LANDOWSKA, Musique ancienne, Paris 1909, ^{4}1921, engl. NY 1924; A. PIRRO, Les clavecinistes, in: Les musiciens célèbres, Paris 1925; H. ULDALL, Das Klavierkonzert d. Berliner Schule ..., = Slg mw. Einzeldarstellungen X, Lpz. 1928; C. AUERBACH, Die deutsche Clavichordkunst d. 18. Jh., Kassel 1930, ^{2}1953; E. STILZ, Die Berliner Klaviersonate zur Zeit Friedrichs d. Großen, Diss. Bln 1930, Auszug als: Über harmonische Ausfüllung in d. Kl.-M. d. Rokoko, ZfMw XIII, 1930/31; R. E. M. HARDING, Experimental Pftes and the Music Written for Them, Proc. Mus. Ass. LVII, 1930/31; DIES., The Earliest Pfte Music, ML XIII, 1932; E. BODKY, Der Vortrag alter Kl.-M., Bln 1932; M. F. SCHNEIDER, Beitr. zu einer Anleitung, Clavichord u. Cemb. zu spielen, = Slg mw. Abh. XVI, Lpz. u. Straßburg 1934; R. HÄFNER, Die Entwicklung d. Spieltechnik u. d. Schul- u. Lehrwerke f. Klavierinstr., = Schriftenreihe d. Mw. Seminars d. Univ. München II, 1937; H. HUSMANN, Die »Kunst d. Fuge« als Klavierwerk, Bach-Jb. XXXV, 1938; E. HARICH-SCHNEIDER, Die Kunst d. Cembalospiels, Kassel 1939, ^{2}1957, engl. als: The Harpsichord, Kassel u. St. Louis 1953; E. V. RUMOHR, Der Nürnbergische Tasteninstrumentalstil im 17. Jh., Diss. Münster i. W. 1939; M. REIMANN, Untersuchungen zur Formgesch. d. frz. Kl.-Suite, = Kölner Beitr. zur Musikforschung III, Regensburg 1940; DIES., Pasticcios u. Parodien in norddeutschen Klaviertabulaturen, Mf VIII, 1955; H. HERING, Die Dynamik in J. S. Bachs Kl.-M., Bach-Jb. XXXVIII, 1949/50; DERS., Bachs Klavierübertragungen, ebenda XLV, 1958; W. ST. NEWMAN, A Checklist of the Earliest Keyboard »Sonatas« (1641–1738), Notes 11, 1953/54; DERS., The Sonata in the Baroque Era, Chapel Hill/N. C. (1959); L. HOFFMANN-ERBRECHT, Deutsche u. ital. Kl.-M. zur Bachzeit, = Jenaer Beitr. zur Musikforschung I, Lpz. 1954; DERS., Sturm u. Drang in d. deutschen Kl.-M. v. 1753–63, Mf X, 1957; H. DENNERLEIN, Mozart u. d. Org., Mozart-Jb. IX, 1958; FR. W. RIEDEL, Quellenkundliche Beitr. zur Gesch. d. Musik f. Tasteninstr. in d. 2. Hälfte d. 17. Jh. (Vornehmlich in Deutschland), = Schriften d. Landesinst. f. Musikforschung Kiel X, Kassel 1960; DERS., Strenger u. freier Stil in d. nord- u. süddeutschen Musik f. Tasteninstr. d. 17. Jh., in: Norddeutsche u. nordeuropäische Musik, = Kieler Schriften zur Mw. XVI, Kassel 1965; FR. ERNST, Bach u. d. Pfte, Bach-Jb. XLVIII, 1961, auch in: Schriftenreihe Das Musikinstr. VI, Ffm. (1962).

FR. WIECK, Clavier u. Gesang. Didaktisches u. Polemisches, Lpz. 1853, ^{2}1878; A. KULLAK, Die Aesthetik d. Klavierspiels, Bln 1861, ^{9}1922 hrsg. v. W. Niemann; W. v. LENZ, Die großen Pfte-Virtuosen unserer Zeit, Bln 1872, engl. NY 1899; H. RIEMANN, Vergleichende theoretisch-praktische Klavierschule, Hbg u. St. Petersburg 1883, ^{4}1912; O. BIE, Das Kl. u. seine Meister, München 1898, ^{3}1921, engl. London 1899; DERS., Kl., Org. u. Harmonium, = Aus Natur u. Geisteswelt Bd 325, Lpz. 1910, ^{2}1921; O. KLAUWELL, Gesch. d. Sonate v. ihren Anfängen bis zur Gegenwart, = Universal-Bibl. f. Musiklit. XVIII–XX, Köln u. Lpz. (1899); J. PEMBAUR, Von d. Poesie d. Klavierspiels, München 1910, ^{2}1911, nld. 's Gravenhage 1930; W. NIEMANN, Die nordische Kl.-M., Lpz. 1918; DERS., Meister d. Kl., Bln 1919; E. SCHMITZ, Kl.-M. u. Klavierspiel, Lpz. 1919; W. KAHL, Das lyrische Klavierstück Schuberts u. seiner Vorgänger seit 1810, AfMw III, 1921; DERS., Frühe Lehrwerke f. d. Hammerkl., AfMw IX, 1952; M. W. EBERLER, Studien zur Entwicklung d. Setzart f. Kl. zu 4 Händen v. d. Anfängen bis zu Fr. Schubert, Diss. München 1922, maschr.; H. ENGEL, Die Entwicklung d. Deutschen Klavierkonzertes v. Mozart bis Liszt, Lpz. 1927; C. A. MARTIENSSEN, Die individuelle Klaviertechnik auf d. Grundlage d. schöpferischen Klangwillens, Lpz. 1930; I. AMSTER, Das Virtuosenkonzert in d. 1. Hälfte d. 19. Jh., Wolfenbüttel 1931; K. LEIMER mit W. Gieseking, Modernes Klavierspiel, Mainz (1931) u. ö., Neudruck (1965); DERS. mit W. Gieseking, Rhythmik, Dynamik, Pedal, Mainz (1938) u. ö., Neudruck (1965), engl. Philadelphia 1938; G. PICCIOLI, L'arte pianistica in Italia da Clementi ai nostri giorni, Bologna 1931; DERS., Il concerto per pfte e orch. da Mozart a Grieg, Como 1940; K. SCHUBERT, Die Technik d. Klavierspiels aus d. Geiste d. mus. Kunstwerkes, = Slg Göschen Nr 1045, Bln 1931, ^{3}1954 hrsg. v. H. J. Moser; TH. STENGEL, Die Entwicklung d. Klavierkonzerts v. Liszt bis zur Gegenwart, Diss. Bln 1931; P. EGERT, Die Klaviersonate im Zeitalter d. Romantik I, Bln 1934; W. REHBERG, Das Kl., in: Hohe Schule d. Musik III, hrsg. v. J. Müller-Blattau, Potsdam (1935); A. CASELLA, Il pfte, Mailand 1937, ^{3}1956, span. Buenos Aires 1942; H.-G. SCHULZ, Mus. Impressionismus u. impressionistischer Klavierstil, = Literarhist.-mw. Abh. III, Würzburg 1938; J. MÜLLER-BLATTAU, Zur Gesch. u. Stilistik d. 4händigen Klaviersatzes, JbP XLVII, 1940; A. STOFFREGEN, Klaviermusikens forsiringer fra c. 1700 til nutid, 2 Bde, Kopenhagen 1942; D. BROOK, Masters of the Keyboard, London 1946, ^{2}1951; A. ALEKSEJEW, Russkije pianisty, Moskau u. Leningrad 1948; A. FOLDES, Keys to the Keyboard, NY 1948, deutsch als: Wege zum Kl., Wiesbaden 1952; P. HISSARLIAN-LAGOUTTE, Style et technique des grands maîtres du piano, Genf ^{2}1948; D. N. FERGUSON, Piano Interpretation, London 1950; R. WANGERMÉE, L'improvisation pianistique au début du XIXe s., in: Miscellanea musicologica Fl. v. d. Mueren, Gent 1950; H. C. M. KLOPPENBURG, De ontwikkelingsgang v. d. piano methoden, Utrecht u. Brüssel 1951; K. HAHN, Über d. Zusammenhänge v. Klavierbau u. Klavierstil, Diss. Bln 1952, maschr.; G. FAVRE, La musique frç. de piano avant 1830, Paris 1953; A. G. HESS, The Transition from Harpsichord to Piano, The Galpin Soc. Journal VI, 1953; E. LEIPOLD, Die romantische Polyphonie in d. Kl.-M. R. Schumanns, Diss. Erlangen 1954, maschr., Auszüge in: SMZ XCVI, 1956, u. NZfM CXVII, 1956; A. LOESSER, Men, Women, and Pianos. A Social Hist., NY 1954; H. v. BESELE, Das Klavierspiel, Kassel 1956, ^{2}1965; U. UNGER, Die Klavierfuge im 20. Jh., = Kölner Beitr. zur Musikforschung XI, Regensburg 1956; V. v. HEMEL, Het kl. ..., Antwerpen ^{2}1957; R. STUBER, Die Klavierbegleitung im Liede v. Haydn, Mozart u. Beethoven, Bern 1958; H. BESSELER, Das mus. Hören d. Neuzeit, Sb. Lpz. CIV, 6, Bln 1959; H. HERING, Übertragung u. Umformung. Ein Beitr. zur Klavieristik im 19. Jh., Mf XII, 1959; DERS., Satzstrukturen in d. Kl.-M. d. 18. u. 19. Jh., Mf XVII, 1964; H. FEDERHOFER, Die Diminution in d. Klavierwerken v. Chopin u. Liszt, Studia musicologica V, 1963; H. C. SCHONBERG, The Great Pianists, NY 1963, deutsch Bern, München u. Wien 1965; J. KAISER, Große Pianisten in unserer Zeit, München 1965; H. GRUNDMANN u. P. MIES, Studien zum Klavierspiel Beethovens u. seiner Zeitgenossen, = Abh. zur Kunst-, Musik- u. Literaturwiss. XXXVI, Bonn 1966.

Klaviertabulatur → Orgeltabulatur.

Klirrfaktor → Verzerrung.

Klosterneuburg (Niederösterreich), Augustinerchorherrenstift, gegr. um 1108.

Lit.: H. PFEIFFER, Kl.er Osterfeier u. Osterspiel, Jb. d. Stiftes Kl. I, 1908; DERS. u. B. CERNIK, Catalogus codicum ... qui in bibl. canonic. Reg. S. Augustini Claustroneoburgi asservantur, Wien 1922; L. Schabek, Alte liturgische Gebräuche ... an d. Stiftskirche zu Kl., Kl. 1930; G. v. Berger, Das Osterspiel v. Kl., = Kl.er Weihespiele VIII, Kl. 1932; A. Weissenbäck OFA, Musikpflege im Stift Kl., Anbruch XVIII, Wien 1936; B. Rzyttka, Die geistlichen Lieder d. Kl.er Hs. 1228, Diss. Wien 1952, maschr.; Fr. Zagiba, Die ältesten mus. Denkmäler zu Ehren d. hl. Leopold, Zürich, Lpz. u. Wien (1954).

Knarre → Ratsche.

Kniegeige → Viola da gamba (– 1).

Köln.
Lit.: G. Kinsky, Musikhist. Museum v. W. Heyer in Cöln, Kat., 3 Bde, Lpz. 1910–16; E. Wolff, Das mus. Leben in K., K. 1917; A. Schmitz, Arch.-Studien über d. mus. Bestrebungen d. K.er Jesuiten im 17. Jh., AfMw III, 1921; ders., Der Anteil d. Musik in d. K.er Jesuitendramen ... 1580–1700, Gregorius-Blatt XLVI, 1921; ders., Monodien d. K.er Jesuiten, ZfMw IV, 1921/22; A. Stehle, Die öffentliche Musikpflege in K. als Stätte d. Bildung, K. 1922; F. W. Lohmann, Das »Coll. mus.« d. alten K.er Jesuitenkollegs, Jb. d. K.er Geschichts-Ver. V., 1923; H. Hack, Die Gesch. d. K.er Dommusik, ebenda; H. Nelsbach, Die Orgelbauer d. K.er Doms, Gregorius-Blatt L, 1926; W. Kahl, Die Musik an d. alten Univ. K., in: Fs. zur Erinnerung an d. Gründung ... 1388, K. 1938; ders., Studien zur K.er Mg. d. 16. u. 17. Jh., = Beitr. zur rheinischen Mg. III, K. u. Krefeld 1953; G. Pietzsch, Zur Pflege d. Musik an d. deutschen Univ. bis zur Mitte d. 16. Jh., AfMf V, 1940; K. G. Fellerer, 2000 Jahre K. Musik, Rheinische Blätter XX, 1943, H. 4; ders., Die K.er Dommusik u. d. kirchenmus. Reform d. 19. Jh., in: Fs. Der K.er Dom, K. 1948; Beitr. zur Mg. d. Stadt K., hrsg. v. dems., = Beitr. zur rheinischen Mg. XXXV, K. 1959 (weitere Lit. dess. Verfassers in: Fs. K. G. Fellerer, Regensburg 1962); P. Mies, Das K.ische Volks- u. Karnevalslied (1823–1923), = Denkmäler rheinischer Musik II, K. u. Krefeld 1951; ders. u. Kl. W. Niemöller, Bibliogr. zur Mg. d. Stadt K., in: Beitr. zur Mg. d. Stadt K., = Beitr. zur rheinischen Mg. XXXV, K. 1959; J. Smits van Waesberghe SJ, Mus. Beziehungen zwischen Aachen, K., Lüttich u. Maastricht v. 11.–13. Jh., ebenda VI, K. u. Krefeld 1954; H. Oepen, Beitr. zur Gesch. d. K.er Musiklebens 1760–1840, ebenda X, 1955; Kl. Cremer, Das Ordinarium Missae on d. K.er Choralfassung d. 19. Jh., KmJb XLIV, 1960; Kl. W. Niemöller, Kirchenmusik u. reichsstädtische Musikpflege im K. d. 18. Jh., = Beitr. zur rheinischen Mg. XXXIX, K. 1960; W. Arlt, Zum Repertoire d. K.er Domkapelle im ausgehenden 18. Jh., KmJb XLVII, 1963; H. J. Zingel, Das K.er Gürzenichorch., K. 1963.

Königsberg.
Lit.: A. Mayer-Reinach, Zur Gesch. d. K.er Hofkapelle 1578–1720, SIMG VI, 1904/05; G. Küsel, Beitr. zur Mg. d. Stadt K. i. Pr., = K.er Studien zur Mw. II, K. 1923; B. Rottluff, Die Entwicklung d. öffentlichen Musiklebens d. Stadt K. im Lichte d. Presse v. d. Mitte d. 18. Jh. bis zur Mitte d. 19. Jh., Diss. K. 1924, maschr.; H. Güttler, K. Musikkultur im 18. Jh., = K.er Studien zur Mw. IV, K. 1925; I. Peper, Das Theater in K./Pr. v. 1750 bis 1811 ..., Diss. K. 1928; M. Federmann, Musik u. Musikpflege in Zeit Herzog Albrechts ... 1525–78, = K.er Studien zur Mw. XIV, Kassel 1932; Die zwei ältesten K.er Gesangbücher v. 1527, eingereitet u. hrsg. v. J. M. Müller-Blattau, = Veröff. aus d. Staats- u. Univ.-Bibl. zu K. I, Kassel 1933; E. Ross, Gesch. d. K.er Theaters v. 1811–34, Diss. K. 1935; L. Finscher, Beitr. zur Gesch. d. K.er Hofkapelle, in: Musik d. Ostens I, Kassel 1962; W. Braun, S. Sebastiani (1622–83) u. d. Musik in K., in: Norddeutsche u. nordeuropäische Musik, = Kieler Schriften zur Mw. XVI, Kassel 1965; E. Kroll, Musikstadt K., Zürich u. Freiburg i. Br. 1966.

Köthen.
Lit.: R. Bunge, J. S. Bachs Kapelle zu Cöthen ..., Bach-Jb. II, 1905; H. Wäschke, Die Hofkapelle in Cöthen unter J. S. Bach, Zerbster Jb. III, 1907; W. Vetter, Der Kapellmeister Bach. Versuch einer Deutung Bachs auf Grund seines Wirkens als Kapellmeister in K., Potsdam 1950; Fr. Smend, Bach in K., Bln (1951); E. König, Neuerkenntnisse zu J. S. Bachs K.er Zeit, Bach-Jb. XLIV, 1957.

Kolęda (kol'ẽda, polnisch; Plur. kolędy) hat verschiedene, auf Weihnachten bezogene Bedeutungen und heißt in der Musik s. v. w. Weihnachtslied. Nachweisbar ist sie schon in Handschriften aus dem 12. Jh. Seit dem 15. Jh. steigt die Zahl der überlieferten Kolędy ständig; außer in Polen sind sie im tschechischen, slowakischen und bulgarischen Bereich anzutreffen. Die K. wird in der Kirche, in der häuslichen Gemeinschaft oder als Glückwunsch-K. (zu Weihnachten und Neujahr) gesungen. Auf frühmittelalterliche Sequenzen und Hymnen zurückgehend, bewahrten die K.-Melodien im kirchlichen Bereich ihren ursprünglichen Charakter. Daneben gab es im weltlichen Bereich den Volksliedern nahestehende (oder von diesen entlehnte) Weihnachtslieder, die meist Pastorałki (Hirtenlieder) genannt wurden; sie sind in großer Zahl und vielen Varianten lebendig. K. bzw. Pastorałka sind auch Bezeichnungen für Weihnachts- und Krippenspiele mit reichem Instrumentarium. Komponisten wie Dichter der Kolędy blieben weitgehend anonym. Im 18./19. Jh. trat an die Stelle des ursprünglich-volkstümlichen Charakters der K. ein Zug zur Sentimentalität. K.-Melodien gingen vielfach auch in die slawische Tanzmusik ein. Die berühmte, aus dem 18. Jh. stammende, wiegenliedartige K. *Lulajże, Jezuniu* ist als Hauptthema des Trios in Chopins Scherzo H moll op. 20 paraphrasiert.
Ausg.: M. M. Mioduszewski, Pastorałki i kolędy z melodyami, Krakau 1843, Ergänzungen Lpz. 1853; Z. Rothert, Polskie kolędy, Warschau 1956; E. Grotnik, Polskie kolędy i pastorałki, Krakau 1957 (mit ausführlichem Vorw.); Kolenden, 25 polnische Weihnachtslieder, übers. u. hrsg. v. M. Zöllner, Hbg (1965).
Lit.: St. Dobrzycki, O kolędach (»Über Kolędy«), Posen 1923; ders., Kolędy polskie a czeskie. Ich wzajemny stosunek (»Polnische u. tschechische Kolędy in ihren gegenseitigen Beziehungen«), Posen 1930; Lj. Romansky, Die einfachen Koledo-Refrains d. bulgarischen Weihnachtslieder, Diss. Bln 1940, gedruckt in: Sbornik na Bulgarskata d Akad. na naukitě XXXVI, 4, Sofia 1942; J. Prosnak, O melodiach kolęd polskich, Warschau 1956.

Kolo (serbokroatisch, Rad), jugoslawischer Schreittanz von vorwiegend lebhafter, mitunter auch ruhiger Bewegung, in Slowenien meist als Singtanz ausgeführt. Häufig wird er in einer langen Kette getanzt, der sich immer mehr Tänzer anschließen können. In Verbindung mit dem lokalen Brauchtum kennt der K. zahlreiche Arten der Ausgestaltung, die mit verschiedenen, an den jeweiligen Anlaß bezogenen Spielelementen verbunden werden können. – Ein K. ist der 7. Tanz der *Slavischen Tänze* op. 72 von A. Dvořák.

Koloratur (ital. coloratura, von lat. → color) heißen allgemein Verzierungen einer Gesangsstimme (→ Diminution – 2), speziell das Verzierungswesen in der Arie. Die K. steht in der Arie meist am Ende der einzelnen Abschnitte und verwendet Triller, Läufe durch weite Tonräume, große Sprünge sowie Sequenzen kleiner Motive, teilweise im Anschluß an die instrumentale Einleitung. – Die Geschichte der K. ist weitgehend durch den Gegensatz einer nur der Virtuosität und einer auch der Dramatik dienenden Verzierung geprägt. So schrieb Mozart in der *Entführung aus dem Serail* eine K.-Arie für die »geläufige Gurgel« einer Sängerin; andererseits steht die K. im Part der Königin der Nacht (*Die Zauberflöte*) im Dienst der Dramatisierung und der Charakterisierung. Auch Sinn- und Ausdrucksgehalt bestimmter Wörter und Sätze können durch K.en abgebildet werden. – G. Caccini hatte 1601 eine »edle Leichtigkeit des Gesanges« (*nobile sprezzatura di canto*) gefordert, und in Monteverdis *Orfeo* ist eine Szene sowohl unverziert als auch verziert notiert. Über St. Landis *Morte d'Orfeo* (1619), worin Charon ein 3teiliges Lied mit notierten K.en singt, reicht der Entwicklungszug der K. bis zu Cavalli, in dessen Opernschaffen in der Mitte des Jahrhunderts die K. als ein notwendiger Bestandteil der italienischen Opernarie verankert wird. Über 150 Jahre blieb die K. ein teilweise notierter, teilweise von Sängern (vornehmlich → Kastraten) improvisierter Teil der Arie. Bekannt durch ihr technisches wie musikalisches Können waren im 18. Jh. Carestini und Farinelli, beide Schüler von Bernacchi; unter den Sängerinnen ragte Faustina → Hasse-Bordoni hervor. Gegen den auch in Deutschland seit dem Ende des 17. Jh. herrschenden Arientyp (Kusser, Keiser) steht der französische, in dem wegen der Gebundenheit der Musik an das Textmetrum die K. kaum eine Rolle spielt. Rossini zog um 1815 aus dem Verfall der Verzierungskunst, wie sie die Sänger übten, die Konsequenz, sämtliche K.en zu notieren. Während in Italien auch in der Folgezeit die K. ein Bestandteil der Opernarie blieb (Verdi, *Rigoletto*), auch bei Weber (*Oberon*) und in der Großen Oper noch eine Rolle spielte, wurde sie in Deutschland durch Wagner und in seinem Einflußbereich als undramatisch verbannt. Der Wandel der Opernästhetik im 20. Jh., besonders der Rückgriff auf Formen des 18. Jh. bei R. Strauss, stellte auch die K. wieder in den Dienst der Personencharakteristik. Höchste Anforderungen an die technische Perfektion der Gesangstechnik stellt Strauss in der K.-Arie der Zerbinetta (*Ariadne auf Naxos*). Dramatisch verankert sind auch die K.en der Lulu (Berg). Bei Strawinsky wird die K. parodistisch mit der Aufnahme alter Formen (Cabaletta) verwendet (*The Rake's Progress*).

Lit.: H. GOLDSCHMIDT, Die Lehre v. d. vokalen Ornamentik I, Charlottenburg 1907; E. WELLESZ, Studien zur Gesch. d. Wiener Oper I, StMw I, 1913; FR. HABÖCK, Die Kastraten u. ihre Gesangskunst, Bln u. Lpz. 1927; R. HAAS, Aufführungspraxis d. Musik, Bücken Hdb.; M. HÖGG, Die Gesangskunst d. F. Hasse u. d. Sängerinnenwesen ihrer Zeit in Deutschland, Diss. Bln 1931; H. FALLER, Die Gesangsk. in Rossinis Opern u. ihre Ausführung, Diss. Bln 1935; L. MEDICUS, Die K. in d. ital. Oper d. 19. Jh., Diss. Zürich 1939; G. HAUSSWALD, Instrumentale Züge im Belcanto d. 18. Jh., Kgr.-Ber. Bamberg 1953; H. CHR. WOLFF, Die Barockoper in Hbg (1678–1738), 2 Bde, Wolfenbüttel 1957.   HK

Kolorierung (von lat. colorare, ausschmücken), ein Begriff, der von der Musikwissenschaft zur Analyse von Musik des späten Mittelalters entwickelt wurde. Er wurde gewonnen zunächst im Anschluß an den Begriff color (→ Color – 2), der aber im Sinne der Technik der »Koloristen« (→ Diminution – 2) des 16. Jh. verstanden wurde (A. Schering); später wurde jeder Zusammenhang mit Color geleugnet (R. v. Ficker). – Der Begriff K. soll das (hypothetische) Verfahren bezeichnen, durch das eine melodische Vorlage soweit umgebildet wird, daß eine neue Melodiegestalt entsteht. In der Geschichte des Begriffs K. sind jeweils verschiedene Aspekte betont worden. Schering entwickelte an der Trecentomusik die These, die melismenreichen Oberstimmen seien *unter Anlehnung an bereits Gegebenes, hier des Volksliedes*, entstanden und man müsse sie »dekolorieren«, um die ursprünglichen Weisen wiederherzustellen:

Da zeitgenössische Quellen fehlen, blieb Scherings These unbewiesen. Stand bei ihm die Dekolorierung als analytische Methode im Vordergrund, so bei R. v. Ficker und A. Orel die Frage, inwieweit die K. ein kompositorisches Verfahren war. Messen und Motetten des frühen 15. Jh. wurden daraufhin untersucht, in welchem Maße damals bekannte liturgische Melodien in ihnen verarbeitet waren. War für Schering der *thematische Urstoff* eine plastische Liedgestalt, deren Formkräfte in die Komposition einflößen, so ist für v. Ficker die Vorlage nur *eine beziehungslose Aufeinanderfolge von Tönen ohne melodische Eigenbedeutung*. Schering wollte »Volkslieder« finden, v. Ficker möchte zeigen, wie aus einem Gerüst die Komposition entsteht. In dem folgenden Beispiel (DTÖ XXVII, 1, S. 98) sind die Töne der »Urmelodie« mit ★ bezeichnet.

Th. Kroyer wandte sich gegen diese Annahme, *denn sie stempelte den alten Phonasken zum Abschreiber*. Auch könne die Ähnlichkeit zwischen Vorlage und kolorierter Gestalt wegen der Verwandtschaft vieler Melodien des gleichen Modus auf bloßem Zufall beruhen. – Im Gegenzug zu Kroyers Bedenken untermauerte v. Ficker seine Theorie 1924 historisch durch eine Geschichte der K.s-Technik in der Messenkomposition des frühen 15. Jh. Von den notengetreuen Übernahmen ganzer liturgischer Melodien ausgehend, stellte er die K.s-Technik in eine Entwicklung, die zu immer weitergehender Freiheit gegenüber den Vorlagen führte. Wo der strikte Nachweis nicht möglich war, half der Hinweis auf die Tradition. J. Handschin differenzierte den Begriff der K. in Paraphrasierung (die Vorlage ist nur noch ideell vorhanden), Variierung (Nacheinander von Original und Bearbeitung der Melodie), Figurierung, Komprimierung (Auslassen von Tönen) und K. Seine Beispiele entnahm er hauptsächlich dem Repertoire der englischen Ordinariumstropen. H. Besseler und W. Korte wiesen Scherings These, die Trecentomusik beruhe auf K., zurück. Die Ordinariumskompositionen, besonders der englischen, und die Hymnenkompositionen des 14. und vor allem des frühen 15. Jh. aber gelten allgemein als koloriert. – Nach 1945 hat sich die musikwissenschaftliche Themenstellung verändert: die kontrapunktische Technik wurde stärker als die melodische akzentuiert; doch nähert sich der Versuch, die Satztechnik einer Komposition durch Reduktion auf deren kontrapunktische Gerüste zu untersuchen, dem Verfahren der Dekolorierung.

Lit.: A. SCHERING, Das kolorierte Orgelmadrigal d. Trecento, SIMG XIII 1911/12; DERS., Studien zur Mg. d. Frührenaissance, = Studien zur Mg. II, Lpz. 1914; A. OREL, Einige Grundformen d. Motettkomposition im 15. Jh., StMw VII, 1920; R. v. FICKER, Die Kolorierungstechnik d. Trienter Messen, ebenda; DERS., Die frühen Messenkompositionen d. Trienter Codices, StMw XI, 1924; TH. KROYER, Denkmäler d. Tonkunst in Österreich, ZfMw V, 1922/23, dazu R. v. Ficker, A. Orel, Schlußwort v. Th. Kroyer, ebenda; P. WAGNER, Zur Vorgesch. d. Missa, Gregorius-Blatt XLVIII, 1923; J. HANDSCHIN, Zur Frage d. melodischen Paraphrasierung im MA, ZfMw X, 1927/28; H. BESSELER, Von Dufay bis Josquin, ZfMw XI, 1928/29; W. KORTE, Studie zur Gesch. d. Musik in Italien im ersten Viertel d. 15. Jh., = Münsterische Beitr. zur Mw. VI, Kassel 1933; H. FEDERHOFER, Akkordik u. Harmonik in frühen Motetten d. Trienter Kodices, Diss. Wien 1936, maschr.; E. H. SPARKS, C. f. in Mass and Motet 1420–1920, Berkeley (Calif.) u. Los Angeles 1963.   HK

Kolumbien.
Lit.: E. CLOSSON, A propos de la zambumbia colombienne, Bull. de la Soc. Internationale de Musicologie II, 1930/31;

E. DE LIMA, La musique colombienne, ebenda; DERS., La chanson populaire en Colombie, AMI IV, 1932; DERS., Diverses manifestations folkloriques sur la côte des Antilles en Colombie, AMl VII, 1935; J. I. PERDOMO ESCOBAR, Hist. de la música en Colombia, Bogotá 1945; FR. BOSE, Die Musik d. Chibcha u. ihrer heutigen Nachkommen, Internationales Arch. f. Ethnographie XLVIII, 1958; H. ZAPATA CUENCAR, Compositores colombianos, Medellín 1962; R. STEVENSON, La música colonial en Colombia, Cali 1964; A. PRADO TOVAR, Traditional Songs in Chocó, Colombia, = Inter-American Music Bull. Nr 46/47, März–Mai 1965.

Kombinationen sind in der Orgel Kollektivzüge, die durch Druckknöpfe, Handgriffe oder Fußtritte eine festgelegte Anzahl von Registern (Organo pleno, Tutti u. a.) oder frei eingestellte Registrierungen (freie K., Setzer-K.; engl. setter pistons) erklingen lassen.

Kombinationstöne werden hörbar, wenn durch → Verzerrung von zwei oder mehreren gleichzeitigen Schwingungsvorgängen zusätzliche Schwingungen (Kombinationsschwingungen) entstehen. Ihre Frequenzen ergeben sich rechnerisch als Summen bzw. Differenzen der Primärfrequenzen oder ihrer Vielfachen. Differenztöne wurden zuerst von → Tartini und → Sorge beobachtet; H. v. Helmholtz postulierte außerdem Summationstöne, die bisher aber noch nicht nachgewiesen werden konnten. Haben zwei Schwingungen das Verhältnis $m:n$, so bilden sich als Kombinationstöne z. B. $m-n$ (Differenzschwingung) bzw. $m+n$ (Summationsschwingung). Nach Husmann wird in übersichtlicher Abkürzung für den Kombinationston K, den Differenzton D, den Summationston S eingesetzt. Dazu zeigen Indizes an, welche Teilschwingungen den K.n zugrunde liegen; die Quersummen der Indizes geben die Ordnung in der Potenzreihe an, in der sie entstehen. Die aus den Primärschwingungen $m:n$ resultierenden Kombinationen K_{11} erscheinen dann als D_{11} ($m-n$) und S_{11} ($m+n$). Ebenso werden die Kombinationsschwingungen höherer Ordnung dargestellt: S_{21} ($2m+n$) und S_{12} ($m+2n$), bzw. D_{21} ($2m-n$) und D_{12} ($m-2n$) usw. Theoretisch lassen sich beliebige Kombinationen bilden; gehört werden K. nur etwa bis zur achten Ordnung.

Lit.: H. v. HELMHOLTZ, Die Lehre v. d. Tonempfindungen ..., Braunschweig 1863, ⁴1877, ⁶1913; W. PREYER, Über Combinationstöne, Sb. d. Jenaischen Ges. f. Medicin u. Naturwiss. f. d. Jahr 1878, Jena 1879; C. STUMPF, Tonpsychologie II, Lpz. 1890, Nachdruck Hilversum u. Amsterdam 1965; DERS., Beobachtungen über subjektive Töne u. Doppelthören, Zs. f. Psychologie u. Physiologie d. Sinnesorgane XXI, 1899; F. KRUEGER, Beobachtungen an Zweiklängen, in: Philosophische Studien XVI, 1900; DERS., Zur Theorie d. Combinationstöne, ebenda XVII, 1901; G. v. BÉKÉSY, Über d. nichtlinearen Verzerrungen d. Ohres, Annalen d. Physik XX, 1934; H. HUSMANN, Vom Wesen d. Konsonanz, in: Mus. Gegenwartsfragen III, Heidelberg 1953; J. P. FRICKE, Über subjektive Differenztöne höchster hörbarer Töne u. d. angrenzenden Ultraschalls im mus. Hören, = Kölner Beitr. zur Musikforschung XVI, Regensburg 1960; H.-P. REINECKE, H. Riemanns Beobachtungen v. »Divisionstönen« ..., in: H. Albrecht in memoriam, Kassel 1962. WiD

Komma. – 1) Das Verhältnis des großen zum kleinen Ganzton ergibt das didymische oder syntonische K. $\frac{9}{8} : \frac{10}{9} = \frac{81}{80}$ bzw. 203,9 – 182,4 = 21,5 Cent. Das Verhältnis von 12 reinen Quinten zu 7 Oktaven ergibt das pythagoreische K. $\left(\frac{3}{2}\right)^{12} : \left(\frac{2}{1}\right)^7 = \frac{531441}{524288}$ bzw. 701,96 · 12 – 1200 · 7 = 23,5 Cent. Für das syntonische K. ist von A. v. Oettingen der K.-Strich (z. B.: $\overline{c}$) in die Buchstaben-Tonbezeichnung eingeführt worden (→ Intervall). – 2) In der Literatur für Gesangsstimmen und Blasinstrumente wird das K.-Zeichen (') benutzt, um die Stellen zu bezeichnen, an denen geatmet werden soll; in ähnlichem Sinn angewendet kommt es in Instrumentalwerken vor, wenn eine »Luftpause«, d. h. eine nicht ihrem Werte nach notierte Unterbrechung beabsichtigt ist.

Komplet (lat. completorium), – 1) die letzte Hore im → Offizium der katholischen Kirche. Sie beschließt das tägliche Stundengebet. Im abendländischen Liturgiebereich wurde ihr Aufbau erstmals in der Regel des hl. Benedikt (Kap. 29) erläutert. Nach dem Römischen Brevier enthält die K. folgende Teile: a) Officium capituli (seit 1568): Einleitende Benedictio *Noctem quietam* – Lectio brevis *Fratres: Sobrii estote* (1. Petr. 5, 8–9) – Schuldbekenntnis (*Confiteor*) und Absolution; b) Officium chori: 3 Psalmen mit Antiphon – Hymnus *Te lucis ante terminum* – Capitulum *Tu autem* (Jer. 14, 9), Responsorium breve *In manus tuas* und Versikel *Custodi nos* – Canticum Simeonis *Nunc dimittis* (Luc. 2, 29–32) mit Antiphon *Salva nos* – Oration *Visita quaesumus* – Schlußsegen – Marianische Antiphon. – Gegenüber der römischen Form der K. zeichnet sich die monastische durch größere Einfachheit aus. Die K. der mailändischen Liturgie ist umfangreicher. – 2) Completorium war auch die Bezeichnung der Schlußantiphon im letzten Stundengottesdienst (Lucernarium = römische Vesper) des mailändischen und gallikanischen Ritus; beide Liturgien besaßen im Mittelalter keine K.

Komposition (lat. compositio) in der Musik ist heute allgemein das tonschriftlich ausgearbeitete Werk, dessen Gelingen schöpferische musikalische Begabung und umfassende Ausbildung voraussetzt und das mit der klingenden Ausführung rechnet. (Im Sinne des → Urheberrechts ist K. jede selbständige Schöpfung, unabhängig von ihrer künstlerischen Bewertung.) –

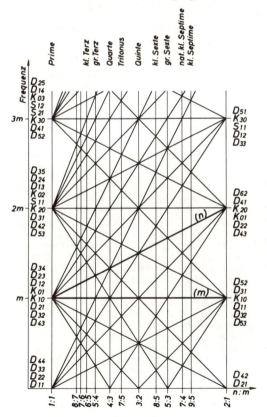

Komposition

Durch die Person des Komponisten, besonders durch seine Stellung in der Gesellschaft, ist die K. vielfältig verflochten mit der politischen, kirchen-, kultur- und sozialgeschichtlichen, der wissenschafts-, literatur- und kunstgeschichtlichen Situation ihrer Entstehungszeit. Gleichwohl ist das Komponieren ein spezifisches »Denken in Tönen«, das seiner eigenen Gesetzmäßigkeit und Logik folgt und das sich einerseits mit der → Theorie der Musik auseinandersetzt, andererseits selbst als Gegenstand der Reflexion Theorien zu beeinflussen, zu bestimmen und zu stiften vermag. Dem Studium der K. dient die K.s-Lehre (Harmonie- und Kontrapunktlehre; Zwölftontechnik; Rhythmik, Metrik, Formen- und Instrumentationslehre); doch knüpft der Komponist vor allem an die Werke der Meister an, die er sich (im einzelnen und Prinzipiellen) zum Muster wählt. Die K. selbst aber muß, um gültig zu sein, die Forderung der Neuheit, der Originalität erfüllen. – Als tonschriftliche Ausarbeitung von Musik – die der → Improvisation bzw. Stegreifausführung gegenübersteht (meist jedoch in der Ausführung in bestimmter Weise mit ihr rechnet und kompositorisch sich mit ihr auseinandersetzt) – ist die K. in ihren Anfängen und in ihrer Fortentwicklung mit der Geschichte der → Notenschrift unlösbar verbunden. Voll greifbar ist sie im Bereich der Einstimmigkeit erst seit dem 9. Jh. (Sequenz, Tropus), in der Mehrstimmigkeit seit dem 12. Jh. (→ Organum; → Quellen: *Calixtinus*, *SM*) bzw. erst nach Ausbildung der → Modalnotation (→ Notre-Dame-Epoche; → Discantus), die dem Aufzeichnen von Musik die Eindeutigkeit der Tondauern hinzugewann. Seitdem steht in der Geschichte der K. im Mittelpunkt der abendländischen → Geschichte der Musik und entläßt jedes ihrer bedeutenderen Werke in eine Geschichte seines Verstehens, die sich in → Interpretation, → Aufführungspraxis und → Editionstechnik widerspiegelt. – In ihrer Logik und Art der Aussage ist die K. bedingt durch die geschichtlichen Status der tonsprachlichen Gegebenheiten (Tonsystem und Tonalität, Verhältnis von Stimme und Klang, Dissonanzbehandlung, Messung und Gliederung der Zeit durch Mensur bzw. Takt, Metrum und Rhythmus u. a.). Diese bilden, sich gegenseitig bedingend, jeweils ein System geltender musikalischer Werte, das die K. einerseits erfüllen muß, andererseits zugunsten neuer Sprachmöglichkeiten zu bereichern und zu verwandeln strebt. Die geschichtliche Relevanz einer K. gründet in der Kraft solchen Verwandelns, während die K. als Erfüllung eines (oder ihres) Wertesystems ein epochal (oder personell) Jeweiliges, also Unersetzliches ist und somit – verbunden mit Qualität (die als Sinnfülle zu definieren und zu analysieren ist) – fortdauernde Geltung zu erlangen vermag. Überzeugt z. B. in Viadanas *Cento concerti ecclesiastici* oder in C. Ph. E. Bachs oder J. Stamitz' Schaffen die geschichtliche Relevanz und zeichnet sich das Gesamtwerk z. B. von Schütz, von J. S. Bach oder von W. A. Mozart durch eine die zeitgenössische Erfüllung eines Wertesystems überragende Qualität aus, so verbindet die K.s-Kunst etwa Dufays, Monteverdis und Weberns beides in gleich hervorragender Weise. – Bei aller geschichtlichen Bedingtheit hat die K. doch stets tonsprachliche Grundforderungen zu erfüllen, so die der Faßlichkeit, der Gliederung und des Zusammenhangs, der Mannigfaltigkeit, des Schließens (→ Schluß), und kompositionsgeschichtliche Prozesse wiederholen sich, z. B. das Eindringen der Dissonanzen von der Schlußgestaltung ins Satzinnere oder die kompositorische Fixierung von zunächst improvisatorischen Zusätzen. Eine Reihe von Grundtatsachen kompositorischen Gestaltens kann durch Begriffe wie Wiederholen (auch Sequenz, Stimmtausch, Umkehrung), Nachahmen (→ Imitation), Verändern (→ Variation), Schmücken (→ Color – 2, → Diminution – 2, → Figuren) umschrieben werden. Auch Gesichtspunkte bleiben konstant, so die Beziehung zur Sprache, grammatisch, rhetorisch, deklamatorisch (→ Deklamation), die sich in Gestaltungsprinzipien und in der → Terminologie zu erkennen gibt, oder die sozialgeschichtlich veranlaßte Entstehung (z. B. als → Festmusik oder als → Salonmusik). Wenn auch die Geschichte der K. wesentlich nicht unter der Perspektive der Vervollkommnung (des »Fortschritts«) betrachtet werden kann, da jede Verwandlung des Geltenden neben Gewinn auch Verlust bedeutet, zeigt sie doch Zielstrebigkeit, nicht nur im Schaffen eines Komponisten (z. B. Haydns), sondern auch innerhalb von Zeitabschnitten: Die mehrstimmige Musik des Mittelalters steigerte vor allem die rhythmischen K.s- (zugleich Notierungs-)möglichkeiten bis hin zur → Ars nova (und Ars subtilior) des 14. Jh.; J. S. Bachs Art der K. bedeutet den Höhepunkt der Zeit einer Auseinandersetzung von kontrapunktischer Stimmigkeit und sich emanzipierender Akkordlogik; und das 19. Jh. kann als eine Epoche der fortschreitenden Sublimierung und der Auflösung der funktionalen Harmonik beschrieben werden. Darüber hinaus kann die gesamte Geschichte der K. als zielstrebig angesehen werden: z. B. als Steigerung des Neuheitsanspruchs in Verbindung mit dem Anwachsen der kompositorischen Möglichkeiten, zugleich als Fortschreiten von der Anonymität des Komponisten (→ Anonym) zur Nennung seines Namens (seit dem 14. Jh.) und zum Begriff des »ingenium« (16. Jh.) und dem des »Originalgenies« (18. Jh.), oder als Entwicklung der K. in ihrer Nachbarschaft zur Sprache im Mittelalter (→ Color – 2, → Flores, Clausula, → Talea, auch Compositio, s. u.) zum Ausdruck der Sprache in Humanismus und Renaissance, weiterhin zur »Versprachlichung« der Instrumentalmusik im Barock, ihrer Auffassung als »reiner« Musik in der Klassik bis zum Entstehen des Begriffs der → Absoluten Musik im 19. Jh. und der »absoluten« (oder »totalen«) K. im 20. Jh.

Das mittelalterliche Musikschrifttum gebraucht die Wörter componere und compositio weithin in vokabularer Bedeutung (oft in der Gegenüberstellung simplex–compositus), z. B. für das Zusammenfügen von einfachen Intervallen zu abgeleiteten (CS III, 424b: *... tonus cum dyapente ... dicitur a tono et dyapente compositus*), von Intervallen (simplices symphoniae) zu mehrtönigen Klängen (GS I, 162a), von Stimmen zu einem mehrstimmigen Satz (CS IV, 26b: simplex cantus – compositus cantus), von Noten (figurae simplices) zu einer Ligatur (CS III, 336), von Zeiteinheiten zu einem übergeordneten Zeitwert (CS III, 137b). In einem terminologisch gefestigten Sinn (gegenüber der vokabularen Bedeutung jedoch nicht immer scharf abzugrenzen) bezeichnen componere und compositio die nach Tonführung, Gliederung und Rhythmik rechte, auf Einheit, Mannigfaltigkeit und Wohllaut bedachte Bildung eines Cantus, seit dem frühen 11. Jh. auch unter Einschluß seiner schriftlichen Aufzeichnung (Guido von Arezzo, *Micrologus*, cap. XV: *De commoda vel componenda modulatione*, CSM IV, 162; Johannes Affligemensis, *De arte musica*, cap. XVIII: *Praecepta de cantu componendo*, CSM I, 117). Hierbei handelt es sich sehr wahrscheinlich um eine Anlehnung an den compositio-Begriff der antiken Rhetorik, der das wohllautende Zusammenfügen der Wörter zum Satzganzen benennt, in bezug auf Gliederung, Wortwahl und -verbindung mit dem Ziel des recte und des bene dicere. Neben componere in der fixierten und seit dem 13. Jh. immer ausschließlicher auf die mehrstimmige Musik eingegrenzten Bedeutung steht das Wort modulari (Johannes Affligemensis, ebenda 77: ... *modulatur id est componitur*); modulari ist in seiner spezifisch musikalischen Verwendung jedoch älter und zunächst zentraler als componere und einerseits konkreter in seinem an Modus angelehnten Sinn, andererseits umfassender in seinem Anwendungsbereich (→ Modulatio). Bis ins späte Mittelalter stehen neben componere und modulari – teils gleichbedeutend und gleichrangig – die Wörter fingere (Boethius, *De institutione musica* I, 34), facere (Guido, CS IV, 167), formare (Johannes de Grocheo, ed. Rohloff, S. 57), ordinare (tenorem; Aegidius de Murino, CS III, 24), notare (Anonymus A. de Lafage, Ann. Mus. V, 1957, S. 30), edere (*Quartum principale*, CS IV, 268), scribere (Prosdocimus de Beldemandis, CS III, 194). Ebenso wie diese Wörter erscheint auch componere bis ins 15. Jh. fast stets in Verbindung mit einem es näher bestimmenden Objekt (componere cantum, cantilenam u. ä.; compositor cantus bzw. cantuum). – Obwohl vor allem das → Organum im Stadium Perotins, die → Motette seit Vitry, der → Kantilenensatz seit Machaut, die → Ballata und das → Madrigal seit Landini als hochentwickelte K.s-Kunst zu beurteilen sind und die Geschichte der mittelalterlichen K. im Fortschreiten vom Discantus zum Contrapunctus (→ Kontrapunkt) und von der Notre-Dame-Epoche zur → Ars antiqua und → Ars nova und zum Aufblühen der Kunst des → Trecentos als ein beständiges Erweitern und Verwandeln des Systems der musikalisch geltenden Werte sich darstellt, hat sich im mittelalterlichen Denken der Begriff der K. im modernen Sinn der schöpferischen Leistung eines Individuums nur langsam (etwa seit dem 13. Jh.) entwickelt. Das Bilden, Machen, Schreiben, Notieren, Finden und Erfinden verstand sich in erster Linie als artifizielles, d. h. auf Wissenschaft, Lehre und Fertigkeit beruhendes Zum-Erscheinen-Bringen eines durch Überlieferung und Auctoritas zu erhellenden, in der Contemplatio zu ergründenden immerwährenden Seins und Wesens des Klingenden als → Harmonia.

Im 15. und 16. Jh., zur Zeit des → Humanismus und der Renaissance, steigerten sich Möglichkeiten und Freiheit der K. in Verbindung mit dem Aufkommen der frühneuzeitlichen Harmonik (des neuen Ideals klanglicher Suavitas anstelle des Primats rhythmischer Subtilitas), der C. f.-freien K., der Text- und Affektdarstellung und des musikalisch-kompositorischen Ziels der Varietas, Elegantia, Exornatio, Expressio. Für Tinctoris (*Liber de arte contrapuncti*, 1477, Prologus, CS IV, 77b) gibt es erst seit den 1430er Jahren, dem Schaffen Dunstables, Dufays und Binchois', dem Beginn der → Niederländischen Musik (→ Franko-flämische Schule), *quippiam compositum ..., quod auditu dignum ab eruditis existimetur*. Er unterscheidet nun aufs deutlichste die Stegreifausführung der Mehrstimmigkeit durch die Concentores (concentus super librum, super librum cantare; → Sortisatio) und die schriftlich ausgearbeitete mehrstimmige Musik (cantus compositus; → Res facta) und definiert den Compositor: *est alicujus novi cantus editor* (*Diffinitorium*, 1473/74). Auch z. B. Glareanus setzt sich in seiner Gegenüberstellung von Phonascus und → Symphoneta (letzterer »jetzt allgemein« compositor genannt, Vorrede zum III. Buch des *Dodekachordon*, 1547) und in seiner Würdigung der bedeutenden Symphoneten seiner Zeit (*De Symphonetarum ingenio*, ebenda III, cap. XXVI) mit der neuen Geltung des Komponisten auseinander. An die Stelle des spätmittelalterlichen musicus-cantor tritt der musicuscomponista (Gurlitt), der das theoretische Wissen ganz in den Dienst der Schaffenspraxis stellt. Das musikalische Werk gilt in seinem Gelingen als abhängig von den Viribus ingenii (*naturali quadam ac ingenita virtute magis quam arte*, Glareanus, II, cap. XXXVIII), vom *impetu quodam naturali* (Coclico 1552), vom *celeste influsso* (Aaron 1545); es folgt im Lehrprozeß des Nachahmens von Exempla den gepriesenen Vorbildern, muß jedoch selbst neu und an der beständigen Vervollkommnung der Musik beteiligt sein; als *opus perfectum et absolutum* überdauert es den Tod und begründet den Nachruhm des Komponisten (Listenius 1537). Neben den Begriff des Contrapunctus, der – schon auf Grund seines Namens – an bestimmte Satzprinzipien gebunden blieb (→ Kontrapunkt), trat seit Anfang des 16. Jh. der zum selbständigen Begriff gefestigte Terminus compositio, zunächst gleichbedeutend, dann in dem umfassenderen Sinne der »Gestaltung« (*constitutio cantilenae*, A. Ornitoparchus 1517). *Compositionis regula liberior est, et in hac plura licent quam in contrapuncto* (Coclico 1552). Der compositio-Begriff schloß hinfort den extemporierten Kontrapunkt aus, bezog den Contrapunctus scriptus mit ein und vermochte von nun ab alle Neuerungen der musikalischen Setzkunst zu umgreifen. Die Kontrapunktlehre im frühhumanistischen Stadium der Lehrbücher von Gaffori (ab 1478), Adam von Fulda (1490) und → Tinctoris wurde zur K.s-Lehre (ars componendi) erweitert. Diese Entwicklung wurde besonders gefördert von einer an der Kölner Universität zentrierten Schule der Musiklehre (→ Wollick und Schanppecher, → Cochlaeus, → Glareanus) und stand stark unter dem Einfluß der K.en Josquins. Zu nennen sind die gedruckten Lehrbücher von Schanppecher (*ars componendi*, = Teil 4 des *Opus aureum musicae*, Köln 1501), Cochlaeus 1511, Ornitoparchus 1517, Galliculus 1520 und Luscinius 1536. In Deutschland entstand seit der Mitte des 16. Jh. eine eigene Art und Tradition der K.s-Lehre unter der humanistischen Benennung → Musica poetica (→ Melopöie). In Italien erschienen die Lehrwerke der Willaert-Schüler Vicentino (1555) und Zarlino (1558), dessen grundlegende Neufassung der Musica prattica weithin ausstrahlte (Artusi ab 1586, Zacconi 1592, Calvisius 1592, Morley 1597, Sweelinck), jedoch in Italien selbst bereits seit den 1570er Jahren bei den Verfechtern der neuen K.s-Art zum Inbegriff alter, zu überholender Theoreme wurde (→ Camerata). Neben der vokalmusikalisch konzipierten K.s-Lehre und in Verbindung mit dem systematischen Ausbau der Lehre von der (auch vokalen) → Diminution (–2) und → Variation erstarkte die Spiellehre für den Organisten (→ Fundamentbuch; Schlick 1511) sowie die instrumentale Handwerkslehre allgemein (M. Agricola 1529) und speziell für Tasteninstrumente (Virdung 1511, G. Diruta 1593), Laute (Judenkünig um 1515, 1523, H. Gerle 1532, 1552, Newsidler 1537), Streichinstrumente (Ganassi 1542/43, Ortiz 1553) und Blockflöte (Ganassi 1535).

Die Geschichte der K. im 16. und beginnenden 17. Jh. wurde entscheidend bestimmt durch die zunehmende klanglich-akkordische Rechtfertigung des Satzes (→ Akkord – 1; → Baß – 1; → Fundamentum), durch die neu entstehende selbständige → Instrumentalmusik (→ Ricercar, → Toccata usw.) und vor allem durch das sich steigernde Streben nach Ausdruck (des Textes und der Affekte), der gegenüber dem Kontrapunkt ein neues, in Akkordik und Instrumentalismen begründetes, bald auch die reine Instrumentalmusik einbeziehendes System des Geltens und Bedeutens der Tonsetzungen rechtfertigte und konstituierte. Die Neuerungen zentrieren sich um die Begriffe: → Coro spezzato, → Mehrchörigkeit, → Concerto; → Generalbaß; → Musica reservata, → Monodie, → Seconda pratica (→ Chromatik, → Durezza, → Konsonanz/Dissonanz – 1). Gleichzeitig hatte die weitgehende Unvereinbarkeit alter und neuer K.s-Prinzipien ein Auseinanderfallen der K. in »Stile« zur Folge. – Gemäß den wichtigsten K.s-Stilen des 17. Jh. (→ Barock): dem vornehmlich von der katholischen Kirche sanktionierten »alten« (contrapunctischen) Stilus ecclesiasticus und dem die motettische a cappella-Tradition erneuernden Stil der Chormusik, ferner dem neuen monodischen bzw. solistisch concertierenden Stil und dem damit verbundenen Generalbaß, gliedert sich die K.s-Lehre seit Beginn des 17. Jh. (entsprechend der neuen → Stil-Lehre) in eine Lehre, die wesentlich im überlieferten Kontrapunkt, dem »Palestrina-Stil«, verharrt (so Berardi 1690 und noch Fux 1725) und eine Lehre, die auf ihn eine K.s-Lehre aufbaut (so z. B. die *Musica poetica* von Herbst, 1643, und die *Praecepta der Musicalischen Composition* von J. G. Walther, hs. 1708), ferner eine auf den Stilus recitativus zugeschnittene Lehre (Chr. Bernhard), neben der die praktische Generalbaßlehre steht. Der Generalbaß, von Fr. Gasparini 1708 als *composizione estemporanea* bezeichnet, wurde seit der Wende zum 18. Jh. auch als *Weg zur Composition* gelehrt (Niedt, *Musicalische Handleitung* I, 1700; auch Heinichen, *Der Generalbaß in der Composition*, 1728, Sorge 1745–47 und noch Kirnberger 1781) und blieb mit der seit Rameaus *Traité de l'harmonie* (1722) entstehenden → Harmonielehre bis ins 19. Jh. verbunden. – Gegenüber dem aus vokalmusikalischer Tradition entworfenen, vom 2st. C. f.-Satz ausgehenden *Gradus ad Parnassum* von Fux (1725) war J. S. Bachs K.s-Lehrgang instrumentalmusikalisch (»clavieristisch«), klanglich (»harmonisch«) konzipiert: Nach dem Zeugnis seiner Schüler (Kirnberger, C. Ph. E. Bach, der Forkel berichtete) begann Bachs K.s-Unterricht mit dem Spielen und Aussetzen des Generalbasses (nach Niedts *Handleitung*, Spitta II, S. 597ff.) und der 4st. Harmonisierung von Choralmelodien; erst auf dieser Basis des vollstimmigen Akkordsatzes erfolgte die Unterweisung in jenen K.s-Arten, denen Bachs Lehrwerke (namentlich *Inventionen*, *Wohltemperiertes Klavier* und *Kunst der Fuge*) als Muster dienen. Daß Bach seiner Lehre den protestantischen Choral zugrunde legte, beleuchtet das für den Reichtum seines Tonsatzes bezeichnende Sich-Durchdringen des modalen (kirchentonalen) und des dur-moll-tonalen Systems der Ton- und Klanggeltung (Beispiel: *O Haupt voll Blut und Wunden*). Und wenn C. Ph. E. Bach die Grundsätze des Vaters »antirameauisch« nennt, so mag damit generell Rameaus vereinfachendes Zurückführen der Harmonik und Stimmführung auf jene *principes naturels* gemeint sein, die freilich in der Folgezeit maßgebend wurden.

In der Vorklassik (→ Mannheimer Schule, → Wiener Schule – 1; C. Ph. E. Bach, J. Chr. Bach) wurde das System des Geltenden zu Grundprinzipien einer wesenhaft instrumentalmusikalischen Tonsprache hin verwandelt, die dann in der Klassik eine »Norm« darstellen: klare Kadenz-(Funktions-)Harmonik, (tanz)liedhaftes Singen der Melodie, ausgeprägte Takt- und Taktgruppenmetrik in Form von Satzgliedern (Einzeltakt, Taktgruppe, Halbsatz, Periode), die – in Verbindung mit der Dynamik und im Wechsel mit (oft sequenzierenden und modulierenden) »Entwicklungs«-Partien – nach dem Prinzip des Aufstellens und Beantwortens miteinander korrespondieren (→ Symmetrie) und als beständiges (abgestuftes) Endigen und Neuanfangen das Kontrastieren ermöglichen. Die Form dieses Geltenden, in welchem das spezifisch Menschliche (zunächst ebenfalls noch durch Konvention genormt) sich ins Spiel bringt, ist vor allem die → Sonatensatzform und der Sonaten-Satzcyklus (mit Lied-, Variations- und Rondoformen) und speziell das → Menuett, das als Tanzliedtypus jene kompositorischen Grundprinzipien bietet und fordert und dessen Stellung im K.s-Unterricht der Mozart-Zeit etwa derjenigen des Chorals in Bachs K.s-Lehrgang zu vergleichen ist. Die wichtigsten K.s-Lehren des späteren 18. Jh., Riepel (1752) und H. Chr. Koch (1782–93), stellen die Taktgruppenmetrik des → Satzes in den Vordergrund, exemplifizieren sie vorzugsweise an Tanzsätzen (besonders Menuetten), erklären die Normalfälle und kodifizieren die Abweichungen. Doch die Wiener → Klassik beginnt dort, wo auf der Grundlage des Normativen die K. als einmaliger Fall verwirklicht, das spezifisch Menschliche zum individuell Menschlichen gesteigert wird, wie z. B. schon im Trio von Mozarts Menuett K.-V. 65a (Nr 4) von 1769, wo – bei Rückgriff aufs erste Taktmotiv des Menuetts – das Taktmetrum (˘ ˘ ˘) durch Betonungskeil, Überbindung und wechselnde Phrasierung »Leben« erhält, um im Nachsatz um so deutlicher als das Normgebende hervorzutreten:

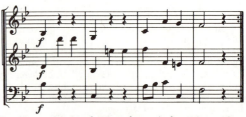

Das Komponieren als Umgehen mit dem Normativen (im Sinne des Abweichens, Eingreifens, Durchbrechens) steigert die Wiener Klassik zu höchster Subtilität in Symphonie, Sonate, Konzert, Oper und Kirchenmusik, Fantasie und Fuge, besonders im → Streichquartett. Dabei bereichert sie die K.s-Kunst durch Ausbildung des → Obligaten Akkompagnements, der → Durchbrochenen und der → Thematischen Arbeit, der → Durchführungs-Technik, des Ableitungs- und Variationsverfahrens der Motive, Themen und Sätze sowie generell durch Anknüpfen das lebenswirkliche Agieren der Opera buffa, Einbeziehen der Wiener kontrapunktischen Schultradition und Lernen an J. S. Bach. Mittelpunkt und Inhalt der klassischen Kunst ist der Mensch in seiner Lebendigkeit und Individualität, Freiheit (durch Bindung) und durchgeistigten Schönheit. Daß das spezifisch Menschliche in Form des liedhaften Singens, des Sich-Bewegens im Takt und des korrespondierenden »Aufstellens und Beantwortens« den normgebenden Prinzipien als solchen schon innewohnt, ermöglichte die völlige Einigung von Meinen (Inhalt) und Erscheinen (Form) der K. und somit die immer wieder bewunderte »Reinheit« dieser Musik, die in dem Sinne rein ist, daß ihr – in Erfüllung des der Musik wesentlichen Unbegrifflichen und Ungegenständlichen – kein vom Komponisten beabsichtigter begrifflicher Inhalt eingestaltet zu sein braucht.

Die Geschichte der K. im 19. Jh. kann beschrieben werden als beständige Auseinandersetzung mit der Wiener Klassik (und zunehmend mit der → Geschichte der Musik überhaupt), einerseits als bewußtes Anknüpfen und Weiterführen (Mendelssohn, Schumann, Brahms, Reger), andererseits als erklärter Wille zum Neuen (Berlioz, → Neudeutsche Schule, → Zukunftsmusik). Konservativismus und Fortschrittsfanatismus bildeten eine jener Antithesen, die das 19. Jh. kennzeichnen und die in Erscheinung traten z. B. auch als Gegensatz der Qualität (Epigonentum und totales Vergessenwerden – höchste Genialität und geschichtliche Relevanz), als Widerstreit sozialgeschichtlicher Gegebenheiten (Künstler–Publikum; Bourgeoisie–Masse; Häuslichkeit–Öffentlichkeit) und als Kontraste der Größenordnung: einerseits biedermeierliche Genügsamkeit und »schöne Gemütlichkeit« (Schumann 1840), das extrem Kleine als → Charakterstück, → Salonmusik, → Hausmusik, auch etwa in Schumanns K.en »für die Jugend« (op. 68 und 79 mit Titelblättern von L. Richter), andererseits das Phantastische und Gigantische, das extrem Große in Musikdrama, Symphonie, auch etwa als → Festmusik. – Kompositorisch erscheint der antithetische Grundzug der Musik des 19. Jh. vor allem im Auseinanderbrechen der klassischen Einigung von Meinen und Erscheinen in die Dualität von »Inhalt« (→ Ausdruck) und »Form« (→ Absolute Musik). Das Abstrahieren der Form (auch als → Formenlehre) bedeutete die Isolation des Inhalts, der, von der musikalischen → Romantik vielfältig begrifflich umschrieben und »gewollt«, zu einer die K. motivierenden Instanz erhoben wurde und als solche die »Reinheit« (Gegenstands- und Begriffslosigkeit, Absolutheit) der Musik in Frage zu stellen begann. Mit Beethoven entstand *eine Kunst, die mit einer gewissen Betonung über sich selbst hinausweist* (im Sinne von *willensmäßiger Anspannung, Tugendimpuls, Kraftausbrüchen*), so daß *wir bei Beethoven mit der rein musikalischen ... Anschauung nicht auskommen* (Handschin 1948, S. 349ff.). Weithin im 19. Jh. ist ein von außen her Kommendes, inhaltlich Beabsichtigtes, das Bewegende der »tönend bewegten Form«. Es hat die Namen: Programm (→ Programmusik); oder das biographisch faßbare, in der Intimsphäre beheimatete Erleben (Berlioz plante seine *Symphonie fantastique* als ein Werk, *où le développement de mon infernale passion doit être peint*; *Lettres intimes*, hrsg. von Ch. Gounod, Paris 1882, S. 63); oder das Beeindrucken und Schockieren (Berlioz' *Huit scènes de Faust* sollten *épouvanter le monde musical*; ebenda S. 30); oder Menschheitsrevolution (Wagners »vollkommenes Kunstwerk« ist ihm Vorbereitung und Ausdruck der vollkommenen menschlichen Gesellschaft, die an die Stelle der *Unfähigkeit unserer frivolen Kultur* zu treten hat; *Das Kunstwerk der Zukunft*, 1850); oder »Todesverkündigung«, »Ergebung«, »Verklärung« (Bruckner über seine 8. Symphonie am 27. 1. 1891); oder Sehnsucht nach der Natur als dem Unverdorbenen und Heilen (Mahler am 18. 2. 1896 über seine Musik: *Sie ist immer und überall nur Naturlaut!*). *Der Riß erfolgt von drüben, jenseits der eigenen Bewegung der Musik. In sie wird eingegriffen* (Adorno, *Mahler...*, 1960, S. 11, im Hinblick auf Mahlers 1. Symphonie, 1. Satz, Partitur S. 35). Am feinsinnigsten und musikalischsten ist das die Musik Bewegende im 19. Jh. durch den Begriff des »Poetischen« bezeichnet, der auch im Wort »Tondichter« angesprochen ist (er habe *gedichtet, oder wie man sagt komponirt*, schrieb Beethoven an Nanette Streicher, 30. 7. 1817). *... eine neue poetische Zeit vorzubereiten, beschleunigen zu helfen*, gehörte zu Schumanns Zielen seiner Neuen Zeitschrift für Musik (zur Eröffnung des Jahrganges 1835). Der Ausdruck der K. ist um so »poetischer«, *je mehr ... der Musik verwandte Elemente die mit den Tönen erzeugten Gedanken oder Gebilde in sich tragen* (Schumann, Rezension von Berlioz' *Symphonie phantastique*, 1835). Das Dichterische der Musik beruht auf Analogien und Assoziationen und ist s. v. w. das Musikalische der Dichtung bzw. das am Gegenständlichen künstlerisch verdichtete Gefühls- oder Stimmungsmoment: *eine Frühlingsdämmerung* oder das *Bild eines Schmetterlings, der auf einem Blatte am Bache mit fortschwimmt*. Das Poetische ist die Kraft, die die *scheinbare Formlosigkeit* rechtfertigt und die Musik von der Vorder- und Nachsatzentsprechung und vom *Gesetz der Taktschwere* befreit, so daß sie sich *zu einer höheren poetischen Interpunktion (wie ... in der Prosa Jean Pauls) selbständig* [zu] *erheben scheint* (Schumann, ebenda). – Damit ist der kompositionsgeschichtliche Prozeß des 19. Jh. angedeutet, der zur Musik des 20. Jh. führte. Das die K. Motivierende (das inhaltlich Beabsichtigte) war die eigentlich geschichtliche Kraft; *... außermusikalische Tendenzen ... waren die Ursachen von Veränderungen in allen Erscheinungsformen der musikalischen Substanz* (Schönberg 1957, S. 74). Indem diese Tendenzen harmonisch, melodisch, metrisch das System des Geltenden zu den Grenzen der Tonalität hin zu verwandeln, die überkommenen Formen zu sprengen und neue, je individuelle und darum von ihrem inhaltlichen Moment nicht mehr abstrahierbare Formungen zu bilden vermochten, hoben sie den Form/Inhalt-Dualismus wieder auf und führten die Musik zu neuer Reinheit in sich selbst. Diese neue Absolutheit der Musik brach als → Neue Musik am deutlichsten in der → Atonalität und Expressivität der → Wiener Schule (– 2) hervor: die Materialität der Musik erlangt erneut Autonomie; Inhalte werden sprachlich unformulierbar; das Komponieren selbst verabsolutiert sich in dem Maße, wie Stil-, Gattungs- und Formkategorien sekundär werden und der kompositorische Prozeß in die »Materialerstellung« einrückt (→ Serielle Musik, → Elektronische Musik, → Musique concrète); Form entsteht (wie ihr »Inhalt«) jedesmal neu, oder sie wird dem Mitspielen des Zufalls (→ Aleatorik) preisgegeben. Das musikalische Material ist nicht mehr durch Selektionsprozesse beschränkt und durch ein System des Geltenden prädeterminiert, sondern strebt nach Unbegrenztheit, die (von Fall zu Fall) kompositorisch begrenzt werden muß. K. wurde seit Schönberg, Berg und Webern somit auch in dem Sinne »total«, daß sie sich der Formulierbarkeit von Regeln zu entziehen schien und *sowohl die Komponisten als auch die Zuhörer nur auf ihren Instinkt angewiesen sind* (Bartók 1920). *Wer wagt hier Theorie zu fordern!* (Schönberg, Schlußsatz seiner *Harmonielehre*, 1911). – Doch gerade die Versuche theoretischen Durchdringens der Musik der Wiener Schule (besonders der K.en Weberns) stehen im Hintergrund der Seriellen Musik, deren Exponenten nicht nur Merkmale des Tones (Qualität, Höhe, Farbe usw.), sondern auch die Eigenschaften des Tonsatzes (Gefüge, Dichte, Gruppierung usw.) prädeterminieren. Die Begrenzung der unbegrenzten Materialität (die Klarstellung des Geltenden) geschieht hier nicht mehr eigentlich kompositorisch als Setzen von Tönen, sondern die K. gehorcht dem Plan, der sie steuert. Das Problem der Neuen Musik nach 1950 scheint das Hörproblem zu sein, nämlich die Erscheinung, daß in der Musik *das Ausdenken wesentlicher wird als das Ausführen und Anhören* (Křenek 1955, S. 35). Doch das wird vorübergehen.

Die großen Lehrbücher der K. von Momigny (1803–06), A. Reicha (ab 1818), G. Weber (1817–21), Logier (1827), A. B. Marx (1837–47), Lobe (1850–67), Sechter (1853–54), Prout (in Einzeldarstellungen ab 1876), Jadassohn (1883–89), d'Indy (ab 1903) verbinden in stufenweisem Aufbau die aus Klassik und Barock abstrahierten Lehrgegenstände: Harmonielehre (mit Melodielehre und Satzbau; kleinere Formen), Kontrapunkt (mit Kanon und Fuge), Formen- und Instrumentationslehre (zusammengesetzte Formen, Stilarten, Gattungen, Orchestersatz, Ensemblesatz). Dabei führt der Weg von der »reinen« zur »angewandten« K. (Marx), vom »reinen Satz« zur »freien K.« (Jadassohn), von der »musikalischen Zeichnung« (Formgebung) zur »musikalischen Farbengebung und speziellen Charakteristik« (Riemann, Vorwort 1913, S. V) und stellt die Analyse von Beispielen aus der Geschichte in den Mittelpunkt. Die Tradition der K.s-Lehre des 19. Jh. brachte H. Riemanns *Große Kompositionslehre* (1902–13) zu einem abschließenden Höhepunkt. Seine Vorgänger sind vor allem H. Chr. Koch (Periodenbau), Momigny (»Taktmotiv«- und Phrasierungslehre, wobei manche, speziell metrische Einsicht dem Systemzwang Riemanns zum Opfer fiel), G. Weber (Funktionsbezeichnungen) und Marx (Anlage der K.s-Lehre). Riemanns Lehre setzte sich zum Ziel, *das Bleibende in der Erscheinungen Wechsel seiner ewigen Bedeutung nach zum Bewußtsein zu bringen: die innere Gesetzmäßigkeit, die zwingende Logik, welche alles Kunstschaffen aller Zeiten beherrscht* (Vorwort 1913, S. VII). Und es kennzeichnet die Situation, wenn Riemann 1913 urteilt, *daß das Neue an dem Neuesten … sich in absichtlichen Gegensatz zu dem durch hartes Ringen von Jahrhunderten erreichten Normativen setzt, daß es eben darum sich einer systematischen Darstellung entzieht und nicht Gegenstand einer schulmäßigen Lehre sein kann* (ebenda). Gleichwohl bleibt es gültig für den Lernenden, – ob er an Schönberg oder Hindemiths Lehrwerk anknüpft, ob er sich Bartók oder Strawinsky zum Vorbild wählt oder ob er auf der Basis der Zwölftontechnik und Seriellen Musik neue Wege sucht –: daß er *die Kunst weiterführen* soll, *ausgerüstet mit dem Können derer, die vor ihm schufen* (Riemann 1902, S. 2).

Bibliogr.: → Kontrapunkt, → Musica poetica, → Harmonielehre, → Formenlehre, → Zwölftontechnik, → Elektronische Musik, → Serielle Musik, → Theorie d. Musik. – Im folgenden gilt d. Abk. C. für d. ältere deutsche sowie für d. lat., engl., frz. u. ital. Form d. Stichwortes K.

15. u. 16. Jh.: J. Tinctoris, De arte contrapuncti (Ms., 1477), hrsg. v. E. de Coussemaker, in: Joannis Tinctoris Tractatus de musica, Lille ²1875, dass. in: CS IV; Fr. Gaffori, Practica musice, Mailand 1496, als: Musicae utriusque cantus practica, Brescia 1497 u. ö.; M. Schanppecher, Ars componendi, = N. Wollick, Opus aureum musicae, Teil 4, Köln 1501 u. ö., als: Die Musica figurativa d. M. Schanppecher, hrsg. v. Kl. W. Niemöller, = Beitr. zur rheinischen Mg. L, Köln 1961 ff.; J. Cochlaeus, Tetrachordum musices…, Nürnberg 1511, ⁷1526; A. Ornitoparchus, Musice active micrologus, Lpz. 1517, ⁶1540, engl. v. J. Dowland, London 1609; J. Galliculus, Isagoge de c. cantus, Lpz. 1520, als: Libellus de c. cantus, Wittenberg ²1538 u. ö.; O. Luscinius, Musurgia seu praxis musicae, Straßburg 1536, ²1542; H. Glareanus, Dodekachordon, Basel 1547, deutsch v. P. Bohn, = PGfM, Jg. XVI/XVIII, Bd XVI, Lpz. 1888–90; A. P. Coclico, Compendium musices, Nürnberg 1552, Faks. hrsg. v. M. F. Bukofzer, = DMI I, 9, 1954; N. Vicentino, L'antica musica ridotta alla moderna prattica, (Rom 1555), Faks. hrsg. v. E. E. Lowinsky, = DMI I, 17, 1959; M. de Menehou, Nouvelle instruction familière, en laquelle sont contenus les difficultés de la musique…, Paris 1558, hrsg. v. H. Expert, = Les théoriciens de la musique au temps de la Renaissance I, Paris 1900; G. Zarlino, Istitutioni harmoniche, Venedig 1558, ²1562, erweitert ³1573, ⁴1593, dass. in: Tutte le opere…, 4 Bde, 1588–89, Faks. d. 1. Auflage, = MMMLF II, 1, NY (1965); Fr. Salinas, De musica libri septem…, Salamanca 1577, ²1592, Faks. hrsg. v. M. S. Kastner, = DMI I, 13, 1958; P. Pontio, Ragionamento di musica,…ove si tratta…del modo di far motetti, messe, salmi, et altre c.…, Parma 1588, Faks. hrsg. v. S. Clercx-Lejeune, = DMI I, 16, 1959; G. M. Artusi, L'arte del contrapunto, 2 Bde, Venedig 1586–89, ²1598; S. Calvisius, Melopoeia seu melodiae condendae ratio…, Erfurt 1592; L. Zacconi, Prattica di musica utile et necessaria si al compositore per comporre … si anco al cantore …, I Venedig 1592, ²1596, II 1622; V. Bona, Regole del contraponto et della compositione, Casale 1595, Übers. u. Kommentar v. Fr. Reusch, Diss. Heidelberg 1924, maschr.; Th. Morley, A Plaine and Easie Introduction to Practicall Musicke…, London 1597 u. ö., Faks. hrsg. v. E. H. Fellowes, = The Shakespeare Association Facsimiles XIV, London 1937, dass., Nachdruck hrsg. v. R. A. Harman u. Th. Dart, London (1952).

1600–1750: G. M. Artusi, L'Artusi overo delle imperfettioni della moderna musica, 2 Bde, Venedig 1600–03; J. P. Sweelinck, C.-Regeln… (um 1600), hrsg. v. H. Gehrmann, Sweelinck-GA X, 's-Gravenhage u. Lpz. 1903; J. Coperario, Rules How to Compose (Ms., um 1610), Faks. hrsg. v. M. F. Bukofzer, Los Angeles 1952; H. Baryphonus, Pleiades musicae, Halberstadt 1615, neu hrsg. (zusammen mit S. Calvisius, Melopoeia) v. H. Grimm, Magdeburg 1630; Sc. Cerreto, Dialoghi armonici per contraponto e per la compositione (Ms., 1626, Neapel), dass. als: Dialogo harmonico…et anco della compositione di più voci (Ms., 1631, Bologna); J. Crüger, Synopsis musica, Bln 1630, ²1654; W. Schonsleder, Architectonice musices universalis, ex qua melopoeiam, Ingolstadt 1631 u. 1681; A. Parran SJ, Traité de la musique…, contenant les préceptes de la c., Paris 1636, ²1639, ³1646; Chr. Bernhard, Tractatus c. augmentatus (Ms., um 1648/49), hrsg. v. J. Müller-Blattau in: Die Kompositionslehre H. Schützens in d. Fassung seines Schülers Chr. Bernhard, Lpz. 1926, Kassel ²1963; G. A. Bontempi, Nova quatuor vocibus componendi methodus, Dresden 1660; G.-G. Nivers, Traité de la c. de musique, Paris 1667 u. ö., nld. (übers. v. E. Roger), Amsterdam 1697; L. Penna, Li primi albori mus. per li principianti della musica, 3 Bde, Bologna 1672, erweitert ²1679, ⁴1684, Nachdruck d. 2. Buchs als: Albori mus. per li studiosi…, Venedig 1678; W. C. Printz, Phrynis oder Satyrischer Componist, Quedlinburg 1676, Bd II als Phrynis Mitilenaeus oder…, Sagan 1677, Bd III (zusammen mit NA v. Bd I–II), Dresden u. Lpz. ²1696; A. Berardi, Ragionamenti mus., Bologna 1681; ders., Documenti armonici, Bologna 1687; ders., Il perché mus., Bologna 1693; Ch. Masson, Nouveau traité des regles pour la c., Paris 1694, ²1699, ³1705, Amsterdam ⁴1738; A. Werckmeister, Hypomnemata Musica oder musicalisches Memorial…, Quedlinburg 1697; ders., Harmonologia Musica oder kurtze Anleitung zur Musicalischen C., Ffm. u. Lpz. 1702; Fr. E. Niedt, Musicalische Handleitung… I, Hbg 1700, ²1710, II (Handleitung zur Variation) 1706, hrsg. u. bearb. (mit Anh.) v. J. Mattheson ²1721, III hrsg. v. J. Mattheson, 1717; J. Kuhnau, Fundamenta c. (Ms., 1703); J. G. Walther, Praecepta d. Musicalischen C., Ms., Weimar 1708, hrsg. v. P. Benary, = Jenaer Beitr. zur Musikforschung II, Lpz. 1955; J.-Ph. Rameau, Traité de l'harmonie reduite à ses principes naturels, Paris 1722; J. J. Fux, Gradus ad Parnassum, Wien 1725, deutsch (mit Anm.) v. L. Chr. Mizler, Lpz. 1742, engl. v. A. Mann als: Steps to Parnasus, NY 1943, deutsche Teilausg. v. A. Mann, Celle 1938; J. D. Heinichen, Der Gb. in d. C., Dresden 1728; J. Mattheson, Kern Melodischer Wiss.,= Haupt- u. Grundlehren d. musicalischen Setz-Kunst oder C.…, Hbg 1737; G. A. Sorge, Vorgemach der musicalischen C., 3 Bde, Lobenstein 1745–47.

1750–1900: J. Riepel, Anfangsgründe zur musicalischen Setzkunst…, De rhythmopoeia oder v. d. Tactordnung, Augsburg 1752, Regensburg ²1754; ders., Grundregeln zur Tonordnung insgemein (= Cap. 2), Ffm. u. Lpz. 1755; ders., Gründliche Erklärung d. Tonordnung insbesondere, zugleich aber f. d. mehresten Organisten insgemein (= Cap. 3), Ffm. u. Lpz. 1757; ders., Erläuterung d. betrüglichen Tonordnung, nämlich d. versprochene 4. Cap., Augsburg 1765; ders., 5. Cap.: Unentbehrliche Anmerkungen zum Contrapunkt, Regensburg 1768; ders., Baßschlüssel, d. ist Anleitung f. Anfänger u. Liebhaber d. Setzkunst, die schöne Gedanken haben u. zu Papier bringen, aber nur klagen, daß sie keinen Baß recht dazu zu setzen wissen, hrsg. v. J. C. Schubarth, Regensburg 1785; ders., Harmonisches Sylbenmaß…angehenden Singcomponisten zur Einsicht…abgefaßt, I Recitativ, II Arien (in 1 Bd), Regensburg 1776; Fr. W. Marpurg, Abh. v. d. Fuge, 2 Teile, Bln 1753–54, Lpz. ²1806, gekürzte frz. Übers. v. dems., Bln 1756, Paris ²1801; ders., Hdb. bey d. Generalbasse u. d. C., 3 Teile, Bln 1755–58, Anh. Bln 1760, 1. Teil ²1762; ders., Anleitung zur Singc., Bln 1758; J. Ph. Kirnberger, Der allezeit fertige Polonoisen- u. Menuetten-Componist,

Bln 1757; DERS., Die Kunst d. reinen Satzes in d. Musik, 2 Bde, Bln u. Königsberg 1771–79; DERS., Anleitung zur Singec., Bln 1782; DERS., Gedanken über d. verschiedenen Lehrarten in d. C. als Vorbereitung zur Fugenkenntnis, Bln 1782; J. ADLUNG, Anleitung zu d. mus. Gelahrtheit (Kap. 18: Von d. Setzkunst oder C.), Erfurt 1758, hrsg. v. J. A. Hiller, Dresden u. Lpz. ^{2}1783, Faks. d. 1. Auflage, hrsg. v. H. J. Moser, = DMl I, 4, 1953; P. GIANNOTTI, Le guide du compositeur, Paris 1759; F. FENAROLI, Regole mus., Neapel 1775, frz. v. E. Imbibo als: Cours complet d'harmonie et de haute c., Paris o. J.; FR. X. RICHTER, Harmonische Belehrung oder gründliche Anweisung zu d. musicalischen Ton-Kunst u. regulairen C. (Ms., kompiliert aus Fux u. a.), frz. übers. u. bearb. v. Chr. Kalkbrenner als: Traité d'harmonie et de c., Paris 1804; G.J. VOGLER, Tonwiss. u. Tonsetzkunst, Mannheim 1776; H. CHR. KOCH, Versuch einer Anleitung zur C., I Rudolstadt 1782, II–III Lpz. 1787–93; CHR. KALKBRENNER, Theorie d. Tonsetzkunst I, Bln 1789; J. G. ALBRECHTSBERGER, Gründliche Anweisung zur K., Lpz. 1790 u. 1818, frz. v. A. E. Choron als: Méthode élémentaire de c., Paris 1814; J. FR. DAUBE, Anleitung zum Selbstunterricht in d. musicalischen C., 2 Bde, Wien 1797–98; CH. GAUZARGUES, Traité de c., Paris 1797; J.-J. DE MOMIGNY, Cours complet d'harmonie et de c. d'après une théorie neuve et générale de la musique, 3 Bde, Paris 1806, dazu H. Riemann, Ein Kap. v. Rhythmus, Mk III, 1903/04; A. E. CHORON, Principes de c. des écoles d'Italie, 3 Bde, Paris 1808–09, 6 Bde, ^{2}1816; W. CROTCH, Elements of Mus. C., London 1812, ^{2}1833, hrsg. v. T. Pickering ^{3}1856; A. REICHA, Traité de mélodie, abstraction faite de ses rapports avec l'harmonie, Paris 1814, ^{2}1832, ^{11}1911; DERS., Traité de haute c. mus., 2 Bde, Paris 1824–26, NA mit deutscher Übers. u. Anm., zusammen mit: Cours de c. mus., ou Traité complet et raisonné d'harmonie pratique, (Paris 1818), v. C. Czerny als: Vollständiges Lehrbuch d. mus. K., 4 Bde, Wien 1834; DERS., L'art du compositeur dramatique, ou Cours complet de c. vocale, 4 Bde, Paris 1833, deutsch v. C. Czerny, 6 Bde, Wien 1835; J. H. GÖROLDT, Leitfaden zum gründlichen Unterricht im Gb. u. d. C., 2 Bde, Quedlinburg 1815–16, als: Gründlicher Unterricht ..., ^{3}1832; G. WEBER, Versuch einer geordneten Theorie d. Tonsetzkunst, 3 Bde, Mainz 1817–21, ^{2}1824 (4 Bde), ^{3}1830–32, engl. als: The Theory of Mus. C., London 1851; FR.-J. FÉTIS, Traité du contrepoint et de la fugue, Paris 1824, ^{2}1846; C. FR. ZELTER, 1.–3. Cursus d. Compositionslehre, 3 Bde (Ms., 1824); J. B. LOGIER, A Systeme of the Science of Music, London 1827, deutsch v. A. B. Marx als: System d. Musik-Wiss. u. d. praktischen C., Bln 1827; J. A. ANDRÉ, Lehrbuch d. Tonsetzkunst, 2 Bde (Bd II in 2 Teilen), Offenbach 1832–43, NA hrsg. v. H. Henkel, 1874–78; B. ASIOLI, Il maestro di c., Mailand 1832; A. B. MARX, Die Lehre v. d. mus. K., 4 Bde, Lpz. 1837–47 u. ö., neubearb. v. H. Riemann, I ^{9}1887, II ^{7}1890, IV ^{5}1888; J. CHR. LOBE, Compositionslehre oder umfassende Lehre v. d. thematischen Arbeit, Lpz. 1844; DERS., Lehrbuch d. mus. C., 4 Bde, Lpz. 1850–67, bearb. v. H. Kretzschmar ^{2}1884–87, frz. v. G. Sandré ^{2}1897; G. W. FINK, Mus. Kompositionslehre, hrsg. v. Th. Coccius, Lpz. 1847; FR. SILCHER, Harmonie- u. C.-Lehre, Tübingen 1851, ^{2}1859; S. SECHTER, Die Grundsätze d. musicalischen C., 3 Bde, Lpz. 1853–54; FR. v. DRIEBERG, Die Kunst d. mus. K. ..., Bln 1858; E. PROUT, Instrumentation, London 1876, deutsch Lpz. ^{3}1904; DERS., Harmony, London 1889, revidiert 1910; DERS., Counterpoint, London 1890; DERS., Double Counterpoint and Canon, London 1891, ^{2}1893; DERS., Fugue, London 1891; DERS., Fugal Analysis, London 1892; DERS., Mus. Form, London 1893; DERS., Applied Forms, London ^{3}1895; DERS., The Orch., 2 Bde, London 1898–99, deutsch London 1905–06; A. BRUCKNER, Vorlesungen über Harmonielehre u. Kontrapunkt an d. Univ. Wien (ab 1875/76), hrsg. v. E. Schwanzara, Wien 1950; H. RIEMANN, Mus. Syntaxis. Grundriß einer harmonischen Satzbildungslehre, Lpz. 1877; DERS., Neue Schule d. Melodik. Entwurf einer Lehre d. Contrapunkts nach einer gänzlich neuen Methode, Hbg 1883; DERS., Systematische Modulationslehre als Grundlage d. mus. Formenlehre, Hbg 1887, russ. St. Petersburg 1896; DERS., Grundriß d. Kompositionslehre (Mus. Formenlehre), Lpz. 1889; DERS., Katechismus d. Kompositionslehre, 2 Bde, = Hesse's Illustrierte Katechismen VIII–IX, Lpz. 1889, als: Hdb. d. K.s-Lehre, ^{7}1922; DERS., Katechismus d. Gesangsk. (Vokalmusik), ebenda XX, 1891; L. BUSSLER, Praktische mus. Kompositionslehre, 3 Bde, Bln 1878–79; P. GOETSCHIUS, The Material Used in Mus. C., Stuttgart 1882, NY ^{2}1889, ^{14}1913; S. JADASSOHN, Mus. K.-Lehre, 2 Teile in 5 Bden, Lpz. 1883–89 u. ö.; DERS., Methodik d. musiktheoretischen Unterrichtes, Lpz. 1898; A. RICHTER, Die Lehre v. d. thematischen Arbeit, mit praktischen Übungen verbunden, Lpz. 1896. Ab 1900: H. RIEMANN, Große Kompositionslehre, 3 Bde (I Der homophone Satz, II Der polyphone Satz, III Der Orchestersatz u. d. dramatischen Gesangstil), Bln u. Stuttgart 1902, 1903, Stuttgart 1913; V. D'INDY (mit A. Sérieyx), Cours de c. mus., I–III Paris (1903–33), (^{2}1948–50), IV hrsg. v. G. de Lioncourt, 1950; H. SCHENKER, Neue mus. Theorien u. Phantasien, 3 Bde in 4: I Harmonielehre, Stuttgart u. Bln 1906, engl. v. O. Jonas, Chicago 1954, II, 1 Kontrapunkt (C. f., d. 2st. Satz), Stuttgart u. Bln 1910, II, 2 Kontrapunkt (d. 3- u. mehrst. Satz), Wien 1922, III Der freie Satz, Wien 1935, hrsg. v. O. Jonas ^{2}1956; A. SCHÖNBERG, Harmonielehre, Wien 1911, ^{3}1922, ^{4}1949, ^{5}1960, engl. NY 1947; DERS., Der mus. Gedanke u. d. Logik, Technik u. Kunst seiner Darstellung (unvollendetes Ms., 1934–36); DERS., Models for Beginners in C., NY 1942; DERS., Composing with Twelve Tones (1941), in: Style and Idea, London u. NY 1950; DERS., Structural Functions of Harmony, hrsg. v. H. Searle, NY 1954, deutsch v. E. Stein als: Die formbildenden Tendenzen d. Harmonie, Mainz (1957); CH. V. STANFORD, Mus. C., London 1911; H. GRABNER, Der lineare Satz, Stuttgart 1925, ^{2}1950; J. M. HAUER, Vom Melos zur Pauke. Eine Einführung in d. Zwölftonmusik, = Theoretische Schriften I, Wien u. NY (1925); DERS., Zwölftontechnik. Die Lehre v. d. Tropen, ebenda II, (1926); A. HÁBA, Neue Harmonielehre d. diatonischen, chromatischen, Viertel-, Drittel-, Sechstel- u. Zwölfteltonsystems, Lpz. 1927; CH. H. KITSON, The Elements of Mus. C., London 1936, NY 1937; P. HINDEMITH, Unterweisung im Tonsatz, 2 Bde, I Theoretischer Teil, Mainz 1937, ^{2}1940, II Übungsbuch, ebenda 1939, engl. als: Craft of Mus. C., I London 1942, II 1941; A. BERTELIN, Traité de c. mus., Paris 1939; G. FR. WEHLE, Neue Wege in K.-Unterricht I Bln 1940, II Lpz. 1941, I–II Hbg ^{3}1955–57; DERS., Die höhere Kompositionstechnik in neuzeitlicher Beleuchtung, 2 Bde, Bln u. Lpz. 1943, Hbg ^{2}o. J.; I. STRAWINSKY, Poétique mus., Paris u. NY 1942, Dijon ^{5}1945, erweitert Paris 1952, engl. Cambridge (Mass.) 1942 u. 1947, London u. Oxford 1948, NY 1956, deutsch v. H. Strobel als: Mus. Poetik, Mainz 1949, ^{2}1960; H.-P. BUSSER, Précis de c., Paris 1943; O. MESSIAEN, Technique de mon langage mus., 2 Bde, Paris 1944, engl. Paris 1956, Chicago 1957; J. SCHILLINGER, The Schillinger System of Mus. C., hrsg. v. L. Dowling, A. Shaw, 2 Bde, NY 1946; J. ROHWER, Tonale Instruktionen u. Beitr. zur Kompositionslehre, Wolfenbüttel (1949–51); DERS., Beispielbuch f. d. Lehrwerk »Tonale Instruktionen«, ebenda 1950; H. HEISS, Elemente d. mus. K. (Tonbewegungslehre), Heidelberg (1949); B. BLACHER, Einführung in d. strengen Satz, Bln u. Wiesbaden 1953; R. F. BRAUNER, Satztechnik. Ausgew. Kap. d. Tonsatzlehre unter besonderer Berücksichtigung d. neueren K., Wien 1954.

Lit.: A. B. MARX, Die alte Musikklim im Streit mit unserer Zeit, Lpz. 1841; L. KORNMÜLLER OSB, Die Choralkompositionslehre v. 10. bis 13. Jh., MfM IV, 1872; H. CH. BANISTER, On Some of the Underlying Principles of Structure in Mus. C., Proc. Mus. Ass. VII, 1880/81; RIEMANN MTh; H. RIEMANN, Ein Kap. v. Rhythmus, Mk III, 1903/04; DERS., Spontane Phantasietätigkeit u. verstandesmäßige Arbeit, JbP XVI, 1909; M. GRAF, Die innere Werkstatt d. Musikers, Stuttgart 1910; DERS., From Beethoven to Shostakovich: the Psychology of the Composing Process, NY 1947; B. BARTÓK, Das Problem d. neuen Musik, Melos I, 1920, auch in XXV, 1958; F. BUSONI, Von d. Einheit d. Musik (Gesammelte Aufsätze), Bln 1923, NA (revidiert u. ergänzt) hrsg. v. J. Herrmann als: Wesen u. Einheit d. Musik, = Hesse's Hdb. d. Musik LXXVI, Bln 1956; KN. JEPPESEN, Palestrinastil ..., Kopenhagen 1923, deutsch als: Der Palestrinastil u. d. Dissonanz, Lpz. 1925, engl. Kopenhagen u. London 1927, ^{2}1946; A. HÁBA, Von d. Psychologie d. mus. Gestaltung, Prag u. Wien 1925; DERS., Grundlagen d. Tondifferenzierung u. d. neuen Stilmöglichkeiten in d. Musik, in: Von neuer Musik, hrsg. v. H. Grues, E. Kruttge u. E. Thalheimer, Köln 1925, NA in: H. H. Stuckenschmidt, Neue Musik, = Zwischen d. beiden

Komposition

Kriegen II, Bln 1951; E. STEIN, Mahler, Reger, Strauss u. Schönberg. Kompositionstechnische Betrachtungen, Jb. d. Universal Ed., Wien 1925; H. ERPF, Studien zur Harmonie- u. Klangtechnik d. neueren Musik, Lpz. 1927; J. GEHRING, Grundprinzipien d. mus. Gestaltung, = Slg mw. Einzeldarstellungen XI, Lpz. 1928; A. JANCKE, Beitr. zur Psychologie d. mus. K., = Musikpsychologische Studien III, Lpz. 1928; J. BAHLE, Zur Psychologie d. mus. Gestaltens ..., Arch. f. d. gesamte Psychologie LXXIV, 1930, auch separat Lpz. 1930; DERS., Der mus. Schaffensprozeß, Lpz. 1936; DERS., Eingebung u. Tat im mus. Schaffen, Lpz. 1939; A. SCHÖNBERG, Zur Kompositionslehre, Mk XXIII, 1930/31; P. GOETSCHIUS, The Structure of Music ... Origin and Employment of the Fundamental Factors of Music C., Philadelphia (1934); C. DE SANCTIS, La polifonia nell'arte moderna spiegata secondo i principi classici, 3 Bde, Mailand 1934; H. VATER, Mus. Produktion, Arch. f. d. gesamte Psychologie XC, 1934, separat Lpz. 1934; R. O. MORRIS, The Structure of Music, Oxford 1935; H. W. v. WALTERSHAUSEN, Erfindung u. Gestaltung d. dramatischen Musik, in: Hohe Schule d. Musik I, hrsg. v. J. Müller-Blattau, Potsdam (1935); W. TWITTENHOFF, Die musiktheoretischen Schriften J. Riepels ..., = Beitr. zur Musikforschung II, Bln 1935; FR. BRANDT, Wie entsteht eine K.?, Düsseldorf 1936; W. FORTNER, Musiklehre u. Kompositionsunterricht, in: Deutsche Musikkultur I, 1936; DERS., K. als Unterricht, AfMw XVI, 1959; H. L. DENECKE, Die Kompositionslehre H. Riemanns, Diss. Kiel 1937; A. GASTOUÉ, Un ms. inconnu: un cours de c. de Gounod, Rev. de Musicol. XXIII, 1939; H. PFITZNER, Über mus. Inspiration, Bln 1940, ⁴1943, dazu: J. Bahle, H. Pfitzner u. d. geniale Mensch, Konstanz 1949; A. I. MACHOSE, The Contrapunctal Harmonic Technique of the 18th Cent., NY (1947); J. HANDSCHIN, Mg. im Überblick, Luzern (1948), ²1964; FR. MARTIN, De Verantwortung d. Komponisten, in: Stimmen I, 1948; L. DALLAPICCOLA, Kompositionsunterricht u. Neue Musik, Melos XVI, 1949; J. P. THILMANN, Probleme d. neuen Polyphonie, Dresden 1949; E. T. FERAND, »Sodaine and Unexpected« Music in the Renaissance, MQ XXXVII, 1951; DERS., Improvvisazioni e c. polifoniche, RMI LIV, 1952; H. W. ZIMMERMANN, Neue Musik im Kompositionsunterricht, Musik im Unterricht (allgemeine Ausg.) XLII, 1951; R. F. BRAUNER, Aus d. Werkstatt d. Komponisten, Wien 1952; P. HINDEMITH, A Composer's World: Horizons and Limitations, Cambridge (Mass.) 1952, deutsch als: Komponist in seiner Welt, Freiburg i. Br. u. Zürich 1959; DERS., Kräfte u. Verlauf d. mus. K., Universitas VII, 1952; W. GURLITT, Die Kompositionslehre d. deutschen 16. u. 17. Jh., Kgr.-Ber. Bamberg 1953, Neudruck in: Mg. u. Gegenwart I, = BzAfMw I, Wiesbaden 1966; B. BLACHER, Die mus. K. unter d. Einfluß d. technischen Entwicklung d. Musik, in: Klangstruktur d. Musik, hrsg. v. Fr. Winckel, Bln (1955); A. FEIL, Satztechnische Fragen in d. Kompositionslehren v. F. E. Niedt, J. Riepel u. H. Chr. Koch, Diss. Heidelberg 1955; E. KŘENEK, Den Jüngeren über d. Schulter geschaut, in: die Reihe I, Wien 1955; C. DAHLHAUS, Eine deutsche Kompositionslehre d. frühen 16. Jh., KmJb XL, 1956; DERS., Musica poetica u. mus. Poesie, AfMw XXIII, 1966; G. P. S. JACOB, The Composer and His Art, London 1956; L. DALLIN, Techniques of Twentieth Cent. C., Dubuque (Ia.) 1957; A. PALM, J.-J. de Momigny (1762–1842), Leben u. Werk, Diss. Tübingen 1957, maschr.; B. SCHÄFFER, Nowa muzyka. Problemy współczesnej techniki kompozytorskiej (»Neue Musik. Probleme d. neuen Kompositionstechnik«), mit Zusammenfassung in deutscher Sprache, Krakau 1958; P. BENARY, Die deutsche Kompositionslehre d. 18. Jh., = Jenaer Beitr. zur Musikforschung III, Lpz. 1961; E. APFEL, Über d. Verhältnis v. Musiktheorie u. Kompositionspraxis im späteren MA (etwa 1200–1500), Kgr.-Ber. Kassel 1962; DERS., Beitr. zu einer Gesch. d. Satztechnik v. d. frühen Motette bis Bach, 2 Bde, München 1964–65; R. STEPHAN, Hörprobleme serieller Musik, in: Der Wandel d. mus. Hörens, hrsg. v. S. Borris, = Veröff. d. Inst. f. Neue Musik u. Musikerziehung Darmstadt III, Bln (1962); P. BOULEZ, Musikdenken heute 1, = Darmstädter Beitr. zur Neuen Musik V, Mainz (1963); FR. NEUMANN, Das Verhältnis v. Melodie u. Harmonie im dur-moll-tonalen Tonsatz, insbesondere bei J. S. Bach, Mf XVI, 1963; K. STOCKHAUSEN, Texte zur elektronischen u. instr. Musik I. Aufsätze ... zur Theorie d. Komponierens, Köln 1963. HHE

Konkordanz. C. Stumpf verwendet die Ausdrücke K. und Diskordanz (von lat. → concordantia/discordantia), um den Konsonanz- und Dissonanzbegriff der Funktionstheorie (→ Funktionsbezeichnung) von dem der Tonpsychologie zu unterscheiden. Der Zusammenklang e–g–h, tonpsychologisch eine Konsonanz, bildet als Durchgangsakkord zwischen C dur- und F dur-Dreiklang funktional eine Diskordanz. Ist die Konsonanz in der Tonempfindung begründet, so ist die K. eine *Sache der Auffassung und des beziehenden Denkens*.
Lit.: C. STUMPF, Konsonanz u. K., in: Beitr. zur Akustik u. Mw. VI, Lpz. 1911; DERS., Konsonanz u. K., Zs. f. Psychologie LVIII, 1911; R. MÜNNICH, K. u. Diskordanz, ZIMG XIII, 1911/12; H. RIEMANN, Stumpf's »K. u. Diskordanz«, ebenda; R. HOHENEMSER, Über K. u. Diskordanz, Zs. f. Psychologie LXXII, 1914/15.

Konservatorium (ital. conservatorio; frz. conservatoire; engl. conservatory), in Deutschland die bedeutenden Institute auch Hochschule für Musik, werden größere Musikschulen genannt, in denen die Schüler in Komposition, in allen Instrumentalfächern (auch Volksmusikinstrumente), in Dirigieren, Gesang (auch Opernensembleklassen), in musikpädagogischen Fächern (→ Schulmusik, → Privatmusikerziehung), auch in Kirchenmusik (Orgel) ausgebildet und Diplome bzw. staatliche Zeugnisse erlangen können. – K. (lat. conservare, erhalten, verwahren) bezeichnete ursprünglich in Italien eine »Bewahranstalt« (Waisenhaus, Pflegeheim), in der musikalisch begabte Waisenkinder Musikunterricht erhielten, anfangs besonders um den Nachwuchs für die Kirchenchöre, seit dem 17. Jh. auch um junge Kräfte für die Opernunternehmen heranzubilden. Die ersten Gründungen solcher Anstalten gehen in das 16. Jh. zurück, so das Conservatorio Santa Maria di Loreto in Neapel (1537). Frühe Gründungen von Musikschulen außerhalb Italiens sind u. a. die Ecole Royale de Chant et de Déclamation in Paris (1784; vor allem für den Opernnachwuchs bestimmt), das K. in Prag (1811) und das K. der Gesellschaft der Musikfreunde in Wien, letzteres als Singschule von A. Salieri 1817 gegründet. In Deutschland gilt als eine der ersten Musikschulen die Theater- und Musikabteilung, die um 1775 der Hohen Carls-Schule in Stuttgart angeschlossen wurde. An ihr und an der 1772 gegründeten Ecole des demoiselles wurde der Nachwuchs für Hofkapelle, Theater und Ballett des Herzogs Carl Eugen von Württemberg herangebildet. Nach der 1804 durch Zelter in Berlin errichteten Ordentlichen Singschule nach Art der italienischen Konservatorien erfolgte 1822, ebenfalls durch Zelter, die Gründung des Königlichen Instituts für Kirchenmusik, seit 1922 Staatliche Akademie für Kirchen- und Schulmusik und von 1933–1945 Hochschule für Musikerziehung genannt, dann der Hochschule für Musik eingegliedert, mit den Direktoren K. Fr. Zelter (1822–32), A. W. Bach (1832–69), A. Haupt (1869–91), R. Radecke (1892–1907), H. Kretzschmar (1907–22), C. Thiel (1922–27), H. J. Moser (1927–33) und E. Bieder (1934–45). Die Heranziehung vieler hervorragender Lehrer begründete den hohen Rang dieser Schule, so auch bei dem schon 1810 gegründeten Akademischen Institut für Kirchenmusik in Breslau (ab 1929 Institut für Schul- und Kirchenmusik, später Hochschulinstitut für Musikerziehung). Die Gründung der Königlichen Hochschule für Musik in Berlin erfolgte 1869, nachdem die Errichtung einer Hochschule unter Mendelssohn 1840 an der Uneinigkeit der zuständigen Stellen gescheitert war. J. Joachim, der erste Direktor (1869–1907), verstand es, durch die Berufung vorzüglicher Lehrkräfte die neue Institution schnell zu großer Bedeutung zu führen. Den Unterrichtsklassen für Tasten-, Streich-, Blasinstrumente und

Gesang wurde 1925 ein Seminar für Musikerziehung und eine staatliche Schauspielschule angegliedert. Jahrzehntelang nahm unter allen deutschen Konservatorien das von Mendelssohn gegründete K. zu Leipzig die erste Stelle ein (eröffnet 1843, ab 1876 Königliches K., seit 1927 Landes-K., seit 1941 Staatliche Hochschule, nach 1945 mit dem Zusatz Mendelssohn-Akademie). Hier wirkten als Lehrer u. a. F. Mendelssohn Bartholdy, R. Schumann, Ferd. David, M. Hauptmann, E. F. Richter, Ferd. Hiller, N. W. Gade, J. Moscheles, J. Rietz, K. Reinecke, Fr. Brendel, S. Jadassohn, H. Kretzschmar, G. Schreck, M. Reger, H. Sitt, A. Nikisch, K. Straube, C. A. Martienssen, A. Schering, S. Karg-Elert, G. Ramin, Fr. Reuter, H. Grabner, K. Thomas, G. Raphael, J. N. David, G. Trexler, W. Weismann, F. Fr. Finke. – Den Namen Hochschule trug wohl als erstes dieser Institute die 1869 gegründete Königliche Hochschule für Musik in Berlin. Heute bezeichnet Hochschule in Deutschland in der Regel die ranghöchsten Musikschulen, denen allein die Ausbildung von Schulmusikern vorbehalten ist (das Staatliche Hochschul-Institut in Mainz ist ausschließlich für die Ausbildung von Schulmusikern bestimmt). – Mit den Volks- und Jugendmusikschulen, Konservatorien und Staatlichen Hochschulen ist eine Schichtung der Lehrstätten gegeben, die mit ihren progressiven Ansprüchen den Nachwuchs für alle Bereiche des Musiklebens heranzuziehen bestimmt sind. Einigen der Institute ist eine Tonmeister- oder Toningenieurschule angeschlossen (eine Tontechnikerschule befindet sich in Nürnberg, seit 1964 der Schule für Rundfunktechnik angegliedert). Der deutschen Bezeichnung Hochschule entsprechen im Ausland die Namen K., → Akademie oder College. Eine nicht unbedeutende Rolle in der heutigen Musikausbildung kommt den Ferien- und Meisterkursen zu, in denen international anerkannte Künstler und Wissenschaftler für die Dauer von einigen Wochen Kurse in ihrem Fachgebiet abhalten. – Seit 1953 besteht ein Verband, der die europäischen K.s-Direktoren in regelmäßigen Kongressen zur Erörterung von Problemen der Musikausbildung zusammenführt, anfangs als Internationale Vereinigung der Direktoren der europäischen Musikhochschulen, Akademien und Konservatorien, seit 1956 als Association Européenne des Académies, Conservatoires et Musikhochschulen.

In der folgenden Aufstellung erscheint eine Auswahl europäischer und nordamerikanischer Institute mit Namen, Gründungsjahr und Gründer; die ursprünglichen Namen und die Daten der erfolgten Umwandlungen stehen in ( ); es folgen die Namen bekannter bzw. gegenwärtiger Direktoren mit Wirkungsdaten. Schulen ohne den Vermerk privat (priv.) sind staatlich bzw. städtisch, was teils auch aus dem Titel (Städtisch bzw. Staatl.) hervorgeht (KM = Kirchenmusikschule). Alle fremdsprachlichen Formen des Wortes K. sind im folgenden mit C. oder K. abgekürzt.

Belgien.
ANTWERPEN, Koninklijk Vlaams Muziekc., 1898 v. P. Benoit. Ders. (1898–1901), Fl. Peeters (1952–). Lit.: A. L. M. Corbet, Het Koninklijk Vlaamsch C., A. 1941.
BRÜSSEL, C. Royal de Musique, 1832. Fr.-J. Fétis (1833–71), Fr.-A. Gevaert (1871–1908), E. Tinel (1908–12), M. Poot (1949–). Lit.: Annuaire du C. Royal de Musique de Br., 1877ff.; E. Mailly, Les origines du C. Royal de Musique de Br., Br. 1879.

Dänemark.
KOPENHAGEN, Det Kongelige Danske Musikk., 1867 v. P. W. Moldenhauer (Kjobenhavns Musikk. –1902). N. W. Gade mit J. P. E. Hartmann u. H. S. Paulli (1867–90 bzw. 1900), Kn. Riisager (1956–). Lit.: S. Berg, Det Kongelige Danske Musikk. 1917–55, K. 1959.

Deutschland.
AACHEN, Gregoriushaus – KM, K., Musikseminar, 1881 v. H. Böckeler. Ders. (1881–90), H. Freistedt (1940–).
BERLIN, Hochschule f. Musik, 1869 v. J. Joachim. Ders. (1869–1907), H. Kretzschmar (1909–20), Fr. Schreker (1920–32), G. Schünemann (1932–33), Fr. Stein (1933–45), P. Höffer (1948–49), W. Egk (1950–53), B. Blacher (1953–). Lit.: Fr. W. Langhans, Die Königliche Hochschule f. Musik zu Bln, Lpz. 1873; S. Borris, Hochschule f. Musik, = Bln, Gestalt u. Geist III, Bln (1964). – Städtisches K., 1850 v. J. Stern (Stern'sches K. –1936, K. d. Reichshauptstadt –1945). Ders. (1850–83), G. Holländer (1895–1915), H. Tiessen (1945–49), H. J. Moser (1950–60), K. Westphal (1962–). Lit.: W. Klatte u. L. Misch, Das Sternsche K. d. Musik zu Bln 1850–1925, Bln 1926. – Berliner KM, 1928 v. F. Reusch. Ders. (1928–29), G. Schwarz (1929–35), G. Grote (1935–55), H.-M. Schneidt (1955–63), H. W. Zimmermann (1963–). Lit.: Fs. zur Feier d. 100jährigen Bestehens d. staatl. akademischen Inst. f. KM 1822–1922, hrsg. v. M. Schipke, Bln 1922. – Deutsche Hochschule f. Musik »Hanns Eisler«, 1950 v. G. Knepler. Ders. (1950–59), E. Rebling (1959–). – BRAUNSCHWEIG, Niedersächsische Musikschule, 1939 (Staatsmusikschule –1962). G. Bittrich (1939–44), H. Kühl (1955–). – BRESLAU (bis 1945), Schlesische Landesmusikschule, 1880 (Schlesisches K. –1936). A. Fischer (1880–93), H. Boell (1936–45). – Ev. KM d. Provinz Schlesien, 1927. O. Burkert (1927–45). Fortführung dieser KM in Görlitz.
DANZIG, D. er K. u. Musikseminar, 1900 v. L. Heidingsfeld. Ders. (1900–20), H. Sommerfeld (1927–45). – Riemann-K., 1906 v. C. Adami u. P. Wermbter. P. Wermbter (1912–33). – DARMSTADT, Städtische Akad. d. Tonkunst, 1851 v. Ph. Schmitt. Ders. (1851–1909), W. Kolneder (1959–65), G. Meyer-Sichting (1965–). – DETMOLD, Nordwestdeutsche Musikakad., 1946. W. Maler (1946–59), M. Stephani (1959–). – DRESDEN, Staatl. Hochschule f. Musik, 1856 v. F. Tröstler (Königliches C. –1918, K. d. Stadt 1937–52). C. G. Reissiger (1856–59), J. Rietz (1860–77), Fr. Wüllner (1877–84), F. Fr. Finke (1946–51), K. Laux (1952–63), H.-G. Uszkoreit (1963–). Lit.: E. Reuß, Zum 50jährigen Bestehen d. Königlichen K. in Dr., ZIMG VII, 1905/06. – DÜSSELDORF, R.-Schumann-K., 1902 v. J. Buths u. O. Neitzel (Buths-Neitzel-K. –1935). J. Buhts (1902–20), J. Neyses (1945–65), J. Baur (1965–). – Landes-KM d. Ev. Kirche im Rheinland, 1949. G. Schwarz (1949–).
ESSEN, Folkwang-Hochschule Musik, Theater, Tanz, 1927 v. R. Schulz-Dornburg (Folkwangschule f. Musik, Tanz, Schauspiel u. Sprechen –1963). Ders. (1927–32), H. Erpf (1932–43), H. Dressel (1956–). – ESSLINGEN, KM d. Ev. Landeskirche in Württemberg, 1945. H. A. Metzger (1945–).
FRANKFURT AM MAIN, Staatl. Hochschule f. Musik, 1878 v. J. P. J. Hoch (Dr. Hoch'sches K. –1938). J. Raff (1878–82), B. Scholz (1882–1908), J. Knorr (1908–16), B. Sekles (1923–33), H. Reutter (1936–45), Ph. Mohler (1958–). Lit.: H. Hanau, Dr. Hoch's C. zu Ffm., Ffm. 1903. – FREIBURG IM BREISGAU, Staatl. Hochschule f. Musik, 1946. G. Scheck (1946–64), C. Seemann (1964–).
GÖRLITZ, Ev. KM, 1947. E. Wenzel (1947–50), H. Schneider (1951–63), R. Lammert (1964–).
HALLE/SAALE, Staatl. Hochschule f. Theater u. Musik, 1947. H. Stieber (1947–49), F. Bennedik (1949–53), A. Hetschko (1953–55). – Ev. KM, 1926 v. D. Schöttler (KM Aschersleben –1939). J. Bürger (1926–40), K. Fiebig (1941–50), E. Wenzel (1951–). – HAMBURG, Staatl. Hochschule f. Musik, 1943 (Schule f. Musik u. Theater –1950). E. G. Klussmann (1943–50), Ph. Jarnach (1950–59), W. Maler (1959–). – HANNOVER, Staatl. Hochschule f. Musik u. Theater, 1897 v. K. Leimer (Städtisches K. –1957, Niedersächsische Hochschule –1962). Ders. (1897–1935), F. Prohaska (1961–). – KM d. Ev.-Lutherischen Landeskirche, 1945. F. Meyer (1945–54), K. F. Müller (1955–). – HEIDELBERG, Staatl. anerkannte Hochschule f. Musik u. Theater u. K. d. Musik, 1894 v. O. Seelig (Städtisches K. –1949). Ders. (1894–1934), E. L. v. Knorr (1962–). – Ev. Kirchenmus. Inst., 1931 v. H. M. Poppen. Ders. (1931–56). H. Haag (1956–). – HERFORD, Westfälisches Landes-KM, 1948. W. Ehmann (1948–).
KARLSRUHE, Badische Hochschule f. Musik, 1884 (Großherzogliches K. –1920, Badisches K. –1929). H. Ordensstein (1884–1921), G. Nestler (1957–65), W. Kolneder (1966–). – KASSEL, Musikakad. d. Stadt, 1939. R. Gress (1939–45 u. 1951–59), K. Herfurth (1959–). – KÖLN, Staatl. Hochschule f. Musik, 1850 v. F. Hiller (Rheinische Musik-

Konservatorium (Finnland)

schule –1858, K. –1925). Ders. (1850–85), Fr. Wüllner (1885–1902), Fr. Steinbach (1902–14), H. Abendroth (1915–34) mit W. Braunfels (1925–34 u. 1946–50), H. Mersmann (1947–57), H. Schröter (1957–). – Rheinische Musikschule, K. d. Stadt, 1850 (s. o., 1925 erfolgte die Trennung, 1962 Neugründung). H. Abendroth u. W. Braunfels (1925–34), H. W. Schmidt (1962–). Lit.: Fs. zur Feier d. Gründung d. K.er K. im Jahre 1850 u. d. Staatl. Hochschule f. Musik K. im Jahre 1925, K. (1940). – KÖNIGSBERG (bis 1945), K. f. Musik, 1881.
LEIPZIG, Staatl. Hochschule f. Musik, 1843 v. F. Mendelssohn Bartholdy (seit 1876 Königliches K., Landesk. 1927–41). Ders. (1843–47), C. Schleinitz (1847–81), R. Fischer (1946–). Lit.: Fs. zum 75jährigen Bestehen d. Königlichen K. d. Musik zu Lpz., Lpz. 1918; Landesk. d. Musik zu Lpz., gegr. 1843, Lpz. 1937. – LÜBECK, Schleswig-Holsteinische Musikakad. u. Norddeutsche Orgelschule, 1933 (Staatsk. –1950). H. Dressel (1934–35), J. Rohwer (1955–).
MAINZ, Staatl. Hochschulinst. f. Musik, 1947. E. Laaff (1947–). – P. Cornelius-K., 1880 v. P. Schumacher (P. Schumachersches K. d. Musik –1920, Städtische Musikhochschule u. K. –1937). Ders. (1880–91), H. Rosbaud (1923–30), H. Gál (1930–33), L. Windsperger (1933–35), G. Kehr (1953–61), O. Schmidtgen (1961–64), V. Hoffmann (1966–). – MANNHEIM, Städtische Hochschule f. Musik u. Theater, 1899 w. W. Bopp (priv. –1933). Ders. (1899–1907), R. Laugs (1951–). – MÜNCHEN, Staatl. Hochschule f. Musik, 1846 v. Fr. Hauser (K. –1867, Königliche Musikschule –1920, Akad. d. Tonkunst –1924). Ders. (1846–64), H. v. Bülow (1867–69), Fr. Wüllner (1869–77), J. Rheinberger (1877–1901), F. Mottl (1904–11), H. Bußmeyer (1911–19), S. v. Hausegger (1920–34), J. Haas (1946–50), R. Heger (1950–54), K. Höller (1954–). Lit.: Fs. zum 50jährigen Bestehen d. Akad. d. Tonkunst in M., 1874–1924, M. 1924. – R.-Strauss-K., 1927 v. J. Trapp (Trapp'sches K. d. Musik –1962, K. d. Landeshauptstadt –1964). Ders. (1927–61), H. Mayr (1962–). – MÜNSTER, Westfälische Schule f. Musik (priv.), 1919 v. Fr. Volbach. Ders. (1919–25), H.-J. Vetter (1957–).
NÜRNBERG, Städtisches K. d. Musik, 1883 (Städtische Musikschule –1919). W. Bayerlein mit K. Mannschedel (1883–1914), R. Seiler (1949–).
OSNABRÜCK, Städtisches K., 1919 v. K. Hasse (priv. –1936). F. M. Anton (1919–24), K. Schäfer (1938–45 u. 1954–65), B. Hegmann (1965–).
REGENSBURG, KM, 1874 v. Fr. X. Haberl. Ders. (1874–1910), K. Weinmann (1910–29), K. Thiel (1929–39), F. Haberl (1939–).
SAARBRÜCKEN, Staatl. Hochschule f. Musik, 1947 (Staatl. K. d. Saarlandes –1955). E. P. Stekel (1947–51), J. Müller-Blattau (1952–58), H. Schmolzi (1960–). – SCHLÜCHTERN, Ev. KM, 1947. W. Blankenburg (1947–). – SPEYER, Bischöfliches Kirchenmus. Inst., 1944 v. Bischof J. Wendel. E. Quack (1944–). – STUTTGART, Staatl. Hochschule f. Musik u. Darstellende Kunst, 1857 v. S. Lebert u. I. Faißt (K. f. Musik –1896, Königliches K. –1921, Württembergische Hochschule –1938). S. Lebert (1857–61), I. Faißt (1861–94), S. de Lange (1900–07), M. v. Pauer (1907–24), W. Kempff (1924–29), C. Wendling (1929–40), H. Erpf (1942–45 u. 1952–56), H. Keller (1945–52), H. Reutter (1956–66). Lit.: Zur Hundertjahrfeier ... 1857–1957, Ludwigsburg (1957); Staatl. Hochschule f. Musik u. Darstellende Kunst St., Jahresber. I, 1962 – II, 1963.
TRIER, Bischöfliche KM, 1946 v. H. v. Meurers. P. Schuh (1946–).
WEIMAR, Fr.-Liszt-Hochschule, 1872 v. C. Müllerhartung (Großherzogliche Orch.- u. Musikschule –1920, Staatl. Musikhochschule –1956). Ders. (1872–1902), Br. Hinze-Reinhold (1916–33), W. Felix (1955–). Lit.: Fs. aus Anlaß d. Namensgebung »Hochschule f. Musik Fr. Liszt«, W. 1956. – WÜRZBURG, Bayerisches Staatsk. d. Musik, 1804 v. J. Fröhlich (Akad. Musikinst. –1820, Königliches Musikinst. –1875, Königliches K. –1834–58), H. Reinartz (1957–). – WUPPERTAL u. HAAN, Bergisches Landes-K., 1945 (Kreisk. f. Musik –1949). E. Grape (1946–54), R. Haase (1959–).

Finnland.

HELSINKI, Sibelius-Akatemia (priv.), 1882 v. M. Wegelius (Helsingin Musiikkiopisto –1924, Helsingin K. –1939). Ders. (1882–1906), E. Linko (1936–). Lit.: A. Larvouen, Sibelius-Akad. 1882–1957, H. 1957.

Frankreich.

AIX-EN-PROVENCE, Ecole Nationale de Musique, 1849 v. M. Lappiere (reorganisiert 1961). Cl. Lecointe (1961–).
DIJON, C. Nationale de Musique et d'Art Dramatique, 1793 (Inst. de Musique –1820, Ecole de Musique –1868, Succursale du C. de Paris –1919), Ch. Poisot (1868–72), A. Ameller (1953–).
LYON, Ecole Nationale de Musique et d'Art Dramatique, 1874 v. Mangin. A. Savard (1902–22), Fl. Schmitt (1922–24), E. Trillat (1941–).
NANCY, Ecole Nationale de Musique et d'Art Dramatique, 1881. G. Ropartz (1894–1919), A. Bachelet (1919–44), M. Dautremer (1946–).
PARIS, C. National Supérieur de Musique, 1784 (Ecole Royale de Chant et de Déclamation –1793, Inst. National de Musique –1795, C. National de Musique usw. –1957). B. Sarrette (1795–1814/15), L. Cherubini (1822–42), D. Fr. E. Auber (1842–71), A. Thomas (1871–96), Th. Dubois (1896–1905), G. Fauré (1905–20), H. Rabaud (1920–40), Cl. Delvincourt (1940–54), M. Dupré (1954–56), R. Loucheur (1956–). Lit.: A. A. E. Elwart, Hist. de la Soc. des concerts du C., P. 1860, ²1863, Paris 1885 v. E. M. E. Deldevez; A.-G. Chouquet, Le musée du C. National de Musique, P. 1875, ²1884, Suppl. v. L. Pillaut 1894, 1899, 1903; E. M. E. Deldevez, La Soc. des concerts de 1860 à 1885, P. 1887; C. Pierre, B. Sarrette et les origines du C. ..., P. 1895; ders., Le C. National ... de P., P. 1900; A. Dandelot, La Soc. des concerts du C. de 1828 à 1923, P. 1923; H. de Curzon, Hist. et gloire de l'ancienne salle du C. de P., 1811–1911, P. 1917; J.-G. Prod'homme u. E. de Crauzat, P. qui disparaît. Les menus plaisirs du Roi. L'Ecole Royale et le C. de musique, P. 1929; J. Cordes, La Soc. des concerts du C., P. 1941. – Ecole Normale de Musique (priv.), 1919 v. A. Cortot u. A. Mangeot. A. Cortot (1919–62). – Schola cantorum (priv.), 1896 v. Ch. Bordes, A. Guilmant u. V. d'Indy. V. d'Indy (1896–1931), D. Lesur (1957–). Lit.: V. d'Indy, La Schola cantorum en 1925, P. 1927.
STRASSBURG, C. de Musique, 1855. M. Hasselmans (1855–71), Fr. Stockhausen (1871–1907), H. Pfitzner (1907–19), G. Ropartz (1919–29), Fr. Münch (1929–60), L. Martin (1960–).
VERSAILLES, Ecole Nationale de Musique et d'Art Dramatique, 1878 v. E. Cousin (C. de Musique –1956). Ders. (1878–1906), J. Hubeau (1942–).

Griechenland.

ATHEN, Odeion Athenon (priv.), 1871. A. Katakouzinos (1871–90), Thr. G. Georgiades (1939–41), Sp. Farantatos (1942–61), M. Pallandios (1961–).

Großbritannien.

CROYDON, The Royal School of Church Music, 1927 v. S. H. Nicholson (School of Engl. Church Music –1945). Ders. (1927–47), G. H. Knight (1952–).
GLASGOW, The Royal Scottish Acad. of Music, 1890 (School of Music –1929, Scottish National Acad. of Music –1944). W. G. Whittaker (1930–41), E. Bullock (1941–52), H. Havergal (1952–).
LONDON, Royal Acad. of Music, 1822 v. J. Fane (Lord Burghursh). W. Crotch (1823–32), C. Potter (1832–59), W. St. Bennett (1866–75), G. Macfarren (1875–88), A. C. Mackenzie (1888–1924), J. McEwen (1924–36), Th. Armstrong (1955–). Lit.: W. W. Cazalet, The Hist. of the Royal Acad. of Music, L. 1854; Fr. Corder, A Hist. of the Royal Acad. of Music: from 1822 to 1922, L. 1923; H. C. Colles, The Royal College of Music, 1833–1933, L. 1933. – Royal College of Music (priv.), 1883. G. Grove (1883–94), H. Parry (1895–1918), K. Falkner (1960–). – Royal College of Organists, 1864 v. R. D. Limpus.
MANCHESTER, The Royal M. College of Music, 1893. Ch. Hallé (1893–95), A. Brodsky (1895–1929), R. J. Forbes (1929–53), Fr. R. Cox (1953–).

Irland.

DUBLIN, The Royal Irish Acad. of Music, 1848 v. Fr. W. Brady.

Italien.

BOLOGNA, C. di Musica G. B. Martini, 1804 (Liceo Filarmonico –1881, Liceo Mus. –1925). G. Rossini (1839–48), M. E. Bossi (1892–1911), F. Busoni (1913–14), G. Marinuzzi (1916–19), Fr. Alfano (1919–23), E. Desderi (1951–

63), L. Liviabella (1963–). Lit.: Cl. Sartori, Il R. C. di Musica »G. B. Martini« di B., Florenz 1942. – BOZEN, C. Statale di Musica Cl. Monteverdi, 1932 v. M. Mascagni (Liceo Mus. Rossini –1939). Ders. (1932–48), G. Cambissa (1962–).
FLORENZ, C. di Musica L. Cherubini, 1849 (Istituto Mus., Scuola di Musica, Accad. di Musica –1912). G. Pacini (1849–60), I. Pizzetti (1917–23), A. Lualdi (1944–55), A. Veretti (1955–). Lit.: A. Damerini, Il R. C. di Musica »L. Cherubini« di Firenze, Fl. 1941.
MAILAND, C. di Musica G. Verdi, 1808 v. E. de Beauharnais (»G. Verdi« seit 1908). B. Asioli (1808–14), I. Pizzetti (1924–36), G. F. Ghedini (1950–62), J. Napoli (1962–). Lit.: F. Mompellio, Il R. C. di Musica »G. Verdi« di Milano, Florenz 1941.
NEAPEL, C. di Musica S. Pietro a Majella, 1808 (San Sebastiano –1825). F. Fenaroli, G. Paisiello u. G. Tritto (1808–13), N. Zingarelli (1813–37), G. Donizetti (1837–40), S. Mercadante (1840–70), Fr. Cilea (1916–35), J. Napoli (1955–62), T. Gargiulo (1962–). Lit.: G. Pannain, Il R. C. di Musica »S. Pietro a Majella« di Napoli, Florenz 1942; H. Hucke, Verfassung u. Entwicklung d. alten neapolitanischen Konservatorien, Fs. H. Osthoff, Tutzing 1961.
PALERMO, C. di Musica V. Bellini, 1618 (C. Buon Pastore –1737, Collegio di Musica –1861). P. Platania (1866–87), Fr. Cilea (1913–16), V. Mannino (1962–). Lit.: F. De Maria, Il Regio C. di Musica di P., Florenz 1941 ; C. di Musica »V. Bellini«, Annuario 1960/61, P. (1962). – PARMA, C. di Musica A. Boito, 1818 (Scuola chorale –1889). G. Rossi (1864–73), F. Faccio (1889–90), A. Boito (1890–91), G. Tebaldini (1897–1902), L. Liviabella (1959–63). Lit.: A. Furlotti, Il Reale C. di Musica »A. Boito« di P., Florenz 1942; L. Gambara, Il C. di Musica »A. Boito«, P. 1958.
ROM, C. di Musica S. Cecilia, 1624 (Liceo Mus. –1919), E. Terziani (1877–86), E. Bossi (1916–23), O. Respighi (1923–25), G. Guerrini (1951–60), R. Fasano (1960–). Lit.: Il C. di Musica »S. Cecilia« di Roma, R. 1964. – Pontificio Istituto di Musica Sacra, 1911. A. De Santi SJ (1911–21), H. Anglès (1947–).
SIENA, Accad. Mus. Chigiana (priv.), 1932 v. Graf G. Chigi Saracini. Ders. (1932–). Lit.: A. Vannini, L'Accad. Mus. Chigiana, S. 1957.
TURIN, C. di Musica G. Verdi, 1867 (Civica Scuola –1935). C. Pedrotti (1869–82), Fr. Alfano (1924–39), L. Rocca (1940–).
VENEDIG, C. di Musica B. Marcello, 1877. R. Grazzini (1882–92), M. E. Bossi (1895–1902), E. Wolf-Ferrari (1902–09), G. Fr. Malipiero (1940–52), R. Fasano (1952–60), G. Bianchi (1960–). Lit.: G. Damerini, Il C. di Stato »B. Marcello« di Venezia, Florenz 1949; D. Arnold, Orphans and Ladies: The Venetian C. (1680–1790), Proc. R. Mus. Ass. LXXXIX, 1962/63.

Jugoslawien.
BELGRAD, Muzička Akad., 1937. K. Manojlović (1937–39), P. Konjović (1939–43 u. 1945–47), M. Živković (1952–).
LAIBACH, Akad. za glasbo, 1919 (Drzavni K. –1939). A. Trost (1939–41), K. Rupel (1949–51 u. 1962–).
ZAGREB, Muzička Akad., 1829 (Hrvatski K. –1922). Fr. Lhotka (1923–41 u. 1948–52), Fr. Lučić (1952–).

Kanada.
TORONTO, Royal C. of Music, 1886 (T. C. of Music –1947). E. Fisher (1886–1913), E. Mazzoleni (1945–).

Niederlande.
AMSTERDAM, A.sch C., 1884 v. Fr. Coenen, D. de Lange, J. Messchaert u. J. Röntgen. Fr. Coenen (1884–95), J. Odé (1956–).
DEN HAAG, Koninklijk C. voor Muziek, 1826 v. König Willem I. J. H. Lübeck (1826–65), H. Andriessen (1949–).
ROTTERDAM, Toonkunst C. en Muziekscholen (priv.), 1844 v. A. C. G. Vermeulen (Muziekscholen) u. 1930 v. W. Pijper (Toonkunst C.). A. C. G. Vermeulen (1844–45), G. Stam (1956–).

Norwegen.
BERGEN, Musikk. (priv.), 1905 v. T. Castberg (Musikakad. –1929). Ders. (1905–27), G. Saevig (1952–).
OSLO, Musik-K. (priv.), 1883 v. L. M. u. P. Lindeman (Organistskolen –1892). L. M. Lindeman (1883–87), Tr. H. Lindeman (1930–).

Österreich.
GRAZ, Akad. f. Musik u. darstellende Kunst, 1816 (Musikschule –1938, Landesmusikschule –1945, Steiermärkisches Landesk. –1963). E. Hysel (1819–41), E. Marckhl (1957–).
SALZBURG, Akad. f. Musik u. darstellende Kunst Mozarteum, 1880 v. Stiftung Mozarteum (Musikschule –1914, K. –1939, Musikhochschule –1953). J. Fr. Hummel (1880–1908), B. Paumgartner (1917–38 u. 1945-59), Cl. Krauss (1939–45), E. Preussner (1959–64), R. Wagner (1965–).
WIEN, Akad. f. Musik u. darstellende Kunst, 1817 (C. d. Ges. d. Musikfreunde –1909). G. Preyer (1844–48), H. Sittner (1946–). Lit.: C. F. Pohl, Die Ges. d. Musikfreunde ... u. ihr C., W. 1871; R. Lach, Gesch. d. Staatsakad. u. Hochschule f. Musik u. darstellende Kunst in W., W. 1927.

Polen.
BRESLAU, Państwowa Wyższa Szkoła Muzyczna (»Staatl. Hochschule f. Musik«), 1948. H. Feicht (1948–51), Zb. Liebhart (1963–).
KATTOWITZ, Państwowa Wyższa Szkoła Muzyczna, 1929 (Państwowe K. Muzyczne –1931, K. Towarzystwa Muzycznego –1934, Śląskie K. Muzyczne –1939, Höhere Landesmusikschule –1945). W. Frieman (1929–34), B. Woytowicz (1946), W. Gadziński (1965–). Lit.: 30 lat PWSM w Katowicach 1929-59, Krakau 1960. – KRAKAU, Państwowa Wyższa Szkoła Muzyczna, 1888 (K. Towarzystwa Muzycznego w Krakowie –1939). Wł. Żeleński (1888–1921), B. Wallek-Walewski (1938–39), Zb. Drzewiecki (1945–52), E. Umińska (1964–66), J. Hoffman (1966–). Lit.: 75 lat Wyższych Szkół Muzycznych w Krakowie, Kr. 1963.
ŁÓDŹ, Państwowa Wyższa Szkoła Muzyczna, 1926(?) v. H. Kijeńska (K. Muzyczne H. Kijeńskiej –1939, Städtische Musikschule –1945). Dies. (1926–39), K. Wiłkomirski (1945–47), K. Sikorski (1947–54), M. Drobner (1954–57), K. Bacewicz (1957–).
POSEN, Państwowa Wyższa Szkoła Muzyczna, 1920 (Państwowa Akad. i Szkoła Muzyczna –1922, Państwowe K. Muzyczne –1939). H. Opieński (1920–26), Zdz. Jahnke (1931–39, 1945–48), E. Maćkowiak (1961–). Lit.: 40-lecie Państwowej Wyższej Szkoły Muzycznej w Poznaniu 1920-60, hrsg. v. W. Kandulski u. a., P. 1962.
WARSCHAU, Państwowa Wyższa Szkoła Muzyczna, 1816 (Szkoła Muzyki i Sztuki Dramatycznej –1821, Szkoła Muzyki i Deklamacji –1822, Oddział Muzyczny Wydziału Sztuk Pieknych przy Uniwersytecie Warszawskim –1826, Szkoła Główna Muzyki –1831, geschlossen –1861, Inst. Muzyczny –1915, Państwowe K. –1939, Städtische Musikschule –1944). J. Elsner (1826–31), A. Kątski (1861–79), K. Szymanowski (1927–29 u. 1931), St. Kazuro (1945–55), K. Sikorski (1957–66), T. Zalewski (1966–). Lit.: St. Śledziński u. a., 150 lat Państwowej Wyższej Szkoły Muzycznej w Warszawie, Krakau 1960.
ZOPOTT, Państwowa Wyższa Szkoła Muzyczna, 1947. J. Ekier (1947–48), P. Rytel (1956–61), R. Heising (1961–).

Portugal.
LISSABON, C. Nacional, 1836 v. J. D. Bontempo. Ders. (1836–42), I. Cruz (1938–). Lit.: J. E. dos Santos, Le C. National de Lisbonne, La Rev. internationale de musique I, 1938.

Rumänien.
BUKAREST, C. de muzică C. Porumbescu, 1864. A. Flechtenmacher (1864–98), D. Popovici-Bayreuth (1908–27), D. Gh. Dinicu (1955–59), V. Giuleanu (1962–).

Schweden.
STOCKHOLM, Kungliga Musikhögskolan, 1771 v. König Gustaf III. (Kungliga Mus. Akademiens Undervisningsverk –1880, Statens Musikk. –1940). J. M. Kraus (1788–92), B. Carlberg (1954–). Lit.: O. Morales u. T. Norlind, Kungliga Mus. Akad. 1771–1921, St. 1921, dass. 1921-31, St. 1932, u. 1931–41, St. 1942; Stig Walin, Kungliga Svenska Mus. Akad., in: Uppsala Univ. Årsskrift IV, 1945.

Schweiz.
BASEL, Musik-Akad. (mit Schola Cantorum Basiliensis), 1867 (Allgemeine Musikschule –1905, Musikschule u. K. –1954). S. Bagge (1868–96), W. Müller v. Kulm (1947–). – BERN, K. f. Musik (priv.), 1858 (Musikschule –1928). E. Franck (1859–67), R. Sturzenegger (1963–). Lit.: W. Juker, Musikschule u. K. f. Musik in B. 1858-1958, B. 1958.

Konservatorium (Spanien)

GENF, C. de Musique, 1835 v. Fr. Bartholoni. N. Bloc (1835–49), S. Baud-Bovy (1957–). Lit.: H. Brochet, Le C. de Musique de Genève, 1835–1935, G. 1935.
ZÜRICH, K. u. Musikhochschule (priv.), 1876 v. Fr. Hegar. Ders. (1876–1914), R. Wittelsbach (1939–). Lit.: R. Wittelsbach, K. Z., Fs., Z. 1951. – Musikakad. (priv.), 1891 v. A. Eccarius-Sieber. Ders. (1891–1901), H. Lavater (1923–59).

Spanien.
BARCELONA, C. Superior Municipal de Música, 1886 v. J. Rodoreda (Escuela Municipal –1949). Ders. (1886–96), J. Zamacois Soler (1945–).
MADRID, Real C. de Música y Declamación, 1830. Fr. Piermarini (1830–40), M. H. Eslava (1866–78), J. M. N. Otaño y Eguino (1939–51).

Tschechoslowakei.
BRÜNN, Státni Hudebni a Dramatiká K., 1919 v. J. Janáček. Ders. (1919–20), Zd. Blažek (1947–).
PRAG, Státni K., 1811 v. Ver. zur Beförderung d. Tonkunst in Böhmen (seit 1919 staatl.). F. D. Weber (1811–42), V. Holzknecht (1942–). Lit.: Stopadesát let Pražské k. (»150. Jahrestag d. Pr.er K.«), hrsg. v. V. Holzknecht, Pr. 1961.

UdSSR.
KIEW, Kiewska derschawna k. imeni P. I. Tschajkowskowo (»K.er Staatl. Tschaikowsky-K.«), 1913.
LEMBERG, Lwywyska derschawna k. imeni M. W. Lissenka, 1903 (Höheres Musikinst. M. W. Lissenko –1939). – LENINGRAD, Leningradskaja gossudarstwennaja k. imeni N. A. Rimskowo-Korsakowo (»L.er Staatl. N. A. Rimskij-Korsakow-K.«), 1862 auf Initiative A. Rubinsteins durch d. Russ. Musikges. A. Rubinstein (1862–66 u. 1887–91), A. Glasunow (1905–28). Lit.: J. Kremlew, Leningradskaja gossudarstwennaja k., 1862–1937, L. 1938.
MOSKAU, Moskowskaja gossudarstwennaja k. imeni P. I. Tschajkowskowo, 1866 auf Initiative N. Rubinsteins durch d. Russ. Musikges. N. Rubinstein (1866–81), S. Tanejew (1881–89), M. Ippolitow-Iwanow (1906–22). Lit.: N. Dm. Kaschkin, Perwoje dwadzatipjatoletije moskowskoj k. (»Das 1. Viertel-Jh. d. M.er K.«), M. 1891; Moskowskaja gossudarstwennaja k. imeni P. I. Tschajkowskowo. Mastera sowetskoj pianistitscheskoj schkoly, hrsg. v. A. A. Nikolajew, M. 1954. – Gossudarstwennij musykalno-pedagogitscheskij inst. Gnessin, 1895 v. J. F. Gnessin (Musikschule –1944). Dies. (1895–1953), J. Wl. Muromzew (1953–).
ODESSA, Odeska derschawna k. imeni A. B. Neschdanowoj, 1913.
REVAL (Tallinn), Gossudarstwennij inst. musyki i teatra ESSR, 1919 v. M. Lüdig (Musikhochschule –1923, K. –1964). Ders. (1919–23), E. Kapp (1952–). – RIGA, Lettisches Staatl. J.-Vitol-K. (Lettisches Staatl. K. –1958). J. Vitol (1920–35 u. 1937–44), J. Osolinsch (1950–).

Ungarn.
BUDAPEST, Liszt F. Zeneművészeti Föiskola, 1875 v. Fr. Liszt (Königlich Ungarische Landes-Musikakad. –1918). Fr. Erkel (1875–87), F. Szabo (1958–).

USA.
ANN ARBOR, Univ. of Michigan, School of Music, 1892 v. A. A. Stanley. Ders. (1892–1921), E. V. Moore (1922–).
BALTIMORE, Peabody C. (priv.), 1868 v. G. Peabody. N. H. Morison (1868–71), R. Stewart (1941–). – BOSTON, B. Univ. College of Music, 1872. E. Tourjée (1872–91), R. A. Choate (1952–). – New England C. of Music, 1867 v. E. Tourjée. Ders. (1867–90), H. Keller (1947–).
CAMBRIDGE, Harvard Univ., Department of Music (priv.), 1871 v. J. Kn. Paine. Ders. (1871–1906), D. G. Hughes (1963–). – CINCINNATI, College-C. of Music (priv.), 1955 (entstanden aus College of Music, 1876 v. Th. Thomas, u. C. of Music, 1867 v. Cl. Baur). J. L. Willhite (1955–).
NEW HAVEN, Yale Univ., School of Music (priv.), 1894. H. Parker (1894-1920), L. Noss (1954–). – NEW YORK, Columbia Univ., Department of Music (priv.), 1754 (Kings College). E. MacDowell (1896–1904), W. J. Mitchell (1962–). – The Mannes College of Music (priv.), 1916 v. D. u. Cl. Mannes. Dies. (1916-48), L. Mannes (1948–).
OBERLIN, O. College C. of Music (priv.), 1837 (C. of Music –1867). F. B. Rice (1871–1901), D. R. Robertson (1949–).
PHILADELPHIA, The Curtis Inst. of Music (priv.), 1924 v. M. C. Zimbalist. J. Hofmann (1927–38), E. Zimbalist (1941–).

ROCHESTER, Eastman School of Music of the Univ. of R. (priv.), 1913 v. G. Eastman. H. Hanson (1924–). Lit.: Note on the Eastman School of Music, Publication Found Series II, NY 1923.
Lit. allgemein: L. KESTENBERG, Musikerziehung u. Musikpflege, Lpz. 1921, [2]1927; FR. JÖDE, Musikschulen f. Jugend u. Volk, Wolfenbüttel 1924,[2]1928; R. SCHAAL, Das Schrifttum zur mus. Lokalgeschichts-Forschung, Kassel (1947); W. TWITTENHOFF, Neue Musikschulen, Mainz (1951); E. PREUSSNER, Mus. Berufserziehung, in: Musikerziehung VI, 1953; Musikstudium in Deutschland. Studienführer, hrsg. v. K. HAHN, Mainz (1960,[2]1963); Musikberufe u. ihr Nachwuchs. Statistische Erhebungen 1960/61 d. Deutschen Musikrates, hrsg. v. H. SASS u. W. WIORA, Mainz (1962).

Konsonanten (von lat. consonare, mitklingen) sind Sprachlaute, die durch Berührung der Zunge mit weichem oder hartem Gaumen, den Zähnen oder durch Berührung beider Lippen oder der Unterlippe mit den Oberzähnen gebildet werden. Die K. unterteilen sich in solche, die den Atemstrom unterbrechen (intermittierende) oder weiterfließen lassen (kontinuierliche), außerdem in solche, die überwiegend Geräuschcharakter haben (stimmlose) oder bei denen Stimmlippenschwingungen beteiligt sind (stimmhafte). Bei den stimmlosen Verschlußlauten setzt im Gegensatz zu den stimmhaften die Stimmlippenschwingung erst nach Sprengung des Verschlusses ein. Der Schwingungsvorgang bei den stimmhaften K. ist gegenüber dem bei den Vokalen nicht streng periodisch. Bei r kommen die Schwingungen der Zunge oder des Zäpfchens hinzu (20–40 Hz), die die Amplitude des in der Frequenz der Stimmlippen schwingenden Luftstromes modulieren. Die Bestimmung der Frequenzlage der verschiedenen K.-Geräusche erfolgte zuerst durch Suchtonanalysen (→ Frequenzanalyse), die zeitliche Ausbildung der Frequenzkomponenten wurde durch Oktavsiebanalysen erkannt. → Aussprache, → Vokale.
Lit.: C. STUMPF, Die Sprachlaute, Bln 1926; O. v. ESSEN, Allgemeine u. angewandte Phonetik, Bln 1953, [3]1962; H. LULLIES, Physiologie d. Stimme u. Sprache, in: Lehrbuch d. Physiologie, hrsg. v. W. Trendelenburg u. E. Schütz, Bln, Göttingen u. Heidelberg 1953; F. TRENDELENBURG, Einführung in d. Akustik, Bln, Göttingen u. Heidelberg [3]1961.

Konsonanz und Dissonanz (lat. consonantia und dissonantia, griech. συμφωνία und διαφωνία). – 1) K. bedeutet »Zusammentönen«, D. »Auseinandertönen«. Zwischen K. und D. besteht einerseits ein gradueller Unterschied (die höhere K.- ist eine niedrigere D.-Stufe und umgekehrt), andererseits eine spezifische Differenz oder ein Gegensatz. Die K.-Grade sind mathematisch, akustisch und tonpsychologisch bestimmbar. Mathematisch entspricht einem höheren K.-Grad ein einfacheres, einem niedrigeren ein komplizierteres Zahlenverhältnis; die Proportionen 1:2 (Schwingungsfrequenzen) oder 2:1 (Saitenlängen) repräsentieren die Oktave, 2:3 die Quinte, 3:4 die Quarte, 4:5 die große und 5:6 die kleine Terz. Die Tonverwandtschaft in der Aufeinanderfolge ist der K. im Zusammenklang zwar im allgemeinen, aber nicht immer analog, der Ganzton, simultan eine D., begründet als Sukzessivintervall eine nahe Tonverwandtschaft. Die spezifische Differenz zwischen K. und D. ist einerseits durch die Abstufung in K.-Grade fundiert, erscheint andererseits aber als *Sache der Auffassung und des beziehenden Denkens* (C.Stumpf); die Quarte bildet trotz ihres hohen K.-Grades im Kontrapunkt seit dem 14. Jh. eine D. Ist der graduelle Unterschied von Natur gegeben, so ist der spezifische geschichtlich, in der Struktur des Tonsystems und der Technik der Mehrstimmigkeit, begründet. Eine K. ist im mehrstimmigen Satz ein selbständiger, eine D. ein abhängiger Zusammenklang.

Der dissonierende Ton muß entweder in einen konsonierenden aufgelöst oder als »harmoniefremder« Zusatz aufgefaßt werden; wird keine der Bedingungen erfüllt, so ist die spezifische (nicht die graduelle) Differenz zwischen K. und D. aufgehoben (Schönberg: »Emanzipation der D.«). Im Tonsystem ist eine K. ein konstitutives, eine D. ein abgeleitetes Intervall, also eine indirekte K. (Guido von Arezzo bezeichnete sämtliche diatonischen Intervalle als consonantiae). Als Differenz zwischen Quarte und Quinte entsteht der Ganzton, zwischen großer Terz und Quarte der diatonische Halbton, zwischen kleiner und großer Terz der chromatische Halbton. Die Ableitung von den K.en entscheidet über die Auswahl der musikalisch brauchbaren D.en aus der unendlichen Menge möglicher Tonabstände. Zwischen dem K.-Begriff der Satztechnik und dem des Tonsystems können einen Divergenzen bestehen; die Quarte, im Kontrapunkt des späteren Mittelalters eine D., ist im Tonsystem ein konstitutives Intervall, also eine K. – Im ästhetischen Urteil über den »Wohl-« oder »Übellaut« (C. Ph. E. Bach) und den Ausdruckscharakter eines Zusammenklangs verschränken sich akustische Momente mit logischen; eine scharfe D. kann leicht, eine milde schwer verständlich sein. – In der Antike und im frühen Mittelalter galten einzig die Gerüstintervalle des Tonsystems als symphon: die Consonantiae simplices Quarte, Quinte und Oktave und die Consonantiae compositae Undezime, Duodezime und Doppeloktave. Die Symphonia wurde einerseits psychologisch als Mischung der Töne beschrieben, andererseits mathematisch als vielfache oder überteilige Proportion in den Grenzen der Vierzahl (quaternarius numerus) definiert; allerdings fällt die Undezime (3:8) aus dem Quaternarius numerus heraus. Die Frage, ob die Bestimmung der großen Terz des Enharmonion als 4:5 und der kleinen Terz des Chroma als 5:6 (Archytas, Didymos) eine Auffassung als K.en einschließe, ist gegenstandslos, da die Terz kein Gerüstintervall war. – Das → Organum des 9.–11. Jh. stützte sich auf Quarte und Quinte, die als symphon und zugleich diaphon (→ Diaphonia), also als ein Zusammenstimmen von Verschiedenem, begriffen wurden. Terz und Sexte verfestigten sich im 12.–14. Jh. allmählich von akzidentiellen D.en zu essentiellen Zusammenklängen, die als »unvollkommene« K.en (consonantiae imperfectae) eine den musikalischen Fortgang bestimmende Antithese zu den »vollkommenen« K.en (consonantiae perfectae), Oktave und Quinte, bilden (→ Concordantia, → Discordantia). Daß sie »unvollkommen« seien, besagte, daß sie zwar in Parallelen fortschreiten durften, sich am Schluß eines Abschnitts aber in vollkommene K.en auflösen sollten. Seit dem späten 15. Jh. wurden die Terzen als selbständige Zusammenklänge aufgefaßt, als überteilige Proportionen (4:5 und 5:6) statt als abgeleitete Intervalle (Ditonus, d. h. doppelter Ganzton = 64:81) bestimmt und als konstitutiv für das Tonsystem begriffen. – Die D. galt im → Kontrapunkt des 15. und 16. Jh. als Übergang zwischen 2 K.en. Die unbetonte D. wurde als → Durchgang (transitus; 1a) durch Sekundschritte exponiert und aufgelöst, die betonte D. als → Vorhalt (suspensio; 1b) durch Vorausnahme des dissonierenden Tones »vorbereitet« und durch einen Sekundschritt abwärts aufgelöst. Eine zulässige Ausnahme bildete die → Cambiata. Irreguläre D.en, die Auslassung der Vorbereitungs-K. (→ Ellipsis; 2a) oder das Abspringen von der D. in eine andere Stimme (→ Heterolepsis; 2b), wurden im 17. und frühen 18. Jh. als → Figuren gerechtfertigt. Andererseits setzte sich allmählich die Unterscheidung zwischen »wesentlichen« und »zufälligen« D.en (J. Ph. Kirnberger) durch: zwischen Septakkorden, die als Ganzes dissonieren, und »harmoniefremden« Tönen, die durch die Stimmführung motiviert sind. Die Bezeichnungen für »zufällige« D.en sind nicht fest umrissen: Durchgang wird eine unbetonte

und durch einen Sekundschritt exponierte (3a), manchmal aber auch eine durch einen Sprung herbeigeführte (3b) oder eine betonte D. (3c) genannt, Vorhalt die vorbereitete (3d) oder unvorbereitete (3c) betonte D., Antizipation die unbetonte Vorausnahme einer K. (3e). – Die → Harmonielehre des 19. Jh. ersetzte die Differenz zwischen K. und D. durch die Unterscheidung zwischen harmonischen und harmoniefremden Tönen oder gebrauchte die Ausdrücke K. und D. als Synonyme für harmonisch und harmoniefremd. G. Weber klassifizierte sämtliche leitereigenen Septakkorde als harmonisch, die übrigen Töne als harmoniefremd. H. Riemann läßt dagegen einzig die Dreiklänge der Tonika, Dominante und Subdominante als Harmonien gelten; so fällt z. B. der Ton d des Akkords d-f-a in C dur als Zusatz zu den Subdominanttönen f und a unter den Begriff des harmoniefremden Tons, also der D.

Lit.: A. v. OETTINGEN, Harmoniesystem in dualer Entwickelung, Dorpat u. Lpz. 1866, als: Das duale Harmoniesystem, Lpz. ²1913; C. STUMPF, Gesch. d. Consonanzbegriffs I, Abh. d. kgl. bayerischen Akad. d. Wiss., philosophisch-philologische u. hist. Klasse XXI, 1897; DERS., K. u. D., in: Beitr. zur Akustik u. Mw. I, Lpz. 1898; H. RIEMANN, Zur Theorie d. K., in: Präludien u. Studien III, Lpz. 1901; ST. KREHL, Die D. als mus. Ausdrucksmittel, ZfMw I, 1918/19; E. HARTMANN, K. u. D., zur Gesch. ihres Begriffs u. ihrer Theorien, Diss. Marburg 1923, maschr.; I. KROHN, Zur Analyse d. K.-Gehalts, Fs. H. Pipping, Helsinki 1924; KN. JEPPESEN, Der Palestrinastil u. d. D., Lpz. 1925, engl. Kopenhagen u. London 1927, ²1946; K. LENZEN, Gesch. d. Konsonanzbegriffes im 19. Jh., Diss. Bonn 1933; E. KICKTON, Das Problem d. K., Diss. Bln 1947, maschr.; J. HANDSCHIN, Der Toncharakter, Zürich (1948); H. HUSMANN, Vom Wesen d. K., in: Mus. Gegenwartsfragen III, Heidelberg 1953; DERS., Verschmelzung u. K., Deutsches Jb. d. Mw. I (= JbP XLVIII), 1956; J. LOHMANN, Die griech. Musik als mathematische Form, AfMw XIV, 1957; C. DAHLHAUS, Über d. D.-Begriff d. MA, Kgr.-Ber. Köln 1958; DERS., Intervalld. u. Akkordd., Kgr.-Ber. Kassel 1962; R. BOBBITT, The Physical Basis of Intervallic Quality and Its Application to the Problem of Dissonance, Journal of Music Theory III, 1959; B. STOCKMANN, Über d. D.-Verständnis Bachs, Bach-Jb. XLVII, 1960. CD

– 2) K. und D. als spezifische hörpsychologische Erscheinungsweisen zunächst an Zweiklängen, dann auch an Mehrklängen sind schon seit den Pythagoreern und neuerdings seit einem Jahrhundert unter moderner Methodik Gegenstand experimenteller Untersuchungen. Diesen wurde zumeist die Hypothese der »klassischen« Psychophysik (→ Hörpsychologie) zugrunde gelegt, wonach sich alle erscheinungsmäßigen (»phänomenalen«) Sachverhalte auf einfache physikalische oder physiologische zurückführen lassen sollen. Schon Leibniz und L. Euler erklärten K. und D. aus einem unbewußten Zahlenvergleich oder Rechnen. H. v. Helmholtz (1862) gab zwei Kriterien dafür an, und zwar: 1) K. ist eine stetige (kontinuierliche), D. eine intermittierende Tonempfindung, beide sind polare Gegensätze einer Dimension des Klangeindrucks. D. entstehe durch Störungen zweier (oder mehr) gleichzeitiger Schwingungs-

vorgänge bei kompliziertem Frequenzverhältnis infolge des Auftretens von Schwebungen zwischen den Primär- oder auch Teil- und Kombinationstönen. K. stelle eine Ausnahme von dieser Regel dar, indem solche Störungen bei ganzzahligem Frequenzverhältnis entfallen oder nur abgeschwächt auftreten, so daß sie den Klangeindruck nicht wesentlich beeinflussen. 2) Kriterium der K. ist das Zusammenfallen von Oberschwingungen beider Primärtöne (»Klangverwandtschaft«). Stumpf wies die nur beschränkte Gültigkeit beider Helmholtzscher Kriterien nach und erblickte die K. in der eindrucksmäßigen (phänomenalen) Annäherung des Zweiklangs an den Einklang (»Verschmelzung«). Th. Lipps und nach ihm v. Hornbostel nahmen als Ursache der K. zentralnervöse Prozesse an in Gestalt von Gliederungen der Schwingungsimpulse in »Mikrorhythmen«, deren gutes *Zusammenpassen* die K. ergeben soll. F. Krueger, der Begründer der Leipziger ganzheitspsychologischen Schule, sah in der Verträglichkeit oder Unverträglichkeit der beim Zusammenklingen entstehenden Kombinations-, zumal Differenztöne, den Ursprung von K. und D.: eine zur harmonischen Reihe ergänzende Ordnung des Differenztonunterbaus ist bei K. gegeben und für den Wohlklang und das Feststehende maßgebend, während im Falle der D. Störungen, Trübung und Unklarheit in diesem Unterbau eine Beeinträchtigung des Klangeindrucks im Sinne der Labilität herbeiführen. Wellek (1934) und sein Schüler Sandig (1939), sodann nach ihnen Husmann gingen von Experimenten mit »getrenntohrig« (dichotisch, binaural) gebotenen Zweiklängen aus und widerlegten den Alleinanspruch des Kruegerschen Kriteriums. Husmann definiert in Anlehnung an die antike Musiktheorie als K. *dasjenige Erscheinungsmäßige ..., was der Tatsache entspricht, daß die physikalischen Schwingungen konsonanter Intervalle einfache Zahlenverhältnisse bilden* (1952). Hier besteht jedoch der von Hornbostel und Wellek vorgetragene Einwand, daß etwas überscharfe Intervalle (z. B. 200:401 Hz) in *unwissentlicher* Beurteilung als bessere K.en imponieren als streng exakte (»Schwellentatsache«). Husmanns »Koinzidenztheorie« der K. geht davon aus, daß selbst bei getrenntohriger Darbietung zweier Schwingungen sich »subjektive« oder »Ohr-Obertöne« im Sinne von Helmholtz bilden, deren Existenz neuerdings nachgewiesen ist, und daß die Strukturen der nervösen Prozesse im zentralen Bereich zur Deckung gelangen und damit den Eindruck der K. hervorrufen. D. sei indes nicht Gegenpol der K. und habe nichts mit den Schwingungsverhältnissen selbst zu tun. Sie sei vielmehr eine Art von Störung, die erst beim Zusammenklingen entstehe und auch bei konsonanten Intervallen in mehr oder minder schwacher Form anzutreffen sei. K. und D. seien daher zwar als parallel entgegengesetzte, aber voneinander weitgehend unabhängige, auf verschiedenen Ebenen der Wahrnehmung etablierte Phänomene anzusehen. In Fortführung der Theorie Husmanns zeigten die Untersuchungen über Binauraltöne von Reinecke (1964), daß vor allem bei ganzzahligen Schwingungsverhältnissen der Klangeindruck zu höheren Strukturen erweitert werden kann (aus der Terz wird ein Dreiklang, aus der Quarte ein Quartsextakkord), was auf sehr komplexe Prozesse beim Zustandekommen klanglicher Eindrücke hindeutet. In diesem Sinne ist auch die von Wellek (1958 und 1963) formulierte »Multiplizitätstheorie« der K. anzusetzen, die einen Versuch darstellt, die Ergebnisse eigener und älterer fremder Experimente zusammengefaßt auf einen Nenner zu bringen, das Phänomen der K. auf vielfältige Wurzeln sowohl phänomenaler wie physiologischer Art zurückzuführen.

Lit.: H. v. Helmholtz, Die Lehre v. d. Tonempfindungen als physiologische Grundlage f. d. Theorie d. Musik, Braunschweig 1863, [4]1877, [6]1913; C. Stumpf, Tonpsychologie, 2 Bde, Lpz. 1883–90, Nachdruck Hilversum u. Amsterdam 1965; F. Krueger, Differenztöne u. K., Arch. f. d. gesamte Psychologie I–II, 1903/04; ders., Die Theorie d. K. ..., Psychologische Studien I, 1906, S. 305ff.; E. M. v. Hornbostel, Psychologie d. Gehörserscheinungen, in: Hdb. d. normalen u. pathologischen Physiologie XI, hrsg. v. A. Bethe u., Bln 1926; A. Wellek, Die Aufspaltung d. »Tonhöhe« ... u. d. Konsonanztheorien v. Hornbostel u. Krueger, ZfMw XVI, 1934; ders., Artikel K. – D., in: MGG VII, 1958; ders., Musikpsychologie u. Musikästhetik, Ffm. 1963; H. Sandig, Beobachtungen an Zweiklängen in getrenntohriger u. beidohriger Darbietung, Neue Psychologische Studien XIV, 1939; H. Husmann, Eine neue Konsonanztheorie, AfMw IX, 1952; ders., Vom Wesen d. K., = Mus. Gegenwartsfragen III, Heidelberg 1953; ders., Der Aufbau d. Gehörswahrnehmungen, AfMw X, 1953; ders., Verschmelzung u. K., Deutsches Jb. d. Mw. I (= JbP XLVIII), 1956; H.-P. Reinecke, Experimentelle Beitr. zur Psychologie d. mus. Hörens, = Schriftenreihe d. Mw. Inst. d. Univ. Hbg III, Hbg 1964. AW

Konstanz.
Lit.: Fr. Spitta, Die Lieder d. K.er Reformatoren, MGkK II, 1897/98 – III, 1898/99; A. Dold OSB, Die K.er Ritualientexte in ihrer Entwicklung v. 1482–1721, Münster i. W. 1923; O. C. A. zur Nedden, Zur Mg. v. K. um 1500, ZfMw XII, 1929/30; J. Autenrieth, Die Domschule v. K. zur Zeit d. Investiturstreits, = Forschungen zur Kirchen- u. Geistesgesch., N. F. III, Stuttgart (1956); P. Zinsmaier, Eine unbekannte Quelle zur Gesch. d. ma. Liturgie im K.er Münster, Zs. f. d. Gesch. d. Oberrheins CIV, 1956; Cl. Gottwald, Das K.er Fragment, AMl XXXIV, 1962; M. Schuler, Die K.er Domkantorei um 1500, AfMw XXI, 1964; ders., Der Personalstatus d. K.er Domkantorei um 1500, ebenda; ders., Die Musik in K. während d. Konzils 1414–18, AMl XXXVIII, 1966.

Kontákion (griech., Stäbchen). Mit dem Aufkommen des K. im 6. Jh. beginnt das goldene Zeitalter der byzantinischen → Hymnographie. Die Erfindung des K. wird Romanos »dem Meloden« zugeschrieben. Wenn auch nicht wirklich der Erfinder, so war Romanos doch jedenfalls der bedeutendste Dichter von Kontakia und verdiente sich durch sein Schaffen auf diesem Gebiet den Beinamen eines »christlichen Pindar«. Sein erstes Werk in dieser Form soll das Weihnachts-K. gewesen sein. Weitere Schöpfer von Kontakia waren Kyriakos, Georgios, Theodoros Studita sowie in der Spätzeit der K.-Dichtung Bartolomeo von Grottaferrata († 1055). – Die Ursprünge der Form des K. sind in Syrien zu suchen. Es besteht aus einer Einleitungsstrophe, dem Kukulion oder Prooimion oder K., und bis zu 40 Oikoi (»Häuser«, Strophen), deren Bau sich nach dem ersten Oikos (nicht nach dem Kukulion) richtet. Das Kukulion und die folgenden Strophen enden mit dem gleichen Akroteleution oder Ephymnion (Refrain). Die Anfangsbuchstaben der Strophen eines K. ergeben oft ein Akrostichon. Als solistischer Gesang (mit Chorrefrain) weist das K. eine stark melismatische Melodik auf; es findet sich im Psaltikon aufgezeichnet. Von den berühmtesten Kontakia seien das Weihnachts-K. des hl. Romanos und der demselben zugeschriebene → Akathistos hymnos genannt.

Ausg.: Contacarium Ashburnhamense, hrsg. v. C. Høeg, = Monumenta Musicae Byzantinae IV, Kopenhagen 1956.
Lit.: P. Maas, Das K., Byzantinische Zs. XIX, 1910; E. Wellesz, A Hist. of Byzantine Music and Hymnography, Oxford 1949, [2]1961; ders., K. u. Kanon, in: Atti del congresso internazionale di musica sacra Rom 1950; ders., Zum Stil d. Melodien d. K., in: Miscelánea en homenaje a H. Anglès II, Barcelona 1958–61; C. Floros, Das K., DVjs. XXXIV, 1960; K. Levy, The Slavic Kontakia and Their Byzantine Originals, in: Queens College of the City Univ. of NY, Department of Music, Twenty-Fifth Anniversary (1937–62), hrsg. v. A. Mell, NY 1964.

Kontertanz → Contredanse.

Kontrabaß (ital. violone, violone grosso, contraviolone, contrabbasso; frz. basse double, contrebasse; engl. double bass), – 1) das größte der Streichinstrumente (abgesehen von Riesenbässen; → Octobasse), das durch tiefe Lage und fülligen Ton ausgezeichnet ist. Der Kb. hat heute meist ein Corpus vom Viola da gamba-Typ mit flachem, oben abgeschrägtem Boden und spitz zulaufenden Schultern, seltener ein Corpus vom → Viola da braccio-Typ; auch Mischformen kommen vor. Die Normalstimmung ist $_1E\ _1A\ D\ G$ (Umfang bis d^1 und höher, besonders mit Flageolett); als 16'-Instrument wird der Kb. im Baßschlüssel eine Oktave höher als klingend notiert. – Der Kb. ist hervorgegangen aus den tiefsten Instrumenten des → Viola da gamba-Stimmwerks, doch wurden in Italien im 16. Jh. auch Kontrabässe mit gewölbtem Boden gebaut. Praetorius bildet 1619 eine 5saitige *Groß Contra-Bas-Geig* und einen 6saitigen Violone, *Groß Viol-de Gamba Bass*, ab, deren Corpora überwiegend Merkmale des Viola da braccio-Typs zeigen; die Stimmung in Quarten befindet Praetorius für gut. Im 17. Jh. wurde der Kb. in Deutschland und Italien zur Ausführung der Baßstimme im vokalen und instrumentalen Ensemble eingesetzt, besonders in großen Räumen (Kirchen) und in der Oper. In Paris, wo er erst 1706 in Marais' *Alcyone* ausdrücklich gefordert wurde, war er bis 1719 noch Nebeninstrument. Im 18. Jh. und bis ins 19. hinein waren mehrere Stimmungen in Gebrauch, darunter die $_1G\ D\ A$ (auch $_1G\ D\ G$) oder $_1A\ D\ G$ für 3saitige Kontrabässe, die (noch von R. Strauss) wegen ihrer leichten Ansprache bei großer Klangfülle und gut zeichnender Baßlinie geschätzt wurden. Koch (1802) berichtet, daß die $_1E$-Saite des 4saitigen Instruments auch auf $_1Es$ oder $_1D$ heruntergestimmt wurde. Von Wagner und in der modernen Literatur wird bisweilen das $_1C$ gefordert, wozu 5saitige Kontrabässe oder solche mit C-Maschine (durch die die $_1E$-Saite verlängert werden kann) verwendet werden. Etwa gleichzeitig mit der modernen Stimmung wurde der Kb. ohne Bünde um 1800 zur Regel. Der Bogen (seit Simandl in der modernen konkaven Form) wird nach Ländern unterschiedlich geführt: entweder mit seitlichem Untergriff oder (nach Bottesini) wie der Violoncellobogen mit Obergriff (deutsche bzw. französische Bogenführung). Während im klassischen Orchester der Kb. in der Regel oktavierend mit dem Violoncello geführt und nicht gesondert notiert wurde, wird er seit Beethoven vielfach selbständig eingesetzt. Konzerte für Kb. schrieben neben Dittersdorf u. a. Vanhal, C. Stamitz und Capuzzi. Daneben wird er in der Kammermusik verwendet (Boccherini, Quintett, 1787; ferner u. a. bei Schubert, Forellenquintett; Dvořák, Quintett op. 77, 1875), seltener solistisch (Hindemith, Sonate). Für die Kammermusik im 18. Jh. gab es auch ein handlicheres Instrument der gleichen Lage, jedoch von geringerer Tonfülle (→ Bassett). Besonders wirkungsvoll ist das Pizzicato des Kontrabasses, das im Jazz durchgängig angewendet wird, wo der Kb. früh die Tuba verdrängt hat. Bekannte Kontrabassisten älterer und neuerer Zeit: W. Hause, J. Abert, Laska und Kussewitzky, im Jazz O. Pettiford und Ch. Mingus. – 2) eine 1845 von Červeny gebaute kreisrunde → Tuba (–2) in C, $_1B$, $_1F$ und $_1Es$; 1873 baute er noch einen Sub-Kb., der bis $_2A$ reicht. – 3) in der Orgel eine 16'- oder 32'-Labialstimme im Pedal, als Nachahmung der Blechkontrabässe auch als 16'-Zungenstimme.

Lit.: zu 1): Praetorius Synt. II; Quantz Versuch; Koch L, Artikel Contra-Violon; Fr. Warnecke, Ad infinitum. Der Kb., Seine Gesch. u. seine Zukunft, Hbg 1909; M. Flechsig, Spielkultur auf d. Kb., Lpz. 1934; E. Halfpenny, A Note on the Genealogy of the Double Bass, The Galpin Soc. Journal I, 1948; A. Planyavsky, Der Kb. in d. Kammermusik, Österreichische Musikzs. XIII, 1958.

Kontrafaktur (von lat. contrafacere, dagegen machen, nachahmen) bezeichnet das *Abfassen eines Liedtextes auf eine schon vorhandene Melodie* (Gennrich 1963), in der Regel unter formalem und (bzw. oder) inhaltlichem Bezug auf einen früher mit ihr verbundenen Text. Schon der sinnverändernde Austausch weniger Wörter fällt in den Bereich der K. Sie betrifft vor allem die 1st. Musik. Aber auch Umtextierungen von oder in mehrstimmigen Tonsätzen werden heute unter diesen Begriff gestellt. Ab 1600 hieß das gleiche Verfahren zumeist → Parodie. – Die K. besitzt ein hohes Alter. Im Gregorianischen Gesang sind seit dem Mittelalter bis in die Neuzeit häufig neue Texte vorgegebenen Singweisen unterlegt worden. Zu Beginn seines 27. Liedes beschreibt Bernart de Ventadorn den Vorgang, rechte Worte zu einem Ton zu finden. Überschriften wie *contre le chant* oder *super cantilenam* verweisen gelegentlich auf das Modell. Die große Rolle der K. im Mittelalter erklärt sich aus dem Schaffensprinzip dieser Zeit, Neues in engem Anschluß an Bestehendes zu gewinnen, und aus dem intensiven künstlerischen Austausch zwischen den Völkern. Durch Übersetzung von einer Sprache in die andere und durch Nachahmung berühmter Muster entstand ein umfangreiches, internationales Liedgut. Die Erforschung der K. ermöglicht es, scheinbar verschollene Melodien, z. B. für den deutschen Minnesang oder für das deutsche Barocklied, wiederzugewinnen. – Den größten Anteil unter den K.en haben geistliche Umdichtungen weltlicher Lieder (*contrafact uff einen geistlichen Sinn*, Hs. Pfullingen, 15. Jh.). Seit dem 12. Jh. diente das Verfahren dem neu sich entfaltenden Marienkult. Aus dem Kreis deutscher Dichtermusiker des ausgehenden Mittelalters ragt H. Lauffenberg als Verfasser geistlicher K.en hervor. – Während der lutherische Choral vor allem an das vorreformatorische geistliche Liedgut anknüpft, gewann im letzten Drittel des 16. Jh. die geistliche und moralische »Besserung« ursprünglich profaner Gesänge erneut an Bedeutung. Mit erbaulichen Umdichtungen wollten der Alzeyer Burggraf Philippsen der Jüngere zu Winnenberg und Beilstein, der Prediger zu Stade H. Wepse (Vespasius) und der Jurist H. Knaust verhaßte »Buhlenlieder« verdrängen. Aus anderen europäischen Ländern sind ähnliche Bestrebungen bekannt. Häufig stützten sich Psalmendichtungen auf weltliche Melodien (→ Souterliedekens). In zunehmendem Maße wurden seit der Mitte des 16. Jh. ganze Tonsätze, Chansons, Madrigale, Villanellen und Kanzonetten, darunter Scheins *Musica boscareccia*, in den geistlichen Bereich überführt, wobei die Oberstimmen zum Teil in den Rang von Kirchenliedern aufstiegen. J. Regnarts *Venus, du und dein Kind* wurde zu *Auf meinen lieben Gott*, H. L. Haßlers *Mein Gmüth ist mir verwirret* zu *Herzlich tut mich verlangen* bzw. *O Haupt voll Blut und Wunden* und G. G. Gastoldis *A lieta vita* zu *In dir ist Freude*. – Seit etwa 1650 hat die K. sichtlich an Bedeutung und Dynamik verloren. Man dichtete nun nicht mehr an einer bestimmten Melodie entlang, sondern rechnete mit Neuvertonung oder überließ die Auswahl einer metrisch passenden Weise der kirchenmusikalischen Praxis. Je weiter sich geistliche und weltliche Musik voneinander entfernten, desto schwieriger wurde ein Austausch zwischen beiden Sphären. Nur in den Erweckungsbewegungen hat er sich bis heute und anscheinend mühelos vollzogen.

Lit.: K. Hennig, Die geistliche K. im Jh. d. Reformation, Halle 1909; Fr. Gennrich, Lat. Kontrafacta altfrz. Lieder, Zs. f. romanische Philologie L, 1930; DERS., Liedk. in mhd. u. ahd. Zeit, Zs. f. deutsches Altertum LXXII, 1948, u. in: Der deutsche Minnesang = Wege d. Forschung XV, Darmstadt 1961, Nachdruck 1963; DERS., Lat. Lied-K., Eine Auswahl lat. Conductus mit ihren volkssprachlichen Vorbildern, = Mw. Studienbibl. XI, Darmstadt 1956; DERS., Die K. im Liedschaffen d. MA, = Summa musicae medii aevi XII, Langen bei Ffm. 1965; FR. BLUME, Die ev. Kirchenmusik, Bücken Hdb., als: Gesch. d. ev. Kirchenmusik, Kassel ²1965; KN. JEPPESEN (mit V. Brøndal), Die mehrst. ital. Laude um 1500, Kopenhagen 1935; M. C. PFLEGER, Untersuchungen am deutschen geistlichen Lied d. 13. bis 16. Jh., Diss. Bln 1935; A. A. ABERT, Das Nachleben d. Minnesangs im liturgischen Spiel, Mf I, 1948; J. HANDSCHIN, Gesungene Apologetik, in: Miscellanea liturgica in honorem L. C. Mohlberg II, = Bibliotheca »Ephemerides Liturgicae« XXIII, 1949, u. in: Gedenkschrift J. Handschin, Bern u. Stuttgart 1957; J. A. HUISMAN, Neue Wege zur dichterischen u. mus. Technik Walthers v. d. Vogelweide, = Studia litteraria Rheno-Traiectina I, Utrecht 1950; N. SCHIØRRING, Det 16. og 17. århundredes verldslige danske visesang I u. II, Kopenhagen 1950; F. GHISI, Strambotti e laude nel travestimento spirituale della poesia mus. del Quattrocento, CHM I, 1953; DERS., L'Aria di Maggio et le travestissement spirituel de la poésie mus. profane en Italie, in: Musique et poesie au XVIᵉ s., = Colloques internationaux du Centre National de la Recherche scientifique, Sciences humaines V, Paris 1954; H. ALBRECHT, Zur Rolle d. K. in Rhaus Bicinia v. 1545, Fs. M. Schneider, Lpz (1955); S. W. KENNEY, Contrafacta in the Works of W. Frye, JAMS VIII, 1955; U. AARBURG, Melodien zum frühen deutschen Minnesang. Eine kritische Bestandsaufnahme, Zs. f. deutsches Altertum LXXXVII, 1956/57, u. in: Der deutsche Minnesang, = Wege d. Forschung XV, Darmstadt 1961, Nachdruck 1963; K. v. FISCHER, K. u. Parodien ital. Werke d. Trecento u. frühen Quattrocento, Ann. Mus. V, 1957; E. JAMMERS, Der Vers d. Trobadors u. Trouvères u. d. deutschen K., in: Medium Aevum Vivum, Fs. W. Bulst, Heidelberg 1960; J. MÜLLER-BLATTAU, K. im älteren geistlichen Volkslied, Fs. K. G. Fellerer, Regensburg 1962; M. HONEGGER, La chanson spirituelle huguenote au XVIᵉ s., Jb. f. Liturgik u. Hymnologie IX, 1963; TH. GÖLLNER, Landinis Questa fanciulla bei O. v. Wolkenstein, Mf XVII, 1964; J. AENGENVOORT, Die K. in d. Gesch. d. geistlichen Liedes, Musik u. Altar XVIII, 1966; W. BRAUN, Die ev. K., Jb. f. Liturgik u. Hymnologie XII, 1966. WB

Kontrapunkt (lat. contrapunctus oder -um; ital. und span. contrapunto; frz. contrepoint; engl. counterpoint), das aus punctus contra punctum (Note gegen Note; → Punctus – 1) entstandene, seit dem 14. Jh. gebräuchliche und fortan in der mehrstimmigen Musik des Abendlandes zentrale Begriffswort mit den Bedeutungsfeldern: 1) als grundlegendes Satzprinzip, als Satz- oder (improvisatorische) Singpraxis und als → Satzlehre; 2) als Bezeichnung für die nach dem K.-Prinzip gewonnene Stimme oder für eine ganze kontrapunktische Komposition; 3) als spezielle Satztechnik der Vertauschung oder Versetzung einzelner Stimmen, wodurch »doppelter« oder »mehrfacher« K. entsteht.

1) Prinzip, Praxis und Lehre des K.s dienen im 14./15. Jh. dazu, einen Cantus bzw. C. f. auf Grund von Konsonanz- und Konsonanzfolgeregeln mit einer Gegenstimme (oder mehreren) zu versehen, und beruhen darauf, daß »Note gegen Note« gesetzt, d. h. je eine Gegenstimmennote je einer Cantusnote intervallmäßig »zugemessen« wird. Damit regelt das K.-Prinzip den Zusammenklang, aber zugleich auch die Fortschreitung, indem der Cantusverlauf sowie der Rangunterschied von perfekten (Einklang, reine Quinte und Oktave) und imperfekten (Terzen, Sexten) Konsonanzen die Konsonanzfolgen bestimmen. Der K. in dieser ursprünglichen Weise ist hervorgegangen aus dem → Discantus, genauer: aus dem wohl für Improvisation und Lehrzwecke geschaffenen Discantus simplex (*qui nihil alius est quam punctus contra punctum*, Petrus dictus Palma ociosa, 1336) und galt zunächst als Grundlage der Discantuspraxis (*contrapunctus ... est ... fundamentum discantus ... aliquis non potest discantare, nisi prius faciat contrapunctum*, CS III, 60b). Bis ins 15. Jh. blieb der zuweilen noch weiterhin discantus genannte K. beschränkt auf den 2st. Note-gegen-Note-Satz und auf Konsonanzen. Die Regeln verlangen Gegenbewegung der Stimmen sowie Wechsel zwischen perfekten und imperfekten Konsonanzen als allgemeine Norm, von der nur im Schutze anderer Vorschriften abgewichen wird. Perfekte Konsonanzen sind für Anfangs- und Schlußklang verbindlich, dürfen keine Parallelfolgen aus gleichen Intervallen bilden, können aber bei ungleichen Intervallen parallelgeführt werden, wenn eine Stimme im Sekundgang fortschreitet. Imperfekte Konsonanzen werden in die stufenbenachbarten perfekten weitergeführt, gleichsam »aufgelöst« (kleine Terz zum Einklang, große Terz – und, wohl später, kleine Sexte – zur Quinte, große Sexte zur Oktave), was jedoch durch eine Kette von zwei bis vier gleichen, stufenweise schreitenden imperfekten Konsonanzen hinausgezögert werden kann; die Paenultima muß imperfekt sein. Die Folge intervallverschiedener imperfekter Konsonanzen (die deren Auflösungsstreben nicht vollständig erfüllt) ist, wie Erwähnungen und Notenbeispiele zeigen, gestattet. Die frühen K.-Regeln berücksichtigen meist nur je zwei benachbarte Zusammenklänge, aber nicht den melodischen Gesamtverlauf der Gegenstimme, der ein Sekundärergebnis der Setzung bleibt. Akzidentiengebrauch (→ Musica ficta) tritt auf zur Vermeidung des → Mi contra Fa (der nicht reinen Quinte oder Oktave) und als Ausprägung des klanglichen Strebens der imperfekten zu den perfekten Konsonanzen (vgl. die *dulcior armonia* bei Prosdocimus de Beldemandis, CS III, 199). Trotz der Beschränkung auf Konsonanzen und 2st. Note-gegen-Note-Satz verkörpert der frühe K. bereits dasjenige Regelsystem, welches für Jahrhunderte das gültige Fundament des mehrstimmigen Satzes geblieben ist. Dissonanzen werden in den Traktaten der Frühzeit vereinzelt erwähnt, aber nicht in die K.-Lehre einbezogen; der Cantus fractibilis, eine in kleine Notenwerte aufgegliederte Gegenstimme mit erlaubten, kaum erörterten Dissonanzen, steht außerhalb des K.s (CS III, 27); die Beispiele für eine Diminutio des K.s (CS III, 62ff.) zeigen lediglich rhythmische Gliederungsmöglichkeiten. Die allmähliche, zunächst kritisierte Ausdehnung der Bezeichnung K. auf den Satz mehrerer Noten gegen eine (*plurimarum notarum contra aliquam unicam solam notam ... positio*, CS III, 194a) läßt sich vom Anfang des 15. Jh. nachweisen. Die Neuerungen der K.-Lehre im Laufe dieses Jahrhunderts betreffen die Einbeziehung der Dissonanzen sowie die Behandlung des drei-(und mehr-)stimmigen Satzes und rhythmisch freier Gegenstimmen. Die im 2st. K. zu den Dissonanzen zählende reine Quarte wird im mindestens 3st. Satz konsonant verwendet, wenn sie über einer Terz oder Quinte steht.

Entscheidende Bedeutung für die Entwicklung des K.s gewann der kompositionsgeschichtliche Einschnitt um 1430, der zur niederländischen Polyphonie führte, und unter dessen Eindruck die erste umfassende K.-Lehre, der *Liber de arte contrapuncti* (1477) des Johannes Tinctoris (CS IV), entstand. Dieses Werk gründet sich didaktisch auf den Note-gegen-Note-Satz (contrapunctus simplex), leitet aber ein neues Stadium ein: den Kern der Lehre bildet der K. in unterteilten oder gemischten Notenwerten (contrapunctus diminutus oder floridus), bei dem nun Dissonanzen »unter der Bedingung besonnener Erwägung zuweilen zugelassen werden« (*cum ratione moderata interdum permittuntur*, 134b), so die vorbereitete Synkopendissonanz, die sekundgebunden ein- und weitergeführte Durchgangsdissonanz, jedoch nur zwischen den Zählzeiten, also »unbetont« verwendet, die Wechseltondissonanz, beschränkt auf so kurze Notenwerte, »daß man sie kaum hört« (*ut vix exaudiatur*, 145a), und als seltene Ausnahme (*quamvis hoc rarissime*, 145a) der Terzsprung aus einer Dissonanz. Tinctoris unterscheidet (129 u. ö.), auch hinsichtlich der Regelstrenge, zwischen komponiertem K. (*qui scripto fit*) oder → Res facta und improvisiertem (*mente*), der auch schlechthin (*absolute*) K. heißt oder mit *super librum cantare* umschrieben wird. Die Komposition muß die Konsonanzregeln zwischen allen Stimmen erfüllen, bei der Improvisation genügt das jeweilige Konsonieren mit dem Tenor. Die Lehre des Tinctoris zeigt eine Hinwendung zur freien Figuralmusik und ein Aufgehen der Konsonanzfolgeregeln in allgemeineren Stimmführungsregeln: das Kontrapunktieren über figuriertem statt planem Cantus wird bevorzugt; sogar die beliebige Stimme einer Res facta kann als Satzgrundlage dienen; störende Wiederholungen (redictae) in einer Stimme werden untersagt, Vielfalt (varietas) in der Wahl der satztechnischen Mittel wird dagegen gefordert. Die Schrift des Tinctoris beeinflußte die Kompositionslehre bis zur Mitte des 16. Jh. stark und wurde in ihrer Methode (hochwertige, in sich geschlossene Notenbeispiele; Berufung auf anerkannte Komponisten) nachgeahmt. Anfang des 16. Jh. tritt Compositio (→ Komposition) als selbständige Bezeichnung neben K. Beide Ausdrücke werden in der Folgezeit uneinheitlich verwendet, oft synonym, zuweilen als Gegensätze (z. B. von Coclico 1552). Auch gegenüber → Sortisatio ist K. nicht eindeutig abzugrenzen. Wirkung und Verbreitung der K.-Lehre wuchsen mit dem Erscheinen der ersten gedruckten Abhandlungen, u. a. von Ramos de Pareja (Bologna 1482), Burtius (Bologna 1487), Gaffori (Mailand 1496), Durán (Salamanca um 1500), G. Guerson (*Utilissime musicales regule*, Paris um 1500). Über die Lehre des Tinctoris hinausgehende Einzelheiten finden sich bei Adam von Fulda (um 1490) in der Regel, daß wenigstens eine Stimme des Satzes dem tonartlichen Modus angepaßt sein und dementsprechend »schön und angemessen« (*pulcre localiterque*) Klauseln bilden soll (GS III, 352b), bei Cochlaeus (1507) und Aaron (1523) mit Hinweisen auf die Simultankonzeption der Stimmen, die nun an Bedeutung gewann, bei Ornitoparch (1517) in Erörterungen der Klauseln, bei verschiedenen Autoren in genaueren Bestimmungen der Dissonanzbehandlung und in Bemerkungen, die eine wachsende Berücksichtigung der Sangbarkeit und melodischen Gestalt der Stimmen zeigen (der Ausdruck → *cantabile* wird wichtig).

Durch die Wandlung, die sich seit Tinctoris anbahnte, wurde K. im 16./17. Jh. vorwiegend zum Prinzip der Kombination selbständiger, melodisch und rhythmisch eigen-, aber auch etwa gleichwertiger Stimmen im Rahmen geordneter Klänge und Fortschreitungen. Das Prinzip des frühen K.s ist damit nicht aufgehoben, sondern erweitert; es bleibt gültig und gegenwärtig im Note-gegen-Note-Satz, von dem die K.-Lehre auch in dieser Epoche ausgeht. Zwei K.-Theoretiker, Schüler A. Willaerts, sind für das 16. Jh. besonders zu erwähnen: N. Vicentino behandelt in *L'antica musica ridotta alla moderna prattica* (1555) neben den tradierten K.-Grundlagen nachdrücklich die freie, nicht C. f.-gebundene Komposition, die Technik des Kanons, der Imitation, des doppelten K.s und der Mehrchörigkeit und erhebt die zukunftweisende Forderung, daß die Musik den

Textinhalt auszudrücken habe. Das III. Buch der *Istitutioni harmoniche* von G. Zarlino (1558) ist eines der bedeutendsten K.-Lehrwerke. Seine Leitgedanken lassen sich durch die Hauptregeln in Capitel 26 skizzieren: Der K. soll von einem → Soggetto ausgehen, soll hauptsächlich aus Konsonanzen, sodann aber auch aus vielen hinzutretenden, regelentsprechenden Dissonanzen bestehen; die Einzelstimmen müssen melodisch gut fortschreiten; aus einer Vielfalt (diversità) der Mittel soll die Harmonia der Komposition erwachsen; die Ordnung des tonartlichen Modus und die Anpassung der Musik an den Text (inhaltlich und, wie die grundlegenden Textierungsregeln in Buch IV, Cap. 33, zeigen, deklamatorisch) sind zu beachten. Auch Zarlino geht methodisch von Contrapunto semplice (Note gegen Note) aus, schließt den 2st. Contrapunto diminuito an, bei dem der Dissonanzgebrauch eingehend erörtert wird, und behandelt dann wie Vicentino, aber mit Beschränkung auf die geistliche Vokalmusik, die Satztechniken seiner Zeit. Zarlinos Lehre wurde oft gekürzt, vereinfacht oder abgewandelt übernommen, u. a. in den Schriften von Artusi (1586/89), Tigrini (1588), Diruta (1609), Zacconi (1622); sie gelangte durch Calvisius (1592) und Sweelinck (um 1600) nach Deutschland, durch Morley (1597) nach England und hat bis hin zu Fux (1725) starke Wirkung ausgeübt.

Das Wesen des K.s in der 2. Hälfte des 16. Jh. wird gewöhnlich am Palestrina-Stil dargestellt, der vielfach als Inbegriff des K.s bzw. der → Polyphonie gilt. Diese Wertung, die leicht den Blick für andere kontrapunktische Kunst verkürzt, bezieht ihre Berechtigung nicht nur aus der Vollkommenheit der Werke Palestrinas, sondern auch aus dem einzigartigen Phänomen ihrer in erstaunlichem Maße durch Regeln erfaßbaren und dadurch beispielhaften kompositorischen Strenge und Konsequenz. Hauptmerkmale des Palestrina-Stils, dessen Kategorien nur teilweise der Lehre Zarlinos entstammen und wesentlich erst aus der historischen Rückschau durch Berardi (*Arcani musicali*, 1690), Fux (1725), Jeppesen (1925) u. a. formuliert worden sind, seien anhand eines Beispiels (siehe vorhergehende Seite) aus der Motette *Exaudi Domine preces servi tui* von G. P. Palestrina (GA, hrsg. von R. Casimiri, III, S. 136, Rom 1939) dargestellt: Jedem Textabschnitt entspricht im Contrapunctus diminutus (bis Takt 35) ein Soggetto, das imitierend die Stimmen durchwandert (Takt 25/26 endet der Abschnitt *illumina faciem tuam*), im Contrapunctus simplex (36–40) eine von der Deklamation geprägte Folge von Klängen, die in eine Kadenz führt. Die Konsonanz des vollständigen Dreiklangs mit Grundton im Baß (△) wird ausgenutzt, überwiegt gegenüber dem »Sextakkord« (△ mit 3) und bestimmt den Contrapunctus simplex. Dissonanzen treten auf als Durchgang (D) und Vorhalt (V), der gelegentlich mit dem die folgende Note vorausnehmenden »Portament« (P) verbunden wird. Beide sind oft begleitet von einer fallenden Viertongruppe, die einen »betonten« Durchgang bildet und sich zur Obersekunde wendet (_____); diese Floskel gehört neben der → Cambiata (C), die einen Sprung aus der Dissonanz enthält, zu den wenigen, typischen Formeln, in denen bestimmte Freiheiten der Dissonanzbehandlung gestattet sind. Sukzessiv komponierte Stimmenabschnitte (Alt 28–30, Tenor 32–35) werden so in den Satz eingeschmolzen, daß sie nicht als sekundäre Gebilde wirken. Melodisch herrscht Sekundbewegung vor; Sprünge (in kleiner und großer Terz, reiner Quarte, Quinte und Oktave sowie kleiner Sexte – diese aber nur aufwärts) sind von der metrischen Stellung abhängig und werden durch anschließende Richtungsänderung ausgeglichen. Über die detaillierten Regeln für den rhythmischen Ablauf und für die Textzuordnung unterrichtet Jeppesen. – Neben dieser hohen Ausprägung des K.s wuchs in der Madrigalkunst, danach in der Monodie, eine starke Tendenz, die Musik dem Wort unterzuordnen. Das Bemühen um deutliche Deklamation, um Darstellung des Textinhaltes und um Nachahmung von Affekt und Dramatik durch die Musik führte zu einschneidenden satztechnischen Neuerungen. Die Dissonanz gewann selbständigen Ausdruckswert, wurde als »Härte« (→ Durezza) zu entsprechenden Textwörtern bewußt gesucht und freier verwendet. Die tonartlichen Modi verloren bei gesteigerter Chromatik ihre Eigenart und Geltung. Der auf Solo- und Begleitstimme reduzierte monodische Satz hob die kontrapunktische Gleichwertigkeit der Stimmen auf und förderte in der Generalbaßpraxis die Emanzipation des harmonischen Prinzips. Als erste Konsequenz dieser Entwicklung spaltete sich der K. in den strengen, überlieferten, in der geistlichen Musik beibehaltenen Contrapunto osservato (auch → Prima pratica genannt) und den freieren, von der weltlichen Musik getragenen Contrapunto commune (→ Seconda pratica). Die Kluft zwischen strengem und freiem Satz ist Gegenstand theoretischer Auseinandersetzungen seit V. Galilei (1588). Von den Überbrückungsversuchen des 17. Jh. ist erwähnenswert Chr. Bernhards Einteilung (um 1660) nach satztechnischen Erscheinungen (nicht nach Gattungen) in Contrapunctus gravis (oder Stylus antiquus) und Contrapunctus luxurians (Stylus modernus), letzterer unterteilt in communis und comicus oder theatralis (→ Stil). Die Wichtigkeit des strengen K.s für die Unterweisung blieb im 17. Jh. unbestritten. Zahlreiche Schriften geben die Lehre geringfügig vereinfacht oder methodisch verändert weiter; noch der *Gradus ad Parnassum* (1725) von Fux steht in dieser Tradition. Das kompositorisch Neue der Seconda pratica wurde nicht in einem eigenen Lehrsystem festgelegt, sondern führte zu Regeln oder Lehrgebieten, die den strengen K. voraussetzen, wie in der → Musica poetica die Lehre von den → Figuren, die zur Abbildung oder Deutung des Textes bestimmte Satzfreiheiten gestatten. Auch die Anerkennung des Dreiklangs, der → Trias harmonica, als vollkommenster Harmonie und das Verständnis von Komposition als einer Folge solcher Klänge durch Lippius (1612) vollzogen sich auf dem Boden des K.s, auch wenn dieser Terminus kritisiert wurde (*Compositio ... barbare Contrapunctus a punctum contra punctum ponendo dicta*). Doch bahnte sich damit die zweite Konsequenz des Umbruchs um 1600 an, die aber erst ein Jahrhundert später deutlich gezogen wurde: die Spaltung des bisher einheitlichen K.-Prinzips in zwei um den Vorrang streitende, sich zuweilen isolierende Prinzipien, den nunmehr linear verstandenen K. und die Harmonik (→ Harmonielehre).

Die Generalbaßpraxis und -lehre, die das Komponieren mit dem Material fertiger Akkorde förderte, hob den K. nicht auf. Solange strenge Stimmigkeit gewahrt blieb, bildete das System fest verfügbarer Klänge keinen ausschließenden Gegensatz zum K., sondern beide ergänzten sich. Das Verhältnis dieser Ergänzung kehrte sich schließlich um: die Harmonik, zuerst durch Rameau (1722) formuliert, wurde Grundlage für den K. In diesem Sinn definiert Kirnberger (1771) K. als *die Kunst nach den Regeln der guten Harmonie zu einem gegebenen einstimmigen Gesang noch eine oder mehrere Stimmen hinzu zu setzen*. Die kontrapunktische Komposition auf harmonischer Grundlage fand im Werk J. S. Bachs, Kirnbergers Vorbild, ihren Höhepunkt. Mit dem Übergang zur Klassik verselbständigte sich die Harmonik, prägte die Melodik den weitgehend in Melodie und Begleitung zerlegbaren Satz sowie seinen metrisch-periodischen Verlauf und verdrängte den K. Der Verwendung der Dissonanzen eröffneten sich durch deren harmonische Motivierung neue Möglichkeiten. Es bleibt bedeutungsvoll, daß auch die Klassiker noch mit dem K. im Gewande der Fuxschen Lehre vertraut waren, wie an kontrapunktischen Partien innerhalb der klassischen Musik zu erkennen ist. In dieser Epoche ist K. zu einem Teil als Anlehnung an den K. vor allem Bachs und Händels zu verstehen; im wesentlichen aber erscheint der K., nun besonderen Strecken der Steigerung und Verdichtung vorbehalten, als Prinzip der imitierenden oder kontrastierenden Verflechtung von thematischen und motivischen Elementen in den verschiedenen Stimmen des Satzes. In einer dem kontrapunktischen Schaffen fernstehenden Zeit förderten die Schriften von Cherubini (1835), Bellermann (1862) u. a. die historische und pädagogische Beschäftigung mit dem »strengen K.«, der in der Unterweisung als Schul-K. neben die Harmonielehre trat, weniger als deren Ergänzung, vielmehr als Lehre (»Theorie«) eines anderen Stiles. Von historisierenden Sonderfällen abgesehen, begann erst in der Spätromantik eine neue Wendung zum K. Auf Grund des gesteigerten Dissonanzgehalts in den Akkorden und erweiterter Möglichkeiten der Modulation wurde die Behandlung der Dissonanzen immer verwickelter. Die Respektierung ihres Auflösungsstrebens führte zu einer klanglich und harmonisch besonders angereicherten Polyphonie (etwa bei Brahms und Bruckner), seine Ignorierung dagegen eröffnete den Weg zur Aneinanderfügung weitgehend beliebiger Klänge, die vorwiegend als Farb- oder Reizwerte motiviert sind (→ Impressionismus). Seit der Jahrhundertwende wurde kontrapunktisches Denken zu einem der Impulse für die neue Musik, in der – da Tonalität und funktionale Harmonik außer Kraft gesetzt sind – die Töne primär linear gebunden werden und den neuen Klang wie auch die Klangfolge ermöglichen und rechtfertigen. Der überkommene Begriff des K.s kann jedoch weder die Fülle neuer satztechnischer Phänomene erfassen noch den radikal veränderten klanglichen Grundlagen – auch wo er sie provozierte – gerecht werden. Bemerkenswert ist aber, daß in der → Seriellen Musik die Ableitung des Linearen wie des Klanglichen aus einem einheitlichen Material, der → Reihe, eine geistige Verwandtschaft mit dem alten, ungeteilten K.-Prinzip aufweist.

2) Neben Prinzip, Praxis und Lehre wird auch deren Resultat, die gewonnene Gegenstimme oder der ganze Satz, K. genannt. Zwischen diesen Bedeutungen ist nicht immer klar zu unterscheiden; Ausdrücke wie facere contrapunctum, contrapunctare, contrapunctatio beziehen sich sowohl auf die einzelne Stimme wie auf das Verfahren, nach dem sie geschaffen ist. Der Stimmenname K. bezeichnet im Gegensatz zu → Diskant eine in ihrer Lage unabhängige Stimme und scheint nur in Lehrschriften und ihren Exempla, nicht aber in praktischen Quellen verwendet worden zu sein. In der Fugenlehre wird die zum Thema erklingende Partie der Gegenstimme K. genannt (→ Gegensatz, → Kontrasubjekt). Da kontrapunktische Kompositionen meist spezielle Gattungsnamen tragen, tritt K. als Bezeichnung eines ganzen Satzes selten auf, z. B. in Willaerts *Fantasie, Recercari, Contrapunti a tre voci* (1551) oder, als bekanntester Beleg, im Erstdruck von J. S. Bachs *Kunst der Fuge*.

3) Die zuerst von Vicentino beschriebene Technik des doppelten K.s besteht darin, einer Stimme eine zweite hinzuzufügen, die entweder Ober- oder Unterstimme sein kann, so daß sich durch Stimmenumschichtung aus einem Satz zwei Fassungen herstellen lassen, deren Intervallrelationen verschieden sind. Die Auswahl an brauchbaren Intervallen und Fortschreitungen ist gegenüber dem einfachen K. eingeschränkt. Die Vertauschung der Stimmen durch Oktavierung (doppelter K. der Oktave) erweist sich als günstig, weil alle Intervalle außer Quarte und Quinte beim Austausch ihren (perfekt wie imperfekt) konsonanten bzw. dissonanten Charakter bewahren, und überwiegt bei weitem. Schwierigere Bedingungen stellt der doppelte K. bei der Versetzung auf eine andere Tonstufe (in der Praxis Versetzung um eine None bis Duodezime), wie aus folgender Übersicht zu ersehen ist (Zahlen statt Intervallnamen): Das Intervall der

         1 2 3 4 5 6 7 8 9 10 11 12
wird im doppelten K.
der 8 zu 8 7 6 5 4 3 2 1
der 9 zu 9 8 7 6 5 4 3 2 1
der 10 zu 10 9 8 7 6 5 4 3 2 1
der 11 zu 11 10 9 8 7 6 5 4 3 2 1
der 12 zu 12 11 10 9 8 7 6 5 4 3 2 1

Beim mehrfachen K. werden drei oder mehr Stimmen ausgetauscht, z. B. in den thematischen Teilen von J. S. Bachs Sinfonia F moll (BWV 795) als 3facher K. der Oktave.

Lit.: allgemein: Riemann MTh; E. Kurth, Grundlagen d. linearen K., Bern 1917, Bln ^{3}1927, Bern ^{4}1946; E. T. Ferand, Die Improvisation in d. Musik, Zürich (1939); E. Apfel, Beitr. zu einer Gesch. d. Satztechnik v. d. frühen Motette bis Bach, 2 Bde, München 1964–65.
zum 14. u. 15. Jh.: CS III, 11b–13b, 23a–29a, 36b–41a, 59a–75a, 92b–95a, 115b–118b, 193a–199b, 288b–299a, 307a–328b, 333a–334b, 354a–361a, 409a–411b, 462a–466b, 493a–b, 496a–498b; CS IV, 76b–153b, 278a–294a, 383a–396b, 443b–454b; CSM 7, Liber secundus, 1–53; CSM 9, 30–39, 45–46; GS III, 306a–307b, 326b–327a, 352b–353b; A. de Lafage, Essais de diphthérographie mus., 2 Bde, Paris 1864, Nachdruck Amsterdam 1964, S. 241f., 335–338, 381ff.; J. Wolf, Ein Beitr. zur Diskantlehre d. 14. Jh., SIMG XV, 1913/14; H. Anglès, Dos tractats . . ., in: Mw. Beitr., Fs. J. Wolf, Bln 1929; P. Nalli, Regulae contrapuncti secundum usum Regni Siciliae, Arch. storico per la Sicilia orientale XXIX (= Serie 2/IX), 1933; M. F. Bukofzer, Gesch. d. engl. Diskants . . ., = Slg mw. Abh. XXI, Straßburg 1936; Thr. G. Georgiades, Engl. Diskanttraktate aus d. 1. Hälfte d. 15. Jh., = Schriftenreihe d. Mw. Seminars d. Univ. München III, München 1937; R. Casimiri, Teodono de Caprio, Note d'arch. XIX, 1942; J. Handschin, Aus d. alten Musiktheorie III: Zur Ambrosianischen Mehrstimmigkeit, AMl XV, 1943; E. Křenek, A Discussion of the Treatment of Dissonances . . ., = Hamline Studies in Musicology II, St. Paul (Minn.) 1947; H. Schmid, Die musiktheoretischen Hss. d. Benediktiner-Abtei Tegernsee, Diss. München 1951, maschr.; E. Apfel, Der Diskant in d. Musiktheorie d. 12. bis 15. Jh., Diss. Heidelberg 1953, maschr.; A. Seay, Ars ad adiscendum contrapunctum secundum Paulum de Florentia, in: L'ars nova ital. del Trecento, Kgr.-Ber. Certaldo 1959; ders., The »Liber Musices« of Florentius de Faxolis, in: Musik u. Gesch., Fs. L. Schrade, Köln (1963); R. L. Crocker, Discant, Counterpoint and Harmony, JAMS XV, 1962; Ramos de Pareja, De musica practica, Bologna 1482, hrsg. v. J. Wolf, = BIMG I, 2, Lpz. 1901; N. Burtius, Musices opusculum, Bologna 1487; Fr. Gaffori, Practica Musice, Mailand 1496, als Musicae utriusque cantus practica, Brescia 1497 u. ö.; D. M. Durán, Súmula de canto de órgano, Salamanca (um 1500); G. Guerson, Utilissime mus. regulae . . . , Paris (um 1500).
zum 16.–18. Jh.: N. Wollick, Opus aureum musicae, Köln 1501 u. ö., NA d. Teile III/IV: Die Musica figurativa d. M. Schanppecher, hrsg. v. Kl. W. Niemöller, = Beitr. zur rheinischen Mg. L, Köln 1961; J. Cochlaeus, Musica, Köln 1507 u. 1515 (vgl. H. Riemann, Anonymi Introductorium musicae, MfM XXIX, 1897 – XXX, 1898); A. Ornitoparchus, Musice actiue micrologus, Lpz. 1517, ^{6}1540, engl. v. J. Dowland, London 1609; P. Aaron, Thoscanello de la musica, Venedig 1523, ^{5}1562; G. M. Lanfranco, Le

scintille di musica..., Brescia 1533; St. Vanneo, Recanetum de musica aurea..., Rom 1533; H. Glareanus, Dodekachordon, Basel 1547, deutsch v. P. Bohn, = PGfM, Jg. XVI/XVIII, Bd XVI, Lpz. 1888–90; A. P. Coclico, Compendium musices, Nürnberg 1552, Faks. hrsg. v. M. F. Bukofzer, = DMl I, 9, 1954; N. Vicentino, L'antica musica ridotta alla moderna prattica, Rom 1555, Faks. hrsg. v. E. E. Lowinsky, = DMI I, 17, 1959; G. Zarlino, Istitutioni harmoniche, Venedig 1558, ³1573, ⁴1593, Faks. d. 1. Auflage = MMMLF II, 1, NY (1965), Faks. d. 3. Auflage Ridgewood (N. J.) 1966; G. M. Artusi, L'arte del contrapunto, 2 Bde, Venedig 1586–89, ²1598; O. Tigrini, Compendio della musica, Venedig 1588; V. Galilei, Il primo libro della prattica del contrapunto..., Ms. 1588–91; ders., Discorso intorno all'uso delle dissonanze, Ms. 1588–91 (vgl. Cl. V. Palisca in: JAMS IX, 1956, S. 81); S. Calvisius, Melopoeia..., Erfurt 1592; Th. Morley, A Plaine and Easie Introduction to Practicall Musicke..., London 1597, Faks. hrsg. v. E. H. Fellowes, = Shakespeare Association, Facsimiles XIV, London 1937, NA hrsg. v. R. A. Harman u. Th. Dart, London (1952); J. P. Sweelinck, Compositions-Regeln... (um 1600), hrsg. v. H. Gehrmann, Sweelinck-GA X, 's-Gravenhage u. Lpz. 1903; Sc. Cerreto, Della prattica musica, Neapel 1601, ²1611; G. Diruta, Il Transilvano, 2. Teil, Venedig 1609, ²1622; J. Lippius, Synopsis musicae novae..., Straßburg 1612, Erfurt ²1614; P. Cerone, El Melopeo, Neapel 1613; A. Banchieri, Cartella mus. nel canto figurato fermo e contrappunto, Venedig 1614; L. Zacconi, Prattica di musica... II, Venedig 1622; J. Crüger, Synopsis musica, Bln 1630, ²1654; Chr. Bernhard, Tractatus compositionis augmentatus (Ms. um 1648/49), hrsg. v. J. Müller-Blattau, in: Die Kompositionslehre H. Schützens..., Lpz. 1926, Kassel ²1963; A. Kircher SJ, Musurgia universalis, 2 Bde, Rom 1650, ²1690; G. M. Bononcini, Musico prattico, Bologna 1673, ³1688; A. Berardi, Documenti armonici, Bologna 1687; ders., Miscellanea mus., ebenda 1689; ders., Arcani mus. ebenda 1690; G. A. Bontempi, Hist. musica, Perugia 1695; J. G. Walther, Praecepta d. Mus. Composition, hs. Weimar 1708, hrsg. v. P. Benary, = Jenaer Beitr. zur Musikforschung I, Lpz. 1955; J.-Ph. Rameau, Traité de l'harmonie..., Paris 1722; J. J. Fux, Gradus ad Parnassum, Wien 1725, deutsch (mit Anm.) v. L. Chr. Mizler, Lpz. 1742, engl. v. A. Mann als: Steps to Parnassus, 2 Bde, deutsche Teilausg. v. A. Mann, Celle 1938; Mattheson Capellm.; Fr. W. Marpurg, Abh. v. d. Fuge, 2 Teile, Bln 1753–54, Lpz. ²1806, gekürzte frz. Übers. v. dems., Bln 1756, Paris ²1801; ders., Hdb. bey d. Gb. u. d. Composition, 3 Teile, Bln 1755–58, Anhang 1760, 1. Teil ²1762; J. Ph. Kirnberger, Die Kunst d. reinen Satzes in d. Musik, 2 Bde, Königsberg 1771–79; ders., Gedanken über d. verschiedenen Lehrarten d. Composition..., Bln 1782; G. B. Martini OFM, Esemplare o sia saggio fondamentale pratico di contrappunto..., 2 Bde, Bologna 1773–75, Faks. Ridgewood (N. J.) 1965; J. G. Albrechtsberger, Gründliche Anweisung zur Komposition, Lpz. 1790 u. 1818, frz. v. A. E. Choron als: Méthode élémentaire de composition, Paris 1814. – R. O. Morris, Contrapuntal Technique in the 16th Cent., Oxford 1922; Kn. Jeppesen, Der Palestrinastil u. d. Dissonanz, Lpz. 1925, engl. Kopenhagen u. London 1927, ²1946; ders., K., Lehrbuch d. klass. Vokalpolyphonie, dänisch Kopenhagen 1930, deutsch Lpz. 1935, Nachdruck Lpz. 1956, engl. NY 1939; R. H. Robbins, Beitr. zur Gesch. d. K. v. Zarlino bis Schütz, Diss. Bln 1938; A. T. Merritt, Sixteenth-Cent. Polyphony, Cambridge (Mass.) 1939; J. Hein, Die Kontrapunktlehre bei d. Musiktheoretikern im 17. Jh., Diss. Köln 1954, maschr. (mit umfangreichen Quellenangaben); R. Schlötterer, Struktur u. Kompositionsverfahren in d. Musik Palestrinas, AfMw XVII, 1960; C. Dahlhaus, Zur Theorie d. klass. K., KmJb XLV, 1961; ders., D. Belli u. d. chromatische K. um 1600, Mf XV, 1962; ders., Bach u. d. »lineare K.«, Bach-Jb. XLIX, 1962. zum 19. u. 20. Jh.: L. Cherubini, Cours de contrepoint et de fugue, Paris 1835; S. Dehn, Lehre v. Contrapunkt, d. Canon u. d. Fuge, hrsg. v. B. Scholz, Bln 1859, ²1883; H. Bellermann, Der Contrapunkt, Bln 1862, ⁴1901; S. Jadassohn, Mus. Kompositionslehre, Teil I: Die Lehre v. reinen Satz II, einfachen, doppelten, drei- u. vierfachen K., Lpz. 1884, ⁷1926; H. Riemann, Lehrbuch d. einfachen, doppelten u. imitierenden K., Lpz. 1888,

⁴⁻⁶1921, engl. Lpz. 1904; E. Prout, Counterpoint, London 1890; ders., Double Counterpoint and Canon, London 1891, ²1893; F. Draeseke, Der gebundene Stil, 2 Bde, Hannover 1902; St. Krehl, K., = Slg Göschen Nr 390, Bln 1908, ³1920; P. Hindemith, Unterweisung im Tonsatz I, Mainz 1937, ²1940, II Mainz 1939, engl. als: Craft of Mus. Composition, I London 1942, II 1941; E. Křenek, Studies in Counterpoint, NY 1940, deutsch als: Zwölfton-K.-Studien, Mainz 1952; E. Pepping, Der polyphone Satz I, Bln 1943, ²1950, II 1957, = Slg Göschen Nr 1148 u. Nr 1164/1164a; W. Piston, Counterpoint, NY 1947; H. Grabner, Der lineare Satz, Stuttgart (1950), Neudruck Lippstadt (1961); H. Lemacher u. H. Schroeder, Lehrbuch d. K., Mainz 1950; K. Sikorski, K., 3 Bde, Krakau 1953–57; H. Searle, Twentieth Cent. Counterpoint, London (1954), ²1955); J. M. Chomiński, Hist. harmonii i kontrapunktu, 2 Bde, Krakau (1958–62); Th. W. Adorno, Die Funktion d. K. in d. neuen Musik, in: Klangfiguren, Ffm. 1959; A. Schönberg, Preliminary Exercises in Counterpoint, hrsg. v. L. Stein, London (1963). KJS

Kontrasubjekt, auch Gegensatz, ein Kontrapunkt zum Thema einer Fuge, der für den Verlauf des Stückes beibehalten wird. Das K. setzt mit oder zu dem → Comes ein, hat ungefähr dessen Länge und kontrastiert zu ihm:

J. S. Bach, *Wohltemperirtes Clavier* II, Fuge As dur, BWV 886.

Das K. kehrt mit jedem weiteren Auftreten des Themas wieder (einzelne Ausnahmen sind möglich) und muß mit diesem als Ober- wie Unterstimme einen korrekten Satz bilden, d. h. im doppelten Kontrapunkt stehen. Zuweilen wurden auch die zum Grundthema hinzutretenden Themen der Doppel-, Tripel- oder Quadrupelfuge K. genannt, wie z. B. in C. Ph. E. Bachs Vermerk am Schluß der Handschrift von J. S. Bachs *Kunst der Fuge: Über dieser Fuge, wo der Nahme BACH im Contrasubject angebracht worden, ist der Verfasser gestorben.*

Konzert (von → concerto), – 1) (engl. concerto) bezeichnet seit dem späten 18. Jh. ein mehrsätziges Werk (das einsätzige ist das → Konzertstück) für Soloinstrument(e) und Orchester (→ Doppelkonzert, → Tripelkonzert, → Quadrupelkonzert, → Symphonie concertante), meist in Form des Sonaten-Satzzyklus. Das K. ging hervor aus dem → Concerto und dem → Concerto grosso, von denen es sich vor allem unterscheidet durch den Fortfall der Generalbaßbegleitung für den (oder die) Solisten und durch die daraus resultierende Aufhebung der starren Gegenüberstellung von Solo und Tutti (die nur noch gelegentlich in virtuosen K.n des 19. Jh., z. B. bei Paganini, wiederkehrt). Die nach Zahl und Bedeutung überwiegenden Besetzungen des neueren Solo-K.s sind das Violin-K. (→ Violinmusik) und das Klavier-K. (→ Klaviermusik). Die seit dem 17. Jh. concertierend verwendeten Instrumente → Trompete (– 1), → Querflöte, → Oboe (– 1), → Fagott erhielten mit ihrer Weiterentwicklung hinsichtlich der Spielbarkeit und Klangfarbe seit dem späten 18. Jh. neue Aufgaben als Soloinstrumente im K. Hinzu kamen seit dem 18. Jh. → Violoncello (– 1), → Viola (– 2), → Kontrabaß (– 1), → Waldhorn, → Klarinette, im 19. Jh. auch das → Saxophon und die → Harmonika-Instrumente, im 20. Jh. Schlagzeug, Ondes Martenot (K. von Jolivet 1947) und andere elektrische Instrumente sowie das wiederentdeckte Cembalo (K.e von de Falla 1928, Distler 1936). – Etwa seit der Zeit der Bach-Söhne hat vor allem der 1. Satz des K.s → Sonatensatzform,

zunächst noch mit Resten der Ritornellform. Alle Satzteile sind erweitert durch solistische Eingänge, Spielepisoden (→ Kadenz – 2), zum Teil auch durch ein 3. Thema (→ Exposition). Steht das Soloinstrument im brillanten und virtuosen K. dem geschlossenen Orchester gegenüber, so sind die Grenzen im spätromantischen K. verwischt, da hier einerseits das Soloinstrument obligat ins Orchester einbezogen wird, andererseits aus dem Orchester Soli heraustreten und in Episoden mit dem eigentlichen Solo duettieren. – Wie die gleichzeitige Symphonie oder Sonate ist das K. in der Regel dreisätzig. Das romantische K. zeigt Verbindung der Sätze (Beethoven, Mendelssohn, Schumann, Pfitzner) bis zur Einsätzigkeit und monothematischen Anlage (Liszt), wobei die Satzcharaktere noch erkennbar sind. Als 4. Satz kommt (so bei Litolff, Brahms) das Scherzo hinzu; Erweiterung in Analogie zur Chorsymphonie findet sich u. a. bei Busoni (Klavierkonzert).
– 2) K. (engl. concert) bedeutet auch eine musikalische Zusammenkunft, bei der umgangsmäßig oder – für das moderne K.-Wesen eigentümlich – darbietungsmäßig musiziert wird. Für Solodarbietungen sind neben K. auch Bezeichnungen wie Klavier- oder Liederabend (Soirée), Soliloques und Recital (→ Récit) gebräuchlich. Darbietung von Musik in Kirche, Kammer, Zunft, → Akademie, → Collegium musicum und Salon richtete sich an einen abgegrenzten Zuhörerkreis, obwohl auch hier Gäste zugelassen wurden. Das moderne K.-Leben mit K.en, die nach dem Vorbild der venezianischen Oper (seit 1637) von jedermann gegen Entgelt besucht werden können, öffentlich durch Annoncen bekanntgemacht, auch in Reihen mit Subskription und Abonnement von Impresarii und → Konzertdirektionen veranstaltet werden, entwickelte sich von England aus. Der Violinist J. Banister gab in seinem Haus in London 1672–78 K.e gegen Eintrittsgeld; für das Programm konnten die Zuhörer Wünsche äußern. K.-Veranstalter in London waren nach ihm u. a. Th. Britton 1678–1714, R. King zusammen mit dem deutschen Opernunternehmer J. W. Franck 1690–93, mit einem eigenen Konzertsaal. 1710–92 bestanden die K.e der Academy of Ancient Music, 1765–82 die Bach-Abel-K.e. Die Promenaden-K.e seit 1895 sind eine typisch englische Einrichtung. In Frankreich veranstaltete der Lautenist Gallot ab 1683 wöchentlich K.e. Bei den Concerts italiens ab 1713 wurde vorwiegend italienische Kammermusik gespielt. In den Concerts spirituels (1725–90, erneuert 1805) wurde zunächst in der Karwoche geistliche Musik aufgeführt, später fanden diese K.e vor allem an den opernfreien Tagen statt. Ab 1769 rivalisierte mit ihnen das von Gossec gegründete Concert des amateurs. In Deutschland entwickelten sich K.-Reihen vor allem in den Städten mit wohlhabender Bürgerschaft, so in Frankfurt am Main (Großes K. ab 1739), Hamburg (Subskriptions-K.e ab 1761), Mannheim ab 1779, Erfurt ab 1780. Am bekanntesten wurden die Gewandhaus-K.e in Leipzig ab 1781 (unter J. A. Hiller), die hervorgingen aus dem 1743 von Doles gegründeten Großen Concert. Die Berliner Musikübende Gesellschaft gab ab 1749 K.e, ab 1770 fanden die Berliner Liebhaber-K.e statt, ab 1791 die Chor-K.e der → Singakademie, während Reichardt mit der Königlichen Kapelle K.e nach dem Vorbild der Concerts spirituels gab. In St. Petersburg fanden regelmäßige öffentliche K.e ab 1762 statt, in Stockholm ab 1771. In Rom gab es geregelte weltliche K.e seit der Gründung der Pontificia Accademia Filarmonica Romana 1822. – Vergnügungsgärten mit K.en sind in England seit der 2. Hälfte des 17. Jh. bekannt; die Vauxhall Gardens waren 1730–1859 K.-Stätte. Die Garten- und Platz-K.e der → Militärmusik boten, auch in Deutschland, oft zeitgenössische Werke in Bearbeitungen (→ Harmoniemusik). – Die von Komponisten mit eigenen Werken veranstalteten K.e (Akademien, Benefiz-K.e) sind im 19. Jh. außer Gebrauch gekommen, teils durch das öffentliche K.-Wesen, teils weil sich den Komponisten andere Einnahmequellen erschlossen (z. B. durch das → Urheberrecht). – Träger des öffentlichen K.-Lebens sind heute die Länder und die großen Städte mit eigenen Symphonieorchestern (etwa 7–12 Abonnements-K.e pro Saison), die ergänzt werden durch reisende Orchester und Solisten. K.e, die hinsichtlich Besetzung und Programm Außergewöhnliches bieten, finden oft im Rahmen von → Festspielen statt oder bilden deren eigentlichen Anlaß. – Bis ins 19. Jh. waren umfangreiche K.-Programme mit zum Teil wechselnder Besetzung üblich (eine Akademie Mozarts vom 15. 10. 1790 hatte die Programmfolge: Symphonie, Arie, Klavier-K., Arie; im 2. Teil: Klavier-K., Duett, Improvisationen Mozarts, Symphonie). Symphonie-K.e dauern heute etwa 1 1/2 – 2 Stunden und bringen durchschnittlich 3–4 Werke verschiedener Komponisten, oft in chronologischer Ordnung (oder mit einem klassischen Repertoirestück am Schluß) und mit einem Werk für Soloinstrument und Orchester (meist im ersten Teil, vor der Pause). Programme, die vom herrschenden Publikumsgeschmack abweichen, können sich vor allem die Rundfunkanstalten, die nicht von Einnahmen aus Eintrittskarten abhängig sind, in ihren öffentlichen K.en erlauben. Rundfunksendungen gehen oft vom Prinzip des K.-Programms mit einheitlicher Besetzung ab, wenn Schallaufzeichnungen, die zu verschiedenen Zeiten mit verschiedenen Musikern oder Ensembles hergestellt wurden, zu einer Darbietung vereinigt werden.

Lit.: zu 1): A. SCHERING, Gesch. d. Instrumentalk. bis auf d. Gegenwart, = Kleine Hdb. d. Mg. nach Gattungen I, Lpz. 1905, ²1927, Nachdruck Hildesheim 1965; FR. BLUME, Die formgeschichtliche Stellung d. Klavierk. Mozarts, Mozart-Jb. II, 1924; DERS., Mozarts K. u. ihre Überlieferung, in: Syntagma musicologicum, Fs. Fr. Blume, Kassel 1963; H. ENGEL, Das Instrumentalk., = Führer durch d. Konzertsaal I, 3, Lpz. ⁷1932; DERS., Das Solok., = Das Musikwerk XXV, Köln (1964); E. J. SIMON, The Double Exposition in the Classic Concerto, JAMS X, 1957; A. J. B. HUTCHINGS, The Baroque Concerto, London 1961; W. KOLNEDER, Die Solokonzertform bei Vivaldi, = Slg mw. Abh. XLII, Straßburg u. Baden-Baden 1961; W. LEBERMANN, Zur Frage d. Eliminierung d. Soloparts aus d. Tuttiabschnitten in d. Partitur d. Solok., Mf XIV, 1961, dazu H. Beck, Das Soloinstr. im Tutti d. K. d. 2. Hälfte d. 18. Jh., ebenda.
– zu 2): TH. BUSBY, Concert-Room and Orch. Anecdotes . . ., 3 Bde, London 1825; A. A. E. ELWART, Hist. de la Soc. des concerts du Conservatoire, Paris 1860, ²1863, Paris 1885 v. E. M. E. Deldevez; DERS., Hist. des concerts populaires . . ., Paris 1864; H. KRETZSCHMAR, Über d. Stand d. öffentlichen Musikpflege in Deutschland, in: Slg mus. Vorträge XXI/XXXVII, hrsg. v. P. Graf v. Waldersee, Lpz. 1881; M. BRENET, Les concerts en France sous l'Ancien régime, Paris 1900; C. PIERRE, Le concert spirituel 1725 à 1790, Paris 1900; H. STAUDINGER, Individuum u. Gemeinschaft in d. Kulturorganisation d. Ver., = Schriften zur Soziologie d. Kultur I, Jena 1913; P. BEKKER, Das deutsche Musikleben, Stuttgart u. Bln 1916; A. DANDELOT, La Soc. des concerts du Conservatoire de 1828 à 1923, Paris 1923; K. MEYER, Das K., Stuttgart (1925); G. PINTHUS, Das Konzertleben in Deutschland, = Slg mw. Abh. VIII, Straßburg 1932; E. PREUSSNER, Die bürgerliche Musikkultur, Hbg 1935, Kassel ²1950; W. v. D. WALL u. CL. M. LIEPMANN, Music in Institution, NY 1936; G. MAUGE, Concert, Paris 1937; R. WANGERMÉE, Les premiers concerts hist. à Paris, in: Mélanges E. Closson, Brüssel 1948; H. RUTZ, Das K.-Leben v. heute, Europa-Arch. VI, 1951; E. GERHARDT, Recital, London 1953; R. BAUER, Das K., Bln 1955; J. SUBIRÁ, Conciertos espirituales españoles en el s. XVIII, Fs. K. G. Fellerer, Regensburg 1926.

Konzertdirektion, ein Geschäftsunternehmen, das sich mit der Vorbereitung und Durchführung musikalischer Veranstaltungen befaßt, auf eigene Rechnung oder im Auftrag. Die K. übernimmt – als Konzertagentur – auch die Vermittlung von Engagements (Management) für Instrumentalisten und Konzertsänger(innen); Opernengagements werden von Theateragenturen (Impresarios) vermittelt. – Die ersten Konzertunternehmer traten in England schon Ende des 17. Jh. auf (z. B. J. Banister), doch trat ihr Einfluß im Konzertleben hinter dem der musikalischen → Gesellschaften zurück. Im 18. Jh. überwogen die von den Musikern in eigener Regie veranstalteten → Akademien. Die erste K. im modernen Sinn gründete H. Wolff 1880 in Berlin.

Lit.: P. BEKKER, Das deutsche Musikleben, Stuttgart u. Bln 1916; E. STARGARDT-WOLFF, Wegbereiter großer Musiker, Bln u. Wiesbaden 1954.

Konzertführer.
H. KRETZSCHMAR, Führer durch d. Konzertsaal, 2 Bde in 3, I Sinfonie u. Suite, II Vokalmusik, 1, Kirchliche Werke, 2, Oratorien u. weltliche Chorwerke, Lpz. 1887–90, neubearb. u. erweitert als: I, Orchestermusik, 1, Sinfonie u. Suite (v. Gabrieli bis Schumann), v. Fr. Noack ⁷1932, 2, Sinfonie u. Suite (v. Berlioz bis zur Gegenwart), v. H. Botstiber ⁷1932, 3, Das Instrumentalkonzert, v. H. Engel ⁷1932, II, 1, ⁵1921, 2, v. H. Schnoor ⁵1939, III, Die Kammermusik, v. H. Mersmann, 4 Bde, Lpz. 1930–33; M. BURKHARDT, Führer durch d. Konzertmusik, Bln 1909, ³1918; TH. MÜLLER-REUTER, Lexikon d. deutschen Konzertlit., 2 Bde, Lpz. 1909–13, Nachtrag 1921; W. GEORGII, Klaviermusik, Zürich 1941, Zürich u. Freiburg i. Br. ⁴1965; M. SÉNÉCHAUD, Concerts symphoniques …, Lausanne 1947; DERS., Le répertoire symphonique, Paris 1954; A. VEINUS, The Victor Book of Concertos, NY 1948; G. v. WESTERMAN, Knaurs K., München u. Zürich 1951, ⁶1960; H. RENNER, Reclams K. (Orchestermusik), Stuttgart 1952, ⁵1961; O. SCHUMANN, K., Wilhelmshaven 1952; K. BLAUKOPF, Lexikon d. Symphonie, Köln 1953; K. BAUER, Das Konzert, Bln 1955; M. GRÄTER, K., Neue Musik, = Fischer Bücherei XCIV, Ffm. (1955, ²1958); Konzertbuch, Orchestermusik, hrsg. v. K. SCHÖNEWOLF, 2 Bde, Bln 1958–60, I ⁵1961, II ³1962; G.-W. BARUCH, K., 99 Orchesterwerke v. Beethoven bis R. Strauss, = Fischer Bücherei CCXCIX, Ffm. (1960); R. KLOIBER, Hdb. d. klass. u. romantischen Symphonie, Wiesbaden 1964; Meisterwerke d. Musik. Werkmonographien zur Mg., hrsg. v. E. L. WAELTNER, H. 1ff., München 1965ff.

Konzertina, ein → Harmonika-Instrument mit 4- oder 6eckigem Querschnitt; es wurde 1834 von dem Klarinettisten C. Fr. Uhlig (1789–1874) in Chemnitz gebaut, der die Handharmonika von Demian kennengelernt hatte. Statt der gekoppelten Bässe führte Uhlig für die linke Hand Einzeltöne ein, mit denen er jeden Akkord in jeder Lage und Stellung (dem Umfang entsprechend) spielen konnte. Die erste K. hatte 5 Melodie- und 5 Baßknöpfe; da wie bei der Harmonika im Aufzug andere Töne erklangen als im Zudruck, hatte sie auf jeder Seite 10 Töne. Diese Anlage wurde bald auf 40 Töne, 1840 auf 56 und bis 1872 auf 78 Töne erweitert, auf Anregungen von M. Neubert (1869–1926) und R. Lindner (1853–1931) auf 102 Töne (»Schefflersche Tonlage«) und durch K. Jobst auf 124 Töne (»Carlsfelder Tonlage«). Die Einheits-K. wurde 1924 von einer Kommission des damaligen Deutschen K.- und Bandonionbundes ausgearbeitet und war 128tönig. Bis 1868 wurden die Instrumente einchörig, dann durch Hinzufügung der oberen Oktave zweichörig gebaut. Die Notierung erfolgte im sogenannten Waschleinensystem: auf einer Linie waren die Notenwerte verzeichnet, die darüberstehenden Zahlen bezeichneten die Knöpfe, die in Verbindung mit den Auf- und Zudruckzeichen zu greifen waren. Die Töne und Akkorde der linken Hand wurden ebenfalls durch Zahlen dargestellt. Nach 1920 notierte man die Töne der rechten Hand in der üblichen Notenschrift, um Streichern ein Mitspielen zu ermöglichen, während die Zahlen für den K.-Spieler beibehalten wurden. Bei den bescheidenen musikalischen Ansprüchen der Spieler, die sich auf Volks- und Unterhaltungsmusik beschränkten, war diese Notation ausreichend. Die K. wurde im Laufe der Zeit durch das → Bandonion verdrängt.

Konzertmeister (engl. leader; amerikanisch concert master; frz. violon solo bzw. chef d'attaque; ital. violino primo), der erste Geiger eines Orchesters, der das Einstimmen zu leiten, das Spiel anzuführen, die Violinsolostellen zu spielen und in Proben zuweilen den Dirigenten zu vertreten hat. In größeren Orchestern gibt es mehrere K., z. B. die Stimmführer der 2. Violinen, Bratschen oder Violoncelli. In Hofkapellen des 17.–19. Jh. war der K. Orchesterleiter (z. B. Bach in Weimar 1714–17); er war der *Regente bey der Instrumental-Musik* (Mattheson Capellm., S. 483).

Konzertsaal. Im 19. Jh. hatte der K., ein Repräsentant des musikalischen Bildungsanspruchs des aufstrebenden bürgerlichen Selbstbewußtseins, zunächst ein den höfischen Fest- und Prunksälen nachempfundenes Aussehen. Die wachsenden Zuhörerzahlen verlangten zum Teil jedoch wesentlich größere Dimensionen. Dabei führte die Forderung qualifizierter Musikdarbietung zur Suche nach meßbaren Kriterien der → Raumakustik. Als wichtige Größen werden heute → Nachhall und → Diffusität genannt. Die geometrischen Dimensionen näherten sich vom Quader ausgehend im Laufe der Zeit zunehmend der Muschelform an. Die Größe der Konzertsäle schwankt zwischen 5000 und 22000 m³ (Royal Festival Hall London). Eine wichtige Rolle scheint auch das Verhältnis des Raumvolumens zur Besetzungsdichte (angegeben als Volumen pro Sitzplatz) zu spielen. Es bewegt sich zwischen 6 und 17 m³. Bislang konnten aus den Nachhallkurven von Konzertsälen keine eindeutigen Qualitätskriterien abgelesen werden; sie unterscheiden sich im leeren gegenüber dem besetzten Zustand zum Teil wesentlich voneinander. Die Nachhallzeiten gehen bei voller Publikumsbesetzung auf etwa 70% (z. B. großer Konzerthaussaal Wien) bis 90% (Royal Festival Hall London) gegenüber den Leerwerten zurück.

Lit.: L. CREMER, Die wiss. Grundlagen d. Raumakustik, I Geometrische Raumakustik, Lpz. 1948, II Statistische Raumakustik, Stuttgart 1961; P. H. PARKIN, W. E. SCHOLES u. A. G. DERBYSHIRE, The Reverberationtimes of Ten British Concert Halls, Acustica II, 1952; W. KÜHL, Über Versuche zur Ermittlung d. günstigsten Nachhallzeit großer Musikstudios, ebenda IV, 1954, Beih. 2; L. CREMER, L. KEIDEL u. H. MÜLLER, Die akustischen Eigenschaften d. großen u. d. mittleren Saales d. neuen Liederhalle in Stuttgart, ebenda VI, 1956, Beih. 2; E. MEYER u. H. KUTTRUF, Zur akustischen Gestaltung d. neuerbauten Beethovenhalle in Bonn, ebenda IX, 1959; FR. BRUCKMAYER, Hdb. d. Schalltechnik im Hochbau, Wien 1962.

Konzertstück, auch Concertino, seit dem späten 18. Jh. ein einsätziges Solokonzert oder eine größere, für den Konzertvortrag ohne Orchester bestimmte Komposition (Chopin, *Allegro de concert* op. 46; Schumann, Sonate op. 14, bezeichnet als *Concert sans orchestre*). Neben der regulären oder verkürzten Sonatensatzform (Schumann, *Concertstück* für 4 Hörner und Orch. op. 86; *Concertstück*, Introduktion und Allegro appassionato für Kl. und Orch. op. 92; der 1. Satz des Klavierkonzerts war zunächst unter der Bezeichnung Fantasie als K. gedacht) oder dem in einen Satz zusammengezogenen Sonaten-Satzzyklus kommen als K.e vor: Rondos (Mozart K.-V. 382); Variationen (Chopin op. 2); Tänze (Chopin, *Krakowiak* op. 14); Charakterstücke wie Romanzen (Beethoven, für V. und Orch.

op. 40 und 50) und Capricci (Mendelssohn, *Capriccio brillant* op. 22 für Kl. und Orch.) oder Ravels *Tzigane* für V. und Orch.; auch freie Formen der Programmmusik (C. M. v. Weber, *K*. op. 79 für Kl. und Orch.).
Lit.: H. ENGEL, Die Entwicklung d. Deutschen Klavierkonzertes v. Mozart bis Liszt, Lpz. 1927; DERS., Das Instrumentalkonzert, = Führer durch d. Konzertsaal I, 3, Lpz. 71932.

Kopenhagen.
Lit.: TH. OVERSKOU, Den danske skuespil indtil vor tid, 5 Bde, K. 1854–64; A. HAMMERICH, Musiken ved Christian den Fjerdes Hof, K. 1892, deutscher Auszug v. C. Elling in: VfMw IX, 1893; DERS., Musikhistorisk Museum, K. 1909, deutsch v. E. Bobé, K. 1911; A. AUMONT u. E. COLLIN, Det Danske Nationalteater 1748–1889, 3 Bde, K. 1896–1900; C. THRANE, Fra hofviolonernes tid, K. 1908; V. CHRISTENSEN, Stadsmusikanten, in: Hist. meddedelser om K. V, 1915/16; T. KROGH, Zur Gesch. d. dänischen Singspiels im 18. Jh., K. 1924; G. HETSCH, Musiklivet (1870–1914), in: Danmark i fest og glaade V, 1935/36; H. FUNCK, Beitr. zur Altonaer Mg., Altonaische Zs. f. Gesch. u. Heimatkunde VI, Neumünster (Holstein) 1937, S. 64ff.: K. mus. Romantik um 1840; N. FRIIS, Det Kongelige Teater, K. 1943; DERS., Det danske Hoftrompeter Korps, K. 1947; DERS., Det Kongelige Kapel, K. 1948; A. KJERULF, Hundrede år mellem noder (Gesch. d. Musikverlags Wilhelm Hansen), K. 1959.

Kopfstimme → Register (- 3).

Koppeln (von lat. copula, Band, Verbindung; frz. tirasses; ital. accopiamenti; engl. couplers) sind Spielhilfen, die in der Orgel die verschiedensten Verbindungen von Spieltrakturen und Registern herstellen, sei es mit der Hand durch Druckknöpfe, sei es mit dem Fuß durch Tritte. Die Normal-K. ermöglichen es, die gezogenen Register eines Manuals auf einem oder mehreren anderen Manualen, auch auf dem Pedal, mitzuspielen. Mechanische, pneumatische und elektrische K. sind von je verschiedener Bauart. Oktav-K. lassen als Super-K. die höheren Oktaven im gleichen oder im anderen durch sie angekoppelten Manual mitklingen, Sub-K. dagegen die Unteroktaven, soweit sie ausgebaut sind. Die Melodie-K. (Melodieführer, Vorsänger) lassen zur Melodieverstärkung die Oktave des höchsten Tones eines gegriffenen Akkordes im gleichen Manual mitklingen oder koppeln nur ihn aus einem anderen – stärker zu registrierenden – Manual in Normal- oder Oktavlage an. Oktav- und Melodie-K. und überhaupt ein Zuviel an K. lehnt der Orgelbau heute wegen des klaren Werkprinzips einer Orgel ab.

Koptische Musik. Die ägyptischen Christen haben schon sehr früh eine eigene liturgische Musik entwickelt, die sich eng an den byzantinischen Kult anschließt. Darüber hinaus scheint sie auch Reste altägyptischer Elemente zu enthalten. Die Trennung der koptischen Kirche von Byzanz im Jahre 451 und die Eroberung (640) und damit verbundene Islamisierung Ägyptens durch die Araber haben auf die Entwicklung der K.n M. stark eingewirkt im Sinne einer merkbaren Anpassung der Liturgie an das Empfinden der ägyptischen Gläubigen und einer Erneuerung der Volksmusik, womit eine gewisse Rückkehr zur altehrwürdigen musikalischen Tradition im Niltal, nach den Perioden zeitweiser Überfremdung in früheren Jahrtausenden verbunden war. – Seit dem 10./11. Jh. erscheinen in koptischen Manuskripten ekphonetische und neumenartige Zeichen, die der griechischen und byzantinischen Akzent- und Musikschrift entnommen sind oder sich gelegentlich an jüdische Lektionszeichen (taamim) anlehnen. Diese Aufzeichnungsversuche sind aber vereinzelt geblieben und wieder in Vergessenheit geraten. Die koptische Kirchenmusik mit ihrer 1st. Liturgie wurde bis heute mündlich überliefert und besonders in Sängerschulen gepflegt. Dabei ist erstaunlich, wie die Priester und die (meist blinden) Kirchensänger das riesige Repertoire gedächtnismäßig beherrschten. Der traditionelle Gesangsstil unterscheidet sich in der Klangfarbe deutlich vom arabischen Kunstgesang. Liturgische Sprache ist weiterhin das auf das Altägyptische zurückgehende Koptische, jedoch werden bestimmte Teile der Messe, vor allem katechetische Deklamationen, auch in arabischer Sprache zugelassen. Damit dringt unmerklich arabischer Stil und Geschmack in den Gottesdienst ein. Zu unterscheiden sind 3 Formen der Messe: die des hl. Basilius (329–379), die als die älteste gilt, die Messe des hl. Gregor von Nazianz (für große Festtage) und die des hl. Kyrillos (heute fast ganz vergessen). – Die Kopten gelten zu Recht als die direkten und unverfälschten Nachkommen der alten Ägypter, wird doch sogar der Name »Kopte« entweder von der alten oberägyptischen Stadt Koptos oder von der griechischen Bezeichnung aigyptios abgeleitet. Sie haben noch lange eine eigene, echt ägyptische Volksmusiktradition bewahrt, die bis heute im Lied des Fellachen trotz schwerwiegender arabisch-islamischer Beeinflussung weiterlebt. Dieses konservative Element hatte die Aufspaltung des ägyptischen Musiklebens in eine städtische, stark iranisch-arabisch beeinflußte Kunstmusik und eine folkloristische Musik der Landbevölkerung zur Folge. Die koptische Volkskunst der Vergangenheit muß jedenfalls noch so viel Lebenskraft besessen haben, daß es sogar zur Neuschaffung verschiedener Musikinstrumente gekommen ist. Hierzu gehören Blasinstrumente aus Vogelknochen und Lauteninstrumente mit eingeschnürten Flanken, während Langflöten und Doppelklarinetten aus Bambus auf altägyptische Klangwerkzeuge zurückgehen. Typisch für den koptischen Gottesdienst ist das ebenfalls auf die altägyptische Liturgie zurückgehende Sistrum. Erst in jüngster Zeit wird es durch das modernere Triangel verdrängt. Koptische Instrumente im weitesten Sinne des Wortes sind auch Handgriffglocken, Semanterien, Klappern und Handgriffklappern, teils im Gottesdienst, teils in der Volksmusik verwendet; auch vermittelten die Kopten dem Abendland den Gebrauch der liturgischen Glöckchen orientalischen Ursprungs.
Lit.: J. BLIN, Chants liturgiques coptes, Kairo 1888; L. BADET, Chants liturgiques des Coptes, Kairo 1899; W. CRUM, Cat. of the Coptic Mss., Manchester 1909; TH. GÉROLD, Hist. de la musique des origines à la fin du XIVe s., = Manuels d'hist. de l'art, Paris 1936; H. HICKMANN, La cliquette, un instr. de percussion égyptien de l'époque copte, Bull. de la Soc. d'archéologie copte XIII, 1948/49; DERS., Observations sur les survivances de la chironomie égyptienne dans le chant liturgique copte, Annales du service des antiquités de l'Egypte XLIX, 1949; DERS., Un instr. à cordes inconnu de l'époque copte, Kairo 1949; DERS., Quelques observations sur la musique liturgique des Coptes d'Egypte, Kgr.-Ber. Rom 1950; DERS., Quelques nouveaux aspects du rôle de la musique copte dans l'hist. de la musique en Egypte, Bull. de la Soc. d'archéologie copte XV, 1958/60; DERS., K. M., in: Koptische Kunst, Ausstellungs-Kat. d. Villa Hügel e. V., Essen 1963; P. R. MÉNARD, Note sur les musiques arabes et coptes, Les cahiers coptes II, Kairo 1952; DERS., Notation et transcription de la musique copte, ebenda III, 1953; DERS., Une étape de l'art mus. égyptien: la musique copte, Rev. de Musicol. XXXVI, 1954; DERS., Note sur la mémorisation et l'improvisation dans le chant copte, Etudes grégoriennes III, 1959; M. HUGLO OSB, La chironomie médiévale, Rev. de Musicol. XLIX, 1963. HaH

Korea.
Lit.: A. ECKARDT, K.nische Musik, Mitt. d. Deutschen Ges. f. Natur- u. Völkerkunde Ostasiens XXIVB, 1930; CH. S. KEH, Die k.nische Musik, = Slg mw. Abh. XVII, Straßburg 1935; J. L. BOOTS, K.n Mus. Instr. and an Introduction to K.n Music, in: Transactions of the Royal Asiatic

Soc., K.n Branch, 1940; K., in: Bibliogr. of Asiatic Musics, Notes II, 7, 1949/50; C. S. CHO, Songs of K., Dubuque (Ia.) 1950; W. S. LIM, Present Status of Music in K., Kgr.-Ber. Wien 1956; J.-G. KIM, Musikethnologische Studien über d. k.nische Volkslied, Diss. Wien 1964, maschr.

Kornett (frz. cornet à pistons, kleines Horn mit Pumpventilen; auch einfach Piston genannt), – 1) aus dem Posthorn durch Einbau von Ventilen hervorgegangenes Blechblasinstrument, das zuerst in Frankreich (vielleicht von Halary vor 1830) gebaut wurde. Ursprünglich von gedrungener Form, wurde es seit etwa 1920 der Trompete sehr stark angeglichen, so daß sich heute Flügelhorn, K. und Trompete nur noch geringfügig unterscheiden (im Bau des Mundstücks und in der Mensur, wobei das K. zwischen dem weiteren Flügelhorn und der engeren Trompete steht). Der Ton des K.s ist weniger hart und glänzend als der der Trompete und weniger füllig als der des Flügelhorns. Das wichtigste Instrument ist das Sopran-K. in B (Umfang etwa f–c^3), daneben in C und A; in der Harmoniemusik werden außerdem das Pikkolo-K. (Cornettino, vor allem in Es) und das Alt-K. (vor allem in Es, eine Oktave unter dem Pikkolo-K.) verwendet. Wie für die moderne Trompete in B und die Instrumente der → Bügelhorn-Familie, wird für das K. die transponierende K.-Notierung verwendet. (Beim K. in B erklingt der Ton einen Ganzton tiefer als geschrieben.) In das Orchester wurde das K. durch Rossini eingeführt (*Guillaume Tell*, 1829), konnte sich aber, zugunsten der Trompete, auf die Dauer nicht behaupten. Neben der Verwendung in der Harmoniemusik spielte das K. im Jazz zunächst eine große Rolle, bis es auch da von der Trompete verdrängt wurde (bald nach 1920). Von Jazzmusikern werden jedoch fast ausnahmslos Trompeten mit Pistonventilen gespielt. – 2) In der Orgel ist K. (Cornett) entweder eine den Ton des Zink nachahmende Zungenstimme 4′ oder 2′, im Pedal oft als doppelchöriges Singend Cornett 2′ mit verkürzten Bechern disponiert, oder eine gemischte Stimme, zumeist drei-, vier- oder fünffach auf $2^2/_3$′, 4′, 8′ oder 16′ (Groß-K.). Von der Mixtur unterscheidet sich das K. durch Repetitionslosigkeit, weitere Mensur und die charakteristische Terz (5. Partialton), die nur in den seltenen Oktav-K.en fehlt. Das Septimen-K. nimmt – zumeist im Diskant – eine Sept hinzu. Als Rohrwerkverstärker begann das K. früher öfter ab f oder c^1.

Lit.: zu 1): M. RASMUSSEN, On the Modern Performance of Part Originally Written for the Cornett, Brass Quarterly I, 1957.

Korrepetitor (lat., »Mitwiederholer«) nennt man den Kapellmeister (Oper, Ballett), dessen Aufgabe das Einstudieren der Solopartien am Klavier ist. Der K. für das Einstudieren der Chöre an Opernheatern heißt im allgemeinen Chordirektor.

Lit.: R. HARTMANN, Hdb. d. Korrepetierens, Bln 1926.

Kortholt (Kurzholz; engl. curtall; frz. courteaud), im 17. Jh. ein Doppelrohrblattinstrument mit Windkapsel; in das zylindrische Corpus ist ein doppelter Windkanal gebohrt. Es steht geschichtlich zwischen der älteren → Rauschpfeife und dem barocken Fagott. Zusammen mit den Fagotten und Dolzianen nennt M. Praetorius (Synt. II, S. 23) *Cortholt* und *DoppelCortholt* (in Tenor-Baß-Lage) und *SingelCortholl* (in Tenor-Alt-Lage).

Koto (japanisch), Bezeichnung für eine Reihe von Saiteninstrumenten, speziell für die Wölbbrettzither, die aus China (→ K'in) nach Japan gekommen ist, wo sie im 5. Jh. erwähnt wird. Im 8. Jh. war der K. 6saitig (Yamato-K. oder Wagon), im 9. Jh. 13saitig und gehörte als höfisches Instrument (Sôno-K.) zum Instrumentarium der chinesisch beeinflußten »Linksmusik«. Seit dem 17. Jh. entstand eine volkstümliche Literatur für K., für die das Spielgut für → Samisen Vorbild war. Auch in Stücken mit Gesang hat das Instrument den Vorrang. Der moderne große K. ist 180–190 cm lang, hat 13 oder mehr Saiten, die durch bewegliche Stege gestimmt werden, und wird mit Plektron gespielt. Der wichtigste neuere Meister des K.-Spiels war M. → Miyagi.

Ausg.: S. IZAWA, Collection of Japanese K.-Music, Tokio I 1888, ^{2}1914, II 1914; Shochikubai, Japanese K.-Music, hrsg. v. YAMASE J. YAMADA, Tokio o. J.

Lit.: E. T. PIGGOTT, Principal Tunings of the Modern Japanese K., London 1892; J. OBATA, Acoustical Investigations of Some Japanese Mus. Instr., Tokio 1930; M. NOMURA, Treatise on the Three Instr. of the Sankyoku, Tokio 1958; W. P. MALM, Nagauto, The Heart of Kabuki Music, Rutland (Vt.) u. Tokio 1963.

Krakau.

Ausg.: Pieśni ludu krakowskiego (»Die Lieder d. Kr.er Volkes«), hrsg. v. WŁ. POŹNIAK, Kr. (1956); Muzyka w dawnym Krakowie (»Die Musik im alten Kr.«), hrsg. v. Z. M. SZWEYKOWSKI, Kr. 1964.

Lit.: A. CHYBIŃSKI, Materiały do dziejów królewskiej kapeli Rorantystów na Wawelu (»Materialien zur Gesch. d. königlichen Rorantistenkapelle auf Schloß Wawel«), I 1540–1624, Kr. 1910, II 1624–94, in: Przegląd muzyczny IV, 1911; DERS., Nowe materiały do dziejów królewskiej kapeli Rorantystów ... na Wawelu (»Neue Materialien zur Gesch. d. königlichen Rorantistenkapelle ...«), Lemberg 1925; DERS., Muzycy włoscy w kapelach katedralnych krakowskich 1619–57 (»Die ital. Musiker in Kr.er Kathedralkapellen ...«), I. Teil, Posen 1927; DERS., 3 przyczynki do historii muzyki w Krakowie w 1 połowie XVII wieku (»3 Beitr. zur Gesch. d. Kr.er Musik in d. 1. Hälfte d. 17. Jh.«), Warschau 1927; ZDZ. JACHIMECKI, Muzyka na dworze króla Władysława Jagiełły (»Die Musik an d. Hofe d. Königs Władysław Jagiełło«), Kr. 1915; J. WŁ. REISS, Muzyka w Krakowie w XIX w. (»Die Musik im Kr. d. 19. Jh.«), Kr. 1931; DERS., Almanach muzyczny Krakowa, 1780–1914 (»Kr.er Musikalmanach ...«), 2 Bde, Kr. 1939; G. PIETZSCH, Zur Pflege d. Musik an d. deutschen Univ. bis zur Mitte d. 16. Jh. (Prag, Wien, Kr.), AfMf I, 1936; A. KLOSE, Die mg. Beziehungen zwischen Kr. u. Schlesien im 15. u. 16. Jh., Deutsche Monatsh. VI, Posen 1939; A. SZWEYKOWSKA, Początki Krakowskiej Kapeli Katedralnej (»Die Anfänge d. Kr.er Domkapelle«), Muzyka IV, 1959; J. DOBRZYCKI, Hejnał Krakowski (»Kr.er Turmblasen«), Kr. 1961.

Krakowiak (frz. Cracovienne, »Krakauer«), polnischer Tanz aus der Gegend um Krakau, im schnellen 2/4-Takt mit synkopiertem Rhythmus:

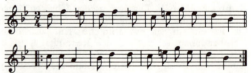

Der charakteristische Rhythmus des Kr., der auch unter den Namen Flisak, Włóczek, Kopeniak, Suwany vorkommt, findet sich schon unter den mit Chorea Polonica, Volta Polonica, Polnisch Tanz benannten Tänzen und Liedern des 16. und 17. Jh., z. B. in den Tabulaturen von Johannes de Lublin (1537–47), Nörminger und Fuhrmann. Kr.s komponierten Chopin (Kl.-Konzert op. 11, 3. Satz, und *Kr.* op. 14), Paderewski (*Kr.* op. 3) und L. Różycki (Kr. im Ballett *Pan Twardowski*).

Krebsgang (bezeichnet mit lat. cancrizans, recurrens oder per motum retrogradum; ital. alla riversa oder auch al rovescio), das Verfahren, eine Melodie oder ein Satzgefüge rückwärts zu lesen und in dieser Gestalt kompositorisch zu verwerten. Der Kr. hat ein literarisches Vorbild in solchen Worten oder Sätzen, die auch beim Rückwärtslesen der Buchstaben (gelegentlich auch der Silben oder Worte) einen Sinn ergeben (Palindrom, anazyklische Verse oder Versus recurrentes). In der Musik setzt er Notation voraus, weil die Fähigkeit, ihn in solchen gehörsmäßig zu erfassen, auf kleinste Partikel beschränkt bleibt. Der Kr., eine der künstlichsten Techniken im musikalischen Satz, geht bis in die Notre-Dame-Epoche zurück: die Hs. *F* enthält am Schluß der Dominus-Klauseln (f. 150′) ein Stück mit dem Cantus als Kr., worauf der Textzusatz *Nus–mi–do* (silbenweise Rückwärtslesung von Dominus) überdies hinweist. Der Kr. ist als konstruktives Mittel und Spiel zu werten, wird aber darüber hinaus in vielen Fällen zum Symbolträger, so etwa – auf Grund des Doppelsinns oder des Zusammenfallens der Begriffe »Anfang« und »Ende« – zur Darstellung von Tod, Ewigkeit, Unendlichkeit u. ä. Daß Machauts 3st. Rondeau Nr 14 *Ma fin est mon commencement* auch in solchem Sinn verstanden werden soll, liegt nahe; hier ergibt sich der Tenor, wie es die auf dem Kopf stehende Textierung fordert, aus dem Kr. an der niedergeschriebenen Oberstimme, und der bis zur Mitte aufgezeichnete Contratenor ist durch seinen eigenen Kr. zu ergänzen. Noch offenkundiger ist der Symbolcharakter des Kr.s im Schlußbeispiel aus dem *Compendium musices* von Coclico, einem 8st. Krebskanon über zwei auf das »Ende« bezogene Bibelverse (Vulg. Ps. 118, 96; Matth. 10, 22 oder 24, 13) oder in Scheidts *Canon retrogradus a 3 voc. super In te Domine speravi* (*non confundar in aeternum*; Vulg. Ps. 30, 2; *Tabulatura nova*). Auch die Anweisungen zum Kr. wurden gelegentlich verschlüsselt und in Zitate eingekleidet, so z. B. bei dem genannten Stück von Coclico mit *Canon. Per aliam viam reversi sunt in regionem suam* (Matth. 2, 12) oder in der *Missa Alleluia* von de la Rue mit *vade retro Satanas* (Mark. 8, 33). – Hinsichtlich der musikalischen Verarbeitung des Kr.s lassen sich unterscheiden: 1) Kr. einer Stimme innerhalb des Satzes, z. B. der vor- und rückwärts schreitende Tenor in Dufays isorhythmischer Motette *Balsamus et mundi* oder das Fugenthema in Beethovens Sonate op. 106; 2) Kr. eines Satzgefüges, indem alle Stimmen von einem Zeitpunkt an – der dadurch zum Mittelpunkt oder zur »Achse« wird – in ihren eigenen Kr. übergehen, wie in J. Haydns *Menuetto al rovescio* (Klaviersonate A dur, Hob. XVI, 26, u. a.) oder in der Fuga tertia in F aus Hindemiths *Ludus tonalis*. Schönberg kombiniert im *Pierrot lunaire* (Nr 18, *Der Mondfleck*) diese Technik im 4st. Instrumentalsatz mit einer freien Sprechstimme und einer Fuge im Klavier; 3) Spiegel-Kr. eines Satzgefüges, indem dieses als Ganzes auch mit umgekehrtem Notenblatt, also in Kr. und → Umkehrung zu lesen ist, z. B. J. Haydns *Canon cancrizans a tre* (*Thy voice o Harmony is divine*) von 1791 oder Praeludium und Postludium aus Hindemiths *Ludus tonalis*; 4) der Krebskanon im eigentlichen Sinn: das simultane Erklingen von Melodievorlage und deren Kr., z. B. J. S. Bachs *Canon a 2* aus dem *Musicalischen Opfer* (BWV 1079, 3a) oder die 8st. Motette *Diliges Dominum* von Byrd; 5) der Spiegelkrebskanon: die Vereinigung von Vorlage und Kr. in der Umkehrung Diesen seltenen Typ vertreten die wohl zu unrecht W. A. Mozart zugeschriebenen 4 Spiegelkanons (K.-V. Anh. 284ᵈᵈ), die von zwei einander gegenüberstehenden Spielern aus ein und demselben Notenblatt ausgeführt werden können. – Der Kr. – obwohl er relativ selten vorkommt – ist kennzeichnend für streng konstruktive Möglichkeiten des Komponierens, die im 15. Jh. entwickelt und bis ins 17. Jh. besonders gepflegt wurden. Mindestens bei Kircher (1650) wird der Kr. auch theoretisch behandelt. – In der seriellen Technik des 20. Jh. sind Kr. und Spiegel-Kr. neben der Umkehrung als Ableitungsweisen der

→ Reihe eine Grundlage für das Kompositionsverfahren geworden. Beispiel einer mehrschichtigen Verwendung des Kr.s ist der 2. Satz der Symphonie op. 21 von Webern: eine krebsgleiche Reihe wird in axial krebsgängigen Variationen durchgeführt, wobei ein Satzganzes entsteht, das hinsichtlich der Reihen-(und Ton-) Anordnung ebenfalls krebsgleich verläuft.

Lit.: PAULY-WISSOWA RE, Artikel Palindrom; A. W. AMBROS, Gesch. d. Musik III, Breslau 1868, S. 67f.; H. RIEMANN, Hdb. d. Mg. II, 1, 1907, ²1920, S. 84ff; L. K. J. FEININGER, Die Frühgesch. d. Kanons bis Josquin des Prez (um 1500), Emsdetten i. W. 1937. KJS

Kremsier (Kroměříž, Tschechoslowakei).
Lit.: P. NETTL, Zur Gesch. d. Musikkapelle d. Fürstbischofs Karl Liechtenstein-Kastelkorn v. Olmütz, ZfMw IV, 1921/22; FR. HÖGLER, Die Kirchensonaten in Kr., Diss. Wien 1926, maschr.; E. H. MEYER, Die Bedeutung d. Instrumentalmusik am fürstbischöflichen Hof zu Olomouc (Olmütz) in Kroměříž (Kr.), Mf IX, 1956, auch in: Aufsätze über Musik, Bln 1957.

Kreuz → Akzidentien.

Kreuzkantoren. Das Kantorenamt der Kreuzschule in Dresden ist von einer Anzahl bedeutender Kirchenmusiker bekleidet worden. Es folgten nacheinander: S. Baumann (–1553), J. Selner (–1560), A. Petermann (–1585), B. Köhler (–1589), B. Petermann (–1606), S. Rüling (–1615), Chr. Neander (–1625), M. Lohr (–1654), J. Beutel (–1694), B. Petritz (–1713), J. Z. Grundig (–1720), Th. Chr. Reinhold (–1755), G. A. Homilius (–1785), Chr. E. Weinlig (–1813), Chr. T. Weinlig (–1817), Chr. H. Uber (–1822), Fr. W. Agthe (–1828), E. J. Otto (–1875), Fr. O. Wermann (–1906), O. Richter (–1930), seitdem Rudolf Mauersberger. → Thomaskantoren.

Lit.: O. MELTZER, Die Kreuzschule zu Dresden bis zur Einführung d. Reformation (1539), Dresden 1886; K. H. NEUBERT, Aus d. Gesch. d. Kreuzschule, Dresden 1893; K. HELD, Das Kreuzkantorat zu Dresden, Diss. Lpz. 1894; O. SOCHER, 700 Jahre Dresdner Kreuzchor, Dresden 1937; E. H. HOFMANN, Capella sanctae crucis, Bln 1956; DIES., Der Dresdner Kreuzchor, Lpz. 1962; H. BÖHM, Die ev. Kr., in: Kirchenmusik heute, Fs. R. Mauersberger, Bln 1959.

Kritik → Musikkritik.

Krjukí (russ., Haken) heißen die Schriftzeichen des russischen Kirchengesangs, deren älteste bekannte Formen mit den byzantinischen des 12.–13. Jh. identisch sind. Es handelt sich dabei um mehrere Schriftarten, die zum Teil gleichzeitig im Gebrauch waren. Neben der → ekphonetischen Notation für die Lesungen und der Kontakarien-Notation (bis ins 14. Jh. nachgewiesen) unterscheidet J. v. Gardner 4 Schrifttypen: Stolp-Notation (11.–20. Jh.), Putj-Notation (15.–17. Jh.), Demestische Notation (16.–20. Jh.) und Kasan-Notation (16.–17. Jh.). Die Stolp-Notation wird seit dem 17. Jh. nur noch von den Altgläubigen gepflegt; dagegen hatte die Staatskirche eine → Choralnotation mit Fünfliniensystem eingeführt.

Ausg.: Ein hs. Lehrbuch d. altruss. Neumenschrift I, hrsg. v. J. v. GARDNER u. E. KOSCHMIEDER, = Bayerische Akad. d. Wiss., phil.-hist. Klasse, Abh., N. F. LVII, München 1963 (mit Bibliogr.).

Kroatien.
Ausg.: V. ŽGANEC, Hrvatske pučke popijevke iz Medjimurja (»Kroatische volkstümliche Gesänge v. Medjimurje«), Zagreb I 1916, II 1920, III–V 1941; DERS., Hrvatske narodne pjesme kajkavske (»Kroatisch-kajkawische Volkslieder«), Zagreb 1950; DERS., Narodne popijevke Hrvatskog Zagorja (»Volksgesänge v. Hrvatsko Zagorje«), 2 Bde, Zagreb 1950-52; DERS. (mit N. Sremec), Hrvatske narodne pjesme i plesovi (»Kroatische Volkslieder u. -tänze«), Zagreb 1951; B. BARTÓK u. A. B. LORD, Serbo-

Croatian Folk Songs, NY 1951; A. B. LORD, Serbo-Croatian Heroic Songs Collected by M. Parry, 2 Bde, Cambridge (Mass.), Belgrad u. London 1953–54; N. KARABAIĆ, Muzički folklor Hrvatskog Primorja i Istre (»Mus. Folklore v. Hrvatsko Primorje u. Istrien«), Rijeka 1956; Spomenici hrvatske muzičke prošlosti (»Denkmäler d. kroatischen mus. Vergangenheit«), Bd I: V. Jelić (1596–1636?)..., hrsg. v. A. VIDAKOVIĆ, Zagreb 1957.
Lit. (Erscheinungsort, wenn nicht anders angegeben, Zagreb): FR. Š. KUHAČ, Ilirski glazbenici (»Illyrische Musiker«), 1893; DERS., Osebine narodne glazbe, naročito hrvatske (»Eigenarten d. Volksmusik, besonders d. kroatischen«), Rad jugoslavenske akad. znanosti i umjetnosti Nr 160, 174, 176, 1905–09; R. LACH, Alte Weihnachts- u. Ostergesänge auf Lussin, SIMG IV, 1902/03; DERS., Volkslieder in Lussingrande, ebenda; DERS., Alte Kirchengesänge d. ehemaligen Diözese Ossero, SIMG VI, 1904/05; J. VAJS, Toni missae..., Krk 1904; DERS., Memoriae liturgiae slavicae in dioecesi Axerensi, Krk 1906; DERS., Najstariji hrvatskoglagolski misal (»Das älteste kroatisch-glagolitische Missale«), 1948; L. JELIĆ, Fontes hist. liturgiae glagolito-romanae..., Krk 1906; M. OGRIZOVIĆ u. N. ANDRIĆ, Hrvatska opera 1870–1920 (»Die kroatische Oper...«), 1920; B. ŠIROLA, Pregled povijesti hrvatske muzike (»Abriß d. Gesch. d. kroatischen Musik«), 1922; DERS., Hrvatska narodna glazba (»Kroatische Volksmusik«), 1940–42; DERS., Hrvatska umjetnička glazba (»Kroatische Kunstmusik«), 1942; DERS., Horvát nép hangszerck (»Kroatische Volksmusikinstr.«), Mélanges offerts à Z. Kodály, Budapest 1943; DERS., Crkvena glazba u Hrvatskoj (»Kirchenmusik in Kr.«), o. J.; DERS., Das Volksmusik d. Kroaten, in: Studia Memoriae B. Bartók Sacra, Budapest 1956; L. K. GOETZ, Volkslied u. Volksleben d. Kroaten u. Serben, 2 Bde, Heidelberg 1937; DR. PLAMENAC, Music of the 16th and 17th Cent. in Dalmatia, PAMS IV, 1939; DERS. in: G. Reese, Music of the Renaissance, NY (1954), ²1959, S. 757ff.; DR. KNIEWALD, Illuminacija i notacija zagrebačkih liturgijskih rukopisa (»Buchmalerei u. Notation d. Zagreber liturgischen Hss.«), 1944; V. ŽGANEC, Kroatische Volksweisen u. Volkstänze, 1944; A. VIDAKOVIĆ, Sakramentar MR 126 metropolitanske knjižnice u Zagrebu (»Das Sakramentar MR 126 d. Metropolitan-Bibl. in Zagreb«), Rad... Nr 287, 1952; FR. ZAGIBA, Die deutsche u. slavische Choraltradition..., KmJb XXXVII, 1953; DERS., Die Funktion d. Volksliedgutes in d. Entwicklung d. südosteuropäischen Mg., Kgr.-Ber. Bamberg 1953; K. KOVAČEVIĆ, Hrvatski kompozitori i njihova djela (»Die kroatischen Komponisten u. ihre Werke«), 1960; A. B. LORD, The Singer of Tales, = Harvard Studies in Comparative Lit. XXIV, Cambridge (Mass.) 1960.

Krotala (griech. κρόταλα; lat. crotala), überwiegend paarig gebrauchte (Hand-)→Klappern (Fußklapper → Scabillum) besonders der griechischen Antike, die in einfacher Form zwei bewegliche Schenkel eines gespaltenen Rohrs, gegeneinandergeschlagene Stäbchen oder Brettchen, in Weiterentwicklung aber auch von kastagnettenartig ausgehöhlter und verkürzter Form sein konnten (Holz, Erz oder Ton). Hier sind die Grenzen zu den kleinen metallenen Tanzbecken (→ Kymbala, → Zimbeln – 1) oft nicht mehr exakt zu ziehen. Die in mittelalterlichen Abbildungen häufig anzutreffenden Gabelbecken sind eine Mischform beider Instrumente. Die Kr. wurden in den orgiastischen Riten des Dionysos und in denen der Kybele (Euripides, Pindar) verwendet; sie wurden vorwiegend von Frauen gespielt (Herodot), Vasenbildern zufolge vor allem beim Tanz.
Lit.: M. WEGNER, Das Musikleben d. Griechen, Bln 1949.

Krummbogen → Stimmbogen.

Krummhorn (ital. cromorno, cornomuto torto; engl. und frz. cromorne, frz. auch tournebout), – 1) ein Doppelrohrblattinstrument mit Windkapsel und zylindrischem Corpus, das am unteren Ende schwach konisch und wie eine Krücke gebogen ist. Das Kr. hat 6–8 vorderständige Grifflöcher (die beiden unteren auch mit Klappen), ein Daumenloch, dazu 1–2 Stimmlöcher. Das Kr.-Stimmwerk hat 1511 bei Virdung 4 Größen, bei Praetorius 1618 besteht es aus Exilent (c^1–d^2), Diskant (g–a^1), Alt-Tenor (c–d^1), Baß Chorist (F– oder C–g), Großbaß (C– oder $_1$A–d). Das Kr. überbläst nicht. Der Klang ist dunkel und gleichmäßig, dabei leicht schnarrend. Im 16. und 17. Jh. war es besonders in Deutschland beliebt. – 2) in der Orgel – seit dem Ende des 15. Jh. nachweisbar – eine Zungenstimme, meist im Oberwerk oder Rückpositiv als 8′ (selten auch 16′), disponiert mit engem zylindrischem Aufsatz. Das Register wurde im 19. Jh. von der Klarinette verdrängt. In neueren Orgeln ist es wieder häufig zu finden. Das im Klang cembaloartige Rohr-Kr. in 16′- und 8′-Lage, von E. K. Rößler entworfen, fügt in den zylindrischen Aufsatz ein teilgedecktes Rohr ein. Dadurch erklingen noch höhere Partialtöne.
Lit.: zu 1): S. VIRDUNG, Musica getutscht (Basel 1511), Faks. hrsg. v. R. Eitner, = PGfM, Jg. X, Bd XI, Bln 1882; DASS., Faks. hrsg. v. L. Schrade, Kassel 1931; PRAETORIUS Synt. II; M. MERSENNE, Harmonie universelle, Paris 1636, Faks. hrsg. v. Fr. Lesure, 3 Bde, Paris 1963; C. SACHS, Doppione u. Dulzaina. Zur Namensgesch. d. Kr., SIMG XI, 1909/10; G. KINSKY, Doppelrohrblatt-Instr. mit Windkapsel, AfMw VII, 1925.

Krupalon, Krupezion (griech.) → Scabillum.

Kuba.
Lit.: E. SÁNCHEZ DE FUENTES Y PELÁEZ, Consideraciones sobre la música cubana, Habana 1936; DERS., Viejos ritmos cubanos, ebenda 1937; H. COURLANDER, Mus. Instr. of Cuba, MQ XXVIII, 1942; J. NIN-CULMELL, The Music of Cuba, Washington (D. C.) 1943; A. CARPENTIER, La música en Cuba, Mexiko 1946, Habana ²1961; F. ORTIZ, Los bailes y el teatro de los negros en el folklore de Cuba, ebenda 1951; DERS., Los instr. de la música afrocubana, 5 Bde, ebenda 1952–55; DERS., La africanía de la música folklórica de Cuba, ebenda 1952; M. BLANCO BÁRZAGA, Origen y evolución de la música en Cuba, ebenda 1952; G. TÖRNBERG, Mus. Instr. of the Afro-Cubans, Ethnos XIX, 1954; M. MACÍA DE CASTELEIRO, La música religiosa en Cuba, Habana 1956; P. H. BALAGUER, La Capilla de Música de la catedral de Santiago de Cuba, Revista mus. chilena XVIII, 1964, A. LEÓN; Música folklórica cubana, Habana 1964.

Kubanischer Jazz → Afro-Cuban Jazz.

Kuckucksruf (frz. coucou), barockes Orgelregister als Imitation des Kuckucksrufs (→ Vogelgesang), bestehend aus meist gedackten Pfeifen im Intervall einer kleinen Terz (f^2–d^2). Die Ventile werden durch ein Windrad in regelmäßigem Abstand geöffnet.

Kuhreigen, sehr alte, heute fast ausgestorbene Hirtenweisen der deutschsprachigen Schweiz. Sie sind dreiteilig, mit melismatischen Rahmenteilen und einem rufartigen Mittelteil, der die einzelnen Tiere der Rinderherde mit Sondernamen bedenkt. Der K. war ursprünglich wohl ein magischer Männertanz (Fruchtbarkeitszauber, vielleicht Tiermaskentanz). Aus ihm wurde durch Einfügung gregorianisch-litaneihafter Elemente der Alpensegen, der in seinen Melodieformeln und im Eingangswort *Lobet, o lobet* (von loba, Kuh, daher auch Lobetanz) noch die alte tiermagische Grundlage verrät. Dem K. ähnlich sind Viehlockrufe (lokk, rop, huing) skandinavischer Hirten. In spätüberlieferte, namentlich welsch-schweizerische Fassungen drangen liedhafte oder chansonmäßige Züge ein (ranz des vaches). In der Kunstmusik kommen K. u. a. vor bei Rhaw (*Bicinia gallica*, 1545) und im 19. Jh. bei Liszt (*Album d'un voyageur*, 1835/36, nach der Aufzeichnung des K.s von F. F. Huber paraphrasiert).
Lit.: J.-J. ROUSSEAU, Dictionnaire de musique, Genf 1767(?), Paris 1768, darin ein K.; G. TARENNE, Recherches sur les ranz des vaches, ou sur les chansons pastorales des bergers de la Suisse, Paris 1813; A. TOBLER, Kühreihen oder Kühreigen, Jodel u. Jodellied in Appenzell, Zürich 1890;

L. Gauchat, Etude sur le ranz de vaches fribourgeois, Zürich 1899; M. F. Bukofzer, Zur Erklärung d. »Lobetanz« durch d. schweizerische Volksmusik, Schweizerisches Arch. f. Volkskunde XXXVI, 1937/38; W. Sichardt, Der alpenländische Jodler u. d. Ursprung d. Jodelns, = Schriften zur Volksliedkunde u. völkerkundlichen Mw. II, Bln 1939; C.-A. Moberg, Om Vallåtar. En studie i de svenska fäbodarnas musikaliska organisation («Über K., eine mus. Organisation d. schwedischen Sennhütten«), STMf XXXVII, 1955; ders., Kühreihen, Lobetanz u. Galder, Deutsches Jb. d. Mw. III (= JbP L), 1958; ders., Kühreihen, Lobetanz u. Galder, in: In memoriam J. Handschin, Straßburg 1962.

Kujawiak, polnischer Tanz in Kujawien (am linken Weichselufer), im 3/4-Takt, mit lyrischer Melodik, eine langsame, nicht gesprungene Abart des Mazur. Triolen, Vorschläge, auch Tempoverzögerungen sind häufig. Im stilisierten K. seit Mitte des 19. Jh. dominiert die Molltonart. H. Wieniawski nannte *K.* seine 2. Mazurka für V. und Kl. (op. 13).

Kurrende (von lat. currere, laufen, oder von corradere, zusammenkratzen, betteln), ein aus bedürftigen Schülern gebildeter Chor, der gegen Brot- oder Geldgaben in den Straßen sang. K.n bestanden bereits vor der Reformation. Auch Luther ist in Eisenach als Knabe Mitglied einer K. gewesen. Im 16. Jh. wurde an vielen Orten das K.-Singen zunächst verboten, nicht zuletzt weil nach der Auflösung zahlreicher Kloster- und Stiftsschulen das unorganisierte Almosensingen überhandgenommen hatte. Die neugegründeten Stadtschulen führten aber, unterstützt von den städtischen Behörden, die organisierte K. wieder ein. Bedürftigen Kindern wurde nur dadurch der Schulbesuch ermöglicht. Schul- und spezielle K.-Ordnungen legten fest, unter welchen Bedingungen die Aufnahme in die K. möglich war, in welchen Straßen, an welchen Tagen und in welcher Tracht (meist schwarze Radmäntel und flache Zylinderhüte) die K. sang, wie die Almosen zu verteilen waren und wie man sich auf den Straßen zu verhalten hatte. Im allgemeinen sang die K. einstimmige liturgische Gesänge und Kirchenlieder, selten auch mehrstimmig. Vom K.-Gesang zu unterscheiden ist das ebenfalls von der Schule organisierte Singen bei Beerdigungen und Hochzeiten, das auch eine wichtige Einnahmequelle für Schüler und Lehrer darstellte. Die K.n hielten sich an den meisten Orten bis ins 18. Jh., vereinzelt bis ins 19. Jh. Im 19. und noch im 20. Jh. wurde, anknüpfend an die Bemühungen von J. F. Marquardt (1810–93, Berlin), in einigen Städten versucht, das K.-wesen neu zu beleben.

Lit.: J. F. Marquardt, Was singt unserer Zeit d. Wittenberger Nachtigall?, Bln 1883; J. Rautenstrauch, Luther u. d. Pflege d. kirchlichen Musik in Sachsen, Lpz. 1907; W. Nicolai, Die Wiederbelebung d. K. in Eisenach, Bach-Jb. XI, 1914; S. Nyström, Die deutsche Schulterminologie in d. Periode 1300–1740, Helsinki 1915; G. Schünemann, Gesch. d. deutschen Schulmusik, 2 Teile, Lpz. 1928–32, I ²1931; P. Epstein, Der Schulchor v. 16. Jh. bis zur Gegenwart, Lpz. 1929.

Kurze Oktave (Mi-Re-Ut) heißt die in Klavieren aus dem 16. bis gegen Ende des 18. Jh. sowohl im Manual als auch im Pedal vorkommende Einrichtung der Klaviatur für die tiefste (große) Oktave, die für Cis, Dis, Fis und Gis keine Töne hat, die Tasten aber so zusammenrückt, daß der tiefste Ton (C) scheinbar E ist; es entsteht eine diatonische Skala der großen Oktave mit B (zwischen A und H):

d. h. C F G A H sind Untertasten, D E und B Obertasten; oder auch in der Anordnung:

mit C D und B als Obertasten.

Auch nennt man K. O. die Anordnung der Tasten für die Große Oktave mit Weglassung aller oder einiger Obertasten für chromatische Töne der C dur-Skala (Cis, Dis, Fis, Gis), z. B. (bei Cerone und Mersenne):

Mit dieser Anordnung der K.n O. rechnet wohl auch S. Scheidt in seiner *Tabulatura nova* (1624), die für die Orgel in der Moritzkirche in Halle bestimmt war. Die Einrichtung der K.n O. erklärt sich daraus, daß das Pedal der Orgel sich lange auf die von der Guidonischen Hand gelehrte Diatonik mit B als einziger chromatischer Note beschränkte, wobei F der tiefste Ton blieb; da das Pedal zunächst hauptsächlich für ausgehaltene Töne (Bordunspiel, »Orgelpunkte«) gebraucht wurde, genügte es, jene Töne zur Verfügung zu haben. Um nun die Töne E D C (Mi-Re-Ut) in der Tiefe zu gewinnen, ohne doch die Klaviatur wesentlich zu verbreitern, setzte man eine Taste links an und schob die andern dazwischen. Diese z. B. von Diruta (1597) Mi-Re-Ut genannte Einrichtung wurde dann auch bei neugebauten Orgeln getroffen, da sich die Organisten an die K. O. gewöhnt hatten.

Im Unterschied zur K.n O. gibt es die gebrochene Oktave; bei ihr sind die Obertasten D und E geteilt (gebrochen), so daß auf ihren hinteren Hälften die Tasten der Töne Fis und Gis stehen:

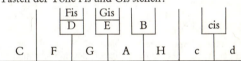

Gebrochene Oktaven wurden im 16.–17. Jh. auch auf Instrumenten verwendet, bei denen die Zahl der Tonstufen auf über 12 pro Oktave vermehrt war (→ Archicembalo). Werckmeister bezeichnet die gebrochene Oktave als K. O.; eindeutig sind beide Bezeichnungen nach der Terminologie des 17.–18. Jh. nicht zu unterscheiden. W. A. Mozart z. B. verstand unter gebrochener Oktave die K. O. (mit D E B als Obertasten).

Lit.: A. Werckmeister, Erweiterte u. verbesserte Orgel-Probe, Quedlinburg 1698, Nachdruck Kassel 1927; A. G. Ritter, Zur Gesch. d. Orgelspiels..., 2 Bde, Lpz. 1884; G. Kinsky, K. O. auf besaiteten Tasteninstr., ZfMw II, 1919/20.

Kurztoninstrumente, eine von A. Schönberg geprägte Bezeichnung für Instrumente, deren Tondauer nach dem Anschlagen oder Anreißen nicht beliebig verlängert werden kann, wie das bei den Blas- und Streichinstrumenten möglich ist. In *Moses und Aron* notiert Schönberg als K. Klavier, Harfe, Xylophon, Glockenspiel, Gitarre, Mandoline und Celesta.

Kyklosis (griech.) → Circulatio.

Kymbala (griech., Sing. κύμβαλον, von κύμβη, Topf, Becken, und βάλλειν, werfen, schlagen; lat. cymbala, vasa aera, auch acetabula, Essignäpfe), antike → Becken, die in der griechisch-römischen Antike als Klanggeräte besonders der vorderasiatischen Göttinnenkulte bekannt waren. Auch als Lärminstrumente im Dionysoskult (K. in der Hand der Mänaden) sind sie häufig anzutreffen. Xenophon vergleicht den Huftritt der Pferde mit dem Geräusch des Kymbalon. Auf Grund zahlreicher Abbildungen lassen sich 2 Grundformen unterscheiden: flache, tellerartige und mehr glockenähnliche, gefäßförmige Gebilde mit oder ohne Rand, die paarweise (deshalb meistens die plurale Bezeichnung) gegeneinandergeschlagen werden. In der Bibel entsprechen den K. die Instrumente meziltajim (I. Chron. 15, 16) und zelzlim (II. Sam. 6, 5; Ps. 150, 5, dieses wohl eher den Kastagnetten ähnlich). Bekannt waren auch Gabelbecken: kleine Becken, die an den Enden zweier Gabeln saßen und beim Schütteln aneinanderschlugen. – Das lateinische Wort → cymbala, dem das deutsche → Zimbeln entlehnt ist, bezeichnete im Mittelalter eine ganze Reihe von Instrumenten: Becken, Gabelbecken, Klappern, Schellen, Glocken, Glockenspiel. Mittelalterliche Abbildungen belegen das Vorkommen der den antiken K. ähnlichen Becken (besonders auch Gabelbecken) in reichem Maße.

Lit.: SACHS Hdb.; C. SACHS, Geist u. Werden d. Musikinstr., Bln 1929, Nachdruck Hilversum 1965; E. KOLARI, Musikinstr. u. ihre Verwendung im Alten Testament, Helsinki 1947; M. WEGNER, Das Musikleben d. Griechen, Bln 1949; H. HICKMANN, Cymbales et crotales dans l'Egypte ancienne, in: Annales du service des antiquités de l'Egypte XLIX, 1949; DERS., Vorderasien u. Ägypten im mus. Austausch, Zs. d. Deutschen Morgenländischen Ges. CXI (= N. F. XXXVI), 1961; FR. BEHN, Musikleben im Altertum u. frühen MA, Stuttgart 1954; G. FLEISCHHAUER, Etrurien u. Rom, = Musikgesch. in Bildern II, 5, Lpz. (1964).

Kyriale, eines der → Liturgischen Bücher; es enthält die (auch im → Graduale – 2 befindlichen) Choralmelodien des Ordinarium missae, ebenso die Gesänge für Totenmesse und Exequien nebst den Toni communes missae usw. Die vatikanische Ausgabe des *K. seu Ordinarium missae* erschien 1905. Sie wurde neuerdings ergänzt in den *Variationes in cantu in Missali, Kyriali, Graduali et Antiphonali* vom 3. 5. 1961 (vgl. Ephemerides Liturgicae LXXV, 1961).

Kyrie eleison (griech. Κύριε ἐλεῖσον), ein bereits in der Antike verbreiteter Bittruf, dessen Gebrauch im christlichen Gottesdienst zunächst in Antiochien und Jerusalem nachweisbar ist (4. Jh.). Während des 5. Jh. in Rom eingeführt (K.-Litanei ähnlich wie in der griechischen Liturgie zu Beginn der Messe), nahm das K. sodann seinen Weg nach Mailand und Gallien, wo es seit dem Konzil von Vaison (529) praktiziert wurde. Wie Gregor der Große erwähnt (Migne Patr. lat. LXXVII, 956), wurden zu seiner Zeit in Rom neben der K.-Litanei des feierlichen Gottesdienstes (vorgetragen von Klerikern mit Antwort durch das Volk, darunter wechselweise *Christe eleison*) in den Missae cotidianae einfache, vom Litaneitext abgelöste K.-Rufe verwendet. Ihre Verselbständigung wird endgültig im 1. römischen Ordo (Ende 7. Jh.), die später allgemein beibehaltene Neunzahl der Anrufungen (3 K. + 3 Christe + 3 K.) im 4. Ordo (8. Jh.) bestätigt. Als einziger Träger des K.-Gesangs erscheint in der römischen Pontifikalliturgie nunmehr die Schola, wogegen für den Bereich der römisch-fränkischen Bischofsmesse Schola und Regionarii (Subdiakone) genannt werden. – Innerhalb der römischen Meßfeier bildet das K. den 1. Teil des Ordinarium missae. Sein gesungener Vortrag erfolgt alternierend zwischen Chorus und Cantores (Schola) oder zwei Halbchören. Aus dem sehr umfangreichen Repertoire 1st. K.-Vertonungen (Schwerpunkt im 11./12. und 15. Jh.; dazu im 9.–16. Jh. eine Fülle von K.-Tropen) bietet das Vatikanische Graduale bzw. Kyriale mit insgesamt 30 Melodien einen nur begrenzten Ausschnitt. Für den formalen Bau der Melodien lassen sich als wichtigste Schemata erkennen: 1) A A A (gleiche Gestaltung aller 9 Anrufungen nach dem Litaneiprinzip); 2) A B A (melodische Eigenständigkeit der Christe eleison-Gruppe gegenüber den beiden K.-Gruppen); 3) A B C (gleiche Melodie für jeweils 3 Anrufungen), wobei zusätzlich die mittlere Anrufung jeder Gruppe mit eigener Melodie versehen sein kann (a x a – b y b – c z c). Hiervon unabhängig wird sehr häufig die Schlußanrufung durch melodische Steigerung ausgezeichnet. – Im Rahmen der liturgischen Praxis erscheint das K. ebenfalls im Offizium (Beginn der Preces), desgleichen am Anfang und Ende der Litaneien. – Die Beteiligung des Volkes am K.-Gesang, wie sie vor allem nördlich der Alpen bei Prozessionen usw. gepflegt wurde, fand hier bis zum späten Mittelalter ihren Niederschlag in volkstümlichen Kirchenliedern, den sogenannten → Leisen.

Lit.: P. WAGNER, Einführung in d. Gregorianischen Melodien I u. III, Lpz. [3]1911 u. 1921, Nachdruck Hildesheim u. Wiesbaden 1962; M. MELNICKI, Das einst. K. d. lat. MA, = Forschungsbeitr. zur Mw. I, Regensburg 1954; M. HUGLO, Origine et diffusion du K., Rev. grégorienne XXXVII, 1958; J. A. JUNGMANN SJ, Missarum Sollemnia I, Wien, Freiburg i. Br. u. Basel [5]1962; H. HUSMANN, Tropen- u. Sequenzenhss., = RISM B V[1], München u. Duisburg (1964),

L

La, in der mittelalterlichen → Solmisation die 6. Silbe des Hexachords (im Sinne von a, d oder e); in romanischen Sprachen Name für den Ton A.

Labialpfeifen (Lippenpfeifen, von lat. labium, Lippe) gehören zum ältesten und wichtigsten Bestand der → Register (– 1) der Orgel. Das Kennzeichen der L. ist das Labium (Pfeifenmund) mit seinen beiden Lippen, dem Ober- und Unterlabium, am unteren Ende der Pfeife über dem Pfeifenfuß. Der Orgelwind fließt durch den Kernspalt, bricht sich an der Kante des Oberlabiums und versetzt dadurch die Luftsäule im Pfeifenkörper in Schwingungen, die eine stehende Welle bilden. Um die Ansprache zu erleichtern, werden L. auch mit → Bärten versehen.

Lit.: K. TH. KÜHN, Klangfarbe u. Wirbelform einer Lippenpfeife in Abhängigkeit v. d. Bauweise, Diss. Bln 1940; J. KREPS OSB, Le tuyau à bouche..., Mélanges E. Closson, Brüssel 1948; J. MEYER, Über d. Resonanzeigenschaften offener L., Acustica XI, 1961; H. DÄNZER, Über d. stationären Schwingungen d. Orgelpfeifen, Zs. f. Physik CLXII, 1961; D. WOLF, Über d. Eigenfrequenzen labialer Orgelpfeifen, ebenda CLXXXIII, 1965; J. SUNDBERG, Mensurens betydelse i öppna labialpipor, = Studia musicologica Upsaliensia, N. F. III, Uppsala 1966.

Ländler (auch Länderer oder Oberländler, wohl so genannt nach dem Landl, Österreich ob der Enns), ein seit etwa 1800 unter diesem Namen bekannter Tanz in ruhigem Gleichschritt (3/8- oder 3/4-Takt). Er hat 2teiligen Aufbau zu je 8 Takten; beide Teile werden ein- oder mehrmals wiederholt, so bei Mozart, 6 *Landlerische* für 2 V. und B., K.-V. 606 (1791), Beethoven, 11 *Mödlinger Tänze* (1819), Schubert, 4 *Komische L.* D dur (1816) und 8 *L.* Fis dur (1816). Zu Anfang des 19. Jh. wurde der L. vom Wiener Walzer verdrängt. Wenig mit dem alten L. zu tun haben die so bezeichneten Stücke von St. Heller, A. Jensen, J. Raff u. a. – Der volkstümliche L. hat zahlreiche Stammesvarianten: Steirer, Tiroler, Bayrischer (Schuhplattler), Egerländer, Böhmerwaldler, Südmährischer, Siebenbürger; in der Steiermark und im Salzkammergut wird der L. auch in Verbindung mit dem Schnaderhüpferl getanzt. Neben dem ungeradtaktigen L. gibt es in Oberösterreich (Lauffen im Salzkammergut) auch eine Art, die in Geradtakten steif daherschreitet. Eine französische Nachahmung des L.s ist die Tyrolienne.

Lit.: H. GIELGE, Der geradtaktige L. ..., Das deutsche Volkslied XLII, 1940; E. HANZA, Der L., = Forschungen zur Landeskunde v. Niederösterreich IX, Wien 1957; H. DERSCHMIDT, Der »Steinhauser Landler«, Jb. d. Österreichischen Volksliedwerkes IX, 1960; H. DREO, Volksmusik aus d. Seewinkel, ebenda XI, 1962.

Lage, – 1) in der Harmonielehre a) die Anordnung eines Dreiklangs in bezug auf seinen höchsten Ton. Dieser kann die Terz, die Quinte oder die Oktave bzw. deren Oktavversetzungen über dem Grundton sein; entsprechend befindet sich der Akkord in Terz-, Quint- oder Oktav-L.; b) der Abstand der Akkordtöne untereinander. Im 4st. Satz spricht man von enger L., wenn zwischen die Töne der drei Oberstimmen keine akkordeigenen Töne eingefügt werden können. Andernfalls liegt weite

enge L.   weite L.   gemischte L.

L. vor. Mit gemischter L. bezeichnet man die Fälle, in denen zwei Stimmen zueinander in enger, im Verhältnis zu den anderen Stimmen jedoch in weiter L. stehen. Der Abstand zur Baßstimme bleibt bei der L.n-Bezeichnung jeweils unberücksichtigt. In der Praxis wechseln die L.n innerhalb einer Komposition ständig, wenn auch bei manchen Kompositionsgattungen die eine oder die andere L. bevorzugt wird. So überwiegt im gemischten Chorsatz die weite L., auch im Streichquartett ist sie an bestimmten Stellen von großer Wirkung. Dagegen ist für die Klaviermusik (auch im → Generalbaß) die enge L. charakteristisch. Veraltet ist die Bezeichnung L. für die Angabe, welcher Ton eines Akkords im Baß liegt, ob also Grundstellung oder → Umkehrung vorliegt. – 2) Stimm-L., d. h. Tonumfang und spezifische Färbung der Gesangsstimme; sie wird sowohl vom Gesamtumfang wie von der L. der am mühelosesten singbaren Töne bestimmt (Sopran, Alt, Tenor, Baß). Ein Ausschnitt aus dem Tonvorrat einer Stimme oder eines Instrumentes kann als Mittel-L., hohe L. usw. gekennzeichnet werden. Die Stimmen im Chorsatz werden nach den jeweiligen Stimm-L.n der Sänger benannt, im Unterschied zur Bezeichnung einer Stimme als → Lagenstimme. – 3) Bei Streichinstrumenten wird mit L. der vom 1. und 4. Finger bestimmte Stand der Hand auf dem Griffbrett bezeichnet, zugleich der Tonraum, der mit diesem Stand zur Verfügung steht. Die Sekunde über der leeren Saite ist in der 1. L. der gewöhnliche Platz des 1. Fingers. Die L.n werden fortlaufend numeriert: auf der Terz steht die 2. L., auf der Quarte die 3. L. usw. In der halben L. unter der 1. L. steht der 1. Finger auf dem um einen Halbton erhöhten Ton der leeren Saiten, wobei die anderen Finger mit der abwärts gerückten Hand entsprechend tiefer gestellt werden. Beim Violoncello muß im Bereich der unteren L.n für jede L. eine tiefe und eine hohe Form unterschieden werden, da Unterarm und Daumen im Halbtonabstand aufrücken, außerdem eine enge und eine weite Stellung, je nachdem, ob der Abstand zwischen 1. und 2. Finger eine kleine oder eine große Sekunde beträgt. Dasselbe gilt grundsätzlich auch für die Viola da gamba. Beim Kontrabaß werden die L.n in Ganz-L.n und Zwischen-L.n gezählt oder

Lagenstimme, aber halbtonweise fortschreitend durchnumeriert. Richtige Wahl der L.n und ein musikalisch sinnvoller, unmerklicher L.n-Wechsel sind bei allen Streichinstrumenten wesentliche Voraussetzungen zur Beherrschung des Instrumentes.

Lagenstimme, moderne Bezeichnung für eine Stimme im älteren polyphonen Satz, deren Klangraum nicht durch den Umfang einer menschlichen Stimmgattung vorgezeichnet, sondern durch ihr Verhältnis zum Tenor als → Fundamentum relationis bestimmt ist. In der Musik des 14.–16. Jh. sind Kompositionsgattungen wie Messe und Motette einerseits, Ballade und Chanson andererseits oft mit typischen Stimmkombinationen verbunden; dabei hängen von der Lage einer Stimme auch die tonartliche Zuordnung und die rhythmische Beweglichkeit ab. Solche Stimmkombinationen sind z. B.: 3st. Motettensatz der französischen Ars nova (Ph. de Vitry, *Heu, Fortuna subdola*: Tenor f–d^1, beide Oberstimmen c^1–e^2); 3st. Kantilenensatz der französischen Ars nova (G. de Machaut, Ballade Nr 3: Tenor und Contratenor B–d^1, Textstimme f–g^1); 3st. Chanson des 15. Jh. mit Contratenor bassus (J. Regis, *Sil vous plaist*: Contratenor F–b, Tenor B–es^1, Oberstimme g–b^1), 4st. Satz der franko-flämischen Schule mit beiden Mittelstimmen in gleicher Lage (Josquin, *Missa Da pacem*: Bassus G–b, Tenor d–es^1, Altus c–g^1, Discantus a–es^2) oder mit Unterteilung in 2 Stimmpaare (Tenor und Discantus, Bassus und Altus), die im Oktavabstand disponiert sind (Ockeghem, *Missa prolationum*: Bassus F–d^1, Tenor B–b^1, Altus f–d^2, Discantus a–f^2). Seit der Palestrina-Zeit hat sich die letztgenannte Stimmkombination für den Chorsatz a cappella durchgesetzt, doch wird sie in neuerer Zeit durch Beziehung auf die normalen menschlichen Stimmlagen erklärt; danach gilt als Regel: Baß E–d^1 (Bariton A–e^1), Tenor c–a^1, Alt a–f^2, Sopran c^1–a^2. Die Anlage eines Satzes mit L.n findet sich jedoch noch bei Schütz und Lully, und zwar auch in instrumentalen Stücken.

Lai (lɛ, frz.), Leich, eine der Hauptgattungen der mittelalterlichen volkssprachlichen Lyrik; die Texte behandeln religiöse (vor allem als Marien-L.) oder weltliche Themen (Minne-, Pastourellen-L.). Der altfranzösische L. (von altirisch laid, Lied) ist seit der Mitte des 12. Jh., der mittelhochdeutsche Leich (zu gotisch laiks, germanisch †laik, Tanz, Spiel) seit 1198 belegt; letzterer ist in der Sache wie in der Benennung sicher vom altfranzösischen L. beeinflußt. Die Herleitung des beiden zugrunde liegenden Formprinzips ist umstritten; erwogen wurde die liturgische Sequenz, aber auch eine vorliterarische Form keltisch-irischen Ursprungs, der die dem Prinzip nach gleichen Formen → Sequenz (– 1), → Descort, L. und Leich sowie die ähnlich gebauten Tanzlieder → Estampie, Ductia und Nota entstammen sollen. – Der L. ist durch seine nichtstichische, unstrophische Form gekennzeichnet. Er besteht aus metrisch wie musikalisch verschieden gebauten Teilen unterschiedlicher Länge. Die Großformen können bis zu 300 Versen umfassen. Die einzelnen Teile werden von metrisch und musikalisch gleichgebauten, sich auf mannigfaltige Weise wiederholenden Versikeln gebildet, die in sich reich gegliedert sein können. Neben der einfachsten Form einer fortschreitenden Repetition (AA BB CC ...) gibt es den Typus mit einfachem Eingangs- und Schlußversikel (A BB CC DD E, auch A BB CC DD A) oder Wiederholungen ganzer Versikelgruppen (AA BB CC ... AA BB CC ...) als Typus des doppelten (oder mehrfachen) Cursus, wie er auch in archaischen Sequenzen erscheint. Dabei können sich metrische und melodische Wiederholungen überschneiden. Unter den Abweichungen vom einfachen Formtypus sind ferner zu nennen die Zufügung einer melodisch selbständigen oder aus dem Vorhergehenden entwickelten → Cauda (– 2) am Schluß eines Versikels oder Teiles sowie die Abwandlung des Melodieanfangs oder -schlusses (apertum – clausum, entsprechend der Beschreibung der Estampie bei J. de Grocheo, ed. Rohloff, S. 53) bei der Wiederholung eines Versikels. In Deutschland war der L. vornehmlich im 13. Jh. beliebt, doch sind nur wenige Melodien überliefert. In Frankreich ist er in einer strengeren Formung noch im 14. Jh. u. a. in *Fauv* (vier 1st. L.s; → Quellen) sowie bei Machaut und E. Deschamps anzutreffen. Der L. besteht jetzt meist aus 12 Doppelversikeln (Strophenpaaren) von gleichem oder verschiedenem Bau; regelmäßig ist jedoch der 12. Doppelversikel metrisch und musikalisch dem ersten gleich. Die Machaut-Quellen überliefern 24 L.s, von denen 6 nicht komponiert wurden, aber unter die L.s mit Noten eingereiht sind (Nr 4, 8, 9, 11, 13, 20). Die einzelnen Versikel sind ihrerseits in 2 Hälften geteilt, die zur gleichen Melodie mit apertum- und clausum-Schluß gesungen werden; ein derartiger Doppelversikel ergibt sich demnach die melodische Folge AA'AA'. Der letzte Doppelversikel enthält die Melodie des ersten oft in der Transposition in die Oberquinte (einmal in die Unterquarte). Von der Norm des einstimmigen »durchkomponierten« L. weichen ab die L.s Nr 1 (die Melodie des ersten Versikels gilt auch für alle folgenden), 2 (nur 7 Doppelversikel) sowie die mehrstimmigen L.s Nr 16 (die ungeradzahligen Doppelversikel sind einstimmig, die geradzahligen sind 3st. Chaces, deren letzte melodisch mit dem ersten Doppelversikel übereinstimmt), 17 (jeder Doppelversikel gilt eine 3st. Chace) und 23 (nach Hoppin als 2st. Satz zu deuten).

Ausg. u. Lit.: F. WOLF, Über d. L., Sequenzen u. Leiche, Heidelberg 1841; L. et descorts frç. ..., hrsg. v. P. AUBRY (mit A. Jeanroy u. L. Brandin), = Mélanges de musicologie critique III, Paris 1901; G. O. GOTTSCHALK, Der deutsche Minneleich ..., Diss. Marburg 1908; Gesänge v. Frauenlob, Reinmar v. Zweter ..., hrsg. v. H. RIETSCH = DTÖ XX, 2 (Bd 41), Wien 1913; H. SPANKE, Eine neue Leichmelodie, ZfMw XIV, 1931/32; DERS., Sequenz u. L., Studi medievali, N. S. XI, 1938; DERS., Deutsche u. frz. Dichtung d. MA, Stuttgart u. Bln 1943; FR. GENNRICH, Grundriß einer Formenlehre d. ma. Liedes, Halle 1932; DERS., Zwei altfrz. L., Studi medievali, N. S. XV, 1942; DERS., Der mus. Nachlaß d. Troubadours, = Summa musicae medii aevi III–IV, Darmstadt 1958–60; DERS., Die Kontrafaktur ..., ebenda XII, Langen bei Ffm. 1965; E. HÜSING, Deutsche Leiche u. Lieder, Wien 1932; M. C. PFLEGER, Untersuchungen am deutschen geistlichen Lied d. 13. bis 15. Jh., Diss. Bln 1937; G. DE MACHAUT, Mus. Werke IV (Messe u. L.), aus d. Nachlaß v. Fr. Ludwig hrsg. v. H. Besseler, Lpz. 1943, Neudruck 1954; H. KUHN, Minnesangs Wende, Tübingen 1952; G. REICHERT in: Minnesang d. 13. Jh., aus: C. v. Kraus' »Deutsche Liederdichter«, ausgew. v. H. Kuhn, ebenda 1953; G. REANEY, The L. of G. de Machaut ..., Proc. R. Mus. Ass. LXXXII, 1955/56; R. H. HOPPIN, An Unrecognized Polyphonic L. of Machaut, MD XII, 1958; J. MAILLARD, Problèmes mus. et littéraires du L., Quadrivium III, 1958; DERS., Le»L.« et la »Note« de Chèvrefeuille, MD XIII, 1959; DERS., L. et Chansons d'Ernoul de Gastinon, MD XVII, 1963; BR. STÄBLEIN, Die Schwanenklage. Zum Problem L. - Planctus – Sequenz, Fs. K. G. Fellerer, Regensburg 1962; E. JAMMERS, Ausgew. Melodien d. Minnesangs, = Altdeutsche Textbibl., Ergänzungsreihe I, Tübingen 1963; K. H. BERTAU, Sangverslyrik, = Palaestra CCXL, Göttingen 1964.

Laisse (lɛs, frz.), eine in der frühen altfranzösischen Dichtung, vor allem der → Chanson de geste, übliche Strophenform. Die L. ist eine Folge von assonierenden Versen beliebiger Zahl, die oft durch einen kürzeren Vers abgeschlossen wird, der nicht assoniert. An L.n-Melodien ist außer einer Zeile einer Chanson de geste-Parodie nur die Melodie zu den L.n der Chantefable

Aucassin et Nicolette (13. Jh.) erhalten: eine Melodie im G-Modus sowie für die kürzere Schlußzeile eine Cauda im C-Modus.

Lit.: Fr. Gennrich, Grundriß einer Formenlehre d. ma. Liedes, Halle 1932; U. Aarburg, Die Laissenmelodie zu »Aucassin et Nicolette«, Mf XI, 1958.

Lamentation. In der Liturgie der römisch-katholischen Kirche sind die Lektionen in den ersten Nokturnen der drei letzten Kartage (→ Tenebrae, daher in Frankreich oft leçons de ténèbres für L.en) den *L.es Jeremiae* entnommen (→ Threnos): für Gründonnerstag Kap. I, 1–14, Karfreitag II, 8–15, III, 1–9, Karsamstag III, 22–30, IV, 1–6, V (*Oratio Jeremiae*), 1–11. Diese Ordnung ist seit dem Tridentiner Konzil verbindlich. Die jeweils erste Lektion beginnt mit den Worten *Incipit Lamentatio Jeremiae* bzw. *De L.e . . .*, die Lectio III am Karsamstag mit *Incipit Oratio . . .* Am Anfang jedes Verses steht ein hebräischer Buchstabe, jede Lektion schließt mit dem Vers *Jerusalem, Jerusalem, convertere ad Dominum Deum tuum* (nach Hosea 14, 2). Wie die Passion wird auch die L. in feierlichen Gottesdienst durch eine eigene Lektionsweise ausgezeichnet. Seit dem Tridentiner Konzil ist der römische Tonus l.um, der an den 6. Psalmton anklingt, offiziell vorgeschrieben. – Die wichtigste Quelle für die Frühgeschichte der mehrstimmigen L., die sich bis zur Mitte des 15. Jh. zurückverfolgen läßt, ist der L.s-Sammeldruck von Petrucci (1506) mit Kompositionen von A. Agricola, de Orto, de Quadris, Gaspar, Lapicida, Tinctoris, Ycart und Anonymi. Bezeichnend für die Werke dieser und der späteren Sammlungen ist, daß die Komponisten eine verschiedene Auswahl aus den Threni-Kapiteln treffen und sich auch in der Anzahl der komponierten Verse und in deren Gruppierung in Lektionen sehr unterscheiden. Durch die Mitvertonung der hebräischen Buchstaben und des Jerusalem-Verses bleibt in allen Werken der Charakter der L. als liturgischer Lectio gewahrt. In der melodischen Substanz sind die meisten L.en der Petrucci-Sammlung von dem römischen Tonus l.um geprägt, der teils als C. f. deutlich erkennbar ist, teils freier verarbeitet erscheint. Vierstimmigkeit und homorhythmischer Satz herrschen vor. Tromboncino wiederholt bei seiner etwa 60 Verse umfassenden L. die musikalischen Einzelabschnitte des Anfangs in gleicher oder anderer Reihenfolge. Auffällig ist auch eine Art strophenmäßiger Gestaltung bei de Quadris. – Mit der Petrucci-Sammlung beginnt die das ganze 16. Jh. vor allem in den Niederlanden, Frankreich, Italien und Spanien währende Blütezeit der mehrstimmigen L. Ein L.s-Druck von Montanus & Neuber (1549) enthält Werke von Crecquillon, Fevin, J. Gardano, de la Rue und Sermisy. Die L.en von Fevin und Sermisy erschienen bereits 1534 bei Attaingnant und noch 1557 bei Le Roy & Ballard (dort außerdem L.en von Arcadelt, Carpentras und Festa). Carpentras' L.en (gedruckt 1532) wurden bis 1587 regelmäßig in der päpstlichen Kapelle in Rom gesungen. Kennzeichen der L. in der 1. Hälfte des Jahrhunderts sind eine festere Bindung an den römischen Tonus l.um und deutliche Nähe zur motettischen Satz- und Ausdruckskunst. – Höhepunkte in der Entwicklung der L. sind die Vertonungen von Morales (1564), Victoria (1581), Lassus (1585), Gallus (1587) und vor allem von Palestrina (5 Bücher seit 1564, davon nur das erste 1588 gedruckt). Palestrinas L.en lösten in der päpstlichen Kapelle 1587 diejenigen von Carpentras ab. Sie gehören zu den reifsten Werken des Meisters und lassen gegenüber den L.en der ersten Jahrhunderthälfte eine stärkere Tendenz zu homorhythmischer Satzweise erkennen, zugunsten einer sprachgerechten Deklamation. Die Bindung an den choralen L.s-Ton ist in der Palestrina-Zeit nicht mehr so eng wie vorher. Weitere L.en schrieben in der 2. Hälfte des 16. Jh. u. a. Byrd, G. Nasco, Tallis, A. de Torrentes, R. White.

Vom 17. Jh. an ließ das Interesse an einer Vertonung der Threni immer mehr nach. Die L.en von Luyton (1604) und Viadana (1609) stehen noch in der Tradition des 16. Jh.; das gleiche gilt für Allegri, dessen L.en ab 1641 in der päpstlichen Kapelle zum Teil anstelle der Palestrinensischen gesungen wurden. Sonst aber greift der neuitalienische monodische Stil auch auf die L. über, so bei Carissimi, Charpentier und Rosenmüller. Die L. weist hier zwar im textlichen Grundriß noch die Kriterien einer liturgischen Lectio auf (hebräische Buchstaben, Jerusalem-Vers usw.), entfernt sich aber von ihr insofern, als die stark affekthaltigen Texte der Threni (z. B. die Worte *Plorans ploravi in nocte . . .*) nun mit den musikalischen Ausdrucksmitteln des 17. Jh. das Pathos einer Klage gewinnen. Damit rücken die L.en des 17. Jh. vielfach in die Nähe der → Lamento-Gesänge aus Oper, Oratorium und Kantate. – Für das 18. Jh. ist u. a. auf die L.en von Fr. Couperin (le grand), Delalande, Durante und J.-H. Fiocco hinzuweisen. Im 20. Jh. ragen die *Lamentatio Jeremiae Prophetae* von Křenek (1941/42) und die *Threni* von Strawinsky (1958) hervor. Beide Komponisten greifen hier bewußt auf musikalische Stilmittel aus der Blütezeit der L. zurück und verbinden sie mit moderner Satzweise.

Von den L.en im liturgischen Sinn sind die L.en zu unterscheiden, die weder liturgisch noch Lektionen sind, und solche Kompositionen, denen zwar einzelne Verse aus den Threni zugrunde liegen, die aber keine Lektionen sind. Zur 1. Gruppe gehören Klagegesänge wie die einstimmigen deutschen und lateinischen L.en im Neumarkter Cantional (um 1480). Sie haben textlich nichts mit den Threni zu tun, übernehmen aber von den liturgischen L.en den charakteristischen Jerusalem-Vers. Zur 2. Gruppe zählt Dufays *Lamentatio Sanctae Matris Ecclesiae Constantinopolitanae*, eine doppeltextige Motette mit einem Threni-Text im Tenor. In Analogie zur Passionsmotette kann hier von einer L.s-Motette gesprochen werden. Auch *Patres nostri peccaverunt* von Cornago und *O vos omnes* von Compère vertreten diesen Typus.

Ausg. mehrst. L. (nur Sammelpublikationen): G. E. Watkins, Three Books of Polyphonic L. of Jeremiah, 1549–64, Diss. Univ. of Rochester (N. Y.) 1954, maschr.; Treize livres de motets parus chez P. Attaingnant en 1534 et 1535, neu hrsg. v. A. T. Merritt, 10e livre, Monaco (1962); Mehrst. L. aus d. 1. Hälfte d. 16. Jh., hrsg. v. G. Massenkeil, = MMD VI, Mainz 1965.

Lit.: P. Wagner, Einführung in d. Gregorianischen Melodien III, Lpz. 1921, Nachdruck Hildesheim u. Wiesbaden 1962; A. E. Schröder, De meerst. muziek op de lamentaties van Jeremia tot het einde de 18e eeuw, Diss. Löwen 1948; dies., Les origines des l. polyphoniques au XVe s. dans les Pays-Bas, Kgr.-Ber. Utrecht 1952; G. Massenkeil, Zur Lamentationskomposition d. 15. Jh., AfMw XVIII, 1961; ders., Eine span. Choralmelodie in mehrst. Lamentationskompositionen d. 16. Jh., AfMw XIX/XX, 1962/63. GMa

Lamento (ital., Klage, Klagelied), Bezeichnung für eine Musik von klagendem Charakter. In der Oper des 17./18. Jh. ist L. eine oft vor dem Umschwung der Handlung eingesetzte Klageszene. Das erste bekannte Beispiel der Gattung ist das *L. d'Arianna* von Monteverdi (1608, gedruckt 1623; bearbeitet als 5st. Madrigal 1614, als geistliche Kontrafaktur *Pianto della Madonna* 1641). Ein *L. d'Olimpia* wurde außer von Monteverdi auch von D'India (1623) komponiert. Die L.-Kompositionen bilden eine der Wurzeln der Cantata (→ Kantate). Bedeutende Lamenti schrieben in ihren Opern Cavalli (zuerst in *Gli amori di Apollo e di Dafne*, 1640; L. der Hecuba in *Didone*, 1. Akt) und Pur-

cell (*Dido and Aeneas*, 1691). Häufig liegt dem L. als Baß ein Passacaglia-(Ciaccona-)Baß zugrunde bzw. ein chromatischer Quartgang (→ Passus duriusculus; »L.-Baß«), so noch in J. S. Bachs *Capriccio sopra la lontananza del suo fratello dilettissimo*. – Die Bezeichnung L. (auch frz. lamentation) gebrauchte Froberger gleichbedeutend mit → Tombeau und → Plainte (– 2): Allemanden L. sopra ... Ferdinando IV, *Lamentation faite sur la mort* ... *de* ... *Ferdinand III*. – Nach Walther (1732) ist L. ein *trauriges Vor- und Zwischen-Spiel von Instrumenten, an statt einer Sonatae oder eines Ritornello*; in diesem Sinne ist z. B. noch das Vorspiel zu Berlioz' *Les Troyens à Carthage* (1863) als L. bezeichnet. – Den Titel *L. di Tristano* trägt eine textlose instrumentale → Estampie aus dem 14. Jh. → Threnos.
Ausg.: Cl. Monteverdi, L. d'Arianna, u. a. SCHERING Beisp. Nr 177; Cl. Monteverdi, 12 composizioni vocali inedite profane e sacre, hrsg. v. W. OSTHOFF, Mailand (1958).
Lit.: P. EPSTEIN, Dichtung u. Musik in Monteverdis »L. d'Arianna«, ZfMw X, 1927/28; J. A. WESTRUP, Monteverdi's »L. d'Arianna«, MR I, 1940; W. OSTHOFF, Monteverdi-Funde, AfMw XIV, 1957. – M. SCHNEIDER, Klagelieder d. Volkes in d. Kunstmusik d. ital. Ars nova, AMl XXXIII, 1961; W. LAADE, Die Struktur d. korsischen L.-Melodik, = Slg mw. Abh. XLIII, Straßburg u. Baden-Baden 1962.

»**Landinosche Sext**«, »Landinoklausel«, → Klausel.

Langaus wurde an der Wende des 18./19. Jh. eine Ausführung des → Deutschen Tanzes genannt, bei der das Tänzerpaar mit großen Schritten in sehr raschem Tempo und wenig Drehungen mehrmals den Tanzsaal durchmaß. Bei dem sehr schnellen Tempo der Musik kamen mehrere Zweitaktgruppen auf eine Umdrehung. Der L. gehört zu den direkten Vorformen des Walzers.
Lit.: E. SCHENK, Der L., Studia musicologica III, 1962.

Langleik (norwegisch) → Hummel.

Laos → Hinterindien.

Lappland.
Ausg. u. Lit.: A. LAUNIS, Lappische Juoigos-Melodien, = Suomelais-ugrilaisen seuran, Toimituksia (Mémoires de la Soc. finno-ougrienne) XXVI, Helsinki 1908; K. TIRÉN, Die lappische Volksmusik, = Acta lapponica III, Stockholm 1942; E. EMSHEIMER, A Lapp Mus. Instr., Ethnos XII, 1947, auch in: Studia ethnologica eurasiatica, = Musikhist. museets skrifter I, Stockholm 1964; DERS., Lappischer Kultgesang, Kgr.-Ber. Lüneburg 1950, auch ebenda; R. GRAFF, Music of Norwegian Lapland, Journal of the International Folk Music Council VI, 1954; W. DANCKERT, Tonmalerei u. Tonsymbolik in d. Musik d. Lappen, Mf IX, 1956; Lapska sånger, = Skrifter utg. genom Landsmåls- och Folkminnesarkivet i Uppsala, Serie C. 2., Uppsala 1958ff.

Larga (ergänze: nota oder figura, lat., die breite), in der → Mensuralnotation des 14.-15. Jh. ein Notenwert, der noch größer ist als die → Maxima. J. Verulus de Anagnia bestimmt ihn mit 6-12 Breves. Die L. wird als sehr stark verbreiterte Longa geschrieben, wobei für jeden Longawert eine Cauda notiert werden kann, z. B.:

largando, auch slargando, allargando (ital., breiter werdend), in der Regel eine mit crescendo verbundene Vortragsbezeichnung, die einen durch ritenuto unterstützten, pathetisch ausladenden Ausdruck fordert.

Larghetto (ital., Diminutiv von Largo, etwas breit). Vom gewichtigeren Largo unterscheidet sich das L. durch einen leichteren, fließenderen Vortrag. Händel bezeichnet Sicilianoarien im 6/8- oder 12/8-Takt im allgemeinen als L. und verwendet die Vorschrift un poco l. sogar für ein Menuett (Concerto grosso op. 6 Nr 5, 1739). Bei Mozart nähert sich das L. dem Andante; K.-V. 489 ist im Autograph als L., in Mozarts Verzeichnis seiner Werke als Andante bezeichnet. Beethoven kennt außer dem ruhig fließenden L. (op. 46) auch ein gewichtiges (op. 84, 2. Zwischenaktsmusik) und ein expressives (op. 95).

Largo (ital., breit). Als Tempovorschrift ist L. seit dem frühen 17. Jh. nachweisbar. G. Caccini spricht von einer misura più larga (1601), G. Frescobaldi von einem tempo l. (1615). Seit der Mitte des 17. Jh. ist L. die typische Tempovorschrift des ruhigen (nun nicht mehr als schnelle → Tripla aufgefaßten) 3/2- oder 3/4-Taktes, vor allem des Sarabandenrhythmus (A. Corelli), der aber nicht zerdehnt werden darf, denn mit der Vorschrift L. ist im 17. und frühen 18. Jh. kein sehr langsames Tempo, sondern eine geringe Modifikation des mittleren Zeitmaßes (Tempo ordinario) gemeint. Die Tempodifferenz zwischen L. und Adagio war bis zum Ende des 18. Jh. keiner festen Norm unterworfen. Zwar definieren Brossard (1703) und J. G. Walther (1732) das L. als sehr langsames Zeitmaß (fort lentement) und als gedehntes, doppeltes Adagio (adagio adagio). Wesentlicher als die Tempodifferenz aber scheint der Unterschied zwischen dem gewichtigeren Vortrag des L. und dem behutsameren des Adagio gewesen zu sein. Es wäre sonst widersinnig, daß Händel L. ma non adagio (Anthem *In the Lord put I my trust*, GA XXXIV), Vivaldi L. ma più tosto andante (Pincherle Nr 211) vorschreibt; auch in Haydns Symphonie Hob. I, 88 fordert die Vorschrift L. weniger ein langsames Zeitmaß als eine nachdrückliche Akzentuierung. Mozart verwendet die Bezeichnung L. vor allem für rhythmisch pointierte langsame Einleitungen. Bei Beethoven, der Introduktionen eher als Grave bezeichnet, erscheint das L. als beschwertes Adagio. Zusätze wie appassionato (op. 2), con gran espressione (op. 7) oder mesto (op. 10) bezeugen das Pathos, das Beethoven mit dem Begriff des L. verbindet. – L. assai und L. molto bedeuten sehr breit. Der Superlativ Larghissimo ist schon im 17. Jh. nachweisbar (A. Scarlatti, *Clearco in Negroponte*, 1686), wird aber selten verwendet.

Laryngoskop, Kehlkopfspiegel, → Gesangskunst, → Stimme (– 2).

Lassu (ungarisch) → Csárdás.

Lateinamerika.
Lit.: E. HAGUE, Latinamerican Music, Santa Ana (Calif.) 1934; FR. C. LANGE, Los estudios mus. de la América latina publicada últimamente, Cambridge (Mass.) 1938; W. BERRIEN, Some Considerations Regarding Contemporary Latin American Music, in: Concerning Latin American Culture, hrsg. v. Ch. C. Griffin, NY 1939; G. CHASE, A Guide to Latin American Music, Washington 1941, erweitert [2]1962; DERS., A Bibliogr. of Latin American Folk Music, ebenda 1942; M. J. HERSKOVITS, El estudio de la música negra en el hemisferio occidental, Boletín latino-americano de música V, 1941; G. DURAN, Recordings of Latin American Songs and Dances, Washington 1942; CH. SEEGER, Music in Latin America, ebenda 1942; B. GROSBAYNE, The Music of Mexico, Central and South America, Brooklyn (N. Y.) 1943; N. R. ORTIZ ODERIGO, Panorama de la música afro-americana, Buenos Aires 1944; DERS., Música y músicos de América, ebenda 1949, [2]1958; N. SLONIMSKY, Music of Latin America, NY 1945, [3]1949, span. Buenos Aires 1947; C. VEGA, Música sudamericana, Buenos Aires 1946; O. MAYER-SERRA, Música y músicos de Latinoamérica, 2 Bde, Mexiko 1947; D. EMRICH, Folk Music of the United States and Latin America, Washington 1948; E. MARTIN, La música hispanoamericana del presente (1953), Habana 1953; J. SUBIRÁ, Hist. de la música española e hispano-americana, Barcelona 1953, deutsche Bearb. v.

A.-E. Cherbuliez als: Mg. v. Spanien, Portugal, L., Zürich u. Stuttgart 1957; J. HASKINS, Panamericanism in Music, Notes II, 15, 1957/58; L. LEKIS, Folk Dances of Latin America, NY 1958; A. PARDO TOVAR, Iberoamérica en su música, = Ediciones III, Montevideo 1958; D. DEVOTO, Panorama de la musicología latinoamericana, AMl XXXI, 1959.

Lauda (auch laude, ital.), ein von den Bruderschaften der Laudesi (Compagnie de' laudesi) gepflegter hymnenartiger geistlicher Lobgesang mit italienischem (bisweilen auch lateinischem) Text. Schwerpunkte seiner Verbreitung waren die Städte Umbriens (zu gleicher Zeit ging von Perugia die Geißlerbewegung aus), der Toskana (mit Florenz als der bedeutendsten Pflegestätte) und Norditaliens. Die Blütezeit des L.-Singens fällt in das 13.–16. Jh.; doch finden sich noch im 20. Jh. späte Nachklänge. – Die 1st. L. des 13.–14. Jh. ist in der Form der → Ballata ähnlich; sie beginnt mit einer Ripresa, die wahrscheinlich vom Chor nach jeder (solistisch vorgetragenen) Strophe wiederholt wurde. – Im Strophenbau überwiegt Vierzeiligkeit, doch gibt es auch Strophen mit bis zu 9 Zeilen. Kontrafakturen von Tanz- oder Volksmelodien sind nachgewiesen. Wichtigste Quellen für die L. der frühen Zeit sind: Codex Magliabechiano II.I.122 der Biblioteca Nazionale in Florenz (14. Jh.) und Codex 91 der Biblioteca Comunale von Cortona (13. Jh.), beide in Quadratnotation. In Handschriften des 15. Jh. hat Damilano (1963) 92 mehrstimmige Laude nachgewiesen. Als bekannteste Meister der mehrstimmigen L. um 1500 gelten B. Tromboncino und M. Cara. 122 mehrstimmige Laude im 4st. Satz Note gegen Note wurden 1508 von Petrucci in 2 Büchern gedruckt (Unica in der Biblioteca Colombina, Sevilla: 12-1-4 und 12-1-28). In ihrem akkordlichen, klanggesättigten Satz sind sie von der → Frottola her bestimmt. Im Zeitalter der Gegenreformation gab der Dominikaner S. Razzi ein Buch 1-4st. *Laudi spirituali* heraus (Venedig 1563, vielfach auf weltliche Melodien zurückgehend). Die im Kreise des hl. F. Neri gepflegte L., darunter vor allem die dialogische L., stellt eine der Wurzeln des → Oratoriums dar.

Ausg.: KN. JEPPESEN (mit V. BRØNDAL), Die mehrst. ital. Laude um 1500, Lpz. u. Kopenhagen 1935; F. LIUZZI, La l. e i primordi della melodia ital., 2 Bde, Rom (1935).
Lit.: D. ALALEONA, Le laudi spirituali ital. nei s. XVI e XVII ..., RMI XVI, 1909; A. SCHERING, Gesch. d. Oratoriums, = Kleine Hdb. d. Mg. nach Gattungen III, Lpz. 1911, Nachdruck Hildesheim 1966; E. J. DENT, The Laudi spirituali in the XVIth and XVIIth Cent., Proc. Mus. Ass. XLIII, 1916/17; KN. JEPPESEN, Die mehrst. ital. L. d. 16. Jh., Kgr.-Ber. Lüttich 1930; J. HANDSCHIN, Über d. Laude ..., AMl X, 1938; J. WOLF, L'Italia e la musica religiosa medievale, RMI XLII, 1938; F. GHISI, Un processionale inedito ..., RMI LV, 1953; DERS., Strambotti e laude ..., CHM I, 1953; DERS., Gli aspetti mus. della l. fra il XIV e il XV s., prima metà, in: Natalicia musicologica, Fs. Kn. Jeppesen, Kopenhagen 1962; P. DAMILANO, Giovenale Ancina, musicista filippino (1545-1604), Florenz 1956; DERS., Laudi lat. in un antifonario bobbiese del Trecento, CHM III, 1963; DERS., Fonti mus. della l. polifonica intorno alla metà del s. XV, ebenda; S. W. KENNEY, In Praise of the L., in: Aspects of Medieval and Renaissance Music, Fs. G. Reese, NY (1966).

Lauda Sion (lat.), die Sequenz des Fronleichnamsfestes, um 1263 vom hl. Thomas von Aquin nach dem Vorbild der Kreuzessequenz *Laudes crucis attollamus* (Analecta hymnica LIV) gedichtet. Der primär im trochäischen Metrum gehaltene Text mit dem Reimschema a a b (Strophe) c c b (Gegenstrophe) ist durch eine gegen Ende des Stückes vollzogene Ausweitung der Strophen von 3 auf 4 bzw. 5 Verse gekennzeichnet (a a a b – c c c b bzw. a a a a b – c c c c b). Beachtenswert ist ferner die gleichfalls im *Laudes crucis attollamus* vorgegebene und vom Grundschema (a = 8 Silben, b = 7 Silben) abweichende Form der Verse *Dies enim ... recolitur* und *Vetustatem ... lux eliminat*. Nach den Forschungen D. Johners wurde außer dem Textmodell vermutlich auch die Melodie der Kreuzessequenz für das L. S. übernommen (7. Kirchenton). Ihre Eigenart gründet sich auf eine Vielzahl von Motiven, verbunden mit einer starken Vereinheitlichung der Schlußverse. Das Anfangsmotiv entstammt dem Alleluia *Dulce lignum* vom Fest Kreuzerhöhung. – Die vorvatikanische Fassung der Melodiezeile zur 1. Doppelstrophe und zum Alleluia des L. S. wird von Hindemith im 6. Bild seiner Oper *Mathis der Maler* und im Schlußsatz der gleichnamigen Symphonie verarbeitet.

Ausg.: W. BÄUMKER, Das kath. deutsche Kirchenlied in seinen Singweisen v. d. frühesten Zeiten bis gegen Ende d. 17. Jh. I, Freiburg i. Br. ^{2}1886, Nachdruck Hildesheim 1962; Analecta hymnica medii aevi L, hrsg. v. CL. BLUME SJ u. G. M. DREVES, Lpz. 1907 (Text d. L. S.).
Lit.: D. JOHNER OSB, Zur Melodie d. Fronleichnams-Sequenz, Benediktinische Monatsschrift XXI, 1939.

Laudes (lat.) heißt im → Offizium der römisch-katholischen Kirche das alte und eigentliche Morgengebet, welches heute im Anschluß an die Matutin den Ablauf der täglichen Horen eröffnet. Wenngleich einige sehr frühe Quellen vom gemeinsamen Morgenlob der christlichen Gemeinden sprechen (z. B. Plinius der Jüngere, *Epistola* X, 96; Tertullian, *De oratione* XXV, 23), so ist der genaue Verlauf seiner geschichtlichen Entfaltung jedoch nur schwer zu fassen, nicht zuletzt wegen der uneinheitlichen Terminologie. So nannte man die Morgenlob u. a. solemnitas matutina oder matutini (psalmi), während der Name Matutin später auf das ursprünglich vigiliae genannte nächtliche Gebet überging; zum anderen war l. die Bezeichnung der als Einheit aufgefaßten 3 (Lob-)Psalmen 148–150 (*Laudate Dominum de caelis, Cantate Domino canticum novum, Laudate Dominum in sanctis eius*), die bis zur Brevierreform Pius' X. einen festen Bestandteil dieser Hore bildeten und ihr den Namen gaben. Der Charakter der L. als Morgenlob kommt deutlich im Inhalt der Textstücke zum Ausdruck: die Psalmen sind nach den Motiven des Lichtes und des Lobens ausgewählt; dasselbe gilt von den Antiphonen, Versikeln und Hymnen, soweit sie nicht an hohen Festen den Texten der Tagesmesse entsprechen. – Im formalen Aufbau gleichen die L. weithin der Vesper. Nach der römischen Fassung schließen sich dem Einleitungsversikel 5 Antiphonen (Osterzeit: eine Antiphon) mit 4 Psalmen und einem alttestamentlichen → Canticum an (letzteres eingeschoben zwischen 3. und 4. Psalm), außerdem Capitulum, Hymnus, Versikel und das neutestamentliche Canticum *Benedictus Dominus Deus Israel* nebst Antiphon, worauf die Tagesoration (teils mit vorausgehenden Preces) und das *Benedicamus Domino* die Hore beschließen. Demgegenüber werden die L. des monastischen Offiziums nach dem Einleitungsversikel mit Psalm 66 (*Deus misereatur nostri*) eröffnet. Auf ihn folgen an gewöhnlichen Sonntagen 2 Psalmen zu einer 1. Antiphon, ein alttestamentliches Canticum mit 2. Antiphon und die (ohne *Gloria patri* miteinander verbundenen) Psalmen 148–150 zur 3. Antiphon. Davon abweichend ist in den L. der Fest- und Werktage sowie aller Sonntage des Advents-, Vorfasten- und Fastenzeit jedem der ersten 3 (samstags 2) Psalmen eine eigene Antiphon zugeordnet (ausgenommen die Osterzeit, in der die genannten Psalmen nur eine einzelne Alleluiaantiphon erhalten). Überdies findet sich in den monastischen L. nach dem Capitulum ein Responsorium breve, ferner gehen der Tagesoration *Kyrie eleison* und *Pater noster* voraus.

Laudes regiae (lat.) → Akklamationen.

Laufzeitunterschied. Um eine bestimmte Entfernung zurückzulegen, braucht der → Schall infolge seiner endlichen Ausbreitungsgeschwindigkeit (etwa 340 m/sec) eine gewisse Zeit (Laufzeit). Die bei der Ausbreitung eines Schallsignals an zwei nacheinander passierten Punkten zu beobachtende zeitliche Differenz wird als L. bezeichnet. Besonders gut zu beobachten ist der L., wenn ein Schall infolge Reflexion den gleichen Punkt nacheinander zweimal in einem bestimmten zeitlichen Mindestabstand (»kritischer L.«) passiert. Er macht sich dann als → Echo (bei mehreren, dicht aufeinanderfolgenden Reflexionen als Flatterecho oder → Nachhall) bemerkbar. Es ist ein besonderes Problem der → Raumakustik, die vorwiegend in größeren Räumen durch L.e bei der Schallausbreitung auftretenden Störungen zu vermeiden bzw. zu beseitigen. Dies kann u. a. durch Anbringen von Schallschluckstoffen geschehen, da der kritische L. wesentlich von der Intensität der Reflexionen abhängt. Auch bei der Sprach- und Musikübertragung durch mehrere Lautsprecher wirkt der L. der beim Hörer von den einzelnen Lautsprechern eintreffenden Schallwellen unter Umständen störend. Abhilfe kann durch Lautsprecheranordnung mit besonderer Richtwirkung oder durch Zwischenschalten einer künstlich schallverzögernden Anlage geschaffen werden.

Lit.: H. HAAS, Über d. Einfluß eines Einfachechos auf d. Hörsamkeit v. Sprache, Acustica I, 1951; G. R. SCHODDER, F. K. SCHROEDER u. R. THIELE, Verbesserung d. Hörsamkeit eines Theaters durch eine schallverzögernde Leisesprechanlage, ebenda II, 1952; H. PETZOLDT, Elektroakustik IV, Lpz. 1957; L. CREMER, Statistische Raumakustik, = Die wiss. Grundlagen d. Raumakustik II, Stuttgart 1961.

Launéddas, Lionéddas, Léunéddas, auch Hénas, in Sardinien noch heute übliches Blasinstrument unbekannten Ursprungs (ägyptisch, etrurisch oder phönikisch), bestehend aus 3 Schilfrohren verschiedener Länge, von denen 2 (für die linke Hand des Bläsers) aneinander befestigt sind, das dritte, kleinste, für die rechte Hand bestimmt ist. Das längste Rohr (tumbu) hat keine Tonlöcher und gibt nur einen (Bordun-)Ton; die beiden anderen Rohre haben 4 Tonlöcher und ermöglichen je 5 Töne. Das Mundstück hat bei allen drei Rohren eine einfache aufschlagende Zunge aus einem aus dem Pfeifenrohr herausgeschnittenen Blatt. Der Bläser nimmt alle 3 Mundstücke zugleich in den Mund und spielt zweistimmig in Terzen und Sexten über dem Bordun des Tumbu.

Lit.: G. FARA, Su uno strumento mus. sardo, Turin 1913; DERS., Sull'etimologia de »l.«, Turin 1918; DERS., Le »l.« sarde, Rendiconti del Regio Istituto lombardo II, Bd 51, Mailand 1937; A. VOIGT, Las l., MMR LXVII, 1937; F. KARLINGER, »L.«, Skizze eines Kultinstr., Musica sacra LXXVIII, (Köln) 1958.

Lausanne.
Lit.: A. HUGUENIN, Le théâtre de L. dès sa fondation en 1871 jusqu'à nos jours, L. ³1933; H. STIERLIN-VALLON, Musique d'hier et aujourd'hui à L., L. 1940; P.-A. GAILLARD, Esquisse hist. de la tradition mus. à L., SMZ XCV, 1955; H. HUSMANN, Zur Gesch. d. Meßliturgie v. Sitten u. über ihren Zusammenhang mit d. Liturgie v. Einsiedeln, L. u. Genf, AfMw XXII, 1965.

Laute (von arabisch al-'ūd; span. laúd; ital. liuto; frz. luth; engl. lute). – 1) In der Systematik der Musikinstrumente sind L.n zusammengesetzte Saiteninstrumente, bei denen die Saitenebene parallel zum Resonator liegt. Neben den Joch-L.n (für die die Bezeichnung → Leier geläufig ist) steht die große Gruppe der Stiel-L.n, bei denen die Saiten an einem durch das Corpus gespießten oder vom Corpus abgesetzten Hals befestigt sind. Langhals-L.n sind zuerst im 2. Jahrtausend v. Chr. im Zweistromland nachweisbar, wohin sie von wahrscheinlich nichtsemitischen Berg- und Reitervölkern (Chussiter) gebracht wurden. Auch nach Ägypten, wo die Langhals-L. zuerst vereinzelt zur Zeit der XV.–XVII. Dynastie (18.–16. Jh. v. Chr.) nachweisbar ist, wurde sie mit dem Hyksos-Einfall gebracht. Erst nach etwa 1500 v. Chr. wird sie auch in den Händen einheimischer Berufsmusiker dargestellt; neben der großen Langhals-L. gab es eine zierlichere für Sängerinnen. Zu den Langhals-L.n gehört der → Ṭanbūr, von dem wahrscheinlich → Domra → Balalaika und → Colascione abstammen. Langhals-L.n sind die meisten Streichinstrumente, die → Kamāngā und die abendländische → Fiedel (– 1; → Viola – 1) mit ihren Abkömmlingen; gezupfte Fiedeln sind die → Cistern. – Die Kurzhals-L. wird erst im 7. Jh. greifbar, einerseits als arabischer → 'Ūd, andererseits als ostasiatische → P'i-p'a. Gegenüber dem gebauchten Corpus des 'Ūd hat die P'i-p'a Zargen, ebenso wie die → Gitarre, deren Herkunft nicht geklärt ist. – 2) Die abendländische L. (im engeren Sinn) hat sich im 13./14. Jh. in Spanien aus dem 'Ūd entwickelt. Sie war in Europa im 16.–17. Jh. ein hochgeschätztes und ähnlich universales Instrument wie das → Klavier, das in mancher Hinsicht das Erbe der L. antrat; der L. entspricht im 16.–17. Jh. in Spanien die → Vihuela. Die europäische L. ist eine Kurzhals-L., meist mit vom Hals abgeknicktem Wirbelbrett, mit gebauchtem Corpus (ohne Zargen), das aus dünnen Holzspänen zusammengesetzt ist. Sie hat daher ein geringes Gewicht, einen delikaten Ton, ist aber anfällig, auch in der Stimmhaltung. In die Decke ist ein mit einer Rosette verzierte Schalloch eingelassen. Das breite Griffbrett hat Bünde. Der Bezug besteht aus Darmsaiten; zunächst waren es 4, in Quarten wie der 'Ūd oder, wohl zu Anfang des 15. Jh., in der Stimmung c f a d¹. Die Normalstimmung der 6chörigen 11saitigen klassischen L. des 16. Jh. war A d g h e¹ a¹ oder G c f a d¹ g¹ (Terz-Quart-Stimmung wie auf der → Viola da gamba – 1). Die höchste Saite (nach moderner Zählung die erste, bei Virdung 1511 mit Quintsait bezeichnet; bei Lanfranco 1533 ital. canto, cantino; frz. → chanterelle) war nur einfach bezogen, die übrigen doppelt: die 2. (Kleinsangsaite; sottana, sottanelle) und die 3. (Großsangsaite; mezzana, mezzanelle) im Unisono, die 4.–6. (Klein-, Mittel- und Großbrummer; tenori, bordoni, bassi) in Oktaven gestimmt. 7chörige 13saitige L.n gab es schon im frühen 16. Jh. (Sätze bei Gerle 1532), der 7. Chor meist eine Quarte oder einen Ganzton unter dem 6. Vom Ende des 16. bis um die Mitte des 17. Jh. wurden daneben 8–11chörige L.n verbreiteter. Ab 1638 (D. Gaultier) kam eine neue Stimmung (nouveau accord) auf A d f a d¹ f¹. Daneben gab es Scordatura, charakteristisch z. B. in Newsidlers Der Juden Tantz (1544). Das Spielgut bestand aus freien Stücken (Präludien, Fantasien) und Tänzen der Zeit (u. a. Passamezzo, Pavane, Saltarello, Galliarde, Courante, Allemande) sowie aus vokalen Stücken (Motetten, Liedsätzen), die in → Lautentabulatur gesetzt (intavoliert) wurden. Dabei wurde die Diskantstimme meist koloriert, so bereits in den ersten Drucken zu Anfang des 16. Jh.; diese Praxis reicht wohl in das 15. Jh. zurück. Die Läufe verlangen eine ausgebildete Technik der linken Hand. Für den Wechselschlag wurden dabei Daumen und Zeigefinger (u. a. Besard 1603), auch Zeige- und Mittelfinger gebraucht. Der Fingersatz wird zum Teil in der Tabulatur vorgeschrieben. Der kleine Finger, bei Gerle 1532 noch der kleine und der Ringfinger, wird auf die Decke gestützt. Akkorde werden entweder mit dem Daumen durchstrichen (schrumpsen), oder es werden mit dem Daumen der Baßton gegriffen und

mit dem Zeigefinger die übrigen Töne des 4–6st. Akkordes angeschlagen. Der Quergriff (frz. barré; engl. crossed stop) wird mit Fingersatz u. a. bei Phalèse 1545 und Gerle 1552 angegeben. Das Lagenspiel ging in der Regel bis zum 6. Bund. Im 15. Jh. entstanden wahrscheinlich die ersten L.n-Lieder, die in den Tabulaturen des frühen 16. Jh. zuerst in Italien (Frottole), dann in Deutschland (Tenorlieder, u. a. bei Schlick 1512), Frankreich (Chansons, später im 3. Drittel des 16. Jh. Airs de cour), den Niederlanden und England (Songs und Ayrs, weitgehend an italienische Vorbilder wie Madrigale, Balletti anknüpfend) erschienen. Der Satz ist polyphon oder pseudomonodisch, der Superius wird für Gesang in Mensuralnoten notiert, in 4st. Sätzen wird der Contratenor altus auch ausgelassen. Stücke für 2 L.n (Diskant- und Tenor-L. im Abstand eines Ganztons, einer Quarte, Quinte oder Oktave) sind zuerst bei Barberiis 1549 erhalten, für 3 (Diskant-, Tenor- und Baß-L.) und 4 L.n zuerst bei Hadrianus 1584. Neben dem solistischen Spiel und dem im Ensemble wurden L.n viel im Generalbaß verwendet, besonders die → Erzlauten (Baßlauten). Die theorbierte L. (ital. liuto attorbato) ist im Unterschied zur → Theorbe etwas kleiner und hat doppelchörigen Bezug. – Moderne Schulen für L. schrieben F. J. Giesbert und H. Neemann. Um die Wiedererweckung der alten L.n-Musik machten sich u. a. H. D. Bruger und W. Gerwig verdient.
Ausg.: J. P. N. Land, Het luitbook van Thysius, Amsterdam 1889; Österreichische Lautenmusik im 16. Jh., hrsg. v. A. Koczirz, = DTÖ XVIII, 2, Wien 1911; Chansons au luth et airs de cour frç. du 16ᵉ s., hrsg. v. A. Mairy u. L. de La Laurencie, = Publications de la Soc. frç. de musicologie I, 3/4, Paris 1934; Lautenmusik d. 17.–18. Jh., hrsg. v. H. Neemann, = RD XII, Lpz. 1939, Ffm. ²1961; Les luthistes, hrsg. v. J. Jacquot, Paris 1957ff.
Lit.: zu 1): E. M. v. Hornbostel u. C. Sachs, Systematik d. Musikinstr., Zs. f. Ethnologie XLVI, 1914, engl. v. A. Baines u. Kl. P. Wachsmann als: Classification of Mus. Instr., The Galpin Soc. Journal XIV, 1961; Fr. Behn, Die L. im Altertum u. frühen MA, ZfMw I, 1918/19; C. Sachs, Geist u. Werden d. Musikinstr., Bln 1929, Nachdruck Hilversum 1965; W. Stauder, Zur Frühgesch. d. L., Fs. H. Osthoff, Tutzing 1961. – zu 2): S. Virdung, Musica getutscht, (Basel 1511), hrsg. v. R. Eitner, = PGfM, Jg. X, Bd XI, Bln 1882, dass., Faks. hrsg. v. L. Schrade, Kassel 1931; R. Dowland, Varietie of Lute-Lessons (1610), Faks. hrsg. v. E. Hunt, London 1958; Praetorius Synt. II; M. Mersenne, Harmonie universelle, Paris 1636, Faks. hrsg. v. Fr. Lesure, 3 Bde, Paris 1963; Th. Mace, Musick's Monument, London 1676, Faks. Paris 1958; E. G. Baron, Hist.-Theoretische u. Practische Untersuchung d. Instr. d. L., Nürnberg 1727, Faks. Amsterdam 1965; A. Schubiger OSB, System d. L. aus einem Ms. v. Jahre 1532, MfM VIII, 1876; G. Branzoli, Ricerche sullo studio del liuto, Rom 1889; E. Radecke, Das deutsche weltliche Lied in d. Lautenmusik d. XVI. Jh., VfMw VII, 1891; M. Brenet, Notes sur l'hist. du luth en France, RMI VI, 1899; O. Körte, L. u. Lautenmusik bis zur Mitte d. 16. Jh., = BIMG I, 3, Lpz. 1901; O. Chilesotti, Note circa alcuni liutisti ital., RMI IX, 1902; W. L. v. Lütgendorff, Die Geigen- u. Lautenmacher v. MA bis zur Gegenwart, 2 Bde, Ffm. 1904, ⁵–⁶1922; J. Ecorcheville, Le luth et sa musique, SIMG IX, 1907/08; H. Riemann, Hdb. d. Mg. II, Lpz. 1912, ³1921; E. Engel, Die Instrumentalformen in d. Lautenmusik d. 16. Jh., Diss. Bln 1915; L. Frati, Liutisti e liutai a Bologna, RMI XXVI, 1919; A. Toscanelli, Il liuto, Mailand 1921; J. Pulver, The Lute in England, Mus. Opinion LVII, 1923; L. de La Laurencie, Les femmes et le luth en France aux XVIᵉ et XVIIᵉ s., Correspondant CCLXIV, 1925; Ders., Les luthistes, = Les musiciens célèbres, Paris 1928; M. R. Brondi, Il liuto e la chitarra: richerche storiche sulla loro origine, Turin 1926; H. Osthoff, Der Lautenist Santino Garsi da Parma, = Slg mw. Einzeldarstellungen VI, Lpz. 1926; J. Zuth, Hdb. d. L. u. Gitarre, Wien 1926–28; K. Geiringer, Vorgesch. u. Gesch. d. europäischen L., ZfMw X, 1927/28; K. Koletschka, E. Reußner d. J. u. seine Bedeutung f. d. deutsche Lautenmusik d. 17. Jh., StMw XV, 1928; H. Neemann, J. S. Bachs Lautenkompositionen, Bach-Jb. XXVIII, 1931; E. Magni-Dufflocq, Storia del liuto, Mailand 1931; R. Gabrielli, I liutai marchigiani, Note d'arch. IX, 1935; H.-P. Kosack, Gesch. d. L. u. Lautenmusik in Preußen, = Königsberger Studien zur Mw. XVII, Kassel 1935; G. Kinsky, Der Lautenmacher H. Frei, AMI IX, 1937; W. Boetticher, Studien zur solistischen Lautenpraxis d. 16. u. 17. Jh., Habil.-Schrift Bln 1943, maschr.; V. Denis, De muziekinstr. in de Nederlanden en in Italië naar hun afbeelding in de 15ᵉ-eeuwsche kunst I, = Publicaties op het gebied d. geschiedenis en d. philologie III, 20, Löwen 1944; K. Dorfmüller, Studien zur Lautenmusik in d. 1. Hälfte d. 16. Jh., Diss. München 1952, maschr.; D. Lumsden, De quelques éléments étrangers dans la musique anglaise pour le luth, in: La musique instr. de la Renaissance, hrsg. v. J. Jacquot, Paris 1955; R. de Morcourt, Le livre de tablature de luth de D. Bianchini (1546), ebenda; Th. Dart, Miss Mary Burwell's Instruction Book for the Lute, The Galpin Soc. Journal XI, 1958; Le luth et sa musique, hrsg. v. J. Jacquot, Paris 1958; Ders., L'organisation internationale des recherches sur la musique pour luth et ses sources polonaises, Kgr.-Ber. Warschau 1960; Ders., La musique pour luth, Kgr.-Ber. NY 1961, Bd I; D. Gill, The Elizabethan Lute, The Galpin Soc. Journal XII, 1959; D. Poulton, Notes on Some Differences Between the Lute and the Vihuela and Their Music, The Consort Nr 16, 1959; Wm. S. Casey, Printed Engl. Lute Instruction Books, 1586-1610, Diss. Univ. of Michigan 1960, maschr.; O. Peter-de Vallier, Die Musik in J. Fischarts Dichtungen, AfMw XVIII, 1961; D. Stevens, German Lute-Songs of the Early Sixteenth Cent., Fs. H. Besseler, Lpz. 1961; H. Radke, Beitr. zur Erforschung d. Lautentabulaturen d. 16.–18. Jh., Mf XVI, 1963; Ders., Wodurch unterscheiden sich L. u. Theorbe?, AMl XXXVII, 1965.

Lautenclavicymbel, ein von J. Chr. Fleischer konstruiertes Cembalo mit Doppelsaiten aus Darm. Es klang nach Fleischers eigenen Worten *vollkommen als 3. Lauten an Force*. Bereits Virdung (1511) erwähnt Klaviere mit Darmbesaitung. Auch J. S. Bach ließ um 1740 ein L. bei Z. Hildebrand arbeiten mit 2 Chören Darmsaiten und einem 4' aus Messing, das *eine kürzere Mensur als die ordentlichen Clavicymbel hatte ... Es klang nach Adlungs Bericht mehr der Theorbe als der Laute ähnlich; jedoch mit Lauten- und Cornetzug konnte man auch bey nahe Lautenisten von Profeßion damit betrügen.*
Lit.: S. Virdung, Musica getutscht, (Basel 1511), hrsg. v. R. Eitner, = PGfM, Jg. X, Bd XI, Bln 1882, dass., Faks. hrsg. v. L. Schrade, Kassel 1931; Adlung Mus. mech. org.

Lautentabulatur, eine Griffschrift, bei der durch Buchstaben, Ziffern und Zeichen die Griffstelle (Saite und Bund) der → Laute (– 2), durch Rhythmuszeichen die zeitliche Aufeinanderfolge der Griffe sowie durch Zusatzzeichen Fingersatz und Verzierungen angegeben werden. Den verschiedenen Arten der L. ist das Prinzip der Darstellung des Rhythmus gemeinsam: die rhythmischen Wertzeichen werden als Notenzeichen oder Notenhälse (| = Semibrevis, ⌈ = Minima, usw.) über die Griffzeichen gesetzt, wobei häufig von einer Folge gleicher Werte nur der erste angegeben ist (Beispiel 3); sie beziehen sich auf das Ganze des mehrstimmigen Satzes und können deshalb von jedem Ton bzw. Zusammenklang nur den Eintritt, nicht aber die Dauer angeben. Bei der Übertragung in Notenschrift kann entweder diese Eigenart der L. nachgeahmt werden (Beispiel 1a), oder es können die Tondauern entsprechend der mehr oder weniger stimmigen Satzart ausgeschrieben werden (Beispiele 1b, 2, 3). Zuweilen wird das Liegenbleiben von Griffen durch besondere Zeichen in der Tabulatur gefordert (z. B. Schrägstriche, Beispiel 3). – Die deutsche L. (Beispiel 1) ist im Hinblick auf ein 5chöriges Instrument entwickelt worden (M. Agricola schreibt 1529 ihre Erfindung C. Paumann zu). Ohne Verwendung von Linien für die Saiten wird jede Griffstelle durch ein eigenes Zeichen angegeben.

Lautentabulatur

Die leeren Saiten (Normalstimmung c f a d¹ g¹ oder d g h e¹ a¹) sind, von der tiefsten an gezählt, mit 1–5 bezeichnet, das 1. Bund mit a–e, das 2. mit f–k usw.; vom 6. Bund an werden doppelte oder überstrichene Buchstaben gesetzt. Für die Bünde des um 1500 hinzugefügten 6. Chores (G bzw. A, »Großbrummer«) werden in den Lautenbüchern verschiedene Zeichen gebraucht (Großbuchstaben, überstrichene Ziffern oder Kleinbuchstaben). – Die italienische L. (Beispiel 2) verwendet 6 Linien, die die Saiten (Normalstimmung G c f a d¹ g¹ oder A d g h e¹ a¹) darstellen, die höchste Saite (cantino) liegt dabei unten, wie es der Haltung der Laute beim Spiel entspricht. Auf oder über den Linien wird durch die Ziffern 0–9 das Bund angezeigt (0 = leere Saite, 1 = 1. Bund, usw.). Die Prinzipien des italienischen Systems gelten im allgemeinen auch für die spanische Tabulatur für → Vihuela. – Die französische L. (Beispiel 3) hatte zunächst 5 Linien; seit Adriaensen 1584 setzte sich das Sechsliniensystem durch. Die oberste Linie entspricht, umgekehrt wie bei der italienischen L., dem höchsten Chor (Normalstimmung wie bei der italienischen Lautenstimmung). Auf die Linien gesetzte Buchstaben geben das Bund an (a = leere Saite, b = 1. Bund, usw.); die nicht gegriffenen Baßsaiten werden unter dem Liniensystem durch den Buchstaben a und eine nach der Tiefe fortschreitende Zahl von übergesetzten Strichen bezeichnet. England entwickelte keine eigenständige Form der Notation von Lautenmusik, sondern übernahm die französische L. Diese verdrängte seit etwa 1600 allmählich die anderen Systeme und erhielt sich in der Form des nouveau ton von D. Gaultier (Stimmung der Hauptsaiten A d f a d¹ f¹) bis zum Ende des 18. Jh. in Gebrauch.

Von den Handschriften in L. seien in Auswahl genannt (mit den zusätzlichen Abkürzungen: ÖNB = Österreichische Nationalbibliothek, o. Sign. = ohne Signatur, StB = Staatsbibliothek, UB = Universitätsbibliothek):
a) in deutscher L.: L. des St. Craus aus Ebenfurt (Wien, ÖNB, Ms. 18688; 1. Hälfte des 16. Jh.); Hirschberger L. (Breslau, Mus. Inst. bei der Univ., o. Sign.; 1537–44); L. des Hans D. von Mentz (?; München, StB, Mus. Ms. 1512; um 1540); L. des H.H.

Beispiel 1
A. Schlick, *Tabulaturen etlicher Lobgesang*, Mainz 1512, S. 79.

Beispiel 2
O. Petrucci, *Intabolatura de lauto*, Libro primo, Venedig 1507, S. 39 (Übertragung nach Schering Beisp., S. 63).

Beispiel 3 R. Ballard, *Premier livre*, Paris 1611 (Tabulatur und Übertragung nach der NA von A. Souris und S. Spycket, = Les luthistes V, Paris 1963, S. 1).

Herwart (?; München, StB, Mus. Ms. 267; entstanden wahrscheinlich Augsburg um 1570; zum Teil in italienischer L.); Tabulatur des L. Iselin (Basel, UB, Ms. F IX 23; datiert 1575); das Lieder- und Lautenbuch des P. Fabricius (Kopenhagen, Kgl. Bibl., Ms. Thott 40 841; vermutlich 1605-08 in Rostock angelegt); Tabulatur des J. Nauclerus (Berlin, StB, Mus. Ms. 40141; datiert 1615). – b) in italienischer L.: V. Capirola um 1517 (Chicago, Newberry Library, o. Sign.; die älteste L.-Hs. überhaupt); Lautenbuch des J. Fugger (Wien, ÖNB, Ms. 18790; 2. Hälfte des 16. Jh.); Lautenbuch des O. Fugger (Wien, ÖNB, Ms. 18821; angelegt Bologna 1562); J. Gorzanis 1567 (München, StB, Mus. Ms. 1511a); L. des H. H. Herwart (?; München, StB, Mus. Ms. 266; entstanden wahrscheinlich Augsburg um 1570); V. Galilei 1584 (Florenz, Bibl. Naz., Ms. Anteriori a Galileo VI); die L. en des Ph. Heinhofer (Wolfenbüttel, Herzog August Bibl., Cod. Geielf. 18. 7. und 18. 8.; 2 Bde, datiert 1604); L. des G. Rasponi (Florenz, Bibl. Naz., Ms. Magl. XIX. 105; datiert 1635). – c) in französischer L.: L. des D. Amerbach (Basel, UB, Ms. F IX 56; um 1520); Wickhambrook Lute Manuscript (New Haven/Conn., Yale Univ. Library, Cod. Wickhambrook; um 1570-1600, vielleicht von J. Johnson angelegt); L. des J. Thysius (Leiden, UB, o. Sign.; um 1600); L. des Duc de Croy et d'Arschot (Valenciennes, Bibl. Municipale, Ms. 429 = Mangeart Nr 409; um 1600); L. des A. Długoraj (Leipzig, Stadtbibl., Ms. II. 6. 15.; datiert 1619); Tabulatur des K. St. R. Dusiacki (Berlin, StB, Mus. Ms. 40.159; datiert Padua 1620); L. des J. de Geer (Norrköping, Stadtbibl., o. Sign.; datiert Paris 1639); L. des J. Stobaeus (London, Brit. Mus., Ms. Sloane 1021; datiert 1640); L. des Lord Herbert of Cherbury (Cambridge, Fitzwilliam Museum, o. Sign.; 1. Hälfte des 17. Jh.); D. Gaultier, *La Rhétorique des dieux* (Berlin, Kupferstichkabinett, Cod. 78 C 12 = Hamilton 142; um 1655); L. der P. Ruthwen (Paris, Bibl. du Conservatoire, Ms. 24372; datiert 1656); Miss M. Burwell's Book (Cambridge, Fitzwilliam Museum, o. Sign.; um 1670); L. der M. Monin (Paris, Bibl. Nat., Ms. Vm^7 6212; datiert 1664); J. G. Peyer um 1670 (Wien, ÖNB, Ms. 18826); L. des S. de Brossard (Paris, Bibl. Nat., Ms. Vm 2658 réserve; begonnen Caen 1672-73); L. des E. Vaudry de Saizenay (Besançon, Bibl. de la ville, o. Sign.; 2 Bde, datiert: I 1682-86, II begonnen 1699); Tabulatur des Grafen Wolkenstein-Rodenegg (Berlin, StB, Mus. Ms. 40149; datiert 1684-86); J. Th. Herold 1702 (Wien, ÖNB, Ms. 18760); S. L. Weiß um 1730-50 (Dresden, Landesbibl., Musica 2841 V. 1).

Die wichtigsten L.-Drucke sind: a) in deutscher L.: A. Schlick 1512; H. Judenkünig o. J. (1515-19) und 1523; H. Gerle 1532, 1533, 1536 und 1552; H. Newsidler 1536, 1540 und 1544; R. Wyssenbach 1550 und 1563; H. J. Wecker 1552 (für 2 Lauten); B. de Drusina 1556 und 1573; W. Heckel 1556; S. Ochsenkhun 1558; M. Newsidler 1566 und 1574; B. Jobin 1572 und 1573; M. Waissel 1573, 1591 und 1592. – b) in italienischer L.: F. Spinaccino 1507 und F. Bossinensis 1508 und 1511 (als Buch I-II bzw. IV-V bei Petrucci erschienen; Buch III von J. A. Dalza ist verloren); B. Tromboncino o. J.; A. Willaert 1536; Francesco da Milano 1536, 1546 und 1547; G. Abondante 1546 und 1548; D. Bianchini 1546; J. M. da Crema 1546; M.-A. del Pifaro 1546; A. Rotta 1546; M. de Barberiis 1546; S. Gintzler 1547; P. de Teghi 1547; G. P. Paladino ca. 1549, 1553 und 1560; V. Bakfark 1553; B. Balletti 1554; G. Gorzanis 1561, 1564, 1570 und 1571; V. Galilei 1563, 1568 und 1584; G. C. Barbetta 1569, 1582, 1585 und 1603; S. Kargl 1574, 1578 und 1586; G. Fallamero 1584; S. Verovio 1586, 1589, 1591 und 1595; O. Vecchi 1590; G. Paolini 1591 (für 3 Lauten); G. A. Terzi 1593 und 1599; S. Molinaro 1599; C. Negri 1602 und 1604; D. M. Melli 1602 und 1609; P. P. Melli 1614 und 1616; J. H. Kapsberger 1610, 1611 und 1612; spanische L.-Drucke: L. Milan 1535; L. de Narvaez 1538; A. de Mudarra 1546; A. de Valderábano 1547; D. Pisador 1552; M. de Fuenllana 1554; F. J. Bermudo 1555; Fr. Tomás de Sancta María 1565; E. Daza 1576. – c) in französischer L.: Attaingnant 1529 und 1530; Phalèse 1546, 1547, 1552, 1568, 1570 und 1573; A. de Rippe 1552-62; J. Bélin 1556; V. Bakfark 1564; E. Adriaensen (Hadrianus) 1584 und 1592; A. Denss 1594; W. Barley 1596; J. Dowland 1597, 1600, 1603 und 1605; Th. Morley 1597; M. Reymann 1598 und 1613; J. Ruden 1598; A. Francisque 1600; J. v. d. Hove 1601, 1612 und 1616; J.-B. Besardus 1603, 1614 und 1617; G. Bataille 1609-15; R. Dowland 1610; R. Ballard 1611 und 1614; G. L. Fuhrmann 1615; E. Mertel 1615; N. Vallet 1615-20; P. Ballard 1615-18; A. Boësset 1621-28; J. D. Mylius 1622; E. Moulinié 1624-35; A. Valerius 1626; G. B. Abbatessa 1627, 1635 und 1652; P. Gaultier 1638; E. Reusner d. Ä. 1645; B. Ginocello 1650; E. Reusner d. J. 1667 und 1676; D. Gaultier um 1669 und 1672; J. Bitter 1682; J. Kremberg 1689; J. Mouton o. J.; Ph. F. Le Sage de Richée 1695; J. G. Conradi 1724; A. Falkenhagen o. J. und 1740; D. Kellner 1747; F. Seidel 1757; J. Chr. Berger 1760; K. Kohaut 1761.

Lit.: O. KÖRTE, Laute u. Lautenmusik bis zur Mitte d. 16. Jh. Unter besonderer Berücksichtigung d. deutschen L., = BIMG I, 3, Lpz. 1901; WOLFN; H. SOMMER, Lautentraktate d. 16. u. 17. Jh. im Rahmen d. deutschen u. frz. L., Diss. Bln 1923, maschr.; Auszug in: Jb. d. Phil. Fakultät d. Univ. Bln 1922/23; J. DIECKMANN, Die in deutscher L. überlieferten Tänze d. 16. Jh., Kassel 1931; O. GOMBOSI, Rezension v. PäM II (L. Milan), ZfMw XIV, 1931/32; DERS., Bemerkungen zur L.-Frage, ZfMw XVI, 1934; L. SCHRADE, Das Problem d. L.-Übertragung, ZfMw XIV, 1931/32; K. DORFMÜLLER, Studien zur Lautenmusik d. 1. Hälfte d. 16. Jh., Diss. München 1952, maschr.; L. H. MOE, Dance Music in Printed Ital. Lute Tabulature from 1507 to 1611, 2 Bde, Diss. Harvard Univ. (Mass.) 1956; Le luth et sa musique, hrsg. v. J. JACQUOT, Paris 1958 (darin u. a.: Ch. Thibault, Un ms. ital. ... du XVIe s.; W. Boetticher, Les œuvres de Roland de Lassus mises en tablature de luth; K. Dorfmüller, La tablature de luth allemande ...; M. Podolski, A la recherche d'une méthode de transcription formelle des tablatures de luth; A. Souris, Tablature et syntaxe); APELN; G. BIRKNER, La tablature de luth de Charles, Duc de Croy et d'Arschot (1560-1612), Rev. de Musicol. XLIX, 1963; H. RADKE, Beitr. zur Erforschung d. L. d. 16.-18. Jh., Mf XVI, 1963; The Wickhambrook Lute Ms., übertragen u. hrsg. v. D. E. R. STEPHENS, = Collegium Musicum Series IV, New Haven (Conn.) 1963.

Lautsprecher sind elektroakustische Geräte, die, zu den sekundären → Schallwandlern gehörend, Wechselströme in konforme Schallschwingungen umwandeln. Sie sollen möglichst alle Schwingungen des Hörbereichs frequenz- und amplitudengetreu wiedergeben; die nichtlinearen Verzerrungen sollen so gering wie möglich bleiben. Der elektrodynamische L. (bereits 1878 von W. v. Siemens entwickelt; die Abbildung stellt einen Schnitt durch einen elektrodynamischen L. dar) hat sich für diese Zwecke besonders bewährt. Nach dem Prinzip, daß auf einen stromdurchflossenen Leiter durch ein Magnetfeld Kräfte ausgeübt werden, welche zu einer Bewegung des Leiters je nach Stromrichtung führen, werden bei diesem L. die Ausgangswechselströme des Verstärkers einer

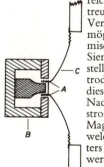

Schwingspule A zugeführt, die freischwingend und gefedert im Ringspalt eines starken Permanentmagneten B angebracht ist. Die Spule wird in das Magnetfeld hineingezogen oder herausgetrieben, je nachdem in welcher Richtung der Strom fließt, so daß die mit der Spule fest verbundene Konusmembran C entsprechende Bewegungen ausführt. Um eine frequenzgetreue Übertragung zu ermöglichen, wird das schwingende System so konstruiert, daß seine Resonanzfrequenz unterhalb des zu übertragenden Frequenzbereiches liegt. Die Membran, die sich beim Schwingen leicht unterteilen würde, erhält eine etwas gekrümmte Form. Am Rande wird sie weich eingespannt. Da ihre Abmessungen, zumal im unteren Frequenzbereich, klein gegenüber der Wellenlänge sind ($\lambda = 3,4$ m bei 100 Hz), wird das L.-System zweckmäßig in eine starke Schallwand oder in ein Gehäuse eingebaut, um zu vermeiden, daß sich die nach vorn und hinten (gegenphasig) abgestrahlten Schallwellen gegenseitig auslöschen. Eine gleichmäßige Schallverteilung wird durch Kombination mehrerer L. erzielt. Für die Wiedergabe hoher Frequenzen werden auch Kondensator-L. (elektrostatische L.) oder Kristall-L. benutzt, die in geeigneter Zusammenstellung mit elektrodynamischen L.n kombiniert werden. Zur Beschallung großer Räume oder im Freien werden oft sogenannte L.-Zeilen eingesetzt, bei denen übereinander mehrere L.-Einzelsysteme angeordnet sind, die gleichphasig erregt werden und eine gerichtete Abstrahlung ermöglichen.

Lit.: H. KÖSTERS u. H. HARZ, Ein neuer Gesichtspunkt f. d. Entwicklung v. L., Technische Hausmitt. d. NWDR III, 1951; G. BUCHMANN, Fortschritte in d. Entwicklung v. L., Acustica IV, 1954; L.-Taschenbuch, bearb. v. H. WILLIGES, Bln (1962, 71965). WL

Lautstärke. Zwischen der Stärke einer Tonwahrnehmung – der L. – und der → Intensität des auslösenden Schwingungsvorganges lassen sich innerhalb gewisser Grenzen bestimmte approximative Gesetzmäßigkeiten nachweisen. Die physikalisch-quantitative Deutung durch die Psychophysik, nach der eine eben merkbare Intensitätsänderung dem ursprünglichen Schallreiz proportional ist (Webersches Gesetz) bzw. nach der eine logarithmische Entsprechung zwischen Reiz- und sogenannten Empfindungsgrößen besteht (Fechnersches Gesetz), vermag jedoch nur die eine Erscheinungsform der L. zu beleuchten, nämlich die im unmittelbaren Vergleich von Schallstärken erfaßbare, die L. als Empfindungsniveau. (Auf O. Fr. Rankes einschränkende Formulierung sei hingewiesen.) Dagegen ist die L. als musikalische Gestaltqualität nicht mehr rein quantitativ, also anhand einer Intensitätsskala, darstellbar. Zwar fordern in der Musik Bezeichnungen wie ff, mf, p lediglich eine unterschiedlich intensive Tongebung, für die Beurteilung der L. – z. B. eines Orchesterklanges – durch einen Hörer spielt jedoch die objektive Schallintensität am Ohr des Hörers nur noch eine untergeordnete Rolle. Vielmehr ist die gesamte Struktur des beurteilten Schallsignals – in erster Linie das Teilfrequenzspektrum und die zeitlichen Änderungen – für das Zustandekommen einer bestimmten L.-Wahrnehmung verantwortlich. Der Begriff der Lautheitskonstanz spielt hier eine wesentliche Rolle. Kl. Mohrmanns Versuche mit verschiedenen Schällen ergaben eine deutliche Abhängigkeit der Lautheitsbeurteilung von der Sendeintensität und von der visuellen Lokalisierungsmöglichkeit der Schallquelle, während die Entfernung zwischen Sender und Hörer weitgehend ohne Einfluß bleibt.

Als Maß für die subjektive L. im direkten Vergleich verschiedener Frequenzen wurde auf Vorschlag H. Barkhausens das Phon eingeführt. Laut Definition ist für die Bezugsfrequenz von 1000 Hz der Phonwert gleich dem Wert des Schalldruckpegels in dB (→ Dezibel). Für die übrigen Frequenzen ist der Phonwert jeweils gleich dem der gleich laut gehörten Bezugsfrequenz. Auf Grund solcher Hörvergleiche wurden zunächst von B. A. Kingsbury (1927), später – wesentlich genauer – von H. Fletcher und W. A. Munson (1933) und schließlich von D. W. Robinson und R. S. Dadson (1956) Kurven gleicher L. aufgenommen, deren untere (→ Hörschwelle) und obere Kurve das → Hörfeld umschließen.

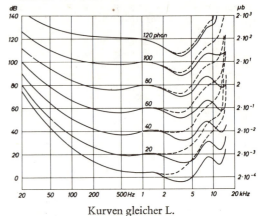

Kurven gleicher L.
(nach D. W. Robinson und R. S. Dadson).

Diese Kurven geben allerdings keine Auskunft über die sogenannte Lautheit, d. h. darüber, welche Intensität (bei gleicher Frequenz) als z. B. doppelt oder halb so laut wie eine Bezugsintensität empfunden wird. Daher wurde das Sone als Zusatzmaß für die Lautheit eingeführt, wobei – willkürlich – 40 dB (bei 1000 Hz) = 1 sone entsprechen sollen; derjenige Schalldruckpegel (bei gleicher Frequenz), der als doppelt so laut empfunden wird, entspricht 2 sone (im Mittel 48 dB) usw.

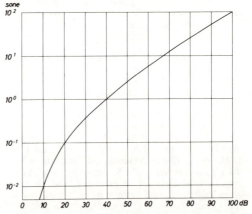

Abhängigkeit der Lautheit vom Schalldruckpegel.

Eine Unterscheidung zwischen L. und Lautheit ist jedoch wenig sinnvoll, da ihre Maßeinheiten Phon und Sone lediglich als einmal nichtlinearer, einmal linearer Maßstab der gleichen subjektiven Größe L. dienen (E. Skudrzyk).

Lit.: K. SCHOLL, Vom absoluten Eindruck bei Schallstärkevergleichen, Zs. f. Psychologie LXXXIV, 1920; H. LACHMUND, Über d. Abhängigkeit d. scheinbaren Schallstärke v. d. subjektiven Lokalisation d. Schallquelle, ..., ebenda LXXXVIII, 1922; H. BARKHAUSEN, Ein neuer Schallmesser f. d. Praxis, Zs. f. technische Physik VII, 1926; B. A.

KINGSBURY, A Direct Comparison of the Loudness of Pure Tones, Physical Review II, 29, 1927; DERS. u. U. STEUDEL, Die L. v. Geräuschen, in: HF-Technik u. Elektroakustik XLI, 1933; H. FLETCHER u. W. A. MUNSON, Loudness, Its Definition, Measurement and Calculation, JASA V, 1932/33; F. AIGNER u. M. J. O. STRUTT, Über eine physiologische Wirkung mehrerer Schallquellen auf d. Ohr ..., Zs. f. technische Physik XV, 1934; E. LÜBCKE, Über d. Zunahme d. L. bei mehreren Schallquellen, ebenda XVI, 1935; W. BÜRCK, P. KOTOWSKI u. H. LICHTE, Die L. v. Knacken, Geräuschen u. Tönen, Elektrische Nachrichtentechnik XII, 1935; ST. SM. STEVENS u. H. DAVIS, Psychophysiological Acoustics: Pitch and Loudness, JASA VIII, 1936/37; DIES., Hearing, Its Psychology and Physiology, NY (1938), [5]1960; M. KWIEK, Über L. u. Lautheit, Akustische Zs. II, 1937; KL. MOHRMANN, Lautheitskonstanz im Entfernungswechsel, Zs. f. Psychologie CXLV, 1939; L. L. BERANEK, J. L. MARSHALL, A. L. CUDWORTH u. A. P. G. PETERSON, Calculation and Measurement of the Loudness of Sounds, JASA XXIII, 1951; I. POLLACK, On the Measurement of the Loudness of White Noise, ebenda; DERS., On the Threshold and Loudness of Repeated Bursts of Noise, ebenda; W. R. GARNER, An Informational Analysis of Absolute Judgements of Loudness, Experimental Psychology XLVI, 1953; G. QUIETZSCH, Zur Theorie d. L. u. Lautheit, Technische Hausmitt. d. NWDR V, 1953; DERS., Objektive u. subjektive Lautstärkemessungen, Acustica V, 1955; O. FR. RANKE, Physiologie d. Gehörs, in: Lehrbuch d. Physiologie, hrsg. v. W. Trendelenburg u. E. Schütz, Bln, Göttingen u. Heidelberg 1953; H.-P. REINECKE, Über d. doppelten Sinn d. Lautheitsbegriffes beim mus. Hören, Diss. Hbg 1953, maschr.; DERS., Experimentelle Beitr. zur Psychologie d. mus. Hörens, = Schriftenreihe d. mw. Inst. d. Univ. III, Hbg 1964; E. SKUDRZYK, Die Grundlagen d. Akustik, Wien 1954; E. ZWICKER u. R. FELDTKELLER, Über d. L. v. gleichförmigen Geräuschen, Acustica V, 1955; R. FELDTKELLER u. E. ZWICKER, Das Ohr als Nachrichtenempfänger, = Monographien d. elektrischen Nachrichtentechnik XIX, Stuttgart 1956; D. W. ROBINSON u. R. S. DADSON, A Re-determination of the Equal-Loudness Relations for Pure Tones, British Journal of Applied Physics VII, 1956; DIES., Treshold of Hearing ..., JASA XXIX, 1957; P. R. HOFSTÄTTER, Gehörsinn, in: Psychologie, = Das Fischer Lexikon VI, Ffm. (1957); DERS., Psychophysik, ebenda; D. W. ROBINSON, The Subjective Loudness Scale, Acustica VII, 1957; E. ZWICKER, Über psychologische u. methodische Grundlagen d. Lautheit, Acustica VIII, 1958.

Leader (l'iːdə, engl., Führer), – 1) bezeichnet in England den Konzertmeister (der in Nordamerika concertmaster heißt), in Nordamerika den Dirigenten (in England conductor genannt); – 2) englische Bezeichnung für den → Dux.

Leere Saite (engl. open string; frz. corde à vide, oder nur à vide; ital. corda vuota, einfach auch vuota; span. cuerda al aire), bei den Saiteninstrumenten mit Griffbrett Bezeichnung für das Erklingenlassen einer Saite in ihrer ganzen Länge, also ohne Fingeraufsatz, zuweilen durch eine Null über der Note gefordert. Der Klang der l.n S. ist gegenüber dem des gleichen gegriffenen Tones offener, weniger differenzierbar. Solange auf Darmsaiten und ohne Vibrato gespielt wurde, benutzte man die l. S. häufig neben gegriffenen Tönen, was heute durch neue Fingersatztechnik vermieden wird, wenn nicht (wie z. B. am Beginn von A. Bergs Violinkonzert) besondere Absicht vorliegt. → Bariolage.

legato (ital., auch ligato) bedeutet, daß die Töne gebunden, verbunden, »angeschleift«, gezogen hervorgebracht werden sollen; bezeichnet wird es durch → Bogen (– 1). Das L. wird im Gesang erreicht, wenn, ohne abzusetzen, d. h. ohne den Atemstrom zu unterbrechen, der Spannungsgrad der Stimmbänder verändert wird, so daß der erste in den zweiten Ton wirklich übergeht. Ähnlich ist der Vorgang bei den Blasinstrumenten, wo ebenfalls der Atemstrom nicht unterbrochen, sondern nur die Applikatur oder Lippenspannung verändert wird. Auf den Streichinstrumenten bedeutet l. die Bindung mehrerer Töne auf einem Bogenstrich. Auf Tasteninstrumenten werden Töne gebunden, indem man eine niedergedrückte Taste erst im Augenblick des Anschlagens eines anderen Tones freigibt, zuweilen sogar eine Nuance später. In der Klaviermusik des 18. Jh. sind gebrochene Akkorde unter L.-Bogen oft legatissimo auszuführen. – ben l. heißt gut gebunden; non l. entspricht einer Artikulation zwischen portato und staccato.

leggiero (ledd'ʒɛːro, ital.), auch leggieramente oder leggiadro, leicht, leger, das leicht perlende Spiel auf dem Klavier, eine Anschlagsart zwischen legato und staccato, von ersterem dadurch unterschieden, daß sie nur flüchtiger Schlag und nicht nachhaltiger Druck ist; von mezzolegato unterscheidet sie sich durch nervigen Anschlag, vor allem durch loses Zurückspringen der Finger. Das L. ist nur piano möglich und geht bei stärkerem Anschlag in mezzolegato über.

Lehrstück, ein aus der Verbindung von »Gebrauchslyrik« und »Gebrauchsmusik« Ende der 1920er Jahre in Deutschland entstandener oratorienhafter Typus einer für ältere Schüler und Erwachsene gedachten → Schuloper mit zeitbedingten Stoffen auf illusionsloser Bühne. Der kurzen Blütezeit des L.s setzte 1933 der Nationalsozialismus ein Ende. In der Gegenwart wird das L. noch in der DDR gepflegt. Der Schöpfer dieser zunächst literarisch-dramatischen, auf die Anlage des mittelalterlichen Moralitätenspiels gestützten Sonderform des Epischen Theaters ist B. → Brecht. Typisches Beispiel für das musikalische L. ist Brechts *Der Ja-Sager* (1930) mit der Musik von Weill, der betont: *Die pädagogische Wirkung der Musik kann nämlich darin bestehen, daß der Schüler sich auf dem Umweg über ein musikalisches Studium intensiv mit einer bestimmten Idee beschäftigt, die sich ihm durch die Musik plastischer darbietet und die sich stärker in ihm festsetzt, als wenn er sie aus Büchern lernen müßte.* Das L. soll im Sinne der »epischen« (und im Gegensatz zur »dramatischen«) Oper Stellung beziehen und auf das Verhalten wirken (vgl. Brecht, *Schriften*, S. 21). Neben »musikalische Dialoge« der Einzeldarsteller tritt der nicht agierende Chor (singend oder sprechend), der außer seiner kommentierenden und erzählenden Aufgabe in erster Linie als »Lehrchor« den »Lehrgedanken« übermittelt; dieser will das bei der Aufführung aktiv mitwirkende Publikum und die Darsteller selbst zu ernsthafter Diskussion über das aufgezeigte Problem bewegen. Die einfach gehaltene, für Laien gedachte Musik verzichtet weitgehend auf eigengesetzliche Entfaltung. 1929 wurden in den Baden-Badener Musikwochen die ersten musikalischen L.e aufgeführt, darunter zwei Werke mit Texten von Brecht: *Der Flug Lindberghs* (Musik von Weill und Hindemith) und *Badener L. vom Einverständnis* (Hindemith). Das bedeutendste L. Brechts ist die 1930 durch den Arbeiterchor Groß-Berlin uraufgeführte *Maßnahme* mit der Musik von Eisler. An weiteren L.en, die ganz unterschiedliche »Lehrabsichten« verfolgen, seien genannt: H. Heiß/E. Meißner, *L. vom Beruf* (1930) und *L. von der Berechtigung* (1931); E. Toch/A. Döblin, *Das Wasser*; H. Reutter/R. Seitz, *Der neue Hiob*; W. Fortner/A. Zeitler, *Cress ertrinkt* (1930): P. Dessau/R. Seitz, *Tadel der Unzuverlässigkeit* (1932); E. Rabsch/W. Gerhard, *Die Brücke* (1933).

Lit.: H. TREDE u. H. BOETTCHER, L., Musik u. Ges. I, 1930/31; H. HEISS, Das L. im Urteil d. schaffenden Musiker, ebenda; H. MERSMANN, Die moderne Musik seit d. Romantik, Bücken Hdb.; S. GÜNTHER, L. u. Schuloper, Melos X, 1931; K. WEILL, Über meine Schuloper »Der Jasager«, in: Das Volksspiel VIII, 1932, H. 4; B. BRECHT, Schriften zum Theater, hrsg. v. S. Unseld, = Bibl. Suhrkamp

Leich

XLI, Bln u. Ffm. (1957); J. WILLETT, The Theatre of B. Brecht, London 1959, deutsch Hbg 1964; M. ESSLIN, Brecht, Ffm. u. Bonn 1962; H. BRAUN, Untersuchungen zur Typologie d. zeitgenössischen Schul- u. Jugendoper, = Kölner Beitr. zur Musikforschung XXVII, Regensburg 1963.

Leich → Lai.

Leier (aus griech. λύρα über lat. lyra; mhd. lire; frz. und engl. lyre) ist heute meist als systematischer Begriff gebräuchlich. Man versteht darunter der antiken Lyra und Kithara ähnliche Zupfinstrumente mit schalen- oder kastenförmigem Schallkörper, zwei Jocharmen und einem an ihnen befestigten Joch, von dem aus die Saiten zum Schallkörper gespannt sind. Beim Spielen werden die Saiten mit der rechten Hand gezupft oder mit → Plektron zum Klingen gebracht; mit der linken Hand werden sie nicht verkürzt, sondern nur gedämpft. Die L.-Instrumente waren im alten Orient weit verbreitet, zuerst bei den Sumerern (große Stand- und kleinere Trag-L.n mit bis zu 11 Saiten), dann auch bei den Ägyptern (im Mittleren Reich asymmetrische, im Neuen Reich auch symmetrische Kasten-L.n, dazu asiatische Riesen-L.n), Griechen (→ Phorminx, → Kithara, → Lyra - 1, → Barbitos), Juden (→ Kinnor) u. a. Der Typ der Schalen-L. ist heute noch in Ägypten, Äthiopien, Nubien und Ostafrika zu finden (kerar, auch kissar, von griech. κιθάρα, genannt, als Riesen-L. bagana). Im nördlichen Europa sind L.n als Zupf- und als Streichinstrumente seit dem Frühmittelalter belegt (→ Crwth, → Rotta - 2). – Der im mittelalterlichen Schrifttum begegnende Name lira (lire u. ä.), aus dem im Deutschen L. hervorging, scheint zur Bezeichnung von verschiedenen Saiteninstrumenten gedient zu haben, u. a. auch von Streichinstrumenten. Daher konnte die Vielle zum Namen Dreh-L. kommen.

Lit.: H. PANUM, Harfe u. Lyra im alten Nordeuropa, SIMG VII, 1905/06; C. SACHS, Geist u. Werden d. Musikinstr., Bln 1929, Nachdruck Hilversum 1965; DERS., The Hist. of Mus. Instr., NY (1940); A. O. VÄISÄNEN, Die L. d. obugrischen Völker, Eurasia septentrionalis antiqua VI, 1931; M. WEGNER, Die Musikinstr. d. alten Orients, = Orbis antiquus II, Münster i. W. 1950; J. WERNER, Harfe u. L. im germanischen Früh-MA, in: Aus Verfassungs- u. Landesgesch., Fs. Th. Mayer I, Lindau u. Konstanz (1954); W. STAUDER, Die Harfen u. L. d. Sumerer, Ffm. 1957; DERS., Die Harfen u. L. Vorderasiens in babylonischer u. assyrischer Zeit, Ffm. 1961; H. HICKMANN, Artikel L., in: MGG VIII, 1960; O. SEEWALD, Die Lyrendarstellungen d. ostalpinen Hallstattkultur, Fs. A. Orel, Wien u. Wiesbaden (1960); E. EMSHEIMER, Die Streichl. v. Danczk, STMf XLIII, 1961, auch in: Studia ethnologica eurasiatica, = Musikhist. museetsskrifter I, Stockholm 1964; B. AIGN, Die Gesch. d. Musikinstr. d. ägäischen Raumes bis um 700 v. Chr., Diss. Ffm. 1963.

Leierkasten → Drehorgel.

Leipzig.
Lit.: E. ROTHE u. H. HEILEMANN, Bibliogr. zur Gesch. d. Stadt L., Sonderbd III, Die Kunst, = Schriften d. Hist. Kommission d. Sächsischen Akad. d. Wiss. XXXV, Weimar 1964. – A. DÖRFFEL, Gesch. d. Gewandhauskonzerte zu L., 1884; P. LANGER, Chronik d. L.er Singakad. 1802–1902, L. 1902; R. WUSTMANN, Mg. L. I bis zur Mitte d. 17. Jh., L. u. Bln 1909, ²1926, II (v. 1650–1723) u. III Das Zeitalter J. S. Bachs u. J. A. Hillers (v. 1723–1800) v. A. SCHERING, L. 1926–41; FR. SCHMIDT, Das Musikleben d. bürgerlichen Ges. L. im Vormärz (1815–48), = Mus. Magazin XLVII, Langensalza 1912; G. FR. SCHMIDT, Die älteste deutsche Oper in L., Fs. A. Sandberger, München 1918; H. HOFMANN, Gottesdienst- u. Kirchenmusik in d. Univ.-Kirche zu St. Pauli seit d. Reformation (1543–1918), Beitr. zur Sächsischen Kirchengesch. XXXII, 1919; P. BENNEMANN, Musik u. Musiker im alten L., L. 1920; A. SCHERING, L.er Ratsmusik v. 1650–1775, AfMw III, 1921; FR. REUTER, Die Gesch. d. deutschen Oper in L. (1693–1720), Diss. L. 1922, maschr.; M. BIGENWALD, Die Anfänge d. L.er AmZ, Diss. Freiburg i. Br. 1938; G. PIETZSCH, Zur Pflege d. Musik an d. deutschen Univ. bis zur Mitte d. 16. Jh.: L., AfMf III, 1938; O. SCHÄFER, Der L.er Riedelver., in: Die Musikpflege IX, 1938; H. SCHULZ, Die Musikforschung in L., AMz XLV, 1938; H.-J. NÖSSELT, Das Gewandhausorch., L. 1943; Fs. zum 175jährigen Bestehen d. Gewandhauskonzerte 1781–1956, hrsg. v. H. HEYER, L. 1956; G. HEMPEL, Das Ende d. L.er Ratsmusik im 19. Jh., AfMw XV, 1958; DERS., Die bürgerliche Musikkultur L. im Vormärz, Beitr. zur Mw. VI, 1964; FR. HENNENBERG, Das L.er Gewandhausorch., L. 1962.

Leise, Bezeichnung für alt- und mittelhochdeutsche sowie slawische volkstümliche Kirchenlieder, die von der ein- oder angefügten Akklamation *Kyrie eleison* (verdeutscht auch Kirleis; tschechisch Krles) herrührt. Zu der Gruppe der liturgisch nicht gebundenen L.n (Schlachtrufe, Wallfahrts- und Kreuzzugslieder) gehört die älteste Aufzeichnung eines deutschen geistlichen Liedes überhaupt, das Freisinger Petrus-Lied *Unsar trohtín hât farsalt* aus dem 9. Jh. Die liturgischen L.n sind strophisch (2. und folgende Strophen erst seit dem 15./16. Jh. hinzugedichtet), meist vierzeilig mit paarigen Reimen, und gehen textlich und musikalisch meist auf ältere Modelle zurück, so auf Sequenzen, denen sie auch tropierend eingefügt wurden. Die wichtigsten L.n sind: die Oster-L. *Christ ist erstanden,* zur Sequenz *Victimae paschali laudes,* aus dem 12. Jh.; die Pfingst-L. *Nun bitten wir den heiligen Geist,* zur Sequenz *Veni sancte spiritus,* wohl aus dem 12. Jh., belegt zuerst um 1250; die Fronleichnams-L. *Gott sei gelobet und gebenedeiet,* zur Sequenz *Lauda Sion;* die Weihnachts-L. *Gelobet seist du, Jesu Christ,* zur Sequenz *Grates nunc omnes; Mitten wir im Leben sind,* zur Antiphon *Media vita in morte sumus,* vom Ende des 15. Jh.

Lit.: W. LIPPHARDT, Die ma. L., Musik u. Altar XV, 1963–XVI, 1964.

Leistungsschutz ist ein dem → Urheberrecht verwandtes Schutzrecht. Es gilt in erster Linie für die ausübenden Künstler, die dadurch gegen Ausnutzung ihrer Leistung z. B. durch Tonträgerhersteller und Sendeanstalten gesichert sind. Der L. wurde 1961 durch ein internationales Abkommen in Rom von 18 Staaten beschlossen. Diesem Abkommen ist die Bundesrepublik Deutschland 1965 beigetreten. Gleichzeitig hat sie in dem neuen Urheberrechtsgesetz den L. erstmalig gesetzlich geregelt. – Neben dem L. für ausübende Künstler gibt es einen solchen für wissenschaftliche Ausgaben urheberrechtlich nicht geschützter Werke sowie für Ausgaben nachgelassener Werke, ferner für Lichtbilder, Tonträgerhersteller, Sendeunternehmen und Filmhersteller. Die Schutzdauer für die genannten Kategorien ist verschieden. Die ausübenden Künstler haben ihre L.-Rechte in der Gesellschaft zur Verwertung von L.-Rechten (GVL) vereinigt und zur Wahrnehmung der → GEMA übertragen (Kontrolle und Einzug der Gebühren).

Leitmotiv, Bezeichnung für eine prägnante musikalische Gestalt, die in wortgebundener oder programmatischer Musik einem bestimmten dichterischen Moment (einer Idee, Sache, Person u. ä.) zugeordnet ist und im musikalischen Text immer dann erscheint, wenn dieses dramatisch-poetische Moment gemeint ist. Das L. kann dabei direkt auf das Geschehen hinweisen (z. B. eine auftretende Person ankündigen) oder indirekt kommentierend – auch psychologisch motiviert oder analysierend – einbezogen werden (z. B. Wagner, *Götterdämmerung,* 1. Akt, 2. Szene: Hagen begrüßt Siegfried auf die Töne des »Fluch-Motivs«). Die dem L. – über den immanent musikalischen Sinn hinaus – innewohnende Bedeutung, die sowohl seine konkrete musikalische Gestalt als auch etwaige Veränderungen bestimmt, ergibt sich primär aus seinem ersten Auftreten in einer bestimmten dramatischen (programmatischen) Situation oder zu bestimmten Worten; vollständig erfassen läßt sie sich aber nur durch ein In-Beziehung-Setzen der verschiedenen Erscheinungsweisen des L.s. Dieses spiegelt Vergangenes und Zukünftiges im je Gegenwärtigen. Seine formale Intention ist daher epischer Natur; Th. Mann (1939) nennt es eine *vor- und zurückdeutende magische Formel, die das Mittel ist, einer inneren Gesamtheit in jedem Augenblick Präsenz zu verleihen.* – Bevor H. v. Wolzogen (1876) den Begriff L. in seinen Wagner-Analysen anwendet, benutzt ihn schon Fr. W. Jähns (1871) für das *strenge Durchführen aller einzelnen Charactere* in Opern C. M. v. Webers; er unterscheidet dabei L.e für Situationen und Personen. Gleichzeitig gibt G. Federlein (1871) Wagnerschen Motiven erstmals Namen (z. B. »Walhall-Motiv« u. a.). Wagner selbst spricht nicht von L.en, sondern von »melodischen Momenten«, »thematischen Motiven«, »Grundthemen«, »Ahnungsmotiven«, »Erinnerungsmotiven« u. ä. – Die Technik des Erinnerungsmotivs, das einzelne Nummern einer Oper sinnfällig verbindet (so schon in Mozarts *Zauberflöte* die Sarastro-Akkorde) und bei seinem Wiedererscheinen oft *nur den Charakter einer absoluten Reminiszenz* hat (Wagner IV, 324), ist seit dem späteren 18. Jh. verbreitet, vor allem in den Opern der französischen Schule nach Gluck (Grétry, *Richard Cœur-de-Lion*, 1784; Méhul, *Ariodant*, 1799; Catel, *Sémiramis*, 1801); ferner in der Gustavianischen Oper der 2. Hälfte des 18. Jh. in Schweden (Joh. Gottl. Naumann u. a.); dann – zu Wagner hinführend – in der deutschen romantischen Oper (Spohr, *Faust*, 1816; Hoffmann, *Undine*, 1816; Weber, *Der Freischütz*, 1821, *Euryanthe*, 1823; Marschner, *Der Vampyr*, 1828); daneben im Melodram (Reichardt, *Ino*, 1779) und in der Ballade (Loewe). Wagner selbst wendet sie in seinen frühen Werken an (*Die Feen*, 1833, *Das Liebesverbot*, 1836, *Der fliegende Holländer*, 1841), aber auch im späten 19. Jh. ist sie anzutreffen (u. a. bei Bizet, *Les pêcheurs de perles*, 1862/63, und Verdi, *La forza del destino*, 1862). Im Zuge der Auflösung der geschlossenen Opernformen erhob Wagner diese Technik zum tragenden musikdramatischen Formungsprinzip. Er konnte dabei an Tendenzen Marschners und Webers anknüpfen, war aber auch von Berlioz, der das Erinnerungsmotiv in die Symphonik einführte (→ Idée fixe, → Programmusik), stark beeinflußt. In der theoretischen Begründung des Verfahrens ist die Durchführungstechnik Beethovens das Vorbild für Wagner: die *neue Form der dramatischen Musik soll die Einheit des Symphoniesatzes aufweisen . . . Diese Einheit gibt sich . . . in einem das ganze Kunstwerk durchziehenden Gewebe von Grundthemen, welche sich, ähnlich wie im Symphoniesatze, gegenüberstehen, ergänzen, neu gestalten, trennen und verbinden: nur daß hier die . . . dramatische Handlung die Gesetze der Scheidungen und Verbindungen gibt* (X, 185). Doch besteht zwischen der konstruktiv-thematischen Arbeit Beethovens und dem mehr assoziativen L.-Verfahren Wagners nur äußerliche Analogie. Geschlossenheit der kleinen und großen Abschnitte hat Wagner durch Anordnung der L.e nach übergeordneten Formprinzipien zu erreichen gesucht; als deren wichtigstes ist von A. Lorenz der → Bar erkannt worden. – Die Kritik an dem Wagnerschen Verfahren betont die Gefahr der Veräußerlichung zum Plakativen: das an seinem Ausdruckscharakter festhaltende L., der Allegorie näher als dem Symbol, *vermittelt als Zeichen geronnene Bedeutung* (Adorno 1946, S. 44) und steht so im Widerspruch zum dynamischen musikalischen Prozeß. – In der Nachfolge Wagners wird die L.-Technik allgemein angewendet (u. a. von Cornelius, Humperdinck, Delius, Blech, Fauré, Pfitzner, R. Strauss, auch Janáček, *Kátja Kabanová*, 1919–21); aber selbst bei intendierter Abkehr vom Musikdrama Wagners wird sie gelegentlich übernommen (Debussy, *Pelléas et Mélisande*, 1902). Von den Komponisten der Neuen Musik nutzt vor allem A. Berg – in Weiterführung des Wagnerschen Verfahrens – die *Möglichkeit, durch Leit- oder, besser gesagt, durch Erinnerungs-Motive Zusammenhänge und Beziehungen herzustellen und damit wieder Einheitlichkeit zu erreichen* (Berg, Wozzeck-Vortrag, in: Redlich, S. 318). Im *Wozzeck* (1922) ist die Formung durch leitmotivische Techniken weitgehend identisch mit den absolut musikalischen Formen der einzelnen Szenen (z. B. 2. Akt, 2. Szene: Fuge über die 3 L.e von Hauptmann, Doktor und Wozzeck). In Schönbergs nachgelassener Oper *Moses und Aron* sind – im Rahmen einer thematisch konzipierten Zwölftontechnik – den zentralen Ideen der Handlung thematisch-motivische Gestalten zugeordnet, deren Intervallanordnung die Grundlage für situationsbedingt charakterisierte Varianten bildet. H. W. Henze verbindet in *Der Prinz von Homburg* (1960) bestimmte Sphären auch verwandte Motivik. – Eine zum bloß Plakathaften abgesunkene L.-Technik kennt die → Filmmusik. – Bedeutend ist der Einfluß des Wagnerschen L.-Verfahrens auf die Literatur. Vor allem Th. Mann hat es in ausdrücklicher Anknüpfung an Wagner als Mittel epischer Gestaltung virtuos angewendet.

Lit.: R. WAGNER, Oper u. Drama (1851), Eine Mitt. an meine Freunde (1851), u. Über d. Anwendung d. Musik auf d. Drama (1879), in: Sämtliche Schriften u. Dichtungen (Volksausg.) III/IV u. IX. Lpz. (1912–14); G. FEDERLEIN, »Das Rheingold« v. R. Wagner. Versuch einer mus. Interpretation, Mus. Wochenblatt II, 1871; DERS., »Die Walküre« . . ., ebenda III, 1872; FR. W. JÄHNS, C. M. v. Weber in seinen Werken, Bln 1871; H. v. WOLZOGEN, Motive in R. Wagners »Siegfried«, Mus. Wochenblatt VII, 1876; DERS., Thematischer Leitfaden durch d. Musik zu R. Wagners Festspiel »Der Ring d. Nibelungen«, Lpz. 1876; DERS., Motive in Wagners »Götterdämmerung«, Mus. Wochenblatt VIII, 1877 – X, 1879; H. ABERT, R. Schumanns Genoveva, ZIMG XI, 1909/10; E. HARASZTI, Le problème de la L., RM IV, 1923; E. BÜCKEN, Der heroische Stil in d. Oper, = Veröff. d. Fürstlichen Inst. f. mw. Forschung zu Bückeburg V, 1, Bückeburg u. Lpz. 1924; A. LORENZ, Das Geheimnis d. Form bei R. Wagner, 4 Bde, Bln 1924–33; G. ABRAHAM, The L. Since Wagner, ML VI, 1925; K. PH. BERNET KEMPERS, Leidmotieven, herinneringsmotieven en grondthemas, Paris u. Amsterdam 1929; A. BERG, Wozzeck-Vortrag (1929), in: H. F. Redlich, A. Berg. Versuch einer Würdigung, Wien u. Zürich 1957, engl. London u. NY 1957; K. WÖRNER, Beitr. zur Gesch. d. L. in d. Oper, Diss. Bln 1931, maschr., Auszug in: ZfMw XIV, 1931/32; DERS., Gotteswort u. Magie. Die Oper »Moses u. Aron« v. A. Schönberg, Heidelberg 1959; R. ENGLÄNDER, Zur Gesch. d. L., ZfMw XIV, 1931/32; M. LAMM, Beitr. zur Entwicklung d. mus. Motivs in d. Tondramen R. Wagners, Diss. Wien 1932, maschr.; L. SABANEJEW, Remarks on the L., ML XIII, 1932; A. SCHERING, Beethoven u. d. Dichtung, = Neue deutsche Forschungen LXXVII, Abt. Mw. III, Bln 1936; TH. MANN, R. Wagner u. D. »Ring d. Nibelungen« (1937), in: R. Wagner u. unsere Zeit, Ffm. (1963); DERS., Einführung in d. »Zauberberg« (1939), in: Der Zauberberg, Ffm. (1959); TH. W. ADORNO, Versuch über Wagner, Bln u. Ffm. 1952, München u. Zürich ²1964; D. DE LA MOTTE, H. W. Henze, Der Prinz v. Homburg, Mainz (1960); G. KNEPLER, Mg. d. 19. Jh. II, Bln 1961; DERS., R. Wagners mus. Gestaltungsprinzipien, Beitr. zur Mw. I, 1963; J. MATTER, La fonction psychologique du l. wagnérien, SMZ CI, 1961; J. MAINKA, Sonatenform, L. u. Charakterbegleitung, Beitr. zur Mw. I, 1963; H. PETRI, Lit. u. Musik. Form- u. Strukturparallelen, = Schriften zur Lit. V, Göttingen (1964).
RB

Leitton (lat. subsemitonium; frz. note sensible; engl. leading note) heißt ein zu einem anderen hinleitender, denselben in der Erwartung anregender Ton, der vorzugsweise einen Halbton unter der Tonika liegt, z. B.

h in C dur. Der Schritt vom L. zum Zielton ist immer eine kleine Sekunde. Der L. kann natürlich (leitereigen) oder künstlich (eingesetzt), steigend oder fallend sein. Seine vorwärtsgerichtete Tendenz ist melodisch durch die geringe Distanz zum folgenden Ton, harmonisch durch die Zugehörigkeit zu einem meist dominantischen Klang zu begründen. – Die Kirchentöne des Mittelalters kennen, abgesehen vom 5. und 6. Modus, den leitereigenen L. als Halbtonschritt von der 7. zur 8. Stufe nicht; die überwiegende Schlußwendung von der 2. zur 1. Stufe ergibt nur im 3. und 4. Modus einen natürlichen L. Dagegen tritt seit dem 13. Jh. der L. regelmäßig in den Schlußwendungen mehrstimmiger Sätze auf. Die Regel, daß hierbei 2 Stimmen (im allgemeinen Tenor und Discantus) in der Folge große Sexte – Oktave (oder kleine Terz – Einklang, kleine Dezime – Oktave) zu setzen sind, ergibt in den meisten Fällen über der fallenden großen Sekunde des Tenors einen steigenden L. des Discantus (mit Ausnahme der »clausula in mi«, bei der der Tenor einen fallenden leitereigenen L. ausführt). Wo dieser L. nicht leitereigen ist, wird er als → Subsemitonium modi nicht durch → Akzidentien vorgeschrieben, sondern muß von den Ausführenden durch → Alteration (– 2) hergestellt werden. Seitdem ist der L. ein grundlegendes Element der Schlußbildung geblieben, nicht nur im Verband der mehrstimmigen → Klausel bis ins 16. Jh., sondern auch in der Folgezeit in der → Kadenz (– 1) der Dur-Moll-Harmonik. Hier ist er als steigender (natürlicher) L. der Halbtonschritt von der 7. zur 8. Stufe (z. B. in C dur h–c), harmonisch entweder Terz der Dominante oder Quinte der Dominantparallele (→ L.-Wechselklang). Als fallender (natürlicher) L. ist er in Moll der Halbtonschritt von der 6. zur 5. Stufe (z. B. in A moll f–e), harmonisch entweder Terz der Subdominante, Quinte des Neapolitanischen Sextakkordes oder kleine None des Dominantseptnonakkordes. Der fallende (natürliche) L. kann in Dur auch als Halbtonschritt von der 4. zur 3. Stufe in Erscheinung treten (z. B. f–e). In diesem Falle ist er entweder die Septime eines Dominantseptakkordes, oder, bei einem phrygischen Schluß, der Halbton über dem Schlußton. Jedes ♯ oder ♭, welches vor einen leiterfremden Ton bringt, führt einen Ton ein, der als L. wirkt und einen Halbtonschritt nach oben (♯) oder unten (♭) erwarten läßt. So wirkt z. B. fis als L. zu g, b als L. zu a. Die Einführung leiterfremder Töne als künstliche Leittöne ermöglicht eine Verbindung zwischen allen Klängen; jeder Klang kann durch Einsetzen von Leittönen (→ Alterierte Akkorde) zielenden, d. h. im erweiterten Sinne dominantischen Charakter bekommen und einen neuen Klang fordern. Indem die künstlichen Leittöne die Dur-Moll-Harmonik erweiterten, führten sie zu deren Auflösung.

Lit.: H. ERPF, Studien zur Harmonie- u. Klangtechnik d. neueren Musik, Lpz. 1927; L. H. SKRBENSKY, L. u. Alteration in d. abendländischen Musik, Diss. Prag 1928, maschr.; J. CLOUGH, The Leading Tone in Direct Chromaticism: From Renaissance to Baroque, Journal of Music Theory I, 1957.

Leittonwechselklang nennt H. Riemann den Klang, der in Dur durch Einsetzen des aufwärtsführenden Leittons zum Tonikagrundton (z. B. h–[c]–e–g; in Dreiklangslage: e–g–h) und in Moll durch Einsetzen des abwärtsführenden Leittons zur Tonikaquinte (z. B. a–c–[e]–f; in Dreiklangslage: f–a–c) entsteht. Entsprechend wird der L. zur Subdominante und zur Dominante gebildet. Die Dreiklänge der 3. Stufe in Dur und der 6. Stufe in Moll stimmen je mit dem L. der Dur- bzw. der Molltonika überein; ihre Bedeutung als L. erhalten sie erst durch den musikalischen Zusammenhang. Innerhalb der Kadenz gilt der L. als Stellvertreter der Tonika; in Moll ist er der eigentliche Trugschlußakkord. Riemann kennzeichnet den L. mit < für den aufsteigenden und > für den absteigenden Leitton (Dur: ℱ; Moll: ℱ). Der L. zählt zu den → Nebendreiklängen; er wird auch als Gegenklang (Maler) oder Gegenparallele (Distler) bezeichnet. Zu unterscheiden ist der L. vom → Parallelklang.

Lit.: H. RIEMANN, Hdb. d. Harmonielehre, Lpz. ⁹1921; W. MALER, Beitr. zur Harmonielehre, 3 H., Lpz. 1931, neubearb. mit G. Bialas u. J. Driessler als: Beitr. zur durmolltonalen Harmonielehre, München u. Lpz. ³1950, München u. Duisburg ⁴1957; H. DISTLER, Funktionelle Harmonielehre, Kassel 1940; E. SEIDEL, Die Harmonielehre H. Riemanns, in: Beitr. zur Musiktheorie d. 19. Jh., hrsg. v. M. Vogel, = Studien zur Mg. d. 19. Jh. IV, Regensburg 1966.

Lektionston → Lesungen.

Leningrad (bis 1914 St. Petersburg, 1914–24 Petrograd).

Lit.: E. ALBRECHT, Abriß d. Gesamttätigkeit d. Petersburger Philharmonischen Ges., St. Petersburg 1884; M. IWANOW, Perwoje desjatiletije postojannowo italjanskowo teatra w Petersburge w XIX. weku, lete 1843–53 (»Das 1. Jahrzehnt d. ständigen ital. Theaters in St. Petersburg im 19. Jh., 1843–53«), ebenda 1893–94; DERS., Proschloje italjanskogo teatra w Petersburge w XIX. weku w wtoroje desjatiletije, 1853–63 (»Chronik d. ital. Theaters in St. Petersburg im 2. Jahrzehnt d. Theaters ...«), ebenda 1893–94; N. FINDEISEN, Gesch. d. St. Petersburger Sektion d. Kaiserlich Russ. Musikges. 1859–1909, ebenda 1909; P. N. STOLPJANSKIJ, Stary Petersburg: musyka i musizirowanije (»Das alte Petersburg: Musik u. Musizieren«), L. 1925; WL. I. BUNIMOWITSCH (Pseudonym: Musalewskij), Starschejschi russkij chor (»Der älteste russ. Chor: zur 225-Jahresfeier d. L.er akad. Kapelle«), L. 1938; Leningradski gossudarstwenny ordena Lenina akademitscheski teatr opery (»Das L.er staatl. akad. S. M. Kirow-Opern- u. Ballett-Theater«), hrsg. v. A. M. BRODSKIJ, L. 1940; R.-A. MOOSER, Opéras, intermezzos, ballets, cantates, oratorios joués en Russie durant le XVIIIe s., Genf 1945, ³1964; DERS., Annales de la musique et des musiciens en Russie au XVIIIe s., 3 Bde, Genf 1948–51; Leningradskije kompozitory, hrsg. v. M. A. GLUCH, Moskau 1950.

lentement (lātmᵃ̃, frz.), langsam; häufig Überschrift des pathetischen Einleitungsteils in der französischen Ouvertüre des 17./18. Jh. → Grave.

Lento (ital., langsam, locker; frz. lent, lentement) ist als Tempovorschrift seit dem frühen 17. Jh. nachweisbar (M. Praetorius, *Polyhymnia caduceatrix*, 1619), wird aber selten verwendet. Die Abgrenzung zu Largo und Adagio ist unsicher; doch scheint im 18. Jh., als sich die Norm durchsetzte, daß ein Largo langsamer als ein Adagio sei, mit L. ein Vortrag gemeint zu sein, der so langsam, wenn auch nicht so gewichtig wie der eines Largo ist. Nach J.-J. Rousseau (1767) ist Lent das französische Analogon zu Largo; Haydns Vorschrift Adagio non l. (Hob. III Nr 4) setzt voraus, daß ein L. langsamer als ein Adagio ist. L. assai (Beethoven, op. 135) bedeutet sehr langsam.

Lesson (l'esn, engl.; frz. leçon, Aufgabe, Lehrstück), in England im 17.–18. Jh. eine Bezeichnung für Instrumentalstücke (hauptsächlich für Tasteninstrumente), die zum Unterricht im Instrumentalspiel herangezogen und oft auch für diesen Zweck – z. B. mit besonderen technischen Schwierigkeiten – komponiert wurden. So wurden auch D. Scarlattis 30 *Essercizi per gravicembalo* in der englischen Ausgabe von Th. Roseingrave (1738) als L.s bezeichnet. Daneben wurden Suitensätze, auch andere Stücke oft L.s genannt, wie in Roseingraves *8 Suits of l.s for the harpsicord or spinnet* (um 1725).

Lesungen (lat. lectiones) sind neben Gesang und Gebet Grundformen liturgischer Feier. In der Messe bilden sie die Sinnmitte des Wortgottesdienstes (→ Epistel, → Evangelium). Im nichteucharistischen Gottesdienst waren sie ursprünglich – zumindest im Gemeindeoffizium – das wichtigste Element, heute sind sie oft nur noch rudimentär vorhanden. Die wichtigste Quelle der liturgischen L. ist die Bibel, daneben – im Stundengebet – Texte der Kirchenväter. Die *Constitutio de sacra Liturgia* (1963) ordnet einen mehrjährigen Zyklus von Schriftlesungen an (Artikel 51) und gestattet den Gebrauch der Volkssprache (Artikel 36 und 54). – Das Bemühen, den Vortrag der L. feierlich auszugestalten, führte zur Entstehung eigener Lektionstöne, d. h. rezitativischer Formeln, deren Ganz- und Teilschlüsse durch Interpunktionszeichen angezeigt werden. → Toni communes.

Lit.: P. WAGNER, Einführung in d. Gregorianischen Melodien III, Lpz. 1921, Nachdruck Hildesheim u. Wiesbaden 1962; G. KUNZE, Die L., in: Leiturgia II, Kassel 1955; J. A. JUNGMANN SJ, Wortgottesdienst, Regensburg 1965.

Lettland.
Ausg. u. Lit.: J. ZALITIS, Lettish Music, in: M. Edelberg, Latvija, Kopenhagen 1934; U. KATZENELLENBOGEN, Anth. of Lithuanian and Latvian Folksongs, Chicago 1935; O. LOORITS, Volkslieder d. Liven, = Verhandlungen d. Gelehrten Estnischen Ges. XXVIII, Reval 1936; J. KARKLIN, Deutsche Volksliedmotive im Liederschatz d. Letten u. Litauer, Diss. Heidelberg 1955, maschr.; L. APKALNS, Die lettische Volksmusik, Anthropos LIV, 1959.

Lexika geben in alphabetisch geordneten Artikeln Auskunft über musikalische Sachbegriffe (Gruppe A: Sach-L.) oder über Leben und Werke von Musikern und Musikgelehrten (Gruppe B: Biographische L.) oder über beide Gebiete (Gruppe C: Universale Musik-L.). Einige L. beschränken sich auf Teilgebiete (Spezial-L.). – In der Antike setzt die gelehrte Lexikographie – ursprünglich Glossarien zur Erklärung ungewöhnlicher Ausdrücke – im 3. Jh. v. Chr. (Alexandrinerzeit) als Zweig der Grammatik ein. Die meisten mittelalterlichen Wortsammlungen (Vocabularia, Dictionaria, Alphabeta u. ä.) fußen auf den *Etymologiae* von → Isidorus von Sevilla († 636), die enzyklopädisch das überlieferte Wissen der Spätantike und seine Terminologie, verbunden mit dem christlichen Gedankengut, nach Sachgruppen geordnet zusammenfassen. Ein Exzerpt aus Isidorus' Abschnitt *De musica* stellt das anonyme *Vocabularium musicum* aus dem 11. Jh. dar (NA von A. de Lafage 1864). Eine für den Schulunterricht bestimmte Wortsammlung von Johannes de Garlandia ist der nach 1218 entstandene *Dictionarius*. Die Wortumschreibungen dieser mittelalterlichen Glossarien stehen an sachlicher und terminologischer Aussagekraft hinter den in den gleichzeitigen Musiktraktaten gegebenen Begriffserklärungen meist zurück. Eines der ersten durch den Buchdruck verbreiteten Universal-L., der *Vocabularius rerum* von Wenzeslaus Brack (Augsburg 1478, bis 1509 etwa 12 Auflagen), ist noch stark von Isidorus abhängig. Er umschreibt etwa 80 lateinische musikalische Ausdrücke, zum Teil auf deutsch, z. B. *Armonia / einhellig lieplich gesang*. Ähnlich angelegt ist das *Novum dictionarii genus* von Erasmus Alberus (Frankfurt am Main 1540). Einzelne terminologische Aufschlüsse geben die lateinisch-nationalsprachlichen Wörterbücher des 15. Jh.

Geistiger Vorfahr der neuzeitlichen musikalischen Sach-L. ist das *Terminorum musicae diffinitorium* von Johannes Tinctoris (gedruckt ohne Angabe von Druckort und -jahr; nach CS IV: zwischen 1471 und 1476 in Treviso, nach Van den Borren: um 1473/74, nach Alessi: um 1495). Er erklärt außer den 22 Tonbenennungen (A LA MI RE usw.) und den 21 möglichen Hexachordmutationen rund 250 musikalische Termini in präzisen Definitionen (z. B.: *Armonia est amoenitas quaedam ex convenienti sono causata*) und bietet erstmals in lexikalischer Anordnung sachliche und terminologische Auskünfte (z. B. über Cantor, Compositor, Musicus, Res facta, Clausula), die eine selbständige Ergänzung zu den musiktheoretischen Schriften der Zeit bilden. In seiner Art blieb das *Diffinitorium* bis ins 18. Jh. eine isoliert dastehende Leistung. – Die Vokabularien und enzyklopädischen Nachschlagewerke des 16. Jh., die auch musikalische Termini enthalten, sind von Coover (1958) zusammengestellt; musikalische Fachwörterbücher aus dem 16. Jh. sind nicht bekannt. – Das Aufkommen neuer italienischer Fachausdrücke rief im 17. Jh. die Gattung der alphabetisch geordneten Appendices hervor, die nach dem Vorbild von M. Praetorius' *Syntagma musicum* III (1619) bis ins 18. Jh. vielen Schulbüchern der Musica practica beigegeben wurden (vgl. Bibliogr., Gruppe E). Aufgabenstellung und Wert dieser Appendices ähneln denen der mittelalterlichen Glossarien. Auch das für den »Anfahenden« bestimmte Kapitel XII: *Von der Erklärung etlicher musicalischer Kunstwörter*, in Fr. E. Niedts *Handleitung zur Variation* II (Hamburg 1706, [2]1721 bearbeitet von J. Mattheson) und die 270 musikalischen *termini* nach dem Alphabet, die J. G. Walther in den I. Teil seiner *Praecepta der musicalischen Composition* (1708) einfügte, gehörten ihrer ursprünglichen Bestimmung nach in den Bereich der musikalischen Elementarlehre, doch sind beide Arbeiten Vorstufen für Walthers Lexikon von 1732. – Eine Vereinigung der bis dahin streng geschiedenen Gattungen des alphabetisch geordneten Diffinitoriums und des fortlaufenden Musiktraktats, somit eine Zwischenstation zur modernen Lexikographie, liegt vor in dem lateinischen *Clavis ad Thesaurum magnae artis musicae* des Prager Magisters und Organisten Th. B. Janowka (Prag 1701). Demgegenüber erwuchs das *Dictionaire de musique* von S. de Brossard (Paris 1703) aus einer Erweiterung des kleinen musikalischen Glossars, das er seiner Solomotettensammlung *Elévations* (1695) vorangestellt hatte. Bezeichnend für die moderne Grundhaltung seines Lexikons ist die Aufmerksamkeit, mit der er die neuen Affekt- und Tempobezeichnungen eingearbeitet hat. Der unausgeführte Plan eines bio-bibliographischen Lexikons (für das Brossards bibliophile Sammlertätigkeit Anregung und Grundlage ergab) fand seinen Niederschlag in dem 3. Appendix des *Dictionaire* mit einem Katalog von über 900 Autoren. Die Fortführung dieser letzteren Arbeit war für J. G. Walther der Ansatzpunkt zu seinem 1732 erschienenen *Musicalischen Lexicon* (Vorabdruck des Buchstabens A 1728). Das Ergebnis seiner umfassenden Bemühungen machte Walther zum Begründer der musikbiographischen Lexikographie, die bis zu E. L. Gerbers biographischem Lexikon 1790/92 Bereicherung nur durch die *Ehrenpforte* (1740) von J. Mattheson erfuhr. Auch in vielen Sachartikeln knüpft Walther an das *Dictionaire* von Brossard an, doch erweiterte er dessen Material erheblich. Sein Lexikon ist eine Synthese der traditionellen Gattungen: Etymologien, Glossar (Appendix), Diffinitorium und Traktat. Doch gemäß der noch in den Artes liberales und der Ars musica wurzelnden Grundkonzeption und entsprechend der umfangreichen exzerpierten Literatur zeigt Walthers Lexikon einen ausgesprochen retrospektiven Zug. Seine Bedeutung liegt beschlossen in der (deutschsprachigen) lexikalischen Zusammenfassung des musikalischen Sachwissens der Barockzeit, das mit dem biographisch-bibliographischen Bericht verbunden ist.

Schon in dem mit T. S. gezeichneten *Beitrag zu einem musicalischen Wörterbuch* (1765) wurde von einem unbekannten Autor auf die *nahe Verwandtschaft der malerischen Kunstwörter mit denen musikalischen* hingewiesen.

Die Übertragung von Maximen der »Schönen Künste« auf die Einzelkünste und ihre Sachbegriffe ist dann einer der Hauptgedanken der *Allgemeinen Theorie der Schönen Künste* (Leipzig 1771–74) von J. G. Sulzer (angeregt von M. Lacombes *Dictionaire portatif des beaux arts*, Paris 1753), deren musikalische Artikel unter Mitarbeit von J. Ph. Kirnberger und J. A. P. Schulz entstanden. Kennzeichen für die in Deutschland von Sulzer angeregte Richtung sind: 1) die Übersetzung fremdsprachlicher Fachausdrücke in die Nationalsprachen, 2) das Schwinden des etymologischen Interesses (die verbliebenen fremdsprachlichen Termini werden zu Chiffren für Sachbegriffe), 3) die allgemeine Neuorientierung der musikalischen Terminologie an dem ästhetischen Regulativ der Schönen Künste. – Bezeichnend für den neuen soziologischen Bereich der musikalischen Lexikographie nach Walther sind die für den »Liebhaber« zugeschnittenen Wörterbücher, voran die schon 1737 von den Gebrüdern Stößel in Chemnitz *für die Liebhaber musicalischer Wissenschaften* herausgegebene gekürzte Bearbeitung von Walthers Lexikon sowie das *für Anfänger in der Musik* bestimmte *Kurzgefaßte musikalische Lexikon* von G. Fr. Wolf (1787). In England entsprechen diesem Zweig das Lexikon von J. Hoyle (1771) und das kleine Sachwörterbuch von J. W. Calcott (1792), in Frankreich das *Dictionaire* von J. J. O. de Meude-Monpas (1787), die auf den vorher in beiden Ländern entstandenen Fachwörterbüchern fußen: 1740 erschien in London, wohl als erstes englisches Musiklexikon, *A Musical Dictionary of Terms* von J. Grassineau, eine selbständige Bearbeitung von Brossards *Dictionaire*, und 1768 in Paris das ursprünglich für die französische Enzyklopädie entworfene *Dictionaire de musique* von J.-J. Rousseau. – Einen Höhepunkt unter den musikalischen Sach-L. bedeutete H. Chr. Kochs *Musikalisches Lexikon* von 1802. Ohne die Verbindung zur Vergangenheit zu lösen, bietet es – speziell im Anschluß an Kochs Kompositionslehre (1782–93) und namentlich in Artikeln wie Periodenbau, Satz, Absatz, Einschnitt – ein hochqualifiziertes Begriffssystem zumal der vor- und frühklassischen Musik- und Satzlehre – in einigen Stücken ein wichtiger Anknüpfungspunkt für H. Riemann. Eine gleichrangige Leistung ist das *Tonkünstler-Lexikon* von E. L. Gerber (in 2 Bänden, 1790–92; 4 Ergänzungsbände 1812–14), das den biographischen Teil von Walthers Lexikon ergänzen und fortführen sollte. Die *Biographie universelle des musiciens et bibliographie générale de la musique* (in 8 Bänden 1835–44) des Belgiers Fr. J. Fétis ist gekennzeichnet durch das Bestreben, über die lexikalische Notiz hinaus zu einer historischen Gesamtschau vorzudringen. Die lexikographischen Schwächen dieses Werkes, die aus der bewundernswerten Alleinautorschaft (zum Teil auch aus den ungenügenden Kommunikationsmitteln seiner Zeit) herrühren, schmälern mitunter seine Zuverlässigkeit, nicht jedoch seine Bedeutung. Ein bibliographisches Auskunftsmittel (→ Bibliographie) mit dem neuartigen Ziel, speziell über musikalische Quellen zu informieren, erstand in R. Eitners *Biographisch-bibliographischem Quellenlexikon* (10 Bände, 1900–04, mit Ergänzungen).

Das wachsende literarische Bedürfnis der Musikliebhaber machte das Musiklexikon im 19. und 20. Jh. zu einem Hauptartikel des musikalischen Büchermarktes. Coover (1958) verzeichnet für die Zeit seit 1800 mehr als 400 Titel (darunter 130 Sach-L.), mit Neuauflagen und Übersetzungen sogar fast 1200. Der durch die einsetzende historische Forschung angeschwollene Stoff führte einerseits zur vielbändigen Musikenzyklopädie (Schilling, Mendel/Reißmann, Grove, Hubbard, Lavignac/La Laurencie u. a.), andererseits zu Spezial-L., unter denen hervorzuheben sind die L. über Instrumente von Sachs, über (katholische) Kirchenmusik von d'Ortigue und von Weißenbäck, über Opern von Clément/Larousse. Führend unter den Musik-L., die Personen und Sachen umfassen, wurde das *Musik-Lexikon* von H. Riemann (seit 1882), das in sich verbindet die Bestimmung auch für den praktischen Musiker und den gebildeten Laien mit hochqualifizierter wissenschaftlicher Information, die der umfassenden musikgeschichtlichen Arbeit und eigenständigen Konzeption Riemanns entsprang. Die große Zahl der Neuauflagen und Übersetzungen bestätigte Riemanns Konzeption des wissenschaftlichen Handlexikons. – Bedeutende Leistungen der modernen musikalischen Lexikographie sind: das seit 1949 unter Mitarbeit in- und ausländischer Musikforscher von Fr. Blume herausgegebene enzyklopädische Werk *Die Musik in Geschichte und Gegenwart*; die Neubearbeitungen von *Grove's Dictionary* durch H. C. Colles (3. und 4. Auflage in 5 Bänden) und Eric Blom (5. Auflage 1954 in 9 Bänden, Ergänzungsband 1961); das *Harvard Dictionary of Music* (seit 1944) von W. Apel und im spanischen Bereich das *Diccionario de la música Labor* von H. Anglès und J. Pena (1954). In Deutschland gewann Bedeutung als praktisches Nachschlagewerk H. J. Mosers *Musik-Lexikon* (seit 1933/35). Das Liebhaberlexikon erhielt in letzter Zeit neue Impulse durch Publikationen in enzyklopädischen Taschenbuchreihen, z. B. von R. Illing (Penguin-Books) und von R. Stephan (mit C. Dahlhaus, Fischer-Bücherei). – Als ein Spezialexikon wurde ein Handwörterbuch der musikalischen → Terminologie von W. Gurlitt seit 1950 geplant, dessen Durchführung im Rahmen der Musikgeschichtlichen Kommission der Akademie der Wissenschaften und der Literatur (Sitz Mainz) seit 1965 in den Händen von H. H. Eggebrecht liegt. Ein Unternehmen zur Erforschung der lateinischen musikalischen Fachsprache des Mittelalters ist das auf Anregung von W. Bulst (Heidelberg) und Thr. G. Georgiades (München) 1960 gegründete *Lexicon Musicum Latinum* der Musikhistorischen Kommission der Bayerischen Akademie der Wissenschaften, das das Musikschrifttum von der Spätantike bis ins 12. Jh. mit Hilfe der elektronischen Datenverarbeitung aufnimmt und auswertet (→ Dokumentation). Eines der größten lexikalischen Unternehmen überhaupt ist RISM, das von der Internationalen Gesellschaft für Musikwissenschaft und der Internationalen Vereinigung der Musikbibliotheken herausgegebene *Internationale Quellenlexikon der Musik* (erste Publikationen seit 1960), das sich zur Aufgabe gemacht hat, sämtliche musikalischen Quellen systematisch zu erfassen.

Bibliogr. (chronologisch, bis 1800 vollständig):
Gruppe A: Sach-L. (Glossare, Vokabularien u. terminologische Appendices siehe Gruppe E): J. TINCTORIS, Terminorum musicae diffinitorium, o. O., o. J., gedruckt in Treviso um 1471/76 (nach CS IV) oder um 1473/74 (nach van den Borren) oder um 1495 (nach Alessi), Ms. Brüssel mit Textvarianten, NA (nach d. Druck) v. J. N. Forkel, Allgemeine Litteratur d. Musik, Lpz. 1792, danach bei P. Lichtenthal, Dizionario ... III, Mailand 1826, auch im Anh. d. engl. Ausg. v. Hamilton's Celebrated Dictionary, NA mit deutscher Übers. u. Anm. v. H. Bellermann in: Jb. f. mus. Wiss. I, 1863, NA (nach d. Ms. Brüssel) v. E. de Coussemaker, in: J. Tinctoris, Tractatus de musica, Lille 1875, u. in: CS IV, NA (nach Druck u. Ms.) mit frz. Übers. v. A. Machabey, Paris 1951; TH. B. JANOWKA, Clavis ad Thesaurum magnae artis musicae ..., Prag 1701; S. DE BROSSARD, Diction(n)aire de musique ..., Paris 1703 (vgl. aber Coover Nr 145), ²1705, ³1718, Nachdruck mit Zusätzen Amsterdam (Roger) o. J., ²o. J., ebenda (Mortier) o. J., Nachdruck d. Ausg. v. 1703, ebenda 1964; J. GRASSINEAU, A Mus. Dictionary of Terms (nach Brossard), London 1740, hrsg. v. J. Robson mit Anh. aus Rousseaus Dictionnaire

²1769, bearb. v. J. C. Heck, hrsg. v. T. Williams ³1784; »T. S.«, Beitr. zu einem mus. Wörterbuch, in: Berlinisches Magazin I, 1765, Nachdruck in: J. A. Hiller, Wöchentliche Nachrichten ... II–III, Lpz. 1767–69; J.-J. ROUSSEAU, Dictionnaire de musique, Genf 1767(?), Paris 1768, 1775, 1791, 1801 u. 1825, Amsterdam 1768, 1769 u. 1772, Genf 1781, auch in: GA London 1776 u. Zweibrücken 1782, engl. Übers. v. W. Waring, London 1770, ²1779, d. I. Bd f. d. Encyclopédie méthodique par ordre des matières hrsg. v. P. L. Ginguené mit N. E. Framery, Paris 1791, d. II. Bd bearb. v. J. J. de Momigny, Paris 1818; J. HOYLE, Dictionarium musica [sic!] ... (nach Grassineau), London 1771, ²1790; J. G. SULZER, Allgemeine Theorie d. Schönen Künste in einzeln, nach alphabetischer Ordnung d. Kunstwörter auf einander folgenden Artikeln abgehandelt, 2 Bde, Lpz. 1771–74, Nachdruck v. Heilmann, Biel 1777, Lpz. ²1778–79 (2. verbesserte Auflage, mit kaiserlichem Privileg v. 13. April 1772), in 4 Bden als neue vermehrte Auflage mit bibliogr. Anm. hrsg. v. Fr. v. Blankenburg ³1786–87, als neue vermehrte 2. Auflage mit neuen Anm. ⁴1792–94, sämtliche Zusätze auch separat als: Fr. v. Blankenburg, Litterarische Zusätze zu J. G. Sulzers allgemeiner Theorie d. schönen Künste ..., 3 Bde, Lpz. 1796–98, ein literarisches Jb. ohne mus. Beitr. sind d. »Nachträge« v. J. G. Dyk u. G. Schatz, Charaktere d. vornehmsten Dichter aller Nationen ..., 8 Bde, Lpz. 1792–1808; J. N. FORKEL, Genauere Bestimmung einiger mus. Begriffe. Eine Einladungsschrift (enthält d. Artikel: Musik, Musikus, Direktion einer Musik, Concert), Göttingen 1780, Nachdruck in: C. Fr. Cramer, Magazin f. Musik, I. Jg., Hbg 1783, S. 1039–1072; J. G. L. WILKE, Mus. Handwörterbuch, Weimar 1786; J. J. O. DE MEUDE-MONPAS, Dictionnaire de musique, Paris 1787; J. W. CALCOTT, Explanation of the Notes, Marks, Words etc. Used in Music, London 1792; DERS., Ms. eines (ungedruckten) Lexikons, 2 Bde, 1798, London (Brit. Mus. Add. 27649–50); Kurzgefaßtes Handwörterbuch über d. Schönen Künste, Von einer Ges. v. Gelehrten, 4 Bde, Lpz. 1795 (mus. Artikel v. Fr. A. Baumbach); J. VERSCHUERE-REYNVAAN, Muzykaal konst-woordenboek, I. Bd (A–M), Amsterdam 1795; J. H. KNECHT, Kleines alphabetisches Wörterbuch d. vornehmsten u. interessantesten Artikel aus d. mus. Theorie, Ulm 1795; C. ENVALLSON, Svensk mus. lexikon, Stockholm 1802; H. CHR. KOCH, Mus. Lexikon, 2 Bde, Ffm. 1802, Offenbach o. J., Heidelberg 1817, gekürzte Bearb. als Kurzgefaßtes Handwörterbuch ..., Lpz. 1807, Ulm ²1828, eine 2. durchaus umgearbeitete u. vermehrte Auflage (Verkürzung d. Artikel, Vermehrung ihrer Zahl) unter d. Titel: A. v. Dommer, Mus. Lexicon auf Grundlage d. Lexicon's v. H. Chr. Koch, Heidelberg 1865 (in Lieferungen seit 1864); FR.-H.-J. CASTIL-BLAZE, Dictionnaire de musique moderne, 2 Bde, Paris 1821, ⁵1825, verkürzter Nachdruck hrsg. v. J. H. Mees, Brüssel 1828; J. E. HÄUSER, Mus. Lexikon, Meißen 1828, ²1833; C. GOLLMICK, Kritische Terminologie, Ffm. 1833, ²1839; J. A. HAMILTON, Dictionary of Mus. Terms, London 1839, als: A Dictionary of two thousand ... terms ..., NY 1842, als: Hamilton's Celebrated Dictionary ..., hrsg. v. J. Bishop (im Anh. Tinctoris' Diffinitorium), London 1849, weitere Auflagen bis etwa 1894; L. u. M. ESCUDIER, Dictionnaire de musique d'après les théoriciens, 2 Bde, Paris 1844, ²1854, ⁵1872; P. FRANK (= C. W. Merseburger) vgl. Gruppe C; A. BARBERI, Dizionario enciclopedico universale dei termini tecnici della musica antica e moderna ..., 3 Bde, Mailand 1870–74; J. STAINER u. W. A. BARRETT, A Dictionary of Mus. Terms, Boston u. NY 1876, London u. NY ⁵1898; FR. NIECKS, A Concise Dictionary of Mus. Terms, London 1884, ²1884 [sic!], ⁵1900; F. PEDRELL, Diccionario técnico de la música, Barcelona 1894; TH. BAKER, A Dictionary of Mus. Terms, NY 1895, ²⁵1929; J. PULVER, A Dictionary of Mus. Terms, London 1913; H. J. MOSER, Mus. Wörterbuch, = Teubners kleine Fachwörterbücher XII, Lpz. u. Bln 1923; M. BRENET, Dictionnaire pratique et hist. de la musique, posthum hrsg. u. ergänzt v. A. Gastoué, Paris 1926, ²1930, span. v. A. Barberá u. a. als: Diccionario de la música hist. y técnico, Barcelona 1946; K. GERSTBERGER, Kleines Hdb. d. Musik, Kassel 1932, ³1933, erweitert ⁴1937, ⁵1949; W. APEL, Harvard Dictionary of Music, Cambridge (Mass.) 1944, ⁷1951, ⁸1953; R. STEPHAN (mit C. Dahlhaus), Musik, = Das Fischer Lexikon V, Ffm. 1957ff.; E. THIEL, Sachwörterbuch d. Musik, = Kröners Taschenausg. 210, Stuttgart 1962.

Gruppe B: Biogr. L. (Auswahl-L., zeitlich oder nach Gebieten, siehe Gruppe D): J. MATTHESON, Grundlage einer Ehren-Pforte ..., Hbg 1740, NA v. M. Schneider, Bln 1910; J. A. HILLER, Lebensbeschreibungen berühmter Musikgelehrter u. Tonkünstler, Lpz. 1784; E. L. GERBER, Hist.-biogr. Lexikon d. Tonkünstler, 2 Bde, Lpz. 1790–92, Nachträge v. J. Fr. Reichardt in: Mus. Wochenblatt (1792) u. in: Mus. Monatshefte (1793), v. E. Fl. Fr. Chladni in: H. Chr. Koch, Journal d. Tonkunst, H. 2 (1795), S. 191ff., v. Fr. S. Kandler in: Über Leben u. Werke d. G. P. da Palestrina, Lpz. 1834 (Anhang); DERS., Neues hist.-biogr. Lexikon d. Tonkünstler, 4 Bde, Lpz. 1812–14, frz. Bearb. v. A. E. Choron u. Fr. J. M. Fayolle als: Dictionnaire hist. des musiciens, 2 Bde, Paris 1810–11, ²1817, engl. London 1824, ²1827; G. BERTINI, Dizionario storico-critico degli scrittori di musica, 4 Bde, Palermo 1814–15; FR.-J. FÉTIS, Biogr. universelle des musiciens et bibliogr. générale de la musique, 8 Bde, Brüssel, Mainz u. Paris 1835–44, Mainz ²1861, Paris ²1860–65, ³1866–68, 2 Nachtragsbde v. A. Pougin, Paris 1878–81, auch Paris Bd I ²1883, II–VIII ²1878, 2 Suppl.-Bde ²1881, Nachdruck d. 2. u. letzten Auflage in 10 Bden, Brüssel 1963, ital. v. E. Favilli als: Il piccolo Fétis, Piacenza 1925; P. FRANK (= C. W. Merseburger) vgl. Gruppe C; C. SCHMIDL, Dizionario universale dei musicisti, Mailand 1890, ²1926–29, NA mit 3. (Suppl.-)Bd 1937–38; R. EITNER, Biogr.-bibliogr. Quellen-Lexikon, 10 Bde, Lpz. 1900–04, NA (mit allen Nachträgen) NY 1947, Graz 1959, Nachträge: I. Beilage zu MfM XXXVI, 1904, H. 1 nach S. 16, II. Beilage im Anh. v. Bd X, III. Beilage zu MfM XXXVI, 1904, H. 11, nach S. 194, IV. Beilage zu MfM XXXVII, 1905, H. 1 nach S. 16 (S. 17–59 doppelt!), Miscellanea Musicae Bio-bibliographica, hrsg. v. H. Springer, M. Schneider u. W. Wollfheim, Lpz. 1913–16 (3 Jg., je 4 H.), R. Jauernig in: Mf VI, 1953; TH. BAKER, Biogr. Dictionary of Musicians, NY 1900, London 1901, NY ²1905 (mit Suppl.), bearb. v. A. Remy ³1919, hrsg. v. D. G. Reese ⁴1940, bearb. v. N. Slonimsky ⁵1958, ⁶1965; J. RICART MATAS, Diccionario biogr. de la música, Barcelona 1956; Musikkens Hvem Hvad Hvor, Biografier, 2 Bde, hrsg. v. L. E. BRAMSEN JR., Kopenhagen 1961.

Gruppe C: Universal-L.: J. G. WALTHER, Musicalisches Lexicon ..., Lpz. 1732, Faks. hrsg. v. R. Schaal, = DMI I, 3, 1953, verkürzter Nachdruck als: Kurtzgefaßtes Musicalisches Lexicon, hrsg. v. J. CHR u. J. STÖSSEL, Chemnitz 1737, ²1749; G. FR. WOLF, Kurzgefaßtes mus. Lexikon (nach Walther u. Sulzer), Halle 1787, vermehrt ²1792, vermehrt nach Koch ³1806, Nachdruck d. 1. Auflage Wien 1800, dänisch Kopenhagen 1813; ANON., Universal Dictionary of Music (Th. Busby u. K. Fr. Abel?), London 1786, nur wenige Lieferungen erschienen; TH. BUSBY, A Complete Dictionary of Music, London 1801, bearb. v. J. A. Hamilton ²1810, ⁵1823; P. GIANELLI, Dizionario della musica sacra e profana, 3 Bde, Venedig 1801, in 7 Bden ²1820, ³1830; P. LICHTENTHAL, Dizionario e bibliogr. della musica, 4 Bde, Mailand 1826, frz. v. D. Mondo, Paris 1839; G. SCHILLING, Encyclopädie d. gesammten mus. Wiss., oder Universal-Lexicon d. Tonkunst, 6 Bde, Stuttgart 1835–38, NA mit Suppl.-Bd 1840–42, verkürzt in einem Bd hrsg. v. F. S. Gassner, Stuttgart 1849; J. F. G. SCHUBERTH, Mus. Handbüchlein ..., Hbg (³1848), Lpz. (⁴1850), bearb. v. R. Musiól als: J. Schubert's mus. Conversations-Lexicon (¹⁰1877), bearb. v. E. Breslaur mit Suppl. v. B. Vogel (¹¹1894), engl. Übers. nach d. 4. Auflage, Lpz. o. J. (vgl. Coover Nr 1031); J. W. MOORE, Complete Encyclopedia of Music, Boston 1852, ³1880; J. SCHLADEBACH (verließ d. Unternehmen bereits 1855), Fr. Liszt, H. Marschner, C. G. Reissiger u. L. Spohr, Neues Universal-Lexikon d. Tonkunst, Dresden, Bln, Wien 1855, ab Bd II hrsg. v. E. BERNSDORF, III Offenbach 1861, Suppl. 1865; P. FRANK (= C. W. Merseburger), Taschenbüchlein d. Musikers, 2 Bde (I Sachen, II Kleines Tonkünstlerlexikon), Lpz. 1858–60, seit 1926 bearb. v. W. Altmann, I ³¹¹1943, II Regensburg ¹⁴1936, I nld. Übers. Groningen 1877, ²1909; C. J. MELCIOR, Diccionario enciclopédico de la música, Lerida 1859; J. L. HÖIJER, Musik-Lexicon, Stockholm 1864, Suppl. 1867; J. PARADA Y BARRETTO, Diccionario técnico, hist. y biogr. de la música, Madrid 1868; A. BARBERI u. G. B. BERETTA (mit C. Malossi), Dizionario artistico-scientifico-tecnologico mus., 3 Bde, Mailand 1869–72; H. MENDEL, Mus. Conversations-Lexicon, 11 Bde (ab Bd VII hrsg. v. A. Reißmann), Bln u. NY 1870–79, ²1880–82, Suppl. Bln 1883; O.

Lexika

PAUL, Handlexikon d. Tonkunst, 2 Bde, Lpz. 1870–73, ²1873; G. GROVE, A Dictionary of Music and Musicians, 4 Bde, London u. NY 1878–79, 1890 u. ö., Suppl. 1889 u. ²1904–10 in 5 Bden bearb. v. J. A. Fuller-Maitland, ³1927 u. ⁴1940 (mit Suppl.-Bd) bearb. v. H. C. Colles, ⁵1954 in 9 Bden bearb. v. E. Blom, Suppl. 1961, American Suppl. . . ., hrsg. v. W. S. Pratt, NY 1920, ²1928; H. A. VIOTTA, Lexicon d. toonkunst, 3 Bde, Amsterdam 1881–85; H. RIEMANN, Musik-Lexikon, Lpz. 1882, ²1884 (beide Auflagen in d. Reihe Meyer's Fachl.), ³1887, ⁴1894, ⁵1900, ⁶1905, ⁷1909, Bln ⁸1916, hrsg. v. A. Einstein ⁹1919, ¹⁰1922, in 2 Bden bearb. v. A. Einstein ¹¹1929, ¹²ᵃ1939 hrsg. v. J. Müller-Blattau (nur 3 Lieferungen erschienen, A–Bra), ¹²1959–67 (3 Bde) hrsg. v. W. Gurlitt (Personenteil) u. H. H. Eggebrecht (Sachteil), engl. v. J. D. Shedlock, London 1893–97, London u. Philadelphia 1899, London ²1902, ³1905, ⁴1908, frz. v. G. Humbert, Paris 1895–1902, ²1913, bearb. v. A. Schaeffner ³1931, russ. Übers. u. Bearb. als: Musykalny słowar, übers. v. B. Jurgenson, hrsg. v. Y. D. Engel, Moskau 1901–04, dänisch v. H. V. Schytte, als: Nordisk Musik-Lexikon, Kopenhagen 1888–92, Suppl. 1906; J. D. CHAMPLIN u. W. F. APTHORN, Cyclopedia of Music and Musicians, 3 Bde, NY 1888–90; T. NORLIND, Allmänt musiklexikon, 2 Bde, Stockholm 1912–16, ²1927–28; H. PANUM u. W. BEHREND, Illustreret Musiklexikon, Kopenhagen 1924–26, ²1929, ³1940; W. S. PRATT, The New Encyclopedia of Music and Musicians, NY 1924, ²1929; A. DELLA CORTE u. G. M. GATTI, Dizionario di musica, Turin 1926, ⁴1952, ⁷1963; H. ABERT (mit Fr. Blume, R. Gerber, H. Hoffmann u. Th. Schwartzkopff), Illustriertes Musik-Lexikon, Stuttgart 1927; A. A. TORRELLAS u. J. PAHISSA, Diccionario de la música ilustrado, 2 Bde, Barcelona 1927–29, Neubearb. v. A. A. Torrellas als: Diccionario enciclopédico de la música, 3 Bde, 1947–52; B SZABOLSCI u. A. v. TÓTH, Zenei lexikon, 2 Bde, Budapest 1930–31; H. J. MOSER, Musik-Lexikon, Bln 1933–35, ²1943, Hbg ³1951, Suppl. 1953, ⁴1955 (2 Bde), Suppl. 1958, NA mit Suppl.-Bd 1963; P. A. SCHOLES, The Oxford Companion to Music, London u. NY 1938, ⁸1954, ⁹1955; O. THOMPSON, The International Cyclopedia of Music and Musicians, NY 1939, seit ⁴1946 hrsg. v. N. Slonimsky, ⁷1956, London u. NY ⁹1964; E. BÜCKEN, Wörterbuch d. Musik, = Slg Dieterich XX, Lpz. 1941, bearb. v. Fr. Stege, Wiesbaden ²1953; R. TSCHIERPE, Kleines Musiklexikon, Hbg 1946, ³1949, ⁴1951; E. BLOM, Everyman's Dictionary of Music, London 1947, ²1954; Die Musik in Gesch. u. Gegenwart. Allgemeine Enzyklopädie d. Musik, hrsg. v. FR. BLUME, Kassel 1949ff.; R. ILLING, A Dictionary of Music, = Penguin Reference Books, London 1950, ²1951, ³1953; H. ANGLÈS u. J. PENA, Diccionario de la música Labor, 2 Bde, Barcelona 1954; H. EPPSTEIN, Tonkonsten, 2 Bde, Stockholm 1955–57; N. DUFOURCQ, Larousse de la musique, 2 Bde, Paris 1957; FR. MICHEL, FR. LESURE u. VL. FÉDOROV, Encyclopédie de la musique, 3 Bde, Paris 1958–61; CL. SARTORI, Enciclopedia della musica, 4 Bde, Mailand 1963–64; La Musica, hrsg. v. G. M. GATTI u. A. BASSO, Teil I (Enciclopedia stor.), 4 Bde, Teil II (Dizionario), 2 Bde, Turin 1966; H. SEEGER, Musiklexikon, 2 Bde, Lpz. 1966.

Gruppe D: Spezial-L.: L. ALLACCI, Drammaturgia . . ., divisa in sette indici (Opern), Rom 1666, dass., . . . accresciuta e continuata fino all'1755, Venedig 1755; M. H. SCHACHT, Musicus Danicus eller Danske Sangmester, Ms. Kopenhagen (Königliche Bibl.) v. 1687, hrsg. v. G. Skjerne, Kopenhagen 1928 (im 1. Bd des 4bändigen Werks eine v. Gerber benutzte Liste dänischer Musiker; G. MEUSEL, Teutsches Künstlerlexikon . . ., 2 Bde, Lemgo 1778–89; F. J. LIPOWSKY, Baierisches Musik-Lexikon, München 1811; H. M. BERTON, Traité complet sur l'harmonie . . . par ordre d'un dictionnaire, Paris 1815; J. B. DLABACZ, Allgemeines hist. Künstler-Lexikon f. Böhmen u. zum Theil auch f. Mähren u. Schlesien, 3 Bde, Prag 1815–18; C. GARDETON, Bibliogr. mus. de France et de l'étranger, Paris 1822; L.-FR. BEFFARA: d. in vielen Bibliogr. zitierten vielbändigen Lexikon-Mss. sind 1871 beim Brand d. Pariser Rathauses zerstört worden; G. SCHILLING, Das mus. Europa, Speyer 1842; K. KOSSMALY, Schlesisches Tonkünstler-Lexikon, 4 Bde, Breslau 1846–47; J. L. D'ORTIGUE, Dictionnaire de plain-chant et de musique d'église, Petit-Montrouge 1853, als: Dictionnaire liturgique, hist. et théorique de plain-chant et de musique religieuse, Paris 1854, ²1860; W. SOWIŃSKI, Les musiciens polonais et slaves, anciens et modernes, Paris 1857, polnisch u. erweitert als: Słownik muzyków polskich, dawnych i nowoczesnych . . ., Paris 1874; C. v. LEDEBUR, Tonkünstler-Lexikon Berlin's . . ., Bln 1861, NA Tutzing 1965; E. G. J. GRÉGOIR, Galerie biogr. des artistes musiciens belges du XVIIIᵉ et du XIXᵉ s., Brüssel 1862, vermehrt als: Les artistes . . ., 1885, Suppl. 1887 u. 1890; F. CLÉMENT u. P. LAROUSSE, Dictionnaire lyrique, ou hist. des opéras, Paris 1867 (mit 1. Suppl., 2.–4. Suppl. 1873–80), ²1882, ³1897, ⁴1905 (Suppl. bearb. v. A. Pougin); U. KORNMÜLLER, Lexikon d. kirchlichen Tonkunst, Brixen 1870, erweitert in 2 Bden, Regensburg 1891–95; J. S. MAYR, Biogr. di scrittori e artisti mus. bergamaschi nativi ed oriundi . . ., hrsg. v. A. Alessandri, Bergamo 1875; A. F. W. FISCHER, Kirchenlieder-Lexikon, 2 Bde (u. Suppl.), Gotha 1878–86; H. RIEMANN, Opern-Hdb., Lpz. 1881–87, Suppl. I u. II 1887 u. 1893; P. DE WIT, Internationales Hand- u. Adressbuch f. d. gesamte Musikinstrumentenbranche, Lpz. 1883, ab 1890: Weltadressbuch d. gesamten Musikinstrumentenindustrie, zuletzt in 2 Bden, I 1929/30, II 1926/27; S. KÜMMERLE, Encyclopädie d. ev. Kirchenmusik, 4 Bde, Gütersloh 1888–95 (in Lieferungen ab 1883); A. S. FAMINTZIN, (Russ. Musiklexikon), unvollendetes Ms., Leningrad (Öffentliche Bibl.); J. JULIAN, A Dictionary of Hymnology, London 1891, ²1907, ³1925; F. PEDRELL, Diccionario biogr. y bibliogr. de músicos y escritores de música españoles, portugueses é hispano-americanos . . ., Barcelona 1894–97 (nur A–Ga); D. BAPTIE, Mus. Scotland, Past and Present, Being a Dictionary of Scottish Musicians, Paisley 1894; DERS., Sketches of the Engl. Glee Composers (1735–1866), London 1895; G. DESRAT, Dictionnaire de la danse, Paris 1895; F. M. PADELFORD, Old Engl. Mus. Terms, = Bonner Beitr. zur Anglistik IV, Bonn 1899; E. VIEIRA, Diccionario biogr. de músicos portugueses, 2 Bde, Lissabon 1900; C. DASSORI, Opere e operisti . . . (3628 autori, opere 15406), Genua 1903; J. R. DE LIHORI, La música en Valencia. Diccionario biogr. y crítico, Valencia 1903; W. L. v. LÜTGENDORFF, Gesch. d. Geigen- u. Lautenmacher . . ., Ffm. 1904, ²1913 (2 Bde), ⁵ᵘ·⁶1922 (Lexikon im 2. Bd); R. EITNER, Buch- u. Musikalien-Händler . . ., Beilage zu MfM XXXVI, 1904 – XXXVII, 1905, sowie Nachtragslieferung; W. NEUMANN, Lexikon baltischer Tonkünstler, Riga 1909; J. POUEIGH, Musiciens frç. d'aujourd'hui, Paris 1910, ²1921; J. H. LETZER, Muzikaal Nederland 1850 bis 1910, Utrecht 1911, ²1913; C. SACHS, Real-Lexikon d. Musikinstr., Bln 1913, Nachdruck Hildesheim 1962 u. (= Olms Paperback III) 1964; A. DE ANGELIS, L'Italia mus. d'oggi. Dizionario dei musicisti, Rom 1918, ²1922 (erweitert), ³1928 (mit Suppl.); J. PULVER, A Dictionary of Old Engl. Music and Mus. Instr., London 1923; DERS., A Biogr. Dictionary of Old Engl. Music, London 1927; H. POIDRAS, Dictionnaire des luthiers . . ., 2 Bde, Rouen 1924–29, ²1932, engl. als: Critical and Documentary Dictionary of Violin Makers, Reading 1928; A. EAGLEFIELD-HULL, A Dictionary of Modern Music and Musicians, London 1924, deutsch v. A. Einstein als: Das neue Musiklexikon, Bln 1926; H. u. O. O. OLSEN, Svenska kyrkomusici, biografisk uppslagsbok, Stockholm 1928, ²1936 (vermehrt); E. REFARDT, Hist.-biogr. Musikerlexikon d. Schweiz, Lpz. u. Zürich 1928; DERS., 2. Bd (Musikerlexikon) in: W. Schuh, Schweizer Musikbuch, Zürich 1939–40; M. H. SCHACHT (ed. G. Skjerne 1928), s. o. (1687); E. H. MÜLLER (= E. H. Müller v. Asow), Deutsches Musiker-Lexikon, Dresden 1929, neubearb. als: Kürschners Deutscher Musiker-Kalender, Bln 1954; W. W. COBBETT, Cyclopedic Survey of Chamber Music, 2 Bde, London 1929–30; R. VANNES, Essai d'un dictionnaire universel des luthiers, Paris 1932, in 2 Bden Brüssel ²1951–58; C. ELIS, Orgelwörterbuch, Kassel 1933, ²1938, ³1949; R. D. DARREL, The Gramophone Shop Encyclopedia of Recorded Music, NY 1936, ³1948; A. WEISSENBÄCK, Sacra musica. Lexikon d. kath. Kirchenmusik, Klosterneuburg 1937; G. ČERNUŠÁK u. VL. HELFERT, Pazdírkův hudební slovník naučný (»Universalhdb. d. tschechischen Musiklit.«), 2 Bde, Brünn 1937 (unvollendet); N. SLONIMSKY, Music Since 1900 (enthält: Concise Biogr. Dictionary of Twentieth-Cent. Musicians u. Ergänzungen zu d. L. v. Riemann, Eaglefield-Hull u. Moser), NY 1937, ²1938, ³1949 (erweitert); A. VODARSKY-SHIRAEFF, Russian Composers and Musicians, NY 1940; Bio-Bibliogr. Index of Musicians in the United States Since Colonial Times, hrsg. v. H. B. DILLARD, Washington (D. C.) 1941, ²1956; O. THOMPSON, Great Modern Composers, NY 1941; A. LOEWENBERG, Annals of Opera 1597–1940, Cambridge u.

NY 1943, in 2 Bden hrsg. v. Fr. Walker, Genf ²1955; Suomen säveltäjiä (90 finnische Komponisten), Helsingfors 1945; R. VANNES u. A. SOURIS, Dictionnaire des musiciens belges, Brüssel 1947; H. BARLOW u. S. MORGENSTERN, A Dictionary of Mus. Themes, NY 1948, London 1949, NA London 1963; DIES., A Dictionary of Vocal Themes, NY 1950, London 1956, NA London 1963; G. SALESKI, Famous Musicians of Jewish Origin, NY 1949; A. CHYBIŃSKI, Słownik muzyków dawnej Polski do roku 1800 (»Lexikon d. Musiker im alten Polen bis 1800«), in: Kwartalnik Muzyczny, N. F. VI, 1948 – VII, 1949, separat Krakau 1949; F. F. CLOUGH u. G. J. CUMING, The World's Encyclopedia of Recorded Music, London 1953 (mit 1. Suppl. bis 1951), 3. Suppl. 1957; C. HOPKINSON, A Dictionary of Parisian Music Publishers 1700–1950, London 1954; CH. HUMPHRIES u. W. C. SMITH, Music Publishing in the British Isles from the Earliest Time to the Middle of the 19th Cent., London 1954; FR. J. EWENS, Lexikon d. Chorwesens, Mönchengladbach 1954, erweitert ²1960; FR. J. HIRT, Meisterwerke d. Klavierbaus. Gesch. d. Saitenkl. v. 1440 bis 1880 (im V. Teil: Biogr. Notizen), Olten 1955; D. H. BOALCH, Makers of the Harpsichord and Clavichord 1440 to 1840, London 1956; B. SCHÄFFER, Almanach polskich kompozytorów współczesnych oraz rzut oka na ich twórczość (»Almanach d. zeitgenössischen polnischen Komponisten ...«), Krakau 1956; Leksykon kompozytorów XX wieku, hrsg. v. DEMS. u. a., 2 Bde, Krakau 1963–65; ST. LONGSTREET u. A. M. DAUER, Knaurs Jazzlexikon, München u. Zürich 1957; Sowjetskie kompository, hrsg. v. G. BERNANDT u. A. DOLSCHANSKIJ, Moskau 1957; A. J. BALCAR, Knaurs Ballettlexikon, München u. Zürich 1958; K. FR. PRIEBERG, Lexikon d. Neuen Musik, Freiburg i. Br. u. München 1958; CL. SARTORI, Dizionario degli editori mus. ital., = Bibl. di bibliogr. ital. XXXII, Florenz 1958; Komponisten u. Musikwissenschaftler d. DDR, Bln 1959; Internationales Quellenlexikon d. Musik (RISM), München, Duisburg u. Kassel 1960ff.; H. H. CARTER, A Dictionary of Middle Engl. Mus. Terms, = Indiana Univ. Humanities Series XLV, Bloomington (1961); Česko slovenský hudební slovník, hrsg. v. GR. B. ČERNUŠÁK, B. ŠTĚDROŇ u. ZD. NOVÁČEK, 2 Bde, Prag 1963–65; H. BENNWITZ, Interpretenlexikon d. Instrumentalmusik, = Slg Dalp XCIII, Bern u. München 1964; J. T. BŁASZCZYK, Dyrygenci polscy i obcy w Polsce działający w XIX i XX wieku (»Polnische u. ausländische Dirigenten, die im 19. u. 20. Jh. in Polen wirkten«), Krakau (1964); Słownik muzyków polskich (»Lexikon d. polnischen Musiker«), hrsg. v. J. CHOMIŃSKI, Bd I, Krakau (1964); S. MARCUSE, Mus. Instr., A Comprehensive Dictionary, Garden City (N. Y.) 1964; Compozitori şi muzicologi români, hrsg. v. V. COSMA, Bukarest 1965.
Gruppe E: Glossare, Vokabularien u. terminologische Appendices (d. hier nicht angegebenen Titel sind unter d. Namen d. Verfassers im Personenteil zu finden): ANON., Vocabularium musicum (11. Jh.), hrsg. v. A. de Lafage, Essais de diphtérographie mus., Paris 1864, Bd I, Nr 57, Nachdruck Amsterdam 1964; J. DE GARLANDIA, Dictionarius (nach 1218), hrsg. v. A. Scheler, Lexicographie lat. du XIIe et du XIIIe s., Jb. f. romanische u. engl. Lit. VI, 1865, separat Lpz. 1867, weitere Ed. vgl. E. Habel; E. ALBERUS, Novum Dictionarii genus, Ffm. 1540; M. PRAETORIUS 1619; N. GENGENBACH 1626; CHR. DEMANTIUS (1602), ⁸1632; A. PROFE 1641; J. A. HERBST 1642; J. M. CORVINUS 1646; N. ZERLEDER 1658; G. FALCK 1688; J. C. LANGE 1688; J. G. AHLE 1690; J. S. BEYER 1703; J. FR. E. NIEDT 1706; J. G. WALTHER, Praecepta ..., 1708; ANON., A short explication of such foreign words as are made use of in musick books, London 1724; P. PRELLEUR 1731; J. F. B. C. MAJER 1732; M. SPIESS 1746; W. TANS'UR, A New Mus. Grammar, London 1746, ... and Dictionary ³1756, ⁷1829; L. MOZART 1756; J. L. ALBRECHT 1761; J. A. HILLER 1774 u. 1792; DU CANGE 1778; H. GRAM (mit S. Holyoke u. O. Holden), The Massachusets Compiler of Theoretical and Practical Elements of Sacred Vocal Music, Together with a Mus. Dictionary, Boston 1795; FÉTIS 1830; G. SCHILLING, Mus. Konversationslexikon, 2 Bde, Augsburg 1840, ²¹1844; J. FR. G. SCHUBERTH, vgl. Coover Nr 1035–47, 1025, 1048–50 u. 1024; G. SCHAD, Musik u. Musikausdrücke in d. mittelengl. Lit., Diss. Gießen 1910 (mit Verz. v. 248 Wörtern); R. VANNES, Essai de terminologie mus., Dictionnaire ... en huit langues, Paris 1925; F. LIMENTA, Dizionario lessicografico mus. ital.-tedesco-ital. ..., Mailand 1940; J. EPPELSHEIM, Das Orch. in d. Werken J.-B. Lullys, = Münchner Veröff. zur Mw. VII, Tutzing 1961 (Anh.: frz. mus. Termini d. 17. Jh.).
Lit.: J.-PH. RAMEAU, Erreurs sur la musique dans l'Encyclopédie, Paris 1755; DERS., Suite d'Erreurs ..., Paris 1756; J. N. FORKEL, Allgemeine Litteratur d. Musik, Lpz. 1792, S. 204ff.; K. F. BECKER, Systematisch-chronologische Darstellung d. Musiklit., Lpz. 1836, Nachdruck Amsterdam 1964; A. SCHELER, Trois traités de lexicographie lat. du XIIe et du XIIIe s., Jb. f. Romanische u. Engl. Lit. VI, 1856, separat Lpz. 1867; K. J. GROSS, Sulzers Allgemeine Theorie d. Schönen Künste, Diss. Bln 1905; J. LEO, Zur Entstehungsgesch. d. Allgemeinen Theorie d. Schönen Künste J. G. Sulzers, Diss. Bln 1906; E. HABEL, J. de Garlandia, ein Schulmann d. 13. Jh., Mitt. d. Ges. f. deutsche Erziehungs- u. Schulgesch. XVIII, 1908; C. TOLKIEHN, Artikel »Lexikographie« in: Pauly-Wissowa RE; G. ALESSI, Il tipografo fiamingo Gerardo de Lisa ..., Treviso 1925 (zu Tinctoris); E. MAGNI-DUFFLOCQ, Dizionarii di musica, Bollettino bibliogr. mus. VIII (1933); L. UHL, Alberus u. d. Musik, = Gießener Beitr. zur deutschen Philologie XLVII, Gießen 1937; R. SCHAAL, Die Musik-L., in: Jb. d. Musikwelt 1949/50; J. B. COOVER, Bibliogr. of Music Dictionaries, Denver (Colo.) 1952, als: Music Lexicography ²1958; H. BECKER, J. Matthesons hs. Einzeichnungen im »Musicalischen Lexicon« J. G. Walthers, Mf V, 1952; H. H. EGGEBRECHT, Aus d. Werkstatt d. Terminologischen Handwörterbuches, Kgr.-Ber. Utrecht 1952; DERS., Studien zur mus. Terminologie, = Akad. d. Wiss. u. d. Lit. Mainz, Abh. d. geistes- u. sozialwiss. Klasse, Jg. 1955, Nr 10; DERS., Walthers mus. Lexikon in seinen terminologischen Partien, AMI XXIX, 1957; DERS., Ein Musiklexikon v. Chr. Demantius, Mf X, 1957; DERS., Artikel L. d. Musik, in: MGG VIII, 1960; W. GURLITT, Ein begriffsgesch. Wörterbuch d. Musik, Kgr.-Ber. Utrecht 1952; H. ALBRECHT, »Der neue Grove« u. d. gegenwärtige Lage d. Musiklexikographie, Mf VIII, 1955; O. WESSELY, Ein Musiklexikon v. Fr. Le Cocq, in: H. Albrecht in memoriam, Kassel 1962.

Liber usualis (lat.), ein von den Solesmer Mönchen für den praktischen gottesdienstlichen Gebrauch eingerichtetes Choralbuch, dessen Inhalt eine Verbindung von Teilen des → Graduales (– 2) und des → Antiphonales sowie von Gebets- und Lesungstexten der Sonntage und wichtigeren Feiertage darstellt. Für wenige hohe Festtage ist auch die (sonst nur in Teilausgaben für Weihnachten, Kartage und Totenoffizium vorliegende) Liturgie der Matutin aufgenommen. Der L. u. zählt nicht zu den offiziellen → Liturgischen Büchern der römischen Kirche.

Libretto (ital., kleines Buch, Diminutiv zu libro, Buch; entsprechend frz. livret zu livre) ist seit dem ausgehenden 18. Jh. das in kleinem Format oder als Heft publizierte Textbuch zu musikalischen Bühnenwerken (Opern, Operetten, Singspielen), Oratorien, Kantaten, Serenate, = im übertragenen Sinn deren Text selbst, auch das Szenarium von Balletten und Pantomimen. - Das Begriffswort L. bezeichnet nicht eine literarische Gattung, sondern verweist auf die Bestimmung bzw. Verwendung eines Textes. Das schließt nicht aus, daß das L. im Hinblick auf seine Zugehörigkeit zu einer literarischen Gattung und deren literarhistorischen Kriterien angesprochen werden kann (z. B. als pastorales Drama, Tragödie, Komödie oder als Ode). Es ist jedoch unbillig, Libretti nach rein literarischen Maßstäben zu beurteilen. Ihre Qualität erweist sich erst im kompositorischen Prozeß, durch welchen der Text zu der vom Librettisten und Komponisten (meist in engem gegenseitigem Kontakt) beabsichtigten Bestimmung gelangt; *da ist es am besten wenn ein guter komponist der das Theater versteht, und selbst etwas anzugeben im stande ist, und ein gescheidter Poet, als ein wahrer Phönix, zusammen kommen* (Mozart an seinen Vater, 13. 10. 1781). So verlangt die Nummernoper als Typus u. a. abgeschlossene, oft strophisch gegliederte, den Handlungsablauf unterbrechende Textpartien für solistischen Gesang, und der Librettist muß hierfür dramaturgisch-poetologische Möglichkeiten ausfindig machen (z. B. den Reflexionsmonolog oder den lyrischen Monolog zur Bekundung der Gefühle eines Helden), oft auf Kosten des dramatisch-dialogischen Prinzips.

Einer der ersten Opernlibrettisten, O. → Rinuccini, Mitglied der → Camerata, verwendete im Anschluß an das Hirtendrama Tassos und Guarinis (→ Pastorale) antik-mythologische Stoffe. Als höfische Darbietung hatten sie in einem harmonischen Ausklang (lieto fine) zu enden, ein Grundsatz, der bis zum Ende des 18. Jh. befolgt wurde. Rinuccinis Texte (*La Dafne*, 1598; *L'Euridice*, 1600; *L'Arianna* und *Il Narciso*, 1608) zeigen Deklamation in 7- und 11Silbern, geschlossene Formen nur in Ansätzen (z. B. Chöre in 8Silbern); Akt- und Szeneneinteilung sowie Bühnenanweisungen fehlen. Mit der Kommerzialisierung des Operntheaters in Venedig (1637) wurden die Sujets publikumswirksamer. Seit → Busenellos *L'incoronazione di Poppea* (1642) wurden auch historische Stoffe mit straffer Handlungsführung gestaltet und gleichzeitig komische Dienerfiguren (parti buffe) in das Szenarium eingebaut. Das L. der römischen Oper zwischen etwa 1620 und 1660 zeigt neben Stoffen aus Mythologie, antiker Geschichte und Renaissanceepen 2 L.-Typen, an deren Entwicklung der Kardinal → Rospigliosi beteiligt war: der erste Typ behandelt religiöse Themen (*Il Sant'Alessio*, 1634; die Handlung bewegt sich um eine legendär-geschichtliche Hauptperson, die Nebenpersonen sind Typen aus dem römischen Leben jener Zeit) oder allegorische Stoffe in der Tradition der *Rappresentazione di anima e di corpo* (*La vita umana*, 1656; vielleicht von Rospigliosis Neffen Jacopo, mit Personifikationen der Tugend, der Unschuld, der Vernunft, des Vergnügens usw.). Der zweite Typ legte den Grund zur komischen Oper (*Chi soffre speri*, 1639; *Dal male il bene*, 1653). – Unter dem Eindruck von Aufführungen italienischer Opern in Paris schrieb → Perrin die ersten französischen Libretti mit überwiegend pastoralem Charakter (*La Pastorale* und *Ariane ou le mariage de Bacchus*, 1659; *Pomone*, 1671). Das Vorbild der klassischen französischen Tragédie wurde bestimmend für das L. der von Ph. → Quinault und J.-B. Lully begründeten → Tragédie lyrique, der deklamierend-rezitierenden 5aktigen Oper mit Prolog. – Während dieser L.-Typ auch im 18. Jh. für die französische Oper maßgebend blieb, zerfiel das italienische L. im Laufe des 17. Jh. in eine mehr oder minder lose Abfolge von Arien. Nach dem Vorbild des französischen klassischen Theaters versuchte zunächst → Zeno, vor allem aber → Metastasio, dem L. wieder Geschlossenheit zu geben. Metastasios Dramen, dreiaktige schematische Intrigenstücke auf Sujets aus der antiken Geschichte, sollten durch die Darstellung tugendhafter und großmütiger Helden, die sich in schwierigen Situationen bewähren mußten, eine moralische Wirkung ausüben. Charakteristisch ist das periodische Abwechseln von Dialog zur Fortführung der Handlung (Rezitativ) und einem eine Szene abschließenden Ruhepunkt in meist kurzen Versen (Arie). Diesen L.-Typ, der die Opera seria des 18. Jh. beherrschte, überwanden → Calzabigi und Gluck. Beeinflußt von der französischen Oper, betonten sie den Vorrang menschlichen Empfindens und einer einfachen, psychologisch begründeten Handlung; als Sujets bevorzugten sie mythologische Stoffe (*Orfeo ed Euridice*, 1762; *Alceste*, 1767; *Paride ed Elena*, 1780). Ihre Grundsätze blieben für die italienische Oper ohne Nachwirkung, beeinflußten aber in Frankreich durch Glucks französische Umarbeitungen seiner Calzabigi-Opern (*Orphée et Euridice*, 1774; *Alceste*, 1776) und durch seine Spätwerke (*Iphigénie en Aulide*, 1774; *Iphigénie en Tauride*, 1779) die nachfolgende Generation. – Die komische Komponente, aus dem L. der Opera seria seit Zeno und Metastasio ausgeschieden und auch von Calzabigi und der Tragédie lyrique gemieden, verselbständigte sich in Intermezzi (→ Intermedium) und in den anfänglich in neapolitanischem Dialekt gehaltenen Opere buffe mit einer auf Situationskomik (Verkleidungen, Verwechslungen) beruhenden, von den Typen der Commedia dell'arte bestimmten Handlung. C. → Goldoni schuf das noch von Da Ponte bevorzugte L. des Dramma giocoso in musica, in dem Buffogestalten ernste Rollen (parti serie) gegenübergestellt werden (*Il mondo della luna*, 1750; *Il filosofo di campagna*, 1754); später schrieb er unter dem Einfluß der Comédie larmoyante empfindsame Texte (*La buona figluola*, 1760). Die in Frankreich aus dem volkstümlichen → Vaudeville und der Comédie mêlée d'ariettes unter dem Anstoß von Aufführungen italienischer Intermezzi in Paris (→ Buffonistenstreit) entstandene Opéra-comique wechselte zwischen gesprochenem Dialog und eingeschobenen Musikstücken. Ch. S. → Favart und seine Nachfolger → Sedaine und J. Fr. → Marmontel nahmen in das L. Personen niederen Standes (Bauern, Bürger) auf, die zu den höheren, oft als lasterhaft gezeichneten Personen einen starken Gegensatz bildeten. Seit den 1760er Jahren verlagerte sich der Akzent der Texte auf das Rührselig-Sentimentale; auch märchenhafte und exotische Stoffe fanden immer mehr Beachtung. Gegen Ende des 18. Jh. entstand im Rahmen der Opéra-comique der die Zeitereignisse widerspiegelnde Typ der Revolutions- und Schreckensoper. Sein Grundthema ist der von politischen Gewaltigen bedrohte, in Angst und Unfreiheit lebende Mensch: Szenen zufriedenen, bürgerlichen Familienglücks bilden den Kontrast; zum Schluß stellt göttliche Gerechtigkeit die Ordnung wieder her. Im sogenannten Rettungsstück muß der Erretter viele Schwierigkeiten überwinden, um den (meist dem je anderen Geschlecht angehörenden) Gefangenen zu befreien. – Die Abkehr des französischen Theaters von der klassizistischen Klarheit und Regelmäßigkeit seit etwa 1800 war eine dem europäischen Theater gemeinsame Erscheinung. Das Bühnengeschehen wurde handlungsreicher, bloß sichtbare Vorgänge konnten neben das Wort treten. Die Zahl der agierenden Personen war nicht mehr beschränkt; der bisher überwiegend das Geschehen kommentierende oder begleitende Chor konnte in die Handlung einbezogen werden. Stoffe tragischen Gehalts (z. B. Shakespeares oder Schillers Dramen, Scotts Romane) wurden nunmehr häufig für die Librettistik herangezogen; in Analogie zum Sprechtheater waren nun auch tragische Ausgänge möglich. In Frankreich schuf → Scribe, der in der Opéra-comique sich in traditionellen Bahnen bewegte (*La dame blanche*, 1825; *Fra Diavolo*, 1830), den formal die Tradition der fünfaktigen ernsten Oper fortsetzenden L.-Typ der großen Oper. Stoffe mit geschichtlichem Hintergrund (*La muette de Portici*, 1828; *Robert le diable*, 1831; *Gustave III ou le bal masqué*, 1833; *La Juive*, 1835; *Les Huguenots*, 1836; *Le prophète*, 1849; *Les vêpres siciliennes*, 1855; *L'Africaine*, 1865, posthum) entfalteten sich in aufwendigen Massenszenen von stark äußerlicher Wirkung. Die immer wiederkehrenden Theaterklischees (Trinklied, Liebesduett, Racheschwur, große Gebetsszene, Triumphzug, Naturereignisse, das unschuldige Mädchen, der Bösewicht, Verstrickung in Schuld und Reue des Helden, Schlußeffekte und -enthüllungen) wurden zu unerläßlichen Bestandteilen der Oper des 19. Jh.

Die deutsche Librettistik, die in ihren Anfängen bis in die Frühzeit der Oper zurückreicht (Martin Opitz, *Dafne*,

1627; *Judith*, 1637; G. Ph. Harsdörffer, *Seelewig*, 1644), hatte im 17. und 18. Jh. im Schatten der italienischen und französischen Oper gestanden. Die Werke der Hamburger Nationaloper sind zum Teil Übersetzungen und Bearbeitungen italienischer Libretti oder fremdsprachiger Komödien, doch finden sich auch selbständige Ansätze (Texte nach Stoffen der Bibel oder der deutschen Geschichte). Ein spezifisch deutscher L.-Typ setzte sich erst im 18. Jh. mit dem → Singspiel durch, in Norddeutschland unter dem Einfluß der → Ballad opera, in Wien durch Verarbeitung italienischer (Opera seria und buffa) und französischer (Opéra-comique) Einflüsse in urwüchsigen Volksstücken. Charakteristisch ist eine ans Rührselige grenzende Handlung mit Zauber- und Posseneinlagen. Auf dem Boden dieses Wiener Singspiels entstanden sowohl → Schikaneders bühnenwirksames, Maschinenkomödie und Zauberoper, Exotik, Hanswurstiade und Freimaurerideen einbeziehendes Textbuch zur *Zauberflöte* als auch – darauf fußend – die Zauberstücke Ferdinand Raimunds. Die übrige deutsche Librettistik in den ersten Jahrzehnten des 19. Jh. dagegen war häufig in den Fesseln einer Handlung mit sentimentalen, naturhaften, übernatürlichen und dämonischen Elementen befangen (z. B. Fr. Kind, *Der Freischütz oder Die Rosen des Eremiten*, 1821), häufig verbunden mit einem historischen Milieu (→ Chézy, *Euryanthe*, 1823; W. A. Wohlbrück, *Der Vampyr*, 1828; *Der Templer und die Jüdin*, 1829). Neben diesem romantisch-nationalen L.-Typ gab es das Elemente des Singspiels und der Opéra-comique verschmelzende bürgerlich-komische (biedermeierliche) L. des Dichterkomponisten A. → Lortzing.
Eine neue Orientierung erlangte die Librettistik seit den 1840er Jahren durch vier Persönlichkeiten, die zugleich als Textdichter und als Komponisten hervorgetreten sind: Berlioz in Frankreich, R. Wagner in Deutschland, Boito in Italien und Mussorgskij in Rußland. Berlioz, der im Vorwort zu *La damnation de Faust* die Selbständigkeit eines L.s gegenüber seiner literarischen Vorlage forderte, übertrug die Elemente der Grand opéra auf literarische Stoffe (*La damnation de Faust*, 1846; *Les Troyens*, 1856–59; *Béatrice et Bénédict*, 1862). Wagner, ausgehend vom L.-Typ der französischen Großen Oper (*Rienzi*) und der deutschen romantisch-nationalen Oper (*Tannhäuser*, *Lohengrin*), entnahm die Stoffe seiner Musikdramen dem germanischen und keltischen Mythos. Es sind episch angelegte und zum Teil eigenwillig-altertümlich versifizierte Dichtungen (→ Stabreim im *Ring des Nibelungen*). Boito schloß sich ganz der Tradition seines Landes an, doch ordnete er die Opernschablonen dem dramatischen Ablauf unter. Bei der Neubearbeitung von Verdis *Simone Boccanegra* (1881) z. B. schuf er im Finale des 1. Aktes den Angelpunkt des Geschehens: eine dramatisch hochgespannte Staatsszene, aus der (metrisch durch 7 Silbler abgehoben) ein großes Ensemble herausragt. Im *Otello* (1887) setzte er wirkungsvolle Szenen an exponierte Stellen (Sturm am Anfang, Racheduett Ende des 2. Aktes) und vereinfachte die Handlung (Gegensatz von lyrisch und dramatisch im letzten Akt); eigene Erfindungen wie das Liebesduett, das apodiktische Credo des Iago und das Ave Maria mit seinem katholischen Ambiente typisieren die Gestalten im Sinn und Geschmack des 19. Jh. Mussorgskijs *Boris Godunow* (1874, 2. Fassung) und *Chowanschtschina* (1886, unvollendet) – weniger geschlossene Werke als vielmehr Abfolgen verschiedener Szenen – sind vom russischen Volk und seiner Geschichte her konzipiert. Hauptakteur ist die Volksmasse, die sich in einzelnen Vertretern individualisiert. So stehen in der Schlußszene des *Boris* ganz verschiedene Schichten unvermittelt nebeneinander: das Volk, die entlaufenen Mönche, die Jesuiten, die Kinder, der Blödsinnige; der falsche, auf den Schild gehobene Dimitrij ist, wie auch Boris selbst, ein aus der Masse hervortretender Exponent, der früher oder später untergeht.
Für das → Musiktheater des 20. Jh. schreiben häufig namhafte Dichter (z. B. H. v. Hofmannsthal, St. Zweig, Ingeborg Bachmann) bzw. viele Komponisten selbst (z. B. Prokofjew, Hindemith, Křenek, Egk, Orff) die Texte, die so verschieden auf ein bestimmtes Werk hin konzipiert sind, daß nur bedingt von L.-Typen gesprochen werden kann. Es lassen sich jedoch folgende Aspekte herausstellen: 1) Abfassung eines L.s nach literarischen Vorlagen (S. Prokofjew, *Ljobow k trem apelsinam* [»Die Liebe zu den drei Orangen«] nach Carlo Gozzi; L. Janáček, *Z mrtvého domu* [»Aus einem Totenhaus«] nach Dostojewskij; St. Zweig, *Die schweigsame Frau* nach Ben Jonson; C. Orff, *Der Mond* und *Die Kluge* nach Grimmschen Märchen; W. Egk, *Peer Gynt* nach Henrik Ibsen, *Die Verlobung von San Domingo* nach der gleichnamigen Novelle von Heinrich v. Kleist; Heinz v. Cramer, *Il Re Cervo* nach Gozzi; I. Bachmann, *Der junge Lord* nach einer Hauffschen Parabel; 2) die Übernahme eines unbearbeiteten, höchstens gekürzten oder übersetzten literarischen Werkes (Debussy, *Pelléas et Mélisande* von Maurice Maeterlinck; R. Strauss, *Salome* [= *Salomé*] von Oscar Wilde, *Elektra* von H. v. Hofmannsthal; A. Berg, *Wozzeck* [= *Woyzeck*] von Georg Büchner; O. Schoeck, *Penthesilea* von Kleist; C. Orff, *Antigone* und *König Ödipus* von Sophokles in der deutschen Übersetzung von Hölderlin; W. Fortner, *Bluthochzeit* von García Lorca; B. Britten, *Mid Summer Night's Dream* von Shakespeare; G. Klebe, *Die Räuber* von Schiller und *Jacobowsky und der Oberst* von Franz Werfel); 3) Darbietung einzelner dramatischer Szenen oder literarischer Texte, zuweilen verbunden durch einen Sprecher (Strawinskys *Oedipus Rex*, Orffs *Trionfi*); 4) die artistische, auch ältere Formen (z. B. Nummernoper) übernehmende L. (H. v. Hofmannsthal, *Ariadne auf Naxos*; Wystan Hugh Auden und Chester Kallman, *The Rake's Progress*).
Eine Schwierigkeit im Opernrepertoire ist die Aufführung fremdsprachiger Werke. Der Idealfall ihrer Darbietung in Originalgestalt ist bei bekannten Opern nur problematisch, wenn Anspielungen oder andere Details vom Publikum nicht mehr verstanden werden, bei unbekannten oder neuen Opern aber schwer durchführbar. Andererseits gehen durch Übersetzungen wichtige Einzelheiten (Silbenklang, Wortbedeutung, Syntax, Metrik usw.) verloren. Auf keinen Fall darf die musikalische Struktur angetastet werden, wie dies früher oft bei der Übersetzung vor allem von italienischen und französischen Rezitativen oder bei sprachlich dem Deutschen ferner stehenden Opern wie z. B. der »Verkauften Braut« von Smetana der Fall gewesen ist. Ein solcher Eingriff steht nur dem Autor selbst zu, der dabei seine Werke zum Teil wesentlich verändert, wie es z. B. Glucks französische Umarbeitung seiner italienischen Opern *Alceste* und *Orfeo* oder seine deutsche »Iphigenie« nach seiner französischen *Iphigénie en Tauride* erweisen.

Lit.: W. A. MOZART, Briefe, GA III (1780–86), Kassel 1963; P. LOHMANN, Über d. dramatische Dichtung mit Musik, Lpz. 1861, als: Das Ideal d. Oper, [3]1886; J. CHR. LOBE, Lehrbuch d. mus. Composition IV, Lpz. 1867, neu bearb. v. H. Kretzschmar [2]1887, frz. v. G. Sandré [2]1897, russ. v. N. D. Kaschkin 1898; H. ZOPFF, Grundzüge einer Theorie d. Oper, Lpz. 1868; E. SCHURÉ, Le drame mus., 2 Teile, Paris 1875, [5]1902, [12]1914, deutsch v. H. v. Wolzogen als: R. Wagner u. d. mus. Drama, Hbg 1873, Lpz. [3]1888; E. H. DE BRICQUEVILLE, Le livret d'opéra frç. de Lully à Gluck 1672–1779, Mainz 1887; H. BULTHAUPT, Dramaturgie d.

Oper, 2 Bde, Lpz. 1887, ³1925; Fr. Lindemann, Die Operntexte Ph. Quinaults, Diss. Lpz. 1904; H. Pfitzner, Zur Grundfrage d. Operndichtung, Süddeutsche Monatshefte VIII, 1908; ders., Vom mus. Drama, München u. Lpz. 1915; M. Ehrenhaus, Die Operndichtung d. deutschen Romantik, = Breslauer Beitr. zur Literaturgesch. XXIX, Breslau 1911; M. Fehr, A. Zeno u. seine Reform d. Operntextes, Diss. Zürich 1912; E. Istel, Das L., Bln u. Lpz. 1914, ²1915, umgearbeitet als: The Art of Writing Opera-L., übers. v. Th. Baker, NY 1922; H. Cohen, Die dramatische Idee in Mozarts Operntexten, Bln 1915; A. Cœuroy, Etudes de musique et de lit. comparées, Paris 1923; R. Gerber, Der Operntypus J. A. Hasses u. seine textlichen Grundlagen, = Berliner Beitr. zur Mw. II, Lpz. 1925; K. Kunath, Die Oper als literarische Form, Diss. Lpz. 1925, maschr.; Th. W. Werner, Artikel L. in: Merker–Stammler, Reallexikon d. deutschen Literaturgesch. II, Bln 1926/28; H. Prunières, I libretti dell'opera veneziana nel s. XVII, Rass. mus. III, 1930; M. Kraussold, Geist u. Stoff d. Operndichtung, Lpz. 1931; H. Laue, Die Operndichtung Lortzings, = Mnemosyne VIII, Bonn 1932; G. Baruch, Verdi u. Schiller. Quellenkundliche Studien zum Librettoproblem, Diss. Prag 1935, maschr.; I. Schreiber, Dichtung u. Musik d. deutschen Opernarien, 1680–1700, Wolfenbüttel 1935; R. Guiet, L'évolution d'un genre: le livret d'opéra en France de Gluck à la Révolution (1774–93), = Smith College Studies in Modern Languages XVIII, Northampton (Mass.) 1936–37; H. Chr. Wolff, Die Venezianische Oper in d. 2. Hälfte d. 17. Jh., = Theater u. Drama VII, Bln 1937; ders., Die Barockoper in Hbg (1678–1738), I (Textbd), Wolfenbüttel 1957; L. Conrad, Mozarts Dramaturgie d. Oper, = Das Nationaltheater VIII, Würzburg 1943; A. Gebhardt, Das Rechtsverhältnis zwischen Komponist u. Librettist, Diss. iur. Lpz. 1947, maschr.; Fr. Trenner, Die Zusammenarbeit v. H. v. Hofmannsthal u. R. Strauss, Diss. München 1949, maschr.; A. Della Corte, La »poesia per musica« e il. d'opera, Turin 1950; ders., Dramma per musica dal Rinuccini allo Zeno, 2 Bde, = I classici ital. LVII, Turin 1958; U. Rolandi, Il l. per musica attraverso i tempi, Rom 1951; L. Gschöpf, Die Dramen V. Hugo's in d. Operndichtung, Diss. Wien 1952, maschr.; E. Haun, The Libretti of the Restoration Opera in Engl., Diss. Univ. of Pennsylvania 1954, maschr.; A. Scherle, Das deutsche Opernl. v. Opitz bis Hofmannsthal, Diss. München 1954; H. Flobert, Lit. frç. et musique, Paris 1957; W. Huber, Das Textbuch d. frühdeutschen Oper, Diss. München 1957; W. Fortner, F. Lion u. H. v. Cramer, L. d. neuen Oper, in: Akzente IV, 1957; E. Dahnk-Baroffio, Zu d. Libretti d. Händelzeit, in: Fs. Die Göttinger Händel-Festspiele, Göttingen 1958; K. Honolka, Der Musik gehorsame Tochter, Stuttgart 1959; I. Bachmann, Entstehung eines L., Melos XXVII, 1960; K. Schumann, Die Emanzipation d. L., Literarische Tendenzen in d. modernen Oper, in: Lebt d. Oper?, = Musik d. Zeit, N. F. III, Bonn 1960; U. Weisstein, The L. as Lit., Books Abroad, Norman (Okla.) 1961; Fr. Lippmann, Studien zu L., Arienform u. Melodik d. ital. opera seria zu Beginn d. 19. Jh., Diss. Kiel 1962, maschr.; H. Wirth, C. Goldoni u. d. deutsche Oper, in: H. Albrecht in memoriam, Kassel 1962; R. Müller, Das Opernl. im 19. Jh., Winterthur 1966. – Zur Textübers. ins Deutsche: R. Batka, Opernital. u. Operndeutsch, in: Der Merker I, 1909; G. Brecher, Opernübers., Bln 1911; H. Abert, Vom Opernübersetzen, Fs. H. Kretzschmar, Lpz. 1918; S. Anheisser, Für d. deutschen Mozart, = Die Schaubühne XXVI, Emsdetten i. W. 1938; G. Schünemann, Mozart in deutscher Übertragung, JbP XLVII, 1940; H. Striehl, Deutsche Verdi-Übers., Diss. Heidelberg 1944, maschr.; W. W. Wodnansky, Die deutschen Übers. d. Mozart-Daponte-Opern, Diss. Wien 1949, maschr.; E. M. Kolerus, Moderne Opernbearb. nach Verdi in textlicher u. dramaturgischer Hinsicht, Diss. Wien 1954, maschr.; K. H. Oehl, Beitr. zur Gesch. d. deutschen Mozart-Übers., Diss. Mainz 1954, maschr. – Kat., Verz., Hdb. usw. → Oper.

Licenza (litʃˈentsa, ital., Erlaubnis, Beurlaubung; lat. licentia; engl. und frz. licence), – 1) im 17. und 18. Jh., ausgehend von der literarischen L., ein an das Publikum gewendeter → Epilog in Bühnenwerken (Oper, Schauspiel), der als Huldigungskomposition eine hohe Persönlichkeit, einen Patron u. ä. feiert. Die L., bestehend meist aus Rezitativ und Arie, teils auch mit abschließendem Chor, ist entweder locker angefügter Teil des Werkes selbst (z. B. in der Festoper *Costanza e Fortezza* von J. J. Fux) oder wird eigens für den festlichen Anlaß hinzukomponiert. So sind die im Autograph als L. bezeichneten Rezitative und Arien K.-V. 36 (1766) und K.-V. 70 (1769) W. A. Mozarts für Schauspielaufführungen zu Ehren des Erzbischofs von Salzburg entstanden. – 2) Im Barock ist Licentia in Anlehnung an die Rhetorik einer der Namen für die satztechnische Figur, die somit als »Freiheit« gegenüber dem regulären (kontrapunktischen) Satz verstanden ist; später ist L. auch eine Kennzeichnung interpretatorischer Freiheit. Beethoven nennt die Schlußfuge der Sonate op. 106 wegen ihrer freieren Setzweise eine *fuga ... con alcune licenze*; Tschaikowskys 5. Symphonie op. 64 weist auf ein *Andante cantabile, con alcuna l.* – 3) → Lizenz.

Lit.: zu 1): P. Nettl, Die Wiener Tanzkomposition in d. 2. Hälfte d. 17. Jh., StMw VIII, 1921.

Lichanos (griech.) → Systema teleion.

Lichttonverfahren → Schallaufzeichnung.

Liebesfuß (frz. pavillon d'amour), ein birnenförmiges Schallstück mit nur kleiner Öffnung. Durch einen L. wird der kräftige Klang von Rohrblattinstrumenten gedämpft, wie bei den im 18. Jh. beliebten Clarinetto d'amore, Fagotto d'amore, Oboe d'amore und Oboe da caccia und beim modernen → Englisch Horn.

Liebhaber → Kenner und Liebhaber.

Lied in seiner allgemeinsten Bedeutung ist ein gesungenes bzw. für Gesangsvortrag bestimmtes oder ein nach dem Vorbild gesungener L.er konzipiertes Gedicht aus mehreren Strophen gleicher Verszahl mit (mindestens annähernd) gleicher Silbenzahl. Begrifflich und historisch besteht eine unlösbare Einheit zwischen dem literarischen L.-Gedicht und seiner musikalischen Darstellung. Letztere beruht auf dem Prinzip der Bildung von Zeilenmelodien innerhalb der Strophe und der (meist unveränderten) Übertragung der Strophenmelodie als Ganzes auf die anderen Strophen des Gedichtes. Als eine der Grundformen sowohl sprachlichen als auch musikalischen Gestaltens gewinnt der Begriff L. jedoch eine Vielschichtigkeit, die alle Teilaspekte umfassende Definition unmöglich macht; je nach den historischen Gegebenheiten ist der L.-Begriff oft zu erweitern oder einzuengen. – Als Dichtung impliziert der Begriff L. die strukturellen Qualitäten der L.-Strophe: die relativ kleine Zahl der Verse, die häufige Vierhebigkeit, die meist gleiche Akzentlage und das – neben der Sprechmelodie – wichtigste klangliche Element des L.-Gedichts, den Endreim. Hinsichtlich Inhalt und Umfang der L.-Dichtung kann der literarhistorische Begriff L. – bedingt durch die Wortgeschichte – weniger eingeengt werden als der musikalische. Die Bedeutung Strophengedicht scheint das Wort L. (ahd. liod) auf dem Weg über den mittelhochdeutschen Plural diu liet (die Strophenreihe) angenommen zu haben. Althochdeutsche und mittelhochdeutsche Versepen heißen ebenso L.er (vgl. die Schlußzeile des Nibelungen-L.s *diesz liet heizet diu klage*) wie die L.er im Minne- und Meistersang. Dieser erweiterten Bedeutung entspricht die Bezeichnung der literarischen wie der musikalischen Quellen als → L.er-Bücher. – Der musikalische L.-Begriff ist einerseits viel enger und umrissen durch die Vorstellungen »Kunst-L.« (d. h. in erster Linie das L. Schuberts und die Geschichte des deutschen L.es) und »Volks-L.«, andererseits sehr weit, insofern er das »Liedhafte« und die mannigfachen Erscheinungsformen des L.es außerhalb von Volks-L. und deutschem Kunst-L. mit umfaßt. L. als musikalischer Begriff impliziert die Qualitäten des vokalen Vortrags, der musikalischen L.-Gestaltung (Sangbarkeit, liedhafte Melodik) und damit indirekt die für den musikalischen Ausdruck maßgebenden inhaltlichen Qualitäten des L.-Gedichts. Auch die Bedingung, daß das L. als abgeschlossenes musikalisches Vortragsstück eine überschaubare Ausdehnung nicht überschreiten sollte, wirkt sich auf den Inhalt des Gedichtes aus und macht das lyrische Genre besonders geeignet für die L.-Dichtung; die Erzählung kleiner, oft bildhafter Begebenheiten ist jedoch nicht ausgeschlossen (z. B. Goethe, *Heidenröslein*). Hier kann die Grenze zwischen L. als musikalischer Gattung und → Ballade (- 2) nicht scharf gezogen werden. Voraussetzungen für die Sangbarkeit der L.-Melodie sind: ein auch mit nicht ausgebildeter Stimme beherrschbarer Ambitus, syllabische (melismenlose oder -arme) Vertonung, eine in ihrer Grundsubstanz durch diatonische Schritte (auch durch Dreiklangszerlegungen) gekennzeichnete Melodie, melodisch geschlossene Teile (Zeilenmelodien), schlichte Periodizität, d. h. einfache Aufstellungs- und Antwortverhältnisse sowohl innerhalb der Zeilenmelodien als auch zwischen diesen, tonale Geschlossenheit des Ganzen bei einfachem Modulationsplan (→ L.-Form). Diese Qualitäten werden auch zusammenfassend mit dem Begriff »liedhaft« umschrieben; Liedhaftigkeit, Periodizität und Vierhebigkeit des Verses stehen in engem ursächlichem Zusammenhang. Andererseits bezieht sich liedhaft weder auf den Strophenbau noch auf die L.-Form. Besondere Einfachheit der musikalischen Struktur und damit eine ausgeprägte Sangbarkeit, die ihre Bestätigung in der weitgehend mündlichen Verbreitung und Überlieferung findet wie auch in der Möglichkeit des spontanen Mitvollzugs, kennzeichnen das → Volks-L. (auch den → Gassenhauer und → Schlager); sie sind auch eine Voraussetzung für die Brauchbarkeit des L.es als Arbeits-, Tanz- und als Gemeinschafts-L. (z. B. Kirchen-L., Nationalhymnen).

Das Kunst-L. bewegt sich in dem weiten Bereich zwischen Volkstümlichkeit und äußerster kunstmäßiger Verfeinerung und Expressivität; als Beispiele polarer Gegensätzlichkeit seien genannt: J. A. P. Schulz, *Der Mond ist aufgegangen* (1782), das an der Schwelle zum Volks-L. steht, und R. Strauss, *Vier letzte L.er* (1949), die das L. in die Nähe symphonischer Dichtung rücken. Dieser Bereich ist gekennzeichnet durch die Spannungsverhältnisse zwischen vorgegebenem Vers- bzw. Sprachrhythmus und frei schaffender musikalisch-rhythmischer Gestaltung, zwischen sangbarer und ausdrucksbetonter Melodik und besonders zwischen der strophischen Struktur des Textes und den Erfordernissen einer den Textinhalt musikalisch ausdrückenden Komposition. Die unverändert wiederkehrende Strophenmelodie war seit ältester Zeit oft Modell für ein metrisches Gerüst, nach dem außer den Strophen eines L.es auch weitere L.-Gedichte gesungen werden konnten. Diese Modellvorstellung, die auch dem »Ton« bzw. der »Weise« des Minne- und Meistersangs zugrunde liegt, einem relativ lockeren Verhältnis zwischen Text und Melodie voraussetzt, spielt eine bedeutende Rolle für → Kontrafaktur (das Singen geistlicher Texte auf weltliche Melodien) und → Kirchen-L. (gemeinsame Melodien zu L.ern für verschiedene Zeiten und Gelegenheiten des Kirchenjahres). – Das Kunst-L. läßt den Text nicht nur auf eine passende und sangbare Melodie erklingen, sondern interpretiert ihn zugleich (auch Volkstümlichkeit und Volksliednähe sind Interpretationen des Textes, die Beherrschung der Kunstmittel voraussetzen). Prinzipiell geht die schöpferische Auseinandersetzung mit dem L.-Gedanken von der strophischen Form aus; gleichwohl nimmt die Komposition in verschiedenartigster Weise Rücksicht auf den Sinn- und Ausdrucksgehalt des Textes, einerseits durch die Interpretation des Textes bzw. der lyrischen Stimmung mittels der → Begleitung, andererseits durch vielfältiges Abwandeln der strophischen Form (die zitierten Titel sind Beispiele aus Schuberts L.ern): mitunter gehen Melodie und Begleitung auf einzelne Textstellen der späteren Strophen ein (*Frühlingssehnsucht*), oder der strophische Text wird ganz (*Kriegers Ahnung*) oder teilweise (*Mignons Gesang*) durchkomponiert. Dies geschieht besonders dort, wo sich die lyrische Stimmung im Verlaufe des Gedichts ändert (*Sehnsucht* von Schiller) oder wo, wie in rhapsodischen Gesängen, Umfang und Metrum der Strophen wechseln (*Ganymed*). Mit Gedichten wie *Freudvoll und leidvoll* (*Klärchens L.* aus *Egmont*), *Über allen Wipfeln ist Ruh* (*Wanderers Nachtlied I*) oder *Tiefe Stille herrscht im Wasser* (*Meeres Stille*) hatte Goethe Textvorlagen für musikalische Stimmungs- und Seelengemälde geschaffen, in denen das strophische Element keine Rolle mehr spielt. In Schuberts Werk sind neben dem schlichten Strophen-L. (*Ich denke dein*) alle Arten von L.-Gedichten und liedähnlicher Dichtung, auch Gesänge mit Ariencharakter (*Die Allmacht*, *An die Leyer*) und kantatenhafte Mischformen (*Prometheus*) gleichermaßen unter dem Sammelbegriff L. vereinigt. Seitdem ist eine Tendenz spürbar geworden, den musikalischen L.-Begriff ständig zu erweitern. Einerseits zählen zur Gattung L. nun auch Vertonungen nichtstrophischer Lyrik, die hinsichtlich Besetzung und kompositorischer Faktur L.-Gepräge zeigen, andererseits ist das Kunst-L., seit es (durch Schubert) zu einer Kompositionsgattung mit Anspruch geworden ist, dem Diktat der Fortentwicklung des musikalischen Satzes unterworfen und wird dadurch sowohl dem Bereich des Volkstümlichen als auch dem des »Liedhaften« immer mehr entrückt.

Welche Erscheinungen zur Geschichte der so wenig fest umrissenen Gattung L. zählen, ist daher wesentlich davon abhängig, wie weit oder wie eng der Begriff L. gefaßt wird. Zuweilen heißen überlieferte einstimmige syllabische Versvertonungen L.er, unabhängig von einer strophischen Struktur des Textes (z. B. »Seikilos-L.«, 1. Jh. n. Chr.), oder antike Strophendichtung in quantitierendem Metrum, für die Gesangsvortrag anzunehmen ist (z. B. die »Spott-L.er« des Archilochos, 7. Jh. v. Chr., oder die Strophendichtungen der Sappho, 7. Jh. v. Chr.). Im antiken → Melos kann eine dem abendländischen L. gleichkommende oder ähnliche Erscheinung gesehen werden; doch die unmittelbaren Vorgänger des europäischen volkssprachlichen L.es waren lateinische rhythmische Strophendichtungen des Mittelalters (meist geistlichen Inhalts): → Planctus, Reimsequenz (→ Sequenz – 1), → Conductus (→ Cantio), → Cantilena (- 1), vor allem jedoch der → Hymnus, unter dessen Einfluß der Endreim als eine wichtige Voraussetzung für prägnante strophische Formen in die volkssprachliche Dichtung übernommen wurde (Ansätze dazu z. B. im Althochdeutschen bei Otfried, 9. Jh.). – In der Geschichte der abendländischen Mehrstimmigkeit wurde liedhafte Melodik durch satztechnische Gegebenheiten in bestimmten Epochen begünstigt, in anderen weitgehend ausgeschlossen; z. B. weisen der durchimitierte Satz der klassischen Vokalpolyphonie (Motette seit dem 15. Jh., Madrigal des 16. Jh.) sowie die der Musica poetica bzw. der ausdrucksbetonten italienischen Monodie verpflichtete Generalbaßmusik kaum liedhafte Struktur auf; dagegen kommen der klangliche Satz des 15./16. Jh. sowie vor allem der auf der harmonischen Kadenz basierende Satz des 18./19. Jh. dem Moment des Liedhaften entgegen. Doch während sich in Deutschland trotz Beeinträchtigung des Liedhaften durch die Wandlungen der Satztechnik eine weitgehende Kontinuität der L.-Geschichte (allerdings mit einem Einschnitt in der Zeit um 1700) feststellen läßt, gibt es in den übrigen europäischen Ländern keine der deutschen Entwicklung vergleichbare Geschichte des L.es; hier konzentriert sich die Liedhaftigkeit in folgenden nationalen, zeitlich meist begrenzten Erscheinungen: → Trobadors und Trouvères, → Chanson, → Chanson de geste, → Air, → Vaudeville (→ Französische Musik); Canción (→ Cancionero), → Cantigas, → Romanze (Spanische Musik); → Kanzone (– 1), → Frottola, → Giustiniane, → Canto carnascialesco, → Lauda, → Villota, → Villanella, → Kanzonette, → Arie (→ Italienische Musik); Air und Song (→ Britische Musik). – Die Geschichte des deutschen L.es läßt sich in 5 Epochen fassen: 1) das einstimmige bzw. einstimmig überlieferte L.; 2) das Tenor-L., a) mit instrumentalen Begleitstimmen, b) im vokalen C. f.-Satz, c) im durchimitierten polyphonen Vokalsatz; 3) das Generalbaß-L., a) im mehrstimmigen Vokalsatz, teilweise mit Instrumenten, b) als Arien-L. mit Generalbaß, c) das Solo-L. der 1. Hälfte des 18. Jh.; 4) das volkstümliche Kunst-L. mit Klaviersatz seit der 1. Berliner L.er-Schule (1752); 5) das deutsche L. seit Schubert.

Während im Mittelalter das einstimmige bzw. einstimmig überlieferte deutsche L. (mit seinen Formen Spruch, L. und Leich) dem → Minnesang zugehört (und im → Meistersang weiterhin gepflegt wurde), werden bei zwei nicht in der engeren Tradition des Minnesangs stehenden Meistern, Oswald von Wolkenstein und dem Mönch von Salzburg, erstmals im deutschen L. Ansätze zum mehrstimmigen Satz greifbar (in der Mondsee-Wiener-L.er-Handschrift und in den → Quellen *Loch* und *Sche*). Einsetzend mit dem im Glogauer L.er-Buch (*Glo*, um 1480) überlieferten Repertoire beginnt die Geschichte des Tenor-L.s, der ersten spezifisch deutschen Leistung im Bereich der europäischen weltlichen Mehrstimmigkeit. Nur wenige der Tenores sind ursprüngliche Volks-L.er, die meisten sind höfische L.er oder auf den mehrstimmigen Satz hin geschaffen. Einen Nebenzweig bilden die → Bergreihen. Im 3st. Kernweisensatz des Tenor-L.es wird der liedhafte Tenor in ein Stimmengeflecht eingebettet, das ihn als C. f. einerseits kostbar und bedeutsam, andererseits aber auch abhängig von den zugesetzten, durch Lage, Klauseln und Motivik eigenständigen Stimmen erscheinen läßt. Die beiden wichtigsten Satztypen sind der Satz Note gegen Note und der häufigere Diskantsatz mit melismatischen Begleitstimmen, die zunächst instrumental, erst seit den 1530er Jahren auch vokal gedacht sind. Wichtige L.er-Sammlungen dieser Zeit sind die von Öglin (1512), Schöffer, Aich, Ott, Egenolf, Apiarius, Formschneyder, Forster (1539–56), C. Othmayr (1549) und Kugelmann (1558). Die zumeist aus dem südlichen deutschen Sprachraum stammenden Komponisten gehören drei Generationen an: der ersten Finck, Isaac, Adam von Fulda, Hofhaymer und Stoltzer, der zweiten – neben dem überragenden Senfl – S. Dietrich, Arnold von Bruck, Lemlin und Greitter, der dritten G. Forster, J. von Brandt, Zirler und C. Othmayr. Nachdem schon bei Senfl durchimitierte Sätze aufgetreten waren und auch bei Forster und Othmayr die Bedeutung des C. f. zurücktrat gegenüber der polyphon-kontrapunktischen Faktur des Satzes, begannen die Niederländer le Maistre und Lassus im letzten Drittel des 16. Jh. den Kernweisensatz in eine in allen Stimmen durchimitierte L.-Motette umzuformen. Doch für die weitere Geschichte des L.es war der Typus des homophonen Oberstimmensatzes wegweisend, wie ihn – unter dem Einfluß von Villanella und Canzonetta – zuerst Regnart, dann u. a. Haßler (1601), Lechner, Demantius und M. Franck gepflegt haben.

Die erste Generation von L.-Komponisten des 17. Jh. stand stark unter dem Einfluß der italienischen Monodie und der Kanzonette: Schein (1609, 1621–28, auch 5st. Chor-L.er 1624 und 1626), Nauwach (1623 und 1627), Selle (1636) und H. Albert, dessen *Arien* (8 Teile 1638–50) einen der wertvollsten Beiträge des 17. Jh. zum deutschen L. darstellen. In der zweiten Generation – um die Dichter Opitz, C. Homburg, Rist, Fleming, Dach, v. Zesen, Harsdörffer und P. Gerhardt – bildeten sich regionale Schulen in Hamburg (Schop, Pape, J. Praetorius, P. Meier, Th. Selle, C. Flor, G. Voigtländer, J. Schwieger, C. Stieler), Nordostdeutschland (C. Werner, J. Weichmann, G. Weber), Sachsen (A. Hammerschmidt, Chr. Dedekind, vor allem A. Krieger), Thüringen (G. Neumark, J. Loewe, J. Weiland, W. Fabricius, J. R. Ahle) und in Nürnberg (G. Staden, E. Kindermann, C. Armschwanger). Bei der letzten Generation liegt das Schwergewicht im Süden. Während Erlebach seine L.er der Arie annäherte, zeigen anonyme Münchner L.er-Handschriften gefällig-weiche Züge in der Art der volkstümlichen L.er des Österreichers v. Schnüffis. Doch wurde das L. im 17. Jh. nicht mehr als zentrale Gattung gesehen und erstrebt; die verschiedenen L.-Vertonungen entstehen ohne inneren Zusammenhang und abseits des eigentlichen Ganges der musikgeschichtlichen Entwicklung. Am ehesten ist um und nach 1700 der Grundtyp des L.es verwirklicht in der eine fließend-weiche Jesus-Lyrik vertonenden geistlichen Aria (Vulpius, Crüger, Buxtehude, Böhm, J. S. Bachs Schemelli-L.er), andererseits im geselligen mehrstimmigen Tanz- und Scherz-L. – In der 1. Hälfte des 18. Jh. stand das L. im Schatten der Opernarie. Erwähnenswert sind jedoch V. Rathgebers *Augsburger Tafel-Confect* (1733–46) und Sperontes' *Singende Muse an der Pleiße* (1736–45), letztere eine Sammlung textierter Tanzsätze. Empfindsamkeit und neue Erlebnislyrik klingen an in den Dichtungen von Gellert, Hagedorn, Günther u. a., die von Komponisten wie J. F. Gräfe, Telemann, V. Görner, A. K. Kunzen, J. E. Bach und V. Herbing vertont wurden (→ Galanter Stil). Erstmals in der → Berliner Schule wurde das L. wieder zu einer wesentlichen Gattung; Reflexion über das L. und theoretische Forderungen zu seiner dichterischen und musikalischen Gestaltung (Chr. G. Krause 1753) gingen einher mit einem Aufschwung der Kompositions- und Publikationstätigkeit. Durch das → Singspiel (J. A. Hiller) gelangte das L. in die Oper, wo es seither, besonders in der volkstümlichen und romantischen Oper des 19. Jh., seinen festen Platz neben der Arie hat. Auf das romantische L. weisen die Klopstock-L.er Glucks (1785/86) und manche Balladen Zumsteegs voraus. Aus dem Generalbaß war die Klavierbegleitung hervorgegangen, die Singstimme wird nun meist auf einem eigenen System notiert. Für die Wiener Klassiker, die außer der Sammlung von Steffan (1778–82) keine lokale L.-Tradition vorfanden, hatte das L. keine zentrale Geltung, doch ist Beethovens *An die ferne Geliebte* der erste bedeutende L.er-Zyklus. Der Weg zum L. der Romantik führte über die Volkstümlichkeit der 2. Berliner L.er-Schule; J. A. P. Schulz, Reichardt (→L.er-Spiel), Zelter (→ L.er-Tafel); von dem durch Herder inaugurierten Volksliedgedanken gingen bis weit ins 19. Jh. entscheidende Impulse aus. Für Schubert bilden die vorausgegangenen Tendenzen der Geschichte des L.es eine ebenso wichtige Ausgangsposition wie seine Nähe zu den Klassikern und seine Bewunderung für sie. In Schuberts kompositorischem Schaffen ist das L. die zentrale Gattung (ca. 600 L.er auf Gedichte von Goethe, Hölty, M. Claudius, Klopstock, Ossian, Schiller, W. Müller, Mayrhofer, W. Scott, Novalis, Rükkert, Heine u. a.), darüber hinaus strahlt das L. seit Schubert aus in die Instrumentalmusik (→ Charakterstück, → L. ohne Worte, → Paraphrase). Die Volkstümlichkeit des L.es im 19. Jh. offenbart sich u. a. in der großen Zahl von L.ern, die für den Dilettanten und seine Hausmusik (mit Klavier oder Gitarre) oder als Chor-L.er für die L.er-Tafeln und Gesangvereine geschrieben wurden, u. a. von C. M. v. Weber, Spohr, B. Klein, C. Kreutzer und Silcher. – Die Spaltung der deutschen Musik in zwei Richtungen ist auch in der L.-Komposition bis ins 20. Jh. hinein deutlich. Auf der Seite der Klassizisten stehen nach Schumann u. a. Mendelssohn Bartholdy, R. Franz, A. Jensen und Brahms, während Liszt, Wagner, H. Wolf, Reger, Pfitzner und R. Strauss als Exponenten der Neudeutschen Schule das tonmalende, symbolisierende und psychologisch ausdeutende Moment der L.-Begleitung steigerten und melodisch (auch in Orchester-L.ern) der Deklamation und dem dramatischen Ausdruck zuneigten. Die L.-Tradition des 19. Jh. führten in der Neuen Musik u. a. Hindemith, Reutter und Fortner weiter. Für die Komponisten der Wiener Schule, namentlich Schönberg (George-L.er op. 15, 1908/09), Webern (ab op. 3, 1908) und Berg (op. 2, 1908/09), bedeutete die L.-Komposition die intensive Auseinandersetzung mit den durch die atonale Melodik und Harmonik entstandenen Problemen einer faßlich geformten Expressivität. – Unter dem Einfluß des deutschen L.es entstanden in den anderen Ländern seit dem internationalen Bekanntwerden Schuberts ab etwa 1835 L.-Kompositionen mit Einschmelzung nationaler Tradition oder nationalen Kolorits, so in Frankreich (unter den Bezeichnungen le lied oder mélodie, romance und chanson) von Berlioz, Gounod, Bizet, Franck, Massenet, Duparc, Fauré, R. Hahn, Ravel, in Rußland von Tschaikowsky, Mussorgskij und Glasunow, in England von Delius, Vaughan Williams und Britten, in den skandinavischen Ländern von Grieg, Sinding, Kilpinen, Sibelius und Nielsen, in Italien von G. B. Giordani und Malipiero sowie in Spanien von de Falla.

Lit.: O. LINDNER, Gesch. d. deutschen L. im 18. Jh., hrsg. v. L. Erk, Lpz. 1871; B. SEYFERT, Das mus.-volkstümliche L. v. 1770 bis 1800, VfMw X, 1894; M. BURKHARDT, Beitr. zum Studium d. deutschen L., Diss. Lpz. 1897; M. FRIEDLAENDER, Das deutsche L. im 18. Jh., 2 Bde (3 Abt.), Stuttgart 1902, Nachdruck Hildesheim 1962; H. RIETSCH, Die deutsche Liedweise, Wien u. Lpz. 1904; H. BISCHOFF, Das deutsche L., = Die Musik XVI/XVII, Bln (1906); A. NEF, Das L. in d. deutschen Schweiz im letzten Drittel d. 18. Jh. u. am Anfang d. 19. Jh., = Schriften hrsg. v. d. Stiftung v. Schnyder v. Wartensee XV, Zürich 1909; H. KRETZSCHMAR, Gesch. d. Neuen deutschen L. I, = Kleine Hdb. d. Mg. nach Gattungen IV, Lpz. 1911, Nachdruck Hildesheim 1966; R. SCHWARTZ, Zur Gesch. d. liederlosen Zeit in Deutschland, JbP XX, 1913; I. POLLAK-SCHLAFFENBERG, Die Wiener Liedmusik v. 1770 bis 1800, StMw V, 1918; A. SCHMITZ, Monodien d. Kölner Jesuiten aus d. 1. Hälfte d. 17. Jh., ZfMw IV, 1921/22; O. URSPRUNG, Vier Studien zur Gesch. d. deutschen L., AfMw IV, 1922 – VI, 1924; G. FROTSCHER, Zur Ästhetik d. Berliner L., ZfMw VI, 1923/24; G. MÜLLER, Gesch. d. deutschen L. v. Zeitalter d. Barock bis zur Gegenwart, = Gesch. d. deutschen Lit. nach Gattungen III, München 1925, Nachdruck Darmstadt 1959; A. HEUSLER, Deutsche Versgesch., in: Grundriß d. germanischen Philologie, hrsg. v. H. Paul, VIII, 1–3, Bln u. Lpz. 1925–29, Bln ²1956; W. VETTER, Wort u. Weise im deutschen Kunstl. d. 17. Jh., ZfMw X, 1927/28; DERS., Das frühdeutsche L., 2 Bde, = Universitas-Arch. VIII, Münster i. W. 1928; H. J. MOSER, Das deutsche Chorl. zwischen Senfl u. Hassler, JbP XXXV, 1928; DERS., Corydon, d. ist: Gesch. d. mehrst. Generalbaßl., 2 Bde, Braunschweig 1933; DERS., Das deutsche L. seit Mozart, 2 Bde, Bln u. Zürich 1937, Tutzing ²1966; DERS., Das deutsche Solol. u. d. Ballade, = Das Musikwerk XIV, Köln (1957); H. ABERT, Entstehung u. Wurzeln d. begleiteten deutschen Solol., in: Gesammelte Schriften u. Vorträge, Halle 1929; L. NOWAK, Das deutsche Gesellschaftsl. in Österreich v. 1480–1550, StMw XVII, 1930; H. H. ROSENWALD, Gesch. d. deutschen L. zwischen Schubert u. Schumann, Bln 1930; H. ROSENBERG, Untersuchungen über d. deutsche Liedweise im 15. Jh., Wolfenbüttel u. Bln 1931; FR. GENNRICH, Grundriß einer Formenlehre d. ma. L., Halle 1932; DERS., Troubadours, Trouvères, Minne- u. Meistergesang, = Das Musikwerk II, Köln (1951, ²1960); E. DAHMEN, Die Wandlungen d. weltlichen deutschen Liedstils im Zeitraum d. 16. Jh., Diss. Königsberg 1934; P. NETTL, Das Wiener L. im Zeitalter d. Barock, Wien u. Lpz. 1934; M. C. PFLEGER, Untersuchungen am deutschen geistlichen L. d. 13. bis 16. Jh., Diss. Bln 1937; H. OSTHOFF, Die Niederländer u. d. deutsche L. (1400–1640), = Neue deutsche Forschungen CXCVII, Abt. Mw. VII, Bln 1938; DERS., Das deutsche Chorl. v. 16. Jh. bis zur Gegenwart, = Das Musikwerk X, Köln (1955); E. BÜCKEN, Das deutsche L., Hbg 1939; C. PH. REINHARDT, Die Heidelberger Liedmeister d. 16. Jh., = Heidelberger Studien zur Mw. VIII, Kassel 1939; K. GUDEWILL, Die Formstrukturen d. deutschen Liedtenores d. 15. u. 16. Jh., Habil.-Schrift Kiel 1944, maschr., Teildruck: Zur Frage d. Formstrukturen deutscher Liedtenores, Mf I, 1948; DERS., Beziehungen zwischen Modus u. Melodiebildung in deutschen Liedtenores, AfMw XV, 1958; L. HÜBSCH-PFLEGER, Das Nürnberger L. im deutschen Stilwandel um 1600, Diss. Heidelberg 1944, maschr.; H. JUNG, Das geistliche Solol. im 19. Jh., Diss. Köln 1951, maschr.; E.-FR. CALLENBERG, Das obersächsische Barockl., Diss. Freiburg i. Br. 1952, maschr.; H. ENGEL, Das weltl. L. in Italien, Frankreich u. England, = Das Musikwerk III, Köln (1952); J. MÜLLER-BLATTAU, Das Verhältnis v. Wort u. Ton in d. Gesch. d. Musik, (Stuttgart) 1952; DERS., Zur Erforschung d. einst. deutschen L. im MA, Mf X, 1957; E. ZIMMERMANN, Gestaltungsfragen in klass. u. romantischen Liederzyklen, Diss. Bonn 1952, maschr.; FR. NOSKE, La mélodie frç. de Berlioz à Duparc, Paris 1954; DERS., Das außerdeutsche Solol., = Das Musikwerk XVI, Köln (1958); BR. STÄBLEIN, Von d. Sequenz zum Strophenl., Mf VII, 1954; H. BUNKE, Die Barform im romantischen Kunstl. ..., Diss. Bonn 1955, maschr.; Singweisen zur Liebeslyrik d. deutschen Frühe, hrsg. v. U. AARBURG, in: H. Brinkmann, Liebeslyrik d. deutschen Frühe, Düsseldorf ²1956; E. JAMMERS, Deutsche L. um 1400, AMl XXVIII, 1956; W. WIORA, Elementare Melodietypen als Abschnitte ma. Liedweisen, in: Miscelánea en homenaje a H. Anglès II, Barcelona 1958–61; DERS., Ausgew. Kapitel zur Gesch. d. deutschen L., Wolfenbüttel (in Vorbereitung); D. STEVENS, German Lute-Songs of the Early Sixteenth Cent., Fs. H. Besseler, Lpz. 1961; A. SYDOW, Das L., Göttingen 1962; H. W. SCHWAB, Sangbarkeit, Popularität u. Kunstl., Studien zu L. u. Liedästhetik d. mittleren Goethezeit 1770–1814, = Studien zur Mg. d. 19. Jh. III, Regensburg 1965.

Liederbücher, Liederhandschriften stellen für Minne- und Meistersang sowie für das Volks- und Gesellschaftslied des 15./16. Jh. die bedeutendste Quelle dar; als mehrstimmige handschriftlichen L.n sind die → Quellen *Glog*, *Loch* und *Sche* hervorzuheben. Wichtige 1st. Liedersammlungen seit dem hohen Mittelalter (→ Carmina Burana, um 1300) im deutschen Sprachraum sind (für Frankreich → Chansonnier, für die Niederlande → Souterliedekens):

Jenaer Liederhandschrift (um 1350; aufbewahrt in der Universitätsbibl. Jena, Sigel *J*), mit 91 Melodien die wichtigste musikalische Quelle des mittelhochdeutschen Liedes im Übergang vom Minnesang zum Meistersang (Ausg.: von Fr. H. von der Hagen in Band IV der *Minnesinger*, Leipzig 1838, als diplomatischer Abdruck; als photographische Reproduktion von K. K. Müller, Jena 1896; originalgetreuer Abdruck mit

Übertragung der Melodien von Fr. Saran mit G. Holz und E. Bernoulli, 2 Bände, Leipzig 1901, Nachdruck Hildesheim 1966; Lit.: Fr. Saran, *Zu den Liedern der Jenaer Liederhandschrift*, in: Beiträge zur Geschichte der deutschen Sprache und Literatur XXVII, 1902; K. Bartsch, *Untersuchungen zur Jenaer Liederhandschrift*, = Palaestra CXL, Leipzig 1923; E. Jammers, *Untersuchungen über die Rhythmik und Melodik der Melodien der Jenaer Liederhandschrift*, ZfMw VII, 1924/25; C. G. Brandis, *Zur Entstehung und Geschichte der Jenaer Liederhandschrift*, in: Zeitschrift für Bücherfreunde, N. F. XXI, 1929).
Handschrift Wien 2701 (1. Hälfte des 14. Jh.), Gesänge von Frauenlob, Reinmar von Zweter und Meister Alexander (hrsg. von H. Rietsch, = DTÖ XX, 2, Band 41, Wien 1913).
Mondsee-Wiener Liederhandschrift (um 1400; Österreichische Nationalbibl. Codex 2856, vorher Codex Lunaelacensis f. 119), auch nach dem früheren Besitzer *Peter Spörls Liederbuch* genannt, enthält 83 numerierte Musikstücke, darunter 56 weltliche Lieder, hauptsächlich vom → Mönch von Salzburg (Ausg. von F. A. Mayer und H. Rietsch, in: Acta germanica III–IV, 1894–96; Lit.: O. Ursprung, *Vier Studien zur Geschichte des deutschen Liedes II, Die Mondseer Liederhandschrift von Hermann, dem Mönch von Salzburg*, AfMw V 1923).
Heidelberger Liederhandschrift (nach 1400; Codex Heidelberg, Universitätsbibl., Pal. germ. 329 – nicht identisch mit der *Großen Heidelberger Liederhandschrift*, der sogenannten *Manessischen Handschrift*, Pal. germ. 848), im Auftrag H. von → Montforts angefertigter Codex mit Weisen B. Mangolts (Ausg.: *H. v. Montfort, Lieder, mit den Melodien des B. Mangolt*, hrsg. von P. Runge, Leipzig 1906; Lit.: E. Jammers, *H. v. Monforts Liederhandschrift*, Heidelberg 1957, Sonderdruck aus: Ruperto-Carola IX, 1957, Band 21).
Hohenfurter Liederbuch (im Zisterzienserkloster Hohenfurt nach 1450 entstanden; heute aufbewahrt in Böhmisch-Budweis), eine für das spätmittelalterliche Volkslied reichhaltige Quelle, enthält neben 79 Liedern 38 Weisen (Ausg.: W. Bäumker, *Ein deutsches geistliches Liederbuch mit Melodien aus dem 15. Jh.*, Leipzig 1895; Lit.: R. Batka, *Das Hohenfurter Liederbuch*, in: Deutsche Arbeit I, 1901; W. Salmen, *Das Erbe des ostdeutschen Volksgesanges*, Würzburg 1956).
Wienhäuser Liederbuch (1460; Klosterbibl. Wienhausen, Kreis Celle/Aller), bedeutendster Sammelband mittelalterlicher Liedkunst in Niedersachsen mit 59 Liedtexten (17 lateinisch, 6 in lateinisch-niederdeutscher Wechselsprache und 36 niederdeutsch), einer Reimprosa und 15 Melodien in gotischer Hufnagelnotenschrift auf 4 Linien (Ausg. in Faksimile und Übertragung mit Kommentar von H. Sievers, 2 Bände, Wolfenbüttel 1954; Lit.: W. Irtenkauf, *Einige Ergänzungen zu den lateinischen Liedern des Wienhäuser Liederbuchs*, Mf X, 1957).
Kolmarer Liederhandschrift (um 1460; Bayerische Staatsbibl. München, Handschrift cgm. 4997, Sigel *K*, auch *C*, in germanistischer Literatur auch *t*), bedeutende musikalische Quelle des Minne- und Meistersanges, 105 Melodien meist geistlichen Inhalts (Ausg.: *Die Sangesweisen der Colmarer Handschrift und die Liederhandschrift Donaueschingen*, hrsg. von P. Runge, Leipzig 1896; Lit.: Fr. Eberth, *Die Minne- und Meistersangweisen der Kolmarer Liederhandschrift*, Detmold 1935; H. O. Burger, *Die Kunstauffassung der frühen Meistersinger – Eine Untersuchung über die Kolmarer Handschrift*, = Neue Deutsche Forschungen LXXV, Abteilung Deutsche Philologie II, Berlin 1936; R. Zitzmann, *Die Melodien der Kolmarer Liederhandschrift*, Würzburg 1944;

R. Genseke, *Die Kolmarer Handschrift und ihre Bedeutung für den deutschen Meistergesang*, Diss. Tübingen 1955, maschr.; H. Husmann, *Aufbau und Entstehung des cgm 4997*, DVjs. XXXIV, 1960).
Donaueschinger Liederhandschrift (2. Hälfte des 15. Jh.; Donaueschingen, Fürstlich Fürstenbergische Hofbibl., ms. 120, Sigel *D*), vielleicht aus dem Elsaß stammende späte Quelle des Minnesangs, enthält in dem von Meistersingern angelegten Musikteil (S. 205–322) 39 Texte mit 21 Tönen (allein 14 Töne Frauenlobs). Mit Ausnahme der *Salve regina*-Paraphrase von Reinmar von Zweter stehen alle Lieder auch in *K*, das wahrscheinlich auf der gleichen Vorlage beruht. (Ausg.: *Die Sangesweisen der Colmarer Handschrift und die Liederhandschrift Donaueschingen*, hrsg. von P. Runge, Leipzig 1896).
Rostocker Liederbuch (um 1470/80; Universitätsbibl. Rostock Mss. phil. 100/2), entstanden in einem Freundeskreis der Rostocker Universität, spiegelt in 29 einstimmigen und zwei 2st. Melodien die ins Bürgerliche abgewandelte höfische Tradition des Minne- und Gesellschaftsliedes des 15. Jh. wider (Ausg.: von B. Claußen und A. Thierfelder, Rostock 1919; *Das Rostocker Liederbuch nach den Fragmenten der Handschrift*, neu hrsg. von Fr. Ranke und J. Müller-Blattau, = Schriften der Königsberger Gelehrten Gesellschaft, Geisteswissenschaftliche Klasse IV/5, Halle 1927; Lit.: J. Müller-Blattau, *Wach auff, mein hort!*, in: Studien zur Musikgeschichte, Festschrift G. Adler, Wien und Leipzig 1930; H. Rieschel, *Die alten niederdeutschen Lieder des Rostocker Liederbuches*, DMK III, 1938/39; *Ostdeutscher Minnesang*, hrsg. von M. Lang und W. Salmen, = Schriften des Kopernikuskreises III, Lindau und Konstanz 1958).
Liederbuch der Anna von Köln (um 1500; seit 1863 in der damaligen Kgl. Bibl. Berlin, jetzt Stiftung Preußischer Kulturbesitz Tübingen, Depot der Staatsbibl., Ms. germ. Oct. Nr 280), 24 zumeist 1st. Melodien geistlichen Inhalts im Stile des weltlichen Volksliedes, zum täglichen Gebrauch im Kloster geschrieben (Ausg.: *Liederbuch der Anna von Köln*, hrsg. von W. Salmen und J. Koepp, = Denkmäler rheinischer Musik IV, Köln 1953; vgl. auch W. Salmen in: Kongreß-Bericht Utrecht 1952).
Durch die Erfindung des Notendrucks wurden zu Beginn des 15. Jh. die Liedersammlungen häufiger und umfangreicher; sie enthalten jetzt alle mehrstimmige C. f.-Lieder (Tenorlieder), so z. B. die Liederbücher des Arnt von → Aich, E. → Öglin, H. → Ott, G. → Forster u. a. Ein später Nachfahre der handschriftlichen, als Quellen für das Volkslied wichtigen Liederbücher ist das *Liederbuch des Studenten* → *Clodius* (1665–69). Sehr bekannt wurde um 1800 das *Mildheimische Liederbuch*, herausgegeben Gotha 1799 von R. Z. Bekker (mehrfach aufgelegt, zuletzt 1838 mit 800 Gedichten); die Melodien stammen von zeitgenössischen Komponisten wie J. Fr. Reichardt, J. A. P. Schulz, J. A. Hiller, Schubart, Neefe, Zelter, Nägeli u. a. (vgl. M. Friedlaender, *Das deutsche Lied im 18. Jh.*, 2 Bände, 3 Abt., Stuttgart 1902, Nachdruck Hildesheim 1962).

Liederkranz → Liedertafel.

Liederspiel ist eine dem → Singspiel nahestehende Gattung des musikalischen Theaters, die in gesprochene Dialoge volkstümlich-schlichte Lieder einstreut. Unter dem Einfluß Goethes schuf J. Fr. Reichardt mit *Lieb und Treue* (erste öffentliche Aufführung: Berlin 1800) sein erstes als L. bezeichnetes Werk und äußerte sich darüber in einem programmatischen Aufsatz (AmZ 1801, S. 709–717, zitiert in KochL): *Ich nannte das Stück L., weil Lied und nichts als Lied den musikalischen Inhalt des Stückes ausmachte*. Reichardt wollte mit dem L. ein deutsches, betont lyrisches Gegenstück zum → Vaudeville schaffen. Durch seine Nachahmer Fr. H. Himmel (*Frohsinn und Schwärmerei*, 1801; *Fanchon das Leyermädchen*, 1804), K. Eberwein (Holteis *Lenore*, 1832) und viele andere erlangte das L. große Beliebtheit. Die Grenzen zu Singspiel, Operette, Vaudeville verwischten sich nun allerdings; oft suchte die Musik zu sehr die Nähe des Volkstümlichen, und schon um 1830 war das aus einer poetisch-musikalischen Idee geborene L. weitgehend in den Bereich der Posse hinübergewechselt. Versuche Mendelssohns (*Heimkehr aus der Fremde*, 1829) und Lortzings (*Der Pole und sein Kind*, 1832), das L. zu neuem künstlerischem Leben zu erwecken, blieben isoliert. – Neben das szenische L. trat das konzertmäßige L. (ohne gesprochene Dialoge) für mehrere Stimmen, meist Vokalquartett, eine lyrische Form mit leicht dramatischer Färbung. Bekannte Beispiele sind L. Bergers *Die schöne Müllerin* (1816), R. Schumanns *Spanisches L.* (1849), die Zigeunerlieder und die *Liebeslieder-Walzer* von Brahms, in neuerer Zeit das *Deutsche Volks-L.* von H. Zilcher und das *Deutsche L.* von H. v. Herzogenberg. – Die Bezeichnung L. wird auch heute noch bei Vokalwerken verwendet, zumeist Chören, die in lockerer zyklischer Form Texte eines Dichters vereinen, sowie bei kleinen, für die Schule bestimmten szenischen Kantaten.

Lit.: L. KRAUS, Das L. in d. Jahren 1800–30, Diss. Halle 1921, maschr., Auszug in: Jb. d. philosophischen Fakultät Halle 1921/22.

Liedertafel, ein von Zelter 1809 in Berlin gegründeter Kreis von zunächst 24 männlichen Mitgliedern (Sängern, Dichtern und Komponisten), die zum Teil auch der Singakademie verbunden waren. Die L. entstand in romantischer Erinnerung an die Tafelrunde der Artus-Sage. Sie gab sich feste Statuten und pflegte in einer von vaterländischen Ideen getragenen Geselligkeit vor allem das Chorlied für Männerstimmen, für das Zelter zahlreiche eigene Kompositionen beisteuerte. Zelters L. wurde zu einer wichtigen Keimzelle für den deutschen → Männerchor. Ihr Vorbild, aber auch ihre Exklusivität, veranlaßten L. Berger und B. Klein 1819 zur Gründung der jüngeren Berliner L.; außerdem wurden nach dem Berliner Vorbild zahlreiche weitere L.n gegründet, u. a. 1815 in Leipzig, 1818 in Magdeburg, 1823 in Hamburg, 1827 in Bremen, 1830 in Hannover, 1839 in Dresden. – Im süddeutschen Raum entstanden nach dem Vorbild des 1810 von H. G. Nägeli in Zürich gegründeten, vom humanistisch-sozialen Bildungsideal Pestalozzis geprägten Männergesangvereins volkstümliche, allen Schichten offenstehende Liederkränze, so schon 1817 der Musikverein in Schwäbisch Hall, 1818 der Singkranz in Heilbronn, 1824 der Stuttgarter Liederkranz und 1825 der Liederkranz in Ulm (hier und in Memmingen wurde an noch bestehende Traditionen des Meistersangs angeknüpft). – Die bestehenden Chorvereinigungen, sowohl L.n als auch Liederkränze, schlossen sich im Laufe des 19. Jh. zu → Sängerbünden zusammen.

Ausg.: Aus d. Liederschatz d. Zelterschen L., hrsg. v. H. HOPPE, Bln (1931).

Lit.: H. KUHLO, Gesch. d. Zelterschen L. v. 1809–1909, Bln 1909; H. DIETEL, Beitr. zur Frühgesch. d. Männergesanges, Diss. Bln 1938.

Liedform, eine von A. B. Marx (1839) geprägte Bezeichnung für 2- und 3teilige Formen geringen oder mittleren Umfangs. Der Name L. ist als ästhetische Charakteristik zu verstehen; er soll die Einfachheit und Prägnanz der Formen bezeichnen, nicht deren Herkunft, die eher in den Tanzsätzen des 16. und 17. Jh. als im Lied zu suchen ist. Eine Liedstrophe besteht aus Zeilen, die je zwei 4/4-Takte umfassen, wenn der Vers vierhebig ist; die Grundeinheit der L. jedoch ist der 4taktige Satz, die 8taktige Periode oder der aus einem Vordersatz, einer sequenzierenden Fortspinnung und einem kadenzierenden Epilog zusammengesetzte »Fortspinnungstypus« (W. Fischer 1915). – Die kleinste L. ist zweiteilig mit Wiederholung jedes der beiden Teile. Der 1. Teil schließt mit einem Halbschluß in der Haupttonart oder einem Ganzschluß in einer verwandten Tonart (Dominante in Dur, Tonikaparallele oder Dominante in Moll); der 2. Teil führt von der neuen Tonart zur Haupttonart zurück. Die Teile sind melodisch verschieden: |: a :||: b :|, oder durch Wiederkehr der Anfangs- oder Schlußpartie miteinander verbunden: |: ax :||: ay :| oder |: ax :||: bx :|. Seltener ist der ganze 2. Teil eine Variante des ersten (A. Corelli, Kammersonate op. 4, V, Allemanda). – Als L. im engeren Sinne gilt die 3teilige L., deren Kennzeichen die Wiederkehr des Anfangs nach einem abweichenden Mittelteil ist: a b a; die 3teilige Reihungsform a b c, in Tänzen des 16. Jh.: |: a :||: b :||: c :|, wird nicht zu den L.en gezählt. Der 1. Teil wird für sich wiederholt, der zweite und dritte werden zusammengefaßt |: a :||: b a :|, so daß die 3teilige L. an den Reprisenbar des Mittelalters: |: a :||: b a :|, erinnert. Im 2. Teil, der in einer kontrastierenden Tonart steht, werden nicht selten Motive des 1. Teils verarbeitet (A. Vivaldi, Kammersonate op. 1, IV, Allemanda). Die 3teilige L. des frühen 18. Jh. bildet, neben der Konzertform, eine der Voraussetzungen der Sonatensatzform. Anderseits wirkte in der Klassik die Sonatensatzform auf die L. der Menuett- oder Scherzosätze zurück und führte zu deren Erweiterung und Differenzierung (Mozart, Streichquartett K.-V. 464, Menuetto). – Durch Potenzierung der 3teiligen L. entsteht die zusammengesetzte L.: A (|: a :||: b a :|) B (|: c :||: d c :|) A (|: a :||: b a :|), die z. B. durch das Menuett mit Trio repräsentiert wird. Eine Ausdehnung der Bezeichnung L. auf große, aber nicht durch Potenzierung entstandene Formen des Typus A B A, z. B. die Da-Capo-Arie, wäre verwirrend. Als zusammenfassenden Namen für sämtliche Formen, die auf der Wiederkehr des Anfangs nach einem abweichenden Mittelteil beruhen, prägte A. Lorenz (1924) den Ausdruck »Bogenform«. CD

Lied ohne Worte (frz. romance bzw. chanson sans paroles; engl. song without words) ist von F. Mendelssohn Bartholdy (8 Hefte mit je 6 L.ern o. W. für Kl.: op. 19, 1830–32; op. 30, 1833–34; op. 38, 1836–37; op. 53, 1841; op. 62, 1842–44; op. 67, 1843–45; op. 85, 1834–45; op. 102, 1842–45) bis A. Schönberg (6. Satz der Serenade op. 24, 1923) eine sehr gebräuchliche Bezeichnung für kürzere Instrumentalstücke (→ Charakterstück) nach Art der instrumental begleiteten Lieder jener Zeit; oft beginnt und beschließt bei Mendelssohn die »Begleitung« allein das Stück. Die musikalischen Vorbilder für die L.er o. W. von Mendelssohn, auf den der Name zurückgehen dürfte, sind in kantablen Klavieretüden des frühen 19. Jh. zu sehen, vor allem in den 12 Etüden op. 12 (1820) und den 15 Etüden op. 22 (vor 1830) von Mendelssohns Lehrer L. Berger, sowie in den Studien für Kl. op. 70 (1826) von I. Moscheles. Der unmittelbare Einfluß von W. Taubert (op. 16, 1831) auf Mendelssohns L.er o. W. (W. Kahl) wird bestritten.

Lit.: W. KAHL, Zu Mendelssohns L. o. W., ZfMw III, 1920/21; DERS., Aus d. Frühzeit d. lyrischen Klavierstücks, ZfM LXXXIX, 1922; CH. WILKINSON, How to Interpret Mendelssohn's »Songs Without Words«, London 1930; W. GEORGII, Klaviermusik, Zürich 1941, Zürich u. Freiburg i. Br. ⁴1965; D. SIEBENKÄS, Zur Vorgesch. d. L. o. W. v. Mendelssohn, Mf XV, 1962.

Liegnitz (Schlesien).
Lit.: W. Scholz, Beitr. zur Mg. d. Stadt L. ..., L. 1941; H. Unverricht, Zur Gesch. d. Klavierbaues in L., Instrumentenbau-Zs. IX, 1955.

Ligatur (lat. ligatura, Verbindung), – 1) in der Modal- und Mensuralnotation das zwei oder mehr Noten graphisch zu einer Einheit zusammenfassende Zeichen (daher definiert als figura ligata oder figura composita) im Unterschied zur Einzelnote (figura simplex), bisweilen aber auch zur → Coniunctura, d. h. einer nicht zusammenhängend geschriebenen Notenfolge (mit → Currentes), die trotzdem nur ein einziges Zeichen bildet (z. B. Climacus). Das Wort ist in dieser Bedeutung seit dem 13. Jh. belegt (*Discantus positio vulgaris*, ed. Cserba, S. 190 u. ö.). Die ältesten L.en, also die der Modalnotation, sind im wesentlichen aus → Neumen (– 1) des nordfranzösischen Schrifttypus übernommen: Pes = , Flexa = , Scandicus = , Climacus = (Variante der obigen Form), Torculus = , Porrectus = u. a. Ob diese Zeichen bereits vor der Übernahme rhythmisch festgelegt waren (etwa im Sinne der durch Guido von Arezzo, *Micrologus* XV, CSM IV, 163, bezeugten mora ultimae vocis), ist umstritten. Im Unterschied zu den wohl noch nicht modalrhythmisch zu verstehenden melismatischen Partien beruhten die Discantuspartien des 2st. → Organum der Notre-Dame-Epoche in Rhythmus und Schrift schon auf dem modalen Prinzip, so daß man es hier offenbar mit den Anfängen der L.en-Schreibung zu tun hat. Es scheint von vornherein als allgemeine Regel gegolten zu haben, daß jeweils die Schlußnote einer L. den relativ längsten Wert erhält (entsprechend der späteren Longa). Damit waren aber zunächst nur die 2tönigen L.en (binariae) rhythmisch festgelegt (etwa Brevis + Longa), die mehrtönigen jedoch nicht. Immerhin war der Gebrauch 3töniger L.en (ternariae) so streng geregelt, daß trotz ihrer Mehrdeutigkeit aus der gewählten L.en-Kombination im allgemeinen klar genug hervorging, in welchem Rhythmus die Ternaria jeweils gelesen werden mußte (→ Modus – 2). Wie aber die mehr als 3tönigen L.en rhythmisch aufzufassen sind, läßt sich heute vielfach nicht mehr mit Sicherheit feststellen. Im Zuge der alsbald notwendig gewordenen genaueren Festlegung des Rhythmus durch die Notenschrift (→ Mensuralnotation) wurde das mit festen rhythmischen Werten (Longa, Brevis, Semibrevis) rechnende L.en-System geschaffen, das, von geringfügigen Änderungen abgesehen, bis ins 16. Jh. hinein in Geltung blieb. Bezeugt ist dieses System zuerst durch die Theorie (J. de Garlandia, ed. Cserba, S. 198ff., und CS I, 178ff., etwas später Franco von Köln, ed. Cserba, S. 240ff.); in der Praxis scheint es erst allmählich Verwendung gefunden zu haben (→ Ars antiqua). In ihrer rhythmischen Bedeutung können die L.en am Anfang (→ Proprietas) und am Schluß (→ Perfectio – 1) modifiziert werden. Von den aus der Modalnotation übernommenen Grundformen (cum proprietate und cum perfectione) unterscheiden sich die neu hinzugekommenen abgeleiteten Formen dadurch, daß sie am Anfang entweder sine proprietate oder cum opposita proprietate (letzteres gilt stets für die beiden ersten Töne gemeinsam) und am Schluß sine perfectione geschrieben sind. Die graphischen Mittel – Weglassen oder Hinzufügen eines Striches (cauda, tractus) und schräge (l.a obliqua) statt rechtwinklige Schreibung (l.a recta) – waren für die absteigenden L.en anders als für die aufsteigenden (gerechnet jeweils vom ersten zum zweiten Ton). Das Prinzip, nach dem die rhythmischen Werte ermittelt werden, zeigt folgende Zusammenstellung:

S = Semibrevis
L = Longa
B = Brevis

		cum proprietate		sine proprietate		cum opposita proprietate
		cum perfectione	sine perfectione	cum perfectione	sine perfectione	
		(Grundform)				
binaria	descendens	B L	B B	L L	L B	SS
ternaria		BBL	BBB	LBL	LBB	SSL
						SSB
binaria	ascendens	B L	B B	L L	L B	SS
ternaria		BBL	BBB	LBL	LBB	SSL
						SSB

Bei mehrtönigen L.en haben die mittleren Töne den Wert von Breven gemäß der Regel: *omnis media brevis, nisi per oppositam proprietatem semibrevietur* (Franco von Köln, ed. Cserba, S. 243). Bis gegen Ende der Ars antiqua konnte die letzte Note einer L. durch Hinzufügen eines senkrechten Schlußstrichs (nach unten oder nach oben) in eine → Plica umgewandelt werden; nach dem Verschwinden der Plica war der abwärts gerichtete Schlußstrich nur mehr Kennzeichen der Schlußlonga (z. B. =). Die farbige und die Hohlschreibung (→ Color – 1) haben am L.en-System im Prinzip nichts geändert. – 2) die seit dem 16. Jh. allmählich in Gebrauch gekommene Bindung (ital. legatura; frz. liaison) von Einzelnoten durch einen → Bogen (– 1) und speziell die auf guten Taktteil herübergebundene Note (→ Synkope).

Lit.: zu 1): W. Niemann, Über d. abweichende Bedeutung d. L. in d. Mensuraltheorie d. Zeit vor J. de Garlandia, = BIMG I, 6, Lpz. 1902; H. Rietsch, Ein Gedächtnisbehelf f. d. Ligaturenlesung, ZfMw VIII, 1925/26; O. Ursprung, Die L. ..., AMl XI, 1939.   FZA

Limma (griech.) → Apotome.

Lingualpfeifen (auch Rohr-oder Schnarrwerk; engl. reed stops; frz. jeux d'anches) sind → Register (– 1) der Orgel, bei denen der Luftstrom, ähnlich wie bei den Rohrblattinstrumenten, von einem schwingenden Metallblatt (→ Zunge) periodisch unterbrochen wird. Die Zunge liegt auf einer Kehle. Mit einer Krücke kann der schwingende Teil der Zunge verkürzt oder verlängert werden, um die Tonhöhe zu regulieren. Das 19. Jh. baute gerne auch durchschlagende Zungen. Die Klangfarbe der L. wird durch die Breite und Dicke der Zunge und von der Form des Schallbechers (→ Aufsätze) bestimmt. L. werden zu 16′, 8′ und 4′, im Pedal auch zu 32′ und 2′ gebaut.

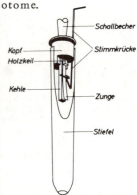

Liniensystem (auch kurz System), das Schema von 5 parallelen Linien, auf und zwischen denen die Noten eingetragen werden. Diese Technik der Notation reicht in ihren Ursprüngen bis ins 10. Jh. zurück. In Analogie zur Richtlinie des Textes wurde bei diastematischer Notierung eine solche Richtlinie auch zur deutlicheren Höhenordnung der Neumen verwendet (vorwiegend geritzt, nicht selten auch gefärbt), ohne daß zunächst der Linie eine bestimmte Tonhöhe zugeordnet gewesen wäre. Auch in Hucbalds *De harmonica institutione* (GS I, 104ff.) haben die Linien keine primäre Tonhöhenbedeutung; sie sind hier als Abbilder von Saiten gedacht, deren Zwischenräume durch vorangestelltes T(onus) oder S(emitonium) in ihren Abständen

fixiert sind (Beispiel nach Brüssel, Bibl. Royale, 10078/95, f. 87).

Dieser Technik, bis zu 18 Linien ausgeweitet, bedient sich auch die *Musica Enchiriadis* (→ Dasia-Zeichen). Gesang nach Neumen auf Linien und in Zwischenräumen wird zuerst 986 für das Kloster Corbie überliefert (Gerbert 1774, II, S. 61). Doch war es Guido von Arezzo (*Regulae rhythmicae*, um 1025, GS II, 30ff.), der gegenüber der mancherorts geübten Praxis, zwischen 2 Linien 2 oder 3 Zwischentöne zu plazieren, mit dem Vorschlag nur eines Zwischentons (d. h. mit Terzenschichtung), mit → Schlüsseln und roter (später gelegentlich grüner) Färbung der F- und gelber (oder grüner) der C-Linie, für die Folgezeit maßgebend wurde. Seine Methode setzte sich im 11. und 12. Jh. in Italien, Frankreich, Spanien und England allgemein durch und verdrängte in Südfrankreich die einfachere, überwiegend mit nur einer Linie notierte Diastematie der aquitanischen Neumenschrift, in der auch die mehrstimmigen St.-Martial-Handschriften geschrieben sind (→ Quellen: SM). In Deutschland dauerte die Übergangszeit bis um 1300, doch hielten St. Gallen und einige von ihm abhängige Klöster noch bis zum 15. Jh. an den linienlosen Neumen fest. Bei sehr hoher oder tiefer Lage des zu notierenden Gesangs wurden die Tonorte von C bzw. f nicht selten auch durch in den Zwischenraum eingefügte kolorierte Linien markiert (Wagner ²1912, S. 289). Für die einstimmige Musik setzte sich seit dem 12. Jh. das noch heute in der → Choralnotation gebräuchliche Vierliniensystem durch. In der mehrstimmigen Musik wurde nach einer in den Anfängen schwankenden Linienzahl das Fünfliniensystem je Stimme allgemein üblich, wenn auch die italienische Trecentomusik häufig 6 Linien verwendet und vereinzelt (vgl. etwa die → Quellen *BL* und *Tr 89*) noch im 15. Jh. 6 und 8 Linien zu finden sind. In der → Tabula compositoria werden noch im 16. Jh. 10 Linien in ein System zusammengezogen. – Während die Lautentabulaturen die 6 Linien als Abbilder der Saiten des Instruments benutzen, greifen italienische, französische und englische Tabulaturen für Tasteninstrumente zunächst auf die größere Linienzahl partiturmäßiger Aufzeichnungen zurück, legen dann aber zu leichterem Überblick die rechte und linke Hand in je einem eigenen System auseinander, wobei entweder beide Systeme die gleiche Linienzahl aufweisen (5, 6 oder 7) oder das L. der rechten Hand mit einer geringeren Zahl von Linien auskommt als das der linken (z. B. 5 zu 6, 6 zu 7, 5 zu 8 oder 6 zu 8). – Die Zählung der Linien erfolgt von unten nach oben. Hilfslinien, d. h. Linien oder Linienfragmente unter oder über dem System, die in den älteren Notationen durch Schlüsselwechsel vermieden wurden, werden heute gebraucht, wo die Stimmführung den Umfang des Systems überschreitet. Ist ihre Zahl auch theoretisch unbegrenzt, so beschränkt sich die moderne Notation im Hinblick auf größere Übersichtlichkeit auf die Zahl von 5 Hilfslinien und bevorzugt bei rascherem Tempo die Oktavierungszeichen 8va oder 8va bassa (→ Abbreviaturen – 9). → Tonsystem.

Lit.: M. GERBERT OSB, De cantu et musica sacra II, St. Blasien 1774; P. WAGNER, Einführung in d. Gregorianischen Melodien II, Lpz. ²1912, Nachdruck Hildesheim u. Wiesbaden 1962; DERS., Aus d. Frühzeit d. L., AfMw VIII, 1926; WOLFN.

Linos (griech. λίνος), eine uralte Weise, die (nach Herodot 2, 79) außer bei den Griechen auch in Phönizien, in Ägypten, auf Zypern und anderwärts heimisch gewesen sein soll. Der L. war ursprünglich wohl ein Trauergesang (möglicherweise von oder für L., einen mythischen Sänger), ist aber auch als Gesang bei der Weinlese bezeugt (Homer, *Ilias* 18, 570).

Linz an der Donau.
Lit.: O. WESSELY, L. u. d. Musik – Von d. Anfängen bis zum Beginn d. 19. Jh., Jb. d. Stadt L. 1950, L. 1951; DERS., Die Musikinstr.-Slg d. Oberösterreichischen Landesmuseums, = Kat. d. Oberösterreichischen Landesmuseums IX, L. (1952); DERS., Das L.er Musikleben in d. 1. Hälfte d. 19. Jh., Jb. d. Stadt L. 1953, L. 1954; K. M. KLIER, L. im Liede, ebenda 1954 (Nachträge ebenda 1960), L. 1955; H. WIMMER, Das L.er Landestheater 1803–1958, = Schriften d. Inst. f. Landeskunde v. Oberösterreich XI, L. 1958; W. JERGER, Von d. Musikvereinsschule zum Bruckner-Konservatorium 1823–1963, L. 1963.

Lippenpfeifen → Labialpfeifen.

Liqueszens (von lat. liquescens, fließend werdend), eine verschleifende Art des Vortrags, die in der Neumenschrift (Neumen – 1) besonders gekennzeichnet wurde. Sie war durch die Aussprache gewisser Laute bedingt (Schlußlaute der Diphthonge ei, au, eu, Zwischenlaute zwischen Konsonanten wie ad-te, Beilaute der liquiden Konsonanten l, m, n, r). Das Zeichen für die L., das aus den Hyphen der antiken Prosodie abzuleiten ist, ist ein runder Haken, der in einigen Schriften als Cephalicus, Epiphonus, Ancus mit dem Hauptzeichen zusammengeschrieben, sonst aber hinzugesetzt wird (eine Sonderform ist das → Quilisma). Aus ihm entwickelte sich später die → Plica, die zwar eine ähnliche Bedeutung besitzt, jedoch nicht mehr an die Form des Lautes gebunden ist.

Lira (ital., von griech. → lyra), Name für ein in verschiedenen Dimensionen und Stimmungen gebautes Streichinstrument der Renaissance, dessen Grundtyp, die L. da braccio, ebenso wie die damals auch L. genannte → Viola, auf die mittelalterliche Fiedel zurückgeht. Auf Bildwerken wird das vermeintlich antike Instrument in den Händen von Orpheus, Apoll, Homer, König David und von Musen dargestellt. Liren konnten zu mehreren im Ensemble gespielt werden, wie z. B. aus einem Werk von Gombert hervorgeht: *Musica quatuor vocum (vulgo Motecta nuncupatur), Lyris maioribus, ac Tibiis imparibus accomodata* (1539), wurden aber meistens als Begleitinstrument zu Sologesängen (Schering Beisp. Nr 99) oder in gemischten Ensembles verwendet. Charakteristisch für die L. da braccio sind die abgespreizten Saiten (meist 2 von insgesamt 7), das fast immer bundlose breite Griffbrett, der herz- oder blattförmige Wirbelkasten mit vorderständigen Wirbeln sowie der nur schwach gewölbte Steg, der mehrstimmiges Spiel erleichtert. Eine abgespreizte, nicht über das Griffbrett laufende Saite kommt bereits bei Fiedeln des 13. Jh. vor. Das Titelblatt einer *Epithome Plutarchi* (Ferrara 1501) zeigt z. B. eine Fiedel mit 5 Griffbrett- und 2 abgespreizten Saiten. Das Corpus der L. ist entweder nur schwach eingezogen (so noch auf einer Intarsie des 15. Jh. in Urbino), in 2 Bügeln ausgebildet (B. Montagnas Madonna von 1499; V. Carpaccios »Darstellung Jesu im Tempel« von 1510), oder es hat Ober-, Mittel- und Unterbügel und kommt damit der späteren Violine nahe (Holzschnitt in: Ovid, *Metamorphoseos Vulgare*, Venedig 1497; erhaltene L. von Joan Maria, wahrscheinlich Brescia um 1540 mit Boden- und Deckenwölbung). Stimmung und Namen der Saiten sind nach Lanfranco (1533): d d¹ (bassi), g g¹ (bordoni), d¹ a¹ e² (tenore, sottanella, canto). – Die L. da gamba (lirone perfetto, arciviola da l., auch arciviolata l., accordo), das Baßinstrument der L.-Familie mit 9–16 Saiten und meist bebündetem Griffbrett, hielt sich in Italien bis zur Mitte des 17. Jh. Auch bei der L. da gamba wird unterschieden zwischen den außerhalb des Griffbretts sowie den ersten zwei über dem Griffbrett liegenden Saiten einerseits (beides sind jeweils in Oktaven gestimmte Chöre) und allen übrigen Saiten andererseits, die in Quinten gestimmt werden. Cerreto (1601) gibt als Stimmung an: G g (corde di fuor), c c¹, c g d¹, a e¹, h fis¹, cis¹ (corde di dentro). Mersenne (1636/37) beschreibt eine 15saitige, nach dem gleichen Prinzip gestimmte (Baß-)»Lyre«.

Lit.: A. HAIDECKI, Die ital. L. da braccio, Mostar 1892; G. R. HAYES, Mus. Instr. and Their Music 1500–1750, 2 Bde, London 1928–30; B. DISERTORI, L'arciviolata l. in un quadro del Secento, RMI XLIV, 1940; DERS., Pratica e tecnica della l. da braccio, RMI XLV, 1941; E. WINTERNITZ, Quattrocento-Intarsien als Quellen d. Mg., Kgr.Ber. Köln 1958; DERS., Artikel L. da braccio, in: MGG VIII, 1960.

Lira organizzata, Lira tedesca (ital.), → Drehleier.

Lirone perfetto (ital.) → Lira.

l'istesso tempo, lo stesso tempo, medesimo tempo (ital.), dasselbe (d. h. im gleichen) Zeitmaß. Tempovorschrift beim Wechsel vom geraden zum ungeraden Takt (und umgekehrt), welche die gleichbleibende Zeitdauer der Notenwerte (z. B. Viertel = Viertel, aber auch 2/4 ♩ = 6/8 ♪.) oder der Takte (z. B. Ganztakt = Ganztakt, 4/4 𝅝 = 3/4 ♩.) fordert.

Litanei (griech. λιτανεία; lat. litania oder letania, später litaniae), ein Bittgebet oder Bittgesang in Form von Anrufungen. Ihren für das 5. bis 7. Jh. in der römischen Kirche nachweisbaren Urtyp stellt die aus der Ostkirche stammende Kyrie-L. (→ Leise) dar, bei der das Volk die von einem Vorbeter bzw. Vorsänger am Anfang der Messe oder am Schluß von Laudes und Vesper vorgetragenen Gebete jeweils mit der Bittformel *Kyrie eleison* beantwortete. (Weitere Bittformeln: *Amen*; *Te rogamus, audi nos*; *Ora pro nobis*.) Während des 7. Jh. entstand in Rom mit der Allerheiligen-L. die einzige seit dem Mittelalter liturgisch vollgültige Form (heutige Textfassung von Pius V.). Von den zahlreichen Neuschöpfungen gestattete Clemens VIII. (1601) nur die volkstümliche Lauretanische L. (zu Ehren Marias, genannt nach dem Wallfahrtsort Loreto). Gegenwärtig werden sechs approbierte L.en (vor allem bei Andachten) verwendet (Texte im Rituale Romanum). In der offiziellen Liturgie wird jedoch nur die Allerheiligen-L. vorgetragen (z. B. während der Osternachtsfeier, in den Weihe- und Benediktionsmessen, bei der Kirchweihe sowie bei der Prozession am Fest des hl. Markus und an den drei Bittagen vor Christi Himmelfahrt). Ihre Choralfassung ist u. a. im Graduale und im Antiphonale Romanum enthalten. – Seit dem 16. Jh. wurden die L.en – an erster Stelle die lauretanische – vielfach mehrstimmig vertont, oft als Falsobordonesatz (z. B. von Palestrina und Lassus), und in dieser Setzweise, mit englischen Texten versehen, auch in die anglikanische Kirche übernommen. Als bedeutendste Sammlung älterer mehrstimmiger L.en erschien 1596 der *Thesaurus litaniarum* des Georgius Victorinus. – Unter Mozarts Werken befinden sich 4 L.-Kompositionen (K.-V. 109, 125, 195, 243).

Lit.: P. WAGNER, Einführung in d. Gregorianischen Melodien III, Lpz. 1921, Nachdruck Hildesheim u. Wiesbaden 1962; K. G. FELLERER, Mozarts L., in: Ber. über d. mw. Tagung d. internationalen Stiftung Mozarteum in Salzburg 1931, Lpz. 1932; TH. THELEN, L., in: Hdb. d. kath. Kirchenmusik, hrsg. v. H. Lemacher u. K. G. Fellerer, Essen 1949; W. APEL, Gregorian Chant, Bloomington (1958); J. ROTH, Die mehrst. lat. Litaneikompositionen d. 16. Jh., = Kölner Beitr. zur Musikforschung XIV, Regensburg 1959.

Litauen.
Ausg. u. Lit.: CHR. BARTSCH, Dainų balsai. Melodien lithauischer Volkslieder, 2 Bde, Heidelberg 1886–89; C. SACHS, Die litauischen Instr., Internationales Arch. f. Ethnographie XXIII, 1915; J. ZILEVICIUS, Native Lithuanian Mus. Instr., MQ XXI, 1935; U. KATZENELLENBOGEN, Anth. of Lithuanian and Latvian Folksongs, Chicago 1935; Lietuvių liaudies melodijos (»Volkstümliche litauische Melodien«), hrsg. v. J. ČIURLIONYTĖ, Kaunas 1938; Lietuvių liaudies dainos (»Litauische Lieder«), hrsg. v. DEMS., Wilna 1955; J. BALYS, Lithuanian Narrative Folksongs, = A Treasury of Lithuanian Folklore IV, Washington 1954; Z. IVINSKIS, Kirchengesang in L. im 16.–17. Jh., Jb. d. Baltischen Forschungsinst. I, 1954; A. MACEINA, Das Volkslied als Ausdruck d. Volksseele. Geist u. Charakter d. litauischen Dainos, ebenda II, 1955; J. KARKLIN, Deutsche Volksliedmotive im Liederschatz d. Letten u. Litauer, Diss. Heidelberg 1955, maschr.; W. BANAITIS, Kanonformen in d. litauischen Volksmusik, in: Pro Musica. Zs. f. Musik, 1958; G. ČETKAUSKAITĖ, Principes du classement du folklore mus. lituanien, Studia musicologica VII, 1965.

Lithophone (von griech. λίθος, Stein), Schlagidiophone aus Stein; außer nichtabgestimmten Klangwerkzeugen primitiver Kulturen (Steinklappern, -rasseln) versteht man darunter zumeist plattenförmige Klangsteine (Phonolithen), die durch Auswahl der Steinart, Größe und Abschleifung auf eine bestimmte Tonhöhe gebracht sind. Mehrere solcher Steine, die wie ein Gongspiel aufgehängt oder horizontal aufgereiht sein können, stellen ein Steinspiel dar, das besonders in der Musikkultur Chinas bis in die jüngste Zeit eine bedeutende Rolle spielte (→ K'ing). Älteste Belege (um 1400 v. Chr.) sind schriftliche Erwähnungen in Dokumenten der Schang-Dynastie und ein jüngst ausgegrabener Klangstein aus derselben Epoche (in Anyang, China). Von China ausgehend wurden die L. im ganzen Fernen Osten bekannt (Turkestan, Korea, Japan, Indochina). Neuerdings glaubt man, auch in Afrika und Südamerika L. entdeckt zu haben. Die musikhistorische Bedeutung dieser L. liegt darin, daß der klingende Stein, sofern er unbeschädigt und von Alter und Witterung unbeeinflußt ist, seine ursprüngliche Stimmung behält und deshalb Rückschlüsse auf längst vergangene Tonsysteme zuläßt. Lithophonähnliche (nicht massive) Instrumente sind die indische Tontrommel (ghatam) und die persisch-indischen → Jaltarang. – In Europa nahm C. Orff das Steinspiel, bestehend aus 6 abgestimmten liegenden Steinplatten – dis² e² f² fis²(ges²) g² a² –, in sein Schlagzeug auf (*Antigonae, Trionfo di Afrodite*), nachdem das 19. Jh. nur einige kuriose Versuche hervorgebracht hatte (Fr. Webers »Lithokymbalon« in Wien 1837; das Spiel der Brüder Bozz auf Pflastersteinen in Berlin 1880).

Lit.: A. HUTH, Die Musikinstr. Ost-Turkistans bis zum 11. Jh. n. Chr., Diss. Bln 1928; H. SIMBRIGER, Klangsteine ..., in: Anthropos XXXII, 1937; A. SCHAEFFNER, Une importante découverte archéologique: le l. de Ndut Lieng Krak (Vietnam), Rev. de Musicol. XXXIII, 1951; H. HUSMANN, Das neuentdeckte Steinzeitlithophon, Mf V, 1952; FR. A. KUTTNER, Nochmals: d. Steinzeit-L. v. Annam, Mf VI, 1953; B. FAGG, The Discovery of Multiple Rock-Gongs in Nigeria, in: African Music I, 3, 1956; R. MAUNY, Nouvelles pierres sonores d'Afrique occidentale, Notes africaines LXXIX, 1958.

Liturgie (griech. λειτουργία; lat. liturgia). Leiturgia bezeichnet im klassischen Griechisch ein im Interesse des Volkes unternommenes, öffentliches Werk, in der griechischen Bibel den priesterlichen Kult. Im christlichen Osten (→ Byzantinischer Gesang) ist L. einfach Name für die Messe. (L. der Katechumenen entspricht dem Wortgottesdienst der römischen Messe, L. der Gläubigen der eigentlichen Eucharistiefeier.) Im Westen wird der Begriff erst seit dem 16. Jh. verwendet, zunächst ebenfalls eingeengt auf die Messe, dann (in der kirchenamtlichen Sprache seit dem 19. Jh.) für die Gesamtheit des rechtlich geordneten Gottesdienstes. Ob nur die durch päpstlich approbierte Bücher geregelten Handlungen L. sind (im Unterschied zu den *pia exercitia* bischöflichen Rechtes; vgl. die Instruktion über Kirchenmusik und L. vom 3. 9. 1958), oder ob L. »Gottesdienst der Kirche« bedeutet (Jungmann), bleibt diskutiert. Die Liturgiekonstitution des 2. Vatikanischen Konzils vermeidet eine Definition der L., umschreibt aber ihre wesentlichen Elemente: Verherrlichung Gottes und Heiligung der Menschheit als »Vollzug des Priesteramtes Christi« in der Kirche (Artikel 5–13). – Die heutige Form der katholischen L. geht hauptsächlich auf die liturgischen Neuordnungen von Pius V. und Clemens VIII. zurück (*Breviarium Romanum* 1568, *Missale Romanum* 1570, *Pontificale Romanum* 1596), doch sind seit Pius X. wichtige Reformen im Gange. – Untrennbar mit der Geschichte der L. ist die Entwicklung liturgischer Musik verbunden. Aus vorchristlichen (sowohl jüdischen wie antik-griechischen) Elementen entstanden in Ost und West verschiedene Formen liturgischer Musik (→ Gregorianischer Gesang, → Ambrosianischer Gesang, → Gallikanischer Gesang, → Mozarabischer Gesang, → Messe). Das Verhältnis von L. und Musik birgt Spannungselemente. So zeigte die Kirchenmusik seit dem Mittelalter immer wieder die Tendenz zu einer – von der Bindung an die L. mehr oder weniger gelösten – Eigenentwicklung. Demgegenüber betonten kirchliche Erlasse stets die dienende Aufgabe der Musik im Ganzen der L. Marksteine dieser Auseinandersetzung waren: Constitutio Johannes' XXII. *Docta Sanctorum Patrum* (1324/25); Sessio XXII des → Tridentiner Konzils (1562); Motu proprio Pius' X. *Tra le sollecitudini* (1903); Enzyklika Pius' XII. *Musicae sacrae disciplina* (1955). – Daneben führte seit dem 10. Jh. die Entwicklung der nur gelesenen Messe (anstelle des gesungenen Amtes) und des privat von einzelnen Priester rezitierten (anstatt von einer Gemeinschaft gesungenen) Stundengebets dazu, die Musik als bloß äußerliches Verfeierlichungselement abzuwerten. Die liturgische Erneuerung im 20. Jh. bewirkte wieder ein tieferes Verständnis der L. und damit auch des rechten Ortes der Musik in ihr. Die Choralstudien der Benediktiner von Solesmes schufen im 19. Jh. die Voraussetzungen für die musikalische Reform der liturgischen Bücher unter Pius X. (→ Kirchenmusik – 1).
Im protestantischen Gottesdienst tritt die L. gegenüber der Wortverkündigung zurück. Doch sind in der lutherischen und in der Hochkirche heute Bestrebungen im Gange, dem seit Mitte des 18. Jh. eingetretenen Verfall der L. Einhalt zu gebieten, eine durchgeplante, auf die Verkündigung bezogene Gestaltung der gottesdienstlichen Formen zu erreichen und den Gottesdienst durch Wiedererwecken der alten Symbolwerte zu erneuern. Der wichtigste Orientierungspunkt sind die liturgischen Bestimmungen und Gepflogenheiten des Reformationszeitalters. Die liturgische Bewegung der 1920er/30er Jahre und die Reformen von → Gesangbuch und → Agende sind ein Zeugnis von diesen Bestrebungen und ihren Ergebnissen. Auch wird in neuerer Zeit versucht, den Gregorianischen Gesang in den evangelischen Gottesdienst einzubeziehen (Alpirsbacher Kreis). → Kirchenmusik (– 2).

Lit.: Zur kath. L.: P. WAGNER, Einführung in die Gregorianischen Melodien I, Lpz. ³1911, Nachdruck Hildesheim u. Wiesbaden 1962; L. EISENHOFER, Hdb. d. kath. Liturgik, 2 Bde, Freiburg i. Br. 1932–33, ²1941; C. VAGAGGINI, Il senso teologico della liturgia, Rom 1957, deutsch als: Theologie d. L., Einsiedeln 1959; H. SCHMIDT SJ, Introductio in liturgiam occidentalem, Rom, Freiburg i. Br. u. Barcelona 1960; L'église en prière, hrsg. v. A.-G. MARTIMORT, Tournai 1961, deutsch als: Hdb. d. Liturgiewiss. I, Freiburg i. Br., Basel u. Wien (1963); J. A. JUNGMANN SJ, Missarum Sollemnia, 2 Bde, Wien, Freiburg i. Br. u. Basel ⁵1962; H. VOLK, Theologische Grundlagen d. L., Mainz (1964). – Zur ev. L.: G. RIETSCHEL u. P. GRAFF, Lehrbuch d. Liturgik I, Göttingen ²1951; Leiturgia. Hdb. d. ev. Gottesdienstes, hrsg. v. K. F. MÜLLER u. W. BLANKENBURG, Kassel 1954ff.; L. FENDT, Einführung in d. Liturgiewiss., Bln 1958; E. L. BRAND, The Liturgical Function of Music, Diss. theol. Heidelberg 1959, maschr.; Die Religion in Gesch. u. Gegenwart IV, Tübingen ³1960, Sp. 401ff.

Liturgische Bücher sind in der römischen Kirche offizielle, d. h. förmlich approbierte und in einer Editio typica vorliegende Bücher mit den gottesdienstlichen Texten, Melodien und rituellen Anweisungen. Wie noch heute in den Ostkirchen, waren sie ursprünglich verschiedenen Trägern der liturgischen Handlung (Priester, Lektor, Kantor usw.) zugeordnet. Die L.n B. der römischen Kirche wurden nach dem → Tridentiner Konzil neu herausgegeben und allgemein verpflichtend vorgeschrieben (Ausnahmen: mailändische und altspanische Liturgie, Lyon, Braga und einige Orden). Unter ihnen sind zu nennen: → Brevier (letzte offizielle Ausgabe 1961), → Missale (1962), → Pontificale (1962), → Rituale (1952); für den Gesang: → Kyriale (1905), → Graduale (– 2; 1908), → Antiphonale (1912), Cantorinus (1911). – Die Liturgiekonstitution des 2. → Vatikanischen Konzils (1963) sieht eine Revision aller L.n B. vor (Artikel 25).

Liturgisches Drama und Mysterienspiele. Die bis ins späte Mittelalter lebendige Tradition von zunächst liturgischen (d. h. an die Liturgie angeschlossenen, im Kirchenraum stattfindenden), dann geistlichen Spielen (außerhalb der Kirche) nahm ihren Ausgang von dem seit dem 10. Jh. nachweisbaren Ostertropus *Quem queritis in sepulcro* mit seinem Dialog zwischen dem Engel und den heiligen Frauen, der Tuotilo von St. Gallen zugeschrieben wird. Ursprünglich vor dem Introitus gesungen, wurde er schließlich ins Offizium verlegt und fand seinen Platz entweder in der Vesper vor dem Magnificat oder in der Matutin vor dem Te Deum. Erst hier erfolgte seine Ausweitung, die mit der von drei (den drei Marien entsprechenden) Priestern verkündigten Botschaft von der Auferstehung weitere Szenen der Auferstehungsgeschichte verbindet. Dazu gehören u. a. des Petrus und Johannes Gang zum Grabe, Maria Magdalenens Begegnung mit dem auferstandenen Christus sowie die Rückkehr vom Grabe, die häufig mit Wipos Ostersequenz *Victimae paschali laudes* verbunden wurde. Die Ausgestaltung der Szenenfolge variierte in lokalen und regionalen Traditionen und erreichte ihren Höhepunkt wohl im 13. Jh. Die Einführung ähnlicher Szenen an anderen Kirchenfesten, wie Weihnacht, Epiphanie und Himmelfahrt, bald auch an Marienfesten, erfolgte nach dem Vorbild des Osterspiels, wobei ebenfalls gern von einem Tropus ausgegangen wurde. Diesen Zusammenhang läßt am deutlichsten die Befragung der Hirten (Quem queritis in presepe) von Weihnachten erkennen, die ihrerseits mit anderen Szenen zusammentritt, so etwa mit dem zunächst selbständigen Officium pastorum, dem Gang zur Krippe. Dieses Weihnachtsspiel fand seinen Platz in der Matutin ebenso wie das Officium stellae mit den Drei Königen an Epiphanias. Überall sind dramatische Ansätze enthalten, deren nicht selten sich auswachsende drastische Gestaltung dazu beigetragen haben mag, daß die Spiele sich vom liturgischen Zusammenhang und vom Raum der Kirche lösten und seit dem 13. Jh. vor das Kirchenportal oder auf den Kirchplatz verlegt wurden. Dieser Ortswechsel kennzeichnet gleichzeitig das Heraustreten der Spiele aus der Kloster- oder Kapitelgemeinschaft und den Beginn ihrer Wandlung zum geistlichen Volksschauspiel. Damit parallel geht der wachsende Anteil schon früher eingeführter vulgärsprachlicher Texte (vgl. den »Sponsus« bei Gennrich) und gesprochener Partien. Spiele in den Volkssprachen sind seit dem Beginn des 14. Jh. nachzuweisen und werden (anfänglich unter Leitung eines Geistlichen) von Laien ausgeführt.

Die bildhaften und einprägsamen Darstellungen wurden zuerst in Frankreich als mystères bezeichnet, wobei mystère von ministerium (= officium und älter ordo) abzuleiten ist. Eine besondere Art der M. waren die gegen Ende des 14. Jh. aufgekommenen Moralitäten, in denen abstrakte Eigenschaften personifiziert wurden. In den M.n, die im Gegensatz zu den Anfängen der Gattung überwiegend rezitierte, nicht mehr gesungene Texte aufweisen, nimmt die Musik dennoch einen großen Raum ein durch Einfügung von zum Teil lateinischen und liturgischen Gesängen (z. B. Hymnen) und Chören sowie Instrumentalspiel, nicht selten auch Tänzen. Wie weit solche Einschübe sich vom eigentlichen Spiel entfernen konnten, zeigen die den Rappresentazioni sacre beigefügten → Intermedien. Zur Darstellung gelangten Geschehnisse des Alten und Neuen Testaments, aber auch Legenden- und Mirakelstoffe, die den Aufführungen noch größere Freiheiten boten. Die mehrere Tage hindurch an den Vor- und Nachmittagen stattfindenden M., die als große Volksfeste (häufig mit Wagenumzügen) begangen wurden, konnten in ihrem Inhalt von der Erschaffung der Welt über das Leben Jesu bis zum letzten Gericht reichen. Weihnachts-, Passions- und Osterspiel und das Spiel vom Antichrist waren darin nur noch Teile eines das gesamte Weltgeschehen umfassenden Ganzen, das mit dem immer stärkeren Hervortreten weltlichen Glanzes und äußeren Gepränges den Einfluß von Ideen römischer Rinascita und die Auflösung des mittelalterlichen Weltbildes erkennen läßt. Hier liegt einer der wesentlichen Gründe für die Ablehnung der M. durch die Reformation und auch durch die Jesuiten, die die M. bei Übernahme mancher ihrer Stoffe und Praktiken durch andere Formen des geistlichen Dramas (→ Schuloper) ersetzten. Reste der mittelalterlichen M. haben sich in gewissen Traditionen von geistlichen Volksschauspielen erhalten. Am bekanntesten sind die Passionsspiele von Oberammergau, die (unter Verwendung älterer Vorlagen) 1634 erstmals aufgeführt wurden. Auch hier hat die Musik noch starken Anteil. Die gegenwärtig verwendeten Kompositionen von 1815 stammen von Rochus Dedler, der als Lehrer und Organist in Oberammergau tätig war. Vor dem geistigen Hintergrund bayerischer Spieltradition schuf C. Orff das Osterspiel *Comoedia de Christi Resurrectione* (1957) und das Weihnachtsspiel *Ludus de nato Infante mirificus* (1960).

Lit.: A. SCHUBIGER OSB, Mus. Spicilegien, = PGfM, Jg. IV, 2, Bd V, Lpz. 1876; P. BOHN, Marienklage u. Theophilus, MfM IX, 1877; L. PETIT DE JULLEVILLE, Les mystères, 2 Bde, Paris 1880; K. F. KUMMER, Sechs altdeutsche Mysterien nach einer Hs. d. 15. Jh., Wien 1882; F. PEDRELL, La festa d'Elche, SIMG II, 1900/01; DERS., La festa d'Elche ou le drame lyrique liturgique espagnol, Paris 1906; E. ROY, Le mystère de la passion en France du XIVe au XVIe s., Rev. bourguignonne XIII, 1903 – XIV, 1904, separat Dijon (1904); P. WAGNER, Das Dreikönigsspiel zu Freiburg i. d. Schweiz, Freiburger Geschichts-Blätter X, 1903; DERS., Ein rheinisches Osterspiel in einer Hs. d. 17. Jh., Zs. f. deutsches Altertum LVI, 1918; H. DIEMER, Oberammergau u. seine Passionsspiele, München ²1910; L. WITTMANN, Die Oberammergauer Passionsmusik, Oberammergau 1910; CH. MACLEAN, Oberammergau, ZIMG XII, 1910/11; M. J. RUDWIN, A Hist. and Bibliogr. Survey of the German Religious Drama, Pittsburgh 1924; A. OREL, Die Weisen im »Wiener Passionsspiel«, Mitt. d. Ver. f. Gesch. d. Stadt Wien VI, 1926; F. LIUZZI, L'espressione mus. nel dramma liturgico, Studi medievali, N. S. II, 1929; G. COHEN, Le théâtre en France au moyen âge, 2 Bde, Paris 1929–31; DERS., Hist. de la mise en scène dans le théâtre religieux frç. du moyen âge, Paris (1952); FR. GENNRICH, Grundriß einer Formenlehre d. ma. Liedes, Halle 1932; K. YOUNG, The Drama of the Medieval Church, 2 Bde, Oxford 1933, ²1951; W. LIPPHARDT, Studien zu d. Marienklagen: Marienklage u. germanische Totenklage, Beitr. zur Gesch. d. deutschen Sprache u. Lit. LVIII, 1934; DERS., Die Weisen d. lat. Osterspiele d. 12. u. 13. Jh., = Mw. Arbeiten II, Kassel 1948; H. SIEVERS, Die lat. liturgischen Osterspiele d. Stiftskirche St. Blasien zu Braunschweig, = Kieler Beitr. zur Mw. II, Wolfenbüttel u. Bln 1936; E. HARTL, Das Drama d. MA, 4 Bde, = Deutsche Lit., Reihe Drama d. MA I–IV, Lpz. u. Halle 1937-42; M. S. DE VITO, L'origine del dramma liturgico, in: Bibl. della Rassegna XXI, 1938; H. OSTHOFF, Deutsche Liedweisen u. Wechselgesänge im ma. Drama, AfMf VII, 1942; J. SMITS VAN WAESBERGHE SJ, Muziek en Drama in de Middeleeuwen, Amsterdam 1943, ²1954; DERS., A Dutch Easter Play, MD VII, 1953; DERS., Das Nürnberger Osterspiel, Fs. J. Schmidt-Görg, Bonn 1957; W. L. SMOLDON, The Easter Sepulchre Music-Drama, ML XXVII, 1946; DERS., Liturgical Drama, in: The New Oxford Hist. of Music II, London 1954; DERS., The Music of the Medieval Church Drama, MQ XLVIII, 1962; F. MICHAEL, Die geistlichen Passionsspiele in Deutschland, Baltimore 1947; A. A. ABERT, Das Nachleben d. Minnesangs im liturgischen Spiel, Mf I, 1948; K. DREIMÜLLER, Die Musik im geistlichen Spiel d. späten deutschen MA, KmJb XXXIV, 1950; N. C. CARPENTER, Music in the Secunda Pastorum, Speculum XXVI, 1951; E. A. SCHULER, Die Musik d. Osterfeiern, Osterspiele u. Passionen d. MA I, Kassel 1951; S. CORBIN, Le ms. 201 d'Orléans. Drames liturgiques dits de Fleury, Romania LXXIV, 1953; G. FRANK, The Medieval French Drama, Oxford 1954; C. I. STRATMAN, Bibliogr. of Medieval Drama, Berkeley u. Los Angeles 1954; G. VECCHI, Uffici drammatici Padovani, in: Bibl. dell'Arch. Romanicum I, 41, 1954; J. CHAILLEY, Le drame liturgique médiéval à St-Martial, Rev. de la Soc. d'hist. du théâtre VII, 1955; E. KRIEG, Das lat. Osterspiel v. Tours, = Literarhist.-mw. Abh. XIII, Würzburg 1956; H. KINDERMANN, Theatergesch. Europas I, Salzburg (1957); K. LANGOSCH, Geistliche Spiele, Darmstadt 1957; J. STEVENS, Music in the Medieval Drama, Proc. R. Mus. Ass. LXXXIV, 1957/58; R. B. DONOVAN, The Liturgical Drama in Medieval Spain, = Pontifical Inst. of Mediæval Studies and Texts IV, Toronto 1958; W. IRTENKAUF u. H. EGGERS, Die Donaueschinger Marienklage..., Carinthia CXLVIII, 1958; Sacre rappresentazioni nel ms. 201 della Bibl. municipale di Orléans, Faks. u. Übertragung hrsg. v. G. TINTORI u. R. MONTEROSSO, = Instituta et monumenta I, 2, Cremona 1958; O. URSPRUNG, Hildegards Drama »Ordo Virtutum«, Gesch. einer Seele, in: Miscelánea en homenaje a H. Anglès II, Barcelona 1958-61; E. A. BOWLES, The Role of the Mus. Instr. in Medieval Sacred Drama, MQ XLV, 1959; H. Craig, Engl. Religious Drama of the Middle Ages, Oxford (1961); M. M. McShane, The Music of the Medieval Liturgical Drama, Diss. Catholic Univ. of America (Washington/D. C.) 1961, maschr.; W. Elders, Gregorianisches in liturgischen Dramen d. Hs. Orléans 201, AMl XXXVI, 1964; M. Bernard, L'officium stellae nivernais, Rev. de Musicol. LI, 1965.

Lituus (lat., ursprünglich Krummstab der Auguren), war bei den Römern ein militärisches Signalinstrument mit konischer Röhre und Kesselmundstück, das bereits die Etrusker kannten. Im 16./17. Jh. war L. die lateinische Bezeichnung für das Krummhorn, im 18. Jh. für den Zink. Die beiden Litui in Bachs Kantate *O Jesu Christ, mein's Lebens Licht* (BWV 118) waren tiefe (Tenor-)Trompeten in B. Als Orgelregister war L. im 16.–18. Jh. eine Zungenstimme.

Lit.: Praetorius Synt.; WaltherL; Adlung Mus. mech. org.; C. Sachs, L. u. Karnyx, Fs. R. v. Liliencron, Lpz. 1910; ders., Die Litui in Bachs Kantate »O Jesu Christ«, Bach-Jb. XVIII, 1921; F. Leifer, Studien zum antiken Ämterwesen I, Lpz. 1931; A. Voigt, Die Signalinstr. d. römischen Heeres u. d. L., Deutsche Instrumentenbau-Zeitung XXXIV, 1932.

Liuto (ital.) → Laute; arciliuto → Erzlauten; l. attiorbata (ital.), eine Laute, die zur → Theorbe umgebaut ist (theorbierte Laute). Liutaio ist eigentlich Lautenmacher, dann aber allgemein der Verfertiger von lautenartigen und auch von Streichinstrumenten (wie → Luthier).

Lizenz (von lat. licentia, Erlaubnis, Befugnis), im → Urheberrecht die Übertragung eines Nutzungsrechtes gegen eine L.-Gebühr. Bei Tonträgern erhalten Urheber und Verleger Gebühren, die durch Verwertungsgesellschaften verwaltet werden (in der Bundesrepublik → GEMA, früher AMMRE). Bei Konzertaufführungsrechten (sogenannten Kleinen Rechten, in der Bundesrepublik ebenfalls durch die GEMA verwaltet) spricht man von Gebühren, bei Bühnenrechten (Großen Rechten, verwaltet durch die Verleger) von → Tantiemen. Überträgt ein Verlag an einen anderen (Subverlag) das Recht zur Ausgabe eines Werkes (L.-Ausgabe), ist Vereinbarung einer L.-Gebühr üblich. – Unter Zwangs-L. versteht man die im Urheberrechtsgesetz verankerte Verpflichtung zur Genehmigung von Schallplattenaufnahmen an jeden anderen gegen angemessene Vergütung, sobald eine erste Aufnahme genehmigt worden ist. → Licenza.

Lit.: E. Schulze, Urheberrecht in d. Musik u. d. deutsche Urheberrechtsges., Bln 1951, ²1956; W. Bappert u. E. Wagner, Rechtsfragen d. Buchhandels, Ffm. ²1958; H. D. Beck, Der Lizenzvertrag im Verlagswesen, = Urheberrechtliche Abh. d. Inst. f. ausländisches u. internationales Patent-, Urheber- u. Markenrecht d. Univ. München II, München 1961; A. v. Hase, Der Musikverlagsvertrag, ebenda III, 1961; Stellungnahme d. Musikverleger v. 16. 4. 1963 zur Regierungsvorlage eines Urheberrechtsgesetzes (Bundestags-Drucksache IV/270), Bonn 1963.

Loa ist im Spanien des 16.–18. Jh. ein kurzes instrumentalbegleitetes Vorspiel zu Theaterstücken (autos sacramentales, comedias, zarzuelas).

Lit.: E. Cotarelo y Mori, Colección de entremeses, l., bailes, jácaras y mojigangas desde fines del s. XVI a mediados del XVIII, Madrid 1911.

Lobetanz → Kuhreigen.

Lochamer Liederbuch → Liederbücher; → Quellen: *Loch*.

loco (lat./ital., »an seinem Platz«), hebt ein vorausgegangenes 8va (all'ottava) auf. In Violinkompositionen auch nach vorausgegangenem sul G, sul D oder 4me corde usw. Anweisung, wieder in gewöhnlichen Lagen zu spielen.

Logarithmus. Der L. einer Zahl z (log z) ist der Exponent a derjenigen Grundzahl (Basis) n, die potenziert der Zahl z gleich ist; d. h. $^n\log z = a$, wenn $n^a = z$ ($n > 1$ oder $1 > n > 0$). So ergibt sich für den L. zur Basis 10, den Briggsschen oder dekadischen L. ($^{10}\log =$ lg) von 100 (lg 100) = 2, weil $10^2 = 100$ ist. Da für das Potenzrechnen die Regeln $n^a \cdot n^b = n^{a+b}$ und $n^a : n^b = n^{a-b}$ gelten, können durch Aufsuchen des L. die Multiplikationen auf Additionen, die Divisionen auf Subtraktionen zurückgeführt werden. Bei der logarithmischen Rechnung addiert bzw. subtrahiert man jedoch nicht mehr zählbare Größen wie cm, g, sec oder Energiewerte, sondern stellt das Verhältnis dieser Größen zu zweckmäßig gewählten Grundgrößen fest. Die Logarithmen zur Basis e (= 2,71828), die natürlichen Logarithmen ($^e\log =$ ln), spielen hauptsächlich in Wissenschaft und Technik eine Rolle. Dieses Logarithmensystem ist z. B. in die Exponentialformel der → Dämpfung von schwingungsfähigen Systemen eingegangen (→ Nachhall). Die logarithmische Intervallberechnung geschah zunächst mit dem dekadischen L., bei dem z. B. die Oktave 2:1 den Wert des lg 2 = 0,30103 hat. Euler berücksichtigte die besondere Stellung der Oktave gegenüber den anderen Intervallen und errechnete für sie den Wert ›1‹, indem er die Logarithmen auf die Basis 2 bezog (dyadischer L.). Mit dem dekadischen L. ist der dyadische durch die Beziehung

$$^2\log z = \lg z : \lg 2 = \lg z : 0{,}30103$$

verbunden. Multipliziert man die 10er- und 2er-Logarithmen mit 1000, so erhält man für die Oktave 301,03 → Savarts bzw. 1000 → Millioktaven. Bei der Rechnung in → Cents, deren Logarithmen auf die Basis $\sqrt[1200]{2}$ bezogen sind, ist die Oktave gleich 1200 gesetzt.

Lokrisch → Systema teleion.

Lombardei (Italien).

Lit.: L. Parigi, I pittori lombardi e la musica, Mailand 1934; E. T. Ferand, The »Howling in Seconds« of the Lombards, MQ XXV, 1939; Cl. Sartori, Une pratique des musiciens lombards (1582–1639), in: La musique instr. de la Renaissance, hrsg. v. J. Jacquot, Paris 1955; G. Barblan, Le orch. in Lombardia all'epoca di Mozart, Kgr.-Ber. Wien 1956; Musicisti lombardi ed emiliani. Per la XV settimana mus., hrsg. v. A. Damerini u. G. Roncaglia, Siena 1958.

Lombardischer Rhythmus. Lombardischen Geschmack nennen Quantz (1752) und J. Fr. Agricola (1757) eine Schreibart, bei der man *bisweilen, von zwo oder drey kurzen Noten, die anschlagende kurz machet, und hinter die durchgehende einen Punct setzet* (Quantz Versuch, XVIII, 58), z. B. in Vivaldis Violinkonzert F dur (Pincherle Nr 317), 1. Satz, Takt 21f.:

L. Rh. ist bereits im 16. Jh. gelegentlich (z. B. Ganassi 1535), seit dem Stilwandel um 1600 häufig nachzuweisen (z. B. Caccini 1601, Frescobaldi 1614 im Vorwort zum 1. Buch seiner Toccaten). Als Vortragsmanier oder notiert ist er seit dem Ende des 17. Jh. auch in Frankreich anzutreffen; um die Mitte des 18. Jh. war er allgemein sehr beliebt. Fr. Couperin beschreibt ihn als Vortragsmanier in den Verzierungstabellen zu seinen *Pièces de clavecin* (1713) wie folgt: *Coulés, dont les points marquent que la seconde notte de chaque tems doit être plus appuyée.*  Diese fast immer durch Zeichen angedeutete oder in großen Noten ausgeschriebene Figur, z. B.:

J. S. Bach, Cembalokonzert D dur, BWV 1054, 2. Satz, Takt 23f.

erwähnt schon Loulié 1696 (*Eléments ou principes de musique*, S. 62) als eine Möglichkeit der Ausführung gleichartig notierter Tonfolgen für Noten mit dem halben Wert der Zähleinheit im ternären Takt (z. B. Achtel im 3/4-Takt) und deutet sie folgendermaßen an:

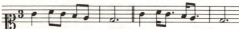

Zur Ausführung sagt Agricola (S. 68), *daß bey dieser Figur die erste Note stärker und schärfer angegeben werden muß, als wenn sie ein Vorschlag wäre.* Auch vom Rhythmus alla → zoppa ist der L. Rh. zu unterscheiden. In volkstümlicher Musik ist der Rhythmus ♪., auch Scotch snap oder Scotch catch genannt, charakteristisch für den schottischen Strathspey und die pseudoschottischen Lieder des 18.–19. Jh. sowie für die Weisen der Ungarn, aber auch der Slowaken, Polen und Weißrussen.

Lit.: H. GOLDSCHMIDT, Die ital. Gesangsmethode im 17. Jh., Breslau 1890, ²1892, S. 116ff.; R. LACH, Studien zur Entwicklungsgesch. d. ornamentalen Melopöie, Lpz. 1913; C. SACHS, Rhythm and Tempo, NY 1953, S. 301ff.

London.

Lit.: J. WARD, The Lives of the Professors of Gresham College, L. 1740 (mit 12 Musikerbiogr.); ANON. (J. Hawkins), An Account of the Institution and Progress of the Acad. of Ancient Music, L. 1770; W. JACKSON, Observations on the Present State of Music in L., L. 1791; M. KELLY, Reminiscences of the King's Theatre, NY 1826, L. ²1826, 2 Bde; E. TAYLOR, Gresham College, L. 1838; G. HOGARTH, The Philharmonic Soc. of L. ... (1813–62), L. 1862; CH. BOX, Church Music in the Metropolis, L. 1884; H. KLEIN, 30 Years of Mus. Life in L., NY 1903; H. S. WYNDHAM, The Annals of Covent Garden Theatre, from 1732–1897, 2 Bde, L. 1906; W. H. GR. FLOOD, The Engl. Chapel Royal Under Henry V and VI, SIMG X, 1908/09; DERS., The Beginnings of the Chapel Royal, ML V, 1924; H. C. DE LAFONTAINE, The King's Musick ... (1460–1700), L. 1909; C. W. PEARCE, Notes on Old L. City Churches, L. 1909; M. B. FOSTER, Hist. of the Philharmonic Soc. of L., 1813–1912, L. 1912; W. H. CUMMINGS, The Lord Chamberlain and Opera in L., Proc. Mus. Ass. XL, 1913/14; S. J. A. FITZ-GERALD, The Story of the Savoy Opera, L. 1924; E. ST. ROPER, The Chapels Royal and Their Music, Proc. Mus. Ass. LIV, 1927/28; E. J. DENT, Foundations of Engl. Opera, Cambridge 1928; DERS., A Theatre for Everybody, The Story of the Old Vic. and Sadler's Wells, L. 1945; W. L. SUMNER, A Hist. and Account of the Organs of St. Paul's Cathedral, L. 1931; DERS., Music in L. from the Restoration to Handel, in: Essays and Lectures, Oxford 1945; H. A. SCOTT, L. Earliest Public Concerts, MQ XXII, 1936; DERS., L. Concerts from 1700 to 1750, MQ XXIV, 1938; R. ELKIN, Queen's Hall, 1893–1941, L. 1944; DERS., Royal Philharmonic. The Annals of the Royal Philharmonic Soc., L. 1947; DERS., The Old Concert Rooms of L., L. 1955; D. SHAWE-TAYLOR, Covent Garden, L. 1948; L. G. LANGWILL, Two Rare Eighteenth-Cent. L. Directories, ML XXX, 1949; B. NEEL, The Story of an Orch., L. 1950; H. W. SHAW, Eighteenth Cent. Cathedral Music, L. 1952; W. L. WODFILL, Musicians in Engl. Soc. from Elizabeth to Charles I, = Princeton Studies in Hist. IX, Princeton (N. J.) 1953; H. J. FOSS u. N. GOODWIN, L. Symphony. Portrait of an Orch., 1904–54, L. 1954; J. HARLEY, Music and Musicians in Restoration L., MQ XL, 1954; E. PINE, The Westminster Abbey Singers, L. 1954; M. STAPLETON, The Sadler's Wells Opera, L. 1954; H. C. BAILLIE, A L. Church in Early Tudor Times, ML XXXVI, 1955; DERS., A L. Gild of Musicians, Proc. R. Mus. Ass. LXXXII, 1955/56; DERS., L. Churches, Their Music and Musicians, Diss. Cambridge 1957/58; DERS., Some Biogr. Notes on L. Musicians, Proc. R. Mus. Ass. LXXXV, 1958/59; W. S. SCOTT, Green Retreats. The Story of Vauxhall Gardens, 1661–1859, L. 1955; W. C. SMITH, The Ital. Opera and Contemporary Ballet in L. 1789–1820, = The Soc. for Theatre Research, Annual Vol. III, 1953/54, L. 1955; M. TILMOUTH, The Royal Acad. of 1695, ML XXXVIII, 1957; DERS., Some Early L. Concerts and Music Clubs, 1670–1720, Proc. R. Mus. Ass. LXXXIV, 1957/58; DERS., A Calendar of References to Music in Newspapers Published in L. ... (1660–1719), L. 1961; H. ROSENTHAL, Two Cent. of Opera at Covent Garden, L. 1958; J. MERRILL KNAPP, A Forgotten Chapter in Eighteenth-Cent. Engl. Opera, ML XLII, 1961; PH. LORD, The Engl.-Ital. Opera Companies 1732–33, ML XLV, 1964.

Longa (ergänze: nota oder figura; lat., die lange), Notenwert der → Mensuralnotation: ◼, seit dem 15. Jh.: ◻, Pause: ▭ oder ▯. Als Schlußnote übersteigt der Wert der L. oft den von 2 Breves. In moderner Notation erscheint die L. nicht mehr quadratisch, sondern breitgezogen (▭).

Longway (l'ɔŋwei, engl.) → Country dance.

lo stesso tempo (ital.) → l'istesso tempo.

Lothringen.

Ausg.: L. PINCK, Verklingende Weisen, 5 Bde, I–IV Heidelberg 1926–39, V, hrsg. v. A. Merkelbach-Pinck mit J. Müller-Blattau, Kassel 1962.

Lit.: A. JACQUOT, La musique en Lorraine, Paris ²1882; DERS., Essai de répertoire des artistes lorrains, Paris 1904; DERS., Les facteurs d'orgues et de clavecin lorrains, Paris 1910; J.-J. BARBÉ, Dictionnaire des musiciens de la Moselle ..., Metz 1929; L. PINCK, Das Odilienlied in L., Arch. f. Elsässische Kirchengesch. VIII, 1933; J. BRAUNER (mit L. Pinck), Kath. deutsche Kirchengesangbücher in L., Straßburg 1938; O. DRÜNER, Die deutsche Volksballade in L., Beitr. zur Erforschung ihrer Weisen, = Schriften d. Wiss. Inst. d. Elsaß-Lothringer im Reich an d. Univ. Ffm., N. F. XXI, Ffm. 1939; H. LEPAGE, Etudes sur le théâtre en Lorraine, in: Mémoires de la Soc. d'archéologie lorraine, Nancy 1948.

Loure (lu:r, frz., von spätlat. lura, s. v. w. Luftsack, möglicherweise auch von altnordisch ludr, dänisch luur, s. v. w. Alphorn), im spätmittelalterlichen Frankreich eine → Sackpfeife, deren Name und Gebrauch sich bis ins 20. Jh. besonders in der Normandie erhalten haben. – Auf die Spielweise der L. nimmt die Vortragsbezeichnung louré Bezug; sie empfiehlt dem Ausführenden, von zwei gleichlangen Vierteln (oder Achteln) dem ersten *un peu plus de temps et de force* zu geben (BrossardD), jedoch ohne den Effekt einer Punktierung, und untersagt ihm andererseits, die auf eine tatsächlich punktierte Note folgende abgestoßen zu spielen (louré, s. v. w. geschleift). – Außer einem Instrument bezeichnet L. (wie → Musette – 4) einen Tanz ländlicher Herkunft, der im letzten Jahrzehnt des 17. Jh. hoffähig wurde und Aufnahme in die Opern-, Ballett- und Konzertmusik fand. Nach Charpentier (*Médée*, 1694) und Campra (*Prologue de l'Europe galante*, 1697) gebrauchte Delalande seit 1698 die L. häufiger in seiner Intermedien- und Ballettmusik. Auf ihre Beliebtheit am Hofe zu Versailles weisen Bemerkungen in zeitgenössischen Drukken, z. B.: *L. dansée par le Roy* und *L. dansée par M. le Duc de Chartres* (Delalande, *Les folies de Cardenio*, 1720, und *L'Inconnu*, 1720). Matheson (1739), der die meist im 6/4-, selten im 3/4-Takt stehende L. fälschlich als eine Abart der → Gigue bezeichnet, hebt sie von deren englischen und italienischen Formen als »spanisch« ab wegen ihrer steifen, gravitätischen Tanzfiguren und ihres langsamen Zeitmaßes. Fast ausnahmslos beginnt die L. mit dem charakteristischen Auftakt:

Entsprechend ihrer Herkunft aus der Vulgärmusik wurde die L. in Opern oft zur Charakterisierung naturhafter Wesen eingesetzt (z. B. *L. pour les Centaures* in *Pirithoüs* von Mouret, 1723; L. im Ballett zu *Zoroastre* von Rameau, 1749/56, wozu *les peuples élémentaires rendent hommages à Zoroastre*). – Über die Ballettmusik fand die L. Eingang in die französische → Suite für Orchester und schließlich in die Kammer- bzw. Solosuite des Spätbarocks. Fr. Couperin reihte sie in ein Concert *dans le goût théatral* (= *Les Goûts réunis* Nr VIII) ein, Telemann in zahlreiche seiner Ouvertürensuiten. J. S. Bach gab der L. die kunstvollste Prägung in der 3. Partita (BWV 1006) für Solovioline und in der 5. Französischen Suite (BWV 816). Als Charakterstück für Klavier hielt sich die L. – nach dem Untergang der französischen Ouvertüre – noch bis zur Wende des 18./19. Jh. (vgl. Türk, Klavierschule, 1789, und KochL).

Lit.: D. G. TÜRK, Klavierschule, Lpz. u. Halle 1789, Faks. hrsg. v. E. R. Jacobi, = DMl I, 23, 1962; P.-M. MASSON, L'opéra de Rameau, Paris 1930, ²1943; N. DUFOURCQ, M.-R. Delalande, Paris 1957. RG

Lucca.
Lit.: L. NERICI, Storia della musica in L., = Memorie e documenti per servire alla storia di L. XII, L. 1880; A. LANDUCCI, Per le tradizioni mus. lucchesi ..., L. 1906; A. BONACCORSI, Spettacoli mus. lucchesi: Le Tasche, in: Boll. storico lucchese VII, 1935; DERS., Cat. con notizie biogr. delle musiche dei maestri lucchesi ..., CHM II, Florenz 1956; U. ROLANDI, Spettacoli per la funzione della »Tasche« in L., in: Il libretto per musica attraverso i tempi, Rom 1951.

Lü (chinesisch), die 12 durch Quintschritte auseinander entstehenden Töne des chinesischen Tonsystems. Nach dem Mythos hat ein Phönixpaar dem Minister Ling-Lun (um 2600 v. Chr.) die 12 Töne vorgesungen, der himmlische Phönixvogel sang 6 Töne, sein Weibchen ebenfalls. Zu jedem Ton soll Ling-Lun ein gleichtönendes Rohr geschnitten haben (vgl. Pfrogner, S. 70). Historisch hat sich das System der männlichen (yang) und weiblichen (yin) Töne wahrscheinlich in der Schang-Dynastie (1500–1050 v. Chr.) herausgebildet. In dieser Zeit wurden die L. gewonnen durch Überblasen oder Verkürzen des Rohrs gewonnen. Benutzt werden für die halbtonlose pentatonische Gebrauchsleiter die durch die ersten 5 Quintschritte vom Ton huang tschung aus gewonnenen Töne. Für das volle System der 12 Lü, das vor allem auf dem K'in durch Saitenteilung erstellt werden kann, wurde im 16. Jh. auch eine Temperatur erfunden.

Lit.: »Frühling u. Herbst d. Lü Wu Pe«, übers. u. hrsg. v. R. WILHELM, Jena 1928; H. PFROGNER, Die Zwölfordnung d. Töne, Zürich u. Wien 1953; FR. A. KUTTNER, A »Pythagorean« Tone-System in China ..., Kgr.-Ber. Köln 1958; W. KAUFMANN, Mus. Notations of the Orient, = Indiana Univ. Series XL, Bloomington 1967.

Lübeck.
Lit.: J. v. MAGIUS, Bemerkungen über d. Theater in L., L. 1804, Faks. L. 1938; C. v. HAHN-NEUHAUS, Über d. Theater in L., L. 1823; C. STIEHL, L.isches Tonkünstlerlexikon, Lpz. 1887; DERS., Mg. d. Stadt L., L. 1891; DERS., Gesch. d. Theaters in L., L. 1902; W. STAHL, K. Ruetz (1708–55), ein l.ischer Zeit- u. Amtsgenosse J. S. Bachs, Fs. D. Fr. Scheurleer, 's-Gravenhage 1925; DERS., Gesch. d. Kirchenmusik in L. bis zum Anfang d. 19. Jh., Kassel 1931; DERS., Die »Totentanz«-Org. d. Marienkirche zu L., Mainz 1932, ²1942; DERS., Die L.er Abendmusiken im 17. u. 18. Jh., L. 1937; DERS., L. Org., L. 1939; DERS., Mg. Beziehungen zwischen Gottorp, Husum u. L., in: L.er Blätter LXXXII, 1939; DERS. mit J. Hennings, Mg. L., 2 Bde, Kassel 1951–52; W. JANNASCH, Gesch. d. lutherischen Gottesdienstes in L. v. d. Anfängen d. Reformation bis zum Ende d. Niedersächsischen als gottesdienstlicher Sprache ..., Gotha 1928; E. H. FISCHER, L.er Theater u. Theaterleben in frühester Zeit bis zur Mitte d. 18. Jh., L. 1932; H. EDELHOFF, Die Abendmusiken in L., MuK VIII, 1936; CHR. METTIN, 200 Jahre Stadttheater in d. Beckergrube, L. 1953; G. KARSTÄDT, Die Slg alter Musikinstr. im St. Annen-Museum, = L.er Museumshefte II, (1955); DERS., Die »extraordinairen« Abendmusiken D. Buxtehudes, = Veröff. d. Stadtbibl. L., Neue Reihe V, L. 1962.

Lüneburg.
Lit.: W. JUNGHANS, J. S. Bach als Schüler d. Partikularschule zu St. Michaelis in L. ..., Programm d. Johanneums zu L. 1870; M. SEIFFERT, Die Chorbibl. d. St. Michaelisschule in L. zu S. Bachs Zeit, SIMG IX, 1907/08; E. W. BÖHME, 150 L.er Musiker-Namen (1532–1864) ..., L. 1950, maschr.; G. FOCK, Der junge Bach in L., Hbg 1950; FR. BLUME u. M. RUHNKE, Aus d. Mg. d. Stadt L., in: Aus L. tausendjähriger Vergangenheit, L. 1956; H. SIEVERS, Bach u. d. Musikleben welfischer Residenzen, in: Bach-Festbuch, L. 1956; FR. ONKELBACH, L. Lossius u. seine Musiklehre, = Kölner Beitr. zur Musikforschung XVII, Regensburg 1960; P. A. v. MAGNUS, Die Gesch. d. Theaters in L. bis zum Ende d. 18. Jh., L. 1961; H. WALTER, Beitr. zur Mg. d. Stadt L. im 17. u. beginnenden 18. Jh., Diss. Köln 1962, maschr.

Lüttich.
Lit.: A. AUDA, La musique et les musiciens de l'ancien pays de Liège, L. (1930); J. FLAMENT, Le théâtre liégeois au XVIIIe s., Brüssel 1935; J. SMITS VAN WAESBERGHE SJ, Some Music Treatises ..., MD III, 1949; DERS., Mus. Beziehungen zwischen Aachen, Köln, L. u. Maastricht v. 11.–13. Jh., = Beitr. zur rheinischen Mg. VI, Köln u. Krefeld 1954; Les »Motets Wallons« du ms. de Turin, 2 Bde, hrsg. v. A. AUDA, Brüssel (1953); J. QUINTIN, Les maîtres de chant de la cathédrale St-Lambert à Liège aux XVe et XVIe s., RBM VIII, 1954; DERS., Les maîtres de chant et la maîtrise de la collégiale St-Denis, à Liège, au temps de Grétry, = Acad. Royale de Belgique, Classe des beaux-arts, Mémoires, Collection in-8° II, 13, 3, Brüssel 1964; J. PHILIPPE, Glanes hist. sur les musiciens de l'ancien pays de Liège, L. 1956; S. CLERCX-LEJEUNE, Mille ans de tradition mus., in: Liège et l'occident, L. 1958.

Luren (dänisch Lur, Plural Lurer) sind kunstvoll in mehreren Teilen aus Bronze gegossene Blasinstrumente (Hörner) der germanischen Vorzeit, S-förmig gewunden und gedreht, wobei der untere und der obere Teil in einer zum Mittelteil senkrechten Ebene liegen. Die bis über 2 m langen, leicht konischen L. werden oben meist mit einem flachen Zierteller, oft mit Sonnenornamenten, abgeschlossen und haben konische oder kesselförmige Mundstücke. Ihr Klang ist dem der Posaune ähnlich. Seit 1797 fand man solche Instrumente und nannte sie Lur (obwohl man von diesem in den nordischen Sagas erwähnten Kriegsinstrument der Wikingerzeit nichts Näheres wußte). Die 49 bekannten L. stammen zum größeren Teil aus Dänemark, zum kleineren aus Norddeutschland, Norwegen und Schweden. Das Nationalmuseum in Kopenhagen bewahrt 19 zum Teil noch spielbare L. aus dem 16.–6. Jh. v. Chr., die meist als je zwei symmetrische gefunden wurden. Diese Form deutet wohl auf das Vorbild von Mammutzähnen oder Tierhörnern. Die L. waren germanische Kultinstrumente. Das ergibt sich aus dem oft angebrachten Sonnenornament, aus den Fundorten und aus Felsbildern der Bronzezeit. Da je 2 L. gleich groß sind, wurden sie wohl paarweise benutzt. Ein heutiger Bläser erreicht zwar den 12. Oberton, aber die Hypothese einer Mehrstimmigkeit im üblichen Sinne (O. Fleischer 1898 und 1915, W. Pastor 1910, K. Grunsky 1933) ist unhaltbar. Die Art des L.-Spiels erklärt R. v. Ficker 1929 durch den Hinweis auf die uralte, in der Normandie fortlebende Hörnermusik: 2 oder mehrere Naturhörner derselben Stimmung umkreisen immer den gleichen Vierklang oder Fünfklang, als Abschattierung einer stets gleichen Klangqualität, dem Glockengeläut einer Kirche vergleichbar. Wahrscheinlich wurden also bei der Kultmusik der Germanen die L. im Sinne primärer Klangwirkung benutzt.

Lit.: A. HAMMERICH, Studier over bronzelurerne i Nationalmusaeet i Kjøbenhavn, Aarbøger for nordisk olkyndighed og hist. VIII, 1893, deutsch in: VfMw X, 1894, dazu K. Kroman in: Aarbøger ... XVIII, 1903 – XIX, 1904; H. SCHMIDT u. FR. BEHN, Die L. v. Daberkow, Prähist. Zs. VII, 1915; H. J. MOSER, Gesch. d. deutschen Musik I, Stuttgart u. Bln 1920, ⁵1930; R. v. FICKER, Primäre Klangformen, JbP XXXVI, 1929; C. SACHS, Geist u. Werden d. Musikinstr., Bln 1929, Nachdruck Hilversum 1965; A. OLDEBERG, A Contribution to the Hist. of the Scandinavian Bronze Lur in the Bronze and Iron Ages, Acta Archaeologica XVIII, 1947; H. CHR. BROHOLM, W. P. LARSEN u. G. SKJERNE, The Lures of the Bronze Age, Kopenhagen 1949; H. CHR. BROHOLM, Bronzelurerne i Nationalmusaeet, ebenda 1959.

Luthier (lütj′e, frz.; ital. liutaio), Lautenmacher, auch Verfertiger von Zupf- und Streichinstrumenten oder überhaupt Musikinstrumentenmacher und -händler.

Luzern.
Lit.: F. J. BREITENBACH, Die große Org. d. Hofkirche in L., 1920; J. A. SALADIN, Die Musikpflege am Stift St. Leodegar in L., in: Der Geschichtsfreund C, 1948; J. B. HILBER, Die Musikpflege in d. Stadt L., = L. im Wandel d. Zeiten IX, L. 1958; R. KAUFMANN, Das R.-Wagner-Museum in Tribschen in L., ebenda X, L. 1958.

Lydisch → Systema teleion.

Lyon.
Lit.: D. G. E. MONNAIS, De la musique à L. depuis 1713 jusqu'à 1852, Rev. et Gazette mus. de Paris XX, 1953; J. POTHIER OSB, Le chant de l'église de L. du VIIIᵉ au XVIIIᵉ s., Rev. de l'art chrétien XXV, 1881; M. REUCHSEL, La musique à L., L. ²1903; A. SALLÈS, L'opéra ital. et allemand à L. au XIXᵉ s. (1805–22), L. 1907; L. VALLAS, Un siècle de musique et de théâtre à L., L. 1932; G. VUILLERMOZ, Cent ans d'opéra à L. ... 1831–1931, L. 1932; S. CORBIN, La notation mus. neumatique. Les quatre provinces lyonnaises, L., Rouen, Tours et Sens, Diss. Paris 1957, maschr.; J. TRICOU, Documents sur la musique à L. au XVIᵉ s., Bull. de la Soc. hist. et archéologique de L. XXI, 1957/62; H. GLAHN, Et fransk musikhandskrift ..., Fund og forskning ... V/VI, Kopenhagen 1958/59.

Lyra (griech. λύρα, das Wort ist wohl nichtgriech. Herkunft), – 1) die antike »Schildkrötenleier«, ein dem Barbitos, der Kithara, der Phorminx ähnliches, von diesen aber schon im Altertum nicht immer klar unterschiedenes Saiteninstrument, das bei den Griechen zumal in klassischer und nachklassischer Zeit weiteste Verbreitung fand. Der Name begegnet in den Quellen erstmals um 600 v. Chr. (im neugefundenen Sappho-Fragment 103 bei Lobel-Page und im homerischen Hermes-Hymnus, Vers 423). Als Schallkörper diente der Panzer einer Schildkröte, später auch ein ähnlich geformtes Corpus aus Holz (ein bronzenes in Kertsch auf der Krim, dem antiken Pantikapaion, gehörte wahrscheinlich nicht zu einem wirklichen Instrument, sondern zu einer plastischen Nachbildung). Auf Vasenbildern sind die Jocharme anfangs gerade dargestellt (Hydria aus Analatos, Anfang des 7. Jh. v. Chr.), später in geschwungener Form, oft in der Art von Tierhörnern. Die Erhöhung der Saitenzahl von 5 auf 7 wird Terpandros (7. Jh. v. Chr.) zugeschrieben; der Gebrauch des → Plektrons beim Spielen ist seit dem Hermes-Hymnus bezeugt (Vers 53 u. ö.). Über die Herkunft des Instruments besteht keine Klarheit. Da der Typ der Schildkrötenleier im Orient unbekannt war, scheint es sich um eine griechische Erfindung zu handeln. Darauf läßt auch der verhältnismäßig junge, zum ersten Mal im Hermes-Hymnus erzählte Mythos schließen, wonach Hermes das Instrument – es heißt dort Phorminx, Chelys, L. und Kitharis – erfunden und seinem Bruder Apollon übergeben habe. Im Unterschied zur → Kithara hat die L. die Entwicklung zum vielsaitigen Virtuoseninstrument offenbar nicht mitgemacht. Sie galt in hellenistischer Zeit als das eigentliche Instrument der Dichter und Sänger (damals kam die Bezeichnung »Lyrik« auf), doch läßt sich schwer entscheiden, wie weit der Begriff der L. hierbei gefaßt war. Die Römer unterschieden kaum noch zwischen L. und Kithara. Im frühen Christentum traten weder das Instrument noch sein Name in Erscheinung. – 2) → Lira. - 3) → Leier. - 4) ein in Militärkapellen seit dem 19. Jh. gebräuchliches, dem → Schellenbaum ähnliches Instrument (auch Stahlspiel oder Glockenspiel genannt), dessen aufeinander abgestimmte Stahlplatten auf einem lyraförmigen Rahmen lose angebracht sind und mit einem Hämmerchen zum Klingen gebracht werden. – 5) lyraförmiges Pedalgestell bei Klavierinstrumenten.
Lit.: zu 1): K. v. JAN, De fidibus Graecorum, Bln 1859; W. JOHNSEN, Die L., Bln 1879; L. DEUBNER, Die viersaitige Leier, Mitt. d. Deutschen Archäologischen Inst., Athenische Abt. LIV, 1929; T. NORLIND, L. u. Kithara in d. Antike, STMf XVI, 1934; O. GOMBOSI, Tonarten u. Stimmungen d. antiken Musik, Kopenhagen 1939, Nachdruck 1950; C. SACHS, The Hist. of Mus. Instr., NY (1940); M. WEGNER, Das Musikleben d. Griechen, Bln 1949; FR. BEHN, Musikleben im Altertum u. frühen MA, Stuttgart 1954; Poetarum Lesbiorum Fragmenta, hrsg. v. E. LOBEL u. D. PAGE, Oxford 1955; R. P. WINNINGTON-INGRAM, The Pentatonic Tuning of the Greek Lyre ..., Classical Quarterly L (= N. S. VI), 1956; B. AIGN, Die Gesch. d. Musikinstr. d. ägäischen Raumes, Diss. Ffm. 1963.   FZA

Lyra barberina, auch Amphichord, eine 1632 von G. B. → Doni erdachte Leier mit drei, in einem Dreieck angeordneten Jocharmen. Die drei Saitenbezüge sollten in Dorisch, Phrygisch und Ionisch gestimmt werden.

Lyragitarre, in Lyraform gebaute, 6saitige Gitarre mit einem oder zwei Schallöchern, im frühen 19. Jh. in dieser Gestalt beliebt. Das Vorbild der Form ist, antikisierenden Bestrebungen entsprechend, die Kithara. Griffbrett, Bünde und Bezug sind von der Gitarre übernommen. Die unbequemer zu spielende L. klingt im Vergleich zur Gitarre lauter, jedoch dumpfer. Sie war besonders in Berlin hochgeschätzt und ist bis etwa 1830 nachweisbar.
Lit.: D. FRYKLUND, Studier över l., STMf IX, 1927; DERS., Une lyre-guitare d'Ory, Hälsingborg 1957.

M

M, Abk.: – 1) M. bzw. m. (in der Orgelmusik) = Manual bzw. manualiter; – 2) m. (in der Klaviermusik) = mano (ital.) oder main (frz.), Hand; m. d. = mano destra (ital.) oder main droite (frz.), rechte Hand; m. s. = mano sinistra (ital.) bzw. m. g. = main gauche (frz.), linke Hand; – 3) m. = meno (ital.), weniger; – 4) m. → mezzo.

Maastricht.
Lit.: J. SMITS VAN WAESBERGHE SJ, Mus. Beziehungen zwischen Aachen, Köln, Lüttich u. M. v. 11.–13. Jh., = Beitr. zur rheinischen Mg. VI, Köln u. Krefeld 1954; G. QUAEDVLIEG, Preludium in fuga. Hist. overzicht van enige der belangrijkste org. uit de stadt M., (M. 1957); DERS., Klokken en klokkenspelen te M., in: Miscellanea Trajectensia, M. 1962.

Machicotage (maʃikɔt'a:ʒ, frz.) ist die Bezeichnung für eine an der Kirche Notre-Dame zu Paris geübte Praxis der Ornamentierung des Gregorianischen Gesangs, die darin bestand, daß von einer 6 oder 7 Choralisten umfassenden Gruppe (frz. machicots; lat. maceconici, macicoti oder massicoti) Koloraturen, Läufe, Verzierungen, Fioritüren, auch Terzgänge zwischen den Noten des Chorals gesungen wurden. Diese eigentümliche Aufführungsweise läßt sich bis an das Ende des 14. Jh. zurückverfolgen und hat sich bis ins frühe 19. Jh. erhalten. Ihre Herkunft ist ebenso ungeklärt wie die Etymologie ihrer Benennung. Daß die Institution der Macicotia (und dementsprechend vielleicht auch die geschilderte Gesangspraxis) nicht auf Frankreich beschränkt war, belegt die Existenz von Maceconici (ital. maceconchi) in Mailand und Genua (hier als Massaconici bezeichnet).
Lit.: WALTHERL; G. MÉNAGE, Dictionnaire étymologique de la langue frç. II, NA Paris 1750; Mus. Conversations-Lexikon VII, begründet v. H. MENDEL, fortgesetzt v. A. Reissmann, Bln 1877, Artikel Machicots.

Madrid.
Lit.: L. CARMENA Y MILLÁN, Crónica de la ópera ital. en M. desde el año 1738 hasta nuestros días, M. 1878, dazu 2 Suppl., 1879 u. 1880; A. PEÑA Y GOÑI, La ópera española y la música dramática en España en el s. XIX, M. 1881; E. COTARELO Y MORI, Estudios sobre la hist. del arte escénico en España, 3 Bde, M. 1896–1902; DERS., Orígenes y establecimiento de la ópera en España hasta 1800, M. 1917; J. SUBIRÁ, La música en la casa del Duque de Alba, M. 1927; DERS., La música de cámara en la corte madrileña durante el s. XVIII y principios del XIX, AM I, 1946; DERS., Hist. y anecdotario del Teatro Real, M. 1949; DERS., El teatro del Real Palacio, M. 1950; DERS., Sinfonismos madrileños en el s. XIX, = Publicaciones del Inst. de estudios madrileños VII, M. 1954; DERS., La música en la capilla y monasterio de las Descalzas Reales de M., AM XII, 1957; DERS., Necrologías mus. madrileñas (Años 1611–1808), AM XIII, 1958; DERS., La música en la Real Capilla madrileña y en el Colegio de Niños Cantorcicos, AM XIV, 1959; A. M. COE, Cat. bibliogr. y critico de las comedias anunciadas en los periodicos de M. desde 1661 hasta 1819, Baltimore 1936; M. MUÑOZ, Hist. del Teatro Real, M. 1946; A. MARTÍNEZ OLMEDILLA, Los teatros de M., M. 1947; N. A. SOLAR-QUINTES, Panorama mus. desde Felipe III a Carlos II, AM XII, 1957; DERS., Nuevos documentos sobre ministriles, trompetas, cantoricos, organistas y capilla real de Felipe II, in: Miscelánea en homenáje a H. Anglès II, Barcelona 1958–61.

Madrigal (ital. madrigale, auch madriale, gelegentlich mandriale), eine seit Anfang des 14. Jh. in Norditalien nachweisbare Bezeichnung für lyrisch-musikalische Formen italienischer Herkunft. Erstmals erwähnt um 1313 von Francesco da Barberino in den Glossen zu den *Documenti d'Amore*, wird das M. theoretisch bereits von Antonio da Tempo in seinem Traktat *Summa artis rytmici vulgaris dictaminis* (entstanden 1332) behandelt. Die von da Tempo eingeführte Etymologie: ital. marigalis bzw. lat. mandrialis von lat. mandra (Herde), ist philologisch nicht haltbar. Man neigt vielmehr dazu, das bereits von Pietro Bembo in seinen *Prose della volgar lingua* (1525) erwogene materiale als Etymon anzusetzen. Der von den Theoretikern betonte pastorale Charakter des M.s trifft für eine große Zahl der überlieferten M.-Texte des Trecentos zu, kann aber nicht als gattungstypisch bezeichnet werden. Zwar knüpft die M.-Dichtung häufig an ein Naturbild an und sammelt sich zur Erzählung eines Liebeserlebnisses, entfernt sich aber von der leichtlebigeren Pastourelle, indem sie philosophisch kontemplativ auch ernst-didaktische, erotische, satirische oder politische Inhalte (zuweilen in allegorischer Einkleidung) aufnimmt. Zufolge der ihm eigentümlichen Beweglichkeit des formalen Aufbaus gehörte das M. nicht zum hohen Stil der italienischen Dichtung; der Ruf des Einfachen und Kunstlosen haftete ihm an. Erst um die Mitte des 14. Jh. wurde diese vornehmlich für Musik bestimmte Gedichtform mit den Dichtern Petrarca, N. Soldanieri und Fr. Sacchetti zur eigentlich literarischen Gattung. – Seinem Grundtypus nach besteht das M. aus zwei (oder mehr) Terzetti, auf die eine zweizeilige abschließende Coppia folgt. Die Verse sind 7- und 11Silbler. Der literarische Aufbau wird musikalisch in der Regel zweiteilig wiedergegeben: Teil A für die einzelnen Terzetti, Teil B, Ritornello genannt, für die Coppia. Das M. erscheint von vornherein als mehrstimmige solistische Gattung. Die älteste der → Quellen, Codex Rossi (*Rs*), enthält als ältere Schicht anonyme 2st. M.e aus der Zeit von 1328-32. Das zunächst zwei-, später dreistimmige italienische → Trecento-M. entwickelte sich musikalisch wohl aus einer bodenständigen organalen Zweistimmigkeit. Die Oberstimme ist reich melismatisch (besonders am Anfang und Schluß des Verses), fließt in melodischer Rundung und sanfter Rhythmik, meist hoch ansetzend, dann tiefer gleitend, um am Ende der Verszeile mit der Unterstimme einen Oktav- oder Einklang zu bilden. Die Unterstimme, Tenor genannt, ist in der Bewegung ruhiger, nicht schematisch rhythmisiert und dient als Klangträger. Das später auftretende kanonische M. mit imitatorischer Führung der Stimmen weist auf die → Caccia. Die hervorragendsten

M.-Komponisten des 14. Jh. sind Giovanni da Cascia, Piero da Firenze, Jacopo da Bologna, Bartolino da Padova, Gherardello da Firenze, Donato, Lorenzo, Nicolò da Perugia, Francesco Landini, Paolo Tenorista und der Lütticher Johannes Ciconia. Im späteren 14. Jh. wurde das M. in der Gunst der Gesellschaft von der → Ballata verdrängt und zur Gelegenheitsmusik bei besonderen Anlässen, zum Huldigungs-M. und zur → Festmusik.

Mit dem Trecento-M. hat das M. des 16. und frühen 17. Jh. nicht viel mehr als den Namen gemeinsam, wenn auch die wenigen M.-Texte von Petrarca und Boccaccio als Vorbild dienten. Das M. neuer Prägung ist aus der Vereinigung von italienischer M.-Dichtung und niederländisch-kontrapunktischer Satzart und nur indirekt aus der Frottola erwachsen. Die älteste Sammlung mit dem Titel *M.i de diversi musici, Libro primo de la Serena* erschien 1530 in Rom. Die Texte sind zumeist frei (nicht mehr strophisch) geformt und epigrammatisch zugespitzt. Neben dem neuen M. im engeren Sinn wurden auch Sonett, Kanzone und Strambotto nach Art des M.s komponiert und vom M.-Begriff mit umschlossen. Das M. spiegelt eine ästhetisch orientierte Gesellschaftskunst, die in den literarischen Zirkeln, an den Fürsten- und Adelshöfen und in den Akademien der italienischen Stadtrepubliken blühte. Es erstrebte Gleichberechtigung mit der herrschenden Motette der Niederländer und wurde zur eigentlichen Kammermusikform des 16. Jh. und zum Experimentierfeld für alle Neuerungen auf dem Gebiet der Textdarstellung und der Harmonik. Die M.-Dichtung des frühen Cinquecentos wurde geprägt durch den späteren Kardinal Pietro Bembo und seinen humanistischen Kreis. In der Reaktion auf den Formschematismus der Frottolisten hatte sich Bembo um eine Hebung und Neuorientierung der Dichtkunst am Vorbild Petrarcas bemüht, der im Petrarkismus zum stilbestimmenden Vorbild des Jahrhunderts wurde. Im M. als literarischer Gattung, die Bembo als Rime libere (d. h. ohne feste Verszahl und Reimbindung) charakterisiert, fand er eine freiere Form der dichterischen Aussage, in der das Einzelwort als Bedeutungsträger wie als Klangphänomen eine Neubewertung erfuhr. Vorbildhaft wurde er durch die in seinen philosophischen Dialog über die Liebe (*Asolani*, 1505) eingestreuten Gedichte und seine *Rime* (1530), schwerblütige Lyrik der unerwiderten Liebe. – Die Geschichte des M.s von etwa 1530–1620 läßt sich in 3 Phasen darstellen. Die Hauptmeister der 1. Phase (bis 1550) sind der Franzose Ph. Verdelot, der Italiener C. Festa, später die Niederländer J. Arcadelt, I. Gero und der Italiener A. della Viola. Ihre starke Wirkung zeigt sich z. B. darin, daß Arcadelts erstes M.-Buch (1539) 31 Auflagen erfuhr (bis 1654). Die vorwiegend 4st. Sätze werden zuweilen von 2st. Partien unterbrochen. Mit Willaert und dessen Schüler und Amtserbe Cipriano de Rore folgt eine 2. Phase (bis 1580), die Hochblüte des klassischen M.s mit seinem durch Chromatik gesättigten Ausdrucksstil. In de Rores etwa 125 M.en, davon etwa ein Viertel auf Texte von Petrarca, herrscht die Fünf- und Sechsstimmigkeit vor. Willaert vereinigt in seinem Spätwerk mit dem programmatischen Titel *Musica nova* (1559) Motetten und M.e gleichen Stils. Seine M.e sind stärker motettisch gebunden, während de Rore die affektuose Seite des neuen Stils hervorhob. Madrigalisten von europäischer Geltung sind Lassus, Palestrina, de Monte und A. Gabrieli. In dem Maße wie das M. bildhaft (imitatione della natura), schildernd und wortausdeutend (imitar le parole) wird, rückt es zur herrschenden Gattung der neuen Kunst auf. In der 3. Phase (bis 1620) treten bei Marenzio, Gesualdo, Monteverdi u. a. jene Freiheiten auf, die das M. zum Versuchsfeld für alle Wagnisse der Musica nova gemacht haben. Zudem wird bei Monteverdi der dramatische Hintergrund des neuen M.s deutlich. In seinem 5. M.-Buch (1605), in dessen Vorrede die Prima und → Seconda pratica gegeneinander ausgespielt werden, kommen das M.e concertato und das Solo-M. mit Generalbaß auf, wozu Anfänge bei L. Luzzaschi (*M.i per cantare et sonare*, 1601) begegnen. Als Textdichter treten jetzt (neben Petrarca) Ariost, Guarini und Marino hervor. Es erblühte die idyllische Schäferpoesie mit ihren M.i pastorali, und es entstand die → M.-Komödie. Unter der Einwirkung der Gegenreformation in Italien entstanden auch geistliche M.e (m.i spirituali), u. a. von Palestrina (1581 und 1594), de Monte (5 Bücher 1581–93) und Lassus (*Lagrime di San Pietro*, 1594, deren Texte durch strenge Bußfertigkeit bestimmt sind). – Für die französische Musik gewann das italienische M. – trotz des verstärkten italienischen Einflusses um 1570 und des Zurücktretens der → Chanson am Ende des 16. Jh. – keine wesentliche Bedeutung, doch fand es in England und Deutschland um so produktivere Aufnahme. Als *Musica Transalpina* erschien die älteste Sammlung italienischer M.e mit Übersetzung der Texte ins Englische, herausgegeben von N. Yonge (London 1588, 2. Band 1597). Das Zeitalter Shakespeares brachte eine Blütezeit des englischen M.s (Byrd, Morley, Weelkes, Wilbye, später Gibbons, Ward, Tomkins). Morley und Weelkes veröffentlichten ihre ersten M.e 1594 und 1597; im letzten Jahr erschien *The first set of English M.s* von G. Kirbye. Morley veranstaltete 1601 eine Sammlung M.e zu 5–6 Stimmen von verschiedenen englischen Komponisten mit dem Titel *The Triumphes of Oriana*, in denen die Königin Elisabeth unter dem Namen Oriana gefeiert wird. In England blieb dank der 1741 in London gegründeten M.-Society der a cappella-Stil des M.s bis heute beliebt. Den vollständigen Bestand an altenglischen M.en gab E. H. Fellowes in 36 Bänden (London 1913–24) als *English M. School* heraus (→ Denkmäler). – In Deutschland traten nicht nur zahlreiche italienische M.-Sammlungen im Druck hervor, sondern es nahmen sich des M.s auch Meister an wie Haßler (italienische 5–8st. *M.i* und *Neue Teutsche gesang nach art der welschen M.ien*, beide 1596), H. Schütz mit seinem Erstlingswerk *Il primo libro de M.i* (1611) und J. H. Schein mit seinen 6st. *Diletti Pastorali, Hirten Lust, auff M.-manier* (1624). Bemerkenswert ist die Schrift von Caspar Ziegler (H. Schütz nannte ihn seinen Schwager) von den *M.en, einer schönen und zur Musik bequemsten Art Verse, wie sie nach der Italiener Manier in unserer deutschen Sprache auszuarbeiten* (Leipzig 1653, ²1685). Sie behandelt das M. zum erstenmal in der deutschen Poetik und bereitete den Weg für die m.ische Kantaten- und Operndichtung des 18. Jh. – Von deutschen zeitgenössischen Komponisten schrieben M. u. a. Hindemith, W. Maler, K. Marx, Orff, E. Pepping, H. Reutter, K. Thomas, W. Weismann.

Lit.: E. VOGEL, Bibl. d. gedruckten weltlichen Vocalmusik Italiens. Aus d. Jahren 1500–1700, 2 Bde, Bln 1892, Nachträge v. A. Einstein in: Notes III, 2, 1944/45 – 5, 1947/48, Nachdruck (mit d. Nachträgen) Hildesheim 1962; P. WAGNER, Das M. u. Palestrina, VfMw VIII, 1892; R. SCHWARTZ, H. L. Haßler unter d. Einfluß d. ital. Madrigalisten, VfMw IX, 1893; PH. SPITTA, Die Anfänge m.ischer Dichtung in Deutschland, in: Mg. Aufsätze, Bln 1894; TH. KROYER, Die Anfänge d. Chromatik im ital. M. d. 16. Jh., = BIMG I, 4, Lpz. 1902; O. KINKELDEY, L. Luzzaschi's Solo-M., SIMG IX, 1907/08; G. CESARI, Die Entstehung d. M. im 16. Jh., Cremona 1908, ital. in: RMI XIX, 1912; E. SCHMITZ, Zur Gesch. d. ital. Continuo-M. im 17. Jh., SIMG XI, 1909/10; A. SCHERING, Das kolorierte Orgelm. d. Trecento, SIMG XIII, 1911/12; F. KEINER, Die M. Gesualdos v. Venosa, Diss. Lpz. 1914; E. H. FELLOWES, The Engl. M.

Composers, Oxford 1921, (²1948); E. Li Gotti, L'ars nova e il m., in: Atti della Reale Accad. di scienze, lettere e arti di Palermo IV/4, 2, 1944; ders., Il m. nel Trecento, in: Poesia III/IV, 1946; J. Br. Trend, A Note on Span. M., Kgr.-Ber. Lüttich 1930; H. Engel, Contributo alla storia del m., Rass. mus. V, 1931; ders., Die Entstehung d. ital. M. u. d. Niederländer, Kgr.-Ber. Utrecht 1952; ders., L. Marenzio, Florenz 1956; E. (Gerson-)Kiwi, Studien zur Gesch. d. ital. Liedm. im 16. Jh., Würzburg 1938; H. Schultz, Das M. als Formideal, = PäM X, Lpz. 1939; A. v. Königslöw, Die ital. Madrigalisten d. Trecento, Würzburg 1940; N. Pirrotta, Per l'origine e la storia della »caccia« e del »m.« trecentesco, RMI XLVIII, 1946–XLIX, 1947; ders., Una arcaica descrizione trecentesca del m., Fs. H. Besseler, Lpz. 1961; A. Einstein, The Ital. M., 3 Bde, Princeton (N. J.) 1949 (Bd III mit 97 vollständigen Beispielen); A. Obertello, M. ital. in Inghilterra, Mailand 1951; K. v. Fischer, Studien zur ital. Musik d. Trecento u. frühen Quattrocento, = Publikationen d. Schweizerischen Musikforschenden Ges. II, 5, Bern (1956); J. Kerman, The Elizabethan M., = American Musicological Soc., Studies and Documents IV, NY 1962; M. L. Maftinez, Die Musik d. frühen Trecento, = Münchner Veröff. zur Mg. IX, Tutzing 1963; Chanson and M. 1480–1530. Studies in Comparison and Contrast, hrsg. v. J. Haar, = Isham Library Papers II, Cambridge (Mass.) 1964.

Madrigalkomödie, die neuere Bezeichnung für ein als Madrigalzyklus oder in madrigalähnlichen Sätzen vertontes Theaterstück. Das bedeutendste Beispiel dieser Gattung aus der Zeit der ersten Opernversuche ist *L'Amfiparnaso* (Commedia harmonica, aufgeführt in Modena 1594, gedruckt 1597) von O. Vecchi; er besteht aus Prolog und 3 Akten (insgesamt vierzehn 5st. Szenen im Madrigalstil) mit Figuren der Commedia dell'arte (Pantalone, Dottore Gratiano usw.). Die M. ist das oberitalienische Gegenstück zur Humanistenoper in Florenz; sie liebt derbe und komische Wirkungen und bedient sich musikalisch des illustrativen Madrigals, der Kanzonen, Capricci und mehrstimmigen Liedsätze. M.n komponierten u. a. A. → Banchieri, G. → Croce, Gasparo → Torelli.

Lit.: E. J. Dent, The »Amfiparnaso« of O. Vecchi, MMR XXXVI, 1906; ders., Notes on the »Amfiparnaso« of O. Vecchi, SIMG XII, 1910/11; J. C. Hol, L'Amfiparnaso…, RMI XL, 1936; C. Perinello, L'Amfiparnaso, RMI XLI, 1937; G. Camillucci, L'Amfiparnaso, RMI LIII, 1951; L. Ronga, Lettura storica dell' »Amfiparnaso« di O. Vecchi, Rass. mus. XXIII, 1953, auch in: Arte e gusto nella musica, Mailand u. Neapel 1956.

Mähren → Tschechoslowakei.

Männerchor, allgemein eine Vereinigung von im Chor, d. h. nicht solistisch singenden Männern. In Deutschland bestehen zahlreiche, auf der Tradition des 19. Jh. aufbauende M.-Vereine, so daß der M. heute eine der bedeutendsten Formen des Laiensingens darstellt. Auch ein für Männerstimmen komponiertes oder bearbeitetes Werk heißt M. – Der M. hat, auch in außereuropäischen Hochkulturen, seinen festen Platz im kultischen Bereich als Priester- oder Mönchschor. Männerstimmen waren die wichtigsten Träger der abendländischen kirchlichen Mehrstimmigkeit. In der Vokalpolyphonie des 16. und 17. Jh. ist → Voces aequales eine Besetzungsangabe für Werke ohne Diskant, die nur von Männerstimmen auszuführen sind; chorische oder solistische Besetzung ist in jener Zeit, vor allem bei weltlichen Werken, freigestellt (→ Quartett). Kompositionen für Voces aequales enthalten z. B. Forsters *Frische Teutsche Liedlein* (1539), Othmayrs *Reutterische und Jegerische Liedlein* (1549), M. Francks *Musicalische Bergkreyen* (1602) und *Reuterliedlein* (1603). Der M. begegnet seit dem 17. Jh. vor allem in der Oper (→ Opernchor). Er wird den Hauptpersonen zur Verdeutlichung ihrer sozialen Stellung zugeordnet (z. B. dem Feldherrn die Krieger, dem König das Gefolge), auch dient er der Milieuschilderung (Chöre der Gefangenen, Landleute, Jäger, Soldaten, Matrosen, Priester) oder zur Kennzeichnung der männlichen gegenüber der weiblichen Sphäre (z. B. Wagner, *Der fliegende Holländer*). Seit dem 17. Jh. pflegten die englischen → Catch- und → Glee-Clubs den Männergesang. Gegen Ende des 18. Jh. waren es Männerbünde (Freimaurer, Studenten) und gesellige Männerrunden, denen Lieder für M. ihre Entstehung verdanken, z. B. die Gesänge für 4 Männerstimmen von M. Haydn (1788). – Das 19. Jh. brachte dem M. einen Aufschwung durch die Zeltersche → Liedertafel und die sich daran anschließenden Gründungen sowie durch die stärker dem Volkslied verbundenen süddeutschen Chorvereine (Liederkränze), in Frankreich seit 1836 durch die → Orphéons. 1849 wurde der Deutsche Sängerbund in Nordamerika gegründet, 1862 in Coburg der Deutsche Sängerbund (→ Sängerbünde). – Die eigentlich kunstmäßige Form des M.s hat Schubert begründet; er schrieb zahlreiche Werke für M., teils mit Klavierbegleitung, teils unbegleitet, einige mit Begleitung mehrerer Instrumente (Schubert GA, Serie XVI, Nr 1–46). Für die weitere Entwicklung des Männergesangs waren sowohl das neuerwachte vaterländische Empfinden (Th. Körner; M. v. Schenkendorf; E. M. Arndt; C. M. v. Weber, *Vaterländische Gesänge*, 1812, *Leyer und Schwert*, 1814) als auch die Wiedererweckung des Volkslieds von Bedeutung. So sammelte Silcher ab 1826 Volkslieder und setzte sie für 4 Männerstimmen. Sehr nachhaltige Wirkung hatten die beiden auf Anregung Kaiser Wilhelms II. von der Preußischen Volksliedkommission herausgegebenen Sammlungen (»Kaiserliederbücher«), deren erste unter Leitung von R. v. Liliencron entstandene als *Volksliederbuch für M.* (2 Bände, Leipzig 1906) bestimmt war. Es entstand eine reiche Literatur für M., u. a. von Abt, Brahms, Cornelius, Dvořák, Fr. E. Fesca, Grieg, Fr. Hegar (Chorballaden), E. T. A. Hoffmann, C. Kreutzer, Kuhlau, Lindpaintner, Loewe, Lortzing, H. Marschner, Mendelssohn Bartholdy, Albert und E. Methfessel, Pfitzner, R. Schumann, Spohr, R. Strauss, Thuille, Fr. Wüllner. Durch Kompositionen von Bruch, Bruckner, J. Haas, Hauptmann, Kaun, B. Klein, A. B. Marx, J. und Fr. Otto sowie Reger erlangte der M. auch in Kirchen- und Konzertmusik Bedeutung (Motetten, Oratorien, Kantaten). Unabhängig von der M.-Bewegung bezogen Busoni, Cherubini, Dallapiccola, Debussy, Liszt, G. Fr. Malipiero, Milhaud, Schönberg und Strawinsky den M. in ihr Schaffen ein. Für M. a cappella schrieben u. a. Bartók, Distler, Janáček, Hindemith, Kodály und Orff. Seit 1930 bemühte sich die aus dem Bund der Männerchöre im Deutschnationalen Handlungsgehilfenverband hervorgegangene Lobeda-Bewegung unter C. Hannemann und F. Kelbetz, die Sängerbewegung aus dem Geist der musikalischen Jugendbewegung zu erneuern. Das Volkslied und seine Bearbeitung wurden zum Ausgangspunkt einer neuen Literatur für M. (Knab, E. L. v. Knorr, H. Lang, K. Marx, Rein). Zu den Komponisten, die sich seit dem 2. Weltkrieg um Werke für M. bemühen, gehören Büchtger, Desch, Erdlen, Geilsdorf, H. Hermann, Hansjakob Heuken, Knab, Lemacher, Lissmann, Quirin Rische, H. Schroeder, Sendt, Siegl, Strecke, Stürmer, Wittmer und Zoll.

Lit.: H. G. Nägeli, Gesangbildungslehre f. M., Zürich 1817; Der Männergesang, d. bisher f. ihn erschienenen Compositionen u. d. allgemeinen Männergesangfeste zu Dresden 1842 u. 1843, Blätter d. Erinnerung, hrsg. v. M. L. Löwe, H. 1, auch als: Der deutsche Männergesang I, Dresden 1844; O. Elben, Der volksthümliche deutsche Männergesang, Tübingen 1855; Fr. Chrysander, Statistik d. Gesangver. u. Concertinst. Deutschlands u. d. Schweiz, Jb. f. Mus. Wiss. I, 1867; M. H. Schmidt, Ueber Männergesang, Magdeburg 1867; R. MATZ, Gesch. d. deutschen Männergesangs, Langensalza 1881; B. WIDMANN, Die kunsthist. Entwicklung d. M., Lpz. 1884; J. BAUTZ, Gesch. d. deutschen Männergesanges, Ffm. 1890; A. RUTHARDT, Wegweiser durch d. Lit. d. Männergesanges, Lpz. 1892; PH. SPITTA, Der deutsche Männergesang, in: Mg. Aufsätze, Bln 1894; E. CHALLIER, Großer Männergesangs-Kat., Gießen 1900, 6. Nachtrag 1912; K. FRIEDRICHS, Der deutsche Männergesang in Theorie u. Praxis, Lpz. 1903; G. SCHADE, Der deutsche Männergesang, 2 Bde, Kassel 1903; A. KÖNIG, Der deutsche M., Trier 1906; A. HEUSS, Das Volksliederbuch f. M., ZIMG VIII, 1906/07; H. THIERFELDER, Vorgesch. u. Entwicklung d. deutschen Männergesanges, Hildburghausen 1923; Führer durch d. gesamte a cappella-Männerchorgesang-Lit., Zürich 1925, Nachtrag: Führer durch d. Schweizer M.-Lit. 1933–47, Zürich 1947; G. BÖTTCHER, Die Aufgaben d. M.-Dirigenten, Lpz. 1926; R. BUCK, Wegweiser durch d. M.-Lit., Dresden 1926; R. KÖTZSCHKE, Gesch. d. deutschen Männergesangs, hauptsächlich d. Vereinswesens, Dresden 1927; H. G. SCHMIDT, Das Männerchorlied Fr. Schuberts, Hildburghausen 1931; R. THOMANN, Der Männergesang, in: Der Chorgesang in d. Schweiz, hrsg. v. P. Budry, Zürich 1932; G. GÖTSCH u. F. KELBETZ, M. oder singende Mannschaft, In d. Entscheidung, Hbg 1934; F. W. KRANZHOFF, Die Entwicklung d. Männergesanges in Westfalen im 19. Jh., Dortmund 1934; G. SCHÜNEMANN, Führer durch d. deutsche Chorlit., I: M., Wolfenbüttel 1935; J. JERNEK, Der österreichische Männerchorgesang im 19. Jh., Diss. Wien 1937, maschr.; H. DIETEL, Beitr. zur Frühgesch. d. Männergesanges, Diss. Bln 1938; J. HERRMANN, Die Entwicklung d. M. in Schlesien, Breslau 1939; W. JERG, Hegar, ein Meister d. Männerchorliedes, Diss. Zürich 1946; R. WERNER, Der Männergesang in unserer Zeit, Neue Musikzs. IV, 1950; E. VALENTIN, Hdb. d. Chormusik, I Regensburg 1953, ³1956, II mit H. Handerer, 1957; Chorkat. d. Deutschen Sängerbundes, hrsg. v. FR. J. EWENS, Köln 1958; H. BLOMMEN, Anfänge u. Entwicklung d. Männerchorwesens am Niederrhein, = Beitr. zur rheinischen Mg. XLII, Köln 1960; E. ESCOFIER, 100 Jahre Deutscher Sängerbund, Jb. d. Deutschen Sängerbundes XVIII, 1962; H. LEISTER, C. Kreutzers Lieder f. M., Diss. Mainz 1963. – Zs. Der Chor, hrsg. v. Deutschen Allgemeinen Sängerbund, Mainz 1949, Ffm. 1950ff.

maestoso (auch maestuoso, ital.), Vortragsbezeichnung (meist in Verbindung mit einer Tempovorschrift, z. B. lento m., allegro m.) mit der Bedeutung majestätisch, nach Walther (1732) *ansehnlich und langsam, iedoch mit einer lebhaften Expression.*

Maestro, in Italien inoffizieller Titel für Lehrer an Konservatorien, für Komponisten, Interpreten und Dirigenten. Der Titel M. ist schon im 17. Jh. nachweisbar (so in der Überschrift von Cerones *El Melopeo y M.*, 1613) und scheint von jungen Künstlern so begierig und unbedenklich angenommen worden zu sein, *daß die meisten Maestri niemals Scholaren gewesen* (Quantz 1752, Einleitung, § 14). Dem M. al cembalo fiel im Orchester des 17. bis frühen 19. Jh. zusammen mit dem → Konzertmeister die Leitung der Musik zu (Doppeldirektion; → Dirigieren).

Magazinbalg heißt in der Orgel (und in ähnlichen Instrumenten) ein → Balg, der von den Schöpfbälgen oder dem elektrisch betriebenen Schleudergebläse her gespeist wird und als Vorratsbehälter für den Wind und zur Druckregulierung dient.

Magdeburg.
Lit.: B. ENGELKE, Gesch. d. Musik im Dom v. d. ältesten Zeiten bis 1631, Geschichtsblätter f. Stadt u. Land M. XLVIII, 1913; E. BRINKMANN, Das M.isch Lied. Aus d. Stadtarch. Mühlhausen i. Th., M. 1931; E. VALENTIN, Mg. M., Geschichtsblätter f. Stadt u. Land M. LXVIII/LXIX, 1933/34; O. RIEMER, Musik u. Musiker in M., = M.er Kultur- u. Wirtschaftsleben XIV, M. (1937).

Maggiore (maddʒ'oːre, ital., größer; frz. majeur), s. v. w. Durakkord (harmonia di terza m.), auch Durtonart. Die Bezeichnung M. in Trios von Märschen, Tänzen, Scherzi, in Rondos oder in Variationen deutet an, daß der betreffende Teil in der Paralleltonart oder Variante derjenigen Molltonart steht, die Haupttonart des Stückes ist; umgekehrt gibt M. nach einem mit → Minore bezeichneten Trio den Wiedereintritt der Haupttonart an, wenn diese eine Durtonart ist.

Magnetophon → Schallaufzeichnung.

Magnificat (lat.), der nach seinem Anfangswort benannte Lobgesang Mariä (Canticum Beatae Mariae Virginis; Luk. 1, 46–55). Spätestens seit der Regel des hl. Benedictus (um 530) bildet das M. als eines der drei Cantica maiora im Offizium der römischen Kirche den Höhepunkt der → Vesper. Sein musikalischer Vortrag erfolgt nach einer der 8 Formeln der antiphonischen Offiziumspsalmodie, jedoch mit der Wiederholung des Initiums am Anfang jedes Verses. Für feierliche Gelegenheiten steht zusätzlich eine reichere Melodieformel für die erste Vershälfte zur Verfügung. Außer im Evangelium von Visitatio (2. Juli) finden sich einzelne M.-Verse auch innerhalb des Proprium missae und in Offiziumstexten. – Auf Grund seiner hervorragenden Stellung als Vespergesang gewann das M. seit Mitte des 15. Jh. auch innerhalb der mehrstimmigen Musik zunehmend an Bedeutung. Die ältesten Belege (hauptsächlich englischer Provenienz) des großen, bisher wenig erforschten Bestandes an M.-Kompositionen sind größtenteils anonym; bald traten namentlich Dunstable, Dufay und Binchois hervor. Mit Ausnahme der Choralintonation (1. Vers) ist gewöhnlich der gesamte Text des Canticum vertont, meist dreistimmig im Fauxbourdonsatz. Schon früh scheint sich jedoch im liturgischen Gebrauch der alternierende Vortrag von ein- und mehrstimmigen Versen durchgesetzt zu haben; im 16. Jh. wurden im allgemeinen nur noch die geradzahligen Verse mehrstimmig gesetzt (Obrecht um 1510, P. de la Rue um 1515, Senfl 1537, Renner 1544, Palestrina um 1560 und 1591). Die selteneren Vertonungen der ungeradzahligen Verse beginnen nach der 1st. Intonation (M.) mit den Worten *anima mea* (Chr. Morales 1545, Ortiz 1565, Palestrina 1591, Orfeo Vecchi 1603). Bis zum Anfang des 17. Jh. stellen die mehrstimmigen M. fast ausnahmslos Choralbearbeitungen dar, welche die liturgischen Psalmformeln entweder als C. f. oder als Grundlage einer motettischen Komposition verwenden. Bezeichnend ist daher die Hinzufügung des jeweiligen Psalmtones im Titel (*M. primi toni*). Für die liturgische Praxis wurden seit dem 16. Jh. auch M. in allen Kirchentonarten geschrieben und in den Drucken so angeordnet. – Zusammen mit der Vesper übernahmen die Reformatoren auch das M. in die protestantische Liturgie. In seiner lateinischen Form oder in der deutschen Übersetzung von M. Luther (*Meine Seele erhebt den Herrn ...*), die fast immer auf den → Tonus peregrinus gesungen wurde, erlangte es bald ebenso wie das englische Fassung im anglikanischen Service eine zentrale Stellung in der Musik der Reformationszeit. Neben den M. über gregorianische C. f. entstanden im 17. Jh., vermutlich nach dem Vorbild von O. de Lassus (1573), Parodie-M. über Madrigal- oder Motettenvorlagen (Demantius 1602, M. Praetorius 1611; J. Stadlmayr 1614). Eine Sonderform in Deutschland ist das protestantische Weihnachts-M., bei dem der Text von deutschen und lateinischen Weihnachtsgesängen tropiert wurde. Noch die erste Fassung (1723) von J. S. Bachs M. wurde mit eingeschobenen Weihnachtschorälen ausgeführt. Nach den solistisch, bisweilen auch mehrchörig concertierenden M. der Barockzeit (Monteverdi, Schütz u. a.) verringert sich die Zahl der M.-Vertonungen. Als spä-

tere Beispiele seien genannt die M. von W. A. Mozart und Mendelssohn Bartholdy und aus neuerer Zeit die M. von H. Schroeder und Pepping.
Als selbständiger Zweig entwickelte sich die M.-Bearbeitung für Orgel. Für den liturgischen Gebrauch bestimmt, bestand sie meist aus mehreren, → Versett genannten Teilen gleicher Tonart, die alternierend mit dem 1st. Choral vorgetragen wurden. Die C. f.-gebundenen Orgel-M. prägen seit den frühesten Beispielen in Paumanns *Fundamentum organisandi* (1452) und im Buxheimer Orgelbuch (um 1470) die jeweils herrschende Kompositionsart der → Choralbearbeitung (– 2) aus. Den ersten Zyklus von instrumentalen M. bietet ein Druck von P. Attaingnant (*M. sur les huit tons ...*, 1530). Es folgten im 16. Jh. G. Cavazzoni (1543) und A. de Cabezón (1578) mit seinen meist imitativ angelegten M.-Versetten. Aus England sind, trotz der dortigen reichen Tradition an liturgischer Tastenmusik, keine instrumentalen M.-Vertonungen überliefert. Die M.-Zyklen des 17. Jh. (H. Praetorius, Scheidt, Scheidemann) reihen häufig einzelne Versetten in verschiedenen Techniken der C. f.-Bearbeitung (C. f.-Satz, Choralricercar, Choralfantasie) aneinander. Doch schon in dieser Zeit zeigt sich die Neigung zur freieren Versettenkomposition, so in den Orgel-M. von Titelouze (1626), dessen ricercarartige Bearbeitungen teilweise ganz von den gregorianischen C. f.-Vorlagen abweichen. Die M.-Bearbeitungen in Kerlls *Modulatio organica* (1686) und bei seinen Nachfolgern Speth (1693) und Murschhauser (1696) sowie die M.-Fugen von J. Pachelbel weisen nur noch Anklänge an die Psalmtöne auf. In der Orgelmusik des 18. Jh. wurden die gregorianischen C. f. des M. fast nur noch in Frankreich vertont (L. Marchand, M. Corrette der Ältere, J. F. Dandrieu u. a.); indessen erfreuten sich die C. f.-freien Versetten, häufig bereits nach Dur und Moll geordnet, zunehmender Beliebtheit.

Lit.: Th. W. Werner, Die M.-Kompositionen A. Rener's, AfMw II, 1919/20; Fr. Dietrich, Gesch. d. deutschen Orgelchorals im 17. Jh., = Heidelberger Studien zur Mw. I, Kassel 1932; G. Frotscher, Gesch. d. Orgelspiels u. d. Orgelkomposition, 2 Bde, Bln 1935–36, ²1959, Nachdruck Bln 1966; C.-H. Illing, Zur Technik d. M.-Komposition d. 16. Jh., = Kieler Beitr. zur Mw. III, Wolfenbüttel u. Bln 1936; N. Dufourcq, La musique d'orgue frç. de J. Titelouze à J. Alain, Paris 1941, ²1949; J. Meinholz, Untersuchungen zur M.-Komposition d. 15. Jh., Diss. Köln 1956; H. Osthoff, Das M. bei J. Desprez, AfMw XIV, 1959; G. Reese, The Polyphonic M. of the Renaissance as a Design in Tonal Centers, JAMS XIII, 1960; H. Albrecht, Ein quodlibetartiges M. aus d. Zwickauer Ratsschulbibl., Fs. H. Besseler, Lpz. 1961; M. Geck, J. S. Bachs M. u. sein Traditionszusammenhang, MuK XXXI, 1961; W. Kirsch, Die Verbindung v. M. u. Weihnachtsliedern im 16. Jh., Fs. H. Osthoff, Tutzing 1961; G. Gruber, Beitr. zur Gesch. u. Kompositionstechnik d. Parodiem. in d. 2. Hälfte d. 16. Jh., Diss. Graz 1964; E. R. Lerner, The Polyphonic M. in the 15th Cent. Italy, MQ L, 1964.

Mailand.

Lit.: G. Chiappori, Serie cronologica della rappresentazioni ... dei principali teatri di Milano dall'autunno 1776 sino all'intero autunno 1818, 4 Bde, M. 1818–25; L. Romani, Teatro della Scala, M. 1862; P. Cambiasi, Rappresentazioni date nei r. teatri di Milano 1778–1872, M. ²1872; ders., La Scala. Note stor. e statistiche (1778–1889), M. ⁴1889, Suppl. (1888–98), M. 1898; ders., La Scala (e Canobbiana) 1778–1906, M. ⁵1906; G. Martinazzi, Cenni stor. dell'Accad. dei Filodrammatici di Milano (già Teatro Patriottico), M. 1879; D. Muoni, Gli Antegnati organari insigni e serie dei maestri di cappella del duomo di Milano, Arch. stor. lombardo I, 10, 1883; E. Motta, Musici alla corte degli Sforza, ebenda II, 4, 1887; A. Paglicci-Brozzi, Contributo alla storia del teatro: Il teatro a Milano nel s. XVII, M. 1892; ders., Il R. Ducal Teatro di Milano nel s. XVIII, M. 1894; B. Gutierrez, Il Teatro Carcano 1823–1914, M. 1914; G. Cesari, Musica e musicisti alla corte sforzesca, RMI XXIX, 1922, dass. reich illustriert in: Fr. Malaguzzi-Valeris, La corte di Lodovico il Moro, M. 1923, ²1929; G. M. Ciampelli, Il primo lustro di vita mus. del Teatro del Popolo di Milano, M. 1927; ders., Ente concerti orchestrali: sei anni di vita, Milano 1924–29, M. 1929; G. Macchi, La Scala, dalle origini all'ordinamento attuale, M. 1927; ders., G. M. Ciampelli u. B. Gutierrez, La Scala nel 1830 e nel 1930, M. 1930; V. Ramperti, Per la storia del teatro milanese, M. 1929; A. De Gani, I maestri cantori e la cappella mus. del duomo di Milano, 1395–1930, M. 1930; G. Morazzoni, I palchi del Teatro alla Scala, M. 1930; ders., La Scala (3. 8. 1778 – 11. 5. 1946), M. 1950; L. Parigi, La musica nelle gallerie di Milano, M. 1935; C. A. Vianello, Teatri, spettacoli e musiche a Milano nel s. scorso, M. 1941; F. Armani u. B. Bascapé, La Scala 1778–1950, M. 1951; G. Cesari u. F. Fano, La cappella mus. del duomo di Milano, = Istituzioni e monumenti dell'arte mus. ital., N. S. I, M. 1956; La Scala, hrsg. v. Fr. Amati, M. (1956); Cl. Sartori, Le musiche della cappella del duomo di Milano, Florenz 1958; ders., Casa Ricordi 1808–1958, M. 1958; Museo (civico) di antichi strumenti mus. Milano, Kat. hrsg. v. N. u. Fr. Gallini, M. 1963.

Mailändischer Gesang → Ambrosianischer Gesang.

Mainz.

Lit.: J. Peth, Gesch. d. Theaters u. d. Musik zu M., M. 1879, Nachtrag 1883; B. Ziegler, Zur Gesch. d. Privilegium exclusivum d. M.er Musikstechers B. Schott, Fs. G. Leidinger, München 1930; P. A. Merbach, Fs. zum 100jährigen Bestehen d. M.er Stadttheaters, M. 1933; K. Schweickert, Die Musikpflege am Hofe d. Kurfürsten v. M. im 17. u. 18. Jh., = Beitr. zur Gesch. d. Stadt M. XI, M. 1937; G. Pietzsch, Zur Pflege d. Musik an d. deutschen Univ. bis zur Mitte d. 16. Jh., AfMf VI, 1941; G. P. Köllner, Der Accentus Moguntinus, Diss. M. 1950, maschr.; A. B. Gottron, Mozart u. M., M. (1951); ders., Gutenberg-Museum M., Tausend Jahre M.er Musik, M. 1957; ders., M.er Mg. v. 1500–1800, = Beitr. zur Gesch. d. Stadt M. XVIII, M. 1959; L. Strecker, R. Wagner als Verlagsgefährte, M. 1951; H. Reifenberg, Messe u. Missalien im Bistum M. seit d. Zeitalter d. Gotik, = Liturgiegeschichtliche Quellen u. Forschungen XXXVII, Münster i. W. 1960; Th. H. Klein, Die Prozessionsgesänge d. M.er Kirche aus d. 14. bis 18. Jh., Speyer 1962; H. Federhofer, Zwei M.er Slgen v. Musikbriefen d. 19. Jh., M.er Zs. LX/LXI, 1965/66; H. Unverricht, Musik im Spiegel d. sächsisch-thüringischen allgemeinen Zss. aus d. letzten Viertel d. 18. Jh., ebenda.

Maîtrise

Maîtrise (mɛtr'i:z, frz., Singschule), seit dem 15. Jh. in Frankreich und Belgien nachgewiesene Bezeichnung für die Gesamtheit der einer Kathedrale oder Kollegialkirche dienenden Musiker, auch speziell für das Haus, in dem die Sängerknaben untergebracht waren, deren Unterricht einem Maître des enfants oder dem Maître de chapelle, in den außermusikalischen Fächern vielerorts auch einem eigenen Maître de grammaire übertragen war. Die M. war in der Art einer → Kapelle oder einer → Kantorei aufgebaut. Seit dem 16. Jh. wurden in zunehmendem Maße auch Instrumentalisten zu Aufführungen herangezogen und in die M. aufgenommen. Bis ins 18. und 19. Jh. haben sich in den M.n altertümliche Musizierweisen, wie der Chant sur le livre (super librum cantatio; → Sortisatio), und die Begleitung des Choralgesangs mit Serpent oder Fagott erhalten. Nachdem in der Französischen Revolution die meisten M.n aufgelöst worden waren, lebte die Pflege der Kirchenmusik in Frankreich im 19. Jh. in neuer Form wieder auf. Doch hat eine Reihe moderner Kirchenchöre wieder den Namen M. angenommen.

Lit.: Ch. Gomart, Notes hist. sur la m. de St-Quentin, in: Etudes St-Quentinoises I, 1844/51; J. Houdoy, Hist. artistique de la cathédrale de Cambrai, Mémoires de la Soc. des sciences ... de Lille IV, 7, Lille 1880; A. R. Collette u. A. Bourdon, Hist. de la m. de Rouen, Rouen 1892; F. L. Chartier, L'ancien chapitre de Notre-Dame de Paris et sa

Malagueña

m., Paris 1897; J.-M. CLERVAL, L'ancienne m. de Notre-Dame de Chartres du Ve s. à la Révolution, Paris 1899; R. GARRAUD, Hist. de la m. de la cathédrale de Dijon, Dijon 1899; G. VAN DOORSLAER, Notes sur les jubés et m. des églises ... à Malines, Bull. du Cercle archéologique de Malines XIV, 1906; DERS., La m. de St-Rombaut à Malines jusqu'en 1580, Musica Sacra XLIII, 1936 (Brügge); M. BRENET, Les musiciens de la Ste-Chapelle du Palais, Paris 1910; E. FYOT, L'origine de la m. de la Ste-Chapelle à Dijon, Mémoires de l'Acad. de Dijon V, 2, 1917/19; DERS., La m. de la Ste-Chapelle à Dijon, Rev. de Bourgogne X, 1920; F. DELCROIX, La m. de Cambrai, Mémoires de la Soc. d'émulation de Cambrai LXVIII, 1921; R. WANGERMÉE, Le traité du chant sur le livre de P. L. Pollio, Mélanges Ch. Van den Borren, Antwerpen 1945; G. ROUSSEL, Les m. d'enfants et les offices liturgiques, Atti del Congresso internazionale di Musica Sacra Rom 1950; P. PIMSLEUR, The French M., The Mus. Times XCV, 1954; J. PRIM, Chant sur le livre in French Churches in the 18th Cent., JAMS XIV, 1961.

Malagueña (malag'ena, span.), südspanisches Tanzlied (aus Malaga), eine Art des → Fandangos. Kennzeichen der M. ist ein harmonisches Gerüst, das aus den Dreiklängen über den Tönen des absteigenden Molltetrachords besteht und, ostinatoartig repetiert, als Grundlage für zumeist improvisierte Melodien dient. In der Konzertmusik gibt es die M. u. a. in Werken von Albeniz (*Iberia* IV) und Ravel (*Rapsodie espagnole*).

Malaia → Hinterindien.

Mambo, Modetanz aus der Familie der südamerikanisch-kubanischen Tänze. Unmittelbar nach dem 2. Weltkrieg fand der M. Eingang in den → Afro-Cuban Jazz; dabei erhielt er seine charakteristische Ausprägung unter dem Einfluß des → Swing und der → Rumba. Deren eigentümliches Instrumentarium (u. a. Rumbakugeln) wurde in die Schlagzeuggruppe des Jazzorchesters aufgenommen; zugleich überlagerte sich dem Rumbarhythmus derjenige des Foxtrotts nach dem Schema:

Rumba:

Foxtrott und M.:

Der seit 1955 auch in Europa verbreitete M. wird mit einem gestreckten und einem gebeugten Bein, bei fortwährender Bewegung der Hüften, zu Paaren getanzt. Lit.: B. TAYLOR, M. and How to Play Them, NY 1950.

mancando, mancante (ital.), abnehmend, wie → calando.

Manchester. Lit.: G. BEHRENS, Sir Ch. Hallé and After, M. 1926; The Hallé Magazine 1–110, M. 1946–59; J. F. RUSSELL, A Hist. of the Hallé Concerts, 1858–1939, M. 1948–56; C. B. REES, 100 Years of the Hallé, London 1957; M. KENNEDY, The Hallé Tradition, M. 1960.

Mạndola (ital.) → Mandora, → Mandoline.

Mandoline (ital. mandolino, Diminutiv von mandola; span. bandolín), Saiteninstrument aus der Familie der Lauten, mit kürbisartig gewölbtem Schallkörper (tiefer gewölbt als bei den Lauten, aber kleiner). Es gibt zwei Haupttypen der M., deren erster, die Mailändische M., eine abgewandelte → Mandora mit seitenständigen Wirbeln und geschweiftem Wirbelkasten ist. (Die Abbildung zeigt ein Instrument des Mailänders Fr. Presber, 1773.) Der zweite Typ, heute hauptsächlich in der Form der (4chörigen) Neapolitanischen M. verbreitet, kam wohl um 1650 zuerst in Florenz (als Florentinische M., 5chörig) auf. Die Herkunft dieses Typs aus der Mandora ist umstritten. Er unterscheidet sich von der Mandora durch die Form des Corpus (mit einem oder mehreren runden, offenen Schallöchern) und durch die hinterständigen Wirbel (heute mit Stellschraubvorrichtung). Dieser Typ wurde mit einigen Abwandlungen auch als Genuesische M. (5–6chörig), Paduanische M. (5chörig), Römische M. (4chörig), Sienesische M. (4–6saitig) und Sizilianische M. (1chörig zu 2 Saiten oder 3chörig zu je 3 Saiten) gebaut. Daneben wurde aus der Neapolitanischen M. eine Großform (eine Oktave tiefer klingend) entwickelt, die den Namen Mandola erhielt; dadurch sind Verwechslungen mit der Mandora möglich. Die M. wird mit einem Plektron aus Schildpatt (heute meist aus Kunststoff) im Tremolo gespielt, doch wird sie daneben auch gezupft. Die Saiten sind in der Zarge (bei der Mailändischen M. an einem Querriegel) befestigt. Das Saitenmaterial der 4chörigen M. vor Einführung der Stahlbesaitung durch P. Vinaccia in der 1. Hälfte des 19. Jh. war in der Regel (vom tiefsten zum höchsten Saitenpaar): Darm (auch umsponnen), Kupfer oder Messing, Stahl und wieder Darm. Der Bezug der Neapolitanischen M. besteht aus 8 paarweise im Einklang gestimmten Saiten, die 4 Chöre sind in Quinten (wie die Violine) gestimmt: g d^1 a^1 e^2. Die Mailändische M. hat 6 (zuweilen auch 5) Saitenpaare und die Stimmung g h e^1 a^1 d^2 e^2 bzw. g c^1 a^1 d^2 e^2. Die M. erlebte ihre Hochblüte um die Wende des 18. Jh. (P. Vimercati aus Mailand, B. Bartolazzi aus Venedig). Sie ist in Italien, besonders in Neapel, noch heute als Melodieinstrument in Gebrauch und wird durch die Gitarre begleitet; in Deutschland und Österreich wird das M.n-Spiel wieder in Volksmusikgruppen und M.n-Orchestern gepflegt. In England war die M. bis 1713 unbekannt. Vivaldi komponierte ein Konzert für M. und zwei für 2 M.n; Mozart verwendete die M. für das Ständchen im *Don Giovanni*; Beethoven schrieb um 1790 eine Sonatine und ein Adagio für M. und Cemb.; bei Verdi begegnet die M. im *Otello* (1887). Im Orchester des 20. Jh. wird sie von Mahler (7. und 8. Symphonie), von Schönberg als → Kurztoninstrument (Serenade op. 24, *Moses und Aron*), von Strawinsky (*Agon*), Webern und Henze vorgeschrieben.

Lit.: B. BORTOLAZZI, Anweisung, d. M. selbst zu erlernen, Lpz. 1805; J. ZUTH, Die Mandolinenhss. in d. Bibl. d. Ges. d. Musikfreunde in Wien, ZfMw XIV, 1931/32; K. WÖLKI, Die Gesch. d. M., Bln 1940; G. DE ST.-FOIX, Un fonds inconnu de compositions pour m. (XVIIe s.), Rev. de Musicol. XVII, 1933; A. BUCHNER, Beethovens Kompositionen f. M., Beethoven-Jb. III, 1957/58. – Zs. Die M., hrsg. v. J. ZUTH, Wien 1924, 1925 vereinigt mit d. Zs. Musik im Haus.

Mandolọne, auch Arcimandola, im 18. Jh. eine italienische Baßmandoline, 7–8chörig (Doppelsaiten) in der Stimmung F (G) A d g h e^1 a^1.

Mạndora (Mandola, Mandore), ein altes, der Laute ähnliches, ziemlich kleines Zupfinstrument orientalischer Herkunft, das zuerst 1235 in der Provence nachweisbar ist. Bis ins 16. Jh. unterscheidet es sich von der Laute durch das flachere, unmittelbar in den Hals auslaufende Corpus und den weniger stark abgeknickten, geschweiften Wirbelkasten. Die M. ist wahrscheinlich identisch mit der Guitarra morisca des 12./13. Jh. und dem → Qopuz. Virdung (1511) und Agricola (1528) bilden sie unter der Bezeichnung Quinterne ab. Die älteste europäische Form der M. war 4(-5)saitig; um 1450 hatte sie chörige Bezüge (Doppelsaiten). Erst im 16. Jh. kam es zu einer Annäherung an die Form der Laute (abgesetzter Hals, Rosette, Doppelbesaitung), wobei die Vierzahl der Chöre sowie der geschweifte Wirbelkasten blieben. Die 4 Chöre waren zumeist c g c^1 g^1 (oder f^1 oder e^1) gestimmt. Praetorius (1619) nennt 5chörige Mandoren (c g c^1 g^1 c^2 oder c f c^1 f^1 c^2). Mersenne zufolge (1636) ist das Instrument $1^1/_2$ Fuß lang und hat 9 Bünde; wenn mehr als 4 Chöre vorhanden sind, handelt es sich um eine Mandore luthée. Die frühbarocken Bezeichnungen Mandürchen, Mandurinchen, Pandurina weisen auf die kleinere Gestalt der M. im Vergleich zu den größeren Lauten hin. Im 17. Jh. entstand die Mandurina (»Mailändische Mandoline«) von schmalerer Bauart, mit (meist) offenem Schalloch und 6 Saitenchören (im 18. Jh. 6 einfache Saiten aus Darm), deren tiefster, wie bei der → Mandoline, auf g gestimmt ist.

Lit.: A. KOCZIRZ, Zur Gesch. d. Mandorlaute, in: Die Gitarre II, 1920/21; K. GEIRINGER, Der Instrumentenname »Quinterne« u. d. ma. Bezeichnungen d. Gitarre, Mandola u. d. Colascione, AfMw VI, 1924.

Manier (mittellat. maneria und maneries, Art, Gewohnheit, von man[u]arius, zur Hand gehörig, handlich; frz. manière, Art und Weise; ital. maniera). – 1) Maneria oder Maneries ist ein Terminus der mittelalterlichen Lehre von den Kirchentönen, der in den gegen 1150 entstandenen Choraltraktaten der Zisterzienser maßgeblich erläutert wird. Hiernach enthält das diatonische System insgesamt 4 Maneriae, die sich auf der Grundlage verwandter Oktavgattungen durch verschiedene Abfolge der Ganz- und Halbtonintervalle voneinander unterscheiden: *Prima* [maneria] *est, quae a finali ascendit per tonum et semitonium, et descendit per tonum* (= C–[D]–E–F ... oder G–[a]–♭–c ...). *Secunda, quae a finali ascendit per semitonium et tonum, et descendit per tonum* (= D–[E]–F–G ... oder a–[♭]–c–d) usw. (GS II, 266a). Nach Ansicht der Zisterzienser werden in den Maneriae, die stets der Dispositio (dem charakteristischen Intervallgefüge) eines Gesanges zugeordnet sind, die antiken Modi protus, deuterus, tritus und tetrardus greifbar, die dann erst von den »moderni« jeweils in einen authentischen und den dazugehörigen plagalen Kirchenton (modus) unterteilt worden seien. – In der mittelalterlichen Musiklehre ist Maneries auch, synonym mit → Modus (– 2), Bezeichnung der rhythmischen Schemata: *Modus vel maneries vel temporis consideratio est cognitio longitudinis et brevitatis meli sonique* (Anonymus IV, CS I, 327b; weitere Belege CS I, 175a, und CS I, 279a). – 2) Die italienische Kunstlehre des 16. Jh. (Vasari) bezeichnet als Maniera die individuelle Gestaltungsweise eines Künstlers, sofern sie nicht auf die Grundprinzipien der Kunsttheorie zurückzuführen, sondern allein Ausdruck seiner Persönlichkeit ist. Um 1600 wurde im italienischen Musikschrifttum das *nobile maniera di cantare* (Caccini 1601) zum Lehrgegenstand, vor allem als Vortrag der → Monodie mit den ihr gemäßen Gesangsverzierungen. Deutsche Gesangschulen des 17. Jh. verfestigten im Anschluß hieran das Wort M. zu einem Terminus: M. Praetorius lehrte das Singen *vff jetzige Italianische M.* (Synt. III im Anschluß an Bovicelli und Caccini); eine ausführliche Lehre *Von der Singe-Kunst oder M.* legte Chr. Bernhard vor. Seit Ende des 17. Jh. umfaßt der Terminus M.en auch die → Verzierungen der Instrumentalmusik. Fr. W. Marpurg unterscheidet in seiner Klavierschule (1755) zwischen Setz- und Spiel-M.en und versteht unter ersteren die ausgeschriebenen Figuren und Passagen, unter Spiel-M.en die improvisierten Verzierungen, deren Form den Setz-M.en entspricht.

Lit.: zu 1): Domni Guidonis in Caroli-loco abbatis Regulae de arte musica, CS II, 150ff.; Tonale S. Bernardi, GS II, 265ff.; Praefatio seu Tractatus de cantu seu correctione Antiphonarii, in: Sancti Bernardi ... Opera omnia, hrsg. v. J. MABILLON, Nova Ed., Bd I, 2, Paris 1719, S. 701ff.; G. REESE, Music in the Middle Ages, NY (1940), London 1941; K. W. GÜMPEL, Zur Interpretation d. Tonus-Definition d. Tonale Sancti Bernardi, Akad. d. Wiss. u. d. Lit. Mainz, Abh. d. geistes- u. sozialwiss. Klasse, Jg. 1959, Nr 2. – zu 2): L. SCHRADE, Von d. »Maniera« d. Komposition in d. Musik d. 16. Jh., ZfMw XVI, 1934 (umstritten).

Mannheim.

Lit.: A. PICHLER, Chronik d. Großherzogl. Hof- u. Nationaltheaters in M., M. 1879; FR. WALTER, Gesch. d. Theaters u. d. Musik am Kurpfälzischen Hofe, = Forschungen zur Gesch. M. u. d. Pfalz I, Lpz. 1898; DERS., Arch. u. Bibl. d. Großherzoglichen Hof- u. Nationaltheaters in M. 1779–1839, 2 Bde, Lpz. 1899; E. L. STAHL, Das M.er Nationaltheater, 2 Bde, M., Bln u. Lpz. 1929–40; DERS., Mozart am Oberrhein, Straßburg 1942; 175 Jahre Nationaltheater M., zusammengestellt v. H. STUBENRAUCH, W. HERRMANN u. CL. H. DRESE, M. 1954; E. SCHMITT, 100 Jahre Musica sacra in d. Kurpfalz, M.er H., Jg. 1959, H. 1; A. CIECHANOWIECKI, M. K. Ogiński u. sein Musenhof zu Słonim, = Beitr. zur Gesch. Osteuropas II, Köln u. Graz 1961; G. HART, Die Holzblasinstrumentenmacher Eisenmenger. Ein Beitr. zur Gesch. d. M.er Musikinstrumentenbaues, M.er H., Jg. 1961, H. 2.

Mannheimer Schule, der unter dem pfälzischen Kurfürsten Karl Theodor (1743–99) in Mannheim wirkende Kreis von Komponisten, die in ihrer hervorragenden Bedeutung für die klassische Instrumentalmusik von H. Riemann wiederentdeckt wurden. Bedeutsam ist vor allem die ältere, von dem Deutschböhmen J. Stamitz († 1757) geführte Gruppe (etwa 1745–60), besonders Fr. X. Richter (der aus Mähren stammt, ab 1747 in Mannheim) und A. Filtz (wahrscheinlich aus Böhmen, ab 1754 in Mannheim) neben dem Wiener I. Holzbauer (ab 1753 in Mannheim), ferner der Italiener C. G. Toeschi (ab 1752 in Mannheim) und der nicht in Mannheim wirkende Stamitz-Schüler Fr. Beck. Im neuen Stil der Mannheimer Instrumentalmusik, bereits in Stamitz' op. 1 epochemachend ausgeprägt, ist der harmonische Verlauf nicht mehr vom Baß her konzipiert (generalbaßmäßig notiert), sondern primär durch die Melodie bestimmt. Dieser melodischen Sinnfälligkeit des Satzes entspricht die Gliederung seiner harmonisch-melodischen Teile in Zwei-, Vier-, Achttaktgruppen (Sinneinheiten), ein zur Wiener Klassik führendes Ordnungsprinzip, das die neuen dramatischen und expressiven Errungenschaften der Mannheimer musikalisch ermöglichte: die kompositorisch-substantiellen, klanglichen und dynamischen Kontraste auf engstem Raum, die betontere Anlage von zweitem Thema und Durchführung, auch die zahlreichen, auf Effekt zielenden Mannheimer Manieren, so die typischen Crescendofiguren bei statischer Harmonie, die Tremoli, gebrochenen Akkorde, »Raketen«-, »Funken«-, »Walzen«-Motivik, die Seufzer- und Vorhaltsmelodik, die abrupten Generalpausen. Zu den bleibenden Neuerungen gehören die Verselbständigung der Bläser, vor allem der Hörner und Holzbläser (Klarinetten), und die psychologisch motivierte Eingliederung des Menuetts an die dritte Stelle des Sonaten-Satzzyklus sowie vor allem die von der dynamisch-expressiven Beweglichkeit des Satzes geforderte dirigentische Subtilität der orchestralen Ausführung. Die Instrumentalwerke der Mannheimer erregten seit der Mitte des 18. Jh. besonders in Paris und London großes Aufsehen;

sie wurden in Mengen und zum Teil in drei- und mehrfachen Ausgaben, zumal in Paris, Amsterdam und London (→ périodique), gedruckt, und zahlreiche bedeutende Komponisten, so der Augsburger J. Schobert (Kammermusik mit Klavier) und der Franzose Fr.-J. Gossec, standen nachweislich unter Mannheimer Einfluß. – Von den deutschen Zentren vorklassischer Instrumentalmusik ist Berlin (C. Ph. E. Bach) gekennzeichnet durch die Bach-Tradition (→ Berliner Schule) und den norddeutschen »gearbeiteten« Stil (Graupner, Fasch, Graun, Hasse), Wien (Wagenseil, Monn, → Wiener Schule – 1) durch den mehr evolutionären Gang einer großen Musikkultur, die Nähe Italiens und Fuxens hohe Schule der »regulierten Komposition«, während Mannheim, ebenfalls stark italienisch beeinflußt, doch zugleich mitgeprägt durch die volkstümliche Ursprünglichkeit böhmischen Musikantentums und begünstigt durch den Ehrgeiz eines Kurfürsten und das Genie eines Stamitz, in jener revolutionierenden Weise »original« wirkte, die dem norddeutschen Standpunkt als Unkultur erscheinen mußte. So kam es auch, daß die Mannheimer Musik in ihrer geschichtlichen Rolle zeitlich begrenzt ist und im Schaffen einer späteren Gruppe unter der Führung des Stamitz-Schülers und -Nachfolgers Chr. Cannabich (C. u. A. Stamitz, F. Fränzl, E. Eichner, W. Cramer, Fr. Danzi u. a.) weitgehend verflachte, während sich das Schwergewicht der Entwicklung nach Wien verlagerte. *Mannheim – eine herrliche Schule in der Ausführung, aber nicht in der Erfindung. Monotonie herrscht hier im Geschmack...* (Schubart, *Deutsche Chronik*, 1775, S. 591), und in der Zeit der Übersiedlung des Mannheimer Hofes nach München sprach auch L. Mozart (Brief an den Sohn, 11. 12. 1777) vom *vermanierierten Mannheimer goût*.

Ausg.: Sinfonien d. pfalzbayerischen Schule, hrsg. v. H. RIEMANN, = DTB III, 1, 1902, VII, 2, 1906 u. VIII, 2, 1907 (mit thematischem Kat. u. Vorw.); Mannheimer Kammermusik d. 18. Jh., hrsg. v. DEMS., = DTB XV, 1914, u. XVI, 1915 (mit thematischem Kat.).

Lit.: G. J. VOGLER, Churpfälzische Tonschule, Mannheim 1778; DERS., Betrachtungen d. Mannheimer Tonschule I–III, ebenda 1778–81; A. HEUSS, Zum Thema »Mannheimer Vorhalt«, ZIMG IX, 1907/08; DERS., Über d. Dynamik d. M. Sch., Fs. H. Riemann, Lpz. 1909, II. Teil in: ZfMw II, 1919/20; L. KAMIEŃSKI, Mannheim u. Italien, SIMG X, 1908/09; H. RIEMANN, Beethoven u. d. Mannheimer, Mk VII, 1907/08; DERS., Hdb. d. Mg. II, 3, Lpz. 1913; W. FISCHER, Zur Entwicklungsgesch. d. Wiener klass. Stils, StMw III, 1915; R. SONDHEIMER, Die formale Entwicklung d. vorklass. Sinfonie, AfMw IV, 1922; DERS., Das europäische Mannheim, Mannheim 1940; Fr. WALDKIRCH, Die konzertanten Sinfonien d. Mannheimer im 18. Jh., Diss. Heidelberg 1931; H. STEPHAN, Der Mannheimer Stil u. seine nordost-böhmischen Vertreter, in: Der Ackermann aus Böhmen IV, Prag 1936; H. BOESE, Die Klar. als Soloinstr. in d. Musik d. M. Sch., Dresden 1940; W. H. REESE, Grundsätze u. Entwicklung d. Instrumentation in d. vorklass. u. klass. Sinfonie, Diss. Bln 1940; W. SENN, Vorw. zu: DTÖ LXXXVI, Wien 1949; G. CROLL, Zur Vorgesch. d. »Mannheimer«, Kgr.-Ber. Köln 1958; J. P. LARSEN, Zur Bedeutung d. »M. Sch.«, Fs. K. G. Fellerer, Regensburg 1962; R. FUHRMANN, Mannheimer Kl.-Kammermusik, Diss. Marburg 1963. HHE

Mantua.
Lit.: A. BERTOLOTTI, Musici alla corte dei Gonzaga ... dal s. XV al XVIII, Mailand (1890), dazu E. Vogel in: VfMw VII, 1891, S. 278; A. D'ANCONA, Il teatro mantovano nel s. XVI., Turin ²1891; E. LUI u. A. OTTOLENGHI, I cento anni del Teatro Sociale di Mantova 1822–1922, M. 1923; J. PULVER, Music in M. (1590–1610), MMR LXVI, 1936; E. SCHENK, Mozart in M., StMw XXII, 1955; CL. GALLICO, La musica a Mantova all'epoca d'Isabella d'Este e la tradizione mus. ital., Bolletino stor. mantovano III, 1958; P. M. TAGMANN, Archivalische Studien zur Musikpflege am Dom v. M., Diss. Bern 1965, maschr.

Manual (von lat. manualis, zur Hand gehörend), bei Tasteninstrumenten die für das Spiel der Hände bestimmte Klaviatur. Seit dem 15. Jh. sind M.e mit kürzeren Ober- und längeren Untertasten nachweisbar. Die Regel, daß die Stammtöne den Untertasten, die Akzidentien den Obertasten zugehören, wurde im 16.–18. Jh. vielfach durch die → Kurze Oktave durchbrochen. Der Umfang des M.s war um 1400 etwa 2 Oktaven, um 1500 etwa 3 Oktaven (F–f^2). Im 16.–18. Jh. begann das M. meist mit C und reichte bis c^3 oder d^3, an italienischen Cembali ohne 4' auch höher. Die tiefste Oktave war oft als Kurze Oktave angelegt; darüber hinaus wurden häufig zur Tiefe hin einige Töne (aber keine vollständige chromatische Skala) bis $_1G$ oder $_1F$ angefügt (ravalement). Orgeln in mitteltöniger Stimmung hatten für dis/es und gis/as mitunter eine geteilte Obertaste (Praetorius Synt. II, S. 186; Orgel des E. Compenius in Bückeburg). Mit dem Aufkommen des Pianofortes im 18. Jh. setzte sich die Orientierung auf F mit voller Chromatik auch für das Cembalo durch, während Orgel und Clavichord weiterhin in der C-Orientierung verblieben. Bei modernen Orgeln reicht das M. von C bis f^3 oder a^3, ausnahmsweise bis c^4, in französischen Orgeln (Cavaillé-Coll) bis g^3. Auf dem Pianoforte wurde das M. nach 1800 auf $_1C$–f^4 ausgebaut, um 1825 auf $_1C$–c^5, nach 1880 auf $_2A$–a^4 oder $_2A$–c^5. Die Breite der Tasten war Schwankungen unterworfen; heute nehmen 21 Untertasten die Breite von 50 cm ein, in M.en des 18. Jh. nur 46–48 cm. Reformen für das M. wurden mehrfach versucht: Vincent schlug 1874 ein chromatisches M. mit stetig abwechselnden Ober- und Untertasten vor mit Verzicht auf die charakteristische Gruppierung von 2+3 Obertasten in der Oktave von 7 Untertasten. Seine Idee wurde 1882 von Jankó aufgegriffen, bei dessen M. 2 chromatische Tastenreihen (beginnend auf c bzw. cis) übereinanderliegen. Jede Taste hat 3 Anschlagstellen und geringere Breite, so daß große Griffe spielbar sind und ein chromatisches Glissando in allen Tonarten ermöglicht wird. Ein Pianoforte à double clavier renversé mit 2 M.en – auf dem einen sind die Töne aufsteigend, auf dem anderen absteigend angeordnet – erfand Mangeot 1876. Ein M. in Bogenform konstruierte A. Schulz 1908, eines in Strahlenform Clutsam 1909. Mehrere M.e sind an der Orgel seit 980 (Orgel in Winchester), am Cembalo seit etwa 1530 nachweisbar. An der Orgel gibt es 2 bis 4, selten 5 oder mehr, am Cembalo bis zu 3 M.e. Bei 2 M.en liegt das Haupt-M. meist unten, bei dreien in der Mitte. – Am M.-Bild mit der Normalanordnung der Unter- und Obertasten sind auch Versuche zur Neugestaltung der Notenschrift orientiert, wie die Zwölftonschrift von Hauer.

Lit.: A. KIRCHER SJ, Musurgia universalis, 2 Bde, Rom 1650, ²1690; P. v. JANKÓ, Eine neue Klaviatur, Wien 1886; R. HAUSMANN, Das Jankó-Kl. u. seine technische Vervollkommnung, ZIMG V, 1903/04; F. B. BOYES, Das Jankó-Kl., Wien u. Lpz. 1904; T. NORLIND, Systematik d. Saiteninstr. II, Gesch. d. Kl., Stockholm 1939, Hannover ²1941; J. HANDSCHIN, Aus d. alten Musiktheorie V: Zur Instrumentenkunde, AMl XVI/XVII, 1944/45; S. MARCUSE, Transposing Keyboards on Extant Flemish Harpsichords, MQ XXXVIII, 1952; FR. ERNST, Der Flügel J. S. Bachs, Ffm., London u. NY 1955; K. W. GÜMPEL, Das Tastenmonochord Conrads v. Zabern, AfMw XII, 1955.

manualiter (lat., Abk.: man., m.), in Orgelkompositionen für Manual (d. h. ohne Pedal).

Maqām (Plur. maqāmāt, arabisch, ursprünglich s. v. w. Versammlungsplatz für Vorträge, dann Standort des Sängers vor dem Kalifen) ist der Name für die Melodiemodelle in der arabischen, persischen und türkischen Musik. Entsprechende regionale Bezeichnungen sind in Ägypten naġama (Melodie), in Tunesien ṭabʿ (Charakter), in Algerien ṣanaʿa (Arbeit, Handwerk, Kunst), persisch ʾāwāz (Gesang) mit den Nebenformen šuʿab und šuḏūḏ sowie dastgāh (aus dast, Hand, auch Maßeinheit, und gāh, das in Zusammensetzungen Zeit oder Ort, Platz, heißen kann). – Der orientalische Musiker denkt nicht in Tönen, sondern in melodischen Gestalttypen, die als ungeteilt fortströmende Melodielinien ausgeführt werden. Solchem in der Intonation nicht festgelegten Musizieren entspricht die Schriftlosigkeit; an die Stelle der schriftlichen Festlegung tritt die zwischen Erklingen und Tonleiter stehende M.-Formel. Jeder M. hat seine eigene Art und Geschichte. Ursprünglich als Volksmelodien im Gebrauch, wurden einige von ihnen typisiert und somit lehr- und lernfähig. An ihre Herkunft erinnert das Kennwort des verschollenen Textes (māhūr, šāhnaz). In den feinen und endlos zahlreichen Unterschieden der Maqāmāt kommt die religiöse, sprachliche, politische und volksmäßige Zerrissenheit der arabisch-islamischen Kultur zum Ausdruck. Die frühe Ausbildung der M.-Technik ist im islamischen Zentrum Mesopotamiens zu suchen und erhielt durch die Beimischung des offenbar älteren Modellsystems Persiens eine theoretische Grundlage. Die M.-Technik wurde charakteristisch für die städtische Kunstmusik Arabiens, die sich mehr und mehr von den Altstilen der Nomaden- und Bauernmusik, auch der Frauenmusik trennte, die das M.-Prinzip nicht oder nur rudimentär annahm. Mit der westlichen Expansion des Islams löste sich die arabische Stadtmusik von den persischen Vorbildern (trotz Übernahme eines guten Teils der Nomenklatur und praktischen Lehre) und zeigt heute kaum mehr gemeinsame Züge. Systematisiert und auf modale Leitern reduziert ist die M.-Lehre in einigen islamischen, doch stark hellenisierenden mittelalterlichen Traktaten dargestellt, so bei al-Kindī, Ibn Zaila (mit Darstellung der Ethoslehre der Maqāmāt und ihrer kosmischen Beziehungen), Ibn Sina (→ Avicenna) und Ṣafī-ad Dīn (dort erstmals die Nennung der 12 Maqāmāt und 6 ʾĀwāzāt). – Musikalisch ist ein M. gekennzeichnet durch seinen Grundton und eine Reihe von typischen Melodiewendungen. Die M.-Grundtöne sind isolierte Klangeinheiten; es gibt keine Oktavwiederholung in der Benennung:

Auf einem Grundton können mehrere Maqāmāt oder M.-Familien ihren Sitz haben:

Verschiedenen Maqāmāt kann sogar die gleiche Materialleiter zugrunde liegen, sofern sie verschiedene Melodiemodelle ausprägen:

Erst die Nebenmaqāmāt ergeben den vollen Umfang einer M.-Einheit. Einen glatten Übergang zwischen den Maqāmāt zu erzielen, gehört zum künstlerischen Spiel. Modulieren heißt hier nicht nur eine neue Modalität gewinnen, sondern auch die Melodieformeln entsprechend wandeln. Ein kleines Lied kann allenfalls »im Ton« eines M. stehen, zur vollen Ausbildung ist eine Großform nötig. Sie besteht aus dem takt- und textfreien Taqsīm und dem metrisch geregelten Bašrav. Es gibt verschiedene Taqsīm-Formen, solistisch mit oder ohne Bordun, auch gesungen (Vokalisen auf *yā lailī*, »o, meine Nacht«), auch im Zusammenspiel mehrerer Instrumente, mit oder ohne »Ritornelle«. Im Bašrav tritt eine Gruppe von Rhythmusinstrumenten hinzu mit eigenen rhythmischen Perioden (ʾīqāʿ), über die die melodischen Perioden hinweggleiten. In der türkischen Musik ist der Rhythmus durch die Uṣūl geregelt, von denen es etwa 60 gibt, so den Uṣūl türk aksaġe (»türkischer Hinker«, 2+3) und den Aksāk semāʿī (»hinkender Dreher«, 3+2+2+3). Sie werden auf Schlaginstrumenten mit »dumpfen« und »klaren« Schlägen, schlicht oder auch verziert, angegeben. – Unter dem Druck westlicher Musik verdrängt der Leiterbegriff die alte orientalische Denkform in Melodiemodellen; die reichen M.-Listen der mittelalterlichen Diwane verlieren mehr und mehr ihren klingenden Bezug. Die Zahl der in Gebrauch befindlichen Maqāmāt schwankt nach Ort und Bildungsstand: während in Ägypten etwa 8 in ständigem Gebrauch sind (Berner), verfügen gute Bagdader Musiker über etwa 20, persische auch bis zu 30 und mehr. In der türkischen Musik waren jeweils etwa 100 Maqāmāt gebräuchlich. Insgesamt lassen sich bisher 520 Maqāmāt nachweisen.

Lit.: AL-KINDĪ, Risāla fī ḫubr taʾlīf al-alḥān (»Abh. über d. innere Wissen bei d. Komposition v. Melodien«), hrsg. v. R. Lachmann u. M. el-Hefni, = Veröff. d. Ges. zur Erforschung d. Musik d. Orients I, Lpz. 1931 (mit deutscher Übers.); AVICENNA, Kitāb aš-Šifā, NA Teheran 1895/96, Kap. XII frz. in: Baron R. d'Erlanger, La musique arabe II, Paris 1935; DERS., Kitāb an-Naǧāt, als: Ibn Sinas Musiklehre, hrsg. v. M. el-Hefni, Bln 1931; ṢAFĪ-AD DĪN, Kitāb al-adwār, frz. ebenda III, 1938; DERS., ar-Risāla aš-Šarafīya..., hrsg. v. Carra de Vaux als: Le traité des rapports mus. ou l'épître à Scharaf ad-Din, Journal Asiatique VIII, 1891; A. Z. IDELSOHN, Die M. d. arabischen Musik, SIMG XV, 1913/14, auch in: Thesaurus IV, 1923; R. LACHMANN, Musik d. Orients, Breslau 1929; A. BERNER, Studien zur arabischen Musik ... in Ägypten, = Schriftenreihe d. Staatl. Inst. f.

Deutsche Musikforschung II, Lpz. 1937; C. SACHS, The Rise of Music in the Ancient World, NY (1943); H. G. FARMER, The Music of Islam, in: The New Oxford Hist. of Music I, London 1957; H. HICKMANN u. CH. GR. DUC DE MECKLENBOURG, Cat. d'enregistrements de musique folklorique égyptienne, = Slg mw. Abh. XXXVII, Straßburg u. Baden-Baden 1958; KHATSCHI KHATSCHI, Der Dastgäh, = Kölner Beitr. zur Musikforschung XIX, Regensburg 1962; G. ORANSAY, Die traditionelle türkische Kunstmusik, = Ankaraner Beitr. zur Musikforschung I, Küğ-Veröff. Nr 3, Ankara 1964; DERS., Chronologisches Verz. türkischer Makamnamen, ebenda II, 1965; DERS., Die melodische Linie u. d. Begriff Makam d. traditionellen türkischen Kunstmusik v. 15. bis zum 19. Jh. (Diss. München 1962), ebenda III, Nr 7, 1966. EGK

Maracas, Rasselinstrument lateinamerikanisch-indianischer Herkunft (auf Grund der häufigen Verwendung in der Rumba auch Rumbakugeln genannt), bestehend aus einem Paar ausgehöhlter Kalebassen, die mit Schrot, Samen- oder Sandkörnern gefüllt und jeweils an einem Stiel befestigt sind. Jede Hand hält eine Maraca; das Spielen erfolgt entweder durch ruckartiges, in beiden Händen abwechselndes Schlagen oder durch anhaltendes Schütteln (Wirbeln), auch in Kombination beider Spielarten. Der Klang der geschlagenen M. ist kurz, scharf, schnalzend. Sie werden in fast allen lateinamerikanischen Tänzen verwendet und fanden von dort Eingang in das Schlagzeug des modernen Orchesters (Varèse, Milhaud, Boulez).

Marburg.
Lit.: G. PIETZSCH, Zur Pflege d. Musik an d. deutschen Univ. . . ., AfMf VII, 1942; H. ENGEL, Die Musikpflege d. Philipps-Univ. zu M. seit 1527, M. 1957.

marcato (ital., Abk.: marc.), markiert, nachdrücklich herausgehoben.

Marching band (m'a:tʃiŋ bænd, engl.), auch Brass band, Street band, Bezeichnung für Kapellen der nordamerikanischen Neger, die seit der 2. Hälfte des 19. Jh. Marschmusik der Weißen nachzuahmen versuchten. Solche Kapellen spielten, vor allem in New Orleans, bei Begräbnissen, Hochzeiten, Wahlkampagnen und im Karneval (mardi gras). Außer Märschen gehörten zu ihrem Repertoire Choräle, instrumental ausgeführte → Blues und → Negro spirituals. Durch die M. b.s ergab sich – wohl auch unter dem Einfluß des → Ragtime – zum ersten Male im instrumentalen Gruppenmusizieren eine Verbindung europäischer Marschmusik (4/4-Takt, funktionale Harmonik) mit der musikalischen Negerfolklore Nordamerikas (→ Beat – 1; → Off-beat; Blue notes; → Dirty tones; → Hot-Intonation), die eine Vorstufe des → Jazz darstellt.

Maria Laach (Rheinland), Benediktinerabtei, gegr. 1093.
Lit.: J. WEGELER, Das Kloster L., Gesch. u. Urkundenbuch, Bonn 1854; TH. BOGLER, M. L., Vergangenheit u. Gegenwart, = Kunstführer XII, München u. Zürich ⁴1961.

Marianische Antiphonen (lat. Antiphonae Beatae Mariae Virginis), die vier dem → Offizium der römisch-katholischen Kirche zugehörenden (psalmlosen) Antiphonen → Alma redemptoris mater, → Ave regina caelorum, → Regina caeli und → Salve regina. Ihre wechselweise Verteilung auf das Kirchenjahr (als Schlußantiphonen der → Komplet – 1) läßt sich erstmals 1249 bei den Franziskanern, ab 1350 ebenfalls im Brevier der Kurie belegen. 1568 wurden sie von Pius V. im Rahmen des gemeinsam vollzogenen Stundengebets als Abschluß aller selbständigen Horen angeordnet. Nach dem Generaldekret der Ritenkongregation vom 23. 3. 1955 werden die M.n A. im heutigen Offizium wiederum nur am Ende der Komplet vorgetragen.

Marimba (in Afrika auch balafo; engl. auch gourd piano), afrikanisches und durch Negersklaven nach Mittelamerika gelangtes xylophonartiges Schlaginstrument; es besteht aus Holzplatten verschiedener Größe und Stimmung, die auf einem Rahmenunterbau befestigt sind und mit 2 Schlagstäben bearbeitet werden (zuweilen von 2 Spielern). Unter den Platten befinden sich zumeist Resonanzkalebassen wie Kürbis oder Zedernholz. Der Zusammenhang der M. mit den südasiatischen und ozeanischen Xylophonen gilt seit den Forschungen v. Hornbostels als erwiesen. In Lateinamerika, besonders in Guatemala, wurde sie Volksinstrument. Von dort gelangte das Instrument in die Unterhaltungs- und Konzertmusik (Fortner, *The Creation*), meist in verbesserter Form, z. B. als Marimbaphon (mit Resonanzröhren aus Leichtmetall, Umfang c–c⁴, aber auch in tieferer Stimmung) oder als Mischform Xylorimba (c¹-c⁵, ohne Resonanzröhren). Alle diese Arten unterscheiden sich vom trapezförmigen (europäischen) → Xylophon besonders durch die klaviaturmäßige Anordnung der Klangplatten.
Lit.: S. F. NADEL, M.-Musik, = Sb. Wien CCXII, 3, 1931; F. ORTIZ, La afroamericana »M.«, Anales de la Soc. de geografía e hist. (Guatemala) XXVII, 1953/54; D. VELA, La m., Guatemala 1962.

Marsch (frz. marche, im 17. Jh. das Signal zum Aufbruch; ital. marcia; von lat. marcare, hämmernd schreiten), eine Musik, deren Zweck es ist, die Bewegung, das Tempo, auch den Gleichschritt (→ Armeemärsche) einer schreitenden Gruppe zu regeln. Die M.-Musik ist daher oft lautstark und rhythmisch akzentuiert. Mit dem Tanz berührt sie sich in den Gattungen der Schreittänze (Intrada, Pavane, Polonaise), doch ist beim M. gegenüber dem Tanz mit seinen geregelten Touren die Periodik weniger ausgeprägt, die Vielfalt der Metren und Rhythmen geringer (Märsche stehen überwiegend in geraden Taktarten C, ₵, 2/4, »Reitermärsche« in 6/8), die Tempounterschiede zwischen den Typen sind nicht ganz so groß. Gemeinsam ist dem Tanz und dem M. die Möglichkeit zu musikalischer Stilisierung. – Der Verschiedenheit der Anlässe für M.-Musik entspricht die Vielfalt der Charaktere bis in die stilisierten Formen hinauf; ausgeprägt ist der Typ des Priester-M.es (Gluck, *Alceste*; Mozart, *Die Zauberflöte*; Wagner, *Parsifal*), der Trauer-M. (Händel, *Saul*, entgegen der Gepflogenheit in Dur; Beethoven, 3. Symphonie, Symphonie op. 26; Chopin, Sonate op. 35; Wagner, *Götterdämmerung*; Mahler, 5. Symphonie), der beschwingte Hochzeits-M. (Mendelssohn Bartholdy, *Sommernachtstraum*; Wagner, *Lohengrin*).
Wie der Tanz, so war auch der M. in der griechischen Antike vom Sprachrhythmus geprägt. Mit dem Aulos begleitete Märsche gab es beim Kriegszug, beim Umzug im Komos, von wo er als Ein- und Auszugs-M. in die Komödie kam. – Auf der Tradition der spätmittelalterlichen Prozessionsgesänge, Kreuzfahrer- und Landsknechtslieder baut der neuere M. auf. Er entstand, als Trompeterfanfaren (Posten) in Liedform gebracht und als von den Querpfeifern Lieder zum Trommelschlag gespielt wurden. Die Liedform des M.es seit dem 17. Jh. besteht aus zwei Teilen zu je 8–16 Takten. Nach dem Vorbild vor allem des Menuetts kam nach 1750 ein melodiöses Trio (oft in der Subdominante) hinzu. Der stilisierte M. findet sich fast überall in der Suitenmusik. Besonders weit getrieben ist die Stilisierung (unregelmäßige Perioden) in der Klaviermusik (*My Ladye Nevells Booke*, 1591; Bach, Notenbüchlein für Anna Magdalena; Beethoven, Sonate op. 101). Die Traditionen der französischen M.-Musik faßte im 17. Jh. Lully zusammen, der Ballettmärsche auch im ungeraden Takt schrieb. Zum rhythmisch betonten

Glanz und Schwung des französischen M.es kontrastiert im 18. Jh. der melodisch ausgeprägte Opern-M. der frühen Neapolitanischen Schule. Während die Suiten-M. in Frankreich und dem nördlichen Deutschland im 18. Jh. französischen Vorbildern folgt (J. C. F. Fischer und Krieger 1704), verbindet der M. in → Kassation, Divertimento und Serenade seit Fux italienische und süddeutsch-österreichische Art. Von mitreißendem Schwung ist der M. der → Janitscharenmusik. Die Märsche seit der Französischen Revolution sind gekennzeichnet durch vorwärtstreibende punktierte Rhythmen, wie in den Revolutionshymnen und -märschen (*Marseillaise*) und in der Oper außerhalb Frankreichs, vor allem bei Spontini. Im 19. Jh. kamen neue, national gefärbte Märsche auf, darunter die slawischen und ungarischen. Während die Thementypen und die Rhythmen der Märsche fast bei allen Komponisten episodisch auftreten, wird der M. selbst, oft als Huldigungs-M., zum Gelegenheitswerk (Wagner, Berlioz, Meyerbeer). In der Neuen Musik erscheint er dagegen häufig als karikierend oder grotesk (Hindemith, op. 41, *Symphonia Serena*, Septett; Prokofjew, *Lord Berners*). Glänzende Märsche der unterhaltsamen Musik schrieb u. a. Elgar in *Pomp and Circumstance*. Eine schöpferische Neubelebung erfuhr der M. durch Hot-Spielweise und Swing im Two beat-Jazz.

Ausg.: H. SPITTA, Der M., = Mus. Formen in hist. Reihen VI, Bln (1931); H. SCHMIDT, Märsche u. Signale d. deutschen Wehrmacht, ebenda XV, 1933; Hist. Blätter. Slg hist. Feld- u. Armeemusik, hrsg. v. FR. DEISENROTH, H. 1–8, Bonn u. Wiesbaden 1961–(64).

Lit.: TH. ARBEAU, Orchésographie, Langres (1588), NA v. L. Fonta, Paris 1888, engl. v. M. St. Evans, NY 1948; MATTHESON Capellm.; G. THOURET, Friedrich d. Große als Musikfreund u. Musiker, Lpz. 1898; E. BÜCKEN, Der heroische Stil in d. Oper, = Veröff. d. Fürstlichen Inst. f. mw. Forschung zu Bückeburg V, 1, Lpz. 1924; K. STROM, Beitr. zur Entwicklungsgesch. d. M. in d. Kunstmusik bis Beethoven, Diss. München 1926; R. BELING, Der M. bei Beethoven, Diss. Bonn 1960; R. STEGLICH, Über Beethovens Märsche, Fs. A. Orel, Wien u. Wiesbaden (1960).

Marseillaise → Nationalhymnen (Frankreich).

martèlement (martɛlmã, frz.), »hammerartig«, auf der Harfe das wiederholte schnelle, scharfe Anschlagen eines Tones, das »Hämmern«, das auf der Doppelpedalharfe auf zwei Saiten hervorgebracht wird. In der Klaviermusik des 17. Jh. war martellement auch gleichbedeutend mit → Mordent.

martellato (ital.), martelé (frz.), »gehämmert«; in der Klaviermusik (Liszt) und beim Streichinstrumentenspiel ein besonders kräftig ausgeführtes → Staccato. In beiden Fällen umschreibt m. das klangliche Ergebnis.

Masque (maːsk, engl. auch mask), festliche Maskenspiele, die im 16. und 17. Jh. am englischen Hofe, zum Teil von den Adligen selbst, aufgeführt wurden. Die M. bestand aus allegorischen und mythologischen Szenen, in denen Musik, Tanz, Mimik und reiche Dekoration zusammenwirkten. – Vorläufer der M. sind im 14. und 15. Jh. in England folkloristische Umzüge maskierter Gestalten, die Mummings und Disguisings. Solche Maskeraden gab es auch auf dem Festland, wo sie jedoch schon früh mit dem höfischen Leben verbunden waren. In Frankreich und Burgund gab es im 14. Jh. die Entremets als Maskenspieleinlagen in höfische Feste, später das Ballet, dessen *Tänze zu Mummereyen und Vffzügen gemacht / welche zur Mascarada gespielet werden* (Praetorius Synt. III). Ein solches Ballet bestand in der Regel aus der Intrada (Einzug der Vermummten), den Figuren (das getanzte Spiel, meist als Moralität mit biblischen, allegorischen oder mythologischen Gestalten) und der Retrajecte (Abzug der Vermummten). Bei den Tänzen handelt es sich um Branlen, Couranten, Volten, Gagliarden usw. Als Höhepunkt dieser Gattung gilt das von → Baltazarini inszenierte *Balet comique de la Royne* (1581), dem erstmalig eine einheitliche Handlung zugrunde lag und wo in Rede und Wechselrede Gesänge, Instrumentalmusik und Tänze eingeflochten waren und das damit die Reihe der → Ballets de cour eröffnete. In der italienischen Mascherata oder Maschara erschienen Vermummte *in Pancketen / vnd furnehmer Personen Collationibus mit einer Music* (Praetorius Synt. III), die aus einer freien Folge gesungener oder gespielter Tänze bestand. – England übernahm im 16. Jh. das Maskenspiel als höfische Unterhaltung von Frankreich und Italien. Die M. entwickelte im 16. Jh. bis zu ihrer Blütezeit unter dem Dichter Ben Jonson und dem Bühnenarchitekten Indigo Jones am Hofe Jacobs I. (1603–25) und Karls I. (1625–49) eine feste Grundform. In einem Prolog in Versen (presentation) wurde die Handlung (device) erläutert, auch Lobreden auf die anwesenden Adligen oder den König gehalten. Mit großem Prunk erschienen dann die 8 bis 16 Darsteller, meist Angehörige des Hofes, in ihrer Maskierung. Mehrere Musikgruppen begleiteten diesen Aufzug teils auf, teils hinter oder neben der Bühne, teils auch im Zuge der Masquers selbst. Es folgte das eigentliche Spiel mit gesprochenen Dialogen, zur Laute gesungenen Liedern (ayres), madrigalesken Chören, Tänzen und mimischen Gebärden. Bei dem anschließenden Main dance, dem festlichen Höhepunkt der M., verließen die Masquers die Bühne und wählten noch incognito aus dem Publikum die ihnen standesgemäßen Partner zum Tanze aus. Das Fest schloß mit der Demaskierung auf der Bühne und dem Schlußtanz. Dieses Grundschema erweiterte Ben Jonson 1609 in seiner *M. of Queens* um eine Antimasque, die als *spectacle of strangeness* in die Main masque eingeschoben oder ihr vorangestellt wurde und in scharfem Kontrast zu ihr stand. Die vom französischen Ballet de cour beeinflußten schwierigen Tänze dieser grotesken und bald sehr beliebten Antimasque wurden stets von Berufsschauspielern ausgeführt. – Die M. war mehr eine literarische als eine musikalische Gattung. Überliefert sind vollständige Texte oder gedruckte Programmzettel mit den Texten der Presentation und der Lieder, aber keine zusammenhängende Bühnenmusik, die es für die M. vielleicht nie gegeben hat. Komponisten wie Th. Campian, J. Coperario, A. Ferrabosco II, Robert Johnson († um 1634) schrieben für die M. Ayres, Chöre und Tänze, die oft nur als Bearbeitung für Laute oder Virginal erhalten sind. N. Laniere führte im 2. Jahrzehnt des 17. Jh. den italienischen Stile recitativo ein, der besonders von den Brüdern H. und W. Lawes aufgegriffen wurde. Zur Zeit Cromwells, der das Sprechtheater verboten hatte, durfte die M. als musikalische Gattung weiter aufgeführt werden, wurde aber während der Restauration durch die Oper verdrängt. Die M. lebte noch eine Zeitlang als Intermedium im Schauspiel und in der Oper fort, während sie im übrigen wieder zur folkloristischen Maskerade absank. In Bühnenmusiken von Purcell (*The Fairy Queen, King Arthur, Dido and Aeneas*) und Händel (Ballettmusik zu *Alcina* und *Ariodante*) sind noch Einflüsse der M. spürbar. 1738 komponierte Th. A. Arne Musik zu Miltons berühmter M. *Comus* aus dem Jahre 1634, deren ursprüngliche Musik von H. Lawes größtenteils verloren ist. Eine späte M. ist G. A. Macfarrens *Freya's Gift* zur Hochzeit von Eduard VII. (1863).

Ausg.: TH. CAMPIAN, »M. for Lord Haye's Marriage« (1607), hrsg. v. G. Arkwright, = The Old Engl. Ed. I, London 1889; H. LAWES, Ayre »Sweet Echo« aus »Comus«,

Davison–Apel Anth. I; Th. A. Arne, »Comus«, hrsg. v. J. Herbage, = Mus. Brit. III, London 1951; King James' Delight, hrsg. v. P. M. Young, London 1959; A. J. Sabol, Songs and Dances for the Stuart M., Providence (R. I.) 1959. Lit.: R. Brotanek, Die engl. Maskenspiele, = Beitr. zur engl. Philologie XV, Wien u. Lpz. 1902; P. Reyher, Les m. anglais, Paris 1909; W. J. Lawrence, Notes on a Collection of M. Music, ML III, 1922; M. S. Steele, Plays and M. at Court During the Reigns of Elizabeth, James and Charles, New Haven (Conn.) u. London 1926; E. Welsford, The Court M., Cambridge 1927; E. J. Dent, Foundations of Engl. Opera, ebenda 1928; A. W. Green, The Inns of Court and Early Engl. Drama, New Haven (Conn.) u. London 1931; J. P. Cutts, Jacobean M. and Stage Music, ML XXXV, 1954; ders., R. Johnson ..., ML XXXVI, 1955; ders., Le rôle de la musique dans les m. de Ben Jonson, in: Les fêtes de la Renaissance I, hrsg. v. J. Jacquot, Paris 1956; ders., R. Johnson and the Court M., ML XLI, 1960; G. Wickham, Contribution de Ben Jonson et de Dekker aux fêtes du couronnement de Jacques Ier, in: Les fêtes de la Renaissance I, hrsg. v. J. Jacquot, Paris 1956; D. Heartz, A Span. »M. of Cupid«, MQ XLIX, 1963. UM

Matassins (matas'ɛ̃, frz., auch matasins, matachines, [von ital. mattacino, verrückt] oder les buffons, air des bouffons, → Buffo), eine Art lebhafter Kriegstänze (→ Schwerttanz), beliebte Einlage in französischen Ballets des 16.–17. Jh. und auf englischen Bühnen in Elisabethanischer Zeit, beschrieben in Arbeaus *Orchésographie* (Paris 1588, S. 97ff.). Der »Matachino« ist eine Harlequinfigur, die mit grotesken Sprüngen auftritt. Vereinzelt begegnen M. auch als → Totentanz mit einem die Gestalt des Verstorbenen darstellenden Tänzer als Hauptfigur, z. B. in Italien (zwischen Toskana und Sizilien), wo diese Tänze mit dem uralten Motiv des Auferstehungszaubers zusammengehen. Ein Beispiel findet sich in A. Nörmigers Lautentabulatur (1598, wiedergegeben bei W. Merian: *Mattasin oder Toden Tantz*).
Lit.: W. Merian, Der Tanz in d. deutschen Tabulaturbüchern, Lpz. 1927; P. Nettl, Die Moresca, AfMw XIV, 1957.

Matutin (lat. matutinum, ursprünglich vigiliae, Nachtwache), die erste Hore im Stundengebet der römisch-katholischen Kirche, das sogenannte Officium nocturnum. Nach der Regel des hl. Benedictus soll sie zur 8. Nachtstunde (etwa 2 Uhr) beginnen, doch wird sie seit ältester Zeit meist schon am Vorabend oder in den frühen Morgenstunden des betreffenden Tages gefeiert. Ihr Aufbau im heutigen römischen Brevier: 2 einleitende Versikel (*Domine, labia mea aperies* und → *Deus in adiutorium meum intende*), Invitatorium mit Ps. 94, Hymnus. Es folgen, dem liturgischen Rang des Tages entsprechend, eine oder 3 Nokturnen: Officium unius nocturni oder trium nocturnorum. Beide Formen enthalten insgesamt jeweils 9 Psalmen mit ihren Antiphonen; hinzu kommen pro Nokturn 3 Lektionen und 3 Responsorien. Als Überleitung von den Psalmen zu den Lektionen finden sich in jeder Nokturn ferner Versikel, Pater noster, Absolutio und Benedictio. Mit Ausnahme der Advents-, Vorfasten-, Fasten- und Passionszeit beschließt an allen Sonn- und Festtagen das → Te Deum (anstelle des letzten Responsoriums) die M., ebenso an den Ferialtagen der weihnachtlichen und der österlichen Zeit. – Abweichend vom römischen umfassen im monastischen Offizium Nokturn I und II jeweils 6 Psalmen mit Antiphonen sowie 1, 3 oder 4 Lektionen mit Responsorien bzw. Versikeln. Die an Sonn- und Festtagen hinzukommende III. Nokturn enthält 3 alttestamentliche Cantica mit nur einer Antiphon, desgleichen 4 Lektionen, gefolgt von je einem Responsorium. Am Schluß dieser Nokturn stehen Te Deum, Evangelium, Hymnus *Te decet laus*, Oration und → *Benedicamus Domino* (letzteres entfällt, wenn die → Laudes folgen). – Die Liturgiekonstitution des 2. → Vatikanischen Konzils sieht für die M. im Rahmen der Neuordnung des Stundengebets weniger Psalmen und längere Lesungen vor (Artikel 89c). – Sämtliche Texte der M. sind in den Brevierausgaben enthalten.
Lit.: P. Radó OSB, Enchiridion Liturgicum I, Rom, Freiburg i. Br. u. Barcelona 1961.

Maultrommel (auch Brummeisen; schweizerisch Trümpi; frz. guimbarde; engl. jew's harp; ital. scacciapensieri), Zupfidiophon, besteht aus einem Stahlbügel in Hufeisenform (∅ etwa 5 cm); an seinem Scheitel ist eine dünne Stahlzunge befestigt, die frei zwischen den schnabelartig verlängerten Enden des Hufeisens in einen hochgebogenen Haken ausläuft. Der Spieler führt den Rahmen in die Mundhöhle, hält die auslaufenden Enden mit den Zähnen fest und zupft die aus dem Mund herausragende Stahlzunge mit den Finger an. Die als Resonator dienende Mundhöhle läßt durch entsprechende Veränderung der Mundstellung verschiedene Obertöne der Zungenschwingung einzeln hörbar werden; so können einfache Melodien auf dem sehr leisen Instrument gespielt werden. M.n aus Palmholz oder Bambus sind in Zentral- und Südasien sowie in Ozeanien verbreitet (als K'api in Tibet, Genggong auf Bali), Nordasien und Europa kennen nur die metallene M. Das älteste europäische Instrument wurde in den Ruinen der 1399 zerstörten Burg Tannenberg in Hessen gefunden. Auf H. Burgkmairs Darstellung »Triumph Kaiser Maximilians« (1515) erscheint die M. als Instrument der Musica vulgaris oder irregularis (Volksmusik) auf dem Narrenwagen. Virdung nennt sie zu dieser Zeit (1511) trumpel, Fischart erwähnt in seinem *Gargantua* (1582) eine maultrumme. Das 17./18. Jh. kennt sie auch unter den Bezeichnungen crembalum und trombula. Um 1800 wurde sie für kurze Zeit ein Virtuoseninstrument (Konzert für M. und Mandora von J. Albrechtsberger); J. H. Scheibler faßte unter dem Namen Aura bis zu 10 M.n zu einem Instrument zusammen (1816). Im Volksbrauchtum der Alpenländer ist die M. das Instrument der Liebeswerbung; dort war die Herstellung von M.n einer eigenen Zunft der M.-Macher vorbehalten (in Molln/Oberösterreich Handwerksordnung von 1679).
Lit.: C. Sachs, Die M., Zs. f. Ethnologie XLIX, 1917; M. Heyman, La guimbarde, RM IV, 1923; E. Emsheimer, Über d. Vorkommen u. d. Anwendung d. M. in Sibirien u. Zentralasien, Ethnos VI, 1941, auch in: Studia ethnomusicologica eurasiatica, = Musikhist. museets skrifter I, Stockholm 1964; L. Hwei, A Comparative Study of the Jew's Harp Among the Aborigines of Formosa and East Asia, Bull. of the Inst. of Ethnology of the Acad. Sinica I, 1956; K. M. Klier, Volkstümliche Musikinstr. in d. Alpen, Kassel 1956; W. D. Scheepers, De mondharp, Mens en melodie XII, 1957; E. Leipp, Etude acoustique de la guimbarde, Acustica XIII, 1963.

Maxima (ergänze: nota oder figura; lat., die größte), Notenwert der → Mensuralnotation des 14.–16. Jh., im 13. Jh. Duplex longa genannt. Die M. gilt immer 2 Longae und wird als Longa mit doppelt breitem Corpus geschrieben: ◼, seit dem 15. Jh.: ◼, Pause: ≣ oder ≣.

Maxixe (maʃ'iʃə, port.), ländlicher Tanz aus Brasilien (Rio de Janeiro) in synkopiertem 2/4-Takt und raschem Tempo. Der M. wurde um 1915 in Europa Modetanz.

Mazedonien.
Ausg. u. Lit.: E. Cučkov, Contenu idéologique et procès rythmique de la danse populaire macédonienne, Journal of the International Folk Music Council IV, 1952; Ž. Fir-

FOV, Les caractères métriques dans la musique populaire macédonienne, ebenda; DERS., Makedonski narodni pesni (»Mazedonische Volkslieder«), 4 Bde, Skopje 1953; DERS. u. G. PAJTONDŽIEV, Makedonski narodni ora (»Mazedonische Volkstänze«), Skopje 1953; B. A. KREMENLIEV, Bulgarian-Macedonian Folk Music, Berkeley (Calif.) 1952; Y. ARBATSKY, Beating the Tupan in the Central Balkans, Chicago 1953; V. HADŽI-MANOV, Makedonski narodni pesni (»Mazedonische Volkslieder«), 4 Bde, Skopje 1953–56; DERS., Makedonski borbeni narodni pesni (»Kampflieder d. mazedonischen Volkes«), Skopje 1960; M. A. VASILJEVIĆ, Jugoslovenski muzički folklor II. Makedonija, Belgrad 1953.

Mazur (m´azur, polnisch), ein aus Masowien stammender polnischer Sprung- und Drehtanz (auch Tanzlied) im schnellen Dreiertakt (3/4 bzw. 3/8) und oft in punktiertem Rhythmus, mit wechselnder Betonung der schwachen Taktteile (2 und 3), in der Schlußphase auch mit Betonung des 1. Taktteils, z. B.:

Der M. wurde seit etwa 1600 auch in höheren Kreisen der polnischen Gesellschaft getanzt. Seit der Mitte des 18. Jh. verbreitete er sich in Rußland, Deutschland, England und Paris als Gesellschaftstanz, der noch bis Ende des 19. Jh. sehr beliebt war. Schon Nachttänze des 17. Jh. enthalten zuweilen M.-Rhythmen (z. B. bei J. A. Schmelzer). Der Name M. taucht in der Kunstmusik früh bei J. Riepel (1752), später bei Marpurg und Kirnberger auf. Ebenfalls seit der Mitte des 18. Jh. wurden M.s in polnischen Opern, Balletten und selbst in polnischer Kirchenmusik (Messe, kirchliche Symphonie) verwendet. Bedeutende Ballett-M.s schrieb St. Moniuszko (auch in den Opern »Das Gespensterschloß«, 1865, und *Halka*, 1858). Die Mazurka ist eine stilisierte Verschmelzung von M., → Kujawiak und → Oberek, gelangte durch Fr. Chopin, K. Szymanowski und H. Wieniawski in die Konzertmusik.

Lit.: PH. GAWLIKOWSKI, La mazurka, Paris 1857; F. STARCZEWSKI, Die polnischen Tänze, SIMG II, 1900/01; T. NORLIND, Zur Gesch. d. polnischen Tänze, SIMG XII, 1910/11; H. WINDAKIEWICZ, Wzory ludowej muzyki polskiej w mazurkach Fr. Chopina (»Vorbilder polnischer Volksmusik in d. Mazurken v. Chopin«), Krakau 1926; Z. KWAŚNICOWA, Polskie tańce ludowe. M., Warschau 1953; K. HORAK, Die Mazurka als österreichischer Volkstanz, Kärntner Museumsschriften XIX, Tanz u. Brauch, Klagenfurt 1959; D. IDASZAK, Mazurek w polskiej muzyce XVIII wieku, Kgr.-Ber. Warschau 1960; Z. STĘSZEWSKA u. J. STĘSZEWSKI, Zur Genese u. Chronologie d. Mazurkarhythmus in Polen, ebenda.

Mazurka → Mazur.

Meane (mi:n, engl.; mittelengl. mene; von lat. medius) heißt in der mehrstimmigen englischen Vokal- und Instrumentalmusik des 14.–17. Jh. die heute in England alto oder contralto genannte Mittelstimme. Schon die Chronik des Robert Mannyng von 1338 spricht in diesem Sinn von *mene, treble and burdoun*. Morley (*A Plaine and Easy Introduction*, 1597) setzt m. synonym mit alto. In den englischen Diskanttraktaten des 15. Jh. hat der M. einen eigenen → Sight; im *sight of faburdun* des Pseudo-Chilston trägt er den C. f. (→ Faburden). Englische 3st. Orgelkompositionen des 16. Jh. (z. B. J. Redford, *O Lux with a m.*, Mus. Brit. I, S. 24) haben als satztechnische Eigenart einen zwischen verschiedenen Stimmlagen wechselnden, im Werktitel daher ausdrücklich genannten M., der wegen seines großen Umfangs abwechselnd von der rechten und der linken Hand gespielt werden muß. Oft ist der M. dann in schwarzen Noten und seiner Lage entsprechend zwischen den Liniensystemen der Ober- und Unterstimme wechselnd aufgeschrieben (Beispiel: *The Mulliner Book*, herausgegeben von D. Stevens, Mus. Brit. I, Faks. S. XIV). Redfords bekanntes Gedicht über den M. (*Long have I been a singing man*) bestätigt diesen Stimmcharakter: *The mene in cumpas is so large / That evry parte must joyne therto*. Die Ausführung des M. vom Männeralt belegen im 16. Jh. Vermerke in Stimmbüchern wie *This M. part is for men* und Überschriften zu Meßsätzen für Männerstimmen wie *Mass for a M.* von Shepherd u. a. – M. viall ist in den Consorts of viols eine normalerweise die Mittelstimme spielende Violine. Heute werden in England die mittleren Saiten der Streichinstrumente small m. und great m. genannt.

Mechanik (engl. action; frz. mécanique; ital. meccanica) wird der Apparat genannt, der bei Musikinstrumenten, besonders bei Saitenklavieren (bei der Orgel → Traktur), über eine Klaviatur in Gang gesetzt, die Tonbildung bewirkt. Die einfachste Klavier-M. ist die des Clavichords. Auf dem Ende eines Tastenhebels sitzt eine → Tangente, die gegen die Saite gedrückt wird.

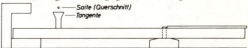

Bei der M. des Cembalos sitzt auf dem Hebelende eine Docke (Springer; engl. jack; frz. sautereau; ital. salterello) mit einer beweglichen Zunge, aus der ein Kiel (Rabenfeder, Lederzunge, Kunststoffplektron) hervorragt. Wird die Taste gedrückt, so reißt der Kiel beim Aufwärtsgehen die Saite an, wird die Taste losgelassen, so weicht die Zunge beim Rückfall aus, während ein oben an der Docke befestigter einfacher Dämpfer die Saite zur Ruhe bringt.

Bei der Hammer-M. wird der Hammer gegen die Saite geschleudert, ist also auf dem letzten Teil seines Weges nicht mehr in Kontakt mit Taste und Finger. Je nach der Geschwindigkeit, mit der der Hammer auf die Saite trifft, wird diese mehr oder weniger kräftig angeschlagen (→ Pianoforte). Eine sehr einfache Art der Hammer-M. hat bereits H. Arnault von Zwolle (um 1460) beschrieben. Die erste voll ausgebildete Hammer-M. erfand Cristofori 1709 (beschrieben 1711 von Maffei, deutsche Übersetzung in Matthesons *Critica musica* II, 1725). Bei dieser Stoß-M. sitzt der Hammer mit einer Achse beweglich in einer Leiste. Ein Stößer hebt bei Anschlag den Treiber, der den Hammer gegen die Saite schnellt. Bevor der Hammer auf die Saite trifft, weicht die Stoßzunge aus, so daß der Hammer zurückfallen kann.

Diese Stoß-M. wurde aufgegriffen von Schröter 1717 und G. Silbermann um 1731. Über Zumpe kam sie in den englischen Klavierbau, wo sie 1772 von Backers und 1777 von Stodart verbessert wurde. Die letzte Ausformung erhielt sie bis 1821 von Erard und 1840 von Herz: Der Hammer wird beim Rückfall von einem Repetierhebel abgefangen, so daß er noch vor dem Loslassen der Taste zu neuem Anschlag bereit ist (Repetitions-M. mit doppelter Auslösung). Eine aufrechte Stoß-M. für das Pianino erfand Wornum 1842 (tape check-action). Ein Bändchen führt hier den Hammer nach dem Anschlag zurück. Eine Prell-M. wurde zuerst von G. Silbermann 1728 gebaut, 1773 von Stein weiterentwickelt. Bei ihr ist der Hammerstiel in einer Kapsel auf der Taste befestigt. Beim Niederdrücken der Taste hakt das Ende des Hammerstiels in die Auslösung ein.

Prell-M.en hatten die Pianofortes der Wiener Schule, doch ging Streicher 1840 auf Stoß-M. über, 1909 stellte Bösendorfer die Herstellung von Pianofortes mit Prell-M. ein. – Neben diesen Grundtypen von Hammer-M.en gibt es zahlreiche Varianten (oberschlägige Zug-M. für Flügel; Tangenten-M. mit Hammer). Eine Sonderart ist die Streich-M. beim → Bogenflügel. – Zur M. gehört beim Cembalo und Hammerklavier eine Dämpfung, entweder eine Einzeldämpfung oder eine gemeinsame, die durch ein Pedal aufgehoben werden kann. Der Hammerkopf der Pianoforte-M. war zunächst mit Leder bezogen, mit Filz zuerst bei Pape 1826.
Lit.: W. Pfeiffer, Die Verlängerung in d. Klavierm., Diss. Innsbruck 1923, maschr., gedruckt Bln 1949; ders., Taste u. Hebelglied, Lpz. ²1931; ders., Vom Hammer, Stuttgart 1948; ders., Über Dämpfer, Federn u. Spielart, Bln 1950; Der Piano- u. Flügelbau, hrsg. v. H. Junghanns u. a., = Bibl. d. gesamten Technik 396, Lpz. 1932, Bln ²1952, Ffm. ³1962, = Fachbuchreihe Das Musikinstr. IV; R. E. M. Harding, The Piano-forte, Cambridge 1933; Fr. J. Hirt, Meisterwerke d. Klavierbaus, Olten 1955; E. A. Bowles, On the Origin of the Keyboard Mechanism in the Late Middle Ages, Technology and Culture VII, 1966.

Mechanische Musik wird durch mechanische Vorrichtungen wiedergegeben, wobei alles Subjektive der Wiedergabe (Interpretation) ausgeschaltet ist. Idee und praktische Versuche sind nicht neu. H. L. Haßler (1601), später Haydn, Mozart und Beethoven haben Stücke für → Mechanische Musikwerke geschrieben und sie, jedenfalls Haydn, zum Teil selbst auf die Walze gesteckt. Zum Schlagwort wurde M. M. beim Donaueschinger Musikfest um 1926, auf dem Hindemith mit seiner Musik zum *Triadischen Ballett* von O. Schlemmer für mechanische Org. und der Toccata für mechanisches Kl. sowie E. Toch mit Kompositionen für das Welte-Mignon-Kl. hervortraten. Ihre Vorzüge pries Hindemith (1927): *Möglichkeit der absoluten Festlegung des Willens des Komponisten, Unabhängigkeit von der augenblicklichen Disposition des Wiedergebenden, Erweiterung der technischen und klanglichen Möglichkeiten, Eindämmung des längst überreifen Konzertbetriebs und Personenkults, wohlfeile Verbreitungsmöglichkeiten guter Musik.* In mancher Hinsicht bedeutet die Elektronische Musik eine Weiterführung solcher Ideen.
Lit.: E. Felber, Entwicklungsmöglichkeiten d. M. M., Mk XIX, 1926/27; P. Bekker, Organische u. M. M., Stuttgart 1928; E. Fr. Schmid, J. Haydn u. d. Flötenuhr, ZfMw XIV, 1931/32; ders., H. L. Haßler u. seine Brüder, Zs. d. Hist. Ver. f. Schwaben LIV, 1941, S. 141ff. (Haßlers Orgelautomat); H.-P. Schmitz, Die Tontechnik d. Père Engramelle, = Mw. Arbeiten VIII, Kassel 1953; P. Gradenwitz, Wege zur Musik d. Gegenwart, = Urban Bücher LXX, Stuttgart (1963).

Mechanische Musikwerke sind Apparate, die mit mechanischen Mitteln Tonstücke wiedergeben können. Nach der Art, wie sie in Bewegung gesetzt werden, sind zu unterscheiden: M. M. mit Federkraft oder Gewichten (Spieluhren, → Glockenspiel) und Werke mit einer Drehkurbel (→ Drehorgel, »Leierkasten«). Nach der Tonerzeugung gibt es M. M. mit Glocken, Stahlstäbchen (Stahlkämmen) oder Saiten und Werke mit Lippen- oder Zungenpfeifen (→ Flötenuhr). Allen älteren M.n M.n gemeinsam ist die Stiftwalze. Bei den Glockenspielen (Carillons), den wohl ältesten M.n, werden durch die Stifte die Hämmer angehoben, welche die Glocken schlagen, oder es wird eine Feder ausgelöst, die den Hammeranschlag bewirkt. Bei kleineren Spieldosen und Spieluhren reißen die Stifte verschieden abgestimmte Zähne eines Metallkamms an. Bei den Drehorgeln öffnen die Stifte die Ventile zu den einzelnen Pfeifen; für längere Töne werden Drahtklammern gebraucht, die entsprechend ihrer Länge die Ventile offenhalten. In der Drehorgel dreht sich die Walze viel langsamer als die Kurbel, die gleichzeitig das abwechselnde Aufziehen der beiden Schöpfbälge zu besorgen hat. Seit Vaucanson (1738) gibt es Spiralwalzen, die auch bei kleinem Durchmesser längere Tonstücke aufnehmen können. Es gab mehrere Methoden, eine Komposition in einen Stiftplan zu übertragen, nach dem der Walzenstecher die Walze »notierte«. Umgekehrt lassen sich heute von erhaltenen Walzen Musikwerke ablesen, mit dem originalen Tempo, der Artikulation und den Verzierungen. Zu den bedeutendsten M.n M.n gehörte die Orgel im Pommerschen Kunstschrank (1617; 1945 in Berlin zerstört). Für M. M. komponierten u. a. H. L. Haßler, J. K. Kerll, Händel, W. Fr. und C. Ph. E. Bach, J. Haydn, W. A. Mozart (K.-V. 594, 608, 616) und Beethoven (Adagio assai F dur, 2 Allegri, Scherzo; → Orchestrion – 2). – In mechanischen Klavieren vom Anfang des 20. Jh. ist die Walze oft ersetzt durch Scheiben mit eingestanzten Löchern (»Notenblätter«). Eine neuartige Erfindung, die als Vorläufer der Schallplattenaufnahme gelten kann, weil sie nicht nur die mechanische Wiedergabe, sondern auch die Aufnahme von Musik gestattete, realisierte E. → Welte durch seinen »Welte-Mignon-Reproduktionsflügel« (1904). Das gleiche System wurde auch für die »Welte-Philharmonie-Orgel« (1913) angewendet. An die Stelle der Stiftwalze trat hier ein Papierband mit Schlitzen. Dieser Notenstreifen gleitet über eine Leiste, in der sich so viele kleine Öffnungen befinden, wie das Klavier Töne hat. Von jeder dieser Öffnungen führt eine Röhrenleitung zu der zugehörigen Klaviertaste. Sobald ein Schlitz im Notenblatt auf eine Öffnung in der Leiste trifft, wird durch Druckluft, ähnlich wie bei der Röhrenpneumatik der Orgel, die entsprechende Taste niedergedrückt. Eine Reihe von Hilfslöchern im Notenblatt wirkt auf die Pedale, andere bringen durch Regelung des Winddruckes den verschieden starken Anschlag der Tasten hervor; bei Orgel oder Harmonium betätigen die Hilfslöcher die Registrierung. Ein Elektromotor bewegt das Notenband und betreibt die Blasebälge. Die Notenblätter wurden von Hand gezeichnet und dann gestanzt oder durch einen besonderen Aufnahmeapparat direkt während des Spieles gelocht. Dieses Aufnahmeverfahren, das im Prinzip dem → Melograph entspricht, hat u. a. das Spiel folgender Künstler auf Orgel oder Klavier festgehalten: mit eigenen Orgelkompositionen E. Bossi, Reger; mit eigenen Klavierkompositionen Debussy, G. Fauré, Glasunow, E. Granados, Grieg, Humperdinck, Kienzl, Ljapunow, Mahler, Petyrek, Ravel, Reger, Saint-Saëns, C. Scott, Skrjabin, R. Strauss; ferner das Klavierspiel von d'Albert, Busoni, Teresa Carreño, Anette Essipow, A. Grünfeld, Leschetizky, J. V. da Motta, Mottl, A. Nikisch, Pugno, C. Reinecke, Reisenauer, X. Scharwenka, Stavenhagen. Eine Auswahl hiervon, auf Schallplatten überspielt, wurde 1957 von Telefunken herausgebracht; einen spielfähigen Welte-Mignon-Flügel besitzt z. B. das Deutsche Museum in München. – Eine Sonderstellung nehmen M. M. ein, bei denen Tempo, Tonstärke und Registrierung verändert werden können (Pianola, Phonola). Die motorische Kraft für die Fortbewegung des Notenbandes und den Anschlag der

Tasten wird durch Pedaltreten aufgebracht; zur weiteren Bedienung sind Hebel vorhanden.

Lit.: S. DE CAUS, Les raisons des forces mouvantes avec diverses machines..., Ffm. 1615; A. KIRCHER SJ, Musurgia universalis, 2 Bde, Rom 1650, ²1690; J. DE VAUCANSON, Mécanisme du flûteur automate..., Paris 1738, engl. als: An Account of the Mechanism of an Automaton..., London 1742; FR. BÉDOS DE CELLES OSB, L'art du facteur d'orgues, 4 Teile in 3 Bden, Paris 1766-78, Faks. hrsg. v. Chr. Mahrenholz, Kassel 1936, dass. = DMl I, 24-26, 1964-65; M.-D.-J. ENGRAMELLE, La tonotechnie ou l'art de noter les cylindres... dans les instr. de concerts mécaniques, Paris 1775; FR. M. FELDHAUS, Die Technik d. Antike u. d. MA, Potsdam 1930; E. FR. SCHMID, H. L. Haßler u. seine Brüder, Zs. d. Hist. Ver. f. Schwaben LIV, 1941 (S. 135–166 über Haßlers M. M.); A. PROTZ, Mechanische Musikinstr., Kassel 1943; J. E. T. CLARK, Mus. Boxes, Birmingham 1948, erweitert London ³1961; H. MATZKE, Unser technisches Wissen v. d. Musik, Lindau (1949), Wien (²1950); H.-P. SCHMITZ, Die Tontechnik d. Père Engramelle, = Mw. Arbeiten VIII, Kassel 1953; A. CHAPUIS, Hist. de la boîte à musique et de la musique mécanique, Lausanne 1955; A. BUCHNER, Vom Glockenspiel zum Pianola, Prag (1959); E. MAINGOT, Les automates, Paris 1959; R. QUOIKA, Altösterreichische Hornwerke, Bln 1959; L. MISCH, Zur Entstehungsgesch. v. Mozarts u. Beethovens Kompositionen f. d. Spieluhr, Mf XIII, 1960; E. SIMON, Mechanische Musikinstr. früherer Zeiten u. ihre Musik, Wiesbaden 1960; W. KRUMBACH, Zur Musik d. Pommerschen Kunstschranks (1617), Mf XIV, 1961.

Mecheln.

Lit.: G. VAN DOORSLAER, Les carillons et les carillonneurs de la tour Saint-Rombaut à Malines, Bull. du Cercle archéologique... de Malines IV, 1893; DERS., Notes sur les facteurs d'orgues malinois, M. 1911; DERS., Notes sur la musique et les musiciens à Malines, M. 1934; R. VAN AERDE, Ménestrels communaux et instrumentistes divers établis ou de passage à Malines de 1311 à 1790, Bull. du Cercle archéologique... de Malines XXI, 1911; DERS., Musicalia. Notes pour servir à l'hist. de la musique, du théâtre et de la danse à Malines, XIVᵉ et XVᵉ s., M. 1921; DERS., Les ventes de musique et d'instr. de musique à Malines de 1773 à 1830, M. 1932; DERS., A la recherche des ascendants de Beethoven, Rev. belge d'archéologie et d'hist. de l'art IX, 1939.

Mecklenburg.

Lit.: FR. CHRYSANDER, Musik u. Theater in M., Arch. f. Landeskunde in d. Großherzogtümern M. V, 1855; DERS., Neue Beitr. zur m.ischen Mg., ebenda VI, 1856; J. BACHMANN, Gesch. d. ev. Kirchen-Gesanges in M., Rostock 1881; CL. MEYER, Gesch. d. M.-Schweriner Hofkapelle, Schwerin 1913; DERS., Gesch. d. Güstrower Hofkapelle (1552–1695), Jb. d. Ver. f. m.ische Gesch. u. Altertumskunde LXXXIII, 1919; E. SCHENK, Musik in M., M.ische Monatshefte X, 1934; W. HAACKE, Die Entwicklungsgesch. d. Orgelbaus im Lande M.-Schwerin (v. d. Anfängen bis ins ausgehende 18. Jh.), Wolfenbüttel 1935; H. RENTZOW, Die m.ischen Liederkomponisten d. 18. Jh., = Niederdeutsche Musik II, Hannover 1938; H. ERDMANN, Schulmusik in M.-Schwerin, v. Pestalozzi bis zum Ende d. 19. Jh., = Rostocker Studien VIII, Rostock 1940; DERS., Zur mus. Praxis d. m.ischen Volkstanzes, Deutsches Jb. f. Volkskunde II, 1956; DERS., Erzgebirgische Bergmusikanten in M., StMw XXV, 1962; H. MILENZ, Abriß d. m.ischen Mg. bis zum Jahre 1933, Schwerin (1940).

medęsimo tempo (ital.) → l'istesso tempo.

Mediante (lat. medius, in der Mitte liegend) heißt seit Ch. Masson (1694) die 3. Stufe der Tonleiter wegen ihrer Lage zwischen Prime und Quinte. Die Bezeichnung war im 18. Jh. weit verbreitet, galt doch die M. als der Ton *qui détermine le mode* (Rousseau). Rameau gebrauchte den Terminus – gleichgewichtig neben note tonique, dominante und note sensible – nur in seinem *Traité de l'harmonie* (1722). Während M. ursprünglich die 3. Stufe als Einzelton bezeichnete, wurde in neuerer Zeit der Terminus auch auf den über diesem Ton aufgebauten Dreiklang übertragen und zugleich auf alle im Terzverhältnis zu einer Hauptfunktion stehenden → Nebendreiklänge, die als Ober- und Untermedianten bezeichnet werden.

Mediatio (lat.) → Psalmtöne.

Mediator (frz. médiator), s. v. w. → Plektron. Die Anweisung »mit M.« gibt G. Mahler in seinem *Lied von der Erde* (VI. *Der Abschied*) für die 1. Harfe.

Medicaea → Editio Medicaea.

Medium (lat., Mitte, Hälfte); nach Tinctoris (CS IV, 171a und 179b) heißt »vulgariter« *cantus ad m.* oder *per m.* ein in Proportio dupla notiertes Stück, da dessen Noten mit der Hälfte ihres normalen Wertes gesungen werden. – M. ist im 16. Jh. auch ein Name für Tenor (auch media vox).

Medley (m'edli, engl., Gemisch) → Fricassée.

Mehrchörigkeit, Kompositionsart für 2, 3 oder mehr alternierende, ineinandergreifende und sich vereinende Chöre. Sie ist die kirchliche → Festmusik des Barocks und eine der Hauptarten des → Concertos, gekennzeichnet durch Klangfülle und dramatischen Kontrast, Farbwirkungen, Raumeffekt und Bildlichkeit. – Franko-flämische Komponisten um 1500 (Mouton, Brumel, vor allem Josquin Desprez) gliederten bereits häufig den Chorsatz in vollstimmige (z. B.: S. A. T. B.) und teilchörig alternierende Partien (z. B.: S. A. T. – T. T. B.), eine Gruppierungsweise der Stimmen, die neben der eigentlichen M. fortbestand. Zeugnisse und Quellen für das Alternieren von Klanggruppen finden sich seit Mitte des 15. Jh.; für die Zeit um 1550 ist namentlich für Oberitalien (Padua, Treviso, Bergamo) die dialogisierende Stimmengruppierung vielstimmiger akkordischer Sätze bei volkstümlichen Gattungen nachgewiesen. Sowohl in diesen Vor- und Frühformen der M. als auch speziell im alternierenden Vortrag antiphonaler Formen wurzeln die *Salmi spezzati* Willaerts (1550), der die 8st. Komposition nicht als erweiterte Vierstimmigkeit oder (in Vervielfältigung der 4 Stimmlagen) als reale Achtstimmigkeit behandelt und willkürlich wechselnd gruppiert, sondern sie nach Art des von Zarlino 1558 beschriebenen → Coro spezzato von vornherein als Doppelchor, d. h. als zweimal 4st. Chorsatz, anlegt. Durch die getrennte Plazierung der Chöre – begünstigt durch 2 Orgelemporen im Zentralbau der Markuskirche zu Venedig – wird der Raum zu einem Faktor der Kompositionsart und der musikalischen Wirkung erhoben. M. und getrennte Aufstellung der Chöre bleiben, wie die literarischen Zeugnisse bestätigen, auch im Barock wesensmäßig miteinander verbunden.

Die von Willaert ausgehende M. der → Venezianischen Schule (– 2) wurde von dessen Schülern Zarlino und N. Vicentino (1555) theoretisch erörtert und im Schaffen A. Gabrielis (*Concerti*, posthum 1587) und G. Gabrielis (Drucke von 1597 und 1615) zu einem Höhepunkt geführt durch Einbeziehung der Gattungen Motette, Magnificat und Messe, Steigerung bis zu 4 Chören, Einsatz von Solopartien, Instrumenten und Instrumentalchören und Komposition rein instrumentaler M. Kennzeichnend für die M. und ihre Entwicklung ist die Bezogenheit des vielstimmigen Satzes auf den als → Basis fungierenden Baß, der das musikalische Geschehen trägt und führt. Der damit gebotenen Verstärkung des Basses (dessen Verdopplung Zarlino 1589 eigens empfiehlt) dient der Basso pro organo (→ Basso seguente), womit prinzipiell das Instrument zu einem Faktor des Satzes erhoben ist. Die kontrastierenden Hoch- und Tiefchöre erfordern – infolge der Erweiterung des Klangraums – den Einsatz von Instrumenten (A. Gabrieli) und Instrumentalchören (G. Gabrieli); daraus resultieren die Titel Symphonia, Concerto und Sonata sowie (besonders in G. Gabrielis instrumentaler M.) die Ausbildung eines spezifischen Instrumentalstils. Die Möglichkeit »orchestraler« Verdopplung der Stimmen *in pleno Choro* rechtfertigt Praetorius (Synt. III, S. 91f.). Kontrastierend solistische Partien verbinden innerhalb der M. das chorische und das solistische Concertieren. – Nach 1580 verbreitete sich die M. rasch auch außerhalb Venedigs (→ Römische Schule; → Benevoli) und jenseits Italiens. Nördlich der Alpen stellt – neben den mehrchörigen Chansons und (nichtliturgischen) Motetten von Lassus – das *Opus musicum* (1586–90) von J. → Gallus *eine förmliche Schule des doppelchörigen Tonsatzes* dar (H. Riemann). In Deutschland begegnet die M. namentlich im Werk der Gabrieli-Schüler H. L. Haßler und H. Schütz und im Schaffen von M. Praetorius. Letzterer in seinem Synt. III, Viadana in der Vorrede seiner *Salmi a quattro chori per cantare, e concertare* (1612) und Schütz in der Vorrede seiner *Psalmen Davids* (1619) geben detaillierte Angaben über die Praxis der M. Die Capella kann aufgeteilt werden in: 1) Vokalchor, von G. Gabrieli Capella, von Praetorius Capella (oder Chorus) vocalis, auch Chorus principalis (da er nicht ausgelassen werden kann), von Schütz Coro Favorito genannt; kommen in einer Komposition mehrere solcher Chöre vor, denen nach Belieben auch Instrumente beigeordnet werden können, werden sie meist nach Lage und Klangfarbe verschieden gruppiert und besetzt, z. B.: S. S. A. A. (mit Violenchor und Cembalo) neben T. T. B. B. (mit Posaunenchor und Orgel); 2) Instrumentalchor, Capella (oder Chorus) instrumentalis, von Schütz einfach Capella genannt; diese Chöre dienen *zum starcken Gethön vnnd zur Pracht* (Schütz) und können in einer oder allen Stimmen auch vokal besetzt oder auch ganz ausgelassen werden; 3) Chorus pro Capella, auch Plenus Chorus, Ripieni oder Tutti (Omnes), vokal und instrumental besetzt, dient *allein zur erfüllung vnd bestercküng der Music* (Praetorius); 4) Concertatstimmen, die solistischen Stimmen der Chöre, die zusammen wiederum einen Chor ergeben können; für ihre Begleitung empfiehlt Praetorius die Capella fidicinia (einen Chor aus besaiteten Instrumenten) oder ein → Consort. Über die Fülle der Arten, wie die *Concert per Choros* angeordnet werden können, handelt am ausführlichsten Praetorius (Synt. III). Ein schönes Beispiel für die abbildlich gemeinte Gruppierung der Chöre in Haupt- (Nah-) und Fernchor gibt Schütz im III. Teil seiner *Musicalischen Exequien* (1636). – Nicht nur während der Barockzeit (Lully, *Te Deum* für 9st. Doppelchor und Orch., 1677; Purcell, Anthem *Behold now praise the Lord* für 7st. Doppelchor mit Orch.; G. O. Pitoni, Messen für drei bis neun 4st. Chöre; J. S. Bachs Motetten für 8st. Doppelchor, Matthäuspassion), sondern auch weiterhin ist die M. die Kompositionsart für die kirchliche Festmusik geblieben, namentlich für die Festmesse und -motette: W. A. Mozart, Messe in C moll, K.-V. 427; Mendelssohn, *Herr Gott, dich loben wir* für 8st. Doppelchor und Orch. (1843); Berlioz, *Te Deum* für 3 Chöre, Orch. und Org. op. 22 (1855); Bruckner, Messe E moll für 8st. Doppelchor und Blasorch. (1866); Brahms, *Triumphlied* op. 55 und *Fest- und Gedenksprüche* op. 109; Verdi, *Te Deum* (1898); H. Distler, Motette *Herzlich lieb hab ich Dich, o Herr* op. 2 für 2 Chöre (1931). M. gibt es daneben auch etwa in der Oper (R. Wagner, Blumenmädchenszene mit 12st. Vierchörigkeit im 2. Akt des *Parsifal*) und in der Symphonie (G. Mahler, 8. Symphonie, 1907).

Lit.: N. VICENTINO, L'antica musica ridotta alla moderna prattica, Rom 1555, Faks. hrsg. v. E. E. Lowinsky, = DMI I, 17, 1959 (f. 85); PRAETORIUS Synt. III; E. HERTZMANN, Zur Frage d. M. in d. 1. Hälfte d. 16. Jh., ZfMw XII, 1929/30; H. ZENCK, N. Vicentinos »L'antica musica« (1555), Fs. Th. Kroyer, Regensburg 1933; L. REITTER, Doppelchortechnik bei H. Schütz, Diss. Zürich 1937; R. UNGER, Die mehrchörige Aufführungspraxis bei M. Praetorius ..., Wolfenbüttel (1941); W. GURLITT, Kirchenmusik u. Kirchenraum, MuK XIX, 1949; G. D'ALESSI, La cappella mus. del duomo di Treviso, 1300–1633, Vedelago 1954; W. BOETTICHER, Eine Frühfassung doppelchöriger Motetten O. di Lassos, AfMw XII, 1955; W. EHMANN, H. Schütz: Die Psalmen Davids, 1619, in d. Aufführungspraxis, MuK XXVI, 1956; D. ARNOLD, Zur Baßführung in d. mehrchörigen Werken A. Gabrielis, Mf XII, 1959; ST. KUNZE, Die Instrumentalmusik G. Gabrielis, = Münchner Veröff. zur Mg. VIII, Tutzing 1963; P. WINTER, Der mehrchörige Stil, Ffm., London u. NY 1964. HHE

Mehrklangsketten nennt H. Erpf Folgen von Mehrklangsbildungen, die in ihrem Nacheinander *keine gemeinsame Grundbeziehung mehr, sondern nur noch aufgereihte Beziehungen von Element zu Element enthalten.*

Lit.: H. ERPF, Studien zur Harmonie- u. Klangtechnik d. neueren Musik, Lpz. 1927.

Mehrstimmigkeit → Polyphonie.

Meiningen.

Lit.: CHR. MÜHLFELD, Die herzogliche Hofkapelle in M., = Neue Beitr. zur Gesch. d. deutschen Altertums XXIII, M. 1910; H. POPPEN, 50 Jahre Meininger Mg., ebenda XXXIV, 1929; O. GÜNTZEL, Vom Werden u. Wirken d. Meininger Landeskapelle, Fs. zum M. Reger-Fest 1937; DERS., Das M.-Reger-Arch. in M., Fs. M. Reger, Lpz. 1953; H. GRABNER, Reger u. d. Meininger Hofkapelle, Fs. Elsa Reger, = Veröff. d. M. Reger-Inst. II, Bonn 1950; G. KRAFT, Mg. d. Stadt M., Weimar 1958.

Meistersang, im engeren Sinne die Liedkunst der zunftmäßig geordneten bürgerlichen Singschulen in vielen deutschen Städten des 15.–16. Jh. Im weiteren Sinne gehört zur Geschichte und Vorgeschichte des M.s auch die Kunst der an Fürstenhöfen wirkenden wandernden Sänger des späten Mittelalters, die die Formen des höfisch-ritterlichen → Minnesangs mit einer neuen, realistischen Haltung erfüllten. Bereits die Meistersinger des 15.–16. Jh. sahen hier den Ursprung ihrer handwerklich überlieferten Dichtungs- und Musizierweise und feierten → Frauenlob als Begründer der ältesten Singschule in Mainz, die um 1315 entstanden sein soll. Das »alte goldene Buch von Mainz« scheint in der um 1470 abgeschlossenen Kolmarer Liederhandschrift (→ Liederbücher) vorzuliegen (Stackmann 1959, S. XLVIII). Als Stifter des M.s gehört Frauenlob zu den »12 alten Meistern«: Walther von der Vogelweide, Wolfram von Eschenbach, Konrad Marner, Heinrich von Mügeln, Klingsor, der starke Boppe, Bartel Regenbogen, Reinmar von Zweter, der Kanzler, Konrad von Würzburg und der alte Stolle. Singschulen bestanden in allen bedeutenden Städten, vornehmlich in den süddeutschen Reichsstädten, z. B. in Straßburg, Schlettstadt, Colmar, Freiburg im Breisgau, Worms, Augsburg und nicht zuletzt in Nürnberg mit Hans Folz (aus Worms stammend, spätestens ab 1459 als Wundarzt in Nürnberg ansässig, wo er Anfang 1513 starb) und H. → Sachs als einem der bedeutendsten Meistersinger. Im späten 16. Jh. verfiel der M.; seine letzten Spuren finden sich (in Ulm und Memmingen) noch im 19. Jh., wo die Tradition durch den Männerchor im Liederkranz übernommen wurde. – Als Vorbild dienten dem M. die Gesangschulen, Kalande und Bruderschaften der Kirchen und Klöster sowie die städtische → Zunft. Durch strenge, auf Tafeln geschriebene Regelordnungen (Tabulatur) waren die Meistersinger zunftmäßig zusammengeschlossen. In schwarzem Gewand mit dem Barett traten sie regelmäßig in der Kirche zum Schulsingen zusammen, für das ein geistliches Repertoire und würdiges Zeremoniell vorgeschrieben waren. Außerdem fand das kurzweilige Zech-(Gesellschafts-)Singen statt. Der Singer hatte seinen Platz auf dem Singestuhl, 3 oder 4 Merker saßen am Tisch im Gemerk, das mit Vorhängen verschlossen war. Jeder Merker hatte eine bestimmte Seite des Singens zu beurteilen: die Reinheit des Bibeltextes, das Befolgen der→Tabulatur (–2), die Wahl der Reime und der metrisch-musikalischen Strophenform (»Ton« oder »Weise«). Wer die Tabulatur noch nicht recht verstand, hieß Schüler, wer mit ihr vertraut war, Schulfreund, wer den alten »Tönen« neue Texte unterzulegen wußte, Tichter, wer einen neuen Ton erfand, Meister. Die bei einer Meisterfreiung gesungene Liedweise galt als Eigentum der Singschule, nicht des Meisters, der sie erfunden hatte. – Die für den M. verbindliche Form des Strophenbaus hieß → Bar. Die Namen der »Töne« richteten sich u. a. nach der Reimordnung (Kreuzton mit kreuzförmiger Reimstellung) oder nach dem Stoff (Jungfrauenweis nach dem Gleichnis der klugen und törichten Jungfrauen) oder nach Stand und Herkunft des Meisters (der wilde Ton nach Bastian Wilde), oder die Töne erhielten poetische Namen (blauer Ton). Wie der Minnesang seine Melodie in Choralnoten aufschrieb, so bediente sich auch der M. des 16. Jh., der vorgab, die Lieder der alten Meister weiterzugeben, derselben Notenform (trotz einiger an die Mensurallehre erinnernder Formen); indessen gebrauchte er statt der gefüllten Noten (meist Semibreven) hohle Noten und nur für die Koloraturen (Blumen) die Minimen. Eine Reihe von Handschriften des M.s enthält gesondert die Texte, während die Melodien in besonderen Notenfaszikeln zusammengefaßt sind. Eine der wertvollsten Handschriften mit Noten ist die des Magdeburger Meistersingers V. Voigt (1558), eine Prachthandschrift der Universitätsbibliothek Jena. Der Stoffkreis des M.s war vorwiegend geistlichen Inhalts mit dem Vorrang der Bibel (im 16. Jh. in der Übersetzung Luthers): Sündenfall, Erlösung, Trinität, Mariä Empfängnis, eschatologische Motive, allegorische Bilder der Bibelexegese, und bis in die Reformationszeit mariologische Themen; dazu kamen die politischen und historischen Lieder, die Schul-, Straf- und Wettkampflieder sowie oft derb-drastische Buhl- und Schwanklieder. Lehrhaftigkeit ist ein Kennzeichen vieler Texte des M.s. Unter den Meistersingern ragen als Musiker H. Sachs (mit der Silberweise, textlich eine Paraphrase des *Salve regina*), H. Folz (mit dem Kettenton) und Konrad Nachtigall (mit dem geschiedenen Ton) hervor. An der Silberweise von H. Sachs wird die Nähe des M.s zum Kirchenlied Luthers und zur evangelischen Musikanschauung (J. Walter) deutlich. So ist es verständlich, daß C. Spangenberg in seinem M.-Buch (1598) Martin Luther unter den Meistersingern mit aufführt. – Ein farbiges und lebensvolles, aber im Geist des 19. Jh. umgefärbtes Bild des M.s mit seinem Silbenzählen und Reimeschmieden hat R. Wagner in seiner Oper *Die Meistersinger von Nürnberg* (Uraufführung München 1868) entworfen und sich dabei in der Hauptsache auf die Darstellung des M.s von J. Chr. Wagenseil (1697) gestützt.

Ausg.: Die Sangesweisen d. Colmarer Hs. u. d. Liederhs. Donaueschingen, hrsg. v. P. Runge, Lpz. 1896, Nachdruck Hildesheim 1965; Jenaer Liederhs., hrsg. v. Fr. Saran, G. Holz u. E. Bernoulli, 2 Bde, Lpz. 1901; Das Singebuch d. A. Puschmann, hrsg. v. G. Münzer, Lpz. 1906; Die Jenaer Liederhs., Faks. ihrer Melodien, hrsg. v. Fr. Gennrich, = Summa musicae medii aevi XI, Langen 1963; ders., Troubadours, Trouvères, Minne- u. Meistergesang, = Das Musikwerk (II), Köln (1951, ²1960).
Lit.: J. Walter, Lob vnd preis d. löblichen Kunst Musica, Wittenberg 1538, hrsg. v. W. Gurlitt, Kassel 1938; A. Puschmann, Gründlicher Ber. d. deutschen Meistergesanges ..., Görlitz 1571, NA hrsg. v. R. Jonas, Halle 1888; C, Spangenberg, Von d. edlen vnnd hochberüembten Kunst d. Musica ... (Ms. Straßburg 1598), = Bibl. d. literarischen Ver. in Stuttgart LXII, Stuttgart 1861, Nachdruck Tübingen 1966; J. Chr. Wagenseil, De Sacri Rom. Imperii Liberia Civitate Noribergensi Commentatio, Altdorf 1697 (darin: Buch v. d. Meister-Singer holdseliger Kunst ...); E. Martin, Urkundliches über d. Meistersinger v. Straßburg, = Straßburger Studien I, Straßburg 1882; O. Plate, Die Kunstausdrücke d. Meistersinger, ebenda III, 1888; C. Mey, Der Meistergesang in Gesch. u. Kunst, Karlsruhe 1892, Lpz. ²1901; Nürnberger Meistersinger-Protokolle v. 1575–1689, 2 Bde, hrsg. v. R. Drescher, = Bibl. d. litterarischen Ver. in Stuttgart CCXIII–CCXIV, Stuttgart 1897–98, Nachdruck Tübingen 1961; P. Runge, G. Münzer, R. Staiger u. E. Bernoulli in: Kgr.-Ber. Basel 1906 (Über d. Notation d. Meistergesangs); R. Staiger, Benedict v. Watt, = BIMG II, 13, Lpz. 1914; W. Stammler, Die Wurzeln d. Meistergesangs, DVjs. I, 1923; E. Jammers, Untersuchungen über d. Rhythmik u. Melodik d. Melodien d. Jenaer Liederhs., ZfMw VII, 1924/25; A. Heiberg, Zur Tabulatur d. Meistergesangs ..., Diss. Prag 1925, maschr., Auszug in: Jb. d. Phil. Fakultät d. deutschen Univ. in Prag III, 1925/26; K. Unold, Zur Soziologie d. (zünftigen) deutschen Meistergesangs, Diss. Heidelberg 1932; Fr. Eberth, Die Minne- u. Meistergesangsweisen d. Kolmarer Liederhs., Detmold 1935; H. O. Burger, Die Kunstauffassung d. frühen Meistersinger, = Neue Deutsche Forschungen LXXV, Abt. Deutsche Philol. II, Bln 1936; A. Taylor (mit F. H. Ellis), A Bibliogr. of Meistergesang, = Indiana Univ. Studies CXIII, Bloomington 1936; ders., The Literary Hist. of Meistergesang, NY 1937; B. Nagel, C. Spangenbergs M.-Bild, Arch. f. Kulturgesch. XXXI, 1943; ders., Der deutsche M., Heidelberg 1952; ders., M., = Slg Metzler, Abt. D (Literaturgesch.), Stuttgart 1962; R. Zitzmann, Die Melodien d. Kolmarer Liederhs. ..., = Literarhist.-mw. Abh. IX, Würzburg 1944; K. Stackmann, Der Spruchdichter Heinrich v. Mügeln, Heidelberg 1958; ders., Die kleineren Dichtungen Heinrichs v. Mügeln, = Deutsche Texte d. MA L, Bln 1959; H. Husmann, Aufbau u. Entstehung d. cgm 4997 (Kolmarer Liederhs.), DVjs. XXXIV, 1960; B. Kippenberg, Der Rhythmus im Minnesang, = Münchner Texte u. Untersuchungen zur deutschen Lit. d. MA III, München 1962; H. Fischer, Zu Leben u. Schriften d. H. Folz, Zs. f. deutsches Altertum XLV, 1966; Chr. Petzsch, Zu d. sogenannten H. Folz zugeschriebenen Meistergesangsreform, in: Paul u. Braunes Beitr. zur Gesch. d. deutschen Sprache u. Lit. LXXXVIII, 1966; ders., Text-Form-Korrespondenzen im ma. Strophenlied, DVjs. XLI, 1967.

Melanesien → Ozeanien.

Melisma (griech., Gesang, Lied), – 1) Bezeichnung für Melodien oder Melodieteile, die nur auf eine Silbe gesungen werden; sie schließt grundsätzlich auch Koloratur und Arten der Verzierung ein, doch bezeichnet der heutige Sprachgebrauch mit M. vor allem die Vokalisen in der mittelalterlichen Ein- und Mehrstimmigkeit (responsoriale Psalmodie, Organum); im mittelalterlichen Musikschrifttum ist der Terminus nicht geläufig. Gegensatz zur melismatischen ist die syllabische Art, bei der jeder Silbe nur eine Note zugeordnet wird. Der in neuerer Zeit geprägte Ausdruck »neumatischer Stil«, der zwischen beiden vermittelt und für melismatische Bildungen mit nicht mehr als etwa 4 Tönen verwendet werden soll, zieht eine historisch willkürliche Grenze. – 2) Unter M. versteht die barocke Musikliteratur, wohl in Anlehnung an die ursprüngliche (griechische) Bedeutung des Wortes, auch *eine über Verse gesetzte Composition* (J. G. Walther, *Praecepta*, ed. Benary, S. 49), unter Stilus melismaticus einen *natürlichen Styl, den alle Welt fast ohne Kunst singen kan* (WaltherL; ähnlich Mattheson Capellm., S. 74, 90, 92). – 3) Die Melismatik ist eines der wichtigsten Elemente der orientalischen Melodik. In der mittel- und vorderorientalischen Vokalmusik nimmt sie breiten Raum ein; speziell in der traditionellen indischen Kunstmusik wird der Text zur Nebensache und von Vokalisen überwuchert bzw. ganz von ihnen ersetzt. – Auch die Musik der Naturvölker kennt Melismatik, ebenso die Volksmusik Europas, hier besonders die orientalisch beeinflußte: der Fado in Portugal, die Flamencolieder Südspaniens, die Volkslieder des südlichen Balkans. In der Melodik der nord- und zentraleuropäischen Volkslieder ist sie seltener und weniger ausgeprägt. Es wird vermutet, daß die Melismatik in die abendländische Vokalmusik des Mittelalters über die frühchristlichen Gesänge aus dem hebräisch-orientalischen Kultgesang und in die weltliche Vokalmusik (Trobador- und Minnesang) aus dem mittelalterlichen arabischen Kunstgesang eingedrungen sind.

Lit.: zu 3): R. LACH, Studien zur Entwicklungsgesch. d. ornamentalen Melopöie, Lpz. 1913; A. Z. IDELSOHN, Parallelen zwischen gregorianischen u. hebräisch-orientalischen Gesangsweisen, ZfMw IV, 1921/22; R. v. FICKER, Primäre Klangformen, JbP XXXVI, 1929; P. COLLAER, La migration du style mélismatique oriental vers l'occident, Journal of the International Folk Music Council XVI, 1964.

Melodic section (miľədik sˈekʃən, engl.) → Band.

Melodie (griech. μελῳδία, von μέλος, Lied, und ᾠδή, Gesang; als Wort belegt seit Platon, z. B. »Gesetze« 790e) tritt in Erscheinung als in der Zeit sich entfaltende selbständige Tonbewegung. Gegenüber weniger selbständigen Tonfolgen wie die von Neben-, Begleit-, Füllstimmen zeichnet sie sich gewöhnlich aus durch innere Folgerichtigkeit oder Gesanglichkeit oder leichtere Faßlichkeit oder durch Festigkeit und Geschlossenheit ihrer Gestalt. M. im engeren Sinne, als konkrete Erscheinung, enthält auch das rhythmische Element in sich. Im weiteren Sinne kann sie als Urbild aller »horizontalen« oder »linearen« Tonbewegungen aufgefaßt und daher als musikalisches Grundphänomen angesprochen werden, das in keiner Musik ganz fehlt. Unter Melodik versteht man eine bestimmte Art der M.-Bildung, ein bestimmtes melodisches Prinzip (z. B. Bachs Melodik; Treppenmelodik). Bisweilen wird jedoch die Bezeichnung Melos bevorzugt, vornehmlich bei einstimmiger oder harmonisch nicht gebundener Musik (Volksmusik, außereuropäische, moderne Musik). – Was heute als M. bezeichnet wird, konnte in der Antike und im Mittelalter je nach dem Zusammenhang verschieden benannt werden, so etwa griech. ἀγλαὸς οἶμος ἀοιδῆς (»strahlender Gang des Gesangs«, homerischer Hermes-Hymnus 451), μέλος, νόμος, ᾠδή; lat. modus (modulatio, modulamen, modulus), cantus, cantilena, cantio; ahd. sanc, seit Notkers Martianus-Kommentar auch Weise, im Meistersang Ton, ähnlich engl. tune. – Die ursprüngliche Bedeutung des Wortes M. zielte mehr auf die Ausführung, das Singen, den Gesangsvortrag eines → Melos. Wohl im Zusammenhang mit der allmählichen Festlegung und Kanonisierung der liturgischen M.n im frühen Mittelalter wandelte sich der M.-Begriff und damit auch die Bedeutung des Wortes. Während melos sich nur noch als gelehrtes Wort hielt, fand der im Mittellatein verhältnismäßig seltene Terminus melodia auf dem Weg über das Altfranzösische allmählich Eingang in die Volkssprachen. Aber erst um 1600, als sich die Musik nicht mehr dem Harmoniabegriff der klassischen Vokalpolyphonie unterordnete (vgl. *Seconda prattica... intende che sia quella che versa intorno alla perfetione della melodia, cioè che considera l'armonia comandata, e non comandante,* Dichiaratione in Monteverdis *Scherzi musicali,* 1607), rückte das Begriffswort M. allmählich ganz in den Vordergrund (Monteverdi plante sogar eine eigene Abhandlung unter diesem Titel; → Melodielehre). Seither galten M. und Harmonie (über den von Rameaus *Traité de l'harmonie,* 1722, ausgelösten Vorrangstreit hinweg) als die beiden komplementären Hälften der Musik. Die durch den geschichtlichen Wandel bedingte Verschiebung, Erweiterung, Verallgemeinerung des M.-Begriffs einerseits und die mit der Anwendung auf ältere geschichtliche Epochen sowie auf fremde Musikkulturen verbundene Ausdehnung und Zersplitterung des Begriffs andererseits kennzeichnen den neuzeitlichen Gebrauch des Wortes. Die Betrachtung fremder Musikkulturen unter dem Gesichtspunkt der M. hat als Gewinn u. a. auch neue Fragestellungen für die Erforschung der älteren, im wesentlichen einseitig melodisch orientierten Musik Südeuropas eingebracht (Griechische Musik, Byzantinische Musik, Gregorianischer Gesang). So etwa die Einsicht, daß für die Musik des Vorderen Orients die Art, die Intensität des Hervorbringens einer Tonbewegung offenbar viel wesentlicher ist als die Tonfolge an sich. Anders dagegen im Abendland, wo alle Stimmen seit dem Aufkommen der Mehrstimmigkeit als Bestandteile eines übergeordneten Ganzen, nämlich des rational bestimmten klanglich-harmonischen Gefüges der Komposition verstanden wurden. – Im folgenden wird M. unter fünf Gesichtspunkten zu fassen versucht.

1) Grundlegende Bedeutung kommt zunächst dem aus der Psychologie stammenden und dort u. a. am Phänomen der M. herausgearbeiteten Begriff der Gestalt als einer selbständigen Qualität zu (Chr. v. Ehrenfels). Mit ihm werden zwei allgemeine Merkmale erfaßt: M. ist erstens nicht bloß die Summe aller in ihr enthaltenen Töne, sondern etwas diesen Elementen gegenüber Neues, Übergeordnetes, und zweitens ist M. von absoluten Reizwerten (von absoluter Tonhöhe) unabhängig und somit transponierbar. Jede M. hat darüber hinaus ihre eigene Gestalt, doch gilt es von vornherein zu scheiden zwischen verschiedenen Grundhaltungen. Im Orient beispielsweise ist der Verlauf einer M. im Prinzip nicht genau, nicht Ton für Ton festgelegt. Die M. hat keine feste, »objektivierte«, vom jeweiligen Vortrag ablösbare Gestalt. Zu verbindlichen Normen auskristallisiert haben sich dort (und wahrscheinlich auch in der Antike; → Nomos) lediglich typische Gestaltungsweisen von M.n in Verbindung mit gewissen Modellvorstellungen (→ Maqâm, → Râga, → Paṭet), und nicht die Einzelgestalten selbst. Daher lassen sich solche M.n in europäischer Notenschrift nur schwer wiedergeben (*was wir aufschreiben können, das ist nicht einmal wissenschaftlich das Wichtigste,* Sachs 1930, ²1959, S. 15). Strenges Unisono ist derartiger Musik fremd; beim Zusammenmusizieren ergibt sich vielmehr ein eigentümliches Nebeneinander von ähnlich gestalteten melodischen Linien (→ Heterophonie). Die Grundhaltung der abendländischen Kirchen- und Kunstmusik zeichnet sich demgegenüber aus durch die Tendenz zum Festlegen, »Objektivieren« der M. als Gestalt bis in die einzelnen Töne, in einem späteren Stadium bis in die rhythmischen Werte hinein. Damit verbunden war die Ausschaltung des Irrationalen im Tonmaterial (darunter auch der für das frühe Mittelalter vereinzelt bezeugten Vierteltöne), in der Art der Bewegung und des Vortrags (z. B. → Liquezsens, → Plica). Die seit dem Aufkommen der Mehrstimmigkeit zur Regel gewordene eindeutige schriftliche Festlegung von M.n erlaubte ihrerseits nun wieder die bewußte, geregelte Abweichung vom »normalen« Vortrag (z. B. Zerdehnung der Cantustöne wie im Organum der Notre-Dame-Epoche, Augmentation, Verkleinerung, Diminution, Verzierungen, im Falle der Kolorierung war sogar völlige Umgestaltung der zugrunde liegenden M. möglich). Das europäische

→ Volkslied hingegen läßt sich bezüglich der unterschiedlichen Festigkeit der melodischen Gestalt verschiedenen Zwischenstufen zwischen den beiden genannten Grundhaltungen zuordnen.

2) Im Unterschied zur Sprach-M. bewegt sich die musikalische M. auf deutlich gegeneinander abgesetzten Tonstufen (worauf bereits Aristoxenos, »Harmonik« 8, hinwies). Diese Tonstufen sind in der Regel als feste Tonhöhen gemeint, auch wenn sie in der Praxis kleineren Schwankungen unterliegen (z. B. Differenz zwischen reiner und temperierter Stimmung, unsaubere Intonation; → Dirty tones). Dagegen weisen Intervalle, die nicht nach dem Konsonanzprinzip ausgewählt, sondern nach dem Prinzip der → Distanz abgeschätzt werden (außer bei Naturvölkern auch beim Vortrag des *Sâmaveda* in Indien, beim Nô-Gesang in Japan u. a.), meist größere Schwankungen auf (vgl. auch die Diskrepanz zwischen instrumentaler Stimmung und vokaler Intonation in manchen Musikkulturen, z. B. in Südostasien). Es kommt aber auch der Fall vor, daß zwischen festen Tonstufen bewegliche eingeschaltet erscheinen (z. B. Pien als eine Art melodischer Übergangston in chinesischer Musik). Nach der Zahl der in einer Oktave enthaltenen Tonstufen werden hauptsächlich pentatonische und heptatonische M.n unterschieden, wobei die pentatonischen in halbtonlose (anhemitonische) und halbtonhaltige (hemitonische) unterteilt werden (→ Pentatonik). Innerhalb einer M. können die Tonstufen entweder unverändert beibehalten oder nach bestimmten Regeln erhöht oder erniedrigt werden (→ Metabolē, → B – 1, → Musica ficta, melodisches → Moll, → Alteration – 2). Die unverändert beibehaltenen Tonstufen werden gewöhnlich als »leitereigene« Töne bezeichnet. Unter Leiter versteht man dabei gleichartigen M.n zugrunde liegende und im engeren Sinne zu einer Tonart (τόνος, ἦχος, modus, Kirchenton) gehörige, systematisch geordnete Töne. Wechsel der Tonhöhe auf einer Tonstufe kann entweder Systemwechsel (Modulation) bedeuten oder aber konstitutiv für ein System sein (etwa wenn eine M. bei steigender Bewegung den höheren, bei fallender den tieferen Ton benutzt, wie u. a. im melodischen Moll); doch lassen sich diese beiden Fälle praktisch nicht immer klar auseinanderhalten. Die Unterscheidung von Haupt- und Nebentönen spielt in fast allen Musikkulturen eine Rolle und tritt meist im Zusammenhang mit anderen, für den jeweiligen M.-Typ bezeichnenden Momenten auf (charakteristische melodische Wendungen, typischer Tonumfang, oft schematischer oder von Modellvorstellungen geleiteter M.-Verlauf, Bindung an ein bestimmtes → Ethos, an Stimmungen und Gefühle, an kosmologische oder magische Vorstellungen). Der Tonartenbegriff scheint sich jedoch erst allmählich aus solcher Unterscheidung entwickelt zu haben (dafür, daß sich Tonart und Leiter nicht zu decken brauchten, ist etwa das Beispiel des auf der gleichen Leiter beruhenden 1. und 8. Kirchentons bezeichnend). In der Antike wurden zusätzlich drei Tongeschlechter (→ Genos) unterschieden (diatonisch, chromatisch, enharmonisch). Im Gregorianischen Gesang war es in erster Linie der durch seine Stellung (locus) unter den benachbarten Tönen (sociales) bestimmte Schlußton der M. (→ Finalis – 1), der als modaler Grundton empfunden wurde (was in der Antike und im frühen Christentum anscheinend noch nicht allgemein der Fall war) und zur Aufstellung von vier Tonarten führte. Die später im Anschluß an das byzantinische System des → Oktoechos eingeführte weitere Unterscheidung authentischer und plagaler Formen (daher acht →Kirchentöne) orientierte sich am zweiten Hauptton (→ Repercussa, Tenor) und am Tonumfang (Ambitus). Damit waren zugleich auch zwei melodische Bewegungstypen auseinandergehalten, schematisch dargestellt:

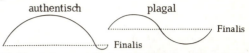

Die Praxis kannte jedoch zahlreiche M.n, die sich solcher Norm nicht fügten (→ Tonus peregrinus, modulierende M.n, authentisch-plagale »Mischformen«). In der Mehrstimmigkeit kam das klanglich-harmonische, später auch das rational-rhythmische Moment als mitbestimmender und dadurch alles Melodische verwandelnder Faktor hinzu. Erst in der Dur-Moll-Tonalität erreichte die Musik als Ganzes wieder eine dem alten Tonartenbegriff vergleichbare einheitliche Orientierung im Klangraum (Harmonie als Komplementärbegriff zu M.). Die Atonalität jedoch rechnet mit 12 gleichberechtigten Tonstufen im Halbtonabstand wieder ohne feste Orientierung.

3) Der Zusammenhang von Sprache und Musik spiegelt sich in der M. auf vielfältige Weise (→ Deklamation). Epische, lyrische und dramatische, sakrale und profane, rhythmisch gebundene und ungebundene Texte etwa bringen von vornherein Differenzierungen des Melodischen mit sich. Doch kann die musikalische Komponente auch so sehr dominieren oder verselbständigt sein, daß der Text ihm gegenüber in den Hintergrund tritt, ja belanglos erscheint (C. Sachs sieht in der »logogenen«, d. h. wortgezeugten, und in der »pathogenen«, d. h. rauschgezeugten Melodik zwei gegensätzliche Urformen). Typische Arten aus älterer Zeit sind Rezitationsmelodik (so vermutlich der Rhapsoden- und Schauspielervortrag der Griechen, Vortrag von Prosatexten in der christlichen Kirche), relativ selbständige syllabische Melodik (wahrscheinlich die Lyrik der Griechen, musikalisch einfachere Formen des Liedes u. a.) und melismatische Melodik (Alleluia, Graduale und andere Meßgesänge; noch heute im Orient weithin vorherrschend). In der Regel zeichnen sich im melodischen Duktus gewisse Grundgegebenheiten des Textes ab, wie Textgliederung (Vers- und Stropheneinteilung der Dichtung, Sinn- und Interpunktionsgliederung der Prosa) und Sprachrhythmus (Versmaße der Dichtung, Wort- und Satzakzente der Prosa). So bedient sich etwa die Rezitationsmelodik in der lateinischen Liturgie (Psalmodie, Oration, Präfation, Lektion u. a.) typischer, den jeweiligen Akzentverhältnissen angepaßter Kadenzformeln zur Verdeutlichung der Sinngliederung (Mediatio: Flexa, Metrum; Terminatio: Differentia, Punctus), z. B. am Schluß der Lektion:

Nach der zugrunde liegenden Lehre der Grammatiker werden Satz (periodus) und Satzteile (comma, colon) durch → Distinctio, Media distinctio und Subdistinctio getrennt. Diesem Gliederungsprinzip folgen auch die übrigen Gesangsarten. Melismatische Gesänge weisen darüber hinaus primär musikalisch zu verstehende Gliederungen auf (ebenfalls Distinctio genannt), sei es nach selbständigen Wörtern oder innerhalb längerer Melismen, z. B. im 2. Weihnachtsgraduale: *Benedictus | qui venit | in nomine | Domini: | Deus Dominus, | et illuxit*

nobis /, wobei auf die letzte Silbe (*-bis*) ein dreigliedriges Melisma gesungen wird. Nicht selten scheinen durch längere Melismen besonders gewichtige Wörter hervorgehoben zu sein (Interpretationsmelisma). Nach ähnlichen Prinzipien verfuhr später die Mehrstimmigkeit, die im übrigen manche »Verstöße« gegen die Sprache zuließ (falsche Betonung, Verweilen bei unwichtigen Wörtern u. ä.). Die metrische und rhythmische Beschaffenheit mittelalterlicher Texte mag eine geregelte Rhythmisierung der dazugehörigen M.n begünstigt haben (Hymnus, Tropus, Conductus, Trobador- und Trouvèregesang, Minne- und Meistersang; vielleicht eine der Wurzeln der modalen Rhythmik). In der spätmittelalterlichen Musik und Melodik begannen u. a. Wortdeklamation (seit Dunstable) und »textgezeugte« Rhythmen (seit den Niederländern), im 16. Jh. dann der Einfluß antiker Metrik (humanistische → Odenkomposition) und Rhetorik an Bedeutung zu gewinnen (musikalisch-rhetorische → Figuren, die namentlich der musikalischen Textausdeutung dienten). In der Vokalmusik verlagerte sich das Gewicht auf die Darstellung von Affekten (zumal in der Oper). Strukturunterschiede der einzelnen Sprachen machten sich gegenüber früher verstärkt bemerkbar (vgl. Luther, *Wider die himmlischen Propheten*, 1525: *Es mus beyde text und notten, accent, weyse und geperde aus rechter mutter sprach und stymme komen, sonst ist alles eyn nachomen, wie die affen thun* – eine Forderung, die im deutschen Sprachgebiet erst Schütz ganz erfüllt hat). Aber auch in der Instrumentalmusik finden sich nunmehr Züge, die ohne die Erfahrungen in der Vokalmusik nicht denkbar wären (quasi textgezeugte Rhythmen und Motive, die Artikulation, überhaupt das »Sprechende«, »Singende«). Schließlich war es R. Wagner, der sich gegen die Herrschaft der mit dem Text nur noch äußerlich verbundenen (gleichsam instrumental konzipierten) *absoluten M.* in der Oper wandte und seit dem *Tristan* seine Konzeption von der auf Wortwiederholungen ganz verzichtenden *unendlichen M.* verwirklichte (vgl. *Gesammelte Schriften* III, IV, VII).

4) In der Tanz- und Marschmusik hängen ausgeprägter Rhythmus und melodische oder überhaupt musikalische Responsion eng zusammen. Bereits in der griechischen Antike muß das melodische Moment (über das rhythmische hinaus) die äußere Responsion von (orchestisch gebundenen) Versen und Strophen verdeutlicht haben; das Überhandnehmen des Musikalischen im neuen Dithyrambos führte dann allerdings zur Preisgabe der äußeren Responsion. Im Abendland wirkte sich die Entstehung einer hypotaktischen Betonungsordnung (Takt) innerhalb des Tanzes dahingehend aus, daß sich der musikalische Ablauf zunehmend symmetrisch gliederte (2+2 oder 4+4 oder 8+8 Takte; → Metrum – 3, → Periode, → Symmetrie). Wo ein fester Baß (Ostinato, so bei Folia, Ground, Chaconne, Passacaglia usw.) oder ein festes harmonisches Gerüst (z. B. im Blues) diese tektonische Aufgabe übernimmt, kann sich das Melodische jedoch wieder freier, improvisierend oder variierend entfalten, besonders bei instrumentaler Ausführung. Von der Rhythmisierung der Oberstimmen kann auch eine Intensivierung des Grundrhythmus ausgehen (Punktierung im Marsch, swing im Jazz u. a.).

5) Zahlreich sind die mehr immanent-musikalischen Fragen der M.-Bildung. Eine in der Musikethnologie entwickelte Typologie geht von der Bewegung im Detail aus: Treppen-, Sprung-, Sturz-, Pendel-, Girlanden-, Fanfarenmelodik u. ä. Die Bewegung im ganzen ist dagegen in den drei Bewegungstypen des Aszendenz-, Schwebe- und Deszendenzmelos erfaßt (W. Danckert). Unter den sich freier entfaltenden Gesängen der lateinischen Liturgie (Concentus) können drei Arten der M.-Bildung unterschieden werden: die erste hat es mit modellgebundenen, »typischen« M.n zu tun, die sich ganz verschiedenen Texten anpassen (namentlich Antiphonen), die zweite mit M.n, die (nach P. Wagner) auf der Verwendung »wandernder« Melismen und Wendungen beruhen (besonders Tractus und Gradualien; eine andere Deutung, mehr im Sinne der ersten Art, schlägt Br. Stäblein in MGG V, Sp. 651, vor), und die dritte mit Original-M.n, die an bestimmte Texte gebunden bleiben. In »primär klanglich« (R. v. Ficker) orientierter Musik herrscht Umspielungs-, Pendel- oder Figurationsbewegung vor (z. B. pentatonische Musik, Gamelan; Mehrstimmigkeit des hohen Mittelalters, später teilweise in der Instrumentalmusik); Stimmtausch, Kanon, Hoquetus, Sequenzen oder verwandte Erscheinungen sind häufig. Im Abendland haben sich die Zusatz- oder Begleitstimmen eines mehrstimmigen Satzes erst allmählich zu innerer Selbständigkeit und somit zu eigenen M.-Stimmen entwickelt. Wesentlichen Anteil daran hatte die zunehmende Beherrschung der unvollkommenen Konsonanzen und der Dissonanzen (vgl. die Regelung der Synkopen-, Durchgangs-, Dreh-, Portamento-, Doppeldissonanz sowie die Rolle der Klauseln), aber auch die Überwindung der für die Werdezeit der Mehrstimmigkeit typischen formelhaften Rhythmik, wie sie etwa noch bei Machaut zu finden ist (Anfang der Motette 20, nach Fr. Ludwig, Machaut-GA III):

Trop plus est_ be-le que_ biau- -te

Ausgewogenheit der melodischen Bewegung, Ausgleich größerer Sprünge durch (möglichst stufenweise geführte) Gegenbewegung und Vermeidung von Wiederholungen, Symmetrien und Sequenzen kennzeichnen dagegen die Stufe der klassischen Vokalpolyphonie (Palestrina, *Missa Papae Marcelli*):

Ky-rie e-lei- -son

Die seit dem 16. Jh. an Boden gewinnende Instrumentalmusik stellte den typischen Gesangs-M.n (Lied, Arie, Deklamations-M. u. ä.) alsbald mehr instrumental konzipierte M.n zur Seite (Dreiklangs-M.n, motivisch und thematisch geprägte M.n, Ranken-M.n, durch Figurationen und Spielfiguren getragene M.n), bis hin etwa zu J. S. Bach im Sinne kontinuierlicher Fortspinnung gestaltet, vielfach aber auch verschmolzen mit vokalen Elementen (Bach, H moll-Messe):

Ky-ri-e e-le- -i-son, Ky-ri-e

Durch besondere Wendungen der M. werden die zur Vollständigkeit der Modulation erforderlichen Töne so in einer einzigen Stimme vereinigt, daß mitunter eine zweyte weder nöthig noch möglich ist (J. N. Forkel, *J. S. Bach*, 1802, S. 31; vgl. dazu H. Riemanns Begriff der »Mehrstimmigkeit durch Brechung« und E. Kurths Begriff des »linearen Kontrapunkts«). Für die M.-Bildung der Wiener Klassiker scheint besonders charakteristisch zu sein, daß das paratakisch anmutende Verfahren der »Aneinanderreihung« von kleineren M.-Gliedern, Motiven, Wendungen, wie es von den Vorklassikern her bekannt ist, nunmehr auf der *getrennten Handhabung von rhythmisch-tonlicher Gestalt und metrischer Gewichtsverteilung* beruht (Thr. G. Georgiades), so auch in der bekannten Haydn-M. (Quartett Hob. III, 77):

Im 19. Jh. kam es dann immer mehr zu einer Scheidung: auf der einen Seite die leicht eingängigen, zwischen Kunst (Verdi, Bizet) und Banalität (Gassenhauer, später Schlager) schwankenden M.n, auf der anderen Seite die in bewußtem Gegenzug geschaffenen anspruchsvollen und nicht ohne weiteres reproduzierbaren M.n, etwa die von Wagner, zugespitzt in der Modernen Musik (Zwölftonreihe als Metamorphose der M.; Schönbergs → Klangfarben-M.; vgl. auch die Kontroverse zwischen Pfitzner und Berg über die M.).

Lit.: Chr. v. Ehrenfels, Über Gestaltqualitäten, Vierteljahresschrift f. wiss. Philosophie XIV, 1890; S. Jadassohn, Das Wesen d. M. in d. Tonkunst, Lpz. 1899; Th. Lipps, Zur Theorie d. M., Zs. f. Psychologie u. Physiologie d. Sinnesorgane XXXII, 1901; F. Weinmann, Zur Struktur d. M., ebenda XXXV, 1904; Th. Fr. Dunhill, The Evolution of Melody, Proc. Mus. Ass. XXXIV, 1907/08; E. M. v. Hornbostel, M. u. Skala, JbP XIX, 1912; R. Lach, Studien zur Entwicklungsgesch. d. ornamentalen Melopöie, Lpz. 1913; H. Riemann, Folkloristische Tonalitätsstudien I, Lpz. 1916; E. Kurth, Grundlagen d. linearen Kontrapunkts, Bern 1917, ⁵1956; ders., Musikpsychologie, Bln 1930, Bern ²1947; A. Berg, Die mus. Impotenz d. »Neuen Ästhetik« H. Pfitzners, Musikblätter d. Anbruch II, 1920, auch in: W. Reich, A. Berg, Zürich 1963; P. Wagner, Einführung in d. Gregorianischen M. III, Lpz. 1921, Nachdruck Hildesheim u. Wiesbaden 1962; E. Hoffmann, Das Wesen d. M., Bln 1924; Kn. Jeppesen, Der Palestrinastil u. d. Dissonanz, Lpz. 1925, engl. Kopenhagen u. London 1927, ²1946; P. Klebs, Von d. M. u. d. Aufbau d. mus. Formen, Kassel 1927; K. Roeseling, Beitr. zur Untersuchung d. Grundhaltung romantischer Melodik, Diss. Köln 1928; R. v. Ficker, Primäre Klangformen, JbP XXXVI, 1929; R. Lachmann, Musik d. Orients, Breslau 1929; C. Sachs, Vergleichende Mw., = Musikpädagogische Bibl. VIII, Lpz. 1930, Heidelberg ²1959; W. Danckert, Ursymbole melodischer Gestaltung, Kassel 1932; ders., Grundriß d. Volksliedkunde, Bln 1939; ders., Melodische Tonalität u. Tonverwandtschaft, Mk XXXIV, 1941/42; ders., Melodische Funktionen, Fs. M. Schneider, Lpz. (1955); H. v. Zingerle, Zur Entwicklung d. Melodik v. Bach bis Mozart, Lpz. 1936; G. Ferchault, Introduction à l'esthétique de la mélodie, Gap 1946; J. Handschin, Der Toncharakter, Zürich (1948); Fr. Metzler, Tonalität u. melodische Struktur d. älteren deutschen u. nordischen Volksweise mit besonderer Berücksichtigung d. isländischen Kleinmelodik, Diss. Tübingen 1950, maschr.; B. Szabolcsi, A melódia története, Budapest 1950, ²1957, deutsch als: Bausteine zu einer Gesch. d. M., Budapest 1959; ders., Kleine Beitr. zur Mg. d. 18. Jh., StMw XXV, 1962; Br. Stäblein, Zur Entstehung d. gregorianischen M., KmJb XXXV, 1951; Thr. G. Georgiades, Musik u. Sprache ..., = Verständliche Wiss. L, Bln, Göttingen u. Heidelberg 1954; Fr. Noske, La mélodie frç. de Berlioz à Duparc, Paris 1954; W. Wiora, Älter als d. Pentatonik, in: Studia Memoriae B. Bartók Sacra, Budapest 1956; ders., Elementare Melodietypen als Abschnitte ma. Liedweisen, in: Miscélanea en homenaje a H. Anglès II, Barcelona 1958–61; J. Chailley, Essai sur les structures mélodiques, Rev. de Musicol. XLIII/XLIV, 1959; H. Chr. Wolff, Zur Melodiebildung J. S. Bachs, StMw XXV, 1962. FZa

Melodielehre ist im engeren, eigentlichen Sinne Melodiebildungslehre, im weiteren Sinne auch eine melodisch orientierte allgemeine oder propädeutische Musiklehre. Elemente einer mehr allgemeinen M. finden sich in der Antike (Lehre von den Tonarten, Tongeschlechtern, von der → Melopöie – 1 und Metabolē), bei den Arabern, Indern, Chinesen u. a. Einfluß auf die Melodiebildung gewannen seit dem frühen Mittelalter die Lehren von den Kirchentönen, Hexachorden (Solmisation), Redeteilen (→ Distinctio), in der Mehrstimmigkeit die Satzlehren (Fortschreitungs-, Stimmführungs-, Diminutions-, Verzierungsregeln) und hinsichtlich der rhythmischen Gestaltung die Mensural- und Taktlehren. Häufig waren es mündlich überlieferte Handwerksregeln, denen sich die Melodiebildung fügte (Meistersang u. a.). Noch das 17. Jh. kannte, der damaligen mehr allgemeinen Bedeutung des Wortes Melodie entsprechend, keine eigentliche M. (die von Monteverdi im Brief vom 22. 10. 1633 angekündigte Schrift *Melodia ovvero seconda pratica musicale* ist nicht erschienen; erwähnt sei das allgemein gehaltene Schlußkapitel *Discorso sopra la perfettione delle melodie* aus G. B. Donis *Compendio del trattato de' generi e modi* ..., 1635). J. Matthesons *Kern Melodischer Wißenschafft, bestehend in den auserlesensten Haupt- und Grund-Lehren der musicalischen Setz-Kunst oder Composition* ..., 1737, darf somit als eine der ersten theoretisch-praktischen M.n angesprochen werden (hervorgehoben seien Cap. III *Von der Kunst eine gute Melodie zu machen*, Cap. IV *Vom Unterschied der Vocal- und Instrumental-Melodien*, Cap. VI *Von den Gattungen der Melodien und ihren besonderen Abzeichen*). Es folgen weitere einschlägige Veröffentlichungen von Chr. Nichelmann (1755), J. Riepel (1755 und 1757), E. G. Baron (1756), A. Reicha (1814), L. Bußler (1879), H. Riemann (1883, auch *Große Kompositionslehre* I, 1902), E. Toch (1923), K. Blessinger (1930), J. Smits van Waesberghe (1950) u. a. Fragen der M. werden speziell in der Metrik (H. Riemann 1903), im übrigen meist in Harmonie-, Kontrapunkt- und Kompositionslehren behandelt.

Lit.: P. Benary, Die deutsche Kompositionslehre d. 18. Jh., = Jenaer Beitr. zur Musikforschung III, Lpz. 1961; ders., Die Stellung d. M. in d. Musiktheorie d. 18. Jh. in Deutschland, Kgr.-Ber. Kassel 1962; K. G. Fellerer, Zur M. im 18. Jh., Studia Musicologica III, 1962.

Melodik (nur im Deutschen gebräuchliche Analogiebildung zu Harmonik, aus dem Anfang des 19. Jh.; → Harmonie, im 19. Jh. gewöhnlich s. v. w. → Melodielehre, im 20. Jh. hingegen vielfach s. v. w. → Melodie in allgemeiner Bedeutung (eine bestimmte Art der Melodiebildung oder ein bestimmtes melodisches Prinzip).

Melodium, kleines Harmonium; etwa 1844 von dem französischen Instrumentenmacher J. Alexandre (*1804, † 1876 zu Paris) gebaut, der ab 1829 als einer der ersten den Harmoniumbau betrieb.

Melodrama/Melodram (griech.). Unter Melodrama ist das Bühnenmelodram, unter Melodram die Kombination Sprechen und Musik zu verstehen. Nach Vorformen in Rousseaus Scène lyrique *Pygmalion* (Lyon 1770) ist das Melodrama seit Georg Bendas → Monodramen ein bestimmter Typ des musikalischen Schauspiels, in welchem das gesprochene Wort und die Handlung von Musik begleitet, genauer durch im Ausdruck ständig wechselnde Musik untermalt und erläutert werden. Nach dem Abklingen der Monodram-Mode (um 1780) wurden noch die Melodramen von I. v. Seyfried (z. B. *Saul*, 1810; *Timur*, 1822; *Sintram*, 1823) und K. G. Reißiger (*Yelva*, 1827) beachtet. In Frankreich suchte man nach Debussys Tod die Musikdrama durch (meist antikisierende) Melodramen (Ballette mit Rezitation) zurückzudrängen. Die Hauptwerke dieser Richtung sind M. Emmanuels *Salamine* (1922), A. Roussels *La Naissance de la lyre* (1924), Honeggers *Amphion* und *Semiramis* (1931 und 1933, beide nach Dichtungen von P. Valéry), *Mille et une nuit* (1937) und Strawinskys *Perséphone* (1934, nach A. Gide). In Deutschland entstanden der Einakter *Sanctissimum* von W. Kienzl (1925) und die »Kurzoper für Schauspieler« *Das Wundertheater* von H. W. Henze (1948). – Das Zusammenwirken von gesprochenem Wort und Musikbegleitung wird seit dem ausgehenden 18. Jh.

Melodram (ital. melologo) genannt. Dieses Zusammenwirken gibt es nicht nur in den ganz von ihm beherrschten Bühnenwerken, sondern vielfach (und später sogar hauptsächlich) im Rahmen von Schauspielmusiken (z. B. in Beethovens Musik zu Goethes *Egmont*) und Opern (z. B. *Fidelio*: Kerkerszene, *Freischütz*: Wolfsschlucht). Der außerordentliche Erfolg der Bendaschen Monodrame ließ Konzertmelodrame entstehen – meist handelt es sich um Balladen –, in denen die Deklamation von Musik (Klavier oder Orchester) begleitet wird. Obgleich gegen das Melodram (namentlich durch R. Wagner) ästhetische Einwände erhoben wurden, hat das Genre doch fortbestanden und war zeitweilig – so um 1900 durch die Wirksamkeit der Rezitatoren Ernst v. Possart (1841–1921) und L. → Wüllner – sogar sehr beliebt. Bekannt und zu ihrer Zeit geschätzt waren von J. R. Zumsteeg *Tamira* (1788) und *Frühlingsfeier* (1804), von B. A. Weber *Gang nach dem Eisenhammer*, von Schumann *Zwei Balladen* op. 122 (1852), von Liszt u. a. *Lenore* (1858) und *Der blinde Sänger* (1875), von R. Strauss u. a. *Enoch Arden* op. 38 (1897), von M. Schillings u. a. das *Hexenlied* op. 15 (1904), ferner Werke von F. Hummel, J. Reiter, B. Siegwart und J. Pembaur. Bedeutend sind W. T. Waltons (stilistisch zwischen Strawinsky und Weill stehende) Kompositionen des Gedichtzyklus *Façade* nach Edith Sitwell (1923). – In manchen der melodramatischen Kompositionen, z. B. in der Musik zu *Preziosa* von C. M. v. Weber und in Milhauds Musik zu Claudels Orestie-Übersetzung (*Les Choéphores*, 1916), erscheint der Rhythmus des zu sprechenden Textes durch Noten fixiert. Mit Humperdincks *Die Königskinder* (1. Fassung 1897) entstand das »gebundene Melodram«, in dem neben dem Rhythmus auch die Tonhöhe der Sprechstimme durch eine eigene Notenschrift (♩ = ♩ , ♪ = ♪) festgelegt wird. Schönberg hat das gebundene Melodram seit den *Gurre-Liedern* (1900–11) weiterentwickelt. In *Pierrot lunaire* (1912), einem Melodramenzyklus mit Kammermusikbegleitung mit abermals neuer Notenschrift (♩ = ♩ , ♪ = ♪), differenzierte er den Sprechvortrag durch Angaben wie »tonlos geflüstert«, oder »mit Ton gesprochen«, in dem Einakter *Die glückliche Hand* (1910–13) komponierte er gesprochene Polyphonie und Harmonik. In einigen der späteren Werke, etwa der *Ode to Napoleon* (1942), vereinfachte Schönberg seine Anweisungen, indem er nicht mehr Tonhöhen, sondern mit Hilfe einer einzigen Notenlinie Distanzen (andeutungsweise) komponierte. A. Berg hat im *Wozzeck* alle bekannten Arten des Melodrams angewendet: sowohl jene Arten, die die Sprechstimme überhaupt nicht (I, 350ff.) oder nur rhythmisch fixieren (II, 514ff.), als auch die neueste, gebundene Art (I, 207ff. u. ö.); in der *Lulu* (Prolog, Monoritmica) realisierte er ein Kontinuum vom gewöhnlichen Sprechen bis zum Belcanto. An Schönberg und Berg haben dann Wl. Vogel (*Drei Sprechlieder* nach A. Stramm, 1925) und P. Boulez in seinen Kantaten (zuerst in *Le visage nuptial*, 1948) angeknüpft. Vogel kultivierte, im Anschluß an Milhauds *Les Choéphores*, in seinen Oratorien den Sprechchor (z. B. in *Thyl Claes*, 1942), worin ihm wieder andere, z. B. L. Nono (*La Victoire de Guernica*, 1954), folgten.

Lit.: R. Batka, Melodramatisches, in: Mus. Streifzüge, Lpz. 1899; E. Istel, Die Entstehung d. deutschen Melodramas, Bln u. Lpz. 1906; P. Ginisty, Le mélodrame, Paris 1910; R. Austen, Les premiers mélodrames frç., Paris 1912; J. F. Mason, The Melodrama in France, Baltimore 1912; M. Steinitzer, Zur Entwicklungsgesch. d. Melodrams u. Mimodrams, = Die Musik XXXV, Lpz. (1919); E. C. Van Bellen, Les origines du mélodrame, Utrecht 1927; H. Martens, Das Melodram, = Mus. Formen in hist. Reihen XI, Bln (1932); L. Gramisch, Die Erscheinungsformen d. melodramatischen Stils im 19. Jh., Diss. Wien 1936, maschr.; H. Sacher, Die Melodramatik u. d. romantische Drama in Frankreich, Lpz. 1936; H. Clesius, Zur Ästhetik d. Melodramas, Diss. Bonn 1944, maschr.; M. W. Disher, Blood and Thunder. Mid-Victorian Melodramas and Its Origins, London 1949; J. Subirá, El compositor Iriarte y el cultivo español del melólogo, 2 Bde, Barcelona 1949–50; J. Van der Veen, Le mélodrame mus. de Rousseau au Romantisme, 's-Gravenhage 1955; R. Stephan, Zur jüngsten Gesch. d. Melodrams, AfMw XVII, 1960; G. Schuhmacher, Gesungenes u. gesprochenes Wort in d. Werken Wl. Vogels, AfMw XXIV, 1967. RSt

Melograph (Pianograph, Eidomusicon), eine Vorrichtung an Klavieren, die alles, was darauf gespielt wird, in einer dechiffrierbaren Notierung zu Papier bringt, so daß auch Improvisationen damit fixiert werden können. Versuche, gute M.en herzustellen, sind in großer Zahl unternommen worden, z. B. von Creed (um 1745), J. Fr. Unger (1752, 1774), Engramelle (1775), Stanhope (AMz VI, 1804, Sp. 751), B.-A. Bertini (1812), J. Ch. Clifton (1816), Eisenmenger (1838), Guérin (1844), J.-H. Pape, Schmeil (1850), J.-N. Adorno (1855), Careyre, J. Capentier (1880, elektrisch), Laurenz Kromar (1905), Fr. A. E. Keller, Koppensteiner (1913), Van Elewyck, Witzels. → Mechanische Musikwerke (Reproduktionsklaviere).

Melophon → Concertina.

Meloplast nannte P. Galin seine auf J.-J. Rousseaus Anregung zurückgehende Methode für den musikalischen Elementarunterricht, die im 19. Jh. durch Veröffentlichungen von → Chevé (mit A. Paris) in Frankreich populär wurde. Ihr Hauptmerkmal ist die Verwendung der Ziffern 1–7 zur graphischen Darstellung der 7tönigen Durskala ut re mi fa sol la si. Höhere und tiefere Oktave werden durch einen Punkt über oder unter der Ziffer gekennzeichnet; ein Punkt neben der Ziffer bewirkt die Verlängerung des Notenwertes. Die Ziffer 0 steht für die Pause. Schräg durchgestrichene Ziffern bedeuten Alteration (z. B. $\bar{5}$ = gis, $\bar{5}$ = ges).

Melopöie (griech. μελοποιία, von μέλος und ποιεῖν, machen), – 1) in der griechischen Antike zunächst soviel wie Herstellung eines → Melos, im besonderen bei Platon (*Symposion* 187d) das Erfinden musikalischer Weisen, bei Aristoteles (»Poetik«, 1449b) die melodische Kunst, welche die Verse erst zu voller Entfaltung bringt. In der griechischen Musiktheorie seit Aristoxenos war die M. dann auch Gegenstand einer eigenen, im Anschluß an die harmonische Wissenschaft behandelten Lehre. Wie die erhaltenen Abrisse dieser Lehre (Kleoneides § 14, Aristeides Quintilianus 28ff., dazu Bryennios 3, 10, Martianus Capella 9, 965 mit dem Kommentar des Remi d'Auxerre, GS I, 79f.) zeigen, ging es dabei primär um Fragen der systematischen Aufgliederung des Gebiets der M. und nicht um handwerkliche Fragen der Melodiebildung. – 2) In der Zeit des Humanismus wurde die antike Lehre von der M. wieder aufgegriffen (sogar der Astronom J. Kepler befaßte sich mit ihr, *Harmonices mundi* 3, 15), aber der Terminus M. kam auch losgelöst von jener Lehre in Gebrauch (zuerst mit Titel von P. Tritonius' Odenvertonungen, 1507) und bedeutete dann meist soviel wie Kompositionslehre oder Kunst der Melodiebildung (S. Calvisius, Μελοποιία sive Melodiae condendae ratio, 1592; M. Praetorius kündigte den nicht erschienenen IV. Band seines *Syntagma musicum*, der die Kompositionslehre von H. Baryphonus enthalten sollte, unter dem Titel *De Melopoiia* an; M. Mersenne, *Harmonicorum libri XII*, 1635, definierte S. 144: Melopoiia nil aliud est quam Ars Melodiae, seu Cantilenae cuiuspiam faciendae). Daher wurden M. und → Musica poetica häufig gleichgesetzt. Seit dem 18. Jh. wird das Wort seltener in einem auf neuere Musik übertragenen Sinne gebraucht, in der Musikwissenschaft z. B. von R. Lach.

Melos (griech. μέλος, Plur. μέλη; lat. auch melum), im Griechischen in zwei verschiedenartigen Bedeutungen belegt, einerseits als »Glied« (seit Homer), andererseits (nachhomerisch) als »Weise, Melodie, zum Gesangsvortrag bestimmtes lyrisches Gedicht«. Falls es sich etymologisch um dasselbe Wort handelt, läßt sich als musikalische Grundbedeutung etwa »gegliederte Weise« erschließen. In musikalischer Bedeutung begegnet das Wort seit Alkman (Mitte des 7. Jh. v. Chr.) und bezeichnet sowohl die gesungene (fr. 39 Page = 92 Diehl) als auch die instrumentale Weise (fr. 126 P = 97 D), seit Pindar dann auch das gesungene lyrische Gedicht (»Olympien« 9, 1) im Unterschied zu Epos, Iambos, Elegie und Epigramm. Aus dieser Bedeutungsbreite erklärt sich der unterschiedliche, teilweise widersprüchlich erscheinende Wortgebrauch bei späteren Schriftstellern. In der griechischen Musiktheorie wurde M. meist als gegenüber dem Rhythmus selbständige melodische Komponente der Musik aufgefaßt. So konnte die Wissenschaft von M. (ἡ περὶ μέλους ἐπιστήμη, Aristoxenos, »Harmonik« 1, 11), zu der vor allem die Lehren von der Harmonik (→ Harmonia) und von der → Melopöie (– 1) gehörten, unabhängig von der Rhythmuslehre entwickelt werden. Aristoxenos hob das musikalische ausdrücklich vom sprachlichen M. ab (→ Prosodie – 1). In der lateinisch geschriebenen Musiktheorie der Spätantike und des Mittelalters kehrt M. als verhältnismäßig selten verwendeter Terminus wieder, der sich bedeutungsmäßig mit verwandten Ausdrücken (cantilena, cantus, melodia u. a.) berührt oder überschneidet. – In der Neuzeit ist das zunächst selten und nur im Zusammenhang mit der Antike gebrauchte Wort wohl erst seit R. Wagner auf neuere Musik angewendet worden (z. B. *das neue Beethovensche M.,* in: *Über das Dirigieren*). Später fand es auch Aufnahme in die wissenschaftliche Fachsprache (z. B. W. Danckerts Begriffe des Aszendenz-, Schwebe- und Deszendenz-M.).

Lit.: Poetae melici Graeci, hrsg. v. D. PAGE, Oxford 1962; R. WESTPHAL, Griech. Harmonik u. Melopöie, in: A. Rossbach u. R. Westphal, Theorie d. musischen Künste d. Hellenen II, Lpz. ³1886; W. DANCKERT, Ursymbole melodischer Gestaltung, Kassel 1932; H. KOLLER, M., Glotta XLIII, 1965.

Membran. Die M. gehört zu den zweidimensionalen Schwingungssystemen und bildet in dieser Kategorie das Gegenstück zur (eindimensional) schwingenden Saite. Beide werden durch eine künstlich erzeugte Spannung schwingungsfähig. Als M.en eignen sich weiche, nachgiebige Stoffe, wie Leder, Pergament, Kunststoff oder dünne Metallfolien. Die ideale M. besitzt (im Gegensatz zur schwingenden Platte) keine Elastizität; an ihre Stelle tritt die künstlich durch dauernde äußere Kräfte erzeugte Spannung (p). Ihr Schwingungsverhalten hängt außer von der Spannung von der Dichte (ϱ) des Materials ab, woraus sich für eine allseitig unter gleicher Spannung stehende kreisförmige M. folgende Beziehung für die Ausbreitungsgeschwindigkeit (c) von Biegewellen auf ihrer Oberfläche ergibt: $c = \sqrt{\frac{p}{\varrho}}$. M.en verschiedener Formen (kreisförmig-, elliptisch-, quadratisch- oder rechteckig-ebene M.en und Konus-M.en) sind Bauelemente in → Mikrophon und → Lautsprecher. – Kolben-M.en sind starre Scheiben, die als Ganzes quer zu ihrer Ebene schwingen, ohne sich zu deformieren; es handelt sich dabei also nicht um M.en im strengen Sinne.

Lit.: A. KALÄHNE, Grundzüge d. mathematisch-physikalischen Akustik, 2 Bde, Lpz. u. Bln 1910–13; DERS., Schallerzeugung mit mechanischen Mitteln, in: Hdb. d. Physik VIII, hrsg. v. H. Geiger u. K. Scheel, Bln 1927; H. BOUASSE, Cordes et membranes, Paris 1926; F. TRENDELENBURG, Einführung in d. Akustik, Bln, Göttingen u. Heidelberg ³1961.

Membranophone (Fellklinger, von lat. membrana, Haut, Pergament, Fell), eine 1880 von V. Ch. Mahillon (instruments membraphones) geprägte, von C. Sachs und E. M. v. Hornbostel (1913/14) übernommene Bezeichnung für solche Musikinstrumente, bei denen eine in Schwingung versetzte gespannte Membran als Tonerzeuger dient. Die Membran kann geschlagen (Trommel, Pauke), gerieben (→ Reibtrommel) sowie angesungen werden (→ Mirliton).

Ménestrel (altfrz. auch menestrier, ménétrier, von spätlat. ministerialis, Dienstmann; span. ministril; ital. menestrello; engl. minstrel), in Frankreich im 11. Jh. ein Dienstmann, in den folgenden Jahrhunderten speziell ein Musikant oder Sänger, meist niederer Herkunft, der im Dienst eines Adligen stand und neben eigenen Liedern auch die seines Herrn vortrug. Durch ihre Bindung an ein Dienstverhältnis unterscheiden sich die M.s von den anderen mittelalterlichen → Spielleuten (– 1; → Vaganten, → Jongleur), wenngleich ihre soziale Einstufung wie auch ihre Aufgaben nach Ländern und Zeiten verschieden waren. M.s gab es auch in Spanien, Italien, England und in den Niederlanden. Auch ihre Abgrenzung gegenüber den Pfeifern und Trompetern ist generell nicht bestimmbar. Seit dem frühen 14. Jh. schlossen sich die M.s in größeren Städten zu gildenartigen Bruderschaften zusammen, so in Paris seit 1321 mit eigener Kirche (St-Julien des Ménétriers), eigenem Spital und einem gewählten Roi des ménétriers (später Roi des violons). In England kam es um 1350 zur Gründung einer Bruderschaft in London und 1381 zur Errichtung eines eigenen Court of Minstrels in Tutbury (Staffordshire). Mit dem ausgehenden 16. Jh. verloren sich die M.s in England und Schottland als eigener Stand und traten nur noch als Dorfmusikanten auf.

Lit.: B. BERNHARD, Recherches sur l'hist. de la corporation des ménétriers ou joueurs d'instr. de la ville de Paris, in: Bibl. de l'Ecole des Chartes, Serie A, III, 1841/42; E. VAN DER STRAETEN, Les M. aux Pays-Bas ..., Brüssel 1878; A. VIDAL, La Chapelle St-Julien-des-Ménestriers ..., Paris 1878; W. GROSSMANN, Frühmittelengl. Zeugnisse über Minstrels 1100–1400, Diss. Bln 1906; E. DUNCAN, The Story of Minstrelsy, London 1907; H. ANGLÈS, Cantors u. Ministrers in d. Diensten d. Könige v. Katalonien-Aragonien im 14. Jh., Kgr.-Ber. Basel 1924; DERS., Els cantors i organistes franco-flamencs ..., Fs. D. F. Scheurleer, 's-Gravenhage 1925; DERS., La música en la corte del Rey Don Alfonso V de Aragón, in: Span. Forschungen d. Görresges. I, 8, Münster i. W. 1939; DERS., Mus. Beziehungen zwischen Deutschland u. Spanien ..., AfMw XVI, 1959; FR. LESURE, La communauté des »joueurs d'instr.« au XVIe s., Rev. hist. de droit frç. et étranger XXXI, 1953; FR. DE P. BALDELLÓ, La música en la casa de los reyes de Aragón, AM XI, 1956; N. Á. SOLAR-QUINTES, Panorama mus. desde Felipe III a Carlos II, AM XII, 1957; DERS., Nuevos documentos sobre ministriles ..., in: Miscelánea en homenaje a H. Anglés II, Barcelona 1958–61; W. SALMEN, Der fahrende Musiker in europäischen MA, = Die Musik im alten u. neuen Europa IV, Kassel 1960; H. H. CARTER, A Dictionary of Middle Engl. Mus. Terms, = Indiana Univ. Humanities Series XLV, Bloomington 1961.

Mensur (lat. mensura, Maß; ital. misura; frz. mesure; engl. measure), – 1) die für ein Instrument charakteristischen, die Stimmung, den Klangcharakter und die Spielweise bestimmenden Maße oder Maßverhältnisse. Bei der Orgel bezeichnet M. das Verhältnis der Weite einer (Labial- oder Lingual-)Pfeife zu ihrer Länge, das zwischen 1:5 und 1:30 differieren kann und wobei zwischen weiter (z. B. Hohlflöte), mittlerer (Prinzipal-) und enger (Gamben-)M. unterschieden wird (→ Register – 1). Weite M. ergibt einen weichen, enge M. einen scharfen, streichenden Ton, oder (nach Werckmeister): *Weite Pfeiffen machen einen pompichten völligen Klang / Enge einen lieblichen / und nicht so völligen Resonans* (*Erweiterte . . . Orgel-Probe*, Quedlinburg 1698, *Register*, Cap. 14). Bei besaiteten Klavieren bezeichnet M. die Maße der gesamten Saitenanlage, d. h. die Längen, Durchmesser und die Spannung der Saiten sowie die Anschlagstellen der Hämmer; daneben werden als M.en auch die Maße der Tasten (→ Manual) angesprochen. Beim → Monochord heißen M.en die Teilungen der Saite; analog hierzu werden bei Saiteninstrumenten mit Griffbrett und Bünden als M.en die Stellungen der Bünde bezeichnet, bei allen Saiteninstrumenten außerdem die Länge der schwingenden Saite vom Sattel bis zum Steg, daneben auch die Maße des Corpus und die Länge des Halses (→ Violine, → Violoncello – 1, → Viola – 2). Bei Blasinstrumenten gelten – neben der M. als dem Verhältnis der Länge zur Weite des Rohrs – auch die Maße, die die Stellung der Griff- (bzw. Ton-)löcher festlegen, als M.en.

– 2) ein Grundbegriff der Mensuralmusik vom 13. bis ins 17. Jh., durch die Geltung der einzelnen Notenwerte in der → Mensuralnotation bestimmt wird. Die Definition lautet bei Franco von Köln: *M.a est habitudo quantitatem, longitudinem et brevitatem cujuslibet cantus mensurabilis manifestans* (ed. Cserba, S. 231), bei Tinctoris: *Mensura est notarum adaequatio quantum ad pronuntiationem* (CS IV, 185a). Der Wert der einzelnen Note wird durch Beziehung auf die Teilung und Unterteilung der Longa perfecta (→ Perfectio – 2) bestimmt, deren verschiedene Arten seit dem 14. Jh. durch M.-Zeichen vorgeschrieben werden. In der Hauptsache unterschied man perfekte (3teilige) und imperfekte (2teilige) M. Die M. der Longa hieß → Modus (– 3), die der Brevis → Tempus, die der Semibrevis → Prolatio. Im Chorgesang wurde die M. auch durch eine sichtbare Schlagbewegung mit der Hand oder dem Stock angezeigt, nämlich durch den → Tactus (ital. battuta). Auch nach der Entstehung des modernen »Akzentstufentakts« (Besseler) um 1600 bleibt M. als Bezeichnung für die Gruppierung der Notenwerte im Takt noch bis ins 18. Jh. gebräuchlich und hat sich bis heute in französisch mesure (= Takt) erhalten. J. G. Walther erklärt M. als: *der Tact, oder vielmehr: die Ausmessung der Noten und Pausen* (WaltherL). Mattheson unterscheidet *la Mesure, die Maaß, nehmlich der Zeit als äusserliche* von *le Mouvement, die Bewegung als der innerlichen Beschafenheit der Zeitmaasse; erstere betrifft die gewöhnlichen mathematischen Eintheilungen; durch die andre hergegen schreibt das Gehör, nach Erfordern der Gemüths-Bewegungen, gewisse ungewöhnliche Regeln vor, die nicht allemahl mit der mathematischen Richtigkeit übereinkommen, sondern mehr auf den guten Geschmack sehen* (Mattheson Capellm., S. 171ff.).

Lit.: zu 1): Chr. Mahrenholz, Die Berechnung d. Orgelpfeifen-M. . . . , Kassel 1938. – zu 2): G. Schünemann, Zur Frage d. Taktschlagens . . . , SIMG X, 1908/09; C. Sachs, Rhythm and Tempo, NY 1953; W. Gurlitt, Form in d. Musik als Zeitgestaltung = Akad. d. Wiss. u. d. Lit. Mainz, Abh. d. geistes- u. sozialwiss. Klasse 1954, Nr 13; H. H. Eggebrecht, Studien zur mus. Terminologie, ebenda 1955, Nr 10; H. Besseler, Das mus. Hören d. Neuzeit, Sb. Lpz. CIV, 6, 1959.

Mensuralmusik, die in → Mensuralnotation aufgezeichnete, zum Bereich der → Musica mensurabilis gehörende mehrstimmige Musik des 13.–16. Jh.

Mensuralnotation (von lat. mensura, Maß, und nota, Zeichen), die im 13. Jh. ausgebildete Art der Musikaufzeichnung mit Unterscheidung verschiedener rhythmischer Werte der Noten durch ihre Form, im Unterschied zur Choralnotation, welche nur die Tonhöhe anzeigt, sowie zur Modalnotation der Notre-Dame-Epoche. Die M. wurde notwendig, als man in der Motette des 13. Jh. begann, von dem gleichzeitigen Vortrag derselben Textsilben durch alle Stimmen abzugehen; dementsprechend fiel – zuerst in den Oberstimmen – die Bindung an einen → Modus (– 2), der in den früheren Motetten nicht durch die Notation ausgedrückt, sondern durch den rhythmischen Text gegeben war. Damit verschwanden auch die bei der Notierung melismatischer Partien für die Modalnotation charakteristischen Ketten von Ligaturen. Die M. in ihrem voll ausgebildeten Frühstadium wurde zuerst beschrieben bei Franco von Köln (*Ars cantus mensurabilis*, um 1250), dessen Darstellung mit der M. im 7.–8. Faszikel der → Quelle *Mo* übereinstimmt; deren 2.–6. Faszikel, in einer weniger konsequenten (»vorfranconischen«) M. notiert, stehen der Lehre des Lambertus nahe. Die M. des 13. Jh. übernimmt aus der älteren Notation die → Ligaturen (– 1) sowie die → Plica und die → Divisio modi (– 2). Franco kennt folgende Noten (ed. Cserba, S. 234):

Bezeichnung:	Note:	Pause:
Duplex longa	⌐	
Longa	⌐	
Brevis	■	
Semibrevis	♦	

Alle Notenwerte sind auf die Longa perfecta bezogen, deren Dauer als → Perfectio (– 2) bezeichnet wird. Die Duplex longa ist im Unterschied zu Longa und Brevis immer zweizeitig; sie gilt 2 Longae. Die Longa perfecta gilt 3 Tempora; durch eine vor- oder nachgestellte Brevis verliert sie ein Drittel ihres Werts und wird zur zweizeitigen Longa imperfecta (→ Imperfektion). Die Dauer der Brevis recta, ein Drittel einer Perfectio, bezeichnet Franco auch als Tempus schlechthin (*Unum tempus appellatur illud, quod est minimum in plenitudine vocis*; ed. Cserba, S. 236). Sind für eine Perfectio nur 2 Breves notiert, so bleibt die erste als Brevis recta unverändert; die zweite wird als Brevis altera im Wert verdoppelt (→ Alteration – 1) und gilt dann ebensoviel wie eine Longa imperfecta. Für die Teilung der Brevis gelten (mit geringen Abweichungen) die gleichen Regeln wie für die der Longa: die Brevis besteht grundsätzlich aus 3 Semibreves; sind für ein Tempus nur 2 Semibreves notiert, so erhält die erste (Semibrevis minor) ein Drittel, die zweite (Semibrevis maior) 2 Drittel des Gesamtwerts; jedoch kann die Brevis nicht durch eine ihr folgende oder vorangehende Semibrevis imperfiziert werden. Es ist aber fraglich, ob dieser Rhythmus bei der Brevisteilung streng eingehalten wurde; neuere Übertragungen schreiben vielfach die Brevis als Viertelnote mit Unterteilung in 3 triolierte Achtel oder 2 Achtel. Zweizeitige Teilung aller Noten wird angenommen für die »englische M.« des späten 13. und frühen 14. Jh., die die Brevis als ♦, die Semibrevis als ♪ schreibt; zu ihren → Quellen gehört ein Teil der Fragmente *Worc* sowie die erste Niederschrift des Sommerkanons; in der Musiklehre können nur einige Hinweise bei Odington (nach dem Manuskript zitiert bei Handschin 1949, S. 76) und R. de Handlo (CS I, 388f.) auf sie bezogen werden.

In der Folge kam es, nicht zuletzt wegen der wiederholten Tempoverbreiterung der Grundwerte, mehrfach zu einer Erweiterung des Franconischen Systems durch Hinzufügung kleinerer Notenwerte. Nachdem Petrus de Cruce (um 1300) Teilung der Brevis in bis zu 9 Semibreves zugelassen hatte, begründeten Ph. de Vitry und J. de Muris um 1320 die M. der → Ars nova. Sie kennt als kleinste Notenwerte die Minima und Semiminima; die Minima ist – wie auch die Maxima (Francos duplex longa) – immer zweizeitig. Bei den übrigen Noten stehen nunmehr 2- und 3zeitige Teilung gleichrangig nebeneinander. Zu Beginn eines Satzes oder Abschnitts zeigen → Mensurzeichen die jeweils gewählte Kombination von Zwei- und Dreizeitigkeit in den 4 Gradus an: Maxima-Longa-Gruppen oder Folge von Maximae (modus maior perfectus oder imperfectus), 3- oder 2zeitige Longae (modus minor perfectus oder imperfectus), Breves (tempus perfectum oder imperfectum) und Semibreves (prolatio maior oder minor). Vorübergehender Wechsel von Zwei- zu Dreizeitigkeit oder umgekehrt wird durch rote (oder hohle) Noten angezeigt (→ Color – 1). Die italienische Musik des frühen Trecentos entwickelte ein eigenes System der M. mit 8 verschiedenen → Divisiones der Brevis, das bei Marchettus de Padua und Pr. de Beldemandis beschrieben ist, aber bereits in den Quellen des späteren Trecentos der französischen M. weichen mußte. Diese war um 1400 gekennzeichnet durch das Eindringen einer großen Zahl neuer Notenformen, die eine klare Lesung der durch die verschiedenen Arten der → Proportion (– 2) und → Imperfektion unübersichtlich gewordenen M. erleichtern sollten. Doch blieben diese Zeichen, wie z. B. das → Dragma, vieldeutig; ihre Bedeutung muß für jede Quelle neu erschlossen werden. Im 15. Jh. kam es im Zusammenhang mit dem Übergang von Pergament zu Papier als Beschreibstoff zum Ersatz der schwarzen gefüllten Noten durch hohle (»weiße«) für die Minima und größere Notenwerte. Die halbe Minima wurde fortan bis um 1550 entweder ebenfalls als hohle Note, und zwar mit Fähnchen (→ Fusa), geschrieben oder als schwarze gefüllte Minima ohne Fähnchen (→ Semiminima). Entsprechend schwankt auch die Schreibung der kleineren Notenwerte; z. B. gibt Schanppecher 1501 folgende Noten- und Pausenzeichen an (ed. Niemöller, S. 3 und 13):

Bezeichnung:	Note:	Pause:
Maxima		
Longa		
Brevis		
Semibrevis		
Minima		
Semiminima		
Fusa		
Semifusa		

Wie die Noten von der Semiminima an waren auch die Pausen von der Fusa abwärts eine Zeitlang schwankend, bis endlich hier wie dort die an erster Stelle gegebenen Zeichen alleinherrschend wurden. Diese Zeichen entsprechen den noch heute üblichen → Noten und Pausen. Die Rundung der Noten war in der gewöhnlichen Schrift (jedoch nicht bei den Kalligraphen) schon im 15. Jh. üblich; im Druck wurde sie – abgesehen von vereinzelten Versuchen durch Carpentras (1532) und Granjon (1559) – erst gegen 1700 eingeführt. Ist demnach die heutige Notenschrift eine Art der M., so ist doch die Epoche der M. im engeren Sinne um 1600 mit dem Übergang zur ausschließlichen Zweizeitigkeit aller Notenwerte und zum modernen Taktsystem abgeschlossen.

Die M. des 13.–16. Jh., verbunden mit dem Prinzip der Einzelstimmennotierung, war zur Ausführung durch Sänger oder durch Spieler von Melodieinstrumenten bestimmt. Ihr Geltungsbereich war jedoch eingeschränkt: Einstimmigkeit wurde teils in Neumen und Choralnotation geschrieben, teils zwar mit Zeichen der M., aber nur selten mit konsequent mensuraler Deutung dieser Zeichen. Für Akkordinstrumente gab es seit dem 14.–15. Jh. die → Tabulatur (– 1), für Studienzwecke und die Niederschrift des Komponisten (jedenfalls des weniger geübten) die bisher nur für das 16.–18. Jh. belegte → Tabula compositoria. Hier ermöglichte die Eintragung aller Stimmen in ein Zehnliniensystem einen raschen Überblick über die Klangfortschreitungen; die durchgezogenen Brevistaktstriche regten dazu an, große Notenwerte und Synkopen so aufzulösen, daß jeweils am Taktanfang der Zusammenklang aller Stimmen deutlich sichtbar wurde. Trat in der Einzelstimmennotierung der harmonische Aspekt eines Satzes nicht zutage, so standen andererseits bestimmte Merkmale der mehrstimmigen Komposition des 13.–16. Jh. – wie Mensurschichtung und -wechsel, die Anwendung von Proportion, Diminution, Augmentation, Kanon und Isorhythmie – in engem Zusammenhang mit der Notation jeder Stimme für sich. Die Lehre von der M. machte bis ins 15. Jh. den wichtigsten Teil der Theorie der Mehrstimmigkeit aus. Daneben erschien die Lehre vom Kontrapunkt erst bei Tinctoris als ein Stoffgebiet gleichen Gewichts; im 16. Jh. wurde sie endgültig zum Fundament der Kompositionslehre, während die Notationskunde, entsprechend auch der zunehmenden Vereinfachung der M., zu einer Elementarlehre absank.

Lit.: H. BELLERMANN, Die Mensuralnoten u. Taktzeichen d. XV. u. XVI. Jh., Bln 1858, hrsg. v. H. Husmann 41963 (grundlegend, mit reichem Übungsmaterial); J. WOLF, Gesch. d. M. v. 1250–1460, 3 Bde, Lpz. 1904, Nachdruck in einem Bd Hildesheim u. Wiesbaden 1965, dazu Fr. Ludwig in: SIMG VI, 1904/05; WOLFN; APELN. HIERONYMUS DE MORAVIA OP, Tractatus de musica, hrsg. v. S. M. Cserba OP, = Freiburger Studien zur Mw. II, 2, Regensburg 1935; FRANCO V. KÖLN, Ars cantus mensurabilis, Ausg. v. E. de Coussemaker nebst 2 hs. Fassungen, hrsg. v. Fr. Gennrich, = Mw. Studienbibl. XV/XVI, Darmstadt 1957; LAMBERTUS (Pseudo-Aristoteles), Tractatus de musica, CS I; H. SOWA, Ein anon. glossierter Mensuraltraktat 1279, = Königsberger Studien zur Mw. IX, Kassel 1930; W. ODINGTON OSB, De speculatione musices, CS I; R. DE HANDLO, Regulae, CS I; PH. DE VITRY, Ars nova, hrsg. v. G. Reaney, A. Gilles u. J. Maillard, = CSM VIII, Rom 1964; J. DE MURIS, Ars novae musicae, GS III, 294ff.; Libellus practicae cantus mensurabilis secundum J. de Muris, CS III; H. ANGLÈS, Dos tractats medievals de música figurada, in: Mw. Beitr., Fs. J. Wolf, Bln 1929; Anon. ex cod. vat. lat. 5129, hrsg. v. A. SEAY, = CSM IX, Rom 1964; MARCHETTUS DE PADUA, Pomerium, hrsg. v. G. Vecchi, ebenda VI, 1961; J. WOLF, L'arte del biscanto misurato secondo el maestro Jacopo da Bologna, Fs. Th. Kroyer, Regensburg 1933; ANON., Notitia del valore delle note . . ., hrsg. v. A. Carapetyan, = CSM V, Rom 1957; PR. DE BELDEMANDIS, Tractatus practice de musica mensurabili, u.: Tractatus practice de musica mensurabili ad modum Italicorum, CS III; CL. SARTORI, La notazione ital. del Trecento in una redazione inedita del »Tractatus practice cantus mensurabilis ad modum Italicorum« di Pr. de Beldemandis, Arch. Romanicum XX, 1936, separat Florenz 1938; GUILELMUS MONACHUS, De preceptis artis musice . . ., CS III (verbesserte Lesarten bei M. F. Bukof-

zer, Gesch. d. engl. Diskants ..., = Slg mw. Abh. XXI, Straßburg 1936), neu hrsg. v. A. Seay, = CSM XI, Rom 1965; J. TINCTORIS, Tractatus de notis et pausis, Tractatus de regulari valore notarum, Liber imperfectionum notarum, Tractatus alterationum, Scriptum super punctis musicalibus, Proportionale musices, alles in: CS IV; B. RAMOS DE PAREJA, Musica practica, Bologna 1482, neu hrsg. v. J. Wolf, = BIMG I, 2, Lpz. 1901; G. DE PODIO, Ars musicorum, Valencia 1495; DERS., In Enchiridion de principiis musicis ..., Ms., Abschnitt über d. M. hrsg. in: H. Anglès, La notación mus. española de la segunda mitad del s. XV, AM II, 1947; FR. GAFFORI, Practica musice, Mailand 1496, als: Musicae utriusque cantus practica, Brescia 1497 u. ö.; M. SCHANPPECHER, Musica figurativa (= N. Wollick, Opus aureum III–IV), Köln 1501, neu hrsg. v. Kl. W. Niemöller, = Beitr. zur rheinischen Mg. L, Köln 1961; S. HEYDEN, Musicae, id est Artis canendi libri duo, Nürnberg 1537, als: De arte canendi [21]1540 u. ö.; H. GLAREANUS, Dodekachordon, Basel 1547, deutsch v. P. Bohn, = PGfM, Jg. XVI–XVIII, Bd XVI, Lpz. 1888–90.
G. JACOBSTHAL, Die Mensuralnotenschrift d. 12. u. 13. Jh., Bln 1871; H. RIEMANN, Studien zur Gesch. d. Notenschrift, Lpz. 1878; RIEMANN MTh; A. PIRRO, De la notation proportionelle, La Tribune de St-Gervais I, 1895; E. PRAETORIUS, Die Mensuraltheorie d. Fr. Gafurius ..., = BIMG II, 2, Lpz. 1905; A. CHYBIŃSKI, Teoria mensuralna ... (»Die Mensuraltheorie in d. polnischen Musiklit. d. 1. Hälfte d. 16. Jh.«), Sb. Krakau 1910; W. BELIAN, Die Mensuraltheorie in Deutschland um d. Mitte d. 16. Jh., Diss. Bln 1919, maschr.; A. SCHERING, Takt u. Sinngliederung in d. Musik d. 16. Jh., AfMw II, 1919/20; J. HANDSCHIN, Die ältesten Denkmäler mensural notierter Musik in d. Schweiz, AfMw V, 1923; DERS., The Summer Canon ... I, MD III, 1949; A. M. MICHALITSCHKE, Zur Frage d. Longa ..., ZfMw VIII, 1925/26; DERS., Studien zur Entstehung ... d. M., ZfMw XII, 1929/30; H. BIRTNER, Die Probleme d. spätma. M. ..., ZfMw XI, 1928/29; M. F. BUKOFZER, »Sumer is icumen in«. A Revision, = Univ. of California Publications in Music II, 2, Berkeley 1944; DERS., Two Mensuration Canons, MD II, 1948; Mw. Studienbibl., hrsg. v. FR. GENNRICH, I–IV Nieder-Modau 1946–48, seit V/VI Darmstadt u. Langen 1953ff.; A. BRINER, Der Wandel d. Musik als Zeitkunst, Wien 1955; L. A. DITTMER, The Dating and the Notation of the Worcester Fragments, MD XI, 1957; C. PARRISH, The Notation of Medieval Music, London 1958; K. V. FISCHER, Zur Entwicklung d. ital. Trecento-Notation, AfMw XVI, 1959; C. DAHLHAUS, Zur Theorie d. Tactus im 16. Jh., AfMw XVII, 1960; DERS., Zur Entstehung d. modernen Taktsystems im 17. Jh., AfMw XVIII, 1961; R. M. HOPPIN, Notational Licences of G. de Machaut, MD XIV, 1960; U. GÜNTHER, Die Anwendung d. Diminution in d. Hs. Chantilly 1047, AfMw XVII, 1960; DIES., Der Gebrauch d. tempus perfectum diminutum in d. Hs. Chantilly 1047, ebenda; DIES., Die M. d. Ars nova ..., AfMw XIX/XX, 1962/63; H. O. HIEKEL, Der Madrigal- u. Motettentypus in d. Mensurallehre d. M. Praetorius, ebenda; S. GULLO, Das Tempo in d. Musik d. 13. u. 14. Jh., = Publikationen d. Schweizerischen Musikforschenden Ges. II, 10, Bern (1964).

Mensurzeichen geben in der → Mensuralnotation des 14.–16. Jh. das Maß bzw. den Teilungsmodus der Notenwerte an. Für die Gruppierung der kleineren Notenwerte haben sie eine ähnliche Bedeutung wie die moderne Taktvorzeichnung, die sich aus den M. entwickelte. Im Unterschied zur modernen Taktvorzeichnung geben die M. jedoch keine Grundlage für die metrische Gliederung eines Satzes. Der Beginn einer neuen Zählzeit wird dadurch ausgezeichnet, daß er in der Regel konsonant sein soll. – Die M. erscheinen zuerst in Ph. de Vitrys Ars nova (CSM VIII, 24 und 27), werden in den Musikhandschriften jedoch erst seit Beginn des 15. Jh. regelmäßig verwendet. Ihre Entstehung hängt zusammen mit der Gleichberechtigung von Zwei- und Dreiteilung, die eine Neuerung der französischen Ars nova war. Die wichtigsten Zeichen sind der Kreis O für das Tempus perfectum (Brevis = 3 Semibreves; → Perfectio - 2, → Tempus) und der Halbkreis C für das Tempus imperfectum (Brevis = 2 Semibreves). Die → Prolatio wurde zunächst durch 3 oder 2 Punkte im Tempuszeichen angezeigt (Ars perfecta in musica magistri Ph. de Vitriaco, CS III, 33b); im 15.–16. Jh. gilt der Brauch, die Prolatio maior (Semibrevis = 3 Minimae) durch einen Punkt im Tempuszeichen anzuzeigen, die Prolatio minor (Semibrevis = 2 Minimae) dagegen unbezeichnet zu lassen (vgl. Pr. de Beldemandis, CS III, 215a). Für den Modus minor perfectus (Longa = 3 Breves) und imperfectus (Longa = 2 Breves) gibt Ph. de Vitry die M. ▤ und ▤ an; später werden sie meist durch Pausen ersetzt, deren Gruppierung durch den Modus vorgeschrieben ist (3 Pausae perfectae für den Modus maior perfectus cum modo minori perfecto, 2 Pausae imperfectae für den Modus maior imperfectus cum modo minori imperfecto usw.). Die gebräuchlichsten M. waren:

	modus minor	cum tempore	cum prolatione
⊙3	perfectus	perfecto	maiori
O3	perfectus	perfecto	minori
C3	perfectus	imperfecto	maiori
C3	perfectus	imperfecto	minori
⊙2	imperfectus	perfecto	maiori
O2	imperfectus	perfecto	minori
C2	imperfectus	imperfecto	maiori
C2	imperfectus	imperfecto	minori

Menuett (frz. menuet, von menu pas, kleiner Schritt), ein Tanz, der seine Ursprünge in einem Volkstanz der Provinz Poitou haben soll, als Hoftanz aber erst unter Ludwig XIV. eingeführt wurde. Das erste M. soll der König nach der Musik Lullys 1653 getanzt haben. Dieser Paartanz, dessen Figuren hoch stilisiert waren, verbreitete sich rasch und wurde, besonders in Deutschland, im 18. und beginnenden 19. Jh. am Anfang jedes Balles getanzt, nachdem das M. ursprünglich in der Nachbarschaft von Gavotte und Courante am Schluß stand. Einfache für den Tanz bestimmte M.e schrieben fast alle Komponisten des 18. Jh., auch noch Beethoven (12 M.e für einen Maskenball, 1799). Die Beliebtheit des M.s spiegelt sich auch in zahlreichen »menuettartigen« Liedern. – Musikalisch bestand das M. aus 2 Teilen im 3/4-Takt, die beide wiederholt wurden und je 4 oder 8 Takte umfaßten, eine Taktordnung, die (nach Riepel, 1752) unserer Natur ... eingepflanzt ist. Für die vorklassische und klassische Musik ist es bezeichnend, daß die → Komposition im 18. Jh. weitgehend an Hand des M.s gelehrt wurde (Notenbuch für W. A. Mozart 1762; Mozarts Brief an den Vater vom 14. 5. 1778). So auch exemplifizieren Mattheson (Capellm.) die Methoden der Analyse, Riepel (De rhythmopoeia) die Anfangsgründe zur musikalischen Setzkunst und H. Chr. Koch seine Anleitung zur Composition weitgehend am M.; nach der Jahrhundertmitte wurde die M.-Komposition auch zu einem musikalischen Spiel, zu dem u. a. Kirnberger (Der allezeit fertige Polonoisen- und Menuettenkomponist, 1757) eine Anweisung schrieb (→ Aleatorik). – Schon bald nach der mutmaßlichen Entstehung wurde das M. als stilisierter Tanz in die Suite aufgenommen (um 1670 durch Chambonnières, in Deutschland durch J. H. Schmelzer). In den Klaviersuiten von Lebègue (1677) erhielt das M. seinen Platz am Schluß der Suite; in Muffats Florilegium (1695–98) ist es schon der häufigste Tanz, der auch paarweise auftritt; bei dem zweiten M. wird das erste wiederholt. Diese Anordnung wurde später als M. und → Trio (wegen der ursprünglich meist 3st. Faktur des zweiten M.s) zur Regel. Über das Tempo des frühen M.s gibt es widersprechende Aussagen, doch scheint das stilisierte M. langsamer als das Tanz-M. gespielt worden zu sein. Neben den Suiten enthalten Serenaden und Kassationen bis ins 19. Jh. (Brahms) meist mehrere M.e.

In die → Symphonie drang es über die dreiteilige neapolitanische Opernsinfonia (Scarlatti) ein, die mit einem tanzartigen, auch M. genannten Satz im 3/8-Takt schloß. Die Mannheimer (J. Stamitz) und die Wiener (Monn, J. Chr. Wagenseil) Vorklassiker schrieben 4sätzige Symphonien mit langsamem M.; die Berliner (C. Ph. E. Bach) lehnten dagegen den Tanzsatz in der Symphonie ab. In der französischen Orchestermusik des 18. Jh. finden sich 4sätzige Symphonien mit M. als einem der Mittelsätze, 3sätzige mit M. am Schluß oder in der Mitte oder ohne M., 2sätzige mit oder ohne M. In Haydns 4sätzigen Symphonien und Quartetten bildet das M. den 3., seltener den 2. Satz. Mozart wechselt in seinen Symphonien zwischen dem 3sätzigen Typ ohne M. und dem 4sätzigen mit M. – Während in der ersten Entwicklungsphase das M. in seiner musikalischen Faktur weitgehend der einfachen Tanzkomposition verpflichtet blieb, stilisierte Haydn es in Symphonien und Quartetten zum spezifisch symphonischen Satz. Bei ihm wurden die M.e schneller und gleichzeitig mit scherzohaften Elementen durchsetzt. Einige der M.-Sätze in den 6 Quartetten Hob. III, 37–42, nannte Haydn → Scherzo, in den Quartetten Hob. III, 31–36, aber noch M., obwohl sie teilweise (besonders das *M.o alla zingarese* in Hob. III, 34) von den Scherzi wenig unterschieden sind. Beethoven bezeichnete den 3. Satz der 1. Symphonie noch als M., wenngleich er dem Charakter nach ein Scherzo ist. Eine geradlinige Entwicklung vom M. zum Scherzo ist nicht festzustellen. Haydn komponierte nach den Scherzi wieder tanzhafte M.e; bei Beethoven ist schon in den Klaviertrios op. 1 der Typ des Scherzos voll ausgebildet, doch schrieb er später wieder langsame M.e (op. 59 Nr 3). Mozart behielt in Symphonien und Serenaden weitgehend den Ton des M.s bei; in seinen »Haydn-Quartetten« verwandelte er die M.e in kleine Sonatensätze (K.-V. 464). – Schubert schrieb bis in seine Spätzeit in Klaviersonaten und Quartetten M.e neben Scherzi, doch seine Tanzkompositionen bevorzugen Deutsche Tänze und Ländler. Im Laufe des 19. Jh. trat das M. zurück, lebte aber in der verwandelten Form des langsamen Tempo di Minuetto, das über Beethoven und die Violinkonzerte W. A. Mozarts bis zu J. Chr. Bachs Symphonien zurückreicht, oder als quasi Minuetto (Brahms op. 51 Nr 2) weiter. An die Stelle des M.s traten unbezeichnete scherzo- oder ländlerartige Sätze, auch Walzer (Tschaikowsky). Im 20. Jh. griff nicht allein der Neoklassizismus auf das M. zurück (Ravel, Prokofjew), sondern auch Schönberg (*Serenade* op. 24, *Klaviersuite* op. 25).

Lit.: P. NETTL, Die Wiener Tanzkomposition in d. 2. Hälfte d. 17. Jh., StMw VIII, 1921; W. ESSNER, Die Thematik d. M. in d. Streichquartetten J. Haydns, Diss. Erlangen 1923, maschr.; C. SACHS, Eine Weltgesch. d. Tanzes, Bln 1933, engl. NY 1937 u. London 1938, frz. Paris 1938; M. REIMANN, Untersuchungen zur Formgesch. d. frz. Kl.-Suite, = Kölner Beitr. zur Musikforschung III, Regensburg 1940; H. GOLDMANN, Das M. in d. deutschen Mg. d. 17. u. 18. Jh., Diss. Erlangen 1956; I. HERRMANN-BENGEN, Tempobezeichnungen, = Münchner Veröff. zur Mg. I, Tutzing 1959; G. MASSENKEIL, Untersuchungen zum Problem d. Symmetrie in d. Instrumentalmusik W. A. Mozarts, Wiesbaden 1962. HK

Mēsē (griech.) → Systema teleion.

Messa di voce (m′essa di v′o:tʃe, ital.) ist die Bezeichnung für eine dynamische Gesangsverzierung bei lang ausgehaltenen Noten, die in der Zeit des italienischen Belcantos sehr beliebt war. Sie besteht aus einem allmählichen Anschwellen des Tones vom zartesten Pianissimo bis zum stärksten Fortissimo und aus einem entsprechenden Abschwellen bis zur Ausgangslage ($\ll \gg$). Die Beherrschung der M. di v. (nicht zu verwechseln mit → mezza voce) war ein Prüfstein für gute Stimmbildung. Die M. di v. wurde auch auf Melodieinstrumente übertragen und als solche von Quantz, Tartini u. a. beschrieben. Tartini hält die M. di v. für unvereinbar mit einem Vibrato, aber in Verbindung mit einem langen und allmählich rascher werdenden Triller empfiehlt er eine *M. di v. semplice dal Piano, al Forte* (nur anschwellend). Wohl als erster hat D. Mazzocchi (1638) die Bezeichnung M. di v. verwendet, allerdings nur für ein allmähliches Anschwellen der Tonstärke in Verbindung mit einem → Portamento bei bestimmten ansteigenden Halbtonschritten; er versieht diese Gesangsart mit einem besonderen Zeichen: v. Heute wird das An- und Abschwellen des Tones in der Gesangspädagogik als Grundlage des dynamischen Vortrags gelehrt. Die Bezeichnung Schwellton ist hierfür zutreffender als M. di v., wenn auch – stimmtechnisch gesehen – kein großer Unterschied bestehen mag.

Messanza (ital.) → Quodlibet.

Messe (lat. missa; ital. messa; frz. messe; span. misa; engl. mass) ist nach katholischer Lehre die in Gestalt eines Mahlopfers vollzogene, sakramentale Vergegenwärtigung des Erlösungswirkens Jesu Christi, vor allem seines Kreuzesopfers. – Das spätlateinische Wort missa (Entlassung) bezeichnet als Liturgieterminus nach dem Zeugnis Isidors von Sevilla die Entlassung der Katechumenen im Rahmen der frühchristlichen Opferfeier: *Missa tempore sacrificii est, quando catechumeni foris mittuntur* . . . (*Etymologiae* VI, 19, 4). Seit dem Ausgang des 4. Jh. – frühestens seit Ambrosius (Epistola XX: Migne, Patr. lat. XVI, 995) – findet es sich daneben bereits im heutigen Sinne als Name für den Meßgottesdienst. Die Frage, wie das Wort missa (Entlassung) zum Namen für die Eucharistiefeier wurde, ist noch nicht eindeutig geklärt (vgl. hierzu die Deutungen von Jungmann und Maurice-Denis-Boulet). – Im Unterschied zum Westen blieb in den Kirchen des Ostens die liturgische Vielfalt der christlichen Frühzeit erhalten. So wird die M. nach byzantinischem Ritus in griechischer, slawischer (→ Altslawische Kirchengesang) und in anderen Sprachen gefeiert. Wichtige Liturgietypen des Ostens sind fernerhin die koptische (→ Koptische Musik), westsyrische und ostsyrische Liturgie. Demgegenüber gründet sich die Meßfeier in der Kirche des Westens bis heute auf eine einheitliche Ordnung, wenn auch der allgemeinen Forderung des 2. → Vatikanischen Konzils nach »berechtigter Vielfalt und Anpassung an die verschiedenen Gemeinschaften, Gegenden und Völker« Rechnung getragen wird (*Constitutio de sacra liturgia* vom 4. 12. 1963, Artikel 38). Hierbei weicht die bisher fast ausschließlich verwendete lateinische Kirchensprache in Messen mit dem Volk weithin der jeweiligen Muttersprache (Artikel 36 und 54; vgl. dazu die *Instructio ad exsecutionem constitutionis de sacra liturgia recte ordinandam* vom 26. 9. 1964, Artikel 57–59). – Der Begriff M. findet zum Teil auch in den Kirchen der Reformation Verwendung. Soweit deren Gottesdienst nicht reiner Predigtgottesdienst ist, fußt er in seinen äußeren Formen auf römisch-katholischer Tradition.

Die M. ist ihrem Wesen nach eine Feier, welche seit alters her in Weiterführung synagogaler Praxis den Gesang als integrierenden Bestandteil in sich schließt. Die nur gelesene M. stellt eine Schwundform der geschichtlich älteren, gesungenen M. dar. Nach dem Grad der Feierlichkeit unterscheidet man im römisch-katholischen Ritus (vgl. *Instructio de musica sacra et sacra liturgia* vom 3. 9. 1958, cap. I): 1) Missa in cantu: a) Missa solemnis = Hochamt (Levitenamt) eines Priesters mit Assistenz von 2 oder einem Leviten (Diakon und Subdiakon oder nur Diakon), als Missa pontificalis das Hochamt (Pontifikalamt) des Bischofs, dem Diakon und Subdiakon, ein Presbyter assistens und 2 Kanoniker als Ehrendiakone assistieren; b) Missa cantata: einfaches Amt ohne Assistenz; 2) Missa lecta (früher auch Missa privata genannt): eine vom Priester nur gelesene M., die heute unter Einbeziehung volkssprachlicher Gesänge und Gebete vielfach als Gemeinschafts- oder Betsingmesse gestaltet wird. – Die gesungenen Teile der römischen M. bestehen aus den Sologesängen des Priesters (oder seiner Assistenz, s. u.), dem Ordinarium missae und dem Proprium missae. Das Ordinarium – nach Ursprung und Funktion Gesang der Gemeinde – enthält 5 feststehende, textlich gleichbleibende Stücke: → Kyrie eleison, → Gloria in excelsis Deo, → Credo in unum Deum, → Sanctus (mit → Benedictus qui venit) und → Agnus Dei. Hingegen umfaßt das Proprium missae (unterteilt in → Proprium de tempore und → Proprium de Sanctis) die nach den Anlässen des Kirchenjahres von Tag zu Tag wechselnden Gesänge; sie beziehen sich auf den jeweils besonderen Charakter der Sonn- und Festtage. Bei den Propriumsstücken wird in den wechselweise von Solist(en) und Chor vorgetragenen responsorialen Gesängen eine ältere Schicht greifbar. Hierzu gehören das → Graduale (– 1) und das Alleluia (2. und 3. Propriumstück). Letzteres wird an Tagen der Buße und Trauer durch den → Tractus ersetzt. In diesen Stücken ist der Gesang selbst liturgische Handlung. Die jüngere Schicht umfaßt antiphonische, d. h. zwischen 2 Chören oder Schola und Chor aufgeteilte Begleitgesänge zu bestimmten liturgischen Handlungen: die Antiphona ad Introitum mit Psalmvers(en) und kleiner Doxologie zum Einzug des Priesters (→ Introitus, 1. Propriumstück); die Antiphona ad Offertorium zur Gabenbereitung bzw. zum Opfergang (→ Offertorium, 4. Propriumstück); die Antiphona ad Communionem, heute auch mit Psalmversen und Gloria patri, zum Kommuniongang der Gläubigen (→ Communio, 5. Propriumstück). Ordinarium und Proprium missae können in lateinischer Sprache sowie in approbierten Übersetzungen gesungen werden.

Äußerer Aufbau der M.: 1) Wortgottesdienst. Während der Zelebrant mit seiner Assistenz einzieht, trägt der Chor den Introitus vor, darauf die Gemeinde im Wechsel mit dem Chor (oder dieser allein) den Erbarmensruf Kyrie eleison – Christe eleison – Kyrie eleison, anschließend (vom Priester intoniert) das Gloria in excelsis Deo. Der Priester singt die → Oration (Tagesgebet). Es folgen die Schriftlesungen: → Epistel (im Hochamt vom Subdiakon oder einem Lektor gesungen; als Antwortgesang das Graduale mit Alleluia oder Tractus, Sequenz) und → Evangelium (im Hochamt vom Diakon oder vom Priester selbst gesungen; werden die Lesungen beim Hochamt in der Muttersprache verkündet, so kann der Vortrag auch ohne Gesang vollzogen werden). Deutung des Schriftwortes ist die Predigt. Ihr schließt sich an Sonn- und Feiertagen das Credo an (Intonation durch den Zelebranten). Den Abschluß des Wortgottesdienstes bildet die Oratio communis (auch Oratio fidelium, im Deutschen meist Fürbitten genannt). 2) Eucharistiefeier. Zur Gabenbereitung singt der Chor die Antiphona ad Offertorium. Hierauf erklingen als Gesang des Priesters die Oratio secreta seu super oblata (Gebet über die Opfergaben) und die → Präfation (Beginn des Canon missae, Eucharistisches Hochgebet), unmittelbar danach das Sanctus (Gemeinde oder Chor). Sodann spricht der Zelebrant leise die Fortsetzung des Canon missae, welcher mit der Wandlung (Transsubstantiation, Verwandlung des Brotes und Weines in das Fleisch und Blut Christi) seinen Höhepunkt findet. Das → Pater noster (gesungen vom Priester oder von Gemeinde und Priester, auch in der Muttersprache) mit nachfolgendem Gebet *Libera nos*, welches der Zelebrant (ebenso wie die dem Gebet des Herrn vorausgehende Kanonschlußdoxologie) singt oder laut spricht, leitet über zum Kommunionteil der M.: nach der Brotbrechung singt die Gemeinde bzw. der Chor das Agnus Dei; die Kommunionausteilung wird von der Antiphona ad Communionem begleitet (Chor). Der Postcommunio (Schlußgebet) des Priesters folgt die Entlassung der Gemeinde mit *Ite missa est* (im Hochamt: Diakon) und Segen.

Die aufkommende Mehrstimmigkeit (→ Organum) bemächtigte sich zunächst nur (meist tropierter) Einzelteile des Meßpropriums und -ordinariums. So enthält der Mailänder Organumtraktat (um 1100) eine 2st. Bearbeitung des Kyrietropus *Cunctipotens genitor*, ebenso der Codex *Calixtinus* (um 1150; → Quellen). Die liturgische Mehrstimmigkeit der Notre-Dame-Epoche konzentrierte sich hinsichtlich der M. wesentlich auf die solistischen Teile der responsorialen Gattungen Graduale und Alleluia, während in der französischen Ars antiqua des 13. Jh. die Meß- hinter der Motettenkomposition ganz zurücktrat, um dann im 14. Jh., wohl in Zusammenhang mit der Constitutio *Docta Sanctorum* (1324/25) des Papstes Johannes XXII. in Avignon, zunächst in Form mehrstimmiger Ordinariumsstücke wieder hervorzutreten (34 Ordinariumssätze verzeichnet z. B. die Hs. *Apt*, → Quellen). In England überliefert schon das Winchester-Tropar (*WiTr*, vor 1050?) zahlreiche zweistimmige und meist tropierte Kyrie-, Gloria-, (Oster-)Introitus-, Alleluia- und Tractusorgana, und hier setzt sich die Tradition der mehrstimmigen Bearbeitung von Meßteilen fort, namentlich in den 2st. Ordinariumstropen und Propriumssätzen für Marienmessen im 11. Faszikel des Codex W_1, ferner im *Worc*-Repertoire und im Codex *OH* (→ Quellen). Erst das 14. Jh. bringt Bearbeitungen des vollständigen Ordinariums: aus der ersten Jahrhunderthälfte die 3st. M. von Tournai und 1364(?) die 4st. M. von Machaut mit sowohl isorhythmisch angelegten wie auch nichtisorhythmischen, vorwiegend syllabisch deklamierenden Sätzen, später die M.n von Barcelona, Toulouse und Besançon (Sorbonne-M.). Um 1400 lassen sich mehrere Typen mehrstimmiger Ordinariumssätze unterscheiden: 1) motettische Sätze mit liturgischem Tenor-C. f. und zwei duettierenden Oberstimmen; 2) C. f.-lose (freie) homorhythmische Sätze mit gleichem Text in allen Stimmen; 3) in England wie bei 2), aber mit liturgischem Bezug auf eine Choralmelodie; 4) Sätze mit Diskantlied-Technik (nach Art des → Kantilenensatzes), frei erfunden oder mit Choralkolorierung im Diskant. In der 1. Hälfte des 15. Jh. entstanden weiterhin zahlreiche Einzelsätze (so namentlich von Dufay zwischen etwa 1420 und 1440), daneben auch Satzpaare (→ Quellen: *TuB, BL, Ao, Tr*), in England 4teilige Meßordinarien (Gloria, Credo, Sanctus, Agnus, z. B. von Dunstable und Power). Seit den 1420er Jahren (*Missa sine nomine*) erarbeitete Dufay das vollständige (5teilige) Meßordinarium als musikalischen Zyklus. Bahnbrechend war seine *Missa Caput* (wohl um 1440, Kyrie ergänzt 1463): der Satz wird nach dem Vorbild der 4st. Motettenkomposition durch Hinzufügung eines Contratenor secundus in Tieflage zur Vierstimmigkeit ausgeweitet, und alle Sätze werden zyklisch verbunden vor allem durch gemeinsamen C. f. geistlicher oder weltlicher Herkunft (wohl ein von den Engländern übernommenes Prinzip), daneben durch gemeinsames Anfangsmotiv der Oberstimmen. Die »Tenor-M.« wurde unter zunehmender Vokalisierung der Stimmen fortgesetzt von Ockeghem, Obrecht, Josquin, de la Rue, Isaac u. a., und es entfaltete sich nach 1450 jene neue Art, bei der die vorgegebene Tenormelodie auch die kontrapunktierenden Stimmen durchdringt (schon in Dufays später *Missa Ave regina caelorum*) bis hin zu betonter Gleichberechtigung aller Stimmen, die in »durchimitierender« Art an der vorgegebenen Melodiesubstanz teilhaben (Josquin, *Missa Pange lingua*). Isaacs *Missa carminum*, eine Lied-M., zeichnet sich durch Verwendung deutscher Liedweisen aus. Ein weiterer Schritt ist die freie polyphone M., die auf jegliche Verarbeitung vorgegebener Melodiesubstanz verzichtet (Ockeghems späte *Missa Mi-mi*). Die auf Josquin folgende Meßkomposition führt im wesentlichen diese Typen weiter; im Mittelpunkt stehen jetzt die Tenor-(C. f.-)M., zuweilen sechsstimmig mit vier freien Stimmen zum C. f.-Kanon, und die frei angelegte M. bei Mouton, Brumel, Senfl, A. Agricola, H. Finck, Richafort, Clemens non Papa, Gombert, Willaert, Palestrina, Ph. de Monte, Lassus. Daneben entstand die → Parodie-M. Die gegenreformatorische Bewegung des → Tridentiner Konzils (nach 1550) verbot M.n mit weltlichen Vorlagen, besonders die Tenor-M.n mit vulgärem C. f. – Seit dem ausgehenden Mittelalter ist die mehrstimmige Komposition des Proprium missae geschichtlich von geringerer Bedeutung. In einem seiner frühen Meßzyklen faßt Dufay Proprium und Ordinarium in einer Plenar-M. zusammen (*Missa Sancti Jacobi*, um 1427). Bedeutende mehrstimmige Proprien schuf H. Isaac mit seinem vom Konstanzer Domkapitel bestellten, 1507–09 geschriebenen 4st. *Choralis Constantinus* (gedruckt in 3 Bänden, unter Hinzufügung von Sätzen Senfls, Nürnberg 1550-55); auf die anonyme Propriensammlung *Contrapunctus ... super plano cantu missarum solemnium totius anni* (Lyon 1528, 3 Sätze sind von Layolle) folgen 1538-45 drei Sammeldrucke Rhaws, in denen einzelne Propriumssätze verschiedener Meister in zu Zyklen zusammengestellt sind. Weitere Propriumssammlungen von katholischen und protestantischen Komponisten sind bis um 1600 nachzuweisen (Chr. Erbach, 1604-06). Dagegen setzte sich seit Palestrina und Lassus das Verfahren durch, Vertonungen einzelner Propriumsstücke (vor allem des Offertoriums und des Introitus) für das ganze Kirchenjahr gesammelt zu veröffentlichen.

G. Gabrieli übertrug 1597 die venezianische Doppelchörigkeit sowie den instrumental begleiteten Sologesang, mithin den concertierenden Stil, auf die M. Ab 1600 lassen sich zwei Stilarten unterscheiden, einerseits concertierende M.n, entweder für Vokalsolisten mit Generalbaßbegleitung oder im mehrchörigen Satz, auch in Kombination beider Satzarten und mit Instrumenten, andererseits die an der polyphonen Tradition orientierte M. im kontrapunktischen Stilus gravis für die Capella (d. h. für einen Sängerchor). Außerdem gibt es M.n im Stilus mixtus. Monteverdi komponierte für seine *Messa a 4 da capella* (1641), die über den motettischen Stil hinaus von Errungenschaften des Madrigals durchdrungen ist, Ersatzstücke in concertierender Art. Das Nebeneinander von »altem« und »neuem« Stil läßt sich noch bis ins 18. Jh. verfolgen. Als erstes Werk der solistisch concertierenden M. gilt die *Missa dominicalis* von Viadana (II. Buch der *Concerti ecclesiastici*, 1607), doch blieb dieses relativ anspruchslose Werk, das über die Choralmelodien für die gewöhnlichen Sonntage komponiert ist, hinsichtlich seiner Besetzung für Tenor-(= Bariton-)Solo und Generalbaß innerhalb der Meßkomposition ein Einzelfall. Der Terminus Missa concertata begegnet seit 1610 für Werke mit mehreren solistisch behandelten Stimmen und Gb. Mehrchörige M.n komponierten nach G. Gabrieli vor allem A. Grandi (1636) und T. Merula; auch Carissimi schrieb meist mehrchörig, daneben aber auch Parodie-M.n und C. f.-M.n. M.n im Stilus mixtus komponierten Frescobaldi, A. Melani u. a. In Deutschland entstanden 1–3chörige M.n (a cappella mit Gb. ad libitum) von J. Stadlmayer sowie dessen *Missae concertatae*. Im 17. Jh. begegnen zahlreiche handschriftliche und gedruckte Sammelwerke, in denen M.n im »alten« und »neuen« Stil nebeneinanderstehen. Fux (*Gradus ad Parnassum*, 1725) würdigt und gliedert den »gemischten Stil« je nach den Gewichtsverhältnissen, der alter und neuer Stil einnehmen. Er komponierte über 50 M.n (kontrapunktische Chor-M.n und konzertierende M.n). Hatte unter den musikalischen Formen um 1500 die mehrstimmige M. den ersten Rang eingenommen, so tritt sie seit dem Ende des 16. Jh., da der neue Stil vorwiegend in Motette und Madrigal sich ausprägte, in ihrer historischen Bedeutung zurück, während die mehrchörige M. zu gewaltigen Ausmaßen sich steigerte (Benevolis Salzburger Domweih-M. von 1628 zu 52 St., von der sogar eine 12chörige Fassung überliefert ist). Nebenher entstanden Kurz-M.n (schon bei Palestrina und G. Gabrieli) und Parodie-M.n über Weihnachtslieder; als Titel erscheint »Missa pastorale« zuerst bei G. Ziretti. »Pastoral«-M.n schrieben Durante, Pitoni, Zelenka, Abbé Vogler, M. Haydn und dessen Schüler A. Diabelli. Der Neapolitaner A. Scarlatti führte die Arie in die M. ein; ihm folgten u. a. L. Vinci, Leo, Durante. Einwirkungen der Oper zeigen auch die M.n von Pergolesi, Jommelli, Lotti und Caldara (etwa 60 M.n); ihnen folgten u. a. Holzbauer (23 M.n) und Tuma (53 M.n). – Von den Meistern der Wiener Klassik schrieb J. Haydn 14 Orchester-M.n, zudem die kantatenartige Caecilien-M. (1782); er fand zu einem eigenen Stil besonders in seinen 6 späten M.n, in denen anstelle der Arie das Soloquartett tritt (Heilig-M., 1796; Pauken-M., 1796; Nelson-M., 1798; Theresien-M., 1799; Schöpfungs-M., 1801; Harmonie-M., 1802). – Von Mozart sind 19 M.n überliefert; er war in seiner Salzburger Zeit zur Komposition von Kurz-M.n genötigt, weil auf fürstbischöfliche Weisung hin die Meßfeier, auch beim Hochamt, 45 Minuten nicht überschreiten durfte. Aus Mozarts Wiener Zeit stammen die großangelegten M.n mit Chören und Koloraturarien, wie die Krönungs-M., K.-V. 317 (1779), und die M.n C dur, K.-V. 337 (1780), und C moll, K.-V. 427 (1782). – Beethoven schrieb 2 große M.n; 1807 entstand die M. in C dur, 1819–23 die *Missa solemnis* für 4 Solo-St., Chor, Orch. und Org. in D dur. Dieses Spätwerk mit seinen ausladenden kontrapunktischen und breiten symphonischen Abschnitten, ursprünglich als → Festmusik bestimmt, sprengt den Rahmen der Liturgie und legt eine konzertmäßige Aufführung nahe. In Frankreich schrieb Cherubini 11 musikalisch gewichtige symphonische M.n. C. M. v. Webers für Dresden geschriebene M.n Es dur (1802) und G dur (1819, Jubel-M. zum 50. Hochzeitstag des Königs von Sachsen) zeigen einen dramatischen Grundzug und haben Anregungen seines Lehrers Abbé Vogler aufgenommen. Von Schuberts 6 M.n sind die vier frühen (F dur, D 105, 1814; G dur, D 167, 1815; B dur, D 324, 1815; C dur, D 452, 1816) für die Liechtentaler Kirche geschrieben; von großer Bedeutung sind die beiden großen M.n As dur (D 678, 1819–22) und Es dur (D 950, 1828). Liszt schrieb 3 symphonisch angelegte M.n, eine für Männerchor (1848, 2. Fassung 1869), die musikalisch prunkvolle Graner M. (1855) und die M. zur Krönung von Franz Joseph II. zum ungarischen König (1867); seine *Missa choralis* (1865) bringt eine Rückwendung zum schlichteren Satz, zu Einstimmigkeit und Orgelbegleitung. Liszt bekennt in spätromantischer Haltung, die Kirchenmusik sei weihevoll, stark und wirksam, sie vereinige in kolossalen Verhältnissen Theater und Kirche, sie sei zugleich dramatisch und heilig, prachtentfaltend und einfach (*Über zukünftige Kirchenmusik*, 1834). In seinen frühen M.n verfährt Bruckner traditionell (C dur, 1842; Choral-M. für vierstimmigen gemischten Chor und Org. auf den Gründonnerstag, 1844; *Missa solemnis*, 1854). Bruckners späte M.n sind ein Gipfel der symphonischen Meßkomposition, indem sie a cappella-Stil und Symphonik verschmelzen (D moll, 1864; E moll, 1866; F moll, 1868). Unter den großen Musikern Frankreichs folgen Gounod (*M. solennelle*, 1855; *M. funèbre* für 4 Singst. und Org., 1883), Saint-Saëns (1856) und C. Franck (2 M.n für Solo-St. und Org., 1858 und 1860). Die vom Caecilienverein (→ Caecilianismus) getragenen Bestrebungen zur Pflege der kirchlichen a cappella-Musik des 16. Jh. standen der Instrumental-M. ablehnend gegenüber. – Die Meßkomposition der neueren Zeit, so besonders die unter dem Eindruck der M. von G. de Machaut von Strawinsky (1948) komponierte M. für Chor und Bläser (nach dem Vorbild der östlichen Kirchenmusik ohne Orgel), erstrebt, wenngleich ihrer Herkunft nach nicht liturgisch, mit artistischen Mitteln den Eindruck des Dogmatischen und Entpersönlichten. Aus dem 19. Jh. sind noch zu nennen Fr. Kiel mit seiner *Missa solemnis* (1867, komponiert 1865) sowie die Große M. von F. Draeseke (1891) und dessen a cappella-M. (1909). Janáčeks »Glagolitische M.« (1926) gehört zu den bedeutenden Werken. Die jüngste Vergangenheit brachte zahlreiche Versuche, auch in der gesungenen M. des katholischen Ritus wieder die Gemeinde zu Wort kommen zu lassen: entweder durch die Wiederbelebung des Volkschorals (während der Chor das Proprium missae mehrstimmig singt) oder durch Ordinariumsvertonungen, die im Wechsel von Chor und Gemeinde gesungen werden (alternatim-M.n, z. B. von H. Schroeder, E. Tittel, J. Gelineau).

Für die evangelische M. hat → Luther 3 Lösungen vorgeschlagen: die im Text von Opfer- und Werkheiligkeit gereinigte lateinische Missa (alternatim mit Orgel), die deutsche Lied-M. sowie die deutsche Übertragung der lateinischen Meßgesänge. Schon in den ersten Jahren der Reformation waren vereinzelte deutsche M.n entstanden, so in Nürnberg, Reutlingen, Pforzheim, Wertheim, Straßburg. Luther, der diese M.n und vor allem die der »Schwärmer« Karlstadt (1521/22 für Wittenberg) und Th. Müntzer (1524 für Alstedt) zum Teil nicht billigte, sah sich dadurch zur Ausarbeitung seiner eigenen *Formula missae* (1525) und dem zusammen mit C. Rupsch und J. Walter ausgearbeiteten Entwurf einer *Deudschen M.* (Wittenberg 1526) veranlaßt. Doch begegnete er dieser Aufgabe mit Zurückhaltung, zumal er seine Reformvorschläge nicht als bindende Form betrachtete. Er ließ alles fallen, was mit dem Opferakt des Priesters zusammenhing, vor allem den Canon missae. Andere Stücke der M. ersetzte er durch Psalmlieder in der Muttersprache, während das 3malige griechische Kyrie allgemein beibehalten wurde. Indem Luther das Sakrament nur als eine andere Form des Wortes Gottes ansah und deshalb mit der Predigt die Botschaft des Evangeliums in den Mittelpunkt der M. rückte, wurde aus dem römischen Opfergottesdienst ein das Evangelium verkündigender Predigtgottesdienst mit anschließender Abendmahlsfeier. – Das Meßrepertoire der mehrstimmigen evangelischen Kirchenmusik bestand aus Vertonungen des römischen Ordinarium missae (lateinisch oder in deutscher Übersetzung) und schloß auch Werke katholischer Komponisten ein. Das zeigt sich schon in den beiden großen Nürnberger Sammlungen von 1539 (*Liber quindecim missarum*, Petrejus; *Missae tredecim*, Formschneyder) sowie dem Wittenberger *Opus decem missarum* Rhaws von 1541, das Kurz- und Lied-M.n u. a. von Isaac und Senfl enthält. Die großen deutschen Meister standen von jeher der M. als Großform relativ fern. Der lutherische Gottesdienst hielt zwar bis ins 18. Jh. an der M. oder der aus Kyrie und Gloria bestehenden Kurz-M. fest, doch führte die Verlagerung des Schwergewichts auf die Predigt und die Verlesung von Epistel und Evangelium zur Bevorzugung anderer Kompositionsgattungen: der Motette (zumeist auf biblischen Text), später des Geistlichen Konzerts und der predigthaften Kirchenkantate, die J. S. Bach als »Hauptmusic« im Gottesdienst bezeichnete. – Im 17. Jh. entstanden zahlreiche M.n von evangelischen Komponisten im figuralen und im neuen concertierenden Stil, auch im Stilus mixtus, der Altes und Neues zusammenfaßte. M. Praetorius schrieb eine *Teutsche Missa* (in *Polyhymnia caduceatrix et panegyrica*, 1619, Nr 38) aus Ordinariumsliedern und concertierende M.n, Selle einige M.n alten Stils und eine M. Missa concertata. Weitere M.n sind überliefert z. B. von J. R. Ahle, Capricornus, dem Schütz-Schüler Bernhard, Knüpfer, Rosenmüller, Theile (*Missa juxta veterum contrapuncti stylum*), Buxtehude, Pohle (über deutsche Kirchenlieder), J. Ph. Krieger, Schieferdecker, Schelle, Thieme, Erlebach, Buttstedt, J. Fr. Fasch (1730), Stölzel und C. Fr. Fasch (16st. M.). Von J. S. Bach sind 4 Kurz-M.n, 4 Sanctuskompositionen, eine Bearbeitung einer M. von Palestrina sowie seine später so genannte Messe in H moll erhalten. Diese berühmte M. setzt sich aus vier selbständigen, auch handschriftlich gesondert überlieferten Werken zusammen, denen Bach keinen gemeinsamen Titel gegeben hat: einer »Missa«, d. h. einer nur aus Kyrie und Gloria bestehenden evangelischen Kurz-M. (Missa brevis), einem Symbolum Nicaenum (Credo), einem Sanctus sowie einer Parodierung der Texte Osanna, Benedictus, Agnus Dei, Dona nobis pacem. Ihrer Form nach ist Bachs so genannte M. in H moll unrömisch und innerhalb der katholischen Meßliturgie nicht verwendbar (vgl. die grundlegende Untersuchung von Fr. Smend im Kritischen Bericht zur Neuen Ausgabe sämtlicher Werke Bachs, Serie 2, Bd I, 1956). – Stilistisch verschiedenartig sind die neueren M.n, die im Zeichen der Wiederbelebung der alten Chor-M.n stehen, u. a. von J. N. David, Moeschinger, Pepping, A. Brunner, Burkhard, K. Thomas, Borris, Collum. Neubelebungen der 1st. M. werden in der evangelischen Kirche von der Alpirsbacher Bewegung und von dem Kreis der Berneuchner unternommen. Eine einstimmige unbegleitete *M. für Singstimmen* schrieb H. Erpf (1926). Die altkatholische M., wie sie seit etwa 80 Jahren in Deutschland und der Schweiz gefeiert wird, ist eine römische M. in deutscher Sprache. – Eine geschichtlich wichtige Sonderform der M. ist die → Orgelmesse.

Lit.: A. SCHNERICH, Der Messentypus v. Haydn bis Schubert, Wien 1892, erweitert als: M. u. Requiem seit Haydn u. Mozart, Wien u. Lpz. 1909; DERS., Zur Chronologie d. M. Haydns, ZfMw XVII, 1935; G. EISENRING, Zur Gesch. d. mehrst. Proprium Missae bis um 1560, = Veröff. d. Gregorianischen Akad. zu Freiburg i. d. Schweiz VII, Düsseldorf (1913); P. WAGNER, Gesch. d. M. I = Kleine Hdb. d. Mg. nach Gattungen XI, 1, Lpz. 1913, Nachdruck Hildesheim 1963; G. ADLER, Zur Gesch. d. Wiener Messenkomposition in d. 2. Hälfte d. 17. Jh., StMw IV, 1916; FR. LUDWIG, Die mehrst. M. d. 14. Jh., AfMw VII, 1925; J. SCHMIDT-GÖRG, 4 Parodien d. 16. Jh., KmJb XXV, 1930; L. EISENHOFER, Hdb. d. kath. Liturgik II, Freiburg i. Br. 1933, ²1941; H.-A. SANDER, Ital. Messenkompositionen d. 17. Jh. aus d. Breslauer Slg d. D. Sartorius, Diss. Breslau 1934; E. SCHILD, Gesch. d. protestantischen Messenkompositionen d. 17. u. 18. Jh., Diss. Gießen 1934; K. G. FELLERER, Zur deutschen Singm. d. 18./19. Jh., KmJb XXXI, 1936–XXXIII, 1938; DERS., Die M. Ihre mus. Gestalt v. MA bis zur Gegenwart, Dortmund 1951; W. SCHULZE, Die mehrst. M. im frühprotestantischen Gottesdienst, = Kieler Beitr. zur Mw. VIII, Wolfenbüttel 1940; A. A. DIMPFL, Die Pastoralm., Diss. Erlangen 1945, maschr.; A. PIOVESAN, La messa nella musica dalle origini al nostro tempo, Turin 1949; A. FORTESCUE, The Mass ..., NY 1950; R. B. LENAERTS, The 16th-Cent. Parody Mass in the Netherlands, MQ XXXVI, 1950; W. LIPPHARDT, Die Gesch. d. mehrst. Proprium Missae, Heidelberg 1950; H. HARDER, Die M. v. Toulouse, MD VII, 1953; DIES. (Stäblein-Harder), Fourteenth-Cent. Mass Music in France, = MSD VII, Rom 1962; THR. G. GEORGIADES, Musik u. Sprache. Das Werden d. abendländischen Musik, dargestellt an d. Vertonung d. M., = Verständliche Wiss. L, Bln, Göttingen u. Heidelberg 1954; L. SCHRADE, A 14th-Cent. Parody Mass, AMl XXVII, 1955; DERS., The Cycle of the Ordinarium Missae, in: In memoriam J. Handschin, Straßburg 1962; R. JACKSON, Mus. Interrelations Between Fourteenth Cent. Mass Movements, AMl XXIX, 1957; E. B. WARREN, The Masses of Fayrfax, MD XII, 1958; J. A. JUNGMANN SJ, Missarum Sollemnia, 2 Bde, Wien, Freiburg i. Br. u. Basel ⁵1962; A. ADRIO, Die Komposition d. Ordinarium Missae in d. ev. Kirchenmusik d. Gegenwart, Fs. Fr. Blume, Kassel 1963; N. MAURICE-DENIS-BOULET, Allgemeine Einführung in d. Liturgie d. M., in: Hdb. d. Liturgiewiss. I, hrsg. v. A.-G. Martimort, Freiburg i. Br., Basel u. Wien (1963); E. SPARKS, C. f. in the Mass and Motet, 1420–1520, Berkeley u. Los Angeles 1963; K. v. FISCHER, Neue Quellen zum einst. Ordinariumszyklus d. 14. u. 15. Jh. aus Italien, in: Liber Amicorum, Fs. Ch. Van den Borren, Antwerpen 1964; R. HOPPIN, Reflections on the Origin of the Cyclic Mass, ebenda; PH. GOSSETT, Techniques of Unification in Early Cyclic Masses and Mass Pairs, JAMS XIX, 1966.

Metabasis (griech.; lat. transgressio, das Überschreiten), in der Kompositionslehre des 18. Jh. (Vogt 1719, Spieß 1745) eine musikalische Figur, die offenbar in Analogie zu ihrer Bedeutung in der Rhetorik (Wechsel der Anrede, des Gegenstandes, Themas) verstanden wird als das wechselseitige Sich-Übersteigen zweier oder mehrerer Stimmen.

Metabolē (griech. μεταβολή, Veränderung), in der griechischen Musiktheorie Bezeichnung des Wechsels, des Übergangs. Rhythmisch wurden zwei Arten der M. unterschieden (Tempo, Versfuß), »harmonisch« vier (Tongeschlecht, System, Tonart, Melopöie; bisweilen auch Stimmlage und Ethos). Martianus Capella übersetzt m. mit transitus (§ 964) und Remi d'Auxerres verdeutlicht diese Übersetzung durch permutatio, commutatio (GS I, 78b). → Mutation (– 2).

Lit.: W. VETTER, Artikel M. in: Pauly-Wissowa RE XXX, 1932, Sp. 1313–16.

Metalepsis (griech., Vertauschung), in der Kompositionslehre des 17. Jh. eine auf die Musik übertragene Bezeichnung einer rhetorischen Figur. Die rhetorische M. ist gegeben, wenn das Folgende nur in Verbindung mit dem Vorausgegangenen zu verstehen ist (oder umgekehrt). In dem von Burmeister (*Musica poetica*, 1606) angeführten 5st. Beispiel (Lassus, GA VII, S. 38) werden zu Beginn die Worte *De ore prudentis* von nur 3 Stimmen, anschließend die folgenden Worte *procedit mel* von allen Stimmen imitierend vorgetragen, so daß 2 Stimmen textlich nur aus den vorausgegangenen anderen Stimmen zu verstehen sind. Burmeisters Erklärung nimmt jedoch nicht auf die genannte Bedeutung der rhetorischen M. Bezug, sondern beschreibt sie als Fuga mit 2 Soggetti.

Metallophon, – 1) instrumentenkundliche Gattungsbezeichnung für ein → Idiophon aus Metall (z. B. Klappern, Becken, Gong, Triangel, Glocke, Celesta u. a.). M.e sind wesentlicher Bestandteil der verschiedenen indonesischen Gamelanarten (Bonang, Gendèr, Gong); – 2) im engeren Sinne Sammelbegriff für Metallstab- oder Stahl(platten)spiele, die in ihrer Form auf das xylophonähnliche Glockenspiel zurückgehen. Im modernen Schlagzeug ist das M. ein in der Form dem Vibraphon ähnliches Instrument (mit Resonanzröhren, jedoch ohne Vibratovorrichtung).

Metamorphosen (griech., Verwandlungen), Titel eines Zyklus von Fabeln des römischen Dichters Ovid, deren Inhalt Dittersdorf 12 Symphonien (1785) als literarisches Programm zugrunde legte. Dagegen deutet Hindemith mit dem Titel *Sinfonische M. über Themen von C. M. v. Weber* (1943) an, daß er das thematische Material in »verwandelter« Gestalt übernimmt, im Unterschied zur traditionellen Technik der Variation über vorgegebene Themen. Ähnlich, auf die thematische Verarbeitung bezogen, gebraucht auch R. Strauss (1946) die Bezeichnung *M.* als Werktitel.

Lit.: W. BRENNECKE, Die M.-Werke v. R. Strauss u. P. Hindemith, in: H. Albrecht in memoriam, Kassel 1962.

Metrik (von griech. [τέχνη] μετρική über lat. [ars] metrica), – 1) Verslehre (→ Metrum – 1). – 2) Musikalische M. ist die Lehre vom Zusammenschluß gleichgroßer Zeitteile (Zählzeiten, Takte) zu musikalisch relevanten Einheiten höherer Ordnung (→ Takt, → Metrum – 3).

Metronom (Neubildung aus griech. μέτρον, hier s. v. w. Takt, und νόμος, Gesetz, Regel), als Wort und Sache belegt seit E. Loulié 1696, in der heute verbreiteten Konstruktion ein 1816 von J. N. → Mälzel (Metronom Mälzel, Abk.: M. M.) in Paris zum Patent angemeldetes Uhrwerk, das ein aufrechtstehendes Pendel mit verschiebbarem Gewicht antreibt. Auf einer Skala kann das Pendel für 40 bis 208 Schläge in der Minute eingestellt werden. Der Ausschlag ist sichtbar und hörbar; das Gehäuse wirkt als Resonator. Manche M.e haben ein Läutewerk, das zu bestimmten Takten, dem 2., 3. oder auch 6. und 8., einen Glockenschlag gibt. Das M. dient zur Festlegung des Tempos, in dem der Komponist, Herausgeber oder Spieler das Werk ausgeführt wissen will, wobei angegeben wird, auf welchen Notenwert sich die Angabe bezieht (z. B. M. M. ♩ = 120). Häufig wird das M. dazu verwendet, den Spieler zum genauen Einhalten des Tempos zu erziehen, wie es schon Mace 1676 mit einem Fadenpendel erreichen wollte. Angaben in M. M. gab als erster Beethoven in einigen seiner späten Werke (Sonate, op. 106, 9. Symphonie). Später verwendeten das M. u. a. Schumann, Reger, Debussy, Ravel, Strawinsky. Brahms und Wagner sprachen sich gegen das M. aus. Reger (Fuge D dur op. 59; Fuge B-A-C-H op. 46) und Pepping (Toccata *Mitten wir im Leben sind*) haben versucht, mit M.-Zahlen Hinweise für die Agogik zu geben. M.e verschiedener Konstruktion erfanden vor Mälzel u. a.: J. Sauveur (1701), J. G. E. Stöckel (1796), G. Weber (1813). Moderne Ausführungen sind das Taschenuhr-M., das Blink-M. und elektrische M.e. Ein Musikchronometer, besonders für die Kombination von Bühnen- und Filmszenen, konstruierte 1926 C. R. Blum.

Lit.: TH. MACE, Musick's Monument, London 1676, Faks. Paris 1958; E. LOULIÉ, Eléments ou principes de musique ..., Paris 1696; G. WEBER, Ueber chronometrische Tempobezeichnung, Mainz 1817; O. BAENSCH, Zur neunten Symphonie, Neues Beethoven-Jb. II, 1925; C. R. BLUM, Das Musik-Chronometer ..., Lpz. 1926; E. BORREL, Les indications métronomiques laissées par les auteurs frç. du XVIIe et XVIIIe s., Rev. de Musicol. XII, 1928; R. KIRKPATRICK, Eighteenth-Cent. Metronomical Indications, Kgr.-Ber. NY 1938; H. BECK, Bemerkungen zu Beethovens Tempi, Beethoven-Jb. III, 1955/56; W. GERSTENBERG, Authentische Tempi f. Mozarts »Don Giovanni«?, Mozart-Jb. 1960/61; D. KÄMPER, Zur Frage d. Metronombezeichnungen R. Schumanns, AfMw XXI, 1964.

Metrum (latinisierte Form von griech. μέτρον, Maß).
– 1) M. als Terminus der Verslehre wird in verschiedenem Sinne gebraucht. Heute ist unter M. gewöhnlich die einem Vers als ganzem zugrunde liegende Versform zu verstehen (→ Versmaße). Die ältesten, aus dem 5. Jh. v. Chr. stammenden metrischen Fachausdrücke (z. B. Hexameter, Trimeter) zeigen jedoch, daß die Wortbedeutung ursprünglich spezieller und zugleich prägnanter war: M. meinte die sich durch innere Responsion (mehrfache Wiederkehr im Vers) als feste quantitätsrhythmische Gestalt heraushebende Maßeinheit (im Hexameter das daktylische M. –⏑⏑, im Trimeter das iambische M. ⏑–⏑–). Basis dieser Verskunst bildete die der griechischen Sprache eigentümliche »musikalische« Beschaffenheit (→ Griechische Musik, → Quantität, → Prosodie – 1). Anfangs wurde nur eine bestimmte Art von Versen, die heute Sprechverse heißen, auf Metra zurückgeführt (außer den beiden genannten noch Pentameter und Tetrameter), während die meist komplizierteren übrigen Versarten, nach moderner Terminologie die Singverse, zu den ῥυθμοί (Rhythmen) rechneten. Erst in hellenistischer Zeit kam es zur Einbeziehung der Singverse in die metrische Betrachtungsweise. Die von Aristoxenos eingeführte begriffliche Scheidung zwischen Rhythmus und rhythmisiertem Stoff trug ihrerseits dazu bei, daß sich eine von der Rhythmuslehre getrennte Verslehre, die Metrik, bildete. Im Zusammenhang mit dem Versuch, vormals an Tanz gebundene Singverse zu zergliedern, wurde dann die Lehre von den Versfüßen, die bei Aristoxenos (»Rhythmik-Fragmente«) bereits faßbar wird, systematisch ausgearbeitet. Den überlieferten metrischen Theorien gegenüber (Hephaistion mit Kommentaren, Aristeides Quintilianus I, 20–29, metrische Scholien zu Dichtertexten u. a.) ist jedoch Vorsicht geboten, da sie vielfach nicht auf der Einsicht in die ursprünglichen Sachverhalte beruhen. Wie die römischen Dichter im Versbau, so versuchten auch die römischen Metriker (u. a. M. Victorinus, Caesius Bassus, Terentianus Maurus, Augustinus mit *De musica*) in der Theorie weitgehend griechischen Vorbildern zu folgen (trotz der Andersartigkeit des Lateins; → Akzent – 1). – Der Unterschied zwischen langen und kurzen Silben ist in der antiken Quantitätsmetrik auf das rationale Verhältnis von 2zeitiger Länge (–) und 1zeitiger Kürze (⏑) festgelegt (ausnahmsweise konnte die Länge auch anderthalbzeitig sein). Die Abfolge dieser Elemente war streng geregelt, wobei in bestimmten Fällen Austausch der Elemente eintreten konnte (z. B. ⏑⏑; oder elementum anceps, notiert ⏑, ⏔ oder ×).
Von den 28 Versfüßen der spätantiken Theorie seien als wichtigste genannt:

3zeitig	⏑ –	Iambus
	– ⏑	Trochaeus
4zeitig	⏑⏑ –	Anapaest
	– ⏑⏑	Dactylus
	– –	Spondeus
5zeitig	⏑ – –	Baccheus
	– ⏑ –	Creticus
6zeitig	⏑⏑ – –	Ionicus (a minore)
	– ⏑⏑ –	Choriambus

Außer Iambus, Trochaeus und Anapaest, die jeweils erst als Doppelfuß ein M. füllen, kann jeder Versfuß als M. aufgefaßt werden. Fällt ein Verseinschnitt (Wortende) in das Innere eines Versfußes, wird dies als Zäsur bezeichnet, trifft er hingegen mit dem Ende eines Versfußes zusammen, wird von Diärese gesprochen. Ein Versmaß, das sich nicht ohne weiteres in Versfüße zerlegen läßt, wird seit späthellenistischer Zeit meist nach Dichtern benannt (z. B. –⏔–⏑⏑–⏑–⏑–hieß τὸ Γλυκώνειον, lat. m. Glyconeum oder [versus] Glyconeus, nach den Versmaßen eines Dichters Glykon). In der Antike gab es zwei verschiedene Theorien der Metrik. Die eine ging von der Annahme einer begrenzten Zahl von Grundmetra aus (metra prototypa oder physica), während die andere alle Metra vom Hexameter und vom iambischen Trimeter ableitete (Derivationstheorie). – Neben dem quantitierenden Versprinzip, das in der gelehrten Dichtung des Mittelalters und der Neuzeit weiterlebt, setzte sich, ausgehend von der christlichen Hymnendichtung, ein Versprinzip durch, das teils auf der Unterscheidung betonter und unbetonter Silben, teils auf der Silbenzählung beruhte. Im Zusammenhang damit trat erstmals der → Reim auf. Quantitierende Verse hießen im Mittelalter metra, nichtquantitierende dagegen seit Beda († 735) rythmi (volkssprachlich rime, rim ist seit dem 12. Jh. belegt), aber auch prosa. Im Mittelalter finden sich lediglich Ansätze zu einer Lehre vom rhythmischen Versbau (z. B. Dante, *De vulgari eloquentia*, um 1308; A. da Tempo, *Summa artis rytmici vulgaris dictaminis*, 1332; E. Deschamps, *L'art de dictier et de fere chançuns*, 2. Hälfte des 14. Jh.). Erst seit dem Humanismus, mit dem die Zeit volkssprachlicher Nachbildungen antiker Vers- und Strophenformen begann (u. a. Ode, Vers mesurés), kam es zur Ausbildung volkssprachlicher Verslehren, bis zum 19. Jh. allerdings in oft allzu enger Anlehnung an die antike Metrik. Von den aus dieser Anlehnung erwachsenen Mißverständnissen sind besonders hervorzuheben: die fälschliche Gleichsetzung von neuzeitlicher Versbetonung mit antiker Länge (darauf beruht einerseits die Umdeutung quantitierender in akzentuierende Vers- und Strophenformen, andererseits der akzentuierende Vortrag quantitierender Verse, und zwar nicht nach dem Wort-, sondern nach den hypothetischen Versakzenten, den Versikten) sowie die unsachgemäße musikalische Auslegung antiker und neuzeitlicher Versrhythmen (im Fall der Antike durch Anwendung des neuzeitlichen Taktbegriffs, im Fall der Neuzeit durch einseitige Festlegung irrationaler sprachlicher auf rationale musikalische Rhythmen). Die Umdeutung der metrischen Begriffe → Arsis und Thesis geht auf die Spätantike zurück.
– 2) M. bezeichnet auch die als »Mittelkadenz« gebräuchliche melodische Interpunktionsformel der lateinischen liturgischen Rezitationsgesänge (Psalmodie, Oration, Lektion, Präfation; → Toni communes; Beispiel: → Melodie), als Terminus in dieser Bedeutung belegt wohl seit Guy d'Eu (12. Jh., CS II, 179 ff.).
– 3) Innerhalb der auf dem Taktprinzip beruhenden Musik versteht man unter M. im allgemeinen eine auf qualitativer Abstufung gleichgroßer Zeitteile beruhende, musikalisch wirksame Ordnung oder Maßeinheit. Prototyp eines metrischen Ordnungsgefüges ist der → Takt als der Zusammenschluß von 2–4 wirklichen Zählzeiten. Darüber hinaus können Unterteilungswerte von Zählzeiten oder auch Taktgruppen 2-, 3-(oder 4-)teilige metrische Ordnungen bilden. Die Frage nach den Grundlagen und Prinzipien solcher Ordnungsgefüge *gehört zu den meist umstrittenen der Theorie und bildet ein Kernproblem der Analyse* (G. Becking). Insbesondere besteht keine Einigung darüber, ob und wie weit es sich um eine Akzent- (M. Hauptmann, Th. Wiehmayer u. a.) oder aber eine Gewichtsabstufung handelt (Riemann), und ob solche Abstufungen ideell oder effektiv aufzufassen sind. Die Art des Zusammenhangs metrischer Bildungen mit anderen musikalischen Faktoren wie → Rhythmus, → Tempo, harmonischem und motivisch-melodischem Verlauf, → Dynamik (– 1) wird verschieden beurteilt. Dagegen ist ein Einfluß von seiten des Tanzes und von orchestischen Vorstellungen (Korrespondenz, Symmetrie) historisch nachweisbar (→ Tanz). – Nachdem die Metrik in der Spätantike als Teilgebiet der Ars → Musica aufgefaßt und außer in

grammatischen auch in musiktheoretischen Schriften behandelt wurde (Aristeides Quintilianus, Augustinus), hat die mittelalterliche Musiktheorie immer wieder auf die überlieferten metrischen Lehren zurückgegriffen, um musikalische Sachverhalte zu verdeutlichen (u. a. Guido, *Micrologus* XV; auch die späte Modaltheorie, → Modus – 2). Metrische und musikalische Begriffe verbanden sich in der Renaissance in der Weise, daß die antiken Versfüße mit den an die Schlagzeit gebundenen rhythmischen Elementarbildungen der Musik koordiniert erscheinen. So setzte etwa Fr. Salinas (1577) die Versfüße zu Arsis und Thesis im Sinne von Sublatio und Positio manus in Beziehung (anderseits gab es unter den metrischen Odenkompositionen aber auch solche, die sich nicht ohne weiteres der Schlagzeit unterordnen lassen; ähnlich sind auch viele protestantische Kirchenlieder metrisch-rhythmisch »frei« gestaltet). Rhythmische Elementargebilde in der Musik wurden fortan häufig als Ton- bzw. Klangfüße angesprochen, während M. allmählich mit dem damaligen Begriff des Taktes gleichgesetzt wurde (BrossardD, 1703: *Metron. Terme Grec, en Latin Tactus, ou Mensura, en Italien Battuta, ou Tatto, en Allemand Tact, en François Mesure*). In Richtung auf die qualitative Unterscheidung der Schlag- und Zählzeiten zielte im 17. und 18. Jh. der Begriff der Quantitas notarum intrinseca (quantitas accentualis), der bei WaltherL damit erklärt wird, daß sich äußerlich gleichwertige Noten innerlich durch ihre Stellung im Takt unterscheiden, da *der ungerade Tact-Theil lang, und der gerade Tact-Theil kurtz ist*. Am Begriff der inner(lich)en Quantität hielt etwa noch J. A. P. Schulz fest (Artikel Tact in Sulzers *Allgemeiner Theorie der Schönen Künste*), doch präzisierte er, daß es sich um die *Takttheile in Absicht ihres verschiedenen Gewichts und der darauf zu legenden Accente* handelt, veranschaulicht u. a. durch folgendes Beispiel (4/4-Takt):

Er, der al - les ord - net und er - hält.

Bei H. Chr. Koch (1802) ist schließlich für den Begriff des Tonfußes weniger das quantitative Verhältnis der Töne zueinander als die Stellung zum M. (*welches man auch das Taktgewicht nennet*) entscheidend, wie zumal das letzte der 4 Trochäusbeispiele zeigt:

J. Ph. Kirnberger hatte darüber hinaus beobachtet, daß es im 2- wie im 3zeitigen Takt Melodien gibt, in denen *offenbar ganze Tackte wechselweise von schwerem und leichtem Gewichte sind, so daß man einen ganzen Tackt nur wie eine Zeit fühlt; daher müssen nothwendig zwey Tackte zusammen genommen werden, um nur einen auszumachen, dessen erster Theil lang, der andere kurz ist* (Kunst des reinen Satzes II, 1774, S. 131). Doch seien solche *zusammengesetzten Tacktarten* (z. B. 4/4 aus 2×2/4, oder 6/8 aus 2×3/8) musikalisch nicht identisch mit den *einfachen, gewöhnlichen gleicher Vorzeichen*, da jene mit der zweiten Takthälfte, diese aber mit dem Taktanfang schließen. Nach G. Weber unterscheiden sich die Takte, *rücksichtlich ihres größeren oder geringeren inneren Gewichtes, eben so von einander, wie die Takttheile unter sich; d. h. es heben sich schwere Takte vor leichteren heraus* (Theorie der Tonsetzkunst I, ²1824, S. 103).

M. Hauptmann, der Begründer der modernen musikalischen Metrik, hat erstmals die Frage nach den Prinzipien metrischer Bildungen gestellt und zu beantworten versucht. Von der kleinsten metrischen Einheit, dem 2teiligen M., in dem er eine Art metrischer Urform

sieht, werden die größeren dialektisch abgeleitet: im 3teiligen M. tritt dem ersten ein zweites Paar gegenüber (Antithese), im 4teiligen ist über die Antithese hinaus die höchste Bestimmtheit und zugleich Geschlossenheit erreicht (Synthese). Mehr als 4teilige Bildungen entstehen aus den 3 Grundmetra entweder durch Multiplikation mit den Zahlen 2 bis 4 (von 2×2 bis 4×4) oder aber durch bloße Addition der Grundmetra (2+3, 3+4 u. ä.). Addierende Grundformen können jedoch auch metrische Einheiten höherer Ordnung bilden, z. B. (2+3)×4. Im 2teiligen M. hat das *Erste gegen sein Zweites die Energie des Anfangs und damit den metrischen Accent*. Die Folge betont–unbetont wird als »metrisch-positiv« bezeichnet (durch Zahlen symbolisch ausgedrückt: 1–2), im Unterschied zur »metrisch-negativen« Folge unbetont–betont (2–1). Aus der Kombination der Akzente verschiedener Ordnungen ergeben sich qualitative Unterschiede, etwa des doppelt-2zeitigen gegenüber dem 4zeitigen M.:

Hauptmann erkannte, daß eine »metrisch-positive« Reihe (1–2 1–2 ...) von sich aus zu keinem Ende kommen kann, da die unbetonte Zeit (2) keine Schlußkraft besitzt; in diesem Fall sei nur ein »rhythmischer Schluß« möglich, der durch die rhythmische Zusammenfassung 2–1 herbeigeführt wird:

metrisch: 1–2 1–2 1[–2]
rhythmisch: 2–1 2–1

In einer »metrisch-negativen« Reihe (2-1 2-1 ...) gibt es diese Schwierigkeit nicht.

Daß H. Riemann die »metrisch-positive« Ordnung verwarf und die »metrisch-negative« als die musikalisch einzig berechtigte ansah, erklärt sich aus seiner umfassenden, die Auftaktigkeit (→ Auftakt) zum musikalischen Grundprinzip erhebenden Gesamtkonzeption (in welcher man heute allerdings gewisse zeitbedingte Züge kaum verkennen wird, etwa die Abhängigkeit vom einseitig harmonischen Dynamismus der deutschen spätromantischen Musik). Die zugleich als Lehre von den Symmetrien (→ Symmetrie) und vom Periodenbau (→ Periode) ausgebildete metrische Lehre Riemanns geht von der kleinsten metrischen (zugleich symmetrischen) Einheit aus, dem nach dem Prinzip von Aufstellung und Antwort gebauten, aus der Folge leicht-schwer bestehenden auftaktigen Motiv (♩|♩). Nach dem gleichen Prinzip sind die höheren metrischen (symmetrischen) Einheiten gebildet: Taktgruppe, Halbsatz und Periode. Jede dieser Einheiten hat eine feste metrische Ordnung, wobei sich die Gewichte mit zunehmender Ausdehnung potenzieren und dadurch eine Steigerung der Schlußkraft bewirken. Die Gewichte haben zugleich gliedernde Bedeutung (→ Phrasierung). Daher ergibt sich etwa folgendes Schema vom motivischen, metrischen und symmetrischen Aufbau einer normalen 8taktigen Periode:

Taktgruppe							
(1)	(2)	(3)	(4)	(5)	(6)	(7)	(8)
Takt							
Vordersatz				Nachsatz			
Periode							

Jede Taktzahl hat hier eine bestimmte metrische Bedeutung. Abweichungen von diesem als »normatives

Grundschema« aller musikalischen Satzbildung aufgefaßten Periodenbegriff versteht Riemann als Störungen des symmetrischen Aufbaus (*die Kunst der Meister zeigt sich ... gerade in der Durchbrechung solcher starren Regelmäßigkeit durch motivierte und als solche sofort verständliche Abweichungen*). Als solche sind besonders zu nennen: a) Anfang ex abrupto, wenn ein Stück nicht mit dem ersten Takt des Grundschemas beginnt; b) zu Dehnungen des Schemas führende Einschaltungen (gekennzeichnet durch Buchstaben hinter der Taktzahl, z. B. 6a); c) zu Erweiterungen des Schemas führende Anhänge, entweder als Überbietung der Schlußwirkung durch gesteigerte Nachbildung des letzten Gliedes der Symmetrie oder als Schlußbestätigung(en) (gekennzeichnet durch 8a, 8b, 8c usw.); d) Takttriolen (Triolenbildung aus ganzen Takten, wobei zwei leichte Takte einander folgen); e) Auslassungen, Elisionen als Überspringen eines Taktes (meist des leichten ersten Taktes eines Halbsatzes; daher stoßen dann 2 schwere Takte aufeinander); f) ein Sonderfall der Auslassung ist die → Verschränkung von 2 Perioden (Umdeutung eines schweren Taktes zum leichten Takt, z. B. 8 = 1). Ferner geht auf Riemann der Begriff der → Polymetrik zurück. Th. Wiehmayers Bemühen war darauf gerichtet, von Riemanns Auftakttheorie loszukommen und eine Metrik auf der Basis von Hauptmanns Grundthesen (»metrisch-positive« Ordnung, Akzentabstufung) zu entwickeln. Gegen Riemanns und besonders E. Tetzels taktmetrische Umdeutung ganzer Stücke (Taktstrichversetzung) wurde vielfach Einspruch erhoben; ein Sonderproblem ist Mozarts nachträgliche Taktstrichversetzung im Autograph des Duetts *Bei Männern* aus der *Zauberflöte* (vgl. dazu schon M. Hauptmanns Briefe an Hauser II, 1871, S. 169). Aus der unterschiedlichen Nuancierung der taktmetrischen Gewichte bei verschiedenen Meistern zieht G. Becking Rückschlüsse auf typologische Grundhaltungen (→ Typologie). R. Steglich unterscheidet innerhalb der reinen (absoluten) Taktqualität »gleichwellige« und »ungleichwellige« Gewichtsverhältnisse. Die Eigenart des antiken wie auch des neuzeitlichen M.-Begriffs arbeitet Thr. G. Georgiades (1949) heraus durch Gegenüberstellung der Begriffe »erfüllte Zeit« und »leere Zeit«. Ausgehend von der Unterscheidung zweier Satzstrukturen, einer harmonisch-metrisch schließenden und einer zum Ende metrischer Taktgruppen hin harmonisch fortgesetzt sich öffnenden, hält Georgiades (1967) zwei einander gegensätzliche, als Periodenbau und Gerüstbau bezeichnete Satzprinzipe auseinander. – Außerhalb der taktgebundenen Musik werden die Termini M. und metrisch meist in weiterem Sinne verwendet, etwa zur Kennzeichnung von rhythmischen Ordnungsgefügen, die nicht als Taktordnung bezeichnet werden können, z. B. in der Modal- und Mensuralmusik sowie im Jazz, aber auch sonst in außereuropäischer Musik.

Lit.: zu 3): M. HAUPTMANN, Die Natur d. Harmonik u. d. Metrik, Lpz. 1853, ²1873, engl. London 1888; DERS., M., u.: Zur Metrik, in: Opuscula, Lpz. 1874; R. WESTPHAL, Allgemeine Theorie d. mus. Rhythmik seit J. S. Bach, Lpz. 1880; H. RIEMANN, Mus. Dynamik u. Agogik. Lehrbuch d. mus. Phrasierung auf Grund einer Revision d. Lehre v. d. mus. Metrik u. Rhythmik, Hbg u. St. Petersburg 1884; DERS., Die Elemente d. mus. Ästhetik, Bln u. Stuttgart 1900, frz. Paris 1906; DERS., System d. mus. Rhythmik u. Metrik, Lpz. 1903; DERS., Typische Bahnen u. Sonderphänomene d. Tonvorstellungen auf rhythmisch-metrischem Gebiete, JbP XIII, 1916; TH. WIEHMAYER, Mus. Rhythmik u. Metrik, Magdeburg 1917; DERS., Über d. Grundfragen d. mus. Metrik, Kgr.-Ber. Lpz. 1925; DERS., Die Auswirkung d. Theorie H. Riemanns, Magdeburg 1925; G. BECKING, »Hören« u. »Analysieren«, ZfMw I, 1918/19; DERS., Der mus. Rhythmus als Erkenntnisquelle, Augsburg 1928, Nachdruck Stuttgart 1958; A. SCHERING, Die metrisch-rhythmische Grundgestalt unserer Choralmelodien, Halle 1924, ²1927; DERS., Betonungs- u. Gewichtsprinzip, Kgr.-Ber. Lpz. 1925; DERS., Metrische Studien zu Beethovens Liedern, Neues Beethoven-Jb. II, 1925; E. TETZEL, Das Motivleben u. sein Einfluß auf d. mus. Vortrag, ZfMw VI, 1923/24, dazu R. Cahn-Speyer, H. Keller, Th. Wiehmayer in: ZfMw VII, 1924/25; DERS., Rhythmus u. Vortrag, Bln 1926; F. ROSENTHAL, Probleme d. mus. Metrik, ZfMw VII, 1924/25; DERS., Auftakt u. Abtakt in d. Thematik Beethovens, in: Beethoven-Zentenarfeier, Kgr.-Ber. Wien 1927; DERS., Über mus. Metrik, Musikpädagogische Zs. XVII, 1927; H. KÖLTZSCH, Metrische Analyse v. Schuberts »Gretchen am Spinnrade«, ZfMw VIII, 1925/26; I. KROHN, Die Form d. ersten Satzes d. Mondscheinsonate, in: Beethoven-Zentenarfeier, Kgr.-Ber. Wien 1927; R. STEGLICH, Über Dualismus d. Taktqualität im Sonatensatz, ebenda; THR. G. GEORGIADES, Der griech. Rhythmus, Hbg 1949; DERS., Schubert. Musik μ. Lyrik, Göttingen 1967; P. BENARY, Mus. Werkbetrachtung in metrischer Sicht, Mf XIV, 1961; P. RUMMENHÖLLER, M. Hauptmann als Theoretiker, Wiesbaden 1963; A. FEIL, Mozarts Duett »Bei Männern, welche Liebe fühlen«, Fs. W. Gerstenberg, Wolfenbüttel u. Zürich (1964); DERS., Studien zu Schuberts Rhythmik, München 1966; E. L. WAELTNER, Metrik u. Rhythmik im Jazz, in: Terminologie d. Neuen Musik, hrsg. v. R. Stephan, = Veröff. d. Inst. f. Neue Musik u. Musikerziehung Darmstadt V, Bln 1965.

FZA

Mexiko.

Lit.: R. M. CAMPOS, El folklore y la música mexicana, M. 1928; R. LACH, Die mus. Konstruktionsprinzipien d. altmexikanischen Tempelgesänge, in: Mw. Beitr., Fs. J. Wolf, Bln 1929; M. MAÑÓN, Hist. del Teatro Principal de México, M. 1932; G. SALDÍVAR, Hist. de la música de México, M. 1934; V. T. MENDOZA, El romance español y el corrido mexicano, M. 1939; DERS., La canción chilena en México, Santiago de Chile 1948; DERS., Folklore y música tradicional de la Baja California, Anuario de la Soc. folklórica de México X, 1955; DERS., Panorama de la música tradicional de México, = Estudios y fuentes del arte en México VII, M. 1956; DERS., La canción de aliento entrecortado en México y en América es de origen hispano, in: Miscelánea en homenaje a H. Anglès II, Barcelona 1958–61; DERS., La canción mexicana, M. 1961; O. MAYER-SERRA, Panorama de la música mexicana, M. 1941; DERS., S. Revueltas and Mus. Nationalism in Mexico, MQ XXVII, 1941; L. M. SPELL, Music in the Cathedral of Mexico in the Sixteenth Cent., Hispanic-American Hist. Review XXVI, 1964; ST. BARWICK, Sacred Vocal Polyphony in Early Colonial Mexico, 2 Bde, Diss. Harvard Univ. (Mass.) 1949, maschr.; C. CHÁVEZ, La música mexicana, M. 1949; I. POPE, Documentos relacionados con la hist. de la música en México..., Nuestra Música VI, 1951; R. STEVENSON, Music in Mexico, NY (1952); DERS., Sixteenth- and Seventeenth-Cent. Resources in Mexico, Fontes artis musicae I, 1954–II, 1955; DERS., La música en la Catedral de México: 1600–1750, Revista mus. chilena XIX, 1965; M. H. STOBAUGH, La música en la novela mexicana de 1810 a 1910, M. 1952; A. RAY [CATALYNE'S], The Double-Choir Music of J. de Padilla, 2 Bde, Diss. Univ. of Southern California 1953, maschr.; C. W. GOULD, An Analysis of the Folk Music in the Oaxaca and Chiapas Areas of Mexico, Diss. Northwestern Univ. (Ill.) 1954, maschr.; K. REINHARD, Die Musik d. mexikanischen Fliegerspiels, Zs. f. Ethnologie LXXIX, 1954; Alt-aztekische Gesänge (Cantares mexicanos), hrsg. v. G. KUTSCHER, Stuttgart 1957; E. PULIDO, La mujer mexicana en la música, = Ediciones de la Revista bellas artes VII, M. 1958; S. GODOY, Mexican Music from 1920 to 1953, 2 Bde, Diss. Radcliff College (Mass.) 1961, maschr.; H. YURCHENCO, Survivals of the Pre-Hispanic Music in New Mexico, Journal of the International Folk Music Council XV, 1963.

mezza manica (m'ɛddza m'a:nika, ital., manica, Ärmel), in der Applikatur (→ Fingersatz) der Streichinstrumente die verminderte erste, halbe Position (→ Lage – 3) der Hand.

mezza voce (m'ɛddza v'o:tʃe, ital., mit halber Stimme; Abk.: m. v.), Vortragsanweisung in Gesangs-, hauptsächlich Opernpartien, bedeutet: mit verhaltener Stimme, in der Sprechtonstimme (nicht voll ausgesungen) vorzutragen; damit ist eine mehr oder minder starke Veränderung der Klangfarbe verbunden. Der Anweisung m. v. entspricht im Sprechtheater das »beiseite gesprochen«; m. v. ist daher nicht gleichbedeutend mit piano und verlangt deutliche und verständliche Artikulation. – Die Vorschrift m. v. begegnet auch für Streichinstrumente (z. B. Haydn, Hob. III, 26, 3. Satz) und ist, ähnlich wie → sotto voce, eine Anweisung, mit gedämpftem Klang, aber ohne Dämpfer zu spielen.

mezzo (m'εddzo, ital.), in Zusammensetzungen s. v. w. halb-, mittel-; mezzoforte (Abk.: mf) → forte, mezzopiano (Abk.: mp) → piano. → mezza manica, → mezza voce (Abk.: m. v.), → mezzolegato, → Mezzosopran.

mezzolegato (meddzoleg'a:to, ital., halbgebunden), brillante Anschlagsart beim Klavierspiel, wie → leggiero ein Herabschnellen der Finger ohne Druck, doch ohne das schnelle Zurückspringen des leggiero-Anschlags, daher stärker gebunden; m. wird in Italien auch legatostaccato genannt.

Mezzosopran (von ital. mezzo soprano; frz. basdessus), eine weibliche Sopranstimme, die sich gegenüber dem → Sopran (– 2) vor allem durch dunkleres Timbre, durch einen meist tieferen Stimmumfang (im allgemeinen etwa g–b^2) und durch einen weitergespannten Bereich des Brustregisters abhebt. Eine typische M.-Partie ist die Titelrolle in *Carmen*. In der Bühnenpraxis ergeben sich jedoch je nach den vorhandenen Kräften oft Überschneidungen in der Verteilung der Rollenfächer zwischen dramatischem Sopran, M. und Alt (Eboli in *Don Carlos*, Octavian in *Der Rosenkavalier*). Besonders günstig sind die Qualitäten der M.-Stimme für den Liedvortrag. – M.-Schlüssel wird der c-Schlüssel auf der 2. Linie (von unten) genannt.

mf, Abk. für mezzoforte (→ forte).

Mi, in der mittelalterlichen → Solmisation die 3. Silbe des Hexachords (im Sinne von e, a oder h); in romanischen Sprachen Name für E. Der Merksatz in der mittelalterlichen Theorie, *Mi contra Fa, diabolus in musica* (»Mi gegen Fa, der Teufel in der Musik«), erklärt sich aus der Zweideutigkeit der Tonstufe ♭fa/♮mi, die im Zusammenhang mit dem Mi oder Fa eines anderen Hexachords nach der Aussage von Tinctoris (CS IV, 146a) zu »falschen Konkordanzen«, meist zum → Tritonus (♮mi–ffa, emi–♭fa) führt. Nach J. de Muris (CS III, 71b) wurden diese Dissonanzen in der Musica ficta durch Vorzeichnung von ♭ oder ♮ vermieden. – In der barocken Musiklehre bezeichnet Mi contra Fa die Relatio non harmonica, den unharmonischen → Querstand.

Mikrobar (Abk.: μb) ist die Einheit des → Schalldrucks. 1 Bar entspricht etwa dem Druck einer Atmosphäre (1 Atm = 1,013 Bar); 1 μb ist der millionste Teil von 1 Bar (1 μb = 0,000001 Bar). Im Vergleich zu der auf der Erdoberfläche lastenden Luftmasse, deren Druck in Millibar gemessen wird (1 mb = $^1/_{1000}$ Bar), reichen die Druckmessungen der Luftschwingungen, die vom menschlichen Ohr gerade noch wahrgenommen werden, bis zu $0{,}0002 \mu b = 2 \cdot 10^{-10}$ Bar.

Mikronesien → Ozeanien.

Mikrophon ist als primärer → Schallwandler ein Gerät zur Umwandlung von Schallschwingungen in konforme elektrische Wechselspannungen. Je nach ihrer prinzipiellen Bauweise werden elektrostatische, -dynamische, -magnetische und piezoelektrische M.e unterschieden. Zur Charakterisierung der Übertragungseigenschaften von M.en dient in erster Linie das Übertragungsmaß (Empfindlichkeit) *ü*, das angibt, wieviel Spannung (in mV) ein M. bei dem Schalldruck von 1 μb abgibt, sowie die Frequenzkurve, die Übertragungsmaß als Funktion der Frequenz darstellt, und die Richtcharakteristik. Elektrostatische M.e ($ü \approx 1$ mV/μb) bestehen im wesentlichen aus einem Kondensator, dessen eine Elektrode als straff gespannte dünne Kunststoffmembran mit aufgedampfter Metallfläche ausgebildet ist. In geringem Abstand von ihr befindet sich eine feste Elektrode, die über einen hochohmigen Widerstand auf etwa 100 Volt aufgeladen ist. Die → Membran biegt sich im Rhythmus der auftreffenden Schallwellen mehr oder weniger durch und verändert damit die Kapazität des Systems; dabei kommt es am Aufladewiderstand zu Spannungsänderungen, die in den angeschalteten Verstärkern vergrößert werden.

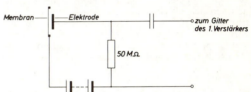

Schaltung eines Kondensator-M.s.

Da die Eigenfrequenz der Membran an die obere Grenze des Übertragungsbereiches gelegt wird und die → Dämpfung des Systems sehr hoch ist, ergibt sich eine außerordentlich gleichmäßige Übertragung im Hörbereich. Aus diesen Gründen eignet sich das Kondensator-M. für hochwertige musikalische Übertragungen. – Beim elektrodynamischen M. ($ü \approx 0{,}1$ mV/μb) ist an der elastisch gehalterten Empfangsmembran eine kleine Spule befestigt, die im Ringspalt eines kräftigen Magneten schwingt. Sie taucht bei Schalleinwirkung mehr oder weniger tief in das Magnetfeld ein, wodurch Wechselströme induziert werden, die durch einen Übertrager auf den Eingang des nachfolgenden Verstärkers gegeben werden. Diese M.e werden wegen ihres widerstandsfähigen Aufbaus und der Möglichkeit, das M. direkt über lange Kabel an den Vorverstärker anzuschließen, zu Reportagen, auch im Freien, benutzt. – Elektromagnetische M.e werden seltener gebraucht. Ihre Frequenzkurve hat meist nicht die Ausgeglichenheit der beiden obengenannten M.e. – Das Prinzip piezoelektrischer M.e ($ü \approx 0{,}2$ mV/μb) beruht auf der Eigenschaft mancher Kristalle, bei Verformung Spannung abzugeben. Meist werden zwei Zellen miteinander kombiniert und von einer Membran gesteuert. Ihre Frequenzkurve kann über den ganzen Frequenzbereich ziemlich gleichmäßig ausgebildet werden und zeigt nur einige geringe Maxima und Minima.

M.e haben auf Grund ihrer Wirkungsweise die Eigenschaft, die Intensität eines Schalles richtungsabhängig zu registrieren. Grundsätzlich lassen sich zwei Typen unterscheiden: Druckempfänger und Schnelleempfänger. Im Druckempfänger wird die M.-Kapsel durch die Membran luftdicht abgeschlossen, so daß die Druckschwankungen der umgebenden Luft registriert werden. Da Druckschwankungen ungerichtet sind, ist ein solches M. für jeden Schall, mit Ausnahme hoher Frequenz (Schattenwirkung), unabhängig von der Einfallsrichtung, etwa gleich empfindlich. Es besitzt »Kugel-Charakteristik«, d. h. alle Schallquellen gleicher Intensität, die im M. gleichstarke Wechselspannungen erzeugen, liegen auf einer Kugeloberfläche um das M. (die folgenden Abbildungen nach H. Husmann):

Mikrophon

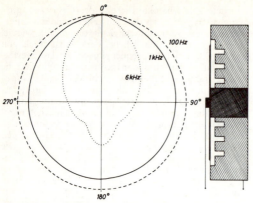

Wird die Rückseite der M.-Kapsel durchlöchert, entsteht ein Schnelleempfänger, der nicht mehr Druckschwankungen, sondern Druckdifferenzen der von vorn und hinten mit einer kleinen zeitlichen Verzögerung auftreffenden Schallwellen registriert. Diese Druckdifferenzen sind der Schallschnelle (→ Schall) proportional. Da sich die Luftteilchen vorwiegend in der Ausbreitungsrichtung des Schalles hin und her bewegen (→ Wellen), ist der Schnelleempfänger für Schälle, die senkrecht von vorn oder hinten auf das M. treffen, am empfindlichsten. Schnelleempfänger haben »Achter-Charakteristik«:

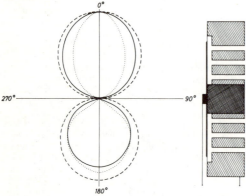

Werden diese beiden M.-Typen zu einem Druck-Schnelle-Empfänger kombiniert, so weist dieser »Nieren-Charakteristik« auf:

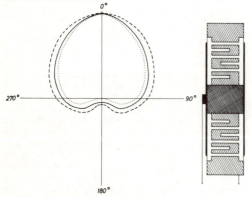

Lit.: L. L. BERANEK, Acoustic Measurements, NY u. London (1949), ²1950; H. HUSMANN, Einführung in d. Mw., Heidelberg (1958); F. TRENDELENBURG, Einführung in d. Akustik, Bln, Göttingen u. Heidelberg ³1961.

Militärmusik (früher: Feldmusik) umfaßt im Militärwesen seit dem 17. Jh. eine Reihe musikalischer Gattungen, die sich im wechselseitigen Austausch mit der zweckfreien Kunstmusik gefestigt haben und in der Literatur des von Militärmusikern geschaffenen symphonischen Blasorchesters gipfeln. Ihr Zweck war zunächst die Sicherung militärischer Ordnungen durch → Signale und durch → Marsch-Musik (→ Armeemärsche), die Erweckung von Mut und Begeisterung (das Spiel von Musikkorps während der Schlacht gehörte noch im späten 19. Jh. zu den Aufgaben der M.), daneben auch Werbung und Unterhaltung. In vergleichbarer Weise findet sich der Einsatz von Gesang und Schallgeräten bei den Natur- und Kulturvölkern außerhalb Europas zur kultischen Vorbereitung und Begleitung des Kriegszuges. – Am Ausgang des abendländischen Mittelalters führten die Ritter Trompeten und Pauken, das Fußvolk der Landsknechte Pfeifen und Trommeln (→ Spielleute – 2). Im 17. Jh. wurde im Zusammenhang mit einer neuzeitlichen Ausbildung des Militärwesens auch die M. neu organisiert und institutionalisiert. Träger der M. wurden neben den Signalisten nunmehr die Musikkorps mit (4) Schalmeien, später (6) Oboen (weswegen die deutschen Militärmusiker bis 1918 auch Hautboisten genannt wurden). Ihnen obliegt bis in die Gegenwart neben der regulären Marschmusik die Aufgabe, bei repräsentativen Anlässen (Paraden, Staatsempfängen, Festen) wie auch zur Unterhaltung (bei der Truppe in Feldquartier, Lager, Kaserne und Kasino, vor der Bevölkerung bei Platz-, Groß- und Gartenkonzerten) aufzuspielen. Ab etwa 1750 hatten die Musikkorps Holz- und Blechbläser (→ Harmoniemusik) sowie ab der Wende des 18./19. Jh. Schlagzeug (→ Janitscharenmusik). Nach den Napoleonischen Kriegen gelangten mit der Entfaltung der Konzertblasmusik die neuen Ventilinstrumente Waldhorn und Trompete, die weitmensurierten Bügelhörner, in Frankreich (1845) die schlankeren Saxhörner in die Militärkapellen, sowie (1835) zur Lösung des Baßproblems die Baßtuba, die Serpent und Ophikleïde ablöste. Die überkommene Vielfalt der Besetzungen wurde in Preußen unter Wieprecht (1838–72, Direktor der Gardemusik) vereinheitlicht, in Österreich unter Leonhardt (1851). In Preußen schrieb das Wieprechtsche *Normal-Instrumental Tableau* (1860) für jede Waffengattung eine bestimmte Besetzung vor; zugleich wurde damit das Zusammenspiel verschiedener Kapellen ermöglicht. Die Infanterie erhielt eine Harmoniemusik, die Kavallerie und Artillerie sowie die Jäger eine → Blechmusik mit vorherrschendem Trompeten- bzw. Waldhornklang. In Frankreich setzte sich seit 1845 die Besetzung mit Saxophon durch, in England kam es zur Vereinheitlichung zur Zeit der Gründung der Royal Military School of Music (1857). In Italien erarbeitete 1865 in Neapel eine Kommission unter Mercadante eine Neubesetzung für Militärkapellen. Von den USA wurden als neuere Baßtuben Sousaphone (ab 1908) in die M. eingeführt. Die Militärkapellen (auch Zivilkapellen der Verbände, Städte und Vereine) der meisten Länder glichen sich in der Harmoniemusik der deutschen oder französischen Besetzung (mit Saxophonen, so in den Niederlanden, England, Spanien, den USA und der UdSSR) an. In Japan hatte die Infanterie die französische, die Marine die deutsche Besetzung. In Deutschland wurde die Besetzung mit Saxophonen ab 1935 für die Luftwaffenmusik charakteristisch; auf dieser Besetzung basiert die M. der Bundeswehr. – Nach 1871 verfügte jede deutsche Militärkapelle auch über eine komplette »Streichmusik« (Nebeninstrumente), so daß sie in der Lage war, auch symphonische Musik zu spielen, in Kirchenkonzerten mitzuwirken und in vielen Städten das Theaterorchester zu stellen. Das Auftreten von Militärmusikern als Bühnenmusik in der Oper war schon im 18. Jh. häufig. – Das Repertoire der neuzeitlichen M. umfaßt neben Märschen zum großen Teil Arrangements aus Opern und symphonischer Musik. Spontini, Meyerbeer, Liszt, Wagner, R. Strauss, Pfitzner, Respighi u. a. haben Bearbeitungen ihrer Kompositionen autorisiert. Im 19. Jh. wurden Bearbeitungen von Symphonien Beethovens u. a. von Bülow gutgeheißen; für Kompositionen der »Neutöner« (wie Liszt und Wagner) traten M.-Orchester ein. Neben anderen hat z. B. Rimskij-Korsakow Bearbeitungen für M. selbst geschaffen, R. Strauss hat M.-Bearbeitungen seiner Symphonischen Dichtungen selbst dirigiert. Die übliche Bestückung der Militärkonzerte mit Potpourris, Fantasien und Charakterstücken wird in Deutschland seit den 1930er Jahren durch den Einsatz von Originalwerken zeitgenössischer Komponisten ergänzt (Blacher, Genzmer, Grabner, Heiß, Hindemith, Höffer, H. Simon, Fried Walter u. a.). – Während die ritterlichen Hof- und Feldtrompeter Offiziersrang hatten, gehörten die Militärmusiker im 18./19. Jh. dem Mannschafts- oder Unteroffiziersstand an. Offiziersrang hatten in Deutschland seit 1938 die Militärkapellmeister vom Musikmeister (Leutnant) bis zum Obermusikinspizienten (Oberstleutnant). Militärkapellmeister waren zeitweise Sarrette, Gossec, Catel, C. Gurlitt, Komzak, Kéler-Béla, Ziehrer, v. Reznicek, Ivanovici, Rimskij-Korsakow, Jones, Lehár und Fučik. Der Nachwuchs der Militärmusiker wurde im 17.–19. Jh. in den Stadtpfeifereien ausgebildet, gelegentlich in eigenen M.-Schulen oder an Konservatorien. Die Musikmeister legten seit 1874 ihre Prüfung an der Staatlichen Akademischen Hochschule für Musik in Berlin ab, wo auch die M. als künstlerisches Fach vertreten war. – Den etwa 600 deutschen Militärkapellen von 1913 standen 1963 nur 21 (bei der Bundeswehr) gegenüber.

Lit.: Deutsche Militär-Musiker-Zeitung, Bln 1879ff. – L. Fronsperger, Fünff Bücher v. Kriegsregiment, Ffm. 1555; H. Fr. v. Fleming, Der vollkommene teutsche Soldat, Lpz. 1726; J. E. Altenburg, Versuch einer Anleitung zur heroisch-mus. Trompeter- u. Pauker-Kunst, Halle 1795, NA Dresden 1911, Nachdruck Amsterdam 1966; J. G. Kastner, Manuel général de musique militaire, Paris 1848; A. Kalkbrenner, W. Wieprecht..., Bln 1882; ders., Die Organisation d. Militärmusikchöre aller Länder, Hannover 1884; J. H. Saro, Instrumentationslehre f. M., Bln 1883; A. Dolleczek, Entwicklung d. militärischen Musik im österreichischen Heere, in: Monographie d. k. u. k. österreichisch-ungarischen blanken u. Hand-Feuerwaffen, Wien 1896; G. Parès, Traité d'instrumentation et d'orchestration à l'usage des musiques militaires, Paris 1898; O. Fleischer, Musikinstr. d. deutschen Churzeit, ZfIb XIX, 1899 – XX, 1900 u. XXXI, 1911; H. Eichborn, Militarismus u. Musik, Bln 1909; Fr. Behn, Musik im römischen Heere, Mainzer Zs. VII, 1912; H. G. Farmer, The Rise and Development of Military Music, London 1912; ders., Handel's Kettledrums and Other Papers on Military Music, London 1950, ²1960, Nachdruck (1965); C. A. Laaser, Gedrängte theoretisch-praktische Instrumentations-Tabelle f. Militär-Infanterie-Musik, Lpz. ³1913; M. Brenet, La musique militaire, Paris 1917; E. Bücken, Der heroische Stil in d. Oper, = Veröff. d. Fürstlichen Inst. f. mw. Forschung zu Bückeburg V, 1, Lpz. 1924; M. Chop, Gesch. d. deutschen M., Hannover (1926); J. Mackenzie-Rogan, Fifty Years of Army Music, London 1926; J. Ph. Sousa, Marching Along, Boston 1928; G. Kandler, Die kulturelle Bedeutung d. deutschen M., Bln 1931; ders., Zur Gesch. d. deutschen Soldatenmusik, in: Deutsche Soldatenkunde, hrsg. v. B. Schwertfeger u. E. O. Volkmann, Bln 1937; ders., M. – heute, in: Soldat im Volk VI, (Bonn) 1957; H. Schmidt, M., in: Atlantisbuch d. Musik, Zürich 1934; ders., M. u. Marschmusik, in: Hohe Schule d. Musik IV, hrsg. v. J. M. Müller-Blattau, Potsdam (1935); A. Vessella, La banda dalle origini fino ai nostri giorni, Mailand 1935; J. Reschke, Studie zur Gesch. d. brandenburgisch-preußischen Heeresmusik, Diss. Bln 1936; Heeres-Dienstvorschrift 32. Bestimmungen f. Musik- u. Trompeterkorps d. Heeres v. 1. 9. 1936, Bln 1936; O. Schreiber, Orch. u. Orchesterpraxis in Deutschland zwischen 1780 u. 1850, = Neue deutsche Forschungen CLXXVII, Abt. Mw. VI, Bln 1938; N. P. Iwanow-Radkewitsch, Obschtschije osnowy instrumentowki dlja duchowych orkestrow (»Allgemeine Grundlagen d. Instrumentation f. Blasorch.«), Moskau ²1957; H. E. Adkins, Treatise on the Military Band, London 1958; M. Thomas, H. A. Neithardt, Diss. Bln 1959 (F. U.). GKA

Millioktave (Abk.: mo) = $1/1000$ Oktave, von F. W. Opitz 1834 eingeführtes, jedoch erst von A. v. Oettingen so benanntes Intervallmaß. Ein Frequenzverhältnis $\frac{f_1}{f_2}$ wird nach der Formel $1000 \cdot {}^2\log\frac{f_1}{f_2}$ umgerechnet, so daß sich die Oktave zu $1000 \cdot {}^2\log 2 = 1000$ mo ergibt. Dieses Intervallmaß ist heute weniger gebräuchlich; bevorzugt wird das → Cent.

Mimesis (griech., Nachahmung), in der Kompositionslehre des 17.–18. Jh. eine in Anlehnung an die Rhetorik erklärte musikalische Figur. Burmeister (1606) bezeichnet mit M. die Aufeinanderfolge zweier Noëmen (→ Noëma), deren zweites im Unterschied zur → Analepsis in veränderter Stimmlage erscheint. J. Walther (1732) hingegen spricht (im Anschluß an Thuringus) von M. (oder Imitatio), *wenn ein gewisses thema in einer Stimme immer wiederholt wird*. Bereits Stomius kennt den Begriff, bezeichnet aber damit die Fuge. Gemeinsam ist all diesen Definitionen das Moment der Wiederholung. Dabei wird die ursprünglich rhetorische Figur der M. insofern verallgemeinert, als diese den speziellen Fall der (charakterisierenden oder auch verspottenden) Nachahmung der Redeweise eines anderen meint. Vogt (1719) und Spieß (1745) verstehen die M. in dieser speziellen Bedeutung *(cum aliquis alterius vocem imitatur)*.

Lit.: J. Stomius, Prima ad musicen instructio, Salzburg 1536.

Minima (zu ergänzen: nota oder figura, lat., die kleinste), Notenwert der → Mensuralnotation, geschrieben als Semibrevis mit Cauda: ♩, seit dem 15. Jh.: ♩, Pause: ⊥. Sie erscheint zuerst bei Ph. de Vitry (CSM VIII, 23, 75, 85ff.) und Marchettus de Padua (CSM VI, 143ff., 174ff.). Im 14. Jh. wurde die M. als eine Semibrevis m. aufgefaßt; sie gilt nach Vitry $1/6$ Brevis, im System der italienischen → Divisiones bei Marchettus $1/6$, $1/8$ oder $1/12$, bei Pr. de Beldemandis (ed. Sartori, S. 41f.) $1/4$ bis $1/12$ Brevis. Erst um 1400 setzte sich die M. als eigenständiger Notenwert durch, der je nach der Prolatio $1/2$ oder $1/3$ Semibrevis ausmacht. Auch die Schreibweise der M. wechselte im 14. Jh., ehe sich einheitlich ♩ durchsetzte. Aus der »weißen« M. (♩) ging die heutige Halbe Note (♩) hervor, die noch jetzt ital. m., engl. minim heißt. – Fuga sub minimam ist im 16. Jh. die Bezeichnung für einen Kanon, bei dem die nachahmende Stimme um eine M. später einsetzt als die erste.

Minnesang. Obwohl das Wort M., im Mittelalter sehr selten verwendet, zunächst nur die Liebeslyrik des adeligen Sängers bezeichnet, kann unter ihm die gesamte einstimmige weltliche mittelhochdeutsche Lyrik (einschließlich der deutschen Lieder in den → Carmina Burana) bis zum Anfang des 15. Jh. verstanden werden. Dies entspricht dem Befund der Quellen, der eine Absonderung gemäß jenem engeren Sinne des Wortes nicht aufweist. Die textliche Überlieferung beginnt mit dem 13. Jh.; ihre Hauptquelle ist die sogenannte

Manesse-Handschrift (Heidelberg, CPgerm. 848, um 1315–30). Die musikalische Überlieferung setzt erst mit dem 14. Jh. ein. Die wichtigsten Quellen sind, neben einem Blatt einer großen Liederhandschrift im Staatsarchiv Münster, die Liederhandschriften (→ Liederbücher) Jena, Wien, Kolmar, Donaueschingen, Mondsee-Wien (Spörl) sowie Hugo von Montforts Codex (Heidelberg, CPgerm. 329), ferner Oswald von → Wolkensteins Sammlungen seiner Lieder (Wien 2770 und Innsbruck, Univ.-Bibl.), einige → Neidhardt-Handschriften (Berlin, germ. 2°779, Wien, s. n. 3344 u. a.), Michel Behaims Handschriften (Heidelberg, CPgerm. 312 und 334, und München, Cgm 291), aus der Übergangszeit ferner die Handschrift Berlin, germ. 2°922, und schließlich einige verspätete und zweifelhafte Aufzeichnungen in Meistersingerhandschriften (so Nürnberg, Will. III. 784). Diese Quellen bezeugen die Verbreitung des M.s und weisen auf die Höfe und Städte, wo er gepflegt worden ist, so auf die staufischen Höfe in den Herzogtümern Franken und Schwaben, den Babenberger Hof in Wien und Steiermark, den Habsburgischen in Österreich oder in der Schweiz, die ostdeutschen Fürstenhöfe und die Städte wie Straßburg, Augsburg und vor allem Zürich. Die Entstehung des M.s im engeren Sinne – d. h. der »Liebeslyrik« des Adels in der eigentümlichen Form der Entsagung oder des vorgetäuschten Ehebruchs – ist ein schwieriges kulturgeschichtliches Problem. Er wurzelt einerseits in einem »volkstümlichen« Lied, das sich von kultischen Formen löste, dann aber auch im religiösen Lied sowie in fremden Vorbildern, französischen und provenzalischen, die ihrerseits vielleicht von der arabischen Poesie beeinflußt waren. Die Literarhistoriker unterscheiden etwa folgende Entwicklungsstufen: »Frühe Klänge« um 1150 (davon nur weniges unter den Namen Kürenberg und Dietmar von Aist erhalten); »Der neue Sang« im letzten Drittel des 12. Jh. (M.s Frühling: Veldeke, Hausen, Reinmar, Morungen); »Weitung und Umschwung« um 1200 (Walther von der Vogelweide, Neidhardt); »M.s Wende« etwa ab 1220 (Burkhart von Hohenfels, Neifen, Winterstetten usw.) und »Ausklang«. Von diesen Entwicklungsstufen kommt für die Musikgeschichte fast nur die letzte, allenfalls noch die vorletzte, in Frage, entsprechend den späten Niederschriften der Melodien. Für den »neuen Sang« läßt sich jedoch die Möglichkeit nutzen, daß deutsche Lieder nach romanischen Weisen, zum Teil wohl fast unverändert, gesungen wurden. Die Hochblüte des M.s ist also am dürftigsten überliefert. – Träger dieser deutschen weltlichen Einstimmigkeit waren zunächst der Hochadel und noch mehr die Ministerialen, deren Stand damals aufstieg, dann später der Stadtadel und angesehene Bürger (Notare, Lehrer, Waffenschmiede usw.), daneben Berufsmusiker (landlose Ministerialsöhne oder Fahrende), die gegen Lohn sangen und oft in einem mehr oder minder festen Dienstverhältnis zu den Fürsten standen.

Die übliche Scheidung des M.s in die Gattungen Spruch, Lied und Leich wird seit einiger Zeit angegriffen; vor allem einige Literarhistoriker versuchen, Spruch und Lied zusammenzufassen (Fr. Maurer, Hugo Moser); seitens der Musikforschung wird manche Form des Liedes und Spruches aus der Leichform abgeleitet, und damit werden diese Gattungen um ihre Selbständigkeit gebracht (Gennrich). Man wird jedoch gut tun, die alte Einteilung beizubehalten, vor allem im Bereich des Musikalischen. Der Spruch ist im wesentlichen rezitativisch; seine Quellen sind ein einheimisches und das kirchliche Rezitativ. Für den strophischen Aufbau hatte sich allerdings die Barform (A A B) durchgesetzt, wahrscheinlich wesentlich durch Walther, der den Spruch hoffähig machte. Da der Spruch als Übermittlung von Lehren und Weisheiten allmählich nach einer ausgedehnteren Strophenform verlangte, wurde der Abgesang gern durch ein zweites Stollenpaar erweitert (A A B B C). Das Lied hingegen hat gebundene Melodik; es bevorzugt die Kanzonenform, d. h. es benutzt fast ausschließlich die Barform. Die Musik ermöglicht den Rückgriff auf den Anfang durch einen dritten Stollen als Abschluß (A A B A). Kehrreime sind im Rahmen des überkommenen Bestandes selten. Gelegentlich finden sich auch Rondellweisen. Nichtgegliederte Strophen sind in der Spätzeit nachweisbar, sie sind aber wohl Nachfahren älterer, nicht belegbarer Melodien. Die mannigfachen Unterschiede des Spruches oder Liedes, von denen der Literarhistoriker spricht und die auf den verschiedenen Inhalt beruhen, lassen sich musikalisch nicht oder nur selten feststellen. Nur für das → Tagelied oder Wächterlied ist eine Vorliebe für melismatische Gestaltung nachzuweisen. Anders steht es um das Tanzlied. Es verlangt einen ausgeprägten Rhythmus, oft zuungunsten der Melodik. Dementsprechend hat es eine eigene Entwicklung, die mit nichtgegliederter Strophe und bestimmten rhythmischen und melodischen Formeln beginnt. Unter höfischem Einfluß hat auch das Tanzlied die Barform übernommen. Der Leich schließlich ist, wie die kirchliche Sequenz, ein Lob- und Lehrgedicht, das aber dem Tanze nahesteht oder sogar tanzbar ist. Er ist nicht von der kirchlichen Sequenz abzuleiten, sondern beide gehen auf gemeinsame, außerliturgische Formen zurück. Während die klassische Sequenz der Kirche nur die Form mit Verdopplung der Binnenglieder kennt (A b b c c d d ... Z), ist die volkssprachige Form vielfältig und von Beispiel zu Beispiel verschieden gebaut, vor allem auf der Grundlage des doppelten oder mehrfachen Cursus (A b b c c d d b b c c d d ... Z).

Zu den Schwierigkeiten, die die dürftige und späte Überlieferung dem musikalischen Verständnis des M.s bereitet, kommen die Probleme des Vortrages der erhaltenen Melodien. Die Weisen sind in der Regel in Choralnotation überliefert; diese gibt keine Auskunft über die Dauer der Töne, also auch nicht über den musikalischen Rhythmus. Sie enthält aber Zeichen wie die Liqueszenzen oder Pliken, deren Deutung hier Schwierigkeiten bereiten kann; bisweilen können auch die Formen der späten Choralnoten mißdeutet werden (Kolmarer Handschrift). Die Zeichen der Mensuralnotation sind in späten Handschriften benutzt, aber durchaus nicht immer mit einwandfreier Folgerichtigkeit (Spörlsche Handschrift). Andere Handschriften (so Berlin, germ. 2°922) bringen die Noten vor dem Text, was auf instrumentale Mitwirkung hinweist, auf jeden Fall aber die Zuweisung der Töne zu den Silben des Textes sehr erschwert, vor allem wenn die Zahl der Töne größer oder geringer ist als die der Silben. Auch dieser etwaige Überschuß von Silben oder die Melismatik mancher Lieder haben die Frage nach der Beteiligung von Instrumenten beim Vortrag gestellt. Dazu kommt die grundsätzliche Frage, wieweit die überlieferten Melodien dem Original entsprechen oder ob man überhaupt von einem verpflichtenden »Original« sprechen darf. Aus all dem ergibt sich, daß Übertragungen der Melodien aus den vorliegenden Notationen in die heutige Notenschrift nur mit vielen Vorbehalten gemacht werden können, ohne daß sie deswegen ihren Wert als Versuche verlieren, die die Anschauung des Übertragenden über die Musik des M.s durch das heutige Notenbild verdeutlichen. – Hinsichtlich des Rhythmus stehen verschiedene Theorien einander gegenüber. Die modale Interpretation bestimmt den Rhythmus der Melodien unter Verwendung der

6 Modi der Modallehre. Dabei wird meist – unter dem Einfluß der Regeln der Mehrstimmigkeit – ein Moduswechsel streng verpönt (Ludwig, Gennrich, anders Jammers). Die Verfechter der Vierhebigkeit ordnen die Melodien so, daß die Verse einen Raum von je 2, 4 oder 6 Takten oder taktähnlichen Einheiten füllen. Unter dem Einfluß von Germanisten, die bisweilen eine Abneigung gegen Modi mit langen »Senkungen« haben, werden hier die Melodien meist im geraden Rhythmus übertragen (Riemann, Saran). Beide Ordnungen, die modale oder die vierhebige, werden von solchen Theoretikern, die einen Einfluß des Choralrhythmus vermuten, bei den Melismen durchbrochen (Molitor, anders Jammers). Wahrscheinlich ist der Rhythmus ein Ergebnis mehrerer Komponenten, von Gattung zu Gattung, vielleicht sogar von Fall zu Fall verschieden, und sicherlich gewährt er dem Vortragenden in großem Maße Freiheit. Das Instrument dürfte eine rein dienende Rolle gespielt haben und erst am Ende des M.s zu stärkerer Beachtung gelangt sein, ebenso wie die Mehrstimmigkeit, von der Zeit des Ausklanges abgesehen, im Rahmen einfachster Formen und der Improvisation geblieben sein dürfte. Wo echte Mehrstimmigkeit vorliegt, sollte man trotz gelegentlicher Übergänge nicht von M. sprechen (→ Lied). – Die Tonalität des M.s ist verhältnismäßig am leichtesten zu erkennen. Hier besteht aber die Frage, ob Lieder mit dem Grundton oder der Finalis C schlechthin als transponierte lydische Weisen, d. h. als Melodien im Rahmen des Systems der Kirchentöne oder als Vorstufen moderner Durtonalität zu verstehen sind. Wie aber die Melodik grundsätzlich von der echten Gregorianik verschieden und ihrer Natur nach tonräumlich und nicht bloß rein bewegungsmäßig ist, also nur mit dem Tonsystem des »mittelalterlichen Chorals« zusammengebracht werden sollte, so kann auch die besondere Art vieler C-Lieder nicht übersehen werden.

Ausg.: Minnesinger, 5 Bde (Textausg.), hrsg. v. Fr. H. v. D. Hagen, Lpz. 1838–61, Neudruck 1926; Die Mondsee-Wiener-Liederhs. u. d. Mönch v. Salzburg, hrsg. v. F. A. Mayer u. H. Rietsch, Acta germanica III–IV, 1894–96, separat Bln 1896; Die Sangesweisen d. Colmarer Hs. u. d. Liederhs. Donaueschingen, hrsg. v. P. Runge, Lpz. 1896, Nachdruck Hildesheim 1965; Die Jenaer Liederhs., hrsg. v. Fr. Saran, G. Holz u. E. Bernoulli, 2 Bde, Lpz. 1901, Nachdruck Hildesheim 1966; Gesänge v. Frauenlob, Reinmar v. Zweter u. Alexander, hrsg. v. H. Rietsch, = DTÖ XX, 2, Bd 41, Wien 1913; Lieder v. Neidhart (v. Reuenthal), hrsg. v. W. Schmieder, = DTÖ XXXVII, 1, Bd 71, Wien 1930; M. Frühling, hrsg. v. C. v. Kraus, Lpz. 1939 u. ö. (Textausg.); Zwischen M. u. Volkslied, Die Lieder d. Berliner Hs. germ. fol. 922, hrsg. v. M. Lang, d. Weisen bearb. v. J. Müller-Blattau, = Studien zur Volksliedforschung I, Bln 1941; Fr. Gennrich, Troubadours, Trouvères, Minne- u. Meistergesang, = Das Musikwerk II, Köln (1951, ²1960); Melodien altdeutscher Lieder, Faks., hrsg. v. dems., = Mw. Studienbibl. IX, Darmstadt 1954; Mhd. Liedkunst, Faks., hrsg. v. dems., ebenda X, 1954; Neidhart-Lieder, hrsg. v. dems., Langen 1962; Trouvères et Minnesinger, I (Texte) hrsg. v. I. Frank, II (Weisen) hrsg. v. W. Müller-Blattau, = Schriften d. Univ. d. Saarlandes I–II, Saarbrücken 1955–56; M. d. 13. Jh., aus C. v. Kraus' »Deutsche Liederdichter« ausgew. v. H. Kuhn, mit Übertragung d. Melodien v. G. Reichert, Tübingen 1953; Die Lieder Walthers v. Vogelweide, hrsg. v. Fr. Maurer (d. Melodien Hg v. G. Birkner), 2 Bde, = Altdeutsche Textbibl. XLIII u. XLVII, Tübingen 1955–56, ²1960–62; Singweisen zur Liebeslyrik d. deutschen Frühe, hrsg. v. U. Aarburg, in: H. Brinkmann, Liebeslyrik d. deutschen Frühe, Düsseldorf ²1956; The Songs of Neidhart v. Reuenthal, hrsg. v. A. T. Hatto u. R. J. Taylor, Manchester 1958; Ostdeutscher M., hrsg. v. M. Lang, Melodien hrsg. v. W. Salmen, = Schriften d. Kopernikuskreises III, Lindau u. Konstanz 1958; Neidharts Sangweisen, hrsg. v. E. Rohloff, 2 Bde, = Abh. d. Akad. d. Wiss. zu Lpz., Phil.-hist. Klasse, Bd LII, H. 3–4, Bln 1962; Ausgew. Melodien d. M., hrsg. v. E. Jammers, = Altdeutsche Textbibl., Ergänzungsreihe I, Tübingen 1963; R. J. Taylor, Die Melodien d. weltlichen Lieder d. MA, 2 Bde, (I Darstellungsbd, II Melodienbd), = Slg Metzler XXXIV–XXXV, Stuttgart 1964.

Lit.: R. W. Linker, Music of the Minnesinger and Early Meistersinger. A Bibliogr., Chapel Hill (N. C.) 1962. – Fr. H. v. d. Hagen, Die Kolmarische Slg v. Minne- u. Meisterliedern, in: Museum f. altdeutsche Lit. u. Kunst II, 1811; K. Bartsch, Zu Walthers Liedern, Germania VI, 1861; ders., Grundriß zur Gesch. d. prov. Lit., Elberfeld 1872; ders. u. W. Golther, Deutsche Liederdichter d. 12. bis 14. Jh., Bln ⁴1901, ⁷1914; Fr. X. Wöber, Der Minne Regel v. Eberhardus Cersne aus Minden 1404, Wien 1861; K. Burdach, Das volkstümliche deutsche Liebeslied, Zs. f. deutsches Altertum XXVII, 1883; ders., Über d. Ursprung d. ma. M. ..., Sb. d. Preußischen Akad. d. Wiss., 1918; ders., Reinmar d. Alte u. Walther v. d. Vogelweide, Halle ²1928; R. Weissenfels, Der daktylische Rhythmus bei d. Minnesängern, Halle 1886; R. v. Liliencron, Aus d. Grenzgebiet d. Lit. u. Musik II. Die Jenaer Minnesängerhs., Zs. f. vergleichende Literaturgesch., N. F. VII, 1894; H. Riemann, Die Melodik d. deutschen Minnesänger, Mus. Wochenblatt XXVIII, 1897; ders., Die Beck-Aubry'sche »modale Interpretation« d. Troubadourmelodien, SIMG XI, 1909/10; R. Gusinde, Aus d. Sterzinger Sammelhs., in: Fs. d. germanischen Ver. in Breslau, Lpz. 1902; J. Mantuani, Gesch. d. Musik in Wien, = Gesch. d. Stadt Wien III, Wien 1902; H. Rietsch, Die deutsche Liedweise, Wien u. Lpz. 1904; ders., Einige Leitsätze f. d. ältere deutsche einst. Lied, ZfMw VI, 1923/24; E. Wechssler, Das Kulturproblem d. M., Halle 1909; Fr. Ludwig, Zur »modalen Interpretation« v. Melodien d. 12. u. 13. Jh., ZIMG XI, 1909/10; ders., Die geistliche nichtliturgische, weltliche einst. u. d. mehrst. Musik d. MA bis zum Anfang d. 15. Jh., Adler Hdb.; R. Wustmann, Die Hofweise Walthers v. d. Vogelweide, Fs. R. v. Liliencron, Lpz. 1910; ders., Walthers Palästinalied, SIMG XIII, 1911/12; R. Molitor, Die Lieder d. Münsterschen Fragmente, SIMG XII, 1910/11; Fr. Jostes, Bruchstücke einer Münsterschen Minnesängerhs. mit Noten, Zs. f. deutsches Altertum LIII, 1911; C. Sachs, Die Musikinstr. d. Minneregel, SIMG XIV, 1912/13; Wolf N; J. Wolf, Die Tänze d. MA, AfMw I, 1918/19; ders., Altflämische Lieder d. 14.–15. Jh. ..., Kgr.-Ber. Basel 1924; Fr. Gennrich, Mw. u. romanische Philologie, Halle 1918; ders., 7 Melodien zu mhd. Minneliedern, ZfMw VII, 1924/25; ders., Der deutsche M. in seinem Verhältnis zur Troubadour- u. Trouvère-Kunst, Zs. f. deutsche Bildung II, 1926; ders., Internationale ma. Melodien, ZfMw XI, 1928/29; ders., Grundriß einer Formenlehre d. ma. Liedes, Halle 1932; ders., Liedkontrafaktur in mhd. u. ahd. Zeit, Zs. f. deutsches Altertum LXXXII, 1948, u. in: Der deutsche M., hrsg. v. H. Fromm, = Wege d. Forschung XV, Darmstadt 1961, Neudruck 1963; ders., Ma. Lieder mit textloser Melodie, AfMw IX, 1952; ders., Zur Liedkunst Walthers v. d. Vogelweide, Zs. f. deutsches Altertum LXXXV, 1954; H. J. Moser, Gesch. d. deutschen Musik I, Stuttgart u. Bln 1920, ⁵1930; ders., Mus. Probleme d. deutschen M., Kgr.-Ber. Basel 1924; ders., M. u. Volkslied, Lpz. 1925; ders., Zu Ventadorns Melodien, ZfMw XVI, 1934; O. Ursprung, Vier Studien zur Gesch. d. deutschen Liedes, AfMw IV, 1922 – V, 1923; P. Stoy, Zu d. Tanzformen Neidharts v. Reuenthal, in: Jb. d. Phil. Fakultät Lpz. 1923; E. Jammers, Untersuchungen über d. Rhythmik u. Metrik d. Melodien d. Jenaer Liederhs., ZfMw VII, 1924/25; ders., Die Melodien Hugos v. Montfort, AfMw XIII, 1956; ders., Der Vers d. Trobadors u. Trouvères u. d. deutschen Kontrafakten, in: Medium Aevum Vivum, Fs. W. Bulst, Heidelberg 1960; ders., M. u. Choral, Fs. H. Besseler, Lpz. 1961; H. Anglès, Les melodies del trobador G. Riquier, Estudis Universitaris Catalans XI, 2, 1926; H. Brinkmann, Entstehungsgesch. d. M., DVjs. VIII, 1926; A. Dölling, Die Lieder Wizlavs III. v. Rügen, Diss. Lpz. 1926, maschr.; W. Schmieder, Zur Melodiebildung in Liedern v. Neidhart v. Reuental, AfMw XVII, 1930; H. Loewenstein, Wort u. Ton bei Oswald v. Wolkenstein = Königsberger deutsche Forschungen XI, Königsberg 1932; Fr. Eberth, Die Minne- u. Meistergesangweisen d. Kolmarer Liederhs., Detmold 1935; J. Handschin, Die Modaltheorie u. C. Appels Ausg. d. Gesänge v. Bernart de Ventadorn, Medium Aevum

IV, 1935; C. BÜTZLER, Untersuchungen zu d. Melodien Walthers v. d. Vogelweide, = Deutsche Arbeiten d. Univ. Köln XII, Jena 1940; U. AARBURG, Die Melodien Blondels de Nesle, Diss. Ffm. 1945, maschr.; DIES., Melodien zum frühen deutschen M., Zs. f. deutsches Altertum LXXXVII, 1956/57, u. in: Der deutsche M., hrsg. v. H. Fromm, = Wege d. Forschung XV, Darmstadt 1961, Neudruck 1963; DIES., Muster f. d. Edition ma. Liedmelodien, Mf X, 1957; DIES., Wort u. Weise im Wiener Hofton, Zs. f. deutsches Altertum LXXXVIII, 1957/58; DIES., Ein Beispiel zur ma. Kompositions-Technik, AfMw XV, 1958; DIES., Materialien zur Gesch. u. mus. Überlieferung d. Kolmarer Hs., Arch. ungedruckter wiss. Schriften bei d. Deutschen Bibl., Ffm. 1958; DIES., Walthers Goldene Weise, Mf XI, 1958; DIES., Verz. d. im Kolmarer Liederkod. erhaltenen Töne u. Leiche, Fs. H. Besseler, Lpz. 1961; A. A. ABERT, Das Nachleben d. M. im liturgischen Spiel, Mf I, 1948; A. HAHN, Bildhafte Elemente im deutschen MA, Diss. Bonn 1949, maschr.; J. A. HUISMAN, Neue Wege zur dichterischen u. mus. Technik Walthers v. d. Vogelweide, = Studia litteraria Rheno-Traiectina I, Utrecht 1950; A. REICH, Der vergessene Ton Frauenlobs, Mf III, 1950; H. HUSMANN, Das Prinzip d. Silbenzählung im Lied d. zentralen MA, Mf VI, 1953; DERS., Aufbau u. Entstehung d. cgm 4997 (Kolmarer Liederhs.), DVjs. XXXIV, 1960; W. SALMEN, Werdegang u. Lebensfülle d. Oswald v. Wolkenstein, MD VII, 1953; DERS., Zur Melodik d. späthöfisch-bürgerlichen M., Rheinisch-westfälische Zs. f. Volkskunde I, 1954; DERS., European Song (1300–1540), in: The New Oxford Hist. of Music III, London 1960; W. MOHR, Zu Walthers »Hofweise« u. »Feinem Ton«, Zs. f. deutsches Altertum LXXXV, 1954; R. GENSEKE, Die Kolmarer Hs. u. ihre Bedeutung f. d. deutschen Meistergesang, Diss. Tübingen 1955, maschr.; R. J. TAYLOR, Zur Übertragung d. Melodien d. Minnesänger, Zs. f. deutsches Altertum LXXXVII, 1956; J. MÜLLER-BLATTAU, Zur Erforschung d. einst. deutschen Liedes im MA, Mf X, 1957; W. IRTENKAUF u. H. EGGERS, Die Donaueschinger Marienklage, Carinthia CXLVIII, 1958; K. H. BERTAU, Neidharts Lieder mit ihren Melodien, Etudes germaniques XV, 1960; DERS. in: Anzeiger f. deutsches Altertum LXXII, 1960; W. MÜLLER-BLATTAU, Melodietypen bei Neidhart v. Reuenthal, Annales Univ. Saraviensis (Phil. Fakultät) IX, 1960; Der deutsche M., Aufsätze zu seiner Erforschung, hrsg. v. H. FROMM, = Wege d. Forschung XV, Darmstadt 1961, Neudruck 1963; B. KIPPENBERG, Der Rhythmus im M., Eine Kritik d. literar- u. musikhist. Forschung, mit einer Übersicht über d. mus. Quellen, = Münchener Texte u. Untersuchungen zur deutschen Lit. d. MA III, München 1962 (dort weitere Ausg. u. Lit.); K. H. BERTAU, Sangverslyrik, = Palaestra CCXL, Göttingen 1964; FR. NEUMANN, Artikel M., in: Reallexikon d. deutschen Lit.-Gesch. II, neu bearb. u. hrsg. v. W. Kohlschmidt u. W. Mohr, Bln ²1965. EJ

Minore (ital., kleiner; frz. mineur), s. v. w. Mollakkord (armonia di terza m.), auch Molltonart. Oft tritt M. als Überschrift eines Zwischensätzchens (Trio) in Märschen, Tänzen, Rondos usw. auf, wenn dieses in der Mollvariante der Durtonart des Hauptteils steht; auch eine in der Mollvariante stehende Variation eines Themas in Dur wird mit M. bezeichnet. Ebenso gibt M. nach einem mit → Maggiore bezeichneten Trio in Dur das Wiedereinsetzen der Haupttonart an, wenn diese Moll ist.

Minstrelsy, Negro minstrelsy (mˊinstrəlsi, engl.), in Amerika ab etwa 1800 umherziehende Truppen weißer Schauspieler, Sänger und Tänzer, die in ihre Minstrel-shows die Lebensweise und das Milieu der amerikanischen Neger einbezogen. Die Darsteller traten mit schwarz gefärbten Gesichtern in bunten Kostümen auf und imitierten negerische Lieder und Tänze (cakewalk, coon songs, plantation songs), die auf dem Banjo oder auf primitiven Instrumenten begleitet wurden. Bis etwa 1830 bestanden die Vorstellungen hauptsächlich aus Auftritten einzelner Darsteller (extravaganzas), die teilweise – wie Jim Crow Rice – große Berühmtheit erlangten. Um 1850 bildete sich eine Ensembleform der M. heraus, deren Darbietungen nach einem festgelegten Showprogramm abliefen. Der Höhepunkt der M. fällt in die Zeit zwischen 1860–70. Die M. ist die früheste Nachahmung negerischen Musizierens durch Weiße, hat in der amerikanischen Öffentlichkeit das Interesse an Liedern und Tänzen der Neger geweckt und erlangte dadurch Bedeutung in der Vorgeschichte des Jazz.

Mi-Re-Ut → Kurze Oktave.

Mirliton (frz., Etymologie nicht gesichert; engl. kazoo), Membranophon, bestehend aus einer mit abschließender (Papier-)Membran versehenen Röhre, in die hineingesprochen oder -gesungen (bzw. -gesummt) wird, wobei die Membran die Stimme verfärbt und verstärkt. Dieses Prinzip der Stimmveränderung und -entstellung ist in Form der Gesichtsmaske bei rituellen Handlungen in primitiven Kulturen weit verbreitet. In Europa ist das M. als Kinderinstrument bekannt, im Mittelmeerraum auch als Instrument urtümlicher Volksüberlieferung (Sardinien, Aragon). Einige Bedeutung erlangte im 16./17. Jh. in Frankreich die Zwiebelflöte (frz. flûte à l'oignon) oder »Eunuchenflöte« (flûte eunuque, Mersenne, *Harmonie universelle*, 229f.), ein flötenförmiges M., bei der eine Zwiebelhaut als Membran dient. Beispiele für sogenannte freie M.s, bei denen die Membran nicht in einer Röhre oder dergleichen verschlossen ist, sind ein angesummtes Stück Baumrinde (z. B. die Flatsche in Kärnten) oder das Blasen auf dem Kamm, der ein Stück Seidenpapier (als Membran) strafft (Schlick 1511: *durch ein strell*). – Das Kazoo der amerikanischen Neger, ein Röhren-M., ist im Jazz neben Tub, Jug, Washboard u. a. ein häufig verwendetes Instrument in bluesbegleitenden Kombinationen.

Miserere mei Deus (lat., Gott sei mir gnädig), Psalm 50 (Vulgatazählung), gehört inhaltlich zu den Bußpsalmen und wird in der römischen Liturgie heute u. a. bei den → Exequien (während der Überführung) verwendet. Bis zur Neuordnung der Karwochenliturgie (1955) hatte das M. außerdem seinen festen Platz im Offizium der drei letzten Kartage. Seit dem 16. Jh. bevorzugter Gegenstand mehrstimmiger Vertonungen, bildete es in der Sixtinischen Kapelle den feierlichen Abschluß des sogenannten Tenebrae-Offiziums (Matutin und Laudes vom Gründonnerstag, Karfreitag und Karsamstag). Eine fast legendäre Berühmtheit erlangte bei diesen Aufführungen das 1638 entstandene doppelchörige M. von Gr. Allegri (im traditionellen → Falsobordone-Satz zu 4 und 6 Stimmen mit 9st. Schlußchor), das lange Zeit strengstens gehütet wurde (erste Drucklegung 1771) und sich bis 1870 im Repertoire der Sixtina halten konnte. Außer ihm kam seit 1714 das M. von T. Baj zum Vortrag; 1821 fand auch die 10st. M.-Vertonung G. Bainis Aufnahme in das Repertoire. Die ältesten mehrstimmigen Vertonungen stammen von Josquin Desprez (5st. Motette) und C. Festa (9st. Satz im Wechsel mit choralen Partien, komponiert 1517). – In Form von Umdichtungen lebt das M. fort in den deutschen Kirchenliedern *Erbarm dich mein, o Herre Gott* (1524) und *O Herre Gott, begnade mich* (1525).

Missa (lat.) → Messe.

Missale (mittellat., Meßbuch) heißt das in der römischen Meßliturgie für den zelebrierenden Priester bestimmte Buch folgenden Inhalts: Einleitungsteil (Kalendarium, Rubriken, Gebete vor und nach dem Meßopfer); *Proprium de tempore* (Formulare für die Sonntage und beweglichen Feste, ausgenommen Heiligenfeste); *Ordo missae* und *Canon missae* (unveränderliche Teile der Messe); *Proprium de Sanctis* und *Commune Sanctorum* (Formulare für die an ein Kalenderdatum gebundenen Feste, meist Heiligenfeste, und für das Kirchweihfest bzw. Heiligenfeste ohne eigenes Formular); Votiv- und Totenmessen; Benediktionen sowie *Proprium Sanctorum* und *Commune Sanctorum pro aliquibus locis* (Formulare lokal gefeierter Heiligenfeste). Die offizielle Ausgabe des M.s wurde 1570 von Pius V. eingeführt (letzte offizielle Ausgabe 1962). Nicht auf das M. Romanum verpflichtet wurden hierbei alle Kirchen, die über einen eigenen, mindestens 200 Jahre alten Ritus verfügten. Noch heute benutzen die Kartäuser, Dominikaner, Prämonstratenser, Zisterzienser und Karmeliten eigene Missalen, ebenso der mailändische und altspanische Liturgiekreis. Für den Laiengebrauch erschien das M. Romanum 1884 in einer von dem Beuroner Benediktiner Anselm Schott besorgten deutschsprachigen Ausgabe, die seitdem als »Schott«(-Meßbuch) die größte Verbreitung fand. – An Melodien enthält das M.: Gloria- und Credointonationen, Präfationen, Pater noster und Entlassungsrufe, ferner bestimmte Gesänge der Karwochenliturgie u. a. – Als M. plenarium bezeichnete man im Mittelalter jene Meßbücher, die außer den Texten auch die Melodien aller Gesangstücke enthielten.

Lit.: W. H. J. WEALE u. H. BOHATTA, Cat. Missalium Ritus Lat. ab anno M.CCCC.LXXIV impressorum, London u. Lpz. 1928.

Misticanza (ital., s. v. w. Mischmasch) → Quodlibet.

misurato (ital.), gemessen, im Takt, gleichbedeutend mit a → battuta.

Mittelalter. Im 19. Jh. wurde die Musik des MA meist unter dem Gesichtspunkt der Theorie behandelt, da nur auf diesem Gebiet durch M. Gerbert (1784) und E. de Coussemaker (1864–76) umfangreiches Material veröffentlicht worden war. Die Erschließung der eigentlichen Musikhandschriften erfolgte erst seit etwa 1900, vor allem durch die Lebensarbeit Fr. Ludwigs. Er gab 1924 die erste gültige Gesamtdarstellung (in Adler Hdb.), veröffentlichte die Kompositionen von G. de Machaut, beteiligte sich auch an der ersten systematischen Vorführung mittelalterlicher Musik durch W. → Gurlitt 1922 in der Kunsthalle zu Karlsruhe. Seitdem sind neue Untersuchungen und Ausgaben erfolgt, in besonders vielseitiger Form durch J. → Handschin. – Das MA hat die Führerstellung der europäischen Musik begründet, denn diese beruht auf dem damals geschaffenen System der Mehrstimmigkeit. Gesang und Instrumente wirkten dabei zusammen, während die Theorie für das Richtige eine Begründung gab. So erneuerte das MA den Zusammenhang von Musik und Theorie, wie er in der Antike bestanden hatte. Als Ausgangspunkt diente das spätlateinische Schrifttum von Boethius, Cassiodorus und Isidorus von Sevilla. Es übermittelte neben technischen Dingen auch eine Musikanschauung, an deren Grundgedanken Europa bis ins 18. Jh. hinein festhielt. Ihr Kern war das Prinzip des Numerus, wonach die gesamte Weltordnung auf der Zahl beruht. Daß auch in der Musik die Zahl maßgebend sei, war für die Theorie stets der entscheidende Gesichtspunkt. Schwierigkeiten ergaben sich aus der Übernahme des pythagoreischen Quintensystems, so daß die Terz umstritten blieb. Das Wesen der Musik liegt in der → Harmonia. Hierdurch war sie der nach dem Numerus geordneten Welt geheimnisvoll verbunden. So bezeichnete man nach spätantiker Art als Musica mundana die Sphärenharmonie, Musica humana den leibseelischen Mikrokosmos des Menschen, Musica instrumentalis vel sonora die real erklingende Musik. Für das Christentum erhob sich über diesen drei Bezirken noch Musica coelestis vel divina, die Musik der himmlischen Welt, da alles Seiende als Schöpfung Gottes theozentrisch geordnet war. So galt die Musik dem MA als Hinweis auf das Transzendente, ihre Ordnung als ein Symbol. – Für die Musikpraxis war der Zusammenhang mit dem Christentum gleichfalls fundamental. Im Mittelpunkt stand die als Gregorianischer Gesang bezeichnete Form des römischen Kultgesanges, die das Frankenreich in den Jahrzehnten um 800 übernahm. Ihr Melodiebestand war die unantastbare Grundlage, die man für Jahrhunderte ausgebaut, gleichzeitig aber auch durch neue Formen bereichert hat. Zunächst Interpolationen im Choralgesang, wurden Sequenz und Tropus oft selbständig, womit der syllabische Vortrag Raum gewann. Hier also trat an die Stelle des auf Melismatik beruhenden choralischen Stimmstromes eine Melodie mit isolierten Einzeltönen. Sie war auf Instrumenten spielbar und ist von ihnen wohl oft nach dem Prinzip der Heterophonie begleitet worden. Dazu kam schon im 9. Jh. die Mehrstimmigkeit, hauptsächlich mit Parallelbewegung in der Quarte und Quinte. Ihre Bezeichnung als Organum zeigt, daß Instrumente dabei eine Rolle spielten, vor allem die wohl aus Byzanz übernommene, jetzt in Kirchen zugelassene Orgel. Die entscheidende Zeit war das 12. Jh. Damals wurde Epengesang in der Nationalsprache vom Rittertum bevorzugt, während sich das geistliche Drama reich entfaltete. Nachdem Reim und Strophe bereits im Lateinischen durchgedrungen waren, wurde der provenzalischen Minnesang die Hauptform ritterlicher Lyrik. Alle diese Formen sind einstimmig. Das 2st. → Organum pflegte man kunstvoll im Umkreis der Abtei St-Martial, wo die Organalstimme vereinzelt sogar ihren eigenen, den Tenor tropierenden Text erhielt. Die Aufzeichnung dieser Organa läßt noch kein Ordnungsprinzip des Rhythmus erkennen. So wurden sie schon in der 2. Hälfte des 12. Jh. vom Norden überflügelt.

Die Musik wandelte sich hierbei so grundlegend, daß um 1200 eine neue Ordnung sichtbar wird, die »musikalische Gotik«. Ihr Schwerpunkt liegt in Nordfrankreich, wenn auch im 13. Jh. öfter Engländer, Deutsche, Spanier mitwirkten. Das gotische Zeitalter gliedert sich in 3 Abschnitte: Notre-Dame-Epoche, Ars antiqua und Ars nova nebst Ausläufern. Für die Notre-Dame-Epoche ist charakteristisch, daß ein einheitlicher Gesamtstil alle Bezirke der Musik durchdrang. Er hatte seinen Ursprung in der 1163–1235 erbauten Pariser Kathedrale, wo das Organum systematisch gepflegt wurde, zunächst unter Leoninus, dann unter Perotinus Magnus (den Ehrentitel verliehen ihm die Nachfolger). Perotin ging im Organum zur Dreistimmigkeit mit festem Rhythmus über, um 1200 auch zur hochfeierlichen Vierstimmigkeit. Grundlage war der einheitlich ablaufende Modalrhythmus, den die Theoretiker mit dem System der 6 Modi zu erfassen suchten. Durch diese Rhythmik war es möglich, dem Oberbau gewisser Organumabschnitte einen Text (frz. mot) zu unterlegen, womit die Form der → Motette entstand. Für 2–4 Stimmen mit lateinischen, bald auch französischen Worten bearbeitet oder neu geschaffen, zeigt sie die Herkunft aus dem Organum durch einen Choraltenor, der als Grundlage dient. Ist Perotins Tätigkeit auf diesem Gebiet wahrscheinlich, so wird sie ausdrücklich bezeugt für den Conductus, die Hauptform der geselligen Musik mit lateinischem Text, die zunächst für Kleriker gedacht und oft nur einstimmig war. Die Melodie des 2-3st. Satzes ist stets frei erfunden, der Text überwiegend Note gegen Note gesetzt, während sich in den umrahmenden Melismen hohe Kunst entfalten kann. – Durchaus einstimmig ist der Bezirk des Minnesangs. Hier wirkte das Vorbild aus der Provence schon seit dem 12. Jh. auf die Deutschen, formal die Kanzonenstrophe mit 2 Stollen und Abgesang. Der hohe Stil des Minnesangs gipfelt bei Walther von der Vogelweide, während Neidhardt von Reuenthal den dörflich-realistischen vertritt. Die nordfranzösischen Trouvères übernahmen den Minnesang gleichzeitig mit den Deutschen. Sie gaben dem Spielmannselement mehr Einfluß, ebenso der Verbindung mit Notre-Dame, so daß hier bald die modale Rhythmik herrschte. Als der berühmteste Trouvère gilt Thibaut IV., Graf von Champagne. – In der Ars antiqua ändert sich das Bild, da die bisherige Mannigfaltigkeit des Musizierens durch die Herrschaft einer einzigen Form abgelöst wird. Organa und Conductus werden zwar aufgeführt, aber die Neukomposition gilt fast nur der Motette. Ihr Haupttypus ist die 3st. Doppelmotette mit 2 verschiedenen Texten, lateinisch oder französisch oder gemischt, wobei der Tenor meist noch dem Choral, oft jedoch der Profanmusik entstammt. Auch Tripelmotetten mit 3 verschiedenen Texten gibt es. Der gelegentlich vorkommende → Hoquetus spielt nur eine Nebenrolle. Seit etwa 1230 entwickelte sich die bisher modale Rhythmik immer freier, was zur Durchbildung der Mensuralnotation führte. Um 1250 schrieb Franco von Köln das Lehrbuch, auf dem die Weiterentwicklung beruht. Er hat vielleicht auch Motetten komponiert, ähnlich wie der Dichtermusiker Adam de la Halle aus Arras. Zur jüngeren Gruppe gehört der Kantor Petrus de Cruce aus Amiens, der 1298 für den französischen König ein Offizium auf König Ludwig den Heiligen zu komponieren hatte, sonst aber durch Motetten mit ganz frei deklamierender Oberstimme bekannt ist. Soziologisch ist in der Ars antiqua der Typ eines Musikkollegiums mit Berufsmusikern und bürgerlichen Kennern (cantores et layci sapientes) bezeugt. Zum ersten Male erscheint hier das ästhetisch eigenwertige Kunstwerk, das nur den Kennern verständlich ist. Dies bestätigt Johannes de Grocheo, der um 1300 das Pariser Musikleben in seiner sozialen Schichtung beschrieb. Der neuzeitlich anmutende Realismus in seinem Traktat ist jedoch nur die eine Seite der Ars antiqua. Auf der anderen steht Jacobus von Lüttich (Jacobus Leodiensis), für den ebenfalls der Eindruck der freien Kunst Petrus de Cruces entscheidend war. Sein *Speculum musicae* faßt den Universalismus des Mittelalters in einzigartiger Weise zusammen.

Die Wendung zur Ars nova um 1320 ist verknüpft vor allem mit dem Sohn eines Hofbeamten in Paris und Begünstigten des französischen Königshauses, Philippe de Vitry. Sein Motettentyp verwendet nach wie vor 2 verschiedene Texte in Ober- und Mittelstimme, auch ein Tenorfundament, das überwiegend dem Choral entstammt. Neu ist jedoch, auf Grund mehrfacher rhythmischer Wiederkehr von 10–20 Takten, eine »Isoperiodik« des Ganzen. Sie kann sich zur → Isorhythmie verschärfen: zur genauen rhythmischen Wiederkehr bei verschiedenem Melos. Neu ist ferner die aus England stammende Betonung der Terz im Dreiklang, die Bereicherung solistischen Männersingens durch Knabenstimmen und Instrumente und die nun häufig anzutreffende Vierstimmigkeit mit Contratenor. So ist die Motette nun eine farbenreiche, rein musikalische Großform, die auf der Zahlordnung im Tenor beruht und die mittelalterliche Musikanschauung eindrucksvoll verkörpert. Der historische Zusammenhang, in dem Vitry stand, ist klar erkennbar an der ästhetischen Eigengesetzlichkeit seiner Motette, weit über das Maß der Ars antiqua hinaus. Gegen diese Kunstauffassung erhob Papst Johannes XXII. 1324/25 Bedenken hinsichtlich des kirchlichen Bereichs. – Die Theorie der Ars nova, außer durch Vitry besonders vom Pariser Astronomen Johannes de Muris dargestellt, erfaßt im Rahmen der Scientia musicae nunmehr das Kunstwerk. Zu ihm gehörte außer der Motette sogleich das Kunstlied (lat. cantilena). Guillaume de Machaut, als Sekretär König Johanns von Luxemburg auf Erneuerung des Minnesangs bedacht, pflegte außer 1st. Liedformen vor allem den Sologesang für eine Männerstimme mit 1–3 Instrumenten. Zur Vertonung dienten eigene Balladen, Rondeaus und Virelais in der »seconde rhétorique« genannten Verskunst. Hier entstand durch freie, oft expressive Rhythmik und Intensivierung des Klanges der Typ des Kunstlieds im → Kantilenensatz. Er gipfelt in Machauts 3st. Balladen. Als Nebenform kennt Frankreich die Chasse mit 3 gleichen Stimmen im Kanon. Die italienische Caccia, unabhängig davon, entwickelte sich zur gleichen Zeit. Sie bildet, zusammen mit dem 2st. Madrigal, die Grundlage der Trecentomusik Italiens. Später kam die Ballata, auch die Vorliebe für den 3st. Satz hinzu; sie sind für Francesco Landini bereits charakteristisch. Zugleich verstärkte sich der französische Einfluß. Vergleicht man das Gesamtschaffen beider Länder, dann erweist sich als empfindlichste Lücke das Fehlen einer musikalischen Großform in Italien. Die Trecentomusik hat kein Gegenstück zur isorhythmischen Motette, die erst spät gelegentlich nachgeahmt wurde. Gerade diese Form gewann im Norden an Bedeutung, denn Machaut, der mit französischen Motetten begonnen hatte, schuf in seiner Spätzeit großartige lateinische Motetten und nach ihrem Muster einen 4st. Meßzyklus (vermutlich 1364 zur Krönung des französischen Königs in Reims). Die Kirchenmusik spielte seit der Ars nova eine bescheidene Nebenrolle und folgte meist weltlichen Vorbildern. Im Sinne der Kritik von Papst Johannes XXII. war man oft bemüht, das Profane in der Kirche abzudämpfen. Die französische Spätzeit nach Machauts Tode 1377 bewahrte neben dem Kantilenensatz, der immer komplizierter wurde im Sinne einer freien Kunst, auch die Großform der Motette und mit ihr ein Hauptmittel zur Erneuerung der Kirchenmusik im 15. Jh.

Der Zusammenhang der nun sich anschließenden Zeit mit dem MA ist nicht zu bezweifeln. Im 15. Jh. geschah jedoch soviel Neues, daß schon damals von einer 1430–40 einsetzenden Nova ars gesprochen wurde. Mit ihr begann die »niederländische Epoche« der Musik, die auch das 16. Jh. umfaßt (→ Niederländische Musik). Sie beruht auf einem dem MA unbekannten »Singstil«; die Einzelstimme wurde gleichsam ein zu singender Stimmstrom, der Satz ein Zusammenklang solcher Ströme im Wechsel von Konsonanz und Dissonanz, die Musik dem Wort angenähert und bald wortähnlich. Hiermit erneuerte sich der eingangs erwähnte choralische Stimmstrom der Gregorianik, die nun oft polyphon bearbeitet wurde. Im Zusammenhang mit dem MA seien nur zwei Abschnitte der niederländischen Epoche kurz behandelt: die Dufay-Zeit als erste Ausprägung des Neuen und die Reformation wegen des gesteigerten deutschen Anteils. – In der Dufay-Zeit lag die Führung zeitweilig bei England. Es übermittelte dem Kontinent manches festgehaltene mittelalterliche Gut, als eigenes den auf Terz und Sexte beruhenden Vollklang und den C. f. als Grundlage eines Ordinariumszyklus. Da Englands Schwäche in der Profanmusik lag, und gerade hierin die Stärke des Kontinents, übernahm die Führung bald der universale Musiker Guillaume Dufay. In Kantilenensatz und Motette verwurzelt, liedmäßig empfindend, strebte er ähnlich den Notre-Dame-Musikern nach einem zeitgemäßen Gesamtstil mit Einschluß des Profanen. Es kennzeichnet die Epoche, daß man keine freie Kunst im Sinne Vitrys wünschte, sondern eine dienende, und so steht nun der nach Motettenvorbild angelegte 5teilige Ordinariumszyklus als Großform voran. Schon früh französische und italienische Volkslieder einbeziehend, entnahm Dufay als erster den Tenor der Messe auch französischen Chansons. Andere benutzten deutsche, italienische oder sonstige Vorlagen, und so war bald der profane Bereich voll einbezogen als Ausdruck eines christlich geweihten Abendlandes.

Mit der Reformation wird der gesteigerte Anteil sichtbar, mit dem Deutschland nun an der Musik beteiligt war. Als ihr Träger gesellte sich im 15. Jh. zu Fürstenhof, Kirche, Kloster und Schule das Bürgerhaus. Schon vor 1500 übernahm man nach dem Zeugnis von Adam von Fulda den niederländischen Singstil, wie auch der führende Flame Heinrich Isaac durch seine Tätigkeit für Kaiser Maximilian I., Friedrich den Weisen und das Domkapitel von Konstanz, als Lehrer Senfls und als Komponist deutscher Liedsätze nachhaltig auf die deutsche Musik des 16. Jh. gewirkt hat. Zur Verbindung mit dem Italien der → Renaissance kam die Anteilnahme von Humanisten (→ Humanismus). In breiter Schicht wirksam wurde jedoch die Reformation, die durch Martin → Luther mit der Musik in positivster Form verbunden war. Die Schöpfung und Einführung des Gemeindeliedes – satztechnisch ein Gesellschaftslied – gab seit der Dufay-Zeit wirksamen Liedprinzip die zeitgemäße, zukunftsträchtige Gestalt. Ausgehend vom Singstil niederländischer Prägung, hat jedoch Luther die Musik überhaupt bejaht, als eine dem Wort ebenbürtige Kraft im Gottesdienst zugelassen, auch das Profane an ihr als Gabe Gottes betrachtet. In Deutschland ging es nicht um freie, sondern um dienende Kunst. Auch der Komponist, Musicus poeticus genannt (→ Musica poetica), blieb als Individualität eingefügt in die theozentrische Welt des Christentums, ein bis zur Zeit J. S. Bachs maßgebender Vorgang. Die Reformation hat das theozentrische Weltbild des MA für die Musik mit nachhaltiger Wirkung erneuert.

Lit. (Gesamtdarstellungen): Fr. Ludwig, Die geistliche nichtliturgische, weltliche einst. u. d. mehrst. Musik d. MA bis zum Anfang d. 15. Jh., Adler Hdb.; H. Besseler, Die Musik d. MA u. d. Renaissance, Bücken Hdb.; A. Pirro, Hist. de la musique de la fin du XIVe s. à la fin du XVIe, Paris 1940; G. Reese, Music in the Middle Ages, NY (1940), London 1941; ders., Music in the Renaissance, NY (1954), ²1959; J. Handschin, Mg. im Überblick, Luzern (1948), ²1964; The New Oxford Hist. of Music, II Early Medieval Music up to 1300, hrsg. v. A. Hughes OSB, London 1954, ²1955, III Ars Nova and the Renaissance 1300–1540, hrsg. v. dems. u. G. Abraham, ebenda 1960. HB

Mittelstimmen, im mehrstimmigen Satz die zwischen Ober- und Unterstimme liegenden Stimmen. Während im polyphonen Satz die M. meist selbständig geführt sind, haben sie im homophonen Satz den Charakter von → Füllstimmen.

Mittenwald (Oberbayern).
Lit.: J. Maçon, Die Entwicklung d. Geigenindustrie in M., Diss. Erlangen 1913; J. Reiter, 250 Jahre M.er Geigenbau 1685–1935, M. (1936).

Mittönen → Resonanz.

Mixolydisch → Systema teleion, → Kirchentöne.

Mixtur (von lat. miscere, mischen, mixtura, Vermischung; frz. fourniture, Zubehör, auch plein jeu; engl. mixture; span. lleno) ist die gebräuchlichste aller gemischten Stimmen der Orgel, die deren Klang den orgeleigenen Glanz verleiht. Sie besteht aus mehreren (3 bis 8, vom 13.–16. Jh. bis zu 18, 22 und mehr) hochliegenden Pfeifenreihen (Chören), die mit Oktaven und Quinten, seltener auch Terzen besetzt sind. Erklingen auf einer Taste 3 Pfeifen zugleich, so heißt die M. dreichörig oder dreifach, bei 4 Pfeifen vierchörig oder vierfach usw. Angaben wie drei- bis fünffach oder fünf- bis achtfach besagen, daß die M. zur Höhe hin mehr (5 bzw. 8) Chöre hat als in den tieferen Lagen. Die M. der älteren Orgel konnte auch mehrere gleich hohe, aber verschieden mensurierte Chöre (Doppelchöre) haben, deren schwebender Klang den Glanz der M. noch erhöhte. Das Abbrechen hoher Chöre, um mit einem tiefer liegenden Chor neu anzusetzen, heißt Repetition (→ Formant). Die Fußtonbezeichnung einer M. richtet sich nach dem tiefsten Chor auf der Taste C. Demnach disponiert M. dreifach 2′ auf C: c^1 g^1 c^2 (d. h. 2′ 1¹/₃′ 1′). Eine 6- bis 8fache M. A. Schnitgers hat beispielsweise folgenden Aufbau:

C	1¹/₃′	1′	²/₃′	¹/₂′	¹/₃′	¹/₄′
c	2′	1¹/₃′	1′	²/₃′	¹/₂′	¹/₂′	¹/₃′
g	2′	1¹/₃′	1′	1′	²/₃′	²/₃′	¹/₂′
c′	2²/₃′	2′		1¹/₃′	1′	1′	²/₃′
g′	4′	2²/₃′	2′	2′	1¹/₃′	1′	1′	²/₃′
c″	4′	4′	2²/₃′	2²/₃′	2′	2′	1¹/₃′	1′
g″	4′	4′	2²/₃′	2²/₃′	2′	2′	1¹/₃′	1¹/₃′

In der Mannigfaltigkeit der Zusammensetzung der M. zeigt sich die Kunst des Orgelbauers. Mehrchörigkeit und Repetition sind die beiden Hauptmerkmale der M., für die in der Zeit der romantischen Orchesterorgel das Verständnis schwand, um mit der Orgelbewegung neu gewonnen zu werden. Die M. gehört mit Hintersatz, Scharf, Cimbel, Cymbale u. a. zur Plenogruppe; sie ist nicht als Einzelregister zu verwenden, sondern – wie der französische Name fourniture (Zubehör) sagt – als Klangkrone und -füllung (mit Cymbale) insbesondere dem Pleno zugehörig. Ihre Mensur ist nach Prinzipalart verhältnismäßig eng, nach den hohen Fußtonlagen sich noch verjüngend, dadurch silbrig hell und nicht schreiend. Hierauf hat A. Schlick in seinem Spiegel der Orgelmacher und Organisten (1511, Cap. 6 und 7) mit folgenden kräftigen Worten hingewiesen: *Es soll auch nit vbersetzt sein mit andern grossen pfeiffen / die dz werck ruch vnd grob / gut schweynisch machen / als die seüw schreyen etc. Sonder von klein pfeiffen die selbigen recht proportioniert machent ein gut zart schneident m. vnd wie woll in selben auch mögen kleiner quintlein sein / doch das sie nit gehort werden / scherpffen vnd stercken auch woll . . . auch die chör all gegen ein ander von vnden an biß oben hinvß recht proportioniert sein sollen / einand' nit vberschreyen . . .*

Mixtur-Trautonium → Trautonium.

Mizmār (arabisch; auch zamr) ist allgemein eine Bezeichnung für Holzblasinstrumente, speziell für Doppelrohrblasinstrumente. → Zurnā.

M. M., Abk. für → Metronom Mälzel.

Modalnotation (moderne Analogiebildung zu Mensuralnotation). Geschaffen in der noch wenig aufgehellten Frühzeit der → Notre-Dame-Schule wohl im Zuge planmäßiger Einbeziehung modaler Rhythmen in die mehrstimmige Kunst, diente die M. bis zur allmählichen Auskristallisierung der → Mensuralnotation (Mitte des 13. Jh.) der Aufzeichnung modalrhythmisch komponierter Teile und Stücke innerhalb des Notre-Dame-Repertoires. Als solche sind zu nennen: → Discantus-Partien (die in nichtmodal notierten 2st. Organa als modale Einschübe erscheinen), → Klauseln, 3- und 4st. → Organa, frühe → Motetten, → Conductus. Die aus der nordfranzösischen Neumenschrift in ihrer Ausprägung als »Quadratnotation« (Fr. Ludwig) gewonnene und mit ihr weiterhin verbunden gebliebene M. bildet eine Zwischenstufe zwischen (rhythmisch indifferenter) Neumenschrift und (rhythmisch differenzierender) Mensuralnotation. Charakteristisch für diese Zwischenstufe ist, daß sie zwar weitgehend noch mit rhythmisch mehrdeutigen Schriftzeichen operiert (z. B. kann ein 3töniges Zeichen wenigstens 4 verschiedene Bedeutungen haben; siehe untenstehende Übersicht), aber bereits zur genauen Festlegung unterschiedlicher rhythmischer Bewegungsabläufe tendiert. Drei Faktoren können dem einzelnen Zeichen rhythmische Bestimmtheit verleihen: 1) die Unterscheidung nach der in einem Zeichen enthaltenen Anzahl von Tönen (1-, 2-, 3-, 4tönige Neumenklassen: nota simplex, binaria, ternaria, quaternaria; eine wichtige Sonderstellung nimmt dabei die → Plica ein), 2) die auf wenige und typische Fälle beschränkte Kombination von Zeichen verschiedener Klassen (→ Coniunctura), 3) die diesen Kombinationen zugeordneten verschiedenen modalen Rhythmen (→ Modus – 2). Kernstück der M. waren die mehrtönigen Neumen, nunmehr → Ligaturen (– 1) genannt. Aus den Angaben der erst spät einsetzenden und bereits auf dem Boden der Mensuraltheorie stehenden Musiktraktate (*Discantus positio vulgaris*, Johannes de Garlandia, Anonymus IV und VII u. a.) ergibt sich etwa folgendes, das Prinzip veranschaulichende Bild (L = Longa, B = Brevis):

Modus	Kombination	Beispiel	rhythmische Bedeutung	
			mittelalterliche Theorie	heute
1.	3 2 2 ...		LBL BL BL	♩♪ ♩♪ ♩♪
2.	... 2 2 3		BL BL BLB	♪♩ ♪♩ ♪♩♪
3. (oder 6.)	1 3 3 ...		L BBL BBL	♩. ♪♪♩. ♪♪♩.
4.	kommt offenbar sehr selten vor und ist umstritten			
5.	1 1 1 ...		L L L	♩. ♩. ♩.
6. (oder 3.)	4 3 3 ...		BBBB BBB BBB	♪♪♪♪ ♪♪♪ ♪♪♪

(Da Theorie und Praxis nicht immer übereinstimmten, gehen die Auffassungen heute nicht selten erst recht auseinander.) Zur Kennzeichnung des Anfangs und des Endes einer Ligaturenkette dient ein senkrechtes Strichlein, das zugleich die Bedeutung eines Gliederungs- oder eines Pausenstrichs erhielt (→ Divisio modi – 1; → Suspirium). Die Anzahl der zwischen zwei Pausenstrichen stehenden regulären Ligaturen gibt Aufschluß über den → Ordo des betreffenden Modus. Komplikationen und Unklarheiten ergeben sich häufig durch Abweichungen von der Norm: vor allem bei Tonwiederholungen, durch Spaltung (fractio modi) oder Verschmelzung (extensio) von Normalwerten sowie durch syllabische Textunterlegung (bei Conductus und Motette). Für die Rekonstruktion des ursprünglich gemeinten Rhythmus erweist sich manchmal (aber nicht immer) die mensurale Umschrift eines modalrhythmisch mehrdeutig notierten Stücks als nützlich.

Lit.: Fr. Ludwig, Repertorium organorum ... I, 1, Halle 1910, S. 42ff., Nachdruck hrsg. v. L. A. Dittmer, NY u. Hildesheim 1964; H. Husmann, Die dreist. Organa d. Notre-Dame-Schule mit besonderer Berücksichtigung d. Hss. Wolfenbüttel u. Montpellier, Diss. Bln 1932, Teildruck Lpz. 1935; Apel N; R. v. Ficker, Probleme d. modalen Notation, AMl XVIII/XIX, 1946/47; W. G. Waite, The Rhythm of the XIIth-Cent. Polyphony, = Yale Studies in the Hist. of Music II, New Haven (Conn.) 1954; Fr. Zaminer, Der Vatikanische Organum-Traktat (Ottob. lat. 3025), = Münchner Veröff. zur Mg. II, Tutzing 1959; H. Tischler, A propos the Notation of the Parisian Organa, JAMS XIV, 1961; E. Thurston, A Comparison of the St. Victor Clausulae with Their Motets, in: Aspects of Medieval and Renaissance Music, Fs. G. Reese, NY (1966).

FZA

Modena (Emilia).
Lit.: V. Tardini, I teatri di M., 2 Bde, M. 1899/1900–1902; E. Schenk, Osservazioni sulla scuola istrumentale modenese nel Seicento, Atti e memorie della Accad. di scienze, lettere e arti di M. V, 10, 1952; G. Roncaglia, La scuola istrumentale modenese del s. XVII, Sonder-H. d. Accad. mus. chigiana, Siena 1956; ders., La cappella mus. del duomo di M., = Hist. Musicae Cultores Bibl. V, Florenz 1957; ders., Gli Ambreville, musicisti modenesi, Atti e memorie della deputazione di storia patria per le antiche provincie modenesi VIII, 11, 1959.

moderato (ital.), modéré (frz.), Abk.: mod., gemäßigt, eine Tempobezeichnung, die als Allegro m. zu verstehen ist.

Modern Jazz (mˈɔdən dʒæz, engl.), Sammelbezeichnung für die seit etwa 1953 (→ Cool Jazz) einsetzenden Versuche, den Jazz zu »modernisieren«, d. h. ihn durch harmonische, kontrapunktische, klangliche und formale Mittel im Sinne heutiger Kunstmusik zu verfeinern. Die Entwicklung begann an der Westküste der USA (San Francisco, Los Angeles). In diesem West-Coast-Jazz, an dessen Ausbildung vor allem weiße Musiker beteiligt waren (G. J. Mulligan, Shorty Rogers, Jimmy Giuffre), entstand eine elegant-kontrapunktische, fast spannungslose Musizierart, oft auf Grund raffinierter Arrangements. Ähnliche Versuche unternahm, in kammermusikalischem Wollen, Dave Brubeck, ein Kompositionsschüler von D. Milhaud. An der Ostküste mit dem Zentrum New York entwickelte sich der besonders von farbigen Musikern bestimmto East-Coast-Jazz. Rückgriffe auf den → Be-bop (Hard bop) und den → Blues kennzeichnen diese eher expressiv-vitale Richtung (Horace Silver, Art Blakey). – In kompositorischer Fixierung hat John Lewis (Modern Jazz Quartet) eine neue Verbindung wesentlicher Momente des Jazz mit solchen der europäischen Kunstmusik (Rückgriffe auf formale und kontrapunktische Prinzipien der Barockmusik, Einbeziehung modernerer Harmonik) angestrebt.

Modinha (mɔˈɪɲa, port., Modelied) war im 18./19. Jh. zunächst eine Art virtuoser Arie, komponiert von portugiesischen Komponisten nach dem Vorbild italienischer Opernarien unter Verwendung einheimischer Melodien. Die M.s fanden auch in zeitgenössische Singspiele Eingang. In schlichterer Gestalt waren sie in allen Volksschichten verbreitet. Nach der Kolonisation Brasiliens durch die Portugiesen wurde die M. hier, verquickt mit einheimischen Melodien, zu einem einfachen, auch trivialen Volkslied der niederen Schichten und gelangte so im 20. Jh. ins Ursprungsland zurück, wo sie heute in Strophenform, ein- bis zweistimmig, zur Gitarre (oder mit Klavier) gesungen wird. – Von H. Villa-Lobos gibt es 2 Alben *M.s e canções* aus den Jahren 1933–43.

Ausg. u. Lit.: C. das Neves u. G. de Campos, Cancioneiro de musicas populares, 3 Bde, Porto 1893–98. – M. de Andrade, M. imperiais, São Paulo 1930; J. B. Siqueira, M. do passado, Rio de Janeiro 1955.

Modulatio und modulari (lat., von modus, Maß) sind zentrale Begriffswörter in mittelalterlichen Musikdefinitionen, so bei Augustinus: *Musica est scientia bene modulandi* (erstmals belegt bei Censorinus, *De die natali* X, 3, übernommen aus Varros *Disciplinae* VII), dann bei Cassiodorus (II, 5, 2; GS I, 16a) und Isidorus (II, 15, 1; GS I, 20a) und vielerorts, bis hin zu Tinctoris: *Musica est modulandi peritia, cantu sonoque consistens* (*Diffinitorium*, 1473/74). Modulari ist hier das dem tonlichen und rhythmischen Maß (→ Modus – 1) entsprechende, als solches von Numerus und Ratio abhängige, daher im Rang einer Scientia stehende musikalische Gestalten. Nach Augustinus (I, 3) kann das Maß (modus) nur in Vorgängen der Bewegung (motus) gestört werden, und nach ihm ist M. die »Kenntnis des Bewegens« (*m. non incongrue dicitur movendi quaedam peritia*); denn in rechter (ethisch wirksamer) Weise wird etwas nur dann bewegt, wenn es das Maß wahrt (*Non enim possumus dicere bene moveri aliquid, si modum non servat . . .*). Indem der Begriff der M. das Prinzip der zahlhaft geordneten musikalischen Bewegung benannte, die als harmonica m. allen Dingen zugrunde liegt, diente er zugleich der kosmologischen Sinngebung der → Musica (besonders ausführlich bei Jacobus Leodiensis, *Speculum musicae* I und II, CSM III, I, 15f. und IIa, 12ff.). In Spätmittelalter und Renaissance verloren sich in den Musikdefinitionen der durch bene bezeichnete ethische und der kosmologische Begriffsinhalt von m., indem bene durch recte oder regulariter u. ä. und modulari durch canere oder cantare ersetzt wurden. Unabhängig davon und nicht im Widerspruch zu Augustinus' Bestimmung wurde m. (modulari, auch modulamen, modulator) im lateinischen Musikschrifttum des Mittelalters oft teils gleichbedeutend mit componere, cantum formare u. ä. (→ Komposition), teils im Sinne der Ausführung eines Gesanges (canere, decantare u. ä.) gebraucht. Noch im 18. Jh. definiert J. G. Walther (1732) M. als *die Führung einer Melodie oder Sang-Weise* und bezeichnet J. Mattheson (Capellm., S. 109) die *Kunst zierlich zu singen und zu spielen* als Modulatoria vocalis et instrumentalis. – Da Modus auch die Bedeutung von »Tonart« (tropus, tonus) hatte, bezeichnete M. speziell die der Tonart entsprechende Gestaltung und dies ebenfalls bis ins 18. Jh.: modulieren heißt, *den guten Regeln der Modorum* folgen (WaltherL, Artikel Musica Modulatoria). In seiner heutigen Grundbedeutung hat sich → Modulation (– 1) erst seit dem 18. Jh. allmählich verfestigt als Bezeichnungsfragment für den Ausdruck »Modulation [Tonführung] von einer Tonart zur anderen« (vgl. Eggebrecht, S. 114ff.). Der Wechsel der Tonart wurde in früheren Zeiten → Metabolē, Transitus per tonum (Remi d'Auxerres, GS I, 79a), Mutatio per modum vel tonum (→ Mutation – 2) oder Alteratio modi (Chr. Bernhard, ed. Müller-Blattau, S. 79 und 108) genannt.

Lit.: E. HOLZER, Varroniana, in: Ulmer Gymnasialprogramm 1890; H. EDELSTEIN, Die Musikanschauung Augustins nach seiner Schrift »De musica«, Freiburg i. Br. 1929; H. H. EGGEBRECHT, Studien zur mus. Terminologie, = Akad. d. Wiss. u. d. Lit. Mainz, Abh. d. geistes- u. sozialwiss. Klasse, Jg. 1955, Nr 10.   HHE

Modulation (von lat. → modulatio). – 1) In der dur-moll-tonalen Musik bezeichnet M. den *Übergang aus einer Tonart in eine andere* bzw. *das Übergehen der Bedeutung des Hauptklanges (Tonika) auf einen anderen Klang* (Riemann). Jede M. setzt voraus, daß zunächst eine Ausgangstonart durch ihre wesentlichsten Akkorde eindeutig dargestellt ist. Die eigentliche M. vollzieht sich dann durch *Umdeutung der Akkorde aus der Bedeutung, welche sie in der zum Ausgange genommenen Tonart haben, zu derjenigen, welche ihnen in einer anderen Tonart zukommt* (Riemann). Mit dem eindeutigen Schluß in der Zieltonart ist die M. beendet. Das nur flüchtige Verlassen der alten Tonart, dem sofort die Rückwendung folgt, heißt Ausweichung und gilt noch nicht als M. Von der M. durch Umdeutung wird die harmonische Rückung unterschieden, das unverbundene Nebeneinanderstellen von Satzteilen in verschiedenen Tonarten. Es ist jedoch zu beachten, daß in jedem einheitlich gearbeiteten musikalischen Kunstwerk auch die Partien, die sich nicht in der Haupttonart bewegen, dennoch in deren Banne stehen. Die durch M. eingeführten fremden Tonarten haben ihre eigentliche Bedeutung durchaus in ihrer Beziehung zur Haupttonart, so daß M.en eines Tonstücks als »Tonalitätsschritte« einer ähnlichen Beurteilung unterliegen wie Klangfolgen als Harmonieschritte, worauf u. a. auch Hindemith hingewiesen hat. Maßgebend für die M. ist die Verwandtschaft der Tonarten, die nichts anderes ist als die Verwandtschaft der Hauptklänge (Toniken). Schritte zu Tonarten, die nicht direkt quint- oder terzverwandt sind, erfordern ebenso eine Rechtfertigung (den vorherigen oder nachträglichen Übergang zu direkt verwandten Tonarten) wie Folgen entfernt verwandter Klänge. – Die Bezeichnung M. für den Übergang der Tonikabedeutung auf einen anderen Klang hat sich im deutschen Sprachbereich erst im Laufe des 19. Jh. allgemein durchgesetzt. In den deutschen Musiklehren des 18. Jh. wird der Tonartwechsel vielfach Ausweichung genannt. Den Übergang von einer Tonart zur anderen unterscheidet noch G. Weber 1818 als »ausweichende« M. von der »leitereigenen«, dem Verbleiben in derselben Tonart. Bevorzugt waren im 18. Jh. im allgemeinen nur Ausweichungen in die benachbarten Tonarten der Haupttonart (die 5 »Nebentonarten«): in Dur die »harten« Tonarten der Quinte und Quarte sowie die »weichen« der Sexte, Terz und Sekunde, in Moll die »weichen« Tonarten der Quinte und Quarte sowie die »harten« der Terz, Sexte und Septime. *Accorde, die auf einen anderen Ton oder Tonart ihr Absehen haben . . . können nur zufälligerweise im Vorbeygehen berühret werden* (Marpurg 1762). Auch wurde die Anzahl der M.en vom Umfang der Stücke abhängig gemacht. Häufige und rasche M.en sowie solche in entfernte Tonarten waren nur im Rezitativ und in der freien Fantasie erlaubt. Noch G. J. Vogler, dessen Lehren die Harmonik der frühen deutschen Romantik – vor allem die seines Schülers C. M. v. Weber – entscheidend beeinflußt haben, wollte 1776 die Anzahl der möglichen Ausweichungen auf 44 beschränkt wissen. Für die Aufhebung dieser, besonders durch die Musik der Wiener Klassik bald überholten Vorschriften setzte sich als Theoretiker zuerst G. Weber ein. Fétis' Vorahnung von zunehmender Chromatik und Enharmonik in der Musik (1844) wurde durch die musikalische Entwicklung im ausgehenden 19. Jh. weitgehend bestätigt. H. Riemann machte 1887 als erster die M.s-Lehre einer systematischen und erschöpfenden Behandlung fähig, indem er die Akkorde, die umgedeutet werden, doppelt bezeichnete (z. B. $T^6 = S^6$). Die zunehmende chromatisch-enharmonische Ausweitung der Tonalität in der Spätphase der dur-moll-tonalen Musik führt zu einem Zurückdrängen des Begriffs M. im Sinne eines selbständigen Ereignisses im tonalen Ablauf. Die innerhalb einer Komposition erreichten Tonarten werden nicht mehr als verschiedene »Tonalitäten« gedacht, sondern als Glieder eines tonalen Gesamtprozesses verstanden, der als »Monotonalität« (Schönberg, S. 19) begrifflich definiert wird. Danach *wird jede Abweichung von der Tonika als in der Tonart stattfindend betrachtet*, d. h. *Monotonalität begreift M. ein*. Die Abweichungen von der Tonart gelten als *Regionen* innerhalb der Tonart, *untergeordnet der Zentralgewalt der Tonika. Auf diese Weise wird ein Verstehen der harmonischen Einheit innerhalb eines Stückes erreicht* (Schönberg, S. 19).

– 2) In der Akustik bezeichnet die M. die periodische Veränderung einer charakteristischen Größe einer Schwingung. Verändert werden können die Amplitude (Amplituden-M., Abk.: AM), die Frequenz (Frequenz-M., Abk.: FM) sowie die Phase (Phasen-M.). Der Betrag dieser periodischen Veränderung wird als M.s-Hub in Prozenten angegeben, ihre Häufigkeit pro sec als M.s-Frequenz in Hertz. AM und FM spielen vor allem in der Rundfunktechnik eine Rolle. In der musikalischen Praxis sind sie als Tremolo bzw. Vibrato (oft kombiniert) zu beobachten. Häufig werden modulierte Schallvorgänge auch im → Hörversuch verwendet.

Lit.: zu 1): J. D. Heinichen, Der Gb. in d. Composition, Dresden 1728; Bach Versuch; Fr. W. Marpurg, Hdb. bey d. Gb. u. d. Composition I, Bln ²1762; J. Ph. Kirnberger, Die Kunst d. reinen Satzes in d. Musik I, Bln u. Königsberg 1771; G. J. Vogler, Tonwissenschaft u. Tonsetzkunst, Mannheim 1776; ders., Hdb. d. Harmonielehre u. f. d. Gb., Prag 1802; H. Chr. Koch, Versuch einer Anleitung zur Composition II, Lpz. 1787; KochL; H. Chr. Koch, Mus. Lexikon, bearb. v. A. v. Dommer, Heidelberg 1865; A. Reicha, Cours de composition mus. ..., Paris 1818; G. Weber, Versuch einer geordneten Theorie d. Tonsetzkunst II, Mainz 1818; Fr.-J. Fétis, Traité complet de la théorie et de la pratique de l'harmonie, Paris 1844, ⁷1861, ¹²1879; H. Riemann, Systematische Modulationslehre als Grundlage d. mus. Formenlehre, Hbg 1887; ders., Hdb. d. Harmonielehre, Lpz. ³¹898; M. Reger, Beitr. zur Modulationslehre, Lpz. 1903, ²⁴1952; H. Kurzmann, Die M. in d. Instrumentalwerken Mozarts, StMw XII, 1925; H. Erpf, Studien zur Harmonie- u. Klangtechnik d. neueren Musik, Lpz. 1927; W. Maler, Beitr. zur Harmonielehre, 3 H., Lpz. 1931, neu bearb. mit G. Bialas u. J. Driessler als: Beitr. zur durmolltonalen Harmonielehre, München u. Duisburg ⁴¹957; J. Stephan, Der modulatorische Aufbau in Bachs Gesangswerken, Diss. Innsbruck 1933, maschr.; G. Wilcke, Tonalität u. M. im Streichquartett Mendelssohns u. Schumanns, Lpz. 1933; H. Schenker, Neue mus. Theorien u. Phantasien III: Der freie Satz, Wien 1935, ²1956; P. Hindemith, Unterweisung im Tonsatz I, Mainz 1937, ²¹940, engl. als: Craft of Mus. Composition I, London 1942; A. Schönberg, Structural Functions of Harmony, hrsg. v. H. Searle, NY 1954, deutsch v. E. Stein als: Die formbildenden Tendenzen d. Harmonie, Mainz (1957); W. Keller, Hdb. d. Tonsatzlehre, 2 Bde, Regensburg 1957–59; R. Woodham, The Meaning of M., MR XXI, 1960; E. Seidel, Die Enharmonik in d. harmonischen Großformen Fr. Schuberts, Diss. Ffm. 1962; Beitr. zur Musiktheorie d. 19. Jh., hrsg. v. M. Vogel, = Studien zur Mg. d. 19. Jh. IV, Regensburg 1966.

Modulus (lat., Diminutiv von → modus), in der mittelalterlichen Musiklehre eine der vielen Bezeichnungen für eine Melodieformel (z. B. für die Tonartformel im Tonar), auch für eine Stimme oder einen Stimmabschnitt im mehrstimmigen Satz, besonders für die Melismen des Organum im 12.–13. Jh. Auch in der Bedeutung der (häufig instrumentalen) Verzierungsfigur (eines *musicalischen Förmelchen*, WaltherL) kommt M. vor. – M. bezeichnet auch den verschiebbaren Steg des → Monochords.

Modus (lat., das einer Sache innewohnende Maß, dann auch Vorschrift, Regel, Art und Weise), – 1) in der lateinischen Literatur zunächst belegt im Sinne von Abgemessenheit der Tonbewegung, Melodie, Weise (→ Modulatio). Boethius (*De institutione musica* IV, 15) gebraucht dann die Benennung modi für die Tropi oder Toni, d. h. für die Oktavgattungen und Tonarten der griechischen Musiktheorie. Im frühen Mittelalter hat sich unter dem Einfluß der boethianischen Terminologie m. neben tonus und tropus als Bezeichnung der → Kirchentöne und später der → Tonarten eingebürgert (vgl. ital. modo, frz. und engl. mode; Tongeschlechter: frz. mode majeur und mineur, → Genos). – 2) Als Terminus der zusammen mit der Rhythmik der → Notre-Dame-Schule aufgekommenen, heute im einzelnen noch nicht ganz durchsichtigen Rhythmuslehre ist M. erst verhältnismäßig spät bezeugt (seit der *Discantus positio vulgaris*, ed. Cserba, S. 193, CS I, 96b). Diese mit der → Modalnotation verbundene, in ihrer Entstehung noch wenig geklärte Lehre beruhte auf der Unterscheidung verschiedener dreizeitiger Rhythmen. In den ältesten erreichbaren, aber schon ein fortgeschrittenes Stadium (frühe Mensuraltheorie) repräsentierenden Darstellungen der Lehre galten folgende Modi als Grundformen (L = Longa ▪, B = Brevis ▪):

1. M.: L B L B L ... ▪▪▪▪▪ (♩ ♩ ♩ ♩)
2. M.: B L B L B ... ▪▪▪▪▪ (♩ ♩ ♩ ♩)
3. M.: L B B L B B L ... ▪▪▪▪▪▪▪ (♩. ♩ ♩ ♩. ♩ ♩)
4. M.: B B L B B L ... ▪▪▪▪▪▪ (♩ ♩ ♩. ♩ ♩ ♩.)
5. M.: L L L L ... ▪▪▪▪ (♩. ♩. ♩. ♩.)
6. M.: B B B B ... ▪▪▪▪ (♩ ♩ ♩ ♩)

Daneben gab es auch Modi irregulares, z. B. (CS I, 97b, 328a): L L B L L B ... ▪▪▪▪▪▪ (♩. ♩ ♩. ♩ ♩)
weitere solche Modi nennt Anonymus IV (CS I, 361f.). Die Benennung der Modi nach antiken Versfüßen (trochaeus, iambus, dactylus, anapaestus, molossus, tribrachys) ist erst aus viel späterer Zeit und nur in Verbindung mit der Bestimmung des → Ordo bekannt (W. Odington, CS I, 238ff.). Das Verhältnis der Modi zueinander, die Unterscheidung von primären und sekundären (abgeleiteten) Modi, war bereits im 13. Jh. umstritten (seit Garlandia). Die Betonung der modalen Rhythmen wird heute nicht ganz einheitlich beurteilt; z. B. unterscheiden einige Forscher zwei Betonungen des 2. M., ♩ ♩ ♩ ♩ und ♩ ♩ ♩ ♩, wobei die letztere uneigentlich sei und den Rhythmus zu einem »auftaktigen« 1. M. mache; der 3. M. wird meist als ♩. ♩ ♩ betont aufgefaßt. In Anlehnung an die modalen Rhythmen werden heute mehrfach auch nichtmodal notierte Stücke außerhalb des Notre-Dame-Kreises rhythmisch gedeutet (→ Trobadors, → St-Martial u. a.). – 3) Auf der Stufe der → Mensuralnotation (→ Mensur - 2) erhielt M. im 14. Jh. allmählich eine von der Beziehung auf bestimmte Rhythmen unabhängige, abstrakte Bedeutung, die lediglich das Verhältnis der größten Notenwerte untereinander erfaßt: M. maior betrifft das Verhältnis von Longa zu Maxima, M. minor das von Brevis zu Longa. Der Zusatz perfectus besagt, daß es sich um das Verhältnis 1:3, imperfectus, daß es sich um das Verhältnis 1:2 handelt. In der Praxis war eine besondere Vorzeichnung meist nicht üblich. – 4) Als Bezeichnungsfragment begegnet M. u. a. in den Bedeutungen Intervall (von m. consonantiarum) und Kompositionsweise (z. B. m. fauxbourdon).

Lit.: H. Hüschen, Der M.-Begriff in d. Musiktheorie d. MA u. d. Renaissance, Mittellat. Jb. II, 1965. – zu 2): G. Jacobsthal, Die Mensuralnotenschrift d. 12. u. 13. Jh., Bln 1871; Riemann MTh; Fr. Ludwig, Repertorium organorum ..., I, 1, Halle 1910, S. 42ff., Nachdruck hrsg. v. L. A. Dittmer, NY u. Hildesheim 1964; A. M. Michalitschke, Theorie d. M., Regensburg 1923; J. Handschin, Zur Notre-Dame-Rhythmik, ZfMw VII, 1924/25; H. Sowa, Zur Weiterentwicklung d. modalen Rhythmik, ZfMw XV, 1932/33; J. Chailley, Quel est l'auteur de la »théorie modale« dite de Beck-Aubry?, AfMw X, 1953; L. A. Ditt-

MER, Binary Rhythm, Mus. Theory and the Worcester Fragments, MD VII, 1953; H. HUSMANN, Das System d. modalen Rhythmik, AfMw XI, 1954; FR. GENNRICH, Wer ist d. Initiator d. »Modaltheorie«?, Miscelánea en homenaje a H. Anglès I, Barcelona 1958–61; DERS., Streifzüge durch d. erweiterte Modaltheorie, AfMw XVIII, 1961; E. H. SANDERS, Duple Rhythm and Alternate Third Mode in the 13th Cent., JAMS XV, 1962; BR. STÄBLEIN, Modale Rhythmen im St-Martial-Repertoire?, Fs. FR. Blume, Kassel 1963; FR. RECKOW, Der Musiktraktat d. Anon. 4, = BzAfMw IV, Wiesbaden 1967; H. VANDERWERF, Deklamatorischer Rhythmus in d. Chansons d. Trouvères, Mf XX, 1967. – zu 4): H. H. EGGEBRECHT, Studien zur mus. Terminologie, = Akad. d. Wiss. u. d. Lit. Mainz, Abh. d. geistes- u. sozialwiss. Klasse, Jg. 1955, Nr 10.

Moll (lat. mollis, weich, sanft, schlaff) bezeichnet das weiche Tongeschlecht mit kleiner Terz und kleiner Sexte, bildet mit → Dur ein Begriffspaar und teilt dessen Benennungs- und Bedeutungsgeschichte. Die allmähliche Umwandlung der Kirchentöne in die beiden neuzeitlichen Tongeschlechter endete jedoch für M. weniger eindeutig als für Dur. Noch heute werden in der Praxis 3 Formen der M.-Skala unterschieden:

Sie weichen im oberen Teil (6.–8. Stufe) voneinander ab. Die natürliche oder reine M.-Tonleiter, der von Glareanus als 9. (bzw. 10.) Ton den 8 → Kirchentönen angegliederte äolische Modus, kommt ohne Erhöhungen aus, findet aber in der dur-moll-tonalen Musik meist nur als absteigende melodische M.-Skala Verwendung, da die klassische und romantische Harmonik auch in M. nicht auf den Leitton verzichtet. Dessen Einführung ins Äolische macht – zur Vermeidung der »unsanglichen« übermäßigen Sekunde (f–gis) – auch die Erhöhung der 6. Stufe zur großen (dorischen) Sexte über der 1. Stufe notwendig, wodurch die aufsteigende melodische M.-Tonleiter entsteht. Die harmonische M.-Skala kann als eine zur Leiter angeordnete Zusammenstellung der Töne angesehen werden, die in M. die vollständige Kadenz bilden (Beispiel in A moll).  Durch den harmonisch motivierten Gebrauch dieser Tonleiter findet der unsangliche Schritt von der 6. zur 7. Stufe auch in die Melodik Eingang, wird als reizvoll empfunden und in der → Zigeunertonleiter, einem gleichsam lydisch gefärbten M., sogar zweimal verwendet. – Dur- und M.-Dreiklang gelten seit Zarlino (1558) als die zwei Akkorde, auf denen alle Vielfalt tonaler Harmonie beruht. Beide unterscheiden sich durch die Einstimmung ihres mittleren Tones, der in M. eine kleine Terz zum Grundton bildet. Die unleugbare Tatsache des gleichen oder zumindest ähnlichen Konsonanzgrades, aber unterschiedlichen Klangcharakters beider Dreiklänge hat die Musiktheorie vom 16. bis zum 20. Jh. beschäftigt, ohne daß eine allgemeinverbindliche Erklärung dafür gefunden werden konnte. Für Zarlino, der die Existenz der Partialtöne noch nicht kannte, war der M.-Akkord weniger vollkommen als der Durakkord, da die Saitenlängen seiner Töne (nur) der arithmetischen und nicht wie beim Durdreiklang der harmonischen Proportion entsprechen. Rameau schwankte in der Beurteilung des M.-Dreiklangs. Anfänglich (1722) gegen Zarlino eingenommen, kommt er 1737 doch auf die arithmetische Proportion zurück und gelangt zu einer quasi dualistischen M.-Erklärung. Deren akustischer Fragwürdigkeit wird er sich in der *Démonstration* (1750) bewußt und nimmt für den M.-Akkord zwei Erzeugertöne an, womit er H. v. Helmholtz' Erklärung vorwegnimmt. Im Anhang seiner Spätschrift *Code de musique* (1760) benutzt er zur Ableitung des M.-Dreiklangs ausschließlich die Obertonreihe (e^2-g^2-h^2 = 10:12:15 über C = 1). Die einseitige Betrachtung des M.-Akkords unter dem Aspekt der Partialtöne vermag aber dessen Konsonanz nicht zu erklären, da sich einerseits der Ton es des Dreiklangs c es g nicht unter den Obertönen von c befindet und andererseits der Grundton des M.-Dreiklangs, der in der Partialtonreihe vorkommt (e^2-g^2-h^2), nicht mit dem Grundton der Partialtonreihe (C) zusammenfällt. H. v. Helmholtz charakterisiert daher 1862 den M.-Dreiklang als »getrübte« Konsonanz und analysiert ihn als Kombination der Elemente zweier Durklänge, z. B. c-es-g als c-g (von C) + es (von Es). Mit dieser Auffassung verwandt ist die M.-Erklärung des »Monismus« (A. J. Polak, *Über Zeiteinheit in bezug auf Consonanz, Harmonie und Tonalität*, Leipzig 1900; G. → Capellen 1904), wonach der M.-Klang als »vermittelte« (»kombinierte«) Konsonanz nicht unabhängig auf sich beruht, sondern stets von mehreren Dur-(Natur-)Klängen abgeleitet ist. Der von Hauptmanns dialektischer Erklärung des Dur-M.-Gegensatzes ausgehende → Dualismus A. v. Oettingens und Riemanns sucht dagegen das den M.-Dreiklang bildende Terz-Quint-Verhältnis nicht oberhalb, sondern unterhalb des harmonischen Zentrums. Dur- und M.-Dreiklang sind hier zwar polar entgegengesetzte, aber gleichberechtigte Konsonanzen. Kurth (1913) betrachtet Dur- und M.-Akkorde gleicher Basis als entgegengesetzt gerichtete relativ schwächste Abweichungen vom (imaginären) Fall absoluter Ruhe. Denn jede große Terz habe Leittonspannung nach oben, jede kleine nach unten. Die mangelnde Eindeutigkeit des M.-Geschlechts gibt zwar der Musiktheorie Rätsel auf, hat aber das Komponieren ungemein befruchtet. M.-Harmonik schwankt zwischen gleichnamigem und parallelem Dur; sie wirkt daher im ganzen farbiger als die Durharmonik und wurde im 19. Jh. dem Dur vorgezogen.

Lit.: → Dur, → Dualismus, → Harmonielehre.

Moment musical (mɔm'ã müzik'al, frz., musikalischer Augenblick), instrumentales → Charakterstück in einfacher Liedform und von intimer Haltung. Der Name M. m. taucht im Zusammenhang mit den 6 Klavierstücken op. 94 (D 780) von Fr. Schubert erstmals auf, die 1828 unter dem Titel *Momens musicals* erschienen. Der Titel in dieser Form stammt wahrscheinlich von dem Wiener Verleger Leidesdorf, der Jahre vorher eigene *Momens mélancholiques* herausgebracht hatte. *Moments musicaux* für Orch. (op. 19, 1955) schrieb G. Klebe.

Mongolei.
Lit.: P. J. VAN OOST, La musique chez les Mongols des Urdus, Anthropos X, 1915 – XI, 1916; I. KROHN, Mongolische Melodien, ZfMw III, 1920/21; E. EMSHEIMER, Über d. Vorkommen u. d. Verwendung d. Maultrommel in Sibirien u. Zentralasien, Ethnos VI, 1941; DERS., Preliminary Remarks on Mongolian Music and Instr., in: Reports from the Scientific Expedition ... of Sv. Hedin ..., Publication 21, VIII, Ethnography 4, The Music of the Mongols I, Eastern Mongolia, Stockholm 1943; DERS., Mongolische Musik, in: Studia ethnomusicologica eurasiatica, = Musikhist. museets skrifter I, ebenda 1964; CH. TAKEDA, Songs of the Mongols. Motations and Explanations, Journal of the Soc. for Research in Asiatic Music, H. 10/11, 1952; L.

VASS, A mongol zenéröl (»Über mongolische Musik«), Uj zenei szemle VI, 1955; L. PICKEN, The Music of Far-Eastern Asia, in: The New Oxford Hist. of Music I, London 1957.

Monochord (griech., von μόνος, einzig, und χορδή, Saite; auch κανών; lat. regula, norma) besteht aus einem rechteckigen Resonanzkasten mit einer längs darübergespannten Saite, die an zwei Punkten gestützt oder befestigt wird und durch einen verschiebbaren Steg (modulus, später meist magadis oder magada, auch stephanus genannt) beliebig geteilt werden kann. Eine auf den Resonanzkasten gezeichnete Skala markiert die einzelnen Teilungspunkte, so daß mit Hilfe des M.s jedes Intervall in akustischer Reinheit klingend dargestellt werden kann. Angeblich von Pythagoras erfunden, war es seit der Antike vor allem zur mathematischen Bestimmung und Erklärung der musikalischen Tonverhältnisse als Demonstrations- und Kontrollwerkzeug von hervorragender Bedeutung (→ Kanon – 1). Während sich das frühe Mittelalter (Boethius), der antiken Praxis folgend, des M.s als eines Systems bediente und an ihm die der Musica zugrunde liegenden Proportionen im Rahmen einer Theoria der Betrachtung zugänglich machte, fand diese Aufgabe des M.s seit dem 10. Jh. eine grundlegende Erweiterung, indem das Instrument nunmehr auch als praktisches Hilfsmittel für den Musikunterricht zur Demonstratio rudimentorum ad oculos und zum Erlernen von Gesängen herangezogen wurde. Dabei garantiert die nach der Mensura m.i vorgenommene Saitenteilung eine absolute mathematisch-akustische Exaktheit: *quod enim bene mensuratum est, nunquam fallit* (GS I, 253a). Die Tonstufen werden durch Teilung der Saite in den Proportionen 2:1 (Oktave), 3:2 (Quinte), 4:3 (Quarte) und 9:8 (Ganzton) gefunden; der Kommentar zu H. Spechtsharts *Flores musicae* spricht von Mensura binaria, ternaria, quaternaria und novenaria. Im *Micrologus* (Cap. III) gibt Guido von Arezzo zwei Teilungen, von denen sich die erste leichter dem Gedächtnis einprägen und die zweite schneller zum Ziele führen soll. Im Gegensatz zu den M.-Mensuren, deren Überlieferung einen wesentlichen Bestandteil der mittelalterlichen Musiktraktate ausmacht (Odo von St. Maur, Guido von Arezzo, Johannes Affligemensis), sind konkrete Angaben über den Bau des Instruments, seine Größe und seine Saitenlänge nur relativ selten zu finden. – Aus dem M. ist im späten Mittelalter das Clavichord hervorgegangen, wobei das ebenfalls monochordum genannte Polychord eine Zwischenstufe bildet (1434 erwähnt Georgius Anselmi ein mehrsaitiges Instrument mit Tasten, d. h. ein Tastenpolychord oder Clavichord; vgl. auch J. Gallicus, CS IV). Eine Sonderart ist das Tasten-M. (Clavi-M.), wie es um 1460/70 im *Novellus musicae artis tractatus* des reformfreudigen Magisters Conrad von Zabern beschrieben wird. Dieses entstand nach dem Vorbild des commune clavichordium, welches auf eine Saite beschränkt und mit einer dem Guidonischen System entsprechenden Tastenreihe versehen wurde (Γut – e la, d. h. G-e^2 = 20 Tasten + 2 den Claves ♮durorum eingefügte Claves ♭mollium). Eine wohldurchdachte Tastenbeschriftung (inscriptio) dient der Veranschaulichung der musikalischen Grundbegriffe. Sie enthält die Tonbuchstaben (litterae oder claves), Solmisationssilben (syllabae oder voces) und Schlüsselbuchstaben (F, c, g) sowie eine Markierung der Hexachordanfänge. Über die zahlreichen Verwendungsmöglichkeiten des Tasten-M.s berichtet Conrad ausführlich in seinem *Opusculum de monochordo* (gedruckt zwischen 1462 und 1474). Wertvolle Angaben über das M. finden sich gleichfalls in der *Musica practica* des Ramos de Pareja (hrsg. v. J. Wolf, = BIMG I, 2, Leipzig 1901).

Lit.: Flores musice ... v. Hugo v. Reutlingen, hrsg. v. C. BECK, = Bibl. d. litterarischen Ver. in Stuttgart LXXXIX, Stuttgart 1868, Nachdruck Amsterdam o. J.; Die Musiktraktate Conrads v. Zabern, hrsg. v. K. W. GÜMPEL, = Akad. d. Wiss. u. d. Lit. Mainz, Abh. d. geistes- u. sozialwiss. Klasse, Jg. 1956, Nr 4; Georgius Anselmi Parmensis, De musica, hrsg. v. G. MASSERA, = Hist. Musicae Cultores, Bibl. XIV, Florenz 1961; S. WANTZLOEBEN, Das M. als Instr. u. als System, Halle 1911; J. HANDSCHIN, Aus d. alten Musiktheorie V: Zur Instrumentenkunde, AMl XVI/XVII, 1944/45; W. NEF, The Polychord, The Galpin Soc. Journal IV, 1951; K. W. GÜMPEL, Das Tastenm. Conrads v. Zabern, AfMw XII, 1955; J. CHAILLEY, Le monocorde et la théorie mus., in: Organicae voces, Fs. J. Smits van Waesberghe SJ, Amsterdam 1963. KWG

Monodie (griech. μονῳδία, Einzel-, Sologesang), in der griechischen Antike der wohl meist von einem mitspielenden Instrument (Aulos, Kithara, Lyra) unterstützte Gesang eines einzelnen (vgl. Pseudo-Aristoteles, *Problemata* XIX, 9 und 43). Bezeugt ist das Wort als Benennung einer bestimmten, für die Tragödien von Euripides charakteristischen Art von gesungenen, oft monologähnlichen Schauspielerpartien (zuerst durch Aristophanes, z. B. »Frösche« 849, 944, 1330, wo diese Art parodiert wird), später auch allgemein als zusammenfassende Bezeichnung für andere Arten von Einzelgesängen, etwa der Rhapsoden und Kitharoden (Platon, »Gesetze« 764d–e). Als Terminus hat sich M. anscheinend erst im Gefolge der alexandrinischen Philologen allmählich eingebürgert (Tragödienkommentare, Lexika). Bei Aristoteles gehören die Tragödien-M.n zu den τὰ ἀπὸ τῆς σκηνῆς (»Poetik« 1452b), haben also noch keinen eigenen Namen. Eine scharfe Abgrenzung gegen die im Drama sonst vorkommenden Schauspielergesänge scheint deshalb kaum möglich. Was die M. auszeichnete, war offenbar die lyrisch-musikalische Nachahmung und Darstellung (μίμησις) des tiefsten Schmerzes, seltener auch der höchsten Freude (in den »Phoinikerinnen« von Euripides letzteres etwa 301ff., ersteres dagegen 1485ff.). Bei Euripides können vom Rhythmus her drei verschiedene Typen von M.n unterschieden werden: a) die nichtstrophischen anapästischen Klagegesänge (z. B. »Troerinnen« 98ff.; vgl. auch Sophokles, »Elektra« 86ff.); b) strophisch gebaute Gesänge, häufig threnodischen Charakters (z. B. »Alkestis« 393ff. und 406ff.; → Threnos), doch sind die respondierenden Strophen mitunter weit voneinander getrennt (so entspricht im »Hippolytos« der Chorpartie 362ff. die solistische Partie 668ff.); c) in den Spätwerken die wohl unter dem Einfluß des jüngeren → Dithyrambos entstandenen nichtstrophischen, rhythmisch (und melodisch?) nunmehr ganz dem Sinn der Worte angepaßten Gesangspartien (z. B. der Bericht des atemlosen, dem Tode entronnenen phrygischen Sklaven im »Orestes« 1369–1502). Über das Schicksal der Tragödien-M. nach Euripides' Tod (406 v. Chr.) ist wenig bekannt. Im 2. Jh. n. Chr. war sie noch im Theater zu hören (Lukianos, *De saltatione*, 27), doch scheint sich der Begriff damals oder schon vorher bisweilen zu dem des Klagegesangs verengt zu haben (Philostratos, *Vita Apollonii* IV, 21). Heute werden vielfach auch andere und verschiedene Arten solistischer Gesänge der Antike monodisch genannt, z. B. die der Chorlyrik gegenübergestellte solistische Lyrik der Sappho und des Alkaios oder die solistischen Gesangspartien in der altattischen und dann wieder in der römischen Komödie (lat. cantica, mutatis modis cantica).

In Rückbesinnung und als Wiederbelebung der antiken Musik, ihrer in Texten beschriebenen mirabili effetti, entstand gegen Ende des 16. Jh. in Italien die M. genannte neue Art des instrumental begleiteten Sologesangs. Sie wurde zuerst in der Florentiner → Camerata erörtert und erprobt und dann als Stile recitativo zusammen mit der Ausbildung des Generalbaßsatzes zu künstlerisch vollgültiger Ausprägung geführt, namentlich durch Caccini und Monteverdi in den Gattungen Oper, Arie und Solomadrigal. Eine Entwicklung von der Herrschaft des durchimitierenden Vokalsatzes in Richtung des begleiteten Sologesanges läßt sich allerdings schon seit dem früheren 16. Jh. verfolgen, sowohl im Hervortreten des Lautenliedes (L. Milan 1535; *Airs de cour*, herausgegeben von A. le Roy, 1571) als auch in der Praxis des Arrangierens mehrstimmiger Vokalmusik für eine (oft kunstvoll diminuiert vorgetragene) Singstimme mit Lauten- oder Klavier-(Orgel-)Begleitung, von Einstein »Vor- oder Pseudo-M.« genannt. Die allgemeine Forderung jener Zeit, daß die Musik Dienerin des Textes sein solle, förderte eine die Oberstimme als Melodieträger hervorkehrende homophone Satzweise und führte vor allem in der Madrigalkunst zu jener Affektsteigerung seitens Deklamation und Harmonik, die in Abwehrstellung gegenüber dem tradierten Kontrapunkt das Neuland der → Seconda pratica erobern half. Doch die M. im eigentlichen Sinn ist jene grundsätzlich neue Art der Musik, die – im Unterschied zum gleichzeitig aus der Motette entstehenden solistischen → Concerto – unter der antikisierenden Leitidee des cantare con affetto originär als Sologesang mit Akkordbegleitung konzipiert ist. Nach Caccinis Vorwort zu *Le nuove musiche* (Florenz 1601), dem bedeutenden Manifest der M., ist diese neue *maniera di cantare* ein *quasi in armonia fauellare*, wobei Mensur, Tempo und Tondauern sowie die improvisierten Verzierungen ganz vom Sinn- und Affektgehalt des Textes abhängig sind. Die M. ist Nachahmung des affektgeladenen, in seelischer Erregtheit fluktuierenden Sprechens der dafür besonders geeigneten italienischen Sprache. Ihre Melodik zeichnet sich aus durch schnellen Wechsel langer und kurzer Töne, großen Ambitus und dissonante Sprünge. Der monodische (zur M. gehörende) Generalbaß, oft als liegender Baßton notiert,

Cl. Monteverdi, *Lamento d'Arianna* (1608).

hat die Aufgabe, die Klänge darzustellen, denen die Melodietöne zugehören oder zu denen sie – wie zu »Klangpolen« – als Dissonanzen gespannt sind, oft frei einsetzend, nicht mehr kontrapunktisch (intervallisch), sondern als akkordbezogene Töne gemeint. Mehr als bei anderen Musikarten wird in der M. die Komposition erst durch die → Gesangskunst des Sängers vervollständigt und vollendet, der, vom Gehalt des Textes affiziert, die Empfindungen theatralisch zur Schau stellt, als ob sie ihn selbst ganz erfüllten. Eine Differenzierung der M. in eine mehr rezitierende und eine mehr ariose Art ist schon in den Madrigalen und Arien von Caccinis *Le nuove musiche* festzustellen. Nach G. B. Doni (*Compendio*, 1635) ist die *Musica monodica* dementsprechend entweder *più semplice, detta stile recitativo* oder *più ariosa*. In seinen *Annotazioni* (1640) gliedert Doni den stile monodico in den psalmodierenden stile narrativo, den mehr ariosen stile speciale recitativo und den höchststehenden, für das Theater geeignetsten stile espressivo. Nicht nur auf Rezitativ und Arie, Oper und Kantate, sondern auf alle Arten und Gattungen der Musik hat die M. kompositorisch und vortragsmäßig ausgestrahlt. Sie *bildet den Ausgangspunkt der gesamten modernen Musik* (H. Riemann), wenngleich sie in reinster Form nur in den Jahrzehnten um 1600 in Italien blühte und namentlich in Deutschland die Tradition des kontrapunktischen (motettischen) Satzes umbildend ihr entgegenwirkte (→ Figuren). – Der schon bei J. G. Walther (1732, Artikel Cantus monodicus) und heute oft sehr weit gefaßte Sprachgebrauch versteht M. fälschlich einerseits als ein-(statt einzel-)stimmigen Gesang (z. B. Choral), andererseits als begleiteten Sologesang schlechthin (z. B. Liedarten, Geistliches Concerto) und verunklart die Besonderheit der M. im historischen Sinne.

Lit.: L. TORCHI, Canzoni ... ad una voce nel s. XVII, RMI I, 1894; M. KUHN, Die Verzierungs-Kunst in d. Gesangs-Musik d. 16. u. 17. Jh., = BIMG I, 7, Lpz. 1902; E. SCHMITZ, Zur Frühgesch. d. lyrischen M. Italiens im 17. Jh., JbP XVIII, 1911; A. EINSTEIN, Ein unbekannter Druck aus d. Frühzeit d. deutschen M., SIMG XIII, 1911/12; DERS., Der »stile nuovo« und d. Gebiet d. profanen Kammermusik, Adler Hdb.; DERS., Firenze, prima della monodia, Rass. mus. VII, 1934; A. SCHERING, Zur Gesch. d. begleiteten Sologesangs im 16. Jh., ZIMG XIII, 1911/12; P. NETTL, Über ein hs. Sammelwerk v. Gesängen ital. Frühm., ZfMw II, 1919/20; CH. SPITZ, Die Entwicklung d. »Stile Recitativo«, AfMw III, 1921; W. KRABBE, Die Lieder Georg Niege's v. Allendorf. Zur Gesch. d. M. im 16. Jh., AfMw IV, 1922; FR. BLUME, Das monodische Prinzip i. d. protestantischen Kirchenmusik, Lpz. 1925; E. KATZ, Die mus. Stilbegriffe d. 17. Jh., Diss. Freiburg i. Br. 1926; F. GHISI, Alle fonti della monodia, Mailand 1940; D. P. WALKER, Mus. Humanism in the 16th and Early 17th Cent., MR II, 1941 – III, 1942, deutsch als: Der mus. Humanismus im 16. u. frühen 17. Jh., = Mw. Arbeiten V, Kassel 1949; H. H. EGGEBRECHT, Arten d. Gb. im frühen u. mittleren 17. Jh., AfMw XIV, 1957; DERS., H. Schütz, Musicus poeticus, = Kleine Vandenhoeck-Reihe LXXXIV, Göttingen 1959; THR. G. GEORGIADES, Musik u. Rhythmus bei d. Griechen, = rde LXI, Hbg (1958); CL. V. PALISCA, V. Galilei and Some Links Between »Pseudo-Monody« and Monody, MQ XLVI, 1960; W. V. PORTER, The Origins of the Baroque Solo Song, 2 Bde, Diss. Yale Univ. (Conn.) 1962, maschr.; P. J. WILLETTS, A Neglected Source of Monody and Madrigal, ML XLIII, 1962; J. RACEK, Die ital. begleitete M. u. d. Problem d. Entwicklung d. ital. Solokantate, in: Liber Amicorum, Fs. Ch. Van den Borren, Antwerpen 1964; P. C. ALDRICH, Rhythm in 17th-Cent. Italian Monody, NY 1966. HHE

Monodram (griech.), das Bühnenmelodram des 18. Jh., eine Verbindung von gesprochenem Wort und erläuternder Instrumentalmusik unter Ausschluß des Gesanges (→ Melodrama), mit nur einer handelnden Person und (zumeist) mit Chor. Es hat sich im Anschluß an Rousseaus *Pygmalion* (Lyon 1770) in Deutschland entwickelt, erreichte 1775 mit Georg Bendas *Ariadne auf Naxos* (Gotha, Text von Chr. Brandes) und *Medea* (Leipzig, Text von Fr. W. Gotter) sensationellen Erfolg und wurde als Beginn einer »neuen Gattung des Schauspiels« begrüßt. Es handelte sich dabei im wesentlichen um deklamierte, empfindsame Monologe (rhythmische Prosa, Verse) der Heroine (zunächst Madame Brandes, Madame Seyler) mit gleichzeitiger, musikali-

scher Untermalung durch das Orchester (Stilelemente des Opernaccompagnatos und des Balletts). Bald aber wurde versucht, das M., in dem antikisierende Texte vorherrschen, durch Einführung von Nebenpersonen (Duodram) dramatisch zu erweitern und es zugleich musikalisch immer mehr zu festigen, wenn nicht gar der Oper zu nähern. Schon bald nach 1780 begann die Bewegung, die mit den Bemühungen um eine deutsche Nationaloper eng zusammenhängt, wieder abzuflauen. *Ariadne* und *Medea* hielten sich jedoch noch lange darüber hinaus im Repertoire der deutschen Theatertruppen. Wichtige Beiträge zum M. bzw. Duodram schrieben außerdem Neefe (*Sophonisbe*, 1778, mit Chor), J. Fr. Reichardt (u. a. *Ino*, 1779, mit entwickelter Durchführung des Leitmotivs), G. J. Vogler (*Lampedo*, 1779), P. v. Winter (u. a. *Cora und Alonzo*, 1778), Danzi (*Kleopatra*, 1780) u. a. Auch W. A. Mozart und J. G. Naumann (*Andromache*-Text, 1777) planten M.-Kompositionen. Als bedeutendster M.-Text gilt heute die auf den Tod von Glucks Nichte Marianne gedichtete *Proserpina* (1776) von Goethe. Mit dem »Monodrame lyrique« *Lélio* ergänzt und schließt Berlioz die szenische Aufführung seiner *Symphonie fantastique* (*Episode de la vie d'un artiste*). Neuerdings verwendete A. Schönberg die Bezeichnung M. für seine einaktige Oper *Erwartung* (op. 17, 1909), weil in ihr nur eine einzige Person auftritt.
Lit.: A. Köster, Das lyrische Drama d. 18. Jh., Preußisches Jb. LXVIII, 1891; E. Istel, J.-J. Rousseau als Komponist seiner lyrischen Szene Pygmalion, = BIMG I, 1, Lpz. 1901; Fr. Brückner, G. Benda u. d. deutsche Singspiel, SIMG V, 1903/04.

Montenegro.
Lit.: F. Troj, O muzičkoj osetlivosti Južnosrbijanaca, Sumadinaca i Crnogoraca (»Über d. mus. Empfinden d. Südserben, d. Schumadiaer u. d. Montenegriner«), Skopje 1931; G. Becking, Der mus. Bau d. montenegrinischen Volksepos, Arch. néerlandaises de phonétique expérimentale VIII/IX, 1932.

Montserrat (Katalonien), Benediktinerkloster, gegr. Anfang 11. Jh.
Ausg.: → Denkmäler (Spanien 5).
Lit.: B. Saldoni, Reseña hist. de la escolanía ... de M., Madrid 1856; D. Pujol, Compositors montserratins, Revista Mus. Catalana XXIX, 1932; A. Caralt, L'Escolania de M., M. 1955; H. Anglès, El »Llibre Vermell« de M. y los cantos i la danza sacra de los peregrinos durante el s. XIV, AM X, 1955; J. M. Madurell Marimon, Tres fundacions liturgiques montserratines, in: Miscelánea en homenaje a H. Anglès II, Barcelona 1958–61. – Revista Montserrateña I–XI, 1907–17; Analecta Montserratensia I–VII, 1917–28.

Mora (lat., Verzögerung) → Retardatio.

Moralitäten → Liturgisches Drama und Mysterienspiele.

Mordent (»Beißer«, frz. mordant, pincé; engl. mordent, beat; ital. mordente), eine zur Familie der → Triller gehörende → Verzierung, die in einem ein- oder mehrfachen Wechsel zwischen einer Note und ihrer unteren diatonischen oder chromatischen Nebennote besteht, im kürzesten Fall (auf Tasteninstrumenten) als »Zusammenschlag« (→ Acciaccatura), wobei die Taste der Nebennote sofort nach dem Anschlag losgelassen wird. – Eine M. genannte und ursprünglich für die Musik auf Tasteninstrumenten charakteristische Verzierung findet sich bereits in deutschen Orgelbüchern des 15./16. Jh. dargestellt und mit besonderen Zeichen versehen; H. Buchner beschreibt in seinem *Fundamentum ...* (um 1520) eine der Acciaccatura ähnliche Form des M.s, während E. N. Ammerbach etwa 50 Jahre später einen Mordant definiert, der als Vorform des späteren Trillers anzusprechen ist. – Seine klassische Form erhielt der M. im 17./18. Jh. als eine der häufigsten Verzierungen jeder Art von Instrumentalmusik. Manche Theoretiker, besonders im 17. Jh., verlangen für den M. ausschließlich die chromatische und nicht die diatonische Nebennote. Die Zahl der Wechselschläge (ob ein- oder mehr als einmal) richtet sich nach den musikalischen Gegebenheiten und geht nicht aus dem Zeichen (𝄾) hervor. Im 18. Jh. kommt gelegentlich das Zeichen ᜳ für den längeren M. vor (auch bei J. S. Bach), das leicht zu verwechseln ist mit ᜳ für den Triller mit Nachschlag. – Quantz kennt unter dem Namen M. nur eine aus dem Vorschlag von unten abgeleitete Verzierung, die große Ähnlichkeit hat mit der zusammengesetzten, vor allem bei den Franzosen seiner Zeit beliebten und verbreiteten Verzierungsform des Pincé et port de voix (Rameau 1706/1724) oder Cheute et pincé bei d'Anglebert (1689, Beispiel a; die Umkehrung dieser Verzierung ergibt den Pralltriller, Beispiel b):

Dagegen lehrt Quantz bei springenden Noten die folgenden beiden Arten von Battements:

L. Mozart verwendet (*Violinschule*, 1756) die Bezeichnung Mordant auch für Verzierungen, die ihrem Notenbild zufolge identisch zu sein scheinen mit dem → Anschlag (– 1) und mit dem → Doppelschlag, sich aber durch ihren Vortrag von ihnen unterscheiden, indem sie nicht zum *singbaren Vortrag* gehören (wie jene), sondern *unveränderlich ... mit der größten Geschwindigkeit vorgetragen* werden, wobei *die Stärke ... allezeit auf die Hauptnote* fällt. Auch hierin hat L. Mozart offensichtlich die Anschauungen G. Tartinis übernommen (wie auch etwa im Falle des → Vibratos), der in seinem *Traité des agréments* in ähnlicher Weise mit Mordente zunächst einen unbetonten und raschen Doppelschlag (auf den Schlag) bezeichnet und erst in zweiter Linie einen (ebenso auszuführenden) M. Bei den französischen Geigern entsprach eine Martellement genannte Verzierung dem M. (L'Abbé le Fils 1761):

(Für den Triller bei Melodieinstrumenten verwendeten die Franzosen in jener Zeit meistens das Zeichen +.) Türk (*Klavierschule*, 1789) scheint bei seinem Battement teilweise auf Quantz zurückzugreifen:

Falls die Note mit einem M. an die vorangehende, um eine Sekunde tiefere Note angebunden ist, muß diese übergebunden und der M. erst nach dem Schlag (unbetont) genommen werden (J. S. Bach, Aria der Goldberg-Variationen, BWV 988, Takt 1, 5, 9). – Der M. kann auch eine reine Haltefunktion einnehmen, als Pincé continu (vgl. Fr. Couperin, Verzierungstabelle). Bereits im 18. Jh. wurde der Name M. häufig auch für eine Art → Schneller verwendet, J. W. Callcott (*A Musical Grammar*, 1806) nennt den Schneller auf stufenweise absteigenden Noten *M.e of the Italian School*. Im 19. Jh. verschwand der M. als Verzierung allmählich ganz. Es setzte eine allgemeine Verwirrung und Verwechslung der Zeichen und Namen von M., Schneller und Pralltriller ein: J. N. Hummel (*Klavierschule*, 1828) kennt nur noch die Bezeichnung Schneller (Zeichen und Ausführung siehe nebenstehendes Beispiel). L. Spohr (*Violinschule*, 1832) spricht von Pralltriller oder Schneller (∾) und von Doppelschlag oder M. (∾ oder ∾), wobei er die Ausführung des ersteren wie in nebenstehendem Beispiel angibt, aber gleichzeitig für die *Verzierungen der frühern Zeit, zum Behuf des Vortrages der damaligen Kompositionen* auf L. Mozarts *Violinschule* verweist. G. Duprez erwähnt in seiner 1845 erschienenen Gesangschule (*L'art du chant*) keine einzige dieser Verzierungen mehr.

Lit.: → Verzierungen. ERJ/BB

morendo (ital., ersterbend), smorzando, mancando, calando und deficiendo fordern äußerstes Diminuendo unter gleichzeitigem Ritardando.

Moresca (ital.; span. morisca; engl. morris dance), ein in der Renaissance sehr beliebter Tanz, der 1427 in Burgund bezeugt ist (de Laborde II, S. 248 und 254) und seine Anfänge im 14. Jh. haben dürfte. Die Herkunft der M. ist umstritten; sie wird einerseits mit den Kämpfen der Christen in Spanien gegen die Mauren in Verbindung gebracht (span. morisco, Mohr, Maure), andererseits mit Fruchtbarkeitstänzen. Die erstere Ableitung geschah im Blick auf die M. genannten Chortänze in Doppelfrontaufstellung, bei denen die eine Partei die Christen, die andere (mit geschwärzten Gesichtern) die Mauren im Kampf darstellten. Eine andere Erklärung (so schon Sachs) leitet das Wort M. von griech. μωρός ab (lat. morio, der Narr im antiken Mimus). Im 15. Jh. ist die M. in Berichten über Ballette und gesellschaftliche Veranstaltungen der meistgenannte Tanz, beschrieben als Gruppen- oder Solotanz mit dem Motiv des Schwerttanzes, ausgeführt von Personen mit Masken oder geschwärzten Gesichtern und Schellenkleid. Arbeau z. B. beschreibt die M. als Solotanz, bei dessen Ausführung der Tänzer Schellen an den Knöcheln trug. Seit dem 15. Jh. bezeichnet M. allgemein Tanzspiele, besonders in der Zwischenaktunterhaltung (Intermedium, Masque) von Komödien und Dramen. So führte man 1519 in Rom vor Papst Leo X. die *Suppositi* von Ariost auf, die mit mehreren Intermedien durchsetzt waren: *L'ultimo intermedio fu la m., che si rappresentò la favola di Gorgon, et fu assai bella.* Moresken finden sich auch in Cavalieris *Rappresentazione di anima e di corpo* und in der Oper, z. B. als Schlußballett in Monteverdis *Orfeo* (1607) und noch in den Balletten der beiden Schmelzer in Wien. Auch Drachen-, Hirten-, Narren- und Betrunkenenszenen wurden Moresken genannt. In Frankreich erscheinen Entrées de morisques häufig in den Balletten. Die als M. bezeichneten Melodien sind anfangs geradtaktig, erst seit dem 17. Jh. auch ungeradtaktig. Die vokale Moreske (u. a. Lasso 1555) hatte keine lange Lebensdauer. Im Volkstanz ist die M. bis heute lebendig. Sie hat im englischen → Morris dance eine eigene Tradition.

Lit.: TH. ARBEAU, Orchésographie, Langres (1588), NA v. L. Fonta, Paris 1888, engl. v. M. St. Evans, NY 1948; L. E. S. J. DE LABORDE, Les ducs de Bourgogne, 3 Bde, Paris 1849–52; A. D'ANCONA, Origini del teatro in Italia II, Turin 1891, S. 90; PH. M. HALM, Der Moriskentanz, in: Bayrischer Heimatschutz XXIII, 1927; C. SACHS, Eine Weltgesch. d. Tanzes, Bln 1933, engl. NY 1937 u. London 1938, frz. Paris 1938; P. NETTL, Ein österreichisch-böhmisches Ms. volkstümlicher Barockmusik, Mf V, 1952; DERS., Die M., AfMw XIV, 1957; R. WOLFRAM, Neue Funde zu d. Morisken u. d. Morriständen, Zs. f. Volkskunde L, 1953; D. HEARTZ, Un divertissement de palais pour Charles Quint à Binche, in: Fêtes et cérémonies au temps de Charles Quint, = Les fêtes de la Renaissance II, Paris 1960.

Moritat → Bänkelsang.

Morris dance (mˈɔɹis daːns, engl.), ein ehemals in England beliebter und weit verbreiteter Tanz, dessen Frühformen mit der festländischen → Moresca übereinstimmen. Der M. d. entwickelte auf der britischen Insel eine eigenständige Tradition und blieb bis ins 19. Jh. eine typische Ausprägung des englischen Volkstanzes. Im Zuge der allgemeinen Besinnung auf Volkskunst wurde er in der 2. Hälfte des 19. Jh. wiederbelebt; heute wird er hauptsächlich in den Morris-Gilden gepflegt. – Am M. d. nehmen bis auf vereinzelte Ausnahmen ausschließlich Männer teil. Die Bezeichnung M. d. umfaßt landschaftlich sehr unterschiedliche Erscheinungsformen, vom prozessionsartigen Umzug (etwa zu Maifeiern), bei dem die Teilnehmer mit Tierfellen, Masken oder geschwärzten Gesichtern auftreten, bis hin zum hochentwickelten Tanz mit festgelegten Figuren (etwa dem → Country dance vergleichbar). Von letzterem ist eine Form besonders ausgeprägt, die von 6 Männern in Kostüm und Maske mit einem Narren (einem weiblich verkleideten Mann) und einem weiteren Teilnehmer, der die Pappfigur eines Pferdes um die Hüften trägt, ausgeführt wird. Der Tanz ist von kraftvoller Bewegung, an der auch die Arme beteiligt sind. Eine weitere unter dem Namen Morris auftretende Form ist der Schwerttanz. Die Melodien sind geradtaktig, nur gelegentlich, besonders bei Sprungfiguren, ungeradtaktig. In das Repertoire wurden auch festländische Moresken übernommen, oft von Einhandflöte und Trömmelchen (pipe and tabor) begleitet; auch Melodien von Liedern und Opernarien des 17./18. Jh., nicht selten mit obszönen Texten unterlegt, wurden verwendet.

Ausg. u. Lit.: C. J. SHARP, The Morris Book, 5 Teile, I–III mit H. C. Mac-Ilwaine, V mit G. Butterworth, London 1907–13; C. SACHS, Eine Weltgesch. d. Tanzes, Bln 1933, engl. NY 1937 u. London 1938, frz. Paris 1938; R. WOLFRAM, Neue Funde zu d. Morisken u. d. Morriständen, Zs. f. Volkskunde L, 1953; W. KIMBER, M. d. Tunes . . . , Journal of the Engl. Folk Dance and Song Soc. VIII, 1959; L. BLAKE, The Morris in Wales, ebenda IX, 1960; D. HOWISON u. B. BENTLEY, The North-West-Morris, ebenda. – The Journal of the Engl. Folk Dance Soc., 1927–31; The Journal of the Engl. Folk Dance and Song Soc., 1932ff.

Moskau.

Lit.: N. DIMITRIJEW, »Die kaiserliche Opernbühne in M.«, M. 1898, russ.; N. FINDEISEN, Die Förderer d. russ. Kirchengesanges in M., ZIMG I, 1899/1900; N. D. KASCHKIN, Moskowskoje otdelenije russkowo musykalnowo obschtschestwa 1860–1910 (»Die M.er Abt. d. russ. Musikges. . . . «), M. 1910; A. W. NELIDOW, Teatralnaja Moskwa (»40 Jahre Theater in M.«), Bln u. Riga 1931; A. SAWERDJAN, Bolschoj teatr Sojusa SSR (»Das Große Theater d. Sowjetunion«), M. 1952; WL. A. NATANSON, Is musykalnowo proschlowo Moskowskowo Uniwersiteta (»Aus d. mus. Vergangenheit d. M.er Univ.«), M. 1955; Balet Gosudarstwennowo ordena Lenina Akademitscheskowo Bolschowo Teatra SSSR (»Das Ballett d. Staatl. Akademischen Großen Theaters d. UdSSR«), hrsg. v. A. I. ANISIMOWA, M. 1955; H. BELLEW, Ballet in Moscow Today, London 1956; Teatry Moskwy. Sprawotschnik (»Die Theater M., Hdb.«), M. 1961; E. GROSCHEWA, Bolschoj Teatr SSSR w proschlom i nastojaschtschem (»Das Große Theater d. UdSSR in Vergangenheit u. Gegenwart«), M. 1962; G. SLONIMSKIJ, Balet Bolschowo Teatra. Sametki (»Das Ballett d. Großen Theaters. Bemerkungen«), M. 1962; M. GOLDSTEIN, Das Symphonieorch. d. Bolschoi-Theaters . . . 1857, Das Orch. XIII, 1965.

Motette (mittellat. motetus, auch motellus, mutetus, motecta u. a.; frz. und engl. motet; ital. motetto), seit ihrem Aufkommen wohl schon in der Blütezeit der → Notre-Dame-Epoche (mit Vorformen im Repertoire von → St-Martial) eine der zentralen Gattungen mehrstimmiger Vokalmusik, deren Merkmale jedoch im Laufe ihrer vom 13. Jh. bis heute sich erstreckenden Geschichte mehrfach wechselten, so daß sich eine einheitliche Definition nicht geben läßt. – Die Frage, wie die Gattung zu ihrem Namen kam, ist seit langem umstritten und noch nicht geklärt. Vermutlich ist motetus die latinisierte Form des altfranzösischen Wortes motet, das als eine Ableitung von altfranzösisch mot (Wort, diskutiert wird die Bedeutung Vers, Strophe) gilt. Der M. liegt in ihrem Ursprung das mittelalterliche Verfahren des Tropierens zugrunde (→ Tropus, → Sequenz – 1), d. h. die nachträgliche Textunterlegung unter ein gegebenes Melisma bzw. das Zu- oder Einfügen von Text, der einen gegebenen Text paraphrasiert. Ihre Entstehung ist daher in der Frühzeit weniger ein musikalischer als vielmehr ein poetischer Vorgang: die Oberstimmen von → Discantus-Partien (Klauseln) wurden nachträglich syllabisch mit rhythmischen lateinischen (später vorwiegend französischen) Texten versehen. 30 der 102 Klauseln in den Klauselfaszikeln der Handschrift W_1 (→ Quellen) lebten nachweislich als M.n weiter; und etwa ein Drittel der rund 70 M.n in der Handschrift F gehen auf Klauseln zurück, die ebenfalls in F überliefert sind. Als Unterstimme (Cantus, später Tenor genannt) dient also weiterhin – wie bei den Klauseln – ein melismatischer Ausschnitt eines Meß-(Gradual- oder Alleluia-), seltener eines Offiziumsgesangs. Die Texte der Oberstimmen, die sich dem Rhythmus und der Gliederung der präexistenten Oberstimmenmelismen anpassen, sind in der Regel auf die Wörter oder Textsilben des Choralmelismas (bzw. auf den Textzusammenhang, den jene repräsentieren) bezogen, sowohl inhaltlich als auch sprachlich (vor allem durch Assonanz), z. B. Tenor: *Ex semine*, Oberstimme: *Ex semine Abrahae divino moderamine*... Die textierte Oberstimme paraphrasiert hier also in »vertikaler« Richtung die Worte *ex semine*, in »horizontaler« Richtung tropiert sie den gesamten Versus alleluiaticus. Soweit in den Oberstimmen derselbe Text syllabisch vorgetragen wird, weist der Oberstimmenkomplex Ähnlichkeit mit dem → Conductus auf (»Conductus-M.«); dementsprechend sind die 6 »M.n« in der frühesten Notre-Dame-Handschrift (W_1) unter die Conductus eingereiht (wobei der Rhythmus nun nicht mehr durch modale Aufzeichnung, sondern durch den Text bestimmt und in allen Fällen die Unterstimme weggelassen ist). Der Zeitpunkt, an dem die textierte Klausel allgemein den Namen motetus erhielt (vermutlich erst im Anschluß an die motet genannte französische Textierung), ist ungewiß. J. de Garlandias Erwähnung von moteti (CS I, 179b) bezeugt, daß gegen 1240 der Terminus bekannt war; doch die motetus-Definition in der *Discantus positio vulgaris* kann Interpolation des Hieronymus de Moravia sein (ed. Cserba, S. 193), der an der gleichen Stelle den im späten 12. Jh. noch unbekannten Terminus firmus cantus gebrauchte. Es ist anzunehmen, daß die textierte Klausel zunächst (auch) als Tropus fungierte, d. h. (so wie die untextierte) beliebig in die Choralbearbeitung eingesetzt wurde, bevor sie sich zur M. verselbständigte. Als solche konnte sie dann aber auch neu komponiert werden, teils unter Benutzung weltlicher Tenores und Refrains. Als M. mit bevorzugt vulgärsprachlichem, zuweilen satirischem und oft erotischem Text verließ sie im Verlauf des 13. Jh. den kirchlichen Raum und den geistlichen Bereich und gewann eine zunehmend artistische Ausprägung. Die textierte Stimme über dem Cantus (Tenor) hieß nun nicht mehr → Duplum, sondern Motetus; die Bezeichnung wurde auf das ganze 2- bis 4st. Stück übertragen, für dessen 3. und 4. Stimme die älteren Bezeichnungen → Triplum und → Quadruplum beibehalten wurden. – In England hingegen blieb die M. des 13. und 14. Jh. (sofern der Name M. hier überhaupt zutreffend ist) ausschließlich geistlich-kirchliche, so auch nur lateinisch textierte Kunst. Nach Ausweis der Worcester-Fragmente (→ Quellen: *Worc*) kannte die englische Musik die Plazierung des Choralbearbeitungstropus innerhalb der Choralbearbeitung (ed. Dittmer, Nr 81: *Alleluia. Nativitas gloriosae*; auch Nr 52) sowie das vollständige Textieren der Bearbeitung einer ganzen Choralmelodie (Nr 27: *Alleluia. Pascha nostrum*, ohne Haltetöne; auch Nr 2) und die Textierung der Oberstimmen eines frei erfundenen Tenors (→ Pes – 2) oder eines Choralausschnitts (z. B. Nr 37 und 72), wobei diese Sätze jedoch in keinem Fall auf eine Klausel zurückgehen. – Auf dem Festland wurde die (nun vornehmlich weltliche) M. zur führenden Gattung der → Ars antiqua (wichtigste → Quellen: *Mo*, *Hu* und *Ba*, neben *F*, W_2 und *Ma*). Sowohl der Art des Discantussatzes, bei der jede der Oberstimmen für sich primär auf die in größeren Notenwerten (vornehmlich im 3. oder 5. → Modus – 2) rhythmisierte Unterstimme bezogen und durch eine neue Stimme ersetzbar ist, als auch der Idee des Tropierens entspricht das für die Ars antiqua-M. bezeichnende Phänomen der Mehrtextigkeit (auch Mehrsprachigkeit) und des Umtextierens: jede Stimme kann, auch durch Ersatz eines Textes durch einen anderen und auch weiterhin in der Regel mit inhaltlichem Bezug auf den Tenor und auf die anderen Texte, einen je eigenen lateinischen oder französischen Text vortragen, so daß die (auch zweisprachige) Doppel- und Tripel-M. entsteht. Franco von Köln bezeichnet die M. dementsprechend als *discantus cum diversi litteris* (mit verschiedenen Texten), wozu er auch die 2st. M. zählt, *quia tenor cuidam litterae aequipollet* (ed. Cserba, S. 252). Der heterogenen Stimmendisposition der M., die durch die Wahl der den Tenor ausführenden und der Oberstimme mitspielenden Instrumente unterstrichen werden kann, entspricht die meist stimmenmäßige Aufzeichnung: in der Regel sind über dem Tenor in Kolumnen das Triplum links und der Motetus rechts notiert, wodurch der Tenor auch im Schriftbild als → Fundamentum relationis des Satzes und Bezugspunkt der Texte veranschaulicht ist. Noch vor 1300 schuf – nach Aussagen von Zeitgenossen (z. B. Jacobus Leodiensis, CS II, 401f.) – Petrus de Cruce einen besonders in den Faszikeln 7 und 8 der Handschrift *Mo* zahlreich vertretenen neuen M.n-Typus, der sich durch größere Subtilitas des rhythmischen Verlaufs auszeichnet, indem für eine Brevis auch mehr als 3 (bis zu 9) Semibreven treten können (z. B. *Lonc tans me / Aucun ont trouvé / ANNUN*[tiantes], *Mo* 7, 254, wo das Triplum zufolge der kleineren Notenwerte bei syllabischer Textunterlegung mehr als doppelt so viele Verse vorträgt als der Motetus). – Die neue Formungsart der M. in der → Ars nova ist die durch Fortbildung älterer Prinzipien der M.n-Komposition (Tenorwiederholung, strophische Disposition des Textes) von Philippe de Vitry ausgebildete → Isorhythmie, die u. a. von J. de Muris erklärt wurde und in den M.n Machauts vollendete Ausprägung erfuhr.

Die isorhythmische Anlage blieb noch für die große spätgotische Repräsentations-M. kirchlich-politischer Prägung (z. B. bei Dufay; → Festmusik) und für einen großen Teil der liturgischen bzw. geistlichen M.n von Dunstable verbindlich. Dabei erfolgte einerseits eine

Vereinfachung der Isorhythmie (Kongruenz von → Color - 2 und → Talea), andererseits wurde die Oberstimmenisorhythmie von Dufay durch eine isomelische, d. h. einen festen Melodiekern paraphrasierende Technik ersetzt (z. B. in Dufays Florentiner Domweih-M. *Nuper rosarum flores / Terribilis est locus iste* von 1436, GA I, 2). Eine italienische Seitenlinie der isorhythmischen Ars nova-M. kam mit einem um 1400 von Ciconia geschaffenen M.n-Typus auf. Der Tenor ist hier kein Cantus prius factus, sondern vom Komponisten frei erfunden und stützt baßmäßig die beiden (nach dem Vorbild der 3st. → Caccia) kanonartig oder imitierend angelegten Oberstimmen. Spezifische Baßschritte zeichnen diese, auf harmonisch-tonale Verfestigung des Satzgefüges hin komponierten Tenores aus, die zuweilen mit fingierten Tenorkennwörtern den Anschein echter Choralausschnitte zu erwecken suchen und des öfteren auch isorhythmische Anlage aufweisen. Als eine kleinere Form steht in der 1. Hälfte des 15. Jh. neben der großen isorhythmischen die dreistimmige liedartige M. in der Faktur des → Kantilenensatzes, deren Discant gelegentlich die Kolorierung einer Choralmelodie aufweist (vgl. Dufays *Alma redemptoris mater*, DTÖ XXVII, 1). Als geistliche Mehrstimmigkeit vornehmlich mit Marien- und Gebetstexten in lateinischer Sprache hält sie zwischen liturgischer und weltlicher Kunst die Mitte. Bei häufigem Einschub instrumentaler Vor-, Zwischen- oder Nachspiele steht hier dem vokalen, instrumental unterstützten Diskant eine instrumentale Begleitung von Contra(tenor) und Tenor gegenüber. Beispielhaft für C. f.-freie Stücke dieser Art sind von Dufay *Flos florum* (GA I, 3, und Chw. XIX) und, mit italienischem Text, *Vergine bella* (Chw. XIX), in England von L. Power *Anima mea liquefacta est* (Schering Beisp. 37). Vor allem in der 2. Hälfte des 15. Jh. kommen gelegentlich M.n ähnlicher Art vor mit C. f.-freiem Tenor, z. B. bei L. Compère, *O vos omnes* (H. Besseler, *Altniederländische M.n*, Kassel 1929), auch bei J. Touront, Obrecht und Agricola. Auch in England gibt es in der 1. Hälfte des 15. Jh. einen dreistimmigen C. f.-freien M.n-Typus von liedmäßigem Charakter in homorhythmischem Satz, z. B. Dunstables *Quam pulchra es*.
Die nach 1450 mit dem Anbruch der Niederländischen Musik (Ockeghem, Obrecht) vollzogene Rückwendung der M. zur Sakralmusik und zum gregorianischen Choral sieht schon Tinctoris (um 1474) in den Texten *cujusvis materiae, sed frequentius divinae* (CS IV, 185b). Neben nicht liturgisch gebundenen Texten treten nun Propriumsstücke, Sequenzen und Cantica in den Vordergrund; mit Josquin kommen die Psalm- und die Evangelien-M.n hinzu, die später (lateinisch, ab etwa 1550 häufig auch deutsch) vor allem im protestantischen Deutschland eine große Rolle spielten. Eine Sondertradition, die wahrscheinlich mit der Ambrosianischen Liturgie verbunden ist, liegt in den Motetti missales (»Vertretungsmessen«) des späten 15. Jh. vor; bekannt sind 8 Zyklen (Compère, Gaspar van Weerbeke, Gaffori und anonym) zu je 8 M.n, die (mit nicht liturgisch gebundenen Texten) Ordinariums- und Propriumsstücke zyklisch zusammenfassen. Der mittelalterliche Schichtenbau des M.n-Satzes wurde im späten 15. Jh. aufgelöst zugunsten einer melodisch-rhythmischen Angleichung und klanglichen Verschmelzung der Stimmen; die mittelalterliche Mehrtextigkeit wich endgültig der gleichen Textlegung in allen Stimmen. Obwohl die M. am Anfang des 16. Jh. noch häufig langmensurierte C. f.-Gerüste und konstruktive Kanonanlagen aufweist, steht nun, vornehmlich seit Josquin, die Berücksichtigung des Textwortes im Vordergrund. Von den M.n-Komponisten neben Josquin sind vor allem Isaac, P. de la Rue und Brumel zu nennen. Die M.n zwischen Ockeghem und Josquin sind teils mit, teils ohne Choralsubstanz in den Stimmen gebildet und zeigen gelegentlich den homophonen Satzstil der mehrstimmigen italienischen Lauda oder Frottola (z. B. Josquins *Tu solus qui facis mirabilia*, GA Nr 14). Die Vierstimmigkeit wurde noch im 15. Jh. und auch für Josquin zur Regel; daneben entstanden 5- und 6st. M.n. Durch paarig-imitierende Bicinien und durch Verwendung der Durchimitation mit regelmäßigen Einsatzabständen erhielten die Kompositionen ein aufgelichtetes und formklares Satzbild (z. B. Josquins 4st. M. *Ave Maria*, GA Nr 1). Josquins Beispiel war maßgebend für viele seiner Zeitgenossen und Nachfolger (am deutlichsten bei J. Mouton, dem Lehrer Willaerts) und bleibt auch dort noch erkennbar, wo eine (seit Willaert häufig bis zur Doppelchörigkeit, → Coro spezzato) erweiterte Stimmenzahl oder gewollt »asymmetrische« Imitationsanlage der klassischen Stilklarheit entgegenwirken (z. B. Isaac, Gombert). Parallel mit dem Ausscheiden instrumentaler Elemente und Wendungen (entsprechend der zurückgehenden Bedeutung der Instrumente in der kirchlichen Aufführungspraxis) ging eine Homogenisierung des Satzes, die Herausbildung eines primär vokal geprägten »Stimmstroms« (→ Vokalmusik). Höchste Ausprägung hat dieser Stil, die »Klassische Vokalpolyphonie«, im Werk Palestrinas erreicht (→ Kontrapunkt). Waren die bedeutendsten M.n-Komponisten vor Palestrina ihrer Herkunft nach meist Niederländer (→ Niederländische Musik), so wurden seit der Jahrhundertmitte Rom und eine an Palestrina orientierte Generation italienischer Komponisten (Animuccia, Giovannelli, Marenzio, G. M. Nanino, Suriano, daneben der Spanier Victoria) zu einem bedeutenden Orientierungspunkt der weiteren Entwicklung. Die Komponisten Oberitaliens bewahrten sich demgegenüber eine gewisse Eigenständigkeit und schlossen sich nur teilweise den Tendenzen der beiden großen Zentren Rom und Venedig an. – In Deutschland erfolgte die Ausbildung des polyphonen Vokalsatzes in der Josquin-Nachfolge (Senfl, J. Walter, J. Gallus und Lassus) ähnlich wie in Italien; die Reformation übte zunächst keinen entscheidenden Einfluß auf die M.n-Komposition aus. Deutschsprachige M.n gibt es seit dem späten 16. Jh., während in England um 1560–80 von Tye und Tallis als spezielle Gattung der M. mit englischem Text das → Anthem ausgebildet wurde. Das etwa 1200 lateinische M.n umfassende Werk von Lassus ist stilistisch weniger einheitlich als das M.n-Werk Palestrinas; u. a. zeigt sich die Einwirkung des italienischen Madrigals, wobei die Durchimitation zusehends aufgelockert wird. Lassus entwickelte auch die innere Lied-M., in der – im Unterschied zur älteren C. f.-(Tenor-)M. und zum homophonen Kantionalsatz – eine Liedweise oder mehrere miteinander verschmolzene Melodien das polyphone Gewebe durchsetzen.
Das 17. Jh. ist gekennzeichnet durch einen Stilpluralismus; die bis dahin relativ einheitliche Gattung der M. verzweigte sich in verschiedenartigste Gestaltungen. Die polyphone Chor-M. wurde in Italien wie auch in Deutschland weiterhin gepflegt. In Rom, vor allem für die Sixtinische Kapelle, blieb der Palestrina-Stil als authentische kirchliche Kunst bis ins 19. Jh. verbindlich und wurde durch mehrere päpstliche Dekrete ausdrücklich gefördert, zugleich wurde er schon bald nach Palestrinas Tod satztechnisches Vorbild (besonders bei Cerone, Martini und Fux). In Deutschland wirkte zunächst noch die Blütezeit der M. nach. Vor allem wurden hier Lied-M. und Spruch-M. (letztere ohne Liedsubstanz, doch mit strophischem Text) aufgegriffen

und blieben bis 1620 vorbildlich. Beispiele dafür sind L. Lechners Lied-M. *Christ, der du bist der helle Tag* (7 Teile über 7 Liedstrophen, 1577; GA III) und als singuläre Leistung auf dem Gebiet der Spruch-M. seine 15 »Deutschen Sprüche von Leben und Tod« (1606; hrsg. v. W. Lipphardt, Kassel 1929). Die Lied-M. umfaßt etwa zwei Drittel des Gesamtschaffens von M. Praetorius, von der Zwei- und Dreistimmigkeit bis zur Mehrchörigkeit. Wichtige deutsche M.n-Sammlungen des 17. Jh. sind das von E. Bodenschatz herausgegebene *Florilegium selectissimarum cantionum* (Leipzig 1603, 89 M.n; ²1618 unter dem Titel *Florilegium Portense*, 115 M.n, 2. Teil 1621, 150 M.n) und das von Schadaeus und C. Vincentius zusammengestellte *Promptuarium musicum* (4 Teile, Straßburg 1611-17, mit Gb.). Repräsentanten der deutschen Chor-M. des 17. Jh. sind Demantius, Schein, Scheidt und vor allem Schütz (*Geistliche Chor-Music*, Dresden 1648). – Eine wichtige Neuerung, die nicht nur die Satztechnik der M. revolutionierte, sondern auch auf andere Gattungen ausstrahlte, bedeuteten die *Cento concerti ecclesiastici* (1602) von L. Viadana. Fortan bildeten ein- bis vierstimmige solistische M.n mit Generalbaß (die Bezeichnung → Concerto bezieht sich hier auf das concertierende Element der Satztechnik und die solistische Besetzung) einen Hauptzweig der Gattung. Ein ebenso wichtiger Ausgangspunkt für die M. des 17. Jh. wurden die aus der venezianischen Tradition hervorgegangenen mehrchörigen Concerti G. Gabrielis, große Fest-M.n, die meisten unter Hinzuziehung von Instrumenten. Traditioneller kontrapunktischer Satz, Soloconcerto und Mehrchörigkeit wurden vor allem in Deutschland auf vielfältige Weise miteinander verbunden; in mehrsätzigen Kompositionen wechselten die verschiedenen Satzarten ab. Dieses Verbinden und Abwechseln verschiedenartiger Elemente war eine der Voraussetzungen für das Herauswachsen der deutschen geistlichen → Kantate und der M. Wichtigen Anteil an dieser Entwicklung zwischen Schütz und Bach hatten u. a. Weckmann, Rosenmüller, Buxtehude und Pachelbel. In evangelischen Kantoreien, vor allem Thüringens, wurde daneben die Chor-M. weiterhin gepflegt (vgl. RD I, 1935, mit M.n von Joh., Joh. Mich. und Joh. Christoph Bach). J. S. Bachs anspruchsvolle 6 M.n (4 davon für 8st. Doppelchor) folgen dieser Tradition. Das Mitgehen von Instrumenten (colla parte) war in der M. bis einschließlich J. S. Bach eine Selbstverständlichkeit. Erst in der Romantik setzte sich unter Berufung auf die Aufführungspraxis der Sixtinischen Kapelle das rein vokale Aufführungsideal (a cappella) durch. – Die französische M. des 17. und 18. Jh. ist entweder einstimmig solistisch mit Generalbaß oder verbindet mehrstimmige, einstimmige und doppelchörige Abschnitte, zumeist unter Mitwirkung obligater Instrumentalstimmen, mit selbständigen Instrumentalteilen, stets mit Generalbaß, so z. B. bei Lully, M.-A. Charpentier, Delalande, Campra und Rameau. – Mit dem Niedergang der Kantoreien in Deutschland und dem Verschwinden der → Maîtrises in Frankreich trat die M. in den Hintergrund. Mozarts berühmte M. *Exsultate, jubilate* (K.-V. 165), 1773 in Mailand für den Sopranisten Rauzzini geschrieben, knüpft bei der italienischen Solo-M. des Barocks an. Als geistliches oder weltliches Chorwerk mit ernsten, besinnlichen Texten aber hat sich die M. durch das 19. Jh. bis heute erhalten (Schumann, Mendelssohn, Gounod, C. Franck, Brahms, Saint-Saëns, Dubois, d'Indy, Ch. Bordes, Bruckner, Reger, Kaminski, Perosi, Tinel). Mit den Bestrebungen der Jugendmusikbewegung, der kirchenmusikalischen Erneuerung und dem damit verbundenen Anknüpfen an die Chorkunst des 15.–17. Jh. hat die M.n-Komposition seit dem 1. Weltkrieg wieder lebhaftes Interesse gefunden (Distler, Pepping, Brunner, J. N. David, Raphael, Thomas, Křenek), wobei alte Techniken, vor allem die Verwendung kirchentonartlich geprägter Harmonik, mit neuen kompositorischen Mitteln verbunden werden.

Lit.: FR. LUDWIG, Die mehrst. Musik d. 14. Jh., SIMG IV, 1902/03; DERS., Über d. Entstehung u. d. erste Entwicklung d. lat. u. frz. M. in mus. Beziehung, SIMG VII, 1905/06; DERS., Repertorium organorum recentioris et motetorum vetustissimi stili, I, 1, Halle 1910, Nachdruck hrsg. v. L. A. Dittmer, NY u. Hildesheim 1964, I, 2 u. II (Anfang), hrsg. v. Fr. Gennrich, = Summa Musicae Medii Aevi VII–VIII, Langen 1961–62; DERS., Die Quellen d. ältesten Stils, AfMw V, 1923, Neudruck hrsg. v. Fr. Gennrich in: Summa Musicae Medii Aevi VII, Langen 1961; DERS., Die geistliche nichtliturgische, weltliche einst. u. d. mehrst. Musik d. MA bis zum Anfang d. 15. Jh., Adler Hdb.; H. LEICHTENTRITT, Gesch. d. M., = Kleine Hdb. d. Mg. nach Gattungen II, Lpz. 1908, Nachdruck Hildesheim 1966; A. OREL, Einige Grundformen d. Motettkomposition im 15. Jh., StMw VII, 1920; J. HANDSCHIN, Über d. Ursprung d. M., Kgr.-Ber. Basel 1924; DERS., Zur Frage d. melodischen Paraphrasierung im MA, ZfMw X, 1927/28; H. BESSELER, Studien zur Musik d. MA, AfMw VII, 1925 – VIII, 1926; DERS., Die Musik d. MA u. d. Renaissance, Bücken Hdb.; FR. GENNRICH, Trouvèrelieder u. Motettenrepertoire, ZfMw IX, 1926/27; DERS., Bibliogr. d. ältesten frz. u. lat. M., = Summa Musicae Medii Aevi II, Darmstadt 1957; FR. BLUME, Die ev. Kirchenmusik, Bücken Hdb., = Gesch. d. ev. Kirchenmusik, Kassel ²1965; O. URSPRUNG, Die kath. Kirchenmusik, Bücken Hdb.; M. F. BUKOFZER, The First Motet with Engl. Words, ML XVII, 1936; DERS., Studies in Medieval and Renaissance Music, NY 1950; H. HUSMANN, Die M. d. Madrider Hs. u. deren geschichtliche Stellung, AfMf II, 1937; DERS., Die ma. Mehrstimmigkeit, = Das Musikwerk (IX), Köln (1955); W. STEPHAN, Die burgundisch-nld. M. zur Zeit Ockeghems, = Heidelberger Studien zur Mw. VI, Kassel 1937; G. KUHLMANN, Die 2st. frz. M. d. Kod. Montpellier ..., 2 Bde, = Literarhist.-mw. Abh. I–II, Würzburg 1938; H. NATHAN, The Function of Text in French 13th-Cent. Motets, MQ XXVIII, 1942; H. TISCHLER, The Motet in 13th-Cent. France, Diss. Yale Univ. (Conn.) 1942, maschr.; DERS., Engl. Traits in the Early 13th-Cent. Motet, MQ XXX, 1944; DERS., The Evolution of the Harmonic Style in the Notre-Dame Motet, AMl XXVIII, 1956; DERS., The Evolution of Form in the Earliest Motets, AMl XXXI, 1959; H. GLEASON, Isorhythmic Tenors in the Three-Part Motets of the Roman de Fauvel, Bull. of the American Musicological Soc. VII, 1943; E. E. LOWINSKY, Secret Chromatic Art in the Netherlands Motet, NY u. Oxford 1946; Y. ROKSETH, La polyphonie parisienne du XIIIe s., in: Les cahiers techniques de l'art I, 2, 1947; K. J. LEVY, New Material on the Early Motet in England, JAMS IV, 1951; G. BIRKNER, Zur M. über »Brumas est mors«, AfMw X, 1953; DERS., Motetus u. M., AfMw XVIII, 1961; R. DAMMANN, Spätformen d. isorhythmischen M. im 16. Jh., AfMw X, 1953; DERS., Gesch. d. Begriffsbestimmung »M.«, AfMw XVI, 1959; A. ROSENTHAL, Le Ms. de La Clayette retrouvé, Ann. Mus. I, 1953, dazu M. F. Bukofzer, ebenda IV, 1956; W. APEL, Remarks About the Isorhythmic Motet, in: Les Colloques de Wégimont II, 1955; L. SCHRADE, Unknown Motets in a Recovered 13th-Cent. Ms., Speculum XXX, 1955, dazu ders. in: Mf IX, 1956, S. 446; W. MORGAN, The Chorale Motet Between 1650 and 1750, Diss. Univ. of Southern California 1956, maschr.; G. REICHERT, Das Verhältnis zwischen mus. u. textlicher Struktur in d. M. Machauts, AfMw XIII, 1956; DERS., Wechselbeziehungen zwischen mus. u. textlicher Struktur in d. M. d. 13. Jh., in: In memoriam J. Handschin, Straßburg 1962; D. LAUNAY, Les motets à double chœur en France ..., Rev. de Musicol. XXXIX/XL, 1957; DIES., Anth. du motet lat. polyphonique en France (1609–61), = Publications de la Soc. frç. de musicologie I, 17, Paris 1963; U. GÜNTHER, The 14th-Cent. Motet and Its Development, MD XII, 1958; DIES., Das Wort-Ton-Problem bei M. d. späten 14. Jh., Fs. H. Besseler, Lpz. 1961; L. FINSCHER, L. Compère and His Works V, The Motetti Missales, MD XIV, 1960; S. E. BROWN JR., The Motets of Ciconia, Dunstable and Dufay, Diss. Indiana Univ. 1962, maschr.; H. H. EGGEBRECHT,

Machauts M. Nr 9, AfMw XIX/XX, 1962/63; Th. L. Noblitt, The Motetti Missales ..., Diss. Univ. of Texas 1963, maschr.; E. Sparks, C. f. in Mass and Motet, 1420–1520, Berkeley u. Los Angeles 1963; D. Harbinson, Imitation in the Early Motet, ML XLV, 1964; E. Apfel, Beitr. zu einer Gesch. d. Satztechnik v. d. frühen M. bis Bach, 2 Bde, München 1964–65; F. Mathiassen, The Style of the Early Motet, = Studier og publikationer fra Musikvidenskabeligt Inst. Aarhus Univ. I, Kopenhagen 1966.

Motiv (spätlat. motivus, beweglich) bedeutet in der Musiklehre seit der 2. Hälfte des 18. Jh. das kleinste Glied (Sinnträger) einer Komposition. Die ersten Ansätze zu einer musikalischen M.-Lehre finden sich bei J. Mattheson (1737), der die Melodie in »Klang-Füße« (Metren) zerlegt. J. Riepels Lehre (1752–68) von der »Rhythmopöie« oder »Taktordnung« und H. Chr. Kochs Untersuchungen über die Satzglieder der Melodie (1782–93) gehen vom M. als Bauelement der Komposition aus, ohne daß der deutschen Musiklehre des 18. Jh. das Wort M. schon geläufig war. Nach M. Fr. v. Grimm (Artikel Motif der *Encyclopédie*) war es italienische Gepflogenheit, den Hauptgedanken einer Arie (*la principale pensée d'un air*) m.o zu nennen; dieses bestimme deren Melos und Deklamation und erweise die Begabung des Komponisten (ähnlich J.-J. Rousseau 1768). Die ersten Versuche einer Definition des Begriffs M. finden sich in der 1. Hälfte des 19. Jh. bei A. B. Marx (1837) und J. Chr. Lobe (1844). – H. Riemann definiert das M. als *ein Melodiebruchstück, ... das für sich eine kleinste Einheit von selbständiger Ausdrucksbedeutung bildet* (1903, S. 14). Das Verstehen einer Melodie hängt vom Erkennen der vom Komponisten gemeinten M.-Begrenzungen ab, die weitgehend durch die rhythmisch-metrischen und harmonischen Verhältnisse bedingt sind. Nach Riemann beruht alles musikalische Werden und Wachsen darauf, daß einem Ersten ein Zweites (»symmetrisch«) gegenübertritt, in der natürlichen Folge leicht-schwer (so schon Momigny: *La musique marche du levé au frappé et non du frappé au levé*).

 und nicht  ist nach Riemanns Auffassung die »Urzelle« aller Musik. Die Schwerpunktsnote muß jedoch nicht immer auch zugleich Endnote des M.s sein. Sie kann in eine → Weibliche Endung verwandelt werden, z. B.:

anstatt

Intervalle zwischen den Grenztönen zweier M.e (dem Schlußton des vorhergehenden und dem Anfangston des folgenden M.s) werden nicht melodisch aufgefaßt; Riemann nennt sie tote Intervalle. Füllt ein M. einen aus zwei oder drei Zählzeiten bestehenden Takt, so daß sein Schwerpunkt jedesmal ein Taktschwerpunkt ist, so heißt es Takt-M.; füllt es nur die Zeit einer Zählzeit, so heißt es Unterteilungs- oder Figurations-M. Verwachsen mehrere M.e zu einer Sinneinheit, so entsteht eine Phrase. Hier sind die Intervalle zwischen den M.n nicht tot, jedoch von untergeordneter Bedeutung im Vergleich zu den Intervallen, die die M.e bilden. Die dem → Ausdruck des M.s entsprechende, selbstverständliche dynamische und agogische Vortragsweise ist nach Riemann Steigerung bis zur Schwerpunktsnote und bei der Endigung diminuendo mit Dehnung:

Die ausschließlich auftaktige M.-Auffassung Riemanns führt bisweilen zu bedenklichen Konsequenzen, vor allem in seiner Phrasierungslehre. So wollte er 1895 den Anfang des Hauptthemas des 1. Satzes der 2. Symphonie von Brahms

folgendermaßen phrasiert wissen:

Dem aber steht die Verarbeitung dieser 4 Takte in der Durchführung des Satzes entgegen (Takt 246ff.). R. Westphal (1880) und Th. Wiehmayer (1917) leiten das M. aus den verschiedenen Klangfüßen ab (Gleichsetzung von poetischer Metrik und musikalischer Rhythmik), während Riemann im M. keineswegs ein nur rhythmisches Gebilde sah, *sondern vielmehr ein nach allen Seiten hin bestimmtes musikalisches Konkretes, an welchem Melodie, Harmonie, ja Dynamik und Klangfarbe usw. Anteil haben*. Eine zukünftige M.-Lehre hat diesen umfassenderen Standpunkt zu wahren und Riemanns Warnung vor übertriebener M.-Suche und »M.-Reiterei« zu beachten. Sie muß aber auch berücksichtigen, daß nicht alle Dimensionen dieses »musikalisch Konkreten« jeweils gleich wichtig sind. So wird z. B. die motivische Quartenfolge in Schönbergs 1. Kammersymphonie op. 9 zunächst als Tonhöhenkonstellation wahrgenommen; was in den übrigen Dimensionen gleichzeitig geschieht, ist nur akzidentiell und vom M. nicht typisch. Ob diese notwendige neue M.-Lehre jedoch mehr als nur retrospektive Bedeutung erlangen würde, erscheint angesichts der jüngsten, von → Thema und M. fortstrebenden musikalischen Entwicklung fraglich.

Lit.: Brossard D, Artikel Motivo; J. Mattheson, Kern Melodischer Wiss., Hbg 1737; Mattheson Capellm.; J. Riepel, Anfangsgründe zur mus. Setzkunst ..., Augsburg 1752, Regensburg ²1754; Encyclopédie ou Dictionnaire raisonné des sciences, des arts et des métiers, hrsg. v. D. Diderot u. J. d'Alembert, Bd X, Neuchâtel 1765, Artikel Motif; J.-J. Rousseau, Dictionnaire de musique, Genf 1767(?), Paris 1768, Artikel Motif; H. Chr. Koch, Versuch einer Anleitung zur Composition, I Rudolstadt 1782, II–III Lpz. 1787–93; J.-J. de Momigny, Cours complet d'harmonie et de composition..., 3 Bde, Paris 1806; A. Reicha, Traité de mélodie..., Paris 1814, ²1832, ¹¹1911; A. B. Marx, Die Lehre v. d. mus. Komposition I, Lpz. 1837, neubearb. v. H. Riemann ⁹1887; J. Chr. Lobe, Compositionslehre oder umfassende Lehre v. d. thematischen Arbeit, Lpz. 1844; R. Westphal, Allgemeine Theorie d. mus. Rhythmik seit J. S. Bach, Lpz. 1880; L. Wolff, Geschichtliche Studien über d. mus. M. u. seine Durchführung, Diss. Lpz. 1890; H. Riemann, Was ist ein M.?, in: Präludien u. Studien I, Heilbronn 1895; ders., System d. mus. Rhythmik u. Metrik, Lpz. 1903; Th. Wiehmayer, Mus. Rhythmik u. Metrik, Magdeburg 1917; E. Schwarzmaier, Die Takt- u. Tonordnung J. Riepels..., Wolfenbüttel 1936; A. Feil, Satztechnische Fragen in d. Kompositionslehren v. Fr. E. Niedt, J. Riepel u. H. Chr. Koch, Diss. Heidelberg 1955; H. Keller, Phrasierung u. Artikulation, Kassel 1955; E. Jammers, Takt u. M., AfMw XIX/XX, 1962/63.

Motus (lat., Bewegung), bei der Stimmführung bzw. Themenbildung ist M. contrarius → Gegenbewegung oder → Umkehrung; M. obliquus → Seitenbewegung; M. rectus → Parallelbewegung, auch Bezeichnung für den Eintritt eines Fugenthemas in seiner originalen Gestalt (in motu recto) im Unterschied zur Umkehrung (in motu contrario); M. retrogradus → Krebsgang.

Mozarabischer Gesang ist der Gesang der spanischen Christen unter arabischer Herrschaft (musta'rib). Er stammt aber aus älterer Zeit, wie alle lateinischen Choralarten, ist in der westgotischen Zeit geformt worden und gehört (ähnlich dem → Ambrosianischen Gesang) zur Gruppe des → Gallikanischen Gesangs (im weiteren Sinne). Das zeigt die Ordnung der Meßgesänge, die zum Teil die gleichen Namen haben wie die der gallikanischen Liturgie. Doch ist die gemeinsame Urform, wie sie sich auch in der Gregorianik erhalten hat, nicht zu übersehen. Die Meßgesänge sind: Antiphona ad praelegendum (gallikanisch, heute Offizium; römisch Introitus), Gloria (selten), Trisagion (*"Ἅγιος ὁ θεός*, gallikanisch), Benedictus es (gallikanisch), Psallendum (römisch Graduale), Clamor (nur im mozarabischen Ritus), Threnos, Laudes (römisch Alleluia), Sacrificium (römisch Offertorium), Preces (gallikanisch), Agios, Agios Dominus Deus (römisch Sanctus), Antiphona ad pacem, Antiphona ad confractionem (römisch Agnus Dei), Antiphona ad accedentes (gallikanisch Trecanum; römisch Communio). – Die an die Ostkirchen erinnernde Vorliebe für die Hymnenkomposition vermochte sich bei einander widerstreitenden Synodenbeschlüssen nicht entscheidend durchzusetzen. Doch wurden außerhalb der Messe Hymnen und Sequenzen gepflegt. Im Gegensatz zu Rom war man sich der Verfasserschaft mehrerer Komponisten bei der Entstehung des Chorals wohl bewußt. – Der M.e G. wurde im 11. Jh. durch die Gregorianik fast restlos beseitigt; nur wenige, sehr einfache Gesänge haben sich erhalten, so daß nur beschränkte Aussagen mit vielen Vorbehalten möglich sind. Mit dem Gesang wurde auch die mozarabische Neumenschrift verdrängt. Sie hat ihre nächsten Verwandten in italienischen, nicht in gallikanischen Neumen. Wichtigstes Neumendokument ist das Antiphonar von León (10. Jh.). Da aber auch die mozarabischen Neumen keine Angaben über Tonhöhe oder Intervalle machen, lassen sich die Melodien der Quellen nicht lesen. So ist der M.e G. für uns tot. Sein konservativer Charakter wird aber deutlich sichtbar. Für einige Gesangsarten wurde das ganze Jahr hindurch nur ein Text verwendet, so für die Antiphona ad accedentes der uralte Communiotext *Gustate et videte*. Ähnlich der gallikanischen Messe war die Beteiligung des Volkes größer als in der römischen (päpstlichen) Liturgie; beim Pater noster z. B. erfolgte nach jeder Bitte eine Akklamation des Volkes: *Amen* oder *Quia Deus es*, und der Clamor hat seinen Namen anscheinend von dem in ihm enthaltenen Akklamationen. Der Tonus currens war gleichfalls der ältere, nämlich a, und noch nicht verdrängt von dem subsemitonalen c. Verwendet wurde die gallikanische Repetitionsweise: nach den Versen wird nur der Schlußteil des Responsum wiederholt. Selbstverständlich kennt der M.e G. auch sehr ausgedehnte Melismen mit mehr als 200 Tönen; ihre Kompositionstechnik, etwa beim Alleluia, erinnert an die ambrosianische.

Ausg.: Antifonario visigótico mozárabe de la Catedrál de León, I Faks., II Text, hrsg. v. L. Brou OSB u. J. Vives, = Monumenta Hispaniae Sacra, Series liturgica V, 1–2, Madrid, Barcelona u. León 1953–59.

Lit.: G. Prado OSB, Mozarabic Melodies, Speculum III, 1928; ders., Estado actual de los estudios sobre la música mozárabe, in: Estudios sobre la liturgia mozárabe, = Publicación del Inst. provincial de investigaciones y estudios toledanos III, 1, Toledo 1965; P. Wagner, Der mozarabische Kirchengesang u. seine Überlieferung, in: Span. Forschungen d. Görresges. I, 1, Münster i. W. 1928; ders., Untersuchungen zu d. Gesangstexten u. zur responsorialen Psalmodie d. altspan. Liturgie, ebenda I, 2, 1930; C. Rojo OSB u. G. Prado OSB, El canto mozárabe, Barcelona 1929; L. Brou OSB, L'antiphonaire visigothique et l'antiphonaire grégorien au début du VIIIᵉ s., AM V, 1950, u. in: Atti del Congresso Internazionale di Musica Sacra Rom 1950, Tournai 1952; ders., L'Alléluia dans la liturgie mozarabe, AM VI, 1951; ders., Séquences et tropes dans la liturgie mozarabe, Hispania sacra IV, 1951/52; H. Anglès, Lat. Chant Before St. Gregory, in: The New Oxford Hist. of Music II, London 1954, ²1965; ders., Die Sequenz u. Verbeta im ma. Spanien, StMf XLIII, 1961; E. Werner, Eine neuentdeckte mozarabische Hs. mit Neumen, in: Miscelánea en homenaje a H. Anglès II, Barcelona 1958–61.

»**Mozartquinten**« → Parallelen.

mp, Abk. für mezzopiano, → piano.

Mühlhausen (Thüringen).
Lit.: R. Jordan, Aus d. Gesch. d. Musik in M., = Zur Gesch. d. Stadt M. in Th. V, M. 1905; E. Brinkmann, Neue Beitr. zur M.er Mg., Mühlhäuser Geschichtsblätter XXIX, 1928/29; ders., Neue Forschungen zum Leben d. großen M.er Musiker ... Joachim à Burgk, J. Eccard, J. R. Ahle, J. G. Ahle, J. S. Bach, Fs. A. Tille, Weimar 1930; ders., Die Musikerfamilie Bach in M., M. 1950.

München.
Lit.: L. Westenrieder, Zustand d. Musik in M. in d. letzten Jahrzehnten d. 18. Jh., Jb. d. Menschengesch. in Bayern I, M. 1783; Fr. M. Rudhart, Gesch. d. Oper am Hofe zu M. I, Freising 1865; Fr. Grandaur, Chronik d. Kgl. Hof- u. Nationaltheaters in M., M. 1878; Fr. X. Haberl, Archivalische Excerpte über d. herzogliche Hofkapelle in M., KmJb IX, 1894 – XI, 1896; A. Sandberger, Beitr. zur Gesch. d. bayerischen Hofkapelle unter Orlando di Lasso, I u. III, Lpz. 1894–95; ders., Ausgew. Aufsätze zur Mg. I, M. 1921, revidiert NY 1948; L. Schiedermair, Die Anfänge d. M.er Oper, SIMG V, 1903/04; Br. Hirzel, A. Gosswin . . . Ein Beitr. zur Gesch. d. Hofkapellen in M. u. Freising, M. 1909; E. Bücken, M. als Musikstadt, Lpz. (1923); M. Zenger, Gesch. d. M.er Oper, hrsg. v. Th. Kroyer, M. 1923; O. Ursprung, M.s musikalische Vergangenheit, v. d. Frühzeit bis zu R. Wagner, M. 1927; P. L. Söhner, Die Musik im M.er Dom Unserer Lieben Frau ..., M. 1934; Fr. Ihlau, Die Entwicklung d. Musikberichterstattung in d. M.er »Neuesten Nachrichten« . . . bis zum Jahre 1860, Diss. M. 1935; P. Beckers, Die nachwagner'sche Oper bis zum Ausgang d. 19. Jh. im Spiegel d. M.er Presse, Diss. M. 1936; Cl. Neumann, Die Harmonik d. M.er Schule um 1900, M. 1939; I. Grassl, M.er Brauchtum u. Leben im 18. Jh., Diss. M. 1940; W. Eichner, M. Entwicklung als Musikstadt, Diss. M. 1951, maschr.; F. Lepel, Die ital. Opern u. Opernaufführungen an kurfürstlichen Hofe zu M. (1654–1787), Bln 1953; W. Zentner, 60 Jahre M.er Philharmoniker, Fs., M. 1953; J. M. Lutz, Die M.er Volkssänger, M. 1956; H. Wagner, 200 Jahre M.er Theaterchronik 1750–1950, M. (1958); K. H. Ruppel, Musica Viva, M. 1959; Fs. 200 Jahre Residenz-Theater in Wort u. Bild, hrsg. v. A. Lippl, M. 1961; W. Frei, Die bayerische Hofkapelle unter Orlando di Lasso, Mf XV, 1962; H. Friess, Festspiele d. Oper zu M., M. 1962; W. Boetticher, Aus O. di Lassos Wirkungskreis. Neue archivalische Studien zur M.er Mg., Kassel 1963; H. Bolongaro-Crevenna, L'Arpa Festante. Die M.er Oper 1651–1825, M. (1963); R. Eras, Zur Deutung v. Mielichs Bild d. bayerischen Hofkapelle, Mf XVI, 1963; Nationaltheater M., Fs. d. Bayerischen Staatsoper zur Eröffnung d. wiederaufgebauten Hauses, hrsg. v. H. Friess u. R. Goldschmit, M. 1963.

Münster (Westfalen).
Lit.: K. G. Fellerer, Schulgesänge aus M. Humanistenzeit, ZfMw XIII, 1930/31; ders., Zu d. Cantus ecclesiastici missae d. Kölner u. M.ischen Tradition im 19. Jh., in: Der kultische Gesang d. abendländischen Kirche, Fs. D. Johner OSB, Köln 1950; ders., Zur Gesch. d. Org. im Dom zu M. im 17. Jh., KmJb XXXIV, 1950; H. Schorer, Das Theaterleben in M. in d. 2. Hälfte d. 19. Jh., = Die Schaubühne X, Emsdetten i. W. 1935; W. Wörmann, Alte Prozessionsgesänge d. Diözese M., Diss. M. 1949, maschr.

Multiplicatio (lat., Vervielfältigung), in der Kompositionslehre des 17. und 18. Jh. als musikalische Figur die Aufteilung einer Note (bei Bernhard und Walther 1708: einer Dissonanz) in mehrere kleinere Notenwerte (Beispiel nach Bernhard):

Mit ihr verbindet sich oft die Extensio (lat., Ausdehnung), die Verlängerung einer Dissonanz über ihre reguläre Dauer (Beispiel nach Bernhard):

Mundharmonika (frz. harmonica à bouche; engl. mouth harmonica oder mouth organ) ist eine Bezeichnung für Instrumente mit durchschlagenden Zungen, die durch den menschlichen Atem in beiden Richtungen (Aus- und Einatmen) zum Schwingen gebracht werden. Bei den heute gebräuchlichen M.s ist zwischen diatonischen und chromatischen Modellen zu unterscheiden, zu denen noch Baß-M., Akkordbegleitinstrumente und Spezialinstrumente kommen. Die diatonischen und die chromatischen M.s sind durchweg wechseltönig, d. h. jeder Tonkanal enthält 2 Zungen, von denen eine auf Blasen, die andere auf Ziehen anspricht. Bei den diatonischen Richter-Modellen enthalten also die 10kanäligen Instrumente 20 Töne (3 Oktaven, untere und obere Oktave unvollständig), die 12kanäligen verfügen über 3 vollständige Oktaven. Die Richter-Modelle sind in allen Dur- und Molltonarten als Melodieinstrumente gebräuchlich. Beim Spiel werden die nicht benötigten Tonkanäle mit der Zunge abgedeckt. Die Knittlinger M.s sind Oktav- bzw. Doppeloktavinstrumente. In Tonaufbau und -anordnung entsprechen sie der 10kanäligen Richter-M.; sie unterscheiden sich von ihr dadurch, daß jeder Ton durch 2 Stimmzungen im Abstand von einer oder zwei Oktaven hervorgebracht wird. Die M.s des Wiener Systems kommen als Oktavinstrumente oder als Tremolo-M. (mit Schwebetonreihe zur Grundreihe) vor. Sie unterscheiden sich in der Tonanordnung wesentlich von den Richter-Modellen und kennen keine genormte Größe. Es sind Soloinstrumente, die meist zweistimmig (mit zugespitztem Mund) geblasen werden. – Die chromatischen M.s lassen im Rahmen ihres Tonumfangs das Spiel aller Stammtöne und abgeleiteten Töne zu. Die als Familie gebaute Educator-M. (S., A., T. und B.) folgt in der Tonanordnung dem Aufbau der Klaviertastatur. Die Chromonica ist eine Kombination zweier um einen Halbton verschiedener diatonischer Richter-Instrumente (C dur und Cis dur); ein von Hand betätigter Kanzellenschieber verschließt auf Wunsch die eine oder die andere Tonreihe. – Das in den 1920er Jahren aufgekommene Gruppenmusizieren mit M.s erforderte Spezialinstrumente für den Baß und die harmonische Begleitung. Die Baß-M.s (als einfache und als Oktavbässe gebräuchlich) sind 2teilig, durch Scharniere beweglich miteinander verbundene Instrumente, die unten die C dur-, oben die Fis dur-Tonleiter geben und so das Spiel chromatischer Tonfolgen gestatten. Die Akkordbegleitinstrumente sind ebenfalls 2teilig; sie geben oben auf Blasen die Durdreiklänge, auf Ziehen die gleichnamigen Dominantseptakkorde, unten auf Blasen die gleichnamigen Molldreiklänge und auf Ziehen in wechselnder Folge übermäßige Dreiklänge und verminderte Septakkorde. – Zu den M.-Spezialinstrumenten gehören die pentatonische M. und Instrumente mit außereuropäischen Tonfolgen, aber auch neuartige Kombinationen von Melodie- und Begleitinstrumenten, die sich – wie die Harmonetta – einer Tastatur sowohl für das Einzelton- als auch für das Akkordspiel bedienen. Die Weiterentwicklung der M. in unseren Tagen führte zur Melodica, einem Blasinstrument mit durchschlagenden Zungen (nur auf Blasen erklingend) und mit einer kleiner mensurierten Klaviertastatur (h–c³ bzw. f–g²) oder mit 4eckigen Knopftasten in gleicher Anordnung (c¹–c³ bzw. f–e²). – Abgesehen vom Gruppenmusizieren, beginnt die Geschichte der M.-Literatur erst nach dem 2. Weltkrieg (Konzerte von A. Benjamin, H. Herrmann, Milhaud, M. Spivakovski, G. Whettam). Die Bedeutung der M. liegt jedoch mehr auf dem Gebiet der elementaren Musikerziehung. Das M.-Spiel ist überall in der Welt verbreitet, wird im Ausland aber vor allem solistisch virtuos gepflegt.

Lit.: A. FETT, 30 Jahre Neue Musik f. Harmonika 1927–57, Trossingen (1957, ⁴1964); DERS., Die Melodica, = Kleine Bücherei d. Harmonika-Freundes XVI, Trossingen 1966; DERS., Die M., Kleine Instrumentenkunde, ebenda IV, 1966; H. HERRMANN, Einführung in d. Satztechnik f. M.-Instrumente, Trossingen (1958). AWF

Mundorgel, ein Blasinstrument, bestehend aus einer Windkammer mit einem vorragenden Mundstück und einer Anzahl senkrecht stehender, im Kreis angeordneter Bambus- oder Holzpfeifen von verschiedener Länge mit durchschlagenden Zungen aus Metall. Jede Pfeife hat direkt über dem Sockel und unterhalb der Zunge ein Griffloch; wird es geschlossen, so erklingt die Pfeife. In Indochina wird die M. noch heute als einfaches volkstümliches Instrument (mit einer Windkammer aus Kürbisschale) allein oder zum Gesang gespielt. Beim Solospiel kann neben den charakteristischen lang ausgehaltenen Zusammenklängen (mit bis zu 6 Tönen) eine Melodie gespielt werden. Die älteste erhaltene chinesische M. (sheng) stammt aus dem 6. Jh. Von China kam sie spätestens im 9. Jh. nach Japan. Die japanische M. (shō) mit 17 Pfeifen gehört zum Instrumentarium der chinesischen Richtung Togaku innerhalb der Kunstmusik. Der Bau der → Harmonika-Instrumente mit durchschlagenden Zungen um 1800 war zum Teil durch die Kenntnis der ostasiatischen Instrumente angeregt.

Lit.: A. SCHAEFFER, Origine des instr. de musique, Paris 1936; L. C. GOODRICH, The Chinese Sheng and Western Mus. Instr., China Magazin XVII, 1941; L. TRAYNOR u. SH. KISHIBE, The Four Unknown Pipes of the Shō ..., Journal of the Soc. for Research in Asiatic Music IX, 1951.

Mundstück (frz. embouchure; engl. mouthpiece) ist bei Blasinstrumenten die Anblasvorrichtung; ein eigentliches M. fehlt der Querflöte, es kann auch bei (primitiven) Horninstrumenten fehlen. Bei den abendländischen Blockflöten und Klarinetten ist das M. in Schnabelform ausgebildet, bei Doppelrohrblattinstrumenten ist das Rohr M. (beim Windkapselansatz ergänzt durch eine trichter- oder kreiselförmige Pirouette oder eine Lippenscheibe als Stütze für die Lippen). Horninstrumente, besonders die aus Metall (Blechblasinstrumente), haben schon seit der Antike M.e. Die Bauart der

M.e von Waldhorn, Trompete und Baßtuba.

M.e variiert zwischen der des Waldhorns in Form eines Trichters und der der Trompete in Form eines bauchigen Kessels; die Zinken hatten M.e mit besonders enger Bohrung und scharfem Rand. M.e an Baßinstrumenten sind größer als an hohen Instrumenten, weil eine größere Masse der schwingenden Lippen erforderlich ist. Ein enges, tiefes M. erleichtert die An-

Muñeira (muɲ'ɛira, span.; galicisch muíñeira, Müllerin), ein spanischer Volkstanz aus den Nordprovinzen Galicien und Asturien, der in mäßig bewegtem 6/8-Takt gleich der galicischen Alborada zu Gaita, Pandero und Tamboril gesungen und getanzt wird.

Murkys, in Deutschland (oft abwertend) gebrauchte Bezeichnung unbekannter Herkunft für die als dilettantisch geltenden fortlaufenden gebrochenen Oktavbässe

(Murkybässe, auch als → Brillenbässe notiert) zur Begleitung einer Melodie in Kompositionen für Tasteninstrumente, seltener in Orchesterwerken. Auch leicht eingängige Stücke mit Verwendung dieser Art des Basses wurden im 18. Jh. so genannt, z. B. 11 Nummern bei Speronetes (*Singende Muse an der Pleiße*, 1736 ff.).

Musette (müz'ɛt, frz.), – 1) in Frankreich im 17.–18. Jh. eine Sackpfeife mit einem kleinen Blasebalg. Die Spielpfeife war zylindrisch mit Doppelrohrblatt und hatte 7 offene Grifflöcher sowie 4 Tonlöcher mit geschlossenen Klappen (Umfang f^1–a^3 oder c^3). Um 1650 fügte J. Hotteterre eine zweite kleine Spielpfeife für die höchsten Töne (bis d^3) hinzu. Der Bordun war wie ein Rankett gebohrt, jedoch mit 4 Doppelrohrblättern sowie mit Schiebern (frz. layettes) versehen, durch die die Länge der Kanäle abgeteilt und damit die Höhe der Borduntöne verändert werden konnte. In Frankreich war die M. zusammen mit der Drehleier (vielle) das Favoritinstrument bei den Schäferspielen der aristokratischen Gesellschaft. Sie wurde in prächtiger Ausstattung hergestellt, mit Brokatüberzug des Balgs, Pfeifen aus Ebenholz und Elfenbein. Berühmte Spieler der M. waren u. a. die Brüder → Chédeville, H. Baton, J. → Aubert sowie Mitglieder der Familien Philidor und Hotteterre. – 2) alter Name für die windsacklose Schalmei; auch M. de Poitou oder Hautbois de Poitou genannt. – 3) In französischen Orgeln ist M. ein 8'- oder 4'-Rohrwerk mit konischen Bechern, von zart näselndem Klang, in neueren deutschen Orgeln dagegen gelegentlich mit trichterförmigen Bechern und schnarrend-hellem Klang. – 4) ein Tanz im 2/4-, 3/4- oder 6/8-Takt, in mäßigem Tempo; charakteristisch ist der Bordun. Der Tanz, wohl ursprünglich von dem Instrument M. begleitet, war sehr beliebt am Hofe Ludwigs XIV. und Ludwigs XV. Die M. findet sich unter den Tänzen der französischen Ballette des 18. Jh. (Delalande), in der Oper, z. B. in Destouches' *Callirhoé* (1712) und in Händels *Alcina* (1736), in der Klaviermusik von Fr. Couperin, J.-Ph. Rameau und J. S. Bach (Englische Suite Nr 3, *Gavotte ou la M.*, BWV 808), in Schönbergs *Suite für Kl.* op. 25. – Der im 19. Jh. volkstümliche Bal champêtre wurde nach dem bei ihm verwendeten Instrument auch als Bal m. bezeichnet. Als Begleitinstrument trat am Ende des 19. Jh. das Akkordeon hervor, das zur Erzielung charakteristischer Effekte oft leicht verstimmt wurde (accordéon m.). Noch heute ist der Valse m. dieser Klangcharakter eigen; hinzu kommt eine spezifische Melodieführung, deren besinnlich-heitere Melancholie in Film- und Unterhaltungsmusik mit der Vorstellung des »vieux Paris« verbunden wird.

Lit.: zu 1): M. MERSENNE, Harmonie universelle, Paris 1636, Faks. hrsg. v. Fr. Lesure, 3 Bde, Paris 1963; CH.-E. BORJON DE SCELLERY, Traité de la m., Lyon 1672; J. HOTTETERRE, Méthode pour la m., Paris 1737; E. H. DE BRICQUEVILLE, Les m., Paris 1894; E. THOINAN (= A.-E. Roquet), Les Hotteterre et les Chédeville, Paris 1894; J. EPPELSHEIM, Das Orch. in d. Werken J.-B. Lullys, = Münchner Veröff. zur Mg. VII, Tutzing 1961.

Musica (lat., von griech. μουσική, → Griechische Musik), wie μουσική ursprünglich Adjektiv, schon in der Antike, als Bezeichnungsfragment von Ars m. (μουσική τέχνη) oder M. scientia (μουσική ἐπιστήμη), häufig substantivisch gebraucht. – Den mittelalterlichen Begriffsbestimmungen von M. liegen die Schriften von Augustinus, Martianus Capella, Cassiodorus, Boethius und Isidorus von Sevilla zugrunde, die einerseits griechischen Traditionen vornehmlich pythagoreisch-platonischer Prägung verpflichtet sind und andererseits teilweise bereits christliches Gedankengut vermitteln. Obwohl unter dem Einfluß sich wandelnder philosophisch-theologischer Fragestellungen die traditionellen M.-Definitionen und -Klassifikationen vielfach geändert, auch abgelehnt wurden, bleibt dennoch eine bis in die Neuzeit hinein kontinuierliche (wenn auch seit dem Spätmittelalter immer mehr zum Topos erstarrende) Grundkonzeption erkennbar, die sich in zwei häufig miteinander verschränkten Bedeutungsbereichen mit jeweils eigenen Unterteilungen manifestiert.

1) M. ist die *scientia bene modulandi* (→ Modulatio), im weiteren Sinne das auf harmonischen Zahlenverhältnissen beruhende musische Tun in Sprache, Musik und Tanz. Diesem umfassenden Begriff gemäß widmet sich Augustinus in seiner Schrift *De musica* eingehend der Metrik; nach Aurelianus Reomensis (entsprechend Boethius I, 34) ist nur derjenige im Musicus, der die Facultas *de poetarum carminibus ... sine errore iudicandi* besitzt (GS I, 34a). al-Fārābī (*De ortu scientiarum*, ed. Baeumker, S. 19) und R. Bacon (*Opus tertium*, ed. Brewer, S. 232) berücksichtigen in ihren M.-Klassifikationen ausdrücklich auch den Tanz (gestus); Bacon teilt die M. circa vocem humanam in M. in cantu (M. melica) und M. in sermone ein (ebenda, S. 230). Eustache Deschamps (*L'art de dictier*, ed. Raynaud, S. 269f.) versteht unter musique naturele die Dichtkunst, unter musique artificielle die eigentliche Musik.

2) M. ist jene *disciplina quae de numeris loquitur, qui ad aliquid sunt his qui inveniuntur in sonis* (Cassiodorus II, 5, 4): eine »Mathematische Wissenschaft« noch in der Barockzeit (Werckmeister, *Musicae mathematicae Hodegus curiosus*, S. 9f.) und Romantik (Novalis, Fragmente IV, 227: *Aller Genuß ist musikalisch, mithin mathematisch*), mitunter auch die Lehrschrift über die M. selbst; ihr Stoff wurde im Rahmen des Quadriviums gelehrt (→ Ars m.). Ferner ist M. (als Äquivalent zu → Harmonia) das auf Zahlenproportionen beruhende Ordnungsprinzip, nach dem alles sein gestaltet ist (Jacobus Leodiensis, CSM III, I, 11: *M. enim generaliter sumpta obiective quasi ad omnia se extendit*), sowie die hieraus resultierende Geordnetheit (Harmonie) des Seins. Diese M. ist von Boethius in Anlehnung an griechische Traditionen aufgegliedert worden in die Bereiche M. mundana (ἁρμονία κόσμου), M. humana (ἁρμονία ψυχῆς) und M., *quae in quibusdam constituta est instrumentis* (später: M. instrumentalis bzw. M. sonora; ἡ ἐν ὀργάνοις μουσική). M. (auch harmonia, compositio) mundana ist die Harmonie des Makrokosmos, die sich einerseits in der Bewegung der Sphären (→ Sphärenharmonie), andererseits in der regelmäßigen Abfolge der Jahreszeiten, der Zusammenordnung der Elemente zeigt; bei Regino von Prüm (GS I, 235a) und Pseudo-Beda (Migne Patr. lat. XC, 911) heißt sie M. coelestis. Egidius Zamorensis (GS II, 376b ff.) unterscheidet zwischen M. mundana als der *M. in terris vel in temporibus* und M. coelestis als der M., durch welche *ipsum coelum volvitur*. Nicolaus Wollick

(ed. Niemöller, S. 12) setzt beide einander gleich. M. humana ist die Harmonie des menschlichen Mikrokosmos, die sich im Wirken der Temperamente, Glieder und Organe, im Verhältnis zwischen Seele und Leib wie zwischen geistigen und seelischen Kräften äußert, erkennbar beispielsweise am einwandfreien ethischen Verhalten (Cassiodorus II, 5, 2). Da die Seele nach pythagoreisch-platonischer Auffassung aus konsonierenden Zahlen zusammengefügt ist, kann die erklingende Musik Einfluß auf sie nehmen (→ Ethos). M. instrumentalis ist jene Harmonie, die in den Proportionen und Intervallen der durch Klangwerkzeuge (menschliche Stimme, Instrumente) hervorgebrachten, per sensum wahrnehmbaren Töne waltet; nach einer Legende ist sie von Pythagoras *inventa ex malleorum sonitu* (Cassiodorus II, 5, 1, nach Gaudentios, in: Jan, *Scriptores*, 340). Auf den gleichen Voraussetzungen beruht die Einteilung in M. naturalis (in der Regel M. mundana und M. humana umfassend) und M. artificialis (in der Regel der M. instrumentalis entsprechend); sie ist erstmals bei Regino von Prüm (GS I, 232a ff.) nachweisbar und wurde seit dem späten Mittelalter von der (hinsichtlich der Abgrenzung der Bereiche analogen, bereits in der Antike geläufigen) Klassifizierung in M. theor(et)ica (speculativa) und M. practica (activa) verdrängt.

Die Musik (in der Regel als cantus, cantilena, erst seit dem späteren Mittelalter häufiger als m. bezeichnet) hat innerhalb beider Bedeutungsbereiche ihren Platz. Dem Bewußtsein einer »inneren Identität« (Handschin, *Die Sphärenharmonie*, S. 366) zwischen Universum und sich auf harmonische Proportionen gründender Musik entspricht die strenge Scheidung zwischen dieser und allem nur naturwüchsig Erklingenden. Zwar erwähnt schon Regino von Prüm (GS I, 233b und 236a), daß *nonnulli* auch den Gesang der *irrationabilis creatura* (z. B. der Vögel) in den Begriff der M. (naturalis) einbezögen, doch gilt im allgemeinen bis ins späte Mittelalter (das seinen M.-Begriff nun vielfach auf alles Erklingende ausdehnt) der Satz des Johannes Affligemensis, daß *solus ... discretus* (scilicet: sonus) ... *ad musicam pertinet* (CSM I, 58). Das Musizieren in diesem Sinne heißt beim Anonymus A. de Lafage (Ann. Mus. V, 1957, S. 13) *naturaliter per musicam canere*; die gleiche Vorstellung wirkt noch nach in der humanistisch-geschraubten Umschreibung von »komponieren« etwa mit *musicis numeris accomodare* (G. Otto 1610). – Nach den Mitteln der Tonerzeugung wird die klangreale M. von Isidorus (III, 19–22) eingeteilt in M. harmonica (menschliche Stimme), M. organica (Blasinstrumente) und M. rhythmica (Schlag- und Saiteninstrumente). In dem Maße, in dem die Entwicklung der → Komposition eine terminologische Differenzierung zwischen bestimmten Techniken und Setzweisen nahelegte, wurden (besonders seit dem 13. Jh.) neue Einteilungen dieser M. geschaffen. Sie betreffen vor allem die Unterscheidung zwischen (einstimmigem) Choral und Mehrstimmigkeit in Begriffspaaren wie M. plana (M. gregoriana, M. armonica simplex) und → M. mensurabilis (M. mensuralis, M. armonica multiplex). Johannes de Grocheo (ed. Rohloff, S. 47ff.) unterscheidet zwischen M. simplex vel civilis, *quam vulgarem musicam appellamus* (weltliche Einstimmigkeit) und M. composita vel regularis vel canonica, *quam appellant musicam mensuratam* (Mehrstimmigkeit), denen er als dritte Kategorie das genus ecclesiasticum anfügt. Die seit Adam von Fulda (GS III, 333b) obligatorische Scheidung zwischen M. usualis (Wollick, S. 13: M. vulgaris sive usualis) und M. regulata scheint hier bereits im Ansatz greifbar. Die M. regulata ihrerseits teilt sich in die Bereiche von M. vera (recta) und → M. ficta (falsa).

Die Übernahme des antik-philosophischen M.-Begriffs, speziell in seiner unter 2) erfaßten Bedeutungsrichtung, in die christliche Vorstellung von der Schöpfungsordnung wird durch *Liber Sapientiae* 11, 21 (*Omnia in numero et mensura et pondere disposuisti*) weitgehend gerechtfertigt. Neben diese abstrakt-numerusbestimmte M.-Auffassung trat in frühester Zeit der Gedanke an den klingenden Lobpreis, den Sphären (Hiob 38, 7) und Engel, daneben die ganze belebte und unbelebte Natur dem Schöpfer darbringen. Als Abglanz und zugleich Teil solch universaler Liturgie wurde die irdische Liturgie zur eigentlichen Aufgabe des Frommen. Die Pflege des »enzyklopädischen Bildungsideals« der Antike, das der M. einen zentralen Platz innerhalb der philosophischen Propädeutik zugewiesen hatte, wurde in den irischen und angelsächsischen Raum zurückgedrängt und fand erst wieder seit dem 8. Jh. dank der karolingischen kulturellen Bestrebungen Eingang in einige fränkische Klosterschulen. Statt dessen entstand in der monastischen, vom »asketischen Bildungsideal« (beide Ausdrücke nach Pietzsch) geprägten Sphäre in Anschluß an die Fächer Grammatica und Computus eine ganz auf die liturgische Praxis ausgerichtete Musiklehre. Diese brachte bei der Neubildung einer die musikalische Form (Comma, Colon, Periodus; Punctus, Clausula; Distinctio) und Kompositionstechnik (Color, Talea, Flores) umfassenden Terminologie erstmals die (später in der → M. poetica nochmals intensiv durchdachten) Gemeinsamkeiten zwischen Musik und Sprache systematisch zum Ausdruck; sie eignete sich auch die für die Monochordmessung und Berechnung der Mensura fistularum unentbehrlichen mathematischen Grundlagen an und verstand es, die irrationale »Jubilus-Gesinnung« (Hammerstein, S. 121) der christlichen Frühzeit in die höchst rationale Lehre von den Tonarten und der Mehrstimmigkeit zu integrieren. Dagegen verzichtete die das enzyklopädische Ideal vertretende Literatur (Walther von Speyer, Alanus ab Insulis) weitgehend auf den Anschluß an die kompositorische Entwicklung und stagnierte schließlich, je mehr der Komponist selbst in seinem Werk theoretische Maßstäbe setzte.

Seit dem Bekanntwerden der Aristoteles-Schriften im 13. Jh. konzentrierte sich das Interesse zunehmend auf die empirisch faßbare, konkrete Musik. Der Verzicht auf die Behandlung der spekulativen Zweige der M. wird von einigen Autoren nicht nur programmatisch hervorgehoben (Engelbert von Admont, GS II, 289a), sondern sogar mit ironischen Worten begründet (Johannes de Grocheo, S. 46). R.Bacon (S. 230) läßt als M. nur noch cantus und sonus instrumentorum gelten. Zu Beginn des 14. Jh. versuchte Jacobus Leodiensis zwar, noch einmal die Boethianische Konzeption zu restaurieren und zugleich mit der christlich-theologischen Auffassung zu vereinen, indem er, als höchste Stufe eines umfassenden Systems, der M. mundana, humana und instrumentalis die M. coelestis vel divina anfügte (die sowohl den abstrakten Ordnungs- und Proportionszusammenhang der himmlischen Dinge als auch die Liturgie der Ecclesia triumphans einschließt; CSM III, I, 37), doch zeigen gleichzeitige Umdeutungen der Begriffe von M. humana und M. instrumentalis zu »Vokal-« und »Instrumentalmusik« (*Summa musicae*, GS III, 199a ff.; Nicolaus von Capua, ed. A. de Lafage, S. 311) und das Ersetzen der M. mundana durch M. angelica (Engelsmusik; Nicolaus von Capua, ebenda), in welchem Maße sich die rein empirische Konzeption bereits durchgesetzt hatte. Je mehr schließlich die auf der kosmologischen Abbildlichkeit der Musik (nach Boethius I, 20, ist die M. instrumentalis *imitatio* der M. mundana) beruhende, spezifisch mittelalterliche Anonymität des Werkes (Eggebrecht, Kgr.-Ber. New York 1961, Bd I,

S. 198) angesichts der Erwartung einer durch stetige Novitas ausgezeichneten individuellen künstlerischen Leistung des Practicus (→ M. reservata) verlorenging, desto mehr sank auch die M. theorica zur bloßen Lehre von Tonsystem und Intervallproportionen, zum praktisch-(nicht mehr spekulativ-)mathematischen »Hintergrund« jener Komposition ab, die das Ingenium ihres Schöpfers beweist und seinen Ruhm begründet. Für die italienische Renaissance ist sie *speculazione ... senza frutto*, wenn sie nicht auf ihren letzten Zweck zurückgeführt wird, *che consiste nell'essercitio de naturali, & artificiali istrumenti* ... (Zarlino, *Istituzioni harmoniche*, 1558, I, 11).

Im 17. Jh. kam die M. theorica (im kosmologisch-umfassenden Sinne) besonders in Deutschland nochmals zu hohem Ansehen. Die Möglichkeit, nun mit naturwissenschaftlichen Methoden etwa im Bereich der Akustik (Galilei, Mersenne, Sauveur) und der Astronomie (Kepler) zu beweisen, was dem Mittelalter Axiom war, führte zu einer neuerlichen Konstatierung universaler → Harmonia und somit auch zu einer Restauration des antikmittelalterlichen M.-Begriffs (Fludd, Werckmeister). Aber es ist nicht nur der Unterschied zwischen fraglosstaunendem Betrachten (das auch die reformatorische Musikanschauung noch charakterisiert) und bohrendem Fragen nach Sinn und Bedeutung dieser Harmonia, der Mittelalter und Neuzeit trennt, sondern auch in der (für das Mittelalter undenkbaren, weil höchst pleonastischen) Benennung M. mathematica zeigt sich der inzwischen vollzogene Wandel: mit dem Begriff von M. allein ist gemeinhin nur noch der Bereich der Praxis angesprochen. M. bezeichnet nun z. B. auch *ein Corpo oder Versammlung von Musicis* (WaltherL, Artikel M.); musique ist sogar in der eingeschränkten Bedeutung von »Vokalmusik« oder »Figuralmusik« anzutreffen. Nicht erst Einteilungen wie *la musique se divise aujourd'hui plus simplement en mélodie ou en harmonie* (Framéry, Ginguené, De Momigny, *Encyclopédie méthodique. Musique*, Paris 1818, Artikel Musique) dokumentieren das Ende des universalen M.-Begriffs. Schon Mattheson hatte es mit aller Schärfe konstatiert, wenn er den Titel der Schrift *Ut Mi Sol Re Fa La, Tota M. et Harmonia Aeterna* seines traditionsverbundenen Kontrahenten Buttstedt mit den Worten parodierte: *Todte (nicht tota) M. (Das Beschützte Orchestre*, Titelblatt).

Lit.: W. GROSSMANN, Die einleitenden Kap. d. Speculum Musicae v. Johannes de Muris (Jacobus Leodiensis), = Slg mw. Einzeldarstellungen III, Lpz. 1924; H. BESSELER, Musik d. MA in d. Hamburger Musikhalle 1.-8. April 1924, ZfMw VII, 1924/25; DERS., Die Musik d. MA u. d. Renaissance, Bücken Hdb.; H. G. FARMER, The Arabian Influence on Mus. Theory, London 1925; J. HANDSCHIN, Die Musikanschauung d. Johannes Scotus (Eriugena), DVjs. V, 1927; DERS., Die Sphärenharmonie in d. Geistesgesch., Neue Zürcher Zeitung Nr 2435, 1929, Neudruck in: Gedenkschrift J. Handschin, Bern u. Stuttgart 1957; P. RAJNA, Le denominazioni di Trivium e Quadrivium, Studi Medievali I, 1928; H. ZENCK, S. Dietrich. Ein Beitr. zur Musik u. Musikanschauung im Zeitalter d. Reformation, = PäM III, 2, Abh. I, Lpz. 1928; DERS., Studien zu A. Willaert. Untersuchungen zur Musik u. Musikanschauung im Zeitalter d. Renaissance, Habil.-Schrift Lpz. 1929, Teilveröff. in: ZfMw XII, 1929/30; DERS., Grundformen deutscher Musikanschauung, Jb. d. Akad. d. Wiss. in Göttingen f. 1941/42, Neudruck in: H. Zenck, Numerus u. Affectus, hrsg. v. W. Gerstenberg, = Mw. Arbeiten XVI, Kassel 1959; G. PIETZSCH, Die Klassifikation d. Musik v. Boetius bis Vgolino v. Orvieto, = Studien zur Gesch. d. Musiktheorie im MA I, Halle 1929; DERS., L. Schrade in: ZfMw XIII, 1930/31; DERS., S. Calvisius u. J. Kepler, Die Musikpflege I, 1930; DERS., Die Musik im Erziehungs- u. Bildungsideal d. ausgehenden Altertums u. frühen MA, = Studien zur Gesch. d. Musiktheorie im MA II, Halle 1932, dazu Th. Gérold in: Rev. de Musicol. XVI, 1932; E. BEICHERT, Die Wiss. d. Musik bei al-Fârâbî. Ein Beitr. zur ma. Musiktheorie, Diss. Freiburg i. Br. 1930; H. BIRTNER, Studien zur nld.-humanistischen Musikanschauung, Heidelberg 1930; L. SCHRADE, Das propädeutische Ethos in d. Musikanschauung d. Boethius, Zs. f. Gesch. d. Erziehung u. d. Unterrichts VII, 1930; DERS., Die Stellung d. Musik in d. Philosophie d. Boethius, Arch. f. Gesch. d. Philosophie XLI, 1932; DERS., Music in the Philosophy of Boethius, MQ XXXIII, 1947; TH. GÉROLD, Les pères de l'église et la musique, Paris 1931; R. SCHÄFKE, Aristeides Quintilianus, Von d. Musik, Bln 1937; W. GURLITT, Die Musik in Raffaels Heiliger Caecilia, JbP XLV, 1938; DERS., Der Begriff d. sortisatio in d. deutschen Kompositionslehre d. 16. Jh., TVer XVI, 1942; DERS., Die Kompositionslehre d. deutschen 16. u. 17. Jh., Kgr.-Ber. Bamberg 1953 (Neudruck aller zitierten Arbeiten Gurlitts in: Mg. u. Gegenwart I, = BzAfMw I, Wiesbaden 1966); M. F. BUKOFZER, Speculative Thinking in Medieval Music, Speculum XVII, 1942; E. ROHLOFF, Studien zum Musiktraktat d. Johannes de Grocheo, = Media Latinitas M. I, Lpz. 1943; E. DE BRUYNE, Etudes d'esthétique médiévale, 3 Bde, Brügge 1946; DERS., L'esthétique du moyen âge, = Essais philosophiques III, Löwen 1947; E. T. FERAND, »Sodaine and Unexpected« Music in the Renaissance, MQ XXXVII, 1951; R. DAMMANN, Zur Musiklehre d. A. Werckmeister, AfMw XI, 1954; DERS., Der Musikbegriff im deutschen Barock, Köln 1967; H. HÜSCHEN, Untersuchungen zu d. Textkonkordanzen im Musikschrifttum d. MA, Habil.-Schrift Köln 1955, maschr.; DERS., Der Einfluß Isidors v. Sevilla auf d. Musikanschauung d. MA, Miscelánea en homenaje a H. Anglès I, Barcelona 1958–61; H. KOLLER, Ἐγκύκλιος παιδεία, Glotta XXXIV, 1955; J. LOHMANN, Die griech. Musik als mathematische Form, AfMw XIV, 1957; DERS., Der Ursprung d. Musik, AfMw XVI, 1959; THR. G. GEORGIADES, Musik u. Rhythmus bei d. Griechen, = rde LXI, Hbg (1958); L. RICHTER, Die Aufgaben d. Musiklehre nach Aristoxenos u. Kl. Ptolemaios, AfMw XV, 1958; DERS., Zur Wissenschaftslehre v. d. Musik bei Platon u. Aristoteles, = Deutsche Akad. d. Wiss. zu Bln, Schriften d. Sektion f. Altertumswiss. XXIII, Bln 1961; DERS., Griech. Traditionen im Musikschrifttum d. Römer, AfMw XXII, 1965; C. MACCLINTOCK, Molinet, Music, and Medieval Rhetoric, MD XIII, 1959; CH. H. HASKINS, Studies in the Hist. of Mediaeval Science, NY (⁴1960); H. H. EGGEBRECHT, Der Begriff d. »Neuen« in d. Musik v. d. Ars nova bis zur Gegenwart, Kgr.-Ber. NY 1961, Bd I; DERS., Musik als Tonsprache, AfMw XVIII, 1961; O. SÖHNGEN, Theologische Grundlagen d. Kirchenmusik, in: Leiturgia IV, hrsg. v. K. F. Müller u. W. Blankenburg, Kassel 1961; DERS., Die Musikauffassung d. jungen Luther, in: Gemeinde Gottes in dieser Welt, Fs. Fr.-W. Krummacher, Bln 1961; R. HAMMERSTEIN, Die Musik d. Engel, Bern u. München (1962); P. VOSSEN, Der Libellus Scolasticus d. Walther v. Speyer. Ein Schulber. aus d. Jahre 984, Bln 1962; F. A. GALLO, La definizione e la classificazione della m. nella »Summula« di Henricus Helene, in: Jucunda Laudatio I, 1963.   FrR

Musica coelestis, Musica divina (lat.) → Musica.

Musica Enchiriadis (lat.) → Dasia-Zeichen, → Organum.

Musica ficta (Musica falsa, lat.), eine vom 13. bis zum 16. Jh. gebräuchliche Bezeichnung für die Bildung hexachordfremder Töne oder transponierter Hexachorde mittels → Akzidentien, mitunter auch für diese Töne oder Hexachorde bzw. für die verwendeten Akzidentien selbst. Vielfach beggnen in entsprechender Bedeutung auch die Ausdrücke synemmenon und dessen lateinische Übersetzung coniuncta. Bei der Begriffsbildung liegt die mittelalterliche Vorstellung von der prinzipiellen Vollkommenheit der → Hexachord-Gliederung des Tonsystems zugrunde, in dem die Aufspaltung einer Tonstufe in ihre Halbtöne nur am Ort des b (♭rotundum, ♮quadratum) vorgesehen ist. Infolgedessen findet sich jede andere um einen Halbton erhöhte oder erniedrigte Tonstufe *extra manum* (Tinctoris, CS IV, 37b); sie ist *contra regularem vocum in gammate* (hexachordale Grundskala) *dispositionem* gebildet

(Jacobus Leodiensis, CS II, 293b) und steht dort, *ubi non esse videtur* (Prosdocimus, CS III, 198a); sie kann deshalb nur als ficta (künstlich gebildet) oder gar als falsa bezeichnet werden. Diese im Namen ausgesprochene negative Beurteilung konnte um so weniger aufrechterhalten werden, je regelmäßiger und selbstverständlicher sich schon seit dem späteren 13. Jh. die mehrstimmige Komposition der M. f. bediente. So finden sich in den Traktaten sehr bald Abschwächungen wie *non tamen falsa musica, sed inusitata* (Anonymus II, CS I, 310b), und seit dem 14. Jh. wird immer häufiger betont, daß es sich bei der *M. f. sive falsa* ganz im Gegenteil um eine *Musica vera et necessaria* handle (Philippe de Vitry, CS III, 18b), die überall dort nützlich sei und *causa adiutorii* (Petrus dictus palma ociosa, SIMG XV, 513) Anwendung finde, wo es gelte, *causa necessitatis et causa pulchritudinis cantus per se* (Anonymus II, CS I, 312a) dissonante Melodieschritte und diskordante Zusammenklänge, besonders den Tritonus, zu vermeiden. Konzentrierte sich also der Gebrauch der M. f. auf die mehrstimmige Komposition, so war er doch im 1st. Choral nicht ohne Bedeutung (Jacobus Leodiensis, CS II, 293a ff.), wenngleich umstritten (als frühester greifbarer Beleg für die Einführung hexachordfremder Halbtöne gilt bereits Odos *Musica*, GS I, 274, in der freilich von M. f. noch nicht die Rede ist). – Zwei Möglichkeiten der praktischen Verwirklichung von M. f. werden gelehrt: entweder bezieht sich das Akzidens nur auf die unmittelbar nachfolgende Note und löst diese (als mi bzw. fa) einzeln aus dem Zusammenhang der → Solmisation, oder die Akzidentiensetzung bewirkt die Transposition des ganzen Hexachordes auf eine beliebige andere Stufe (deshalb wird die M. f. häufig auch falsa mutatio genannt): dort also nur »akzidentelle«, hier »leitereigene Bedeutung« für die mit Akzidentien versehenen Töne (R. v. Ficker; die Scheidung zwischen Musica falsa und M. f. als spezielleren Bezeichnungen für die erstere bzw. letztere Methode ist jedoch – wenn überhaupt – frühestens seit dem 15. Jh. zutreffend). Während nach der ersten Methode theoretisch von Anfang an auch entlegenere Halbtöne verwendet werden konnten, erreichte die Entwicklung des Hexachordsystems erst bei J. Hothby jenes Stadium, in dem auf jedem Ton der Leiter Hexachordbildung möglich war; doch genügten den praktischen Bedürfnissen zumeist die wohl schon seit dem späteren 13. Jh. bekannten transponierten Hexachorde auf A, B, D und E. Am Anfang des 15. Jh. stellte Prosdocimus eine vollständige chromatische Leiter zusammen. Für Instrumente, besonders für die Orgel, bezeugen bereits zu Beginn des 14. Jh. Philippe de Vitry (CS III, 26a–b) und Jacobus Leodiensis (CS II, 294a–b) das Vorhandensein aller Halbtöne. – In den praktischen Denkmälern fallen beim Vergleich verschiedener handschriftlicher Fassungen der gleichen Komposition immer wieder erhebliche Abweichungen in Anwendungsweise und Häufigkeit der Akzidentien auf, und mitunter scheinen sich diese Fassungen, zumal in den Quellen des 14. Jh., sogar zu widersprechen. Die Frage, inwieweit Akzidentien zu ergänzen oder zu berichtigen seien, konnte bisher noch nicht endgültig gelöst werden: die Forderungen der Stimmführungsregeln sind nur im 2st. Satz konsequent erfüllbar, die weniger konkret formulierten Faustregeln, das Subsemitonium und die »una nota supra la« betreffend, vermögen nur einen Teil der strittigen Fälle zu klären. Sie sind überdies noch tonartlich eingeschränkt, während sich die mehrstimmige Musik gerade des 14. Jh. oft weit von der Kirchentonalität zu entfernen scheint. Angesichts des allmählichen Übergangs zur Dur-Moll-Tonalität (schon seit dem 14. Jh.) fällt die Entscheidung oft schwer zwischen den Möglichkeiten, die Akzidentien im Sinne traditioneller Kirchentonalität oder im Sinne moderner dominantischer Harmonik zu ergänzen. In vielen Fällen bewirkt überhaupt jede Systematik eine Minderung jener charakteristischen Spannung zwischen nicht gänzlich abgestreifter kirchenartlicher Bindung und neuem klanglichem Wollen, die die Musik dieser Epoche auszeichnet. Und selbst bei der Aufhebung diskordanter Zusammenklänge mit Hilfe von M. f. ist Vorsicht geboten, da sich gewisse Diskordanzen diesem Eingriff entziehen (z. B. die nicht seltenen Sekund- und Septzusammenklänge auf Mensurschwerpunkten) und die Theoretiker schon seit dem 13. Jh. auf den besonderen kompositorischen Reiz der Diskordanzen hinweisen. Die vielen vorliegenden Einzeluntersuchungen haben gezeigt, daß Entstehungszeit und -ort, Schultradition und Zugehörigkeit zum geistlichen oder weltlichen Repertoire und viele weitere Faktoren bestimmenden Einfluß auch auf Art und Umfang des Gebrauchs von M. f. genommen haben und daß gewisse Unregelmäßigkeiten wie die »b-h-Schwankung«, das gelegentliche Ausbleiben der Leittonerhöhung in Klauseln oder ungewöhnliche harmonische Härten geradezu bezeichnend für das Klangempfinden jener Epoche sind. Auch auf viele abweichende Fassungen gleicher Kompositionen muß diese positive Beurteilung im Sinne der Gleichwertigkeit der Fassungen ausgedehnt werden. – Die Musiklehre des Humanismus sah in den Voces fictae ein wichtiges Mittel der harmonischen Verzierung und Abwechslung, begann aber zugleich, der immer komplizierteren Mutationsvorgänge überdrüssig, für die Voces fictae eigene Solmisationssilben zu erfinden (in Anlehnung an die Bestrebungen, die Zahl der Solmisationssilben den Tönen der Oktave anzugleichen). S. Calvisius führte 1600 innerhalb seines → Bocedisations-Systems eigene Silben für b und h sowie für fis ein, aber erst das von D. Hitzler entwickelte System der → Bebisation machte jegliche Mutation beim Vortrag der Voces fictae unnötig (1623). Als Bezeichnung für einen *Gesang, welcher in der Vorzeichnung viele* ♭♭ *oder* ♯♯ *hat, und dadurch denen Clavibus andere Benennungen andichtet* (J. G. Walther 1708), wurde der Ausdruck Cantus fictus gelegentlich noch im 18. Jh. verwendet. Die deutsche Übertragung für M. f., »ertichte musica«, findet sich schon um 1543 bei G. Donat.

Lit.: R. HIRSCHFELD, Notizen zur ma. Mg., MfM XVII, 1885; A. EINSTEIN, Cl. Merulos Ausg. d. Madrigale d. Verdelot, SIMG VIII, 1906/07; H. RIEMANN, Verloren gegangene Selbstverständlichkeiten in d. Musik d. 15.–16. Jh., Die M. f., = Mus. Magazin XVII, Langensalza 1907; RIEMANN MTh; A. ABER, Das mus. Studienheft d. Wittenberger Studenten Georg Donat (um 1543), SIMG XV, 1913/14; R. v. FICKER, Beitr. zur Chromatik d. 14.–16. Jh., StMw II, 1914; K. DÈZES, Prinzipielle Fragen auf d. Gebiet d. figierten Musik, Diss. Bln 1922, maschr.; M. CAUCHIE, La pureté des modes dans la musique vocale franco-belge au début du XVIe s., Fs. Th. Kroyer, Regensburg 1933; J. HANDSCHIN, Rezension d. Fs. J. Wolf (Bln 1929) in: ZfMw XVI, 1934, S. 120f.; L. BALMER, Tonsystem u. Kirchentöne bei J. Tinctoris, = Berner Veröff. zur Musikforschung II, Bern u. Lpz. 1935; J. S. LEVITAN, Ockeghem's Clefless Compositions, MQ XXIII, 1937, dazu C. Dahlhaus, Ockeghems »Fuga trium vocum«, Mf XIII, 1960; DERS., A. Willaert's Famous Duo..., Quidnam ebrietas, TVer XV, 1939, dazu E. E. Lowinsky in: TMw XVIII, 1956; LL. HIBBERD, M. f. and Instr. Music c. 1250 – c. 1350, MQ XXVIII, 1942; E. E. LOWINSKY, Secret Chromatic Art in the Netherlands Motet, = Columbia Univ. Studies in Musicology VI, NY 1946; DERS., M. Greiter's Fortuna: An Experiment in Chromaticism and in Mus. Iconography, MQ XLII, 1956 – XLIII, 1957; H. BESSELER, Bourdon u. Fauxbourdon, Lpz. 1950; G. REANEY, Fourteenth Cent. Harmony..., MD VII, 1953; DERS., The Ballades, Rondeaux, and Virelais of G. de Machaut..., AMl XXVII, 1955; DERS., Modes in the

Fourteenth Cent., in Particular in the Music of G. de Machaut, in: Organicae voces, Fs. J. Smits van Waesberghe SJ, Amsterdam 1963, dazu C. Dahlhaus, Der »Modus duodecimae« d. Nicolaus v. Capua, Mf XVI, 1963; S. CLERCX-LEJEUNE, J. Ciconia théoricien, Ann. Mus. III, 1955; C. DAHLHAUS, Die Termini Dur u. Moll, AfMw XII, 1955; M. RUHNKE, J. Burmeister, = Schriften d. Landesinst. f. Musikforschung Kiel V, Kassel 1955; R. L. CROCKER, Discant, Counterpoint, and Harmony, JAMS XV, 1962; B. STELLFELD, Prosdocimus de Beldemandis als Erneuerer d. Musikbetrachtung, in: Natalicia Musicologica, Fs. Kn. Jeppesen, Kopenhagen 1962; A. SEAY, The 15th-Cent. Coniuncta, in: Aspects of Medieval and Renaissance Music, Fs. G. Reese, NY (1966). FrR

Musica figurata (lat.) → Cantus figuratus.

Musical (mj'u:zikəl), Kurzform von engl. m. comedy, m. play, heute international gebräuchliche Bezeichnung für eine amerikanische Gattung des musikalischen Unterhaltungstheaters, ein (meist reich ausgestattetes) Bühnenstück mit gesprochenem Dialog, Gesang (Songs, Ensembles, Chöre) und Tanz. Es ist, meist in 2 Akte geteilt, frei von jeder Schematik der Handlung und Besetzung. Das heutige amerikanische M., ein auf Serienaufführungen gerichtetes, typisches Produkt der Theater am Broadway in New York, verwendet oft auf die Gegenwart bezogene, vorwiegend heitere Sujets. In neuerer Zeit werden häufig Stoffe der Weltliteratur (Romane, Schauspiele) sowie zeitgenössische dramatische und epische Werke herangezogen, z. B.: R. → Rodgers, *The Boys from Syracuse* (1938, nach Shakespeares *Comedy of Errors*) und *Carousel* (1945, nach Molnars *Liliom*), C. → Porter, *Kiss me, Kate* (1948, nach Shakespeares *The Taming of the Shrew*), Frederick Loewe (* 1904), *My Fair Lady* (1956, nach G. B. Shaws *Pygmalion*; ein Welterfolg, der mit allein 2717 Vorstellungen am Broadway alle Aufführungsrekorde brach), Bob Merill, *New Girl in Town* (1957, nach O'Neills Drama *Anna Christie*). – Amerikanische Theaterhistoriker (C. Smith, D. Ewen) verfolgen die Entwicklung des M.s zurück bis zu dem Schaustück *The Black Crook* (New York 1866), einer sogenannten Extravaganza mit einer bunt zusammengewürfelten Handlung, Liedern, Chören, Balletten und sensationellen Bühneneffekten. Die eigentliche Entwicklung des M.s begann ab etwa 1900. Nach und nach wurden – zunächst ohne durchgehende Handlung – Grundzüge verschiedener Arten musikalisch-theatralischer Unterhaltung vereinigt: Minstrel show, Burlesque, Extravaganza, Vaudeville, Operette, Pantomime, Ballett und die nach dem Vorbild der Pariser Revue entstandene Ausstattungsshow (Fl. → Ziegfield). Unter Hebung des literarischen und musikalischen Niveaus gelang es, eine eigenständige Gattung zu entwickeln.

Es lassen sich heute zwei Hauptlinien unterscheiden (vgl. Schmidt-Joos, S. 15): Eine »europäische«, beginnend mit Werken von Komponisten, die aus der englischen und mitteleuropäischen Operettentradition kamen: Victor Herbert (1859–1914), Gustav Kerker (1857–1923), Ludwig Englander (1859–1914), Gustave Luders (1866–1913), Karl Hoschna (1877–1911), R. → Friml, S. → Romberg; diese Linie führt über J. → Kern (*Show Boat*, 1927), Rodgers (in seinen M.s mit dem Buchautor O. → Hammerstein II) zu Loewes *My Fair Lady*. Typisch sind: exotische oder historische Sujets (Liebesgeschichte als Hauptthema), Neigung zu »romantisch«-sentimentalen Melodien und eine der europäischen Operette entsprechende Instrumentation. Eine »amerikanische« Linie des M.s stellt sich in bewußten Gegensatz zur europäischen Operette: sie setzte mit den musikalischen Komödien von George M. Cohan (1878–1942) ein (*Little Johnny Jones*, 1904; *The Royal Vagabond*, 1919) und führte zunächst zu → Gershwin, der (ausgehend von *Strike up the Band*, 1930, und *Of Thee I Sing*, 1931) mit *Porgy and Bess* (1935) zum Schöpfer einer amerikanischen Volksoper wurde. Die weitere Entwicklung dieser amerikanischen Linie führte zu Rodgers (mit dem Buchautor Lorenz Hart, 1898–1943), C. Porter, Frank Loesser (* 1910; *Guys and Dolls* und *How to Succeed Business*, 1961) und zu Meredith Willson (* 1902; *The Music Man*, 1957). Werke dieser Richtung haben meist ausgesprochen amerikanische, oft großstädtische Sujets, satirische oder parodistische Züge, prägnant gestaltete Melodien und verwenden Mittel der modernen amerikanischen Unterhaltungsmusik und des Jazz. Um 1940/41 begann die Zeit des sogenannten M. play, das die Handlungsthematik erweiterte, z. B. durch Aufnahme der Negerfolklore (*Cabin in the Sky*, 1940, von Vernon Duke, → Dukelsky) und Stellungnahme zu sozialen und gesellschaftlichen Problemen: Zuhälter als negativer Held (*Pal Joey*, 1940, von Rodgers), psychoanalytische Heilung einer Frau (*Lady in the Dark*, 1942, von K. → Weill), Gleichheit aller Menschen (*Finians Rainbow*, 1947, von Buston Lane), 2. Weltkrieg und Rassenprobleme (*South Pacific*, 1949, von Rodgers). – Kennzeichnend für das neuere M. ist seine Entstehung und Produktion in enger Gemeinschaftsarbeit von Produzent, Buchautor, Songtexter, Komponist, Arrangeur, Ausstatter, Regisseur, Choreograph und Dirigent. Das moderne M. ist für Darsteller gedacht, die gleich gut als Schauspieler, Sänger und Tänzer sind. – Seit den 1930er Jahren war für die Entwicklung des M.s die Mitarbeit bekannter Choreographen bedeutend, die eine Verschmelzung von Ballett und Tanz mit der Handlung zum Ziel hatte; bezeichnend hierfür war die Choreographie von G. Balanchine zu Rodgers' *On Your Toes* (1936), von Agnes de Mille zu Rodgers' *Oklahoma* (1943) und von Jerome Robbins zu L. → Bernsteins *West Side Story* (1957). In den 1960er Jahren zeichnen sich einerseits eine weitere Integrierung der M.-Elemente und eine zunehmende Perfektionierung des Aufführungsstils ab (Rodgers, *Do I Hear a Waltz*, 1965), während andererseits eine Stilisierung und Überwindung des realistischen Darstellungsstils angestrebt wird (Jerry Bock, *Fiddler on the Roof*, 1964). An erfolgreichen amerikanischen M.s seien noch angeführt: Richard Adler, *The Pajama Game* (1954), *Damn Yankees* (1955); Harold Arlen (* 1905), der von allen modernen M.-Komponisten die engste Beziehung zum Jazz hat, schrieb für Negerensemble *St. Louis Woman* (1946), *Jamaica* (1957), und griff in *Bloomer Girl* (1944) und *Saratoga* (1959) Negerprobleme auf; I. → Berlin, *Annie Get Your Gun* (1946), *Call Me Madam* (1950); Bernstein, *On the Town* (1944), *Wonderful Town* (1953); M. → Blitzstein, *No for an Answer* (1940); Jerry Herman, *Hello Dolly* (1964); B. Lane, *On a Clear Day You Can See Forever* (1965); Loesser, *The Most Happy Fella* (1956); Loewe, *Camelot* (1960); Merrill, *Funny Girl* (1964); Porter, *Anything Goes* (1934), *Jubilee* (1935), *Can Can* (1953), *Silk Stockings* (1955); Rodgers mit Hart: *The Connecticut Yankee* (1927, Neufassung 1943), *Babes in Arms* (1937), *I Married an Angel* (1938), *By Jupiter* (1942), mit Hammerstein: *The King and I* (1951), *Flower Drum Song* (1958), *The Sound of Music* (1959); Harold Rome, *Fanny* (1954); Stephan Sondheim, *A Funny Thing Happened on the Way to the Forum* (1962); Charles Strouse, *Golden Boy* (1964); Jule Styne, *Gypsy* (1959), *Funny Girl* (1964); James Van Heusen, *Skyscraper* (1965); V. → Youmans, *No, No, Nanette* (1925, der erste internationale M.-Erfolg überhaupt). – Das amerikanische M. wurde vor allem in England beliebt, wo sich bald eine eigene M.-Tradition herausbildete. Höhepunkt des leichten, der Show nahestehenden englischen M.s ist *Salad Day*

(1954) von Julian Slade. Meist weisen die modernen englischen M.s stark realistische Züge auf. An Komponisten seien genannt: Lionel Bart (*Oliver*, 1960; *Maggie May*, 1964), David Heneker (*Half a Sixpence*, 1963), Anthony Newley (*The Roar of the Greasepaint, the Small of the Crowd*, 1965), Cyril Ornadel (*Pickwick*). Das M. in Frankreich ist intimer, mehr auf Einzelpersonen zugeschnitten als auf singendes und tanzendes Ensemble. In der Musik hat das französische Chanson den Vorrang gegenüber dem amerikanischen Song. Hervorzuheben ist das M. *Irma la Douce* (1956) mit der Musik von Marguerite Monnot. In Deutschland schrieben M.s u. a.: Dostal (*So macht man Karriere*, 1961), Kreuder (*Bel Ami*, 1960), Lothar Olias (*Prärie-Saloon*, 1958; *Heimweh nach St. Pauli*, 1962), Mischa Spoliansky (*Katharina Knie*, 1957, nach C. Zuckmayer).

Lit.: J. W. McSpadden, Operas and M. Comedies, NY 1946, erweitert NY 1951 u. 1954; C. Smith, M. Comedy in America, NY (1950); J. Burton, The Blue Book of Broadway M., NY 1952; D. Taylor, Some Enchanted Evenings, NY 1953; L. Bernstein, The Joy of Music, NY 1954, [6]1959, deutsch Stuttgart 1961; J. T. Howard, Our American Music, NY [4]1954; G. Chase, America's Music ..., NY 1955, deutsch Bln u. Wunsiedel (1958); L. Engel, Planning and Producing the M. Show, NY 1957; D. Ewen, Complete Book of the American M. Theatre, NY (1958); E. Helm, Vom Wesen d. amerikanischen M., NZfM CXX, 1959; St. Green, The World of M. Comedy, NY 1960; H. Koegler, Ballet international, Bln (1960); B. Grun, Kulturgesch. d. Operette, München (1961); S. Schmidt-Joos, Das M., München 1965 (mit Diskographie, Verz. v. Songs u. weiterer Lit.). – The Best Plays, NY, Jg. 1899/1909, 1909/19, 1919/20ff.

Musical comedy (mj'u:zikəl k'əmidi, engl.) → Operette, → Musical.

Musica mensurabilis (lat., meßbare Musik), auch Cantus mensurabilis (seit dem 15. Jh. auch → Cantus figuratus), hieß im Mittelalter, besonders seit Franco von Köln (*Mensurabilis musica est cantus longis brevibusque temporibus mensuratus*, ed. Cserba, S. 231), die rhythmisch geregelte mehrstimmige Musik im Unterschied zum (nichtmensuralen) 1st. Kirchengesang (Musica plana, → Cantus planus). Der rhythmische Begriff der Mensura, der seit der 2. Hälfte des 13. Jh. zentrale Bedeutung gewann (→ Mensuralnotation), beruhte auf den musikalischen und notationstechnischen Erfahrungen der Notre-Dame-Epoche (→ Modalnotation). Noch innerhalb jener Epoche wurde der Begriff mensurabilis eingeführt (*Discantus positio vulgaris*, ed. Cserba, S. 190: *Mensurabile est quod mensura unius temporis vel plurium mensuratur*); er umfaßte zunächst aber nur den einzeitigen (Brevis) und zweizeitigen Notenwert (Longa); kürzere und längere Notenwerte galten als ultra mensuram. Seine für die Folgezeit gültige Prägung erhielt der Begriff dann durch die Mensurallehre Francos, die als rationale Notenwerte Duplex longa, Longa, Brevis und teilweise Semibrevis umfaßte; später kamen kleinere Werte hinzu. Eine für die Zeit des Übergangs von vormensuralen Formen der Mehrstimmigkeit zur M. m. typische Erscheinung war das → Organum duplum mit dem Wechsel von rhythmisch strengen und freieren Abschnitten, daher von Franco auch *musica partim mensurabilis* genannt.

Musica mundana, Musica humana, Musica instrumentalis (lat.) → Musica.

Musica plana (lat.) → Cantus planus.

Musica poetica hieß seit Mitte des 16. Jh. bis zum Beginn des 18. Jh. in Deutschland die Kompositionslehre (auch Melopoetica und Melopoiia, → Melopöie – 2 genannt), welche die Kunst des Musicus poeticus (Melopoeta) lehrt; ihr Ziel ist (nach Listenius) »das nach dem Tode des Künstlers fortbestehende, vollendete Werk« (→ Opus); sie ist *ars ipsa fingendi musicum carmen* (Faber); sie lehrt, *wie man ... einen neuen Gesang ... machen soll* (Herbst). Der Name M. p. entstand wohl nach 1530 in Erweiterung der spätantiken und mittelalterlichen Einteilung der Musik in Musica theoretica und practica und im Rückgriff auf den Begriff der Poiesis des Aristoteles sowie auf seine Dreigliederung des Tuns in geistiges Betrachten (διάνοια θεωρητική), praktische Überlegung (– πρακτική) und schöpferisches Hervorbringen (– ποιητική). Diese Dreigliederung, die vor allem durch Quintilianus' Lehrbuch der Rhetorik verbreitet wurde, ist im Blick auf die Musik in den *tria ... genera ..., quae circa artem musicam versantur*, bei Boethius überliefert (*De institutione musica* I, 34: das »genus poetarum« *fingit carmina; ... naturali quodam instinctu fertur ad carmen*). Wohl von daher im 16. Jh. übernommen, findet sich die Dreiteilung der Musik in Musica theoretica, practica und poetica nebst dem neuen Begriff des Musicus poeticus erstmals in der lateinischen *Musica* des Magisters N. Listenius (Wittenberg 1537), die aus dem Kreis der Wittenberger Reformatoren hervorgegangen ist. Humanistisch ist die Betonung des Schöpferischen, auch die des Ruhms und Nachruhms im Begriff des ποιεῖν und die zugleich in diesem Begriff enthaltene Verbindung der Kompositionslehre mit der Poetik und Rhetorik, auch Grammatik, also mit den sprachlichen Artes (→ Ars musica), wie es die seit Faber und Dreßler sich immer mehr ausbildende Lehrweise und Terminologie der M. p. (periodus »Satz«, incisiones »Satzglieder«; inventio [→ Invention]–dispositio–elaboratio/decoratio; exordium–medium–finis; flosculi, flores, colores, figurae, licentiae usw.), noch mehr aber die Kompositionsart des Musicus poeticus selbst anzeigen. Lutherisch ist die Vorstellung, daß der Musicus poeticus das »neue Werk« besonders auch im Bereich der Kirchenmusik schafft – gegenüber dem seit etwa 1600 datierenden Dualismus von Musiche secolari und Musiche ecclesiastiche in Italien. Der Haltung der deutschen Kantoren entspricht die Verbindung und Verbindungsfähigkeit der M. p. mit dem spekulativen Moment der Musica theoretica, wie es oben in der Dreiteilung der Musik zum Ausdruck kommt. Auf Grund ihres sachlichen Zusammenhanges besonders mit der Arithmetik und Poetik steht die Musik auch als Kunst des Musicus poeticus noch immer inmitten der Freien Künste wie *die Sonne unter den Sieben Planeten* (H. Schütz, 7. 3. 1641). Im 16. Jh. hat die M. p. verschiedentlich Eingang in den Unterricht der Lateinschulen gefunden: in Hof z. B. soll sie bis 1570 nach Faber gelehrt worden sein, in Magdeburg trug Dreßler seine M. p. zunächst (1559 und 1561) jedes zweite Jahr (abwechselnd mit der Musica practica), ab 1563 dann außerhalb des offiziellen Unterrichts vor. – Die M. p., die an die Lehrwerke des N. Wollick, J. Cochlaeus, H. Glareanus, J. Galliculus, A. P. Coclico, G. Zarlino u. a. anknüpft, wird (letztmalig bei J. A. Herbst) eingeteilt in → Sortisatio, die usuelle Stegreifausführung der Mehrstimmigkeit, die jedoch schon bei Faber als Lehrgegenstand ausgeklammert wird, und Compositio auf der Grundlage des Kontrapunkts (*secundum veram rationem*). In der Tat bleibt der reguläre kontrapunktische Satz für den deutschen Musicus poeticus des 17. Jh. das Fundament allen Komponierens, und die schmückenden oder den Text darstellenden und ausdeutenden → Figuren gelten als das Besondere gegenüber jenem Regulären. Gegenstand der M. p. ist die Vokalmusik, doch schließt dann J. G. Walther (1708) auch die Instrumentalmusik mit ein. Im ausgebildeten Status des 17. Jh. ist ihr Inhalt in der Regel folgender:

Lehre von den Tönen und Intervallen, von den Intervallverbindungen und der Dissonanzbehandlung, Beschreibung der Lagenstimmen, Lehre von den Klauseln und Tonarten, von den Satzteilen und der Textapplikation und die Lehre vom Ausdruck des Textes; diese durchzieht das gesamte Lehrbuch und gipfelt in der Figurenlehre, die erstmals durch J. Burmeister (1606) systematisch ausgebaut wurde. Charakteristisch ist der stetige Hinweis auf die Exempla der Meister, besonders auf Lassus, aber z. B. auch auf Josquin Desprez, Isaac und Senfl (so bei Faber) oder auf de Monte, Marenzio, H. L. Haßler u. a. (so bei J. A. Herbst). – Lehrwerke: H. Faber, *M. p.* (hs. Braunschweig 1548); G. Dreßler, *Praecepta musicae poeticae* (hs. Magdeburg 1563, hrsg. von B. Engelke, in: Geschichtsblätter für Stadt und Land Magdeburg XLIX/L, 1914/15); S. Calvisius, *Melopoeia ... quam vulgo Musicam poeticam vocant* (Erfurt 1592); J. Burmeister, *Hypomnematum musicae poeticae ... synopsis* (Rostock 1599) und *M. p.* (Rostock 1606; Faks. hrsg. von M. Ruhnke, = DMl I, 10, 1955); J. Nucius, *Musices poeticae ... praeceptiones* (Neiße 1613); J. Thuringus, *Opusculum bipartitum* (Berlin 1625); J. A. Herbst, *M. p.* (Nürnberg 1643); Chr. Bernhard, *Tractatus compositionis augmentatus* und *Ausführlicher Bericht vom Gebrauche der Con- und Dissonantien* (NA unter dem Titel *Die Kompositionslehre H. Schützens ...*, hrsg. von J. Müller-Blattau, Leipzig 1926, ²1963); J. G. Walther, *Praecepta der Musicalischen Composition* (hs. Weimar 1708, NA von P. Benary, = Jenaer Beiträge zur Musikforschung II, Leipzig 1955).

Lit.: N. Listenius, Musica, Wittenberg 1537, Faks. nach d. Auflage v. 1549 hrsg. v. G. Schünemann, = Veröff. d. Musik-Bibl. P. Hirsch VIII, Bln 1927; J. A. Scheibe, Compendium musices theoretico-practicum ..., um 1730, hrsg. v. P. Benary, in: Die deutsche Kompositionslehre d. 18. Jh., = Jenaer Beitr. zur Musikforschung III, Lpz. 1961; H. Zenck, Grundformen deutscher Musikanschauung, Jb. d. Akad. d. Wiss. in Göttingen f. 1941/42, auch in: H. Zenck, Numerus u. Affectus. Studien zur Mg., hrsg. v. W. Gerstenberg, = Mw. Arbeiten XVI, Kassel 1959; W. M. Luther, G. Dressler, = Göttinger mw. Arbeiten I, Kassel 1942; W. Gurlitt, Musik u. Rhetorik ..., Helicon V, 1944, Neudruck in: Mg. u. Gegenwart I, = BzAfMw I, Wiesbaden 1966; Ders., Die Kompositionslehre d. deutschen 16. u. 17. Jh., Kgr.-Ber. Bamberg 1953, Neudruck ebenda; A. Schmitz, Die Bildlichkeit d. wortgebundenen Musik J. S. Bachs, = Neue Studien zur Mw. I, Mainz (1950); Ders., Die Figurenlehre in d. theoretischen Werken J. G. Walthers, AfMw IX, 1952; Ders., Musicus poeticus, in: Universitas, Fs. A. Stohr, Bd II, Mainz 1960; M. Ruhnke, J. Burmeister, = Schriften d. Landesinst. f. Musikforschung Kiel V, Kassel 1955; Kl. W. Niemöller, Ars musica – ars poetica – m. p., Kgr.-Ber. Hbg 1956; Fr. Feldmann, Das »Opusculum bipartitum« d. J. Thuringus (1625) ..., AfMw XV, 1958; H. H. Eggebrecht, Zum Figur-Begriff d. M. p., AfMw XVI, 1959; Ders., H. Schütz, Musicus poeticus, = Kleine Vandenhoeck-Reihe LXXXIV, Göttingen 1959; W. Wiora, M. p. u. mus. Kunstwerk, Fs. K. G. Fellerer, Regensburg 1962; C. Dahlhaus, M. p. u. mus. Poesie, AfMw XXIII, 1966; Chr. Stroux, Die M. p. d. Magisters H. Faber, Diss. Freiburg i. Br. 1966, maschr. HHE

Musica reservata, abgekürzt Reservata genannt, läßt sich als verschieden definierter Begriff, aber auch ohne nähere Kennzeichnung, in bisher etwa 10 Drucken, Briefen und Aktenstücken der Zeit von 1552 bis 1625 nachweisen. Die früheste Belegstelle bietet A. P. Coclico, die späteste J. Thuringus, den sie von E. Hoffmann (1582) übernimmt. Der Begriff wird im weiteren und engeren Sinne verwendet. Der am Münchner Hof nachweisbare niederländische Humanist S. Quickelberg (1560) erblickt die M. r. im Ausdrucksstil von Lassus' Bußpsalmen, und der weitgereiste J. Taisnier (1559), der u. a. am Hof Kaiser Karls V. als Musiker wirkte, identifiziert sie mit der (von ihm abgelehnten) Musica nova seiner Zeit schlechthin, so daß von hier aus der Begriff ganz allgemein fortschrittliche Vokalmusik des Renaissancezeitalters bedeutet. Dagegen charakterisieren M. r. im engeren Sinne der Anonymus von Besançon (1571) durch das Vermeiden von Kadenzen (fuggir la cadenza) und E. Hoffmann (1582) durch die Verwendung von Chromatik in Vokalmusik. Da der Terminus ohne nähere Erklärung von dem Grazer Hofmusiker R. Ballestra noch 1610/11 gebraucht wird (*musicalische Symphonien und Harmonien außer etlicher reservata*) und artähnliche Bezeichnungen wie Regole più riservate e recondite und Musico riservato um dieselbe Zeit begegnen, ist seine Einengung auf Renaissancemusik in dieser oder jener Form jedoch fragwürdig. Andererseits gestatten die bisher bekannt gewordenen Quellen keine Identifizierung mit Monodie oder Seconda pratica. Der in seiner Bedeutung vielfach überschätzte Terminus dürfte ein modisches Schlagwort gewesen sein, das verschiedene Aspekte und Auslegungen zuläßt, im Grunde aber weniger die Satztechnik, als vielmehr den soziologischen Ort der so bezeichneten Musik betrifft. In diesem Sinne umfaßt M. r. die für höfische oder patrizische Kreise zumindest der Niederlande, Deutschlands und Italiens »reservierte« geistliche und weltliche Kammermusik der Renaissance und des Frühbarocks, soweit sich diese durch Verwendung ungewöhnlicher Mittel, durch auffallende Tonartenwechsel, gehäufte Chromatik, Enharmonik, Musica ficta, gesucht künstliche Kontrapunktik oder manieristische und exzentrische Züge auszeichnet.

Lit.: M. van Crevel, A. P. Coclico, Den Haag 1940 (mit älterer Lit.); W. Clark, A Contribution to Sources of M. R., RBM XI, 1957; H. Federhofer, Monodie u. m. r., Deutsches Jb. d. Mw. II (= JbP XLIX), 1957; A. P. Coclico, M. R. Consolationes piae ex psalmis Davidicis, hrsg. v. M. Ruhnke, = EDM XLII, Abt. Motette u. Messe V, Lippstadt 1958; B. Meier, Reservata-Probleme, AMl XXX, 1958; Cl. V. Palisca, A Clarification of »M. R.« in J. Taisnier's »Astrologiae«, 1559, AMl XXXI, 1959; H. Hucke, Das Problem d. Manierismus in d. Musik, Literaturwiss. Jb. ... d. Görres-Ges., N. F. II, 1961. HF

Music box (mj'u:zik bɔks, engl., auch juke box), ein Schallplattenautomat in öffentlichen Lokalen, der durch Geldeinwurf in Tätigkeit gesetzt wird. Je nach Größe bestehen bis zu 400 Wahlmöglichkeiten (200 Platten, hauptsächlich Schlager). Ruhebedürftige Gäste können gegen Geldeinwurf eine stumme Platte (Silent) wählen. Neuere Geräte verfügen über einen Popularitätsmesser, mit dem festgestellt werden kann, wie oft jede einzelne Plattenseite gewählt wurde. – Das Geschäft mit Rieseneinnahmen durch Aufstellen von M. b.es in öffentlichen Lokalen begann Mitte der 1930er Jahre in den USA; bereits 20 Jahre später hatte die Zahl der dort aufgestellten Automaten 500000 weit überschritten. In der Bundesrepublik wurden 1966 von 4000 Aufstellern über 60000 M. b.es betrieben. Die Aufsteller bezahlen dem Wirt eine Platzmiete oder beteiligen ihn (allgemein mit 20%) an den Einnahmen und sorgen für einen regelmäßigen Austausch der Platten (4–5 pro Monat). Abgaben wie Umsatzsteuer, Vergnügungssteuer und an die → GEMA sowie ein modischer und technischer Verschleiß der Geräte sind weitere wesentliche Unkosten. Die GEMA kassiert jährlich etwa 4 Millionen DM an Pauschalen von den Aufstellern (darüber hinaus noch 0,32 DM pro Platte von den Plattenherstellern). An Umsatzsteuern fließen dem Staat jährlich etwa 4,3 Millionen DM aus dieser Branche zu. Neben dem Aufstellergewerbe entwickelte sich in Deutschland nach dem ersten Auftauchen amerikanischer Modelle (um 1951) auch bald eine eigene M. b.es-Produktion, deren Export heute hinter dem der USA an 2. Stelle steht.

Musicologie (müzikələʒ'i, frz.), Musicologia (muzikolodʒ'i:a, ital.), Musicology (mju:zik'ɔlədʒi, engl.) → Musikwissenschaft.

Musicus, im klassischen Latein als Lehnwort dem griechischen μουσικός nahestehend, bezeichnet zunächst den altgriechischen Dichtermusiker (z. B. Orpheus, Pindar), dann auch den Musikgelehrten (z. B. Aristoxenos; vgl. Quintilianus, *Institutio oratoria* I, 10, 9 und 22), später den in den Artes, speziell in der Ars musica kundigen Musiker. Daher galt als M. (im Unterschied zum → Kantor), *qui ratione perpensa canendi scientiam non servitio operis sed imperio speculationis adsumpsit* und auf Grund dieses Wissens Musik zu beurteilen vermag (Boethius, *De institutione musica* I, 34). Indem er *das Walten der Zahl und der Zahlenverhältnisse als des gestalterisch unsinnlichen Prinzips in der sinnlichen Wirklichkeit* ausweist, übt er *Wahrheitsschau unter dem Gesichtspunkt der musica* (Gurlitt). – Schon im frühen Mittelalter erhielt das Wort M. kennzeichnende Beiwörter: der M. artificialis, der reine Theoretiker, unterscheidet sich vom unwissenden Sänger und Spieler (M. naturalis); dem M. theoreticus oder speculativus tritt der Poeta oder M. practicus gegenüber. Vom M., der auch als Lehrer der → Ars musica in der Universität wirkte, wurden neben wissenschaftlich gegründeter Urteilsfähigkeit auch praktische Fähigkeiten gefordert, vor allem die Beherrschung des Gesangs. Diese Annäherung von Theorie und Praxis gipfelte in dem Idealbild eines Gesangskunst und Theorie beherrschenden M. perfectior (Jacobus Leodiensis, *Speculum musicae* I, 3) und führte zur Aufwertung des praktischen Musikertums während des 15. und 16. Jh. Ausübende und schöpferische Musiker wurden nun dem Musikgelehrten gleichberechtigt an die Seite gestellt, und auch ausübende Musiker, vor allem Komponisten, wurden Musici genannt. C. Festa wird 1545 in den Tagebüchern der Sixtinischen Kapelle als M. eccelentissimus bezeichnet; Luther nennt in den Tischreden Josquin, de la Rue und Heinrich Finck »feine musici«. Doch bis hin zu J. A. Scheibes *Der Critische M.* (1737–40) blieben theoretische Ausbildung und gelehrtes Fachwissen ein Kennzeichen des M. – Das Zusammentreffen von Fachlehre und Schöpfertum im Komponisten spiegelt im 16. und 17. Jh. dessen Bezeichnung als M. poeticus (→ Musica poetica). Bei Zarlino (*Istitutioni harmoniche*, 1558, I, 11) gipfelt das Idealbild im Begriff des musico perfetto, des Musikgelehrten, der sich in Gesang und Instrumentenspiel auskennt; denn das Ziel der speculatio sei die klangliche Ausführung. Aber auch der musico prattico als compositore, cantore (Sänger) oder sonatore (Instrumentalist) kann musico perfetto genannt werden, wenn er die theoretischen Grundlagen seiner Tätigkeit beherrscht. – Schon 1497 heißt es in einem Reformplan der päpstlichen Musik: *joculatores, istriones, tibicines, ceteri musici ... a palacio eiciantur*. In den Tagebüchern der Sixtinischen Kapelle werden am Anfang des 16. Jh. die Kapellsänger Musici secreti genannt. Wie im Italienischen musico, so bezeichnet im Deutschen M. in der Folgezeit das Mitglied einer höfischen oder städtischen Kapelle (Hof- und Cammermusici; Rats- oder Stadtmusici). Nachdem im 18. Jh. die Bedeutung von M. als ausübendem Musiker vorherrschend geworden war, begann im 18. Jh. eine Bedeutungsverflachung, offenbar unter Einwirkung der untergeordneten Stellung des Hof-M. 1810 schrieb Beethoven an I. v. Gleichenstein, um sich gegen die Rolle eines Musiklieferanten zu wehren: *Bin ich denn gar nichts als Dein Musikus ...?* Der Begriff des M. ist heute gänzlich auf die Ebene des sozial niedrigstehenden, bohèmehaften Unterhaltungsspielers abgesunken, wie es Schlagertexte zeigen (*Es war einmal ein M., der spielte im Café*). – Die Wortform Musikant hat im 18. Jh. einen ähnlichen Bedeutungswandel erfahren. Im 16. und 17. Jh. bezeichnete sie, ähnlich M., alle Musiktreibenden. Bereits 1740 schränkte J. Mattheson (*Grundlagen einer Ehrenpforte* XXXIII, § 49/50) die Benennung Musikant, *da wieder sich einige Leute so sehr spreutzen und sperren*, auf Sänger und Instrumentalisten ein. Seit der Wende zum 19. Jh. wird unter Musikant der bürgerliche und bäuerliche Gelegenheitsspieler, vor allem der fahrende Musiker verstanden: *ein armer Lump* (Eichendorffs Gedicht *Der wandernde Musikant*). In der → Jugendbewegung wurde das Wort zur Bedeutung des ungekünstelt (→ musikantisch), spielmännisch in Gemeinschaft Musizierenden wieder aufgewertet (Jödes Zeitschrift *Die Musikantengilde*, 1919–23, und Sammlung *Der Musikant*, 1925). – Als Musiker wurden bis ins 18. Jh. Musiktreibende aller Art bezeichnet. Noch 1758 faßte Adlung *(Anleitung zu der musikalischen Gelahrtheit)* Komponisten, Theoretiker und Instrumentalisten unter diesem Wort zusammen. Erst seit dem 19. Jh. ist Musiker meist der die Musik berufsmäßig Ausübende.

Lit.: Fr. X. Haberl, Die römische »Schola cantorum« u. d. päpstlichen Kapellsänger bis zur Mitte d. 16. Jh., VfMw III, 1887, auch separat als: Bausteine f. Mg. III, Lpz. 1888; J. Sittard, Zur Gesch. d. Musik u. d. Theaters am Württembergischen Hofe I, Stuttgart 1890; H. Zenck, Zarlinos »Istitutioni harmoniche« als Quelle zur Musikanschauung d. ital. Renaissance, ZfMw XII, 1929/30; P. R. Coleman-Norton, Cicero M., JAMS I, 1948; W. Gurlitt, Zur Bedeutungsgesch. v. m. u. cantor bei Isidor v. Sevilla, = Akad. d. Wiss. u. d. Lit. Mainz, Abh. d. geistes- u. sozialwiss. Klasse, Jg. 1950, Nr 7, Neudruck in: Mg. u. Gegenwart I, = BzAfMw I, Wiesbaden 1966; W. Stahl (mit J. Hennings), Mg. Lübecks I, Kassel 1951; M. Ruhnke, Beitr. zu einer Gesch. d. deutschen Hofmusikkollegien im 16. Jh., Bln 1963.

Musik (ital. musica; span. und port. música; frz. musique; rumänisch muzica; schwedisch und dänisch musik; norwegisch musikk; nld. muziek; afrikaans musiek; engl. music; polnisch muzyka; russ. und ukrainisch musyka; bulgarisch musika; tschechisch muzika; serbo-kroatisch muzsika; ungarisch muzsika; finnisch musiikki) ist – im Geltungsbereich dieses Wortes: im Abendland – die künstlerische Gestaltung des Klingenden, das als Natur- und Emotionslaut die Welt und die Seele im Reich des Hörens in begriffsloser Konkretheit bedeutet, und das als Kunst in solchem Bedeuten vergeistigt »zur Sprache« gelangt kraft einer durch Wissenschaft (Theorie) reflektierten und geordneten, daher auch in sich selbst sinnvollen und sinnstiftenden Materialität. Denn das Element der M., der Ton, ist einerseits (vormusikalisch) Sinnträger als hörbares In-Erscheinung-Treten der Innerlichkeit seines Erzeugers, andererseits (innermusikalisch) Sinnträger als Nutznießer einer Gesetzgebung (Tonordnung), die den Ton dem spezifisch musikalischen Gestalten, Bedeuten und Verstehen verfügbar macht und die dabei zugleich, indem sie der Naturgegebenheit des Klingenden Rechnung trägt, Naturgesetzlichkeit ins Spiel bringt. Und auch das musikalische Gestalten der Töne orientiert sich (vormusikalisch) an Prinzipien, die dem hörbaren Erscheinen und Sich-Äußern des Seienden überhaupt zugrunde liegen (hoch–tief, laut–leise, lang–kurz, schnell–langsam, ruhig–bewegt, »dicht«–»locker« usw.), transformiert sie jedoch in ein System spezifisch musikalischer Gestaltungsweisen, die somit zugleich hörbarer Inbegriff und auslegende Verwirklichung von Prinzipien des Seienden sind. Die Sinngebung und -deutung der M. bewegt sich seit je zwischen diesen beiden Polen: dem vor-(oder außer-)musikalischen Bedeuten des Tons und seiner Gestaltungsart einerseits und der Eigengesetzlichkeit der

M. als Kunst andererseits. Doch der Ausdruck einer Innerlichkeit ist jedem Klingenden inhärent, und selektive Gesetzgebung ist für jede musikalische Gestaltung notwendig. Einer M., die so konkret sein will, wie die Natur des Hörbaren selbst, mangelt es an Kunst, während die M., die ihre Gesetzgebung in »absoluter« Freiheit zu erfinden trachtet, in der Gefahr steht, die Verbindlichkeit und Verstehbarkeit einzubüßen, da in ihrer Materialität nichts Objektives mehr zur Sprache kommt. – Die »Sprachfähigkeit« der M. beruht auf der Geistfähigkeit der seit der griechischen Antike vom und als Logos erschlossenen Physis des tönenden Materials (→ Musikwissenschaft, → Harmonia) und begründet die Geschichtsfähigkeit (→ Geschichte) der M. In der Verfügungskraft und als Träger des Geistes ist die M. stets Teil und Zeugnis einer sozial-, religions-, kunst- und wissenschaftsgeschichtlich geprägten geistig-geschichtlichen Situation, die auch musikalisch nach eigenem Ausdruck verlangt und (z. B. als Anlaß zur Entstehung von Gattungen und Stilen) die »autonome« Entwicklung der M. durchkreuzt. Dennoch hat jedes musikalisch Gültige Bedeutung auch in einem immanent musikgeschichtlichen (seit dem späteren Mittelalter speziell kompositionsgeschichtlichen) Prozeß. Dabei ist es als es selbst unwiederholbar in seiner Art der Schönheit und Aussage und gleichwohl ein Repräsentant jenes Immerwährenden, Grundsätzlichen, das »die« M. definiert. Dieses Immerwährende besteht nicht *in der Art wie* (jeweils), sondern *in der Tatsache, daß* (überhaupt) die M. aus der vormusikalischen Natur des Klingenden Objektbezogenheit und Vorprägung ihres Sinnes bezieht; daß sie wesenhaft mit Sprache und Tanz verbunden ist; daß sie auf → Theorie basiert und theoriefähig ist; daß sie ein System des musikalisch Geltenden benötigt; daß alles Bedeuten ihrer Faktur immanent oder mit ihr sinnfällig verbunden ist; daß sie, um faßlich zu sein, melodische, rhythmische und harmonische Grundprinzipien, physiologische und psychologische Grundbedingungen des Gestaltens und Formens erfüllt; daß sie zwischen den als vokal (→ Vokal-M.) und instrumental (→ Instrumental-M.) und als → Improvisation (Stegreifausführung), Schrift (→ Notenschrift, → Komposition) und → Interpretation anzusprechenden Polen zur Wirklichkeit gelangt; daß sie »an sich« nichts begrifflich Konkretes, sondern nur Gesetze und Prinzipien der Dinge, *das »Formale von Ereignissen«* (H. Lotze), darstellen und bedeuten kann; daß sie sich in ihren autonomen Möglichkeiten gleichwohl mit Sprache und Bild, mit »Inhalten« auseinandersetzt (→ Tonmalerei, → Figuren, → Programm-M.) und Zwecken zu dienen vermag (z. B. als Tanz und Marsch, oder als → Fest-M., → Salon-M., → Unterhaltungs-M. und → Schlager); daß sie insgesamt stets eingespannt ist zwischen Natur und Kunst, Theorie und Praxis, usueller Dienstbarkeit und artifizieller Freiheit, Tradition und Neuerung, immerwährenden Prinzipien und geschichtlichem Wandel. Die Frage, was »die« M. ist (die Wesensfrage, Gegenstand der in der neueren Musikwissenschaft so genannten Musikphilosophie), führt durch die Erfahrung und Bewältigung der geschichtlichen Wirklichkeit hindurch zu einer Abstraktion, die jedoch, als Verstehen der Wirklichkeit, selbst nur geschichtlich sein kann und sich mit jeder Neuen M. verwandelt und bereichert, während die Frage nach Schönheit und Aussage eine musikalisch Wirklichen von aller Abstraktion notwendig in die Geschichte zurückführt, auch wo sie die Neue M. betrifft, die als solche Altes voraussetzt.

Für die Begriffe Gesang (singen) und (religiöses) Fest wurde im Sumerischen das gleiche Keilschriftzeichen, das stilisierte Bild eines Stufentempels, verwendet, das somit beide Begriffe als sinnverwandt auswies. Das akkadische Wort negūtu, »M.«, Freude, wird aus dem Verbum negu, sich freuen hergeleitet. Im Chinesischen werden die Wörter yoh (yüeh; mittelchinesisch ngåk), »M.«, und loh (mittelchinesisch låk), Freude, wegen ihrer Lautähnlichkeit (die vielleicht auf einen etymologischen Zusammenhang deutet) mit dem gleichen Schriftzeichen geschrieben (dem Zeichen für das ihnen ursprünglich lautähnliche Wort Eiche, das stilisierte Bild eines Baumes mit Früchten). Die Lautähnlichkeit zwischen »M.« und Freude, die im Altchinesischen noch größer gewesen sein mag, wurde stets als Ausdruck semantischen Zusammenhanges empfunden. Im Sanskrit heißt Gesang gandharvavidyā, s. v. w. die Kunst (das Wissen) der Gandharven (Genien, höhere Wesen) oder samgīta-vidya, Lehre vom Gesang; in christlicher Zeit hat sich das Wort mârga als Bezeichnung der seriösen »M.« durchgesetzt (→ Indische Musik). In frühmittelalterliche arabische Übersetzungen wurde griechisch μουσική (in der Form mūsīqī) übernommen, da im Arabischen (wie im Lateinischen) ein vergleichbares Begriffswort fehlte. In den slawischen Sprachen sind (mangels schriftlicher Überlieferung vor dem 9. Jh.) nur aus dem Griechischen stammende Lehnwörter nachweisbar. Das tschechische Wort hudba (aus der Wurzel ⁺gud-, klingen) und das südslawische Wort glazba (von glas, Stimme) sind – möglicherweise als Neuschöpfungen – erst im Zuge eines nationalen Sprachpurismus am Anfang des 19. Jh. an die Stelle des Lehnwortes für M. getreten. – Insgesamt fehlt es jedoch an Vorarbeiten, um die Frage beantworten zu können, inwieweit in außereuropäischen Kulturen die je eigenständigen Benennungen der Gestaltung des Klingenden eine gegenüber dem europäischen Begriffswort M. je anders- und eigenartige Auffassung erkennen lassen.

Die Wortprägung »M.« ist so unnachahmlich griechisch wie Mythos und Logos (Gurlitt 1950, S. 9). Sie führt zurück auf den Begriff Musikē der → Griechischen M. Nach dem Mythos (vgl. Hesiod, »Theogonie«, 94ff.) ist die M. – Inbegriff musischen Vermögens – Apollons und der → Musen Geschenk an den Menschen, der durch ihre Gunst zu musischem Werk berufen und befähigt wird. Neben dem Mythos vom göttlichen Ursprung der M., der – ihr den Namen gebend – eine praktisch wirksame leibseelische Begabung zur Wesensbestimmung der M. erhebt, steht die Legende von der Erfindung der M. durch Pythagoras (Iamblichos, *De vita Pythagorica*, 115ff.; Boethius I, 10), die besagt, daß auch die theoretische Erkundung des Klingenden Voraussetzung der M. ist. Das musische und das pythagoreische Prinzip, die in ihrem Zusammenwirken die abendländische Idee der M. bestimmen, verhalten sich zueinander wie das Vermögen der Seele und dasjenige des Verstandes, wie die Schöpfung des Dichtersängers (den der Gott begabt, zu schaffen wie ein Gott) und die Erfindung des Denkers, wie der Ton als Empfindungslaut (der ein Inneres kundtut) und der Ton als Naturgesetz (den das Monochord beweist): wie Mythos und Logos, Dichten und Denken, Kunst und Wissenschaft, Praxis und Theorie. – Neben die antike Sinngebung der M. trat zu Beginn des europäischen Mittelalters die biblische Rechtfertigung. Sie prägt sich aus in der Ableitung des Wortes M. von ägyptisch moys im Sinne von Wasser (als Lebensspender) oder im Hinblick auf lat. Moyses (Moses, als Lobsänger Gottes; Exodus 15, 1), ferner in der Legende von der Erfindung der M. durch die biblischen Erzväter Thubal (Jubal) und Thubalkain (Genesis 4, 21f.) und in der Erklärung der zahlhaft-kosmologischen Bedeutungskraft der M. durch Hinweis auf *Liber sapientiae* 11, 22 (*Sed omnia in mensura, numero et pondere disposuisti*). Das Ineinandergreifen antiker und christlicher Sinngebung der M. kennzeichnet speziell jenen über ein Jahrtausend währenden Zeitraum, in dem die Klassifikationen und Definitionen der → Musica Geltung und Geschichte hatten.

Neben der deutschen Wortform músic (entsprechend musica mit Betonung auf der ersten Silbe, so noch z. B. in Rathgebers Tafel-Confect I, 1733: *Der nicht die Músik liebt...*) begann sich seit dem 17. Jh. unter Einfluß des französischen musique die Betonung auf der letzten Silbe durchzusetzen (hierzu Gurlitt 1950, S. 10). Dieser Betonungswechsel des Wortes M. markiert den endgültigen, stark von Frankreich inaugurierten Durchbruch der neuzeitlichen Grundauffassung der M., die deren sinnliche und praktische Seite, ihre naturwissenschaftliche Begründung und psychologische Wirkung in den Vordergrund rückte. An die Stelle der *musica scilicet ars* (WaltherL; → Ars musica) trat die M. als Tonkunst (Tonsprache), die – nach den Einteilungsgründen des materialen Verfahrens und des sinnlichen Wirkens – als für das Ohr bestimmte Zeitkunst ins System der »Schönen Künste« eingereiht wurde. Die Frage nach ihrem Ursprung wurde hinfort wissenschaftlich zu beantworten versucht in Theorien über die Entstehung der M. aus der Sprache (Rousseau, Herder, Spencer), der Zuchtwahl (Darwin), dem Arbeitsrhythmus (Bücher), der Evolution von der Ein- zur Mehrtönigkeit (Lach). In ihren elementaren Grundlagen wurde sie Gegenstand der → Akustik, seit dem 19. Jh. die Tonpsychologie (→ Hörpsychologie), seit dem 20. Jh. die → Musikpsychologie zur Seite traten. In ihrer künstlerischen Seins- und Wirkensweise trat sie ins Blickfeld der → Ästhetik. Ihre → Theorie verlor das Spekulative und wurde zur Logik eines spezifisch kompositorischen Denkens, aus dessen praktischem Ergebnis das Theorem in der Regel nachträglich extrahiert wird. Ihre technische Unterweisung gipfelte im Ausbau der Kompositionslehre (→ Komposition). Ihr Traditions- und Entwicklungsprozeß wurde als Wissenschaft ihrer Geschichte reflektiert. Ihr Wesen wurde begriffen als das in Ton und Klang sinnliche Erscheinen der Idee oder der Innerlichkeit, das sich als Kunst Gesetze gibt zwischen den Polen des Bedeutens als → Ausdruck und der Reinheit der M. in sich selbst (→ Absolute M.). – Das tonkünstlerische Gestalten *ist in erster Linie subjektiver Ausdruck seelischen Erlebens ...; in zweiter Linie ein Formen, Bilden, das dem Künstler selbst als ein aus seinem Innern entäußertes Objektives gegenübertritt ...; erst in dritter Linie kann es auch gewollte Nachbildung eines objektiv Gegebenen sein, das ... durch Subjektivieren, Durchtränken mit individuellem Empfinden ..., als ein neues Objektives Kunstwert erhält* (Riemann 1908, Einleitung).

Die Definitionen der M. im Zeitraum vom späteren 18. bis zum 20. Jh. betonen den Empfindungs-(Gefühls-)Gehalt der M.: sie ist *Natur in Sprache der Leidenschaft* und *Zaubersprache der Empfindung* (Herder); sie entstand *als Tonleidenschaftlicher Ausdruck eines Gefühls* und ist *eine wahre Empfindungsrede* (Forkel); sie ist *die Kunst durch Töne Empfindungen auszudrücken* (KochL); *sie ist verkörperte faßbare Wesenheit des Gefühls* [... *ohne Hilfe der Reflexion... Hauch von Mund zu Mund, strömendes Blut in den Adern des Lebens!*] (Liszt). Oder die Begriffsbestimmungen betonen die Eigengesetzlichkeit der M.: sie ist *das künstliche Spiel der Empfindungen des Gehörs* (Kant); *Spiel [Formenspiel] ist ihr Wesen* (Nägeli); sie ist *tönend bewegte Form* (Hanslick). Andere Definitionen bestimmten das Wesen der M. als sinnliche Vergegenwärtigung des Prinzips der Welt: sie ist *in Tönen ausgesprochene Sanskrita der Natur* (E. T. A. Hoffmann); ihre Hauptaufgabe besteht darin, *die Art und Weise wiedererklingen zu lassen, in welcher das innerste Selbst seiner Subjektivität und ideellen Seele nach in sich bewegt ist* (Hegel); sie ist *Abbild des Willens selbst ...*; die anderen Künste *reden nur vom Schatten, sie aber vom Wesen* (Schopenhauer); sie ist *Darstellung der Natura naturans* (Lotze); sie ist *eine Dynamik von Willensregungen* (E. Kurth); ... *wenn das beweglich Farbige verschwindet, tritt das Bewegende im Klang hervor* (Hildegard Jone in: A. Webern, II. Kantate op. 31). Oder die Definitionen formulieren die kosmologische Bedeutsamkeit der M.: sie ist *Nachklang aus einer entlegenen harmonischen Welt* (Jean Paul); sie ist *nichts anderes als der vernommene Rhythmus und die Harmonie des sichtbaren Universums selbst* (Schelling); sie ist *ein Teil des schwingenden Weltalls* (Busoni); ihr Zweck ist, *eine Ordnung zwischen den Dingen herzustellen*, und sie erscheint *als ein Element, das eine Vereinigung mit unserem Nächsten schafft – und mit dem höchsten Wesen* (Strawinsky). Trotz der zum Teil gegensätzlichen Positionen und dogmatischen Perspektiven haben die Definitionen gemeinsam die Gebundenheit an die musikgeschichtliche Situation der Neuzeit, ersichtlich an der verbreiteten »Gefühls«-Betontheit und an dem Dualismus von Form und Gehalt, auch am Verständnis der Welt, die in der M. sich abbildet (als »Wille« oder »Dynamik«) und an der oft wenig konkreten und subjektivistischen Art der kosmologischen Deutung. Gleichwohl bezeugen auch die neuzeitlichen Bestimmungen der M. das Immerwährende ihres Wesens: die Innerlichkeit des Sinnträgers, die begriffslose Konkretheit des Bedeutens, die sinnstiftende Kraft der Tonordnung und der Formungsgesetze und deren Geltung als Inbegriff des Seienden im Reich des Hörbaren. Wie aber die angeführten Definitionen nur eine bestimmte (die neuzeitliche) Situation in der Geschichte des M.-Verständnisses umreißen und im Zeitraum zweier Jahrhunderte zugleich einen Wandel der Wesensbestimmung skizzieren, der – als Reflex musikalischer Wirklichkeiten – von der Gefühlsbezogenheit zur Formbetontheit und weiter zum Suchen eines neuen Prinzips und Begriffs der Ordnung führt, so überhaupt gelangt »die« M. nur im Prozeß der Geschichte zu konkreter Wirklichkeit. Daher ist das Sich-Erinnern an die Geschichte der M., sei es in Form musikalischer Traditionen oder in der Arbeit musikgeschichtlicher Reflexion, die Voraussetzung zum Erkennen dessen, was M. ist. Das Interesse an der Geschichte entzündet sich an der Wesensfrage, deren Beantwortung die Geschichte zu überwinden (oder »aufzuheben«) vermag, indem sie sie zu bewältigen sucht.

Doch auch die eingangs gegebene und in diesem Artikel interpretierte Definition der M. ist zeitgebunden. Indem sie das »Bedeuten« und die »Eigengesetzlichkeit« der M. wieder zu vereinen versucht, hat sie geschichtlich jenen Dualismus der Perspektiven zur Voraussetzung, der die musikästhetische oder -philosophische Besinnung seit dem beginnenden 19. Jh. als Reflexion der M. der Wiener Klassik ausweist. In der Klassik war die Fähigkeit der M., Geistiges oder Empfundenes rein musikalisch zu versinnlichen, Poiesis und Mimesis ineinander aufgehen zu lassen, *das sich selbst Bedeutende und damit auch sich selber Deutende* zu sein (Hegel), vollkommen verwirklicht (→ Komposition). Seitdem ist jede Wesensbestimmung der M. (meist unbewußt) mitgeprägt nicht nur durch die Erfahrung und den Versuch des begrifflichen Erfassens dieser Art von Einheit und Vollkommenheit, sondern noch mehr durch den Dualismus von Gehalt und Formung, der ihr Widerpart ist.

Lit.: Etymologie, Ursprung: C. STUMPF, Betrachtungen über d. Herleitung d. M. aus d. Sprache..., VfMw I, 1885; DERS., Die Anfänge d. M., Lpz. 1911; J. COMBARIEU, La musique et la magie, Paris 1909; C. S. MYERS, The Beginnings of Music, Fs. W. Ridgeway, Cambridge 1913; C. VEGA, Teorías del origén de la música, in: Síntesis II, 1929; S. NADEL, The Origins of Music, MQ XVI, 1930; K. WULFF, »M.« u. »Freude« im Chinesischen, Det Kgl. Danske Videnskabernes Selskab, Hist.-filologiske meddedelser XXI, 2, Kopenhagen 1935; G. RÉVÉSZ, Der Ursprung d.

M., Internationales Arch. f. Ethnographie XL, 1941; M. SCHNEIDER, El orígen mus. de los animales-simboles en la mitología y la escultura antiguas, Barcelona 1946; DERS., Vom ursprünglichen Sinn d. M., Kgr.-Ber. Basel 1949; DERS., Les fondements intellectuels et psychologiques du chant magique, in: Les Colloques de Wégimont I, 1956; A. VAN DER LINDEN, Gloses sur l'étymologie du mot »musique«, in: Miscellanea Gessleriana, Antwerpen 1948; E. SEEMANN, Mythen v. Ursprung d. M., Kgr.-Ber. Lüneburg 1950; W. F. OTTO, Die Musen u. d. göttliche Ursprung d. Singens u. Sagens, Düsseldorf 1954, Darmstadt ²1956; W. DANCKERT, Wesen u. Ursprung d. Tonkunst im Mythos, AfMw XII, 1955; W. SCHRAMMEK, Über Ursprung u. Anfänge d. M., Lpz. 1957; J. LOHMANN, Der Ursprung d. M., AfMw XVI, 1959.
Gesch. d. Wesensbestimmungen (→Griechische M., →Harmonia, → Musica, → Geschichte d. M.): H. HÜSCHEN, Artikel M., B: Begriffs- u. geistesgeschichtlich, in: MGG IX, 1961. – P. MOOS, Die Philosophie d. M. v. Kant bis E. v. Hartmann, Stuttgart, Bln u. Lpz. 1901, ²1922; H. ABERT, Antike Musikerlegenden, Fs. R. v. Liliencron, Lpz. 1910; E. BÜCKEN, Geist u. Form in mus. Kunstwerk, Wildpark-Potsdam (1929); K. MEYER, Bedeutung u. Wesen d. M. I, = Slg mw. Abh. V, Straßburg (1932); T. S. FAVARA, La filosofia della musica dall'antichità greca al Cartesianismo, Mailand 1940; H. ZENCK, Grundformen deutscher Musikanschauung, Jb. d. Akad. d. Wiss. in Göttingen 1941/42, Neudruck in: H. Zenck, Numerus u. Affectus. Studien zur Mg., hrsg. v. W. Gerstenberg, = Mw. Arbeiten XVI, Kassel 1959; K. G. FELLERER, Die M. im Wandel d. Zeiten u. Kulturen, Münster i. W. 1948; P. HISSARLIAN-LAGOUTTE, Philosophie et esthétique de l'art mus., Lausanne 1949; E. KICKTON, Die Beziehungen d. Tonkunst zur Philosophie, Kgr.-Ber. Basel 1949; A. SCHERING, Vom mus. Kunstwerk, hrsg. v. Fr. Blume, Lpz. 1949, ²1951; W. GURLITT, Zur Bedeutungsgesch. v. musicus u. cantor bei Isidor v. Sevilla, = Akad. d. Wiss. u. d. Lit. Mainz, Abh. d. geistes- u. sozialwiss. Klasse, Jg. 1950, Nr 7, Neudruck in: Mg. u. Gegenwart I, = BzAfMw I, Wiesbaden 1966; H. KOLLER, Die Mimesis in d. Antike, = Dissertationes Bernenses I, 5, Bern 1954; DERS., Musik u. Dichtung im alten Griechenland, Bern u. München (1963); H. PFROGNER, M., Gesch. ihrer Deutung, = Orbis academicus I, 4, Freiburg i. Br. u. München 1954; A. v. LANGE, Mensch, M. u. Kosmos, Freiburg i. Br. 1956; H. HÜSCHEN, Frühere u. heutige Begriffe v. Wesen u. Grenzen d. Musik, Kgr.-Ber. NY 1961, Bd I; H. H. EGGEBRECHT, M. als Tonsprache, AfMw XVIII, 1961.
Wesensbestimmungen in neuerer Zeit: H. RIEMANN, Grundriß d. Mw., = Wiss. u. Bildung XXXIV, Lpz. 1908, erweitert ³1919, hrsg. v. J. Wolf ⁴1928; E. BLOCH, Geist d. Utopie, München 1918, 2. Fassung Bln 1923, neu bearb. = GA III, (Ffm. 1964); H. MERSMANN, Versuch einer Phänomenologie d. M., ZfMw V, 1922/23; H. FLEISCHER, Philosophische Grundanschauungen in d. gegenwärtigen Musikästhetik, Diss. Bln 1930; M. SCHOEN, The Meaning of Music as Art, MQ XXVIII, 1942; H. SCHERCHEN, Vom Wesen d. M., Winterthur 1946; TH. W. ADORNO, Philosophie d. neuen M., Tübingen 1949, Ffm. ²1958; FR. BRENN, Das Wesensgefüge d. M., Kgr.-Ber. Basel 1949; H. ENGEL, Sinn u. Wesen d. M., Mf III, 1950; W. LOWERA, The Background of Music, London 1952; N.-E. RINGBOM, Über d. Deutbarkeit d. Tonkunst, Helsinki 1955; Z. LISSA, O specyfice muzyki, in: Studia muzykologiczne II, 1953, separat Krakau 1954, deutsch als: Über d. Spezifischen d. M., Bln 1957; L. SAMINSKY, Physics and Metaphysics of Music, Den Haag 1957; FR. BLUME, Was ist M.?, = Mus. Zeitfragen V, Kassel 1959, auch in: Syntagma Musicologicum, Kassel 1963, dazu P. Boulez u. a. in: Melos XXVI, 1959; W. F. KORTE, De Musica. Monolog über d. heutige Situation d. Musik, Tutzing 1966.
Perspektiven (→ Ästhetik, → Affektenlehre, → Interpretation; → Typologie, → Musikpsychologie, → Musikethnologie; → Ausdruck, → Absolute M., → Programmmusik, → Tonmalerei, → Symbol; → Melodie, → Harmonie, → Rhythmus): K. BÜCHER, Arbeit u. Rhythmus, Lpz. 1896 u. ö.; E. M. v. HORNBOSTEL, Arbeit u. M., ZIMG XIII, 1911/12; M. WEBER, Die rationalen u. soziologischen Grundlagen d. M., hrsg. v. Th. Kroyer, München 1921; CH. KOECHLIN, Le temps et la musique, RM VII, 1926; FR. DIETRICH, M. u. Zeit, Kassel 1933; B. DE SCHLOEZER, Le temps du drama et le temps de la musique, in: Polyphonie I, 1948; G. BRELET, Le temps mus., 2 Bde, Paris 1949; W. GURLITT, Form in d. M. als Zeitgestaltung, = Akad. d. Wiss. u. d. Lit. Mainz, Abh. d. geistes- u. sozialwiss. Klasse, Jg. 1954, Nr 13; A. BRINER, Versuch über d. mus. Zeitgestalt, Diss. Zürich 1955; W. WIORA, M. als Zeitkunst, Mf X, 1957; FR. KLUGMANN, Die Kategorie d. Zeit in d. Musik, Diss. Bonn 1961; M. ROTHÄRMEL, Der mus. Zeitbegriff seit M. Hauptmann, = Kölner Beitr. zur Musikforschung XXV, Regensburg 1963; K. STOCKHAUSEN, Texte zur elektronischen u. instr. M. I, Köln (1963); W. DANCKERT, Tonreich u. Symbolzahl, = Abh. zur Kunst-, M.- u. Literaturwiss. XXXV, Bonn 1966. HHE

Musikästhetik → Ästhetik.

Musikalienhandel hält eine Auswahl der von den Musikverlagen jeweils angebotenen Erzeugnisse (auch Musikbücher) in seinem Ladengeschäft zum Verkauf bereit und besorgt das nicht am Lager Befindliche. Neben Verlag und Sortimentsgeschäft gibt es die Großsortiment, das dem Sortimenter die Möglichkeit bietet, Musikalien sämtlicher Verleger aus einer Hand zu beziehen. Die Tätigkeit des ausgebildeten Sortimenters, der auf Grund seiner eingehenden Kenntnisse den Kunden berät, ist für den geregelten Absatz der Verlagswerke, vor allem für das rasche Bekanntwerden von Neuerscheinungen, von ausschlaggebender Bedeutung. Die überwiegende Zahl der Musikalienhandlungen ist auch auf den Verkauf von Schallplatten und Musikinstrumenten eingestellt bzw. angewiesen. Die Geschichte des M.s ist eng mit der Entwicklung der → Musikverlage verbunden. Eine für den M. wichtige Voraussetzung ist der einheitliche Ladenpreis für Musikalien und Musikbücher, um dessen Fortbestand gegenwärtig gekämpft wird. Grundlage des Geschäftsverkehrs in der Bundesrepublik ist eine Verkaufsordnung, die auf einer Vereinbarung zwischen dem Deutschen Musikverleger-Verband und dem Sortimenterverband (Deutscher Musikalienwirtschaftsverband, zur Zeit in Bonn) beruht. Diese Verkaufsordnung ist eine Parallele zu der buchhändlerischen Verkaufsordnung.
Lit.: K. A. GÖHLER, Die Meßkat. im Dienste d. mus. Geschichtsforschung, SIMG III, 1901/02; DERS., Verz. d. in d. Frankfurter u. Lpz.er Meßkat. d. Jahre 1564–1759 angezeigten Musikalien, 4 Teile, Lpz. 1902, Nachdruck Amsterdam 1964; R. EITNER, Buch- u. Musikalien-Händler, Buch- u. Musikaliendrucker nebst Notenstecher, Beilage zu MfM XXXVI, 1904 – XXXVII, 1905; W. MENSING, Lehrb. f. d. deutschen M., Lpz. (1921); E. KÖSTER, Der deutsche M., Diss. Jena 1923, maschr.; M. SCHUMANN, Zur Gesch. d. deutschen M. seit d. Gründung d. Ver. d. Deutschen Musikalienhändler 1829–1929, Lpz. 1929; B. SIEGEL, Lehrbuch f. d. deutschen M., Lpz. 1930; A. WILBERG, Den svenska musikhandels hist., Stockholm 1955; A. WEINMANN, Wiener Musikverleger u. Musikalienhändler v. Mozarts Zeit bis gegen 1860, Sb. Wien CCXXX, 4, H. 2, 1956; H. GERICKE, Der Wiener M. v. 1700 bis 1778, = Wiener mw. Beitr. V, Graz u. Köln 1960; U. LACHMANN, Die Struktur d. deutschen Musikmarkts, Diss. iur. Tübingen 1960, maschr.; H.-M. PLESSKE, Zur Gesch. d. M., Börsenblatt VI, 1960; R. SCHAAL, G. Willers Augsburger Musikalien-Lagerkat. v. 1622, Mf XVI, 1963; R. ELVERS, Musikdrucker, Musikalienhändler u. Musikverleger in Bln 1750–1850, Fs. W. Gerstenberg, Wolfenbüttel u. Zürich 1964. – Zss.: Musikhandel, Bonn seit 1949/50; Anzeiger d. österreichischen Buch-, Kunst- u. M., Wien seit 1860; Mus. Opinion and Music Trade Review, London seit 1877; Music Trade's Review, NY seit 1873, The Music Trades, NY seit 1890.

Musikalität → Begabung.

musikantisch heißt (umgangssprachlich) ein Musizieren und Komponieren, das sich natur- und sinnenfroh äußert, z. B. durch besondere rhythmische Verve, oder durch Anlehnung an Elemente der Volksmusik. Die Bedeutung von m. weicht von der des Wortes

Musikant teilweise ab (→ Musicus). Als Charakterisierung von musikalischen Leistungen und Persönlichkeiten ist m. als Positivum gemeint, soweit das m.e Element nicht den Geist verneint oder überwuchert. M.e Züge sind den meisten großen Musikern eigen und machen einen Teil ihres Erfolges beim Publikum aus.

Musikautomaten → Mechanische Musikwerke, → Music box.

Musikbogen (engl. musical bow; frz. arc musical), das einfachste Saiteninstrument aus der Familie der → Zither (- 1; Stabzither). Der M. besteht aus einem elastischen gekrümmten Stab, der eine an beiden Enden befestigte Sehne oder Saite, seltener 2–3 Saiten, spannt. Aus einem starren (geraden) Stab besteht das in der Hornbostel-Sachsschen Systematik zur Unterscheidung vom M. als Musikstab bezeichnete Instrument, bei dem die Saite über einen Steg läuft. Die Länge des M.s liegt gewöhnlich zwischen 80 und 120 cm, übergroße Instrumente sind bis zu 3 m lang (Ostafrika). Das Spiel erfolgt durch Anschlag der Saite mit einem Stöckchen oder durch Streichen (Schrapen) mit einem angerauhten Stäbchen, seltener auch durch Anreißen mit dem Finger. Durch Veränderung der Bogenkrümmung (und somit der Saitenspannung) mit Hilfe einer vom Bogen über die Saite gelegten Stimmschlinge, durch die die Saite an den Bogen herangezogen wird, oder auch durch (Flageolett-)Griffe mit dem Finger können einfache Tonfolgen erzeugt werden. Als natürlicher Resonator zur Verstärkung des Saiten-(Grund-)Tones und zur Hervorhebung von Obertönen kann die Mundhöhle dienen (ähnlich wie beim Spiel der → Maultrommel); auch aus Kalebassen (ausgehöhlten Kürbissen) bestehende Resonatoren finden häufig Verwendung. Die hauptsächlichen Verbreitungsgebiete des M.s sind Südafrika, Südamerika und Ozeanien. Wie die afrikanische → Sansa wird der M. nicht in Gruppen- sondern nur im Einzelspiel verwendet; das einstimmige Spiel (auch bordunierendes Mitklingen des Grundtons der Saite) wird gelegentlich mit Gesang verbunden (M.-Lieder). Die Fragen, ob (und auf welcher Kulturstufe) der M. aus dem Schießbogen entstanden ist und ob der M. in der Geschichte der Musikinstrumente isoliert steht oder als Vorstufe zu den Frühformen der Harfe gelten kann, sind noch nicht eindeutig beantwortet.

Lit.: O. T. MASON, Geographical Distribution of the Mus. Bow, The American Anthropologist X, 1897 (vgl. auch ebenda XI, 1898, S. 93ff. u. 187); M. H. SAVILLE, The Mus. Bow in Ancient Mexico, ebenda X, 1897 – XI, 1898; H. BALFOUR, The Natural Hist. of the Mus. Bow, Oxford 1899; R. LEHMANN-NITSCHE, Patagonische Gesänge u. M., Anthropos III, 1908; C. SACHS, Geist u. Werden d. Musikinstr., Bln 1929, Nachdruck Hilversum 1965; E. M. v. HORNBOSTEL, The Ethnology of African Sound-Instr., Africa VI, 1933; P. R. KIRBY, The Mus. Instr. of the Native Races of South Africa, London 1934, Johannesburg ²1953; K. G. IZIKOWITZ, Mus. and Other Sound Instr. of the South American Indians, = Göteborgs Kungl. Vetenskaps- och Vitterhets-Samhälles Handlingar V, Serie A, V/1, Göteborg 1935; A. SCHAEFFNER, Origine des instr. de musique, Paris 1936; CH. W. CAMP u. BR. NETTL, The Mus. Bow in Southern Africa, Anthropos L, 1955; H. H. WÄNGLER, Über südwestafrikanische Bogenlieder, Afrika u. Übersee XXXIX, 1955 – XL, 1956; H. FISCHER, Schallgeräte in Ozeanien, = Slg mw. Abh. XXXVI, Straßburg u. Baden-Baden 1958; R. BRANDEL, The Music of Central Africa, Den Haag 1961; H. HICKMANN, Artikel M., in: MGG IX, 1961; G. LIST, The Playing of the Mus. Bow in Palenque, Columbia, Journal of the International Folk Music Council XVIII, 1966.

Musikdiktat, ein der Gehörbildung dienender Zweig des Musikunterrichts, dessen Bedeutung Nägeli und C. G. Hering erkannten. Seine Aufgabe besteht in der Schulung der musikalischen Auffassungsfähigkeit. Der Lehrer singt oder spielt kurze Musikbeispiele, die der Schüler in Notenschrift umzudenken und zu fixieren hat. Stufenweise wird von einfachen melodischen, harmonischen und rhythmischen Bauelementen bis zu komplizierten musikalischen Gestalten fortgeschritten, u. a. auch zur Fixierung eines Harmonieverlaufs in Akkordsigeln, zum Erfassen der Modulationswege, der Besetzung eines Stückes und der Instrumentation.

Lit.: H. G. NÄGELI, Vollständige u. ausführliche Gesangschule I, Zürich 1810; A. J. A. LAVIGNAC, Cours complet théorique et pratique de dictée mus., Paris u. Brüssel 1882; H. RIEMANN, Katechismus d. M., = Hesse's Illustrierte Katechismen XI, Lpz. 1889, ²1904; B. SEKLES, M., Mainz 1901 u. ö.; M. BATTKE, Neue Formen d. M., Bln 1913; A. GÉDALGE, L'enseignement de la musique par l'éducation méthodique de l'oreille, 2 Bde, Paris 1921–23; FR. M. DICKEY u. E. FRENCH, Melody Writing and Ear Training, Boston 1926; FR. REUTER, Zur Methodik d. Gehörübungen u. d. M., Lpz. 1927; H. MARTENS, M., = Beitr. zur Schulmusik I, Lahr 1930, Wolfenbüttel ²1958; G. WALDMANN, 1080 Diktate zur Musiklehre, Bln 1931; G. SELZ, 50 dictates mus., Paris 1934; E. WILLEMS, L'oreille mus. I, Genf 1940; H. GRABNER, Neue Gehörübung, Bln 1950; P. SCHENK, Schule d. mus. Gehörbildung, 8 H., Trossingen 1951; DERS., Schule d. mus. Hörens I, Lpz. u. Bln 1958; J. JERSILD, Lehrbuch d. Gehörbildung, Rhythmus, Kopenhagen 1956.

Musikdirektor (lat. director musices), ursprünglich der oberste beamtete Musiker in einer Stadt (wie J. S. Bach in Leipzig, G. Ph. Telemann und C. Ph. E. Bach in Hamburg). Seine musikalischen und organisatorischen Pflichten entsprachen denen des höfischen → Kapellmeisters. Seit dem 19. Jh. ist M. ein allgemein üblicher Titel für Leiter von musikalischen Institutionen, besonders Gesangvereinen. Im Orchester trug während des 19. Jh. gewöhnlich der → Konzertmeister diesen Titel. Bis ins 20. Jh. wurden von Regierungen die offiziellen Titel Königlicher, Großherzoglicher, Herzoglicher und Fürstlicher M. verliehen. Die heute von Kommunalbehörden, Universitäten und den evangelischen Landeskirchen an die Leiter der ihnen zugeordneten musikalischen Einrichtungen vergebenen Titel sind Städtischer M., vielfach zum Generalmusikdirektor (GMD) gesteigert (erstmals 1819 in Berlin für Spontini), Universitäts-M. und Kirchen-M.

Musikdrama, eine von Theodor Mundt gebildete Bezeichnung für die Oper als *Einheit von Dichtkunst und Tonkunst*, im Unterschied zum *musikalischen Drama, in welchem die Musik nur als Intermezzo mitspielte*. Später (und bis heute) wurde das Begriffswort M. vor allem mit den Bestrebungen R. Wagners und seiner Nachfolger (→ Oper) verbunden, obwohl Wagner selbst den Begriff M. ausdrücklich abgelehnt hat.

Lit.: TH. MUNDT, Kritische Wälder, Lpz. 1833; R. WAGNER, Über d. Benennung »M.«, in: Sämtliche Schriften u. Dichtungen IX, Lpz. (⁵1911).

Musikē → Griechische Musik.

Musikerziehung hat die Entfaltung und Lenkung der musikalischen Anlagen im Menschen zum Ziel. Musik ist einerseits ein Medium der erzieherischen Einflußnahme auf den jugendlichen Menschen, andererseits ein Sachgebiet der Erziehung, auf dem Fähigkeiten und Kenntnisse aus dem Gebiet der Musik vermittelt werden. Nur die Einheit der beiden Aufgabenstellungen, Erziehung durch Musik und Erziehung zur Musik, verbürgt Berechtigung und Erfolg der M. – Voraussetzung für eine Erziehung durch Musik sind die seit der Antike erörterten Kräfte und Wirkungen der Musik. M. kann zur seelischen Gelöstheit, zur Kontaktfreudigkeit und Ausbildung der Ausdrucksfähigkeit ebenso beitragen wie zur Schulung der Konzentrationsfähigkeit, zur

Weckung von Phantasiekräften und zur Selbstbesinnung. Im Sonderfall vermag sie bei der Heilung körperlich oder seelisch Gehemmter mitzuwirken (→ Musiktherapie). Die Vokalmusik kann auch als Trägerin religiöser, ethischer oder gemütsbildender Inhalte (Choräle, Lehrgedichte, Volkslieder) erzieherisch wirken. Eine zeitgemäße M. wird auch der Massenbeeinflussung durch Musik (politisches Kampflied, rhythmische Enthemmung im Showgeschäft) entgegenarbeiten können. Eine der wichtigsten Aufgaben der M. ist die Entwicklung der Fähigkeit, das Schöne zu erleben und den Menschen zur Anerkennung, womöglich auch zur Erkenntnis ästhetischer Werte zu führen. – Erziehung durch Musik führt nur dann zu Ergebnissen, wenn die pädagogische Absicht hinter die Bemühung um praktisch-musikalische Ausbildung zurücktritt. Der allgemein-pädagogische Grundsatz, daß der zu Erziehende zu eigener Betätigung angeleitet werden müsse, gilt nirgends so uneingeschränkt wie hier. Die M. beschränkt sich daher nicht auf die Ausbildung eines künftigen Fachmusikerstandes, sondern hat jedem Jugendlichen gegenüber eine praktisch-erzieherische Aufgabe. Erstrebt wird eine vom frühesten Kindesalter über die ganze Jugendzeit bis zur Erwachsenenbildung führende, sorgfältig abgestufte musikalische Ausbildung, die geeignet ist, dem Fachmusiker als allgemeine Grundlage zu dienen, dem Laienmusiker das Rüstzeug für die → Hausmusik mitzugeben und möglichst viele der Musik aufgeschlossene Menschen heranzubilden. Nur auf der Grundlage einer weit verbreiteten Musikpflege kann eine hohe Musikkultur auf die Dauer gedeihen.

Frühzeitige Begegnung und aktive Auseinandersetzung mit der Musik sind später schwer und oft nur unvollständig zu ersetzen. Die M. beginnt daher schon beim Kleinkind mit dem Vorsingen von Kinder- und Wiegenliedern und regt den erwachenden kindlichen Nachahmungstrieb an; wechselseitiges Vor- und Nachsingen fördert die geistige und – in Verbindung mit Tanz- und Bewegungsspielen – auch die körperliche Entwicklung des Kindes. Aktive Musikausübung im Kreis der Familie bleibt für die M. des Heranwachsenden wichtigste Voraussetzung. Im Kindergarten und im Schulunterricht wird die M. der jeweiligen Altersstufe angepaßt. Angesichts der grundlegenden Bedeutung der Musik für die Charakter- und Persönlichkeitsbildung hat jedes Kind Anspruch auf einen angemessenen Anteil der M. innerhalb der Gesamtausbildung. Zur Aktivierung und bestmöglichen Förderung der musikalischen Begabung reicht der Musikunterricht der Schule oft nicht aus. Als Folge der durchschnittlich zu großen Schülerzahl in den einzelnen Klassen entstehen starke und zur Opposition geneigte Gruppen von weniger Begabten, die eine musikerzieherische Arbeit empfindlich beeinträchtigen können und ein Abstellen der Unterrichtsforderungen auf ein zu niedriges Durchschnittsmaß erzwingen. Auswahlchor und Schulorchester können die zu geringe Intensität der schulischen M. wenigstens teilweise ausgleichen. Eine wertvolle Ergänzung der M. in der Schule bietet der Gruppenunterricht der städtischen Jugendmusikschulen, in denen Kestenbergs Idee der »Volks-Musikschulen« Gestalt gewann und die heute als moderne soziale Einrichtung neben den bewährten Konservatorien bestehen. Daneben gibt es den Weg der → Privatmusikerziehung; in Bayern und Österreich erteilen die Musiklehrer der Oberschulen Begabten unentgeltlich Instrumentalunterricht. – Ein Zeitpunkt für den Beginn des Instrumentalunterrichts kann nicht allgemeinverbindlich festgelegt werden; früher Beginn ist vorteilhaft, doch wird man bei Kindern unter fünf Jahren selten Erfolge erzielen. In diesem Alter ist rhythmische Gymnastik eine gute Vorschulung. Je nach Veranlagung wäre der Eintritt in ein Kinderballett denkbar. Dem jugendlichen Anfänger sollte auf allen Gebieten der Musik prinzipiell die Möglichkeit der späteren Berufsausübung offenstehen. Das bedeutet, daß im Unterricht von jedem Schüler und von jedem Lehrer stets die volle Leistung zu fordern ist. Oft wird der Wert der musikalischen Begabung des Kindes zu gering geschätzt, z. B. wenn die Eltern bei der Wahl des Lehrers leichtfertig verfahren oder an den Ausbildungskosten sparen, oder wenn der musikalischen Betätigung durch falsche Auswahl der Instrumente der Zugang zur großen Kunstmusik verbaut wird und die musikalische Ausbildung (mit der Begründung, daß der Musikerberuf nicht in Frage komme) auf das Niveau einer falsch verstandenen Hausmusik beschränkt bleibt. Andererseits sind Rundfunk- und Schallplattendarbietungen nicht durchwegs geeignet, das häusliche Musizieren zu fördern, insofern sie die Musik fertig anbieten und dadurch lähmend auf die kindliche Aktivität einwirken. Der Erfolg der M. ist abhängig von einem ausgewogenen Verhältnis zwischen dem Aufnehmen bzw. Erkennen der musikalischen Leistungen anderer und der eigenen, aktiven Auseinandersetzung mit dem musikalischen Kunstwerk. Neben der rein technischen Ausbildung des Schülers ist auch einer über die bloß formale und harmonische Analyse hinausgehenden Werkbetrachtung Beachtung zu schenken.

Anreiz zu intensiver und zielstrebiger Beschäftigung mit dem Instrument bieten die Klavierspielwettbewerbe für Kinder verschiedener Altersstufen; der »Tag der Hausmusik« und die jährlichen Jugendwettbewerbe (z. B. »Jugend musiziert«) geben darüber hinaus Gelegenheit zur Bewährung auf dem Podium (die Preisträger erhalten Gutscheine für Unterrichtsbeihilfe und Instrumentenkauf). Gesangunterricht wird heute meist im Hinblick auf eine Bühnenlaufbahn genommen (und setzt dann auch systematisches Klavierstudium voraus), nur noch selten von stimmbegabten Laien, die sich meist mit der Mitwirkung in Chören und Kantoreien begnügen. Das eigentliche Musikstudium erfolgt an einer Musikhochschule bzw. Akademie (→ Konservatorium). Eine besondere Ausbildung ist für die Schulmusiker erforderlich (→ Schulmusik). – Der musikalische Nachwuchs mißt sich bei den großen internationalen Wettbewerben (→ Preise und Wettbewerbe). Die nationalen Musikerzieherverbände sind zusammengeschlossen in der International Society for Music Education (ISME). In der Bundesrepublik Deutschland sind die wichtigsten Verbände, die die Förderung der M. zu ihren Aufgaben zählen: Arbeitsgemeinschaft für M. und Musikpflege (Hamburg), Genossenschaft deutscher Bühnen-Angehörigen in der Gewerkschaft Kunst des DGB (Hamburg), Institut für Neue Musik und M. e. V. (Darmstadt), Internationales Institut für Jugend- und Vokalmusik e. V. (Trossingen), Kulturkreis im Bundesverband der Deutschen Industrie e. V. (Köln), Tonika-Do-Bund, Musikalische Jugend Deutschlands e. V. (München), Arbeitskreis für musikalische Erziehung (Hannover), Verband deutscher Schulmusiker e. V. (Köln-Klettenberg), Verband deutscher Musikerzieher und konzertierender Künstler e. V. (VDMK, München; hervorgegangen aus dem Verband deutscher Tonkünstler und Musiklehrer e. V., VDTM, Berlin).

Lit.: E. KRAUS, Internationale Bibliogr. d. musikpädagogischen Schrifttums, Wolfenbüttel 1959. – A. REISSMANN, Die Hausmusik, Bln 1884; ST. MACPHERSON, Mus. Education of the Child, London 1915; FR. JÖDE, Musik. Ein pädagogischer Versuch, Wolfenbüttel 1919, NA in: Musik u. Erziehung, ebenda ²1932; L. KESTENBERG, M. u. Musikpflege, Lpz. 1921, ²1927; DERS., Wege zur Entwicklung d. M.,

Mk XX, 1927/28; Musikpädagogische Bibl., hrsg. v. DEMS., Lpz. 1929ff., fortgeführt v. E. Preussner, Heidelberg 1959ff.; S. N. COLEMAN, Creative Music for Children: A Plan of Training, Based on the Natural Evolution of Music, Including the Making and Playing of Instr., NY 1922; DIES., A Children's Symphony, NY 1931; W. HOWARD, Die Lehre v. Lernen, Wolfenbüttel 1925; DERS., Auf d. Wege zur Musik, 29 H., Bln 1926–27; DERS., Probleme d. Musikpädagogik, Bln 1936; DERS., La musique et l'enfant, Paris 1952; FR. REUTER, Musikpädagogik in Grundzügen, Lpz. 1926; DERS., Grundlagen d. M., Wiss. Zs. d. M.-Luther-Univ. Halle-Wittenberg, Ges.- u. sprachwiss. Reihe IV, 1954/55; E. PREUSSNER, Allgemeine Pädagogik u. Musikpädagogik, = Musikpädagogische Bibl. I, Lpz. 1929, als: Allgemeine Musikpädagogik, Heidelberg ²1959; G. SCHÜNEMANN, M., Bd I: Die Musik in Kindheit u. Jugend, Lpz. 1930; Hdb. d. M., hrsg. v. E. BÜCKEN, Potsdam (1931); Hohe Schule d. Musik, hrsg. v. J. MÜLLER-BLATTAU, 4 Bde, ebenda (1934–37); W. P. LARSON, Bibliogr. of Research in Music Education 1932–48, Chicago 1949; H. J. MOSER, Lebensvolle M., Wien 1952; H. ERPF, Neue Wege d. M., Stuttgart 1953; Zur Notlage d. M. u. Musikpflege, Denkschrift hrsg. v. d. Arbeitsgemeinschaft f. M. u. Musikpflege, Kassel 1953; Hdb. d. M., hrsg. v. H. FISCHER, 2 Bde, Bln 1954–58; TH. WARNER, Musische Erziehung zwischen Kult u. Kunst, = Beitr. zur M. III, Bln u. Darmstadt 1954; H.-I. MARROU, Gesch. d. Erziehung im Klass. Altertum, hrsg. v. R. Harder, Freiburg i. Br. u. München 1957; R. LÜDEKE, Zur Gesch. d. M. in d. 1. Hälfte d. 19. Jh. in Deutschland, Beitr. zur Mw. II, 1960; I. BENZING-VOGT, Methodik d. elementaren M., Zürich 1966. HHA

Musikethnologie (engl. ethnomusicology), musikalische Völkerkunde, ist die seit etwa 1940 gebräuchliche Bezeichnung für die Wissenschaft von der Musik der außereuropäischen Völker. Sie gilt als ein Teilgebiet der Musikwissenschaft, ist jedoch ebenso auch ein Forschungszweig der Ethnologie, Anthropologie, Soziologie und Völkerpsychologie. In Europa wird sie meist von ethnologisch geschulten Musikwissenschaftlern, in den USA wurde sie anfangs von musikwissenschaftlich gebildeten Anthropologen betrieben. Eine strenge Aufteilung des Fachgebiets in die Musik der Kulturvölker (besonders Asiens) und die der Naturvölker ist heute nur noch mit Vorbehalten möglich, da Umfang und Formenreichtum des Kulturbesitzes nicht im Sinne einer solchen Aufteilung gewertet werden können. Der Vergleich mit der abendländischen Musik und ihrer → Geschichte kann nur fruchtbar werden, wenn er im vollen Verständnis der Eigenart des Fremden erfolgt. Während die → Vergleichende Musikwissenschaft ihre Untersuchungen in der Hauptsache auf einzelne Elemente der Musikkultur beschränkte, ist die moderne M. bestrebt, die Musik und Musikanschauung fremder Völker als geschlossenes Ganzes und in engem Zusammenhang mit der geistigen und materiellen Kultur zu sehen. – Die Erforschung historischer Zusammenhänge ist eine wesentliche Aufgabe der M., eine weitere die Abgrenzung regionaler Verbreitungsgebiete bestimmter Formen, Stile, Instrumente, Musizierpraktiken, religiöser und sozialer Gegebenheiten und Anschauungen. Die Musik der asiatischen Kulturvölker z. B. ist, nicht anders als die alteuropäische, vielfach geschichtet; neben der Kunstmusik der Oberschicht mit ihrer Geschichte und ihrem theoretischen Fundament steht die Musikübung der unteren Schichten sowie die Musik eingesprengter nationaler Minderheiten und absorbierter Fremdvölker, wobei zwischen allen Schichten mannigfache Wechselbeziehungen bestehen. Die kartographische und stratigraphische Arbeitsweise der M. schließt die Musik Europas nicht nur »vergleichend« in ihre Betrachtung ein, sondern befaßt sich auch mit der Angleichung und Aneignung europäischer Faktoren in der Musik der außereuropäischen Völker, so sehr die M. auch darauf bedacht bleibt, den Zustand vor der Berührung mit der abendländischen Musikkultur festzuhalten. – Für die Erforschung der Musikgeschichte der Völker können die mündlichen Stammesüberlieferungen bei den schriftlosen Völkern, archäologische Funde, bildliche Darstellungen und schriftliche Aufzeichnungen bei den Kulturvölkern als Quellen dienen. Die Erschließung musiktheoretischer Quellen wird heute weitgehend von Angehörigen der betreffenden Nationen selbst als nationale Musikgeschichte und Musikwissenschaft betrieben. Die meisten Staaten verfügen heute über eigene nationale Forschungsinstitute und Archive. Die Fülle des Stoffes, der Probleme und Forschungsrichtungen erzwingt eine Spezialisierung in regionaler und sachlicher Hinsicht.

Die Anfänge der M. reichen bis ins 17. Jh. zurück (Mersenne 1636; A. Kircher SJ, *Musurgia*, 1650, und *Oedipus Aegyptiacus*, 1652), als im Zeitalter der Entdeckungen das Interesse an Leben und Kunst fremder Völker zu erwachen begann. 1768 brachte J.-J. Rousseau in seinem *Dictionnaire de musique* im Anhang 4 Beispiele Exotischer Musik, und 1779 erschien in Paris die erste wissenschaftliche Monographie: *Mémoire sur la musique des Chinois, tant anciens que modernes* von J. J. M. Amiot SJ. 1792 folgte W. Jones' *On the Musical Modes of the Hindus* und 1842 als erste deutsche Studie *Die Musik der Araber* von R. G. Kiesewetter. Die erste zusammenfassende musikethnologische Darstellung enthält der 1869 erschienene Band I der *Histoire générale de la musique* von → Fétis. Die Kenntnis der Musik der außereuropäischen Völker blieb jedoch noch lange lückenhaft und das wissenschaftliche Interesse daran auf die Erörterung der von der abendländischen Musik abweichenden Tatbestände gerichtet. Mit dem in Amerika erfundenen Phonographen machte W. Fewkes 1889 die ersten Phonogramme von Indianermelodien, die von B. I. Gilman analysiert und nach einem besonderen Notationsverfahren 1891 publiziert wurden. Tonhöhenmessungen an Melodien und Instrumenten, akustische und tonpsychologische Untersuchungen standen im Mittelpunkt der jungen europäischen Schule der Vergleichenden Musikwissenschaft, als deren erstes wichtiges Ergebnis der Nachweis der siebenstufig temperierten Skala der Siamesen durch Stumpf (1901) gelten kann. Durch seinen Mitarbeiter E. M. v. Hornbostel erfuhr das neue Forschungsgebiet eine Erweiterung nach der Seite der Musikwissenschaft und Ethnologie; er entwickelte die grundlegenden Methoden der M., als deren bedeutendster Vertreter er Weltgeltung errang. Der Berliner Schule sind seine Mitarbeiter O. Abraham, C. Sachs, R. Lachmann und seine Schüler G. Herzog, M. Kolinski, Fr. Bose, H. Hickmann, ferner Marius Schneider, W. Wiora, H. Husmann und J. Kunst zuzurechnen. Als Anreger und Lehrer war er das Vorbild einer ganzen Generation von Wissenschaftlern (B. Bartók, I. Krohn, A. O. Väisänen, E. Emsheimer, K. G. Izikowitz, Z. Estreicher, E. Gerson-Kiwi). Auch die Wiener Schule, von R. Lach (1874–1958) begründet, hat seine Methoden großenteils übernommen, besonders Lachs Schüler L. Hajek, A. Z. Idelsohn, S. Nadel, W. Graf. Eigene Wege gingen in Europa E. Beck und seine Schüler, darunter namentlich W. Danckert und W. Heinitz. Die amerikanische Schule der M., von Th. Baker, B. I. Gilman und A. Fletcher ausgehend, fand in dem Anthropologen Fr. Boas (Hauptwerke 1884–88) ihren eigentlichen Begründer, in Fr. Densmore, H. H. Roberts und G. Herzog ihre bedeutendsten Vertreter. Letzterer führte die Methode der Berliner Schule in Amerika ein und verschmolz sie mit der von Boas entwickelten Arbeitsweise, wonach die Musik einzelner Stämme möglichst aus der unmittelbaren Anschauung und in ihrer Einbettung in das soziale und religiöse Stammesleben zu erforschen sei. Durch ihn und seinen Schüler Br. Nettl gewann die Musikwissenschaft wieder stärkeren Einfluß auf die amerikanische M., so daß sich heute die Arbeitsweisen in der Alten und Neuen Welt nahezu decken. Auch die europäischen Forscher sind heute mehr und mehr zur »Feldarbeit« übergegangen, wie es etwa die neueren Arbeiten der Berliner Schule, z. B. K. Reinhard und sein Schülerkreis, zeigen.

Lit.: Journal of the International Folk Music Council, seit 1949; Ethnomusicology, seit 1953; Jb. f. mus. Volks- u. Völkerkunde, seit 1962. – R. LACHMANN, Die Musik d. außereuropäischen Natur- u. Kulturvölker, Bücken Hdb.; DERS., Musik d. Orients, Breslau 1929; DERS., Musiksysteme u. Musikauffassung, Zs. f. vergleichende Mw. III, 1935; G. HERZOG, Speech-Melody and Primitive Music, MQ XX, 1934; M. SCHNEIDER, Ethnologische Musikforschung, in: Lehrbuch d. Völkerkunde, hrsg. v. K. Th. Preuß, Stuttgart 1937; DERS., Die Musik d. Naturvölker, in: dass., hrsg. v. L. Adam u. H. Trimborn, ebenda ³1958; FR. BOSE, Klangstile als Rassenmerkmale, Zs. f. Rassenkunde XIV, 1943/44; DERS., Meßbare Rassenunterschiede in d. Musik, Homo II, 1952; DERS., Mus. Völkerkunde, Freiburg i. Br. 1953; DERS., Musikgeschichtliche Aspekte d. M., AfMw XXIII, 1966; J. HANDSCHIN, Exotische Musik, in: Musica aeterna I, Zürich 1948; J. KUNST, Ethnomusicology, Den Haag 1955, ³1959 (mit Suppl.); A. P. MERRIAM, The Use of Music in the Study of a Problem of Acculturation, The American Anthropologist LVII, 1955; DERS., Ethnomusicology – Discussion and Definition of the Field, Ethnomusicology IV, 1960; DERS., The Anthropology of Music, (Chicago) 1964; K. DITTMER, Ethnologie u. M., Kgr.-Ber. Hbg 1956; BR. NETTL, Music in Primitive Culture, Cambridge (Mass.) 1956; C. BRAILOIU, L'ethnomusicologie, in: Précis de Musicologie, hrsg. v. J. Chailley, Paris 1958; DERS., Musicologie et ethnomusicologie aujourd'hui, Kgr.-Ber. Köln 1958; M. KARPELES, The Collecting of Folk Music and Other Ethnomusicological Material, London 1958; R. KATZAROVA-KOUKOUDOVA, L'ethnomusicologie en Bulgarie de 1945 à nos jours (1959), AMl XXXII, 1960; CL. MARCEL-DUBOIS, Ethnomusicologie de la France 1945–59, ebenda; Les Colloques de Wégimont I, 1954, Brüssel 1956; DASS. III, 1956, Ethnomusicologie II, = Bibl. de la faculté de philosophie et lettres de l'Univ. de Liège CLVII, Paris 1960; FR. GILLIS u. A. P. MERRIAM, Ethnomusicology and Folk Music: An International Bibliogr. of Dissertations and Theses, = Special Series in Ethnomusicology I, Middletown/Conn. (1966). FB

Musikfeste → Festspiele.

Musikgeschichte → Geschichte der Musik.

Musikkritik beurteilt in periodischen Veröffentlichungen sowohl das musikalische Kunstwerk selbst als auch dessen Wiedergabe und berichtet in wertender Stellungnahme über aktuelle Erscheinungen des Musiklebens, z. B. über kulturpolitische Fragen der Musikpraxis, Programmbildung in Konzerten, Repertoire von Opernhäusern. In dieser Form besteht die M. seit dem 18. Jh. namentlich in Deutschland (Mattheson, Scheibe, Fr. W. Marpurg, J. N. Forkel, J. A. Hiller, J. Fr. Reichardt) und Frankreich (Fr. M. Grimm, J.-J. Rousseau). Sie war zunächst überwiegend auf Geschmacks- und Stilfragen, Komposition und Satztechnik gerichtet. Als Veröffentlichungsorgane dienten die in dieser Zeit entstehenden musikalischen → Zeitschriften. Mit Ch. Avisons *Essay on Musical Expression* (1752) und den Reiseberichten Ch. Burneys (1771–73) trat England in den Kreis der Länder, die zu den Grundlagen der modernen M. beitrugen. Dagegen begannen in Italien erst in den 1830er Jahren die Tageszeitungen Opernfeuilletons (Appendici) zu drucken. – Als ständige Einrichtung der Tagespresse trat die M. zuerst in Berlin auf, wo 1788–1813 Fr. Rellstab, ab 1826 sein Sohn L. Rellstab in der *Vossischen Zeitung* schrieben. Mit der täglichen Berichterstattung in Tageszeitungen wurde die darstellende Leistung der Musiker in Oper und Konzert zum Hauptgegenstand. Dadurch gewann die Kritik Einfluß auf das Musikleben, das auch wirtschaftlich von ihr abhängig zu werden begann. Das 19. Jh. wurde so zu der Epoche, in der sich musikalischer Journalismus zu einem wichtigen musiksoziologischen Faktor entwickelte. Gleichzeitig traten neben die hauptberuflichen Kritiker schöpferische Musiker, die zeitweise ihre Feder in den Dienst der Tagespresse stellten, teils aus wirtschaftlichen Gründen, teils um für ihre ästhetischen Überzeugungen eintreten zu können. E. T. A. Hoffmann, C. M. v. Weber, R. Schumann, R. Wagner und Hugo Wolf in Deutschland, Fr.-J. Fétis und H. Berlioz in Frankreich, A. N. Serow in Rußland wirkten als bekennende Rezensenten und gaben der M. ein Gewicht, von dem alle Angehörigen des Kritikerstandes Nutzen hatten. Das Beispiel H. Heines, der als nichtgeschulter Musiker 1836–47 M.er für die *Augsburger Allgemeine Zeitung* in Paris war, machte Schule nicht nur in Deutschland und Österreich. In den Kampf um Wagner griffen in Paris Nichtmusiker wie Th. Gautier und Ch. Baudelaire begeistert ein. Der moderne Feuilletonismus, Heine weitgehend verpflichtet, gab durch seinen Glanz und die Suggestivität seiner Sprache auch der M. eine Macht, die sich am wirksamsten in E. → Hanslick, für den englischen Sprachbereich in G. B. → Shaw verkörperte. Hanslick beherrschte von Wien aus mehr als ein halbes Jahrhundert lang (1848–1900) Geschmack und Musikbewußtsein von Generationen. Seiner kritischen Haltung Wagner und Bruckner, aber auch Verdi und Tschaikowsky gegenüber, seiner entschiedenen Parteinahme für Brahms entsprach die überwiegend konservative englische Kritik der Brüder → Davison. Erst seit Shaws Tätigkeit in *The Star* und in *The World* 1889–94 fand die Partei der Wagner-Feinde eine überlegene Gegenfront. – Als Prophet Wagners, Berlioz' und Liszts, aber auch der nationalrussischen Oper, trat ab 1851 in Rußland A. N. Serow in die Arena. Sein Gegenspieler und einstiger Jugendfreund S. Stassow vertrat den russischen Nationalismus, kämpfte für die »Fünf« (namentlich für Mussorgskij), aber auch für Tschaikowsky und gegen Wagner. Ihm stand der noch radikalere Nationalist C. Cui geistig nahe. – Auch in Italien entwickelte sich die moderne M. im Kampf um Wagner. F. → Filippi (ab 1859 an der Mailänder *Perseveranza*), der Marchese d'Arcais als Vorkämpfer italienischer Symphonik und A. Boito schufen in den 60–70er Jahren des 19. Jh. eine Tradition, die der Nichtmusiker G. d'Annunzio als leidenschaftlicher Wagnerianer fortsetzte. Seit den 1880er Jahren gab es eine sachkundige, kultivierte und einflußreiche M. in der nordamerikanischen Presse. Ihre Vertreter H. E. Krehbiel, H. T. Finck, W. J. Henderson, R. Aldrich und J. G. Huneker entwickelten sich, vom Wagner-Erlebnis ausgehend, zu virtuosen Chronisten der nachwagnerischen Moderne. – Die Stilwandlungen im späten 19. und im 20. Jh. haben Typus und Funktion der M. verändert. Ihre Aufgabe in einem Musikleben, das vorwiegend der Pflege zeitgenössischer Produktion galt (wie im 18. und frühen 19. Jh.), war konservierend. In einer Praxis aber, die selbst zunehmend konservativ wurde, wie vor allem seit 1900, mußte sie sich für die Förderung von Neuem einsetzen. So stehen im 20. Jh. die führenden M.er vielfach in einer Front mit den modernen Komponisten und zugleich häufig in Opposition zu Mehrheit, Macht und Markt. In Berlin, das nach Hanslicks Rücktritt 1895 zum europäischen Zentrum der M. wurde, hatte W. Tappert eine modernistische Richtung geschaffen. Ihr schlossen sich O. Bie und A. Weißmann, später W. Schrenk, A. Einstein, H.

Strobel und H. H. Stuckenschmidt an. In ähnlichem Sinn wirkten in Frankfurt P. Bekker und K. Holl.
Während Englands führender Kritiker E. Newman 1905–58 mehr die Sache Wagners und Wolfs als die der Zeitgenossen vertrat, waren E. J. Dent und E. Evans Vorkämpfer der internationalen Moderne. Cl. Debussy als Komponist, R. Rolland als Musikforscher gaben zu Anfang des 20. Jh. der französischen M. mehr Ansehen als die Modegrößen der Tagespresse. In Wien stand neben dem einflußreichen J. Korngold, Hanslicks Nachfolger an der Neuen Freien Presse, eine Phalanx fortschrittlicher Männer wie M. Graf und P. Stefan. Seit den 1930er Jahren haben autoritäre Staatsformen, faschistische wie kommunistische, versucht, den Kritikern offizielle Meinungen aufzuzwingen. Dadurch wird Kritik in ihrem Kern zerstört, die geistige Integrität des Kritikers beseitigt. Konsequenterweise ersetzte 1936 eine deutsche Regierungsverordnung M. durch »Musik-Betrachtung«. In der sowjetrussischen Presse konnte bis zu Stalins Tod auch in der M. keine andere als die offizielle Ästhetik vertreten werden. Nach 1945 ist die M. in Mitteleuropa unter modernistischer Führung wieder zu einer Macht geworden, die in Nordamerika ein starkes Gegengewicht findet. Über die Tagespresse hinaus stehen dem modernen Kritiker in Rundfunk und Fernsehen neue Medien der Meinungsbildung zu Gebote. Der ungemein gesteigerte Konsum von Musik hat Tätigkeit und Aufgabenbereich der M. ebenso erweitert wie ihren Einfluß. Noch mehr im 19. Jh. tritt die reproduktive Leistung in den Vordergrund des Musiklebens. Da gleichzeitig aber die Techniken und Stilgrundlagen der Komposition sich über die Tradition hinaus entwickeln, steht die M. zwischen zwei einander widersprechenden Verpflichtungen. Sie muß Chronik und Urteil der Praxis, des »Betriebs«, sein, der sich an die große Mehrheit der Hörer wendet, und sie muß sich und ihre Leser an der Auseinandersetzung über die kompositorische Lage beteiligt halten. Nach der Auffassung Rémy de Gourmonts und T. S. Eliots sind Vergleich und Analyse die Werkzeuge der Kritik. Ihr Ziel ist die Deutung von Werken sowie die Messung von Aufführungen an den Forderungen des Werkes. Entscheidend für Wert und Wirkung seiner Arbeit sind Bildungsgrad, Sachkenntnis, Erlebnis- und Sprachkraft des Kritikers. Bewußt urteilt er immer subjektiv; deshalb waren Versuche wie die kollektive Dreimännerkritik problematisch, die 1930 in der Zeitschrift Melos durchgeführt wurde. – 1913 gründeten P. Bekker, A. Heuß und H. Springer den Verband deutscher M.er, der bis zur Auflösung 1933 etwa 150 Mitglieder zählte. Ähnliche Standesorganisationen befinden sich in Frankreich, England und den USA. Eine Fachgruppe M. besteht seit 1952 im Verband der deutschen Kritiker.
Lit.: G. Cucuel, La critique mus. dans les rev. du XVIIIe s., Année mus. II, 1913; A. Schering, Aus d. Gesch. d. mus. Kritik in Deutschland, JbP XXXV, 1928; M. Faller, J. Fr. Reichardt u. d. Anfänge d. mus. Journalistik, = Königsberger Studien zur Mw. VII, Kassel 1929; K. Varges, H. Wolf als M.er, Magdeburg 1934; M. C. Boyd, Composer and Critic: 200 Years of Mus. Criticism, NY 1946; A. Machabey, Traité de la critique mus., Paris 1947; A. R. Oliver, The Encyclopedists as Critics of Music, NY 1947; Fr. Roh, Der verkannte Künstler, München 1948; H. H. Stuckenschmidt, Zur Problematik d. M., AfMw IX, 1952; ders., Glanz u. Elend d. M., = Hesses kleine Bücher I, Bln 1957; Fr. Baake, G. B. Shaw als M.er, AfMw X, 1953; A. Sychra, Parteiliche M. als Mitschöpferin einer neuen Musik, Bln 1953; C. Lachner, Die M. (Versuch einer Grundlegung), Diss. München 1955, maschr.; H. Kirchmeyer, I. Strawinsky. Zeitgesch. im Persönlichkeitsbild, = Kölner Beitr. zur Musikforschung X, Regensburg 1958; A. Della Corte, La critica mus. e i critici, Turin 1961; G. B. Shaw, How to Become a Mus. Critic, hrsg. v. D. H. Laurence, NY u. London 1961; U. Bäcker, Frankreichs Moderne v. Cl. Debussy bis P. Boulez, = Kölner Beitr. zur Musikforschung XXI, Regensburg 1962; dies., Frankreichs Musik zwischen Romantik u. Moderne, = Studien zur Mg. d. 19. Jh. II, Regensburg 1965; Beitr. zur Gesch. d. M., hrsg. v. H. Becker, ebenda V, 1966. HHS

Musikpsychologie ist eine nach unsystematischen Vorläufern 1931 von E. Kurth begründete eigene Disziplin, in der die Tonpsychologie (jetzt → Hör- oder Gehörpsychologie genannt) fortgeführt wird unter dem kulturpsychologischen Aspekt der Analyse der objektivgeistigen Struktur »Musik« und ihrer Auffassung, Nachgestaltung und Neuschöpfung wie auch der Musikalität (→ Begabung), die in alledem vorausgesetzt ist. Nach Kurth bildet die Ton-(oder Gehör-)Psychologie den Unterbau einer M. von der analytischen Seite her durch isolierende Einzelbetrachtung ihrer Voraussetzungen. Gehörpsychologie ist mehr auf das Sinnesgebiet der Musik als auf diese selbst gerichtet, greift in die Physiologie und in die physikalische Akustik über, will neben Analyse und Vergleich stets auch auf die Ursachen oder Korrelate zurückleiten (dies in der heute so genannten Psychoakustik). Das Gebiet der M. im eigentlichen Sinne wird folglich durch Ausschließung danach bestimmt, was die Gehörpsychologie übrigläßt, d. h. was sich dieser, als einer schlichten Sinnespsychologie, entzieht. Nach der entgegengesetzten Richtung hin – gewissermaßen nach oben – hebt sich die M. von der Musikästhetik ab, die gleichwohl von ihr wissenschaftlich fundiert wird. Nach Kurth wird der Musikästhetik die Behandlung des Kunstwerks als solchem und seiner »Inhalte«, vor allem natürlich die Wertung (Musikkritik), dann aber auch die Psychologie des musikalischen Schaffens und die Frage der gefühlsauslösenden Wirkung der Musik vorbehalten. Letzteres hat sich schon aus rein definitorischen Gründen nicht durchgesetzt. Gerade die Gefühls- und Ausdruckswirkung der Musik als eine Spezialfrage der allgemeinen Gefühlspsychologie und die Psychologie des Schaffensvorgangs werden in der M. als zwei ihrer Kernfragen behandelt und möglichst nach ihrer Klärung auf Grund psychologischer Kriterien an die Musikästhetik vermittelt. Aber auch die Musiksoziologie ist eine von der M. teils begründete, teils ihr nebengeordnete Sonderdisziplin, zumal als Sozialpsychologie der Musik, die vor allem die Frage nach der Stil- und Geschmacksentstehung stellt wie auch nach der Rezeption von Musik. Für die historische Musikwissenschaft ist die M. nur im hier definierten engeren Sinne unmittelbar von Bedeutung, die Ton- oder Gehörpsychologie nur auf dem Umwege über diese, d. h. soweit sie als Voraussetzungsdisziplin in die eigentliche M. eingeht.
In Kurths M. wird mit physikalischen Analogien operiert. Er unterscheidet am Tonmaterial »Kraft, Raum, Materie« und untersucht die Erscheinungsformen der »Klangmaterie« und des »Bewegungsablaufs«. In einer Theorie des musikalischen Raumes unterscheidet er tonpsychologischen von musikpsychologischem Raum, ersteren als mehr oder minder klar dimensioniert, letzteren als einen »Gefühlsraum« von komplexer, nicht nachmeßbarer, anmutungshafter Erlebnisqualität. Dieser Ansatz wurde von Wellek auf die Dimension der musikalischen Zeit übertragen. »Gelebte Zeit« ist nicht chronometrisch meßbar, und Symmetrie der Metrik ist nicht identisch mit gleichen Taktzahlen (wie auch schon Kurth gezeigt hat). Schon der Einzelton oder -klang ist musikpsychologisch gesehen reichhaltiger als gehörpsychologisch. Durch seine Stellung im erlebten Musiksystem wachsen ihm qualitative Dimensionen zu, vor allem die der → Tonigkeit, die ihm rein als einem »Einzelphänomen für das Ohr« nicht zukämen. Aus der qualitativen Mehrseitigkeit der sogenannten → Ton-

höhe erwachsen mehrseitige qualitative Aspekte der Tonzwei- und -mehrheiten, zunächst einerseits unter dem »linearen« Aspekt der Höhe im Wortsinne und der Helligkeit, anderseits unter dem »zyklischen« der Tonigkeit. An der Melodie (der sukzessiven Tonmehrheit) stellt sich das erstere als Profil oder Relief, das letztere als Melodiefarbe und Meloscharakter dar, z. B. stufig oder sprunghaft im Profil, stimmig in der Farbe bei Kantilene (sangbar), sperrig bei Wagnerschem Sprechgesang (unsangbar).

Entsprechendes gilt für die Akkordfolge, zunächst den »Akkordschritt«. Dieser zeigt »linear« (der Höhe und Helligkeit nach) Größe und Richtung nebst Stimmbewegung, »zyklisch« (den Tonigkeiten nach) Akkordschrittfarbe und Harmoniecharakter, »stimmig« bei »Rückung« (ohne harmonischen Funktionswechsel) oder bei Schluß, »unstimmig« bis »sperrig« bei Alterationen und harmonischen Sprüngen. Das harmonische und auch das kontrapunktische Hören, wie überhaupt das Musikhören, ist Zeitgestaltung und als solche als ein beständiges Vorweggestalten und Ganz-Setzen von Teilganzen zu verstehen. Es wird in seiner deutenden Tätigkeit bei der Vieldeutigkeit musikalischer Zusammenhänge nur möglich dadurch, daß ein »Gesetz der Parsimonie«, ein Ökonomieprinzip (hier: der einfachsten Deutung), waltet. Etwa im System der temperierten Stimmung, das enharmonisch verschiedene Töne nicht tatsächlich in ihrer Frequenz unterscheidet, gleichwohl aber harmonisch wie melodisch mit diesen Unterschieden genau so arbeitet wie jede reingestimmte Musik, gilt, daß stets die einfachere, näherliegende Deutung als das Gegebene hinzunehmen ist, solange der Hörer nicht gezwungen ist, davon abzugehen. Der Harmoniecharakter der einzelnen Akkordschritte erhält ein neues Gesicht vom Ganzen her, in das er sich einfügt. So erklären sich Scheinkonsonanz und → Auffassungsdissonanz im Sinne von Riemann, d. h. die Tatsache, daß ein in sich konsonanter Akkord (Dreiklang) im Zusammenhang den Charakter des Unstabilen, Nichtendgültigen, Auflösungsbedürftigen annehmen kann. Im Zusammenbauen mehrerer »Sätze« zu größeren musikalischen Formgebilden stellen sich jeweils weitere, immer komplexere Gesamtqualitäten ein, abermals mit Stimmigkeits- und Unstimmigkeitscharakter, je nach Art und Grad der angewandten Kontrastwirkungen. Im konkreten Musikhören nimmt der Prozeß von hier seinen Ausgang, verläuft von »oben« herab. Zunächst und immer sind die »höchsten« der Ganzqualitäten als werdend begriffen in ihrer fortschreitenden »Aktualgenese«; und was sich an ihnen an Teilkomplexqualitäten mehr oder minder abgehoben herausstellt, hängt jeweils sehr weit von Einstellung, Typ, Schulung usw., also vom »Strukturellen«, im Hörer ab. Die übergreifenden Komplexqualitäten größerer musikalischer Zusammenhänge saugen die der Glieder in sich auf. Im allgemeinen wird gelten, daß die musikalisch belangvollsten Qualitäten der Glieder, wie z. B. die Sonanz des Einzelakkords, sich am weitesten »als solche« erhalten werden, wenn auch natürlich nie unbeeinflußt von den übergreifenden Ganzqualitäten. Besonders auch sind es Rhythmus, Tempo, Akzente, die für das Heraustreten solcher Einzelzüge jeweils bestimmend sind: Bedingungen, die der Komponist, wo es ihm an solchen Einzelzügen liegt, stets sorgfältig in Rechnung stellt. So hängen denn auch die Gefühlswirkungen und, aus ihnen wachsend, die komplexen Raumwirkungen von Musik, überhaupt alles Physiognomische an ihr, wesentlich an den übergreifenden Ganzen.

Am Rhythmischen ist Tempo und Takt (Agogik) von der eigentlichen rhythmischen Erfüllung zu unterscheiden. Temposteigerungen entsprechen im Klanglichen einer Zunahme an Helligkeit, gekreuzte Rhythmen einfachen Konsonanzen und Dissonanzen. Zum eigentlich Rhythmischen haben Menschen von verschiedenem motorischem Typ oder Bewegungstyp ein unterschiedliches Verhältnis, wie E. Sievers und G. Becking zuerst gefunden haben (→ Typologie). Desgleichen ist das Verhältnis zum Klangmaterial, nach den Befunden von Wellek, typologisch gebunden: beim »linearen« Musikalitätstyp durch eine vorwiegende Orientierung an den »linearen« Ton- und Klangeigenschaften, beim »polaren« oder »zyklischen« durch vorwiegende Orientierung an den »zyklischen«. Dem linearen Typ gemäß ist das »lineare«, kontrapunktische Denken und Musizieren, dem »polaren« oder »zyklischen« das harmonisch-klangfarbliche. Ersterer Typ ist, wie Wellek fand, überwiegend in Norddeutschland, letzterer in Süddeutschland einschließlich Österreich beheimatet. Dem entspricht, daß historisch die Wiege der polyphonen Musik im Norden, die der homophonen im Süden Europas zu suchen ist. Auch bestimmte Züge im Musikschaffen einzelner zumal romantischer Meister lassen sich aus ihrer Neigung zu einem der beiden Musikalitätstypen verstehen (nicht: »erklären«), z. B. auch (technisch) das notgedrungene Komponieren am Klavier beim extrem Zyklischen. Die Auffassung, daß Musikalität überhaupt und grundsätzlich ein Merkmal eines bestimmten Persönlichkeitstyps sei, muß hiernach als widerlegt angesehen werden. Ein weiterer, besonderer Typ des Musikhörens ist durch seine Eigenart für die Entstehung von → Tonmalerei und → Programmusik von Bedeutung. Es ist dies der Synästhetiker oder (spezieller) der Farbenhörer (→ Farbenhören), der nicht nur einzelne Töne mit einzelnen Farben, sondern ebensowohl ganze Musikstücke mit ganzen vor Augen gesehenen Gemälden verbinden kann (Bilderhören) und zur Entwicklung einer → Farbenmusik als eines optischen Äquivalents für Musik oder auch als einer optisch-akustischen Kunstsynthese tendiert. Ein Problem der M. ist auch die → Musiktherapie, die neuerdings in der zumal nach C. G. Jung ausgerichteten Psychotherapie eifrige Vorkämpfer gefunden hat. Die durchaus glaubhaften Erfolge einer Musiktherapie sind indes vermutlich großenteils nicht spezifisch, d. h. sie könnten durch andere Mittel der Konzentration, Beruhigung und Entspannung ebenso gut erreicht werden, z. B. durch andere ästhetische Angebote wie Farben und Gemälde. Dies spricht zwar nicht grundsätzlich gegen den pragmatischen Wert einer gezielten Musiktherapie, nimmt ihr aber doch den Eigencharakter und läßt das ganze Thema fraglich erscheinen.

Lit.: M. PILO, Psicologia mus., Mailand 1903, deutsch Lpz. 1906; G. BECKING, Der mus. Rhythmus als Erkenntnisquelle, Augsburg 1928, Nachdruck Stuttgart 1958; E. KURTH, M., Bln 1930, Bern [2]1947; R. WALLASCHEK, Psychologische Aesthetik, hrsg. v. O. Katann, Wien 1930; R. MÜLLER-FREIENFELS, Psychologie d. Musik, Bln 1936; J. S. MURSELL, Psychology of Music, NY 1937; C. E. SEASHORE, Psychology of Music, NY [2]1938; M. SCHOEN, The Psychology of Music, NY 1940; G. RÉVÉSZ, Inleiding tot de muziekpsychologie, Amsterdam 1944, [2]1946, deutsch Bern 1946, engl. London u. NY 1953, ital. Florenz 1954; J. HANDSCHIN, Der Toncharakter. Eine Einführung in d. Tonpsychologie, Zürich (1948); E. ROIHA, Johdatus musiikkipsykologiaan, Jyväskylä 1949; R. W. LUNDIN, An Objective Psychology of Music, NY 1953; R. FRANCÈS, La perception de la musique, Paris 1958; A. WELLEK, M. u. Musikästhetik. Grundriß d. systematischen Mw., Ffm 1963; J. GUILHOT (mit J. Jost u. M. A. Guilhot), Musique, psychologie et psychothérapie, Paris (1964). AW

Musiksoziologie → Soziologie.

Musiktheater erfaßt besser als die überkommene Gattungsbezeichnung → Oper die Vielgestalt aller Verbindungen von Wort, Szene und Musik im 20. Jh. und wird von manchen als übergeordnete Bezeichnung für solche Verbindungen überhaupt verstanden. Der Begriff, in Deutschland bereits seit mehreren Jahrzehnten üblich, wird auch solchen Werken gerecht, die von den Komponisten zwar noch als Opern bezeichnet werden, es im geschichtlichen Sinne aber nicht mehr sind. Er schließt in sich echte Opern wie Bergs *Wozzeck* (1917–21, uraufgeführt 1925), Dallapiccolas *Volo di notte* (1940) und Henzes *Prinz von Homburg* (1960), aber auch episches Theater wie Strawinskys *Histoire du soldat* (1918), Brecht–Weills *Aufstieg und Fall der Stadt Mahagonny* (1930) und Claudel–Milhauds *Christophe Colomb* (1930), vertontes Schauspiel wie Milhauds *Orestie* (1913–22, Uraufführung des Gesamtwerkes erst 1963) und Orffs *Antigonae* (1949), aber auch Funk- und Fernsehopern wie Blachers *Flut* (1947), Henzes *Landarzt* (1. Fassung 1951), Menottis *Amahl and the Night Visitors* (1951) und Strawinskys *Flood* (1963), Mischungen aus Oper und Oratorium wie Strawinskys *Oedipus rex* (szenische Uraufführung 1928) und Honegger–Claudels *Jeanne d'Arc au bûcher* (1938), aber auch aus Oper und Ballett wie Blachers *Preußisches Märchen* (1950) und Henzes *Boulevard Solitude* (1952), Schulopern wie Hindemiths *Wir bauen eine Stadt* (1930) und → Lehrstücke wie Weills *Jasager* (1930), aber auch absurdes Theater wie Stockhausens *Originale* (1961) und Kagels *Sur Scène* (1963). Bis in die 30er Jahre des 20. Jh. ist überall da, wo modernes M. aufkam, ein Unbehagen an den um 1900 herrschenden Operntypen zu spüren, das sich oft zum Protest gegen die Oper als Gattung steigerte. Bei der Auseinandersetzung um die Allgemeinverbindlichkeit und Lebensfähigkeit der Oper ging es nicht allein um die Musik und um deren Verhältnis zum Text, sondern ebenso um die Wahl der Stoffe, ihre sprachliche wie szenische Realisation. Doch wurde die Rolle der Musik zunächst entscheidend aufgewertet. In der spätromantischen nachwagnerschen wie in der veristischen Oper hatte ihre Aufgabe oft bloß noch darin bestanden, das nachzuzeichnen, was explizit oder implizit bereits im Text angelegt war.

1909 entstand Schönbergs *Erwartung* (1924 uraufgeführt); das Werk gehört seiner mittleren Schaffensperiode an. Deren aphoristischer Stil, in diesem zum M. ausgeweiteten Monodrama angewendet, gibt der Musik ein eigene Bedeutung und ermöglicht zugleich, den seelischen Emotionen mit der Genauigkeit eines Seismographen zu folgen (Adorno). In seinem anderen expressionistischen Einakter, dem »Drama mit Musik« *Die glückliche Hand* (1910–13, uraufgeführt 1924), treten genau vorgeschriebene Beleuchtungseffekte und pantomimische Darstellung gleichberechtigt neben die wenigen, teils gesungenen, teils gesprochenen Worte. Strawinskys *Histoire du soldat* wird gelesen, gespielt und getanzt, jedoch nicht gesungen. Die Befreiung des Darstellers von der Musik stärkt – wenn auch anders als bei Schönberg – die Autonomie der Musik, die, in knappe geschlossene Nummern gegliedert, auch konzertant aufführbar ist. Ihre kleine Besetzung, ein Ensemble von nur 7 Musikern, markiert schon äußerlich die Distanz zur Oper. Zweifel an der verbrauchten empfindsamen Wirkungen der psychologisierenden szenischen Begleitmusik des Musikdramas spricht auch aus Busonis *Doktor Faust* (1914–24, uraufgeführt 1925), worin entscheidenden Szenen instrumentale Formen zugrunde liegen. Der hier eingeschlagene Weg fand seine Fortsetzung im Bühnenschaffen Hindemiths, vor allem in dessen *Cardillac* (1. Fassung 1926), dem Prototyp der »Musizieroper« (Stuckenschmidt) mit ihrer Spaltung von Text bzw. Handlung und Musik (z. B. die nur von einem konzertanten Flötenduett begleitete Liebesszene am Ende des 1. Aktes). Mit Busonis Verfahren verwandt, wenn auch von ihm unbeeinflußt, ist Bergs Kompositionsweise im *Wozzeck*. Das Werk, eine echte Oper, ist gleichzeitig von instrumentalen Formen her komponiert; so sind die 5 Szenen des 2. Aktes eine Symphonie in 5 Sätzen. Mit der Wahl eines bedeutenden literarischen Werkes als Libretto beschritt Berg einen Weg, den vor ihm schon Debussy und Strauss gegangen waren. Von der revolutionären Dramaturgie W. Meyerholds beeinflußt ist *Ljubow k trem apelsinam* (»Die Liebe zu den drei Orangen«, nach Gozzi, 1921) von Prokofjew. Mit diesem Werk, aber auch mit Strawinskys *Mavra* (1922) und später mit *Nos* (»Die Nase«, 1930) von Schostakowitsch trat die Groteske in die Musikkomödie.

Tendenzen zur Entromantisierung und zur Aktualisierung der Stoffe führten in den 20er Jahren zur »Zeitoper« (Stuckenschmidt); z. B. *Jonny spielt auf* (1927) von Křenek oder *Neues vom Tage* (1929) von Hindemith. Durch die Zusammenarbeit Weills mit Brecht erfuhr die Zeitoper ihre sozialkritisch aggressivste Ausformung (*Dreigroschenoper*, 1928; *Aufstieg und Fall der Stadt Mahagonny*, 1930). Das ästhetische Ideal der »neuen Sachlichkeit« bewirkte musikalische Vereinfachung. Elemente des Jazz und der Vulgärmusik drangen ins M. ein. Dabei gelang Weill ein neuer Vokalstil (»Songstil«), der mehr des singenden Schauspielers als des Sängers bedarf. Nicht zuletzt in den Bühnenwerken P. Dessaus (*Das Verhör des Lukullus*, 1949) wirkte er bis in die Jahrhundertmitte nach. Milhauds verkürzte dramatische Formen gegen Ende der 20er Jahre (z. B. *L'enlèvement d'Europe*, 1927) – er gebrauchte dafür den Begriff »opéra-minute« – lassen sich nicht mit den seit Anfang des 20. Jh. so zahlreichen Einaktern z. B. von Schönberg, Bartók (*Herzog Blaubarts Burg*, 1911), Hindemith (*Nusch-Nuschi*, 1921) oder Křenek (*Der Diktator*, 1928), aber auch von R. Strauss und Puccini auf einen Nenner bringen. Sie sind vielmehr Zeugnisse für die Behandlungsweise antiker Stoffe durch die Groupe des Six und deren Wortführer J. Cocteau; hierher gehört auch Honegger–Cocteaus *Antigone* (1927), ein Versuch, *de photographier la Grèce en aéroplane* (Cocteau). Aus der gleichen geistigen Umgebung stammt Strawinskys Opernoratorium *Oedipus rex*. Der lateinisch gesungene Text (Cocteau und J. Daniélou), der auf Sophokles' Drama aufbaut, wird vor jeder Szene durch einen Sprecher erläutert, damit sich der Hörer allein auf die Musik konzentriere. Diese, neoklassizistisch gebunden wie in Milhauds Kurzopern, hat jedoch einen ausgesprochen archaisierenden Grundton, den das Statuarische der Szene unterstreicht. Er wirkt in Strawinskys *Perséphone* (1934, Text von A. Gide), einer Mischung aus Melodram, Oratorium, Pantomime und Oper, ja noch in seiner späten, 12tönigen Fernsehoper *The Flood* weiter. Dagegen knüpft Křeneks Aktualisierung der Orestie (*Leben des Orest*, 1930) – in Gestalt einer großen Oper – musikalisch an Neuromantik und Jazz an. Als christliches Gegenstück zu Brecht–Weills epischem M. mag *Christophe Colomb* von Claudel und Milhaud gelten. Der mehrschichtig ablaufenden Handlung (mit Erzähler, einer zum Teil in mehrere Personen aufgespaltenen Titelfigur und filmischen Einblendungen) sekundiert eine polytonale Musik, die Einfaches mit Kompliziertem mischt und Melodram, Rezitativ, Arie, oratorische Chöre und Ballettpantomime vereinigt. Nach 1930 verebbte die Flut experimenteller Werke des M.s. *Mathis der Maler* (entstanden 1934–35), im Schaffen Hindemiths der Wendepunkt zu einem gemäßigteren musikalischen Stil, tendiert zur Bekenntnisoper, wie sie Pfitzner im *Palestrina* schuf. Křeneks Buch zu seinem ersten 12tönigen Bühnenwerk *Karl V.* (komponiert 1930–33) erinnert in mancher Hinsicht an Claudels *Christophe Colomb*. Die klanglich außerordentlich harte Musik scheint jedoch der Tradition der symphonischen Oper verpflichtet. G. Fr. Malipieros Versuchen, die italienische Musikbühne durch Rückbesinnung auf die italienische Oper vor allem des 17. Jh. (Monteverdi) dem Bannkreis Verdis und Puccinis zu entziehen (u. a. *La favola del figlio cambiato*, nach Pirandello, 1933), blieb der Erfolg versagt. Honeggers *Jeanne d'Arc au bûcher*, ein szenisches Oratorium, verzichtet zwar im Unterschied zu Strawinskys *Oedipus* auf die Arie, gibt sich aber im ganzen volkstümlicher. Mit *Porgy and Bess* (1935) gelang Gershwin eine Wiederbelebung der Volksoper aus der amerikanischen Negerfolklore.

Die politische Situation der 30er Jahre in Mitteleuropa wie in Rußland, von dem nach 1917 entscheidende Impulse zur Erneuerung des Theaters ausgegangen waren (Meyerhold), war einer kontinuierlichen Entwicklung des modernen M.s nicht günstig. *Mathis* und *Karl V*. konnten nur außerhalb Deutschlands und Österreichs zur Uraufführung gelangen (1938 in Zürich bzw. in Prag), ebenso Bergs als Torso hinterlassene *Lulu* (Zürich 1937). Die erzwungene Emigration hinderte Schönberg an der Beendigung seines umfangreichsten Bühnenwerkes, der (symphonischen) Oper *Moses und Aron*. Schostakowitschs Oper *Lady Macbeth Mzenskowo ujesda* (»Lady Macbeth des Mzensker Kreises«, 1934) erfolgreich in Leningrad uraufgeführt, wurde 1936 in der Sowjetunion zwangsweise vom Spielplan abgesetzt und durfte erst 1963 in einer veränderten Fassung unter dem Titel *Katerina Ismailowa* wieder erscheinen. In Deutschland gelang es W. Egk (*Peer Gynt*, 1938), H. Reutter (*Dr. Johannes Faust*, 1936) und R. Wagner-Régeny (*Der Günstling*, 1935), sich trotz Verwendung gemäßigt moderner Mittel der künstlerischen Gleichschaltung im Dritten Reich zu entziehen und ein eigenes Profil zu bewahren. In der inneren Emigration entstand K. A. Hartmanns musikalisch sehr persönlicher Beitrag zum epischen M., *Simplicius Simplicissimus* (1934, Uraufführung erst 1949). Zur kulturellen Generallinie der Hitler-Zeit in Opposition stand auch C. Orff, dessen *Carmina Burana* 1937 uraufgeführt wurden. Das gesamte dramatische Œuvre Orffs – Märchen wie *Die Kluge* (1943), bairisches Welttheater wie *Die Bernauerin* (1947), *Astutuli* (1953) oder das Osterspiel *Comoedia de Christi Resurrectione* (1957), antike Tragödien wie *Antigonae* (1949) und *Oedipus der Tyrann* (1959) sowie die 1953 mit den *Carmina Burana* zu einem Trittico teatrale vereinigten *Catulli Carmina* (1943) und *Trionfo di Afrodite* (1953) – hält weitesten Abstand zur Oper. Mit der immer wieder betonten Nähe zum epischen M. der 20er Jahre dürfte der besondere Standort des Orffschen M.s allerdings nicht hinreichend bestimmt sein. Auch der Hinweis auf die unüberhörbaren Anklänge der musikalischen »Archetypen« Orffs an Strawinsky (besonders an *Les Noces*) besagt wenig. Orffs dramatische Konzeption zielt vielmehr auf die Unterordnung aller am Bühnenwerk beteiligten Künste – also auch der Musik – unter den Primat des Theatralischen.

Die Weiterentwicklung des M.s nach dem 2. Weltkrieg ist dadurch gekennzeichnet, daß viele Komponisten wieder zur Oper zurückstreben. Jedoch beziehen sie die durch die Reformwerke der 1. Jahrhunderthälfte geschaffenen neuen musikalischen wie dramaturgischen Mittel mit ein. So werden nach dem Vorbild Bergs oft ganze Szenen auf Instrumentalformen aufgebaut, z. B. die aus drei Ricercari bestehende 3. Szene des Einakters *Il Prigioniero* (1950) von Dallapiccola. Auffällig ist jedoch, daß sich gerade das Streben zurück zur Oper so gern mit der Neigung verbindet, die verschiedensten musikalischen Stile miteinander zu vermischen. Die musikalischen Stilmerkmale der Opern Brittens – u. a. *Peter Grimes* (1945), *The Rape of Lucretia* (1946), *Albert Herring* (1947), *The Turn of the Screw* (1954) – verweisen auf den italienischen Verismo, auf Mahler und Berg, Debussy und Strawinsky. Auch Henze schreibt nach experimentellen Anfängen (die »Oper für Schauspieler« *Das Wundertheater*, 1. Fassung 1949, und Funkopern), die er später der Oper wieder annäherte, nur noch Opern, z. B. *König Hirsch* (1. Fassung 1956, 2. Fassung 1958, gekürzt als: *Il Re Cervo oder die Irrfahrten der Wahrheit*, 1963), *Elegie für junge Liebende* (1961), *Der junge Lord* (1965) und *Die Bassariden* (1966). Ihr stilistischer Rahmen reicht von Puccini und Strauss bis zur Seriellen Musik. Doch gelang es Henze wie Britten, die heterogensten Stilelemente zu einer Einheit zu verschmelzen. Strawinsky beschwört in seiner Oper *The Rake's Progress* (1951) Opernstile vor allem des italienischen 18. und frühen 19. Jh. Sich scheinbar polemisch gegen alle (auch seine eigenen) experimentellen Bühnenwerke der 20er Jahre stellend, spielt jedoch der Meister hier mit ungeglaubten Konventionen (Adorno). Tatsächlich wirken, wie das Beispiel Menottis lehrt (*Der Konsul*, 1950), Wiederanknüpfungsversuche an überkommene Operntypen problematisch, wenn sie das Gefühl für historische Distanz vermissen lassen. Anderseits wenden sich die vielen Komponisten, die heute für die Musikbühne schreiben, an ein Publikum, das auf die klassischen Werke der Operngattung von Mozart bis Strauss und Puccini eingeschworen ist. Einer gewissen Drastik der Wirkungen, wie sie der Oper eigen ist, kann daher auch das moderne M. nicht entraten, soll es beim Publikum Erfolg haben. Dies gilt selbst für die dem epischen Theater nahestehende → Funkoper. Es zeigt sich aber vor allem an der für das gesamte 20. Jh. so typischen Tendenz zur Literarisierung der Libretti. Hier besteht die Gefahr, entweder das literarische Werk, das man für das M. adaptiert, zu verfälschen oder aber die Musik zugunsten der Dichtung zu vernachlässigen. Anscheinend hindert diese Gefahr die Komponisten nicht daran, sich ihr immer wieder auszusetzen. So entstanden »Dramenopern« nach Büchner (G. v. Einem, *Dantons Tod*, 1947), Gogol (Egk, *Der Revisor*, 1957), G. Kaiser (Blacher, *Rosamunde Floris*, 1960), Kleist (Henze, *Der Prinz von Homburg*, 1960), Lenz (B. A. Zimmermann, *Die Soldaten*, 1965), Lorca (Fortner, *Die Bluthochzeit*, 1957), Schiller (Klebe, *Die Räuber*, 1957), Shakespeare (Sutermeister, *Romeo und Julia*, 1940, und Frank Martin, *Der Sturm*, 1956). Vielfach ist es der Mangel an fähigen Librettisten – H. Strobel gehört zu den Ausnahmen –, der die Komponisten dazu zwingt, sich an bewährte Dramen der Weltliteratur zu halten. Nur wenige (Hindemith, Křenek, Egk und Orff) wagen es, Textbücher selbst zu verfassen. Auch findet sich – abgesehen von W. H. Auden (mit E. Ch. Kallman), der für Strawinsky und Henze, I. Bachmann, die für Henze, H. v. Cramer, der für Henze und Blacher schreibt – nach Brecht und Claudel selten ein Dichter, der dazu bereit ist, mit einem Komponisten zusammenzuarbeiten. Vielleicht ist die – im Unterschied zur »Zeitoper« der 20er Jahre – auffällige Abkehr des M.s der Jahrhundertmitte von aktuellen Stoffen damit zu erklären. *Leonore 40/45* von Liebermann und Strobel (1952), *Aniara* von K. B. Blomdahl (1959) und *Intolleranza* von Nono (1961) bestätigen als Ausnahmen die Regel. Dafür entwickelt sich seit 1960 ein musikalischer Seitenzweig des absurden Theaters, z. B.: J. Cage (*Theatre Piece*, 1960), M. Kagel (*Tremens*, 1966), P. Schat (*Labyrinth*, 1966), H. Pousseur und M. Butor (*Votre Faust*, 1967).

Lit.: Th. W. Adorno, Philosophie d. neuen Musik, Tübingen 1949, Ffm. ²1958; ders., Bürgerliche Oper, in: Klangfiguren, = Mus. Schriften I, Ffm. 1959; ders., Oper, in: Einleitung in d. Musiksoziologie, Ffm. 1962; Oper im 20. Jh., = Musik d. Zeit VI, hrsg. v. H. Lindlar, Bonn (1954);

B. Britten, Das Opernwerk, ebenda XI, (1955); B. Brechts Dreigroschenbuch, Ffm. 1960; Lebt d. Oper?, = Musik d. Zeit, hrsg. v. H. LINDLAR u. R. SCHUBERT, N. F. III, Bonn (1960); R. SCHUBERT, Strawinsky u. d. mus. Theater, in: I. Strawinsky. Eine Sendereihe d. WDR zum 80. Geburtstag, hrsg. v. O. Tomek, Köln 1963; K. STOCKHAUSEN, Originale, mus. Theater, in: Texte II, Köln (1964); H. H. STUCKENSCHMIDT, Oper in dieser Zeit, Velber b. Hannover 1964; Die moderne Oper: Autoren, Theater, Publikum (Round Table), in: Kgr.-Ber. Salzburg 1964; W. PANOFSKY, Protest in d. Oper, München 1966. ESe

Musiktheorie → Theorie der Musik.

Musiktherapie (engl. music therapy) wurde in den letzten Jahrzehnten in Zusammenarbeit von praktischen Ärzten, Physiologen, Psychologen, Heilpädagogen, Musikern und Musik- bzw. Beschäftigungstherapeuten als eine eigenständige medizinisch-psychologische Therapieform (auch im Hinblick auf einen medizinischen Gesamtbehandlungsplan) entwickelt. Die in Deutschland und zahlreichen anderen (auch ost-)europäischen Staaten und in den USA gewonnenen Erfahrungen haben die kathartische, ordnende und aktivierende Wirkung der M. bestätigt. Experimentelle Untersuchungen erwiesen den Einfluß der Musik auf vegetative Abläufe wie Blutdruck, Pulsschlag, Atmung und Muskelspannung. Für die Ausübung der M. gibt es jedoch noch keine einheitlichen Richtlinien, da die M. sich noch im Stadium wissenschaftlicher Erprobung befindet (→ Musikpsychologie). – »Behandelt« werden vor allem Gemüts- und Geisteskranke, zerebral geschädigte, geistig zurückgebliebene, bewegungsbehinderte, blinde oder gehörlose (vgl. Katz und Révész 1926) Kinder in Nervenheilanstalten, Krankenhäusern, Privatpraxen oder Sonderschulen. Bei der aktiven M. gestalten die Patienten unter Leitung einer Fachkraft Melodie und Rhythmus selber (Orffsches Instrumentarium, Streich-, Zupfinstrumente, Handglocken), bei der passiven M. hören sie Musikaufnahmen (vorwiegend Bach, Haydn, Mozart, auch Programmusik wie Smetanas »Moldau«, keinesfalls dynamisch ausgeprägte, emotional-romantische Werke, moderne Musik oder Jazz). Außerdem kann M. in Verbindung mit (tänzerischer) Gruppengymnastik, Schlaftherapie, autogenem Training oder Hypnose angewandt werden. In den USA hat die M. seit längerer Zeit nennenswerte Erfolge zu verzeichnen. An der Wiener Akademie für Musik und darstellende Kunst wird M. seit 1959 gelehrt und gleichzeitig in Spitälern und Krankenhäusern ausgeübt.

Nach einem unter den Naturvölkern verbreiteten Glauben werden Krankheiten durch Dämonen oder böse Geister erregt. Diese zu vertreiben und den Kranken durch Reinheits- und Sühnevorschriften bzw. -riten ihrem verderblichen Einfluß zu entziehen, ist seit jeher Aufgabe der Zauberpriester, Medizinmänner und Beschwörer. Gesang und Tanz spielen dabei allgemein eine wesentliche Rolle, vor allem aber der Rhythmus. In den alten Kulturen hielten sich, selbst lange nach dem Aufkommen des Götterglaubens, Überreste primitiver Heilpraktiken. In Griechenland hingen sie aufs engste mit dem umfassenden Phänomen der Kathartik zusammen (Rohde 1894). Eine verbreitete Praxis war die mit singender Stimme vorgenommene »Besprechung« (ἐπαοιδή, ἐπῳδή), durch die u.a. Stillung des Blutes (Homer, *Odyssee* XIX, 457f.), Heilung von Epilepsie (Hippokrates, *De morbo sacro* 352ff., hier allerdings als Aberglaube hingestellt), auch Erleichterung bei der Entbindung (Platon, *Theätet* 149d) erzielt werden sollte. Den vom Korybantiasmus, einer Art des religiösen Wahnsinns, Besessenen wurde statt der bloß in ihrer Einbildung existierenden Aulosweisen (Platon, *Kriton* 54d) anscheinend eine bestimmte Weise (Platon, *Symposion* 215c–e) in der Absicht vorgespielt, ihre Tanzwut anzustacheln und sie durch Entladung der Affekte zu heilen (Platon, »Gesetze« 790f., Aristoteles, *Politeia* 1342a); eine Parallele zum antiken Korybantiasmus scheint der seit dem Mittelalter in Süditalien auftretende Tarantismus (→ Tarantella) zu sein. Bei den Pythagoreern verband sich die kathartische Auffassung von der Musikē mit der therapeutischen (Iamblichos, *Vita Pythagorica* 64ff., 110ff.). Aus dem Alten Testament ist die Heilung Sauls durch Davids Saitenspiel zu nennen (1. Sam. 16, 14ff.). In der Neuzeit ist die heilende Wirkung der Musik auf Kranke nicht unbeachtet geblieben. A. Kircher schreibt (1673, deutsch 1684): *Die Musik öffnet die Luftlöcher des Körpers, aus denen die bösen Geister ausziehen können*; Tissot erklärt (1766), daß Musik zwar nicht »die Ursache des Übels wegnehmen kann«, jedoch »die Empfindung desselben suspendiert«. Seit dem 18. Jh. gibt es Versuche zusammenfassender Darstellungen zur M. von A. Brendel, P. Lichtenthal, P. J. Schneider u. a.; innerhalb der im 19. Jh. entstehenden naturwissenschaftlichen Medizin (Nervenheilkunde) wiesen u. a. C. Lange (1887) und W. James (1890) auf den Zusammenhang zwischen M. und Körperfunktionen hin.

Lit.: A. KIRCHER, Phonurgia nova, Kempten 1673, deutsch v. A. Cario, als: Neue Hall- u. Thon-Kunst, Nördlingen 1684; S. A. A. D. TISSOT, Versuch wegen Veränderung d. St., Anhang zu: Praktische Vertheidigung d. Einpfropfens d. Pocken, Halle 1756 (aus d. Frz.); DERS., Sermo inauguralis de valetudine litteratorum, Lausanne 1766, frz. als: Avis aux gens des lettres et aux personnes sédentaires sur leur santé, Paris 1767; P. VAN SWIETEN, Musicae in medicinam influxus atque utilitatis..., Rotterdam 1773; P. LICHTENTHAL, Der Mus. Arzt oder: Abh. v. d. Einflusse d. Musik auf d. Körper..., Wien 1807; P. J. SCHNEIDER, System einer medizinischen Musik, 2 Bde, Bonn 1835; F. G. WELCKER, Epoden oder d. Besprechen, in: Kleine Schriften III, Bonn 1850; C. LANGE, Über Gemüthsbewegungen, Lpz. 1887; E. ROHDE, Psyche, Bd IV, Freiburg 1894, Tübingen ⁴1907; TH. HELLER, Grundriß d. Heilpädagogik, Lpz. 1904, ²1912; A. SAVILL, Music and Medicine, ML IV, 1923; D. KATZ u. G. RÉVÉSZ, Musikgenuß bei Gehörlosen, Lpz. 1926; M. SCHOEN, The Effects of Music, London 1927; K. SINGER, Heilwirkung d. Musik, = Kleine Schriften zur Seelenforschung XVI, Stuttgart 1927; E. KURTH, Musikpsychologie, Bln 1930, Bern ²1947; H. K. POLTER, Musik als Heilmittel, Düsseldorf 1934; H. SOHLER, Beitr. zur Gesch. d. Heilmusik, Jena 1936; A. NAEREBOUT u. B. STOKVIS, Experimenteel onderzoek over de invloed van muziek op de ononderbroken geregistreerde bloeddruk, psychogalvanische reflex en polsfrequentie, in: Nederlands tijdschrift voor de psychologie VI, 1938; G. RÉVÉSZ, Inleiding tot de muziekpsychologie, Amsterdam 1944, ²1946, deutsch Bern 1946, engl. London u. NY 1953, ital. Florenz 1954; I. M. ALTSHULER, The Past, Present and Future of Mus. Therapy, Education Music Magazine XXIV, 1945; S. H. LICHT, Music in Medicine, Boston 1946; A. PONTVIK, Grundgedanken zur psychischen Heilwirkung d. Musik, Zürich 1948; DERS., Heilen durch Musik, ebenda (1955); Music and Medicine, hrsg. v. D. M. SCHULLIAN u. M. SCHOEN, NY (1948), mit ausführlicher Bibliogr.; F. A. FENGLER, Die systematische spezielle M. im Dienste d. Sprachheilarbeit..., Das Deutsche Gesundheitswesen V, 1950; W. KATNER, Musik u. Medizin im Zeitalter d. Barock, Diss. Lpz. 1950, maschr., Auszug in: Wiss. Zs. d. Univ. Lpz. II, 1952/53; DERS., Das Rätsel d. Tarantismus, = Nova Acta Leopoldina, N. F. XVIII, Nr 124, Lpz. 1956; H. SUTERMEISTER, M., Universitas III, 1951; H. HANSELMANN, Kind u. Musik, Zürich 1952; A. MACHABEY, La musique et la médecine, Paris 1952; P. FRAISSE, G. OLÉRON u. J. PAILLARD, Les effets dynamogéniques de la musique, Année psychologique LIII, 1953; B. FIELDS, Music as an Adjunct in the Treatment of Brain-Damaged Patients, American Journal of Physical Medicine XXXIII, 1954; A. GRAEFE, Wesen u. Grenzen rhythmisch-mus. Bildung d. Hilfsschulkindes, Zs. f. Heilpädagogik V, 1954; E. PODOLSKY, Music Therapy, NY 1954; H. WEIHS, Die Beeinflussung d. vegetativen Tonuslage durch komplexe akustische Reizfolgen, Folia phoniatrica XIX, 1954; W.-D. KEIDEL,

Vibrationsreception, = Erlanger Forschungen, Reihe B, II, Erlangen 1956; H. G. JAEDICKE, Über M., Hippokrates XXVII, 1957; B. BOEHM, Heilende Musik im griech. Altertum, Zs. f. Psychotherapie u. medizinische Psychologie VIII, 1958; THR. G. GEORGIADES, Musik u. Rhythmus bei d. Griechen, = rde LXI, Hbg (1958); Musik in d. Medizin. Beitr. zur M., hrsg. v. H. R. TEIRICH, Stuttgart 1958, dazu E. Wiesenhütter in: Jb. f. Psychologie, Psychotherapie u. medizinische Anthropologie VII, 1960, S. 191f.; G. R. HEYER, Musische, speziell M., in: Hdb. d. Neurosen u. Psychotherapie, hrsg. v. E. Frankl u. a., Bd IV, Bern u. München 1959; G. BANDMANN, Melancholie u. Musik, = Wiss. Abh. d. Arbeitsgemeinschaft f. Forschung d. Landes Nordrhein-Westfalen XII, Köln u. Opladen (1960), dazu C. Dahlhaus in: Mf XV, 1962, S. 388f.; M. BRUNNER-ORNE u. F. ORNE, Die Entwicklung d. National Ass. for Music Therapy u. ihr Einfluß auf d. M. in Amerika, Die Heilkunst LXXIII, 1960; S. HADDENBROCK u. S. MEDERER, Tänzerische Gruppenausdrucksgymnastik in d. Psychosebehandlung, Zs. f. Psychotherapie u. medizinische Psychologie VI, 1950; O. GILLERT, Musik in d. Behandlung antriebsloser Patienten, Die Heilkunst LXXIV, 1961; A. KÜNDIG, Das Musikerlebnis in psychologischer u. psychotherapeutischer Sicht..., Winterthur 1961; G. WILLE, CL. THOMAS, K. HOFMARKSRICHTER in: Orff-Inst.... Salzburg, Jb. 1962; G. GÖLLNITZ u. TR. WULF, Orff-Schulwerk... u. Heilerziehung hirngeschädigter Kinder, ebenda 1963; J. GUILHOT (mit J. Jost u. M. A. Guilhot), Musique, psychologie et psychothérapie, Paris (1964); F. REED, The Therapeutic Value of Music, Journal of the American Inst. of Homeopathy LVII, 1964; Die rhythmisch-mus. Erziehung in d. Heilpädagogik, hrsg. v. H. TAUSCHER, Bln 1964; I. ALVIN, Music for the Handicapped Child, Oxford 1965; P. NORDHOFF u. C. ROBBINS, Music Therapy for Handicapped Children, Blanvelt (N. Y.) 1965; H. OSWALD, Musiktherapeutische Erfahrungen bei chronischen Schizophrenen, Wiener Zs. f. Nervenheilkunde XXII, 1965; E. PIEROEN-ROODVOETS, Muziektherapie, Mens en melodie XX, 1965; E. WILLEMS, La sonothérapie, SMZ CVII, 1967. – Zahlreiche Abh. in: Music Therapy, hrsg. v. d. National Ass. for Music Therapy, Chicago 1951ff.

Musikverlag ist ein Unternehmen zum gewerblichen Herstellen und Vertreiben von Musikalien. Diese traditionelle Definition gilt sowohl für die durch den Verlag von Komponisten zur Herausgabe erworbenen Werke, wie für alle sonstigen aus eigener oder fremder Initiative entstandenen Veröffentlichungen (Alte Musik, Unterrichtsmusik, Volksmusik; in Einzelausgaben, Bänden, Sammlungen usw.). Als Geschäftstätigkeit und -bestandteil ist ferner die vor allem von den Verlagen Ernster Musik in neuerer Zeit geschaffene Einrichtung der »Leihgebühren« zu erwähnen. Sie bedeutet das entgeltliche Verleihen (juristisch richtig: Vermieten) von Aufführungsmaterialien (bis zu Bühnenwerken) an Interessenten statt des in früheren Zeiten üblichen Verkaufes. Darüber hinaus erstreckt sich die Tätigkeit des heutigen Musikverlegers auf die immer wichtiger und verantwortungsvoller werdende internationale Verwaltung von Rechten (→ Urheberrecht, → Verlagsrecht). Für den Erfolg sind, neben der beruflichen Leistung, die Initiative, das Ansehen und die Ausstrahlung des Unternehmens wichtige Faktoren. – Der M. entwickelte sich aus handwerklichen Leistungen. Schon im ausgehenden Mittelalter gab es unter den Handel treibenden Besitzern von Schreibstuben Musikverleger en miniature. Die frühen Drucker waren meist zugleich auch Verleger; sogenannte »Buchführer« vertraten die Verlage außerhalb der Geschäftsorte. M. und → Musikalienhandel waren hier noch nicht getrennt. Führendes Land war bis ins 17. Jh. zunächst Italien mit dem Zentrum Venedig (O. Petrucci, der 1501 den Notentypendruck einführte, u. a.); daneben errang im 16. Jh. Frankreich mit Lyon und Paris (P. Attaingnant, R. und A. Ballard) Weltgeltung. Große Belebung erfuhr der französische Musikalienhandel im 18. Jh. durch die nach englischem Vorbild von den Verlegern eingeführten Abonnementsreihen periodisch in Lieferungen erscheinender Musikalien (→ périodique). Frühe deutsche Druckerverleger waren u. a. in Augsburg E. Oeglin (1505–18) und S. Grimm (1517–27), in Mainz P. Schöffer der Jüngere (1509–23); der Nürnberger H. Ott (ab 1533) war bereits reiner Verleger. Zentrale Bedeutung für den internationalen Musikalienhandel gewannen die seit dem 16. Jh. jährlich je zweimal stattfindenden Messen in Frankfurt am Main (1. Meßkatalog 1564) und Leipzig (1. Meßkatalog 1594). Das Tauschwesen (Bogen gegen Bogen) war hier die vorherrschende Handelsform; es wurde erst im 18. Jh. (im Zusammenhang mit der allmählichen Trennung von Verlag und Sortiment und der Einführung des Kommissionswesens) durch das Bar- oder Konditionsgeschäft abgelöst. – Im 19. Jh. begann die eigentliche wirtschaftliche Bedeutung des Notengeschäftes auf Grund von zwei Faktoren. Zunächst entstand aus der Salon- und Virtuosenmusik, von Frankreich ausgehend, eine neue Art unterhaltender Musik für einen immer größer werdenden Abnehmerkreis. Sodann fielen in die gleiche Zeitspanne Erfindung (um 1800) und Ausbreitung der Lithographie mit ihrer bahnbrechenden Bedeutung für den → Notendruck. Sie ermöglichte es, die stark ansteigende Nachfrage preiswert zu bedienen (beliebige Auflagenhöhe). Denn die bis dahin übliche Stichplatte hatte nur eine beschränkte Auflage von Handabzügen zugelassen. Auch die »klassische« Musik begann jetzt ein Objekt für preiswerte Ausgaben zu werden, aus denen später die großen Editionen in Bänden entstanden (z. B. Collection Litolff seit 1864; Edition Peters seit 1867). Eine besondere Bedeutung in wirtschaftlicher Beziehung kam, von Italien und Frankreich ausgehend, der Opernmusik zu. Die Bühne war am meisten geeignet, Musik zu popularisieren. Volkstümlich gewordene Melodien, vor allem beliebte Opernmelodien, erschienen in zahllosen Bearbeitungen für alle Instrumente und Besetzungen. Die damaligen Gesetze verboten derartige »Bearbeitungen« noch nicht und schützten Urheber und Verleger nur gegen »wortgetreue« Nachdrucke. Die Folge war eine Flut von Potpourris, Fantasien und Paraphrasen jeder Art, die für die Nichtoriginalverleger zu einem guten Geschäft wurden. – Viele Gründer von M.en sind Musiker oder Komponisten gewesen, die als Selbstverleger begannen; manche Unternehmen entstanden im Anschluß an Buchverlage oder Musikalienhandlungen. Daneben vergrößerten sich nun für die musikverlegerische Betätigung die wirtschaftlichen Lockungen und die Zahl der Interessenten. Erst jetzt gewann der M. den Charakter eines Gewerbes. Die Entwicklung der Unterhaltungsmusik bedeutete für den M. nicht nur eine Erweiterung, sondern eine zusätzliche Basis (Operette: Paris, Wien; Revue: Berlin). – Ab etwa 1900 begann, hervorgerufen durch die sich überstürzende Entwicklung von Schallplatte, Tonfilm, Rundfunk, Tonband und Fernsehen eine neue Art der Popularisierung der Musik und ein gesteigertes Bedürfnis nach Unterhaltung. Eine neue Gattung von Verlegern übernahm die Betreuung der Unterhaltungsmusik (U-Musik), besonders der Tanz- und Schlagermusik. Die Technisierung der Musikdarbietung brachte Autoren und Verlegern neue Rechte, die den Verkaufsrückgang bzw. -fortfall der Musiknoten mehr als ausglichen (→ GEMA). Mit der steigenden Konkurrenz sind für eine erfolgreiche Propagierung kenntnisreiche und besonders aktive Verleger auch für die U-Musik notwendig, deren Kurzlebigkeit ununterbrochene Neuproduktion erfordert. Die U-Musik steht nunmehr der Ernsten Musik (E-Musik) quantitativ überlegen gegenüber. Dies spiegelt sich wider für die deutschen Verlage in der folgenden Aufstellung (*M.e in der Bundesrepublik Deutschland und in West-Berlin*, Bonn 1965): von den zur Zeit 179 Mitgliedern des Verlegerverbandes sind nur etwa 43 als aktive Verlage von E-Musik zu bezeichnen. Von diesen stammen 5 noch aus der Zeit vor 1800, 10 vor 1850, 10 vor 1900, 6 vor 1945 und 3 nach 1945. In den anderen Ländern bestehen ähnliche Verhältnisse. – Als »Subverleger« werden, vor allem auf dem U-Sektor, die Verleger mit Bezug auf solche Werke bezeichnet, die sie aus dem Ausland für ein begrenztes eigenes Verwertungsgebiet erworben haben. – Die deutschen Musikverleger sind organisiert im Deutschen Musikverleger-Verband (D. M. V. e. V.), dessen Sitz zur Zeit in Bonn ist.

Lit.: A. GOOVAERTS, Hist. et bibliogr. de la typographie mus. dans les Pays-Bas, = Mémoires de l'Acad. XIX, Antwerpen 1880, Nachdruck Amsterdam 1962; FR. KIDSON, British Music Publishers, Printers and Engravers . . ., London 1900; R. EITNER, Buch- u. Musikalien-Händler, Buch- u. Musikaliendrucker nebst Notenstecher, = Beilage zu MfM XXXVI, 1904–XXXVII, 1905; H. S. TALBOT, Guide to Music Publishing, Chicago 1907; P. BERTRAND, Les éditeurs de musique, Paris 1928; G. DUNN, Method of Music Publishing, London 1931; W. A. FISHER, 150 Years of Music Publishing in the United States, Boston 1934; O. E. DEUTSCH, Music Publisher's Numbers, London 1946, 2. verbesserte u. 1. deutsche Auflage als: Musikverlagsnummern, Bln 1961; H. W. HEINSHEIMER, Menagerie in F sharp, NY 1947, deutsch u. W. Reich als: Menagerie in Fis-Dur, Zürich 1953; L. HOFFMANN-ERBRECHT, Der Nürnberger Musikverleger J. U. Haffner, AMl XXVI, 1954 – XXVII, 1955 u. XXXIV, 1962; C. HOPKINSON, A Dictionary of Parisian Music Publishers, 1700–1950, London 1954; DERS., Notes on Russian Music Publishers, London 1959; CH. HUMPHRIES u. W. C. SMITH, Music Publishing in the British Isles from the Earliest Time to the Middle of the 19th Cent., London 1954; A. WEINMANN, Wiener Musikverleger u. Musikalienhändler v. Mozarts Zeit bis gegen 1860, Sb. Wien CCXXX, 4, H. 2, 1956; DERS., Zur Bibliogr. d. Alt-Wiener M., Fs. O. E. Deutsch, Kassel 1963; DERS., A. Bruckner u. seine Verleger, in: Bruckner-Studien, Fs. L. Nowak, Wien 1964; CL. SARTORI, Dizionario degli editori mus. ital., = Bibl. di bibliogr. ital. XXXII, Florenz 1958; R. ELVERS, Altberliner Musikverleger, Bln 1961; DERS., R. Werckmeister. Ein Berliner Musikverleger 1802–09, Kgr.-Ber. Kassel 1962; DERS., Datierte Verlagsnummern Berliner Musikverleger, Fs. O. E. Deutsch, Kassel 1963; DERS., Musikdrucker, Musikalienhändler u. Musikverleger in Bln 1750–1850, Fs. W. Gerstenberg, Wolfenbüttel u. Zürich (1964); H.-W. PLESSKE, Leipzigs M. einst u. jetzt, Jb. d. Deutschen Bücherei I, 1965; DERS., Namhafte Komponisten d. 19. Jh. u. ihre Lpz.er Verleger, Beitr. zur Gesch. d. Buchwesens I, 1965; DERS., Das Schrifttum zur Gesch. d. Musikverlagswesens in Deutschland, Österreich u. d. Schweiz (in Vorbereitung); FR. W. RIEDEL, Die Arbeitsgemeinschaft f. Gesch. d. Musikpublikation, Mf XVIII, 1965; TH. WOHNHAAS, J. Dümler, ein Nürnberger Verleger im Dreißigjährigen Krieg, Arch. f. Gesch. d. Buchwesens VI, 1965; DERS., Die Nürnberger Gesangbuchdrucker u. -verleger d. 17. Jh., Fs. Br. Stäblein (in Vorbereitung); M. in d. Bundesrepublik Deutschland u. in West-Bln, hrsg. v. Deutschen Musikverleger Verband, Bonn 1965.

Kat. u. Verz.: Deutscher Musikerkalender, Lpz. 1885ff. Musique-Adresses, Paris 1913ff. (bis 1928); A. WEINMANN, Verz. d. Verlagswerke d. Mus. Magazins in Wien 1784–1802. L. Kozeluch, = Beitr. zur Gesch. d. Alt-Wiener M. II, 1, Wien (1950); DERS., Vollständiges Verlagsverz. Artaria & Comp., ebenda II, 2, (1952); DERS., Vollständiges Verlagsverz. d. Musikalien d. Kunst- u. Industrie-Comptoirs in Wien 1801–19, StMw XXII, 1955; DERS., Verz. d. Musikalien d. Verlages J. Traeg in Wien, 1794–1818, StMw XXIII, 1956, Ergänzungen u. Berichtigungen, StMw XXVI, 1964; DERS., Verz. d. Musikalien aus d. K. K. Hoftheater-Musik-Verlag, = Beitr. zur Gesch. d. Alt-Wiener M. II, 6, Wien (1961); DERS., Kat. A. Huberty (Wien) u. Chr. Torricella, ebenda II, 7, (1962); DERS., Die Wiener Verlagswerke v. Fr. A. Hoffmeister, ebenda II, 8, (1964); DERS., Verlagsverz. Tr. Mollo, ebenda II, IX, (1964); C. JOHANSSON, French Music Publisher's Cat. of the Second Half of the 18th Cent., = Publikationer utgivna av Kungl. Mus. Akad. Bibl. II, Stockholm 1955.

Musikwissenschaft

Musikwissenschaft (frz. musicologie; ital. musicologia; engl. musicology) konstituiert sich sub specie der Frage: was ist das, indem sie diese Frage sowohl an die Natur des Klingenden im Blick auf Musik (und umgekehrt), als auch an die Musik als Praxis im Blick auf Theorie (und umgekehrt) stellt. Dabei strebt das Wissen nach einem umfassenden System objektiv gültiger, nach Prinzipien geordneter Erkenntnisse, die gleichwohl doppelt determiniert sind: einmal durch die Individualität der befragten Gegenstandes Musik in seiner Eigenart als Sinnträger, zum anderen durch die subjektive Bedingtheit des Wissenwollens. Demzufolge ist die Mw. wesentlich Wissenschaft von der Musik in ihrer Geschichtlichkeit und hat dabei unausweichlich selbst Geschichte. Ihre Erkenntnisse gewinnen Gültigkeit als intersubjektiv verbindliche Antwort auf gültig motivierte Fragen und Bereicherung in Relation zur geschichtlichen Erfahrung. Bis in die Neuzeit (genauer: bis zum späteren 19. Jh., als der Begriff Mw. entstand) ist die musikalische Wissenschaft noch keine eigenständige Disziplin, sondern als theoretische Behandlung musikalischer Fragen ein Teilgebiet übergeordneter Wissenschaftsgebiete (das – unter diesem Vorbehalt – im folgenden ebenfalls Mw. genannt ist). – Die Anfänge der Mw. liegen, wie die der abendländischen Wissenschaft überhaupt, in der griechischen Naturphilosophie des 6. Jh. v. Chr. Die Leistung der Pythagoreer, die ältere Anregungen vor allem aus dem kleinasiatischen Raum und aus Ägypten verarbeiteten, bestand darin, daß sie die Zahl als das Prinzip der zur Musik fähigen Beschaffenheit des Klingenden erkannten, indem sie als → Ton (τόνος) und → Intervall (διάστημα) der wissenschaftlichen (mathematischen) Untersuchung zugänglich machten. Die dadurch begründete Harmonik (→ Harmonia) bietet als Wissenschaft von den Zahlenverhältnissen, die auch dem Makrokosmos (der Weltenharmonie) und dem Mikrokosmos (der leib-seelischen Natur des Menschen) zugrunde liegen und die im Klang zur unmittelbaren Anschauung gelangen, zugleich die Erkenntnis der Fähigkeit des Klingenden, Sinnträger zu sein. Auf der pythagoreischen Lehre beruht somit der für die abendländische Musik in ihrer Geschichte als Musikē (→ Griechische Musik), → Musica und → Musik grundlegende Zusammenhang zwischen Mw. und praktischer Musikübung sowie die Bedeutungsfülle, Wirkungs- und Erziehungskraft der Musik, deren paradigmatischer Rang als Erkenntnisquelle die hohe Einstufung der Mw. in den Verband der Wissenschaften zur Folge hatte.

Als μουσικὴ ἐπιστήμη stand die altgriechische Musiklehre seit dem 4. Jh. v. Chr. im System der ἐγκύκλιος παιδεία, die als Vorbereitung zum Studium der Philosophie oder Rhetorik diente. Ihre bevorzugten Gegenstände waren: Harmonik (→ Harmonia), Rhythmik (→ Griechische Musik, → Rhythmus) und die Lehre vom → Ethos. Dabei wurden fast alle Zweige der abendländischen Mw. vorgebildet, auch z. B. die Instrumentenkunde (ὀργανικὴ θεωρία), Notenschrift (→ Buchstaben-Tonschrift), »Akustik« (bei Aristeides Quintilianus: μέρος φυσικόν), ferner die für die musikalische Kunsttheorie zentrale Nachahmungs- und Affektenlehre und die Musikgeschichtsschreibung (→ Plutarchos). Das Verfahren der griechischen Mw. geriet in das Spannungsfeld zwischen der spekulativen (pythagoreischen) und einer empirischen (aristotelischen) Betrachtungsweise (→ Harmoniker) sowie zwischen der ethischen

(Damon, Platon; Plotin) und einer neueren, »formalistischen« Auffassung der Musik (Hibeh-Rede; Philodemos). – Als → Ars musica (musica disciplina, musica scientia) gehörte die mittelalterliche Mw. zu den Septem artes liberales, die das für alle Wissenschaftszweige obligatorische Grundstudium bildeten. Ihre wichtigsten Forschungs- und Lehrgebiete waren, entsprechend den Klassifikationen der → Musica, die Betrachtung der musikalischen Zahlengesetzlichkeit und die Sachkunde der Musikpraxis. Ihre Zielsetzung wandelte sich in Westeuropa von der Zusammenfassung antiken Wissens (Martianus Capella, Cassiodorus, Boethius) und dessen Verbindung mit dem christlichen Weltbild (Augustinus, Isidorus) zur Durchdringung, Umbildung und Neuformung der Praxis des Kirchengesanges in karolingischer Zeit (Aurelianus Reomensis, Regino von Prüm, Hucbald). Seitdem rückte jene neue Art theoretischer Arbeit in den Vordergrund, durch welche die in Notenschrift, Komposition und Ausführungsart schnell voranschreitende Praxis sich aus dem Bewußtsein ihrer selbst erhält (Musica Enchiriadis, Guido von Arezzo, Franco von Köln). Dabei stand das Verfahren der Mw. zunehmend in der fruchtbaren Spannung zwischen Tradition und Neuerung, »antiqui« und »moderni«, mathematisch, philosophisch und theologisch fundierter Zusammenfassung des Wissens (Jacobus Leodiensis) und gegenwartsbezogener Fortschrittlichkeit (Johannes de Grocheo, Philippe de Vitry), die einer in allen Teilen »praktischen Mw.« das Feld ebnete. Die Pflegestätten der Mw. waren bis ins 13. Jh. neben dem im 10. Jh. aufblühenden Kathedral- und Domschulen vor allem die Klöster (Reichenau mit Berno und Hermannus contractus; die Abtei Pomposa und die Kathedralschule in Arezzo mit Guido von Arezzo; Affligem in Flandern mit Johannes Affligemensis; St-Jacques in Paris mit Hieronymus de Moravia). Danach traten die Universitäten in den Vordergrund, vor allem Paris. Das Studium der Musica speculativa des an der Sorbonne lehrenden J. de Muris gehörte bis ins 16. Jh. an vielen Universitäten zu den Voraussetzungen für die Erwerbung → Akademischer Grade.

Im 15. und 16. Jh. stand die Mw. – ausgehend von Italien (Tinctoris, Gaffori) – im Zeichen des → Humanismus. Zwar wurde sie bei der Neuordnung der Universitäten als eigenes Lehrfach ausgeschlossen (und blieb es bis Ende des 18. Jh.), da einerseits die mathematische Zahlenlehre nicht mehr im Blick auf Musik behandelt wurde, andererseits der vielerorts übliche Musikunterricht vorwiegend praktische Ziele verfolgte und nur in Ausnahmefällen auch die Kompositionslehre einschloß (z. B. in Wittenberg um 1550 mit H. Faber, A. P. Coclico und Hermann Finck). Doch entwickelte sie sich nun, teils in Verbindung mit Universitäten (z. B. in Köln ab etwa 1500) oder im Rahmen anderer Universitätsdisziplinen (Rhetorik, Poetik; → Celtis), besonders aber in den Gelehrtenkreisen der Höfe und → Akademien Grundzüge der neuzeitlichen mw. Fragestellung und Methode: Rückgriff auf die antike Mw. als Grundlage der Wesenserkenntnis der Musik und der Erneuerung musikalischer Praxis (Glareanus; → Camerata); philologische Textkritik und -interpretation (Johannes Gallicus, Gaffori, Gogava, Mei); Experiment (→ Chromatik; → Archicembalo); Zielrichtung aller mw. Fragestellung auf Verwirklichung im Erklingen, sowohl in den Grundlagen (Tonsystem, Tongeschlecht, Temperatur) als auch im Hinblick auf das Schaffen (→ Komposition; → Musica poetica) und Ausführen der Musik und auf ihre Wirkungen; Textbehandlung nach den Kategorien der Metrik (→ Odenkomposition; → Vers mesurés) und der Inhaltlichkeit (explicatio textus; imitar delle parole); Orientierung an der Dichtkunst als Muster der Poiesis (des Herstellens von Werken). – In fortdauernder Verbindung mit den Artes liberales und zugleich in immer ausschließlicherer Blickrichtung auf die Praxis, in Fortführung humanistischer Ansätze und zugleich im Aufgreifen neuer Forschungsrichtungen wurde die Mw. im 17. und beginnenden 18. Jh. enzyklopädisch ausgebaut (M. Praetorius, M. Mersenne, A. Kircher, J. Mattheson). Dabei ist sie gekennzeichnet einerseits durch einen erneuten Aufschwung der mathematischen Musiktheorie im Dienste des Erforschens der → Harmonia des Kosmos (Kepler, Mersenne) und des Erkennens des abbildlichen Ranges der → Musica (Werckmeister), andererseits durch die zunehmende Orientierung an der erstarkenden Naturwissenschaft (→ Akustik; → Naturklangtheorie; → Harmonielehre) und durch Ansätze zur Psychologie (→ Affektenlehre). Daneben wurde in Anlehnung an die Poetik die Lehre von den → Stilen und den musikalisch-rhetorischen → Figuren systematisch ausgebaut und die Organographia (Instrumentenkunde), Musica modulatoria (Ausführungslehre), Terminologie (Praetorius Synt. III; → Lexika) und Musica historica (Lehre vom Ursprung und Fortgang der Musik) ins System mw. Forschung und Lehre einbezogen.

Seit Mitte des 18. Jh. stand die Mw. zunehmend *einerseits auf dem Boden der exakten Wissenschaften, der Mathematik und Mechanik, andererseits aber auch auf dem der reinen Geisteswissenschaften, der Philosophie, Logik und Ästhetik.* Dabei wurde *die Musikgeschichte... der Mw. bester Teil* (Riemann 1908). Denn je nachdrücklicher das Fortschrittsstreben und die Fortschrittserwartung nach Rechtfertigung und nach Erinnerung an das Wesen der Musik verlangten, und je intensiver die Musik als Sinnträger des Geistes in seiner Geschichtlichkeit und in ihrer je historisch bedingten Schönheit als Muster und Bereicherung Geltung gewann, desto mehr fiel der Mw. die Aufgabe zu, die Grundlagen der gegenwärtigen Musik in der → Geschichte der Musik aufzuweisen. Die Mw. im modernen Sinne hat hier ihren Ursprung und fand hier ihre entscheidende Sinngebung und Rechtfertigung. Dabei geriet sie zunehmend in das Spannungsfeld zwischen Geschichte und Systematik, Geistes- und Naturwissenschaft, normativer Ästhetik und geschichtlichem Sinngehalt, europäischer Musik und außereuropäischer Klanggestaltung und begann danach zu streben, im Sich-Wandelnden und weithin Divergierenden durch eine Kategorien-, Prinzipien- oder Grundlagenforschung erneut das Immerwährende zu erkennen. – Einen Zugang an die deutschen Universitäten hatte die Mw. seit dem 18. Jh. zunächst durch die Berufung von Universitätsmusikdirektoren erlangt (1779 Forkel in Göttingen, schon ab 1772 Privatvorlesungen über Musik; 1822 Breidenstein in Bonn, ab 1826 Professor für Musik; 1832 A. B. Marx in Berlin, schon ab 1830 Professor für Musik). Musikforscher wie der Jurist C. v. Winterfeld und der Beamte am Hofkriegsrat R. G. Kiesewetter betrieben die Mw. in Mußestunden. Nach der Mitte des 19. Jh. vergrößerte sich die Zahl der mw. Universitätsprofessuren (1861 Hanslick in Wien, sein Nachfolger wurde 1898 G. Adler; 1866 Bellermann in Berlin als Nachfolger von A. B. Marx; 1869 Ambros in Prag; 1875 Jacobsthal in Straßburg). Mw. als akademische Disziplin im Rahmen der Philosophischen Fakultät wurde zunächst als Theorie der Musikpraxis und vor allem als Wissenschaft der Musikgeschichte aufgefaßt. (H. v. → Helmholtz veröffentlichte sein grundlegendes Buch über *Die Lehre von den Tonempfindungen* 1863 als Professor der Physiologie in Heidelberg.) Gleichzeitig mit der Etablierung des Begriffsworts »Mw.« (auch Musikforschung) vor allem durch die Gründung der *Vierteljahrsschrift für Mw.* 1885 (bzw. der Gesellschaft für Musikforschung 1868) begannen sich die verschiedenen Forschungsrichtungen (physikalische, physiologische und psychologische Akustik, Instrumentenkunde, Ästhetik, Paläographie, Musikgeschichte, musikalische Volks- und Völkerkunde oder Vergleichende Mw.) unter diesen Begriff zu subsumieren. Seitdem ist die akademische Mw. als eine zum Bewußtsein ihrer Eigenständigkeit gelangte Disziplin und in Erfüllung der seitens der Wissenschaften und der Kultur an sie gestellten Aufgaben in beständigem Wachstum begriffen, ablesbar an ihrer Ausbreitung als Universitätsdisziplin auch in den nicht deutschsprachigen Ländern (in Deutschland nach 1900 auch an Technischen Hochschulen), ihren (nach Ländern verschiedenen) Ausbildungsgängen zur Erreichung → Akademischer Grade und ihrer Institutionalisierung durch nationale und internationale → Gesellschaften, Fachorgane (→ Zeitschriften, → Jahrbücher), Kongresse und Kolloquien, → Akademien und Forschungsinstitute. Neue Aufgaben und Berufsmöglichkeiten erwuchsen ihr in: Publikationswesen (Denkmäler, Gesamtausgaben, Bibliographien, Lexika usw.), Verlagswesen, Musikalienhandel, Archiven, Bibliotheken, Phonotheken, Instrumentensammlungen und -museen, Instrumentenbau, Musikhochschulen, Rundfunk, Kritik, Kulturbehörden (Konzertwesen, Festspiele). – Die vielfältige Verzweigung der Mw. des 20. Jh. zeigt die folgende Aufstellung nach Dräger (1955):

1) Musikgeschichte
  a) Notationskunde (→ Notenschrift)
  b) Geschichte der Musiktheorie (→ Theorie)
  c) Philologie des Musikschrifttums (Bereitstellen und Interpretieren der Literatur über Musik)
  d) Instrumentenkunde (→ Instrument)
  e) Musikalische Bildkunde (→ Ikonographie)
  f) → Aufführungspraxis
2) Systematische Musikwissenschaft
  a) Musikalische → Akustik
    α) → Tonsysteme
    β) Physik der Instrumental- und Vokalklänge (→ Formant, → Frequenz, → Klangfarbe – 2, → Schwebungen usw.)
    γ) → Raumakustik
    δ) Schallaufnahme und -wiedergabe (→ Mikrophon, → Lautsprecher)
    ε) → Schallaufzeichnung und -messung
  b) Physiologie der Musikerzeugung und -wahrnehmung
    α) Stimmphysiologie (→ Stimme – 2)
    β) → Physiologie des Instrumentenspiels
    γ) → Physiologie des menschlichen Gehörs (→ Gehörphysiologie)
  c) Ton-(Gehör-)Psychologie (→ Hörpsychologie)
  d) → Musikpsychologie
  e) Musikästhetik (→ Ästhetik)
  f) Musikphilosophie (→ Musik)
3) Musikalische Volks- und Völkerkunde (→ Musikethnologie, → Volkslied)
4) Musiksoziologie (→ Soziologie)
5) Angewandte Musikwissenschaft
  a) Musikpädagogik (→ Musikerziehung)
  b) → Musikkritik
  c) Musikalische Technologie (→ Instrumentenbau)

Gegenüber einer solchen Aufgliederung, die der Berliner Schule der Systematischen Mw. E. M. v. Hornbostels und C. Sachs' entstammt, ist geltend zu machen, daß eine derartige Abgrenzung der Musikgeschichte sich als problematisch erweisen muß. Denn z. B. auch Tonsysteme sind weitgehend geschichtliche Phänomene, und Akustik und Ästhetik sind schon als Benennung von Wissenschaftsfragen zeitlich bedingt, die Musiksoziologie ist auf Sozialgeschichte angewiesen, die Musikphilosophie wird sich auch in der abstraktesten Formulierung heute geschichtlich verstehen, und in der »Angewandten Mw.« stellen sich alle genannten Glieder zunächst primär als historische Prozesse dar. Die Mw. heute ist dadurch gekennzeichnet, daß einerseits in einer Entflechtung musikalisch-europäischer und musikethnologischer Fragestellungen die klanglichen Äußerungen außereuropäischer Völker nicht mehr unmittelbar mit europäischer Musik »verglichen«, sondern zunächst im Zusammenhang der eigenen Voraussetzungen betrachtet und gedeutet werden (vielfach freilich noch immer mit den dafür wenig geeigneten Mitteln abendländischer Musikterminologie und Notenschrift), und daß andererseits die naturwissenschaftlich orientierten, physiologischen und psychologischen Fragestellungen und das Bewußtsein der Geschichtlichkeit aller Musik nach einer Basis des »Vergleichens«, d. h. nach Klarheit über das Verbindende und Trennende, zu suchen beginnen. Hingegen weicht eine voreilig geistesgeschichtliche Ineinssetzung musikgeschichtlicher Sachverhalte und allgemein kunst- und kulturgeschichtlicher Erscheinungen dem Suchen nach Konkretisierung und Beweisbarkeit. Für eine noch immer verbreitete Reformbedürftigkeit heutiger Mw. ist es jedoch bezeichnend, daß im oben mitgeteilten System ihrer Arbeitsgebiete das Kunstwerk selbst gänzlich fehlt. In der Musik seit dem 12. Jh. stellt jedoch das musikalische Kunstwerk den Anspruch, vor dem Hintergrund der Wissenschaft von der Geschichte der → Komposition (und → Improvisation) und im Arbeitsprozeß der → Interpretation in den Mittelpunkt der mw. Arbeit gestellt zu werden. Insofern es sich hierbei um das beschreibende, erklärende und deutende »Ansprechen« der Musik handelt, muß die → Terminologie zu einer Grundvoraussetzung mw. Arbeit erhoben werden. Dabei ist die Skepsis zu überwinden gegenüber der Möglichkeit, die Musik der Gegenwart wissenschaftlich zu behandeln. Denn Neue Musik ist einerseits geeignet, den Begriff der Musik zu bereichern und zu vertiefen und neue Fragen an die Geschichte zu formulieren; andererseits sucht sie in der Vergangenheit nach Maßstäben und Kritik, Rechtfertigung und Bestätigung.

Lit.: allgemein: Fr. Chrysander, Vorwort u. Einleitung zu: Jb. f. mus. Wiss. I, 1863; G. Adler, Umfang, Methode u. Ziel d. Mw., VfMw I, 1885; ders., Musik u. Mw., JbP V, 1898; H. Riemann, Die Aufgaben d. Musikphilologie, in: M. Hesses Musiker-Kalender f. 1902; ders., Grundriß d. Mw., = Wiss. u. Bildung XXXIV, Lpz. 1908, erweitert ^{3}1919, hrsg. v. J. Wolf ^{4}1928; C. Sachs, Kunstgeschichtliche Wege zur Mw., AfMw I, 1918/19; ders., Die Musik im Rahmen d. allgemeinen Kunstgesch., AfMw VI, 1924; ders., The Commonwealth of Art, NY (1946); A. Schering, Mw. u. Kunst d. Gegenwart, Kgr.-Ber. Lpz. 1925; W. Vetter, Der humanistische Bildungsgedanke in Musik u. Mw., Langensalza 1928; W. Wiora, Das mus. Kunstwerk u. d. systematische Mw., 2. Internationaler Kongreß f. Ästhetik u. allgemeine Kunstwiss., Paris 1937; ders., Hist. u. systematische Musikforschung, Mf I, 1948; Ch. Seeger, Systematic and Hist. Orientations in Musicology, AMI XI, 1939; ders., Systematic Musicology..., Methods, JAMS IV, 1951; Gl. Haydon, Introduction to Musicology, NY 1941, ^{4}1950, Neudruck Chapel Hill (N. Car.) 1959; K. G. Fellerer, Einführung in d. Mw., Bln (1942, ^{2}1953), Neudruck Hbg 1956; ders., Mw., in: Aufgaben deutscher Forschung I, hrsg. v. L. Brandt, Köln ^{2}1956; A. Wellek, Begriff, Aufbau u. Bedeutung einer systematischen Mw., Mf I, 1948; J. Handschin, Musicologie et musique, Kgr.-Ber. Basel 1949; ders. in: Gedenkschrift J. Handschin, Bern u. Stuttgart 1957; L. Ronga, Musicologia e filologia mus., Rass. mus. XX, 1950; P.-M. Masson, Les tâches internationales de la musicologie, Kgr.-Ber. Utrecht 1952; Fr. Blume, Musikforschung u. Musikleben, Kgr.-Ber. Bamberg 1953; H.-H. Dräger, Mw., in: Universitas litterarum. Hdb. d. Wissenschaftskunde, hrsg. v. W. Schuder, Bln 1955; A. Mendel, C. Sachs u. C. C. Pratt, Some Aspects of Musicology, NY (1957); A. M. Garrett, An Introduction to Research in Music, Washington 1958; H. Husmann, Einführung in d. Mw., Heidelberg (1958), dazu W. Korte in: Mf XIII, 1960; Précis de musicologie, hrsg. v. J. Chailley, Paris (1958); J. L. Broeckx, Methode van de

muziekgeschiedenis, Antwerpen 1959; A. MACHABEY, La musicologie, Paris 1962; Die Natur d. Musik als Problem d. Wiss., = Mus. Zeitfragen X, Kassel 1962; FR. LL. HARRISON, M. HOOD u. CL. V. PALISCA, Musicology, Englewood Cliffs (N. J.) 1963; W. S. COLLINS, A New Tool for Musicology, ML XLVI, 1965; W. GURLITT, Mg. u. Gegenwart II, = BzAfMw II, Wiesbaden 1966; L. TREIBLER, On Hist. Criticism, MQ LIII, 1967; R. WATANABE, Introduction to Music Research, Englewood Cliffs (N. J.) 1967.
Gesch. d. Mw.: P. WAGNER, Zur Mg. d. Univ., AfMw III, 1921; W. FISCHER, Gesch. d. Mw., Adler Hdb.; G. PIETZSCH, Die Musik im Erziehungs- u. Bildungsideal d. ausgehenden Altertums u. frühen MA, = Studien zur Gesch. d. Musiktheorie im MA II, Halle 1932; DERS., Zur Pflege d. Musik an d. deutschen Univ. bis zur Mitte d. 16. Jh., AfMf I, 1936, III, 1938 u. V, 1940 – VII, 1942; DERS., Der Unterricht in d. Dom- u. Klosterschulen vor d. Jahrtausendwende, AM X, 1955; H. EDELHOFF, J. N. Forkel, Diss. Freiburg i. Br. 1934; K. G. FELLERER, Zur Erforschung d. antiken Musik im 16.–18. Jh., JbP XLII, 1935; K. PH. BERNET KEMPERS, Muziekwetenschap in den loop der tijden, Rotterdam 1938; W. GURLITT, Zur Bedeutungsgesch. v. »musicus« u. »cantor« bei Isidor v. Sevilla, = Akad. d. Wiss. u. d. Lit. Mainz, Abh. d. geistes- u. sozialwiss. Klasse, Jg. 1950, Nr 7, Neudruck in: Mg. u. Gegenwart I, = BzAfMw I, Wiesbaden 1966; H. KOLLER, 'Εγκύκλιος παιδεία, Glotta XXXIV, 1955; L. RICHTER, Platons Stellung zur praktischen u. spekulativen Musiktheorie ..., Kgr.-Ber. Hbg 1956; DERS., Die Aufgaben d. Musiklehre nach Aristoxenos u. Kl. Ptolemaios, AfMw XV, 1958; DERS., Zur Wissenschaftslehre v. d. Musik bei Platon u. Aristoteles, = Deutsche Akad. d. Wiss. zu Bln, Schriften d. Sektion f. Altertumswiss. XXIII, Bln 1961; DERS., Antike Überlieferungen in d. byzantinischen Musiktheorie, Deutsches Jb. d. Mw. VI (= JbP LIII), 1961; O. BECKER, Frühgriech. Mathematik u. Musiklehre, AfMw XIV, 1957; N. C. CARPENTER, Music in the Medieval and Renaissance Univ., Norman/Okla. (1958); M. FUHRMANN, Das systematische Lehrbuch, Göttingen 1960 (zur Antike); FR. KÜHNERT, Allgemeinbildung u. Fachbildung in d. Antike, = Deutsche Akad. d. Wiss. zu Bln, Schriften d. Sektion f. Altertumswiss. XXX, Bln 1961, dazu H. J. Mette in: Deutsche Literaturzeitung LXXXIV, 1963; W. BURKERT, Weisheit u. Wiss., Studien zu Pythagoras, Philolaos u. Platon, = Erlanger Beitr. zur Sprach- u. Kunstwiss. X, Nürnberg 1962; H. FUCHS, Artikel Enkyklios Paideia u. Enzyklopädie, in: Reallexikon f. Antike u. Christentum V, Stuttgart 1962; CL. V. PALISCA, Scientific Empirism in Mus. Thought, in: Seventeenth Cent. Science and the Art, hrsg. v. H. H. Rhys, Princeton (N. J.) 1962.
Einzelne Länder (Gegenwart): Comptes rendus relatifs à la musicologie, BUM I, 1921 – VI, 1926; O. STRUNK, State and Resources of Musicology in the United States, Washington 1932; DERS., Sources and Problems for Graduate Study in Musicology, in: Papers and Proceedings of the Music Teachers' National Ass. XXVIII, 1933; DERS., The Hist. Aspect of Musicology, ebenda XXXI, 1936; D. v. BARTHA, Die neue mw. Forschung in Ungarn, AfMf I, 1937; DERS., Die ungarische Musikforschung d. letzten Jahrzehnts, Kgr.-Ber. Wien 1956; C.-A. MOBERG, Die neue mw. Forschung in Schweden, AfMf II, 1937; A. SMIJERS, Die Mw. in Holland u. Flandern 1930–36, ebenda; O. M. SANDVIK, Über d. norwegische Musikforschung, AfMf III, 1938; W. GURLITT, Der gegenwärtige Stand d. deutschen Mw., DVjs. XVII, 1939; T. HAAPANEN, Die mw. Forschung in Finnland, AfMf IV, 1939; FR. GENNRICH, Die Straßburger Schule f. Mw., = Kleine deutsche Musikbücherei III, Würzburg (1940); A. GEERING, Vom speziellen Beitr. d. Schweiz zur allgemeinen Musikforschung, Mf III, 1950; FR. BOSE, Südamerikanische Musikforschung, AMl XXIX, 1957; M. F. BUKOFZER, The Place of Musicology in American Institutions of Higher Learning, NY (1957); Z. LISSA, Die Mw. in Volkspolen (1945–56), Mf X, 1957; O. WESSELY, Die Österreichische Musikforschung nach d. zweiten Weltkrieg, AMl XXIX, 1957; S. CLERCX-LEJEUNE, La musicologie en Belgique depuis 1945, AMl XXX, 1958; E. GERSON-KIWI, Musicology in Israel, ebenda; FR. LESURE, La musicologie frç. depuis 1945, ebenda; H. ROSENBERG, Mw. Bestrebungen in Dänemark, Norwegen u. Schweden in d. letzten ca. 15 Jahren, ebenda; H. P. SCHANZLIN, Mw. in d. Schweiz (1938–58), ebenda; R. ALLORTO u. CL. SARTORI, La musicologia ital. dal 1945 a oggi, AMl XXXI, 1959; DR. CVETKO, Les formes et les résultats des efforts musicologiques yougoslaves, ebenda; D. DEVOTO, Panorama de la musicología latinoamericana, ebenda; N.-E. RINGBOM, Die Musikforschung in Finnland seit 1940, ebenda; M. S. KASTNER, Veinte años de musicología en Portugal (1940–60), AMl XXXII, 1960; E. REESER, Mw. in Holland, ebenda; SC. GOLDTHWAITE, The Growth and Influence of Musicology in the United States, AMl XXXIII, 1961; FR. Y. NOMURA, Musicology in Japan Since 1945, AMl XXXIV, 1962; J. KERMAN, A Profile for American Musicology, JAMS XVIII, 1965, dazu E. E. Lowinsky, ebenda; D. M. MCCORKLE, Finding a Place for American Studies in American Musicology, JAMS XIX, 1966. HHE

Musique concrète (müz'ik kɔ̃kr'ɛ:t, frz.). Versuche P. Schaeffers mit Geräuschen brachten ihn 1948 auf den Gedanken, auf Schallplatte oder Tonband aufgenommene Klänge zu verändern. Dies war der Ausgangspunkt für die ersten Versuche mit M. c. Während die traditionelle Musik die Klänge der abendländischen Instrumente verwendet und die → Elektronische Musik mit ausschließlich elektrisch erzeugten Klängen arbeitet, schöpft die M. c. ihr Material aus allen Bereichen des Hörbaren: Musikinstrumente Europas oder fremder Völker, außermusikalische Schallquellen, Naturlaute, elektrisch erzeugte Geräusche oder Klänge. Nach der Schallplatten- oder Tonbandaufnahme werden Klangfragmente ausgewählt und mit Hilfe von Apparaten (z. B. dem Phonogène von J. Poullin und F. Coupigny) neu zusammengesetzt und gemischt. Die Methode der M. c. geht von dem Gedanken aus, daß der musikalische Wert der Elemente und der so gewonnenen, neu zusammengesetzten Klänge von deren Herkunft ganz unabhängig und nur an die Kriterien der hörenden Wahrnehmung selbst gebunden ist. Maßgebend ist ferner, daß von diesen Kriterien die drei Parameter Tonhöhe, Intensität und Dauer, die von der Elektronischen Musik in den Vordergrund gerückt wurden, nur eine beschränkte Anzahl von Klängen zu charakterisieren vermögen, gegenüber der tatsächlichen Vielfalt des »concret sonore« im Hinblick auf Farbe, Dichte, Dynamik und andere Eigenschaften. – Die Werke, die die Anfänge der M. c. (1948–53) repräsentieren, sind gekennzeichnet durch das Verfahren, vokale und instrumentale Klänge, mehr oder weniger transformiert, als Material für neue musikalische Strukturen zu benutzen. Die Entwicklung führte von Studien wie Schaeffers *Concert de bruits* von 1948 (Etudes aux tourniquets, Etudes aux chemins de fer, Etudes pour piano, Etude pathétique) zu surrealistischen Werken wie der *Symphonie pour un homme seul*, die einige Jahre später M. Béjart zu einem Ballett inspirierte. Mit der Bildung der Groupe de M. C. kam es zu einer Zusammenarbeit Schaeffers mit P. Henry. Studien und Versuche unternahmen zwischen 1951 und 1953 auch O. Messiaen (*Timbres–Durées*), P. Boulez (*Etude* I und II), A. Hodeir, Ph. Arthuys, M. Philippot, J. Barraqué, D. Milhaud in Zusammenarbeit mit J. E. Marie. 1953 stieß die Uraufführung von P. Schaeffers und P. Henrys Spectacle lyrique *Orphée 53* bei den Donaueschinger Musiktagen auf heftigen Widerstand. – Die M. c. fand schnell Anklang, aber auch Widerspruch in der ganzen Welt. Während die *Music for Tape* von W. Ussachewsky und die Experimente von J. Cage (→ Prepared piano) von ähnlichen Voraussetzungen ausgingen und Honegger, Milhaud, Messiaen, Sauguet, Scherchen und Varèse eigene Versuche unternahmen, sich der M. c. zu nähern, kam Boulez seit 1953 wieder von ihr ab. Doch trotz der (nach Methode und geistiger Haltung) verschiedenartigen Richtungen experimenteller Musik begann die M. c. international auszustrahlen. Zahlreiche junge französische und ausländische Komponisten wurden nach Paris eingeladen, um dort zu arbeiten (Malec, Mireille Chamass, Canton, Tamba, Miroglio, Boucouretchliev, Mache, Ferrari, Vandelle, Bayle u. a.), und immer häufiger wird M. c. in Rundfunk, Theater, Ballett, Film und Fernsehen verwendet. Ein reger internationaler Austausch von Informationen und Bandaufnahmen fand statt. Die RTF sendete im Juni 1953 Werke verschiedener Richtungen im Laufe einer Première décade de musique expérimentale. 1958 definierte Schaeffer die Aufgaben seiner Arbeitsgruppe neu, die seither als Groupe de recherches musicales der ORTF weitergeführt wird. Wenngleich ein von dieser Gruppe aufgestelltes Répertoire international des studios et des œuvres gezeigt hat, daß die verschiedenen Arten experimenteller Musik sich allmählich einander genähert haben, hat doch die Pariser Gruppe ihre Eigenart bewahrt. Die Prinzipien ihrer Arbeit können wie folgt charakterisiert werden: Wenn Musik dazu da ist, gehört zu werden, so muß auch experimentelle Musik konkret bleiben in dem Sinne, daß die Erforschung der musikalischen Klangeigenschaften sich nicht mit dem begnügen kann, was in der Notenschrift oder als akustischer Parameter dargestellt wird. Unter unzähligen »klingenden Objekten«, die auf verschiedene Weise entstanden sind, wählt der Komponist Materialien aus, die ihm als »musikalische Objekte«, als Bestandteile einer musikalischen Sprache geeignet erscheinen. Der elektrisch erzeugte Klang der Elektronischen Musik gehört zu diesen Materialien, kann aber die übrigen wegen seines Mangels an Lebendigkeit nicht gänzlich verdrängen und ersetzen. – Das Studium der Objekte und ihrer Beziehungen gilt überdies als eine Vorbedingung zu einer universalen Erforschung der Strukturen der verschiedenen musikalischen Sprachen.

Lit.: P. Schaeffer, A la recherche d'une m. c., Paris 1952; ders., Zur Situation d. Versuche elektroakustischer Klanggestaltung, in: Gravesano, hrsg. v. W. Meyer-Eppler, Mainz 1955; Vers une musique expérimentale, hrsg. v. dems., = RM Nr 236, 1957; Expériences mus., hrsg. v. dems., ebenda 244, 1959; ders., M. c. et connaissance de l'objet mus., RBM XIII, 1959; ders., Traité des objets musicaux, Paris 1967; ders. u. P. Boulez, Artikel Concrète, in: Encyclopédie de la musique I, Paris 1958; M. Scriabine, P. Boulez et la m. c., RM Nr 215, 1952; G.-W. Baruch, Was ist M. c.?, Melos XX, 1953; W. Keller, Elektronische Musik u. M. c., in: Merkur IX, 1955; J. Poullin, M. c., in: Klangstruktur d. Musik, hrsg. v. Fr. Winckel, Bln 1955; C. Casini, L'impiego nella colonna sonora della musica elettronica e della musica concreta, in: Musica e film 1959; Fr. K. Prieberg, Musica ex machina, Bln, Ffm. u. Wien (1960); Fr. C. Judd, Electronic Music and M. c., London 1961; K. Stockhausen, Arbeitsber. 1952/53: Orientierung, in: Texte zur elektronischen u. instr. Musik I, Köln 1963.

PSCH

Musique mesurée (müz'ik məzür'e, frz.) → Vers mesurés.

Musiquette (müzik'ɛt, frz.), s. v. w. leichte, unterhaltende Musik. M. nannte A. Pougin die Musik zu kleinen (burlesken oder satirischen) Theaterstücken von → Hervé (z. B. *Don Quichotte et Sancho Pansa*, 1848). M. bezeichnete dann auch kleine singspiel- oder operettenartige Werke im Stil Offenbachs (→ Operette).

muta (lat.) → Mutation (– 4).

Mutanza (ital., von span. mudansa, Veränderung), im ausgehenden 16. Jh. choreographisch die kleine Solotour der Dame oder des Herrn im Gesellschaftstanz (so bei Caroso 1581); daneben auch musikalisch eine mit Parte und Modo gleichbedeutende Bezeichnung für die instrumentale Tanzvariation (z. B. bei A. Valente, 1576: *Tenore de Passo e mezo con sei mutanze*).

Lit.: V. Junk, Hdb. d. Tanzes, Stuttgart 1930; F. Torrefranca, Documenti definitivi sulla partita, Kgr.-Ber. Bamberg 1953; H. Spohr, Studien zur ital. Tanzkomposition um 1600, Diss. Freiburg i. Br. 1956, maschr.

Mutation (lat. mutatio, Veränderung; frz. und engl. mutation; span. mutación bzw. mutança; ital. mutazione, mutanza). – 1) M. bezeichnet innerhalb der → Solmisation den beim Hexachordwechsel vollzogenen Übergang (transitus) bzw. die Veränderung (variatio) einer Solmisationssilbe (vox) in eine andere: *Mutatio est sub una clavi et eadem unisona transitio vocis in vocem* (Hieronymus de Moravia, ed. Cserba, S. 49). Da dieser Vorgang regulär auf gleicher Tonstufe (clavis) stattfindet, umschreibt M. in engerem Sinn den Benennungswechsel eines Tones: *Denique mutatio cuiuslibet vocis non est soni, sed nominis ipsius* (Tinctoris, CS IV, 13a). Die Musiklehre unterscheidet hauptsächlich zwei Arten von M. (hier in der Terminologie Conrads von Zabern): a) Mutatio ratione vocum. Sie ist notwendig, wenn eine Melodie in ihrem Verlauf die Grenzen des Hexachords überschreitet, z. B.:

A C D D F G a c h a
re fa sol sol   re fa mi re   (Hexachordum durum)
              ↓   ↑
              re fa sol la   (Hexachordum naturale)

b) Mutatio ratione signi. Sie wird verursacht durch den Gebrauch von ♭molle (= b) nach vorausgegangenem ♭durum (= h) oder umgekehrt, da beide verschiedenen Hexachorden zugehören. Der Vollzug dieser M. ist stets an die Silben ut-re, re-mi, fa-sol oder sol-la gebunden, z. B.:

Demgegenüber werden größere Intervalle, die über den Umfang eines Hexachords hinausgehen, sprungweise erreicht (z. B. die Oktave A–a = re-re, die Quinte E–h = mi-mi; vgl. hierzu vor allem die Traktate aus dem 16. Jh.). – 2) In der Kompositionslehre des 17./18. Jh. ersetzt Mutatio das griechische Wort → Metabolē und bezeichnet die Veränderung einer anfangs gewählten musikalischen Ordnung: den Wechsel des Klanggeschlechts (mutatio per genus), der Tonlage (mutatio per systema), der Tonart (mutatio per modum vel tonum) oder der Manier (mutatio per melopoeiam). – 3) Während im 16. Jh. findet sich die Wortform mutanza für Variation. – 4) Bei Instrumenten heißt muta: »verändere« die Stimmung, z. B. der Pauken oder der Hörner (durch Einsetzen eines Stimmbogens); bei Streichinstrumenten ist M. der Lagenwechsel, bei Posaunen der Positionswechsel des Zuges; allgemein fordert die Bezeichnung M. einen Instrumentenwechsel, z. B. Flauto muta in piccolo. Das M.s-Register der Orgel verändert (verstärkt) einen Partialton des Grundregisters. – 5) M. in bezug auf die Singstimme: → Mutierung.

Lit.: L. Balmer, Tonsystem u. Kirchentöne bei J. Tinctoris, = Berner Veröff. zur Musikforschung II, Bern u. Lpz. 1935; H. H. Eggebrecht, Studien zur mus. Terminologie, = Akad. d. Wiss. u. d. Lit. Mainz, Abh. d. geistes- u. sozialwiss. Klasse, Jg. 1955, Nr 10; Die Musiktraktate Conrads v. Zabern, hrsg. v. K. W. Gümpel, ebenda 1956, Nr 4; Kl. W. Niemöller, N. Wollick ... u. sein Musiktraktat, = Beitr. zur rheinischen Mg. XIII, Köln 1956.

Mutierung (Stimmwechsel, Mutation, von lat. mutatio, Änderung). Mit Beginn der Pubertät tritt eine Wandlung in der bis dahin unterschiedslosen Sprechstimmlage von Knaben und Mädchen ein. Durch schnelles Wachsen des männlichen Kehlkopfes sinkt die Knabenstimme um etwa eine Oktave, die weibliche kann in ihrer Lage bleiben oder bis zur Terz absinken, da der weibliche Kehlkopf nur gering wächst. Etwa ein Drittel aller Knabenstimmen entwickelt sich zum Tenor, zwei Drittel zum Bariton oder Baß. Erscheinungen wie Tremolieren, Umschlagen der Stimme, Einengung des Stimmumfangs werden als Stimmbruch bezeichnet. Gewöhnlich ist die M. im 16. Lebensjahr abgeschlossen. Der Kehlkopf wächst jedoch nach Abschluß der M.s-Periode noch weiter; zunächst ist nur die Sprechstimme gefestigt, während die Singstimme erst sehr viel später (etwa im 25.–30. Lebensjahr) voll entwickelt ist. Selten währt die Unsicherheit der Stimme über die eigentliche M.s-Zeit hinaus (persistierende M.s-Stimme). Bei diesem verlängerten Stimmwechsel fehlt die Bruststimme manchmal ganz. Eine weitere Abweichung ist die verfrühte M., hervorgerufen durch Verfrühung der Pubertät. Die Beanspruchung der → Stimme (– 2), besonders beim Singen, hat sich den Erscheinungen der M. im einzelnen anzupassen.

Lit.: L. Hess, Die Behandlung d. St. ..., Marburg 1927; O. Brill, Die Kinderst., Bln 1930; P. Nitsche, Die Pflege d. Kinderst., = Bausteine f. Musikerziehung IV, Mainz 1952; M. Sparber, Stimmbildnerische Aufgaben während d. Mutationszeit, Musikerziehung XV, (Wien) 1961/62; dies., Probleme d. Mutation, Musica Sacra LXXXII, (Köln) 1962; Kl. Lang, Die männliche St. vor u. nach d. Mutation, Diss. Bln (F. U.) 1966.

m. v., Abk. für → mezza voce.

Mysterienspiele → Liturgisches Drama und Mysterienspiele.

Mystischer Akkord ist die theosophisch verklärte Bezeichnung für A. Skrjabins Quartenakkord, wie er besonders durch sein Orchesterwerk *Prométhée* (*Le Poème du feu*) op. 60 (1911) berühmt wurde, daher auch »Prometheischer Akkord« genannt. Der Komponist sah in ihm eine – zufolge der gleichschwebend-temperierten Stimmung zwar unvollkommene – Widerspiegelung der Obertöne 8–14 (c d e ⁻fis [g] ⁺as ⁻b; »Synthetischer Akkord«). Bei Skrjabin kommt allerdings der M. A. schon im 1. Satz der 4. Klaviersonate op. 30 (1903) vor (vgl. u. a. die Takte 18 und 22); dann auch in op. 46 (siehe nebenstehendes Beispiel). Hier enthüllt er sich als Dominantseptnonenakkord mit doppeltem Vorhalt (fis^1 und a^1) zur Quinte (g^1). Das Aufsehen, das er in Skrjabins Werken um und nach op. 60 hervorrief, beruht auf einer Verwendung, die seine »funktionelle« Herkunft negiert. In den 9 Schlußtakten der 7. Klaviersonate op. 64 (1911/12) setzt sich das Tonmaterial ausschließlich aus den 6 Tönen des nach fis transponierten M.n A.s zusammen (fis^1-his-e^1-ais^1-dis^1-gis^1), dessen sowohl horizontale als auch vertikale Verwendung wie eine Vorwegnahme der Zwölftontechnik wirkt. Doch bestimmt bei Skrjabin die Intervallstruktur eines Akkordes die horizontalen und vertikalen Tonkombinationen, während bei Schönberg die Intervallstruktur einer → Reihe diese Aufgabe übernimmt. In seiner späteren Zeit verwendete Skrjabin überdies noch andere »synthetische Akkorde«.

Lit.: B. de Schloezer, A. Scriabine, RM II, 1921; A. J. Swan, Scriabin, London 1923; L. Ssabanejew, A. N. Skrjabin, Melos IV, 1924/25; ders., Prometheus v. Skrjabin, in: Der blaue Reiter, hrsg. v. W. Kandinsky u. Fr. Marc, München 1912, NA v. K. Lankheit, ebenda 1965; Z. Lissa, O harmonice A. N. Skrjabina, Kwartalnik muzyczny II, 1930; dies., Geschichtliche Vorform d. Zwölftontechnik, AMl VII, 1935; P. Dickenmann, Die Entwicklung d. Harmonik bei A. Skrjabin, = Berner Veröff. zur Musikforschung IV, Bern 1935; H. Boegner, Die Harmonik d. späten Klavierwerke A. Skrjabins, Diss. München 1955, maschr.; C. Dahlhaus, A. Skrjabin, Deutsche Universitätszeitung XII, 1957; Cl.-Chr. v. Gleich, Die sinfonischen Werke v. A. Skrjabin, = Utrechtse bijdrage tot de muziekwetenschap III, Bilthoven 1963.

N

Nacaire (nak'ɛːr, altfrz., von arabisch naqqārāt zu altspan. nácara; latinisiert anacaria; altital. naccherone; altengl. nakers), eine um 1300 belegte kleine Handpauke, die orientalischer (sarazenischer) Herkunft ist und meist paarig als Reiterinstrument benutzt wurde. Im Italienischen wird 1303 bei Ciriffo Calvaneo ein naccherone erwähnt; der Chronist Ludwigs des Heiligen, Joinville, bringt (*Histoire de Saint Louis*, 1309) die französische Form N. (*Lors fist sonner les tabours que l'on appelle n.s*). Es handelt sich hier um frühe süd- und westeuropäische Belege der Pauke.
Lit.: SachsL; Sachs Hdb.; Fr. Dick, Bezeichnungen f. Saiten- u. Schlaginstr. in d. altfrz. Lit., = Gießener Beitr. zur Romanischen Philologie XXV, Gießen 1932.

Nachahmung, – 1) im satztechnischen Sinne → Imitation; – 2) im kunsttheoretischen Sinne → Affektenlehre, → Ausdruck, → Figuren (besonders → Hypotyposis); → Tonmalerei.

Nachhall (engl. reverberation) kommt in einem Raum mit reflektierenden Wänden dadurch zustande, daß nach Aufhören der Zufuhr von Schallenergie der allgemeine Schallpegel absinkt. Entsprechend der Geschwindigkeit, mit der dies geschieht, bezeichnet man den Raum als mehr oder weniger stark gedämpft. Als Maßeinheit für das Abklingen des Schalles im Raum gilt die Nachhallzeit (T). Hierbei handelt es sich nicht um die Dauer, in der das Abklingen wahrzunehmen ist; vielmehr wird als T die Zeitspanne definiert, in der die Schallenergie auf den millionsten Teil, der Schalldruck entsprechend auf den tausendsten Teil seines Ausgangswertes abgesunken ist. T hängt in starkem Maß von der Frequenz ab, mit der der Raum angeregt wird. Daher dienen zur näheren Charakterisierung eines Raumes die bei verschiedenen Frequenzen gemessenen T-Werte. Aus den einzelnen Meßpunkten ergibt sich die N.-Kurve; ihre Charakteristik – bei großen Räumen an verschiedenen Orten gemessen – läßt Rückschlüsse auf die Gleichmäßigkeit der Verteilung von Schallenergie im Raum (→ Diffusität) zu. → Raumakustik.
Lit.: P. V. Brüel, Sound Insulation and Room Acoustics, London 1951; E. Skudrzyk, Die Grundlagen d. Akustik, Wien 1954; W. Furrer, Raum- u. Bauakustik f. Architekten, Basel u. Stuttgart 1956, ²1961 als: Raum- u. Bauakustik – Lärmabwehr; Fr. Winckel, Raumakustisches Kriterium hervorragender Konzertsäle, Frequenz XII, 1958; G. Venzke, Die Raumakustik d. Kirchen verschiedener Baustilepochen, Acustica IX, 1959; W. Lottermoser, Über d. Akustik d. Raumes u. d. Org. in d. Frauenkirche zu Dresden, AfMw XVII, 1960; L. Cremer, Statistische Raumakustik, = Die wiss. Grundlagen d. Raumakustik II, Stuttgart 1961; H.-P. Reinecke, Stereo-Akustik, Köln 1966.

Nachsatz → Metrum (– 3), → Periode, → Satz.

Nachschlag, – 1) eine oder mehrere Verzierungsnoten, die an die vorangehende Hauptnote angebunden sind und deren Wert entsprechend verkürzen; → Vorschlag (durchgehender Vorschlag); – 2) → Triller.

Nachspiel (lat. postludium) nennt man gewöhnlich das Orgelstück nach dem Abschluß des Gottesdienstes. – Auch ein längerer vom Begleitinstrument ausgeführter Schlußteil von Liedern und Liederzyklen wird als N. bezeichnet, z. B. das Adagio am Ende von R. Schumanns *Frauenliebe und -leben* op. 42. Als notengetreues Spiegelbild des Praeludiums beschließt ein Postludium den Fugenzyklus *Ludus tonalis* für Kl. (1942) von Hindemith.

Nachtanz ist der Gegenbegriff zu (Vor-)Tanz bei der paarweisen Zusammenstellung von Tänzen, bei der in der Regel einem ruhigen, geradtaktigen Schreittanz ein lebhafter, ungeradtaktiger Springtanz folgt. Diese Tanzfolge ist für die abendländische Tanzgeschichte vom Mittelalter bis ins 17. Jh. von grundlegender Bedeutung und bildet im 16. Jh. den Keim zur → Suite. Über die Gemeinsamkeit der Tonart hinaus sind Tanz und N. oft melodisch und harmonisch miteinander verwandt; häufig kann der N. nach Austausch des Mensurzeichens aus dem Tanz abgelesen werden (z. B. bei Attaingnant 1530). In deutschen Quellen finden sich gelegentlich nur die neutralen Benennungen Dantz und Nach dantz (so bei B. Jobin 1573), für gewöhnlich tragen Tanz und N. jedoch die Namen bestimmter Tänze. Neben den wichtigen Paaren Pavane und Galliarde sowie Allemande und Courante sind noch zahlreiche andere Zusammenstellungen belegt: als (Vor-)Tanz werden u. a. Passamezzo und Basse danse verwendet, als N. Saltarello (Italien), Pas de Breban, Tourdion (Frankreich), Alta danza (Spanien), Hupfauf, Proportz, Sprung, Tripla (Deutschland).
Lit.: H. Riemann, Tänze d. 16. Jh. à double emploi, Mk VI, 1906/07.

Nachthorn ist in der Orgel eine sehr weite, offene, zylindrische oder leicht konische Labialstimme, oft aus Metall (auch eng holzgedackt, rohrgedackt und sogar als Lingualstimme bezeugt). Es kommt meist als 2′, manchmal als 4′ oder 1′ vor, selten als 8′ und 16′. Das Wort N. ist möglicherweise eine Kontamination aus → Nasat und → Gemshorn. Die 2′-Lage ist in Frankreich schon in der Mitte des 16. Jh. als Quarte du nazard (Quarte zum Nasard 2²/₃′) belegt und hieß bei A. Schlick und A. Schnitger Gemshorn. Der Klang ist tragend und weich. Cavaillé-Colls Cor de nuit entspricht etwa dem Gedacktpommer.

Nachtstück → Nocturne.

Nagelgeige, auch Eisenvioline, Stiftspiel (ital. violino di ferro; frz. harmonie à clous de fer, violon de fer; engl. nail violin), ein von dem deutschen Violinisten J. Wilde 1744 konstruiertes Instrument, bei dem 12–24 Drahtstifte verschiedener Länge auf einem halbmondförmigen Resonanzkörper angebracht sind und mit einem mit Harz eingeriebenen derben Bogen seitlich angestrichen werden. Die Anzahl der Drahtstifte wurde später wesentlich vermehrt. Verbesserungen des Instruments erfanden Senal in Wien 1780 (15–16 mitschwingende Sympathiesaiten) und Träger in Bernburg 1791, der das Instrument mit einer Klaviatur versah (Nagelklavier) und den Bogen durch ein rotierendes, die Nägel anreibendes Band ersetzte; durch Niederdruck der Tasten wird das Band gegen die entsprechenden Eisenstifte gedrückt. Dieses Instrument wurde als Nagelharmonika im späten 18. Jh. im Konzert gespielt.

Nasat (von nld. nazaat, Nachsatz; frz. nasard oder nazard), labiale Quintstimme der Orgel, $2^2/3'$ oder $1^1/3'$. Ursprünglich auch Oktavreihen zu 4' und 2' bezeichnend, ist N. schon vor 1600 zur Benennung einer Quintstimme geworden. Der Klang ist zart und näselnd, weswegen der Frühbarock den Namen von »näseln« ableitete (z. B. Praetorius Synt. II, S. 134). N.-Register werden zylindrisch, häufiger konisch offen, mittelweit oder weit, auch gedeckt und teilgedeckt gebaut. In Frankreich ist Nasard immer Quint $2^2/3'$, Petit Nasard (oder Larigot) Quint $1^1/3'$, Gros Nasard Quint $5^1/3'$. Manchmal findet sich Groß-N. $10^2/3'$ im Pedal, der zusammen mit dem 16' akustisch einen 32' ergibt. Der spanische Orgelbau kennt Nasardos als mehrchörige gemischte Stimmen, auch als Oktavregister (Octava nazarda).

Nationalhymne (engl. national anthem) bezeichnet seit Ende des 18. Jh. ein Musikstück, das bei staatlichen, sportlichen und anderen Anlässen zum Protokoll gehört. Die Geschichte der Gründungen und Umgestaltungen von Staaten sowie das jeweilige nationale Selbstverständnis spiegeln sich in den N.n wider, zu denen Königshymnen, patriotische Volkslieder, Stücke aus Bühnenwerken mit nationalen Stoffen, Militärmärsche, religiöse Hymnen sowie Freiheits- und Revolutionshymnen erhoben wurden. N.n der jungen Völker Asiens und Afrikas sind oft Bearbeitungen einheimischer Lieder oder Neukompositionen im abendländischen Tonsystem, während die N.n in Staaten Europas der jeweiligen Musikkultur entstammen. Ein Großteil der N.n Europas und vor allem Amerikas ist in Text und Melodie dem volkstümlichen Lied, vor allem dem Chorlied des 19. Jh., verpflichtet. Da N.n in der Regel sangbare Musik mit obligatorischen Texten sind, ergeben sich in mehrsprachigen Staaten (Belgien, Kanada u. a.) Probleme, die durch Einsetzen mehrerer N.n oder durch zusätzliche Anerkennung inoffizieller Hymnen der Minderheiten gelöst werden. Umgekehrt war aber der Mazurek Dąbrowskiego (*Jeszcze Polska nie zginęła*, »Noch ist Polen nicht verloren«, eine altpolnische Volksweise, die J. Wybicki wahrscheinlich seinem 1797 geschriebenen Text angepaßt hat) im 19. Jh. Melodie mehrerer panslawistischer Lieder und ist heute auch Melodie der jugoslawischen N. – Einer der ältesten patriotischen Gesänge ist die Hussitenhymne *Kdož iste Boží bojonící* aus dem 15. Jh., die von Smetana in *Tábor* und *Blaník* aus dem Zyklus *Má vlast* bearbeitet wurde.
Der Text der N. der Niederlande (seit 1932) wird Ph. Marnix van St. Aldegonde zugeschrieben (*Wilhelmus van Nassowe ben ick van Duytschen bloet*, veröffentlicht in *Een Nieu Geusen Lieden Boecxken*, 1581), die Melodie ist anonym in Valerius' Lautentabulaturwerk *Nederlandtsche Gedenck-Clanck* (1625) erschienen. – Die Melodie der N. Großbritanniens, zuerst veröffentlicht in *Thesaurus musicus* (1744), scheint zu Beginn des 17. Jh. schon sehr bekannt gewesen zu sein, denn sie tritt als Thema einer Fantasia auf, die in der Orgeltabulatur Lynar A[1] und durch Kitchiner (1823) überliefert ist und Sweelinck bzw. J. Bull (1619) zugeschrieben wird, ferner als Thema einer Fuga (Nr 23) der Tabulatur Lüneburg KN 208[1]. Sätze für sie schrieben Th. A. Arne und Ch. Burney (1745). Auf die gleiche Melodie wurden zeitweilig N.n u. a. Deutschlands und der Schweiz gesungen; sie ist heute noch die Melodie der N. Liechtensteins. Sie wird zitiert u. a. von C. M. v. Weber in der *Jubelouvertüre*; Variationen über die Melodie komponierte Beethoven (WoO 78). Daneben wird seit 1740 inoffiziell *Rule Britannia* (Th. A. Arne – J. Thomson und D. Mallet) gesungen, das ebenfalls von Beethoven als Variationsthema (WoO 79) benutzt wurde. – Als N.n Deutschlands galten in der 2. Hälfte des 19. Jh. das Deutschlandlied (Text von A. H. Hoffmann v. Fallersleben, 1841, auf die Melodie von J. Haydns Kaiserhymne; vgl. Österreich), ab etwa 1855 *Was ist des Deutschen Vaterland* sowie besonders nach 1870 *Die Wacht am Rhein* (Melodie von C. → Wilhelm, 1854). Die Kaiserhymne des 2. Reiches war das preußische *Heil dir im Siegerkranz* (auf die Melodie der englischen Königshymne). Das Deutschlandlied wurde 1922 offiziell N.; während des 3. Reiches kam das Horst-Wessel-Lied (*Die Fahne hoch*) hinzu. Für die Bundesrepublik wurde 1950 das *Lied der Deutschen* (*Land des Glaubens*, von H. Reutter und R. A. Schröder) vorgeschlagen, seit 1952 aber wird die 3. Strophe des Deutschlandliedes gesungen. In der Deutschen Demokratischen Republik wird seit 1949 *Auferstanden aus Ruinen* (von H. Eisler und J. R. Becher) gesungen. – Als N. Österreichs galt J. Haydns *Gott erhalte Franz, den Kaiser*, das er während der Komposition der *Schöpfung* schrieb (1. Aufführung am Geburtstag Franz I., 1797); die Melodie verwandte Haydn als Thema zu Variationen im Streichquartett op. 76 Nr 3 (Hob. III, 77; 1797). Seit 1946 wird die Bundeshymne *Land der Berge* mit dem Text von P. Preradovič auf die Melodie des Schlußgesangs (*Laßt uns mit geschlungenen Händen*) aus Mozarts *Eine kleine Freymaurer-Kantate* K.-V. 623 (1791) gesungen. – Text und Melodie für Frankreichs N. (seit 1795) stammen von Cl. J. → Rouget de l'Isle (*La Marseillaise*, 1792, als »Chant de guerre de l'armée du Rhin«). Über die Grenzen Frankreichs hinaus galt die Marseillaise – allenfalls darin vergleichbar der 1871 ebenfalls in Frankreich entstandenen »Internationalen« – als Revolutionshymne schlechthin und wurde so verschiedentlich in Kompositionen zitiert (u. a. R. Wagner, *Les deux grenadiers*; R. Schumann, *Faschingsschwank aus Wien* op. 23, *Zwei Grenadiere*; Tschaikowsky, Ouverture *1812*). – Die N. der USA (The Star-Spangled Banner, seit 1916, bestätigt 1931) dichtete Fr. Scott Key während des englisch-amerikanischen Krieges 1814 auf die Melodie des Liedes *To Anacreon in Heaven* von J. St. Smith. Puccini verwendete die Melodie in seiner Oper *Madama Butterfly*. – In Rußland wurde die 1833 komponierte Zarenhymne *Bosche zarja chrani* nach der Revolution durch die »Internationale« ersetzt. Seit 1944 ist die offizielle N. der UdSSR die von A. W. → Alexandrow komponierte und von S. W. Michalkow und Elj-Registan gedichtete Hymne *Sojus neruschimyj respublik swobodnych* (»Ein ewiges Bündnis von Volksrepubliken«). – Melodien aus Opern und Singspielen sind die N.n in Dänemark (aus J. E. Hartmann, »Die Fischer«, 1778) und in der Tschechoslowakei (*Kde domov můj* aus Fr. → Škroup, *Fidlovačka*, 1834). – Auf einen schon im 18. Jh. gespielten Militärmarsch geht die N. Spaniens (seit 1937), die *Marcha real*, zurück. Der heute gebräuchliche Text wurde 1928 von J. María y Pemartín gedichtet. Eine (von G. Gabelli 1834 komponierte) *Marcia reale* vertrat auch in Italien die N. Während des Faschismus trat die Faschistenhymne *Su, compagni in forti schieri* daneben. 1946 wurde sie durch den 1847 von M. Novaro komponierten und von G. Mameli gedichteten »Canto degli Italiani« (*Fratelli d'Italia*) ersetzt. – Seit 1890 ist Japans N. ein Text aus

der Sammlung Kokin-Waka-Shu (9. Jh.) mit der Melodie von Hayashi Hironokami (1880), bearbeitet 1890 von Fr. Eckert. – Indiens N. ist seit 1950 die von Gandhi so bezeichnete Andachtshymne von R. Tagore.
Ausg.: S. A. Rousseau, Les chants nationaux de tous les pays, Paris 1901; A. Granville, The Most Popular Songs of Patriotism, London 1906; L. Gautier, Patriotic Airs of All Nations, London (1914); 57 Hymnen d. Völker, hrsg. v. L. Weniger, Lpz. 1936; National Anthems of the United Nations, hrsg. v. B. Treharne, Boston 1943; Himnos nacionales de las repúblicas americanas, Washington 1949; N., hrsg. v. FDGB, Bln 1951; Die N. d. Erde, hrsg. v. Inst. f. Auslandsbeziehungen, München 1958, Suppl. 1965; M. Shaw u. H. Coleman, National Anthems of the World, London 1960.
Lit.: allgemein: R. Michels, Die Soziologie d. Nationalliedes, Arch. f. Sozialwiss. u. Sozialpolitik LV, 1926; H. Kohn, The Idea of Nationalism, NY 1945, deutsch als: Die Idee d. Nationalismus, Heidelberg 1950; E. Lemberg, Gesch. d. Nationalismus in Europa, Stuttgart 1950; R. Wittram, Das Nationale als europäisches Problem, Göttingen 1954; H. L. Koppelmann, Nation, Sprache u. Nationalismus, Leiden 1956. – H. Abert, Eine N.-Slg, ZIMG II, 1900/01; E. Bohn, Die N. d. europäischen Völker, Breslau 1908; P. Nettl, National Anthems, NY 1952. – zu Niederlande: Loman, J. C. M. v. Riemsdijk, I. P. N. Land, J. W. Enschedé u. Fl. Van Duyse in: TVer V, 1901 u. VIII, 1904; Fl. Van Duyse, Het oude nederlandse lied II, Den Haag u. Antwerpen, 1905. – zu Großbritannien: R. Clark, An Account of the National Anthem Entitled God Save the King, London 1822; W. Kitchiner, The Loyal and National Songs of England, London 1823; Fr. Chrysander, H. Carey u. d. Ursprung d. engl. Königsgesanges, Jb. f. mus. Wiss. I, 1867; W. H. Cummings, God Save the King, London 1902; P. A. Scholes, God Save the Queen, London, NY u. Toronto 1954. – zu Deutschland: O. Boehm, Die Volks-Hymnen aller Staaten d. deutschen Reiches, Wismar 1901; Ch. Petzet, Die Blütezeit d. deutschen politischen Lyrik v. 1840 bis 1850, München 1902; U. Günther, ... über alles in d. Welt?, Studien zur Gesch. d. deutschen N., Neuwied u. Bln (1966). – zu Österreich: A. Heuss, Haydn's Kaiserhymne, ZfMw I, 1918/19; A. Schnerich, Zur Vorgesch. v. Haydns Kaiserhymne, ebenda; J. Reindl, Zur Entstehung d. Refrains der Kaiserhymne J. Haydns, StMw XXV, 1962. – zu Frankreich: C. Pierre, La Marseillaise, comparaison des différentes versions..., Paris 1887; ders., Les hymnes et chansons de la Révolution, Paris 1904; J. Tiersot, Hist. de la Marseillaise, Paris 1915; R. Brancour, La Marseillaise et le chant du départ, Paris 1916; L. Fiaux, La Marseillaise. Son hist. dans l'hist. des Français depuis 1792, Paris 1918; Vl. Helfert, Contributo alla storia della Marseillaise, RMI XXIX, 1922; E. Istel, Is the Marseillaise a German Composition?, MQ VIII, 1922; D. Fryklund, La Marseillaise dans les pays scandinaves, Hälsingborg 1936; ders., La Marseillaise en Allemagne, ebenda 1936; ders., Marseljäsen, ebenda 1942; ders., Exposition de la Marseillaise, ebenda; H. Wendel, Die Marseillaise, Zürich 1936; St. Zweig, Das Genie einer Nacht, in: Sternstunden d. Menschheit, Ffm. 1951; J. Klingenbeck, I. Pleyel u. d. Marseillaise, StMw XXIV, 1960. – zu USA: O. Sonneck, Report on »The Star-Spangled Banner«, »Hail Columbia«, »America Yankee Doodle«, Washington 1909, [2]1914. – zu sonstigen Ländern: L. Canepa, Hist. del himno nacional argentino, Buenos Aires 1944. – P. Gradenwitz, The Music of Israel, NY 1949; C. Curvin, »Ja, vi elsker dette landet«, StMf XLIV, 1961. – D. Wawrzykowska-Wierciochowa, Problem autorstwa »Mazurka Dąbrowskiego« (»Das Problem d. Autorschaft d. Dąbrowski-Mazurka«), Muzyka IX, 1964.

Naturhorn, Naturtrompete sind Instrumente ohne Klappen oder Ventile; auf ihnen können nur die → Naturtöne hervorgebracht werden.

Naturklangtheorie ist die Vorstellung, daß die Partialtonreihe (oder, sofern der Grundton nicht mitgezählt wird, Obertonreihe) das von Natur gegebene Vorbild der musikalischen Tonbeziehungen sei. Aus der von M. Mersenne (1636) entdeckten und von J. Sauveur (1700) präzise formulierten Tatsache, daß eine Saite nicht nur als Ganzes, sondern auch in ihren aliquoten Teilen ($1/2$, $1/3$, $1/4$ usw.) schwingt, zog J.-Ph. Rameau die musiktheoretische Konsequenz, daß wesentliche Merkmale der tonalen Harmonik auf das Naturvorbild der Partialtonreihe zurückzuführen seien: der Durdreiklang, die fundierende Bedeutung des Grundtons im Dreiklang und die Tendenz des Quinttons (Dominante), zum Grundton (Tonika) zurückzukehren. Außer dem Durdreiklang sind von manchen Theoretikern (L. Euler, J. Ph. Kirnberger, G. Capellen) auch die Septime (7. Partialton) des Dominantseptakkords und die None (9. Partialton) des Dominantnonenakkords als Abbilder des Naturklangs erklärt worden. P. Hindemith leitete sogar die chromatische Skala von der Partialtonreihe ab. Die geschichtliche Tatsache, daß zunächst nur die Oktave und die Quinte und erst später auch die Terzen als Konsonanzen galten, wurde als »Fortschreiten« in der Partialtonreihe interpretiert; und nach A. Schönberg ist sogar die »Emanzipation der Dissonanz« in der Partialtonreihe vorgezeichnet, also in der Natur begründet. Dem Einwand gegen die N., daß sie den Molldreiklang nicht zu erklären vermöge, begegnete Riemann mit der Hypothese, daß der Obertonreihe eine Untertonreihe (c^3 c^2 f^1 c^1 as f usw.) entspreche; doch hat sich die Untertonreihe als Fiktion erwiesen (→ Moll). J. Handschin verwarf die N. als »Physikalismus«: Daß ein Bukett von Obertönen zu einem Toneindruck verschmilzt, kann nicht als Erklärung dafür dienen, daß Töne uns als verwandt erscheinen. Anderseits ist die N. dem Einwand ausgesetzt, daß die tonale Harmonik ein geschichtlich begründetes Phänomen sei und sich nicht auf ein akustisches Faktum reduzieren lasse.
Lit.: J. Ph. Kirnberger, Construktion d. gleichschwebenden Temperatur, Bln (1760); J.-Ph. Rameau, Code de musique pratique..., Paris 1760; G. Capellen, Fortschrittliche Harmonie- u. Melodielehre, Lpz. 1908; A. Schönberg, Harmonielehre, Wien 1911, [5]1960, engl. NY 1947; J. Achtélik, Der Naturklang als Wurzel aller Harmonien, 2 Teile, Lpz. 1922–28; P. Hindemith, Unterweisung im Tonsatz I, Mainz 1937, [2]1940, engl. als: Craft of Mus. Composition I, London 1942; J. Handschin, Der Toncharakter, Zürich (1948); J. Rohwer, Tonale Instruktionen u. Beitr. zur Kompositionslehre, Wolfenbüttel (1949–51); E. Bindel, Die Zahlengrundlagen d. Musik im Wandel d. Zeiten, 3 Bde, Stuttgart 1950–53; M. Vogel, Die Zahl Sieben in d. spekulativen Musiktheorie, Diss. Bonn 1955, maschr. CD

Naturtöne heißen die Töne, die auf einem Blasinstrument ohne Verkürzung oder Verlängerung der Schallröhre nur durch Veränderung der Art des Anblasens hervorgebracht werden können. Der 1. Naturton entspricht dem Grundton der Röhre; seine Schwingungszahl (→ Frequenz) ist grundsätzlich abhängig von der Länge der schwingenden Luftsäule, außerdem von der lichten Weite (Innendurchmesser) der Röhre (→ Mensur – 1) und von der Dichte des schwingenden Mediums (d. h. von Luftdruck und -temperatur). Durch → Überblasen entstehen Obertöne des Grundtons; der 1. Oberton (die Oktave des Grundtons) ist der 2. Naturton, der 2. Oberton (die Duodezime des Grundtons) der 3. Naturton usw. Die N. sind als real erklingende Töne zu unterscheiden von den aus einem erklingenden Ton (→ Klang) herauszuhörenden → Teiltönen. Im allgemeinen wird vorausgesetzt, daß sich die N. verschiedener Ordnung zueinander wie reine Intervalle verhalten, d. h., daß ihre Schwingungszahlen ganzzahlige Verhältnisse zueinander bilden (→ Intervall-Tabelle). In Wirklichkeit entsprechen die beim Überblasen entstehenden Überblastöne den N.n nur annähernd (→ Blasquinte), u. a. weil sich für jede Teilschwingung einer Luftsäule die Mensur im gleichen Verhältnis wie die Schwingungszahl ändert. Bei den meisten Blechblasinstrumenten werden nur N. höherer Ordnung musikalisch verwendet, während sich die Grundtöne wegen zu enger Mensur oft nicht hervorbringen lassen.

Nauba (arabisch, Plur. naubāt), Kunstform der arabisch-islamischen Musik; ursprünglich bedeutete N. eine Truppe von Ausführenden, später eine Folge von Stücken oder ein Solostück. Die N. der Kammermusik, früher eine zentrale Kunstform, heute fast ganz außer Gebrauch, kann instrumental wie vokal ausgeführt werden; einem Vorspiel (taqsīm) folgen eine Einleitung (bašrav) und verschiedene Vokal- und Instrumentalsätze. Die N. der islamischen Militärmusik wurde in den Ṭabl ġāna oder N. ġāna an den Fürstenhöfen gepflegt; zum Instrumentarium dieser Kapellen gehörten bis zum 10. Jh. Kesselpauken, Trompeten, Hörner und Rohrflöten.

Naȳ (nēj, persisch), eine Längsflöte (bis über 100 cm Länge), die schon im pharaonischen Ägypten bekannt war und im ganzen Vorderen Orient verbreitet ist. Sie hat 5–8 Grifflöcher und wird beim Spielen schräg seitlich gehalten.

Lit.: H. G. FARMER, Studies in Oriental Mus. Instr. I, London 1931; A. BERNER, Studien zur arabischen Musik ... in Ägypten, = Schriftenreihe d. Staatl. Inst. f. deutsche Musikforschung II, Lpz. 1937.

Neapel.
Lit.: E. TADDEI, Del R. Teatro di S. Carlo, N. 1817; FR. FLORIMO, Cenno stor. sulla scuola mus. di Napoli, 2 Bde, N. 1869–71, 2. Ausg. als: La scuola mus. di Napoli e i suoi conservatorii, 4 Bde, N. 1880–82; A. ALBERTI, Quarant'anni d'istoria del Teatro dei Fiorentini in Napoli, 2 Bde, N. 1878; B. CROCE, I teatri di Napoli ..., N. 1891, Bari ⁴¹947; S. DI GIACOMO, Cronaca del Teatro S. Carlino (1738–1884), N. 1891, ²1895; DERS., Teatri popolari napoletani. Il S. Ferdinando, in: Ars et labor ... LXIII, 1908; DERS., Maestri di cappella, musici e istromenti al tesoro di S. Gennaro nei s. XVII e XVIII, in: Napoli nobilissima, N. F. I, 1920; DERS., I quattro antichi conservatorii mus. di Napoli, 2 Bde, Palermo 1924–28; G. CECI, Il più antico teatro di Napoli (Teatro dei Fiorentini), in: Napoli nobilissima II, 1893; DERS., Maestri organari a Napoli, N. 1931; G. PANNAIN, Musica e musicisti in Napoli nei s. XIX e XX, Rom 1923; DERS., Saggio su la musica a Napoli nel s. XIX, RMI XXXV, 1928 – XXXIX, 1932; DERS., L'oratorio dei Filippini e la scuola mus. di Napoli, = Istituzioni e monumenti dell'arte mus. ital. V, Mailand 1934; DERS., La musica a Napoli nel settecento, in: Settecento, Turin 1963; U. PROTA-GIURLEO, La prima calcografia mus. a Napoli, N. 1923; DERS., Breve storia del Teatro di Corte e della musica a Napoli nei s. XVII-XVIII, in: Il Teatro di Corte del Palazzo Reale di Napoli, N. 1952; DERS., G. M. Trabaci e gli organisti della Real Cappella di Palazzo di Napoli, L'organo I, 1960; DERS., Organari napoletani nei s. XVII e XVIII, ebenda II, 1961; DERS., I teatri a Napoli nel s. 1600, N. 1962; C. CARAVAGLIOS, Voci e gridi di venditori in Napoli, Catania 1931; E. SANTAGATA, Il Museo stor. mus. di »S. Pietro a Majella«, N. 1931; W. APEL, Neapolitan Links Between Cabezón and Frescobaldi, MQ XXIV, 1938; S. DI MASSA, La canzone napoletana e i suoi rapporti col canto popolare, N. 1939; DERS., Storia della canzone napoletana dal 1400 al 1900, N. 1961; Cento anni di vita del Teatro di S. Carlo, N. 1948; P. ELIA, La canzone napoletana, Rom 1952, ²1954; Mostra stor. della canzone napoletana, hrsg. v. DEMS., Rom 1955; N. PIRROTTA, Scuole polifoniche ital. durante il s. XIV: Di una pretesa scuola napoletana, CHM I, 1953; Mostra stor. della canzone napoletana, Cat., hrsg. v. A. MAMMALELLA u. E. DE MURA, N. 1954; I. POPE, La musique espagnole à la cour de Naples dans la seconde moitié du XVᵉ s., in: Musique et poésie au XVIᵉ s., = Colloques internationaux du Centre National de la recherche scientifique, Sciences humaines V, Paris 1954; A. VENCI, La canzone napolitana, N. 1955; V. PALIOTTI, Storia della canzone napoletana, Mailand 1958; G. TINTORI, L'opera napoletana, = Piccola bibl. Ricordi VII, ebenda 1958; H. R. EDWALL, Ferdinand IV and Haydn's Concertos for the Lira organizzata, MQ XLVIII, 1962; N. BRIDGMAN, La vie mus. au Quattrocento ..., (Paris 1964).

Neapolitanische Schule, eine Gruppe von Komponisten, die zwischen etwa 1650 und 1750 in Neapel tätig waren oder ausgebildet wurden und deren Opernstil in der 1. Hälfte des 18. Jh. in Europa vorbildlich war. Seit 1651 fanden in Neapel regelmäßig Opernaufführungen statt. Als Begründer der N.n Sch. gilt Fr. Provenzale (1653 erste nachweisbare Aufführung), bedeutend wegen seiner instrumental begleiteten Arien und kurzen Ensemblesätze, die gegenüber der römischen und venezianischen Tradition Neuheiten darstellen. A. Scarlatti begründete die Weltgeltung der N.n Sch. Die klare Trennung von Rezitativ und Arie, die Kürzung des Rezitativs, die fast ausschließliche Beschränkung auf die Da-Capo-Form in der Arie, die »italienische Ouvertüre« und die weitere Ausbildung der von Streichern, seltener von Bläsern begleiteten Arie gehen auf Scarlatti zurück, wenn diese Entwicklung sich auch nicht auf seine in Neapel entstandenen Werke beschränkt. Im Vergleich zur oberitalienischen Operntradition war der neue Stil homophon und entwickelte den Sologesang in Anlehnung an instrumentale Spielpraxis zu höchster Virtuosität. Beides gilt auch für die neapolitanische Kammerkantate. Zur frühen N.n Sch. (bis etwa zum Tode Scarlattis 1725) gehören ferner N. Fago, D. Sarro, Fr. Mancini; stark von ihr beeinflußt ist G. Fr. Händel nach seiner Begegnung mit Scarlatti 1708/09 in Neapel. Neben der neuen Oper entwickelte sich die dialektsprachige komische Oper (commedia musicale), deren Aufführung seit 1674 (Provenzale) für Adelspaläste, seit 1709 für die öffentliche Bühne belegt ist. Bald beteiligten sich neben A. Orefice auch andere, bedeutendere Komponisten an dieser Gattung. Ab 1724 bestanden 3 Komödienbühnen. Als im Zuge der Opernreform Metastasios in den 1720er Jahren ernste und heitere Opernstoffe voneinander geschieden wurden, gab es bis um 1740 als eine zweite Art der heiteren Oper die meist mit nur 2 Personen besetzten, hohe virtuose Ansprüche stellenden Intermezzi der Opere serie (→ Intermedium). Mit den Werken G. B. Pergolesis, des führenden Meisters dieser Gattung, beginnt die Geschichte der Opera buffa. Deren Hauptmeister waren nach ihm P. Auletta, G. Latilla, N. Logroscino, später Rinaldo da Capua, D. Fischietti, P. Anfossi, N. Piccinni, D. Cimarosa und G. Paisiello († 1816), der letzte Buffakomponist neapolitanischer Tradition. Seit den 1720er Jahren breitete sich der neapolitanische Opernstil durch das Wirken zahlreicher Musiker in ganz Europa aus. Auch die Ausbildungsmethoden der Konservatorien Neapels wurden beispielhaft. Das → Libretto der Opera seria nach Metastasios Reform unterliegt in Versgestalt und Reimschema der Arien sowie im Gesamtaufbau einer festen Regelung. Die 3 Akte bestehen hauptsächlich in Folgen von Rezitativ und Arie mit typischem Affektgehalt. Den Gang der Handlung bestimmen in erster Linie die Konventionen des Opernbetriebs, durch die Zahl und Stellung, zum Teil auch Affektgehalt der Arien jedes Mitwirkenden weitgehend festgelegt sind. Die Vertonung der Da-Capo-Arie wird freier, vor allem im Wiederholungsteil; virtuose Koloraturen und Kadenzen machen sie zur Bravourarie. Eine Steigerung der Aussagekraft bedeutet die Ausbildung des Accompagnatorezitativs. Frühe Meister des metastasianischen Operntyps sind L. Vinci, L. Leo, J. A. Hasse (ein Schüler A. Scarlattis in dessen letzten Lebensjahren und Freund Metastasios), N. Porpora und Fr. Feo. Die beiden einflußreichsten Lehrer, L. Leo und Fr. Durante, haben fast alle folgenden Komponisten der N.n Sch. ausgebildet: N. Jommelli, T. Traetta, D. Perez, D. Terradellas, J. Mysliveček, Fr. di Majo, P. Guglielmi, E. R. Duni, A. Sacchini u. a. Um 1760 unternahmen Jommelli und Traetta eine Reform der Opera seria, bei der vor allem die Bedeutung von Chor und Orchester gesteigert wurde. Von der N.n Sch. beeinflußt sind auch die Opern J. Chr. Bachs, Glucks und W. A. Mozarts, dessen *La clemenza di Tito* (1791) ein spätes Beispiel der Opera seria ist.

Lit.: Fr. Florimo, La scuola mus. di Napoli e i suoi conservatorii, 4 Bde, Neapel 1880–82; N. d'Arienzo, Origini dell'opera comica, RMI II, 1895, IV, 1897, VI, 1899 u. VII, 1900, deutsch v. F. Lugscheider als: Die Entstehung d. komischen Oper, = Mus. Studien X, Lpz. 1902; Ph. Spitta, Rinaldo da Capua, VfMw III, 1887; R. Rolland, Les origines du théâtre lyrique moderne. Hist. de l'opéra en Europe avant Lully et Scarlatti, Paris 1895, ⁴1936; E. J. Dent, A. Scarlatti, London 1905, Neudruck 1960; H. Abert, N. Jommelli als Opernkomponist, Halle 1908; G. Pannain, Le origini della scuola mus. napoletana, Neapel 1914; M. Scherillo, L'opera buffa napoletana durante il settecento, Palermo (²1918); Ch. Van den Borren, A. Scarlatti et l'esthétique de l'opéra napolitain, Paris u. Brüssel 1921; A. Della Corte, L'opera comica ital. del settecento, 2 Bde, Bari 1923, span. Buenos Aires 1928; R. Gerber, Der Operntypus J. A. Hasses u. seine textlichen Grundlagen, = Berliner Beitr. zur Mw. II, Lpz. 1925; A. O. Lorenz, A. Scarlatti's Jugendoper, 2 Bde, Augsburg 1927; U. Prota-Giurleo, La musica a Napoli nel Seicento, Benevent 1928; G. Radiciotti, G. B. Pergolesi, Mailand ²1935, deutsch v. A. E. Cherbuliez, Zürich u. Stuttgart 1954; R.-A. Mooser, Annales de la musique et des musiciens en Russie au XVIIIe s., 3 Bde, Genf 1948–51; N. Pirrotta, Commedia dell'arte and Opera, MQ XLI, 1955; G. Tintori, L'opera napoletana, = Piccola bibl. Ricordi VII, Mailand 1958; H. Hucke, Die neapolitanische Tradition in d. Oper d. 18. Jh., Kgr.-Ber. NY 1961, Bd I; E. Downes, The Neapolitan Tradition in Opera, ebenda.

Neapolitanische Sexte heißt die kleine Obersexte der Subdominante in Moll. Tritt das Intervall im Mollsubdominantdreiklang an die Stelle der Quinte, so entsteht ein Scheinsextakkord, genannt neapolitanischer Sextakkord oder kurz »Neapolitaner«. Seine Funktionsbezeichnung ist nach H. Riemann, der ihn als Leittonwechselklang der Subdominante erklärt, ⁰S (Beispiel in A moll). Die Bezeichnung nach Klangstufen versteht ihn als 1. Umkehrung des (Dur-)Dreiklangs der tiefalterierten 2. Stufe in Moll: II⁶. Der neapolitanische Sextakkord war für die Musik der neapolitanischen Operntradition des 18. Jh. typisch. Die kleine Sexte als Vorhalt vor der Quinte läßt sich allerdings schon in der 1. Hälfte des 16. Jh. nachweisen. Seit Ende des 17. Jh. (Purcell, *King Arthur*, »Frostszene«) wird die Auflösung häufig übergangen. Beim Weitergehen zur Dominante ergeben sich dann ein verminderter Terzschritt (z. B. b–gis in A moll) und ein querständiger Eintritt der Dominantquinte, was beides hier durchaus selbstverständlich wirkt. In der dur-molltonalen Musik war der neapolitanische Sextakkord außerdem ein beliebtes, wenn auch zuletzt recht abgegriffenes Modulationsmittel.

Nebendreiklänge heißen in der dur-moll-tonalen Harmonielehre die Dreiklänge auf der 2., 3., 6. und 7. Stufe der Tonleiter. Sie sind auf der 2., 3. und 6. Stufe in Dur sowie auf der 2. Stufe im (aufsteigenden) melodischen Moll Molldreiklänge, auf der 3. und 6. Stufe im reinen Moll Durdreiklänge. Die Dreiklänge auf der 7. Stufe in Dur und im harmonischen Moll sowie auf der 2. Stufe im reinen und auf der 6. Stufe im (aufsteigenden) melodischen Moll sind vermindert, der Dreiklang auf der 3. Stufe im harmonischen Moll ist übermäßig. Im Kadenzzusammenhang werden die Funktionen der N. von denen der Hauptdreiklänge auf der 1., 4. und 5. Stufe abgeleitet, als deren Vertreter die N. gelten. Riemann definiert jeden der Dur- und Moll-N. je nach Zusammenhang entweder als → Leittonwechselklang oder als → Parallelklang eines Hauptdreiklangs. Grabner u. a. bezeichnen Dur- und Moll-N. als Ober- oder Unterterzklänge (Ober- oder Untermedianten) der Hauptdreiklänge. Die verminderten Dreiklänge haben je nach Zusammenhang entweder Dominant- oder Subdominantfunktion. Der übermäßige Dreiklang hat Dominantfunktion. Dur- und Moll-N. können durch → Zwischendominanten stärker hervorgehoben werden, verbleiben aber dennoch im Kadenzzusammenhang, der sich als übergeordnete harmonische Bestimmung geltend macht.

Nebennoten (auch Nebentöne) heißen bei Verzierungen (Triller, Mordent usw.) die obere und untere (große und kleine) Sekunde des zu verzierenden Tones, der → Hauptton (– 2) genannt wird. Auch diatonische und chromatische Nachbartöne, die den regulären Satz bereichern und von der Harmonielehre als harmonie- oder akkordfremde Töne beschrieben werden, heißen N., so bei → Vorhalt, → Durchgang, → Wechselnote und → Antizipation (– 3).

Nebentonarten heißen die in einem Musikstück neben der Haupttonart mehr oder minder deutlich ausgeprägten Tonarten. Als N. eignen sich vor allem die quint-, kleinterz- und großterzverwandten Tonarten, außerdem die kleinterz- und großterzverwandten Tonarten der quintverwandten Tonarten der Haupttonart. Im 19. Jh. wurden als N. bisweilen alle Dur- und Molltonarten bezeichnet außer C dur und A moll, die als die Normal- oder Stammtonarten galten.

Negermusik. Von den 3 Hauptrassen der Menschheit ist die negroide die entwicklungsgeschichtlich jüngste. Sie ist auf der südlichen Halbkugel beheimatet. Beim Eindringen in den afrikanischen Kontinent im Neolithikum stieß sie auf ältere Bewohner, die wohl der europäiden Rasse angehört haben (→ Afrikanische Musik). Die heutigen Negervölker Afrikas gingen aus Vermischungen der negroiden mit anderen älteren und jüngeren Rassen und Völkern hervor. Den kulturellen Unterschieden der Negervölker entsprechen sehr verschiedenartige musikalische Stile, die dennoch einige gemeinsame Merkmale aufweisen. Das auffälligste ist die starke Bevorzugung des rhythmischen Elements. Bei konstanten Metren werden die Rhythmen in vokaler wie instrumentaler Musik kunstvoll und vielfältig variiert, wobei oft divergierende rhythmische Gestalten gleichzeitig miteinander verwoben werden. Wesentlich für die N. ist auch die Tatsache, daß sie eine Gemeinschaftskunst ist. Nur in seltenen Ausnahmefällen kommt es vor, daß ein Neger für sich allein singt oder musiziert; normalerweise tut er es für andere und mit anderen. Das Singen vollzieht sich in der Form des Wechsels von Rede und Gegenrede; auch das Spielen mehrtöniger Instrumente wird ähnlich praktiziert. Wo Zuhörer vorhanden sind, greifen sie in das musikalische Geschehen ein, indem sie – zumeist in Form eines Refrains – mitsingen oder einen Rhythmus zur vokalen oder instrumentalen Musik der Solisten oder des Ensembles klatschen, stampfen oder rasseln. Die gesellige Komponente der N. ist die Ursache für die in ihr stets, wenn auch in manchen Stilen und Arten nur latent wirksame Mehrstimmigkeit, die besonders in Westafrika entwickelt ist (Parallelsingen, Bordun- und Ostinatotechnik). Einstimmiges Singen erhält durch die begleitenden Trommeln oder das Händeklatschen und Stampfen der tanzenden Füße einen rhythmischen Gegenpart. Da viele Rhythmusinstrumente auch verschiedene Tonhöhen zu erzeugen vermögen, bilden sie zugleich auch melodische Gegenstimmen. Das Instrumentarium der Neger ist vielseitig und reichhaltig. Neben den ursprünglich einheimischen gibt es viele Musikinstrumente, die aus nahen und fernen Hochkulturen entlehnt sind. Nur einige wenige, schwach tönende Instrumente werden für sich allein gebraucht, z. B. der → Musikbogen und die → Sansa. Sonst treten die Instrumente meist in Gruppen oder in Verbindung mit Gesang und Tanz auf. Eine Reihe von Instrumenten findet sich in paarigem Gebrauch, wie Flöten und, seltener, die Sansen, oder es betätigen sich zwei Musikanten an einem Instrument (Xylophon, Harfe). Viele Instrumente werden nur bei kultischen Zeremonien gebraucht. Sie verkörpern Dämonen, ihr Klang hat Zauberkraft, da er die Stimme der Gottheit ist. Andere werden lediglich als Klangwerkzeuge geachtet und sind frei von magischen Vorstellungen und Tabus. Rasseln verstärken den Rhythmus der stampfenden Füße, Schlaghölzer das Händeklatschen. Gefäßrasseln, Klappern, Schraper, Schwirrhölzer, Glocken aus Holz und Metall, Xylophone vom einfachen Schenkelxylophon bis zur vieltönigen Marimba mit Resonatoren, Schlitz- und Baumtrommeln aller Größen, Felltrommeln und Kesselpauken sind die wichtigsten Typen der Rhythmusinstrumente. An Saiteninstrumenten finden sich neben dem Musikbogen Zithern, Leiern und Harfen sowie die Streichlaute, an Blasinstrumenten Muschel- und Tierhorn, Panpfeifen, Kerb- und Spaltflöten, Nasenflöten, Holz- und Rindentrompeten und Rohrblattinstrumente mit einfachem und doppeltem Blatt. Metalltrompeten und -tuben können orientalische oder europäische Entlehnungen sein. Die gleichzeitige Verwendung klanglich und funktionell heterogener Instrumententypen in den afrikanischen »Orchestern« gibt diesen ihren eigenen Reiz.

Negersklaven waren im alten Ägypten, im Vorderen Orient und im antiken Rom nicht nur als Arbeiter, sondern auch als Sänger, Instrumentalisten und Tänzer beschäftigt. Die Sklaventransporte, die im Mittelalter in die Länder des Nahen Orients gingen, wurden nach der Kolonisierung Amerikas auch dorthin geleitet. Daher leben heute Neger auch in der Neuen Welt, im Süden der USA und in Mexiko, auf den westindischen Inseln, in Mittelamerika und im Norden Südamerikas. Obwohl es auch vereinzelt Gebiete mit überwiegender Negerbevölkerung gibt, haben die amerikanischen Neger weitgehend Sprache, Religion und Kultur der Weißen angenommen. Die Musik dieser Neger ist nicht die ihrer afrikanischen Vorfahren, obwohl sie manche Elemente davon bewahrt. Fällt es schon schwer, in der Vielfalt der Stile der Neger Afrikas die gemeinsamen Züge zu finden, so wird dies für die Stile der mehr oder weniger europäisierten Neger Amerikas zu einer fast unlösbaren Aufgabe. Nur wo die Neger in geschlossenen Populationen auftreten, haben sie eine Reihe afrikanischer Überlieferungen bewahren können wie in Dorf- und Stammesgemeinschaften in Westindien und Guayana. Oft nur oberflächlich zivilisiert und christianisiert, pflegen sie dort noch, zum Teil in Geheimbünden nach afrikanischem Vorbild (Vodoo), magische Kulte und Zeremonien mit dem zugehörigen Bestand an Liedern, Tänzen und Musikinstrumenten. Wo Neger aber, wie in den USA, ohne Familien- und Stammesverband inmitten der weißen Bevölkerung leben, haben sie kaum mehr als Anklänge an die afrikanischen Musikstile bewahrt. Ihre Musik ist aus Stilelementen der musikalischen Folklore der weißen Amerikaner unter Beibehaltung einiger negroider Züge entstanden. Ihre Volkslieder, besonders die → Negro spirituals, waren anfänglich Nachbildungen oder Adaptierungen der methodistischen Erweckungshymnen, die seit Beginn des 19. Jh. von Wanderpredigern verbreitet wurden. Um die Mitte des 19. Jh. begannen sich die weißen Amerikaner für diese Negerhymnen zu interessieren. 1862 wurde das erste Spiritual *Roll, Jordan, roll* von Lucy McKim in Philadelphia veröffentlicht, 1867 eine erste Sammlung *Slave Songs of the United States* durch die United States Educational Mission. Ist diese Sammlung noch um Objektivität in der Wiedergabe jener Negergesänge bemüht, so handelt es sich bei den folgenden meist um Versuche, die Primitivität und Regelwidrigkeit dieser Spirituals zu glätten und in die Form und Technik des abendländischen Kunstliedes zu gießen. Neue Spirituals wurden von Weißen komponiert, die dann wieder von Negergemeinden zersungen wurden. – Auch das weltliche Volkslied der weißen Amerikaner wurde von den Negern aufgegriffen und abgewandelt. Es tauchte um die Mitte des 19. Jh. auch im Konzertsaal auf, wo es von weißen Sängern, die als Neger kostümiert waren (→ Minstrelsy), zum Banjo gesungen wurde. Manche Minstrelsongs wurden zu Volksliedern der weißen und schwarzen Amerikaner, wie *Old Folks at Home* und *My Old Kentucky Home* von Stephen Foster. – Dagegen ist der → Blues, eine der Wurzeln des → Jazz, zunächst ohne weiße Vorbilder entstanden.

Die amerikanische Negervolksmusik aus der afrikanischen herzuleiten, wurde erst in neuerer Zeit versucht. Während Fr. Bose das Gemeinsame und damit Rassenbedingte beider Stilarten im Stimmklang und Vortragsstil nachwies, fanden R. A. Waterman, G. Herzog und M. Kolinski darüber hinaus auch in formalen Zügen Übereinstimmung. Die N. Afrikas zeigt Vorherrschen kurzer Strophen als Ketten von Kurzmotiven; 3- und 2teiliger Aufbau sind häufig ineinander verflochten. Das Metrum ist stets zweiteilig und geradtaktig. Dagegen ist die rhythmische Unterteilung vielgestaltig und kompliziert. Das Melos ist engstufig und vorwiegend fallend, Sekunden- und Terzschritte herrschen gegenüber größeren Intervallen vor, von denen Septime und Quarte relativ selten gebraucht werden. Die kurzen Motive werden variiert wiederholt oder in Sequenzen fortgeführt. Diatonik mit Durcharakter, bei oft fehlender Septime und Quarte pentatonisch betont, ist die herrschende Tonalität. Das Tempo ist meist rasch und stets konstant. Die Dynamik ist durch den Wechsel von Solo und Chor kontrastreich; der einzelne singt und spielt meist so laut er kann.

Ausg.: W. F. ALLEN, CH. P. WARE u. L. McKIM GARRISON, Slave Songs of the United States, NY 1867, NA 1952; H. E. KREHBIEL, Afro-American Folksongs, NY u. London 1914, ²1959; N. BURLIN (= N. Curtis), Hampton Series of Negro-Folk-Songs, 4 Folgen, NY (1919–20); DIES., Songs and Talks from the Dark Continent, NY 1920; D. SCARBOROUGH, On the Trail of Negro Folks Songs, Cambridge (Mass.) 1925; W. CHR. HANDY, A Treasury of the Blues, NY 1926; N. I. WHITE, American Negro-Folksongs, Cambridge (Mass.) 1928.

Lit.: J. MAES, Les tam-tams du Congo belge, Löwen 1912; ST. CHAUVET, La musique nègre, Paris 1929; J. TIERSOT, Chansons nègres, Paris 1933; H. T. TRACEY, Songs from the Kraals of Southern Rhodesia, Salisbury 1933; A. N. TUCKER, Tribal Music and Dancing in the Southern Sudan, London (1933); M. C. HARE, Negro Musicians and Their Music, Washington (1936); M. KOLINSKI in: J. M. u. Fr. S. Herskovits, Suriname Folk-Lore, = Columbia Univ. Contributions to Anthropology XXVII, NY 1936; A. L. LOCKE, The Negro and His Music, Washington 1936; M. SCHNEIDER, Gesänge aus Uganda, AfMf II, 1937; FR.

Bose, Klangstile als Rassenmerkmale, Zs. f. Rassenkunde ... XIV, 1943/44; ders., Meßbare Rassenunterschiede in d. Musik, Homo II, 1952; N. R. Ortiz Oderigo, Panorama de la música afro-americana, = Bibl. mus. IV, Buenos Aires (1944); H. Gröger, Die Musikinstr. im Kult d. Afrikaner, Diss. Wien 1946, maschr.; A. Schaeffner, La musique noire d'Afrique, in: La musique des origines à nos jours, hrsg. v. N. Dufourcq, Paris (1946); F. Ortiz, Los bailes y el teatro de los negros en el folklore de Cuba, Habana 1951; ders., La africanía de la música folklórica de Cuba, ebenda 1952; ders., Los instromentos de la música afro-cubana, 5 Bde, ebenda 1952–55; R. A. Waterman, African Influence on the Music of the Americas, in: International Congress of Americanists 1949, Chicago 1952; A. W. Berry, L'avenir de musique nègre, in: Pensée, N. S. Nr 50, 1953; M. M. Fisher, Negro Slave Songs in the United States, Ithaca (N. Y.) 1953; H. H. Flanders u. M. Olney, Ballads Migrant in New England, NY 1953; E. Phillips, Yoruba Music, Johannisburg 1953; Th. van Dam, The Influence of the Westafrican Songs of Derision in the New World, African Music I, Nr 1, 1954; H.-H. Wängler, Über südwestafrikanische Bogenlieder, in: Afrika u. Übersee XXXIX, 1955 – XL, 1956; Kl. P. Wachsmann, Harp Songs from Uganda, Journal of the International Folk Music Council VIII, 1956; A. P. Merriam, Songs of the Ketu Cult of Bahia, African Music I, Nr 3, 1956 – Nr 4, 1957; ders., Songs of the Gêge and Jesha Cults of Bahia, Brazil, Jb. f. mus. Volks- u. Völkerkunde I, 1963; H. Courlander, The Drum and the Hoe, Berkeley u. Los Angeles 1960; ders., Negro folk music, U.S.A., NY 1963; J. De Hen, Beitr. zur Kenntnis d. Musikinstr. aus Belgisch-Kongo u. Rwanda-Urundi, Diss. Köln 1960; R. Günther, Musik in Rwanda, = Koninklijk Museen voor Midden-Afrika ..., Annalen ... L, (Tervueren) 1964; A. M. Jones, Africa and Indonesia, Leiden 1964; G. Rouget, Tons de la langue en Gun (Dahomey) et tons du tambour, Rev. de Musicol. L, 1964. FB

Negro minstrelsy (n'i:grou m'instrəlsi, engl.) → Minstrelsy.

Negro spiritual (n'i:grou sp'iritʃuəl, engl.), eine Gattung religiöser Lieder amerikanischer Neger in den Südstaaten (→ Negermusik); sie wurde nach der Sklavenbefreiung (1865) auch in den Nordstaaten und in England bekannt, vor allem durch Studentenchöre. Die überwiegend religiöse Grundhaltung der N. sp.s entspricht in ihrer Art dem sentimental-religiösen Verhältnis der Negersklaven zum Christentum und zu dessen Kultformen. Der (oder das) N. sp. entstand als außerliturgischer religiöser Gesang. Er wurde beispielsweise nach dem Gemeindegottesdienst über Stunden hin gesungen und durch eine Art Reigentanz, durch Händeklatschen und lebhaftes Fußstampfen begleitet. Ursprünglich war er einstimmig und bestand aus einer Grundmelodie, die die einzelnen Sänger improvisierend und auszierend vortrugen. Er steht durchweg in geradem Takt, möglicherweise wegen der wiegenden Bewegung der Körper und des begleitenden Fußstampfens. Wesentliches musikalisches Merkmal ist der → Off-beat-Rhythmus mit stark expressivem Charakter wie beim späteren Ragtime und Jazz. Die Chorarrangements der N. sp.s, die unter amerikanisch-europäischem Einfluß des späten 19. Jh. entstanden, wie auch die kunstliedhaften Umformungen für Sologesang mit Klavierbegleitung, z. B. von H. T. Burleigh, unterscheiden sich wesentlich von dem ursprünglichen, einstimmigen, responsorialen Spiritual. Aber durch die Spiritualinterpretationen der großen Negersänger Burleigh, Marian Anderson, Roland Hayes, W. Warfield, Mahalia Jackson, Leontyne Price u. a. entstand zugleich ein neuer, ausdrucksvoll kultivierter, religiöser Liedtyp der amerikanischen Neger. Die moderne konzertante Bearbeitung der N. sp.s für Chor hingegen ist eine völlige Entfremdung vom ehemals improvisierten Singen der Südstaatenneger. Als Wechselgesang ohne Instrumentalbegleitung gibt es den N. sp. heute noch in meist ländlichen Baptisten- und Negergemeinden. Der Diakon beginnt melismatisch die erste Textsilbe, die Gemeinde fällt mit der zweiten Silbe ein und singt improvisierend den Text weiter. → Gospelsong; → Jubilee.

Ausg.: W. F. Allen, Ch. P. Ware u. L. McKim Garrison, Slave Songs of the United States, NY 1867, NA 1952; Th. F. Seward u. G. L. White, Jubilee Songs as Sung by the Fisk Jubilee Singers, NY 1872; M. W. Taylor, A Collection of Revival Hymns and Plantation Melodies, Cincinnati 1883; H. E. Krehbiel, Afro-American Folksongs, NY u. London 1914, ²1959; N. Ballanta, St. Helena. Island Spirituals, NY 1925; H. W. Odum u. G. B. Jonson, The Negro and His Songs, Chapel Hill (N. Car.) 1925; W. A. Fisher, 70 N. sp., Boston 1926; R. N. Dett, Religious Folk-Songs of the Negro, Hampton (Va.) 1927; Cl. C. White, 40 N. sp., Philadelphia 1927; L. Y. Cohen, Lost Spirituals, NY 1928; N. I. White, American Negro Folksongs, Cambridge (Mass.) 1928; D. G. Bolton u. H. T. Burleigh, Old Songs Hymnal, NY 1929; E. McIlhenny, Befo' de War Spirituals, Boston 1933; J. W. Johnson, The Book of American Spirituals, NY 1940; J. W. Work, American Negro Songs, NY 1940; G. P. Jackson, White and N. sp., NY 1944; R. Hayes, My Songs. Afroamerican Religious Folk-Songs, Boston 1948; W. A. Logan, Road to Heaven. 28 N. sp., Alabama 1955; C. Bohländer, 40 Songs u. Spirituals, Mainz (1962).

Lit.: G. Pike, The Jubilee Singers, London 1873; M. F. Armstrong u. H. W. Ludlow, Hampton and Its Students ..., NY 1874; J. B. T. Marsh, The Story of the Jubilee Singers (mit Songs), Boston 1880; D. Scarborough, On the Trail of Negro Folk Song, Cambridge (Mass.) 1925; M. A. Grissom, The Negro Sings a New Heaven, Chapel Hill (N. Car.) 1930; G. B. Johnson, The N. Sp., The American Anthropologist XXXIII, 1931; G. P. Jackson, The Genesis of the N. Sp., American Mercury XXVI, 1932; M. Ley, Spirituals. Ein Beitr. zur Analyse d. religiösen Liedschöpfung bei d. nordamerikanischen Negern in d. Zeit d. Sklaverei, Diss. München 1954, maschr.; D. Yoder, Pennsylvania Spirituals, Lancaster (Pa.) 1961. WHR

Nenia (lat., seltener naenia, Leichengesang), Trauer-, Klage- oder Preislied aus der Zeit des frühen antiken Roms, das von den weiblichen Angehörigen eines Verstorbenen oder von gemieteten Klageweibern bei den Begräbnisfeierlichkeiten, teilweise mit Begleitung einer Tibia (manchmal auch Leier), gesungen wurde. Eine originale N. ist nicht erhalten; die indirekten Zeugnisse lassen darauf schließen, daß es sich um traditionell feststehende Text- und Melodieformeln handelte. Doch wurde die Bezeichnung seit dem 1. Jh. v. Chr. auch auf solche Trauergesänge und -dichtungen angewendet, die nach dem Vorbild des griechischen → Threnos kunstvoll ausgearbeitet waren. – Schillers *Nänie* ist als Chorwerk u. a. von H. Götz (op. 10, 1874), J. Brahms (op. 82, 1881) und C. Orff (1956) vertont worden.

Lit.: J. Wehr, De Romanorum n. commentatio, Fs. E. Curtius, Göttingen 1868; M. Schanz, Gesch. d. römischen Lit. I, bearb. v. C. Hosius, = Hdb. d. Altertumswiss. VIII, 1, München ⁴1927, Neudruck 1959; W. Kroll, Artikel N., in: Pauly-Wissowa RE XVI, 2 (32. Halb-Bd), Stuttgart 1935; J. L. Heller, Festus on N., in: Transactions and Proceedings of the American Philological Association LXX, 1939; ders., N. παίγνιον, ebenda LXXIV, 1943; G. Fleischhauer, Etrurien u. Rom, = Mg. in Bildern II, 5, Lpz. (1964), Abb. 4 u. 24.

Neo-Bechstein-Flügel ist die Bezeichnung für ein → Elektrophon, dessen Saitenschwingungen durch Mikrophonsysteme abgenommen und über Verstärker im Lautsprecher hörbar gemacht werden. Diese Erfindung des Physikers W. Nernst sollte dem Baß wie auch dem höchsten Diskant des Klaviers mehr Volumen geben. Je 5 Saiten bzw. Saitenchöre werden unter einem elektromagnetischen System strahlenförmig zusammengeführt. Sogenannte Mikrohämmer ergeben einen leichteren Anschlag als normale Klavierhämmer. Damit werden die Gefahr von Verzerrungen und das klopfende Anschlaggeräusch gemindert. Die geringere Schwingungsenergie der Saiten wird durch den nachgeschalteten Verstärker ausgeglichen; ein Resonanzboden ist überflüssig. Das Instrument wurde 1932 erstmals öffentlich vorgeführt, konnte sich aber nicht durchsetzen, da der Originalklavierklang verändert wird. Eine Parallelentwicklung ist das → Elektrochord.

Lit.: E. MEYER u. G. BUCHMANN, Die Klangspektren d. Musikinstr., Sb. Bln 1931; FR. WINCKEL, Das Radio-Kl. v. Bechstein-Siemens-Nernst, Die Umschau XXXV, 1931; O. VIERLING, Das elektroakustische Kl., Bln 1936.

Nētē (griech.) → Systema teleion.

Neuburg a. d. Donau.
Lit.: A. EINSTEIN, Ital. Musiker am Hofe d. N.er Wittelsbacher 1614–1716, SIMG IX, 1907/08; N.er Musikpflege, Acta Mozartiana I, 1954ff.; P. WINTER, Musikpflege am Pfalz-N.er Hof, in: N., d. junge Pfalz u. ihre Fürsten, N. 1955; S. HERMELINK, Ein Musikalienverz. ..., in: Ottheinrich Gedenkschrift..., Heidelberg 1956; G. PIETZSCH, Musik u. Musikpflege zur Zeit Ottheinrichs, Pfälzische Heimatblätter IV, 1956; DERS., Quellen d. Forschungen zur Gesch. d. Musik am kurpfälzischen Hof zu Heidelberg bis 1622, = Akad. d. Wiss. u. d. Lit. Mainz, Abh. d. geistes- u. sozialwiss. Klasse, Jg. 1963, Nr 6; A. LAYER, Pfalzgraf Ottheinrich u. d. Musik, AfMw XV, 1958; DERS., O. di Lasso in N., N.er Kollektaneenblatt CXI, 1958.

Neudeutsche Schule nannten sich seit 1859 die Vertreter einer musikalischen »Fortschrittspartei« unter Führung Liszts in Opposition zu der durch Mendelssohn Bartholdy, R. Schumann und Brahms repräsentierten Gruppe, die sich dem Stil der Wiener Klassiker verpflichtet fühlte. Liszt sammelte während seines Weimarer Aufenthaltes (1849–61) bedeutende Mitglieder der Gruppe um sich (darunter H. v. Bülow, P. Cornelius, J. Raff) und verhalf durch Aufführungen der Werke von Berlioz, Wagner und seiner eigenen Kompositionen den von den Neuerern publizistisch und kompositorisch geförderten musikalischen Gattungen (Musikdrama und Programmsymphonie) zu Erfolg und Verbreitung. Während der 1. Tonkünstlerversammlung, die 1859 in Leipzig stattfand, nahmen die »Zukunftsmusiker« (das Wort → Zukunftsmusik war eine polemische Prägung der Gegner) offiziell den Beinamen N. Sch. an (kritische Stellungnahme der »konservativen« Partei in der von L. Bischoff geleiteten Niederrheinischen Musikzeitung VII, 1859) und konstituierten den 1861 definitiv gegründeten Allgemeinen Deutschen Musikverein. Vereinsorgan war bis 1892 die ehemals von Schumann geleitete Neue Zeitschrift für Musik. In ihr führten vor allem R. Pohl, K. Fr. Weitzmann, der Redakteur Fr. Brendel und die Komponisten J. Raff und F. Draeseke einen schriftstellerischen Feldzug gegen die »Konservativen«. Zu den aktivsten Vorkämpfern der N.n Sch. gehörten auch H. Porges in Wien und K. Tausig in München. Die Gegenangriffe der »Konservativen« blieben mangels zusammengefaßter Stoßkraft meist wirkungslos, so die 1860 in der Berliner Zeitschrift Echo durch eine Indiskretion verfrüht veröffentlichte Erklärung, in der die Unterzeichneten (Brahms, J. Joachim, Scholz, J. O. Grimm) feststellten, daß sie *die Produkte der Führer und Schüler der sogenannten »N.n« Sch. ... als dem innersten Wesen der Musik zuwider, nur beklagen oder verdammen* könnten. Die Schroffheit des Parteiengegensatzes nahm seit den 1860er Jahren jedoch ab, und viele »Neudeutsche« – Ausnahmen bildeten A. Ritter und J. Huber – wurden auch den Interessen der Gegenpartei gerecht. Die Brahms-Verehrung H. v. Bülows ist dafür beispielhaft.

Lit.: A. W. AMBROS, Die mus. Reformbewegungen d. Neuzeit II: Die neu-deutsche Schule, in: Culturhist. Bilder aus d. Musikleben d. Gegenwart, Lpz. 1860; H. RIEMANN, Gesch. d. Musik seit Beethoven 1800–1900, Bln 1901, Kap. XI, § 4; M. KALBECK, J. Brahms, Bd I, 2, Bln ³1912.

Neue Musik, im 20. Jh. eine Bezeichnung für die bald nach 1900 aus Übersteigerung des romantischen Espressivo, dann in bewußtem Gegensatz dazu entstandenen Richtungen und Stile der zeitgenössischen Musik. 1920 traten die durch Schönberg und Strawinsky repräsentierten Hauptrichtungen in das Stadium der Antithese: dort → Atonalität in der Bindung durch Zwölftönigkeit (→ Zwölftontechnik), hier neoarchaistischer Klassizismus mit wechselnden Stilmodellen. Beiden gemeinsam sind polyphone Struktur und eine Ideenwelt, die von grimassierender Ironie bis zu religiöser Ergriffenheit reicht. Tonale Wendungen bei Schönberg (ab 1934), Reihenkonstruktion bei Strawinsky (seit 1948, zwölftönig seit 1955) wandelten die Antithese zur Synthese. Nun erscheinen Atonalität und Polytonalität, Komplementärharmonik und Hindemiths »Harmonisches Gefälle«, Panchromatik und Pandiatonik, Gleichberechtigung der »Dissonanz« und des »schwachen Taktteils« als koordinierte Erscheinungen. – Unter der Führung O. Messiaens entstand ab 1930 in Frankreich eine Reaktion gegen die heitere Spielästhetik Saties, Cocteaus und der »Six«, verbunden mit Einflüssen exotischer Musik, religiösem Pathos und Zahlenmystik, die bis in die Konstruktion von Tonleitern und Rhythmen hineinwirken. Nach 1950 treten neoarchaische Tendenzen hinter den Einfluß Weberns zurück (Boulez, Nono, Stockhausen). Indifferenz gegen harmonische Probleme verbindet sich mit »total prädeterminierter Komposition« (Křenek). Nicht nur die melodische Tonfolge, auch Rhythmus, Dynamik und Klangfarbe werden in der → Seriellen Musik dem Gesetz von → Reihen unterworfen. Gegen den Zwang serieller Ordnung wenden sich in zwei getrennten Richtungen Tendenzen, die dem Zufall und den Interpreten die Anordnungen von Formpartikeln überlassen, so Stockhausen in Klavierstück XI, Boulez in der 3. Klaviersonate, während J. Cage Unbestimmtheit und Zufall der Komposition vorangehen läßt (→ Aleatorik und Indeterminacy). Rhythmus und Metrum entwickeln sich über den schwebenden Zustand bei Bartók und Strawinsky hinaus autonom (Messiaen; Blachers → Variable Metren) und schaffen ein neues musikalisches Zeitbewußtsein. Um 1950 wurden in Paris erste Ergebnisse einer experimentellen, mit Schallplatte und Tonband montierten → Musique concrète gezeigt. Kurz danach überwand die Kölner Schule Eimerts mit → Elektronischer Musik das Stadium des Experiments. Komposition geschieht hier direkt auf Tonband; die Abstufungen von Klang, Oktavteilung, Polymetrik und Dynamik sind unbegrenzt. – Bei den auf Massenkultur bedachten totalitären Staaten ist N. M. verfemt; im Deutschland Hitlers waren ihre Autoren und Werke als »entartet«, im Rußland Stalins als »westlich dekadent« diffamiert. Seit 1955 hat der Widerstand auch im sowjetischen Bereich nachgelassen.

Lit.: P. STEFAN, N. M. u. Wien, Wien 1921; E. BÜCKEN, Führer u. Probleme d. n. M., Köln 1924; H. MERSMANN, Die moderne Musik seit d. Romantik, Bücken Hdb.; DERS., N. M. in d. Strömungen unserer Zeit, Bayreuth 1949; H. TIESSEN, Zur Gesch. d. jüngsten Musik (1913–28), Mainz (1928); K. WESTPHAL, Die moderne Musik, = Aus Natur u. Geisteswelt Bd 1007, Bln 1928; R. DUMESNIL, La musique contemporaine en France, 2 Bde, Paris 1930, ²1949–50; E. KŘENEK, Über n. M., Wien 1937, engl. als: Music Here and Now, NY 1939; N. SLONIMSKY, Music Since 1900, NY 1937, ³1949; A. COPLAND, Our New Music, NY 1941, deutsch München 1947, Wien 1948; W. SCHUH, Zeitgenössische Musik, Zürich u. Freiburg i. Br. 1947; S. Borris, Über Wesen u. Werden d. N. M. in Deutschland, Bln 1948; R. F. Brauner, Österreichs N. M., Wien 1948; Th. W. Adorno, Philosophie d. n. M., Tübingen 1949, Ffm. ²1958; H. Erpf, Vom Wesen d. N. M., Stuttgart 1949, japanisch Tokio 1955; H. H. Stuckenschmidt, N. M., = Zwischen d. beiden Kriegen II, Bln u. Ffm. 1951, frz. Paris 1956; ders., Schöpfer d. N. M., Ffm. 1958; A. Goléa, Esthétique de la musique contemporaine, Paris 1954, deutsch als: Musik unserer Zeit, München 1955; Fr. Herzfeld, Musica nova, Bln 1954; O. Gurvin, Ny musik in Norden, Stockholm 1954; L. Rognoni, Espressionismo e dodecafonia, Turin 1954; K. H. Wörner, N. M. in d. Entscheidung, Mainz (1954, ²1956); P. Wolff, La musique contemporaine, Paris 1954; P. Collaer, Musique moderne, Brüssel 1955, deutsch Stuttgart 1963; R. Vlad, Modernità e tradizione nella musica contemporanea, Turin (1955); G. Forneberg, Der Geist d. N. M., = Literarhist.-mw. Abh. XV, Würzburg 1957; G. Nestler, Der Stil in d. n. M., Freiburg i. Br. u. Zürich (1958); Fr. K. Prieberg, Lexikon d. N. M., Freiburg i. Br. u. München 1958; B. Schäffer, Nowa muzyka..., Krakau 1958; R. Stephan, N. M., = Kleine Vandenhoeck-Reihe II, Göttingen 1958; J. A. Berendt u. J. Uhde, Prisma d. gegenwärtigen Musik, Hbg 1959; B. de Schloezer (mit M. Scriabine), Problèmes de la musique moderne, Paris 1959; R. Wangermée, La musique belge contemporaine, Brüssel 1959; K. H. Ruppel, Musik in unserer Zeit, München 1960; P. Gradenwitz, Wege zur Musik d. Gegenwart, = Urban-Bücher LXX, Stuttgart (1963); D. Mitchell, The Language of Modern Music, London 1963; W. Zillig, Die N. M., Linien u. Porträts, München 1963; J. Rohwer, Neueste Musik, Stuttgart 1964; U. Dibelius, Moderne Musik 1945–65, München (1966). → Zeitschriften. HHS

Neuguinea.
Lit.: J. Kunst, A Study on Papuan Music, Bandung 1930; ders., De inheemse muziek in westelijk Nieuw-Guinea, in: C. C. F. M. Le Roux, De Bergpapoea's van Nieuw-Guinea en hun woongebied II, Leiden 1950; W. Graf, Die mw. Phonogramme R. Pöchs v. d. Nordküste N., = R. Pöchs Nachlaß, Serie B, II, Wien 1950; P. Wirz, Über sakrale Flöten u. Pfeifen d. Sepik-Gebietes, N., Verhandlungen d. Naturforschenden Ges. Basel LXV, 1954; D. Christensen, Die Musik d. Kate u. Sialum. Beitr. zur Ethnographie N., Diss. Bln (F. U.) 1957; A. P. Elkin, Australian and New Guinea Mus. Records, Oceania XXVII, 1957.

Neumen (griech. νεῦμα, Wink), – 1) die Zeichen der kirchlichen Notenschrift vor Entstehung der auf Liniensystem aufbauenden abendländischen und der neo-(mittel-)byzantinischen Notenschrift (→ Byzantinischer Gesang). Sie sind hervorgegangen aus den aufs engste zusammengehörigen cheironomischen Zeichen der frühchristlichen Musiker und den Akzent- oder Prosodiezeichen der spätantiken Grammatiker (→ Akzent – 1; → Prosodie – 1). Verwandte Zeichen lassen sich bis nach Ägypten und Indien und den Ausstrahlungsgebieten dieser Länder nachweisen. Aufgabe der N. ist es, als Gedächtnisstütze für die Kantoren den Vortrag der kultischen Gesänge zu erleichtern. Nach Art der Gesänge gliedern sie sich in Lektionszeichen oder → ekphonetische N., welche die Rezitationsformeln anzeigen, und in die N. im eigentlichen Sinne für den Concentus (→ Akzent – 2). Entsprechend der reicheren Melodik des Concentus bezeichnen letztere die auf die einzelnen Silben entfallenden Einzeltöne oder Tongruppen.
Die N. sind einzuteilen nach Art der Akzente. Dabei ist unter Akzent nicht die heutige Hervorhebung einzelner Silben oder Töne durch die Stärke zu verstehen, sondern einerseits im antiken Sinn die Veränderung des Silbentons, d. h. die Aufwärtsbewegung der Stimme (Acutus, als Neume Virga), die Abwärtsbewegung oder das Verharren in der Tiefe (Gravis, als Neume Punctum, Tractulus), das Auf- und Abwärts (Circumflexus, als Neume Flexa oder Clinis, Clivis) sowie die anderen zusammengesetzten Tonhöhenveränderungen (siehe N.-Tafel S. 631); andererseits, gemäß der antiken Akzentlehre, die lange oder kurze Aussprache (die Zeichen der Metriker: Longa und Brevis, als N. nur in sogenannten rhythmischen Schriften verwendet: – und •) sowie Spiritus, Apostropha, Hyphen, Diastole (zufolge E. Jammers als N. in den Sonder-N. oder, wie P. Wagner sie nennt, in den Haken-N. fortlebend). Die N. für die Tonhöhe geben dabei nicht den Tonort, sondern seine Änderung, d. h. die Richtung der Tonbewegung an. Wann aus der → Cheironomie als Versinnbildlichung des Gesanges durch Handbewegung eine Schrift auf dem Pergament als Vorschrift oder Hilfe für die Ausführung der Melodien geworden ist, läßt sich nicht genau bestimmen. Das Bedürfnis ergab sich im Westen vielleicht bei der Entstehung divergierender Vortragsarten für den Gregorianischen Gesang bei gleichen Texten oder bei der Verdrängung des → Gallikanischen Gesanges durch diesen unter den Karolingern. Ältestes zur Zeit bekanntes Dokument ist der Münchner Codex 9543 aus Oberaltaich mit der Prosula *Psalle modulamina*, notiert von dem Schreiber Engyldeo (zwischen 817 und 834).
Die Arten der N.-Schriften ergeben sich aus ihrer Verbindung mit der Liturgie. Man unterscheidet armenische, byzantinische, russische (von den frühbyzantinischen abhängig) und andere Schriften im Osten sowie die lateinischen N. im Westen, bei diesen wiederum im Bereich der römischen Liturgie die beneventanische, mittelitalische, anglonormannische, nordfranzösische (im Gebiet der ehemaligen Gallia Lugdunensis) und die deutsche Schrift, die nach einem ihrer wichtigsten Orte auch St. Galler Schrift genannt wird. Die ambrosianische Schrift in Oberitalien ist weitgehend durch fremde Schriften verdrängt worden. Die mozarabische Schrift (Spanien) starb im 11. Jh. aus. Alle diese Schriften (zu den wichtigsten frühen Quellen → Ambrosianischer Gesang, → Mozarabischer Gesang, → Gregorianischer Gesang, Ausg. und Lit.) verwenden die Virga als einen Hauptbestandteil.

St. Galler Schrift
(St. Gallen, Stiftsbibl., Cod. 339; 10. Jh.).

Beneventanische Schrift
(Rom, Bibl. Vat., Ms. lat. 10673; 11. Jh.).

Nordfranzösische Schrift
(Mont-Renaud, Privatbibl.; 10. Jh.).

Abseits stehen einige Schriften Frankreichs, die aquitanische im Süden, fast ohne Virga, indem sie nahezu ausschließlich Punkte oder waagerechte Tractuli benutzt (sogenannte neumes-points), ferner die paläofränkische um St-Amand, die bretonische im Nordwesten und die Metzer oder Lothringer im Nordosten und in Belgien, doch auch stellenweise in Deutschland. Die 3 zuletzt genannten sind Übergänge oder Mischschriften der aquitanischen und nordfranzösischen Schrift, mit stärkerer Verwendung der zusammengesetzten Tonhöhezeichen. Die Ansichten über die geschichtliche Einordnung dieser Schriften gehen auseinander.

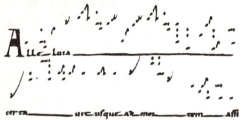

Aquitanische Schrift
(Paris, Bibl. Nat., Ms. lat. 903; 11. Jh.).

Paläofränkische Schrift
(Düsseldorf, Landes- und Stadtbibl., Ms. D 1; 10. Jh.).

Metzer Schrift
(Laon, Ms. 239; 9./10. Jh.).

Beinahe gleichzeitig mit der Entstehung der N.-Schrift als Vorschrift für die Aufführung der Gesänge, d. h. schon im 9. Jh., beginnen die Klagen über die Unsicherheit hinsichtlich der Tonhöhe und setzen die ersten Versuche ein, ihr abzuhelfen. So schrieb man – jedoch fast ausschließlich in Theorie- oder Schulwerken – zu den N. die Tonbuchstaben, oder man ergänzte die N. durch Intervallzeichen (Hermannus contractus). Als Zusatzzeichen für einen melodisch und rhythmisch differenzierten Gesangsvortrag der N. begegnen die → Romanus-Buchstaben und das sogenannte Episema

(letzteres in Form eines leicht geschwungenen waagerechten Strichs am oberen Ende vor allem von Flexa und Virga). Zu erwähnen ist ferner als echte Tonortschrift die aquitanische N.-Schrift. Auch hier bestehen Meinungsverschiedenheiten: als Tonortschrift von Anfang an wird sie von Jammers betrachtet, Handschin leitet sie aus einer Mischung von Tonort- und Tonbewegungszeichen (d. h. aus der paläofränkischen Schrift) ab, Solesmer Autoren dagegen unmittelbar aus der üblichen Schrift der Tonbewegungen. – Die eigentliche Entwicklung der N.-Schrift zur abendländischen Tonortschrift erfolgte durch die Heranbildung des →Liniensystems. Dem Guidonischen Liniensystem kamen die einzelnen Schriftarten mit verschiedener Bereitwilligkeit entgegen. Keine Schwierigkeiten bestanden bei der aquitanischen Schrift mit ihrem fast ausschließlichen Gebrauch von Punkten oder waagerechten Strichlein; die beneventanische Schrift bevorzugte die Punkte vor den Virgen. Trotzdem wurde die nordfranzösische Schrift besonders wichtig für die Gestalt der abendländischen. Hier erhielt die Virga an der Spitze eine Verdickung; diese wurde nun Zeichen des Tonortes, während der eigentliche Virgastrich unwesentliche Verzierung oder aber Zeichen der Tondauer wurde (→ Longa). Punkt oder Verdickung gewannen quadratische Form; es entstand die quadratische oder römische → Choralnotation.

Römische Choralnotation
(Arezzo, Bibl. Communale, Graduale; 1476).

In Deutschland, wo die Mehrstimmigkeit weniger gepflegt wurde und das Verlangen nach exakter Angabe der Tonhöhe daher geringer war, hielt sich die linienlose N.-Schrift länger. Aus einer ähnlichen Verdickung der Virga und anderen Entartungen der N. entstand hier die Hufnagelschrift (deutsche oder gotische Choralnotation).

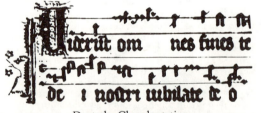

Deutsche Choralnotation
(Karlsruhe, Badische Landesbibl., Ms. Pm 16; 15. Jh.).

– 2) In der mittelalterlichen Musiktheorie umfaßte der Terminus neuma mehrere Bedeutungen. Nach Anonymus I (CS II, 470a) und den *Quatuor principalia musicae* (CS IV, 233b) verstand man unter neuma: 1) den Einzelton (simplex phtongus, id est sonus); 2) die aus einem oder mehreren Tönen zusammengesetzte Silbe eines Gesanges (cantus syllaba); 3) einen ganzen Gesang (totus cantus); 4) jenen Cantus, *qui est post antiphonam, ut in cathedralibus et quampluribus aliis ecclesiis*. In letztgenanntem Sinn hießen neumae die vom 9. bis ins späte 16. Jh. nachweisbaren Melodie- oder Memorierformeln: Vokalisen, welche den Antiphonen und Responsorien auf dem Schlußvokal angehängt werden konn-

Neumen

	St. Gallen	Benevent	Nordfranzösisch	Aquitanisch	Paläofränkisch	Metz	Römische Choralnotation	Deutsche Choralnotation
Punctum	· (\)	✎	━	·	·	·	■	◆
Tractulus	—	━		-	—	~		
Virga	/ /	1	1	ℐℐℐℐ			¶	┠
Pes (Podatus)	⌡ ⌡	⌡	⌡	⌒	⌒	⌡ᶠ	⌡	⌡
Flexa (Clivis)	∧	⌐⌐	⌐	⌒ =	⌐	⌐⌐ᶻ	⌐	⌐⌐
Climacus	⋰ /=	⌐ⱼ	¶··(ß)	∴	⌐	⌐ ⁚	⌐•	⌐••
Scandicus	⋰ ⋰	⌡	⌡	⁝	⁚	⌡	⌐⌡	⌡
Torculus	⌢ S ⌐	⋀	⌡	⌢	⌒⌢⌒	⌡	⌢	⌢
Porrectus	N	N V	N	⁚⁚	V	V	N	N
Pes subbipunctis	⌡ ⌡=	⌡ⱼ	⌡⋰	⁚⁚	(⌐⌐)	⌡⋰	⌡⋰	⌡⋰
Climacus resupinus	⁝⋰	⌢ⱼ		⁝⋰	⌡	⁓⁓⌡	¶⋰⋰	⌡⋰⋰
Oriscus	Y	[■]	n (·)	n			■	⌡
Pressusverbindungen	⌢⌢⌢	¶	n (-)			·ᵠ	(⌐⌐)	
Salicus	⌡	⌡	⌡ ⌡	(⌐n⌐)(⌡)	⌡⌒	⋯ⱼ	(⌡)	⌢⌡
Strophicus	ʼʼ ʼʼʼ	⁓⁓ ⁓⁓⁓	" (··)	(- -)	⋯	⋯━	■■■	⁊⁊⁊
Quilisma	⌡	⌡⌡ ⌡	⌡ ⌡ (~)	₹	~ ~	⌡		
Liquescens, besonders Cephalicus	⌢	↯	(ᵖ) ∧	⌡	∩	⌐	⌐	⌐
Epiphonus	⌣	ℓ	⌣⌡ʔ		⌣	⌡	⌡	

ten, wobei jeder der 8 Kirchentöne über ein eigenes Neuma verfügte.
Ausg.: zu 1): Paléographie mus. I/1–17 u. II/1–2, Solesmes 1889ff., dazu: La notation mus. des chants liturgiques lat., Solesmes (1963); Monuments de la notation ekphonétique et neumatique de l'église lat., hrsg. v. J.-B. THIBAUT OSB, St. Petersburg 1912; Monumenti vaticani di paleografiamus. lat., 2 Bde, hrsg. v. H. M. BANNISTER, = Cod. vaticani selecti phototypice expressi XII, Lpz. 1913; Die Kompositionen d. hl. Hildegard..., Faks. hrsg. v. J. GMELCH, Düsseldorf 1913; Das Graduale d. St. Thomaskirche zu Lpz. ..., 2 Bde, hrsg. v. P. WAGNER, = PäM V u. VII, Lpz. 1930–32; E. JAMMERS, Die Essener Neumenhss. d. Landes- u. Stadtbibl. Düsseldorf, Ratingen 1952; Tafeln zur Neumenschrift, hrsg. v. DEMS., Tutzing 1965; G. VECCHI, Atlante paleografico mus., Bologna 1951; Troparium sequentiarum nonantulanum, hrsg. v. DEMS., = Monumenta lyrica medii aevi italica I, 1, Florenz 1955; Antifonario visigótico mozárabe de la Catedrál de León, I: Faks., II: Text, hrsg. v. L. BROU OSB u. J. VIVES, = Monumenta Hispaniae Sacra, Series liturgica V, 1 u. 2, Madrid, Barcelona u. León 1953 u. 1959; Monumenta Musicae Sacrae, hrsg. v. R.-J. HESBERT OSB, Mâcon 1952ff.; Le Graduel Romain. Ed. critique par les moines de Solesmes, bisher erschienen: II (Les sources), IV, 1 u. 2 (Les textes neumatiques), Solesmes 1957, 1960 u. 1962; Codex Albensis, ein Antiphonar aus d. 12. Jh., hrsg. v. Z. FALVY u. L. MEZEY, = Monumenta Hungariae Musicae I, Budapest u. Graz 1963.
Lit.: zu 1): O. FLEISCHER, Neumenstudien, I u. II Lpz. 1895–97, III Bln 1904; P. WAGNER, Einführung in d. Gregorianischen Melodien II: Neumenkunde, Lpz. ²1912, Nachdruck Hildesheim u. Wiesbaden 1962; DERS., Ein bedeutsamer Fund zur Neumengesch., AfMw I, 1918/19; GR. SUNYOL OSB, Introducció a la paleografia mus. gregoriana, Montserrat 1925, erweitert frz. Paris 1935 (mit Bibliogr.). – E. OMLIN OSB, Die St.-Gallischen Tonarbuchstaben, = Veröff. d. gregorianischen Akad. zu Freiburg i. d. Schweiz XVIII, Regensburg 1934; E. JAMMERS, Zur Entwicklung d. Neumenschrift im Karolingerreich, Fs. O. Glauning, Lpz. 1936; DERS., Die paläofränkische Neumenschrift, Scriptorium VII, 1953; DERS., Die materiellen u. geistigen Voraussetzungen f. d. Entstehung d. Neumenschrift, DVjs. XXXII, 1958; DERS., Studien zu Neumenschriften, Neumenhss. u. neumierter Musik, Bibl. u. Wiss. II, 1965; J. SMITS VAN WAESBERGHE SJ, Muziekgeschiedenis d. middeleeuwen II, Tilburg 1939–47; J. HANDSCHIN, Eine alte Neumenschrift, AMl XXII, 1950; L. AGUSTONI, Notation neumatique et interprétation, Rev. grégorienne XXX, 1951; J. HOURLIER, Le domaine de la notation messine, ebenda; S. CORBIN, Les notations neumatiques à l'époque carolingienne, Rev. d'hist. de l'Eglise de France XLIII (= Bd 38), 1952; DIES., La notation mus. neu-

matique. Les quatre provinces lyonnaises: Lyon, Rouen, Tours et Sens, Diss. Paris 1957, maschr.; G. VECCHI, La notazione neumatica di Nonantola, Atti e memorie della Deputazione di storia patria di Modena IX, 5, 1953; M. HUGLO, Les noms des neumes et leur origine, Etudes grégoriennes I, 1954; DERS., Le domaine de la notation bretonne, AMl XXXV, 1963; G. BENOIT-CASTELLI OSB u. M. HUGLO, L'origine bretonne du Graduel Nr 47 de la bibl. de Chartres, Etudes grégoriennes I, 1954; M. HUGLO, L. AGUSTONI, E. CARDINE OSB u. E. MONETA CAGLIO, Fonti e paleografia del canto ambrosiano, = Arch. Ambrosiano VII, Mailand 1956; E. CARDINE OSB, Neumes et rythme, Etudes grégoriennes III, 1959; DERS., Preuves paléographiques du principe des »coupures« dans les neumes, ebenda IV, 1961; L. KUNZ OSB, Antike Elemente in d. frühma. Neumenschrift, KmJb XLVI, 1962. – zu 2): R. MOLITOR OSB, Die Nach-Tridentinische Choral-Reform zu Rom I, Lpz. 1901; P. WAGNER, Einführung in d. Gregorianischen Melodien, II Lpz. ²1912, III Lpz. 1921, Nachdruck Hildesheim u. Wiesbaden 1962; K. W. GÜMPEL, Zur Interpretation d. Tonus-Definition d. Tonale Sancti Bernardi, = Akad. d. Wiss. u. d. Lit. Mainz, Abh. d. geistes- u. sozialwiss. Klasse, Jg. 1959, Nr 2; A.-M. BAUTIER-REGNIER, Notes du lexicographie mus.: A propos des sens de neuma et de nota en lat. médiéval, RBM XVIII, 1964. EJ

Neuseeland.
Lit.: CL. ELKIN, Maori Melodies, Sydney 1923; K. KENNEDY, The Ancient Four-Note Scale of the Maoris, Mankind I, 1931; J. C. ANDERSEN, Maori Music With its Polynesian Background, New Plymouth 1934; M. HURST, Music and the Stage in New Zealand, Wellington 1944; GR. CARRIT, New Zealand Composers, MMR LXXXI, 1951; M. E. MCLEAN, Oral Transmission in Maori Music, Journal of the International Folk Music Council XIII, 1961.

Newel, Nebel (hebräisch) ist die im Alten Testament mehrfach genannte Bogenharfe, das wichtigste Saiteninstrument neben dem Kinnor. Nach der Zeit Davids wurde es im Tempel bei freudigen Anlässen gespielt. → Psalterium.

New Orleans (La., USA).
Lit.: J. G. BARONCELLI, L'opéra frç. de la Nouvelle Orléans, N. O. 1914; G. P. BUMSTEAD u. L. PANZERÍ, Louisiana Composers, N. O. 1935; L. GAFFORD, Hist. of the St. Charles Theater in N. O., Diss. Univ. of Chicago 1938; J. SM. KENDALL, The Golden Age of the N. O. Theatre, Baton Rouge (La.) 1952; G. S. MCPEEK, N.O. as an Opera Center, Mus. America LXXIV, 1954; O. KEEPNEWS u. W. GRAUER, Pictorial Hist. of Jazz, People and Places from N. O. to Modern Jazz, NY 1955.

New-Orleans-Jazz (nju: ˈɔːliənz dʒæz), der in Tanzhallen und im Vergnügungsviertel (Storyville) von New Orleans entstandene früheste → Jazz. Die ersten Tanz- und Unterhaltungskapellen der nordamerikanischen Neger (→ Band), deren Musizieren u. a. von dem damals schon weitverbreiteten → Ragtime beeinflußt war, sind als Verkleinerungen der → Marching bands anzusehen. Sie sind in New Orleans seit etwa 1890 nachweisbar; eine der ersten namentlich bekannten ist die des Kornettisten und Trompeters Buddy Bolden (seit 1893). Diese Bands bestanden – wie auch jede spätere Jazzband – aus einer Melodie- und einer Rhythmusgruppe, wobei sich sehr bald die N.-O.-J.-Standardbesetzung herausbildete mit der Melodiegruppe Kornett oder Trompete, Klarinette und Posaune (→ Tail gate) und der Rhythmusgruppe Schlagzeug, Kontrabaß (anfangs Tuba), Banjo oder Gitarre, später auch Piano. – Der N.-O.-J. war ursprünglich kollektives Stegreifmusizieren über einem → Chorus ohne hervorstechende solistische Beteiligung. Als Chorus dienten vor allem Popular songs, Schlager, Blues und Märsche. Die führende Melodiestimme (lead) übernahmen das Kornett oder die Trompete, die sich beim ersten Durchspielen des Chorus noch möglichst eng der Originalmelodie anschlossen, ihn aber bei seinen Wiederholungen durch Auszierungen und Kolorierungen immer abwechslungsreicher darboten. Die Posaune bildete die tiefe Gegenstimme, und die Klarinette umspielte die beiden anderen Melodieinstrumente. Auf Grund dieser freien Umspielungen des Chorus durch die Melodieinstrumente ergab sich ein scheinbar polyphones Klangbild, das häufig falsch mit der Polyphonie der Barockmusik verglichen worden ist. Die Rhythmusgruppe lieferte nicht nur die harmonische Grundlage, indem sie das Harmonieschema des Chorus beibehielt, sondern sorgte auch durch den → Beat (–1) für das metrische Fundament (two beat), das der Melodiegruppe Off-beat-Akzentuierungen ermöglichte und so den → swing herbeiführte. Die Neger übertrugen ihre Gesangsvorstellung auf das Spielen der Instrumente (singing horns), woraus sich die für den N.-O.-J. typische → Hot-Intonation entwickelte, die ihrerseits eng mit der Verwendung von → Dirty tones, → Shouting und Blue notes in Zusammenhang steht. – Die heutige Kenntnis des alten N.-O.-J. vermitteln Schallplatten. Diese Aufnahmen entstanden jedoch erst in den Jahren 1922–28 in Chicago und repräsentieren die kultivierteste und virtuoseste Stufe des N.-O.-J., die von den bedeutendsten Bands aus New Orleans erreicht worden ist: King Oliver's Creole Jazz Band (mit Louis Armstrong, Aufnahmen seit 1923), Louis Armstrong and His Hot Five (1925), ebenso seine Hot Seven (1927) und Jelly Roll Morton's Red Hot Peppers (seit 1926). In den Aufnahmen dieser Bands gewannen – auch auf Grund der Begegnung mit dem → Chicago-Jazz – das solistische Hervortreten einzelner Musiker (Armstrong) das durch Head-Arrangements (→ Arrangement) festgelegte ausgewogene Zusammenspiel der ganzen Gruppe (Morton), sowie Perfektion und Präzision in der Darbietung eines geschlossenen Jazzstücks immer mehr Bedeutung. Sie stellen den Höhepunkt des N.-O.-J. dar. Seit dem Auftreten der Big bands in der → Swing-Ära wurde der N.-O.-J. immer stärker in den Hintergrund gedrängt, bis er schließlich durch die sogenannte New Orleans Renaissance (seit 1939), teilweise unter Heranziehung alter Musiker (Bunk Johnson), der Vergessenheit entrissen wurde und seitdem wieder als unbefangenste und vitalste Spielart des Jazz gilt. EWA

New York.
Lit.: TH. HASTINGS, The Hist. of Forty Choirs, NY 1854; H. E. KREHBIEL, Review of the NY Mus. Season 1885–90, 5 Bde, NY 1886–90; H. MOSENTHAL, Gesch. d. Ver. Deutscher Liederkranz in NY, NY 1897; A. H. MESSITER, A Hist. of the Choir and Music of Trinity Church, NY 1906; An Hist. Sketch of 37 Seasons of the Oratorio Soc. of NY 1873/74–1908/09, hrsg. v. d. Oratorio Soc. NY, NY 1909; H. KLEIN, Unmus. NY, NY u. London 1910; J. G. HUNEKER, The Philharmonic Soc. of NY and Its 75th Anniversary, NY 1917; J. MATTFELD, A 100 Years of Grand Opera in NY, 1825–1925, NY 1927; G. C. D. ODELL, Annals of the NY Stage, 15 Bde, NY 1927–49; F. A. H. LEUCHS, The Early German Theatre in NY, 1840–72, Columbia 1929; F. O. NOETHINGER, 75 Years of Helvetia Maennerchor NY, 1858–1933, NY 1933; FR. DAMROSCH, Inst. of Mus. Art, 1905–26, NY 1936; I. KOLODIN, The Metropolitan Opera 1883–1935, NY 1936, 1883–1950, NY 1953; P. SANBORN, u. E. HILB, The Metropolitan Book of the Opera, NY 1937, ²1942; R. ALDRICH, Concert Life in NY 1902–23, NY 1941; H. DIKE, Stories from the Great Metropolitan Operas, NY 1943; J. ERSKINE, The Philharmonic-Symphony Soc. of NY, 1917–42, NY 1943; A. C. MINOR, Piano Concerts in NY City 1849–65, Diss. Univ. of Michigan 1947, maschr.; M. E. PELTZ, Behind the Gold Curtain. The Story of the Metropolitan Opera, 1883–1950, NY 1950; J. BURTON, The Blue Book of Broadway Musicals, NY 1952; Metropolitan Opera House, 70th Anniversary 1883–1953, Sponsored by the National Council of the Metropolitan Opera Ass., NY 1953; A. HOLDE, Vom Werden eines Instr.-Museums (Metropolitan Museum), Das Musikleben VII,

1954; DERS., Metropolitan Opera, = Rembrandt-Reihe XXXVI, Bln 1961; H. NOBLE, Life with the Met, NY 1954; QU. EATON, Adventures of the Metropolitan on Tour, 1883–1956, London 1957; Metropolitan Opera Annals, I. Suppl. 1947–57, hrsg. v. W. H. SELTSAM, NY 1957; R. SCHICKEL, The World of Carnegie Hall, NY 1960.

Nicaragua.
Lit.: L. A. DELGADILLO, La música indígena y colonial en N., Estudios mus. I, 1950; S. IBARRA MAYORGA, Monografía del himno nacional de N., Managua 1955.

Nicolo (ital.) → Bomhart.

Niederländische Musik. Für die ältere Zeit ist die Bezeichnung mißverständlich, weil nicht das heutige Holland allein gemeint ist, sondern das Königreich der Vereinigten Niederlande 1815–30. Hier fühlte man sich im Sinne der Romantik als Erbe der historischen »Niederlande« mit flämisch-wallonisch-französischer Bevölkerung und stellte 1824 die Preisfrage nach ihren musikalischen Verdiensten im 14.–16. Jh., die 1829 durch R. G. Kiesewetter und Fr.-J. Fétis beantwortet wurde. Dabei erkannte Kiesewetter zunächst, daß jene Gebiete nicht zu Frankreich gehörten, das erst 1659 kleine Teile davon erobert hat. Die Musiker waren nicht Franzosen im Sinne der Ars nova-Tradition. Man kann sie als »franko-flämisch« bezeichnen (→ Franko-flämische Schule), doch ist auch »niederländisch« angebracht, weil das inzwischen durch »Holland« + »Belgien« verdrängte Wort »Niederlande« heute am besten jene alte politische Einheit umschreibt, deren Geschichte lange vor Fr. v. Schiller erforscht wurde. Ihre Zusammengehörigkeit geht auf das Herzogtum Burgund im 15. Jh. zurück (→ Burgundische Musik), denn Herzog Philipp der Gute trieb nicht mehr die Politik eines französischen Vasallen, sondern setzte nach langem Kampf 1435 im Friedensvertrag von Arras seine Unabhängigkeit vom französischen König durch. Diese im Bündnis mit England errungene staatliche Souveränität hat ihr Gegenstück in der musikalischen Verselbständigung durch Aufnahme englischer Grundlagen. Der Dichter Martin le Franc sprach 1441/42 von contenance Angloyse und der Nachfolge Dunstables. Nur die in jenen Jahren geschaffene Nova ars galt als hörenswert, alles Vorangehende als veraltet, wie Tinctoris 1477 darlegte. Die heutige Forschung führte zur Erkenntnis einer Übergangszeit, in der sich einzelne Stilmittel herausbildeten. Besonderen Einfluß hatte der um 1400 für Padua wirkende J. Ciconia, gewiß ein jüngeres Mitglied der gleichnamigen Musikerfamilie in Lüttich. – Die franko-flämischen (niederländischen) Musiker des 15./16. Jh. schufen den damals für Europa gültigen Stil, von dem der Stil der Zeit nach 1600 charakteristisch abweicht. Es war ein auf dem Gesang und auf dem Wort beruhender »Singstil«, der zuerst in der liturgischen Musik hervortrat, nachträglich auf andere Gebiete übertragen wurde. Am unabhängigsten davon blieb im 16. Jh. die Pariser Chansonkunst, während in Italien das Madrigal vom Singstil geprägt war. Es gab keine rein musikalische Form, denn auch die Instrumentisten folgten dem Vorbild der Vokalpolyphonie. Dort richtete sich die Komposition nach dem Text, der meist Prosa ist oder wie Prosa behandelt wird. Die daraus hervorgehende »Prosamelodik« bringt immer neue Motive, vermeidet Wiederholung und Symmetrie. Die Einzelstimmen sind vom Singen erfüllt und ergeben dem Klangstrom eine primär gesanglichen Mehrstimmigkeit; demgemäß hatten instrumental den Bläser den Vorrang. Der ernste Ton des Singstils erklärt sich aus seinem Dienst an der Liturgie und seiner Verwandtschaft mit dem gregorianischen Choral. Der Choral war es, den Dufay um 1430–40 nach englischem Vorbild in die Mehrstimmigkeit aufnahm, als erste Stufe der Stilprägung. Da es von Binchois keine Tenormesse gibt, war er nur sekundär ein Mitschöpfer des Neuen, während der universale Dufay den Singstil auch auf die Motette und die Gesellschaftsmusik wirken ließ, nach dem erhaltenen Werkbestand bis über 1460 hinaus. Im Zeitalter der niederländischen Devotio moderna, der Reformation und Gegenreformation lag die Führung auf musikalischem Gebiet beim Meßzyklus und bei der Motette. Der hier geprägte Singstil hat immer wieder andere Formen beeinflußt, die französische Chanson und das deutsche Lied ebenso wie zuletzt noch das Madrigal. Dagegen blieb die Tanzmusik im 15.–16. Jh. ohne irgendwelchen Einfluß, sie paßte sich vielmehr bei polyphoner Ausführung bald dem Singstil an (→ Tanz). – Die zweite Stufe der Stilprägung vertrat seit 1460 Ockeghem, der nicht Schüler Dufays war und langsam seine eigene Sprache fand. Er gab dem polyphonen Klangstrom, meist mit einem C. F., durch unregelmäßige Rhythmik und Zurückdrängen der Kadenzgliederung eine neue Ausdruckskraft. Zugleich bevorzugte er die Messe fast bis zur Ausschließlichkeit. Der stark auch der Chanson zuneigende Busnois hatte geringeren Einfluß. Der Vorrang des Meßzyklus, im Diffinitorium musices von Tinctoris als cantus magnus bezeichnet, entsprach wohl dem Wunsch der Zeitgenossen. Mit seinen 5 Sätzen war er die Großform der niederländischen Epoche, an Bedeutung der Symphonie vergleichbar. Der liturgisch begründete Vorrang der Messe blieb bestehen, auch als die Schöpferkraft sich auf andere Gebiete verlagerte. Das geschah allmählich zugunsten der Motette, die für Tinctoris nur als cantus mediocris galt, im 16. Jh. jedoch die Führung hatte, zuletzt in Italien sogar hinter dem Madrigal als Vertreter des cantus parvus zurückblieb.

Die um 1500 zur Herrschaft gelangte Generation erhielt durch die Renaissance in Italien Anregungen. Während für Dufay die Auseinandersetzung mit der italienischen Frührenaissance fruchtbar war, riß dieser Zusammenhang bei Ockeghem ab. Die junge Generation suchte nun wieder Kontakte, wie Gaspar van Weerbeke, Compère, Brumel, und zuletzt, wenigstens mittelbar, der vielseitige Mouton. Fast unbeeinflußt von Italien blieb Pierre de la Rue, als stärkster Vertreter der Kanonkünste zugleich Komponist eines recht ungleichartigen Werkes. Der Nordniederländer Obrecht weilte nur wenige Jahre im Süden, mit dessen Kunst er sich jedoch fruchtbar auseinandersetzte. Der Flame Isaac, seit 1497 Hofkomponist Kaiser Maximilians I., hatte sich den Ton der italienischen Frottola ebenso angeeignet wie den des deutschen Liedes. Am intensivsten war die Auseinandersetzung bei Josquin Desprez, der schon als Jüngling 1459 nach Italien kam, jedoch in der Heimat starb. Er gab dem Singstil durch Imitation und Wortausdeutung sowohl in der Gesellschaftsmusik als auch in der von ihm bevorzugten Motette eine Gestalt von starker kompositionsgeschichtlicher Auswirkung. Dabei handelte es sich aber nie um freie, sondern nach wie vor gebundene Kunst, wie sie für die N. M. auch in der → Renaissance charakteristisch blieb. – Die franko-flämischen Musiker hatten in fast allen Ländern Europas die Führung, weil sie unter der Herrschaft des Singstils die beste Gesangsschulung betrieben; als Leiter von Kapellen waren sie konkurrenzlos und begehrt. – Den Singstil seit 1530 vertrat Gombert, der in der Motette als dem neuen Schwerpunkt statt eines C. f. die Durchimitation stets neuer Motive und den 5–6st. Satz bevorzugte. Bei der Messe überwog nun die Parodietechnik, wobei nach wie vor auch Chansons als Vorlage dienten. Für Willaert gilt ähnliches, doch pflegte er die geselligen Formen ebenso stark; bald wandte er sich nach Italien und seit 1527 wirkte er schulbildend in Venedig. Ein Ergebnis des Einwirkens der N.n M. auf Italien war vor allem das Madrigal, das nach dem Vorbild der Motette den Singstil verkörperte und im Süden allmählich an die Spitze trat. Clemens non Papa, bezeugt in Ypern und Brügge, ließ als neue Gattung 1556/57 3st. Psalterlieder drucken. Hellinck bekundete seine Neigung zur Reformation durch die Komposition von Kirchenliedern für Wittenberg. M. Le Maistre, 1554 der Nachfolger J. Walters in Dresden, brach als Lutheraner mit der Heimat. In den Niederlanden wurde der Wille zur Glaubensreform immer schärfer unterdrückt, seit 1567 durch Alba mit brutaler Gewalt. Das führte zu Aufständen und zur Spaltung der Niederlande, da der reformierte Norden sich 1585 von Spanien trennte und politisch wie kulturell bald die Führung übernahm. – Von den Zeugen dieser Ereignisse blieben nur wenige franko-flämische Musiker in der Heimat, wie Pevernage und später Verdonck, während die meisten abwanderten, vor allem Lassus und Ph. de Monte, zwei Hauptmeister der neuen Musica reservata. Lassus, seit 1556 am bayerischen Hof in München, beherrschte souverän alle Gebiete und erweiterte die Sprache des Singstils bis zur Affektendarstellung. Sein Rückhalt war dabei die Motette, an der er, mit schulbildender Kraft, bis zuletzt festhielt. Der zweite Exponent der neuen Art, Ph. de Monte, war ab 1568 Kapellmeister am Kaiserhof in Wien und Prag. Er wandte sich vor allem dem Madrigal zu und geriet zunehmend in den Bann Italiens. Das gilt noch mehr für die in Italien seßhaften Niederländer, wie den Willaert-Schüler Cyprian de Rore und den etwas jüngeren Giaches de Wert. Selbständiger blieben J. de Kerle, der neben Lassus tätige Ivo de Vento und die Kapellmeister an den Habsburgerhöfen in Wien, Prag, Innsbruck und Graz: Hollander, Vaet und sein schon genannter Amtsnachfolger de Monte, ferner de Cleve, Utendal, dann die jüngere Gruppe mit Jakob Regnart, dem bekanntesten von 4 Brüdern, Lambert de Sayve und Luyton. Jean de Macque befaßte sich als einer der jüngsten der Franko-Flamen in Italien nicht nur mit dem Madrigal, sondern als Organist auch mit instrumentalen *Canzoni*; von Zeitgenossen wie Luyton gibt es ebenfalls Orgelmusik. – Am entschiedensten vertrat das Neue, mit Drukken seit 1584, der Nordniederländer und Berufsorganist J. P. Sweelinck. Er hinterließ als vokalmusikalisches Hauptwerk die Vertonung des Hugenottenpsalters in französischer Sprache (ab 1604). Da es sich nicht mehr um Prosa, sondern um französische Verse handelte, gab Sweelinck beim C. f.-Satz ebenso wie bei freien Chorwerken den Singstil preis, arbeitete vielmehr mit Motivwiederholung und dem neuzeitlichen Taktrhythmus. Dieser Übergang zum Barock vollzog sich vor allem in der von England angeregten Orgelmusik Sweelincks, die zwar in der reformierten Kirche Hollands keinen Platz hatte, dafür aber um so stärker auf die deutschen Lutheraner gewirkt hat. So erhielt die N. M. als Orgelmusik durch Sweelinck eine neuzeitliche, die Zukunft bestimmende Gestalt.

Lit.: R. G. KIESEWETTER, Die Verdienste d. Niederlaender um d. Tonkunst ..., in: Verhandelingen over de vraag ..., Amsterdam 1829; E. VAN DER STRAETEN, La musique aux Pays-Bas avant le 19e s., 8 Bde, Brüssel 1867–88; A. W. AMBROS, Gesch. d. Musik III, Breslau 1868, [3]1891, Nachdruck Hildesheim 1967; A. GOOVAERTS, Hist. et bibliogr. de la typographie mus. dans les Pays-Bas, = Mémoires de l'Acad. XXIX, Antwerpen 1880, Nachdruck Amsterdam 1962; H. RIEMANN, Hdb. d. Mg. II, 1, Lpz. 1907, [2]1920; H. LEICHTENTRITT, Gesch. d. Motette, = Kleine Hdb. d. Mg. nach Gattungen II, Lpz. 1908, Nachdruck Hildesheim 1966; R. V. FICKER, Die frühen Messenkompositionen d. Trienter Codices, StMw XI, 1924; W. GURLITT, Burgundische Chanson- u. deutsche Liedkunst d. 15. Jh., Kgr.-Ber. Basel 1924; DERS., Musik u. Rhetorik ..., Helicon V, 1944, Neudruck in: Mg. u. Gegenwart I, = BzAfMw I, Wiesbaden 1966; H. BESSELER, Die Musik d. MA u. d. Renaissance, Bücken Hdb.; DERS., Von Dufay bis Josquin, ZfMw XI, 1928/29; DERS., Bourdon u. Fauxbourdon, Lpz. 1950; DERS., Das mus. Hören d. Neuzeit, Sb. Lpz. CIV, 6, 1959; H. BIRTNER, Studien zur nld.-humanistischen Musikanschauung, Habil.-Schrift Marburg 1928, Teildruck Heidelberg 1930; D. BARTHA, Probleme d. Chansongesch. im 16. Jh., ZfMw XIII, 1930/31; K. PH. BERNET KEMPERS, Die wallonische u. frz. Chanson in d. 1. Hälfte d. 16. Jh., Kgr.-Ber. Lüttich 1930; R. HAAS, Aufführungspraxis d. Musik, Bücken Hdb.; A. SCHERING, Aufführungspraxis alter Musik, = Musikpädagogische Bibl. X, Lpz. 1931; R. B. LENAERTS, Het Nederlands polifonies lied in de zestiende eeuw, Mecheln u. Amsterdam 1933; DERS., The 16th-Cent. Parody Mass in the Netherlands, MQ XXXVI, 1950; L. SCHRADE, Von d. »Maniera« d. Komposition in d. Musik d. 16. Jh., ZfMw XVI, 1934; L. K. J. FEININGER, Die Frühgesch. d. Kanons bis Josquin des Prez (um 1500), Emsdetten i. W. 1937; W. STEPHAN, Die burgundisch-nld. Motette zur Zeit Ockeghems, = Heidelberger Studien zur Mw. VI, Kassel 1937; H. OSTHOFF, Die Niederländer u. d. deutsche Lied (1400–1640), = Neue deutsche Forschungen CXCVII, Abt. Mw. VII, Bln 1938; K. G. FELLERER, Gesch. d. kath. Kirchenmusik, = Veröff. d. Gregorianischen Akad. zu Freiburg i. d. Schweiz XXI, Düsseldorf 1939, [2]1949; J. MARIX, Hist. de la musique et des musiciens de la cour de Bourgogne sous le règne de Philippe le Bon (1420–67), = Slg mw. Abh. XXVIII, Straßburg 1939; A. PIRRO, Hist. de la musique de la fin du XIVe s. à la fin du XVIe, Paris 1940; CH. VAN DEN BORREN, Études sur le XVe s. mus., Antwerpen 1941; DERS., Geschiedenis van de muziek in de Nederlanden I, Antwerpen 1948; V. DENIS, De muziekinstr. in d. Nederlanden en in Italië naar hun afbeelding in de 15e-eeuwsche kunst I, = Publicaties op het gebied d. geschiedenis en d. philosophie III, 20, Löwen 1944; E. E. LOWINSKY, Secret Chromatic Art in the Netherlands Motet, = Columbia Univ. Studies in Musicology VI, NY 1946; DERS., Early Scores in Ms., JAMS XIII, 1960; A. EINSTEIN, The Ital. Madrigal, 3 Bde, Princeton (N. J.) 1949; G. REICHERT, Kirchentonart als Formfaktor, Mf IV, 1951; H. FEDERHOFER, Eine neue Quelle d. musica reservata, AMl XXIV, 1952; B. MEIER, Die Harmonik im c. f.-haltigen Satz d. 15. Jh., AfMw IX, 1952; DERS., Reservata-Probleme, AMl XXX, 1958; DERS., Musikgeschichtliche Vorstellungen d. Nld. Zeitalters, Fs. W. Gerstenberg, Wolfenbüttel u. Zürich (1964); R. DAMMANN, Spätformen d. isorhythmischen Motette im 16. Jh., AfMw X, 1953; FR. FELDMANN, Untersuchungen zum Wort-Ton-Verhältnis in d. Gloria-Credo-Sätzen v. Dufay bis Josquin, MD VIII, 1954; DERS., Numerorum mysteria, AfMw XIV, 1957; THR. G. GEORGIADES, Musik u. Sprache ..., = Verständliche Wiss. L, Bln, Göttingen u. Heidelberg 1954; G. REESE, Music in the Renaissance, NY (1954), [2]1959; S. CLERCX, D'une ardoise aux partitions du XVIe s., in: Mélanges d'hist. et d'esthétique mus. offerts à P.-M. Masson I, Paris 1955; DIES., J. Ciconia, Un musicien liégeois en son temps, 2 Bde, = Acad. royale de Belgique, Classe des beaux-arts, Mémoires, Série II, 10, Fasc. 1a, Brüssel 1960; S. HERMELINK, Zur Chiavettenfrage, Kgr.-Ber. Wien 1956; DERS., Die Tabula compositoria, Fs. H. Besseler, Lpz. 1961; H. CHR. WOLFF, Die Musik d. alten Niederländer, Lpz. 1956; H. ENGEL, Das Madrigal, Kgr.-Ber. Köln 1958; M. A. VENTE, Die Brabanter Org., Amsterdam 1959; Ars nova and the Renaissance, 1300–1540, hrsg. v. A. HUGHES OSB u. G. ABRAHAM, = The New Oxford Hist. of Music III, London, NY u. Toronto 1960; P. GÜLKE, Das Volkslied in d. burgundischen Polyphonie d. 15. Jh., Fs. H. Besseler, Lpz. 1961.

HB

Niederlande.

Ausg.: → Denkmäler.

Lit.: CH. BURNEY, The Present State of Music in Germany, the Netherlands and United Provinces, 2 Bde, London 1773, [2]1775; E. G. J. GRÉGOIR, Biogr. des artistes-musiciens néerlandais des XVIIIe et XIXe s. et des artistes étrangers résidant ou ayant résidé en Néerlande à la même époque, Antwerpen 1864; D. DE LANGE, De muziek in een halve eeuw, 1848–98, Amsterdam 1898; FL. VAN DUYSE, De melodie van het Nederlandsche lied en hare rhythmische vormen, Den Haag 1902; F. M. MOLLER, Het muziekleven in Nederland in de 18ᵉ eeuw, 2 Bde, ebenda 1909; D. FR. SCHEURLEER, Het muziekleven in Nederland in de tweede helft der 18ᵉ eeuw in verband met Mozart's verblijf aldaar, ebenda 1909; J. D. C. VAN DOKKUM, Nederlandsche muziek in de 19ᵉ eeuw, Amsterdam 1913; DERS., Honderd jaar muziekleven in Nederland, ebenda 1929; J. H. LETZER, Muzikaal Nederland 1850–1910, Utrecht 1913; S. DRESDEN, Het muziekleven in Nederland sinds 1880, I: De componisten, Amsterdam 1923; P. F. SANDERS, Moderne Nederlandsche Componisten, Den Haag 1930; H. BADINGS, De hedendaagsche Nederlandsche muziek, Amsterdam 1936; D. J. BALFOORT, Het muziekleven in Nederland in de 17ᵉ en 18ᵉ eeuw, ebenda 1938; E. H. MEYER, Die Vorherrschaft d. Instrumentalmusik im nld. Barock, TVer XV, 1939; W. PAAP, Moderne kerkmuziek in Nederland, Bilthoven 1941; C. BACKERS, Nederlandsche componisten van 1400 tot op onzen tijd, Den Haag 1942, ²1949; K. DE SCHRIJVER, Zuidnederlandsche muziek in de baroktijd, Vlaamsch Jb. voor muziekgeschiedenis IV, 1942; E. REESER, De Vereeniging voor Nederlandsche Muziekgeschiedenis, 1863–1943, Amsterdam 1943; DERS., Een eeuw Nederlandsche muziek, ebenda 1950; DERS., Mw. in Holland, AMl XXXII, 1960; DERS., Stijlproeven van Nederlandse muziek, 1890–1960, Amsterdam 1963; DERS. u. W. PAAP, Contemporary Music from Holland, übers.; W. Van Maanen u. E. Sh. Swing, ebenda 1953; DERS., W. PAAP, J. WOUTERS u. J. DANISKAS, Music in Holland, ebenda 1959; J. DANISKAS, Nederlandsche componisten van de XIXᵉ en XXᵉ eeuw, = Nederland's muziekleven III, 's-Gravenhage 1944; S. A. M. BOTTENHEIM, De opera in Nederland, Amsterdam 1946; DERS., Geschiedenis van het Concertgebouw, 3 Bde, ebenda 1948–50; CH. VAN DEN BORREN, Geschiedenis van de muziek in de Nederlanden, 2 Bde, ebenda u. Antwerpen 1948–51; TH. DART, Engl. Music and Musicians in 17ᵗʰ Cent. Holland, Kgr.-Ber. Utrecht 1952; K. G. FELLERER, Mus. Beziehungen zwischen d. N. u. Deutschland im 17. Jh., ebenda; A. VAN DER LINDEN, La place de la Hollande dans l'AmZ (1798–1848), ebenda; H. J. MOSER, Die N. in d. Musikgeographie Europas, ebenda; P. CRONHEIM, 125 jaar toonkunst, Amsterdam 1956; Het toonkunstenaarsboek van Nederland 1956, hrsg. v. J. SMITS VAN WAESBERGHE SJ, ebenda 1956; M. A. VENTE, Überblick über d. seit 1931 erschienene Lit. zur Gesch. d. nld. Orgelbaus, AMl XXX, 1958.

Niederösterreich.
Lit.: A. SCHNERICH, Gesch. d. Musik in Wien u. N., Wien 1921; D. HUMMEL, Bibliogr. d. weltlichen Volksliedes in N., Jb. f. Landeskunde v. N. XIV, 1931; M. KUMMER, D. G. Corners »Groß catholisch Gesangbuch«, Diss. Wien 1931, maschr.; R. ZODER u. K. M. KLIER, Volkslieder aus N., 2 H., Wien 1932; L. SCHMIDT, Volkslied-Landschaft N., Südostdeutsche Forschungen II, 1937; DERS., N.ische Flugblattlieder, Jb. f. Volksliedforschung VI, 1939; DERS., Vorbereitungsarten v. Volkslied, Volkstanz u. Volksschauspiel f. N., Jb. d. österreichischen Volksliederwerkes VIII, 1959; L. NOWAK, Studien zur Musiktopographie v. N., Jb. f. Landeskunde v. N. XXIX, 1944/48; FR. W. RIEDEL, Musikpflege im Benediktinerstift Göttweig ... um 1600, KmJb XLVI, 1962.

Niedersachsen.
Lit.: A. SCHÜTTE, Gesch. d. oldenburgischen Kirchengesangs, Diss. Münster i. W. 1924, maschr.; A. KAPPELHOFF, Die Musikpflege am ostfriesischen Hofe, Jb. d. Ges. f. bildende Kunst ... zu Emden XXIV, 1936; W. MERTEN, Die Psalmodia d. L. Lossius. Ein Beitr. zur reformatorischen Mg. in N. (Lüneburg), Diss. Göttingen 1951, maschr.; H. SIEVERS, Bach u. d. Musikpflege an welfischer Residenzen, in: Bach-Festbuch, Lüneburg 1956; V. u. S. RIHSÉ u. G. SEGGERMANN, Klingende Schätze. Orgelland zwischen Elbe u. Weser, Cuxhaven 1957.

Nô (japanisch, Fertigkeit, Kunst), lyrisches Chordrama der Japaner, das Rede, Gesang, Tanz, Bewegung in fest umrissener Form vereinigt. Es entwickelte sich aus den Sarugaku, artistisch-musikalischen Darbietungen, die etwa im 7. Jh. von China übernommen wurden. Seine feste Gestalt erhielt das Nô durch den Shintopriester und Tänzer Kwaṇami Kiyotsugu (1333–84) und dessen Sohn, den Schauspieler, Tänzer und Kunstphilosophen Zeami Moto-Kiyo (1363 – um 1445), der über 100 Nô-Spiele und eine Reihe theoretischer Schriften über das Nô verfaßte. – Keimzelle des Nô ist ein stilisierter, symbolhafter Tanz. Die einfache Handlung der Spiele beruht meist auf alten Legenden, auf Episoden aus klassischen Literaturwerken oder auf Tempeltraditionen. In einem Nô-Spiel wirken nur männliche Schauspieler mit, ein Chor von in der Regel 8 Sängern und eine Instrumentalgruppe, bestehend aus einer Flöte, zwei Arten von Tsuzumi (zweifellige, sanduhrförmige Trommeln unbestimmter Tonhöhe) und einer Taiko (Faßtrommel). Hauptdarsteller im Nô ist der Shité; er trägt gewöhnlich eine Maske, stellt oft übernatürliche Wesen dar, rezitiert, singt und tanzt. Der Waki, der den Zuschauer auf der Bühne versinnbildlicht, trägt keine Maske; er bringt das Spiel durch Fragen an den Shité in Bewegung, stellt meist einen Wanderer dar oder ist dramatischer Gegenspieler, wenn der Shité eine reale Gestalt verkörpert. In untergeordneten Rollen können mehrere Tsuré-Spieler hinzutreten. Das Ordnungsprinzip des Nô ist das Jo–Ha–Kyu (Anfang-Entwicklung-Ende). Es regelt den zeitlichen Ablauf durch immer neue Unterteilungen in kleinere Jo–Ha–Kyu und reicht bis in die kleinste Zeitstruktur, z. B. die Aussprache eines Wortes. Die Musik ist integrierender Bestandteil des Nô. Die Instrumentalisten werden solistisch oder als Ensemble (hayashi) eingesetzt. Die Texte werden stets einstimmig gesungen oder in einer feierlichen Sprechweise (kotoba) rezitiert. Die Gesangsteile wie auch die Flötenmusik werden durch melodische Muster bestimmt, die in jedem Nô-Spiel wiederkehren und sich nur in der Folge ihrer Aneinanderfügung ändern. Der Rhythmus der Vokalpartien ist durch die Silbenzahl des Textes bestimmt: 12 Silben in der Anordnung 7+5 oder 5+7 (bei möglichen Unterteilungen der 7 Silben in 5+2, 2+5, der 5 Silben in 3+2, 2+3) gehen durch Silbendehnung oder eingefügte Pausen in einem Taktschema von 8 Schlägen (yabyôshi) auf. Zwischenrufe der Trommler während ihres Spiels, wohl aus dem Auftakt zum Schlag entstanden, liegen, für die einzelnen Instrumente unterschiedlich, fest. – Die Intensität der Darstellung im Nô, bedingt durch sparsame Gestik und strenge Symbolik der Bewegungen, sowie die Vermeidung jeder Annäherung an das Alltägliche machen das Nô zu einer der feinsinnigsten Formen der japanischen Kultur. Seine ästhetische Grundforderung richtet sich auf das Gleichgewicht der akustischen und visuellen Elemente und das volle Erfüllen und Erleben jedes Augenblicks im Spiel. Im Lauf der Jahrhunderte hat das Nô, das bis ins 17. Jh. als bevorzugte Kunst der japanischen Ritter (bushi) galt, fast keine Veränderungen erfahren und wird noch heute in bestimmten japanischen Schulen gelehrt.
Lit.: R. LACHMANN, Musik u. Tonschrift d. Nô, Kgr.-Ber. Lpz. 1925; H. ECKARDT, Das Nô v. lyrischen Chordrama d. Japaner, Musica VI, 1952; T. NINAGAWA, Japanese Noh Music, JAMS X, 1957; K. FUKUSHIMA, No-Theater u. japanische Musik, in: Darmstädter Beitr. zur Neuen Musik IV, Mainz (1962); H. KANZÉ, Le Nô comme théâtre mus., in: La musique et ses problèmes contemporains 1953–63, Teil II, = Cahiers de la Compagnie M. Renaud – J.-L. Barrault XLI, Paris 1963; K. TODA, Notes sur la musique de Nô, ebenda.

Nocturne (nɔkt'ürn, frz.; ital. notturno; deutsch Nokturne bzw. Nachtstück), unter der italienischen Bezeichnung im 18., auch noch im 19. Jh. s. v. w. → Serenade oder → Kassation, ein mehrsätziges → Divertimento (– 1) beliebiger Besetzung, das auch für Aufführungen im Freien bestimmt war. Kompositionen dieser Art schrieben u. a. W. A. Mozart (z. B. Notturno für 4 Orch. – Streicher und 2 Hörner – D dur, K.-V. 286), G. J. Vogler (Notturno für Kl. und Streichtrio, 1778) und J. Haydn (8 Notturni für 2 Lire organizzate, 2 V., B., 2 Klar. und 2 Hörner, Hob. II, 25*-32*). Gleichzeitig gab es das Notturno oder N. auch als einsätziges Stück ständchenhaften Charakters für eine oder mehrere Singstimmen mit und ohne Begleitung, z. B. von Mozart (K.-V. 436, 437, 438, 439, 346, 549) und von Verdi (1839). Eine große Anzahl solcher (meist unbegleiteter oder doch unbegleitet ausführbarer) N.s schrieben B. Asioli und G. Blangini. In der 1. Hälfte des 19. Jh. wurden auch Stücke in Opernszenen, die zur Nachtzeit spielen, N.s genannt. Das Notturno betitelte Orchesterstück aus der Musik zu Shakespeares »Sommernachtstraum« von F. Mendelssohn Bartholdy (1842) kann hierzu gerechnet werden. N. hieß ferner eine gewisse Art von Instrumentaldialogen in Form eines Air varié (z. B. A. Stamitz, *N.s ou Airs variés pour violon et violoncelle*, 1782). Seit dem 17 (oder 20) N.s für Kl. von J. Field ging die französische Bezeichnung mehr und mehr auf kürzere, träumerische oder elegische Klavierstücke (→ Charakterstück) mit expressiv gestalteter Melodie über, häufig in 3teiliger Liedform (Chopin, 21 N.s: op. 9, 15, 27, 32, 37, 48, 55, 62, 72; 2 N.s ohne Opuszahl C moll und Cis moll). Die drei 1899 beendeten Orchesterstücke *Nuages, Fêtes, Sirènes* (letzteres mit Frauenchor ohne Text) von Debussy erhielten den Titel N.s wohl in Anlehnung an gleichnamige Bilder von J. A. Whistler (1834–1903). Die deutsche Bezeichnung Nachtstück, die auf R. Schumann zurückgeht (*Nachtstücke* op. 23, 1839), ist von E. T. A. Hoffmann angeregt. Ohne Bezug auf den Dichter begegnet sie im 20. Jh. bei Reger (in: 4 Klavierstücke ohne Opuszahl, 1903), Hindemith (in: Suite »*1922*« für Kl. op. 26 und in der Kammermusik op. 36 Nr 3, 1925) sowie bei Henze (*Nachtstücke und Arien* für S. und Orch., 1957). ESE

Noël (nɔ'ɛl, frz., Weihnachten, Weihnachtslied), verbreitete Form des Weihnachtsliedes in Frankreich, das ursprünglich auf liturgische Melodien (vorwiegend Benedicamustropen), seit Ende des 15. Jh. auch auf Chansonmelodien gesungen wurde. Das N. ist strophisch angelegt, gelegentlich mit Refrain, und behandelt meist die Hirtenerlebnisse aus der Weihnachtsgeschichte. Es wird zur Adventszeit im häuslichen Kreise gesungen und fand auch Eingang in die Christnachtgottesdienste. Nach frühesten Belegen aus dem 13. Jh. stammen die ersten Aufzeichnungen vom Ende des 15. Jh. (z. B. Paris, Bibl. Nat., Ms. frç. 2368 und 2506, sowie Arsenal, Ms. 3653). Drucke kommen seit dem 16. Jh. vor (Bible de n.s). Notenaufzeichnungen begegnen erst in Sammlungen des 17. Jh., als auch instrumentale Bearbeitungen gebräuchlich wurden. Seitdem werden N.-Dichtungen häufig auf Volksliedmelodien gesungen. Daneben gab es, vor allem im 16. Jh., auch eigens komponierte N.s, vereinzelt ebenfalls schon seit dem 13. Jh., so A. de la Halles 3st. Rondeau *Dieus soit en cheste maison*. Volkstümliche N.s in schlichten Bearbeitungen (u. a. Variationen) veröffentlichten in ihren Orgelbüchern die französischen Klaviermeister des 17./18. Jh. (Raison, Dandrieu, Daquin, Corrette, Charpentier, Balbastre u. a.). Im 19. Jh. wurden N.s auch als Romanzen oder Arien (A. Adam) komponiert.

Lit.: J. TIERSOT, Hist. de la chanson populaire en France, Paris 1889; N. HERVÉ, Les n. frç., Niort 1905; P. DE BEAUREPAIRE-FROMENT, Bibliogr. des chants populaires frç., Paris 1906, [3]1911; FR. HELLOUIN, Le n. mus. frç., Paris 1906; A. GASTOUÉ, Le cantique populaire en France ..., Lyon 1924; DERS., Sur l'origine du genre »n.«, in: Le guide du concert XXII, Nr 12–14, 1935/36; H. BACHELIN, Les n. frç., Paris 1927; J. R. A. DE SMIDT, Les n. et la tradition populaire, Amsterdam 1932; P. COIRAULT, Notre chanson folklorique, Paris 1942; H. POULAILLE, Bible des n. anciens, des origines au 16e s., Paris (1958).

Noëma (griech., Gedanke), in der Kompositionslehre des 17. und 18. Jh. die aus der Rhetorik entnommene Bezeichnung für eine musikalische Figur, die als Kompositionsmittel bis ins 14. Jh. zurückgeht: Hervorhebung eines Texthöhepunktes durch einen homophonen, nur aus Konsonanzen bestehenden Abschnitt innerhalb einer polyphonen Komposition. Burmeister (1606) charakterisiert das N. als: *aures, imo et pectora suaviter afficiens et mirifice demolcens, si tempestive introducitur*, und leitet aus dem N. weitere Figuren ab: → Analepsis, → Mimesis, → Anadiplosis, → Anaploke. Von den rhetorischen Bedeutungen des N. steht die einer Sentenz, deren Bedeutung aus dem Gesamtsinn erschlossen werden muß (Lossius), der musikalischen Bedeutung am nächsten.

Nördlingen.
Lit.: FR. W. TRAUTNER, Zur Gesch. d. ev. Liturgie u. Kirchenmusik in N., N. 1913; P. NETTL, Beitr. zur Gesch. d. deutschen Singballetts, sowie zur Oettinger u. Nördlinger Mg., ZfMw VI, 1923/24; W. SALMEN, Quellen zur Gesch. »frömder Spillute« in N., Mf XII, 1959; FR. KRAUTWURST, K. Paumann in N., Fs. H. Besseler, Lpz. 1961.

Noire (nŭ'a:r, frz., schwarze), Viertelnote.

Nokturn → Matutin.

Nola (Kurzform von mittellat. campanola [Diminutiv von → campana], Glocke, Glöckchen). Die Bezeichnung n., oft auch synonym mit → cymbala gebraucht (*si vis scire mensuram nolarum, quas nos cimbala vocamus,* Wien, Ms. Cpv 2502, f. 25), umschreibt WaltherL als *ein Glöckgen, eine Schelle*. Die Ableitung des Wortes n. von der gleichnamigen italienischen Stadt (in Kampanien, in der noch heute zu Ehren des hl. Paulinus das »Fest der tanzenden Glockentürme« gefeiert wird, ist umstritten. In der Form nolae, seltener musae (*harum igitur nolarum sive musarum* ..., Erfurt, Ampl. 94, f. 35'; vgl. auch Leiden, B.P.L. 194, f. 41'), wird das Wort auch synonym für → tintinnabula (GS II, 282a, 392a) verwendet.

Nomos (griech. νόμος, von νέμειν, zuteilen; Grundbedeutung etwa »die einer Gruppe von Lebewesen zugeteilte Ordnung«, dann auch Gesetz, Sitte). Der von den Griechen frühzeitig auf das Gebiet von Dichtung und Musik übertragene Begriff ist in seiner Bedeutung noch nicht ganz geklärt. Heute wird N. meist als musikalische Weise, Melodie oder als Melodietyp, Melodiemodell (ähnlich wie → Maqām, → Paṭet, → Rāga) gedeutet. Der N., anfangs nur in Verbindung mit dem Apollonkult bezeugt, war für solistischen Vortrag bestimmt (im Unterschied etwa zum → Pään). Auf Grund einiger Quellen wird angenommen, daß es sich um eine musikalische Art des Rhapsodenvortrags handelt, die von der sonst üblichen rezitierenden Art abweicht. Begleitinstrument war die Kithara, seltener der Aulos. Eine gewisse inhaltliche und formale Gliederung scheint für den N. bezeichnend gewesen zu sein. In der Antike wurden unterschieden: a) die zum Teil auf Terpandros (7. Jh. v. Chr.) zurückgehenden kitharodischen Nomoi, für die siebenteiliger Aufbau bezeugt ist; b) die in der Zeit nach Terpandros von Klonas und Polymnestos eingeführten aulodischen Nomoi, die jedoch bald in den Hintergrund traten (von der legendären Gestalt des Olympos, dem ebenfalls die Erfindung solcher Nomoi zugeschrieben wird, sei hier abgesehen); c) der mit dem Namen des Sakadas, des berühmtesten Aulosspielers der Antike, verbundene

Pythische N. (586 v. Chr.): ein Stück für Aulos allein (daher auch auletischer N. genannt), das in fünf Teilen den Kampf Apollons mit dem Drachen Python darstellte; die Deutung dieses Stücks als Programmusik findet in antiken Quellen keine feste Stütze. – Im 5. Jh. v. Chr. erfuhr der kitharodische N. durch Phrynis und seinen Schüler Timotheos (dessen N. »Die Perser« zum Teil erhalten ist) eine gründliche Umgestaltung. Wohl unter dem Einfluß des neuen → Dithyrambos wurde die Strophenresponsion aufgegeben. Einzelne Partien wurden wahrscheinlich chorisch vorgetragen. Die hellenistische Zeit kannte auch Nomoi auf Athene, Zeus und Ares.

Lit.: H. GUHRAUER, Der Pythische N., Jb. f. klass. Philologie, Suppl.-Bd VIII, 1875/76; H. REIMANN, Studien zur griech. Mg. I, Ratibor 1882; O. CRUSIUS, Zur Nomosfrage, Verhandlungen d. 39. Versammlung deutscher Philologen u. Schulmänner in Zürich, Lpz. 1888; J. JÜTHNER, Terpanders Nomengliederung, Wiener Studien XIV, 1892; Timotheos, Die Perser, hrsg. v. U. v. WILAMOWITZ-MÖLLENDORFF, Lpz. 1903; H. GRIESER, N., Ein Beitr. zur griech. Mg., = Quellen u. Studien zur Gesch. u. Kultur d. Altertums u. d. MA V, Heidelberg 1937; W. VETTER, Mus. Sinndeutung d. antiken N., in: Mythos – Melos – Musica I, Lpz. 1957; THR. G. GEORGIADES, Musik u. Rhythmus..., = rde LXI, Hbg (1958); D. KOLK, Der pythische Apollonhymnus als aitiologische Dichtung, Meisenheim a. Gl. 1963. FZA

Non (lat. hora nona) → Terz, Sext, Non.

None (lat. nona, neunte), die → Sekunde über der Oktave.

Nonenakkord nennt die an den Generalbaß anknüpfende ältere Akkordlehre jeden aus 4 Terzen bestehenden Akkord. Ursprünglich ist die None Durchgang zwischen Dezime und Oktave bzw. Vorhalt vor der Oktave; die so entstehenden N.e haben keine eigene Akkordfunktion. Sie werden erst dann zu selbständigen Akkorddissonanzen, wenn mit der Auflösung auch das Fundament wechselt. Von allen N.en dieser letzten Art ist die Dominant-N. (D^9) mit großer Terz und kleiner Septime in der dur-moll-tonalen Harmonik am wichtigsten. Daß er annähernd dem Verhältnis der Obertöne 4:5:6:7:9 (in C dur z. B. g–h–d^1–f^1–a^1) entspricht, erklärt weder seine Entstehung noch seine Wirkung. Im Dominant-N. vermischen sich Dominant- und Subdominantdreiklang zu fast gleichen Teilen. Die None als zusätzliche Dissonanz zum Dominantseptakkord erhöht dessen Dominantwirkung. Im 4st. Satz kann am ehesten die Quinte entbehrt werden, weniger die Septime oder die Terz. Der Dominant-N. mit ausgelassenem Grundton (in C dur z. B. h–d^1–f^1–a^1) heißt verkürzter Dominant-N. ($\cancel{D}^9$). Seine Mollvariante, der verkürzte Dominant-N. mit kleiner None (nach Riemann $\cancel{D}^{9>}$, aber auch $\delta^{IX<}$, nach W. Maler $D V$; z. B. h–d^1–f^1–as^1), ist als »verminderter Septakkord« bekannt. Mit seinen 5 verschiedenen Tönen läßt sich der Dominant-N. viermal umkehren, doch wurde die 4. Umkehrung (mit der None im Baß) erst gegen Ende der dur-moll-tonalen Epoche verwendet, z. B. in A. Schönbergs Streichsextett *Verklärte Nacht* op. 4 (1899), Takt 42 u. ö.

Nonett (ital. nonetto; engl. nonet), im weitesten Sinne eine Komposition für 9 solistisch konzertierende Instrumente, seltener für 9 Singstimmen. Im engeren Sinne bezeichnet N. - eine zu Anfang des 19. Jh. in Analogie zu Quartett entstandene Wortbildung - eine Instrumentalkomposition (in der Regel für gemischte Streicher-Bläser-Besetzung), die das Repertoire der Kammermusik durch Einbeziehung der Serenadenbesetzung erweiterte. Eines der frühesten N.e ist op. 31 (1813) von L. Spohr für V., Va, Vc., Kb., Fl., Ob., Klar., Fag. und Horn. Außerdem seien genannt die N.e von Fr. Lachner (1875), J. Rheinberger (op. 139, 1885), Ch. Stanford (op. 95, um 1906) und A. Hába (op. 40/41, 1931, und op. 82, 1953).

Nordhausen (Thüringen).
Lit.: J. SCHÄFER, Nordhäuser Orgelchronik, = Beitr. zur Musikforschung V, Halle u. Bln 1939; W. LIDKE, Der Streit um d. Nordhäuser Gesangbuch v. 1735, Jb. f. Liturgik u. Hymnologie III, 1957.

Normalton → Stimmton.

Norwegen.
Ausg.: L. M. LINDEMAN, Aeldre og nyere Fjeldmelodier, 3 Bde, Oslo 1853–67, Ergänzungsbd 1907; O. SANDE, Norske tonar, 4 Bde, Leikanger 1904–10; C. ELLING, Religiøse folketoner, Oslo 1907–18; DERS., Norske folkemelodier, 4 Bde, Oslo 1911; A. BJØRNDAL, Norske slåttar, 5 Bde, Oslo 1908–11; DERS., Gamle slåttar, 5 Bde, Oslo 1929; Norsk folkemusikk, Serie I: Hardingfeleslåttar, 3 Bde, Oslo 1958–60; Norske religiøse folketoner, hrsg. v. O. M. SANDVIK, I Oslo 1960, II 1964.
Lit.: (Erscheinungsort, wenn nicht anders angegeben, Oslo): C. ELLING, Vore folkemelodier, in: Videnskabsselskabet i Christiania, Skrifter II, 1909; DERS., Vore kjaempeviser, 1913; DERS., Norsk folkemusikk, 1922; DERS., Vore religiøse folketoner, 1927; A. LINDHJEM, Norges orgler og organister, Skien 1916, Ergänzungsbd. 1924; O. M. SANDVIK, Norsk kirkemusikk, 1918; DERS., Norsk folkemusikk, 1921; DERS., Norsk koralhist., 1930; DERS., Østerdalsmusikken, 1943; DERS., Folkemusikk i Gudbrandsdalen, ^{2}1948; DERS., Setesdalsmelodier, 1952; DERS. u. G. SCHJELDERUP, Norges musikhist., 2 Bde, 1921; I. KINDEM, Den norske operas hist., 1941; H. J. HURUM, Musikken under okkupasjonen, 1946; Ø. GAUKSTAD, Norsk folkemusikk (Bibliogr.), 1951; A. BJØRNDAL, Norsk folkemusikk, Bergen 1952; A. HERMES, Impuls og tradisjon i norsk musikk 1500–1800, 1952; E. DAL, Nordisk folkeviseforskning siden 1800, Kopenhagen 1956; L. GRENI, Über d. Vokaltradition in norwegischer Volksmusik, Les Colloques de Wégimont III, 1956; KR. LANGE u. A. ØSTVEDT, Norwegian Music, London 1958; G. M. CARTFORD, Music in the Norwegian Lutheran Church, Diss. Univ. of Minnesota 1961, maschr.; J. HORTON, Scandinavian Music, London 1963; O. GURVIN, Über Beziehungen zwischen deutscher u. norwegischer Musik, in: Norddeutsche u. nordeuropäische Musik, = Kieler Schriften zur Mw. XVI, Kassel 1965.

Noten (von lat. nota, Zeichen) sind konventionelle Zeichen für die schriftliche Wiedergabe musikalischer Töne; das Wort nota im Sinne von N. gebrauchte schon Quintilianus (I, 12, 14) im 2. Jh. n. Chr. Er bezeichnet damit wie noch Boethius (III, 3f.) die griechische → Buchstaben-Tonschrift. Später ging der Name auf die Neumenschrift (nota romana; → Neumen – 1), um 1200 auf die → Choralnotation (nota quadrata) sowie → Modal- und → Mensuralnotation über. Die heutigen N. sind rhythmische Wertzeichen (Tondauerzeichen), hervorgegangen aus den Zeichen der Mensuralnotation; ihnen entsprechen Zeichen für die → Pause gleicher Dauer:

Bezeichnung:	Note:	Pause:
Ganze Note	𝅝	𝄻
Halbe Note	𝅗𝅥	𝄼
Viertelnote	♩	𝄽
Achtelnote	♪	𝄾
Sechzehntelnote	𝅘𝅥𝅯	𝄿
Zweiunddreißigstelnote	𝅘𝅥𝅰	𝅀
Vierundsechzigstelnote	𝅘𝅥𝅱	𝅁

Gelegentlich, vor allem als Schluß-N. in Neuausgaben älterer Musik, werden heute auch die Longa ▭ und Brevis ▭ (oder |o|), seltener die ihnen entsprechenden Pausenzeichen der Mensuralnotation verwendet. Zu-

Notendruck und -stich

sammengehörige Gruppen kleinerer N.-Werte werden mit Balken (statt der Fähnchen) versehen, z. B.: ♪♪ ♪♪♪. Eine Note wird durch einen rechts neben sie gesetzten Punkt um die Hälfte, durch 2 Punkte um drei Viertel, durch 3 Punkte um sieben Achtel ihres Wertes verlängert (→ Punkt – 1). Pausen werden im allgemeinen nicht punktiert, doch ist ihre Punktierung vor allem in Taktarten mit 3teiliger Zählzeit zulässig. Soll eine Note über den Taktstrich hinweg verlängert werden, so werden 2 N. durch Bindebogen (→ Ligatur – 2) verbunden, z. B.: ♩|♩. Neuerdings wird für Töne, die weiterklingen sollen, auch nur der Bindebogen (in diesem Falle auch »Klangbogen« genannt) notiert, z. B.: ♩. Die N. bezeichnen rhythmische Verhältnisse; zur genauen Bestimmung der Tondauer müssen auch Tempoangabe und Taktvorzeichnung berücksichtigt werden. Die Tonhöhe ist an Liniensystem, → Schlüssel und Vorzeichnung abzulesen. – Nota cattiva (ital., »schlechte Note«) heißt eine auf den »schlechten«, nicht akzentuierten Taktteil fallende Note, nota → cambiata oder die Wechselnote. → Notenschrift, → Tabulatur (– 1).

Notendruck und -stich (engl. music printing and engraving; frz. impression et gravure musicale; ital. stampa e incisione musicale).

1) Notendruck. Anfänge: Bald nach Erfindung des Buchdrucks durch Gutenberg (um 1450) begann auch der Musiknotendruck, zunächst bei liturgischen Büchern. Zuerst wurde nur der Text gedruckt, Linien (rot) und Noten (schwarz) wurden in den dafür ausgesparten Raum geschrieben (ältestes Beispiel: *Psalterium*, Mainz 1457, J. Fust und P. Schöffer). In den Notenbeispielen von G. De Podios *Ars musicorum* (Valencia 1495, P. Hagenbach und L. Hutz) sowie denen der die *Musica figurativa* behandelnden Bücher III–IV von N. Wollicks und M. Schanppechers *Opus aureum* (Köln 1501, H. Quentel) sind Text und Liniensystem gedruckt, jedoch die Noten von Hand eingetragen. J. Ch. de Gersons *Collectorium super Magnificat* in der Ausgabe Eßlingen 1473 (K. Fyner) enthält das älteste datierte Beispiel von Notendruck mit beweglichen Typen ohne Linien; als Notenköpfe wurden unterlegte Gevierte oder wahrscheinlicher blockierte, d. h. umgekehrte Versalien verwendet. Um 1475–80 wird ein *Graduale Romanum* (wahrscheinlich Augsburg, G. Zainer) datiert, das einen Doppeltypendruck mit schwarzen Linien und schwarzen Noten aufweist. Gegossene Mensuralnoten ohne Linien erscheinen zuerst in der *Brevis Grammatica* von Fr. Niger (Venedig 1480, J. L. Sandritter und Theodorus von Würzburg). – Patronendruck: Bei diesem Verfahren wurden vermutlich die Noten in das vorgedruckte Liniensystem durch die Hand mittels Stempel eingetragen. – Blockdruck: Seit 1487 wurde der Blockdruck entwickelt, der große Bedeutung erlangte. Meist wurden die Noten und Linien aus Holz en relief herausgeschnitten, z. B.:

Hugo Spechtshart von Reutlingen, *Flores musicae*, Straßburg 1488, J. Pryß, Vers 605.

Seltener wurde das Notenbild in die Lindenholztafeln eingegraben, wobei sich im Druck ein Negativ ergab. Der Blockdruck war für die Wiedergabe kurzer Notenbeispiele geeigneter und rentabler als der Notendruck mit beweglichen Typen. Er wurde daher vor allem für musiktheoretische Werke verwendet (N. Burtius, *Musices opusculum*, Bologna 1487, U. de Rugerijs; Fr. Gaffori, *Theorica musicae*, Mailand 1492, Ph. Mantegatius), ferner für literarische Werke, denen einzelne Gesänge beigegeben waren (C. Verardus, Drama *Historia Baetica*, Rom 1493, E. Silber; J. Locher, Drama *Historia de rege francie*, Freiburg i. Br. 1495, F. Riederer; J. Reuchlin, Schuldrama *Scenica progymnasmata*, Basel 1498, J. Bergmann von Olpe). Sehr selten erschienen in Blockdruck liturgische Gesangbücher; nachgewiesen sind nur ein *Obsequiale Augustense* (Augsburg 1487, E. Ratdolt) und ein *Missale Romanum* (Venedig 1493, J. Emmerich von Speyer). Der Blockdruck trat ab 1516 (*Liber quindecim missarum*) durch A. de Antiquis in Rom – wahrscheinlich nicht mehr oder nicht ausschließlich als Holzschnitt, sondern als Metallschnitt – mit Petruccis Typendrucken ernstlich in Konkurrenz, und zwar nicht nur für den Druck von Chorbüchern mit Riesennoten, sondern (um 1536) auch für kleinere, zierliche Notenformen. In Metallschnitt druckte z. B. P. Sambonetti die *Canzone sonetti strambotti et frottole* I (Siena 1515). Der Blockdruck war noch im 17. Jh. üblich. – Notendruck mit beweglichen Typen als Druck in zwei Arbeitsgängen (2facher Typendruck, erst Linien, dann Noten): A) Choralnotation. a) Römisch: zuerst in einem *Missale Romanum* (Zweifarbendruck: Linien rot, Noten schwarz):

Missale Romanum, Rom 1476, U. Hahn.

Es folgte (mit kleinen, gediegenen Typen) O. Scotto mit einem *Missale Romanum* (Venedig 1481; Linien rot, Noten schwarz). b) Gotisch (in Deutschland): zuerst in einem *Missale Herbipolense* (Zweifarbendruck: Linien rot, Noten schwarz):

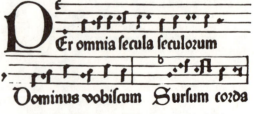

Missale Herbipolense, Würzburg 8. 11. 1481, J. Reyser.

Als Typendruck in zwei Arbeitsgängen erschien eine große Anzahl von Meßbüchern, woraus hervorgeht, daß sich der Druck liturgischer Gesangbücher noch vor 1500 zu einem einträglichen Geschäftszweig entwickelt hatte (u. a. St. Planck, Rom ab 1485; J. Sensenschmidt, Bamberg ab 1485; L. Pachel, Mailand ab 1486; J. Hammann, Venedig ab 1488; M. Wenssler, Basel 1488; J. Higman, Paris ab 1489; W. Hopyl, Paris ab 1489; E. Ratdolt, Augsburg ab 1489; J. Petri, Passau ab 1490; G. Stuchs, Nürnberg ab 1491; J. Emmerich von Speyer, Venedig ab 1493). – B) Mensuralnoten. Der erste, der Mensuralnoten mit beweglichen Typen druckte (doppelter oder gar 3facher Typendruck), war O. Petrucci, privilegiert vom Rat zu Venedig 1498 (ältestes Beispiel: *Harmonice Musices Odhecaton A*, 15. 5. 1501; es folgten 1502 *Missae Josquin*, mit 3fachem schwarzem Typendruck: zuerst Text und Initialen, dann Linien und zuletzt Noten):

I. de Pinarol, *Fortuna desperata*, 4st., in: *Canti C Centocinquanta*, Venedig 1504, O. Petrucci.

Seine Drucke waren von höchster Vollkommenheit, die Typen zierlich geformt und die Noten präzis auf die Linien gedruckt, was späteren Nachahmern (z. B. Junta in Rom) nicht immer glückte. Nur die Drucke P. Schöffers des Jüngeren (Sohn von Gutenbergs Schüler) vom Jahre 1512 stehen auf gleicher Höhe. In Deutschland folgte dem Vorbild Petruccis als erster E. Öglin (Augsburg) 1507 mit P. Tritonius' *Melopoiae sive Harmoniae tetracenticae*. – C) Tabulaturen. Die ältesten Tabulaturen mit beweglichen Typen druckte ebenfalls Petrucci (*Intabolatura de lauto* I–III, Venedig 1507, IV 1508):

Fr. Spinaccino, *Recercare*, in: *Intabolatura de lauto* I, Venedig 1507, O. Petrucci.

In Basel erschien 1511 (vermutlich bei Furter) S. Virdungs *Musica getutscht*; P. Schöffer der Jüngere druckte 1512 in Mainz A. Schlicks *Tabulaturen Etlicher lobgesang und lidlein*, und P. Attaingnant veröffentlichte 1529 in Paris *Dixhuit basses dances* (Lautentabulatur). Eintypendruck: In Frankreich wurde durch P. Haultin (Paris) der einfache Typendruck erfunden und durch die Firmen Attaingnant und später Ballard verwertet; jede Type gibt eine Note und ein Stück Liniensystem. Dabei handelt es sich, wie die Tabulaturdrucke Attaingnants von 1530 erweisen, zunächst nicht um ein durchgehendes Stück Liniensystem, sondern – schon ganz ähnlich wie 200 Jahre später bei den Typen J. G. I. Breitkopfs – nur um Linienteilchen, so daß bereits bis zu 3 Noten übereinander auf dasselbe System gebracht werden konnten (vgl. die Faksimileausgabe von 4 Drucken Attaingnants von 1530 als: *Chansons und Tänze. Pariser Tabulaturdrucke*, hrsg. von E. Bernoulli, 5 Hefte, = Seltenheiten aus süddeutschen Bibliotheken III, München 1914). Älteste Beispiele in Mensuralnotation: *Chansons nouvelles en musique à quatre parties*, 17 Bücher, Paris 1528ff., P. Attaingnant (siehe folgende Abbildung). Ebenfalls bei Attaingnant erschienen ab 1534 19 Bücher 4-6st. Motetten und ab 1529 Lautentabulaturen mit Tänzen; es folgten: 1532 J. Moderne (Lyon), 1532 Chr. Egenolf (Frankfurt am Main), 1532 H. Formschneyder (Nürnberg), 1533 N. Faber (Leipzig), 1536 J. Petrejus (Nürnberg), 1538 G. Rhaw (Wittenberg), 1538 A.

Prélude aus einer Orgeltabulatur von Attaingnant, 1531.

Gardane und 1539 H. Scotus (Venedig), 1543 T. Susato (Antwerpen) u. a. Doch war der Satz mit solchen Typen zu zeitraubend und kostspielig und verschwand (jedoch nicht ganz; er hielt sich z. B. bis hin zu S. Verovio in den italienischen Tabulaturen für Tasteninstrumente) zugunsten des Satzes mit anderen Typen, von denen jede einen Ausschnitt des Liniensystems mit einer einzigen Note gibt:

G. P. Palestrina, *La ver l'aurora*, in: *Madrigali a quattro voci* I, Venedig ⁶1587, R. Amadino.

Carpentras' Versuch (1532), die in der Kursivnotenschrift allmählich durchdringende runde Notenform statt der eckigen auch in den Notendruck einzuführen, fand vorerst nur wenig Nachfolger (→ Briard, → Granjon; P. Ballard verwendete 1617 runde Notenformen von Ph. d'Anfries; im 17. Jh. erschienen sie gelegentlich auch in Deutschland). Allgemein bewahrten die Drukker das ganze 16. und 17. Jh. die eckigen Formen, die Ballards sogar bis nach 1750. Für den Typendruck ergab sich, nachdem er fast 250 Jahre hindurch keine wesentliche Veränderung erfahren hatte, die Aufgabe, ihn auch für Orgel- und Klaviermusik, überhaupt für die Einfügung beliebig vieler Stimmen in ein Liniensystem nach Art der Attaingnantschen Tabulaturdrucke unbeschränkt verwendbar zu machen. Dieses Problem wurde von J. G. I. Breitkopf 1755 gelöst (→ Breitkopf & Härtel). Seine beweglichen und zerlegbaren Typen (etwa 400 Typenteile) unterscheiden sich von den früheren, auch beweglich (caratteri mobili) genannten, dadurch, daß z. B. an einer Achtelnote der Kopf, die Cauda und das Fähnchen besondere Typen sind und die Linienteilchen noch extra angesetzt werden. Der Satz mit diesen Typen ist freilich sehr mühselig und kostspielig, vermag sich aber doch mit dem Stich bei unkomplizierten Notenbildern im Aussehen zu messen. Im großen und ganzen ist der Typendruck heute auf Notenbeispiele in Büchern beschränkt.

2) Notenstich. Im letzten Viertel des 16. Jh. wurde der Kupferstich für die Vervielfältigung von Orgel- und Klaviermusik aufgenommen. Vorbild für dieses Verfahren waren die Kupferstiche, auf denen, besonders in der 2. Hälfte des 16. Jh., des öfteren Notenfragmente in das Bildganze eingefügt sind. S. Verovio lernte diese Technik bei den niederländischen Kupferstechern kennen und wandte sie ab 1586 in Rom auf den Notenstich an. Dem Blockdruck (Hochdruck) entgegengesetzt, bei dem die erhabenen Stellen auf das Papier gedruckt sind, werden beim Kupferstich die Vertiefungen des eingravierten Notenbildes mit Druckerschwärze ausgefüllt und auf das Papier übertragen (Stichabzüge

= Tiefdruckprinzip). In England gibt es den Kupferstich ab etwa 1611 (*Parthenia*, London um 1611, W. Hold), in Italien nach Verovio u. a. bei N. Borboni (Rom ab 1615, Tabulaturen), in Deutschland ab 1615 (L. Kilian, Augsburg), in Frankreich vom späten 17. Jh. an (Paris, Ballard, ab 1713 auch Du Plessy):

G. Frescobaldi, *Toccata prima*, in: *Il secondo libro di toccate, canzone* ..., Rom ²1637, N. Borboni.

Der Notenstich wurde durch Anwendung von Werkzeugen verbessert, die den Notenköpfen gleichmäßigere Gestalt gaben und die Gravierarbeit erleichterten, bis nach Einführung der Pewter-Platten (Zinn-Blei-Legierung, England ab 1724) dazu übergegangen werden konnte, die Notenköpfe, Schlüssel, Vorzeichen, Pausen, Texte und alle unveränderlichen Zeichen mit Stempeln einzuschlagen (zuerst bei J. Cluer und J. Walsh in London um 1730). Seitdem teilt sich der Arbeitsvorgang in »Schlagen« und »Stechen«. Unter letzterem versteht man das Gravieren von allem, was nach Form, Länge oder Verlauf eine spezielle Zeichnung erfordert, wie Bögen, Balken, Notenhälse, Taktstriche sowie Crescendo und ähnliche Zeichen. In jüngerer Zeit hat es nicht an Bemühungen gefehlt, das Notenstechen maschinell zu ersetzen. Hierfür wurden verschiedene Arten von Schreibmaschinen konstruiert und andere Systeme entwickelt, wobei die Arbeit des Notenstechers weitgehend mechanisiert wurde, so durch Verwendung vorgefertigter Zeichen (Metallfolien, Klebefolien). Für einfache Notenbilder mögen diese Verfahren ausreichen, bei komplizierten aber (z. B. Partituren) wird das Ergebnis entweder ungenügend oder der Arbeitsvorgang so umständlich und damit so teuer, daß der Stich trotz seiner kostspieligen Handarbeit konkurrieren kann und auf alle Fälle im Ergebnis besser ist. Heute ist als Plattenmaterial eine Blei-Zinn-Antimon-Legierung üblich. Von beruflichen Notenschreibern werden Musiknoten für Vervielfältigungszwecke auch gezeichnet »wie gestochen«, teilweise unter Verwendung von Stempeln. Für Laien ist der Unterschied gegenüber dem Stich nur bei aufmerksamer Betrachtung erkenntlich, auch dann meist nur im Buchstabentext. Die Vervollkommnung dieses Schreibverfahrens ist noch nicht abgeschlossen; die Weitervervielfältigung erfolgt photomechanisch.

Autographie (griech., Selbstschreibung) ist als Vorstufe des lithographischen Notendrucks analog dem Stich oder dem Notensatz die erste Phase der Vervielfältigung. Die mit der Hand und einer speziellen Tinte oder Tusche geschriebenen Noten werden direkt oder durch Umdruck auf den Druckträger (Stein bzw. Druckblech oder -folie) übertragen. Die Autographie ist ein Ersatz für Stich- oder Stempelverfahren aus wirtschaftlichen Gründen. – Photomechanisches Verfahren: Die Photomechanik (und Photochemie) dient vor allem zur Vorbereitung des eigentlichen Druckes. Durch sie wird im Notendruck das Notenbild (das gestochene, gestempelte oder autographierte) auf lichtempfindlich präparierte Druckbleche übertragen, mit denen die Vervielfältigung (Druck) bis zu den größten Auflagen erfolgen kann. Bei Kleinstauflagen wird das nicht durch Stich, sondern durch Schrift auf Transparentpapier hergestellte Notenbild im Lichtpausverfahren vervielfältigt.

3) Lithographie (Steinschrift, von griech. λίθος, Stein). Ihre Erfindung 1796 durch A. → Senefelder bedeutete für den Notendruck eine Umwälzung. Nach vielen Versuchen gelang Senefelder die Autographie, und er gewann damit zugleich die Grundlage der Lithographie. Mit der Verwendung des Solnhofener Kalksteins und der Entwicklung des »chemischen Steindruckes« (Ätzung der Steinplatte mit Scheidewasser) war die Erfindung endgültig gelungen (1798/99). Der Druck von dem polierten Stein, der wie Papier bezeichnet, beschrieben und bedruckt werden kann, erfolgt nach dem Prinzip des sich gegenseitigen Abstoßens von Fett und Wasser. Beim Notendruck kann eigentlich erst von diesem Zeitpunkt an von Druck gesprochen werden (gegenüber den bisherigen Handabzügen von der gestochenen Platte, und zwar von jeweils nur einer Seite, wie bei jeder Gravur). Die Stichabzüge (Abdrucke) waren daher relativ teuer und in der Zahl beschränkt infolge schneller Abnutzung der Stichplatten. Jetzt aber konnten die Abzüge von den Stichplatten auf Stein übertragen (Überdruck) und von entsprechend großen Steinen, 4 bis 16 Seiten in einem Arbeitsgang, in beliebig hoher Auflage gedruckt werden. Der »Flachdruck« war erfunden, so benannt im Gegensatz zum »Tiefdruck« (Plattenabzüge mit ihren charakteristischen Plattenrändern) und zum »Hochdruck« (Buch- und Notendruck mit gesetzten Typen). Bald erfolgte die Konstruktion einer Steindruck-(Flachdruck-)Presse analog der Buchdruckpresse. – Der Weg zu einer entscheidenden Weiterentwicklung war frei, als die Anwendung des Verfahrens auf biegsame dünne Bleche (Aluminium, Zink) erfunden wurde, die die schwer handlichen, bis zu 10 cm dicken Solnhofener Steine ersetzten. Erst diese Bleche ermöglichten den heute allgemein üblichen Rotationsdruck. Eine weitere technische Verbesserung ist nach 1900 durch den in den USA entwickelten und heute allgemein verwendeten »Offsetdruck« (Gummiklatschdruck) erfolgt, der aber keine Änderung des lithographischen Druckprinzips bedeutet.

Lit.: P. S. FOURNIER LE JEUNE, Traité hist. et critique sur l'origine et le progrès des caractères de fonte pour l'impression de la musique ..., Paris 1765; J. G. MEUSEL, Beytrag zur Litteraturgesch. d. ersten Drucke mit mus. Noten, in: Hist.-literarisch-bibliogr. Magazin II, Zürich 1790; J. H. KRÜNITZ, Artikel Notendruck, in: Ökonomisch-technologische Encyklopädie CII, Bln 1806; A. SENEFELDER, Vollständiges Lehrbuch d. Steindruckerey, München 1818, neubearb. 1821 u. 1827, Nachdrucke d. Auflage v. 1821, Bln 1901, 1921 u. 1925; A. SCHMID, O. dei Petrucci da Fossombrone, Wien 1845; TH. BÖTTCHER, Musiknoten auf Kupferstichen, MfM VIII, 1876; FR. CHRYSANDER, Abriß einer Gesch. d. Musikdrucks v. 15. bis zum 19. Jh., AmZ XIV, 1879 (zuvor in: The Mus. Times XVIII, 1877); A. GOOVAERTS, Hist. et bibliogr. de la typographie mus. dans les Pays-Bas, = Mémoires de l'Acad. XXIX, Antwerpen 1880, Nachdruck Amsterdam 1962; A. THÜRLINGS, Der Musikdruck mit beweglichen Metalltypen im 16. Jh. ..., VfMw VIII, 1892; E. VOGEL, Der erste mit beweglichen Metalltypen hergestellte Notendruck f. Figuralmusik, JbP II, 1895; H. RIEMANN, Notenschrift u. Notendruck, Fs. d. Firma C. G. Röder, Lpz. 1896, mit 28 Faks.; DERS., U. Hahn, d. Erfinder d. Notentypendruckes, Mus. Wochenblatt XXXII, 1901; W. B. SQUIRE, Notes on Early Music Printing, in: Bibliografica III, 1897; R. EITNER, Der Musiknotendruck u. seine Entwicklung, Zs. f. Bücherfreunde I, 2, 1898; H. SPRINGER, Zur Musiktypographie in d. Inkunabelzeit, in: Beitr. zur Bücherkunde u. Philologie, Fs. A. Wilmanns, Lpz. 1903; DERS., Die mus. Blockdrucke d. 15. u. 16. Jh., Kgr.-Ber. Basel 1906; R. STEELE, The Earliest Engl. Music Printing = Illustrated Monographs Issued by the Bibliogr. Soc. XI, London 1903, Nachdruck 1965; R. MOLITOR OSB, Deutsche Choral-Wiegendrucke, Regensburg 1904; DERS., Der Werdegang d. Musiknoten, Lpz. 1928; H. BOHATTA, Liturgische Bibliogr. d. XV. Jh., Wien 1911, Nachdruck Hildesheim 1960; B. A. WALLNER,

Mus. Denkmäler d. Steinätzkunst d. 16. u. 17. Jh., München 1912; WOLFN; F. BISCHOFF, Steiermärkischer Notendruck im 16. Jh., Zs. d. hist. Ver. f. Steiermark XIV, 1916; M. SEIFFERT, Bildzeugnisse d. 16. Jh. für ... d. Ursprung d. Musikkupferstiches, AfMw I, 1918/19; K. SCHOTTENLOHER, Die liturgischen Druckwerke E. Ratdolts, Mainz 1922; P. COHEN, Die Nürnberger Musikdrucker im 16. Jh., Diss. Erlangen 1927, dazu R. Wagner in: Mitt. d. Ver. f. Gesch. d. Stadt Nürnberg XXX, 1931; M. AUDIN, Les origines de la typographie mus., in: Le bibliophile I, 1931; O. KINKELDEY, Music and Music Printing in Incunabula, Papers of the Bibliogr. Soc. of America XXVI, 1932; B. GUÉGAN, Hist. de l'impression de la musique. La typographie mus. en France, in: Arts et métiers graphiques, 1933/34, H. 37 u. 39; K. MEYER u. E. J. O'MEARA, The Printing of Music 1473–1934, in: The Dolphin II, (NY) 1935; A. PFISTER, Vom frühesten Musikdruck in d. Schweiz, Fs. G. Binz, Basel 1935; B. PATTISON, Notes on Early Music Printing, in: The Library IV, 1939; K. MEYER-BAER, New Facts on the Printing of Music Incunabula, PAMS LXVI, 1940; DIES., Liturgical Music Incunabula. A Descriptive Cat., London 1962; A. DAVIDSSON, Musikbibliogr. Beitr., = Uppsala Univ. Årsskrift IX, Uppsala u. Wiesbaden 1954; K. HADER, Aus d. Werkstatt eines Notenstechers, Wien 1954; E. LAAFF, Music mit fleiß gedrukt – Grundzüge d. Entwicklung d. Musiknotendrukkes, = Burgver. Eltville, Sonderdruck IX, 1956, mit 12 Abb.; C. JOHANSSON, Zur Reproduktion d. frz. Musikdrucker-Kat. d. 18. Jh., Mf XI, 1958; CL. SARTORI, Dizionario degli editori mus. ital., = Bibl. di bibliogr. ital. XXXII, Florenz 1958; W. M. LUTHER, Die nichtliturgischen Musikinkunabeln d. Göttinger Bibl., in: Libris et Litteris, Fs. H. Tiemann, Hbg 1959; W. WEBER, Saxa loquuntur – Steine reden. Gesch. d. Lithographie, Heidelberg u. Bln (1961).

Notenschrift. Es liegt im Wesen der abendländischen Musik, daß sie zur Schrift gebracht wird. Die N. erscheint zuerst in primär theoretischer Bestimmung und hat in ihrer Geschichte stets zwischen Theorie und Praxis vermittelt. N. fixiert zwar die als wesentlich geltenden Eigenschaften einer Musik, gibt aber kein vollständiges Bild ihrer Klangwirklichkeit; zu deren Kenntnis ist auch die Erforschung des originalen Klangbilds und der → Aufführungspraxis notwendig. Hinweise hierauf geben in den meisten N.en zusätzliche Zeichen und Anweisungen. Änderungen einer N. zeigen meist Änderungen der Musik an. Daher ist eine Übertragung älterer Musik in die moderne N. immer zugleich Interpretation (→ Editionstechnik). Bei Transkriptionen außereuropäischer Musik nach Tonaufnahmen ist zu beachten, daß die moderne abendländische N. die musikalischen Elemente in einer Systematik und Rangordnung darstellt, die außerhalb des europäischen Kulturkreises nicht ohne weiteres gilt. – Die Erfindung der N. hat einen geschichtlichen Zusammenhang der Musik als → Komposition erst begründet. Denn N. trennt einen Bereich, der der freien Verfügung der Ausführenden überlassen bleibt, von dem, was in jeder Verwirklichung gegenwärtig sein muß; sie grenzt die Konstanz des Werkes ab gegen die Jeweiligkeit der Aufführung. Die Improvisation entzieht sich diesem Zusammenhang nur scheinbar; sie vermittelt die Illusion eines spontan entstehenden Werkes, ist aber ein Spiel mit gängigen (Kompositions-)Mitteln eines Stilbereichs, das die Kenntnis der Musiklehre und der in N. festgehaltenen Werke voraussetzt. Die N. als zugleich theoretische und anschauliche Darstellung von Musik beruht auf der Vereinbarung, daß Niederschrift und Aufführung nur als zwei Seiten eines Werkes gelten, dessen kompositorische Konzeption auch beim Hören oder Lesen erst im reflektierenden Verstehen zu erfassen ist.

Mutmaßungen über eine N. der alten Babylonier (Sachs) oder Ägypter (Hickmann) haben keine zuverlässigen Ergebnisse gezeitigt, so daß die früheste sicher bezeugte N. die → Buchstaben-Tonschrift der antiken Griechischen Musik bleibt. Aus dem Erbe der spätantiken Kultur des Mittelmeerraums sind 3 N.en für liturgischen Gesang hervorgegangen, deren Zeichen alle aus Akzenten entwickelt wurden: 1) Nach vereinzelten Versuchen in Palästina und Babylonien entstanden um 900 in Tiberias die masoretischen Zeichen für die biblische → Kantillation der Jüdischen Musik. 2) Im → Byzantinischen Gesang wurden seit dem 10. Jh. die liturgischen Lektionen mit Zeichen für den → ekphonetischen Vortrag versehen. Diese Schrift war eine Grundlage der byzantinischen N., deren anderer Grundzug in der Verdeutlichung der beim chorischen Gesang notwendigen → Cheironomie besteht. Eine selbständige Weiterentwicklung der paläobyzantinischen N. des 9.–12. Jh. bildet seit dem 11. Jh. die russische → Krjuki-N., die neben der im 17. Jh. aus Westeuropa übernommenen Choralnotation bis ins 20. Jh. gepflegt wurde. 3) Auch die → Neumen (– 1) des lateinischen Kirchengesangs, seit dem 9. Jh. bezeugt, gehen auf Akzentsystem und Cheironomie zurück. Sie wurden im 13. Jh. zur bis heute üblichen → Choralnotation umgebildet, die auch für die Aufzeichnung der Trobador- und Trouvèremelodien sowie der mehrstimmigen Musik herangezogen wurde. Mit dieser ist die besondere Entwicklung der N. Westeuropas verbunden: Zur Zeit des frühen Organum begründete Guido von Arezzo das → Liniensystem mit Terzabstand der Notenlinien und vorgezeichneten Tonbuchstaben, die später zu → Schlüsseln wurden. Die Notre-Dame-Zeit schuf die → Modalnotation, die Ars antiqua die → Mensuralnotation. Die Musik des Trecentos notierte zunächst nach eigenen Regeln (→ Divisiones), übernahm jedoch zu Ende des 14. Jh. die französische N. der Ars nova. Nach anfänglicher Schreibung mehrstimmiger Sätze in einer der → Partitur ähnlichen Anordnung tendierte die Mensuralnotation seit den Motettenmanuskripten der Ars antiqua dahin, die Verschiedenartigkeit der Stimmen durch Trennung innerhalb eines Lesefelds von zunächst einer, später zwei Seiten, im 15.–16. Jh. auch durch Trennung in einzelne Stimmbücher, hervorzukehren. Doch ging dieser Aufzeichnung für die Ausführenden, wie wenigstens für das 16.–17. Jh. nachgewiesen wurde, eine partiturmäßige Niederschrift des Komponisten voraus, meist in der → Tabula compositoria. Zur Aufzeichnung der Musik für Tasten- und Zupfinstrumente benutzte man im 15.–18. Jh. vereinzelt, im 15.–18. Jh. überwiegend die → Tabulatur (– 1). Die neuere N., eine vereinfachte Weiterbildung der Mensuralnotation, ist ganz auf Partiturschreibung angelegt; auch einzeln aufgezeichnete Stimmen werden so notiert, daß sie ohne Änderung in eine Partitur eingetragen werden können. Diesem Zweck dienen Vereinheitlichung der Notenwerte durch Zweiteilung aller Noten, Abschaffung der Ligaturen und Einführung des Taktstrichs. Seit Ende des 19. Jh. gibt es Versuche zur Vereinfachung des Partiturbildes durch nichttransponierte Notierung der Stimmen transponierender Instrumente (Reformpartitur) bzw. durch Beschränkung auf den G-Schlüssel (Einheitspartitur).

Die heute gebräuchliche N. veranschaulicht Ton- und Zeitbeziehungen: die rhythmischen durch die Form der → Noten, die intervallischen durch das Liniensystem. Zur genaueren Bestimmung von Tondauer und metrischem Gewicht dienen Takt- und Tempovorzeichnung, seit Anfang des 19. Jh. auch Metronomangabe und seit Bartók Anzeige der Aufführungsdauer in Minuten und Sekunden. Schlüssel und Vorzeichen (beides aus Buchstaben entstanden) lassen Tonhöhe und Tonart erkennen. Für Verzierungen und die stereotypen Wendungen wurden besondere Zeichen erfunden (→ Abbreviaturen, → Doppelschlag, → Mordent usw.), ferner als → Vortragsbezeichnungen eine Fülle von Zeichen (→ Arpeggio, → crescendo, → Tremolo, usw.) und (meist italienischen) Wörtern (→ affettuoso, → amabile usw.). Von diesen werden die häufigsten dynamischen Bezeichnungen nur durch die Anfangsbuchstaben angezeigt (f, p usw.). Schönberg und A. Berg brachten neue Zeichen hinzu für die führenden Stimmen (H ⌐ = Hauptstimme; N ⌐ = Nebenstimme; RH = Hauptrhythmus), für verschiedene Arten des Sprechgesangs (→ Melodrama) und zur Vorzeichnung des Dirigierschlags (↓↑, ⌂, bei Boulez ⌐, △, usw.). Ständige Zunahme der Vortragsbezeichnungen charakterisiert das 19. Jh. Galt in der früheren Musik, daß einer Satzweise eine bestimmte Vortragsweise zugeordnet war, die der erfahrene Musiker ohne viele zusätzliche Anweisungen aus der N. ablesen konnte, so ging nun mehr und mehr die Verbindung von Satz- und Vortragsweise in die freie Verfügung des Komponisten über und wurde ein Teil der kompositorischen Erfindung. Um 1900 soll die Fülle der Vortragsbezeichnungen eine in Tempo, Rhythmus und Dynamik lebendig nuancierte Aufführung garantieren. Seit 1950 treten zwei neue Tendenzen hervor: 1) In der → Seriellen Musik führt die Aufstellung von Reihen oder Modi für alle Klangeigenschaften zu einem so komplizierten Notenbild, daß mit traditionellen Mitteln nur eine ungefähre, freie Wiedergabe möglich ist (vgl. die Reihe von 12 dynamischen Werten in Messiaens *Mode de valeurs et d'intensités*, Stockhausens Klavierstück I usw.). Den Extremfall solcher Notierungsweise stellt die Aufzeichnung → Elektronischer Musik dar, in der die musikalische Verwirklichung mit den Mitteln einer technischen Konstruktionszeichnung in allen Einzelheiten festgehalten ist (vgl. Stockhausens *Studie II*). 2) Auf der anderen Seite erscheinen viele neue Vortragszeichen; zugleich werden das traditionelle System der N. und die einzelnen Notenformen oft so weit reduziert, daß auch sie die Verwirklichung nicht mehr regulieren, sondern nur noch auslösen. Die meisten derartigen neuen Zeichen erlangen keine allgemeine Geltung, sondern wechseln von Komponist zu Komponist, zuweilen von Werk zu Werk (vgl. Karkoschka 1966). Den Extremfall solcher N. bildet die freie Zeichnung (»Musikalische Graphik«; vgl. Kagel, *Transicion I*; Busotti, Klavierstücke).

Lit.: H. RIEMANN, Studien zur Gesch. d. N., Lpz. 1878; DERS., N. u. Notendruck, Fs. C. G. Röder, Lpz. 1896; DERS., Kompendium d. Notenschriftkunde, = Slg Kirchenmusik IV/V, Regensburg 1910; J. WOLF, Gesch. d. Mensural-Notation v. 1250–1460, 3 Bde, Lpz. 1904, Nachdruck in 1 Bd Hildesheim u. Wiesbaden 1965, dazu Fr. Ludwig in: SIMG VI, 1904/05; DERS., Die Tonschriften, Breslau 1924; Mus. Schrifttafeln, hrsg. v. DEMS., 10 H., = Veröff. d. Fürstlichen Inst. f. mw. Forschung Bückeburg II, 2, Lpz. 1922–23, Bückeburg u. Lpz. ²1927; WOLF N; O. ABRAHAM u. E. M. v. HORNBOSTEL, Vorschläge f. d. Transkription exotischer Melodien, SIMG XI, 1909/10; L. M. VAUZANGES, L'écriture des musiciens célèbres, Paris 1913; APELN; C. SACHS, The Rise of Music in the Ancient World, East and West, NY (1943), span. Buenos Aires 1946; B. DI SALVO, La trascrizione paleobizantina e la sua trascrizione, Boll. della Badia Greca di Grottaferrata, N. S. IV, 1950; DERS., La trascrizione della notazione paleobizantina I–II, ebenda V, 1951; J. SMITS VAN WAESBERGHE SJ, The Mus. Notation of Guido d'Arezzo, MD V, 1951; Mus. Autographs from Monteverdi to Hindemith, hrsg. v. E. WINTERNITZ, 2 Bde, Princeton (N. J.) 1955; THR. G. GEORGIADES, Zur Lasso-GA, Kgr.-Ber. Wien 1956; DERS., Sprache, Musik, schriftliche Musikdarstellung, AfMw XIV, 1957; DERS., Musik u. Schrift, München (1962); E. JAMMERS, Interpretationsfragen ma. Musik, AfMw XIV, 1957; A. MACHABEY, Notations mus. non modales des XIIe et XIIIe s., Paris 1957, ³1959; C. PARRISH, The Notation of Medieval Music, London u. NY 1957; E. WERNER, The Sacred Bridge, ebenda 1959; DERS., Die Bedeutung d. Totenmeerrollen f. d. Mg., Studia musicologica IV, 1963; H. HICKMANN, Ein neuentdecktes Dokument zum Problem d. altägyptischen Notation, AMl XXXIII, 1961; W. OSTHOFF, Per la notazione originale nelle pubblicazioni di musiche antiche e specialmente nella nuova ed. Monteverdi, AMl XXXIV, 1962; K. STOCKHAUSEN, Texte zur elektronischen u. instr. Musik I, Köln (1963); Notation Neuer Musik, hrsg. v. E. THOMAS, = Darmstädter Beitr. zur Neuen Musik IX, Mainz (1965); E. KARKOSCHKA, Das Schriftbild d. Neuen Musik, Celle (1966); W. KAUFMANN, Mus. Notations of the Orient, = Indiana Univ. Series LX, Bloomington 1967.

Note sensible (nɔt säs'i:bl, frz.) → Leitton.

Notes inégales (nɔt ineg'al, frz., ungleiche Noten), rhythmische Verzierung des französischen Barocks, die infolge des großen Einflusses französischer Musik auch in Deutschland, den Niederlanden und England verbreitet war. Diese nicht durch Zeichen, kleinere Noten oder Worte angedeutete Gesangs- und Spielmanier besteht in der paarweisen Gruppierung rascher und meist stufenweise verlaufender, gleichmäßig notierter Tonfolgen, so daß jeweils die erste, betonte Note verlängert, die zweite, unbetonte verkürzt wird, ohne aber den Gesamtwert eines Notenpaares dadurch zu verändern. Der umgekehrte Fall ergibt eine Art des → Lombardischen Rhythmus. Daß es sich bei den N. i. um eine alte, auch außerhalb Frankreichs vorhandene Tradition handelt, beweisen pädagogische Traktate des 16. und frühen 17. Jh., so die Abhandlungen von L. Bourgeois (1550), Fr. T. de Santa María (1565) und G. Caccini (1601). Ab Mitte des 17. bis Ende des 18. Jh. werden die N. i. oft erwähnt, wobei sowohl der Grad der Verlängerung als auch die Häufigkeit der Anwendung vom Charakter des Stückes und vom Geschmack des Ausführenden abhängig gemacht werden. Ein gleichmäßig notierter Rhythmus ♪♪♪♪ kann wie folgt inegalisiert werden: ♪♪♪♪ (= Verhältnis 2:1), ♪.♪♪.♪ (3:1), sogar ♪..♪♪..♪ (7:1), sowie in allen möglichen, darunter oder dazwischen liegenden Verhältnissen, die dem Sänger oder Spieler überlassen werden (3:2, 5:3, 7:5, 9:7). Man muß sich im vorliegenden Fall vor starrer Anwendung bestimmter Vorschriften ebenso hüten wie vor mathematisch genauer Wiedergabe punktierter Notenbeispiele, die immer nur als Andeutung und im Zusammenhang mit den zugehörigen Erläuterungen verstanden werden dürfen. Da die N. i. vor allem ein Mittel des Ausdrucks sind, spielt bei ihrer Anwendung auch die Gattung der jeweils benutzten Instrumente eine Rolle; so vertragen Cembalo oder Orgel oft eine stärkere Inegalisierung als Streich- oder Blasinstrumente. Als Faustregel für die Anwendung von N. i. mag gelten: im allgemeinen können die nächst kleineren Notenwerte, von der Zähleinheit des Taktes aus gerechnet, inegalisiert werden. Ausnahmen sind die ₵- und 2/4-Takte, in denen die Ungleichheit nicht auf die Achtel, sondern auf die Sechzehntel fällt. Schema:

Takt:	N. i.:
3/1	Halbe Noten
3/2	Viertelnoten
2, 3, 3/4, 6/4, 9/4, 12/4, ₵ mit 2 Zählzeiten	Achtelnoten
C, ₵ mit 4 Zählzeiten, 2/4, 3/8, 4/8, 6/8, 9/8, 12/8	Sechzehntelnoten
3/16, 4/16, 6/16, 9/16, 12/16	Zweiunddreißigstel-N.

Während im französischen Barock die Ungleichheit im allgemeinen nicht notationsmäßig angedeutet oder bezeichnet wurde, schrieb man gleichmäßige Ausführung in Zweifelsfällen entweder durch Punkte über den einzelnen Noten vor (M. Marais 1701) oder durch Bezeichnungen wie notes égales, croches égales. Die Anwendung der N. i. in der französischen Musik jener Zeit galt als derart selbstverständlich, daß eine besondere Bezeichnung für gleichmäßige Ausführung notwendig war, wenn der Komponist eine solche abweichend vom allgemeinen Brauch verlangte. Ein Beispiel hierfür findet sich im 1. Teil der 16. von J. S. Bachs Goldberg-Variationen, Takt 8/9; ohne die von Bach ausdrücklich notierten Punkte müßten die Sechzehntel als N. i. gespielt werden. Im Gegensatz zur Musik im französischen Stil kannte die italienische Musik keine N. i. – Außerhalb Frankreichs machte vor allem der Lully-Schüler Georg Muffat durch die Vorreden zu seinen Suiten für Streichorchester mit den N. i. und anderen Eigentümlichkeiten des französischen Musizierstils bekannt. J. G. Walther (1732) erwähnt die N. i. unter dem Stichwort Quantitas Notarum extrinseca, & intrinseca und erklärt diese Begriffe ausführlich in seinen Praecepta ... (1708, 1. Teil, Kap. 3, §§ 23–26), vor allem die Behandlungsweise der *innerlichen quantitaet derer Noten*. Vor ihm hatte bereits W. C. Printz (*Phrynis Mytilenaeus*, NA 1696, 2. Teil, 11. Kap., § 36) dargestellt, wie *alle darzu geschickte Figuren können geschärffet und gehemmet werden / durch hinzuthun eines Puncts zu denen Notis Quantitate Intrinseca longis, und Halbirung der drauff folgenden*. Nach J. S. Bachs Tode beziehen im deutschen Sprachbereich vor allem J. J. Quantz (XI, 12 und XVII, 2, 12) und L. Mozart (XII, 9–10) die N. i. in ihre Lehrwerke ein. Zu gleicher Zeit faßt J.-J. Rousseau die überlieferten N. i. im französischen Stil in knapper Form zusammen. – J. Chailley zufolge ist die Möglichkeit eines Zusammenhangs zwischen dem Rhythmus der französischen Sprachdeklamation und der Art und Anwendung von N. i. nicht von der Hand zu weisen (siehe: Fr. David, *Méthodes nouvelles ...*, Paris 1737, S. 139). Im deutschen Sprachbereich findet sich diese Hypothese in der *Clavier-Schule* von G. S. Löhlein (1765, 9. Kap.) bekräftigt, der den Geschmack beim Spielen in unmittelbaren Zusammenhang mit dem *innerlichen Werthe* der Noten bringt, den er wiederum von den Silbenlängen der Worte herleitet. Ähnlich hatte in der Vokalmusik bereits Fr. W. Marpurg zwischen *äußerlichem* und *innerlichem Wehrt oder Verhalt* von gleichmäßig notierten Tonfolgen unterschieden, wobei ersterer von der *Figur* einer Note, der zweite von deren *Ausmessung* bestimmt wird (*Kritische Briefe über die Tonkunst*, Berlin 1760, Bd I, S. 99). – Beispiele für ausgeschriebene N. i. finden sich u. a. in Transkriptionen von Werken Rameaus und Händels (GA, Bd XLVIII, mit zeitgenössischen Cembalotranskriptionen von Teilen der Oper *Il pastor fido*, 1712, die punktierte Rhythmen an solchen Stellen enthalten, die im Original gleichmäßig notiert sind). Rameau hat bei der Orchestrierung z. B. seines Cembalostückes *Musette en rondeau* (1724) im 3. Akt (7. Szene) seiner Ballettoper *Les fêtes d'Hébé* (1739) gleichmäßig notierte Achtelfolgen des Cembalos als punktierte Rhythmen für das Orchester notiert, dagegen die ursprüngliche Notation für die Gesangspartien beibehalten. In allen derartigen Fällen sollten die Gesangspartien weder gleichmäßig noch sklavisch genau im Verhältnis 3 : 1 punktiert, sondern inegalisiert vorgetragen werden, in Anlehnung an den Sprachrhythmus der betreffenden Textworte, dem sich dann auch die Instrumente anzupassen haben. – Eine akustisch realisierbare Darstellung der Art und Anwendung von N. i. bei verschiedenen Kompositionen findet sich in den Angaben J. Engramelles zur Herstellung von Stiftwalzen für mechanische Musikwerke (1775, 1778).

Lit. u. Ausg.: L. BOURGEOIS, Le Droict Chemin de Musique, Genf 1550, Faks. hrsg. v. P.-A. Gaillard, = DMl I, 6, 1954; FR. T. DE SANTA MARÍA OP, Libro llamado arte de tañer fantasía ..., Valladolid 1565, auszugsweise Übers. v. E. Harich-Schneider u. R. Boadella, Lpz. 1937; G. CACCINI, Le nuove musiche, Florenz 1601 u. ö., Faks. hrsg. v. F. Mantica, Rom 1930, u. hrsg. v. Fr. Vatielli, Rom 1934, engl. Übers. in: O. Strunk, Source Readings in Music Hist., NY 1950; B. DE BACILLY, Remarques curieuses ..., Paris 1668, (³1679), engl. Übers. mit Kommentar v. A. B. Caswell jr. als: The Development of 17th-Cent. French Vocal Ornamentation and Its Influence upon Late Baroque Ornamentation Practice, Diss. Univ. of Minnesota 1964, maschr.; M. L'AFFILARD, Principes très-faciles ..., Paris 1694, ²1717; GEORG MUFFAT, Florilegium, I Augsburg 1695, II Passau 1698, = DTÖ I, 2 u. II, 2, Bd 2 u. 4, Wien 1894–95; E. LOULIÉ, Éléments ou principes de musique ..., Paris 1696, Amsterdam 1698; M. MARAIS, Second livre de pièces de viole, Paris 1701; M. DE SAINT-LAMBERT, Les principes du clavecin, Paris 1702; J. M. HOTTETERRE, Principes de la flûte traversière ..., Paris 1707, Faks. u. deutsche Übers. hrsg. v. H. J. Hellwig, Kassel 1942, ²1958; J. WILSON, R. North on Music (um 1710), London 1959; FR. COUPERIN, L'art de toucher le clavecin, Paris 1716, ²1717, hrsg. v. M. Cauchie, Paris 1933 (GA), dass., Faks. mit deutscher u. engl. Übers. hrsg. v. A. Linde, Lpz. 1933; ANON. (= Borin), La musique théorique et pratique dans son ordre naturel, Paris 1722; M. P. DE MONTÉCLAIR, Principes de musique, Paris 1736; QUANTZ Versuch; MOZART Versuch; J.-J. ROUSSEAU, Dictionnaire de musique, Genf 1767(?), Paris 1768, Artikel lourer u. pointer (Umarbeitung seiner Artikel aus d. Encyclopédie, Paris 1751ff.); J. LACASSAGNE, Traité général des éléments du chant, Paris 1766; M.-D.-J. ENGRAMELLE, La tonotechnie ou l'art de noter les cylindres, Paris 1775, dazu H.-P. Schmitz, Die Tontechnik d. Père Engramelle, = Mw. Arbeiten VIII, Kassel 1953; FR. BÉDOS DE CELLES OSB, L'art du facteur d'orgues, Paris 1778 (IV, 2: De la tonotechnie ou notage des cylindres, redigiert v. J. Engramelle), Faks. hrsg. v. Chr. Mahrenholz, Kassel 1936, dass., = DMI I, 26, 1965. – A. DOLMETSCH, The Interpretation of the Music of the XVIIth and XVIIIth Cent., London (1916, ²1946); J. ARGER, Les agréments et le rythme ..., Paris 1917; E. BORREL, Contribution à l'interprétation de la musique frç. au XVIIIe s., Paris 1914; DERS., Les n. i. dans l'ancienne musique frç., Rev. de Musicol. XV, 1931; DERS., L'interprétation de la musique frç., Paris 1934; DERS., A propos des »N. i.«, Rev. de Musicol. XLI/XLII, 1958, dazu J. Chailley, A propos des n. i., ebenda XLV/XLVI, 1960; S. BABITZ, A Problem of Rhythm in Baroque Music, MQ XXXVIII, 1952, deutsche Zusammenfassung in: Musica XVI, 1962; N. W. POWELL, Rhythmic Freedom in the Performance of French Music from 1650 to 1735, Diss. Stanford Univ. (Calif.) 1958, maschr.; R. DONINGTON, The Interpretation of Early Music, London 1963, erweitert ²1965; A. GEOFFROY-DECHAUME, Les secrets de la musique ancienne, Paris 1964; FR. NEUMANN, The French Inégales, Quantz, and Bach, JAMS XVIII, 1965, dazu R. Donington, Fr. Neumann u. G. Prout in: JAMS XIX, 1966; DERS., External Evidence and Uneven Notes, MQ LII, 1966. ERJ

Notre-Dame, die Kathedralkirche Beatae Mariae Virginis in Paris, gab ihren Namen einer der bedeutendsten Schulen der Musikgeschichte und einer Epoche, die wohl um 1160/80–1230/50 anzusetzen ist. Die weit über die Errungenschaften der Schule von → Saint-Martial hinausgehende, bis zur Drei- und Vierstimmigkeit vordringende N.-D.-Schule war ein Zentrum für die Pflege des → Conductus und wurde entscheidend für die Spätblüte der → Organum genannten Kunst (mit → Discantus und → Klausel) und für die Frühzeit der → Motette. Ungewiß ist, ob bereits der im Codex Calixtinus mit einem mehrstimmigen Versus vertretene Magister Albertus Parisiensis mit dem 1140–77 an N.-D. tätigen Cantor Albertus identisch ist und als ein früher Vertreter dieser Schule angesehen werden kann. Der nach 1272 verfaßte Traktat des Anonymus IV (CS I, 342a) nennt die Namen der beiden Hauptmeister, von denen → Leoninus als optimus organista, → Perotinus als optimus discantor bezeichnet wird. Der Beginn der Tätigkeit von Leoninus dürfte nach dem 1163 begonnenen Bau der heutigen Kathedrale anzusetzen sein, während man den Höhepunkt des Schaffens von Perotinus um 1200 vermuten darf. Der *Magnus liber organi de gradali et antiphonario*, der die 2st. Organa des N.-D.-Repertoires enthielt, soll von Perotinus umgestaltet und erweitert worden sein; doch ist die Frage der am heute vorhandenen Bestand (→ Quellen: W_1, F, W_2, Ma) beteiligten Organistae und Discantores noch weitgehend ungeklärt. Und was lange als geschlossenes N.-D.-Repertoire angesehen wurde, erscheint neuerdings eher als spätere Zusammenstellung, in der neben Teilen des eigentlichen N.-D.-Repertoires auch Kompositionen aus anderen Pariser Kirchen (vor allem der zeitweiligen Hofkirche St-Germain-l'Auxerrois und der Augustiner-Abtei Ste-Geneviève-du-Mont) und anderen Orten (z. B. Beauvais, Sens) Aufnahme gefunden haben. Als Dichter von Conductus- und Motettentexten ist der Theologe → Philippe le Chancelier nachgewiesen. Die für die Notierung der N.-D.-Musik eigens geschaffene → Modalnotation bildet die Grundlage der → Mensuralnotation (→ Ars antiqua).

Lit.: F. L. CHARTIER, L'ancien chapitre de N.-D. de Paris et sa maîtrise, Paris 1897; J. HANDSCHIN, Zur Gesch. v. N.-D., AMl IV, 1932; FR. ZAMINER, Der Vatikanische Organum-Traktat (Ottob. lat. 3025), = Münchner Veröff. zur Mg. II, Tutzing 1959; G. BIRKNER, N.-D.-Cantoren u. -Succentoren v. Ende d. 10. bis zum Beginn d. 14. Jh., in: In memoriam J. Handschin, Straßburg 1962; H. HUSMANN, St. Germain u. N.-D., in: Natalicia Musicologica, Fs. Kn. Jeppesen, Kopenhagen 1962; DERS., The Origin and Destination of the Magnus Liber Organi, MQ XLIX, 1963; DERS., The Enlargement of the Magnus Liber Organi and the Paris Church St. Germain l'Auxerrois and Ste. Geneviève-du-Mont, JAMS XVI, 1963; DERS., N.-D. u. St-Victor, AMl XXXVI, 1964; DERS., Ein Faszikel N.-D.-Kompositionen auf Texte d. Pariser Kanzlers Philipp in einer Dominikanerhs. (Rom, Santa Sabina XIV L 3), AfMw XXIV, 1967; H. TISCHLER, Perotinus Revisited, in: Aspects of Medieval and Renaissance Music, Fs. G. Reese, NY (1966); DERS., The Early Cantors of N. D., JAMS XIX, 1966.

Notturno (ital.) → Nocturne.

Novara.
Lit.: G. IMAZIO, Teatri e circoli, N. 1877; G. BUSTICO, Gli spettacoli mus. al »Teatro Novo« di N., 1779–1873, RMI XXV, 1918; DERS., Nuovo contributo sugli spettacoli mus. al »Teatro Novo« di N., RMI XXVI, 1919; DERS., S. Mercadante a N., RMI XXVIII, 1921; V. FEDELI, Musicisti novaresi del s. XVII, Bollettino stor. per la provincia di N. XVIII, 1924; DERS., Le cappelle mus. di N. dal s. XVI ai primordi dell'ottocento, = Istituzioni e monumenti dell'arte mus. ital. III, Mailand 1933.

Novelette, eine zuerst von R. Schumann (8 *N.n* für Kl. op. 21, 1838) gebrauchte Bezeichnung für ein → Charakterstück freier Gestaltung mit einer größeren Anzahl von Themen. Der Komponist charakterisiert diese Klavierstücke als *größere, zusammenhängende abenteuerliche Geschichten* und als *Spaßhaftes, Egmontgeschichten, Familienscenen mit Vätern, eine Hochzeit, kurz äußerst Liebenswürdiges, ... innig zusammenhängend und mit großer Lust geschrieben, im Durchschnitt heiter und obenhin, bis auf einzelnes, wo ich auf den Grund gekommen.* Das Wort N. will Schumann jedoch nicht von Novelle abgeleitet wissen; vielmehr prägte er es – als versteckte Huldigung an Clara Wieck – nach dem Namen der von ihm bewunderten englischen Sängerin Clara Novello, weil diese denselben Vornamen trägt wie seine Braut und »*Wieckketten*« nicht gut genug klingt (Brief an Clara vom 6. 2. 1838; abgedruckt bei B. Litzmann I, S. 178). Die Bezeichnung findet sich später bei einigen Komponisten der skandinavischen und deutschen Mendelssohn-Schumann-Nachfolge, u. a. bei N. Gade (*N.r* für Kl.-Trio op. 29), J. P. E. Hartmann (*N.* op. 55b »in 6 kleinen Stücken« mit Texten von H. Chr. Andersen; *Studier og N.r* op. 65), Th. Kirchner (*N.n* für Kl.-Trio op. 59) und C. Reinecke (*N.* op. 226), ferner bei einigen slawischen Komponisten, u. a. bei M. Balakirew (*N.* für Kl.), A. Glasunow (5 *N.n* für Streichquartett op. 15), A. Ljadow (*N. Nowinka* für Kl. op. 20) und Zd. Fibich (*N.n* op. 44, 33 Stücke), sowie im 20. Jh. bei Fr. Bridge (*N.n* für Streichquartett, 1904), Fr. Poulenc (*Deux n.s* für Kl.) und A. Tscherepnin (2 *N.n* für Kl.). In allen diesen Fällen hat der Titel *N.* mit den ursprünglichen Anlaß seiner Entstehung nichts mehr zu tun; er betont hier lediglich die erzählende (»novellistische«) Art jener Stücke und ist – wie die meisten Titel von Charakterstücken – formal unverbindlich.

Lit.: R. SCHUMANN, Briefe, N. F., hrsg. v. F. G. Jansen, Lpz. 1886, ²1904; B. LITZMANN, Cl. Schumann. Ein Künstlerleben nach Tagebüchern u. Briefen I, Lpz. 1902, ⁸1925; K. H. WÖRNER, R. Schumann, Zürich 1949.

Nürnberg.
Lit.: FR. KRAUTWURST, Das Schrifttum zur Mg. d. Stadt N., = Veröff. d. Stadtbibl. N. VII, N. 1964; O. WESSELY, Ergänzungen zur Bibliogr. d. Schrifttums zur N.er Mg., Mf XIX, 1966. – J. NEUDÖRFER, Nachrichten v. Künstlern u. Werkleuten ... aus d. Jahre 1547 nebst d. Fortsetzung d. A. Gulden, hrsg. v. G. W. K. Lochner, = Quellenschriften f. Kunstgesch. u. Kunsttechnik d. MA u. d. Renaissance X, Wien 1875; J. CHR. WAGENSEIL, De sacri Rom. Imp. libera civitate Noribergensi commentatio. Accedit de Germaniae phonascorum origine..., Altdorf 1697; FR. E. HYSEL, Das Theater in N. v. 1612 bis 1863, N. 1863, N.er Meistersinger-Protokolle v. 1575–1689, 2 Bde, hrsg. v. R. DRESCHER, = Bibl. d. literarischen Ver. Stuttgart CCXIII–CCXIV, Tübingen 1897–98, Nachdruck Tübingen 1961; P. COHEN, Die N.er Musikdrucker im 16. Jh., Diss. Erlangen 1927; R. WAGNER, Die Gesch. d. Org. in d. Spitalkirche zu N., Zs. f. ev. Kirchenmusik V, 1927 – VI, 1928; DERS., Die Organisten d. Kirche zum Hl. Geist in N., ZfMw XII, 1929/30; DERS., Nachträge zur Gesch. d. N.er Musikdrucker im 16. Jh., Mitt. d. Ver. f. Gesch. d. Stadt N. XXX, 1931; H. WENINGER, Das alte Stadttheater in N. 1833–1905, Würzburg 1932; A. FUCHS, Die Musikdarstellungen am Sebaldusgrab P. Vischers ..., = Erlanger Beitr. zur Mg. II, Kassel 1935; S. BRAUNGART, Die Verbreitung d. reformatorischen Liedes in N. in d. Zeit v. 1525–70, Diss. Erlangen 1939; E. V. RUMOHR, Der N.ische Tasteninstrumentalstil im 17. Jh., Diss. Münster i. W. 1939; H. ZIRNBAUER, Der Notenbestand d. reichsstädtisch N.ischen Ratsmusik, u. TH. WOHNHAAS, Leistungen d. Reichsstadt zur Ratsmusik, in: N.er Ratsmusik, = Veröff. d. Stadtbibl. N. I, 1959; H. E. SAMUEL, The Cantata in Nuremberg During the 17th Cent., Diss. Cornell Univ. (N. Y.) 1963, maschr.; J. H. VAN DER MEER, Sweelinck u. N., TVer XX, 1964/65.

Null (0), – 1) in der Generalbaßschrift tasto solo, d. h. Anweisung, keine Akkorde zu greifen, sondern nur die Baßstimme unisono oder in Oktaven mitzuspielen; – 2) in G. Webers Harmoniebezeichnung bei einem kleinen Buchstaben die Signatur des verminderten Dreiklangs, z. B. ^0c = c–es–ges; – 3) In der Oettingen-Riemannschen Harmoniebezeichnung fordert 0 den Mollakkord mit großer Terz und Quinte unter dem Hauptton, z. B. ^0e = e–c–A (»Moll unter«). Mit Rücksicht auf die traditionelle Auffassung des Molldreiklangs mit dem tiefsten Ton als Hauptton wird jedoch die N. beim Klangbuchstaben auch bei der Molldreiklang über dem, genannten Ton verwendet, z. B. ^0a = A–c–e. Beim Funktionszeichen (^0T, ^0S, ^0D) zeigt die N. einfach das Tongeschlecht als Moll an. – 4) In der Fingersatzbezeichnung für Streichinstrumente bedeutet 0, daß der Ton durch eine → Leere Saite hervorzubringen ist. Durch 0 über einem Fingersatz ($^0_4$) oder einer Note wird aber auch das (natürliche) → Flageolett (– 3) verlangt.

Nyckelharpa (schwedisch) → Schlüsselfiedel.

O

O, – 1) lat. die Interjektion O, mit der einige gregorianische Gesänge, speziell die Magnificatantiphonen im Offizium der letzten 7 Tage vor der Vigil von Weihnachten, beginnen (Antiphonae maiores, O-Antiphonen); – 2) in mittelalterlichen Tonaren der Buchstabe zur Bezeichnung des 4. Kirchentons; – 3) ital.: oder, z. B. Violino o flauto; – 4) in Form eines Kreises (O) das Zeichen des → Tempus perfectum; – 5) → Null.
Lit.: zu 1): P. WAGNER, Einführung in d. Gregorianischen Melodien III, Lpz. 1921, Nachdruck Hildesheim u. Wiesbaden 1962. – zu 2): E. OMLIN OSB, Die St. Gallischen Tonarbuchstaben, = Veröff. d. gregorianischen Akad. zu Freiburg i. d. Schweiz XVIII, Regensburg 1934.

Oberek, Obertas (poln., von obrót, das Herumdrehen), feuriger polnischer Drehtanz im 3/8-Takt mit den gleichen rhythmischen Akzentverschiebungen wie in → Mazur und → Kujawiak. Nach M. Sobieski (MGG IX, 1961, Artikel Oberek, Obertas) sind Obertas und Oberek wie folgt zu unterscheiden: Der Obertas, bezeugt im 17.–19. Jh., heute nicht mehr gebräuchlich, war ursprünglich die Wiederholung eines Kujawiak in schnellerem Tempo. Eigenständige Obertasmelodien (Tempo etwa ♪ = M.M. 160–180) des 19. Jh. weisen kirchentonartliche Wendungen sowie starke Verwendung von Triolen und punktierten Rhythmen auf. Der Obertas ist textiert im Gegensatz zum neuen (seit dem 19. Jh. belegten) Oberek, den die Tänzer nur mit gelegentlichen Zurufen begleiten. Die Melodik des Oberek ist wegen des noch schnelleren Tempos (etwa ♪ = M.M. 180–240) rhythmisch einfach; dies sowie die Häufigkeit von Akkordfigurierung und großen Sprüngen (bis zur None) bezeugen ihren originär instrumentalen Charakter. Oft werden mehrere Obereks zu einer Folge verbunden, meist ohne Modulation; doch kann ein 4taktiges Vorspiel mit Wiederholung des gleichen Tons (Tonika oder Dominante der folgenden Melodie) in Tonart und Rhythmus einen neuen Oberek einleiten. Kompositionen dieses Tanzes finden sich bei: Chopin, Klavierkonzert F moll op. 21 (1829), 3. Satz, Takt 141ff.; H. Wieniawski, *Obertass* für V. und Kl. op. 19 Nr 1 (1860); A. Boito, *Mefistofele* (1868), 1. Akt; A. Tansman, *Quatre danses polonaises* für Orch. (1931).

Oberösterreich
Lit.: L. KAFF, Das Welser Passionsspiel, Wels 1951; DERS., Die Cornu-Fragmente v. Ovilaba, Jahresh. d. Österreichischen Archäologischen Inst. XXXIX, 1952; DERS., Ma. Oster- u. Passionsspiele aus O., = Schriftenreihe d. Inst. f. Landeskunde O. IX, Linz 1956; O. WESSELY, Musik in O., ebenda III, 1951; DERS., Lauten- u. Geigenmacher in Linz u. O., Senftenegger Monatsblatt f. Genealogie u. Heraldik III, 1955/56; DERS., Zur Musik im ev. O., Jb. f. Liturgik u. Hymnologie II, 1956; F. LINNINGER, Org. u. Organisten im Stift St. Florian, O.ische Heimatblätter IX, 1955; W. GRAF, Musikethnologische Notizen zum Orpheus v. Enns-Lorch, Anthropos LI, 1956; A. KELLNER OSB, Mg. d. Stiftes Kremsmünster, Kassel 1956; W. SUPPAN, Geistliche Volkslieder aus d. Karpato-Ukraine. Eine Quelle f. d. Liedgut u. d. Singstil im Salzkammergut d. 18. Jh., Jb. d. O.ischen Musealver., 1963.

Oberstimme, seit dem 17. Jh. nachgewiesen als deutsche Bezeichnung des Discantus (suprema vox, → Diskant). In homophonen Sätzen bilden die beiden Außenstimmen (O., auch Melodiestimme, und → Unterstimme) das klangliche Gerüst, bei dem die → Mittelstimmen in der Regel nur zur Ausfüllung dienen (→ Füllstimmen).

Obertas → Oberek.

Obertöne → Teiltöne.

Obligates Akkompagnement, eine Form der → Begleitung, die vom Komponisten festgelegt und damit der improvisatorischen Ausführung ganz entzogen ist. Seit G. Adler wird das O. A. als charakteristisch für das instrumentale Satzgefüge der Wiener klassischen Schule bezeichnet. Es entwickelte sich am Ende des Generalbaßzeitalters, als man (statt zu beziffern) den Klaviersatz auszuschreiben begann (Schobert 1767). Dies bedingte eine reichhaltigere Anlage der Mittelstimmen, eine kompositorische Durchformung und Belebung der vorher wesentlich nur harmoniefüllenden Akkorde. Ein analoger Prozeß führte in der Kammer- und Orchestermusik zur Emanzipation der Bratsche und der Bläser. Der homophone Satz des → Galanten Stils wurde dichter und kunstvoller, wesentlich bedingt auch durch die Wiederaufnahme der kontrapunktischen Tradition (etwa 1770), die gerade in Wien ihre Wirksamkeit nie ganz verloren hatte. In dem neuen, differenzierteren und reicherer Ausdrucksnuancen fähigen Instrumentalstil, in dem die scharfe Trennung zwischen Melodie und Begleitung aufgehoben ist, kann die Hauptstimme überall im Satz liegen und wird oft auf verschiedene Stimmen verteilt (→ Durchbrochene Arbeit); jede Partikel des Satzes kann zu einem obligaten, d. h. unerläßlichen, auch thematisch bezogenen Bestandteil des Ganzen werden. Das O. A. war um 1780 voll ausgebildet (J. Haydn, Streichquartette op. 33, Hob. III, 37–42; W. A. Mozart, die 6 Haydn gewidmeten Streichquartette, K.-V. 387, 421, 428, 458, 464, 465). Als satztechnische Forderung blieb es im 19. Jh. bestimmend, bis kompositorische Tendenzen der Neuen Musik Begriff und Sache der »Begleitung« zugunsten einer gleichgewichtigen Durchorganisation aller Stimmung überhaupt in Frage stellten.
Lit.: G. ADLER, Der Stil in d. Musik I, Lpz. 1911, [2]1929; DERS., Die Wiener klass. Schule, Adler Hdb.; E. STILZ, Über harmonische Ausfüllung in d. Klaviermusik d. Rokoko, ZfMw XIII, 1930/31; E. BÜCKEN, Die Musik d. Rokokos u. d. Klassik, Bücken Hdb.; J. SAAM, Zur Gesch. d. Klavierquartetts, = Slg mw. Abh. IX, Straßburg 1933; FR. OBERDÖRFFER, Der Gb. in d. Instrumentalmusik d. ausgehenden 18. Jh., Kassel 1939.

Obligato (ital., von lat. obligatus, verbindlich; frz. obligé), – 1) s. v. w. → Ostinato; – 2) ein Instrumentalpart, der *bey der execution* nicht *wegbleiben ... kann, sondern nothwendig* ist (WaltherL), vorgeschrieben z. B. als Violino o. (auch Violino concertato oder Violino principale), im Unterschied zu → ad libitum, → Ri-

Oboe

pieno (→ Füllstimmen); im 18. Jh. auch der (concertierend) ausgearbeitete Generalbaßpart (Cembalo o.). → Obligates Akkompagnement.

Oboe (von frz. hautbois, ältere Aussprache obŏ'ε, ab Beginn des 19. Jh. obŭ'a; → haut), – 1) ein Doppelrohrblattinstrument von enger, leicht konischer Bohrung; das Corpus, in der Regel aus Hartholz, ist 3teilig mit kleiner Stürze. Die Ob. hat sich aus dem Diskantbomhart entwickelt, doch ist der direkte Vorgänger wahrscheinlich die Melodiepfeife der → Musette (– 2), die, wie u. a. Mersenne (1636) berichtet, auch losgelöst von der Sackpfeife direkt angeblasen wurde. Der entscheidende Unterschied zwischen der Spieltechnik von Bomhart und Ob. liegt im Ansatz. Das Blatt der Ob. wird mit den Lippen gefaßt; die Pirouette als Lippenstütze entfällt deshalb. Damit wird der Ton beeinflußbar, und die Überblastechnik kann entwickelt werden. Wahrscheinlich schon gegen Ende des 17. Jh. wurde in das 3. Register überblasen, obwohl ein Überblas-(Oktav-)Loch regelmäßig erst an Ob.n vom Ende des 18. Jh. vorhanden ist. Als Erfinder der Ob. gelten Jean Hotteterre und Michel Philidor, die die Ob. nach 1654 in Paris bauten und spielten. Spätestens ab 1664 (*Les plaisirs de l'isle enchantée*) verwendete J.-B. Lully die Ob. im Orchester, entweder im 3st. Bläsersatz (2 Ob.n und Fagott) oder im 5st. Streichersatz colla parte mit den Violinen. 1671 wurden Ob.n in Camberts *Pomone* gespielt, 1678 gab es Ob.n in englischer Militärmusik. Das neue Instrument wurde in England 1688 von R. Holme beschrieben, um 1695 auch von J. Talbot. Purcell verwendete die Ob. ab 1690. Das Ob.n-Spiel in den Kapellen übernahmen zunächst Flötisten; so enthalten Hotteterres *Principes de la flûte* (1707) auch eine Unterweisung im Spiel der Ob. Seit dem Beginn des 18. Jh. und bis in die 1820er Jahre hatte die Ob. 7 Grifflöcher (das 3. und 4. als Doppelloch) und 2 Klappen (c^1 und es^1); der Umfang war c^1–c^3. Die Komponisten des 18. Jh., u. a. Telemann, Händel und Vivaldi, setzten die Ob. in Konzerten, Sonaten und Suiten solistisch ein, auch konzertierend in Arien (J. S. Bach seit den Kantaten der Weimarer Zeit). Im Mannheimer und im klassischen Orchester gehörten 2 Ob.n zum Holzbläsersatz. In der 1. Hälfte des 19. Jh. begannen die Versuche, die Zahl der Grifflöcher zu vermehren, um alle chromatischen Töne ohne → Gabelgriffe zu erreichen. Zunächst waren Ob.n mit 4–13 Klappen nebeneinander in Gebrauch. Die Ob. Sellners (*Theoretisch-praktische Ob.n-Schule*, 1825) mit 13 Klappen blieb, verbessert, bis in die neueste Zeit das Instrument der österreichischen und deutschen Bläser. Ab 1840 entwickelte Triébert den französischen Typ der Ob. mit zylindrischer, enger Bohrung, neuer Lage der Löcher und schmalerem Blatt. Bis um 1880 wurden von ihm und seinen Söhnen 6 Systeme erfunden. Ab 1841 übertrug A. Buffet das Böhmsche System der Bohrung und der Ringklappen auf die Ob., wo es sich jedoch nicht durchsetzte. Bis heute blieb der Ton der französischen Ob. kleiner, schärfer, delikater, der der deutschen ist größer und wärmer. Der näselnde, sich im Orchester leicht durchsetzende Ton der Ob. macht sie zu einem Instrument mehr der Kantilene als der virtuosen Figuration; wegen des geringen Luftverbrauchs können sehr lange Phrasen geblasen werden. Die moderne Ob. hat 16–22 Löcher (darunter 1–3 Oktavlöcher), von denen 6 mit den Fingern, die übrigen mit Klappen gedeckt werden. Der Umfang ist (b)h–f^3(a^3). Konzerte für Ob. schrieben u. a. Vivaldi, A. Marcello (das lange Zeit seinem Bruder Benedetto zugeschriebene Konzert, erschienen in J. Rogers Sammeldruck *Concerti a cinque* I, Amsterdam um 1717, wurde von J. S. Bach als Cembalokonzert, BWV 974, bearbeitet), W. A. Mozart und R. Strauss. Bekannte Virtuosen älterer und neuerer Zeit sind J.E. Galliard, die Besozzi, J.Chr. Fischer, die Barth, L. A. Lebrun, J. Fr. Braun, J.-F. Garnier, A. Barratt, A. J. Lavigne, L. Goossens, H. Winschermann, H. Holliger. – Die Ob.n der tieferen Lagen sind durchweg mit → Liebesfuß versehen. In Alt- und Tenorlage stehen die Ob. d'amore (hautbois d'amour, Liebes-Ob.), *ein ohngefehr an. 1720 bekannt gewordenes* Instrument (WaltherL, Artikel Hautbois d'Amour) in A mit dem Umfang gis–cis^3(d^3), sowie die ebenfalls in der 1. Hälfte des 18. Jh. bekannt gewordene Ob. da caccia und das moderne → Englisch Horn; eine Bariton-Ob. ist das → Heckelphon. – 2) eine 8'-Zungenstimme der Orgel mit engem, zumeist leicht trichterförmigem Becher und mit einem offenen, teilgedeckten oder gedeckten Trichteraufsatz, letzterer mit seitlichen Löchern. Auch Doppelkegelaufsätze wurden gebaut (K.J. Riepp).

Lit.: zu 1): WALTHERL; QUANTZ Versuch; L. BECHLER u. B. RAHM, Die Ob. u. d. ihr verwandten Instr., Lpz. 1914; J. WLACH, Die Ob. bei Beethoven, StMw XIV, 1927; CH. ST. TERRY, Bach's Orch., London 1932, Nachdruck 1958; A. BAINES, J. Talbot's Ms. I, The Galpin Soc. Journal I, 1948; E. HALFPENNY, The Engl. 2- and 3-Keyed Hautboy, ebenda II, 1949; DERS., A 17th Cent. Tutor for the Hautboy, ML XXX, 1949; DERS., The Tenor Hoboy, The Galpin Soc. Journal V, 1952; DERS., The French Hautboy, ebenda VI, 1953 u. VIII, 1955; J. MARX, The Tone of the Baroque Ob., ebenda IV, 1951 u. V, 1952; PH. BATE, The Ob., London (1956, ²1962); H. KUNITZ, Die Instrumentation III, Ob., Lpz. 1956; J. EPPELSHEIM, Das Orch. in d. Werken J.-B. Lullys, = Münchner Veröff. zur Mg. VII, Tutzing 1961.

Obstinat → Ostinato.

Octobasse (frz.), ein 4 m hohes Streichinstrument mit 3 Saiten ($_1$C $_1$G C), die durch eine Pedalhebelvorrichtung verkürzt wurden. Sein Erfinder war J.-B. Vuillaume (Paris 1849). Vorläufer hatte dieser Monstrebaß schon 1830 in Wien und 1834 in Paris (Dubois); der Deutschamerikaner John Geyer überbot das Vuillaumesche Instrument 1889 durch ein $4^{1}/_2$ m großes.

Ode (griech. ᾠδή, ältere Form ἀοιδή), bei den Griechen das Singen, der Gesang, dann auch das Gesungene (das Lied), doch ist im Unterschied zum → Melos mehr das Erklingen, die Ausführung, der Vortrag gemeint. Daher bezeichnete O. keine spezielle Gattung, sondern die Gesamtheit dessen, was gesungen wurde (vgl. die aus dem 5./4. Jh. v. Chr. stammenden Wortzusammensetzungen: Komödie, Tragödie; Aulodie, Kitharodie, Melodie, Monodie, Parodie, Prosodie, Rhapsodie, Threnodie u. a.). Perikles ließ für die von ihm in Athen neu geordneten musischen Wettkämpfe einen Bau errichten, der Odeion genannt wurde (Andokides 1, 38; Plutarch, »Perikles« 13, 11) und der späteren gleichnamigen Bauten als Vorbild diente. Über die Beschaffenheit der in den Paulus-Briefen (Eph. 5, 19; Kol. 3,16) neben Psalmen und Hymnen genannten ᾠδαί πνευματικαί (lat. cantica spiritualia) ist nichts bekannt. Auf Grund anderer Bibelstellen bekam das Wort im Griechischen eine spezielle Nebenbedeutung. Die schon früh in die griechische Liturgie aufgenommenen neun O.n (2 Mos. 15, 1–19; 5 Mos. 32, 1–43; 1 Sam. 2, 1–10; Hab. 3, 2–19; Jes. 26, 9–20; Jona 2, 3–10; Dan. 3, 26–45 und 52–88; Luk. 1, 46–55 und 68–79; → Canticum) bildeten die Grundlage für die im 7./8. Jh. geschaffene Gattung des → Kanons (– 2), dessen neun oder acht Teile (ebenfalls O.n genannt) Paraphrasen der biblischen O.n sind. Anders als in Byzanz, wo O. als musikalischer Begriff lebendig blieb (auch auf die ursprünglich gesungenen Werke altgriechischer Lyrik angewendet wurde, etwa auf die Sapphos und Pindars; → Melos, → Chor), bahnte sich bei den

Römern eine Verschiebung des Wortbegriffs an; seit dem Horaz-Kommentar des Porphyrio (3. Jh. n. Chr.) begegnet ode, oda als Name einer lyrischen Gattung, die bis dahin gewöhnlich carmen genannt wurde, so auch im Mittelalter. In der Renaissance bezeichnete O. allgemein die gesungene oder singbare strophische Dichtung (als Vorbild galt meist Horaz, seltener Pindar) und fand auch musikalisch häufig Verwendung, ohne sich jedoch zu einem musikalischen Terminus zu verfestigen. Um 1500 gab der deutsche Humanist C. Celtis die Anregung, antike Verse metrisch zu vertonen (→ Odenkomposition); seit derselben Zeit kommen allenthalben Kompositionen unter dem Namen O. vor, nicht nur zu antiken, sondern auch zu neulateinischen und volkssprachlichen, geistlichen und weltlichen Texten (z. B. in Petruccis Frottolensammlung, 4. und 6. Buch von 1505/06; katholische Kirchenlieder wie die von G. Witzel 1541 herausgegebenen *Odae Christianae*; die von Joachim a Burck, J. Eccard u. a. vertonten O.n des protestantischen Dichters L. Helmbold). Im 17. und 18. Jh. wurden geistliche und weltliche O.n-Texte teils als Chorwerke (Purcell), teils in der Art von Kantaten (Händel, J. S. Bach) und teils – besonders in Deutschland – als generalbaßbegleitete Lieder vertont (Sperontes, Mizler, Mattheson, Telemann, Marpurg, C. Ph. E. Bach, Kirnberger, Neefe, Reichardt, Gluck u. a.). Beethovens 9. Symphonie mit dem Schlußchor über Schillers O. *An die Freude* läßt sich in diesen Zusammenhang nur äußerlich einfügen. Im 19. und 20. Jh. veröffentlichten u. a. Cherubini, Félicien David (zwei Ode-symphonies), Liszt, Bizet, Schönberg, Strawinsky und Prokofjew Kompositionen unter dem Titel O.

Lit.: K. Viëtor, Gesch. d. deutschen O., = Gesch. d. deutschen Lit. nach Gattungen I, München 1923, Darmstadt ²1961. FZa

Odenkomposition, metrische. Versuche, die antiken lyrischen Metra mit strenger Wiedergabe der Silbenquantitäten musikalisch neu zu beleben, kamen in der Zeit des Humanismus auf, nachdem bereits im Mittelalter gelegentlich Horaz-Oden zu Fiedel, Harfe oder Rotta gesungen wurden. Die Zweckbestimmung der m.n O. für den Universitäts- oder Schulunterricht brachte es mit sich, daß in der Regel nicht ein bestimmter Text vertont wurde, sondern alle Oden gleicher Strophenform zu derselben Musik gesungen werden sollten. Einstimmige Odenvertonungen sind nur in geringer Zahl überliefert; bei den mehrstimmigen Sätzen resultiert aus der Beachtung des Metrums in allen Stimmen Homorhythmie (contrapunctus simplex). Zeigen ein anonymer 4st. Satz über Horaz' *Tu ne quaesieris* in der → Quelle *Tr 89* (2. Drittel des 15. Jh.; NA in DTÖ VII, Band 14/15, S. 89) sowie einige Odensätze in Petruccis Frottoledrucken (Venedig ab 1504) Homorhythmie ohne Befolgung des Metrums, so ist doch die allgemeine Verbreitung der m.n O. zu Ende des 15. Jh. mehrfach bezeugt: In Italien erschienen 2st. Sätze in Gafforis *De Harmonia Musicorum Instrumentorum Opus* (geschrieben 1500; gedruckt Mailand 1518), aus Frankreich stammt die von Glareanus (s. u.) veröffentlichte 1st. Odenmelodie des Humanisten R. Gaguin († 1501), in Deutschland bilden das früheste gedruckte Beispiel zwei 3st. Sätze in J. Lochers Drama *Historia de rege francie* (Freiburg im Breisgau 1495). Locher war in Ingolstadt Schüler von C. Celtis gewesen, der für seine Poetikvorlesungen an der dortigen Universität (1492–95) durch einen anderen seiner Schüler, P. Tritonius, 4st. Sätze zu allen Horazischen »genera carminum« komponieren ließ. Sie erschienen (zusammen mit 3 Sätzen anderer Komponisten zu nichthorazischen Odenformen) als: *Melopoiae sive harmoniae tetracenticae super XXII. genera carminum ... secundum naturas & tempora syllabarum et pedum compositae et regulatae, ductu Ch. Celtis feliciter impressae* (1. und 2. Ausgabe Augsburg 1507, Neudruck Frankfurt am Main 1532 und in dem von P. Nigidius herausgegebenen Sammeldruck *Geminae Undeviginti Odarum Horatii melodiae*, Frankfurt am Main 1551/52). Einer Übertragung des Prinzips der m.n O. auf christliche Texte ebnete Celtis dadurch den Weg, daß er den *Melopoiae* ein Verzeichnis solcher geistlichen Hymnen beigab, die zu Tritonius' Sätzen gesungen werden konnten. Auch die späteren (in der Regel 4st.) Sammlungen berücksichtigten sowohl antike als auch christliche Oden. Genannt seien: W. Grefinger, *Aurelii Prudentii Cathemerinon* (Wien 1515); *Melodiae prudentianae et in Virgilium* (Leipzig 1533, mit Sätzen von L. Hordisch, S. Forster, J. Cochlaeus und anon.); L. Senfl, *Varia carminum genera* (Nürnberg 1534; Senfl übernahm in 19 von 30 Sätzen die Tenores des Tritonius und legte sie als C. f. seinen Sätzen besonders im Altus oder Cantus II zugrunde); B. Ducis, *Harmoniae in odas P. Horatii Flacci* (Ulm 1539; nicht erhalten, doch finden sich 6 Sätze von Ducis in dem genannten Sammeldruck von 1551/52); P. Hofhaymer, *Harmoniae poeticae* (Nürnberg 1539, darin auch neue Sätze von Senfl und Gr. Peschin); M. Collinus, *Harmoniae univocae in odas Horatianas* (Wittenberg 1555); M. Agricola, *Melodiae scholasticae* (Magdeburg 1557); L. Lossius, *Melodiae sex generum carminum usitatiorum* (Nürnberg 1563, selbständig oder als Anhang zu Lossius' *Erotemata musicae practicae*; sämtliche Sätze sind dem genannten Sammeldruck von 1551/52 entnommen); Joachim a Burck, *Odae sacrae* (2 Bücher, Mühlhausen 1572–78); *Crepundia sacra* (Mühlhausen 1578, Dichtungen von L. Helmbold, Sätze von J. Eccard, Joachim a Burck, J. Hermann); J. Crusius, *Isagoge ad artem musicam ... Item Harmonia carminum usitatiorum* (Nürnberg 1592); S. Calvisius, *Hymni Sacri Latini et Germanici ... Accesserunt Harmoniae, generibus Carminum apud Horatium, & Buchananum usurpatis, accommodatae* (Erfurt 1594, bearbeitet von E. Bodenschatz als: *Florilegium selectissimorum hymnorum*, Leipzig 1606, letzte Ausgabe 1777); W. Figulus, *Hymni sacri et scholastici cum melodiis et numeris musicis*, aus dem Nachlaß herausgegeben von F. Birck (Leipzig 1594, erhalten nur in der Auflage 1604, enthält auch Sätze von M. Agricola); B. Gesius, *Hymni scholastici* (Frankfurt an der Oder 1597, erweitert als: *Melodiae scholasticae* ²1609, ⁴1621); L. Stiphelius, *Libellus scholasticus* (Jena 1607, ²1612); G. Tranoscius (→ Třanovský), *Odarum sacrarum sive Hymnorum ... libri tres* (Brieg 1629; insgesamt 150 Oden mit 20 4st. Sätzen, von denen 10 bereits in älteren Sammlungen nachgewiesen sind). Auch lateinische metrische Übersetzungen deutscher evangelischer Kirchenlieder begegnen, z. B.: W. Ammon, *Libri tres odarum ecclesiasticarum* (Frankfurt am Main 1578); S. Steier, *Hymnorum oeconomicorum ... libri duo* (Nürnberg 1583, lateinisch und deutsch). Besondere Verbreitung fand G. Buchanans *Psalmorum Davidis paraphrasis Poetica* (zuerst Antwerpen, Paris und Straßburg 1566) in der Ausgabe von N. Chytraeus (Herborn und Frankfurt am Main 1585, ¹⁷1664) mit 39 von Statius Olthof teils komponierten, teils gesammelten 4st. Sätzen. Auch entstanden neulateinische Oden für die evangelischen Lateinschulen, wo das tägliche Singen eines *genus Carminis ... Horatii (oder deß gleichen) eintrechtig mit vier stymmen* (Schulordnung Zwickau 1523, nach Schünemann, S. 68) üblich war. Ferner bildeten O.en die Aktschlüsse vieler lateinischer oder deutscher Schuldramen; hier war die Ausführung zuweilen mit Tanz verbunden. – Nachdem bereits Gaffori und Cochlaeus (*Tetrachordum musices*, Nürnberg, in den Auflagen ab 1512) Muster der m.n O. vorgelegt und besprochen hatten, gab Glareanus im zweiten Band seines *Dodekachordon* (Basel 1547) ausführliche Anweisungen über die Komposition und Ausführung der Horaz-Oden. Ihm zufolge sollten die musikalischen Sätze stets einstimmig und nur für eine Ode bestimmt sein. Ferner verlangt er von den Sängern eine Abwandlung des Vortrags durch die einzelnen Strophen hindurch (vermutlich auch mit Einführung von Diminutionen) und unterbricht in seinen Melodien stellenweise das Metrum zugunsten affektbetonter Melismatik. Zeugnisse für die Pflege der m.n O. außerhalb Deutschlands sind spärlich. Genannt sei Cl. Goudimels nicht erhaltene Sammlung Q. *Horatii Flacci ... odae omnes quotquot carminum generibus differunt ad rhythmos musicos redactae* (Paris 1555), die vermutlich ebenso wie Goudimels homorhythmische Bearbeitung der Genfer Psalmen zu den Vorbildern gehörte, an die J.-A. Baïf mit seinen → Vers mesurés à l'antique anknüpfte.

Ausg. u. Lit.: L. SENFL, Sämtliche Werke VI, hrsg. v. A. Geering u. W. Altwegg, Wolfenbüttel 1961. – R. v. LILIENCRON, Die Horazischen Metren in deutschen Kompositionen d. 16. Jh., VfMw III, 1887, separat Lpz. 1887; DERS., Die Chorgesänge d. lat.-deutschen Schuldramas im XVI. Jh., VfMw VI, 1890; DERS. in: VfMw IX, 1893, S. 246f.; B. WIDMANN, Die Kompositionen d. Psalmen v. St. Olthof, VfMw V, 1889; A. PRÜFER, Untersuchungen über d. außerkirchlichen Kunstgesang ..., Diss. Lpz. 1890; P. EICKHOFF, Eine aus d. MA überlieferte Melodie zu Horatius III, 9 ..., VfMw VII, 1891; FR. SANNEMANN, Die Musik als Unterrichtsgegenstand ..., = Mw. Studien IV, Bln u. Lpz. 1904; P.-M. MASSON, Horace en musique, RM VI, 1906; H. J. MOSER, Gesch. d. deutschen Musik I, Stuttgart u. Bln 1920, ⁵1930; DERS., P. Hofhaimer, 2 Bde, ebenda 1929; E. SCHENK, G. A. Paganelli, Salzburg 1928; G. SCHÜNEMANN, Gesch. d. deutschen Schulmusik I, Lpz. ²1931; W. KAHL, Studien zur Kölner Mg. d. 16. u. 17. Jh., = Beitr. zur rheinischen Mg. III, Köln u. Krefeld 1953; H. CHR. WOLFF, Die geistlichen Oden d. G. Tranoscius ..., Mf VI, 1953 – VII, 1954; B. MEIER, H. Loriti Glareanus als Musiktheoretiker, in: Beitr. zur Freiburger Wiss.- u. Universitätsgesch. XXII, hrsg. v. J. Vincke, Freiburg i. Br. 1960; FR. ONKELBACH, L. Lossius u. seine Musiklehre, = Kölner Beitr. zur Musikforschung XVII, Regensburg 1960; G. VECCHI, Dalle »Melopoiae ...« di Tritonio (1507) alle »Geminae undeviginti odarum Horatii melodiae« (1551), in: Memorie della Accad. delle scienze di Bologna, Classe di scienze morali VIII, 1960; B. SZABOLCSI, Über d. Fortleben antiker Metren in d. ungarischen Lied- u. Tanzmusik, Fs. H. Besseler, Lpz. 1961; K.-G. HARTMANN, N. Borbonius in d. Oden- u. Motettenkomposition d. 16. Jh., in: H. Albrecht in memoriam, Kassel 1962.

Österreich.

Ausg.: → Denkmäler.
Lit.: CH. BURNEY, The Present State of Music in Germany ... I, London 1773, ²1775, deutsch v. C. D. Ebeling u. J. J. Chr. Bode als: Ch. Burney's ... Tagebuch seiner Mus. Reisen II, Hbg 1773, Faks. in: Ch. Burney, Tagebuch einer mus. Reise, hrsg. v. R. Schaal, = DMl I, 19, 1959; M. v. MILLENKOVICH-MOROLD, Die ö.ische Tonkunst, = Ö.ische Bücherei X, Wien u. Lpz. (1918); Die Musikstätten Ö., hrsg. v. A. FISCHER, Wien 1928; G. ADLER, Musik in Ö., StMw XVI, 1929; M. HAAGER, Die instr. Volksmusik im Salzkammergut, Diss. Wien 1931, maschr.; A. OREL, Ö.isches Wesen in ö.ischer Musik, Ö.ische Rundschau II, 1935; L. NOWAK, Die Musik in Ö., in: Ö. Erbe u. Sendung im deutschen Raum, hrsg. v. J. Nadler u. H. v. Sbrik, Salzburg u. Lpz. 1936; DERS., Vom Werden ö.ischer Musik, Jb. »Die Furche«, Wien 1947; J. JERNEK, Der ö.ische Männerchorgesang im 19. Jh., Diss. Wien 1937, maschr.; R. LACH, Das Österreichertum in d. Musik, AMz LXV, 1938; E. SCHENK, 950 Jahre Musik in Ö., Wien (1946); R. ZODER, Ö.ische Volkstänze, 2 Bde, Wien 1946–48; DERS., Volkslied, Volkstanz u. Volksbrauch in Ö., Wien (1950); Volkskundliches aus Ö. u. Südtirol, hrsg. v. A. DÖRRER u. L. SCHMIDT, Wien 1947; R. FR. BRAUNER, Ö. Neue Musik, Wien 1948; J. GREGOR, Gesch. d. ö.ischen Theaters, Wien 1948; I. NACHTNEBEL, M. Denis u. d. ö.ische Kirchenlied d. 18. Jh., Diss. Wien 1948, maschr.; L. SCHMIDT, Die kulturgeschichtlichen Grundlagen d. Volksgesanges in Ö., Schweizer Arch. f. Volkskunde XLV, 1948; W. KOLNEDER, Die vokale Mehrstimmigkeit in d. Volksmusik d. ö.ischen Alpenländer, Diss. Innsbruck 1949, maschr.; A. LIESS, Das ö.ische Musikbuch v. 1946 bis 1950, Mf IV, 1951; R. WOLFRAM, Die Volkstänze in Ö. u. verwandte Tänze in Europa, Salzburg (1951); O. WESSELY, Die Entwicklung d. Musikerziehung in Ö., Musikerziehung VI, 1952/53; DERS., Alte Musiklehrbücher aus Ö., ebenda VII, 1953/54; DERS., Die ö.ische Musikforschung nach d. 2. Weltkrieg, AMl XXIX, 1957; R. QUOIKA, Die altö.ischen Org...., Kassel 1953; DERS., Altö.ische Hornwerke, Bln 1959; H. J. MOSER, Die Musik im frühev. Ö., Kassel 1954; FR. ZAGIBA, Die ältesten mus. Denkmäler zu Ehren d. hl. Leopold ..., Zürich, Lpz. u. Wien (1954); O. EBERSTALLER, Org. u. Orgelbauer in Ö., Graz u. Köln 1955; H. FEDERHOFER, Die Niederländer an d. Habsburgerhöfen in Ö., Anzeiger d. Ö.ischen Akad. d. Wiss. XCIII, 1956; DERS., Monodie u. musica reservata, Deutsches Jb. d. Mw. II (= JbP XLIX), 1957; DERS., Der Musikerstand in Ö. v. ca. 1200 bis 1520, ebenda III (= JbP L), 1958; DERS., Zur hs. Überlieferung d. Musiktheorie in Ö. in d. 2. Hälfte d. 17. Jh., Mf XI, 1958; K. M. KLIER, Volkstümliche Musikinstr. in d. Alpen, Kassel 1956; DERS., Hist. Volkslieder d. 18. Jh. aus Ö., Jb. d. ö.ischen Volksliedwerkes VIII, 1959; O. SEEWALD, Die Lyrendarstellung d. ostalpinen Hallstattkultur, Fs. A. Orel, Wien u. Wiesbaden (1960); DERS., Hallstattzeitliche Flöteninstr. in Ö., Oberö.ische Heimatblätter XIV, 1960; Z. FALVY, Zur Frage v. Differenzen d. Psalmodie, StMw XXV, 1962; H. FEICHT, Mus. Beziehungen zwischen Wien u. Warschau zur Zeit d. Wiener Klassiker, ebenda; H. ANGLÈS, Mus. Beziehungen zwischen Ö. u. Spanien in d. Zeit v. 14. bis zum 18. Jh., ebenda; C. SCHOENBAUM, Die böhmischen Musiker in d. Mg. Wiens, ebenda; W. SUPPAN, Zur Melodiegesch. d. alpenländischen Volksliedes, Musikerziehung XVII, 1963/64. – Musikbuch aus Ö., 10 Bde, Wien 1904–13; Jb. d. ö.ischen Volksliedwerkes, Wien seit 1952.

Off-beat (ˈɔfbiːt, engl., weg vom Schlag, neben dem Schlag) bezeichnet die für den → Jazz typischen, gegen das gleichbleibende Grundschlagen (→ Beat – 1) der Rhythmusgruppe gesetzten freieren Akzentuierungen der Melodiegruppe, die mit Hilfe der Notenschrift nicht fixierbar sind. Der O.-b. ist, wie der Beat, nicht nur ein Merkmal des Jazz, sondern auch der gesamten musikalischen Negerfolklore der USA und hat sich dort als ein Überrest afrikanischen Musizierens behauptet.

Lit.: A. M. DAUER, Der Jazz, Kassel (1958); DERS., Jazz – die magische Musik, Bremen 1961; E. L. WAELTNER, Metrik u. Rhythmik im Jazz, in: Terminologie d. Neuen Musik, hrsg. v. R. Stephan, = Veröff. d. Inst. f. Neue Musik u. Musikerziehung Darmstadt V, Bln 1965.

Offertorium (lat.), genauer: Antiphona ad O., der Gesang zur Gabendarbringung während der Meßfeier (4. Stück des Proprium missae), ursprünglich auch Offerenda genannt. Die Verbindung des Namens O., der zunächst nur die Niederlegung von Opfergaben bezeichnet, mit dem entsprechenden Begleitgesang findet sich bei Isidorus von Sevilla (*De ecclesiasticis officiis* I, 14, Migne Patr. lat. LXXXIII, 751). Erste Nachrichten über eine Einführung von Psalmengesang im Rahmen der Opferhandlung stammen aus Nordafrika (Karthago und Hippo) zur Zeit des hl. Augustinus, während man in Rom wohl seit dem 6. Jh. über ein eigenes Repertoire an Offertorien verfügte, dessen Kernbestand vor seiner Erweiterung durch Gregor den Großen auch nach Mailand gelangte. In seiner älteren Form umfaßte das O. einen wechselchörig gesungenen Psalm mit Antiphon. Doch wurde die antiphonische Anlage schon wenig später zugunsten der responsorischen aufgegeben und besteht seit dem 7. Jh. aus einem Rahmenstück unterschiedlicher Länge (dem Hauptteil mit → Repetenda) und 1–4 melodisch reichgegliederten

Soloversen (vermutlich ohne *Gloria patri*) gebildet. Die weitere Entwicklung brachte im 11./12. Jh. als Folge der rückläufigen Beteiligung des Volkes am Opfergang den Fortfall der Verse, womit zugleich jene Form erreicht war, wie sie auch in das Missale Pius' V. (1570) und in das Vatikanische Graduale Eingang fand (einzige Ausnahme: O. *Domine Jesu Christe* mit Versus *Hostias et preces* aus dem → Requiem). Dagegen blieb in der altspanischen Liturgie (wo dem O. das sogenannte Sacrificium entspricht), zum Teil auch in der mailändischen Liturgie, die Verknüpfung mit dem Versus erhalten. Nach dem Vorbild der älteren liturgischen Praxis darf der Opferungsgesang beim römischen Meßgottesdienst seit 1958 wieder mit Psalmversen, auch in der alten Melodiefassung, gesungen werden (Instructio der Ritenkongregation vom 3. 9. 1958, Artikel 27b). – Die melodische Struktur von Rahmenstück und Versen verleiht den gregorianischen Offertorien den Rang eines primär eigenständigen Typus, dessen wesentliche Merkmale sich aus der reichen Vielfalt seines neumatisch-melismatischen Stils herleiten. Neben der meist sehr engen musikalischen Beziehung zwischen Hauptteil und Versen (mit teils gemeinsamen Schlußbildungen, Phrasen- und Motivrepetitionen usw.) ist als besondere Eigenart die in einigen Melodien durchgeführte (ein- oder mehrfache) Wiederholung von Worten oder Wortgruppen zu nennen (Beispiel: O. *Precatus est Moyses* vom 12. Sonntag nach Pfingsten). – Innerhalb der mehrstimmigen Musik fand das O. erst seit dem 16. Jh. weitere Verbreitung, nachdem der Schritt von der C. f.-gebundenen Bearbeitung (frühe Beispiele im 11. Faszikel der Notre-Dame-Hs. W_1, → Quellen) zur C. f.-freien O.s-Motette vollzogen war. Als bedeutendste Leistungen auf diesem Gebiet gelten Palestrinas *Offertoria totius anni* (1593) sowie die 5–4st. Offertorien von Lassus (*Sacrae Cantiones* von 1582 und 1585 u. a.). Während der beiden folgenden Jahrhunderte zum glanzvollen Mittelpunkt des Proprium missae erhoben, gelangte das O. beim Gottesdienst auch in Form eines Orgelstücks oder als konzertante Einlage mit Begleitung von Instrumenten zum Vortrag: eine Entwicklung, die erst im 19. Jh. durch die kirchenmusikalische Restauration (→ Caecilianismus) aufgefangen wurde.

Ausg. v. O.-Versen: Offertoriale sive versus offertoriorum cantus gregoriani, hrsg. v. C. OTT, Tournai 1935, nach Hs. Montpellier H 159, 11. Jh. (weitgehend unbrauchbar, vgl. U. Bomm OSB in: Arch. f. Liturgiewiss. I, 1950).

Lit.: P. WAGNER, Einführung in d. Gregorianischen Melodien I u. III, Lpz. ³1911 u. 1921, Nachdruck Hildesheim u. Wiesbaden 1962; L. DAVID OSB, Les versets d'offertoire, Rev. du chant grégorien XXXIX, 1935; O. HEIMING OSB, Vorgregorianisch-römische O. in d. mailändischen Liturgie, Liturgisches Leben V, 1938; H. SIDLER OMCap., Studien zu d. alten O. mit ihren Versen, Freiburg i. d. Schweiz 1939; W. LIPPHARDT, Die Gesch. d. mehrst. Proprium Missae, Heidelberg 1950; W. APEL, Gregorian Chant, Bloomington/Ind. (1958); J. A. JUNGMANN SJ, Missarum Sollemnia II, Wien, Freiburg i. Br. u. Basel ⁵1962; R.-J. HESBERT OSB, Un antique offertoire de la Pentecôte: »Factus est repente«, in: Organicae voces, Fs. J. Smits van Waesberghe SJ, Amsterdam 1963; G. BAROFFIO, Die O. d. Ambrosianischen Kirche, Diss. Köln 1964; R. STEINER, Some Questions About the Gregorian Offertories and Their Verses, JAMS XIX, 1966. KWG

Offizium (lat. officium divinum), das kirchliche Stundengebet, häufig auch als Breviergebet bezeichnet (ältere Namen: opus Dei, opus divinum, horae canonicae u. a.). Seiner liturgischen Aufgabe und seiner Anlage nach der Heiligung des vollständigen Ablaufs von Tag und Nacht dienend, ist es öffentliches Gebet der Kirche und wird innerhalb des römischen Ritus – den jeweiligen Verhältnissen gemäß – entweder in der feierlicheren Form des gemeinsamen Chorgebets oder als Privatrezitation vollzogen. Durch das kanonische Recht ist die Verpflichtung zum Stundengebet den Klerikern höherer Weihegrade (vom Subdiakonat an) und allen Ordensleuten mit feierlichen Gelübden auferlegt. Darüber hinaus sind nach der Liturgiekonstitution des 2. → Vatikanischen Konzils auch jene Gläubigen, die das O. zusammen mit den Priestern, unter sich oder allein in einer approbierten Form verrichten, rechtmäßige Träger dieses Gebetes (vgl. Artikel 84 und 100). Der Cursus des römischen und des monastischen O.s umfaßt folgende an die Einheit eines natürlichen Tages gebundenen Stunden(gottesdienste; horae), wobei im einzelnen zwischen den großen Horen (horae maiores, im folgenden mit * gekennzeichnet) und den kleinen Horen (horae minores), heute ferner zwischen einem Nacht- und einem Tages-O. (officium nocturnum und officium diurnum) unterschieden wird: → Matutin* (Nacht-O.), → Laudes*, → Prim, → Terz, Sext, Non, → Vesper*, → Komplet (– 1; Tages-O.). Höhere Feste (seit 1960 auch die Sonntage) haben bereits am Vortag eine 1. Vesper. – Während die Verrichtung gemeinsamer Gebetsgottesdienste in den ersten Jahrhunderten der christlichen Kirche eine Angelegenheit der örtlichen Gemeinden unter Leitung ihrer Oberhirten und ohne festgesetzte Ordnung war, brachte das 4. Jh. im Anschluß an den Konstantinischen Frieden (313) und die hierdurch ermöglichte Verbindung der Einzelkirchen den Übergang zum liturgischen Stundengebet als dem Gebet der Gesamtkirche. Im einzelnen vollzog sich dieser Prozeß über die Gemeinde- oder Bischofskirchen (O. der Kathedralen) und die vornehmlich im Orient neu entstandenen Mönchsgemeinschaften (O. der Mönche). Als Grundlage beider Traditionsströme erscheint das Morgengebet (solemnitas matutina oder agenda matutina, auch laudes matutini oder matutini [psalmi] genannt) und das Abendgebet (lucernarium, bis zum 4. Jh. besonders dem Dank für den Segen des Lichtes gewidmet), die beide vermutlich aus jüdischer Überlieferung stammen und sich schon in ältester Zeit nachweisen lassen (Plinius der Jüngere, Tertullian u. a.). In ihnen werden die Frühformen der später als Laudes und Vesper bezeichneten Horae maiores greifbar. Eine ebenfalls in den Kathedralkirchen zu Ostern und offenbar auch an einigen anderen Festtagen abgehaltene Vigilfeier wurde von Mönchen besorgt. Daneben pflegte man in den Klöstern selbst das (ursprünglich private) Gebet zur Mitternacht (die spätere Matutin), ebenso mit Ausnahme der ägyptischen Mönche – die Terz, Sext und Non. Im Zuge der schon bald darauf folgenden Vorverlegung von Laudes und Vesper wurde der bisherige Zyklus durch Prim und Komplet ergänzt, so daß sich das monastische O. allgemein durch größere Vielfalt auszeichnete (vgl. Salmon, S. 342f.), die für die Fortentwicklung der orientalischen Liturgieformen maßgebend blieb. Demgegenüber vollzog sich im Raum der abendländischen Kirche bis zur Mitte des 6. Jh. ein Zusammenwachsen beider Traditionen, indem das Kathedral-O. weitgehend von der Ordnung des monastischen Stundengebets durchdrungen wurde. Auch die Basiliken Roms, an denen Mönche vielfach die liturgischen Horen feierten, erhielten auf diesem Wege den gesamten Cursus. Als dem ältesten Zeugnis eines durchorganisierten vollständigen und täglichen O.s kommt der um 530 verfaßten *Regula monasteriorum* des Benedictus von Nursia zentrale Bedeutung zu. Der hier beschriebene Typus des (noch heute bei den Benediktinern, Zisterziensern und Kartäusern lebendigen) Stundengebets stellt eine Übernahme und Erweiterung des damals an den römischen Basiliken gebräuchlichen O.s dar. Durch karolingische Reformbestrebungen unterstützt, gelangte er auch nach England und dem fränkisch-germanischen Reich. Dem Vorbild des römisch-benediktinischen O.s schloß sich ebenfalls die einflußreiche junge Kanonikerbewegung an (Regel Chrodegangs von Metz, 766). Entscheidende Förderung fand das Bemühen um liturgische Einheit durch Amalar von Metz († um 850), dessen Antiphonarneufassung für weitere Bereiche der römischen Liturgie vorbildlich wurde. Leider führte die ständige Aufnahme zusätzlicher Teile (z. B. der Gradual- und Bußpsalmen, zahlreicher Heiligenformulare und des Toten-O.s) allmählich zu einer übermäßigen Belastung der einzelnen Horen. Dem stellte der päpstliche Stuhl nach mehrfachen Ansätzen unter Innozenz III. (1198–1215) mit dem *Breviarium secundum consuetudinem Curiae Romanae* eine erheblich gekürzte Form des Kurien-O.s entgegen. Dank dem Wirken der Franziskaner, die ihr Stundengebet nach der »Ordnung der heiligen römischen Kirche« verrichteten (Regel aus dem Jahre 1223), verbreitete sich dieses neue O. in der 1243/44 überarbeiteten Fassung Haymos von Faversham über das gesamten lateinischen Liturgiebereich mit Ausnahme der älteren Mönchsorden und einiger Sonderriten. Die fernere Entwicklung (deren Fakten der Geschichte des → Breviers zugehören) änderte trotz mannigfacher Reformen nichts mehr an der Grundstruktur des O.s, sondern betraf nur die verschiedenen Elemente der Gebetsstunden (z. B. Anzahl und Verteilung der Psalmen, Textfassung der Hymnen usw.). Erst die gegenwärtige Liturgiereform geht darüber hinaus, indem sie die durch Jahrhunderte überlieferte Folge der Horen sowie deren Bestandteile einer tiefgreifenden Neuordnung bzw. Neugestaltung unterzieht (vgl. Artikel 87ff. der *Constitutio de sacra liturgia* vom 4. 12. 1963). – In der faszinierenden Vielgestaltigkeit seines Aufbaus wird das O. hauptsächlich von folgenden Grundelementen getragen: den Psalmen (und Cantica) mit ihren Antiphonen, den Responsorien, Hymnen und Lesungen. Mit ihnen verbindet sich zugleich der ganze Reichtum des einstimmigen liturgischen Gesanges, angefangen vom Rezitativ der Lektionen über die modellgebundenen (eigenen) Formen der Psalmodie (→ Psalmtöne) und den Typus der O.s-Antiphon bis zu den äußerst kunstvollen Responsoria prolixa der Matutin u. a. (→ Responsorium, → Hymnus – 1, → Versikel). Der Melodienbestand ist im → Antiphonale enthalten, dessen moderne Ausgaben jedoch nur das Tages-O. umfassen. Den vollständigen Text bringt das → Brevier. – In mittelalterlichen Quellen spanischer, englischer und gallikanischer Herkunft bezeichnet das Wort officium den → Introitus der Messe (so noch heute im mozarabischen Ritus, bei den Kartäusern, Karmeliten und Dominikanern). Außerdem wurde es – seit dem 14. Jh. nachweisbar – in polyphonen Meßkompositionen als Name für das ganze Proprium missae verwendet (Abtei Engelberg, Ms. 314, f. 18: *Officium id est Introitus, Graduale, Offertorium et Communio ...*), aber auch als Bezeichnung des Ordinarium missae.

Ausg.: Corpus antiphonalium officii, hrsg. v. R.-J. HESBERT OSB, Bd I–II, Mss. »Cursus Romanus« u. Mss. »Cursus Monasticus«, = Rerum Ecclesiasticarum Documenta, Series Maior, Fontes VII–VIII, Rom 1963–65; Amalarii Episcopi opera liturgica omnia, hrsg. v. J. M. HANSSENS SJ, Bd III (darin: Liber de ordine antiphonarii, Rom 1950. Lit.: S. BÄUMER OSB, Gesch. d. Breviers, Freiburg i. Br. 1895, erweiterte frz. v. R. Biron als: Hist. du bréviaire, 2 Bde, Paris 1905, Nachdruck Freiburg i. Br. 1967; P. WAGNER, Einführung in d. Gregorianischen Melodien I u. III, Lpz. ³1911 u. 1921, Nachdruck Hildesheim u. Wiesbaden 1962; DERS., Gesch. d. Messe I, = Kleine Hdb. d. Mg. nach Gattungen XI, 1, Lpz. 1913, Nachdruck Hildesheim 1963; J. PASCHER, Das Stundengebet d. römischen Kirche, München (1954); J. A. JUNGMANN SJ, Der Gottesdienst d. Kirche, Innsbruck, Wien u. München 1955, ³1962; DERS., Liturgisches Erbe u. pastorale Gegenwart, ebenda 1960; P. SALMON, Das Stundengebet, in: Hdb. d. Liturgiewiss. II, hrsg. v. A.-G. Martimort, Freiburg i. Br., Basel u. Wien (1965).
KWG

Ohr. Das menschliche Hörorgan besteht aus äußerem O., Mittel- und Innen-O. Die O.-Muschel mündet in den etwa 3 cm langen Gehörgang, dessen Ende durch

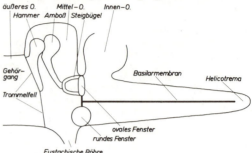

das Trommelfell verschlossen ist. Dieses besteht aus einer annähernd ovalen Membran (großer Durchmesser etwa 10 mm), die straff über einen knöchernen Rahmen gespannt und nach innen konisch gewölbt ist. Am Trommelfell greift die Gehörknöchelkette des Mittel-O.es an (Hammer, Amboß und Steigbügel). Bei Schalleinwirkung überträgt sie die entstehenden Vibrationen des Trommelfells auf das Innen-O. Die Fußplatte des Steigbügels sitzt auf dem »ovalen Fenster« und erregt die Innenohrflüssigkeit (Lymphe). Da etwa 55 mm² des Trommelfells als wirksame Fläche anzusehen sind und die Steigbügelfußplatte nur eine Grundfläche von 3,2 mm² hat, ist (da Kraft gleich Druck mal Fläche) der auf die Perilymphe einwirkende Druck rund 20mal so groß wie der äußere Überdruck auf das Trommelfell. Experimentelle Beobachtungen (G. v. Békésy) lassen vermuten, daß die Knöchelkette in eine andere Schwingungsform übergehen kann, wenn niedrige Frequenzen großer Amplitude einwirken (z. B. Donner), wodurch sie vor Beschädigung geschützt wird. Das spiralenförmige Innen-O. (Schnecke) ist mit $2^{1}/_{2}$ Windungen etwas mehr als 3 cm lang. Der Hohlraum der Schnecke wird der Länge nach durch eine Trennwand geteilt, die teils knöchern, teils membranös (Basilarmembran) ausgebildet ist. An ihrem äußeren Ende

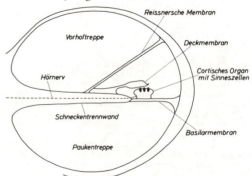

ist die Trennwand unterbrochen (Helicotrema), so daß eine Verbindung zwischen der Flüssigkeit des oberen und des unteren Hohlraums besteht. Das den unteren Hohlraum mit einer Membran verschließende »runde Fenster«, das dicht neben dem ovalen liegt, sorgt für den Druckausgleich. Auf der Basilarmembran, die an den Fenstern ca. 16 mm und am Helicotrema 0,5 mm breit ist, befindet sich das Cortische Organ; es besteht aus mehreren Reihen von je ca. 3500 Sinneszellen. Sie sind mit der entsprechenden Zahl von Nervenfasern verbunden, welche zusammengefaßt als Hörnerv zum Hörzentrum des Gehirns führen. – Bei Schalleinwirkung laufen Wellen durch die Lymphe der Schnecke und führen zu lokalen Erregungen der Basilarmembran. Trifft eine Sinusschwingung auf das Trommelfell, so kann man mit Hilfe einer hochentwickelten operativen Mikroskoptechnik (Abbildung nach G. v. Békésy) auf der Basilarmembran Stellen maximaler Erregung feststellen, die mit wachsender Frequenz vom Helicotrema zu den Fenstern rücken.

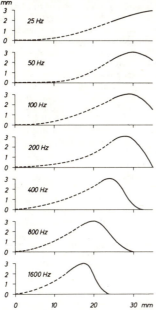

Die Breite dieser erregten Stellen und die Dämpfung der Basilarmembran sind allerdings so groß, daß sich zwar die kurze Tonkennzeit, nicht aber die hohe Selektivität bezüglich des Tonhöhen-Unterscheidungsvermögens erklären läßt (→ Hörtheorie). Die Nervenzellen senden bei Erregung elektrische Impulse aus, die im Hörnerv nachweisbar sind. Je intensiver die Reizung ist, um so mehr Nervenzellen werden erregt. Die Überlagerung aller Impulse zeigt eine Synchronisation mit der Frequenz. – Die Empfindlichkeit des Gehörs ist stark frequenzabhängig. Bei etwa 1000 Hz erreicht sie ihr Maximum und nimmt bei tiefen und hohen Frequenzen stark ab (→ Hörschwelle). Auf Druckschwankungen unter ca. 10 Hz spricht das Gehör nicht an. Die obere Frequenzgrenze liegt bei jungen Menschen etwa um 20000 Hz. Mit zunehmendem Alter verschiebt sie sich nach tieferen Frequenzen (50 Jahre ca. 12000 Hz, 70 Jahre ca. 5000 Hz). Diese Veränderungen gehen auf den Schwund von nervösen Elementen im Innen-O. und im Gehirn zurück; sie sind individuell verschieden. Bei diesen und ähnlichen Störungen kann heute Besserung meist durch elektroakustische Hörhilfen gebracht werden. Bei Störung der Schallzuleitung durch Verwachsung und Defekte des Schallzuleitungsapparates ist operative Hilfe möglich.

Lit.: G. v. Békésy, Zur Physik d. Mittelo. u. über d. Hören bei fehlerhaftem Trommelfell, Akustische Zs. I, 1936; ders. u. W. A. Rosenblith, Mechanical Properties of the Ear, in: Hdb. of Experimental Psychology, hrsg. v. St. Sm. Stevens, NY 1951; O. Fr. Ranke, Physiologie d. Gehörs, in: Lehrbuch d. Physiologie, hrsg. v. W. Trendelenburg u. E. Schütz, Bln, Göttingen u. Heidelberg 1953; F. J. Meister, Akustische Meßtechnik d. Gehörprüfung, = Wiss. Bücherei ... d. Meßtechnik, Abt. 7 D 3, Karlsruhe 1954; R. Feldtkeller u. E. Zwicker, Das O. als Nachrichtenempfänger, = Monographien d. elektrischen Nachrichtentechnik XIX, Stuttgart 1956; F. Trendelenburg, Einführung in d. Akustik, Bln, Göttingen u. Heidelberg ³1961.

Okarina (von ital. oca, Gans), eine zuerst um 1860/80 von dem Italiener G. Donati in Budrio gebaute Gefäßflöte aus Ton. Die O. hat die Gestalt etwa einer geschlossenen Muschel, eines Eis oder eines Vogels. Sie hat eine Reihe (meist 8–10) Grifflöcher, einen Schnabel zum Anblasen und gelegentlich Klappen oder Stimmzüge. Ihr Ton ist sanft und stumpf, etwa dem einer gedackten Orgelpfeife ähnlich. Die O. ist als Karnevalspfeife in Italien, als Kinderspielzeug in vielen Ländern bekannt.

Oktave (lat. octava, achte), die 8. Stufe in diatonischer Folge, die mit demselben Tonbuchstaben bezeichnet wird wie der Ausgangston. Die musikalische Praxis kennt die O. als rein, vermindert und übermäßig. In der ältesten Theorie der Griechischen Musik (bei Philolaos) heißt die O. → Harmonia, erst später → Diapason (–1). Die Saitenteilung demonstriert die O. als einfachste Proportion (1:2); physikalisch ist die O. der 1. Oberton. Im Tonsystem der abendländischen Musik gilt, daß Töne im Oktavabstand, wie schon durch deren gleiche Benennung ausgedrückt wird, als Tonqualitäten identisch sind und sich nur in der Tonhöhe unterscheiden. Dem entspricht die Wertung der O. als Konsonanz mit dem höchsten Verschmelzungsgrad. Oktavverdopplung einer Stimme begründet keine Mehrstimmigkeit, sondern dient zur Verstärkung oder Färbung des Klanges; im mehrstimmigen Satz gelten Oktavparallelen als besonders schwerer Fehler. Der Sonderstellung der O. (und Doppel-O.) trug Ptolemaios (I, 7) dadurch Rechnung, daß er sie als homophones Intervall (→ Homophonie) von den symphonen (Quinte und Quarte) unterschied. Im 18. Jh. war die Identität der Töne des Oktavintervalls Gegenstand des Streites zwischen L. Euler (der sie in seiner mathematischen, auf der kontrapunktischen Intervallehre basierenden Theorie negierte) und J.-Ph. Rameau (der sie in seiner auf der Entdeckung des Dreiklangs als principe de l'harmonie beruhenden Theorie behauptete). Wenngleich seit der griechischen Antike die Darstellung des Tonsystems im allgemeinen von der O. ausgeht und die Intervalle durch Oktavteilung, die Tonarten durch Systematisierung der Oktavgattungen gewonnen werden, ist doch diese Vorrangstellung der O. nicht überall gegeben. Die Hörpsychologie hat nachgewiesen, daß die Wahrnehmung der O. durch Veränderung der Lautstärke beeinflußt werden kann und an den Grenzen des Hörbereichs unscharf wird. Skalen und Tonsysteme, in denen die O. keine konstituierende Bedeutung hat, gibt es nicht nur in der außereuropäischen Musik, sondern auch im Byzantinischen Gesang (Pentachord- und Tetrachordsystem), im Russischen Kirchengesang (Trichordsystem) sowie in der westeuropäischen Musik des Mittelalters (Tetrachordsystem der *Musica Enchiriadis*, → Dasia-Zeichen). – In der modernen Praxis bedeutet O. auch die Gesamtheit der innerhalb eines Oktavintervalls (mit C als Grenzpunkt) liegenden Töne. Zur Bezeichnung der absoluten Tonhöhe sind der Tonbuchstabe und die Angabe des betreffenden Oktavbereichs notwendig, z. B. Großes A. Nach der heute gebräuchlichen Schreibweise der Tonbuchstaben (→ Buchstaben-Tonschrift) heißen die Oktavbereiche: Subkontra-(oder Doppelkontra-)O., Kontra-O., große O., kleine O., eingestrichene O. usw. Sie werden durch große oder kleine Buchstaben und durch beigefügte Striche oder Zahlen gekennzeichnet (z. B. Subkontra-A als ₂A, A oder „A; dreigestrichenes C als c³, c̿ oder c'''; → Tonsystem).

In der Orgel heißen O. → Prinzipal-Register mit höheren → Fußtonzahlen in Oktavabständen über dem basierenden Prinzipal des Werkes, auf Prinzipal 8' also in 4'-, 2'- und 1'-Lage, im Pedal als Oktavbaß 8' gebaut. Der 4' heißt frz. préstant (praestant), span. octava (clara und general), ital. octava. Der 2', die Super-O., heißt span. quincena, ital. quinta decima (vom 8' aus gerechnet), frz. doublette, was darauf hinweist, daß Doublette früher ein doppelchöriges Register war. Daher nennt Dom Bédos die einchörige O. 2' auch Doublette simple. In der 1'-Lage heißt O. auch Oktävlein. Oktavbetonte Mischregister sind Oktavmixtur, Oktavzimbel, Oktavkornett.

Oktavhorn (ital. cor alto), Oktavwaldhorn, ein nach Plänen von H. Eichborn durch E. C. Heidrich (Breslau 1883) gebautes kleineres Horn (hoch F). Es unterscheidet sich vom gewöhnlichen Waldhorn außer durch höhere Stimmung durch größere Stürze und ein wenig weitere Mensur; ferner ist ein 4. Ventil (Quartventil) angebracht, damit die Töne zwischen dem 1. und 2. Naturton hervorgebracht werden können.

Oktett (ital. ottetto; frz. octette, octuor; engl. octet), eine Komposition für 8 solistisch konzertierende Instrumente; seltener sind O.e für solistisch besetztes 8st. Vokalensemble; außerdem heißt O. eine Vereinigung von 8 Instrumentalsolisten. Vom Doppelquartett (→ Streichquartett) unterscheidet sich das O. dadurch, daß nicht 2 Quartettgruppen sich gegenüberstehen, sondern die Instrumente frei kombiniert werden können. Die Komponisten der 2. Hälfte des 18. Jh., auch J. Haydn, W. A. Mozart und der junge Beethoven (op. 103, erst 1830 posthum veröffentlicht als *Grand Octuor*), schrieben Werke für 8st. Bläserensemble (→ Harmoniemusik), die noch in die Gattungen Divertimento bzw. → Serenade einzuordnen sind; der von der Zahl der Mitwirkenden abgeleitete Werktitel O. wird erst im 19. Jh. allgemein üblich. Das bedeutendste dieser als Kammermusik mit großer Besetzung konzipierten Werke ist Schuberts op. 166 (2 V., Va, Vc., Kb., Klar., Horn, Fag.); reine Streicherbesetzung weisen Mendelssohns op. 20 und Schostakowitschs op. 11 auf (je 4 V., 2 Va, 2 Vc.). Aus neuerer Zeit sind außerdem zu nennen Strawinskys *Octuor* (Fl., Klar., 2 Fag., 2 Trp., 2 Pos.), Varèses *Octandre* (Fl., Klar., Ob., Fag., Horn, Trp., Pos., Kb.) und Hindemiths O. (Klar., Fag., Horn, V., 2 Va, Vc., Kb.).

Oktoechos (System der »acht Tonarten«) heißt das Tonsystem des Byzantinischen Gesangs. In übertragener Bedeutung bezeichnet O. auch ein liturgisches Buch (Großer O. oder Parakletike), das die Gesänge für die Sonn- und Werktage enthält. Denn der byzantinische Ritus kennt neben dem Jahreskalender mit beweglichen und fixierten Festen auch einen Zyklus von 8 Wochen, der zu Ostern beginnt und mit der Zahl der Tonarten verbunden ist, so daß dieses Buch aus 8 Teilen besteht (für je eine Woche) und nach der 8. Woche, deren Gesänge in der IV. plagalen Tonart stehen, wieder mit der I. authentischen Tonart begonnen wird. Jeder Tag der Woche hat seine eigene Bestimmung: der Sonntag ist der Feier der Auferstehung Jesu Christi geweiht, der Montag den Engeln, der Dienstag Johannes dem Täufer, Mittwoch und Freitag der Kreuzigung Jesu Christi, der Donnerstag den Aposteln und dem hl. Nikolaus, der Samstag dem Gedächtnis der Heiligen und der Toten. Die Gesänge dieses Buches (mit Ausnahme derjenigen zum Sonntag und einiger anonymer zu den Wochentagen) stammen von Joseph dem Hymnographen (um 816–86) und von Theophanes (778–845), die Kanones triadikoi des Mesonyktikon am Sonntag von Metrophanes (9. Jh.). Die Zusammenstellung der Parakletike, die in dieser Anordnung noch heute gedruckt wird, geht also auf das 9. Jh. zurück; nur das Sonntagsoffizium ist älter: seine Kanones anastasimoi verfaßte Johannes von Damaskus (um 650 – um 750), die Stauroanastasimoi teils derselbe, teils Kosmas von Maiuma (8. Jh.), teils vielleicht ein anderer Hymnograph jener Zeit. Die Kanones theotokioi sind – mit einer Ausnahme – anonym. Unter den Stichera zur Vesper und zu Matutin und Laudes bilden die »alten« Stichera anastasima mit den Dogmatika und dem ersten Aposticha den ursprünglichen Kern, aus dem der Sonntagsteil des O. entstand. Hierzu gehören auch die Stichera anatolika, deren Zuschreibung und Entstehung noch umstritten sind, und die Aposticha mit einem alphabetischen Akrostichon sowie die Theotokia, die mit Sicherheit Johannes von Damaskus zuzuschreiben sind. – Das Tonsystem des O. besitzt 8 charakteristische Tonarten, 4 authentische (»herrschende«) und 4 plagale (»seitliche«, weil sie nach den Theoretikern von den authentischen abgeleitet sind). Bezeichnet werden sie mit den 4 ersten Buchstaben des griechischen Alphabets; für die plagalen Tonarten wird πλ. (Abk. für πλάγιος) vorangestellt. Die Reihenfolge der Tonarten ist: ἦχος α' (I. authentische), ἦχος β' (II. authentische), ἦχος γ' (III. authentische), ἦχος δ' (IV. authentische), ἦχος πλ. α' (I. plagale), ἦχος πλ. β' (II. plagale), ἦχος βαρύς (tiefe), ἦχος πλ. δ' (IV. plagale). Die III. plagale Tonart heißt allgemein »tiefe«. In Analogie zu den Tonarten des griechischen Altertums erhielten sie die Namen: δώριος (dorisch), λύδιος (lydisch), φρύγιος (phrygisch), μιξολύδιος (mixolydisch), ὑποδώριος (hypodorisch), ὑπολύδιος (hypolydisch), ὑποφρύγιος (hypophrygisch), ὑπομιξολύδιος (hypomixolydisch). Die Frage des Zusammenhangs von mittelalterlichem und antikem Tonsystem ist im byzantinischen Kirchengesang ebenso schwierig wie im Gregorianischen Gesang und bildet den Gegenstand zahlreicher Untersuchungen. In der Theorie erschöpft sich das System nicht in den 8 Hauptarten. Es gibt weitere 8 Tonarten, die μέσοι (mittleren), 4 authentische und 4 plagale, deren Grundtöne sämtlich im Tetrachord f¹–h¹ liegen, wogegen bei den charakteristischen Tonarten des O. die plagalen Grundtöne das Tetrachord d¹–g¹, die authentischen das Tetrachord a¹–d² einnehmen. Zu jeder authentischen Haupttonart gehört eine mittlere plagale Tonart, deren Grundton die Terz zwischen den Grundtönen der authentischen und der zugehörigen plagalen Haupttonart ist. Demgegenüber haben die plagalen Haupttonarten eine mittlere authentische Tonart mit derselben Terz als Grundton. Der Grundton ist also der mittleren authentischen und der zugehörigen mittleren plagalen Tonart gemeinsam. Dieses Zusammentreffen ist dadurch zu erklären, daß man im byzantinischen Gesang von einem gegebenen Ton aus den Grundton einer verwandten Tonart durch aufsteigende (von der plagalen zur authentischen) oder absteigende Bewegung (von der authentischen zur plagalen Tonart) erreicht. Zur I. authentischen Tonart gehört als mittlere plagale die »tiefe« (Grundton f¹), zur I. plagalen die III. authentische (f¹), zur II. authentischen die IV. plagale (g¹), zur II. plagalen die IV. authentische (g¹), zur III. authentischen die I. plagale (a¹), zur »tiefen« die I. authentische (a¹), zur IV. authentischen die II. plagale (h¹) und zur IV. plagalen die II. authentische (h¹). Somit ergeben sich 16 Tonarten, denen später noch 2 weitere hinzugefügt wurden,

der λέγετος und der νενανώ, so daß eine Gesamtzahl von 18 Tonarten erreicht wurde. Von den mittleren Tonarten sind jedoch in den Handschriften bisher nur die II. und die IV. nachgewiesen. Die IV. mittlere Tonart hat vorzugsweise den Grundton c².
Wenn in die heutige Notenschrift mit a als Ausgangspunkt übertragen und die Doppeloktave a–a² zugrunde gelegt wird, so sind die Grundtöne der Haupttonarten (ἴσα):

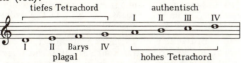

Das Beispiel zeigt, daß die plagalen Grundtöne eine Quinte unter den authentischen liegen und die Oktave dadurch in 2 unverbundene Tetrachorde d¹–g¹ und a¹–d² geteilt wird.
Das Studium der ältesten Gesänge, die aus charakteristischen musikalischen Formeln zusammengesetzt sind, führt zu dem Schluß, daß verschiedene Tonsysteme im Gebrauch waren: das Oktavsystem (τῶν διαπασῶν) und das Pentachordsystem (τροχός, »Rad«). Im Oktavsystem besteht jede Tonart aus einem Pentachord und einem Tetrachord, wobei in den authentischen Tonarten das Tetrachord über, in den plagalen dagegen unter dem Pentachord steht:

Das zweite System besteht aus einer ununterbrochenen Folge verbundener Pentachorde, deren Ausgangspunkt und Muster das Pentachord d¹–a¹ ist. Infolgedessen beginnt (bei Übertragung in westliche Notation) das System mit g, und es ergibt sich in der unteren Oktave b (statt h), in der oberen fis² (statt f²):

Nach dem gegenwärtigen Stand der Forschung findet sich in den ältesten Handschriften ausschließlich das diatonische Tongeschlecht. Ob das chromatische und das enharmonische Tongeschlecht in den Gesängen der kukuzelischen Epoche verwendet wurden, ist noch nicht erwiesen. – Auch im modernen Byzantinischen Gesang sind 8 Haupttonarten gebräuchlich, dazu der λέγετος, der zu einer Variante der IV. authentischen Tonart geworden ist (wogegen er im letzten Stadium der kukuzelischen Epoche eine andere Erscheinungsart der II. authentischen Tonart war). Die νενανώ-Tonart ist eine chromatische II. plagale Tonart mit dem Grundton g¹. Die Grundtöne der verschiedenen Tonarten sind zum Teil anders als die in den älteren Gesängen und Handschriften üblichen (wie sie oben dargestellt sind). An Tonsystemen nennen die Theoretiker das Oktavsystem mit der Oktave d¹–d² als Ausgangspunkt, das Pentachordsystem (»Rad«) mit dem Pentachord d¹–a¹ und das Tetrachordsystem mit dem Tetrachord c¹–f¹ als Ausgangspunkt. Diese drei gelten für das diatonische Tongeschlecht; im chromatischen und im – wenigstens theoretisch möglichen – enharmonischen Tongeschlecht sind einige andere Tonsysteme zugelassen. – Es ist nicht bekannt, wer das System des O. aufgestellt hat. Die alten Handschriften überliefern die rationale Ausarbeitung eines zuvor in mündlicher Überlieferung verbreiteten Systems. Der Zeitpunkt dieser Ausarbeitung darf nicht lange vor der Lebenszeit des Johannes von Damaskus angesetzt werden, den die Tradition als Erfinder des Systems nennt; doch fehlt es noch an genügend sicheren Argumenten zur Lösung der Frage, wem das System zuzuschreiben ist.

Ausg.: (aus d. »Großen O.«): The Hymns of the O., hrsg. v. H. J. W. TILLYARD, = Monumenta Musicae Byzantinae, Transcripta III u. V, Kopenhagen 1940–49.

Lit.: (zum Tonsystem): CHRYSANTHOS V. MADYTOS, θεωρητικὸν μέγα τῆς μουσικῆς, Triest 1832; H. GAISSER OSB, Le système mus. de l'église grecque ..., Rev. bénédictine XVI, 1899 – XVIII, 1901, separat Rom 1901; DERS., L'origine du »tonus peregrinus«, Kgr.-Ber. Hist. de la musique, Paris 1900; DERS., L'origine et la vraie nature du mode dit »chromatique oriental«, ebenda; J.-B. THIBAUT OSB, Assimilation des »Echoi« byzantins et des modes lat. avec les anciens tropes grecques, ebenda; DERS., Le système tonal de l'église grecque, Rev. d'hist. et de critique mus. II, 1902; H. J. W. TILLYARD, The Modes in Byzantine Music, in: Annual of the British School at Athens XXII, 1916–18; E. WELLESZ, Die Struktur d. serbischen O., ZfMw II, 1919/20; C. HØEG, La théorie de la musique byzantine, Rev. des études grecques XXXV, 1922; C. MALTEZOS, Sur les gammes diatoniques ..., Praktika de l'Acad. d'Athènes VI, 1929; A. GASTOUÉ, Über d. acht Töne ..., KmJb XXV, 1930; K. PAPADEMETRIOU, Οἱ τρόποι τῆς βυζαντινῆς μουσικῆς, Athen 1933; M. MERLIER, Etude de musique byzantine, = Bibl. mus. du musée Guimet ..., Serie II, 2, Paris (1937); O. GOMBOSI, Studien zur Tonartenlehre d. frühen MA, AMl X, 1938 – XII, 1940; L. TARDO, L'antica melurgia bizantina, Grottaferrata 1938; DERS., L'ottoeco nei mss. melurgici, ebenda 1955; O. TIBY, La musica bizantina, = Letteratura mus. XIII, Mailand 1938; O. STRUNK, The Tonal System of Byzantine Music, MQ XXVIII, 1942; E. WERNER, The Origin of the Eight Modes of Music (O.), Hebrew Union College Annual XXI, 1948; DERS., The Sacred Bridge, London u. NY 1959; B. DI SALVO, Lo sviluppo dei modi della musica bizantina ..., Atti dell' VIII Congresso internazionale di Studi bizantini, Bd VIII, 2, Rom 1953.   BDS

Oldenburg i. O.
Lit.: J. WOLFRAM, Gesch. d. O.er Singver. v. 1821–96 nebst einem einleitenden Beitr. zur Gesch. d. Musik in O. ... (1603–1821), O. 1896; C. SACHS, Archivalische Studien zur norddeutschen Mg., 1. Die O.er Hofkapelle, ZfMw I, 1918/19; G. LINNEMANN, Mg. d. Stadt O., = O.er Forschungen VIII, O. 1956; W. KAUFMANN, Die Org. d. alten Herzogtums O., ebenda XV, 1962; W. BRAUN, Musik am Hof d. Grafen Anton Günther v. O. (1603–67), O.er Balkenschild Nr 18/20, 1963.

Old Hall-Codex → Quellen: *OH.*

Olifant (eigentlich Elefant), ein aus dem Orient stammendes, im 10./11. Jh. im Abendland gebrauchtes starktönendes Signalhorn aus Elfenbein, das zu den Wertstücken des Ritters zählte. Der O. war meist von kantiger Gestalt und reich mit Schnitzereien versehen.

Lit.: FR. BRÜCKER, Die Blasinstr. in d. altfrz. Lit., = Gießener Beitr. zur romanischen Philologie XIX, Gießen 1926; E. CLOSSON, L'o., La Rev. belge III, 4, 1926.

Olmütz (Olomouc, Tschechoslowakei).
Lit.: A. NEUMANN, Příspěvky k dějinám hudby a zpěvu při olomoucké katedrále (»Beitr. zur Gesch. d. Musik u. d. Gesangs d. O.er Kathedrale«), Brünn 1940; R. QUOIKA, Die Org. zu St. Mauritius in O., = Org.-Monographien XXIX, Mainz 1948; V. GREGOR, Hudební vlastivěda olomouckého kraje (»Die mus. Heimatkunde. O.er Kreises«), O. 1956.

Ombra-Szene (ital. ombra, Schatten), eine in sich geschlossene, dramatische Gesangsszene, in der Schatten- und Geisterbeschwörungen, Unterwelt, Friedhof, Begräbnis dargestellt werden. Die O.-Sz. basiert auf

dem → Accompagnato, das um 1640 von den Venezianern in die Oper eingeführt wurde und neue Ausdrucksmöglichkeiten erschloß. Als erste O.-Sz. gilt die Medea-Szene in Cavallis *Giasone* (1649). Dreiklangsmelodik (meistens Es dur), Generalpausen und tiefe Streicherklänge (Tremolo) wurden zu typischen Mitteln zur Erregung des Schauers. Charakteristisch wird die *Führung der Singstimme, die sich gern in abgerissenen Exklamationen ergeht* und die sich *fast regelmäßig bei dem Eintritt des Wortes »ombra« mit seinen stereotypen Prädikaten (pallida, sanguinosa, cara, diletta usw.) auf langgezogene Noten festsetzt* (H. Abert, S. 137). Besondere Klangeffekte werden durch exponiert eingesetzte Blasinstrumente erreicht (Oboe, Trompete, Flöte, Fagott; letzteres z. B. bei Hasse, Händel und in der O.-Sz. *Sì aspetta, o cara ombra* in Glucks *Orfeo*, 3. Akt). Besonders Jommelli (*Astianatte*, 1740) und ebenso Traetta haben die Ausdruckskunst der O.-Sz.n gesteigert. Mozart schrieb O.-Sz.n in *Mitridate* und *Lucio Silla*. Mit der O.-Sz. verwandt ist das → Lamento; bei Hasse (*Artaserse*, 2. Akt) kommt es zur Verschmelzung beider Typen. Auch die Ombra-Arien (z. B. bei Händel Radamistos *Ombra cara*, Rodelindas *Ombre, piante*, Alcinas *Ombre pallide*) zeichnen sich oft durch neuartige melodische und harmonische Wendungen aus. Vielfach werden Klarinetten und Hörner (z. B. in Mozarts *Idomeneo*, Arie Nr 6) sowie Posaunen (auch sordiniert) verwendet.
Lit.: H. ABERT, N. Jommelli als Opernkomponist, Halle 1908; H. GOERGES, Das Klangsymbol d. Todes im dramatischen Werk Mozarts, = Kieler Beitr. zur Mw. V, Wolfenbüttel 1937.

ondeggiando (ondeddʒ'ando, ital., auch ondeggiamento, ondeggiare; frz. ondulé, gewellt) bezeichnet beim Streichinstrumentenspiel im allgemeinen das durch periodische Druckverstärkungen und -verminderungen mit dem Bogen (ohne Strichwechsel) erzeugte An- und Abschwellen des Tones, gefordert durch eine Wellenlinie ♪♪♪♪ (die Tonwiederholungen bedeuten kein Absetzen, sondern markieren den Rhythmus der Tonverstärkungen), doch auch, ähnlich wie → portato, durch Punkte und Bogen (vgl. Schenk). Beschrieben ist diese Vortragsart, teilweise unter anderen Bezeichnungen, u. a. von C. Farina (Spielanweisung zu seinem *Capriccio stravagante*, 1627), BrossardD (Artikel Tremolo; danach Mattheson 1739 sowie Rousseau 1768, Artikel Tremblement), L. Mozart (ohne fixierte Benennung), J. S. Petri (1767) und KochL (Ondeggiamento ist gleichgesetzt mit Tremolo und Bebung), Dard (1769: Tremblement d'orgue) und von Baillot (1834; unter dem auch das Vibrato und die Kombination von O. und Vibrato umfassenden Begriff der Ondolation). J. G. Kastner (*Traité général d'instrumentation*, Paris 1837) beschreibt o. unter der Bezeichnung *Les sons ondulés* als Druckverstärkungen mit dem Bogen, auf jeder Zählzeit ein- oder zweimal (vgl. Carse, mit Beispiel). In Kompositionen ist o. als Vortragsanweisung seit den *Sonate concertate in stile moderno* (1621-44) von D. Castello häufig zu belegen, z. B. bei B. Montalbano (*Sinfonie* ..., 1629), J.-B. Lully (*Isis*, 1677), Chr. Cannabich (Ballett *Renaud et Armide*, 1769), J. Stamitz (op. 1 Nr 3). Bei J. J. Walther steht die Anweisung *o.* unmittelbar neben einer mit → Bariolage zu spielenden Stelle (Beispiel aus Walthers *Scherzi da violino solo*, Nr 8, 1676) und deutet offenbar Saitenwechsel an durch wellenartige Bewegung des Bogens ohne Absetzen oder Strichwechsel. Auch bei Torelli bezieht sich o. auf die wellenförmige Bewegung des Bogens (beim → Arpeggio; vgl. Boyden). Telemann überschreibt zwei Sätze in seinen Methodischen Sonaten (1728, Nr 5; 1732, Nr 2) mit *o.* bzw. *o. ma non adagio*. – BrossardD und nach ihm WaltherL verstehen unter ondeggiare die Dirigierbewegung zwischen Nieder- und Aufschlag, die bei mehr als 2zeitigen Taktarten die zwischen erster und letzter Zählzeit liegenden Zählzeiten markiert.
Lit.: K. GERHARTZ, Die Violinschule u. ihre mg. Entwicklung bis L. Mozart, ZfMw VII, 1924/25; A. CARSE, The Orch. in the XVIIIth Cent., Cambridge 1940, Nachdruck 1950; E. SCHENK, Zur Aufführungspraxis d. Tremolo bei Gluck, Fs. A. van Hoboken, Mainz (1962); D. D. BOYDEN, The Hist. of V. Playing, London 1965.

Ondes musicales oder Ondes Martenot (frz. onde, Welle, ein von dem französischen Musikpädagogen und Radiotechniker → Martenot konstruiertes elektronisches Tasteninstrument, das nur für einstimmiges Spiel geeignet ist, sich jedoch durch die Variabilität der Klangfarbe auszeichnet. Dem Instrument liegt das Prinzip des Röhrengenerators zugrunde. Hinter einen fest abgestimmten und einen variablen → Generator hochfrequenter Wechselspannungen (f_1 bzw. f_2) ist eine nichtlinear verzerrende Röhrenstufe geschaltet; dadurch entsteht eine tonfrequente Differenzfrequenz (f_1-f_2), die als Grundlage für den musikalischen Ton dient. Die HF-Schwingung f_2 wird über eine Klaviatur variiert, indem mit Hilfe eines Seiles die Kapazität des Schwingkreiskondensators verändert werden kann. Die variable Wechselspannung der Differenzfrequenz wird verstärkt und durch Lautsprecher wiedergegeben. Erstmals wurde dieses Instrument am 20. 4. 1928 im Saal der Pariser Opéra der Öffentlichkeit vorgestellt; inzwischen sind vielfache Verbesserungen vorgenommen worden. Die O. m. finden vor allem in der Bühnenmusik an französischen Theatern Verwendung. Für O. m. komponierten u. a. A. Honegger (in: *Jeanne d'Arc au bûcher*, 1938) und A. Jolivet (Konzert für Ondes Martenot und Orch., 1947).
Lit.: B. DISERTORI, Le Onde Martenot, RMI XLIII, 1939; L. E. GRATIA, La musique des ondes éthérées, Le Ménestrel, 30. Nov. 1928; C. HOURST, Les instr. mus. électriques. Le Martenot, in: L'Ingénieur constructeur VII, 1929; M. MARTENOT, Méthode pour l'enseignement des O. m., Paris (1931); FR. K. PRIEBERG, Musica ex machina, Bln, Ffm.u. Wien (1960); F. TRENDELENBURG, Einführung in d. Akustik, Bln, Göttingen u. Heidelberg ³1961.

Onestep ('wʌnstep, engl., Einschritt), ein sehr schneller, marschartiger Gesellschaftstanz (♩ = M. M. 138) im 2/4-(seltener 6/8-)Takt mit sehr einfacher Schrittfolge, der um 1910 aus den USA nach Europa kam. Vor dem 1. Weltkrieg gab es verschiedene kurzlebige Varianten des O.: Turkey Trot, Grizzly Bear, Bunny Hug, Judy Walk, die – wie auch die Spielformen Castle Walk und Fish Walk – mehr dem Schautanz dienten. Der O. gehört zu den Vorläufern des Foxtrotts.

Oper. Die Verwendung des Wortes O. (von ital. opera) ist jünger als die Musikgattung, die es bezeichnet. Es ist in Italien seit 1639 nachweisbar, in Frankreich und England seit dem späten 17., in Deutschland seit dem frühen 18. Jh., setzte sich auch dann noch nicht einheitlich durch, sondern kursierte neben anderen Bezeichnungen, so in Italien anfangs → Dramma per musica (commedia in musica und dramma giocoso für das heitere Genre), in Frankreich → Tragédie lyrique und → Comédie, in Deutschland Singspiel (im weitesten Sinne für O.n mit deutschem Text schlechthin). Vorherrschend wurde die Bezeichnung O. (ital. u. engl. opera; frz. opéra) in England schon im 18., in Frankreich und Deutschland seit dem 19. Jh.; seltener bleibt der Name »musikalisches Drama« (ital. dramma musicale; engl. musical drama; frz. → drame lyrique). Um den Begriff O. zu bestimmen, genügt es nicht zu sagen, O. sei eine Verbindung von Bühnendichtung mit Musik. Damit ist O. gegenüber einem Drama mit musikalischen Einlagen (→ Bühnenmusik) und manchen anderen Verbindungen von szenischen Darstellungen mit Vokal- oder Instrumentalmusik, wie sie auch in außereuropäischen Ländern und Kulturen vorkommen, nicht nicht abgegrenzt. Eine O. kommt erst zustande, wenn die Musik eigene Mittel zum Ausdruck der Rede und Gebärde im szenischen Dialog und Monolog einsetzt und die dramatische Aktion verdeutlicht. In jeder echten und guten O. befinden sich Drama und Musik in einer dialektischen Spannung, was bei jedem Versuch einer Ästhetik der O. zu beachten ist. Dieses Verhältnis ist viel zu kompliziert, und die musikalischen Mittel als Wirkungsfaktoren des Dramatischen sind zu mannigfaltig, als daß mit der Unterscheidung Musikdrama (Primat des Dramas) und O. im engeren Sinne (Primat der Musik) auszukommen wäre. Die Antithese, Gluck und Wagner seien Musikdramatiker, Mozart und Verdi O.n-Komponisten, ist eine falsche Simplifizierung. Man tut gut daran, den Terminus O. als allgemeine Gattungsbezeichnung festzuhalten und Musikdrama nicht als ein höheres Gebilde anzusprechen. – Aus der allgemeinen Erwägung der Bedingungen, unter denen eine O. zustande kommt, ergibt sich, daß die antike Tragödie, die geistlichen und weltlichen Spiele des Mittelalters, die Schuldramen mit Chören aus dem 16. Jh., aber auch die italienischen Trionfi, Mascherate, Balletti, Intermedien, die französischen Ballets und die englischen Masques dieser Zeit nicht in Bausch und Bogen als geschichtliche Vorläufer der O. angesehen werden können, obwohl Balletti und Intermedien Anregungen gegeben haben für zur bühnenmäßigen Ausstattung der O., zur Aufnahme von Chören, Tanz- und Instrumentalmusik und die Beschäftigung mit dem antiken Drama in italienischen Akademien des 16. Jh. die O.n-Geschichte nachhaltig beeinflußte. Auch das Monodrama Rousseauscher Prägung (*Pygmalion*) und das Melodrama G. Bendas und seiner Nachfolger (18. Jh.) mit tonmalerischer oder affektausdrückender Instrumentalmusik zum gesprochenen Text oder zu pantomimischen Szenen sind keine O.n, sondern eine Gattung für sich.

Die Geschichte der O. begann erst, als die → Monodie der Florentiner → Camerata, der Stile recitativo, auf längere Bühnenstücke übertragen wurde und hier die Reden der handelnden Personen mit Hervorhebung von Prosodie, Diktion und Emotion ermöglichte (Peris und Caccinis *Euridice*, aufgeführt am Florentiner Hof 1600; Peris *Dafne*, 1598, ist nur fragmentarisch erhalten). Der erste große Erfolg gelang Cl. Monteverdi mit *Orfeo* (Text von Alessandrino Striggio, Mantua 1607). Die rezitativische Vortragsweise der Dialoge und Monologe verdichtet sich in diesem Werk mittels affektischer Ausdrucksfiguren in Melodie und Harmonie zum bühnenmäßigen Darstellungsstil (stile rappresentativo); in seiner Prägung ist er mit der rednerischen Gestik (die zugleich die theatralische ist) eng verbunden. Gegenüber der frühen Florentiner O. sind die Formen der geschlossenen Musikstücke mannigfaltiger, die Chorsätze kunstvoller angelegt, ist die Orchesterbesetzung großzügiger, die Instrumentation differenzierter, nimmt das Klangkolorit charakterisierend Bezug auf die Szene, bestimmen Refrainchöre, überhaupt Refrainbildungen und die Wiederkehr von Instrumentalsätzen (Sinfonia, Ritornello) stärker den Bau der Szenen und Akte. In der Zusammenführung heterogener Künste, poetischer und musikalischer Gattungen, musikalischer Formen und Stilarten bekundet Monteverdis *Orfeo*, daß die O. eine originale Schöpfung des Barocks ist, vielleicht seine charakteristischste.

In Mantua entstand auch Monteverdis *L'Arianna* (1608; von der Musik ist nur das *Lamento d'Arianna* erhalten). Gleichwohl gehörte Mantua nicht zu den Hauptorten der italienischen O.n-Pflege. Die stärksten Impulse gingen im 17. Jh. von Rom und Venedig, im 18. Jh. von Neapel aus. – In Rom gab es nebeneinander weltliche und geistliche O.n. Von den weltlichen O.n seien genannt: St. Landis *La morte d'Orfeo* (1619), F. Vitalis *L'Aretusa* (1620), D. Mazzocchis *La catena d'Adone* (1626), M.A. Rossis *Erminia sul Giordano* (1633); die Spezies der Pastoral-O. (favola pastorale) ist noch 1639 mit *La Galatea* von Vittori vertreten. Das Hauptwerk der römischen geistlichen O. war *Il Sant'Alessio*, Musik von St. Landi (1632). Es ist nicht immer leicht, geistliche O.n von szenisch aufgeführten Oratorien stilistisch zu unterscheiden. Oratorien wurden öffentlich aufgeführt, geistliche wie weltliche O.n aber in Adels- und Kardinalspalästen. Erst seit 1652 gab es in Rom ein öffentliches Theater. Merkmale der römischen O. sind: großer Aufwand in der Ausstattung, Prachtstil concertierender Chöre wie auch subtilere Chorlyrik, schmiegsamer Fluß des Rezitativs, Ausbildung des gleichzeitigen Singens mehrerer Personen im Rezitativ, Anwachsen der geschlossenen Formen im Sologesang. Die spätere römische O. zeigt eine Tendenz zur Komödie.

In Venedig eröffneten 1637 zwei Römer, der Dichterkomponist B. Ferrari und der Musiker Manelli, ein O.n-Haus. Die O., bisher ausschließlich eine festliche Veranstaltung an den Höfen residierender Fürsten, in Adelspalästen und Akademien, wurde nun Geschäftsunternehmen, beruhend auf Pachtvertrag. Damit war ein Wandel in der Auffassung der Texte verbunden: Stoffe aus der Mythologie und die Pastoral-O. traten zurück, Stoffe aus der antiken Heldensage, der griechischen und römischen Geschichte wurden bevorzugt. Es fehlt nicht an aktuellen, politischen und gesellschaftlichen Anspielungen. Intrigen, Verwechslungen und Verkleidungen machen die Handlung verwickelt. Der Einfluß des nach Italien vordringenden spanischen Dramas ist zu spüren, besonders an den komischen und grotesken Dienerrollen (parti buffe). Librettisten waren u. a. Busenello und Cicognini, hervorragende Komponisten Cavalli, M.A. Cesti, Sacrati, Grossi, C. Pallavicini, P. A. und M. A. Ziani, Legrenzi, C. Fr. Pollarolo, G. B. und A. M. Bononcini, Caldara, Albinoni, Stradella, G. Porta, Vivaldi, Fr. Gasparini. Entscheidend für die melodische Intensivierung im Gesangsstil waren die Spätwerke des in Venedig wirkenden Cl. Monteverdi: *Il ritorno d'Ulisse in patria* (1641) und *L'incoronazione di Poppea* (1642). Charakteristisch für die Venezianer sind die Fülle der geschlossenen Sologesangsformen (Strophenlieder, Arien, Duette, seltener Terzette und Quartette) und der → Belcanto. Die Arien haben oft einen Basso ostinato, wobei der stufenweise fallende Quartenostinato und der Baßostinato mit chromatischem Stufenfall häufig sind (→ Lamento). Auch die Da-Capo-Form bestimmt, von Cesti sehr gefördert, die Anlage der venezianischen Arie, zuerst in knappen, dann in größeren Ausmaßen. Die Venezianer schrieben sowohl (nur vom B. c. begleitete) Continuoarien, als auch orchesterbegleitete Arien, daneben Arien mit einem oder sogar mehreren concertierenden Soloinstrumenten (darunter auch Trompete). Die Tendenz zur melodischen Intensivierung der O. schwächte die dramatische Ausdruckskraft zugunsten des musikalischen Genusses ab, vielmehr erwuchsen durch sie der venezianischen O. auch neue dramatische Ausdrucksmittel, z. B. im orchesterbegleiteten Rezitativ (→ Accompagnato). Schon bei Cavalli und Cesti weisen Accompagnati auf dramatische Höhe- und Wendepunkte hin,

Oper

und bei den Spätvenezianern erscheint das Accompagnato mit starkem Affektausdruck scharf abgesetzt von dem nur vom Generalbaß begleiteten, flüchtigen (Secco-)Rezitativ. Der zunehmenden Komplizierung der dramatischen Handlung wirkte der Librettist Zeno, der Vorläufer Metastasios, mit Erfolg entgegen durch Straffung und Vereinfachung der Gesamtanlage, deren Gerüst Rezitativ und Arie bilden.
In der neapolitanischen O. (→ Neapolitanische Schule), deren Begründer Provenzale und deren hervorragender Meister A. Scarlatti waren, wurde der Instrumentalpart reicher und die Kantilene breiter, schwungvoller, sinnfälliger. Während die nun häufig angewandten Vergleichs- und → Devisen-Arien auch bei Oberitalienern vorkommen, sogar die Aria detta la Siciliana mit dem Sicilianorhythmus nicht ausschließlich Eigentum der Neapolitaner ist, geht die Einführung der sogenannten italienischen O.n-Sinfonie mit der Satzfolge schnell–langsam–schnell auf Scarlatti zurück, ebenso die Ausgestaltung der Affekttypen in der Arie und deren Satzcharaktere (aria cantabile, parlante, di bravura, di mezzo carattere). In seinen für Neapel geschriebenen O.n sind die Parti buffe nicht grundsätzlich ausgeschaltet, vielmehr zum Teil mit besonderer Finesse behandelt. Bei L. Vinci und L. Leo beginnt die Barock-O. den Stil des Rokokos anzunehmen. Der musikalische Satz, auf homophoner Grundlage, wird kleingliedrig und symmetrisch in der Anordnung der Taktgruppen, galant, graziös und empfindsam im Ausdruck. Die virtuosen Partien, berühmten Sängern zugedacht, erscheinen manchmal, besonders bei Porpora und seinen Nachfolgern, überbetont. Für Reprisen in Da-Capo-Arien, die schon bei Venezianern im 17. Jh. von den Sängern auskoloriert wurden, war bei den Neapolitanern dieser Vortrag bei der Arie die Regel; er wurde als zum Gesamthabitus der O. gehörend empfunden. Führender italienischer Librettist war Metastasio bis weit ins 18. Jh. hinein – noch Mozart hat Texte von ihm vertont. Eine besondere Kraft des dramatischen Ausdrucks zeigen Jommelli und T. Traetta, beide der französischen O. verbunden. Der Neapolitaner G. Fr. de Majo gehört zu den Exponenten des weichen Stils. Bei den geschlossenen Gesangsformen kamen im späteren 18. Jh. neben der Da-Capo-Arie u. a. rondoartige oder 2teilige Gebilde mit langsamer Einleitung auf. Indes war die bedeutendste Neuerung, die von den Neapolitanern ausging, die komische O. (opera buffa, nun im Gegensatz zu opera seria, der ernsten O.). Ihre geschichtlichen Wurzeln sind: die Parti buffe der venezianischen O. sowie die zwischen die Akte ernster O.n eingeschobenen Intermezzi (→ Intermedium) und die volkstümliche neapolitanische musikalische Dialektkomödie (commedia musicale napoletana). Stoffe und Handlung sind dem Leben des Alltags entnommen, gehen auf die Stegreifkomödie (commedia dell'arte) zurück und parodieren gelegentlich die Seria. Charakteristisch für den Buffostil sind das plappernde Seccorezitativ, das schnelle Parlando auch in Arien und das hartnäckige Wiederholen kurzer Melodiephasen und springender Intervalle. Aber schon die erste Buffa von hohem Rang, Pergolesis *La serva padrona* (1733, Text nach Gennaro Antonio Federico), selbst noch als Buffointermezzo verwendet, zeigt mit ihrem Wirbel überraschender rhythmischer und melodischer Impulse, im krassen Gegensatz zu den kleingliedrigen Symmetrien der zeitgenössischen Seria, das eigentlich Neue: die innere und direkte Teilhabe der Musik an der Aktion. *Die Aufmerksamkeit wird musikalisch auf den Darsteller als handelnde Person gelenkt. Man macht musikalisch seine Aktion mit* . . . (Georgiades 1950, S. 76ff.). Weiter entwickelt wurde die Buffa im 18. Jh. hauptsächlich durch Galuppi, N. Piccinni, Anfossi, P. A. Guglielmi, Paisiello und Cimarosa. Hauptform für die Arie wurde die 2teilige Form mit Stretta. Solistische Ensembles bereicherten das Klangbild; am Ende der Akte wurden Finali durch Zusammenführung der handelnden Personen im Ensemble gebildet. Das Genre blieb nicht rein komisch. Die Dichter Goldoni, Giambattista Lorenzi und Giovan Battista Casti gaben ihren Libretti märchenhafte, empfindsame und sentimentale Züge. Es entstanden nun in der Buffa Parti serie, wie auch umgekehrt in die Seria Elemente des Buffostils eindrangen (z. B. bei Majo, Piccinni, Guglielmi) und die Seria durch die Einführung komischer oder heiterer Szenen zur Semiseria werden konnte. Die italienische O. drang im 17. und 18. Jh. in fast alle europäischen Länder vor, in einem Umkreis von Spanien, Portugal bis nach Rußland, aber in dieser Zeit kamen nur wenige Länder mit ins Spiel der großen Kräfte, wobei Frankreich stark mit Italien konkurrierte, schwächer England und Deutschland.
Am Pariser Hof wurde die italienische O. seit den 40er Jahren des 17. Jh. eingeführt, auf Betreiben des Kardinals Mazarin, mit Werken römischer und venezianischer Meister (Marazzoli, L. Rossi, Sacrati, Cavalli). Bald regten sich einheimische Kräfte. Camberts *Pomone* (1671) kann als originale französische O. angesehen werden. Aber nicht Cambert, sondern J.-B. Lully, dessen Wirken im Dienste Ludwigs XIV. stand, verschaffte der französischen O. und ihrer Pflegestätte, der Académie Royale de Musique, höchstes Ansehen. Über seine Arbeiten am → Ballet de cour und an der → Comédie-ballet (in Verbindung mit Molière) kam er zur → Tragédie lyrique und prägte sie in einer Reihe von Werken, deren Entstehung zwischen 1673 und 1686 fällt, und deren Texte fast durchweg Ph. Quinault schrieb (u. a. *Cadmus et Hermione*; *Alceste*; *Thésée*; *Atys*; *Persée*; *Roland*; *Armide et Renaud*). Das Vorbild des klassischen französischen Theaters zeigt sich nicht nur im Libretto (Stoffwahl, 5aktiger Aufbau der Handlung, beherrschende Stellung des Alexandriners im Versbau), sondern auch in der Musik, und hier besonders im rhetorisch-deklamierenden, mit häufigem Taktwechsel aufgezeichneten Rezitativ, in das die solistischen Airs (kleine Liedformen) eingebaut sind. Äußerst sparsam wird von der Koloratur Gebrauch gemacht. Die Verwendung der Chöre dagegen geht selbst über das in der römischen O. üblich gewesene Maß hinaus. Dieser Chorreichtum erklärt sich zum Teil aus der engen Verknüpfung mit dem höfisch repräsentativen Ballet de cour. Darauf sind auch die Tanzsätze, Märsche, die Pracht der Aufzüge, kurz all das, was unter den Sammelbegriff der → Divertissements fällt, in der O. Lullys zurückzuführen. Auch der von ihm begründete Typus der sogenannten französischen O.n-Ouvertüre (punktiertes Grave – fugiertes Allegro – Schluß mit Rückgriff auf den Rhythmus des Anfangs) kommt zuerst in seinen Ballettkompositionen vor. Insgesamt ist die Lullysche O. eine eigenartige Mischung von musikalischer Dramatik und höfischer Repräsentation. – Bei den Nachfolgern Lullys (Desmarets, Campra, A.C. Destouches u. a.) kam neben der Tragédie lyrique das → Opéra-ballet, ausgehend von Lullys *Les festes de l'Amour et de Bacchus* (1672), zur Geltung. Hier vollzog sich eine deutliche Annäherung an die italienische O. (weicheres, kantables Rezitativ, Aufnahme der Da-Capo-Arie und der Bravourarie). Tonmalereien, französischen Musikern besonders vertraut, in der Pastoral-O. gern gepflegt, auch von Lully keineswegs gemieden, wurden auch von seinen Nachfolgern in der Tragédie lyrique oft schablonenhaft verwendet (als Sturm- und Gewittermusik: Tempête, Tonnère, Orage und

dergleichen); sie wirken bei zarterer Tönung spielerisch und galant. Die Tragédie lyrique erreichte musikalisch ihren Höhepunkt bei J.-Ph. Rameau (*Hippolyte et Aricie*, 1733; *Castor et Pollux*, 1737; *Dardanus*, 1739; *Zoroastre*, 1749). Alle Musiker der Lully-Nachfolge, auch Lully selbst, übertrifft er in seiner Harmonik und Instrumentationskunst, in der Bestimmtheit, Kraft und Biegsamkeit des dramatischen und affektuosen Ausdrucks und in der Situationscharakteristik.
Zwischen den Parteigängern der französischen und der italienischen O. kam es nach der Aufnahme der Buffa in Paris (zweite dortige Aufführung von Pergolesis *La serva padrona* 1752) zum → Buffonistenstreit, der sich noch in den 1770er Jahren nach Glucks französischen Reform-O.n in Paris in der Fehde zwischen den Gluckisten und den Piccinnisten (den Anhängern Piccinnis) fortsetzte. Noch zu Lebzeiten Rameaus entstand eine eigene französische komische O. (opéra-comique). Angeregt wurde sie einerseits durch die Pariser Vorstadtkomödie mit Einlagen gassenhauerartiger Gesänge (comédie en vaudevilles) oder gehobener Art (comédie mêlée d'ariettes), andererseits durch die Buffa, von der die Opéra-comique einige äußerliche Züge übernahm. Das ist bei J.-J. Rousseau in *Le devin du village* (1752) erkennbar, noch deutlicher bei den Mitbegründern der Opéra-comique Duni (Italiener), Fr. A. Philidor und Monsigny. Die Vorherrschaft des gesprochenen Dialogs statt der Rezitative bekundet noch lange den ursprünglichen Zusammenhang mit der Comédie-vaudeville. Die Opéra-comique ist im Gegensatz zur höfischen Tragédie lyrique die bürgerliche O. Frankreichs am Ende des Ancien régime. Ihr Stoffgebiet ist weit: Komik, Scherz, Satire, Tragisches und Idyllisches mischen sich. Chöre, Couplets, Airs, Chansons, Romanzen, Instrumentalsätze, Ensembles und Finali bestimmen ihre musikalische Faktur (z. B. Grétry, *Richard Cœur-de-Lion*, 1784) und öfters auch den szenischen Aufbau. Der Opéra-comique entwuchs die französische Revolutions-O., deren Texte häufig von den Schrecken der Revolution erfüllt sind (Schreckens-O.) oder mit einer wunderbaren Rettung enden (Rettungsstück); Zeit und Ort der Handlung sind variabel. So sind le Sueurs *La caverne* (1793) eine Schreckens-O., Cherubinis *Lodoïska* (1791) und *Les deux journées* (1801, deutsch »Der Wasserträger«) Rettungsstücke. Jedoch gehen Rettungsstücke und Schreckensstücke oft ineinander. Mit der Gebrauchsmusik, die le Sueur und Cherubini zu den nationalen Festen schrieben (Hymnen, Kantaten, Ouvertüren u. a.), stimmen in ihren O.n der Elan terrible der Rhythmen, eine explosive Dynamik und der Eclat triomphale der Chorrufe, Signal- und Fanfarenklänge überein. Im Ausdruck des Schauer erregenden Pathos folgten diese Musiker Gluck, doch dürfte es nicht korrekt sein, bei ihnen von einer französischen Gluck-Schule zu sprechen. Bedeutsamer war die Rezeption der neuen motivischen Arbeit und des obligaten Akkompagnements J. Haydns, namentlich bei Cherubini. Ansätze zur leitmotivischen Technik finden sich in Méhuls *Ariodant* (1799) und auch bei Cherubini.
In England näherte man sich der O. im 17. Jh. sehr behutsam. Einerseits wurden in die höfischen Maskenspiele (→ Masque) das neuitalienische Rezitativ und der Stile rappresentativo eingeführt (Laniere, H. und W. Lawes, H. Cooke, Chr. Gibbons, Locke, Blow). Andererseits halten sich Bearbeitungen Shakespearescher Dramen und anderer Bühnenstücke (D'Avenant, Thomas Shadwell, Dryden u. a.) auf der Grenze zwischen Schauspiel mit Musikeinlagen und O. Diese Art einer freien Verbindung zwischen gesprochenem Drama und Musik bezeichnete M. Locke, der die Musik zu Shadwells *Byde* (nach Quinault) schrieb (1673), als The English opera. In H. Purcells *Dido and Aeneas* (1689) ist bei Wahrung englischer Grundzüge der Anschluß an die O. des Festlandes vollgültig erreicht. Venezianische Einflüsse, Anregungen von Lully, Bestandteile der Maskenspiele, englischer Chorsatz vereinigten sich – in den Rezitativen, Orchesterritornellen und Intermezzi – zu einem an eigenen Zügen reichen, kraftvoll durchgeformten Ganzen. – Die Aufnahme der italienischen O. mit italienischer Sprache 1710 in England ist verknüpft mit den Namen italienischer Musiker wie G. B. Bononcini (1720 nach London berufen), aufs engste aber mit dem Namen Händels. Sein *Rinaldo* wurde 1711 im Londoner Queen's Theatre (Haymarket) aufgeführt. 1719 wurde Händel von König Georg I. mit der Gründung und Leitung des O.n-Unternehmens Royal Academy of Music beauftragt. Die in den Jahren 1720–28 in London komponierten eigenen O.n, besonders *Giulio Cesare, Tamerlano, Rodelinda* (Texte von Haym), bilden den Höhepunkt seines O.n-Schaffens, zugleich den Höhepunkt der Barock-O. überhaupt. Unvergleichlich, um nur einen charakteristischen Zug zu nennen, ist die Darstellung des Affektausbruchs und der Affektberuhigung in der Accompagnatoszene des Grimaldo (*Rodelinda*, 3. Akt, 6. Szene). Das Ende der Händelschen O.n-Akademie 1728 wurde mitverursacht durch den schlagenden Erfolg eines die italienische O. verspottenden Stücks: *The Beggar's Opera*, eine Politik und Gesellschaft kritisierende satirische Komödie von J. Gay, unter Mitarbeit von Pepusch mit volkstümlichen Gesängen gemischt und gewürzt. *The Beggar's Opera* war der Anfang der → Ballad opera. Ansätze zu einer englischen komischen O. (mit Kompositionen von Th. A. Arne, S. Arnold, William Shield, St. Storace u. a.) entwickelten sich nicht zu einem der Opera buffa oder der Opéra-comique gleichrangigen Gebilde.
In Deutschland steht im 17. und 18. Jh. die ernste italienische O. im Vordergrund, mit italienischen Hofkomponisten (zum Teil auch Hofdichtern) und Sängern vor allem an den Hofbühnen in Wien, München, Hannover, Dresden und Stuttgart, verbreitet im 18. Jh. vielfach auch durch → Operntruppen. So wirkten, um nur einige Namen zu nennen, M. A. Cesti (ab 1665), A. Draghi und Caldara am Kaiserhof in Wien, Steffani in München und ab 1688 in Hannover, Pallavicini seit 1687 in Dresden und Jommelli ab 1753 in Stuttgart. Deutsche Musiker von Rang schrieben italienische O.n, so Fux in Wien, C. H. Graun in Berlin, J. A. Hasse, einer der überzeugtesten Mitarbeiter Metastasios, in Dresden, Holzbauer in Mannheim, und schließlich stehen in dieser Reihe auch Gluck, J. Haydn und W. A. Mozart. Die Geschichte der deutschen O. (mit deutschem Text) begänne mit der *Dafne* (1627) von H. Schütz (Text von Martin Opitz nach Rinuccini), wenn die Musik nicht verloren gegangen wäre. Als die älteste erhaltene deutsche O. wird S. Th. Stadens Vertonung des allegorischen Schäferspiels *Seelewig* (1644) von G. Ph. Harsdörffer bezeichnet, was nicht unbedenklich ist. Die Versuche in der 2. Hälfte des 17. Jh., zu einer durchkomponierten deutschen O. zu gelangen, blieben in örtlichen Erfolgen stecken. Die Hamburger O., orientiert an italienischen und französischen Vorbildern, hebt sich um die Wende des 17./18. Jh. ab durch die Tätigkeit Keisers, G. Ph. Telemanns, Matthesons und des jungen Händel, der allerdings 1706 Hamburg verließ und nach Italien ging. Nicht viel Erfolg hatten die »teutschen« O.n von Anton Schweitzer (*Alceste*, Weimar 1773, *Rosamunde*, Mannheim 1780, beide nach Texten Wielands) und Holzbauer (*Günther von Schwarzburg*, Mannheim 1776). Auch die Bemühungen J. Fr. Reichardts, P. Winters und Danzis um eine durchkomponierte deutsche

O. blieben hinter dem inzwischen aufgekommenen deutschen → Singspiel zurück, das zur O.n-Geschichte gehört. – Wie die Geschichte der O. in England im 17. und 18. Jh. ohne Purcell und Händel gegenüber Italien und Frankreich blaß bliebe, so auch die deutsche O.n-Geschichte bis 1800 ohne Gluck und Mozart. Gluck ging aus von der Seria und der → Serenata teatrale Metastasianisch-Hassescher Prägung. Seine sogenannte O.n-Reform zeigt sich, um nur die Hauptwerke zu nennen, in *Orfeo ed Euridice* (1762), *Alceste* (1767), *Paride ed Elena* (1770) und in *Iphigénie en Aulide* (1774), *Armide* (1777), *Iphigénie en Tauride* (1779) sowie den französischen Bearbeitungen von *Orfeo* (als *Orphée et Euridice*, 1774) und *Alceste* (1776). Helfer waren hauptsächlich die Librettisten Calzabigi (bei den italienisch textierten) und Le Blanc Du Roullet (bei den französisch textierten O.n dieser Reihe). Seine künstlerischen Ziele hat Gluck selbst in den Vorreden zu *Alceste* und *Paride ed Elena* (Drucke 1769 bzw. 1770) ästhetisch angedeutet. Die Reform richtete sich gegen den Schematismus der Metastasianischen O. und gegen die Erstarrung der Tragédie lyrique bei den Lully-Nachfolgern und in der Zeit nach dem Auftreten Rameaus, aber nicht gegen die Seria und die Tragédie lyrique schlechthin, die vielmehr von Gluck in glücklichster Weise miteinander verbunden wurden. Durchweg wird das Rezitativ vom Orchester begleitet. Das Stationäre der Barock-O. ist in Glucks Reform-O.n noch nicht ganz abgestreift, soviel inneres Leben die einzelnen Stationen auch erfüllt, so bewunderungswürdig der Affektausdruck und die Prägnanz der dramatischen Charakteristik auch sind. Altes und Neues – das Neue z. B. in der Arbeit mit schärfsten Kontrasten und in einer freien Szenengestaltung – wirken ineinander. Das Pathos der Größe und Erhabenheit, eine durch höchste Kunst gewonnene Einfachheit und Eindringlichkeit der Tonsprache bleiben unverkennbare Merkmale der O.n seiner Meisterjahre. Einflüsse Glucks zeigen sich nicht nur in der französischen Revolutions-O. (Cherubini), sondern auch bei Spontini und vorher schon bei J.Chr. Vogel, Salieri und J.G.Naumann. – W.A. Mozart hat die Mittel der Seria, Buffa, Semiseria, Comique und des deutschen Singspiels verwendet, nicht um diese auch für ihn schon beinahe historisch gewordenen Gattungen erneut zu bestätigen, sondern um ihre personalen Typen zu individualisieren und ihnen, frei von allem Moralisieren, die Individualität und Würde der menschlichen Person zu geben. Bei dieser inneren Verwandlung kam es – vom *Idomeneo* ab fortschreitend –, ohne daß die figürliche Tonsprache (z. B. die Koloratur) ganz aufgegeben wurde, zur Individualisierung der Melodie, was sich zumal in den Liebesarien aller Gattungen, aber auch in den beiden Sarastro-Arien der *Zauberflöte* besonders deutlich bekundet. Zum anderen bereicherte Mozart, weit über das traditionelle Buffa hinausgreifend, die Ausdrucksmittel der Aktion in der O. Dies ist vor allem in den großen Finali zu erkennen, wo zur Verdichtung und Steigerung der Aktion die Gruppentechnik und die Durchführungsarbeit der klassischen Symphonie mit herangezogen werden (z. B. *Le Nozze di Figaro*, Finale 2. Akt).

Einen Schlüssel zum Verständnis der O.n-Geschichte des 19. Jh. bietet die Große O., deren Mittelpunkt Paris war. Ihr Wegbereiter war Spontini, der repräsentative O.n-Komponist des Empires; *La Vestale* (1807), *Fernand Cortez* (1809) und späterhin noch *Olympie* (1819) verleugnen nicht, trotz ihrer Steigerung ins Großartige und der Verwendung von Massenszenen, den Zusammenhang mit der italienischen Seria. Begründet wurde die Große O. von Auber mit *La muette de Portici* (1828), stark gefördert durch Rossinis *Guillaume Tell* (1829) und vollendet von Meyerbeer mit *Robert le diable* (1831), *Les Huguenots* (1836), *Le prophète* (1849) und *L'Africaine* (1865, posthum), nach Texten von Scribe; daneben ist Fr.Halévys *La Juive* (1835) ein charakteristischer Beitrag. Die Komponisten der Großen O. verfügen über Ballett- und Chorszenen aller Art, Ensembles und Soli, Airs déclamés, Kavatinen, Romanzen sowie Balladen; sie haben einen geschickten Griff für Bühneneffekte, lieben Massenszenen, verknüpfen und ordnen Szenen mit Hilfe des instrumentalen Parts, benutzen das Klangkolorit und die Instrumentierungskunst zur Charakteristik des Ausdrucks und der Situation. An der fortschreitenden Bereicherung und Verfeinerung der Instrumentierungskunst zu diesem Zweck haben Rossini, Meyerbeer und Berlioz großen, vorher schon S.Mayr und Spontini keinen geringen Anteil. Berlioz nimmt in der Geschichte der O. zwar eine eigene Stellung ein, steht aber doch besonders mit *Les Troyens* (1856–59) der Großen O. nahe. Neben dieser wurde die Opéra-comique weitergepflegt; zu nennen sind besonders Fr.-A.Boïeldieu (*La dame blanche*, 1825), Auber (*Fra Diavolo*, 1830), Hérold (*Zampa*, 1831) und A.Adam (*Le postillon de Longjumeau*, 1836). – In der 2. Hälfte des 19. Jh. blieb u. a. L. Maillard mit *Les dragons de Villars* (1856; deutsch »Das Glöckchen des Eremiten«) bei der Comique, aber häufig verwischen sich nun ihre Konturen, wie auch die der Großen O. Zwischen beiden steht die lyrisch-dramatische O. (→ Drame lyrique). Ihr Prototyp mit sentimentaler Tönung ist Gounods *Faust* (1859). Dem *Faust* folgte 1866 *Mignon* von A. Thomas. Bis heute ist international bekannt und wird überall gespielt Bizets *Carmen* (1875), ein Werk mit schärfstem national-französischem Profil und realistischer Tönung; es überschattete eine andere, nicht unbedeutende O. dieses Meisters, *Les pêcheurs de perles* (1863). Massenet (*Manon*, 1884; *Werther*, 1892) ist der späte Repräsentant des sentimentalen Drame lyrique. Saint-Saëns' *Samson et Dalila* (1877) trägt sowohl Züge des Drame lyrique wie der Großen O. Hervé begründete die → Operette, Offenbach machte sie mit *Orphée aux enfers* (1858) zum eigentlichen Gegenstück der Großen O.

Geschichtlich nimmt die Große O. auch insofern eine Schlüsselstellung ein, als mit ihr die beiden größten Meister der dramatischen Komposition im 19.Jh., Verdi und Wagner, in enge Berührung kamen. Verdi hat für die Große O. *Les vêpres siciliennes* (1855) und den *Don Carlos* (1867) geschrieben; Wagners *Rienzi* (1842) ist eine Große O. der Richtung Meyerbeers, und ihre Spuren sind noch in der Pariser Bearbeitung des *Tannhäuser* (Bacchanale), im Feuerzauber der *Walküre* und auch noch an andern Stellen zu erkennen. Indes ist Verdi nicht von der Großen O. ausgegangen, sondern von der italienischen O. der sogenannten »Rossinisten«: Rossini (*L'Italiana in Algeri*, 1813; *Il barbiere di Siviglia*, 1816; *Otello*, 1816; *Semiramide*, 1823), Mercadante (*Elisa e Claudio*, 1821; *I Normanni a Parigi*, 1832; *Il giuramento*, 1837), Donizetti (*L'elisir d'amore*, 1832; *Lucrezia Borgia*, 1833; *Lucia di Lammermoor*, 1835; *Don Pasquale*, 1843) und Bellini (*La sonnambula*, 1831; *Norma*, 1831; *I Puritani*, 1835). Die O.n dieser Gruppe spiegeln in Melodik und Rhythmik italienisches Musikgefühl wie kaum je zuvor, mag man nun mehr an die von Verdi bewunderten »langen« Melodien Bellinis denken, an die volkstümlichen Donizettis, an die koloraturgesättigten Rossinis oder an dessen groteske Arien mit düsterem Hintergrund vom Typus der Verleumdungsarie im »Barbier«. Aber auch die Teilhabe des → Belcantos an der dramatischen Aktion, selbst dort, wo das Orchester nur wie eine »Riesenguitarre« (R. Wagner) begleitet, kennzeichnet diese Gruppe. Die Scena ed aria mit ihrer Auflockerung der

Arienteile, ihren wechselnden Rhythmen, mit vorangestellten und eingeschobenen rezitativischen Partien, ihrem bald nur akkordisch stützenden, bald koloristisch reicher behandelten Orchester, ist bei den »Rossinisten« die Grundform der Teilhabe der Musik an der Aktion. Alle diese Züge seiner unmittelbar italienischen Vorgänger hat Verdi aufgenommen und nach dem schlichteren, kraftvolleren und gedrungeneren Stil seiner Musik (K. Holl) reguliert. Die gegensätzlichen Positionen Verdis und Wagners können nicht scharf genug betont werden. Auch der spätere Verdi, der über eine reiche Farbenpalette im illustrierenden und charakterisierenden Orchesterpart und einen sehr differenzierten »sprechenden« instrumentalen Ausdruck verfügt, schwenkt nicht zur symphonischen O. Wagners über, sondern bleibt bei der italienischen Sing-O. Auch in den letzten künstlerischen Zielen sind die beiden Meister Antagonisten. Verdi verlangte nie wie Wagner die Darstellung des mythisch verstandenen »Rein-Menschlichen«, sondern immer die Wahrhaftigkeit in der Darstellung wirklicher Menschen.

Das erste große Werk der deutschen O.n-Geschichte des 19. Jh. ist Beethovens *Fidelio* (3 Fassungen, 1805, 1806, 1814, in den beiden ersteren als *Leonore*). Stofflich gehört *Fidelio* als Schreckens- und Rettungsstück zur französischen Revolutions-O., die Beethoven aber musikalisch und religiös-ethisch transzendiert hat; mehr noch als die Verherrlichung der Humanitätsidee, der politischen und persönlichen Freiheit, und als der Lobpreis der Gattentreue ist der *Fidelio* das Hohelied der Hoffnung (vgl. die zentrale Stellung der Hoffnungsarie). – Der Begriff der »romantischen« O. und das Verhältnis der deutschen romantischen Musiker (Fr. Schubert, E. T. A. Hoffmann, C. M. v. Weber, Mendelssohn Bartholdy, R. Schumann) zur O. sind problematisch. Schubert (*Alfonso und Estrella*, 1821–22; *Fierabras*, 1823), Mendelssohn Bartholdy (*Die Hochzeit des Camacho*, 1827) und Schumann (*Genoveva*, 1850) haben sich als O.n-Komponisten nicht durchsetzen können. E. T. A. Hoffmanns *Undine* (1816), zwischen den Einflußsphären Mozarts und Cherubinis hin und her schweifend, hat musikalisch zu wenig Profil, um bezeugen zu können, was romantische O. ist. Es bleibt in dieser Reihe allein Weber (*Der Freischütz*, 1821; *Euryanthe*, 1823; *Oberon*, 1826). Diese Hauptwerke Webers bekunden musikalisch deutsche Romantik: Schwung, Jubel, Innigkeit, unruhige Bewegung, kontinuierliche Veränderung, Drängen und Streben (Becking), den ins Weite hinausklingenden Ton wie in *Oberon*, das Durchforschen der Wunderwelt des Klangs (Kurth und Becking) in Harmonik und Instrumentation, über aller Kunst des Illustrierens und Charakterisierens das poetische Fluidum. Das folkloristische Element in der nationale Absicht und Wirkung (*Freischütz*) kommen hinzu. Man wird Webers Lehrer G. J. Vogler oder Danzi nicht zu den Romantikern zählen dürfen. Schon näher steht ihnen Spohr mit *Faust* (1816) und *Jessonda* (1823). Am nächsten an Weber heran kommt H. Marschner (*Der Vampyr*, 1828; *Der Templer und die Jüdin*, 1829, und *Hans Heiling*, 1833). Bei Marschner spielen das → Leitmotiv und das Erinnerungsmotiv eine bemerkenswerte Rolle, freilich nicht zum ersten Mal in der O.n-Geschichte. In Berührung mit Weber, aber auch mit der französischen Comique seiner Zeit kam Lortzing (*Zar und Zimmermann*, 1837; *Der Wildschütz*, 1842; *Der Waffenschmied*, 1846), gewiß kein Romantiker, sondern neben dem blasseren C. Kreutzer (*Das Nachtlager von Granada*, 1834) als Librettist und Komponist ein handfester Vertreter des deutschen Biedermeiers. Fr. v. Flotow (*Alessandro Stradella*, 1844; *Martha*, 1847) orientierte sich stark an der französischen O. seiner Zeit und O. Nicolai (*Die lustigen Weiber von Windsor*, 1849) an den Italienern und ihrer späten Buffa. In der romantischen O. und ihrer Umgebung gibt es vielfach Ansätze zur Aufhebung der Nummern-O., nicht nur in den Finali, sondern auch in Szenen, die nach Art der italienischen Scena ed aria gestaltet sind (z. B. im *Freischütz*, Nr 8, Szene der Agathe). An großen dramatischen Szenen ist Marschner besonders reich. Im Werk Wagners ist erst seit dem *Lohengrin* die Nummern-O. vollständig beseitigt.

Wagner hat sich, ähnlich wie mit der Großen O., mit der romantischen Webers und Marschners auseinandergesetzt, was sich noch im *Fliegenden Holländer*, im *Tannhäuser* und im *Lohengrin* beobachten läßt. Aber ob das gesamte Werk noch als romantisch (»spätromantisch«) bezeichnet werden darf, bleibt höchst zweifelhaft. Die untrennbare Verbindung und wechselseitige Durchdringung von Wort und Ton, Drama und Musik, Gestik, Aktion und Klangbewegung – in diesem Sinne Wagners »Gesamtkunstwerk« – ist bis heute eine einmalige Erscheinung in der O.n-Geschichte, nicht zu verwechseln mit der Verbindung der Künste zu einer einheitlichen Gesamtwirkung in der Barock-O.; sie ist auch mehr als die Erfüllung unverbindlicher Spekulationen und poetischer Schwärmereien romantischer Dichter, Schriftsteller und Musiker über die Idee des Gesamtkunstwerks. Es bleibt unfruchtbar, bei Wagner nach dem Primat des Dramas oder der Musik zu fragen, mag auch der Schriftsteller Wagner Anlaß zu dieser Frage gegeben haben. Unter den musikalischen Faktoren ist die Rolle des Orchesters dominierend. Die Exposition der Themen (Leitmotive) im Orchesterpart und ihre Veränderung, Kombination und Ausweitung zu Perioden mit fließenden Übergängen entsprechen kompositorisch der Abwandlung, die das Gruppenprinzip der klassischen Symphonie im 19. Jh. besonders in der Gattung der Symphonischen Dichtung erfuhr. Die symphonische O. ist Wagners Schöpfung, trotz mancher Ansätze schon bei Mozart, und zeigt sich in *Tristan und Isolde*, in den *Meistersingern von Nürnberg*, im *Ring des Nibelungen* und im *Parsifal* auf dem Höhepunkt. Wagners Stil und Pathos ahmten manche Komponisten nach, deren O. n schon lange nicht mehr auf einem Spielplan zu finden sind (u. a. J. Huber, H. Sommer, Max Zenger, Bungert, Klughardt, Kistler, H. Zöllner, selbständiger waren K. Goldmark und Draeseke).

In den ersten Dezennien des 20. Jh. blieb die deutsche O. der symphonischen Form Wagners auch bei stärkster Eigenprägung verpflichtet. Ihre hervorragendsten Meister in dieser Zeit waren R. Strauss und Pfitzner. Höhepunkte des Schaffens von Strauss sind *Salome* (1905), *Elektra* (1909), *Der Rosenkavalier* (1911), *Ariadne auf Naxos* (2. Fassung 1916) und *Die Frau ohne Schatten* (1919). Zum Prinzip der »symphonischen Einheit« in der O. hat sich Strauss selbst bekannt (Brief an H. v. Hofmannsthal vom 4. 5. 1909). Die für ihn bezeichnende Abwandlung der symphonischen Technik, Motiverfindung und Gruppengestaltung ist bereits in seinen symphonischen Dichtungen des 1890er Jahre erkennbar. Ebenfalls einen hohen Rang nimmt in der O.n-Geschichte sein Antipode Pfitzner mit *Palestrina* (1917) ein. »Symphonisten« waren auch P. Graener, M. v. Schillings, E. N. v. Reznicek, Fr. Schmidt, E. W. Korngold und Schreker (besonders mit den O.n *Der ferne Klang*, 1912; *Die Gezeichneten*, 1918; *Der Schatzgräber*, 1920), während sich Busoni mit seinen O.n *Die Brautwahl* (1912), *Arlecchino* (1917) und *Turandot* (1917) nicht so leicht einordnen und gewiß nicht von der italienischen O. seiner Zeit her verstehen läßt. – Eine Sicherung gegen die übermächtigen Einflüsse Wagners boten schon vom Stoff her die komische, die volkstüm-

Oper

liche und die Märchen-O. Die deutsche komische O., die zwar einzelne berühmte Werke, doch nicht gerade eine ruhmvolle Geschichte aufzuweisen hat, wurde bereichert durch den *Barbier von Bagdad* (1858) von Cornelius, *Der Widerspenstigen Zähmung* (1874) von H. Götz, den *Corregidor* (1896) von H. Wolf, *Die Abreise* (1898) von d'Albert (stilistisch viel markanter als d'Alberts Publikumserfolg *Tiefland*, 1903, im ernsten Genre), »Die neugierigen Frauen« (1903) und »Susannes Geheimnis« (1909) von Wolf-Ferrari. Die volkstümliche O. ist vertreten durch Kienzl (*Der Evangelimann*, 1895), die Märchen-O. besonders durch Humperdinck (*Hänsel und Gretel*, 1893; *Königskinder*, 1910).

Der Einfluß Wagners war in Frankreich auf die Literatur größer als auf die Musik und speziell die O. E. Lalos (*Le roi d'Ys*, 1879) hielt sich unabhängig, und auch Chabriers *Gwendoline* (1886) ist dem Einfluß Wagners nicht erlegen. Stärker zeigt er sich bei Magnard, d'Indy und Chausson. Die Hauptströmungen der französischen O. am Ende des 19. und zu Beginn des 20. Jh. begegnen sich mit dem Naturalismus und Symbolismus in der französischen Literatur. Bruneau vertonte Libretti nach und von Zola, und auch G. Charpentier schloß sich der naturalistischen Richtung an. Von den Theorien des dichterischen Symbolismus ließen sich Debussy, Dukas, Fauré und Ravel mitbestimmen. Debussys *Pelléas et Mélisande* (1902, Text von Maeterlinck) ist die hervorragendste O. dieser Zeit, das musikdramatische Hauptwerk des französischen Impressionismus, der Gegenpol zur O.n-Kunst des Bayreuther Meisters; doch sind impressionistische Ansätze bei Wagner selbst, im *Tristan*, im *Ring* und im *Parsifal*, nicht abzustreiten. Debussy folgten Ravel (*L'heure espagnole*, 1907, die Ballett-O. *L'enfant et les sortilèges*, 1925) und Dukas (*Ariane et Barbe-Bleu*, 1907, Text von Maeterlinck), mehr oder weniger auch G. Dupont, H. Rabaud, Bachelet, während Roussel, Ibert, Milhaud, A. Honegger, Poulenc eigene Wege gingen. – Von einer Befreundung mit dem Musikdrama Wagners in Italien kann in erster Linie im Hinblick auf den *Mefistofele* (1868) Boitos, des Librettisten von Verdis Spätwerken, gesprochen werden. Als Gegenströmung gegen Wagner-Epigonen und »Symphonismus« setzte sich der → Verismo durch, schon bei Mascagni (*Cavalleria rusticana*, 1890) und Leoncavallo (*Pagliacci* [»Der Bajazzo«], 1892), stellenweise auch bei Puccini (*La Bohème*, 1896; *Tosca*, 1900; *Madama Butterfly*, 1904; *La fanciulla del West*, 1910); in den späteren Werken, im Triptychon *Il tabarro*, *Suor Angelica*, *Gianni Schicchi* (1918) und in der unvollendeten *Turandot* (1926), tastet Puccini nach verschiedenen Zielen, z. B. in *Gianni Schicchi* nach Erneuerung der Buffa. Das italienische O.n-Schaffen der 1920er und -30er Jahre bestimmen Pizzetti und O. Respighi mit.

Ein allgemeines geistiges Kennzeichen des 19. Jh., die *Erweckung der Völker zum Eigenleben und Selbstbewußtsein* (Franz Schnabel, *Deutsche Geschichte im 19. Jh.* I, Freiburg im Breisgau ⁴1948, S. 131), tritt in der O.n-Geschichte nirgendwo deutlicher hervor als in Rußland. Hier war um die Mitte des 18. Jh. die italienische O. eingedrungen, zunächst die Seria, bald auch die Buffa. Gegen Ende des 18. Jh. machte ihr die französische Comique, zu der sich auch Bortnjanskij als Komponist eigener O.n bekannte, den Rang streitig. Ansätze zu einem russischen Singspiel mit Darstellungen aus dem Volksleben (z. B. Fomin, *Jamschtschiki na podstawe* [»Die Kutscher auf der Poststation«], 1787) zeigten sich in der Provinz stärker als am Hof. Dawydow und Werstowskij (*Pan Twardowski*, 1828) können als Vorbereiter des russischen National-O. angesehen werden, ihr eigentlicher Begründer aber ist Glinka (*Schisn sa Zarja* [»Das Leben für den Zaren«], 1836, ursprüng-

licher Titel *Iwan Sussanin*; »Ruslan und Ljudmila«, 1842). Ihm folgten Dargomyschskij (*Russalka*, 1856; *Kamennyj Gost* [»Der steinerne Gast«], 1872) und die »Novatoren« Mussorgskij (*Boris Godunow*, 2. Fassung 1874; *Chowanstschina*, 1886, unvollendet, begonnen 1872, beendet von N. Rimskij-Korsakow), Borodin (*Knjas Igor* [»Fürst Igor«], 1890, begonnen 1869, beendet von Rimskij-Korsakow und Glasunow) und Rimskij-Korsakow (*Sadko*, 1898). Grundzüge der russischen National-O. sind: bevorzugte Stoffwahl aus der russischen Geschichte oder Sage mit zum Teil paradigmatischer Bedeutung für die Gegenwart, enge Verbindung zur russischen Dichtung des 19. Jh. (besonders zu Puschkin und Gogol), starke Anregungen durch das russische Volkslied und den Volkstanz, zum Teil auch durch die russische Kultmusik, ein eigenes Rezitativ, nach dem Tonfall, der Rhythmik und Metrik der russischen Sprache geformt (Dargomyschskij, Mussorgskij), eine dem russischen Melos und seiner Tonalität angepaßte Harmonik. Mussorgskij bewahrt die russische Eigenart am stärksten. Nicht zu den Novatoren gehört Tschaikowsky; gleichwohl hat auch er mit *Jewgenij Onegin* (1879) und *Pikowaja Dama* (»Pique Dame«, 1890) die Weltgeltung der russischen O. bestätigt.

In den anderen osteuropäischen Ländern entstanden ebenfalls O.n mit nationalen bzw. folkloristischen Zügen. Die polnische O., vorbereitet durch vaudevilleartige Stücke (M. Kamieński, *Nędza uszczęśliwiona* [»Glück im Unglück«], 1778), gefördert im frühen 19. Jh. durch die musikalischen Bühnenwerke Elsners und Kurpińskis, fand ihren ersten überragenden Meister in Moniuszko (*Halka*, 1. Fassung 1848; *Hrabina*, 1860; *Straszny dwór* [»Das Gespensterschloß«], 1865). – In Böhmen und Mähren begann sich das tschechische Volksbewußtsein bei Fr. Škroup (teils tschechische, teils deutsche O.n) im O.n-Schaffen auszuwirken. Smetana mit *Prodaná nevěsta* [»Die verkaufte Braut«, 1866), *Dalibor* (1868), *Hubička* (»Der Kuß«, 1876), *Libuše* (»Libussa«, 1881), Dvořák mit *Král a uhlíř* (»König und Köhler«, 2. Fassung 1874), *Vanda* (1876), *Dimitrij* (1882), *Rusalka* (»Nixe«, 1901) und Janáček mit *Její pastorkyňa* [»Ihre Ziehtochter« (»Jenufa«), 1894–1903, aufgeführt 1904), *Osud* (»Schicksal«, beendet 1904), *Kátja Kabanová* (1919–21, aufgeführt 1921), *Příhody Lišky Bystroušky* (»Das listige Füchslein«, 1921–23, aufgeführt 1924), *Věc Makropulos* (1923–25, aufgeführt 1926), *Z mrtvého domu* (»Aus einem Totenhause«, nach Dostojewskij, beendet 1928, aufgeführt 1930 posthum) haben die tschechische O. geprägt und sind Hauptträger einer Entwicklung, die bei allen Unterschieden eine gewisse Ähnlichkeit mit der Entwicklung der russischen O. hat. Dies erklärt sich aus dem Verhältnis zur Folklore, die slawische Musiker im Griff haben, auch wenn sie nicht Volkslieder und -tänze zitieren. National weniger profiliert sind die O.n Fibiths. – In Ungarn repräsentiert im 19. Jh. vor allem F. Erkel die nationale O. (*Hunyadi László*, 1844; *Bánk bán*, 1861). Unter den Volksgruppen, die das heutige Jugoslawien bilden, sind der Slowene Risto Savin, die Kroaten Dobronić und Gotovac und die Serben Krstić, Konjović und Hristić zu nennen. Für die rumänische O. ist Enesco (*Oedipe*, 1916–33, aufgeführt 1936) bemerkenswert. In Bulgarien bestimmen Atanassoff, Wladigeroff und Wesselin Stojanoff die nationale Richtung. Die griechische O., im 19. Jh. mit der italienischen eng verbunden (Spyros Samaras, *Flora mirabilis*, 1886), nahm erst seit etwa 1900 folkloristische Züge an (bei Kalomiris) und öffnete sich vor allem dem Einfluß des französischen Impressionismus (Riadis, Lavrangas).

Eine so ausgeprägte Folklore wie in der russischen und tschechischen O. gibt es in den skandinavischen Ländern nicht. Immerhin sollte man die Schweden Hallström und Hallén, die Dänen J.P.E. Hartmann und Lange-Müller und den Norweger Sinding nicht außer acht lassen; Hallén und Lange-Müller standen unter Wagners Einfluß. – In England gab es bei J. Barnett einen Ansatz zur romantischen O. (*The Mountain Sylph*, 1834). Sullivan hatte 1891 seine große O. *Ivanhoe* geschrieben, und in Zusammenarbeit mit W.S. Gilbert setzte er die englische Tradition der aus der Ballad opera stammenden komischen O. fort. Delius (*Koanga*, 1904; »Romeo und Julia auf dem Dorfe«, Text nach Gottfried Keller, 1907; *Fennimore and Gerda*, 1919) wurde als O.n-Komponist besonders in Deutschland bekannt. – In Holland kann von einer eigenen O. nicht gesprochen werden. Die belgische O. lehnte sich bis nach 1870 an die französische Comique an, bei Limmander de Nieuwenhove auch an die große O. Aubers und Meyerbeers. Wagners Einfluß machte sich im letzten Drittel des 19. und zu Beginn des 20. Jh. bemerkbar, besonders bei Gilson (*Prinses Zonneschijn*, 1903) und Du Bois (*Edénie*, 1912). Dem italienischen Verismo steht J.B. van den Eeden (*Rhena*, 1912) nahe, dem französischen Impressionismus die Kammer-O. *La jeune fille à la fenêtre* (1904) von Eugène Samuel-Holeman. Benoît und J. Blockx sind die bedeutendsten Meister der flämischen O. – Die hervorragendsten O.n-Komponisten der Schweiz in dieser Zeit sind H. Huber und Doret. – Spanien hat seit Calderón ein eigenes Schaustück mit Musik und gesprochenem Dialog, die → Zarzuela. Der O. nähert sich die sogenannte Zarzuela grande (Bezeichnung in der neueren Literatur für die 3aktige Zarzuela, deren Schöpfer Fr. Barbieri ist). Sonst trat Spanien mit eigenen O.n verhältnismäßig selten hervor. Aus dem 18. Jh. kann man etwa de Nebra und den berühmten Gitarristen Sor nennen, obwohl die O. nicht das Hauptgebiet ihres Schaffens war, aus dem 19. Jh. und der neueren Zeit den mit Fr. Barbieri gleichaltrigen Arrieta y Corera, weiter Pedrell, Bretón, Chapí y Lorente und I. Albéniz, wenngleich auch diese Musiker in der Zarzuela Bedeutenderes leisteten als in der O., vornehmlich Chapí. Der überragende Meister der spanischen O. ist de Falla mit *La vida breve* (1913), *El retablo de Maese Pedro* (nach Cervantes, 1923); ein O.n-Oratorium *Atlántida* blieb unvollendet. – Portugiesische O.n-Komponisten verharrten, von Fr. A. d'Almeidas Buffa *La pacienza di Socrate* (1733) angefangen bis ins 19. Jh. hinein, noch unselbständiger als spanische im Gefolge der Italiener.

In der Neuen Welt wurde 1735 in Charleston zum ersten Mal eine O. aufgeführt. Im 18. Jh. war hauptsächlich die englische Ballad opera verbreitet. Im Laufe des 19. Jh. fand in den USA die O. aus fast allen europäischen Ländern Aufnahme und Pflege. Dem Glanz der 1883 eröffneten Metropolitan Opera in New York ging der Ruhm der südamerikanischen O.n-Metropole, des Teatro Colón in Buenos Aires, das schon 1857 erbaut worden war, voran. Zu den frühesten US-amerikanischen O.n-Komponisten gehören Fry (*Leonora*, Philadelphia 1845, *Notre-Dame of Paris*, Philadelphia 1864) und Bristow (*Rip van Winkle*, 1855). Um die Wende des 19./20. Jh. trat die sogenannte Bostoner oder Neuengland-Gruppe auch mit O.n stärker hervor: Chadwick, Converse und H. Parker. Den Stilarten des 19. Jh. verhaftet blieben auch H. K. Hadley, D. Taylor, Cadman und W. Damrosch. Vorsichtig nahmen eine neue Satz- und Klangtechnik Hanson, D. Moore und V. Thomson an.

Etwa seit 1920 erscheint die O. als musikalische Gattung in Frage gestellt, was etwas anderes bedeutet als die zu allen Zeiten anzutreffende ästhetische Ablehnung der O. als sinnvolles Kunstgebilde überhaupt; jetzt handelt es sich um den Zweifel an der stiltragenden Kraft und gesellschaftlichen Gebundenheit dieser Gattung. Dies bezeichnet die Situation bis zur Gegenwart. Vieles, was unter dem Namen O. in Erscheinung tritt, führt nicht geradlinig und selbstverständlich eine Tradition weiter, sondern macht nach freier künstlerischer Wahl, oft auch im planmäßigen Versuch, Anleihen bei benachbarten Gattungen wie Ballett, Oratorium, Kantate, beim Schaustück mit Musik, beim Film usw. und sucht zum Teil auch Verwendung als Hörspiel, jüngst auch als Fernsehspiel. Für diese Situation bietet sich eine neue Sammelbezeichnung an, die sich fast schon eingebürgert hat: → Musiktheater. Die Ablösung von O. durch Musiktheater besagt freilich nicht, daß man nach 1920 ganz aufgehört habe, O.n im traditionellen Sinne zu schreiben und zu verstehen.

Lit. (Abk. O. gilt im folgenden auch f. d. engl., frz., ital. u. span. Form d. Stichwortes O.):
Kat., Verz., Hdb. usw.: F. CLÉMENT u. P. LAROUSSE, Dictionnaire lyrique ou hist. des o., Paris (1867) mit 1. Suppl., 2.–4. Suppl. (1873–80), ($2$1882, $3$1897), $4$1905 (Suppl. bearb. v. A. Pougin); FR. DE LAJARTE, Bibl. mus. du Théâtre de l'O., Cat., 2 Bde, Paris 1876, $2$1878; H. RIEMANN, O.-Hdb., Repertorium d. dramatisch-mus. Lit., Lpz. (1887, $2$1893 mit Suppl.); A. WOTQUENNE, Alphabetisches Verz. d. Stücke in Versen aus d. dramatischen Werken v. Zeno, Metastasio u. Goldoni, Lpz. 1905; C. DASSORI, Opere e operisti, dizionario lirico universale (1541–1905), Genua $2$1906 (mit Suppl.); O. G. TH. SONNECK, Dramatic Music (Class M 1500, 1510, 1520). Cat. of Full Scores, Washington 1908; DERS., Cat. of O. Scores, ebenda 1908, $2$1912; DERS., Cat. of O. Librettos Printed Before 1800, 2 Bde, ebenda 1914; DERS., Cat. of 19th Cent. Librettos, ebenda 1914; J. TOWERS, Dictionary-Cat. of O. and Operettas Which Have Been Performed on the Public Stage, Morgantown (Virg.) 1910; W. ALTMANN, Cat. delle o. mus. sino ai primi decenni del s. XIX°, Parma 1910/11; DERS., Ur- u. Erstaufführungen v. Opernwerken auf deutschen Bühnen ... 1899/1900–1924/25, in: Jb. Universal-Ed. Wien 1926; DERS., Kat. d. seit 1861 in d. Handel gekommenen theatralischen Musik, 5 H., Wolfenbüttel 1935–39; F. J. CARMODY, Le répertoire de l'o.-comique en vaudevilles de 1708 à 1764, Berkeley (Calif.) 1933; S. FÄRBER, Verz. d. vollständigen O., Melodramen ... d. Fürstlich Thurn u. Taxischen Hofbibl. Regensburg, Verhandlungen d. Hist. Ver. v. Oberpfalz u. Regensburg LXXXVI, 1936; L. H. CORRÉA DE AZEVEDO, Relação das ó. de autores brasileiros, Rio de Janeiro 1938; A. LOEWENBERG, Annals of O. 1597–1940, Cambridge u. NY 1943, in 2 Bden nou hrsg. v. Fr. Walker, Genf 1955; R.-A. MOOSER, O., intermezzos, ballets, cantates, oratorios joués en Russie durant le XVIIIe s., Genf 1945, $3$1964; J. JIROUSCHEK, Internationales Opernlexikon, Wien 1948; Hdb. d. O.-Repertoires, hrsg. v. G. E. LESSING, Bonn u. London 1952; U. MANFERRARI, Dizionario universale delle o. melodrammatiche, 3 Bde, Florenz 1954–55; K. MICHAŁOWSKI, Opery polskie (»Polnische O.«, 1788–1953), = Materiały do bibliogr. muzyki polskiej I, Krakau 1954; O. Annual, hrsg. v. H. ROSENTHAL, London seit 1954; A. BAUER, O. u. Operetten in Wien, Verz. ihrer Erstaufführungen in d. Zeit v. 1629 bis zur Gegenwart, = Wiener mw. Beitr. II, Graz u. Köln 1955; T. SIVERT, Bibliogr. opery polskiej (»Bibliogr. d. polnischen O.«), Muzyka VI, 1955; R. SCHAAL, Die vor 1801 gedruckten Libretti d. Theatermuseums München, Kassel (1957–61); The O. Directory, hrsg. v. A. Ross, Bln u. Wiesbaden 1961; R. BROCKPÄHLER, Hdb. zur Gesch. d. Barocko. in Deutschland, = Die Schaubühne LXII, Emsdetten i. W. (1964).

Gesamtdarstellungen: E. ARTEAGA, Le rivoluzioni del teatro mus. ital., 2 Bde, Bologna 1783–85, in 3 Bden Venedig $2$1785, II u. III mit Zusätzen Bologna 1785–88, deutsch v. J. N. Forkel, 2 Bde, Lpz. 1789; FR.-H.-J. CASTIL-BLAZE, De l'o. en France, 2 Bde, Paris 1820, $2$1826; DERS., Théâtres lyriques de Paris, 3 Bde, Paris 1855–56; CH. TH. MALHERBE (mit A. Soubies), Hist. de L'O.-Comique, 2 Bde, Paris 1892–93; F. PEDRELL, Teatro lírico español anterior al s. XIX, 5 Bde, La Coruña 1897–98; R. MITJANA, Hist. du développement du théâtre dramatique et mus. en Espagne, Uppsala 1906; L. AUBIN, Le drame lyrique, Tours 1908; O.

Oper

BIE, Die O., Bln 1913, 8–101923; H. KRETZSCHMAR, Gesch. d. O., = Kleine Hdb. d. Mg. nach Gattungen VI, Lpz. 1919; J.-G. PROD'HOMME, L'O., 1669–1925, Paris 1925; E. E. HIPSHER, American O. and Its Composers, Philadelphia 1927; A. BONAVENTURA, L'o. ital., Florenz (1928); K. PH. BERNET KEMPERS, De ital. O. van Peri tot Puccini, Paris u. Amsterdam 1929; DERS. u. M. G. BAKKEV, Ital. O., London 1949; CH. BOUVET, L'o., Paris 1929; R. CAPELL, O., London 1930, erweiterte NA 1948; G. CECIL, The Hist. of O. in England, London 1930; L. SCHIEDERMAIR, Die deutsche O., Lpz. 1930, 31943; A. CAPRI, Il melodramma dalle origini ai nostri giorni, Modena 1938; A. DELLA CORTE, Tre s. di o. ital., Turin (1938); E. J. DENT., O., NY (1940); W. BROCKWAY u. H. WEINSTOCK, The O., A Hist. of Its Creation and Performance: 1600–1941, NY (1941), neubearb. als: The World of O., London 1963; J. GREGOR, Kulturgesch. d. O., Wien 1941, Zürich (1944), Wien u. Zürich (21950); I. E. KINDEM, Den norske o. hist., Oslo 1941; E. CROZIEV, O. in Engl., Lane 1945; J. SUBIRÁ, Hist. de la música teatral en España, Barcelona 1945; DERS., La ó. en los teatros de Barcelona, 2 Bde, Barcelona 1946; S. A. M. BOTTENHEIM, De o. in Nederland, Amsterdam 1946; R. DUMESNIL, L'o. et l'o.-comique, Paris 1947; DERS., Hist. illustrée du théâtre lyrique, Paris (1953), span. Barcelona 1957; FR. FARGA, Die Wiener O. v. ihren Anfängen bis 1938, Wien 1947; D. J. GROUT, A Short Hist. of O., NY 1947, London 1948, in 2 Bden NY u. London 21965; N. JACOB u. J. C. ROBERTSON, O. in Italy, London 1948; M. COOPER, O. Comique, NY (1949); DERS., Russ. O., London (1951); J. M. GLOWACKI, The Hist. of Polish O., Diss. Boston Univ. 1952, maschr.; FR. TOYE, Ital. O., London 1952; A. A. ABERT, Die O. v. d. Anfängen bis zum Beginn d. 19. Jh., = Das Musikwerk V, Köln (1953); DIES., H. EHINGER u. W. PFANNKUCH, Artikel O., in: MGG X, 1962; M. GRINBERG u. N. POLYKOWA, Sowjetskaja opera, Moskau 1953; ŠT. HOZA, Opera na Slovensku (»Die O. in d. Slowakei«), 2 Bde, Martin 1953–54; D. DE PAOLI, L'o. ital. dalle origini all'o. verista, Rom 1954; R. BAUER, Die O., Bln, Darmstadt u. Wien (1955, 21959); L. ŠIP, Die O. in d. Tschechoslowakei, Prag 1955 (deutsch); R. LEIBOWITZ, Hist. de l'o. . . . , Paris (1957); G. TINTORI, L'o. napoletana, = Piccola bibl. Ricordi VII, Mailand (1958); N. DEMUTH, French O., Its Development to the Revolution, Sussex 1963; H. SCHMIDT-GARRE, O., Köln (1963).

Bis 1750: A. POUGIN, Les vrais créateurs de l'o. frç., Paris 1881; DERS., Les origines de l'o. frç., Cambert et Lully, Rev. d'art dramatique VI (= Bd XXI), 1891; N. D'ARIENZO, Origini dell'o. comica, RMI II, 1895, IV, 1897, VI 1899 – VII, 1900, deutsch v. F. Lugscheider als: Die Entstehung d. komischen O., = Mus. Studien X, Lpz. 1902; R. ROLLAND, Les origines du théâtre lyrique moderne. Hist. de l'o. en Europe avant Lully et Scarlatti, Paris 1895, 41936; H. KRETZSCHMAR, Das erste Jh. d. deutschen O., SIMG III, 1901/02; H. GOLDSCHMIDT, Studien zur Gesch. d. ital. O. im 17. Jh., 2 Bde, Lpz. 1901–04; A. SOLERTI, Le origini del melodramma, Turin 1903; DERS., Gli albori del melodramma, 3 Bde, Mailand (1904–05); DERS., Musica, ballo e drammatica alla corte medicea dal 1600 al 1637, Florenz 1905; H. PRUNIÈRES, L'o. ital. en France avant Lully, Paris 1913; L. DE LA LAURENCIE, Les créateurs de l'o. frç., Paris 1921, 21930; G. FR. SCHMIDT, Zur Gesch., Dramaturgie u. Statistik d. frühdeutschen O. (1627–1750), ZfMw V, 1922/23 – VI, 1923/24; A. SANDBERGER, Zur venetianischen O., JbP XXXI, 1924 – XXXII, 1925; E. J. DENT, Foundations of Engl. O., Cambridge 1928; W. FLEMMING, Die O., = Deutsche Lit. XIII, 5, Lpz. 1933; H. CHR. WOLFF, Die venezianische O. in d. 2. Hälfte d. 17. Jh., = Theater u. Drama VII, Bln 1937; DERS., Die Barocko. in Hbg (1678–1738), 2 Bde, Wolfenbüttel 1957; W. SCHULZE, Die Quellen d. Hamburger O. (1678–1738), = Mitt. aus d. Bibl. d. Hansestadt Hbg, N. F. IV, Hbg u. Oldenburg 1938; D. J. GROUT, The Origin of the O.-Comique, 5 Bde, Diss. Harvard Univ. (Mass.) 1939, maschr.; L. SCHRADE, Monteverdi, NY (1950), London 1951; DERS., La représentation d'Edipo Tiranno au Teatro Olimpico (Vicenza 1585), Paris 1960; N. DEMUTH, Perrin, Cambert e l'inizio dell'o. francese, = Les cahiers d'information mus. XIII/XIV, Paris 1954; W. S. TOWNELEY, Venetian O. in the 17th Cent., Oxford 1954; S. T. WORSTHORNE, Venetian O. in the 17th Cent., Oxford 1954; G. TINTORI, L'o. napoletana, = Piccola bibl. Ricordi VII, Mailand 1958; W. OST-HOFF, Monteverdistudien I: Das dramatische Spätwerk Cl. Monteverdis, = Münchner Veröff. zur Mg. III, Tutzing 1960; DERS., Der darstellende Charakter d. Musik u. d. Gesänge d. ital. Renaissancetheaters, Habil.-Schrift München 1965, maschr.; DERS., Maske u. Musik. Die Gestaltwerdung d. O. in Venedig, in: Castrum Peregrini LXV, 1964, ital. in: Nuova Rivista Mus. Ital. I, 1967.

18. Jh.: M. DIETZ, Gesch. d. mus. Dramas in Frankreich während d. Revolution bis zum Directorium (1787–95), Wien u. Lpz. 1885, 21893; E. HIRSCHBERG, Die Encyclopädisten u. d. frz. O. im 18. Jh., = BIMG I, 10, Lpz. 1903; H. ABERT, N. Jommelli als Opernkomponist, Halle 1908; DERS., W. A. Mozart, 2 Bde, Lpz. 1919–21, (71955–56); M. ACHENWALL, Studien über d. komische O. in Frankreich im 18. Jh. u. ihre Beziehungen zu Molière, Diss. Lpz. 1912; G. CUCUEL, Les créateurs de l'o.-comique frç., Paris 1914; DERS., Sources et documents pour servir à l'hist. de l'o.-comique en France, = Les maîtres de la musique, hrsg. v. J. Chantavoine, Paris 1914; O. G. TH. SONNECK, Early O. in America, NY u. Boston (1915), Nachdruck NY (1963); M. SCHERILLO, L'o. buffa napoletana durante il settecento. Storia letteraria, Palermo (21918); R. ENGLÄNDER, Dresden u. d. deutsche O. im letzten Drittel d. 18. Jh., ZfMw III, 1920/21; DERS., Die Gustavianische O., AfMw XVI, 1959; A. DELLA CORTE, L'o. comica ital. nel '700, 2 Bde, Bari 1923, span. Buenos Aires 1928; R.-A. MOOSER, Contribution à l'hist. de la musique russe. L'o.-comique frç. en Russie au XVIIIe s., Genf 1932, 21954; A. EINSTEIN, Mozart, engl. NY 1945, London 1946, deutsch Stockholm 1947, Zürich 31956, ital. Mailand 1952, frz. Paris 1967; THR. G. GEORGIADES, Aus d. Musiksprache d. Mozart-Theaters, Mozart-Jb. 1950; DERS., Mozart u. d. Theater, in: Mozart, seine Welt u. seine Wirkung, Augsburg (1956); D. LEHMANN, Rußlands O. u. Singstil in d. 2. Hälfte d. 18. Jh., Lpz. 1958; D. J. GROUT, The O. Comique and the Théâtre Ital., 1715 to 1762, in: Miscelánea en homenaje a H. Anglès I, Barcelona 1958–61; W. VETTER, Deutschland u. d. Formgefühl Italiens. Betrachtungen über d. Metastasianische O., Deutsches Jb. d. Mw. IV (= JbP LI), 1959; H. WIRTH, C. Goldoni u. d. deutsche O., in: H. Albrecht in memoriam, Kassel 1962; A. S. GARLINGTON, »Le Merveilleux« and Operatic Reform in 18th-Cent. French O., MQ XLIX, 1963.

Um 1800: A. POUGIN, L'o. comique pendant la révolution, Paris 1891; L. SCHIEDERMAIR, Beitr. zur Gesch. d. O. um d. Wende d. 18. u. 19. Jh., 2 Bde, Lpz. 1907–10; M. STOMNE, The French O. of L. Cherubini, Diss. Yale Univ. (Conn.) 1952, maschr.; W. HESS, Beethovens O. Fidelio u. ihre drei Fassungen, Zürich (1953).

19. Jh.: F. PFOHL, Die moderne O., Lpz. 1894; A. SOUBIES, Hist. du Théâtre lyrique, 1851–70, Paris 1899; G. BECKING, Zur mus. Romantik, DVjs. II, 1924; S. GOSLICH, Beitr. zur Gesch. d. deutschen romantischen O., = Schriftenreihe d. Staatl. Inst. f. Deutsche Musikforschung I, Lpz. 1937; G. ENGLER, Verdis Anschauung v. Wesen d. O., Diss. Breslau 1938; K. HOLL, Verdi, Bln (1939), Lindau (31947), Neudruck Zürich 1948; A. EINSTEIN, Music in the Romantic Era, NY (1947), deutsch als: Die Romantik in d. Musik, München (1950), ital. Florenz (1952); W. L. CROSTEN, French Grand O., NY 1948; C. V. WESTERNHAGEN, R. Wagner, Zürich (1956); DERS., Vom Holländer zum Parsifal, Freiburg i. Br. u. Zürich 1962; H. BECKER, Der Fall Heine–Meyerbeer, Bln 1958; G. MEYERBEER, Briefwechsel u. Tagebücher, hrsg. u. kommentiert v. H. Becker, Bd I (bis 1824), Bln (1960); J. M. STEIN, R. Wagner and the Synthesis of the Arts, Detroit 1960; H. V. STEIN, Dichtung u. Musik im Werk R. Wagners, Bln 1962; E. WULF, Untersuchungen zum Operneinakter in d. Mitte d. 19. Jh., Diss. Köln 1962, maschr.; FR. BLUME, Artikel Romantik, in: MGG XI, 1963; H. GAL, R. Wagner, = Fischer Bücherei Bd 506, Ffm. u. Hbg (1963); B. SZABOLCSI, Die Anfänge d. nationalen O. im 19. Jh., Kgr.-Ber. Salzburg 1964, Bd I; H. WEINSTOCK, Donizetti and the World of O. in Italy, Paris and Vienna in the First Half of the 19th Cent., NY (1963), London (1964).

Seit Mitte 19. Jh.: E. ISTEL, Die moderne O. ... (1883–1923), = Aus Natur u. Geisteswelt, Bd 495, Lpz. 1915, 21923; J. KAPP, Die O. d. Gegenwart, = M. Hesses Hdb. LVI, Bln (1922); A. DANDELOT, L'évolution de la musique de théatre depuis Meyerbeer jusqu'à nos jours, Paris (1927); H. MERSMANN, Die moderne Musik seit d. Romantik,

Bücken Hdb.; W. BITTER, Die deutsche komische O. d. Gegenwart, Lpz. 1932; G. TROEGER, Mussorgskij u. Rimskij-Korssakoff ..., = Breslauer Studien zur Mw. II, Breslau 1941; C. NIESSEN, Die deutsche O. d. Gegenwart, Regensburg 1944; R. HOFMANN, Un s. d'o. russe. De Glinka à Stravinsky, Paris 1946; O. im 20. Jh., = Musik d. Zeit VI, Bonn 1954; H. H. STUCKENSCHMIDT, O. in dieser Zeit, Velber b. Hannover (1964).
Einzelprobleme: C. H. BITTER, Vergessene O., in: Gesammelte Schriften, Lpz. u. Bln 1885; E. HANSLICK, Die moderne O., Kritiken u. Studien, 9 Bde, Bln 1875–1900, Neuauflage 1911; H. BULTHAUPT, Dramaturgie d. O., Lpz. 1887, in 2 Bden ³1905; L. SCHMIDT, Zur Gesch. d. Märcheno., Halle 1895; H. KRETZSCHMAR, Für u. gegen d. O., JbP XX, 1913; R. HAAS, Geschichtliche Opernbezeichnungen, Fs. H. Kretzschmar, Lpz. 1918; TH. KROYER, Die circumpolare O., JbP XXVI, 1919; F. BUSONI, Von d. Zukunft d. O., in: Von d. Einheit d. Musik. Gesammelte Aufsätze, Bln (1922), NA hrsg. v. J. Herrmann, = Hesses Hdb. d. Musik LXXVI, Bln (1956); E. BÜCKEN, Der heroische Stil in d. O., = Veröff. d. Fürstlichen Inst. f. mw. Forschung zu Bückeburg V, 1, Lpz. 1924; H. ABERT, Grundprobleme d. Operngesch., Lpz. 1926; G. BECKING, Der mus. Rhythmus als Erkenntnisquelle, Ausgburg 1928, Nachdruck Darmstadt 1958; P. BEKKER, Wandlungen d. O., Zürich u. Lpz. (1934); L. F. SCHIEDERMAIR, Die Gestaltung weltanschaulicher Ideen in d. Vokalmusik Beethovens, = Veröff. d. Beethoven-Hauses in Bonn X, Lpz. 1934; G. KINSKY, Berühmte O., Ihre Hss. u. Erstdrucke, in: Philobiblon VIII, 1935; P. H. LANG, The Literary Aspects of the Hist. of the O. in France, Diss. Cornell Univ. (N. Y.) 1935, maschr.; S. SKRAUP, Die O. als lebendiges Theater, = Das Nationaltheater X, Würzburg 1942, Emsdetten i. W. ²1951 = Die Schaubühne XXXIX, auch Bln 1956; H. D. ALBRIGHT, Mus. Drama as a Union of All the Arts, in: Studies in Speech and Drama, Fs. A. M. Drummond, Ithaka (N. Y.) 1944; E. WELLESZ, Essays on O., London (1950); M. DRUSKIN, Woprossy musykalnoj dramaturgii opery na materiale klassitscheskowo naslediija (»Fragen d. mus. Operndramaturgie, dargestellt an Hand d. klass. Erbes«), Leningrad 1952; B. M. JARUSTORSKIJ, Dramaturgija russkoj opernoj klassiki. Rabota russkich kompositorowklassikow nad opernoj (»Die Dramaturgie d. klass. russ. O. Die Arbeit d. klass. russ. Komponisten an d. O.«), Moskau 1953, deutsch Bln 1957; G. GAVAZZENI, La musica e il teatro, = Saggi di varia umanità X, Pisa (1954); F. J. GÓMEZ, Los problemas de la ó. española, = Discurso de ingreso en la Real Acad. de bellas artes de San Fernando, Madrid 1956; G. FR. MALIPIERO, Del teatro mus., Rass. mus. XXVII, 1957; T. SERAFIN u. A. TONI, Stile, tradizioni e convenzioni del melodramma ital. del settecento e dell'ottocento, 2 Bde, Mailand (1958–64); M. K. WHAPLES, Exoticism in Dramatic Musik, 1600–1800, Diss. Indiana Univ. 1958, maschr.; J. N. MCKEE, The Symphonic Element in O., MR XXI, 1960; W. VETTER, Zur Stilproblematik d. ital. O. d. 17. u. 18. Jh., StMw XXV, 1962; L. SCHRADE, Tragedy in the Art of Music, Cambridge (Mass.) 1964; THR. G. GEORGIADES, Das mus. Theater, München 1965. AS

Opera (ital., Werk) → Oper, → Opus.

Opéra-ballet (ɔper'a bal'ɛ), eine prunkvoll ausgestattete Ballettoper, die gegen Ende des 17. Jh. in Paris entstand und in der 1. Hälfte des 18. Jh. neben der Tragédie lyrique von den Komponisten der Lully-Nachfolge gepflegt wurde. Campra, Destouches, a. gewährten in ihren Tragédies lyriques den → Divertissements (aus dem Ballet de cour hervorgegangene Tanz- und Gesangseinlagen in Bühnenwerken) immer breiteren Raum, so daß die großen Ballettszenen mit eingefügten Arien, Rezitativen und Chören das Übergewicht über das dramatische Moment der Oper gewannen. Die Divertissements wurden schließlich zu O.s-b.s verselbständigt. Im Unterschied zur Tragédie lyrique, deren (in der Regel) 5 Akte eine durchlaufende Handlung aufweisen, stellt im O.-b. jeder der meist 3 oder 2 Akte (Akt hier gleichbedeutend mit Entrée) mit je einem Divertissement jeweils ein eigenes, unabhängiges Sujet vor, bald mehr tragischen, bald mehr komischen Inhalts. Die Akte sind nur lose durch eine Rahmenidee verbunden. O.s-b.s und Pastoralen mit ihrer »antiheroischen« und »antibarocken« Schäferwelt *bedeuteten den ersten Durchbruch des leichten Rokokogeschmackes durch das feierliche Pathos des Lullyschen Barocks* (Bücken, S. 53). Die Zeitgenossen beurteilten das 1697 aufgeführte O.-b. *L'Europe galante* von A. Campra (3 Arien hierfür komponierte Destouches) als *le premier des nos ouvrages lyriques* (Cahusac). Vorgebildet war das O.-b. schon in Ballets wie Lullys *Triomphe de l'amour* (1681) und Colasses *Les saisons* (1695). Zu den bedeutenden O.-b.s zählen *Les Muses* (1703), *Les fêtes vénitiennes* (1710) und *Les amours de Vénus et de Mars* (1712) von Campra, *Les festes ou le triomphe de Thalie* (1714) von Mouret, *Les festes de l'été* (1716) von Montéclair, *Les éléments* (1721) von M.-R. Delalande und Destouches, *Les festes grecques et romaines* (1723) von Cloin de Blamont, *Les stratagèmes de l'amour* (1726) von Destouches. Einen Höhepunkt der Gattung stellen die O.s-b.s von J.-Ph. Rameau dar; sie zeichnen sich aus durch phantasievolle Situationscharakteristik, melodischen und harmonischen Reichtum, kunstvolle Instrumentation, kraftvoll-lebendigen Rhythmus und affektuosen Ausdruck. Neben *Les fêtes d'Hébé ou les talents lyriques* (1739) und *Le temple de la gloire* (1745) ist vor allem *Les Indes galantes* (1735) zu nennen, womit ausdrücklich *la belle nature pour modèle* erhoben war. Schon früh wurde die Bedeutung dieses Werkes erkannt. Nach Noverre (1760) verursachte es *dans la danse la même révolution que dans notre musique*.

Lit.: L. DE CAHUSAC, La danse ancienne et moderne, Den Haag 1754; J. G. NOVERRE, Lettres sur la danse, et sur les ballets, Stuttgart u. Lyon 1760, Wien 1767, London u. Paris 1783, NA Paris 1952, deutsch v. G. E. Lessing u. J. J. Chr. Bode als: Briefe über d. Tanzkunst ..., Hbg u. Bremen 1769; J. ECORCHEVILLE, De Lulli à Rameau (1690–1730), Paris 1906; E. BÜCKEN, Die Musik d. Rokokos u. d. Klassik, Bücken Hdb.; P.-M. MASSON, L'opéra de Rameau, Paris 1930, ²1943; J. GREGOR, Kulturgesch. d. Balletts, Zürich u. Wien 1946; J. R. ANTHONY, The O.-B. of A. Campra, Diss. Univ. of Southern California 1964, maschr.; DERS., The French O.-B. in the Early 18th Cent., JAMS XVIII, 1965; DERS., Thematic Repetition in the O.-B. of A. Campra, MQ LII, 1966.

Opéra-comique (ɔper'a kɔm'ik, frz.) → Oper, → Vaudeville, → Libretto.

Operette (ital. operetta, Werkchen; frz. opérette), ein Bühnenstück vorwiegend heiteren Charakters mit gesprochenem Dialog, Gesang und Tanz. Die Szenenfolge findet ihre Höhepunkte in den jeweils aktuellen Tänzen der Zeit: bei J. Offenbach sind es Cancan und Galopp, bei J. Strauß (Sohn) Walzer, Polka und Mazurka, bei P. Lincke der Marsch, bei E. Kálmán der Csárdás und bei J. Gilbert der Foxtrott, durch die die musikalische Substanz der O.n wesentlich bestimmt wird. Die Art von Bühnenstücken, die heute O. genannt werden, nahm ihren Ausgang um die Mitte des 19. Jh. in Paris und war in der 2. Hälfte des 19. Jh. besonders dort und in Wien beheimatet; vor dem 1. Weltkrieg erlebte sie eine Blüte in Berlin, außerdem in New York, von wo aus sie – spätestens seit den 20er Jahren – eine Wandlung zum Musical erfuhr. – L. Allacci verwendete in seiner *Drammaturgia* (1666, Neubearbeitung 1755) die Bezeichnung operetta für Bühnenwerke kleineren Umfangs (operetta spirituale, - morale, - drammatica usw.). Außerhalb Italiens findet sich der Begriff 1664 in Wien für ein musikalisches Bühnenstück (*Pazzo amor* von A. Bertali) angewendet. Zwischen 1681 und 1745 sind etwa 30 Aufführungen von »O.n« an kleineren deutschen Fürstenhöfen feststellbar (vgl. Brockpähler 1964). Bei Rohr (1729) heißt es allgemein: *Wenn auf den Thea-*

tris ... *nur kleine Piècen vorgestellt werden, so nennet man dieses O.n*; WaltherL definiert O. als *kurtzes musicalisches Schauspiel*, während Mattheson Capellm. schreibt: *O.n sind kleine Opern, weiter nichts.* Für deutsche Bearbeitungen italienischer Opere buffe und Intermezzi ist in Wien seit 1730 die Bezeichnung O. nachweisbar. Um die Mitte des 18. Jh. wurde der Name O. auch auf Übersetzungen französischer Bühnenstücke der Gattungen Vaudeville und Opéra-comique und von daher (vor allem im süd- und mitteldeutschen Sprachraum) auch auf das deutsche → Singspiel übertragen (Chr. F. Weiße, Goethe). In diesen Bezeichnungen spiegelt sich der Sprachgebrauch; die mit O. bezeichneten Werke zeigen zwar schon einzelne Charakteristika der O., sind aber bestenfalls als Vorläufer der Gattung O. anzusehen. Als O. »in Einem Aufzuge« ist Chr. G. Neefes Singspiel *Amors Guckkasten* (1772) bezeichnet, ein Schäferspiel im Sinne der Anakreontik des 18. Jh., dessen Text bereits eine Götterparodie im Stile Offenbachs vorwegnimmt. Diese Linie wird fortgesetzt von Dittersdorf (*Orpheus der Zweite*, 1787, »Parodie-O.«), F. Kauer (*Der travestierte Telemach*, 1805, 3aktige »Karikatur-O.«) und Wenzel Müller (*Die Entführung der Prinzessin Europa*, 1816, »mythologische Karikatur-O.« mit dem bezeichnenden Untertitel: *So geht es im Olymp zu!*). Auch durch Parodien auf populäre Opern wurde das Repertoire des zur O. hinführenden Singspieltheaters ergänzt: auf Meyerbeers *Robert le diable* erschienen 1833 die Parodie-O.n *Robert der Wau Wau* von Scutta (Pseudonym?) und *Robert der Teuxel* von A. Müller. – Eine ähnliche Entwicklung vollzog sich in Frankreich, ausgehend vom Vaudeville und der Opéra-comique. A. Piron führte die Götterpersiflage auf dem Pariser Theater ein und A. R. Lesage die Opernparodie. Zum eigentlichen Begründer der französischen O. wurde Fl. Hervé durch seine komisch-parodistischen Stücke, für die sich zunächst der Begriff Musiquette einbürgerte. In *La Perle d'Alsace* (1854) taucht neben dem Walzer auch schon der → Cancan auf; Hervés *Mam'zelle Nitouche* (1883) wird heute noch gelegentlich aufgeführt. Mit 3aktigen Werken (opéras bouffes) und mit Einaktern (bouffoneries) trat J. → Offenbach 1855 als O.n-Komponist hervor; die Götterparodie *Orphée aux enfers* (1858) und die Parodie auf die Pariser Gesellschaft *La belle Hélène* (1864) wurden seine bekanntesten und noch heute musikalisch überzeugendsten Werke. Im Vordergrund stehen bei Offenbach das brillante Couplet und die Tanzrhythmen von Galopp, Marsch, Cancan, Bolero, Fandango, Tyrolienne, Quadrille und Walzer. Seine Hauptlibrettisten waren H. Meilhac und L. Halévy. Durch seine Einflußnahme auf Thema und Gestaltung der Textbücher erzielte Offenbach die für das Genre wichtige Übereinstimmung von Text und Musik. Den Begriff O. verwendete Offenbach erstmals 1856 für seine Musiquette *La Rose de St-Flour*. Vom Frühjahr des gleichen Jahres an wurden die Werke Offenbachs auch in Wien aufgeführt; es liegt daher nahe, daß ihm die Bezeichnung O. von Wien her bekannt wurde. – Französische O.n-Komponisten neben und nach Offenbach waren A. Ch. Lecocq (*Giroflé – Girofla*, 1874), E. Audran (*La poupée*, 1890), R. Planquette (*Les cloches de Corneville*, 1877) und A. Messager (*Les p'tites Michus*, 1897).

Nach Offenbachs Vorbild schrieb Fr. v. Suppé das als erste Wiener O. (im modernen Sinn) geltende Werk *Das Pensionat* (1860), in das gleichwohl der gemütlichheitere, leicht sentimentale Ton des Alt-Wiener Volkstheaters eingegangen ist, wie er auch in der Folge für die Wiener O. bestimmend bleiben sollte. Suppés Hauptwerke sind: *Die schöne Galathee* (1865), *Fatinitza* (1876) und *Boccaccio* (1879). Neben Suppé wurde C. Millöcker in seinen Frühwerken – ebenfalls mit typisch wienerischen Melodien und Sujets – zum Wegbereiter für J. Strauß (Sohn). Seine großen Erfolge erzielte Millöcker allerdings erst 1882 mit *Der Bettelstudent* und 1884 mit *Gasparone*. Seine *Madame Dubarry* (1882) lebte in der Bearbeitung von Th. Mackeben 1931 noch einmal auf. J. Strauß, der als »Walzerkönig« schon Berühmtheit besaß, ehe er sich 1871 der O. zuwandte, verhalf der Wiener O. vor allem mit seinen beiden Hauptwerken *Die Fledermaus* (1874) und *Der Zigeunerbaron* (1885) zum endgültigen Durchbruch und zum Sieg über Offenbach. Strauß verbindet wienerische Tanzmusik und wienerisches Theater (dessen Sujets nun allerdings nicht mehr dem Volkstheater, sondern »gehobeneren« Milieus entstammen) zu Werken von unübertroffenem und zeitlosem Charme. Die Libretti für Suppé und Strauß schrieben vor allem F. Zell und R. Genée. Suppé, Millöcker und Strauß sind die großen Drei der Wiener »klassischen« O. Ihre (unmittelbare) Nachfolge traten K. Zeller (*Der Vogelhändler*, 1891, und *Der Obersteiger*, 1894), R. Heuberger (*Der Opernball*, 1899) und C. M. Ziehrer (*Der Landstreicher*, 1899) an. – Eine neue Phase der Wiener O. ist durch das Wirken von Fr. Lehár (mit den Textdichtern V. Leon, L. Stein u. a.) gekennzeichnet. Bedeutsam wurde nun die Einheit von Gesangsnummer und nachfolgendem Tanz (Nachtanz). Die bezeichnendsten Werke Lehárs sind *Die lustige Witwe* (1905), *Der Graf von Luxemburg* (1909) und *Das Land des Lächelns* (1929). Zeitgenossen Lehárs waren u. a. E. Eysler (*Bruder Straubinger*, 1903, und *Der unsterbliche Lump*, 1910), L. Fall (*Der fidele Bauer*, 1907, und *Die Dollarprinzessin*, 1907) und O. Straus (*Walzertraum*, 1907, und *Letzter Walzer*, 1920), der noch 1952 – 82jährig – seine letzte O. *Bozena* herausbrachte. E. Kálmán hat mit *Der Zigeunerprimas* (1912) den Typ der »ungarischen O.« geschaffen, deren Kolorit durch Csárdásmelodien geprägt wird. G. Jarno begründete (u. a. durch *Die Försterchristel*, 1907) das Genre der »biographischen O.«, in deren Handlung eine bekannte historische Persönlichkeit eingebaut ist. Dazu gehören Lehárs *Paganini* (1925), *Der Zarewitsch* (1927) und *Friederike* (1928) ebenso wie Br. Granichstädtens *Auf Befehl der Kaiserin* (1915) und L. Falls *Madame Pompadour* (1922). – Eine epigonale Generation von O.n-Komponisten versuchte, einerseits durch Übernahme neuer amerikanischer Rhythmen (z. B. W. Bromme, *Die Dame im Frack* und *Maskottchen*, beide 1919) oder Einbeziehung von Jazzelementen (vor allem von Jazzrhythmen) die O. der neuen Zeit anzupassen (Granichstädten brachte in *Orlow*, 1928, eine Jazzband auf die Bühne und versuchte sich 1930 mit *Reklame* an einer Jazz-O.), andererseits durch bewußte Pflege der wienerischen Tradition (R. Stolz, R. Kattnigg, N. Dostal, Fr. Kreisler) die O. alten Stils am Leben zu erhalten. Der Zug zu einer kaum mehr zu übertreffenden Verflachung der Handlung und die Neigung zur Bearbeitung fremder (H. Berté 1916) oder eigener Melodien (Fr. Raymond 1927, Fr. Kreisler 1932) sind nicht zu übersehende Merkmale des Epigonalen.

In Berlin, wo es – ähnlich wie in Wien das Singspiel – im 19. Jh. ein bodenständiges Volkstheater gab in Form der Lokalposse mit Gesangseinlagen (Musik u. a. von A. Conradi), fanden im letzten Drittel des 19. Jh. die O.n vor allem Offenbachs, aber auch Wiener O.n ein aufnahmebereites Publikum. Eine Rückbesinnung auf das spezifisch Berlinerische und damit zugleich eine neue Richtung innerhalb der Geschichte der O. bedeutete aber erst die 1899 mit *Frau Luna* einsetzende Erfolgsserie der Werke von P. Lincke (Texte von Bolten-Baeckers). Linckes Musik, deren Stärke im Marsch und in den geradtaktigen Tänzen liegt (seine Walzer wirken leicht sentimental), ist gekennzeichnet durch bewußte Hinwendung zum rhythmisch Prägnanten und zum Schlager. Die Berliner O. vereinigt Elemente der Lokalposse, des Schwanks, der Parodie mit denen der → Revue, die dem Geschmack (auch dem wirtschaftlichen Status) der Vorweltkriegszeit besonders entgegenkam und die seit Ende der 1920er Jahre noch mehrmals auflebte (z. B. in Benatzkys *Casanova*, 1928, und Raymonds *Maske in Blau*, 1937). Andererseits entstand in Berlin auch das »Musikalische Lustspiel«, das sich durch Hinwendung zum Komödiantischen und durch intimer gehaltene musikalische Faktur von der Revue-O. distanzierte (z. B. Benatzky, *Meine Schwester und ich*, 1930). Zur Berliner (bzw. zur deutschen) O.-n-Schule zählen der schon 1888 mit *Carmonisella* hervorgetretene V. Hollaender sowie J. Gilbert, W. Kollo, R. Nelson, L. Jessel, W. W. Goetze und E. Künnecke, außerdem die gebürtigen Österreicher R. Benatzky und Fr. Raymond und der Ungar P. Abraham. Das Wirken von E. Nick, L. Schmidseder und Fr. Schröder fällt bereits in das letzte Jahrzehnt vor dem 2. Weltkrieg. Das O.-n-Theater der Nachkriegszeit sucht den Erfolg im dessen Bekannten, teils durch das Anknüpfen an klassische Erfolgsstücke (durch deren Wiederaufnahme, »zeitgemäße« Arrangements oder Nachahmung), teils durch Versuche, in den USA erprobte Erfolgsrezepte auf Europa zu übertragen. Zwischen 1948 und 1965 wurden in Deutschland und Österreich mehr als 130 neue Werke (überwiegend von schon vor dem Krieg bekannten Komponisten) herausgebracht, die – als O., Musikalisches Lustspiel oder auch als Musical bezeichnet – musikalisch meist in irgendeiner Weise den Rhythmen oder dem Sound des Jazz bzw. der modernen Tanz- und Unterhaltungsmusik verpflichtet sind. Zwar ist, nicht zuletzt durch die Konkurrenz von Film und Fernsehen, die große Zeit der O. als musikalisches Volkstheater vorbei, doch vermag die überragende Einzelleistung (als Komposition wie auch als Aufführung) auch heute noch einen überdurchschnittlichen Publikumserfolg zu erringen.

Durch Aufführungen von Offenbachs O.n in London wurde auch in England im letzten Viertel des 19. Jh. eine Abart der O., die satirische Comic opera angeregt, deren Hauptmeister A. Sullivan wurde (Texte von W. S. Gilbert, besondere Erfolge wurden *Trial by Jury*, 1875, und vor allem *The Mikado*, 1885). Um die Mitte der 90er Jahre wurde die Comic opera von der Musical comedy abgelöst (S. Jones, *The Geisha*, 1896; I. Caryll, *The Earl and the Girl*, 1903; L. Monckton, *Quacker Girl*, 1910; N. Coward, *Bitter Sweet*, 1929; I. Novello, *Glamouros Night*, 1935, und *King's Rhapsody*, 1951). – In den USA hatte die O. verschiedene Vorläufer, zunächst in der Minstrel show (→ Minstrelsy) seit 1843 (die erst um 1900 ihre Anziehungskraft verlor) und in der Extravaganza, die – bei prunkhafter Ausstattung – zunächst aus einer Kompilation populärer Musikstücke bestand. 1874 erhielt die Extravaganza *Evangeline* in der Neukomposition von E. E. Rice die (damit erstmals belegte) Bezeichnung Musical comedy. Indessen feierten Sullivans O.n den New Yorker Bühnen Triumphe und hatten auch amerikanische Kompositionen von Comic operas zur Folge, u. a. von R. de Koven (*Robin Hood*, 1890, und *The Highwayman*, 1897), J. Ph. Sousa (*El Capitan*, 1896) und G. M. Cohan (*Little Johnny Jones*, 1904). V. Herbert gab der amerikanischen O. neue Impulse, indem er an die formale Anlage und inhaltliche Konzeption der O.n von J. Strauß anknüpfte. Die Serie seiner Erfolge reichte von *Serenade* (1897) bis zu *Eileen* (1917). Neben Herbert wirkten einige deutsche und österreichische Komponisten für die amerikanische O., u. a. R. Friml (*Rose Marie*, 1924) und S. Romberg (*The Desert Song*, 1926). Auf dieser Grundlage bauten I. Berlin, J. Kern und G. Gershwin weiter, deren Werke einen Ausgangspunkt für das moderne → Musical bilden.

Lit.: L. Allacci, Drammaturgia ..., divisi in sette indici, Rom 1666, dass., ... accresciuta e continuata fino all'1755, Venedig 1755, Faks. d. Ausg. v. 1755 hrsg. v. Fr. Bernadelli, Turin 1961; F. M. v. Rohr, Einleitung zur Ceremonielwiss. II, o. O. 1729; Fr. W. Marpurg, Hist.-Kritische Beyträge zur Aufnahme d. Musik IV, 5. Stück, Bln 1759, u. V, 4. Stück, Bln 1762; J. N. Forkel, Mus.-Kritische Bibl. II, Gotha 1778; H. M. Schletterer, Zur Gesch. dramatischen Musik in Paris u. Deutschland I, Das deutsche Singspiel v. seinen ersten Anfängen bis auf d. neueste Zeit, Augsburg 1863; A. Font, Favart, L'opéra-comique et la comédie-vaudeville au XVIIe et XVIIIe s., Paris 1894; E. Urban, Die Wiedergeburt d. O., Mk III, 1903/04; R. Haas, Geschichtliche Opernbezeichnungen, Fs. H. Kretzschmar, Lpz. 1918; E. Rieger, Offenbach u. seine Wiener Schule, = Theater u. Kultur IV, Wien 1920; Vl. Helfert, Zur Gesch. d. Wiener Singspiels, ZfMw V, 1922/23; A. Neisser, Vom Wesen u. Wert d. O., = Die Musik XLIX/L, Lpz. (1923); O. Guttmann, Moderne O., Bln 1925; O. Keller, Die O. in ihrer geschichtlichen Entwicklung, Lpz., Wien u. NY 1926; M. St. MacKinlay, Origin and Development of Light Opera, London 1927; Fr. Mayr, Die mundartlichen Klostero. v. M. Lindemayr (1723–83) u. seinen Zeitgenossen, Diss. Wien 1930, maschr.; L. Schiedermair, Die deutsche Oper, Lpz. 1930, Bonn u. Bln ³1943; K. Westermeyer, Die O. im Wandel d. Zeitgeistes, München 1931; Ch. Altmann, Der frz. Einfluß auf d. Textbücher d. klass. Wiener O., Diss. Wien 1935, maschr.; St. Czech, Das Operettenbuch, Dresden 1935, neubearb. Stuttgart (³1950, ⁴1960); Fr. Hadamowsky u. H. Otte, Die Wiener O., Wien 1947; S. Spaeth, A Hist. of Popular Music in America, NY 1948; D. Ewen, Men of Popular Music, Englewood Cliffs (N.J.) 1949; ders., Panorama of American Popular Music, ebenda 1957; ders., Complete Book of the American Mus. Theatre, NY (1958); M. Kellner, Die O. in ihrer Entwicklung u. Darstellung, Diss. Wien 1950, maschr.; C. Smith, Mus. Comedy in America, NY (1950); S. Dörffeldt, Die mus. Parodie bei Offenbach, Diss. Ffm. 1954, maschr.; E. Nick, Vom Wiener Walzer zur Wiener O., Hbg (1954); L. A. Paris, Men and Melodies, NY 1954; A. Bauer, Opern u. O. in Wien, = Wiener mw. Beitr. II, Graz u. Köln 1955; H. Kaubisch, O., Bln 1955; O. Schneidereit, Operettenbuch, Bln 1–³1955, ⁴1956; K. Laux, Die geschichtliche Entwicklung d. O., in: Erster Lehrgang für O.-Spielleiter (Vortragsreihe), Bln 1956; H. Kindermann, Theatergesch. Europas, Salzburg 1957ff.; B. Grun, Kulturgesch. d. O., München (1961); R. Brockpähler, Hdb. zur Gesch. d. Barockoper in Deutschland, = Die Schaubühne LXII, Emsdetten i. W. (1964).

Operettenführer.
W. Lackowitz, Der O., Bln 1894, Lpz. ²1898; J. Scholtze, Vollständiger O., Bln (1906, ²1912); L. Melitz, Führer durch d. Operetten, Bln 1907; E. E. F. Kühn, Führer durch d. Operetten d. älteren u. neueren Zeit, Bln 1925; O., hrsg. v. A. O. Paul, = Miniatur-Bibl. Nr 1501–21, Lpz. o. J.; R. Kastner, Führer durch d. Operetten, Bln 1933; St. Czech, Das Operettenbuch, Dresden 1935, neubearb. Stuttgart (³1950, ⁴1960); W. Mnilk, Reclams O., Lpz. 1937, bearb. v. G. R. Kruse ³1941, neu v. A. Würz, Stuttgart (⁴1951, ⁸1958); F. Dietz, Operettenbuch, Regensburg 1948; L. Oster, Les opérettes du répertoire courant ..., Paris 1953; O. Schneidereit, Operettenbuch, Bln 1–³1955, ⁴1956; H. Steger u. K. Howe, O. v. Offenbach bis zum Musical, = Fischer Bücherei CCXXV, Ffm. u. Hbg 1958; H. Renner, Neuer Opern- u. O., München 1963.

Opernchor, ein an einem Operntheater fest angestellter gemischter Chor; ihm steht ein Chordirektor vor. Bei großen Chorszenen (z. B. Festwiese in Wagners Oper *Die Meistersinger*) wird der O. durch einen (meist aus Laiensängern bestehenden) Extra- oder Aushilfschor verstärkt. – Schon vor der Entstehung der Oper gab es den Chor auf der Bühne, im 15. und 16. Jh. in geistlichen Spielen und weltlichen Dramen, in der 2. Hälfte des 16. Jh. in Tragödien (*Edipo tiranno*, 1588, mit der Musik von A. Gabrieli), Komödien, Pastoralen,

Balletten und Intermedien. Die → Madrigalkomödie wird vom Chor allein (ohne gesprochenen Dialog) ausgeführt. In der Florentiner Oper, besonders bei Peri (*Dafne*, 1598; *Euridice*, 1600), wirkt der Chor nach Art des antiken griechischen Chors am Drama mit, reflektierend, klagend, jubelnd oder am Geschick der Protagonisten Anteil nehmend. Er greift jedoch nicht in die Handlung ein; durch Unterbrechung des Dialoges belebt und gliedert er das Geschehen. Diese Art der Verwendung des Chors wirkte fort in den frühen Opern Monteverdis (*Choro di Ninfe e Pastori* und *Choro di Spiriti infernali* im *Orfeo*, 1607) und in der römischen Oper (Zyklopenchor in *La catena d'Adone* von D. Mazzocchi, 1626; Doppelchor zur Verherrlichung des Heiligen in *Il Sant'Alessio* von St. Landi, 1632; Jäger- und Soldatenchor in *Erminia sul Giordano* von M. A. Rossi, 1637). Die auf Bühneneffekte abzielende und vom Solisten beherrschte venezianische Oper des 17. Jh. räumte dem Chor oft nur kurze Zwischenrufe ein und verwendete ihn häufig als Repräsentanten der Menge (z. B. der den Paride begleitende, aber nicht singende *Choro di suoi servi* in *Il pomo d'oro*, 2. Akt, 8. Szene, von M. A. Cesti, 1667). In Frankreich, ausgehend vom Ballet de cour, und in England, beeinflußt von der Masque und der französischen Oper, bildete der Chor einen der Grundpfeiler der Oper (z. B. Unterwelt-, Beschwörungs- und Finalszenen bei Lully und J.-Ph. Rameau, die Hexenszenen in *Dido and Aeneas* von Purcell, 1689). – Erste Äußerungen über dramaturgische Fragen der Chorverwendung in Deutschland finden sich bei Verfassern von Singspieltexten: Ph. Harsdörffer verlangt den *Chor | oder die Music | dienend dergestalt | daß zwischen jeder Handlung (Actus) ein Lied gesungen werden sol* (*Poetischer Trichter*, Nürnberg 1648–53, S. 73f.). Nach Sigmund v. Birk sind die Chöre *Zwischen Lieder, die gemeinlich von den Tugenden oder Lastern | welche die vorhergehende Spiel Personen an sich gehabt*, reden (*Teutsche Rede- und Dicht-Kunst*, Nürnberg 1679, S. 326f.). B. Feind sagt in seinen *Gedancken von der Opera* (*Deutsche Gedichte...*, 1. Teil, Stade 1708, S. 102f.) zur Chorverwendung, man müsse *sich der Gelegenheit der Chöre und Entréen bedienen, insonderheit bey neuen Zeitungen von Siegen, Friede, bey Opferungen, Schlachten, Zaubereien, Trauer-Bezeigungen, und Freudenmahlen etc.* In der 1. Hälfte des 18. Jh. äußerten sich über Probleme des O.s (Kompositionsweise, Chorbesetzung, -erziehung und -verwendung) u. a. J. Mattheson, J. A. Scheibe, Fr. W. Marpurg, J. J. Quantz. – Bis 1750 waren in Deutschland Mitglieder der Hofkapellen und Kantoreien, Schüler, Studenten, Schauspieler bzw. Sänger, manchmal auch Liebhaber die Sänger des Chors bei Aufführungen theatralischer Werke. Die Mindestbesetzung dieser Gelegenheitschöre lag etwa bei 8 Personen. Der Übergang zum stehenden Berufschor vollzog sich zwischen 1750 und 1850, in erster Linie an den Bühnen der Residenzstädte (Berlin, Dresden, Weimar, Stuttgart und Mannheim), vor allem wegen der wachsenden musikalischen Schwierigkeiten der Chorpartien, der Forderung nach darstellerischen Fähigkeiten und der Ausdehnung der Spielzeit. Die soziale Lage der O.-Sänger festigte sich, vornehmlich unter dem Einfluß der »Chorbewegung« (Singakademien, Singkreise, Liedertafeln, Liederkränze). Die Stellung des Berufschors wird erst heute durch soziale und wirtschaftliche Maßnahmen (Tarifverträge für Mitglieder des O.s) gesichert. Der Nachwuchs für den O. wird in eigenen Klassen (O.-Schule) der Konservatorien und Musikhochschulen ausgebildet. – Große Chorpartien im Opernrepertoire enthalten u. a. Verdis *Macbeth, La sforza del destino, Aida, Otello,* Wagners *Tannhäuser* und *Lohengrin,* Bizets *Carmen,* Borodins *Knjas Igor* (»Fürst Igor«), Mussorgskijs *Boris Go-* *dunow,* Puccinis *Turandot,* Honeggers *Jeanne d'Arc au bûcher* und Orffs *Trionfi.*

Lit.: E. Neumeister, Die Allerneueste Art zur reinen u. galanten Poesie zu gelangen, (Hbg 1707); Matheson Capellm.; J. A. Scheibe, Der critische Musicus, Hbg 2¹745; Fr. W. Marpurg, Der Critische Musicus a. d. Spree, Bln 1749–50; Quantz Versuch; W. Galluser, Der Chor u. d. Oper, Bellinzona 1947; H. Haertl, Die Funktionen d. Chores in d. Oper, Diss. Wien 1950, maschr.; P.-A. Gaillard, Le rôle du chœur dans l'œuvre de Wagner, SMZ XCIX, 1959; Chr.-H. Mahling, Studien zur Gesch. d. O., Trossingen u. Wolfenbüttel 1962; D. J. Grout, The Chorus in Early Opera, Fs. Fr. Blume, Kassel 1963.

Opernführer.
Ch. Annesley, The Standard-Operaglass..., London u. Reichenberg 1888, London u. Dresden ²⁰¹910, verbesserte Auflage NY 1920, Dresden 1921; O. Neitzel, Der Führer durch d. Oper d. Theaters d. Gegenwart... I, 1–2, Lpz. 1890, Stuttgart ⁴¹908, I, 3, Lpz. 1893, neubearb. als: Führer durch d. deutsche Oper, 2 Bde, Stuttgart u. Bln 1920; W. Lackowitz, Der O., Lpz. 1892, ⁶¹899; L. Melitz, »Liliput« O., Bln 1895, verbesserte Auflage als: Führer durch d. Opern, Bln 1906; K. Storck, Das Opernbuch, Stuttgart 1899, ²¹901; neu hrsg. v. P. Schwers 1931, neu hrsg. v. H. Eimert ³⁷⁻³⁸1937, ⁴⁵⁻⁴⁶1949; Hoursch's O., hrsg. v. W. Schlang, P. Thiel, K. Wolff, 40 H., Köln 1902–03; J. Scholtze, Vollständiger O. ..., Bln 1904, Lpz. ¹⁰1935; F. v. Strantz, O., Bln 1907, fortgeführt v. W. Heichen 1929, bearb. v. W. Abendroth 1935, neu bearb. v. A. Stauch, Hildesheim u. Bln 1950; Fr. Dittmar, O., Lpz. 1919, ²¹924; E. Istel, Das Buch d. Oper I, = Hesses illustrierte Hdb. LIV, Bln 1919, ²¹920; G. Kobbé, The Complete Opera Book ..., London 1919, neu hrsg. v. Earl of Harewood, London 1954; A. Eisenmann, Das große Opernbuch, Stuttgart u. Bln 1922, ²¹923; J. Kapp, Das Opernbuch, Lpz. 1922, neu bearb. 1941; H. Lebede, Im Opernhaus, Bln 1922; W. Rieck, Opera Plots: an Index to the Stories of Operas, Operettas, etc., NY 1927; O., hrsg. v. A. O. Paul, = Miniatur-Bibl. Nr 1522–48, Lpz. o. J.; Reclams O., hrsg. v. G. R. Kruse, Lpz. (1928, ¹¹1940), fortgeführt v. W. Zentner u. A. Würz als: Reclams Opern- u. Operettenführer, Stuttgart ¹⁵1951, ²²1961; H. Wichmann, Der neue O., Bln 1930, ⁷1938; F. Welter, Führer durch d. Opern, = Lehrmeister-Bücherei Nr 916–923, Lpz. 1937; E. Schwarz-Reiflingen, Musik-ABC: Führer durch Oper, Operette u. Konzertmusik, Stuttgart (1938), als: ABC d. Musik, München (⁵1960); O. Thompson, Plots of the Operas, NY 1940, ²¹946; M. Conrad, Neuer Führer durch Oper u. Operette, Zürich 1945, ²¹947; J. W. McSpadden, Operas and Mus. Comedies, NY 1946, erweitert NY 1951 u. 1954; M. Sénéchaud, Le répertoire lyrique..., Paris 1946–48, ²¹952; A. Funk, The Stories of the Operas, Wien 1947; Fr. C. Lange, Das Mus. Theater, Linz 1947; F. Dietz, Opernbuch, Regensburg 1948; J. Jirouschek, Internationales Opernlexikon, Wien 1948; G. Wolf u. E. L. Waeltner, Opernlexikon, Heidelberg 1948, ²¹951; A. Veinus u. H. Simon, The Pocket Book of Great Operas, NY 1949; G. Hausswald, Das neue Opernbuch, Dresden 1951, erweitert Bln 1953, ⁶1957; R. Kloiber, Taschenbuch d. Oper, Regensburg 1951, ⁶1961 als: Hdb. d. Oper; L. Oster, Les opéras du répertoire courant..., Paris 1951; G. v. Westerman, Knaurs O., München u. Zürich 1951, ¹¹1958, verbesserte Auflage 1960; O. Schumann, Opern- u. Operettenführer, Wilhelmshaven 1952; H. Bauer, Taschenlexikon f. Opern, Operetten u. Ballette, = Humboldt-Taschenbücher XXVII, Ffm. 1954; H. Steger u. K. Howe, Von Monteverdi bis Hindemith, = Fischer Bücherei XLIX, Ffm. u. Hbg 1954; I. Balassa u. G. S. Gál, Operakalauz, Budapest 1958; P. Czerny, Opernbuch, Bln 2¹958; R. Fellner, Opera Themes and Plots, NY 1958; R. Bauer, Oper u. Operette, Bln (1959); C. R. Bulla, Stories of Favorite Operas, NY 1959; A. Hostomská, Opera, Prag ⁴1959; H. Koeltzsch, Der neue O., Stuttgart (1959); G. Schepelern, Operaboken, Oslo 1959; L. Riemens, Elseviers groot operaboek, Amsterdam 1959; K. Stromenger, Przewodnik operowy, Warschau 1959; Q. Eaton, Opera Production, Minneapolis (1961); E. Krause, Oper v. A–Z, Lpz. 1961; G. Martin, The Opera Companion, London 1962; H. Renner, Opern- u. Operettenführer d. Büchergilde, Ffm. 1962; H. J. Winkler, Oper u. Ballett, München (1964).

Opernregisseur. Die Aufgabe des O.s ist es, das in der Opernpartitur von den Autoren (Librettist und Komponist) fixierte Werk im Einklang mit der musikalischen Interpretation des Dirigenten durch die dem Theater zur Verfügung stehenden Kräfte und Mittel auf der Bühne zu realisieren. Die Arbeit des O.s gliedert sich in 2 Abschnitte: 1) die im umfassenderen Begriff der Inszenierung einbeschlossene Festlegung und Ausarbeitung des Aufführungsstils. Dieser ist nicht identisch mit dem Werkstil, sondern ihm analog, da das Theater als zeitbedingt und zeitverhaftet das die Zeiten überdauernde Werk in den jeweils zeitgemäßen Formen auf die Bühne stellt – jedoch ohne Eingriff in dessen Geist und Substanz. Voraussetzung für eine werkgerechte Interpretation ist die Analyse des Werks, die zur Erkenntnis des Werkstils führen soll; auf dessen Grundlage ist der Aufführungsstil zu bilden. Die wichtigsten Faktoren der Theatertechnik, die dem O. bei der Inszenierung zur Verfügung stehen, sind: Bühnenbild, Beleuchtung, Kostüm und Maske. 2) die Personalregie, die Übertragung des Aufführungsstils auf Solisten, Chor, Ballett und Statisterie, die den Ablauf der dramatisch-musikalischen Handlung und die Beziehungen der dramatischen Personen in Bewegungen, Haltung und Ausdruck zur Darstellung gelangen läßt. Anders als der Regisseur des Sprechtheaters ist der O. viel stärker an und durch das Werk gebunden: vor allem das Tempo, die Bewegungsabläufe und -rhythmen sind durch die Musik vorbestimmt. – Der O. war im 17. und 18. Jh. lediglich Arrangeur und Choreograph des dekorativ einzufügenden Chores oder Balletts. Die Bühnenarchitekten und -ingenieure des Barocks schufen künstlerisch eigenständige Dekorationen, vor und in denen die Sänger nach eigenem Ermessen und der Bühnentradition verpflichtet ihre Arien und Soloszenen sangen, schauspielerisch andeuteten und in Ensembleszenen sich nach höfisch-barockem Zeremoniell bewegten. In der 2. Hälfte des 18. Jh. ergab sich die Notwendigkeit der in einer Hand zusammengefaßten Opernregie, je mehr der strenge Schematismus der Opera seria verlassen wurde. Die Forderung nach szenischer Gestaltung stellte sich von seiten der Autoren und durch den Anspruch der Werke auf jeder Stufe der Operngeschichte (Gluck, Mozart, Weber, Wagner und Verdi) auf neue Weise. Seit Wagner, der den Inszenator bezeichnend »Dirigent der Szene« nennt, ist die Verantwortlichkeit des O.s für die geistig-künstlerische Einheit der Szene allgemein anerkannt. Die wissenschaftliche Opernregie, begründet von C. Hagemann, E. Lert und H. Graf, wird in Theorie und Praxis heute von den meisten O.en vertreten. Inszenierung und Regie sind Leistungen des O.s, die künstlerische Interpretationsfähigkeit voraussetzen, doch wird der Anspruch, die Inszenierung als eigenschöpferische Kunstleistung gelten zu lassen, nur von einigen Befürwortern einer subjektiv-individuellen Opernregie gestellt. Die Reform der Opernregie, die den O. als gleichberechtigten Interpreten neben den Dirigenten stellte, blieb jedoch auf die Musiktheater des deutschen Sprachraumes beschränkt.

Lit.: A. INGEGNERI, Della poesia rappresentativa et del modo di rappresentare le favole sceniche, Ferrara 1598, Neudruck Florenz 1734; A. APPIA, La mise en scène du drame wagnérien, Paris 1895, deutsch als: Die Musik u. d. Inscenierung, München 1899; C. HAGEMANN, Moderne Bühnenkunst, I Regie, Kunst d. szenischen Darstellung, II Der Mime, Kunst d. Schauspielers u. Opernsängers, Bln 1902, [5]1918–19, II [6]1921; E. LERT, Mozart auf d. Theater, Bln 1918, [4]1921; H. GRAF, Opernregie als Wiss., Mk XVIII, 1925/26; DERS., Producing Opera for America, Zürich u. NY 1961; P. BEKKER, Die Opernszene, in: Klang u. Eros, = Gesammelte Schriften II, Stuttgart u. Bln 1922; DERS., Das Operntheater, = Musikpädagogische Bibl. IX, Lpz. 1931; H. PFITZNER, Gesammelte Schriften II, Augsburg 1926; O. ERHARDT, Vom Wesen d. Opernregie, = Das Nationaltheater I, 1, Bln 1928; A. D'ARNALS, Der Operndarsteller, Bln 1932; FR. TUTENBERG, Munteres Handbüchlein d. O., Regensburg 1933, [2]1950; DERS., Werktreue bei d. Opernregie, Fs. Fr. Stein, Braunschweig 1939; M.-A. ALLEVY, La mise en scène en France dans la première moitié du dix-neuvième s., Paris 1938; G. HELLBERG-KUPFER, R. Wagner als Regisseur, = Schriften d. Ges. f. Theatergesch. LIV, Bln 1942; S. SKRAUP, Die Oper als lebendiges Theater, = Das Nationaltheater X, Würzburg 1942, Emsdetten i. W. [2]1951 = Die Schaubühne XXXIX, auch Bln 1956; H. ARNOLD, Fragen d. Opernregie, Musica II, 1948; W. FELSENSTEIN, Bekenntnisse zum Musiktheater, NZfM CXIX, 1958; J. GREGOR, Die Theaterregie in d. Welt unseres Jh., = Schriftenreihe d. Österreichischen UNESCO-Kommission, Wien (1958); K. R. PIETSCHMANN, H. Gregor als O., Diss. Göttingen 1958, maschr.; CHR. BITTER, Wandlungen in d. Inszenierungsformen d. »Don Giovanni«, = Forschungsbeitr. zur Mw. X, Regensburg 1961; W. FELSENSTEIN u. S. MELCHINGER, Musiktheater, Bremen 1961; W. E. SCHÄFER, G. Rennert als Regisseur in dieser Zeit, Bremen 1962; O. FR. SCHUH u. FR. WILLNAUER, Bühne als geistiger Raum, Bremen 1963; W. PANOFSKY, W. Wagner, Bremen 1964; J. D. STEINBECK, Inszenierungsformen d. »Tannhäusers«, = Forschungsbeitr. zur Mw. XIV, Regensburg 1964. HA

Opernton (frz. ton d'opéra; engl. opera pitch) heißt der → Stimmton, der durch die Begrenzung der Singstimmen bestimmt ist. Tatsächlich haben sich die Sänger immer wieder gegen das Höhertreiben der Orchester wehren müssen. Georg Muffat berichtet 1698 über die Stimmhöhe zur Zeit Lullys: *Der Thon nach welchem die Lullisten ihre Instrumenta stimmen, ist ins gemein umb einen gantzen, ja in Teatralischen Sachen umb anderthalb Thon niedriger als unser Teutscher*. J. Sauveur berechnete 1700, daß der französische O. (umgerechnet) 404 Hz betrug. J.-J. Rousseau schreibt 1768: *Il y a, pour la Musique, Ton de Chapelle & Ton d'Opéra. Ce dernier n'a rien de fixe; mais en France il est ordinairement plus bas que l'autre*. Auch Dom Bédos spricht 1778 vom tiefen französischen O., und H. Berlioz stellt 1858 fest, daß zur Zeit, in der J.-Ph. Rameau, Monsigny, Grétry, Piccinni und Sacchini ihre Opern für das Pariser Theater komponierten, das Orchester um etwa einen Ganzton tiefer eingestimmt habe; bei der in der Mitte des 19. Jh. üblichen Stimmung entstehe der Eindruck, die von Gluck für Bassisten geschriebenen Rollen seien für Baritonstimmen gedacht. Während die Dresdener Oper zu Webers Zeit auf 423 Hz einstimmte und auch die Pariser Oper Anfang des 19. Jh. nach Ausweis der Tenorpartien in Boïeldieus Opern noch einen tieferen Stimmton benützte, setzte nach 1820 ein allmähliches Höhertreiben ein. Für Paris wurden festgestellt: 1823 431,3 Hz, 1830 435,75 Hz, 1858 449 Hz; für London 1826 433 Hz, 1854 452 Hz, 1874 455 Hz; für die Mailänder Scala 1845 446,8 Hz, 1856 451 Hz; in Berlin 1858 452 Hz; in Wien 1859 456 Hz. 1859 setzte die Pariser Académie de musique 435 Hz als Stimmton fest. Verdi sprach sich bei einer Umfrage vor der Wiener Stimmtonkonferenz, bei der 435 Hz international angenommen wurde, 1884 für die tiefere Stimmung von 432 Hz aus. Wagner beklagte bei seinem Londoner Gastspiel 1877 die überhöhte Stimmung und äußerte ebenso 1882 bei den Proben zum *Parsifal* in Bayreuth Kritik an der hohen Orchesterstimmung. 1908 verlangte E. Caruso beim Auftreten in Wien unter G. Mahler die Herabsetzung der erneut gestiegenen Stimmhöhe. 1939 einigte man sich auf der Stimmtonkonferenz in London auf den Kompromiß von 440 Hz. – In der Praxis des Opernbetriebs sind zwei Verfahren üblich, Sängern, die Spitzentöne einer Partie nicht erreichen, zu helfen: in der Nummernoper wird das betreffende Stück tiefer gespielt, in der durchkomponierten (gelegentlich auch in der Nummernoper) wird die Singstimme punktiert, d. h. die unbequemen Töne werden durch harmonisch passende, tieferliegende ersetzt.

Lit.: G. MUFFAT, Vorrede zu Florilegium secundum, Passau 1698; J.-J. ROUSSEAU, Dictionnaire de musique, Genf 1767(?), Paris 1768; FR. BÉDOS DE CELLES OSB, L'art du facteur d'orgues IV, Paris 1778, Faks. hrsg. v. Chr. Mahrenholz, Kassel 1936, dass., = DMI I, 26, 1965; H. BERLIOZ, Le diapason, in: A travers chants, Paris 1862 u. ö., deutsch v. E. Ellès in: Literarische Werke VI, Lpz. 1912; A. J. ELLIS, The Hist. of Mus. Pitch, Journal of the Soc. of Arts 1880, separat London 1881, dazu G. Adler in: VfMw IV, 1888, beides in Nachdruck Amsterdam 1963; FR. HAMEL, Die Schwankungen d. Stimmtons, DMK IX, 1944; O. TIBY in: Ricordi-Nachrichten, März-H. 1954.   RW

Operntruppen, Vereinigungen von Sängern und (meist musikalisch versierten) Schauspielern, die nicht einer stehenden Bühne angeschlossen sind (→ Ensemble). Seit dem 16. Jh. kamen die beispielgebenden »englischen Komödianten« aufs Festland; bei uns bildeten sich hier erst im Laufe des 17. Jh. feste Wandertruppen, die auf Marktplätzen oder in öffentlichen Sälen spielten; das Repertoire bestand meist aus musikalisch umrahmten Stücken oder → Singspielen. Bedeutende Prinzipale waren im deutschen Sprachraum u. a.: J. Velten (1640–92), J. Stranitzky (1676–1726), Fr. C. Neuber (1697–1760), H. G. Koch (1703–75, → Standfuß), J. Fr. Schönemann (1704–82), K. E. Ackermann (1712–71), A. Seyler (1730–1800), E. Schikaneder und die vor allem durch Opernaufführungen (Neefe, *Adelheid von Veltheim*; Holzbauer, *Günther von Schwarzburg*; Mozart, *Entführung*) bekannt gewordenen J. Seconda und J. Böhm aus Brünn. Um 1882 reiste der Operndirektor A. Neumann mit einer Truppe, die Wagner-Opern aufführte, durch Deutschland und Italien. In Italien, wo die Oper noch heute meist an begrenzte Spielzeiten (→ Stagione) gebunden ist, sind vor allem die Brüder → Mingotti als O.-Prinzipale, die auch Deutschland, Österreich, Dänemark bereisten, hervorgetreten. In Frankreich wurden die O. schon im 17. Jh. seßhaft (Paris), ohne aber die Bespielung auswärtiger Plätze aufzugeben, z. B. die Comédie-Italienne, von D. Locatelli (1613–71), und die Opéra-Comique, später von Ch. S. Favart geleitet. In England wirkten bis ins 18. Jh. die Duke's-O. und die King's Company (Gründer W. D'Avenant bzw. Th. Killigrew). O. gab es auch in Rußland, Polen, Spanien, Amerika und der Schweiz. Unter den heute bestehenden O. sind zu nennen die Deutsche Gastspieloper e. V. in Berlin (seit 1960, zuerst Frankfurt am Main), in England die von C. Rosa (K. → Rose) 1875 gegründete Gesellschaft und in den USA die Everyman Opera Inc. (seit 1960), die mit ihrer *Porgy and Bess*-Tournee Weltruhm erlangte.

Lit.: J. BOLTE, Die Singspiele d. engl. Komödianten u. ihrer Nachfolger in Deutschland, Holland u. Skandinavien, = Theatergeschichtliche Forschungen VII, Hbg 1893; CHR. H. SCHMID, Chronologie d. deutschen Theaters, neu hrsg. v. P. Legband, = Schriften d. Ges. f. Theatergesch. I, Bln 1902; E. H. MÜLLER, Die Mingottischen Opernunternehmungen 1732–36, Diss. Lpz. 1915; O. G. TH. SONNECK, Early Opera in America, NY u. Boston (1915), Nachdruck NY (1963); H. MEISSNER, Wandertheater, Ffm. 1926; H. G. FELLMANN, Die Böhmsche Theatertruppe u. ihre Zeit, = Theatergeschichtliche Forschungen XXXVIII, Lpz. 1928; H. JUNKERS, Niederländische Schauspieler ... im 17. u. 18. Jh. in Deutschland, Den Haag 1936; M. FUCHS, Lexique des troupes de comédiens au XVIIIe s., = Bibl. de la Soc. des historiens du théâtre XIX, Paris 1944; R.-A. MOOSER, Annales de la musique et des musiciens en Russie au XVIIIe s., 3 Bde, Genf 1948–51; M. FEHR, Die wandernden Theatertruppen in d. Schweiz, in: Schweizer Theater-Almanach VI, Einsiedeln 1949; S. M. ROSENFELD, Foreign Theatrical Companies in Great Britain in the 17th and 18th Cent., London 1955; H. EICHHORN, K. E. Ackermann u. d. Ackermannische Ges. deutscher Schauspieler, Diss. Bln 1957, maschr.; H. KINDERMANN, Theatergesch. Europas II–IV, Salzburg (1959–61).

Ophikleïde (zusammengestückt aus griech. ὄφις, Schlange, und κλεῖδες, Klappen), ein zur Familie der Bügelhörner mit Klappen gehörendes chromatisches Blechblasinstrument mit fagottartig geknickter Röhre, das 1817 von J. Halary in Paris (durch Umbau von Frichots → Baßhorn oder nach einem 1810 patentierten englischen Vorbild) in verschiedenen Größen und Stimmungen gebaut wurde: als Baß-O. in C, B und As, Umfang 3 Oktaven + 1 Halbton (z. B. die O. in C: $_1$H–c^1), mit 8–9 Klappen; als Alt-O. (auch Quinti-clave, Quinti-tube) in F (Umfang E–c^2) und Es (Umfang D–b^2), in Frankreich auch in As (eigentlich schon Diskant-O.), mit 9–10, ab 1822 mit 12 Klappen; als Kontrabaß- oder Riesen-O. (ophicléide monstre) in F und Es, Umfang nur 2½ Oktaven, eine Oktave tiefer als die Alt-O., 1821 patentiert. Die Kontrabaß-O. wurde durch Einsetzen von Ventilen zur Baßtuba umgebaut (J. Halary). – Die Baß-O. war in Militärkapellen und im Opernorchester (Spontini, *Olympie*, 1819) in Gebrauch, bis sie durch die → Tuba (– 2) ersetzt wurde, in Frankreich, England und Italien allgemein erst im 1880–90. Danach wurde sie in Frankreich, Italien und in Südamerika noch gelegentlich in der Kirchenmusik verwendet.

Opus (lat., Werk; ital. opera; frz. œuvre; Abk.: op.; op. posth. = opus posthumum, nachgelassenes Werk, das vom Komponisten selbst nicht mehr mit einer Op.-Zahl versehen wurde). Das Wort wurde auf musikalische Kompositionen zuerst im Zeitalter des Humanismus angewendet. So verweist Tinctoris im *Prologus* seines *Liber de arte contrapuncti* (1477; CS IV, 77b) auf die opera der großen Komponisten seiner Zeit als Gegenstand der folgenden Abhandlung. Listenius (1537) definiert die Kompositionslehre als » Musica poetica, *qui post se ... opus perfectum et absolutum relinquat*; damit ist gemeint (vgl. Quintilianus II, 18), daß das schriftlich fixierte Werk außerhalb der Sphäre der Theorie und unabhängig von seiner praktischen Verwirklichung besteht und seinen Wert in sich selbst hat. Um 1500 tragen auch einige Musiktraktate den Titel Op. (→ Gaffori 1480, 1508 und 1518; → Wollick[–Schanppecher] 1501). Im Bereich des Notendrucks erscheint die Bezeichnung bei umfassenden Sammlungen kirchlicher Musik in Deutschland, so z. B. bei dem Sammeldruck *Novum et insigne op. musicum* (2 Bände Motetten, Nürnberg 1537–38, Ott) und bei dem *Magnum op. musicum*, der posthumen Sammlung von 516 Motetten O. de Lassus' (München 1604). Seit Beginn des 17. Jh. begegnet das Wort in Verbindung mit einer Zahl zur Bezeichnung der chronologischen Folge von Kompositionen eines Autors in der Reihenfolge ihres Drucks. Frühe Op.-Zählungen finden sich u. a. bei Viadana (erstmalig bei den *Motecta festorum ...* op. 10, Venedig 1597), Banchieri (*La Barca da Venezia ...* op. 12, Venedig 1605), C. → Antegnati (op. 16), Cifra (*Motecta ...* IV op. 8, Rom 1609), E. → Porta (op. 3). Unabhängig von ihrem Erscheinungsort fortlaufend gezählt sind die Werke von B. → Marini (wobei sich aus den fehlenden Op.-Zahlen die Menge der verlorengegangenen Drucke erschließen läßt). Nachträglich gezählt nach Op.-Zahlen hat Schütz seine größeren Sammlungen und Werke in einer *Specification*, die auf der letzten Seite des Bassus pro Violone seines *Op. Decimum* (*Symphoniae sacrae* II, 1647) abgedruckt ist. Vom Ende des 17. bis zum Ende des 18. Jh. bleibt die Op.-Zählung häufig auf Instrumentalwerke beschränkt. Da die Op.-

Zahlen in der Regel von den Verlegern eingesetzt wurden, erscheinen oft die gleichen Werke in verschiedenen Verlagen unter verschiedenen Op.-Zahlen und umgekehrt verschiedene Werke mit der gleichen Op.-Zahl (so z. B. bei Corelli, Vivaldi, Clementi). Auch gibt es Drucke, die Werke verschiedener Autoren unter einer Op.-Zahl vereinigen, wie: *Six symphonies à quatre parties obligées ... de différents auteurs* op. 5 (Paris 1760, Nr 1–3 von J. Stamitz, dazu je eine Symphonie von Beck, Wagenseil, Richter). Erst seit Beethoven geben viele Komponisten der Mehrzahl ihrer Werke bei der Veröffentlichung oder bereits bei der Niederschrift eine Op.-Zahl; doch bleiben einerseits Bühnenwerke, andererseits kleinere Stücke (wie Variationen, Tänze, Gelegenheitskompositionen) oft ohne Op.-Zahl. Komponisten, die ihr op. 1 sehr früh veröffentlichten (z. B. R. Strauss mit 12, F. Mendelssohn Bartholdy mit 13 Jahren), haben von ihren frühen Kompositionen oft nur einen kleinen Teil mit Op.-Zahl versehen. Bei Mendelssohn sind op. 1–72 zu Lebzeiten, op. 73–121 posthum veröffentlicht; ferner existieren etwa 200 Jugend- und Studienwerke im Manuskript ohne Op.-Zahl. R. Strauss schloß die Reihe seiner Werke mit Op.-Zahl mit der Oper *Capriccio* op. 85 (1942), obgleich ihr noch einige beachtenswerte Werke folgten. Dagegen veröffentlichten z. B. Beethoven und A. Webern ihr op. 1 mit 25 Jahren; von beiden liegen zahlreiche Werke aus früherer Zeit ohne Op.-Zahl vor (Brahms' Werke vor op. 1, ebenfalls zahlreich, sind zerstört). Spiegeln in den genannten Fällen die Op.-Zahlen ziemlich genau die Folge, in der die Werke entstanden, so geben sie z. B. bei Schubert keinen Anhaltspunkt hierfür. Sein op. 1 ist *Der Erlkönig* (komponiert 1815, gedruckt 1821, D 328). Für eine vollständige Übersicht über das Schaffen eines Komponisten sind in jedem Falle → Thematische Kataloge erforderlich.

Oration (von lat. oratio, Gebet) heißt in der römischen Liturgie jene Form des Gebets, durch die der Priester als amtlicher Sprecher das Beten der Gemeinde »zusammenfaßt« (daher auch Collecta genannt) und in einem kurzen und prägnant formulierten Text vorträgt. Eingeleitet wird die O. mit *Oremus*, am Ende steht das bestätigende *Amen* der Gemeinde. Die O. bildet jeweils den Abschluß eines liturgischen Aktes: in der → Messe den Schluß des Eröffnungsritus (O. im engeren Sinn), des Wortgottesdienstes (Oratio fidelium), der Gabenbereitung (Oratio super oblata, bisher auch Secreta genannt) und der Kommunion (Postcommunio, früher ebenfalls als Oratio ad complendam bezeichnet), ebenso den Abschluß der Horen des → Offiziums und anderer liturgischer Anlässe. – Die unter den Toni communes von Graduale und Antiphonale aufgeführten Orationstöne bieten das Modell eines einfachen Sprechgesangs (Accentus, → Akzent – 2), dessen musikalische Gliederung durch zwei Kadenzen (Flexa und Metrum) analog den im Text vorgegebenen Interpunktionszeichen erfolgt. Mit Ausnahme der feierlichen Gebetsformen (→ Präfation, → Pater noster) bleiben die O.en in den liturgischen Büchern ohne Noten.

Lit.: P. WAGNER, Einführung in d. Gregorianischen Melodien II u. III, Lpz. ²1912 u. 1921, Nachdruck Hildesheim u. Wiesbaden 1962.

Oratorium (lat.). Im Sprachgebrauch der römisch-katholischen Kirche bedeutet O. (ital. oratorio; frz. oratoire; engl. oratory) geweihter Raum, Kapelle, Betzimmer oder Betsaal, auch Zusammenschluß von Weltpriestern. Als musikalischer Gattungsbegriff kann O. (ital., frz., engl. oratorio) nicht eindeutig und erschöpfend definiert werden. Im allgemeinen versteht man unter O. die zu außerliturgischer und nichtszenischer Aufführung bestimmte Vertonung eines meist umfangreichen geistlichen Textes, der auf mehrere Personen oder Personengruppen verteilt ist. Im einzelnen ist jedoch zu berücksichtigen, daß es einerseits Oratorien gibt, die nicht alle genannten Merkmale aufweisen (z. B. szenisches O., weltliches O.), und daß andererseits Werke zur Gattung gehören, die nicht ausdrücklich als O. bezeichnet sind. Gleichbedeutend mit O. wurden Begriffe wie Historia, Melodramma sacro, Componimento sacro u. a. verwendet. Der Terminus O. erscheint zum erstenmal 1640/41 bei P. della Valle, bleibt zunächst vereinzelt und wird Ende des 17. Jh. gebräuchlich. – Die doppelte Verwendung des Wortes O. (geweihter Raum und musikalische Gattung) spiegelt den Sachverhalt wider, daß in der Frühzeit der Gattung die Oratorien ausschließlich in jenen Betsälen aufgeführt wurden, in denen nach dem Vorbild des römischen O.s an S. Girolamo della Carità – einer Gründung des hl. Filippo → Neri – Vereinigungen von Priestern und Laien (Congregazioni, Bruderschaften) geistliche Übungen abhielten. Wie vorher seit dem 16. Jh. die → Lauden, so bildeten ab Mitte des 17. Jh. die Oratorien den musikalischen Teil dieser Esercitii spirituali. Wie die Lauden entstanden die Oratorien aus dem seelsorgerischen Bedürfnis der Philippinischen Bruderschaften, die Kraft der Musik den Zielen der geistlichen Übungen dienstbar zu machen. Die musikalische Vorstellung tugendhafter Handlungen und abschreckender Beispiele sollte dazu beitragen, die Gläubigen zu bessern und sie für die Werke der Buße und Nächstenliebe bereit zu machen. Insofern ist das O. eine charakteristische Schöpfung der Gegenreformation. – Das O. entstand in Italien in zwei Spielarten: mit italienischem Text (oratorio volgare, im folgenden als ital. O. bezeichnet) und mit lateinischem Text (oratorio latino, lat. O.). Beide Arten wurden zunächst gleichermaßen von den Bruderschaften getragen, haben jedoch eine unterschiedliche Vorgeschichte. Die Entstehung des ital. O.s wird bestimmt durch → Lauda und geistliches → Madrigal; mit beiden Gattungen hat das ital. O. den poetisch geformten Text gemeinsam. Auch Cavalieris *Rappresentazione* (1600 im O. S. Maria in Vallicella zu Rom aufgeführt) spielt in die Vorgeschichte herein, denn hier wurde zum erstenmal das neuitalienische Rezitativ, das später eines der Charakteristika des O.s werden sollte, im Bereich der volkssprachlichen geistlichen Musik verwendet. Die Hauptwurzeln des lat. O.s liegen im liturgischen → Dialog des frühen 17. Jh.; in der sprachlichen Form und in der Gliederung des Stoffes läßt sich auch ein später Einfluß des liturgischen Dramas des Mittelalters erkennen. Ital. und lat. O. beeinflußten sich während des 17. Jh. gegenseitig, zeigen aber jeweils für sich eine eigene Entwicklung.

Die Geschichte des lat. O.s beginnt um 1640 mit dem Schaffen Carissimis. Seine Oratorien waren in erster Linie für das römische O. San Marcello bestimmt und wurden dort an den Sonntagen der Fastenzeit aufgeführt. Die Stoffe dieser Werke entstammen vorwiegend dem Alten Testament (z. B. *Jephte*; *Balthazar*), seltener dem Neuen Testament (z. B. *Dives malus*; *Judicium extremum*). Die Texte sind teils wörtlich, teils in freier Anlehnung der Vulgata entnommen, und sie weisen oft neugedichtete Einschübe (Poesie oder Prosa) auf; meist ist ein Erzähler (Historicus) der Träger der Handlung. Die musikalische Gestaltung bedient sich der verschiedenen Stilarten der Monodie, die nicht nur die solistischen Partien, sondern auch die durchweg homorhythmisch gehaltenen Chorsätze prägen. Carissimis Oratorienkunst zielt stets auf die Verständlichkeit und Kraft des Wortes und dessen unmittelbare Wirkung auf den Hörer. Seine Werke bilden einen ersten Höhepunkt in der Geschichte des O.s und wirkten hin bis zu Händel. Unmittelbar beeinflußte Carissimi die römischen Komponisten lat. Oratorien wie Graziani, Fr. und A. Foggia; insbesondere wurde er Vorbild für M. A. Charpentier, der das lat. O. in Paris einführte. In Charpentiers Oratorien verbindet sich die Tonsprache Carissimis mit Merkmalen der französischen Oper und Motette. Charpentier war der letzte Meister des lat. O.s, wie überhaupt außer ihm und nach ihm bis zum 19. Jh. französische Komponisten keinen nennenswerten Beitrag zur Geschichte dieser Gattung geleistet haben.

Ungleich umfassender und verzweigter ist die Geschichte des ital. O.s. Es spiegelt von seinen Anfängen an bis ins 18. Jh. die gleichzeitige Entwicklung der italienischen Oper und nimmt an ihrer europäischen Geltung teil. Die wichtigsten Zentren des Schaffens und der Pflege des O.s im 17. Jh. waren Rom, Bologna, Modena und Florenz, außerhalb Italiens vor allem Wien. In Rom war schon 1619 mit G. Fr. Anerios *Teatro armonico spirituale*, einer Sammlung von generalbaßbegleiteten geistlichen Madrigalen, eine Vorstufe des ital. O.s entstanden. Die Hauptmeister der Gattung waren hier in der 1. Hälfte des 17. Jh. L. Rossi, Marazzoli und P. della Valle, in der 2. Hälfte ragt Pasquini hervor. Umfangreich ist in den Oratorien dieser Komponisten die Rolle des Erzählers (→ Testo); dem Chor kommt große Bedeutung zu, der Sologesang wird ähnlich wie bei Carissimi durch den Wechsel von rezitativischer und arioser Melodik bestimmt. Die römischen Oratorien in der Mitte des 17. Jh. sind zweiteilig und weisen damit ein Merkmal auf, das die Gattung bis zum 18. Jh. hin kennzeichnet. Von Rom aus empfing die Entwicklung des O.s auch starke Impulse durch die Oratorientexte von A. Spagna, der sich nachdrücklich für die Abschaffung der Testopartie einsetzte, um so das O. der Oper anzugleichen. In den Vorreden zu seinen Librettosammlungen (*Oratorii overo Melodrammi sacri con un discorso dogmatico intorno l'istessa materia*, 1706) erweist sich Spagna als der früheste Historiker dieser Gattung. In Bologna und Modena – beide Städte waren künstlerisch eng verbunden – bezeugen die reichen Bestände an erhaltenen Quellen eine intensive Pflege des O.s im 17. Jh. Die einflußreichsten und fruchtbarsten Komponisten waren Cazzati, G. P. Colonna und Perti, ferner neben vielen anderen G. B. Bononcini, P. d'Albergati und Vitali. Die Bedeutung von Florenz in der Geschichte des O.s läßt sich nur unscharf erkennen: die erhaltenen Textbücher beweisen aber eine große Zahl von Oratorienaufführungen. Beliebt waren hier Oratorienpasticcios. Im Vergleich zu anderen oberitalienischen Städten wurde in Venedig das O. auffallend wenig gepflegt. Bis zum Ende des 17. Jh. schrieb von den führenden Opernkomponisten der Venezianischen Schule nur G. Legrenzi Oratorien, die jedoch nicht in Venedig aufgeführt wurden. Gleichwohl war der in dieser Stadt geschaffene Opernstil (→ Oper) von maßgeblichem Einfluß auf das O. in der 2. Hälfte des 17. Jh. Zur gleichen Zeit und in gleichem Maße wie in der Oper bildete sich auch im O. die Trennung von Secco- und Accompagnatorezitativ heraus, zeichnete sich die Gegenüberstellung von Rezitativ und Arie ab, wurde die Beteiligung des Orchesters an der Begleitung der Gesangspartien immer stärker. Wegweisend war hierin von den Meistern der Venezianischen Schule Stradella, der in seinem O. *S. Giovanni Battista* (1676) zum erstenmal die Concerto grosso-Besetzung verwendete. – In Wien wurde das ital. O. in der 2. Hälfte des 17. Jh. tatkräftig gefördert durch Kaiser Leopold I., der selbst zahlreiche Oratorien schrieb. Von den vielen in Wien tätigen italienischen Meistern darf A. Draghi als der fruchtbarste und künstlerisch gewichtigste Oratorienkomponist gelten. In Wien wurden die Oratorien ausschließlich am kaiserlichen Hof und nur in der Fastenzeit aufgeführt. Für die Feier des »Santo Sepolcro« in der Karwoche entstand in Wien eine Sonderart des O.s, das sogenannte Sepolcro-O., das sich mit der für den gleichen Zweck bestimmten → Azione sacra berührte.

Die Sujets der ital. Oratorien zeigen trotz aller Mannigfaltigkeit starke Übereinstimmung. Bevorzugt waren zunächst Stoffe aus dem Alten Testament (z. B. Samson, David, Judith, Esther, Jephta) und allegorische Themen; seit Mitte des Jahrhunderts griffen Textdichter und Komponisten auch immer mehr zu Stoffen aus der Heiligenlegende. In der Regel wurden die Texte in Versen abgefaßt. – Um die Wende des 17. zum 18. Jh. vollzog sich wie in der Oper, so auch im O. der Übergang vom venezianischen zum neapolitanischen Stil (→ Neapolitanische Schule). Dessen charakteristische Stilmittel (→ Oper) lassen sich in gleicher Weise in beiden Gattungen beobachten. Der erste große Meister der neapolitanischen Oper, A. Scarlatti, war auch der Schöpfer des neapolitanischen O.s, das im 18. Jh. zum beherrschenden Typus in den meisten europäischen Ländern wurde.

Die wichtigsten Komponisten des ital. O.s im 18. Jh. lassen sich in drei zeitlich aufeinanderfolgenden Gruppen zusammenfassen. Zu einer ersten Gruppe (ca. 1700–50) gehören hauptsächlich neapolitanische Meister: L. Vinci, Leo, Pergolesi, Jommelli, Porpora; von oberitalienischen Komponisten ist besonders Padre Martini zu nennen. In diesem Zusammenhang steht auch Händel. Er begann sein Oratorienschaffen 1708 mit italienischen Werken (z. B. *La Resurrezione*) und wurde später in London der Schöpfer des O.s in englischer Sprache. Das früheste englische Werk Händels war *Esther* (1732), das bedeutendste und zugleich ein Höhepunkt in der Geschichte des O.s *Messiah* (1742). Meisterhaft verbindet Händel den hier ausschließlich verwendeten Bibeltext mit den neapolitanischen Formen der Da-Capo-Arie und des Accompagnatorezitativs. In den Chorsätzen erhalten besonders die textlichen Akklamationen (z. B. »Halleluja«) einen für Händel eigentümlichen musikalischen Ausdruck, der die Grenzen des neapolitanischen Stils sprengte. In Deutschland war in der 1. Hälfte des 18. Jh. J. A. Hasse ein überaus einflußreicher Komponist der neapolitanischen Richtung. Seine für Dresden geschriebenen ital. Oratorien galten in ganz Europa als Meisterwerke. In Wien stand die Gattung in hohem Ansehen durch die Tätigkeit von Caldara, Fux und Lotti, die zum Teil noch die venezianische Tradition weiterführten. Von Wien aus wurde die Entwicklung des O.s auch entscheidend beeinflußt durch die Dichtungen Zenos und Metastasios. Sie griffen in der Stoffwahl wieder mehr auf die Bibel als auf die Heiligenlegenden zurück und glichen in Gesamtaufbau und sprachlicher Gestaltung den Oratorientext weitgehend dem Opernlibretto an, so daß Zeitgenossen das O. zuweilen als eine *geistliche Opera* (WaltherL) erscheinen konnte. Eine zweite Gruppe von Komponisten, die das O. im neapolitanischen Stil pflegten, war in der Zeit von ca. 1740–80 am Werk. Hier sind zu nennen: Piccinni, Majo, Galuppi, Anfossi, Sacchini, Bertoni. In der gleichen Zeit beteiligten sich nun auch deutsche Meister in größerer Zahl an der Pflege des O.s: Gaßmann, Holzbauer, J. G. Naumann sowie J. Haydn und W. A. Mozart mit ihren ital. Oratorien. In das 19. Jh. schließlich reichte das Schaffen einer dritten Gruppe von Oratorienkomponisten: Cimarosa, Paisiello, Salieri, Dittersdorf, Weigl, S. Mayr. In ihren Werken endete nach 200 Jahren die Geschichte des ital. O.s.

Die Beteiligung deutscher Komponisten an der Entwicklung des O.s beschränkte sich nicht auf Werke in italienischer Sprache. Vielmehr entstand kurz nach 1700 im Bereich der protestantischen Kirchenmusik als eigener Typus das O. in deutscher Sprache (deutsches O.). Sein Vorbild war das ital. O., seine Vorgeschichte wird jedoch mitbestimmt von der (liturgischen) deutschen → Passion und der → Historia des 17. Jh.; als unmittelbare Vorläufer kommen ferner die (außerliturgischen) Dialoge in Betracht, wie sie etwa in Hamburg Weckmann und Bernhard pflegten. Während diesen Gattungen der Bibeltext in seinem genauen Wortlaut zugrunde lag, war es für das deutsche O. zur Zeit seiner Entstehung charakteristisch, daß hier der Bibeltext in gebundener Rede neugefaßt wurde, wobei freie Dichtungen und Choräle hinzugefügt werden konnten. Die maßgeblichen Textdichter des frühen deutschen O.s waren Menantes, der sich ausdrücklich auf das ital. O. beruft (im Vorwort zu *Der blutige und sterbende Jesus*, 1704, komponiert von Keiser), und vor allem Brockes. Dessen Oratorientext *Der für die Sünden dieser Welt gemarterte und sterbende Jesus* (1712) wurde häufig vertont, so von Keiser, Telemann und Händel. Zur Terminologie ist zu bemerken, daß die Bezeichnung O. im weiteren Verlauf des 18. Jh. auch für solche Werke galt, die auf dem wörtlichen Bibeltext beruhen und dazu Choräle und neugedichtete Einschübe aufweisen (vgl. J. S. Bachs eigens so genanntes *Weihnachts-O.*, BWV 248). In der Stoffwahl unterschied sich das deutsche O. der ersten Jahrhunderthälfte nicht erheblich vom ital. O. Die Pflege der Gattung konzentrierte sich besonders auf Hamburg, wo sich Mattheson und Telemann der Aufführung und Komposition deutscher Oratorien widmeten. Telemann begründete auch eine lebendige Oratorientradition in Frankfurt am Main. Von geringerer Bedeutung waren Lübeck, Magdeburg und andere Orte. Im katholischen Raum nahm Salzburg eine gegenüber dem protestantischen Norden gesonderte Stellung ein. Die hier aufgeführten Oratorien von J. E. Eberlin verraten die unmittelbare Berührung mit dem Wiener ital. O.

Die Zeit der Empfindsamkeit und der Aufklärung fand in der 2. Hälfte des 18. Jh. auch im deutschen O. einen bezeichnenden Niederschlag. Besonders die Kunst- und Religionsauffassung Klopstocks und die weltweite Wirkung seines *Messias* hinterließen deutliche Spuren und führten in Deutschland zu einem neuen Typus des O.s. Seine Stoffe waren nun nicht mehr in erster Linie die biblischen Berichte; jetzt stand allgemein das menschliche Empfinden bei der Meditation über Bibel und Religion im Vordergrund. Vorzugsweise behandelten die Textdichter die Gestalt des Messias, die letzten Dinge, Zeit und Ewigkeit, Gott in der Natur. Im Zusammenhang damit entwickelte sich eine spezielle Vorliebe für die Idylle. Den allmählichen Übergang von dem mehr biblisch-historisch ausgerichteten zum »empfindsamen« O. verkörperte das Schaffen Telemanns. Der berühmteste Dichter der neuen Richtung war C. W. Ramler. Sein Werk *Der Tod Jesu* (1756) entsprach in der Vertonung von C. H. Graun so sehr dem künstlerischen und religiösen Geschmack in Deutschland, daß es bis in die 2. Hälfte des 19. Jh. regelmäßig in der Karwoche in Berlin aufgeführt wurde. Ramlersche Texte vertonte auch C. Ph. E. Bach (u. a. *Die Auferstehung und Himmelfahrt Jesu*, 1787). – Im ausgehenden 18. Jh. bedeuten die deutschen Oratorien J. Haydns einen neuen Höhepunkt in der Geschichte der Gattung. *Die Schöpfung* (1798) beruht in den Seccorezitativen, anders als die meisten Oratorien des 18. Jh., auf dem wörtlichen Bibeltext (Genesis), während zumal in den Arien und Accompagnatorezitativen die religiösen Empfindungen der Zeit und die Vorliebe für Naturschilderungen zum Ausdruck kommen. Haydn nahm *Die Schöpfung* zum Muster für *Die Jahreszeiten* (1801). Die musikgeschichtliche Größe beider Werke besteht vor allem in der engen Verschmelzung lied- und opernmäßiger Ausdrucksmittel mit den Elementen des klassischen Instrumentalstils.

In der 1. Hälfte des 19. Jh. war Deutschland im Oratorienschaffen führend. Hier bestimmten hauptsächlich zwei Stoffkreise die weitere Entwicklung des O.s: der biblische Bereich mit den alt- und neutestamentlichen Historien, in zunehmendem Maße auch mit apokalyptischen Themen, und der profan-historische Bereich unter starker Betonung des Heroischen. Biblische Stoffe benutzten u. a. Spohr (z. B. *Das jüngste Gericht*, 1812), Fr. Schneider (z. B. *Das Weltgericht*, 1819), vor allem aber Mendelssohn Bartholdy (am bekanntesten wurden *Paulus*, 1836, und *Elias*, 1846). Mendelssohn orientierte seinen Oratorienstil an dem Vorbild Händels, besonders in den Chorsätzen, die manchmal geradezu als Stilkopie erscheinen, und in den eindrucksvollen Sologesängen, die das romantische Lied mit der Händelschen Accompagnatotechnik verbinden. Beispiele für das O. mit historischem Sujet bieten die Werke von K. Loewe (z. B. *Gutenberg*, 1835). Vereinzelt blieben weltliche Oratorien mit Märchenstoffen wie R. Schumanns *Das Paradies und die Peri* (1843) und *Der Rose Pilgerfahrt* (1851). – In der 2. Hälfte des Jahrhunderts kommt auf dem Gebiet des O.s vornehmlich Liszt ein besonderer Rang zu. Seine *Legende von der heiligen Elisabeth* (1862) steht noch in lebendiger Beziehung zu dem älteren Legenden-O. und zum O. Mendelssohns. Dagegen zeigt sich in *Christus* (1872) eine eigene Konzeption des O.s. Liszt benutzt hier ausschließlich lateinische Texte und erprobt in den selbständigen Orchestersätzen die Technik der Symphonischen Dichtung an religiösen Themen. Erfolgreiche Oratorienkomponisten waren in dieser Zeit auch Fr. Kiel (*Christus*, 1872), Bruch (*Odysseus*, 1872) und Raff (*Weltende, Gericht, neue Welt*, 1880). – In Frankreich, wo seit dem ausgehenden 17. Jh. keine nennenswerten Oratorien mehr entstanden waren, erlebte die Gattung erst Anfang des 19. Jh. einen neuen Aufschwung. Den Beginn bildeten die Oratorien von le Sueur, die lateinischen Text haben und im Rahmen der Liturgie aufgeführt wurden; so war z. B. ein *Oratorio pour le couronnement* in die Messe zur Krönung Napoleons I. (1804) eingebaut. Musikalisch stehen die Oratorien le Sueurs der französischen Revolutionsmusik nahe, in der Gesamtkonzeption greifen sie auf Merkmale der Mysterienspiele und liturgischen Dramen des Mittelalters zurück. Beliebt wurden nun in Frankreich Bezeichnungen wie mystère, drame sacré für O. Als französische Oratorienkomponisten des 19. Jh. sind vor allem zu nennen: Berlioz (*L'enfance du Christ*, 1854), Saint-Saëns (*Oratorio de Noël*, 1863), Massenet (*Eve*, 1875), C. Franck (*Les béatitudes*, 1869–79) und Gounod (*La rédemption*, 1881). – In den anderen europäischen Ländern und in Amerika kam es während des 19. Jh. kaum zu einer eigenständigen Entwicklung des O.s. Insgesamt sind in diesem Jahrhundert keine so evidenten Höhepunkte der Gattung zu verzeichnen wie in den beiden vorangehenden Jahrhunderten.

Die Wege des O.s im 20. Jh. gehen, soweit heute schon zu beurteilen, in verschiedene Richtungen. In der älteren deutschen Tradition stehen einerseits die geistlichen und weltlichen Oratorien von J. Haas (z. B. *Die Heilige Elisabeth*, 1931; *Das Jahr im Lied*, 1952), andererseits in Verbindung mit der Erneuerungsbewegung in der protestantischen Kirchenmusik so profilierte Werke wie das *Weihnachts-* und das *Auferstehungs-O.* von K. Thomas (1930). Allgemein erweist sich seit den ersten

Dezennien des 20. Jh. die Komposition von Oratorien als ein Problem, mit dem sich bislang fast jeder Komponist von Rang auseinandergesetzt hat, um individuelle Lösungen zu erproben. Starke Impulse sind ausgegangen von Honegger, der noch mehr als französische Komponisten des 19. Jh. mit Kunstmitteln des mittelalterlichen Mysterienspiels arbeitet (*Le Roi David*, 1921; *Jeanne d'Arc au bûcher*, 1938). Auch andere Schweizer Komponisten verzeichnen ein reiches Oratorienschaffen: C. Beck (O. nach A. Silesius 1936, *Der Tod zu Basel*, 1952), W. Burkhard (*Das Gesicht Jesajas*, 1935) und Fr. Martin (*Le vin herbé*, 1938–41; *Le mystère de la Nativité*, 1959). Jeweils individuelle Lösungen des Oratorienproblems finden sich ferner bei Strawinsky (*Oedipus Rex*, 1927), Hindemith (*Das Unaufhörliche*, 1931), Schönberg (»Ein Überlebender aus Warschau«, 1947), Orff (*Comoedia de Christi Resurrectione*, 1957), L. Nono (*Il canto di sospeso*, 1956) und Křenek (Pfingst-O. *Spiritus intelligentiae, sanctus*, 1956). Als spezielle Begabung auf dem Gebiet des O.s erwies sich in letzter Zeit J. Driessler (*Dein Reich komme*, 1950; *Der Lebendige*, 1954–56).

Lit.: Instituta Congregationis Oratorii S. Mariae in Vallicella de Urbe a B. Philippo Nerio fundatae, Rom 1612; A. MAUGARS, Responce faite à un curieux sur le sentiment de la musique d'Italie, escrite à Rome le 1er Octobre 1639, Nachdruck in: E. Thoinan, Maugars, célèbre joueur de viole, Paris 1865; G. MARCIANO, Memorie hist. della Congregazione dell'Oratorio I, Neapel 1693; A. SPAGNA, Vorreden (zu Oratorii overo Melodrammi sacri I u. II, Rom 1706, u. zu I Fasti sacri, Rom 1720), Neudruck in: A. Schering, Neue Beitr. zur Gesch. d. ital. O. im 17. Jh., SIMG VIII, 1906/07; Indice ossia nota degli oratorij posti in musica da diversi autori [1659–1743], Bologna, Museo civico bibliogr. mus., Ms. H/6; ANON., An Examination of the Oratorios ..., London 1769; J. A. P. SCHULZ, Artikel O., in: J. G. Sulzer, Allgemeine Theorie d. Schönen Künste, 2 Bde, Lpz. 1771–74 u. ö.; C. H. BITTER, Beitr. zur Gesch. d. O., Bln 1872; FR. CHRYSANDER, Über d. Molltonart in d. Volksgesängen u. über d. O., Bln ²1872; DERS., Die O. v. G. Carissimi, AmZ XI, 1876; O. WANGEMANN, Gesch. d. O. v. d. ersten Anfängen bis zur Gegenwart, Heilbronn (²1881); H. KRETZSCHMAR, Führer durch d. Konzertsaal II, 2. O. u. weltliche Chorwerke, Lpz. 1890, neubearb. v. H. Schnoor ⁵1939; M. BRENET, Les »oratorios« de Carissimi, RMI IV, 1897; R. SCHWARTZ, Das erste deutsche O., JbP V, 1898; Fr. X. HABERL, Beitr. zur ital. Lit. d. O. im 17. u. 18. Jh., KmJb XVI, 1901; A. SOLERTI, Lettere inedite sulla musica di P. della Valle a G. B. Doni, RMI XII, 1905; J. R. CARRERAS Y BULBENA, El oratorio mus., Barcelona 1906; G. PASQUETTI, L'oratorio mus. in Italia, Florenz 1906, ²1914; D. ALALEONA, Studii sulla storia dell'oratorio mus. in Italia, Turin 1908, Neudruck Mailand 1945; A. SCHERING, Gesch. d. O., = Kleine Hdb. d. Mg. nach Gattungen III, Lpz. 1911, Nachdruck Hildesheim 1966 (grundlegend); E. WELLESZ, Die Opern u. O. in Wien v. 1660–1708, StMw VI, 1919; Fr. B. PRATELLA, G. Carissimi ed i suoi oratori, RMI XXVII, 1920; K. G. MEYER-(BAER), Das Offizium u. seine Beziehung zum O., AfMw III, 1921; H. SCHNOOR, Das O. ..., Adler Hdb.; H. VOGL, Zur Gesch. d. O. in Wien v. 1725 bis 1740, StMw XIV, 1927; E. VOGL, Die Oratorientechnik Carissimis, Diss. Prag 1928, maschr.; K. NEF, Das Petruso. v. M. A. Charpentier u. d. Passion, JbP XXXVII, 1930; M. A. ZORZI, Saggio di bibliogr. sugli oratori sacri eseguiti a Venezia, Accad. e bibl. d'Italia IV, 1930–VII, 1933; H. J. MOSER, Die mehrst. Vertonung d. Evangeliums I, = Veröff. d. Staatl. Akad. f. Kirchen- u. Schulmusik Bln II, Lpz. (1931); E. DAGNINO, Quanti sono gli oratorii di B. Pasquini?, Note d'arch. IX, 1932; DERS., Ancora degli oratori di B. Pasquini, ebenda XI, 1934; G. PANNAIN, L'oratorio dei Filippini e la scuola mus. di Napoli, = Istituzioni e monumenti dell'arte mus. ital. V, Mailand 1934; R. C. CASIMIRI, Oratorio del Marini, Bernabei, Melani, Di Pio, Pasquini e Stradella in Roma, nell'Anno Santo 1675, Note d'arch. XIII, 1936; R. LUSTIG, Saggio bibliogr. degli oratorii stampati a Firenze dal 1690 al 1725, ebenda XIV, 1937, dazu U. Rolandi, ebenda XVI, 1939; G. MASSENKEIL, Die oratorische Kunst in d. lat. Historien u. O. G. Carissimis, Diss. Mainz 1952, maschr.; DERS., Die Wiederholungsfiguren in d. O. G. Carissimis, AfMw XIII, 1956; A. DAMERINI, L'oratorio mus. nel seicento dopo Carissimi, RMI LV, 1953; DERS., Le due »Maddalene« di G. Bononcini, in: CHM II, 1956; C. GASBARRI, L'oratorio Filippino (1552–1952), Rom 1957; A. LIESS, Die Slg d. Oratorienlibretti (1679–1725) u. d. restliche Musikbestand d. Fondo San Marcello d. Bibl. Vaticana in Rom, AMI XXXI, 1959. GMA

Orchester (von griech. ὀρχήστρα, der halbrunde Tanzplatz des Chores vor der Szene des antiken Theaters). Die Bezeichnung Orch. wurde im 17. und frühen 18. Jh. primär für den Platz vor der Bühne (Molière, *La Princesse d'Elide*, 1664; WaltherL), sekundär für das Instrumentistenensemble der Oper gebraucht (Raguenet 1702). Mattheson (1713) verwendet den Ausdruck Orch. auch für die Instrumentalgruppen der Kirchen- und Kammermusik, und Quantz (1752) deutet, wenn er einem *zahlreichen* Orch. eine *kleine* Kammermusik gegenüberstellt, die Differenzierung der Instrumentalmusik in Orch.- und Kammermusik an, die der moderne Begriff des Orch.s voraussetzt. – Das Orch. ist ein Besetzungstypus; man spricht von einem Orch., wenn mehrere Stimmen, vor allem die der Streicher, chorisch besetzt sind oder wenn ein Ensemble eine große Anzahl von Spielern umfaßt. Die Grenze zwischen Kammer- und Orch.-Besetzung ist allerdings fließend; so ist Milhauds Kammersymphonie V ein Dixtuor, doch Schönbergs 1. *Kammersinfonie* für 15 Soloinstr. op. 9 zählt zur Orch.-Musik. Vom vollen, aus Streichern und Bläsern zusammengesetzten Orch. wurde die Bezeichnung auf das reine Streich- oder Blasorch. (→ Harmoniemusik) übertragen. Unter einem Kammerorch. wird entweder ein Orch. mit solistischer statt chorischer Besetzung der Stimmen verstanden, oder, im Unterschied zum großen Symphonieorch., ein kleines Orch., das sich den Besetzungsnormen des 18. Jh. angleicht. – Instrumentistengruppen wurden im 17. Jh. als Chorus instrumentalis (M. Praetorius 1619), Symphonie (J.-B. Lully), Concerto oder Consort bezeichnet. Bei stärkerer Besetzung sprach man von einem Concerto grosso (H. Bottrigari 1594) oder einem Grand chœur (Georg Muffat 1701); die musikalischen Strukturen aber entziehen sich vor der Mitte des 18. Jh. einer eindeutigen Klassifizierung in → Kammermusik und Orch.-Musik. Die Besetzung war weniger abhängig von der Struktur der Musik als von den zufällig verfügbaren Mitteln und von der Größe des Raumes, in dem ein Werk aufgeführt wurde. Noch J. Stamitz läßt in op. 1 (1755) die Wahl zwischen solistischer und chorischer Besetzung offen (*ou à trois ou avec toutes* [sic!] *l'orchestre*). Verliert demnach der Begriff des Orch.s bei der Anwendung auf Instrumentistenensembles des 16./17. Jh. seine festen Umrisse, so ist es noch fragwürdiger, ihn auf Musikergruppen oder -genossenschaften außereuropäischer und archaischer Kulturen zu übertragen, auf eine Instrumentalpraxis, in der Variantenheterophonie in gemischter Besetzung als Norm erscheint, Unisonospiel in chorischer Besetzung hingegen als seltene Ausnahme.

Einen festen Typus des »Renaissanceorch.s« gab es nicht. Der Verbindung von Instrumenten der gleichen Familie (engl. whole consort) stand im 16. und frühen 17. Jh. das Ensemble in gemischter Besetzung (broken consort) gegenüber. Die Instrumentisten traten bei Hoffesten und in Intermedien zwar manchmal in großer Anzahl auf, gruppierten sich aber zu kleinen, in der Besetzung wechselnden Ensembles. (Der große Instrumentalapparat in Monteverdis *Orfeo* folgt einer Tradition des 16. Jh.; die Verwendung der Posaunen zur Charakteristik der Unterwelt ist in C. Malvezzis Intermedien von 1591 vorgebildet.) Zur Verdoppelung von

Stimmen stellte man im allgemeinen Instrumente verschiedener Typen zusammen (M. Praetorius 1619). Chorische Besetzung war eine Ausnahme. 1594 erwähnt H. Bottrigari ein Ensemble mit einer großen Anzahl von Violen (*una gran quantità de viuole ... d'uno medesimo corpo*); um 1610 ging aus den Pariser Musikergenossenschaften, den Ménétriers de St-Julien, das Streichorch. des französischen Königs (Vingt-quatre violons du Roy) hervor. – Das »Barockorch.« war um den reich und vielfarbig besetzten Generalbaß (Cembalo oder Orgel, Streichbaß, Theorbe, Chitarrone, Harfe) gruppiert. »Zufallsbesetzungen« herrschten vor; das Orch. mit chorisch besetzten Streichern bildete keine Norm, sondern eine Möglichkeit neben anderen. Zwar führte A. Corelli (nach Georg Muffat 1682) seine Concerti grossi in sehr starker Besetzung auf, und Karl II. von England ahmte mit der Gründung des Orch.s der Four-and-twenty fiddlers das französische Vorbild der Vingt-quatre violons du Roy nach. Doch ist andererseits die Entstehungsgeschichte des modernen Orch.s kaum zu trennen von der Entwicklung eines spezifischen Orch.-Satzes: von der Bedingung, daß Komponisten in Durchbrochener Arbeit für Orch. schreiben, statt einen abstrakt realstimmigen Satz mit Instrumenten zu »besetzen«; einem abstrakten Satz entspricht eine zufällige Besetzung. Noch J.-B. Lully aber schrieb für die Vingt-quatre violons du Roy streng realstimmig; die Außenstimmen des Streichersatzes, der im Unterschied zur italienischen Praxis (A. Corelli) nicht vier-, sondern fünfstimmig ist (dessus, haute-contre, taille, quinte, basse), verstärkte er durch Oboen und Fagotte, die er andererseits als Bläsertrio dem Tutti gegenüberstellte. Ansätze zu Durchbrochener Arbeit zeigen sich bei A. Vivaldi. – Im »klassischen Orch.« des späten 18. Jh. bildet ein chorisch besetztes Streicherensemble die Grundlage, von der sich Bläserstimmen als charakteristische Farben abheben. Die Besetzung der Bläsergruppe mit je 2 Flöten, Oboen, Klarinetten und Hörnern ist entweder in Mannheim oder in Paris (Fr.-J. Gossec, *Symphonie chasse*, 1776) entwickelt worden. Mozart rühmte sie 1778 am Mannheimer Orch. und verwendete sie im selben Jahr in der Pariser Symphonie, K.-V. 297. Die Ergänzung durch 2 Trompeten und Pauken war im Symphonieorch. zunächst eine Ausnahme; zur Norm wurde sie erst in Haydns Londoner Symphonien und bei Beethoven. Die Besetzung der Orch. im 18. Jh. war nach heutigen Begriffen schwach. Ein großes Orch. wie die Berliner Hofkapelle umfaßte 1787 ungefähr 60 Instrumentisten; Haydn verfügte 1783 in Esterház über 23 Musiker. – Versucht man, die Entwicklung des Orch.s in eine Formel zu fassen, so ist zu sagen, daß im 18. Jh. primär die Holzbläserbesetzung, im 19. die Blechbläsergruppe und im 20. das Schlagzeug erweitert und differenziert worden ist. Beethoven schreibt im Finale der 5. Symphonie 3 Posaunen, Kontrafagott und Piccoloflöte vor, Berlioz ergänzte den Posaunensatz durch Tuben, Wagner erhöhte die Anzahl der Trompeten auf drei (*Lohengrin*) oder vier (*Der Ring des Nibelungen*). Andererseits darf nicht übersehen werden, daß die scheinbar feststehenden Teile des Orch.s auf die veränderlichen bezogen, also gleichfalls einer Entwicklung unterworfen waren; die vielfache Teilung der Geigen oder Violoncelli ist mit der Erhöhung der Bläseranzahl vergleichbar. Neigungen zum Massenorch. als bloßer Summierung gab es im 18. wie im 19. Jh. (Händel-Feste seit 1785). Die Erweiterung des Orch.s bei R. Wagner, G. Mahler, R. Strauss (*Elektra*), A. Schönberg (*Gurre-Lieder*) und O. Messiaen (*Turangalîla-Symphonie*, 1948) aber ist nicht als bloße Tendenz zum Masseneffekt zu verstehen. Der Vergrößerung des Apparats entspricht eine Differenzierung der Technik, und daß sich in den letzten Jahrzehnten eine Neigung zu kleineren, keiner Norm unterworfenen Besetzungen zeigt, bedeutet zwar äußerlich einen Umschlag ins entgegengesetzte Extrem, instrumentationstechnisch aber eine Konsequenz der vorangegangenen Entwicklung.

Die Sitzordnung des Orch.s folgte im frühen 18. Jh. dem Prinzip der Gruppentrennung; später zeichnete sich immer deutlicher die Tendenz zur Klangverschmelzung ab. Solange die Orch.-Musik durch einen Generalbaß fundiert war, bildeten der Cembalist und der neben ihm stehende Anführer der Violinen (Konzertmeister) das Zentrum, um das sich die übrigen Instrumente versammelten. Streicher und Bläser wurden in getrennten Gruppen rechts und links vom Cembalo angeordnet (Quantz 1752). Manche Opernorch. hielten noch im 19. Jh. an der Gruppentrennung fest, gegen die R. Wagner in den *Erinnerungen an Spontini* polemisierte. Doch führte schon J. Fr. Reichardt in Berlin 1775 das Prinzip ein, die 1. und 2. Violinen links und rechts vom Dirigenten zu plazieren und die Holzbläser im Hintergrund aufzureihen. Als Präzisierung der Reichardtschen Anordnung erscheint die Norm, die sich im 19. Jh., vor allem in Deutschland, durchsetzte: links vom Dirigenten sind die 1., rechts die 2. Violinen plaziert, hinter den 1. Violinen die Violoncelli, hinter den 2. die Bratschen (diese Gruppen ungefähr in Kreissegmenten mit der Spitze auf den Dirigenten weisend) im Hintergrund die Bläser, und zwar entweder die Holzbläser links und die Blechbläser rechts (Opernorch.) oder in zwei Reihen die Blechbläser hinter den Holzbläsern (Symphonieorch.). In der sogenannten amerikanischen Sitzordnung (L. Stokowski), die nach 1945 auch von vielen deutschen Orch.n übernommen wurde, tauschen die 2. Violinen ihre Plätze mit den Violoncelli.

Lit.: F. S. GASSNER, Dirigent u. Ripienist, Karlsruhe 1844; H. LAVOIX FILS, Hist. de l'instrumentation..., Paris 1878; W. KLEEFELD, Das Orch. d. Hamburger Oper 1678–1738, SIMG I, 1899/1900; H. GOLDSCHMIDT, Das Orch. d. ital. Oper im 17. Jh., SIMG II, 1900/01; H. LEICHTENTRITT, Was lehren uns d. Bildwerke d. 14.–17. Jh. über d. Instrumentalmusik ihrer Zeit?, SIMG VII, 1905/06; R. HAAS, Zur Frage d. Orchesterbesetzung in d. 2. Hälfte d. 18. Jh., Kgr.-Ber. Wien 1909; DERS., Aufführungspraxis d. Musik, Bücken Hdb.; H. QUITTARD, L'orch. des concerts de chambre au XVIIe s., ZIMG XI, 1909/10; FR. VOLBACH, Das moderne Orch., = Aus Natur u. Geisteswelt, Bd 308, Lpz. 1910, ²1921 als: Das moderne Orch. II, Das Zusammenspiel d. Instr. ..., ebenda 715; DERS., Die Instr. d. Orch., ebenda 384, 1913, ²1919 als: Das moderne Orch. I, Die Instr. d. Orch., ebenda 714; H. PRUNIÈRES, La musique de la chambre et de l'écurie sous le règne de François I, L'Année mus. I, 1911; W. ADAM, Zur Besetzung d. Bach-Orch., Mk XII, 1912/13; G. CUCUEL, Etudes sur un orch. au XVIIIe s., Paris 1913; G. SCHÜNEMANN, Gesch. d. Dirigierens, = Kleine Hdb. d. Mg. nach Gattungen X, Lpz. 1913, Nachdruck Hildesheim 1965; A. JEMNITZ, Gegen d. versenkte Orch., Mk XIV, 1914/15; G. FR. MALIPIERO, Orch. e orchestrazione, RMI XXIII, 1916–XXIV, 1917; P. MARSOP, Das unsichtbare Orch. vor d. Szene, Neue Musikzeitung XXXIX, 1918; A. SCHERING, Aufführungspraxis alter Musik, = Musikpädagogische Bibl. X, Lpz. 1931; CH. ST. TERRY, Bach's Orch., London 1932, Nachdruck 1958; E. PREUSSNER, Die bürgerliche Musikkultur, Hbg 1935, Kassel ²1950; P. BEKKER, The Story of the Orch., NY 1936, Neuauflage als: The Orch., NY 1963; O. SCHREIBER, Orch. u. Orchesterpraxis in Deutschland zwischen 1780 u. 1850, = Neue deutsche Forschungen CLXXVII, Abt. Mw. VI, Bln 1938; A. CARSE, The Orch. in the XVIIIth Cent., Cambridge 1940, Nachdruck 1950; DERS., The Orch. from Beethoven to Berlioz, Cambridge 1948; J. A. WESTRUP, Monteverdi and the Orch., ML XXI, 1940; FR. HOWES, Full Orch., London 1942; P. COLLAER, L'orch. di Cl. Monteverdi, Musica II, (Florenz) 1943; C.

Orchester (Belgien)

Sachs, The Rise of Music in the Ancient World, East and West, NY (1943); M. Pincherle, L'orch. de chambre, Paris 1949; M. Kingdon-Ward, Orchestral Balance, MMR LXXI, 1951; R. Hughes, The Haydn Orch., The Mus. Times XCIII, 1952; Fr. Lesure, Die »Terpsichore« v. M. Praetorius..., Mf V, 1952; Ders., Les orch. populaires à Paris vers la fin du XVIe s., Rev. de Musicol. XXXVI, 1954; H. Creuzburg, Die neue Sitzordnung d. Sinfonie-Orch., Das Musikleben VI, 1953; H. F. Redlich, Monteverdi e l'orch., in: L'orch., Florenz 1954; C. Haensel, Das Orch. im Urheberrecht, in: Musik u. Dichtung, Jg. 1955, Nr 6; G. Barblan, Le orch. in Lombardia all'epoca di Mozart, Kgr.-Ber. Wien 1956; D. Arnold, Brass Instr. in the Ital. Church Music of the XVIth and Early XVIIth Cent., Brass Quarterly I, 1957/58; Ders., »Con ogni sorte di stromenti«, ebenda II, 1958/59; W. Kolneder, Der Raum in d. Musik d. 17. u. 18. Jh., Musica XIII, 1959; N. Broder, The Beginnings of the Orch., JAMS XIII, 1960; H. Engel, Musik u. Ges., Bln u. Wunsiedel (1960); J. Eppelsheim, Das Orch. in d. Werken J.-B. Lullys, = Münchner Veröff. zur Mg. VII, Tutzing 1961; A. Cohen, A Study of Instr. Ensemble Practice in XVIIth Cent. France, The Galpin Soc. Journal XV, 1962; F. Ghisi, L'orch. in Monteverdi, Fs. K. G. Fellerer, Regensburg 1962; H. Becker, Artikel Orch., in: MGG X, 1962; Ders., Gesch. d. Instrumentation, = Das Musikwerk XXIV, Köln (1964); P. Fuhrmann, Untersuchungen zur Klangdifferenzierung im modernen O., = Kölner Beitr. zur Musikforschung XL, Regensburg 1966; B. Paumgartner, Das instr. Ensemble, Zürich 1966.   CD
In der folgenden Aufstellung erscheint eine Auswahl europäischer und nordamerikanischer Orch. mit Namen, Gründungsjahr und Gründer; die ursprünglichen Namen und die Daten der erfolgten Umwandlungen stehen in ( ); es folgen die Namen von bekannten bzw. gegenwärtigen musikalischen Leitern mit Wirkungsdaten. Orch. ohne den Vermerk privat (priv.) sind staatlich bzw. städtisch, was teils auch aus dem Titel (Städtisch bzw. Staatl.) hervorgeht. Rundfunkorch. sind, wenn nicht anders vermerkt, (Gemeinnützige) Anstalten des öffentlichen Rechts. Werden für eine Stadt zwei oder mehr Orch. angeführt, so richtet sich ihre Reihenfolge nach dem Gründungsdatum. Fremdsprachliche Formen des Wortes Orch. sind im folgenden mit Orch., Ork. oder Orqu. abgekürzt.

Belgien.
Antwerpen, De Philharmonia van A., 1955. St. Candael (1955–59), E. Flipse (1959–).
Brüssel, Orch. National de Belgique (priv.), 1936 v. D. Defauw. Ohne ständigen Dirigenten (1936–58), A. Cluytens (1960–67).

Bulgarien.
Sofia, Sofioter Staatl. Philharmonie, 1928 v. S. Popov (Akademisches Sinfonisches Orch. –1935, Königliches Sinfonisches Militärorch. –1944, Staatl. Sinfonieorch. an d. Rundfunkdirektion –1947). Ders. (1928–56), K. Iliew (1956–).

Dänemark.
Kopenhagen, Det Kongelige Kapel (Orch. d. dänischen Nationaltheaters seit 1770), 1448 unter König Christian I. Cl. Schall (1817–35), Fr. J. Gläser (1842–61), H. S. Paulli (1863–83), J. Svendsen (1883–1908), C. Nielsen (1908–14), J. Hye-Knudsen (1925–30), J. Frandsen (1956–). Lit.: → Kopenhagen. - Tivoli-Ork., 1843. H. C. Lumbye (1843–72), Th. Jensen (1936–48), Sv. Chr. Felumb (1948–). – Danmarks Radio-Symfoniork., 1926 v. E. Holm (Radio-ork. –1931, Radio-Symfoniork. –1948, Statsradiofoniens Symfoniork. –1960). Ders. (1925–38), L. Grøndahl (1926–55), E. Reesen (1927–35), Fr. Mahler (1930–35), E. Tuxen (1936–57), Fr. Busch (Gastdirigent 1932–51), P. Gram (1938–51), Ph. Jensen (1952–).

Deutschland.
Aachen, Städtisches Orch. A., 1852. Fr. Wüllner (1858–65), Fr. Busch (1912–19), P. Raabe (1920–33), H. v. Karajan (1934–41), P. van Kempen (1942–44), F. Raabe (1946–53), W. Sawallisch (1953–58), H. W. Kämpfel (1958–62), W. Trommer (1962–). – Augsburg, Städtisches Orch. A., 1863. W. Sawallisch (1947–53), H. Wallberg (1953–54), H. W. Kämpfel (1954–57), I. Kertész (1958–63), H. Zanotelli (1963–).

Baden-Baden, Symphonie- u. Kurorch. B.-B., 1872. C. A. Vogt (1953–). – SWF-Orch., 1946. G. E. Lessing (1946–48), H. Rosbaud (1948–62), E. Bour (1964–). – Bamberg, B.er Symphoniker (priv.), 1946 (ehemalige Prager Deutsche Philharmonie, 1939–45). J. Keilberth (1940–45, 1949–), H. Albert (1947–48), G. L. Jochum (1948–49). Lit.: → Bamberg. – Bayreuth, Das Festspielorch. d. B.er Festspiele (priv.), 1876 v. R. Wagner. H. Richter, F. Mottl, H. Levi, S. Wagner, K. Muck, Fr. v. Hoesslin, K. Elmendorff, A. Toscanini, W. Furtwängler, R. Strauss, H. Tietjen, V. de Sabata, J. Keilberth, H. Knappertsbusch, E. Jochum, Cl. Krauss, A. Cluytens, W. Sawallisch, R. Kempe, K. Böhm, P. Boulez u. a. Lit.: → Bayreuth. – Berlin, Staatskapelle Bln (Unter d. Linden), 1735 (Hofkapelle d. Kronprinzen Friedrich zu Rheinsberg –1741, Kgl. Preußische Hofkapelle –1918), Preußische Staatskapelle –1945; v. 1924–31 spielte d. Staatskapelle auch in d. Krolloper). F. v. Weingartner (1891–1907), K. Muck (1892–1912), R. Strauss (1898–1918), L. Blech (1906–23, 1926–37), E. Paur (1912–13), M. v. Schillings (1919–25), W. Furtwängler (1920–22, 1933–34), H. Abendroth (1922–23), E. Kleiber (1923–34), O. Klemperer (1927–33, Krolloper), R. Heger (1933–45), Cl. Krauss (1935–36), K. Elmendorff (1938–52), H. v. Karajan (1941–45), P. v. Kempen (1940–42), J. Keilberth (1948–51), Fr. Konwitschny (1955–62), O. Suitner (1964–). – Berliner Philharmonisches Orch., 1882. L. v. Brenner (1882), H. v. Bülow (1887–93), A. Nikisch (1895–1922), W. Furtwängler (1922–54, mit 2 Unterbrechungen 1934/35 u. 1945–47), L. Borchard (1945), S. Celibidache (1945–47), H. v. Karajan (1955–). Lit.: 75 Jahre Berliner Philharmonisches Orch. 1882–1957, Bln (1957). – Orch. d. Deutschen Oper Bln (Charlottenburg), 1912 (wechselnd als Orch. d. Städtischen Oper Bln, d. Deutschen Opernhauses Bln [Reichsoper] –1945, Orch. d. Städtischen Oper Bln –1961). W. Furtwängler u. a. (1920–22, 1933–34), Br. Walter (1925–30), E. Jochum (1932–34), A. Rother (1938–58), R. Heger (1945–49), F. Fricsay (1949–52, 1961–63), L. Maazel (1965–). Lit.: → Berlin. – Berliner Rundfunk Sinfonie-Orch., 1925 (Großes Funkorch. Bln –1946). S. Celibidache (1945–46), A. Rother (1947–50), H. Abendroth (1954–56), R. Kleinert (1959–). – Berliner Kammerorch. (priv.) 1939 v. H. v. Benda (vorher Kammerorch. H. v. Benda 1932–36, Neugründung 1953). H. v. Benda (1939–). – Radio-Symphonie-Orch. Bln (GmbH), 1946 (RIAS-Symphonie-Orch. –1953). F. Fricsay (1949–52, 1960–63), L. Maazel (1965–). – Orch. d. Komischen Oper Bln, 1947. O. Klemperer, A. Grüber (1951–55), M. v. Zallinger (1953–56), V. Neumann (1956–59), K. Masur (1960–64), G. Bahner (1964–67), Zd. Kosler (1967–). – Städtisches Berliner Sinfonie-Orch., 1952. H. Hildebrandt (1952–59), P. Dörrie (1957–60), K. Sanderling (1960–). – Bielefeld, Städtisches Orch. B., 1901 (vorher Stadtkapelle 1860–1901). B. Conz (1951–). – Bochum, Orch. d. Stadt B., 1919. Fr. Decker (1956–64), Y. Baarspul (1965–). – Bonn, Orch. d. Beethovenhalle B., 1783 (Hofkapelle –1791; Städtisches Orch. 1906–63). V. Wangenheim (1957–). Lit.: → Bonn. – Braunschweig, Staatskapelle Br., 1571 v. Herzog v. Br.-Wolfenbüttel (Herzogliche Hofkapelle –1918, Br.ische Landestheaterkapelle –1938). H. Schütz (1655–67), H. Esser (1962–). Lit.: → Braunschweig. – Bremen, Philharmonisches Staatsorch. Br., 1792 (Opern- u. Theaterorch. –1820, Bremer Concert-Orch. –1892, Städtisches Orch. –1933). P. van Kempen (1953–55), H. Wallberg (1955–61), H. W. Kämpfel (1961–64), H. Wallat (1966–). Lit.: → Bremen. – Chemnitz, Städtisches Orch. Karl-Marx-Stadt, 1832. R. Kempe (1946–48), G. Bahner (1962–64), G. R. Bauer (1964–). – Coburg, Orch. d. Landestheaters C., 1827 v. Herzog Ernst I. v. Sachsen-C.-Gotha (herzogliche Hoftheater-Kapelle –1918). O. Wirthensohn (1962–64), H. Wessel-Therhorn (1965–67), H. Pape (1967–). – Darmstadt, Hessisches Landestheater-Orch., Ende 16. Jh. unter Landgraf Ludwig V. v. Hessen (Hofkapellmusik zu D., Großherzogliche Hofkapelle –1919). E. Kleiber (1912–19), F. v. Weingartner (1914–18), G. Szell (1921–22), K. Böhm (1927–31), K. M. Zwissler (1929–31, 1937–38), H. Schmidt-Isserstedt (1931–33), H. Zanotelli (1957–63), H. Drewanz (1963–). Lit.: → Darmstadt. – Dessau, Orch. d. Landestheaters D., 1766 (Herzogliche Hofkapelle –1919, Orch. d. Friedrich-Theaters D. –1949, Orch. d. Anhaltischen Landestheaters –1950). H. Knappertsbusch (1919–22), Fr. v. Hoesslin (1923–27), A. Rother (1927–34), H.

Röttger (1954–). Lit.: → Dessau. – DETMOLD, Landestheater-Orch. (e. V.), (Städtisches Orch. D. –1949). P. Sixt (1951–64), N. Aeschbacher (1965–). – DORTMUND, Städtisches Orch. D., 1887 v. G. Hüttner (Orch.-Ver. Hüttner'sche Kapelle –1920). Ders. (1887–1919), W. Sieben (1920–51), R. Agop (1952–62), W. Schüchter (1962–). – DRESDEN, Staatskapelle Dr., 1548 v. Kurfürst Moritz v. Sachsen (Kantorei; Hofkapelle –1918). C. M. v. Weber (1816–26), H. Marschner (1824–26), K. G. Reißiger (1826–59), R. Wagner (1843–49), Fr. Wüllner (1877–82), E. v. Schuch (1879–1914), Fr. Reiner (1914–22), Fr. Busch (1922–33), K. Böhm (1934–43), K. Elmendorff (1943–45), J. Keilberth (1945–49), R. Kempe (1949–52), Fr. Konwitschny (1953–55), L. v. Matačić (1957–58), O. Suitner (1960–64), K. Sanderling (1964–). Lit.: → Dresden. – Dresdner Philharmonie, 1870 (Gewerbehausorch. –1915, Dresdner Philharmonisches Orch. –1923). H. Mannfeldt (1871–85), E. Lindner (1915–23), I. Dobrowen (1923), E. Möricke (1924–29), P. Scheinpflug (1929–32), P. van Kempen (1934–44), G. Wiesenhütter (1945–46), H. Bongartz (1947–64), H. Förster (1964–). Lit.: → Dresden. – DÜSSELDORF, D.er Symphoniker, 1864 (Städtisches Orch. –1960). J. Buths (1890–1908), K. Panzer (1909–23), H. Weisbach (1926–32), H. Balzer (1933–45), H. Hollreiser (1945–52), E. Szenkar (1952–60), J. Martinon (1960–64), R. Frühbeck de Burgos (1966–). – DUISBURG, Städtisches Symphonie-Orch. D., 1889. G. L. Jochum (1946–), G. Wich (1965–). EISENACH, Landeskapelle E., 1919 (Städtisches Orch. –1946, danach Zusammenschluß mit d. nach E. übergewechselten Breslauer Philharmonikern). W. Armbrust (1922–41), P. Schmitz (1946–49), H. Förster (1950–55), H. Gahlenbeck (1955–). – ERFURT, Städtisches Orch. E. U. Nissen (1957–). – ESSEN, Städtisches Orch. E., 1899. G. H. Witte (1899–1911), H. Abendroth (1911–16), M. Fiedler (1916–33), J. Schüler (1933–36), A. Bittner (1936–43), G. König (1943–). FLENSBURG, Zweckverband Nordmark-Sinfonie-Orch., 1950. H. Steiner (1950–). – FRANKFURT AM MAIN, Städtisches Opernhaus- u. Museumsorch., Ende 18. Jh. (vorher Städtische Kapelle). L. Rottenberg (1893–1926), Cl. Krauss (1924–29), W. Steinberg (1929–33), B. Wetzelsberger (1933–38), K. M. Zwissler (1933–36), Fr. Konwitschny (1938–45), Br. Vondenhoff (1945–55), G. Solti (1952–61), L. v. Matačić (1961–66), Th. Bloomfield (1966–). Lit.: → Frankfurt am Main. – Sinfonie-Orch. d. Hessischen Rundfunks, 1927 (Großes Orch. d. Südwestdeutschen Rundfunks –1945, Sinfonie-Orch. v. Radio Fr. –1948). R. Merten (1927–29), H. Rosbaud (1928–38), C. Schuricht (1943–45), K. Schröder u. W. Zillig (1947–55), O. Matzerath (1955–61), D. Dixon (1961–). – FREIBURG I. BR., Philharmonisches Orch. d. Stadt Fr./Br., 1887. Fr. Konwitschny (1933–38), Br. Vondenhoff (1938–44), H. Dressel (1951–57), H. Gierster (1957–65), L. Hager (1965–). GELSENKIRCHEN, Städtisches Orch. G., 1943. R. Heime (1945–). – GIESSEN, Orch. d. Stadttheaters (GmbH), 1933 (Städtisches Orch. G. –1954). W. Czernik (1948–54), W. D. v. Winterfeld (1957–63), G. Heidger (1966–). – GÖRLITZ-ZITTAU, Orch. d. Gerhart-Hauptmann-Theaters G.-Z., 1781 (G.er Stadtkapelle bzw. -orch. –1920). A. Schönfelder (1955–). – GÖTTINGEN, Göttinger Symphonie-Orch. (e. V.), 1889 (Städtisches Orch. G. –1951). O. M. F. Mága (1963–). – GOTHA, Staatl. Sinfonieorch. Thüringen, 1951 (Landeskapelle G. –1951, Landessinfonieorch. Thüringen –1956). Fr. Müller (1951–). HAGEN, Städtisches Orch. H., 1907. B. Lehmann (1949–). – HALLE/SAALE, Staatl. Sinfonieorch. H., 1946 (Hallisches Sinfonieorch. –1949, Landes-Volksorch. Sachsen-Anhalt –1950, Landes-Sinfonieorch. –1955). H. Förster (1956–64), H.-T. Margraf (1964–). – HAMBURG, Philharmonisches Staatsorch. (auch Orch. d. Hamburgischen Staatsoper), 1828 (Philharmonische Ges. –1934). Fr. W. Grund, Mitbegründer (1829–63), J. Stockhausen (1863–67), R. Barth u. M. Fiedler (1894–1910), S. v. Hausegger u. G. v. Keussler (1910–22), K. Muck u. E. Pabst (1922–34), E. Jochum (1934–49), J. Keilberth (1949–59), L. Ludwig (1950–, GMD d. Hamburger Staatsoper), W. Sawallisch (1959–). Lit.: → Hamburg. – NDR Sinfonieorch., 1945 v. H. Schmidt-Isserstedt. Ders. (1945–). – Hamburger Rundfunk-Orch., 1946. R. Müller-Lampertz (1951–). – HANNOVER, Opernhausorch. d. Landestheaters H., Orch. d. Landestheaters GmbH, 1636 v. Herzog Georg v. Calenberg (H.sche Hofkapelle –1921, Opernhausorch. d. Städtischen Bühnen

–1950). H. Marschner (1831–61), H. v. Bülow (1877–79), Fr. Konwitschny (1945–49), J. Schüler (1949–60), G. Wich (1961–65), G. A. Albrecht (1966–). Lit.: → Hannover. – Niedersächsisches Symphonie-Orch. GmbH, 1938 (e. V. v. 1948–61). H. Thierfelder (1938–44, 1949–66). – Rundfunkorch. H., 1950 (Niedersächsisches Sinfonieorch. H. –1950, Orch. d. Senders H. –1957). W. Steiner (1950–). – HEIDELBERG, Städtisches Orch. H., 1889 v. Ph. Wolfrum (vorher H.er Stadtorch. 1865–89). K. Brass (1961–). – HERFORD, Nordwestdeutsche Philharmonie (e. V.), 1950. R. Agop (1950–52), E. Pabst (1952–53), W. Schüchter (1953–54), A. Grünes (1955–56), K. Brass (1956–61), H. Scherchen (1959–60), H. Hildebrand (1961–63), R. Kraus (1963–). – HILCHENBACH, Siegerland-Orch. e. V., Deutsches Nachwuchs-Sinfonieorch., 1957. R. Agop (1962–). – HOF/SAALE, Hofer Symphoniker e. V., 1946. W. Richter-Reichhelm (1955–).
JENA, Sinfonieorch. J., 1934 (Städtisches Sinfonieorch. J. –1951). H. H. Schmitz (1959–).
KAISERSLAUTERN, Orch. d. Pfalztheaters, 1887 (Stadtorch. –1922). R. Moralt (1923–28, 1932–34), C. Gorvin (1959–). – KARLSRUHE, Badische Staatskapelle, 17. Jh. v. Markgraf v. Baden-Durlach (Hofkapelle –1919, Badisches Landestheater-Orch. –1933). Jos. Strauß (1824–63), H. Levi (1864–72), O. Dessoff (1875–80), F. Mottl (1880–1904), L. Reichwein (1909–13), J. Krips (1926–33), J. Keilberth (1931–40), O. Matzerath (1940–55), A. Krannhals (1955–61), A. Grüber (1962–). Lit.: → Karlsruhe. – KASSEL, Orch. d. Staatstheaters K., 1502 v. Landgraf Wilhelm II. v. Hessen (Hofkapelle, mehrfach umgewandelt –1919, Staatskapelle –1956). R. Heger (1935–45), K. Elmendorff (1948–51), P. Schmitz (1951–62), Chr. v. Dohnanyi (1963–66), G. Albrecht (1966–). – KIEL, Städtisches Orch. K., 1907 (Orch. d. Ver. d. Musikfreunde –1920). E. Jochum (1926–29), P. Ronnefeld (1963–65), G. Mandl (1966–). – KOBLENZ, Rheinische Philharmonie e. V., 1945. O. Winkler (1946–58), H. Charlier (1959–64), S. Albertini (1965–). – KÖLN, Gürzenich-Orch. d. Stadt K. (auch Orch. d. K.er Opernhauses), 1888. G. Wand (1939–44, 1946–), W. Sawallisch (1960–63, GMD d. Oper), I. Kertész (1965–, GMD d. Oper). Lit.: → Köln. – K.er Rundfunk-Sinfonie-Orch., 1946 (K.er Rundfunk-Orch. –1949). Gastdirigenten (1946–64), Chr. v. Dohnanyi (1964–66), C. Cremer (1967–). – Cappella Coloniensis, 1954. M. Couraud, E. Kruttge, F. Leitner, P. Sacher, A. Wenzinger. – KREFELD u. MÖNCHENGLADBACH, Orch. d. Städte Kr. u. M., 1950 (Städtisches Kr.er Orch. 1854–1950, Städtisches Orch. M. 1905–50). R. Hubertus (1950–).
LEIPZIG, Gewandhausorch., 1763 v. J. A. Hiller (»Großes Konzert« ab 1763; im Gewandhaus seit 1781). Ders. (1763–85), F. Mendelssohn Bartholdy (1835–47), N. W. Gade (1844–48), J. Rietz (1848–60), C. Reinecke (1860–95), A. Nikisch (1895–1922), W. Furtwängler (1922–28), Br. Walter (1929–33), H. Abendroth (1934–35), H. Albert (1946–48), Fr. Konwitschny (1949–62), H. Bongartz (1964–), V. Neumann (1964–). Lit.: → Leipzig. – Rundfunk-Sinfonie-Orch. Lpz., 1923 (Leipziger Sinfonie-Orch. –1924, als Orch. d. Mitteldeutschen Rundfunks, GmbH, –1941, Reichsrundfunkorch. –1945, Leipziger Sinfonieorch. –1946). Fr. v. Hoesslin, H. Scherchen u. a. (1923–31), C. Schuricht (1932–34), H. Weisbach (1934–39), G. Wiesenhütter (1946–48), H. Abendroth u. G. Pflüger (1949–56), H. Kegel (1958–). – LUDWIGSHAFEN, Philharmonisches Orch. d. Pfalz, 1919 v. pfälzischen Städten (Pfalzorch. L. –1967). Chr. Stepp (1966–). – LÜBECK, Städtisches Orch. L., 1897 (Stadtkapelle vor 1897, Orch. d. Ver. d. Musikfreunde –1922). H. Abendroth (1905–11), W. Furtwängler (1911–15), Fr. v. Hoesslin (1919–20), E. Jochum (1928–30), G. Albrecht (1963–66), B. Klee (1966–). Lit.: → Lübeck.
MAGDEBURG, Städtisches Orch. M., 1897 (vorher Stadtkapelle um 1752–1897). G. Schwiers (1952–). – MAINZ, Städtisches Orch. M., 1876 (vorher Kurfürstlich Mayntzsches Hof- u. Kammermusik 17. Jh. – 1803, M.er Theaterkapelle 1832–76). E. Steinbach (1877–1910), A. Gorter (1910–25), P. Breisach (1925–30), H. Schwieger (1932–33), K. Fischer (1933–36), K. M. Zwissler (1936–67), H. Wessel-Therhorn (1967–). – M.er Kammerorch. (priv.), 1955 v. G. Kehr. Ders. (1955–). – MANNHEIM, Nationaltheater-Orch. M., 1720 (Kurpfälzische Hofkapelle –1778, Hof- u. Nationaltheater-Orch. –1919). J. Stamitz (1745–53), I. Holzbauer (1753–78), I. Fränzl (1778–1804), Fr. Lachner (1834–36),

Orchester (Deutschland)

V. Lachner (1836–72), E. Paur (1880–89), F. v. Weingartner (1889–91), E. N. v. Rezniček (1896–99), W. Furtwängler (1915–20), Fr. v. Hoesslin (1920–22), E. Kleiber (1922–23), Ph. Wüst (1933–36), K. Elmendorff (1936–42), Fr. Rieger (1947–49), E. Szenkar (1950–52), H. Albert (1952–63), H. Stein (1963–). Lit.: → Mannheim. – MARL i. W., Philharmonia Hungarica (e. V.), 1957 in Wien v. Z. Rosznyai. M. Caridis (1957–67). – MEININGEN, Orch. d. Meininger Theaters, 1702 v. Herzog Bernhard I. (Herzogliche Hofkapelle M. –1918, Landeskapelle –1945). H. v. Bülow (1880–85), R. Strauss (1885–86), Fr. Steinbach (1886–1903), M. Reger (1911–14), H. Bongartz (1926–30), O. Koch (1961–). Lit.: → Meiningen. – MÜNCHEN, Bayerisches Staatsorch. (auch Orch. d. Bayerischen Staatsoper), 1778 als Fortführung d. nach M. verlegten Mannheimer Hofkapelle v. Kurfürst Karl Theodor (M.er Hofkapelle –1806, Königliches Hoforch. M. –1918). Chr. Cannabich (1778–98), P. Winter (1798–1825), F. Fränzl (1806–24), Fr. Lachner (1836–65), H. v. Bülow (1867–68), H. Richter (1869–70), H. Levi (1872–96), F. Mottl (1907–11), Br. Walter (1913–22), H. Knappertsbusch (1922–35), Cl. Krauss (1936–44), G. Solti (1945–51), R. Kempe (1952–54), F. Fricsay (1956–59), J. Keilberth (1959–). Lit.: → München. – Bayerische Staatstheater, Orch. d. Theaters am Gärtnerplatz, 1865. K. Eichhorn (1946–67), W. Rennert (1968–). – Münchner Orch.-Ver. »Wilde Gung'l« (priv. Liebhaberorch.), 1864 v. E. v. Rutz. Ders. (1864–72), Fr. Strauss (1875–96), H. Abendroth (1903–05), H. Knappe (1924–56), C. Eberhardt (1965–). – Münchner Philharmoniker, Orch. d. Stadt M., 1893 v. Fr. Kaim (Philharmonische Orch. –1894, Kaim-Orch. –1908, Konzertver.-Orch. –1924). H. Winderstein (1893–95), H. Zumpe (1895–97), F. Löwe (1897–98, 1908–14), F. v. Weingartner (1898–1905), G. Schnéevoigt (1905–08), W. Pfitzner (1919–20), S. v. Hausegger (1920–38), O. Kabasta (1938–45), H. Rosbaud (1945–48), Fr. Rieger (1949–66), R. Kempe (1967–). – Rundfunk-Orch. d. Bayerischen Rundfunks M., 1924. W. Schmidt-Boelcke (1950–67), K. Eichhorn (1967–). – Symphonie-Orch. Graunke (priv.), 1945 v. K. Graunke. Ders. (1945–). – Symphonie-Orch. d. Bayerischen Rundfunks, 1949 (Großes Rundfunkorch. –1952). E. Jochum (1949–60), R. Kubelik (1961–). – Münchner Kammerorch. (e. V.), 1950. Chr. Stepp (1950–56), H. Stadlmair (1956–). – MÜNSTER i. W., Orch. d. Provinzialhauptstadt, 1919 v. Fr. Volbach. Ders. (1919–24), G. L. Jochum (1930–33), E. Pabst (1933–37), H. Rosbaud (1937–41), R. Peters (1961–). – NÜRNBERG, Städtisches Orch. N., 1922 (Verschmelzung d. Philharmonischen u. d. Stadttheater-Orch.). B. Wetzelsberger (1925–32), A. Dressel (1932–45, 1947–55), E. Riede (1956–66), H. Gierster (1966–). – N.er Symphoniker, Fränkisches Landesorch. e. V., 1946 Neugründung (vorher Nordbayerisches Landesorch.). E. Kloss (1949–67). OBERHAUSEN, Städtisches Orch. O., 1947 Neugründung (vorher Rheinisch-Westfälisches Symphonie-Orch. 1926–39, Städtisches Orch. –1945). K. Köhler (1951–65), K. Richter (1966–). – OLDENBURG, O.isches Staatsorch., 1832 (Großherzogliche Hofkapelle –1918, O.er Symphonie-Orch. –1919, O.er Landesorch. –1938). K. Randolf (1955–67), Fr. Janota (1967–). Lit.: → Oldenburg. – OSNABRÜCK, O.er Symphonieorch., 1919. Br. Hegmann (1947–65), H. Finger (1966–). PFORZHEIM, Städtisches Orch. Pf., 1930 (Sinfonieorch. Pf. –1940). H. Finger (1957–66), O. Siebert (1967–). – Südwestdeutsches Kammerorch. Pf. (e. V.), 1950 v. Fr. Tilegant. Ders. (1950–). RECKLINGHAUSEN, Westfälisches Sinfonieorch. (e. V.), 1955 (vorher Städtisches Orch. R. u. Kreisorch. Unna). H. Herwig (1955–58), H. Reichert (1958–). – REGENSBURG, Stadttheater-Orch. R., 1859 (vorher Hofmusikkapelle –1806). R. Kloiber (1935–45), A. Paulmüller (1945–58), O. Winkler (1958–65), Th. Ungar (1967–). Lit.:→ Regensburg. – REMSCHEID, Orch. d. Stadt R., 1925. O. Suitner (1952–57), S. Goslich (1958–61), Th. Ungar (1961–66), A. Rumpf (1967–). – REUTLINGEN, Schwäbisches Symphonie-Orch. R. (e. V.), 1945. H. Grischkat (1945–50), R. Kloiber (1951–59), H.-J. Walther (1959–). – RUDOLSTADT, Orch. d. Theaters R., um 1666 (Fürstliche Hofkapelle R. –1919, Landeskapelle R. –1952). M. Eberwein (1817–31), H. Hesselbarth (1854–93), H. Köppen (1949–59), R. Stadler (1961–). Lit.: → Rudolstadt. SAARBRÜCKEN, Städtisches Orch., 1912 (Ges. d. Musikfreunde –1919, Schauspielhaus-Orch. –1922, Gemeinnützige Theater- u. Musikges. GmbH –1936). V. Cormann (1912–18), H. Tietjen (1921–22), F. Lederer (1922–35), H. Bongartz (1937–44), Ph. Wüst (1946–64), S. Köhler (1965–). – Sinfonie-Orch. d. Saarländischen Rundfunks, 1936 (Großes Orch. Reichssender S. –1946). R. Michl (1946–). – Kammerorch. d. Saarländischen Rundfunks, 1953 v. K. Ristenpart (Saarländisches Kammerorch. –1960). Ders. (1953–). – SCHWERIN, Mecklenburgische Staatskapelle Schw., 1563 v. Herzog Johann Albrecht I. (Mecklenburg-Schw.er Hofkapelle –1918, Orch. d. Mecklenburgischen Landestheaters –1926). H. Zumpe (1897–1901), W. Kaehler (1906–31), Fr. Mechlenburg (1933–38), H. Gahlenbeck (1938–44, 1948–50), K. Masur (1958–60), H. Fricke (1960–62), K. Tennstedt (1962–). Lit.: → Mecklenburg. – SOLINGEN, Städtisches Orch. S., 1929 (Symphonie-Orch. S., Bergisches Landesorch. Remscheid-S. –1939). W. B. Tuebben (1962–). – STUTTGART, Württembergisches Staatsorch. (auch Orch. d. Württembergischen Staatstheater), Anfang 16. Jh. unter d. Herzögen Eberhard II. u. Ulrich (Hofkapelle –1918, Württembergisches Landestheaterorch. –1933, Orch. d. Württembergischen Staatstheaters –1945). I. Holzbauer (1750–53), N. Jomelli (1753–68), J. R. Zumsteeg (1793–1802), Fr. Danzi (1807–12), C. Kreutzer (1812–16), J. N. Hummel (1816–18), P. v. Lindpaintner (1819–56), K. Eckert (1860–67), H. Zumpe (1891–95), M. v. Schillings (1908–18), Fr. Busch (1918–22), H. Albert (1937–44), F. Leitner (1947–). Lit.: → Stuttgart. – St.er Philharmoniker e. V., 1924 (Philharmonisches Orch. St. –1933, Landesorch. Gau Württemberg-Hohenzollern –1945, Philharmonisches Orch. St. –1948). L. Blech (1924), W. Steffen (1946), H. Hildebrandt (1947–48), W. van Hoogstraten (1949–55), A. Paulmüller (1964–). – Südfunk-Sinfonie-Orch., 1945 Neugründung v. G. Koslik. H. Müller-Kray (1948–). – St.er Kammerorch. (e. V.), 1945 v. K. Münchinger. Ders. (1945–). – Klassische Philharmonie St. (priv.), 1966 v. K. Münchinger. Ders. (1966–). TRIER, Städtisches Orch. Tr., 1919 durch H. Tietjen (vorher Orch. d. Philharmonischen Ges. Tr.). R. Reinhardt (1959–). ULM, Orch. d. Stadt U., 1919 (Philharmonisches Orch. U. –1921). G. Meyer (1919–20), H. v. Karajan (1930–34), K. Hauff (1937–42), W. Seegelken (1942–44), Fr. Janota (1963–66), P. Angerer (1966–). WEIMAR, W.ische Staatskapelle, um 1565 (Großherzogliche Hofkapelle –1919). J. N. Hummel (1819–37), Fr. Liszt (1824–59), R. Strauss (1889–94), E. d'Albert (1895), P. Raabe (1907–20), E. Praetorius (1924–33), P. Sixt (1933–45), H. Abendroth (1945–56), R. Kempe (1948–49), G. Pflüger (1957–). Lit.: → Weimar. – WIESBADEN, Orch. d. Hessischen Staatstheaters W. (Orch. d. Königlichen Schauspiele W. –1920, Orch. d. Preußischen Staatsteaters W. –1945). O. Klemperer (1924–27), K. Elmendorff (1930–35), W. Sawallisch (1958–61), H. Wallberg (1961–), – Symphonie-Orch. d. Stadt W., 1873–1958; dann Übernahme in das Orch. d. Hessischen Staatstheaters W. K. Müller-Berghaus (1873–74), L. Lüstner (1874–1905), C. Schuricht (1912–44), O. Schmidtgen (1942–51). – WÜRZBURG, Städtisches Philharmonisches Orch., 1840 (vorher Hochfürstliche Hofkapelle). O. Matzerath (1939–40), W. Schüchter (1940–41), E. Riede (1966–). Lit.: → Würzburg. – WUPPERTAL, Städtisches Orch. W., 1862 (Städtisches Orch. Barmen u. Elberfeld –1919, Vereinigte Städtische Orch. Barmen-Elberfeld –1929). H. Haym (1906–20), H. Knappertsbusch (1913–14), E. Kleiber u. O. Klemperer (1920–24), Fr. v. Hoesslin (1925–31), Fr. Lehmann (1938–43, 1945–47), H. Weisbach (1947–55), H. G. Ratjen (1955–59), M. Stephani (1959–63), J. Kulka (1964–). ZWICKAU, Orch. d. Bühnen d. Stadt Zw. (Stadtkapelle –19. Jh., Ver. Zw.er Musiker –1922, Städtisches Orch. –1958). W. Schöniger (1946–50), H. H. Schmitz (1950–54), H. Storck (1954–).

Finnland.

HELSINKI, Helsingin Kaupunginork. / Helsingfors Stadsork., 1882 v. R. Kajanus (Helsingin Orkesteriyhdistys –1894, Helsingin Filharmoninen Ork. –1914, im selben Jahr Fusion mit d. 1912 v. G. Schnéevoigt gegr. Helsingin Sinfoniaork.). Ders. (1882–1932), G. Schnéevoigt (1914–16, 1932–41), M. Similä (1947–50), T. Hannikainen (1951–63). Lit.: → Helsinki.

Orchester (Österreich)

Frankreich.
PARIS, Orch. du Théâtre National de l'Opéra, 1669 durch königliches Privileg v. P. Perrin u. R. Cambert. J.-B. Lully (1672–87), R. Kreutzer (1817–27), Fr. A. Habeneck (1824–46), E. M. E. Deldevez (1873–77), Ch. Lamoureux (1878–81), Cl. P. Taffanel (1892–1908), P. Dervaux (1956–). Lit.: → Paris. – Orch. du Théâtre de l'Opéra Comique, 1780. A. Messager (1898–1903, 1919–20), G. Cloez (1922–46), J. Fournet (1944–), G. Sebastian (1946–), A. Cluytens (1946–67). – Orch. de la Soc. des Concerts du Conservatoire, 1828 v. Fr. A. Habeneck. Ders. (1828–49), N. Girard (1847–60), Fr. G. Hainl (1863–72), E. M. E. Deldevez (1872–85), Cl. P. Taffanel (1890–1903), A. Messager (1908–19), Ph. Gaubert (1919–38), Ch. Münch (1938–46), A. Cluytens (1949–60). – Association des Concerts Pasdeloup (priv.), 1861 v. J.-E. Pasdeloup (Concerts populaires de musique classique –1887). Ders. (1861–87). Neugründung 1918 durch Rhené-Baton. Ders. (1918–32), D.-E. Inghelbrecht (1929–33), A. Wolff (1934–40), P. Dervaux (1948–52). – Association Artistique des Concerts Colonne (priv.), 1873 v. E. Colonne (Concert national –1874, Association Artistique des Concerts du Châtelet –ca. 1882). Ders. (1873–1910), G. Pierné (1910–32), P. Paray (1932–55), Ch. Münch (1956–58), P. Dervaux (1958–). – Orch. Fernand Oubradous (Association des Concerts de Chambre de P.), 1879 v. Cl. P. Taffanell (Soc. des Instr. à Vent –1940). F. Oubradous (1939–). – Association des Concerts Lamoureux (priv.), 1881 v. Ch. Lamoureux. Ders. (1881–97), C. Chevillard (1897–23), P. Paray (1923–28), A. Wolff (1928–35), E. Bigot (1935–50), J. Martinon (1951–57), I. Markevitch (1957–61), J.-B. Mari (1962–). – Orch. National de la RTF (Radiodiffusion-Télévision Frç.), 1934 v. D.-E. Inghelbrecht. Ders. (1943–65).

Griechenland.
ATHEN, Kratiki orch. Athinon (Staatl. Orch. A.), 1893 (Studentenorch. d. Odeon Athinon d. Konservatoriums A. –1911, Symphoniki orch. tou Odiou Athinon –1942, Symphoniki orch. Athinon –1943). G. Nazos (1893–1908), A. Marsick (1908–22), D. Mitropoulos (1925–39), Ph. Oikonomidis (1939–57), Th. Vavayannis (1942–), G. Lykoudis (1942–55), A. Paridis (1951–). – Symphoniki orch. tou Ethnikou Idrymatos Radiophonias (Symphonie-Orch. d. National-Rundfunks), 1938. A. Evangelatos (1938–), Ph. Oikonomidis (1938–45), G. Lykoudis (1938–45), Th. Vavayannis (1945–), A. Paridis (1951–), B. Kolarsis (1956–).

Großbritannien
LIVERPOOL, Royal L. Philharmonic Orch., 1840. Z. Hermann (1843–65), J. Benedict (1867–80), M. Bruch (1880–83), Fr. Cowen (1896–1913), M. Sargent (1942–47), H. Rignold (1948–54), J. Pritchard (1956–63), Ch. Groves (1963–). – LONDON, L. Symphony Orch. (priv.), 1904. Th. Beecham (1928–32), J. Krips (1950–54), P. Monteux (1961–65). Lit.: → London. – The BBC Symphony Orch., 1930. A. Boult (1930–50), M. Sargent (1950–57), R. Schwarz (1957–62), A. Dorati (1963–66), C. Davis (1967–). – L. Philharmonic Orch. (priv.), 1932 v. Th. Beecham. Ders. (1932–39), A. Fistoulari (1943–46), E. van Beinum (1949–50), A. Boult (1951–57), W. Steinberg (1958–59), J. Pritchard (1962–67), B. Haitink (1967–). – New Philharmonia Orch. (priv.), 1945 v. W. Legge (Philharmonia Orch. L. –1964). O. Klemperer (1959–). – Royal Philharmonic Orch. (priv.), 1946 v. Th. Beecham. Ders. (1946–61), R. Kempe (1961–). Lit.: → London. – Engl. Chamber Orch. and Music Soc. (priv.), 1961. Gastdirigenten.
MANCHESTER, Hallé Orch. (priv.), 1858 v. Ch. Hallé. Ders. (1858–95), H. Richter (1899–1911), H. Harty (1920–33), J. Barbirolli (1943–). Lit.: → Manchester.

Italien.
MAILAND, Orch. della Scala, 1875 (hervorgegangen aus d. Orch. del Teatro d'opera). Fr. Faccio, L. Mancinelli, G. Bolzoni u. G. Martucci (1875–95), V. M. Vanzo, A. Toscanini, P. Mascagni, A. Guarnieri u. T. Serafin (1905–15), A. Toscanini, E. Panizza u. V. Gui (1921–29), V. de Sabata, G. Marinuzzi u. A. Votto (1930–42), T. Serafin (1946–48), Fr. Capuana (1948–50), V. de Sabata (1950–54), C. M. Giulini (1954–55), G. Cantelli (1955–56), G. Gavazzeni, A. Votto u. N. Sanzogno (1956–62), N. Sanzogno (1962–). Lit.: → Mailand.
PALERMO, Orch. Stabile del Teatro Massimo, 1960. Ohne festen Chefdirigenten.
ROM, Orch. Stabile dell'Accad. Nazionale di Santa Cecilia, 1895 v. E. Di San Martino. B. Molinari (1912–44), F. Previtali (1953–). – Orch. Sinfonica della RAI di Roma.
VENEDIG, Orch. del Teatro La Fenice, 1938. N. Sanzogno (1938–40), E. Gracis (1959–).

Jugoslawien.
BELGRAD, B.er Philharmonie, 1923. G. Zdravkovitch (1961–). – Opernorch. d. Nationaltheaters B., 1919/20. St. Binički (1919–23), St. Hristić (1923–35), I. Brezovšek (1936–38), L. v. Matačić (1938–41), O. Danon (1945–).
LAIBACH, Ork. Opere Slovenskega narodnega gledališča v Ljubljani, 1919/20. N. Štritof (1919–44), D. Švara (1927–63), S. Hubad (1943–57), C. Cvetko (1957–63, 1963–). – Slovenska filharmonija, 1948 (vorher Acad. Philharmonicorum Labacensis 1701–94, »Philharmonische Ges.« –1918, Filharmonična družba –1946). J. Cipci (1948–56), L. v. Matačić (1956–58), S. Hubad u. B. Leskovic (1948–). Lit.: E. Bock, Die Philharmonische Ges. in L. 1702–1902, L. 1902; Dr. Cvetko, Acad. philharmonicorum Labacensis, L. 1962.
ZAGREB, Zagrebačka filharmonija (Z.er Philharmonie), 1919. Kr. Baranović (1929–45), L. v. Matačić (1932–38), M. Horvat (1946–), Gastdirigenten. – Zagrebački Solisti, 1954 v. Radio-Television. A. Janigro (1954–). – Symphonie-Orch. d. Radio-televizija Z., 1956. A. Janigro (1956–), P. Despalj (1956–).

Kanada.
MONTRÉAL, Orch. Symphonique de M., 1935. Fr. P. Decker (1968–).
TORONTO, T. Symphony Orch., 1906. W. Susskind (1955–).

Luxemburg.
LUXEMBOURG, Orch. Symphonique de Radio-Tele-L. (priv.), 1932 v. H. Pensis. Ders. (1932–58), C. Melles (1958–60), L. de Froment (1958–).

Monte Carlo.
MONTE CARLO, Orch. National de l'Opéra de M. C., 1863 v. E. Lucas (Orch. du Casino de M. C. –1953). Ders. (1863–76), P. Paray (1928–44), L. Frémaux (1956–).

Niederlande.
AMSTERDAM, Concertgebouwork. (priv.), 1888 v. Concertgebouw N. V. W. Kes (1888–95), W. Mengelberg (1895–1945), G. Kogel (1908–10), K. Muck (1921–25), P. Monteux (1925–34), Br. Walter (1934–39), E. van Beinum (1938–59), G. Szell (1957–59), B. Haitink u. E. Jochum (1961–). Lit.: → Amsterdam. – Ork. van de »Stichting De Nederlandse Opera«, 1946 (hervorgegangen aus d. Ork. van het Gemeentelijk Theaterbedrijf). P. Pella (1946–51), Ch. Bruck (1951–53), A. Krannhals (1953–56), A. Eykman (1957–59), P. Maag (1959–60), Fr. Bauer-Theussl (1962–).
DEN HAAG, Residentie-Ork., 1904 v. H. Viotta. Ders. (1904–17), P. v. Anrooy (1917–35), Gastdirigenten (1935–38), Fr. Schuurman (1938–49), W. van Otterloo (1949–).
HILVERSUM, Radio Filharmonisch Ork., 1945. A. v. Raalte (1945–52), P. van Kempen (1945–55), J. Fournet (1961–), W. van Otterloo (1962–).
ROTTERDAM, R.s Philharmonisch Ork., 1918. E. Flipse (1927–), Fr. P. Decker (1962–68), J. Fournet (1968–).
UTRECHT, U.s Stedelijk Ork., 1894. W. Hutschenruyter (1894–1917), J. van Gilse (1917–22), E. Cornelis (1922–31), H. van Goudoever (1932–37), C. Schuricht (1937–41 Gastdirigent), W. van Otterloo (1937–49), P. Hupperts (1949–).

Norwegen.
OSLO, Filharmonisk Selskaps Ork. (priv.), 1871 v. E. Grieg u. J. Svendsen (Musikforeningen –1919). E. Grieg (1872–74), J. Svendsen (1873–77, 1880–83), O. Olsen (1877–80), J. Selmer (1883–86), I. Holter (1886–1911), K. Nissen (1913–18), G. Schnéevoigt (1919–27), I. Dobrowen (1927–30), O. Kielland (1931–44), O. Grüner-Hegge (1931–33, 1945–61), Ø. Fjelstad u. H. Blomstedt (1962–).

Österreich.
GRAZ, G.er Philharmonisches Orch., 1950 neu organisiert, hervorgegangen aus d. um 1736 gegr. Orch. d. Steirischen Landstände. Gastdirigenten, B. Klobuczar (1961–). Lit.: → Graz.

677

Orchester (Polen)

LINZ, Orch. d. Landestheaters L. (priv. –1956). L. Mayer (1956–), K. Wöss (1961–), L. Hager (1962–65). Lit.: → Linz.
SALZBURG, Mozarteum-Orch., 1880 aus d. Musikschule Mozarteum hervorgegangen, seit 1958 staatl. J. Fr. Hummel (1880–1908), J. Reiter (1908–11), P. Graener (1910–13), R. Hirschfeld (1913/14), P. Paumgartner (1917–59), Ml. Basic (1959–).
WIEN, W.er Philharmoniker (priv. Ver.), 1842 v. O. Nicolai zusammen mit d. damaligen Mitgliedern d. k. u. k. Hofopernorch.; staatl. engagiert als W.er Staatsopernorch. O. Nicolai (1842–47), G. Hellmesberger (1847–54), K. Eckert (1854–60), O. Desoff (1860–75), H. Richter (1875–98), G. Mahler (1898–1901), J. Hellmesberger (1901–03), Fr. Schalk, E. v. Schuch, K. Muck, F. Mottl, R. Strauss u. Br. Walter (1903–08), F. v. Weingartner (1908–27), W. Furtwängler (1927–30), Cl. Krauss u. R. Strauss (1930–33), seit 1933 Gastdirigenten: W. Furtwängler, Br. Walter, H. Knappertsbusch, A. Toscanini, V. de Sabata, O. Klemperer, K. Böhm, C. Schuricht, H. v. Karajan, Fr. Reiner, L. Bernstein u. a. Lit.: → Wien. – W.er Symphoniker (priv.), 1900 v. F. Löwe (ursprünglich W.er Konzertver., im 1. Weltkrieg Zusammenschluß mit Ver. W.er Tonkünstlerorch., 1907). Ders. (1900–23), O. Nedbal (1907–20), W. Furtwängler (1918–23), H. Knappertsbusch (1922–36), Fr. v. Hoesslin (1922–28), P. v. Klenau (1923–30), R. Heger (1925–), H. Abendroth (1928–31), O. Kabasta (1934–39), V. Andreae (1935–60), K. Böhm (1935–), H. v. Karajan (1949–), W. Sawallisch (1960–). – W.er Kammerorch. (priv.), 1945 (Kammerorch. d. W.er Konzerthausges. –1962). Gastdirigenten. – Orch. d. Österreichischen Rundfunks, Radio W., 1945. Gastdirigenten. – Volksopern-Orch., 1945. O. Ackermann (1947–52), P. Maag (1965–).

Polen.
BRESLAU (Wrocław), Państwowa Filharmonia we Wrocławiu, 1954 (Wrocławska Ork. Symfoniczna –1958). A. Kopyciński (1954–61), K. Wiłkomirski (1962–). – BROMBERG (Bydgoszcz), Państwowa Filharmonia Pomorska im. I. Paderewskiego, 1946. A. Rezler (1946–55), Zb. Chwedczuk (1958–).
DANZIG (Gdańsk), Państwowa Opera i Filharmonia Bałtycka w Gdańsku, 1945 (Filharmonia Bałtycka –1953). Zb. Turski (1945–46), B. Wodiczko (1946–50), J. Katlewicz (1961–).
KATTOWITZ (Katowice), Wielka Ork. Symfoniczna Polskiego Radia, 1945 Neugründung (vorher Ork. Symfoniczna Polskiego Radia w Warszawie 1934–39). Grz. Fitelberg (1936–39, 1947–53), W. Rowicki (1945–47), J. Krenz (1953–). – Państwowa Filharmonia Śląska Katowice, 1945 v. J. Niwiński. Ders. (1945–47), St. Skrowaczewski (1949–53), K. Stryja (1953–). – KRAKAU (Kraków), Państwowa Filharmonia im. K. Szymanowskiego w Krakowie, 1945. W. Bierdiajew (1945–49), A. Markowski (1959–65), H. Czyż (1965–).
LODZ (Łódź), Państwowa Filharmonia w Łodzi, 1915 (Łódzka Ork. Symfoniczna –1921, Łódzka Ork. Filharmoniczna –1939). T. Mazurkiewicz (1915–16), B. Szulc (1916–22), Z. Górzyński (1945–48), B. Wodiczko (1950–51), St. Marczyk (1960–). – LUBLIN, Państwowa Filharmonia im. H. Wieniawskiego w Lublinie, 1946. R. Satanowski (1951–53), M. Lewandowski (1964–).
POSEN (Poznań), Państwowa Filharmonia w Poznaniu, 1947. St. Wisłocki (1947–58), J. Katlewicz (1958–61), R. Satanowski (1961–63), W. Krzemieński (1963–66).
STETTIN (Szczecin), Państwowa Filharmonia im. M. Karłowicza, 1948. J. Wiłkomirski (1957–).
WARSCHAU (Warszawa), Ork. Teatru Wielkiego w Warszawie (Orch. d. Großen Theaters in W.), 1833 (Staatsopernorch. W. –1961). J. X. Elsner (1833–54), B. Wodiczko GMD (1962–). – Filharmonia Narodowa, 1899 v. A. Rajchman (Filharmonia Warszawska –1955). E. Młynarski (1901–05, 1921–23), E. N. v. Reznićek (1905–08), Grz. Fitelberg (1908–11, 1923–34), Zdz. Birnbaum (1911–14, 1916–21), W. Rowicki (1950–55, 1958–), B. Wodiczko (1955–58). Lit.: → Warschau.

Portugal.
LISSABON, Orqu. Sinfonica da Emissora Nacional, 1934. P. de Freitas Branco (1934–63). – Orqu. Filharmonica de Lisboa, 1936 v. I. Cruz. Ders. (1936–).

Rumänien.
BUKAREST, Philharmonie d'Etat »Georges Enesco«, 1868 v. E. Wachmann (Soc. Philharmonique Roumaine –1906, Orch. Symphonique du Ministère de l'Instruction Publique –1920). Ders. (1868–1906), D. Dinicu (1906–20), G. Georgescu (1920–64), M. Basarab (1964–).

Schweden.
STOCKHOLM, St.s Filharmoniska Ork. (priv.), 1914 (hervorgegangen aus d. Konsertföreningen, gegr. 1902 v. T. Aulin, Konsertföreningens Ork. –1957). G. Schnéevoigt (1915–24), V. Talich (1926–36), Fr. Busch (1937–40), C. Garaguly (1942–53), H. Schmidt-Isserstedt (1955–64), H. Blomstedt (1964–). Lit.: → Stockholm.

Schweiz.
BASEL, Orch. d. Basler Orch.-Ges. (priv., Symphonie- u. Opernorch. v. B., seit 1921 selbständig u. v. d. Allgemeinen Musik-Ges., AMG, f. Symphoniekonzerte engagiert), 18. Jh. (Orch. d. Collegium musicum –1826, Konzertver. –1855, Capellver. –1876, AMG –1921). A. Volkland (1876–1902), H. Suter (1902–25), F. v. Weingartner (1927–35), A. Krannhals (1934–53), H. Münch (1935–), S. Varviso (1954–62), H. Löwlein (1965–). Lit.: W. MÖRIKOFER, Die Konzerte d. AMG in B. in d. Jahren 1876–1926, B. 1926; FR. MOREL, Die Konzerte d. AMG in B. in d. Jahren 1926–51, B. 1951. – Basler Kammerorch. (priv.), 1926 v. P. Sacher. Ders. (1926–). Lit.: → Basel.
GENF, L'Orch. de la Suisse Romande (priv.), 1918 v. E. Ansermet. Ders. (1918–), P. Klecki (1966–). – Orch. de Chambre de Genève (priv.), 1950 v. P. Colombo. Ders. (1950–).
ZÜRICH, Tonhalle- u. Theaterorch. (priv.), 1868 v. d. Tonhalle-Ges. durch Fr. Hegar (hervorgegangen aus d. Orch. d. Allgemeinen Musikges.). Ders. (1868–1906), V. Andreae (1906–49), H. Rosbaud (1950–62), R. Kempe (1965–). – Zürcher Kammerorch. (priv.), 1946 v. E. de Stoutz (Hausorch.-Vereinigung –1951). Ders. (1946–).

Spanien.
BARCELONA, Orqu. Municipal de B., 1943. E. Toldrá (1943–61), R. Ferrer (1961–).
MADRID, Orqu. Sinfonica de M. (priv.), 1904 v. E. F. Arbos. Ders. (1904–39), Gastdirigenten. – Orqu. Nacional, 1940. B. P. Casas (1944–56), A. Argenta (1946–58), R. Frühbeck de Burgos (1962–66).

Tschechoslowakei.
BRÜNN, Státní filharmonie Brno, laureát státní ceny Kl. Gottwalda, 1956. Bř. Bakala (1956–58), O. Trhlik (1956–62), J. Vogel (1958–62), M. Turnocsky (1960–62), J. Waldhans (1962–).
PRAG, Národny Divadlo-Orch., 1881. K. Kovařovic (1900–20), O. Ostrčil (1920–35), V. Talich (1935–45, 1947–48), O. Jeremiáš (1945–47, 1948–49), J. Krombholc (1963–). – Česká Filharmonie (Tschechische Philharmonie), 1896 v. d. Mitgliedern d. Nationaltheaters (seit 1901 selbständig). A. Dvořák (1896), O. Nedbal (1896–1906), L. V. Čelansky (1901), V. Zemánek (1902–06), V. Talich (1919–35), R. Kubelik (1936–48), K. Ančerl (1951–). Lit.: → Prag. – Sinfonieorch. d. Tschechoslowakischen Rundfunks Pr., 1926. – Symfonický orch. klavního města Prahy FOK, 1934 v. R. Pekarék (Symfonický orch. FOK –1952). V. Smetáček (1942–), V. Neumann (1956–63). – Česká Komorni Orch. (Tschechisches Kammerorch.; priv.), 1957 v. J. Vlach. Ders. (1957–). – PRESSBURG, Slovenská Filharmonia (Slowakische Philharmonie), 1949 v. V. Talich. Ders. (1949–52), L. Rajter (1952–61), L. Slovák (1961–).

UdSSR.
KIEW, Gossudarstwennyj simfonitscheskij ork. Ukrainskoj SSR (»Staatl. Ukrainisches Symphonieorch.«), 1923. H. Adler (1932–37), N. Rachlin (1937–63), St. Turtschak (1963–).
LENINGRAD, Gossudarstwennyj simfonitscheskij ork. Leningradskoj filarmonii (»Staatl. Symphonieorch. d. L.er Philharmonie«), 1882 unter d. Bezeichnung Imperatorskij pridwornyj ork. (»Zaristisches Hoforch.«) v. Baron K. v. Stackelberg. M. Frank (1882–88), G. Fliege (1888–1907), H. Warlich (1907–17), S. Kussewitzky (1917–20), E. Cooper (1921–23), W. Berdjajew (1924–25), N. Malko (1925–32), Fr. Stiedry (1933–37), J. Mrawinskij (1938–). Lit.: Dessjat let simfonitscheskoj musyki (»10 Jahre sym-

phonische Musik«) 1917–27, hrsg. v. d. Staatl. akademischen Philharmonie L., L. 1928.
MINSK, Gossudarstwennyj simfonitscheskij ork. Belorusskoj SSR (»Staatl. Weißruss. Symphonieorch.«), 1930 v. I. Gitgarz u. A. Bessmertnyj beim Weißruss. Rundfunkzentrum. I. Gitgarz (1930–34), L. Steinberg (1934–36), A. Orlow (1934–36), I. Mussin (1937–41), M. Schneiderman (1947–52), B. Afanassjew (1952–56), V. Dubrowskij (1956–). Lit.: D. SCHURAWLEW, Gossudarstwennyj simfonitscheskij ork. Belorusskoj SSR (»Staatl. Weißruss. Symphonieorch.«), M. 1961. – MOSKAU, Gossudarstwennyj simfonitscheskij ork. Moskowskoj filarmonii (»Staatl. philharmonisches Symphonieorch. M.«), 1928 v. L. Steinberg. E. Szenkar (1934–37), S. Samossud (1953–57), K. Kondraschin (1960–). – Bolschoj simfonitscheskij ork. Wsesojusnowo radio i telewidenija (»Großes Allunions-Rundfunk- u. Fernsehsymphonieorch. d. UdSSR«), 1930 v. A. Orlow. Ders. (1930–37), N. Golowanow (1937–53), A. Gauk (1953–61), G. Roschdestwenskij (1961–). – Gossudarstwennyj simfonitscheskij ork. SSSR (»Staatl. Symphonieorch. d. UdSSR«), 1936, A. Gauk (1936–41), N. Rachlin (1941–43), K. Iwanow (1946–65), J. Swetlanow (1965–).
WILNA, Gossudarstwennyj simfonitscheskij ork. Litowskoj SSR (»Staatl. Symphonieorch. d. Litauischen SSR«), 1940 v. B. Dvarionas, 1944 neu gebildet, 1945 v. Rundfunk übernommen. Seit 1957 gehört d. Orch. zur Litauischen Philharmonie. B. Dvarionas (1941–). Lit.: J. GAUDRIMAS, Musykalnaja kultura sowjetskoj Litwy (»Musikkultur d. sowjetischen Litauens«), 1940–60, Leningrad 1961.

Ungarn.
BUDAPEST, B.i Filharmóniai Társaság, 1853 v. F. Erkel, A. Fr. u. K. Doppler (gebildet aus Mitgliedern d. Ungarischen Staatsoper u. d. Orch. d. Staatl. Opernhauses im Erkel-Theater). F. Erkel (1853–71), H. Richter (1871–75), S. Erkel (1875–1900), St. Kerner (1900–19), E. v. Dohnányi (1919–44), O. Klemperer (1947–50), J. Ferencsik (1961–). Lit.: → Budapest.

USA.
BOSTON, B. Symphony Orch. (priv.), 1881 v. H. L. Higginson. G. Henschel (1881–84), W. Gericke (1884–89 u. 1898–1906), A. Nikisch (1889–93), E. Paur (1893–98), K. Muck (1906–08 u. 1912–18), M. Fiedler (1908–12), H. Rabaud (1918–19), P. Monteux (1919–24), S. Kussewitzky (1924–49), Ch. Münch (1949–62), E. Leinsdorf (1962–). Lit.: → Boston.
CHICAGO, Ch. Symphony Orch. (priv.), 1891 v. Th. Thomas (Th. Thomas Orch. –1905, Ch. Orch. –1913). Ders. (1891–1905), Fr. Stock (1905–42), D. Defauw (1943–47), A. Rodzinski (1947–48), R. Kubelik (1950–53), Fr. Reiner (1953–62), J. Martinon (1963–). Lit.: → Chicago. – CLEVELAND, Cl. Orch. (priv.), 1918 v. A. Pr. Hughes. N. Sokoloff (1918–33), A. Rodzinski (1933–43), E. Leinsdorf (1943–46), G. Szell (1946–).
DETROIT, D. Symphony Orch. (priv.), 1914 v. W. Gales. Ders. (1914–18), O. Gabrilowitsch (1918–36), K. Krueger (1943–49), P. Paray (1951–63), S. Ehrling (1963–).
LOS ANGELES, L. A. Philharmonic Orch. (priv.), 1919 v. W. A. Clark jr. W. H. Rothwell (1919–27), G. Schnéevoigt (1927–29), A. Rodzinski (1929–33), O. Klemperer (1933–39), A. Wallerstein (1943–56), E. van Beinum (1956–59), Z. Mehta (1962–).
MINNEAPOLIS, M. Symphony Orch. (priv.), 1903 v. E. L. Carpenter. E. Oberhoffer (1903–22), H. Ven Bruggen (1923–31), E. Ormandy (1931–36), D. Mitropoulos (1936–49), A. Dorati (1949–60), St. Skrowaczewski (1960–).
NEW YORK, N. Y. Philharmonic (priv.), 1842 v. U. C. Hill (1921 Übernahme d. National Symphony Orch., 1919 gegr., 1928 Übernahme d. N. Y. Symphony Orch., 1878 v. L. Damrosch gegr.). Ders. (1842–48), Th. Eisfeld (1852–58), C. Bergmann (1855–59, 1865–76), Th. Thomas (1877–91), A. Seidl (1891–98), E. Paur (1898–1902), W. Damrosch (1902–03), W. I. Safonoff (1906–09), G. Mahler (1909–11), J. Stransky (1911–23), W. Mengelberg (1922–30), W. van Hoogstraten (1923–25), W. Furtwängler (1925–27), A. Toscanini (1927–33, v. 1933–36 GMD), B. Molinari (1929–31), E. Kleiber (1930–32), Br. Walter (1931–33, 1947–49), Br. Walter, O. Klemperer, A. Rodzinski u. W. Janssen (1933–36, neben A. Toscanini als GMD), J. Barbirolli (1936–43), A. Rodzinski (1944–47), L. Stokowski (1949–50), D. Mitropoulos (1949–58), L. Bernstein (1958–69). Lit.: → New York.
PHILADELPHIA, Ph. Orch. (priv.), 1900 v. Fr. Scheel. Ders. (1900–07), C. Pohlig (1907–12), L. Stokowski (1912–38), E. Ormandy (1938–). Lit.: → Philadelphia. – PITTSBURGH, P. Symphony Orch. (priv.), 1896 (1912 aufgelöst, Neugründung 1926). Fr. Archer (1896–98), V. Herbert (1898–1904), E. Paur (1904–10), O. Klemperer (1937), Fr. Reiner (1938–48), V. de Sabata, L. Bernstein u. P. Paray (1948–52), W. Steinberg (1952–).
SAN FRANCISCO, S. Fr. Symphony Orch. (priv.), 1911 v. H. Hadley. Ders. (1911–15), A. Hertz (1915–29), B. Cameron u. I. Dobrowen (1929–34), 1934 aufgelöst, P. Monteux (1936–52), L. Stokowski, F. Fricsay, G. Solti, E. Jorda, W. Steinberg u. Br. Walter (1952–54), E. Jorda (1954–61), J. Krips (1963–64). Lit.: → San Francisco.

Orchestration, Ausarbeitung eines Klavier-(Orgel-) oder Kammermusikwerks, auch einer Liedkomposition, für Orchester (→ Instrumentation). O.en eigener Werke besorgten u. a. Beethoven, Trauermarsch der Klaviersonate op. 26; R. Schumann, Klavierkonzert A moll, zuerst für 2 Kl. konzipiert; Liszt, 2 Legenden und die Ungarischen Rhapsodien Nr (der Klavierfassungen) 14, 12, 6, 2, 5, 9 (zusammen mit Fr. Doppler); Brahms, *Ungarische Tänze* 1, 3, 10; Grieg, Norwegische Tänze op. 35, Holbergsuite op. 40, Lyrische Suite; Pfitzner, Symphonie Cis moll op. 36a nach dem Streichquartett op. 36; Reger, Beethoven-Variationen op. 86 (1915; 1904 für 2 Kl.); Ravel, Klavierwerke: *Pavane pour une infante défunte*; *Une barque sur l'océan* und *Alborada del grazioso* aus *Miroirs*; *Prélude, Forlane, Rigaudon* und *Menuet* aus *Le tombeau de Couperin*. – Aus der Vielzahl von O.en bekannter Originalwerke durch andere Komponisten (Fremdbearbeitungen) seien angeführt: J. S. B a c h : 3 Choralvorspiele durch O. Respighi, Choralvorspiele BWV 654 und 667 und Praeludium und Fuge Es dur (BWV 552) durch Schönberg; Fantasie und Fuge G moll (BWV 542) und Toccata und Fuge D moll (BWV 565) durch Stokowski; Fantasie und Fuge C moll (BWV 562) durch Elgar; Passacaglia C moll (BWV 582) durch O. Respighi und durch Stokowski; Chaconne D moll (aus BWV 1004) durch J. Raff und durch A. Casella; *Ricercare a 6* aus dem *Musicalischen Opfer* durch A. v. Webern; das *Musicalische Opfer,* die *Kunst der Fuge* und die *Canonischen Veränderungen* (BWV 769) durch R. Vuataz; die Goldberg-Variationen (BWV 988) durch J. Koffler für kleines Orch. Beethoven: *Sonate pathétique* op. 13 (1. Satz) durch Bruckner; Sonate op. 106 durch Weingartner; Streichquartett C dur op. 59 Nr 3 durch J. Lehnert; Streichquartett F moll op. 95 durch Alexander Friedrich v. Hessen; Liederkreis *An die ferne Geliebte* op. 98 und 3 weitere Lieder durch Weingartner. C.M. v. W e b e r : *Aufforderung zum Tanz* op. 65 durch Berlioz und durch Weingartner; *Perpetuum mobile* durch G. Szell; *Polacca brillante* op. 72 für Kl. und Orch. durch Liszt, mit dem Largo von der *Grande polonaise* op. 22 als Einleitung. Fr. S c h u b e r t : Arpeggionesonate als Violoncellokonzert A moll durch G. Cassadó; *Wanderer-Phantasie* für Kl. und Orch. durch Liszt; Deutsche Tänze durch A. v. Webern; *Erlkönig* und andere Gesänge durch M. Reger. R. S c h u m a n n : *Carnaval* durch Ravel und K. Konstantinoff; 8 Frauenchöre durch Pfitzner. C h o p i n : Klavierstücke als Ballettmusiken (z. B. *Les Sylphides* durch R. Douglas). Liszt: *Légende St. François d'Assise, La prédication aux oiseaux* durch Mottl; *Csárdás macabre* durch H. Searle; *Concerto pathétique* durch E. Reuß. R. Wagner: 5 Wesendonk-Lieder durch Mottl. Brahms: Händel-Variationen durch R. Rubbra; 11 Choralvorspiele durch V. Thomson; Klavierquartett G moll op. 25 durch Schönberg. M u s s o r g s k i j : »Bilder einer Ausstellung« durch L. Funtek und durch Ravel. H. Wolf: 2 Lieder durch Joseph Marx. – Orchesterwerke, die sich durch harmonische Neuerungen und sonstige tiefere Eingriffe in die Originalkomposition von der Vorlage unterscheiden, sind → Bearbeitungen (– 2).

Orchestrion, – 1) Abbé Voglers tragbare Konzertorgel, bei der auf den 4 (oder 5) Manualen und dem Pedal (je in 2 Hälften geteilt) viele Registerzüge als Teilzüge aus den voll ausgebauten Registerstimmen disponiert waren; sie hatte einen Jalousieschweller für die ganze Orgel. – Das 1791 von Th. A. Kunz konstruierte O. war ein → Orgelklavier. – 2) 1800 von Mälzel wohl in Kenntnis von Voglers O. gebautes → Mechanisches Musikwerk mit durchschlagenden Zungen und Schlagwerk. Mit Hilfe verschieden geformter Aufsätze aus Blech wurde versucht, den Klang der Blasinstrumente des Orchesters nachzuahmen. 1803 erfand Mälzel ein größeres Modell; für dieses Panharmonicon schrieb Beethoven 1813 den 1. Teil der Symphonie *Wellingtons Sieg oder Die Schlacht bei Vittoria* op. 91. In der 2. Hälfte des 19. Jh. wurde das O. von Fr. Th. Kaufmann in Dresden und vor allem von der O.-Industrie im badischen Schwarzwald (Vöhrenbach) hergestellt und bis um 1920 verkauft. Seit den 1950er Jahren wird es auf den Jahrmärkten durch Lautsprecheranlagen verdrängt.
Lit.: zu 1): KOCHL; K. FR. E. V. SCHAFHÄUTL, Abt G. J. Vogler, Augsburg 1888; H. KELLETAT, Zur Gesch. d. deutschen Orgelmusik in d. Frühklassik, = Königsberger Studien zur Mw. XVI, Kassel 1933. – zu 2): H. MATZKE, Unser technisches Wissen v. d. Musik, Lindau (1949), Wien (²1950); E. SIMON, Mechanische Musikinstr. früherer Zeiten u. ihre Musik, Wiesbaden 1960.

Ordinarium missae (lat.) → Messe, → Graduale (– 2).

Ordo (lat., Ordnung), in der Musiklehre des 13. Jh. als Klassifizierungsbegriff verwendet (J. de Garlandia, ed. Cserba, S. 196, Anonymus IV, CS I, 328ff.). Er diente zur exakten Bestimmung des Umfangs der an einen bestimmten → Modus (– 2) gebundenen und jeweils durch Pause (→ Divisio modi – 1, → Suspirium) begrenzten Tonfolgen, z. B. im ersten Modus (L = Longa, B = Brevis): |LBL| = 1. Ordo, |LBL BL| = 2. Ordo, |LBL BL BL| = 3. Ordo usw. (die Gruppen sind im Notenbild normalerweise durch entsprechende Ligaturen dargestellt).

Ordre (ɔrdr, frz., Ordnung, Reihe), bei Fr. Couperin Bezeichnung für → Suite (27 O.s in 4 Büchern, 1713–30).

Organistrum (lat.) → Drehleier.

Organo di legno ('ɔrgano di l'e:ɲo, ital., Orgel aus Holz), Orgel mit Holzpfeifen, Flötenwerk.

Organologie, auch Organographie (von griech. ὄργανον, Werkzeug, Instrument), Musikinstrumentenkunde (→ Instrument).

Organo pleno (lat., mit vollem Werk, auch Plenum; ital. ripieno; frz. plein jeu; engl. full organ) umfaßt in der Orgelmusik des Barocks, anders als das Tutti des 19. Jh., eine große, aber nicht wahllose Anzahl von Stimmen, vor allem der Prinzipale mit Mixturen und deren Stellvertreter in Aequallagen (Quintade, Bourdon, Pommer u. a.). Langbechrige Rohrwerke (Trompeten, Posaunen u. a.) gehören ebenfalls zu dieser Gruppe, werden aber nicht zum Plein jeu, sondern nur zum → Grand jeu gezogen. Terzen, Septimen und Nonen gehören nicht zum klassischen O. pl. Das Plenum des Barocks ist bei aller silbernen Helligkeit beseelt, nicht grell und stechend.
Lit.: W. LOTTERMOSER, Klangeinsätze d. Plenums auf Org. mit Ton- u. Registerkanzelle, AfMw X, 1953.

Organum (lat., von griech. ὄργανον) heißt allgemein Werkzeug, besonders Musikinstrument und speziell → Orgel. Wie dieses Wort zum Namen der frühen Mehrstimmigkeit wurde, ist noch ungeklärt. Möglicherweise liegt in ihm beschlossen, daß der »Klang«, auch in gesungener Darstellung, nach Herkunft und Wesen »instrumental« ist gegenüber dem wesenhaft »Vokalen« des 1st. Cantus. Erstmalig in näherer Beschreibung erwähnt der an der Pariser Schola palatina lehrende Ire Johannes Erigena (Scotus) in seiner Schrift *De divisione naturae* (866) das organicum melos; er charakterisiert es als Zusammenpassung verschiedener Tonqualitäten nach den Regeln der Ars musica (*secundum certas rationabilesque artis musicae regulas*) gemäß den Tonarten und sieht in ihm das Wesen der concordia universitatis abgebildet, das er erklären will. Ob mit organicum melos hier wirklich Mehrstimmigkeit gemeint ist, wird neuestens (durch E. L. Waeltner) bestritten. – Die Entstehung der mehrstimmigen Musik des Abendlandes, deren älteste Stufe im 9. Jh. faßbar ist, kann gedeutet werden als Leistung der Ars musica (*superficies quaedam artis musicae ..., Musica Enchiriadis*, GS I, 171b) beim Zusammentreffen primär melischer Überlieferung des Südens und naturwüchsiger Klangpraktiken des Nordens unter den politischen, liturgie- und choralgeschichtlichen Bedingungen der karolingischen Zeit. – In der ältesten O.-Lehre, der *Musica Enchiriadis* (vor 900), werden das parallele Quinten-O. und ein nicht durchlaufend paralleles Quarten-O. (beide auch → Diaphonia genannt) in Form von Descriptiones schriftmäßig erfaßt, und zwar mit Hilfe der Tonordnung der → Dasia-Zeichen derart, daß beim Quarten-O. die stets unterhalb des Cantus erklingende Vox organalis, um die Inconsonantia des Tritonus zu vermeiden, je nach Lage der Vox principalis den (Hexachord-)Grenzton C bzw. G (bzw. F) nicht unterschreiten darf und beide Voces am Schluß, gegebenenfalls auch zu Beginn einer Melodiezeile zusammenkommen:

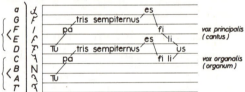

O.-Descriptio eines Abschnitts des *Te Deum* in der *Musica Enchiriadis* (Cap. XIII und XVIII) nach der Hs. Paris, Bibl. Nat., lat. 7210, S. 10 und 17.

In diesem Stadium, der Zeit des »alten« O. (9.–11. Jh.), wird die Mehrstimmigkeit zum Schmuck kirchlicher Gesänge (besonders Sequenzen) noch aus dem Stegreif ausgeführt, wohl in der Regel mit Oktavierungen der Voces und Hinzuziehung von Instrumenten, und noch lange ist bei dieser »Mehrstimmigkeit« die Vorstellung wirksam, daß der Cantus von der Vox organalis nur noch einmal zugleich vorgetragen wird, wobei aber die so sich ereignende Realisierung des Klanges an der Zeilendarstellung beteiligt ist: Text-, Melodie- und Klangeinheit entsprechen sich. Guido von Arezzo hebt in seiner O.-Lehre (*Micrologus*, um 1025) die Tetrachord-Tonordnung der *Musica Enchiriadis* zugunsten der (Quint-)Oktaven-Ordnung ab und erfaßt die hexachordalen Grenztöne (Klangräume) sowie das Zusammenkommen der Voces, d. h. den »Gegenlauf« der Organalis, durch Regeln für die Schlußbildung (occursus-Lehre); er läßt als o. suspensum die Möglichkeit zu, daß die Voces sich kreuzen, genauer, daß die Organalis auf ihrem Grenzton verharrt, wenn dieser vom Cantus nur vorübergehend unterschritten wird. Die erste erhaltene Aufzeichnung mehrstimmiger Musik für den praktischen Gebrauch überliefert der Winchester-Tropar (→ Quellen: *WiTr*; vor 1050?) mit seinen über 150 2st. Organa, hauptsächlich über Meß- und Offiziumsresponsorien, Kyrie-, Gloria- und Introitustropen und Sequenzen, deren Lesung jedoch dadurch sehr erschwert ist, daß die Voces organales (*melliflua organorum modulamina*) gesondert und in linienlosen Neumen notiert sind. In manchen Chroniken, Stiftungsurkunden, kirchlichen Ordines damaliger Zeit wird, oft freilich mehrdeutig, von O. gesprochen (cantare cum organo; organa solita; ars organandi). Aufschlußreich sind seine zahlreichen Erwähnungen in den Sequenztexten (Prosen); sie bestätigen, daß sich vor allem im Bereich textierter Melismen, den Tropen im weitesten Sinne, die frühe Mehrstimmigkeit entfaltete, die selbst der mittelalterlichen Idee des Tropierens insofern entspricht, als sie zum melodisch Gegebenen eine zweite Vox und die Dimension des Klanges hinzufügt. Wie ein großer Bestand an Musikaufzeichnungen aus späterer Zeit zeigt (und wie es u. a. die hohe Zahl und das späte Datum der *Musica Enchiriadis*-Abschriften in Handschriften des deutschen Sprachgebiets bestätigen), bleiben jenes »alte« O. und von ihm abhängige Arten früher Mehrstimmigkeit (z. B. als → Quintieren – 1) am Rande der musikgeschichtlichen Entwicklung und zumal in der deutschen kirchlichen Musikübung bis ins 15./16. Jh. lebendig.

Das »neue« O. wird greifbar seit Ende des 11. Jh. in vereinzelten, meist fragmentarisch erhaltenen Niederschriften französischer Herkunft, so u. a. in den im 2. Weltkrieg vernichteten Manuskripten 109 und 130 der Bibliothèque Municipale in Chartres (Beispiel a). In seinen Prinzipien erfaßt, begegnet es – wohl unabhängig von der O.-Lehre des Johannes Affligemensis (*De musica*, Cap. XXIII; nach 1100) – in dem aus Frankreich stammenden anonymen Traktat der Hs. Mailand, Biblioteca Ambrosiana, M 17 sup. (Beispiel b).

AD ORGANUM FACIENDUM.
Übertragungen: a) Teilstück aus Chartres 109, f. 75'; b) Mailänder O.-Traktat, f. 56' (Überleitung von den vorangestellten Exempla zum Text des Traktats). o = Cantus; ● = Vox organalis.

Merkmale dieses neuen O. sind der Qualitätswechsel der Klänge (konjunkt: Einklang und Oktave, disjunkt: Quinte und Quarte) in Verbindung mit Gegenbewegung und Kreuzung der Stimmen, wobei das O. die Lage oberhalb des Cantus zu bevorzugen beginnt. Übernimmt somit der Cantus die Rolle einer Konstruktionsbasis des musikalischen Satzes (womit grundsätzlich das Hinzuerfinden von Voces zur musikalischen Hauptsache erhoben wird), so gewinnt nun die Vox organalis mehr und mehr die Qualität eines zweiten Cantus, einer Gegenstimme, und daß das O. dann folgerichtig auch als → Discantus, buchstäblich »Auseinander«-Gesang zweier Cantus, bezeichnet wird (→ Diaphonia). Die Klangstruktur in ihren Abschnitten und Unterteilungen richtet sich weiterhin nach der Textgliederung, sie dient der textlich-melodischen Sinnfälligkeit der Silben, Wörter und Wortgruppen; die Ausführung ist solistisch; Kolorierung (multiplicatio, fractio vocis) ist Usus; an schriftliche Ausarbeitung (Komposition) ist das Zustandekommen dieses O. offenbar noch nicht gebunden, jedoch auf dem Wege dorthin. – Das O. als komponierte Mehrstimmigkeit tritt seit der 1. Hälfte des 12. Jh. voll hervor in der Gruppe der St-Martial-Handschriften (→ Quellen: *SM 1, 2, 3, LoSM*), die ein Repertoire von über 90 2st. Sätzen, meist lateinische Strophenlieder (→ Versus – 6), besonders Benedicamus Domino-Tropen überliefern, als deren zentrale Pflegestätte das Kloster → St-Martial zu Limoges in Südfrankreich zu gelten hat. Doch beweisen die 20 Organa im Anhang des *Liber Sancti Jacobi* (→ Quellen: *Calixtinus*-Kodex) des spanischen Wallfahrtsortes Santiago de Compostela, daß Mehrstimmigkeit dieser Art nicht auf St-Martial beschränkt war. Die Notation in Neumen auf geschlüsselten Linien (Ausnahme: *SM 1*) bei Untereinanderschreibung der Stimmen ist nach Tonhöhen eindeutig, rhythmisch jedoch noch weitgehend indifferent. Da es sich meist um rhythmische Texte handelt, wird wohl zumindest beim syllabischen Note-gegen-Note-Satz das Textmetrum maßgebend sein. Zugrunde liegen dem mehrstimmigen Satz weiterhin die Konkordanzen (Oktave, Einklang, Quinte, Quarte); doch nun rückt der Usus des Kolorierens in die Komposition ein, und es bilden sich – teils als Vorstufen zu den Notre-Dame-Organa – unter dem Oberbegriff o. (generale) verschiedene Arten des Satzes aus, die bereits in dem zuerst von A. de Lafage (zuletzt 1957 von A. Seay) edier-

Paris, Bibl. Nat., lat. 3549, f. 152: Schluß eines Tropus zum Weihnachtsgraduale *Viderunt omnes fines* (Übertragung).

ten Traktat klar als Species discantus und o. unterschieden werden: 1) Das o. (speciale) mit rhythmisch freiem Melisma der Vox organalis über dementsprechend gedehntem Cantuston (siehe den Schluß des Beispiels, der hier als modulus organi [cauda] des Tropus gilt). 2) Der discantus a) als Note gegen Note syllabisch, cum littera nach späterer Terminologie (wie zu Beginn des Beispiels), wo die Textbetonung vermutlich den Rhythmus bestimmt; b) als Note gegen Note melismatisch, Melisma gegen Melisma, sine littera (wie im Beispiel auf der Silbe »ci«), wo es außer dem Problem des Rhythmus auch das des klanglichen Zusammenpassens der Töne gibt, wenn die in Cantus und O. miteinander korrespondierenden Melismen verschieden viele Töne haben (wie gegen Schluß des Beispiels). Diese verschiedenen Satzarten können im Dienst der Formbildung, Varietas und Schlußsteigerung in ein und derselben Komposition abwechseln, doch nur so, daß dabei (vor allem rhythmisch) der »Lied«-Charakter des Cantus vernehmbar bleibt.

Im Mittelpunkt der organalen Kunst der → Notre-Dame-Epoche, in der Zeit nach dem Baubeginn der frühgotischen Pariser Kathedrale (1163) bis gegen Mitte des 13. Jh., stehen nicht mehr liedhafte Cantus, sondern die solistischen Teile der responsorialen Gattungen des Chorals. Mit dem gewaltigen Aufschwung der Mehrstimmigkeit untrennbar verbunden ist die große theoretisch-praktische Leistung dieser Epoche: die Erfindung der → Modalnotation, gleichbedeutend mit dem Entstehen der zwar nach dem Muster der Liedrhythmik gebildeten, nun aber von allen textrhythmischen Rücksichten freien und in diesem Sinne »absolut« musikalischen Rhythmik. Wichtige Traktate auf dieser Stufe der Mehrstimmigkeit sind der O.-Traktat der Vatikanischen Bibliothek (Ottob. lat. 3025; geschrieben Anfang des 13. Jh., früher verfaßt?), Johannes de Garlandias *De musica mensurabili positio* (vor 1250) und die Abhandlung des englischen Anonymus IV (CS I; um 1275). Die erste Generation der Notre-Dame-Schule vertritt (nach dem Bericht des Anonymus IV) der optimus organista Magister Leoninus. Hier ist die Choralbearbeitung noch zweistimmig (o. duplum, o. purum, o. per se; die organale Gegenstimme heißt jetzt → Duplum), und es richtet sich alle Kunst auf die Gestaltung der im speziellen Sinne organalen Faktur:

Übertragung aus dem O. duplum *Alleluya. Posui adiutorium* des *Magnus liber organi* in der Fassung des Kodex Wolfenbüttel 677, f. 47 (→ Quellen: W_1).

Über meist syllabisch textierten Haltetönen (organici punctus) werden kunstvolle, nach Typen klassifizierbare Melismen komponiert, die nach ihrer vormodalen Notationsart und entsprechend dem Wesen solistischer Zweistimmigkeit wohl noch freirhythmisch gemeint sind; doch zeigen sich schon hier, wenn man die Konkordanzen längt, Ansätze zum 1. Modus (♩♩). Im Wechsel mit diesen organalen Partien des O. stehen die Discantuspartien (beide als clausulae sive puncta bezeichnet), bei denen dem Choralmelisma ein organales Melisma respondiert, und zwar Note gegen Note in ternärer Messung, dabei mit Vorliebe – gemäß dem Längenanspruch der Konkordanz – im 1. Modus (im Beispiel die Silbe »to«). Der berühmte Pariser *Magnus liber organi de gradali et antiphonario pro servitio divino multiplicando*, dessen Schöpfer (nach Anonymus IV) Leoninus ist, besteht aus einem Zyklus von Organa dupla über responsoriale Meß- und Offiziumsgesänge (Graduale, Alleluia in der Messe; Responsorium in der Matutin bzw. Vesper und bei der Prozession) und ist in einem zu verschiedenen Stadium als magnum volumen (d. h. mit den späteren, systematisch angeordneten Zusätzen) in 3 Handschriften überliefert (→ Quellen: W_1, F und W_2). – Die folgende Generation, deren Haupt der geniale optimus discantor Magister Perotinus Magnus war, erreicht in der schriftlichen Ausarbeitung der Komposition eine neue, nach Größe und Kunst der gleichzeitigen Kathedralarchitektur ebenbürtige Stufe. Mit Hilfe der nun voll ausgebildeten Modalnotation mit ihren 6 Modi gelangt das organale Schaffen bis zur Drei- und Vierstimmigkeit (Organa tripla und quadrupla; die Stimmbezeichnungen sind → Duplum, → Triplum und → Quadruplum), unter zunehmender Bevorzugung des Discantus und der neuen Gattung des Choralbearbeitungstropus (→ Motette). Eine neue Spezies des O. ist die → Copula, die nach Notations- und Kompositionsart zwischen Discantus und O. speciale steht (Garlandia, CS I, 114) und durch schnelles Tempo und gestrafften Rhythmus eine Schlußsteigerung einzelner O.-Abschnitte bildet:

Aus dem O. triplum *Virgo*, Schluß einer organalen Partie mit anschließender Copula non ligata (Abschrift und Übertragung der Hs. F, f. 33′).

Im Mittelpunkt des Schaffens steht jetzt die Umarbeitung des *Magnus liber*. Sie erstreckt sich auf die Erweiterung des Repertoires und auf das Hinzukomponieren 3- und 4st. Organa, von denen mehrere Perotinus zugeschrieben werden, ferner auf die Änderung (meist Kürzung) der melismatischen Organum duplum-Partien und auf deren Ersatz durch Discantuspartien (clausulae). Außerdem wurde ein großer Bestand an Ersatzklauseln geschaffen, die wahlweise zur Verfügung stehen. Diese konnten auch, syllabisch mit rhythmischem lateinischem Text versehen, als Musica cum littera die Choralbearbeitung tropieren und sich zugleich auch verselbständigen; in sehr vielen Fällen lassen sie sich als musikalische Quellen französischer Motetten nachweisen. Indessen wurde das O. duplum, zumal die sein Wesen bestimmende O. speciale-Faktur, unmodern. In den 3- und 4st. Organa sind auch die organalen Partien in Wirklichkeit Discantussätze über Haltetönen. Letztmalig überliefert der 1. Faszikel des großen Motettenkodex Montpellier (→ Quellen: *Mo*) einige der berühmtesten Organa tripla. Wahrscheinlich hat auch Jacobus Leodiensis um diese Zeit in Paris noch Organa gehört; doch beklagt er dann um 1330 (*Speculum musi-*

cae, CS II, 394), daß die moderni cantores die *cantus antiquos organicos* verschmähen.

Ausg.: → Quellen: WiTr, Calixtinus-Kodex, MüA, LoA, W$_1$, F, W$_2$, Ma, Hu. – Perotinus: O. quadruplum »Sederunt principes«, hrsg. v. R. v. FICKER, Wien u. Lpz. 1930; Die 3-u.4st. Notre-Dame-Organa, hrsg. v. H. HUSMANN, = PäM XI, Lpz. 1940; DERS., Die ma. Mehrstimmigkeit, = Das Musikwerk (IX), Köln (1955); FR. GENNRICH, Perotinus Magnus. Das O. Alleluya Nativitas ... u. seine Sippe, = Mw. Studienbibl. XII, Darmstadt 1955.

Lit.: RIEMANN MTh; H. E. WOOLDRIDGE, The Polyphonic Period I, in: The Oxford Hist. of Music I, Oxford 1901, London ²1929; FR. LUDWIG, Die mehrst. Musik d. 11. u. 12. Jh., Kgr.-Ber. Wien 1909; DERS., Die liturgischen Organa Leonins u. Perotins, Fs. H. Riemann, Lpz. 1909; DERS., Repertorium organorum recentioris et motetorum vetustissimi stili I, 1, Halle 1910, Neudruck hrsg. v. L. A. Dittmer, NY u. Hildesheim 1964, I, 2 u. II, hrsg. v. Fr. Gennrich, = Summa Musicae Medii Aevi VII–VIII, Langen 1961-62; DERS., Perotinus Magnus, AfMw III, 1921; DERS., Musik d. MA in d. Badischen Kunsthalle Karlsruhe, ZfMw V, 1922/23; DERS., Über d. Entstehungsort d. großen Notre-Dame Hss., in: Studien zur Mg., Fs. G. Adler, Wien u. Lpz. 1930; J. HANDSCHIN, Was brachte d. Notre-Dame-Schule Neues?, ZfMw VI, 1923/24; DERS., Zur Notre-Dame-Rhythmik, ZfMw VII, 1924/25; DERS., Zum Crucifixum in carne, AfMw VII, 1925; DERS., Zur Gesch. d. Lehre v. O., ZfMw VIII, 1925/26; DERS., Die Musikanschauung d. Johannes Scotus (Erigena), DVjs. V, 1927; DERS., Angelomontana polyphonica, SJbMw III, 1928; DERS., Der O.-Traktat v. Montpellier, in: Studien zur Mg., Fs. G. Adler, Wien u. Lpz. 1930; DERS., Zur Leonin-Perotin-Frage, ZfMw XIV, 1931/32; DERS., A Monument of Engl. Medieval Polyphony: The Ms.Wolfenbüttel 677, The Mus. Times LXXIII, 1932 – LXXIV, 1933; DERS., Zur Gesch. v. Notre-Dame, AMl IV, 1932; DERS., The Two Winchester Tropers, The Journal for Theological Studies XXXVII, 1936; DERS., L'o. à l'église ..., Rev. du chant grégorien XXXIX/XL, 1936/37; DERS., Aus d. alten Musiktheorie II, Org. u. O., AMl XIV, 1942; DERS. in: AMl XV, 1943; DERS., Mg. im Überblick, Luzern (1948), ²1964; P. WAGNER, Zu d. liturgischen Organa, AfMw VI, 1924; H. BESSELER, Die Musik d. MA u. d. Renaissance, Bücken Hdb.; R. v. FICKER, Primäre Klangformen, JbP XXXVI, 1929; DERS., Polyphonic Music of the Gothic Period, MQ XV, 1929; DERS., Der Organumtraktat d. Vatikanischen Bibl. (Ottob. 3025), KmJb XXVII, 1932; H. SCHMIDT(-GARRE), Zur Melodiebildung Leonins u. Perotins, ZfMw XIV, 1931/32; DERS., Die 3- u. 4st. Organa, Kassel 1933; FR. FELDMANN, Ein Quinteno. aus einer Breslauer Hs. d. frühen 16. Jh., KmJb XXVII, 1932; H. HUSMANN, Die 3st. Organa d. Notre-Dame-Schule mit besonderer Berücksichtigung d. Hss. Wolfenbüttel u. Montpellier, Diss. Bln 1932, Teildruck Lpz. 1935; DERS., Die Offiziumsorgana d. Notre-Dame-Zeit, JbP XLII, 1935; DERS., St. Germain u. Notre-Dame, in: Natalicia Musicologica, Fs. Kn. Jeppesen, Kopenhagen 1962; DERS., The Origin and Destination of the Magnus Liber Organi, MQ XLIX, 1963; DERS., The Enlargement of the Magnus Liber Organi ..., JAMS XVI, 1963; DERS., Ein 3st. O. aus Sens ..., Fs. Fr. Blume, Kassel 1963; DERS., Das O. vor u. außerhalb d. Notre-Dame-Schule, Kgr.-Ber. Salzburg 1964; H. ANGLÈS, La música a Catalunya fins al s. XIII, = Publicaciónes del Departamento de música de la Bibl. de Catalunya X, Barcelona 1935; DERS., Die Mehrstimmigkeit d. Calixtinus v. Compostela u. seine Rhythmik, Fs. H. Besseler, Lpz. 1961; M. SCHNEIDER, Gesch. d. Mehrstimmigkeit II, Bln 1935, Rom ²1964; Y. ROKSETH, La polyphonie parisienne du XIIIe s., in: Les cahiers techniques de l'art I, 2, 1947; L. B. SPIESS, An Introduction to the Pre-St.Martial Sources of Early Polyphony, Speculum XXII, 1947; H. FEDERHOFER, Eine neue Quelle zur Organumpraxis d. späten MA, AMl XX, 1948; DERS., Archaistische Mehrstimmigkeit im Spätmittelalter, SMZ LXXXVIII, 1948; W. APEL, From St. Martial to Notre-Dame, JAMS II, 1949; DERS., The Earliest Polyphonic Composition and Its Theoretical Background, RBM X, 1956; DERS., Bemerkungen zu d. Organa v. St. Martial, in: Miscelánea en homenaje a H. Anglès I, Barcelona 1958–61; R. STEPHAN, Einige Hinweise auf d. Pflege d. Mehrstimmigkeit im frühen MA in Deutschland, Kgr.-Ber. Lüneburg 1950; H. TISCHLER, New Hist. Aspects of the Parisian Organa, Speculum XXV, 1950; DERS., A Propos the Notation of the Parisian Organa, JAMS XIV, 1961; F. SPREITZER, Studien zum Formaufbau d. dreist. Organumkompositionen d. sog. Notre Dame-Repertoires, Diss. Freiburg i. Br. 1951, maschr.; A. GEERING, Die Organa u. mehrst. Conductus in d. Hss. d. deutschen Sprachgebietes v. 13.–16. Jh., = Publikationen d. Schweizerischen Musikforschenden Ges. II, 1, Bern (1952); DERS., Retrospektive mehrst. Musik in frz. Hss. d. MA, Miscelánea en homenaje a H. Anglès I, Barcelona 1958–61; THR. G. GEORGIADES, Musik u. Sprache ..., = Verständliche Wiss. L, Bln, Göttingen u. Heidelberg 1954; DERS., Sprache, Musik, schriftliche Musikdarstellung, AfMw XIV, 1957; A. HUGHES OSB in: The New Oxford Hist. of Music II, London 1954, ²1955; W. G. WAITE, The Rhythm of XIIth-Cent. Polyphony, Its Theory and Practice, = Yale Studies in the Hist. of Music II, New Haven (Conn.) 1954, dazu H. Tischler in: JAMS XIV, 1961; E. JAMMERS, Anfänge d. abendländischen Musik, = Slg mw. Abh. XXXI, Straßburg u. Kehl 1955; DERS., Musik in Byzanz, im päpstlichen Rom u. im Frankenreich, = Abh. d. Heidelberger Akad. d. Wiss., Phil.-hist. Klasse, Jg. 1962, Nr 1; E. L. WAELTNER, Das O. bis zur Mitte d. 11. Jh., Diss. Heidelberg 1955, maschr.; DERS., Der Bamberger Dialog über d. O., AfMw XIV, 1957; A. SEAY, An Anon. Treatise from St. Martial, Ann. Mus. V, 1957; C. DAHLHAUS, Zur Theorie d. frühen O., KmJb XLII, 1958; DERS., Zur Theorie d. O. im 12. Jh., KmJb XLVIII, 1964; H. SCHMID, Die Kölner Hs. d. Musica Enchiriadis, Kgr.-Ber. Köln 1958; FR. BLUM, Another Look at the Montpellier O. Treatise, MD XIII, 1959; FR. ZAMINER, Der Vatikanische O.-Traktat (Ottob. lat. 3025), = Münchner Veröff. zur Mg. II, Tutzing 1959; K. v. FISCHER, Die Rolle d. Mehrstimmigkeit am Dome v. Siena zu Beginn d. 13. Jh., AfMw XVIII, 1961; TH. GÖLLNER, Formen früher Mehrstimmigkeit in deutschen Hss. d. späten MA, ebenda VI, 1961; DERS., Die mehrst. liturgischen Lesungen, Habil.-Schr. München 1967, maschr.; A. MACHABEY, Remarques sur le Winchester Troper, Fs. H. Besseler, Lpz. 1961; B. RAJECZKY, Spätma. Organalkunst in Ungarn, Studia musicologica I, 1961; J. M. MARSHALL, Hidden Polyphony in a Ms. from St. Martial de Limoges, JAMS XV, 1962; I. MILVEDEN, Die schriftliche Fixierung eines Quinten-O., STMf XLV, 1962; L. SCHRADE, Ein neuer Fund früher Mehrstimmigkeit, AfMw XIX/XX, 1962/63; E. H. SANDERS, Peripheral Polyphony of the 13th Cent., JAMS XVII, 1964; L. TREITLER, The Polyphony of St. Martial, ebenda; TH. KARP, Towards a Critical Ed. of Notre Dame Organa Dupla, MQ LII, 1966; N. E. SMITH, Tenor Repetition in the Notre Dame Organa, JAMS XIX, 1966; FR. RECKOW, Der Musiktraktat d. Anon. 4, = BzAfMw IV, Wiesbaden 1967. HHE

Orgel (von griech. ὄργανον, Werkzeug; lat. organum, organa; engl. organ; frz. orgue), ein Aerophon, das den Klang durch → Labialpfeifen und → Lingualpfeifen (Rohrwerke) erzeugt. Sie wird von einem Spieltisch oder -schrank aus gespielt, der eine oder mehrere → Klaviaturen für die Hände (→ Manual) und eine, sehr selten zwei Klaviaturen für die Füße (→ Pedal – 1) hat. Durch → Trakturen wird die Verbindung von den Tasten und Registerzügen im Spieltisch zu den → Windladen hergestellt, auf welchen die Pfeifen über Ton- oder Registerkanzellen angeordnet sind, in denen zuströmender Wind zum Anblasen der Pfeifen bereitsteht. Der Wind wird durch → Balg oder Ventilator in den → Magazinbalg geschöpft und dort auf bestimmtem Winddruck gespeichert. Der Dichtigkeitsgrad (Winddruck in geschlossenem System) liegt heute je Werk und Raumgröße zwischen 40 und 90 mm Wasserwaage, in gotischen Org.n weit höher, bei → Hochdruckregistern geht er über 300 mm hinaus. Die Anzahl der Pfeifen richtet sich nach Art und Zahl der Register der Org. Eine Org. mit 25 Registern hat etwa 1900 Pfeifen; die zu ihrer Zeit größte europäische Konzertorg. in der Jahrhunderthalle in Breslau (W. → Sauer) hatte 1936 nach ihrem Umbau 222 Register mit 16706 Pfeifen. Die größten Pfeifen (C 32′ = $_2$C) haben bei über 10 m Länge einen Durchmesser von ca. 550 mm,

Orgel

die kleinsten einen solchen von ca. 2,3 mm. In der → Disposition sind, funktional aufeinander bezogen, die verschiedenen → Register (– 1) ausgewählt und in den Werken (→ Hauptwerk, → Rückpositiv, → Brustwerk, Oberwerk, Pedal u. a.) angeordnet. Die Register werden als Aequalregister, Obertonregister (→ Aliquotstimmen) und als mehrchörige Obertonmischregister (→ Mixtur, → Scharf, → Zimbel – 2, u. a.) gebaut. In der Frontseite der Org. stehen die Prospektregister, die zumeist der → Prinzipal-Familie angehören. Aus architektonischen Gründen haben sie manchmal Überlängen, zeigen auch hie und da Felder mit kleineren stummen Pfeifen, bestehen aber nach klassischem Brauch zumeist aus klingenden Pfeifen. Der Prospekt ist oft symmetrisch in die ganztönigen Pfeifenreihen der C- und Cis-Seite gegliedert, aber auch der chromatischen Anordnung der Pfeifen folgend oder unsymmetrisch frei gestaltet. Der optimalen Klangabstrahlung wegen werden die einzelnen Werke gern in einem Gehäuse untergebracht und neben- und übereinander, seltener hintereinander aufgestellt. Der spanische Prospekt zeigt mit Vorliebe mit Vorliebe in den Raum hineinragende liegende Lingualpfeifen (z. B. Trompeten).

Die älteste bisher bekannte Form eines orgelähnlichen Blasinstruments ist die altchinesische → Mundorg. (sheng, japanisch shô), mit Abarten bis Hinterindien und Indonesien verbreitet. Sie hat zumeist 17 Pfeifen mit durchschlagenden Zungen und Windkessel; das Mundstück wird nicht angeblasen, sondern angesaugt. Die Zungenpfeifen erklingen, wenn sie nicht durch Auflegen des Fingers auf das Luftloch ausgeschaltet sind. Die Mundorg. ist auch mehrstimmig zu spielen und fand in den Riten der chinesischen Religionen Anwendung. Ihr Einfluß auf die abendländische Org.-Entwicklung dürfte frühestens durch einen Nachbau der durchschlagenden Zungen durch den Org.-Bauer Kirsnik (18. Jh.) anzusetzen sein. – Häufig wurde versucht, die morgen- und abendländische Org. aus der Syrinx abzuleiten. Wahrscheinlicher ist, daß sie sich aus der sogenannten pneumatischen Org. entwickelt hat, die Ledersäcke als Windladen, aber noch keine Trakturvorrichtungen kannte. Andeutungen solcher Org.n sind für das 4., 5. und 6. Jh. n. Chr. belegt. Cassiodorus († um 580) rühmte ihren Klang als *grandissima et suavissima*. Diesem Org.-Typ gegenüber stellt die → Hydraulis eine frühere, dabei höher entwickelte und weiter verbreitete Form der Org. dar. Die talmudischen Schriften erwähnen die magrēfā, ein kleines tragbares Instrument mit Blasebalg; in ihm wurde eine Kleinorg. vermutet, die in der synagogalen Musik Verwendung fand (H. G. Farmer). – Im Abendland entwickelte sich als Kleinform der Org. das tragbare → Portativ (im 14. Jh.: organetto). Es hatte anfangs 6–12 Pfeifen, in seiner Blütezeit 2 Reihen von je 14 Pfeifen, höchstens insgesamt 40. Im 16. Jh. wurde es von dem größeren → Positiv verdrängt. Eine Kleinstform des Portativs ist das → Regal (– 1), das nur aufschlagende Zungen mit sehr kurzen Bechern, aber schon einen Kastendeckel für p- und f-Wirkung kannte.

In die abendländische Kirche fand die Org. – abgesehen von Hinweisen Polydors auf das 7. Jh. – spätestens im 8. Jh. Eingang. Pippin ließ die ihm vom byzantinischen Kaiser Konstantin Kopronymos geschenkte Org. (um 757) auf seinem Landsitz in Compiègne aufstellen. 824 berichtet W. Strabo von einer Org. im Münster zu Aachen mit konstanten Weitenmensuren. Um 826 erhielt Ludwig der Fromme eine von Georgius Veneticus nachgebildete Hydraulis. Auch der Utrechter Psalter (9. Jh.) zeigt eine Kleinorg. Weitere Kirchenorg.n sind im 9. Jh. für Freising, St. Savin und Straßburg belegt, im 10. Jh. für Köln, Canterbury, Rom und Winchester. Beschreibungen der Org.n des 10. Jh. beweisen das frühe organale Prinzip: auf einer Taste werden der Grundton mit Oktaven, später auch Quinten und deren Oktaven in mehrfach chorischer Anordnung vereint. Im 11. und 12. Jh. finden sich weitere Org.n in Halberstadt, Erfurt, Magdeburg, Konstanz, Paris, Rouen, Utrecht, im 13. Jh. in Brügge, Exeter, Florenz, Lübeck, Mainz, Prag, Salzburg, Westminster. Erbauer waren oft Geistliche und Organisten. Im 14. und 15. Jh. sind Org.n zahlreich in den abendländischen Kirchen zu finden, während der griechischorthodoxe Kult die Org. nicht aufnahm. Nachweislich im 14. Jh. wurde dem Hauptwerk ein angehängtes → Pedal (– 1) hinzugefügt (Sundre auf Gotland 1370; Florenz, S. Maria Novella 1379), das später einige Bordunpfeifen erhielt und Mitte bis Ende des 15. Jh. (Nürnberg 1447, Erfurt 1483, Dresden 1489) durch mehrere eigene Register selbständig wurde. Die unter Nikolaus Faber 1359–61 erbaute Org. im Dom zu Halberstadt, das zu seiner Zeit meistgerühmte Werk, hatte schon 3 Manuale mit handbreiten Tasten, ein oberes Diskantklavier mit 22 Tasten (H–a^1 ohne gis^1), 2 Prinzipalreihen Praestant 16′ und → Hintersatz 32–43–56fach, ein gleichgroßes unteres Diskantklavier mit 2 Prinzipalen 8′, ein Baßklavier (12 Tasten $_1$H–H; H = wahrscheinlich B) mit Prinzipalbordunen 32′ in den Seitentürmen und ein Pedal (mit ebenfalls 12 Tönen) mit fester Kopplung zum Baßklavier und einem Hintersatz 16–20–24fach. Die Org. wurde mit den Händen, wahrscheinlich auch mit den Ellenbogen und mit den Füßen gespielt. Ihr Klang war durch den hohen Winddruck mächtig, in den doppelchörigen Prinzipalen weit-singend, durch die diskantbetonten übergroßen Hintersatzmixturen überraschend stark und durch die weitgespannten Fußtonhöhen vom dunklen 32′ bis zum silberhellen 1′ rauschend-füllend. Die so im Hintersatzblock zusammengefaßten großen Chöre konnten erst mit der Erfindung der Springlade um 1400 und der Schleiflade im 15. Jh. (M. Agricola 1442 in Grüningen, Martinskirche) in Einzelregister und kleinere Mixturen zerlegt werden. Dadurch war es nun auch möglich, andere Registerarten und Klangfarben außer den blockbildenden Prinzipalen zu entwickeln, wie weitmensurierte offene, konische und gedeckte Register, auch Zungenwerke. Tugi aus Basel kannte das Hörnlein; Hans Süß (Nürnberg–Köln) propagierte Schalmei, Schwegel und Schällenpfeife (1511); H. v. Koblenz führte in Alkmaar → Gemshorn (– 2) und → Hohlflöte ein. In A. → Schlick erstand ein Meister der Klang- und Registrierungskunst, der Zahl und Farben der neuen Register zu ordnen wußte. Die brabantische Schule übernahm und entwickelte den Registerzuwachs weiter, beließ aber die Prinzipalblockwerke länger als der italienische Org.-Bau im Hauptwerk. Im 15. Jh. kam das Rückpositiv, das schon 1386 in Rouen erwähnt wird, mit kleinerem Blockwerk, Flöten und Zungen hinzu, bald danach das Brust- und Oberwerk, die beide mit dem Hauptwerk und Pedal in einem Gehäuse untergebracht wurden, während das Rückpositiv als Gegenwerk ein eigenes Gehäuse erhielt. Somit war 1540 der Typ der niederländischen Renaissance-Org. mit seinem differenzierten Klangaufbau der einzelnen Werke geschaffen. Meister dieser Zeit sind Daniel van der Distelen († 1510) und H. → Niehoff. Der südniederländische Org.-Bau hingegen beschränkte sich weiter auf 1–2 Manuale und angehängtes Pedal. Seine Vorliebe galt den Plenumgruppen und dem labialen → Kornett (– 2). Von ihm wurden besonders der spanische und französische Typ beeinflußt. Meister der frühen französischen Org.-Kunst, die vor 1500 schon 3manualige Werke kannten, sind Jean Bondifer (um

1550) und Francisque des Oliviers, der 1531 die Kathedralorg. in Beauvais erbaute. Von 1650–1770 erlebte die französische Org. ihre Blütezeit (Fr.-H. → Clicquot, die Theoretiker M. → Mersenne und Dom Fr. → Bédos de Celles). – Spanien ragte im 16. Jh. durch die Org., die Kaiser Karl V. von spanischen Meistern (G. Hernandez und Juan Gaytan) in der Kathedrale zu Toledo erbauen ließ, hervor, während zwei Brabanter Meister (Brebos) im Escorial 1579–84 eine große Org. schufen. Die Pracht der Zungenchöre zeichnet die spanischen Org.n aus (Trompeta 32′ bis 2′, Viejos, Viejas, Violetas, Orlos, Bajoncillo, Serpeton, Chirimia u. a.). Die »en chamade« waagerecht herausragenden Rohrwerke erhielten die Org.n im 17. Jh. Während das Plenum in enger Mensur mit sehr niedrigen Aufschnitten silbern strahlte, waren die weiten Nasard- und Kornettregister kantabel und warm, nicht aggressiv. Bemerkenswert sind ferner das oft nur 12tönige Pedal, die Baß-Diskant-Teilung in den Manualen (c^1/cis^1) von der Mitte des 18. Jh. an ein Schwellwerk unter dem Hauptwerk. Das barocke Klangideal, in den Kathedralorg.n in Toledo (die Evangelienorg. von 1758 und die Epistelorg. von 1791, erbaut von José Verdalonga) verwirklicht, hielt sich in Spanien bis gegen Ende des 19. Jh. – Italien verharrte vorwiegend bei der einmanualigen Org. der Frühgotik, deren Prinzipalblockwerk und Mixturen hier schon sehr früh in Einzelregister zerlegt wurden. Wenige weite Flöten traten Ende des 15. Jh. hinzu. → Gedackte und Terzen konnten sich nur langsam durchsetzen. Führend waren im 15. Jh. die toskanische und venezianische Schule (Lorenzo di Giacomo da Prato, Erbauer der Org. in S. Petronio zu Bologna 1417, und Fra Urbano, der 1490 in San Marco zu Venedig eine weithin berühmte 9registrige Org. baute); ein Meisterwerk ist auch Graziado Antegnatis Org. für S. Giuseppe zu Brescia (1581) – Werke von homogener Klangfarbe, aber silberner Klarheit, deren Prinzipalreihen verhältnismäßig eng sind und einen »Anflug von Schärfe« (R. Lunelli) haben. – Größeren Registerreichtum zeigt dagegen die frühe Org. in Österreich: 1496 in Maria Saal, 1498 in St. Wolfgang (M. Khall), 1513 in Innsbruck. Einen Höhepunkt der vielgliedrigen Renaissanceorg. mit 5 Werken stellt die große Org. in der Dom- und Schloßkirche zu Prag dar (1553 von Fr. → Pfannmüller begonnen, um 1565 von J. und A. Rudner vollendet.) – In England blühte die Org.-Kunst, vom Puritanismus verachtet, erst mit der Restauration 1660 wieder auf. R. Harris erbaute größere Werke in Bristol, Winchester, Salisbury (50 Register), Father Bernard Smith, ein Deutscher, die Org. in der St. Pauls Cathedral in London, Canterbury u. a. Schon 1670 gelang es Th. Mace, durch → Jalousieschweller den Org.-Ton crescendieren zu lassen, eine Erfindung, die von 1712 an immer mehr den englischen Geschmack bestimmte.

Norddeutschland nahm im 16. Jh. vielfältige Anregung besonders vom brabantischen Org.-Bau auf (H. Niehoff, St. Petri in Hamburg 1548–51). Seine eigenständigen Schöpfer fand es in der Org.-Bauer-Familie Scherer sowie in Dirck Hoyer und Nikolaus Maas, der 1599 von Stralsund nach Kopenhagen ging. Die norddeutsche Prospektgestaltung mit den beiden seitlichen Pedaltürmen machte weithin Schule. G. → Fritzsche, Scherers Enkelschüler aus Meißen, mit M. Praetorius und H. Schütz befreundet, kam 1629 über Wolfenbüttel nach Hamburg, wo er mit seinem Sohn Scherers Werk in einem 5klavierigen Org.-Typ vollendete. Sein Schüler und Schwiegersohn Fr. Stellwagen (Hamburg und Lübeck) baute in St. Marien zu Stralsund eines der besten Werke norddeutscher Org.-Bau-Kunst, mit 51 Registern, klassisch ausgewogener Verteilung aller Registertypen auf die einzelnen Werke und einem klar gegliederten Prospektaufbau mit über 20 m Höhe. Beider Einfluß auf A. → Schnitger ist unverkennbar. Die Registergruppen erfuhren bei ihm höchste Vollendung, sowohl die engere, sich verjüngende Prinzipalgruppe (pleno), der sogenannte Weitchor (electo), der eine raumhaft-hintergründige Farbigkeit entwickelt, als auch die kurz- und langbechrigen Rohrwerke. Der Werkcharakter der Manuale ist vollendet durchgebildet. Das Gehäuse ist nicht nur grandiose Fassade, sondern mitschwingender Schallabstrahler. Über 160 Org.n, die Schnitger weit über Norddeutschland hinaus, auch in Holland, Rußland, Spanien und den skandinavischen Ländern erbaute, zeugen von seiner Meisterschaft. Seine Söhne, Hans Jürgen und Franz Caspar, ließen sich in Holland nieder. Der skandinavische Org.-Bau erhielt durch Schnitger und andere Org.-Bauer aus Norddeutschland ebenfalls vielfältige Anregungen (J. Lorentz, G. Fritzsche, J. Richborn, Christian Rüdiger aus Stettin und H. H. Cahmann, der sich in Schweden ansiedelte). – Nicht minder bedeutend sind vom Frühbarock an die Org.n im ostdeutschen Raum, so unter vielen J. A. Frieses 51registrige Org. in der Danziger Marienkirche (1549) und J. J. Mosengels Königsberger Domorg. (1721). Bemerkenswert für die Org. dieser Zeit sind Nebenzüge, wie Hümmelchen, Fuchsschwanz, → Vogelgesang (– 3), Zimbelstern, zwei fliegende Adler, die sich bewegen, alles naturoffene und symbolische Zutaten, die sich überall, wie auch anfänglich in der Gotik, großer Beliebtheit erfreuten. Aus der reichen Org.-Landschaft Mitteldeutschlands sind zu nennen: D. → Beck (Schloßkirchenorg. in Gröningen), Chr. → Förner, Matthias Schurig und die Familie → Compenius, die Org.n u. a. in Magdeburg, Bitterfeld, Halle, Bückeburg erbauten. Esaias Compenius, der geniale Schöpfer der heute im Frederiksborger Schloß stehenden, vollständig erhaltenen 2manualigen Org., die nur Holzpfeifen hat, war ein Freund und Berater des M. Praetorius. Italienischer Einfluß kam durch E. → Casparini, der 1700 die Sonnenorg. in Görlitz erbaute, nach Deutschland. Weitere Meister des 18. Jh. sind: G. → Silbermann, Z. → Hildebrandt, die Familien Herbst und → Stumm und J. J. → Wagner. Letztere reduzierten die extremen Farbregister und Fußtonlagen, die überblasenden Register und kurzbechrigen Rohrwerke und suchten in ihrem Klang eine Mitte, die die Farbextreme ausschaltete. Klassisch ausgewogen entfalteten sie den homogenen »argentinischen« Klang des Plenums. G. Silbermann formulierte sein Ideal bei dem Kontraktentwurf der Freiberger Domorg.: *Das Hauptmanual soll einen gravitätischen Klang bekommen, das Oberwerk scharf und etwas spitzig, das Brustwerk recht delikat und lieblich sein.* Bemerkenswert ist bei seinen Org.n das Fehlen eines Rückpositivs. Andreas, G. Silbermanns Bruder und Lehrmeister, nahm vielfältig französische Anregungen auf (Fr. → Thierry). Seine bekannteste Org. ist die des Straßburger Münsters (1714–16). Starken Einfluß hatte er auf K. J. Riepp, der sich in Dijon niederließ, machte aber auch Schule bis nach Amerika (I. G. Klemm, 1690–1762). – Der süddeutsche Org.-Bau, der ein glänzendes Beispiel großer Farbigkeit in der Konzilskirche Santa Maria Maggiore in Trient (1536, umgebaut von E. Casparini) aufweist, entfaltete seine vokale Klangvorstellung in den Org.n von Chr. → Egedacher, J. → Gabler, K. J. → Riepp und J. N. → Holzhay. Riepps 1757–66 in der Abtei Ottobeuren erbauten Org.n – die große Dreifaltigkeitsorg. auf der Epistelseite und die kleinere Hl.-Geist-Org. auf der Evangelienseite – gehören zu den großartigsten Dokumenten süddeutscher Org.-Bau-Kunst. Französische Einflüsse sind hier unverkennbar; die affektbetonte Klanglichkeit des orchestralen Vorbildes zeigt sich besonders in den Streichern. Füllebetonte Register nehmen zu, wie überhaupt alles zum satten Klang hin (Terzmixturen) ausgerichtet ist.

Den Weg, der von dem organalen Werkprinzip und seinen Funktionsgruppen fortführte, beschritt von der Mannheimer Schule aus Abbé → Vogler mit seinem → Orchestrion (– 1) und dem Simplifikationssystem, das die Manuale in reine Farbelemente aufteilte, die Aliquote zur akustischen Erzeugung von Aequaltönen einsetzte und die ganze Org. zur Erhöhung der Ausdrucksmöglichkeiten in einen Schweller stellte. Die Tendenzen, die sich von hier aus ins 19. Jh. ausbreiteten, waren: eine Mensurveränderung, die die polyphone Klarheit aufgab, Auflösung des Werkcharakters der Manuale hin zu möglichst lückenlosen, orchestralen Lautstärkeübergängen und starke Harmoniebetonung. Die Register wurden fortan nach der Einordnung in die Lautstärkeskala befragt, statt sie nach ihrer Klangfunktion einzuordnen. Äußere technische Erweiterungen (Kombinationszüge, Crescendowalze, Hochdruckregister) wurden überschätzt. Ein neues Ladensystem (Kegellade und Taschenlade) verdrängte die Schleiflade. Daß aber immer noch in diesem Rahmen bestes Kunsthandwerk, verbunden mit gediegener Kenntnis historischer Org.n geübt wurde, beweisen Fr. → Ladegast, ein Gegner der Kegellade, für dessen Merseburger Domorg. Liszt 1855 seine Komposition über BACH schrieb und auf dessen Wiener Org. A. Bruckner improvisierte, sowie die Org.-Bauer-Familien → Schulze und → Buchholz und der Org.-Bauer W. → Sauer, ein Schüler Cavaillé-Colls, der u. a. die Org.n im Berliner Dom und in der Leipziger Thomaskirche erbaute. Bei ihnen kommen die mensurtheoretischen Vorstellungen J.G. → Töpfers und Dom → Bédos' zur Auswirkung. Auch E.Fr. → Walcker verband diese romantischen Intentionen mit Tradition und großem Können, allerdings auch teilweise auf Vogler eingehend. In Frankreich hielt → Cavaillé-Coll an der historischen Schleiflade fest, verwendete bei seinen großen Org.n den Barkerhebel, disponierte viele Zungen, auch noch Aliquotregister und gestaltete so die französische Org. des 19. Jh., der Tradition wie einigen romantischen Intentionen aufgeschlossen. Ähnlich wirkten in Frankreich → Merklin und → González, in England A. → Harrison, während sonst, insbesondere in Deutschland, die Absichten Voglers das genuin Orgelmäßige, die in sich geschlossenen Klangebenen der einzelnen Werke, durch Vorstellungen eines Orchestrions ersetzen wollten, ein Vorgang, der der sogenannten Fabrikorg., die von einer Raumintonation absehen konnte, entgegenkam. Eine große Umwandlung des Org.-Klangs ging hiervon aus: eine Mensurveränderung zugunsten einer Melodiebetonung des Diskants sowie die Vorliebe für Charakter- und Streichregister (Bellgambe, Vox coelestis) und für Hochdruckregister; der akkordischen Vollgriffigkeit kamen die neuen Kegel- und Taschenladen entgegen. Kernstiche löschten die fremdartigen Vorläufertöne aus, die beim Anlaut der Lippenpfeifen als höhere Töne außerhalb der Partialtonreihe kurz hörbar werden und die dem Linienfluß mehr als der satten Akkordik dienen. Überhaupt galt für diese Zeit eine Überschätzung von Masse und Technik. Das europäische Org.-Bau-Handwerk unterlag nicht überall diesen Intentionen, hatte aber, soweit traditionsverbunden, einen schweren Stand gegenüber der billigen Fabrikorg. Erst mit dem zunehmenden Interesse an der Org.-Literatur früherer Jahrhunderte und mit der Entdeckung der musikalischen Bedeutung alter Instrumente erwachte die Frage nach den historischen Klangstilen. Hier setzte die → Org.-Bewegung ein.

In der »Klangfunktionslehre« (E. K. Rößler) werden die unterschiedlichen Klangtypen beschrieben. Sie wertet die vom Ohr vernommenen Klangspektren der Instrumente musikalisch, indem sie deren jeweilige Eigenart als Eignung für adäquate Satzstruktur (Polyphonie, Homophonie) beschreibt. Dadurch wird die »Klangfunktionslehre« nicht zum Schrittmacher des Historismus, sondern steht als Disziplin zwischen Instrumentenkunde und Kompositionslehre. Als »raumlinienstark« wird der Klangtyp bezeichnet, der linienführende Satzstruktur in allen Lagen und Stimmen klar und unverdeckt wiedergibt; Liniengewebe (auch punktuelle Strukturen) erklingen raumtief, plastisch, deutlich profiliert und durchhörbar (Schering nennt diese Klangart »Spaltklang«). Die Klarheit dieses Klangtyps hängt wesentlich vom Obertonspektrum des Instruments ab; auch Stereomontage kann sie nicht erzeugen. Der Gegenpol ist der »harmoniestarke« Klangtyp, der linearer Struktur nur geringe plastische Deutlichkeit verleihen kann, dafür aber jeden Satz vertikal harmonisch betont und damit das Hören überwiegend auf die harmonischen Beziehungen lenkt; dabei wird die polygene Gleichwertigkeit der Tonhöhenschichten aufgegeben. Epochen vorwiegend homophonen Schaffens wählten Org. und Instrumentarium mit großer Harmoniestärke, Zeiten genuiner Polyphonie solche mit hoher Raumlinienstärke; andere stehen in der Mitte (Generalbaßzeit). – Weitere Kontakteigenschaften der Raumlinienstärke sind große Konzentrizität, Längenkraft und Dissonanzstärke. Hohe Konzentrizität des Klanges verbindet sowohl höhenmäßig weit auseinanderliegende Stimmlinien, große Intervallsprünge als auch starke Farbkontraste (z. B. Sordun/Pommernachthorn), so daß sie nicht abgespalten, getrennt, sondern in innerer Kohärenz verbunden empfunden werden. In dem Maße abnehmender Raumlinienstärke, d. h. zunehmender Harmoniestärke, wandelt sich die Konzentrizität in Klangparallelität. Diese erscheint als Höhenparallelität bei höhenmäßig weit auseinanderliegenden Stimmen, wie großen Intervallsprüngen, die klanglich auseinanderfallen, und als Farbparallelität, wenn sich ihre kontraststarken Klangfarben nicht mehr aufeinander beziehen. Was für die Beziehung weiter Intervallsprünge gilt, trifft auch für die Verbindung weit entfernter Fußtonlagen zu. Konzentrische Register verbinden sich in großer Weite, verschmelzen also zu einer neuen Einheit, z. B. Gedacktflöte 8′ + Gemsquinte 1⅓′, Rohrkrummhorn 16′ + Septade 2′; klangparallele Register hingegen verschmelzen nicht, z. B. Aeoline 8′ + Flageolet 1′, Horn 8′ + Quinte 1⅓′. Sie brauchen deshalb zur Verbindung Englagen und Füllungen, z. B. Bordun 8′ + Gambe 8′ + Salicional 4′ + Flöte 4′. Dissonante Ballungen läßt raumlinienstarker Klang gleichsam wie in einem weiten Raum auseinanderlagern. Das Ohr folgt hier williger dem Linienfluß, als daß es den Vertikalkonstellationen verharrt. Auch verbraucht sich der Klang hoher Raumlinienstärke nicht so schnell wie der der Harmoniestärke. Er hat mehr Längenkraft durch Changieren und Differenzieren im Partialtonaufbau. Mit dem Zuwachs raumlinienstarker Klänge in neu hinzugekommenen Registern wird der Ausdrucksbereich des Org.-Klanges über die historischen Vorbilder hinaus erweitert.

Lit.: Heron v. Alexandria, Pneumatica, Kap. 42, mit Übers. hrsg. v. W. Schmidt, Lpz. 1899; Hucbald, De mensuris organicarum fistularum, GS I, 147f.; Kl. Weiler, »De mensura fistularum«, ein Gladbacher Orgeltraktat aus d. Jahre 1037, KmJb XL, 1956; A. Schlick, Spiegel d. Orgelmacher u. Organisten, Speyer 1511, NA in: MfM I, 1869, dass. in modernes Deutsch übertragen v. E. Flade, Mainz 1932 u. Kassel 1951, dass., Faks. u. Übertragung hrsg. v. P. Smets, Mainz 1959; Praetorius Synt. II; M

PRAETORIUS u. E. COMPENIUS, Org. verdingnis, hrsg. v. Fr. Blume, = Kieler Beitr. zur Mw. IV, Wolfenbüttel u. Bln 1936; A. WERCKMEISTER, Orgelprobe, Ffm. u. Lpz. 1681, als: Erweiterte u. verbesserte Org.-Probe, Quedlinburg 1698, Faks. Kassel 1927; FR. BÉDOS DE CELLES OSB, L'art du facteur d'org., 4 Teile in 3 Bden, Paris 1766–78, Faks. hrsg. v. Chr. Mahrenholz, Kassel 1936, dass., = DMI I, 24–26, 1964–65; ADLUNG Mus. mech. org.; J. U. SPONSEL, Orgelhist., Nürnberg 1771, NA im Auszug v. P. Smets, Kassel 1931; J. HESS, Dispositien d. merkwaarigste kerk-org., Gouda 1774, NA Utrecht 1945; J. G. TÖPFER, Lehrbuch d. Orgelbaukunst, 4 Bde u. 1 Atlas, Weimar 1855, 2. umgearbeitete Auflage hrsg. v. M. Allihn als: Die Theorie u. Praxis d. Orgelbaues, 1 Bd u. Atlas, Weimar 1888, 3. umgearbeitete Auflage hrsg. v. P. Smets, 3 Bde, Mainz 1934–39; H. RIEMANN, Katechismus d. Org., Lpz. 1888, ^{2}1901; DERS., Orgelbau im frühen MA, in: Präludien u. Studien II, Lpz. 1900; H. DEGERING, Die Org., ihre Erfindung u. ihre Gesch. bis zur Karolingerzeit, Münster i. W. 1905; A. SCHWEITZER, Deutsche u. frz. Orgelbaukunst u. Orgelkunst, Lpz. 1906, ^{2}1927; Beitr. zur Organistentagung Hbg-Lübeck, Klecken 1925; R. LUNELLI, Scritti di storia organaria, Trient 1925; Ber. über d. Freiburger Tagung f. deutsche Orgelkunst, hrsg. v. W. GURLITT, Augsburg 1926; Ber. über d. 3. Tagung f. deutsche Orgelkunst in Freiberg i. Sa. 1927; R. FALLOU u. N. DUFOURCQ, Essai d'une bibliogr. de l'hist. de l'org. en France, Paris 1929; E. RUPP, Die Entwicklungsgesch. d. Orgelbaukunst, Einsiedeln 1929; H. G. FARMER, The Org. of the Ancients from Eastern Sources, London 1930; CHR. MAHRENHOLZ, Die Orgelregister, ihre Gesch. u. ihr Bau, Kassel 1930, ^{2}1944; DERS., Die Berechnung d. Orgelpfeifen-Mensuren, Kassel 1938; G. FOCK, Hamburgs Anteil am Orgelbau im niederdeutschen Kulturgebiet, Diss. Kiel 1931, auch in: Zs. d. Ver. f. Hamburgische Gesch. XXXVIII, 1944; H. KLOTZ, Über d. Orgelkunst d. Gotik, d. Renaissance u. d. Barock, Kassel 1934; DERS., Das Buch v. d. Org., Kassel 1938, ^{6}1960; N. DUFOURCQ, Documents inédits relatifs à l'org. frç. (XIV–XVIIIe), 2 Bde, Paris 1934–35; P. SMETS, Die Orgelregister, Mainz 1934, $^{4-6}$1948, ^{8}1957; W. ELLERHORST, Hdb. d. Orgelkunde, Einsiedeln 1936; A. BOUMAN, Org. in Nederland, Amsterdam 1944, ^{3}1956; DERS. u. A. P. OOSTERHOF, Orgelbouwkunde, Leiden 1956; J. M. MADURELL, Documentos para la hist. del órg. en España, AM II, 1947; B. HAMBRAEUS, E. K. RÖßLER och »Raumlinienstärke«-teorin, in: Kyrkomusikernas Tidning 1952; E. K. RÖSSLER, Klangfunktion u. Registrierung, Kassel 1952; H. DÄNZER u. W. MÜLLER, Zur physikalischen Theorie d. Orgelspiels, Annalen d. Physik XIII, 1953; R. QUOIKA, Die altösterreichischen Org. d. späten Gotik, d. Renaissance u. d. Barock, Kassel 1953; DERS., Vom Blockwerk zur Registerorg., Kassel 1966; F. VIDERØ, Klangfunktion og Registrering, in: Organist-Bladet, Kopenhagen 1953; W. ADELUNG, Einführung in d. Orgelbau, Lpz. 1955; H. GRABNER, Die Kunst d. Orgelbaues, = M. Hesses Hdb. d. Musik CVI, Bln u. Wunsiedel 1958; M. A. VENTE, Die Brabanter Org., Amsterdam 1958; FR. BÖSKEN, Beitr. zur Orgelgesch. d. Mittelrheins bis zum Beginn d. 16. Jh., KmJb XLV, 1961; C. CLUTTON u. A. NILAND, The British Org., London (1963); J. PERROT, L'org. d. ses origines hellénistiques à la fin du XIIIe s., Paris 1965; K. BORMANN, Die gotische Org. v. Halberstadt, = Veröff. d. Ges. d. Orgelfreunde XXVII, Bln (1966); P. HARDOUIN, De l'orgue de Pépin à l'orgue médiéval, Rev. de Musicol. XLVII, 1966; W. LOTTERMOSER u. J. MEYER, Orgelakustik in Einzeldarstellungen, = Fachbuchreihe Das Musikinstr. XVI, Ffm. 1966; J. SALVINI, Les orgues du moyen âge à Saint-Hilaire de Poitiers, in: Mélanges offerts à R. Crozet, Poitiers 1966; P. WILLIAMS, The European Organ 1450–1850, London 1966.

Orgelbewegung. Die O. hat ihren Ausgang von der nach 1900 einsetzenden Besinnung auf die Werte des alten Orgelbaus genommen. A. Schweitzer, E. Rupp und Fr. X. Matthias tadelten an den deutschen Orgeln des späten 19. Jh. die mangelnde Eignung für die Wiedergabe polyphoner Musik und sahen in dem Orgeltyp der Familie Silbermann und im Orgelbau Cavaillé-Colls den Ansatz zu weiterführender Erneuerung. Die Verwerfung der »Orchesterorgel« und der »Fabrikorgel« durch die elsässische Orgelreform kennzeichnet die Abkehr von der im Orgelbau des 19. Jh. herrschenden orchestralen Klangprägung, deren empfindsame Dynamik sich mit dem von Natur aus stationären Klang der Orgel nicht oder nur unter Zuhilfenahme einer technischen Apparatur (Hochdruck- und Säuselstimme, Rollschweller, Jalousieschweller, Spielhilfen u. a. m.) in Einklang bringen ließ. Das Wirken Regers, der der Orgelkomposition zu neuem Ansehen verhalf, und Straubes, der die Orgelliteratur der Zeit vor Bach in Konzert und Unterricht erschloß, gab den Anlaß zu einer zunächst vorwiegend historisch orientierten Beschäftigung mit Bau und Klang der »alten Orgel«. 1921 wurde in Freiburg im Breisgau von O. Walcker nach den Angaben von W. Gurlitt eine Orgel nach einer von M. Praetorius 1619 veröffentlichten Disposition gebaut (zerstört 1944, Neubau 1954/55). Die Orgeltagungen in Hamburg 1925 (gelegentlich der durch H. H. Jahnn und E. Kemper restaurierten Orgel A. Schnitgers in St. Jakobi, an der Straubes neue Ausgabe *Alte Meister des Orgelspiels* orientiert ist), Freiburg im Breisgau 1926 (W. Gurlitt) und Freiberg in Sachsen 1927 führten Wissenschaftler, Organisten und Orgelbauer zusammen und gaben der O. entscheidende Impulse. Inzwischen hatte 1925 Chr. Mahrenholz die Marienorgel zu Göttingen als erstes an historischen Vorbildern orientiertes Werk der O. erbauen lassen. Es entwickelten sich, nicht ohne gelegentliche Rückfälle in historisierendes Kopieren und gegen den Widerstand der der spätromantischen Orgeltradition verhafteten Kreise, die für die O. geltenden Grundzüge des Orgelbaus: a) die architektonisch-polyphonen Wesen des stationären Orgelklangs orientierte → Disposition, die die konzertierende Gegensätzlichkeit des Werkprinzips herausstellt und damit eine günstige Intensitätsverteilung des Klanges schafft (Folgen auch für den Aufbau der Werke, z. B. Rückpositiv); b) natürliche und der Funktion des Registers im Gesamtrahmen der Disposition entsprechende Klanggebung der verschieden mensurierten Pfeifenreihen (Winddruck, Schleifladen, mechanische Traktur, Tonansatz, Intonation u. a.). Dieses Teilgebiet der O. ist durch die neuere wissenschaftliche Akustik (Thienhaus, Lottermoser, K. Th. Kühn) entscheidend gefördert worden. Die 1953 von W. Supper u. a. gegründete Gesellschaft der Orgelfreunde sieht sich berufen, das Erbe der O. fortzuführen. – Anläßlich der Orgeltagung 1967 in Freiburg im Breisgau hat H. H. Eggebrecht die Gültigkeit des Begriffs der O. mit ihren fixierten Wertsetzungen für die heutige Zeit ab im Gedanken an die Notwendigkeit einer allseitig offenen Fragestellung, auch gegenüber dem Orgelbau des 19. Jh. und besonders im Blick auf die Klangvorstellungen heutiger Komponisten.

Lit.: Ber. über d. Freiburger Tagung f. deutsche Orgelkunst 1926, hrsg. v. W. GURLITT, Augsburg 1926; Ber. über d. dritte Tagung f. deutsche Orgelkunst in Freiberg i. Sa. 1927, hrsg. v. CHR. MAHRENHOLZ, Kassel 1928; Ber. über d. zweite Freiburger Tagung f. deutsche Orgelkunst 1938, hrsg. v. J. MÜLLER-BLATTAU, Kassel 1939. – A. SCHWEITZER, Deutsche u. frz. Orgelbaukunst u. Orgelkunst, Lpz. 1906, ^{2}1927; W. GURLITT, Zur gegenwärtigen Orgelerneuerungsbewegung in Deutschland, MuK I, 1929, Neudruck in: Mg. u. Gegenwart II, = BzAfMw II, Wiesbaden 1966; DERS., K. Straube als Vorläufer d. neueren O., Fs. K. Straube, Lpz. 1943, Neudruck ebenda; H. BIRTNER, Die Probleme d. O., Theologische Rundschau, N. F. IV, 1932; CHR. MAHRENHOLZ, 15 Jahre O., MuK X, 1938, auch in: Musicologica et Liturgica, Kassel (1960); E. K. RÖSSLER, Orgelfragen heute, MuK XVII, 1947 – XVIII, 1948; H. SCHULZE, Eine neue Aufgabe f. d. Orgelbau unserer Zeit, Bln 1947; O. WALCKER, Erinnerungen eines Orgelbauers, Kassel (1948); O. u. Historismus, hrsg. v. W. SUPPER, = Veröff. d. Ges. d. Orgelfreunde XIV, Bln 1958; KL. M. FRUTH, Die deutsche O. u. ihre Einflüsse auf d. heu-

Orgelchoral → Choralbearbeitung (– 2).

Orgelklavier, Orgelklavizimbel (lat. clavioganum; ital. und span. claviorgano; frz. clavecin organisé; engl. organo piano), eine Kombination aus einem Saiten- und einem Pfeifenwerk, nachweisbar bereits im 15., beliebt im 16. Jh. In der 2. Hälfte des 18. Jh. traten solche Bastardinstrumente wieder stärker hervor. Bekannt war die Melodica des Augsburger Klavier- und Orgelmachers J. A. Stein (1728–92), die in Hammerklavier mit einem Flötenwerk verkoppelte. Nach Steins Beschreibung dieses als »Verbesserung« der Orgel gedachten »Affecten-Instrumentes« wurde mit der rechten Hand die »rührende« Melodie auf dem Flötenwerk, mit der linken die Begleitung auf dem Pianoforte gespielt.

Lit.: J. A. STEIN, Beschreibung meiner Melodica, eines neuerfundenen Clavierinstr., Augsburg 1772; J. SCHLOSSER, Die Slg alter Musikinstr., = Kunsthist. Museum in Wien, Publikationen aus d. Slgen f. Plastik u. Kunstgewerbe III, Wien 1920, S. 73ff.; R.-A. MOOSER, L'orch.-instr. d'A. Mooser, in: Dissonances VII, 1934; E. HERTZ, J. A. Stein (1728–92). Ein Beitr. zur Gesch. d. Klavierbaues, Wolfenbüttel u. Bln 1937; E. WINTERNITZ, Alcune rappresentazioni di antiche strumenti ital. a tastiera, CHM II, 1956.

Orgelmesse, Zusammenstellung von Orgelversetten zur alternatim-Ausführung der Ordinariumsstücke der Messe (meist ohne Credo, in manchen Fällen mit Offertorium). Die Praxis des alternierenden Orgelspiels in der Messe ist seit dem späten 14. Jh. bezeugt. Die Überlieferung von Kompositionen setzt am Anfang des 15. Jh. ein (→ Quellen: *Fa*); seitdem bildet die O. einen wichtigen Zweig in der Geschichte der → Choralbearbeitung (– 2). Neben den vorherrschenden choralgebundenen O. finden sich auch solche (namentlich in den französischen Orgelbüchern des 17. Jh.), die ganz oder in einzelnen Sätzen die C. f.-Bindung aufgeben. In der Orgelmusik für den evangelisch-lutherischen Gottesdienst begegnen Meßsätze nur vereinzelt (z. B. im III. Teil von Scheidts *Tabulatura nova*); doch knüpfen an die Tradition der O. zahlreiche Sätze über Ordinariumslieder an, zu denen auch J. S. Bachs (freilich nicht mehr für den alternatim-Gebrauch bestimmte) Bearbeitungen von Kyrie-, Gloria- und Credolied in der *Clavier-Übung*, III. Teil, zählen. – A. Schering verwendete den Terminus O. 1912 auch für die von ihm angenommene Praxis der Josquin-Zeit, wonach in C. f.-Messen im wesentlichen nur der Tenor vokal, die übrigen Stimmen auf der Orgel auszuführen waren. Doch konnte sich diese Hypothese, die die Rolle des Tenors als *Nachfolger des ebenfalls instrumentalen Motettentenor des 13. und 14. Jh.* (P. Wagner, S. 85) nicht berücksichtigte und eine zu scharfe Grenze zwischen vokal und instrumental zog, nicht durchsetzen.

Lit.: G. RIETSCHEL, Die Aufgabe d. Org. im ev. Gottesdienste bis in d. 18. Jh., Lpz. 1893; A. SCHERING, Die nld. O. im Zeitalter d. Josquin, Lpz. 1912; DERS., Aufführungspraxis alter Musik, = Musikpädagogische Bibl. X, Lpz. 1931; DERS., Zur Alternatim-O., ZfMw XVII, 1935; P. WAGNER, Gesch. d. Messe I, = Kleine Hdb. d. Mg. nach Gattungen XI, 1, Lpz. 1913, Nachdruck Hildesheim 1963; L. SCHRADE, Die Messe in d. Orgelmusik d. 15. Jh., AfMf I, 1936; DERS., The Organ in the Mass of the 15th Cent., MQ XXVIII, 1942.

Orgelmusik. Das Spielen auf den verschiedenen Tasteninstrumenten und die dafür bestimmten Kompositionen bildeten bis ins 18. Jh. als *Clavierkunst* (Adlung 1758) eine Einheit, deren Aufgliederung nach den einzelnen Instrumententypen vielfach problematisch ist. Deshalb kann das Gesamtrepertoire der für Saitenklaviere und Orgel bestimmten Musik bis zu dieser Zeit als → Klaviermusik im weiteren Sinne zusammengefaßt werden. – Bis zum späten 16. Jh. läßt sich eine Spezialisierung für Pfeifen- oder Saitenklavier in der Kompositionsart nirgends nachweisen. Hauptsächlich für Orgel bestimmt ist in dieser Zeit wohl die Gattung der → Choralbearbeitung (– 2) auf Grund ihrer liturgischen Bindung; auch in Angaben über den Gebrauch des → Pedals (– 1), z. B. bei Ileborgh 1448, im Buxheimer Orgelbuch und bei Schlick 1520, liegt ein Hinweis auf vorwiegende Orgelausführung, da → Pedalklaviere weitaus seltener als Orgeln mit Pedal gebaut wurden. Erst ab etwa 1600 begann – als ein Teil der in der Barockzeit allgemein sich herausbildenden Idiomatik der Instrumente – die Entwicklung von Satztechniken, die eng mit der klanglich-spieltechnischen Eigenart eines bestimmten Tasteninstrumenttypus verbunden sind. Um diese Zeit kommt auch in Werktiteln die Zuweisung an ein bestimmtes Instrument allmählich häufiger zum Ausdruck, so z. B. in Intavolatura di cimbalo (Valente 1576), *Parthenia . . . for the Virginalls* (1611), *Toccate e partite d'intavolatura di cimbalo* (Frescobaldi 1615), *Partitura per sonare nella spinetta* (Cazzati 1662), *Pièces de clavessin* (Chambonnières 1670, Lebègue 1677, d'Anglebert 1689, J.K.F. Fischer 1696), *Intonationi d'organo* (A. und G. Gabrieli 1593), *. . . pour toucher sur l'orgue* (Titelouze 1623, 1626), *Livre d'orgue* (Nivers 1665–76, Lebègue 1676–85 usw.), wenngleich daneben noch lange Zeit Formulierungen wie *Ricercari per ogni sorte di stromenti da tasti* (A. Gabrieli 1595), *Toccate e partite d'intavolatura di cimbalo et organo* (Frescobaldi 1637) und *Hexachordum Apollinis . . . Organo pneumatico, vel clavato cymbalo* (J. Pachelbel 1699) begegnen. Eine eindeutige Bindung der Kompositionstechnik an die Orgel zeigt sich zunächst seit dem frühen 17. Jh. in Norddeutschland, wo die Sweelinck-Schüler J. Praetorius, M. Schildt und H. Scheidemann die in mehrere Klangebenen aufgespaltete Ausführung von C. f.-Sätzen (Scheidt 1624 als ad libitum-Praxis lehrt) zum notwendigen Bestandteil der Satzart des monodisch-kolorierten Orgelchorals und der Form der Choralfantasie erhoben. Neben diese Choralbearbeitungstypen traten in Norddeutschland in der 2. Jahrhunderthälfte als orgeleigene Formen die großen, vielteiligen Praeludien und Toccaten von Buxtehude, Böhm u. a.; sie erhalten – formal an Vorbildern der italienisch-süddeutschen Klaviermusik orientiert – ihr klangliches Gepräge von der Virtuosität mit Gravität vereinenden Führung der Pedalstimme (entsprechend der reichen Pedaldisposition der norddeutschen Orgel dieser Zeit). In Mitteldeutschland blieben bis zum Ende des 17. Jh., in Süddeutschland noch länger, auch diejenigen Tastenmusiksammlungen, die auf Grund ihrer liturgischen Bestimmung primär als O. gelten können, ihrer Kompositionsart nach weitgehend auch der Ausführung auf dem Saitenklavier zugänglich, so z. B. J. E. Kindermanns *Harmonia organica* (1645), J. K. Kerlls *Modulatio organica* (1686), Fr. X. Murschhausers *Octo-Tonium* (1696) und *Prototypon* (1703–07), J. Pachelbels Magnificatfugen (handschriftlich), J. K. F. Fischers *Ariadne musica* (1702) und *Musicalischer Blumen-Strauß* (nach 1732) und Gottlieb Muffats *72 Versetl samt 12 Toccaten* (1726). Obligates Pedalspiel wurde nur selten gefordert, hauptsächlich in den Kompositionstypen der Orgelpunkttoccata (J.K. Kerll, A. Scherer, J. Pachelbel, Fr. X. Murschhauser) und des Orgelchorals mit planem C. f. im Baß (J. Pachelbel). In England wurde als orgeleigener Typus im 17. Jh. von J. Lugge, Chr. Gibbons, J. Blow, H. Purcell u. a. das Voluntary for double organ gepflegt, dessen Entwicklung parallel mit der Verbreitung der 2manualigen Orgel in England verlief. In Frankreich erschien zuerst in den Sammlungen liturgischer O. von G. Nivers (1666–75), N. Lebègue (1676–85), N. Gigault (1682–85), Fr.

Couperin (1690), N. de Grigny (1699) u. a. ein Repertoire, das durch detaillierte Werk- und Registerangaben, denen jeweils bestimmte Satztypen entsprechen, eindeutig auf die Orgel bezogen ist, speziell auf den mehrmanualigen und an Solostimmen reichen französischen Orgeltypus dieser Zeit. Die mit diesen Veröffentlichungen eingeleitete Blütezeit von Orgelspiel und -komposition in Frankreich dauerte das ganze 18. Jh. hindurch fort und brachte eine Fülle von (großenteils liturgisch gebundener) O. hervor, in der verstärkt die schon im 17. Jh. vorhandene Neigung zu lied- und tanzmäßiger Schreibweise sowie die Übertragung des Galanten Stils auf die Orgel zu beobachten sind; unter den Komponisten sind L. Marchand, L. N. Clérambault, P. du Mage, J. Fr. Dandrieu, M. Corrette, J. J. und J.-M. Beauvarlet-Charpentier hervorzuheben. Die Orgelwerke der italienischen Komponisten des 17. und 18. Jh. (unter den Meistern nach Frescobaldi seien genannt: M. Rossi, G. B. Fasolo, B. Pasquini, A. Scarlatti, A. B. Della Ciaja, D. Zipoli, G. B. Martini und F. Feroci) bleiben fast durchweg auch der Ausführung auf dem Cembalo zugänglich. Sie knüpfen zunächst an die älteren italienischen Typen Ricercar, Canzona, Capriccio, Toccata und an die liturgische Versettenkomposition an, später wird dazu die mehrsätzige Sonate gepflegt.

Unter den pedaliter auszuführenden Tasteninstrumentwerken J. S. Bachs sind die 6 Triosonaten und die Passacaglia in ihrer Bestimmung für Orgel oder Pedalcembalo nicht festgelegt. Folgt man den Hinweisen, die sich aus originalen Titeln (*Orgel-Büchlein*; *Dritter Theil der Clavier-Übung ... vor die Orgel*; *... pro Organo pleno*; *Praeludium pro organo cum pedale obligato* usw.), gelegentlichen Registerangaben (BWV 596, 600, 720) sowie der Berücksichtigung der Klaviaturumfänge der jeweils zur Verfügung stehenden Orgel ergeben, so sind als für die Orgel bestimmt hauptsächlich die pedaliter-Choralbearbeitungen und die großen Praeludien (Fantasien, Toccaten) und Fugen mit obligatem Pedal anzusehen. In der Behandlung des Instruments knüpft Bach vor allem an die norddeutsche O. an, in Form und Satztechnik außerdem an mittel- und süddeutsche, italienische und französische Vorbilder. Strenge Stimmigkeit und Gravität des Satzes ließen Bachs O. späteren Zeiten als *der Natur des Instruments und seiner* [kirchlichen] *Bestimmung angemessen, als Ausdruck der Andacht, Feyerlichkeit und Würde* (Forkel, Kap. IV) erscheinen. Jedoch verdankt sie andererseits Formenreichtum und Ausdruckskraft in hohem Maße der Offenheit gegenüber dem »weltlichen« Bereich der Tastenmusik und darüber hinaus der vielfältigen Verbindung mit anderen Formen der Instrumental- und Vokalmusik; so zeigen sich Einflüsse aus der Liedvariation (Choralbearbeitungstypus des *Orgel-Büchleins*), aus Tanztypen (z. B. Allemande: BWV 658, vgl. BWV 813; Sarabande: BWV 654, Praeludium BWV 548), der französischen Ouvertüre (BWV 552), der Konzertform (mehrere der großen Praeludien und Fugen), der Triosonate (BWV 655, 664, 676) und der Da-Capo-Arie (BWV 537).

Der Stilwandel um die Mitte des 18. Jh. und die Verdrängung von Cembalo und Clavichord durch das Hammerklavier hatten die fast gänzliche Trennung von Klavier- und Orgelmusik zur Folge. Während das Hammerklavier, vor allem dank seiner Fähigkeit zu dynamischer Schattierung, in der Musik der Klassik und Romantik eine wichtige Rolle spielte, sank die O. für lange Zeit zu qualitativer und musikgeschichtlicher Bedeutungslosigkeit herab. Erst seit den 1830er Jahren, zugleich mit dem neuerwachten Interesse an älterer O., die in Ausgaben von K. F. Becker, A. G. Ritter, G. W. Körner und Fr. C. Griepenkerl (»Kritisch-korrekte Gesamtausgabe« von Bachs Orgelwerken ab 1844) zu-gänglich gemacht wurde, wandten sich wieder bedeutende Komponisten, wenn auch nur mit vereinzelten Beiträgen, der O. zu. In den Orgelwerken von Mendelssohn Bartholdy, R. Schumann und Brahms ist vor allem der Einfluß Bachs wirksam, während in Liszts O. das virtuose Element im Vordergrund steht. Frankreichs gewichtigster Beitrag zur O. im 19. Jh. sind die ab 1858 entstandenen Orgelwerke von C. Franck (am bedeutendsten die 1890 geschriebenen *Trois chorales pour grand orgue*). In der Einwirkung, die das orgelmäßige Denken auf den Stil der für andere Besetzung geschriebenen Werke hat, ist Franck mit A. Bruckner zu vergleichen, der ein glänzender Orgelspieler und -improvisator war, aber (abgesehen von einigen Jugendwerken) keine Orgelkompositionen schrieb. In Deutschland nimmt erst im Schaffen Regers die O. wieder einen zentralen Platz ein. Von der Polyphonie Bachs und der Harmonik Wagners, aber auch von dem virtuosen Klavierstil Liszts gingen Einflüsse auf seine Orgelwerke aus, unter denen die 7 zyklischen Phantasien über protestantische Kirchenlieder, 2 Sonaten, die Fantasien und Fugen op. 46 (über BACH), op. 57 und op. 135b sowie die Variationen und Fuge op. 73 hervorragen. In der deutschen O. nach 1920 (J. N. David, E. Pepping, J. Ahrens, H. Schroeder, S. Reda, H. Bornefeld u. a.) ist im Gefolge der → Orgelbewegung und im Zusammenhang mit dem Streben nach erneuter Bindung an die Liturgie die Tendenz zur Anknüpfung an Formen und Satztechniken der O. vor Bach, verbunden mit zurückhaltendem Gebrauch von Kompositionsmitteln der Moderne, zu beobachten. Unter den einzelnen Beiträgen zur O. von deutschen Komponisten, die der Orgelbewegung ferngestehen, seien die drei Sonaten von P. Hindemith (1937–40) und A. Schönbergs *Variationen über ein Rezitativ* op. 40 (1941) hervorgehoben. Seit den 1950er Jahren gewinnen Zwölftontechnik und serielle Kompositionsweise an Einfluß (David, Ahrens u. a.). Außerhalb Deutschlands entstand im 20. Jh. vor allem in Frankreich in Fortsetzung der Tradition des späten 19. Jh. (A. Guilmant, Ch.-M. Widor) eine bedeutende Literatur für Orgel. Als Komponisten sind Ch. Tournemire, L. Vierne, M. Dupré, J. Alain und vor allem O. Messiaen zu nennen, in dessen mystisch-programmatischen Stücken die virtuos-farbenprächtige Instrumentbehandlung der französischen Tradition mit einer ganz persönlich geprägten konstruktiven Kompositionstechnik verbunden ist. – Die Zukunft der O. wird sich heute wohl weniger aus Rückbesinnungen auf Orgelbau und Orgelspiel des Barocks und des 19. Jh. entscheiden, als vielmehr aus der Neubesinnung auf die Möglichkeiten, die die Orgel – ihren (in der Geschichte entfalteten) Prinzipien nach – der neuen Musik für Kirche und Konzert anzubieten vermag, sowie aus dem Formulieren und Erfüllen der Forderungen, die heutige Komponisten in Verantwortung gegenüber Kirchenmusik und Konzertwesen an den Orgelbau zu stellen haben.

Ausg.: → Choralbearbeitung (– 2), → Klaviermusik. – Arch. des maîtres de l'orgue des XVIe, XVIIe et XVIIIe s., 10 Bde, hrsg. v. A. GUILMANT (mit A. Pirro), Paris u. Mainz (1898–1914); Composizioni per organo o cemb., s. XVI, XVII e XVIII, = Torchi III; Alte Meister. Eine Slg deutscher Orgelkompositionen aus d. XVII. u. XVIII. Jh., f. d. praktischen Gebrauch bearb. v. K. STRAUBE, Lpz. 1904; Alte Meister d. Orgelspiels, N. F. I–II, hrsg. v. DEMS., Lpz. 1929; Ant. di organistas clásicos españoles (s. XVI, XVII y XVIII), hrsg. v. F. PEDRELL, 2 Bde, Madrid 1905–08; Alte Meister aus d. Frühzeit d. Orgelspiels, hrsg. v. A. SCHERING, Lpz. 1913; Organum IV, 1–22; Deux livres d'orgue parus chez P. Attaingnant, hrsg. v. Y. ROKSETH, = Publications de la Soc. frç. de musicologie I, 1, Paris 1925; Treize motets et un prélude pour orgue parus chez P. Attaingnant en 1531, hrsg. v. DERS., ebenda I, 5, 1930; Ausgew. Orgelstücke d. 17. Jh., hrsg. v. K. MATTHAEI, = Notenbeilage zu:

Ber. über d. Freiburger Tagung f. deutsche Orgelkunst 1926, hrsg. v. W. GURLITT, Augsburg 1926; Orgelmeister d. 17. u. 18. Jh., hrsg. v. DEMS., Kassel 1933; Les grands organistes frç. des XVIIe et XVIIIe s., hrsg. v. G. JACOB, 3 Bde, Paris (1928); Frühmeister deutscher Orgelkunst, = Veröff. d. Staatl. Akad. f. Kirchen- u. Schulmusik Bln I, hrsg. v. H. J. MOSER (mit Fr. Heitmann), Lpz. 1930; Liber Organi, 9 Bde, Mainz (1931–54); Oudnederlandse meesters voor het orgel, 3 Bde, hrsg. v. FL. PEETERS, Paris u. Brüssel 1938–48; Early Engl. Organ Music (16th Cent.) I, hrsg. v. M. GLYN, London 1939; The Mulliner Book, hrsg. v. D. STEVENS, = Mus. Brit. I, London 1951, ²1959; Altengl. O., hrsg. v. DEMS., Kassel 1953; Choralbearb. u. freie Orgelstücke d. deutschen Sweelinck-Schule, hrsg. v. H. J. MOSER u. TR. FEDTKE, 2 Bde, Kassel 1954–55; Das Buxheimer Orgelbuch, Faks. hrsg. v. B. A. WALLNER, = DMl II, 1, 1955, dass., hrsg. v. DERS., = EDM XXXVII–XXXIX, Kassel 1958–59; L'orgue parisien sous le règne de Louis XIV, 25 pièces, hrsg. v. N. DUFOURCQ, Kopenhagen 1957; Die Lüneburger Orgeltabulatur KN 208¹, hrsg. v. M. REIMANN, = EDM XXXVI, Ffm. 1957; Die Org., Reihe I: Werke d. 20. Jh., Reihe II: Werke alter Meister, Lippstadt 1957ff.; Cantantibus Organis. Slg v. Orgelstücken alter Meister, hrsg. v. E. KRAUS, Regensburg (1958ff.).

Lit.: → Choralbearbeitung (– 2), → Klaviermusik. – A. SCHLICK, Spiegel d. Orgelmacher u. Organisten, Speyer 1511, NA in: MfM I, 1869, dass. in modernes Deutsch übertragen v. E. Flade, Mainz 1932 u. Kassel 1951, dass. Faks. u. Übertragung hrsg. v. P. Smets, Mainz 1959; G. DIRUTA, Il Transilvano, Venedig 1593, ⁴1625; C. ANTEGNATI, L'arte organica, Brescia 1608, Neudruck mit deutscher Übers. v. P. Smets, hrsg. v. R. Lunelli, Mainz 1938; JOH. KORTKAMP, Sogenannte Organistenchronik (Ms. im Staatsarch. Hbg), hrsg. v. L. Krüger in: Zs. d. Ver. f. Hamburgische Gesch. XXXIII, 1933; J. ADLUNG, Anleitung zu d. mus. Gelahrtheit, Erfurt 1758, Faks. d. 1. Auflage hrsg. v. H. J. MOSER, = DMl I, 4, 1953; D. G. TÜRK, Von d. wichtigsten Pflichten eines Organisten, Halle 1787, Faks. hrsg. v. B. Billeter, Hilversum 1966; J. N. FORKEL, Ueber J. S. Bachs Leben ..., Lpz. 1802, hrsg. v. J. Müller-Blattau, Augsburg 1925, Kassel ⁴1950; A. G. RITTER, Zur Gesch. d. Orgelspiels, vornehmlich d. deutschen, im 14. bis zum Anfange d. 18. Jh., 2 Bde, Lpz. 1884; M. SEIFFERT, J. P. Sweelinck ..., VfMw VII, 1891; DERS., Das Mylauer Tabulaturbuch, AfMw I, 1918/19; DERS., Das Plauener Orgelbuch v. 1708, AfMw II, 1919/20; G. RIETSCHEL, Die Aufgabe d. Org. im Gottesdienste bis in d. 18. Jh., Lpz. 1893; O. KINKELDEY, Org. u. Kl. in d. Musik d. 16. Jh., Lpz. 1910; A. SCHERING, Studien zur Mg. d. Frührenaissance, = Studien zur Mg. II, Lpz. 1914; DERS., Zur Frage d. Orgelmitwirkung in d. Kirchenmusik d. 16. Jh., in: Ber. über d. Freiburger Tagung f. deutsche Orgelkunst 1926, hrsg. v. W. Gurlitt, Augsburg 1926; H. SCHNOOR, Das Buxheimer Orgelbuch, Diss. Lpz. 1919, maschr.; Teildruck in: ZfMw IV, 1921/22; W. GURLITT, Die Wandlungen d. Klangideals d. Org. im Lichte d. Mg., in: Ber. über d. Freiburger Tagung f. deutsche Orgelkunst, Augsburg 1926, Neudruck in: Mg. Gegenwart II, = BzAfMw II, Wiesbaden 1966; H. KELLER, Die deutsche O. nach Reger, in: Ber. über d. Freiburger Tagung f. deutsche Orgelkunst, hrsg. v. W. Gurlitt, Augsburg 1926; A. PIRRO, L'art des organistes, in: A. Lavignac u. L. DE LA LAURENCIE, Encyclopédie de la musique et dictionnaire du Conservatoire II, 2, Paris 1926; FR. BLUME, Die Orgelbegleitung in d. Musik d. 17. Jh., in: Ber. über d. dritte Tagung f. deutsche Orgelkunst in Freiberg i. Sa. 1927; H. J. MOSER, Über deutsche Orgelkunst 1450–1500, ebenda; K. G. FELLERER, Org. u. O., Freiburger Tagung, Augsburg 1929; DERS., Zur Gesch. d. O. nach Bach, KmJb XXVII, 1932; DERS., Studien zur O. d. ausgehenden 18. u. frühen 19. Jh., = Münsterische Beitr. zur Mw. III, Kassel 1932; DERS., Zur ital. O. d. 17./18. Jh., JbP XLV, 1938; Y. ROKSETH, La musique d'orgue au XVe s. et au début du XVIe s., Paris 1930; G. KITTLER, Gesch. d. protestantischen Orgelchorals ..., Ückermünde 1931; FR. DIETRICH, Gesch. d. deutschen Orgelchorals im 17. Jh., = Heidelberger Studien zur Mw. I, Kassel 1932; H. KELLETAT, Zur Gesch. d. deutschen O. in d. Frühklassik, = Königsberger Studien zur Mw. XVI, Kassel 1933; H. KLOTZ, Über d. Orgelkunst d. Gotik, d. Renaissance u. d. Barock, Kassel 1934; G. FROTSCHER, Gesch. d. Orgelspiels u. d. Orgelkomposition, 2 Bde, Bln 1935–36, ²1959, Nachdruck Bln 1966; R. SIETZ, Die Orgelkompositionen d. Schülerkreises um J. S. Bach, Bach-Jb. XXXII, 1935; O. VOSS, Die sächsische O. in d. 2. Hälfte d. 17. Jh., Diss. Bln 1936; H.-J. WAGNER, Die O. in Thüringen in d. Zeit zwischen 1830 u. 1860, Diss. Bln 1937; E. E. LOWINSKY, Engl. Organ Music of the Renaissance, MQ XXXIX, 1939; N. DUFOURCQ, La musique d'orgue frç. de J. Titelouze à J. Alain, Paris 1941, ²1949; DERS., Musica organistica ed arte organica a Parigi verso il 1600–75, L'organo I, 1960; KN. JEPPESEN, Die ital. O. am Anfang d. Cinquecento, 2 Bde, Kopenhagen 1943, ²1960; S. JEANS, Gesch. u. Entwicklung d. Voluntary for Double Organ in d. engl. O. d. 17. Jh., Kgr.-Ber. Hbg 1956; W. STOCKMEIER, Die deutsche Orgelsonate d. Gegenwart, Diss. Köln 1958; E. BRUGGAIER, Studien zur Gesch. d. Orgelpedalspiels in Deutschland bis zur Zeit J. S. Bachs, Diss. Ffm. 1959; FR. W. RIEDEL, Quellenkundliche Beitr. zur Gesch. d. Musik f. Tasteninstr. in d. 2. Hälfte d. 17. Jh. (vornehmlich in Deutschland), = Schriften d. Landesinst. f. Musikforschung Kiel X, Kassel 1960; DERS., Strenger u. freier Stil in d. nord- u. süddeutschen Musik f. Tasteninstr. d. 17. Jh., in: Norddeutsche u. nordeuropäische Musik, = Kieler Schriften zur Mw. XVI, Kassel 1965; L. SCHIERNING, Die Überlieferung d. deutschen Org.- u. Klaviermusik aus d. 1. Hälfte d. 17. Jh., ebenda XII, 1961; O. MISCHIATI, L'intavolatura d'organo tedesca della Bibl. Nazionale di Torino, Cat. ragionato, L'Organo IV, 1963; P. SCHNEBEL, Ber. u. neuer O., Fs. W. Gerstenberg, Wolfenbüttel u. Zürich (1964); H. R. ZÖBELEY, Die Musik d. Buxheimer Orgelbuches, = Münchner Veröff. zur Mg. X, Tutzing 1964; W. BREIG, Über d. Verhältnis v. Komposition u. Ausführung in d. norddeutschen Org.-Choralbearb. d. 17. Jh., in: Norddeutsche u. nordeuropäische Musik, = Kieler Schriften zur Mw. XVI, Kassel 1965; W. APEL, Die Celler Orgeltabulatur v. 1601, Mf XIX, 1966. WBR

Orgelpunkt (frz. pédale inférieure; ital. pedale d'armonia; engl. pedal point) ist ein lang ausgehaltener Ton in der Baßstimme, zu dem die anderen Stimmen zwischen den tonartlich festgelegten Anfangs- und Endpunkten zeitweilig durch Ausweichen in entferntere Tonarten ein Spannungsverhältnis schaffen können. Seine Aufgabe reicht vom harmonisch problemlosen tonalen Fundieren (→ Bordun; auch z. B. in Pastoralsätzen) bis zum geradezu gewaltsamen Aufrechterhalten der Tonart einer Komposition gegenüber harmonisch weiterdrängenden Oberstimmen (J. S. Bach, Einleitungschor der Matthäuspassion), wobei der O. Bildungen der → Polytonalität vorausnimmt. Als Mittel des harmonischen Auffangens, Hinhaltens, aber auch Steigerns begegnet der O. häufig vor einer entscheidenden Wende (z. B. als Zusammenfassung und tonale Festigung auf der Dominante vor der Reprise) oder am Schluß einer Komposition. An die Stelle des ausgehaltenen Einzeltones kann auch (besonders seit der spätromantischen Musik) ein liegender Akkord treten. Mitunter ebenfalls als O. bezeichnet werden liegende Töne in einer Mittelstimme (frz. pédale intérieure bzw. médiaire; ital. pedale; engl. internal pedal) oder in der Oberstimme (frz. pédale supérieure; ital. pedale; engl. inverted pedal). Die Wirkung des liegenden Tones kann in allen Stimmen auch durch eine Folge regelmäßig wiederkehrender gleicher Töne oder Figuren erzielt werden, z. B. durch Albertische Bässe oder Ostinati. – Den Terminus organicus *punctus* verwendet bereits Franco von Köln (ed. Cserba, S. 255): *Notandum, quod ... inspicienda est aequipollentia ... usque ad paenultimam, ubi non attenditur talis mensura, sed magis est organicus ibi punctus.* Er bezeichnet damit einen melismatischen, rhythmisch freieren Abschnitt über dem unmensuriert gedachten vorletzten Cantuston des Discantsatzes (*punctus* hier im Sinne von punctus sive clausula, Abschnitt im → Organum, oder punctus sive notula in der Bedeutung unmensurierte Tenornote; → Punctus – 1). O. im neuzeitlichen Sprachgebrauch dürfte eine Übertragung jenes älteren Terminus sein, die einen direkten Hinweis auf die besondere Eignung der Orgel

(Pedalbaß; »O.-Toccata«) zu seiner Ausführung einschließt. – Der französische Terminus point d'orgue ist fast nur in deutschen Texten (J. Mattheson, C. Ph. E. Bach) in der Bedeutung des O.s (als modische Übertragung) anzutreffen; im Französischen bezeichnet er einerseits die solistische, meist improvisierte Kadenz (J.-J. Rousseau 1768), andererseits (und vorwiegend) die → Fermate. Die frühesten greifbaren Belege für den letzteren Sprachgebrauch finden sich bei Tinctoris: *punctus morae generalis* (⌢) werde *vulgariter punctus organi* genannt (CS IV, 75b f. und 187a). Allerdings ist gerade bei Tinctoris ein sachlicher Zusammenhang zwischen Organumhalteton und Fermate nur schwer zu erkennen. Während nämlich die spätere französische Musiklehre sich bei point d'orgue ausdrücklich auch auf das Aushalten einer einzelnen Note gegenüber sich weiterbewegenden Stimmen bezieht und somit zugleich die Wirkung des O.s anspricht (z. B. BrossardD, Artikel Punto: *... il faut continuer le Son de la Notte, sur laquelle, il* [le point d'orgue] *est jusqu'à ce que les autres Parties soient venues à leur conclusion*), hat punctus organi bei Tinctoris ausschließlich die Bedeutung des gleichzeitigen Verweilens aller Stimmen. FrR

Orgeltabulatur, Klaviertabulatur, Bezeichnung für verschiedene Formen der Notierung von Musik für Tasteninstrumente. Die Arten der O. werden benannt nach dem Land ihrer Herkunft oder ihrer hauptsächlichen Verbreitung. – In der deutschen O. werden die Tonstufen durch Buchstaben bezeichnet, die Oktavlage durch Groß- und Kleinschreibung sowie durch Überstreichung. Die rhythmischen Werte werden durch Mensuralnoten oder von ihnen abgeleitete Zeichen über jeder der partiturartig untereinandergesetzten Stimmen angegeben. Die »ältere« deutsche O. gibt die Oberstimme auf einem Liniensystem in Notenschrift wieder:

Buxheimer Orgelbuch, f. 22' (*Cristus surrexit*).

Dagegen werden in der »neueren« deutschen O. alle Stimmen in Buchstaben notiert (siehe folgendes Beispiel). Die wichtigsten der älteren deutschen O. notierten Quellen sind: der Robertsbridge Codex (London, Brit. Mus., Add. 28550, f. 42–44', 1. Hälfte des 14. Jh.; Ausg.: *Keyboard Music of the Fourteenth and Fifteenth Centuries*, hrsg. von W. Apel, = Corpus of Early Keyboard Music I, Rom 1963); die Tabulatur von A. Ileborgh (Philadelphia, Curtis Institute of Music, 1448; Ausg.: s. o. Robertsbridge Codex); das *Fundamentum organisandi* von C. Paumann (→ Fundamentbuch; Ausg.: s. o. Robertsbridge Codex); das Buxheimer Orgelbuch (→ Quellen: *Bux*); A. Schlicks *Tabulaturen etlicher Lobgesang*, Mainz 1512 (frühester Tabulaturdruck); das Fundamentbuch von H. Buchner (Basel, Univ.-Bibl., Ms. F I 8a, und Zürich, Zentralbibl., Ms. S 284, in den vorliegenden Fassungen nach 1524); die Tabulaturbücher von H. Kotter (Basel, Univ.-Bibl., Ms. F IX 22;

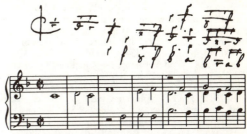

Turin, Bibl. Naz., Ms. Giordano 5, f. 28 (H. L. Haßler, *Magnificat II. toni, Versus secundus*).

begonnen 1513), L. Kleber (Berlin, Deutsche Staatsbibl., Mus. ms. 40026; 1524), Fr. Sicher (St. Gallen, Stiftsbibl., Cod. 530; 1503–31) und Jan von Lublin (Krakau, Akad. der Wiss., Ms. 1716; 1537–48). Unter den in der neueren deutschen O. notierten Quellen sind hervorzuheben die Tabulaturdrucke von N. Ammerbach (seit 1571), B. Schmidt dem Älteren (1577), J. Paix (1583, 1589), B. Schmidt dem Jüngeren (1607), J. Woltz (1607), die hs. Tabulaturbücher von Chr. Loeffelholtz (Berlin, Deutsche Staatsbibl., Mus. ms. 40034; 1585) und A. Nörmiger (Berlin, Deutsche Staatsbibl., Mus. ms. 40083; 1598); außerdem folgende Sammelhss.: Lübbenau, Spreewaldmuseum (jetzt Berlin, Deutsche Staatsbibl.), Ly B 1–10, Ly C (ca. 1620–40); Pelplin, Bibl. des Priesterseminars (jetzt Warschau, Bibl. Narodowa), Sign. 304–308a (ca. 1620–30, Nachtrag aus der 2. Hälfte des 17. Jh.); Turin, Bibl. Naz., Foà 1–8 und Giordano 1–8 (ca. 1637–40); Lüneburg, Ratsbücherei, KN 146, 148, 149, 207–210 (ca. 1640–65; Ausg.: *Die Lüneburger O. KN 208*[1], hrsg. von M. Reimann, = EDM XXXVI, Ffm. 1957); Clausthal-Zellerfeld, Calvörsche Bibl. (jetzt Bibl. der Bergakademie), Ze 1 und Ze 2 (ca. 1635–68).

In der spanischen O. werden die Untertasten von f bis e^1 durch die Ziffern 1–7 dargestellt; andere Oktavlagen werden durch beigefügte Striche, Punkte oder Häkchen bezeichnet, Erhöhung und Erniedrigung durch Versetzungszeichen. Die Stimmen sind partiturmäßig getrennt angeordnet; über der Oberstimme steht in Mensuralnoten die für alle Stimmen geltende Rhythmusbezeichnung nach dem abgekürzten Notierungsprinzip der → Lautentabulatur:

A. de Cabezón, *Obras de música*, Madrid 1578, S. 37 (*Versillos del sexto tono*, Nr 6).

Diese Notation ist angewendet in den Tasteninstrumentdrucken von L. Venegas de Henestrosa (1557), A. de Cabezón (1578) und F. Correa de Arrauxo (1626). Von zwei anderen Arten der Zifferntabulatur, die Bermudo (1555) angibt, fand diejenige mit durchgehender Zählung sämtlicher Tasten (einschließlich der Obertasten) keine praktische Verwendung, während die an-

dere Art mit durchgehender Zählung der Untertasten von A. Valente (1576) benutzt wurde.
Die italienische, englisch-niederländische und französische O. bedienen sich der Notenschrift und fassen die Stimmen entsprechend dem Spielanteil der Hände auf zwei Liniensystemen zusammen; sie unterscheiden sich nur durch die Anzahl der Linien der Systeme. – Die italienische O. hat meist im unteren System mehr Linien (6–8) als im oberen (5–6), doch zeigen frühe Quellen wie z. B. Codex Faenza (→ Quellen: *Fa*; wegen der Zweistimmigkeit des Repertoires allerdings auch als Partitur zu betrachten) und Antiquis' *Frottole intabulate* (1517) zwei Sechsliniensysteme. – Die englisch-niederländische O. hat in der Regel 2 Sechsliniensysteme. Sie erscheint in England erstmals um 1520 (London, Brit. Mus., Roy. App. 58), dann vor allem ca. 1530–60 in zahlreichen Handschriften mit liturgischer Orgelmusik und in den Virginal Books um 1600, in Holland bei H. Speuy (1610) und A. van Noordt (1659; hier mit gesonderter Buchstabennotierung des Basses) sowie vereinzelt in Deutschland (Lübbenau, Ly A 1 und A 2; Lüneburg, KN 147; New Haven, Library of the Yale Music School, Ma. 21 H 59). – Die französische O. mit 2 Fünfliniensystemen wurde in Frankreich seit Attaingnants Drucken (um 1530) ausschließlich verwendet und setzte sich seit etwa 1700 auch außerhalb Frankreichs durch; auf sie geht die heute noch übliche Notierungsweise von Klaviermusik zurück. – Auch die Notation von Musik für Tasteninstrumente in → Partitur wurde gelegentlich als Tabulatur bezeichnet (Scheidt 1624, Klemm 1631); sie wurde seit der Partiturausgabe von C. de Rores *Madrigali ... accomodati per sonar d'ogni sorte d'istromento perfetto & per qualunque studiosi di contrapunti* (1577), besonders aber seit Frescobaldis *Fantasien* (1608) und seinen *Fiori musicali* (1635) bis zu J. S. Bachs *Kunst der Fuge* (1750) bevorzugt für streng kontrapunktische und zugleich als Lehrbücher bestimmte Tasteninstrumentwerke verwendet.

Lit.: WOLFN; E. FRERICHS, Die Accidentien in O., ZfMw VII, 1924/25; W. MERIAN, Der Tanz in d. deutschen Tabulaturbüchern, Lpz. 1927; L. SCHRADE, Die ältesten Denkmäler d. Orgelmusik..., Münster i. W. (1928); DERS., Die hs. Überlieferung d. ältesten Instrumentalmusik, Lahr 1931; O. A. BAUMANN, Das deutsche Lied w. seine Bearb. in d. frühen O., Kassel 1934; W. SCHRAMMEK, Das deutsche Lied in d. deutschen O. d. 15. Jh. unter besonderer Berücksichtigung d. Buxheimer Orgelbuchs, Diss. Jena 1956, maschr.; J. PONTIUS, Eine anon. Kurpfälzische O., Diss. Saarbrücken 1960, maschr., Auszug als: Zur Datierung einer anon. Tabulatur aus d. Bipontina, Annales Univ. Saraviensis, Phil. Fakultät, IX, 1, 1960; FR. W. RIEDEL, Quellenkundliche Beitr. zur Gesch. d. Musik f. Tasteninstr. in d. 2. Hälfte d. 17. Jh., = Schriften d. Landesinst. f. Musikforschung Kiel X, Kassel 1960; TH. GÖLLNER, Formen früher Mehrstimmigkeit in deutschen Hss. d. späten MA, = Münchner Veröff. zur Mg. VI, Tutzing 1961; DERS., Notationsfragmente aus einer Organistenwerkstatt d. 15. Jh., AfMw XXIV, 1967; L. SCHIERNING, Die Überlieferung d. deutschen Org.- u. Klaviermusik aus d. 1. Hälfte d. 17. Jh., ebenda XII, 1961; A. SUTKOWSKI u. O. MISCHIATI, Una preziosa fonte ms. di musica stromentale: l'intavolatura di Pelplin, L'Organo II, 1961; APELN; W. YOUNG, Keyboard Music up to 1600, MD XVI, 1962 – XVII, 1963; O. MISCHIATI, L'intavolatura d'org. tedesca della Bibl. Naz. di Torino, Cat. ragionato, L'Organo IV, 1963; A. SUTKOWSKI u. A. OSOTOWICZ-SUTKOWSKA, The Pelplin Tablature, = Antiquitates musicae in Polonia I, Warschau u. Graz 1963; H. R. ZÖBELEY, Die Musik d. Buxheimer Orgelbuchs, = Münchner Veröff. zur Mg. X, Tutzing 1964.

Orgue expressif (ɔrg ɛksprɛs'if, frz.) → Harmonium.

Oriscus (lat.) → Neumen (– 1).

Ornamente (frz. ornements; engl. ornaments) → Verzierungen.

Ornamentinstrumente → Fundamentinstrumente.

Orphéon (ɔrfe'ɔ̃, frz. von Orphée, Orpheus), musikalische Laienbewegung in Frankreich, die im 19. Jh. vor allem auf dem Gebiet des Chorgesangs zu großer Bedeutung gelangte. Das O. geht zurück auf musikalische Elementarkurse, die G. L. → Wilhem seit 1819 an Pariser Volksschulen einführte. 1829, als seine Unterrichtsmethode (enseignement mutuel) offiziell vorgeschrieben wurde (1830 war sie bereits an 9 Pariser Schulen eingeführt), begann Wilhem, seine Schüler aus mehreren Schulen zu gemeinsamem Chorsingen zusammenzufassen. Daraus gingen um 1833 die Ecoles populaires de chant zur Pflege des a cappella-Gesangs hervor, denen Wilhem den Namen O. gab. 1836 schloß er Abendkurse für Erwachsene an. Nach dem Vorbild dieser, von musikpädagogischen Ideen getragenen Gesangsbewegung konstituierten sich in ganz Frankreich unter dem Namen O. Gesangvereine (sociétés chorales). Dem Pariser O. oblag die Verwaltung nicht nur der Gesangvereine, sondern auch der musikerzieherischen Arbeit an den Schulen; seine ersten Direktoren waren Wilhem, J. Hubert, Gounod und Bazin. Öffentliche Konzerte der O.s fanden in Paris seit 1834 statt, Wettbewerbe für O.s in verschiedenen Städten seit 1849. An einem englisch-französischen Chorfestival 1860 in London nahmen 137 Vereine mit 3000 Sängern teil; andere Sängertreffen der O.s vereinigten bis zu 8000 Mitwirkende. Das Repertoire der O.s umfaßte neben weniger anspruchsvollen Werken und Opernchören auch eigens für die O.s komponierte Werke von Adam, Gounod, Berlioz, Meyerbeer u. a. Unter den Zeitschriften, die die Arbeit der O.s unterstützten, sind hervorzuheben: *La France orphéonique*, *L'Echo des O.s* und *L'O.* – Im Anschluß an die Gesangvereine wurden Blasorchester (harmonies und fanfares) gegründet, auch einzelne Laiensymphonieorchester.

Lit.: H. MARÉCHAL u. G. PARÈS, Monographie universelle de l'O., Paris 1910.

Orpheoreon (engl. orpharion), ein cisterartiges Zupfinstrument (→ Cister) des 16./17. Jh. mit birnenförmigem, leicht geschweiftem Corpus, – *an der proportion, wie ein Bandoer* [→ Pandora] */ doch etwas kleiner / von Messings- vnd Stälenen Saitten; wird wie eine Laute im Cammer-Thon / ... gestimmet* (Praetorius Synt. II, S. 54, vgl. dazu die Abb. Tafel XVII, Figur 3, nicht, wie dort versehentlich angegeben, Figur 2). Das O. ist kleiner (Gesamtlänge etwa 120 cm, Breite des Corpus etwa 45 cm) als das ganz ähnlich gebaute → Penorcon; es hat acht 2fache Saitenchöre aus Darm mit der Stimmung CC FF GG cc ff aa d^1d^1 g^1g^1 oder DD GG AA dd gg hh e^1e^1 a^1a^1. Die Saiten sind an einem schräg auf der Decke angebrachten Querriegel befestigt und laufen in den geringfügig nach hinten gebogenen, dann schwungvoll nach vorn gezogenen und mit einem geschnitzten Zierkopf abschließenden Saitenhalter mit Flankenwirbeln.

Orphika, ein 1795 von C. L. → Röllig konstruiertes Hammerklavierchen mit einem harfenförmigen Rahmen und einer Klaviatur von 2–4 Oktaven Umfang. Die O. wurde wie eine Gitarre an einem Tragband um den Hals getragen und mit einer Hand gespielt.

Orthographie, musikalische, ist die Summe der Konventionen bei der Notierung von Musik. Richtig ist eine Notation, die sinnvoll, verständlich und reproduzierbar bleibt, d. h. den Sonderfall auf jeweils als gültig anerkannte Regeln zurückführt. O. ist auch in der Musik zeitgebunden; z. B. wurde die Tonfolge aus A. Pflegers Passionsmusik (Takt 10ff.) in deutscher Buchstabentabulatur (→ Orgeltabulatur) um 1700 folgendermaßen überliefert: (zu lesen als g gis g gis g f dis d). Beide Schreibarten sind orthographisch korrekt, denn die Tabulatur kennt für jede Taste nur einen Namen (wie noch heute im Orgelbau: alle Obertasten werden als Stammtonerhöhungen benannt, ausgenommen b). In der Notenschrift hingegen findet mit der Plazierung und Benennung der Note eine Bewertung des notierten Tones statt. Verstöße gegen die O. sind meist die Folge davon, daß der Ton falsch oder gar nicht bewertet wird. Daß Fragen der O. oft nicht eindeutig zu beantworten sind, erklärt sich aus dem Zwiespalt, der seit Einführung der → Temperatur zwischen Klangerscheinung und Tonvorstellung besteht. Die Logik der Stimmführung muß mit der der Akkordstruktur in Einklang gebracht werden; hinzu kommt die Forderung nach Lesbarkeit: die O. soll nicht nur horizontal und vertikal folgerichtig sein, sondern auch ein faßbares Notenbild ergeben. Die Problematik dieser entgegengesetzten Forderungen sei an den folgenden Beispielen (aus Klaviersonaten von Mozart) demonstriert. 1) Die Regel, daß chromatische Töne bei steigender Melodie als Stammtonerhöhungen, bei fallender als Stammtonerniedrigungen zu notieren sind:

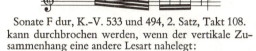

Sonate D dur, K.-V. 311, 3. Satz, Takt 173.

Sonate F dur, K.-V. 533 und 494, 2. Satz, Takt 108.
kann durchbrochen werden, wenn der vertikale Zusammenhang eine andere Lesart nahelegt:

Sonate G dur, K.-V. 283, 3. Satz, Takt 168f.

Sonate D dur, K.-V. 284, 3. Satz, Variation X, Takt 10f.

Bei a) bewirkt der harmonische Kontext eine Bevorzugung der dem G moll entsprechenden Akzidentien, bei b) erzwingt die Harmonisierung der fallenden chromatischen Skala eine der Regel widersprechende Bewertung der Töne, ais statt b, gis statt as.
2) Einige Unregelmäßigkeiten in der O. leiten sich von Notations- und Benennungspraktiken des Mittelalters her; sie betreffen die 7. Stufe (mixolydische Septime) und die 4. Stufe (lydische Quarte) einer Durskala, die wie in der Orgeltabulatur meist in nur einer Richtung alteriert werden. Es heißt also in C dur auch dann b und fis, wenn ais und ges zu erwarten wären. Die 3. und 6. Stufe werden gelegentlich analog behandelt; so heißt es:

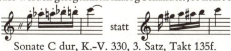

Sonate C dur, K.-V. 330, 3. Satz, Takt 135f.

obwohl die Schreibung rechts melodisch näher läge und die Harmonik nicht dagegen stünde. – In der Musik des 20. Jh., vor allem der atonalen, die zwischen gis und as, cis und des nicht unterscheidet, ist O. solcher Art vielfach gegenstandslos geworden. Analoges gilt für die Rhythmusnotation. Der Zeichenvorrat unserer Notenschrift ist auch einer Rhythmik zugeschnitten, die der regelmäßigen Wiederkehr der Taktschwerpunkte und unter den denkbaren Relationen rhythmischer Werte denjenigen den Vorzug gibt, die auf den Zahlen 2 und 3 beruhen. Die Regel, daß die graphische Aufteilung der Werte das Taktschema zu verdeutlichen habe, duldet gleichwohl durch Praxis und Konvention legitimierte Ausnahmen; ein Beispiel für die Unzulänglichkeit der Rhythmuszeichen ist die graphische Übereinstimmung von Synkope und → Hemiole. In den Versuchen, bei Neuausgaben alter Musik den Bedeutungsunterschied sichtbar zu machen, tritt die Problematik rhythmischer O. offen zutage, manchmal sogar drastischer als in den Notationsschwierigkeiten neuer Musik. → Punktierter Rhythmus.

Lit.: H. RIEMANN, Studien zur Gesch. d. Notenschrift, Lpz. 1878; WOLFN; Mus. Schrifttafeln, 10. H., hrsg. v. J. WOLF, = Veröff. d. Fürstlichen Inst. f. mw. Forschung Bückeburg II, 2, Lpz. 1922–23, Bückeburg u. Lpz. ²1927; Notation Neuer Musik, hrsg. v. E. THOMAS, = Darmstädter Beitr. zur Neuen Musik IX, Mainz (1965); M. COLLINS, The Performance of Triplets in the 17th and 18th Cent., JAMS XIX, 1966. LA

Osnabrück.
Lit.: L. BÄTE, O.er Theater im 18. Jh., O. 1930; FR. BÖSKEN, Mg. d. Stadt O., = Freiburger Studien zur Mw. V, Regensburg 1937; E. BÖSKEN, M. B. Veltmann (1763–1844) u. d. Begründung der öffentlichen Musikpflege in O., Mitt. d. Ver. f. Gesch. u. Landeskunde LXII, 1947; K. KÜHLING, Theater in O., O. 1959.

ossia (ital., oder), Hinweis auf eine andere Lesart oder Fassung im Notentext.

Ostinato (ital., von lat. obstinatus, hartnäckig; frz. obstiné; engl. obstinate; deutsch auch obstinat; frz. auch contraint, gezwungen; ital. auch pertinace, hartnäckig, perfidiato, treulos; im heutigen Sprachgebrauch auch substantiviert: O. s. v. w. das hartnäckig Beibehaltene). Das Wort O. wurde um 1700 musikterminologisch fixiert und war anfangs nahezu synonym mit Obligato. WaltherL bietet im Anschluß an BrossardD als Stichwörter Basso continuo obligato (→ Basso continuo – 2), Fuga ligata oder obligata, bei der auch das Kontrasubjekt beibehalten wird, Contrapunto obligato (o.) oder perfidiato, der melodisch oder rhythmisch bei der *einmahl angefangenen Art beständig verbleibet* (hierzu A. Berardi, Documenti armonici I, 1687, S. 22f., auch Artikel Perfidia in WaltherL und BrossardD; ferner Zarlino, Istitutioni harmoniche, 1558, III, 55: *Far contrapunto con obligo*). – O. heißt im weiteren Sinne: *dasjenige, so man einmahl angefangen hat, beständig fortsetzen, und nicht davon ablassen* (WaltherL), im eingeengten Sinne: *die fortgesetzte Wiederkehr eines Themas mit immer veränderter Kontrapunktierung* (H. Riemann). Das O.-Verfahren (im weiteren Sinne) bedeutet Formung durch beständiges sinnfälliges Wiederholen einer klar umgrenzten rhythmischen oder melodischen (auch melodisch-rhythmischen) oder harmonischen (auch harmonisch-metrischen) Substanz, die das Klanggeschehen gliedert und als (variable) Konstante die Glieder verbindet und die als konstruktives Element melodisch zumeist in der strukturell wichtigsten Stimme des Satzes (Tenor, Baß) erscheint; mit dem Wiederholen verbindet sich das Verändern (Variieren) der Zusätze, auch des zu Wiederholenden selbst, oft und ursprünglich als Stegreifausführung und verbunden mit geregelten Bewegungsarten, besonders mit Tanz. Kompositorisch bedeutet der O. (seit Monteverdi) stärkste Bindung an eine bleibende Instanz, die als solche (im Hintergrund) beständig den Sinn der Bildungen klarstellt und damit (im Vordergrund) satztechnisch die größte Freiheit, Neuheit und Ausdruckskraft ermöglicht. Darin berührt sich der O. mit den liegenden Tönen (Bordun, Orgelpunkt) oder Klängen, die als *eine Art Steigerung der Obstinatheit bis zur letzten Konsequenz* (Riemann 1910, S. 193) verstanden werden können. A. Weberns gültigstes tonales Werk ist eine Passacaglia (op. 1), während er das Problem der atonalen Form zunächst durch den bleibenden Klang gelöst hat (z. B. op. 4 Nr 1).

In der europäischen und außereuropäischen »naturwüchsigen«, wesenhaft schriftlosen Gestaltung des Klingenden ist das verändernde Wiederholen variabler Konstanten, z. B. einer rhythmischen oder melodischen Formel als »Hintergrund« oder eines Modells (z. B. → Râga) als Grundlage der Gestaltung nicht als O.-Technik, sondern als Prinzip der Klangformung zu verstehen. Dies gilt auch für strukturbildende oder formelhafte Elemente im → Jazz, die letztlich aus der Negerfolklore der USA herzuleiten sind (→ Boogie-Woogie, → Riff, → Stomp). – Auch im Bereich komponierter Musik kann von O.-Technik im eigentlichen, strengen Sinne nur dort gesprochen werden, wo das Moment des »hartnäckigen« Sich-Bindens an das einmal Begonnene einen Sonderfall darstellt gegenüber anderen (freien) Bildungen und wo das beständige Wiederholen nicht das Grundprinzip der Musik betrifft. Den Satz prinzipiell konstituierende Momente sind in der mittelalterlichen Musik z. B. das Beibehalten von Rhythmen in der modal notierten Musik (deren Notationsprinzip auf Wiederholung eines → Modus – 2 beruht) oder die als → Color (– 2; repetitio vocis) begriffene und oft als Stimmtausch (→ Rondellus) erscheinende Wiederholung von Stimmpartikeln in Organum oder Discantus, speziell das Wiederholen oft gleichrhythmisierten Choralausschnitten in Motettentenores, das in bezug auf Ausdehnung und Tonalität den kompositorischen Kontext ermöglicht und in der → Isorhythmie Strophenformen ausbildet. Hier ist zwar oft die Erscheinung, jedoch nicht die Denkart des O.s gegeben – ebensowenig wie etwa in festen rhythmischen Formeln der Tanzmusik, in durchgehend einheitlicher Charakterfiguration romantischer Klavierstücke, in Steigerungspartien der Symphonik Bruckners oder Mahlers oder in der (die Zwölftontechnik konstituierenden) beständigen Wiederholung einer Reihe. Doch zeichnen sich seit dem 13. Jh. vor dem Hintergrund von Grundprinzipien spätmittelalterlicher Kompositionsart auch echte O.-Bildungen ab, die bewußt die fortdauernde Wiederkehr des Gleichen als Tenor-O. zur konstruktiven Basis des Satzes erheben. Genannt seien aus England der 2st. → Pes (– 2) des »Sommer-Kanons«, ferner das 4st. Stück *Campanis cum cymbalis* (Mf X, 1957, S. 36) und die Sätze mit beständig wiederholtem kurzem Pes im Worcester-Repertoire (→ Quellen: *Worc*; z. B. Nr 10 und 12 in: MSD II) und in festländischen Quellen die Motettentenores in *Ba*, Nr 37 und 70, und zahlreich in den Faszikeln 7 und 8 der Hs. *Mo*, als ausgeprägteste Belege Nr 267 und 328. – In der polyphonen Vokalmusik des 15. und 16. Jh. lassen sich mannigfache Arten des O.s unterscheiden, der hinsichtlich Tonstufe und Rhythmisierung unverändert bleiben oder wechseln sowie in nur einer oder in mehreren Stimmen auftreten kann. Hier gibt es einerseits O.-Bildungen »nachahmenden« Charakters (z. B. Dufay, Tenor und Contratenor des Gloria *ad modum tubae*; Gaffori, Missa *Trombetta*; Senfl, *Das Gläut zu Speyer*; hierzu auch W. Byrd, *The Bells*, im *Fitzwilliam Virginal Book*, Nr 69), andererseits in Fortentwicklung mittelalterlicher Kompositionsprinzipien ostinate C. f.-Partikel in Motetten, besonders von Lassus (z. B. *Exsultet coelum*, mit auf zwei Stufen abwechselnder O.-Formel *Quis audivit talia* im Tenor, GA III, Nr 195), in Messensätzen, besonders von Josquin (z. B. Missa *Faisant regretz*, deren gesamter Tenor aus einem viertönigen O. besteht, der nach Tonstufe und Rhythmisierung wechselt, streckenweise auch von anderen Stimmen übernommen wird), über Solmisationssilben (z. B. Josquin, Missa *La sol fa re mi*), daneben auch – nach Art des bis ins 18. Jh. beschriebenen Contrapunto o. – die ostinate Gegenstimme (z. B. Obrecht, Missa *Ave regina coelorum*, O. auf gleicher Stufe im Bassus des *Et resurrexit*) oder deren mehrere (z. B. Josquin, *Christe* der Missa *Hercules Dux Ferrariae*).

Der Basso o. (engl. → ground, ground bass; frz. basse contrainte) ist nur eine, wenn auch die musikgeschichtlich wichtigste Form des O.s. Sein Aufkommen im 16. Jh. hängt zusammen einerseits mit der neuen Rolle des → Basses (– 1) als Fundamentstimme des Satzes (wobei auchTenor-[C. f.-]Techniken des Spätmittelalters nachwirkten), andererseits mit dem Eindringen der über Baßmodellen improvisierten Tanz-, Spiel- und Gesangsmusik in den Bereich der Komposition (wobei die nicht als O. gedachten Prinzipien einer Praxis nun zu einem Sonderfall der Komposition wurden). Greifbar sind diese Improvisationspraktiken in ihrer Bedeutung für die Basso o.-Komposition zuerst in der spanischen Lauten- und Tastenmusik mit ihren Fantasias und Diferencias über Tänze und Lieder und Passos forçados (z. B. bei Valderrábano 1547), besonders in den 9 Muster-Recercados von D. Ortiz (*Tratado*, 1553) über lied- und tanzartige *Cantos llanos que en Italia comunmente llaman Tenores*, unter ihnen die (teilweise miteinander verwandten) Modelle des → Passamezzo (antico und moderno), der → Folia, der Romanesca und des → Ruggiero, auch etwa in A. de Cabezóns *Diferencias sobre la Gallarde Milanesa* und *sobre las vacas* (*Obras de música*, 1578) und in Fr. Salinas' häufiger Nennung des Quartmotivs (*De musica libri septem* ..., 1577, hierzu W. Osthoff, S. 79), ferner im Aufkommen und O.-Gebrauch anderer Lied- und Tanzmodelle in → Pavane, → Paviniglia, → Villancico, → Bergamasca, → Malagueña, → Chaconne und → Passacaglia. Einige dieser Modelle spielen eine Rolle auch in der Frühgeschichte der Aria (→ Arie; → Ruggiero), die zur Aria und Cantata (→ Kantate) mit konstantem Strophenbaß führte und in enger Beziehung stand zur Entwicklung der instrumental-musikalischen Variation über Bassi ostinati. Volle kompositorische Ausprägung erfuhr das Musizieren über einem Basso o. zuerst bei Monteverdi (besonders *Amor*, = *Lamento della Ninfa*, 8. Madrigalbuch, 1638, und *Zefiro torna*, 9. Madrigalbuch, 1651), wobei der ostinate Generalbaß als Fundament eines repetierten Klanggerüstes in jedem Augenblick den Klangverlauf klarstellt (vergleichbar den »liegenden Bässen« der → Monodie) und damit – im Dienst des Ausdrucks – der Oberstimmenführung und Dissonanzbehandlung ein Höchstmaß an Freiheit gewährt (hierzu Haack 1964). Als Kompositionstechnik, die in dieser Weise stimmliches (kontrapunktisches) und klangliches (akkordisches) Denken aufeinander bezieht und unter den Bedingungen des Generalbaßsatzes die Freiheit der Stimmführung durch die Gebundenheit der Klangfolge vergrößert, erlebte der Basso o. seine Blütezeit im Generalbaßzeitalter. Zur kompositorischen Eigenart des Basso o. gehört, daß Tonschritt-O. und Klangfolge-(Satzmodell-)O. nicht immer eindeutig gegeneinander abzugrenzen sind und daß der Tonschritt-O. selbst variiert, wechselnd harmonisiert und (besonders beim Ground) auch transponiert und in andere Stimmen verlegt werden kann. Zu unterscheiden (aber bis gegen Mitte des 17. Jh. nicht immer klar zu trennen) sind einerseits der Strophen- oder Variationenbaß als Konstante für variierende Repetition einer geschlossenen Form, oft gekoppelt mit zu variierender Melodiekonstante (→ Variation), andererseits der wirkliche O. innerhalb einer Form (O.-Kurzbaß innerhalb einer Arie, eines Concertosatzes usw.), der oft als Quartgang (→ Quarte), auch chromatischer Quartgang (→ Passus duriusculus, → Lamento) gebildet ist. Basso quasi o. nannte H. Riemann (im Anschluß an Ph. Spitta, *J. S. Bach* I, S. 204f.) jene Partikel, die den Formverlauf zwar beherrschen, jedoch substantiell verändert werden und nicht immer durchgängig erscheinen (Beispiel: G. Böhm, Orgelchoralbearbeitung *Herr Jesu Christ, Dich zu uns wend*, GA II, Nr 10, Versus 2). Im Werk J. S. Bachs ist der Binnen-O. zuweilen auch in abbildlicher Bedeutung gemeint, im Sinne von »unbeirrt« (*Wir glauben all' an einen Gott*, III. Teil der *Clavier-Übung*, BWV 680), auch emphatisch, überschwenglich (*In dir ist Freude, Orgel-Büchlein*, BWV 615). Aber auch das »andauernde« Festhalten an einem bestimmten Bewegungsimpuls (*Es ist der alte Bund*, Kantate BWV 106) oder einem ausgeprägten Motiv (*Meine Seele wartet auf den Herrn*, Kantate BWV 131) kann im Sinne der Generaldefinition Walthers (1732) als O. angesprochen werden und bildlich gemeint sein, – wenngleich in Bachs Musik weithin das stetige Durchführen eines motivischen Impulses zu einem den Satz prinzipiell konstituierenden Moment erhoben ist. Der Grund für die Tatsache, daß bei Haydn und Mozart die O.-Technik ganz zurücktritt, mag darin zu suchen sein, daß die klassische Harmonik und Melodik aus sich heraus formbildend genug sind und der O. somit als künstlich (»unnatürlich«) gelten mußte. (In Mozarts Kirchenmusik erscheint z. B. im *Qui tollis* der Missa K.-V. 427 der rhythmische O., tonlich ein Quasi-O., als barockes Relikt; vgl. auch das Credo der gleichen Messe.) Erst nach 1800 (Beethoven, Finale der 3. Symphonie, 1804; 32 Variationen, WoO 80, 1806; Streichquartett F dur op. 135, 1826, 2. Satz) wurde der O. wieder zu einem Formungsmittel. Und je weiter die Auflösung der funktionalen Harmonik fortschritt, desto häufiger trat – auch in Rückerinnerung an die Musik des Barocks – die O.-Komposition wieder in Erscheinung, als Objektivierung des Ausdrucks, als Schlußsteigerung in zyklischen Werken, als elementares, »motorisches« Moment, vor allem jedoch als ein Mittel, das neue Klänge und Klangfolgen ermöglicht. Als Beispiele seien genannt (→ Passacaglia, → Chaconne, → Berceuse): Brahms, Finale der 4. Symphonie (1885), Schlußsatz der Haydn-Variationen op. 56a (1873); Reger, B. o.-Sätze in den Orgelkompositionen op. 69 (1903), op. 92 (1906), op. 129 (1913); Strawinsky, *Le sacre du printemps* (1913, *Danses des adolescentes*) und *Cinq pièces faciles* (1916, *Andante, Balalaika*); Bartók, Suite für Kl. op. 14 (1916, 3. Satz) und im *Mikrokosmos* (1926–37); Hindemith, Suite »*1922*« op. 26 (*Nachtmusik*); Ravel, *Boléro* (1928), A. Berg, *Lulu* (1. Akt, 2. Szene: *Monoritmica*; Zwischenmusik nach dem 1. Akt); Blacher, *Concertante Musik* op. 10 (1937, Moderato); Orff (fast in allen Werken); Fortner, *Sieben Elegien* f. Kl. (1950, Nr VII).

Lit.: H. Riemann, Große Kompositionslehre II, Bln u. Stuttgart 1903; ders., Basso o. u. Basso quasi o., Fs. R. v. Liliencron, Lpz. 1910; ders., Der »Basso o.« u. d. Anfänge d. Kantate, SIMG XIII, 1911/12; ders., Hdb. d. Mg. II, 2, Lpz.1912; P. Nettl, Zwei span. Ostinatothemen, ZfMw I, 1918/19; L. Propper, Der Basso o. als technisches u. formbildendes Prinzip, Diss. Bln 1926; A. Lorenz, A. Scarlatti's Jugendoper I, Augsburg 1927; R. Litterscheid, Zur Gesch. d. Basso o., Diss. Marburg 1928; L. Nowak, Grundzüge einer Gesch. d. Basso o. in d. abendländischen Musik, Wien 1932; O. Gombosi, Italia: patria del basso o., Rass. mus. VII, 1934; W. Meinardus, Die Technik d. Basso o. bei H. Purcell, Diss. Köln 1939, maschr.; L. Walther, Die O.-Technik in d. Chaconne- u. Arienformen d. 17. u. 18. Jh., = Schriftenreihe d. mw. Seminars d. Univ. München VI, Würzburg 1940; W. Gurlitt, Zu J. S. Bachs O.-Technik, Ber. über d. wiss. Bachtagung Lpz. 1950, Neudruck in: Mg. u. Gegenwart I, = BzAfMw I, Wiesbaden 1966; A. Elston, Some Rhythmic Practices in Contemporary Music, MQ XLII, 1956; W. Osthoff, Das dramatische Spätwerk Cl. Monteverdis, = Münchner Veröff. zur Mg. III, Tutzing 1960; E. Apfel, O. u. Kompositionstechnik bei d. engl. Virginalisten d. elisabethanischen Zeit, AfMw XIX/XX, 1962/63; H. Haack, Anfänge d. Generalbaßsatzes in d. Cento Concerti Ecclesiastici (1602). v. L. Viadana, Diss. München 1964, maschr. HHE

Ostpreußen.

Lit.: G. Döring, Zur Gesch. d. Musik in Preußen, Elbing 1852; E. A. Hagen, Gesch. d. Theaters in Preußen, Königsberg 1854; J. M. Müller-Blattau, Die Erforschung d. Mg. O., Altpreußische Forschungen III, 1926; ders., Gesch. d. Musik in Ost- u. Westpreußen v. d. Ordenszeit bis zur Gegenwart, Königsberg 1931; ders., Zur Erforschung d. ostpreußischen Volksliedes, = Schriften d. Königsberger Gelehrten Ges., Geisteswiss. Klasse XI, 2, Halle 1935; Preußische Festlieder, hrsg. v. dems., = LD O. u. Danzig I, 1939; ders., Ost- u. westpreußische Musik zur Zeit d. Barock, Jb. d. Albertus-Univ. zu Königsberg II, 1952; ders., Ost- u. westpreußische Musik im 18. Jh., ebenda IV, 1954; ders., Ost- u. westpreußische Musik u. Musikpflege im 18. Jh., ebenda V, 1955; H.-P. Kosack, Gesch. d. Laute u. Lautenmusik in Preußen, = Königsberger Studien zur Mw. XVII, Kassel 1935; P. Gennrich, Die ostpreußischen Kirchenliederdichter, = Welt d. Gesangbuchs XIX, Lpz. u. Hbg 1938; H. Runge, Die Melodien ostpreußischer Volkslieder, Diss. Königsberg 1939, maschr.; O. Leitner, Lob an allen Orten. Ostpreußischer Beitr. zum Kirchenlied, München 1953; W. Salmen, Die Schichtung d. ma. Musikkultur in d. ostdeutschen Grenzlage, = Die Musik im alten u. neuen Europa II, Kassel 1954.

Oszillogramm ist die Aufzeichnung von Schwingungsvorgängen. O.e geben z. B. den Schalldruckverlauf von einfachen und zusammengesetzten Schwingungen wieder. Während bei a) und b) deutlich eine

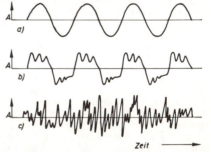

a) Sinusschwingung, b) periodischer Schwingungsvorgang, c) unperiodischer Schwingungsvorgang.

Periodizität zu erkennen ist, fehlt diese bei c). Je zackenreicher eine solche Kurve ist, um so mehr Oberschwingungen enthält der untersuchte Schwingungsvorgang. Seine Frequenzzusammensetzung läßt sich durch die → Fourieranalyse ermitteln. O.e haben sich vor allem für die Analyse von → Ausgleichsvorgängen bewährt. Sie werden heute fast ausschließlich mit Hilfe von Kathodenstrahloszillographen hergestellt, während den älteren Schleifenoszillographen kaum noch eine Bedeutung zukommt. Besonders für akustische Untersuchungen geeignet ist der Blauschreiberoszillograph. Er besitzt einen Spezialschirm, dessen Schicht das O. nach der Aufnahme in blauer Schrift fixiert, so daß es beliebig lange betrachtet und photographiert werden kann.

Lit.: FR. EICHLER u. W. GAARZ, Der neue Siemens-Universaloszillograph, Siemens-Zs. X, 1930; P. E. KLEIN, Kathodenstrahloszillographen, Bln u. Ffm. 1948; J. CZECH, Oszillographenmeßtechnik, Bln 1959.

Ottava (ital.), Oktave; die Abk. 8va mit folgender (punktierter) Linie bedeutet Oktavversetzung (all'o.), über den Noten stehend die höhere Oktave (o. alta, o. sopra), unter den Noten die tiefere (o. basso, o. sotto). → Abbreviaturen (– 9).

Ottavino (ital.) → Piccolo; auch eine Bezeichnung für das Oktavspinett (Spinettino).

Ottobeuren (Schwaben), Benediktinerkloster, gegr. 764.
Lit.: H. TILSEN, Eine Musikhs. d. Benediktiner-Klosters O. aus d. Jahre 1695, Diss. München 1922, maschr.; J. WÖRSCHING, Die berühmten Orgelwerke d. Abtei O., erbaut 1754–66, Mainz 1941; R. QUOIKA, Die Marienorg. v. O., Musica XI, 1957; H. SCHWARZMAIER, Ma. Hss. d. Klosters O., in: O. 764–1964. Beitr. zur Gesch. d. Abtei, = Sonderbd. d. Studien u. Mitt. zur Gesch. d. Benediktinerordens u. seiner Zweige, LXXIII, Augsburg (1964); W. PFÄNDER, Das Musikleben d. Abtei O. v. 16. Jh. bis zur Säkularisation, ebenda; W. IRTENKAUF, Zur ma. Liturgie- u. Mg. O., in: O., Fs. zur 1200-Jahrfeier d. Abtei, hrsg. v. A. Kolb OSB u. H. Tüchle, ebenda 1964.

Ottoni (ital., von ottone, Messing), die Blechblasinstrumente (das »Blech«) des Orchesters.

ouvert (uv'ɛːr, frz., offen) → Klausel; accord à l'ou. heißt ein auf leeren Saiten der Streichinstrumente hervorgebrachter Akkord.

Ouvertüre (frz. ouverture, Eröffnung; ital. sinfonia; → Symphonie) ist eine Instrumentalkomposition, die als Einleitungsstück zu Bühnenwerken (Oper, Ballett, Schauspiel) und größeren Vokalwerken (Kantate, Oratorium) dient, im 19. Jh. aber auch als selbständige Komposition (Konzert-Ou.) konzipiert wurde. Außerdem heißt Ou. nicht nur der Eröffnungssatz der »französischen« → Suite, sondern nach ihm auch die ganze Ou.n-Suite. – Eröffnung ist eine der zentralen Aufgaben der → Instrumentalmusik. Seit Ende des 16. Jh. wurden als Einleitung zu Bühnenwerken (auch Intermedien) verschiedenartige, auch ursprünglich separat entstandene Sätze für vollstimmiges Instrumentalensemble gespielt, deren Bezeichnungen (Toccata, Canzona, Sonata, Sinfonia) ebenso wechseln wie ihre Form. Das *Balet comique de la Royne* (1581) wurde (laut Erstdruck) mit einer Bläsermusik eröffnet. Bläserfanfaren in der Art der → Toccata zu Monteverdis *Orfeo* (1607) begegnen später nicht mehr. Die Einleitungssinfonia zu dem *Dialogo musicale Giudizio d'amore* von B. Donato (NA bei Botstiber 1913) ist ein früher Beleg für eine Ou. mit der Gegenüberstellung von langsamem und schnellem Zeitmaß. Die instrumentalen Einleitungen der römischen und venezianischen Opern im frühen 17. Jh. stehen der → Kanzone (– 2; z. B. St. Landi, *Il Sant' Alessio*, 1634) und der Sonata (→ Sonate) nahe. Bei Cavalli und Cesti beginnt die Sinfonia meist mit einem Abschnitt in gemessen-feierlichem Zeitmaß, der in einen bewegteren, oft imitatorischen Abschnitt (oder selbständigen Teil) übergeht; gelegentlich folgt ein 3. Teil mit Wiederaufnahme des Beginns oder der Imitationen über neue Themen. – In Frankreich ist die Bezeichnung Ou. zuerst belegt für das vor dem 1. Auftritt gespielte → Entrée (– 1) im *Ballet de Mademoiselle* (1641). Wohl in enger Wechselbeziehung mit der venezianischen Opernsinfonia entstand – zunächst als Ballettvorspiel – der Typus der französischen Ou.: langsamer Teil in → Punktiertem Rhythmus (Schluß auf der Dominante), 2. Teil in lebhaftem Tempo (häufig in ungeradem Takt), der seit J.-B. Lullys *Alcidiane* (1658) oft imitatorisch gearbeitet ist (im 18. Jh. meist als reguläre oder frei konzertante Fuge angelegt). Danach kann als abschließender 3. Teil das langsame Tempo – oft mit Anlehnung an die Themen des 1. Teils – wieder aufgenommen werden. Dieser Ou.n-Typus, den Lully entscheidend geprägt hat, zeigt sich voll ausgebildet in seiner Ou. für die Pariser Aufführung des *Serse* von Cavalli (1660). – Die Ou. und einzelne Instrumental- bzw. Tanzsätze aus Opern und Balletten wurden (erstmals von J. S. Kusser 1682) zu Suiten zusammengestellt und als selbständige Orchester- bzw. Kammermusik publiziert, dann auch als solche neu komponiert; diese neue Gattung wurde zuerst von d'Anglebert 1689 (in Deutschland von G. Böhm) auf das Klavier übertragen. Vor allem in Deutschland wurde die Ou.n-Suite zur beherrschenden Gattung der Orchestermusik in der 1. Hälfte des 18. Jh. (Georg Muffat, J. K. F. Fischer, Telemann, J. S. Bach und Händel). – Zu einem der französischen Ou. vergleichbaren, festen Typus verfestigte sich die italienische Opernsinfonia erst in der neapolitanischen Oper Ende des 17. Jh., vor allem durch A. Scarlatti. Von ihren 3 Sätzen trägt der erste (Allegro-)Satz häufig konzertante, der zweite (langsame) kantable Züge, der dritte Satz (Allegro oder Presto) zeigt oft Tanzcharakter. Bis um 1760, als die französische Ou. als veraltet verschwand, bestanden beide Typen als Operneinleitung nebeneinander. Nicht selten wurden französische gegen italienische Ou.n (oder umgekehrt) und noch bis ins 19. Jh. Ou.n verschiedener Opern ausgetauscht: Gluck verwendete (teilweise bearbeitet) die Ou. zu *Ezio* für *La clemenza di Tito*, die Ou. zu *L'innocenza giustificata* für *Antigono*; Rossini nahm die Ou. der Opera semiseria *Elisabetta* für den »Barbier von Sevilla«.

Daß die Ou. auf den Charakter der Oper vorbereiten, zumindest auf den Affekt der 1. Szene hinleiten sollte, wurde u. a. von Mattheson 1713 und 1739, Scheibe 1738, Quantz 1752, Rousseau 1768 und Gluck 1769 und 1770 (Vorreden zu den Ausgaben von *Alceste* und *Paride e Elena*) gefordert, außerdem von Lessing (*Hamburgische Dramaturgie*, 26.–27. Stück, 1767). Überleitung (Cavalli, *Muzio Scevola*, 1665) oder thematische Bezüge zur 1. Szene (Cesti, *Il pomo d'oro*, 1667) sind im 17. Jh. selten. Im 18. Jh. schuf zuerst J.-Ph. Rameau engere Wechselbeziehungen zwischen Ou. und Oper, indem er in der Ou. Themen der Oper vorbereitete (*Castor et Pollux*, 1737; *Platée*, 1745) bzw. die Ou., die den Inhalt der 1. Szene musikalisch schildert, in diese einleiten ließ (*Naïs*, 1749). Ihm folgte Gluck seit *Alceste* (1767); die Ou. zu seiner *Iphigénie en Aulide* ist als ouverture descriptive bezeichnet. In Anlehnung an den Terminus Programmusik wird diese Art der Ou. heute programmatische oder Programm-Ou. genannt. Ähnliche Bestrebungen gab es auch bei der italienischen Sinfonia (Traetta, Jomelli). W. A. Mozart, der zunächst an die italienische Tradition anknüpfte und in der Ou. zu *Idomeneo* (1781) Gluckschen Ideen huldigte, komponierte für seine großen Opern einsätzige Ou.n in Sonatensatzform, die in je individueller Gestaltung vielfältigen Bezug auf das dramatische Geschehen nehmen (in der Ou. zur *Entführung* z. B. ist die Sonatensatzform modifiziert durch Einfügung eines langsamen Mittelsatzes statt der Durchführung, der mit der 1. Arie in Verbindung steht). Beethoven, dessen programmatische Schauspiel-Ou.n (*Egmont*, *Coriolan*) bald im Konzertsaal heimisch wurden, fand (nach 3 Ansätzen in den Leonoren-Ou.n 1–3) erst in der Abkehr vom Programmatischen die endgültige Konzeption der Ou. zu seiner Oper *Fidelio*. – In der Romantik entwickelte sich die Ou., die nun oft von vornherein im Hinblick auf den Konzertsaal konzipiert wurde, zur eigengesetzlichen Natur- (Weber,

Mendelssohn Bartholdy) und Seelenschilderung (R. Schumann, *Manfred*; Tschaikowsky, *Hamlet*); Berlioz verbindet beides (*Le Roi Lear*), ebenso Wagner (*Eine Faustouverture*). Liszt nannte folgerichtig seine Ou.n → Symphonische Dichtungen. Demgegenüber sind Kompositionen wie Brahms' *Tragische Ou.* und *Akademische Fest-Ou.* sowie Regers und Busonis Lustspiel-Ou.n durch ihre Titel von der romantischen Programmmusik distanziert (Reger verwendete für op. 108 die Überschrift → Prolog). – Einen anderen Typus der Ou. im 19. Jh. bilden die Potpourri-Ou.n, die in der italienischen und französischen Komischen Oper (Bellini, Donizetti, Auber) sowie von Lortzing bevorzugt wurden. In ihnen sind nach dem Prinzip von Kontrast und Steigerung die zugkräftigsten Nummern der Oper aneinandergereiht. – Während z. B. Halévy und teilweise auch Meyerbeer in ihren Ou.n noch einmal äußerlich-dramatische Wirkungen anstrebten, rückten R. Wagner und Verdi (nachdem beide ihren früheren Werken noch Ou.n im romantisch-traditionellen Sinne vorangestellt hatten) in ihren Hauptwerken von der thematisch abgeschlossenen Ou.n-Form ab und leiteten das Bühnengeschehen stattdessen mit einem → Vorspiel ein. Die weitere Entwicklung führte teilweise zu einer völligen Verdrängung der Ou. bzw. des Vorspiels (Verdi in *Otello* und *Falstaff*; Puccini), teilweise auch zum Anknüpfen an ältere Traditionen und Vorbilder (R. Strauss, Hindemith). Als eine Übertragung der Programmusik in das leichte Genre lebt die Ou. in der Unterhaltungsmusik fort.

Lit.: R. WAGNER, Über d. Ou., in: Gesammelte Schriften u. Dichtungen I, Lpz. 1871 u. ö.; H. RIEMANN, Die frz. Ou. in d. 1. Hälfte d. 18. Jh., Mus. Wochenblatt XXX, 1899; DERS., Hdb. d. Mg. II, 2, Lpz. 1913, ³1921, darin 2 Ou. v. Landi; H. GOLDSCHMIDT, Studien zur Gesch. d. ital. Oper im 17. Jh., 2 Bde, Lpz. 1901–04; A. HEUSS, Die venetianischen Opern-Sinfonien, SIMG IV, 1902/03; H. PRUNIÈRES, Notes sur l'origine de l'ouverture frç., SIMG XII, 1910/11; H. BOTSTIBER, Gesch. d. Ou. u. d. freien Orchesterformen, = Kleine Hdb. d. Mg. nach Gattungen IX, Lpz. 1913; R. TENSCHERT, Die Ou. Mozarts, Mozart-Jb. II, 1924; W. ALTMANN, Orch.-Lit.-Kat. IV: Ou., Lpz. 1926; J. BRAUNSTEIN, Beethovens Leonore-Ou., = Slg mw. Einzeldarstellungen V, Lpz. 1927; H. HALBIG, Die Ou., = Mus. Formen in hist. Reihen XVI, Bln (1930); P.-M. MASSON, L'opéra de Rameau. Les ouvertures, Paris 1930, ²1943; G. FR. SCHMIDT, Die frühdeutsche Oper ... II, Regensburg 1934; P. LISTL, C. M. v. Weber als Ouvertürenkomponist, Würzburg 1936; C. DAHLHAUS, Bachs konzertante Fugen, Bach-Jb. XLII, 1955; N. SCHIØRRING, Allemande og fransk overture, in: Fs. udgivet af Københavns Univ., Kopenhagen 1957; C. FLOROS, Das »Programm« in Mozarts Meisterou., StMw XXVI, 1964; G. TH. SANDFORD, The Ouvertures of H. Berlioz: A Study in Mus. Style, Toronto 1964.

Oxford.

Lit.: CHR. A. WILLIAMS, A Short Hist. Account of the Degrees in Music at O. and Cambridge, 2 Bde, London u. NY (1894); J. STAINER, Early Bodleian Music ... (1185–1505), 2 Bde, London 1898; R. PONSONBY u. R. KENT, The O. Univ. Opera Club: A Short Hist., 1925–50, O. 1950; N. C. CARPENTER, The Study of Music at the Univ. of O. in the Renaissance, 1450–1600, MQ XLI, 1955; DERS., Music in the Medieval and Renaissance Univ., Norman/Okla. (1958); W. G. HISCOCK, H. Aldrich of Christ Church, 1648–1710, O. 1960; W. K. FORD, The O. Music School in the Late 17th Cent., JAMS XVII, 1964.

Ozeanien.

Lit.: E. M. v. HORNBOSTEL, Über d. Tonsystem u. d. Musik d. Melanesier, Kgr.-Ber. Basel 1906; W. HEINITZ, Lieder aus Ost-Neumecklenburg, ZfMw VII, 1924/25; M. KOLINSKI, Die Musik d. Primitivstämme auf Malakka ..., Anthropos XXV, 1930; J. C. ANDERSEN, Maori Music With Its Polynesian Background, New Plymouth (N. Z.) 1934; H. HÜBNER, Die Musik im Bismarck-Archipel, = Schriften zur Volksliedkunde u. völkerkundlichen Mw. I, Bln 1938; O. JOHNSON, Mus. Instr. of Ancient Hawaii, MQ XXV, 1939; E. G. BURROWS, Polynesian Music and Dancing, Journal of the Polynesian Soc. XLIX, 1940; S. WOLF, Zum Problem d. Nasenflöte, Abh. Völkerkunde-Museum Dresden, N. F. I, Lpz. 1941; E. HERMANN, Schallsignalsprachen in Melanesien u. Afrika, = Nachrichten d. Akad. d. Wiss. in Göttingen, phil.-hist. Klasse, Jg. 1943, Nr 5; W. DANCKERT, Älteste Musikstile u. Kulturschichten in O. u. Indonesien, Zs. f. Ethnologie LXXVII, 1952; H. FISCHER, Schallgeräte in O., = Slg mw. Abh. XXXVI, Straßburg u. Baden-Baden 1958; B. B. SMITH, Folk Music in Hawaii, Journal of the International Folk Music Council XI, 1959; D. CHRISTENSEN u. G. KOCH, Die Musik d. Ellice-Inseln, = Veröff. d. Museums f. Völkerkunde, N. F. V, Bln 1964; P. COLLAER, O., = Mg. in Bildern I, 1, Lpz. (1965).

P

P (p), – 1) Abk. für piano, più oder poco; – 2) Abk. (selten) für pars bzw. parte; – 3) Abk. für Pedal; – 4) pp: Abk. für pianissimo (oder più piano).

Padoana (ital., auch Padovana, Paduana), seit Anfang des 16. Jh. gleichbedeutend mit → Pavane, bezeichnet jedoch ab Mitte bis Ende des 16. Jh. auch einen im Unterschied zur Pavane schnellen Tanz im Dreiertakt. Er kommt in den Lautentabulaturen von D. Bianchini, A. Rotta, G. Gorzanis in Zusammenstellungen wie Pass'e mezzo – P. – Saltarello vor, wobei die beiden letzten Tänze meist rhythmische Varianten des Vortanzes sind. In anderen Tabulaturen ist die P. auch alleinstehend zu finden. Im Sprachgebrauch der genannten Zeit, besonders in Deutschland, wurden jedoch die Bezeichnungen P. und Pavane nicht eindeutig unterschieden: häufig wurden auch 3zeitige Tänze Pavane und 2zeitige Tänze P. genannt.
Lit.: L. Moe, Dance Music in Printed Ital. Lute Tabulatures, Diss. Harvard Univ. (Mass.) 1956, maschr.; ders., Le problème des barres de mesure, in: Le luth et sa musique, hrsg. v. J. Jacquot, Paris 1958; ders., Artikel P.–Padovana–Paduana, in: MGG X, 1962.

Padua.
Lit.: T. Zacco, Cenni biogr. di scrittori e compositori di musica padovani, P. 1840; N. Pietrucci, Biogr. degli artisti padovani, P. 1858; A. Pallerotti, Spettacoli melodramatici . . . nei Teatri Obizzi, Nuovo e del Prato della Valle dal 1751 al 1892, P. 1892; Br. Brunelli, I teatri di Padova dalle origini alla fine del s. XIX., P. 1921; ders., Il centenario di un teatro padovano, P. 1934; S. Travaglia, Musicisti padovani, P. 1930; E. Rigoni, Organari ital. e tedeschi a Padova nel quattrocento, Note d'arch. XIII, 1936; R. Casimiri, Musica e musicisti nella cattedrale di Padova nei s. XIV, XV, XVI, ebenda XVIII, 1941 – XIX, 1942; A. Garbelotto, Cod. mus. della bibl. capitolare di Padova, RMI LIII, 1951 – LIV, 1952; ders., Un cap. di storia mus. presso la cattedrale padovana nel '600, in: Atti dell'Accad. Patavina di scienze, lettere ed arti, N. F. LXIV, 1952; ders., Organi e organari nel '500 al Santo di Padova, Rom 1953; Uffici drammatici padovani, hrsg. v. G. Vecchi, = Bibl. dell'Arch. romanicum I, 41, Florenz 1954.

Päan (griech. παιάν, παιών, im Epos παιήων), bei den Griechen der Beiname Apollons als Heilgott, auch der chorische Kultgesang für Apollon, der oft mit der Anrufungsformel ἰὴ Παιάν angestimmt wurde. Der P. ist bezeugt als Dankgesang nach überstandener Seuche (Homer, *Ilias* 1, 473), als Siegeslied nach dem Kampf (*Ilias* 22, 391), als Bittgesang um Beistand im Kampf (z. B. der zweite P. von Pindaros), als Gesang beim rituellen Spendopfer vor Festmählern (z. B. Aischylos, *Agamemnon* 247; vgl. Platon, *Symposion* 176a). Später konnte der P. auch an Zeus, Poseidon, Dionysos, Asklepios und in hellenischer Zeit (als eine Art Hymnus) sogar an einzelne Menschen gerichtet sein. Ein P.-Fragment mit Musiknoten ist auf einem Berliner Papyrus überliefert (→ Griechische Musik).
Lit.: A. Fairbanks, A Study of the Greek P., = Cornell Studies in Classical Philology XII, (NY 1900); L. Deubner, Der P., Neue Jb. f. d. klass. Altertum XXII, 1919.

Pädagogik → Gehörbildung, → Musikerziehung, → Privatmusikerziehung, → Schulmusik.

Paenultima (ergänze: vox, lat., vorletzter Ton), in der mittelalterlichen Musiklehre Bezeichnung für den Ton vor dem letzten Ton (ultima [vox]) einer Ligatur oder einer → Klausel. Die P. ist als »vorletzter Ort« der → Schluß-Bildung oft besonders ausgestaltet, z. B. als Organicus punctus (→ Orgelpunkt) in der Mehrstimmigkeit des 13. Jh.

Paléographie musicale (frz.) → Denkmäler (Frankreich 2).

Palermo.
Lit.: G. Sorge, I teatri di P. nei s. XVI, XVII, XVIII, P. 1926; I. Ciotti, La vita artistica del Teatro Massimo di P. (1897–1937), P. 1938; ders. u. O. Tiby, I cinquant'anni del Teatro Massimo di P., P. 1947; O. Tiby, La musica nella Real Cappella Palatina di P., AM VII, 1952; ders., Il Real Teatro Carolino e l'ottocento mus. palermitano, = Hist. musicae cultores, Bibl. IX, Florenz 1957.

»Palestrina-Stil« → Kontrapunkt, → Römische Schule.

Palillogia (griech., Wiederholung eines Wortes), in der Kompositionslehre des 17./18. Jh. eine in Anlehnung an die Rhetorik erklärte musikalische Figur: Wiederholung eines Melodieabschnitts oder dessen Anfangs in derselben Stimme und in der gleichen Tonhöhe.

Palotás (p'ɔlɔta: ʃ, ungarisch), ein mäßig langsamer mehrsätziger ungarischer Tanz, der wahrscheinlich bis ins 15. Jh. zurückreicht. Er steht im 2/4- oder im 4/8-Takt und schließt mit einer »Figura«, einer vierteren Coda über der Dominante und Tonika.

Panama.
Lit.: Fr. Densmore, Music of the Tule Indians of P., = Smithsonian Miscellaneous Collections LXXVII, Nr 11, Washington 1926; N. Garay, Tradiciones y cantares de P., P. u. Brüssel 1930.

Pandero (span.), die → Schellentrommel der spanischen Volksmusik, die vor allem bei der Begleitung der Tänze (z. B. der → Muñeira) Verwendung findet. Besondere apotropäische Bedeutung kommt dem P. in den spanischen Karnevalsbräuchen zu, wo es zusammen mit der Zambomba (→ Reibtrommel) und anderen Lärminstrumenten gebraucht wird. In Laurent Vitals Chronik (*Voyage des souverains des Pays-Bas* III, S. 116) über die Reise Karls V. nach Spanien (1517) wird das Spiel von Instrumenten (unter der Bezeichnung tamboril; → Tamburin), die nur mit Fell bespannt und mit vielen Metallplättchen versehen seien, zum Tanz der Frauen beschrieben, ebenso im *Recueil et discours . . .* (1571) über die Reise Karls IX. nach Spanien (1564).

Pandora, auch Bandoer, ein im 16. und frühen 17. Jh. gebräuchliches Zupfinstrument in Baßlage wie die Erzcister (→ Cister), doch mit birnenförmigem, leicht geschweiftem Corpus wie → Orpheoreon und → Penorcon, mit einer Rosette in der Decke und einem Querriegel zur Befestigung der Saiten. Die P. hat 5–7 Metallchöre und 15 Bünde (Praetorius Synt. II, Tafel XVII); die Stimmung ist $_1G_1G$ CC DD GG cc ee aa oder CC DD GG cc ff aa d^1d^1. Nach Praetorius ist die P. in England erfunden worden; in London wurde sie um 1566 von John Rose eingeführt, in der Berliner Hofkapelle war sie noch 1667 in Gebrauch.

Pandūra → Ṭanbūr.

Panflöte, Panpfeife (Attribut Pans; griech. → Syrinx; weitere Namen u. a. altfrz. frestel, ital. fregamusoni, firlinfoeu, rumänisch naiu, chinesisch p'ai hsiao; in Südamerika u. a. rontador, antaras, huayra-puhura), ein Blasinstrument, das aus mehreren gebündelten, in der Regel unten geschlossenen Röhren besteht, die meist direkt am glatten oder (wie im Fernen Osten) gekerbten oberen Rand, seltener über einen Schnabel angeblasen werden. Die P.n in den verschiedenen Ländern der Erde weichen voneinander ab hinsichtlich des Materials (Schilf, Bambus, Holz, Ton, Stein) und der Bauweise (floßartig oder rund gebündelt, verschnürt oder mit Wachs verklebt, auch aus einem Stück gearbeitet). Bei den Cuna-Indianern in Panama werden 2 P.n (männliches und weibliches Instrument) von einem Spieler gespielt, anderwärts (Melanesien, Polynesien) auch mehrere P.n im Ensemble. Im Abendland ist die P. seit dem Mittelalter nachweisbar; als volkstümliches Instrument ist sie vor allem in Italien und Rumänien heimisch. – Da P.n bei vielen Völkern vorkommen und die Töne der einzelnen Röhren sich gut messen lassen, knüpfen sich an das Instrument mehrere musikethnologische Theorien über Tonsysteme (→ Blasquinte), Melodik und Mehrstimmigkeit.

Lit.: E. M. v. HORNBOSTEL, Über einige Panpfeifen aus Nordwest-Brasilien, in: Th. Koch-Grünberg, Zwei Jahre unter d. Indianern II, Bln 1910; A. H. FOX STRANGWAYS, The Pipes of Pan, ML X, 1929; K. G. IZIKOWITZ, Mus. and Other Sound Instr. of the South American Indians, = Göteborgs Kungl. Vetenskabs- och Vitterhets-Samhälles Handlingar V, Serie A, V/1, Göteborg 1935; H. HICKMANN, Das Portativ, Kassel 1936; W. K. STESCHENKO-KUFTINA, Drewnejsche instr. osnowy grusinskoj narodnoj musyki I. Flejta pana (»Die ältesten Instr. d. georgischen Volksmusik I. Die P.«), Tiflis 1936; M. SCHNEIDER, Bemerkungen über südamerikanische Panpfeifen, AfMf II, 1937; P. H. BUCK, Panpipes in Polynesia, Journal of the Polynesian Soc. L, 1941; FR. ZAGIBA, Funde zur vorgeschichtlichen Musik in Österreich..., Anzeiger d. phil.-hist. Klasse d. Österreichischen Akad. d. Wiss. XCI, 1954; S. MARTÍ, Instr. mus. precortesianos, Mexiko 1955; H. FISCHER, Schallgeräte in Ozeanien, = Slg mw. Abh. XXXVI, Straßburg u. Baden-Baden 1958.

Pange lingua (lat.), um 569 von Venantius Fortunatus gedichteter und vertonter Kreuzeshymnus (*P. l. gloriosi proelium certaminis*), seit dem 9./10. Jh. zunehmend fester Bestandteil im Offizium der Passionszeit (heute in der Matutin vom 1. Passionssonntag bis zum Mittwoch der Karwoche), der Feste Kreuzerhöhung (14. September) und Kreuzauffindung (3. Mai; 1960 abgeschafft) und zur feierlichen Kreuzverehrung am Karfreitag. Sein Text umfaßt 10 Strophen mit jeweils 3 Versen, deren Grundlage 2 trochäische Dimeter bilden. Die in der römischen Liturgie allgemein gebräuchliche Fassung *P. l. gloriosi lauream certaminis* datiert aus der Zeit der Brevierreform Papst Urbans VIII. (beendet 1631). Während das Vatikanische Graduale (1908) den Text nur in seiner originalen Form bietet, bringen spätere Ausgaben beide Fassungen. Von den etwa 100 nach dem Vorbild dieses Hymnus entstandenen Neuschöpfungen behauptet sich das *P. l. gloriosi corporis mysterium* Thomas von Aquins(?) bis zur Gegenwart als Vesper- und Prozessionshymnus vom Fronleichnamsfest, ferner als Prozessionshymnus vom Gründonnerstag. Der Brauch, die beiden Schlußstrophen *Tantum ergo* und *Genitori Genitoque* vor dem eucharistischen Segen zu singen, ist schon im 15. Jh. nachzuweisen. Aus dem Anfang jenes Jahrhunderts stammt eine frühe deutsche Übersetzung des Fronleichnamshymnus (*Lobt all czungen des ernreichen gotes leichnambs wirdikait*), der dann auch in die protestantischen Gesangbücher der Reformationszeit Eingang fand (*Mein zung erklyng*). – Die überragende Bedeutung des P. l. für das kirchlich-religiöse Leben spiegelt sich nicht zuletzt in zahlreichen überlieferten Melodien. So enthalten die mittelalterlichen Quellen mindestens 10 verschiedene Melodien, darunter vor allem die heute zum Text *P. l. gloriosi corporis mysterium* gesungene ursprüngliche Weise in 3 kirchentonalen Versionen (auf d, e und a), von denen die phrygische als Originalmelodie gelten darf (*Monumenta monodica medii aevi* I, Nr 56/2). Im Unterschied hierzu besitzt der Prozessionshymnus *P. l. gloriosi lauream [proelium] certaminis* vom Karfreitag eine eigene Melodie (dorisch, mit übereinstimmender 2. und 3. Zeile; *Monumenta monodica...* I, Nr 1007). Er wird zusammen mit dem Kehrvers *Crux fidelis* vorgetragen, der neben dem metrischen Textbau auch die Melodie des P. l. aufweist.

Ausg.: Analecta hymnica medii aevi L, hrsg. v. CL. BLUME SJ u. G. M. DREVES, Lpz. 1907 (Text); Monumenta monodica medii aevi I, hrsg. v. BR. STÄBLEIN, Kassel 1956.
Lit.: PH. WACKERNAGEL, Das deutsche Kirchenlied... II, Lpz. 1867; W. BÄUMKER, Das kath. deutsche Kirchenlied in seinen Singweisen... I, Freiburg i. Br. ²1886, Nachdruck Hildesheim 1962; J. ZAHN, Die Melodien d. deutschen ev. Kirchenlieder II, Gütersloh 1890, München ²1946, Nr 3682a; U. CHEVALIER, Repertorium hymnologicum II, Löwen 1897; BR. STÄBLEIN, Zur Gesch. d. choralen P.-l.-Melodie, in: Der kultische Gesang d. abendländischen Kirche, Fs. D. Johner OSB, Köln 1950; C.-A. MOBERG, Zur Melodiegesch. d. P.-l.-Hymnus, Jb. f. Liturgie u. Hymnologie V, 1960; J. SZÖVÉRFFY, Die Annalen d. lat. Hymnendichtung I, Bln (1964).

Pantaleon (frz. pantalon), ein großes → Hackbrett mit einem Tonumfang von 5–5¹/₂ Oktaven, Resonanzböden und vollständigen Saitenbezügen auf beiden Seiten. Durch Umwenden des Instruments konnte wechselweise entweder auf den sanfter tönenden Darmsaiten oder auf den schärfer klingenden Metallsaiten gespielt werden, wobei die Saiten des nach unten gekehrten Bezugs jeweils als → Aliquotsaiten wirkten. Der Anschlag erfolgte (wie beim Hackbrett und auch beim → Cimbalom) mit Klöppeln. Es gab allerdings auch Instrumente mit nur einem Resonanzboden, der dann nur mit Darmsaiten bezogen war. Ludwig XIV. benannte das Instrument nach Pantaleon → Hebenstreit, der es seit den 1690er Jahren auf Konzertreisen in ganz Europa vorführte. In der 2. Hälfte des 18. Jh. kam das P. wieder aus der Mode. – Ursprünglich wohl zur Nachahmung des Nachklingens und Ineinandertönens der P.-Saiten entstand der P.-Zug am Pianoforte, der im Fortepedal (Dämpferhebung) des modernen Klaviers weiterlebt. Andere Vorrichtungen, die an Klavieren um 1800 vereinzelt begegnen und die durch Einschieben eines Blechstreifens über die Saiten an der Anschlagstelle der Hämmer oder durch Einschalten einer zweiten, unbelasteten Hämmerreihe den Klangcharakter des Pianofortes in Richtung des P.s veränderten, wurden ebenfalls P.-Zug genannt.

Lit.: J. MATTHESON, Critica Musica II, Hbg 1725, Faks. Amsterdam 1964.

Pantomime (griech., alles nachahmend), als Gattung schwer bestimmbare, mit den Formen des Theaters, mit Mimik, Tanz, Akrobatik, Marionettenspiel verwandte Kunst des körperlichen Ausdrucks. – Bereits in hellenistischer Zeit in Griechenland, Kleinasien und Ägypten verbreitet, wurde die P. im Augusteischen Rom (→ Römische Musik) durch Pylades (Tragödien-P.) und Bathyllus (Komödien-P.) zur Mode: eine von Chor- und Instrumentalmusik begleitete Theaterdarbietung, bei der sich ein stumm (mit Maske) agierender Schauspieler oder Tänzer allein durch Gebärdenspiel und Tanz verständlich machte. Nachdem die P.n-Aufführung wegen Anstößigkeit mehrfach verboten worden war, wurde sie 526 n. Chr. endgültig abgeschafft. In Byzanz lebte eine Sonderform der P. als Bestandteil des Kaiserzeremoniells weiter. – P.n allegorischen Inhalts mit Musik, wie sie seit der Renaissance (von Italien ausgehend) in den Intermedien höfischer Feste, in den Trionfi, in den Intermedien des geistlichen und weltlichen Theaters zur Geltung kamen, gehören zu den Vorstufen von Oper und Ballett; im Barock wurden Apparat und Ausmaße noch gesteigert (Waffenturnier, Roßballett). Im 18. Jh. hatte J.G. → Noverre durch seine im pantomimischen → Ballett verwirklichten Reformideen bedeutende Erfolge. Eine andere, volkstümliche Entwicklung der P. läßt sich von den mittelalterlichen Mysterien über Wanderbühne, Commedia dell'arte, Jahrmarkttheater bis ins 19. Jh. verfolgen. Das zunehmend gesellschaftskritische, bei zeitweiligem Redeverbot auf die stumme P. angewiesene Mimustheater Harlekins erlebte im 19. Jh. einen letzten Höhepunkt (J.G. Deburau) und zugleich Verfall. Elemente der Harlekinade fanden Eingang in Zirkus, Varieté, Stumm- (Charlie Chaplin) und Musikfilm (Fred Astaire, Gene Kelly). Eine neue, von dem Charles Dullin-Schüler Etienne Decroux kanonisierte, von Jean-Louis Barrault, Marcel Marceau, Jean Soubeyran u. a. realisierte und erweiterte Form der P. stellt menschliche Zustände und Handlungen (analytisch) dar, deren jeweiliges Typisches im reinen Gebärdenspiel derart stilisiert und »sprechend« erscheint, daß Wort, Musik, Requisiten nur als Akzent verwendet oder gänzlich entbehrlich werden. Bei Samy Molcho gewinnt neuerdings die (dramatische) Darstellung seelischer Konflikte Vorrang. Der Bewegungsstil der von Decroux inaugurierten P.n hat auf das moderne Ballett (Maurice Béjart) zurückgewirkt. In der Vereinfachung und Symbolisierung berührt sich dieser P.n-Typ mit dem Bewegungsritus des fernöstlichen Theaters (→ Nô; → Chinesische Musik). – P. findet sich in der neueren Musik als Satzüberschrift u. a. bei Ravel (*Daphnis et Chloé*, 1912) und A. Honegger (*Suite archaïque*, 1951). Schreker komponierte 1908 die P. *Der Geburtstag der Infantin*. Bartóks Ballett »Der wunderbare Mandarin« (1918/19) wird auch als P. bezeichnet. Die 6. Szene in Hindemiths *Cardillac* (1952) ist eine P.

Lit.: R. J. BROADBENT, A Hist. of P., NY 1901, ²1964; L. FRIEDLÄNDER, Darstellungen aus d. Sittengesch. Roms, 4 Bde, Lpz. ¹⁰1921–23; T. T. KROGH, Forudsaedninger for den Casorti'ske P., = Studier fra Sprog- og Oldtidsforskning CLXXI, Kopenhagen 1936; PAULY-WISSOWA RE, Bd XVIII, 3, 1949, Artikel Pantomimus; H. KINDERMANN, Theatergesch. Europas, Salzburg 1957ff.; J. LARSON, Mime, London 1957; V. ROTOLO, Il pantomimo, = Quaderni dell'Inst. di filologia greca della Univ. di Palermo I, Palermo 1957; M. BONARIA, Artikel Pantomimo, in: Enciclopedia dello spettacolo VII, Rom (1960); K. G. SIMON, P., München (1960); M. MARCEAU u. H. IHERING, Die Weltkunst d. P., Zürich 1961; J. DORCY u. M. JACOT, P., Lausanne (1963); J. SOUBEYRAN, Die wortlose Sprache, = Theater heute IV, Velber (1963); D. MEHL, Die P. im Drama d. Shakespearezeit, = Schriftenreihe d. Deutschen Shakespeare Ges. West, N. F. X, Heidelberg 1964.

Papadikē (griech., von παπᾶς, Vater, Weltgeistlicher), in der Byzantinischen Liturgie das Buch des Priesters (παπαδικὴ βίβλος) oder die Lehre vom Kirchengesang (παπαδικὴ τέχνη). In der ersten Bedeutung bezeichnet P. ein zuerst im 14. Jh. nachweisbares liturgisches Buch; sein Repertoire umfaßte Gesänge, die in der unmittelbar vorausgehenden Zeit dem Asmatikon und dem Psaltikon angehört hatten (→ Byzantinischer Gesang). Im Laufe der Zeit wurden die aus der neobyzantinischen Epoche überlieferten Melodien allmählich verändert oder durch Neukompositionen der Maistores (μαιστῶρες) ersetzt. So entstand ein besonderer Stil, der noch heute Genos papadikon heißt. Oft enthielt die P. – meist zu Anfang – auch eine Elementarlehre des Byzantinischen Gesangs. Daher bezeichnet das Wort in der zweiten Bedeutung alle jene Elementarlehren, die das System der musikalischen Zeichen, deren Deutung nach den Regeln der Cheironomie sowie die Grundlagen des Tonartensystems behandeln.

Ausg. u. Lit.: Technē psaltikē, GS III, 397f.; W. CHRIST, Beitr. zur kirchlichen Lit. d. Byzantiner, Sb. München 1870; V. GARDTHAUSEN, Beitr. zur griech. Paleographie VI: Zur Notenschrift d. griech. Kirche, Sb. Lpz. 1880; M. PARANIKAS, Τὸ παλαιον σύστημα τῆς ἐκκλησιαστικῆς μουσικῆς, in: Ἑλληνικὸς Φιλολογικὸς Σύλλογος XXI, 1891; J.-B. THIBAUT OSB, Traités de musique byzantine, Rev. de l'Orient chrétien VI, 1901; Monuments de la notation ekphonétique..., hrsg. v. DEMS., St. Petersburg 1913; O. FLEISCHER, Die spätgriech. Tonschrift, = Neumen-Studien III, Bln 1904; J.-B. REBOURS, Quelques mss. de musique byzantine, Rev. de l'Orient chrétien IX, 1904 – X, 1905; L. TARDO, L'antica melurgia bizantina, Grottaferrata 1938; B. DI SALVO, Qualche appunto sulla chironomia..., Orientalia christiana periodica XXIII, 1957; R. SCHLÖTTERER, Aufgaben u. Probleme bei d. Erforschung d. byzantinischen Musiktheorie, Actes du Xᵉ congrès international des études byzantines, Istanbul (1957).

Paraguay.
Lit.: I. D. STRELNIKOV, La música y la danza de las tribus indias Kaa-Ihwua (Guarani) y Botocudo, Proceedings of the 23ʳᵈ International Congress of Americanists at NY 1928, NY 1930; J. M. BOETTNER, Música y músicos del P., Asunción 1956.

Parakusis (von griech. παράκουσις), Falschhören, neben eingebildeten Hörwahrnehmungen wie Ohrenklingen besonders die → Diplakusis.

Parallelbewegung, auch gerade Bewegung genannt (lat. motus rectus), eine der Grundmöglichkeiten der → Stimmführung: das Fortschreiten zweier oder mehrerer Stimmen in gleicher Richtung (steigend oder fallend).

Parallelen, das auf- oder abwärtsführende Fortschreiten von zwei oder mehr Stimmen in gleicher Richtung bei gleichbleibender Distanz. Während in naturwüchsiger, in usueller (so möglicherweise bei der → Paraphonia) und in der artifiziellen Mehrstimmigkeit (→ Organum) die Bewegung in P. eines der Prinzipien bzw. einen Ausgangspunkt der Klanggestaltung bildet, hat die Musiklehre seit dem 14. Jh. für diese Art des Fortschreitens Regeln aufgestellt, wonach grundsätzlich – unter Berufung auf die gefährdete Selbständigkeit der Stimmen – offene Oktaven- und Quinten-P. verboten sind. Im 14./15. Jh. begegnen Quinten-P. zwischen Stimmen (Cantus und Contratenor), die nicht aufeinander, sondern auf eine dritte Stimme (Tenor) bezogen sind. Manche Theoretiker (Zarlino 1558) untersagten, mit Hinweis auf den Tritonus (→ Querstand), auch P. großer Terzen. In den Vokalkompositionen des 16./17. Jh. ist → Stimmkreuzung ein beliebtes Mittel, um offene P. virtuell zu umgehen. Einen besonderen Fall von erlaubten Quinten-P. stellen die sogenannten Mozartquinten dar; sie entstehen bei der Auflösung des übermäßigen Quintsextakkordes (Doppeldominante mit kleiner None und tiefalterierter Quinte) in den Dominantdreiklang. Das P.-Verbot wurde im 17. und 18. Jh. um verschiedene Einzelverbote erweitert; deren wichtigste beziehen sich auf:

Akzent-P.:

verdeckte P.:

Anti-P.:

Diese Verbote sind jedoch stets mehr oder weniger umstritten gewesen; in der kompositorischen Praxis galten sie vor allem für die Außenstimmen im strengen Satz. Im freien Satz sind Akzent-P. häufig zu finden, zumeist bedingt durch bestimmte Figurationsmotive (z. B. J. Brahms, 3. Symphonie F dur op. 90, 1. Satz, Takt 77f., zwischen Va/Vc. und V. II). Das Verbot von verdeckten P. wird damit begründet, daß sich der Hörer den Sprung der einen Stimme durch Stufenschritte ausgefüllt vorstellt, so daß in der Vorstellung offene P. entstehen. Verdeckte P. sind durchweg gestattet in Mittelstimmen sowie als Hornquinten – so genannt in Analogie zu der durch die Naturtöne bedingten Parallelbewegung im 2st. Hornsatz. Anti-P., deren Ausgangs- und Zielpunkt unter Ausklammerung der Bewegungsrichtung offenen P. entsprechen, sind nur im strengen Satz verboten; in Schlußwendungen treten sie dort sonst oft in Erscheinung. Parallelgeführte Oktavierungen von Stimmen, vor allem in der Instrumentalmusik, und die häufigen Quinten- und Oktaven-P. in der neueren Musik (Puccini, Debussy, Strawinsky u. a.) fallen nicht in den Bereich des P.-Verbots, sondern sind als mixturartige Verdoppelungen einer einzigen Stimme zu verstehen (Praetorius Synt. III, S. 91ff.). Ähnliches gilt für den Gebrauch von P. als eines volkstümlichen bzw. altertümlichen Stilmittels (z. B. J. Regnart, *Wann ich gedenck der stund*; G. Verdi, *Requiem*).

Lit.: G. WEBER, Versuch einer geordneten Theorie d. Tonsetzkunst IV, Mainz ²1824, ³1832; TH. UHLIG, Die gesunde Vernunft u. d. Verbot d. Fortschreitung in Quinten, 1853, in: Mus. Schriften, hrsg. v. L. Frankenstein, = Deutsche Musikbücherei XIV, Regensburg (1914); A. W. AMBROS, Zur Lehre v. Quintenverbote, Lpz. 1859; W. TAPPERT, Das Verbot d. Quinten-P., Lpz. 1869; M. HAUPTMANN, Zum Quintenverbot, in: Opuscula, hrsg. v. E. G. Hauptmann, Lpz. 1874, S. 62–64; W. A. RISCHBIETER, Die verdeckten Quinten, Hildburghausen 1882; H. RIEMANN, Von verdeckten Quinten u. Oktaven, in: Präludien u. Studien II, Lpz. 1900; H. SCHENKER, Neue mus. Theorien u. Phantasien II, 1, Stuttgart 1910, u. II, 2, Wien 1922; A. SCHÖNBERG, Harmonielehre, Wien 1911, ⁵1960, engl. NY 1947; R. LOUIS u. L. THUILLE, Harmonielehre, Stuttgart ⁴1913; J. BRAHMS, Oktaven- u. Quintenstudien aus d. Nachlaß, hrsg. u. erläutert v. H. Schenker, Wien 1934; H. LEMACHER, Über d. Verbot v. P., ZfM CIV, 1937; A. EHRENBERG, Das Quinten- u. Oktavenparallelenverbot in systematischer Darstellung, Breslau 1938; R. H. ROBBINS, Beitr. zur Gesch. d. Kontrapunkts v. Zarlino bis Schütz, Diss. Bln 1938.

Parallelklang ist jeder Dreiklang, der mit einem anderen Dreiklang gegenteiligen Geschlechts das Intervall der großen Terz gemeinsam hat und dessen Grundton zum Grundton des anderen im Kleinterzverhältnis steht, z. B.:

kleine Terz $\left\{\begin{matrix} g \\ e \\ c \\ a \end{matrix}\right\}$ große Terz

Nach der dualistischen Theorie H. Riemanns stehen die Haupttöne beider Dreiklänge (e von a–c–e und c von c–e–g) im Großterzverhältnis zueinander. Da zwischen beiden Dreiklängen ein Wechsel des Klanggeschlechts stattfindet, nennt Riemann den P. auch Terzwechselklang. Das P.-Verhältnis ist umkehrbar: jeder Dreiklang ist der P. seines P.s. In der dur-moll-tonalen Harmonielehre entsprechen die Parallelklänge der Hauptdreiklänge auf der 1., 4. und 5. Stufe der Tonart in Dur den Molldreiklängen auf der 6., 2. und 3. Stufe, im reinen Moll den Durdreiklängen auf der 3., 6. und 7. Stufe. Es sind sämtlich → Nebendreiklänge. Ihre funktionelle Abhängigkeit von den Hauptdreiklängen, deren häufigste Stellvertreter sie sind, erfaßt Riemann durch die Funktionsbezeichnungen Tp, Sp und Dp bzw. ^0Tp, ^0Sp und ^0Dp. In Gestalt des Sextakkordes gilt der P. als Substitutklang (Grabner) einer Hauptfunktion, in der anstelle der Quinte die Sexte gesetzt ist.

Lit.: H. RIEMANN, Hdb. d. Harmonielehre, Lpz. ⁹1921; H. GRABNER, Hdb. d. Harmonielehre, Bln u. Wunsiedel 1944.

Paralleltonarten heißen diejenigen Paare von Dur- und Molltonarten, die gleiche Vorzeichen haben; so ist A moll die Paralleltonart von C dur bzw. C dur die Paralleltonart von A moll. In der Funktionsharmonik können sich die P. gegenseitig vertreten (→ Parallelklang; → Mediante).

Paramesē, Paranētē, Parhypatē (griech.) → Systema teleion.

Parameter (von griech. παραμετρέω, s. v. w. an etwas messen, vergleichen), allgemeine mathematische Bezeichnung für Kennwerte, die eine Funktion bestimmen. In der mathematischen → Statistik werden Kennwerte, die aus einer Stichprobe gewonnen wurden (z. B. die Häufigkeiten bestimmter Notenwerte in einem Musikstück), als Maßzahlen bezeichnet, solche dagegen, die einer Grundgesamtheit (Population) entstammen, heißen P., so etwa die Altersverteilung der Weltbevölkerung. Grundgesamtheiten, deren Eigenschaften die mathematische Statistik zu erfassen sucht, lassen sich in der Regel durch eine begrenzte Anzahl von P.n in ihren wesentlichen Zügen beschreiben. Eine der wichtigsten Aufgaben besteht für die Statistik neben der Prüfung von Hypothesen darin, von einer bestimmten Stichprobe auf die P. der Grundgesamtheit zu schließen (Schätzen der P.). So werden Tests immer an den Maßzahlen einer begrenzten Zahl von Versuchspersonen vorgenommen, von denen man annehmen kann, daß sie eine für die jeweilige Fragestellung repräsentative Auswahl darstellen. Die → Informationstheorie kennt den Begriff des Signal-P.s. Sofern sich übermittelte Signale durch eine (skalare oder vektorielle) Funktion darstellen lassen – wie es etwa bei akustischen Schwingungen der Fall ist, die durch eine Sinusfunktion darstellbar sind –, wird jeder durch eine mathematische Vorschrift beliebiger Art aus einer bestimmten Funktion ableitbare numerische Wert als P. dieser Funktion bezeichnet. Kann die Signalfunktion aus ihren P.n rekonstruiert werden, so ist die P.-Darstellung reversibel; ist dies nicht oder nur zum Teil möglich, so gilt sie als mehr oder minder irreversibel. Die Anzahl der einer Signalfunktion von endlicher raumzeitlicher Ausdehnung bei begrenzten Amplituden zuzuordnenden P. ist ebenfalls endlich und gleich der Anzahl der Freiheitsgrade der Signalfunktion. – Die exakte Beschreibung der Struktur des sogenannten Wahrnehmungsraumes, d. h. aller Dimensionen, die am Zustandekommen von Wahrnehmungen beteiligt sind, ist in analoger Weise daran geknüpft, daß Beobachtungsdaten planmäßig in bezug auf mathematisch erfaßbare Eigenschaften (P.) variiert werden können *und nicht auf Eigenschaften, die erst aus den Wahrnehmungen und Empfindungen abzuleiten sind* (Meyer-Eppler). Auch bei der Hörwahrnehmung muß daher streng unterschieden werden zwischen den (objektiv erfaßbaren) P.n des physikalischen Schallvorganges wie Frequenz, Amplitude, spektrale Zusammensetzung, Dauer usw. und andererseits den aus Wahrnehmung und Vorstellung abgeleiteten Eigenschaften wie Tonhöhe (Tonqualität), Klangfarbe, Lautstärke usw. Daß auch subjektive Dimensionen – vor allem bei der Darstellung theoretischer Probleme zeitgenössischer Musik (→ Serielle Musik) – mit dem Begriff P. belegt werden, hat seinen Grund vor allem in einem Konzept, das sich bewußt an das der modernen Mathematik anlehnt und deren Kategorien auf die Musik zu übertragen sucht.

Lit.: J. P. GUILFORD, Fundamental Statistics in Psychology and Education, NY, Toronto u. London ³1956; W. MEYER-EPPLER, Grundlagen u. Anwendungen d. Informationstheorie, Bln, Göttingen u. Heidelberg 1959; G. A. LIENERT, Verteilungsfreie Methoden in d. Biostatistik, Meisenheim a. Gl. 1962; A. LINDER, Statistische Methoden f. Naturwissenschaftler, Mediziner u. Ingenieure, Basel u. Stuttgart ⁴1964; H. MESCHKOWSKI, Mathematisches Begriffswörterbuch I, = Hochschultaschenbücher XCIX/XCIXa, Mannheim 1965; P. R. HOFSTÄTTER u. D. WENDT, Quantitative Methoden d. Psychologie, München ²1966. HPR

Paraphonia (lat., von griech. παραφωνία). In der spätantiken und byzantinischen Intervallehre sind die Symphonien (Konsonanzen) gegliedert in antiphone (im Tonsystem korrespondierende Töne: Oktave und Doppeloktave) und paraphone (»nebenstimmige«, nebengeordnete: Quinte und Quarte), so im 1. und 2. Jh. n. Chr. bei Thrasyllus, Pseudo-Longinus und Theo Smyrnaeus, auch bei den Byzantinern M. Psellos und M. Bryennios (11. und 14. Jh.). – Die *Ordines Romani* I–III (Migne Patr. lat. LXXVIII, 940ff.) aus dem 7./8. Jh. nennen die 7 Mitgliedern der → Schola cantorum die ersten drei *Prior [Primicerius], Secundus [Secundicerius], Tertius scholae*, den 4. Sänger *Archiparaphonista* und den 5. bis 7. *Paraphonistae*, dazu die Knaben (*Infantes*). A. Gastoué bezog die Kennzeichnung para- im Sinne von »danebenstehend« auf die in den Ordines beschriebene Aufstellung der Sänger: je 2 Paraphonisten flankieren die 2 Reihen der Knaben. J. Handschin verstand hier para- als »untergeordnet«: Paraphonista, »Chorsänger«, als graezisierende Paraphrase zu lateinisch Succentor (= Subcantor, ursprünglich der untergeordnete Sänger, der im Chor fungiert), was die auf responsoriale Gesangsart bezogenen Anweisungen der *Ordines* nahelegen. Am wahrscheinlichsten ist, wie P. Wagner und nach ihm C.-A. Moberg es deuten, daß Paraphonisten diejenigen Sänger hießen, die in paraphonen Intervallen, Quinte oder Quarte, sangen, womit das Parallelsingen in diesen Intervallen für den römischen Kirchengesang des 7./8. Jh. beurkundet wäre. P. gälte somit analog der ebenfalls in der Spätantike bezeugten Bedeutung von Antiphonie (μέλος ἀντίφωνον), dem beim Singen von Knaben oder Frauen und Männern sich ergebenden Oktavengesang. Wie u. a. einige Sequenztexte des 10./11. Jh. bezeugen, begegnen die Paraphonisten auch im karolingischen Norden (*Analecta Hymnica* VII, Nr 98: ... *Dic, paraphonista, cum mera symphonia* ...; auch in Nr 164 und Nr 173: ... *paraphonistarum turba* ...). Vermutlich handelt es sich bei der P. stets um die selbstverständliche, d. h. keiner Theorie bedürftige Praxis des gleichzeitigen Cantusvortrags auf verschiedenen Tonstufen, nicht aber um den Beginn der Mehrstimmigkeit (→ Diaphonia), die erst in den »diaphonia vel organum«-Traktaten vor und um 900 mit dem Beschreiben und schriftmäßigen Erfassen des nicht durchlaufend parallelen Quartenorganum (→ Organum) musikalisch faßbar und geschichtlich bedeutsam wurde.

Lit.: P. WAGNER, Einführung in d. Gregorianischen Melodien I, Freiburg i. d. Schweiz 1895, ²1901, Lpz. ³1911, Nachdruck Hildesheim u. Wiesbaden 1962; DERS., Über d. Anfänge d. mehrst. Gesanges, ZfMw IX, 1926/27, dazu K. Meyer, J. Handschin u. P. Wagner, ebenda, S. 123, 316 u. 384; DERS., La paraphonie, Rev. de Musicol. XII, 1928; A. GASTOUÉ, Paraphonie et paraphonistes, ebenda, dazu P. Wagner, ebenda XIII, 1929, S. 4; C.-A. MOBERG, Eine vergessene Pseudo-Longinus-Stelle über d. Musik, ZfMw XII, 1929/30; J. HANDSCHIN, Mg. im Überblick, Luzern (1948), ²1964; E. L. WAELTNER, Das Organum bis zur Mitte d. 11. Jh., Diss. Heidelberg 1955, maschr. HHE

Paraphrase (von griech. παράφρασις, Umschreibung) ist in der Literatur eine Bearbeitung, vor allem die Umsetzung eines bestehenden Werkes in einen anderen Stilbereich (z. B. von Vers in Prosa oder umgekehrt), wie sie Quintilianus (I, 9, 2) als Gegenstand der rhetorischen Ausbildung beschreibt. Eine überragende Rolle spielt die P. in der geistlichen Dichtung, da sie als Mittel dient, die überlieferten Texte im Lichte der eigenen Erfahrung neu zu deuten (vgl. Luthers Kirchenlieder). So bestehen die gottesdienstlichen Lieder der reformierten Kirchen textlich (zunächst) ausschließlich aus paraphrasierten P.n der Psalmen und einiger anderer Bibelabschnitte. Auch die lutherischen Lieder des 16./17. Jh. sind vielfach P.n biblischer oder altkirchlicher Texte. Sie können auch ihrerseits paraphrasiert werden; so sind die Texte der Rezitative und Arien in J. S. Bachs Kantate *Aus tiefer Not* (BWV 38) P.n der Strophen 2–4 von Luthers Lied (Evangelisches Kirchengesangbuch 195), einer P. von Psalm 130. – In der virtuosen Musik des 19. Jh. bezeichnet P. (neben Benennungen wie Variation, Impromptu, Illustration, Réminiscence) die Konzertfantasie über beliebte Melodien, meist Lieder oder Opernstücke, die bei der Umsetzung auf ein anderes Instrument (meist Klavier) oft stark verändert und in einen neuen Formzusammenhang gestellt werden. Die P.n des 19. Jh. sind im allgemeinen der → Salonmusik zuzurechnen. Künstlerische Bedeutung haben vor allem die P.n Liszts (3 P.n über Schweizer Melodien im *Album d'un voyageur*, 1835/36; P.n über eine Mazurka von Aljabjew, 1842; das *Gaudeamus igitur*, 1843, und einen Marsch von Giuseppe Donizetti, 1847; P.n über Verdis *Ernani* und *Rigoletto*, 1860, sowie *Totentanz*. *P. über »Dies irae«* für Kl. und Orch., 1849). Liszt führte als zusammenfassende Bezeichnung für die ganze Gattung das (ebenfalls in der Literatur geläufige) Wort → Transkription ein und betonte damit seinen Willen, die virtuosen Zutaten der Bearbeitung hinter der dargebotenen Melodien zurücktreten zu lassen. – Anknüpfend an H. Riemann (1907) und Schering (1914) benutzt Handschin (1927/28) die Bezeichnung P. beim → Tropus sowie – anstelle von → Kolorierung – für die Verarbeitung (meist im Discantus) von Choralweisen in mehrstimmigen Werken des 13.–16. Jh., bei der *das Melodieoriginal nicht immer nur auszierend erweitert, sondern manchmal auch zusammengezogen wird* und *der Kern auch auf ein bloß ideelles Dasein beschränkt sein kann* (S. 513f.). Im Anschluß hieran bezeichnet Reese Messen, in denen der Choral in dieser Art verarbeitet wird, als »p. masses« (R. v. Ficker: Diskantmessen).

Lit. zur Text-P.: J. S. Bach, Sämtliche Kantatentexte, hrsg. v. W. NEUMANN, Lpz. 1956; L. F. TAGLIAVINI, Studi sui testi delle cantate sacre di J. S. Bach, = Univ. di Padova. Pubblicazioni della Facoltà di lettere e filosofia XXXI, Padua 1956, besonders S. 244ff.; R. KÖHLER, Die biblischen Quellen d. Lieder, = Hdb. zum Ev. Kirchengesangbuch I, 2, Göttingen 1965. – zur virtuosen P. d. 19. Jh.: E. FRIEDLÄNDER, Wagner, Liszt u. d. Kunst d. Klavierbearb., Detmold 1922; R. Köppel, Die P., Diss. Wien 1936, maschr.; D. Presser, Studien zu d. Opern- u. Liedbearb. Fr. Liszts, Diss. Köln 1953, maschr.; ders., Die Opernbearb. d. 19. Jh., AfMw XII, 1955. – zur melodischen Paraphrasierung: H. Riemann, Hdb. d. Mg. II, 1, Lpz. 1907, ²1920, S. 109ff.; A. Schering, Studien zur Mg. d. Frührenaissance, = Studien zur Mg. II, Lpz. 1914, S. 31ff.; J. Handschin, Zur Frage d. melodischen Paraphrasierung im MA, ZfMw X, 1927/28; ders., Mus. Miscellen, Philologus LXXXVI (= N. F. XL), 1931; ders., Mg. im Überblick, Luzern (1948), ²1964; G. Reese, Music in the Renaissance, NY (1954), ²1959; R. L. Marshall, The P. Technique of Palestrina..., JAMS XVI, 1963.

Parembolę (griech., Einfügung), eine musikalisch-rhetorische Figur in der Kompositionslehre des 17. Jh. In der Rhetorik ist P. ein Satz oder Satzteil, der ohne Gefährdung von Sinn und Zusammenhang der Rede weggelassen werden kann. Burmeister (1599) definiert die musikalische P. als Einfügung, die im Verband anderer thematischer Stimmen nichts zur Fuga beiträgt (*interjectio nihil ad fugam conferens*), sondern (so 1606 präzisiert) nur die zwischen den anderen Stimmen freigebliebenen Konkordanzplätze ausfüllt (*sed tantum vacua concordantiarum loca inter illas voces ... replens*); er zeigt die P. u. a. am Beispiel von Lassos 5st. *Surrexit pastor bonus* (GA V, S. 57; Anfang der Quinta vox). Durch eine solche »Füllstimme« werden Klänge vermieden, in denen Dreiklangstöne fehlen.

Paris.
Lit.: G. Corrozet, La fleur des antiquitez ... de P., P. 1532; H. Sauval, Hist. et recherches des antiquités de la ville de P., P. 1724; P.-Fr. G. de Beauchamps, Recherches sur les théâtres de France depuis l'année 1161 jusques à présent, 3 Bde, P. 1735; ders., Bibl. des théâtres, P. 1746; Fr. u. Cl. Parfaict, Dictionnaire des théâtres de P., 7 Bde, P. 1756; dies., Hist. de l'Acad. royale de musique (bis 1750 reichend), Ms. d. Bibl. Nat.; L. Travenol u. J.-B. Durey de Noinville, Hist. du théâtre de l'Acad. royale de musique en France ..., 2 Bde, P. ²1757; A. de Léris, Dictionnaire portatif hist. et littéraire des théâtres de P., P. ²1763; Cl.-Ph. Coqueau, Entretiens sur l'état actuel de l'Opéra de P., Amsterdam u. P. 1779; J. Fr. Reichardt, Vertraute Briefe aus P. (1802/03), 3 Teile, Hbg 1804–05; Ch.-S. Favart, Mémoires et correspondance littéraires ..., hrsg. v. A.-H.-P.-C. Favart, 3 Bde, P. 1808; Fr.-H.-J. Castil-Blaze, De l'opéra en France, 2 Bde, P. 1820, ²1826; ders., Mémorial du Grand-Opéra de 1645 à 1847, P. 1847; ders., Théâtres lyriques de P., 3 Bde, P. 1855–56; ders., L'Acad. impériale de musique, 2 Bde, P. 1855; N. Desarbres, Deux s. à l'Opéra (1669–1868), P. 1868; A.-G. Chouquet, Hist. de la musique dramatique en France..., P. 1873; A. Jullien, La comédie à la cour de Louis XVI, P. 1873; ders., Les Grandes Nuits de Sceaux: le théâtre de la duchesse du Maine, P. 1876; ders., La cour et l'opéra sous Louis XVI, P. 1878; ders., L'opéra secret au XVIIIᵉ s. (1770–90), P. 1880; ders., P. dilettante au commencement du s., P. 1884; J. Bonnassiès, La musique à la Comédie Frç., P. 1874; Ch. L. E. Nuitter, Le nouvel Opéra, P. 1875; ders. u. E. Thoinan, Les origines de l'opéra frç., P. 1886; A. Royer, Hist. de l'Opéra, P. 1875; Th. de Lajarte, Bibl. mus. du théâtre de l'Opéra, Cat., 2 Bde, P. 1876, ²1878; E. Campardon, Les spectacles de la foire... depuis 1595–1791, 2 Bde, P. 1877; ders., L'Acad. royale de musique au XVIIIᵉ s., 2 Bde, P. 1884; E. d'Auriac, Théâtre de la foire; Recueil de pièces représentées aux Foires St-Germain et St-Laurent, P. 1878; ders., La corporation des ménestriers..., P. 1880; Ezvar du Fayl, Théâtres lyriques de P. (1671–77), P. 1878; E. G. J. Gregoir, Des gloires de l'Opéra et la musique à P., 3 Bde, Brüssel 1878–81; A. Vidal, La chapelle St-Julien-des-Ménestriers et les ménestrels à P., P. 1878; O. Fouque, Hist. du Théâtre-Ventadour (1829–79), P. 1881; E. Despois, Le théâtre frç. sous Louis XIV, P. 1882; A. Ademollo, I primi fasti della musica ital. a Parigi, 1645–62, Mailand 1884; Ch. Th. Malherbe (mit A. Soubies), Hist. de l'Opéra-Comique, 2 Bde, P. 1892–93; G. Robert, La musique à P., P. 1895 (–1901); J. Martin, L'opéra à P., Mouvement mus. de 1830, P. 1896; C. Pierre, Notes inédites sur la musique de la Chapelle royale 1532–1790, P. 1899; ders., Musique des fêtes et cérémonies de la Révolution frç., P. 1899; M. Albert, Les théâtres de la foire (1660–1789), P. 1900; ders., Les théâtres des boulevards (1789–1848), P. 1902; M. Brenet, Les concerts en France sous l'Ancien Régime, P. 1900; dies., Les musiciens de la Ste-Chapelle du Palais, P. 1910; dies., Musique et musiciens de la vieille France, P. 1911; M. N. Bernardin, La comédie ital. en France et les théâtres de la foire et du boulevard (1570–1791), P. 1902; A. Gastoué, Hist. du chant liturgique à P., P. 1904; L. H. Lecomte, Hist. des théâtres de P., P. 1905; ders., Hist. des théâtres de P.: le Théâtre National, le Théâtre de l'Egalité, 1793–94, P. 1907; ders., Hist. des théâtres de P.: les Folies nouvelles, 1854–80, P. 1909; ders., Hist. des théâtres de P.: le Théâtre de la Cité, 1792–1807, P. 1910; ders., Les Fantaisies parisiennes, L'Athénée, Le Théâtre Scribe, L'Athénée comique, 1865–1911, P. 1912; G. Cain, Anciens théâtres de P.: Les théâtres du boulevard, le Boulevard du Temple, P. 1906; A. Franklin, Dictionnaire hist. des arts, métiers et professions exercés dans P. depuis le XIIIᵉ s., P. 1906; J. Ecorcheville, Actes d'état-civil de musiciens insinués au Châtelet de P. 1539–1650, P. 1907; J. Tiersot, Les fêtes et les chants de la Révolution frç., P. 1908; A. Pougin, Madame Favart. Etude théâtrale, P. 1912; G. Cucuel, La Poupelinière et la musique de chambre au XVIIIᵉ s., P. 1913; ders., Les créateurs de l'opéra-comique frç., P. 1914; H. Prunières, L'opéra ital. en France avant Lully, P. 1913; ders., Le ballet de cour en France avant Benserade et Lully, P. 1914; E. Genest, L'Opéra connu et inconnu, P. 1920; ders., L'Opéra-Comique connu et inconnu, P. 1925; J.-G. Prod'homme, L'Opéra, 1669–1925, P. 1925; V. d'Indy, La Schola Cantorum, P. 1927; F. Raugel, Les grandes orgues des églises de P. et du département de la Seine, P. 1927; V. Leroquais, Le bréviaire de Philippe le Bon, bréviaire parisien du XVᵉ s., Brüssel 1929; A. Pirro, La musique à P. sous le règne de Charles VI (1380–1422), = Slg mw. Abh. I, Straßburg 1930, ²1958, engl. in: MQ XXI, 1935; Y. Rokseth, La musique d'orgue au XVᵉ s..., P. 1930; Th. Gautier, The Romantic Ballet: as Seen by Th. G., Being His Notices of All the Principal Performances of Ballet Given at P. During the Years 1837–48, London 1932; M. Pagnon, Les étrangers dans les divertissements de la cour de Beaujoyeux à Molière, 1581–1673, Lüttich 1932; P. Champion, La vie de P. au moyen âge, 2 Bde, P. 1933–34; P. Perdrizet, Le calendrier parisien à la fin du moyen âge d'après le bréviaire et les livres d'heures, P. (1934); P. Mélèse, Répertoire analytique des documents contemporains d'information et de critique concernant le théâtre à P. ..., P. 1934; ders., Le théâtre et le public à P. sous Louis XIV, 1659–1715, P. 1934; S. Siaud, La Comédie-Frç., son hist. – son statut, P. 1936; N. Dufourcq, Le grand orgue et les organistes de Saint-Merry de P., P. 1947; L. Vaillat, La dance à l'opéra de P., P. 1951; C. Hopkinson, A Dictionary of Parisian Music Publishers 1700–1950, London 1954; Fr. Lesure, La facture instr. à P. au XVIᵉ s., The Galpin Soc. Journal VII, 1954; ders., Les orch. populaires à P. vers la fin du XVIᵉ s., Rev. de Musicol. XXXVI, 1954; E. Borrel, L'orch. du Concert Spirituel et celui de l'Opéra de P., de 1751 à 1800, d'après »Les spectacles de P.«, in: Mélanges ... offerts à P.-M. Masson II, P. (1955); C. Johansson, French Music Publishers' Cat. of the Second Half of the Eighteenth Cent., = Publikationer utgivna av Kungl. Mus. Akad. Bibl. II, Stockholm 1955; A. Lejeune u. St. Wolff, Les quinze salles de l'Opéra de P., 1669–1955, P. (1955); N. C. Carpenter, Music in the Medieval and Renaissance Univ., Norman/Okla. (1958); S. W. Deierkauf-Holsboer, Le Théâtre du Marais II. Le Berceau de l'Opéra et de la Comédie-Frç., 1648–73, P. 1958; R. W. Lowe, Les représentations en musique au Collège Louis-Le-Grand, Rev. d'hist. du théâtre X, 1958 – XI, 1959; D. E. Schmidt, Chanson de P., = Rembrandt-Reihe XXXIV, Bln 1961; St. Wolff, L'opéra au Palais Garnier (1875–1961), P. 1962; L. de Laborde, Musiciens de P., 1535–1792, hrsg. v. Y. de Brossard, = La vie mus. en France sous les rois bourbons XI, P. 1965.

Parlando (sprachlich gleichbedeutend mit parlante, von ital. parlare, sprechen), eine das schnelle Sprechen nachahmende Vertonungs- und Vortragsweise (mit Wort- und Tonwiederholungen) vor allem der italienischen Opera buffa im 18. und 19. Jh., in Ansätzen schon bei A. Scarlatti, vor allem aber bei Paisiello, Cimarosa und Rossini. Vom Seccorezitativ – im Gegensatz zum Accompagnato manchmal auch Recitativo parlante genannt – unterscheidet sich das P. grundlegend, da es nur in geschlossenen Musikstücken, in Arien und Ensembles vorkommt. Aria parlante bzw. agitata heißt im 18. Jh. ein italienischer Arientypus, der durch schnelles Tempo (oft ¢), abgehackten und atemlos-hastigen Sprachvortrag bestimmt ist. In einem neuen Sinn hat R. Strauss von einem in der Ausführung dem Secco anzunähernden »Lustspiel-P.« gesprochen, um den musikalischen Dialogstil von *Intermezzo* (1924) und *Capriccio* (1942) zu kennzeichnen. Diese der natürlichen Rede abgelauschte Sprachvertonung tritt als Strukturprinzip jeweils verschieden ausgeprägt bei Mussorgskij (*Boris Godunow*, 1874; Lieder), Verdi (*Falstaff*, 1893) und Puccini (*Gianni Schicchi*, 1924) auf. – In fast entgegengesetzter Bedeutung, als Bezeichnung für sprechendausdrucksvollen Vortrag, findet sich p. oder parlante gelegentlich auch in Instrumentalwerken, z. B. in Beethovens *Bagatelle* op. 33 Nr 6 (*Allegretto quasi andante. Con una certa espressione parlante*) und in R. Schumanns *Thema und Variationen über den Namen ABEGG* op. 1 (2. Variation) als basso p.

Lit.: N. D'ARIENZO, Origini dell'opera comica, RMI II, 1895, IV, 1897, VI, 1899 – VII, 1900, deutsch v. F. Lugscheider als: Die Entstehung d. komischen Oper, = Mus. Studien X, Lpz. 1902, S. 63ff.; CL. KRAUSS – R. STRAUSS, Briefwechsel, München 1963, S. 232, Vorrede zu »Intermezzo«.

Parma (Emilia).
Lit.: P. DONATI, Descrizione del gran Teatro Farnesiano di P. e notizie stor. sul medesimo, P. 1817; P. E. FERRARI, Spettacoli drammatico-mus. e coreografici in P. (1628–1883), P. 1884; H. OSTHOFF, S. Garsi da P., Ein Beitr. zur Mg. P. ..., Diss. Bln 1922, gedruckt als: Der Lautenist S. Garsi da P., = Slg mw. Einzeldarstellungen VI, Lpz. 1926; C. ALCARI, P. nella musica, P. 1931; N. PELICELLI, Musicisti a P. ..., Note d'arch. VIII, 1931 – XIII, 1936; M. FERRARINI, P. teatrale ottocentesca, P. 1946; M. CORRADI-CERVI, Cronologia del Teatro Regio di P. (1928–48), P. 1955; L. PARIGI, Una »Schola Cantorum« quattro-cinquecentesca nel duomo di P., Rass. mus. XXV, 1955; F. BOTTI, Paganini e P., P. 1961.

Parodie (griech. παρῳδία, Neben- oder Gegengesang) bezeichnet in der Musik spätestens seit 1573 (J. Paix, [Missa] *Parodia Motettae Domine a nobis auxilium* Th. Crequilonis) die Umformung eines Tonsatzes zu einem neuen Werk. Wie → Arrangement, → Kontrafaktur und → Paraphrase bildet die P. eine spezielle Form der Bearbeitung. Während das Arrangieren eine Komposition besonderen aufführungspraktischen Gegebenheiten anpaßt, stellt die P. eine erneute schöpferische Leistung dar. Ihre jedoch relativ enge Bindung an eine Vorlage unterscheidet sie von der Paraphrase. Der ursprünglichen Bedeutung des Wortes P. entsprechend ist der Begriff zunächst in der Vokalmusik beheimatet. Neuerdings wurden jedoch auch Instrumentalsätze des 16. und 17. Jh. P.n genannt, die alle oder wesentliche Teile eines vokalen Werkes zitieren und in veränderter Gestalt durchführen (J. Ward 1952). Auch für das Arbeiten mit vorgeformtem Material in Praeludien, Toccaten und Variationen wurde die Bezeichnung P. gewählt (M. Reimann 1955). Im Unterschied zum primär dichterischen, einen Text nachahmenden Vorgang der Kontrafaktur bedeutet das Parodieren (oft in Verbindung mit einer Umtextierung) einen Eingriff in die Komposition, um sie einem neuen Zweck zuzuführen oder einer anderen Klangvorstellung anzupassen. Mittel der P. sind u. a. Zufügen oder Weglassen von Stimmen, Ersetzen homophoner Teile durch polyphone oder umgekehrt, Ändern der Rhythmik, Melodik und Harmonik, Erweitern durch Einfügung neukomponierter Abschnitte oder Kürzen. Im Bereich der protestantischen Kirchenmusik des 17. Jh. tritt das Wort Parodia bei Kompositionen auf, die das ihnen zugrunde liegende Modell an Ausdehnung oder Stimmenzahl übertreffen und bei denen die Umtextierung keine oder nur eine geringe Rolle spielte, so in G. Scheidts 8st. Bearbeitung einer 5st. Motette von M. Vulpius (1620), in Th. Schuchardts 8st. Verdeutschung einer 5st. lateinischen Komposition von M. Franck (hs. um 1650) und in S. Ranisius' um 3 Instrumentalstimmen vermehrter deutscher Fassung eines 4st. lateinischen geistlichen Konzerts von G. Rovetta (1652). S. Calvisius bezeichnet als P. seine modernisierende Umgestaltung der Motette *Praeter rerum seriem* von Josquin (*Parode ad Josquini*, in: E. Bodenschatz, *Florilegium selectissimarum ... cantionum*, Leipzig 1603). Bei M. Praetorius heißen 1610 drei Kirchenliedbearbeitungen P.n (darunter die 3st. *Parodia veteris Harmoniae à 5: Joseph, lieber Joseph mein*). Diesen P.n entsprechen zahlreiche unbezeichnete Mehrfassungen aus früheren oder späteren Zeiten: außer Motetten auch Chanson- und Liedsätze, Vokalkonzerte und Kantaten. Neutextierungen wurden notwendig bei der Überführung von Kompositionen aus der weltlichen in die geistliche Sphäre oder von einer Gattung in eine andere, z. B. bei der Umwandlung von Madrigalen oder Motetten zu Messen. Aber auch in den P.-Messen stand die musikalisch-kompositorische Arbeit im Vordergrund. Erst allmählich, vielleicht unter dem Einfluß von Liedkontrafakturen, gewannen bei der Definition des Wortes P. die textlichen Merkmale an Gewicht. – Die in Kompositionslehren seit dem beginnenden 16. Jh. immer wieder empfohlene und von G. Quitschreiber (*De Παρῳδία*, Jena 1611) gesondert behandelte »Nachahmung berühmter Autoren« diente dem Studium von Satztechniken und modernen Stilmitteln. Auch z. B. H. Schütz ist in seiner Symphonia sacra *Es steh' Gott auf* (1647) zwei Scherzi musicali von Monteverdi (1632) *in etwas weniges nachgegangen* und hat sich dabei mit Neuerungen der italienischen weltlichen Musik (Stile concitato und Ciaconaform) auseinandergesetzt. Der Bezug auf Bekanntes erleichterte zudem die Aufnahme und Verbreitung neuer Werke. S. Scheidts P.-Konzerte z. B. bezogen sich auf das alteingeführte hallische figurale Repertoire. Selbst-P.n verweisen dagegen auf das Prinzip der Arbeitsökonomie. Sie wurden vor allem im 18. Jh. wichtig.

Zwischen etwa 1450 und 1630 ist das P.-Verfahren unter Überschriften wie *ad imitationem ... oder super ...* besonders in der liturgischen Musik häufig. Die meisten Meßordinarien dieser Zeit gehen auf präexistente geistliche oder weltliche Vokalmusik zurück. Ähnlich wie in der Kontrafaktur verweisen häufig Zitate am Anfang der Sätze auf die benutzte Vorlage. Im Frühstadium der P.-Messe, bei W. Frye, Barbireau und J. Obrecht, bestand das Parodieren hauptsächlich im Zufügen neuer Stimmen zu ein-, seltener zwei- und dreistimmigen Ausschnitten aus anderen Kompositionen. Später, u. a. bei Lupus und Palestrina, wurde die Durchimitierung entliehener Motive angestrebt. J. Gallus wiederholt 1580 Bestandteile aus dem Anfang, der Mitte und dem Schluß seiner Modelle durchschnittlich achtmal pro Messe notengetreu, in neuer kontrapunktischer Anordnung oder in sonst variierter Form und im Wechsel mit freien Einschüben. Die Vorlagen für die Messen deutscher Protestanten im 17. Jh. (u. a. H. Grimm 1628, G. Vintzius 1630) stammen überwiegend aus dem geistlichen Bereich. Um 1575 wurde die P.-Technik durch O. de Lassus auch auf das → Magnificat angewandt. Er bevorzugte dabei Madrigale und Chansons als Modelle. Im protestantischen Deutschland nahmen besonders Chr. Demantius (1602) und M. Praetorius (1611) seine Anregungen auf. Die durch O. de Lassus und seinen Sohn Rudolph belegte Anwendung des P.-Verfahrens auch bei mehrstimmigen Vertonungen des Cantus Simeonis *Nunc dimittis servum tuum* erscheint demgegenüber von nur peripherer Bedeutung.

Seit etwa 1620 kommt der Ausdruck P. bei geistlichen Veränderungen weltlicher Lieder vor (u. a. bei P. Lauridsen 1617, G. Wegener 1668). In Analogie zu den Pariser *P.s bacchiques* (ab 1695; Trinkgesänge auf der Grundlage von Instrumentalstücken aus Opern von J.-B. Lully, Collasse, Desmarets, M.-A. Charpentier u. a.) und zu *Les nouvelles p.s* (ab 1730; textierte Klaviermusik von J.-Ph. Rameau, Fr. Couperin, J. F. Rebel u. a.) läßt er sich auch auf Textierungen von Tänzen in Deutschland anwenden (Rist, Voigtländer, Sperontes). J. Mattheson nennt P.n geistliche Verwandlungen von Opernarien (*Der musicalische Patriot*, 1728). Aus einem Brief J. G. Walthers von 1729 (Mf III, 1954) geht hervor, daß auch Umdichtungen von Kantaten so heißen konnten. Dieses Verfahren ist durch die Erforschung der Werke J. S. Bachs näher bekannt geworden, der seine Gelegenheitskompositionen ganz oder in Teilen neu textiert hat, um sie für andere Gelegenheiten wieder zu verwenden (die Musik der ursprünglich zum Geburtstag des Herzogs von Weißenfels bestimmten Kantate BWV 208 benutzte er zu vier verschiedenen weltlichen Anlässen) oder um ihr als Musik im Kirchenjahr andauernden Bestand zu sichern. Für mehrere im Original verlorene Gelegenheitsarbeiten Bachs, zumal aus seiner Köthener Zeit, bieten solche P.n heute die einzigen musikalischen Quellen. Der P.-Weg weltlichgeistlich, der nach alten Überzeugungen nicht umkehrbar war, gewann für Bachs »Oratorien« große Bedeutung. Das Osteroratorium (BWV 249) fußt im wesentlichen auf der Schäferkantate (BWV 249a); dem Weihnachtsoratorium (BWV 248) liegt in seinen madrigalischen Partien vor allem das Dramma per musica BWV 213 zugrunde. Bei der Komposition von Messen griff Bach dagegen oft auf seine Kirchenkantaten zurück. Abweichend von früheren Praktiken der Missa parodia und von seinen weltlichen P.n begnügte sich Bach dabei häufig nicht mit der Verarbeitung einer einzigen Vorlage; in seiner sogenannten H moll-Messe (BWV 232) stehen Modelle aus mindestens sieben verschiedenen Werken neben Neukomponiertem. Eine Parallele zu den französischen P.n bildet Bachs (zum Teil textierte) Eingliederung von Einzelsätzen aus seinen Instrumentalkonzerten und Sonaten in seine Kantaten. Die Gratulationsmusik BWV 207 enthält z. B. den 3. Satz des 1. Brandenburgischen Konzerts als Eingangschor und das 2. Trio als Ritornello. Zu den Voraussetzungen der P.n Bachs gehörten die umfassende Stileinheit der damaligen Musik, ihr großer, über einzelnes hinwegführender Bewegungszug und die Variabilität bestimmter Ausdruckstypen (Affekte) und musikalischer Figuren. Die hohe Qualität der Bachschen Tonsprache erlaubte den Austausch heterogener Dichtungen (BWV 248, 4. Satz – BWV 213, 9. Satz). Rezitative wurden in der Regel neu komponiert. Nicht selten erforderte ein anderer Zusammenhang Transpositionen, Änderungen der Besetzung und Modifikationen des musikalischen Verlaufs, z. B. Vereinfachungen und zusätzliche Takte (BWV 207, 2. Satz). In besonderen Fällen wandte Bach kompliziertere P.-Techniken an, z. B. Stimmenvermehrung, Änderung der Stimmengewebes und Vergrößerungen der Notenwerte (BWV 232, Nr 20, *Et expecto*). – Dem P.-Verfahren Bachs ähnelt dasjenige von Händel in mancher Hinsicht. Auch er stellte neutextierte Sätze in einen anderen Zusammenhang (z. B. Auswertung von zwei Stücken des Utrechter Te Deum im Anthem *Have mercy upon me*), komponierte bei der Übernahme großer Werkteile die Rezitative neu (in der Umformung der Schauspielmusik für *Alceste* zu *The Choice of Hercules*) und benutzte für vokale und instrumentale Sätze die gleiche Musik (*Imeneo*, Arie der Clomiri *È si vaga del tuo bene* – Concerto grosso op. 6 Nr 4, Schlußsatz). Allerdings hat er im Gegensatz zu Bach bestimmte musikalische Satztypen bei der P. auffällig bevorzugt. Ein Standardmodell Händels war z. B. jene fugierte Bildung mit beibehaltenem Kontrapunkt, die im Concerto grosso op. 3 Nr 3, 2. Satz, in der Geburtstagsode für Königin Anna (*The day that gave great Anna birth*), in der Brockes-Passion (*Ein jeder sei ihm untertänig*), im Chandos Anthem (*My song shall be alway*) und im Eröffnungschor von *Deborah* (*O grant a leader to our host*) nachgewiesen ist.

Noch im ausgehenden 18. Jh. bedeutete der Begriff P. soviel wie Neutextierung, u. a. bei J. A. Hiller und Fr. A. Rößler. Im 19. Jh. bezog er sich dagegen überwiegend auf eine Darstellungsweise, welche eine seriöse Musik mit einem banalen, absichtlich verdorbenen oder sonst unpassenden Text vereinigt, so daß eine komisch-satirische Wirkung entstand (vgl. u. a. Koch-Dommer ²1865). Auch die Umkehrung des Verfahrens, die Travestie, ist hierzu gerechnet worden. Persiflierende Musik findet sich jedoch schon sehr früh, besonders in Frottola, Chanson, Villanella und Canzonetta, Madrigalkomödie und Quodlibet. Später öffneten sich Oper, Singspiel (→ Operette) und die Orchester- und Kammermusik (z. B. W. A. Mozarts »Ein musikalischer Spaß«, K.-V. 522) der satirischen P. Mit den Mitteln stilistischer Übertreibung, des Zitierens in unpassenden Zusammenhängen und der wohlberechneten Diskrepanz zwischen Text und Musik wendet sie bestimmte Gattungen, Stile und Techniken (z. B. liturgischen Gesang, das Madrigal, die Opera seria; die Virtuosität der Kastraten, primitive oder einfallslose Musik), ausschnitthaft auch einzelne Werke ins Komische. Diese Art der P. blieb bis zur Gegenwart lebendig. Strawinskys Suite Nr 2 für kleines Orch. (1921; nach 4händigen Klavierstücken von 1915/16) bringt gutbürgerliche Tänze in grotesker Verzerrung. Die komische P. charakterisiert aber nur eine Seite von Strawinskys Schaffen. Die erweiternden Aneignungen von älterer und alter Musik, z. B. in dem Tschaikowsky-Ballett *Le baiser de la fée* (1928), in den Pergolesi-Imitationen (u. a. das Ballett *Pulcinella*, 1920) und in den Gesualdo-Bearbeitungen (*Tres Sacrae Cantiones*, 1957–59; *Monumentum pro Gesualdo di Venosa*, 1960) erinnern wieder mehr an das alte, umfassende P.-Verfahren.

Lit.: PH. SPITTA, Sperontes' Singende Muse an d. Pleiße, VfMw I, 1885; P. PISK, Das Parodieverfahren in d. Messen d. J. Gallus, StMw V, 1918; A. EINSTEIN, Die P. in d. Villanella, ZfMw II, 1919/20; P. A. MERBACH, P. u. Nachwirkungen v. Webers Freischütz, ZfMw II, 1919/20; A. SCHERING, Über Bachs Parodieverfahren, Bach-Jb. XVIII, 1921; G. CUCUEL, Les opéras de Gluck dans les p. du XVIII° s., RM III, 1922; R. HAAS, Wiener deutsche P.-Opern um 1730, ZfMw VIII, 1925/26; H. GRELLMANN, Artikel P., in: Reallexikon d. deutschen Literaturgesch. II, hrsg. v. P. Merker u. W. Stammler, Bln 1926/27; J. SCHMIDT-GÖRG, Vier Messen aus d. XVI. Jh. über d. Motette »Panis quem ego dabo« d. L. Hellinck, KmJb XXV, 1930; DERS., Die »Introites de taverne«. Eine frz. Introiten-P. d. 16. Jh., KmJb XXX, 1935; V. B. GRANNIS, Dramatic Parody in 18th Cent. France, NY 1931; M. BÜHRMANN, J. N. Nestroys P., Diss. Kiel 1933; W. STEINECKE, Das Parodieverfahren in d. Musik, = Kieler Beitr. zur Mw. I, Wolfenbüttel 1934; CH. VAN DEN BORREN, De quelques aspects de la P. mus., Bull. de la Classe des Beaux-arts de l'Acad. royale de Belgique 1938; W. H. RUBSAMEN, Some First Elaborations of Masses from Motets, Bull. of the American Musicological Soc. IV, 1939; D. J. GROUT, 17th-Cent. Parody of French Opera, MQ XXVII, 1941; FR. SMEND, Neue Bachfunde,

AfMf VII, 1942; DERS., J. S. Bach, Kirchen-Kantaten V, Bln 1948, ³1966; DERS., Bach in Köthen, Bln (1951); DERS., Kritischer Bericht zu Missa ..., J. S. Bach, Neue Ausg. sämtlicher Werke II, 1, Kassel 1956; J. DANISKAS, Een bijdrage tot de geschiedenis d. parodietechniek, TMw XVII, 1948/55; R. B. LENAERTS, The 16th-Cent. Parodymass in the Netherlands, MQ XXXVI, 1950; DERS., Parodia, Reservata-kunst en muzikaal symbolisme, in: Liber amicorum, Fs. Ch. Van den Borren, Antwerpen 1964; N. PIROTTA, Considerazioni sui primi esempi di missa parodia, Kgr.-Ber. Rom 1950; F. GHISI, L'ordinarium missae nel XV. s. ed il primordi della parodia, ebenda; M. ANTONOWYTSCH, Die Motette Benedicta es v. Josquin des Prez u. d. Messen super Benedicta es v. Willaert, Palestrina, de la Hêle u. de Monte, Utrecht 1951; DERS., Renaissance-Tendenzen in d. Fortuna-desperata-Messen v. Josquin u. Obrecht, Mf IX, 1956; F. H. DENKER, A Study of the Transition from the C. f.-Mass to the Parody-Mass, Diss. Univ. of Rochester (N. Y.) 1951, maschr.; G. SCHNEIDER, Mehrfassungen bei Händel, Diss. Köln 1952, maschr.; J. WARD, Borrowed Material in the 16th-Cent. Instr. Music, JAMS V, 1952; M. F. BUKOFZER, Interrelations Between Conductus and Clausula, Ann. Mus. I, 1953; S. DÖRFFELT, Die mus. P. bei Offenbach, Diss. Ffm. 1954, maschr.; M. REIMANN, Pasticcios u. P. in norddeutschen Klaviertabulaturen, Mf VIII, 1955; L. SCHRADE, A 14th-Cent. Parody Mass, AMl XXVII, 1955; DERS., Strawinsky, d. Synthese einer Epoche, in: I. Strawinsky. Eine Sendereihe d. WDR, (Köln 1963); A. DÜRR, Gedanken zu J. S. Bachs Umarbeitungen eigener Werke, Bach-Jb. XLIII, 1956, u. Kgr.-Ber. Hbg 1956; M. HEISE, Zum Wesen u. Begriff d. Parodiemesse d. 16. Jh., Diss. Innsbruck 1956, maschr.; K. v. FISCHER, Kontrafakturen u. P. ital. Werke d. Trecento u. frühen Quattrocento, Ann. Mus. V, 1957; W. BRAUN, Th. Schuchardt u. d. Eisenacher Musikkultur im 17. Jh., AfMw XV, 1958; DERS., Zur P. im 17. Jh., Kgr.-Ber. Kassel 1962; DERS., S. Scheidts Bearb. alter Motetten, AfMw XIX/XX, 1962/63; E. T. FERAND, Embellished »Parody Cantatas« in the Early 18th-Cent., MQ XLIV, 1958; H. CHR. WOLFF, Die ästhetische Auffassung d. Parodiemesse d. 16. Jh., in: Miscelánea en homenaje a H. Anglès II, Barcelona 1958–61; S. CLERCX-LEJEUNE, Les débuts de la messe unitaire et de la »Missa Parodia« au XIVe s. et principalement dans l'œuvre de C. Ciconia, in: L'Ars Nova ital. del Trecento, Kgr.-Ber. Certaldo 1959; L. RICHTER, Das Parodieverfahren im Berliner Gassenlied, Deutsches Jb. d. Mw. IV (= JbP LI), 1959; W. BOETTICHER, Zum Parodieproblem bei Orlando di Lasso, Kgr.-Ber. NY, Bd I; W. BLANKENBURG, Das Parodieverfahren im Weihnachtsoratorium J. S. Bachs, MuK XXXII, 1962; H. BROWN, The Chanson spirituelle, J. Buus and Parody-Technique, JAMS XV, 1962; R. C. DAVIS, Self Parody Among the Cantatas of J. S. Bach, Diss. Boston Univ. 1962, maschr.; A. CLARKSON, The Rationale and Technique of Borrowing in Franco-Flemish Parody-Compositions of the High Renaissance, Diss. Columbia Univ. 1963, maschr.; G. GRUBER, Beitr. zur Gesch. u. Kompositionstechnik d. Parodienmagnificat in d. 2. Hälfte d. 16. Jh., Diss. Graz 1964, maschr.; L. LOCKWOOD, A View of the Early Sixteenth-Cent. Parody Mass, in: Queens College of the City-Univ. of NY, Department of Music, 25th Anniversary Fs. (1937–62), hrsg. v. A. Mell, NY 1964; DERS., On »Parody« as Term and Concept in the 16th-Cent. Music, in: Aspects of Medieval and Renaissance Music, Fs. G. Reese, NY (1966); W. NEUMANN, Über Ausmaß u. Wesen d. Bachschen Parodieverfahrens, Bach-Jb. LI, 1965; K. HORTSCHANSKY, P. u. Entlehnung im Schaffen Chr. W. Glucks, Diss. Kiel 1966, maschr.; M. SEE, Opernp. u. Parodieoper, NZfM CXXVII, 1966; W. ELDERS, P. en declamatie-techniek in de 16e eeuw, TVer XX, 1966. WB

Paronomasia (griech., s. v. w. abweichende Benennung; lat. agnominatio), eine in der Kompositionslehre des 18. Jh. im Anschluß an die rhetorische P. erklärte musikalische Figur. Die antike Rhetorik verstand unter P. allgemein die Verwendung von zwei klangähnlichen, aber bedeutungsverschiedenen Wörtern (z. B. »mit Rat und Tat«); später (z. B. bei Gottsched 1751) bezeichnet P. auch die Wiederholung eines Wortes oder Satzteils *mit einem Zusatze, der noch einen besonderen Nachdruck verursacht*, etwa »Ein Baum war's, nur ein Baum«. Forkel (1788; vor ihm schon Scheibe 1745) erklärt die P. als eine Figur, *die einen Satz nicht blos so, wie er schon da gewesen, sondern mit neuen kräftigen Zusätzen wiederholt. Diese Zusätze können theils einzelne Töne betreffen, theils aber auch durch einen stärkeren oder verminderten Vortrag bewerkstelligt werden*. Diese Wiederholung eines Melodieteils mit nachdrücklichem (emphatischem) Zusatz (∗) findet sich bei J. S. Bach (Matthäuspassion: *O Mensch, bewein dein Sünde groß*, 3. Choralzeile; ferner zeigt das Beispiel eine → Katabasis und einen → Passus duriusculus):

Parrhesia (griech., Redefreiheit), eine musikalisch-rhetorische Figur der Kompositionslehre des 17./18. Jh. In der Rhetorik bedeutet P. nach Gottsched, daß *man eine verhaßte Sache zwar frey heraus saget, aber doch auf eine erträgliche Art vorträgt*. Musikalisch definiert ist die P. erstmals bei Burmeister (1599). Harmonisch und melodisch besteht sie im Gebrauch verminderter oder übermäßiger Intervalle (relationes non harmonicae; → Querstand), die jedoch so zu geschehen hat, *daß es keinen Übellaut verursachet* (WaltherL). Die P. wird meist zur Darstellung des Verderbten, Schwankenden, Widrigen und Sündhaften verwendet, z. B. im Schlußchoral von J. S. Bachs Kantate BWV 60, wo die doppelte P. den Grund für das Kommen Jesu zum Ausdruck bringt (... *mein großer Jammer bleibt darnieden* ...):

Lit.: J. CHR. GOTTSCHED, Ausführliche Redekunst, Hannover 1728, zitiert nach: Lpz. ⁴1750, S. 314.

Parte (ital.), Teil; Stimme (Part); → colla p.; → Stimmbücher.

Partialtöne → Teiltöne.

Particella (partitʃ'ɛlla, ital., Teilchen; deutsch Particell) heißt der ausführliche Kompositionsentwurf auf 2, 3 oder (je nach Kompliziertheit des betreffenden Werkes) auch auf mehreren Fünfliniensystemen in Partituranordnung, der beim Komponieren als Vorstufe der endgültigen Ausarbeitung vor allem zur Kontrolle des harmonischen Verlaufs dienen kann. Dabei werden mehrere Stimmen auf einem System zusammengezogen, jedoch Bläser, Streicher und Bässe meist getrennt notiert. Ob auch auf der → Tabula compositoria vielstimmige Kompositionen nach Art der P. skizziert und seit wann vollständige Werke in P. auf gewöhnlichem Notenpapier niedergeschrieben wurden, ist ungeklärt. Weder ist erforscht, welche Komponisten sofort in Partitur komponierten (wie man es z. B. von W. A. Mozart weiß), noch ist der Bestand überlieferter P.-Entwürfe systematisch erfaßt. Solche Entwürfe sind z. B. von Schubert (H moll-Symphonie und eine nicht ausgearbeitete D dur-Symphonie) und von R. Wagner erhalten. Debussy übergab die P. des *Prélude à l'après-midi d'un faune* an G. Dupont als Abschiedsgeschenk.

Erstmals hat Schönberg ein Werk (*Vier Lieder* op. 22 für Gesang und Orch.) in Form der P. veröffentlicht (J. Rufer 1959). Der 3. Akt der Oper *Lulu* von A. Berg ist nur als autographe P. überliefert. – Der Klavierauszug nähert sich bisweilen der P., wenn (vor allem bei Werken des 20. Jh.) einzelne Stimmen, die aus Gründen der Spielbarkeit oder Übersichtlichkeit nicht in den Klaviersatz aufgenommen werden konnten, die aber für den musikalischen Zusammenhang wichtig sind, in einem oder zwei kleingestochenen Systemen über den Klavierpart gesetzt sind.

Ausg.: CL. DEBUSSY, Prélude à l'après-midi d'un faune, Faks. d. autographen P., hrsg. v. Roland-Manuel, Washington (D. C.) 1963.
Lit.: J. RUFER, Das Werk A. Schönbergs, Kassel 1959.

Partimento (ital., Teilung), die Skizze eines polyphonen Satzes in einer fortlaufenden Stimme, die bei häufigem Schlüsselwechsel teils aus bezifferten Gb.-Partien, teils aus thematischen Linienzügen besteht und als Vorlage für eine weitgehend improvisatorische Ausführung des skizzierten Satzes auf dem Tasteninstrument diente. Das P.-Spiel, das vor allem im frühen 18. Jh. und bei süditalienischen Musikern verbreitet gewesen sein soll, behauptet eine singuläre Stellung zwischen Gb.-Praxis und freier Improvisationskunst und ist kompositionstechnisch und bezüglich seiner Stellung in der Aufführungspraxis nur schwer einzuordnen. Im Vordergrund steht offenbar eine didaktische Absicht (Fr. Durante: *Partimenti diversi e studio per cembalo*; *Partimenti ... per studio* usw.), die den Spieler in seiner Beherrschung der Gb.- und gleichzeitig auch Improvisationspraxis fördern soll. Für Übungsstücke eines Bach-Schülers hielt Spitta (I, 715) die 62 Partimenti, die in einer Hs. der Deutschen Staatsbibl. Berlin, Mus. Ms. Bach P 296 (*Praeludia et Fugen / del signor / Johann Sebastian / Bach. / Possessor / A. W. Langloz / Anno 1763*.), erhalten sind. Zwei dieser Partimenti (BWV 709 und 908) sind in die alte Bach-Gesamtausgabe (XLII, 268 und 272) unter der Bezeichnung *Fantasie und Fughetta* aufgenommen, wobei allerdings die originale Notierung fälschlich auf 2 Systeme aufgeteilt wurde.

Lit.: K. G. FELLERER, Das Partimentospiel, Kgr.-Ber. Lüttich 1930; DERS., Gebundene Improvisation, Mk XXXI, 1938/39; DERS., Der Partimentospieler, Lpz. (1940), dazu AfMf VII, 1942, S. 176ff.

Partita (ital., von partire, teilen), ab Ende des 16. bis Anfang des 18. Jh. eine der Bezeichnungen für den einzelnen Teil einer Variationsreihe; der Plur. partite erscheint oft als Werküberschrift (z. B. *Partite sopra l'Aria della Romanesca*). Die frühesten Belege finden sich einerseits in der Tanzbeschreibung (*partite et passeggi di Gagliarda*, bei Pr. Lutij, 1589), andererseits in der Instrumentalmusik (*Partite strumentali* von Gesualdo, um 1590). Ob P. und die wohl etwas älteren, im 16./17. Jh. mit P. synonym verwendeten Bezeichnungen Parte und → Mutanza dem Sprachgebrauch der Choreographie (im Sinn von »Tour«) entstammen, ist noch nicht erwiesen. Die Zählung der einzelnen Partite beginnt stets mit dem ersten Teil, der demnach nicht wie in den Variationszyklen seit dem 18. Jh. als vorangestelltes »Thema« von den »Variationen« gesondert wird. Seit dem 17. Jh. wurde P. (oder Partia; Plur. Partie, Partien, Partyen) auch allgemein für Instrumentalstück (Froberger, *Diverse ... Partite, di Toccate, Canzone, Ricercate, Alemande, Correnti, Sarabande, e Gigue*, 1693) oder für Satzfolgen im Sinne der → Suite verwendet (Kuhnau, *Neuer Clavier Übung Erster Theil, Bestehend in Sieben Partien ...*, Lpz. 1689; J. S. Bachs Werke für Solovioline BWV 1002, 1004, 1006).

Lit.: V. JUNK, Hdb. d. Tanzes, Stuttgart 1930; F. TORREFRANCA, Origine e significato di repicco, p., ricercare, sprezzatura, Kgr.-Ber. Utrecht 1952; DERS., Documenti definitivi sulla p., Kgr.-Ber. Bamberg 1953; H. SPOHR, Studien zur ital. Tanzkomposition um 1600, Diss. Freiburg i. Br. 1956, maschr.

Partitino (ital., »kleine Partitur«) heißt eine Partitur von Instrumental-(meist Blechbläser- und Pauken-)Stimmen, die aus (vorerst noch nicht greifbaren) notations- oder aufführungstechnischen Gründen (so vor allem im 17./18. Jh.) oder, weil die betreffenden Stimmen oder Instrumente nachträglich hinzugefügt sind, nicht in das Hauptexemplar der Partitur eines Instrumental- oder Bühnenwerks aufgenommen, sondern auf losen Blättern oder im Anhang beigefügt sind. Dies betrifft z. B. Paukenstimmen aus Werken von J.-B. Lully, Trompeten- und Paukenstimmen noch in frühen Partiturausgaben von Symphonien J. Haydns und W. A. Mozarts, die Janitscharenmusik in Mozarts Autograph der *Entführung*, die Posaunenstimmen im Autograph des *Don Giovanni* (2. Finale, Auftritt des Commendatore), das Schlagzeug in Beethovens 9. Symphonie. In der Originalpartitur von R. Wagners *Rheingold* sind die Stimmen von 6 Harfen im Anhang als P. beigefügt. Alle Bühnenmusiken Verdis sind in einem P. gesondert von der Dirigierpartitur gedruckt, die ihrerseits nur einen Klavierauszug des Bühnenorchesters (Banda) enthält.

Partitur (ital. partitura; frz. partition [d'orchestre]; engl. score) ist eine notenschriftliche Aufzeichnung mehrstimmiger Musik, in der die einzelnen Stimmen so übereinander angeordnet und mit senkrecht durchlaufenden oder unterbrochenen Ordnungsstrichen (→ Taktstrich) verbunden sind, daß der Verlauf der Einzelstimmen, ihre Koordination und die Zusammenklänge abgelesen werden können. Die P. dient in erster Linie der Niederschrift der Komposition durch den Komponisten, in zweiter Linie dem Studium und der Aufführung. Heute besitzt die P. zentrale Bedeutung für das Komponieren, Überliefern und Aufführen mehrstimmiger Musik, doch waren in der Zeit vor 1600 andere Arten der Aufzeichnung von Musik vorherrschend, und für musikalische Aufführungen galt die P. noch bis um 1800 nicht als gemeinhin unentbehrlich.

Das Prinzip, gleichzeitig Erklingendes untereinander zu notieren, ist zuerst in den Descriptiones des frühen → Organum (*Musica Enchiriadis*) greifbar. Das der P. ähnliche Notenbild der späteren Organummanuskripte wird zuweilen fälschlich als »frühe P.« (oder als »P.-Notation«) bezeichnet, obwohl es den graphischen Darstellungen der Mehrstimmigkeit in der *Musica Enchiriadis* prinzipiell näher steht als der aus der Vereinigung von selbständigen Stimmen hervorgegangenen P. Von der Notation des Organum führt kein direkter Weg zur modernen P. Die → Motette ist – im Unterschied zu den mehrstimmigen → Conductus (»Conductusnotation«) und zum → Rondeau (– 1) des 13. Jh. – fast nur in räumlich getrennter Niederschrift der Stimmen überliefert; Kriterium für diese Aufzeichnungsart ist (im 13./14. Jh.) die Mehrtextigkeit. Das Übereinanderschreiben der Stimmen blieb auch in den das Repertoire des späten Mittelalters überliefernden Handschriften an bestimmte Erscheinungsformen von Mehrstimmigkeit mit textgleichen Stimmen bzw. Oberstimmen gebunden (vgl. Apfel 1961). Welcher Mittel man sich bis zum 15. Jh. zur Klärung von Intervallaufbau und Klangfolge beim Komponieren der nur in Stimmennotation überlieferten Werke bedient hat, ist noch ungeklärt. Wenig Wahrscheinlichkeit spricht dafür, daß die teilweise sehr komplizierten Satzstrukturen dieser Zeit sofort in Einzelstimmen niedergeschrieben worden sind; doch erst seit etwa 1500 ist die → Tabula compositoria nachweisbar, die als Einteilung entweder ein Zehnliniensystem oder die P.-Anordnung aufweist (Lampadius 1537). – Ursprünglich bezeichnet partire nur das (nachträgliche) Einteilen der Einzelstimmen einer in → Chorbuch-Aufzeichnung oder in → Stimmbüchern vorliegenden Komposition in Breviseinheiten (Vicentino 1555, IV, 41), später auch das Einteilen des unbeschriebenen Notenpapiers für eine P. (Diruta 1609, S. 1). Die überlieferten Zeugnisse der im 16. Jh. in Italien aufkommenden P.-Notation sind zunächst ausschließlich Spielvorlagen für Tasteninstrumente (Orgel-P.en, → Orgeltabulatur) und sind nachträglich aus den Stimmen hergestellt (→ spartire); auch der früheste P.-Druck (*Musica de diversi autori ... partite in caselle*, Venedig ²1577) hat diese Bestimmung. Der Untertitel eines zweiten P.-Drucks von 1577 (*Tutti i Madrigali di Cipriano di Rore a 4 voci, spartiti et accommodati per sonar d'ogni sorte d'Istrumento perfetto, & per qualunque studioso di Contrapunti*) gibt einen Anhalt dafür, daß die P.-Notation in der 2. Hälfte des 16. Jh. für die Darstellung und Komposition des kontrapunktischen Satzes unentbehrlich geworden war. In Kontrapunktlehrwerken setzt sich um 1600 die P.-Notation für die Beispiele durch (erstmals bei Morley 1594). Da das Wort (s)partito nur auf die Besonderheit der in Taktfächer (ital. caselle) eingeteilten Notation und nicht auf eine Anordnung von Stimmen übereinander hinwies, konnten auch die frühen B. c.-Stimmbücher als (s)partura bezeichnet werden (G. Croce 1594). S. Scheidt führte die Orgel-P. als *Tabulatura nova* 1624 in Deutschland ein, in Frankreich hielt sie sich bis um 1700. J. S. Bach griff die Orgel-P. für seine kontrapunktischen Spätwerke (*Canonische Veränderungen, Kunst der Fuge*) wieder auf. – Ein anderer Entwicklungszweig der modernen P. geht aus von der Notation für Sologesang und Begleitung. P.en aus Singstimme (mit Taktstrichen) und Lautentabulatur kommen seit Anfang des 16. Jh. häufig vor. Der aus dieser Notation abgeleitete P.-Typ mit Singstimme und beziffertem Generalbaß, von Peri (*Dafne*, 1598) für die Oper und von Caccini (*Le nuove musiche*, 1601) auch für den weltlichen Sologesang (Arie, Kantate) eingeführt, war in erster Linie für den Begleiter bestimmt, der wegen der freien Tempoanahme des Sängers im Stile recitativo nicht (wie in der geistlichen Musik) den Generalbaß ohne Kenntnis der Oberstimme nur aus dem Stimmbuch spielen konnte. Darüber hinaus stellt die Opern-P. in ihrer Vereinigung aller für eine Aufführung notwendigen Angaben, vor allem auch durch die P.-Notierung der Instrumentalensembles, ein frühes Stadium der Direktions-P. dar. Dirigieren und P.-Gebrauch stehen in engem Wechselverhältnis. In der Kirchenmusik wurde, auch bei stark besetzten Werken, noch lange Zeit der Takt nach dem als Direktionsstimme besonders geeigneten B. c.-Stimmbuch geschlagen (Praetorius Synt. III, S. 125; Viadana, Vorrede zu *Salmi a 4 chori*, 1612). In Deutschland, besonders im Norden, blieb bis ins 18. Jh. die Buchstabentabulatur anstelle der P. in Gebrauch. Im Orchester spielte zwar der Kapellmeister bei der im 18. Jh. üblichen Klavierdirektion den Generalbaß aus der P., um *den Executoribus (so sie etwa fehlen wollen) daraus zu recht zu helffen* (WaltherL), doch der Konzertmeister (z. B. noch Fr. A. Habeneck) bediente sich beim Dirigieren nur der 1. Violinstimme, die allerdings meist Hinweise auf die Einsätze der übrigen Stimmen enthielt und Direktionsstimme hieß. Noch bis Anfang des 19. Jh. wurden die meisten Kompositionen in Stimmen veröffentlicht (z. B. die Werke Beethovens bis op. 84); erst durch das Berufsdirigententum wurde die P. zum unentbehrlichen Aufführungsmaterial. Heute wird die meiste Musik in P. veröffentlicht. Neue P.-Typen entstanden seit dem 19. Jh.: die → Denkmäler-Ausgaben verstärkten das Ansehen der P. als vollgültiger Überlieferungsform von Musik; die Studien-P. (A. → Payne und E. → Eulenburg) führte weite Kreise der Konzertbesucher zur P. Die moderne → Editionstechnik steht vor dem Problem, P.en von Musik herzustellen, die in Mensuralnotation aufgezeichnet und vorher niemals in P. notiert worden ist. Als Ausweg bietet sich die Übertragung in moderne Notenschrift und P. an oder die Herstellung einer Schein-P. ohne Ordnungsstriche. Die Chor-P. des 20. Jh., in der der »Mensurstrich« die senkrecht durchlaufenden Ordnungsstriche ersetzen soll, ist streng genommen eine Schein-P.

Bei der Anordnung der Stimmen innerhalb der P. herrscht das Prinzip, die höher klingenden Stimmen über die tieferen zu setzen. Bei zwei- und mehrchörigen Werken wurden die Chöre zusammengefaßt; bei vokal-instrumental gemischten Besetzungen wurden schon im 17. Jh. die Instrumente stets über den Singstimmen angeordnet, die nicht vom Generalbaß getrennt wurden. In der Orchester-P. der 1. Hälfte des 18. Jh. waren alle unisono spielenden Stimmen nur einmal notiert; die P. gab nur den musikalischen Satz wieder. Obligate Bläserstimmen wurden gewöhnlich oberhalb der 1. Violine notiert, doch begegnet noch bei Mozart, Schubert u. a. die Anordnung der 1. Violine als oberste Stimme (Fétis 1829, S. 1ff.). In den P.en der vorklassischen Symphonien wurden sehr oft auch Pauken, Trompeten und Hörner zuoberst gestellt (mitunter aber gar nicht in die P. aufgenommen; → Partitino). Für den P.-Druck setzte sich schließlich (etwa seit C. M. v. Weber) das Prinzip durch, Instrumente gleicher Gattung in Gruppen zusammenzufassen, und zwar in der Reihenfolge (von oben nach unten): Holzblasinstrumente, Blechblas- und Schlaginstrumente, Streichorchester. Innerhalb der Holzbläser gilt die Folge: Flöten, Oboen, Klarinetten, Fagotte. Bei den Blechbläsern werden die Hörner (zu 2), die häufig (zu 4) einen Chor für sich bilden oder aber in Verbindung mit den Fagotten gebraucht werden, zuoberst, d. h. den Fagotten zunächst gestellt (nur bei R. Wagner zwischen Klarinetten und Fagotte). Es folgen Trompeten, Posaunen und Tuben. Die Schlaginstrumente werden den Blechbläsern unten angefügt: Pauken, Triangel, Becken, Trommel usw. Treten Singstimmen zum Orchester hinzu, so werden sie mitunter oberhalb der 1. Violinen notiert, meist jedoch (wie seit jeher) über den Baß gesetzt, im Streichorchester also zwischen Bratschen und Violoncelli, die Solisten wiederum oberhalb des Chores. Die Orgel findet ihre Stelle unter dem Kontrabaß, wo ehedem der bezifferte Generalbaß stand. Die Harfe wird gewöhnlich zwischen Schlaginstrumente und 1. Violinen eingeschoben, ebenso die Solostimme von Konzerten für Soloinstrument und Orchester. Die im spätromantischen und modernen Orchester hinzugekommenen Instrumente wurden sinngemäß in diese P.-Anordnung eingefügt. In Kammermusik-P.en steht der Klavierpart gewöhnlich zuunterst, die übrigen Instrumente werden je nach der Beschaffenheit des Satzes entweder in Gruppen (wie in der Orchester-P.) oder ihrer Tonlage nach angeordnet. – Eckige und geschwungene Klammern (→ Akkolade) und durchlaufende Taktstriche verbinden zwecks besserer Übersicht die Instrumentengruppen der modernen Orchester-P. Als Lesehilfe dienen dem Dirigenten indirekt auch die abweichenden Vorzeichen der → Transponierenden Instrumente und die verschiedenen Schlüssel. Diese Besonderheiten, die auch die moderne P. als Vereinigung von Einzelstimmen ausweisen, wollten die Verfechter der Reform-P. (M. v. Schillings, F. Weingartner, U. Giordano) und der Einheits-P. (F. Dubitzky, H. Stephani, Fr. Müller-Rehrmann) eliminieren. Doch erlangte nur die Reform-P. (Notation aller Instrumente in C) begrenzte Bedeutung (vor allem in der Schönberg-Nachfolge); die Einheits-P. (alle Stimmen im G-Schlüssel mit Oktavversetzung) blieb theoretische Forderung. – P.-Spiel (Darstellung des Orchestersatzes auf dem Klavier) wird als Pflichtfach für Dirigenten und Schulmusiker an den Musikhochschulen gelehrt; methodische Schulwerke verfaßten u. a. H. Riemann (*Anleitung zum Partiturspiel*, Berlin 1902) und H. Creuzburg (*Partiturspiel. Ein Übungsbuch*, 4 Bände, Mainz 1956–60).

Lit.: Fr.-J. Fétis, Traité de l'accompagnement de la partition sur le piano ou l'orgue, Paris 1829; R. Eitner, Notiz zur Partiturausg. Cyprians de Rore, MfM V, 1873, S. 30; O. Kinkeldey, Org. u. Kl. in d. Musik d. 16. Jh., Lpz. 1910, S. 187ff.; R. Schwartz, Zur P. im 16. Jh., AfMw II, 1919/20; L. Ellinwood, The Conductus, MQ XXVII, 1941; G. Kinsky, Eine frühe P.-Ausg. v. Symphonien Haydns, Mozarts u. Beethovens, AMl XIII, 1941; F. Wrobel, Partytura na tle współczesnej techniki orkiestracyjnej (»P. auf Grund d. modernen Orchestrationstechnik«), Krakau (1954); S. Clercx-Lejeune, D'une ardoise aux partitions du XVIe s., in: Mélanges ... offerts à P.-M. Masson I, Paris (1955); Th. Jakobi, Die Kunst d. Partiturspiels, Bln 1957; E. E. Lowinsky, Early Use of Scores in Ms., JAMS XIII, 1960; E. Apfel, Über einige Zusammenhänge zwischen Text u. Musik im MA, besonders in England, AMl XXXIII, 1961; Kn. Jeppesen, Et par notationsteknike problemer ..., STMf XLIII, 1961; H. G. Hoke, Studien zur Gesch. d. »Kunst d. Fuge« v. J. S. Bach. Zur allgemeinen Problematik d. Notationsprinzips P., Beitr. zur Mw. IV, 1962. HHA

Pasamano (span.) → Aurresku.

Paso doble (span., Doppelschritt; ital. passo doppio), – 1) ein in seinen Schritten unkomplizierter spanischer Paartanz im 2/4- oder 3/4-Takt von lebhaftem, jedoch nicht überstürztem Tempo. Zwei Hauptteilen ist eine kurze Einleitung vorangestellt, die entweder aus Variationen über das in der spanischen Volksmusik beliebte absteigende Molltetrachord besteht (z. B. in A moll: a g f e) und demnach stets auf der Dominante endet oder sich allgemein im Dominantbereich bewegt. Steht der erste Hauptteil in Dur, so der zweite, auch Trio genannte Hauptteil in der Subdominante; steht dagegen der erste Hauptteil in Moll, so der zweite in der gleichnamigen Durtonart. Von verschiedenen Komponisten wurde der P. d. in die Zarzuela eingefügt. – 2) ein lebhafter Infanteriemarsch im 6/8-Takt (M. M. = 120), in Frankreich ab 1790 auch als Pas redoublé bekannt, da das Tempo von ursprünglich 60–70 Pas ordinaires auf 120–140 Pas redoublés in der Minute verdoppelt wurde (→ Armeemärsche).

Passacaglia (passak'a:ʎa, ital., im 17. Jh. überwiegend passacaglio; frz. passacaille; span. pasacalle, von pasar una calle, durch eine Straße gehen, in Spanien verstanden als Gang einer Kapelle durch die Straßen, wobei Paso dobles oder marschartige Stücke gespielt werden; dies entspricht der ursprünglichen musikalischen Bedeutung des deutschen Wortes → Gassenhauer). Die P. ist ein im 16. Jh. auf dem Wege der Chitarramusik nach Italien gelangter spanischer Tanz. Der älteste Beleg für die P. findet sich in Italien bei Montesardo (Chitarratabulatur, 1606): eine über die Töne F B C F gearbeitete Periode von 3–4 Takten, die über 20mal variiert wird. Diese Stufenfolge im ungeraden Takt sowie die ostinate Struktur bleiben charakteristisch für die frühe P. Dem Titel gemäß finden sich bei Montesardo *Passacaglie ò ritornelli*, die als Vor-, Zwischen- und Nachspiele in Arien oder Tänzen, aber auch in der instrumentalen Bühnenmusik als Begleitung von Entrées verwendet wurden. So ist bei Peri (*Le varie musiche*, 1609) eine 4strophige Aria zweimal mit derartigen P.-Einlagen versehen über dem Baß:

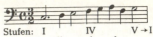
Stufen: I   IV   V→I

der auch in der Aria selbst mehrmals transponiert wiederkehrt. Die P. ist in diesem Zusammenhang oft nicht vollständig notiert, sondern zu improvisieren. Der entsprechende Hinweis lautet »Passacaglie« oder »ritornello«. Bei Frescobaldi (*Arie musicali*, 1630) findet sich eine P. als Ritornell, auch als ein die ganze Arienstrophe stützender Ostinatobaß. Zudem kommt P. im Zusammenhang mit Tanzstücken vor, z. B. bei Pensori (Balletto mit *Il suo passacaglio*, 1648) und Granata (*Sarabanda con passacagli*, 1651). Die Chitarratabulaturen bringen bis 1660 (Pellegrini) Passacagli als Ketten gleichgebauter Modelle in allen Tonarten, z. B. *Passacagli per tutte le lettere dell'alfabeto*. Der Spieler hatte ein solches aus 3 oder 4 Takten bestehendes P.-Modell in alle Tonarten abzuwandeln. Die in Frankreich schon in der 1. Hälfte des 17. Jh. in der Gitarrenmusik verbürgte P. war am Hof Ludwigs XIV. als langsamer Solotanz bekannt. Für die gesungene und getanzte P. findet sich ein Beispiel im 3. Akt von J.-B. Lullys *Acis et Galatée* (1686). Bis ins späte 17. Jh. wurden der Passacaglio semplice und der kunstvollere Passacaglio passagiato oder diminuto unterschieden. Neben der P. als Vor-, Zwischen- oder Nachspiel zu Arien bzw. Tänzen blühte die P. in Gestalt selbständiger Ostinatoreihen. Sie kann auftreten mit geschlossenen Perioden I–IV–V–I I–IV–V–I usw. oder in rundläufiger Anlage I–IV–V–I–IV–V–I usw., die im 17. Jh. vorherrschend wurde. Frühe Beispiele für die P. als selbständiges Instrumentalstück bieten G. A. Colonna (Chitarratabulatur, 1620) und Valdambrini (1647). Zu einer größeren Ausweitung der Form kam es erst nach 1650, so etwa 1655 bei B. Marini, später bei Pachelbel, Buxtehude, J. S. Bach, Händel u. a. Als selbständiger Schlußsatz wurde die P. auch in die Suite eingefügt, z. B. von Frescobaldi (letzte Auflage der *Toccate e partite* I, 1637), Bartolotti (1640), Bottazzari (1641), Laurenti (1691), Roncalli (1692), ebenso in die Triosonate (Laurenzi 1641, Falconieri 1650, Cazzati 1660, Vitali 1682, u. a.). In der 2. Hälfte des 17. Jh. kam das vom Grundton aus absteigende Tetrachord als P.-Baß auf. Berühmt ist die P. C moll für Org. von J. S. Bach (BWV 582) mit einem Baßthema, dessen erste Hälfte einem Christe-Satz von A. Raison entnommen wurde:

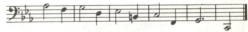

Lockerer im Aufbau, mit freien Zwischenspielen durchsetzt, ist die P. für Cemb. von Fr. Couperin (8. Ordre, H moll). Mattheson (1739) zufolge lassen sich → Chaconne und P. u. a. darin unterscheiden, daß die P. die Moll-, die Chaconne die Durtonarten bevorzugt. Zur Tempounterscheidung der beiden Formen gilt entgegen Mattheson allgemein, daß die P. *ordinairement langsamer als die Chaconne gehet* (Walther 1732). Auf die nicht immer eindeutige Abgrenzung deuten Bezeichnungen wie *Chaconne ou Passacaille* (L. Couperin) oder *Passacaille ou Chaconne* (Fr. Couperin 1728). Mit dem Ende des Generalbaßzeitalters fand auch die Geschichte der P. in der Kunstmusik einen Abschluß. In neuerer Zeit wurde die → Ostinato-Technik der P. vielfach wieder aufgegriffen. Genannt seien: Reger (u. a. in op. 16, 33, 63, 96, 127); C. Franck, 2. Choral für Org. (1890); Webern, P. für Orch. op. 1 (1908); Schönberg, *Pierrot Lunaire* (1912), Teil II, Nr 8; Ravel, Klaviertrio A moll (1914); A. Berg, 5 Orchesterlieder op. 4 (1912), Nr 5, *Wozzeck*, 1. Akt, 4. Szene (auch 3. Akt, 3. Szene), Hindemith, *Das Marienleben* op. 27 (1922/23, Die Darstellung Mariä im Tempel), weiterhin in: Streichquartett op. 32 (1923), *Nobilissima Visione* (1938), Symphonie in Es (1940), *Harmonie der Welt* (1957); P. Höller, P. und Fuge für Orch. op. 25 (1939).

Lit.: H. RIEMANN, Hdb. d. Mg. II, 2, Lpz. 1912; L. NOWAK, Grundzüge einer Gesch. d. Basso ostinato in d. abendländischen Musik, Wien 1932; L. WALTHER, Die Ostinatotechnik in d. Chaconne- u. Arien-Formen d. 17. u. 18. Jh., = Schriftenreihe d. mw. Seminars d. Univ. München VI, Würzburg 1940; A. MACHABEY, Les origines de la chaconne et de la passacaille, Rev. de Musicol. XXVIII, 1946; M. F. BUKOFZER, Music in the Baroque Era, NY (1947); H. L. SCHILLING, Hindemiths Passacagliathemen in d. beiden Marienleben, AfMw XI, 1954; K. v. FISCHER, Chaconne u. P., RBM XII, 1958; I. HERRMANN-BENGEN, Tempobezeichnungen, = Münchner Veröff. zur Mg. I, Tutzing 1959, S. 98ff.; W. OSTHOFF, Die frühesten Erscheinungsformen d. P. in d. ital. Musik d. 17. Jh., Kgr.-Ber. Musica Mediterranea Palermo 1954, Palermo 1959; L. STEIN, The P. in the Twentieth Cent., ML XL, 1959; M. SCHULER, Zur Frühgesch. d. P., Mf XVI, 1963.

Passage (pas'a:ʒ, frz.; ital. passaggio, Gang). Passaggio bezeichnet in Lehrbüchern des Gesangs und Instrumentalspiels ab Mitte des 16. Jh. eine zur Verzierung und Übung bestimmte Art der → Diminution (-2; z. B. *Passaggi per potersi essercitare nel Diminuire terminatamente con ogni sorte d'instromento. Et anco diversi passaggi per la semplice voce humana* von Rognoni Taeggio, 1592). Praetorius Synt. III (S. 240) beschreibt Passaggi als *geschwinde Läuffe / welche beydes Gradatim vnd auch Saltuatim durch alle Intervalla, so wol ascendendo alß descendendo, vber den Noten so etwas gelten / gesetzet vnd gemacht werden.* Bei Chr. Bernhard (*Tractatus . . .*) ist Passaggio mit der Figur der Variatio identisch. – Die P. als *Steckenpferd der Concertspieler* (KochL) ist Hauptbestandteil spezieller Kompositionsarten wie → Etüde und Bravourstück. Sie kann definiert werden als eine rasche, meist an einem Motiv festhaltende Tonfolge unterschiedlicher Ausdehnung, wobei u. a. zwischen Akkord-P.n (→ Arpeggio) und Tonleiter-P.n zu unterscheiden ist.

Passamezzo (wohl aus ital. pass'e mezzo, ein Schritt und ein halber), geradtaktiger italienischer Tanz des 16./17. Jh., in der Frühgeschichte verflochten mit der → Pavane (Gleichsetzung beider Namen u. a. bei Salinas 1577, S. 356: *Pauana Milanesa, siue Passoemezo vulgō vocatur*); noch 1588 ist er als Gebrauchstanz bezeugt, war zugleich aber auch in stilisierten Formen verbreitet. Seit etwa 1540 liegen dem P. Satzmodelle zugrunde, von denen zwei seit etwa 1600 die P. genannten Stücke fast ausschließlich beherrschen: P. antico (oder per B molle), der → Folia verwandt, und P. moderno (per B quadro oder duro), letzterer mit dem Modell:

Dem P. ist eigentümlich, daß sich die Klänge des Modells in gleichen metrischen Abständen (8 oder 16 Zählzeiten) über den meist ausfigurierten Satz verteilen. Kompositionen über P.-Modelle sind schon in H. Newsidlers Lautenbüchern zu finden (P. antico 1536: *ein welscher tantz Wascha mesa*; P. moderno 1540: *Passa mesa. Ein Welscher tantz*). Die Mehrzahl der überlieferten P.-Kompositionen aus der 2. Hälfte des 16. Jh. ist für Laute, eine Reihe von Werken für Tasteninstrumente bestimmt; doch bestätigen Sammlungen u. a. von Fr. Bendusi (1553) und G. Mainerio (1578, *a quatro voci . . . per cantar et sonar d'ogni sorte d'Istromenti*) auch eine vokale und beliebig instrumentierte Ausführung. Durch die im 16. Jh. des öfteren angefügte Ripresa, vor allem aber durch Zusammenschluß mehrerer P.-Verarbeitungen in suiten- oder variationsartiger Folge, entstanden gelegentlich sehr umfangreiche Stücke. G. Gorzanis schuf in einer handschriftlich erhaltenen Sammlung (1567) auf jeder der 12 Tonstufen (von G aus chromatisch aufwärts) einen P. antico mit anschließendem Saltarello (in Moll) sowie einen P. moderno mit Saltarello (in Dur) und nutzte damit schon in früher Zeit die Gesamtheit der Tonarten für ein zyklisches Werk aus. In der 1. Hälfte des 17. Jh. war der P. in Tanzsammlungen für Chitarra verbreitet, als Komposition für Tasteninstrumente trat er zurück. Im Gegensatz zu anderen Tänzen mit Satzmodellen wurde der P. offenbar nicht in die monodische Aria übernommen. Der P. von Scheidt (*Tabulatura nova* I, 1621) ist eines der bekanntesten Werke des Typus; den letzten Beleg bieten die *Varie partite del passemezo* für 2 V., Violone oder Spinett von G. B. Vitali (1682).

Lit.: W. MERIAN, Der Tanz in d. deutschen Tabulaturbüchern, Lpz. 1927; J. DIECKMANN, Die in deutscher Lautentabulatur überlieferten Tänze d. 16. Jh., Kassel 1931; H. HALBIG, Eine hs. Lautentabulatur d. G. Gorzanis, Fs. Th. Kroyer, Regensburg 1933; G. REICHERT, Der P., Kgr.-Ber. Lüneburg 1950; H. SPOHR, Studien zur ital. Tanzkomposition um 1600, Diss. Freiburg i. Br. 1956, maschr.; W. APEL, Tänze u. Arien f. Kl. aus d. Jahre 1588, AfMw XVII, 1960.

Passau.

Lit.: F. LEHRNDORFER, Die Musik in d. fürstlichen Residenzstadt P., in: Die Ostbairischen Grenzmarken XIX, 1930; W. M. SCHMID, Zur P. er Mg., ZfMw XIII, 1930/31; H. BAUER, J. Friebert (1723–99) u. seine Stellung in d. Mg. d. Stadt P., Diss. München 1952, maschr.; E. FEDERL, Die P. er Caecilienbruderschaft im 18. Jh., KmJb XLIV, 1960; E. KREMS, P. Musikkultur v. d. Anfängen bis zur Auflösung d. geistlichen Fürstentums (1803), in: Ostbairische Grenzmarken IV, 1960 – V, 1961.

Passepied (paspi'e, frz.; engl. paspy), alter französischer Rundtanz, der Tradition nach in der nördlichen Bretagne beheimatet. Er wird 1548 zum erstenmal genannt von N. Du Fail; 1565 wurde er auf einem bei Bayonne von der Königin Katharina von Medici veranstalteten Fest von Bretoninnen getanzt, und 1567 begab sich der französische König Karl IX. nach Blois, in der Absicht, dort den P. de Bretagne zu erlernen. Nach M. Praetorius (*Terpsichore*, 1612) soll der Name dadurch entstanden sein, daß *man in solchem Dantz einen Fuß vber den andern schlagen vnd setzen muß*. Der Hoftanz P. steht in ungeradem Takt (3/4 oder 3/8 mit Achtelauftakt), wobei in den Doppeltakten oft ein Schwanken zwischen 2×3/4 und 3×2/4 entsteht; BrossardD charakterisiert ihn *als Menuet dont le Mouvement est fort-vîte & fort gay.* Um die Mitte des 18. Jh. verschwand er aus den Ballsälen. In der Instrumentalsuite fand der P. seine Stelle unter den Tänzen, die nicht zu den festen Teilen der Suite gehörten und gewöhnlich zwischen

J. C. F. Fischer, *Les pièces de clavessin*, Schlackenwert 1696.

Sarabande und Gigue eingeschoben wurden, so bei J. C. F. Fischer, Couperin, Telemann, J. S. Bach. In der Oper gibt es den P. bei Campra, J.-Ph. Rameau, Gluck.

Lit.: Vingt suites d'orch. du XVIIe s. frç. (1640–70), 2 Bde, hrsg. v. J. ECORCHEVILLE, Bln u. Paris 1906; C. SACHS, Eine Weltgesch. d. Tanzes, Bln 1933, engl. NY 1937 u. London 1938, frz. Paris 1938.

Passion (lat. *Passio Domini nostri Jesu Christi ...*), die Leidensgeschichte Christi nach dem Bericht der Evangelisten. Sie wird in der römischen Meßliturgie an 4 Tagen der Karwoche gelesen oder gesungen (seit 1955 mit Textkürzungen): am Palmsonntag nach Matthäus, am Dienstag nach Markus, am Mittwoch nach Lukas, am Freitag nach Johannes. Für den Choralvortrag gilt heute der 1917 in einer Editio typica veröffentlichte P.s-Ton als verbindlich (*Cantus Passionis Domini nostri Jesu Christi ...*, offizielle NA 1957 unter dem Titel *Cantus historiae Passionis ... iuxta Ordinem hebdomadae sanctae instauratum*). Gegenüber allen anderen → Lesungen ist die P. durch eine besondere Vortragsweise ausgezeichnet: der erzählende Text (Evangelist), die Worte Christi und der übrigen Personen (Soliloquenten: Petrus, Pilatus, Judas usw.) und der Personengruppen (Turbae: Jünger, Juden und weitere Gruppen) werden jeweils in eigener Tonlage gesungen, wobei folgende Rezitationstöne verwendet werden: f (Christus), c^1 (Evangelist) und f^1 (Soliloquenten und Turbae). Den Interpunktionsstellen des Textes entsprechen bestimmte Melodiewendungen (Kadenzen). Die Verteilung der Textpartien auf 3 Sänger bzw. Lektoren ist seit dem 14. Jh. nachweisbar.

Die früheste bisher bekannte Quelle für mehrstimmige Vertonung der P. ist ein Traktat aus Füssen (um 1450, ehemals als Maihinger Fragment bezeichnet), der Beispiele für einfachsten dreistimmig improvisierten Gesang der Turbasätze bietet. Weitere Quellen aus der Zeit um 1480 stammen aus England (anonyme Lukas- und Matthäus-P. mit Turba- und Soliloquentensätzen im dreistimmigen englischen Diskantstil) und Italien (anonyme Matthäus- und Johannes-P.: Turbae sechs- bis achtstimmig, Soliloquenten dreistimmig im Fauxbourdonstil). Ein umfangreiches Quellenmaterial ist erst ab 1500 überliefert, hauptsächlich aus Italien und Deutschland. Komponisten aus anderen Ländern schrieben nur gelegentlich P.en. – Die Entwicklung der P. bis zum Ende des 17. Jh. ist durch ihren Charakter einer liturgischen Lectio geprägt, wobei es sich hier um den längsten zusammenhängenden liturgischen Text handelt. Dies verlangte von den Komponisten eine Beschränkung in der Auswahl der musikalischen Mittel, um den liturgischen Rahmen – auch im Hinblick auf die Aufführungsdauer – nicht zu sprengen. So ist es erklärlich, daß eine bestimmte Art der P.s-Vertonung während des 16. und beginnenden 17. Jh. vorherrschend wurde, die für die Worte des Evangelisten den einstimmigen choralen Vortrag wählt und bei den anderen Partien entweder nur die Worte der Turba oder die der Soliloquenten und Turbae oder alle direkten Reden mehrstimmig setzt. Diese Art, die in differenzierter Weise das Prinzip der Rollenverteilung der choralen P. wahrte und zudem den Komponisten die Möglichkeit bot, örtlichen liturgischen Verhältnissen gerecht zu werden, wird heute allgemein (nach v. Fischer) als responsoriale P. bezeichnet (früher auch als dramatische P.). Dieser Typus, herausgewachsen aus der Liturgie der römisch-katholischen Kirche, wurde das Vorbild auch für einen großen Teil protestantischer P.en in deutscher Sprache, die heute meist als Choral-P.en bezeichnet werden. – Lateinische responsoriale P.en schrieben bis zum Beginn des 17. Jh. u. a. Ruffo: Matthäus- und Lukas-P., um 1575; Lassus: Markus- und Lukas-P., 1582; Victoria: Matthäus-P., 1585; Byrd: Johannes-P., 1607 (sämtlich nur Turbae mehrstimmig); Cl. de Sermisy: Matthäus-P., 1534; Contino: P.en, 1561; Lassus: Matthäus-, Markus- und Lukas-P., um 1580; Asola: Matthäus-, Markus- und Lukas-P., um 1580; Guerrero: Matthäus- und Johannes-P., 1585 (sämtlich Soliloquenten und Turbae mehrstimmig); Jachet von Mantua: Matthäus-P., um 1540; G. de Albertis: Matthäus-P. und Johannes-P.en, vor 1541; P. Aretino: Johannes-P., vor 1570; Asola: Johannes-P., 1583; Suriano: P.en nach den vier Evangelisten, 1619 (alle direkten Reden mehrstimmig). Die lateinischen responsorialen P.en verlangen in den 1st. Partien den römischen P.s-Ton, der als C. f. in strenger oder freierer Behandlung auch in den mehrstimmigen Sätzen benutzt wird. Diese zeigen fast durchweg eine homorhythmische, gelegentlich falsobordonartige Gestaltung, die gleicherweise Verständlichkeit des Textes und kurze Aufführungsdauer zur Folge hat. Die Bindung an den choralen P.s-Ton führt bei den meisten Werken der genannten Art zur Wahl des F-Modus als Haupttonart. – Die früheste Übernahme des responsorialen P.s-Typus in den Bereich der protestantischen Kirchenmusik geschah durch J. Walter (Matthäus- und Johannes-P., um 1530). Walter benutzte in seinem P.s-»Rezitativ«, das alle Partien mit Ausnahme der Turbae umfaßt, die konstituierenden Elemente des lateinischen P.s-Tons und wahrte damit den Lektionscharakter der P.; er paßte jedoch die Interpunktionsformeln in ihrem Wechselspiel mit den Rezitationstönen geschmeidig der deutschen Sprache an und schuf somit einen einstimmigen deutschen P.s-Ton. Die Turbasätze in seinen P.en sind falsobordonartig auskomponierte Lektionsformeln. Walters P.en waren während des 16./17. Jh. in verschiedenen Fassungen und Bearbeitungen weit verbreitet. Einzelne Komponisten verwendeten Walters 1st. Partien oder veränderten sie leicht und schrieben neue Turbasätze, die sich nun immer mehr von der Bindung an einen C. f. lösten und auf einen stärkeren Ausdruck des Textes abzielten (P.en von Meiland, 1567–70; Mancinus, 1602, sogenannte Celler P.; besonders Vulpius, 1613). Damit entfernte sich in den mehrstimmigen Sätzen die P. von einer liturgischen Lectio. Der gleiche Vorgang ist auch bei jener anderen Gruppe deutscher P.en zu beobachten, in denen nach dem Vorbild lateinischer Werke oberitalienischer Provenienz nur die Evangelistenpartie einstimmig blieb und alle übrigen Partien mehrstimmig gesetzt sind. Hierher gehören die Johannes-P.en von Scandello (1561) und Gesius (1588) und die Markus-P. von Beber (1610).

Neben der responsorialen P. entstand im 16. Jh. im Rahmen der katholischen Kirchenmusik ein anderer Typus, der als durchkomponierte P. (v. Fischer) bezeichnet werden kann, da hier eine durchgehend mehrstimmige Satzweise gegeben ist. Dabei sind zu unterscheiden einmal jene P.en, die sich von den responsorialen P.en lediglich dadurch abheben, daß in ihnen auch der Evangelistenbericht mehrstimmig gesetzt ist; Werke der Art komponierten G. Nasco (= Maistre Jhan): Matthäus-P., um 1550; C. de Rore: Johannes-P., um 1550; Ruffo: Matthäus-und Johannes-P., um 1580. Zum anderen gehört zum Typus der durchkomponierten P. eine Gruppe von Werken, denen die verkürzte Fassung der vier P.en oder (häufiger) eine Kompilation der Leidensgeschichte aus den vier Evangelien (Summa passionis, P.s-Harmonie) zugrunde liegt. Das früheste Beispiel hierfür ist eine P., die in den Quellen unter dem Namen sowohl von Obrecht als auch von Longaval erscheint (sogenannte Obrecht-Longaval-P., um 1500). Innerhalb ihrer drei Teile sind die Worte des Evangelisten und die der redenden Personen unter Verwendung des römischen P.s-Tons zusammenhängend vertont, jedoch meist klanglich gegeneinander abgesetzt. Die Disposition des Textes geschieht wie bei der Motette, so daß hier die Bezeichnung motettische P. berechtigt ist (nach Kade). Wohl aus liturgischen Gründen findet sich die motettische gegenüber der responsorialen P. bei katholischen Komponisten des 16. Jh. sehr selten. Zu erwähnen sind vor allem J. Regnart (Johannes-P., vor 1583) und Jac. Gallus (3 P.en, 1587). – Im protestantischen Raum spielte der Typus der motettischen P. eine sehr viel bedeutendere Rolle, und zwar meist in direkter Anlehnung an den Text der Obrecht-Longaval-P., dessen lateinische Fassung Galliculus (1538), Daser (1578), P. Bucenus (1578) und noch Gesius (1613) vertonten. Wie J. Walter die responsoriale Art der P.s-Komposition, so führte Joachim a Burck die motettische Art in den deutschsprachigen protestantischen Gottesdienst ein (1568). Das wichtigste Werk dieser Richtung war die Johannes-P. von Lechner (1593), die eine meisterhafte Verwendung musikalischer Ausdrucksmittel zeigt. Die starke Bindung an den choralen P.s-Ton, die bei Burck und Lechner vorhanden ist, lockerte sich später bei Demantius (Johannes-P., 1631). – Die Entwicklung der responsorialen und der motettischen P. war in der 1. Hälfte des 17. Jh. im wesentlichen abgeschlossen. Im Rahmen der katholischen Liturgie wurden seitdem hauptsächlich P.en von Meistern des 16. Jh. weiterhin aufgeführt. Daneben schrieben in Italien viele Komponisten, unter denen sich keine nennenswerten Meister finden, Turbasätze in knappsten Dimensionen (punti della passione). Die mangelnde Ergiebigkeit auf diesem Gebiet erklärt sich vor allem aus der Tatsache, daß der monodische Stil aus liturgischen Gründen (Verbot von Instrumentenspiel in der Karwoche) keinen Einfluß auf die Komposition von P.en gewinnen konnte. Ein Werk wie die dem lateinischen Oratorium des 17. Jh. nahestehende Johannes-P. von A. Scarlatti (um 1700) blieb in seiner Art vereinzelt. Im protestantischen Bereich bestimmten die Stilmittel des Oratoriums die P.s-Vertonungen, soweit hier nicht responsoriale P.en des 16. Jh. weiter aufgeführt oder Werke dieser Art neukomponiert wurden. Eine Sonderstellung nimmt Schütz ein mit seinen 3 P.en (nach Matthäus, Markus und Johannes, 1665–66). Aufführungspraktisch gehören sie zum Typus der responsorialen P. von der Art J. Walters, da in ihnen nur die Turbae mehrstimmig, die anderen Partien einstimmig sind. In diesen Partien verschmilzt Schütz Elemente lateinischer und deutsch-protestantischer Lektionsweisen mit Gestaltungsprinzipien der Monodie zu einer musikalischen Sprache sui generis, die von der Formelhaftigkeit der Lektionstöne genauso weit entfernt ist wie von dem oratorischen Ausdruck des neuitalienischen Rezitativs.

Die für das 17. Jh. charakteristische Art der protestantischen P.s-Vertonung stellen jene in reicher Zahl überlieferten Werke dar, die den biblischen Text der Leidensgeschichte mit den musikalischen Mitteln des Oratoriums vertonen und für die sich heute der Begriff »oratorische P.« eingebürgert hat. Dieser P.s-Typus entstand aus dem Streben, vor allem die 1st. P.s-Lectio dem neuen Stil des 17. Jh. anzupassen und die responsoriale P. zu modernisieren. So versuchte man zunächst, den choralen P.s-Ton beizubehalten, ihn aber mit Generalbaßbegleitung zu versehen (P.en von Selle, 1641-43), um dann diese Bindung zugunsten neugestalteter Rezitative aufzugeben. Insgesamt spiegelt sich in der Satz- und Ausdruckskunst der oratorischen P. des 17. und 18. Jh. die Entwicklung des lateinischen und italienischen Oratoriums wider. Dies gilt auch für die Einbeziehung von Arien, Accompagnatorezitativen und selbständigen Instrumentalsätzen. Verschieden gegenüber dem Oratorium (besonders dem italienischen) war in der oratorischen P. vor allem die wörtliche Beibehaltung des Bibeltextes und die Einschaltung von Chorälen, bei denen gelegentlich auch die Gemeinde beteiligt wurde. Als wichtigste Komponisten von oratorischen P.en bis 1700 verdienen hier genannt zu werden (unter Berücksichtigung der bisher vorliegenden Neuausgaben): Sebastiani (Matthäus-P., 1663), Flor (Matthäus-P., 1667), Theile (Matthäus-P., 1673), F. Funcke (Matthäus-P., vor 1680), J. G. Kühnhausen (Matthäus-P., um 1700). – Diese Werke und alle anderen oratorischen P.en im protestantischen Deutschland entstanden ausschließlich im engsten Zusammenhang mit der Liturgie. Demgegenüber zeigte sich im 17. Jh. in Italien (und davon ausgehend auch in Wien) eine ganz andere Entwicklung. Im gleichen Maße, wie hier die P. als liturgische Gattung an Bedeutung verlor (s. o.), gewann der P.s-Stoff an Interesse bei den Komponisten des italienischen Oratoriums und wurde somit auf dem Gebiet der außerliturgischen Musik heimisch, jetzt aber in freier Nachdichtung des Bibeltextes. Solche P.s-Oratorien entstanden kurz nach 1700 auch in Deutschland mit deutschem Text und verdrängten im Laufe des 18. Jh. die oratorische P. immer mehr, die bis dahin in der Tradition des 17. Jh. weitergepflegt worden war. Oratorische P.en schrieben in der 1. Hälfte des 18. Jh. G. Böhm (von ihm stammt nach neueren Forschungen wahrscheinlich die bisher Händel zugeschriebene Johannes-P. von 1704), Keiser (Markus-P., um 1712) und Telemann (zahlreiche P.en 1723–65). Die reiche Produktion von Werken dieser Art überragen jedoch die beiden P.en nach Johannes und Matthäus von J. S. Bach (1723 und 1729). Wie kein anderer Meister seiner Zeit hat Bach sein volles Können, seine Beherrschung aller Satz- und Ausdrucksmittel der wortgebundenen Musik in den Dienst der Aufgabe gestellt, die Leidensgeschichte dem gläubigen Hörer nahezubringen. – Wo in Deutschland und in anderen Ländern ab Mitte des 18. bis zum 19. Jh. Komponisten das P.s-Geschehen vertonten, geschah es in erster Linie in der Form des Oratoriums, ohne daß freilich Werke von Belang entstanden wären. Erst in der 1. Hälfte des 20. Jh. begannen sich, vornehmlich im Rahmen der protestantischen Kirchenmusik, einzelne Komponisten auf die P. als eine ursprünglich liturgische Gattung zu besinnen und die alten Formen und Gestaltungskräfte der responsorialen und motettischen P. aufzugreifen. Bedeutende Werke der ersten Art stammen von Distler (*Choral-P.*, 1933), der zweiten Art von K. Thomas (*Markus-P.*, 1927) und Pepping (*Passionsbericht des Matthäus*, 1951). Künstlerische Geltung erreichten innerhalb der katholischen Kirchenmusik die (deutschen) responsorialen P.en nach Johannes (1964) und Matthäus (1965) von H. Schroeder. Vorerst vereinzelt in ihrer Art blieb die Lukas-P. von Penderecki (1966); hier wird unter Verwendung modernster musikalischer Mittel der (teils gesungene, teils gesprochene lateinische) P.s-Text verbunden mit Psalmen und anderen liturgischen Texten.

Ausg. mehrst. P. (nur Sammelpublikationen): O. KADE, Die ältere Passionskomposition bis zum Jahre 1631, Gütersloh 1893; Hdb. d. deutschen ev. Kirchenmusik, hrsg. v. K. AMELN, CHR. MAHRENHOLZ u. W. THOMAS, Göttingen I, 3, 1937–38 u. I, 4, 1937–39; Oberital. Figuralp. d. 16. Jh., hrsg. v. A. SCHMITZ, = MMD I, Mainz (1955).
Lit.: O. KADE (siehe Ausg.); W. LOTT, Zur Gesch. d. Passionskomposition v. 1650–1800, AfMw III, 1921; P. WAGNER, Einführung in d. Gregorianischen Melodien III: Gregorianische Formenlehre, Lpz. 1921, Nachdruck Hildesheim u. Wiesbaden 1962; P. EPSTEIN, Zur Gesch. d. deutschen Choralp., JbP XXXVI, 1929; R. GERBER, Das Passionsrezitativ bei H. Schütz u. seine stilgeschichtlichen Grundlagen, Gütersloh 1929; DERS., Die deutsche P. v. Luther bis Bach, Luther-Jb. XIII, 1931; H. J. MOSER, Die mehrst. Vertonung d. Evangeliums I, = Veröff. d. Staatl. Akad. f. Kirchen- u. Schulmusik Bln II, Lpz. (1931); K. NEF, Schweizerische Passionsmusiken, SJbMw V, 1931; DERS., Beitr. zur Gesch. d. P. in Italien, ZfMw XVII, 1935; A. SCHMITZ, Ital. Quellen zur Figuralp. d. 16. Jh., Fs. M. Schneider, Halle 1935; DERS., Zur motettischen P. d. 16.

Jh., AfMw XVI, 1959; A. SMIJERS, De Mattheus-Passie van J. Obrecht, TVer XIV, 1935; W. BLANKENBURG, Die deutsche Liedp., MuK IX, 1937; K. AMELN, Die ältesten Passionsmusiken, MuK XI, 1939; DERS. u. C. GERHARDT, J. Walter u. d. ältesten deutschen Passionskompositionen, MGkK XLIV, 1939; B. SCHOFIELD u. M. BUKOFZER, A Newly Discovered 15th-Cent. Ms. of the Engl. Chapel Royal, MQ XXXII, 1946 – XXXIII, 1947; K. V. FISCHER, Zur Gesch. d. Passionskomposition d. 16. Jh. in Italien, AfMw XI, 1954; DERS., Neues zur Passionskomposition d. 16. Jh., Kgr.-Ber. Köln 1958; DERS., Ein singulärer Typus port. P. d. 16. Jh., AfMw XIX/XX, 1962/63; J. BIRKE, Die Passionsmusiken v. Th. Selle, Diss. Hbg 1957, maschr.; P. ROBERTSON, A Critical Survey of the Motet P., Diss. London 1957, maschr.; W. BRAUN, Die mitteldeutsche Choralp. im 18. Jh., Bln (1960); G. SCHMIDT, Grundsätzliche Bemerkungen zur Gesch. d. Passionshistorie, AfMw XVII, 1960. G MA

Passus duriusculus (lat., ein etwas harter Gang), in der Kompositionslehre von Chr. Bernhard eine musikalische Figur: ein unnatürlicher Gang, *entweder in einer Stimme gegen sich selbst, oder gegen eine andere betrachtet* (→ Querstand). Der erste Fall tritt ein, *wenn eine Stimme ein Semitonium minus steiget, oder fället* (Beispiel: → Paronomasia; folgendes Beispiel nach Bernhard):

– oder wenn in einer Stimme übermäßige Sekunde, verminderte Terz oder (sekundmäßig ausgefüllt) verminderte und übermäßige Quarte und Quinte vorkommen. Die häufigste Form des P. d. ist der chromatische Quartgang; in ihm verbinden sich das eigentlich Regelwidrige und zugleich Affektvolle (→ Pathopoiia) der Halbtonschritte mit melodischer Prägnanz (Quartrahmen) und harmonischer Intensivierung zu einer der ausdrucksstärksten Figuren der Musica poetica. Charakteristische Beispiele seiner Verwendung sind: Schütz, *Wann unsre Augen schlafen ein* (*Kleine Geistliche Concerte* II); Schein, *Die mit Tränen säen* (*Fontana d'Israel*); Bach, Eingangschor der Kantate *Weinen, Klagen, Sorgen, Zagen* (BWV 12) und als Parodie davon das *Crucifixus* der H moll-Messe. – Verwandt mit dem P. d. ist der Saltus duriusculus (lat., ein etwas harter Sprung), ein Melodiesprung über eine Sexte, Septime oder ein vermindertes übermäßiges Intervall (*), für den Bernhard folgendes Beispiel gibt:

und dein Hertz falsch, ─ falsch ge-we-sen ist.

Lit.: W. GURLITT, Zu J. S. Bachs Ostinato-Technik, Ber. über d. wiss. Bachtagung Lpz. 1950, Neudruck in: Mg. u. Gegenwart I, = BzAfMw I, Wiesbaden 1966; H. H. EGGEBRECHT, Zum Figur-Begriff d. Musica poetica, AfMw XVI, 1959.

Pasticcio (past'ittʃo, ital., Pastete) ist die Bezeichnung für die im Opernbetrieb des 18./19. Jh. sehr beliebten »Flickopern«, Pseudonovitäten, zusammengestellt aus bekannten Arien, Duetten oder größeren Werkteilen eines oder verschiedener Komponisten, die einem neuen Libretto angepaßt wurden. So schrieb J. Chr. Pepusch die Rezitative und bearbeitete Arien von A. Scarlatti, G. Bononcini, Steffani, Gasparini und Albinoni für *Thomyris, Queen of Scythia* (London 1707, Libretto von P. A. Motteux). Von diesem Im engeren Sinne zu unterscheiden sind: 1) Aufführungen, bei denen mehrere selbständige Werke unter einem Gesamttitel zusammengefaßt sind, z. B. *Der Beschluss des Carnevals* (Hamburg 1724), bestehend aus der Entrée *La Turquie* aus Campras *L'Europe galante* (1697), der Komödie (ohne Musik) *La fille capitaine* von Montfleury sowie der neu komponierten deutschen komischen »operette« *Il capitano* von Telemann; 2) Werke, bei denen von Anfang an mehrere Komponisten zusammenarbeiten. Hierher gehört z. B. *Il Muzio Scevola* (London 1721, je ein Akt von F. Mattei, G. Bononcini und Händel), in neuerer Zeit etwa J. Cocteaus Ballett *Les mariés de la Tour Eiffel* (Paris 1921) mit Musik von den → Six. Diese Form der Zusammenarbeit findet sich gelegentlich auch bei geistlichen Werken, z. B. in dem Oratorium *Die Schuldigkeit des ersten Gebots* (Salzburg 1766/67, Musik von Adlgasser, M. Haydn und W. A. Mozart, K.-V. 35), häufiger in Instrumentalkompositionen wie der FAE-Sonate für V. und Kl., die R. Schumann (2 Sätze), J. Brahms und A. Dietrich (je ein Satz) 1853 für J. Joachim schrieben. Wird schon in diesen Fällen die Bezeichnung P. besser vermieden, so ist ihre Übertragung auf die Klaviermusik des 16.–18. Jh. vollends fragwürdig, zumal weitgehend ungeklärt ist, wie dort die Variationsreihen mit Sätzen verschiedener Verfasser entstanden sind.

Lit.: O. G. TH. SONNECK, Miscellaneous Studies in the Hist. of Music, NY 1921; M. REIMANN, P. u. Parodien in norddeutschen Klaviertabulaturen, Mf VIII, 1955; DIES., Ein ital. P. v. 1609, Mf XIX, 1966; J. W. GRUBBS, Ein Passions-P. d. 18. Jh., Bach-Jb. LI, 1965.

Pastorale (ital.), Hirtenstück, Schäferspiel. Idyllische Szenen mit ländlichem Kolorit schrieb in der antiken Dichtung zuerst Theokrit (um 270 v. Chr.). Die zehn Eklogen, in denen Vergil († 19 v. Chr.) das Hirtenleben idealisierte und zum Gegenbild der ihn umgebenden aristokratisch-großstädtischen Gesellschaft erhebt, wurden Vorbild für die Eklogen und Bucolica Petrarcas, Boccaccios (*Ninfale d'Ameto*, 1348), J. Sannazaros (*Arcadia*, 1481). Bei den Trobadors und Trouvères weisen die Bezeichnungen Pastorita und → Pastourelle auf den Textinhalt der Lieder, nicht aber auf ihre musikalische Form. Vielfältig sind die bukolischen Motive in festlichen Spielen und Aufzügen, in der → Frottola, der → Villanella und im → Madrigal, das im England der Elisabethanischen Zeit von Byrd noch Pastoral (*Sonnets and Pastorals*, 1588) und erst von Morley 1594 Madrigal genannt wurde. Mit Tassos *Aminta* (1573) begann das schäferliche Sprechdrama, das großen Einfluß auf das → Libretto der italienischen Pastoraloper gewann. In den Anfängen der italienischen Oper traten zu den Schäfern und Nymphen des Pastoraldramas mythologische Figuren der altgriechischen Sage. Diese Stoffe, vor allem »Daphne« und »Euridike« wurden bis ins 20. Jh. wiederholt vertont; »Daphne« von Peri und Caccini (1598), M. da Gagliano (1608), Schütz (1627), Fr. Cavalli (1640), P. Fr. Valentini (1654), Fux (1719), J.-Ph. Rameau (1753), F. le Borne (1885), R. Strauss (1938) u. a. Daneben entstand eine Fülle weiterer Pastoralopern, zu denen auch *Il Rè pastore* von Gluck (1756) und die gleichnamige Oper von Mozart (1775) gehören. – Auch in Frankreich, wo Themen aus dem Stoffkreis der Hirtendichtung bereits in Chansons und Balletten (*Ballet des quatre saisons*, 1603) zu finden sind, setzten frühe Opernversuche beim Pastoraldrama ein (Dassoucy, Lieder für *Les amours d'Apollon et de Daphne*, 1650; R. Cambert, *La p. d'Issy*, 1659). Pastoralopern schrieben u. a. J.-B. Lully und J.-Ph. Rameau. Rousseaus ländliches Singspiel *Le devin du village* (1752) wurde von Mozart 1768 als *Bastien und Bastienne* vertont. – Im Deutschland des 17. Jh. regte die Schäferpoesie zu zahlreichen weltlichen (J. H. Schein, *Waldliederlein*, 1621; Th. Selle, *Deliciae pastorum Arcadiae*, 1624, mit amoureusischen Textlein gezierte Pastorellen; A. Krieger, P. Meier u. a.) und geistlichen (Laurentius von Schnüffis) Madrigal- und Liedkompositionen an. Auch eine Reihe von Opern pastoralen Charakters entstand nach der *Dafne* (1627) von Schütz, u. a. G. Ph. Harsdörffers *Das geistliche Waldgedicht, oder Freudenspiel, genant Seelewig* (1644) mit der Musik von S. Th. Staden, J. Ph. Kriegers *Der kgl. Schäfer oder Basilius in Arcadien* (1696), Händels *Il pastor fido* (1712, nach Guarini). Im deutschen Sololied finden sich Pastorellen z. B. bei J. Haydn (*An Thyrsis*), W. A. Mozart (»*Daphne, deine Rosenwangen*«, K.-V. 52; *Das Veilchen*, K.-V. 476), auch bei Schubert und Wolf. – Die P. der Instrumentalmusik (ebenso die Pastoralmesse) hat ihren Ursprung im weihnachtlichen Musizieren der Pifferari (→ Piffero). Ein frühes Beispiel für die Verwendung einer solchen Hirtenweise bietet Marenzio (1581). Merkmale dieser P., die ähnlich auch in der *Sonata p.* von F. Fiamengo und in vielen anderen P.n zu finden sind, sind Terzenmelodik, Bordunbaß und Sicilianorhythmus. Concerti grossi um die Wende des 16./17. Jh. schließen vielfach mit Sätzen, die auf das Weihnachtsfest abgestimmt und oft als P. bezeichnet sind (Corelli, Locatelli, Manfredini, Schiassi, Torelli u. a.). Die vielen P.n in Weihnachtskonzerten und die Verwendung von Weihnachts- und Hirtenliedern als Grundlage von P.n (D. Bollius, *P. nel nascimento di Christo supra Joseph lieber Joseph mein*, vor 1628) zeigen deutlich die Herkunft der instrumentalen P. vom weihnachtlichen Musizieren. Daneben stehen instrumentale P.n, die auf das galante Schäferwesen Bezug nehmen, z. B. das *Concerto p.* von J. Chr. Petz sowie das Concerto *La Pastorella* und *Il pastor fido* (6 Sonaten, gedruckt Paris 1737) von Vivaldi. Die für Tasteninstrumente komponierten u. a. D. Scarlatti, Fr. Couperin (*Pastourelle*, 1713), Frescobaldi, Kerll (im Capriccio *Der steyrische Hirt*), Gottlieb Muffat, V. Rathgeber und J. S. Bach (*P. F dur für Orgel*, BWV 590). – Das Vorkommen von P.n in Oratorium und Messe konzentriert sich auf Kompositionen für die Weihnachtszeit und veranschaulicht, zumeist in instrumentalen Sätzen, das Musizieren der Hirten zu Bethlehem, z. B. in den Weihnachtsoratorien von Schütz und Bach und in den weihnachtlichen Pastoralmessen (Abbé Vogler, Diabelli usw.). Geistliche Chöre und Arien pastoralen Charakters, in denen Christus als der gute Hirte dargestellt wird, gibt es auch in Kantaten (J. S. Bach, *Du Hirte Israel*, BWV 104) und Oratorien (Händel, *Messiah*). – Symphonische Werke oder Einzelsätze p.n Charakters finden sich u. a. bei Gossec (*Suites de Noël*), Chr. Cannabich, I. v. Beecke, Toeschi, Berlioz (*Scène aux champs* aus der *Symphonie fantastique*), Honegger (*P. d'été*, 1920), Vaughan Williams (*Pastoral Symphony*, 1922). Beethovens *Sinfonia p.* op. 68 (auf f. 2 des Londoner Skizzenbuchs bezeichnet als: *Sinfonia caracteristica oder Erinnerung an das Landleben*) steht in der Tradition ähnlicher Pastoralsymphonien, die z. B. J. H. Knechts Programmsymphonie *Le portrait musical de la nature ou grande simphonie* (um 1784) belegt. → Programmusik.

Lit.: J. MARSAL, La p. dramatique en France à la fin du XVIe et au commencement du XVIIe s., Paris 1906; L. DE LA LAURENCIE, Les p. en musique au XVIIe s. en France avant Lully et leur influence sur l'opéra, Kgr.-Ber. London 1911; A. SANDBERGER, Zu d. geschichtlichen Voraussetzungen d. Pastoralsinfonie, in: Ausgew. Aufsätze zur Mg. II, München 1924; M. DELBOUILLE, Les origines de la pastourelle, = Mémoires publiés par l'Acad. royale de Belgique, Classe des lettres ... II, 20, Brüssel 1926; E. PIGUET, L'évolution de la pastourelle du XIIe s. à nos jours, = Schriften d. Schweizerischen Ges. f. Volkskunde XIX, Basel 1927; W. POWELL JONES, The Pastourelle, Cambridge (Mass.) 1931; H. ENGEL, Das Instrumentalkonzert, = Führer durch d. Konzertsaal III, Die Orchestermusik I, 3, Lpz. 71932; E. G. CARNAP, Das Schäferwesen in d. deutschen Lit. d. 17. Jh., Würzburg 1939; G. FR. SCHMIDT, Die frühdeutsche Oper u. d. mus. Kunst G. C. Schürmanns II: Die Pastoral-Opern, Regensburg 1943; H. W. HAMANN, Zu Beethovens Pastoral-Sinfonie, Mf XIV, 1961; Beethoven, Ein Skizzenbuch zur Pastoralsymphonie op. 68 ..., hrsg. v. D. WEISE, = Veröff. d. Beethovenhauses in Bonn, N. F., 1. Reihe, 2 Bde, Bonn 1961.

Pastourelle (pastur'ɛl, frz.; prov. pastorela, pastorita), eine der dialogischen Formen der Trouvèrelyrik, in der der meist ritterliche Dichter um die Liebe einer ländlichen Schönen wirbt. Der Ursprung der P. geht ins 11. Jh. zurück; sie wurde auch von den Trobadors gepflegt. → Pastorale.

Lit.: M. DELBOUILLE, Les origines de la p., = Mémoires publiés par l'Acad. royale de Belgique, Classe des lettres ... II, 20, Brüssel 1926; E. PIGUET, L'évolution de la p. du XIIe s. à nos jours, = Schriften d. Schweizerischen Ges. f. Volkskunde XIX, Basel 1927.

Pater noster (lat., Vater unser), das Gebet des Herrn (Oratio Dominica). Seine in allen christlichen Liturgien gebräuchliche Textgestalt beruht auf Matth. 6, 9–13 (kürzere Fassung bei Luk. 11, 2–4). Zunächst als privates Gebet der Gläubigen bezeugt, läßt sich das P. n. seit dem ausgehenden 4. Jh. auch im öffentlichen Gottesdienst der Kirche nachweisen. Innerhalb der römischen Meßfeier erhielt es durch Gregor den Großen seinen liturgischen Ort zwischen Kanon und Kommunion. Im römischen und mailändischen Meßritus ist ihm eine – mit dem P. n.-Gesang melodisch verknüpfte – kurze Einleitungsformel des Priesters vorangestellt. Während das P. n. in fast allen orientalischen Kirchen und im altgallikanischen Ritus vom Volk gesungen oder laut rezitiert wurde, oblag der Vortrag in den abendländischen Liturgien dem zelebrierenden Priester, wobei die Gemeinde die Schlußbitte ausführte (römisch-fränkischer Bereich) oder die einzelnen Bitten durch (Amen-)Akklamation bestätigte (altspanische Liturgie). Um seine Bedeutung als Gebet der ganzen Gemeinde sinnfällig zu machen, darf das P. n. neuerdings während der römischen Meßfeier außer in der bisher üblichen Form gemeinsam von Priester und Volk (auch in der Muttersprache) rezitiert oder gesungen werden (Melodien für den lateinischen Text im *Kyriale simplex*, Editio typica 1965). Ebenso wird der nachfolgende Embolismus (Weiterführung der letzten Vaterunser-Bitte) in Anlehnung an die – im mailändischen und altspanischen Ritus stets bewahrte – ältere Praxis wieder laut durch den Priester vorgetragen (Tonus Embolismi siehe in: *Cantus qui in Missali Romano desiderantur iuxta Instructionem ... ordinandam*, Editio typica 1965). – Im Unterschied zur altspanischen und mailändischen P. n.-Singweise (abgedruckt bei P. Wagner III, 58ff.), deren sehr einfache psalmodische Struktur sich auf einer 2teiligen Melodieformel mit Tenor a, eigener Mittel- und Schlußkadenz gründet (zu denen im mailändischen P. n. als weiteres Merkmal das Initium f–g kommt), sind die römischen Melodien weitaus reicher entwickelt, weil offensichtlich für den Sologesang des Priesters bestimmt. Ihre Gestalt wird durch die Verwendung von 2 Tenores charakterisiert; dabei bleibt der höhere Tenorton prinzipiell an die erste Melodieperiode gebunden. Die lesbare Aufzeichnung römischer P. n.-Singweisen setzt im 11. Jh. ein (mit Süditalien als Schwerpunkt). – Dem traditionellen Strom zahlreicher Quellen folgend bietet auch das Missale Romanum eine feierliche und eine feriale Melodie. Letztere stellt (nach Stäblein) eine vereinfachte Fassung der älteren feierlichen Singweise dar und findet sich erstmals um die Mitte des 12. Jh. im Kartäuserorden. – Im römischen Stundengebet wurde das P. n., abgesehen von → Matutin und → Prim, durch die Brevierreform von 1955 auf die Fürbitten (Preces) von Laudes und Vesper bestimmter Wochentage in Advent, Quadragesima und Quatember beschränkt, wogegen das monastische Offizium es in allen Horen beibehalten hat.

Lit.: P. WAGNER, Einführung in d. Gregorianischen Melodien III, Lpz. 1921, Nachdruck Hildesheim u. Wiesbaden 1962; J. A. JUNGMANN SJ, Beitr. zur Struktur d. Stundengebetes, in: Liturgisches Erbe u. pastorale Gegenwart, Innsbruck, Wien u. München 1960; DERS., Missarum Sollemnia II, Wien, Freiburg i. Br. u. Basel ⁵1962; BR. STÄBLEIN, Artikel P. n., in: MGG X, 1962. KWG

Paṭet, in der javanischen Musik melodische Modi, die bestimmt sind durch die Zugehörigkeit zu einer Tonleiter (→ Sléndro oder → Pélog) sowie durch melodische Grundformeln, die im → Gamelan von den Balungan-Instrumenten gespielt werden. In Pélog und Sléndro sind je 3 P. nachgewiesen; jeder von ihnen ist bestimmten Stunden des Tages und der Nacht zugeordnet sowie einer der 3 Abschnitte der Wayang-Nacht mit ihren Puppenspielen, die am frühen Abend beginnen und bis zum Morgengrauen dauern. Sléndro wird für die dem hindu-javanischen Sagenkreis entstammenden Stoffe *Mahābhārata* und *Rāmāyana* verwendet, die mit flachen Lederpuppen gespielt werden (wayang purwa). Pélog ist dem bodenständigen javanischen Pandji-Zyklus zugehörig, der mit flachen hölzernen Puppen (wayang gedok) gespielt wird. Übergänge von einem P. zu einem anderen sind in Sléndro möglich, seltener in Pélog; möglich sind auch Übergänge von Sléndro zu Pélog, kaum jedoch umgekehrt. Die Definitionen einheimischer Musiker für P. sind nicht einheitlich; so heißt es, P. sei »das Bett der Melodie«; oder in anderer Definition: alle Leitern, die denselben Zentralton haben, bilden zusammen ein P.; oder: P. sei das Präludieren auf einem Instrument nach gewissen Regeln, wonach die Art des zu spielenden Stückes deutlich werde.

Lit.: M. HOOD, The Nuclear Theme as a Determinant of P. in Javanese Music, Groningen u. Djakarta 1954.

pathétique (patet'ik, frz.), **patetico** (ital.), leidenschaftlich, scharf rhythmisiert und mit starken Akzenten vorzutragen (→ Grave). Beethovens Klaviersonate C moll op. 13 (komponiert 1798–99) heißt in der Originalausgabe (Herbst 1799, das Autograph ist verschollen) *Grande Sonate p. . . .*; Liszt schrieb 1856 ein *Concert p.* für 2 Kl., Tschaikowsky nannte (auf Anregung seines Bruders) seine 6. Symphonie op. 74 (1893) *Symphonie p.* Sinnverwandt ist → appassionato.

Pathopoiia, Pathopoeia (griech., Erregung der Leidenschaften), in der Kompositionslehre des 17. Jh. die aus der Rhetorik entnommene Bezeichnung für eine musikalische Figur: die Einführung von Halbtönen, die nicht zur Tonart des Stückes gehören. In der Rhetorik ist die P. *affectuum varietas, quae a circumstantiis, sexu, tempore, locis, personis et aetatibus petitur* (Lossius). Die musikalische Figur der P. nennt Burmeister (1606) *apta ad affectus creandos* und gibt als Beispiele für ihre Verwendung Textstellen an, bei denen Wörter wie »miserere«, »dolor«, »flebant« hervorgehoben werden. – Bernhard bezeichnet die gleiche musikalische Erscheinung als → Passus duriusculus.

Pauke (mhd. pûke; ital. timpano, von griech. τύμπανον; frz. timbale; span. timbal; engl. kettledrum), das wichtigste Schlaginstrument im Orchester, ein Membranophon, das aus einem Kessel von annähernd halbkugeliger (heute meist parabolischer) Form, einer über die Öffnung des Kessels gespannten Membran und einer Spannvorrichtung besteht. Durch Veränderung der Spannung kann die P. auf verschiedene Töne eingestimmt werden. Der als Resonator dienende Kessel besteht fast immer aus Kupferblech; der Grund für dessen Bevorzugung war zunächst, daß es sich leicht hämmern läßt. Doch haben sich Kessel aus Messing, Stahl, Aluminium, Holz oder Plexiglas aus klanglichen Gründen ebensowenig bewährt wie die kessellosen P.n von A. Sax (Patent 1862). In der Mitte des Kesselbodens befindet sich ein Schalloch von ca. 3 cm ⌀. Die Membran besteht meist aus gegerbtem Kalbfell (nach der Bearbeitungsmethode werden Glasfell und Kalkfell unterschieden); Membranen aus Plastik oder Nylon, die gegenüber Witterungseinflüssen unempfindlicher sind, haben die klanglichen Vorzüge der Tierfelle nicht erreichen können. Die Membran ist auf dem Fellwickelreifen befestigt. Die Spannvorrichtung besteht aus dem über den Fellwickelreifen gelegten Felldruckreifen und aus (je nach der Größe der Membran) 6 oder 8 Spannschrauben. Die Schraubenmechanik, die ältere Schnür-Spannvorrichtungen ersetzte, läßt sich in deutschen Quellen bis Anfang des 16. Jh. (Virdung 1511) zurückverfolgen. Früher wurden die Spannschrauben mittels eines Stimmschlüssels (Paukenspanner) gedreht; heute ist entweder an den Spannschrauben ein Flügelgriff (Knebel) angebracht, oder die Spannung wird bei festsitzenden Spannschrauben durch Flügelmuttern reguliert. Im Orchester wird die Schrauben-P. meist durch P.n mit zentraler Umstimmvorrichtung (Maschinen-P.) ersetzt. Nach der Konstruktion der Stimmmechanik sind folgende Typen der Maschinen-P. zu unterscheiden: 1) Kurbel- oder Hebel-P., bei der die Spannung des Fells durch eine Hauptschraube über einen Hebelmechanismus verändert wird (1812 von dem Münchner Hofpauker G. Kramer konstruiert); 2) Dreh-P., die zum Umstimmen im ganzen auf einer Zentralschraube gedreht werden muß (J. C. N. Stumpff 1821 in Amsterdam); der Drehmechanismus kann sich sowohl im Innern der P. als auch außerhalb befinden; 3) Pedal-P., deren Umstimmung durch ein Pedal in kürzester Zeit erfolgen kann. Von dem Pedal, das in festgelegte Stellungen einrastet, wird die Kraft auf den Felldruckreifen durch ein System von Zugstangen übertragen, die außen oder im Innern der P. verlaufen; außerdem kann die Stimmung durch eine Feineinstellung (Handrad) korrigiert werden. Der von den Instrumentenbauern Gautrot in Paris (1855) und C. Pittrich in Dresden (um 1872) konstruierte Pedalmechanismus hatte einen Vorläufer in der Timbale chromatique (Henri Brod, Anfang des 19. Jh. in Paris), einer P., die auf einem rechteckigen Holzkasten mit 7 Harfenpedalen zum Umstimmen montiert war.

Der Tonumfang der P. umfaßt etwa eine Sexte, doch wird er nicht ausgenutzt, da sich die Umfänge der einzelnen P.n nicht überschneiden. Im Orchester werden heute folgende P.n-Typen verwendet (der angegebene Tonumfang läßt die nur bedingt brauchbaren Randtöne unberücksichtigt): Baß-P. (⌀ 75–80 cm), D–H; Große oder G-P. (⌀ 65–70 cm), E–c; Kleine oder C-P. (⌀ 60–65 cm), A–fis; Hohe oder F-P. (⌀ 55–60 cm), c–gis; H-P. (⌀ 45–50 cm), g–c¹; Sopran-P. (⌀ 20–30 cm), a¹–d². F-, G- und H-P. werden nach dem mittleren Ton ihres Tonumfangs benannt. Die P.n in C und G wurden bis etwa 1800 wie → Transponierende Instrumente notiert (z. B. bei Bach, Haydn und Mozart; bei J.-B. Lully und Händel dagegen sind die real erklingenden Töne notiert). Die klangreale Notation, die vor 1800 außerdem bei Verwendung von drei und mehr P.n üblich war, hat sich seitdem durchgesetzt. – Die P. wird durch Anschlagen der Membran mit einem oder zwei Schlägeln zum Klingen gebracht; die Anschlagstellen, Schlagflecken genannt, wechseln je nach P.n-Typ und Klangerfordernissen, jedoch liegt der beste Schlagfleck etwa eine Handbreit vom Rand des Fells entfernt. Der P.n-Ton setzt sich aus Anschlag- und Resonanzton (Nachklang) zusammen. Durch den Anschlag wird die eingeschlossene Luft des Kessels plötzlich in Schwingung versetzt. Die genaue Fixierung des Schwingungs-

beginns ermöglicht die Verwendung der P. als rhythmisches und akzentgebendes Instrument. Werden viele Schläge schnell hintereinander ausgeführt (Wirbel), so entsteht ein fortdauernder Ton durch konstante Resonanzschwingung im Kessel. Die Intensität der einzelnen Wirbelschläge kann dabei so reduziert werden, daß das Schlaggeräusch bis auf ein Minimum beschränkt ist und der Resonanzton überwiegt.
Von den zahlreichen Spielmanieren und -techniken des 17.–19. Jh. (einfacher und doppelter Kreuzschlag, geschleppte und halbe Zunge, Mühlschlag, einfacher bis fünffacher Schlag) sind heute im Orchester nur noch die folgenden von Bedeutung, wobei der P.r im wesentlichen mit 5 verschiedenen → Schlägel-Arten auskommt: 1) Einzelschläge; 2) einfache Kreuzschläge rechts (r) und links (l), in moderner Spieltechnik nur bei Triolenbewegung angewendet; der Ausdruck bezieht sich auf das Kreuzen der Arme, wenn die rechtsstehende Große P. mit der linken Hand geschlagen wird und umgekehrt; 3) Wirbel in allen dynamischen Abstufungen (fälschlich als tr•••• notiert, da eigentlich ein Tremolo gespielt wird); 4) Wirbel auf 2 P.n, Doppelwirbel genannt (im 19. Jh. auch für die Schlagfolge rrllrrll... gebräuchlich); 5) Paradiddle, onomatopoetische Bezeichnung für eine von der amerikanisch-englischen Trommeltechnik übernommene Schlagmanier, die gegebenenfalls Kreuzschläge erspart; die Abfolge der Schläge ist dann etwa lrllrlrr...; 6) Übergangswirbel: Wirbelkette auf zwei und mehr P.n, bei der das Überspringen von einem Ton zum anderen möglichst ohne Unterbrechung auszuführen ist; 7) Abschlag: ein kurzer und betonter Schlag am Ende eines Wirbels, der mit der Hand abgedämpft wird; 8) verschiedene Arten der Vor- und Doppelschläge; 9) Dämpfen des P. erfolgt mit Hilfe eines Tuches, das etwa die Hälfte des P.n-Fells bedeckt (→ coperto); der Schlagfleck bleibt in jedem Fall frei. Der Klang wird dunkel und dumpf. Die Aufhebung der Dämpfung wird durch scoperto gefordert. Im Unterschied zur Dämpfung bedeutet Abdämpfen, daß nach einem kurzen Schlag die Schwingungen des vibrierenden Fells mit den gespreizten Fingern der Hand unterbrochen werden (→ étouffé); 10) Glissando: eine besondere Spielmanier, die nur auf der Pedal-P. ausführbar ist, und zwar als Nachklangglissando (die P. wird unmittelbar nach dem Anschlag umgestimmt) und als Wirbelglissando (die P. wird während eines Wirbels umgestimmt; dabei ist rhythmische Gliederung möglich). Voraussetzung für das Glissando ist völlige dynamische und rhythmische Gleichheit der Schläge.
Die P. ist orientalisch-asiatischer Herkunft und kam durch die Kreuzzüge spätestens im 13. Jh. ins Abendland, zunächst unter verschiedenen, an arabische Instrumentennamen angelehnten Bezeichnungen; z. B. wurde arabisch aṭbāl (oder ṭubūl; Plur. von → ṭabl) zu altspan. atabal und altfrz. atabale (davon beeinflußt frz. timbale). Zu Anfang des 14. Jh. begegnet in Italien naccherone (von arabisch naqqāra) und in Frankreich → nacaire als Name für die P. 1384 ist die P. in der herzoglichen Kapelle Philipps des Kühnen von Bergamo nachgewiesen. Die mittelalterlichen Instrumente waren bedeutend kleiner (⌀ der Membran um 30 cm) und leichter als die moderne P., so daß sie am Gürtel getragen werden konnten; außerdem wurde die Fellspannung durch Schnürung bewirkt. Die große Form der Kessel-P. ist zum erstenmal 1457 gelegentlich einer ungarischen Gesandtschaft König Ladislaus' an Karl VII. in Nancy nachweisbar und erregte Bewunderung und Erstaunen. In Deutschland wurde die große Kessel-P. erst um 1500 bekannt, die – meist von einem Reiter gespielt – vorwiegend im militärischen Bereich zur Anwendung kam (meist als Tympanum oder Heer-P. bezeichnet; vgl. Virdung 1511, nach ihm auch Praetorius Synt. II, S. 77). Der größere Durchmesser bedingte eine stärkere Spannung der Membran und das Aufkommen der Schraubenmechanik. Die Kupferstichfolge *Kayser Maximilians I. Triumph* (1518 von Jörg Kölderer, Hans Burgkmaier u. a.) dokumentiert die Zuordnung der Trompeter und P.r zum Ritterstand (im Unterschied zu den Trommlern und Pfeifern der Landsknechte; → Spielleute – 2). Auch Bilddarstellungen vom Anfang des 16. Jh. (L. Cranach, Holzschnitt eines Turniers, 1509; A. Dürer, *Ehrenpforte Maximilians*, 1515) bestätigen diese gehobene soziale Stellung der P.r (vgl. auch J. Amman, *Eygentliche Beschreibung aller Stände auf Erden*, Frankfurt am Main 1568; H. Holbein d. J., *Totentanz*, um 1525). Die Mitglieder der → Zunft der Trompeter und P.r waren im Rang einem Offizier gleichgestellt; u. a. war festgelegt, an wie vielen Feldzügen die Zunftmitglieder teilgenommen haben mußten. Durch die Freiheitsbriefe und Konfirmationen der deutschen Kaiser in ihren Privilegien immer wieder bestätigt, verbreiteten sich im 16. Jh. die Zünfte der Trompeter und P.r über ganz Europa; 1810 wurde eine der letzten noch bestehenden Zünfte (Kameradschaften) in Preußen aufgelöst (vgl. G. Avgerinos 1964). Eine nahezu akrobatische Schlagtechnik war für die P.r des 17./18. Jh. bezeichnend. In der Hauptsache wirkten sie bei den → Signalen und Feldstücken mit, stets zusammen mit den Trompeten. Eine zusammenfassende Darstellung der gesamten P.r-Kunst und ihrer Zünfte gab 1795 J. E. Altenburg, der Sohn eines Hoftrompeters. Ihre Stellung als wichtiges Instrument der → Militärmusik, bevorzugt vor allem von der Kavallerie, behielt die P. bis ins 20. Jh.
Noch zu Anfang des 17. Jh. waren die P.n (wie alle Schlaginstrumente) von untergeordneter Bedeutung für die Orchestermusik. Was sie zu spielen hatten, wurde nicht notiert, sondern in kurzen, allgemeinen Anweisungen niedergelegt (vgl. Praetorius Synt. III, S. 171; eine Ausnahme ist die fixierte P.n-Stimme in der 53st. Salzburger Festmesse von Benevoli). Erst in den Werken J.-B. Lullys, H. Purcells, J. S. Bachs und Händels wurden sie mit wichtigen, durch die Notation festgelegten Aufgaben betraut und damit in die Instrumentation einbezogen. Sie waren zunächst meist einfach, in wenigen Fällen auch schon doppelt (d. h. mit 4 P.n) besetzt und verblieben noch in der traditionellen Bindung an die Trompeten (Mannheim, Salzburg, Wien; vgl. Carse 1940). – Bis zu Beethoven wurden die P.n gewöhnlich paarweise in der Stimmung Tonika-Dominante gebraucht. Einige frühe Beispiele für die Verwendung von mehr als 2 P.n bieten die Orchesterwerke Chr. Graupners (z. B. eine Sinfonia mit 6 obligaten P.n, 1747). Im 19. Jh. wurden häufiger 3 (Meyerbeer, *Robert le diable*, 1831; Tschaikowsky, »Romeo und Julia«, 1869) und 4 P.n gefordert (Berlioz, *Symphonie fantastique*, 1830; R. Wagner, *Der Ring des Nibelungen*, 1853–74; Mahler, 7. Symphonie). Die 16 P.n des *Tuba mirum* aus der *Grande messe des morts* (1837) von Berlioz bilden eine Ausnahme. – Veränderungen der Grundstimmung forderte zuerst Beethoven: A-es (*Fidelio*), A-f (8. Symphonie), F-f (8. und 9. Symphonie). Ihm schlossen sich in der Folge fast alle Komponisten an, so Wagner im Vorspiel zum 2. Akt des *Siegfried* (Fis-c), C. M. v. Weber im *Freischütz* (A-c). Die Erfindung der Ventile an den Blechblasinstrumenten und die damit verfügbaren Möglichkeiten der Modulation in entferntere Tonarten verlangte auch vom P.r schnelleres Umstimmen, was erleichtert wurde durch die Erfindung der Maschinen-P.n (Hebel-P., Drehkessel-P.). Doch erst mit der Pedal-P. waren die tech-

nischen Voraussetzungen geschaffen, daß auch schwierigste Partien gemeistert werden konnten (Mahler, 7. Symphonie, 1905, Finale; Ravel, *Rapsodie espagnole*, 1907; Wellesz, *Alkestis*, 1924; Bartók, *Musik für Saiteninstrumente, Schlagzeug und Celesta*, 1936; Orff, *Trionfo di Afrodite*, 1953). Ebenso wurde dadurch die thematische Verwendung der P.n (R. Strauss, *Salome*, 1903) wie auch ihr Einsatz als Soloinstrument möglich (O. Gerster, *Capriccietto* für 4 P.n und Streichorch., 1936; Franco Donatoni, *Concertino* für Streicher, Blechbläser und P.n solo, 1952; Werner Thärichen, *Paukenkonzert* op. 34, 1954; A. Tscherepnin, *Sonatina* für P. und Kl.).

Lit.: S. VIRDUNG, Musica getutscht (Basel 1511), hrsg. v. R. Eitner, = PGfM, Jg. X, Bd XI, Bln 1882, dass., Faks. hrsg. v. L. Schrade, Kassel 1931; M. MERSENNE, Harmonie universelle, Paris 1636, Faks. hrsg. v. Fr. Lesure, 3 Bde, Paris 1963; J. E. ALTENBURG, Versuch einer Anleitung zur heroisch-mus. Trompeter- u. Pauker-Kunst, Halle 1795, NA Dresden 1911, Nachdruck Bilthoven 1966; C. A. BORACCHI, Manuale del timpanista, Mailand 1842; G. KASTNER, Méthode complète et raisonnée de timbales, Paris (1845); E. PFUNDT, Die P., Eine Anleitung ..., Lpz. 1849, ^{2}1880 hrsg. v. F. Hentschel, erweitert v. H. Schmidt ^{3}1894; C. FR. REINHARDT, Der Paukenschlag. Eine Anleitung ..., Erfurt 1849; G. FECHNER, Die P. u. Trommeln in ihren neueren u. vorzüglicheren Konstruktionen, = Neuer Schauplatz d. Künste u. Handwerke CXL, Weimar 1862; A. DEUTSCH, Pauken-Schule ..., Lpz. (1895); G. SCHAD, Musik u. Musikausdrücke in d. mittelengl. Lit., Diss. Gießen 1910; DERS., Zur Gesch. d. Schlaginstr. auf germanischen Sprachgebiet bis zum Beginn d. Neuzeit, in: Wörter u. Sachen VIII, 1923; H. KNAUER, Schlaginstr., in: E. Teuchert, Musik-Instrumentenkunde in Wort u. Bild III, Lpz. 1911; DERS., Paukenschule, neubearb. v. G. Behsing, Lpz. 1955; C. SACHS, Die Musikinstr. Indiens u. Indonesiens, Bln 1915; DERS., The Hist. of Mus. Instr., NY (1940); SACHS Hdb.; J. BAGGERS, Les timbales, le tambour et les instr. à percussion, in: A. Lavignac u. L. de La Laurencie, Encyclopédie de la musique II, 3, Paris 1926; P. R. KIRBY, The Kettle-Drums: An Hist. Survey, ML IX 1928; DERS., The Kettle-Drums. A Book for Composers and Kettle-Drummers, Oxford 1930; P. TH. WILLE, Lehrgang d. Paukenschlagens, Augsburg u. Wien 1930; FR. DICK, Bezeichnungen f. Saiten- u. Schlaginstr. in d. altfrz. Lit., = Gießener Beitr. zur romanischen Philologie XV, Gießen 1932; S. GOODMAN, Modern Method for Tympani, NY 1948; A. CARSE, The Orch. in the XVIIIth Cent., Cambridge 1940, Nachdruck 1950; H. G. FARMER, Handel's Kettledrums and Other Papers on Military Music, London 1950, Nachdruck 1965; C. TITCOMB, The Kettledrums in Western Europe: Their Hist. Outside the Orch., Diss. Harvard Univ. (Mass.) 1952, maschr.; DERS., Baroque Court and Military Trumpets and Kettledrums: Technique and Music, The Galpin Soc. Journal IX, 1956; L. TORREBRUNO, Il timpano ..., Mailand (1954); A. A. SHIVAS, The Art of Tympanist and Drummer, London 1957; H. TAYLOR, The Art and Science of the Timpani, London 1957; J. MONTAGU, Wooden Timpani, The Galpin Soc. Journal XII, 1959; H. KUNITZ, Die Instrumentation X, Schlaginstr., Lpz. 1960; J. BLADES, Orchestral Percussion Technique, London 1961; N. H. CARTER, A Dictionary of Middle Engl. Mus. Terms, = Indiana Univ. Humanities Series XLV, Bloomington (1961); J. EPPELSHEIM, Das Orch. in d. Werken J.-B. Lullys, = Münchner Veröff. zur Mg. VII, Tutzing 1961; E. B. GANGWARE, The Hist. and Use of Percussion Instr. in Orchestration, Diss. Northwestern Univ. (Ill.) 1962, maschr.; V. FIRTH, The Solo Timpanist, NY 1963; WŁ. KOTOŃSKI, Instr. perkusyjne ..., Krakau (1963), deutsch als: Schlaginstr. im modernen Orch., Mainz (1967); G. AVGERINOS, Lexikon d. P., = Fachbuchreihe Das Musikinstr. XII, Ffm. (1964); H. TOBISCHEK, Die P., Ihre spiel- u. bautechnische Entwicklung in d. Neuzeit, 2 Bde, Diss. Wien 1965, maschr. → Instrumentation.

Pause (von griech. παύεσϑαι, aufhören; lat. silentium oder pausa; ital. pausa; frz. silence oder p.; engl. silence oder rest), das zeitweilige Schweigen einzelner oder aller Stimmen eines Satzes. – In der antiken Metrik konnten unregelmäßige Verse durch Annahme von P.n als Sonderform eines längeren regelmäßigen Versmaßes erklärt werden. Einzelne Andeutungen dieser Lehre finden sich bei Aristeides Quintilianus (I, 18) und dem Anonymus Bellermann (97ff.); beide kennen als Zeichen für die P. (κενὸς χρόνος, leere Zeit) das Limma Λ (mit Zusatzzeichen für P.n 2–4facher Länge). Eine ausführliche Behandlung des Silentiums in der Metrik und seiner Berücksichtigung beim Vortrag bringt Augustinus (*De musica* III, 8, 16ff., und IV, 13, 16ff.), der auch P.n zuläßt, die nicht durch das Metrum vorgezeichnet sind (*silentia voluntaria*; IV, 15, 29). Die Neumenschrift und die Choralnotation haben keine Zeichen für die P.; doch kennt die spätere Choralnotation Teilstriche zur Markierung von Hauptabschnitten der Melodie. Die mehrstimmige Musik übernahm zunächst diesen Teilstrich (→ Suspirium) als Zeichen für eine kurze P. unbestimmter Länge. In der Mensuralnotation ergab sich dann die Notwendigkeit, das Prinzip der Zeitmessung auch auf die P. zu übertragen. Dementsprechend erklärt Franco von Köln die P. als *vox amissa* (im Gegensatz zur *vox prolata*, dem gesungenen Ton) und bringt Zeichen für 6 P.n, nämlich die 5 durch Noten darstellbaren Zeitwerte und das *finis punctorum* (ed. Cserba, S. 231 und 244ff.):

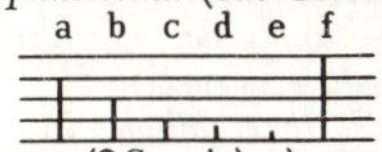

a) pausa perfecta = longa perfecta (3 Spatia); b) pausa imperfecta = longa imperfecta oder brevis altera (2 Spatia); c) pausa brevis = brevis recta (1 Spatium); d) pausa maior semibrevis = semibrevis maior ($^{2}/_{3}$ Spatium); e) pausa minor semibrevis = semibrevis minor ($^{1}/_{3}$ Spatium); f) finis punctorum = »immensurabilis«, bewirkt Dehnung der vorletzten (und letzten) Note (4 Spatia).

Im 14. Jh. wurden die P.n für Semibrevis und Minima so unterschieden, daß die Semibrevis-P. an einer Linie hängend, die Minima-P. auf einer Linie aufsitzend notiert wurde. Die später hinzukommenden Zeichen für kleinere Notenwerte wurden der Tabulatur entnommen. Damit ergab sich im 16. Jh.:

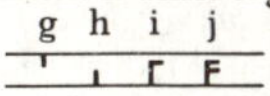

g) pausa semibrevis; h) pausa minima; i) pausa semiminima oder fusa = suspirium; j) pausa semifusa.

Beim Übergang zur weißen Mensuralnotation mit der Unterscheidung von Semiminima und Fusa wurde so verfahren, daß die Pausa semiminima weiter mit nach rechts gerichtetem, die Pausa fusa nunmehr mit einem nach links gerichteten Fähnchen notiert wurde; damit war für die Fusa und die kleineren Notenwerte erreicht, daß bei Note und P. jeweils die gleiche Zahl von Fähnchen geschrieben wurde. Die seit dem 16. Jh. im wesentlichen unverändert gebliebenen Zeichen für die P.n sind die folgenden:

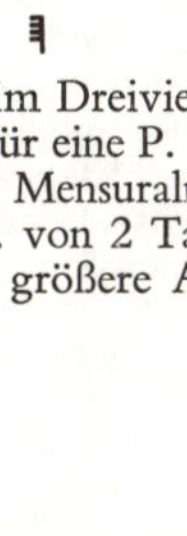

Bezeichnung:	ältere P.n-Form:	heutige P.n-Form:	Noten:
Ganze P.		𝄻	𝅝
Halbe P.		𝄼	𝅗𝅥
Viertel-P.	(𝄾)	𝄽	𝅘𝅥
Achtel-P.		𝄾	𝅘𝅥𝅮
Sechzehntel-P.		𝄿	𝅘𝅥𝅯
Zweiunddreißigstel-P.		𝅀	𝅘𝅥𝅰
Vierundsechzigstel-P.		𝅁	𝅘𝅥𝅱

Die Ganze P. gilt auch im Dreivierteltakt einen Takt (also nur drei Viertel). Für eine P. von 2 Takten wird noch die Brevis-P. der Mensuralnotation gebraucht (1 Spatium), für eine P. von 2 Takten die Longa-P. (2 Spatia). P.n für eine größere Anzahl von Takten werden durch eine Folge dieser Zeichen, meist aber durch Zahlen über Quer- oder Schrägbalken angezeigt, jedoch geteilt, sobald Taktart oder Tempo wechseln (etwa wie im nebenstehenden Beispiel). Bei größer besetzten Werken wird die → General-P. zusätzlich durch die Buchstaben G. P. bezeichnet. – Der Begriff der P. setzt Zeitmessung voraus; daher ist die kompositorische Verwendung der musikalischen (nicht im Text vorgegebenen) P. zuerst in der Mensuralmusik des 13. Jh. zu beobachten, vor allem im → Hoquetus. Dient die P. in der Mehrstimmigkeit des 15./16. Jh. noch vorwiegend der melodischen Gliederung einer Stimme, so wird sie seit dem 17. Jh. in vielfältiger Weise zur Affektdarstellung eingesetzt. Die Lehre von den musikalisch-rhetorischen Figuren im 17./18. Jh. erklärt verschiedene Arten der P. als → Abruptio, → Apokope, → Aposiopesis, → Ellipsis, → Homoioteleuton, → Suspiratio, → Tmesis. – Für die Musik des späten 18. und des 19. Jh. gilt H. Riemanns Feststellung (1903, S. 130f.), daß in der Metrik *P.n nicht Nullwerte, sondern vielmehr Minuswerte sind, denen je nach der Bedeutung der positiven Werte, welche sie negieren, eine gar sehr verschiedene Wirkung eignet ... Das Auftreten einer P. innerhalb des Motivs bedeutet für die Auffassung von dessen immanenter dynamischer Potenz nichts geringeres als für die Dauer der P. ein Eintreten des negativen Wertes statt des ausgefallenen positiven ...* In F. Mendelssohn Bartholdys Ouvertüre

Die Hebriden op. 26 (Takt 47ff.) ist die erste P. noch der vorausgehenden Endung zuzurechnen, also eine »Verkürzungs-P.«, bei der zweiten dagegen *zwingt die auffällige Einführung der zweiten Subdominante (c⁺), die Viertelpause der Melodie bereits in das neue Motiv zu nehmen* (Riemann 1903, S. 133); sie ist also eine »Zähl-P.«. Auch am Ende eines Motivs kann die P. statt der Endnote selbst stehen, z. B. in Beethovens Klaviersonate Fis dur op. 78, 1. Satz, Takt 36ff., *wo der immer auf die P. gerade wieder in den Grundton cis laufende Baß allein den in den Oberstimmen unterdrückten Cis-dur-Akkord vorstellen muß* (ebenda S. 142). Folgerichtig erkennt Riemann auch Innen-P.n im Motiv an.

Lit.: H. RIEMANN, Mus. Dynamik u. Agogik, Hbg u. St. Petersburg 1884; DERS., System d. mus. Rhythmik u. Metrik, Lpz. 1903; F. ROSENTHAL, Probleme d. mus. Metrik, ZfMw VIII, 1925/26; Z. LISSA, Die ästhetischen Funktionen d. Stille u. P. in d. Musik, StMw XXV, 1962.

Pavane (ital. pavana, padovana, → padoana, paduana; frz. p., pavenne; engl. pavan, paven, pavin), ein meist geradtaktiger höfischer Schreittanz, der im 1. Viertel des 16. Jh. die Basse danse ablöste und dessen Blütezeit ins 16./17. Jh. fällt. Der Name wurde früher (u. a. schon von Walther 1732) von span. pavo, der Pfau, abgeleitet und der Tanz als ursprünglich in Spanien beheimatet angesehen. Demgegenüber setzte sich in jüngster Zeit die Annahme durch, P. sei von Pava als idiomatischer Form von Padova abzuleiten (alla pavana, in der Art von Padua). Die ältesten Belege der P. finden sich in dem Lautenbuch von Dalza (Petrucci 1508), in dem 5 *P. alla venetiana* und 4 *P. alla ferrarese* enthalten sind, die auf dem Titelblatt als *Padoane diuerse* angekündigt werden. Als nächste bekannte Belege folgen mehrere Padoanen im Manuskript von Capirola (um 1517),

P.n in den Drucken von Attaingnant (ab 1529), bei Judenkünig (1523), bei Milan (1535). Die P. *hat meistentheils 3. repetitiones, deren jede 8. 12. oder 16. tact, weniger aber nicht haben muß / wegen der 4. Tritt oder Passuum so darinnen observirt werden müssen* (Praetorius Synt. III, S. 24), also gewöhnlich das Formschema aa bb cc.

P. *La Garde*, in: P. Phalèse, *Liber primus leviorum carminum* ..., 1571.

Allgemein wird die P. als feierlich-gravitätisch charakterisiert, auch in den choreographischen Darstellungen (Caroso, Arbeau), denen zufolge sie mit zwei Einzelschritten und einem Doppelschritt vorwärts (nach Belieben auch rückwärts) ausgeführt werden konnte. Zahlreiche P.n, in anderen Quellen teils auch als → Passamezzo bezeichnet, sind über einem Klanggerüst wie dem des Passamezzos oder dem der Romanesca aufgebaut. Für die europäische Verzweigung der P. ist es bezeichnend, daß eine von A. de Cabezón (Madrid) als *pavana italiana* bearbeitete → Pavaniglia durch J. Bull (London) als *spanish paven* übernommen und von Sweelinck (Amsterdam) und Scheidt (Halle/Saale) als *paduana hispanica* mit neuen Variationen versehen worden ist. Die P. wurde gewöhnlich mit einem oder mehreren anderen Tänzen zusammengestellt, meist mit Saltarello. In der Tabulatur von Dalza steht die Folge P.–Saltarello–Piva, wobei die beiden letzteren die ihrem Tanzcharakter entsprechenden Varianten der ersten sind. Um die Mitte des 16. Jh. wurde das Tanzpaar P.–Saltarello abgelöst von der Folge P.–Galliarde. Zu besonderer Bedeutung gelangte die P. kurz nach 1600 als Einleitungssatz in der Tanzsuite der deutschen Komponisten (und ist dann oft mit Paduana oder Padouana überschrieben), so bei Schein, Peuerl, Rosenmüller u. a. Während in der französischen → Suite die P. von der Allemande verdrängt wurde, trat in der italienischen Sonata da camera um 1650 eine Sinfonia oder eine Aria an die Stelle der P. – M. Ravel schrieb eine *P. pour une Infante défunte* für Kl. (1899).

Lit.: M. F. CAROSO, Il ballerino, Venedig 1581, Nachdruck Rom 1630; TH. ARBEAU, Orchésographie, Langres (1588), NA v. L. Fonta, Paris 1888, engl. v. M. St. Evans, NY 1948; WALTHERL; T. NORLIND, Zur Gesch. d. Suite, SIMG VII, 1905/06; C. SACHS, Eine Weltgesch. d. Tanzes, Bln 1933, engl. NY 1937 u. London 1938, frz. Paris 1938; L. MESSEDAGLIA, La pavana, danza non spagnuola, ma padovana, in: Atti e memorie dell'Accad. d'agricoltura, scienze, lettere, arti e commercio di Verona V, 41, 1942/43; A. MICHEL, Origin of the Gagliarda and the P., Dance Observer XIII, 1946; O. GOMBOSI, Compositione di Meser V. Capirola,

= Publications de la Soc. de musique d'autrefois I, Neuilly-sur-Seine 1955; L. H. MOE, Dance Music in Printed Ital. Lute Tabulature from 1507 to 1611, Diss. Harvard Univ. (Mass.) 1956, maschr.; H. SPOHR, Studien zur ital. Tanzkomposition um 1600, Diss. Freiburg i. Br. 1956, maschr.; B. DELLI, P. u. Galliarde, Diss. Bln (F. U.) 1957, maschr.

Pavaniglia (pavan'i:ʎa, ital.; wahrscheinlich Diminutiv von Pavana), spanisch-italienischer Tanz zwischen 1580 und 1660, dem häufig ein der → Folia ähnliches Satzmodell zugrunde liegt; im Gegensatz zu dieser tritt die P. jedoch nur geradtaktig auf. Das Modell besteht meist aus 8 Takten (gelegentlich 16 mit je 2 Takten auf jedem der 8 Gerüstklänge). Die P. begegnet in Lautentabulaturen u. a. bei Caroso (1581), wo sie choreographisch und musikalisch, bei C. Negri (*Nuove inventioni di balli*, Mailand 1604), wo sie choreographisch beschrieben wird; in Chitarratabulaturen ist sie von 1606 (Montesardo) bis 1661 (Millioni) nachweisbar. Als 4st. Instrumentalsatz findet sie sich schon bei Gesualdo (Ms. Neapel, Bibl. del Conservatorio, um 1590); Bearbeitungen für Tasteninstrumente kommen um 1600 vor. Verschiedene italienische Benennungen könnten spanische Herkunft andeuten: *P. di Spagna* (Ms. Berlin, Deutsche Staatsbibl., Mus. ms. 40032, 2. Hälfte 16. Jh.), *P.: balletto spagnole* (Ms. Anon. Florenz, Bibl. Naz. Centrale, Magl. XIX, 115, um 1600). Daß nicht alle Stücke mit dem Satzmodell der P. als solche bezeichnet sind, erweisen u. a. die *Pavana hispanica* von J.-B. Besard (1603), *Spanish paven* von J. Bull (*Fitzwilliam Virginal Book*) und *Pavana italiana* von A. de Cabezón.

Lit.: H. SPOHR, Studien zur ital. Tanzkomposition um 1600, Diss. Freiburg i. Br. 1956, maschr.

Pedal (zu lat. pes, Fuß; Abk.: P., Ped.; frz. pédale; ital. pedale), Fußklaviatur oder -hebel bei Tasteninstrumenten, der Harfe sowie der Pauke. – 1) Das P. der Orgel ist eine für das Spiel der Füße bestimmte Klaviatur. Wahrscheinlich geht das Orgel-P. auf das Glockenspiel zurück; als sein »Erfinder« gilt der Brabanter Glokkenspieler Louis van Valbeke († 1318). Ursprünglich unselbständig, war das P. durch Seilschlingen an die tiefsten Tasten des Manuals angehängt; es umfaßte nur 3–5 Töne. Nach der Ileborgh-Tabulatur mit Doppelpedalführung (1448) verlangt A. Schlick 1511 ein selbständiges P. im Umfang F–c^1 (mit allen Halbtönen) und die Tasten in einem Abstand, daß jeweils 2 Lagenstimmen mit einem Fuß gespielt werden können; er kennt auch das mehrstimmige solistische P.-Spiel (ohne Manual). Die Kunst des obligaten P.-Spiels blieb bis zum Abbau des Werkcharakters der Orgel am Ausgang der Barockzeit eine Sonderheit vor allem der deutschen Organisten (→ Orgelmusik). Außerhalb Deutschlands sind die technische → Disposition des P.s und das P.-Spiel, zum Teil (wie in Frankreich) aus einer anderen Einstellung zur Polyphonie heraus, erst relativ spät entwickelt worden. Aus älterer Zeit stammt die Kurze Oktave des P.s.

Das P. dient nicht nur zum Spiel des Basses, sondern wird auch zur Darstellung des C. f. in allen Lagen (Sopran, Alt, Tenor, Baß) eines mehrstimmigen Satzes gebraucht, meist in der Besetzung mit Zungenstimmen 16' bis 2'. Die Zusammensetzung der Fußtonlagen der P.-Register gibt Auskunft, ob sie nur als Baßfundament oder auch zur Führung von Alt- und Sopranlagen disponiert sind. Unter der Leitung von S. Scheidt besetzte H. Compenius das P. der Moritzkirche zu Halle mit 16' 16' 8' 4' 2' 1'. J. Fr. Wender baute im P. zu 2'. Bachs Anleitung im P. (Mülhausen): 32' 16' 16' 16' 8' 8' 4' 2' 1' und Mixtur. G. Silbermann besetzte das P. der Hofkirche zu Dresden mit 32' 16' 16' 8' 8' 4' 4' und Mixtur. U. a. haben einige altspanische Orgeln zwei übereinanderliegende P.e. Heute hat das P. meist einen Umfang von C–f^1, im Barock bis c^1 und d^1. – »Ped.« bedeutet in der Orgelmusik die Anweisung für den Pedaleinsatz. – 2) Nur selten wird das → P.-Klavier gebaut, dessen P. ähnlich wie bei der Orgel als Klaviatur ausgebildet ist. Beim Klavier (Clavichord, Cembalo, Pianoforte) heißen P. in der Regel einzelne durch die Füße zu bedienende Hebel, die der Registrierung, Färbung oder Dämpfung des Klanges dienen. Im Clavichord- und Cembalobau herrschten bis um 1750 Handzugregister oder Kniehebel vor. Der späte Cembalobau setzte P.e überwiegend zusätzlich zu den Handzugregistern für neu erfundene Spielhilfen ein, z. B. Tschudi und Broadwood um 1770–80 als »Machine« zum Ausschalten von Registern sowie für den Jalousieschweller. Beim Hammerklavier war vor 1830 die Anzahl der P.e nicht festgelegt; sie konnte 8 erreichen (z. B. Pantalonzug, jeu de buffle, Oktavkoppel). Doch waren zur Zeit Haydns und Mozarts auch Instrumente ohne P. nicht selten. Sehr häufig waren um 1800–30 Hammerflügel mit 4 P.en: Verschiebung, zweiter Pianozug, aufgehobene Dämpfung, Lautenzug. Solche Instrumente besaßen u. a. Beethoven (1803–16), Cherubini, C. M. v. Weber und noch Clara Schumann (ab 1840). Um die Mitte des 19. Jh. setzte sich allgemein die Beschränkung auf 2 P.e durch; von denen das rechte (Groß-P., Fortezug) die Dämpfer von den Saiten abhebt und nicht nur ein Nachklingen der angeschlagenen Töne bewirkt, sondern auch eine Verstärkung durch Mittönen, verlangt durch senza sordini oder 𝄢, ℗ aufgehoben durch ✱, ⊕ (letzteres Zeichen nicht mehr gebräuchlich). Es wird vor allem angewandt zur Klangbereicherung (Klang-P., Harmonie-P.) und zum Binden von Tönen, wo ein Legato sonst nicht möglich ist (Bindungs-P.). Dabei ist nur im romantischen Klavierstil von der Vorstellung der durchweg gehobenen Dämpfung auszugehen (R. Schumann, Sonate op. 11, 1. Satz). Das linke P. ist im modernen Klavier die Verschiebung. Sie rückt die Klaviatur und Mechanik ein wenig nach rechts, wodurch der Hammer jeweils eine Saite des Chores weniger trifft (verlangt durch una corda, due corde, aufgehoben durch tutte le corde). Der Hauptreiz der Verschiebung, die grundsätzlich in allen Stärkegraden angewandt werden kann, besteht in einer Veränderung der Klangfarbe. Bei Pianinos dagegen vermindert das linke P. den Neigungswinkel der Hämmer und nähert sie mehr den Saiten. Dadurch wird eine mechanische Abschwächung der Hebelkraft bewirkt und das leise Spiel ohne Klangfarbenveränderung erleichtert. Neuere Konstruktionen sind das → Tonhaltungs-P., ferner ein 3. P. mit verstärkter Dämpfung (durch einen Filzstreifen, der zwischen Saite und Hammer geschoben wird, für Übungszwecke) sowie E. Zachariäs Kunst-P. Bei letzterem kann durch 4 P.e die Dämpfung nach Belieben von 8 Teilen der Besaitung erreicht werden: $_2$A–E, F–H, c–e, f–a, b–d^1, es^1–g^1, as^1–c^2, dis^2–e^3.

– 3) Bei der Harfe führte um 1720 der Augsburger Hochbrucker in Donauwörth zunächst 5, dann 7 P.e ein, mit deren Betätigung jeweils alle gleichnamigen Saiten des Instruments um einen Halbton erhöht werden konnten. Die von → Erard 1810 in Paris geschaffene Doppel-P.-Harfe ermöglichte mit der stufenweisen Erhöhung der Saiten um jeweils 2 Halbtöne die Verwendung des Instruments in allen Tonarten. – 4) → Pauke.

Lit.: zu 1): W. APEL, Die Tabulatur d. Adam Ileborgh, ZfMw XVI, 1934; G. FROTSCHER, Gesch. d. Orgelspiels u. d. Orgelkomposition I, Bln 1935, ²1959, Nachdruck Bln 1966; E. BRUGGAIER, Studien zur Gesch. d. Orgelpedalspiels in Deutschland bis zur Zeit J. S. Bachs, Diss. Ffm. 1959. – zu 2): L. KÖHLER, Systematische Lehrmethode f. Klavierspiel u. Musik, 3 Bde, Lpz. 1857–58, ³1882 revidiert v. H. Riemann; DERS., Der Klavierpedalzug, Bln

1882; H. Schmitt, Das P. d. Kl., Wien 1875; H. Riemann, Vergleichende theoretisch-praktische Klavierschule, Hbg u. St. Petersburg 1883, ²1890; A. J. A. Lavignac, Ecole de la pédale, Paris 1889, Neudruck 1927; G. Falckenberg, Les pédales du piano, Paris 1895; A. Rubinstein, Leitfaden zum richtigen Gebrauch d. Pfte-P., Lpz. 1896; L. Riemann, Das Wesen d. Klavierklanges, Lpz. 1911; F. Boghen (mit G. Sgambati), Appunti ed esempi per l'uso dei pedali del pfte, Mailand 1915, Neudruck 1941; L. Kreutzer, Das normale Klavierp., Lpz. 1915, ²1928; R. E. M. Harding, The Piano-forte, Cambridge 1933; Y. Bowen, Pedalling the Modern Pfte, London 1936; K. Leimer (mit W. Gieseking), Rhythmik, Dynamik, P., Mainz (1938) u. ö., Neudruck (1965), engl. Philadelphia 1938; H. Sočnik, Lehre v. Klavierp. I: Das P. bei Mozart, in: Schriften d. Gaumusikschule Danzig-Westpreußen II, 1944; W. Gieseking, Mozart auf d. Kl. – mit oder ohne P., Das Musikleben I, 1948; Fr. J. Hirt, Meisterwerke d. Klavierbaus, Olten 1955.

Pédale (frz.) → Pedal; → Orgelpunkt.

Pedalklavier, ein besaitetes Tasteninstrument mit → Manual und → Pedal (–1), als Pedalclavichord schon im 15. Jh. nachweisbar, im 18. Jh. (auch als Pedalcembalo) als Übungsinstrument der Organisten verbreitet. Das Pedal war zunächst nur an die tiefsten Tasten des Manuals angehängt oder hatte eine → Kurze Oktave. Ob J. S. Bachs Orgeltriosonaten (*a 2 Clav. e Pedale*, BWV 525–530) für P. geschrieben sind, ist umstritten. Im 18. und 19. Jh. wurden Hammerklaviere als P.e gebaut (Pedal $_1$D–d); der Saitenbezug war im Manual zweichörig, im Pedal dreichörig. Stücke für P. schrieben R. Schumann (op. 56, 58, 60), Alkan (op. 64, 66, 69, 72) und Gounod (*Fantaisie sur l'hymne nationale russe; Suite concertante* mit Orch.). Separate Pedaluntersätze in Flügelform für Cembali werden heute wieder angefertigt.
Lit.: Adlung Mus. mech. org.; Fr. K. Griepenkerl, Vorrede zur 1. Aufl. v. J. S. Bach's Kompositionen f. Org., Bd I, Lpz. 1844; J. Handschin, Das P., ZfMw XVII, 1935; W. Schrammek, Die mg. Stellung d. Orgeltriosonaten v. J. S. Bach, Bach-Jb. XLI, 1954; Fr. J. Hirt, Meisterwerke d. Klavierbaus, Olten 1955.

Peitsche (engl. whip; frz. fouet; ital. frusta), ein Geräuschinstrument, bestehend aus 2 durch Scharniere verbundenen, an einem Griff befestigten länglichen Hartholzbrettchen, die mit einer ruckartigen Bewegung gegeneinandergeschlagen werden; dadurch wird das Geräusch des Peitschenknalls nachgeahmt. Die P. wird z. B. von Mascagni in *Cavalleria rusticana* (Auftritt des Alfio) verwendet.

Pélog, die javanische Bezeichnung für die neben → Sléndro vorhandene Leiter der javanischen und balinesischen Musik (→ Patet). P. ist eine 7stufige Leiter (Intervalle z. B. um 120, 150, 270, 130, 115, 165, 250 Cent), von der aber nur jeweils 5 Töne gebraucht werden; durch Austausch von Tönen entstehen neben den Hauptleitern Hilfsmodi. Auf Java gilt P. als weibliche, traurige Tonart.
Lit.: M. F. Bukofzer, The Evolution of Javanese Tone-Systems, Kgr.-Ber. NY 1939; J. Kunst, Music in Java I, Den Haag 1949; M. Hood, The Nuclear Theme as a Determinant of Patet in Javanese Music, Groningen u. Djakarta 1954; H. Husmann, Grundlagen d. antiken u. orientalischen Musikkultur, Bln 1961.

Penillion (pen'iljən, engl., von walisisch penn, Kopf) ist Oberbegriff für alte, auf die Musizierpraxis der keltischen → Barden zurückgehende Gesänge, die gewöhnlich auf Stegreifverse improvisierend zur Harfe gesungen wurden, wobei der Harfner eine bekannte Volksliedmelodie spielte. Der freie Vortrag der Sänger wurde oft in Wettbewerben (→ Eisteddfod) erprobt. Die früheste gedruckte Sammlung mit für das P. Singing geeigneten Harfenliedern ist J. Parrys und E. Williams' *Antient British Music* (London 1742).

Penorcon, ein Zupfinstrument des 16./17. Jh. nach Art der → Cister mit birnenförmigem, leicht geschweiftem Corpus und schrägem Querriegel. Es unterscheidet sich von der → Pandora durch eine um weniges geringere Gesamtlänge und größere Breite des Corpus und des Griffbretts. Die 9 (2fachen) Saitenchöre haben die Stimmung $_1G_1G\ _1A_1A$ CC DD GG cc ee aa d^1d^1. Das bei Praetorius (Synt. II, Tafel XVII, Figur 2, nicht, wie dort angegeben, 3) abgebildete P. zählt 14 Bünde.

Pentatonik (fünfstufige Tonreihe) gehört fraglos sehr alten Kulturschichten an. Vielfach scheint sie den Beginn klar ausgeprägter Tonordnung (der späteren Leiterbildung) darzustellen, beruhend auf einer Quint-Quart-Kette, z. B. c^1–g^1–d^1–a^1–e^1, die über den 5. Ton nicht hinausgeht, Halbtonbildung also vermeidet (anhemitonische P.). Nach neueren Forschungen kann P. jedoch auch durch Auffüllung naturwüchsiger Dreiklangsmusik oder vom Dreiklang getragener Viertönigkeit (Tetratonik, z. B. $c^1\ e^1\ g^1\ a^1\ c^2$) entstehen. Als Überbleibsel alter Pflanzerkultur gibt es die P. vielfach noch in älteren Hochkulturen (China, Japan, Hinterindien, Indonesien, Vorderindien, Peru, hellenische Antike, wahrscheinlich auch Altägypten und Sumer-Babylon). Eines ihrer alten Keimgebiete war anscheinend das vorgeschichtliche Mittel- und Ostasien (Tibet und ältestes China). Von dort strahlte sie aus nach Hinter- und Vorderindien, Indo-, Mela- und Mikronesien sowie nach Westpolynesien. Ein zweiter alter Ausstrahlungskreis war das Mittelmeergebiet: Überbleibsel findet man noch in der Berbermusik, in süditalienischer und sardischer Volksmusik und im Lied der Inselkelten. Nubische und abessinische Leiern zeigen noch heute 5stufige Grundstimmungen, die ebenso bei vorderasiatischen, ägyptischen und antiken Leiern vorausgesetzt werden dürfen. Pentatonische Musik ist auch bei afrikanischen Pflanzern (u. a. Bantu) sowie bei indianischen Bodenbauern (hier neben einfacheren Vorformen von Konsonanzmelos) vielfach vertreten. Daß sie auch zu Jäger- und Hirtenvölkern recht unterschiedlicher Stufe drang (z. B. zu Lappen, Ugro-Finnen, Turkstämmen und Mongolen, auch zu den Kupfereskimos, zu zentralkalifornischen Sammlern und niederen Jägern Mittelaustraliens) und dabei besondere Abwandlungen erfuhr, ist sicherlich auf sekundäre Ausbreitung durch Kulturberührung zurückzuführen. Primäres, d. h. pflanzerisches pentatonisches Melos verbindet sich auffallend häufig mit gerundeten Melodiebögen und Melismatik. Ein fast unübersehbar reiches Netz von Symbolvorstellungen begleitet die Fünfzahl (übrigens auch die Vierzahl). Sie ist vor allem die Zahl der dunklen, weiblichen Erdkraft, Ischtar-Venus-Demeter-Zahl, auch (gynandrisch gedacht) Mond-, Planeten-, Elementen- und Vegetationszahl. Diese uralte Heiligkeit der Fünfzahl förderte in verschiedenen Kulturen (z. B. in Japan, Indonesien, bei Berbern und wohl auch in Hellas) die Entstehung von »künstlicher« oder Halbton-Fünfstufigkeit, z. B. $e^2\ c^2\ h^1\ a^1\ f^1\ e^1$ (japanisch zogugaku-sempô). In solchen Leitern, die auch als ditonische Fünfstufigkeit bezeichnet wurden, weil sie den Doppelganzton als Großschritt enthalten, ist das Schwebende, Naturhafte der älteren Fünfstufenarten preisgegeben zugunsten des scharf seinen Zielton anpeilenden Halbtonschritts. – Fünfstufig gestimmt sind vielfach alte (teils primitive, teils Hochkulturen zugehörige) Melodieinstrumente wie Panpfeife, Mundorgel, Holz-, Stein-, Metallstab- und Gongspiel, Harfe, Leier, ostasiatische Zither, lappische Schalmei. – Daß selbst noch im heutigen musiküberschwemmten Europa etwa fünfjährige musikalisch begabte Kinder ohne Vorbild halbtonfreie 5stufige Melodien improvisieren,

wirft ein Licht auf die naturhaften seelischen Quellengründe, denen diese Tonordnungen entsprangen.
Lit.: A. LAUNIS, Die P. in d. Melodien d. Lappen, Kgr.-Ber. Wien 1909; H. RIEMANN, Folkloristische Tonalitätsstudien I: P. u. tetrachordale Melodik, Lpz. 1916; Z. KODÁLY, Ötfoku hangsor a magyar népzenében (»Die fünfstufige Tonleiter in d. ungarischen Volksmusik«), Zenei Szemle I, 1917; J. KUNST, De toonkunst van Java, 2 Bde, Den Haag 1934, engl. als: Music in Java, 2 Bde, ebenda 1949; B. SZABOLCSI, Egyetemes müvelödéstörténet és ötfokú hangsorok (»Die Verbreitung d. P. u. ihre Bedeutung f. d. Kulturgesch.«), Budapest 1937; DERS., Five-Tone Scales and Civilization, AMI XV, 1943; DERS., About Five-Tone Scales in the Early Hebrew Melodies, Budapest 1948; W. DANCKERT, Das europäische Volkslied, Bln 1939; DERS., Grundriß d. Volksliedkunde, Bln 1939; DERS., A félhangnélküli pentatónia eredete (»Der Ursprung d. halbtonlosen P.«), Mélanges offerts à Z. Kodály, Budapest 1943; DERS., Hirtenmusik, AfMw XIII, 1956; W. WIORA, Älter als d. P., in: Studia Memoriae B. Bartók Sacra, Budapest 1956; R. P. WINNINGTON-INGRAM, The Pentatonic Tuning of the Greek Lyre..., Classical Quarterly L (= N. S. VI), 1956; H. HUSMANN, Einführung in d. Mw., Heidelberg (1958); DERS., Grundlagen d. antiken u. orientalischen Musikkultur, Bln 1961; K. REINHARD, On the Problem of Pre-Pentatonic Scales..., Journal of the International Folk Music Council X, 1958; YANGYIN-LIU, Zur gleichzeitigen Existenz pentatonischer u. heptatonischer Leitern in d. chinesischen Musik, Beitr. zur Mw. VI, 1964. WD

perdendosi (ital.), sich verlierend (äußerstes pianissimo); perdendo, (an Lautstärke) nachlassend, gefordert z. B. in Beethovens Violinkonzert op. 61. → morendo.

Perfectio (lat., Vollendung, Vollkommenheit), – 1) in der → Mensuralnotation die der »normal« geschriebenen Schlußnote einer → Ligatur (–1) zukommende normale rhythmische Bedeutung. Den bereits in der Modalnotation ausgebildeten Verhältnissen entsprechend, galt als normaler Wert der Schlußnote die Longa, im Unterschied zu den gewöhnlich als Breven geltenden vorhergehenden Noten derselben Ligatur (darunter auch der Anfangsnote, → Proprietas). Maßgebend für die Normalschreibung der Schlußnote waren die in der Modalnotation üblichen Formen, z. B. bei tieferer vorletzter Note ▪, ▪ (nach Verschwinden der Plica jedoch ▪, ▪) und höherer vorletzter Note ▪. Die ausdrückliche Festlegung der Norm (cum perfectione) erlaubte nun auch die bewußte Abweichung (sine perfectione), die darin bestand, daß die als Longa geltende normale Schlußnote weggelassen und so ein neuer Typ von »unvollständigen« Ligaturen gewonnen wurde, der mit der bereits vorletzten vorletzten Note gekennzeichnet wurde, z. B. ▪ und ▪. – 2) in der Lehre der Mensuralmusik seit Franco von Köln die drei Tempora (→ Tempus) umfassende Mensureinheit (*tria tempora ... unam perfectionem constituunt*, ed. Cserba, S. 237). Die Bezeichnung P. erklärt sich aus der Ableitung der Dreizeitigkeit von der Zahl Drei als der vollkommensten Zahl (*ternarius numerus inter numeros perfectissimus est pro eo, quod a summa trinitate, quae vera est et pura p., nomen sumpsit*, Franco, ed. Cserba, S. 234). Die diese Mensureinheit ausfüllende Longa hieß Longa perfecta; doch gab es daneben auch eine nur zwei Zeiten umfassende Longa imperfecta. Da beide Longen durch das gleiche Notenzeichen dargestellt wurden, führte man als diakritisches Zeichen für bestimmte Fälle ein Signum perfectionis ein: zunächst dargestellt als senkrechtes Strichlein (tractulus) hinter der Longa (→ Divisio modi – 1), seit dem 14. Jh. als Punkt hinter der Longa (Punctus divisionis; → Punctus – 2), die dadurch als dreizeitig gekennzeichnet war. Etwa seit der Mitte des 14. Jh. fanden die Begriffe perfectus und imperfectus auch auf andere Notenwertverhältnisse Anwendung (→ Modus – 3, → Tempus, → Prolatio).

Périgourdine (perigurd'in, frz., auch périjourdine), älterer, nach der Landschaft Périgord benannter französischer Tanz im Tripeltakt (3/8, 6/8), von rascher Bewegung, ähnlich dem Passepied. Gelegentlich wurde zu diesem Tanz auch gesungen. Ein bekanntes Beispiel findet sich im 1. Akt (3. Szene) von Verdis *Rigoletto*.

Periode (griech. περιοδος, Herumgehen, Kreislauf, regelmäßige Wiederkehr, grammatischer Satz). Unter einer P. verstehen Stilistik und Rhetorik einen durch Neben-, Über- und Unterordnung der Teile kunstvoll gegliederten, in unselbständige (κόμμα, caesum) und selbständige Teile (κῶλον, membrum) zerlegbaren Satz, einen »Gedanken, der an und für sich genommen Anfang und Ende hat und einen gut überschaubaren Umfang« (Aristoteles). Der Ausdruck wurde um 1100 von Johannes Affligemensis (CSM I, 79f.), im 17. Jh. von J. Burmeister (*Musica poetica*, 1606, S. 35ff.) und im 18. Jh. von Mattheson (1739), Kirnberger (1771), Forkel (1788) und H. Chr. Koch als Bezeichnung für eine durch Zäsuren gegliederte Melodie in die Musiklehre übernommen: ein Halbschluß markiert das Kolon, ein Ganzschluß die P. Die Möglichkeiten des Periodenbaus, die Unterschiede in der Anzahl, Art und Länge der Teile, werden von Koch ausführlich erörtert. – Seit dem frühen 19. Jh. (A. B. Marx) gilt außer der Gliederung durch Halb- und Ganzschlüsse auch die → Symmetrie der Melodieteile, die Korrespondenz zwischen einem Vorder- und einem Nachsatz, die in der Regel je 4 Takte umfassen, als definierendes Merkmal der P.; 2 Takte bilden eine Phrase, 2 Phrasen eine Halbsatz, 2 Halbsätze eine P. (→ Satz). Daß die »natürlichste« Melodiestruktur durch Multiplikation von Takten (2×2×2×2) entstehe, wurde im 17. Jh. von Descartes (1618) und im 18. Jh. von J. Riepel (1752) betont, aber nicht mit dem Begriff der P., der sich auf die Gliederung durch Kadenzen bezog, in Zusammenhang gebracht. *Denn 4, 8, 16 und wohl auch 32 Täcte sind diejenigen, welche unserer Natur dergestalt eingepflanzet, daß es uns schwer scheinet, eine andere Ordnung (mit Vergnügen) anzuhören* (Riepel). – Der Begriff der P. schließt als drittes Moment der Differenzierung der Kadenzen und der Symmetrie der Teile die Vorstellung einer Gewichtsabstufung der Takte ein. Die Unterscheidung zwischen schweren und leichten Zeiten wurde im 19. Jh. (G. Weber, Hauptmann) von der Beziehung zwischen Zählzeit auf das Verhältnis zwischen Takten und Taktgruppen übertragen. Hauptmann und Wiehmayer gliedern metrisch primär niedertaktig (|♩♩|♩♩|) und deuten den ersten Takt als akzentuiert (Akzentabstufung einer P.: 1 2 3 4 5 6 7 8). H. Riemann phrasiert prinzipiell auftaktig (|♩♩|♩♩|) und deutet den ersten Takt als leicht, den zweiten als schwer (Schema einer P.: 1 2 3 4 5 6 7 8). Hauptmann und Wiehmayer betrachten die metrischen Bildungen als »leeren Takt« (Thr. G. Georgiades), unabhängig von der rhythmischen Ausfüllung; Riemanns Ausgangspunkt ist das aus »Aufstellung« und »Antwort« bestehende auftaktige Motiv, und der Schlußtakt einer Phrase, eines Halbsatzes oder einer P. soll als schwer gelten, weil er vom Hörer als Ziel und Zusammenfassung des Vorausgegangenen verstanden wird. – Die aus 8 »Normaltakten« (4 »großen« oder 16 »kleinen« Takten) bestehende P., deren Gliederung durch die um Tonika und Dominante zentrierte Harmonik unterstrichen wird, ist nach Riemann das »normative Grundschema« eines musikalischen Satzes; Abweichungen von der Norm werden als Anhänge, Einschaltungen, Elisionen oder Verschränkungen erklärt (→ Metrum – 3). Daß die 8taktige P., die »Quadratur der Tonsatz-Konstruktion« (R. Wagner), in Liedern und Tänzen und seit der Mitte des 18. Jh. auch in der artifiziellen Musik ein »Grundschema« bildet, ist unverkennbar. Doch schließt einerseits die Symmetrie der Teile im 17. und frühen 18. Jh. noch keine Gewichtsabstufung der Takte und Taktgruppen ein; und andererseits ist es in Werken des 18. und 19. Jh. oft ungewiß, ob Gruppen von 3 oder 5 Takten als originäre, nicht reduzierbare Bildungen zu verstehen sind oder ob sie eine Zurückführung auf geradzahlige Phrasen oder Halbsätze zulassen (W. A. Mozart, Menuett der G moll-Symphonie). Georgiades betont die Notwendigkeit einer Spezifizierung und zugleich Einschränkung des P.n-Begriffs gegenüber einem andersartigen, als Gerüstbau bezeichneten Satzprinzip, in dem genuin unsymmetrische Bildungen auftreten können. → Formenlehre.

Lit.: H. CHR. KOCH, Versuch einer Anleitung zur Composition, I Rudolstadt 1782, II–III Lpz. 1787–93; G. WEBER, Versuch einer geordneten Theorie d. Tonsetzkunst, 3 Bde, Mainz 1817–21, 4 Bde, Mainz ²1824, ³1830–32; A. B. MARX, Die Lehre v. d. mus. Komposition, 4 Bde, Lpz. 1837–47 u. ö., neubearb. v. H. Riemann, I ⁹1887, II ⁷1890, IV ⁵1888; M. HAUPTMANN, Die Natur d. Harmonik u. d. Metrik, Lpz. 1853, ²1873; H. RIEMANN, H. Chr. Koch als Erläuterer unregelmäßigen Themenaufbaues, in: Präludien u. Studien II, Lpz. 1900; DERS., Große Kompositionslehre I, Bln u. Stuttgart 1902; DERS., System d. mus. Rhythmik u. Metrik, Lpz. 1903; DERS., Neue Beitr. zu einer Lehre v. d. Tonvorstellungen, JbP XXIII, 1916; W. FISCHER, Zur Entwicklungsgesch. d. Wiener klass. Stils, StMw III, 1915; TH. WIEHMAYER, Mus. Rhythmik u. Metrik, Magdeburg 1917; L. G. RATNER, Harmonic Aspects of Classic Form, JAMS II, 1949; DERS., Eighteenth Cent. Theories of Mus. Period Structure, MQ XLII, 1956, u. Kgr.-Ber. Wien 1956; THR. G. GEORGIADES, Aus d. Musiksprache d. Mozart-Theaters, Mozart-Jb. 1950; DERS., Zur Musiksprache d. Wiener Klassiker, Mozart-Jb. 1951; DERS., Schubert. Musik u. Lyrik, Göttingen 1967; H. HECKMANN, Der Takt in d. Musiklehre d. 17. Jh., AfMw X, 1953; A. FEIL, Satztechnische Fragen in d. Kompositionslehren v. F. E. Niedt, J. Riepel u. H. Chr. Koch, Diss. Heidelberg 1955; P. BENARY, Zum periodischen Prinzip bei J. S. Bach, Bach-Jb. XLV, 1958; H. BESSELER, Das mus. Hören d. Neuzeit, Sb. Lpz. CIV, 6, 1959; G. MASSENKEIL, Untersuchungen zum Problem d. Symmetrie in d. Instrumentalmusik W. A. Mozarts, Wiesbaden 1962, dazu C. Dahlhaus in: NZfM CXXIV, 1963; C. DAHLHAUS, Wagners Begriff d. »dichterisch-mus. P.«, in: Beitr. zur Gesch. d. Musikanschauung im 19. Jh., hrsg. v. W. Salmen, = Studien zur Mg. d. 19. Jh. I, Regensburg 1965.   CD

Periodica → Jahrbücher, → périodique, → Zeitschriften.

périodique (perjɔdik, frz., periodisch; engl. periodical) bezeichnet seit etwa Mitte des 18. Jh. in Frankreich und England in Sammeltiteln musikalischer Werkreihen eine von Musikverlegern in Paris (Huberty, Boyer, Bayard, de la Chevardière) und London (Bremner) praktizierte neue Art der Auslieferung musikalischer Werke. Statt der bis dahin üblichen Zusammenfassung von meist 6 Werken eines Komponisten in einer Ausgabe, erschienen nun auch Einzelausgaben in Stimmen von Werken verschiedener Komponisten, *pour faciliter le choix de Mrss. les Amateurs de la Musique* (de la Chevardière). Die Lieferung erfolgte wöchentlich oder monatlich, auch unter Abonnementsbedingungen. Als wichtigste Veröffentlichungen seien genannt: *Simphonie p.* (z. B. de la Chevardière, Paris, ab 1760, mit Werken u. a. von Chr. Cannabich, Filtz, Holzbauer, J. Stamitz, Fr. X. Richter, G. B. Toeschi) und *Periodical Overture in 8 parts* (Bremner, London; Opera seconda, 1764; mit Werken von J. Chr. Cannabich, Filtz, J. Stamitz). Das Gedeihen dieser Sammelreihen beruhte wesentlich auf den Erfolgen der Mannheimer Schule, deren Kompositionen auf diese Weise rasche Verbreitung fanden. Vorläufer dieser Editionsweise finden sich schon früher in England, z. B. *The Monthly Mask of Vocal Music . . .* (I. Walsh und I. Hare, London 1702–12 und 1717–24). Die literarischen Beigaben, Nachrichten und Besprechungen, die später diesen periodischen Ausgaben beigegeben wurden, führten in England zur Herausbildung der musikalischen → Zeitschriften. – Beispiel für periodische Lieferungsweise von Musikalien in der Gegenwart ist die *Zeitschrift für Spielmusik*, die seit 1932 monatlich Ausgaben alter und neuer Musik für das »Musizieren in Spielkreisen« bietet.

Lit.: H. RIEMANN, Einleitung zu DTB III, 1, Lpz. 1902, S. XXXIII; C. JOHANSSON, French Music Publishers' Cat. of the Second Half of the Eighteenth Cent., = Publications of the Library of the Royal Swedish Acad. of Music II, Stockholm 1955; B. S. BROOK, La symphonie frç. dans la seconde moitié du XVIIIᵉ s. II, Paris 1962.

Perkussionsinstrumente → Schlaginstrumente.

Permutation (lat. permutatio), – 1) nach Marchettus de Padua (*Lucidarium*, GS III, 89 a f.) jener Sonderfall von → Mutation – 1), bei dem nicht nur die Solmisationssilbe wechselt, sondern auch die Tonhöhe verändert wird. Dies geschieht beim Wechsel zwischen Fa und Mi, d. h. bei der Bildung des Semitonium diatonicum (b–h bzw. h–b, angezeigt durch die Akzidentien ♮ bzw. ♭) und des Semitonium chromaticum (c–cis, f–fis usw., angezeigt durch das falsa musica genannte, mitunter mit dem ♮ verwechselte Akzidens ✕). In den Bereich der → Musica ficta fällt nur die Bildung des Semitonium chromaticum, das vier der fünf den Ganztonschritt ausmachenden Diesen umfaßt; der Wechsel zwischen b und h vollzieht sich innerhalb der diatonischen Grundskala (Übergang vom Hexachordum molle zum Hexachordum durum und umgekehrt). Im Anschluß an Marchettus erläutert auch Gaffori den Begriff der P. (*Practica musice*, lib. I, cap. IV). – 2) In der Mehrstimmigkeit ist P. ein → Stimmtausch, bei dem die Stimmen eines Satzes dergestalt im mehrfachen Kontrapunkt ausgetauscht werden, daß im Verlauf des Stückes alle Kombinationsmöglichkeiten Verwendung finden. Erfolgt der Stimmtausch nach jener festen Ordnung, die Kennzeichen der → Permutationsfuge ist, so liegt regelmäßige P. vor. Bei unregelmäßiger P., die in mehrthematischen Fugen seit dem 17. Jh. anzutreffen ist, treten die Kombinationen in freier Reihenfolge auf. – 3) Im Bereich der → Seriellen Musik ist P. das Vertauschen von musikalischen Elementen (z. B. von Tönen) auf dem Hintergrund einer verbindlichen Ordnung (z. B. einer → Reihe). Die kompositorisch angewandten Verfahrensweisen erstrecken sich von einfacher Rotation (Umstellung) einzelner Elemente oder Elementgruppen innerhalb eines Reihenablaufs oder einer Komposition bis zu komplizierten Operationen, welche die Reihenelemente durch Zahlen substituieren und diese nach seriellen oder auch mathematischen Gesichtspunkten permutieren. Definiert man das einzelne Element als fest umrissene, punktuelle Größe im Reihenablauf, dann lassen sich Ableitungen wie Transposition, Krebs usw. als P.en einer Grundreihe beschreiben. Bereits Schönberg (z. B. op. 31) und in noch stärkerem Maße A. Berg (z. B. *Lulu*) verwenden zur Ableitung und Umwandlung von Reihen spezifische Verfahren, die als P. bezeichnet werden können; grundsätzlich bleiben jedoch die derart abgeleiteten Reihen immer direkt oder indirekt an die Intervallstruktur der Grundreihe gebunden.

Lit.: zu 1): S. CLERCX-LEJEUNE, J. Ciconia I, = Acad. royale de Belgique, Classe des beaux-arts, Mémoires II, 10, Fasc. 1a, Brüssel 1960. – zu 3): M. BABITT, The Function of Set Structure in the Twelve-Tone System, Princeton Univ. (N. J.), Department of Music, 1946, maschr.; DERS., Twelve-

Tone Invariants as Compositional Determinants, MQ XLVI, 1960, S. 246ff., auch in: Problems of Modern Music, hrsg. v. P. H. Lang, NY 1962; H. Eimert, Grundlagen d. mus. Reihentechnik, Wien (1964); E. Klemm, Studien zur Theorie d. mus. P., Diss. Lpz. 1966, maschr.

Permutationsfuge, ein vorwiegend von J. S. Bach geprägter, dem Wesen nach vokaler Typ der Fuge unter Verwendung von Stimmtausch in regelmäßiger → Permutation (– 2): die Kontrapunkte (im Beispiel: b, c und d) werden beibehalten und schließen sich in einer feststehenden Reihenfolge an das Thema (a) an (Beispielskizze: J. S. Bach, *Himmelskönig, sei willkommen,* BWV 182, Chor, Takte 1–9):

Sopran	a	b	c	d	a	b	c	d
Alt		a	b	c	d	a	b	c	d
Tenor			a	b	c	d	a	b	c
Baß				a	b	c	d	a	b

Die P. besteht in der Regel aus mehreren Durchführungen, die dem Prinzip zufolge einander sehr ähneln; zuweilen folgen zwei Durchführungen ohne Zwischenspiel aufeinander (so im Beispiel). Die Technik der P. findet sich z. B. auch bei Haydn (Streichquartett C dur, Hob. III, 32, *Fuga a 4tro Soggetti,* Takte 1–18) und Mozart (Symphonie C dur, K.-V. 551, Finale, Takte 369–403).
Lit.: W. Neumann, J. S. Bachs Chorfuge, = Schriftenreihe d. Staatl. Inst. f. Deutsche Musikforschung IV, Lpz. 1938, als: Bach-Studien III, ³1953; C. Dahlhaus, Zur Gesch. d. P., Bach-Jb. XLVI, 1959.

Perpetuum mobile (lat., dauernd beweglich; ital. moto perpetuo), seit dem 19. Jh. ein (nicht als → Charakterstück anzusprechender) Typ von raschen Instrumentalsätzen mit ununterbrochener, gleichmäßiger und schneller Bewegung in der Melodiestimme. Bekannte Stücke dieses Namens sind Mendelssohn Bartholdys op. 119 in C dur für Kl., Paganinis op. 11 für V. und Orch. und Regers *P. m.* Cis moll für Kl.; hierher kann auch C. M. v. Webers Rondo aus der Klaviersonate op. 24 C dur (1812) gezählt werden, das, von Weber *L'infatigable* genannt, in späteren Einzelausgaben unter dem Namen *P. m.* erschien.

Persien.
Lit.: al-Fārābī, Kitāb al-mūsīqī al-kabīr, frz. als: Grand traité de la musique, in: Baron R. d'Erlanger, La musique arabe I, Paris 1930; Avicenna (Ibn Sīnā), »Über Musik«, in: Kitāb aš-Šifā, frz. ebenda II, 1935; H. G. Farmer, The Old Persian Mus. Modes, Journal of the Royal Asiatic Soc., 1926; ders., Studies in Oriental Mus. Instr., I London 1931, II Glasgow 1939; ders., The Minstrelsy of the Arabian Nights, Bearsden 1945; Ph. Ackerman, The Character of Persian Music, in: A Survey of Persian Art III, hrsg. v. A. U. Pope, London u. NY 1939; M. Barkechli, L'art sassanide, base de la musique arabe, Teheran 1947; ders., La gamme persane et ses rapports avec la gamme occidentale, Olympia I, 1950; ders., Ancient and Modern Iranian Music in Relation to Popular Tradition, ebenda; ders., Les rythmes caractéristiques de la musique iranienne, Kgr.-Ber. Köln 1958; ders., La musique traditionelle de l'Iran, Teheran 1964; A. Patmagrian, The Music of Iran, Iran Review II, London 1950; Z. Ter-Hacobian, Quelques aspects hist. et esthétiques de la musique persane, Diss. Straßburg 1954, maschr.; P. Mahmoud, A Theory of Persian Music and Its Relation to Western Practice, Diss. Indiana Univ. 1956, maschr.; Kh. Khatschi, Der Dastgāh. Studien zur neuen persischen Musik, = Kölner Beitr. zur Musikforschung XIX, Regensburg 1962; E. Zonis, Contemporary Art Music in Persia, MQ LI, 1965; N. Caron, Dariouche Safvate, Iran. Les traditions mus., Paris 1966.

Peru.
Lit.: St. Rydén, Notes on Some Archaeological Whistling Arrowheads from P., = Comparative Ethnographical Studies IX, Göteborg 1930; W. Sargeant u. J. Lahiri, Types of Quechua Melody, MQ XX, 1934; A. Sás Orchassal, Aperçu sur la musique inca, AMl VI, 1934; C. Vega, Tonleitern mit Halbtönen in d. Musik d. alten Peruaner, AMl IX, 1937; J. Castro, Sistema pentafónico en la música precolonial de P., Boletín latino-americano de música IV, 1938; G. Mazzini, Etnofonía sud-americana (del Cili e del P.), RMI XLVII, 1943; C. Raygada, Esquema hist. de la música en el P., Lima 1952; ders., Hist. crítica del Himno Nacional, 2 Bde, Lima 1954; M. U. del Solar, L'éducation mus. dans les établissements scolaires du Pérou, in: La Musique dans l'éducation, Brüssel 1953, hrsg. v. A. Colin, Paris 1955; R. u. M. d'Harcourt, Les formes du tambour à membrane dans l'ancien Pérou, Journal de la Soc. des Américanistes, N. F. XLIII, 1954; St. L. Moreño, La música de los Incas, Quito 1957; C. A. Angeles Caballero, Bibliogr. del folklore peruano I, Lima 1958; J. M. Arguedas, The Singing Mountainers. Songs and Tales of the Quechua People, hrsg. v. R. Stephan, Edinburgh u. London 1958; R. Stevenson, The Music of P., 2 Bde, Washington (1959–60).

Pes (lat., Fuß), – 1) synonym mit Podatus (→ Neumen – 1); – 2) in der mittelalterlichen mehrstimmigen Musik Englands, vor allem in den Worcester-Fragmenten (→ Quellen: *Worc*), die geläufigste Bezeichnung der textlosen (wohl instrumentalen) Fundamentstimme, die ihre nähere Benennung vom Text der Oberstimme(n) erhält (z. B. *P. de Pro beati Pauli ...,* MSD II, Nr 70; häufig auch in der Formulierung *P. super ...*) und sehr oft – jedoch durchaus nicht immer – aus vielfachen Wiederholungen eines einzigen oder einiger Motive besteht, deren Umfang von wenigen Longamensuren (z. B. im »Sommerkanon«) bis zur regulären Ausdehnung kontinentaler Motettentenores der gleichen Zeit reicht. Die Bezeichnung P. findet sich gelegentlich auch bei einer Stimme, die über der untersten Stimme liegt; in den Quellen sind sie dann meist als Primus p. (Fundamentstimme) und Secundus p. benannt. Im Unterschied zu den kontinentalen Motettentenores ist eine liturgische Herkunft der P.-Stimmen nur selten nachzuweisen; in der Regel scheinen sie frei erfunden zu sein. – 3) in den Mensuraltraktaten seit dem 13. Jh. eine Bezeichnung für die von modalen Rhythmusmodellen ausgefüllte → Perfectio (– 2; z. B. im sechsten Modus: *tres breves pro pede,* Anonymus IV, um 1275, CS I, 334b), mit der die Analogie zu den Versfüßen betont werden soll. Bei W. Odington (nach 1300) findet sich eine umfangreiche Zusammenstellung derartiger rhythmisch-metrischer Entsprechungen (*qui pedes quibus modis aptandi sunt,* CS I, 238b ff.), die sich vielleicht auf Möglichkeiten der Textadaptation beziehen; Fr. Salinas widmet dem gleichen Thema das V. bis VII. Buch seiner *Musica* (1577), und noch die spätbarocke Musiklehre bedient sich der entsprechenden Bezeichnung: *Von der Länge und Kürtze des Klanges, oder von der Verfertigung der Klang-Füsse* (Mattheson Capellm., S. 160). → Metrum (– 3).
Lit.: zu 1): W. Lipphardt, Punctum u. P. im Cod. Laon 239, KmJb XXXIX, 1955. – zu 2): M. F. Bukofzer, »Sumer is icumen in«. A Revision, in: Univ. of California Publications in Music II, 2, Berkeley u. Los Angeles 1944; J. Handschin, The Summer Canon and Its Background, MD III, 1949 u. V, 1951; L. A. Dittmer, The Worcester Music Fragments, Diss. Basel 1952, maschr., Teildruck Basel 1955; ders., Beitr. zum Studium d. Worcester-Fragmente, Mf X, 1957; E. Apfel, Studien zur Satztechnik d. ma. engl. Musik, 2 Bde, = Abh. d. Heidelberger Akad. d. Wiss., Phil.-hist. Klasse, Jg. 1959, Nr 5. FrR

pesante (ital.), wuchtig, gewichtig.

pf, Abk. für poco forte oder più forte; → forte.

Pfalz.
Ausg.: Volkslieder aus d. Rheinpf., hrsg. v. G. Heeger u. W. Wüst, 2 Bde, Kaiserslautern 1909, neubearb. u. in 1 Bd hrsg. v. J. Müller-Blattau (mit Fr. Heeger) als: Pfälzische Volkslieder, = Veröff. d. Pfälzischen Ges. zur Förderung d. Wiss. XLIV, Mainz 1963.

Lit.: Th. Levin, Beitr. zur Gesch. d. Kunstbestrebungen in d. Hause Pf.-Neuburg, Beitr. zur Gesch. d. Niederrheins XIX, 1905, XX, 1906 u. XXIII, 1911; J. Müller-Blattau, Zur Mg. d. Stadt Kaiserslautern, in: Kaiserslautern 1276–1951, hrsg. v. O. Münch, Kaiserslautern 1951; G. Pietzsch, Gedanken zu einer pfälzischen Mg., Pfälzer Heimat VII, 1956; E. Schmitt, Die kurpfälzische Kirchenmusik im 18. Jh., Diss. Heidelberg 1958, maschr.; H. Braun, Studien zum pfälzischen Volkslied, = Forschungsbeitr. zur Mw. XVI, Regensburg 1964.

Pfeifen → Flöte, → Labial-Pf., → Lingual-Pf.

Pfeiferkönig → Zunft.

Phagotum (von ital. fagotto, Bündel), ein von Afranio degli Albonesi (* um 1480 zu Pavia) 1515 konstruiertes und mindestens zweimal verbessertes Instrument. Es bestand aus zwei miteinander verbundenen, etwa 45 cm langen Pfeifen aus Buchsbaum (in der erweiterten Konstruktion kam eine Bordunpfeife hinzu) mit aufschlagenden Zungen (meist aus Silber) und hatte 6 bzw. 9 Grifflöcher, die mit den Fingern sowie mit mehreren offenen und geschlossenen Klappen gedeckt wurden. Das Instrument wurde vom Spieler aufrecht auf den Schoß genommen; unter den rechten Oberarm wurde ein Blasebalg, unter den linken ein Windsack geschnallt. Der Tonumfang der um eine Quarte gegeneinander versetzten Pfeifen war zusammen G–e^1. Ein sehr später Bericht (1621) besagt, daß Afranio das Ph. 1532 bei einem Bankett gespielt habe. → Fagott.

Lit.: Theseus Ambrosius, Introductio in Chaldaicam linguam ... Et descriptio ac simulacrum Phagoti Afranij, Pavia 1539; M. Mersenne, Harmonie universelle, Paris 1636, Faks. hrsg. v. Fr. Lesure, 3 Bde, Paris 1963; Ders., Harmonicorum libri XII, 2 Bde, Paris ²1648; Le traité des instr. de musique de P. Trichet, hrsg. v. Fr. Lesure, Ann. Mus. III, 1955 – IV, 1956; L.-Fr. Valdrighi, Il Phagotus d'Afranio, Musurgiana Nr 4, Modena 1881, dass. in: Nomocheliurgografia antica e moderna, ebenda 1884; Ders., Sincrono documento intorno al metodo per suonare il »Phagotus« d'Afranio, Musurgiana, Serie II, Nr 2, ebenda 1895; C. Forsyth, The Phagotus of Afranio, in: Orchestration, London ²1936; Fr. W. Galpin, The Romance of the Ph., Proc. Mus. Ass. LXVII, 1940/41; A. Reimann, Studien zur Gesch. d. Fag. I: Das »Ph.« d. Afranius Albonesi ..., Diss. Freiburg i. Br. 1956, maschr.

Phantasie oder Einbildungskraft ist im weiteren Sinne das gesamte Vorstellungsleben des Menschen, wobei zwischen bloß reproduktiver oder Erinnerungsvorstellung und eigentlicher, produktiver Ph.-Vorstellung unterschieden wird. Während die erstere einmal Wahrgenommenes mehr oder minder getreu (niemals streng abbildlich) wiederholt oder wieder hervorbringt, gelangt die letztere zu schöpferischen Neubildungen, so gewiß diese ebenfalls grundsätzlich ein einmal Wahrgenommenes voraussetzen. Schon Christian Wolff faßte beides – die reproduktive und die produktive Vorstellung – unter dem Begriff »Phantasma« zusammen, und Goethe forderte gegen Tetens und Kant, neben den angenommenen drei Grundvermögen der Seele (Denken, Fühlen, Wollen) die Ph. als ein viertes anzuerkennen. Die Empiristen bestritten und bestreiten bis heute, daß es im strengen Sinne Neuschöpfungen der Ph. geben könne, die über eine neuartige Kombination oder Umgruppierung des durch die Sinne Erfahrenen hinausgehen. Indes lehrt gerade die denkerische, logische und zumal mathematische Ph., erst recht natürlich die künstlerische, daß dieser Vorbehalt zum mindesten in Extremfällen nicht stichhält und auf einem elementen- und assoziationspsychologischen Vorurteil beruht. Z. B. die konstruktive Vorstellung des Mathematikers von mehr als dreidimensionalen Räumen und dergleichen ist aus anschaulichen Raumvorstellungen, wie sie aus der sinnlichen Erfahrung gewonnen sind, allein nicht abzuleiten. Ein Gleiches gilt in gesteigertem Maße in den Künsten, und hier ganz besonders in der Musik. Denn diese lehnt sich überhaupt nur in Ausnahmefällen an Vorbilder aus der Wirklichkeit der Natur- und Sinnenwelt an, nämlich in der → Tonmalerei und → Programmusik; als → Absolute Musik jedoch verfolgt sie nicht das Ziel, sinnliche Erfahrung zu verwerten und zu kombinieren. In Schopenhauers Musikphilosophie wird dies auf die Formel gebracht, daß die Musik als einzige unter den Künsten das Reich der Ideen, d. h. der Anschauung im weiteren Sinn, überspringt und unmittelbar das Wesen der Welt, den »Willen«, ausdrückt oder ausspricht.

Die künstlerische Ph. ist hiernach die freie oder auch mehr oder minder gelenkte erfinderische Vorstellung, die auch die Ph. des Alltagslebens aus- und kennzeichnet; dabei ist ein spielerischer Zug nicht selten. Die Ph. induziert und steuert alle künstlerischen Leistungen, in gewissem Maße auch die Rezeption des Kunstwerks, die von den Ph.-Erwartungen des Hörers oder Betrachters mit getragen wird, wodurch Ausdruck zum Eindruck wird. Schon hier bedarf es der »Einfühlung« (nach Fr. Th. Vischer, Th. Lipps u. a.) und der Leitgefühle sowie einer »Gefühlsführung« (nach A. Wellek 1939 und 1963), die nicht allein eine Leistung des Gefühls, sondern eben des phantasievollen Nachvollzugs ist. Noch mehr und in prägnanterer Weise gilt ein Gleiches für die künstlerische Nachgestaltung, zumal für das Instrumentenspiel und Dirigieren, dessen aufs feinste abgestimmte Bewegungsvollzüge ohne eine spezifische Bewegungs-Ph. und zugehörige Gefühlssteuerung nicht möglich wären. Die Krone der Ph.-Leistung ist freilich die eigenschöpferische Erfindung und Neugestaltung. Auf höherem gestalterischem Niveau wird die Ph. in diesem Sinne als schöpferisch bezeichnet und als die eigentliche Grundlage der Genialität angesehen. Hier stellt sich das Problem, daß die künstlerische Ph. zugleich unwillkürlich und »teleologisch« (ziel- und zweckgerichtet) sein kann. Das gilt im besonderen auch von Einfall und Eingebung, künstlerischer Inspiration und Intuition. Um diese Begriffe entstand zumal zwischen den Verfechtern einer romantischen und spätromantischen Kunstauffassung und denjenigen einer »neuen Sachlichkeit« ein viel beredeter Streit. In den seinerzeit aufsehenerregenden Polemiken zwischen Pfitzner und P. Bekker (und später J. Bahle) zeigte sich die Gefahr, daß durch eine gegenüber der landläufigen Auffassung andere Auslegung des Begriffs der »Arbeit« an denen vorbeigeredet wird, die die »Inspiration« gegen die »Arbeit« hochhalten. Gemeint ist doch offenbar, daß »Arbeit« in hohem Maße erst das Können sicherstellt, d. h. den Boden schafft, aus dem der Ph.-Einfall in künstlerisch gestalteter oder gestaltbarer Form erwächst. Diese *vor*strukturierende Bedeutung der Arbeit kann auch von jenen nicht geleugnet werden, die im konkreten Schaffen von einer »Eingebung«, d. h. von einem nicht bewußt erarbeiteten »Einfall« ausgehen oder auszugehen glauben. Zweifellos gibt es hier sehr beträchtliche personale Verschiedenheiten, auch z. B. Verschiedenheiten der Werkgattung. Eine »Improvisation«, eben eine musikalische »Ph.« (→ Fantasie), ein Lied, ein Epigramm oder dergleichen kann großenteils auch »ganz« gleichsam »vom Himmel gefallen« kommen und wenig bewußte Arbeit erfordern; nicht so eine Symphonie oder Oper. Diesen verwickelten Verhältnissen wird man nicht gerecht, wenn man mit Bahle im Hinblick auf das musikalische Schaffen einfach einen »Inspirationstyp« mit einem »Arbeitstyp« konfrontiert. Zum mindesten die eigentlich romantischen Varianten werden hier übersehen, überhaupt diejenige Form des Künstlertums, für die der Schaffensakt gar nichts irgendwie Beschauliches und Überlegtes hat,

sondern als ein Leiden oder Befallensein erlebt wird oder als eine Depersonalisation vor einem Transindividuellen (A. Wellek 1963). Andererseits kann der Künstler ebenso wie der Philosoph oder Mathematiker sehr wohl auch bewußt, ja methodisch auf den Einfall hinarbeiten, ihn suchen, ja beschwören, wenn er etwa an einem »Problem«, sei es ein theoretisches oder ein künstlerisch-gestalterisches, »arbeitet«, mit dem Problem »ringt«, es knetet, aufbereitet und schließlich (im günstigen Falle) im plötzlich aufleuchtenden »Gedankenblitz« oder Ph.-Einfall bezwingt (A. Wellek 1966).
Nicht mit der eigentlichen gestaltungskräftigen Ph., die auch als »Bildkraft« bezeichnet wird, zu verwechseln ist Phantastik. Auf sie ist das Xenion von Goethe-Schiller gemünzt, wenn es zwar »Ph.« betitelt ist, aber sagt: *Schaffen wohl kann sie den Stoff, doch die wilde*[!] *kann nicht gestalten* ... Der Unterschied zwischen eigentlicher Ph. (Bildkraft) und Phantastik wird zuweilen darin gesucht, daß in letzterer das Bewußtsein der Irrealität der vorgestellten Gebilde verlorengeht. Das ist nicht notwendig der Fall: auch eine phantastische Vorstellung kann der Phantasierende als »phantastisch«, d. h. als wirklichkeitswidrig beurteilen, so etwa Berlioz im Programm seiner ausdrücklich so betitelten *Symphonie fantastique*. Außer in diesen programmusikalischen Zusammenhängen ist jedoch der Wirklichkeitsbezug für die musikalische Ph. irrelevant. Phantastik ist, im Gegensatz zu Bildkraft, vital aber untief, angetrieben, dranghaft, daher traumhaft, sprunghaft, verworren, wild (wie im Xenion), zerblasen. Als phantastisch kann die musikalische Ph. eines Berlioz von der Sache her gelten, mehr noch die modernerer Autoren wie zuweilen Schönberg oder A. Berg. Typologisch zählt Wellek die musikalische, ebenso wie die lyrische Ph. zur introvertierten Ausprägungsform im Sinne der »Ausdruckskraft«, auf dem Gegenpol zur Darstellungs-Ph. in Tanz- und Schauspielkunst.
Die im Anschluß an Hanslick zuweilen vorgetragene Meinung, daß nicht das Gefühl, sondern die Ph. »die ästhetische Instanz« der Musik als Kunst sei, setzt eine inzwischen überholte Vorstellung vom Wesen der Gefühle und der Ph. voraus, die beide nicht nur nicht unvereinbar, sondern, wie oben angegeben, ineinander verwoben sind, wobei das Gefühl die Ph. fundiert, nicht umgekehrt. Eine richtige (weite) Fassung des Gefühlsbegriffs vorausgesetzt, die »Kopfgefühle« (nach Klages) mit einschließt, gilt das auch von der schon von Goethe angenommenen »exakten« Ph., die auch als konstruktive Ph. auftreten kann und sowohl in den Wissenschaften wie auch in den Künsten ihren Ort hat, in der Musik überall dort, wo das ausdrucksästhetische Konzept verlassen, der reine Artismus, Formalismus und eben Konstruktivismus auf die Fahne geschrieben wird. Als »Höhen-Ph.« bezeichnet J. Volkelt (1905) *die sich aufschwingende, von der Wirklichkeit loslösende Ph. als Begleiterin der nachbildenden Ph.* und sieht in dieser Höhen-Ph. die Bedingung der ästhetischen Einfühlung. In der Musik, die mit den erwähnten Ausnahmen der Wirklichkeit insgesamt entrückt ist, ist solche Höhen-Ph. auch dann am Werk, wenn sie den Weg der konstruktiven Ph. einschlägt.

Lit.: Th. Lipps, Ästhetik, 2 Bde, Hbg u. Lpz. 1903–06, I ³1923; J. Volkelt, System d. Ästhetik, 3 Bde, München 1905–14, ²1925–27; H. Riemann, Spontane Phantasietätigkeit u. verstandesmäßige Arbeit in d. tonkünstlerischen Produktion, JbP XVI, 1909; J. Bahle, Der mus. Schaffensprozeß, Lpz. 1936, Neudruck Konstanz 1947; L. Klages, Grundlegung d. Wiss. v. Ausdruck, Lpz. 1936, ⁷1950; A. Wellek, Gefühl u. Kunst, Neue Psychologische Studien XIV, 1939; ders., Musikpsychologie u. Musikästhetik, Ffm. 1963; ders., Die Polarität im Aufbau d. Charakters. System d. Konkreten Charakterkunde, Bern u. München 1950, ³1966; R. Wellek, A Hist. of Modern Criticism, 4 Bde, New Haven (Conn.) 1955–65, Bd I als: Gesch. d. Literaturkritik, Darmstadt (1959). AW

Phase (griech., Stufe oder Abschnitt einer Entwicklung), in der Schwingungs- und Wellenlehre jene Zeit (Bruchteil der Periode), in der ein bestimmter Schwingungszustand (Elongation bzw. Schnelle) erreicht wird. Sie charakterisiert den Schwingungszustand einer → Welle an einem bestimmten Ort bzw. den einer → Schwingung zu einer bestimmten Zeit. Die Ph.n-Differenz gibt den Unterschied an (in Winkelgraden), um den 2 Schwingungszustände gegeneinander verschoben sind. Sie bestimmt die Art der → Interferenz, d. h. die Form der resultierenden Schwingung. Die

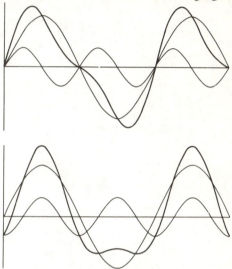

Überlagerung von Grund- und Oktavschwingung mit einer Phasendifferenz von 0° bzw. 270°.

Ph.n-Lage von Teilschwingungen hat große Bedeutung für das Zustandekommen der → Residualtonhöhe; auch das Richtungshören wird durch die an beiden Ohren auftretenden Ph.n-Differenzen mitbestimmt. Bei Schwingungen ungleicher, aber dicht benachbarter Frequenz entstehen durch quasi ständig sich verändernde Ph.n-Differenzen periodische Interferenzen, → Schwebungen genannt.

Philadelphia (Pennsylvania, USA).
Lit.: R. R. Drummond, Early German Music in Ph., NY 1910; A. A. Parker, Church Music and Mus. Life in Pennsylvania in the 18th Cent., 3 Bde, Ph. 1926–47; Th. C. Pollock, The Ph. Theatre in 18th Cent., London u. Ph. 1933; A. H. Wilson, A Hist. of the Ph. Theatre 1835 to 1855, Ph. 1935; R. A. Gerson, Music in Ph., Ph. 1940.

Philippinen.
Lit.: A. Schadenberg, Musik-Instr. d. Ph.-Stämme, Zs. f. Ethnologie XVIII, 1886; M. Walls y Merino, La música popular de Filipinas, Madrid 1892; R. Bañas y Castillo, The Music and Theatre of the Philipino People, Manila 1924; N. Romualdez, Filipino Mus. Instr. and Airs of Long Ago, in: Encyclopedia of the Philippines, hrsg. v. Z. M. Galang, Bd IV, Manila 1935; S. Wolf, Zum Problem d. Nasenflöte, Abh. Völkerkunde-Museum Dresden, N. F. I, 1941; M. Schneider, Música en las Philipinas, AM VI, 1951; J. Maceda, Philippine Music and Contemporary Aesthetics, in: H. Passin, Cultural Freedom in Asia, Rutland (Vt.) 1956; ders., Chants from Sagada Mountain Province Philippines, Ethnomusicology II, 1958; Fr. Santiago, The Development of Music in the Philippine Islands, Quezon City 1957.

Phon → Lautstärke.

Phonascus (lat., von griech. φωνασκός, Gesanglehrer), im Rom der Kaiserzeit ein Fachmann auf dem Gebiet der Stimmbildung, in der frühchristlichen Kirche der auch → Praecentor genannte Vorsänger. Glareanus (1547, II, cap. XXXVIII) nennt Ph. den Erfinder einer Melodie (tenor, thema, vox oder cantus simplex, z. B. *Pange lingua*), im Unterschied zum → Symphoneta. Er achtet den Ph. keineswegs geringer als den Symphoneta, zumal die Erfindung des Tenors dem Hinzufügen von Stimmen (z. B. in einer Messe) vorausgeht. Der Titel Ph. wird *auch von einem Music-Directore und Capellmeister manchmahl gebraucht* (WaltherL); z. B. werden Gaffori als Leiter der Kantorei am Mailänder Dom (*Theorica musicae*, 1492, Widmung), Guerrero als Kapellmeister in Sevilla (im Messendruck von Du Chemin, Paris 1566) und Baryphonus als Kantor der Quedlinburger Stadtkirche (Praetorius Synt. III, Vorrede) Ph. genannt. In dieser Bedeutung tritt die Bezeichnung Ph. noch 1742 und 1750 in Antwerpen auf (RBM VIII, 1954, S. 327).

Phonetik (Lautlehre; von griech. φωνή, Laut), ein Wissensgebiet, das sich seit dem späten 19. Jh. als eigene Disziplin entwickelte, herausgewachsen und seither in steter Wechselbeziehung stehend zu einzelnen Gebieten der Physik, Medizin, Psychologie, Sprachwissenschaft (Linguistik) sowie zu Bereichen der Praxis (Singen) und Theorie der Musik. Die Experimental-Ph. gibt durch die Erforschung des Phonationsvorgangs die wissenschaftlichen Grundlagen zur Regelung und Transkription der → Aussprache und zur Praxis der → Stimmbildung und -hygiene. Vorläufer der experimentellen Ph. waren W. v. Kempelen und Chr. Th. Kratzenstein (um 1760–80) mit ihren Versuchen, mit Hilfe einer Sprechmaschine das Sprechen künstlich nachzuahmen, gestützt auf Kenntnisse der Musikinstrumente und der → Mechanischen Musikwerke. Seit der Erfindung des Laryngoskops (Kehlkopfspiegels) durch den Gesanglehrer M. → García (nach 1855) trat die Untersuchung der Anatomie und Physiologie der → Stimme (– 2) in den Vordergrund, gegen Ende des 19. Jh. diejenige der Akustik des Sprechens (H. v. Helmholtz, Stumpf). Neue Methoden der Untersuchung und Synthetisierung des Sprachklangs ergaben sich im 20. Jh. durch den Einsatz elektrischer Apparaturen (→ Visible Speech, → Voder). Mit ihnen lassen sich auch größere Zusammenhänge des Sprechaktes wie Tempo, Dynamik, Färbung sowie die Sprechmelodie exakt erfassen. Beobachtungen über Sprechmelodie liegen seit dem späten 18. Jh. vor (Steele 1775); sie sind durch die zeitgenössische Problematik der Deklamation angeregt, ebenso wie die späteren Theorien von Ausdruckshaltung und Typenausprägung beim Sprechen und Singen (Schallanalyse von E. → Sievers und O. → Rutz, auf Bereiche der Musik übertragen von G. Becking und W. Danckert; → Typenlehre) und die Analyse von Musik und Sprache mit Hilfe der → Informationstheorie.

Lit.: J. Steele, An Essay Towards Establishing the Melody and Measure of Speech to be Expressed and Perpetuated by Peculiar Symbols, London 1775, dazu P. Martens in: Sprechmelodie als Ausdrucksgestaltung, = Hamburger Phonetische Beitr. I, Hbg 1952; Chr. G. Kratzenstein in: Acta Acad. Petropolitanae pro anno 1780; W. v. Kempelen, Mechanismus d. menschlichen Sprache nebst d. Beschreibung seiner sprechenden Maschine, Wien 1791 (auch frz.); M. García, Mémoire sur la voix humaine, Paris 1840, ²1904, deutsch Wien 1878; L. Köhler, Die Melodie d. Sprache, Lpz. 1853; E. Sievers, Grundzüge d. Ph., Lpz. 1876, ⁵1901; ders., Rhythmisch-melodische Studien, = Germanische Bibl. II, 5, Heidelberg 1912; F. Krueger, Beziehungen d. experimentellen Ph. zur Psychologie, Lpz. 1907; R. Lach, Das Phonationsproblem in d. vergleichenden Mw., Wiener Medizinische Wochenschrift LXX, 1920; ders., Das Problem d. Sprachmelos, ebenda LXXII, 1922; ders., Mg. im Lichte d. Ph., ebenda LXXIII, 1923; ders., Sprach- u. Gesangsmelos im Engl., Fs. K. Luick, Wien 1925; R. Scharnke, Die Entwicklung d. Sprechmaschine, Magdeburg 1923; C. Stumpf, Die Sprachlaute, Bln 1926; G. Panconcelli-Calzia, Quellenatlas zur Gesch. d. Ph., Hbg 1940; ders., Geschichtszahlen d. Ph., Hbg 1941; Sprechmelodie als Ausdrucksgestaltung, = Hamburger Phonetische Beitr. I, hrsg. v. O. v. Essen, Hbg 1952; ders., Allgemeine u. angewandte Ph., Bln 1953, ⁴1966; H.-H. Wängler, Grundriß einer Ph. d. Deutschen, Marburg 1960. – Zs.: Vox, Internationales Zentralblatt f. experimentelle Ph., Bln I, 1891 – XXXII, 1922 (ab 1912 als: Medizinisch-pädagogische Monatsschrift f. d. gesamte Sprachheilkunde); Vox (Mitt. d. phonetischen Labors d. Univ. Hbg), Hbg I, 1925 – XXII, 1936, fortgesetzt als: Arch. f. vergleichende Ph.; Arch. f. d. gesamte Ph. (I. Abt.: Arch. f. vergleichende Ph.; II. Abt.: Arch. f. Sprach- u. Stimmphysiologie u. Sprach- u. Stimmheilkunde), Bln I, 1937ff.

Phonogrammarchiv, von C. Stumpf 1900 in Berlin begonnene, von O. Abraham und E. M. v. Hornbostel weitergeführte Sammlung phonographischer Aufnahmen der Musik außereuropäischer Kulturen. Dieses Archiv wurde die Zentralstelle der Forschungen zur Musikethnologie. 1934 dem Berliner Museum für Völkerkunde angegliedert und im 2. Weltkrieg zu 90% zerstört, wird es seit 1951 von K. Reinhard neu aufgebaut und geleitet. Weitere derartige Archive bestehen in Wien (Ph. der Akademie der Wissenschaften), in Paris (Musée de l'Homme), Budapest, Leningrad und in den USA (Library of Congress in Washington, Columbia University in New York). Ph.e werden heute verstanden als eine Sonderform der → Phonothek.

Lit.: E. M. v. Hornbostel, Das Berliner Ph., Zs. f. vergleichende Mw. I, 1933; M. Schneider, Theoretisches u. Praktisches zur »Katalogisierung d. Ph.«, AfMf I, 1936; G. Schünemann, Die Ph. in Bukarest u. Zagreb, ebenda; K. Reinhard, Das Berliner Phonogramm-Arch., Mf VI, 1953; ders. in: Baessler-Arch., N. F. IX (= Bd XXXIV), 1961, S. 83–94; W. Graf, Das Ph. d. Österreichischen Akad. d. Wiss., in: Musikerziehung XII, 1959; J. Kunst, Ethnomusicology, Den Haag ³1959.

Phonograph → Schallaufzeichnung.

Phonola → Mechanische Musikwerke.

Phonothek (engl. record library), Bezeichnung für eine Sammlung von Tonträgern, die nicht nur Schallplatten (Diskothek), sondern auch Tonbänder, Walzen und Folien (→ Schallplatte) umfaßt. Rundfunk-Ph.en (1929 Gründung des Schallarchivs der Reichs-Rundfunk-Gesellschaft in Berlin, seit 1952 in Frankfurt am Main als Lautarchiv des deutschen Rundfunks, 1963 umbenannt in Deutsches Rundfunkarchiv), Ph.en an Universitäten und Forschungsinstituten (Deutsches Volksliedarchiv in Freiburg im Breisgau, Institut für Lautforschung Berlin) sowie Ph.en als besondere Abteilungen von musikwissenschaftlichen Bibliotheken und öffentlichen Musikbüchereien sind von großer dokumentarischer und wissenschaftlicher Bedeutung. Ein Vorläufer der heutigen Ph. ist das → Phonogrammarchiv. Zentrale Ph.en, die die gesamte nationale Schallplattenproduktion und andere wertvolle Schallaufnahmen erfassen, sind in Paris die Phonothèque Nationale, in Rom die Discoteca di Stato, in London das British Institute of Recorded Sound, in Brüssel die Discothèque Nationale de Belgique, in Stockholm die National-Fonothek, in Couvet (Kanton Neufchâtel) die Phonothèque Nationale Suisse und in Washington eine Abteilung der Library of Congress. Deutschland besitzt seit 1961 als ähnliche Einrichtung die Deutsche Musik-Ph. in Berlin. Innerhalb der Internationalen

Vereinigung der Musikbibliotheken (AIBM) bemüht sich die 1953 gegründete Arbeitsgruppe Internationale Kommission der Tonträgerarchive um die Organisation des Ph.-Wesens und die Aufstellung einer internationalen Bibliographie von Tonaufnahmen als einer Teilaufgabe der → Dokumentation (→ Diskographie).
Lit.: A. SCHAEFFNER, Les tâches scientifiques et pédagogiques des phonothèques mus., Fontes artis musicae III, 1956; P. SAUL, The British Inst. of Recorded Sound, ebenda; Code for Cataloguing Music and Phonorecords, hrsg. v. d. Music Library Association u. d. American Library Association, Chicago 1958; Recensement international provisoire des phonothèques et discothèques, hrsg. v. d. Commission internationale des phonothèques, Fontes artis musicae VI, 1959 (Weltverz. d. Ph.); A. G. PICKETT u. M. M. LEMCOE, Preservation and Storage of Sound Recordings, Washington 1959; K.-H. KÖHLER, Zur Problematik d. Schallplatten-Katalogisierung, in: Music, Libraries and Inst., = Hinrichsen's 11th Music Book 1961; K. REINHARD, Probleme u. Erfahrungen in einem musik-ethnologischen Schallarch., ebenda; R. SCHAAL, Aufbau, Einrichtung u. Verwaltung einer Deutschen Ph., Instrumentenbau-Zs. XV, 1961; G. SOFFKE, Anlage u. Verwaltung v. Schallplattenslgen in wiss. Bibl., = Veröff. d. Bibliothekar-Lehrinst. d. Landes Nordrhein-Westfalen XIX, Köln 1961; Report on the Preservation of Authentic Folk Music..., Journal of the International Folk Music Council XIII, 1961; J. CHAILLEY u. a., Le catalogue des documents ethnomusicologiques sonores... de l'Inst. de musicologie de Paris, Fontes artis musicae IX, 1962; M. PROKOPOWICZ, Le cat. des documents sonores, ebenda X, 1963; Gramophone Record Libraries, Their Organization and Practice, hrsg. v. H. J. C. CURALL, London 1963; Mitt. d. Deutschen Musik-Ph., Bln, H. 1, 1965; H. SCHERMALL, Die deutsche Musik-Ph., Musica XXI, 1967.

Phorbeiá (griech., Halfter), in der Antike die beim Spielen des Doppelaulos (→ Aulos) häufig als Hilfe benutzte lederne Mundbinde (wohl ausnahmsweise auch beim Spielen der → Salpinx); seit etwa 700 v. Chr. nachgewiesen.
Lit.: M. WEGNER, Artikel Ph., in: Pauly-Wissowa RE XXXIX, 1941.

Phorminx (griech. φόρμιγξ), zur Familie der → Leier gehöriges altgriechisches Zupfinstrument, das seit Homer namentlich genannt wird und auf Abbildungen seit dem 9. Jh. v. Chr. vorkommt. Der Schallkörper wird meist sichel- oder annähernd halbkreisförmig dargestellt. Die zwei geraden oder gebogenen Arme sind oben durch ein Joch gekoppelt, von dem aus die Saiten (3-4, gelegentlich 5) zum Schallkörper laufen. Seit dem 6. Jh. v. Chr. scheint die Ph. durch → Kithara und → Lyra (– 1), von denen sie dem Namen nach nicht immer scharf unterschieden wurde, allmählich verdrängt worden zu sein; der Name Ph. verschwand im 5. Jh. v. Chr. Das Instrument konnte mit oder ohne → Plektron gespielt werden. Bruchstücke von Elfenbeinoriginalen wurden in Menidi und Mykenae gefunden.

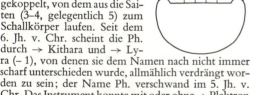

Lit.: M. WEGNER, Das Musikleben d. Griechen, Bln 1949; FR. BEHN, Musikleben im Altertum u. frühen MA, Stuttgart 1954; B. AIGN, Die Gesch. d. Musikinstr. d. ägäischen Raumes bis um 700 v. Chr., Diss. Ffm. 1963.

Photogrammarchiv → Autograph.

Phrasierung umfaßt analysierendes Aufsuchen, mitteilendes Bezeichnen und interpretierendes Verdeutlichen musikalischer Sinnglieder. Als Ergebnis dieser untrennbaren Einzelvorgänge kann die Phr. sowohl in analytischer Auseinandersetzung mit der Komposition entstehen als auch bei dem die Sinnglieder überwiegend intuitiv erfassenden und gleichzeitig zusammenfassend darstellenden musikalischen Vortrag. Beide Verfahrensweisen zielen auf musikalische Interpretation, die eine Synthese rationaler und künstlerisch-ästhetischer Entscheidungen erfordert. Während das Ergebnis einer auf Phr. gerichteten Analyse schriftlich oder graphisch (in Form von Phr.s-Bezeichnungen) niedergelegt wird, kann eine allein im Erklingen realisierte Sinngliederung nur als individuelle Auffassung eines Interpreten greifbar werden. – Die Phr. wurde als Lehre von H. → Riemann systematisch vor allem im Hinblick auf pädagogische Unterweisung im Klavierspiel und in der Komposition entwickelt. Dabei lag der Schwerpunkt überwiegend in der analytisch-rationalen Auseinandersetzung, in der Feststellung der Phrasengrenzen und der Isolierung einzelner Sinnglieder. Heute sind wissenschaftliche Erörterungen über Phr. selten. Das Aufsuchen der richtigen Phr. wird meist dem subjektiven Einfühlungsvermögen des ausübenden Künstlers überlassen, während sich die Musikwissenschaft weithin darauf beschränkt, von allen Zusätzen freie Urtextausgaben bereitzustellen. Indessen ist das Problem der Phr. heute ebenso aktuell wie zu Riemanns Zeit. Wenn auch berechtigte Einwände gegen viele Ergebnisse von Riemanns Phr.s-Methode bestehen, wird gleichwohl jede wissenschaftliche und praktische Beschäftigung mit Problemen der Phr. und des musikalischen Vortrags sich mit den Leistungen Riemanns auf diesem Gebiet kritisch auseinandersetzen müssen. – Wesentliche Voraussetzung für Riemanns Phr.s-Lehre war seine an J. J. de → Momigny anknüpfende, die Auftaktigkeit zum Prinzip erhebende Konzeption (→ Auftakt, → Metrum - 3), durch die er einen ständig auf den nächsten metrischen Schwerpunkt hinzielenden Vortrag erreichen wollte. Damit wandte er sich gegen einen einseitig abtaktig akzentuierenden Vortragsstil, als dessen bedeutendste Exponenten er M. Hauptmann und H. v. Bülow ansah. Riemanns auftaktige Deutung aller musikalischen Bildungen stieß auf stärksten Widerspruch. Denn einerseits bedarf eine Vortragshaltung, die, auch bei abtaktigen Bildungen den jeweils nächsten Schwerpunkt ins Auge fassend, auf ihn hindrängt, keiner Rechtfertigung durch auftaktige Deutung der Komposition, andererseits ist die Auftakthypothese besonders dort problematisch, wo Auftakt und Abtakt – wie oft in der Musik der Wiener Klassik – bewußt einander konfrontiert sind.

Analysierendes Aufsuchen musikalischer Sinnglieder war für Riemann gleichbedeutend mit ihrer Zurückführung auf normative, rhythmisch-metrische Modelleinheiten: *Die Glieder, aus welchen musikalische Gedanken bestehen, sind: a) Taktmotive, d. h. Gebilde, die nur eine schwere Zählzeit enthalten (mit oder ohne vorausgehende und nachfolgende leichte) und die ihren Schwerpunkt in dieser schweren Zählzeit finden; b) Taktgruppen von zwei solchen zur Einheit zusammengefaßten Taktmotiven, deren Schwerpunkt der schwere Takt bildet; c) Halbsätze von vier Taktmotiven, deren Schwerpunkt der schwere Takt der zweiten Gruppe ist; d) Perioden, aus Vordersatz und Nachsatz bestehend. ... Dazu kommen noch als kleinste Bildungen die Unterteilungsmotive, deren Schwerpunkt nur eine Zählzeit bildet, so daß ihrer im Takt so viele möglich sind, als der Takt Zählzeiten enthält. Phrasen nennt man nun diejenigen Taktmotive, Taktgruppen und Halbsätze, welche als selbständige Glieder von Symmetrien einander gegenübergestellt ... werden. Beim Beginn des Aufbaues musikalischer Themen sind meist die beiden ersten Phrasen nur Taktmotive, während die weiter folgenden die doppelte, ja vierfache Ausdehnung (2 Takte, 4 Takte) annehmen* (Musik-Lexikon, 81916). Ob die Sinnglieder in der Musik der Klassik (an der Riemanns System vor allem orientiert ist) in jedem Falle aus solchen Modelleinheiten ableitbar sind, ist fraglich. So kann z. B. → Symmetrie auch durch kompositorische Bildungen ungerader Taktzahl entstehen, die sich nicht auf geradzahlige zurückführen lassen, und es kann der Komposition überhaupt ein anderes Bauprinzip als das der → Periode zugrunde liegen.

Die genaue Abgrenzung der Phrasen gegeneinander sowie ihre innere Gliederung, d. h. die Bestimmung der Grenzen der Taktmotive und Unterteilungsmotive stößt oftmals auf erhebliche Schwierigkeiten, weil nur selten die Meister die genaue Begrenzung auch der kleineren Gebilde angezeigt haben. Die wesentlichen Anhaltspunkte für die Motivbegrenzungen sind folgende: 1) Längen auf dem schweren Taktteil (jeder Ordnung) wirken als Ende, wenn nicht harmonische Verhältnisse die Auffassung in diesem Sinne unmöglich machen (Musik-Lexikon, [8]1916), d. h., wenn nicht Weibliche Endung vorliegt (vgl. 5). *Die Länge erweist sich im Gegensatz zu vorausgegangenen Kürzen als ... Stillstand, als ein Ende; ... auch eine ein Thema beginnende Länge macht in gleicher Weise einen Einschnitt* (Vademecum, 1900, S. 25):

Beethoven, Sonate op. 49 Nr 2,
2. Satz, *Tempo di Menuetto*.

Beethoven, Symphonie Nr 1 op. 21,
1. Satz, Takt 13ff., *Allegro con brio*.

Zweifelhaft wird die Anwendung dieser These jedoch u. a. bei dem im *Vademecum* (1900, S. 26) gegebenen Beispiel:

W. A. Mozart, Sonate C dur, K.-V. 545,
1. Satz, *Allegro*.

2) *Pausen nach der auf den schweren Taktteil fallenden Note wirken ebenfalls, ja in höherem Grade gliedernd ...* (Musik-Lexikon, [8]1916). Pausen auf dem leichten Taktteil interpretiert Riemann zuweilen als zwischen Auftakt und Phrasierungspunkt eingeschaltete »Innenpausen« (z. B. 1918, S. 231ff.; Original im 6/8-Takt):

Beethoven, Sonate op. 7,
1. Satz, *Allegro molto e con brio*.

Ähnlich faßt Riemann auch das Thema des 2. Satzes (*Largo*) derselben Sonate auftaktig auf:

Auch hier gilt es wieder den störrischen Phantasus über die Hindernisse der Innenpausen hinüberzubringen. Andernfalls zerbröckelt das Kopfthema in zusammenhanglose Fetzen. Gerade so wie im Adagio von op. 2 III kommt alles darauf an, die volltaktige Leseweise zu vermeiden und die beiden ersten Takte zu einer einheitlichen Phrase zu verbinden, hier also durch Hinüberbeziehung der zweiten Note f1 als Auftakt zum zweiten Taktmotiv (1918, S. 249; vgl. 1884, S. 147ff., und *Vademecum*, 1900, S. 66ff.).

3) *Alle Figuration hat zunächst und vor allem den Sinn, von einem Schwerpunkt (jeder Ordnung) zum nächsten (derselben Ordnung) hinüberzuführen, d. h. veranlaßt neue Anfänge, Auftaktbildungen* (Musik-Lexikon, [8]1916). Diese Regel, die von Riemann auch auf die → Sequenz (– 2) angewendet wird (1884, S. 190f.), führt dort zu Mißdeutungen, wo der Figuration Diminution zugrunde liegt. Im folgenden Beispiel sind die Sechzehntel nicht nur auftaktige Überleitung, sondern zugleich Diminution einer Weiblichen Endung, die der Nachsatz in nicht ornamentierter, abschließender Fassung zeigt:

Mozart, Sonate G dur, K.-V. 283,
2. Satz, *Andante*.

Riemanns Phr. dieser Stelle (*Vademecum*, 1900, S. 56) versucht die Sechzehntelkette in Weibliche Endung und auftaktige Figuration zu zerlegen:

Ausnahmen hinsichtlich der Auftaktigkeit der Figuration ergeben sich durch Unterbrechungen des melodischen Anschlusses (vgl. 6).

4) *Anfänge mit der schweren Zeit (jeder Ordnung) sind möglich und wiederholen sich häufig bei Bildungen, die zueinander in Symmetrie treten (Phrasen); für die Unterglliederungen erwächst daraus aber keinerlei Abweichung von dem unter 3 aufgewiesenen Gesetz* (Musik-Lexikon, [8]1916), daß alle Figuration zum nächsten Schwerpunkt hinführt. Die Losreißung der ersten Note (vgl. voriges Beispiel) ist Riemann oft zum Vorwurf gemacht worden (u. a. von Fr. Kullak 1898, S. 56; vgl. *Vademecum*, 1900, S. 25f.).

5) → Weibliche Endung *liegt da vor, wo a) die auf den Schwerpunkt folgende Note eine zum Abschluß unentbehrliche Dissonanzlösung bringt, b) der Komponist durch Pausen, spezielle dynamische Vorschriften (Anfangsakzent) oder andere Hilfsmittel der Notierung (Balkenbrechung, Legatobogen, Diminuendozeichen) die Auffassung nach dieser Richtung bestimmt* (Musik-Lexikon, [8]1916). Im Unterschied zu den oben (unter 3) zitierten Beispielen, wo er die auf den Schwerpunkt folgende Note auftaktig deutete, obwohl anschließend und dem darauffolgenden Schwerpunkt Pausen (»Innenpausen«) eingeschaltet sind, deutet Riemann auch Satzanfänge als Weibliche Endungen (*Vademecum*, 1900, S. 29):

Beethoven, Symphonie Nr 7 op. 92,
3. Satz (Scherzo), *Presto*, Anfang des Trios.

6) Unterbrechungen des melodischen Anschlusses durch Sprünge, Änderung der Richtung oder durch Tonrepetition geben in vielen Fällen Anhaltspunkte für die Gliederung (vgl. *Vademecum*, 1900, S. 30ff.).
Die von Riemann gegebenen Regeln der Phr. können zwar oft wertvolle Hinweise für die Sinngliederung vermitteln, sind jedoch weder durchwegs anwendbar, noch erfassen sie vollständig alle im Satz vorkommenden rhythmisch-metrischen Probleme. Riemann selbst urteilte über seine Phr.s-Lehre: *Unmöglich kann es das Ziel meiner Darstellung sein, überall zweifellose Entscheidungen über die rechte Art der Phrasenbestimmung zu eruieren ... Ich bezweckte aber vielmehr nur, das metrisch-rhythmische Auffassungsvermögen derart fortzuentwickeln, daß ihm eine bestimmte Phrasierung Bedürfnissache wird ...* (1884, S. 263).

Für das Bezeichnen der Phr. entwickelte Riemann, teilweise in Zusammenarbeit mit C. Fuchs und aufbauend auf Versuchen und Vorschlägen von Fr. Couperin, J. A. P. Schulz, D. G. Türk, J. K. Eschmann, H. v. Bülow u. a. ein System von Phr.s-Bezeichnungen, das um 1900 (im *Vademecum der Phr.*) voll ausgebildet erscheint. Die Phr.s-Bezeichnungen können mehrere Noten und Notengruppen zur Phrase zusammenfassen (Phr.s-Bogen; Crescendo- bzw. Diminuendovorschrift und -zeichen), die Trennungsstelle der Phrasen markieren (Lesezeichen; Balkenbrechung bei Achtelnoten oder kleineren Werten), die metrischen Verhältnisse aufzeigen (Kennzeichnung des metrischen Gewichts der Takte durch eingeklammerte Zahlen; Einsetzen neuer Taktstriche vor metrischen Schwerpunkten, die vom Taktschema abweichen) oder einzelne Noten durch → Akzent (– 3) hervorheben (Agogischer Akzent ⌢; dynamischer Akzent > oder *sf*). – Der Bogen als Mittel der Phr.s-Bezeichnung war von Riemann zunächst wegen der möglichen Verwechslung mit dem Halte-(Binde-)Bogen und dem Legatobogen abgelehnt worden (*Musik-Lexikon*, 1882). Doch bereits 1886 (*Praktische Anleitung zum Phrasieren*, S. 8f.) äußerten sich Riemann und C. Fuchs im entgegengesetzten Sinne: *Die Anwendung des Bogens zur Bezeichnung des Legatovortrags ist gänzlich aufgegeben ... Es ist aber angenommen, daß die unter demselben Bogen zusammengefaßten Noten legato gespielt werden sollen, sofern nicht staccato-Zeichen das Gegenteil verlangen ... Die neue Zweck des Bogens ist nun, die Gliederung der musikalischen Gedanken ... anzuzeigen.* Die Einwände Bülows gegen die Anwendung des Bogens als Phr.s-Bezeichnung gaben *den Anstoß, zeitweilig ... nur da die Bögen anzuwenden, wo legato gemeint war ... Der teilweise Verzicht auf die Bögen bedingte übrigens keinen Unterschied als eine reichlichere Heranziehung der übrigen Mittel der Kenntlichmachung der Motivgrenzen. Da sich die Beschränkung als nicht zweckmäßig erwies, wurde sie bald wieder aufgegeben* (*Vademecum*, 1900, S. 2f.). Da in Bezeichnen der Phr. ohne zusammenfassendes Zeichen nicht möglich ist, wurde nach Riemann (u. a. von H. Keller 1925) fast ausschließlich die eckige Klammer ⌐—¬ angewendet (Riemann gebrauch Bogen und Klammer in gleicher Bedeutung nebeneinander im *Vademecum*, 1900; vgl. S. 52, 57 u. ö.; → Bogen – 1). In eine Spitze zusammenlaufende Bögen: ⌒ (Bogenanschluß) setzte Riemann als Zeichen des fortgehenden Legatospiels über die Phrasengrenze hinweg. Eine Kreuzung zweier Phr.s-Bögen: ⌒ deutet an, daß Anfang und Ende zweier Phrasen ineinanderlaufen (→ Verschränkung). Als Abbrechen der Phrase vor dem Ende und nochmaliges Ausholen zu neuem Schlusse interpretiert Riemann zahlreiche Stellen, vor allem bei Mozart, und zeigt sie an durch Wegschneiden des Bogenendes (*Vademecum*, 1900, S. 2):

W. A. Mozart, Sonate C dur, K.-V. 309,
1. Satz, *Allegro con spirito*, Takt 17/18.

Ein → Anschluß-Motiv wird durch zwei sich überlagernde Bögen bezeichnet (*Praktische Anleitung zum Phrasieren*, Anhang in ²1890, S. 100):

W. A. Mozart, Sonate für Klavier zu 4 Händen
D dur, K.-V. 381, 1. Satz, *Allegro*, Takt 6f.

Auch die Crescendo- und Diminuendovorschrift bzw. die Zeichen ⟨ und ⟩ erhielten in Riemanns System den Sinn einer zusammenfassenden Phr.s-Bezeichnung. Die auf den jeweiligen Schwerpunkt ausgerichtete Dynamik der Taktmotive  sowie der Taktgruppen, Halbsätze und Perioden ordnet sich einer einheitlichen Dynamik der Phrase unter (1884, S. 97). Soweit Crescendo und Diminuendo vom Komponisten vorgeschrieben sind, hat sich die Phr. danach einzurichten (*Der Komponist deutet die Ausdehnung der Phrasen ungefähr durch die dynamischen Vorschriften an*; *Musik-Lexikon*, ⁸1916). In allen anderen Fällen ergibt sich die Dynamik aus dem nach anderen Gesichtspunkten festgestellten Aufbau der Phrasen; z. B. stellte Riemann fest (1884, S. 176f.), daß der *dynamische Schwerpunkt der Phrasen* meistens da liegt, wo die Melodie wendet:

Beethoven, Sonate op. 2 Nr 1,
1. Satz, *Allegro*, Takt 1f. und 21f.

Die Gliederung im Kleinen wurde im Anschluß an einen schon im vorigen [18.] *Jahrhundert bestehenden Usus durch kleine Striche, die Lesezeichen angezeigt (* ǀ *und zur Unterscheidung von Haupt- und Nebengliederungen* ǁ*). In Fällen, wo ein Lesezeichen auf einen Taktstrich traf, wurde es schräg gelegt* (*Vademecum*, 1900, S. 3). – Bei Figurationen in Achtel- oder kleineren Noten können die Trennungsstellen der Motive oder auftaktige Bildungen innerhalb der Figuration durch Balkenbrechung (Unterteilung der durchlaufenden Balken) angezeigt werden, z. B. wird ♫♫♫♫ ǀ ♫♫♫ notiert als ♪♫♫♫♫ ǀ ♫♫♫. Eingeklammerte Zahlen von 1–8 (→ Metrum – 3) zeigen in Riemanns Analysen und in manchen Phr.s-Angaben verschiedenes metrisches Gewicht der Takte an; für die Phr. können sie bedeutsam sein, wenn in (oder nach) einem mit (2), (4) oder (8) gekennzeichneten »schweren« Takt verschieden abgestufte Einschnitte bzw. Phrasengrenzen anzusetzen sind, entsprechend Riemanns Theorie vom Aufbau der Kompositionen aus Taktmotiven, Taktgruppen, Halbsätzen und Perioden. In einigen frühen Phr.s-Ausgaben (ca. 1885–90) und in der *Praktischen Anleitung zum Phrasieren* (1886) sind die schweren Takte eines großen, 2 oder 3 Takte umfassenden Metrums noch mit einem ∨ (Riemann: »Gabel«) gekennzeichnet; eingeschriebene Zahlen (z. B. ²∨) geben an, in welchen Abständen die schweren Takte einander folgen. Eine Gabel in eckigen Klammern [∨] zeigt auch in späteren Phr.s-Ausgaben *die Umdeutung eines schweren Taktes (2., 4., 6., 8.) zu einem leichten an* (*Vademecum*, 1900, S. 4). Riemann nennt die *zuverlässige Feststellung des metrischen Gewichts ... die allerwichtigste Aufgabe der gesamten Phrasierungstheorie ...* (*Vademecum*, 1900, S. 53; vgl. S. 41). Jedoch überschreitet Riemann da, wo er bei Kompositionen in zusammengesetzten Taktarten (z. B. bei Beethoven, Sonate op. 27 Nr 1, 1. Satz, *Andante–Allegro*, und bei Mozart, Sonate A dur, K.-V. 331, 1. Satz *Andante grazioso*) *unkorrekte rhythmische Notierung* bzw. *falsch gesetzte Taktstriche* annimmt und durch deren Zurechtrücken eine mit seiner Auftakttheorie zu vereinende Phr. zu ermöglichen sucht, die Grenze einer die Originalnotation und das Werk erläuternden Phr.s-Bezeichnung.

Interpretierendes Verdeutlichen der musikalischen Sinngliederung heißt die Einschnitte markieren und die Phrasen als Sinneinheiten zur Wirkung bringen. In der Praxis sind diese beiden theoretisch unterscheidbaren

Aufgaben nicht zu trennen; sie umreißen insgesamt die aus der Aussage- und Bedeutungsfähigkeit der Komposition abzuleitende Forderung nach Ausdruck beim musikalischen Vortrag. Die dabei anzuwendenden Ausdrucksmittel sind (neben Veränderungen der Tonfärbung von Stimme und Instrument) in der Hauptsache ständige dynamische und agogische Veränderungen (→ Agogik, → Ausdruck, → Motiv). Hinsichtlich der agogischen Mittel ist zu unterscheiden zwischen den die Einschnitte oder bestimmte wichtige Noten markierenden Dehnungen einzelner Taktzeiten und der geringen Modifikation des Tempos innerhalb der Phrase. Riemann erkannte, daß eine Trennung der Einzelglieder nur durch → Artikulation (d. h. mittels Verkürzung der letzten Note eines Glieds durch Staccato oder Portato) bei völlig gleichmäßig durchlaufendem Takt nicht möglich ist, *sonst würde ja eine durchaus staccato durchgeführte Melodie überhaupt nur aus Einzeltönen bestehen und für sie von Motiven, Phrasen nicht gesprochen werden können* (Musik-Lexikon, 8 1916, Artikel Artikulation). Er stellte die These auf (1884, S. 8), daß sich *zwischen den einzelnen Gruppen ... ein sehr kleiner Zeitverlust schiebt, eine minimale Verzögerung, die den Eindruck der Taktregelmäßigkeit nicht stört. Der erwähnte Zeitverlust findet aber nicht absichtlich, sondern wider Wissen und Willen des Ausführenden statt ...* (*Über musikalische Phr.*, 1883). Ähnliche Beobachtungen machte bereits A. L. Crelle (1823, S. 54): *Zwischen den einzelnen Figuren findet ein kleiner, zum Theil fast unmerklicher Zwischen-Raum Statt.* E. Tetzel (1926) versuchte die unregelmäßige Zeitdauer unbetonter und betonter Taktzählzeiten mit Hilfe einer Morsetaste nachzuweisen, doch blieb das Experiment wegen starker Streuung der Werte ungenügend. H. Keller (1925 und 1955) betonte vor allem den Anteil der Artikulation am Zustandekommen des Gliederungseindrucks (*Gruppenbildung durch Artikulation*). Er berücksichtigte jedoch nicht die stets auftretenden Unregelmäßigkeiten bei der Ausführung einer theoretisch gleichbleibenden Schlagzeit. Der Einfluß sinnvoller Verzerrungen des Zeitgefüges auf die Phr., die Diskrepanzen zwischen der bewußten Intention zur Taktregelmäßigkeit und der unbewußt-gezielten Abweichung davon sind noch nicht systematisch untersucht. Vor der Negierung agogischer Ausdrucksmittel warnte Riemann nachdrücklich: *Das wirklich genaue im Taktspielen (z. B. nach dem Metronom) ist ohne lebendigen Ausdruck, maschinenmäßig, unmusikalisch* (1884, S. 12). Die von Th. Wiehmayer (1917) und von Keller (1925 und 1955) erhobene Forderung nach klarer Trennung zwischen Phr. und Artikulation besteht zu recht, doch kann sich eine solche Trennung nicht erschöpfen in der Unterscheidung zwischen Phr.s- und Legatobogen bzw. in der Eliminierung der ersteren. Es muß vor allem der prinzipielle Unterschied der angewendeten Ausdrucksmittel ins Auge gefaßt werden. Nur wenn sich die praktische Ausführung der Phr. mit der Artikulation nicht berührt, können beide nebeneinander bestehen und unabhängig voneinander durchgeführt werden. Das bedeutet z. B. für die von Keller (1925, S. 52) als »Phrasenverschleifung« interpretierte Stelle aus dem Finale von Beethovens Klaviersonate D moll op. 31 Nr 2, daß trotz der die Phrasen verbindenden Artikulationsvorschrift eine deutliche Trennung der Phrasen durch eine kaum merkliche Verlängerung des Phrasenschlußtons (a¹) herbeigeführt werden kann:

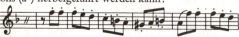

Riemann ging davon aus, daß die Einzeltöne einer Phrase im Normalfall durch Legatovortrag zu verbinden seien (nur das Gegenteil sei durch besondere Artikulationsvorschriften anzuzeigen) und daß die Phrasengrenzen außer durch eine geringe agogische Verzögerung meist auch durch Artikulation (non legato, portato, staccato usw.) markiert würden. Daß durch seine Phr.s-Bögen in vielen Fällen die originalen Artikulationsanweisungen der Komponisten verlorengingen bzw. verfälscht wurden, war für Riemann kein wichtiger Gesichtspunkt, da im 19. Jh. der Bogen nicht als zu den vom Komponisten endgültig festgelegten Einzelheiten des Notenbildes gehörig betrachtet wurde. Verfälschungen der Bogensetzung sind daher in Ausgaben klassischer Musik seit dem frühen 19. Jh. die Regel. In dieser Praxis ist die historische Wurzel von Riemanns Phr.s-Bogen, in der herrschenden Willkür der Bogensetzung und in der daraus folgenden Vortragswillkür der eigentliche Anlaß zu seiner Phr.s-Lehre zu sehen. Außerdem ließen die teilweise sehr sorgfältigen Vortragsbezeichnungen der Komponisten des

H. Berlioz, *Symphonie fantastique* (1830), 1. Satz, *Allegro agitato e appassionato assai*, Takt 9–16.

19. Jh. das Bedürfnis entstehen, auch die Musik der Klassik (die ja trotz fehlender Vortragsbezeichnungen nicht ohne Ausdruck zu spielen war) in Neuausgaben mit den »fehlenden« Bezeichnungen zu versehen. Diesem Bedürfnis entsprachen die »Instruktiven Ausgaben« von Fr. Liszt, H. v. Bülow, Lebert, Faißt und vielen anderen, zu denen auch Riemanns Phr.s-Ausgaben (Verzeichnis in: *Riemann-Festschrift*, 1909) zu zählen sind. Riemann schrieb am 3. November 1883 an C. Fuchs (Fuchs 1884, S. 23): *Ohne Bülow wären wir alle nicht auf die Idee gekommen, phrasieren zu wollen ...*

Fr. Couperin wendete in seiner Klaviermusik neben sorgfältigen Artikulationsvorschriften nach 1722 zur Verdeutlichung rhythmischer Bildungen (Weiblicher Endungen, Wechsel von abtaktiger zu auftaktiger Thematik) oder auf den ersten Blick nicht erkennbarer Einschnitte auch ein Komma als Lese-(Phr.s-)Zeichen an. – In der Vokalmusik ist der melodische Fluß gewöhnlich durch Pausen in Sinneinheiten zerlegt; wo Pausen fehlen oder absichtlich vermieden werden, sind vereinzelt kleine Striche als Atemzeichen und als Bezeichnung des Zeilenschlusses angewendet worden (Cavalieri 1600; Schütz 1628 und 1636), eine ähnliche Bedeutung erhielten durch den jeweiligen Zusammenhang vielfach die → Divisio modi (– ¦) und die Fermate (z. B. im Kirchenlied). *Von den Ab- und Einschnitten der Klangrede* und ihren Entsprechungen zur Interpunktion der Sprache handelt J. Mattheson (1739; ähnlich schon 1737) ausführlich, doch wandte er sich damit an den Komponisten (vor allem von Vokalmusik), nicht an den Vortragenden. Auch für J.-J. Rousseau (1768) waren ponctuer und phrase Termini der Kompositionslehre. – Große Bedeutung maß Riemann den Bemerkungen von J. Riepel (1752) und H. Chr. Koch (1793) über Symmetrie und Periode bei und leitete daraus die Berechtigung zur Zurückführung »unregelmäßiger« Phrasen (von 3, 5, 7 usw. Takten) auf ihnen zugrunde liegende regelmäßige (2-, 4- und 8taktige) ab (*H. Chr. Koch als Erläuterer unregelmäßigen Themenaufbaues*, in: *Präludien und Studien* II, 1900). Entscheidend für Riemanns Grundauffassungen wurde die Begegnung mit den Theorien von J. J. de Momigny (1806). Bemerkenswert ist z. B. Momignys Deutung des 1. Satzes aus dem Streichquartett D moll, K.-V. 421, von W. A. Mozart (vgl. A. Palm 1964); doch obwohl diese Deutung durch

Textunterlegung einer Phr. prinzipiell gleichkommt, gibt Momigny keine allgemeinen Hinweise für den Vortrag. – In erster Linie über metrische Theorien und den Rhythmus als ein Element der Komposition handeln M. Hauptmann (1853) und R. Westphal (1880), doch gewann Riemann aus diesen Arbeiten, die er wegen ihrer den Anfangsakzent betonenden Tendenz ablehnte, wichtige Gesichtspunkte für den Vortrag und seine Phr.s-Lehre.

Das Problem der Sinngliederung beim Vortrag, das durch die Musik der Vorklassiker auf eine neue Weise relevant geworden war, wurde erstmals von J. A. P. Schulz (1774) angesprochen. Ihm folgte Türk (1789), der die praktische Ausführung der Phr. als ein abgestuftes dynamisches Akzentuieren beschreibt (S. 336): *Jeder Anfangston einer Periode muß einen noch merklichern Nachdruck erhalten, als ein gewöhnlicher guter Taktheil. Genau genommen sollten selbst diese Anfangstöne mehr oder weniger accentuirt werden, je nachdem sich mit ihnen ein größerer oder kleinerer Theil des Ganzen anfängt ...* Doch kennt Türk auch den agogischen Akzent (S. 338). – Eine durchgehende dynamische und agogische Gestaltung der Phrasen forderte erstmals A. L. Crelle (1823). Er stellte die Regel auf, *dass das Bedeutende und Wichtige nicht eilt. Die Wirkung eines Tons ist alsdann am stärksten, wenn die Aufmerksamkeit zuvor darauf durch Verweilen gespannt wird* (S. 46). Daraus folgt: *Die erste Note einer Figur* (d. h. einer Phrase) *ertönt nie zu früh, und bekommt ein verhältnissmässig stärkeres Gewicht als die übrigen. Die Mitte der Figur hat eine gemessene Bewegung und das Ende derselben nimmt an Kraft ab, an Zeitmaass zu* (S. 54). Damit manifestiert sich bei Crelle jene Vortragshaltung, die Riemann ablehnte, weil sie nach seiner Meinung *die Musik zu einem beständigen Absterben macht* (*Vademecum*, 1900, S. 47f.), die aber schon deshalb stärkere Beachtung verdiente, weil sie in größerer zeitlicher Nähe zu den Klassikern steht. – Neben der Phr.s-Lehre Riemanns sind die Arbeiten von M. Lussy fast unbeachtet geblieben. Lussy bemühte sich, den jeweiligen Einzelfall zu würdigen und versuchte nicht, die Vielfalt der möglichen Vortragsnuancen einem Prinzip zu unterwerfen (das trug ihm den Vorwurf Riemanns ein, unsystematisch zu sein). Die erste Note eines »Rhythmus« (s. v. w. Phrase) wird nach Lussy (1873) stets mit einem Akzent (rhythmischer Akzent) markiert, unabhängig vom metrischen Akzent, der die guten Taktzeiten markiert. Der »pathetische Akzent« hebt demgegenüber alle rhythmisch, melodisch oder harmonisch ungewöhnlichen Noten hervor. In *Le rythme musical* (1883) wendet Lussy sich gegen eine einseitige und strikt durchgeführte auf- oder abtaktige Interpretation von Kompositionen, die in Wirklichkeit aus dem Wechsel von Auf- und Abtakt leben. – Der Pianist C. Fuchs verschrieb sich ganz der Riemannschen Phr.s-Lehre und nahm auch Fr. Nietzsche dafür ein (durch den Brief vom 31. August 1888, veröffentlicht bei Gurlitt 1950). Neben seinen eigenen, die Lehre Riemanns propagierenden Veröffentlichungen (1884 und 1885) wirkte Fuchs mit an der Ausarbeitung der Phr.s-Bezeichnungen und an der *Praktischen Anleitung zum Phrasieren* (1886). – Fr. Kullak unterzog 1898 die Äußerungen und Lehrmeinungen über den musikalischen Vortrag von A. Schindler, H. v. Bülow, R. Wagner und H. Riemann einer eingehenden und in zahlreichen Punkten zutreffenden Kritik. Dabei offenbart sich eine Animosität gegen Riemanns Auftakttheorie und ihre Konsequenzen, die nicht nur Kullak, sondern einer Generation von Musikern und Musikerziehern *die Riemann'schen Phrasierungsausgaben absolut ungenießbar* machte (Riemann antwortete Kullak mit dem Traktat *De cantu fractibili*, in: *Präludien und Studien* III, S. 185ff.)

– Th. Wiehmayer (1917) versuchte vor allem durch Neuformulierung der metrischen Theorie die Auftakthypothese Riemanns zu überwinden; in seinen Phr.s-Ausgaben reduzierte Wiehmayer die Phr.s-Bezeichnungen auf das nur in den notwendigsten Fällen gesetzte Lesezeichen. – H. → Schenker (*Weg mit dem Phrasierungsbogen*, 1925) betonte, *daß die Schreibart der Meister die vollendetste Einheit von innerer und äußerer Gestalt, von Gehalt und Zeichen vorstellt*. Er trat daher für die → Urtext-Ausgabe ein. – Einen von Riemann und anderen Autoren weitgehend unbeachtet gelassenen Gesichtspunkt stellte H. J. Moser fest (1933–35, Artikel Phr.): *daß in einer hochgeistigen Musik nicht immer nur eine Phr. herrscht, sondern sich oft mehrere organische Zusammenhänge übereinanderbauen, sich gegenseitig überschneiden und in spannungsreichem Gleichgewicht halten.* Daraus folgt, daß jede Phr. die Vielfältigkeit der Sinnbeziehungen zwischen den Satzgliedern zu berücksichtigen hat (dies gilt besonders auch für die Fälle von → Verschränkung).

H. Riemann betrachtete die Phr. *als die letzte und höchste Aufgabe der Musikwissenschaft* (*Musik-Lexikon*, ⁶1905, Artikel Musikwissenschaft) und glaubte voraussagen zu können: *je mehr die junge Wissenschaft der Syntaxis ... sich entwickeln wird, desto breiteren Raum werden Kontroversen und Spezialuntersuchungen über die Deutung einzelner Stellen in den Werken der Meister einnehmen* (*Vademecum*, 1900, S. 53f.). Bisher hat jedoch die Diskussion über Riemanns Phr.s-Lehre breiteren Raum eingenommen als wissenschaftliche Untersuchungen über Probleme der Phr.

Lit.: Fr. Couperin, Vorwort zum Troisième livre de pièces de clavecin, Paris 1722, GA IV, hrsg. v. M. Cauchie, Paris (1932); J. Mattheson, Kern Melodischer Wiss. ..., Hbg 1737; Mattheson Capellm.; J.-J. Rousseau, Dictionnaire de musique, Genf 1767(?), Paris 1768 u. ö.; J. A. P. Schulz, Artikel Vortrag, in: J. G. Sulzer, Allgemeine Theorie d. Schönen Künste II, Lpz. 1774 u. ö., Auszüge in: H. Riemann, Vademecum d. Phr., Lpz. 1900, S. 7ff.; D. G. Türk, Klavierschule ... nebst 12 Handstücken, Lpz. u. Halle 1787, ²1802, Faks. hrsg. v. E. R. Jacobi, = DMI I, 23, 1962; H. Chr. Koch, Versuch einer Anleitung zur Composition III, Lpz. 1793; J. J. de Momigny, Cours complet d'harmonie et de composition ..., 3 Bde, Paris 1806; A. L. Crelle, Einiges über musicalischen Ausdruck u. Vortrag. Für Pfte-Spieler, zum Teil auch f. andere ausübende Musiker, Bln 1823; A. Kullak, Aesthetik d. Klavierspiels, Bln 1860, hrsg. v. H. Bischoff ²1876, ³1889, hrsg. v. W. Niemann ⁴1906, ⁷⁻⁸1920; M. Lussy, Traité de l'expression, Paris 1873, ⁸1904, engl. v. E. v. Glehn als: Mus. Expression, London 1885, deutsche Bearb. v. F. Vogt als: Die Kunst d. mus. Vortrags, Lpz. 1886, russ. v. W. A. Tschetschar, St. Petersburg 1888; ders., Le rythme mus., son origine, sa fonction et son accentuation, Paris 1883, ⁴1911; ders., L'anacrouse dans la musique moderne, Paris 1903, ²1928; R. Westphal, Allgemeine Theorie d. mus. Rhythmik seit J. S. Bach, Lpz. 1880; H. Riemann, Musik-Lexikon, Lpz. 1882, ³1887, ⁴1894, ⁵1900, ⁶1905, Bln⁸1916 (verschiedene Fassungen d. Artikels Phr.); ders., Über mus. Phr., Mus. Wochenblatt XIV, 1883, auch in: C. Fuchs, Die Zukunft d. mus. Vortrags II, Danzig 1884; ders., Der Ausdruck in d. Musik, = Mus. Vorträge L, Lpz. 1883; ders., Mus. Dynamik u. Agogik. Lehrbuch d. mus. Phrasirung auf Grund einer Revision d. Lehre v. d. mus. Metrik u. Rhythmik, Lpz. u. St. Petersburg 1884; ders. u. C. Fuchs, Praktische Anleitung zum Phrasieren, Lpz. 1886, NA (mit Anh.) als: Katechismus d. Phr., = M. Hesse's illustrierte Katechismen XVI, Lpz. (1890); ders., Katechismus d. Klavierspiels, ebenda VI, Lpz. 1888, ³1905, als: Hdb. d. Klavierspiels, Bln ⁷1922; ders., Katechismus d. Kompositionslehre, 2 Bde, ebenda VIII–IX, Lpz. 1889, als: Grundriß d. Kompositionslehre, ³1905, ⁷⁻⁸1922; ders., Präludien u. Studien. Gesammelte Aufsätze ..., 3 Bde (darin besonders: I, S. 67ff., 88ff., 112ff., 126ff., 150ff., 165ff.; II, S. 56ff., 88ff., 109ff., 140ff., 180ff.; III, S. 69ff., 83ff., 185ff.), I Ffm (1895), II–III Lpz. (1900–01), I–III Lpz. (²o. J.), Nachdruck in 1

Bd Hildesheim 1967; DERS., Die Elemente d. mus. Aesthetik, Bln u. Stuttgart (1900); DERS., Vademecum d. Phr., = M. Hesse's illustrierte Katechismen XVI, Lpz. 1900, ([3]1912), als: Hdb. d. Phr. [8]o. J.; DERS., Die Aufgaben d. Musikphilologie, in: M. Hesse's Deutscher Musiker-Kalender f. 1902, Lpz. 1901; DERS., Beethovens Streichquartette, = Schlesinger'sche Musik-Bibl., Meisterführer XII, Bln 1903; DERS., System d. mus. Rhythmik u. Metrik, Lpz. 1903; DERS., L. van Beethovens sämtliche Klavier-Solosonaten. Ästhetische u. formal-technische Analyse..., 3 Bde, = M. Hesses illustrierte Hdb. LI–LIII, Bln 1918–19, I [4]1920, II [3]1920, III [2]1920; DERS., Die Phr. im Lichte einer Lehre v. d. Tonvorstellungen, ZfMw I, 1918/19; RIEMANN Beisp.; O. KLAUWELL, Der Vortrag in d. Musik, Bln 1883, engl. 1892; C. FUCHS, Die Zukunft d. mus. Vortrags, 2 Bde, Danzig 1884; DERS., Die Freiheit d. mus. Vortrags, Danzig 1885; A. FR. CHRISTIANI, The Principles of Mus. Expression..., NY 1886, deutsch v. H. Riemann als: Das Verständnis im Klavierspiel, Lpz. 1886; O. TIERSCH, Rhythmik, Dynamik u. Phrasierungslehre d. homophonen Musik, Bln 1886; FR. NIETZSCHE, Der Fall Wagner. Ein Musikanten-Problem, Lpz. 1888, Neudruck in: Sämtliche Werke VIII, Stuttgart 1964; A. CARPÉ, Grouping, Articulating and Phrasing in Mus. Interpretation, Boston 1898, deutsch als: Der Rhythmus. Sein Wesen in d. Kunst u. seine Bedeutung im mus. Vortrage, Lpz. (1900); FR. KULLAK, Der Vortrag in d. Musik am Ende d. 19. Jh., Lpz. 1898; TH. WIEHMAYER, Mus. Rhythmik u. Metrik, Magdeburg 1917, dazu: Aufgabenbuch..., ebenda 1919, Schlüssel..., ebenda 1919; DERS., Die Auswirkungen d. Theorie H. Riemanns, Magdeburg 1925; DERS., Mus. Formenlehre in Analysen, ebenda 1927; G. BECKING, »Hören« u. »Analysieren«. Zu H. Riemanns Analyse v. Beethovens Klaviersonaten, ZfMw I, 1918/19; H. KELLER, Die mus. Artikulation, insbesondere bei J. S. Bach, = Veröff. d. Musik-Inst. d. Univ. Tübingen II, Stuttgart 1925, neu bearb. als: Phr. u. Artikulation, Kassel 1955; H. SCHENKER, Weg mit d. Phrasierungsbogen, in: Das Meisterwerk in d. Musik I, München, Wien u. Bln 1925; F. ROSENTHAL, Probleme d. mus. Metrik, ZfMw VIII, 1925/26; E. TETZEL, Rhythmus u. Vortrag, Bln 1926; A. H. FOX STRANGWAYS, Phrasing, ML IX, 1928; H. J. MOSER, Musik-Lexikon, Bln 1933–35, in 2 Bden [4]1955; W. GURLITT, H. Riemann (1849–1919), = Akad. d. Wiss. u. d. Lit. Mainz, Abh. d. geistes- u. sozialwiss. Klasse, Jg. 1950, Nr 25; E. BLOM, Phrase Lengths, The Mus. Times XCV, 1954; THR. G. GEORGIADES, Musik u. Sprache..., = Verständliche Wiss. L, Bln, Göttingen u. Heidelberg 1954; DERS., Schubert. Musik u. Lyrik, Göttingen 1967; H. CHR. WOLFF, H. Riemann, d. Begründer d. systematischen Musikbetrachtung, Fs. M. Schneider, Lpz. (1955); E. FISCHER, L. van Beethovens Klaviersonaten, Wiesbaden 1956, = Inselbücherei Nr 853, ebenda 1961; H. H. EGGEBRECHT, Musik als Tonsprache, AfMw XVIII, 1961; A. PALM, Mozarts Streichquartett d-moll, KV 421, in d. Interpretation Momignys, Mozart-Jb. 1962/63.

Phrygisch → Systema teleion, → Kirchentöne.

Physharmonika → Harmonium, → Register(–1).

Physiologie des Instrumentenspiels, die Lehre von der Tätigkeit des Muskel- und Nervensystems beim Instrumentenspiel. Ihre Erkenntnisse können zur wissenschaftlichen Grundlage des Instrumentalunterrichts beitragen. Ferner erbringt sie Kriterien für die berufliche Eignung zum Musiker sowie für die Ursachen typischer Musikerkrankheiten. Für die Instrumentenkunde ist die Untersuchung der Korrespondenz zwischen der Konstruktion eines Instruments und den Anforderungen an die körperliche Leistung des Spielers wichtig; von dieser hängt z. B. bei der Trompete der Tonumfang ab. Die Erfassung dieser Zusammenhänge kann besonders auch für die Musikethnologie fruchtbar werden.

Lit.: F. A. STEINHAUSEN, Die Physiologie d. Bogenführung..., Lpz. 1903, hrsg. v. A. Schering [4]1920, hrsg. v. Fl. v. Reutern [5]1928; DERS., Über d. physiologischen Fehler u. d. Umgestaltung d. Klaviertechnik, Lpz. 1905, bearb. v. L. Riemann [2]1913, [3]1929; E. CALAND, Das künstlerische Klavierspiel..., Stuttgart 1910, [2]1919; J. FLESCH, Berufskrankheiten d. Musikers, Celle 1925; W. TRENDELENBURG, Die natürlichen Grundlagen d. Kunst d. Streichinstrumentenspiels, Bln 1925; A. LOEWY u. H. SCHROETTER, Über d. Energieverbrauch bei mus. Betätigung, in: Pflügers Arch. f. d. gesamte Physiologie CCXI, 1926; K. SINGER, Berufskrankheiten d. Musikers, Bln 1926; K. JOHNEN, Neue Wege zur Energetik d. Klavierspiels, Diss. Bln 1927, als: Wege zur Energetik d. Klavierspiels, Halle 1951; C. A. MARTIENSSEN, Die individuelle Klaviertechnik..., = Veröff. d. Kirchenmus. Inst. d. Ev.-luth. Landeskirche in Sachsen... II, Lpz. 1930; A. METTE, Zahnerkrankungen d. Holzbläser, Deutsche Musikerzeitung LXIII, 1932; DERS., Zahnerkrankungen d. Blechbläser, ebenda; K. SCHLENGER, Eignung zum Blasinstrumentenspiel. Beitr. zur Physiologie u. Pädagogik d. Blasinstrumentenspiels, = Schriften zur praktischen Psychologie II, Dresden 1935; H.-H. DRÄGER, Prinzip einer Systematik d. Musikinstr., = Mw. Arbeiten III, Kassel (1948); A. JAHN, Methodik d. Violinspiels, Kassel 1948, [2]1951; L. NOUNEBERG, L'organisation scientifique de la pédagogie instr..., Paris 1948; Z. FELIŃSKI u. H. GAERTNER, Fizjologia gry skrzypcowej (»Physiologie d. Violinspiels«), 2 Bde, Krakau 1952, [2]1956 als: Zasady gry skrzypcowej na podłożu fizjologii (»Grundlagen d. Violinspiels auf physiologischer Basis«); H.-P. SCHMITZ, Querflöte u. Querflötenspiel in Deutschland während d. Barockzeitalters, Kassel (1952); J. C. HALL, A Radiographic, Spectographic, and Photographic Study of the Nonlabial Physical Changes Which Occur in the Transition from Middle to Low and Middle to High Registers During Trumpet Performance, Diss. Indiana Univ. 1955, maschr.; W. ROSENTHAL, Die Identifizierung d. Gebeine J. S. Bachs, Mit Bemerkungen über d. »Organistenkrankheit«, in: Leopoldina, Mitt. d. Deutschen Akad. d. Naturforscher III, 1962/63; E. STADLER u. O. SZENDE, Geigenspiel u. Atmung I, Internationale Zs. f. angewandte Physiologie XX, 1963; H. SCHMALE, Über d. physikalische Belastung v. Orchestermusikern, Mainz (1965).

Piacenza.
Lit.: E. DE GIOVANNI, La cappella mus. Giovannea, P. 1922; DERS., Studi sull'ottocento mus. piacentino, P. 1928; C. ANGUISSOLA, Musicisti piacentini, P. 1935; A. RAPETTI, Il Teatro ducale della Cittadella e il Teatro ducale di Palazzo gotico, Bolletino stor. piacentino XLVI, 1951; FR. BUSSI, Panorama mus. piacentino, P. 1955; DERS., Alcuni maestri di cappella e organisti della cattedrale di P., P. 1956.

Pianino (ital., Diminutiv von Piano), von C. Pleyel eingeführte Bezeichnung für ein aufrechtes rechteckiges Pianoforte mit vertikal oder schräg (auch kreuzsaitig) laufenden Saiten. Im Unterschied zu früheren aufrechten Flügeln, wie der Pyramide von Chr. E. Friederici (Gera 1745), dem Schrankflügel von W. Stodart (London 1795) und dem aufrechten Tafelklavier von W. Southwell (London 1798), beginnt der Resonanzkasten beim P. nicht in der Höhe der Klaviatur, sondern wenige Zentimeter über dem Boden. Die ersten eigentlichen P.s waren die Ditanaklasis von M. Müller (Wien um 1800, Höhe 146 cm) und das Portable grand pianoforte von J. I. Hawkins (Philadelphia 1800). Niedriger waren das Cottage piano (1811) und das Piccolo pianoforte (um 1826–30, Höhe 114 cm) von R. Wornum in London, dessen aufrechte Stoßzungenmechanik vom späteren P.-Bau allgemein übernommen wurde. Wornums Erfindungen wurden zunächst von C. Pleyel in Paris weiterentwickelt. Ein besonders niedriges Piano console (100 cm) mit kreuzsaitigem Bezug konstruierte 1828 H. Pape in Paris. In Deutschland wurden erst seit Mitte des 19. Jh. P.s gebaut, bald aber in großer Zahl. Der Bau extrem niedriger P.s wurde seit Beginn der 1930er Jahre betrieben.

Lit.: O. HILDEBRAND, Das P., Donauwörth 1905.

piano (ital.), Abk.: p, sanft, still, leise, als Vortragsbezeichnung der dynamische Gegenpol zu → forte; pianissimo, Abk.: pp, von più piano oder pian(o) piano, ältere Abk.: p[mo], sehr leise; mezzopiano, Abk.: mp, »mittelleise«, zwischen p und pp; fortepiano, Abk.: fp, stark und sofort wieder leise; im Englischen auch soft, Abk.: so, und loud, Abk.: lo (z. B. Th. Mace 1676). Piano und forte treten zuerst bei G. Gabrieli (1597) und Banchieri (1601, 1608) auf. Bald danach erscheinen auch die Abbreviaturen. Zur weiteren Modifizierung werden vor allem seit dem 18. Jh. Beiwörter wie meno, molto, poco, quasi und possibile gebraucht. In der Musik seit der Mehrchörigkeit und dem concertierenden Stil bedeuten piano und → Echo oft dasselbe (Mazzocchi 1638; Praetorius Synt. III, S. 112; WaltherL, Artikel Echo: *Das Wort Ecco wird auch manchmahl an statt piano gebraucht*); pp und ppp können dementsprechend 2. bzw. 3. Echo bedeuten. In der Klaviermusik können durch p und f verschiedene Manuale (»Terrassendynamik«) gefordert werden. Durch p und f kann auch ein Crescendo oder Decrescendo bezeichnet werden (f–p–pp bei Mazzocchi; loud–soft–softer bei M. Locke). Die Romantik brachte eine Steigerung des p bis zum pppppp (Tschaikowsky, op. 74); für den leisesten Grad finden sich auch Zusätze wie quasi niente.

Pianoforte, Fortepiano (ital., s. v. w. ein Tasteninstrument, auf dem laut und leise gespielt werden kann; im 18. Jh. auch gravicembalo col piano e forte, cembalo a martelli; Hammerklavier; engl., frz. und deutsche Kurzform: Piano), ein → Klavier, bei dem der Ton erzeugt wird, indem Hämmer gegen die Saiten geschleudert werden. Eine ähnliche → Mechanik kannte schon H. Arnault von Zwolle (um 1460); in Italien scheint mit ihr im 16. Jh. experimentiert worden zu sein. Das erste entwicklungsfähige Modell eines Pftes konstruierte, nach Versuchen ab etwa 1690, → Cristofori um 1709 in Florenz, der bis 1731 etwa 20 Instrumente baute. Unabhängig davon entwickelte in Frankreich J. → Marius ein Instrument mit Hammermechanik, ebenso in Deutschland Chr. G. → Schröter, der hierzu vielleicht durch das → Pantaleon angeregt war. G. Silbermann in Freiberg, der wahrscheinlich Instrumente von Cristofori, mindestens aber die Beschreibung ihrer Mechanik (*Critica Musica* II, 1725) kannte, arbeitete an der Entwicklung von Pftes seit etwa 1730. J. S. Bach hat Silbermanns Instrumente spätestens 1747 in Potsdam kennengelernt. Der Ton des Hammerflügels war zunächst noch schwach und wenig modulationsfähig; noch lange Zeit wurde das Clavichord vorgezogen, das ein ausdrucksvolleres Spiel erlaubte. Erst die verbesserte Prellmechanik der süddeutschen und die verbesserte Stoßmechanik der englischen → Klavierbau-Schule schufen in der 2. Hälfte des 18. Jh. die Voraussetzungen einer auf die Qualitäten des Pftes aufbauenden → Klaviermusik. Noch bis nach der Jahrhundertmitte wurden Hammerflügel durch Umbau von Cembali (Kielflügeln) bzw. → Tafelklaviere durch Umbau von Clavichorden gewonnen. Während Cristoforis Mechanik neben einer Art von doppelter Auslösung bereits Einzeldämpfung jeder Saite aufwies, wurden in Deutschland noch nach 1750 teilweise recht einfache Instrumente gebaut, die lediglich eine mit Handzügen (geteilt für Diskant und Baß) zu bedienende Gesamtdämpfung besaßen. Die im späten 18. Jh. durchwegs vorhandene Einzeldämpfung konnte durch Kniehebel aufgehoben werden, am Tafelklavier ab etwa 1775, am Flügel etwas später auch durch → Pedale (– 2). Nach dem Vorbild des späten Cembalos wurde in das Pfte der Wende von 18./19. Jh. eine Reihe von → Registern (– 2) zur Veränderung des Klanges eingebaut. Die letzte epochemachende Erfindung an der → Mechanik ist die doppelte Auslösung von Erard 1821. Als verbreitetste Form des Pftes setzte sich, neben dem → Flügel, etwa ab 1820 das aufrechte → Pianino gegenüber dem Tafelklavier durch, das Ende des 19. Jh. verschwand; biedermeierliche Formen wie → Giraffenklavier, Pyramidenklavier und → Orphika waren nur kurzlebig. Seit den letzten Jahrzehnten des 18. Jh. und besonders im frühen 19. Jh. wurden die Pftes zunehmend massiver, bedingt durch das Streben nach größerem, auch grundtönigerem Klang. Die leichten Lederhämmer wurden durch Filzhämmer (allgemein üblich seit den 1840er Jahren) abgelöst, und der Umfang des Instruments wurde in der Höhe und der Tiefe bedeutend erweitert. Dickere Saiten verlangten höhere Spannungen (die gesamte Zugkraft stieg von 4000 kg auf 12–18000 kg im modernen Pfte). Diese Spannung kann nicht mehr allein von einem hölzernen Rast (mit meist 3–4 Spreizen, auch in Sternform) ausgehalten werden. Auf ihn wird allerdings aus akustischen Gründen auch im modernen Pfte nicht verzichtet. Nachdem Streicher bereits den Aufhängestock mit einer Eisenblechauflage verstärkt hatte, kam der Gußeisenrahmen um 1825 auf, zuerst in den USA, einige Jahre später auch in Verbindung mit kreuzsaitigem Bezug. Die akustische Qualität eines Pftes wird vornehmlich durch das Verhältnis zwischen Länge, Durchmesser und Spannung der Saiten (→ Mensur – 1), die Saitenteilung (Aufteilung des Saitenbezugs in blanke und umsponnene Saiten), die Anschlagstellen der Hämmer und den Resonanzboden (meist Bergfichte) bestimmt und durch → Intonation (– 2) reguliert.

Lit.: Les traités d'H.-A. de Zwolle..., hrsg. v. G. Le Cerf u. E.-R. Labande als: Instr. de musique du XVe s., Paris 1932; Ch. Kützing, Das Wissenschaftliche d. Fortepiano-Baukunst, Bern 1844; H. Welcker v. Gontershausen, Der Flügel oder d. Beschaffenheit d. Pianos in allen Formen, Ffm. 1853, ^{2}1856; ders., Der Klavierbau in seiner Theorie, Technik u. Gesch., Ffm. 1855, ^{4}1870; E. Fr. Rimbault, The Pfte, London 1860; O. Paul, Gesch. d. Kl., Lpz. 1868; J. Blüthner (mit H. Gretschel), Lehrbuch d. Pianofortebaues, Weimar 1872, Lpz. ^{4}1920, als: Der Pianofortebau, Lpz. 1952; S. Hansing, Das Pfte in seinen akustischen Anlagen, Schwerin 1888, ^{2}1908, Nachdruck Stuttgart 1950; D. Spillane, The Hist. of the American Pfte, NY 1890; A. J. Hipkins, A Description and Hist. of the Pfte and of the Older Keyboard Stringed Instr., London u. NY 1896, ^{2}1898; A. Dolge, Pianos and Their Makers, Covina (Calif.) 1911; S. Wolfenden, A Treatise on the Art of Pfte Construction, London 1916; W. Pfeiffer, Taste u. Hebelglied, Lpz. 1920, ^{2}1931; C. Sachs, Das Kl., Bln 1923; J. Goebel, Grundzüge d. modernen Klavierbaues, = Die Werkstatt LXVII, Lpz. ^{3}1925, ^{4}1952; L. M. Nalder, The Modern Piano, London 1927; Württembergisches Landesmuseum. Die Slg d. Musikinstr., hrsg. v. H. H. Josten, Stuttgart 1928; R. E. M. Harding, Experimental Pftes and the Music Written for Them, Proc. Mus. Ass. LVII, 1930/31; dies., The Pfte. Its Hist. Traced to the Great Exhibition of 1851, Cambridge 1933; H. Junghanns, Der Piano- u. Flügelbau, = Bibl. d. gesamten Technik Bd 396, Lpz. 1932, Bln ^{2}1952, Ffm. ^{3}1962, = Fachbuchreihe Das Musikinstr. IV; H. Brunner, Das Klavierklangideal Mozarts u. d. Kl. seiner Zeit, Augsburg 1933; O. Vierling, Das elektroakustische Kl., Bln 1936; M. Grützmacher u. W. Lottermoser, Elektro-akustische Untersuchungen an Kl., ZfIb LVII, 1937; E. Hertz, J. A. Stein (1728–92). Ein Beitr. zur Gesch. d. Klavierbaues, Wolfenbüttel u. Bln 1937; R. Steglich, Mozarts Flügel klingt wieder, Nürnberg u. Salzburg 1937; ders., Studien an Mozarts Hammerflügel, Neues Mozart-Jb. I, 1941; Th. P. Fielden, The Influence of the Pfte on the Progress of Music, Proc. Mus. Ass. LXV, 1938/39; Th. Norlind, Systematik d. Saiteninstr. II, Gesch. d. Kl., Stockholm 1939, Hannover ^{2}1941; O. Funke, Das Kl. u. seine Pflege, Dresden 1940, Radebeul ^{2}1946, Ffm. ^{3}1962, = Schriftenreihe Das Musikinstr. II; F. Trendelenburg, E. Thienhaus u. E. Franz, Zur Klangwirkung v. Clavichord, Cemb. u. Flügel, Akustische Zs. V, 1940; E. Closson, Hist. du piano, Brüssel 1944; B. v. Essen, Bouw en geschiedenis van het kl., Rotterdam 1948; P. Locard, Le piano, Paris 1948; K. Hahn, Über d. Zusammenhänge v. Klavierbau u. Klavierstil, Diss. Bln 1952, maschr.; A. G. Hess, The Transition from Harpsichord to Piano, The Galpin Soc. Journal VI, 1953; Fr. J. Hirt, Meisterwerke d.

Klavierbaus, Olten 1955; R. BENTON, The Early Piano in the United States, NY 1961; FR. ERNST, Bach u. d. Pfte, Bach-Jb. XLVIII, 1961, auch = Schriftenreihe Das Musikinstr. VI, Ffm. 1962.

Pianola → Mechanische Musikwerke.

Piatti (ital., Platten) → Becken; senza p. (in der Stimme der großen Trommel) bedeutet: große Trommel allein, ohne Becken. Die Bezeichnung p. löste die in Italien bis zu Beginn des 18. Jh. übliche Bezeichnung cembalo (»Zimbel«) ab.

Pibgorn, Pibcorn (engl. von gälisch piob, pib, Pfeife, und gorn, corn, Horn; → Hornpipe – 1), in Wales ein Blasinstrument mit aufschlagender Zunge, 6 vorderständigen Grifflöchern und einem Daumenloch. An den Tubus aus Holz oder Knochen sind ein Anblastrichter und ein Schallstück aus tierischem Horn oder Huf angesetzt.

Pibroch (p'iːbɪɔx, engl., von gälisch piobaireachd, s. v. w. Pfeifenmelodie), in den Highlands Variationen für Sackpfeife (mit zu hoher Quarte und zu tiefer Septime) über ein Thema (urlar). Die Melodie, durch Vorschläge, Doppelvorschläge usw. reich verziert, wird zur letzten Variation (creanluidh) hin immer bewegter; sie ist oft von martialischem Charakter. P.s sind seit dem 17. Jh. überliefert.

Lit.: J. GRANT, Piobaireachd. Its Origin and Construction, Edinburgh 1915.

Picardische Terz (frz. tierce de Picardie; engl. Picardy third), von J.-J. Rousseau (1768) bezeugte ironische Bezeichnung der Musiker seiner Zeit für die als veraltet empfundene große Terz in Schlußklängen von Stücken, die in einer Molltonart stehen. Rousseau gibt die (wissenschaftlich nicht erwiesene) Begründung, diese Schlußterz werde tierce de Picardie genannt, weil sich ihr Gebrauch in der Kirchenmusik länger als in der weltlichen Musik gehalten habe »und folglich auch in der Picardie, wo es in einer großen Zahl von Kathedralen und anderen Kirchen Musik gibt«. – Seitdem im 16. Jh. oder früher die Terz in den Schlußklang eingeführt wurde, hat man wegen ihres höheren Konsonanzgrades stets die große Terz bevorzugt (→ Alteration – 2). Auch in der Generalbaßlehre des 17. Jh. scheint diese Regel selbstverständlich gewesen zu sein; W. Ebner in seinen (lateinisch abgefaßten) Generalbaßregeln, die von J. A. Herbst (1653) ins Deutsche übersetzt zitiert werden, und Fr. E. Niedt (1700) nehmen darauf Bezug. Niedt gibt zugleich einen Hinweis darauf, daß man in Frankreich früher als in Deutschland den Mollakkord als Schlußklang einführte (*Musicalische Handleitung* I, Cap. VIII, Regel 8).

Lit.: FR. TH. ARNOLD, The Art of Accompaniment from a Thorough-Bass as Practised in the 17th and 18th Cent., London 1931, ²1961.

Piccolo (ital., klein) bezeichnet in Zusammensetzungen die jeweils kleinste und höchstliegende Ausführung eines Instruments, wie → Violino p., Violoncello p. (→ Viola pomposa). Das P.-Kornett in hoch B wurde zuerst von Červeny 1862 in Prag gebaut. Auch das Kornettino in Es wird P. genannt, das Instrument in hoch B daher zur Unterscheidung auch Piccolino. – P. ist heute meist die Kurzbezeichnung für Flauto p. (Kleine Flöte, Pickelflöte, Oktavflöte; ital. auch Ottavino), eine → Querflöte mit Klappen in C (Umfang d^2–c^5), Des oder Es, die zylindrisch oder konisch gebaut und im Violinschlüssel eine Oktave tiefer als klingend notiert wird. Sie wird im Orchester seit Beethoven und Rossini gefordert, vor allem in Tuttistellen im hohen Register. Mit der Angabe Flauto p. in Partituren des 18. Jh. ist meist ein → Flageolett (– 1) gemeint.

Pien, biän, chinesische Bezeichnung der Halbtonschritte in der 7stufigen Tonleiter. Die → Chinesische Musik war und ist im Prinzip halbtonfrei pentatonisch. Die ältere Musiktheorie bis zur Dschou-Zeit (1050–256 v. Chr.) kannte nur Fünftonleitern:

gung schang djüö – dsche yü – gung
do   re   mi – sol la – do

Als aber spätestens mit Beginn der Sui-Dynastie (560–618 n. Chr.) westliche Musik, die sich in heptatonischen Leitern bewegte, aus Turkestan, Tibet und Indien nach China eindrang, ergab sich die Notwendigkeit, zwei Halbtonschritte einzubeziehen, die die Fünftonleiter zur Siebentonleiter ergänzten. Eine Änderung des Tonsystems war dazu nicht erforderlich, da es möglicherweise schon vor der Dschou-Zeit als ein durch 12 Quintfortschreitungen gewonnener Tonvorrat von 12 Halbtönen in der Oktave, den 12 → Lü, konstruiert worden war. Daß diese Halbtonschritte, die in der altchinesischen Musikpraxis nicht verwendet worden waren, niemals gleichrangig mit den pentatonischen Intervallen behandelt wurden, zeigt sich darin, daß sie keine eigenen Stufennamen erhielten. Sie wurden als Durchgangstöne in die Abstände vor dsche und gung eingefügt und nach diesen biän-dsche und biän-gung benannt.

Piffero (piffaro, ital.), eine → Schalmei (– 1). Pifferari und Zampognari (→ Zampogna) heißen die zwischen dem 1. Advent und Weihnachten meist aus den Abruzzen und aus Kalabrien nach Rom kommenden Hirten, die zur Erinnerung an die Hirten von Bethlehem vor den Madonnenbildern spielen und singen. Meist musizieren ein Pifferaro (zugleich Sänger) und ein Zampognaro zusammen. Die Weisen dieser Gesänge sind seit Frescobaldi und Kerll mehrfach in Pastoralsätzen übernommen worden, so auch in der Pifa aus Händels *Messiah*.

Lit.: H. GELLER, »I Pifferari«. Musizierende Hirten in Rom, Lpz. (1954).

Pincé (pɛ̃s'e, frz.) → Mordent; p. renversé → Schneller; p. étouffé → Acciaccatura.

P'i-p'a (chinesisch, p'i s. v. w. die Hand vorwärts schieben, p'a s. v. w. die Hand zurückziehen) ist eine Kurzhalslaute, literarisch zuerst um 200, ikonographisch aus dem 5. Jh. belegt. Sie soll aus dem Norden oder Westen nach China gekommen sein. Die P'i-p'a hat ein rundes Corpus ohne Schallöcher, 4 Saiten, Querriegel und lange seitenständige Wirbel sowie 12 Bünde auf dem Hals und dem Corpus. Die länglichovale, leicht bauchige Form mit etwas abgewinkeltem Wirbelkasten ist wahrscheinlich jünger (6. Jh.). Das Instrument wurde mit einem hölzernen Plektron gespielt; Spiel mit den Fingern wird im 7. Jh. erwähnt. Charakteristisch ist der Klang der gegen die Bünde schlagenden Saiten. Die P'i-p'a kam im 8. Jh. nach Japan, wo sie biwa heißt und in mehreren Größen vertreten ist. Zum Schutze des Corpus gegen die Schläge mit dem Plektron ist oft ein Leder- oder Lackstreifen quer über das Instrument gelegt. Die Baßlaute Bugaku biwa gehört noch heute zum japanischen »Hoforchester«.

Lit.: R. H. v. GULIK, The Lore of the Chinese Lute, Tokio 1940, Addenda u. Corrigenda Tokio 1951; L. PICKEN, The Origin of the Short Lute, The Galpin Soc. Journal VIII, 1955.

Pisa.

Lit.: A. SEGRÉ, Il Teatro Pubblico di P. nel seicento e nel settecento, P. 1902; A. GENTILI, Cinquant'anni dopo ... Il Teatro Verdi ne' suoi ricordi, P. 1915; P. PECCHIAI, Alcune notizie sull'arch. mus. del duomo di P., P. 1930; A. PUCCIANTI, Di un opusculo contenente la descrizione dell'organo di A. Della Ciaja nella chiesa dei Cavalieri in P., RMI LII, 1950.

Pistoia.
Lit.: G. C. ROSPIGLIOSI, Notizie dei maestri ed artisti di musica pistoiesi, P. 1878; A. CHIAPPELLI, Storia del teatro in P. dalle origini alla fine del s. XVIII, P. 1913; A. CHITI, Organi ed organari in P., Bollettino stor. pistoiese XVIII, 1916; A. DAMERINI, P., in: La nuova musica, Florenz 1917; DERS., Un musicista pistoiese del Trecento, ebenda 1925; Cat. delle opere mus. dell'arch. capitolare della cattedrale di P., Parma 1937.

Piston (pist'õ, frz., Pumpventil) ist die übliche Kurzbezeichnung für das Cornet à p. (Ventilkornett, → Kornett – 1).

più (ital., Abk.: p), mehr; più forte, stärker; più allegro, schneller; più tosto, eher, z. B. adagio più tosto andante, eher Andante als Adagio.

Piva (ital.), – 1) eine Schalmei oder → Sackpfeife; – 2) in italienischen Tanzbeschreibungen des 15. Jh. eine Schrittfolge, doppelt so schnell wie die der Bassa danza (→ Basse danse) und damit die schnellste jener Zeit. Im 16. Jh. ein Tanz im 12/8-Takt, hauptsächlich überliefert in der *Intabolatura de Lauto Libro quarto* von Petrucci (I. A. Dalza, Venedig 1508), die siebenmal die Folge Pavana–Saltarello–P. in variationsmäßiger Verbindung enthält. Die Notation in der Proportio dupla deutet darauf hin, daß auch die P. des 16. Jh. doppelt so schnell wie der normale Grundschlag (vielleicht der Pavane) verlief. – Mit einer Pifa im Rhythmus des → Siciliano (12/8) über einer Art Dudelsackbaß schildert Händel im *Messiah* in Anlehnung an die römischen Pifferari (→ Piffero) die weihnachtliche Hirtenszene.

pizzicato (ital., gezwickt, Abk.: pizz.), Anweisung, die Saiten von Streichinstrumenten (oder auch des Klaviers) mit den Fingern zu zupfen; wieder aufgehoben durch (col) → arco. Die älteste bekannte Vorschrift des P.s findet sich 1638 in Monteverdis *Combattimento di Tancredi e Clorinda*. Paganini verwendete als erster das von der linken Hand ausgeführte P. bei gleichzeitigem Bogenspiel, das den Effekt eines Duettierens ergibt – ein Kunststück, das schwieriger aussieht, als es tatsächlich ist (*Duo Merveille* von Paganini, *Zigeunerweisen* von Sarasate). Bekannte P.-Sätze sind: der 3. Satz der 4. Symphonie von Tschaikowsky, die *Pizzikato-Polka* von Joh. Strauß (Sohn) und Jos. Strauß und das P. aus *Sylvia* von Delibes.
Lit.: JK (= C. L. JUNKER), Etwas v. p., Mus. Real-Zeitung 1789; A. SCHERING, Die Symbolik d. P. bis Beethoven, AfMf II, 1937.

plagal (von griech. πλάγιος, lat. plagalis, plagius, plagis oder plaga, seitlich, hergeleitet, im Unterschied zu → authentisch), – 1) seit dem Mittelalter gebräuchliche Bezeichnung für den 2., 4., 6. und 8. Kirchenton (älteste Belege im 9. Jh.: GS I, 27a f. und 40a). Die plagalen Modi unterscheiden sich von den authentischen innerhalb des Systems der → Kirchentöne durch ihre jeweils um eine Quarte tieferliegenden Skalen; – 2) die → Kadenz (– 1) *S–T*, auch »Kirchenschluß« genannt.

Plagiat (von lat. plagium, Menschenraub). Zuerst von Martial (1. Jh. n. Chr.) auf die Aneignung eines fremden Kunstwerks übertragen, wurde das Wort in Frankreich seit dem 8. Jh. in diesem Sinne allgemein gebräuchlich und in der Folge in andere Sprachen übernommen. Auch als Rechtsbegriff setzt sich Pl. immer mehr durch, obwohl es mit diesem Wort in Gesetzestexten nicht vorkommt. Es bedeutet: jede unerlaubte Verwendung eines fremden, urheberrechtlich geschützten Werkes oder Werkteils – gleich ob verändert oder nicht – unter Anmaßung der eigenen Urheberschaft. Für das bewußt begangene Pl. ist nach den Gesetzen nahezu aller Länder Entschädigungspflicht festgesetzt, wenn nicht Strafe. Die unbewußte Verwendung fremden Gedankenguts (unbewußte Erinnerung) gilt nicht als Pl.; sie ist schwer beweisbar. Bei Mißbrauch urheberrechtlich freier Werke spricht man im allgemeinen nicht von Pl. Gesetzlich aber kann hier ein Tatbestand des Betruges erfüllt sein. – In der Musik entstand im Unterschied zur Literatur erst spät ein Urheberanspruch, dessen Nichtbeachtung den Vorwurf des Pl.s zur Folge haben konnte. Erst mit dem Aufkommen des Notendrucks (Anfang des 16. Jh.) wurde es allgemein üblich, den Komponistennamen bei der Vervielfältigung eines Werkes (und bei dessen Aufführung) anzugeben. Diese Übung erstarkte allmählich zu einem schließlich auch gesetzlich anerkannten Recht des Urhebers auf Anerkennung seiner Urheberschaft. Die Verletzung dieses Urheberrechts ist das Wesensmerkmal des Pl.s. Ganz-Pl. liegt vor bei Verwendung eines vollständigen, mehr oder minder unveränderten fremden Werkes. Historische Fälle von Ganz-Pl.en sind u. a. diejenigen von G. B. Bononcini, der 1731 in London der Academy of Ancient Music A. Lottis Madrigal *In una siepe ombrosa* als eigenes Werk einreichte, von W. Fr. Bach, der J. S. Bachs Autograph der Orgelbearbeitung von A. Vivaldis Konzert D moll für 2 V. und Orch. (BWV 596) mit der Aufschrift versah *di W. F. Bach, manu mei Patris descriptum,* in der neueren Zeit von einem Schüler M. Regers an seinem Lehrer und von Fritz Hahn in etwa einem Dutzend Fällen an J. Rheinberger (1907). – Mit der stärkeren Bedeutung des melodischen Moments auch im mehrstimmigen Musikschaffen des 18. Jh. wurde u. a. von Printz, Kuhnau, Mattheson, Marpurg und Scheibe auch die Benutzung von Teilen fremder Kompositionen als Pl. angesehen, zumal wenn die Quelle nicht angegeben war. 1757 rühmte sich Fr. W. Zacharias als erster der Vorschlags einer Quellenangabe bei fremden Melodien. Während man noch zu Bachs und Händels Zeiten fremden Anleihen tolerant gegenüberstand, hatte die höhere Bewertung der Melodie gegen Ende des 18. Jh. eine zum Teil übertriebene »Reminiszenzenjagd« und »Pl.-Schnüffelei« zur Folge; hierbei wurden zu Unrecht auch Zufallsähnlichkeiten, z. B. Verwendung einer in der Zeit üblichen Melodieformel, angeprangert. Im 20. Jh. spielt das Pl. fast nur noch auf dem Gebiet der Unterhaltungsmusik eine Rolle, und zwar eine zunehmend erfolgreiche, weil heute schon einige wenige besonders erfolgreiche Takte einen hohen Vermögenswert darstellen und deshalb zum Diebstahl verlocken. Gegen solche Teil-Pl.e ist der im Gesetz vorgesehene Melodienschutz eine große Sicherheit. Demnach darf *eine geschützte Melodie nicht erkennbar entnommen und einem neuen Werk zugrunde gelegt werden.* Die Frage, wann die Melodie noch als urheberrechtlich nicht geschütztes Motiv bezeichnet werden kann, ist fallweise zu entscheiden. Hier kann der geschädigte Urheber unter Umständen wegen unlauteren Wettbewerbs vorgehen. – Bei Pl.s-Prozessen werden meistens Sachverständige gehört. Da exakte Merkmale selten vorliegen, machen die notwendig subjektiven Ergebnisse solcher Prüfungen Pl.s-Prozesse unsicher und gefürchtet.
Lit.: W. TAPPERT, Wandernde Melodien, Lpz. ²1890; L. KARPATH, Der Plagiator Fr. Hahn, Signale f. d. mus. Welt LXVI, 1908; FR. KUHN, Der Gegenstand d. Melodieschutzes nach § 13 Abs. 2 d. Gesetzes v. 19. Juni 1901 betreffend d. Urheberrecht an Werken d. Lit. u. Tonkunst, Diss. iur. Lpz. 1909; H. NITZE, Das Recht an d. Melodie, München u. Lpz. 1912; A. MOSER, Mus. Criminalia, Mk XV, 1922/23; K. ENGLÄNDER, Gedanken über Begriff u. Erscheinungsformen d. mus. Pl., Arch. f. Urheber-, Film- u. Theaterrecht III, 1930; R. ENGLÄNDER, Das mus. Pl. als ästhetisches Problem, ebenda; J. LANDEROIN, Du pl. mus., Paris 1933; H. G. HEIN, Das Pl. in d. Tonkunst, Diss. iur. Köln 1935; K. BAUMANN, Das Urheberrecht an d.

Melodie u. ihre freie Benutzung, = Zürcher Beitr. zur Rechtswiss., N. F. LXXVI, Aarau 1940; W. BECKER-BENDER, Das Urheberpersönlichkeitsrecht im mus. Urheberrecht, = Heidelberger rechtswiss. Abh. XXV, Heidelberg 1940; F. R. WOLPERT, Der Schutz d. Melodie im deutschen Recht, Diss. iur. München 1953; A. H. KING, Mozart in Retrospect, London (1955, ²1956); H. v. RAUSCHER AUF WEEG, Das mus. Urheberrecht u. d. Schutz v. Werkteilen, Diss. iur. Heidelberg 1955; D. EWEN, Panorama of American Popular Music, Englewood Cliffs/N. J. (1957); E. SCHULZE u. a., Pl., = Schriftenreihe Internationale Ges. f. Urheberrecht e. V. XIV, Bln u. Ffm. 1959; »Zum Melodieschutz«, Gutachten, GEMA-Nachrichten Nr 48, 1960; H. POHLMANN, Die Frühgesch. d. mus. Urheberrechts, = Mw. Arbeiten XX, Kassel 1962; G. v. NOÉ, Das mus. Pl., NZfM CXXIV, 1963.

Plainte (plɛ̃:t, frz. Klage), – 1) → Planctus; – 2) im 17./18. Jh. eine Bezeichnung für Stücke von klagendem Charakter ähnlich wie → Lamento und → Tombeau. Pl.s schrieben u. a. Froberger (Allemande *Pl. faite à Londres pour passer la Mélancholie*, vermutlich 1662), J. C. F. Fischer (*Journal du Printems*, 1695, *Les Pièces de Clavessin*, 1696) und Fr. Couperin (10. Konzert); – 3) eine Bezeichnung für verschiedene Verzierungen, so für → Vibrato (de Machy, *Pièces de viole*, 1685; M. Marais, *Pièces de viole*, 1686) oder → Vorschlag (accent plaintif; Mersenne 1636, J.-J. Rousseau 1768).

Plaisanterie (plɛzɑ̃tr'i, frz., Spaß, Spott), Satzbezeichnung in Suiten vornehmlich für Soloinstrumente (Klavier) der 1. Hälfte des 18. Jh., die scherzoartigen Charakter haben, *mit darunter gemischten Tanzmelodien* (KochL).

Planctus (lat. von plangere, laut trauern; prov. planc, planh; frz. complainte, plainte; ital. pianto, auch → lamento), im Mittelalter ein Klagelied auf den Tod eines Gönners oder Fürsten, von nicht festgelegter Form, zum Teil Sequenz- oder Laiform (Abälard) oder Refrainformen. Berühmt sind die Pl. *Fortz cauza* des Gaucelm Faidit auf den Tod Richard Löwenherz' (1199) und *Ples de tristor* von Guiraut Riquier (2. Hälfte 13. Jh.). In die Gattung gehören auch die Liebes- und Marienklagen des italienischen 13. Jh., so Jacopone da Todis Lauda *Pianto della Madonna*.

Ausg. u. Lit.: A. MEDIN, Lamenti del s. XIV, Florenz 1883; DERS. u. L. FRATI, Lamenti storici dei s. XIV, XV, XVI, 3 Bde, Bologna 1887, Bd 4 Padua u. Venedig 1894; W. MEYER u. W. BRAMBACH, P. Abaelardi pl. virginum Israel, München 1885; W. MEYER, P. Abaelardi pl. I–VI, Romanische Forschungen V, 1890, separat Erlangen 1890; DERS., Gesammelte Abh. zur mittellat. Rhythmik I, Bln 1905; H. SPRINGER, Das altprov. Klagelied, = Berliner Beitr. zur germanischen u. romanischen Philologie, Romanische Abt. II, Bln 1895; BR. STÄBLEIN, Die Schwanenklage. Zum Problem Lai–Pl.–Sequenz, Fs. K. G. Fellerer, Regensburg 1962.

Plantation song (plænt'eːʃən sɔŋ, engl., Plantagengesang), Sammelbezeichnung für die Arbeitslieder (work songs) und andere Gesänge der schwarzen Landarbeiter in den USA, vor allem im 19. Jh. Manche dieser Lieder, die zusammen mit den Bluesgesängen als Vorstufen des Jazz gelten, sind wissenschaftlich beschrieben und in abendländischer Notenschrift aufgezeichnet worden.

Ausg.: M. W. TAYLOR, A Collection of Revival Hymns and Plantation Melodies, Cincinnati 1883; W. E. BARTON, Old Plantation Hymns, Boston u. NY 1899; E. HALLOWELL, Calhoun Pl. S., Boston (1901), Suppl. (1905).

Platerspiel, Platerpfeife (mhd. blaterpfife, »Blasenpfeife«), Doppelrohrblattinstrumente, bei denen der Wind durch ein Anblasrohr zunächst in einen kleinen kugeligen Windbehälter (aus einer Tierblase hergestellt) geleitet wird und von dort in die gerade (Plater-

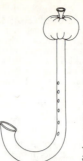

pfeife) oder unten umgebogene (Platerspiel) Spielröhre tritt. Zwei Spielröhren, wie sie bei manchen Sackpfeifen auftreten, sind selten. Virdungs Platerspiel (siehe Abbildung) hat 6 Grifflöcher (wie das Tenorkrummhorn, Umfang c–d¹). Eine der Platerpfeife verwandte Form wird in der indischen Kürbisschalmei gesehen. In Europa sind Platerspiel und Platerpfeife vom Hochmittelalter bis Anfang des 17. Jh. sowohl literarisch (Helbling, um 1290 in Niederösterreich; Hugo von Trimberg 1310; *The Complaynt of Scotlande*, 1549) als auch bildlich belegt (z. B. in Miniaturen der → Cantigas-Handschrift Codex Escorial T.j.1, vgl. Kinsky 1925; außerdem Ribera 1922, Abb. XXIII und XXV nach S. 152).

Lit.: The Complaynt of Scotlande ..., hrsg. v. J. A. H. MURRAY, London 1872; J. RIBERA y TARRAGÓ, La música de las cantigas, = Cantigas de Santa Maria ... III, Madrid 1922; G. KINSKY, Doppelrohrblatt-Instr. mit Windkapsel, AfMw VII, 1925 (dort Einzelnachweise).

Plauen (Vogtland).

Lit.: R. HELMRICH, Pl. Theatergesch. bis zur Weihe d. Stadttheaters im Jahre 1898, Jahresschrift d. Altertumver. zu Pl. i. V. 1908; M. SEIFFERT, Das Pl.er Orgelbuch v. 1708, AfMw II, 1919/20; E. FLADE, Der Chorus Musicus zu Pl. i. V., Zs. f. Kirchenmusiker XIX, 1937.

Playback-Verfahren, ein in der Film- und Fernsehtechnik angewandtes Verfahren, das als eine Umkehrung des Synchronisationsverfahrens (Hinzufügung einer synchronisierten Ton- zu einer vorproduzierten Bildaufnahme) angesprochen werden kann. Beim Pl.-V. wird die Ton-(vor allem die Musik-)Aufnahme mit optimaler Qualität im Tonstudio vorproduziert und während der eigentlichen Filmaufnahme oder der Fernsehsendung (bzw. -aufzeichnung) über Lautsprecher dem Schauspieler oder Sänger zugespielt, der synchron Sprechen oder Singen markiert. Mit Hilfe des Pl.-V.s lassen sich die bei Film- und Fernsehaufnahmen oft unvermeidbaren Störgeräusche ausschalten. Ein weiterer Vorteil ist die Unabhängigkeit von den unterschiedlichen akustischen Qualitäten der Aufnahmestudios. Außerdem bietet das Pl.-V. z. B. dem Regisseur von Fernsehopern die – in ihrer Legitimität allerdings umstrittene – Möglichkeit, Schauspielern die Stimme von guten Sängern zu »leihen«, deren darstellerisches Vermögen oder äußere Erscheinung den Anforderungen einer bestimmten Rolle nicht entspricht. – Playback (bzw. Multiplayback) heißt auch das vor allem in der Unterhaltungsmusik angewandte Tonaufnahmeverfahren, bei dem von einzelnen Sänger oder Instrumentalisten zwei (oder mehr) Tonbandaufnahmen nacheinander gemacht und gleichzeitig mit den vorhergehenden Aufnahmen zusammengemischt werden. Bekannt wurden durch dieses Verfahren u. a. der amerikanische Gitarrist Les Paul und seine Frau Mary Ford (Gesang).

Plein jeu (plɛ̃ ʒø, frz., volles Spiel), allgemein s. v. w. → Organo pleno; auch gleichbedeutend mit → Grand chœur (– 2). Charakteristisch für das Pl. j. in der französischen Orgel, das auf den Prinzipalstimmen (Montre 8′, auch 16′, Prestant 4′, Doublette 2′) und Mixturen (→ Fourniture und Cymbale; → Zimbel – 2) des Hauptwerkes basiert, sind vollbechrige Zungenstimmen (Trompette 8′ und 4′, auch 16′) im Pedal, das Hinzutreten weiterer Grundstimmen (Bourdon) im Hauptwerk und das Fehlen terzhaltiger Mixturen. Der Begriff Pl. j. bezeichnet manchmal auch nur die → Mixtur.

Plektron (griech.), auch Plektrum, ein Stäbchen oder Blättchen aus Holz, Horn, Elfenbein, Federkiel, heute auch aus Kunststoffen, zum Anreißen von Saiten. Die Saiteninstrumente des klassischen Altertums (→ Kithara) wurden sowohl mit als auch ohne Pl. gespielt. Auch bei den meisten neuzeitlichen Saiteninstrumenten wechselt der Gebrauch zeitlich und örtlich; immer mit Pl. gespielt werden Mandoline und Zither. – Pl. hießen im Mittelalter auch Reibstäbe, Tangenten (z. B. der Drehleier), später noch die Klöppel des Hackbretts. → Stimmschlüssel.

Plenum (lat.) → Organo pleno.

Pleonasmus (griech., Überfluß), in der Rhetorik die Überbestimmung einer Sache durch ein in deren Begriff schon Enthaltenes (z. B. nasser Regen, einen Traum träumen). Als musikalisch-rhetorische Figur ist Pl. bei Burmeister (1606) die Ausweitung einer Klausel mittels dissonierender Durchgangsnoten (→ Commissura) und Synkopierungen (→ Syncopatio). Burmeister nennt als Beispiel den Schluß (*restat amore dolor*) von Lassus' 5st. Motette *Heu quantus dolor* (GA XI).

Plica (mittellat., Falte), als Bezeichnung in der Notre-Dame-Epoche aufgekommen, belegt seit der *Discantus positio vulgaris* (ed. Cserba, S. 189). Unter Pl. versteht man die in der Modal- und frühen Mensuralnotation (etwa bis hin zum *Roman de Fauvel*, → Quellen: *Fauv*) gebräuchlichen, aus den beiden liqueszierenden Neumen (→ Liqueszens) Cephalicus und Epiphonus hervorgegangenen Noten, deren Grundformen die Pl. descendens und die Pl. ascendens sind. Die schon auf der vormodalen Stufe der Mehrstimmigkeit für die Niederschrift von Melismen herangezogenen beiden Zeichen erhielten in der → Modalnotation offenbar die Bedeutung einer zweitönigen Folge aus einem festen Haupt- und einem beweglichen Nebenton (meist im Sekundabstand; die Richtung der Tonfolge wird durch Stellung des Zeichens angezeigt). Aus den Quellen der Notre-Dame-Epoche ergibt sich aber, daß der Nebenton sowohl melodisch als auch rhythmisch vielfach schon rational in den musikalischen Zusammenhang eingeordnet war. Frühmensural sind: Pl. longa descendens, Pl. brevis descendens, Pl. longa ascendens oder, Pl. brevis ascendens (auch) sowie die mit Pl. endenden → Ligaturen (– 1), die sich von gewöhnlichen Ligaturen durch einen nach unten oder nach oben gerichteten vertikalen Schlußstrich (cauda, tractus) unterscheiden (cum perfectione z. B. , sine perfectione z. B. ,). Die Deutung dieser Pl.-Zeichen (in modernen Übertragungen meist als Hauptnote mit angehängter Nebennote wiedergegeben, z. B.: oder) stützt sich einerseits auf Angaben der Theoretiker (ausführlich etwa im anonymen Mensuraltraktat von 1279), andererseits auf Beobachtungen über mensurale Auflösungen der Pl. in der jüngeren Handschriften.
Lit.: P. BOHN, Die Pl. im gregorianischen Gesange u. im Mensuralgesange, MfM XXVII, 1895; H. SOWA, Ein anonymer glossierter Mensuraltraktat 1279, = Königsberger Studien zur Mw. IX, Kassel 1930; H. ANGLÈS, Die Bedeutung d. Pl. in d. ma. Musik, Fs. K. G. Fellerer, Regensburg 1962.

Pochette (pɔʃ'ɛt, frz., kleine Tasche; engl. kit, von griech. kithara, zuerst belegt 1519; auch ital. sordino; frz. sourdine), eine Geige mit sehr kleinem Corpus, die leicht in der Rocktasche unterzubringen war und an manchen Orten bis ins 19. Jh. gerne von den Tanzmeistern beim Unterricht gebraucht wurde (»Tanzmeistergeige«). Im 16./17. Jh. hatte sie die vom → Rebec bekannte Bootsform (daher bei Kircher 1650 linterculus genannt); so wird sie auch von Praetorius (Synt. II) abgebildet (*Klein Geig, Posche genant*; Stimmung $g^1 d^2 a^2$ oder $a^1 e^2 h^2$). Im 18. Jh. wurde die P. auch mit Violincorpus und sehr langem Hals, auch 4saitig gebaut.
Lit.: D. FRYKLUND, Studien über d. P., Sundsvall 1917; DERS., En p. d'amour af Th. Edlinger, ebenda 1918.

poco (ital., Abk. [selten]: p), ein wenig (p. largo, p. forte), aber auch wenig, nicht sehr (z. B. p. forte); p. a p., nach und nach; un pochettino, ein klein wenig.

Podątus (lat.) → Pes (– 1), → Neumen (– 1).

Point d'orgue (pu̇ɛ̃ d'ɔrg, frz.) → Orgelpunkt, → Fermate.

Polącca → Polonaise.

Polen.
Ausg.: Pieśni ludu polskiego (»Lieder d. polnischen Volkes«), hrsg. v. O. KOLBERG, Warschau 1857, ab Serie II als: Lud, jego zwyczaje, ... pieśni, muzyka i tańce (»Das Volk, seine Sitten, ... Lieder, seine Musik u. seine Tänze«), hrsg. v. DEMS., Serie II–IV, Warschau 1865–67, Serie V–XXIII, Krakau 1871–90, Nachdruck in: O. Kolberg, Dzieła wszystkie, hrsg. v. J. Krzyżanowski u. a., Krakau u. Warschau seit 1961; Monumenta musices sacrae in Polonia, hrsg. v. J. SURZYŃSKI, 4 Bde, Posen 1885–96; Wydawnictwo dawnej muzyki polskiej (»Ausg. alter polnischer Musik«), hrsg. v. A. CHYBIŃSKI (Bd 1–22), H. FEICHT (Bd 23–50), ab Bd 51 v. H. FEICHT u. Z. M. SZWEYKOWSKI, Warschau 1928–38, Krakau seit 1947; Muzyka polskiego odrodzenia (»Die Musik d. polnischen Renaissance«), hrsg. v. Z. LISSA u. J. M. CHOMIŃSKI, Krakau 1953, ^{2}1954, ^{3}1956, engl. 1955; Źródła do historii muzyki polskiej (»Quellen zur polnischen Mg.«), hrsg. v. Z. M. SZWEYKOWSKI, Krakau seit 1960; Antiquitates musicae in Polonia, hrsg. v. H. FEICHT, Warschau u. Graz seit 1962; Monumenta musicae in Polonia, hrsg. v. J. M. CHOMIŃSKI, Krakau seit 1964.
Lit.: E. OLOFF, Polnische Liedergesch., Danzig 1744; A. SOWIŃSKI, Les musiciens polonais et slaves, anciens et modernes, Paris 1857, erweitert polnisch als: Słownik muzyków polskich, dawnych i nowoczesnych (»Lexikon d. alten u. gegenwärtigen polnischen Musiker«), Paris 1874; M. KARASOWSKI, Rys historyczny opery polskiej, ... (»Umriß d. Gesch. d. polnischen Oper, ...«), Warschau 1859; J. SURZYŃSKI, Muzyka figuralna w kościołach polskich od XV do XVIII wieku (»Figuralmusik in d. polnischen Kirchen v. XV. bis XVIII. Jh.«), Posen 1889; A. POLIŃSKI, Dzieje muzyki polskiej w zarysie (»Gesch. d. polnischen Musik im Umriß«), = Nauka i sztuka VII, Lemberg (1907); A. CHYBIŃSKI, Stosunek muzyki polskiej do zachodniej w XV i XVI wieku (»Beziehungen d. polnischen Musik zu d. d. Westens im XV. u. XVI. Jh.«), Krakau 1909; DERS., Teoria mensuralna w polskiej literaturze muzycznej pierwszej połowy XVI w. (»Mensuraltheorie in d. polnischen Musiklit. d. 1. Hälfte d. 16. Jh.«), Krakau 1911; DERS., Polnische Musik u. Musikkultur d. 16. Jh. in ihren Beziehungen zu Deutschland, SIMG XIII, 1911/12; DERS., Słownik muzyków dawnej Polski do roku 1800 (»Lexikon d. Musiker im alten P. bis 1800«), Krakau 1949; A. SIMON, Polnische Elemente in d. deutschen Musik bis zur Zeit d. Wiener Klassiker, Zürich 1916; H. OPIEŃSKI, La musique polonaise, Paris 1918, ^{2}1929; W. GIEBUROWSKI, Chorał gregoriański w Polsce od XV do XVII wieku (»Der gregorianische Choral in P. v. 15. bis zum 17. Jh.«), Posen 1922; L. BERNACKI, Teatr, dramat i muzyka za Stanisława Augusta (»Theater, Drama u. Musik zur Zeit d. Stanislaus Augustus«), 2 Bde, Lemberg 1925; H. WINDAKIEWICZOWA, Pentatonika w muzyce polskiej ludowej (»Pentatonik in d. polnischen Volksmusik«), Warschau 1933; T. WIECZORKOWSKI, Wczesnośredniowieczne instrumenty muzyczne kultury staropolskiej... (»Frühma. Musikinstr. d. altpolnischen Kultur ...«), Wiadomości archeologiczne VII, 1939, separat ^{2}1948; J. WŁ. REISS, Polskie skrzypce i polscy skrzypkowie (»Polnische Geigen u. polnische Violinisten«), Warschau 1946; DERS., Polska muzyka taneczna XIX w. (»Polnische Tanzmusik d. 19. Jh.«), Muzyka IV, 1953; ZDZ. JACHIMECKI, Muzykologia i piśmiennictwo

muzyczne w Polsce (»Mw. u. Musikschriftstellerei in P.«), Krakau 1948; DERS., Muzyka polska w rozwoju historycznym ... (»Die polnische Musik in hist. Entwicklung ...«), 2 Bde, Krakau 1948–51; ZDZ. SZULC, Słownik lutników polskich (»Lexikon d. polnischen Geigenbauer«), Posen 1953; K. MICHAŁOWSKI, Opery polskie (»Polnische Opern«, 1788–1953), = Materiały do bibliogr. muzyki polskiej I, Krakau 1954; DERS., Bibliogr. polskiego piśmiennictwa muzycznego (»Bibliogr. d. polnischen Musikschrifttums«), ebenda III, Krakau 1955, Suppl. f. 1955–63, 1964; T. STRUMIŁŁO, Szkice z polskiego życia muzycznego 19 wieku (»Skizzen aus d. polnischen Musikleben d. 19. Jh.«), Krakau 1954; DERS., Źródła i początki romantyzmu w muzyce polskiej (»Wurzeln u. Anfänge d. Romantik in d. polnischen Musik«), Krakau 1956; ST. JAROCIŃSKI, Antologia polskiej krytyki muzycznej 19 i 20 w. (»Anth. d. polnischen Musikkritik d. 19. u. 20. Jh.«), Krakau 1955; DERS., Polskie czasopiśmiennictwo muzyczne w XIX i XX w. (do 1939 r.) (»Die polnischen Musikzss. im 19. u. 20. Jh. bis 1939«), Muzyka IV, 1959; Polish Music, hrsg. v. DEMS., Warschau 1965; W. SALMEN, Przyczynek do historii polskich szpilmanów w późnym średniowieczu (»Beitr. zur Gesch. d. polnischen Spielleute im späten MA«), Muzyka II, 1957; Kultura muzyczna Polski Ludowej (»Die Musikkultur Volksp.«), hrsg. v. Z. LISSA u. J. M. CHOMIŃSKI, Krakau 1957; A. CIECHANOWIECKI, Przyczynki do dziejów kultury muzycznej w Polsce XVII i XVIII w. (»Beitr. zur Gesch. d. polnischen Musikkultur im 17. u. 18. Jh.«), in: Ruch muzyczny II, 1958; Z dziejów polskiej kultury muzycznej I (»Aus d. Gesch. d. polnischen Musikkultur«), hrsg. v. ST. ŁOBACZEWSKA, Krakau 1958; J. GABRYŚ u. J. CYBULSKA, Zdziejów polskiej pieśni solowej (»Zur Gesch. d. polnischen Sololiedes«), Krakau 1960; WŁ. KAMIŃSKI, Wczesnośredniowieczne instrumenty muzyczne na terenie Polski (»Frühma. Musikinstr. auf polnischem Gebiet«), Kgr.-Ber. Warschau 1960; J. WORONCZAK, E. OSTROWSKA u. H. FEICHT, Bogurodzica, Breslau, Warschau u. Krakau 1962; H. FEICHT, Podstawowe zagadnienia polskiej kultury muzycznej wieków średnich (»Grundprobleme d. polnischen Musikkultur im MA«), in: Hist. kultury średniowiecznej w Polsce (»Gesch. d. ma. Kultur in P.«), Warschau 1963; DERS., Dzieje polskiej muzyki religijnej w zarysie (»Gesch. d. polnischen geistlichen Musik im Umriß«), in: Roczniki teologiczno kanoniczne (»Theologisch-kanonische Jahrbücher«) XII, 4, Lublin 1965; DERS., Les problèmes de l'hist. de la musique polonaise, Acta historiae polonica XIII, 1966; DERS., Muzyka staropolska (»Altpolnische Musik«), Krakau 1966; L. FINSCHER, Deutsch-polnische Beziehungen in d. Mg. d. 16. Jh., in: Musik d. Ostens II, Kassel 1963; M. PERZ, Die Vor- u. Frühgesch. d. Partitur in P., in: Fs. d. Akad. f. Musik ... in Graz, Graz 1963; DERS., Hs. Nr 1361 d. Öffentlichen Städtischen Raczyński-Bibl. in Poznań als neue Quelle zur Gesch. d. polnischen Musik in d. II. Hälfte d. XV. Jh., in: The Book of the 1. IMC, Warschau 1963; L. T. BŁASZCZYK, Dyrygenci polscy i obcy w Polsce działający w XIX i XX w. (»Polnische u. ausländische Dirigenten, die im 19. u. 20. Jh. in P. wirkten«), Krakau (1964); Słownik muzyków polskich (»Lexikon d. polnischen Musiker), hrsg. v. J. CHOMIŃSKI, Bd I, Krakau (1964); TH. GÖLLNER, Eine mehrst. tropierte Weihnachtslektion in P., AMl XXXVII, 1965; Musica medii aevi, hrsg. v. J. MORAWSKI, I, Krakau 1965; Z. ROZANOW, Muzyka w miniaturze polskiej (»Musik in d. polnischen Miniatur«), Krakau 1965; P. PODEJKO, Nieznani muzycy polscy: kompozytorzy, dyrygenci, instrumentaliści i wokaliści 1585–1820 (»Unbekannte polnische Musiker: Komponisten, Dirigenten, Instrumentalisten u. Vokalisten 1585–1820«), Bydgoszcz 1966; A. SUTKOWSKI, Les sujets mus. dans les miniatures médiévales en Pologne, in: Mélanges offerts à R. Crozet II, Poitiers 1966; Studia H. Feicht septuagenario dedicata, Fs. Krakau 1967. – Bibliogr.: VR P. 1945–65, = Beitr. zur Mw., Sonderreihe II, Bln 1966.

Polka (tschechisch, Etymologie umstritten, wohl von p., kleine Polin), Paartanz in lebhaftem 2/4-Takt, trotz seines auf Polen verweisenden Namens von tschechischer Herkunft. Wenn auch zum polnischen → Krakowiak und zur → Ecossaise Parallelen bestehen, sind schnelle Volkstänze in geradem Takt in Böhmen schon vor dem um 1830 zu datierenden Aufkommen der P. bekannt und verbreitet. Bei wesentlich langsamerem Tempo ist die P. dem → Galopp durch den beiden Tänzen gemeinsamen Wechselschritt verbunden. Innerhalb weniger Jahre breitete sich die P. in Böhmen (1837 in Prag) und bis nach Österreich (1839 in Wien, im gleichen Jahr in St. Petersburg) aus, kam 1837 erstmals zum Druck (M. Berra, *Prager Lieblings-Galoppen*), wurde aber von Paris aus, wohin 1840 der Tanzlehrer J. Raab sie gebracht hatte, schlagartig zum alles übertreffenden Modetanz. Schon damals sah man die P. als polnischen Tanz an, was ihr – wie z. B. auch der → Polonaise – bei der seit der polnischen Revolution herrschenden Polenbegeisterung nur förderlich gewesen sein kann. In ihrer Stilisierung verlor sie die Verbindung zum ursprünglichen Volkstanz und bildete eine Reihe von zum Teil schnell wechselnden Sonderformen aus (z. B. Kreuz-P.), die aber den für die P. charakteristischen Rhythmus 2/4 ♩♩♩|♩♩♩| weitgehend beibehalten haben. Aus einer Unzahl von Stücken sind in Deutschland noch heute mehrere P.s von J. Strauß Vater und Sohn (u. a. *Annen-P., Pizzikato-P.*) allgemein bekannt. Mit dem Vordringen süd- und nordamerikanischer Tänze nach 1945 kam die P. als Tanz fast völlig außer Gebrauch und ging in den Bereich der Unterhaltungsmusik über. Als stilisiertes Beispiel tschechischer Nationalmusik kann die P. in Smetanas »Verkaufter Braut« (1866) gelten:

Die P. fand Eingang in die Kammermusik durch Fibichs Streichquartett A dur (1874) und Smetanas Streichquartett »Aus meinem Leben« (1876). Für ein amerikanisches Elefantenballett schrieb Strawinsky 1942 eine *Circus-P.*

Lit.: A. WALDAU, Böhmische Nationaltänze, 2 Bde, Prag 1859/60; ZD. NEJEDLÝ, B. Smetana, II, Prag 1925; A. MICHEL, P., the Czech, in: A. Chujoy, The Dance Encyclopedia, NY 1949; R. C. HALSKI, The Polish Origin of the P., Kgr.-Ber. Warschau 1960.

Polo (span.), – 1) ein südspanischer (andalusischer) Tanz, begleitet von Kastagnetten, Händeklatschen und Schuhgeklapper; – 2) andalusischer Volksgesang, in Moll und im 3/8-Takt, der durch die Zigeuner verbreitet wurde (p. gitano, Zigeuner-P.). Er besteht aus 2 Teilen: der 1. Teil ist ein Gitarrenvorspiel (solida), der 2. Teil wird gesungen und ist mit einem oder einigen langen ay- oder olé-Rufen durchsetzt. In der Kunstmusik findet sich ein berühmter P. als letzter der *Siete canciones populares españolas* von de Falla.

Polonaise (pɔlɔn'ɛːz, frz.; polnisch polonez; ital. polacca) bezeichnet sowohl einen noch heute gebräuchlichen ruhigen Schreittanz polnischer Herkunft als auch ein von ihm abgeleitetes (nicht getanztes) Instrumentalstück, dessen Ausbildung sich allerdings zum größten Teil außerhalb Polens vollzogen hat. – Der paarweise Schreittanz im (überwiegend) geraden Takt und von mäßiger Bewegung findet sich bis heute in Polen unter den verschiedensten Namen (z. B. Chodzony, der Gegangene, Pieszy, der Geschrittene) und ist, wie die meisten Formen der Volksmusik, in seinen Ursprüngen kaum zu fassen. Nichts widerspricht der Annahme seiner Existenz schon im 16. Jh., so daß die (früher fälschlich als Ausgangspunkt der P. angesehene) Defiliercour des polnischen Adels vor Heinrich von Valois (1574) durchaus seiner Geschichte zugerechnet werden könnte. Die weite Verbreitung der mit ihm verbundenen Tanzlieder erweisen die nach Hunderten zählenden P.n in der von O. Kolberg edierten Volksmusiksammlung (→ Polen). Neben der Verwendung dieses Schreittanzes im heute noch gepflegten polnischen Brauchtum (vor allem bei Hochzeiten) läßt sich mindestens bis ins 17. Jh. eine über Polen hinausgehende höfische Form feststellen, die bis zur Gegenwart als Eröffnung von Tanzveranstaltungen lebendig blieb. Während sich das Brauchtum weitgehend auf ein Umschreiten des Tanzplatzes beschränkt, weitete sich z. B. in Deutschland die P. (vor allem in privatem Rahmen) häufig zu einem von Marschmusik oder Liedern begleiteten Zug durch das ganze Haus aus, zur fröhlichen Einstimmung der versammelten Gesellschaft. – Die P. als nicht getanztes Instrumentalstück ist mit Sicherheit bis ins 17. Jh. zurückzuverfolgen. Ihre deutliche Scheidung von nur allgemein mit »polnisch Dantz« oder ähnlich bezeichneten Stücken (→ Polska) ist im 17. Jh. und in noch früherer Zeit (z. B. bei Ammerbach) häufig schwierig. Sie erscheint, ihrer Herkunft vom Schreittanz entsprechend, zunächst als geradtaktiges Stück; zuerst vereinzelt, dann häufiger wird ein Nachtanz (Proporz) angefügt, der sich am Anfang des 18. Jh. als P. im Dreiertakt mit dem typischen stark akzentuierten vollen Taktbeginn und dem Rhythmus ♪♫♫ verselbständigt. Der Schlußtakt mit einer charakteristischen Aufteilung des ersten Viertels weist allgemein Bildungen auf wie ♫♩ ♪ oder ♫♩. Die Entwicklung dieser instrumentalen P. vollzog sich außerhalb Polens, vorwiegend in Schweden und Deutschland sowie Frankreich, von wo sie im 18. Jh. wieder nach Polen zurückkehrte. Ein bekanntes Beispiel ist die P. aus J. S. Bachs Französischer Suite E dur (BWV 817):

Die P. findet sich u. a. auch bei Couperin, Telemann, Händel, Sperontes, Guillemain, W. Fr. Bach, Kirnberger und Schobert. Zu besonderer Blüte gelangte sie am Ende des 18. Jh., wozu die in ganz Europa berühmten über 20 Kompositionen für Klavier (darunter einige vierhändig) von M. Kl. Ogiński mit programmatischen Titeln und melancholischem, sentimentalem Charakter (*Les adieux*; *Toten-P.* usw.) wesentlich beigetragen haben. Von anderen Komponisten dieser Zeit ist vor allem J. Kozłowski zu nennen, der neben P.n für Kl. etwa 70 für Orch. schrieb, daneben andere für Chor und Orchester, unter ihnen *Grom pobiedy rozdawajsia* (bis 1833 die russische Staatshymne). Beethoven verwendete die P. mehrmals (Serenade op. 8, Finale des Tripelkonzerts op. 56, P. op. 89), ebenso C. M. v. Weber (op. 21, 1808; *Polacca brillante* op. 72, 1819, später von Liszt für Kl. und Orch. bearbeitet) und Schubert (4 P.n op. 75, D 599, um 1818; 6 P.n op. 61, D 824, um 1825, alle für Kl. zu 4 Händen). Für Chopin waren die P.n von Ogiński mindestens ebenso bedeutsam wie diejenigen seiner Lehrer Żywny und Elsner. Seine Werke führten das Instrumentalstück P. zum Höhepunkt seiner Geschichte; zu ihrem Erfolg hat im westlichen Europa auch die nach den Ereignissen von 1830/31 aufbrechende romantische Polenbegeisterung beigetragen. Schumann (8 P.n, 1828, vierhändig) und Liszt (2 P.n, 1851; *Fest-P.*, 1876; Bearbeitung der P. aus Tschaikowskys »Eugen Onegin« für Kl.), auch R. Wagner (Kl.-P. op. 2) leisteten Beiträge zu dieser hochstehenden und das Musizieren des 19. Jh. weithin beherrschenden → Salonmusik.

Lit.: W. GOSTOMSKI, Polonez i menuet, Warschau 1891; T. NORLIND, Zur Gesch. d. polnischen Tänze, SIMG XII, 1910/11; A. CHYBIŃSKI, Die deutschen Musiktheoretiker im 16.–18. Jh. u. d. polnische Musik, ZIMG XIII, 1911/12; L. KAMIEŃSKI, Neue Beitr. zur Entwicklung d. P. bis Beethoven, Kgr.-Ber. Wien 1927; DERS., O polonezie staropolskim (»Über d. altpolnischen P.«), Muzyka V, 1928; H. OPIEŃSKI, Przyczynek do dziejów polonezą... (»Beitr. zur Gesch. d. P. in Polen im 18. Jh.«), Kwartalnik muzyczny VI, 1933; H. MARTENS, P. u. Mazurka, = Mus. Formen in hist. Reihen XIX, Bln (1937); H. DORABIALSKA, Polonez przed Chopinem (»Die P. vor Chopin«), Warschau 1938; J. MIKETTA, Polonezy, = Analizy i objaśnienia dzieł wszystkich Fr. Chopina II, Warschau 1949; J. WŁ. REISS, Polonez, jego pochodzenie i rozwój (»Die P., ihre Herkunft u. Entwicklung«), Poradnik muzyczny XL, 1950 – XLI, 1951; A. SŁAWIŃSKI, Rytm a harmonia w polonezach Chopina (»Rhythmus u. Harmonik in d. P. Chopins«), Kgr.-Ber. Warschau 1960; DERS., Metrorytmika a forma polonezów Chopina (»Metro-Rhythmik u. Form d. P. Chopins«), = Prace Inst. Muzykologii Universytetu Warszawskiego, Warschau 1960; Z. STESZEWSKA, Z zagadnień hist. poloneza (»Zum Problem d. Gesch. d. P.«), Muzyka V, 1960.

Polska, polske dans, ein mit der Geschichte der → Polonaise in Zusammenhang stehendes schwedisches Tanzlied im 3/4-Takt, rhythmisch der Mazurka ähnlich. Der polnische Tanz kam im Zuge seiner Verbreitung über ganz Europa im späten 16. Jh. nach Schweden und bildete dort eine eigene Tradition im Bereich der Volksmusik aus. Als eine der bekanntesten Polsken gilt die *Näckens p.*:

Lit.: T. NORLIND, Zur Gesch. d. polnischen Tänze, SIMG XII, 1910/11, S. 522ff.; DERS., Den svenska polskans hist., in: Studier i svensk folklore V, 1911; DERS., Svensk folkmusik och folksdans, Stockholm 1930; E. KLEIN, Om polskedanser, Svensk kulturbilder, N. F. X, 1937; E. ALA-KOENNI, Die P.-Tänze in Finnland. Eine ethno-musikologische Untersuchung, Helsinki 1956.

Polymetrik nannte H. Riemann 1884 (später jedoch nicht mehr) die erste der drei von ihm unterschiedenen Arten der → Polyrhythmik. Eine klare Abgrenzung der Begriffe Polyrhythmik und P. ist bisher nicht möglich. Je nach der gemeinten Bedeutung von → Metrum (– 3) kann P. in verschiedenem Sinne aufgefaßt werden, wobei besonders zwei Bedeutungen auseinanderzuhalten sind: entweder handelt es sich um konkurrierende selbständige Bewegungen innerhalb einer gemeinsamen Taktordnung, oder um solche mit inkongruenten Schwerpunkten, Akzenten, Taktstrichsetzungen. Die erste Art darf als typisch für die Musik der Wiener Klassiker gelten: daß vor einem konstruktiven Hintergrund *mehrere metrische Gebilde gleichzeitig bestehen können*, ist (nach Georgiades) ein *Lebensquell des klassischen Satzes*. Die zweite Art findet sich häufig in der Neuen Musik des 20. Jh., im Notenbild gewöhnlich an der unterschiedlichen Akzentsetzung in den Stimmen oder an der Balkenschreibung über die Taktstriche oder, seltener vorkommend, an der Vorzeichnung verschiedener Taktarten zu erkennen (singulär für die ältere Zeit ist die Kombination von drei gleichzeitig ausgeführten Tänzen verschiedener Taktart in Mozarts *Don Giovanni*, Ballszene im 1. Finale).

Lit.: H. RIEMANN, Mus. Dynamik u. Agogik, Hbg u. St. Petersburg 1884; THR. G. GEORGIADES, Aus d. Musiksprache d. Mozart-Theaters, Mozart-Jb. 1950.

Polynesien → Ozeanien.

Polyphonie (polyphon) heißt Mehrstimmigkeit (mehrstimmig) schlechthin, im besonderen jedoch jene Art der Mehr-»Stimmigkeit« im buchstäblichen Sinn, bei der die Stimmen (als Cantus, Melodien, Linien) melodisch-rhythmische Eigenständigkeit aufweisen, im Unterschied zum Akkord- und Melodiesatz der → Homophonie. Dementsprechend kennzeichnet P. einerseits speziell das Kompositionsprinzip der → Imitation (Kanon, Fuge), andererseits geschichtlich besonders die Blütezeit der kontrapunktischen Kunst im 16. Jh., den »durchimitierenden Stil« (H. Riemann), die »klassische Vokalpolyphonie« (Jeppesen), in deren Mittelpunkt Palestrina (→ Kontrapunkt) und Lassus stehen. – In der Antike benennt πολυφωνία (πολύφωνος, von πολύς, viel, und φωνή, Laut, Ton, Stimme), selten in musikalischem Sinn gebraucht, den großen Tonvorrat, die »Vieltönigkeit« (des Vogelgezwitschers), auch das geschwätzige, redselige oder ausdrucksreiche Sprechen, bei Plutarch (Περί μουσικῆς, 1141c) die »Tonvielfalt« des Aulos. Zur Benennung mehrstimmiger Musik ist das Wort polyphonia um 1300 in der *Summa musicae* (GS III, 239ff.) verwendet worden, wahrscheinlich im Gedanken an dyaphonia (→ Diaphonia; die Bezeichnung Discantus fehlt, und von mensuraler Aufzeichnung ist in diesem Traktat nicht die Rede): der Einstimmigkeit (cantus simplex) steht gegenüber die polyphonia (*modus canendi a pluribus diversam observantibus melodiam*); sie umfaßt die 3 Spezies dyaphonia, triphonia und tetraphonia, deren jede (in nicht eindeutiger Beschreibung) unterteilt ist in basilica (Mehrstimmigkeit über Haltetönen) und organica (in Gegenbewegung). Auch ein Abschnitt eines anonymen Brüsseler Traktats (geschrieben im 15. Jh.; RISM, *The Theory of Music* I, S. 61) handelt *De poliphonia* (... *est unio plurium inter se vocum suavi mixtione* ...), und in gräzisierender Terminologie betitelte im 16. Jh. der Humanist Luscinius in seiner *Musurgia* (1536, S. 61ff.) die Notations- und Kompositionslehre der mehrstimmigen Musik: *De concentus polyphoni ratione*. Bis in die Bach-Zeit blieb das Wort P. jedoch selten und terminologisch wenig fixiert. J. G. Walther (1732) verzeichnete lediglich *Polyphonium ... eine vielstimmige Composition*. Erst seit dem Vordringen des funktionalharmonischen Melodie- und Akkordsatzes in der Vorklassik und der Spaltung der Satzlehre in Harmonie- und Kontrapunktlehre datiert die Gegenüberstellung von Homophonie und P., letztere in dem Sinne verstanden, daß *mehrere Stimmen den Charakter einer Hauptstimme behaupten* (KochL). Die im 19. Jh. erfolgte Gleichsetzung von P. und Kontrapunkt entspricht dem Begriff des Kontrapunkts, der beim Gegeneinandersetzen der Töne auf die Selbständigkeit der Stimmen abzielt. P. ist somit das Ergebnis des Kontrapunkts, das in dessen Prinzip selbst schon enthalten und im Begriff P. nun eigens angesprochen wird. Um die »echte Linien-P.«, die *melodisch-polyphone (kontrapunktische) Schreibweise* gegenüber der *akkordisch-vertikal gerichteten Einstellung* intensiv ein Bewußtsein, sprach E. Kurth (1917) von »linearem Kontrapunkt« (*paralinearer Schreibart*, S. 100), »melodischer P.«. – Der gemeinhin ganz unreflektiert gebrauchte Begriff »Mehrstimmigkeit« ist gleichwohl – auch wenn kein anderes Wort zur Verfügung zu stehen scheint – oft problematisch als Bezeichnung außereuropäischer und archaischer Klanggestaltung, die weithin nicht von der Vorstellung einer Gleichzeitigkeit mehrerer Stimmen ausgeht (→ Heterophonie). Auch in der abendländischen Musik vermag das Begriffspaar homophon–polyphon den Reichtum des Verhältnisses von Stimme und Zusammenklang nicht zu erfassen, z. B. nicht das → Organum, nicht den → Discantus (z. B. als Conductus oder Rondellus, obwohl beide als eine Zusammenfügung mehrerer Cantus beschrieben wurden), nicht den → Kantilenensatz (obwohl er ein Melodiesatz zu sein scheint), nicht den Generalbaßsatz, sofern hier die Stimmführung nicht mehr allein vom Prinzip des Kontrapunkts und die Klangfolge noch nicht primär von Akkordfunktionen bestimmt werden, sondern *ein in die Rechnung eingestellter klanglicher Hintergrund für die im Vordergrund stehenden ... Stimmen* maßgebend ist (Handschin, *Musikgeschichte*, S. 274f.). Auch der Satz der Wiener Klassiker widersetzt sich oft der alternativen Benennung P./Homophonie, z. B. in den kompositorischen Erscheinungen des → Obligaten Akkompagnements und der → Durchbrochenen Arbeit. – Im Hinblick auf die Musik des 20. Jh. ist die Gleichsetzung von P. und Kontrapunkt fragwürdig geworden: denn während im Kontrapunkt aus Bedingungen des Zusammenklangs ein Gefüge selbständiger Stimmen entsteht, dient nun die Eigenständigkeit der Stimmen oft primär der Bildung (Rechtfertigung) neuer Klänge (*Rechtfertigung durchs Melodische allein!*, Schönberg, *Harmonielehre*, Neufassung 1922, S. 466). Vollends jenseits des eigentlichen Begriffes P. stehen atonale Kompositionen, denen nicht mehr die Vorstellung der »Stimmigkeit« (Stimmführung) zugrunde liegt und bei denen auch die (heute oft so genannte) »P. der Reihe« (z. B. Webern, Symphonie op. 21) jenseits realer »Stimmen« verläuft. – In neuerer Zeit wurden analog zu P. die Begriffswörter → Polyrhythmik, → Polymetrik und → Polytonalität gebildet. HHE

Polyptoton (griech., mit vielen Fällen [Casus]), in der Kompositionslehre des 18. Jh. eine im Anschluß an die Rhetorik erklärte musikalische Figur. In der Rhetorik ist das P. die Wiederholung eines Wortes in verschiedenen Flexionsformen; Vogt (1719) erklärt die Figur musikalisch als Wiederholung einer Melodiewendung auf anderer Tonhöhe und mit veränderter Fortführung.

Polyrhythmik (Wortprägung des 19. Jh.; engl. auch cross-rhythm) wird die gleichzeitige Realisierung verschiedener Rhythmen genannt. H. Riemann unterschied als hauptsächliche Arten der P. die gleichzeitige Bewegung in Werten verschiedener Ordnung mit gemeinsamen Hauptschwerpunkten, z. B. in Halben, Vierteln und Achteln (von Riemann auch Polymetrik genannt); komplementäre Rhythmen, z. B. mit Tongebungen auf jedes Achtel in Fällen wie ♩ ♪ ♩ ♪ oder ♪ ♩ ♪ ♩ ♪; Konfliktrhythmen, bei denen in den einzelnen Stimmen Rhythmen einander gegenübergestellt sind, die verschiedenen Teilungsweisen derselben Ordnung entstammen, z. B. Triolen gegen Quartolen oder gegen punktierten Rhythmus. Dieser im Hinblick auf Musik des 18. und 19. Jh. gewonnene Begriff der P. wird seither vielfach auch auf andere Musik angewendet. So spricht man von polyrhythmischen Bildungen etwa in der Musik des 14. und 15. Jh. (→ Proportion – 2), vor allem aber in der Neuen Musik des 20. Jh., darüber hinaus auch in außereuropäischer Musik sowie im Jazz.

Lit.: H. RIEMANN, *Mus. Dynamik u. Agogik*, Hbg u. St. Petersburg 1884; DERS., *System d. mus. Rhythmik u. Metrik*, Lpz. 1903.

Polysyndeton (griech.; lat. acervatio iuncta: Reihung synonymer Glieder mittels Konjunktionen), eine in der Musiklehre des 17.–18. Jh. im Anschluß an die Rhetorik erklärte musikalische Figur: emphatische Wiederholung von einander ähnlichen Gliedern eines Melodieabschnitts. Das rhetorische P. (z. B. *Und es wallet* *und siedet und brauset und zischt*) erläutert Gottsched als *die Häufung der Bindewörter, die ohne Not zwischen alle Haupt- oder Zeitwörter eingeschaltet werden; weil der Redende im Affekt ist, und nicht weiß, welches das letzte sein wird.* In der Musiklehre bedeutet P. das Wiederholen einer Melodiefloskel auf derselben Stufe zur Steigerung einer Aussage oder eines Affekts (Beispiel aus J. S. Bach, Matthäuspassion, Arie *Können Tränen meiner Wangen*).

Polytonalität (s. v. w. Mehrtonartlichkeit), eine erweiterte Form der Tonalität; sie entsteht, wenn mehrere Tonarten gleichzeitig gegeneinander gestellt werden. In der reinen Form der P. muß jede der Tonarten deutlich als solche erkennbar, d. h. kadenziell gefestigt sein. Polytonale Gebilde entstehen primär durch Aufspalten einer Tonart in mehrere selbständige Funktionsabläufe, sekundär durch Zusammensetzen bzw. Übereinanderstellen verschiedener Tonarten. Insofern die Klanglichkeit polytonaler Musik Ergebnis einer linearen Führung verschiedener Tonarten ist, kann die P. als in dem Kontrapunkt nahestehendes Kunstmittel angesehen werden. Selten beherrscht sie eine ganze Komposition; zumeist kommt sie nur in einem kürzeren oder längeren Abschnitt zur Geltung. Die häufigste Art der P. ist die Bitonalität, das gleichzeitige Erklingen zweier Tonarten. Zur P. im erweiterten Sinne sind auch die Klänge und Klangfolgen zu rechnen, die aus einer Vermischung zweier oder mehrerer deutlich unterschiedener Klänge bestehen, wobei die Struktur der einzelnen Klänge je auf eine bestimmte Tonart verweist (z. B. c–e–g, fis–ais–cis). Klänge dieser Art werden kompositorisch häufig als Mixturen behandelt. – Die Musikgeschichte bietet schon früh Beispiele polytonaler Bildungen, die indessen durchweg im Sinne konkreter Bedeutung oder eines bestimmten musikalischen Effekts gemeint sind (z. B. H. Newsidler, *Der Judentantz*; W. A. Mozart, *Ein musikalischer Spaß*, K.-V. 522). Die historisch wohl älteste Art, zwei funktionell verschiedene Abläufe gleichzeitig darzustellen (somit schon auf die P. deutend), ist der Orgelpunkt, der häufig aus einer Koordination von Tonikagrundton und Dominant- bzw. Subdominantklängen besteht. Doch erst mit der Erweiterung der Tonalität seit dem beginnenden 19. Jh. erscheinen, zunächst vereinzelt, harmonische Komplexe, die im eigentlichen Sinne als polytonal anzusprechen sind. Durchweg bestehen sie aus einer Verkoppelung zweier verschiedener Funktionen, wie Tonika und Dominante; das zeitliche Nacheinander des Funktionsablaufs verschränkt sich in ein zuständliches Ineinander. Beispiele dieser Art finden sich bei Beethoven im 1. Satz der Sonate *Les Adieux* op. 81a (ab Takt 230) und im 1. Satz der 3. Symphonie op. 55 (ab Takt 394) sowie bei R. Wagner zu Beginn des 2. Aktes der Oper *Tristan und Isolde* (ab Takt 87). In der 1. Hälfte des 20. Jh. wurde die P. mit ihren vielfältigen Erscheinungsformen von vielen Komponisten bewußt zum Prinzip kompositorischer Gestaltung erhoben, um der als verbraucht empfundenen Tonalität neue klangliche Dimensionen zu erschließen (so u. a. R. Strauss, *Salome*, *Elektra*; Debussy, *Préludes II*, 3; Ravel, 1. Klavierkonzert; Busoni, *Sonatina Seconda*; Strawinsky, *Pétrouchka*; Milhaud, *Le bœuf sur le toit*). Häufig werden weit entfernt stehende Tonarten (z. B. im Kleinsekund- oder Tritonusabstand) miteinander verbunden. Die klanglichen Resultate dieser Verkoppelungen erinnern in ihrer Vielschichtigkeit bereits stark an atonale Bildungen, zumal wenn mehr als zwei Tonarten vermischt werden. So ergibt z. B. das Übereinanderschichten von drei verminderten Vierklängen (c–es–ges–a; cis–e–g–b; d–f–as–ces) einen Zwölftonklang. Die Gruppe der »Six« um Milhaud baute die P. im Anschluß an Strawinsky zum System aus, zugleich wurde die polytonale Technik auf melodische und rhythmische Gebiete übertragen durch Übereinanderschichtung verschiedener melodischer und rhythmischer Gestalten (z. B. Milhaud, Kammersymphonien). Für diese Komponisten war die P. weniger ein Ausdrucks- als ein Stilmittel, um eine »reine, unbildliche« Musik im Sinne eines musikalischen Neoklassizismus zu erreichen.

Lit.: J. Deroux, La musique polytonale, RM II, 1921; D. Milhaud, Polytonalité et atonalité, RM IV, 1923; H. Erpf, Studien zur Harmonie- u. Klangtechnik d. neueren Musik, Lpz. 1927; H. Mersmann, Die moderne Musik seit d. Romantik, Bücken Hdb.; ders., Musiklehre, Bln 1929; A. Machabey, Dissonance, polytonalité et atonalité, RM XII, 1931; E. v. d. Nüll, Moderne Harmonik, Lpz. 1932; P. Hindemith, Unterweisung im Tonsatz I, Mainz 1937, ²1940, engl. als: Craft of Mus. Composition I, London 1942; R. Klein, Zur Definition d. Bitonalität, Österreichische Musikzs. VI, 1951. EB

Pommer → Bomhart.

Pommern.
Ausg.: Denkmäler d. Musik in P., Pommersche Meister d. 16.–18. Jh., 5 H., Kassel 1930–36.
Lit.: Musik in P., Mitteilungsblatt, hrsg. v. Ver. zur Pflege Pommerscher Musik, I–IX, Greifswald 1932–42; P. Klein, Volkslied u. Volkstanz in P., = Vorarbeiten zum Pommerschen Wörterbuch VI, ebenda 1935; G. Kittler, Die Musikpflege in P. zur Herzogszeit, in: Baltische Studien, N. F. XXXIX, 1937; P. Podejko, Dawna muzyka polska na terenie dzisiejszego województwa bydgoskiego i Pomorza Gdańskiego (»Die alte polnische Musik im Gebiet d. heutigen Bromberger Woiwodschaft u. d. Danziger P.«), = Z dziejów muzyki polskiej I, Bromberg 1960; K. Ameln, Ein Kantorenbuch aus P., Jb. f. Liturgik u. Hymnologie VII, 1962.

Ponticello (pontitʃ'ɛllo, ital.) → Steg, → sul p.

Pontificale (lat.), eines der → Liturgischen Bücher der katholischen Kirche. Es enthält die Formulare und rituellen Anweisungen aller dem Bischof vorbehaltenen Sakramente, Sakramentalien und weiteren gottesdienstlichen Akte (Firmung, Priester- und Bischofsweihe, Kirchweihe usw.). Älteste Versuche dieses Buchtyps stammen aus dem 9. Jh. Das P. Romanum in seiner heutigen Form erschien 1596, zuletzt 1962 (überarbeitete Fassung). Im Gefolge der Liturgiereform des 2. → Vatikanischen Konzils ist eine Neuausgabe vorgesehen. An musikalischen Stücken enthält das P. u. a. Antiphonen, Hymnen, Responsorien, Präfationen und die Allerheiligenlitanei.

Porrectus (lat.) → Neumen (– 1).

Portamento (di voce, ital., auch portar la voce; frz. seit ca. 1800: port de voix, Tragen der Stimme) bezeichnet ursprünglich bei den Italienern *den guten Gebrauch der Stimme ..., das Aneinanderhängen der Töne, sowohl in der Fortschreitung, die stufenweise, als die durch Sprünge geschieht ...* (J. A. Hiller 1780, 2. Kap., sich stützend auf G. Mancini 1777, Artikel 8). Das Wesentliche des P.s bestand nach Hiller darin, *daß man in der Fortschreitung von einem Tone zum andern keine Lücke oder Absatz, auch kein unangenehmes Schleifen oder Ziehen durch kleinere Intervalle gewahr wird.* Der Ausdruck P. scheint um die Mitte des 18. Jh. aufgekommen zu sein. Während G. Tartini ihn im *Traité des agréments* (*Regole per le Arcate*) gebraucht, verwenden Fr. Fr. Tosi (1723) und J. Fr. Agricola (1757) ihn noch nicht. Agricola spricht jedoch bei bestimmten aufsteigenden Halbtonschritten von *einer immer höher werdenden Ziehung der Stimme*, wobei man *die Stimme nach und nach, durch so viele kleinere Untereinteilungen eines halben Tones, als* jedem anzugeben möglich sind, gleichsam unvermerckt, nach der Höhe zu, durchgehen lässt (bei Tosi: *passare con una messa di voce crescente*). Ähnlich definiert bereits D. Mazzocchi (1638) diese schon zur Zeit der Entstehung des Sologesangs bekannte Gesangsart (L. Zacconi: strascinare; G. B. Doni: strascino) und versieht sie sogar mit einem besonderen Zeichen (v). Die heutige Bedeutung von P. entspricht genau der von Agricola beschriebenen *Ziehung der Stimme*, allerdings auch bei anderen Intervallen und in jeder Richtung. Auf Streichinstrumenten wird der hörbare Lagenwechsel mittels eines P.s ausgeführt, das in der Violinschule von J. Joachim und A. Moser (1905, Bd II) als eines der wichtigsten Ausdrucksmittel der linken Hand bezeichnet wird. Im Unterschied zum → Glissando, der vom Komponisten notierten kontinuierlichen Ausfüllung eines (größeren) Intervalls durch diatonische oder chromatische Tonleiterpassagen oder durch »gleitende« Tonbewegung, ist das P. ein im allgemeinen nicht durch den Komponisten festgelegtes und daher im Belieben des Vortragenden stehendes Ansingen (oder Anspielen) bestimmter Töne bzw. die mehr oder weniger gleitende Ausführung von Intervallschritten. Nicht zu verwechseln ist das P. mit der ebenfalls → Port de voix genannten französischen Verzierung des 17./18. Jh. (→ Vorschlag von unten), die in gewissen Fällen mit einem starken oder schwachen P. verbunden sein konnte. – Das P. spielt in mehreren außereuropäischen Musikkulturen eine bedeutende Rolle, z. B. im Sologesang des Vorderen Orients. – Zu Beginn der neueren Zeit wird ein dem P. entsprechendes Hinauf- und Herabziehen der Töne von Conrad von Zabern (1474) gerügt (vgl. Artikel Gesangspädagogik, in: MGG IV, 1955, Sp. 1913). – Ebenso spielt das P. bei den differenzierten Arten des Textvortrags im modernen Melodram (A. Schönberg, A. Berg) eine wichtige Rolle. – Im Jazz (→ Tail gate), in der volkstümlichen und der Unterhaltungsmusik (vor allem beim solistischen Zitherspiel, in der Schrammelmusik und im Wiener Walzer) ist das P. wesentliches Stilelement des Musizierens. ERJ/BB

portar la voce (port'a:r la v'o:tʃe, ital.) → Portamento.

Portativ (von lat. portare, tragen; ital. organo portativo, im 14. Jh. organetto), kleine tragbare Orgel mit Lippenpfeifen (im Unterschied zum Bibelregal; → Regal – 1). Es ist im Abendland seit dem 12. Jh. nachgewiesen und fand seine größte Verbreitung im 15. Jh. Die (etwa 6–28) Pfeifen sind in zwei, seltener einer oder drei Reihen meist der Größe nach angeordnet und haben links manchmal Bordunpfeifen (Bordunturm). Der tiefste Ton liegt zumeist zwischen c^1 und f^1. Die rechte Hand spielt auf den Tasten, die linke bedient den Blasebalg. Die Weite der Mensuren war für alle Pfeifen konstant, wodurch sich ein Changieren des Klanges vom Obertonreichen bis zum Flötenhaft-Weicheren ergab. Daher wurde sein Klang oft auch als hauchig, still und süß beschrieben. Das P. war kein Soloinstrument, sondern wurde mit anderen Instrumenten zusammen gespielt, auch zum Tanz. Im 16./17. Jh. trat an seine Stelle das → Positiv.

Lit.: H. HICKMANN, Das P., Kassel 1936.

portato (ital.; frz. auch louré), eine Artikulationsart, notiert ♩ ♩ ♩ ♩ oder ♩ ♩ ♩ ♩, im Unterschied zu → legato und → staccato eine früher mit »Tragen der Töne« bezeichnete Vortragsweise, insbesondere in Stücken mit langsamen Tempi, wobei die einzelnen Töne mit leichtem Nachdruck vorgetragen werden (bei Streichinstrumenten ohne Absetzen des Bogens). Die Bezeichnung p. scheint bis zum Beginn des 19. Jh. (P. Lichtenthal, 1826, frz. 1839 mit porté übersetzt) noch unbekannt gewesen zu sein, aber die entsprechende Artikulationsart wird im 18. Jh. für die Violine von Quantz (Versuch, S. 193 und S. 201f.), L. Mozart (Versuch) und J. A. Hiller (1792) beschrieben, für das Clavichord von C. Ph. E. Bach (Versuch), Fr. W. Marpurg (1755) und D. G. Türk (1789, S. 354), der auch den Ausdruck appoggiato anstelle der Artikulationszeichen anführt, sowie von J. F. Agricola (1757) für den Gesang. In sehr charakteristischer und schöner Weise hat Beethoven in seinem Streichquartett op. 131 im *Adagio, ma non troppo e semplice* das P. für alle vier Instrumente verwendet. Manchmal wird die Bezeichnung → ondeggiando als Synonym für p. verwendet, doch darf p. nicht mit → Portamento oder mit → Tenuto verwechselt werden.

Port de voix (pɔ:r də vŭa, frz.), → Vorschlag von unten, häufig mit einem → Mordent (pincé) verbunden; p. de v. double → Schleifer (auch → Anschlag – 1). Später wurde P. de v. mißverständlich mit Coulé gleichgesetzt. Seit etwa 1800 ist P. de v. die französische Bezeichnung für → Portamento.

Portugal.
Lit.: J. DE VASCONCELLOS, Os músicos port., 2 Bde, Porto 1870; F. PEDRELL, Diccionario biogr. y bibliogr. de músicos y escritores de música españoles, port. é hispano-americanos antiguos y modernos I, Barcelona 1894–97; A. SOUBIES, Hist. de la musique en P., Paris 1898; E. VIEIRA, Dicionário biogr. de músicos port., 2 Bde, Lissabon 1900; S. VITERBO, Subsídios para a hist. da música em P., ebenda 1911, Coimbra 1932; A. PINTO, La música moderna port., Lissabon 1930; P. BATALHA REIS, Da origem da música trovadoresca em P., ebenda 1931; R. GALLOP, The Development of Folksong in P. and the Basque Country, Proc. Mus. Ass. LXI, 1934/35; F. LOPES GRAÇA, A música port. no s. XIX, Rivista brasileira de musica II, 1936; DERS., A música port. e os seus problemas, I Porto 1944, II Lissabon 1959; DERS., A canção popular port., Lissabon 1953, ²1956; J. E. DOS SANTOS, A polifonía clássica port., ebenda 1937; E. AMORIM, Dicionário biogr. de músicos do Norte de P., Porto 1941; G. CHASE, The Music of Spain, NY 1941, ²1959, span. v. J. Pahissa, Buenos Aires 1943, darin 2 Abschnitte v. A. T. Luper über P.; M. S. KASTNER, Contribución al estudio de la música española y port., Lissabon 1941; DERS., Veinte años de musicología en P. (1940–60), AMl XXXII, 1960; K. SCHINDLER, Folk Music and Poetry of Spain and P., NY 1941; J. MAZZA, Dicionário biogr. de músicos port., hrsg. v. P. J. A. Alegria, Lissabon 1944–45; P. LE GENTIL, La poésie lyrique espagnole et port. à la fin du moyen âge, 2 Bde, Rennes 1949–52; A. T. LUPER, Port. Polyphony in the 16th- and Early 17th-Cent., JAMS III, 1950; S. CORBIN, Essai sur la musique religieuse port. au moyen âge, = Collection port. VIII, Paris 1952; J. SUBIRÁ, Hist. de la música española e hispano-americana, Barcelona 1953, deutsche Bearb. v. A.-E. Cherbuliez, Zürich u. Stuttgart (1957); M. A. DE LIMA CRUZ, Hist. da música port., Lissabon 1955; J. DE FREITAS BRANCO, Hist. da música port., ebenda 1959; DERS., Alguns aspectos da música port. contemporânea, ebenda 1960; K. v. FISCHER, Ein singulärer Typus port. Passionen d. 16. Jh., AfMw XIX/XX, 1962/63; FR. J. PERKINS, Music in P. Today, MQ LI, 1965.

Posaune (von lat. → bucina; im 13. Jh. busune, nhd. busaune, pusaune; ital. trombone von tromba, große Trompete), – 1) Blechblasinstrument mit überwiegend zylindrischem Rohrverlauf, Kesselmundstück und U-förmiger Zugvorrichtung, mit der die Schallröhre in beliebig großen Stufen verlängert werden kann. Auf der Pos. hat daher der Spieler die Reinheit der Intonation völlig in der Gewalt, auch → glissando und → Portamento sind möglich (→ Tail gate). Besondere Effekte werden mit → Dämpfer erzielt. Die Ventilpos. (seit 1839) hat sich nicht allgemein durchgesetzt. – Die Pos. ist wohl aus der → Zugtrompete hervorgegangen; der U-förmige Zug ist wahrscheinlich nach 1434 in Burgund aufgekommen. Bei Tinctoris (um 1484) ist die Pos. als tuba, trombone und → sacqueboute bekannt. Ihre Entstehung hängt zusammen mit der Ausdehnung des Tonbereichs zur Tiefe hin (Ockeghem verlangt bisweilen D und C). Das 16. Jh. hat einen ganzen Chor (→ Akkord – 3) von Pos.n hervorgebracht: Diskant- und Altpos., Gemeine rechte Pos. (Umfang nach Praetorius 1619 mindestens E–f^1), Quart- und Quintpos. sowie Oktavpos. (Doppelpos.). In der folgenden Zeit wurde die Zahl der Typen mehr und mehr eingeschränkt; das Standardinstrument ist heute die Tenorpos. in B. Das Orchester rechnet seit dem Ende des 18. Jh. mit dem Pos.n-Trio (Altpos. in Es oder F, Tenor-, Baßpos. in F; 2 Tenorpos.n und Baßpos.; 3 Tenorpos.n), doch ist z. B. in der Messe K.-V. 427 von Mozart ein Pos.n-Quartett vorgeschrieben. Für die Verwendung der Altpos. im Orchester setzten sich nach R. Schumann (4. Symphonie) Mahler und Schönberg ein. Wagner schrieb auch eine Kontrabaßpos. vor. – Die Pos. wird nichttransponierend im Alt-, Tenor- oder Baßschlüssel notiert. Die moderne Tenorpos. ergibt bei geschlossenem Zug B (als 1. Oberton); durch Ausziehen des Zuges (1.–6. Position) wird ein Umfang von E–h^2 oder höher erreicht (Altpos. A–es^2, Baßpos. $_1$H–f^1). Die Grundtöne (Pedaltöne) sprechen sehr schwer an. Der Klang der Pos. ist weich, füllend und verschmilzt gut mit anderen Instrumenten (Zink, Schalmei, Bomhart im 15./16. Jh.; Blechbläser und Streicher im modernen Orchester) sowie mit den Singstimmen, weswegen Pos.n in feierlichen Chorsätzen gerne colla parte geführt werden. Eine reichhaltige Literatur für Pos. allein oder mit anderen Blasinstrumenten (→ Posaunenchor) liegt in den → Turmmusiken zum → Abblasen vor. Von nachbarocker Musik für Pos.n allein seien die *Equale* für 4 Pos.n (2 Alt-, Tenor-, Baßpos.) von Beethoven (WoO 30) genannt. Im → Jazz war die Pos. zunächst Baßinstrument, ist jedoch seit Kid → Ory und J. → Teagarden meist Träger der Gegenmelodie zu Klarinette und Trompete. – 2) In der Orgel ist Pos. die größte und am stärksten intonierte Zungenstimme (zu 16′ und 32′ im Pedal, auch 8′ im Manual).

Lit.: zu 1): Fr. Jahn, Die Nürnberger Trp.- u. Posaunenmacher im 16. Jh., AfMw VII, 1925; W. F. H. Blandford, Handel's Horn and Trombone Parts, The Mus. Times LXXX, 1939; E. Elsenaar, De Trombone, Hilversum 1947; H. Besseler, Die Entstehung d. Pos., AMl XXII, 1950; W. Ehmann, Tibilustrium. Das geistliche Blasen, Kassel 1950; W. Wörthmüller, Die Nürnberger Trp.- u. Posaunenmacher d. 17. u. 18. Jh., Mitt. d. Ver. f. Gesch. d. Stadt Nürnberg XLV, 1954; ders., Die Instr. d. Nürnberger Trp.- u. Posaunenmacher, ebenda XLVI, 1955; R. Gray, The Trombone in Contemporary Chamber Music, Brass Quarterly I, 1957/58.

Posaunenchor, im modernen Sprachgebrauch ein Blechbläserensemble, wie es in der neubelebten → Turmmusik, auch in der Singbewegung und in der Choralpflege der evangelischen Gemeinden gebraucht wird. Moderne Posaunenchöre sind nur zum Teil nach dem Vorbild des 16./17. Jh. Stimmwerke von → Posaunen (– 1). Der weiche Klang moderner weitmensurierter Instrumente (es gibt sogar »Posaunenchöre« nur aus Trompeten und Flügelhörnern) erlaubt die Bildung großer Ensembles bei Massenveranstaltungen. – Schulen und Literatur für P. gaben heraus u. a. J. Kuhlo (*Jubilate! Posaunenbuch für Jünglingsvereine, Seminare, höhere Lehranstalten und Kirchenchöre*, 4 Bde, Bethel bei Bielefeld ^{1}^{8}1914, Gütersloh ^{3}^{2}1946ff.) sowie E. Voigt (*Schule für Posaunenchöre*, bearbeitet von A. Müller, Dresden ^{5}1927).

Lit.: A. Müller, Unsere Posaunenchöre u. d. Kirchenmusik, Dresden (1905); K. Utz, Grundsätzliches zur Lit.-Frage d. ev. P., MuK IX, 1937; W. Ehmann, Tibilustrium. Das geistliche Blasen, Kassel 1950; ders., Neue Blechblasinstr. nach alten Modellen, Hausmusik XXII, 1958; K. Honemeyer, Die P. im Gottesdienst, Gütersloh 1951; B. Husted, The Brass Ensemble, Diss. Univ. of Rochester (N. Y.) 1955, maschr.

Posen.
Lit.: H. Ehrenberg, Gesch. d. Theaters in P., P. 1889; T. Panieńska, O ruchu muzycznym w Poznaniu od roku 1800–30 (»Über d. Musik in P. v. 1800–30«), in: Przegląd muzyczny 1910–13; H. Sommer, Das mus. Leben in P. am Anfang d. 19. Jh., Hist. Monatsblätter f. d. Provinz P. XVIII, 1917; Wł. Kamiński, Muzyka do r. 1793, in: Dziesięć wieków Poznania II, P. u. Warschau 1956; ders., Muzyka w latach 1793–1870, ebenda; Gw. Chmarzyński u. T. Szulc, Muzyka w latach 1870–1918, ebenda; Z. Sitowski, Muzyka w Polsce Ludowej, ebenda; Cz. Sikorski, Z historii kultury muzycznej Poznania (»Aus d. Gesch. d. Musikkultur in P.«), in: Życie śpiewacze 1960–61 u. 1963.

Positiv (von lat. ponere, stellen; frz. positif; ital. positivo, auch organo piccolo; engl. positive organ) ist im Unterschied zum tragbaren → Portativ eine Standorgel. Das P. hat ein Manual, wenige Register und kein Pedal. Es besitzt, im Unterschied zum → Regal (– 1), zumeist nur Labialstimmen, der Raumsparnis wegen in der 8′- und 4′-Lage oft Gedackte. Auf dem P. kann der Generalbaß ausgeführt werden; doch auch als Kammer- und Haus-P. war es im Gebrauch. Die Geschichte des P.s reicht vom Anfang des 15. Jh. bis in die Mitte des 18. Jh. In jüngerer Zeit werden wieder häufig Kleinorgeln gebaut. → Rück-P.

Lit.: H. Bornefeld, Das P., Kassel 1941, ^{2}1948; R. Quoika, Das P. in Gesch. u. Gegenwart, Kassel 1957, dazu Fr. W. Riedel in: Mf XIII, 1960.

Posten → Feldmusik.

Posthorn, eines der kleinsten Blechblasinstrumente, im 2′- oder 4′-Ton; es war als Naturinstrument (ohne Ventile) seit dem 16. Jh. das Signalhorn der Postillione. J. S. Bach ahmt es in seinem *Capriccio sopra la lontananza del suo fratello dilettissimo* (BWV 992) nach. Um 1830 löste die Trompetenform die alte kreisförmige Form ab. Durch Anbringen von Ventilen wurde das P. zum → Kornett (– 1).

Lit.: K. Thieme, Zur Gesch. d. P., in: F. Gumbert, P.-Schule, Lpz. (1903); Fr. Krekeler, Anleitung zum Blasen d. Signal-P., hrsg. v. L. Plaß, Lpz. 1905.

Potpourri (frz.), eine bunte Folge von Melodien oder Melodiefragmenten. Die Bezeichnung findet sich auch im literarischen Bereich im 17. Jh. (*Pot poury burlesque*, Paris 1649), scheint aber erst am Anfang des 18. Jh. in die Musik übernommen worden zu sein. Das in der 3. Sammlung von Ballards *Brunettes* (1711) so bezeichnete Stück ist ein aus Incipits landläufiger Chansons zusammengesetztes → Quodlibet. Wegen der zusammenhanglosen Textbruchstücke scheint hier das Hauptgewicht noch auf der Verbindung der Melodiefragmente zu liegen, doch wurde das P. bald als eine Art szenischer Schilderung beliebt. Auf eine Folge von ganzen Melodien bekannter Chansons wurde dabei ein thematisch gebundener, strophischer und allgemein stark gewürzter Text vorgetragen. Eines der frühesten Beispiele dafür ist das P. auf die »Orgie« in der Pariser Oper (1731). Auf einer ähnlichen Linie liegt das P. *La Tentation de Saint-Antoine* von Sedaine (1765), dessen Melodien von W. Egk in seinem gleichnamigen Werk für A. und Streichquartett (1947) wieder aufgenommen wurden. Mindestens seit Mitte des 18. Jh. wurden in Frankreich auch instrumentale Melodienfolgen als P. bezeichnet. Die weiteste Verbreitung erfuhr die als *Pot-Pourry français* in mehreren Folgen erschienene Sammlung des Pariser Verlegers Bouïn, die kurz vor der Revolution von Frère (Paris) in neuen Zusammenstellungen nachgedruckt und wesentlich erweitert wurde. Bei Bouïn ist das P. eine suitenartige Folge ursprünglich voneinander unabhängiger kleiner Tanzsätze (contredanses, mit Angabe der Tanzfiguren), die bei Hofe gebraucht wurden, aber auch den Hauptteil des Tanzmeisterrepertoires darstellten. In einem noch allgemeinen Sinn erscheint die Bezeichnung P. wohl noch im 18. Jh. in einem Druck von Breitkopf (*Musikalischer Pot-Pourri oder Sammlung neuer Klavier-Sonaten..., Sinfonien, kleinen Cantaten, Arien, Liedern und andern kleinen Klavierstücken ... von verschiedenen beliebten Componisten*). Seit Beginn des 19. Jh. kam in Deutschland das P. mit Arrangements von beliebten Opern- und Operettenmelodien in Mode und schöpfte für Salon- und Unterhaltungsmusik bald auch aus anderen in der Gunst des Publikums stehenden Repertoires (Walzer-P., Marsch-P. usw.). Noch heute behauptet das P. seinen festen Platz in der Unterhaltungsmusik von Rundfunk, Kurkapellen und Kaffeehausensembles.

Lit.: Pot-pourry frç., Tanzmeister-Weisen d. 18. Jh., hrsg. v. G. BIRKNER, Mainz (1967).

poussé (pus'e, frz., gestoßen), Vorschrift für Aufstrich (→ Bogenführung) bei Streichinstrumenten; der → Abstrich heißt tiré (gezogen).

Praeambulum (spätlat., s. v. w. vorangehend) oder Praeambel, seit A. Ileborgh (1448), C. Paumann (1452) und dem Buxheimer Orgelbuch (um 1470) bezeugt als Überschrift von einleitenden Stücken für Tasteninstrumente, später auch für Laute, z. B. Newsidler 1536. Noch J. S. Bach nannte Pr. u. a. die später *Inventio* (→ Invention) betitelten Stücke im *Clavier-Büchlein* für W. Fr. Bach und das Eröffnungsstück der 5. Partita aus dem 1. Teil der *Clavier-Übung* (1730). → Praeludium, → Priamel.

Praecentor (lat., Vorsänger), im Mittelalter gleichbedeutend mit → Kantor, später allgemein der Leiter von Schulchören. Im protestantischen Gottesdienst vor der Einführung der Orgelbegleitung zum Gemeindegesang und später noch bei Nebengottesdiensten ohne Orgel war der Pr. der Stimmführer des Chores, der die Choräle anzustimmen und mitzusingen hatte; dem entspricht die Amtsbezeichnung Pr. (cantor choralis) an der Leipziger Universitätskirche im 18. Jh.

Präfation (lat. praefatio), in der römischen und mailändischen Meßliturgie das vom zelebrierenden Priester am Anfang des Canon missae (→ Messe) vorgetragene feierliche Dankgebet. Es wird eingeleitet mit einem Dialog (Priester und Gemeinde), dessen Inhalt in der Aufforderung zum Danksagen seinen Höhepunkt findet (*Gratias agamus Domino, Deo nostro*; Dialogtext fast wörtlich schon im 3. Jh. bei Hippolyt von Rom, vgl. Jungmann I, S. 38). Der seit dem 4./5. Jh. sehr reiche Bestand an Pr.en in der römischen Liturgie wurde bald auf eine – zunächst im Gregorianischen Sakramentar (Aachener Urfassung, Ende 8. Jh.) greifbare – kleinere Anzahl reduziert; seit 1095 bildeten insgesamt 11 Pr.en den offiziellen Zyklus, ab 1919 fanden weitere 5 Pr.en Eingang in das Missale (als letzte 1955 eine Eigen-Pr. für die Ölmesse vom Gründonnerstag). Die einzelnen Texte sind bestimmten Meßformularen oder Zeiten des Kirchenjahres vorbehalten; ihr Grundschema ist in der *Praefatio communis* (für Messen ohne Eigen- oder De tempore-Pr.) gegeben. – Das Modell der feierlichen sowie der (aus dem Umkreis des Zisterzienser- und Kartäuserordens stammenden) ferialen Pr.s-Weise verbindet zwei einander zugeordnete Melodieperioden, deren erste an den Tenor c (Initium a) gebunden ist und meist mehrere Male erklingt, bevor die in ihrem Tenor (h) um einen Halbton darunter liegende zweite Periode (mit Akzentton c) folgt. Beide Abschnitte schließen regelmäßig mit einer eigenen Kadenz. Der einleitende Wechselgesang ist melodisch selbständig. Eine zusätzliche Singweise in tono sollemniore (ad libitum) wird im Anhang zum Missale Romanum geboten. Ausg. (Text): A. DOLD OSB, Sursum Corda. Hochgebete aus alten lat. Liturgien, = Wort u. Antwort IX, Salzburg (1954).

Lit.: P. WAGNER, Einführung in d. Gregorianischen Melodien III, Lpz. 1921, Nachdruck Hildesheim u. Wiesbaden 1962; B. OPFERMANN, Die heutigen liturgischen Sonderpr., in: Theologie u. Glaube XLVI, 1956; J. A. JUNGMANN SJ, Missarum Sollemnia, 2 Bde, Wien, Freiburg i. Br. u. Basel ⁵1962.

Praefectus chori (lat., Vorgesetzter des Chores), der dem Kantor, gegebenenfalls auch dem Succentor unterstellte Chorleiter. Für Schulchöre wurden oft mehrere Präfekten unter den älteren Schülern ausgewählt (unter J. S. Bach in Leipzig waren es 1730 drei, später vier). Sie hatten in den Nebenkirchen und in Vertretung des Kantors auch in der Hauptkirche den Chor zu dirigieren, außerdem den Kurrendegesang einzuüben und zu leiten.

Praeludium (spätmittellat., von lat. praeludere, vorher, zur Probe spielen; frz. prélude; ital. preludio; engl. auch prelude; deutsch auch übersetzt als → Vorspiel) ist seit den Anfängen im 15. und 16. Jh. in erster Linie das Vorspiel auf einem einzelnen Instrument (namentlich Tasteninstrument oder Laute). Der seit 1448 (A. Ileborgh) belegte lateinische Terminus hat sich im Deutschen fest, im Englischen vorübergehend (bei Virginalisten) eingebürgert. Die volkssprachlichen Wortformen prélude (in Notendrucken seit P. Attaingnant 1529) und preludio (seit G. A. Terzi 1599) dienten zeitweilig auch zur Bezeichnung von Vorspielen für mehrere Instrumente oder für Orchester, besonders in der 2. Hälfte des 17. Jh. (im Rahmen der französischen Oper und der Suite); prélude und préluder wurden seit dem 18. Jh., ausgehend von der Bedeutung Einstimmen und -spielen (BrossardD), auch auf das Einsingen des Sängers bezogen (vgl. Diderot, *Encyclopédie* XIII, 1765, Artikel Préluder). Der uneinheitliche Wortgebrauch und die fließende Wortbedeutung machen eine allgemeine Definition des Begriffs unmöglich. So wurde z. B. der Terminus → Praeambulum bis zum 17. Jh., später auch Pr., ohne Unterschied auf Vor- und Zwischenspiele in Gottesdienst angewendet (vgl. Praetorius Synt. III, S. 112; nach J. S. Bachs Notiz über die Leipziger Ordnung des Gottesdienstes am 1. Advent 1714 wurde an 6 Stellen *Präludiret*; Spitta, *Bach* II, S. 95 f.).– Das Pr. trat zuerst in der Frühzeit der schriftlichen Fixierung von Instrumentalmusik auf, gehört aber nach Ursprung und Haltung vor allem auf die Seite der → Improvisation. Sein Element war die freie Entfaltung, die sich mehr auf die Entdeckung neuer Spielmöglichkeiten richtete als auf die Ausbildung fester Formtypen. Daß in der Praxis das Pr. vorwiegend improvisiert wurde, spiegelt sich u. a. in der verbalen Ausdrucksweise: preambulizare (Göllner, S. 175), präambulieren (Praetorius Synt. III, S. 152), nach 1660 préluder, wenig später präludieren. Der in der gegensätzlichen Haltung von Improvisation und Komposition begründete Unterschied zwischen Pr. und unmittelbar folgendem Stück (lateinischer oder protestantischer Choral, Motette, Madrigal u. ä., auch Tanzsätze u. a.) hat sich allerdings im Laufe der Zeit immer wieder verwischt. Im aufgeschriebenen Pr. ist das spontane Element zugunsten des kunstgerecht gearbeiteten Satzes bisweilen ganz zurückgedrängt (z. B. Frescobaldi, *Toccata di durezze e ligatura*, 1637). Letztlich war es wohl erst J. S. Bach, der dem Schwanken zwischen den beiden Haltungen innerhalb des Pr.s ein Ende machte, indem er ab etwa 1721 das Prinzip der freien Entfaltung nunmehr dem Pr. vorbehielt und durch die betonte Gegenüberstellung von Pr. und Fuge fest verankerte. – Zu den Aufgaben des Pr.s gehört seit jeher die Kennzeichnung der Tonart des folgenden Stücks (→ Intonation – 1). So tragen bereits in Ileborghs Orgeltabulaturbuch (1448) die *preludia diversarum notarum* Überschriften vom Typus *Preambulum in* ... (folgt Tonusangabe) bzw. *Preambulum super* ... (folgt Angabe einer Tonfolge). Oft ergab sich die zusätzliche Aufgabe für Tasteninstrumentspieler, durch geeignete Tonoder Akkordfolgen das Einstimmen der mitwirkenden Instrumente zu ermöglichen und zugleich zu verdecken (Praetorius Synt. III, S. 151), die Aufmerksamkeit der Anwesenden auf das folgende Stück zu lenken oder es musikalisch vorzubereiten (Praetorius, ebenda; Mattheson Capellm., S. 472), zugleich aber auch das Instrument auszuprobieren und sich einzuspielen (BrossardD, Artikel Tastatura; Couperin, *L'art de toucher le clavecin*, 1716: ... à *dénouer les doigts; et souvent à èprouver des claviers* ...). In den Wort- und Begriffserklärungen wird das Pr. einerseits primär als improvisiertes, frei gestaltetes solistisches Vorspiel aufgefaßt (Mattheson Capellm., S. 478, als der *höchste practische Gipffel der Music* charakterisiert); andererseits ist es die Wortbedeutung als solche, die den Begriff des Pr.s bestimmt und daher alle Arten von Vorspielen umfaßt. So unterscheidet Praetorius (Synt. III, S. 21ff.) zwischen *Praeludiis vor sich selbst* (Fantasia und Capriccio, Fuga und Ricercar, Sinfonia, Sonata), *Praeludiis zum Tantze* (Intraden) und *Praeludiis zur Motetten oder Madrigalien* (Toccaten, Praeambula). In BrossardD werden, entsprechend der Praxis (vgl. Partituren von J.-B. Lully), nun auch Opernvorspiele Prélude genannt (Ouverture, Intrada, Introduktion, Ritornell).

Im Zusammenhang mit der Ausgestaltung der kirchlichen – alternatim-Praxis des späten Mittelalters wurde die Ton- oder Tonartenangabe auf der Orgel zunächst nach Art der in den Cantus- und Liedbearbeitungen handwerksmäßig geübten Kolorierungspraxis ausgeführt (die frühesten Beispiele sind in deutschen Quellen überliefert: A. Ileborgh, C. Paumann, Buxheimer Orgelbuch u. a.). Der durch Intavolierungen mehrstimmiger Vokalmusik geförderte Aufschwung des Klavier-, Orgel- und Lautenspiels trug im 16. Jh. zur Verbreitung des Pr.s nun auch in Italien, Frankreich, Spanien und England bei (die meisten einschlägigen Quellen aus den genannten Ländern enthalten Beispiele; → Orgelmusik, → Klaviermusik, → Lautentabulatur). Zwei grundlegende Gestaltungsprinzipien beginnen sich erstmals abzuzeichnen: einerseits freies, improvisierendes Akkordspiel, vielfach verbunden mit Kolorierungen, Diminutionen, Passagen, andererseits Imitation und polyphone Stimmführung nach Art der Vokalmusik. Der uneinheitliche Gebrauch der Überschriften (→ Praeambulum, → Ricercar, Tastar de corde, → Fantasie, → Tiento, Tañer, → Fuga, → Capriccio, → Toccata, Intonazione, → Intrada, Introitus, aber auch seltene wie → Anabole, → Prooemium u. a.) legt die Vermutung nahe, daß im 16. Jh. *mit den Satzüberschriften bestimmte Formen der Instrumentalstücke nicht gemeint sein konnten und daß sie für ein terminologisches Ordnungssystem nicht oder nur bedingt in Frage kommen* (Eggebrecht). Überdies dienten einige dieser Termini auch zur Bezeichnung von Nachspielen (Ricercar, Fantasia, Toccata u. a.). An der Wende zum 17. Jh. erreichte das Pr. bei A. und G. Gabrieli, Merulo, Sweelinck, Frescobaldi kompositorisch eine höhere Stufe. Hier begann jene Konzentration auf einprägsame Wendungen und charakteristische Spielfiguren, die allmählich zur Selbständigkeit der instrumentalen Themenbildung, zur Einheitlichkeit in der Gestaltung von Abschnitten und dabei zugleich zur inneren Gliederung des Ablaufs führte. Außer den meist kürzeren einteiligen Praeludien gab es nun auch längere mehrteilige Stücke, vorzugsweise als → Toccata (z. B. freier Einleitungs-, fugierter Mittel- und freier Schlußteil). Auf Frankreich beschränkt blieb ein ohne Notenwerte aufgezeichneter, rhythmisch frei vorzutragender Typ des Prélude (L. Couperin, d'Anglebert u. a.). Dagegen fand der französische Stile brisé (Akkordbrechungen mit liegenbleibenden Tönen und scheinpolyphoner Fortschreitung) über Froberger in Deutschland allgemeine Verbreitung. Seit der Mitte des 17. Jh. wurden den → Suiten häufig freie Einleitungssätze vorangestellt, die zuweilen als Pr. bezeichnet sind. Die in Fr. Couperins *Ordres* nicht aufgenommenen Einleitungsstücke hatte der Spieler zu improvisieren (Ersatzstücke in Couperins *L'art de toucher*). Bei J. S. Bach treten Pr. (Toccata, Fantasia) und Fuge einander selbständig und ebenbürtig gegenüber, erstmals zu einem festen Paar verbunden. Gleichwohl bleibt die seit W. → Werker diskutierte Frage ihres inneren Zusammenhangs strittig. Die von Spitta ausgehende Rückübertragung des Begriffspaares auf Werke älterer Meister (Buxtehude, Böhm u. a.) ist heute nicht mehr haltbar. Nur ein kleiner Teil der Bachschen Praeludien für Orgel, Klavier, Violine, Violoncello u. a. läßt sich formal klassifizieren: außer verschiedenen Toccatatypen gibt es z. B. den Klangflächen- (vgl. Hermelink), Arpeggien- (auch bei Händel zu finden), Inventionen-, Sonatensatz- (besonders in späten Klavierwerken), Concerto grosso- und Ouvertüre-Typ. Große Orgelpraeludien konnten in Leipzig nur am Anfang und Ende des Gottesdienstes, allenfalls auch bei der Sonnabendmotette der Thomaner erklingen (in Lübeck gab es → Abendmusiken, in Holland schon früher von Organisten bestrittene Andachtsmusiken). Eine Sonderentwicklung nahm das Choralvorspiel (→ Choralbearbeitung – 2). – Nach Bachs Tod trat das Pr. als fester Bestandteil der Musik für Tasteninstrumente allmählich in den Hintergrund. Bachs Vorbild jedoch wirkte weiter u. a. bei Clementi, Mozart, Beethoven, Mendelssohn Bartholdy, Schumann, Brahms, C. Franck, Reger, Fauré, Hindemith und Schostakowitsch. Hervorgehoben seien Chopins 24 *Préludes* (op. 28), die zu seinen bedeutendsten Werken gehören und musikalisch wohl als Zyklus von Charakterstücken aufzufassen sind (ihm folgten u. a. Debussy, Skrjabin, Rachmaninow). Der Titel von Liszts symphonischer Dichtung *Les Préludes* erklärt sich aus einem Gedicht von A. Lamartine. Schönbergs *Prelude* op. 44 ist für gemischten Chor, Strawinskys *Prelude* für eine Tanzband geschrieben.

Lit.: G. RIETSCHEL, Die Aufgabe d. Org. im Gottesdienst bis in d. 18. Jh., Lpz. 1893; R. STEGLICH, Das c-moll-Pr. aus d. I. Teil d. Wohltemperierten Kl., Bach-Jb. XX, 1923; L. SCHRADE, Die hs. Überlieferung d. ältesten Instrumentalmusik, Lahr 1931; FR. DIETRICH, Analogieformen in Bachs Tokkaten u. Präludien f. d. Org., Bach-Jb. XXVIII, 1931; A. EINSTEIN, Mozart's Four String Trio Préludes to Fugues of Bach, The Mus. Times LXXVII, 1936; S. HERMELINK, Das Pr. in Bachs Klaviermusik, Diss. Heidelberg 1945, maschr.; DERS., Bemerkungen zum ersten Pr. aus Bachs Wohltemperiertem Kl., Fs. J. M. Müller-Blattau, = Saarbrücker Studien zur Mw. I, Kassel 1966; J. M. CHOMIŃSKI, Preludia, = Analizy i objaśnienia »Dzieł Wszystkich« Fr. Chopina IX, Krakau 1950; W. GERSTENBERG, Zur Verbindung v. Pr. u. Fuge bei J. S. Bach, Kgr.-Ber. Lüneburg 1950; H. H. EGGEBRECHT, Studien zur mus. Terminologie, = Akad. d. Wiss. u. d. Lit. Mainz, Abh. d. geistesu. sozialwiss. Klasse, Jg. 1955, Nr 10; W. APEL, Der Anfang d. Pr. in Deutschland u. Polen, Kgr.-Ber. Warschau 1960; TH. GÖLLNER, Formen früher Mehrstimmigkeit in deutschen Hss. d. späten MA, = Münchner Veröff. zur Mg. VI, Tutzing 1961; H. KELLER, Das Wohltemperierte Kl. v. J. S. Bach, Kassel 1965. FZA

Prästant (ital. prestante; frz. préstant) → Prinzipal.

Prag.
Lit.: O. TEUBER, Gesch. d. Pr.er deutschen Theaters, 3 Bde, Pr. 1883–87; R. v. PROCHÁZKA, Mozart in Pr., Pr. 1892, ²1899, ³1900, hrsg. v. P. Nettl als: Mozart in Böhmen, ⁴1938, ⁵1955, tschechisch als: Mozart v Čechách, 1939; DERS., Das romantische Musik-Pr., Saaz 1914; R. BATKA, Gesch. d. Musik in Böhmen I, Pr. 1906; P. NETTL, Die erste komische Oper in Pr., in: Der Auftakt II, 1922; DERS., Zur Gesch. d. Konzertwesens in Pr., ZfMw V, 1922/23; DERS., Pr. im Studentenlied, = Schriftenreihe d. Sudetendeutschen VI, München 1964; E. STEINHARD, Zur Gesch. d. Pr.er Oper 1885–1923, Pr.er Theaterbuch 1924; R. PERLIK, K dějinám hudby a zpěvu na Strahově (»Zur Gesch. d. Musik u. d. Gesanges im Kloster Strahov«), Pr. 1925; O. KAMPER, Hudební Praha v XVIII. věku (»Das mus. Pr. im 18. Jh.«), Pr. 1935; ZD. NEJEDLÝ, Opera Národního divadla do roku 1900 (»Die Oper d. Nationaltheaters bis zum Jahre 1900«), Pr. 1935; DERS., Opera Národního divadla od roku 1900 do převratu (»Die Oper ... bis zum Umsturz«), Pr. 1936; G. PIETZSCH, Zur Pflege d. Musik an d. deutschen Univ. bis zur Mitte d. 16. Jh. I: Die Univ. Pr. u. ihre Vorbilder, = Mitt. d. Ver. f. Gesch. d. Deutschen in Böhmen LXXIII, Pr. 1935 u. AfMf I, 1936; L. NOVÁK, Opera a balet staré gardy Národního divadla (»Oper u. Ballett d. alten Garde d. Nationaltheaters«), Pr. 1938; R. ROSENHEIM, Die Gesch. d. deutschen Bühnen in Pr. 1883–1918. Mit einem Rückblick 1783–1883, Pr. 1938; VL. NĚMEC, Pražské varhany (»Pr.er Org.«), Pr. 1944; R. QUOIKA, Die Org. d. Pr.er Teinkirche, Mainz 1948; DERS., Die Pr.er Kaiserorg., KmJb XXXVI, 1952; DERS., Das Pr.er Provinzialkonzil 1860 u. d. Kirchenmusik, KmJb XXXVII, 1954; DERS., Zur Gesch. d. Musikkapelle d. St. Veitsdomes in Pr. (1619–1860), KmJb XLV, 1961; DERS., Die Pr.er Orgelschule, KmJb XLVI, 1962; L. ŠÍP, Mozart in Pr., Pr. 1956; T. VOLEK, Hudebníci Staného a Nového města pražského v roce 1770 (»Die Musiker d. Pr.er Altstadt u. Neustadt im Jahre 1770«), Miscellanea musicologica I, 1956; A. BUCHNER, Mozart a Praha, Pr. 1957, deutsch als: Mozart u. Pr., Pr. 1957; Patnáct Pražských jar 1946–60 (»15mal Pr.er Frühling«), Pr. 1961; Stopadesát let Pražské konservatoře (»150. Jahrestag d. Pr.er Konservatoriums«), hrsg. v. V. HOLZKNECHT, Pr. 1961; VL. MÜLLER, Vyprávění o Národním divadle (»Geschichten um d. Nationaltheater«), Pr. 1963.

Pralltriller → Triller; in neuerer Zeit häufig verwechselt mit dem → Mordent oder mit dem Schneller.

Preces (lat., Bitten), im heutigen → Offizium der katholischen Kirche eine aus Kyrie eleison, Pater noster und mehreren Versikeln bestehende Art Litanei vor der Schlußoration von → Laudes und → Vesper an Tagen mit Bußcharakter. Der gesungene Vortrag erfolgt im Versikelton (mit Tenor c und Terzfall am Schluß).
Lit.: B. FISCHER, Litania ad Laudes et Vesperas, Liturgisches Jb. I, 1951.

Preise und Wettbewerbe (frz. prix, concours; engl. prices, competitions). Pr. werden als Stipendien (Förderungs-Pr. für Studien oder Studienreisen), als Ehrengaben oder als Prämien für Leistungen in W.n vergeben und in der Regel aus den Zinserträgen von Stiftungen finanziert. Die W. sind für Amateure oder für (meist angehende) Berufsmusiker bestimmt; die Teilnahme ist an Zulassungsbedingungen (Alter, Staatsangehörigkeit, Studienort, -richtung, -dauer) gebunden. Ein Ausschuß von Sachverständigen (Kuratorium, Jury) entscheidet über die Vergabe der ausgeschriebenen Pr. – Im 19. Jh. entstanden viele bedeutende Stiftungen, aus deren Fonds regelmäßig Studienstipendien verliehen oder Unterstützungsbeiträge an minderbemittelte begabte Studierende gezahlt wurden. Die *Mozartstiftung* (Frankfurt am Main) wurde aus Überschüssen des 1838 vom Frankfurter Liederkranz veranstalteten Musikfestes gegründet. Die Zinsen ihres Fonds wurden jeweils für 4 Jahre an minderbemittelte junge Komponisten vergeben (seit 1921 als Freistelle am Hoch'schen Konservatorium mit jährlichem Geldzuschuß); Stipendiaten waren u. a. M. Bruch und E. Humperdinck. Gleichen oder ähnlichen Zwecken dienten die *Mendelssohn-Stiftung* (Leipzig), die *Zweite Michael Beersche-Stiftung* (Berlin), die aus Staatsgeldern finanzierten, durch Mittel einer Stiftung der Familie Mendelssohns ergänzten *Felix Mendelssohn-Bartholdy-Staats-Stipendien* der Berliner Hochschule für Musik, die *Joseph Joachim-Stiftung* (Charlottenburg), der *Beethoven-Preis* (Preußen), die *Beethoven-Stiftung* (Rheinland), die *Ludwig Theodor Gouvy-Stiftung* (Berlin), die *Felix v. Rath-Stiftung* (München), die *Rheinbergerstiftung* (München), die *Stiftung der Stadt Charlottenburg*, die *Carl-Haase-Stiftung* (Berlin), die *Sängerbund-Stiftung* (Nürnberg), *Stipendienfonds und Freiplatz-Stiftung* (München), die *Richard-Wagner-Stipendien-Stiftung*, die *Hugo-Riemann-Stiftung* (Leipzig). Der (1912 gestiftete) *Gustav-Mahler-Preis* wurde 1913 an Schönberg verliehen (Kuratorium: R. Strauss, F. Busoni, Br. Walter). – Die 1887 durch die Fürstin Hohenlohe-Schillingsfürst gegründete *Franz Liszt-Stiftung* verlieh Pr. als reine Ehrengaben an bereits anerkannte junge Komponisten und Klaviervirtuosen; auch die *Beethoven-Stiftung*, 1871 zur Erinnerung an die Beethoven-Säkularfeier gegründet und vom Allgemeinen Deutschen Musik-Verein Berlin verwaltet, verlieh Ehrengaben an anerkannte Musiker. Der »Preis der Stadt Paris« (seit 1877) ist als Ehrengabe für eine Symphonie mit Chor oder für eine Oper bestimmt (verliehen 1887 an V. d'Indy für sein Chorwerk *Le chant de la cloche*). – Eine Stiftung, deren Pr. nach dem Vorbild des Grand Prix de Rome für die beste Leistung innerhalb von W.n verliehen wurden, war die *Meyerbeer-Stiftung* (testamentarisches Legat von 30000 Reichsmark, Nebenfonds 38000 Reichsmark), deren Zinsen alle 2 Jahre für einen Studienaufenthalt von 6 Monaten in Italien, Paris oder Wien–München–Dresden vergeben wurden. Die Bewerbung erfolgte durch die Komposition einer achtstimmigen, doppelchörigen Vokalfuge, deren Text und Thema gestellt wurden, einer Ouvertüre für großes Orchester und einer dreistimmigen dramatischen Kantate mit Orchester über gegebenem Text. Weitere Pr., die innerhalb eines Wettbewerbs verliehen wurden, waren der *Beethoven-Preis* (Wien), der *Rubinstein-Preis* (Petersburg), der *Paderewski-Preis* (Boston), der *Kompositionspreis der k. k. Gesellschaft der Musikfreunde Wien*. – Eine bedeutende Institution ist der *Grand Prix de Rome*, der als großer französischer Staatspreis seit 1803 von der Académie des Beaux Arts jährlich (ebenso wie für Architektur, junge Bildhauer, Maler und Dichter) für Schüler der Kompositionsklassen des Pariser Conservatoire ausgeschrieben wurde und heute im Auftrag des Institut de France verliehen wird. Der 1. Preis (ursprünglich für die Komposition einer Kantate, heute für eine einaktige Oper – das Libretto wird ebenfalls prämiiert) besteht in einem 4jährigen Studienaufenthalt in der Villa Medici in Rom, der 2. Preis ist eine Goldmedaille. Der Aufenthalt in Rom ist für den Preisträger obligatorisch. Zum Nachweis der dortigen künstlerischen Betätigung müssen mehrere »envois« (in Rom geschriebene Kompositionen) nach Paris gesandt und von der zuständigen Institution gebilligt werden. Namhafte Preisträger waren: Hérold (1812), Berlioz (1830), A. Thomas (1832), Gounod (1839), Bizet (1857), Massenet (1863), Debussy (1884), G. Charpentier (1887), Florent Schmitt (1900), P. Paray (1911), M. Dupré (1914), Ibert (1919), Dutilleux (1938). Die Gesamtliste der Preisträger (vgl. Grove, Artikel Prix de Rome) zeigt die Problematik der Kompositions-Pr.: viele Namen sind ganz unbekannt geblieben; bedeutende Komponisten fehlen (z. B. Saint-Saëns, d'Indy, Fauré, C. Franck), die sich nicht bewarben, weil sie nicht Studierende des Pariser Konservatoriums waren (das fast ausschließlich für die Pariser Oper ausbildete), oder deren Kompositionen nicht dem jeweiligen Zeitgeschmack entsprachen; so kamen z. B. Ravel und Dukas nie über den 2. Preis hinaus. – Die deutschen Pr. wurden durch die Inflation (1919–23) entwertet. Erst nach 1948 wurden wieder Stiftungen gegründet und W. veranstaltet. Von zahlreichen Pr. n u. W. n (teilweise für sehr spezielle Bereiche der Musik, z. B. für die Komposition einer Fernsehoper im Stil einer Kammeroper, Opernpreis Salzburg), die in Deutschland und im Ausland besonders in den letzten Jahrzehnten entstanden, werden hier nur die bedeutendsten (nach Ländern und in der Reihenfolge ihrer Entstehung) aufgezählt. Die Höhe der Pr. bezieht sich auf den Stand der Jahre 1965/66 (Angabe in der Landeswährung). Die mit * gekennzeichneten W. gehören der Fédération des concours internationaux de musique an (Sitz: Konservatorium der Stadt Genf, Präsident: H. Gagnebin).

DEUTSCHLAND: Wettbewerb junger Solisten, Hessischer Rundfunk, seit 1947 jährlich, Kl., V., Vc., Gesang, seit 1949 auch Fl. u. Ob.; d. Preis besteht im Vortrag innerhalb einer honorierten Sendung. – Berliner Kunstpreis, seit 1948 jährlich, »dient d. Anerkennung einer hervorragenden künstlerischen Einzelleistung oder eines bedeutenden künstlerischen Lebenswerkes«; Einzelpreis Musik DM 10000 (daneben Pr. f. andere Künste); Preisträger f. Musik 1965 E. Grümmer. – Bach-Preis, 1950 v. Senat u. d. Bürgerschaft d. Freien u. Hansestadt Hbg gestiftet; »als Preisträger kommen deutsche Komponisten in Frage, deren Werke als Schöpfungen echter Kunst einer Verbindung mit d. Namen Johann Sebastian Bachs würdig sind«; DM 20000, davon DM 15000 f. d. Preisträger, DM 5000 f. Stipendien an Nachwuchskräfte; 1951 Hindemith, 1960 Fortner, 1966 Křenek. – Hansischer Goethe-Preis, Hbg 1950 v. Freiherr v. Stein gestiftet, anfangs jährlich, seit 1959 alle 2 Jahre f. internationale humanitäre Leistungen, DM 25000; 1961 Britten. – *Internationaler Musikwettbewerb d. Rundfunkanstalten Deutschlands, jährlich seit 1952 in München, Gesang, Kl., Org., Streich- u. Blasinstr., DM 5000, DM 3000, DM 2000 (f. Gesang u. Einzelinstr.); Gewinner erster Pr. erhalten d. Zusicherung, innerhalb eines Jahres v. mindestens 3 Rundfunkanstalten zu Konzerten oder Bandaufnahmen eingeladen zu werden. – Kranichsteiner Musikpreis, Darmstadt, seit 1952, 1966 zum 21. Mal, Gesangs- u. Instrumentalinterpretation zeitgenössischer Musik, DM 1000 u. Stipendium f. d. nächstjährigen Ferienkurse d. Kranichsteiner Musiktage. – Großer Kunstpreis d. Landes Nordrhein-Westfalen, 1953 v. d. Landesregierung gestiftet, jährlich 5 Einzelpr. f. Malerei, Bildhauerei, Baukunst, Musik, Lit., je DM 25000 f. ein künstlerisches Werk, d. als wesentlicher Beitr. zur deutschen Kultur zu bewerten ist. – Ludwig Spohr-Preis, Braunschweig, seit 1953 alle 3 Jahre, Komposition, DM 5000; 1964 Dallapiccola. – Lit.- u. Musikpreis d. Stadt Köln, 1954 v. d. Stadt gestiftet, nur bei besonderen Anlässen f. überragende Leistungen auf literarischem oder mus. Gebiet, je DM 10000. – Musikpreis d. Philharmonischen Ges. Bremen, 1955 gestiftet, alle 3 Jahre, DM 5000; erstmalig 1956 an Orff; statt eines Preises kann auch ein Kompositionsauftrag vergeben werden. – Beethovenpreis d. Stadt Bonn, 1959 v. d. Stadt gestiftet, alle 2 Jahre in d. Regel zu d. Beethovenfesten »für ein neu geschaffenes Musikwerk«, DM 5000.

BELGIEN: *Concours musical international Reine Elisabeth de Belgique, Brüssel, erstmalig 1951, jährlich wechselnd f. Kl., V., Komposition; Gesamtsumme d. 12 Pr. 925000 bfrs, 1. Preis (200000 bfrs; Goldmedaille): »Grand Prix international de Reine ...«; f. Komposition keine Altersgrenze, sonst 17–30 Jahre. – *Concours international de quatuor, Lüttich, 1966 zum 6. Mal, wechselnd f. Komposition, Interpretation, Instrumentenbau, Gesamtsumme d. Pr. 100000 bfrs. – *Concours international de chant de Belgique, Brüssel, 1962 gegr., Veranstalter »Les amis de Mozart«, Lied, Oratorium, Oper; Gesamtsumme d. Pr. 100000 bfrs, Mozartpreis f. d. besten Mozartgesang 50000 bfrs; Altersgrenzen 20–35 Jahre.

FRANKREICH: *Concours international de jeunes chefs d'orch., Besançon, 1965 zum 15. Mal, f. Nichtprofessionelle Prix Emile Vuillermoz 2000 NF, f. Professionelle 2000 NF, weitere Geldpr.; Altersgrenze 30 Jahre. – *Concours international de chant, Toulouse, 1965 zum 12. Mal, 5000 NF u. 2000 NF, Medaillen, Altersgrenzen 18–33 Jahre. – *Concours international de piano et violon Marguerite Long – Jacques Thibaud, Paris, seit 1943, unter d. Protektorat d. Präsidenten d. frz. Republik; f. beide Fächer Pr. zwischen 1000 u. 10000 NF; Altersgrenzen 15–32 Jahre.

HOLLAND: *»Internationaler Gesangswettbewerb«, 's-Hertogenbosch, seit 1953 jährlich, Lied, Oratorium, Oper, Geldpr., Konzert- u. Rundfunkengagements, Stipendien; Altersgrenze 33 Jahre.

ITALIEN: *Concorso internazionale di piano »Ferruccio Busoni«, Bozen, jährlich seit 1949, seit 1954 auch f. Komposition, Premio Busoni 500000 L., weitere Geldpr. u. Konzertengagements; Altersgrenzen 15–32 Jahre. – *Concorso internazionale di violino »Nicolo Paganini«, Genua, 1964 zum 11. Mal, 2000000 L., Spiel auf d. Geige Paganinis beim Schlußkonzert, weitere Geldpr. u. Verdiensturkunden; Altersgrenze 35 Jahre. – *Concorso internazionale di musica e di ballo »G. B. Viotti«, Vercelli, 1965 zum 16. Mal, wechselnd f. Gesang, Kl., Komposition; Gesamtsumme d. Pr. 5000000 L.; Altersgrenze 32 Jahre außer f. Komposition. – Concorso internazionale di composizione, Triest, 1965 zum 12. Mal; Premio Città di Trieste 2000000 L. u. Aufführung d. Werkes, 2. Preis 750000 L. und Aufführung d. Werkes, 3. Preis Aufführung d. Werkes. – *Concorso internazionale di direzione d'orch. dell'accad. nazionale di Santa Cecilia, Rom, 1965 zum 4. Mal; 2000000 L. u. ein Engagement, weitere Geldpr.; Altersgrenze 40 Jahre.

ÖSTERREICH: *Internationaler Musikwettbewerb Wien, vor d. 2. Weltkrieg gegr., 1959 als internationaler Haydn-Schubert-Wettbewerb wiederaufgenommen, 1960 Gesangswettbewerb aus Anlaß d. 150. Geburtstages R. Schumanns u. d. 100. Geburtstages H. Wolfs, 1961 Klavierwerk Beethovens, 1963 Vokalwerk Mozarts, 1965 Klavierwerk Beethovens; Gesamtsumme d. Pr. 65000 S.

POLEN: *»Internationaler Wieniawski-Violinwettbewerb«, erstmalig Warschau 1935, seit 1952 alle 5 Jahre in Posen; Altersgrenze f. V. 30 Jahre; Gesamtsumme d. 6 Pr. 140000 Zł.; seit 1957 auch f. Komposition (10000 Zł.) u. Geigenbau (70000 Zł.). – *»Internationaler Fr.-Chopin-Klavierwettbewerb«, Warschau, erstmalig 1927, seit 1955 alle 5 Jahre; Altersgrenze 30 Jahre; Gesamtsumme d. 6 Pr. 140000 Zł.

RUMÄNIEN: *»Internationaler Wettbewerb Georges Enescu«, Bukarest, erstmalig 1958, 1967 zum 4. Mal; Kl., V., Gesang, je Fach 25000 l. u. Goldmedaille, weitere Geldpr., Medaillen, Diplome; Altersgrenze 33 Jahre.

SCHWEIZ: *Concours international d'exécution mus., Genf, 1938 gegr., erstmalig 1939, während d. Krieges auf nationaler Basis, seit 1964 wieder international, wechselnd f. Gesang, Kl., V., Vc., Streichquartett, Fl., Ob., Klar., Fag., Horn, Pos., Gitarre; Gesamtsumme d. Pr. 41500 sfrs; Altersgrenzen 15–30 Jahre. – *Prix de composition mus. Reine Marie José, Merlinge-Genf, seit 1960 alle 2 Jahre; 10000 sfrs; Altersgrenze 50 Jahre. – *Concours international de musique de ballet, Genf, seit 1962/63 alle 2 Jahre, organisiert v. d. Stadt Genf u. d. Direction des émissions mus. de la Radio Suisse Romande; 10000 sfrs (1. Pr.; 2. u. 3. Pr. möglich).

SPANIEN: *Concorso internacional Maria Canals, Barcelona, 1967 zum 13. Mal; Kl. (15–32 Jahre), Gesang (18–32 Jahre), Violine (15–32 Jahre); je Fach 30000 Pta u. Konzertengagements, weitere Geldpr., Medaillen, Diplome, Spezialpr.

TSCHECHOSLOWAKEI: *»Internationaler Musikwettbewerb d. Prager Frühlings«, Prag, 1963 zum 16. Mal; wechselnd f. Kl. u. V.; 3 Geldpr. zwischen 2000–10000 Kčs; Altersgrenzen 18–30 Jahre.

UdSSR: Konkurs imeni P. I. Tschaikowskowo (»Tschaikowski-Wettbewerb«), Moskau, 1956 gegr., erstmalig 1958, alle 4 Jahre; 1958 f. V. u. Kl., 1962 f. V., Kl., Vc., 1966 f. V., Kl., Vc., Gesang; Altersgrenze f. Instr. 16–30 Jahre, f. Gesang 20–33 Jahre; 8 Pr. u. 4 Diplome f. V., Kl. u. Vc.,

Prélude

6 Pr. u. 2 Diplome f. Gesang; 1. Preis 2500 Rbl u. Goldmedaille, 2. Preis 2000 Rbl u. Silbermedaille, 3. Preis 1500 Rbl u. Bronzemedaille; weitere Pr. v. 1200–500 Rbl.
UNGARN: *»Internationaler Musikwettbewerb Budapest«, 1965 zum 8. Mal, 1963 Kammermusikwettbewerb »in memoriam Leo Weiner« u. Vc.-Wettbewerb »Hommage à Pablo Casals«, 1965 Gesangswettbewerb u. Wettbewerb f. Blasinstr., 1966 Kl.-Wettbewerb »Liszt-Bartók«; 4 Geldpr. zwischen 10000–30000 Ft., Konzertengagements.
USA: »Georges Gershwin-Preis«, gestiftet v. d. Georges Gershwin-Gedenkstiftung, jährlich seit 1945 f. d. beste Komposition eines jungen amerikanischen Komponisten.–»Preis d. Philadelphia-Orch.«, Philadelphia, jährlich f. d. erfolgreichste Werk eines zeitgenössischen Komponisten u. f. d. am besten interpretierte Werk. – Johann Sebastian Bach International Competition, Washington, 1966 zum 6. Mal, Interpretation d. Kl.-Werks Bachs; 1. Preis $ 1000, 2. Preis $ 500, 3. Preis $ 250.

Prélude (prel'üd, frz.), s. v. w. → Praeludium; als Terminus darüber hinaus auch gebräuchlich als Bezeichnung für Ouvertüre, Introduktion, Ritornell in der älteren französischen Oper (z. B. J.-B. Lully) sowie für den durch Chopin geprägten Typus des vorspielartigen Charakterstücks.

Prepared piano (prip'ɛəd pi'ænou, engl.), ein Pianoforte, bei dem Gegenstände aus verschiedenem Material (Schrauben, Radiergummis, Eierlöffel, Holzstücke usw.) an bestimmten Stellen auf oder zwischen den Saiten angebracht sind. Der Klang des Pianofortes soll dadurch verfremdet und zugleich sollen neue Klangfarben gewonnen werden. Kompositionen mit Pr. p. führte → Cage seit der Mitte der 1930er Jahre in den USA, seit den 1950er Jahren auch in Europa vor. Er erweiterte die Klangmöglichkeiten des Klaviers zugleich durch direktes Angreifen der Saiten sowie durch Benutzung des Klaviergehäuses als Hohlidiophon. Während diese (in der → Klaviermusik schon früher angewendeten) Praktiken seit den 1950er Jahren von verschiedenen Komponisten aufgegriffen werden, blieb das Pr. p. ohne weitreichende Auswirkung.

près de la table (prɛ dla ta:bl, frz.; ital. presso la tavola), Anzupfart auf der Harfe nahe am Corpus, wodurch der Klang härter, metallischer wirkt, der Gitarre oder dem Banjo ähnlich.

Pressus, die → Neume (– 1) für einen wiederholten Ton. Er bedeutet eine neue Intonation (Anhauchen) dieses Tones. Der Pr. ist aus dem Spiritus oder Hauchzeichen der antiken → Prosodie (– 1) entstanden und hat Bogen- oder Hakenform. Die neue Intonation bedeutete eine kleine Trübung des Tones; so konnte das Pneuma Daseion als Zeichen für den Viertelton der Antike verwendet werden und lebte in der frühmittelalterlichen Musiklehre (u. a. in den Dasia-Zeichen) fort. Der Pr. wurde teils mit dem zu wiederholenden Ton zusammengeschrieben (wobei sich verschiedene Formen und Namen der Kombination ergaben), teils als Einzelzeichen (Oriscus) notiert. Doch schon im 11. Jh. verlor er in den meisten Choralhandschriften seine besondere Bedeutung und wurde durch den Punkt ersetzt. Der heutige Vortrag besteht in einer einfachen Tonverlängerung.

Presto (ital., schnell; frz. vite) ist neben Allegro und Adagio eine der frühesten Tempobezeichnungen (A. Banchieri, *La Battaglia*, 1611; M. Praetorius, *Polyhymnia caduceatrix*, 1619). Ein Unterschied zwischen Pr. und Allegro bestand im 17. Jh. noch nicht oder nur in schwachen Ansätzen; A. Corelli schreibt bei manchen Allemanden Pr., bei anderen Allegro vor, ohne daß im rhythmischen Charakter der Sätze eine Differenz erkennbar wäre. Erst im 18. Jh. setzte sich die Regel durch, daß Pr. ein schnelles und Allegro ein zwar heiter bewegtes, aber nicht hastiges Zeitmaß sei (BrossardD; J.-J. Rousseau, *Dictionnaire de musique*, Genf 1767[?], Paris 1768). Wenn J. S. Bach, Vivaldi und Händel Allegro ma non pr. vorschreiben, setzen sie voraus, daß ein Pr. rascher als ein Allegro ist. Die Bezeichnung Pr. ist im 18. Jh. oft mit dem Allabrevetakt (¢) verbunden; doch ist nicht die Schlagzeit (♩), sondern die Viertelnote eines Pr.s schneller als die Schlagzeit (♩) eines Allegros. Ein zweiter Typus des Pr.s ist die Contredanse im 2/4-Takt, deren Charakter und Tempo sich auch in den Schlußsätzen mancher Symphonien ausprägen (Mozart, K.-V. 425 und 504; Haydn, Hob. I, 85 und 92). – Pr. assai und Molto pr. bedeuten sehr schnell, Pr. ma non tanto und Pr. ma non troppo nicht zu schnell. Der Superlativ Prestissimo ist seit dem 17. Jh. nachweisbar (J. Vierdanck 1637; H. Schütz, Johannespassion, 1665). Im 19. Jh. wird er im allgemeinen bei Schlußsteigerungen schneller Sätze (Beethoven, 9. Symphonie), seltener als Überschrift eines Satzes verwendet (Beethoven, op. 104).

Priamel (aus Praeambel), gleichbedeutend mit → Praeambulum, in musikalischer Bedeutung erstmals 1482 belegt (*macht ein harfer ein pr. oder vorlouf, daz er die luit im uff zu merken beweg*, zitiert nach Grimm, *Deutsches Wörterbuch*), später vereinzelt als Überschrift von einleitenden Stücken in frühen deutschen Lautentabulaturen (z. B. H. Judenkünig 1523).

Prim (lat. hora prima), nach dem traditionellen Aufbau des → Offiziums der römischen Kirche die erste der kleinen Horen, heute nicht mehr allgemein verpflichtend vorgeschrieben (Liturgiekonstitution des 2. → Vatikanischen Konzils, Artikel 89d, ferner Artikel 78 und 84 der Instructio vom 26. 9. 1964). Sie besteht aus 2 Teilen, deren erster in seiner Gliederung den übrigen Horae minores (→ Terz, Sext, Non; mit Hymnus *Iam lucis orto sidere*) entspricht, während der zweite (das »Officium capituli«) folgende Stücke umfaßt: a) Lesung aus dem Martyrologium mit Versikel *Pretiosa in conspectu* und Oration *Sancta Maria et omnes Sancti*; b) *Deus in adiutorium meum intende* (dreimal), gefolgt von *Kyrie eleison, Pater noster*, Versikel *Respice in servos* (mit Gloria patri) und Oration *Dirigere et sanctificare*; c) die Absolutio capituli: *Jube domne benedicere*, darauf Benediktion *Dies et actus*, Lectio brevis, Versikel *Adiutorium* und *Benedicite* sowie Benediktion *Dominus nos benedicat*.

Primadonna (ital., s. v. w. Erste Sängerin), seit dem 17. Jh. im italienischen Opernstheater Bezeichnung für die Sängerin, der die größte Partie zukommt. Seit Beginn des 18. Jh. liebte die italienische Oper die Gegenüberstellung von zwei Prime donne; die bedeutendere Sängerin wurde dann Pr. assoluta (e sola) genannt gegenüber der Seconda donna oder Pr. altra. Mit der Entwicklung und Verbreitung virtuoser Gesangskunst wurde die Bezeichnung Pr. immer mehr für eine erfolggewohnte Sängerin extravaganten Charakters angewandt. Oft hat diese auch schöpferischen Einfluß auf die Oper und die Komponisten genommen, wie z. B. Giuditta → Pasta auf Bellini. Zu den berühmtesten Primadonnen zählen u. a.: Francesca → Cuzzoni, Faustina → Hasse-Bordoni, Gertrud Elisabeth → Mara, Wilhelmine → Schröder-Devrient, Jenny → Lind, Adelina → Patti, heute z. B. Maria Callas (→ Meneghini Callas). Seit dem Ende des 18. Jh. ist die Bezeichnung Pr. synonym mit Diva (ital., s. v. w. »göttliche Sängerin«). Den Typus der Operettendiva vertrat zuerst Hortense Schneider (ca. 1830–1920), die 1855 in Offenbachs *Le Violoneux* debütierte.

Lit.: H. S. EDWARDS, The Prima Donna ..., 2 Bde, London 1888; A. EHRLICH, Berühmte Sängerinnen d. Vergangenheit u. Gegenwart, Lpz. 1896; H. CH. LAHEE, Famous Singers, Boston 1898, ²1936; A. KOHUT, Die Gesangsköniginnen in d. letzten 3 Jh., Bln 1906; A. WEISSMANN, Die Pr., Bln 1920; G. MONALDI, Cantanti celebri: 1829–1929, Rom 1929; M. HÖGG, Die Gesangskunst d. F. Hasse u. d. Sängerinnenwesen ihrer Zeit in Deutschland, Diss. Bln 1931; A. LANCELOTTI, Le voci d'oro, Rom ³1953; H. ULRICH, Famous Woman Singers, NY 1953; H. KÜHNER, Große Sängerinnen d. Klassik u. Romantik, Stuttgart (1954); K. HONOLKA, Die großen Primadonnen, Stuttgart 1960; FR. HERZFELD, Magie d. Stimme, Bln, Ffm. u. Wien (1961); A. NATAN, Pr., Basel u. Stuttgart (1962).

Prima pratica (ital., erste Kompositionsart), eine Bezeichnung, die zuerst in der von G. C. Monteverdi verfaßten Vorrede zu Cl. Monteverdis *Scherzi musicali* (1607) verwendet wird für den in den *Istitutioni harmoniche* G. Zarlinos (1558) kodifizierten strengen Kontrapunkt, den »alten Stil« (im Gegensatz zur → Seconda pratica). Als Komponisten der Pr. pr. werden genannt: Ockeghem, Josquin, de la Rue, Mouton, Crecquillon, Gombert, Clemens non Papa und Willaert.

prima vista, a prima vista (ital., auf den ersten Blick; engl. sight reading), eine Komposition ohne vorangegangenes Üben oder Proben »vom Blatt« spielen oder singen.

Prime (lat. prima, erste), die 1. Stufe einer diatonischen Folge. Die aus der Kontrapunktlehre des 14./15. Jh. stammende Bezeichnung galt ursprünglich nur für das Zusammentreffen zweier Stimmen im gleichen Ton. Während sonst ein → Intervall auch eine diastematische Differenz bedeutet, kennzeichnet gerade das Fehlen einer solchen die Pr. (1:1). Das Melodieintervall Pr. ist als Tonwiederholung, das Simultanintervall Pr. als Einklang zu beschreiben. Ob der Einklang (→ Unisono) zu den Intervallen gehört, ist daher in der älteren Musiktheorie strittig. Gleichwohl sind Pr. und Unisonus nicht identisch, da die neuere Intervallehre chromatische Töne als Veränderungen eines diatonischen Stammtons benennt. So gibt es neben der reinen Pr. auch die übermäßige (chromatischer → Halbton) und die doppelt übermäßige Pr. Das Fortschreiten zweier oder mehrerer Stimmen in reinen Pr.n oder Oktaven wird Unisono genannt.

Primicęrius (lat. primus in cera, der erste auf der Wachstafel, dem Verzeichnis), ursprünglich der erste Sänger und der Leiter der römischen → Schola cantorum, zur Unterscheidung von anderen als Pr. betitelten Klerikern auch Prior scholae oder Magister capellae genannt. Wohl spätestens im 14. Jh. wurden nur noch der Titel und die daran gebundenen Benefizien eines Pr. verliehen, während die Chorleitung der Magister capellae innehatte. Um 1400 kam die Bezeichnung Pr. außer Gebrauch.

primo (ital.), Abk.: I^mo, der erste; tempo I^mo, das erste Tempo; bei Klavierstücken zu 4 Händen ist pr. der Spieler des Diskantparts. – Prima volta (I^ma, `1.`) ist bei Wiederholung eines Teils der Komposition die Stelle, die zum Anfang des Teils zurückleitet und nach der Wiederholung ersetzt wird durch eine entsprechende, mit seconda volta (II^da, `2.`) bezeichnete Stelle, die zum 2. Teil (seconda parte) überleitet. Wird ohne Wiederholung zum nächsten Teil übergegangen, muß die mit I^ma bezeichnete Stelle übersprungen werden.

Primo uomo (ital.) ist im italienischen Opernwesen des 17. und 18. Jh. die Bezeichnung für den ersten Sänger einer Bühne (Tenor oder Kastrat). → Primadonna.

principale (printʃip'a:le, ital., Abk.: princ., pr., führend, vorherrschend), Zusatz zur Kennzeichnung einer oder der solistisch hervortretenden (konzertierenden) Instrumentalstimme (z. B. Violino pr.) als Hauptpartie in Orchesterwerken, oft synonym verwendet mit → Solo und → Obligato (–2). Pr. ist auch der ital. Ausdruck für → Prinzipal.

Prinzipal (engl. open diapason; frz. montre, von en montre, im Prospekt; ital. principale; span. flautado), die Hauptstimme der Orgel (vox principalis), eine offene → Labialpfeife von mittelweiter Mensur (im 8' auf C etwa 148–155,7 mm), zylindrischer Form und kräftiger Intonation. Das Pr. kommt in allen Fußlagen vor, im Pedal auch zu 32', im Manual bis zum 1' (in den Oktavlagen heißt es Oktave und Superoktave). Mensur und Intonation des Pr.s schwanken örtlich und geschichtlich: in alten Orgeln ist es oft flötenartig bei heller Klangfarbe, ohne übermäßige Lautstärke, da das Register bis in die Zeit G. Silbermanns ohne → Bärte gebaut wurde, während in Norddeutschland und den Niederlanden ein herberer Klang bevorzugt wurde. Die Pr.-Basis ist im → Hauptwerk 8', im → Rückpositiv 4', im → Brustwerk 2'. Große Orgeln mit Pr.-Basis zu 16' im Hauptwerk haben auch in den anderen Werken, mit Ausnahme des Brustwerkes, das Pr. 8'. Das Material des Pr.s ist zumeist hochprozentiges Zinn, auch Kupfer, wodurch der Prospekt überdies ein schönes Aussehen gewinnt. Die tiefsten Pfeifen des Pr.s (16' und 32' im Pedal) werden oft aus Holz gefertigt. – Pr. und Praestant (von lat. praestare, voranstehen) sind ursprünglich Bezeichnungen im Hinblick auf die Stellung der Pfeifenreihe (vorn, im Prospekt); später erhielten sie die Bedeutung von führender Stimme, Hauptstimme. Im französischen Orgelbau ist Préstant stets 4' (nach Bedos de Celles weist dieser Name auf die Mittellage, zwischen Höhe und Tiefe disponiert). – Das Pr. ist aus der Flöte hervorgegangen. Noch Schlick sagt 1511 *etlich nennen das Pr. koppeln oder fleytten.* Bei Praetorius (Synt. II) ist die Flötengruppe weiter mensuriert und dem enger gebauten Pr. gegenübergestellt. Er kennt Groß Subprincipal Baß 32', Groß Principal 16', Aequalprincipal 8', Klein Principal oder Octaven Principal 4' bis zu Superoctävlein 1'. → Disposition, → Organo pleno, → Register (–1).

Prinzipalblasen, Prinzipaltrompete → Trompete (–1).

Privatmusikerziehung, Einzelunterricht im Instrumentalspiel oder Gesang, der nicht an einer öffentlichen Musikunterrichtsstätte (Jugendmusikschule, Musikhochschule, Konservatorium), sondern in den Privaträumen des Lehrers oder Schülers stattfindet und privat honoriert wird. Für die → Musikerziehung musikalisch begabter Kinder ist der instrumentale Einzelunterricht besonders wertvoll, während das Singen leichter in Gemeinschaft erlernt wird (→ Schulmusik). – Bis ins 18. Jh. behielt der Instrumentalunterricht weithin den Charakter einer Handwerkslehre: die Schüler wohnten während der zunftmäßigen Lehrzeit beim Meister (→ Stadtpfeifer). Nur die Ausbildung der Organisten stand in engerer Verbindung zur Vokalmusik, zur Musiktheorie und Kompositionslehre. Einen vom Instrumentalunterricht unabhängigen Entwicklungsgang weisen bis heute die Gesangsmethoden auf (→ Stimmbildung). Ein grundlegender Wandel der instrumentalen Unterweisung bahnte sich im 18. Jh. an: der seit dem 16. Jh. ständig gewachsenen Bedeutung der Instrumentalmusik mußte auch die Ausbildung Rechnung tragen. Dieser Wandel fand seinen Niederschlag in der Art, dem Ansehen und der Verbreitung der Lehrbücher von C. Ph. E. Bach, Quantz, L. Mozart und Türk. Auch gab der an vornehme Musikdilettanten erteilte Unterricht den Anstoß zu einer neuen Einschätzung der Pr. Das 19. Jh. war die Blütezeit der Pr. sowie der → Hausmusik. Das Klavier rückte in den Mittelpunkt häuslicher Musikausübung; besonders für Mädchen wurde Klavierunterricht Teil der bürgerlich-standesgemäßen Ausbildung. Die Unterweisung in der Spieltechnik verselbständigte sich (→ Etüde), teilweise zuungunsten der allgemein-musikalischen Ausbildung. Der Stand des Privatmusikerziehers wuchs heran; schon 1834 wurde eine Kabinettsordre von König Friedrich Wilhelm III. von Preußen notwendig, die die Pr. unter staatliche Aufsicht stellte zum Schutz der Jugend vor Ausbeutung durch unfähige oder sittlich fragwürdige Personen. 1844 erfolgte die Gründung des Berliner Tonkünstlervereins, der sich 1903 mit anderen Verbänden zum Zentralverband Deutscher Tonkünstler zusammenschloß; die noch abseits stehenden Gruppen stießen 1922 hinzu bei der Gründung des Reichsverbandes Deutscher Tonkünstler und Musiklehrer. 1947 schlossen sich die neuerstandenen Landesverbände zum Verband Deutscher Tonkünstler und Musiklehrer zusammen (VDTM, Umbenennung 1964 in Verband Deutscher Musikerzieher und Konzertierender Künstler, VDMK). Seit 1945 herrscht in der Pr. wieder Gewerbefreiheit (nur in Südbaden wurde 1950 die Erteilung von Pr. ohne Zulassung verboten). Das Staatliche Privatmusiklehrerexamen, mit dem die Berufsausbildung an den Privatmusiklehrerseminaren der Konservatorien und Musikhochschulen abschließt, ist nur für eine Anstellung an öffentlichen Ausbildungsstätten unerläßlich. Die Ausübung des Berufs eines Privatmusikerziehers als einzige Einnahmequelle ist heute kaum noch möglich. Die öffentlichen Musikunterrichtsstätten, die eine umfassendere Ausbildung mit geringeren Kosten als die Pr. bieten, drängten die Pr. zurück. Der von Leo → Kestenberg erstrebte Ausleseprozeß hat dazu geführt, daß der Privatlehrer heute den Anschluß an eine Musikschule als wirtschaftlichen Hintergrund und für die Altersversorgung erstrebt und daß Pr. meist von fest angestellten (oder beamteten) Musikern und Musikpädagogen nebenher erteilt wird.

Lit.: P. BEKKER, Das deutsche Musikleben, Stuttgart u. Bln 1916; J. PETSCHULL, Die sociale Lage d. deutschen Musiklehrkräfte, Diss. Gießen 1924, maschr.; A. EBEL, Privatunterricht in d. Musik, Bln 1925; DERS., Pr., in: Hdb. d. Musikerziehung, hrsg. v. H. Fischer, Bln 1954; L. KESTENBERG, Der Privatunterricht in d. Musik (Amtliche Bestimmungen), Bln 1925, ⁵1932; Musikpädagogische Gegenwartsfragen, hrsg. v. DEMS., Lpz. 1928; M. LÖVINSON, Der Privatmusikunterricht in Preußen (Denkschrift), Bln 1926; H. ULLRICH, Die rechtliche Regelung d. privaten Musikunterrichts in Preußen..., Diss. iur. Heidelberg 1930; H. BÄUERLE, Das Musikseminar, Stuttgart 1931; H. MERSMANN, Das Musikseminar, = Musikpädagogische Bibl. XI, Lpz. 1931; H. W. v. WALTERSHAUSEN, in: Mk XXV, 1932/33, S. 15ff.; Musikstudium in Deutschland. Studienführer, hrsg. v. K. HAHN, Mainz (1960, ²1963). – Zss.: Musikpädagogische Blätter, hrsg. v. E. BRESLAUR, Bln 1878–1922; Deutsche Tonkünstlerzeitung, hrsg. v. A. EBEL, Bln 1903/04–1937/38; Schweizer Musikpädagogische Blätter, Basel 1912–59; Der Musikerzieher, hrsg. v. H. JUST, Mainz 1938–42/43. HHA

Privilegium (lat.) → Verlagsrecht.

Processionale, Processionarius oder Processionarium (lat.), ein im römischen Liturgiebereich verwendetes Buch mit Texten, Gesängen und rituellen Anweisungen für die Prozessionen. Auf Grund der eifrigen Pflege von Prozessionen und ihrer besonderen Bedeutung für das lokale kirchliche Leben entstanden in älterer Zeit zahlreiche Diözesan- und Ordensausgaben dieses Buches, das – praktischen Erfordernissen entsprechend – viele ursprünglich im → Graduale (– 2), → Missale und anderswo aufgezeichnete Texte und Melodien vereinte. Heute finden sich Teile des Pr.s unter Titel X (*De processionibus*; früher Titel IX) in der 1952 erschienenen Neuausgabe des römischen → Rituales.

Ausg.: Pr. Romanum, Regensburg 1873, ⁵1911; Pr. Monasticum ad usum Congregationis Gallicae Ordinis S. Benedicti, Solesmes 1893. Weitere Ausg. siehe im General Cat. of Printed Books d. Brit. Mus., Bd 139, London 1962, Spalte 488ff., sowie in: H. BOHATTA, Liturgische Bibliogr. d. XV. Jh., Wien 1911, Nachdruck Hildesheim (1960).

Programmusik (frz. musique à programme; ital. musica a programma; engl. programme music) ist Instrumentalmusik, die als geschlossenes Werk oder ganzes Stück mit der Darstellung oder Andeutung eines begrifflich faßbaren Sujets verbunden ist, auf das der Komponist in der Regel selbst hinweist, sei es durch eine Inhaltsangabe oder nur durch eine Überschrift (oder Äußerung). Das zur Musik geeignete Sujet vermag die Phantasie des Komponisten anzuregen, die kompositorische Formung zu motivieren, die Aufführungsart zu präzisieren und die Auffassung des Hörers in bestimmte Bahnen zu lenken. – Vorläufer der Pr. des 19. Jh. bieten die → Battaglia, das → Capriccio und die → Pastorale, ferner Programmstücke der Virginalisten (J. Byrd, J. Munday, G. Farnaby u. a.) und Clavecinisten (z. B. J.-Ph. Rameau, *La boiteuse*, *La poule*; Fr. Couperin, *Les abeilles*, *Les lis naissants*), in Deutschland die Lamentos, Plaintes, Tombeaux von Froberger und die *Biblische Historien* (1700) von Kuhnau, in Italien Vivaldis Concerti über die »Vier Jahreszeiten« (mit je einem vorangestellten *Sonetto dimostrativo*), über *La tempesta di mare*, *La notte*, *La caccia* u. a. Bis ins 18. Jh. blieb die Pr. Gelegenheitsarbeit im Sinne des Experiments, des unterhaltsamen *lusus ingenii* (Kuhnau), des »Witzes«, des Wunderlichen und Außerordentlichen im Stylus phantasticus. Hierher gehören z. B. auch noch der *Instrumental-Calender* (1748) von Gr. J. Werner und die tonmalerischen Orgelimprovisationen des Abbé → Vogler. Doch kündigt sich in den Pastoral-, Tempesta- und Cacciasymphonien (oder -symphoniesätzen) des späteren 18. Jh. bereits jener »romantische« Ton erlebter Natur an, der die → Tonmalerei verinnerlichte und der dann in Durchdringung der »absoluten« Tonsprache der Wiener Klassiker die symphonische Pr. als hohe Kunstgattung entstehen ließ, wie sie erstmals in Beethovens Pastoralsymphonie (1807/08) vorliegt.

Um 1800 wurde in Paris das Begriffswort symphonie à programme gebildet (hierzu Sandberger, S. 206; in SchillingE als *Malende Sinfonie* verdeutscht), und zwar im Hinblick auf Symphonien z. B. von Rosetti (= Fr. A. Rößler), J. Haydn (z. B. die »Tageszeiten«-Symphonien 1761, Hob. I, 6–8) und Dittersdorf (12 Symphonien *exprimant... métamorphoses d'Ovide*; → Metamorphosen). Als Programmsymphonien können auch bezeichnet werden Spohrs »malende« Symphonien (besonders Nr IV: *Die Weihe der Töne*, 1832, nach einem Gedicht von K. Pfeiffer) und vor allem Berlioz' epochemachende *Symphonie fantastique* (1830; → Idée fixe) und *Harold en Italie* (1834). Zur Hauptgattung der Pr. im 19. Jh. wurde neben der mehrsätzigen Programmsymphonie die einsätzige → Symphonische Dichtung (aber auch z. B. Liszts mehrsätzige *Faust-Symphonie* gilt als Symphonische Dichtung, und andererseits nannte Hanslick alle derartigen Werke Liszts *Programm-Symphonien*; *Vom Musikalisch-Schönen*, Vorwort zur 2. Auflage 1858). Das bevorzugte Mittel der Pr. ist die → Tonmalerei. Doch die besonders durch Berlioz und die → Neudeutsche Schule entwickelte Kunst der Instrumentation, der Motivvariation, des → Leitmotivs, der neuartigen Harmonik und phantasiehaften Formung steigerte allgemein die deskriptiven, expressiven, assoziativen, symbolischen und synästhetischen Fähigkeiten der Musik, die andererseits wesentlich im Zusammenhang mit Pr. ausgebildet worden sind. Indessen ist die Grenze zwischen ausgesprochener Pr. und anderen Werkgruppen (Mottokompositionen; → Charakterstück) im 19. Jh. so schwer zu ziehen wie die zwischen Tonmalerei und »reiner« Musik. R. Schumann hat sich im Sinne seines Verständnisses des »Poetischen« in der Musik gegenüber jeder Mitteilung eines Programms stets ablehnend ausgesprochen, während Liszt, der das Poetische in einem mehr literarischen Sinne verstand, Schumann als den Komponisten bezeichnet, der in seiner Klaviermusik *die Bedeutung des Programms am vollständigsten erfaßt* habe (IV, S. 184). Und innerhalb der inhaltlich motivierten Musik hat Mahler zwei entgegengesetzte Positionen gekennzeichnet, wenn er bestätigt, daß seine Musik *schließlich zum Programm als letzter ideeller Verdeutlichung gelangt, währenddem bei Strauß das Programm als gegebenes Pensum daliegt* (Briefe, S. 228). In diesem Sinne gibt es für Mahler *von Beethoven angefangen keine moderne Musik, die nicht ihr inneres Programm hat* (Briefe, S. 296).

Das Programm (*also irgend ein der rein-instrumentalen Musik in verständlicher Sprache beigefügtes Vorwort*; Liszt, IV, S. 21) hat nach Liszts Äußerungen die Aufgabe, *andeutend oder ausführend die unbestimmten Eindrücke der Seele im Sinne von Gedanken und Bildern ... zu bestimmten Eindrücken zu erheben*. Mit dem Programm bezweckt der Komponist, die Zuhörer *vor der Willkür poetischer Auslegung zu bewahren*, und gibt *den Gesichtspunkt an, von dem aus er sein Sujet erfaßt: die poetische Idee, die geistige Skizze seines Werkes, den poetischen oder philosophischen Faden* (Liszt, II, S. 130; IV, S. 21, 69; V, S. 204). Erst wenn diese inhaltlich-»geistigen« Momente der Musik innewohnen, wenn ihr *die Ideale des wissenschaftlichen, des Denk- und Thatmenschen nicht fremd bleiben*, wird *das große Wort der »Zukunftsmusik« erreicht* sein (Liszt, V, S. 204). – Das Programm der Pr. kann vom Komponisten selbst erdacht (erlebt) sein (Berlioz, *Symphonie fantastique*, 1830; Smetana, II. Streichquartett E moll »Aus meinem Leben«, 1876; R. Strauss, *Symphonia domestica*, 1903); es kann entnommen sein aus der Literatur (Liszt, *Die Ideale*, 1857, nach Schiller; Strauss, *Macbeth*, 1886/91, nach Shakespeare) oder aus der bildenden Kunst (Mussorgskij, »Bilder einer Ausstellung«, 1874, nach Bildern von V. Hartmann; Reger, *Vier Tondichtungen nach A. Böcklin*, 1913); es kann sich auf eine Landschaft (Smetana, »Die Moldau«, in: »Mein Vaterland«, 1874–79; Strauss, *Eine Alpensymphonie*, 1915; Respighi, *I Pini di Roma*, 1924) oder z. B. auf Technik beziehen (Honegger, *Pacific 231*, 1923). A. Schering glaubte, in Werken Beethovens und Schuberts ein inneres Programm, die tönende Vergegenständlichung eines poetischen Sinnes nachweisen zu können. Das erst nachträgliche Hinzusetzen einer Überschrift durch den Komponisten (von R. Schumann öfter betont) ist ebenso zu belegen wie das erst nachträgliche Formulieren eines Programms (Liszt, *Les Préludes*; Strauss, *Tod und Verklärung*). Auch das Zurückziehen und das Austauschen des Programms bzw. der Überschriften kommen vor (Schumann, Fantasie C dur für Kl. op. 17, ursprünglich als *Obulus auf Beethovens Monument* mit den Satztiteln *Ruinen, Trophäen, Palmen*; Schönberg, Orchesterstück op. 16 Nr 3: *Farben*, in der Version von 1949: *Morning by a Lake*). Nicht selten wurde ein Werk zum Zwecke leichterer Verständlichkeit nur vorübergehend mit einem Programm oder mit Titeln versehen (Bruckners VII. Symphonie durch J. Schalk, von Bruckner abgelehnt; Mahler, 1. Symphonie, Briefe S. 185; Schönberg, Fünf Orchesterstücke op. 16, Verlegerwunsch). Die Problematik programmhafter Deutung eines Werkes erweist der erste Klang in Mahlers 1. Symphonie, der Adorno (*Mahler ...*, 1960, S. 10) an einen *pfeifenden Laut* erinnert, *wie ihn altmodische Dampfmaschinen ausstießen*, während er (im Blick auf Mahlers Zusatz *Wie ein Naturlaut*) vielleicht eher als »flimmernde Luft« gedeutet werden könnte.

Als »außermusikalisch« motivierte Instrumentalmusik stand die Pr. im 19. Jh. im Mittelpunkt des Parteienstreits über die Wesensbestimmung der Tonkunst als einer durch beabsichtigten → Ausdruck gebundenen oder einer eigengesetzlich geformten → Absoluten Musik. Indessen hat die Pr. nicht nur wesentlich zur historisch geforderten Neuerung der symphonischen Musik beigetragen (denn nach Beethoven *schien Maaß und Ziel erschöpft*; Schumann, S. 70), sondern auch auf Grund der »inhaltlich« motivierten kompositorischen Entdeckungen entscheidend die Ausbildung einer wiederum neuen Autonomie der → Komposition bewirkt. Denn im Unterschied zur *sogenannten klassischen Musik* waren in der Pr. *Wiederkehr, Wechsel, Veränderung und Modulation der Motive durch ihre Beziehung zu einem poetischen Gedanken bedingt* (Liszt IV, S. 69), und auch für R. Strauss war das Programm: *nichts weiter als der Formen bildende Anlaß zum Ausdruck und zur rein musikalischen Entwicklung meiner Empfindungen* (Brief an R. Rolland vom 5. 7. 1905).

Lit.: R. Schumann, Sinfonie v. H. Berlioz, in: Gesammelte Schriften ... II, Lpz. ⁵1914; Fr. Liszt, Gesammelte Schriften, hrsg. v. L. Ramann, Lpz. 1880–83; G. Mahler, Briefe, hrsg. v. A. M. Mahler, Bln, Wien u. Lpz. 1925. – R. Hohenemser, Über d. Pr., SIMG I, 1899/1900; H. Leichtentritt, Vorläufer u. Anfänge d. Pr., AMZ XXX, 1903; W. Klatte, Zur Gesch. d. Programm-Musik, = Die Musik VII, Lpz. (1905); Fr. Niecks, Programme Music in the Last Four Cent., London 1907; M. D. Calvocoressi, Esquisse d'une esthétique de la musique à programme, SIMG IX, 1907/08; O. Klauwell, Gesch. d. Pr. ..., Lpz. 1910; A. Heuss, L. Mozart als Programmusiker, Neue Zs. f. Musik LXXIX, 1912; W. Hirschberg, Über d. Grenzen d. Pr., Mk XII, 1912/13; A. Sandberger, »Mehr Ausdruck d. Empfindung als Malerei«, in: Ausgew. Aufsätze zur Mg. II, München 1924; A. Wellek, Doppelempfinden u. Pr., Diss. Wien 1928, maschr.; K. Schubert, Die Pr., = Mus. Formen in hist. Reihen XIII, Bln (1934); A. Schering, Beethoven u. d. Dichtung = Neue deutsche Forschungen LXXVII, Abt. Mw. III, Bln 1936; ders., Bemerkungen zu J. Haydns Programmsinfonien, JbP XLVI, 1939; ders., Fr. Schuberts Symphonie in H-moll u. ihr Geheimnis, Würzburg (1939); R. Raffalt, Über d. Problematik d. Pr., Diss. Tübingen 1949; K.-W. Gümpel, Zum Problem d. Pr. bei R. Schumann, Musikerziehung VI, 1952; H. Unverricht, Hörbare Vorbilder in d. Instrumentalmusik bis 1750, 2 Bde, Diss. Bln 1954, maschr.; A. Sychra, Die Einheit v. »absoluter« Musik u. Pr., Beitr. zur Mw. I, 1959; Fr. W. Riedel, Quellenkundliche Beitr. zur Gesch. d. Musik f. Tasteninstr., = Schriften d. Landesinst. f. Musikforschung Kiel X, Kassel 1960, S. 157ff.; H. Berner, Untersuchungen zur Begriffsbestimmung u. zu einigen Fragen d. Rezeption v. Pr., Diss. Lpz. 1964, maschr. HHE

Progressio harmonica (frz. progression harmonique) ist in der Orgel eine nicht repetierende gemischte Stimme, die von Chr. Fr. G. Wilke 1839 erfunden und vor allem im 19. Jh. gebaut wurde. Die Pr. h. beginnt in der Tiefe 2chörig (auf C mit $1^{1}/_{3}'$ und $1'$, auch $2^{2}/_{3}'$) und nimmt in der Höhe, um den Diskant zu betonen, progressiv an Chören zu (auf c mit $2'$, $1^{3}/_{5}'$ und $1'$; c^{1} 4chörig, c^{2} 5chörig usw.).

Lit.: Chr. Fr. G. Wilke, Über Wichtigkeit u. Unentbehrlichkeit d. Orgelmixturen, Bln 1839.

Progressionsschweller ist eine Art Crescendoeinrichtung für die Orgel, die Abbé Vogler ersann, eine durch Hinzutreten oder Wegfall von → Aliquotstimmen bewirkte Verstärkung oder Abschwächung des Tones.

Progressive Jazz (pɹɔgɹˈesiv dʒæz, engl.), in den 1940er Jahren aus dem → Big band-Musizieren der → Swing-Ära unter Einfluß des → Be-bop entstandene Art des sogenannten symphonischen Jazz. Der Pr. J. ist proklamiert und bekannt geworden durch den Bandleader Stan Kenton, in dessen impressionistischen, häufig der Programmusik verpflichteten Kompositionen harmonische Mittel der modernen Kunstmusik (Debussy, Strawinsky, Hindemith) und rhythmische Elemente der afrokubanischen Musik einbezogen sind. Die effektvollen Arrangements für die Big band von Stan Kenton schrieb Pete Rugolo, ein Kompositionsschüler von Darius Milhaud. Bezeichnend für den Pr. J. ist die Verwendung scharf dissonierender, teilweise polytonaler Klänge, extremer Register von Trompeten, Saxophonen und Posaunen, scharfer dynamischer Kontraste und die Übernahme afrokubanischer Rhythmusinstrumente (→ Afro-Cuban Jazz). Der Pr. J., den Stan Kenton um 1950 unter dem anspruchsvollen Motto »Innovations in Modern Music« in noch stärkerem Ausmaße der modernen Kunstmusik anzugleichen versuchte, hatte zusammen mit dem Be-bop entscheidenden Einfluß auf die Entwicklung des → Modern Jazz.

Prolatio (lat., von proferre, hervorholen, im Mittelalter auch: erklingen lassen, vortragen). In der Lehre der Mensuralmusik des 13. Jh. wird proferre (erklingen lassen) häufig benutzt, so bei Franco von Köln: vox prolata (= vox recta), das wirklich Erklingende, im Gegensatz zur vox amissa, der Pause (ed. Cserba, S. 231), und proferre im Gegensatz zu notare (ebenda, S. 255). Von daher leitet sich die allgemeinere Bedeutung von Pr. ab, etwa »Art und Weise des Erklingens in rhythmischer Hinsicht«, Mensur. So bedeutet partes prolationis s. v. w. Notenwerte, d. h. Maxima, Longa usw. (z. B. J. de Muris, CS III, 46a), signa prolationum s. v. w. Mensurzeichen (Anon. XII, CS III, 492b). Die speziellere Bedeutung des Wortes pr. geht anscheinend auf Ph. de Vitry (*Ars nova*) zurück, der mit dem bei ihm häufig vorkommenden Ausdruck pr. temporis die rhythmische Realisierung des → Tempus, d. h. die Art und Weise der Unterteilung der Brevis in kleine und kleinste (minimae) Notenwerte umschreibt. In seiner Nachfolge wurde dieser Pr.-Begriff dann als Analogon zu tempus, d. h. als Verhältnisbegriff aufgefaßt, und zwar zur Bezeichnung des Verhältnisses von Semibrevis zu Minima. Je nachdem, ob die Semibrevis in 3 oder 2 Minimen unterteilt wurde (♦ = ♦♦♦ oder ♦ = ♦♦), sprach man von pr. maior (perfecta) oder pr. minor (imperfecta). Als Mensurzeichen für die pr. maior verwendete man einen Punkt im Tempuszeichen: ⊙ = tempus perfectum, pr. maior; ⊄ = tempus imperfectum, pr. maior; ○ = tempus perfectum, pr. minor; ⊂ = tempus imperfectum, pr. minor.
Lit.: R. BOCKHOLDT, Semibrevis minima u. Pr. temporis, Mf XVI, 1963.

Prolog (griech. πρόλογος, Vorrede), Einleitung, oft in allegorischer Form, zu dramatischen Dichtungen, Opern, Balletten, um Zweck und Inhalt des Stückes anzukündigen, die Zuschauer zu begrüßen oder anwesende Personen zu ehren. Pr.e haben z. B. Caccinis und Peris *Euridice* (1600) und Monteverdis *Orfeo* (1607). Für die französische Ballettoper und Tragédie lyrique wurde der von Italien übernommene Pr. bis in die 2. Hälfte des 18. Jh. verbindlich; vor und nach diesem wurde die Ouvertüre gespielt. Seine Musik soll »glanzvoll, volltönend und eher imposant als zart und pathetisch sein«, ohne aber »die großen Bewegungen, die man im Stück erregen will«, vorwegzunehmen (J.-J. Rousseau 1768). Da der Pr. inhaltlich oft in keinem Zusammenhang mit dem folgenden Werk steht, konnte z. B. der Pr. zu Rameaus *Platée* (1745) auch allein oder mit Stücken anderer Komponisten aufgeführt werden. In manchen Fällen ist der Pr. zu einem kleinen Spiel erweitert und besteht aus mehreren Nummern (Pr. zu Lullys *Phaéton*, 1683). Ab etwa Mitte des 18. Jh. wurde auf die einleitenden Pr.e verzichtet und die Pr.e der älteren Werke wurden nicht mehr aufgeführt, sofern sie nicht eng mit dem Inhalt des folgenden Stückes zusammenhingen (so der Pr. zu Salieris *Tarare*, 1787). Seit dem späten 19. Jh. wurde die Idee des in die Oper einführenden Pr.s vereinzelt wieder aufgegriffen (Leoncavallo, *Pagliacci*, 1892; A. Berg, *Lulu*). – Die Bezeichnung Pr. wurde im 20. Jh. auch auf Instrumentalmusik übertragen und im Sinne von Konzertouvertüre oder Introduktion als Überschrift verwendet (z. B. Reger, *Symphonischer Pr. zu einer Tragödie* op. 108, 1908; W. Lutosławski für den 1. Satz seiner *Musique funèbre pour orch. à cordes*, 1958).

Prolongement (prɔlɔ̃ʒmˈã, frz.) → Tonhaltungspedal, → Harmonium.

Prooemium (lat., von griech. προοίμιον), Einleitung, instrumentales Vorspiel, Vorrede; in der griechischen Kitharodie der Götterhymnus, der einen epischen Gesang einleitete; im 16. Jh. eine humanistische Bezeichnung für ein frei präludierendes Instrumentalstück, so die beiden *Prohoemia in re* von Kotter.
Lit.: H. KOLLER, Das kitharodische Prooimion, Philologus C, 1956.

Proportion (lat. proportio), das Verhältnis zweier Zahlen. – 1) Die Theorie der antiken → Griechischen Musik erkannte das Wesen der → Intervalle in den zugrunde liegenden Zahlen-Pr.en. Die Untersuchung der Pr.en und Intervalle, die sich innerhalb der Oktave konstruieren lassen, bildet seit den Pythagoreern den Gegenstand der Lehre von der → Harmonia. Als eigentlich harmonische Pr. wurde die Proportio superparticularis (ἐπιμόριος λόγος, Überteiligkeit) bestimmt; in ihr übertrifft die größere Zahl immer die kleinere um eins ($\frac{a+1}{a}$). Durch Harmonische Teilung werden aus der Oktave die übrigen Intervalle gewonnen: 2:1 (Oktave) = 3:2 (Quinte) × 4:3 (Quarte) usw. Die einzelnen Arten der Proportio superparticularis heißen: proportio dupla (2:1), sesquialtera oder hemiolia (3:2, → Sesquialtera – 1), sesquitertia oder epitrita (4:3), sesquioctava oder epogdoa (9:8) usw.
– 2) In der → Mensuralnotation des 15./16. Jh. zeigt die Pr. eine Wertänderung der folgenden Noten an; dabei wird ein Normalwert (→ integer valor notarum) vorausgesetzt. Sie erscheint in der Form von Brüchen, wobei die unechten Brüche eine Wertverkürzung (→ Diminution – 1), die selteneren echten Brüche eine Wertvergrößerung (→ Augmentation – 2) bezeichnen; z. B. besagt $\frac{2}{1}$, daß im folgenden 2 Semibreves ebenso lang sind wie zuvor eine. Am häufigsten gebraucht wurden die Proportio dupla ($\frac{2}{1}$, auch ¢, ⊃, C 2, 2), tripla ($\frac{3}{1}$, auch 3) und sesquialtera ($\frac{3}{2}$, auch 3). Folgt ein zweites Pr.s-Zeichen, so wird die erste Pr. als Ausgangspunkt genommen. Aufhebung einer Pr. erfolgt durch das umgekehrte Zeichen ($\frac{2}{1}$ wird durch $\frac{1}{2}$ aufgehoben) oder durch ein Mensurzeichen wie im folgenden Beispiel:

Fr. Gaffori, *Practica musice*, Mailand 1496, Buch IV.

Die früheste Anwendung der Pr. ist in der Tenorbehandlung und -notierung der → Isorhythmie des 14. Jh. zu beobachten. Noch im 16. Jh. werden Tenores oft so angelegt, daß die Melodie nur einmal notiert werden muß; ihre Wiederholung in einer anderen Mensur wird durch zusätzliche Mensurzeichen vorgeschrieben. Doch gibt Petrucci in seinen Drucken solchen Stimmen oft eine »Resolutio« bei, in der die ganze Stimme in einheitlicher Mensur ausgeschrieben ist (vgl. ApelN, S. 200 und 202). Im Pr.s-Kanon (→ Kanon – 3) werden aus einer notierten Stimme mehrere gesungene Stimmen so abgeleitet, daß die aufgezeichneten Noten von jeder Stimme nach einem anderen Mensurzeichen ausgeführt werden; z. B. wird im Agnus II aus Josquins *Missa L'homme armé super voces musicales* die einzige notierte Stimme vom Tenor im Integer valor, vom Superius in Proportio tripla, vom Bassus in Proportio dupla (diminutio) gesungen (Faks. nach Glareanus' *Dodekachordon*, Basel 1547, S. 442, bei ApelN, S. 196; vgl. Neue Josquin-GA I, 1, Amsterdam 1957, S. 30). Komplizierte Pr.en erscheinen häufig in den → Quellen des frühen 15. Jh.(*TuB, Ca 6, Ca 11, O, OH*), oft (polyrhythmisch) mit Synkopationsbildungen verbunden. Solche komplizierten Pr.s-Bildungen wurden jedoch bei den Komponisten und Theoretikern der Zeit nicht einheitlich dargestellt und haben zu vielen Polemiken Anlaß gegeben. Pr.s-Vorzeichnung in allen Stimmen eines Satzes diente wahrscheinlich dazu, die Notierung in sehr kleinen oder sehr großen Notenwerten zu vermeiden. Vor allem erlaubte sie es, die in der früheren Mensuralnotation nur bei Longa, Brevis und Semibrevis mögliche Dreiteilung auch auf kürzere Notenwerte zu übertragen. Dem entspricht, daß am 16. Jh. proportio schlechthin die Proportio tripla und den im Dreiertakt stehenden → Nachtanz (Proportz) bezeichnete. Die Bedeutung der Pr.en nahm im späteren 16. Jh. im Zusammenhang mit dem Übergang zum modernen Taktsystem ab. Doch finden sich noch um 1700 in den Opern A. Steffanis Pr.s-Bestimmungen $\frac{3}{6}, \frac{6}{12}$ und sogar $\frac{3^{1/2}}{1}$. Im 18./19. Jh. lebte die Pr. in der → Triole und in verwandten Bildungen fort; ihre im Laufe des 19. und frühen 20. Jh. zunehmende Verwendung erreichte einen Höhepunkt in der Neuen Musik der 1950er Jahre. Z. B. wird im ersten Takt von K. Stockhausens Klavierstück I (1952) das Grundmaß $\frac{5}{4}$ durch zweimalige Anwendung der Pr. (11:10 und 7:5) so kompliziert, daß sich als kleinster gemeinsamer Nenner aller Notenwerte dieses Taktes 770 ergibt:

K. Stockhausen, Klavierstück I (1952), Takt 1.

Für die Ausführung ist vorgeschrieben, daß nach Ermittlung des Tempos (*So schnell, wie möglich*) ... *alle komplizierten Zeitproportionen in Klammern* ... *durch Tempowechsel ersetzt werden* können.

Lit.: zu 2): CS III, 95ff. (Ars discantus secundum J. de Muris) u. 218b (Pr. de Beldemandis); GUILELMUS MONACHUS, De preceptis artis musicae ..., hrsg. v. A. Seay, = CSM XI, (Rom) 1965; J. TINCTORIS, Proportionale musices, CS IV, engl. v. A. Seay in: Journal of Music Theory I, 1957; FR. GAFFORI, Practica musice, Mailand 1496, als: Musicae utriusque cantus practica, Brescia 1497 u. ö.; G. SPATARO, Tractato di musica ..., Venedig 1531; S. HEYDEN, Musicae, id est, Artis canendi libri duo, Nürnberg 1537, als: De arte canendi, ²1540; H. GLAREANUS, Dodekachordon, Basel 1547, deutsch v. P. Bohn, = PGfM, Jg. XVI–XVIII, Bd XVI, Lpz. 1888–90. – E. PRAETORIUS, Die Mensuraltheorie d. Fr. Gafurius ..., = BIMG II, 2, Lpz. 1905; WOLFN I; APELN; C. SACHS, Rhythm and Tempo, NY 1953; H. HEWITT, A Study in Pr., in: Essays on Music, Fs. A. Th. Davison, Cambridge (Mass.) 1957; C. DAHLHAUS, Zur Theorie d. Tactus im 16. Jh., AfMw XVII, 1960; H. BECK, Die Pr. d. Beethovenschen Tempi, Fs. W. Gerstenberg, Wolfenbüttel u. Zürich (1964); A. HUGHES OSB, Mensuration and Pr. in Early Fifteenth Cent., AMl XXXVII, 1965.

Proportz (von proportio → tripla), ein → Nachtanz, im allgemeinen die tripeltaktige Variante des Vortanzes.

Proposta (ital., Vordersatz), der thematische Vorwurf zu Beginn eines kontrapunktischen Werkes, besonders des Kanons und der Fuge (→ Dux); Gegenbegriff zu → Risposta (– 1).

Proprietas (lat., Eigentümlichkeit), in der Ligaturenlehre der → Mensuralnotation die der »normal« geschriebenen Anfangsnote einer → Ligatur (– 1) zukommende »normale« Bedeutung. Normal geschrieben war diese Note, wenn sie die in der → Modalnotation übliche Form hatte, d. h. bei absteigender Ligatur mit dem charakteristischen Anfangsstrich von unten her ◼ und ◼, bei aufsteigender Ligatur ohne Anfangsstrich ◼ und ◼. Unter normaler Bedeutung der Anfangsnote ist, wie meist schon in der Modalnotation (dort freilich noch ohne feste Regelung), der rhythmische Wert der Brevis zu verstehen, im Unterschied zu der für die Schlußnote normalen Dauer der Longa (→ Perfectio – 1). Indem somit der Begriff Pr. (der aus der Universalienlehre der Scholastik übernommen ist) ausdrücklich die Norm in Schrift und Bedeutung festhielt, erlaubte er nunmehr auch die bewußte Abweichung. Zur normalen (cum proprietate) kamen zwei abweichende Arten der Schreibung mit jeweils verschiedenen Bedeutungen hinzu: sine proprietate ◼, ◼ (absteigend ohne Anfangsstrich), ◼, ◼ (aufsteigend mit Anfangsstrich) in der Bedeutung einer Longa, oder aber cum opposita proprietate ◼, ◼ und ◼, ◼ (mit Anfangsstrich von oben her), wobei besonders zu beachten ist, daß an die Stelle der normalen Anfangsnote (im Werte einer Brevis) hier 2 Noten im Werte von je einer Semibrevis treten.

Lit.: FR. RECKOW, Pr. u. perfectio, AMl XXXIX, 1967.

Proprium de Sanctis oder **Proprium Sanctorum** (lat.) heißt in den heute gebräuchlichen liturgischen Büchern der katholischen Kirche (Brevier, Antiphonale, Graduale, Missale) der Teil, in dem die wechselnden Texte und Gesänge für alle auf ein bestimmtes Kalenderdatum festgelegten (vor allem Heiligen-)Feste mit Ausnahme der Zeit zwischen Weihnachten und Epiphanie stehen. Die Reihe beginnt mit dem 29. November (entsprechend dem Anfang des Kirchenjahres am 1. Adventssonntag) und schließt am 26. November. Eine Ergänzung zum Pr. de S. bildet das *Commune Sanctorum*. Es enthält die Texte und Gesänge für Heiligenfeste ohne vollständiges Eigenformular und für das Kirchweihfest (in Dedicatione Ecclesiae).

Proprium de tempore (lat.) bezeichnet im Unterschied zum → Proprium de Sanctis den Teil der liturgischen Bücher, der die jeweils eigenen Gesangs-, Gebets- und Lesungsstücke von Messe und Offizium aller Sonntage und beweglichen Feste umfaßt. Obwohl im Offizium auch den Wochentagen jeweils eigene Lesungen zugeordnet werden, verfügen hier jedoch nur bevorzugte Ferialtage – besonders die der Fastenzeit sowie die Quatember- und Vigiltage – über eigene Gebete und Gesänge. In seiner Ordnung folgt das Pr. de t. dem Ablauf des Kirchenjahres vom 1. Adventssonntag bis zum letzten Sonntag nach Pfingsten. Die zwischen Weihnachten und Epiphanie stehenden Heiligenfeste stellen einen Rest der ursprünglichen Reihenfolge mit ihrer Vermischung von De tempore- und Heiligenfesten dar.

Proprium missae (lat.) → Messe.

Prosa (spätlat.), – 1) in Westfranken im Mittelalter Bezeichnung der → Sequenz (– 1), näherhin die textierte Form eines erweiterten Alleluiajubilus, d. h. der Sequentia im ursprünglichen Sinn. – 2) Der Begriff »musikalische Pr.« nahm in der Musikanschauung seit dem frühen 19. Jh. und bis hin zu Reger und Schönberg eine wichtige Stellung ein. Nach der Definition Schönbergs (S. 72) beruht musikalische Pr. auf der Fähigkeit der musikalischen Sprache, einen »Gedanken« ohne stützende Korrespondenzen als in sich sinnvoll darzustellen; ihr primäres Kennzeichen ist das Abweichen von Normen klassischer musikalischer Metrik durch asymmetrische Gliederung bzw. unregelmäßige Gewichtsabstufungen. In diesem Sinn beschrieb schon R. Schumann 1835 die *Symphonie fantastique* von Berlioz (→ Komposition). R. Wagner orientierte seine auf eine musikalische Pr. zielende Argumentation in *Oper und Drama* (1851) an den wechselnden Akzentordnungen der ungebundenen Rede (die durch den → Stabreim sinnfällig gemacht werden sollen): *denn nichts andres als eine musikalische Pr. blieb von der Melodie übrig, die nur den rhetorischen Akzent eines zur Pr. aufgelösten Verses durch den Ausdruck des Tones verstärkte* (IV, 114). – In H. Besselers Konzeption der europäischen Musikgeschichte sind die gegensätzlichen Begriffe Pr.- und Korrespondenzmelodik zentrale Kategorien. Pr.-Melodik ist hier zweimal einem »Singstil« zugeordnet: der Gregorianik (zusammen mit dem Begriff Stimmstrom; → Mittelalter) und der → Niederländischen Musik (zusammen mit den Kennzeichnungen Klangstrom und Varietas). Korrespondenzmelodik bestimmte die Mehrstimmigkeit des 12./13. Jh. und dann besonders seit dem 17. Jh. die Entwicklung bis hin zum reinen »Instrumentalstil« der Wiener Klassik.

Lit.: zu 2): Fr. Stein, M. Reger, = Die großen Meister d. Musik, Potsdam (1939); A. Schönberg, Brahms the Progressiv, in: Style and Idea, NY 1950; H. Besseler, Singstil u. Instrumentalstil in d. europäischen Musik, Kgr.-Ber. Bamberg 1953; C. Dahlhaus, Mus. Pr., NZfM CXXV, 1964.

Proslambanomenos (griech.), im griechisch-antiken → Systema teleion der tiefste Ton (A), der dem untersten Tetrachord unten angefügt wurde.

Prosodie (griech. προσῳδία, von πρός, dazu, und ᾠδή, Gesang), – 1) ursprünglich die im Altgriechischen mit den sprachlichen Lauten verbundenen »gesanglichen« Momente. Als solche galten a) die als sprachliches → Melos in Erscheinung tretende melodische Stimmbewegung, durch die jeweils die akzenttragende Silbe eines Wortes hervorgehoben wurde (musikalischer im Unterschied zu dem in europäischen Sprachen sonst herrschenden dynamischen Akzent), und b) die unterschiedliche Silbendauer (→ Quantität). Da diese Momente in nachklassischer Zeit aus der griechischen Umgangssprache allmählich zu schwinden begannen, wurde die Unterscheidung der Akzentarten und die der Quantitäten zunehmend zu einer Angelegenheit der Gelehrsamkeit und des Schulwissens. Die bei Aristoteles (»Poetik« 1456b, 1461a) in Ansätzen faßbare Lehre von der Pr. bildete seit der Zeit der alexandrinischen Philologen (2. Jh. v. Chr.), nunmehr ergänzt durch prosodische Zeichen, einen festen Bestandteil der Grammatik. Von den ausführlichen Darstellungen dieser Lehre, etwa der »Allgemeinen Pr.« des Aelius Herodianos (2. Jh. n. Chr.), sind nur Auszüge erhalten. Laut Dionysios von Halikarnass (1. Jh. n. Chr.) soll sich das sprachliche Melos im Tonraum einer Quinte bewegt haben (*De compositione verborum*, Kap. 11). Die wenigen bisher bekannten hellenistisch-spätgriechischen Musikfragmente scheinen zu bezeugen, daß die alten musikalischen Akzente in der gehobenen Sprache der Dichter selbst zu jener Zeit ihre Wirksamkeit noch nicht ganz eingebüßt hatten, obwohl sich in der Umgangssprache der dynamische Akzent wahrscheinlich durchzusetzen begann. Nach der schulmäßigen Darstellung wurden zehn prosodische Zeichen unterschieden, und zwar primär drei für die Akzente (τόνοι) und zwei für die Quantitäten (χρόνοι), daneben aber auch die nicht mehr zur Pr. im eigentlichen Sinne gehörigen, als bloße Lesehilfen verwendeten Zeichen für die beiden Hauchlaute (πνεύματα) und für drei an der Wortgrenze vorkommende Besonderheiten (πάθη). Diese schematisierte Lehre übernahmen die spätrömischen Grammatiker (→ Akzent – 1). Die erst ab dem 9. Jh. in die griechischen Texte konsequent eingetragenen Akzentzeichen waren Vorläufer der byzantinischen Notenschrift. – 2) Seit dem Humanismus versteht man unter Pr. in erster Linie die Silbendauer. Soweit es sich dabei um die antiken Sprachen handelt, wird sie in den Werken über antike Metrik erörtert. Dagegen ist die Anwendung des Pr.-Begriffes auf neuere Sprachen sehr umstritten, weil die Silbendauer hier nicht als selbständiger, vom dynamischen Akzent prinzipiell unabhängiger Faktor erscheint.

Lit.: zu 1): Herodiani technici reliquae I, hrsg. v. A. Lentz, Lpz. 1867; H. Steinthal, Gesch. d. Sprachwiss. bei d. Griechen u. Römern, 2 Bde, Bln ²1890, Nachdruck Hildesheim 1961; E. Schwyzer, Griech. Grammatik, = Hdb. d. Altertumswiss. II, 1, 1, München 1939, ²1953; E. Pöhlmann, Griech. Musikfragmente, = Erlanger Beitr. zur Sprach- u. Kulturwiss. VIII, Nürnberg 1960. FZa

Prospektpfeifen sind die in der Fassade stehenden Pfeifen der Orgel, die fast immer den → Prinzipal-Registern angehören. Das 19. Jh. baute auch stumme, aus nichtklingenden Pfeifen bestehende Prospekte. Pr. haben aus optischem Grunde manchmal Überlängen und besonders im Barock auch Verzierungen.

Protus (lat., von griech. πρῶτος) → Kirchentöne.

Provence.

Ausg.: M. Provence, Le folklore provençal, 4 Bde, Aix-en-Pr. 1937–39; C. Dubrana-Lafargue, Le trésor des danses provençales I, Avignon 1955; G. Delrieu, Anth. de la chanson niçoise (Comté de Nice): Chansons, rondes, danses ..., Nizza (1960).

Lit.: A. Gastoué, La musique à Avignon et dans le Comtat du XIVe au XVIIIe s., RMI XI, 1904; E. v. Jan, Zur Gesch. d. prov. Volksliedes, Wiss. Zs. d. Fr.-Schiller-Univ. Jena II, 1952/53; F. Raugel, La maîtrise et les orgues de la primatiale St-Trophime d'Arles, in: Recherches sur la musique frç. classique II, Paris 1961/62.

PRS, The Performing Right Society Ltd. (Großbritannien), → Verwertungsgesellschaft, Mitglied der → CISAC.

Psalm (griech. ψαλμός, von ψάλλω, eine Saite zupfen; hebräisch mizmor; lat. psalmus; ital. salmo; frz. psaume). Unter Ps.en werden in erster Linie die im → Psalter (– 1) des Alten Testaments gesammelten 150 Gesänge verstanden (seltener auch andere, z. B. Ps.en Salomons). Der Ps. im engeren Sinne besteht aus einer Folge von Versen, die sich, weitgehend dem Prinzip des Parallelismus membrorum folgend, aus zwei, vereinzelt auch aus drei Gliedern zusammensetzen. Ps. und

Psalmodie, ursprünglich wichtige Bestandteile des jüdischen Gottesdienstes (→ Jüdische Musik), wurden von den Christen übernommen und gehörten bereits in apostolischer Zeit neben Lesung und Gebet zu den Bestandteilen der Katechumenenmesse. Nach dem Edikt von Mailand (313) konnte Eusebius von Caesarea († 339) feststellen, daß »das Gebot, dem Namen des Herrn Ps.en zu singen, von allen überall befolgt« wurde; um 350 bezeugt Basilius der Große die Psalmodie bei den Thebäern, Libyern, Syrern, Phöniziern und Arabern, desgleichen in Palästina und am Euphrat. Zunächst wurden die Ps.en von der ganzen Gemeinde gesungen, vor allem in den Vigilien, doch kam es 375 zu einem Verbot der Beteiligung von Frauen am Ps.en-Gesang. Entgegen ursprünglichen Bestrebungen, alle Ps.en im Laufe eines oder zweier Tage zu beten, setzte sich die von Benedikt von Nursia für das Offizium festgelegte Regelung des »psalterium per hebdomadam, scriptura per annum« allgemein durch. Die vollständige Kenntnis der Ps.en war Voraussetzung für die Weihe zum Bischof, wurde aber auch von den Klerikern geringeren Ranges gefordert. Gesungen wurden die Ps.en im Offizium, bei Trauerfeierlichkeiten und beim häuslichen Gebet. Im mittelalterlichen Meßgottesdienst erfolgte Ps.-Vortrag u. a. beim Einzug des Klerus (→ Introitus), nach der ersten Lesung (→ Graduale – 1, → Alleluia, → Tractus), bei der Opferdarbringung (→ Offertorium) und bei der Kommunion (→ Communio). Charakteristisch für die christliche Kirchenmusik war der reine Vokalvortrag unter Ausschluß von Instrumenten (im Unterschied zum jüdischen Gottesdienst); in Privatandachten waren Instrumente zugelassen. Der Ps.en-Gesang wurde vom jüdischen in den christlichen Kultus in mehreren → Psalmodie-Typen übernommen. Heute unterscheidet man den eigentlichen Ps.-Gesang (ganze Ps.en im Offizium) und die nur noch auf einzelne Verse reduzierten Antiphonen, Gradualien, Tractus und Alleluiagesänge. Die ursprüngliche Gesangsweise der Ps.en erscheint für den Vortrag ganzer Ps.en oder größerer Teile derselben im Offizium in Gestalt einer formelhaften Rezitation, dem im engeren Sinne so genannten »Psalmodieren« (→ Psalmtöne).

Die Mehrstimmigkeit, die sich in den ersten Jahrhunderten ihrer Geschichte als akzidenteller Schmuck kirchlicher Hochfeste auf kürzere Textpartien beschränkte, übernahm umfangreichere Texte erst mit dem vollständigen Ordinariumszyklus der Messe und seit dem 15. Jh. auch die Texte der Ps.en. Die in den frühen mehrstimmigen Messen übliche Behandlung der textreichen Sätze (Gloria und Credo) syllabisch nota contra notam wurde auch in die mehrstimmige Ps.-Vertonung übernommen; dies hatte außerdem die Vorzüge besserer Textverständlichkeit und einer Wirkung von gehobener Eindringlichkeit und Feierlichkeit. Die Sonderstellung dieser Mehrstimmigkeit kommt mitunter (wie z. B. bei Rhaw, *Vesperarum precum officia*, 1540) in der choralen statt mensuralen Notation zum Ausdruck. Während italienische Kompositionen den für Italien charakteristischen schlichten homophonen Satz boten, scheint aus der burgundischen Schule (Binchois) die Ps.-Komposition im → Fauxbourdon-Satz hervorgegangen zu sein, die in den romanischen Ländern über 3 Jahrhunderte lang eine Rolle spielen sollte (→ Falsobordone). Noch in der 2. Hälfte des 18. Jh. (Lacombe im Anschluß an Brossard) galt in Frankreich der Fauxbourdon (allgemein nur noch als homophoner Satz verstanden) als typische Technik mehrstimmigen Ps.-Gesangs. Die in der Anlage der Ps.-Texte mit Vers und Gegenvers gebotenen Möglichkeiten wurden im alternierenden Vortrag zweier Chorhälften oder im Wechsel von Solo (choral) und Chor genutzt. Bei den akkordischen Sätzen wurden offenbar nicht selten Instrumente (z. B. Orgel oder Lauten) zur Klangverstärkung herangezogen, vor allem wohl dort, wo nur kleinere Vokalensembles zur Verfügung standen (vgl. Rev. de Musicol. XLIX, 1963, S. 39). Häufig wurde der streng homophone Satz durch die Übernahme von Elementen der polyphonen Chortechnik leicht aufgelockert. Um 1500 setzte die rein polyphone Durchkomposition ganzer Ps.-Texte ein, die in über 20 meist 4st. Kompositionen von Josquin, dem vielleicht frühesten Komponisten von polyphonen Ps.-Motetten, sofort eine vollendete Ausprägung erfahren hat. Bis zum 17. Jh. war Josquins Vorbild von großem Einfluß, im deutschen Sprachgebiet vor allem auf Stoltzer und Senfl, aber auch auf die protestantischen Komponisten, die sich – nach Stoltzers Beispiel (4 Ps.en in der Luther-Übersetzung, 1524–26) – nun der deutschen Ps.-Motette zuwandten (→ Motette). Für ihre Stellung in Deutschland waren dabei neben anderen Sammelwerken vor allem die Sammlungen der Drucker Petrejus (1538–42) und Berg–Neuber (1553/54) von Bedeutung. Im Zuge der sich seit dem ausgehenden 15. Jh. vergrößernden Stimmenzahl und des Strebens nach Klangsteigerung liegt die reale → Mehrchörigkeit des aus paarigen Imitationen und kontrastierenden Klanggruppen der polyphonen Motette hervorgegangenen → Coro spezzato in der Ps.-Komposition (Salmi spezzati). Die vielfältige Einbeziehung der Instrumente in zum Teil schon obligaten Besetzungen (G. Gabrieli) wurde am Beginn des 17. Jh. weiter ausgebildet und eröffnete der Ps.-Komposition alle Techniken des neuen concertierenden Stils (Salmi concertati). Der italienische Einfluß (Gabrieli, Monteverdi) war gleichermaßen bedeutsam für die katholische und protestantische Kirchenmusik in Deutschland, wogegen Frankreich seit der 2. Hälfte des 17. Jh. in den von Versailles ausgehenden Motetten einen eigenen repräsentativen Typus der Ps.-Vertonung schuf, der durch Verzicht auf artistische Elemente italienischer Herkunft zugunsten der Textdarstellung charakterisiert ist (Ps.-Vertonungen in England: → Anthem). Die in der Folgezeit angewandten Kompositionstechniken entsprechen überall den bei Messe, Motette und Kantate dargestellten jeweiligen Tendenzen der Kirchenmusik. Zu den Höhepunkten der mehrstimmigen Ps.-Vertonung zählen Kompositionen u. a. von Palestrina, Lassus (*Ps. i poenitentiales*), Schütz (Becker'scher Psalter), J. S. Bach (Motetten), B. Marcello (*Estro poetico armonico*), Schubert, Mendelssohn Bartholdy, Liszt, Brahms, Reger, Strawinsky, Schönberg.

Lit.: A. Büchler, Zur Gesch. d. Tempelmusik u. d. Tempelps., Zs. f. d. alttestamentarische Wiss. XIX, 1899 – XX, 1900; S. Mowinckel, Psalmenstudien, I–VI, Kristiania 1921–24; ders., Offersang og sangoffer, Oslo 1951; A. Gastoué, Chant juif et chant grégorien, Rev. du chant grégorien XXXV, 1931; G. d'Alessi, Precursors of A. Willaert in the Practice of Coro Spezzato, JAMS V, 1952; H. Avenary, Formal Structure of Ps. and Canticles in Early Jewish and Christian Chant, MD VII, 1953; C. Gindele OSB, Doppelchor u. Psalmvortrag im Frühmittelalter, Mf VI, 1953; K. Ph. Bernet Kempers, Meerstemmig psalmgezang in de Hervormde Kerk van Nederland, TVer XVII, 1955; D. Stevens, Processional Ps. in Faburden, MD IX, 1955; E. Gerson-Kiwi, Artikel Musique (dans la Bible), in: Dictionnaire de la Bible, Suppl. V, Paris 1957; Chr. Engelbrecht, Die Psalmsätze d. Jenaer Chorbuchs 34, Kgr.-Ber. Köln 1958; dies., Die Psalmvertonung im 20. Jh., in: Gestalt u. Glaube, Fs. O. Söhngen, Witten u. Bln 1960; H. J. Kraus, Ps., 2 Bde, Neukirchen 1960, ²1962; L. Kunz OSB, Untersuchungen zur Textstruktur solistischer Ps., KmJb XLV, 1961; L. Finscher, Zur C. f.-Behandlung in d. Ps.-Motette d. Josquinzeit, in: H. Albrecht in memoriam, Kassel 1962; G. Birkner, Psaume hébraique et séquence lat., Journal of the International Folk Music Council XVI, 1964.

Psalmodie (griech. ψαλμῳδία; lat. psalmodia) ist sowohl der Psalmengesang in den modellartigen Singweisen der → Psalmtöne als auch der Kirchengesang in den aus den Psalmen und Psalmtönen hervorgegangenen Gesangsformen. »Psalmodieren« wird daneben in weiterem Sinn zur Charakterisierung rezitativischen Singens (z. B. im Volksgesang) verwendet. – Die christliche Kirche folgte zunächst dem jüdischen Kultus mit seinen verschiedenen Arten von Ps. als Sologesang des Kantors (mit oder ohne Chorantwort des Volkes) und als Gemeindegesang. Im 4. Jh. bildeten sich zugleich mit der Ausgestaltung der gottesdienstlichen Formen drei psalmodische Haupttypen heraus, die auch heute noch im liturgischen Gesang üblich sind: responsoriale und antiphonale Ps. sowie der Psalmus in directum. – Die responsoriale Ps. war bereits in den ersten christlichen Jahrhunderten verbreitet und hatte ihren Platz hauptsächlich im Anschluß an die Lesungen. Der Kantor begann mit der Psalmüberschrift und mit den Psalmversen, dazwischen erfolgte Vers um Vers als gleichbleibender Refrain die Antwort des Volkes (das schon bald durch die Schola vertreten wurde). Belege für die responsoriale Ps. finden sich für die Kirche in Jerusalem in der 2. Hälfte des 4. Jh. (Pilger in Aetheria, gegen 400), für die römische Kirche bei Tertullian, für die mailändische bei Augustinus; auch Isidor von Sevilla ist sie nicht unbekannt. Als im frühchristlichen Gottesdienst am häufigsten gebrauchte Form des Psalmengesangs wandelte sich die responsoriale Ps. durch Verlagerung des Schwergewichts vom Vortrag der Psalmverse (die schließlich zu einem einzigen reduziert wurden) auf den musikalisch reich gestalteten Kehrvers, das → Responsorium oder Responsum. – Die antiphonale Ps. ging ebenfalls aus der synagogalen Praxis hervor und basiert auf dem Wechselgesang zweier Chöre. Im Orient (nach Basileios dem Großen) um 375 allgemein bekannt, war sie, von syrischen Klöstern ausgehend, durch die Mönche Flavian und Diodor um 350 in Antiochien verbreitet worden und gelangte von hier weiter ins Abendland, wo sie ihre erste Ausstrahlung von Mailand aus durch den hl. Ambrosius (um 386) fand. Die antiphonale Ps. wurde wahrscheinlich durch einen kurzen (Solo-)Gesang eingeleitet (seit dem 4. Jh. schon → Antiphon – 2 genannt), der als Einschub zunächst wohl zwischen allen Versen, später unregelmäßiger und schließlich nur am Beginn und Ende des Psalms erklang. In der Meß-Ps. wurde der Psalmvortrag allmählich auf einen Vers reduziert (→ Introitus) oder (wie in der → Communio) völlig aufgegeben. – Der Psalmus in directum (auch als Cantus in directum, Psalmus oder Cantus directaneus bezeichnet) weist einen durchgehenden Vortrag vom ersten bis zum letzten Psalmvers ohne responsoriale oder antiphonale Bereicherungen auf. Die Ausführung dieser Ps. obliegt dem ganzen Chor, scheint aber auf den ursprünglichen und durchlaufenden Vortrag ganzer Psalmen durch einzelne Mönche zurückzugehen, so daß der zunächst ebenfalls solistische → Tractus der Messe als wohl älteste Meß-Ps. dieser Tradition angeschlossen werden kann. In der abendländischen Kirche findet sich der früheste sichere Beleg für diesen Ps.-Typus um 530 in der Regel des hl. Benedikt von Nursia, derzufolge in den Laudes am Sonntag Psalm 66 »in directum«, ohne Antiphon gesungen werden soll (Kap. 12); in der gleichen Weise soll die Ps. der Terz, Sext und Non in kleineren Klöstern ausgeführt werden (Kap. 17); auch im ambrosianischen Brevier ist dieser Typus gefordert (beide Chöre simultan). Ein noch ungesicherter Beleg bei Basileios dem Großen (um 375) scheint eine frühe Kenntnis dieses Ps.-Typus im Osten zu bezeugen, wo er später immer wieder genannt wird. – Die Wahl eines schlichteren oder melodisch reicheren Typus erfolgte nach Maßgabe der liturgischen Stellung des vorzutragenden Psalms. In der römischen Kirche wurden durch Gregor den Großen († 604) die drei psalmodischen Typen zusammen mit der liturgischen Ordnung endgültig festgelegt. Neben ihnen ist das nur zu Beginn der Matutin gesungene → Invitatorium zu nennen, dessen Ps. mit ihrem fortlaufenden Wechsel von Psalmvers und Antiphon noch die ursprüngliche Form des Psalmvortrags beibehalten hat. – Das ganze Mittelalter hindurch waren die gregorianischen Melodien in ihrer psalmodisch-typischen Eigenart und ihrem melodischen Bestand erhalten und gepflegt worden. In der nachhumanistischen Zeit wurden durch den Reformchoral die Melodien systemlos beschnitten und damit grundlegende Stilunterschiede der psalmodischen Typen größtenteils verwischt. Die Restauration des traditionellen Chorals unter Pius X. brachte nicht nur die alten Melodien, sondern auch den psalmodischen Aufbau des Chorals wieder zu voller Geltung.

Lit.: J. Garbagnati, Ricerche sull'antica salmodia ambrosiana, Rassegna Gregoriana X, 1911; P. Wagner, Einführung in d. Gregorianischen Melodien I u. III, Lpz. ³1911 u. 1921, Nachdruck Hildesheim u. Wiesbaden 1962; ders., Untersuchungen zu d. Gesangstexten u. zur responsorialen Ps. d. altspan. Liturgie, in: Span. Forschungen d. Görres-Ges. I, 1, Münster i. W. 1930; E. Jammers, Der Rhythmus d. Ps., KmJb XXXI, 1936 – XXXIII, 1938; A. Dohmes, La ps. du peuple dans la liturgie eucharistique des premiers s., Rev. du chant grégorien XLII, 1938 – XLIII, 1939; E. Cardine OSB, La ps. des Introits, Rev. grégorienne XXVI, 1947 – XXVII, 1948; H. Hucke, Ps. als melodisches Gestaltungsprinzip, Musik u. Altar V, 1952/53; E. Werner, Die Ursprünge d. Ps., Kgr.-Ber. v. 2. Internationalen Kongreß f. kath. Kirchenmusik, Wien 1954; ders., The Origin of Psalmody, Hebrew Union College Annual XXV, 1954; N. H. F. Müller, Die liturgische Vergegenwärtigung d. Psalmen, Diss. Lpz. 1957; W. Apel, Gregorian Chant, Bloomington/Ind. (1958); H. Avenary, Studies in the Hebrew, Syrian and Greek Liturgical Recitative, Tel Aviv (1963); J. Claire OSB, La ps. responsoriale antique, Rev. grégorienne XLI, 1963.

Psalmtöne, die Singweisen der Psalmen. Sie entstanden aus der melodischen Formung ihres gehobenen Lesetons und haben im allgemeinen eine dem Parallelismus membrorum ihrer Texte entsprechende 2teilige Anlage. »Ton« ist hier nicht ausschließlich als Tonart, sondern im alten Sinne auch als Melodie zu verstehen, so daß mit einem Kirchenton mehrere Ps. verbunden sein können. Die Ps. sind modellartige Singweisen mit dem Grundgerüst Initium, Tenor (→ Tuba – 5, = Rezitationston), Mediatio (Mediante, Pausa, = Mittelkadenz), Tenor und Terminatio (Punctum, = Schlußkadenz). Ihre Ordnung ist dem System der 8 → Kirchentöne angeschlossen. Überdies besitzt jeder der Ps. einen bestimmten Rezitationston, der etwa seit dem 11. Jh. in den authentischen Modi die Oberquinte (1., 5. und 7. Modus) oder die Obersexte (3. Modus), in den plagalen die Oberterz (2. und 6. Modus) oder die Oberquarte (4. und 8. Modus) der Finalis ist (ursprüngliche Ordnung: authentische Modi mit Oberquinte, plagale Modi mit Oberterz als regelmäßigem Rezitationston). Die deutliche Scheidung der Ps. setzt also das System des → Oktoechos voraus, ohne daß dabei schon ihre Anlage in allen Einzelheiten festgelegt worden wäre. Noch für das 10. Jh. belegen die Commemoratio brevis und der → Tonar im Antiphonar von Hartker (St. Gallen, Cod. 390/91) eine weitgehend freie Praxis, gegen die sich der Verfasser der Instituta patrum de modo psallendi sive cantandi (GS I, 5a–8b) wendet. Mit der Vorherrschaft festgelegter musikalischer Formeln im Bereich der Psalmodie gewannen die Ps. jene Ausgestaltung, die seit dem 11. Jh. nicht mehr wesentlich umgebildet wurde. – In der antiphonischen Offiziumspsalmodie wird jedem Kirchenton ein Psalmton zugewiesen. Doch kannte das Mittelalter auch eine Reihe von Nebentönen, die zum größten Teil nur beschränkte Verbreitung fanden und vor allem in den Musiktraktaten des Karolingischen Kreises festzustellen sind. Die modernen Choralbücher verwenden von ihnen u. a. noch den → Tonus peregrinus. Bei der antiphonischen Offiziumspsalmodie leitet das Initium in Form einer einfachen Tonfigur vom Schlußton der vorausgehenden Antiphon zum Tenor des Psalmtons über. Mit der Mediatio findet in der 1. Vershälfte ihren melodischen Abschluß (Mittelkadenz). Die nach erneuter Tenorrezitation (ohne Binnenmelisma) am Versende stehende Terminatio weist in den einzelnen Ps.n gewöhnlich mehrere Melodieformeln (→ Differenzen) auf, wobei die Wahl der Differenz vom Beginn der Antiphon abhängt, da mit ihrer Hilfe der Übergang vom Psalmtenor zum Anfangston der Antiphon erleichtert werden soll. Auch dem gesungenen Vortrag von → Magnificat und → Benedictus Dominus Deus Israel liegen die Formeln der antiphonischen Offiziumspsalmodie zugrunde, allerdings mit reicherer Ausgestaltung besonders der Mediatio. – Die Ps. der antiphonischen Meßpsalmodie kommen beim → Introitus zur Anwendung, neuerdings auch wieder bei der → Communio und beim → Offertorium, sofern diese mit Psalmengesang verbunden werden. Ihre Melodieformeln sind hinsichtlich Initium, Mediatio und Terminatio gegenüber der antiphonischen Offiziumspsalmodie etwas erweitert. Besonders hervorzuheben ist, daß auch die 2. Vershälfte ein Initium enthält. – Die mit Psalm 94 (Venite, exsultemus Domino) verbundenen Ps. zum → Invitatorium besitzen 3teilige Anlage, die durch Einschaltung einer zweiten Mediatio hervorgerufen ist. Alle Abschnitte beginnen mit einem Initium, die Terminatio bleibt ohne Differenzen. In den mittelalterlichen Quellen wechselt die Zahl dieser Ps. erheblich (z. B. 15 im St. Galler Cod. 390/91); im allgemeinen umfaßt sie 10 (so auch in der heutigen Praxis), doch verfügen 1. und 8. Kirchenton über keinen eigenen Psalmton. Eine Formel zum 1. Modus wird nur von den Zisterziensern benutzt. Die Singweisen der Invitatoriumspsalmodie sind melodisch noch reicher als die der antiphonischen Meßpsalmodie. Aus der sehr freien Verwendung des Tenors und dem Fehlen von Formeln zum 1. und 8. Modus darf geschlossen werden, daß ihre Ausbildung noch vor der Anerkennung des Oktoechos als Ordnungssystem des Kirchengesangs erfolgte. – Die Ps. in den Versen der Responsoria prolixa zeigen gegenüber den antiphonischen Ps.n eine im Gegensatz von Solo- und Chorgesang begründete andere und reichere Form. Ihre Eigenart besteht in der melismatischen Ausschmückung des Initium und (noch stärker) der Terminatio, im Wechsel des Tenors von einer Vershälfte zur anderen (Ausnahme: 5. Kirchenton mit nur einem Tenor) sowie bei längeren Texten in 2maligem Einschub einer Mediatio. Die im Mittelalter häufigen Neukompositionen von Responsorien (zum Teil mit metrischen Texten) lassen eine deutliche Abwendung von den Ps.n zugunsten melodisch freierer Gestaltung erkennen. – Im Unterschied zu den Responsoria prolixa sind die Responsoria brevia in ihrer Melodie und im Umfang ihrer Texte weniger entwickelt, was zur Folge hat, daß bei einer Reihe von ihnen die Formeln der Ps. nicht nur den (hierfür zu kurzen) Vers, sondern auch das Responsorium umfassen und auf solche Weise zur üblichen Zweiteilung gelangen. Eine größere Zahl von Responsoria brevia gehörte ursprünglich zu den Responsoria prolixa und verwendete daher deren Ps. Die zum Teil weitgehenden Freiheiten in der Ausbildung der Ps. zu den Responsoria brevia deuten auf geschichtliche Stadien, die von der Forschung noch nicht geklärt sind.

Lit.: P. WAGNER, Einführung in d. Gregorianischen Melodien III, Lpz. 1921, Nachdruck Hildesheim u. Wiesbaden 1962; A. AUDA, Les modes et les tons de la musique, Brüssel 1930; G. MURRAY, The Primitive Psalm-Tones, Liturgy XVI, 1946; J. SMITS VAN WAESBERGHE SJ, L'évolution des tons psalmodiques au moyen âge, in: Atti del Congresso internazionale di Musica Sacra (Rom 1950), Tournai 1952; Z. FALVY, Zur Frage v. Differenzen d. Psalmodie, StMw XXV, 1962; H. BERGER, Untersuchungen zu d. Psalmdifferenzen, = Kölner Beitr. zur Musikforschung XXXVII, Regensburg 1966.

Psalter (von lat. → psalterium), – 1) das Buch der Psalmen, in dem 150 Gesänge (Rundzahl) verschiedener Herkunft und Gattungen gesammelt sind und das zu den Schriften des Bibelkanons zählt. Der Abschluß dieser Sammlung erfolgte vermutlich im 3. Jh. v. Chr. Die christliche Kirche machte den Ps. von Anfang an zu ihrem Gebet- bzw. Gesangbuch. Nach älteren lateinischen Übersetzungen revidierte der hl. Hieronymus um 382 im Auftrag Damasus' I. den Text. Diese Fassung soll nach vorherrschender Meinung (bestritten durch D. de Bruyne in: Revue bénédictine XLII, 1930) mit dem *Psalterium Romanum* identisch sein, das noch heute in der Peterskirche zu Rom verwendet wird und in den Antiphonen und Responsorien von Missale und Brevier erhalten blieb. Die zweite, von Hieronymus wahrscheinlich 386 in Bethlehem erstellte Textrevision fand über Gallien allgemeine Verbreitung (daher *Psalterium Gallicanum*) und wurde durch Pius V. zur offiziellen Fassung der römischen Liturgie erhoben. Seit 1945 trat eine neue, von Pius XII. gutgeheißene Bearbeitung in den Vordergrund. – Im Unterschied zum hebräischen (masoretischen) Bibeltext, dem auch Luther prinzipiell folgt, weist die griechisch-lateinische Tradition (Septuaginta, Vulgata) eine fast durchgehend abweichende Zählung der Psalmen auf, da hier die hebräischen Psalmen 9 und 10 sowie 114 und 115 als eine Nummer gezählt, andererseits aber die Psalmen 116 und 147 in jeweils 2 Stücke unterteilt werden. Daraus ergibt sich folgende Gegenüberstellung: Psalm 1–8 (hebräischer Text, Luther-Bibel) = 1–8 (Septuaginta, Vulgata); 9–10 = 9; 11–113 = 10–112; 114–115 = 113; 116 = 114–115; 117–146 = 116–145; 147 = 146–147; 148–150 = 148–150. – 2) Rhythmischer Ps., eine im 13.–16. Jh. lebhaft gepflegte Form geistlicher Dichtung, die ursprünglich in jeder ihrer 150 Reimstrophen zum entsprechenden Bibelpsalm in Beziehung stand und hauptsächlich der Christus- und Marienverehrung diente. Bei festgehaltener Strophenzahl wurde in späterer Zeit die Verbindung zum Ps. der Bibel gelockert oder ganz aufgegeben (vgl. *Analecta hymnica* XXXV und XXXVI).

Ausg.: zu 1): Liber psalmorum cum canticis Breviarii Romani, Rom 1945; Biblia Sacra iuxta Lat. Vulgatam versionem (X): Liber psalmorum ex recensione Sancti Hieronymi, Rom 1953; Le Psautier Romain, hrsg. v. R. WEBER OSB, = Collectanea Biblica Lat. X, Rom 1953.

Psalterium (lat.; griech. ψαλτήριον, von ψάλλω, eine Saite zupfen; ahd. psaltari, saltari, mhd. psalter; ital. salterio; frz. auch canon; span. canon, → Kanon – 1), eine Rahmen- oder Brettzither, deren Saiten im Unterschied zum → Hackbrett mit den bloßen Fingern oder einem Plektron gezupft werden. Bevor sich für das Hackbrett (ital. salterio tedesco) die gekreuzte Führung der Saiten über 2 erhöhte Stege durchsetzte, ist oft nicht eindeutig zwischen Ps. und Hackbrett zu unterscheiden, zumal neben den Plektra zum Zupfen mitunter auch Klöppel als Plektra bezeichnet werden und die Spielweise auf Bilddarstellungen nicht immer

Psalterium

klar erkennbar ist. – Das Wort ψαλτήριον ist zuerst mehrfach in Übersetzungen der Septuaginta als Übersetzungswort für die hebräische Harfe → Newel belegt. Vom Griechischen herzuleiten ist das aramäische p(e)santerin, das im 2. Jh. v. Chr. in der Beschreibung des Orchesters Nebukadnezars (Daniel 3, 5ff.) genannt wird. Es kann sich hier um eine Zither handeln, denn 2 viereckige Zithern sind auf einem phönizischen Elfenbeinkasten aus dem 8. Jh. v. Chr. (British Museum) dargestellt. Im abendländischen Mittelalter sind seit dem 9. Jh. dreieckige (deltaförmige; → Rotta – 1) und viereckige (trapezförmige) Psalterien belegt; sie werden beschrieben und allegorisiert in dem unechten Brief des Hieronymus an Dardanus. Erste Spuren des Inhalts dieses Briefes sind bei Hrabanus Maurus um 843 zu finden; die Tradition der Instrumenta Hieronymi reicht über Virdung (1511) bis Praetorius (Synt. II). Im Mittelalter wird oft David mit Ps. dargestellt, nicht selten aber auch mit Instrumenten, die Merkmale sowohl von der Leier und der Harfe als auch vom Ps. vereinigen. Auch der → Psalter (– 1) ist nach dem Instrument Ps. benannt.

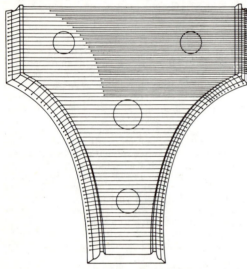

Seit dem 14. Jh. sind Psalterien in »Schweinskopf-Form« nachweisbar, so um 1490 von Hans Memling (»Christus mit musizierenden Engeln«), von Praetorius (Synt. II) als *Istromento di porco* abgebildet. Daneben ist seit dem 14. Jh. der Halbpsalter (span. medio canon; frz. micanon) belegt, der durch Halbierung eines Ps.s entsteht. Paulus Paulirinus nennt um 1460 das 3seitige Ps. ala integra, den entsprechenden Halbpsalter ala media. Durch die Halbierung des Schweinskopf-Ps.s entstand der Typ des Ps.s in Flügelform. In der 2. Hälfte des 16. Jh. wurde das Ps. vorübergehend als Modeinstrument *bei Frauen ... sehr gemein*, wie der Straßburger Maler Tobias Stimmer berichtet. Im Instrumentenbestand der Stuttgarter Hofkapelle von 1589 wird es als Fastnachtsartikel eingestuft.

Lit.: S. Virdung, Musica getutscht (Basel 1511), Faks. hrsg. v. R. Eitner, = PGfM, Jg. X, Bd XI, Bln 1882, dass., Faks. hrsg. v. L. Schrade, Kassel 1931; Praetorius Synt. I u. II; J. Reis, Pauli Paulirini de Praga Tractatus de musica, ZfMw VII, 1924/25; H. G. Farmer, Studies in Oriental Mus. Instr. I, London 1931; V. Denis, De muziekinstr. in de Nederlanden en in Italië naar hun afbeelding in de 15ᵉ-eeuwsche kunst I, = Publicaties op het gebied d. geschiedenis en d. philologie III, 20, Löwen 1944; E. Kolari, Musikinstr. u. ihre Verwendung im Alten Testament, Helsinki 1947; Le traité des instr. de musique de P. Trichet, hrsg. v. Fr. Lesure, Ann. Mus. III, 1955 – IV, 1956; R.

Hammerstein, Instrumenta Hieronymi, AfMw XVI, 1959; H. Avenary, Hieronymus' Epistel über d. Musikinstr. u. ihre altöstlichen Quellen, AM XVI, 1961; H. Steger, David rex et propheta, = Erlanger Beitr. zur Sprach- u. Kunstwiss. VI, Nürnberg 1961.

Pseudonym (griech., s. v. w. falsch benannt; frz. pseudonyme, nom de plume), ein angenommener Name, der die Identität des Verfassers verbirgt (zu unterscheiden von → Anonym). Der deutsche Gesetzestext spricht nur von Deckname. – Verschiedentlich haben Musiker literarische (A. Banchieri) oder journalistische Arbeiten (R. Schumann, R. Wagner) unter Ps.en herausgegeben, besonders aber Streitschriften (Artusi). In neuerer Zeit veröffentlichte Marie → Lipsius ihre Schriften unter dem Ps. La Mara, M. Bobillier schrieb unter dem Ps. Michel → Brenet. Heute spielt das Ps. vor allem bei Komponisten und Textdichtern der Unterhaltungsmusik eine Rolle. Besonders produktive und erfolgreiche unter ihnen schreiben auch unter mehreren Ps.en (ein Name ist z. B. durch eine bestimmte Gattung festgelegt oder verliert seine Zugkraft). – Wenn der wahre Name eines Ps.-Trägers bekannt ist, genießt das ps.e Werk den normalen Urheberrechtsschutz; als »bekannt« im Sinne des Gesetzes gilt ein Ps. schon, wenn es z. B. in der Mitgliederliste der GEMA angeführt ist. Andernfalls erlischt die Schutzfrist für ein ps.es Werk 70 Jahre nach dessen Veröffentlichung, es sei denn, das Ps. war in die beim Patentamt geführte Urheberrolle eingetragen. – Die Humanistennamen, die einen volkssprachlichen Personen- oder Ortsnamen ins Lateinische oder Griechische übertragen und ihn damit auf die Ebene der Literatursprache heben (z. B. → Cochlaeus, → Tritonius, → Luscinius, → Calvisius, M. → Praetorius), zählen nicht zu den Ps.en, ebensowenig die sogenannten »Künstlernamen« (in neuerer Zeit z. B. Nelly → Melba, Bruno → Walter). Von letzteren spricht man in der Musik nur bei Interpreten, die einen solchen Namen anstelle ihres »bürgerlichen« führen.

Lit.: M. Holzmann u. H. Bohatta, Deutsches Ps.-Lexikon, Wien u. Lpz. 1906.

Psychologie der Musik → Musikpsychologie.

Puerto Rico.

Lit.: R. A. Waterman, Folk Music of P. R., Washington 1947; M. C. de Martinez, La hist. danza de P. R. en el s. XVI y sus evoluciones, Revista mus. chilena VI, 1950; M. Deliz, Renadío del cantar folklórico de P. R., Madrid ²1952; R. A. Fouché, Transitional Qualities in P. Rican Folk Music, JAMS IX, 1956.

Punctus, auch Punctum (lat., Strich, Punkt, kleiner Abschnitt in der Rede), – 1) im Frühmittelalter das Lesezeichen für die Distinctiones (→ Distinctio) eines Textes. Die verschiedenen Distinktionsgrade (media distinctio, subdistinctio und plena distinctio) wurden zunächst durch einen dem Schlußbuchstaben in wechselnden Stellungen beigefügten Punkt angezeigt. Mit zunehmend musikalischem Charakter der liturgischen Lektionen in Messe und Offizium wurden die Interpunktionspunkte (wohl seit dem 9. Jh.) durch → Neumen (– 1) ergänzt, welche das Heben oder Senken der Stimme bei der jeweiligen Distinktion andeuten. Es ergaben sich (nach dem von P. Bohn edierten Traktat) folgende als P. bezeichnete Arten:

    P. circumflexus (P. und Flexa): ⁊

    P. elevatus (P. und Podatus): ⌡

    P. versus (P. und Apostropha): ;

    P. interrogativus (P. und Quilisma): ⸴

Der P. circumflexus zeigte die Media distinctio (Komma) mit der melodischen Formel la–fa an, der P. elevatus die Subdistinctio (Kolon) mit la–sol–fa–la, der P.

versus die Plena distinctio (Periodus) mit la–sol–sol–re; die Sonderform des P. interrogativus ergab sich bei der Frage mit la–sol–fa–sol–la. Unter Einwirkung dieser Interpunktionspraxis, auch als punctatio oder mit punctare bezeichnet, entwickelte sich die vollausgebildete Neumennotation, in der P. zum Grundzeichen und zum Namen der (gegenüber der Virga tieferliegenden) Einzelnote wurde. Im 13. Jh. nahm P. in der Quadratnotation das – noch in heutiger Choralschrift gebräuchliche – Zeichen ■ an, auch *p. quadratus vel nota quadrata* (z. B. CS I, 303a) bzw. seit dem 13. Jh. in der Mensuralnotation Brevis genannt. Vielfach wurde die Bezeichnung P. für Note (nota) schlechthin verwendet, z. B. galt die Aequalitas punctorum (Gleichzahl der Noten in verschiedenen Stimmen) als ein Kennzeichen des frühen → Discantus gegenüber dem Organum. Allerdings trat P. auch im Sinn von »Abschnitt« auf. Anonymus IV (CS I, 342) setzt P. mit clausula gleich (→ Klausel). Im Traktat des Johannes de Grocheo werden die Teile von Ductia und Stantipes (→ Estampie) puncta genannt. Ob der von Franco erwähnte organicus p. (ed. Cserba, S. 255; → Orgelpunkt) auf P. im Sinn von Note oder von Abschnitt zurückgeht, ist ungeklärt; möglicherweise wirkten beide Bedeutungen zusammen. P. contra punctum und der daraus entstandene Begriff → Kontrapunkt sind von der Sache her wie auf Grund zahlreicher Worterklärungen (z. B. *id est nota contra notam*, CS III, 12 u. ö.; *contranota* im Traktat London, Brit. Mus., Add. 21 455, f. 11) auf P. im Sinn von Note zu beziehen, selbst wenn Contrapunctus als Name der Gegenstimme zum Cantus, also nicht als Satzprinzip, wohl auch eine Deutung als »Gegen-Abschnitt« zulassen könnte. – 2) In der → Mensuralnotation werden seit dem 14. Jh. mehrere Arten von P. als Hilfszeichen verwendet. In dreizeitiger Messung trennt der P. divisionis, der seit Petrus de Cruce das Strichlein der → Divisio modi (– 1) ersetzt, zwei perfekte Notengruppen (→ Perfectio – 2). Speziellere Bedeutung haben die folgenden P.: der P. perfectionis soll in Zweifelsfällen sicherstellen, daß eine Note perfekt gelesen wird; der P. imperfectionis wird zwischen 2 Noten gleicher Gestalt gesetzt, um anzuzeigen, daß diese nicht zusammen eine dreizeitige Gruppe bilden, sondern jede von ihnen die jeweils benachbarte längere Note imperfiziert (→ Imperfektion); der P. alterationis bedeutet, daß von 2 folgenden Noten gleicher Gestalt die zweite mit → Alteration (– 1) gelesen werden muß. In zweizeitiger Messung bedeutet der P. additionis (oder p. augmentationis; → Augmentation – 1) Verlängerung einer Note um die Hälfte ihres Wertes. Der Verdeutlichung zusammengehöriger Noten in den oft schwer zu überschauenden Synkopationsbildungen des 14.-15. Jh. dient der P. demonstrationis (oder p. reductionis, p. syncopationis; → Synkope). Die Notation des italienischen Trecentos verwendet den P. nur zur Trennung von Breviseinheiten im System der → Divisiones. – Der in das Tempuszeichen (Kreis oder Halbkreis) gesetzte P. prolationis bedeutet Prolatio maior, d. h. Unterteilung der Semibrevis in 3 Minimen.

Lit.: zu 1): Der Musiktraktat d. J. de Grocheo, hrsg. v. E. ROHLOFF, = Media Latinitas Musica II, Lpz. 1943. – P. BOHN, Das liturgische Rezitativ u. dessen Bezeichnung in d. liturgischen Büchern d. MA, MfM XIX, 1887; P. WAGNER, Einführung in d. Gregorianischen Melodien, II Neumenkunde, Lpz. 1905, ²1912, Nachdruck Hildesheim u. Wiesbaden 1962, S. 88f., S. 117; E. ROHLOFF, Studien zum Musiktraktat d. J. de Grocheo, = Media Latinitas Musica I, Lpz. 1930. – zu 2): J. WOLF, Gesch. d. Mensuralnotation, 3 Bde, Lpz. 1904, Nachdruck in 1 Bd Hildesheim u. Wiesbaden 1965. KJS

Punkt. – 1) In der modernen Notenschrift wird eine Note durch einen rechts neben sie gesetzten P. um die Hälfte, durch 2 P.e um drei Viertel, durch 3 P.e um sieben Achtel ihres Wertes verlängert. Pausen werden im allgemeinen nicht punktiert; jedoch ist Punktierung bei der Viertelpause und den kleineren Werten zulässig. Der Verlängerungs-P. ist als Punctus additionis (→ Punctus – 2) in der Mensuralnotation seit dem 14. Jh. bekannt. → Punktierter Rhythmus. – 2) Ein P. über oder unter der Note ist Vortragsbezeichnung für → staccato, in Verbindung mit einem Bogen für → portato. – 3) Drucke des 16. Jh. für Tasteninstrumente bezeichnen chromatische → Alteration (– 2) einer Note durch einen darübergesetzten P.

Punktieren heißt im Sprachgebrauch der Bühne die Versetzung der höchsten oder tiefsten Noten einer Gesangspartie um eine Oktave (oder um ein kleineres akkordeigenes Intervall) nach unten bzw. nach oben. Dieses unter Umständen künstlerisch anfechtbare Verfahren wird in der Theaterpraxis notwendig, wenn einzelne Partien mit Sängern besetzt werden müssen, denen der geforderte Stimmumfang nicht zur Verfügung steht. Vor allem bei Charakterpartien, bei denen die darstellerische Eignung von besonderer Wichtigkeit ist, wird an Theatern mit nur begrenzter Besetzung der verschiedenen Fächer ein P. der fraglichen Partien oft unvermeidlich. So ist z. B. das P. der Partie der Carmen (Bizet) häufig, auch tiefliegende Altpartien zwingen oft zu solchen Zugeständnissen.

Punktierter Rhythmus. Der Punkt hinter einer Note (→ Punkt – 1) bedeutet seit Anfang des 19. Jh. stets eine Verlängerung des Notenwertes um die Hälfte; in der Notation der Barockzeit konnte er den Notenwert in bestimmten Fällen auch um mehr oder um weniger als die Hälfte verlängern. Die modernen Zeichen für diese Fälle rhythmischer Notation waren noch weitgehend unbekannt. In der Taktlehre des Barocks waren Gesichtspunkte des Affekts und Ausdrucks sowie der Prosodie, Rhetorik und Poetik (u. a. Kirnberger II, 1, 1776, 4. Abschnitt) für die Taktwahl entscheidender als eine im modernen Sinne bequemere Notationsweise. Zur Aufrechterhaltung der Tradition in der Ausführung genügte noch die mündliche Unterweisung.

1) P. Rh. gegen Triolen: Triolen im eigentlichen Sinne (z. B. eine Achteltriole in einem 3/4-Takt) sind zu unterscheiden von Dreiergruppen in einem zusammengesetzten ungeraden Takt (z. B. 3 Achtel in einem 9/8-Takt), obwohl in beiden Fällen ein P. Rh. gegen die 3 Noten gesetzt werden kann. Die Triole wird in Lehrbüchern aus der Mitte des 18. Jh. noch als eine ziemlich neue Rhythmusform bezeichnet; die abgeleitete unregelmäßige Triole (oder ähnlich) findet sich in ihrer erst später entwickelten Notationsform bis um 1750 nur äußerst selten (z. B. bei J. S. Bach in BWV 608). Man wählte zu ihrer Darstellung die nächstliegenden Notenwerte, z. B. das punktierte Achtel mit Sechzehntel anstelle unseres heutigen, wenn der Takt aus den obenerwähnten Gründen nicht geändert werden durfte. Zwingend im Sinne angleichender Spielart sind z. B. in Rameaus *Dardanus* (Erstausgabe), 5. Akt, 3. Szene, die Takte 90/91 der Chaconne:

(Weitere Beispiele: J. S. Bach, Kantate BWV 70 Nr 3 und Toccata BWV 915, Takte 9, 17, 26, 42, 97 der Fuge.) Ebenso sind vor allem in polyphonen raschen Sätzen fast immer Punktierungen den Triolen oder den Dreiergruppen im zusammengesetzten ungeraden Takt anzugleichen (J. S. Bach, Kantaten BWV 23 Nr 1 und 130 Nr 3; 110 Nr 1 und 147 Nr 6). In den pädagogischen Werken der 2. Hälfte des 18. Jh. wird versucht, sowohl die Tradition der Barockzeit zu erhalten als auch dem neuen Stil gerecht zu werden. So empfiehlt Quantz für die Flöte (in mehr homophonen Sätzen) eine Verlängerung der punktierten und eine Verkürzung der ihr folgenden Note, damit der Ausdruck *brillant und prächtig* werde. C. Ph. E. Bach und Marpurg treten in ihren Klavierschulen generell für die Angleichung des P.n Rh. an die Triole ein. Löhlein hatte noch 1765 ebenfalls bedingungslos die angeglichene Spielweise verlangt, diese Vorschrift aber in der 2. Auflage seines Lehrbuchs 1773 auf Grund einer Rezension J. Fr. Agricolas – der sich auf die Unterrichtspraxis von J. S. Bach und Quantz bezog – insofern gelockert, als er nunmehr die Angleichung des P.n Rh. an Triolen auf Stücke in raschem Tempo beschränkte (der ganze Absatz ist in der 6. Auflage, 1804, gestrichen). Noch Türk läßt 1789 (unverändert 1802) beide Möglichkeiten gelten, und noch 1806 stellte Callcott die Frage nach der korrekten Wiedergabe einer in P.m Rh. notierten Gesangspartie, die von gebrochenen Akkorden in Triolen begleitet wird.

2) Überpunktierung:

Im Gegensatz zur Abschwächung des P.n Rh. durch seine Anpassung an Dreiergruppen konnte in jener Zeit auch eine Verschärfung im Sinne einer Dehnung der punktierten und entsprechenden Verkürzung der kurzen Note (Überpunktieren) stattfinden, mit und ohne dazwischengeschobene Pause, etwa:

oder etwa sowie auch dann, wenn nach der punktierten Note oder Pause nicht nur eine, sondern mehrere kurze Noten standen, wie u. a. häufig in den langsamen Teilen der Französischen Ouvertüre zu finden ist (J. S. Bachs *Overture nach Französischer Art* in H moll, BWV 831, mit der rhythmisch gleich gemeinten, aber ungenauer notierten früheren Fassung in C moll). Die damalige Zeit kannte den doppelten oder gar den 3fachen Verlängerungspunkt nicht. Als Einzelfall ist bemerkenswert, daß M. Marais in seinem *Second livre de pièces de viole* (1701) den doppelten Verlängerungspunkt verwendet hat, wobei er den zweiten Punkt halb so groß wie den ersten machte. Erst Marpurg 1755 (I, 3, § 4), L. Mozart 1756 (I, 3, § 11) und J. F. Agricola 1757 (*Anleitung zur Singkunst*, Faks. hrsg. v. E. R. Jacobi, Celle 1966, II) benutzen den doppelten Verlängerungspunkt im heutigen Sinne sowie C. Ph. E. Bach in der veränderten 3. Auflage seines *Versuchs*. Türk gibt die bis dahin differenziertesten Vorschriften für doppelt punktierte Noten und Pausen (I, 3, §§ 47 und 50) sowie für den Vortrag des P.n Rh. entsprechend dem Charakter eines Stückes (VI, 3, § 48); der P.e Rh.

kann wie folgt wiedergegeben werden:

oder oder

wobei er ausdrücklich bemerkt: *Alle möglichen Fälle sind nicht zu bestimmen.* Beachtenswert ist Türks Vorschrift: *Hin und wieder verlängert man bey mehrstimmigen Stellen die punktierten Noten nur in Einer Stimme, und spielt die kurzen Noten beyder Stimmen zu gleicher Zeit, damit das Ganze mehr überein stimme:*

nämlich so:

Beispiele dazu sind J. S. Bach, Partita BWV 827, Allemande, Takt 2 (Beispiel a) sowie Partita BWV 829, Sarabande, Takt 13 (Beispiel b), wo in der vom Komponisten selber veröffentlichten Ausgabe die Noten deutlich wie folgt untereinandergesetzt sind:

Erst die späteren Gesamt- und Urtextausgaben schafften durch Plazierung der Noten an ihre »korrekte« Stelle ein Ausführungsproblem, das früher nicht bestanden hatte.

Lit.: QUANTZ Versuch; BACH Versuch; FR. W. MARPURG, Anleitung zum Clavierspielen, Bln 1755, ²1765; MOZART Versuch; G. S. Löhlein, Clavierschule, Lpz. u. Züllichau 1765, ²1773; D. G. Türk, Klavierschule, Lpz. u. Halle 1789, ²1802, Faks. hrsg. v. E. R. Jacobi, = DMl I, 23, 1962. – A. DOLMETSCH, The Interpretation of the Music of the XVIIth and XVIIIth Cent., London (1916), ²1946); G. HORN, La note pointée dans les œuvres pour clavecin de J.-S. Bach, Rev. de Musicol. XIX, 1935; CHR. DÖBEREINER, Zur Renaissance Alter Musik, = Hesses Hdb. d. Musik CI, Bln 1950, ²1960; S. BABITZ, A Problem of Rhythm in Baroque Music, MQ XXXVIII, 1952, deutsche Zusammenfassung in: Musica XVI, 1962; J. PONTE, Problems in the Performance of J. S. Bach's Clavierübung, Diss. Harvard Univ. (Mass.) 1952, maschr.; F. ROTHSCHILD, The Lost Tradition in Music …, London 1953, deutsch als: Vergessene Traditionen d. Musik, Zürich 1964; TH. DART, The Interpretation of Music, London 1954, ³1958, deutsch als: Practica musica; = Slg Dalp XXIX, Bern u. München (1959); E. HARICH-SCHNEIDER, Über d. Angleichung nachschlagender Sechzehntel an Triolen, Mf XII, 1959, dazu E. R. Jacobi in: Mf XIII, 1960; E. BODKY, The Interpretation of Bach's Keyboard Works, Cambridge (Mass.) 1960; R. DONINGTON, Tempo and Rhythm in Bach's Organ Music, London 1960; DERS., The Interpretation of Early Music, London 1963, erweitert ²1965; E. R. JACOBI, Neues zur Frage »Punktierte Rhythmen gegen Triolen …«, Bach-Jb. XLIX, 1962; A. GEOFFROY-DECHAUME, Les »secrets« de la musique ancienne, Paris 1964; FR. NEUMANN, La note pointée et la soi-disant »manière frç.«, Rev. de Musicol. LI, 1965; M. COLLINS, The Performance of Triplets in the 17th and 18th Cent., JAMS XIX, 1966. ERJ

punteado (span.) → Gitarre.

Puy (pũi, frz., altfrz. pui; Etymologie umstritten, vielleicht aus lat. podium) bezeichnet seit dem 11. Jh. eine Bürgervereinigung in nordfranzösischen Städten, die vor allem Dichter- und Sängerwettstreite (→ Jeu parti) veranstaltete, aber auch den Marienkult und geistliche und weltliche Spiele pflegte. P.s hat es nachweislich z. B. in den Städten Abbeville, Arras (hier war Adam de la Halle Mitglied), Amiens, Caen, Cambrai, Douai, Le Mans, Lille, Rouen, Tournai, Valenciennes gegeben. Noch im 16. und 17. Jh. wurden P.s gegründet; zu den Preisträgern des bedeutenden P. von Evreux (1570–

1790) gehörte u. a. O. de Lassus mit seiner Motette *Cantantibus organis* (1575). – Das Motiv des Sängerwettstreits vor einem P. hat R. Wagner im *Tannhäuser* gestaltet.

Lit.: TH. BORNIN u. A. CHASSANT, P. de musique, érigé à Evreux, en l'honneur de Madame Sainte-Cécile, Evreux 1837; A. BOTTÉE DE TOULMON, De p. de Palinodes au moyen âge en général, et de p. de musique en particulier, Rev. frç., N. S., Jg. 1838; A. DE LAFAGE, Sainte-Cécile, patronne des musiciens. Le p. de musique à Evreux, Rev. et gazette mus. de Paris XIV, 1847; J. A. CARLEZ, Le p. de musique de Caen (1671–85), in: Bull. de la Soc. des beaux-arts de Caen 1886; H. M. SCHLETTERER, Mus. Wettstreite u. Musikfeste im 16. Jh., MfM XXII, 1890; M. DE THÉMINES, Ste-Cécile et le p. de musique, L'Art mus. XV, 1896; H. GUY, Essai sur la vie du trouvère Adame de la Halle, Paris 1898; M. BRENET, Les concerts en France sous l'Ancien Régime, Paris 1900.

Pyknon (griech., dicht), in der Theorie der Griechischen Musik Bezeichnung der Folge von zwei Halb- oder Vierteltönen im chromatischen und enharmonischen → Tetrachord.

Pyramidenflügel → Giraffenklavier.

Pyramidon (piɪ'æmidn, engl.), eine in der Orgel Mitte des 19. Jh. in England nur vereinzelt gebaute Labialstimme zu 16′ (oder 32′) im Pedal, erfunden von Sir Fr. A. G. → Ouseley und gebaut von B. Flight. Die Pfeifen sind trichterförmig offen, sehr weit und kurz; der Klang ist dunkel.

Pyrophon (griech., zusammengesetzt aus πῦρ und φωνή, s. v. w. singendes Feuer, Flammenorgel), von G. Fr. E. → Kastner 1875 erfundenes Instrument, bei dem Gasflammen in Röhren verschiedener Länge brannten und Töne in verschiedener Höhe hervorbrachten. Das Instrument wurde mit einer Klaviatur gespielt; die Flammen wurden mittels elektrischer Leitungen direkt durch das Herabdrücken der Tasten angezündet und reguliert. Der Tonumfang reichte von C bis c². – W. → Weißheimer schrieb *Fünf Geistliche Sonnette* für Singst., Fl., Ob., Klar., P. und Kl.

Pythagoreisches Komma → Komma (– 1), → Intervall (Tabelle).

Pythische Spiele, antike Wettkampfspiele primär musikalischer Art in Delphi, in denen Apollon als Sieger über den Drachen Python gefeiert wurde. Im Unterschied zu den lokal begrenzten musischen Agonē in Sparta (Karneenfest, bezeugt seit dem 7. Jh. v. Chr.) und Athen (Panathenäenfest, Dionysosfest), hatten die P.n Sp. – ähnlich wie die sportlichen Wettkampfspiele in Olympia, Isthmia und Nemea – panhellenischen Charakter. Den ursprünglich allein üblichen, mit → Kithara begleiteten Apollonhymnus (ὕμνος ἐς τὸν θεόν, Pausanias X, 7, 2) wurden 586 v. Chr. im Zuge der Neuorientierung der P.n Sp. auch Aulodie (Gesang mit Begleitung des → Aulos) und Auletik (solistisches Aulosspiel, ohne Gesang) hinzugefügt. Doch wurde die Aulodie bald wieder abgeschafft, weil sie nicht für wohllautende Musik gehalten wurde (Pausanias X, 7, 5f.). Bald fand auch die Kitharistik (solistisches Kitharaspiel, ohne Gesang) Aufnahme in den Wettspielkanon. Als Sieger in der Auletik wurde Sakadas berühmt durch seinen Pythischen → Nomos. Für Midas von Akragas, den Sieger in der Auletik der P.n Sp von 490 v. Chr., schuf Pindar seine 12. Pythische Ode.

Lit.: D. KOLK, Der pythische Apollonhymnus als aitiologische Dichtung, Meisenheim a. Gl. 1963.

Q

Qānūn (arabisch seit dem 13. Jh., bei al-Fārābī ma'āzif und ṣunūǧ; von griech. → Kanon – 1), eine im Vorderen Orient gebräuchliche, dem abendländischen → Psalterium vergleichbare Brettzither. Das Q. ist in der neueren Zeit für das virtuose Spiel beliebter als der → 'Ūd. Es hat in der Regel 26 dreisaitige Chöre und wird im Unterschied zum mit Klöppeln geschlagenen → Sanṭûr gezupft oder mit Plektron angerissen. Wird es mit beiden Händen gespielt, so wird die Melodie oktaviert; daneben kommt die Spielart vor, bei der die linke Hand einzelne Saiten verkürzt. In der Regel jedoch wird auf dem Q. nicht gegriffen, sondern es muß für jeden → Maqām umgestimmt werden.

Lit.: AL-FĀRĀBĪ, Kitāb al-mūsīqī al-kabīr, frz. als: Grand traité de la musique, in: Baron R. d'Erlanger, La musique arabe I, Paris 1930; H. G. FARMER, The Canon and Eschaquiel of the Arabs, The Journal of the Royal Asiatic Soc. of Great Britain and Ireland 1926; DERS., Studies in Oriental Mus. Instr. I, London 1931; A. BERNER, Studien zur arabischen Musik auf Grund d. gegenwärtigen Theorie u. Praxis in Ägypten, = Schriftenreihe d. Staatl. Inst. f. Deutsche Musikforschung II, Lpz. 1937; E. GERSON-KIWI, Zur Vorgesch. d. Klavierinstr., Die Harfen, Q.- u. Santurinstr. d. Vorderen Orients, Tel Aviv 1958 (hebräisch).

Qopuz (türkisch und arabisch; russ. kobza; in weiteren Formen wie koboz auch in den Balkansprachen), eine Kurzhalslaute mit seitenständigen Wirbeln, die über Byzanz um 800 bei den Slawen bekannt wurde. In Deutschland nennt Heinrich von Neustadt (*Gotes zuokunft*, Anfang des 14. Jh.) neben der Laute die kobus, womit aber wahrscheinlich eine Mandora gemeint ist.

Lit.: M. R. GAZIMIHÂL, Kopuz, Ankara 1960.

Quadrille (kadr'i:j, frz.), eine gegen Ende des 18. Jh. in Paris aufgekommene und am Hofe Napoleons I. beliebte Art der → Contredanse, die von wenigstens 4 Paaren im Carré getanzt wurde. Die Qu. bestand zuerst aus 5, dann aus 6 Touren: Nr 1 Le Pantalon, Nr 2 L'Eté, Nr 3 La Poule, Nr 4 La Trénis (von Tanzmeister Trenitz eingefügt), Nr 5 La Pastourelle, Nr 6 La Finale. Die Musik der einzelnen Touren aus jeweils 32 Takten im 2/4- oder 6/8-Takt ist potpourriartig aus beliebten Musikstücken, Opern und Operetten zusammengestellt. Die Qu. des 19. Jh. weist viele Abarten auf, z. B. die Walzer-Qu., die mit einem Walzer endet; die Qu.-Mignon, bestehend aus Les Rondes, Les Croisées, Les Promenades und La Finale; die Lach-Qu., die Kegel- und die Kuß-Qu. Eine besondere Abart ist die Qu. à la Cour (Qu. des Lanciers), die 1856 durch den Pariser Tanzmeister Laborde erfunden worden sein soll und in Berlin durch das königliche Hofballett eingeführt wurde; doch scheint sie bereits um 1817 in Dublin getanzt worden zu sein. Jede ihrer 5 Touren (Les Tiroirs, Les Lignes, Moulinet, Les Visites, Les Lanciers) hat 24 Takte, mit Ausnahme der dritten mit nur 16 Takten. – Der Name Qu. wurde im 18. Jh. zunächst für die kreuzförmige Turnieraufstellung kleinerer Reitergruppen verwendet. – Qu.n komponierten im 19. Jh. u. a. J. B. J. Tolbecque, Musard und Offenbach; Joh. Strauß (Sohn) hat etwa 70 Qu.n geschrieben.

Quadrupelfuge (lat. fuga quadruplex, 4fache Fuge), die selten vorkommende Art der Fuge, bei der 4 Themen durchgeführt werden. Als Qu. bezeichnet ist S. Scheidts *Fantasia ... super Io son ferito lasso Fuga quadruplici* (*Tabulatura nova* I, 1624). Für J. S. Bachs unvollendete Fuge aus der *Kunst der Fuge* (BWV 1080 Nr 19) gilt als erwiesen, daß sie als Qu. geplant war und daß in ihr das Grundthema des gesamten Werkes als viertes und letztes Thema auftreten sollte.

Quadrupelkonzert ist ein Werk für 4 Soloinstrumente und Orchester (A. Vivaldi, op. 3 Nr 10, danach J. S. Bach, BWV 1065; L. Spohr, op. 131; E. Elgar, op. 47; J. Françaix, 1935, u. a.). Die Qu.e der 2. Hälfte des 18. Jh. (von C. Stamitz, Fr. Danzi, G. G. Cambini, I. Pleyel, auch W. A. Mozart, K.-V. Anh. 9) sind als → Symphonie concertante bezeichnet. Zu den Qu.en gehören auch das *Concerto grosso* (um 1777) von J. Schmitt und die *Concertante* (Hob. I, 105*) von J. Haydn.

Quadruplum (lat.; engl. quatreble) heißt im 4st. Organum (organum qu.) und im 4st. Discantus der Motette, des Conductus, Hoquetus usw. die vierte und oberste Gegenstimme zum Cantus (Tenor). → Duplum (bzw. Motetus), → Triplum.

Quantität der Silben (in der Antike griech. χρόνοι; lat. tempora, spatia syllabarum), seit dem 17. Jh. neben Größe der Silben (Opitz), Silbenmaß (Klopstock) u. ä. gebrauchter Ausdruck, der die unterschiedliche Silbendauer bezeichnet. Auf der Unterscheidung langer und kurzer Silben beruhte die altgriechische und klassische lateinische Verskunst (quantitierendes, messendes Versprinzip). Die Qu.s-Verhältnisse in der antiken Dichtung werden seit hellenistischer Zeit unter drei Gesichtspunkten behandelt: die Lehre von der → Prosodie (– 1) stellt fest, welche Silben als lang, kurz oder anceps galten, die Metrik zeigt, welche Qu.en-Folgen in den einzelnen Versen zugrunde lagen (→ Metrum – 1), und die Rhythmuslehre befaßt sich mit der zeitlichen Relation der beiden Qu.en beim (musikalischen) Vortrag (Länge:Kürze = 2:1, doch gab es Abweichungen von dieser Norm; → Rhythmus). Das allmähliche Schwinden der Qu. und der Wandel vom musikalischen zum dynamischen → Akzent (– 1) bildeten die Voraussetzung für die in der Spätantike (christlicher → Hymnus – 1) beginnende Neuorientierung der Verstechnik nach betonten und unbetonten Silben (akzentuierendes, wägendes Versprinzip). Auf diesem jüngeren Prinzip beruht im wesentlichen die mittelalterliche und neuzeitliche Dichtung (→ Versmaße). Der in einigen neueren Sprachen wie etwa im Deutschen vorhandene Unterschied zwischen längeren und kürzeren Vokalen ist im Verhältnis zum Akzent von untergeordneter Bedeutung.

Quart-... in Zusammensetzung mit Instrumentennamen bezeichnet Instrumente, die eine Quarte tiefer (Qu.-Posaune, Qu.-Fagott) oder höher (Qu.-Geige, Qu.-Flöte) als die gewöhnlichen Instrumente stehen.

Quarte (lat. quarta, vierte; griech. διὰ τεσσάρων), die 4. Stufe in diatonischer Folge. Die musikalische Praxis kennt die Qu. als rein, vermindert und übermäßig (→ Tritonus). Die musikalische Akustik kennt die reine Qu. als natürlich (3:4) und gleichschwebend temperiert ($5/12$ der Oktave). – In der Theorie der antiken Griechischen Musik gilt die Qu. (Diatessaron, → Syllabē) neben Diapason und Diapente als Symphonia (→ Concordantia, → Konsonanz – 1). Sie wird als nicht zusammengesetzte Einheit gehört und bildet zugleich (als kleinste der Symphoniai) den für die Melodik grundlegenden feststehenden Rahmen, der im Durchgang durch 2 je nach Tongeschlecht und -art in Lage und Größe verschiedene (»bewegliche«) Intervalle ausgefüllt wird (→ Tetrachord). Auch in den Tonsystemen des Mittelalters, vor allem in der Lehre von den → Kirchentönen und in der Theorie des frühen → Organum und des → Discantus, kommt der als Concordantia (perfekte Konsonanz) aufgefaßten Qu. grundlegende Bedeutung zu. Seit dem 12. Jh., als sich der musikalische Satz harmonisch an der tiefsten Stimme zu orientieren begann, wurden jedoch nurmehr Oktave und Quinte als »vollkommene« Konsonanzen behandelt. Die Qu. wurde nun als (wenigstens teilweise) dissonant aufgefaßt und als Intervall zwischen der untersten Stimme und einer Oberstimme vermieden bzw. »auflösungs«-bedürftig. Jedoch erscheint sie weiterhin regelmäßig als Intervall zwischen 2 Oberstimmen, z. B. im Terz-Sext- und im Quint-Oktav-Klang, deren Aufeinanderfolge vor allem an Einschnitten oder am Schluß gebräuchlich waren. Die im → Fauxbourdon und → Faburden des 15. Jh. zum Prinzip erhobene Vorrangstellung dieser Klänge sowie die neue Disposition des Satzes mit dem Tenor als Mittelstimme führten auch in der Musiktheorie zu einer neuen Bewertung der Qu., die nun wieder als konsonant galt, sofern sie durch eine darunterliegende Quinte oder Terz gestützt wird. In der Dreiklangsharmonik der späteren Zeit lebt die konsonante Auffassung der Qu. in ihrer Erklärung als Umkehrung der → Quinte fort, die dissonante in den besonderen Regeln für den → Quartsextakkord. – In der Melodik der europäischen Musik gilt die Qu. stets als grundlegendes konsonantes Intervall. Seit dem 16. Jh. findet sie sich besonders häufig in deutschen Liedern am Anfang einer Melodie oder Zeile, in der Regel mit Auftaktwirkung. Besondere Bedeutung erhielten im 16.–18. Jh. Baßmelodien, die stufenweise absteigend eine Qu. ausfüllen, als Ostinato oder Baßthema, diatonisch z. B. in J. S. Bachs Goldberg-Variationen (BWV 988), chromatisch z. B. im Abschiedsgesang der Dido in Purcells *Dido and Aeneas* (→ Lamento; → Passus duriusculus), sehr häufig auch in der Instrumentalmusik, so noch in Beethovens 32 Variationen C moll für Kl. (WoO 80). – Qu.n-Akkorde gehören zu den wichtigsten Elementen der Harmonik des 20. Jh. Sie sind gelegentlich bereits bei Chopin und Liszt nachzuweisen. Systematisch wurden sie zuerst in A. Schönbergs I. Kammersymphonie op. 9 (1906) verwendet, in Zusammenhang mit dem durch 5 aufeinanderfolgende aufsteigende Qu.en führenden Qu.n-Thema. Nach Schönberg haben u. a. Skrjabin (→ Mystischer Akkord), Busoni, Strawinsky, Bartók und Hindemith den Qu.n-Akkord übernommen. Schönberg (1911, S. 446ff.) stellt die Qu.n-Akkorde als Alterationen von Terzklängen dar. Einen Schritt weiter geht Webern,

Qu.n-Akkord alteriert

dem die Qu.-Akkorde Norm für die Ableitung neuer Klänge sind (nebenstehendes Beispiel aus op. 3 Nr 1, Takt 3): *Durch Alteration werden die Quartenakkorde zu noch nie gehörten Harmonien, die frei von jeder tonalen Beziehung sind* (1912, S. 37).

Lit.: A. SCHÖNBERG, Harmonielehre, Lpz. u. Wien 1911, ^{5}1960, engl. NY 1947; A. v. WEBERN, Schönbergs Musik, in: A. Schönberg, München 1912; H. ERPF, Studien zur Harmonie- u. Klangtechnik d. neueren Musik, Lpz. 1927.

Quartenakkorde → Quarte.

Quartett (ital. quartetto; frz. quatuor; engl. quartet) ist eine Komposition für 4 Instrumente oder 4 Singstimmen, auch ein Ensemble von 4 Instrumental- oder Vokalsolisten. Bis ins 19. Jh. wurde in Deutschland für das instrumentale Qu. die Bezeichnung Quatuor bevorzugt; im 17./18. Jh. begegnet auch → Quatricinium. 2 Violinen, Viola und Violoncello bilden das → Streichquartett. Andere Standardbesetzungen sind das Klavier-Qu. (Kl., V., Va, Vc.) und das Bläser-Qu. (Fl., Ob., Klar., Fag. oder Fl., Klar., Horn und Fag.), außerdem gibt es Qu.e für 4 gleiche Instrumente (z. B. für 4 Hörner) und gemischte Qu.e (meist für Fl. oder Ob., V., Va und Vc.). Konzerte für 4 Soloinstrumente und Orchester heißen → Quadrupelkonzerte. Im Bereich der Vokalmusik besteht ein gemischtes Qu. aus 4 Sängern verschiedener Stimmlagen (S., A., T., B.). Zur Literatur für (unbegleitetes) Vokal-Qu. können alle 4st. Madrigale, Kanzonetten usw. zählen; Vokal-Qu.e mit Klavierbegleitung schrieben u. a. J. Haydn und Schubert. Männer-Qu.e (2 T. und 2 B.) werden oft chorisch ausgeführt, ebenso Qu.e für Frauenstimmen (2 S. und 2 A.). Im 1. Drittel des 20. Jh. waren (solistische) Männer-Qu.e in der Unterhaltungsmusik beliebt; sehr bekannt waren die Comedian Harmonists (Gründer Robert Biberti). – In der Oper ist Qu. eine Ensembleszene von 4 handelnden Personen beliebiger Stimmlage mit Orchesterbegleitung. Ein Solo-Qu. (S., A., T., B.) tritt in großen Vokalwerken für Konzert oder Kirche neben Chor und Orchester (z. B. Beethoven, Finale der 9. Symphonie; *Missa solemnis*).

Lit.: J. SAAM, Zur Gesch. d. Kl.-Qu. bis in d. Romantik, = Slg mw. Abh. IX, Lpz. 1933; W. ALTMANN, Hdb. f. Kl.-Quartettspieler, Wolfenbüttel 1937.

Quartgeige → Violino piccolo.

Quartole (Vierer; ital. quartina; frz. quartolet; engl. quadruplet), eine für 3 oder 6 Noten eintretende Figur von 4 Noten gleicher Form. Vertritt eine Qu. 6 Noten, so kann sie als doppelte → Duole aufgefaßt und mit Notenzeichen der nächstgrößeren Gattung geschrieben werden.

Quartsextakkord, in der Generalbaßlehre die mit $^6_4$ geforderte Quarte und Sexte über dem Baßton nach den Vorzeichen der Tonart (in C dur also auch f–h–d^1), in der dur-moll-tonalen Harmonielehre die 2. → Umkehrung des Dur- bzw. Mollakkords in folgender Verwendung (*): als Teil einer harmonisierten Dreiklangsbrechung (Umkehrungs-Qu.; Beispiel a), als konsonanter Durchgangsakkord (Durchgangs-Qu.) oder als Harmonisierung einer Wechselnote (Wechsel-Qu.; Beispiel b)

und als auffassungsdissonanter Vorhaltsakkord (Vorhalts-Qu.) mit doppelter Vorhaltsdissonanz (Quarte und Sexte vor Terz und Quinte; Beispiel c). In neuerer Zeit erscheint der Qu. gelegentlich auch als Schlußakkord, z. B. in Strawinskys *Histoire du soldat* (Großer Choral) und *Cantata*.

Quatreble (kw'ɔtɹebl, engl.; von lat. quadruplum) → Sight.

Quatricinium ist ein Satz zu 4 Stimmen. Die Bezeichnung Qu., eine nachträgliche und wenig verbreitete Analogiebildung zu Bicinium und Tricinium, wurde in der Musiklehre des 17. und 18. Jh. (J. Theile; J. Mattheson 1739, S. 357) für Kontrapunktexempla, in der gleichzeitigen Stadtpfeiferpraxis für Bläserstücke (→ Turmmusik) verwendet.

Quaver (kw'e:vɚ, engl.), Achtelnote; semiqu., Sechzehntelnote; demisemiqu., Zweiunddreißigstelnote; hemidemisemiqu., Vierundsechzigstelnote.

Quellen. Die wichtigsten Qu. der Musikgeschichte des europäischen Mittelalters sind seit dem 9. Jh. (→ Gregorianischer Gesang) bzw. seit dem 12. Jh. (jüngeres → Organum) die Musikhandschriften. Ihr Vorrang gegenüber den ergänzenden Zeugnissen über ältere Musizierweisen beruht darauf, daß in der europäischen Musik (und nur in ihr) seither die einstimmige und mehrstimmige Musik als → Komposition untrennbar verbunden ist mit ihrer Darstellung in Notenschrift. Aus der Zeit vor 1500 ist jedoch kein Autograph nachgewiesen. Die erhaltenen Musikhandschriften sind wohl ausnahmslos Ergebnis einer Sammeltätigkeit; die Qu. und die in ihnen überlieferten Werke sind nach Entstehungszeit und -ort oft weit voneinander entfernt. In der Regel müssen mindestens 2 Niederschriften vorausgegangen sein: diejenige des Komponisten sowie die für Ausführung und Weitergabe bestimmte Aufzeichnung auf einem einzelnen Blatt oder in einem → Rotulus oder Heft. Da der Text eines Stücks bei der Zusammenstellung einer Sammelhandschrift Veränderungen erfahren konnte, ist es zuweilen schwierig, nachträgliche Eingriffe und die Arbeit des Komponisten gegeneinander abzugrenzen (ein Beispiel bieten die beiden Fassungen von Binchois' 3st. Chanson *Jamais tant*, die vermutlich ältere in *PR* im Tempus imperfectum cum prolatione maiori, die vermutlich jüngere in *O* im Tempus perfectum cum prolatione minori). Mit Rücksicht auf solche Fälle ist die musikwissenschaftliche Editionspraxis dazu übergegangen, neben den Ausgaben von Werken eines bestimmten Komponisten auch Sammelhandschriften als selbständige Qu. geschlossen herauszugeben (z. B. *Mo, Ba, Hu, Sq, TuB, Apt, Apel*-Kodex).
Nachfolgend ist eine Auswahl der handschriftlichen Qu. der mehrstimmigen Musik des Mittelalters bis um 1500 verzeichnet. Weitere Qu. zur mehrstimmigen Musik: → Cancionero, → Chansonnier, → Chorbuch, → Liederbücher, → Rotulus; zur Instrumentalmusik: → Lautentabulatur, → Orgeltabulatur; zur einstimmigen nichtliturgischen Musik: → Cantigas, → Carmina Burana, → Chansonnier, → Lauda, → Liederbücher, → Meistersang, → Minnesang; zur einstimmigen liturgischen Musik: → Byzantinischer Gesang (Ausg.), → Gregorianischer Gesang (Ausg. u. Lit.), → Tonar. — Die Auswahl ist nach Sigeln alphabetisch geordnet. Die Beschreibungen nennen Signatur, Material, Format, Umfang und Foliierung, Entstehungszeit und -ort des Manuskripts und seines Repertoires; die Autoren, denen diese sowie ebenfalls zitierte abweichende Angaben entnommen sind, werden genannt. Auf eine kurze Charakterisierung der Handschrift folgt die Angabe von Inhalt, Ausgaben und Literatur, letztere mit Bevorzugung von Inhaltsverzeichnissen und neuerer Spezialliteratur.

Zusätzliche Abkürzungen in diesem Artikel: StB = Staatsbibliothek, StUB = Staats- und Universitätsbibliothek, UB = Universitätsbibliothek. In den Literaturangaben werden folgende Kurzbezeichnungen benutzt:
BESSELERBuF = H. BESSELER, Bourdon u. Fauxbourdon, Lpz. 1950; BESSELERSt = DERS., Studien zur Musik d. MA I u. II, AfMw VII, 1925 – VIII, 1926; vFISCHERSt = K. v. FISCHER, Studien zur ital. Musik d. Trecento u. frühen Quattrocento, = Publikationen d. Schweizerischen Musikforschenden Ges. II, 5, Bern (1956); vFISCHERTr = DERS., Trecentomusik – Trecentoprobleme, AMl XXX, 1958; LUDWIGQu = FR. LUDWIG, Die Qu. d. Motetten ältesten Stils, AfMw V, 1923; LUDWIGR = DERS., Repertorium organorum recentioris et motetorum vetustissimi stili, I, 1, Halle 1910, Nachdruck hrsg. v. L. A. Dittmer, NY u. Hildesheim 1964, I, 2 hrsg. v. Fr. Gennrich, = Summa musicae medii aevi VII, Langen 1961; REANEYM = G. REANEY, Mss. of Polyphonic Music, 11th – Early 14th Cent., = RISM B IV¹, München u. Duisburg 1966.

Ao, Aosta, Bibl. del Seminario maggiore (ohne Signatur); Papier, 272:202; 281 f. (neu) = 25 Fasz., 3 Teile später zusammengebunden u. durch 4. Teil ergänzt; nicht vor 1440, Norditalien: kaiserliche Kapelle (Besseler); Repertoire: 1400–40 mit Schwerpunkt 1420–30; Hauptquelle d. mehrst. geistlichen Musik dieser Zeit; ca. 200 Stücke: 1. Teil (Fasz. 2–4), begonnene Slg v. Meßsätzen, 2. Teil (Fasz. 5–13), vollständige Slg v. Meßsätzen, 3. Teil (Fasz. 14–21 u. 1), verschiedene Gattungen planlos, 4. Teil (Fasz. 22–25), Motetten (meist f. aktuellen politischen Anlaß); u. a. 129 Ordinariumssätze (auch Satzpaare), 18 Motetten, Antiphonen, Introitus, Hymnen, Magnificat.
Lit.: G. DE VAN, A Recently Discovered Source of Early 15th-Cent. Music, MD II, 1948 (mit Verz. u. Faks.); BESSELERBuF.

Apel-Kod. (Feldmann; Birtner: *L*), Mensuralcod. d. Magisters N. Apel, Lpz., UB, Ms. 1494 (seit 1945 nur als Fotokopie); Papier, 315(305):210; 260 f. (arabisch = neu) = 22 Fasz.; zwischen 1492–1504, Lpz.; erster Besitzer: N. Apel; Repertoire: ca. 1475–1500; wichtige Quelle d. deutschen, besonders geistlichen Musik; ca. 188 Nrn (korrekturbedürftig), meist 3–5st.; Fasz. 1–4; 47 Hymnen; im übrigen ungeordnet: Messen, Magnificat, Sequenzen, Introitus, Hymnen, geistliche u. weltliche Lieder (lat., selten deutsch, oft untextiert), u. a. v. Adam v. Fulda, Aulen, H. Finck, H. Isaac.
Ausg.: Der Mensuralkod. d. N. Apel I–II, hrsg. v. R. GERBER, = EDM XXXII–XXXIII, Abt. MA IV–V, Kassel 1956–60.
Lit.: H. RIEMANN, Der Mensural-Cod. d. Magister N. Apel, KmJb XII, 1897 (mit Verz.); DERS., Hdb. d. Mg. II, 1, Lpz. 1907, ²1920; W. NIEMANN, Studien zur deutschen Mg. d. XV. Jh., KmJb XVII, 1902; R. GERBER, Die Hymnen d. Apelschen Kod., Fs. A. Schering, Bln 1937.

Apt, Apt (Provence), Basilique St. Anne, Cod. 16bis; Pergament u. Papier, 270(–290):193(–210); 45 f. (neu) = 6 Fasz.; 1. Viertel 15. Jh. (Besseler), um 1400–17 (Stäblein-Harder), Avignon; Repertoire: Ende 14. Jh. bis ca. 1420; Hauptquelle d. mehrst. geistlichen Musik d. 14. Jh.; ca. 50 Stücke; u. a. 10 3st. Hymnen u. 34 meist 3st. Ordinariumssätze.
Ausg.: A. GASTOUÉ, Le ms. de musique du trésor d'Apt, = Publications de la Soc. frç. de musicologie I, 10, Paris 1936, dazu G. de Van in: AMl XII, 1940; Fourteenth-Cent. Mass Music in France, hrsg. v. H. STÄBLEIN-HARDER, = CMM XXIX, (Rom) 1962, dazu dies., Critical Text, = MSD VII, (Rom) 1962.
Lit.: BESSELERSt I (mit Verz.); A. ELLING, Die Messen, Hymnen u. Motetten d. Hs. Apt, Diss. Göttingen 1924, maschr.; FR. LUDWIG, Die mehrst. Messe d. 14. Jh., AfMw VII, 1925.

As, Assisi, Bibl. Comunale, Ms. 695; Pergament, 212:151; 242 f. (arabisch = neu), römisch (= alt) ab f. 56, beginnend mit I, mit Lücken (unvollständiger Bd); um 1280, Paris oder Reims; 6 mehrst. Stücke: 2 2st. Tropen (f. 2 u. 52'), 1 3st. Kyrietropus (f. 15), 3 2st. Mariensequenzen (f. 111 = LVI, f. 236 = CLXXXIX, f. 238' = IICC').
Lit.: A. SEAY, Le ms. 695 de la Bibl. Comunale d'Assise, Rev. de Musicol. XXXIX, 1957 (mit Verz.); REANEYM (mit Verz.).

B → Ba.

B → Berlin 40021.

Ba (Aubry: *B*), Bamberg, StB, Ms. lit. 115 (olim Ed. IV. 6); Pergament, 263:186; 80 f.; um 1300 Nordfrankreich; Repertoire: 2. Drittel 13. Jh.; bedeutendste Motetten-Hs. d. Ars antiqua neben *Mo*; I. Teil (f. 1–64'): 108 Stücke: 100 Motetten, davon 99 3st. u. 1 4st. (44 lat., 47 frz., 9 gemischt), in alphabetischer Ordnung nach Incipits d. Motetustexte, Anhang: 1 Conductus u. 7 textlose Hoqueti; II. Teil (f. 65–80'): Traktat *Practica artis musice* v. → Amerus u. 2 2st. lat. Motetten.
Ausg.: P. AUBRY, Cent motets du XIIIe s. ..., 3 Bde, Paris 1908 (Faks., Übertragung u. Kommentar).
Lit.: LUDWIGQu; BESSELERSt II; J. HANDSCHIN, Erfordensia I, AMl VI, 1934; REANEYM.

Berlin 40021 (Feldmann; Birtner: *B*), Bln, StB, Mus. ms. 40021 (olim Z 21); Papier, ca. 300:200; 265 f.; um 1500, Halberstadt; Repertoire: ca. 1475–1500; Hauptquelle d. deutschen, besonders geistlichen Musik; ca. 159 Nrn (korrekturbedürftig), meist 4st., häufig 3st., selten 5st.: u. a. ca. 13 Messen, 11 Magnificat, Motetten, Hymnen, geistliche u. weltliche Lieder (lat., selten deutsch), u. a. v. Adam v. Fulda, A. Agricola, Aulen, H. Finck, Hofhaymer, Isaac.
Lit.: R. EITNER, Cod. Mus. Ms. Z 21 d. Kgl. Bibl. zu Bln, MfM XXI, 1889 (mit Verz.); W. EHMANN, Adam v. Fulda, = Neue deutsche Forschungen XCIV, Abt. Mw. II, Bln 1936; R. GERBER, Die Sebaldus-Kompositionen d. Berliner Hs. 40021, Mf II, 1949.

Bes, Besançon, Bibl. Municipale, Ms. I. 716; erhalten nur d. Inhaltsverz.; Repertoire: 13. Jh.; 57 Stücke: (nach d. überlieferten Anfängen vermutlich) 53 Doppel- u. 4 Tripelmotetten (ca. 23 lat. u. 34 frz. Texte).
Lit.: LUDWIGQu; BESSELERSt II; Y. ROKSETH, Polyphonies du XIIIe s., Bd IV, Paris 1939.

BL, Bologna, Civico Museo bibliogr. mus. (olim Liceo mus.), ms. Q 15 (olim 37); Papier u. Pergament, 280:200; 312 f. (kombiniert römisch = alt, arabisch = neu) + Einschübe f. I–XX u. f. AI–AXIII = 29 Fasz.; vor 1440, Oberitalien; Repertoire: ca. 1400–35; Hauptquelle d. Dufay-Zeit; ca. 325 Stücke: 143 3–4st. Ordinariumssätze (Satzpaare u. vollständige Zyklen), 2–5st. Motetten, 3st. Hymnen, Magnificat, Rondeaus, Balladen.
Ausg.: S. CLERCX-LEJEUNE, J. Ciconia, = Acad. Royale de Belgique, Classe des beaux-arts, Mémoires II, 10, 1a–b, Brüssel 1960 (Faks. u. Übertragung); G. DUFAY, GA, hrsg. v. G. de Van u. H. Besseler, = CMM I, (Rom) 1947ff.
Lit.: G. DE VAN, Inventory of Ms. BL, MD II, 1948. – BESSELERSt I; BESSELERBuF.

Br → Brux 5557.

Breslau 2016, Breslau, Univ., Mus. Inst., Mf. 2016 (seit 1945 verschollen); Papier, 330:230; 157 f. (neu) = 13 Lagen; um 1500, sicher vor 1510, Grenzgebiet Böhmen-Schlesien; Repertoire: ca. 1475–1500; wichtige Quelle d. deutschen, besonders geistlichen Musik; ca. 95 Nrn, meist 3- u. 4st., selten 2- oder 5st.: 6 Messen, u. a. v. Aulen, Weerbeke, Isaac, ca. 60 Motetten, Hymnen, Magnificat, 12 textlose Stücke, 4 weltliche Stücke.
Lit.: FR. FELDMANN, Zwei weltliche Stücke d. Breslauer Cod. Mf. 2016, ZfMw XIII, 1930/31; DERS., Der Cod. Mf. 2016..., 2 Bde, = Schriften d. Mus. Inst. bei d. Univ. Breslau II, 1–2, Breslau 1932 (Verz. u. Kommentar, Übertragung v. 26 Stücken); DERS., Musik u. Musikpflege im ma. Schlesien; = Darstellungen u. Qu. zur schlesischen Gesch. XXXVII, Breslau 1938; DERS., Alte u. neue Probleme um Cod. 2016 d. Mus. Inst. bei d. Univ. Breslau, Fs. M. Schneider, Lpz. (1955).

Brux 5557 (Kenney: *BR 5557*), Brüssel, Bibl. Royale, ms. 5557; Papierchorbuch, 370:276; 136 f. = 12 Lagen; 2. Hälfte 15. Jh., Hofkapelle v. Burgund; Repertoire: geistliche Musik zwischen 1450–75; Hauptquelle f. Busnois u. Frye; 21 Nrn: 11 Messen, 7 Motetten, 2 Magnificat, 1 Hymne; meist 3- u. 4st., selten 2st., u. a. v. Busnois (7 Messen), Cockx, Dufay, Frye (3 Messen), Heyns, Ockeghem, Regis.
Ausg.: W. FRYE, GA, hrsg. v. S. W. Kenney, = CMM XIX, (Rom) 1960.
Lit.: CH. VAN DEN BORREN in: AMl V, 1933; DERS., Etudes sur le XVe s. mus., Antwerpen 1941; S. W. KENNEY, Origins and Chronology of the Brussels Ms. 5557 ..., RBM VI, 1952; E. H. SPARKS, The Motets of A. Busnois, JAMS VI, 1953.

BU, Bologna, Bibl. Universitaria, 2216; Chorbuch, Papier, 400:290; 57 f. (alte Zählung: S. 1–114); nach 1423, kirchliche Gebrauchs-Hs., vermutlich Brescia; Repertoire: Anfang 15. Jh.; Hauptquelle d. Dufay-Zeit neben *BL*; 92 Stücke, davon 21 2st. u. 66 3–4st. in IV Teilen nach ursprünglichem Plan: I (f. 1–16), Kyrie – Gloria, II (f. 17–32), Credo – Sanctus – Agnus Dei, III (f. 33–48), Motetten, IV (f. 49–57), weltliche Stücke, durchweg zahlreiche Nachträge.
Lit.: H. BESSELER, The Ms. Bologna Bibl. Univ. 2216, MD VI, 1952.

Bux, Buxheimer Orgelbuch, München, StB, Cim 352b (olim Ms. mus. 3725); Papier, 310:215; 167 f. = 9 Fasz. (vermutlich später zusammengebunden); 1460–70, süddeutscher Raum (Besseler), München (Wallner); Repertoire: 15. Jh. (alt u. jung gemischt); größte Hs. mit Musik d. 15. Jh. f. Tasteninstr.; 256 Nrn = ca. 250 Stücke: 109 deutsche Liedbearb., ca. 55 frz., 7 ital., 51 lat. Stücke, 27 freie Instrumentalstücke, alle zumeist 3st., öfter 2st., selten 4st.; ferner 4 Fundamenta.
Ausg.: Das Buxheimer Orgelbuch, hrsg. v. B. A. WALLNER, = DMl II, 1, 1955 (Faks.); Das Buxheimer Orgelbuch, hrsg. v. DERS. (u. R. Blume), = EDM XXXVII–XXXIX, Abt. MA VII–IX, Kassel 1958–59, dazu M. Schuler in: Mf XVI, 1963.
Lit.: H. SCHNOOR, Das Buxheimer Orgelbuch, Diss. Lpz. 1919, maschr., Auszug in: ZfMw IV, 1921/22; L. SCHRADE, Die hs. Überlieferung d. ältesten Instrumentalmusik, Lahr 1931; W. SCHRAMMEK, Das deutsche Lied in d. deutschen Orgeltabulaturen d. 15. Jh. ..., Diss. Jena 1956, maschr.; DERS., Zur Numerierung im Buxheimer Orgelbuch, Mf IX, 1956; E. SOUTHERN, An Index to Das Buxheimer Orgelbuch, Notes 19, 1961/62; DIES., The Buxheim Organ Book, = Musicological Studies VI, Brooklyn/N. Y. (1963); DIES., Basse-Dance Music in Some German Mss. ..., in: Aspects of Mediæval and Renaissance Music, Fs. G. Reese, NY (1966); H. R. ZÖBELEY, Die Musik d. Buxheimer Orgelbuches, = Münchner Veröff. zur Mg. X, Tutzing 1964.

Ca 6 u. Ca 11, Cambrai, Bibl. Municipale, Ms. 6 u. 11; Chorbücher, Pergament, 510:335 u. 490:350; 38 f. u. 51 f.; um 1435, Cambrai; Repertoire: um 1430–35; wichtige Quelle d. Dufay-Zeit; Ca 6: 22 Stücke, davon 6 1st., 13 3–4st. Ordinariumssätze (auch Gloria-Credo-Paare), 3 3st. Hymnen; Ca 11: 26 Stücke, davon 7 1st., 19 3–4st. Ordinariumssätze (in Gruppen v. 5 Kyrie, 7 Gloria u. 7 Credo). Zahlreiche gemeinsame Stücke.
Lit.: BESSELERSt I; BESSELERBuF.

Calixtinus-Kod. (Reaney: *Compostela*), Santiago de Compostela, Arch. de la Catedral, Liber Sancti Jacobi; Sammel-Hs., Pergament, 295:210; 196 f. + 29 Blätter

Quellen: *Cb 473*

(= Chronik Pseudo-Turpins) ohne Zählung zwischen f. 162 u. 162'; um 1140 (Ludwig, Handschin, P. Wagner, Anglès), nach 1173 (Reaney), Frankreich (P. Wagner, Stäblein), Flandern (Anglès); Repertoire: 12. Jh.; mus. Teil: Liber I (f. 1–65): 1–2st. Stücke zur Jacobus-Liturgie; Anhang (f. 185–196'): 20 mehrst. u. einige 1st. Stücke.
Ausg.: Die Gesänge d. Jakobusliturgie ..., hrsg. u. kommentiert v. P. WAGNER, Freiburg i. d. Schweiz 1931; Liber Beati (Sancti) Jacobi, Cod. Calixtinus, 3 Bde, hrsg. v. W. M. WHITEHILL, G. PRADO OSB u. J. CARRO GARCÍA, Santiago de Compostela 1944 (Text, Faks., Übertragung u. Kommentar).
Lit.: FR. LUDWIG, Studien über d. Gesch. d. mehrst. Musik im MA II: Ein mehrst. St. Jakobs-Offizium d. 12. Jh., KmJb XIX, 1905; A. HÄMEL, Überlieferung u. Bedeutung d. Liber Sancti Jacobi u. d. Pseudo-Turpin, in: Sb. München 1950, H. 2; H. ANGLÈS, Die Mehrstimmigkeit d. Calixtinus ..., Fs. H. Besseler, Lpz. 1961 (dort weitere Lit.); BR. STÄBLEIN, Modale Rhythmen im St-Martial-Repertoire?, Fs. Fr. Blume, Kassel 1963; J. SCHUBERT, Zum Organum d. Cod. Calixtinus, Mf XVIII, 1965, vgl. dazu: Mf XIX, 1966, S. 180ff.; REANEYM.

Cb 473 → *WiTr*.

Ch, Chantilly, Musée Condé, Ms. 564 (olim 1047); Pergament, 387:286; 77 f. (ursprünglich 72 f., wovon 12 f. verlorengingen, Zusätze im 15. Jh.); ital. Kopie, Anfang d. 15. Jh., vermutlich Florenz, nach frz. Vorlage um 1390–1400, vermutlich Foix oder Aragon (Reaney); Repertoire: fast nur weltliche Musik v. 2. Drittel d. 14. Jh. – ca. 1420 (Nachtrag: Cordier); wichtige Quelle d. frz. Musik d. 2. Hälfte d. 14. Jh.; 113 Stücke (1 doppelt), meist 3- u. 4st., frz. u. lat.: 70 Balladen, 14 Rondeaus, 3 Rondeaurefrains, 12 Virelais, 1 Chanson, 13 isorhythmische Motetten.
Ausg.: French Secular Music of the Late 14th Cent., hrsg. v. W. APEL, = The Mediæval Acad. of America Publication LV, Cambridge (Mass.) 1950; Zehn datierbare Kompositionen d. Ars nova, hrsg. v. U. GÜNTHER, = Schriftenreihe d. Mw. Inst. d. Univ. Hbg, Hbg 1959; The Motets of the Mss. Chantilly ... and Modena ..., hrsg. v. DERS., = CMM XXXIX, (Rom) 1965.
Lit.: G. REANEY, The Ms. Chantilly, Musée Condé 1047, MD VIII, 1954 (mit Verz.); S. CLERCX-LEJEUNE in: RBM X, 1956; DIES. in: L'Ars nova, = Les Colloques de Wégimont II, 1955, Paris 1959, S. 75–81; U. GÜNTHER, Der mus. Stilwandel d. frz. Liedkunst in d. 2. Hälfte d. 14. Jh., Diss. Hbg 1957, maschr.; DIES., Die Anwendung d. Diminution in d. Hs. Chantilly 1047, AfMw XVII, 1960; DIES., Der Gebrauch d. tempus perfectum diminutum in d. Hs. Chantilly 1047, ebenda; DIES., Das Ende d. ars nova, Mf XVI, 1963.

Chi, Chigi-Kod., Rom, Bibl. Vaticana, Chigiano C. VIII.234; Chorbuch, Pergament, 370:278; 289 f. (arabisch = neu); Ende 15. Jh. (Besseler), 1498–1503, Nachträge nach 1514 in Spanien (Kellmann), Flandern; erster Besitzer: Van der Hoyen (Besseler), Philipp der Schöne (Kellmann); Repertoire: geistliche Musik d. Niederländer; Hauptquelle f. Ockeghem; 41 Nrn: u. a. 13 Messen (3 unvollständig) u. 2 Motetten v. Ockeghem, weitere 7 Messen u. 18 Motetten v. seinen Zeitgenossen.
Ausg.: J. OCKEGHEM, GA I–II, hrsg. v. Dr. Plamenac, Lpz. 1927 u. NY 1947.
Lit.: H. KELLMANN, The Origin of the Chigi Cod. ..., JAMS XI, 1958 (mit Verz.). – DR. PLAMENAC, J. Ockeghem als Motetten- u. Chansonkomponist, Diss. Wien 1925, maschr.; H. BESSELER, Von Dufay bis Josquin, ZfMw XI, 1928/29; W. STEPHAN, Die burgundisch-nld. Motette zur Zeit Ockeghems, = Heidelberger Studien zur Mw. VI, Kassel 1937.

Cl (Rosenthal: *CL*), Ms. de La Clayette, Paris, Bibl. Nat., n. a. frç. 13521; Pergament, 262:184; mus. Teil: f. 369–390' (neu) = f. 729–772' (alt) = 1 Fasz.; 2. Hälfte 13. Jh., Ile de France; Repertoire: ca. 1225–50; wichtige Motetten-Hs. d. Ars antiqua; 55 Motetten, davon 7 lat. (6 3st., 1 4st.), 35 frz. (26 3st., 7 4st., 2 2st.) u. 13 gemischt (8 3st., 5 4st.).
Ausg.: Ein altfrz. Motettenkod., Faks. d. Hs. La Clayette, hrsg. v. FR. GENNRICH, = Summa musicae medii aevi VI, Darmstadt 1958; Paris 13 521 ..., hrsg. v. L. A. DITTMER, = Publications of Mediæval Mus. Mss. IV, Brooklyn/ N. Y. (1959; Faks. u. Übertragung).
Lit.: A. ROSENTHAL, Le Ms. de la Clayette retrouvé, Ann. Mus. I, 1953 (mit Verz.); S. SOLENTE, Le grand recueil La Clayette à la BN, Scriptorium VII, 1953; L. SCHRADE, Unknown Motets in a Recovered 13th-Cent. Ms., Speculum XXX, 1955; M. F. BUKOFZER, The Unidentified Tenors in the Ms. La Clayette, Ann. Mus. IV, 1956; REANEYM.

Compostela → *Calixtinus*-Kodex.

CS 14 u. *CS 15*, Rom, Bibl. Vaticana, Cappella Sistina 14 u. 15; Chorbücher, Papier, beide 550:420; CS 14: 169f.; nach 1481, ältestes Chorbuch d. Cappella Sist.; Repertoire: 2. u. 3. Viertel d. 15. Jh.; wichtige Messen-Hs.; Messen (»L'homme armé«) u. Meßteile, u. a. v. Dufay, Busnois, Regis, Caron, Ockeghem, Eloy; CS 15: 265 f.; um 1500, wahrscheinlich unter Papst Julius II.; Repertoire: 2. u. 3. Drittel d. 15. Jh.; größte u. reichhaltigste Hymnen-Slg d. Zeit; 28 Hymnen (f. 1–70), 13 Magnificat, 41 Motetten, u. a. v. Dufay, de Orto, Josquin, Compère, Gaspar.
Lit.: FR. X. HABERL, W. du Fay, = Bausteine f. Mg. I, Lpz. 1885, S. 72ff.; R. GERBER, Römische Hymnenzyklen d. späten 15. Jh., AfMw XII, 1955.

Da, Darmstadt, Hessische Landes- u. Hochschulbibl., Hs. 3471 (Teile früher auch unter d. Signatur 3317 u. 3472); Pergament, 205:150; insgesamt 13 f. = Fragmente einer Motetten-Hs.; vermutlich Anfang d. 14. Jh., Nordfrankreich, Nachträge im Dominikanerkloster Wimpfen/Neckar, um 1470 zerschnitten u. als Einbindematerial verwendet; Repertoire: 13. Jh.; Reste einer bedeutenden Quelle geistlicher Musik d. Ars antiqua; 23 Stücke: 5 3st. Doppelmotetten, Fragmente v. 10 3st. Doppelmotetten, 5 3st. Conductus, je ein 2st. Organum, 2st. u. 1st. Conductus.
Ausg.: Die Wimpfener Fragmente ..., hrsg. v. FR. GENNRICH, = Summa musicae medii aevi V, Darmstadt 1958 (Faks. u. Rekonstruktion).
Lit.: LUDWIGQu; FR. GENNRICH, Bibliogr. d. ältesten frz. u. lat. Motetten, = Summa musicae medii aevi II, Darmstadt 1957.

Di(Dij), Dijon, Bibl. de la Ville, ms. 517, → Chansonnier.

Egerton 3307 (Bukofzer: *LoM*), London, Brit. Mus., Egerton 3307; Pergament, 292:222; 88 f. = 12 Lagen (unvollständiger Bd); vor 1450, St. George's Chapel, Windsor (Schofield, McPeek), Abbey of Meaux, Yorkshire (Bukofzer); Repertoire: ca. 1425–40; wichtige Quelle d. engl. Musik in d. 1. Hälfte d. 15. Jh.; 53 1–3st. Stücke: u. a. 1 Messe, 2 Passionen, Carols.
Ausg.: GW. S. MCPEEK, The Brit. Mus. Ms. Egerton 3307, London 1963 (mit Verz. u. Kommentar), dazu Fr. Ll. Harrison in: ML XLV, 1964; J. STEVENS, Mediæval Carols, = Mus. Brit. IV, London 1952.
Lit.: B. SCHOFIELD, A Newly Discovered 15th-Cent. Ms. ..., MQ XXXII, 1946; M. F. BUKOFZER, A Newly Discovered 15th-Cent. Ms. ..., MQ XXXIII, 1947; DERS., Studies in Medieval and Renaissance Music, NY (1950); GW. S. MCPEEK, Dating the Windsor Ms., JAMS III, 1950; R. L. GREEN, Two Medieval Mus. Mss. ..., JAMS VII, 1954.

Em (*MüEm*), München, StB, Cod. lat. 14274 (zeitweise auch Mus. Ms. 3232a); Papier, ca. 290:210; 158 f. (f. 37–38 fehlen) = 13 Fasz.; Sammel-Hs. aus d. 2. Drittel d. 15. Jh.; Repertoire: letztes Viertel d. 14. Jh. bis 1430/40; periphere Quelle d. franko-flämischen u. frühen deutschen Mehrstimmigkeit; 277 Nrn, meist 2–4st. geistlich u. weltlich, u. a. v. Dufay, Binchois, Dunstable.
Lit.: K. DÈZES, Der Mensuralkod. d. Benediktinerklosters

Sancti Emmerami ..., ZfMw X, 1927/28 (mit Verz.); BesselerSt. I; BesselerBuF.

EscA, El Escorial, Bibl., ms. V. III. 24, → Chansonnier.

EscB, El Escorial, Bibl., ms. IV. a. 24, → Chansonnier.

F → *FP*.

F, Florenz, Bibl. Mediceo-Laurenziana, plut. 29,1; Pergament, 232:157; 440 f. = f. 1–355 (römisch = alt) mit Lücken + f. 356–476 (arabisch = neu; unvollständiger Bd) = 11 Fasz. (27 Lagen); Ende 13. Jh., Frankreich; Repertoire: 2. Hälfte 12. Jh. – 1. Hälfte 13. Jh.; reichhaltigste Hs. d. Notre-Dame-Schule, Sammel-Hs.; 1043 Stücke: u. a. Fasz. 1: 4st. Organa u. Conductus, 3st. Klauseln, Fasz. 2: 3st. Organa, Fasz. 3–4: Magnus liber (zweitälteste u. umfangreichste Fassung), Fasz. 5: Ersatzklauseln, Fasz. 6: 3st. Conductus, 4- u. 3st. Motetten, Fasz. 7: 2st. Conductus, Fasz. 8: 3st. Motetten, Fasz. 9: 2st. Motetten, 3st. Doppelmotetten, Fasz. 10–11: 1st. Conductus u. Rondelli.
Ausg.: Faks. I, hrsg. v. L. A. Dittmer, = Publications of Mediæval Mus. Mss. X, 1, Brooklyn/N. Y. (1966); Die 3- u. 4st. Notre-Dame-Organa, hrsg. v. H. Husmann, = PäM XI, Lpz. 1940.
Lit.: LudwigR 1 (mit Verz.); J. E. Knapp, The Polyphonic »conductus« in the Notre-Dame Epoch: A Study of the 6th and 7th Fasc. of the Ms. F, 4 Bde (mit Übertragungen), Diss. Yale Univ. (Conn.) 1961; R. Steiner, Some Monophonic Songs of the 10th Fasc. of the Ms. F, Diss. Catholic Univ. of America (Washington/D. C.) 1963, maschr.; ReaneyM.

Fa, Cod. Bonadies, Faenza, Bibl. Comunale, ms. 117 (olim F. 1. 39 – n. 1024); Pergament; 1. Schicht (f. 2–5, 35–37, 47–92') um 1420; 2. Schicht (insgesamt 39 f.) v. Bonadies 1473–74; Repertoire: 1. Schicht Ende 14. Jh. u. Anfang 15. Jh.; 2. Schicht um 1470, ausgenommen Musiktraktate; 1. Schicht Hauptquelle d. frühen Musik f. Tasteninstr. (Orgelmessen); Bearb. v. Vokalwerken v. Bartolino, Jacopo, Landini, Machaut, Zacaro da Teramo u. a.; 2. Schicht wichtige Quelle f. Ciconia u. seine Zeitgenossen.
Ausg.: An Early 15th-Cent. Ital. Source of Keyboard Music, The Cod. Faenza ..., hrsg. v. A. Carapetyan, MD XIII, 1959 - XV, 1961, separat = MSD X, (Rom) 1961 (Faks.).
Lit.: Ch. Van den Borren, Le Cod. de J. Bonadies ..., Rev. belge d'archéologie et d'hist. de l'art X, 1940; Dr. Plamenac, Keyboard Music of the 14th Cent. in Cod. Fa, JAMS IV, 1951; ders., New Light on the Cod. Fa, Kgr.-Ber. Utrecht 1952; ders., Artikel Faenza, Cod. 117, in: MGG III, 1954; ders., A Note on the Rearrangement of Fa, JAMS XVII, 1964; N. Pirrotta, Note su un cod. di antiche musiche per tastiera, RMI LVI, 1954; W. Young, Keyboard Music to 1600, I, MD XVI, 1962.

Fauv (Långfors: *E*), Roman de Fauvel-Hs. mit mus. Einlagen, Paris, Bibl. Nat., ms. frç. 146 (olim 6812); Pergament, 462:330; f. A+B (alter Index) + 45 f. (römisch = alt; Roman), Einschub: f. 28bis–28ter + 43 f. (mus. Einlagen); um 1316; Repertoire: 12. Jh. – um 1300; wichtige Quelle d. Ars nova; 96 1st. (davon 52 geistliche) u. 34 mehrst. Stücke; insgesamt 106 lat., 21 frz., 3 gemischte Kompositionen, zusammengestellt nach Erfordernissen d. Dichtung; u. a. früheste isorhythmische Motetten v. Ph. de Vitry.
Ausg.: Le Roman de Fauvel, Faks., hrsg. v. P. Aubry, Paris 1907; The Roman de Fauvel, in: Polyphonic Music of the 14th Cent. I, hrsg. v. L. Schrade, Monaco 1956 (mit Kommentar).
Lit.: A. Långfors, Le Roman de Fauvel par G. du Bus, Paris 1914–19; BesselerSt II; Ph. A. Becker, Fauvel u. Fauvelliana, Sb. Lpz. LXXXVIII, 2, 1936; H. Spanke, Zu d. mus. Einlagen im Fauvelroman, Neuphilologische Mitt. XXXVII, 1939; L. Schrade, Ph. de Vitry: Some New Discoveries, MQ XLII, 1956; Gr. A. Harrison Jr., The Monophonic Music in the Roman de Fauvel, Diss. Stanford Univ. (Calif.) 1963, maschr.

FL → *Sq*.

FM, Florenz, Bibl. Naz., ms. Magl. XIX. 112bis; Papier, 290:205; 80 f. (neu), davon 61'–80' ohne Notation; letztes Drittel 15. Jh.; Repertoire: 2. Hälfte 15. Jh.; periphere Quelle d. Dufay-Epoche; 51 Nrn (ungeordnet): 35 3st. u. 4 4st. geistliche Werke (Motetten, Hymnen u. a.), 9 3st. Magnificat, 1 4st. Doppelkanon (instr.), u. a. v. Dunstable, Power, Binchois, Dufay u. Anonymi.
Lit.: BesselerSt I (mit Verz.); B. Becherini, Cat. dei mss. mus. della Bibl. Naz. di Firenze, Kassel 1959 (Verz.).

FN → *FP*.

FP (Ellinwood: *F*, Marrocco: *FN*), Florenz, Bibl. Naz., ms. Panciatichi 26; Papier, 295:220; 5 f. (arabisch, alter Index) + 110 f. (römisch = alt); Anfang 15. Jh.; Repertoire: 2. Drittel 14. Jh. – 1. Drittel 15. Jh. (Nachträge); älteste Trecento-Hs. aus Florenz, u. a. mit systematisch geordnetem Landini-Repertoire; ca. 185 Stücke, davon Landini: 1. Abt. (f. I–XX): 2st. Ballate (f. XV–XX: nachgetragene Werke anderer Autoren), 2. Abt. (f. XXI–XL): 3st. Ballate (1 2st.), 3. Abt. (f. XLI–XC): 4st. u. 3st. Madrigale, 1 Caccia, ältere Werke nach Komponisten geordnet, Nachträge v. 2- u. 3st. Ballate Landinis; 4. Abt. (f. XCI–C): 3st. Madrigale u. Caccie v. Giovanni u. a.; Nachträge: u. a. Machaut (5); 5. Abt. (f. C–CX): frz. Balladen u. Virelais (ca. 1420–40).
Ausg.: The Works of Fr. Landini, hrsg. v. L. Ellinwood, = The Mediæval Acad. of America, Studies and Documents III, Cambridge (Mass.) 1939; The Music of Jacopo da Bologna, hrsg. v. W. Th. Marrocco, = Univ. of California Publications in Music V, Berkeley u. Los Angeles 1954; The Works of Fr. Landini, hrsg. v. L. Schrade, = Polyphonic Music of the 14th Cent. IV, Monaco 1958; The Music of 14th Cent. Italy Iff., hrsg. v. N. Pirrotta, = CMM VIII, (Rom) 1954ff.
Lit.: B. Becherini, Cat. dei mss. mus. della Bibl. Naz. di Firenze, Kassel 1959 (Verz.). – vFischerSt; vFischerTr.

Glog, Glogauer Liederbuch, Berlin, StB, Mus. ms. 40098 (olim Z 98); Papier, Queroktav; 3 Stimmbücher, Discantus: 155 f., Tenores: 163 f., Contratenores: 173 f.; um 1480, Domkirche zu Glogau (Schlesien); Repertoire: um 1480; Hauptquelle d. deutschen Musik dieser Zeit; 294 Stücke, meist 3st.: 158 lat. Gesänge, 70 deutsche Lieder, 3 Quodlibets, je 1 ital. u. slawisches Lied, 61 instr. Stücke, u. a. v. Busnois, Dufay, H. v. Gizeghem, Ockeghem, Tinctoris.
Ausg.: Das Glogauer Liederbuch, I Deutsche Lieder u. Spielstücke, II Ausgew. lat. Sätze, hrsg. v. H. Ringmann u. J. Klapper, = RDIV u. VIII, Abt. M A I–II, Kassel 1936–37.
Lit.: H. Ringmann, Das Glogauer Liederbuch, ZfMw XV, 1932/33 (mit Verz.). – A. Freitag, Die Herkunft d. Berliner Liederbuches, AfMw II, 1919/20; K. Gudewill, Vokale u. instr. Stilmomente in textlosen Kompositionen d. Glogauer Liederbuches, Kgr.-Ber. Bamberg 1953; Dr. Plamenac in: Ann. Mus. IV, 1956, S. 263; R. Stephan, Drei Fragen zum Glogauer Liederbuch, Mf IX, 1956.

Hu, Burgos, Monasterio de Las Huelgas, Stiftsbibl. (ohne Signatur); Pergament, 260:180; 170 f. (neu) = 19 Lagen (unvollständiger Bd); Anfang 14. Jh., Zisterzienserinnenkloster Las Huelgas; Repertoire: spätes 13. Jh. – Anfang 14. Jh.; späte Quelle d. Notre-Dame-Schule u. d. Ars antiqua; 186 Stücke: 40 2st. u. 12 3st. Organa (1 Fragment), 11 2st. u. 20 1st. Prosen, 1 4st., 36 3st., 19 2st. Motetten (3 unvollständig) 2 3st., 15 2st. u. 15 1st. Conductus.
Ausg.: El còd. mus. de Las Huelgas, hrsg. v. H. Anglès, 3 Bde, = Bibl. de Catalunya, Publicacions del Departament de música VI, 1–3, Barcelona 1931 (Einleitung, Faks. u. Übertragung).
Lit.: J. Handschin, The Summer Canon and Its Background, MD V, 1951; ders., Conductus-Spicilegien, AfMw IX, 1952; H. Anglès, La música de las cantigas de S. María del Rey Alfonso el Sabio, Bd III, 1, = Publicaciones de la

Bibl. Central de Barcelona, Sección de música XVIII, 1, Barcelona 1958; Reaney M.

Iv, Ivrea, Bibl. Capitolare (ohne Signatur); Pergament, 320:225; 64 f. (neu) = 6 Fasz.; nach 1356 abgeschlossen, Avignon (Besseler), um 1360 (Reaney); Repertoire: Jh.-Mitte; Hauptquelle f. Vitry; ca. 80 Stücke: u. a. 37 Doppelmotetten (21 lat., 14 frz., 2 gemischt), 25 Ordinariumssätze, 4 Chasses, 9 weltliche Stücke.

Ausg.: M. J. Johnson, The 37 Motets of the Cod. Iv, 2 Bde, Diss. Indiana Univ. 1955, maschr. (Bd II Übertragungen); L. Schrade, The Polyphonic Music of the 14th Cent. I, Monaco 1956.

Lit.: LudwigQu; BesselerSt I–II; L. Schrade, Ph. de Vitry: Some New Discoveries, MQ XLII, 1956.

*L → Apel-*Kod.

Lab, Chansonnier Laborde, Washington, Library of Congress, ms. M. 2. 1. L 25 Case, → Chansonnier.

Lo (B, L), London, Brit. Mus., ms. Add. 29987; Pergament, 260:195; 88 f.; ca. 1400, Florenz (Reaney), 1400–10, Perugia (v. Fischer), um 1425 (Pirrotta); Repertoire: 2. Hälfte 14. Jh.; periphere Quelle d. → Trecento-Musik mit ca. 29 Unica; 116 Stücke (3 doppelt notiert): u. a. 35 Madrigale, 45 Ballate, 8 Caccie, 3 Virelais, 1 Motette, 1 Gloria, 1 Credo, 1 untextiertes Stück (meist 2-, selten 3st.), u. a. v. Landini, Nicolo, Jacopo, Giovanni, Bartolino; dazu 8 1st. Estampien, 7 weitere 1st. Tänze u. ca. 12 1st. geistliche Stücke.

Lit.: G. Reaney, The Ms. London, Brit. Mus., Add. 29987, MD XII, 1958 (mit Verz.). – N. Pirrotta in: MD V, 1951; vFischerSt; vFischerTr.

LoA, London, Brit. Mus., ms. Egerton 2615; Pergament, 218:140; 110 f. (neu, nicht mitgezählt d. leere f. 78bis) = 3 Teile; 1. Teil im 1227–34, 2. Teil etwas später, 3. Teil etwas früher, alle Beauvais (Ludwig); 1. Teil (f. 1–78bis, ursprünglich 11 Fasz., von denen Fasz. 6 zwischen f. 40 und 41 fehlt): Neujahrsoffizium v. Beauvais, darin 1 3st. Conductus (f. 43'), im Anh. f. 69–78 3 3st. u. 1 2st. Organum, 2 3st. Motetten, 1 3st. Hymnus; 2. Teil (f. 79–94 = 2 Fasz.): 1 4st. u. 3 3st. Organa, 5 3st. Conductus, 3 3st. Motetten, meist aus d. Notre-Dame-Repertoire; 3. Teil (f. 95–110 = 2 Fasz.): Daniel-Spiel u. 2 Lektionen, alles 1st.

Ausg.: Die drei- u. vierst. Notre-Dame-Organa, hrsg. v. H. Husmann, = PäM XI, Lpz. 1940; The Play of Daniel, hrsg. v. N. Greenberg, R. Weakland OSB u. E. A. Bowles, NY 1959, dass., hrsg. v. W. L. Smoldon, London 1960.

Lit.: LudwigR I, 1; LudwigQu; ReaneyM.

LoB (Lb, Le, F), London, Brit. Mus., ms. Egerton 274; Pergament, 150:107; 160 f. (neu) = 6 Fasz., ursprünglich nicht zusammengehörend; Hauptcorpus Ende d. 13. Jh. mit Repertoire d. frühen 13. Jh., Überarbeitungen u. Nachträge 14.–15. Jh., Frankreich, Belgien oder England (Ludwig); Fasz. 1 (f. 3–57): wichtige Quelle f. vertonte Dichtungen v. → Philippe le Chanceliier, enthält auch eine 3st. u. 4 2st. Motetten; Fasz. 4 (f. 99–118): ursprünglich Lieder-Hs. eines Jongleurs, zum Teil mit Noten; Fasz. 6 (f. 131–160): lat. 1st. Gesänge, zum Teil Palimpsest; unter d. ausradierten Stücken ist f. 131 ein Trouvèrelied (Nachtrag zu Fasz. 4), f. 137' ein 2st. Benedicamus Domino zu erkennen.

Lit.: P. Aubry, Cent motets du XIIIe s. III, Paris 1908 (mit 2 Faks.); ders., Refrains et rondeaux du XIIIe s., Fs. H. Riemann, Lpz. 1909; LudwigR I, 1 (mit Verz.); Fr. Gennrich, Die altfrz. Liederhs. London, Brit. Mus., Egerton 274, Zs. f. romanische Philologie XLV, 1926.

Loch, Lochamer Liederbuch, Bln, StB, Mus. ms. 40613 (olim Wernigerode, Kod. Zb. 14); Papier, 215:160; 92 S. (neu) = 4 Lagen (S. 1–44 = Lage 1–2 = *Loch*; S. 45–92 = Lage 3–4 = C. Paumann, *Fundamentum organisandi*); 1452–53, Nachträge bis 1460, Nürnberg, Besitzer um 1500: W. v. Lochamer; Repertoire *Loch*:

überwiegend 1. Hälfte 15. Jh.; Hauptquelle d. bürgerlichen Liedkunst in Deutschland; 42 deutsche Lieder, 31 1st., 2 2st., 6 3st., 1 1- u. 3st., 2 ohne Noten, ferner S. 44–45 3 1st. lat. geistliche Kontrafakturen.

Ausg.: Locheimer Liederbuch u. Fundamentum organisandi d. C. Paumann, Faks. hrsg. v. K. Ameln, Bln 1925. – Das Locheimer Liederbuch nebst d. Ars organisandi v. C. Paumann, hrsg. v. Fr. W. Arnold (u. H. Bellermann), Jb. f. mus. Wiss. II, 1867, dazu O. Kade in: MfM IV, 1872; Locheimer Liederbuch, bearb. v. K. Escher u. W. Lott, Lpz. 1926.

Lit.: O. Ursprung, Vier Studien zur Gesch. d. deutschen Liedes III, AfMw V, 1923; H. Rosenberg, Übertragungen einiger bisher nicht aufgelöster Melodienotierungen d. Locheimer Liederbuchs, ZfMw XIV, 1931/32; H. Besseler, Das Lochamer Liederbuch aus Nürnberg, Mf I, 1948; W. Salmen, Das Lochamer Liederbuch, = Slg mw. Einzeldarstellungen XVIII, Lpz. 1951; E. Rohloff, Mit ganzem Willen wünsch ich dir, AfMw XIII, 1956; Chr. Petzsch, Weiterdichten u. Umformen. Grundsätzliches zur NA d. Lochamer-Liederbuches, Jb. f. Volksliedforschung X, 1965; ders., Zur hebräischen Widmung im Lochamer-Liederbuch, Mf XVIII, 1965; ders., Die Nürnberger Familie v. Lochaim, Zs. f. bayerische Landesgesch. XXIX, 1966; ders., Zur Gesch. d. Hs. d. Lochamer-Liederbuchs, Jb. f. Volksliedforschung XI, 1966.

LoM → Egerton 3307.

LoSM, London, Brit. Mus., ms. Add. 36881, → SM.

Luc → Man.

Ma, Madrid, Bibl. Nac., ms. 20486 (olim Hh 167); Pergament, 166:115; 142 f. (neu; unvollständiger Bd) Ende 13. Jh.; wahrscheinlich Spanien; Repertoire: 2. Hälfte 12. Jh. – Mitte 13. Jh.; Hs. mit unvollständigem Notre-Dame-Bestand in besonderer Anordnung; wahrscheinlich jünger als F, älter als W_2; ca. 100 Stücke: 1. Abt. (f. 1–4): 3 Stücke ohne Beziehung zum übrigen Inhalt; 2. Abt. (f. 5–24): 2 4st. Motetten (Unica) u. 3 4st. Organa; 3. Abt. (f. 25–65): 22 2st. Conductus; 4. Abt. (f. 66–106): 20 2st. Conductus u. 8 Motetten; 5. Abt. (f. 107–122): 10 2st. Conductus u. 1 Motette, 3st. Hoquetus In seculum; 6. Abt. (f. 123–142): ca. 30 gemischte 2- u. 1st. Conductus u. Motetten mit u. ohne Tenores, zum Teil ohne Verbindung mit d. Bestand d. 3 anderen Notre-Dame-Hss.

Ausg.: Faks.-Ausg. d. Hs. Madrid 20486, hrsg. v. L. A. Dittmer, = Publications of Mediæval Mus. Mss. I, Brooklyn/N. Y. (1957).

Lit.: LudwigR I, 1 (mit Verz.); Fr. Ludwig in: Adler Hdb. I, ²1930, S. 220; H. Husmann, Die Motetten d. Madrider Hs. . . . , AfMf II, 1937; ReaneyM.

Mach, Sigel f. d. Gesamtbestand an Machaut-Hss. G. de Machaut ist einer d. wenigen Komponisten d. MA, dessen poetisch-mus. Werke in eigens f. sie vorbehaltenen Hss. überliefert sind; als wichtigste sind zu nennen: Paris, Bibl. Nat., ms. frç. 22545 = F; 22546 = G, 1564 (olim 7609) = A; 1585 = B; 1586 = C; 9221 = E; NY, Gallery Wildenstein (olim Marquis de Vogüé, Paris) = Vg.

Ausg.: G. de Machaut, Mus. Werke I–III, hrsg. v. Fr. Ludwig (Bd II: Kommentar), = PäM I, 1, III, 1, IV, 2, Lpz. 1926–29, IV, hrsg. v. H. Besseler, Lpz. 1943, I–IV ²1954; Polyphonic Music of the 14th Cent. II–III, hrsg. v. L. Schrade, Monaco 1956–57 (mit Kommentaren).

Man (Luc, Mn u. MnP) Mancini-(Lucca-)Kod., Lucca, Arch. di Stato, Cod. 29, u. Perugia, Bibl. Comunale (ohne Signatur); Pergament, 220:145–55 u. 220–30: ca. 160; 18 u. 3 f., Fragmente eines Kod.; 1. Drittel 15. Jh., vermutlich Lucca; Repertoire: späteres 14. Jh. – 1. Drittel 15. Jh.; Hauptquelle zwischen Trecento u. Quattrocento; 76 Stücke (davon 51 Unica): 50 Ballate, 11 Madrigale, 10 Rondeaus, 3 Virelais, 1 Ballade (Binchois), 1 Kanon, u. a. v. Ciconia, Bartolino, Antonio Zacara da Teramo, Antonello Marot da Caserta.

Lit.: N. Pirrotta, Il Cod. di Lucca, MD III, 1949 u. V, 1951 (mit Verz.). – F. Ghisi, Bruchstücke einer neuen Hs. d. ital. Ars-Nova, AfMw VII, 1942; vFischerSt; vFischerTr.

Mo, Montpellier, Bibl. de la Faculté de Médecine, ms. H 196; Pergament, 192:136; 397 f. (f. 303 u. 308 fehlen – nicht gezählt sind 5 Blätter mit d. originalen Index) = 8 Fasz.; 14. Jh., Paris; Repertoire: »altes Corpus« (Fasz. 1–6) um 1280, »neues Corpus« (Fasz. 7–8) um 1300 u. frühes 14. Jh.; größte Motetten-Hs. d. Ars antiqua; ca. 330 Stücke: 2–4st. lat., frz. u. gemischte Motetten (Fasz. 1: u. a. 3–4st. Organa, Klauseln).
Ausg.: Y. Rokseth, Polyphonies du XIIIᵉ s., 4 Bde, Paris 1935–39.
Lit.: Fr. Ludwig, Die 50 Beisp. Coussemakers aus d. Hs. Mo, SIMG V, 1903/04; LudwigR I, 2; LudwigQu; BesselerSt II; H. Husmann, Die 3st. Organa d. Notre-Dame-Schule ..., Diss. Bln 1935; G. Kuhlmann, Die 2st. frz. Motetten d. Kod. Mo, 2 Bde, = Literarhist.-mw. Abh. I–II, Würzburg 1938; L. A. Dittmer, The Ligatures of the Ms. Mo, MD IX, 1955; F. Mathiassen, The Style of the Early Motet (c. 1200-50). An Investigation of the Old Corpus of the Montpellier Ms., Kopenhagen 1966; ReaneyM.

ModA, Modena, Bibl. Estense, ms. α.M.5,24 (olim lat. 568); Pergament, 280:198; 1+51 f. = 5 Fasz.; um 1425–50 (Apel); wichtige Quelle d. Trecentos u. d. ital. Musik d. frühen 15. Jh.; 104 Stücke: 73 3st., 20 2st., 6 1st. u. 5 4st. geistliche u. weltliche Werke, u. a. v. Antonellus da Caserta, Matheus da Perusio, Magister Zacharias, Bartolinus da Padua, Ciconia u. Machaut.
Ausg.: 44 Stücke in: French Secular Music of the Late 14ᵗʰ Cent., hrsg. v. W. Apel, = The Mediæval Acad. of America, Publication LV, Cambridge (Mass.) 1950; 29 Stücke u. Verz. (S. 112ff.) in: G. Cesari u. F. Fano, La cappella mus. del duomo di Milano I, = Istituzioni e monumenti dell'arte mus. ital., N. S. I, Mailand (1956); The Motets of the Mss. Chantilly ... and Modena ..., hrsg. v. U. Günther, = CMM XXXIX, (Rom) 1965.
Lit.: J. Wolf, Gesch. d. Mensuralnotation I, Lpz. 1904, Nachdruck Hildesheim u. Wiesbaden 1965 (Verz.); Fr. Ludwig in: G. de Machaut, Mus. Werke II, = PäM III, 1, Lpz. 1928, S. 30f.; vFischerSt; U. Günther, Zur Datierung d. Ms. Modena, Bibl. Estense, α. M. 5, 24 (olim lat. 568), Kgr.-Ber. Lpz. 1966.

ModB, Modena, Bibl. Estense, ms. α.X.1,11 (olim lat. 471); Papier, 408:290; 136 f.; 16. Jh.; Repertoire: 15. Jh.; Hauptquelle d. Dufay-Epoche u. d. engl. Mehrstimmigkeit; ca. 135 Stücke: 1. Abt.: 37 (u. 5+18 Nachträge) Hymnen u. Magnificat; 2. Abt. (alter Index: *hic incipiunt motetti*): 74 Motetten, davon 2. Teil: 52 engl. Motetten, u. a. v. Benet, Dunstable, Forest, Power, Binchois, Dufay.
Lit.: P. Lodi, Cat. delle opere mus. ... Città di Modena, R. Bibl. Estense, = Boll. dell'Associazione dei musicologi ital. VIII, Parma 1916; BesselerSt I; BesselerBuF.

ModC u. *ModD*, Modena, Bibl. Estense, mss. M. 1, 11–12 (olim lat. 454–455); Pergament, 564:402; 2. Hälfte d. 15. Jh.; Repertoire: 15. Jh.; Doppelchorbuch, früheste Quelle d. für d. zeilenweise alternierenden Vortrag d. Stücke durch 2 Chöre eingerichtet ist; 3st. Psalmen, Hymnen, Magnificat u. Antiphonen f. d. Offiziumsgottesdienste, eine 3–8st. Passion; viele Sätze in strenger u. freierer Fauxbourdontechnik; alle Stücke anon.
Lit.: P. Lodi, Cat. delle opere mus. ... Città di Modena, R. Bibl. Estense, = Boll. dell'Associazione dei musicologi ital. VIII, Parma 1916; BesselerBuF; M. F. Bukofzer, Studies in Medieval and Renaissance Music, NY (1950), S. 181ff. (darin ein Psalm).

MüA, München, StB, Cod. gall. 42 (olim Mus. Ms. 4775); Pergament, 155:100; 4 f., Fragment eines Kod., dem weitere 13 f. (meist in Streifen) aus d. Privatbibl. v. J. Wolf zugehören (verschollen, heute nur in Photokopien in Paris, Bibl. Nat., Département de la musique, Vma 1446, zugänglich); 13. Jh., Frankreich; Repertoire: 2. Hälfte 12. Jh. – 1. Drittel 13. Jh.; zentrale, wahrscheinlich älteste Quelle d. Notre-Dame-Epoche; erhalten sind ca. 45 Stücke: 3 2st. Organa, 36 2- u. 3st. lat. u. frz. Motetten, 2 1st. u. 1 mehrst. Conductus, 3 1st. weltliche Lieder.
Ausg. u. Lit.: L. A. Dittmer, A Central Source of Notre-Dame Polyphony, Facs., Reconstruction ..., = Publications of Mediæval Mus. Mss. III, Brooklyn/N. Y. (1959); ders., The Lost Fragments of a Notre Dame Ms. ..., in: Aspects of Medieval and Renaissance Music, Fs. G. Reese, NY (1966); ReaneyM.

MüEm → *Em*.

MüM, München, StB, Cod. gall. 902 (olim Mus. Ms. 3192), → Chansonnier.

München 3154, München, StB, Mus. Ms. 3154; Papier, 314:220; 1. Abt.: f. 20–200, 2. Abt.: f. 1–297 (mit Lücken) = 473 f. (alt); nach 1500, erster Besitzer: Nikolaus Leopold v. Innsbruck (dort nachgewiesen 1511); Repertoire: ca. 1475–1500; wichtige Quelle deutscher u. oberital., besonderes geistlicher Musik; ca. 190 Nrn (korrekturbedürftig) u. 7 Fragmente, meist 3–5st., selten bis 8st.: Messen, Motetten, Magnificat, Hymnen, Sequenzen, deutsche Lieder, zahlreiche untextierte Stücke, u. a. v. Aulen, Busnois, Compère, Dufay, Févin, H. Finck, Isaac, Josquin, Obrecht.
Lit.: J. J. Maier, Die mus. Hss. d. K. Hof- u. Staatsbibl. in München I, = Cat. cod. mss. bibl. regiae Monacensis VIII, 1, München 1879; W. Stephan, Die burgundisch-nld. Motette zur Zeit Ockeghems, = Heidelberger Studien zur Mw. VI, Kassel 1937; W. Senn, Musik u. Theater am Hof zu Innsbruck, Innsbruck 1954.

O, Oxford, Bodleian Library, Ms. Can. Misc. 213; Papier, 298:215; 4 f. (unvollständiger Index) + 140 f. = 10 Fasz.; um 1420–35, Oberitalien (Besseler); um 1420–40, vermutlich Venedig (Reaney); um 1450 (Apel); 3. Viertel d. 15. Jh. nach Vorlage um 1440, Venedig nach Vorlage aus Mailand, d. vermutlich zum Teil auf v. Dufay kollationierten Mss. beruhte (Nicholson); Repertoire: Ende d. 14. u. 1. Hälfte d. 15. Jh.; wichtige Quelle d. ital. u. franko-flämischen Musik d. frühen Dufay-Zeit; ca. 325 Stücke, davon 263 mit Autorenvermerk, 277 Unica: u. a. 187 Rondeaus u. Rondeaurefrains, 38 Ballades, 22 Ballate, 21 Meßsätze, 19 nicht isorhythmische u. 17 isorhythmische Motetten, 10 Virelais.
Ausg.: Early 15ᵗʰ-Cent. Music, hrsg. v. G. Reaney, = CMM XI, (Rom) 1955ff.; Polyphonia sacra, hrsg. v. Ch. Van den Borren, Burnham 1932; Dufay and His Contemporaries, hrsg. v. J., J. F. R. u. C. Stainer u. E. W. B. Nicholson, London u. NY 1898; Les musiciens de la cour de Bourgogne ..., hrsg. v. J. Marix, Paris 1937; Pièces polyphoniques profanes ..., hrsg. v. Ch. Van den Borren, = Flores mus. belgicae I, Brüssel 1950 (A. u. H. de Lantins, 30 Sätze aus O).
Lit.: G. Reaney, The Ms. Oxford, Bodleian Library, Canonici Misc. 213, MD IX, 1955 (mit Verz.); BesselerSt I; BesselerBuF; ApelN; Ch. Van den Borren, The Cod. Canonici 213 ..., Proc. R. Mus. Ass. LXXIII, 1946/47.

OH, Old Hall near Ware, St. Edmund's College; Pergament, 416:276; 112 f., ältere u. jüngere Abt.; erste Besitzer: Kanonikus Thomas Damett u. Sturgeon; ca. 1430–54, Windsor (Collins, Hughes); vor 1413 – um 1440, Royal Household Chapel (Harrison); Repertoire: 1360–1440; früheste fast vollständig erhaltene Quelle d. engl. Mehrstimmigkeit; ca. 150 Stücke, meist 3–5st.: Meßsätze in Gruppen geordnet (38 Gloria, 34 Credo, 27 Sanctus, 15 Agnus Dei), Motetten, Antiphonen, u. a. v. Dunstable, Forest, L. Power, Roy Henry (= Heinrich IV.).
Ausg.: The Old Hall Ms., hrsg. v. A. Ramsbotham, H. B. Collins u. A. Hughes OSB, 3 Bde, Burnham u. London 1933–38.

Lit.: W. B. SQUIRE, Notes on an Undescribed Collection of Engl. 15th-Cent. Music, SIMG II, 1900/01; G. REESE, Music in the Middle Ages, NY (1940), London 1941; A. HUGHES OSB, The Background to the Roy Henry Music, MQ XXVII, 1941; DERS., Mass Pairs in the Old Hall and Other Engl. Mss., RBM XIX, 1965; M. F. BUKOFZER, Music of the OH Ms., MQ XXXIV, 1948 – XXXV, 1949; BR. TROWELL, A 14th-Cent. Ceremonial Motet and Its Composer, AMl XXIX, 1957; FR. LL. HARRISON, Music in Medieval Britain, London (1958); ANDREW HUGHES, Continuity, Tradition and Change in Engl. Music up to 1600, ML XLVII, 1965; DERS., Mass Pairs in the OH and Other Engl. Mss., RBM XIX, 1965; DERS., Mensuration and Proportion in Early Fifteenth Cent. Engl. Music, AMl XXXVII, 1965; DERS., Mensural Polyphony for Choir in 15th-Cent. England, JAMS XIX, 1966; DERS. u. M. BENT, The OH Ms., MD XXI, 1967 (mit Verz.).

OS, Oxford, Bodleian Library, Ms. Arch. Selden B 26; Pergament u. Papier, 256:180; 135 f., Musikteil: f. 3–33′; 1450 (Reese), vermutlich Windsor (Schofield); Repertoire: ca. 1425–40; wichtige Quelle d. engl. Musik neben *Egerton 3307*; 52 Stücke, lat. u. engl., meist 2–3st., auch 4st.: u. a. Cantilenae, Hymnen, Carols, u. a. v. Dunstable u. Power.
Ausg.: Early Bodleian Music, hrsg. v. J., J. F. R. u. C. STAINER, I (Faks.) u. II (Übertragungen), London 1901; J. STEVENS, Mediæval Carols, = Mus. Brit. IV, London 1952, ²1958.
Lit.: A. HUGHES OSB, Medieval Polyphony in the Bodleian Library, Oxford 1951 (Verz.). – B. SCHOFIELD, A Newly Discovered 15th-Cent. Ms. ..., MQ XXXII, 1946, S. 524; M. F. BUKOFZER in: JAMS V, 1952, S. 56; FR. LL. HARRISON, Music in Medieval Britain, London (1958).

P → *Pit*.

Pav, Pavia, UB, ms. Aldini 362, → Chansonnier.

PC (*Par*), Paris, Bibl. Nat., ms. n. a. fr. 4379, → Chansonnier.

Pic, Paris, Bibl. Nat., Collection de Picardie 67; Sammel-Hs.; f. 67: Rotulusfragment, Pergament, 435:213; 14. Jh.; Repertoire: 1300–50; Quelle mit Motetten zwischen *Fauv* u. *Iv*; 6 2–3st. Stücke: 2 lat. u. 2 frz. Doppelmotetten, 2 Kanons; f. 68: Pergament, 270:180; 13. Jh.; 2 3st. Rondeaus.
Lit.: J. WOLF, Gesch. d. Mensuralnotation I, Lpz. 1904, Nachdruck Hildesheim u. Wiesbaden 1965; P. MEYER in: Bull. de la Soc. des anciens textes frç. XXXIV, 1908, dazu P. Aubry, ebenda, u. A. Guesnon, Le moyen âge XXV (= II, 16), 1912; BESSELERSt I; R. HOPPIN, Some Remarks à propos de Pic, RBM X, 1956.

Pit (Ellinwood, Marrocco; Pirrotta: *P*), Paris, Bibl. Nat., ms. ital. 568 (olim Suppl. fr. 535); Pergament, 257:175; f. A–I (alter Index) u. f. 1–141 (römisch = alt); Hauptteil um 1405, Fasz. 6 u. 8 um 1410 (v. Fischer), um 1400 (Ludwig, Apel, Reaney), um 1430 (Pirrotta); Toscana (Ludwig, Florenz (Reaney); Repertoire: 14. Jh.; Hauptquelle d. Musik d. → Trecentos; 201 Stücke (2 doppelt notiert): 45 Madrigale, 5 Caccie (Fasz. 1–6), 113 Ballate (Fasz. 7–12), 11 Rondeaus, 10 Balladen, 8 Virelais, 1 isorhythmisches Rondeau, 1 Rondeaurefrain (Fasz. 13 u. freigebliebener Raum), 1 Messe ohne Kyrie (Fasz. 14); Hauptmeister Landini (Fasz. 2, 7, 9–12) u. Paolo (Fasz. 4, 6, 8 u. 9).
Lit.: G. REANEY, The Ms. Paris, BN fonds ital. 568 (Pit), MD XIV, 1960; U. GÜNTHER, Die »anon.« Kompositionen d. Ms. Paris, B. N., fonds it. 568, AfMw XXIII, 1966; DIES., Zur Entstehung d. Ms. Paris, B. N., fonds it. 568, ebenda; DIES., Zur Datierung d. Madrigals »Godi, Firenze« u. d. Hs. Paris, B.N., fonds it. 568 (Pit), AfMw XXIV, 1967; vFISCHERSt; vFISCHERTr.

Pix, Chansonnier Pixérécourt, Paris, Bibl. Nat., ms. fr. 15123, → Chansonnier.

Por, Porto, Bibl. Publia Municipal, ms. 714; Papier; 79 f., davon 50 f. anon. Musiktraktat: Mitte 15. Jh.; Repertoire: ca. 1430–50; periphere Quelle d. Dufay-Zeit; 19 Stücke: 17 3st. u. 2 2st., 13 frz. u. 6 ital. weltliche Lieder, u. a. v. Dufay u. Bedingham.
Lit.: BESSELERBuF; B. MEIER, Die Hs. Porto 714 als Quelle zur Tonartenlehre ..., MD VII, 1953; vFISCHERSt.

PR I–III (Apel: *Rei*, Ellinwood: *R*), Reina-Kod., Paris, Bibl. Nat., ms. n. a. fr. 6771; Papier, 271:213; 122 f. + 4 f. = 9 Fasz.; ca. 1390–1440, Nordostitalien, möglicherweise Venedig (v. Fischer); Repertoire: 14.– 15. Jh.; wichtige Quelle d. → Trecentos u. Quattrocentos; *PR I* (f. 1–52′): Stücke mit ital. Notation u. Text; *PR II* (f. 53–85′): Stücke mit ital. Notation u. Text; beide Teile späteres 14. Jh.; *PR III* (f. 89–119): frz. Werke d. Dufay-Epoche; 220 Stücke (davon 90 Unica): u. a. 40 Madrigale, 64 Ballate, 30 Virelais, 43 Ballades, 32 Rondeaus, 8 Rondeaurefrains.
Lit.: K. v. FISCHER, The Ms. Paris, Bibl. Nat. nouv. acq. frç. 6771, MD XI, 1957 (Verz.); vFISCHERTr; N. WILKINS, The Cod. Reina: A Revised Description ..., MD XVII, 1963, dazu K. v. Fischer, ebenda; U. GÜNTHER, Bemerkungen zum älteren frz. Repertoire d. Cod. Reina (PR), AfMw XXIV, 1967.

R → *PR I–III*.

Rei → *PR I–III*.

Rs, Rom, Bibl. Vaticana, ms. Rossi 215 (olim VIII. 154), dazu gehörig ein Fragment in Ostiglia (Provinz Mantua), Fondazione Greggiati (ohne Signatur); Pergament, 226–232:158–172; Fragment: erhalten f. I–VIII u. XVIII–XXIII (Rom), XXV–XXVI u. XXXI–XXXII (Ostiglia); um 1350, Venetien, vielleicht Verona oder Padua; Repertoire: 2 Schichten = 1328–37 u. 1340–45; früheste Quelle d. → Trecento-Musik; 37 Stücke: 30 2st. Madrigale, 1 2st. Rondello, 1 3st. Caccia, 5 1st. Ballate, u. a. v. Giovanni da Cascia, Maestro Piero (= P. di Firenze).
Ausg.: Faks., hrsg. v. G. VECCHI, Bologna 1966 (mit d. Fragment Ostiglia). – The Music of 14th-Cent. Italy I–II, hrsg. v. N. PIRROTTA, = CMM VIII, 1–2, (Rom) 1954–60.
Lit.: BESSELERSt I–II; F. LIUZZI, Musica e poesia del Trecento nel Cod. Vaticano Rossiano 215, in: Atti della Pontificia Accad. Romana di archeologia III, 13, 1937; J. WOLF, Die Rossi-Hs. 215 ..., JbP XLV, 1938; E. LI GOTTI, Poesie mus. ital. del s. XIV, in: Atti della R. Accad. di scienze, lettere ed arti di Palermo IV, 4, 2, 1942–44 (mit Ausg. d. Texte d. Fragments Rom); vFISCHERSt; M. L. MARTINEZ, Die Musik d. frühen Trecento, = Münchner Veröff. zur Mg. IX, Tutzing 1963; K. TOGUCHI, Studio sul Cod. Rossiano 215, in: Annuario dell'Istituto Giapponese di Cultura I, Rom 1963; O. MISCHIATI, Uno sconosciuto frammento ..., Rivista ital. di musicologia I, 1966 (mit Faks. v. f. XXXI u. Ausg. d. Texte d. Fragments Ostiglia); W. TH. MARROCCO, The Newly-Discovered Ostiglia-Pages of the Vatican Rossi Codex 215, AMl XXXIX, 1967.

S → *Sq*.

Sche, Schedelsches Liederbuch, München, StB, Mus. Ms. 3232 (olim Cgm 810); Papier, 150:105; 170 f.; Hauptteil: 1460–62, Nachträge: um 1466/67 u. später, Lpz., Nürnberg; Schreiber u. erster Besitzer: Hartmann Schedel (1440–1514); Repertoire: Mitte d. 15. Jh.; Hauptquelle d. deutschen bürgerlichen Musik; 150 Nrn, meist 3st., davon 23 ohne Text: u. a. 15 lat. Stücke (Motetten u. 1 Magnificat), geistliche Kontrafakturen, deutsche Lieder, frz. Chansons, Instrumentalcarmina, u. a. v. Berbigant, Busnois, Ockeghem, Paumann.
Ausg.: Das Schedelsche Liederbuch, Ausw. hrsg. v. H. ROSENBERG, Kassel 1933.
Lit.: J. J. MAIER, Die mus. Hss. d. K. Hof- u. Staatsbibl. in München I = Cat. cod. mss. bibl. regiae Monacensis VIII, 1, München 1879; H. ROSENBERG, Untersuchungen über d. deutsche Liedweise im 15. Jh., Wolfenbüttel 1931; W. SALMEN, Das Lochamer Liederbuch, = Slg mw. Einzeldarstellungen XVIII, Lpz. 1951.

Segovia, Catedral, Arch. Mus. (ohne Signatur); Papier, 291(–270):215(–175); 228 f. (alt = römisch: CCXXIII f.), unvollständiger Bd; um 1500, Alcazar Real, Segovia; Repertoire: 15. Jh.; periphere Quelle d. nld. Musik; 204 Stücke: u. a. Messen, Magnificat, Motetten, Hymnen u. Chansons, meist 3- u. 4st., selten 2- oder 5st., u. a. v. A. Agricola, Brumel, Barbireau, Busnois, Compère, A. de Févin, Isaac, Josquin, Obrecht, Pipelare u. Tinctoris; ab f. 207: Anhang mit 38 kastilischen Liedern, alle anon.

Lit.: H. ANGLÈS, Un ms. inconnu avec polyphonie du XVe s...., AMl VIII, 1936 (Verz.); DERS., La música en la corte de los reyes católicos I, = MMEsp I, Madrid 1941, ²1960; BESSELERBuF.

SM 1, 2, 3, LoSM, Paris, Bibl. Nat., ms. lat. 1139, 3549, 3719 u. London, Brit. Mus., ms. Add. 36881; Sammel-Hss., Pergament, *SM 1–3* aus d. Bibl. d. Benediktinerabtei → Saint-Martial in Limoges (ob originär für diese Abtei geschrieben, ist ungeklärt); *SM 1*: 183:140, erhalten 235 f., im Hauptcorpus f. 32–118′, entstanden vor 1100 (Stäblein), um 1100 (Handschin), zwischen 1096 u. 1099 (Chailley), bis etwa 1120 (Spanke) in Südfrankreich, 38 1st. u. 13 2st. Stücke; *SM 2*: 195:140, erhalten 169 f., mus. Teil f. 149–169, entstanden zwischen 1098 u. 1205 (Chailley), 12. Jh. (Handschin, Stäblein) in Südfrankreich; 9 1st. u. 19 2st. Stücke; *SM 3*: 153:104, erhalten 115 f.; 12. Jh. (Handschin, Stäblein); 38 1st. u. 33 2st. Stücke. – *LoSM*: 160:105, erhalten 27 f.; Ende 12. Jh. (Handschin), frühes 13. Jh. (Stäblein), vielleicht Apt oder Katalonien (Stäblein); 7 1st., darunter ein Rondellus aus der Hs. → *F*, u. 29 2st. Stücke. Bei den 2st. Stücken aller 4 Hss. handelt es sich um Versus, überwiegend Benedicamustropen, daneben Sequenzen, untropierte Benedicamus, Lektionen, Tropen zu Ordinariumsgesängen u. a.

Lit.: J. HANDSCHIN, Über d. mehrst. Musik d. St.-Martial-Epoche..., Habil.-Schrift Basel 1924, maschr.; H. SPANKE, Die Londoner St. Martial-Conductushs., u. H. ANGLÈS, La música del Ms. de Londres, BM Add. 36881, in: Butlletí de la Bibl. de Catalunya VIII, 1928–32, separat Barcelona 1935; H. SPANKE, St. Martial-Studien, Zs. f. frz. Sprache u. Lit. LIV, 1930/31 u. LVI, 1932 (mit unzuverlässigen Verz. v. SM 1–3); W. APEL, Bemerkungen zu d. Organa v. St. Martial, Miscelánea en homenaje a H. Anglès I, Barcelona 1958–61; J. CHAILLEY, L'école mus. de St. Martial de Limoges, Paris (1960); J. M. MARSHALL, Hidden Polyphony in a Ms. from St. Martial de Limoges, JAMS XV, 1962 (zu SM 1); G. SCHMIDT, Strukturprobleme d. Mehrstimmigkeit im Repertoire v. St.-Martial, Mf XV, 1962; BR. STÄBLEIN, Modale Rhythmen im St.-Martial-Repertoire?, Fs. Fr. Blume, Kassel 1963 (mit weiterer Lit.); L. TREITLER, The Polyphony of St. Martial, JAMS XVII, 1964; REANEYM.

SPB 80, Rom, Bibl. Vaticana, Arch. di S. Pietro B 80; Chorbuch, Pergament, 356:256; 249 f. = 25 Lagen; um 1460–70 (Hamm), kirchliche Gebrauchs-Hs., Italien; Repertoire: 1430–70; wichtige Quelle d. nld. Musik (in d. Nähe v. Cambrai); ca. 85 Stücke, meist 3–4st.: II. Abt. (= f. 38′–181): 13 Messen, III. Abt. (= f. 181′–191): 21 Hymnen, IV. Abt. (= f. 191′–228′): 14 Magnificat, V. Abt. (= f. 229–239): 19 Antiphonen, I. Abt. (= f. 1–38): Nachträge (auch in d. Hs. verstreut), u. a. v. Barbigant, Binchois, Compère, Dufay, Dunstable, Josquin.

Lit.: CH. HAMM, The Ms. San Pietro B 80, RBM XIV, 1960 (mit Verz.).

Sq (Marrocco, Pirrotta: *FL*, Ellinwood: *S*), Squarcialupi-Kod., Florenz, Bibl. Mediceo-Laurenziana, Palat. 87; Pergament (Sammel-Hs.), 405:285; 218 f.; 1415–20 (v. Fischer), nicht vor 1440 (Pirrotta), erster Besitzer (laut Vermerk): A. Squarcialupi; Repertoire: 14. Jh.; umfangreichste u. jüngste Quelle d. → Trecento-Musik; 354 weltliche Stücke (2 doppelt notiert): 114 Madrigale, 12 Caccie, 226 Ballate; geordnet nach Komponisten in chronologischer Reihenfolge.

Ausg.: Der Squarcialupi-Cod. ..., hrsg. v. J. WOLF u. H. ALBRECHT, Lippstadt 1955, dazu K. v. Fischer in: Mf IX, 1956, u. L. Schrade in: Notes II, 13, 1955/56, S. 683ff.; The Works of Fr. Landini, hrsg. v. L. ELLINWOOD, = The Medieval Acad. of America, Studies and Documents III, Cambridge (Mass.) 1939; The Music of the 14th-Cent. Italy, hrsg. v. N. PIRROTTA, = CMM VIII, (Rom) 1954ff.; The Music of Jacopo da Bologna, hrsg. v. W. TH. MARROCCO, = Univ. of California Publications in Music V, Berkeley u. Los Angeles 1954; The Works of Fr. Landini, hrsg. v. L. SCHRADE, = Polyphonic Music of the 14th Cent. IV, Monaco 1958.

Lit.: vFISCHERSt.; vFISCHERTr.; B. BECHERINI, A. Squarcialupi e il Cod. Mediceo-Palatino 87, in: L'Ars Nova ital. del Trecento, Kgr.-Ber. Certaldo 1959.

St-Martial → *SM*.

StV, Paris, Bibl. Nat., ms. lat. 15139 (olim fonds St-Victor 813); Sammel-Hs., Pergament, 180:102; f. 176–305, davon mus. Teil: f. 255–293, = »Liber cantualis«; 2. Hälfte 13. Jh.; Repertoire: 1. u. 2. Drittel d. 13. Jh.; 72 meist 2st., zuweilen 3st. oder 1st. Stücke: u. a. 10 Organa, 10 Conductus u. 40 »Melismen« (mit Marginalverweisen auf frz. Motetten); nach Ludwig: Vorlagen frz. Motetten, nach Rokseth: reduzierte Motetten als Bauschemata f. Kontrafakturen; f. 269–275: 2 Musiktraktate (*Quiconques veut deschanter* u. *Quando due note sunt in uno sono*) als Marginalien zur Conductus-Slg.

Ausg.: The Music in the St. Victor Ms. Paris lat. 15139. Polyphony of the 13th Cent., hrsg. v. E. THURSTON, = Pontifical Inst. of Medieval Studies, Studies and Texts V, Toronto 1959 (Einleitung u. Faks.); St. Viktor Clausulae u. ihre Motetten, hrsg. v. FR. GENNRICH, = Mw. Studienbibl. V–VI, Darmstadt 1953; d. beiden Traktate in: E. DE COUSSEMAKER, Hist. de l'harmonie au moyen âge, Paris 1852, Nachdruck Hildesheim 1966, S. 244ff. u. 259ff.

Lit.: LUDWIG R I, 1 (mit Verz.); J. HANDSCHIN, Eine wenig beachtete Stilrichtung innerhalb d. ma. Mehrstimmigkeit, SJbMw I, 1924; DERS., Die Rolle d. Nationen in d. ma. Mg., SJbMw V, 1931; Y. ROKSETH, Polyphonies du XIIIe s., Bd IV, Paris 1939, S. 70f.; H. HUSMANN, Das Organum vor u. außerhalb d. Notre-Dame-Schule, Kgr.-Ber. Salzburg 1964; REANEYM; E. THURSTON, A Comparison of the St. Victor Clausulae with Their Motets, in: Aspects of Medieval and Renaissance Music, Fs. G. Reese, NY (1966).

Tou (Gennrich: *Tourn*), Tournai, Bibl. de la Cathédrale, ms. Voisin IV; Pergament, 335:215; 40 f., davon f. 1–27 u. 34–40 1st., f. 28–33: »Messe v. Tournai«; 14. Jh.; Repertoire: 14. Jh., vermutlich Avignon; Quelle eines d. frühesten Meßzyklen: 3st. Kyrie, Gloria, Credo, Sanctus–Benedictus, Agnus, Motette *Ite missa est*, anon. v. verschiedenen Autoren.

Ausg.: Messe du XIIIe s., hrsg. v. E. DE COUSSEMAKER, Paris u. Lille 1861; Missa Tornacensis, hrsg. v. CH. VAN DEN BORREN, = CMM XIII, (Rom) 1957; French Cycles of the Ordinarium Missae, in: Polyphonic Music of the Fourteenth Cent. I, hrsg. v. L. SCHRADE, Monaco 1956 (mit Kommentar).

Lit.: LUDWIGQu, S. 220f. u. 282; BESSELERSt I, S. 194; H. ANGLÈS, Una nueva versión de el credo de Tournai, RBM VIII, 1954; A. MACHABEY, La Messe de Tournai, RM CCXLIII, 1958; H. STÄBLEIN-HARDER, Fourteenth Cent. Mass Music in France. Critical Text, = MSD VII, (Rom) 1962.

Toul, Toulouse, Bibl. Municipale, ms. 94; Pergament, 286:200; 342 f. (neu), Missale Romanum, enthaltend d. 3st. »Messe v. Toulouse«; f. 145′ u. 147: Kyrie, f. 1: (1st.) Credo (nur Fragment d. Tenors), f. 225′–226: Sanctus, Benedictus, f. 226: Agnus, f. 147′: *Motetus super Ite missa est*, um 1400; Repertoire: Mitte 14. Jh. (Credo) – Ende 14. Jh.; Quelle eines frühen polyphonen Meßzyklus, v. verschiedenen Autoren.

Ausg.: French Cycles of the Ordinarium Missae, in: Polyphonic Music of the Fourteenth Cent. I, hrsg. v. L. SCHRADE, Monaco 1956 (mit Kommentar); Fourteenth Cent. Mass Music in France, hrsg. v. H. STÄBLEIN-HARDER,

= CMM XXIX, (Rom) 1962, dazu dies., Critical Text, = MSD VII, (Rom) 1962.
Lit.: H. HARDER, Die Messe v. Toulouse, MD VII, 1953; L. SCHRADE, The Mass of Toulouse, RBM VIII, 1954.

Tr 87–93, Trienter Kodizes, Trient, Domkapitel, Mss. 87–92, u. Archivio Capitolare (ohne Signatur, = *Tr 93*); Papier, Kleinfolio; *87*: 265 f., *88*: 422 f., *89*: 425 f., *90*: 465 f., *91*: 259 f., *92*: 239 f., *93*: 382 f.; 1. Gruppe: 87 u. 92, um 1440, Oberitalien; Repertoire: 1420–40; 2. Gruppe: *88–90, 93* u. älterer Teil *91*, 1444–65, Trient, Repertoire: 2. Drittel d. 15. Jh.; 3. Gruppe: jüngerer Teil *91*, um 1480, Trient, Repertoire: 1460–80; periphere Quelle d. Dufay-Zeit; insgesamt 1864 Stücke: alle Gattungen, meist 3–4st., u. a. v. Binchois, Dufay, Dunstable, Power.
Ausg.: Sechs (Sieben) Trienter Cod. Geistliche u. weltliche Kompositionen d. 15. Jh., hrsg. v. G. ADLER, O. KOLLER, A. OREL u. R. V. FICKER, = DTÖ VII (= Bd 14/15), XI, 1 (22), XIX, 1 (38), XXVII, 1 (53), XXXI (61), XL (76), Wien 1900–33.

Tu, Turin, Bibl. Reale, vari 42; Pergament, 230:162; 45 f. = A–E (ohne f.) + 40 f. (römisch); um 1350 (Auda), Lüttich; Repertoire: letztes Viertel d. 13. Jh. (Besseler); wichtige Quelle d. Ars antiqua neben *Mo*, Fasz. 7; 34 Stücke: 3 3st. lat. Conductus, 31 3st. Motetten (24 frz., 1 lat., 6 Doppelmotetten).
Ausg.: A. AUDA, Les »Motets Wallons« du ms. de Turin, 2 Bde, Brüssel (1953).
Lit.: LUDWIGQu; BESSELERSt II; REANEYM.

TuB, Turin, Bibl. Naz., J. II. 9 (olim D. VI. 14); Pergament, ursprünglich 390:283, Ränder versengt; 159 f. (neu); nach 1413, Hof v. Zypern; Repertoire: Anfang 15. Jh.; wichtige, aber periphere Quelle d. frz. Musik; 226 Nrn: I. Abt. (f. 1–27): 1st. Meßordinarien u. -offizien; II. Abt. (f. 29–57): 7 3- u. 4st. Gloria-Credo-Paare, 3 Gloria; III. Abt. (f. 59–97): 33 meist 4st. lat. Motetten, 8 frz. Motetten (40 isorhythmisch); IV. Abt. (f. 98–139'): 102 Balladen; Nachtrag (f. 139'–141'): 3st. Meßzyklus; V. Abt. (f. 143–158'): 64 meist 3st. weltliche Stücke (21 Virelais, 43 Rondeaus); alle Nrn anon.
Ausg.: The Cypriot-French Repertory of the Ms. Turin..., hrsg. v. R. H. HOPPIN, 4 Bde, = CMM XXI, (Rom) 1960–63.
Lit.: BESSELERSt I (mit Verz.); R. H. HOPPIN, The Cypriot-French Repertory of the Ms. Turin..., MD XI, 1957.

W₁, Wolfenbüttel, Herzog August Bibl., Cod. Helmst. 628 (etiam 677); Pergament, 215:150; 197 f. (neu; Husmann) = 214 f. (alt; Ludwig, Hughes) mit Lükken (unvollständiger Bd) = 11 Fasz. (26 Lagen); Mitte 13. Jh. (Apel, Hughes), spätes 13. Jh. (Handschin), 14. Jh. (Ludwig), Fasz. 1–10: Frankreich, Fasz. 11: wahrscheinlich England; Besitzervermerk (f. 64): St. Andrews, Schottland; Repertoire: 2. Hälfte 12. Jh., 11. Fasz. älter (Ludwig), jünger (Handschin); zentrale Hs. d. Notre-Dame-Schule (erste erhaltene Fassung d. *Magnus liber*); 328 Stücke: u. a. Fasz. 1: 4st. Organa, Fasz. 2: 3st. Organa u. Conductus, Fasz. 3–4: *Magnus liber*, Fasz. 5–6: Ersatzklauseln, Fasz. 7–8: 3st. Organa, Motetten, Conductus, Fasz. 9: 2st. Conductus, Tropen, Organa, Motetten, Fasz. 10: 1st. Conductus, Fasz. 11: 2st. Organa.
Ausg.: An Old St. Andrews Music Book, Faks. hrsg. v. J. H. BAXTER, = St. Andrews Univ. Publications XXX, London 1931, dazu A. HUGHES OSB, Index to the Facs. Ed. of Ms. W₁, Edinburgh u. London 1939; Die 3- u. 4st. Notre-Dame-Organa, krit. GA, hrsg. v. H. HUSMANN, = PäM XI, Lpz. 1940, dazu R. v. Ficker, Probleme d. modalen Notation, AMl XVIII/XIX, 1946/47.
Lit.: LUDWIGR I, 1 (mit Verz.); FR. LUDWIG, Über d. Entstehungsort d. großen Notre-Dame-Hss., in: Studien zur Mg., Fs. G. Adler, Wien u. Lpz. 1930; J. HANDSCHIN, A Monument of Engl. Mediæval Polyphony, The Mus. Times LXXIII, 1932 – LXXIV, 1933; DERS., The Summer Canon ... II, MD V, 1951; H. HUSMANN, Die 3st. Organa d.

Notre-Dame-Schule ..., Diss. Bln 1935; DERS., Zur Frage d. Herkunft d. Notre-Dame Hs. W₁, Fs. W. Vetter, Bln 1961; DERS., The Enlargement of the Magnus liber organi ..., JAMS XVI, 1963; W. G. WAITE, The Rhythm of 12th Cent. Polyphony, = Yale Studies in the Hist. of Music II, New Haven (Conn.) u. London 1954; N. E. SMITH, The Clausulae of the Notre-Dame School: A Repertorial Study, 3 Bde (mit Übertragungen d. Klauselslg in W₁), Diss. Yale Univ. (Conn.) 1964; REANEYM.

W₂, Wolfenbüttel, Herzog August Bibl., Cod. Helmst. 1099 (etiam 1206); Pergament, 175:130; 253 f. (neu; unvollständiger Bd) = 10 Fasz.; Mitte 13. Jh., Frankreich; Repertoire: 2. Hälfte 12. Jh. – Mitte 13. Jh.; jüngste erhaltene Fassung d. *Magnus liber*, wichtigste Quelle d. ältesten frz. Motetten; ca. 300 Stücke: u. a. Fasz. 1: 4st. Organa, Fasz. 2: 3st. Organa, Fasz. 3: 3st. Conductus, Fasz. 4–5: *Magnus liber*, Fasz. 6: 2st. Conductus, Fasz. 7: 3st. lat. u. frz. Motetten u. Conductus, Fasz. 8: 2st. lat. Motetten (mit Marginalverweisen auf entsprechende frz. Motetten), Fasz. 9: 3st. Doppel- u. Tripelmotetten, Fasz. 10: 2st. frz. Motetten.
Ausg.: Faks.-Ausg. d. Hs. Wolfenbüttel 1099 (1206), hrsg. v. L. A. DITTMER, = Publications of Mediæval Mus. Mss. II, Brooklyn/N. Y. (1960).
Lit.: LUDWIGR I, 1 (mit Verz.); E. THURSTON, The Conductus Compositions in Ms. W₂, 2 Bde, Diss. NY Univ. 1954, maschr. (mit Übertragungen); REANEYM.

WiTr (Reaney: *Cb 473*), Winchester-Tropar, Cambridge, Corpus Christi College, Ms. 473; Pergament, 146:90; 199 f. (neu); 1. Hälfte 11. Jh. (Harrison), Ende 11. Jh. (Ludwig), England; Repertoire: Anfang 11. Jh., in linienlosen Neumen, daher bis heute unübertragbar; früheste vollständig erhaltene Quelle d. engl. mehrst. Musik; 158 2st. Stücke: 3 Invitatorien, 19 Tractus, 16 Responsorien, 53 Alleluja, 7 Sequelae, 3 tropierte Introitus, 12 Kyrie, 10 Gloria. Von einigen 2st. Stücken enthält *WiTr* nur d. Vox organalis; d. Cantus liegt vor in einem anderen Winchester Tropar, Oxford, Bodleian Library, Ms. Bodley 775.
Ausg.: The Winchester Troper, hrsg. v. W. H. FRERE, = Publications of the H. Bradshaw Soc. VII, London 1894; Early Engl. Harmony I, hrsg. v. H. E. WOOLDRIDGE, London 1897.
Lit.: LUDWIGR I, 1, S. 268f.; J. HANDSCHIN, The Two Winchester Tropers, The Journal of Theological Studies XXXVII, 1963; A. HUGHES OSB in: The New Oxford Hist. of Music II, London 1954, S. 280f.; FR. LL. HARRISON, Music in Medieval Britain, London (1958); APELN, S. 226ff.; A. MACHABEY, Remarques sur le Winchester Troper, Fs. H. Besseler, Lpz. 1961; REANEYM.

Wol, Wolfenbüttel, Herzog August Bibl., ms. 287 extravag., → Chansonnier.

Worc, Worcester-Fragmente, Reste eines Ms.-Bestandes d. Kathedrale v. Worcester, heute (soweit aufgefunden) an 3 Orten gesammelt: 1) Oxford, Bodleian Library, ms. Lat. liturg. d 20; 39 f. (neu); 2) Worcester, Chapter Library, ms. add. 68; Fragmente I–XXXV; 3) London, Brit. Mus., ms. add. 25031; f. 1, 2a–c, 3; alle Pergament, verschiedene Formate; 13.–14. Jh.; Repertoire: Anfang 13. Jh. – um 1350; wichtige Quelle d. ma. engl. Musik; neben zahlreichen 1st. Stücken mehrst. Motetten (54), Organa (23), Meßsätze (10), Conductus (9), Sequenzen (9), Rondelli (7), Hymnen (4).
Ausg. u. Lit.: The Worcester Fragments. A Cat. Raisonné and Transcriptions, hrsg. v. L. A. DITTMER, = MSD II, (Rom) 1957; Worcester Add. 68 ..., u. Oxford, Lat. Liturgical D 20, London, Add. Ms. 25031 ..., hrsg. v. DEMS., = Publications of Mediæval Mus. Mss. V u. VI, Brooklyn/N. Y. (1959–60), Faks. u. Einleitung; REANEYM.

Querelle des bouffons (kɔr'ɛl de buf'õ, frz.) → Buffonistenstreit.

Querflöte (ital. flauto traverso, flauto tedesco; frz. flûte traversière, flûte allemande; engl. German flute), seit dem Ende des 18. Jh. und in Nachfolge der Blockflöte auch »Flöte« schlechthin genannt, das beweglichste, gleichwohl im Hinblick auf die Tonerzeugung das einfachste unter den Holzblasinstrumenten. Das durch die Lippen des Bläsers geformte Luftband bricht sich an der Kante des im Kopfstück der Qu. seitlich gebohrten Mundlochs, so daß (im Unterschied zu Rohrblatt- und Blechblasinstrumenten) die Lippen frei beweglich den Ansatz bilden. Daher kommt kein anderes Blasinstrument der Virtuosität so entgegen wie die Qu., auf der die größten Sprünge in schnellem Tempo ausführbar sind.

Von ihrer Vorläuferin, der → Querpfeife, ist die Qu. seit der 1. Hälfte des 17. Jh. unterscheidbar. Praetorius (Synt. II) unterscheidet in Qu. (bei ihm noch synonym mit Querpfeife) und Schweitzer- oder Feldpfeiff; er gibt als unterscheidendes Merkmal nur die Verschiedenheit der Griffe an. Nach Mersenne (1636) unterscheidet sich die fifre (Querpfeife) von der fluste d'Allemand durch lauteren und schärferen Klang, höhere Stimmung und engere Mensur. Bildzeugnisse für eine Verwendung der Qu. (oder der Querpfeife) in der Kunstmusik sind schon aus dem 16. Jh. überliefert: Auf einem Bild eines unbekannten französischen Malers werden 3 Edelfrauen dargestellt, die eine 1531 bei Attaingnant gedruckte Chanson von Sermisy mit Singstimme, Laute und Qu. musizieren. Auf dem Bild der bayrischen Hofkapelle in H. Mielichs Kodex der Bußpsalmen von Lassus (um 1570) ist auch ein Qu.n-Spieler zu sehen. Das Inventar der Stuttgarter Hofkapelle von 1576 verzeichnet 35 Qu.n. – Ein neuartiger Typus der Qu. trat nach 1650 in Frankreich hervor. Das Kopfstück war zylindrisch geblieben, das übrige Corpus verkehrt konisch gebohrt. Diese Bohrung, verbunden mit beträchtlicher Wandstärke (bis 5 mm), ergab mit dem kleinen, scharf geschnittenen Mundstück jenen hellen, nuancenreichen Klang, der den am Hofe Ludwigs XIV. und XV. entstandenen Flötenkompositionen entspricht (la Barre, Hotteterre le Romain, M. Blavet, G. Guillemain). Quantz (1752, S. 41) nennt den Klang seiner Instrumente hell, schneidend und männlich. Erst nach der Mitte des 18. Jh. wurde die Mensur enger und die Wandstärke verringert, um die Höhe über das von Hotteterre und nach ihm von Quantz genannte e^3–a^3 zu erweitern. J. S. Bach verlangt in den Flötenpartien der Kantate *Durchlaucht'ster Leopold* (BWV 173a) noch als obere Grenze des Umfangs d^3, während seine Flötensonaten und vor allem die Suite A moll (BWV 1013) für Qu. solo bis zum a^3 geführt werden.

– Die Blütezeit der Qu. war das 18. Jh., die empfindsame und galante Zeit, in der französische Sprache und Kultur in Mitteleuropa vorbildlich waren. Es kam darauf an, das Instrument ... *in traurigen Arien auf eine so rührende Art wissen winseln und in ... zärtlichen Arien auf das verliebteste wissen saufzen zu lassen* ... (Fr. Raguenet in: Marpurg, *Kritische Briefe über die Tonkunst* I, S. 69). Neben einem umfangreichen Repertoire von Kammermusikwerken mit Qu. entstanden im 18. Jh. zahlreiche Solokonzerte, u. a. von Vivaldi, Telemann, Quantz, J. A. Hasse, J. G. Graun, Friedrich II., C. Ph. E. Bach, J. Chr. Bach, Boccherini, C. Stamitz, Cimarosa (für 2 Qu.n), W. A. Mozart und Danzi. – Das Material der Qu. wird erstmals von Mersenne 1636 ausführlich beschrieben: man verwende Holz vom Pflaumenbaum oder andere Holzarten, die leicht gebohrt werden können, im allgemeinen Buchsbaum; auch Kristall oder Glas fänden Verwendung. Im 18. Jh. verarbeitete man auch Elfenbein. Nach Quantz (1752, S. 29) sei als dauerhaftestes Buchsbaum; schönster und hellster Ton komme durch Ebenholz zustande, dagegen werde der Ton durch eine Messingfütterung kreischend, rauh und unangenehm. Seit Th. Böhm sind Silberflöten verbreitet.

– Bis um 1650 bestand die Qu. aus einer unteilbaren, zylindrisch gebohrten Röhre (Ph. Jambe de Fer). Die Zerlegung der Qu. in mehrere Teile mit auswechselbaren Fußstücken von verschiedener Länge (cis-h-Fuß) kam in Frankreich im Zusammenhang mit der konischen Bohrung in der 2. Hälfte des 17. Jh. auf; aus dem 17. Jh. sind auch italienische Qu.n (klappenlos, 6 Grifflöcher, zylindrisch) bekannt, die in 3 Teile zerlegbar sind (Kopf, Mittelteil und langes Fußstück). Die Gründe für die Zerlegung sind verschieden: eine genauere Bohrung wird ermöglicht, die Abstimmung kann präziser erfolgen und das Instrument kann bequemer verwahrt werden. Quantz (1752, S. 25f.) berichtet über die Zerlegung und die damit verbundene bessere Stimmungsmöglichkeit: um 1720 habe es 2 Mittelstücke gegeben; für das obere hatten die Flötisten bis zu 6 auswechselbare Ersatzmittelstücke, *deren jedes, von dem andern, in der Stimmung, nicht mehr als um ein Komma, oder ein Neuntheil eines ganzen Tones, unterschieden ist.* – Bis ins späte 17. Jh. war die Form der Qu. meist glatt und unverziert. Zu Anfang des 18. Jh. kam das Prachtprofil auf, wie es auch Hotteterre abbildet. Nach 1740 ist die Gestalt der Qu. jedoch schon wieder ganz glatt; in Deutschland haben sich Prachtprofile etwas länger gehalten. – Bis in die 2. Hälfte des 17. Jh. waren 6 Grifflöcher üblich. Die ersten → Klappen begegnen (von einzelnen Ausnahmen abgesehen, z. B. 1589, Stuttgarter Hofkapelle: 1 Klappe) in Frankreich nach 1650. Zuerst wurde die Kleinfingerklappe (dis-Klappe, geschlossen) angebracht. Daneben brachte Quantz (nach eigenem Zeugnis) 1726 die enharmonische es-Klappe an. In der 2. Hälfte des 18. Jh. kamen je eine Klappe für f^1, gis^1, b^1, c^2 und eine 2. für f^1 hinzu, letztere mit einem Langhebel für den 5. Finger. Von 1785 an sind in der Regel diese Klappen sämtlich vorhanden, daneben hielt sich die Qu. mit nur einer oder mit wenigen Klappen noch lange. Um 1790 unterschied man die »Straßburger« Bauweise mit 1–3 Klappen von der englischen mit 4. Um 1820 wurde von dem Schweizer Gordon das f-Loch mit Ringklappe versehen. An der Entwicklung der modernen Qu. waren außer Quantz auch J. G. Tromlitz (8 Klappen) und besonders Th. → Böhm beteiligt. Böhm baute 1832 eine konische Flöte mit Tonlöchern für jeden chromatischen Ton und übernahm das Ringklappensystem; 1847 konstruierte er die zylindrische Qu. mit parabolischem Kopfstück. Dieses Instrument mit ganz neuem Klangcharakter wurde von französischen und englischen Spielern sehr bald, von den deutschen nur zögernd aufgegriffen. Eine Rückkehr zur konischen Flöte wurde von Kruspe und Schwedler versucht (1885, Reformflöte 1912). – Das Kopfstückende wurde schon früh durch einen Kork verschlossen. Mersenne zufolge war dieser Pfropfen 17 mm vom Mundloch (wahrscheinlich Mundlochmitte gemeint) entfernt. War der Kork anfangs festsitzend, so war eine Verschiebbarkeit geboten, als die Zerlegung der Mittelstücke aufkam (nach 1720). Bei Gebrauch eines längeren Mitteleinsatzes wurde der Pfropfen näher an das Mundloch herangeschoben, bei kürzerem Mitteleinsatz wurde sein Abstand zum Mundloch vergrößert. In der Zeit Quantz' kam die bis heute übliche Pfropfenschraube auf. – Das Mundloch war in der 1. Hälfte des 18. Jh. rund und klein. Der Ton war kleiner, aber schärfer (obertonreicher) im Vergleich zu dem Flötenton, der mit dem rundovalen oder ovalen Mundloch hervorgebracht wurde (ab Ende des 18. Jh.); danach setzte sich die rechteckig-abgerundete Mundlochform Böhms durch.

Die Qu. mit d^1 als unterster Tongrenze war bis um 1800 dominierend. Agricola (1529) kennt ein Stimmwerk von 4 Schweitzer Pfeiffen (Querpfeifen). Bei Praetorius (1619) hat das Stimmwerk der zylindrischen Traversa, Querpfeiff oder Querflött 3 Arten: Baß auf g, Tenor-Alt auf d^1 (die wichtigste Lage, auch als Diskant zu gebrauchen) sowie Diskant auf a^1. Der Umfang ist wie beim Zink und der Dolzflöte 15–19 Töne. Mersenne erklärt 1636 nur einen Typus, verweist jedoch auf 4 verschiedene Stimmlagen; Hotteterre kennt nur die Alt-Tenor-Lage (70,5 cm). Um 1750 gab es neben dieser Normalgröße (d^1 oder c^1) die große Quartflöte (g oder a), die Flûte d'amour (h oder a), die kleine Quartflöte (f^1 oder g^1) und die Baßflöte (f). Letztere wird z. B. bei Händel als Traversa bassa 1727 im *Riccardo* verlangt. J.G. Tromlitz (1791) kennt Oktavflöte (c^2), Quartflöte (f^1), Große Flöte (c^1), Flûte d'amour (a) und Baßflöte (c). Um 1900 sind folgende Qu.n-Größen üblich: Kleine Flöten (c^2, des^2, es^2, → Piccolo), Große Flöten (a, b, h, c^1, des^1, es^1), Altflöten (es, f, g), Baßflöte (c, des, → Albisiphon). Der Umfang der heutigen Qu. reicht chromatisch von c^1 bzw. h bis normal c^4 oder d^4, spielbar ist noch f^4. Heute ist neben der »großen« Flöte und der Piccoloflöte in Frankreich und Belgien gelegentlich das → Flageolett (– 1) in Gebrauch. Die Altflöte mit gekröpftem Kopfstück wird in neuerer Zeit nur gelegentlich verlangt (u. a. von Rimskij-Korsakow, »Die Sage von der unsichtbaren Stadt Kitesch ...«; Pfitzner, *Palestrina*; Ravel, *Daphnis et Chloé*; Strawinsky, *Le Sacre du Printemps*; Schostakowitsch, VII. Symphonie; B. Britten, *Albert Herring*; H.W. Henze, *Der Prinz von Homburg*). – Die wichtigsten Schulen für Qu. schrieben: Hotteterre (1707), Quantz (1752), Tromlitz (2 Teile, 1791–1800), Devienne (1795), Hugot und Wunderlich (1804, eingeführt am Conservatoire), Berbiguier (1820), Fürstenau (1828 und 1834), Tulou (1835), P. Taffanel und Ph. Gaubert (1923), G. Scheck (1936), H. Zanke (1949), H. P. Schmitz (1955). Etüden für Qu. veröffentlichten u. a. Fürstenau, Th. Böhm, P. Camus, L. de Lorenzo, S. Karg-Elert, M. Moyse und H. Genzmer. In neuerer Zeit komponierten Ibert (1934), Jolivet (1949), Genzmer (1954, 1955) und Petrassi (1960) Solokonzerte für Qu.

Lit.: M. AGRICOLA, Musica instrumentalis deudsch, Wittenberg 1529 u. ^{41545}, hrsg. v. R. Eitner, = PGfM, Jg. XXIV, Bd XX, Lpz. 1896; PH. JAMBE DE FER, Epitome mus...., Lyon 1556; PRAETORIUS Synt. II; M. MERSENNE, Harmonie universelle, Paris 1636, Faks. hrsg. v. Fr. Lesure, 3 Bde, Paris 1963; J. M. HOTTETERRE, Principes de la flûte traversière ou flûte d'Allemagne..., Paris 1707, Faks. u. deutsche Übers. hrsg. v. H. J. Hellwig, Kassel 1942, ^{21958}; WALTHERL; QUANTZ Versuch; J. G. TROMLITZ, Kurze Abh. v. Flötespielen, Lpz. 1786; DERS., Ausführlicher u. gründlicher Unterricht d. Fl. zu spielen, Lpz. 1791, II. Teil: Über d. Fl. mit mehreren Klappen, Lpz. 1800; HUGOT u. WUNDERLICH, Méthode de flûte du Conservatoire, Paris 1804, deutsch v. Kühnel, Lpz. o. J.; TH. BÖHM, Über d. Flötenbau u. d. neuesten Verbesserungen derselben, Mainz 1847; DERS., Die Fl. u. d. Flötenspiel..., München (1871), NA Lpz. u. Bln o. J., Wien o. J., engl. v. D. C. Miller, NY ^{21960}; R. S. ROCKSTRO, A Treatise on the Construction, the Hist., and the Practice of the Flute, London 1890, ^{21928}; A. SCHWEDLER, Katechismus d. Fl. u. d. Flötenspiels, = Weber's illustrierte Katechismen Nr 159, Lpz. 1897, als: Fl. u. Flötenspiel ^{31923}; P. WETZGER, Fl., Heilbronn (1905); A. GOLDBERG, Biogr. u. Portraitslg hervorragender Flötenvirtuosen, Lpz. 1906; H. M. FITZGIBBON, Story of the Flute, London 1914, (^{21929}); L. FLEURY, The Flute and Flutists in the French Art of the 17th and 18th Cent., MQ IX, 1923; H. HALBIG, Die Gesch. d. Klappe an Fl. u. Rohrblattinstr., AfMw VI, 1924; K. SCHLENGER, Über Verwendung d. Holzblasinstr. in d. frühen Kantaten J. S. Bachs, Bach-Jb. XXVIII, 1931; G. SCHECK, J. J. Quantz' Flötenschule (1752), Deutsche Tonkünstlerzeitung XXIII, 1937; DERS., Die Qu., in: Hohe Schule d. Musik IV, hrsg. v. J. M. Müller-Blattau, Potsdam (1938); H. KÖLBEL, Von d. Fl., = Musica instrumentalis III, (Köln u. Krefeld 1951), mit Bibliogr.; L. DE LORENZO, My Complete Story of the Flute, NY 1951; H. P. SCHMITZ, Qu. u. Querflötenspiel in Deutschland während d. Barockzeitalters, Kassel (1952); DERS., Flötenlehre, 2 Teile, Kassel 1955; DERS., Über d. Verwendung v. Qu. d. 18. Jh. in unserer Zeit, Fs. M. Schneider, Lpz. (1955); W. HASEKE, Untersuchungen zur Flötenspielpraxis d. 18./19. Jh., Diss. Köln 1954, maschr.; G. MÜLLER, Die Kunst d. Flötenspiels, 2 Teile, Lpz. u. Bln 1954; F. DEMMLER, J. G. Tromlitz, Diss. Bln 1961; H. KUNITZ, Die Fl. (= Die Instrumentation II), Lpz. 1961; K. VENTZKE, Die Boehmfl., = Fachbuchreihe Das Musikinstr. XV, Ffm. 1966.

Querpfeife (Zwerchpfeife, Schweizerpfeife, Feldpfeife, auch → Schwegel – 1), eine kleine Querflöte mit 6 Grifflöchern und enger Bohrung. Vom 15. Jh. an war sie (neben der → Einhandflöte) wegen ihres lauten, scharfen Klanges, begleitet von der Trommel, das bevorzugte Instrument der → Spielleute (– 1). Agricola (1525) kennt ein Stimmwerk von 4 Schweizerpfeifen. Praetorius (Synt. II) nennt neben dem Stimmwerk der Traversflöten 2 Schweizerpfeifen (d^1–a^2 und g^1–c^2). Mersenne (1636) unterscheidet die grelltönende fifre (Qu.) von der sanfteren fluste d'Allemand (→ Querflöte). Im 19. Jh. erhielt die Qu. konische Bohrung und ein Kleinfingerloch für den Ton es. Die in der Militärmusik verwendete deutsche Infanterie-Qu. stand in hoch B. In der Volksmusik der Alpenländer blieb die Qu. bis in die Neuzeit lebendig (eine erfolgreiche Wiederbelebung ging von K.M. Klier aus); vor allem in der Schweiz hat sich die traditionelle Zusammenstellung von Pfeifern und Trommlern erhalten.

Lit.: WALTHERL, Artikel Fiffaro, Flauto traverso, Schweitzer-Flöte; K. M. KLIER, Die volkstümliche Qu., Das deutsche Volkslied XXV, 1923, auch separat Wien 1923; DERS., Volkstümliche Querflöten u. d. Maultrommel..., Kgr.-Ber. Wien 1927; DERS., Neue Anleitung zum Schwegeln, Wien 1931; DERS., Volkstümliche Musikinstr. in d. Alpen, Kassel 1956.

Querstand (lat. relatio non harmonica) heißt eine auf 2 Stimmen verteilte Halbton- bzw. Tritonusfolge, der Widerspruch zwischen 2 Tönen in diagonaler Position (siehe Beispiel). Chr. Bernhard zählt in seiner Kompositionslehre auch den → Passus duriusculus zu den falschen Relationen. Da dem Qu. entweder ein nichtleitereigener Ton (z. B. chromatischer Nebenton) oder ein Tritonusschritt zugrunde liegt und diese den eindeutigen Ablauf einer Harmoniefolge zu stören scheinen, wird er von der Musiklehre im allgemeinen verboten. Dieses Verbot gilt jedoch einzig im Bereich des strengen Kontrapunkts als verbindlich. Die Musiklehre der Barockzeit, die den Tritonus-Qu. in Anlehnung an die Hexachordlehre als → Mi contra Fa bezeichnet, klassifiziert die verschiedenen Arten der Relationes non harmonicae bereits in tolerabiles und intolerabiles (WaltherL). Erstere werden als spezifischer Ausdruck eines Affekts empfohlen, da sie *gleichsam mit Gewalt zu einem annehmlichen / verliebt oder andächtigen Trauren* zwingen (Printz, *Phrynis Mitilenaeus*, 1696). Eine exakte Definition für erlaubte und unerlaubte Relationes wird im Hinblick auf die Kompositionen jedoch nicht gegeben, *weil die Auctores so wohl, als der goût der Zuhörer hierinnen nicht einig sind* (WaltherL). Während im kompositorischen Bereich das Verbot des Qu.s zu keiner Zeit prinzipiell beachtet wurde, läßt sich die Unsicherheit in der theoretischen Beurteilung dieses Verbots bis in die Neuzeit verfolgen: *es lassen sich keine bestimmten Regeln geben, in welchen Fällen solche Fortschreitungen verwerflich, und in welchen sie zuläßig sind* (KochL). In der Musik des 19. Jh. wurde der Qu. endgültig zu einer Selbstverständlichkeit; seine spezifisch klanglich-koloristische Eigenart wurde zu einem Stilcharakteristikum (so bei Schubert). In der nicht mehr tonal gebundenen Musik verlor der Qu. als Name und Sache seinen Sinn.

Quickstep (engl.) → Foxtrott.

Quilisma (mittellat., von griech. κυλίνδειν oder κυλίειν, wälzen, drehen), eine der Zierneumen (→ Neumen – 1). Das Qu. tritt meist an der Stelle des Halbtons (e–f oder h–c) auf und scheint eine besondere, bisher jedoch noch nicht ganz geklärte Vortragsweise anzuzeigen (Kürzung des Qu.-Tons, Verschleifung, Triller oder ähnlich).
Lit.: C. VIVELL OSB, Das Qu., Gregorianische Rundschau IV, 1905; W. WIESLI, Das Qu. im Cod. 359 d. Stiftsbibl. St. Gallen, Immensee (1966).

Quintaden (von mittellat. quintadenare, quintieren), auch Quintade, Quintatön, ein engmensuriertes, zylindrisch gedecktes Orgelregister zu 16′, 8′ und 4′. Die Metallpfeifen haben einen niedrigen Aufschnitt; dadurch tritt der 3. Teilton (Duodezime) charakteristisch hervor. Das Qu. wird auch als rohrgedecktes Register gebaut (Rohr-Qu.). Die Pfeifen werden oft mit Kastenbärten versehen, um die Ansprache zu erleichtern.

Quintdezime (lat. quinta decima, fünfzehnte), die Doppeloktave.

Quinte (lat. quinta, fünfte; griech. διαπέντε), die 5. Stufe in diatonischer Folge, zusammen mit der großen oder kleinen Terz das den → Dreiklang konstituierende Intervall. Die musikalische Praxis kennt die Qu. als rein, vermindert (→ Tritonus) und übermäßig. Die musikalische Akustik kennt die reine Qu. als natürlich (2:3) und gleichschwebend temperiert ($7/12$ der Oktave). – In der Theorie der antiken Griechischen Musik gilt die Qu. (Diapente) neben → Diapason (– 1) und Diatessaron als Symphonia, im Mittelalter als → Concordantia (→ Konsonanz – 1). Seit den Pythagoreern ist Quintverwandtschaft das Prinzip für den Aufbau des → Tonsystems; im 16. Jh. wurde die Quintreihe durch eine Quint-Terz-Reihe abgelöst. Obgleich die Dreiklangsharmonik der späteren Zeit die Terzverwandtschaft immer stärker betonte, wurde doch in der tonalen Musik die grundlegende Bedeutung der Quintverwandtschaft von Tönen, Tonarten und Dreiklängen niemals in Frage gestellt. Sie kommt vor allem in der Lehre von den 3 Grundfunktionen der tonalen Harmonik zum Ausdruck, in der die besondere Bedeutung der Dominante und Subdominante von deren Quintverwandtschaft mit der Tonika abgeleitet wird. Die in reiner Stimmung unendliche Folge von Qu.n wird seit Einführung der gleichschwebenden Temperatur im 17. Jh. als → Quintenzirkel dargestellt.

Quintenzirkel heißt der Rundgang durch die 12 Quinten des temperierten Systems: c(his) g(fisis,asas) d(cisis,eses) a(gisis,heses) e(fes) h(ces) fis(ges) cis(des) gis(as) dis(es) ais(b) eis(f) his(c). Da der Qu. stets zu seinem Ausgangston zurückkehrt, zwingt er irgendwo zu einer enharmonischen Verwechslung, d. h. zur schreibtechnischen Auswechslung von ♯, ♮ und ♭. Die enharmonische Umdeutung dagegen, die durch den tonalen Zusammenhang erzwungene Änderung der Auffassung von temperiert identischen Tönen, erfolgt konsequenterweise erst dort, wo die Tonart erreicht ist, die mit der Ausgangstonart enharmonisch identisch ist, d. h. am Ende des Qu.s (→ Enharmonik). Auf ähnliche Weise entsteht der Quartenzirkel. Bereits J. J. Froberger soll (nach A. Werckmeister, *Hypomnemata musica*, 1697) Qu. und Quartenzirkel in einer (heute verschollenen) Kanzone angewendet haben. Angeregt durch Werckmeisters Arbeiten (*Musicalische Temperatur*, 1686/87) und auf Grund von J. G. Neidhardts endgültiger Realisierung der zwölfstufigen gleichschwebenden Temperatur (*Sectio canonis harmonici*, 1724), entstanden ab 1700 zahlreiche experimentelle Stücke, die durch den ganzen Qu. bzw. Quartenzirkel modulieren, z. B. J. Mattheson, *Exemplarische Organisten-Probe* (1719, 10. Probstück) und J. D. Heinichen, *Der General-Baß in der Composition* (1728, darin die lange Zeit J. S. Bach zugeschriebene Fantasia durch alle Tonarten gehend, vgl. BWV Anh. 179). Nach dem Qu. angeordnet ist die *Clavierübung aus 24 Praeludia durch den ganzen Circulum Modorum* von G. A. Sorge (1730). Nach Heinichen soll der Zirkel *die natürliche Ordnung, Verwandtschaft und Ausschweifung aller Modorum musicorum* zeigen. Doch handelt es sich dabei nicht immer um einen ausgesprochenen Qu. Der Zirkel Heinichens wie auch der z. B. in J. Matthesons *Kleiner General-Baß-Schule* (1735) ist ein Terzen-Qu.

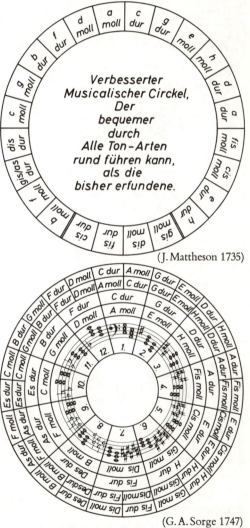

(J. Mattheson 1735)

(G. A. Sorge 1747)

Sein regelmäßiger Wechsel von Terz- und Quintstufen entsteht durch das unmittelbare Nebeneinanderrücken von je zwei Dur- und Molltonarten, wodurch sich die Verwandtschaftsverhältnisse der 24 Tonarten von denjenigen des eigentlichen Qu.s als verschieden erweisen. Sorge, der Heinichens Zirkel deswegen kri-

Quinterne

tisiert (*Vorgemach der musicalischen Composition* III, 1747), gibt in Tabelle XL ein Gegenbeispiel *durch den Circkel auf eine neue Art* (siehe Abbildung auf vorhergehender Seite). Der Terzen-Qu. ist jedoch ein Schlüssel zur Erkenntnis mancher Modulationspläne um 1700, besonders im Werk J. S. Bachs. Das spätere 18. Jh. kannte noch andere Zirkel. So bringt G. J. Vogler (*Tonwissenschaft und Tonsezkunst*, 1776) folgende Harmonisierung der »vermischten Leiter«·

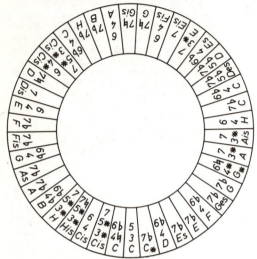

Es handelt sich um einen chromatisch ausgestuften Kleinterzenzirkel. Das Gebilde ist insofern bemerkenswert, als es – wenn auch nicht immer vollständig – in manchen Werken des späteren 18. und frühen 19. Jh. wiederkehrt; so z. B. in der Fantasia II in C dur aus der 5. Sammlung der Klaviersonaten ... *für Kenner und Liebhaber* von C. Ph. E. Bach, im 1. Satz der 2. Symphonie von Beethoven (Takt 326ff.) und im *Wegweiser* aus Schuberts *Winterreise* (Takt 57ff.). Eine Modulation durch den ganzen Qu. bzw. Quartenzirkel, von der H. Chr. Koch meint, sie käme in den Tonstücken niemals vor (*Handbuch bey dem Studium der Harmonie*, 1811), findet sich noch bei Beethoven im zweiten seiner *Zwei Praeludien durch alle Dur-Tonarten* op. 39 (1789). Jedoch benutzen die Komponisten des 18. Jh. bei enharmonischen Modulationen im allgemeinen nur Ausschnitte aus dem Qu. bzw. Quartenzirkel (vgl. J. S. Bach, Fantasie G moll, BWV 542, Takt 32ff., und W. A. Mozart, Finale des ersten der J. Haydn gewidmeten Streichquartette, K.-V. 387, 4. Satz, Takt 124ff.). Für enharmonische Modulationen in der Musik des 19. und frühen 20. Jh. haben die Terzenzirkel größere Bedeutung.

Lit.: W. DUPONT, Gesch. d. mus. Temperatur, Kassel 1935, S. 72ff.; M. F. BUKOFZER, Music in the Baroque Era, NY (1947), S. 384f.; M. FRISCH, G. A. Sorge u. seine Lehre v. d. mus. Harmonie, Diss. Lpz. 1954, maschr.; E. SEIDEL, Ein chromatisches Harmonisierungsmodell in Schuberts »Winterreise«, Kgr.-Ber. Lpz. 1966. ESe

Quinterne, im 16. Jh. in Deutschland eine Bezeichnung für die → Mandora. Im 17. Jh. war Qu. eine → Gitarre (bei Praetorius Synt. II mit geschweiftem Wirbelkasten).

Quintett (ital. quintetto; frz. quintette, quintuor; engl. quintet), eine Komposition für 5 Instrumente oder 5 Singstimmen, auch ein Ensemble von 5 Instrumental- oder Vokalsolisten. Das instrumentale Qu. hieß bis ins 19. Jh. meist Quintuor. – Häufig ist das Streich-Qu., das die Streichquartettbesetzung (2 V., Va, Vc.) entweder um ein zweites Violoncello (so vor allem bei Boccherini, auf den das Streich-Qu. zurückgeht; auch in Schuberts op. 163) oder um eine zweite Viola erweitert (so bei Mozart, K.-V. 515, 516, 593 und 614, außerdem in Bruckners Qu. F dur). Während der 5st. Streichersatz gegenüber dem → Streichquartett nicht nur größere Klangfülle bedeutet, sondern auch im Umgehen mit 5 gleichrangigen Stimmen subtilere kompositorische Arbeit verlangt, bringt das Hinzutreten eines anderen Instruments, vor allem des Klaviers, ein konzertierendes Element in das Qu. Von der Norm abweichend besetzt ist das Forellen-Qu. von Schubert (V., Va, Vc., Kb. und Kl.). In der Regel wird das Klavier mit Streichquartett kombiniert (2 V., Va, Vc. und Kl.; z. B. Schumann, op. 44), daneben mit Bläsern (Mozart, K.-V. 452; Beethoven, op. 16). Den besonderen klanglichen Reiz, der sich aus der Verbindung der Klarinette mit Streichern ergibt, entdeckte Mozart in seinem bedeutenden Klarinetten-Qu. K.-V. 581; später huldigten ihm Brahms (op. 115) und Reger (op. 146). Andere gemischte Besetzungen blieben vereinzelt (Prokofjews Qu. op. 39: V., Va, Kb., Ob., Klar.). Das Bläser-Qu. erweitert die Besetzung des (Holz-)Bläserquartetts um das Horn. – In der Oper ist Qu. eine Ensembleszene von 5 handelnden Personen mit Orchesterbegleitung.

quintieren, – 1) eine die ältere Art der Mehrstimmigkeit (→ Organum, → Déchant) fortführende bzw. eine originär volkstümliche Stegreifpraxis, die vornehmlich auf der Quinte beruht. Bei Gaultier de Coinci (1177/78–1236) ist belegt: *deschanter ou quintoier* (*Miracles de Nostre Dame*, Ms. Soissons, f. 176'), ähnlich bei J. de Condé (1. Hälfte des 14. Jh.): *quintier, doubler [et] descanter* (*Li Dis dou levrier*, 80). Präziser sind die Angaben bei Jacobus Leodiensis (*Speculum musicae* VII, CS II, 394b), der *dyapentizare vel quinthiare* (*qui amplius ... et quasi a domino utitur quintis*) und *quartare sive dyatesseronizare* (*si amplius quartis utatur*) als Arten der Diaphonia (sive discantus) erwähnt. Weitere Belege finden sich u. a. bei O. v. Wolkenstein (21, II: *Wie wol der gauch von hals nit schon quientieret, und der franzoisch hoflich discantieret*), im Liederbuch der Clara Hätzlerin von 1471, in S. Brants *Narrenschiff* von 1494 (73, 21f.: *Wissen als vil von kyrchregyeren / Alls müllers esel kan qwintyeren*) und Mitte des 16. Jh. bei J. Skelton (*They finger ther fidles and cry in quinibles*, ed. Dyce, II, 434a). L. Zacconi (1592) charakterisiert die häufigen Quintparallelen der Villanelle als Nachahmung bäurischen Singens. In Randgebieten (Island, Alpenländer, Portugal, Adria-Inseln) hat sich das Qu. teilweise bis in die Neuzeit erhalten. – 2) bei Blasinstrumenten (Klarinette, → Quintaden) das → Überblasen in den 3. Naturton (Duodezime).

Lit.: zu 1): W. BACHMANN, Die Verbreitung d. Qu. im europäischen Volksgesang d. späten MA, Fs. M. Schneider, Lpz. (1955).

Quintole (Fünfer; ital. quintina; frz. quintolet; engl. quintuplet), eine für 3, 4 oder 6 Noten eintretende Figur von 5 Noten gleicher Form. Entsprechend der → Triole wird die Qu. durch Zusammenfassung mit eckiger Klammer oder mit Bogen und Beifügung der Zahl 5 kenntlich gemacht.

Quinton (kɛ̃t'ɔ̃, frz.), eine Diskantviola, die auch als Mischform zwischen Viola und Violine gebaut wurde, mit 5 Saiten in der Stimmung g d^1 a^1 d^2 g^2. Auf dem Qu. wurde in Frankreich im 18. Jh. im 5st. Geigenensemble die höchste Stimme gespielt. Sonaten für Qu. veröffentlichte u. a. J. → Aubert.

Lit.: J.-J. ROUSSEAU, Dictionnaire de musique, Genf 1767(?), Paris 1768, Artikel Quinte; SACHSL; J. EPPELSHEIM, Das Orch. in d. Werken J.-B. Lullys, = Münchner Veröff. zur Mg. VII, Tutzing 1961.

Quintsextakkord → Septimenakkord.

Quintus (lat. der Fünfte; auch quinta vox, fünfte Stimme; ital. quinto) bezeichnet in fünf- und mehrstimmigen Vokal- oder Instrumentalwerken des 16. und 17. Jh. die 5. Stimme, die in der Regel keine neue Stimmlage zu den herkömmlichen 4 → Lagenstimmen hinzufügt, sondern einen 2. Sopran (Diskant), Alt, Tenor oder Baß darstellt (Ausnahmen sind Sätze, in denen zu einem normal geschlüsselten Diskant ein zweiter im Mezzosopranschlüssel oder zu einem Baß eine zweite, höhere Baßstimme im Baritonschlüssel hinzutritt). Qu. ist – ebenso wie Sextus (sexta vox), septima vox usw. – primär eine Bezeichnung für → Stimmbücher, in denen jeweils die eine der im Satz zweifach vertretenen Lagenstimmen der fünf-(sechs-, sieben-)stimmigen Kompositionen aufgezeichnet ist. Andere Bezeichnungen für die 5. Stimme sind → Vagans und → Concordant. Zweifach vorhandene Lagenstimmen werden oft als Primus und Secundus unterschieden; die zwischen Tenor und Baß liegende 5. Stimme wird auch als Barytonus (→ Bariton – 2) bezeichnet. Im 5st. Streichersatz in Frankreich des 17. Jh. (z. B. J.-B. Lully) verfestigte sich Qu. (frz. quinte) als eine Bezeichnung für die zwischen → Taille und Basse eingeordnete Lagenstimme (quinte de violon; → Viola tenore – 1); doch konnte nach Mersenne (1636, IV, S. 189) quinte auch die 2. Stimme von oben (zwischen dessus und haut-contre) bezeichnen. – Nicht von Qu. herzuleiten ist → Quinton.

Quodlibet (lat., was beliebt), die Verbindung vorgegebener vollständiger oder fragmentarischer Melodien und Texte in einer meist humoristisch gemeinten Komposition oder improvisatorischen Darbietung. Der Name Qu., vielleicht auch die Anregung für das scherzhafte musikalische Qu., geht (nach Rogge 1965) zurück auf die an deutschen Universitäten in der 1. Hälfte des 16. Jh. zu Scherzdisputationen abgesunkenen Disputationes de quolibet, Stegreifdisputationen ursprünglich ernsten Inhalts nach dem Vorbild der Pariser Sorbonne, wo sie vor allem Anfang des 14. Jh. an der theologischen Fakultät üblich waren. Die ersten mehrstimmigen Vokalkompositionen, die durch absichtlich unzusammenhängende Reihung von Text- und Melodiebruchstücken spaßhafte Wirkung hervorbringen wollten, wie auch die Bezeichnung Qu. dafür, erschienen 1544 in W. Schmeltzls *Guter, seltzamer, und künstreicher teutscher Gesang, sonderlich etliche künstliche Qu*. – Insofern im Qu. vorgebene Melodien und Texte neu kombiniert werden, ist das satztechnische Verfahren des Qu.s allerdings älter. Aus zahlreichen qu.-artigen Stücken des Codex Montpellier (→ Quellen: *Mo*) hebt sich als besonders kunstvolles Beispiel solcher Kombinationstechnik die 2st. Motette *La bele m'ocit – In saeculum* heraus, in deren Motetus 13 Refrains aus Trouvèremelodien zitiert werden. Ähnlich angelegt sind 3 Stücke des Glogauer Liederbuchs (*Glo*), bei denen der Superius von Dunstables *O rosa bella* mit einem aus Liedzitaten bestehenden Tenor und einem frei komponierten Contratenor kombiniert ist (weitere Beispiele nennt Maniates 1965). Zum Qu. im weiteren Sinne können auch die Tenorliedsätze mit 2 C. f. (und Hinzufügung freier Gegenstimmen) gezählt werden, die vor allem bei Senfl, außerdem u. a. bei Arnold von Bruck, Othmayr und Le Maistre vorkommen. Als eine kunstvolle Variante dieser Satzart ist das polyphone Qu. anzusehen, das durch kontrapunktische Verbindung mehrerer vollständiger Liedmelodien (ohne weitere Gegenstimmen) entsteht. Es ist bei Schmeltzl (1544) mit nur einem Beispiel vertreten; Praetorius (Synt. III) nennt ein aus 5 Choralmelodien kombiniertes Qu. von J. Göldel, ein ähnliches Stück ist von Kindermann überliefert (*Drifache Fuga* über 3 Choräle, 1645, in: DTB XXI–XXIV); auch J. Christenius veröffentlichte 1624 ein *Kirchen-Quotlibet*. Von den älteren Beispielen der Qu.-Technik wie auch vom Tenorlied-Qu. und dem polyphonen Qu. geht im allgemeinen keine eigentlich humoristische Wirkung aus, ihr Sinn und Reiz liegen vielmehr im artifiziell-satztechnischen Moment. Das scherzhafte Qu. – oft weitaus kunstloser – beschränkt sich nicht auf die Kombination von Liedmelodien oder -fragmenten, sondern reiht auch beliebige Texte: Zitate (Sprichwörter, Trinksprüche, grammatische Regeln), frei erfundene (Wortspiele, Reimscherze) oder onomatopoetische Texte (mehrsprachigen Mischmasch, Buchstabierscherze), auch Solmisationssilben. In der Wahl lautmalerischer Texte und Marktrufe rückt bisweilen die Chanson (z. B. bei Janequin) in die Nähe des Qu.s. – W. Schmeltzl beschreibt (1544, Vorrede) 4 Arten des Qu.s: die Aufzählung von vielerlei Dingen (dabei ist der Text in allen Stimmen gleich), die Aneinanderreihung von kurzen Liedzitaten (→ Cento) mit gleichem Text oder mit verschiedenen Zitaten und Texten in den Stimmen, außerdem das polyphone Qu. Schon vor Schmeltzl erschienen einige scherzhafte, dem Qu. ähnliche Stücke in Forsters Sammlung *Frische teutsche Liedlein* II (1540). Einzelne Qu.s sind überliefert von Lassus (»Nasenlied«), J. Reiner und Eccard; von J. Vaet stammt das singuläre Beispiel einer *Missa quodlibetica* (Ms. von 1573). – Im 16. Jh. zeigen sich auch außerhalb Deutschlands dem Qu. verwandte Erscheinungen, so in der französischen → Fricassée, der spanischen → Ensalada, in Italien im Centone (vgl. Jeppesen 1939), in der Incatenatura da villota (bzw. villota d'incatenatura, zur Unterscheidung vgl. Torrefranca) und Misticanza (bzw. Messanza). – Im 17. Jh. gelangt das mehrstimmige Qu. vor allem im Schaffen von M. Franck zu neuer Blüte (*Musicalischer Grillenvertreiber*, 1622). Neben einzelnen Beiträgen von Ghro (ein 4st. Qu. *Bettler Mantel*, 1606), Zangius (*Ich will zu Land ausreiten*, in: *Musicalischer Zeitvertreiber*, ¹1609), A. Rauch (1627), J. Banwart (1652), Theile (1667), Capricornus (1670), Briegel (1672), J. K. Horn, Gletle (1674 und 1685) und J. M. Caesar (1688) sind die drei (unter Pseudonymen erschienenen) Qu.-Sammlungen (1685–88) von D. Speer zu nennen. Dabei werden eine Abkehr vom Lied- bzw. Volkslied-Qu. spürbar (entsprechend der zurückgehenden Bedeutung des Lieds im 17. Jh.) und eine Tendenz zu einem vornehmlich auf lustigen Texten und Textkombinationen beruhenden Qu., das dann den Hauptteil der Qu.s von V. Rathgeber ausmacht (*Ohren-vergnügendes und Gemüth-ergötzendes Tafel-Confect*, 3 Teile, 1733–37, 4. Teil von J. C. Seyfert). – Das in einer 1707 datierten Reinschrift von der Hand J. S. Bachs überlieferte Hochzeits-Qu. (BWV 524) ist wahrscheinlich singulärer Zeuge einer improvisatorischen Qu.-Praxis und steht damit ebenso außerhalb der durch gedruckte Zeugnisse greifbaren Qu.-Tradition wie das Qu., das Bach als 32. Variation der Goldberg-Variationen komponierte (immerhin ist eine der beiden darin verarbeiteten Volksliedmelodien auch in Rathgebers *Tafel-Confect*, 2. Tracht Nr 7, enthalten). Außer diesem, satztechnisch an das Tenorlied-Qu. des 16. Jh. anknüpfenden kontrapunktischen Kunststück Bachs sind instrumentale Qu.s selten (C. Farina, *Capriccio stravagante* für Solovioline und 3 begleitende Streicher, in: *Ander Theil Newer Paduanen ...*, 1627; J. Vierdanck, *Capriccio auf Quodlibetische Art*, 1641). Qu.s nach Art Rathgebers enthält die wahrscheinlich Mitte des 18. Jh. entstandene Ostracher Liederhandschrift (Stuttgart, M. Mus. 4°, vgl. Kretzschmar); G. J. Werner schrieb *Zwey neue und extra lustige musicalische Tafel-Stücke: Der Wiennerische Tandlmarckt und die Bauren-Richters-Wahl*

Quodlibet

(1750), die *nach Art der Quotlibete eingerichtet* sind. Mozart schrieb neben dem ausdrücklich als Qu. bezeichneten *Galimathias musicum* (K.-V. 32) in seinem »Bandel-Terzett« (*Das Bandel*, K.-V. 441) ein echtes, spaßigwillkürliches Qu.; auch einige seiner Scherzkanons können als Qu.s angesprochen werden. – Aufklärung und Romantik brachten dem Qu. wenig Verständnis entgegen. Das Wort Qu. wurde im 19. Jh. oft gleichgesetzt mit → Potpourri und bezeichnete daneben auch humoristische (karikierende) Opernparodien. Die Jugendbewegung entdeckte das Qu. wieder als eine Form des geselligen Musizierens. Dabei wurde – neben der einstimmigen Reihung von Liedfragmenten und Reimscherzen – auch eine neue Art des Qu.s entwickelt; Liedmelodien mit gleichem harmonischem Verlauf werden (mit oder ohne Begleitung) gleichzeitig gesungen, z. B.:

Ausg.: Das deutsche Lied d. XV. u. XVI. Jh., hrsg. v. R. EITNER, = Beilage zu MfM VIII, 1876 u. XII, 1880; G. FORSTER, Der ander theil, kurtzweiliger guter frischer teutscher Liedlein (1540), hrsg. v. R. Eitner, = PGfM, Jg. XXXIII, Bd XXIX, Lpz. 1905; Ergötzliche Lieder u. Qu. aus d. 16. u. 17. Jh., hrsg. v. E. FR. SCHMID, Kassel 1928, ²1953; Die Singstunde, hrsg. v. FR. JÖDE, Wolfenbüttel (1928-38 u. ö.); V. RATHGEBER u. J. C. SEYFERT, Ohrenvergnügendes u. Gemüthergötzendes Tafel-Confect, hrsg. v. H. J. Moser u. M. Seiffert, = RD XIX, Abt. Oper u. Sologesang II, Mainz 1942; M. FRANCK, 3 Qu., hrsg. v. K. Gudewill, = Chw. LIII, 1956.

Lit.: J. FISCHART, Geschichtsklitterung. Synoptischer Abdruck d. Bearb. v. 1575, 1582 u. 1590, hrsg. v. A. Alsleben, Halle 1891; PRAETORIUS Synt. III; M. FUHRMANN, Mus. Trichter, Bln 1706; WALTHERL, Artikel Quolibet, Messanza; O. LINDNER, Gesch. d. deutschen Liedes im 18. Jh., hrsg. v. L. Erk, Lpz. 1871; W. UHL, Die deutsche Priamel ..., Lpz. 1897; A. RAPHAEL, Über einige Qu. mit d. C. f. »O rosa bella« ..., MfM XXXI, 1899; E. BIENENFELD, W. Schmeltzls Liederbuch u. d. Qu. d. 16. Jh., SIMG VI, 1904/05; H. KRETZSCHMAR, Gesch. d. Neuen deutschen Liedes I, = Kleine Hdb. d. Mg. nach Gattungen IV, 1, Lpz. 1911, Nachdruck Hildesheim 1966; P. GLORIEUX, La lit. quodlibétique de 1260 à 1320, 2 Bde, = Bibl. Thomiste V u. XXI, Paris 1925-35; FR. FELDMANN, Zwei weltliche Stücke d. Breslauer Cod. Mf 2016, ZfMw XIII, 1930/31; A. QUELLMALZ, Die Weise v. Elslein, Diss. Freiburg i. Br. 1932, maschr.; H. J. MOSER, Corydon, d. ist: Gesch. d. mehrst. Generalbaßliedes u. d. Qu. im deutschen Barock, 2 Bde, Braunschweig 1933, Nachdruck Hildesheim 1966; KN. JEPPESEN, Venetian Folk-Songs of the Renaissance, Kgr.-Ber. NY 1939; F. TORREFRANCA, Il segreto del Quattrocento, Mailand 1939; A. EINSTEIN, The Ital. Madrigal, 3 Bde, Princeton (N. J.) 1949; DR. PLAMENAC, A Reconstruction of the French Chansonnier in the Bibl. Colombina, Seville, MQ XXXVII, 1951 – XXXVIII, 1952; B. BECHERINI, Tre incatenature del Cod. Fiorentino Magl. XIX 164-65-66-67, CHM I, 1953; G. KRAFT, Zur Entstehungsgesch. d. »Hochzeitsqu.« (BWV 524), Bach-Jb. XLIII, 1956; K. PETERMANN, Das Qu. – eine Volksliedquelle?, Diss. Lpz. 1960, maschr.; W. ROGGE, Studien zu d. Qu. v. M. Franck u. ihrer Vorgesch., Diss. Kiel 1960, maschr., gedruckt als: Das Qu. in Deutschland bis M. Franck, Wolfenbüttel u. Zürich 1965; H. ALBRECHT, Ein quodlibetartiges Magnificat aus d. Zwickauer Ratsschulbibl., Fs. H. Besseler, Lpz. 1961; K. GUDEWILL, Ursprünge u. nationale Aspekte d. Qu., Kgr.-Ber. NY 1961, Bd I (vgl. dazu d. Diskussion in Bd II, S. 53ff.); M. R. MANIATES, Combinative Techniques in Franco-Flemish Polyphony, Diss. Columbia Univ. (N. Y.) 1965, maschr.; DIES., Qu. Revisum, AMl XXXVIII, 1966.

R

R, Abk. für: → Récit (– 2), Responsorium (meist ℟), → Ripieno.

Rabāb (arabisch, auch rebāb), Bezeichnung für verschiedene arabisch-islamische Streichlauten. al-Fārābī (1. Hälfte des 10. Jh.) beschreibt die R. als Streichinstrument, das dem Ṭunbūr von Horasan (→ Ṭanbūr) ähnlich ist. Diese R. ist bundlos und hat 1–2 einfache oder doppelchörige Saiten; als Stimmung setzte sich diejenige in Quarten oder Quinten nach dem Vorbild des → 'Ūd durch. Durch die Araber kam die R. im Hochmittelalter nach Sizilien und Spanien; ein europäischer Abkömmling ist wahrscheinlich das → Rebec. Mit der islamischen Kultur wurde die R. in Indien (wo sie mit Plektron gezupft wird) und zu Beginn des 15. Jh. auf Java (wo sie zum → Gamelan gehört) bekannt. Für die 1–2saitige R. in Nordwestafrika ist charakteristisch ein schmales, gebauchtes Corpus aus Holz, das sich verjüngend ohne Absatz in den am Ende abgeknickten Wirbelkasten fortsetzt. Die ägyptische, meist 2saitige R. hat ein trapezförmiges hölzernes Corpus mit einer Pergamentdecke, einen Fuß aus Eisen und einen Hals aus Holz.
Lit.: AL-FĀRĀBĪ, Kitāb al-mūsīqī al-kabīr, frz. als: Grand traité de la musique, in: Baron R. d'Erlanger, La musique arabe I, Paris 1930; W. BACHMANN, Die Anfänge d. Streichinstrumentenspiels, = Mw. in Einzeldarstellungen III, Lpz. 1964.

Rabel, rabé (altspan.) → Rebec.

Race records (ɹeːs ɹ'ekɔːds, engl.), Bezeichnung für Jazzschallplatten (meist Bluesaufnahmen), die in den USA von der Industrie seit den 1920er Jahren speziell für die Negerbevölkerung (race market) hergestellt wurden. Häufig sind dabei zur Begleitung des → Blues auch primitive Instrumente verwendet worden (z. B. von Ma Rainey die Tub-Jug-Washboard-Band). Die R. r. sind wichtig für die Erforschung des frühen Jazz.

Rackett → Rankett.

Radel (deutsche Bezeichnung für → Rota bzw. rotulum), ein Kanon, der in seinen Anfang zurückleitet und beliebig oft wiederholbar ist. Der älteste Beleg findet sich in der Lambacher Liederhandschrift (2. Hälfte 14. Jh.; Wien, Nat.-Bibl., Cod. 4696, f. 170': *Martein liber Herre. Ain r. von drein stymmen*). Die Bezeichnung R. wurde in der deutschen Singbewegung wieder aufgegriffen.
Lit.: H. RIEMANN, Hdb. d. Mg. II, 1, Lpz. 1907, S. 94f.; H. J. MOSER, Gesch. d. deutschen Musik I, Stuttgart u. Bln 1920, S. 341f.

Radleier → Drehleier.

Râga (Sanskrit s. v. w. Farbe, Leidenschaft), tonalmelodisches Skalenmodell für »improvisatorische« Gestaltungen in der → Indischen Musik. Der Begriff R., den Matanga (9. Jh. n. Chr.) noch im Sinne der modalen Leitern (jâti) gebraucht, nahm im 13. Jh. die noch heute gültige Bedeutung an. Bereits Shârngadeva räumte die Möglichkeit ein, in jedem der 18 Jâtis verschiedene Melodiegestalten mit unterschiedlicher Bedeutung (Funktion) der Leitertöne und verschiedenem Stimmungsgehalt zu bilden; er nennt sie R. und Râginî und charakterisiert erstere als männlich, letztere als weiblich. Bei Dâodara (17. Jh.) ist das System voll ausgebildet. Um dieselbe Zeit erscheinen auch die ersten personifizierten Darstellungen der R.s und Râginîs in den indischen Miniaturen. – R. ist eine Tonskala, die dem Material eines der 18 Jâtis oder, nach dem System des Venkatamakhin (17. Jh.), einer der 72 als Melakartas bezeichneten Grundtonreihen entnommen ist. Der einzelne Ton dieser Skalenauswahl kann unterschiedliche melodische Geltung haben: bei gleichem Tonvorrat kann er Anfangs- oder Schlußton, Zentralton, Binnenkadenz, oberer oder unterer Grenzton sein. Hinzu kommen melodisch-thematische Kennzeichen wie das Steigen und Fallen der Melodie, die Anzahl der melodischen Formeln und der insgesamt verwendeten Töne. Wesentlich ist die Zuordnung des R. oder Râginî zu Gefühlsinhalten: Zorn und Trauer, Einsamkeit und Freude, Mut und Erwartung und alle Schattierungen menschlicher Empfindungen sollen durch sie dargestellt und ausgelöst werden. Darüber hinaus sind die R.s bestimmten Tages- und Jahreszeiten zugeordnet und stehen zu den zahlreichen Göttergestalten des Hinduglaubens in Beziehung. Um dem Hörer die spezifischen Kennzeichen des R. bewußt zu machen, stellt der Musiker zunächst in einem unbegleiteten Vorspiel (âlâpa) den R. vor, indem er in häufig wiederholten und variierten Melodiefloskeln die wesentlichen Leitertöne und ihre melodische Geltung herausstellt. Dieser Teil einer R.-Aufführung ist ein Prüfstein für das Können des Musikers; seine Ausführung ist nach Art einer Improvisation ganz in das Ermessen des Künstlers gestellt. Eine solche Âlâpa-Fantasie kann bis zu einer Stunde ausgedehnt werden. Dann folgt, gesungen oder gespielt, in festem Rhythmusschema (tâla) und mindestens von Trommeln begleitet, das eigentliche Stück, das stets mehrere Sätze wechselnder Länge hat. (In Südindien hat auch das Vorspiel eine rhythmisch feste Gestalt.) Bei ausgedehnteren, vielsätziger Darbietung kann der R. wechseln. Die Râginîs dienen oft zu solcher Erweiterung und Belebung des gewählten R., kommen aber auch selbständig vor. Zu den überlieferten R.s werden von großen Meistern auch immer wieder neue geschaffen. Unter demselben Namen sind in den einzelnen Landesteilen oft recht verschiedene R.s gemeint. Von den mehr als 10000 im Laufe der indischen Musikgeschichte bekannt gewordenen R.s sind noch einige hundert im Gebrauch.
Lit.: B. BRELOER, Die Grundelemente d. altindischen Musik..., Diss. Bonn 1922; R. LACHMANN, Musik d. Orients, Breslau 1929; FR. BOSE, Musik d. außereuropäischen Völker, in: Atlantisbuch d. Musik, Bln 1934, Zürich u. Freiburg i. Br. ⁹1959; DERS., Mus. Völkerkunde, Freiburg i. Br. 1953; S. P. BANDOPADHYAYA, The Origin of R., Delhi 1946;

A. K. Gangopadhyaya, R. and Raginis, Bombay 1948; A. Daniélou, Northern Indian Music, 2 Bde, I Calcutta (1950), II London (1954); C. S. Ayar, The Grammar of South Indian (Karnatic) Music, Madras 1951. FB

Ragtime (r'ægtaim, engl., ragged time, zerrissene Schlagzeit), um 1895 aufgekommene Bezeichnung für eine seit etwa 1870 in den USA praktizierte Klavierspielweise zur Unterhaltung in Kneipen, Tanzhallen und Bordellen (→ Barrel-house style). Der R. ist als wesentlicher Ausgangspunkt für den Jazz anzusehen, hat diesen in entscheidender Weise mitgeprägt und sich in ihm bis in die 1920er Jahre gehalten. – Er ist die Übertragung einer unter Weißen und Negern der USA volkstümlichen Banjospielweise (Banjo-R.) auf das Piano. An der Ausbildung des virtuosen Piano-R. (seit etwa 1880), der dann zwischen 1900 und 1910 seinen Höhepunkt erreichte, sind neben vorwiegend farbigen Musikern (Scott Joplin, James Scott, Jelly Roll Morton) auch weiße Pianisten (Joseph Lamb) beteiligt. Sie alle haben Musikunterricht genossen und waren mit der europäischen Salon- und Unterhaltungsmusik vertraut. Ihre R.s sind daher – im Gegensatz zum frühen → New-Orleans-Jazz – meist komponierte Stücke, in denen rein tonale Harmonik und Melodik vorherrschen. Die Formen des Piano-R. gehen zurück auf die der europäischen Tanz- und Unterhaltungsmusik: u. a. Marsch, Polka, Quadrille. Seine charakteristischen Merkmale jedoch, denen der R. auch die weltweite Verbreitung verdankte, beruhen auf zwei rhythmischen Phänomenen, die auf die musikalische Negerfolklore der USA zurückzuführen sind: die Einbeziehung des durchlaufenden → Beat (– 1) in den 2/4-Takt (linke Hand) und die Umbildung und Stilisierung des → Off-beat zu einer nachschlagenden melodischen Achtelsynkopierung (syncopated music), die als wesentlichstes Moment auch in der Bezeichnung R. für die ganze Musizierweise hervorgehoben ist. – Die R.-Pianisten spielten häufig ihre R.s auf Walzen für mechanische Klaviere ein (player rolls), die teilweise erhalten blieben und auf Schallplatten überspielt wurden. Um 1900 begannen weiße und schwarze Unterhaltungskapellen den R. auch als Bandpraxis auszuüben (R.-Bands). Auf diesem Wege ergab sich der Einfluß des R. auf das Musizieren der → Marching bands in New Orleans und auf den → Jazz, der bis etwa 1915 größtenteils ebenfalls als R. bezeichnet worden ist.

Lit.: R. Blesh u. H. Janis, They All Played R., NY (1950, ^{2}1959).

rallentando (ital., nachlassend, schlaff werdend; Abk.: rallent., rall.) fordert ein Nachlassen des Tempos, oft als weicher Übergang von einem schnelleren zu einem langsameren Tempo. → ritardando, → ritenuto.

Rankett (mhd. ranc, Krümmung; auch Rackett, Raket, auf ital. rocchetta, Spinnrocken, zurückgehend; auch »Wurstfagott« nach frz. cervelat, cervellet; ital. cervello von lat. cerebellum, kleines Gehirn), Doppelrohrblattinstrument, dessen Corpus aus einem relativ kurzen (12–36 cm) und dicken (5–11 cm) Holz- oder Elfenbeinzylinder besteht, in den (in Längsrichtung) 6–9 parallel verlaufende, zylindrische Bohrungen getrieben sind und der auf beiden Seiten durch Deckel abgeschlossen ist. Miteinander verbunden, ergeben die Bohrungen den 5–8fach geknickten Windkanal. Über den ganzen äußeren Umfang des Corpus verteilt sind 11 Grifflöcher und einige zusätzliche Tonlöcher (meist 5). Ein Überblasen ist kaum möglich. Das Rohr wird über eine trichterförmige Pirouette (Lippenstütze) oder (nach Mersenne) auch direkt angeblasen. Zu einem Stimmwerk gehören nach Praetorius (Synt. II, S. 13) 7 Instrumente: 1 Großbaß ($_1$D–A oder $_1$C–G; damit trotz seiner Kleinheit damals neben der Orgel das Instrument mit den tiefsten verfügbaren Tönen), 1 Baß ($_1$F–c), 3 Tenor-Alt (C–g) und 2 Diskant (G–d). Das Stimmwerk zusammen sei jedoch nicht gut zu gebrauchen, besser klinge ein R., besonders als Baß, mit anderen Instrumenten. *Am Resonantz seynd sie gar stille / fast wie man durch einen Kam bläset.* Um die Mitte des 16. Jh. erfunden, erreichte das R. um 1600 besonders im österreichisch-süddeutschen Raum gewisse Verbreitung; doch schon um 1630/40 wurde es kaum noch gespielt und wie die anderen zylindrisch gebohrten Doppelrohrblattinstrumente (→ Kortholt, → Sordun – 1) vom Fagott verdrängt. – Nach 1680 entwickelte Denner ein R., das über ein S-förmiges Anblasrohr direkt angeblasen wurde (daher R.-Fagott, auch Stockfagott, Faustfagott; frz. basson à serpentine) und 10 leicht konische, offene oder halbgedackte Kanäle hatte. Sein Tonumfang betrug mit Überblastönen 2^1/$_2$ Oktaven. In Frankreich wurde es auch mit Klappen gebaut.

Lit.: M. Mersenne, Harmonie universelle, Paris 1636, Faks. hrsg. v. Fr. Lesure, 3 Bde, Paris 1963; Ders., Harmonicorum libri XII, 2 Bde, Paris ^{2}1648; J. G. Doppelmayr, Hist. Nachricht v. d. Nürnbergischen Mathematicis u. Künstlern, Nürnberg 1730; G. Kinsky, Doppelrohrblatt-Instr. mit Windkapsel, AfMw VII, 1925; H. Seidl, Das Rackett, Diss. Lpz. 1959, maschr.

Ranz des vaches (rã de vaʃ, frz.) → Kuhreigen.

Rappresentazione sacra, auch Sacra rappresentazione (ital., s. v. w. geistliche Darstellung), bezeichnete im 15. und 16. Jh. das geistliche außerliturgische Schauspiel in italienischer Sprache, das seine Hauptpflegestätte in Florenz hatte. Die Stoffe entstammen der Bibel oder der Heiligenlegende, wurden aber mit weltlichen Episoden ausgestattet. Die Mitwirkenden, meist Kinder und Jugendliche, stellten in Kostümen und vor Kulissen die Personen der Handlung dar, ohne allerdings wirklich zu agieren. Den musikalischen Anteil der R. s. bildeten hauptsächlich Kanzonen und Lauden. Insgesamt war die R. s. eine typische Schöpfung der Renaissance und charakteristisch für das prunkvolle künstlerische Leben in Florenz. Dessen hervorragender Repräsentant, Lorenzo dei Medici, war auch der bedeutendste Textdichter der Rappresentazioni (*San Giovanni e Paolo*, 1491). Nachdem die Beliebtheit der Gattung in der 2. Hälfte des 16. Jh. nachgelassen hatte, erfuhr sie eine einmalige Wiederbelebung in der *Rappresentazione di anima e di corpo* von → Cavalieri (1600), die die Vorgeschichte des → Oratoriums beeinflußte. – Die Benennung R. s. erscheint, ohne daß eine kontinuierliche Verwendung dieser Bezeichnung nachweisbar ist, Ende des 17. Jh. als Untertitel der Wiener Sepolcri, und zwar neben- und gleichbedeutend mit der Bezeichnung → Azione sacra.

Lit.: A. D'Ancona, Le s. r. dei s. XIV, XV e XVI, 3 Bde, Florenz 1872; Ders., Origini del teatro ital., 2 Bde, Turin 1891; G. Pasquetti, L'oratorio mus. in Italia, Florenz 1906; D. Alaleona, Studi sulla storia dell'oratorio mus. in Italia, Turin 1908, ^{2}1945; A. Schering, Gesch. d. Oratoriums, = Kleine Hdb. d. Mg. nach Gattungen III, Lpz. 1911, Nachdruck Hildesheim 1966; A. Bonfantini, Le s. r. ital., Mailand 1939; B. Becherini, La musica nelle s. r. fiorentine, RMI LIII, 1951.

rasgueado (span.) → Gitarre.

Raspa, ein seit 1950 in Europa bekannter südamerikanisch-kubanischer Gesellschaftstanz im bewegten 6/8-Takt, wahrscheinlich mexikanischer, vielleicht auch spanischer Herkunft.

Rassel (frz. hochet; engl. rattle; ital. raganella), ein durch Schüttelbewegung zum Klingen gebrachtes Schlagidiophon in Gefäß-, Reihen- oder Rahmenform, oft fälschlich als Klapper oder → Ratsche bezeichnet – eine genaue Abgrenzung aller in diesem Zusammenhang gebräuchlichen Termini ist bislang nicht möglich. Das Instrument besteht aus einem runden oder ovalen (seltener spindelförmigen), geschlossenen Körper, in den im Unterschied zu den → Schellen, die nur einen Klangkörper haben, eine Anzahl R.-Körper eingeschlossen ist. Als Material zur Herstellung des Corpus werden Holz, Metall, Ton, jedoch auch Früchte (Kürbis), Vogeleier oder geflochtene Behälter verwendet. Als R.-Körper nimmt man Samenkörner, Schneckengehäuse, kleine Steine, Fruchtschalen u. ä. Die R.n werden entweder von dem Spieler in die Hand genommen und geschüttelt oder als R.-Schmuck um den Körper gehängt (z. B. Tanz-R. der Bantus); Hand-Stab-R.n wie → Maracas und → Sistrum sind mit einem Stiel versehen. Die R. kommt in nahezu allen Kulturkreisen der Erde vor. Frühe Belege stammen aus der Induskultur, aus Ägypten sowie aus der europäischen Bronzezeit und der römisch-griechischen Antike. Sie alle zeigen eine enge Verbindung zu Magie, kultischen Handlungen und Tänzen. – Als Geräuschinstrument findet die R. in der modernen Tanz- und Unterhaltungsmusik häufig Verwendung. Mit dem Instrument kann kein exakter Rhythmus erzeugt werden, da die R.-Körper nicht zusammen an die Innenwand schlagen und auch das Zurückfallen der Körper als Zwischengeräusch hörbar wird. – Sonderformen der R. sind das → Angklung Indonesiens und die R.-Trommel (→ Trommel).

Lit.: C. Sachs, Die Musikinstr. d. alten Ägyptens, = Staatliche Museen zu Bln, Mitt. aus d. ägyptischen Slg III, Bln 1921; P. R. Kirby, The Mus. Instr. of the Native Races of South Africa, London 1934, Johannesburg ²1953; O. Seewald, Beitr. zur Kenntnis steinzeitlicher Musikinstr. Europas, = Bücher zur Ur- u. Frühgesch. II, Wien 1934; K. G. Izikowitz, Mus. and Other Sound Instr. of the South American Indians, = Göteborgs Kungl. Vetenskaps- och Vitterhets-Samhälles Handlingar V, Serie A/V, 1, Göteborg 1935; H. Hickmann, Cat. général des antiquités égyptiennes du Musée du Caire ..., Instr. de musique, Kairo 1949; ders., Die altägyptische R., Zs. f. ägyptische Sprache u. Altertumskunde LXXIX, 1954; ders., Ägypten, = Musikgesch. in Bildern II, 1, Lpz. (1961); H. E. Driver u. S. H. Riesenberg, Hoof Rattles and Girl's Puberty Rites in North and South America, = Memoir of the International Journal of American Linguistics IV, Baltimore 1950; O. Zerries, Kürbisr. u. Kopfgeister in Südamerika, Paideuma V, 1950/54; F. Ortiz, Los instr. de la música afrocubana I, Havanna 1952; G. Törnberg, Afro-Cuban Rattles, Fs. F. Ortiz II, Habana 1956; Fr. Bose, Die Musik d. Chibcha u. ihrer heutigen Nachkommen, Internationales Arch. f. Ethnographie XLVIII, 1958; G. P. Kurath, The Sena'asom Rattle of the Yaqui Indian Pascolas, Ethnomusicology IV, 1960.

Rastral(e) (von lat. rastrum, Harke, Rechen), Gerät zum Ziehen der Notenliniensysteme.

Ratsche (engl. ratchet; frz. crécelle; ital. raganella), Knarre, Geräuschinstrument, bestehend aus einem Holzstiel mit Zahnrad, über das bei Schwenkbewegung eine in einem Rahmen befestigte Holzzunge schrapt, so daß ein hell-knarrendes Geräusch entsteht. Wie die → Klapper kommt sie im Brauchtum vor. R. Strauss verwendet die R. in *Till Eulenspiegel* und *Don Quixote*.

Ratsmusiker → Stadtpfeifer.

Raumakustik ist als Lehre von den Schallvorgängen und deren Wahrnehmungsbedingungen in umgrenzten Räumen ein wichtiges Teilgebiet der Akustik. Sie entstand vor allem auf Grund der steigenden Ansprüche, die hinsichtlich musikalischer Eignung und Sprachverständlichkeit an → Konzertsäle, Vortragssäle, Kirchen, Rundfunkstudios u. a. gestellt wurden. Das Konzept der R. beruht im Kern auf dem Gedanken, die physikalischen Gegebenheiten des Schalles im Raum zu erkennen und nutzbar zu machen. Raumakustische Überlegungen basieren daher sowohl auf praktischen Erkenntnissen und Erfahrungen als auch auf naturwissenschaftlich-technischen Erwägungen. Wichtige Größen wurden allerdings auch von allgemeinen hörpsychologischen Erscheinungen hergeleitet. – Die Erkenntnis, daß Schallwellen sich in homogenen Medien geradlinig (als »Strahlen«) ausbreiten, daß sie an Wandflächen nach bestimmten Gesetzen analog der Optik geschluckt, gebrochen bzw. reflektiert werden, hat zunächst zu einer an die klassische Optik angelehnten geometrischen Behandlung des Wellenverhaltens im Raum geführt (»geometrische R.«). Die begrenzte Schallgeschwindigkeit in der Luft (ca. 340 m/sec) führt außerdem zu hörbaren → Laufzeitunterschieden des gleichen Schallsignals auf zwei oder mehr Wegen (z. B. direkt und reflektiert), woraus zum Teil störende Echos oder sogar Flatterechos resultieren können, die zu vermeiden zu den elementaren Aufgaben der R. gehört. Im Zusammenhang mit dem → Nachhall steht eine der meistverwendeten raumakustischen Beschreibungsgrößen, die Nachhallzeit. Ihre Definition entspringt den Überlegungen der »statistischen R.« über die mittlere Schallenergieabnahme im Raum infolge ihrer Umwandlung durch Reibung in Wärme. Sie geht auf den amerikanischen Physiker W. Cl. Sabine zurück und legt die exponentielle Verminderung (in gleichen Zeitintervallen sinkt der Pegel immer auf den gleichen Bruchteil des jeweiligen Ausgangswertes) zugrunde. Die in der R. verwendete Sabinesche Nachhallzeit (T) drückt die Zeit aus, in der die Schallenergie auf den 10^{-6}ten Teil abgesunken ist. Die Nachhallzeit eines Raumes hängt sowohl mit den geometrischen Gegebenheiten zusammen als auch vor allem mit seinem Volumen (V), der Größe seiner Begrenzungsflächen (S) sowie deren Absorptionsgrad (a). Letzterer wird durch das Verhältnis des an einer Begrenzungsfläche nicht reflektierten Schallenergieanteils zur auftreffenden Gesamtschallenergie ausgedrückt. Da Raumbegrenzungen zumeist aus Teilflächen (S_k) mit unterschiedlichem Absorptionsgrad (a_k) bestehen, wird die gesamte Absorptionsfläche (A_{ges}) zusammengefaßt: $A_{ges} = \sum_n a_k S_k$. Für die Nachhallzeit (T) ergibt sich die auf Sabine zurückgehende Beziehung (als Sabinesche Formel bezeichnet): $T = 0{,}163 V / \sum a_k S_k$. Sie erlaubt auf rechnerischem Wege eine verhältnismäßig genaue Vorhersage der Nachhallzeiten von Räumen schon im Stadium der Planung; außerdem können mit ihrer Hilfe aus gemessenen Nachhallzeiten Absorptionsflächen und -grade beliebiger Wand- und Fußbodenmaterialien, auch von Einrichtungsgegenständen, bestimmt werden. – Die Abbildung (nach E. Meyer und H. Kuttruf) demonstriert die Nachhallzei-

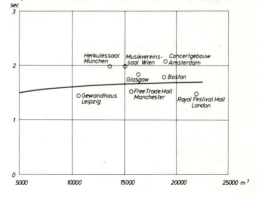

ten einiger Konzertsäle im besetzten Zustand; die kräftige Linie stellt die optimale Nachhallzeit dar (nach V. O. Knudsen und C. M. Harris). – Bei der Wahrnehmung von Schallereignissen im Raum kommt den zuerst am Ohr eintreffenden Schallsignalen ein besonderes Gewicht zu. Dieser Sachverhalt wird vor allem durch die Beobachtung bestätigt, daß z. B. im Konzertsaal die Musik in den hinteren Reihen im allgemeinen leiser empfunden wird als in mittleren oder vorderen Reihen, obwohl der Schallpegel etwa gleich hoch ist. Der Grund liegt darin, daß der Anteil des direkten Schalles gegenüber dem reflektierten stark reduziert ist. Vor allem für die elektroakustische Aufnahmetechnik, die im allgemeinen direkten und reflektierten Schall im Aufnahmeraum gleichrangig behandelt, ist es wichtig, die Grenzlinie (den »Hallradius«) zu kennen, an der die Energiedichten von direktem und reflektiertem Schallpegel ausgeglichen sind. Dieser Bereich ist im allgemeinen erstaunlich klein. In einem Saal von 20000 m³ und einer Nachhallzeit von 2 sec z. B. beträgt der Hallradius nur 5,7 m. – Mit der Wirkung zeitlich verschobener Schallsignale hängen Störungen zusammen, die durch eine ungleichmäßige Gewichtung von Schallreflektionen aus verschiedenen Richtungen verursacht sein können. Schallbündelungen etwa durch hohlspiegelartige Reflektionsflächen (z. B. Gewölbe) können zu Überlagerung und teilweiser Verdeckung des direkten Schalles und damit zur Beeinträchtigung von Sprachverständlichkeit oder musikalischer Eignung führen. Daher gilt als ein weiteres raumakustisches Charakteristikum das Ausmaß der Gleichverteilung reflektierter Schallenergie verschiedener Richtung, das als Richtungsdiffusität (d) oder allgemein → Diffusität bezeichnet wird. Es hat sich gezeigt, daß eine ausgeglichenere Richtungsdiffusität das geringste Ausmaß an Störung durch indirekte Schallanteile verursacht. – Die Tatsache, daß durch Schall angeregte Räume – vor allem von kleinen Abmessungen – charakteristische Resonanzen aufweisen, legt »wellentheoretische« Überlegungen im Rahmen der R. nahe. Sie gehen vor allem davon aus, den Raum als schwingungsfähiges Gebilde anzusehen. Entsprechend wird das physikalische Verhalten von Absorptionsmaterialien an Hand der innerhalb der »wellentheoretischen R.« erkannten Beziehungen untersucht und gedeutet. Raumakustische Überlegungen haben bis heute ihren Schwerpunkt im physikalischen Bereich. Trotzdem zeigt sich immer wieder, daß zwischen den Größen der Physik einerseits und psychologischen oder gar ästhetischen Maßstäben andererseits bei der Einschätzung von Räumen kein ein-eindeutiger Zusammenhang (one-to-one-Relation) nachzuweisen ist. Wohl können offensichtliche Fehler (z. B. zu lange Nachhallzeit, extrem unausgeglichene Nachhallkurve, Dröhnen usw.) vermieden werden, doch gelang es bisher nicht in größerem Umfang, subjektive Wertkriterien der Raumeinschätzung überzeugend auf physikalisch-raumakustische Maßstäbe zurückzuführen. Untersuchungen, die auf Korrelationen zwischen objektiven und subjektiven Dimensionen abzielen, stehen bislang noch in den Anfängen.

Lit.: W. Cl. Sabine, Collected Papers on Acoustics, Cambridge (Mass.) 1922; V. O. Knudsen, Architectural Acoustics, NY u. London 1932; ders. u. C. M. Harris, Acoustical Designing in Architecture, NY 1950; L. Cremer, Die wiss. Grundlagen d. R., I Geometrische R., Stuttgart 1948, II Statistische R., ebenda 1961, III Wellentheoretische R., Lpz. 1950; ders., Akustische Charakterisierung eines Raumes, Proceedings of the Third International Congress on Acoustics, Stuttgart 1959; W. Furrer u. A. Lauber, Die Diffusion in d. R., Acustica II, 1952; W. Kühl, Versuche zur Ermittlung d. günstigsten Nachhallzeit großer Musikstudios, ebenda IV, 1954; ders., Optimal Acoustical Design of Rooms for Performing, Listening and Recording, Proceedings of the Second International Congress on Acoustics, Cambridge (Mass.) 1956; Fr. Winckel, Die besten Konzertsäle d. Welt, in: Baukunst u. Werkform VIII, 1955; E. Meyer u. R. Thiele, Raumakustische Untersuchungen in zahlreichen Konzertsälen u. Rundfunkstudios unter Anwendung neuer Meßverfahren, Acustica VI, 1956; E. Thienhaus, Principal Considerations on the Artistic Qualities of Mus. Sound, Proceedings of the Second International Congress on Acoustics, Cambridge (Mass.) 1956; T. Somerville u. C. L. Gilford, Acoustics of Large Orchestral Studios and Concert Halls, Proceedings of the Institution of Electrical Engineering CIV, 1957; G. Venzke, Die R. d. Kirchen verschiedener Epochen, Acustica IX, 1959; W. Lottermoser, Über d. Akustik d. Raumes u. d. Org. in d. Frauenkirche zu Dresden, AfMw XVII, 1960; L. L. Beranek, Music, Acoustics and Architecture, NY 1962; E. G. Richardson u. E. Meyer, Technical Aspects of Sound, Amsterdam u. NY 1962 (Kap. 5: E. Meyer u. H. Kuttruf, Progress in Architectural Acoustics). HPR

Raumklang → Stereophonie.

Rauschen → Geräusch.

Rauschpfeife, – 1) im Mittelalter allgemeine Bezeichnung für Rohrblattinstrumente. Das Wort hat nichts mit »rauschen« zu tun, hängt vielmehr zusammen mit gotisch raus, mhd. rusche, riusche, nld. ruyschijp, ruispiip, Binse, Schilfrohr, Rohrpfeife, auch Sackpfeife (Dudelsack). – 2) ab etwa 1500 ein zumeist als zylindrische Röhre mit Windkapsel gebautes Rohrblattinstrument. Während die alten R.n in Deutschland im 17. Jh. bereits außer Gebrauch gekommen und durch den → Kortholt ersetzt worden waren, blieben sie in Frankreich unter dem Namen hautbois de Poitou noch länger geschätzt. Mersenne (1636) teilt eine für ein R.n-Ensemble bestimmte 3st. Chanson mit (abgedruckt in: AfMw VII, 1925, S. 286). Ein Stimmwerk von 6 R.n in der Berliner Instrumentensammlung besteht aus 2 Diskant-, 2 Alt-Tenor-Instrumenten und 1 Baßinstrument. Die R.n wurden durch Oboe und Fagott verdrängt. – 3) in der Orgel eine nicht repetierende, mittelweit mensurierte gemischte Stimme, 2-, 3-, 4fach (selten mehr als 4fach) in Quinten und Oktaven auf $5^1/_3'$, $4'$, $2^2/_3'$ oder $2'$ aufgebaut; in Quartlage ($2^2/_3' + 2'$) auch Quartian genannt. Als Rußpipe, Rauschquinte oder Rauschflöte ist sie zumeist 2fach (Oktave $2'$ und Quinte $1^1/_3'$). Höher liegende R.n-Zimbeln bedürfen einer Repetition.

Lit.: zu 2): G. Kinsky, Doppelrohrblatt-Instr. mit Windkapsel, AfMw VII, 1925.

Rauschquinte → Rauschpfeife (– 3).

Ravalement (ravalm'ã, frz.) → Manual.

Ravenna.
Lit.: L. Miserocchi, Musica e teatro in R. dal 1800 al 1920, R. 1921; R. Calamosca, Musicisti ravennati nei s. scorsi, R. 1935; R. Casadio, La cappella mus. della cattedrale di R. nel s. XVI, Note d'arch. XVI, 1939.

Re, in der mittelalterlichen → Solmisation die 2. Silbe des Hexachords (im Sinne von d, g oder a); in romanischen Sprachen Name für den Ton D.

Rebec (lat. rubeba, rubella; span. rabel, rabé), ein kleineres Streichinstrument mit birnen- oder bootsförmigem Corpus, das sich ohne Absatz zum Wirbelkasten hin verjüngt. Es ist wahrscheinlich im Hochmittelalter über Spanien oder Byzanz (→ Rabāb) nach Mitteleuropa gekommen. Hieronymus de Moravia erwähnt (nach 1270) eine Rubeba mit zwei im Quintabstand gestimmten Saiten. In den Miniaturen der nach 1279 abgeschlossenen Handschriften der → Cantigas de Santa María sind R.s abgebildet (2 R.s sowie R. und Laute im Zusammenspiel). Das R. des 16./17. Jh. in Mitteleuropa ist bundlos mit 2–3 Saiten im Quintabstand (Virdung 1511 nennt es *clein Geigen*); es wird von Spielleuten zum Tanz gespielt. Der Ton ist fein und eigentümlich schnurrend. Ein sehr kleiner R.-Typ lebte als → Pochette noch bis ins 18. Jh. fort.

Lit.: Hieronymus de Moravia OP, Tractatus de musica, hrsg. v. S. M. Cserba OP, = Freiburger Studien zur Mw. II, 2, Regensburg 1935; WaltherL; D. J. Rittmeyer-Iselin, Das R., Fs. K. Nef, Zürich u. Lpz. 1933; V. Denis, De muziekinstr. in de Nederlanden en in Italië naar hun afbeelding in de 15e-eeuwsche kunst I, = Publicaties op het gebied d. geschiedenis en d. philologie III, 20, Löwen 1944.

Récit (res'i, frz.), – 1) seit dem 17. Jh. in Frankreich Bezeichnung für den instrumental begleiteten Sologesang, seit Ende des 17. Jh. auch für solistischen instrumentalen Vortrag. – Im → Ballet de cour gibt es – neben den zum Tanz gesungenen Chansons – R.s, die die Handlung tragen und kommentieren. Es sind strophische oder nichtstrophische Gesänge, die anfangs »nichts weiter als die losgelöste Stimme eines polyphonen Madrigals« (Prunières) darstellten und sich später zum Air oder Rezitativ entwickelten. In den Motetten des späten 17. und frühen 18. Jh. hießen die solistischen Gesangspartien überwiegend R. (gegenüber chœur). Daneben nahm R. in Gegenüberstellung zu Symphonie auch die Bedeutung von solistischer instrumentaler Besetzung an (z. B. r. de violon). R. oder récital (frz. und engl.) ist seit dem 19. Jh. (Liszt um 1840) eine Bezeichnung für Solovorträge oder -konzertveranstaltungen (r. oder récital de piano, s. v. w. Klavierabend). – 2) R., clavier de r., ist in der französischen Orgel von den späten 16. Jh. das Soloklavier, das zunächst nur im Diskant mit Kornett, später über den ganzen Umfang des Manuals auch mit Zungenstimmen, besonders Cromorne 8′, besetzt wurde. Das moderne R. (expressif) ist ein reich mit Zungenstimmen, Streichern und Flöten besetztes Soloklavier; das Werk steht meist in einem Schwellkasten.

Lit.: zu 1) H. Prunières, Le ballet de cour en France avant Benserade et Lully, Paris 1914; J. Eppelsheim, Das Orch. in d. Werken J.-B. Lullys, = Münchner Veröff. zur Mg. VII, Tutzing 1961.

Recorder (rik'ɔ:də, engl.) → Blockflöte.

Reco-reco → Guiro.

Redowa, ein um 1840 in Paris aufgekommener Gesellschaftstanz (im 3/4- oder 3/8-Takt), der Mazurka ähnlich. Er ist aus dem tschechischen Volkstanz → Rejdovák hervorgegangen, von dem sich auch der Name R. herleitet.

Reed section (ri:d s'ekʃən, engl.) → Big band.

Reel (ri:l, altengl., Kette), alter englischer Tanz, wahrscheinlich keltischer Herkunft, der sich von England aus auch in Schottland und Skandinavien verbreitete. Er steht in geradem Takt (4/4, 6/4, 2/4) und ist von schneller, lebhafter Bewegung. In England wird er von 3, in Schottland von 2 Paaren getanzt. → Strathspey.

Refrain (altfrz. refrait von vulgärlat. refractum, s. v. w. immer wiederkehrendes »Bruchstück«, von lat. refringere, zerbrechen; ital. ripresa, ritornello; engl. auch burden, chorus; span. estribillo; im Deutschen seit G. A. Bürger auch mit Kehrreim bezeichnet), ein im Verlaufe eines Gedichtes mehrfach, meist am Ende von → Strophen, in der Regel unverändert auftretendes Glied, das aus einem oder mehreren Versen, auch aus einem einzelnen Wort bestehen kann. Der R. stellt ein konstitutives Element vor allem in Liedgattungen des 12.–16. Jh. dar, besonders in den französischen Formen → Rotrouenge, → Ballade (– 1), → Rondeau (– 1), → Virelai, auch in der italienischen → Ballata, → Villanella und Barzeletta (→ Frottola) und im spanischen → Villancico. Auch → Laude und → Cantigas verwenden R.s. Bekannte R.-Verse wurden im 13. Jh. als literarisches und (oder) musikalisches Zitat in Motetten eingearbeitet, z. B. im Codex Montpellier (→ Quellen: *Mo*), Nr 228–231. Verarbeitung von R.s gibt es auch im → Quodlibet. Im 17. Jh. ist der R. in der italienischen Solokantate häufig. Im Lied ist der R. bis in 19. Jh. hinein weit verbreitet (Schubert, *Vier R.-Lieder* op. 95, D 866), auch in liedmäßigen Nummern der Oper (besonders der Opéra-comique und des Singspiels). – Der Volksmusik und außereuropäischen Musik ist das Prinzip des R.s vertraut als regelmäßig wiederkehrendes Einfallen des Chores in den solistischen Vortrag (auch in Verbindung mit Tanz). Im Jazz spielt der R. (→ Chorus) eine wesentliche Rolle. In der Unterhaltungsmusik, vor allem im Schlager, ist der zum allgemeinen Mitsingen geeignete R. oft die Hauptsache der Komposition und gibt ihr den Namen (z. B. *Wer kann das bezahlen*). – Dem Prinzip des R.s folgt im kirchlichen Bereich der (meist mit Prozession verbundene) Litaneivortrag; aus ihm entstanden volkssprachliche Kirchenlieder, deren Strophen refrainartig in kurze Rufe wie Kyrieleison (z. B. im Freisinger Petrus-Lied) u. a. auslaufen. In der Antike stellen refrainähnliche Wiederholungen kurzer Ausrufe (ἐφύμνιον) wie auch ganzer Verse (lat. versus intercalares) des Chores bei Festgesängen (Hymnen) etwas Entsprechendes dar. Lateinische Prozessionshymnen weisen häufig einen R. auf. Im weiteren Sinne refrainartig sind das → Responsorium und der Einschub der Antiphon zwischen die Psalmverse, der in der heutigen Praxis noch beim → Invitatorium begegnet. – Bei den instrumentalen Formen entsprechen einem R. das Thema des → Rondos und das Tutti im italienischen → Concerto. In einem weiteren Sinne refrainartig (mehrfach) wiederkehrende, Vokalmusik gliedernde Instrumentalsätze werden dagegen mit dem nicht scharf begrenzten Begriff → Ritornell (– 2) bezeichnet.

Lit.: F. Stark, Der Kehrreim in d. deutschen Lit., Diss. Göttingen 1886; H. Mersmann, Mus. Werte d. Kehrreims, Jb. f. Volksliedforschung I, 1928; Fr. Gennrich, Grundriß einer Formenlehre d. ma.Liedes, Halle 1932. WoD

Regal, – 1) ein kleines, bisher frühestens ab 11./12. Jh. nachweisbares, im 15.–17. Jh. unter diesem Namen bekanntes Tasteninstrument. Im Unterschied zum → Positiv, das anfänglich nur Labialstimmen aufwies, ist das R. ausschließlich mit offenen oder gedeckten Zungenpfeifen aus Metall oder Holz besetzt (außer der 8′-Reihe mitunter auch mit 4′ und 16′), mit mehr oder weniger stark verkürzten Schallbechern. Das R. besteht aus einem schmalen Kasten, der die Windlade mit den Zungenpfeifen enthält; sodann sind eine Klaviatur und dahinter 2 Keilbälge angebracht, die nicht vom Spieler, sondern von einer zweiten Person bedient werden. Es wurde zum Spielen auf einen Tisch gesetzt und war in der Kirchenmusik ebenso beliebt wie bei der Theater-, Tafel-, Ferien- und Hausmusik, im 17. Jh. auch als Generalbaßinstrument. Als »Charakterinstrument« forderte Monteverdi das R. im *Orfeo* (1607). Ein zusammenklappbares R., das die Gestalt eines großen Buches hatte, hieß Bibel-R. Im 18. Jh., als der obertönige, schnarrende Klang des R.s nicht mehr geschätzt wurde, starb es aus. – 2) Seit dem 16. Jh. wurden auch R.-Werke in die Orgel eingebaut, die allerdings zunächst nur für sich gespielt wurden. Von daher wurde R. zur allgemeinen Bezeichnung der kurzbecherigen Zungenstimmen (→ Register – 1) in der Orgel, die je nach den verschiedenen Formen ihres Schallbechers benannt sind: das vollkugelförmige Apfel-R., das Praetorius (Synt. II, S. 148) zufolge *wie ein Apffel vffm Stiel stehet* und dessen Klang fein schneidend, daher aber (auf

Grund der Kugeldeckung) auch zart und rund ist; das kugelförmig abgeplattete oder in der Form zweier einander zugekehrter Trichter gebaute Knopf-(auch Knöpflin-) oder Kugel-R. Ein sehr kleines offenes R. zu 4′ hieß Jungfrauen-R. (oder Jungfrauen-Baß, *weil es / wenns zu andern Stimmen vnd Flöitwercken im Pedal gebraucht wird / gleich einer Jungfrawenstimme / die einen Baß singen wolte / gehöret wird* (Praetorius Synt. II, S. 145). In neuerer Zeit werden R.e wieder gern gebaut, meist unter den Namen Harfen-, Holz-, Dulzian-, Kopf-, Trompeten-, Kornett- oder Geigen-, Krummhorn-, Schalmeien- oder Trichter-R. und Singend R.

Regensburg.

Lit.: D. METTENLEITER, Mg. d. Stadt R., R. 1866; H. NESTLER, Der R.er Domchor, R. 1928; K. WEINMANN, R. als Kirchenmusikstadt, R. 1928; G. HUBER, Kunst am Hofe v. Thurn u. Taxis, in: Musik u. Theater V, 1930; DERS., Aus alten Arch., Die Musik bei d. Fürsten v. Thurn u. Taxis, ZfM CXIII, 1952; B. BISCHOFF, Literarisches u. künstlerisches Leben in St. Emmeram während d. frühen u. hohen MA, in: Studien u. Mitt. zur Gesch. d. Benediktinerordens ... LI, 1933; S. FÄRBER, Das R.er Fürstlich Thurn u. Taxissche Hoftheater u. seine Oper, 1760–86, Verhandlungen d. Hist. Ver. v. Oberpfalz u. R. LXXXVI, 1936; BR. STÄBLEIN, R., d. Bild einer bayrischen Musikstadt, München 1948; F. A. STEIN, Der Welt älteste KM.-Schule, Caecilienver.-Organ LXXXI, 1961; A. SCHARNAGL, Zur Gesch. d. R.er Domchors, in: Musicus–Magister, Fs. Th. Schrems, R. (1963).

Regens chori (lat.), Bezeichnung für den Chorleiter in katholischen Institutionen wie Seminaren, Internaten usw. Sie wird häufig auch für den katholischen Kirchenkapellmeister verwendet.

Regina caeli (lat.), Marianische Antiphon aus dem Offizium der katholischen Kirche, textlich erstmals um 1200 als Magnificatantiphon der Ostervesper, 1249 jedoch bereits im Stundengebet der Franziskaner zusammen mit dem → Alma redemptoris mater, → Ave regina caelorum und → Salve regina als Schlußantiphon der Komplet bezeugt. Hieran anknüpfend gelangt sie im heutigen Offizium vom Karsamstag bis zum Freitag der Pfingstoktav als abschließender Gesang der Komplet zum Vortrag. Die analog zu dem kurzen und prägnant formulierten Text in 4 Zeilen gegliederte ältere Melodie des R. c. (6. Modus mit regelmäßigem ♭molle) zeichnet sich durch reiche Melismenbildungen aus (darunter die Melismen von *portare* und dem Schlußalleluia, deren Mehrteiligkeit auf dem Prinzip der Wiederholung beruht). Demgegenüber liegt in der gleichfalls verwendeten Melodie in cantu simplici (17. Jh. oder später) eine ihrer Melismatik entkleidete syllabische Fassung der ursprünglichen Weise vor. – Abgesehen vom Angelusläuten zur Osterzeit (hier seit 1742 als Gebet eingefügt), findet sich das R. c. während dieses Festkreises auch als Benedictus- und Magnificatantiphon im *Officium B. Mariae Virginis in Sabbato*, mit eigener Melodie im 1. Modus, gekennzeichnet durch eine starke Vereinheitlichung der einzelnen Abschnitte.

Ausg.: W. BÄUMKER, Das kath. deutsche Kirchenlied in seinen Singweisen II, Freiburg i. Br. 1883, Nachdruck Hildesheim 1962 (Kirchenlied-Fassungen d. R. c.).

Lit.: A. WEISSENBÄCK, R. c. laetare, Musica divina XVI, 1928; H. THURSTON, Familiar Prayers, London 1953.

Register. – 1) In der Orgel heißt R. (ital. registro; engl. organ stop; frz. jeu d'orgue) eine Reihe von klanglich gleichartigen Pfeifen (→ Labialpfeifen oder → Lingualpfeifen) verschiedener Tonhöhe, die von einem → Manual oder vom → Pedal (– 1) aus gespielt werden und mit einem mechanischen, pneumatischen oder elektrischen R.-Zug (frz. registre) gemeinsam ein- und ausgeschaltet werden können. R. heißen ferner alle anderen Spieleinrichtungen der Orgel, die durch R.-Züge betätigt oder ein- und ausgeschaltet werden: a) → Koppeln, → Kombinationen, Windabsperrungen (Sperrventile, Windauslässe (»noli me tangere«), Kalkantenglöckchen (»sine me nihil«; → Kalkant), → Tremulant; b) besondere, zeitweilig in Orgeln eingebaute Tonerzeuger wie → Kuckucksruf, → Vogelgesang (–3), → Zimbelstern, → Glockenspiel (lat. → campana; frz. clochettes; span. campanilla), Holzstabspiele (Xylophon), Stahlstabspiele (Celesta, »Harfe«) und mit Fußhebeln zu bedienende Pauken; c) mechanische R., die Figuren bewegen (fliegende Adler; Engel).

Die klingenden R. der Orgel, mitunter auch als (Orgel-)Stimmen bezeichnet, stehen auf → Windladen und unterscheiden sich hinsichtlich ihres Klanges, der Tonhöhe (→ Fußtonzahl) und ihrer Lautstärke. Sie enthalten eine oder mehrere Pfeifen für jede Taste einer Klaviatur (voll ausgebaute R.), mitunter aber auch nur dem Baß oder → Diskant eines Manuals zugeordnete Pfeifen. Die R. werden in ihren unterschiedlichen Klangeigenschaften durch die jeweils angesetzten Mensuren (Verhältnis von Länge und Durchmesser bzw. Form der Pfeifen, Labiumbreite, Aufschnitthöhe bzw. Zungen- und Bechermaße), die Winddruckhöhe und die Intonation mit ihrer im Raum abgehörten Feinarbeit am Klang der Pfeife (Modifizierung der Windmenge und des Verhältnisses von Kernspaltquerschnitt zum Fußöffnungs- bzw. Stockbohrungsquerschnitt u. a.) bestimmt. Auch das Material der Pfeifen beeinflußt den Klang der R.: hochprozentige Zinnlegierungen fördern die strahlende Obertonhelligkeit der Prinzipale; für Flöten und Gedackte hingegen bevorzugt man stärker bleihaltige Mischungen, wodurch diese R. weicher und runder klingen. Auch Kupfer, Bronze, Messing, Zink, Elektrolytzink, Silber (für höfische Kammerpositive), verschiedene Hölzer, Elfenbein, Ton, Hartpapier, Porzellan und (für 32′-Lagen) Beton werden verwendet. Mitunter ist der Name der R. durch das Material bestimmt (Holzgedackt, Kupferflöte, Bleigedackt), mitunter durch den mit Mensur und Intonation gegebenen Klangcharakter (still, sanft, lieblich, zart, dolce, douce, eng, weit, streichend, hell, grob, scharf). Echo heißt ein R. im Schwellkasten. – Zahlreiche R. tragen den Namen von Instrumenten: → Flöte (→ Fistula), Fagott, Pommer, Viola, → Violon (– 3), deren Klang sie (bei mitunter wechselnder Bauart) nachahmen. Einzelheiten der Bauformen werden durch Zusätze bezeichnet wie (Tibia) angusta = enge, bifaris = doppeltlabierte, clausa = gedeckte Flöte. Trompettes en chamade heißen liegend herausragende Trompeten. Auch die → Fußtonzahl kann den R.-Namen prägen, so: Quincena (span.) = Superoktave = Oktave 2′. Flauto in quinta decima (ital.) bezeichnet die 4′-Lage, in ottava die 8′-Lage – vom 16′ aus gerechnet. Nicht alle R.-Namen legen eindeutig Klang und Bauweise fest. Mitunter wurden nach Bauart und Klang völlig verschiedene R. mit dem gleichen Namen benannt, so: → Nachthorn, das ein enges gedecktes, ein zylindrisch weites offenes und ein weites leicht konisches, schmallabiertes, sogar ein rohrgedacktes R. bezeichnen kann. Stilepoche, Landschaft und Orgelbauerfamilien müssen berücksichtigt werden, wenn aus einem R.-Namen Rückschlüsse auf Bauart und Klang gezogen werden sollen. Salizional ist in der Danziger Pfarrkirchenorgel (1585) nur 2–3 Halbtöne enger als der Prinzipal, später hingegen ein stilles, streichendes R. Aeoline und → Vox angelica können sowohl Labial- wie Lingual-R. bezeichnen. Auch Contras im spanischen Orgelbau ist mehrdeutig. Ältere Namen sind mitunter nicht mehr eindeutig nach Klang und Bauweise zu beschreiben (Dunecken, Hülzern Glächter).

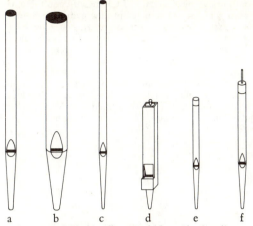

a) Prinzipal 8′; b) offene Hohlflöte 8′; c) zylindrische Gambe 8′; d) Holzgedackt 8′; e) Quintaden 8′; f) Rohrpommer 8′.

Der Chor der → Prinzipale (engl. open → diapason – 2) mit ihren Oktaven und Superoktaven, vom 32′ bis 1/2′, zählt zum → Organo pleno. Die Reihe der → Gemischten Stimmen in Prinzipalmensur reicht vom massiven → Hintersatz der alten Orgeln über → Mixtur, → Fourniture (grosse und grande), → Scharf, → Zimbel (– 2), → Rauschpfeife (– 3), Rauschquinte, Quartian ($2^{2}/_{3}$′ und 2′), Larigot, → Schryari (– 2) und den oktavhellen Faberton bis hin zur → Progressio harmonica des 19. Jh. Terzhaltige gemischte Stimmen in Prinzipalmensur sind → Tertian, die enge → Sesquialtera (– 3; in älteren Aufzeichnungen auch Zink genannt), Terzglockenton und das weiter mensurierte labiale → Kornett (– 2). Abwandlungen des Prinzipalcharakters zeigen R., die zumeist nicht ins Hauptwerk disponiert werden, wie: → Geigenprinzipal, die engeren und weicher intonierten Flöten- und Hornprinzipale (Keraulophon, Suavial, Tibia maior; Praetorius Synt. II, S. 190: *Höltzern Principal, gar enger Mensur, lieblich*), der noch stillere Harfenprinzipal und die weiter mensurierte, streichend-singende Bleioktave (8′ und 4′) sowie im Pedal der zylindrisch offene Choralbaß und der engere, sonore → Violon (– 3) in offener Bauweise.

Die andere Gruppe der Labial-R., die nicht wie die Prinzipal-R. in gleich gebauten Chören zusammengezogen, sondern nach Bauart und Fußtonzahl gegensätzlich, auswahlweise (organo electo) registriert werden sollen, sind nach Bauart und Klang sehr verschieden. Diese R., manchmal (ungenau) als weibliche oder Weitchor-R. bezeichnet, werden hinsichtlich ihrer Bauart in folgende Gruppen eingeteilt:

1) Zylindrisch offene R. Weit mensuriert sind → Nachthorn, → Hohlflöte und Hohlquinte, mittelweit Koppel, Offenflöte, → Nasat, breit labierte Starkflöte und Offenbaß (Basso aperto), im Pedal Choralflöte (Bassettl 4′, Hornbaß) und → Bauernflöte. Nicht so weit sind: Jula, Baarpijp (Baarpfeife), Piffaro, → Schwegel (– 2), Hellflöte, Klarflöte und → Jubalflöte (Tubalflöte), Kützialflöte, → Flageolett (– 2) und (enge) Feldflöte und → Sifflöte. Überblasende R. (→ Überblasen) sind Querflöte (Flûte traversière), Querpfeife und Basse de viole, noch enger ist Flûte octaviante und offene → Schweizerpfeife (– 2). Recht eng ist die stille überblasende Dulzflöte (→ Dulzian – 2). Je enger die Pfeifen mensuriert sind, um so stiller und obertonreicher wird ihr Klang in lückenlosem Aufbau der Partialtonreihe, um so mehr werden sie zu → Streichenden Stimmen. Hierher gehören die → Dolzflöte (– 2; auch leicht konisch gebaut), → Fugara, → Dolce (– 2), → Salizional und Salizetina, die zylindrische → Viola da gamba (– 2), die Bellgambe mit Trichteraufsatz, Viola, Violet, Violflöte, Quintviolen (schärfer), im Pedal das kräftiger klingende → Violoncello (– 2). Noch enger sind Violin 1- und 2chörig, Zartgeige, Cremona, Viola d'amore. Am engsten sind Vox coelestis (frz. voix céleste) und → Aeoline, R., die in der »romantischen« Orgel besonders beliebt waren, sich aber ungern mit → Aliquotstimmen verbinden. Bis ins 18. Jh. wurden auch enge R. (Violen) noch so weit mensuriert, daß sie Aliquotverbindungen (z. B. 8′ + $1^{1}/_{3}$′) aufnehmen und zu einer Synthese verschmelzen konnten. Da das 19. Jh. bei den Streichenden Stimmen Intonation und Mensuren so gestaltete, daß sie keine Aliquote auf der 8′-Basis ertrugen, registrierte man sie in gleichen Fußtonlagen mit anderen R.n verbunden (z. B. Gambe 8′ + Salizional 8′ + liebliche Flöte 8′), eine der Linearzeichnung abträgliche Klanggestaltung.

2) Zylindrisch gedeckte R. tragen als Familiennamen die Bezeichnung → Gedackt. Sehr weit mensuriert und eng labiert ist die gedeckte Schellenflöte, weit mensuriert ist Weitgedackt, im Pedal → Subbaß und der gedeckte → Untersatz (– 1). Weit bis mittelweit sind gedeckte Koppelflöte, → Hohlflöte, → Nasat und Barem (früher auch offen gebaut). Mittelweit sind: Musiziergedackt (das in barocken Orgeln oft ein Gedackt im Kammerton war), Grobgedackt (mit breitem Labium, stärker intoniert), in Spanien Violón und Tapadillo. Etwas enger ist → Bordun, Gedacktflöte und Lieblichgedackt. Je enger die Mensur wird, um so stärker treten die ungeradzahligen Teiltöne hervor, so bei Gedacktpommer und → Quintaden. Überblasend sind Querflöte und Schweizerpfeifengedackt (etwas enger).

3) Teilgedeckte Pfeifen haben meist ein nach außen oder innen weisendes, in den Hut (Deckel) eingelassenes Rohr. Ihr Klang ist dadurch heller und etwas unruhiger als der der vollgedeckten R. Sehr weit mensuriert ist die Rohrtraverse (»durchsatz-klar«), mittelweit sind → Rohrflöte, Rohrgedackt (frz. Bourdon) und die Rohrpfeife (auch als Flûte allemande bezeichnet). Hohlflöten wurden früher mitunter rohrgedackt gebaut, ebenso das → Nasat. Eng mensuriert und dadurch obertonstärker sind Rohrquinte, Rohrpommer und Rohrschelle. Überblasende Formen sind rohrgedackte Schweizerpfeife und überblasende Doppelrohrflöte mit 2 Rohren. Teilgedeckte R. ohne Rohr heißen Lochflöte (engl. clarionet-flute).

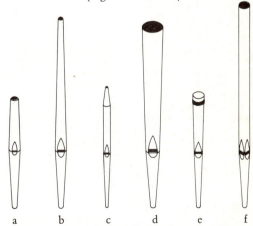

a) Singend Nachthorn 4′; b) Gemshorn 8′; c) Koppelflöte 4′; d) labialer Dulzian 8′; e) Septade 8′; f) Seraphon doppelt labiert 8′.

4) Konisch offene, sehr weit mensurierte Pfeifen hat Singend Nachthorn, dessen Klang glockig-hell und zugleich weich-singend ist. Weitmensuriert sind auch → Blockflöte und → Nasat, mittelweit → Spitzflöte, Pyramidflöte, → Gemshorn (– 2; auch Bartpfeife; corno acutum), labiales Alphorn, Jula und → Waldflöte. Etwas enger mensuriert und dadurch heller im Klang sind Flachflöte und Spitzoktave. Stiller im Charakter sind Flûte douce, Dulzflöte (→ Dulzian – 2) und Stillflöte. Noch enger mit »Violenresonanz« ist die konische → Viola da gamba (– 2). Überblasende Formen heißen (konische) Querflöte, Flûte allemande oder Traversflöte, überblasende Gemspfeife und Gemsquinte. Konische R. haben je nach der Konusverjüngung einen verhalten-nasalen, hornartigen Klang, zeichnen dadurch charaktervoll die Linien und gehen gute Klangsynthesen ein, auch in Weitlagen wie Gedackt 8′ + überblasende Gemsquinte 1 1/3′.

5) Konisch gedeckte R., seltener zu finden, heißen Spitzgedackt, auch Lieblich Großgedackt, Spitzflötengedackt und Spitzpfeifen (Scherer).

6) Trichterförmig offene Pfeifen sind seit dem 12. Jh. zu belegen, aber nicht häufig disponiert worden. Mittelweit heißen sie labialer → Dulzian (– 2), offene Trichterflöte, Portunalflöte, stärker intoniert Dolkan und Tolkan, stark intoniert Tromba. Enger mensuriert und schärfer intoniert heißt das R. labiale Schalmei, weicher und stiller intoniert Corno dolce oder Viola da gamba. In höheren Fußtonlagen trägt es auch den Namen Waldflöte. Flûte à pavillon ist nochmals mit Trichteraufsatz versehen. Noch enger neigt sich der Klang zu den → Streichenden Stimmen: Salizet, Dulziana, Scharfgeige. Auch mehrchörig als Dolce Kornett kommt diese Bauart vor. Einen sehr weiten, kurzen Trichter hat das → Pyramidon.

7) Trichterförmig gedeckte Pfeifen in mittelweiter Mensur bilden das R. Trichtergedackt. Weit bis sehr weit mensuriert entwickelte Rößler die Formen der Sextade und Septade, deren Klang fluktuierend lebendig, äußerst klar zeichnend und »dissonanzstark« ist.

8) Besondere Bauformen: Zylindrisch weit mit kurzem konischem Aufsatz ist die Koppelflöte gebaut, etwas enger mit längerem konischem Aufsatz die Spillpfeife, auch Spillflöte genannt. Kugelflöte, Flaschenflöte, Tonnenflöte und Sonarklarinette sind äußerst selten. Auch Pfeifen mit 2 Labien werden gebaut, z. B. Seraphon (in Prinzipalmensur), → Doppelflöte als Doppelgedackt, → Jubalflöte, offene Bifara. Bei der offenen Bifara setzt das zweite Labium ein wenig höher an und erzeugt dadurch Schwebungen (→ Tremulant). R. mit dreifachem Labium und aus Holz heißen Dreiecksflöte, Driflöte.

9) R., deren Pfeifen bei verschiedener Länge gleichbleibenden Durchmesser aufweisen, wechseln vom Baß zum Diskant hin ihren Klangcharakter: im Baß besitzen sie Streicherklang, in der Mittellage den eines Prinzipals und im Diskant Flötenart, alles in stetigem Übergang. Auch in der Mensur stark changierende R. wurden gebaut. Unter der Bezeichnung Diaphone wurden (in den USA) R. gebaut, bei denen durch gefederte Ventile ein changierender Klang erzeugt wird, der durch verschiedene Becheraufsätze nuanciert werden kann. → Hochdruck-R. zeichnen sich in der Hauptsache durch übergroße Lautstärke aus.

10) Gemischte Stimmen außerhalb der Mixturform versuchen, andere Instrumente nachzuahmen, eine besondere Klangfarbe oder die Wirkung eines Tremulanten zu erzeugen. Piffaro – insbesondere in Süddeutschland beliebt – verbindet zwei oder mehr meist gleichfüßige R. verschiedener Bauweise (Viola 4′ + Quintaden 4′ oder Salizional 8′ + Weitflöte 8′; J. Gablers Piffaro in Weingarten hat 5–7 Chöre auf dem 8′-Fundament). Harmonia aetherea ist eine gemischte Stimme mit zarten Streicherstimmen besetzt. Namen wie Carillon, Campanelli oder Glockenton (Terzglockenton) können auch Labial-R. von glockenartigem Klang bezeichnen; auch ein mit Unharmonischen (→ Teiltöne) besetztes Labial-R. unter der Bezeichnung Xylophon wurde zuweilen gebaut. – Schwebend gestimmte R. sind z. B. Unda maris, die italienische schwebende labiale Voce umana (→ Vox humana), → Vox angelica, die Geigenschwebung, Flötenschwebung u. a.

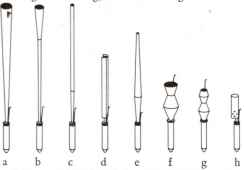

a) Trompete 8′; b) Schalmei 8′; c) Dulzian 8′; d) Holzkrummhorn 8′; e) Musette 8′; f) Bärpfeife 16′; g) Oboe 8′ (nach Gabler); h) Rankett 8′.

Zungen-R., Zungenstimmen, auch Rohrwerk und Schnarrwerk genannt, sind mit Lingualpfeifen besetzt und werden von 32′ bis 2′ gebaut (bei den 2′-Zungen-R.n werden jedoch im hohen Diskant Labialpfeifen verwendet). Im abendländischen Orgelbau sind Zungen-R. (Chalmoni, → Chalumeau – 2) für das 13. Jh. in Frankreich zu belegen; im allgemeinen blieben jedoch die Lingualpfeifen bis ins 16. Jh. auf das seit dem 11./12. Jh. nachweisbare → Regal (– 1) beschränkt. Im 16./17. Jh. wurde der Klang der Orgel durch eine große Anzahl kurzbechriger und zumeist zylindrischer Zungen-R. bereichert. – Namen und Klang übernahmen die Zungen-R. zumeist von Blasinstrumenten. Durch Weite, Länge und Form der Becher (→ Aufsätze) wird im wesentlichen die Klangfarbe der Zungen-R. bestimmt. Zungenstimmen mit aufschlagender → Zunge sind im Orgelbau die dominierende Form; die durchschlagende Zunge mit ihrer weicheren Ansprache und Tongebung war besonders im 19. Jh. beliebt. Die Becherlänge der vollbechrigen Zungen-R. erreicht nicht ganz die Länge einer offenen Labialpfeife gleicher Fußtonlage; sie beträgt z. B. für die 8′-Lage nur 6′–7′. Die Form der Aufsätze ist noch weniger als bei den Labial-R.n durch den R.-Namen festgelegt.

Vollbechrige konische Zungen-R. sind: → Trompete (– 2), die schmetternd helle Feldtrompete, → Clairon (– 2) und → Kornett (– 2). In der 32′- und 16′-Lage dominieren, etwas weiter mensuriert und lautstärker die Posaunen mit ihren Abarten, der Still- und Lieblich Posaune (zum Teil mit kürzeren Bechern). Etwas enger mensuriert sind die → Bombarden. Auch das Fagott (16′–8′) – span. bajón, bajoncillo 4′ – ist zurückhaltender im Klang. Das Kontrafagott 32′ hat oft kürzere Becher. Lautstärker hinwieder sind → Tuba (– 4) und das oft auch als Hochdruck-R. gebaute Helikon. Weicher und fülliger ist das Horn (Schweizerhorn, Cornopean – auch halbgedeckt). Andere Becherformen, auch verschiedene Aufsätze, haben die Klarinette, die auf die alte Chalumeau zurückgeht, das Bassetthorn mit zylindrischem oder Doppelkegelaufsatz, das Saxophon und die → Musette (– 3). Etwas stiller (zwischen Trompete und Krummhorn) und näselnd im Klang sind Schalmei, Schalmeioboe und Bassonschalmei (meist mit verkürzten Bechern), → Oboe (– 2), Englisch Horn und Oboe d'amore mit einer Erweiterung in Doppelkegelform an der Mündung des Bechers oder auch mit halbgedecktem Becher.

Bis ins 18. Jh. waren von den engeren, stilleren Zungen-R.n besonders → Krummhorn (– 2; frz. cromorne; span. violetta) und → Dulzian (– 2) beliebt, wie überhaupt die Zungenstimmen mit verkürzten Bechern und dadurch obertonreicherem, farbig erregtem Klang aus der großen Familie der → Regale (– 2; span. orlos, gaitas, serpenton). Die → Vox humana ist mit zahlreichen, sehr verschiedenen Becherformen gebaut worden. Die Bärpfeifen, nur in 8' und 16' gebaut – sonst verlieren sie *ihren rechten namen und klang; Den sie vielleicht von eines Beeren stillen Brummen haben* (Praetorius Synt. II, S. 147) –, waren im 17. Jh. sehr beliebt; ihr Name dürfte jedoch eher von dem rohrflötenartigen Becher (Baarpfeife) abzuleiten sein. Auch Dreikegelregale werden als Bärpfeifen bezeichnet. Gedeckte, sehr kurze und weite Becher mit Seitenlöchern hat das Rankett (Rackett). Sein Klang ist gedeckt-verhalten und durchsichtig zugleich. Auch ein Rohrrankett, dessen Becher ein Rohr trägt, wurde in älterer Zeit gebaut. Der Sordun (32', 16') hat ebenfalls einen gedeckten kurzen und weiten Becher aus Metall oder Holz; er klingt ebenfalls *sehr lieblich und stille* (Praetorius Synt. II, S. 146). Die in Frederiksborg erhaltene Compenius-Orgel hat noch original klingende frühbarocke Zungen-R. wie Rankett 16', Krummhorn 8', Geigend-Regal 4', Sordunbaß 16', Dolzianbaß 8', Jungfrauenregalbaß 4'. Seltener gebaut wurden Bassanello und Zungentheorbe. Als der Grundsatz klarer Linearzeichnung (z. B. des C. f. in allen Lagen) nicht mehr oberste Forderung an die Zungenstimmen war, lief auch die Zeit der farbreichen Zungen-R. des Barocks vorerst ab (heute jedoch sind sie wieder sehr beliebt). Im 19. Jh. sollten Zungen-R. harmoniumhaft-akkordisch wirken. Dies wurde mit durchschlagenden Zungen erreicht, denen das silberne Rasseln der barocken Schnarrwerke fehlt. R. mit durchschlagenden Zungen sind die linguale Aeoline, das Aeolidikon, die Aeolika mit sehr engen Bechern, das → Euphonium (– 2), die klarinettenartige Ophikleïde und die Physharmonika mit kurzen Bechern und sanfter Intonation, die das gleichnamige Tasteninstrument (→ Harmonium) klanglich nachahmen sollte. Auch Hochdruck-R. und langbechrige Zungen-R. wurden mitunter mit durchschlagenden Zungen gebaut, um das Schnarrwerkartige des Zungenklanges und die extremen Farben zu mildern.

– 2) Vorrichtungen an besaiteten Tasteninstrumenten zur Veränderung der Klangfarbe und der Lautstärke heißen ebenfalls R. Sie sind vor allem am → Cembalo seit Ende des 16. Jh. üblich geworden. Zu unterscheiden sind R., die eine Veränderung der Klangfarbe und Lautstärke eines Saitenchores bewirken und R., bei denen zwei oder mehr Saitenchöre zur Modifizierung des Gesamtklangs herangezogen werden. – Das einfachste R. ist der Lautenzug: die Saiten werden durch einen Filzstreifen oder (besser) durch einzelne, seitlich an die Saite gedrückte Filzstückchen nahe am Steg leicht gedämpft. Leder als Dämpfungsmaterial ergibt einen harfenähnlichen Klang. Der Pianozug bewirkt eine geringfügige Verschiebung der Springer-(Docken-)Reihe, so daß die Saiten nur mit den Spitzen der Kiele angerissen werden. Ein Saitenchor kann auch durch zwei wechselweise einschaltbare Springerreihen (auch mit verschiedener Bekielung, z. B. mit Feder- und Lederkielen) an verschiedenen Stellen angerissen werden. Eine Springerreihe, die die Saiten sehr nahe am Steg anreißt, erzeugt einen obertonreichen, lautenartigen Klang (Lauten-R.; bei 2manualigen Cembali im oberen Manual). – Mehrere Saitenchöre werden wie in der Orgel mit Fußtonzahlen bezeichnet: 8' die normal gestimmten, 4' die eine Oktave höher und 16' die eine Oktave tiefer gestimmten Saitenchöre. 16'-R. waren in alten Cembali äußerst selten und begegnen nur in einigen deutschen Prachtinstrumenten des 18. Jh. (in das angebliche Bach-Cembalo in Berlin wie auch in andere Cembali des 18. Jh. wurde der 16'-Saitenchor jedoch nachträglich eingebaut). Ein 4'-R. trat meist zu zwei vorhandenen, klanglich verschiedenen 8'-R.n hinzu und war bei 2manualigen Instrumenten in der Regel nur vom unteren (Haupt-)Manual aus spielbar. In modernen Cembali ist der 4' oft im oberen Manual disponiert und wird durch Koppeln auch im unteren spielbar gemacht. Der Hamburger Klavierbauer Hieronymus Hass baute vereinzelt Cembali mit 2'-R. – Die Bedienung der R. erfolgte meist durch seitlich oder vorn am Instrument angebrachte Zugknöpfe oder Hebel; auch Kniehebel sind vereinzelt schon früh verwendet worden. Dagegen kam die R.-Betätigung durch → Pedal (– 2) erst in der 2. Hälfte des 18. Jh. auf; sie hat sich bei den modernen Cembali durchgesetzt. Manualkoppeln nach dem Vorbild der Orgel, früher meist durch geringes Einschieben eines Manuals, heute ebenfalls durch Pedale zu betätigen, erweitern die Möglichkeiten der Registrierung beträchtlich. Bis ins 19. Jh. hinein wurden auch am → Pianoforte R. zur Veränderung der Klangfarbe angebracht: Lautenzug (leichte Dämpfung), Fagott- und Trompetenzug (lose auf die Saiten gelegte Papier- oder Blechstreifen, die ein schnarrendes Geräusch abgeben), Pantaleonzug (→ Pantaleon) und ähnliche Veränderungen. Heute werden vereinzelt Pianinos mit Cembalozug (ein dünner Blechstreifen wird zwischen Hammer und Saite eingeschoben) gebaut, der dem Pantaleonzug nahekommt.

– 3) R. sind bei der menschlichen Stimme eine Reihe aufeinanderfolgender, auf Grund von gleichbleibenden und zusammenwirkenden physiologischen Vorgängen ähnlich gefärbter Töne. Die Differenzierung in Brust-R. (Bruststimme) und Kopf-R. (Kopfstimme) sowie Zwischen-R. (→ Voix mixte) resultiert aus der unterschiedlichen → Resonanz von Brustwand und Schädelknochen. Während tiefe Frequenzen große Amplituden der Brustwandschwingungen ausbilden, entstehen bei hohen Frequenzen am Schädel größere Amplituden. Beim Brust-R. schwingen die Stimmlippen in ihrer gesamten Breite, beim Kopf-R. nur am mittleren Rand. Wenn die männliche hauchige Kopfstimme (Fistelstimme) durch Brustresonanz verstärkt wird, entsteht das besonders von Tenören verwendete Falsett mit seinen hohen, über die normale Reichweite hinausgehenden Tönen. Als ein weiteres R. ist das Pfeif-R. anzusehen, das vom Koloratursopran bei extrem hohen Tönen benutzt und durch eine ringförmige Öffnung in der Mitte der sonst geschlossenen Stimmlippen erzeugt wird. Im Kunstgesang wird ein weitestmöglicher Ausgleich zwischen den R.n angestrebt in der Art, daß nicht nur die Übergänge zwischen den R.n ohne Bruch verlaufen, sondern auch noch im tiefen Grenzraum des Brust-R. durch einen Rest Kopfresonanz aufgehellt wird und im Bereich des Kopf-R.s ein Rest Brustresonanz erhalten bleibt. Auf absichtlichem Umschlagen zwischen Brust- und Kopf-R. (mit gleichzeitigem → Glottis-Schlag) beruht das → Jodeln. – Entsprechend den Stimm-R.n nennt man auch einzelne Lagen von Instrumenten R. oder Stimme (→ Trompete – 1 und → Clarino, → Klarinette, → Chalumeau – 1).

Lit.: zu 1): Chr. Mahrenholz, Die Orgelr., ihre Gesch. u. ihr Bau, Kassel 1930, ²1944; H. Klotz, Das Buch v. d.

Org., Kassel 1938, ⁶1960; S. IRWIN, Dictionary of Pipe Organ Stops, NY 1962. – zu 2): R. E. M. HARDING, The Pfte ..., Cambridge 1933; W. KAHL, Frühe Lehrwerke f. d. Hammerkl., AfMw IX, 1952; R. RUSSELL, The Harpsichord and Clavichord, London 1959. – zu 3): P. BRUNS-MOLAR, Die R.-Frage, I: Das Problem d. Kontraaltstimme, Bln 1906, ²1930, II: Bariton oder Tenor, Bln 1910; M. NADOLECZNY, Untersuchungen über d. Kunstgesang, Bln 1923; W. TRENDELENBURG, Untersuchungen zur Kenntnis d. Registerbruchstellen beim Gesang, Sb. Bln, Phys.-mathem. Klasse, 1938; R. LUCHSINGER, Physiologie d. Stimme, Folia Phoniatrica V, 1953; H. J. MOSER, Technik d. deutschen Gesangskunst, = Slg Göschen Bd 576/576a, Bln ³1954; FR. MARTIENSSEN-LOHMANN, Der wissende Sänger, Zürich u. Freiburg i. Br. 1956.

Regola dell'ottava (ital., Regel der Oktave) hieß die knappe Fassung der Lehre des a vista-Akkompagnements auf Grund nichtbezifferter Bässe, wie sie in der italienischen Generalbaßpraxis des 18., vielleicht schon des späten 17. Jh., entwickelt wurde. Sie stellt als die »natürlichen« Harmonien der Tonleiter auf:

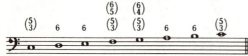

Die R. dell'o. war ursprünglich eine bloße Merkregel für Anfänger. Als solche erscheint sie, auf die 6 Stufen von c bis a beschränkt und ohne namentlich genannt zu werden, in den Beispielen zu Gasparinis *L'armonico prattico al cimbalo* (1708). In Frankreich wurde sie durch Fr. Campion 1716 formuliert; sie bildete eine der Voraussetzungen für die Lehre von den Akkordumkehrungen und der → Basse fondamentale von Rameau.

Lit.: FR. CAMPION, Traité d'accompagnement ..., Paris u. Amsterdam 1716; J.-PH. RAMEAU, Traité de l'harmonie ..., Paris 1722; DERS., Dissertation sur les différentes méthodes d'accompagnement pour le clavecin ou pour l'orgue ..., Paris 1732; J.-J. ROUSSEAU, Dictionnaire de mus., Genf 1767(?), Paris 1768, Artikel R.; M. BRENET, Règle d'octave, Guide mus. v. 27. 9. 1888; RIEMANN MTh.

Reibtrommel (auch Rummelpott, Brummtopf; engl. friction-drum; frz. tambour à friction; nld. rommelpot), ein Friktionsinstrument mit einem topfförmigen, einseitig mit einer Membran bespannten Resonanzkörper, der meist aus Metall, Ton oder Schilf gefertigt ist. Durch die Mitte der Membran ist ein Holzpflock gebohrt, der mit nassen Fingern gerieben oder hin und her bewegt wird, damit die Membran zum Schwingen kommt. Durch Auf- und Abbewegung des Holzes und durch Berühren der Membran läßt sich die Tonhöhe so verändern, daß auch einfache Tonfolgen auszuführen sind. – Die R. ist in nahezu allen europäischen und außereuropäischen Ländern heimisch. In Spanien wird das Instrument zambomba genannt und ist zusammen mit → Pandero und Schellen im Karneval gebräuchlich. Bezeichnungen für R.-Arten sind in der Provence frignato, in Italien caccarello (Neapel) und cupacupa (Apulien). Bildbelege (vgl. Kupferstiche von Jacob de Dheyn, um 1600; Mahillon, *Catalogue* ..., S. 165–168; J. M. Molenaer, *Drei Junge Musiker*, 1629) zeigen die R. in den Hauptformen Stab-, Faden- und Schwung-R. Die Stab-R. ist die verbreitetste Art des Instruments. Anstelle eines Stockes können auch Strohhalme die Membran zum Schwingen bringen. Die Faden-R. (frz. cri de la belle-mère; span. chicharra) verwendet statt des Stockes einen oder mehrere Fäden, die im Mittelloch der Membran verknotet sind. Die Schwung-R. (volkstümlich auch Waldteufel; engl. pasteboard rattle; frz. bourdon) wird an einem Faden, der hinter der Membran verknotet und am anderen Ende mit einem Holzgriff versehen ist, in der Luft gedreht.

Lit.: H. BALFOUR, The Friction Drum, The Journal of the Royal Anthropological Inst. of Great Britain and Ireland XXXVII, 1907; V. CH. MAHILLON, Cat. descriptif et analytique du Musée Instr. du Conservatoire Royale de Musique de Bruxelles IV, Gent 1912; M. SCHNEIDER, Zambomba u. Pandero ..., in: Span. Forschungen d. Görresges. I, 9, Münster i. W. 1934; P. COLLAER, Le tambour à friction (Rommelpott) en Flandre, in: Les Colloques de Wégimont I, 1954; DERS., Le tambour à friction (II) et idiophones frottés, ebenda III, 1956.

Reichenau (Bodensee), Benediktinerkloster, gegr. 724.

Lit.: W. BRAMBACH, Die Musiklit. d. MA bis zur Blüte d. R.er Sängerschule, Karlsruhe 1883; DERS., Theorie u. Praxis d. R.er Sängerschule, ebenda 1888; P. V. WINTERFELD, Die Dichterschule St. Gallens u. d. R. unter d. Karolingern u. Ottonen, Neue Jb. f. d. klass. Altertum, Gesch. u. deutsche Lit. III, 1900; A. HOLDER, Die R.er Hss. I–III, = Die Hss. d. großherzoglichen Badischen Landesbibl. I–VII, Lpz. 1906–18; R. MOLITOR OSB, Die Musik in d. R., in: Die Kultur d. Abtei R. II, hrsg. v. K. Beyerle, München 1925; R. STEPHAN, Aus d. alten Abtei R., AfMw XIII, 1956; H. OESCH, Berno u. Hermann v. R. als Musiktheoretiker, = Publikationen d. Schweizerischen Musikforschenden Ges., II, 9, Bern (1961).

Reihe (engl. series; frz. série; ital. seria) bezeichnet als Terminus der → Zwölftontechnik eine für jede Komposition erneute Anordnung aller 12 Töne des gleichschwebend temperierten Systems. Sie stellt in ihrer spezifischen Eigenart eine Vorformung des Tonmaterials unter dem Gesichtspunkt der Intervallproportion im Hinblick auf die jeweilige Komposition dar. Aufgabe einer R. ist es, die Tonbeziehungen (Tonqualitäten) innerhalb einer Komposition zu regulieren, nicht jedoch die Tonhöhen bzw. Tondauern festzulegen. Sie ist demnach mehr als bloßes Material, zugleich aber weniger als Thema oder Motiv. Jede R. kann in 4 verschiedenen Erscheinungsformen, auch Modi genannt, auftreten: in ihrer Original- oder Grundgestalt (R bzw. G), im Krebs (K), in ihrer Umkehrung (U) und im Krebs der Umkehrung (KU). Die Umwandlungen der Originalgestalt einer R., die auch als deren vertikale und horizontale Spiegelung bezeichnet werden, verändern zwar den Tonverlauf, jedoch nicht die einmal gewählten Intervallproportionen. Schönbergs Oper *Moses und Aron* liegt folgende R. zugrunde:

Jede Erscheinungsform einer R. kann elfmal transponiert werden; somit stehen für eine reihengebundene Komposition 48 R.n-Formen zur Verfügung, ohne daß jedoch alle Verwendung finden müssen. Vier weitere Erscheinungsformen hat H. Eimert (1952, S. 29) vorgeschlagen, indem er die horizontale und vertikale Spiegelung um die Spiegelung *im Winkel der Quarte und Quinte* erweitert. Ableitungen dieser Art werden als → Permutation (– 3) bezeichnet. Mit den 12 verfügbaren Tönen lassen sich theoretisch 479 001 600 verschiedene Grundgestalten bilden. Grundsätzlich unterscheiden sich alle R.n durch ihre Intervallstruktur. Da eine R. als *Einfall in Verbindung mit dem intuitiv vorge-*

stellten ganzen Werk (Webern, S. 58) gilt, bekundet sie den Charakter der jeweiligen Komposition sowie die Eigenart des Komponisten. – Schönberg und Berg bevorzugen R.n, die durch motivische Gruppenbildung sowie durch Zerlegung tonaler Akkordbildungen ausgezeichnet sind. Dem Bläserquintett op. 26 von Schönberg liegt eine in 2 korrespondierende Teile sich gliedernde R. zugrunde, wobei die 2. R.n-Hälfte eine Quinttransposition der ersten darstellt; beide R.n-Abschnitte stehen gleichsam in einem dominantischen Vorder- und Nachsatzverhältnis. Die R. zu Bergs Violinkonzert besteht aus einer alternierenden Kette von Moll- und Durdreiklängen sowie einer abschließenden Ganztonfolge; die R. ermöglicht tonale Akkordschichtungen, auch Fortschreitungen im Sinne harmonischer Funktionalität. Weberns R.n sind durch ihre spezifische Binnenstruktur gekennzeichnet. Aus zumeist kleinen Intervallschritten gebildete Tonfolgen schließen sich zu Gruppen bzw. chromatischen Feldern zusammen, die ihrerseits innerhalb der R. unter dem Aspekt horizontaler und vertikaler Spiegelung angeordnet sind, z. B. in der R. von op. 24:

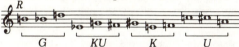

Das Verfahren der Gliederung und Binnenspiegelung reicht bei Webern von einfacher Addition der Glieder bis zu komplizierten Überschneidungen und findet seine konzentrierteste Form in symmetrisch um eine Intervallachse strukturierten R.n, die identisch sind mit ihrer Krebsgestalt (z. B. op. 21) oder ihrer Krebsumkehrung (z. B. op. 30), wodurch sich die Anzahl der Transpositionen jeweils um 24 verringert. Als Sonderfall gelten die symmetrischen oder asymmetrischen Allintervall-R.n, in denen neben den 12 Tönen alle 11 im temperierten System möglichen Intervalle vorkommen (z. B. Berg, zweites Storm-Lied, 1925, und *Lyrische Suite*). – In den Kompositionen Schönbergs und Bergs ist die R. durchweg noch Grundlage für Motiv- und Themenbildung im traditionellen Sinne, d. h. zwischen R. und Thema wird eindeutig unterschieden. Bergs genanntem Storm-Lied liegt ebenso wie der *Lyrischen Suite* folgende von Fr. H. Klein aufgestellte symmetrisch-krebsgleiche Allintervall-R. zugrunde:

Die beiden ersten Verszeilen des Gedichts sind als Vorder- und Nachsatz thematisch geschlossen komponiert, wobei der Nachsatz die R.n-Töne 1, 2 und 3 der sich anschließenden R.n-Wiederholung thematisch einbegreift; thematische Entwicklung und R. sind nicht kongruent:

Webern dagegen führt Thema und R. in geschlossener Gestalt zusammen; er entthematisiert die R., indem er die R.n-Struktur selbst zum kompositorisch-thematischen Regulativ erhebt. Seine Symphonie op. 21 basiert auf einer symmetrisch-krebsgleichen R.:

Das Thema des 2. Satzes, der ein Variationensatz ist, entspricht in seiner melodischen Gestalt der um eine Terz transponierten R.; zugleich ist das Thema formal, rhythmisch, dynamisch und in seiner Spielweise analog der symmetrischen R.n-Struktur konzipiert:

Das in der R. als Keim gegebene Prinzip symmetrisch-rückläufiger Formbildung überträgt Webern auf jede der Variationen und darüber hinaus auf den ganzen 2. Satz, der ab Mitte der IV. Variation in sich rückläufig ist. Die R. ist integrierendes Moment der gesamten Komposition: *möglichst viele Zusammenhänge sollen geschaffen werden* (Webern, S. 60). In ähnlichem Sinne, jedoch auf dem Hintergrund unterschiedlicher kompositorischer Verwirklichung nennt Schönberg die R. *a unifying idea which produced not only all the other ideas but regulated also their accompaniment and the chords »the harmonies«* (zitiert bei Slonimsky, S. 680). Die Vorstellung der horizontalen und vertikalen Identität einer R. begründet Schönberg mit der Einheit des musikalischen Raums; *the two-or-more-dimensional space in which musical ideas are presented is a unit* (Schönberg, *Style and Idea*, S. 109), d. h. *die Zeit wird als Raum gesehen* (Schönberg, zitiert bei Rufer, S. 50). Schönberg interpretiert die R. als ein räumliches, außerhalb der Zeit stehendes Gebilde, das in seiner musikalischen Verwirklichung gleichsam aus verschiedenen Richtungen kompositorisch betrachtet wird. – Die Wurzeln der R.n-Komposition liegen im 19. Jh.; sie sind in der Thematischen Arbeit der Sonatensatz-Durchführung, in der Variation und in der chromatisch durchsetzten Alterationsharmonik zu suchen. Bereits bei Beethoven dringt das Variationsprinzip in die Durchführung ein, während in zunehmendem Maße die Variation selbst sich dem Durchführungsprinzip nähert. Gemeinsam ist Variation und Durchführung die Deduktion des gesamten motivischen Materials aus einem thematischen Hauptgedanken, d. h. der Zusammenschluß aller motivischen Elemente auf der Basis der Intervallbeziehung. Parallel zur motivischen Durcharticulation der Komposition verläuft die chromatische Erweiterung der tonalen Harmonik, die, indem sie das einzelne harmonische Ereignis funktionell vieldeutig gestaltet, den funktionalen Bereich sprengt und sich als »Chromatik« schließlich zugunsten der Gleichrangigkeit aller 12 Töne aufhebt. Die Harmonik emanzipiert sich vom qualitativ ordnenden Tonalitätsprinzip; die Begriffe Konsonanz/Dissonanz verlieren ihren Sinn (→ Atonalität). Die Logik der harmonischen Fortschreitung besteht, statt im funktionalen Bezug, in der spezifischen Art der Verknüpfung, des In-Beziehung-Setzens von Tönen bzw. Intervallen. Motivische Integration und Harmonik berühren sich im Prinzip der Intervallbeziehungen, ihre Kongruenz finden sie in der R., die in der Einheit des horizontalen und vertikalen musikalischen Raums Motivik und Harmonik als identisch aufeinander bezieht. – Ausgehend von der qualitativen Gleichwertigkeit von Ton, Motiv und Harmonie auf dem Hintergrund der alles integrierenden R. wurden die R.n-Kompositionen der → Wiener Schule (– 2) zur Ausgangsbasis für die nach 1950 einsetzenden Bestrebungen, alle Parameter des Tones reihenmäßig, d. h. seriell (→ Serielle Musik) zu erfassen.

Lit.: E. STEIN, Neue Formprinzipien, in: Der Anbruch VI, 1924, auch in: Von neuer Musik, Köln 1925, u. in: H. H. Stuckenschmidt, Neue Musik, = Zwischen d. beiden Kriegen II, Bln u. Ffm. 1951, frz. Paris 1956; DERS., Einige Bemerkungen zu Schönbergs Zwölftonr., in: Der Anbruch VIII, 1926; Z. LISSA, Geschichtliche Vorformen d. Zwölftontechnik, AMl VII, 1935; N. SLONIMSKY, Music Since 1900, NY ³1949; A. SCHÖNBERG, Style and Idea, NY 1950; H. EIMERT, Lehrbuch d. Zwölftontechnik, Wiesbaden 1952, ⁶1963; DERS., Grundlagen d. mus. Reihentechnik, Wien 1964; J. RUFER, Die Komposition mit zwölf Tönen, Bln u. Wunsiedel 1952, Kassel ²1966; M. BABBIT, Some Aspects of Twelve-Tone Composition, The Score XII, 1955; DERS., Twelve-Tone Invariants as Compositional Determinants, MQ XLVI, 1960, auch in: Problems of Modern Music, hrsg. v. P. H. Lang, NY 1962; L. NONO, Die Entwicklung d. Reihentechnik, = Darmstädter Beitr. zur Neuen Musik I, Mainz (1958); TH. W. ADORNO, Zur Vorgesch. d. Reihenkomposition, in: Klangfiguren, = Mus. Schriften I, Ffm. 1959; A. WEBERN, Der Weg zur Neuen Musik, hrsg. v. W. Reich, Wien 1960; P. BOULEZ, Artikel série, in: Encyclopédie de la musique II, hrsg. v. Fr. Michel, Paris 1961; H. JELINEK, Die krebsgleichen Allintervallr., AfMw XVIII, 1961; G. PERLE, Serial Composition and Atonality: An Introduction to the Music of Schoenberg, Berg and Webern, Berkeley (Calif.) 1962; E. KLEMM, Zur Theorie einiger R.-Kombinationen, AfMw XXIII, 1966; DERS., Zur Theorie d. Reihenstruktur u. Reihendisposition in Schönbergs 4. Streichquartett, Beitr. zur Mw. VIII, 1966. EB

Reim, als mhd. rîm belegt seit Ende des 12. Jh., bedeutet zunächst s. v. w. Verszeile; noch heute so verwendet in den Wörtern Kinder-R., Kehr-R. Erst später (seit Opitz) versteht man (mit Ausnahme des Begriffswortes → Stabreim) unter R. den Gleichklang von Wörtern, im allgemeinen vom letzten betonten Vokal an. R. tritt vor allem am Versende (End-R.) auf. – Die Herkunft des abendländischen R.s ist umstritten. Arabische, persische, indische und chinesische Lyrik kennen den R. als Kunstmittel. In der lateinischen Sprache verwendeten ihn zuerst die christlichen Schriftsteller häufiger und konsequenter, vor allem in der Hymnendichtung. Das Auftreten des End-R.s steht in Zusammenhang mit der Umorientierung vom quantitierenden zum akzentuierenden Versprinzip (→ Versmaße); der R. wurde neue Form der Bindung einzelner Verse untereinander wie auch der Abgrenzung der Verse gegeneinander. Im Hochmittelalter war er allgemein gebräuchlich; aus der mittellateinischen Dichtung übernahmen ihn die Volkssprachen. Besonders in romanischen Versen, in denen das Versinnere rhythmisch frei gegliedert wird, spielt der R. eine wichtige Rolle. In deutschen Versen jedoch hat der End-R., der meist auf der letzten betonten Silbe einsetzt, ein größeres inhaltliches Gewicht, da im Deutschen die Betonung regelmäßig auf die bedeutungstragende Silbe fällt. – R.-Geschlechter (die Bezeichnungen rime masculine, rime feminine kamen im 15. Jh. auf) wurden zuerst in der französischen Verslehre unterschieden; sie sind in Analogie zu Wortbildungen zu verstehen, bei denen die weibliche Form eine zusätzliche, unbetonte Endsilbe aufweist (wie männlich *fils*, weiblich *fille*). Der männliche (stumpfe) R. umfaßt eine Silbe (deutsch *Nacht - Wacht*; französisch *cheval - égal*); der weibliche (klingende) zwei Silben: auf die tontragende Silbe folgt eine unbetonte (deutsch *Feuer - teuer*; französisch *forte - porte*). Alternierender Gebrauch von Versen mit männlichem und weiblichem End-R. ist häufig. Bei 3silbigem R. (gleitendem R.; im Französischen nicht möglich; italienisch rima sdrucciola) folgen der letzten betonten Silbe zwei unbetonte (deutsch *schimmernde - flimmernde*; italienisch *benevole - piacevole*). – Die Bezeichnungen für die Arten der »Reimfülle« werden besonders im Französischen nicht eindeutig verwendet. Beim reinen R. (rime suffisante), der Normalform des R.s, herrscht Gleichklang vom letzten betonten Vokal an (deutsch *geben - leben*; französisch *jour - cour*). Beim Halb-R. reimen weniger Elemente: beim konsonantischen Halb-R. (unreiner R.) stimmen die Tonvokale nur annähernd überein (deutsch *trübt - liebt*); der vokalische Halb-R. (Assonanz) hingegen besteht lediglich im Gleichklang der betonten Vokale und berücksichtigt nicht die nachfolgenden Konsonanten (deutsch *trank - schafft*). Die Assonanz ist die früheste Form des End-R.s und spielt in mittelalterlichen lateinischen Tropen, Sequenzen (wegen ihrer Herkunft vom Alleluia-*a* häufig Assonanz auf -*a*) und Motetten eine Rolle, auch in der frühen volkssprachlichen Dichtung (z. B. in der Chanson de geste). Im Französischen heißt Gleichklang der Tonvokale mit verschiedener konsonantischer Endung rime faible oder rime pauvre (*don - nom*) und gilt als echter R. Andererseits können auch die vor der letzten tontragenden Silbe stehenden Elemente in den R. einbezogen werden. Im rührenden R. (rime riche) ist auch der dem Tonvokal der reimenden Silbe vorangehende Konsonant am Gleichklang beteiligt (deutsch *Häute - heute*; französisch *père - prospère*); er wird im Deutschen seit Opitz vermieden. Erweiterter (mehrsilbiger) R. (rime superflue, rime léonine) bezieht eine oder mehrere vor der Hebung (dem Tonvokal) stehende Silben in den R. ein. Von den orientalischen Literaturen abgesehen, pflegte besonders das spätere französische Mittelalter bis zu Marot die mehrsilbigen R.e (z. B. Machaut, Rondeau Nr 7). – In bezug auf die Stellung des R.-Wortes im Vers sind zu unterscheiden: 1) Stellung am Versanfang. Anfangsreim heißt der R. der jeweils ersten Wörter zweier aufeinanderfolgender Verse, Schlag-R. hingegen der R. zweier im selben Vers aufeinanderfolgender Wörter. 2) Stellung am Versende (End-R.). Die gebräuchlichsten Gruppierungen endgereimter Verse sind: Gehäufter R. (rime continue) aaaa ... bbbb ...; Paar-R. (rimes plates) a a b b; Kreuz-R. (rimes croisées) a b a b; umarmender R. (rimes embrassées) a b b a; Schweif-R. a a b c c b. Die Anordnung der End-R.e ist ein wichtiges Kennzeichen der Strophen- und Gedichtformen (→ Strophe). 3) Zu den Sonderformen gehört der Binnen-R.: R. des Versendes mit einem Wort des Versinneren (*Bei stiller Nacht zur ersten Wacht / Ein Stimm begund zu klagen*; Fr. v. Spee). Der Binnen-R. wird beim Hexameter und Pentameter leoninischer R. (nicht zu verwechseln mit der französischen Bezeichnung rime léonine) genannt (*Tangendo chordas dulces reddit nimis odas*; Ruodlieb); er ist im Mittellateinischen weit verbreitet. Beim Pausen-R. reimen die ersten und letzten Worte eines Verses, eines Strophenabschnittes oder einer Strophe im Minne- und Meistersang (*wol vierzeg jâr hab ich gesungen oder mê / von minnen und als iemen sol*; Walther von der Vogelweide). Übergehender R. (rime enchaînée) heißt der R. des letzten Wortes eines Verses mit dem ersten des folgenden (*Douce dame, vo maniere jolie / Lie en amours mon cuer ...*; G. de Machaut).

Lit.: → Versmaße. WoD

Reimoffizium, das → Offizium eines Tages als geschlossene Gestalt mit metrischen (bzw. rhythmischen) und gereimten Texten für Hymnen, Antiphonen und Responsorien. Grundlegende Voraussetzung für die Entstehung des R.s war der Verzicht auf biblische Texte bei den Antiphonen und Responsorien des Stundengebets. So konnten für einzelne Gesänge oder auch für ein ganzes Offizium (mit Ausnahme der Psalmen, Lektionen und Orationen) anläßlich eines neuen Festes oder als Ersatz für alte Texte neue und zusammenhängende Texte geschaffen werden, deren Form der neuen Zeit mehr zusagte. Die übliche Bezeichnung war → Historia, da es sich zumeist um die Leidens- und Wundergeschichten von Heiligen oder um das Wissen über Festgeheimnisse handelte. Die Historien waren zunächst in Prosa geschrieben. Seit dem 9./10. Jh. nahmen sie poetische Form an und wurden als Reimprosa oder als metrische, später rhythmische (auch gereimte) Verse verfaßt. Mit der Entfernung vom biblischen Text gewannen diese Gesänge außerdem einen neuen musikalischen Stil. – Die Anfänge des R.s sind noch unbekannt, da die Offizien in Prosa oder in Reimprosa bisher nur ansatzweise erforscht wurden. Eines der ältesten Reimoffizien ist das Dreifaltigkeitsoffizium (St. Gallen, Cod. 390–391; *Paléographie musicale* II, 1), das Stephan von Lüttich († 920) zugeschrieben wird und noch heute im römischen und im monastischen Brevier enthalten ist. Auch Hucbald von Saint-Amand verfaßte Offizien mit teilweise metrischen Texten. Eine erste Epoche bis etwa 1200 erlaubte bei den Antiphonen, Responsorien oder sogar bei einzelnen Abschnitten der Responsorien Selbständigkeit in der Wahl der Form. Während der nachfolgenden Epoche, vertreten vor allem durch die Franziskus- und Antonius-Offizien Julians von Speyer († um 1250), wurde dagegen ein einheitliches Versmaß zur Regel. Das Tridentiner Konzil verbot die Reimoffizien fast ausnahmslos (einige Beispiele finden sich noch im Brevier der Franziskaner und Dominikaner). – In musikalischer Hinsicht fällt zunächst die geregelte Folge der → Kirchentöne als Zeichen einheitlicher Komposition auf: der Nummer der Antiphon oder des Responsoriums entspricht die Nummer des Kirchentons (z. B. im Dreifaltigkeitsoffizium: 1. Antiphon *Gloria tibi Trinitas* = 1. Modus; 2. Antiphon *Laus et perennis gloria* = 2. Modus; 3. Antiphon *Gloria laudis resonet* = 3. Modus; usw.). Das Vorbild hierfür ist vermutlich in der byzantinischen Kanonkomposition zu suchen. Als musikalisch weitaus wichtiger erweist sich indessen der Stil des mittelalterlichen Chorals: die psalmodische Grundform des alten Chorals, insbesondere der Tonus currens, wurde aufgegeben. Gleichwohl blieb die antiphonale und responsoriale Kompositionstechnik mit ihren Unterschieden erhalten. Die Melodik der Reimoffizien schmiegt sich, trotz aller Bindung an die Versform, streng an die durch die syntaktische Ordnung gegebene Sprachmelodie an, die sie allerdings in wechselndem Maße verziert. Erst in der Spätzeit, nach Julian von Speyer, verschwindet diese Anpassung an den Text: die Versordnung einiger Musteroffizien wird nunmehr – zusammen mit den Melodien – für Nachbildungen übernommen. Der Rhythmus der Reimoffizien wahrt den Versfluß, geht aber im wesentlichen von der gleichen Dauer der Töne aus. Ebenso bewegt sich die Melodie vorzugsweise in Stufenschritten; doch ist die Tonalität gekennzeichnet durch kräftige Ausprägung der Tonräume Prime–Quinte, Quinte–Oktave, Unterquarte–Prime. Die Überlieferung erfolgt durch das Antiphonar oder seine Abarten, wo die Reimoffizien zwischen den Offizien des alten Chorals stehen, vollständig oder stückweise, wie es die Bedürfnisse der örtlichen und wenig überprüften Praxis mit sich brachten.

Ausg.: Analecta hymnica medii aevi, Bd V, XIII, XVII, XVIII, XXIV–XXVI, XXVIII, XLIa, XLVa, Lpz. 1889–1904.
Lit.: E. RANKE, Chorgesänge zum Preise d. hl. Elisabeth aus ma. Antiphonarien, Lpz. 1884; W. BRAMBACH, Die verloren geglaubte »Historia de sancta Afra Martyre« u. d. »Salve Regina« d. Hermannus Contractus, Karlsruhe 1892; CL. BLUME SJ, Zur Poesie d. kirchlichen Stundengebetes im MA, in: Stimmen aus Maria-Laach LV, Freiburg i. Br. 1898; J. E. WEIS, Julian v. Speier, = Veröff. aus d. Kirchenhist. Seminar München III, 1900; DERS., Die Choräle Julians v. Speier, ebenda VI, 1901; H. FELDER, Die liturgischen Reimoffizien auf d. hll. Franziskus u. Antonius ... v. Fr. Julian v. Speier, Freiburg 1901; P. WAGNER, Zur ma. Offiziumskomposition, KmJb XXI, 1908; J. GMELCH, Die Kompositionen d. hl. Hildegard, Düsseldorf 1914; L. BRONARSKI, Die Lieder d. hl. Hildegard, = Veröff. d. Gregorianischen Akad. zu Freiburg i. d. Schweiz IX, Lpz. 1921; A. AUDA, L'école liégoise au Xe s. Etienne de Liège, = Acad. Royale de Belgique, Classe des beaux arts II, 1, Brüssel 1923; P. BAYART, Les offices de S. Winnoc et de S. Oswald d'après le Ms. 14 de la Bibl. de Bergues, Annales du Comité Flamand de France XXXV, 1926; E. JAMMERS, Die Antiphonen d. rheinischen R., Ephemerides Liturgicae XLIII, 1929 – XLIV, 1930; DERS., Das Karlsoffizium »Regali natus«, = Slg mw. Abh. XIV, Straßburg 1934; DERS., Wort u. Ton bei Julian v. Speier, in: Der kultische Gesang d. abendländischen Kirche, Fs. D. Johner OSB, Köln 1950; H. VILLETARD, Office de S. Savinien et de S. Potentien, = Bibl. musicologique V, Paris 1956.

Reims.
Lit.: CH. CERF, La musique dans l'église de R., R. 1890; B.-E. KALAS, La musique à R., R. 1910; J. LEFLON, H. Hardouin et la musique du chapitre de R. au XVIIIe s., R. 1935; J. WÖRSCHING, Die Orgelwerke d. Kathedrale zu R., Mainz 1946; A. MACHABEY, G. de Machault, 2 Bde, Paris 1955.

Reina-Codex → Quellen: *PR*.

Reine Stimmung wird der Versuch genannt, außer den Oktaven auch sämtliche Quinten und Terzen des Tonsystems harmonisch-rein, also nach den Proportionen 2:3 (Quinte), 4:5 (große Terz) und 5:6 (kleine Terz) zu intonieren. Da die harmonisch-reine große Terz und die durch 4 Quintschritte erreichte große Terz (64:81) um das syntonische Komma (80:81) differieren, zwingt die R. St. zur Vervielfachung der Tonhöhenbestimmung der Stufen (also bei Tasteninstrumenten zur Aufspaltung der Tasten). Bereits in der C dur-Skala, in der die Terztöne a, e und h das Quintengerüst f–c–g–d ausfüllen, muß der Ton d verdoppelt werden (8:9 und 9:10 bezogen auf c), um einerseits als Quinte über g, andererseits als Quinte unter a fungieren zu können; und mit dem Umfang des Tonsystems wachsen die Schwierigkeiten. (Im 31tönigen System wäre der Ton d zu verfünffachen.) Die durch → Temperatur geregelte *musikalische Praxis weiß von dem zweierlei d in C dur nichts* (H. Riemann).

Lit.: M. HAUPTMANN, Die Natur d. Harmonik u. d. Metrik, Lpz. 1853, ²1873, engl. London 1888; G. ENGEL, Das mathematische Harmonium, Bln 1881; SH. TANAKA, Studien im Gebiet d. r. S., VfMw VI, 1890; K. EITZ, Das mathematisch-reine Tonsystem, Lpz. 1891; M. PLANCK, Die natürliche Stimmung in d. modernen Vokalmusik, VfMw IX, 1893; H. RIEMANN, Das chromatische Tonsystem, in: Präludien u. Studien I, Heilbronn 1895; DERS., Ideen zu einer Lehre v. d. Tonvorstellungen, JbP XXI, 1914 – XXII, 1915; DERS., Neue Beitr. zu einer Lehre v. d. Tonvorstellungen, JbP XXIII, 1916; A. v. OETTINGEN, Das duale Harmoniesystem, Lpz. ²1913; J. M. BARBOUR, Just Intonation Confuted, ML XIX, 1938; H. STEPHANI, Zur Psychologie d. mus. Hörens, = Forschungsbeitr. zur Mw. IV, Regensburg 1956.

Rejdovák (von tschechisch rej, Reigen), ein tschechischer Volkstanz im 3/4-Takt; ihm folgt als Nachtanz im 2/4-Takt die Rejdovačka. Aus dem R. ging die → Redowa hervor.

Réjouissance (reʒuis'ã:s, frz., Fröhlichkeit) bezeichnet in Suiten des 18. Jh. einen schnellen, scherzoartigen Satz (z. B. J. S. Bach, 4. Orchestersuite, BWV 1069, letzter Satz).

Relatio non harmonica (lat.) → Querstand; → Passus duriusculus.

Relatives Gehör ist die zusammenfassende Bezeichnung für zwei verwandte, aber verschiedene Funktionen der musikalischen Auffassung: den Intervallsinn und den Harmoniesinn, d. h. die Erfassung der Tonbeziehungen und Tonkomplexe (zusammengefaßt: der Tongestalten) als solchen, einmal in der Aufeinanderfolge, ein andermal im Zusammenklang. Beides wurde früher zu eng als der Sinn für die »relative Tonhöhe« definiert im Unterschied zum → Absoluten Gehör als dem Sinn für absolute Tonhöhe. Noch G. Révész setzt 1946 das R. G. mit dem Intervallsinn gleich, als die *Fähigkeit, ein gegebenes Intervall richtig zu bezeichnen oder gesanglich zu transponieren* bzw. *frei wiederzugeben*. Aber das Harmoniegehör ist nicht bloß eine Anwendung des Intervallgehörs auf den Zusammenklang. In diesem, als einer Ganzheit, gehen vielmehr die beteiligten Zweiklänge meist mehr oder minder auf. Akkorde werden ganzheitlich erfaßt und unmittelbar erkannt, auch ohne (subjektive) Zerlegung, etwa Dur und Moll ohne Analyse der Terzenzusammensetzung, auch als Tongeschlecht im Ganzen eines Musikstückes. Das gleiche gilt von den Relationen der Zwei- und Mehrklänge im harmonischen Satz: der Plagalschluß oder auch der Trugschluß z. B. imponieren unmittelbar als solche, noch ehe Größe und Richtung der Baßfortschreitung analytisch herausgefaßt sind. Eine Leistung des R.n G.s als Harmoniegehör ist demnach auch die Erfassung der Harmonieschritte im einzelnen, der Schlüsse, Kadenzen, Rückungen, Modulationen usw. Eigentlich gilt hier »R. G.« nur durch das Fehlen oder Nichtbeteiligtsein des Absoluten Gehörs; es muß nicht jede einzelne Relation analytisch erfaßt sein. Ein einfacher Sinn für die relative Tonhöhe ist das R. G. schon deshalb nicht, weil es nicht allein an der Höhe im Wortsinne orientiert ist und weil die reinen Höhenunterschiede oder Distanzen von den musikalischen Intervallen abweichende Größenverhältnisse ergeben, wie schon C. Lorenz und C. Stumpf gezeigt haben. Zudem haben die typologischen Befunde von A. Wellek ergeben, daß auch die musikalischen Intervallgrößen nicht immer, sondern nur bei einem Typ des R.n G.s, dem »linearen«, dem Urteil über Intervalle zugrunde liegen. Wäre das R. G. ein Sinn für den Tonhöhenunterschied, wie lange angenommen wurde, dann müßte es in erster Linie dazu tendieren, im Zweifelsfall ein Intervall mit dem nächstgrößeren und -kleineren zu verwechseln. Das trifft aber nur auf den linearen Gehörtyp zu. Der mindestens ebenso häufige, an den → Tonigkeiten orientierte »polare« oder »zyklische« Typ verwechselt Intervalle wie auch Akkorde ohne Rücksicht auf ihre Größe oder Breite überwiegend bis ausschließlich dann, wenn sie von ähnlichem Konsonanzgrad, d. h. von ähnlicher Gesamtfärbung sind oder es wären, wofern sie nicht in der Sukzession, sondern im Zusammenklang geboten würden. Hier werden demnach verwechselt: Terzen mit Sexten, Tritonus mit Septimen, Oktave mit Quinte und Quarte, Molldreiklang mit Septakkorden. Verwechslungen in einem Größenverhältnis von 1:3 (z. B. kleine Terz – große Sext) sind hier keine Seltenheit. Entsprechend fällt diesem Typ die Beurteilung der Besetzung (Breite) der Akkorde schwer, wobei auch mindestens Größenverhältnisse von 1:2 betroffen sind. – Unabhängig von typologischen Verschiedenheiten sind absteigende Tonschritte schwerer zu beurteilen als aufsteigende, wie schon C. v. Maltzew fand. Die Beurteilung von Zweiklängen ist wiederum schwieriger als die von Tonschritten beiderlei Richtung. Von Unmusikalischen werden Zweiklänge leicht mit dem Einklang verwechselt; beim Oktavzweiklang unterläuft dies auch dem Musikalischen sehr leicht. Dieser Tatbestand war für Stumpf der Ausgangspunkt für seine Theorie von der »Verschmelzung« als der Grundlage der → Konsonanz (– 2).

Unter den R. G. als Intervallsinn fällt auch die Unterschiedsempfindlichkeit für Frequenzen, da diese sich im Sinne des Fechnerschen Gesetzes als eine Intervallschwelle darstellt und die Annahme einer absoluten Schwellenkonstanz (bei Wundt und Stumpf) sich als irrtümlich erwiesen hat. Im Durchschnitt ist der »ebenmerkliche« Frequenzunterschied in günstigen (mittleren) Lagen von beachtlicher Feinheit (0,3–0,5%), zeigt jedoch sehr große individuelle Schwankungen. In der Regel ist der Sinn für die Helligkeiten-(Höhen-)Unterschiede feiner als für den Unterschied der Tonigkeiten. Es gibt jedoch auch den umgekehrten Fall (»inverse Schwellenlage«) bei dem auf die Tonigkeit ausgerichteten »polaren« Gehörtyp (nach Wellek). Die Übbarkeit der Frequenzen-Unterschiedsempfindlichkeit ist sehr begrenzt. Sie nimmt nach einer mehrfach bestätigten Entwicklungsgesetzlichkeit bis zum 19. Lebensjahr stetig zu, mit einem einstellungsbedingten Rückschlag in der Vorpubertät. Zwischen Frequenzen-Unterschiedsempfindlichkeit und Musikalität besteht eine mäßig hohe, aber vielfältig belegte Korrelation. Jedoch spielt der »ebenmerkliche« Unterschied im konkreten Musikhören wenig oder gar keine Rolle, würde er auch erheblich höher liegen, also gröber sein. Hier geht es vielmehr um den »eben unverkennbaren Unterschied« (nach Wellek). Révész betont, daß *die Unterscheidungsfähigkeit für Tonhöhen nicht zum musikalischen Gehör gerechnet werden darf*, sie sei nur *die notwendige Voraussetzung dafür*. Nach Wellek sind Grob- und Feinschwelligkeit auch typologisch gebunden; die letztere gehört dem linearen Gehörtyp zu, die erstere dem polaren, zumal bei »inverser Schwellenlage«. – Allgemein gilt, daß das R. G. in seinen beiden Zweigen des Intervall- und des Harmoniegehörs für den Musiker und das Musikalische entscheidend ist, während auf das Absolute Gehör verzichtet werden kann. Ein gewisses Mindestmaß an Musikalität vorausgesetzt, ist R. G. Sache der Übung und daher auch jedem Absoluthörer auf dem Weg der Übung erreichbar. Der oft beobachtete Antagonismus zwischen Absolutem und R.m G. beruht nicht auf einer strukturellen Notwendigkeit, sondern ist nur Ausdruck der abweichenden Haltung, mit der der Absoluthörer, dank seiner Sondergabe, an das »musikalische Material« heranzugehen pflegt (Wellek 1939). Vom-Blatt-Singen und Musikdiktat beruhen (beim Nichtabsoluthörer) auf dem R.n G., doch ist dieses auch bei anerkannten Komponisten zuweilen weit entfernt von Perfektion, so daß sie beim Komponieren auf das Klavier angewiesen bleiben. So bekennt z. B. Fr. Klose, daß er es im Musikdiktat nie zur Unterscheidung von Terz- und Sextzweiklängen gebracht habe, ein Symptom eines einseitig »polaren« Gehörtyps.

Lit.: C. STUMPF, Tonpsychologie, 2 Bde, Lpz. 1883–90, Nachdruck Hilversum u. Amsterdam 1965; C. LORENZ, Untersuchungen über d. Auffassung v. Tondistanzen, Wundts Philosophische Studien VI, 1891; C. V. MALTZEW, Das Erkennen sukzessiv gegebener mus. Intervalle in d. äußeren Tonregionen, Zs. f. Psychologie LXIV, 1913; C. E. SEASHORE, The Psychology of Mus. Talent, Boston u. NY 1919; O. ABRAHAM u. E. M. v. HORNBOSTEL, Zur Psychologie d. Tondistanz, Zs. f. Psychologie XCVIII, 1926; A. WELLEK, Typologie d. Musikbegabung im deutschen Volke, = Arbeiten zur Entwicklungspsychologie XX, München 1939; DERS., Musikpsychologie u. Musikästhetik, Ffm. 1963; G. RÉVÉSZ, Inleiding tot de muziekpsychologie, Amsterdam 1944, ²1946, deutsch Bern 1946, engl. London u. NY 1953, ital. Florenz 1954; J. ZOSEL, Die Unterschiedsempfindlichkeit f. »Tonhöhen« (Frequenzen) als entwicklungspsychologisches Kriterium, Diss. Mainz 1963, auch in: Arch. f. d. gesamte Psychologie CXIX, 1967. AW

Renaissance (rənɛsˈɑ̃ːs, frz., Wiedergeburt) bezeichnet die Kulturepoche etwa zwischen 1350 und 1600. Daß das französische Wort, nicht das italienische Wort Rinascimento, zum Epochenbegriff geworden ist, erklärt sich aus der spät einsetzenden Erforschung dieses Zeitalters, die von Frankreich ausging (P. L. Ginguené, *Histoire littéraire d'Italie*, 1811ff.). Erst Jules Michelet (*Histoire de France au XVIᵉ siècle*, 1855) und besonders Jacob Burckhardt (*Die Kultur der R. in Italien*, 1860) haben den Begriff R. eingebürgert. Mit Burckhardts

Wort von der »Entdeckung der Welt und des Menschen« war als Hauptverdienst die Ausprägung der Persönlichkeit gemeint; dies wurde in den Jahrzehnten nach ihm als Individualismus überbetont. Andere erkannten, daß die R. allzuscharf vom Mittelalter getrennt worden war. So wurde der Begriff immer inhaltsreicher und zugleich widerspruchsvoll. Die »Wiedergeburt« in Italien um 1350, repräsentiert durch Cola di Rienzi und Fr. Petrarca, erhielt ihre Sonderart dadurch, daß eine Umgestaltung des mittelalterlichen Lebens nach antikem Vorbild begann und in immer neuen Stufen voranschritt. Als das wirtschaftlich führende Land, mit einem leistungsfähigen Großbürgertum und heroisch-tatkräftigem Adel, wurde Italien, das erst seit der Reformation ebenbürtige Partner erhielt, zum Vorbild für Europa. In der bildenden Kunst begann die Abkehr von der Gotik erst im 15. Jh. in Florenz, wo um 1420 der Architekt Brunelleschi und der Maler Masaccio die Früh-R. vertraten, gefolgt von dem Theoretiker L. B. Alberti. Das Gotische bewies jedoch eine solche Stärke der Tradition, daß die Auseinandersetzung zwischen Alt und Neu das Jahrhundert erfüllte. Durchgesetzt hat sich damals die Individualität des Künstlers, die von G. Vasari in seiner Künstlergeschichte *Le vite de più eccellenti, pittori et scultori italiani* 1550 rückschauend beschrieben wurde. Das Ergebnis der geistigen Bewegung seit 1350 war allerdings kein Sieg der Antike, nicht einmal ihre volle Gleichberechtigung mit dem Christentum, wie es z. B. aus dem Schaffen Leonardo da Vincis (1452–1519) und Raffaelo Santis (1483–1520) ersichtlich ist. Die ungebrochene Macht des religiösen Denkens veranschaulichen das Werk Michelangelo Buonarrottis (1475–1564) und der um 1520 auch bei anderen einsetzende Gegenstoß des Manierismus gegen das oft als »heidnisch« empfundene Neue. Von Dürers Graphik angeregt, schuf der Manierismus in Italien den für das 16. Jh. charakteristischen Stil, der auch von anderen Ländern aufgenommen wurde und bis zum Durchbruch des Barocks um 1590/1600 bestimmend blieb. So ist der anfangs zu einseitig aufgefaßte Begriff R. als Epochenbezeichnung problematisch geworden. Volles Recht hat er nur für Italien von etwa 1350 bis ins 16. Jh. hinein.

Auf die Musik ist der Begriff R. schon deshalb schwierig anzuwenden, weil auf diesem Gebiet im 14.–16. Jh. nicht Italiener die Führung hatten, sondern Künstler im oder aus dem Norden. Ph. de Vitry, der Freund Petrarcas, entfaltete sich als ausgeprägte Individualität und schuf mit der isorhythmischen Motette zum ersten Male das auf sich selbst gestellte, freie Kunstwerk (→ Mittelalter). Zu ihm gesellte sich G. de Machaut, der mit Liedern in Kantilenensatz eine fast noch wirksamere Kunstform erreichte. Beide Persönlichkeiten und der nun vorhandene Rang des freien, eigengesetzlichen Kunstwerks wären wohl mit dem R.-Begriff in Zusammenhang zu bringen. Der Unterschied zu Italien liegt jedoch darin, daß die Möglichkeiten der französischen Ars nova nicht in derselben Richtung fortgeführt wurden. Aus der freien wurde bald wieder eine dienende Kunst, im Rahmen der Geselligkeit, dann vor allem im Dienst des kirchlichen Kultes. Für den niederländischen Singstil seit 1430/40 war die Erneuerung der Kirchenmusik die Hauptaufgabe (→ Niederländische Musik). Die Höhenlage der freien Kunst blieb freilich für die Hauptmeister unantastbar. Wenn etwa J. Ciconia oder G. Dufay in Motetten ihren eigenen Namen genannt und vertont haben, so war das wie einst Vitry, so war das nicht italienischer R.-Einfluß, sondern vor allem ein Weiterwirken des Selbstbewußtseins, das die großen Individualitäten der französischen Ars nova erfüllt hatte. Von dort führte ein Weg zu dem Ausspruch des J. Tinctoris am Ausgang des 15. Jh.: *Musica peritos in ea glorificat* (CS IV, 199b).

In der Musik des 16. Jh. blieb der Tanz fast bis zuletzt ohne stilbildende Kraft; auch das Heiter-Profane beschränkte sich auf Nebenformen wie französische Chansons oder Villanellen. Die Geltungszeit der Frottola war nur kurz. Ihre Ablösung durch das vom Singstil geprägte Madrigal nach 1530 zeigt, daß man einen ernsten Ton wünschte, wie er in Motetten und Messen ausgebildet war. Als Ars perfecta sollte die Musik des 16. Jh. nicht bezeichnet werden; denn damit meinte H. Glareanus die Kunst von Josquin Desprez, und er stellte 1547 ausdrücklich fest, daß der Stil sich seitdem geändert habe. Mit dem Wort Singstil wird jene Epoche, in der Messe, Motette und Madrigal den Vorrang hatten, am besten gegen die Neuzeit seit 1600 abgegrenzt. Alle diese Formen wurden keinem Konzertpublikum vorgeführt (das es noch nicht gab), sondern waren dienende Kunst für Kirche und Geselligkeit. Beim Madrigal musizierten die professionellen Musiker im geselligen Kreis gemeinsam mit den Zuhörern. Daß in den italienischen Akademien das Madrigal den Vorzug hatte, veranschaulicht am stärksten den Einfluß des Singstils, der in seinen Grundzügen vom Norden, von den »Oltramontani«, übernommen worden war. Es gab keine eigengesetzliche, primär musikalische Form wie einst die isorhythmische Motette. Der aus Wittenberg stammende Begriff eines Opus perfectum et absolutum (→ Opus) darf nicht im Sinne der Neuzeit verstanden werden. Italien kannte die Musik unter der Herrschaft des niederländischen Singstils nicht als autonome, sondern nur als dienende Kunst. Auch hiergegen richtete sich im Ausgang des 16. Jh. der Kampf. – Greifbarer als es unter dem Stichwort R. darzustellen ist, hat die mit ihr entstandene Bildungsform, der → Humanismus, durch Rück- und Neubesinnung auf die Grundlagen der Musik die Musiklehre und Kompositionskunst durchdrungen.

Lit.: J. Burckhardt, Die Kultur d. R. in Italien, Basel 1860, (71952), NA in: GA V, Stuttgart 1930; H. Thode, Franz v. Assisi u. d. Anfänge d. Kunst d. R. in Italien, Bln 1885, 41934; Vom MA zur Reformation, hrsg. v. K. Burdach, 11 Bde, Halle u. Bln 1893–1939; H. Wölfflin, Die klass. Kunst. Eine Einführung in d. ital. R., München 1899, 71924; E. Troeltsch, R. u. Reformation, Hist. Zs. CX, 1913, u. Gesammelte Schriften IV, Tübingen 1925; E. Cassirer, Individuum u. Kosmos in d. Philosophie d. R., Lpz. u. Bln 1927. – H. Hefele, Der Begriff d. R., Hist. Jb. XLIX, 1929; J. Huizinga, Wege d. Kulturgesch., München 1930, Amsterdam 1941 = Mededelingen d. Nld. Akad. van Wetenschappen, N. F. IV, 3; H. W. Eppelsheimer, Das R.-Problem, DVjs XI, 1933; W. K. Ferguson, The R. in Hist. Thought, Boston 1948; D. Frey, Kunst u. Weltbild d. R., Studium generale VI, 1953; P. O. Kristeller, Die ital. Univ. d. R., = Schriften u. Vorträge d. Petrarca-Inst. Köln I, Krefeld (1953); ders., The Classics and R. Thought, Oxford 1956; W. Paatz, Die Kunst d. R. in Italien, = Urban-Bücher I, Stuttgart (1953); E. Hassinger, Das Werden d. neuzeitlichen Europa, 1300–1600, Braunschweig (1959).

A. W. Ambros, Gesch. d. Musik III, Breslau 1868, 31891, Nachdruck Hildesheim 1967; H. Riemann, Hdb. d. Mg. II, 1, Das Zeitalter d. R. (bis 1600), Lpz. 1907, 21920; H. Besseler, Die Musik d. MA u. d. R., Bücken Hdb.; G. Reese, Music in the R., NY 1954; Ars nova and the R., 1300–1540, = The New Oxford Hist. of Music III, hrsg. v. A. Hughes OSB u. G. Abraham, London, NY u. Toronto 1960. – H. Zenck, Zarlinos »Istitutioni harmoniche« als Quelle zur Musikanschauung d. ital. R., ZfMw XII, 1929/30; W. Gurlitt, Die Musik in Raffaels Heiliger Caecilia, JbP XLV, 1938, Neudruck in: Mg. u. Gegenwart I, = BzAfMw I, Wiesbaden 1967; E. E. Lowinsky, The Concept of Physical and Mus. Space in the R., PAMS, Annual Meeting 1941; ders., Music in the Culture of the R., Journal of the Hist. of Ideas XV, 1954; L. Schrade, R., The Hist. Conception of an Epoch, Kgr.-Ber. Utrecht 1952; H. Besseler, Singstil u.

Instrumentalstil in d. europäischen Musik, Kgr.-Ber. Bamberg 1953; DERS., Umgangsmusik u. Darbietungsmusik im 16. Jh., AfMw XVI, 1959; DERS., Das mus. Hören d. Neuzeit, Sb. Lpz. CIV, 6, 1959; DERS., Das Renaissanceproblem in d. Musik, AfMw XXIII, 1966. HB

Repercussa (lat., von vox r., wiederholt erklingender Ton), in der Lehre von den → Kirchentönen die Bezeichnung eines oberhalb der → Finalis (– 1) gelegenen und mit dieser durch die → Repercussio (– 2) verbundenen Gerüsttons, der als bevorzugter Ton neben der Finalis in Erscheinung tritt; er ist besonders in den modellartigen Singweisen der Psalmodie als Rezitationston (Tenor) greifbar (→ Psalmtöne).

Repercussio (lat., Zurückprallen, Wiederertönen), – 1) der beim Vortrag bestimmter Neumen (z. B. Bi- und Trivirga, Bi- und Tristropha) notwendige wiederholte Stimmansatz auf gleicher Tonhöhe. Dieser besteht nach den Regeln der heutigen Choralpraxis in einem erneuten Ansingen des Vokals, wobei entsprechend der Form des Notenzeichens bzw. seiner Gruppenzugehörigkeit verschiedene Differenzierungen vorgenommen werden. Ein früher Beleg zur Ausführung der R. innerhalb der Tristropha findet sich bereits um 850 bei Aurelianus Reomensis (GS I, 56a und 57a f.); – 2) in der Lehre von den → Kirchentönen die Verbindung zwischen → Finalis (– 1) und → Repercussa, eines der wichtigsten Merkmale für die kirchentonale Einordnung mittelalterlicher Gesänge an Hand typischer Melodiewendungen. Zu den einzelnen Modi gehören folgende Reperkussionsintervalle: 1. Modus d–a, 2. d–f, 3. e–c^1, 4. e–a, 5. f–c^1, 6. f–a, 7. g–d^1, 8. g–c^1. Ausführliches Interesse fanden die Reperkussionen in der Musiklehre des 16. Jh. – R. begegnet auch als Name für den Tenor (im Sinne der Repercussa). – 3) In der Fugenlehre des 18. Jh. führte die Bedeutung der R. (– 2) für den Beginn, den Ambitus und die → Beantwortung eines Themas zur Übernahme der Bezeichnung R. (oft auch Wiederschlag genannt). Sie ist *dasjenige intervallum, welches in einer Fuge der Dux und Comes, dem Modo gemäß, gegen einander formiren* (WaltherL), der *Process, die Folge der Stimmen zu ordnen* (J. A. Scheibe, um 1730, ed. Benary, S. 45) und somit das *Fundament der Fugen* (Walther 1708, ed. Benary, S. 163); R. ist schließlich auch synonym mit Comes. – Marpurg (1753, ed. Dehn I, S. 65) nennt R. auch die Aufwärtsauflösung der dissonanten Sexte im Quintsextakkord: *Dieses Verfahren heisst das Zurückprallen (r.), weil die Sexte, nachdem sie mit der Quinte zusammengestossen ist, ... zurückzuweichen verbunden ist; und da diess nicht abwärts geschehen kann, so steigt sie eine Stufe über sich.*

Lit.: zu 1): L. AGUSTONI, Gregorianischer Choral ..., Freiburg i. Br., Basel u. Wien (1963). – zu 2): P. WAGNER, Elemente d. gregorianischen Gesanges, = Slg Kirchenmusik II, Regensburg u. Rom ²1917; B. MEIER, Die Hs. Porto 714 als Quelle zur Tonartenlehre d. 15. Jh., MD VII, 1953; DERS., H. Loriti Glareanus als Musiktheoretiker; Beitr. zur Freiburger Wiss.- u. Universitätsgesch. XXII, 1960.

Repetenda (lat.) heißt in den verschiedenen Formen des → Responsoriums der zweite, bisweilen selbst nochmals in zwei oder mehrere Repetendae gegliederte Teil des Rahmenstücks (Responsum, Responsorium); z. B. *Sana animam meam,* (R.) *Quia peccavi tibi,* oder: *Aspiciens a longe, ecce video Dei potentiam venientem, et nebulam totam terram tegentem.* (R. 1) *Ite obviam ei, et dicite:* (R. 2) *Nuntia nobis si tu es ipse,* (R. 3) *Qui regnaturus es in populo Israel.* Entsprechend ihrer praktischen Bestimmung als Teilwiederholung des Rahmenstücks wird die R. (im Unterschied zur vollständigen Wiederholung, der Responsio a capite) auch Responsio a latere genannt.

Repetition → Mixtur.

Repetitionsmechanik → Mechanik, → Erard.

Replica (ital.), Wiederholung (eines Themas); *senza r.*, ohne Wiederholung, häufige Vorschrift für das Dacapo des Menuetts nach dem Trio.

Reprise (frz., Wiederaufnahme, Wiederholung; ital. ripresa), die mehr oder minder getreue Wiederkehr eines Satzteils innerhalb einer Komposition, ursprünglich Bezeichnung für die als Abbreviaturen gebräuchlichen Wiederholungszeichen: – ältere Schreibweise: . Diese Zeichen verlangen (ebenso wie → da capo und → dal segno) die → Wiederholung des zwischen ihnen stehenden Abschnitts und hießen im 18. Jh. (wie auch der wiederholte Abschnitt selbst) R. grande. Zeichen, die nur die Wiederholung einzelner Takte verlangen, hießen R. petite, ebenso die Wiederholung der letzten Takte aus der R. grande. In 2teiligen Tanz-(Suiten-)Sätzen des 17./18. Jh. heißt R. auch der Eintritt des 2. Teils mit dem (meist in die Dominanttonart transponierten) Themenkopf des 1. Teils nach der (auch variierten oder verzierten) Wiederholung des 1. Teils. In C. Ph. E. Bachs *Sonaten ... mit veränderten R.n* (1760) sind die zu wiederholenden Teile in variierter Form ausgeschrieben. – In der → Sonatensatzform ist die R. derjenige Abschnitt der 2. Satzhälfte, der nach der → Durchführung als (meist modifizierte) Wiederkehr der → Exposition eine formale Beziehung zur 1. Satzhälfte herstellt. Da das thematische Geschehen in der R. einheitlich in der Grundtonart verläuft (Duraufhellung des Seitensatzes in Mollsätzen ist möglich), wird hier der für die Exposition charakteristische Dualismus zweier tonartlicher Ebenen aufgehoben und der dynamisch angelegten und formal wie tonartlich sich frei entwickelnden Durchführung ein die (3teilige) Form abrundender und die Grundtonart bestätigender Teil gegenübergestellt. Schon die Beschränkung auf die Grundtonart macht Änderungen in den Überleitungspartien zwischen → Hauptsatz und → Seitensatz gegenüber der Exposition nötig. Vollständige R.n enthalten den Haupt- und Seitensatz der Exposition; die Überleitungspartien, seltener der Epilog, können dabei gekürzt sein. Unvollständige R.n setzen in der Mitte des Hauptsatzes oder erst mit dem Seitensatz ein (R. Schumann, 4. Symphonie, Finale). Auch die Umstellung von Haupt- und Seitensatz kommt vereinzelt vor (J. Haydn, Streichquartett Hob. III, 81, 1. Satz); seltener wird der Seitensatz ausgelassen, was bei Haydn (Streichquartett Hob. III, 46, Finale) meist bedingt ist durch die Ähnlichkeit von Haupt- und Seitenthema. In der R. kann, besonders im Seitensatz, zusätzlich neues thematisches Material auftreten, z. B. in Form von kontrapunktischen Zusätzen, oder die Seitenthemen der Exposition können durch neue ersetzt werden (Mozart, Serenade Es dur, K.-V. 375, 1. Satz). Reminiszenzen an die Durchführung oder erneute Durchführungsarbeit können die R. unterbrechen (Mozart, Streichquartett C dur, K.-V. 515, 1. Satz). Vielfältig sind die Gestaltungsmöglichkeiten des R.n-Eintritts: er kann vorbereitet sein (nach einer knappen Rückleitung zur Grundtonart) oder überraschend erfolgen, z. B. indem er sich an eine benachbarte Tonart unmittelbar anschließt (so an die Obermediante in Haydns Symphonie Hob. I, 95, Finale). Im 1. Satz von Mozarts Symphonie G moll, K.-V. 550, verschränkt ein Orgelpunkt auf der Dominante der Grundtonart die beiden Satzteile; im Streichquartett op. 111 von Brahms beginnt die R. auf dem Quartsextakkord der Tonika. Einen weiteren Schritt zur Verschleierung des R.n-Eintritts bedeutet es, wenn die R. in einer fremden Tonart einsetzt und erst im weiteren Verlauf die Grundtonart erreicht wird (Beethoven, Klaviersonate op. 10 Nr 2, 1. Satz). Steht der Hauptsatz der R. in der Subdominante der (Dur-)Grundtonart (Mozart, Klaviersonate C dur, K.-V. 545, 1. Satz), so kann der modulierende Übergang zum Seitensatz analog der Exposition gebildet werden. Im Instrumentalkonzert hat die → Kadenz (– 2) des Solisten in der Regel vor den letzten Takten der R. ihren Platz.

Lit.: E. H. BEURMANN, Die Reprisensonaten C. Ph. E. Bachs, AfMw XIII, 1956; H. SCHWARTING, Ungewöhnliche Repriseneintritte in Haydns späterer Instrumentalmusik, AfMw XVII, 1960; M. JUST, Musik u. Dichtung in Bogenform u. Reprisenbar, Fs. W. Gerstenberg, Wolfenbüttel u. Zürich (1964).

Requiem (lat.), von den Eingangsworten des Introitus *R. aeternam* (»Ewige Ruhe ...«) hergeleitete Bezeichnung für die Totenmesse der römischen Kirche (Missa defunctorum, Missa pro defunctis), desgleichen für die mehrstimmige zyklische Vertonung aller zugehörigen Ordinariums- und Propriumsstücke, deren heutige Form in dem 1570 von Pius V. dekretierten römischen Missale verbindlich festgelegt wurde: Introitus *R. aeternam* (ohne *Gloria patri* nach dem Psalmvers), *Kyrie eleison*, Graduale *R. aeternam*, Tractus *Absolve Domine*, Sequenz → *Dies irae*, Offertorium *Domine Jesu Christe*, *Sanctus*, *Agnus Dei* (Bittruf: *Dona eis r. sempiternam*), und Communio *Lux aeterna* (mit Versus *R. aeternam*; → Communio). Der Entlassungsruf des Priesters lautet *Requiescant in pace* (Amen). Mit der Einführung dieses Formulars wurden zahlreiche Eigentraditionen (Texte und Melodien) aufgegeben, denen zum Teil noch die vor dem Tridentiner Konzil entstandenen mehrstimmigen R.-Vertonungen folgten. – Das mehrstimmige R. entstand nicht nur als liturgische Musik oder als prunkvolle Auftragsmusik (→ Festmusik), sondern wuchs vielfach über den gegebenen Anlaß hinaus zu einer demütigen Vorbereitung eines Komponisten auf den Tod (Dufay und Fr. Cavalli), einer Huldigung für eine verehrungswürdige Persönlichkeit (Verdi für Manzoni) oder zu einem artistischen Auskosten der prunkhaft-düsteren Weltgerichtsstimmung des Textes (Berlioz). Daher wurde keine andere musikalische Gattung mit einem größeren Nimbus umgeben als das R. (Legenden um Mozarts R.). – Die ältesten mehrstimmigen R.-Sätze sind in der Hs. Florenz, Bibl. Naz., Panciatichi 27 (Ende des 15. Jh.) überliefert; der erste vollständig erhaltene Zyklus stammt von Ockeghem (R.-Kompositionen von Dufay und Josquin sind verschollen). Danach haben bis zum Ende des 16. Jh. fast alle Komponisten, die Messen schufen, auch den Text des R.s vertont: von den bedeutenderen Brumel, Certon, Clemens non Papa, J. de Kerle, Lassus, Ph. de Monte, Morales, Palestrina, P. de la Rue und Vecchi, von den weniger bekannten Anerio, der Anonymus von Valladolid, Asola, Belli, de Bonefont, Brudieu, E. du Caurroy, Cléreau, Févin, Guerrero, Mauduit, Porta, Prioris, Pujol, Richafort, Ruffo, Sermisy, Vaet und Vittorio. Bemerkenswert ist die extrem tiefe Schlüsselung im R. des P. de la Rue. – In der Folgezeit steht das R. bis in die Generation der Wiener Klassik im Zeichen des concertierenden, oft mehrchörigen Messenstils der Italiener. Monteverdis R., 1621 zusammen mit G. B. Grillo und Usper zum Tode des Großherzogs der Toscana Cosimo II. komponiert, ist verschollen. Einen besonderen Höhepunkt in der Geschichte der R.-Vertonungen im 17. Jh. bildet das 8st. R. von Fr. Cavalli; in Italien entstanden fernerhin die R.s von G. P. Colonna, G. B. Bassani (dessen *Messa per li defonti* 1698 gedruckt wurde) und im 18. Jh. von Pitoni, Lotti, A. Scarlatti und Fr. Durante. In Deutschland sind zu nennen Biber, Kerll (1669 und 1689), N. Jommelli, J. A. Hasse und Fr. A. Rößler (dessen R. 1791 in Prag zum Gedenken W. A. Mozarts aufgeführt wurde), in Frankreich die R.s von M.-A. Charpentier, J. Gilles und Fr.-J. Gossec. In der Wiener Messentradition des späteren 18. Jh. stehen die Gattungsbelege von Fr. Tuma, G. von Pasterwiz, Fl. Gaßmann und M. Haydn (2 R., das zweite unvollendet), während C. Fr. Faschs 8st. R. bereits als Vorbote der beginnenden Palestrina-Renaissance gelten kann. Höhepunkt der R.-Vertonung des 18. Jh. ist Mozarts (unvollendetes) R. In ihm vereinen sich freimaurerisch-humanitäres Ethos und katholische Frömmigkeit zu einem Bach und Händel verpflichteten Reifestil, dessen Aussagekraft das 19. Jh. mit seiner stetig wachsenden Orchestertheatralik nicht zu überbieten vermochte. Aus dem 19. Jh. ragen 3 R.-Vertonungen hervor: Cherubinis *Messe de R.* in C moll von 1816 (eine weitere in D moll 1836), Berlioz' *Grande Messe des Morts* von 1837 und Verdis *Messa da R.* von 1874. Jeder dieser Meister gibt in seinem R. etwas von seinem eigensten Wesen: Cherubini den noblen, auf Theatralik verzichtenden, im Erlebnis der Liturgie vergeistigten Belcanto; Berlioz die ekstatisch-theatralische, aufwendig orchestrierte (4 Blasorch. und 16 Pauken im Tuba mirum), unmittelbar packende Dramatik; Verdi die durch wehmütige Gläubigkeit verklärte Sinnlichkeit der italienischen Oper. Die weitere gattungsgeschichtliche Entwicklung des R.s vollzog sich weithin unberührt vom hohen künstlerischen Anspruch dieser drei Werke. In der 1. Hälfte des 19. Jh. spaltete sie sich in eine katholische und eine protestantische Richtung, die beide Kompromisse zwischen dem traditionellen konzertanten Meßstil des 18. Jh. und dem neu aufkommenden a cappella-Ideal schließen. Dabei steht die österreichisch-süddeutsche katholische Schule (Salieri, Eybler, Stadler, Vogler, Sechter, Fr. Lachner, Morlacchi, S. Mayr, Gänsbacher, Tomášek, J. Drechsler, Moralt, Hüttenbrenner, Neukomm, G. Weber) mehr in der alten Tradition, die nordwestdeutsche protestantische Schule (E. T. A. Hoffmann, Hellwig, Drobisch, Häser) mehr im Zeichen der Palestrina-Renaissance und deren a cappella-Ideals. Die protestantischen R.-Kompositionen zeigen ferner vorwiegend einfachen Gebrauchscharakter; letzteres gilt auch für die R.-Vertonungen für Männerchor und Orgel von Bruckner und Liszt, während Schumanns R. op. 148 (1852) in die Reihe seiner oft als problematisch angesehenen Spätwerke gehört. In der 2. Hälfte des 19. Jh. traten die protestantischen Komponisten stärker in den Vordergrund: Grell, Kiel, Scholz und Draeseke (R. op. 22, mit Verarbeitung des Chorals *Jesus, meine Zuversicht*). Außerhalb Deutschlands sind zu nennen: Dvořák, Saint-Saëns, Fauré, Sgambati; im 20. Jh. in Deutschland Wöperger, in Frankreich Duruflé und in Italien Pizzetti. – Die protestantische Tradition eines auf Bibeltexten gründenden deutschen R.s führte von den *Musicalischen Exequien* von Schütz zu dem *Deutschen R.* von Brahms und weiter zu Wetz, Micheelsen und Reda. – Seit dem 19. Jh. sind in zunehmendem Maße auch Instrumentalwerke als R. konzipiert und aufgefaßt worden; so ist der 2. Satz in Bruckners 7. Symphonie dem Andenken Wagners gewidmet, Ravels *Le tombeau de Couperin* dem Gedächtnis gefallener Freunde, Bergs Violinkonzert der Erinnerung an Manon Gropius, K. A. Hartmanns *Musik der Trauer* seinem gefallenen Sohn. Brittens *Sinfonia da R.* fußt auf Teilen des liturgischen Chorals des Totenamts.

Ausg.: Drei R. f. Soli, Chor, Orch. aus d. 17. Jh., hrsg. v. G. ADLER, = DTÖ XXX, 1, Bd 59, Wien 1923.

Lit.: PH. SPITTA, Mus. Seelenmessen, in: Zur Musik, Bln 1892; H. KRETZSCHMAR, Führer durch d. Konzertsaal II, 1, Lpz. ³1905; A. SCHNERICH, Messe u. R. seit Haydn u. Mozart, Wien u. Lpz. 1909; V. GOLLER, Der Gesang bei d. Totenmesse, = Volksliturgische Andachten u. Texte LIII, Klosterneuburg 1930; L. EISENHOFER, Hdb. d. kath. Liturgik II, Freiburg i. Br. 1933; CH. W. FOX, The Polyphonic R. Before About 1615, Bull. of the American Musicological Soc. VII, 1943; R. J. SCHAFFER, A Comparative Study of Seven Polyphonic R. Masses, Diss. NY Univ. 1953, maschr.; CL. GAY, Formulaires anciens pour la Messe des défunts, Etudes grégoriennes II, 1957; H. T. LUCE, The R. Mass from its Plain Song Beginnings to 1600, Diss. Florida State Univ. 1958, maschr. MG

Reservata → Musica reservata.

Res facta (lat.), eine Bezeichnung, deren früheste Belege von Tinctoris stammen: im *Liber de arte contrapuncti* (1477; CS IV, 129 u. ö.) wird der schriftlich fixierte Contrapunctus (*qui scripto fit*) »gemeinhin« R. f., die »(kunstvoll) gearbeitete Sache«, genannt, im Unterschied zur Stegreifausführung des Contrapunctus (*quem mentaliter conficimus ...; et hunc qui faciunt super librum cantare vulgariter dicuntur*). Im *Diffinitorium* des Tinctoris (um 1473/74; CS IV, 179, 187) ist R. f. gleichgesetzt mit *cantus compositus*, mehrstimmigem Gesang, »der durch die Beziehung der Noten einer Stimme zu einer anderen auf mannigfache Weise hervorgebracht ist« (*qui per relationem notarum unius partis ad alteram multipliciter est editus*) und volkssprachlich (*vulgariter*) R. f. heißt, was P. Cannuzzi (*Regule florum musices*, Florenz 1510) übernimmt. N. Wollick (Liber V des *Enchiridion musices*, Paris 1509) identifiziert R. f. mit *musica figurativa (quae et rerum factarum nominatur)*. G. Guerson stellt R. f. in Gegensatz zu *contrapunctus simplex*, wie schon der Traktattitel *Utilissime musicales regule necessarie plani cantus, simplicis contrapuncti, rerum factarum ...* (Paris, um 1500) zeigt, unterscheidet aber nicht hinsichtlich schriftlicher Vorlage und improvisierter Ausführung; wohl in Verwechslung mit *cantus fractus* heißt es im Titel der Ausgabe von 1550 *rerum fractarum*. – Möglicherweise geht R. f. zurück auf den Ausdruck »chose faite«, der in der Umgangssprache der franko-flämischen Musiker gebräuchlich gewesen sein könnte, sich jedoch erst um 1500 nachweisen läßt: eine Randnotiz (Hs. Paris, Bibl. Nat., ms. fr. 24332, f. 227') zu einem geistlichen Spiel des André de la Vigne von 1496 erwähnte Engel, die *en choses faites* singen. Nach einem Zeugnis von 1511 (Hs. Nancy, M. et Mos., B 1016, Blatt 102) spielten Oboisten Ludwigs XII. *de chose faicte*. Die *Régistres des délibérations du bureau de la ville de Paris* verzeichnen am 20. 12. 1530 bei einem feierlichen Einzug in Notre-Dame ein *Te Deum en choses faictes*, also mehrstimmig, nicht choraliter gesungen. Die französischen Traktate von M. Guilliaud (*Rudiments de musique practique*, Paris 1554) und Cl. Martin (*Institution musicale*, Paris 1556) belegen *chose faite* als Vulgärbezeichnung für Figuralmusik (*musique ... figurée, que le vulgaire appelle chose faite*). Spätere französische Ausgaben von Calvins *Institution de la religion Chrestienne* (Genf 1554ff.) nennen bei der Erwähnung der für den Gottesdienst ungeeigneten Gesänge in einem exemplifizierenden Zusatz *musique rompue* (wohl Übersetzung von *cantus fractus*) *et chose faite et chants à quatre parties*.

Lit.: E. T. FERAND, »Sodaine and Unexpected« Music in the Renaissance, MQ XXXVII, 1951; DERS., What is ,r. f.'?, JAMS X, 1957. – Ferner Hinweise in: A. JUBINAL, Mystères inédites ... I, Paris 1837, S. XLVIII; A. W. AMBROS, Gesch. d. Musik II, Breslau 1864 (S. 388ff.), Lpz. ³1892, Nachdruck Hildesheim 1967; FR.-J. FÉTIS, Hist. générale de la musique V, Paris 1876, S. 302ff.; M. KUHN, Die Verzierungs-Kunst in d. Gesangs-Musik d. 16. u. 17. Jh., = BIMG I, 7, Lpz. 1902, S. 24f.; M. BRENET, Dictionnaire ... de la musique, Paris 1926, S. 76 u. 388; R. SCHÄFKE, Gesch. d. Musikästhetik in Umrissen, Bln 1934, Tutzing ²1964, S. 267; A. PIRRO, Hist. de la musique de la fin du XIVᵉ s. à la fin du XVIᵉ, Paris 1940, S. 125; W. GURLITT, Der Begriff d. sortisatio ..., TVer XVI, 1942, Neudruck in: Mg. u. Gegenwart I, = BzAfMw I, Wiesbaden 1966; B. TROWELL, Faburden and Fauxbourdon, MD XIII, 1959.

Residualtonhöhe. Die eine Tonhöhenwahrnehmung auslösende Grundschwingung im harmonischen Spektrum hat meist geringere Intensität als die Teilschwingungen höherer Ordnung. Beim Telephon, das alle Schwingungen unterhalb 300 Hz abschneidet, fehlt sie zumeist ganz. Trotzdem wird keine Veränderung der Tonhöhe wahrgenommen. Eine hypothetische Erklärung dieser Erscheinung gab zunächst das Phänomen der nichtlinearen → Verzerrung. Schouten (1940) – auf den der Begriff R. zurückgeht – gelang jedoch der Nachweis, daß neben der Grundfrequenz eine zweite Komponente den Tonhöheneindruck auslöst (→ Hörtheorie). An einer optischen Sirene konnte er beobachten, wie nach Entzug der Grundfrequenz und einer Anzahl niedriger Teilfrequenzen eines Spektrums ausschließlich ein Rest (Residuum) höherer Harmonischer den Tonhöheneindruck aufrecht erhält, der dann langsam schwindet, wenn die Teilfrequenzen des Residuums nacheinander ausgefiltert werden. Die Erklärung der R. sieht Schouten in der Periodizität der Gesamtschwingungsform der hohen Teilfrequenzen, die in den meisten Fällen gleich jener der Grundfrequenz ist.

Lit.: J. F. SCHOUTEN, Die Tonhöhenempfindung, Philip's Technische Rundschau V, 1940; W. MEYER-EPPLER, Die dreifache Tonhöhenqualität, Fs. J. Schmidt-Görg, Bonn 1957.

Resonanz (von lat. resonare, widerhallen) bezeichnet das Mitschwingen eines schwingungsfähigen Systems (Luftsäule, Saite, elektrischer Schwingkreis usw.) bei der Einwirkung einer periodischen Kraft, deren Frequenz (R.-Frequenz) gleich oder nahezu gleich der Eigenfrequenz des Systems ist. Die Stärke der R. hängt von der → Dämpfung und dem Grad der Kopplung ab. Ist die Dämpfung gering (z. B. bei der Stimmgabel), dann schwingt das System mit großer Amplitude, aber nur, wenn R.-Frequenz und Eigenfrequenz (f_0) genau übereinstimmen – wenn sie »in R.« sind. Ist die Dämpfung jedoch groß, dann erfolgt ein Mitschwingen in einem größeren Frequenzbereich, aber mit kleinerer Amplitude (Abbildung nach W. H. Westphal, *Physik*, Berlin, Göttingen und Heidelberg [1928], ¹⁶⁻¹⁷1953):

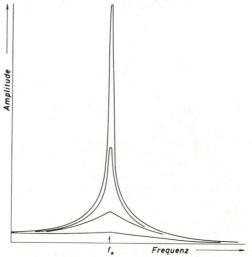

Für die Klangwirkung der Musikinstrumente und der menschlichen Stimme ist die R. von großer Bedeutung. So beruht die Bildung von → Formanten bei Instrumentenklängen und Vokalen auf R.-Wirkung

(→ Klangfarbe – 2). Ein schwingungsfähiges Gebilde läßt sich außer in der Grundfrequenz auch in seinen Teilfrequenzen durch R. zum Schwingen anregen, was am Klavier beobachtet werden kann: Wird eine Taste, etwa c^2, stumm niedergedrückt und dann c^1 kurz und kräftig angeschlagen, so hört man c^2 lange nachklingen; ebenfalls klingt c^2 nach, wenn c^1 festgehalten und c^2 kurz angeschlagen wird. Die Kopplung erfolgt über den Resonanzboden. Dieser Effekt, Mittönen oder auch »Mitnahme« genannt, findet gelegentlich in der Klaviermusik Verwendung, so im ersten der *Drei Klavierstücke* (op. 11) von A. Schönberg.

Resonanzboden (frz. table d'harmonie; engl. sound board) → Resonator.

Resonanzsaiten → Aliquotsaiten.

Resonator, schwingungsfähiges Gebilde mit besonders geringer Dämpfung, das z. B. zur verstärkten Schallabstrahlung Verwendung findet. Der einfachste R. ist die luftgefüllte Hohlkugel, die jeweils nur in einer bestimmten Frequenz zum Schwingen gebracht werden kann (→ Resonanz). Ihre Eigenfrequenz f_0 errechnet sich nach der Gleichung $f_0 = \frac{c}{2\pi}\sqrt{\frac{2R}{V}}$, wobei c die Schallgeschwindigkeit ist, für R der Radius der Öffnung und für V das Volumen des Hohlraumes eingesetzt wird. H. v. Helmholtz benutzte eine Reihe solcher abgestimmter R.en, um die Teilschwingungen zusammengesetzter Schwingungsvorgänge einzeln hörbar zu machen und in ihrer Intensität vergleichen zu können. Die Schallabstrahlung fast sämtlicher Musikinstrumente wie auch der menschlichen Stimme erfolgt über R.en, die an die Schwingungserzeuger (Platten, Zungen, Stimmlippen, Saiten usw.) gekoppelt sind. Die verschiedenen Formen sind der Hohlraum-R. mit unveränderlicher (Vibraphon) und veränderlicher (Windkanal der Blasinstrumente; Mundhöhle) Resonanzfrequenz, ferner die im gesamten Frequenzbereich mehr oder weniger gleichmäßig mitschwingenden und abstrahlenden Resonanzböden der Saiteninstrumente.

Responsoriale (lat.), im engeren Sinne das liturgische Buch mit den Offiziumsresponsorien (als solches im 9. Jh. für den römischen Liturgiebereich bezeugt durch Amalar von Metz, *Prologus de ordine antiphonarii*, ed. Hanssens I, S. 363), im weiteren Sinne der Teil des → Antiphonales, der die Gesänge aus dem Nachtoffizium (→ Matutin) enthält. Während sämtliche Texte des Officium nocturnum in den → Brevier-Ausgaben vorliegen, ist bislang noch keine Gesamtedition mit den dazugehörigen Melodien erschienen. Zur Verfügung steht für die Melodien – neben Teilausgaben für Weihnachten, Karwoche und Totenoffizium – der *Liber responsorialis* (Solesmes 1895, größere Teilausgabe nach monastischem Ritus). Aus diesem Band wurde die Matutin von Pfingsten und Fronleichnam zusammen mit den genannten römischen Teilausgaben in den → Liber usualis aufgenommen.

Ausg.: J. M. TOMASI, Responsorialia et antiphonaria Romanae Ecclesiae a S. Gregorio Magno disposita, Rom 1686, auch in: Opera omnia IV, hrsg. v. A. F. Vezzosi, Rom 1749 (Texte). – Moderne Teilausg. mit Melodien: → Antiphonarium, Antiphonale. – Quellen: Amalarii episcopi Opera liturgica omnia I, hrsg. v. J. M. HANSSENS SJ, = Studi e testi CXXXVIII, Rom 1948.

Responsorium (mittellat.), ein auf dem Prinzip des Kehrverses (Refrain) beruhender liturgischer Gesang, bestehend aus dem R. (Chorteil) und einem (vereinzelt mehreren) solistisch vorgetragenen Versus. Die Bezeichnung der Gesangsart als Cantus responsorius und des in ihr vorgetragenen Psalms als Psalmus responsorius ist von der ursprünglich dem Volk zugewiesenen Antwort (responsio) auf den solistischen Gesang abgeleitet. Der responsoriale Gesang unterscheidet sich somit in seiner Ausführung vom antiphonalen Gesang, der im Wechselgesang von 2 Chören (oder Chorhälften) besteht. Nach dem Vorbild der jüdischen Liturgie gebildet, findet sich der Responsorialgesang schon im Gottesdienst der apostolischen Zeit. In Jerusalem ist er durch den Reisebericht der Pilgerin Aetheria um 400 belegt (*Corpus scriptorum ecclesiasticorum latinorum* XXXIX, 80). Die Antwort des Volkes erfolgte Vers um Vers, häufiger aber mit einem gleichbleibenden Refrain, wobei in der Frühzeit Amen, Alleluia oder die kleine Doxologie nicht selten verwendet wurden (vgl. als Vorbild Psalm 135, dessen Verse regelmäßig mit dem Refrain *quoniam in aeternum misericordia eius* schließen). Die lateinische Kirche kannte den responsorialen Gesang wahrscheinlich schon seit ihren Anfängen; in Italien war er lange vor dem antiphonalen Gesang bekannt, wie Tertullian (Anfang 3. Jh.; *Corpus Christianorum* I, 273) annehmen läßt und Isidorus von Sevilla (Migne, Patr. lat. LXXXIII, 744) bestätigt. Weitere Zeugnisse responsorialer Gesangspraxis finden sich u. a. bei Ambrosius und Augustinus. – Der Cantus responsorius wird vor allem an Lesungen angeschlossen (vgl. die *Apostolischen Konstitutionen* II, 57, 6). So wurden auch in die ursprünglich größere Zahl von Lektionen der Messe zwei responsoriale Gesänge, das R. → graduale (– 1) und das → Alleluia (bzw. der → Tractus), eingefügt, die sich im Gebrauch so festsetzten, daß sie auch nach der zahlenmäßigen Reduzierung der Lesungen beibehalten wurden. Die beim Gradual-R. nachweisbare Beschränkung des Psalms auf einen einzigen Vers dürfte mit der wahrscheinlich zwischen 450 und Anfang des 7. Jh. vollzogenen Einführung eines melismatisch reicheren Melodiestils in den Gradualgesang (das Alleluia war schon früher mit reicher Melismatik versehen) in Zusammenhang stehen. Nimmt man jedoch melismatische Gestaltung schon früh für den solistischen Teil an, so dürfte eine größere melodische Ausschmückung und damit eine Ausdehnung des Chorteils in der Übernahme des Kehrverses durch die aus geschulten Kirchensängern gebildete Schola begründet sein. Der Psalmus responsorius wird auf diese Weise verkürzt zum Gesang des Respondenten, R.s oder Responsorius. – Wie in der Messe findet das R. auch im Offizium seinen Platz im Anschluß an die Lesungen und nimmt eine hervorragende Stellung in den Nokturnen, dem ältesten Teil des Offiziums, ein. Die anderen Stundengottesdienste bildeten sich erst zu einer Zeit aus, da antiphonales Singen in größerer Gunst stand, so daß in ihnen dem R. nur eine untergeordnete Rolle zugewiesen wurde. Die für die

Messe vermerkte Reduzierung des Psalmus responsorius zum R. mit nur einem Vers findet im R. des nächtlichen Stundengebets ihre Parallele und dürfte ebenfalls im Vorgang melismatischer Anreicherung begründet sein. Die formale Trennung in R. prolixum (oder modulatum) und R. breve (oder Responsoriolum) bezeichnet mit dem ersteren die großen Responsorien der → Matutin, mit dem anderen die im römischen Offizium in der Prim, Terz, Sext, Non und Komplet, im monastischen Offizium in Laudes und Vesper an die kleinen Lesungen (Capitula) sich anschließenden kleinen Responsorien. Während das R. prolixum mit zum Teil längeren Melismen reich verziert ist, besteht das R. breve im allgemeinen nur aus einem kurzen Text mit schlichter, vorwiegend syllabischer Melodie. Seiner von Solisten und Chor bestrittenen Ausführung nach ist das R. breve durchaus ein Cantus responsorius. – Nur selten ist in den älteren Quellen zum Offizium einem R. mehr als nur ein Vers beigegeben. Die im 12./13. Jh. aufkommende Tendenz zur Hervorhebung gewisser Feste oder zur Ausdehnung des Nachtoffiziums führte dazu, daß eine Reihe von Responsorien mit mehreren Versen versehen wurde. Bald erfolgte aber wieder eine Reduzierung auf nur einen Vers, was auch das Tridentiner Konzil schließlich als verbindlich erklärte. – Amalarius von Metz (ed. Hanssens III, = Studi e testi CXL, S. 55) schildert für das 9. Jh. in Rom den Responsorialgesang des Offiziums mit der Wiederholung des ganzen R.s durch den Chor vor dem Vers (heute nur im R. breve): R. (Solist), R. (Chor), Vers (Solist), R. (Chor), *Gloria patri* (Solist), Repetenda (Chor), R. (Solist), R. (Chor). Im fränkischen Bereich dagegen wurde nach dem Vers nur die → Repetenda gesungen, die selbst wieder in eine der Zahl der Verse entsprechende Zahl von Repetendae unterteilt ist. Mindestens seit dem 6. Jh. läßt sich der Brauch nachweisen, an das letzte R. jeder Nokturn die kleine Doxologie anzuhängen. Das ausgehende Mittelalter übernahm diese Übung wie die Verbindung des *Gloria patri* mit allen Responsoria (außer denen der Passionszeit), doch blieben der Ausführung weitgehende Freiheiten, die bei zeitlich und lokal auseinanderliegenden Traditionen zu zahlreichen Differenzierungen in der Vortragsweise führten. Grundform der Vortragsweise im R. prolixum ist heute die Folge: R. (Chor), Vers (Solist) und Repetenda (Chor), woran sich noch eine Wiederholung des R.s anschließen kann. Bei angehängtem *Gloria patri*, das vom Solisten vorgetragen wird, kann der Chor mit dem R. oder der Repetenda antworten (vgl. damit den Wechsel von Antiphon und Versus im → Invitatorium). Das R. breve dagegen wird allgemein wie folgt vorgetragen: R. (Solist), R. (Chor), Vers (Solist), Repetenda (Chor), *Gloria patri* (Solist), R. (Chor). Zu beachten ist, daß in beiden Formen des R.s immer nur der 1. Teil der kleinen Doxologie (*Gloria patri* ohne *Sicut erat*) erklingt. – Neben den Psalmen werden weitere biblische, aber auch nichtbiblische (im Mittelalter zum Teil gereimte) Texte zum R. herangezogen. Trotz der melismatischen Melodik wird die gesamte Gliederung von der Textstruktur bestimmt. Stärker als bei den Antiphonen, die eine häufige Wiederverwendung derselben Melodie bei verschiedenen Texten zeigen, ist bei den Responsorien des Offiziums das Prinzip der Variation ausgebildet. So ist mit jedem der 8 Kirchentöne, von denen der 1. und 8. zahlenmäßig am stärksten vertreten sind, eine typische Singweise verbunden, die sich als Grundmelodie jeweils in mehreren Responsorien erkennen läßt (→ Psalmtöne).

Ausg.: → Responsoriale.

Lit.: P. WAGNER, Einführung in d. Gregorianischen Melodien I, Lpz. ³1911 u. III, 1921, Nachdruck Hildesheim u. Wiesbaden 1962; P. ALFONZO, I responsori biblici dell'Ufficio Romano, in: Lateranum, N. S. II, 1, 1936; E. MONETA CAGLIO, I responsori ‚cum infantibus' nella liturgia Ambrosiana, Fs. C. Castiglioni, Mailand 1957; W. APEL, Gregorian Chant, Bloomington/Ind. (1958); W. KREMP, Quellen u. Studien zum R. prolixum in d. Überlieferung d. Euskirchener Offiziumsantiphonare, = Beitr. zur rheinischen Mg. XXX, Köln 1958; H.-J. HOLMAN, The responsoria prolixa of the Cod. Worcester F 160, Diss. Indiana Univ. 1961, maschr.; DERS., Melismatic Tropes in the Responsories for Matins, JAMS XVI, 1963.

Restrictio (lat.), Bezeichnung für → Engführung.

Retardatio (lat., Verzögerung, Aufhaltung), in der Kompositionslehre des 17. und 18. Jh. eine musikalische Figur, die später unter dem Begriff des → Vorhalts gefaßt wird. Erstmals beschreibt sie Chr. Bernhard (im *Tractatus* unter dem Namen Mora) als Auflösung einer betonten Dissonanz in die obere Sekunde. Die Abweichung von den Regeln des strengen Satzes kann entweder in der Auflösungsrichtung gesehen werden (Bernhard, ebenda: *Mora ist eine umgekehrte Syncopatio*) oder, dem Namen entsprechend, im verspäteten Weiterschreiten zum konsonanten Intervall (Bernhard, *Ausführlicher Bericht*: ... *wenn nehmlich eine Note eine Secunda steigen solte und sich zu lange vor dem Steigen auffhält*; Spieß 1745: ... *ist der Anticipation schnur-gerad zuwider in deme, daß, wie jene zu frühe, diese zu spät in ihr gebührendes Intervallum einfället*). Walther (1732) kennt die R. außerdem in der Bedeutung der Resolutio mediata, bei der zwischen Dissonanz und Auflösung andere Töne eingeschoben sind.

Retrogradus oder motus r. → Krebsgang.

Reveille (rəvεːj, von frz. réveil, Erwachen, Wecken), das Signal »Wecken«, an besonderen Tagen »Großes Wecken«, verbunden mit einem langsamen Marsch im Pas ordinaire, dem langsamen Schritt friderizianischer Grenadiere. Die Fest-R. von J. Golde enthält als C. f. den Choral *Nun danket alle Gott*. Das Große Wecken ist niemals zu solchem Ausbau gekommen wie der Große → Zapfenstreich; es wurde jedoch noch vor dem 2. Weltkrieg am Neujahrsmorgen beim Wache-Aufziehen durchgeführt, oftmals nach der Weise *Freut euch des Lebens*.

Revue (rəv'ü, frz., Überschau, Rückschau), im Theaterwesen der 1830er bis 1930er Jahre die Verbindung von Sprech- und Gesangsszenen, Ballett- und Solotänzen, Chansons, Couplets und Variétéartistik zu einem effektvoll ausgestatteten Unterhaltungsstück, ein typisches Weltstadtprodukt, das ohne eigentlichen dramatischen Zusammenhang, aber meist nach einer thematischen Leitidee in einer Folge von Bildern aktuelle Zeitereignisse kritisch-satirisch »Revue passieren« ließ. Mit großem Aufwand an Dekorationen, Kostümen und mit allen Möglichkeiten der Bühnentechnik wandte sich die in Serienaufführungen (en suite) gespielte R. in erster Linie an das Auge. Die im Auftrag komponierte Musik war eine den anderen Elementen der R. nebengeordnete Helferin. Einzelne Nummern konnten sich als Schlager, Tanz- oder Unterhaltungsmusik behaupten, wenn die R. längst abgespielt war. Operetten wurden durch Einlagen von Schaunummern usw. zu R.-Operetten umgestaltet, wobei der eigentliche Sinn der R., nämlich Glossator des Zeitgeschehens zu sein, verlorenging und nur die Tendenz zu billiger Unterhaltung bei teurer Ausstattung blieb. – Die R. (r. de fin d'année) kam im Frankreich Louis-Philippes (1830–48) in Mode. Im Théâtre de la Porte-Saint-Martin in Paris wurde damals mit der R. *L'an 1841 et l'an 1941* der Wandel der Zeiten durch die neuen Errungenschaften parodiert. Eine Hochflut von R.n begann 1848/49 (*La* *foire aux idées*; *La propriété c'est le vol*). Auch das 2. Kaiserreich liebte die R., die sich in den 1880er Jahren zur R. à grand spectacle wandelte; ihre bekanntesten Pariser Pflegestätten hießen Moulin Rouge, Chat Noir und Folies-Bergère. Die erste große Ausstattungs-R. (*Place aux jeunes*) wurde 1886 in den Folies-Bergère aufgeführt. Die R. fand auch in Belgien, Holland und England Aufnahme. In Berlin brachte das Metropoltheater seit 1898 (*Paradies der Frauen*) alljährlich eine R. heraus (Große humoristisch-satirische Ausstattungs-R. mit Gesang und Ballett): *Berlin lacht* (1899), *Neuestes Allerneuestes* (1904), *Auf ins Metropol* (1905), *Donnerwetter-tadellos* (1908), *Hallo! Die große R.* (1909), *Hurra! Wir leben noch!* (1910), *Die Nacht von Berlin* (1911), *Berlin ist Mode* (1927). Bekannte Komponisten waren V. Hollaender, P. Lincke und H. Hirsch. Zu den R.-Stars zählten Fritzi Massary, Josef Giampietro und Guido Tielscher. Auch im Berliner Großen Schauspielhaus, im Admiralspalast und in der Komischen Oper wurden in den 1920er und 30er Jahren R.n und R.-Operetten gegeben. Im Berliner Westen erschienen politisch-literarische Kabarett-R.n, als deren Komponisten Rudolf Nelson (1878–1960) mit *Der rote Faden* und Mischa Spoliansky (*28. 12. 1898 zu Białystok) mit *Es liegt in der Luft* (1928) und *Zwei Krawatten* (1929) genannt seien. Amerika kopierte den Typus der Ausstattungs-R. in der Show (→ Musical), in der eine besondere Attraktion der Girltanz war, ein von einer Gruppe von Tänzerinnen aufgeführtes Ballett mit bewußter Betonung der Präzision der Bewegungen, des Rhythmisch-Gymnastischen. Als bekannter Manager fungierte Fl. Ziegfeld (Ziegfeld Follies). Beliebte Komponisten amerikanischer Shows waren u. a. R. Friml, I. Berlin und J. Kern. Nach dem 2. Weltkrieg erlebte der R.-Film eine kurze Blütezeit. Die Bezeichnungen R. und Show verwendet auch das Fernsehen (ohne spezielle Abgrenzung der Begriffe) für entsprechende Sendungen.

Rezitativ (ital. recitativo, von ital. recitare, vortragen, aufführen) heißt der nach 1600 in Italien entstandene Typus des solistischen, instrumental begleiteten Sprechgesangs, der die gesprochene Rede musikalisch-deklamatorisch zu verwirklichen sucht. Seine Entstehung hängt eng zusammen mit den Anfängen der → Oper; man glaubte im »recitare cantando« die zwischen Gesang und Rede stehende Vortragsweise der Schauspielerpartien des antiken Dramas wiederentdeckt zu haben. Seinen geschichtlichen Ursprung hat das R. in der am affektbetonten Sprechen orientierten → Monodie. In der Frühzeit der Oper sind R. und Monodie noch nicht eindeutig geschieden; die *artificiosa maniera di recitare cantando* (Gagliano, Vorwort zu *Dafne*, 1608) gilt vielmehr als bestimmte Spielart der Monodie. Der monodische Stil wird von G. B. Doni (*Trattato della musica scenica*, 1635–39) unter kompositorischen und ästhetischen Gesichtspunkten gegliedert in den (eigentlichen) stile recitativo (z. B. der Prolog zu *L'Euridice* von Peri), der als *canto con certa sprezzatura* engen Anschluß an die gesprochene Rede sucht, den mehr pathetischen und abwechslungsreicheren stile rappresentativo (z. B. Monteverdis *Lamento d'Arianna*) und den weniger selbständigen, zumeist der Botenerzählung vorbehaltenen stile narrativo (z. B. der Bericht der Botin in Peris *L'Euridice*). Während die frühen Opern durch das Überwiegen des dem Text prosodisch folgenden Sprechgesangs gekennzeichnet sind, der durch Choreinschübe dramatisch unterbrochen wird, weisen vor allem die venezianischen Opern Monteverdis abgeschlossene kurze, melodisch und rhythmisch durchgeformte Abschnitte auf, die sich deutlich vom eigentlichen Sprechgesang abheben (→ Arioso – 1). Im Verlaufe des frühen 17. Jh. vertiefte sich diese im Dramatischen gründende Trennung: der Sprechgesang entwickelte sich kompositorisch und stilistisch zum eigenständigen Typus des R.s; die eingeschobenen ariosen (oft auch durch Wechsel in den Tripeltakt hervorgehobenen) Abschnitte wurden Grundlage für die strophisch gegliederte und nach primär musikalischen Gesichtspunkten gestaltete → Arie. An der Ausbildung dieses Gegensatzes war entscheidend die auf dem Wechsel von Erzählung und Betrachtung aufgebaute italienische Cantata des frühen 17. Jh. (besonders B. Ferrari; → Kantate) beteiligt; im Bereich der Oper bevorzugte, nach Ansätzen in der römischen Opernschule (Cavalieri, Landi, Mazzocchi), vor allem die Venezianische Opernschule seit etwa 1640 (Cavalli, Cesti) im Anschluß an die Spätwerke Monteverdis eine klare Scheidung von R. und Arie.

Bis zum ausgehenden 18. Jh. war das R. Gegenstand häufiger und eingehender theoretischer und ästhetischer Erörterungen, die von grundsätzlicher Ablehnung bis zu emphatischer Anerkennung reichen; nationale Unterschiede verschärften die Diskussion. Die gegensätzlichen Anschauungen spiegeln sich in den Definitionen, die bald stärkeres Gewicht auf die Sprachdarstellung, bald auf den gesungenen Textvortrag oder auf das Moment des Ausdrucks legen. Z. B. wird das R. bestimmt: als *singende Rede, die in der nachdrücklichsten und genauesten Nachahmung der Rede des Menschen besteht* (J. A. Scheibe, *Abhandlung vom Recitativ*, in: *Der critische Musicus*, Leipzig ²1745), oder als eine *Art zu singen, die einer Declamation, öffentlichen Rede oder Erzehlung fast so ähnlich ist, als einem Gesange* (Mattheson Capellm.), oder als *eine Art des leidenschaftlichen Vortrags der Rede, die zwischen dem eigentlichen Gesang, und der gemeinen Declamation das Mittel hält* (Sulzer, *Allgemeine Theorie der Schönen Künste*, Leipzig 1771/74). Als Typus steht das R. in eindeutigem Kontrast zur musikalisch fest konturierten Arie; dies erklärt sich aus den unterschiedlichen dramatischen Aufgaben von R. und Arie. Das R. ist Träger der Handlung (erzählende und erklärende Abschnitte, Berichte, Dialoge usw.) und bereitet damit die in der Arie dargestellten Reflexionen und Affekte vor: *Die Arien exprimieren den stärksten Affect, die R.e erklären denselben* (G. E. Scheibel, *Zufällige Gedanken Von der Kirchen-Music*, Frankfurt und Leipzig 1721). Die wichtigsten, stilistisch nach Gattungen unterschiedenen Arten des R.s sind das Kirchen-R., das theatralische R. und das Kammer-R. Das Kirchen-R. *wird so vorgetragen, wie es der Heiligkeit des Ortes gemäß ist. Es leidet nicht das Scherzhafte einer freyern Schreibart. Es fodert* [sic!] *vielmehr . . . eine beständig unterhaltene edle Ernsthaftigkeit. Bei affektbetonten Stellen läßt es den Sängern mehr Freyheit als die andern beyden. Das theatralische R. ist mit der Action des Sängers unzertrennlich verbunden; es ist durch eine der Natur gemäßen Nachahmung ausgezeichnet und vermeidet jegliche Art von Auszierungen, um der natürlichen Erzählkunst nichts in den Weg zu legen. Das Kammer-R. hat nicht alle die Ernsthaftigkeit des erstern, und begnügt sich, mehr mit dem zweyten gemein zu haben. Es fordert eine besondere Kunst in Ansehung der Worte*, denn es macht die *natürlichen Empfindungen des menschlichen Herzens fühlbar. Da in ihm die Leidenschaft redet, . . . müssen Triller und Passagien schweigen* (Agricola/Tosi, *Anleitung zur Singkunst*, 1757).

Im allgemeinen ist das R. in seiner formalen Anlage relativ ungebunden; es wird gefordert, daß es *ohne alle Repetition* sei, denn *wer diese darin anstellet, der macht eo ipso ein Arioso daraus* (Mattheson, *Critica Musica* II, 1725). Der formalen Ungebundenheit entspricht eine völlige Freiheit der Modulation, die *bey dem ordentlichen Gesange* nicht stattfindet (H. Chr. Koch, *Versuch einer An-*

leitung III, 1793). Ähnlich verhält es sich mit dem Takt; das R. *hat wol einen Tact; braucht ihn aber nicht: d. i. der Sänger darff sich nicht daran binden* (Matheson Capellm.). Formale, metrische und tonartliche Ungebundenheit ermöglichen ein flexibles Anpassen an den Handlungsvorgang, zumal an das plötzliche Auftreten der Personen innerhalb einer Szene. – Die Geschichte des R.s ist gekennzeichnet durch die Ausbildung feststehender Formeln und Konventionen. Seit dem Ende des 17. Jh. ist es üblich, das R. vor dem Einsatz der Gesangsstimme mit einem $^6_3$-Akkord instrumental zu eröffnen; am Schluß des R.s treten Gesangsstimme und Begleitung meist auseinander, indem die Gesangsstimme bereits vor der instrumentalen Schlußkadenz endet. Zur Konvention gehört es, daß der Sänger an gewissen Stellen (z. B. bei Einschnitten) einen Vorhalt singt (→ Vorschlag). In der Regel werden innerhalb des R.s improvisatorische Verzierungen vermieden, doch sind sie nicht grundsätzlich ausgeschlossen (*man muß nicht allezeit fordern, daß der Sänger, zumal bey gleichgültigen Stellen, just die vorgeschriebenen Noten, und keine anderen singen soll*; Bach Versuch). Für die Begleitung wird gefordert, daß vom Cembalisten die Akkorde in beiden Händen *voll genommen werden, ... Alles lauf-werk und alle manierchens müssen beym recitatif-spielen nachbleiben* (G. Ph. Telemann, *Singe- und Generalbaß-Übungen*, Hamburg 1733–34). Erlaubt sind schnelle oder langsame Arpeggien, doch dürfen sie den Sänger nicht in Verwirrung bringen; die Begleitung soll ihn vielmehr stützen, wenn nötig auch durch Vorgabe einzelner Töne. Zur Konvention des R.s gehören ferner bestimmte harmonische und melodische Formeln sowie das Repertoire der musikalisch rhetorischen Figuren, z. B. gilt die phrygische Kadenz (harmonisch und melodisch) als musikalische Darstellung der Frage. R. und Arie werden häufig dadurch verknüpft, daß der Schlußakkord des R.s im Dominantverhältnis zum Arienbeginn steht.

Nachdem vor 1650 in Italien die Trennung von R. und Arie bzw. ariosen Partien vollzogen war, entwickelte sich das R. in seinem Ursprungsland zu einem Typus, der durch einen der italienischen Sprache gemäßen Parlandocharakter ausgezeichnet ist. Die Begleitung des R.s, die als Generalbaß notiert ist, bildet die harmonische Grundlage, auf der sich der rezitativische Gesang melodisch und rhythmisch deklamierend bewegt. In den Anfängen wurde das R. von einem oder mehreren → Fundamentinstrumenten begleitet; erst im Verlaufe des 17. Jh. wurden das Cembalo (in der Kirchenmusik die Orgel) und die Viola da gamba oder das Violoncello die eigentlichen Begleitinstrumente. Mit dem Aufkommen der Opera buffa (Vinci, Leo, Pergolesi) wandelte sich der Parlandocharakter des R.s in einen flüssigen Konversationsstil, der von einer einfachen B. c.-Begleitung getragen wird und auf jegliche Art musikalischer Eigenständigkeit verzichtet. Demgegenüber erfuhr der R. in der Opera seria (A. Scarlatti, Stradella, Jommelli, Traetta) eine musikalische Differenzierung und Bereicherung durch stärkere Darstellung des dramatischen Ausdrucks in der Singstimme und durch die Heranziehung des Orchesters nicht nur zur Begleitung in ausgehaltenen Akkorden, sondern auch zur Schilderung der Emotionen der handelnden Personen und von Naturstimmungen. Daraus entstand der Typus des Recitativo accompagnato (→ Accompagnato). Das einfache R. bezeichnete man seitdem als Recitativo secco (ital., trocken) oder semplice (ital., einfach). Die Zusammenstellung von secco und accompagnato ermöglichte ein relativ bruchloses Verknüpfen von R. und Arie und damit eine kontinuierliche Darstellung der Handlung.

Ausgehend von Italien verbreitete sich im Verlaufe des 17. Jh. das R. als typischer Bestandteil der Oper, des Oratoriums und der Kantate zunächst in Frankreich und gegen Ende des 17. Jh. in Deutschland; erst mit Beginn des 18. Jh. setzte sich auch in England der *italienische Typ der Volloper mit rezitativischem Dialog durch* (Neumann, S. 18). – In Frankreich löste sich das »Récitatif« von Anfang an vom italienischen Einfluß und trat, vor allem in der Oper, als national eigenständiger Typus auf. Er wurde von Cambert aus spezifisch französischen Elementen geformt, die in den → Vers mesurés und der Musique mesurée à l'antique sowie im → Récit (– 1) des Ballet de cour vorgegeben waren. J.-B. Lully nahm sich die pathetische Rhetorik des Nationaldramas zum Muster, er übertrug die feierliche Deklamation der Racineschen Tragödie voll in die Musik (Haas, *Musik des Barock*, S. 223) und bildete damit die für die → Tragédie lyrique typische Vortragsweise aus. Das Récitatif versucht als *déclamation en musique, dans laquelle le musicien doit imiter, autant qu'il est possible, les inflexions de déclamateur* (Rousseau, *Encyclopédie méthodique*, Paris 1818, Artikel Récitatif), den Tonfall der französischen Sprache und die Prinzipien der französischen Prosodie musikalisch nachzuzeichnen. Die Eigenart der französischen Diktion (Silbenzahl, Tonfall, Sprachakzent) und der Affektgehalt der dramatischen Situation haben neben der rhythmischen und melodischen Differenzierung auch zur Folge, daß Schwerpunkte unregelmäßig und in verschiedenen Abständen wiederkehren und einen Wechsel in der Taktvorzeichnung bedingen.

J.-B. Lully, *Alceste*, II. Akt, 2. Szene.

Die häufige Heranziehung des Orchesters zur Begleitung sowie die Konzentration auf die Deklamation der Sprache und den dramatischen Verlauf der Dichtung führten zugleich dazu, daß der Kontrast von R. und Arie weniger stark als in der italienischen Musik ausgeprägt war. Im Anschluß an das französische R. und an die italienische Form des Accompagnatos rückte Gluck das orchesterbegleitete R. in den Mittelpunkt seiner Reformbestrebungen. Er reduzierte einerseits die aus Verzierungen und Koloraturen bestehende Virtuosenarie, ohne jedoch die Arie selbst abzuschaffen, andererseits mied er das einfache Secco-R. zugunsten eines differenzierten, orchesterbegleiteten R.s; gleichzeitig glich er den Kontrast von R. und Arie aus durch die Einführung rezitativischer Elemente in die Arie.

In Deutschland kam es erst gegen Ende des 17. Jh. zur Entwicklung einer deutschen Oper (Franck, Kusser, Keiser u. a.) und damit zur Ausbildung des R.s; doch kann die nach italienischem Vorbild im Stile recitativo komponierte Evangelistenpartie der *Weihnachts-Historie* (1664) von Schütz, die *nur nach der Mensur einer vernehmlichen Rede abgesungen werden möge* (Vorwort), als Vorläufer des deutschen R.s angesehen werden. Das italienische R. wurde in seinen typischen Grundzügen vom deutschen R. nachgezeichnet, jedoch auf dem Hintergrund einer der deutschen Sprache eigenen Akzentsetzung. Um 1700 führte E. Neumeister (wahrscheinlich einer Anregung J. Ph. Kriegers folgend) durch seine geistlichen Dichtungen das R. in die Kirchenmusik ein (→ Kantate); nach ihm *siehet eine Cantata nicht anders aus als ein Stück aus einer Opera, von Stylo Recitativo und Arien zusammen gesetzt* (Neumeister, *Geistliche Cantaten statt einer Kirchen-Music*, Weißenfels ²1704). J. S. Bach entwickelte die im Secco- und Accompagnato-R. beschlossen liegenden Möglichkeiten in vorher nicht gekannter Weise, indem er Text und Musik als eine sich wechselseitig interpretierende Einheit zusammenfaßte. – Im Verlaufe des 18. und 19. Jh. blieb das R. wesentlicher Bestandteil der Oper; im Accompagnato erfuhr der Anteil des Orchesters zunehmende Erweiterung. Diese Entwicklung gipfelte in den Opern Wagners, der das Secco-R. grundsätzlich ausschloß und das Accompagnato-R. als eine den gesamten Handlungsverlauf integrierende unendliche Melodie zur musikalischen Norm der Oper erhob. Das Secco-R. lebte einzig in der komischen Oper fort. Die R.-Modelle in der *Ariadne* (1911/12) von R. Strauss und in *The Rake's Progress* (1949–51) von Strawinsky stehen im Bereich einer historisierenden Tendenz, die bewußt an barocke Operntypen anknüpft.

Ausgehend von den zur Konvention erstarrten Formeln, wurde das R. als absolut aufgefaßtes musikalisches Gebilde in die Instrumentalmusik übernommen. Wohl erstmals erscheint diese Übertragung um 1715 in den *Concerti a quattro* op. 11 von Bonporti. Freie instrumentale Nachahmungen des R.s finden sich in späterer Zeit u. a. in J. S. Bachs *Chromatischer Fantasie und Fuge*, der Preußischen Sonate Nr 1 (1742) von C. Ph. E. Bach, in der Symphonie Nr 7 *Le midi* (1761) von J. Haydn, in der Klaviersonate op. 31 Nr 2 (1802) und im Finale der 9. Symphonie von L. v. Beethoven. Zur musikalischen Darstellung eines Programms oder einer poetischen Idee dienen in der Instrumentalmusik des 19. Jh. häufig rezitativische Partien (z. B. R. Schumann, *Kinderscenen* op. 15: *Der Dichter spricht*). Schönbergs fünftes Stück aus den Orchesterstücken op. 16 (1909), das er *das obligate R.* nennt, sowie seine *Variationen über ein R.* op. 40 (1941) verwirklichen im musikalischen Bereich die Vorstellung einer musikalischen → Prosa (– 2).

Als liturgisches R. werden in der Choralforschung heute ferner die mit einer Melodieformel (→ Toni communes) verbundenen Gesänge bezeichnet (älterer Name: accentus, → Akzent – 2). Dabei handelt es sich um den eigentlichen Kernbestand der kirchlichen Einstimmigkeit, vorab um alle Formen der Lektion (→ Lesungen, → Epistel, → Evangelium) und → Oration (→ Pater noster, → Präfation) sowie die verschiedenen Singweisen der Psalmen (→ Psalmtöne). Die melodische Struktur des in seiner Gesamtanlage meist zweiteiligen liturgischen R.s wird vom Rezitationston (→ Repercussa, Tuba) und den am Ende eines Satzes oder Satzgliedes gebildeten Melodiewendungen (Kadenzen) bestimmt. In den entwickelteren Formen kommt als drittes Bauelement das → Initium (– 1) hinzu. Eine Erweiterung des »traditionellen« Bildes vom liturgischen R. bietet neuerdings E. Jammers (1965).

Lit.: P. BOHN, Das liturgische R. d. MA, MfM XIX, 1887; A. HEUSS, Bachs R.-Behandlung, Bach-Jb. I, 1904; B. ZELLER, Das Recitativo accompagnato in d. Opern J. H. Hasses, Diss. Halle 1911; H. RIEMANN, Hdb. d. Mg. II, 2, Lpz. 1912; M. SCHNEIDER, Die Begleitung d. Secco-R. um 1750, Gluck-Jb. III, 1917; R. MEYER, Die Behandlung d. R. in Glucks ital. Reformopern, ebenda IV, 1918; CH. SPITZ, Die Entwicklung d. stile recitativo, AfMw III, 1921; P. MIES, Über d. Behandlung d. Frage im 17. u. 18. Jh., ZfMw IV, 1921/22; R. HAAS, Musik d. Barock, Bücken Hdb.; DERS., Aufführungspraxis d. Musik, ebenda; R. GERBER, Das Passionsr. bei H. Schütz u. seine stilgeschichtlichen Grundlagen, Gütersloh 1929; K. PAHLEN, Das R. bei Mozart, Diss. Wien 1929, maschr.; E. BORREL, L'interprétation de l'ancien récitatif frç., RM XII, 1931; L. SPINNER, Das R. in d. romantischen Oper bis Wagner, Diss. Wien 1931, maschr.; A. EINSTEIN, Concerning Some R. in Don Giovanni, ML XIX, 1938; F. GRAUPNER, Die R. d. Evangelisten in d. Matthäuspassion v. J. S. Bach, Diss. theol. Greifswald 1947, maschr.; J. A. WESTRUP, The Nature of R., Proceedings of the British Acad. XLII, 1956; DERS., The Cadence in Baroque R., in: Natalicia Musicologica, Fs. Kn. Jeppesen, Kopenhagen 1962; H. MELCHERT, Das R. d. Kirchenkantaten J. S. Bachs, Diss. Ffm. 1958; J. KRAMARZ, Das R. im Liedschaffen Fr. Schuberts, Diss. Bln 1959; E. O. D. DOWNES, Secco R. in Early Classical Opera Seria (1720–80), JAMS XIV, 1961; FR. H. NEUMANN, Die Ästhetik d. R., = Slg mw. Abh. XIV, Straßburg u. Baden-Baden 1962 (mit Bibliogr. d. älteren Lit.); J. CLAIRE OSB, L'évolution modale dans les récitatifs liturgiques, Rev. grégorienne XLI, 1963; H. CHR. WOLFF, Die Sprachmelodie im alten Opernr., Händel-Jb. IX, 1963; E. JAMMERS, Der Choral als R., AfMw XXII, 1965.

rf, rfz, rinf., Abk. für → rinforzando.

Rhapsodie (von griech. ῥάπτω, nähen, flicken, und ᾠδή, Gesang), – 1) in nachhomerischer Zeit der rezitierende Eposvortrag (besonders aus Homer) durch »fahrende Sänger« (Rhapsoden), namentlich bei Festversammlungen; als Einleitung zu Feiern bis ins späte Altertum nachweisbar; – 2) seit Ende des 18. Jh. Vokal- oder Instrumentalkompositionen ohne feste Form, denen (im Gedanken an den Vortrag der antiken Rhapsoden) die Vorstellung von einem epischen, quasi improvisatorischen Vortrag und der Bruchstückhaftigkeit des Vorgetragenen zugrunde liegt. Der als Improvisator (vor allem durch seine Rezitationen aus Klopstock) bekannte Chr. F. D. Schubart veröffentlichte seine während der Festungshaft entstandenen Lieder, auch einzelne Klavierkompositionen, in 3 Heften als *Musikalische Rh.n* (1786, mit ausführlichen Vorreden). Rh. nannte J. Fr. Reichardt ein Fragment aus Goethes *Harzreise im Winter* (1777) in der Vertonung für Singst. und Kl. (1792 u. ö.), ebenso Brahms seine Komposition desselben Textes (für A., Männerchor und Orch. op. 53, 1870). – Als zukunftsträchtig erwies sich die Übertragung der Vorstellungen des Rhapsodischen und der Rh. auf Instrumentalmusik. Das erste Klavierstück unter dem Titel Rh. schrieb 1802 in Wien W. R. Graf v. Gallenberg (op. 3). V. J. Tomášek, der neben der Rh. (op. 40 und 41, 1813/14; op. 110, 1840) auch Ekloge und Dithyrambus als poetische Dichtungsarten *in das tonische Gebiet* verpflanzen und damit einer Verflachung des Klavierstils durch Stücke entgegenwirken wollte, *in denen Ernst mit Kraft und Energie gepaart ist*, wurde damit zum eigentlichen Begründer des romantischen → Charakterstücks. Unter seinen Schülern und Nachahmern sind als Komponisten von Rh.n zu nennen: Voříšek (12 *Rh.n* op. 1, die er 1814 Beethoven vorlegte), I. Seyfried (1822), Fr. und C. Grillparzer und N. Burgmüller (1840). Näher an Tomášek als an Liszt stehen auch die *Rh.n* op. 79 und op. 119 von Brahms (op. 79 hieß ursprünglich *Capriccio*). Liszt wollte seine *Ungarischen Rh.n* (ab 1840, ursprünglich für Kl. zweihändig, potpourriartige Zusammenstellungen von Csárdásmelodien) als Fragmente eines zigeunerischen Epos verstanden wissen. Vor allem in der Form der

Orchesterbearbeitung wurden sie Vorbild für eine rasch wachsende Literatur national charakterisierender Stücke für Orchester, z. B. von Dvořák, Glasunow, E. Lalo, Enescu, Ravel und Gershwin.

Lit.: zu 1): H. PATZER, ΡΑΨΩΙΔΟΣ, Hermes LXXX, 1952; G. F. ELSE, The Origin of ΤΡΑΓΩΙΔΙΑ, ebenda LXXXV, 1957. – zu 2): W. KAHL, Das lyrische Klavierstück Schuberts u. seiner Vorgänger seit 1810, AfMw III, 1921; VL. JANKÉLÉVITCH, La rh., verve et improvisation mus., Paris 1955; W. SALMEN, Gesch. d. Rh., Zürich u. Freiburg i. Br. (1966).

Rheinländer, ein um 1840 aufgekommener Paartanz in ruhigem 2/4-Takt, der sich aus der Polka und vermutlich aus der sogenannten Hopsanglaise entwickelte. Er wird auch Bayerische Polka und außerhalb Deutschlands in der Regel »Schottisch« genannt. Die Schrittfolge des Rh.s kennt seitwärts gerichtete »Hopser« und triolenmäßig ausgeführte Walzerdrehungen. Gelegentlich wird der Rh. (z. B. *Im Grunewald ist Holzauktion*) noch heute getanzt.

Rheinland.
Ausg.: Denkmäler rheinischer Musik, hrsg. v. d. Arbeitsgemeinschaft f. rheinische Mg., I u. IIIff., Düsseldorf 1951ff., II Köln u. Krefeld 1951.
Lit.: A. J. BECHER, Das niederrheinische Musikfest, aesthetisch u. hist. betrachtet, Köln 1836; O. R. REDLICH, Musikpflege am Neuburg-Düsseldorfer Hofe, Beitr. zur Gesch. d. Niederrheins XXIV, Düsseldorf 1911; W. HOLLWEG, Gesch. d. ev. Gesangbücher v. Niederrhein im 16.–18. Jh., = Publikationen d. Ges. d. Rheinischen Geschichtskunde XL, Gütersloh 1923; W. KAHL, Musik u. Musikleben im Rh., in: II. Rheinische Lit.- u. Buchwoche, Köln 1923; DERS., Soziologisches zur neueren rheinischen Mg., ZfM CVI, 1939; W. KURTHEN, Zur Renaissancebewegung d. 19. Jh. im Rh., Kgr.-Ber. Lpz. 1925; P. MIES, Musik, Musiker u. Musikleben in d. Ländern am Rhein, in: Rheinlandkunde II, Düsseldorf 1926; KL. WEBER, Die Heischelieder an Fastnacht im Rh., Diss. Köln 1933; W. C. HAMBACH, Das rheinische Wallfahrtslied, Diss. Bonn 1934; J. SCHMIDT-GÖRG, Das rheinische Volkslied, Düsseldorf 1934; L. SCHIEDERMAIR, Rheinische Musik u. Musikforschung, AMz LXV, 1938; DERS., Musik am Rheinstrom, Köln 1947; H. NELSBACH, 2000jähriges Musikland am Rhein. Denkmäler zur Musikpflege im Rh. zur Zeit d. Römerherrschaft, Mk XXXI, 1938/39; J. ALF, Gesch. u. Bedeutung d. niederrheinischen Musikfeste in d. 1. Hälfte d. 19. Jh., Düsseldorfer Jb. XLII, 1940 – XLIII, 1941; E. KLUSEN, Das Volkslied im niederrheinischen Dorf, = Veröff. d. Niederrheinischen Volksliedarch. Viersen, Wiss. Reihe I, Potsdam 1941; K. G. FELLERER, Das Erbe rheinischer Musik, Jb. Niederrheinisches Musikfest CIX, Wuppertal 1955; G. PIETZSCH, Organisten, Orgelbauer u. Orgelmusik am Niederrhein vor d. Reformation, Der Niederrhein XXIV, 1957. – Beitr. zur rheinischen Mg., hrsg. v. d. Arbeitsgemeinschaft f. rheinische Mg. I–III, V–VI, VIII–IX, XI, Köln u. Krefeld 1952-55, IV, Köln 1953, X, XIIff., Köln 1955ff., VII, Bad Godesberg 1953, XVII, Essen 1960; Mitt. d. Arbeitsgemeinschaft f. rheinische Mg. e. V., (Köln) 1955ff.; Mitt. d. Arbeitsgemeinschaft f. mittelrheinische Mg. e. V., (Mainz) 1961ff.; Beitr. zur Mittelrheinischen Mg., hrsg. v. d. Arbeitsgemeinschaft f. mittelrheinische Mg., I, Amsterdam 1962, IIff., Mainz 1962ff.

Rhythm and blues (ri∂m ænd blu:s, engl.), Bezeichnung für das in den 1930er Jahren unter Einfluß des → Swing in Harlem (Negerviertel von New York) entstandene und seither unter der Negerbevölkerung der USA volkstümlich gewordene Jazzmusizieren in kleinen Gruppen (meist mit Gesang). Ausgangspunkt für den Rh. and bl. ist der sogenannte Harlem-jump mit seinem betont federnden Rhythmus. Dem Harlem-jump, dessen Übergänge zum Rh. and bl. so fließend sind, daß beide Bezeichnungen teilweise gleichbedeutend gebraucht werden, liegt als → Chorus ein harmonisch einfacher 12taktiger → Blues zugrunde. Er wird häufig – wie ein Schlagerrefrain – mit einer Vorstrophe versehen und, in der Art des → Boogie-Woogie begleitet, in schnellem Tempo vorgetragen. Scharfe Akzentuierungen auf einem durchlaufenden harten → Beat (– 1) und eine gleichzeitige, besonders hervortretende → Off-beat-Phrasierung im melodischen Bereich verleihen diesem Musizieren in solch hohes Maß an → swing, daß sich beim Tanzen der Rhythmus in wiegenden und sprungartigen Bewegungen realisiert (daher Jump, Sprung, genannt). Eine von der Schlagerindustrie in den 1950er Jahren kommerzialisierte modische Form des Rh. and bl. war der Rock and Roll (s. v. w. wiegen und schaukeln).

Rhythmik (von griech. ῥυθμική [τέχνη]; lat. rhythmica, bei Martianus Capella auch rhythmice; frz. la rythmique), bis zum 19. Jh. s. v. w. Lehre vom → Rhythmus, zu der als Teilgebiet auch die Lehre von der Rhythmusbildung (Rhythmopöie) gehörte, im 20. Jh. vielfach auch eine bestimmte Art des Rhythmus (z. B. Quantitäts-, Takt-, Mensural-Rh., auch z. B. »Bachs Rh.«).

Rhythmische Erziehung ist eine zuerst von E. → Jaques-Dalcroze entwickelte neuartige Methode der → Musikerziehung, die dem Schüler Musik, Sprache, Tanz und gestische Darstellung vor allem über das rhythmische Element vermitteln will. Körperliche und geistige Formung gehen Hand in Hand mit der Anleitung zu eigenschöpferischer Äußerung in musikalischer und darstellender Improvisation. Jaques-Dalcroze ging von der Einsicht aus, daß Musik als Melodie, Rhythmus, Dynamik und Ausdruck unmittelbare Entsprechungen im Körperlichen (als räumliche Bewegung) besitzt und daß diese Entsprechungen durch die Verfeinerung des musikalischen Hörens und durch bewußte Lenkung der Bewegungsimpulse vertieft und erweitert werden können. Diese Methode, die er »Rhythmische Gymnastik« nannte und erstmals 1905 in Solothurn vorführte, machte er vor dem 1. Weltkrieg auf Reisen weitbekannt; seine erste feste Schule entstand 1910 als »Bildungsanstalt für Musik und Rhythmus« in Hellerau bei Dresden. Von hier gingen auch seine Schüler R. → Bode (der sich allerdings später in Gegensatz zu Jaques-Dalcroze stellte) und H. → Medau aus. Mit den Erlassen zur Neuordnung der Privatmusikerziehung in Preußen durch Kestenberg (1925) wurde auch die rhythmisch-musikalische Erziehung als Prüfungsfach anerkannt. Fachseminare sind heute verschiedenen Musik(hoch)schulen angegliedert; die Absolventen arbeiten vornehmlich in Jugendmusikschulen, in der Lehrerbildung und in der Heilpädagogik. R. Steiner führte 1912 für die Bewegungskunst (Gleichmaß in Wort, Musik und Körperbewegung) in der Anthroposophie die Bezeichnung Eurhythmie ein. Von den grundlegenden Beziehungen zwischen Musik und Bewegung ging auch C. → Orff in seinem seit den 1920er Jahren entwickelten System der musikalisch-rhythmischen Elementarerziehung aus (*Orff-Schulwerk*, 5 Bände, Mainz 1930–35, neu bearbeitet 1950-54, mit G. Keetman), das von allen Methoden der Rh.n E. die größte Verbreitung gefunden hat. Eine Zentralstelle mit Seminar für Orff-Schulwerk wurde 1961 am Mozarteum in Salzburg gegründet.

Lit.: E. JAQUES-DÀLCROZE, La rythmique, 2 Bde, frz. u. deutsch, Lausanne 1907; DERS., Le rythme, la musique et l'éducation, auch engl. u. deutsch, Basel 1922; R. BODE, Aufgaben u. Ziele d. rhythmischen Gymnastik, München (1913); DERS., Der Rhythmus u. seine Bedeutung f. d. Erziehung, Jena 1920; DERS., Musik u. Bewegung, Kassel 1930, Bln ²1942; K. KEIL, Leitfaden f. d. rhythmischen Unterricht (Methode Jaques-Dalcroze), Lpz. 1916; H. MEDAU, Rhythmische Gymnastik als tägliche Kraftquelle, Stuttgart (1928); E. FEUDEL, Rhythmisch-mus. Erziehung,

Wolfenbüttel 1939, ³1956; DIES., Durchbruch zum Rhythmischen in d. Erziehung, = Erziehungswiss. Bücherei, Reihe IV, Stuttgart 1949; T. PFISTERER, Möglichkeiten d. mus.-rhythmischen Erziehung in d. Schule, Zürich 1948; H. TAUSCHER, Praxis d. rhythmisch-mus. Erziehung, Bln u. Darmstadt 1952, ²1960; A. EPPING, ABC d. Improvisation, = Hesses Hdb. d. Musik CIV, Bln (1954); FR. REUSCH, Grundlagen u. Ziele d. Orff-Schulwerks, Mainz (1954); R. STEINER, Eurhythmie als sichtbarer Gesang, Dornach 1956; E. WILLEMS, Les bases psychologiques de l'éducation mus., Paris 1956; E. WERDIN, Rhythmisch mus. Erziehung, = Beitr. zur Schulmusik IV, Wolfenbüttel 1959; I. MANNS, Die rhythmisch-mus. Erziehung in d. Schule, in: Hdb. d. Schulmusik, hrsg. v. E. Valentin, Regensburg (1962); W. KELLER, Einführung in Musik f. Kinder, Mainz (1963).

Rhythm section (riðm sˈekʃən, engl.) → Band.

Rhythmus (griech. ῥυθμός; lat. numerus, daneben seit Varro als Lehnwort auch r[h]ythmus; ital. und span. ritmo; frz. rythme; engl. rhythm) ist in Tanz, Musik, Versdichtung wirksam als eigenständig zeitliches, im jeweiligen Gesamtphänomen integriertes Ordnungs- und Gestaltungsprinzip. Im Begriff der Ordnung ist dabei das Moment der Regelmäßigkeit (Gleichförmigkeit, Bezug zu einem festen Zeitmaß), im Begriff der Gestaltung das Moment der Spontaneität enthalten (Gruppierung, Gliederung, Abwechslung). Vom allgemeinen Begriff des Rh., über dessen Bestimmung die Meinungen weit auseinandergehen, unterscheidet sich dieser engere Rh.-Begriff durch das Moment der Intentionalität (Hoenigswald, S. 53: *Ein Rh. muß, um überhaupt zu »sein«, »gemeint« sein*). Entsprechend ist der vom Menschen hervorgebrachte und ihn unmittelbar affizierende Rh., für den Tiere nachweislich nicht eigentlich empfänglich sind, hier nicht bloß allgemein als Pulsieren, als gleichförmiges Auf und Ab einer Bewegung, als Wiederkehr von Ähnlichem in ähnlichen Fristen (L. Klages) usw. zu charakterisieren, sondern darüber hinaus als Element des Vollbringens von sinnfällig Gestaltetem, somit auch als Element des Zusammenfassens, Begrenzens, Verdeutlichens. Die Art, wie der Rh. wirksam wird oder in Erscheinung tritt, hängt im übrigen weitgehend von der besonderen Beschaffenheit des jeweiligen Mediums ab. Als elementare, gemeinschaftsstiftende Macht hat er u. a. für kultische Begehungen und Feste, für Arbeit und Spiel, für Erziehung und Heilung (→ Musiktherapie) fundamentale Bedeutung.

Herkunft und Grundbedeutung des griechischen Wortes sind umstritten (hierzu: Hj. Frisk, *Griechisches etymologisches Wörterbuch* II, Heidelberg 1961ff., S. 664f.). Neben der herkömmlichen Ableitung von ῥεῖν (fließen) findet die schon in antiken Etymologica angenommene und vom Archäologen E. Petersen erstmals wieder zur Diskussion gestellte Verwandtschaft mit ἐρύειν (ziehen) zunehmend Beachtung; möglich erscheint ferner eine Verwandtschaft mit ἔρυσθαι (abwehren, schützen). Eine Anzahl früher Wortbelege (Archilochos, fr. 67a 7; Herodot V, 58, 1; Aristoteles, »Metaphysik« 985b) legt die Vermutung nahe, daß der Grundvorstellung nicht Fluß, Fließen war, sondern der eine Gestalt bestimmende einheitliche »Zug« (Petersen) oder geradezu das, was *der Bewegung, dem Fluß die Schranke, das Feste auferlegt* (W. Jaeger, *Paideia* I, 1933, S. 174f.). Es handelt sich demnach nicht um eine bildliche Übertragung vom Musikalischen her, wenn die Griechen vom Rh. eines Baus oder einer Statue reden (noch der Musiktheoretiker Aristeides Quintilianus führte I, 13 diese »räumliche« Bedeutung vor der »zeitlichen« an). Seit der klassischen Zeit des Griechentums begann jedoch die in der Anwendung des Wortes auf Tanz, Musik, Dichtung sich herausbildende Bedeutung in den Vordergrund zu treten. Platon kennzeichnete den Rh. von der anschaulichen Seite her als Ordnung der Bewegung (»Gesetze« 665a), der Aristoteles-Schüler Aristoxenos hingegen bereits abstrakt als Ordnung von Zeitteilen (χρόνων τάξις, *Rhythmica* I, fr. 1, ed. Westphal). Um einer Verwechslung mit dem Metrumbegriff vorzubeugen, wurde Rh. dahingehend charakterisiert, daß er keine normative Begrenzung im Sinne der mit festen (Vers-)Maßen rechnenden Metrik haben muß und außerdem keine normative Folge von Kürzen und Längen zu enthalten braucht. Mit der Bestimmung *omne metrum rh., non omnis rh. etiam metrum est* resümierte Augustinus (*De musica* III, 2) die seit hellenistischer Zeit gültige Auffassung. Der Wandel von der quantitierenden zur akzentuierenden Dichtung (vgl. auch die Begrenzung der Musica rythmica auf Zupf- und Schlaginstrumente bei Isidor von Sevilla, *Etymologiae* III, 22) und das Bedürfnis nach Unterscheidung von synonymen Ausdrücken bereiteten eine Begriffsverschiebung vor: während numerus weiterhin die Bedeutung von Rh. beibehielt, hießen rhythmi (ritmi, ritimi) im Mittelalter die akzentuierenden lateinischen sowie die volkssprachlichen Verse (im Unterschied zu den metra genannten quantitierenden lateinischen Versen). In der Renaissance bürgerte sich dann das griechische Lehnwort – unter humanistischem Einfluß nun wieder in der antiken »zeitlichen« Bedeutung – in den Volkssprachen ein. In der Epoche der frühen Romantik und des deutschen Idealismus erhielt der Wortbegriff eine universale Geltung, auf Grund deren er auf die verschiedensten Gebiete übertragen wurde (z. B. führte ihn K. Schnaase 1834 in die Kunstgeschichte ein). Der daraus resultierenden Zersplitterung tritt die neuere Forschung entgegen, indem sie zwischen übertragenem und eigentlichem Wortgebrauch zu scheiden und die dem letzteren zugrunde liegende Vorstellung begrifflich herauszuarbeiten versucht (z. B. J. Trier: *Rh. ist die Ordnung im Verlauf gegliederter Gestalten, die darauf angelegt ist, durch regelmäßige Wiederkehr wesentlicher Züge ein Einschwingungsstreben zu erwecken und zu befriedigen*).

Der Vielschichtigkeit der rhythmischen Erscheinungen entspricht die relative Vieldeutigkeit des Wortes. Auf dem Gebiet der Musik kann Rh. bald mehr die vordergründige Abfolge rhythmischer Elemente (z. B. bestimmter Notenwerte) und bald mehr die konstante Grundbewegung meinen (z. B. Grund-Rh. eines Tanzes wie im Falle der Sarabanden-Rh., aber auch 2zeitiger Rh., Dreier-Rh., 6/8-Takt-Rh. usw.). Auf tiefere Schichten beziehen sich die Auffassungen vom Rh. als immanente Dynamik (H. Riemann), typologisch bedingte Motorik (G. Becking), musikalischer Kraftverlauf (R. Steglich), als ursprünglich körperliche Bewegungsempfindung (E. Kurth, *Grundlagen des linearen Kontrapunkts*, Bern 1917) usw. Schließlich wird Rh. auch als Stil- und Epochenbegriff (Modal-, Mensural-, Schlagzeit-, Takt-Rh.) verwendet, ja als Grundbegriff, der über das Musikalische hinaus Wesenszüge einer Kultur erfaßt (Quantitäts-, Akzent-Rh.). – In psychologischer Sicht ist der musikalische Rh. zunächst ein Gestaltphänomen, speziell eine Zeitgestalt. Seine Eigenständigkeit gründet sich auf Gestalteigenschaften, die ihn von der Bindung an bestimmte »fundierende Elemente« frei machen. Die gleiche rhythmische Gestalt kann daher in verschiedenem Tonmaterial oder auch als bloßes Geräusch (Klopfen, Trommeln) realisiert werden. Ein Orientierungsphänomen wie das des Taktes wird durch den psychologischen Begriff des Bezugssystems beleuchtet. *Der Takt ist die Struktur des Bezugssystems, des Zeitgerüstes*; der in Erscheinung tretende Rh. hingegen ist die *Struktur des konkreten Inhalts, der dieses Gerüst erfüllt, und zwar in ihrem Verhältnis zu der Struktur des Gerüstes*. Eine musikalische Gestalt, deren Rh. in ein Taktsystem eingespannt ist, verfügt daher über *wichtige neue Eigenschaften (Funktionseigenschaften und vor allem dynamische Qualitäten), die jedem auf einförmigem Zeitgrund verlaufenden Rh. fehlen* (W. Metzger, *Psychologie*, Darmstadt ³1963). Mit dieser Scheidung von Gerüst und Ausfüllung hängt es zusammen, daß der Bewegungscharakter eines Stückes durch die Dichte der Tongebungen noch nicht bestimmt ist, sondern sich erst aus der Dichte des Zeitgerüstes ergibt. Zwischen Bewegungsintensität im absoluten Sinne und → Tempo wird deshalb scharf unterschieden. Ein markanter Zug des musikalischen Rh. läßt sich mit dem psychologischen Begriff der Prägnanz erfassen. Eine Tonbewegung erscheint erst dann rhythmisch, wenn sie in der zeitlichen Dimension die Stufe eines ausgezeichneten, prägnanten Gefüges erreicht, auf der sie ihre Bewegungsintention am reinsten, zwingendsten verwirklicht. Dies bedeutet gewöhnlich, daß die Zeitintervalle zwischen den einzelnen Tongebungen einfachen arithmetischen Größenverhältnissen entsprechen (1:1, 1:2, 1:3 als Grundproportionen, auf die auch kompliziertere Bildungen zurückgeführt werden können). Der Prägnanzbegriff umschließt aber noch andere Fälle, in denen die Zeitintervalle von vornherein nicht im Sinne rational meßbarer Verhältnisse zu verstehen sind und dennoch einer bestimmten Prägnanzvorstellung entsprechen (z. B. im Falle der unten zu nennenden »irrationalen« Rhythmen; hierher gehören auch die allmähliche Tempoveränderung, agogische Verschiebungen innerhalb des Taktes u. ä.; → Agogik). Die Schwierigkeit, exotische Rhythmen zu erfassen, beruht wesentlich darauf, daß ihnen andere Prägnanzvorstellungen als die dem Abendländer vertrauten zugrunde liegen. Deshalb ist die Wiedergabe solcher Rhythmen in moderner Notenschrift oft unzureichend oder irreführend. Dies gilt zumal für Fälle, in denen Gesang, instrumentales Spiel und Tanz eine noch ungeschiedene Einheit bilden oder in denen die Identität eines Stücks mehr durch den Text und eine bestimmte Vortragsweise als durch genau fixierte Tonfolgen gewahrt wird. So hat sich im Orient eine Art des Singens herausgebildet, die sich weder melodisch noch rhythmisch rational fassen läßt (→ Maqām, → Rāga). *Wie die Melodie, so wird hier auch der Rh. von Mal zu Mal neu geschaffen;* doch muß man sich hüten, in solchem *freien Rh. nichts weiter zu sehen als einen außer Rand und Band geratenen festen Rh.* (R. Lachmann, *Musik des Orients*, Breslau 1929, S. 65f.). Eine rhythmisch freie und dennoch mit gewissen (heute schwer zu rekonstruierenden) Prägnanzvorstellungen verbundene Art des Gesangs scheint auch in der byzantinischen Musik und in der dem Vortrag von Bibel- und anderen liturgischen Prosatexten dienenden westlichen Einstimmigkeit des 1. Jahrtausends lebendig gewesen zu sein (über den Gesangsvortrag rhythmischer Texte s. u.). Ausläufer finden sich noch heute in der Musik der Ostkirchen; im Westen hingegen wurde diese Art des freirhythmischen Gesangs seit dem Aufkommen der Mehrstimmigkeit, in der sie ein letztes Mal in der melismatischen Kolorierungskunst der frühen Notre-Dame-Epoche hervortrat (→ Organum), allmählich im Sinne des Cantus planus (→ Cantus – 2) rhythmisch eingeebnet. – Im folgenden wird der schärfer faßbare Begriff des festen Rh. anhand zweier gegensätzlicher Ausprägungen zu umreißen versucht.

1) Das Prinzip des additiven Rh. beruht auf der Unterscheidung von zwei festen rhythmischen Elementen, entweder einem kurzen und einem langen oder (bei gleicher Länge) einem unbetonten und einem betonten. Charakteristisch für diese Art des Rh. ist weitgehende Freiheit in der Abfolge der Elemente, wobei die Vorstellung des Alternierens (z. B. lang–kurz oder lang–kurz–kurz) als Normvorstellung meist gegenwärtig bleibt. In der griechischen Antike war dieses aus der Einheit von Gesang und Tanz hervorgegangene Prinzip ausgeprägt als Quantitäts-Rh. (→ Griechische Musik). Die in der griechischen Sprache vorgegebenen Quantitäten der Silben (→ Quantität) galten prosodisch als kurz und lang (→ Prosodie – 1), metrisch als Kürze und Länge (→ Metrum – 1), sie standen musikalisch-rhythmisch im Verhältnis 1:2 und verbanden sich orchestisch mit der Hebung und Senkung des Fußes (→ Arsis und Thesis). Die unterschiedlichen Rhythmengeschlechter kamen mit den verschiedenen poetischen Gattungen auf und wurden später, als sich die Gattungsunterschiede teilweise verwischten, im Sinne bestimmter Haltungen aufgefaßt (→ Ethos). Für die Frühzeit (Epos, Elegie, Iambos) sind Reihenrhythmen, für das Zeitalter der Lyrik beschaulich-vielgestaltige Strophenrhythmen charakteristisch. Auf der letzten und höchsten Stufe, im attischen Drama, bilden Sprache und musikalischer Rh. eine unaufhebbare innere Einheit, in der sie einander wechselseitig durchdringen (hauptsächlich in den Chorpartien) und die schließlich zur Preisgabe der Vers- und Strophenresponsion führte (→ Monodie). Die Auflösung jener ursprünglichen Einheit von Gesang und Tanz ging gleichzeitig mit der Verselbständigung der Musik vor sich. Aristoxenos setzte, indem er Rh. und rhythmisierten Stoff begrifflich trennte, die der Kürze entsprechende Zeitdauer als 1zeitiges Grundmaß fest (→ Chronos protos), bestimmte danach die normale Länge als 2zeitig und die u. a. im χορεῖος ἄλογος, einem Versfuß, vorkommende Länge als »irrational« (etwa 1½zeitig). Die seit hellenistischer Zeit bezeugten 3-, 4- und 5zeitigen Überlängen (bezeichnet ⌞, ⌴, ⊔⊔) sowie die inzwischen aufgekommene Pausenlehre (→ Pause) lassen auf einen tiefgreifenden Wandel des Quantitäts-Rh. schließen, möglicherweise in Richtung eines musikalisch-zeitmessenden Rh. (s. u.). – Dem antiken Quantitäts-Rh. ähnliche Bildungen, die zum Teil antiken Ursprungs zu sein scheinen (z. B. im Falle des neugriechischen Reigentanzes Syrtós Kalamatianós, dessen Grund-Rh. ♩ ♪ ♪ dem antiken »irrationalen« Reigen-Rh. entspricht; hierzu Georgiades, *Der griechische Rh.*, S. 98ff.), finden sich im heutigen Griechenland und weit darüber hinaus auf dem Balkan und in Kleinasien. Doch spielt bei dieser Art der additiven Rhythmik vielfach, besonders in slawischen oder slawisch beeinflußten Gebieten, das der antiken Quantitätsrhythmik fremde Moment der Betonung eine wichtige Rolle. So ist etwa die in bulgarischen Rhythmen konstitutive »irrationale Länge« (♩.) stets betont, die »Kürze« hingegen (♪) je nach der festen Betonungsordnung des betreffenden Rh. bald unbetont und bald betont (z. B. lautet der Grund-Rh. im Račeniza-Tanz: ♪♪♩.). Im Unterschied zum betonungsfreien, als statisch empfundenen Quantitäts-Rh. der Antike macht sich hier ein dynamischer Zug geltend. – Betonungsfrei war ursprünglich auch der quantitierende altindische Rh. Erst in einer jüngeren Epoche kamen Rhythmen mit fester Betonungsordnung auf, worauf schon ihre Bezeichnung als Tâla hinweist (im Sanskrit s. v. w. Handfläche, rhythmisches Klatschen). Beschreibungen bieten Bharata, Shârngadeva u. a. – Eine musikalisch-zeitmessende, vielleicht ins Altertum zurückreichende (vgl. die oben genannten Überlängen) Art der additiven Rhythmik ist im Orient weit verbreitet (→ Arabisch-islamische Musik).

2) Das Prinzip des multiplikativen (und zugleich divisiven) Rh. beruht auf der Scheidung von zeitlichem Gerüst und musikalisch-rhythmischer Ausfüllung, wo-

bei sich beide wechselseitig bedingen und beleuchten. Im Gegensatz zum additiven Prinzip wird hier nicht an den rhythmischen Elementen, sondern an einem rhythmisch relevanten Zeitgerüst festgehalten (vgl. hierzu die Gegenüberstellung der Begriffe »erfüllte Zeit« und »leere Zeit« bei Georgiades 1949). Dem Gerüst liegt in der Regel die einem rhythmischen Mittelwert entsprechende Zeiteinheit als festes Maß zugrunde (»Zählzeit«, Schlagzeit). Bei musikalisch-rhythmisch konstant durchgeführter Gliederung der Hauptzeiten ergeben sich zunächst 2- und 3zeitige Formationen (• • • • • • und • • • • • •), im Taktprinzip dann auch höhere Einheiten (z. B. 4/4-Takt, »Großtakt« aus einem Taktpaar). In der Mensuralmusik kommen jedoch auch einander ablösende 2- und 3zeitige Formationen vor, z. B. • • • • • • • •; es können aber auch verschiedene Formationen einander überlagern, z. B. • • • • • • oder • • •. – Im Abendland hat sich das auf dem Boden geregelter Mehrstimmigkeit zunächst in unterschiedlichen Spielarten herausbildende rhythmische Prinzip mit dem Aufkommen des »Akzentstufentakts« (H. Besseler) um 1600 immer mehr zu einem einheitlich zentrierten Gewichts- und Betonungs-Rh. entwickelt. In der einfachsten Form, als Reihen-Rh., kam er in der frühen Mehrstimmigkeit musikalisch erstmalig dadurch zur Geltung, daß er einen Ausgleich zwischen den gegensätzlichen Kräften des Vertikal-Klanglichen und des Horizontal-Melodischen begründet: die Ordnung von konsonanzgebundenen Haupt- und von klanglich ungebundenen Nebenzeiten. Zu den Voraussetzungen gehörte auf der Seite des Klanglichen die vom Vorrang der Konsonanzen bestimmte streng konsonante Satzbildung (nachguidonisches Organum), die von nun an mit rhythmisch geregelten Zwischenklängen rechnete, und auf der Seite des Rhythmischen die von der qualitativen Abstufung der Elemente ausgehende Bildung hypotaktischer Reihenrhythmen (so offenbar schon in der akzentuierenden lateinischen Gesangsdichtung, etwa in Hymnus, Tropus, Sequenz, Conductus; → Versmaße), die nun mit der qualitativen Unterscheidung der Klänge kombiniert wurde. Spätestens in den Anfängen der Notre-Dame-Epoche war die Synthese bereits vollzogen und damit zum ersten mal eine der strengen vertikalen Ordnung vergleichbare strenge horizontale Ordnung durchgeführt. Für die abendländische Musik grundlegend und richtungsweisend war dieser Rh. in seiner Eigenschaft als von 2 oder mehr Stimmen getragener kommensurabler Schichten-Rh. und zugleich als in ein konsonantes Satzgerüst eingespannter Unterteilungs-Rh. Bezeichnenderweise wurden auf der Frühstufe symmetrische (halbierende) Unterteilungsarten gemieden und statt dessen asymmetrische (drittelnde) gewählt, da diese die klanglich-rhythmischen Ordnungsverhältnisse am sinnfälligsten klarstellten (→ Modus – 2; → Modalnotation – 1), anfangs wohl mit bloßer Nebenordnung der Hauptzeiten, später in Ansätzen auch mit Unterordnung:

	anfangs	später
Zusatzstimme:	♩♩♩♩♩	♩.♩♩♩.♩♩♩.
Cantus:	♩ ♩ ♩	♩.♩. ♩♩. ♩.
Hauptzeiten:	• • •	• • • •

Akzentuierung der Hauptzeiten (vgl. jedoch *tria tempora tam uno accentu quam diversis prolata ...*, Franco, *Ars cantus mensurabilis*, ed. Cserba, S. 237), von straffer rhythmischer Stimmenbewegung durchwirkte »stehende« und »pendelnde« Klänge (oft in Verbindung mit Stimmtausch, seltener als Kanon), → Sequenz (– 2), Rhythmuswechsel (Moduswechsel) in größeren Abständen, rhythmische Verwendung der → Pause (→ Hoquetus), schließlich zur Auflösung der Modi führende Unterteilungen und Zusammenziehungen regulärer modaler Werte kennzeichnen die Stufe der Modalrhythmik. Die allmähliche analytisch-rationale Durchdringung des musikalischen Satzes brachte es mit sich, daß in der Notenschrift eine sukzessive Verlagerung von den großen zu immer kleineren Notenwerten stattfand und so die im 13. Jh. aufgekommene → Mensuralnotation durch fortgesetzte Teilung ausgebaut wurde. Dabei wiederholte sich mehrmals der Vorgang, daß die jeweiligen Unterteilungswerte (Spaltwerte) mit ihrer Einbeziehung und Eingliederung in das feste Satzgefüge eigenes Gewicht erhielten und nun nicht mehr als Neben-, sondern als Hauptzeiten empfunden wurden. Die zunehmende Beweglichkeit und rhythmisch-melodische Selbständigkeit der Stimmen (zumal der Oberstimmen) ließ das Moment der Akzentuierung zurücktreten. Neben der als Norm weiterhin anerkannten Dreizeitigkeit (Dreiteiligkeit; → Perfectio – 2) kam an der Wende zum 14. Jh. nach und nach die Zweizeitigkeit (Zweiteiligkeit) auf (Stellen wie *Longa autem apud priores organistas duo tantum habuit tempora* bei Odington, CS I, 235b, werden heute nicht mehr als Beweis für die Priorität der Zweizeitigkeit angesehen, sondern mit dem höheren Alter der beiden ersten rhythmischen Modi in Verbindung gebracht). Perfekte (3zeitige) und imperfekte (2zeitige) → Mensuren (– 2) konnten nun einander ablösen oder überlagern (s. o.), und zwar in den verschiedenen Größenverhältnissen (→ Modus – 3, → Tempus, → Prolatio; → Proportion – 2), wodurch die Gleichförmigkeit des rhythmischen Ablaufs zugunsten einer wechselnden und vielgestaltigen Schichtenrhythmik in den Hintergrund gedrängt wurde. Bei der zugleich eine Aufspaltung des rhythmischen Duktus bewirkenden Überlagerung von inkongruenten Mensuren ergaben sich häufig rhythmische Verschiebungen (→ Synkope, → Trayn, polyrhythmische Bildungen, die jedoch alle nicht im modernen Sinn als Akzentverschiebungen zu verstehen sind, sondern als Divergenzen zwischen ungleichen Bewegungen). Die Unterschiedlichkeit der Mensuren und Proportionen implizierte unterschiedliche Bewegungsarten im Sinne des Tempobegriffs, vielfach aber auch unterschiedliche Satzarten (z. B. gleichbleibende Dichte des Satzes im Tempus imperfectum [C] gegenüber der veränderlichen Dichte im Tempus imperfectum diminutum [¢]; vgl. R. Bockholdt, *Die frühen Messenkompositionen von G. Dufay*, = Münchner Veröffentlichungen zur Musikgeschichte V, Tutzing 1960). In der französischen Ars nova und darüber hinaus wurde der Rh. auch als streng konstruktives Satzgerüst (→ Talea) im Sinne der bereits im 13. Jh. vorgebildeten → Isorhythmie verwendet. Die mit rhythmischen Floskeln durchsetzte Stimmengestaltung war in der Ars nova noch weithin üblich, machte aber allmählich einer freieren Art der Melodiebildung Platz (→ Melodie), wie sie sich seit dem italienischen Trecento und in England seit Dunstable durchzusetzen begann. Am längsten hielten sich rhythmische Floskeln in der Schlußbildung (→ Klausel).

Seit dem späten Mittelalter wurden vor allem drei Faktoren für die Rhythmik mehr und mehr bestimmend: Sprachtext, instrumentales Spiel und Tanz. Textdeklamation und »textgezeugte« Rhythmen (H. Riemann) begannen seit Dunstable und den Niederländern, musikalische Textausdeutung (u. a. als Darstellung von Affekt und Sprachgebärde) im 16. Jh. an Bedeutung zu gewinnen. Für die Deklamationsrhythmik der Vokalpolyphonie ist die sich über die satztechnisch verankerte Schwerpunktordnung und über die Schlagzeit (→ Tactus) vorübergehend erhebende selbständige Gliederung charakteristisch, z. B. im folgenden Teil der

Altstimme aus dem Offertorium *Reges Tarsis* von Palestrina (alte GA IX, S. 37; vgl. Fellerer 1928, S. 21):

Schwerpunktordnung:
Schlagzeit:
Deklamations-Rh.:

Metrische Odenkomposition und protestantisches Kirchenlied folgten rhythmischen Gestaltungsarten, die teils an quantitierenden antiken Versmaßen und teils an der Mensurenrhythmik orientiert sind. Die unterschiedliche Struktur der Sprachen machte sich seit dem Ende des 16. Jh. in Textvertonungen verstärkt bemerkbar (vgl. die sich in den Vertonungen eines Monteverdi, Schütz und Lully auch rhythmisch ausprägenden unterschiedlichen Sprachhaltungen). Instrumentales Spiel und → Tanz brachten starke neue Impulse. Zusammen mit den »Instrumentalismen« (H. Riemann) fanden rhythmisch eigenwillige Akkordzerlegungen, Spielfiguren, Spiel- und Vortragsmanieren (u. a. Tremolo) Eingang in die Kunstmusik. Tänze, Tanzrhythmen und überhaupt feste Rhythmen (z. B. in Strophenbaß und Basso ostinato) wurden allenthalben verwendet. Dadurch gewann auch das Prinzip der → Symmetrie Einfluß auf die Satzbildung (Wiederholung oder Korrespondenz, wobei Gruppen von 1+1, 2+2, 4+4 oder 8+8 Takten entstanden). Im 17. Jh. setzte sich allmählich eine Einheitlichkeit und Geschlossenheit des musikalischen Bewegungsablaufs durch, die nicht nur die rhythmische, sondern auch die harmonische Seite des Satzgefüges umfaßte. Taktrhythmik und harmonische Tonalität begannen sich zu konsolidieren – wie es scheint, in wechselseitiger Abhängigkeit voneinander. Das alte Proportionssystem blieb zwar noch lange wirksam, verlor aber an unmittelbarer Bedeutung in dem Maße, als → Takt (mesure, Zeitmaß) und → Tempo (mouvement, Bewegung) auseinandertraten und als selbständige Größen erfaßt wurden. Die Ausarbeitung der für die Generalbaßepoche typischen Taktrhythmik ging wesentlich vom Detail aus (durch Unterscheidung zwischen kleingliedrigen Wendungen, die sich auf die Zählzeit, und größeren, die sich auf den halben oder den ganzen Takt beziehen). Bezeichnend ist das Festhalten an einer durchlaufenden Grundbewegung mit Tongebung auf jede Zählzeit (im Tripeltakt mit → Hemiole zur Verdeutlichung des Schlusses), häufig sogar mit durchlaufender Unterteilungsbewegung. Dies bedeutet, daß die 1. Zählzeit gegenüber den anderen noch nicht entschieden hervortrat – bis tief ins 18. Jh. hinein galten die 1. und die 3. Zählzeit in Vierertakten als gleichwertig hinsichtlich ihres Gewichts – und daß die Unterteilungswerte ersten Grades den Charakter des Bewegungsstroms wesentlich mitbestimmten (vgl. den Unterteilungs-Rh. z. B. im Eingangschor der Matthäuspassion von J. S. Bach). Entsprechend hatte die Synkope jeweils nur soviel Gewicht wie die durch sie vorweggenommene Hauptnote und war wie diese nicht eigens akzentuiert. (Neuerdings werden die Haupt- und sogar die Unterteilungswerte im Anschluß an ähnliche Tendenzen in der Musik des 20. Jh. durch einseitige Hervorkehrung des Motorischen oft eingeebnet, so daß der eigentümlich federnde Grundzug dabei verlorengeht.) Besondere Aufmerksamkeit erfordern die der Ausführungsebene angehörige Rhythmisierung durch → Artikulation und der nicht einheitlich geregelte → Punktierte Rhythmus (vgl. auch → Lombardischer Rhythmus).
Die schärfste Ausprägung erfuhr die Taktrhythmik in der Musik der Wiener Klassiker. Takt und Dur-Moll-Tonalität sind hier zu absoluten Ordnungen geworden.

Im Takt liegt das Hauptgewicht nun eindeutig auf der 1. Zählzeit, die als solche stark zentralisierend wirkt, zugleich aber auch eine schärfere Trennung oder Gegenüberstellung der Taktinhalte zuläßt. (Zur Kompositionsweise vgl. auch das Verfahren, mit Würfeln zu komponieren; → Aleatorik.) Für den musikalischen Aufbau hat demgemäß das Taktmotiv (→ Motiv) zentrale Bedeutung, wobei zwischen auftaktigen und abtaktigen Bildungen nicht nur ein Unterschied, sondern oft sogar ein Gegensatz bestand (vgl. die Gegenüberstellung in den letzten Satz von Beethovens Streichquartett F dur, op. 135). Das aus mehreren Takten bestehende → Thema vereinigt in sich häufig disparat erscheinende harmonisch-rhythmische Taktglieder, die indessen gerade in ihrer »Gegensätzlichkeit« (nach dem Prinzip von Aufstellung und Antwort) eine höhere Form der Einheit und Geschlossenheit verkörpern, z. B. im Falle des Allegrothemas des 1. Satzes aus der Serenade für 13 Bläser von Mozart, K.-V. 361:

Die strenge Taktordnung bedingte weitere Eigentümlichkeiten, die zum Teil eine strenge Regelung des harmonischen Ablaufs implizierten (→ Metrum – 3, → Periode; im → Marsch verbunden mit scharfer Punktierung) und die die Einbeziehung der → Dynamik (– 1) in die Komposition begründeten. Auf der einen Seite wurden Abweichungen von der Norm häufig (hervortretende Synkopen, synkopische Akzente, die die Taktstruktur verschleiernde Synkopenketten; »negativer« → Akzent – 3; → Imbroglio; Zweiergruppierungen im Dreiertakt, etwa im → Scherzo – 2; Dreiergruppierungen jeweils unter einer Zählzeit zusammengefaßter ganzer Takte, beim späten Beethoven mit *Ritmo di tre battute* bezeichnet; komplementäre Rhythmen, → Polyrhythmik), auf der anderen Seite hingegen Bildungen, die die Ordnung wiederherstellen und bestätigen (Akzente auf guten Taktteil, Bestätigungen besonders am → Schluß). Die Verdeutlichung der musikalischen Sinngliederung geschieht primär durch die → Phrasierung. In der Romantik verlor der Takt als Gewichtsordnung und als tektonisches Moment an Bedeutung (vgl. Schuberts federnd-ausgleichenden Rh. | ♪♪♪ ♪ | aus *Moment musical* op. 94 Nr 4; im → Walzer aber dominierte die 1. Zählzeit so entschieden, daß sie ohne Einbuße der Wirkung auch pausieren konnte). Bruckner und Brahms machten von → Triolen als Unterteilungsmodus halber Takte Gebrauch. Mit Chopin, Wagner, Tschaikowsky kamen kompliziertere Taktarten in die Kunstmusik (→ Takt). Der musikalische Rh. näherte sich in der Haltung vielfach der → Prosa – 2; vgl. Nietzsches Ausspruch: *In der bisherigen älteren Musik mußte man ... tanzen*; künstlerische Absicht der Wagnerischen Musik hingegen sei, *man soll schwimmen*; *Menschliches, Allzumenschliches* II, S. 65). Die Notierung in Takten wurde in der Musik des 20. Jh. weithin zu einer bloßen Konvention, zumal seit der Preisgabe der Tonalität. Tatsächlich handelt es sich hier um keine Gewichtsordnung mehr, sondern um regelmäßige oder um wechselnde Betonungen, letztere nicht selten in Annäherung an additive Rhythmen der Folklore (Bartók, Strawinsky u. a.), auch als → Variable Metren. → Beat (– 1) und → Off-beat sowie → swing sind typi-

sche Rh.-Phänomene des Jazz. Durch die Modetänze kam eine Fülle von fremdartigen Rhythmen nach Europa.
Schon Berlioz hatte die Einführung einer Klasse für Rh. am Konservatorium befürwortet (»Memoiren«, § 66), doch setzte sich die → Rhythmische Erziehung erst im 20. Jh. langsam durch.
Im Gegensatz zu R. Westphal, der die poetische Metrik der Antike mit der musikalischen Rhythmik der Neuzeit verquickte, betonte H. Riemann die Notwendigkeit einer scharfen Sonderung der musikalischen Rhythmik; in diesem Sinne entwickelte er ein umfassendes System der Rhythmik und Metrik, das, auf seiner heute nicht mehr allgemein anerkannten Auftakttheorie basierend, auch die Lehre von der Phrasierung, von der Dynamik und Agogik mitumfaßt. Eine von der Auftakttheorie freie Rh.-Lehre bot Th. Wiehmayer. Zu einem Sonderzweig entwickelte sich die rhythmische → Typologie.

Lit.: A. F. Lwow, O swobodnom ili nesimmetritschnom ritme (»Über d. freien oder unsymmetrischen Rh.«), St. Petersburg 1858, deutsch Lpz. 1859; R. Westphal, Die Fragmente u. d. Lehrsätze d. griech. Rhythmiker, Lpz. 1861; ders., Allgemeine Theorie d. mus. Rhythmik seit J. S. Bach, Lpz. 1880; M. Lussy, Le rythme mus., Paris 1883; ders., Die Correlation zwischen Takt u. Rh., VfMw I, 1885; H. Riemann, Mus. Dynamik u. Agogik, Hbg u. St. Petersburg 1884; ders., Wurzelt d. mus. Rh. im Sprachrh.?, VfMw II, 1886, auch in: Präludien u. Studien I, Ffm. 1895; ders., System d. mus. Rhythmik u. Metrik, Lpz. 1903; E. Meumann, Untersuchungen zur Psychologie u. Ästhetik d. Rh., Philosophische Studien X, 1894; K. Bücher, Arbeit u. Rh., Lpz. 1897, [6]1924 (hierzu: E. M. v. Hornbostel, Arbeit u. Musik, ZIMG XIII, 1911/12); J. Combarieu, Théorie du rythme dans la composition moderne d'après la doctrine antique, Paris 1897; G. Mari, I trattati medioevali di ritmica lat., in: Memorie del R. Istituto lombardo di Scienze e Lettere, Classe di Lettere..., Seria III, vol. XX/XXI, Mailand 1899; Ch. S. Mijers, A Study of Rhythm in Primitive Music, British Journal of Psychology I, 1905; K. Koffka, Experimental-Untersuchung zur Lehre v. Rh., Zs. f. Psychologie LII, 1909; H. Wetzel, Zur psychologischen Begründung d. Rh. u. d. aus ihr fließende Bestimmung d. Begriffe Takt u. Motiv, Fs. H. Riemann, Lpz. 1909; A. Halm, Rhythmik u. Vortragsdynamik, in: ders., Von Grenzen u. Ländern d. Musik, München 1916; E. Petersen, Rh., in: Abh. d. Kgl. Ges. d. Wiss. zu Göttingen, Phil.-hist. Klasse, N. F. XVI, Nr 5, Bln 1917 (hierzu: O. Schroeder, Ῥυθμός, Hermes LIII, 1918, u. Th. Plüss in: Berliner philologische Wochenschrift XXXVII, 1920); Th. Wiehmayer, Mus. Rhythmik u. Metrik, Magdeburg 1917; O. L. Forel, Le rythme, Lpz. 1920; R. Dumesnil, Le rythme mus., Paris 1921; J. G. Schmidt, Haupttexte d. gregorianischen Autoren betreffend Rh., Düsseldorf 1921; A. Orel, Zur Frage d. rhythmischen Qualität in Tonsätzen d. 15. Jh., ZfMw VI, 1923/24; A. Schering, Die metrisch-rhythmische Grundgestalt unserer Choralmelodien, Halle 1924, [2]1927; ders., Betonungs- u. Gewichtsprinzip, Kgr.-Ber. Lpz. 1925; R. Hoenigswald, Vom Problem d. Rh., Lpz. 1926; W. Bund, Einige strittige Probleme d. mus. Rhythmik u. Metrik, Diss. Wien 1927, maschr.; Zs. f. Ästhetik u. allgemeine Kunstwiss. XXI, 1927 (mit zahlreichen Beitr. zum Problemkreis d. Rh.); G. Becking, Der mus. Rh. als Erkenntnisquelle, Augsburg 1928, Nachdruck Stuttgart 1958; K. G. Fellerer, Die Deklamationsrhythmik in d. vokalen Polyphonie d. 16. Jh., Düsseldorf (1928) (hierzu: A. Schering, Mus. Organismus oder Deklamationsrhythmik?, ZfMw XI, 1928/29); E. Norden, Logos u. Rh., Bln 1928, auch in: ders., Kleine Schriften zum klass. Altertum, Bln 1966; O. Gombosi, Zur Deutung gewisser rhythmischer Figuren d. 16. Jh., ZfMw XII, 1929/30; R. Steglich, Die elementare Dynamik d. mus. Rh., Lpz. 1930; ders., Über den Rh. Beethovens, Studium Generale III, 1950; ders., »Rhythmische Verwechslung?«, Mf XII, 1959; P. F. Radcliffe, The Relation of Rhythm and Tonality in the 16th Cent., Proc. Mus. Ass. LVII, 1930/31; L. Klages, Vom Wesen d. Rh., Kampen auf Sylt 1934, Zürich u. Wien [2]1944; E. Lowinsky, Zur Frage d. Deklamationsrhythmik in d. a cappella-Musik d. 16. Jh., AMl VII, 1935; ders., On Mozart's Rhythm, MQ XLI, 1956; G. Flik, Die Morphologie d. Rh., Diss. Bln 1936; E. Jammers, Die Barockmusik u. ihre Stellung in d. Entwicklungsgesch. d. Rh., Fs. M. Bollert, Dresden 1936; ders., Der gregorianische Rh., Straßburg 1937; ders., Rhythmische u. tonale Studien zur Musik d. Antike u. d. MA, AfMf VI, 1941 – VIII, 1943; ders., Takt u. Motiv. Zur neuzeitlichen mus. Rhythmik, AfMw XIX, 1962 – XX, 1963; G. Langer, Die Rhythmik d. J. S. Bachschen Präludien u. Fugen f. d. Org., Dresden 1937; A. Arnholtz, Studier i poetisk og musikalsk rytmik, Kopenhagen 1938; E. Schmidt, Über d. Aufbau rhythmischer Gestalten, München 1939; H. Chr. Wolff, Das Problem d. Rh. in d. neuesten Lit., Arch. f. Sprach- u. Stimmphysiologie IV, 1941; ders., Der Rh. bei J. S. Bach, Bach-Jb. 1940–48; A. Einstein, Narrative rhythm in the Madrigal, MQ XXIX, 1943; E. Wolf, Die Bedeutung v. ῥυθμός in d. griech. Lit., Diss. Innsbruck 1947, maschr.; E. A. Leemans, Rythme et ῥυθμός, L'Antiquité classique XVII, 1948; Polyphonie II, 1948 (mit mehreren Beitr. zum Rh.); G. Brelet, Le temps mus., 2 Bde, Paris 1949; Thr. G. Georgiades, Der griech. Rh., Hbg 1949; ders., Musik u. Rh. bei d. Griechen, rde LXI, Hbg 1958; ders., Sprache als Rh., in: Die Sprache, hrsg. v. d. Bayerischen Akad. d. Schönen Künste, München (1959); Studium Generale II, 1949 (mit Beitr. zum Rh. v. W. Heinitz, J. Trier, R. Steglich u. a.); J. Kunst, Metre, Rhythm and Multipart Music, Leyden 1950; C. Alette, Theories of Rhythm, Diss. Rochester (N. Y.) 1951, maschr.; L. Schrade, Das Rätsel d. Rh. in d. Musik, Melos XVIII, 1951; ders., Sulla natura del ritmo barocco, RMI LVI, 1954; S. Babitz, A Problem of Rhythm in Baroque Music, MQ XXXVIII, 1952; H. Heckmann, W. C. Printz u. seine Rhythmuslehre, Diss. Freiburg i. Br. 1952, maschr.; ders., Influence de la musique instr. du XVIe s. sur la rythmique moderne du XVIIe s., in: La musique instr. de la Renaissance, hrsg. v. J. Jacquot, Paris 1955; C. Höweler, Het rhythme in vers en muziek, Den Haag 1952; ders., Zur internationalen Uniformität d. Begriffe Metrum u. Rh., Kgr.-Ber. Bamberg 1953; W. Eberhardt, Das Prinzip d. Metrik Beethovens, Diss. Bln (Ost) 1953, maschr.; C. Sachs, Rhythm and Tempo, NY 1953; A. M. Jones, African Rhythm, Africa XXIV, 1954; W. C. Waite, The Rhythm of Twelfth-Cent. Polyphony, New Haven (Conn.) 1954; E. Willems, Le rythme mus., Paris 1954; H. Zingerle, Zur Entwicklung d. Rhythmik u. Textbehandlung in d. Chanson v. ca. 1470–1530, Innsbruck 1954; F.-J. Machatius, Über mensurale u. spielmännische Reduktion, Mf VIII, 1955; I. M. Bruce, A Note on Mozart's Bar-Rhythms, MR XVII, 1956; M. C. Burton, Changing Concepts of Rhythm in Engl. Mus. Writings, 1500–1740, Diss. Rochester (N. Y.) 1956, maschr.; W. Dürr, Studien zu Rh. u. Metrum in ital. Madrigal, insbesondere bei L. Marenzio, Diss. Tübingen 1956, maschr.; ders., Zum Verhältnis v. Wort u. Ton im Rh. d. Cinquecento-Madrigals, AfMw XV, 1958; ders., u. W. Gerstenberg, Artikel »Rh., Metrum, Takt«, in: MGG XI, 1963; P. Fraisse, Les structures rythmiques, Löwen 1956; J. LaRue, Harmonic Rhythm in the Beethoven Symphonies, MR XVIII, 1957; ders., Harmonic Rhythm as an Indicator of Rhythmic Function, Kgr.-Ber. Köln 1958; K. Stockhausen, ... wie die Zeit vergeht..., die Reihe III, Wien 1957; R. L. Crocker, Musica rhythmica and Musica metrica in Antique and Medieval Theory, Journal of Music Theory II, 1958; C. Dahlhaus, Zur Rhythmik d. Mensuralmusik, MuK XXIX, 1958; ders., Probleme d. Rh. in d. Neuen Musik, in: Zur Terminologie d. Neuen Musik, Bln 1965; K. Hławiczka, Die rhythmische Verwechslung, Mf XI, 1958; Generalthema I. Kategorien d. mus. Rh. in europäischer u. außereuropäischer Musik, Kgr.-Ber. Köln 1958 (darin: W. Gerstenberg, Grundfragen d. Rhythmusforschung; M. Schneider, Prolegomena zu einer Theorie d. Rh.); M. Schneider, Studien zur Rhythmik im »Cancionero de Palacio«, in: Miscelánea en homenaje a H. Anglès, 2 Bde, Barcelona 1958–61; S. Hermelink, Rhythmische Struktur in d. Musik v. H. Schütz, AfMw XVI, 1959; F. Neumann, Die Zeitgestalt. Eine Lehre v. mus. Rh. in 2 Bden, Wien 1959; ders., Die Zeitgestalt als Grundbegriff d. mus. Rhythmik, Kgr.-Ber. Kassel 1962; N. W. Powell, Rhythmic Freedom in the Performance of French Music from 1650 to 1735, Diss. Stanford (Calif.) 1959, maschr.; G. W. Coo-

PER u. L. B. MEYER, The Rhythmic Structure of Music, Chicago 1960; S. GOLDTHWAITE, Rhythmic Patterns and Formal Symmetry in the 15th-Cent. Chanson, 2 Bde, Diss. Harvard Univ. (Mass.) 1960, maschr.; H. E. SMITHER, Theories of Rhythm in the 19th and 20th Cent., With a Contribution to the Theory of Rhythm for the Study of 20th-Cent. Music, Diss. Cornell Univ. (N. Y.) 1960, maschr.; I. BENGTSSON, On Relationship Between Tonal and Rhythmic Structure in Western Multipart Music, STMf XLIII, 1961; F. KLUGMANN, Die Kategorie d. Zeit in d. Musik, Diss. Bonn 1961; M. L. PERKINS, Changing Concepts of Rhythm in the Romantic Era, Diss. Univ. of Southern California 1961; J. RAYBURN, Gregorian Chant Rhythm. A Hist. of the Controversy Concerning Its Interpretation, NY 1961; WERNER DÜRR, Untersuchungen zur poetischen u. mus. Metrik, Diss. Tübingen 1962; E. KARKOSCHKA, Zur rhythmischen Struktur in d. Musik v. heute, Kgr.-Ber. Kassel 1962; B. KIPPENBERG, Der Rh. im Minnesang. Eine Kritik d. literar- u. musikhist. Forschung, = Münchener Texte u. Untersuchungen zur deutschen Lit. d. MA III, München 1962; M. ROTHÄRMEL, Der mus. Zeitbegriff seit M. Hauptmann, = Kölner Beitr. zur Musikforschung XXV, Regensburg 1963; K. v. FISCHER, Das Zeitproblem in d. Musik, in: Das Zeitproblem im 20. Jh., hrsg. v. R. W. Meyer, Bern u. München (1964); SH. DAVIS, Harmonic Rhythm in the Mozart's Sonata Form, MR XXVII, 1966; A. FEIL, Studien zu Schuberts Rhythmik, München 1966.   FZA

Ribattuta (di gola) (ital.), Zurückschlag (der Kehle), eine ursprünglich italienische Gesangsmanier, die in einem trillerartigen Wechsel zwischen einer Note und ihrer oberen Nebennote mit ungleichem Rhythmus besteht (Beispiel aus G. Caccini, *Le nuove musiche*, 1601). J. A. Herbst beschreibt (*Musica Practica*, 1642) verschiedene Formen der R. di g., darunter eine R. di g. doppia und eine Esclamatione con R. di g., wobei in allen Fällen das Tempo der Wechselschläge zunehmend beschleunigt werden kann:

Im 18. Jh. wird die R. di g. als Spielmanier mit der einfachen Bezeichnung R. auch für Streich- und Tasteninstrumente übernommen. Mattheson (Capellm.) führt sie in Verbindung mit einer Tenuta zur Einleitung eines langen Trillers an:

In der gleichen Art wird sie in den Lehrbüchern von G. Tartini, C. Ph. E. Bach, L. Mozart und D. G. Türk aufgeführt, häufig zur Einleitung eines Trillers einer Schlußkadenz, auf der unteren Nebennote beginnend.

Bach Versuch, Tabelle IV, Figur XXXVII.

Ricercar (ritʃerkʼaːr, ital., auch recerc[h]ar, ricercata, von ricercare, suchen, ausfindigmachen; frz. recherche; span. recercada, auch → tiento), eine der ältesten selbständigen Arten von Instrumentalstücken, belegt zunächst als Lauten-R. seit 1507 (Fr. Spinaccino, in: *Intabulatura de lauto* I von Petrucci). In der Frühzeit meint R. das Einstimmen des (Lauten-)Instruments, nämlich das praeambelartige »Aufsuchen« und Überprüfen der Saitenstimmung und damit – im Sinne von Intonation – das Anstimmen (»Aufsuchen«) der Tonart eines folgenden Stückes. Auf ursprüngliches Stegreifspiel des R.s weist Sp. Speroni (1500–88) hin: R. nenne man gewöhnlich freie Tonfolgen (*suoni licenziosi*), die nach Belieben der Spieler ohne irgendwelche Kunstregeln (*senza arte alcuna*) gemacht werden. B. Segni vergleicht 1549 das R. in der Musik mit dem Proömium einer Rede und dem Prolog in der Poesie. V. Galilei berichtet 1581: »Zuerst machte er ein schönes R. mit den Fingern (*una bella Ricercata con le dita*) und begann daraufhin zu singen.« Entsprechend dem ursprünglichen Wortsinn sowie der Aufgabe des Intonierens und der Technik des Lautenspiels bestand das frühe R. aus Laufwerk und Akkordgriffen, gleichsam improvisatorisch gebildet, und erscheint als R. del ... tono, R. sopra li toni meist nach Tonarten geordnet, so die Lauten-R.e von J. A. Dalza 1508, Fr. Bossinensis 1509, Fr. da Milano 1536 und V. Galilei 1563 und 1568. Das Orgel-R. begegnet zuerst 1523 bei M. A. Cavazzoni. Erst gegen Mitte des 16. Jh. und vorwiegend in der Orgelmusik (G. Cavazzoni 1542) und für Ensemblespiel wurde die Kompositionsart der abschnittsweise durchimitierenden Motette vom R. aufgegriffen, nun als Imitations-R. erscheint, in der Regel in Stimmbüchern (nach 1600 auch in Partitur) gedruckt, so die R.e in Sammlungen von J. Buus 1547 und 1549, A. Willaert 1551, A. Padovano 1556, Cl. Merulo seit 1567, A. und G. Gabrieli 1589 und 1595, Frescobaldi 1626 und 1645, H. L. Haßler, Chr. Erbach u. a. Dabei wahrte das R. seine Bedeutung als Intonation (Vorspiel in bestimmter Tonart) und entwickelte sich – indem es oft nur ein Soggetto (auch in Vergrößerung und Verkleinerung) durchführt – zu einer Vorform der Fuge (die Bezeichnungen R. und Fuga waren eine Zeitlang gleichbedeutend), ohne jedoch die für die Fuge charakteristischen Zwischenspiele auszubilden. Die am imitierenden R. orientierte Definition deutet R. als »Suchen der Motive«, so Praetorius (Synt. III, 1619), der R. und Fuge gleichsetzt und als Praeludium klassifiziert. Neben dieser Umdeutung blieb der ursprüngliche Sinn von R. als frei gestaltete Intonation bis ins 18. Jh. erhalten, so bei Brossard 1703, Walther 1732 (*Ricercar' uno stromento ... ein Instrument ... versuchen, obs gestimmt sey*), Rousseau 1768. Charakteristisch für das Fugen-R., namentlich von Froberger, Kerll, Pachelbel und Buxtehude, wurde die besonders kunstvolle und dichte kontrapunktisch-thematische Arbeit. In diesem Sinne überschrieb Bach sein *Musicalisches Opfer* (1742), dessen 6st. R. in jeder Beziehung den Höhepunkt in der Geschichte des R.s darstellt, insgesamt mit einem Akrostichon auf RICERCAR: Regis Iussu Cantio Et Reliqua Canonica Arte Resoluta (»Das vom König aufgetragene Thema und einiges mehr auf canonische Art ausgeführt«). Dementsprechend beschrieb dann auch H. Chr. Koch 1802, als freilich das an die Zeit der kontrapunktischen Polyphonie gebundene R. nicht mehr lebendig war, dieses als *Kunstfuge*, d. h. als *strenge Fuge, die mit verschiedenen ungewöhnlichern und künstlichen Nachahmungen vermischt wird*. – Die Bedeutung von R. als Stück für ein Soloinstrument (G. Bassano 1585, Violoncell-R.e von G. degli Antoni um 1690 und D. Gabrielli 1689) sowie als Übungsstück gründet im ursprünglichen Sinnbezirk des Terminus. Schon bei S. Ganassi (*Regola Rubertina*, 1542/43) stellen die R.e Übungsstücke für das Viola da gamba-Spiel dar. Auch D. Ortiz hatte in seinem *Tratado de glosas* 1553 die Bezeichnung auf die solistische Stimme bezogen (*la Reçercada que tañera el Violon*) und bei den ersten 4 R.en für Violone solo deren Übungscharakter betont (*para exercitar la mano*). – Erwähnenswert in neuerer Zeit sind R.e u. a. von G. Fr. Malipiero 1925/26, *Tre Ricercari* für Kammerorchester

von B. Martinů 1938, die R.e in Strawinskys *Cantata* (1951/52, 2. und 4. Teil) sowie von A. Webern die geniale Instrumentierung von Bachs 6st. R., welche dessen Struktur durch Klangfarben zu verdeutlichen sucht.
Lit.: BROSSARDD; WALTHERL; KOCHL, Artikel Fuge; H. OPIENSKY, Quelques considérations sur l'origine des r. pour luth, in: Publications de la Soc. frç. de musicologie II, 3/4, Paris 1933; KN. JEPPESEN, Die ital. Orgelmusik am Anfang d. Cinquecento, Kopenhagen 1943, in 2 Bden ²1960; G. SUTHERLAND, The Ricercari of J. Buus, MQ XXXI, 1945; W. APEL, The Early Development of the Organ R., MD III, 1949; H. H. EGGEBRECHT, Terminus »R.«, AfMw IX, 1952; DERS., Studien zur mus. Terminologie, = Akad. d. Wiss. u. d. Lit. Mainz, Abh. d. geistes- u. sozialwiss. Klasse, Jg. 1955, Nr 10, S. 97f.; F. TORREFRANCA, Origine e significato di Repicco, Partita, R., Sprezzatura, Kgr.-Ber. Utrecht 1952; I. HORSLEY, The Solo R. in Diminution Manuals: New Light on Early Wind and String Techniques, AMl XXXIII, 1961; H. C. SLIM, The Keyboard R. and Fantasia in Italy, ca. 1500–1550, Diss. Harvard Univ. (Mass.) 1961, maschr.; R. S. DOUGLASS, The Keyboard R. in the Baroque Era, Diss. North Texas State Univ. 1963, maschr. HHE

Richtungshören. Die biologisch wichtigste Aufgabe des Hörorgans besteht darin, Objekte und Vorgänge im Lebensraum anhand der von ihnen ausgesandten Schallschwingungen nach Richtung und Entfernung zu identifizieren. Es dient ursprünglich der Orientierung sowie der Identifikation von Gefahren und Feinden. Derartige Funktionen haben beim Menschen zwar nur noch untergeordnete Bedeutung, da er sich vornehmlich mit den Augen orientiert; trotzdem ist die Fähigkeit der Richtungslokalisation über das Ohr außerordentlich fein ausgebildet. Es bedarf nur geringer Abweichungen des Zeitpunktes (→ Laufzeitunterschied) oder der Intensität der an beiden Ohren eintreffenden Schallsignale, die mit der Schallrichtung korrespondieren; schon eine Verschiebung des Richtungswinkels um 3° von der Medianebene wird infolge des Laufzeitunterschieds von ca. $1/30000$ sec als Richtungsänderung festgestellt. Entsprechend führen auch kleine Intensitätsabweichungen der Schallsignale an beiden Ohren zu einer Veränderung des Richtungseindruckes. Hierzu trägt vor allem die Tatsache bei, daß der Kopf für das der Schallrichtung abgewandte Ohr – vor allem in hohen Frequenzbereichen, deren Wellenlängen klein gegenüber dem Kopfdurchmesser sind – einen »Schallschatten« wirft. Im normalen Hörvorgang wirken zumeist beide Bedingungen zusammen; in dem der Schallrichtung zugewandten Ohr trifft der Schall sowohl früher als auch mit größerer Intensität ein. Der daraus resultierende Überschuß an Richtungsinformation erhöht die Sicherheit gegenüber Irrtümern. Im allgemeinen werden nicht alle diskreten Schallquellen zugleich bewußt identifiziert; vielmehr wird die Gesamtheit der einzelnen Richtungs- und Entfernungsinformationen im Zusammenhang mit denjenigen von anderen Sinnesgebieten zu einem allgemeinen räumlichen Bewußtsein integriert. Dieser Eindruck kann mittels stereophonischer Wiedergabetechnik (→ Stereophonie) unter Ausnutzung wenigstens einer der beiden Lokalisationsarten der Schallrichtung reproduziert und für qualifizierte Musikwiedergabe ausgenutzt werden; man unterscheidet demgemäß normale Laufzeit- und Intensitätsstereophonie (AB- bzw. XY-Stereophonie).
Lit.: LORD RAYLEIGH, On Our Perception of Sound Direction, Philosophical Magazine XIII, 1907; E. M. v. HORNBOSTEL, Physiologische Akustik, in: Jahresber. über d. gesamte Physiologie ... I, 1920 u. III, 1922; DERS. u. M. WERTHEIMER, Über d. Wahrnehmung d. Schallrichtung, Sb. Bln 1920, S. 388ff.; G. v. BÉKÉSY, Über d. R. bei einer Zeitdifferenz oder Lautstärkeungleichheit d. beiderseitigen Schalleinwirkungen, Physikalische Zs. XXXI, 1930; L. J. SIVIAN u. S. D. WHITE, On Minimum Audible Sound Fields, JASA IV, 1933; ST. SM. STEVENS u. H. DAVIES, Hearing, Its Psychology and Physiology, NY 1938, ⁵1960; O. F. RANKE, Physiologie d. Gehörs, in: Lehrbuch d. Physiologie, hrsg. v. W. Trendelenburg u. E. Schultz, Bln, Göttingen u. Heidelberg 1953; P. R. HOFSTÄTTER, Psychologie, = Das Fischer Lexikon VI, Ffm. (1957); H.-P. REINECKE, Stereo-Akustik, Köln 1966.

ricochet (rikɔʃ'ɛ, frz.) → sautillé.

Riff (ɹif, engl.), Art des → Background im Jazz: eine rhythmisch und melodisch markante, 2- oder 4taktige Wendung wird über den Harmonien des → Chorus auf verschiedene Stufen versetzt und von der Bläser- und Rhythmusgruppe über ganze Abschnitte hin – oft als Antwortspiel oder Gegenpart zum Solo – unablässig wiederholt. Die R.s entstanden aus der → Stop time-Technik des frühen Jazz (nicht zu verwechseln mit der → Stomp-Technik) und spielten schon im New-Orleans-Jazz (Morton) eine Rolle. Sie wurden aber erst seit dem → Kansas-City-Jazz in der Swing-Ära immer wichtiger als strukturbildendes Steigerungsmittel am Schluß von Stücken der Big bands (Henderson, Basie, Ellington, Goodman), häufig sogar als Grundlage des → Arrangements.

Riga.
Lit.: M. RUDOLPH, R.er Theater- u. Tonkünstler-Lexikon ..., R. 1889ff.; N. BUSCH, Zur Gesch. d. R.er Musiklebens im 17. Jh., Sb. d. Ges. f. Gesch. u. Altertumskunde ... aus d. Jahre 1910; C. J. PERL, Drei Musiker d. 17. Jh. in R. (J. Lotichius, D. Kahde u. C. Springer), ZfMw I, 1918/19; B. HOLLANDER, Die R.er Liedertafel 1833–1933, R. 1933; D. REIMERS, Gesch. d. R.er deutschen Theaters v. 1782 bis 1822, Posen 1942.

Rigaudon (rigod'õ, frz.), auch Rigodon, ein seit dem 17. Jh. bekannter, noch im 19. Jh. getanzter Tanz, wohl provenzalischen Ursprungs. Seine Kennzeichen sind: Allabrevetakt mit Auftakt, rasche Bewegung, Folge von meist drei 8taktigen Reprisen, von denen die dritte, auch Trio genannt, im Charakter absticht und nach Mattheson (*Kern melodischer Wissenschaft* ..., 1737) in tieferer Lage gehalten sein muß, damit die wiederholten ersten Reprisen sich desto frischer abheben. Der früheste musikalische Beleg für den R. findet sich bei H. Purcell in dem von H. Playford herausgegebenen *Second Part of Musick's Hand-maid* (London 1689). Der R. fand Eingang in das Ballett (Delalande, Campra, J.-Ph. Rameau) und in die Suite (Georg und Gottlieb Muffat, J. C. F. Fischer).

J. C. F. Fischer, *Musicalischer Parnassus*, Augsburg (1738).

In der Kunstmusik der neueren Zeit verwendete ihn u. a. Ravel in *Le tombeau de Couperin* (1917).

rinforza (ital.), Verstärkung; Corni di r. sind in vorklassischen Symphonien Hörner, die nur zur Verstärkung (ad libitum) eingesetzt sind.

rinforzando (ital., verstärkend; Abk.: rf, rfz, rinf.), ein energisches Crescendo auf einem Ton oder einer kurzen Tonfolge (schon 1742 bei L. Leo); rinforzato (ital., verstärkt; vgl. Beethoven, op. 53, 2. Satz) fordert plötzliches Hervortreten (Beethoven, op. 95, 2. Satz); bei Einzeltönen gleichbedeutend mit → sforzato.

Ripieno (ripi'ɛːno, ital., voll; Abk.: rip., im 17./18. Jh. auch R.), Ripienstimme, bezeichnet im Gegensatz zur solistischen (→ Solo), obligaten und konzertierenden

Stimme die vielfach besetzten Stimmen eines Chores oder die Hauptstimmen (Streicherchor) im Orchester; ferner die Stimmen, die jene Hauptstimmen nur im → Tutti verstärken (so auch der → Basso r.), sowie die bloß zur Verstärkung dienenden → Füllstimmen. Über die Anforderungen an einen Ripienisten (im 18. Jh. auch Akkompagnist, heute Tuttigeiger, -violoncellist usw. genannt) handeln u. a.: Quantz 1752, XVII. Hauptstück; Reichardt, *Ueber die Pflichten des Ripien-Violonisten*, Berlin und Leipzig 1776; KochL. – Als Orgelregistrierung bezeichnet R. den gesamten Prinzipalchor, das → Organo pleno; mezzo r. registriert ihn auswahlweise, unter Hinzunahme auch einer Flöte 8' (Flauto).

Ripresa (ital., Wiederholung), – 1) das Wiederholungszeichen (→ Reprise); – 2) Bezeichnung für den → Refrain in italienischen Gesangsformen; – 3) in der Bassa danza (→ Basse danse) des 15. und 16. Jh. Bezeichnung für einen Doppelschritt zögernden Charakters, der in der Regel seitwärts, mitunter auch vorwärts, rückwärts oder im Kreise getanzt wurde. Im französisch-burgundischen Schrittrepertoire entspricht der R. die Démarche. Während diese jedoch nur ungeradzahlig, also ein- oder dreimal hintereinander ausgeführt wurde, waren in der Bassa danza auch Folgen von 2 oder 4 Ripresen nicht selten. – 4) gleichbedeutend mit frz. reprise bzw. recoupe, Bezeichnung für den Mittelteil (choreographisch: retour) der Bassa danza (Basse danse), auf den die Wiederholung des Haupttanzes und der Nachtanz folgen (Ablauf: Haupttanz–R.–Haupttanz–Nachtanz). Bei Attaingnant noch durch Ummensurierung des Haupttanzes gebildet, ist die R. bei Susato bereits mit eigener, sich motivisch jedoch meist noch an den Haupttanz anlehnender Musik versehen. Dieses nunmehr musikalisch selbständige Tanzstück neben Haupt- und Nachtanz wurde wie diese seit dem späteren 16. Jh. ebenfalls variiert und konnte auch aus dem ursprünglichen Satzzusammenhang gelöst und z. B. als Schlußsatz einer Tanzfolge verwendet werden (so bei Waisselius 1573: Passamezzo–Padoana–Saltarello–Represe).

Lit.: zu 3): I. BRAINARD, Die Choreographie d. Hoftänze in Burgund, Frankreich u. Italien im 15. Jh., Diss. Göttingen 1956, maschr. – zu 4): T. NORLIND, Zur Gesch. d. Suite, SIMG VII, 1905/06; FR. BLUME, Studien zur Vorgesch. d. Orchestersuite im 15. u. 16. Jh., = Berliner Beitr. zur Mw. I, Lpz. 1925.

Risposta (ital., Antwort), – 1) die nachfolgende Stimme im Kanon sowie das Thema einer Fuge in der Gestalt seiner → Beantwortung; Gegensatz von → Proposta; – 2) die Antwort in den Rollendialogen italienischer Madrigale des 16. Jh.

Lit.: zu 2): TH. KROYER, Dialog u. Echo in d. alten Chormusik, JbP XVI, 1909.

ritardando (ital., verzögernd; die Abk. rit. kann irrtümlich als → ritenuto gelesen werden), fordert eine allmähliche Verlangsamung des Tempos (ähnlich wie → rallentando), im Gegensatz zu accelerando und stringendo.

ritenuto (ital., zurückgehalten; Abk.: rit.) fordert ein Zurücknehmen des Tempos, meist nur für wenige Takte, jedoch keine allmähliche Verlangsamung wie → ritardando. Wegen der Gleichheit der Abkürzungen werden r. und ritardando zuweilen verwechselt. Bei Beethoven kommt vereinzelt ritenente (ital., s. v. w. zurückhaltend, zögernd) vor.

Ritornell (von ital. ritornello, Wiederkehr; engl. ritornel; frz. ritournelle), – 1) Im italienischen → Madrigal des Trecentos ist das R. ein von den Strophen (copulae, Sonderform: terzetti) metrisch und musikalisch unterschiedener Abschnitt aus 1–3 Versen. Es steht nach jeder Strophe oder als Schluß-R. nur am Ende des Madrigals, kann aber auch ganz fehlen. – Frühe italienische Volkspoesie und Volkslieder mit dreizeiliger (heterometrischer) Strophe, deren erster und dritter Vers sich reimen, werden ebenfalls R. (auch stornelli) genannt. – 2) Im 17. und frühen 18. Jh. bezeichnet R. die mehrfach wiederkehrenden kurzen Instrumentalsätze, die als Einleitungen, Zwischen- und Nachspiele vokalgebundene Musik gliedern und umrahmen. Frühe Beispiele bieten die *Scherzi musicali* (1607) von Monteverdi. Die Art der Verwendung von R.en ist vielfältig. So stellt Monteverdi seiner Canzonetta *Amor che deggio far* (VII. Madrigalbuch, 1619), ähnlich wie Schütz seinem Madrigal *Liebster, sagt in süßem Schmerzen*, die 3 Einzel-R.e geschlossen voran und fügt sie dann den Vokalpartien gliedernd ein. Ein Doppel-R. verwendet Schütz in seinem concertierenden Madrigal *Tugend ist der beste Freund*. R.e sind im 17./18. Jh. wichtiger Bestandteil des Madrigals, der weltlichen und geistlichen Kantate (so bei Weckmann, Rosenmüller, Buxtehude, J. Ph. Krieger, J. S. Bach), der Aria, des deutschen Strophenliedes (H. Albert, A. Krieger, J. Pezel), wobei eine thematische Beziehung zwischen R. und folgendem Vokalteil angestrebt wird. Auch in der Oper dieser Zeit werden R.e als instrumentale Zwischenspiele verwendet; in der frühen Oper sind sie neben der Sinfonie die einzigen Instrumentalstücke. Eine begriffliche Scheidung zwischen Sinfonia und R., wie sie z. B. in Monteverdis *Orfeo* (1607) gegeben ist, verliert sich schon im Spätwerk Monteverdis. Die synonyme Verwendung von Passacaglio und R. ist durch G. Montesardo (*Nuova inventione d'intavolatura . . .*, Florenz 1606) belegt: *le passacaglie così chiamati à lingua Spagniola; overo r.i in lingua nostra*. Instrumentale Zwischenspiele im Sinne des R.s wurden in der frühen Oper oft durch den bloßen Vermerk Passacaglie gefordert. – Im Instrumentalkonzert (→ Concerto grosso, → Konzert) des 18. Jh. werden die Tuttiabschnitte als R.e bezeichnet. – 3) Im heutigen italienischen Sprachgebrauch bedeutet R. s. v. w. → Refrain.

Lit.: PRAETORIUS Synt. III; H. SCHUCHARDT, R. u. Terzine, Halle 1875; E. ZEIM, Sinfonia u. R.o als Intermedien in d. Kirchenmusik d. 1. Hälfte d. 17. Jh., Diss. Halle 1950, maschr.; W. APEL, Anent a ritornello in Monteverdi's Orfeo, MD V, 1951; A. DÜRR, Studien über d. frühen Kantaten J. S. Bachs, Lpz. 1951; W. OSTHOFF, Das dramatische Spätwerk Monteverdis, = Münchner Veröff. zur Mg. III, Tutzing 1960.

Rituale (lat.; ältere Namen: Obsequiale, Manuale, Sacerdotale, Agenda), liturgisches Buch der katholischen Kirche, das neben wenigen Teilen aus dem Offizium die nicht im → Missale oder → Brevier aufgezeichneten gottesdienstlichen Handlungen enthält: Sakramentenspendung, Prozessionen, Segnungen, → Exequien u. a. Es erschien erstmals 1614 auf der Grundlage privater Vorarbeiten (letzte Editio typica 1952). Das R. ist für den einfachen Priester bestimmt, während der Bischof das → Pontificale verwendet. An einstimmigen liturgischen Stücken finden sich im R. außer Antiphonen und Psalmen zu Segnungen vor allem die Gesänge für das Totenoffizium und den Beerdigungsritus sowie Prozessionsgesänge und Litaneien. Anstelle des nie allgemein verbindlich vorgeschriebenen R. Romanum gelten vielerorts Diözesanritualien oder Ritualien für ein ganzes Sprachgebiet.

Ausg.: Collectio Rituum . . . pro omnibus Germaniae Dioecesibus I, Regensburg 1950.

riverso (ital., gewendet), Anweisung zur Ausführung im → Krebsgang, meist verbunden mit melodischer Umkehrung.

Rivolgimento (rivoldʒim'ento, ital. Umwendung), die Vertauschung, gegebenenfalls auch Versetzung der Stimmen im doppelten → Kontrapunkt.

Rivolto (ital.), → Umkehrung von Intervallen, Akkorden oder Themen.

Rock and Roll (rɔk ænd rɔ:l, engl.), auch Rock 'n' Roll, → Rhythm and blues.

Röhrenglocken (engl. tubular bells oder chimes; frz. cloches tubulaires, cloches à tubes; ital. campane tubolari) sind die im Orchester verwendeten Instrumente zur Erzeugung des Glockenklangs. Neben den eigentlichen R. (Stahlröhren bis zu 3 m Länge, ⌀ 1–2 cm) sind auch frei an Schnüren hängende schmale Stahlplatten oder bis zu 3 m lange Stahlstäbe als Glockensurrogate in Gebrauch. Stahlstäbe (tiefer Glockenklang) und R. (hoch) sind in einem Rahmengestell hängend befestigt; der Anschlag erfolgt mit einem Holz- oder Gummikopfschlägel, die Abdämpfung durch eine Pedalvorrichtung. Der Tonraum der im Orchester gebräuchlichen R. liegt zwischen $_1$C und f^2. Die geforderten Töne werden sowohl 1 Oktave tiefer als auch nach ihrem realen Klang notiert. – Im Orchester ist die Verwendung von echten Glocken erstmals in N. Dalayracs Oper *Camille ou le souterrain* (1791) nachweisbar; danach wurden sie, ebenfalls für szenische Effekte, auch gefordert z. B. von Cherubini in seiner Oper *Eliza* (1794), von Meyerbeer in *Les Huguenots* (1836). Der im Opernorchester des 19. Jh. häufig verlangte Klangeffekt echter Glocken wird heute ausschließlich durch (Glocken-)Stäbe oder R. erzielt. In R. Wagners *Parsifal* (1. und 3. Akt) findet sich die charakteristische Verwendung des Glockenklangs in der Klangfolge c G A E (klangreal notiert); weitere Beispiele: G. Mahler, 2. Symphonie (1894); Mussorgskij–Ravel, »Bilder einer Ausstellung« (1922); E. Varèse, *Ionisation* (1933), O. Messiaen, *Oiseaux exotiques* (1956).

Römische Musik. Trotz des völligen Fehlens von Melodieaufzeichnungen erweisen Literaturzeugnisse und Bilddokumente die (vor den Forschungen des 20. Jh. zumeist unterschätzte) Bedeutung der Musik in den verschiedensten Bereichen des römischen Lebens, sei es als Umgangsmusik mit Bindung an Kult, Brauch, Militär, sei es als Darbietungsmusik im Theater, bei Tanz und Unterhaltung. Das Instrumentarium läßt Weiterbildung etruskischer, griechischer und orientalischer Vorbilder erkennen unter Vorliebe für farbige Klangwirkungen: Vermehrung der Saitenzahl bei Lyra und Kithara, Stimmringe an der Tibia, Bevorzugung von Trompeten und Schlaginstrumenten, Zusammenspiel von Tibiabläsern und Kitharisten. Im Musikschrifttum werden Akustik und Tonartenlehre der Griechen rezipiert; bedeutsam erscheinen die Nutzbarmachung der Theorie für andere Wissensgebiete und deren Eingliederung in das System der Allgemeinbildung. – In der sagenhaften Königszeit verwendete die Priesterschaft rhythmisch gegliederte Gesänge und geweihte Instrumente zu sakralen Handlungen. Mit den Bräuchen wurden archaische Carmina von Priesterkollegien jahrhundertelang überliefert, so die Wechselgesänge der Salier zum Waffenumzug und der Arvalbrüder zum Flurumgang. Auch manche Formen volkstümlichen Singens zu Arbeit, Fest und Brauchtum, Klage-, Scherz- und Spottlieder sind früh belegt. Wohl nach Gründung der römischen Republik (510 v. Chr.) wurden von den Etruskern die aus Metall gearbeiteten Blasinstrumente → Tuba (– 1), → Lituus und → Cornu für militärische Signale übernommen, dazu gesellten sich die zuvor als Hirteninstrumente gebräuchliche → Syrinx und → Bucina. Zweimal in jedem Frühjahr wurde die Reinigung der kultischen Trompeten festlich begangen. Der Rang eines Nationalinstrumentes kam der → Tibia (– 1) zu. Standen die Militärmusiker gleich den Fahnen- und Standartenträgern im Unteroffiziersrang, so schlossen sich die Tibiabläser zu einem Collegium zusammen und feierten ein karnevalsartiges Zunftfest. Die Darbietung pantomimischer Spiele (mit Tibiabegleitung) durch etruskische Tänzer 364 v. Chr. in Rom führte zu Nachbildungen der Römer und zur Organisation eines Standes professioneller Bühnenkünstler (histriones). – Seit der Ausbreitung der römischen Macht im Mittelmeerraum (3.–2. Jh. v. Chr.) begann die Hellenisierung des römischen Musiklebens, zunächst die Aufnahme hellenistischer Theater- und Unterhaltungsmusik, und damit die Lösung der Darbietungsmusik von der traditionellen Umgangsmusik. Der griechische Freigelassene Livius Andronicus führte 240 v. Chr. griechische Dramen in lateinischer Bearbeitung auf; er betätigte sich auch als Dichterkomponist und Leiter kultischer Chorlieder. Nach griechischen Vorlagen schuf Plautus (254–184 v. Chr.) derb-drastische römische Komödien, in denen er die gesprochenen Dialoge zu Cantica umbildete; mit der Komposition der Bühnenmusik waren Tibiabläser aus dem Sklavenstand beauftragt. Seit der Einführung der Mysterien der Kybele und des Bacchus drang orgiastische Musik ein: Blasinstrumente im Verband mit den Schlaginstrumenten → Tympanum (–1), Cymbala (→ Kymbala) und Crotala (→ Krotala) dienten zur Begleitung der Reinigungszeremonien. Nach der Unterwerfung Makedoniens und der Zerstörung Korinths (146 v. Chr.) begann eine Invasion griechischer und orientalischer Musiker. Zum Luxus der besitzenden Klasse gehörten nun Hauskonzerte und Tafelmusiken, aufgeführt durch Sklaventruppen und Berufsmusiker. Die ersten Belege der sangbaren lateinischen Lyrik nach hellenistischem Vorbild gingen verloren, ausgenommen das Werk des Catull (87–54 v. Chr.). Von den Dichtungen der augusteischen Epoche sind für den Gesangsvortrag bestimmt die *Bucolica* und Partien aus der *Aeneis* des Vergil, aber auch die Oden des Horaz, vor allem sein zur Jahrhundertfeier 17 v. Chr. verfaßtes und einstudiertes Carmen saeculare in strophischem Wechselgesang für Knaben- und Mädchenchor. – Allmählich verbreiteten sich neben Gesangs- und Instrumentalunterricht musiktheoretische Kenntnisse als Teil römischer Allgemeinbildung. Der Polyhistor M. Terentius Varro (116–27 v. Chr.) behandelte in einer verlorenen und nur teilweise rekonstruierbaren Schrift über die Disciplinae auch die Musik im Zusammenhang mit den anderen Artes liberales, den Zahl- und Sprachwissenschaften. Empfahl sein Zeitgenosse Cicero Musikbildung für den Redner, so beschäftigte sich die Folgezeit mit der Anwendung der Musiktheorie auf die verschiedensten Fachwissenschaften, Rhetorik (Quintilianus), Architektur (Vitruvius), Kriegstechnik, Astrologie und Medizin. – In der Kaiserzeit und Spätantike, dem Halbjahrtausend von der Errichtung des Prinzipats bis zum Untergang des weströmischen Reiches (30 v. Chr. – 476 n. Chr.), traten neben die traditionelle Volks-, Kult- und Militärmusik heterogene Nationalmusiken; der Import ausländischer Tanz-, Unterhaltungs- und Bühnenkünstler aus den Provinzen wuchs ständig. An die Stelle der Tragödie trat die → Pantomime mit den 22 v. Chr. eingeführten Neuerungen: den Einzelsänger verdrängte Chorgesang, den Tibiabläser unterstützte ein Instrumentalapparat von Syringen, Becken, Kitharen und Lyren, wozu die Fußklapper (→ Scabillum) den Takt schlug. Auch im Mimus, der realistisch-burlesken Darstellung des Alltagslebens, ergänzten Tanz- und Gesangseinlagen unter Begleitung von Schlaginstrumenten die improvisierte Handlung. Zur Untermalung der Gladiatorenkämpfe im Amphitheater wurde neben Metallblasinstrumenten gern die → Hydraulis verwendet, die man auch für andere öffentliche Anlässe schätzte. Mit den perfektionierten Leistungen der Berufskünstler wetteiferten Dilettanten aus verschiedensten Gesellschaftsschichten; auch Kaiser suchten als Virtuosen zu brillieren, keiner so auffällig wie Nero. Die aus den unterworfenen Ländern in Rom zusammenströmenden Musiker erfreuten sich trotz rechtlicher Ehrlosigkeit, Kritik einzelner Intellektueller und Verurteilung durch die Kirchenlehrer einer fast uneingeschränkten Publikumsgunst. Römische Mimen und Histrionen überdauerten den Untergang des Reiches. In Volkstraditionen und im christlichen → Hymnus (– 1) lebten Reste der heidnischen Musik nach. – Die spätantiken lateinischen Fachschriftsteller tradierten und systematisierten die griechische Musiktheorie, unter Vorrang mathematisch spekulativer Betrachtungsweise und zunehmender Entfremdung von der zeitgenössischen Praxis. Die originellste Leistung stellt die Schrift *De musica* (387–89) des Kirchenvaters Augustinus dar; besonders einflußreich wurde die Behandlung der Musik in der allegorischen Darstellung der Artes liberales (*De nuptiis Mercurii et Philologiae* IX) von Martianus Capella; geradezu kanonische Geltung für das lateinische Mittelalter gewannen die 5 Bücher *De institutione musica* (um 500) des Staatsmannes und Philosophen Boethius, eine zusammenfassende und abschließende Kodifikation der antiken Harmonielehre.

Lit.: H. ABERT, Die r. M., in: L. Friedländer, Darstellungen aus d. Sittengesch. Roms II, Lpz. ¹⁰1922; J. QUASTEN, Musik u. Gesang in d. Kulten d. Antike u. christlichen Frühzeit, = Liturgiegeschichtliche Quellen u. Forschungen XXV, Münster i. W. 1930; G. WILLE, Die Bedeutung d. Musik im Leben d. Römer, Diss. Tübingen 1953, maschr. (grundlegend); DERS., Zur Musikalität d. alten Römer, AfMw XI, 1954; J. E. SCOTT, Roman Music, in: The New Oxford Hist. of Music I, London 1957; G. FLEISCHHAUER, Die Musikergenossenschaften im hellenistisch-römischen Altertum, Diss. Halle 1959, maschr.; DERS., Etrurien u. Rom, = Mg. in Bildern II, 5, Lpz. (1965); R. BENZ, Unfreie Menschen als Musiker u. Schauspieler in d. römischen Welt, Diss. Tübingen 1961, maschr.; L. RICHTER, Griech. Traditionen im Musikschrifttum d. Römer, AfMw XXII, 1965. LRi

Römische Schule, eine Gruppe ab etwa 1550 in Rom wirkender oder dort ausgebildeter Komponisten, deren Schaffen den Forderungen des Humanismus und der Gegenreformation nach Ausgeglichenheit und Textverständlichkeit der mehrstimmigen Musik entspricht und bis heute ein Vorbild der katholischen Kirchenmusik geblieben ist. Der Kompositionsstil ist eine auf geistliche Musik beschränkte, gereinigte Ausformung des franco-flämischen Erbes. Aus der heimischen Tradition Italiens (Madrigal, Lauda, Falsobordonesatz) stammen Klangfülle und homophone Komponente. Nur in der Sixtinischen Kapelle, wo der Stil der R.n Sch. am längsten rein bewahrt blieb, war vokale Ausführung die Regel; sonst war vokal-instrumentale Mischbesetzung üblich (→ a cappella). Bezeichnend für die kirchliche Gebundenheit der Musik ist die wieder zunehmende Verwendung des Gregorianischen Gesangs als Kompositionsgrundlage, der überdies von römischen Meistern (Palestrina, F. Anerio, Suriano) revidiert und teilweise neu herausgegeben wurde. Schulhaupt war Palestrina, der zwar nicht allein den neuen Stil anbahnte (vor ihm C. Festa, Clemens non Papa, Animuccia, Chr. Morales, B. Escobedo, gleichzeitig in Norditalien V. Ruffo, C. Porta, Asola, Ingegneri, außerhalb Italiens namentlich de Kerle), doch überragt seine zwischen Linearität und Klangfülle vollkommen ausgewogene, bei aller Abgeklärtheit und regelhaften Einfachheit nie erstarrende, qualitativ stets gleich hoch stehende Kunst diejenige von Zeitgenossen und Nachfolgern so sehr, daß der schon 1613 beispielhaft genannte *stile alla Palestrina* (Cerone) oft mit dem der R.n Sch. gleichbedeutend gebraucht wird. Der »Palestrina-Stil« (→ Kontrapunkt) ist jedoch ein Personalstil und nicht identisch mit dem der R.n Sch. ausgehenden, von der musikgeschichtlichen Entwicklung relativ wenig berührten und als katholisch-kirchenmusikalische Norm sich durch die Jahrhunderte fortpflanzenden »strengen Stil« (stylus gravis). Das Zentrum der R.n Sch. bilden neben Palestrina dessen Zeitgenossen und Nachfolger bis gegen 1620, u. a. G. M. und G. B. Nanino, F. und G. Fr. Anerio, Suriano, T. L. de Victoria, Zoilo, G. A. Dragoni, Stabile, Fr. Guerrero. In der nachfolgenden Generation (Agazzari, Fr. Foggia, Gr. Allegri, A. Cifra) wurde der Stil der R.n Sch. oft mit den neuen Elementen der textdeutenden Affektdarstellung, der Monodie und des Konzertstils durchsetzt. Vor allem die Mehrchörigkeit (bei Palestrina höchstens 3 Chöre zu je 4 Stimmen) wurde im römischen »Kolossalbarock« stark ausgebildet (P. Agostini, Abbatini, V. Mazzocchi, Benevoli). Diese Mischung herkömmlicher und neuer Stilarten ist ebensowenig zur R.n Sch. zu rechnen wie die historisierende Bewegung, die in der 2. Hälfte des 17. Jh. voll einsetzte (Foggia, Carissimi, besonders Simonelli, Pitoni, E. und G. A. Bernabei, Colonna, Marcello, Fux, Lotti, Caldara) und bis in die Gegenwart andauert (→ Caecilianismus).

Lit.: H. LEICHTENTRITT, Gesch. d. Motette, = Kleine Hdb. d. Mg. nach Gattungen II, Lpz. 1908, Nachdruck Hildesheim 1966; A. W. AMBROS, Gesch. d. Musik IV, hrsg. v. H. Leichtentritt, Lpz. ³1909, Nachdruck Hildesheim 1967; P. WAGNER, Gesch. d. Messe I, = Kleine Hdb. d. Mg. nach Gattungen XI, 1, Lpz. 1913, Nachdruck Hildesheim 1963; O. URSPRUNG, Palestrina u. Palestrina-Renaissance, ZfMw VII, 1924/25; DERS., Die kath. Kirchenmusik, Bücken Hdb.; K. G. FELLERER, Der Palestrinastil u. seine Bedeutung in d. vokalen Kirchenmusik d. 18. Jh., Augsburg 1929; H. OSTHOFF, Einwirkungen d. Gegenreformation auf d. Musik d. 16. Jh., JbP XLI, 1934; L. FEININGER, Die kath. Kirchenmusik in Rom zwischen 1600 u. 1800, Kgr.-Ber. Kassel 1962.

Rohrblattinstrumente, eine Gruppe von Blasinstrumenten, deren Mundstück → Zungen enthält. R. mit zylindrischem Corpus überblasen in die Duodezime, solche mit konischem in die Oktave. Nach der Beschaffenheit des Mundstücks werden einfache (z. B. Klarinette, Saxophon) und Doppel-R. (z. B. Oboe, Fagott) unterschieden.

Lit.: E. STOCKMANN, Klarinetten-Typen in Albanien, Journal of the International Folk Music Council XII, 1960; H. BECKER, Studien zur Entwicklungsgesch. d. R., Habil.-Schrift Hbg 1961, maschr.; J. MEYER, Akustik d. Holzblasinstr. in Einzeldarstellungen, = Fachbuchreihe Das Musikinstr. XVII, Ffm. 1966.

Rohrflöte (frz. flute à cheminée; engl. reed flute), eine halbgedeckte Labialstimme in der Orgel, zu 16′, 8′, 4′ und 2′, mit einem in den Deckel eingelassenen kurzen Rohr (→ Register – 1), von dem die Stimme ihren Namen hat. Ihr Klang ist heller als bei ganz gedeckten Stimmen und durch das Hervortreten u. a. der Terz gekennzeichnet. Mit langem, weitem Rohr heißt sie Rohrpfeife. Rohrgedackt hat ein engeres und längeres Rohr und daher einen nicht so hellen Klang. Rohrquinte heißt eine R. zu 5 1/3′, 2 2/3′ oder 1 1/3′; die eng mensurierte Rohrquintade und der Rohrpommer klingen zungenartig. Als Pedalstimme zu 1′ und 2′ wird die R. meist Rohrschelle, auch Hohlschelle genannt. Die Doppel-R. (mit doppeltem Labium) wurde wahrscheinlich 1590 von dem Orgelmacher E. Compenius erfunden. Ähnlich der R. ist die englische Orgelstimme Clarionet-Flute gebaut (benannt nach dem Clarion, der alten helltönenden Signaltrompete der englischen Armee). R. mit 2–3 Rohren empfahl besonders H. H. Jahnn. Überblasende Doppel-R.n mit 2 Rohren konstruierte E. K. Rößler. Ihr Klang ist führend-hell und geschmeidig zugleich.

Lit.: H. H. JAHNN, Monographie d. R., Ber. über d. 3. Tagung f. deutsche Orgelkunst in Freiburg i. Sa. 1927.

Rohrwerk, Sammelname für die Zungenstimmen einer Orgel. → Register (– 1).

Rolltrommel → Rührtrommel.

Rom.

Lit.: G. BAINI, Memorie stor.-critiche della vita e delle opere di G. P. da Palestrina, 2 Bde, R. 1828; P. ALFIERI, Brevi notizie storiche sulla Congregazione ed Accad. de'maestri e professori di musica di Roma, R. 1845; E. TOSTI, Appunti storici sulla R. Accad. di S. Cecilia . . ., R. 1885; A. ADEMOLLO, I teatri di Roma nel s. decimosettimo, R. 1888; A. PARISOTTI, I 25 anni della Soc. Orchestrale Romana . . ., R. 1899; J.-G. PROD'HOMME, Les musiciens frç. à Rome, SIMG IV, 1902/03; G. FRANCHI-VERNEY DELLA VALETTA, L'Acad. de France à Rome, Paris 1903; G. RADICIOTTI, Teatro e musica in Roma nel secondo quarto del s. XIX, R. 1906; M. INCAGLIATI, Il Teatro Costanzi, R. 1907; E. CELANI, Musica e musicisti in Roma, (1750–1850), RMI XVIII, 1911, XX, 1913 u. XXII, 1915; A. CAMETTI, La scuola dei pueri cantus di S. Luigi dei Francesi . . . (1591–1623), RMI XXII, 1915; DERS., La musica teatrale a Roma cento anni fa, in: Jb. S. Cecilia 1916–34; DERS., L'Accad. Filarmonica Romana dal 1821 al 1860, R. 1924; DERS., I musici di Campidoglio . . ., Arch. della Soc. romana di storia patria XLVIII, 1925; DERS., Cristina di Svezia . . ., R. 1931; DERS., Il Teatro di Tordinona . . ., 2 Bde, R. u. Tivoli 1938; V. RAELI, Nel s. di G. P. da Palestrina: alla cappella della Basilica Liberiana, R. 1920; DERS., Da V. Ugolini ad O. Benevoli: nella cappella della Basilica Liberiana, R. 1920; G. DE DOMENICIS, I teatri di Roma nell'età di Pio VI, R. 1922; G. PAVAN, Saggio di cronistoria del teatro mus. romano: il Teatro Capranica, Turin 1922; R. CASIMIRI, L'antica Congregazione di S. Cecilia . . . nel s. XVII, Note d'arch. I, 1924; DERS., »Disciplina musicae« e »Maestri di Cappella« dopo il Concilio di Trento nei maggiori Istituti Ecclesiastici di Roma, ebenda XII, 1935, XV, 1938 – XVI, 1939, XIX, 1942 – XX, 1943; R. GIRALDI, L'Accad. Filarmonica Romana dal 1920; R. 1924; G. STANGHETTI, La scuola di canto nel Pontificio Collegio Urbano . . ., Note d'arch. III, 1926; G. MONALDI, I teatri di Roma . . ., Neapel 1928; H. PRUNIÈRES, Les musiciens du cardinal A. Barberini, in: Publications de la Soc. frç. de musicologie II, 3/4, Paris 1933; A. DE ANGELIS, La musica a Roma nel s. XIX, R. 1935; DERS., Nella Roma papale: il Teatro Alibert . . ., Tivoli 1951; A. ALLEGRA, La cappella mus. di S. Spirito in Saxia . . ., Note d'arch. XVII, 1940; A. RAVA, Il Teatro Argentina, R. 1942; DERS., I teatri di Roma, hrsg. v. G. Giovannoni, R. 1953; M. RINALDI, All'ombra dell'Augusteo, R. 1945; A. LAURI, Poesia e musica nella Roma rinascimentale, RMI L, 1948–LIII, 1951; H.-W. FREY, Michelagniolo u. d. Komponisten seiner Madrigale, AMl XXIV, 1952; DERS., Regesten zur päpstlichen Kapelle unter Leo X. . . ., Mf VIII, 1955 – IX, 1956; DERS., Die Kapellmeister an d. frz. Nationalkirche San Luigi dei Francesi in R. im 16. Jh., AfMw XXII, 1965 – XXIII, 1966; R. GERBER, Römische Hymnenzyklen d. späten 15. Jh., AfMw XII, 1955, auch in: Zur Gesch. d. mehrst. Hymnus, = Mw. Arbeiten XXI, Kassel 1965; L. MONTALTO, Un mecenate in Roma barocca, Florenz 1955; L. FEININGER, La scuola policorale romana . . ., CHM II, 1957; A. LIESS, Materialien zur römischen Mg. d. Seicento, AMl XXIX, 1957; R. LUNELLI, L'arte organaria del Rinascimento in Roma . . . , = Hist. musicae cultores, Bibl. X, Florenz 1958; H. WESSELY-KROPIK, Mitt. aus d. Arch. d. Arciconfraternità di S. Giovanni dei Fiorentini . . ., StMw XXIV, 1960; P. KAST, Notizen zu römischen Musikern d. 17. Jh., in: Studien zur ital.-deutschen Mg. I, = Analecta musicologica I, Köln u. Graz 1963. → Römische Musik, → Römische Schule, → Schola Cantorum, → Sixtinische Kapelle.

Roman de Fauvel → Quellen: *Fauv.*

Romanesca, im 16./17. Jh. Name für instrumentale Tanzsätze, Arien und Themen von Variationszyklen, denen in der Regel ein musikalisches Satzmodell zugrunde liegt, das der → Folia und dem Passamezzo antico verwandt ist. Noch ungeklärt sind Etymologie (bisher wichtigste Deutungen: im Sinn von alla maniera Romana oder Ableitung von den spanischen Romances) und Herkunft der R. Beim Auftreten des R.-Modells in frühen Quellen finden sich einerseits Hinweise auf Italien, z. B. die Notiz *Ein gutter Venezianer tantz* (H. Newsidler, *Ein newes Lautenbüchlein*, 1540) oder die Zugehörigkeit zu den *cantos llanos que en Italia comumente llaman Tenores* (D. Ortiz, *Tratado de glosas*, 1553); andererseits zeigt der Titel *R. o guardame las vacas* zu einem Stück von Mudarra (1546) die hier bis zur Gleichsetzung führende Ähnlichkeit der R. mit Sätzen zum spanischen Villancico *Guárdame las vacas*. Diese Melodie ist bei Salinas (1577) aber nur eine unter mehreren volkstümlichen und mit spanischen oder italienischen Texten versehenen Melodien, die sich als R.-Oberstimme eignen, da ihr gemeinsamer melodischer Kern, ein 4stufiger Abwärtsgang vom Grundton oder seiner Terz aus, sich ideal mit der Quartschrittsequenz der R.-Baßformel verbindet.

a und b: Melodiebeispiele aus *De musica* (1577) von Salinas, S. 348; c: die dazu passende 1. Hälfte der R.-Baßformel.

Vielfach ist die R. mit einem Ritornello (oder einer Ripresa) verbunden. Von etwa 1600 an wird oft die 2. Hälfte des Modells (→ Folia) wiederholt. Häufig werden seit dem ausgehenden 16. Jh. die Sprünge in der Baßformel melodisch ausgefüllt. Bis gegen 1620 bleiben die Töne des Modells in gleichen metrischen Abständen (meist 6 Zählzeiten) über den Satz verteilt; Monteverdis *Ohimè dov'è il mio ben* (*Concerto*, VII. Madrigalbuch, 1619) zeigt bereits, wie die isometrische Anlage durchbrochen ist. Die Tänze Ballo del fiore und Favorita übernehmen zuweilen das Modell der R., unterscheiden sich von ihr aber im Metrum (z. B. bei Antonij, Hs. Florenz, Bibl. del Cons., B 2556; 1. Hälfte des 17. Jh.). Während *Guárdame las vacas* nur als Lied belegt ist, sind die frühesten R. genannten Stücke in italienischen Quellen Tänze für Laute (bei A. De Becchi 1568 und C. Bottegari 1574). In der 1. Hälfte des 17. Jh. überwiegen die Romanesche für Gesang und B. c. (in den *Scherzi sacri* von Cifra, 1616 und 1618, sogar mit geistlichen Texten) sowie für Chitarra. Hervorzuheben sind die Romanesche von Frescobaldi (in den Sammlungen von 1615, 1630 und 1634) und die letzten Belege des Typus, Stücke für Tasteninstrumente von B. Storace (1664) und D. Gr. Strozzi (1687). Vereinzelt treten unter dem Namen R. auch vom Modell unabhängige Kompositionen auf.

Lit.: H. RIEMANN, Der »Basso ostinato« u. d. Anfänge d. Kantate, SIMG XIII, 1911/12; O. GOMBOSI, Italia, patria del basso ostinato, Rass. mus. VII, 1934; F. GHISI, Alle fonti della monodia, Mailand 1940; H. SPOHR, Studien zur ital. Tanzkomposition um 1600, Diss. Freiburg i. Br. 1956, maschr. (darin: Bibliogr. d. datierbaren R.-Quellen d. 16./17. Jh.); W. OSTHOFF, Das dramatische Spätwerk Cl. Monteverdis, = Münchner Veröff. zur Mg. III, Tutzing 1960.

Romantik (engl. romantic, wie in einem Roman, phantastisch, seit Mitte des 17. Jh. belegt, im 18. Jh. dann auch deutsch romantisch, frz. romantique; seit Novalis R. als Parallelbildung zu Klassik). Das Wort ist seit dem Ende des 18. Jh. in der deutschen Literatur zur Bezeichnung von Stoffkreisen gebraucht worden, die – räumlich und zeitlich entlegen – die Phantasie besonders erregen und ihr freies Schweifen im Ahnungsvollen, Märchen-, Zauber- und Spukhaften begünstigen. Dem romantischen Dichter (besonders seit Novalis) bedeutet der »erhöhte poetische Zustand«, die subjektive, oft hochgespannt gefühlshafte Aussprache mehr als die Bindung an die Wirklichkeit. Auslösend war die Begeisterung für das Mittelalter, das dem Hang zum Phantastischen, Abenteuerlichen und Schwärmerischen Nahrung bot. Die der R. zugrunde liegende seelische Haltung vereinigt Lebensflüchtigkeit mit der Sehnsucht nach Erfüllung in einer frei erschaffenen Traumwelt (romantischer Dualismus). In der Anerkennung dieser Zwiespältigkeit als des entscheidenden Merkmals der R. liegt eine Begriffseinschränkung, ohne die das Wort »romantisch« gleichbedeutend mit »poetisch« wird, da romantisch im weitesten Sinne der Kunsttrieb überhaupt ist, insofern er eine Welt im Unwirklichen baut. Doch auch unter jener Einschränkung zeigt sich, daß die romantische Kunsthaltung nicht an eine bestimmte Epoche gebunden gewesen ist, wie sie andererseits auch keine Epoche einheitlich ausprägen konnte. – In der Musikgeschichte ist das romantische Lebensgefühl zuerst als eine Musikdeutung vom Hörer her erkennbar geworden, voll ausgeprägt bei W. H. Wackenroder († 1798) und E. T. A. Hoffmann († 1822). Die Musik erschien als Tor zum erlösenden Gefühls- und Phantasiereich. Noch Schopenhauer hat (1819) die Musik als Allheilmittel (Panakeion) für alle menschlichen Leiden gepriesen. Dieser früheste und zugleich echteste romantische Musikbegriff galt der Instrumentalmusik, die E. T. A. Hoffmann für die »romantischste« aller Künste hielt, und wurde insbesondere im Hinblick auf das musikalische Sprachvermögen der Instrumentalmusik der Wiener Klassik gewonnen. Als ein *von jeder Bindung freier Totalbegriff* (Schering) fehlte ihm im Bewußtsein jener Zeit jedoch noch weithin die konkrete Verankerung in der (geschichtlichen) Eigenart des Kunstwerks selbst. – Einflüsse der romantischen Haltung auf die Komponisten des 19. Jh. lassen sich als allgemeine Richtkräfte beschreiben. An die Vorstellung, die ganze Welt sei von Musik erfüllt und alle Künste seien geheimnisvoll miteinander verbunden, knüpfte sich die wachsende Neigung der Musiker, die Dichtkunst – weit über die Möglichkeit der Vokalkunst hinaus – sowie die darstellenden und bildenden Künste in ihre Werke mit einzubeziehen, ja in einem »Gesamtkunstwerk« zu vereinigen. Doch blieb auch für R. Wagner die Musik die »höchste Kunst«. Dem Vertrauen Wackenroders in die unbegrenzte Assoziationsfähigkeit klingender Vorgänge mit außertonlichen Bereichen entsprach die Ausbildung einer beziehungsreichen Tonsprache, in der das Stimmungshafte und Persönlich-Erlebnishafte hervortraten. Mit der Verklärung der Ferne und der Vergangenheit stand das erstarkende Interesse an der → Geschichte der Musik, die Wiedererweckung der altkirchlichen Vokalpolyphonie, die Entdeckung der Kunst Palestrinas und J. S. Bachs in innerer Verbindung, ebenso das Verhältnis zum Volkslied, in dem sich die Volksseele mit »Wunderhornklängen« zu offenbaren schien.

An der Bereicherung und Verfeinerung der Klangfarben, am Wachstum der Symbol- und Schilderungskraft der Instrumente seit Weber und Berlioz war die romantische Reizempfindlichkeit mit ihrem poetisierenden Überschwang wegweisend beteiligt, ebenso an der Ausbildung einer spannungs- und farbenreichen Ausdrucksharmonik, an der Auflösung der »Taktschwere« zugunsten einer »höheren poetischen Interpunktion« (Schumann), an der Hinwendung zu nationalem Kolorit und volksliedhaftem Melos. Die gelockerte Handhabung der überlieferten Formen, die Neigung zum entspannten Aufreihen, zur Episode, zum sinnlich Fesselnden, Originellen, Charakteristischen und Assoziativen, zu Tonmalerei und symphonischem Dichten können ebenfalls romantischen Einflüssen zugeschrieben werden. An der geschichtlich unvermeidlichen Preisgabe der musikalischen Dichte und Ausgewogenheit der Meisterwerke der Wiener Klassik waren jedoch neben den romantischen auch andere, entgegengesetzte Kräfte beteiligt, die sich in der idyllisch-biedermeierlichen, der tonmalend-realistischen, der virtuos-brillanten Art der Komposition zu erkennen geben. – In der Opernkomposition des 18. Jh. können die Libretti mit ritterlich-abenteuerlichen, zauber- und märchenhaften oder fremdländischen Stoffen einschließlich der frühen nordisch-folkloristischen Versuche des Kopenhagener Kreises (J. A. P. Schulz, Kunzen, Kuhlau) als Vorfeld der romantischen Oper betrachtet werden, als deren eigentlicher Auftakt E. T. A. Hoffmanns *Undine* (1813) anzusprechen ist. Jedoch erst in Webers *Freischütz* (1821) sind das romantische Streben nach dem magischen Reich des Dämonisch-Triebhaften und die Rückkehr in die Lebenswirklichkeit unter dem Einfluß sittlich-religiöser Kräfte musikalisch gestaltet. Bei Marschner und Lortzing treten romantische Züge hinter dem bloß Schreckhaften, hinter biedermeierlicher Verengung zurück. R. Wagner hat – nach den *Feen*, dem *Fliegenden Holländer* und dem *Lohengrin* – die echt romantische Weltverachtung und Traumseligkeit mit *Tristan und Isolde* in letzter Folgerichtigkeit verherrlicht. Nach der antiromantischen Wendung zum Opernrealismus beschwor Pfitzner am Jahrhundertende die Welt der romantischen Verzweiflung und Verzückung in der *Rose vom Liebesgarten* noch einmal herauf. – In der nach Haydns letzten Oratorien kraftvoll aufblühenden vokalen Konzertmusik ist R. Schumanns Musik zu *Manfred* unter den zahlreichen ähnlichen Werken von Spohr, Fr. Schneider, Loewe, Mendelssohn Bartholdy u. a. ein hervorragendes Zeugnis romantischen Geistes.

Ob im Bereich der Instrumentalmusik Äußerungen der Empfindsamkeit und des musikalischen Sturm und Dranges, z. B. bei W. Fr. und C. Ph. E. Bach, bei den Mannheimern und in der Klaviermusik J. Schoberts, als »frühromantisch« anzusprechen sind, ist fraglich. Hervortretende Gefühlshaftigkeit, auch in der Steigerung zu leidenschaftlichem Ausdruck, ebenso Naturbezogenheit, Tonmalerei, Volksliednähe, fremdländische Folklore und Klangpoesie lassen hier, als Einzelmerkmale auftretend, die Frage nach der romantischen Gefühlslage offen. Erst später kann in Zusammenhang mit der kompositorischen Faktur das vom Komponisten beigefügte, erläuternde Wort – als Überschrift, nähere Ausdrucksanweisung, Vorspruch, überlieferte Selbstdeutung – Aufschlüsse geben über die tondichterische Absicht, am deutlichsten bei der Programmusik. Hier wurde Berlioz' *Symphonie fantastique* (1830) mit ihrer Übertragung (französisch abgewandelter) romantischer Hochspannung in neue, kühne Klangvisionen wegweisend. Orchesterwerke von gleich starker romantischer Einfärbung und stilistischer Anregungskraft sind selten geblieben. Zur Kennzeichnung der schildernden Orchestermusik seit Liszt ist das Sammelwort »nachromantisch« unzulänglich. – Die ihrem Wesen nach der rein musikalischen Haltung eng verhaftete

Kammermusik gibt für die Feststellung romantischer Einflüsse noch weniger eindeutige Anhaltspunkte als die Orchestermusik. Sind in der Klaviermusik die Sonate und die Variation in den Meisterwerken Schuberts, R. Schumanns, Liszts und des jungen Brahms noch vorwiegend durch die Auseinandersetzung mit dem klassischen Erbe gekennzeichnet, so wurde die stimmungshafte, bald auch schildernde Miniatur seit Tomášek, den Meistern der Etüde und des Charakterstücks, vor allem seit Schubert, Field, Chopin, R. Schumann, Heller, Liszt, Kirchner, Brahms zum bevorzugten Feld romantischer Aussprache. Romantische Züge der Musikauffassung sind neben der virtuos-brillanten oder idyllischen Haltung und trotz der um sich greifenden salonhaften Verflachung des Geschmacks auch nach der Jahrhundertmitte immer wieder zu erkennen, bis hin zu den unmittelbaren Wegbereitern der Neuen Musik, etwa G. Mahler und Skrjabin.

Lit.: H. RIEMANN, Gesch. d. Musik seit Beethoven, Stuttgart u. Bln 1901; S. ELCUSS, Zur Beurteilung d. R. u. zur Kritik ihrer Erforschung, = Hist. Bibl. XXXIX, München u. Bln 1918; E. KURTH, Romantische Harmonik..., Bern u. Lpz. 1920, Bln ²1923; K. ROESELING, Die Grundhaltung d. romantischen Melodik, Diss. Köln 1920; E. ISTEL, Die Blütezeit d. mus. R. in Deutschland, Lpz. u. Bln ²1921; G. BECKING, Zur mus. R., DVjs. II, 1924; DERS., Klassik u. R., Kgr.-Ber. Lpz. 1925; W. KAHL, Lyrische Klavierstücke d. R., Stuttgart 1926; H. PFITZNER, E. T. A. Hoffmanns »Undine«(1906), in: Gesammelte Schriften I, Augsburg 1926; R. BENZ, Die deutsche R., Lpz. 1927, Stuttgart ⁵1956; A. SCHMITZ, Das romantische Beethovenbild, Bonn 1927; R. ULLMANN u. H. GOTTHARDT, Gesch. d. Begriffs R. in Deutschland, = Germanische Studien IV, 50, Bln 1927; H. ECKARDT, Die Musikauffassung d. frz. R., = Heidelberger Studien zur Mw. III, Kassel 1935; H. FUNCK, Mus. Biedermeier, DVjs. XIV, 1936; E. BÜCKEN, R. u. Realismus, Fs. A. Schering, Bln 1937; S. GOSLICH, Beitr. zur Gesch. d. deutschen romantischen Oper, = Schriftenreihe d. Staatl. Inst. f. deutsche Musikforschung I, Lpz. 1937; A. SCHERING, Kritik d. romantischen Musikbegriffs, JbP XLIV, 1937; W. EHMANN, Der Thibaut-Behaghel-Kreis, AfMf III, 1938 – IV, 1939; A. DAMERINI, Classicismo e romanticismo nella musica, Florenz 1942; R. DUMESNIL, La musique romantique frç., Paris 1945; W. REICH, Musik in romantischer Schau, Basel 1946; A. EINSTEIN, Music in the Romantic Era, NY (1947), deutsch als: Die R. in d. Musik, München (1950), ital. Florenz (1952); W. GURLITT, R. Schumann u. d. R. in d. Musik, Jb. 106. Niederrheinisches Musikfest in Düsseldorf 1951, Neudruck in: Mg. u. Gegenwart I, = BzAfMw I, Wiesbaden 1966; F. SIEGMANN, Die Musik im Leben u. Schaffen d. russ. R.er, Wiesbaden 1954; J. CHANTAVOINE u. J. GAUDEFROY DEMOMBYNES, Le romantisme dans la musique européenne, = L'ère romantique III, Paris 1955; H. H. EGGEBRECHT, Das Ausdrucksprinzip im mus. Sturm u. Drang, DVjs. XXIX, 1955; H. BESSELER, Das mus. Hören d. Neuzeit, Sb. Lpz. CIV, 6, 1959; H. HEUSSNER, Das Biedermeier in d. Musik, Mf XII, 1959; H. HUSMANN, Die Stellung d. R. in d. Weltgesch. d. Musik, Kgr.-Ber. Warschau 1960; G. KNEPLER, Die Bestimmung d. Begriffes »R.«, ebenda; K. STEPHENSON, R. in d. Tonkunst, = Das Musikwerk XXI, Köln (1961); H. ENGEL, Die Grenzen d. romantischen Epoche u. d. Fall Mendelssohn, Fs. O. E. Deutsch, Kassel 1963; E. LICHTENHAHN, Über einen Ausspruch Hoffmanns u. über d. Romantische in d. Musik, in: Musik u. Gesch., Fs. L. Schrade, Köln (1963); P. RUMMENHÖLLER, R. u. Gesamtkunstwerk, in: Beitr. zur Gesch. d. Musikanschauung im 19. Jh., hrsg. v. W. Salmen, = Studien zur Mg. d. 19. Jh. I, Regensburg 1965. KS

Romanus-Buchstaben, in der Neumenschrift verwendete Zusatzzeichen, die den Melodieverlauf und die Vortragsweise verdeutlichten. Romanus war einer der beiden Mönche, die um 790 auf Bitten Karls des Großen von Rom ins Frankenreich geschickt wurden, um dort die römische Tradition des Choralgesangs zu verbreiten. Ekkehard IV. von St. Gallen schreibt in seinen *Casus Monasterii S. Galli,* daß *Romanus primus litteras alphabeti significativas notulis aut susum aut jusum aut ante aut retro assignari excogitavit, quas postea cuidam amico quaerenti Notker Balbulus dilucidavit* (ed. J. v. Arx, = Monumenta Germaniae Historica, Scriptores II, Hannover 1829, S. 102). Diese Nachricht des 11. Jh. ist dahingehend zu korrigieren, daß die R.-B. im 9.–11. Jh. in Neumenhandschriften der Bereiche von St. Gallen, Metz und Chartres häufig auftreten, eine Herleitung aus römischer Tradition jedoch nicht nachzuweisen ist. Auch das Winchester-Tropar (→ Quellen: *WiTr*) enthält R.-B., vor allem im Vox organalis-Teil. Im einzelnen sind folgende R.-B. zu nennen: a = altius, c = cito vel celeriter, d = deprimatur, e = equaliter, i = iusum vel inferius, l = levare, m = mediocriter, s = sursum, t = trahere vel tenere, x = expectare. Diese in den Handschriften anzutreffende Gruppe von R.-B. wird in dem Brief des Notker Balbulus zu einem vollständigen Alphabet erweitert.

Lit.: A. MOCQUEREAU OSB, Einleitung zu Paléographie mus. I, 4, Solesmes 1894; R. VAN DOREN OSB, Etude sur l'influence mus. de l'abbaye de St-Gall, Löwen u. Brüssel 1925; R.-J. HESBERT OSB, L'interprétation de l'equaliter dans les mss. sangalliens, Rev. grégorienne XVIII, 1933; J. SMITS VAN WAESBERGHE SJ, Muziekgeschiedenis der middeleeuwen II, Tilburg 1939–42; E. CARDINE OSB, Le sens de iusum et inferius, Etudes grégoriennes I, 1954; W. APEL, Gregorian Chant, Bloomington/Ind. (1958); A. MACHABEY, Remarques sur le Winchester Tropar, Fs. H. Besseler, Lpz. 1961; J. FROGER OSB, L'épitre de Notker sur les »lettres significatives«. Ed. critique, Etudes grégoriennes V, 1962.

Romanze (span. und frz. romance, von lat. romanice, prov. romans, s. v. w. volkssprachlich), die für Spaniens Literatur- und Musikgeschichte gleichermaßen bedeutsame Gattung gedrängt erzählender Strophenlieder, in denen die Taten (res gestae) und Liebesabenteuer nationaler Helden oder Glaubensstreiter besungen werden; in Frankreich im 18./19. Jh. eine beliebte Art leichter Airs (Lieder); in Deutschland seit Mitte des 18. Jh. in Anlehnung an die spanische R. als Dichtungs- und Liedgattung eingeführt; in beiden Ländern kommt R. in der gleichen Zeit auch als Titel poetisierender oder kantabler Instrumentalstücke vor. Seit dem 19. Jh. wird die Bezeichnung R. auch auf Lieder erzählenden Inhalts der Trouvères angewendet. – Die ältesten spanischen R.n, deren literarische Überlieferung in der 2. Hälfte des 15. Jh. einsetzt, knüpfen an Ereignisse des frühen 14. Jh. an (ob in allen Fällen durch das besungene Ereignis eine Datierung der R. gegeben ist, muß dahingestellt bleiben). Merkmal der frühen R. ist der aus zwei meist 8silbigen Halbversen bestehende (lange) R.n-Vers mit Assonanz zwischen den geradzahligen Halbversen (seltener auch zwischen den ungeradzahligen), jedoch wurde schon im 16. Jh. der 8silbige Vers meist als Einheit aufgefaßt. Vier solcher (kurzer) R.n-Verse bilden seitdem die regelmäßige R.n-Strophe, die auch die vorherrschende musikalische Einheit wurde. Ende des 15. Jh. setzt – zusammen mit der nun als Kunstdichtung entstandenen R. (mit Reim und regelmäßigem Strophenbau) – die musikalische Überlieferung 3–4st. R.n-Vertonungen im → Cancionero musical de Palacio ein. Hauptmeister dieser Zeit waren J. del Encina und J. de Anchieta. Aus dem 16. Jh. sind nur 2 Sammlungen mehrstimmiger R.n-Vertonungen bekannt; der → Cancionero de la Casa de Medinaceli und die 1551 gedruckten *Villancicos y canciones a tres y a quatro* von J. Vázquez. Die Vihuelisten Milan (1535), Narváez (1538), Mudarra (1546), Valderrábano (1547), Pisador (1552), Fuenllana (1554) und Daza (1576) überliefern traditionelle R.n-Melodien, teils in instrumentalen Diferencias variiert, teils bearbeitet für Sologesang mit kunstvoller Begleitung der → Vihuela, mit Vorspielen und meist (nach dem Vorbild von Milan) mit kurzen Zwischenspielen zwischen jedem (8silbigen) R.n-Vers.

Seit Ende des 16. Jh. trat eine Rückbesinnung auf die volkstümliche R. ein, erkennbar am Rückgriff auf die Assonanz (anstelle des Reims), am gelegentlichen Auftreten der prosodisch relevanten auslautenden e sowie an der Bevorzugung historischer Stoffe. Zu dieser Rückbesinnung trug Fr. Salinas bei, indem er 1577 (*De musica*, S. 411; vgl. auch S. 342 und 346) den R.n-Vers als 16Silbler mit Mittelzäsur beschrieb. Anderseits wurde seit Ende des 16. Jh. die strophische R.n-Form immer häufiger durch lyrische Einlagen erweitert. Dadurch entstanden dem → Villancico nahestehende Formen, in denen entweder jeder R.n-Strophe ein kurzer Estribillo (Kehrreim, → Refrain) angehängt oder ein 4zeiliger Estribillo vorangestellt ist, der ganz oder teilweise nach jeder Strophe (oder weniger oft) wiederholt wird. In letzterem Fall gleichen formale und musikalische Behandlung dem Villancico; der Unterschied besteht nur im stets 8silbigen Vers der R.n-Strophe und in der Art der literarischen Behandlung des Stoffes. Im Verlaufe des 17. Jh. kam dem Estribillo mehr Gewicht zu; er wurde länger (bis zu 13 Zeilen) und durch gegensätzliche musikalische Behandlung (z. B. Tripeltakt, Vollstimmigkeit gegenüber solistischer Besetzung der Cobla) von der R.n-Strophe abgehoben. Ein dritter Typ, bei dem zwischen die R.n-Strophen ein vollständiger Villancico mit Estribillo und eigenen Coblas (Strophen) eingeschoben ist, wurde zum Ausgangspunkt für den großen, kantatenähnlichen Villancico des 18. Jh. – Um die Mitte des 17. Jh. erreichte die R.n-Dichtung in Spanien ihre höchste Blütezeit; vor allem auf dem Theater wurde die Gattung von fast allen spanischen Dichtern gepflegt. Zahlreiche R.n-Melodien des 17. Jh. sind schriftlich überliefert. Viele Villancicos und Stücke mit Titeln wie: Tonada humana, Tono (oder Solo) humano, Pasacalle, Bailete sind, literarisch gesehen, R.n. Neben epische und historische R.n traten nun Romances amorosos, moriscos, pastoriles, satíricos und religiosos. Die R. mit religiösen Texten drang in das Offizium ein und wurde in der Matutin anstelle der Responsorien der Nokturn gesungen. Während die R. auf der einen Seite immer kunstvollere formale und musikalische Behandlung erfuhr, lebte sie im Volk fort als einfaches Strophenlied, dem meist historische Begebenheiten zugrunde liegen. Als Volkslied ist die R. nicht nur in Spanien heute noch lebendig, sondern sie wurde von den nach den Pogromen im 1492 aus Spanien vertriebenen Juden auch in Marokko, Griechenland (Saloniki) und im Vorderen Orient bis ins 20. Jh. mündlich überliefert. Der 8silbige R.n-Vers und die R.n-Strophe wurden dabei allerdings seltener bewahrt. Auch Texte von in Südamerika bis in die Neuzeit gesungenen R.n beziehen sich zuweilen auf spanische Ereignisse des 16. Jh.

In Frankreich wurde die R. seit der 2. Hälfte des 18. Jh. als volkstümliches Strophenlied rasch populär. J.-J. Rousseau definiert (1768) sie als Melodie, nach der man strophische Liebesgedichte singt. Zur spanischen R. bestehen nur literarische Anklänge; musikalisch sind die französischen R.n leichte Airs von gefälliger Melodik. Zur altfranzösischen R. des 12./13. Jh. (→ Trouvères), die ihrerseits nichts mit der altspanischen R. zu tun hat, bestehen keine Verbindungen. Die französische R. wurde vor allem im 19. Jh. auf der Bühne (Oper und Sprechtheater) zur beliebtesten liedartigen Gattung, oft mit dem Lied gleichgesetzt (da jedoch nicht jedes Lied als romance bezeichnet werden kann, ist auch die lied als Lehnwort gebräuchlich). – In Deutschland hat I. W. L. Gleim (1756 und 1758) den Namen R. und die Gattung im Rückgriff auf die altspanische (volkstümliche) R. literarisch eingeführt. Er wollte mit seinen Übersetzungen ein qualifiziertes Volkslied begründen. Auch Herder nahm in seine Sammlung von 1778/79 spanische R.n auf, die zu zahlreichen volksliedartigen deutschen R.n-Dichtungen anregten (u. a. von A. W. Schlegel, Claudius, Bürger, Goethe). Literarisch ist die deutsche R. als kleine Ballade mit heroischen und Liebesstoffen (z. B. Goethe, *Der König in Thule*, *Das Heidenröslein*), musikalisch in der Vertonung für Solostimme und Klavier, als → Lied anzusprechen. Die R. von W. A. Mozart *Im Mohrenland gefangen war* (aus *Die Entführung aus dem Serail*, 1781/82) zeigt in ihrem Text noch die Nähe zum spanischen Vorbild. – In den instrumentalen Bereich wurde die R. schon bald nach der Mitte des 18. Jh. übertragen, z. B. von Gossec (op. 5, 1761) als Mittelsatz einer Symphonie (entsprechend bei Mozart, K.-V. 447, 466 und 525), von J. Haydn (Hob. I, 85) als Variationensatz über eine französische R.n-Melodie und von Beethoven als R. für V. und Orch. (op. 40 und op. 50; ähnlich Bruch, op. 42; Reger, op. 50 u. a.). Als → Charakterstück für Klavier erscheint die R. bei Fr. A. Rößler (1782), Reichardt (1783), R. Schumann (op. 28, 1839) u. a.; die *Lieder ohne Worte* von Mendelssohn Bartholdy wurden in Frankreich unter dem Titel *Romances sans paroles* bekannt.

Ausg. u. Lit.: → Cancionero; Romances et pastourelles frç. des XIIe et XIIIe s. (Textausg.), hrsg. v. K. BARTSCH, Lpz. 1870; Chansons du XVe s., hrsg. v. FR. A. GEVAERT u. G. PARIS, Paris 1875; Cancionero popular de Burgos, hrsg. v. F. OLMEDA, Sevilla 1903; Cancionero mus. de la lírica popular asturiana, hrsg. v. E. MARTÍNEZ TORNER, Madrid 1920, ^{2}1940; Colección de vihuelistas españoles del s. XVI, hrsg. v. DEMS., 2 H., Madrid 1923; DERS., Cancionero mus., Selección y armonización, Madrid 1928; J. BR. TREND, The Music of Span. Hist. to 1600, = Hispanic Notes and Monographs X, London 1926; Coplas sefardíes, hrsg. v. A. HEMSI, 2 Bde, Alexandria 1934–38; G. HAUPT, Eine neu entdeckte R. Mozarts, ZfM CII, 1935; V. RIPOLLÉS PÉREZ, El villancico i la cantata del segeXVIII a València, = Publicacions del Departament de música de la Bibl. de Catalunya XII, Barcelona 1935; S. GOSLICH, Beitr. zur Gesch. d. deutschen romantischen Oper, = Schriftenreihe d. Staatl. Inst. f. Deutsche Musikforschung I, Lpz. 1937; H. GOUGELOT, Cat. des romances frç. parues sous la Révolution et l'Empire, 2 Bde, Melun 1937–43; DERS., La romance frç. sous la Révolution et l'Empire, 2 Bde (I: Etude, II: Choix de textes musicaux), Melun 1938–43; J. BAL v GAY, Romances y villancicos españoles del s. XVI, Bd I, Mexiko 1939; K. SCHINDLER, Folk Music and Poetry of Spain and Portugal, NY 1941; Romances judeo-españoles de Marruecos, hrsg. v. P. BÉNICHOU, Revista de filología hispánica VI, 1944 – VII, 1945, separat Buenos Aires 1946; Cancionero de romances impreso en Amberes sin año, Faks. (mit Einleitung) hrsg. v. R. MENÉNDEZ PIDAL, Madrid 1945; DERS., Romancero hispánico-portugués, americano y sefardí, teoría y hist., 2 Bde, Madrid 1953 (grundlegend, in Bd I: G. Menéndez Pidal, Ilustraciones mus.); DERS., El romance »Rio Verde, Rio Verde«. Sus versiones varias, in: Miscelánea en homenaje a H. Anglès II, Barcelona 1958–61; S. GR. MORLEY, Chronological List of Early Span. Ballads, Hispanic Review XIII, 1945; M. QUEROL GAVALDÁ, La música en las obras de Cervantes, Barcelona 1948; DERS., Importance hist. et nationale du romance, in: Musique et poésie au XVIe s., = Colloques internationaux du Centre National de la recherche scientifique, Sciences humaines V, Paris 1954; DERS., El romance polifónico en el s. XVII, AM X, 1955; Romances y letras a tres vozes (s. XVII), Bd I, hrsg. v. DEMS., = MMEsp XVIII, Barcelona 1956; Cancionero mus. de la provincia de Madrid, hrsg. v. M. GARCÍA MATOS, J. ROMEU FIGUERAS, M. SCHNEIDER u. J. TOMÁS, 3 Bde, Barcelona u. Madrid 1951–60; Romances de Tetuán, hrsg. v. A. DE LARREA PALACIN, 2 Bde, Madrid 1952; Romancero sefardí. Romanzas y cantes populares en judeo-español, hrsg. v. M. ATTIAS, Jerusalem 1961; E. GERSON-KIWI, On the Mus. Sources of the Judaeo-Hispanic Romance, MQ L, 1964.

Ronde (rɔ̃:d, frz., runde) → Ganze Note.

Rondeau (rõd'o, frz.; ältere Wortform: rondel).
– 1) Das mittelalterliche, vorwiegend im 13.–15. Jh. verbreitete R. ist textlich und musikalisch eine Refrainform. Die Vorstellung des »Runden« scheint sich beim R. auf Rundtanz (Reigen) und öfteres Wiederkehren eines → Refrains zu beziehen, während für → Rondellus, → Rota, → Round (– 1), → Radel ein Kreisen der Stimmeinsätze bezeichnend ist. Zwischen die (meist zwei) Refrainverse werden Zusatzverse (additamenta) derselben Endreime gesetzt. Die 8zeilige Normalform lautet (Großbuchstaben = Refrainverse):

    Musik   α β α α α β α β
    Verse   A B a A a b A B

Die ältesten R.s sind sechszeilig ohne Refrain am Anfang. Eine zwischen Chor (Refrain) und Vorsängern (Zusatzverse) wechselnde Vortragsweise ist wahrscheinlich. Da die Zusatzverse leicht improvisiert werden konnten, wurde das R. schnell in der höfischen Gesellschaft heimisch. R.s mit französischen geistlichen Texten, 60 lateinische R.s in der → Quelle *F* sowie ein bischöfliches Verbot von 1249 weisen auf Verbreitung auch im kirchlichen Bereich. Auch für Motetten wurden Melodien und Texte von R.s (oder auch nur deren Refrains) gelegentlich verwendet (z. B. als Tenor in Machauts Motette Nr 20). Die ältesten Belege des R.s weisen nach Nordfrankreich. Von den älteren Theoretikern bezeugen das R. Franco von Köln (ed. Cserba, S. 252) und Johannes de Grocheo (ed. Rohloff, S. 50f.). Im 13. Jh. weisen die einen Refrain verwendenden Gattungen R., → Ballade (– 1), → Virelai eine bunte Formenvielfalt auf, die nicht immer eine eindeutige Klassifizierung erlaubt. Die von Gennrich aufgestellte Hypothese einer genetischen Entwicklungsreihe R.-Virelai-Ballade blieb nicht unwidersprochen. Die ältesten überlieferten mehrstimmigen vulgärsprachlichen Lieder sind R.s (16 von Adam de la Halle, 1 von Jehannot de L'Escurel, 2 in der → Quelle *Pic*); sie sind dreistimmig, in Partitur notiert wie ein Satz ähnlich dem mehrstimmigen Conductus. Der Text ist der untersten Stimme unterlegt; bei L'Escurel und in den meisten der R.s Adams stellt jedoch die mittlere Stimme eine 1st. R.-Melodie dar. Wesentlich von diesen einfachen Sätzen unterscheiden sich die im → Kantilenensatz komponierten 21 R.s Machauts (→ Discantus). Machaut verwendet stets gleichlange Verse (meist 10Silbler) und bevorzugt die 8zeilige Form, die E. Deschamps (*L'art de dictier*) rondel sangle nennt, im Unterschied zum 16zeiligen rondel double. Im Vergleich mit seinen Balladen zeigen Machauts R.s besonders reiche Reime (Nr 7), auch Zahlen- (Nr 6, 17) und Kanonrätsel (Nr 14). Machaut (41 mehrstimmige Balladen, 21 R.s; innerhalb der nicht komponierten Gedichte 204 Balladen, 58 R.s) und gleicherweise die → Quellen vor und um 1400 (*Ch, ModA, Pit, PR, TuB*) zeigen die größere Beliebtheit der Ballade gegenüber R. und Virelai. R.-Komponisten um 1400 sind u. a. Cesaris, Cordier (von ihm das in Herzform notierte R. in *Ch*), Grenot, Matteo da Perugia, Reyneau, Solage. In Italien setzte sich das R. nicht durch. Im 15. Jh. war – im Unterschied zur Ars nova und französischen Spätzeit – das R. verbreiteter als die Ballade (z. B. in der Hs. *O*: 187 R.s gegenüber 38 Balladen). Es hatte nun 10, 12, meist 16 (jetzt R. simple genannt) oder auch 21 Zeilen (R. double); jedoch blieben unverändert das Prinzip der Aufteilung des Refrains und die musikalische Anlage, z. B.:

    Musik   α β α α α β α β
    Verse   ABBA ab AB abba ABBA

An Komponisten sind Dufay (62 R.s, davon 3 mit italienischem Text), Binchois (47 R.s), Busnois, Hayne van Ghizeghem, Ockeghem, an bekannten Dichtern Eustache Deschamps, Charles d'Orléans und Alain Chartier zu nennen. – In der Folgezeit wurde das R. immer häufiger nicht mehr in der hergebrachten Weise, sondern als freie → Chanson komponiert, während das Refrainprinzip in der Musik (vor allem in der Instrumentalmusik) sich stärker zu verselbständigen begann (→ Refrain, → Ritornell – 2). Die dichterische Form des R.s erfuhr Wiederbelebung in der französischen Literatur des 17. und 19. Jh.

Ausg.: Chansons du XVe s., hrsg. v. G. Paris, Paris 1875; R. et autres poésies du XVe s., hrsg. v. G. Raynaud, Paris 1889; E. Deschamps, L'Art de dictier, in: Œuvres complètes VII, hrsg. v. Queux de St. Hilaire u. G. Raynaud, Paris 1891; Recueil d'arts de la seconde rhétorique, hrsg. v. E. Langlois, Paris 1902; R., Virelais u. Balladen, hrsg. v. Fr. Gennrich, 2 Bde, = Ges. f. romanische Lit. XLIII u. XLVII, Dresden 1921 u. Göttingen 1927, III, Das altfrz. R. u. Virelai, = Summa musicae medii aevi X (Fundamenta I), Langen 1963; Les musiciens de la cour de Bourgogne, hrsg. v. J. Marix, Paris 1937; Harmonice Musices Odhecaton A, hrsg. v. H. Hewitt, Cambridge (Mass.) 1942, ²1946; French Secular Music of the Late Fourteenth Cent., hrsg. v. W. Apel, = The Medieval Acad. of America, Publications LV, ebenda 1950; Early Fifteenth-Cent. Music, hrsg. v. G. Reaney, = CMM XI, (Rom) seit 1955; Zehn datierbare Kompositionen d. Ars nova, hrsg. v. U. Günther, = Schriftenreihe d. Mw. Inst. d. Univ. Hbg II, Hbg 1959; The French-Cypriot Repertory ... IV, hrsg. v. R. H. Hoppin, = CMM XXI, 4, Rom 1963.

Lit.: H. Pfuhl, Untersuchungen über d. R. u. Virelais in d. Lit. d. 14. u. 15. Jh., Diss. Königsberg 1887; Fr. Ludwig, Die mehrst. Musik d. 14. Jh., SIMG IV, 1902/03; P. Aubry, Refrains et R. du XIIIe s., Fs. H. Riemann, Lpz. 1909; E. Heldt, Frz. Virelais aus d. 15. Jh., Halle 1916; E. Droz, Les formes littéraires de la chanson frç. au XVe s., Fs. D. Fr. Scheurleer, 's-Gravenhage 1925; H. Spanke, Das lat. R., Zs. f. frz. Sprache u. Lit. LIII, 1929; ders., Tanzmusik in d. Kirche d. MA, Neuphilologische Mitt. XXXI, 1930 u. XXXIII, 1932; Fr. Gennrich, Grundriß einer Formenlehre d. ma. Liedes, Halle 1932; ders., Deutsche R., Beitr. zur Gesch. d. deutschen Sprache LXXII, 1953; E. Dannemann, Die spätgotische Musiktradition in Frankreich u. Burgund, = Slg mw. Abh. XVII, Straßburg 1936; C. L. W. Boer, Chansonvormen op het einde van de XVe eeuw, Antwerpen u. Paris 1938; G. Reaney, Concerning the Origins of the R., Virelai, and Ballade Forms, MD VI, 1952; ders., G. de Machaut, Lyric Poet, ML XXXIX, 1958; ders., The Poetical Form of Machaut's Mus. Works I, MD XIII, 1959; ders., The Development of the R., Virelai, and Ballade Forms from Adam de la Hale to G. de Machaut, Fs. K. G. Fellerer, Regensburg 1962; W. Apel, R., Virelais, and Ballades in French 13th-Cent. Song, JAMS VII, 1954; U. Günther, Der mus. Stilwandel d. frz. Liedkunst in d. 2. Hälfte d. 14. Jh., dargestellt an Virelais, Balladen u. R. v. Machaut ..., Diss. Hbg 1957, maschr.; dies., Chronologie u. Stil d. Kompositionen G. de Machauts, AMl XXXV, 1963; M. A. Baird, Changes in the Lit. Texts of the Late 15th and Early 16th Cent., MD XV, 1961; N. Pirrotta, On Text Forms from Ciconia to Dufay, in: Aspects of Medieval and Renaissance Music, Fs. G. Reese, NY (1966).   WoD

– 2) Das R. im 17. und 18. Jh. ist die in der französischen Clavecin-, Opern- und Ballettmusik spätestens seit Lully und L. Couperin entwickelte, bald auch außerhalb Frankreichs verbreitete Form vokaler und instrumentaler Refrainkompositionen mit dem Schema abaca...a. Ein möglicher Zusammenhang mit dem mittelalterlichen R. ist nicht völlig geklärt. Um 1700 wurde das R. zu einer Modeerscheinung (größte Entfaltung und Mannigfaltigkeit bei Fr. Couperin), deren Schematismus und häufige Oberflächlichkeit in der 2. Hälfte des 18. Jh. u. a. Forkel, Reichardt und J. B. Cramer kritisierten. Die gleichzeitig von C. Ph. E. Bach ausgebildete R.-Form und die allmähliche Bevorzugung des italienischen Wortes → Rondo kennzeichnen die Abkehr vom Schematismus des französischen R.s. – R. bezeichnet lediglich eine äußere, verschiedenste Elemente in sich aufnehmende Form, die bei Vokal-

R.s textbedingt, bei Instrumental-R.s häufig durch Überschriften charakterisiert oder mit bestimmten Satztypen, vor allem Tänzen, verbunden ist (z. B. Sarabande, Bourée, Gigue en r.; eine französische Eigenheit ist auch die häufige Verbindung mit Chaconne oder Passacaglia). Das Prinzip der R.-Formung ist das abwechselnde Aneinanderreihen von Refrain (Grand couplet oder selbst R. genannt) und Zwischenteilen (Couplet oder Reprise). Bezeichnend sind schwankende Coupletzahl (in der Regel mindestens 2, selten nur 1, in Fr. Couperins Passecaille H moll 8) sowie J.-Ph. Rameaus Anweisung: *on peut se passer ... des reprises d'un R.*, *qu'on trouvera trop difficiles* (*De la mechanique des doigts sur le clavessin*, 1724). Der in der Haupttonart stehende Refrain wird als Refrain unverändert (Ausnahme z. B. J.-Ph. Rameau, *La villageoise*), untransponiert und ungekürzt (Ausnahme z. B. Fr. Couperin, *Les amusemens*) wiederholt und ist daher oft nur einmal notiert. Er umfaßt oft 8 oder 16 Takte mit häufig zwei einander entsprechenden Hälften mit Halb- und Ganzschluß. Die Couplets, ursprünglich meist ebensolang wie der Refrain, jedoch weniger geschlossen, berühren andere Tonarten; Couplet 1 beginnt meist noch in der Haupttonart, spätere Couplets können bereits in anderer Tonart einsetzen (Couplets in der Varianttonart meist an letzter Stelle). Mannigfaltig ist der Zusammenhang zwischen Refrain und Couplet und zwischen den Couplets untereinander: bisweilen besteht ein Couplet aus dem transponierten Refrain, oder es wird aus dem Material des Refrains gebildet (dies fordern noch Forkel und Reichardt), oder es ist unabhängig vom Refrain und kontrastiert zu ihm (vor allem hierbei bereitet bisweilen ein an das Couplet angehängter transponierter Teil des Refrains den Wiedereintritt des Refrains vor); die Wiederholung eines ganzen Couplets gibt es vor allem bei der sogenannten Refraingruppe (hierbei wird die am Beginn des R.s stehende Gruppe aba am Schluß wiederholt). Erweiterung und Bereicherung ohne grundsätzliche Änderung der R.-Form wurde erstrebt durch erhöhte Coupletzahl, durch ausgedehntere Couplets (dann meist nur 2 Couplets, von denen bisweilen eines en r. separé geschrieben wurde, also selbst die Form aba hat) und durch das Doppel-R.: entweder wurde ein ganzes R. anschließend variiert (z. B. Rameau, *Les niais de Sologne*), oder es folgte eine Seconde partie in der Varianttonart, oft ohne motivischen Zusammenhang mit der Premiere partie. – C. Ph. E. Bachs grundsätzliche Neuerung der Form, von ihm selbst bereits Rondo genannt, bestand vor allem darin, daß nun der Refrain als Refrain in verschiedenen Tonarten auftritt und variiert, verkürzt und durchführungsartig verarbeitet wird und daß die Couplets freier, fantasieartig gestaltet sind, oft auch nur Überleitungscharakter haben. – Seit etwa 1600 gibt es Instrumental- und Vokalwerke, die dem französischen R. ähneln, aber nicht so heißen und weniger stereotyp sind; in der Oper z. B. werden größere Abschnitte durch Ritornelle zu Einheiten zusammengefaßt (Monteverdi, *Orfeo*, Prolog; Gluck, *Orpheus*, 1. Akt, 1. und 2. Szene); Beispiele für Formen, die dem R. ähneln, sind in geistlicher Musik der 136. Psalm von Schütz und der Schlußchor aus J. S. Bachs Johannespassion; in der Instrumentalmusik finden sich Beispiele bei G. B. Buonamente und J. Vierdanck; auch der Schlußsatz des 1. Brandenburgischen Konzerts von J. S. Bach hat die Form eines R.s.

Lit.: W. CHRZANOWSKI, Das instr. R. u. d. Rondoformen im 18. Jh., Diss. Lpz. 1911; FR. PIERSIG, Das Rondo, = Mus. Formen in hist. Reihen IV, Bln (1931); S. CLERCX, La forme du rondo chez C.-Ph.-E. Bach, Rev. de Musicol. XIX, 1935; W. GEORGII, Klaviermusik, Zürich (1941), Zürich u. Freiburg i. Br. ⁴1965.   GBA

Rondellus (mittellat.) nennt der Engländer W. Odington (*De speculatione musices*, um 1320; CS I, 245b und 246b f.) die ganz auf dem Verfahren des Stimmtauschs beruhende Komposition, das Stimmtauschstück, das seinem Erscheinungsbild nach dem Kanon nahesteht. Er beschreibt und exemplifiziert den R. (*id est* [*cantus*] *rotabilis vel circumductus*) als eine Spezies des → Discantus (in Nachbarschaft zum Conductus): ein frei erfundener Cantus (*excogitetur cantus pulchrior qui possit*) bildet zusammen mit zwei gleichzeitig einsetzenden Stimmen einen Abschnitt (mit oder ohne Text), der unter Vertauschung der Stimmen (*quod unus cantat, omnes per ordinem recitent*) zweimal wiederholt wird (siehe nebenstehendes Schema), worauf ein neuer Stimmtauschabschnitt beginnt oder auch (nach Ausweis anderer Quellen) der gleiche Stimmtauschabschnitt mit neuem Text wiederholt werden kann. Beim R. cum littera (bei dem nicht alle Stimmen textiert zu sein brauchen) wandern zusammen mit der Melodie auch die Textzeilen durch die Stimmen (Ausnahme z. B.: *Worc*, ed. Dittmer, Nr 31). Das 3-, auch das 2st. Stimmtauschstück, in englischen Quellen schon seit dem 12. Jh. belegt (Harrison), und das Stimmtauschverfahren gehören im 13. und 14. Jh. zu den Besonderheiten des Discantus in England, der auch sonst die textlich-musikalische Gleichrangigkeit der Stimmen bevorzugte und wohl auch im R. eine naturwüchsige Art der Mehrstimmigkeit aufgegriffen hat. Auf Stimmtausch beruht der 2st. → Pes (– 2) des »Sommerkanons« (→ Rota). Das fragmentarisch erhaltene Worcester-Repertoire (→ Quellen: *Worc*) weist unter rund 110 mehrstimmigen Kompositionen 7 C. f.-freie Stimmtauschstücke auf: mit mehrfacher Wiederholung ein und desselben Stimmtauschabschnitts (ed. Dittmer, Nr 21), meist jedoch mit Reihung immer neuer Stimmtauschabschnitte (auch als Hoquetus ausgebildet, Nr 25) wobei der Anfangs- oder(und) der Schlußabschnitt außerhalb der Stimmtauschwiederholungen stehen können (Nr 94). – Vom R. mit Stimmtausch durch alle Stimmen (dem Stimmtauschstück Odingtons) und der entsprechenden R.-Partie, z. B. als Teil eines Conductus (*Worc* Nr 69, Schlußcauda) oder im Wechsel mit Conductuspartien (Nr 93), ist der Stimmtausch der Oberstimmen einer Komposition (»Oberstimmen-R.«) zu unterscheiden (siehe nebenstehendes Schema). Er tritt in den Worcester-Fragmenten sehr häufig auf, z. B. als Stimmtauschmotette (»R.-Motette«) mit beständig wiederholtem (Nr 12) oder immer neuem, je einmal wiederholtem Pes (Nr 16 und 17), auch etwa in der Vorzeile eines zwischen Conductus- und R.-Partien wechselnden Stückes (Nr 93). – Auf dem Festland bildet die Wiederholung eines Melodieabschnitts in einer anderen Stimme, als → Color (– 2) bezeichnet und häufig als Stimmtausch ausgebildet, eines der Gestaltungsmittel der großen Notre-Dame-Organa. Ein reines Stimmtauschstück ist das Benedicamus Domino, das fragmentarisch in *F* (f. 47', ed. Husmann, S. 132), vollständig in *Hu* (f. 25', ed. Anglès, S. 48) überliefert ist. Nachweislich englischer Provenienz ist die R.-Motette mit dem Tenor *Balaam* in W_2 (Besseler, *Musik des Mittelalters ...*, S. 122). Eine Reihe von R.-Motetten enthält die Hs. *Mo*, z. B. Nr 339 (in ursprünglicher Form in *Worc*, Motettenvorspann der Choralbearbeitung Nr 19, auch Nr 56), ferner Nr 340 und 341. – Zu unterscheiden ist der englische, nur bei Odington belegte Terminus R. von den auf Kanontechnik bezogenen Ausdrücken → Rota, → Radel, → Round (– 1) und von dem auf dem Festland belegten Begriff R., den Franco von Köln (ed. Cserba, S. 252) im Sinne der Refrainform des französischen → Rondeaus (– 1) erwähnt.

```
c b a
b a c
a c b
```

```
c b f e ...
b c e f ...
a a d d ...
```

Lit.: L. A. Dittmer, An Engl. Discantuum Volumen, MD VIII, 1954; ders., Beitr. zum Studium d. Worcester-Fragmente, Mf X, 1957; E. Apfel, Studien zur Satztechnik d. ma. engl. Musik, 2 Bde, = Abh. d. Heidelberger Akad. d. Wiss., Phil.-hist. Klasse, Jg. 1959, Nr 5; Fr. Ll. Harrison, Rota and R. in Engl. Medieval Music, Proc. R. Mus. Ass. LXXXVI, 1959/60. HHE

Rondo, eine aus dem → Rondeau (– 2) der französischen Clavecinisten hervorgegangene Reihungsform mit wiederkehrendem Refrain und eingeschobenen Zwischenspielen (Couplets, → Episode). Das R. der Klassik und frühen Romantik beschränkt sich meist auf 3 Couplets. Es steht im Sonaten-Satzzyklus und im Konzert in der Regel als virtuoser und heiterer Schlußsatz, tritt aber auch selbständig, vor allem als Komposition für Klavier auf (W. A. Mozart, K.-V. 382, 386, 485, 494, 511; Beethoven, op. 51 Nr 1 und 2; Schubert, op. 107, 130, 145). – Im sogenannten Sonaten-R., das bereits bei Haydn und Mozart ausgebildet ist, werden Einflüsse der Sonatensatzform auf das R. wirksam. Sie äußern sich in der durchführungsartigen Anlage des mittleren Couplets und dem reprisenartigen Zurückgreifen auf das thematische Material des ersten Couplets im letzten Couplet, das oft auch in der Grundtonart erscheint:

A B A   C   A B' A
Exposition Durchführung Reprise (Coda)

Beispiele dafür bieten die Schlußsätze in Werken von J. Haydn (Symphonie B dur, Hob. I, 102), W. A. Mozart (Klavierkonzerte C dur, K.-V. 415, und B dur, K.-V. 450), Beethoven (Klavierkonzert G dur op. 58), Mendelssohn Bartholdy (R. brillant für Kl. und Orch. op. 29). Nach Schubert, der die R.-Form für Einzelkompositionen und als Finale im Sonaten-Satzzyklus häufig verwendet, erlosch das Interesse der Komponisten am R. Nur bei den Modekomponisten der Salonmusik blieb das R. als Einzelkomposition beliebt. Von Liszt gibt es R.s innerhalb seines Frühwerkes, z. B. R. di bravura (1825). Innerhalb des Sonaten-Satzzyklus trat die Sonatensatzform mit der Möglichkeit größerer Finalsteigerung an die Stelle der R.-Form. Erst um die Jahrhundertwende erscheint das R. wieder als Satz von Symphonien. Bei Mahler kommt es zu einer erneuten Auseinandersetzung zwischen R. und Sonatensatzform (5., 7. und 9. Symphonie). – Beispiele für R.s im 20. Jh. bieten u. a. Bartók, 3 R.s über Volksweisen (1916 und 1927); A. Berg, Wozzeck, 2. Akt, 5. Szene (R. marziale), und Kammerkonzert (1925), 3. Satz (R. ritmica con Introduzione); Th. Berger, R. ostinato (1955); Schönberg, 3. Streichquartett op. 30, Schlußsatz; Webern, Streichtrio op. 20, 1. Satz.

Lit.: Fr. Tutenberg, Die Sinfonik J. Chr. Bachs, = Veröff. d. Mw. Inst. d. Univ. Kiel I, Wolfenbüttel 1928; R. v. Tobel, Die Formenwelt d. klass. Instrumentalmusik, = Berner Veröff. zur Musikforschung VI, Bern 1935; M. Bedbur, Die Entwicklung d. Finales in d. Symphonien v. Haydn, Mozart u. Beethoven, Diss. Köln 1953, maschr.; H. Engel, Haydn, Mozart u. d. Klassik, Mozart-Jb. 1959; ders., Die Quellen d. klass. Stils, Kgr.-Ber. NY 1961, Bd I; H. Tischler, Eine Form-Analyse v. Mozarts Klavierkonzerten, = Wiss. Abh. X, Brooklyn (N. Y.) 1966.

Rorantisten-Kapelle, eine Sängerkapelle in Krakau, die 1543 von König Sigismund I. gegründet wurde und bis 1872 tätig war. Ihr Name geht zurück auf die in Krakau schon vorher täglich gesungene Votivmesse Rorate (daher eigentlich: Roratisten). Die aus 11 Sängern bestehende Kapelle hatte neben der Hof- (später Dom-)Kapelle besondere Aufgaben und erhielt einen eigenen Kapellraum zugewiesen. Sie bewahrte die Tradition des italienischen a cappella-Stils und war von einigem Einfluß auf die Entwicklung der Musik in Polen.

Lit.: → Krakau.

Rosalie, Schusterfleck oder Vetter Michel sind verunglimpfende Bezeichnungen für die einmal oder mehrmals unmittelbar aufeinanderfolgende Höhertransposition eines Motivs, auch seiner Begleitstimmen, um jeweils einen Ton. Alle drei Bezeichnungen kamen um 1750 auf und geben davon Kunde, wie sehr bereits damals die noch in der 1. Hälfte des 18. Jh. so beliebten stufenweise steigenden Sequenzen als abgenutzt empfunden wurden (vgl. dazu KochL, Artikel Transposition). Der Name R. wird auf ein italienisches Volkslied (Rosalia mia cara) zurückgeführt:

Der Name Vetter Michel geht auf das um 1750 entstandene Lied Gestern abend war Vetter Michel da zurück, in dessen Mittelteil eine R. vorkommt:

Die den ganzen Satz intervallgetreu transponierende harmonische oder reale Sequenz heißt dann Schusterfleck, wenn sich ihre Anwendung nicht notwendigerweise aus der Konzeption des Werkes ergibt. So nannte Beethoven (nach Schindler, L. van Beethoven II, ⁵1927, S. 35) das Thema seiner Variationen op. 120, einen Walzer von Diabelli, wegen harmonischer Sequenzen, die dort ohne Grund angebracht sind, mit Recht einen Schusterfleck. Er selbst hat jedoch verschiedentlich, z. B. im Fidelio (Arie des Pizarro, Takt 90ff.), von harmonischen Sequenzen als Steigerungsmittel hervorragenden Gebrauch gemacht. Gleiches gilt von Schubert (Gruppe aus dem Tartarus, D 583, Takt 50ff.), Liszt (Légende Nr 1 für Kl., Takt 116ff.) und Bruckner (9. Symphonie, 1. Satz, Takt 51ff.).

Rosette heißt das durchbrochen gearbeitete runde Schalloch in der Mitte des Resonanzbodens von lautenartigen Zupfinstrumenten und besaiteten Tasteninstrumenten.

Rostock.
Lit.: H. Ebert, Versuch einer Gesch. d. Theaters in R., Güstrow 1872; K. Koppmann, Die R.er Stadtmusikanten, = Beitr. zur Gesch. d. Stadt R. II, H. 2 u. 3, R. 1897–98; A. Schatz, Zur Vorgesch. d. Stadttheaters in R., ebenda II, 4, 1899; W. Schacht, Zur Gesch. d. R.er Theaters (1756–91), Diss. R. 1908; G. Kohfeldt, Studentische Theateraufführungen im alten R., = Beitr. zur Gesch. d. Stadt R. XI, R. 1919; W. Th. Gaehtgens, Die Gestaltung d. R.er Gottesdienste bei d. Durchführung d. Reformation im Jahre 1531, R. 1934; ders., Die alten Musikalien d. Univ.-Bibl. u. d. Kirchenmusik in Alt-R., = Beitr. zur Gesch. d. Stadt R. XXII, R. 1941; G. Pietzsch, Zur Pflege d. Musik an d. deutschen Univ. bis zur Mitte d. 16. Jh. (R.), AfMf VI, 1941.

Rota (lat., Rad), spätmittelalterliche Bezeichnung für einen Satz in Kanontechnik. R. ist offenbar Grundwort für eine Reihe von musikalischen Termini, die vom Bild des Rades, der Kreisform »Runden«, her geprägt sind, sei es, weil sich die Ausführenden im Kreis aufstellen, sei es auf Grund einer Text-, Melodie- oder Satzstruktur, die nach Art eines Kreises in den Anfang zurückleitet: rotulum (est, quod voluitur ad modum rote; Breslauer Mensuraltraktat, ed. Wolf, S. 336), rotunda vel rotundellus (... dicitur, eo quod ad modum circuli in se ipsam reflectitur et incipit et terminatur in eodem; J. de Grocheo, ed. Rohloff, S. 50), → Rondeau (– 1; rondellus), → Radel, → Round (– 1). Berühmt ist der Beleg für R. im »Sommerkanon« (Kanonanweisung: Hanc rotam cantare possunt quatuor socii; dazu im 2st. → Pes – 2, nach Art des → Rondellus); ein schönes Beispiel dafür, wie zuweilen auch die Notation den (Zirkel-)Kanon als Rad oder Kreis veranschaulicht, bietet die *Rode a 3* von B. Cordier (→ Quellen: *Ch*, f. 12).

Lit.: J. WOLF, Ein Breslauer Mensuraltraktat d. 15. Jh., AfMw I, 1918/19; J. HANDSCHIN, The Summer Canon and Its Background, MD III, 1949 u. V, 1951; M. F. BUKOFZER, »Sumer is icumen in«. A Revision, Univ. of California Publications in Music II, 2, Berkeley u. Los Angeles 1944; FR. LL. HARRISON, R. and Rondellus in Engl. Medieval Music, Proc. R. Mus. Ass. LXXXVI, 1959/60.

Rotrouenge (rɔtru'ãːʒ, altfrz., auch retrowange; Herkunft und Grundbedeutung des Wortes unklar), ein altfranzösisches Minnelied. 3 bis zumeist 5 gleichartige Verse (es überwiegen 10- und 11 Silber), fortlaufend gereimt (a a a . . .), bilden den Strophengrundstock. Der angeschlossene Refrain weicht im Versmaß oft ab, regelmäßig jedoch im Reimschema (B B). Für die gleichartig aufeinanderfolgenden Verse bleibt die Zeilenmelodie gleich, so daß der musikalische Aufbau dem reimbestimmten Bau der Strophe entspricht: α α α . . . β β. In mittelalterlichen Handschriften werden als R.-Lieder bezeichnet: Raynaud 2082, 636, 768, 354, 602, 1914 (von Gontier de Soignies) und das anonyme 1411.

Ausg. u. Lit.: FR. GENNRICH, Die altfrz. R., Halle (1925); DERS., Zu d. altfrz. R., Zs. f. romanische Philologie XLVI, 1926; DERS., Das Formproblem d. Minnesangs, DVjs. IX, 1931; H. SPANKE, Eine altfrz. Liederslg, = Romanische Bibl. XXII, Halle (1925).

Rotta, – 1) (ahd.; mhd. rotte; altfrz. rote; altprov. und latinisiert rota; gallo-romanisch chrotta, chrota) ein ein- oder beidseitig bespanntes 3eckiges Zupfinstrument vom Typ der → Zither (– 1), das senkrecht nach Art der Harfe gehalten wird (daher nach Dräger 1948 als Harfenzither zu klassifizieren), mit bis zu 30 Saiten und mit einem hölzernen Boden oder Schallkasten. Die Instrumentennamen R. und Psalterium wurden bisweilen gleichbedeutend, bisweilen nebeneinander gebraucht (vgl. Riedel 1959, S. 105, 181, 237). Bei Ruodlieb (*Epigramm* XI; 11. Jh.) heißt es: . . . *inuenit* . . . *Dauid psalterium triangulum id est rottam*. Der früheste bekannte Beleg für die R. ist die Abbildung eines 11 saitigen R. auf dem Elfenbeindeckel des Dagulf-Psalters (Ende 8. Jh.). An einem Kapitell im Kloster Moissac (um 1085–1115) ist ein die R. spielender Begleiter des Königs David dargestellt mit der Beischrift *NAME* (= Eman) *CVM ROTA* (weitere Denkmäler bei Steger 1961). Auf den mittelalterlichen Abbildungen der R. ist – im Unterschied zu Darstellungen der 3eckigen Rahmenzither oder der Harfe – der Saitenhintergrund undurchsichtig bzw. in Reliefdarstellungen nicht tief ausgearbeitet; die Saitenträger sind relativ dünne Leisten. Die im Unterschied zum → Psalterium mögliche beiderseitige Bespannung mit Saiten (schon im späten 11. Jh. nachweisbar) bestätigt ein Dokument des 15. Jh. (Bayerische Staatsbibl. München, cgm 649, f. 562): . . . *rott, chordas habens ex utraque parte ligni cauati* (lignum cavatum, ausgehöltes Holz, s. v. w. Schallkasten). – 2) In der Instrumentenkunde wurden bislang mit R. leierartige, gezupfte oder gestrichene Instrumente von 8-förmigem Umriß bezeichnet, die bis ins 19. Jh. im walisischen → Crwth und in skandinavischen Streichleiern (schwedisch stråkharpa) fortlebten. Seitdem Steger 1961 nachgewiesen hat, daß der Name R. im Mittelalter eine 3eckige Harfenzither bezeichnet, ist ungeklärt, welche Benennung den Zupf- und Streichleiern ursprünglich zukam. Eine anonyme Glosse des 13. Jh. zu *De planctu naturae* von Alanus ab Insulis (vgl. Wolf 1841, S. 246) bringt R. und → Leier in Verbindung: *Lira est quoddam genus citharae vel sitola, alioquin de Roet. Hoc instrumentum est multum volgare*. Die Möglichkeit, daß der Name R. zwei verschiedene Instrumente bezeichnen konnte, ist also – auch im Hinblick auf den Crwth – nicht mit Sicherheit auszuschließen. Charakteristisch für einen mittelalterlichen Typ der Zupfleier ist ein kreisförmiger Jochbogen (vgl. Steger, *David rex et propheta*, Tafel 11), doch ist auch die Form des Crwth früh belegt (9. Jh.). Die Streichleier kann mit (Crwth) oder ohne (Stråkharpa) Griffbrett auftreten. – 3) Als ital. Wort bezeichnet R. vereinzelt im 14. und 16. Jh. einen → Nachtanz. Zu den Estampien *Lamento di Tristano* und *La Manfredina* in Lo (→ Quellen) gehören mit R. überschriebene geradtaktige, frei variativ abgeleitete Nachtänze. Bei F. Caroso (1581 und 1600) erscheint R. als Bezeichnung für einen bestimmten Nachtanz in der Satzfolge: Balletto – Gagliarda – La R. – Canario (die R. steht hier im 6/8-Takt und hat Ähnlichkeit mit dem Canario), und für Nachtanz allgemein in der Satzfolge: Balletto – La r. grave – La r. in saltarello – La r. in gagliarda.

Lit.: zu 1) u. 2): F. WOLF, Über d. Lais . . ., Heidelberg 1841; H. PANUM, Middelalderens strenge-instrumenter og deres forløbere i oldtiden, Kopenhagen 1915, engl. hrsg. v. J. Pulver als: The Stringed Instr. of the Middle Ages, London (1940); O. ANDERSSON, Stråkharpan, Stockholm 1923; DERS., The Bowed Harp, London 1930; DERS., The Shetland Gue, the Welsh Crwth, and the Northern Bowed Harp, in: Budkavien I–IV, 1956; J. WERNER, Leier u. Harfe im germanischen MA, in: Aus Verfassungs- u. Landesgesch., Fs. Th. Mayer, Bd I, Konstanz 1954; H. RIEDEL, Musik u. Musikerlebnis in d. erzählenden deutschen Dichtung, = Abh. zur Kunst-, Musik- u. Literaturwiss. XII, Bonn 1959; E. EMSHEIMER, Die Streichleier v. Danczk, STMf XLIII, 1961, auch in: Studia ethno-musicologica eurasiatica, = Musikhist. museets skrifter I, Stockholm 1964; H. STEGER, David rex et propheta, in Erlanger Beitr. zur Sprach- und Kunstwiss. VI, Nürnberg 1961; DERS., Die Rotte, DVjs. XXXV, 1961; W. BACHMANN, Die Anfänge d. Streichinstrumentenspiels, = Mw. Einzeldarstellungen III, Lpz. 1964.

Rotulus (lat., Rolle; frz. rouleau; engl. roll). Die Rolle aus aneinandergeklebten oder -genähten Blättern war als früheste Form des Buches bis ins 4. Jh. n. Chr. vorherrschend. Die aneinandergeklebten Blätter wurden der Längsseite nach in Kolumnen beschrieben und von links nach rechts abgerollt und gelesen. Im Mittelalter wurde der R. – neben der bevorzugten Buchform des Codex – teilweise noch für Register, Urkunden und liturgische Texte beibehalten, nun aber der Schmalseite folgend beschrieben und von oben nach unten entrollt und gelesen. Musikgeschichtlich interessiert eine Anzahl reich illustrierter Pergamentrollen des 10.–13. Jh. aus Süditalien, die auch Aufzeichnungen von Choralmelodien enthalten. Sie wurden in der Liturgie der Osternacht beim Praeconium paschale (Exultet) verwendet, das der Diakon vom Ambo aus sang. Die zugehörigen Miniaturen sind vielfach mit Rücksicht auf die vor dem Ambo stehenden Gläubigen im Verhältnis zur Text- und Melodieschrift auf dem Kopf stehend dargestellt. Rotuli mit mehrstimmiger Musik sind im 13.–15. Jh. mehrfach bezeugt (für England siehe Harrison). Bekannt geworden sind bis jetzt folgende Fragmente: 1) Brüssel, Bibl. Royale, Ms. 19606 (Sigel: *Br*; nach 1300, 3st. Conductus und Motetten; siehe Hoppin 1955); 2) Paris, Bibl. Nat., Coll. de Picardie 67, f. 67f. (→ Quellen: *Pic*); 3) London, Public Record Office, E. 149/7/23 dorse (2. Hälfte des 14. Jh., 3st. Meßsätze; siehe D. Stevens 1955); 4) Cambridge, Trinity College, Ms. O.3.58 (1. Hälfte des 15. Jh., 2–3st. Carols; siehe J. Stevens 1952). Trouvèretexte (ohne Noten) überliefert ein R. in London (Lambeth Palace, Misc. Rolls 1435; siehe Raynaud-Spanke, S. 2). Bildzeugnisse zum Gebrauch des R. bringen Hammerstein (Abb. 1) und Droz-Thibault (vor S. 13, auch Besseler 1931, S. 126).

Lit.: H. HUNGER, Antikes u. ma. Buch- u. Schriftwesen, in: Gesch. d. Textüberlieferung I, Zürich (1961). – E. DROZ u.

G. Thibault, Poètes et musiciens du XVe s., = Documents artistiques du XVe s. I, Paris 1924; H. Besseler, Studien zur Musik d. MA I, AfMw VII, 1925, S. 195ff.; ders., Die Musik d. MA ..., Bücken Hdb.; M. Avery, The Exultet Rolls ..., 2 Bde, Princeton (N. J.) 1936; J. Stevens in: Mus. Brit. IV, London 1952, S. 125ff.; R. H. Hoppin, A Mus. R. ..., RBM IX, 1955; ders., Some Remarks apropos of Pic, RBM X, 1956; R; D. Stevens, A Recently Discovered Engl. Source ..., MQ XLI, 1955; Fr. Ll. Harrisson, Music in Medieval Britain, London 1958; R. Hammerstein, Tuba intonet salutaris, AMl XXXI, 1959; J. Wettstein, Un rouleau campanien du XIe s. ..., Scriptorium XV, 1961; dies., Les Exultet de Mirabella Eclano, ebenda XVII, 1963.

Rouen.
Lit.: A.-R. Collette u. A. Bourdon, Hist. de la maîtrise de R., R. 1892; dies., Notice hist. sur les orgues et les organistes de la cathédrale de R., R. 1894; H. Geispitz, Hist. du Théâtre des Arts de R., R. 1913; ders., Hist. du Théâtre des Arts de R. (1913–40), R. 1951; R. Eude, Petite hist. du Théâtre des Arts, R. 1963.

Roulade (rul'ad) frz.), »Roller«, Läufer, virtuose Passage für Gesang.

Round (ɹaund, engl., rund, Rundgesang), – 1) kurzer, melodisch anspruchsloser vokaler Zirkelkanon in Einklang oder Oktave, dessen Stimmeneinsätze in gleichen Abständen über das ganze Stück verteilt sind. Die erste namentliche Erwähnung stammt von etwa 1515 (... let us sing this r. ...; Hs. London, Brit. Mus., add. 31 922). R. und → Catch, einander sehr ähnlich, waren seit dem 16. Jh. in England als Formen geselliger Unterhaltungskunst beliebt und fanden besonders durch die Sammlungen von Th. Ravenscroft (1609 und 1611) und J. Playford (ab 1651) starke Verbreitung. – 2) R. oder Roundel (so Shakespeare, *Midsummer Night's Dream*, 2. Akt, 2. Szene) bezeichnet im 17. Jh. einen Tanz, bei dem die Tänzer einen Kreis bilden; die 1. Auflage von J. Playfords *The English Dancing Master* (1651) bietet 13 solcher R.s.
Lit.: zu 1): E. Fr. Rimbault u. J. P. Metcalfe, The R., Catches and Canons of England, London (1864); J. Stevens, R. and Canons from an Early Tudor Song-Book, ML XXXII, 1951; J. Vlasto, An Elizabethan Anth. of R., MQ XL, 1954. – zu 2): M. Dean-Smith, Playford's »Engl. Dancing Master«, London 1957 (Einführung u. Bibliogr.).

Rovescio (rov'ɛʃʃo, ital.) → Umkehrung.

rubato (ital.) → Tempo rubato.

Rubęba, rubęlla (lat.) → Rebec.

Rudolstadt (Thüringen).
Lit.: P. Gülke, Musik u. Musiker in R., = Sonderausg. d. Rudolstädter Heimathefte, R. 1963; B. Baselt, Der Rudolstädter Hofkapellmeister Ph. H. Erlebach (1657–1714), Diss. Halle 1964, maschr.

Rückpositiv heißt bei der → Orgel ein Werk (→ Positiv), das im Rücken des Organisten in das Kirchenschiff hinausragt; bei dreimanualigen Orgeln gehört das R. in der Regel zum untersten Manual und wird von da durch eine unter der Orgelbank verlaufende Traktur regiert.

Rückschlag → Vorschlag (Nachschlag).

Rueda (span., Rad, Kreis, Rolle), ein in der mittelspanischen Provinz Altkastilien (um Burgos) vorkommender Rundtanz im 5/8- bzw. 5/4-Takt:

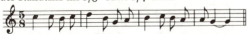

der rhythmisch dem baskischen → Zortziko ähnelt und heute gelegentlich im 3/8- bzw. 2/4-Takt notiert wird.
Lit.: Fr. Olmeda, Folk-lore de castilla o cancionero popular de Burgos, Sevilla 1903.

Rührtrommel (auch Rolltrommel, Wirbeltrommel, Landsknechtstrommel; engl. tenor-drum; frz. tambour oder caisse roullant[e]; ital. cassa oder tamburo rullante), Trommelinstrument ohne Schnarrsaite, oft fälschlich als kleine → Trommel oder Militärtrommel bezeichnet, mit hölzernem zylindrischem, bis zu 1 m hohem Resonanzkörper (⌀ ca. 26–30 cm) und Fellbezug auf beiden Seiten, der durch eine Trommelleine gespannt wird. Änderungen der Membranspannung können durch das Verschieben der ledernen Trommelschleifen bewirkt werden, durch die je zwei Teile der Trommelleine führen. Die R. wird mit Holz- oder Paukenschlägeln (→ Schlägel) gespielt; wie bei den übrigen Trommeln ergibt die Wahl der Schlägelart und der Anschlagstelle auf dem Fell verschiedene Klangfarben (Mitte dunkel, zum Rand hin heller). Ihr Klang liegt zwischen dem der großen und dem der kleinen Trommel. Die Notierung erfolgt heute auf einer Linie ohne Schlüssel (im 18. und frühen 19. Jh. im Fünfliniensystem mit Baßschlüssel). Ihr wirkungsvollster Effekt ist der Wirbel, doch werden auch Einzelschläge gefordert, wie das Beispiel einer frühen Verwendung der R. im Orchester bei Gluck (*Iphigénie en Tauride*, 1779) zeigt. Im 19. und 20. Jh. wird die R. gefordert u. a. von Berlioz (*Grande messe des morts*, 1837), R. Wagner (*Die Meistersinger von Nürnberg*, 1868; *Die Walküre*, 1870; *Götterdämmerung*, 1876), R. Strauss (*Ein Heldenleben*, 1899), Strawinsky (*Histoire du soldat*, 1918) und Varèse (*Intégrales*, 1926; *Ionisation*, 1933).

Ruggiero (ruddʒ'ɛ:ro, ital.) heißt seit mindestens 1584 (*Libro d'intaoulatura di liuto* von V. Galilei, hs.) ein musikalisches Satzmodell, das in der 1. Hälfte des 17. Jh. als Aria da cantare (→ Arie), als instrumentaler Tanzsatz und als Thema von Variationszyklen beliebt und verbreitet war. Vom ersten Auftreten unter den Tenores im *Tratado de glosas* (1553) von D. Ortiz (Beispiel a; siehe folgende Seite) an bis gegen 1610 sind einzelne Töne der Baßformel noch variabel, danach ist deren Gestalt annähernd konstant (Beispiel b). Die Oberstimme ist harmonisch gebunden, aber tonlich nicht festgelegt. Kennzeichen des R.-Modells sind Durcharakter, gerader Takt mit Auftakt, 8taktige, durch Halb- und Ganzschluß gegliederte Periode mit harmonischer Korrespondenz beider Hälften (Beispiel d) sowie die Eignung zur Unterlegung von Versen in 11 Silbern (Akzente: 6. und 10. Silbe) wie der Ottava rima (Beispiel c). Das R.-Modell ist ein prägnantes Beispiel für die im 16./17. Jh. in Italien verbreitete Gepflogenheit, Werke der Dichtkunst auf anspruchslose, kurze und beliebig wiederholbare Melodien zu singen. A. Einstein wies auf die Möglichkeit hin, daß das Textincipit der bekannten Stanze *Ruggier, qual sempre fui, tal'esser voglio / Fin'alla morte, e più, se più si puote*... aus dem *Orlando furioso* von L. Ariosto die Bezeichnung R. geprägt hat. Vertonungen dieses Textes sind seit 1547 (Valderrábano, *Silva de Sirenas*), verbunden mit dem R.-Modell aber erst seit 1617 (Cifra, *Li diversi Scherzi ... V*) nachgewiesen. Der R. ist außerdem und vielleicht sogar ursprünglich ein Tanz, der zuerst 1588 (G. B. Del Tufo) erwähnt und Anfang des 17. Jh. als volkstümlich und grotesk gekennzeichnet wird. Bis ins 19. Jh. ist er in den toskanischen Bergen gebräuchlich und noch im 20. Jh. auf Sizilien. Innerhalb der musikalischen Quellen des 17. Jh. zeigt sich der Tanzcharakter des R. darin, daß gelegentlich auch Nachtänze zum R. auftreten (z. B. R. Intripla bei Sanseverino, 1622). Aus der Fülle der Verarbeitungen des R.-Modells in Lauten-, Chitarra-, Cembalo-, Arien- und instrumentaler Ensemblekomposition sind hervorzuheben die *Partite* und das *Capriccio Fra Jacopino sopra l'Aria di Roggiero* (1615, 1637) sowie die 4st. *Canzon*

Rumänien

a) 4st. Begleitsatz der Quinta pars aus dem *Tratado de glosas* (1553) von D. Ortiz, original in F; b) R.-Baßformel seit etwa 1610 (nach H. Spohr); c) Textunterlegung des Anfangs einer Ottava rima des B. Tasso, die z. B. S. D'India (1609) verwendet (nach H. Spohr); d) Harmonieschema der metrischen Schwerpunkte.

prima sopra Rugier aus den *Canzoni da sonare* (1634) von Frescobaldi, die *Sonata sopra l'Aria di R.* für 2 Violini da braccia und Chitarrone von S. Rossi (1613) und als späteste Belege 2 Stücke für Violine bzw. Violone solo aus einem Manuskript von G. B. Vitali (um 1680).

Lit.: G. CRIME LO GIUDICE, I Ruggieri (Ballo popolare siciliano), Arch. per lo studio delle traduzioni popolari IV, 1885; A. EINSTEIN, Die Aria di R., SIMG XIII, 1911/12; DERS., Ancora sull'aria di R., RMI XLI, 1937; R. CASIMIRI, L'aria di R., Note d'arch. X, 1933; O. GOMBOSI, Italia, patria del basso ostinato, Rass. mus. VII, 1934; H. SPOHR, Studien zur ital. Tanzkomposition um 1600, Diss. Freiburg i. Br. 1956, maschr.

Rumänien.
Ausg. (Erscheinungsort, wenn nicht anders angegeben, Bukarest): D. VULPIAN, Muzica populară. Balade, colinde, doine, idile, (1885); B. BARTÓK, Cântece popolare româneşti din comitatul Bihor (»Rumänische Volkslieder aus d. Komitat Bihor«), 1913; DERS., Volksmusik d. Rumänen v. Maramureş, = Sammelbde f. vergleichende Mw. IV, München 1923; DERS., Melodien d. rumänischen Colinde (Weihnachtslieder), Wien 1935; C. BRĂILOIU, Colinde şi cîntece de stea (»Colinden u. Sterngesänge«), 1931; DERS., Cîntece bătrîneşti din Oltenia, Muntenia, Moldova şi Bucovina (»Alte Lieder aus Oltenia ...«), = Publicaţiile Archivei de folclor VI, 1932; G. BREAZUL, Colinde (Weihnachtslieder, Sterngesänge, Herodesspiel), = Cartea satului XXI, 1938; M. FRIEDWAGNER, Rumänische Volkslieder aus d. Bukowina, = Literarhist.-mw. Abh. V, 1 (Liebeslieder), Würzburg 1940; GH. CIOBANU u. V. D. NICOLESCU, 200 cîntece şi doine (»200 Lieder u. Klagelieder«), 1955, ²1962; A. PANN, Cîntece de lume (»Weltliche Lieder«), hrsg. v. Gh. Ciobanu, 1955; T. BREDICEANU, 170 melodii popolare româneşti din Maramureş, 1956; GH. CIOBANU u. A. C. AMZULESCU, Vechi cîntece de viteji (»Alte Heldenlieder«), 1956; J. COCIŞIU, Cîntece popolare româneşti (»Rumänische Volkslieder«), 1960, ²1963; D. KIRIAC-GEORGESCU, Cîntece populare româneşti, hrsg. v. V. Popovici, 1960; P. CARP u. A. AMZULESCU, Cîntece şi jocuri din Muscel (»Volkstänze aus Muscel«), (1964); E. CERNEA, V. D. NICOLESCU, M. BRĂTULESCU u. N. RĂDULESCU, Cîntece şi strigături populare noi (»Neue Volkslieder u. Strigături [Zwischenrufe]«), 1966.

Lit. (Erscheinungsort, wenn nicht anders angegeben, Bukarest): FR. J. SULZER, Gesch. d. transalpinischen Daciens, Wien 1781/82; D. C. OLLĂNESCU, Teatrul la Romîni, 1899; O. WAGNER, Das rumänische Volkslied, SIMG IV, 1902/03; T. T. BURADA, Istoria teatrului în Moldova (»Die Gesch. d. Theaters in d. Moldau«), 2 Bde, Jassy 1915–22; T. BREDICEANU, Hist. et état actuel des recherches sur la musique populaire roumaine, in: Art populaire II, (Paris) 1923; DERS., Hist. de la musique roumaine en Transylvanie, 1938; C. BRĂILOIU, Despre bocetul de la Drăguş (»Über d. Totenklage aus Drăguş«), 1932; DERS., Bocete din Oaş (»Totenklagen aus Oaş«), 1938; DERS., Sur une ballade roumaine (La Mioritza), Genf 1946; DERS., Le giusto syllabique. Un système rythmique propre à la musique populaire roumaine, AM VII, 1952, auch in: Polyphonie, Paris 1948, H. 2; DERS., Le vers populaire roumain chanté, Paris 1956; DERS., Vie mus. d'un village. Recherches sur le répertoire de Drăguş (Roumanie), Paris 1960; E. ZIEHM, Rumänische Volksmusik, Bln 1939; G. BREAZUL, Patrium Carmen. Contribuţii la studiul muzicii romîneşti, Craiova 1941; T. ALEXANDRU, Muzica populară bănăţeană, 1942; DERS., Instrumentele muzicale ale poporului romîn, 1956; DERS., The Study of the Folk Mus. Instr. in the Rumanian People's Republic, Journal of the International Folk Music Council XII, 1960; E. RIEGLER-DINU, Das rumänische Volkslied, Bln 1943; L. CASSINI, Music in Rumania, London 1954; E. COMIŞEL, La ballade populaire roumaine, in: Studia Memoriae B. Bartók Sacra, Budapest 1956, ³1958; DIES., Le folklore mus. roumain depuis 1945, AMl XXXII, 1960; DIES., Traditional Mus. Instr. of the Rumanian People, Rumanian Review XV, 1961; A. TUDOR, Der Aufschwung d. Musik in d. Rumänischen Volksrepublik, 1956, auch engl. u. frz.; O. L. COSMA, Opera romînea, 2 Bde, 1962; R. GHIRCOIAŞIU, Contribuţii la istoria muzicii romîneşti, Bd I, 1963; A. L. LLOYD, The Gypsies Rumanian, Proc. R. Mus. Ass. XC, 1963/64; Compozitori şi muzicologi romîni. Mic lexicon, hrsg. v. V. COSMA, 1965; DERS., Archäologische mus. Funde in R., Beitr. zur Mw. VIII, 1966. – Bibliogr.: SR R. 1945–65, ebenda, Sonderreihe I, Bln 1966.

Rumba, auch Rhumba, ein Tanz afrikanischer Herkunft, dessen heutige Form sich auf Kuba gebildet hat. Sein Merkmal ist mäßig bewegtes bis schnelles Tempo in geradem Takt (2/4, 4/4, 2/2) bei gleichzeitiger Verwendung verschiedener, energisch akzentuierter und synkopenreicher Rhythmen. Gegenüber Text und Melodie (ständig wiederholten, meist 8taktigen Bildungen) ist der Rhythmus vorherrschend; charakteristisches Rhythmusinstrument sind die → Maracas (R.-Kugeln). Die R. ist ein in Distanz zum Partner ausgeführter Paartanz; Hüft- und Beckenbewegungen sind besonders ausgeprägt. Um 1914 wurde die R. in New York eingeführt. In den 1930er Jahren übernahm sie Elemente des Jazz und erlangte um diese Zeit große Verbreitung; noch heute wird sie getanzt. Zu den Abarten der R. gehören der → Mambo und der → Cha-Cha-Cha. In die Kunstmusik wurde die R. u. a. von D. Milhaud (*La création du monde* und Finale des 2. Klavierkonzerts) aufgenommen.

Rummelpott → Reibtrommel.

Rundfunk. — 1) Nachdem 1880 eine telephonische Übermittlung des Wettsingens beim Eidgenössischen Sängerfest Zürich–Basel, 1891 die Übertragung eines Konzertes aus der Metropolitan Opera in New York durch lautsprechende Telephone, 1912 die stereoakustische Übertragung einer Opernaufführung in das Berliner Kronprinzenpalais stattgefunden hatten, gab in Deutschland 1920 ein Instrumentalkonzert über die Hauptfunkstelle Königswusterhausen den Auftakt zum regelmäßigen kulturellen Sendebetrieb. 1921 wurde die erste R.-Station der Welt in Pittsburgh (USA) eingeweiht, im gleichen Jahr fand die erste Operndirektübertragung aus der Berliner Staatsoper (»Madame Butterfly«) statt. Seit 1922 besteht in Großbritannien die British Broadcasting Corporation (BBC), die größte Sendeorganisation Europas. 1926 wurden in den USA über 5 Millionen Empfangsgeräte gezählt, über 1 Million in Deutschland, Ende 1953 in der Welt 230, in der Bundesrepublik 12 Millionen, 1966 in der Bundesrepublik 18 Millionen R.- und 12 Millionen → Fernseh-Teilnehmer. — Während ab 1933 in der Zeit des Nationalsozialismus die Reichssender dem Reichspropagandaministerium unterstanden (1935 Verbot der Sendung von Jazzmusik), wurde nach 1945 in der Bundesrepublik der R. dezentralisiert, zunächst von den Militärregierungen überwacht, dann in die Kulturhoheit der Bundesländer übergeführt (Ländergesetze zur Errichtung von Anstalten des öffentlichen Rechts mit Intendant, R.- und Verwaltungsrat, ab 1948). Die Anstalten der Bundesrepublik bilden seit 1950 eine Arbeitsgemeinschaft (ARD). Sie veranstalten alljährlich in München einen Musikwettbewerb und sind über eine Stiftung Träger des Lautarchivs in Frankfurt am Main (seit 1952, mit einem Fachreferat Musik). Der Forschung dient das H.-Bredow-Institut an der Universität Hamburg (seit 1950), der Heranbildung von technischem Personal die Schule für R.-Technik, öffentliche Stiftung der deutschen R.-Anstalten, in Nürnberg. Nach dem Vorbild von Schünemanns R.-Versuchsstelle an der Berliner Musikhochschule (bis 1933) arbeiten das Tonmeister-Institut der Nordwestdeutschen Musikakademie in Detmold und die Toningenieur-Abteilung am R. Schumann-Konservatorium der Stadt Düsseldorf; in Berlin bildet die Technische Universität in Zusammenarbeit mit der Musikhochschule → Tonmeister aus. Schon 1928 fand in Göttingen eine Tagung für R.-Musik durch das Zentralinstitut für Erziehung und Unterricht statt, 1954 in Paris ein internationaler Kongreß über die soziologischen Aspekte der Musik im R.
Die Musik im R. ist ambivalent: Breiten- und Tiefenwirkung sollen von ihr ausgehen. Der Sendevorgang ist allgegenwärtig, die Hörgemeinde unbegrenzt. Die Musik hat auch außerhalb der eigentlichen Musiksendungen Funktionen, so als Umrahmung im Werbefunk (schon 1924) und in den Pausenzeichen der Sender (Themen aus klassischen Werken und Volksliedern, elektronische Klänge). Musik nimmt 50–65% des Gesamtprogramms eines Senders ein, davon entfallen die Hälfte bis vier Fünftel auf die Tanz- und Unterhaltungsmusik. Das Programmreferat Musik hat in fast allen Funkhäusern den Rang einer Hauptabteilung mit Unterabteilungen für Symphonie, Oper, Kammermusik usw.; die Abteilung Unterhaltungsmusik ist entweder der Hauptabteilung Musik oder der Abteilung Unterhaltung zugeteilt. Neben »gezielten« Programmen, die sich an bestimmte Hörerkreise wenden (Schulfunk, Jazz), stehen Sendungen, die den Alltag musikalisch begleiten (Früh-, Mittags-, Werkpausen-, Feierabend-, Wochenendkonzert, Bunte Abende, Tanz). Die »Wochen leichter Musik« des SDR sind hier ebenso verdienstvoll wie die Bemühungen fast aller Funkhäuser, die sich auf qualifizierte eigene Unterhaltungs- und Tanzorchester stützen. Eine stil- und gemeinschaftsbildende Aufgabe kommt der Volksmusik und dem Musiziergut der Jugend zu, wobei die funkische Instrumentation und die Aufstellung eigener Funkspielgruppen entscheidend sind. Der Avantgarde gegenüber hat der R. die Stellung eines Mäzens, der auch Kompositionsaufträge erteilt und öffentliche Konzertreihen (»Musica Viva« unter K. A. Hartmann und W. Fortner in München, »Das neue Werk« in Hamburg) veranstaltet. Für die Sendung stehen vor allem die Nachtprogramme (zuerst 1947 im NWDR in Nachahmung des 3. Programms der BBC) zur Verfügung. Durch Wechselprogramme (des Deutschlandsenders vor dem Kriege, heute 2. und 3. Programm auf UKW; in England Home, Light und Third Program, in Frankreich Inter, National, Culture und Musique) soll der Hörer zum Auswählen der Darbietung angeregt werden; dazu können auch die zahlreichen Programmzeitungen beitragen. Mit der Konstituierung einer neuen, vom Konzert- und Opernpublikum soziologisch verschiedenen Hörerschaft traten neben die Direktübertragungen öffentlicher Veranstaltungen bzw. eigener Aufführungen typisch funkische Ausdrucksformen, wie die → Funkoper und die → Fernsehoper sowie die → Elektronische Musik. Direkt übertragen werden heute vor allem Veranstaltungen der bedeutenden → Festspiele. Neben der Live-Sendung spielte von Anfang an die Schallkonserve eine große Rolle. Auf der Grundlage des jeweils geltenden Senderechts und des → Leistungsschutzes verwenden die R.-Anstalten neben eigenen Tonbändern (im deutschen R. seit 1. 1. 1938) auch Industrieschallplatten. — Ist auch die Gefahr gelegentlicher Fehlinvestierungen geistiger Werte nicht zu bannen, so bietet der R. doch die Möglichkeit, ohne Rücksicht auf den Besetzungsaufwand neben das Standardwerk die Rarität, die Spezialität, die Novität zu stellen. Reihenarbeitungen werden Komponisten, Gattungen, Musikstätten, Ländern, Epochen gewidmet, wobei die Ergebnisse musikwissenschaftlicher Forschung genutzt werden. Verständnisfördernd sind erweiterte Ansagen und Musikvorträge (Einführungen, Musikfeuilletons usw.). Eigenständige Programmformen sind Funkballaden und -melodramen, Hörspielmusiken, Wort-Musik-Features und reportageähnliche Sendungen wie das Hafenkonzert (seit 1929).

Lit.: Internationales Hdb. f. R. u. Fernsehen, hrsg. v. H. Bredow-Inst. f. R. u. Fernsehen an d. Univ. Hbg, seit 1957 jährlich; Film, R., Fernsehen, hrsg. v. L. H. EISNER u. H. FRIEDRICH, = Das Fischer Lexikon IX, Ffm. (1958). – Die drei großen »F.«. Film, Funk, Fernsehen, = Musik d. Zeit, hrsg. v. H. LINDLAR u. R. SCHUBERT, N. F. II, Bonn (1958); R. u. Hausmusik, = Mus. Zeitfragen III, hrsg. v. W. WIORA, Kassel 1958; V. SPIESS, Bibliogr. zu R. u. Fernsehen, = Studien zur Massenkommunikation I, Hbg 1966. – C. HAGEMANN, Rundfunkmusik oder nicht?, Niederschrift d. Wiesbadener Tagung d. Deutschen R.-Ges. 1928; H. MERSMANN, Musikpädagogik im R., in: Kunst u. Technik, Bln 1930; A. SZENDREI, R. u. Musikpflege, Lpz .1931; S. SCHEFFLER, Melodie d. Welle, Bln 1933; E. SARNETTE, La musique et le micro, Paris 1934; P. W. DYKEMA, Music as Presented by the Radio, NY 1935; TH. W. ADORNO, The Radio Symphony, in: Radio Research 1941, NY 1941; DERS., Über d. mus. Verwendung d. Radios, in: Der getreue Korrepetitor, Ffm. (1963); Studien zum Weltr., hrsg. v. K. WAGENFÜHR, Bln 1941ff.; U. HAVER, Musikübertragung, Musikausübung u. Komposition funkeigener Werke …, Würzburg 1942; Music in Radio Broadcasting, hrsg. v. G. CHASE, NY 1946; E. LA PRADE, Broadcasting Music, NY 1947; E. K. FISCHER, Der R., Stuttgart 1949; DERS., Dokumente zur Gesch. d. Deutschen R. u. Fernsehens, = Quellenslg zur Kulturgesch. XI, Göttingen, Bln

u. Ffm. 1957; E. ZIEGLER, Deutscher R. in Vergangenheit u. Gegenwart, Diss. Heidelberg 1950; W. M. BERTEN, Musik u. Mikrophon, Düsseldorf 1951; H. HUSMANN, Das mus. Kunstwerk in elektrischer Übertragung, Technische Hausmitt. d. NWDR IV, 1952; K. RÖSSEL-MAJDAN, Der R., Wien 1953; W. HAGEMANN, Fernhören u. Fernsehen, = Beitr. zur Publizistik III, Heidelberg 1954; A. SILBERMANN, La musique, la radio et l'auditeur. Etude sociologique, Paris 1954, deutsch als: Musik, R. u. Hörer, = Kunst u. Kommunikation I, Köln u. Opladen 1959, dazu C. Dahlhaus in: Mf XIII, 1960; K. MAGNUS, Der R. in d. Bundesrepublik u. in West-Bln, Bln 1955; H. REINOLD, Musik im R., Kölner Zs. f. Soziologie u. Sozialpsychologie VII, 1955; N. B. SAPP, Musica Via Television, in: Essays on Music, Fs. A. Th. Davison, Cambridge (Mass.) 1957; S. GOSLICH, Funkprogramm u. Musica viva, Lippstadt 1961. SG

– 2) Die R.-Übertragung kommt dadurch zustande, daß die Schallwellen von Musik und Sprache durch das → Mikrophon in Wechselstrom der gleichen Frequenz gewandelt und diese niederfrequenten Schwingungen den hochfrequenten Schwingungen des Senders aufmoduliert werden, während am Empfangsort durch den Vorgang der Gleichrichtung der Schwingungen im Radiogerät die Demodulation der niederfrequenten Schwingungen stattfindet. Im Mittelwellenbereich strahlt der Sender die Größenordnung von 1 000 000 Hz (→ Frequenz) aus, die sich gleichmäßig rund um den Sender ausbreiten. Im Ultrakurzwellenbereich (UKW) handelt es sich um noch höherfrequente Schwingungen in der Größenordnung von 100 Millionen Hz entsprechend einer Wellenlänge von 1 Meter. Mit steigender Frequenz nimmt die Reichweite der Sender ab, andererseits werden die Wellen zunehmend nach einer Richtung gebündelt. Der Rundstrahler wird zum Richtstrahler. Der Frequenzabstand der einzelnen Sender ist auf 9000 Hz festgelegt, wodurch die Frequenzbandbreite der wiederzugebenden Musik beschränkt ist. Im UKW-Bereich kann der Abstand größer gemacht werden, so daß das gesamte Frequenzband, das das menschliche Ohr noch aufnimmt, nämlich 20 bis 15 000 Hz, übertragen werden kann. Mittels dieser Technik, die erst nach dem 2. Weltkrieg eingeführt wurde, erreicht man Musikwiedergabe höchster Qualität, die in Amerika mit → High fidelity bezeichnet wird. Voraussetzung dafür ist ein sehr hochwertiges Empfangsgerät, das in seinem Verstärkerteil den gesamten Frequenzbereich durchläßt und keinerlei Verzerrungen aufweist. Für einen guten räumlichen Eindruck sind mehrere getrennte Lautsprecher für Baß und Diskant eingebaut. Da wie im Hochtongebiet auch im Niederfrequenzgebiet die Richtwirkung mit steigender Frequenz, d. h. Tonhöhe, zunimmt, sind die Hochton-Lautsprecher nach verschiedenen Richtungen ausgerichtet, damit nach der Reflexion an den Wänden eine Schalldiffusität im Raum eintritt. – Die Musikqualität hängt jedoch in erster Linie von der Mikrophonaufnahme ab. Dazu muß das Studio bzw. der Konzertsaal akustisch hochwertig sein, besonders den für die jeweilige Musikgattung günstigen → Nachhall besitzen. Wenn möglich, soll die Aufnahme nur mit einem Mikrophon aufgenommen (»gefahren«) werden, damit die richtige Raumperspektive und das Gleichgewicht der Instrumentengruppen zustande kommen. Der → Tonmeister im benachbarten, durch ein Fenster abgetrennten Regieraum verfolgt die Partitur und regelt – mit Blick auf den Aussteuerungsmesser – die Dynamik, die gegenüber der Originalwiedergabe im elektrischen Übertragungsweg begrenzt ist. Die Regelung erfolgt am Mischpult, wo auch Vorrichtungen vorgesehen sind, um die Aufnahme zu entzerren, d. h. Höhen und Tiefen zu bevorzugen oder abzusenken, sie ferner zu verhallen und sonstige Veränderungen vorzunehmen. Das so gewonnene Produkt wird auf Magnettonband aufgenommen und gesendet. Wenn bei hochqualitativen Übertragungsanlagen das originale Klangbild immer noch nicht ganz erreicht ist, so liegt dies an dem »einkanaligen« Weg vom Mikrophon zum → Lautsprecher (als ob wir nur mit einem Ohr hörten). Die weitere Entwicklung führt zur zweikanaligen → Stereophonie. – Die Einrichtung des R.s geht auf die entscheidende Entdeckung (1887) der elektromagnetischen Wellen und die Erkenntnis ihrer Wesensgleichheit mit den als Licht wahrnehmbaren elektromagnetischen Schwingungen durch H. Hertz zurück. Indessen konnte die Entwicklung erst eigentlich in Gang kommen, als die → Elektronenröhre durch R. v. Lieben 1906 ihre geeignete Form bekam und im 1. Weltkrieg fabrikationsreif gemacht worden war. Die Elektronenröhre wird nunmehr weitgehend durch den viel kleineren → Transistor ersetzt, der einen weit geringeren Strombedarf hat. Damit ist die Radio-Miniaturausführung ermöglicht. Für hohe Klangqualität dürfen jedoch die Abmessungen des Lautsprechers ein gewisses Mindestmaß nicht unterschreiten.

Lit.: FR. WINCKEL, Klangwelt unter d. Lupe. Ästhetisch-naturwiss. Betrachtungen, Hinweise zur Aufführungspraxis in Konzert u. R., = Stimmen d. XX. Jh. I, Bln u. Wunsiedel (1952), neu bearb. als: Phänomene d. mus. Hörens . . ., ebenda IV, (1960); Klangstruktur d. Musik, hrsg. v. DEMS., Bln (1955); F. BERGTOLD, Die große UKW-Fibel, Bln 1953; DERS., Große R.-Fibel, Bln 1954; H. PITSCH, Einführung in d. Funkempfangstechnik, Lpz. 1955, ^{3}1960; H. RICHTER, Radiotechnik f. Alle, Stuttgart ^{6}1955; DERS., Taschenbuch d. Fernseh- u. UKW-Empfangstechnik, ebenda 1956; FR. ENKEL, Über d. Darstellung d. räumlichen Struktur ausgedehnter Klangkörper bei d. einkanaligen Rundfunkübertragung, Fs. J. Schmidt-Görg, Bonn 1957; K. LEUCHT, Die elektrischen Grundlagen d. Radiotechnik, = Radio-Praktiker-Bücherei LXXXI/LXXXIIIa, München ^{6}1960. FW

Rundfunkoper → Funkoper.

Russische Hornmusik (russ.: rogowaja musyka), ein zuerst von → Mareš 1751 für den Fürsten Naryschkin in St. Petersburg zusammengestelltes Orchester von Leibeigenen, bei dem jeder Spieler nur für 1–3 Töne zuständig war. Ihr Instrument war ein weitmensuriertes gerades (oder an einem Ende gebogenes) konisches Horn (russ.: rog) aus Kupfer oder Messing, dessen Stimmung durch eine am Schallstück befestigte verschiebbare Hülse reguliert werden konnte. Für Aufführungen in geschlossenen Räumen wurden 1774 auch Instrumente gebaut, die – wie der Zink – aus Holz mit Lederüberzug bestanden. Die Länge der Hörner betrug für $_1$A etwa 225 cm, für d^3 etwa 9,5 cm. Zum besseren Ausgleich des Gesamtklangs und zur Erzielung dynamischer Effekte wurden in der mittleren und höheren Lage oft mehrere Hörner gleicher Tonhöhe verwendet. Auch waren einem Spieler zuweilen 2–3 Hörner verschiedener Tonhöhe zugeteilt. Der Tonumfang eines Orchesters wuchs von anfänglich 2 Oktaven mit etwa 15 Spielern auf 4^1/$_2$ Oktaven mit 30–50 Ausführenden und bis zu 80 Instrumenten. Der volle, leicht vibrierende Klang der R.n H. erinnerte an die Orgel. In Rußland fand die R. H. schnell Anklang, nicht nur bei den Festen von Hof und Adel, sondern auch im Konzertsaal. Ihr Repertoire bestand überwiegend aus Märschen, Liedern, Tänzen und Charakterstücken, schloß jedoch auch Arrangements von Ouvertüren und Symphonien ein; eine Fuge für R. H. komponierte 1787 Sarti. Außerdem verwendeten u. a. Kozłowski, Degtjarow und Kaschin die R. H. Im Westen wurde die R. H. um 1830 durch Konzertreisen russischer Ensembles populär. Auber verwendete sie in seiner Oper *Lestocq* (Paris 1834), A. F. Anacker in Kompositionen für seinen Bergmusikchor in Freiberg in

Sachsen. In Rußland wurde sie 1883 und 1896 bei den Zarenkrönungen noch einmal offiziell belebt.

Lit.: J. Chr. Hinrichs, Entstehung ... d. russ. Jagdmusik, St. Petersburg 1796, auch russ.; K. Wertkow, Russkaja rogowaja musyka (»Die R. H.«), Moskau 1948; R. A. Mooser, Annales de la musique et des musiciens en Russie au XVIIIe s., Bd III, Genf 1951.

Russische Musik. 988 wurde das Kiewer Fürstentum durch Missionare, die Fürst Wladimir aus Bulgarien und Byzanz berufen hatte, christianisiert. Bald begann eine rege Übersetzungstätigkeit; religiöse Texte, darunter auch liturgische Gesänge, wurden ins Kirchenslawische-ukrainischen Redaktion übertragen. Der Gottesdienst am Kiewer Hof war bis ins 13. Jh. zweisprachig: während die Zelebranten die liturgischen Texte griechisch vortrugen, sang der Chor in kirchenslawischer Sprache. Dabei trugen die Sänger Elemente des national-weltlichen Gesanges in die Kirchenmusik. Die so entstandenen Varianten hießen Preklad; sie bewegten sich im allgemeinen im Rahmen des → Oktoechos. – Die älteste datierbare neumierte Handschrift, ein Sticherarion (→ Sticheron), stammt aus dem Jahre 1157. Die russischen Neumen, → Krjuki genannt und teilweise bis heute im Gebrauch, wurden im Laufe der Zeit zu verschiedenen, zum Teil nebeneinander bestehenden Schriftarten ausgebildet. Im 17. Jh. führte die Staatskirche die unter westlichem Einfluß stehende Kiewer Notation ein, eine Choralnotation mit Fünfliniensystem. Die ältere Notationsart blieb jedoch in ihrer durch A. Mesenez umgebildeten Form bei den Altgläubigen erhalten. – Durch polnische Vermittlung (polnisch-litauische Union 1569) verbreitete sich der mehrstimmige Gesang in der Ukraine; dies wurde durch die Union der ukrainischen Kirche mit Rom (1596) gefördert, da besonders in die unierte Kirche die Mehrstimmigkeit Eingang fand. Kiew wurde zum Mittelpunkt dieser westlichen Kulturströmung. Die 2-3st. Kanty (von lat. cantus) erlebten auch in Moskau eine Blütezeit und fanden in Partesgesang (Partes = Stimmbücher) bei Hof und im Volk Eingang. Im Tenor erklang die Melodie des Snamenny rospew (Zeichengesang) als C. f. Auch die Psalmen und selbst die liturgischen Texte wurden in dieser Weise bearbeitet. Dileżkij, Schajdurow und Mesenez waren die Theoretiker dieses mehrstimmigen Kirchengesangs; als Komponisten sind Bawykin, W. P. Titow, Beljajew und Kolaschnikow bekannt. – In der Barockzeit wurde selbst die Kirche – zur Unzufriedenheit ihrer Würdenträger – zum Konzertsaal. Der Chor der Hofsängerdiakone (gossudarewy pewtschije djaki), der im 16. Jh. zur Mitwirkung bei den Gottesdiensten gegründet worden war, wirkte nun auch bei weltlichen Veranstaltungen mit. Elemente des concertierenden und doppelchörigen Stils sind aufgenommen in den Chören von M. S. Beresowskij (1745–77) und Dm. St. Bortnjanskij (1751–1825), dessen Kompositionen einen Höhepunkt der russischen Kirchenmusik bedeuten. Daneben gab es bis in die 1. Hälfte des 19. Jh. den italienischen Musikstil (italjanstwo), in dem zumeist nur die veränderlichen Teile der Meßliturgie vertont wurden; hier waren Galuppi und Sarti maßgebend. Zu den einheimischen Kirchenkomponisten dieser Zeit gehören noch St. A. Degtjarow (1766–1813) und St. I. Dawydow (1777–1825). Als Glinka 1837 zum Lehrer an der Hofsängerkapelle in St. Petersburg ernannt wurde, erhielt er den Auftrag, diese »Hofsänger zu entitalianisieren«, da man der italienischen Musik überdrüssig war. P. I. Turtschaninow, der mit A. Fj. Lwow russische Volkslieder sammelte, gehört zu den Gründern des nationalen Stils in der Kirchenmusik. Er bearbeitete die Kirchengesänge für 3-4st. Chor und führte den symmetrischen Rhythmus bei den asymmetrischen Melodien ein. N. I. Bachmetjew veröffentlichte eine Sammlung von Kirchengesängen für das ganze Jahr in 2 Bänden (1869). N. M. Potulow (1810–73) gab in 5 Bänden alte liturgische Gesänge mehrstimmig heraus und schrieb ein Lehrbuch des alten gottesdienstlichen Gesanges. Die nationale Richtung in der Kirchenmusik rief eine rege Forschungstätigkeit hervor (Wl. Fj. Odojewskij, Dm. W. Rasumowskij, J. J. Wosnessenskij, St. W. Smolenskij). Archangelskij führte um 1880 die Frauen- (statt Knaben-) Stimmen in den Chor ein. Die bedeutendsten Kirchenkomponisten der neueren Zeit sind Kastalskij und Tscheснокow, außerdem Ippolitow-Iwanow, Glasunow, N. N. Tscherepnin, Rachmaninow (dessen Werke als zu modern für die Kirche galten), Nikolskij, Kalinnikow und Gretschaninow. Auch Strawinsky schrieb für den östlichen Ritus. In der Gegenwart pflegen besonders im Exil lebende Russen die alte Gesangstradition (u. a. J. K. Denisov in Paris).

Die Pflege weltlicher Musik in Rußland begann mit den Anfängen des Kiewer Staates, zu dessen Aufbau Künstler, darunter auch Musiker, aus vielen Ländern herbeigeholt wurden. Als ihre Instrumente erscheinen in den Fresken der Sophienkathedrale von Kiew sowie in Handschriften des 11./12. Jh. Orgel, Geigen, Samraflöten und Trommeln. Die Kirche bekämpfte ihre Darbietungen von Anfang an als »teuflisch«. An den Herrscherhöfen trugen berufsmäßige Sänger (pewez-skasitel, »Sänger-Erzähler«) epische Dichtung vor, wie sie im Igor-Lied des 12. Jh. erhalten ist. In Nowgorod, das während der Tatareneinfälle Hauptstadt wurde, unterhielten Spaßmacher (skomorochi) die wohlhabenden Kaufleute mit Liedern zur Begleitung der Gusla oder des Godak; Rimskij-Korsakow zeigt diesen Typ des Musikers in der Gestalt des Sadko. – Nach dem Sieg über die Tataren 1380 wurde Moskau zum politischen und kulturellen Zentrum des Landes. Unter Iwan III. (1462–1505) wurde der 30-35 Mann starke Chor der Hofsängerdiakone (Gossudarewy pewtschije djaki) gegründet, aus dem sich im 18. Jh. die Hofsängerkapelle entwickelte. Iwan IV. (1533–84) war ein Förderer der kirchlichen und weltlichen Musik. Die Synode von 1551 reorganisierte die Kirchenmusik und erzwang das Verbot der berufsmäßigen Skomorochi. Unter beiden Herrschern wurden Musiker, darunter auch Organisten, ins Land gerufen, die in den Dienst der wohlhabenden Bojaren traten. Die westlich orientierte Politik der Zaren im 17. Jh. und vor allem zu Beginn des 18. Jh. hatte zur Folge, daß ausländische Theatertruppen und Musiker Rußland besuchten und einheimische Künstler zu kompositorischer Betätigung anregten. Anläßlich der Geburt Peters des Großen wurde der in Moskau wirkende evangelische Pastor J. G. Gregori aus Merseburg beauftragt, seine Oper »Die Handlung des Artaxerxes« aufzuführen. Die Künstler hatte Gregori aus Deutschland mitgebracht. Die Aufführung am 17. 10. 1672, die erste Opernaufführung in Rußland, fand in dem zu diesem Zweck erbauten Moskauer Hoftheater statt, in dem 1673 auch H. Schütz' *Ballet ... von dem Orpheo und Eurydice* gegeben wurde. Weiterhin standen auf dem Programm dieser Bühne moralisierende Komödien und Stücke biblischen und mythologischen Inhalts, die zumeist mit Instrumental- und Soloeinlagen versehen und mit Chören umrahmt waren. Ähnliche Aufführungen fanden auch in Kiew statt. Peter der Große (1682 bzw. 1689–1725) ordnete an, daß jedes Regiment des Heeres ein eigenes Musikkorps haben solle. Familiäre Beziehungen zu deutschen Herrscherhäusern trugen dazu bei, daß deutsche Musiker ins Land kamen. J. und A. Hübner leisteten im Auftrag der Zarin Anna (1730–40) organisatorische Vorbereitungen zur Ent-

Russische Musik

wicklung des russischen Musiklebens; sie verpflichteten Operntruppen aus Deutschland und Italien. J. v. Stählin aus Memmingen kam 1735 an die Akademie der Wissenschaften in St. Petersburg, wo er die »St. Petersburger Nachrichten« ins Leben rief, die bis in die Zeit des »Mächtigen Häufleins« die musikalischen Veranstaltungen im Lande besprachen. – Die Reihe der Italiener in Rußland eröffnete 1731–38 G. Veroccai, der in St. Petersburg die Kammerkonzerte im Winterpalais leitete und seine 12 Violinsonaten op. 1 als ersten Notendruck der Akademie der Wissenschaften erscheinen ließ. L. Madonis veröffentlichte ebenda 1738 12 Violinsonaten mit ukrainischen Volksliedthemen. Den Grundstein zu einer ständigen Pflege der italienischen Oper in Rußland legte für die Opera seria 1735 Fr. Araja, für die Opera buffa 1757 G. B. Locatelli. 1766 reorganisierte B. Galuppi das gesamte Opernwesen am St. Petersburger Hofe. Die Hofmusikkapelle umfaßte nun 35 Mitglieder, das Ballett 42; außerdem wurde ein 44 Mann starkes Orchester für die Hofbälle geschaffen; dazu kamen noch eine französische Truppe mit 24 und eine russische mit 21 Mitgliedern. Die Nachfolger Galuppis waren T. Traetta und G. Paisiello, der erstmals russische Sänger heranzog. Nach G. Sarti (berufen 1784) und D. Cimarosa übernahm 1788 V. Martín y Soler die Leitung der Oper; er verwendete russische Volkslieder als Themen und war an der Heranbildung russischer Sänger beteiligt. 1799 kam G. Cavos nach Rußland; er komponierte vor Glinka einen *Iwan Sussanin* (1815). Gegen Ende des 18. Jh. wurde die italienische Opera buffa durch die französische Opéra-comique verdrängt. 1773 engagierte Katharina II. zum erstenmal eine französische Truppe; 1774 kam Fr.-J. Darcis aus Paris nach Rußland. Die Opéra-comique wurde wegen ihrer realistischen Tendenzen, Satire und Aktualität bald sehr beliebt.

Die ersten einheimischen Komponisten schrieben in den Formen, für die ihre autodidaktische Ausbildung genügte, zumeist Hausmusik. Die in den Salons üblichen Tanzrhythmen erklingen in den Liedern Teplows. – Vorboten des nationalen Stils zeigten sich schon in der 2. Hälfte des 18. Jh., als neben dem Adel das Bürgertum stärker als Liebhaber der Kunst hervortrat. Bedeutung kam hier – wie bei allen Slawen – dem Volkslied zu. – Die älteste, seit dem 13. Jh. greifbare Form des russischen Volksliedes ist die nordrussische Byline (→ Epos), ein lang ausgesponnenes Heldenlied, das besonders im Nowgoroder Gouvernement gepflegt wurde. Es blühte im 16./17. Jh., als 1600 die Spielleute (um 1600 die Skomorochi) durchs Land zogen. Die älteste aufgezeichnete Sammlung ist diejenige Kirsa Danilows aus dem Anfang des 18. Jh. Verwandt mit der Byline sind das geistliche und das jüngere historische Lied, das vor allem im Moskauer Gebiet beheimatet war. Überall in Rußland begleiteten Volkslieder das Leben; besonders Frauen sangen sie. Aus der freien oder an Schemata gebundenen Improvisation entstand eine Art der Bauernpolyphonie, bei der eine Stimme beginnt, die anderen sich mit ihr in Form von Variantenheterophonie vereinigen. Die bekannteste Stilisierung dieser Gesangsart ist der Bauernchor in Borodins Oper »Fürst Igor«. Die Melodik des Volksliedes gründet auf Pentatonik und hat Einflüsse der Kirchentonarten, in neuerer Zeit auch der Dur-Moll-Tonalität aufgenommen, wenig dagegen von orientalischer Melismatik. Charakteristisch sind die fallende Melodielinie sowie die bei der Umschrift sich ergebenden unsymmetrischen Taktarten. Die bedeutenden russischen Komponisten des 19. Jh. sammelten Volkslieder und gaben sie meist mit Klavierbegleitung heraus. Der Tanz wird meist vokal begleitet, so durch die vierzeiligen Tschastuschki. Neben den alten Formen des Chorowod (Reigen) stehen Solotanzformen. Von den Volksinstrumenten sind die Balalaika und die Gusla auch im Ausland bekannt geworden. – War im 18. Jh. das Opernschaffen vorherrschend, so traten zu Beginn des 19. Jh. die Instrumentalmusik und die Romanze in den Vordergrund. Der Landadel begann eigene Kapellen und Theatertruppen (meist aus Leibeigenen) zu unterhalten. Die öffentlichen Konzerte waren besonders der Wiener Klassik gewidmet; sie wurden in Moskau vom »Musikalischen Klub«, in St. Petersburg von der »Musikalischen Akademie« gefördert. Musikwissenschaftliche Werke, vornehmlich physikalisch-akustischen und ethnographischen Inhalts, erschienen in der St. Petersburger Akademie. – Die russische Oper veranschaulicht zumeist das Leben des russischen Volkes und ist von Volksmusik durchsetzt. Zu den frühen Werken dieser Art gehört »Der St. Petersburger Kaufhof« (1779) von Matinskij, bekannt in der Bearbeitung des Hofkapellmeisters Paschkewitsch von 1792. Einen ersten Höhepunkt im russischen Opernschaffen bilden die Werke von Fomin. Weiterhin sind zu nennen Kaschin mit seiner komischen Oper »Natalie, die Bojarentochter«, A. N. Titow (1769–1827), dessen Opern, Ballette und Melodramen unter dem Einfluß Mozarts stehen, und St. I. Dawydow. Mit stimmungsvollen Liedern trat M. F. Dubrjanskij (1760–96) hervor, mit beliebten Polonaisen J. Kozłowski. Eine Eigenart des russischen Musiklebens dieser Zeit ist die Pflege der → Russischen Hornmusik. Zu den beliebtesten Komponisten von Hausmusik gehörten Werstowskij, Gurilew und N. A. Titow (1800–75). Über die Grenzen Rußlands hinaus wurden in jener Zeit vor allem Romanzen bekannt, darunter »Die Nachtigall« von A. A. Aljabjew und »Der rote Sarafan« von A. J. Warlamow (1801–48). Romantische Elemente zeigen die Opern A. N. Werstowskijs (1799–1845), in denen er Volksmusik verarbeitet.

Glinka, der »Vater der R.n M.«, und Dargomyschskij stehen am Beginn der russischen nationalen Schule des 19. Jh. Das Schaffen Glinkas führte zur Anerkennung der R.n M. in der ganzen Welt. Bald nach seiner Rückkehr aus Italien, Berlin und Wien schrieb er seine Oper »Das Leben für den Zaren« (1836), die auf dem Studium italienischer Gesangskultur beruht und zugleich den russischen Eigenton traf. War die erste Oper Glinkas für Mussorgskij richtungweisend, so die zweite (»Ruslan und Ljudmila«, 1842) für Rimskij-Korsakow. An Glinka und Dargomyschskij knüpften in den 1860er Jahren die Mitglieder des »Mächtigen Häufleins« (mogutschaja kutschka) an: Balakirew, Borodin, Cui, Mussorgskij und Rimskij-Korsakow. Sie repräsentieren die neurussische Schule. An der Spitze des 1866 gegründeten Konservatoriums in Moskau stand A. Rubinstein, der gegenüber den nationalen Bestrebungen eine kosmopolitische, akademische Richtung vertrat. Zwischen beiden Richtungen bildete das Schaffen P. I. Tschaikowskys die Brücke. Der Musikschriftsteller A. N. Serow (1820–71), dessen Gespräche mit Wl. W. Stassow (1824–1906) Anlaß zu mehreren Werken der Kutschkisten, aber auch Tschaikowskys gaben, war der Vorkämpfer Glinkas und der deutschen Neuromantik und wies in Rußland als erster auf R. Wagner hin. Der bedeutendste Musikkritiker seiner Zeit war H. A. Laroche, ein Freund Tschaikowskys. – Bis zum Beginn der sozialistischen Revolution 1917 beeinflußte Tschaikowsky das Musikschaffen in Moskau, Rimskij-Korsakow die Komponisten St. Petersburgs. Tschaikowskys Nachfolger am Moskauer Konservatorium war sein Schüler S. I. Tanejew; ferner gehörten zum Moskauer Kreis Rebikow, Skrjabin, Medtner und Rachmaninow, während Glasunow, Ljadow, Kalinnikow, Ljapunow und der frühe Strawinsky die St. Petersburger Schule repräsentierten. Beide Schulen vertraten verschiedene Schichten der russischen Bevölkerung: Moskau die Bourgeoisie und die liberale Intelligenz, St. Petersburg die Beamtenschaft. An die Stelle des Adels trat die reiche Kaufmannschaft; ihr Mäzenatentum war international ausgerichtet. Von dieser Seite unterstützt, entstand der Beljajew-Kreis in St. Petersburg. Dem Mäzen M. P. Beljajew verdankten Glasunow und Skrjabin neben Akimenko, Sokolow, Malischewskij und Senilow die Aufführung ihrer Werke im Rahmen der »Russischen Symphoniekonzerte« und die Veröffentlichung in dem von Beljajew in Leipzig gegründeten Verlag.

1917 brachte in Rußland die Oktoberrevolution auch in musikalischer Hinsicht eine Umwälzung. Einige Komponisten verließen Rußland oder kehrten, wenn sie zufällig im Ausland weilten, nicht mehr zurück; zu ihnen gehören Strawinsky, Rachmaninow, N. Medtner, I. Dobrowen, N. N. und A. N. Tscherepnin. Jene aber, die in der Heimat blieben, mußten ihre Kunst in den Dienst der proletarischen Revolution stellen. Zuerst waren es Massenlieder, die den Geist der Revolution fördern sollten. Bald jedoch fanden die Sowjetkomponisten einen Anknüpfungspunkt für ihr Schaffen in der patriotischen Richtung Glinkas, Dargomyschskijs und des »Mächtigen Häufleins«, in deren Werken die musikalische Folklore einbezogen war. Zur ersten Generation der Sowjetkomponisten gehören Wassilenko, Glière, Goedicke, Assafjew, Schaporin und A. W. Alexandrow. Bei ihnen ist keine grundlegende Änderung gegenüber der vorrevolutionären Kunst zu bemerken. Ippolitow-Iwanow bearbeitete die Folklore der östlichen Teile des Reiches; neben akademischen Werken schrieb er auch Massenlieder. Die markanteste Persönlichkeit dieser Generation war Mjaskowskij, der Lehrer von Schebalin, Chatschaturjan und Kabalewskij. Allerdings blieben auch die westlichen Strömungen nicht ganz ohne Einfluß auf das sowjetische Musikschaffen, wie N. A. Rosslawets (* 1881) beweist. Bei ihm finden sich Anklänge des Futurismus, Impressionismus und Expressionismus; er meinte, das Proletariat solle reifer werden, um seine Werke zu verstehen. Um einen jüdischen Musikstil bemühten sich M. F. Gnessin und A. A. Krejn. Mystizismus und Irrationalismus kennzeichnen das Schaffen von M. O. Steinberg (1883–1946). Im Musikleben nach der Revolution waren Assafjew und Prokofjew (der 1933 aus dem Exil zurückkehrte) von überragender Bedeutung. – Die 2. Generation der Sowjetkomponisten, die zu Beginn der 1930er Jahre auftrat, setzt sich vornehmlich aus Absolventen des Moskauer Konservatoriums zusammen. Hierher gehören A. M. Weprik (* 1899), A. A. Dawidenko (1899–1934), V. A. Bjelij (* 1904), W. J. Schebalin (* 1902) und Dm. B. Kabalewskij (* 1904). Armenier ist Chatschaturjan; seine II. Symphonie schildert die Lage seines Volkes im 2. Weltkrieg. Die größte künstlerische Persönlichkeit der sowjetischen Epoche in der russischen Musikgeschichte ist Schostakowitsch. Zu seiner Generation gehören noch: M. V. Kowal (* 1907), N. Rakow (* 1908) sowie die Opernkomponisten I. I. Dserschinskij (* 1909; »Der stille Don«, 1935) und W. W. Schelobinskij (* 1912). – Die Sowjetunion ist ein Nationalitätenstaat; die Nähe zur Volksmusik der verschiedenen Völker wird ideologisch gefordert. Es gibt heute eine große Anzahl meist neugegründeter musikalischer Institutionen. 1958 waren es etwa 100 philharmonische Orchester, 32 staatliche Opern und 24 Operettentheater; die Aufführungen werden auf Russisch und in den Landessprachen geboten. Neben den 32 Konservatorien und Hochschulen gibt es über 100 Musikfachschulen und über 1000 Volksschulen für den musikalischen Elementarunterricht. Zu den alten Institutionen, über deren Weiterbestehen viel debattiert worden ist, gehören die berühmte Ballettschule, der einstige Hof-, jetzt Staatschor und die Orchester der Leningrader und Moskauer Philharmonie. Erscheinungsort, wenn nicht anders angegeben, Moskau.

Kirchenmusik.

Ausg.: Krug drewnewo zerkownowo penija snamennowo raspewa (»Zyklus d. alten kirchlichen Zeichengesangs«), mit Einleitung v. Dm. W. Rasumowskij, 6 Teile in 3 Bdn, = Pamjatniki drewnej pismennosti i istkusstwa LXXXIII, 1–3, 1884–85; Die ältesten Novgoroder Hirmologien-Fragmente, hrsg. v. E. Koschmieder, 3 Bde, = Abh. d. Bayerischen Akad. d. Wiss., Phil.-hist. Klasse, N. F. XXXV, XXXVII, XLV, München 1952–58; Fragmenta chiliandarica palaeoslavica I–II, hrsg. v. R. Jakobson, = Monumenta Musicae Byzantinae Va–b, Kopenhagen 1957; Contacarium Palaeoslavicum Mosquense, hrsg. v. A. Bugge, ebenda VI, 1960; Ein hs. Lehrbuch d. altruss. Neumenschrift I, hrsg. v. J. v. Gardner u. E. Koschmieder, = Abh. d. Bayerischen Akad. d. Wiss., Phil.-hist. Klasse, N. F. LVII, München 1963. – Sputnik psalmoschtschika (»Gefährte d. Kantors«), hrsg. v. N. Stjagow, A. Pokrowskij u. N. Popow, St. Petersburg 1911, ³1916, Neudruck Jordanville (N. Y.) 1959. – R. M.-Anth., hrsg. v. A. N. Tscherepnin, deutsch v. G. Waldmann, engl. v. A. Swan, Bonn (1966), auch zur weltlichen u. Volksmusik.

Lit.: A. V. Preobraschenskij, Slowar russkowo zerkownowo penija (»Lexikon d. russ. Kirchengesangs«), 1896. – J. v. Gardner, Ukasatel russkoj i inostrannoj literatury po woprosam russkowo zerkownowo penija (»Verz. d. russ. u. ausländischen Lit. zu Fragen d. russ. Kirchengesangs«), München 1958; M. Velimirović, Stand d. Forschung über kirchenslavische Musik, Zs. f. slavische Philologie XXXI, 1963. – J. v. Gardner, Zur Diskographie d. russ. Kirchengesanges, in: Ostkirchliche Studien IX, 1960ff. – A. Mesenez, Asbuka snamennowo penija (»Alphabet d. Zeichengesangs«, 1668), hrsg. v. St. W. Smolenskij, Kasan 1888; A. F. Lwow, O swobodnom ili nesimmetritschnom ritme (»Über d. freien oder unsymmetrischen Rhythmus«), St. Petersburg 1858, deutsch Lpz. 1859; Dm. W. Rasumowskij, Zerkownoje penije w Rossii (»Der Kirchengesang in Rußland«), 3 Bde, 1867–69; ders., Patriarschie pewtschije djaki i poddjaki (»Die Sängerdiakone u. -subdiakone d. Patriarchen«), 1868; ders., Gossudwewy pewtschije djaki . . . (»Die Hofsänger-Diakone d. 17. Jh.«), 1873, neu hrsg. v. N. F. Findeisen, 1895; W. M. Metallow, Otscherk istorii prawoslawnowo zerkownowo penija w Rossii (»Abriß d. Gesch. d. rechtgläubigen Kirchengesangs in Rußland«), 1893, ⁴1915; ders., Asbuka krjukownowo penija (»Alphabet d. Krjuki-Gesangs«), 1899; A. V. Preobraschenskij, Wopros o jedinoglasnom penii w russkoj zerkwi do XVII-wo weka (»Die Frage d. einst. Gesangs in d. russ. Kirche bis zum 17. Jh.«), St. Petersburg 1904; ders., Kultowaja musyka w Rossii (»Kultmusik in Rußland«), Leningrad 1924; A. A. Ignatew, Bogosluschebnoje penije prawoslawnoj russkoj zerkwi s konza XVI-wo do natschala XVIII-wo weka (»Der gottesdienstliche Gesang d. Rechtgläubigen Russ. Kirche v. Ende d. 16. bis zum Anfang d. 18. Jh.«), Kasan 1916; A. J. Swan, The Znamenny Chant, MQ XXVI, 1940; ders., Die russ. Musik im 17. Jh., Jb. f. Gesch. Osteuropas, N. F. XII, 1964; J. Handschin, Le chant ecclésiastique russe, AMl XXIV, 1952; C. Høeg, The Oldest Slavonic Tradition of Byzantine Music, Proceedings of the British Acad. XXXIX, 1953; R. Palikarova-Verdeil, La musique byzantine chez les Bulgares et les Russes, = Monumenta Musicae Byzantinae, Subsidia III, Kopenhagen 1953; M. Velimirović, The Byzantine Elements in Early Slavic Chant, 2 Bde, = Monumenta Musicae Byzantinae, Subsidia IV, Kopenhagen 1960; E. Koschmieder, Die altruss. Kirchengesänge als sprachwiss. Material, in: Sbornik priswojenii pamjati S. Kusepi, Sapiski i trudy 169, München 1961; Fr. Zagiba, Der liturgische Gesang d. Slaven . . ., in: Singende Kirche VIII, 1961; J. v. Gardner, Das Centoprinzip . . ., in: Musik d. Ostens I, 1962; ders., Zum Problem d. Tonleiter-Aufbaus . . ., ebenda II, 1963; ders., Eine alte Gesangsform d. Credo . . ., KmJb XLVII, 1963. – St. W. Smolenskij, O drewno-russkich pewtscheskich notazijach (»Über altruss. Gesangsnotationen«), St. Petersburg 1901; O. v. Riesemann, Die Notationen d. altruss. Kirchengesanges, 1908 (deutsch), auch = BIMG II, 8, Lpz.

1909; DERS., Zur Frage d. Entzifferung altbyzantinischer Neumen, Fs. H. Riemann, Lpz. 1909; W. M. METALLOW, Russkaja simiografija (»Russ. Notationskunde«), 1912; M. W. BRASCHNIKOW, Puti raswitija i sadatschi rasschifrowki snamennowo raspewa XII–XVII wekow (»Wege d. Entwicklung u. Probleme beim Übertragen d. Zeichengesangs d. 12.–17. Jh.«), 1949; DERS., Russkije pewtscheskije rukopisi i russkaja paleografija (»Russ. Gesangs-Hss. u. russ. Paläographie«), in: Trudy otdela drewno-russkoj lit. (Inst. russkoj lit. Akad. nauk SSSR) VII, 1949; E. KOSCHMIEDER, Zur Herkunft d. slawischen Krjuki-Notation, Fs. Dm. Čyževskij, Bln 1954; V. M. BELJAJEW, Drewnorusskaja musykalnaja pismennost (»Altruss. mus. Schriften«), 1962; J. v. GARDNER, Altruss. Musikhss. d. Bibl. de l'Arsenal zu Paris, AMl XXXVII, 1966.

Weltliche Musik.
Ausg.: Istorija russkoj musyki w notnych obraszach (»Gesch. d. russ. Musik in Notenbeispielen«), 3 Bde, hrsg. v. S. L. GINSBURG, Moskau u. Leningrad 1940–52; Russkij musikalnyj teatr 1700–1835 gg., Chrestomatija, hrsg. v. DEMS., Moskau u. Leningrad 1941.
Lit.: T. N. LIWANOWA, Musykalnaja bibliogr. russkoj perioditscheskoj petschati XIX weka (»Mus. Bibliogr. d. russ. Zs.-Drucks d. 19. Jh.«), I–II, Leningrad 1960–63 (behandelt d. Jahre 1801–40); I. STARZEW, Sowjetskaja lit. o musyke ... (»Das sowjetische Musikschrifttum, 1918–47«), 1963. – A. VODARSKIJ-SHIRAEFF, Russ. Composers and Musicians, A Bibliogr. Dictionary, NY 1940; G. BERNANDT u. A. DOLSCHANSKIJ, Sowjetskije kompozitory (»Sowjetische Komponisten«), 1957. – R.-A. MOOSER, Opéras, intermezzos, ballets, cantates, oratorios, joués en Russie durant le XVIIIe s., Genf 1945, [3]1964; G. BERNANDT, Slowar oper ... (»Opernlexikon, Premieren, Neuinszenierungen u. Ausg. im vorrevolutionären Rußland u. in d. Sowjetunion, 1736–1959«), 1962. – J. v. STÄHLIN V. STORCKSBURG, Nachrichten v. d. Musik in Rußland u. zur Gesch. d. Theaters in Rußland, in: J. Haigolds Beylagen zum neuveränderten Rußland, 2 Bde, Riga u. Lpz. 1769–70, Auszug in J. A. Hillers Wöchentlichen Nachrichten ... IV, 1770, russ. Ausg. v. B. J. Sagurskij u. B. Wl. Assafjew, Leningrad 1935; C. A. CUI, La musique en Russie, Paris 1880; DERS., Russkij romans (»Das russ. Lied«), St. Petersburg 1896; N. F. FINDEISEN, Russkaja chudoschestwennaja pesnja / romans (»Das russ. Kunstlied, d. Romanze«), 1905; DERS., Otscherki po istorii musyki w Rossii (»Schilderungen aus d. Mg. Rußlands«), 2 Bde, Moskau u. Leningrad 1928–29; N. DM. KASCHKIN, Otscherk istorii russkoj musyki (»Abriß d. russ. Mg.«), 1908; DERS., Stati o russkoj musyke (»Aufsätze über R. M.«), hrsg. v. S. J. Schlifstein, 1953; R. NEWMARCH, The Russ. Opera, London 1914, frz. Paris 1922; B. WL. ASSAFJEW (Pseudonym: I. Glebow), Simfonitscheskije etjudy (»Symphonische Etüden«), Petrograd 1922; Musyka i musykalnyj byt staroj Rossii (»Musik u. Musikleben d. alten Rußland«), hrsg. v. DEMS., Leningrad 1927; Russkij romans (»Das russ. Lied«), hrsg. v. DEMS., o. O. 1930; DERS., Musykalnaja forma kak prozess (»Die mus. Form als Prozess«), 2 Bde, Moskau u. Leningrad 1930–47, neu hrsg. v. J. M. Orlowoj, Leningrad 1963; DERS., Russkaja musyka ot natschale 19 stoletija (»Die russ. Musik seit Beginn d. 19. Jh.«), Leningrad 1930, engl. v. A. J. Swan, Ann Arbor 1953; O. v. RIESEMANN, Monographien zur russ. Musik I, München 1923; L. L. SABANEJEW, Istorija russkoj musyki (»Gesch. d. R. M.«), 1924, deutsch v. O. v. Riesemann, Lpz. 1926; DERS., Modern Russ. Composers, engl. v. J. A. Joffe, NY 1927; R.-A. MOOSER, L'opéra comique frç. en Russie au XVIIIe s., Genf 1932, [2]1954; DERS., Violinistes-compositeurs ital. en Russie durant le XVIIIe s., RMI XLII, 1938, XLV, 1941, XLVI, 1942, XLVIII, 1946, L, 1948, LII, 1950; DERS., Annales de la musique et des musiciens en Russie au XVIIIe s., 3 Bde, Genf (1948–51); G. ABRAHAM, Masters of Russ. Music, NY 1936; DERS., On Russ. Music, London 1939, deutsch Basel 1947; DERS., Eight Soviet Composers, London 1943; ZD. NEJEDLÝ, Sovětská hudba (»Sowjetische Musik«), Prag 1936; T. N. LIWANOWA, Otscherki i materialy po istorii russkoj musykalnoj kultury (»Schilderungen u. Materialien zur Gesch. d. russ. Musikkultur«) I, 1938; DIES., Istorija russkoj musyki (»Gesch. d. R. M.«), Moskau u. Leningrad 1940; DIES., Russkaja musykalnaja kultura XVIII-wo weka (»Die russ. Musikkultur d. 18. Jh.«), 2 Bde, 1952–53; DIES., Sowjetskoje musykosnanije o russkich klassikach XIX-wo weka (»Die sowjetische Mw. über d. russ. Klassiker d. 19. Jh., Hist.-bibliogr. Überblick«), 1963; Istorija russkoj musyki (»Gesch. d. R. M.«), hrsg. v. M. S. PEKELIS, 1940; I. F. BELSA, Hdb. of Soviet Musicians, London 1943, [2]1944; R. HOFMANN, Cent ans d'opéra russe, Paris 1946; DERS., La musique en Russie, Paris 1957; B. JAGOLIN, Die Musik in d. Sowjetunion, Bln 1946, engl. London 1946; FR. ZAGIBA, Tvorba sovietských komponistiv (»Das Schaffen d. sowjetischen Komponisten«), Preßburg 1946; J. KELDYSCH, Istorija russkoj musyki (»Gesch. d. R. M.«), 2 Bde, Moskau u. Leningrad 1947, deutsch v. D. Lehmann, Lpz. 1956; A. S. RABINOWITSCH, Russkaja opera do Glinki (»Die russ. Oper bis Glinka«), Moskau u. Leningrad 1948; M. COOPER, The Russ. Opera, London 1951; B. JARUSTOWSKIJ, Dramaturgija russkoj opernoj klassiki, 1952, deutsch v. R. E. Riedt als: Die Dramaturgie d. klass. russ. Oper, Bln 1957; F. SIEGMANN, Die Musik im Leben u. Schaffen d. russ. Romantiker, = Veröff. d. Abt. f. slavische Sprachen u. Lit. d. Osteuropa Inst. V, Bln u. Wiesbaden 1954; J. HANDSCHIN, La naissance d'une musique russe d'orgue, in: Mélanges ... à P.-M. Masson II, Paris (1955); A. OLKHOVSKY, Music Under the Soviets, NY 1955 (mit ausführlicher Bibliogr.); Istorija russkoj sowjetskoj musyki (»Gesch. d. russ.-sowjetischen Musik«) I–II, 1956–59 (behandelt d. Jahre 1917–41); B. L. WOLMAN, Russkije petschatnyje noty 18-wo weka (»Der russ. Notendruck d. 18. Jh.«), Leningrad 1957; K. LAUX, Die Musik in Rußland u. in d. Sowjetunion, Bln 1958; D. LEHMANN, Rußlands Opern u. Singspiele in d. 2. Hälfte d. 18. Jh., Lpz. 1958; L. PESTALOZZA, La scuola nazionale russa, = Piccola bibl. Ricordi VI, Mailand 1958; C. HOPKINSON, Notes on Russ. Music Publishers, Cambridge 1959; M. O. ZEITLIN, The Five, engl. v. G. Panin, NY u. London (1959); Russko-polskije musykalnyje swjasi (»Russ.-polnische mus. Beziehungen«), hrsg. v. I. BELSA, 1963; L. RAABEN, Sowjetskaja kamerno-instrumentalnaja musyka (»Die sowjetische instr. Kammermusik«), Leningrad 1963; V. J. SEROFF, Das mächtige Häuflein, Zürich (1963); B. S. SMOLSKIJ, Belorusskij musykalnyj teatr (»Das weißruss. Musiktheater«), Minsk 1963; FR. K. PRIEBERG, Musik in d. Sowjetunion, Köln 1965.

Volksmusik.
Ausg.: Sobranije russkich prostych pesen (»Slg einfacher russ. Lieder«), 4 H., hrsg. v. W. F. TRUTOWSKIJ, St. Petersburg 1776–95, NA v. V. M. Beljajew, Moskau 1953; Sobranije russkich narodnych pesen (»Slg russ. Volkslieder«), hrsg. v. I. PRATSCH, St. Petersburg 1790, erweitert [2]1806, [3]1815, NA v. A. E. Paltschikow, Moskau 1896, hrsg. v. M. Beljajew, 1955; Russkije narodnyje pesni (»Russ. Volkslieder«), hrsg. v. D. N. KASCHIN, 3 Bde, 1833–34, NA 1959; 40 narodnych pesen (»40 Volkslieder«), hrsg. v. T. I. FILIPPOW u. N. A. RIMSKIJ-KORSAKOW, (1882); 65 russkich narodnych pesen (»65 russ. Volkslieder«), hrsg. v. W. P. PROKUNIN u. P. I. TSCHAIKOWSKY, 2 H., (1872–73); N. A. RIMSKIJ-KORSAKOW, 100 russ. Volkslieder (mit Kl., op. 2–4, 7, 8, 24), 1877, NA 1945; Malorossijskije i belorusskije pesni (»Klein- u. weißruss. Lieder«), hrsg. v. DEMS., 1903; Pesni russkowo naroda (»Lieder d. russ. Volkes«), bearb. f. Singst. u. Kl. v. A. K. Ljadow, 150 Lieder in 4 Bden, 1898–1903, NA 1959; 35 chants populaires russes (= Pesni russkowo naroda), hrsg. v. F. I. ISTOMIN u. S. M. LJAPUNOW, Lpz. (1899); Halizkoruski narodni pisni (»Galizisch-russ. Volkslieder«), hrsg. v. I. KOLESSA, = Etnografitschny sbirnyk XI, Lemberg 1902; »Großruss. Lieder in volkstümlicher Harmonisation«, hrsg. v. J. E. LINOWA (Lineff), 2 Serien, St. Petersburg 1904–09, engl. als: Peasant Songs, 1905–12; Archangelskije byliny ... (»Archangelsker Bylinen u. hist. Lieder«), hrsg. v. A. D. GRIGORJEW, 3 Bde, 1904–10; R. LACH, Vorläufiger Ber. über d. ... Aufnahme d. Gesänge russ. Kriegsgefangener, Sb. Wien CLXXXIII, 4 u. CLXXXIX, 3, = Mitt. d. Phonogramm-Arch.-Kommission XLVI, 1917 – XLVII, 1918; Gesänge russ. Kriegsgefangener, hrsg. v. DEMS., 9 H., = Sb. Wien CCIII, 4, CCIV, 4–5, CCV, 1–2, CCXI, 3, CCXXVIII, 1 u. 4, CCXXXVII, 4, = Mitt. d. Phonogramm-Arch.-Kommission LIV, LV, LVIII, LXV, LXVI, LXVIII, LXXIV, LXXVIII, 1926–52; G. SCHÜNEMANN, Das Lied d. deutschen Kolonisten in Rußland, = Sammelbde f. vergl. Mw. III, München 1922; Pesni Pineschja (»Lieder aus d. Pinegaland«) II, hrsg. v. J. WL. GIPPIUS mit S. V. EWALD, = Akad. nauk SSR, Trudy inst. antropologii ... VII, Folklornaja serija 2, 1937; E. MAHLER, Altruss. Volkslieder aus d. Pečoryland, Kassel

u. Basel (1951); Russkije narodnyje pesni o krestjanskich wojnach ... (»Russ. Volkslieder über Bauernkriege u. -aufstände«), 1956; M. A. BALAKIREW, Russkije narodnyje pesni (»Russ. Volkslieder«), NA v. J. Wl. Gippius, 1957; Russkije pesni XVIII-wo weka (»Russ. Lieder d. 18. Jh.«), d. Liederbuch v. I. D. Gerstenberg u. F. A. Ditmar, hrsg. v. B. L. WOLMAN, 1958; Istoritscheskije pesni XIII–XVI wekow (»Hist. Lieder d. 14.–16. Jh.«), hrsg. v. G. N. PUTILOW u. G. M. DOBROWOLSKIJ, Moskau u. Leningrad 1960.
Lit.: P. P. SOKALSKYJ, Russkaja narodnaja musyka (»Die russ. Volksmusik«), Charkow 1888, NA Kiew 1959; A. S. FAMINZYN, Skomorochi na Rusi (»Spielleute im alten Rußland«), St. Petersburg 1889; DERS., Gusli ... (»Die Gusli, ein russ. Volksmusikinstr.«), ebenda 1890; DERS., Domra ... (»Die Domra u. verwandte Musikinstr.«), ebenda 1891; A. DM. KASTALSKIJ, Ossobennosti russkoj narodnoj musykalnoj systemy (»Besonderheiten d. russ. volkstümlichen Musiksystems«), 1923, neu hrsg. v. V. M. Beljajew als: Osnowy narodnowo mnogogolossija (»Grundlagen d. volkstümlichen Mehrstimmigkeit«), 1948, engl. Auszug v. S. W. Pring in: ML X, 1929; V. M. BELJAJEW, Hdb. d. Volksmusikinstr., 1931 (russ.); M. SCHNEIDER, Kaukasische Parallelen zur ma. Mehrstimmigkeit, AMl XII, 1940; E. EMSHEIMER, Musikethnographische Bibliogr. d. nichtslawischen Völker in Rußland, AMl XV, 1943; N. J. BRJUSSOWA, Russkaja narodnaja pesnja w russkoj klassike i sowjetskoj musyke (»Das russ. Volkslied in d. russ. Klassik u. sowjetischen Musik«), 1948; N. A. GARBUSOW, Drewnerusskoje narodnoje mnogogolossije (»Altruss. volkstümliche Mehrstimmigkeit«), Moskau u. Leningrad 1948; J. WL. GIPPIUS, O russkoj narodnoj podgolossotschnoj polifonii ... (»Über d. Mehrstimmigkeit im russ. Volkslied zu Ende d. 18. u. Beginn d. 19. Jh.«), in: Sowjetskaja etnografija II, Moskau u. Leningrad 1948; R. TRAUTMANN, Das altruss. hist. Lied, Sb. Bln 1951, Nr 2; J. HANDSCHIN, La musique paysanne russe, SMZ XCII, 1952; G. W. MEYER, Tonale Verhältnisse u. Melodiestruktur im ostslawischen Volkslied, Lpz. 1956; G. SEMAN, Russ. Folksong in the Eighteenth Cent., ML XL, 1959; P. BERSCHADSKAJA, Osnownyje komposizionnyje sakonomernosti ... (»Grundlegende kompositorische Gesetzmäßigkeiten d. mehrst. russ. volkstümlichen Bauernliedes«), Leningrad 1961; D. GOJOWY, Moderne Musik in d. Sowjetunion bis 1930, Diss. Göttingen 1965. → UdSSR. FZ

Rute (frz. fouet; engl. switch, wand; arabisch qaḍīb), ein im 18. Jh. aus dem Vorderen Orient durch die Janitscharenmusik nach Europa gelangtes Schlagwerkzeug, ein Reisigbündel, das heute weitgehend durch den → Besen ersetzt ist. Mozart verwandte die R. als 2. Schlägel der großen Trommel in der *Entführung aus dem Serail* (Notierung: Achtel mit Schlägel, Viertel mit R.), auch G. Mahler (2. und 3. Symphonie), R. Strauss (*Elektra, Frau ohne Schatten*) u. a. verlangen sie. Noch heute ist in der Volksmusik einiger Balkanländer (Albanien, Griechenland), das abwechselnde Schlagen der großen Trommel (tupan, daúli) mit Schlägel (rechts) und R. (links) verbreitet.

S

S, Abk. für – 1) Sopran; – 2) → Segno (ital.), Zeichen bei Wiederholungen (Dal S., D. S. = → dal segno; al S. = → al segno); – 3) S = Subdominante (Funktionsbezeichnung nach Riemann).

Saarbrücken.
Lit.: FR. KLOEVEKORN, Chronik d. Saarbrücker Theaters u. Theaterspiels, = Mitt. d. Hist. Ver. f. d. Saargegend XIX, S. 1932; E. STILZ, Das gegenwärtige Musikleben an d. Saar, in: Das Saarland, S. 1958; J. MÜLLER-BLATTAU, Die Pflege d. Musik an d. Saar in Gesch. u. Gegenwart, ebenda.

SACD → SACEM.

SACEM (Société des auteurs, compositeurs et éditeurs de musique), französische Gesellschaft für musikalische Aufführungsrechte, gegründet 1851 und als erste ihrer Art Vorbild der deutschen → GEMA und anderer → Verwertungsgesellschaften. – Den Einzug der Tantiemen für die szenischen Aufführungsrechte (grands droits de représentation) nimmt die französische Gesellschaft SACD (Société des auteurs et compositeurs dramatiques) vor, deren Gründung auf die Initiative von Beaumarchais aus dem Jahre 1777 zurückgeht. 1791 erhielt diese Gesellschaft durch Einsatz von Robespierre und Mirabeau gesetzlichen Rückhalt und 1837 durch Scribe ihre noch heute gültige gesellschaftliche Form.

Sachsen.
Lit.: M. FÜRSTENAU, Zur Gesch. d. Orgelbaukunst in S., Mitt. d. Königlich-Sächsischen Alterthumsver. XIII, 1863; F. OEHME, Hdb. über ältere u. neuere berühmte Orgelwerke im Königreich S., Dresden 1888–97; R. VOLLHARDT, Gesch. d. Cantoren u. Organisten v. d. Städten im Königreich S., Bln 1899; A. WERNER, Gesch. d. Kantorei-Ges. im Gebiete d. ehemaligen Kurfürstentums S., = BIMG I, 9, Lpz. 1902; DERS., S.-Thüringen in d. Mg., AfMw IV, 1922; J. RAUTENSTRAUCH, Luther u. d. Pflege d. kirchlichen Musik in S., Diss. Lpz. 1907; H. KRETZSCHMAR, S. in d. Mg., in: Gesammelte Aufsätze über Musik, Lpz. 1910; W. KÜRTH, Die hausindustrielle Fabrikation kleinerer mus. Instr. im Vogtland u. in Oberbayern, Diss. Lpz. 1910; H. J. MOSER, Der Zusammenschluß d. sächsischen Kunstpfeifer 1653, ZIMG XII, 1910/11; A. KOCZIRZ, Das Kollegium d. sächsischen Stadt- u. Kirchen-Musikanten v. 1653, AfMw II, 1919/20; K. PEMBAUR, 3 Jahrhunderte Kirchenmusik am sächsischen Hofe, Dresden 1920; R. BRÜCKNER, Die Musikinstrumentenindustrie v. Markneukirchen i. V., Diss. Jena 1923, maschr.; FR. LUDWIG, Kurzgefaßte Mg. d. Erzgebirges, Kaaden 1924; O. STÜTZ, Über d. Musiker u. Instrumentenbauer d. Erzgebirges, Kaaden 1924; E. SIMON, Gesch. d. Kantorei-Ges. zu Lommatzsch 1560–1928, Lommatzsch 1929; H. TECHRITZ, Sächsische Stadtpfeifer, Diss. Lpz. 1932; G. HEILFURTH, Das erzgebirgische Bergmannslied, Schwarzenberg 1936; O. VOSS, Die sächsische Orgelmusik in d. 2. Hälfte d. 17. Jh., Diss. Bln 1936; FR. TREIBER, Die thüringisch-sächsische Kirchenkantate zur Zeit d. jungen J. S. Bach (etwa 1700–23), AfMf II, 1937; G. PIETZSCH, S. als Musikland, Dresden (1938); W. SCHRAMM, Mg. d. Stadt Glashütte, AfMf III, 1938; E. JAMMERS, Lit. zur Mg. S., Neues Arch. f. sächsische Gesch. LX, 1939; E.-FR. CALLENBERG, Das obersächsische Barocklied, Diss. Freiburg i. Br. 1952, maschr.; P. RUBARDT U. E. JENTSCH, Kamenzer Org.-Buch, Kamenz 1952; R. JAUERNIG, Die Erneuerung d. Kirchengesangs im Herzogtum S.-Gotha, Jb. f. Liturgik u. Hymnologie II, 1956; W. MERKEL, Vogtländische Musiker vor 1900, = Museumsreihe XII, Plauen 1957; DERS., Vogtländische Musiker nach 1900, ebenda XX, 1960; H. POHLMANN, Die kursächsischen Komponistenprivilegien, AfMw XVIII, 1961.

Sachsen-Anhalt.
Lit.: P. STÖBE, Zur Gesch. d. Kirchenorg. in Halberstadt, Lpz. 1896; K. E. JACOBS, Das Coll. mus. . . . zu Wernigerode, Zs. d. Harzver. f. Gesch. u. Altertumskunde XXV, 1902; H. WÄSCHKE, Die Zerbster Hofkapelle unter (J. Fr.) Fasch, Zerbster Jb. II, 1906; BR. KAISER, Singechor u. Kurrende an d. Naumburger Domschule, Naumburg 1922; A. WERNER, Die alte Musikbibl. u. d. Instr.-Slg an St. Wenzel in Naumburg . . ., AfMw VIII, 1926; W. REUPKE, Das Zerbster Prozessionsspiel v. 1507, = Quellen zur deutschen Volkskunde IV, Bln 1930; E. KAESTNER, Zur Mg. d. Stadt Gardelegen im Zeitalter d. Reformation, in: Heimatbuch. Beitr. zur altmärkischen Heimatkunde I, Gardelegen 1937; W. BRAUN, Zur Mg. d. Stadt Zörbig im 17. Jh., AfMw XIII, 1956; DERS., Mg. d. Stadt Freyburg/Unstrut, Wiss. Zs. d. M.-Luther-Univ. Halle, Gesellschafts- u. sprachwiss. Reihe IX, 4, 1960; DERS., A. Unger u. d. biblische Historie in Naumburg . . ., Jb. f. Liturgik u. Hymnologie VII, 1962; I. WEBER-KELLERMANN, L. Parisius u. seine altmärkischen Volkslieder (. . . in Zusammenarbeit mit E. Stockmann), = Veröff. d. Inst. f. Deutsche Volkskunde d. Deutschen Akad. d. Wiss. zu Bln X, Bln 1957; D. STOCKMANN, Der Volksgesang in d. Altmark, ebenda XXIX, 1962; W. STÜVEN, Org. u. Orgelbauer im Saalkreis vor 1800, Diss. Tübingen 1962; H. VOIGT, 625 Jahre Schulmusik in Stendal, Stendal (1962).

Sackpfeife, auch Dudelsack (von türkisch düdük oder slawisch duda?), Bock- oder Schäferpfeife (lat. tibia utricularis; span. → gaita; ital. piva, → cornamusa, → zampogna; altfrz. estive, frz. im 17./18. Jh. sourdeline, auch cabrette, chevrette, von chèvre, Ziege, auch → musette – 1; engl. bagpipe; schottisch lilt; estnisch torupill), ein volkstümliches Blasinstrument, dessen Verbreitungsgebiet sich über Skandinavien, das Baltikum und die britischen Inseln, Frankreich, Spanien, Süditalien, Rußland und den Balkan sowie Nordafrika und den Vorderen Orient mit Ausläufern bis nach Indien erstreckt. Wesentlicher Bestandteil der S. ist ein Windsack (Fell eines Schafes oder einer Ziege, tierischer Magen oder Blase [→ Platerspiel], heute auch Gummi oder Kunststoff), der durch ein Anblasrohr (Blaspfeife) oder einen Blasbalg mit Luft versorgt wird. Wird der Windsack mit dem Oberarm an den Körper gedrückt, so spendet er Luft an die ihm angeschlossenen (bis zu 8) Pfeifen, meist 1 Spielpfeife und mehrere Bordunpfeifen (Stimmer; frz. bourdon; engl. drone) mit einfachem oder doppeltem Rohrblatt, die oft Schallbecher (→ Hornpipe – 1) haben. Doppelrohrblätter in Melodiepfeifen und Bordunen haben allein die Musette und die Zampogna. – Eine Terrakotta (Berlin 8798) aus dem hellenistischen Ägypten (nach Sachs aus dem 1. Jh. v. Chr.) stellt einen Panpfeifenbläser dar, der zugleich eine S. mit einer Pfeife (wahrscheinlich als Bordun) spielt; ausschließlich als Bordun wird die S. noch heute in Indien gespielt. Vom 10. Jh. ab sind S.n oft in illuminierten Handschriften (Cantigas de Santa María) und an (oft Engels-)Plastiken dargestellt; es kommen dabei S.n mit einfacher oder gedoppelter Spielpfeife sowie mit oder ohne Bordun vor. Praetorius (Synt. II) kennt mehrere Arten von S.n: Bock mit langem Stimmer (Bordun) und einer Melodiepfeife in C, beide Pfeifen mit hornartigen Schallbechern; SchaperPfeiff (Schäferpfeife) mit 2 Stimmern in b und f¹ und einer Melodiepfeife; Hümmelchen mit 2 Stimmern in f und c¹; Dudey mit 3 Stimmern in es, b¹ und es²; dazu die seltene Magdeburgische S. mit 2 Stimmern und 2 Melodiepfeifen. – Charakteristisch für die Spielweise der S. ist der lange, nicht phrasierte und reich verzierte Melodiestrom mit oder ohne Bordun. In der Spielweise mit ausgehaltenen Borduntönen ist die S. mit der → Drehleier zu vergleichen; beide Instrumente treten zuweilen in der gleichen kulturellen Umgebung auf und können dabei auch die gleichen Namen (symphonia, zampogna) haben. Nach einer Zeit der Hochschätzung im hohen Mittelalter sanken beide zu Bettlerinstrumenten ab; im Frankreich des 17./18. Jh. wurden sie in kunstvoller Ausführung beliebt als modisch-schäferliche Instrumente (→ Musette – 1). In der Volksmusik ist die S. ein Instrument der Hirten und Bauern. Auf den britischen Inseln wird sie vor allem in Schottland als Nationalinstrument gepflegt. Gruppenspiel schottischer Dudelsackbläser ist für die Militärmusik der britischen Armee charakteristisch. Eine Sonderform der S. in Irland und Schottland ist die → Union pipe. → Phagotum.

Lit.: PRAETORIUS Synt. II; M. MERSENNE, Harmonie universelle, Paris 1636, Faks. hrsg. v. Fr. Lesure, 3 Bde, Paris 1963; H. LAPAIRE, Vielles et cornemuses, Moulins 1901; W. H. GR. FLOOD, The Story of the Bagpipe, London 1911; FR. BRÜCKNER, Die Blasinstr. in d. altfrz. Lit., = Gießener Beitr. zur Romanischen Philologie XIX, Gießen 1926; G. V. B. CHARLTON, The Northumbrian Bag-Pipes, Archeologia Aeliana IV, 7, 1930; G. H. ASKEW, A Bibliogr. of the Bag-Pipe, Newcastle on Tyne 1932; W. A. COCKS, The Northumbrian Bagpipes, ebenda 1933; P. BRÖMSE, Fl., Schalmeien u. S. Südslawiens, = Veröff. d. Mw. Inst. d. Deutschen Univ. Prag IX, Brünn, Prag, Lpz. u. Wien 1937; C. SACHS, The Hist. of Mus. Instr., NY (1940); G. A. CIROT, Zamfona et zampona, Bull. hispanique XLIII, 1941; DERS., Gaita et rhaita, in: Mélanges Lopes-Cenival, Lissabon u. Paris 1945; M. REHNBERG, Om säckpipan i Sverige, = Nordiska museets handlingar XVIII, Stockholm 1943; E. WINTERNITZ, Bagpipes and Hurdye-Gurdies in Their Social Setting, Metropolitan Museum of Art Bull., N. F. II, 1943; DERS., Bagpipes for the Lord, ebenda XVI, 1957/58; L. VARGYAS, Die Wirkung d. Dudelsacks auf d. ungarische Volksmusik, Studia Memoriae B. Bartók Sacra, Budapest 1956, ³1958; CH. CHILIBEC, Folk Dance Instr.: Bagpipe in Southern Bohemia, The Folklorist IV, 1957; M. SCHNEIDER, Bemerkungen über d. span. S., in: Musikerkenntnis u. Musikerziehung, Fs. H. Mersmann, Kassel 1957; A. BAINES, Bagpipes, = Occasional Papers of Technology IX, Oxford 1960; O. ANDERSSON, Bröllopsmusik pa säckpipa, STMf XLIII, 1961; J. MARKL, Dudy a Dudaci, Tschechisch-Budweis 1962; DERS., Czech Bagpipe Music, Journal of the International Folk Music Council XV, 1963.

Sängerbünde, regionale Zusammenschlüsse von Chorvereinigungen. Nationale Einigungsbestrebungen, gleiche gesellschaftliche Interessen und das Messen der sängerischen Kräfte bestimmten die in Deutschland seit Anfang des 19. Jh. allerorts aufblühenden Männergesangvereine (→ Liedertafeln, Liederkränze; → Männerchor), sich auf Sängerfesten zu treffen und auf regionaler Ebene zu verbinden. 1827 fand in Plochingen das erste Deutsche Sängerfest mit einer Beteiligung von 200 Sängern statt, weitere folgten in Frankfurt am Main 1838 und in Würzburg 1845. Der erste organisatorische Zusammenschluß war die Provinzialliedertafel in Bernburg (1830, gegründet von 28 Sängern der Liedertafeln von Magdeburg, Dessau und Zerbst). Als ersten gebietsweisen Zusammenschluß konstituierten Mitglieder der Liedertafeln von Hamburg und Bremen 1831 im Oyler Wald bei Nienburg an der Weser die Vereinigten Norddeutschen Liedertafeln. Später entstanden S. in allen deutschsprachigen Gebieten. Nach Herkunft und Ziel unterschieden sich die S. von den musikpädagogischen Bestrebungen der französischen → Orphéons. – Abgeordnete von 41 S.n gründeten 1862 in Coburg (wo schon 1860 das erste Deutsche Turnerfest und 1861 das erste Deutsche Schützenfest abgehalten worden waren) unter der Schirmherrschaft Herzog Ernsts II. von Sachsen-Coburg-Gotha, den Deutschen Sängerbund (DSB). Dieser bezweckte *die Ausbildung und Veredelung des deutschen Männergesanges* und wollte *durch die dem deutschen Liede inwohnende einigende Kraft ... die nationale Zusammengehörigkeit der deutschen Stämme stärken und an der Einheit und Macht des Vaterlandes mitarbeiten* (Satzung des DSB § 1). Zur Verwirklichung dieses Ziels wurden Sängerbundesfeste durchgeführt (Dresden 1865, München 1874, Hamburg 1882, Wien 1890, Stuttgart 1896, Graz 1902, Breslau 1907, Nürnberg 1912, Hannover 1924, Wien 1928, Frankfurt am Main 1932, Breslau 1937). 1927 wurden die Nürnberger Sängerwochen eingerichtet, um den *Stand deutschen Männerschaffens in Chorwerk und Chorleistung der Öffentlichkeit zu zeigen* (*Das deutsche Sängerbuch*, 1930). Sie fanden 1927, 1929, 1931, 1934 und 1939 in Nürnberg statt. Nach dem 2. Weltkrieg wurde der DSB verboten, aber 1949 neugegründet. Heute ist er eine Vereinigung von Männer-, Frauen-, gemischten und Jugendchören und die Dachorganisation von 18 Einzelbünden in der Bundesrepublik mit etwa 15000 Vereinen; seine Ziele und Aufgaben sind in einem Kulturprogramm niedergelegt. Die Sängerbundesfeste mit ihrer freien Programmwahl wurden wieder aufgenommen (Mainz 1951, Stuttgart 1956, Essen 1962); die Sängerwochen wurden mit Aufführungen neuer oder unbekannter älterer Chorwerke 1950 in Mönchengladbach, 1953 in Gelsenkirchen, 1958 in Wiesbaden, 1963 in Essen abgehalten, wo sie als Essener Chortage künftig regelmäßig stattfinden sollen. Delegierte der von den Arbeiterbildungsvereinen beeinflußten, vereinzelt bis in die 1860er Jahre zurückgehenden und nach Aufhebung des Sozialistengesetzes (1890) in vielen deutschen Städten entstandenen Arbeitergesangvereine gründeten 1892 in Berlin die Liedergemeinschaft der Arbeiter-Sängervereinigungen Deutschlands, deren Hauptzweck die Beschaffung von gemeinsamen Liedern für die Vereine war. 1908 wurde sie umbenannt in Deutscher Arbeiter-Sängerbund (DAS) und in Gaue und Bezirke eingeteilt. Als kulturpolitische Organisation beabsichtigte der DAS, den Bildungsstand der Arbeiter zu heben; er sah von vornherein die Mitwirkung von Frauen am Chorgesang vor. Gausängerfeste wurden in großer Zahl veranstaltet, ein Sängerfest des gesamten Bundes kam nur 1928 in Hannover zustande. Der DAS stand mit den deutschen Arbeitergesangvereinen im Ausland in Verbindung; aus dem Bestreben, auch mit nichtdeutschen Vereinen in nähere Beziehung zu treten, wurde 1926 in Hamburg die Arbeitersänger-Internationale gegründet. 1933 wurde der DAS aufgelöst; sein Erbe trat der 1947 in Hannover gegründete, in 13 Einzelgruppen (Bezirke und Kreise) gegliederte Deutsche Allgemeine Sängerbund an (Abkürzung ebenfalls DAS). Eine Sängerbundeswoche des DAS fand 1949 in Nürnberg statt. Große Chorfeste wurden bisher 1951 in Frankfurt am Main, 1954 in Hannover, 1959 in Berlin und 1965 in Bremen abgehalten. – DSB und DAS gehören der 1950 in Detmold gegründeten Arbeitsgemeinschaft Deutscher Chorverbände (ADC) an, der außerdem folgende Verbände angeschlossen sind: der als Rechtsnachfolger des seit 1925 bestehenden Reichsverbandes der Gemischten Chöre Deutschlands 1950 ins Leben gerufene Verband deutscher Oratorien- und Kammerchöre, dessen Aufgabe in der künstlerischen und organisatorischen Förderung der in ihm zusammengeschlossenen musikpflegenden Gemeinschaften besteht, mit dem Ziel einer allgemeinen Erneuerung des Musiklebens durch chorisches Singen; der 1868 durch Fr. X. Witt gegründete Allgemeine Cäcilienverein für die Länder deutscher Zunge (→ Caecilianismus), heute Allgemeiner Cäcilienverband für Deutschland, Österreich und die Schweiz genannt; der 1883 gegründete (bis 1933 Evangelischer Kirchengesangverein für Deutschland genannte) Verband evangelischer Kirchenchöre Deutschlands; der von der → Jugendbewegung beeinflußte, als Zusammenschluß der Sing-, Spiel- und Tanzkreise im Arbeitskreis für Haus- und Jugendmusik und im Arbeitskreis Junge Musik 1952 gegründete Verband der Sing- und Spielkreise. – Lose in Form einer Interessengemeinschaft zusammengeschlossen in der Arbeitsgemeinschaft Europäischer Chorverbände (AECV) sind neben dem DSB der Eidgenössische Sängerverein, die Elsässische Chorgemeinschaft, der Finnische Sängerbund SULASOL, der Koninklijk Nederlands Zangersverbond, der Österreichische und der Südtiroler Sängerbund. Der Zweck der AECV besteht in der Pflege gegenseitiger Beziehungen zwischen den beteiligten Verbänden und der Veranstaltung internationaler Konzerte im Rahmen von Landessängerfesten (1960 in Genf, 1962 in Essen, 1963 in Salzburg, 1964 in Turku, 1965 in Amsterdam, 1967 in Namur).

Lit.: O. ELBEN, Der volkstümliche deutsche Männergesang, Tübingen 1855, ²1887; Der Deutsche Sängerbund 1862-1912, hrsg. v. Gesamtausschusse d. Deutschen Sängerbundes, o. O. 1912; Grund-Buch d. Schwäbischen Sängerbundes, bearb. v. G. GABLER, Stuttgart 1925; R. KÖTZSCHKE, Gesch. d. deutschen Männergesanges, Dresden 1927; Das deutsche Sängerbuch, hrsg. v. FR. J. EWENS, Bln u. Karlsruhe 1930; H. DIETEL, Beitr. zur Frühgesch. d. Männergesanges, Diss. Würzburg 1938; Hdb. d. Chormusik, hrsg. v. E. VALENTIN, 2 Bde, Regensburg (1953-58); FR. J. EWENS, Lexikon d. deutschen Chorwesens, Mönchengladbach 1954, ²1960. – Jb. d. Deutschen Sängerbundes I, 1926 – X, 1936 u. XI, 1952ff.; Schriftenreihe d. DSB, Köln 1960ff.

Saęta, volkstümlicher religiöser Gesang Andalusiens, besonders bei den Karfreitagsprozessionen, wobei der Sänger vom Balkon aus auf die Straße hinabsingt, während die Prozession für die Zeit des Gesanges innehält.

Lit.: A. DE LARREA, La s., AM IV, 1949.

Sainete (span., Leckerbissen, Schwank), in Spanien kurze, heitere Darbietung im Rahmen eines größeren Bühnenwerkes, oft mit Tänzen und Gesang. Ursprünglich wurde mit S. meist das Nachspiel bezeichnet, im Unterschied zu dem älteren, jedoch ebenfalls einaktigen und burlesken Entremés (Zwischenspiel). Seit dem 18. Jh. ging die Bezeichnung S. auf die zwischen den Akten (jornadas) des Dramas gespielten Einlagen über. Ramón de la Cruz y Cano (1731-94) wurde als Schöpfer eines neuen, dem Entremés an volkstümlicher und realistischer Wirkung überlegenen S.-Typus der Lieblingsautor Spaniens und regte zu zahllosen Nachahmungen an. Zu den wenigen eigenständigen Verfassern von S.-Texten gehört J. I. Gonzáles del Castillo. Musik zu S.s schrieben im 18. Jh. u. a. P. Estève, Bl. de Laserna, Rosales, A. Soler. Bis Mitte des 19. Jh. sind Kompositionen nur vereinzelt, danach zu Hunderten überliefert. In ihnen erscheint als weitaus häufigste Nummer die → Seguidilla, ferner der A cuatro (Vokalquartett) und der ein- oder mehrstimmige Coro. Instrumentalbegleitung war die Regel. Die Besetzung reichte, je nach den Möglichkeiten des Theaters und dem Charakter der Szene, von einer einzelnen Gitarre bis zum vollen Orchester. Die Komponisten verlangten oft die Einschaltung von volkstümlichen Melodien und von Nummern aus bereits vorhandenen Werken oder von Kanzonen und Tänzen spanischer und europäischer Herkunft. Der später in der Form verfallende, gelegentlich auf 2 und 3 Akte erweiterte S. fand in der 2. Hälfte des 19. Jh. eine Fortsetzung im → Género chico. Gleichzeitig gingen Elemente aus dem S. in die → Zarzuela über.

Lit.: E. COTARELO Y MORI, Colección de entremeses, loas, bailes, jácaras y mojigangas desde fines del s. XVI a mediados del s. XVIII, Madrid 1911; J. SUBIRÁ, La partecipación mus. en los s. madrilenas del s. XVIII, Revista de la bibl., arch. y museo del Ayuntamiento de Madrid IV, 1927; DERS., Hist. de la música teatral en España, in: Colección Labor, Barcelona 1945, S. 139ff.; DERS., La musica nel s., in: Enciclopedia dello spettacolo VIII, Rom 1961, S. 1389ff.; J. A. MONTES, S., ebenda S. 1388f.; H. KINDERMANN, Theatergesch. Europas V, Salzburg 1962, S. 431.

Saint Louis (Missouri, USA).

Lit.: R. SPAMER, The Hist. of Music in St. L., St. L. 1918; E. CHR. KROHN, A Cent. of Missouri Music, St. L. 1924; DERS., Bach-Renaissance in St. L., Bull. of the Missouri Hist. Soc. XII, 1955; L. B. SPIESS, A New Music Library in St. L., Notes II, 19, 1961/62.

Saint-Martial. Die 848 über der Grabstätte des hl. Martialis erbaute Benediktinerabtei (1792 zerstört) war die bedeutendste der zahlreichen Abteien in Limoges (St-Martin, St-Augustin, St-Léonard), die sich vom Ende des 9. bis zu Beginn des 13. Jh. als Pflegestätten der Musik auszeichnete. Bis Ende des 12. Jh. blühte hier die 1st. Kunst des → Tropus und der → Sequenz (–1). Von den 23 »St-M.-Handschriften« mit 1st. Musik sind (nach Stäblein) 10 Handschriften Mitte des 11. Jh. entstanden. Nur 3 Handschriften (aus der Zeit vor und um 1000; vielleicht noch 2 weitere Hss. aus dem 11. Jh.) sind direkt für die Abtei St-M. geschrieben; die meisten anderen kamen erst im 12. und 13. Jh. dorthin, nachweislich z. B. aus Narbonne, vielleicht auch aus den südfranzösischen Abteien St-Yrieix, Aurillac sowie Moissac, und hauptsächlich zufolge der Sammeltätigkeit des Bernard Itier (ab 1204 Bibliothekar von St-M.). Sie wurden, zusammen mit den Handschriften, die auch mehrstimmige Musik enthalten (s. u.), 1730 an die Bibliothèque royale in Paris verkauft und somit vor der Vernichtung durch die Revolution bewahrt. Gemeinsam ist dieser ersten Gruppe der St-M.-Handschriften (hierzu gehört auch die Hs. Apt, Sainte-Anne 17.5) die Aufzeichnung der Musik in südfranzösischen (aquitanischen) → Neumen (– 1).

Im 12. Jh. (nach der Entstehungszeit der Hss.: vom Ende des 11. bis ins 13. Jh.) blühte in St-M. und wohl auch in anderen Abteien in Limoges und Südfrankreich als eine neue Gattung der 1st. Musik der → Versus (– 6), später Conductus genannt. Und besonders in Verbindung mit diesen lateinischen Strophenliedern entstand ein ausgedehntes Repertoire 2st. Musik, das die → Quellen *SM 1, 2, 3* und *LoSM* ebenfalls in aquitanischer Neumenschrift überliefern (insgesamt 94 2st. und 92 1st. Stücke) und das nach Ausweis dieser Quellen aus dem Raum St-M.-Apt(?)-Katalonien(?) stammt. Zur Gruppe der St-M.-Handschriften dieser zweiten Epoche können im weitesten Sinne auch gezählt werden: 2 verlorene Sammlungen (versarii), die der Cantor Albertus (nachgewiesen 1140-77) seiner Kirche → Notre-Dame in Paris testamentarisch vermachte; ferner die mehrstimmigen Stücke des in der vorliegenden Form wohl erst nach 1173 geschriebenen und mit nordfranzösischen Neumen notierten Codex Calixtinus (→ Quellen: *Calixtinus*); schließlich auch die vielleicht in Eng-

land in annähernd quadratischer Notation geschriebene, von O. Schumann so genannte jüngere Cambridger Liedersammlung (Cambridge, Univ. Library, Ff I 17; wohl 1. Hälfte des 13. Jh.; Sigel *Cb 17*) mit 13 2st. Stücken (Faks. bei Wooldridge), darunter je eine Konkordanz mit *SM 3* und *LoSM*. In diesem weiten Sinn ist jedoch das »St-M.-Repertoire« nahezu identisch mit der erhaltenen mehrstimmigen Musik des 12. Jh., mit Ausnahme jener Gruppe von Fragmenten, in deren Mittelpunkt die 2st. Alleluiaaufzeichnungen in *Chartres 109* stehen (→ Organum), und außer dem »Notre-Dame-Repertoire«. Vielleicht stellt sich St-M. nur deshalb in den Mittelpunkt heutiger Kenntnis der Musik des 12. Jh., weil die dort gesammelten Handschriften zufolge ihres Verkaufs an die Pariser Nationalbibliothek vor dem Schicksal der Vernichtung bewahrt blieben.
Außer dem Versus (vor allem als → Benedicamus Domino-Tropus) bietet das mehrstimmige St-M.-Repertoire u. a. auch Sequenzen, Tropen zu Ordinariumsgesängen, Responsorien (5 im *Calixtinus*) und untropierte Benedicamus Domino-Sätze. Neben den »horizontal interpolierenden« Tropen (Handschin) weisen die Quellen *SM 1, 2, 3* und *Cb 17* auch insgesamt 5 Simultantropen auf, je über einen Benedicamus Domino-Cantus: gleichzeitig mit dem Cantus wird ein Versus gesungen, der den Cantustext paraphrasiert. Der Simultantropus kann als Vorform der Motette angesprochen werden. Während jedoch die → Motette des 13. Jh. auf die Texttierung präexistenter Melismensätze zurückgeht, entstanden die älteren Simultantropen durch Hinzufügen eines textlich-musikalischen Versus zu einem vollständigen Cantus. Ein Verbindungsglied stellen die beiden Simultantropen in der → Quelle *F* des Notre-Dame-Repertoires dar (hierzu Ludwig, S. 100 und 105). – Nach Ausweis der Texte dienten die meisten Sätze des St-M.-Repertoires der Ausschmückung des Offiziums und (seltener und hauptsächlich an besonderen Festtagen) der Messe, daneben wohl auch einem mehr inoffiziellen Gebrauch (z. B. Neujahrslieder) und der Geselligkeit (wie besonders die Anlage der Cambridger Liedersammlung zeigt).
Bezeichnend für die Aufzeichnungen mehrstimmiger Musik in der Gruppe der St-M.-Handschriften: Festhalten an der Zweistimmigkeit (ein 3st. Satz nur in *Cb 17*; in einem Satz des *Calixtinus* ist eine 3. Stimme[?] nachträglich hinzugefügt); Lage der Organalstimme oberhalb des Cantus; in der Regel wohl solistische Ausführung; die auch in den Traktaten des 12. Jh. gelehrte Scheidung zwischen Gerüstsatz und Kolorierung der Gegenstimme; Ausbildung unterschiedlicher Satzarten (→ Organum, → Discantus), die verschiedene Möglichkeiten zur Bildung und Gliederung musikalisch-textlicher Formen darstellen und die Satzarten der Musik der Notre-Dame-Epoche im Ansatz enthalten. Eine besondere Schwierigkeit des Verständnisses der Aufzeichnungen des St-M.-Repertoires bietet die Frage des Rhythmus, der bei den Versus durch den Text gegeben zu sein scheint. Doch unentschieden ist nicht nur, welche Rolle die Konkordanzen und Diskordanzen für den Rhythmus spielen, sondern vor allem, ob der syllabische Note-gegen-Note-Satz nach proportionierten Längen und Kürzen oder nur nach »innerer Gewichtigkeit« der Betonungen erfolgen soll und inwieweit die Melismen bei einem solchen Vortrag einfügen lassen. Bei (Schluß-)Melismen besonders in der Handschrift *LoSM* wurde nachzuweisen versucht, *daß sie infolge ihres melodischen Charakters sowie ihrer Notation kaum anders als rhythmisch modal zu deuten sind* (Stäblein). – Insgesamt ist die Musik des St-M.-Repertoires als Kloster- oder Abteikunst zu bezeichnen. Wahrscheinlich überschneidet sie sich seit Ende des 12. Jh. zeitlich mit der Kathedralkunst von Notre-Dame. (Konkordanzen zwischen dem mehrstimmigen Repertoire von St-M. und dem der Notre-Dame-Quellen sind bisher nicht nachgewiesen.)

Lit.: E. H. Wooldridge, Early Engl. Harmony I, London 1897; Fr. Ludwig, Repertorium ... I, 1, S. 326ff., Halle 1910, hrsg. v. L. A. Dittmer, NY u. Hildesheim 1964; J. Handschin, Über d. Ursprung d. Motette, Kgr.-Ber. Basel 1924; O. Schumann, Die jüngere Cambridger Liederslg, in: Studi medievali, N. S. XVI, 1943–50; Apel N; W. Apel, From St. M. to Notre Dame, JAMS II, 1949; E. Jammers, Anfänge d. abendländischen Musik, = Slgmw. Abh. XXXI, Straßburg u. Kehl 1955; Br. Stäblein, Modale Rhythmen im S.-M.-Repertoire?, Fs. Fr. Blume, Kassel 1963. → Quellen: SM 1, 2, 3, LoSM; Calixtinus-Kod. HHE

Saint-Quentin (Aisne).
Lit.: Ch. Gomart, Notes hist. sur la maîtrise de St-Qu. ..., o. O. 1851; F. Raugel, Les grandes orgues et les organistes de la basilique de St-Qu., Argentueil 1925; Ders., B. Jumentier (1749–1829), maître de la chapelle de la collégiale de St-Qu. et ses œuvres inédites, Kgr.-Ber. Bamberg 1953; Ders., Notes pour servir à l'hist. mus. de la collégiale de St-Qu. depuis les origines jusqu'en 1679, Fs. H. Besseler, Lpz. 1961.

Saiten (Saite; griech. χορδή; lat. und ital. corda; frz. corde; engl. string) sind lange und dünne zylindrische Körper, die in gespanntem Zustand durch Zupfen, Schlagen (→ Plektron), Streichen (→ Bogen – 2) oder Mittönen (→ Aliquotsaiten) in Schwingungen versetzt und damit zum Klingen gebracht werden. Neben tierischen Sehnen und Därmen wird als Material für S. seit dem 14. Jh. auch Metall (gezogener oder geschmiedeter Draht auch aus Messing, Kupfer, Silber, Eisen, seit 1834 auch aus gezogenem Gußstahl), in neuester Zeit auch synthetischer Kunststoff (z. B. Nylon, Perlon) verwendet. In der außereuropäischen Musik werden S. auch aus Pflanzenfasern oder aus Seide hergestellt. Die Grundfrequenz einer schwingenden Saite wird bestimmt von ihrer Länge, ihrer Spannung und ihrer Masse, die von der Dichte des verwendeten Materials und vom Querschnitt der Saite abhängig ist. Das Verhältnis dieser Faktoren zueinander ist die für jedes Saiteninstrument durch Erfahrung, Versuche oder Berechnung ermittelte Mensur der S. Wenn bei feststehender Länge und Spannung zur Erzielung einer bestimmten Grundfrequenz der Querschnitt einer Saite über ein gewünschtes Maß erhöht werden müßte, wird statt dessen die Masse erhöht durch Umspinnung eines zugfesten Kerns mit einem schweren Material (Kupfer, Silber). Gute Darmsaiten werden seit dem Mittelalter in Italien (Neapel, Rom, Padua, Verona) und in Deutschland (Nürnberg, Frankfurt am Main, Offenbach, Markneukirchen) hergestellt aus Därmen, die aus Bulgarien und den Wolgagebieten eingeführt werden. Darm-S. sollen keine Wülste oder Knoten haben, müssen durchscheinend sein und dürfen beim Aufziehen Farbe und Durchsichtigkeit nicht verlieren. Quintenrein sind S., die, in Quinten gestimmt, in allen Grifflagen wieder reine Quinten ergeben. Zum Messen der Stärke dient das Chordometer, bei dem die S. in einen mit einer Skala versehenen spitzwinkligen Spalt geschoben werden. Durch Verkürzung der schwingenden S.-Länge werden höhere Töne erzeugt; die Proportion der verkürzten schwingenden S.-Länge und der ganzen Saite wird seit den Pythagoreern zur zahlenmäßigen Darstellung der Intervalle verwendet. Ihrer Veranschaulichung diente in Altertum und Mittelalter das mit einer Skala oder mit Tasten versehene → Monochord. In welchem Maße die Theorie der antiken Griechischen Musik auf dem S.-Instrument aufgebaut ist, zeigt ihre Terminologie: z. B. bezeichnet χορδή zunächst die Saite, dann auch den → Ton (τόνος ist ursprünglich ein bestimmtes Spannungsverhältnis der Saite). Bei Zupf- und Streichinstrumenten werden die S. und S.-Gruppen (Chöre) von der höchsten zur tiefsten hin numeriert; die S. der → Laute (– 2) haben eigene Namen. – Schnarr-S. sind ein Bestandteil der → Trommel.

Lit.: G. E. Fischer, Versuche über d. Schwingungen gespannter S., Bln 1924; H. Bouasse, Cordes et membranes, Paris 1926; W. Albrecht, Vom Schafdarm zur Saite, ZfIb LX, 1940.

Saiteninstrumente → Chordophone.

Sakuhati, japanische Kernspaltflöte aus Bambus mit 5 Grifflöchern. Sie soll im 13. Jh. von einem buddhistischen Mönch eingeführt worden sein.

Lit.: J. Obata, Acoustical Investigations of Some Japanese Mus. Instr. ..., Tokio 1930.

Salicus (lat.) → Neumen (– 1).

Salizional (Salicional, Salizet, von lat. salix, Weide, s. v. w. Weidenpfeife, Schnabelpfeife aus Weidenholz) ist in der Orgel eine offene Labialstimme von enger Mensur zu 8' und 4', auch 16' und 2', zumeist zylindrisch, seltener konisch, von mehr oder weniger streichendem Klang. Unter der alten Bezeichnung Schilfpfeife ist vermutlich S. zu verstehen.

Salonmusik. Der Salon (in der Bedeutung des Gesellschafts-, Besuchs-, Empfangszimmers, auch der in ihm arrangierten Soirée) wurde, von Frankreich ausgehend, im 19. Jh. eine vornehmlich von der Damenwelt getragene Instanz auch des Musiklebens. Er stellte, wie schon J. Fr. Reichardt in seinen *Vertrauten Briefen* (1802/03) aus Paris und Wien berichtet, in den Häusern des Adels und Großbürgertums eine gegenüber Hofleben und öffentlichem Konzertbetrieb neue Form der Exklusivität dar und ließ als eine eigene Art der Musik die S. entstehen, die seit Mitte des 19. Jh. ins Breit-Bürgerliche verflachte und dann einerseits von der neueren → Unterhaltungsmusik abgelöst, andererseits durch die → Hausmusik begrifflich und sachlich überhöht wurde. – Das Bedürfnis nach einer Musik, die *neben dem Tee ... von der schönen Welt so ganz gemütlich wie jener eingenommen wird* (E. T. A. Hoffmann, AmZ vom 26. 9. 1810), befriedigten vor und nach 1800 Kompositionen u. a. von J. B. Vanhal, → Sterkel, J. → Gelinek und I. J. → Pleyel (der in Paris 1795 eine Musikalienhandlung zum Vertrieb seiner Werke eröffnete und 1807 eine Pianofortefabrik gründete). In seiner Pariser Zeit (1823–35) erlebte Liszt die *Atmosphère lourde et méphistique des Salons diplomatiques ... Baillements et Bravos contractés des Soirées littéraires et artistiques ... Triomphe de salon* (SJbMw III, S. 11); 1837 klagte er über *ce métier de baladin et d'amuseur de salons* (Briefe I, S. 17). In Klavierstücken (z. B. → Polonaise) C. M. v. Webers, R. Schumanns, R. Wagners und vor allem in den → Paraphrasen Liszts berühren sich Konzertmusik und S., zumal Virtuosität und Faszination, Effekt und Melodieseligkeit zu den Merkmalen auch der S. gehören, neben dem ihr eigenen elegant-intimen und lyrisch-elegischen Ton, der sie in den kleinen Formen oft ans → Charakterstück grenzen läßt. Verächtlich jedoch karikierte Heine (*Musikalische Saison in Paris*, März 1843) *jenes Pianoforte ..., das man in allen Häusern erklingen hört, in jeder Gesellschaft, Tag und Nacht ... (Ach! meine Wandnachbarinnen ... spielen in diesem Augenblick ein brillantes Morceau für zwei linke Hände).*

Das Wort S. ist erst seit den 1830er Jahren zu belegen und wurde offenbar von vornherein meist in kritisch abwehrender Bedeutung verwendet. R. Schumann spricht in seinen Rezensionen 1837 von *Salonkünsten, Salonkomponisten, Salonetüden*, 1838 erstmals von S. (II, 327: *Indess verlangt auch eine gute Salon- und Gelegenheitsmusik ihre Meister ...*), 1839 von *Saloninspiration (... spannender Anfang, Virtuosenkraftstellen, anmutige Melodien, ... sanftere Ausruhplätze und nun ein Schluß ...*; I, 410), den *Salonvirtuosen, Salonliebeserklärung (süß und kalt wie das Eis, was dazu verschluckt wird*, ebenda) und von der *Sehnsucht nach der echten Heimat der Kunst, die nun einmal in den Salons der Großen und Reichen nicht zu finden ist* (I, 409). Schumann läßt die *bessere Art* der S. gelten (I, 410; Chopin gilt ihm als der *vornehmste Salonkomponist*, sein Walzer As dur op. 42 als *ein Salonstück der nobelsten Art, ... aristokratisch durch und durch*, II, 32). Doch er verspottet die immer mehr überhand nehmende *gänzliche Unfruchtbarkeit und Inhaltslosigkeit* der S. (I, 410), den *Eitelkeitsgeist* und *das vornehm Nichtssagende*, das Parfümierte, Unwahre, kompositorisch Unmotivierte (I, 220) und Epigonenhafte. – Salonkompositionen erschienen in unübersehbaren Mengen, vor allem für Klavier (auch für Violine und Klavier, z. B. von H. → Wieniawski, und für Gesang), mit Vorliebe Morceaux (Variations, Rondeaux, Polonaises usw.) in Es, As oder Des dur, fast immer mit französischen Titeln (z. B. *Belle de nuit*, Grande Valse, op. 208, von Fr. Hünten, 4händig), auch ausdrücklich z. B. als *Etudes de salon* (A. Henselt, op. 5; hierzu Schumann I, 389ff.), *Petites fleurs de salon* (Hünten, op. 112), *Polka de salon* (Tschaikowsky). Die Komponisten hießen H. → Herz (Pianofortefabrikbesitzer in Paris; *... und von schönen Lippen hörte ich, nur Herz dürfe sie küssen ...*, Schumann I, 221), → Hünten, Fr. → Kalkbrenner, → Thalberg, → Leybach, Th. → Kullak und unter zahllosen anderen auch A. de → Kontski, J. N. → Kafka und Thekla Badarzewska, deren »Gebet einer Jungfrau« bereits 1871 in 50 Ausgaben vorlag. Das Repertoire wurde vergrößert durch unzählige vereinfachende Ausgaben (»sans octaves«) und sonstige Arrangements berühmter Stücke (→ Gounod, *Méditation sur le 1er prélude de Bach*, 1859) sowie durch massenhafte Bearbeitungen (Phantasien, Potpourris) beliebter (Opern-)Melodien. – Seit Mitte des 19. Jh. wurde die S. als Inbegriff schlechter Musik angeprangert, als *kunstunwürdiges Zeug* (Lobe, S. 154), *triviales Tongeklingel* (H. Riemann). Dem *Salon der exklusiven »Gesellschaft«* mit seinen *Gewächsen blasirter und ausgehöhlter Zustände* stellte A. B. Marx (S. 227) das *reine Menschenthum und die Lebensluft und Gesundheit* des Volkes als *Ursprung und Sitz* der Kunst gegenüber. Angesichts der Entwertung der Musik durch die S. sah W. H. Riehl das Heil in der *schlichten, ehrlichen deutschen Hausmusik*. In Begriff und Sache des → Salonorchesters sind im Bereich der Unterhaltungsmusik Kriterien der S. bis heute aktuell. – Die S. ist das deutlichste Zeugnis für das sozialgeschichtlich bedingte Aufkommen einer ganz neuen Art von Musik im 19. Jh., die in Befriedigung eines Massenbedürfnisses als Ware entsteht und konsumiert wird und die in der erfolgreichsten Erfüllung ihrer Aufgabe sich durch Qualitätslosigkeit und totales Vergessenwerden auszuzeichnen vermag.

Lit.: J. Fr. Reichardt, Vertraute Briefe aus Paris (1802/03), 3 Teile, Hbg 1804–05; ders., Vertraute Briefe, geschrieben auf einer Reise nach Wien ..., 2 Teile, Amsterdam 1810; A. Stifter, Wiener Salonscenen, in: Wien u. d. Wiener in Bildern aus d. Leben, Pest 1844; R. Schumann, Gesammelte Schriften über Musik u. Musiker, 4 Bde, Lpz. 1854, in 2 Bden hrsg. v. M. Kreisig, Lpz. ⁴1914; J. Chr. Lobe, Fliegende Blätter über Musik I, Lpz. 1855; A. B. Marx, Die Musik d. 19. Jh. u. ihre Pflege, Lpz. 1855; W. H. Riehl, Hausmusik, Stuttgart 1856, ²1860; Fr. Liszts Briefe, gesammelt u. hrsg. v. La Mara, 8 Bde, Lpz. 1893–1904; E. Eggli, Probleme d. mus. Wertästhetik im 19. Jh., Ein Versuch zur schlechten Musik, Winterthur 1965; Studien zur Trivialmusik d. 19. Jh., hrsg. v. C. Dahlhaus, = Studien zur Mg. d. 19. Jh. VIII, Regensburg 1967. HHE

Salonorchester, ein Ensemble für Unterhaltungsmusik, das sich in drei jeweils auf dem Klaviertrio (Klavier, Violine, Violoncello) aufbauenden Standardbesetzungen ausbildete: die »Wiener« Besetzung mit Klavier (Harmonium), Violine, Violine obligat (Stehgeiger), Violoncello, (Kontrabaß, Flöte) und Schlagzeug; die »Berliner« Besetzung mit Klavier (Harmonium), Violine I und II, Viola, Violoncello, Kontrabaß, (Flöte), Klarinette, Kornett, Posaune und Schlagzeug; die »Pariser« Besetzung mit Klavier, Violine, Violoncello, (Kontrabaß), Flöte, (Kornett) und Schlagzeug. Die → Arrangements für S. sind so eingerichtet, daß neben dem unerläßlichen Klaviertrio beliebig viele Instrumente ad libitum mitspielen können. Daher erschien schon das Notenmaterial der Tanzmusik der Jahrzehnte um 1800 ohne Partitur, aber mit Direktionsstimmen für Violine (mit Stichnoten) oder Klavier (in der Art eines Klavierauszugs). Die ad libitum-Instrumente sind entweder Verstärkungen im Einklang oder in der Oktave oder Füllstimmen, zum Teil mit Figurationen. Der Vorteil dieses Arrangements lag in der variablen Besetzung für verschiedene Anlässe, z. B. der gleichen Tanzmusik für Bälle im häuslichen Salon oder im großen Saal, und damit in der billigeren weil auflagenstärkeren Herstellung. Die Schwächen sind besonders im Repertoire außerhalb der Tanzmusik fühlbar, wo neben Salon- und Unterhaltungsmusik klassische und romantische Meisterwerke gespielt wurden, denen ein derartiges Arrangement wesensfremd ist. S. traten bis ins 20. Jh. vorwiegend in Kaffeehäusern auf, bis um 1930 auch als Kinoorchester, noch heute stellenweise als Kurorchester.

Salpinx (griech. σάλπιγξ), Metallblasinstrument der griechischen Antike, eine gerade, eng mensurierte, leicht konische Röhre aus Eisen oder Bronze mit Kesselmundstück aus Horn oder Knochen (γλῶττα ὀστίνη) und glockenförmigem Schalltrichter (daher κόδον bei Sophokles). Sie wurde beim Blasen schräg nach unten gehalten, mit der rechten Hand etwa in der Mitte, mit der linken zuweilen in der Nähe des Mundstücks gestützt. Der Ton war hoch und spitz (Aischylos: διάτορος). Als Erfinderin galt die Kriegsgöttin Pallas Athene, die als Athena S. in Argos kultisch gefeiert wurde. Homer (*Ilias*) und die Tragiker erwähnen die S. als Signalinstrument in Krieg und Wettkampf. Doch war sie bei den Griechen nicht sonderlich geschätzt, weil sie als Instrument der tyrrhenischen (etruskischen) Piraten angesehen wurde.
Lit.: M. WEGNER, Das Musikleben d. Griechen, Bln 1949; B. AIGN, Die Gesch. d. Musikinstr. d. ägäischen Raumes bis um 700 v. Chr., Diss. Ffm. 1963.

Saltarello (ital., »kleiner Sprung«, von lat. und ital. saltare, springen; frz. pas de brabant, auch breban; span. alta danza), ein seit dem 14. Jh. bekannter italienischer Tanz von schneller Bewegung im Dreiertakt, der bis heute in seinen Grundschritten als Volkstanz erhalten geblieben ist. Aus dem 19. Jh. ist seine Verwendung im letzten Satz von Mendelssohns 4. (»italienischer«) Symphonie bekannt. – Früheste Belege für den S. bietet die → Quelle *Lo*, in der 4 als *S.* bezeichnete Sätze aus dem 14. Jh. erhalten sind, darunter (f. 62′–63):

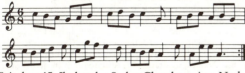

Seit dem 15. Jh. hat der S. den Charakter eines Nachtanzes (mit zum Teil abweichender Bezeichnung, z. B. Proportz, Hupfauf), so bei der Basse danse, später u. a. auch beim Passamezzo (z. B. Pass'e mezzo con il suo S.) und bei der Pavane, wobei er zumeist die rhythmische Umformung seines Vortanzes ist:

T. Susato, *Het derde musyck boexken*, Antwerpen 1551.

Daneben kommt der S. auch als selbständiger Tanz vor. Wohl nur durch die Höhe des auszuführenden Sprunges unterscheidet er sich von der → Galliarde, was dazu führte, daß diese in verschiedenen Quellen als S. bezeichnet wird. Ihre größte Verbreitung und Blüte erreichten diese beiden Tänze in der Tanzmusik des 16. Jh. – Mit S. tedesco bezeichnet in Italien A. Cornazano (1455) einen in Deutschland beliebten Nachtanz im geraden Takt, der (nach C. Sachs) mit der Quaternaria identisch sein dürfte.

Salterio tedesco (ital.) → Hackbrett.

Saltus duriusculus (lat.) → Passus duriusculus.

Salve regina (lat.), Marianische Antiphon, deren Text (Reimprosa in 6 Zeilen mit abschließendem Vers) bereits im 11. Jh. auf der Insel Reichenau als Benedicamustropus erscheint (Karlsruhe, Landesbibl., Hs. Aug. LV) und möglicherweise von Petrus de Compostela († um 1002) verfaßt wurde; die Zuschreibung der Antiphon an Hermannus contractus (1690 durch Trithemius) ist nicht mehr haltbar. In Codex 390 der Stiftsbibl. St. Gallen auf einem Zusatzblatt (12. Jh.) als Magnificatantiphon vom Fest Mariä Verkündigung überliefert, erlangte das – auch bei Prozessionen (Cluny 1135) vorgetragene – S. r. unter dem Einfluß der Zisterzienser und Dominikaner allmählich einen festen Platz innerhalb des monastischen Offiziums. So gehörte es schon 1218 zum täglichen Repertoire der Zisterzienser. Von den Dominikanern wurde es ab 1230 in Bologna, ab 1250 im gesamten Ordensbereich regelmäßig am Ende der Komplet gesungen. Diesem Brauch schlossen sich bald weitere Orden an (Zisterzienser 1251), während die Verbreitung der Antiphon in den Säkularkirchen relativ langsam vor sich ging (Nachweis im römischen Brevier um 1520, seit 1568 im Wechsel mit den übrigen Marianischen Antiphonen am Ende jeder selbständigen Hore vorgeschrieben; heute Schlußantiphon der Komplet vom Dreifaltigkeitsfest bis zum Freitag vor dem 1. Adventssonntag). Einen glanzvollen Höhepunkt fand das S. r.-Singen seit dem 15. Jh. in den sogenannten Salveandachten. Zahlreiche Paraphrasen – darunter das *Salve ich grues dich schone / regina in dem drone* von Hans Sachs (1515) – und vulgärsprachliche Übersetzungen zeugen von seiner außerordentlichen Beliebtheit. Luther wandte sich (erstmals 1522) gegen das S. r. – Mit dem ausgehenden Mittelalter begann zugleich die bis ins 18. Jh. reichende Blütezeit der mehrstimmigen S. r.-Vertonungen mit ihrer »klassischen« Periode von Dunstable bis Palestrina. Daneben gibt es Orgelbear-

Salzburg

beitungen zum alternatim-Vortrag (der 1., 3., 5., 7. und 9. Vers für Orgel) von Kotter, Schlick, Hofhaymer und anderen Meistern des 16. Jh. – Die liturgische Praxis kennt neben der melismatischen Melodie im 1. Kirchenton eine einfachere Fassung aus dem 17. Jh. von H. → Dumont (5. Kirchenton).

Lit.: J. MAIER, Studien zur Gesch. d. Marienantiphon »S. r.«, Regensburg 1939; H. OESCH, Berno u. Hermann v. Reichenau als Musiktheoretiker, = Publikationen d. Schweizerischen Musikforschenden Ges. II, 9, Bern (1961), mit ausführlichem Quellen- u. Lit.-Verz.

Salzburg.

Lit.: Biogr. S.ischer Tonkünstler, S. 1845; M. V. SÜSS, S.ische Volkslieder mit ihren Singweisen, S. 1865; A. H. HAMMERLE, Neue Beitr. f. S.ische Gesch., Lit. u. Musik, S. 1877; F. PIRCKMEYER, Über Musik u. Theater am S.er Hofe 1772–75, S. 1887; FR. MARTIN, Kleine Beitr. zur Mg. S., Mitt. d. Ges. f. S.er Landeskunde LIII, 1913, u. AfMw I, 1918/19; H. SPIES, Die S.er großen Domorg., Augsburg 1929; DERS., Die Tonkunst in S. in d. Regierungszeit d. Fürsten u. Erzbischofs W. D. v. Raitenau 1587–1612, I. Teil, Mitt. d. Ges. f. S.er Landeskunde LXXI, 1930–LXXII, 1931; DERS., Gesch. d. Domschule zu S., ebenda LXXVIII, 1938, dazu O. Ursprung in: AMl XI, 1939; K. GEIRINGER, Alte Musik-Instr. im Museum Carolino Augusteum S., Lpz. 1932; C. SCHNEIDER, Gesch. d. Musik in S. v. d. ältesten Zeit bis zur Gegenwart, S. 1935; A. KUTSCHER, Vom S.er Barocktheater zu d. S.er Festspielen, Düsseldorf 1939; H. C. FISCHER, Die Idee d. S.er Festspiele u. ihre Verwirklichung, Diss. München 1954, maschr.; K. PICKER, Beitr. zur Kenntnis d. Kirchenmusik in S. zwischen 1850 u. 1950, Diss. Innsbruck 1957, maschr.; Die S.er Festspiele, 1842–1960. Ausstellungskat. hrsg. v. FR. HADAMOWSKY u. G. RECH, S. 1960; H. FEDERHOFER, Zur Musikpflege im Benediktinerstift Michaelbeuern (S.), Fs. K. G. Fellerer, Regensburg 1962; DERS., Ein S.er Theoretikerkreis, AMl XXXVI, 1964; J. KAUT, Festspiele in S., S. (1965).

Samba (port., von semba, der Bezeichnung für Tanz in der Sprache des Kongo- und Sambesigebietes) ist die Benennung einer Gruppe brasilianischer Tänze aus Rio de Janeiro, São Paolo und Bahia, die afrikanischen Ursprungs sind. Die S. wird in raschem Tempo gespielt und ist geradtaktig (2/4-, ¢- oder ¢-Takt) im Rhythmus:

oder

Der Grundschritt ähnelt dem des Walzers, trotz des geraden Takts. Charakteristisch ist ein Doppelsprung, der durch eine Kniebeuge beim Aufsprung abgefangen wird. Die S. war ursprünglich ein Tanz der Bantuneger zur Kriegerweihe und wurde zwischen brennenden Fackeln und Glasscherben getanzt; daher stammen die im modernen Tanz noch rudimentär erhaltenen tastenden Fußbewegungen. Als Gesellschaftstanz wurde die S. nach dem 1. Weltkrieg in Europa bekannt; um 1950 war sie ein Modetanz. – In der Kunstmusik wurde die S. z. B. von D. Milhaud verwendet (*mouvement de s.* in *Scaramouche* für 2 Kl.). – Die S.-Batucada ist eine Mischform von S. und → Batuque. Von der brasilianischen S. zu unterscheiden sind die chilenische → Zambacueca und die argentinische → Zamba.

Samisen (japanisch, von chinesisch san hsien, 3 Saiten), ein Zupfinstrument mit kleinem Corpus (Zargen aus Holz, Boden und Decke aus Katzenleder), mit langem Hals ohne Bünde und mit 3 seitenständigen Wirbeln. Die Saiten werden mit einem großen, spatelförmigen Plektron geschlagen. Das S. ist in Japan das Instrument der Geishas und das führende Melodieinstrument im Kabuki-Theater.

Lit.: S. MATSUNAGA, The Evolution of S. Music, Contemporary Japan III, 1934; M. NOMURA, Treatise on the Three Instr. of the Sankyoku, Tokio 1958; W. P. MALM, Nagauta, The Heart of Kabuki Music, Rutland (Vt.) u. Tokio 1963.

Sammelwerk (frz. recueil; engl. collection), die von einem Herausgeber oder Verleger getroffene Auswahl von Kompositionen überwiegend gleicher Gattung von verschiedenen Komponisten, in der Regel mit einem übergeordneten Titel. Im Typus ähnelt das S. der Sammelhandschrift, in der sich auch eine Stilperiode mit ihrem Repertoire spiegelt: die Ars antiqua z. B. in den → Quellen *Ba* und *Mo*, die Ars nova in *Iv* und *Ch*, das 15. Jh. in *Tr* (Trienter Codices), das Liedgut des 14.–16. Jh. im → Chansonnier de St. Germain, im → Cancionero musical de Palacio (Madrid) und in den → Liederbüchern. Während die Sammelhandschrift einer Institution oder einer Privatperson zum Gebrauch dient, strebt das S. die durch den Notendruck ermöglichte weitgreifende Verbreitung an. Für manche Autoren ist es die einzige Quelle gedruckter Überlieferung (Busnois, Arnold von Bruck, Crecquillon u. a.), vor allem bis zur Ausbreitung des Individualdrucks nach 1530.

Das erste S., zugleich der erste Druck mit mehrstimmiger Musik, erschien 1501 in Venedig bei O. Petrucci: *Harmonice musices Odhecaton*, 98 überwiegend weltliche Sätze von Ockeghem, seinem Schülerkreis und vielen Ungenannten. Während Petrucci, der bis zu A. de Antiquis' *Canzoni nove* (Rom 1510) der einzige Drucker war, u. a. 1504–14 seine 11bändige Frottolensammlung und 1514–19 die *Motetti de la corona* herausgab, veröffentlichte Schöffer in Mainz 1512 mit Schlick die erste deutsche Orgeltabulatur und begann mit Öglins (1512), Schöffers (1513) und Arnt von Aichs (1519) Sammlungen der Aufstieg des deutschen Liedes. Nach 70 italienischen S.en, darunter 38 von Petrucci, und 7 deutschen, folgte 1528 das erste französische S. (Attaingnants *Chansons nouvelles* mit Haultins einfachen Typen), 1530 das erste englische S. (*XX Songes*, London, At the sign of the black Mores). Nach langsam, aber stetig ansteigender Kurve sprang 1528–39 die heute nachweisbare Zahl der jährlichen S.-Drucke von 9 auf 27. Während dieses Aufschwungs in den europäischen Druckmetropolen brachten die führenden Notendrucker und -verleger S.e von exemplarischer Bedeutung und hoher Druckqualität heraus, in denen sich die musikalischen Gattungen der Zeit in ihrer Gesamtheit spiegeln: Motette (Senfls *Liber selectarum cantionum*, 1520; Modernes *Motteti del fiore*, 1532ff.; Gardanos *Motetti del frutto*, 1538; Ott 1537/38); Messe (Attaingnant 1532ff., Petrejus und Formschneyder 1539); Psalmenkomposition (Petrejus 1538); Chanson (Attaingnant/Jullet 1536–50, Moderne 1538–43); Madrigal (*Madrigali de diuersi*, vermutlich Dorich 1530); weltliches und geistliches Lied (Ott 1534, Egenolff 1535, H. Finck und Schöffer/Apiarius 1536, Rhaw 1538, Forster 1539–56); Odenkomposition (Faber 1533); Orgel- und Lautentabulatur (Attaingnant 1530, Newsidler, Francesco da Milano, Luis de Narváez 1536); Instrumentalmusik (Attaingnant 1530, Scotto 1535). 1549 war mit 43 Drucken der Jahreshöchststand für das 16. und 17. Jh. erreicht, mitbedingt durch Neuauflagen, durch die Zunahme der Raubdrucke und durch die zwischen 1540–60 auffallend starke Tendenz zu vielbändigen S.en (Attaingnant, Moderne, Duchemin, Susato, Phalèse). Vielstimmigkeit und Mehrchörigkeit bahnten sich jetzt im S. an. Mit Rhaws *Newen deudschen geistlichen Gesengen* (1544) begann das deutsche geistliche S. zum Sprachrohr der Reformation zu werden. Beim 3. Höhepunkt, 1569 mit 37 S.en, hatte das weltliche S. das Übergewicht erlangt. Nachdem sich das geistliche noch in den umfassenden Drucken des *Thesaurus musicus* I–V (Berg/Neuber 1564) und den repräsentativ ausgestatteten 5 Büchern *Novi (atque catholici) thesauri musici* von Joannellus (Gardano 1568) dokumentiert hatte, entfielen 1569 von 35 vokalen S.en 13 auf das Madrigal, 5 auf Villanelle, Canzone und Villotte und nur 17 auf Chanson und geistliches S. gemeinsam. Gardano und Scotto waren führend geworden. Der Schwerpunkt für Villanelle und Napolitane liegt im S. etwa zwischen 1560 und 1575, für das Madrigal um 1585. Im Zuge der Individualisierung mehrten sich in Italien, wo das S. zuerst versiegte, die »versteckten« S.e mit Autorentiteln, die in erster Linie die Werke des im Titel allein Genannten enthielten, also im Grunde weder S. noch Individualdruck sind.

Nach 1585 hielt sich die Druckkapazität von S.en bis zum 30jährigen Krieg auf annähernd gleicher Höhe. Als erster Plattendruck erschien 1586 in Rom Verovios *Diletto spirituale*. 1588 führte Lindner mit seiner *Gemma musicalis* (bei Gerlach) das Madrigal in Deutschland ein, wo es zusammen mit Kanzonette und Villanelle und im deutschen Lied »nach Art der welschen Canzonetten und Madrigale« bis zu Nauwach (1627) fortwirkte. Durch Yonges *Musica transalpina* (1588), Morleys *Canzonets* (1597) und Borchgrevincks *Giardino novo bellissimo* (1605) wurden Madrigal und Kanzonette in England und Dänemark bekannt. In den Niederlanden hielt sich das vielstimmige Madrigal-S. noch bis zu Phalèses Tod (1629), u. a. in den vielen Neuauflagen seines Gardano-Nachdrucks *Il trionfo di Dori*. Das geistliche S. überwand nach 1585 seinen Tiefstand durch das Wiederaufleben des deutschen geistlichen Lieds und durch das Aufkommen der Laudi, Madrigali und Canzonette spirituali und der concertierenden Kirchenmusik. Während in Italien A. und G. Gabrielis vielstimmige *Concerti* (Gardano 1587) und Viadanas *Concerti ecclesiastici* (Vincenti 1602 und 1607) dem S. neue Möglichkeiten erschlossen, faßten in Deutschland Kantoren und Schulmänner wie Lindner, Caspar Hasler, Bodenschatz (*Florilegium Portense*, 1603–21), M. Praetorius, Schadaeus (*Promptuarium*, 1611–17) und Gruber die vielstimmige Motette ihrer Zeit in universal ausgerichteten S.en zusammen. Mit den S.en concertierender Musik von Donfried (1622–27), Profe (1641–49) und Havemann (1659) ging das mehrstimmige geistliche S. des 17. Jh. in Deutschland zu Ende. Parallel zur Blüte der Kantoreien entfaltete sich hier im 1. Viertel des 17. Jh. eine auffallend rege Drucktätigkeit. An mehr als 20 Orten entstanden in mehr als 40 Offizinen S.e, u. a. die »gesellige« Musik, so Widmanns *Musicalisch Kurtzweil* (Nürnberg 1611, Wagenmann), sein *Musicalischer Studentenmuht* (Nürnberg 1622, Halbmayer) und Simpsons *TaffelConsort* (Hamburg 1621, Hering/Lang); auch die von der Tabulatur zu lösenden Tanz-S.e von M. Praetorius (1612), H. L. Hassler (Nürnberg 1611, Kauffmann), Hagius (1616), Brade (1617) und Roth (*Couranten Lustgärtlein*, Dresden 1624, Seiffert). Unter der Verselbständigung der Instrumentalmusik kam die nach 1536 zunehmende Fülle der Tabulatur-S.e aller Nationen nach Besardus (1603, 1617) und Woltz (1617) allmählich zum Erliegen.

Aus dem Abklingen der a cappella-Musik, dem Tod führender Verleger, den Verheerungen des 30jährigen Krieges und der Entwicklung der über den Rahmen des S.s hinausgehenden Gattungen (Oper, Oratorium, große Kantate) erklärt sich die erhebliche Verringerung der S.e im 17. Jh. 1629 lag die Jahresleistung noch um 20, 1630 bereits unter 10; 1688 stieg zwar die Kurve durch den wachsenden englischen Anteil wieder an, ohne aber bis 1700 20 Drucke wieder zu erreichen. In Frankreich behaupteten sich dank der Tradition der privilegierten Ballards nach wie vor Chanson und Air: *Airs de cour* (1615–28), *Chansons pour dancer et pour boire* (1627–61), *Chansonnettes* (1675–94), *Airs sérieux et à boire* (1679–1700). In Italien überwog vom 2. Drittel des Jahrhunderts an das geistliche S., hauptsächlich in Drucken von Vincenti und Magni (Venedig), Mascardi (Rom) und Monti (Bologna). In Deutschland stand das Generalbaßlied im Vordergrund, u. a. Voigtländers Zusammenfassung zeitgenössischen Melodienguts in seinen *Allerhand Oden und Lieder* bei Kruse (Sohra 1642) und die Hamburger Liederschule mit Vertonungen von Rists *Galathea*, *Florabella* und seinem *Neuen Teutschen Parnass* in vielen Auflagen bei Rebenlein (Hamburg) und den Brüdern Stern (Lüneburg) zwischen 1642 und 1677. In Belgien und den Niederlanden übernahm das S. auch im 17. Jh. die im Kurs stehenden ausländischen Vorbilder. Um die Mitte des Jahrhunderts kamen in den Generalbaßliedern des *Kusies* (Jansz 1641) und in den Instrumental-S.en *'T Uitnemend Kabinet, XX. Koninckelycke Fantasien* (Matthysz 1648/49) und *Antoverpsche Vrede Vreught* (Potter 1679) auch heimische Meister zu Wort. Einmalig nach Zahl und Vielfalt war im 17. Jh. die Entwicklung des englischen S.s. Nach einem Dutzend Drucken im 16. Jh. erschienen zwischen 1600 und 1650 25 S.e, 1650–1700, nach Wiedereinsetzung der Monarchie, 100, und zwar Instrumental-S.e wie *Parthenia* (ca. 1613) und *Division-Violin* (1685), bei den Playfords eine Fülle von spezifisch englischen S.en, u. a. *Catch that catch can* (1652ff.), das Balladen-S. *Wit and mirth* (1699ff.) und vor allem die bis ins 18. Jh. fortdauernden zahllosen *Songs and Ayres sung at court and at the publick theatres* (*Deliciae musicae*, 1695ff. u. a.). In ihnen wurde die Oper dem S. zugänglich und gab den Anstoß zum Eindringen der Bearbeitung in das S., das vorher nur Werke in Originalbesetzung enthielt. Auch in Frankreich eroberte die Theaterfreudigkeit das S. Beginnend mit den *Parodies bachiques* (1695ff.), durchziehen das *Théâtre italien de Gherardi* (1700ff.), das *Théâtre de la foire* (1721ff.) und unzählige *Recueils de chansons choisies* das gesamte 18. Jh. In Deutschland gewannen die Theatergesänge unter dem Einfluß von Hillers *Arien und Duetten des deutschen Theaters* (1776–81) erst gegen Ende des Jh. in S.en von André, Götz, Breitkopf und Rellstab an Boden. Vorher hatte sich von Sperontes' *Singender Muse* her (1736–47) das »Singestück«, vielfach in Verbindung mit »Vermischten Clavierstücken«, angebahnt, das bis zu Reichardts *Liedern geselliger Freude* (1796–97) zahlreiche Oden- und Liedersammlungen auslöste. Der reinen Klaviermusik widmete Haffner sein 12bändiges Sonaten-S. *Œuvres mêlées* (1755–65). Die Gattung Sonate war schon seit dem letzten Viertel des 17. Jh. im S. vertreten, zuerst in Italien bei Magni und Monti. Als einzige Großform, die sich in Originalbesetzung für das S. eignet, erschien ab Mitte des 18. Jh. die Sinfonie (Ouverture) von den Mannheimern bis einschließlich Haydn bei Pariser Verlegern (Venier, La Chevardière, Leduc u. a.), in London (Bremner, Thompson, Longman), Amsterdam (Schmitt, Hummel) und im Klavierauszug bei Breitkopf in Leipzig. Außer in England, wo Boyces *Cathedral music* (1760–73) dem geistlichen S. ein Denkmal im Sinn der Wiederbelebung des 16. und 17. Jh. setzte, hatte sich das Schwergewicht ganz auf die weltliche Seite verlagert. Der ausübende Musikliebhaber des 18. und beginnenden 19. Jh. bevorzugte S.e, die, wie Bickhams *Musical entertainer* (1737–38) mit dem reizenden Titelkupfer oder das *Musikalische Mancherley* (1762–63), Unterhaltung, Récréation, Plaisir versprachen und die das jeweils Neue in bescheidener Besetzung für den Hausgebrauch boten: Potpourri, Rondo, Variation und den Tanz im Dienst der Geselligkeit. Den Hauptanteil am S. des 18. Jh. haben England mit seiner Fülle von Glees, Reels, Strathspeys, Irish und Scotch Tunes und Frankreich, das als einzige Nation eine ununterbrochene zeitliche Folge von S.en aufweist. Deutschland hatte erst nach dem 7jährigen Krieg wieder aufholen können. Italien war so gut wie ausgeschieden. Die im Zeichen des Liedes stehenden 1790er Jahre erhielten durch die S.e aus Skandinavien, Polen, Rußland, Portugal und Amerika eine internationale Note. Während das seit 1699 angelaufene periodisch erscheinende S. (Playfords *Mercurius musicus*) immer mehr zur Verlegerserie in Einzelnummern tendierte (→ périodique), in der sich der Typ des S.s auflöst, erschlossen sich Anfang des 19. Jh. mit der Hinwendung zur Geschichte neue Möglichkeiten in den → Denkmäler-Ausgaben.

Lit.: Bibliogr. d. Musik-S. d. XVI. u. XVII. Jh., hrsg. v. R. EITNER u. a., Bln 1877, Nachdrucke Vermilion (S. Dak.) 1954 u. Hildesheim 1963; Recueils imprimés XVIe–XVIIe s., Liste chronologique, hrsg. v. FR. LESURE, = RISM B I, München u. Duisburg 1960; Recueils imprimés XVIIIe s., hrsg. v. DEMS., ebenda B II, 1964. LW

Sanctus (lat.), der auf die → Präfation folgende 4. Teil des Ordinarium missae; eine feierliche Akklamation, bei welcher nach katholischem Verständnis die irdische Kirche am Gesang der himmlischen Liturgie teilhat. Der Text verbindet in allen abendländischen Liturgien den (abgewandelten und erweiterten) Zuruf der Seraphim aus Isaias 6, 3 (*Sanctus, Sanctus, Sanctus ... gloria tua*) mit dem → *Benedictus qui venit*, das durch *Hosanna in excelsis* eingeleitet und beschlossen wird. Erstmals um 350 im *Euchologion* des Serapion von Thmuis (XIII, 10f., ed. Funk II, S. 174) und wenige Jahrzehnte später in den *Constitutiones Apostolorum* (VIII, 12, 27, ed. Funk I, S. 506) erwähnt, läßt sich das S. im Rahmen der abendländischen Meßfeier frühestens um 400 bei Pseudo-Ambrosius nachweisen (Migne Patr. lat. XVII, 1100C) und fand bald allgemein Eingang in die Messe. Hinsichtlich der Ausführung bieten die Quellen ein äußerst vielschichtiges Bild: Während in älterer Zeit die Gemeinde als Träger dieses Gesanges – zunächst ohne Mitwirkung des Priesters – bezeugt ist, oblag sein Vortrag beim römischen Pontifikalgottesdienst einer Gruppe von Klerikern (Ordo Romanus I, 87, Ende 7. Jh.). Spätere Quellen – so etwa die karolingischen Reformdekrete und Ordo XV, 38 – bestätigen das S. wiederum als Gemeindegesang (an dem der Zelebrant teilnehmen soll), andere übertragen es weiterhin dem assistierenden Klerus (Ordo V, 58). Auffallend ist, daß in keiner Quelle die Schola cantorum genannt wird. In jüngster Zeit ist man erneut um eine aktive Teilnahme des Volkes bemüht (Instructio vom 3. 9. 1958, Artikel 25b, und vom 26. 9. 1964, Artikel 48b). – Soweit das erhaltene Quellenmaterial erkennen läßt, nahm die im 10. Jh. aufbrechende Überlieferung von S.-Melodien im Norden, vor allem von Frankreich ihren Ausgang. Die Entwicklung führte bereits im 11./12. Jh. zu einem ersten Höhepunkt an Neukompositionen, dem im späten Mittelalter (15. Jh.) die eigentliche Hauptphase 1st. S.-Vertonungen folgte. Nach neuesten Forschungen umfaßt das Repertoire 231 Melodien, davon ein Drittel mit Interpolationstropen oder Texterungen überliefert (Tropenverzeichnis bei Thannabaur, S. 247ff.). Aus dieser Zahl enthält die Editio Vaticana des Graduales bzw. das Kyriale Romanum nur 21 Stücke. – In seiner melodischen Faktur ist das S. überwiegend auf die Vermischung syllabischer und melismatischer Elemente gegründet, wobei besonders der dreifache S.-Ruf und die Worte *Sabaoth*, *Hosanna* und *excelsis* durch Melismen ausgezeichnet werden. Ein weiteres Charakteristikum ist die häufige Wiederholung von Motiven. Im Hinblick auf den Gesamtaufbau ragen jene Stücke hervor, deren melodische Entsprechungen mit der Gliederung des Textes kongruieren. In dieser Gruppe dominieren die Melodien mit übereinstimmender Gestaltung von Hosanna I und II (z. B. Nr XI des Kyriales) sowie der Abschnitte *Pleni sunt caeli ... Hosanna* I und *Benedictus qui venit ... Hosanna* II (Nr II, XII u. a.). Für eine weitere Gruppe sind außer der Wiederkehr von Motiven Entsprechungen geringeren Umfangs typisch. Dagegen finden sich nur wenige durchkomponierte Melodien (im Kyriale u. a. Nr VI, XIII und ad libitum I). Als einziges Stück unter den S.-Vertonungen der Editio Vaticana zeigt Nr XVIII psalmodische Struktur, verknüpft mit einer syllabisch-einfachen Melodie, welche der Präfationsweise nahesteht. Die bisherige Annahme, daß es sich hier um die früheste Vertonung des S.-Textes handele, wurde neuerdings durch den Nachweis einer (melismatischen) älteren Fassung dieser Melodie in Frage gestellt.

Ausg.: Analecta hymnica medii aevi XLVII, hrsg. v. CL. BLUME SJ u. H. M. BANNISTER, Lpz. 1905 (Texte von S.-Tropen); Didascalia et Constitutiones Apostolorum, hrsg. v. FR. X. FUNK, 2 Bde, Paderborn 1905; M. ANDRIEU, Les Ordines Romani du haut moyen âge II u. III, Löwen 1948–51.
Lit.: P. WAGNER, Einführung in d. Gregorianischen Melodien I u. III, Lpz. ³1911 u. 1921, Nachdruck Hildesheim u. Wiesbaden 1962; L. DAVID OSB, Le S. de la Messe des Anges et l'Antienne O quam suavis est, Rev. du chant grégorien XXV, 1921/22; W. APEL, Gregorian Chant, Bloomington/Ind. (1958); K. LEVY, The Byzantine S. and Its Modal Tradition in East and West, Ann. Mus. VI, 1958-63; R. HAMMERSTEIN, Die Musik d. Engel, Bern u. München (1962); J. A. JUNGMANN SJ, Missarum Sollemnia II, Wien, Freiburg i. Br. u. Basel ⁵1962; P. J. THANNABAUR, Das einst. S. d. römischen Messe in d. hs. Überlieferung d. 11. bis 16. Jh., = Erlanger Arbeiten zur Mw. I, München 1962; Hdb. d. Liturgiewiss. I, hrsg. v. A.-G. MARTIMORT, Freiburg i. Br., Basel u. Wien 1963. KWG

San Francisco (USA).
Lit.: Hist. of Music in S. Fr., 7 Bde, S. Fr. 1939, vervielfältigt; H. SWAN, Music in the South-West, 1825 to 1950, San Marino (Calif.) 1952; A. J. BLOOMFIELD, The S. Fr. Opera, 1923–61, NY 1961; The S. Fr. Opera, hrsg. v. H. SCHOLDER, S. Fr. 1962.

Sankt Blasien (Schwarzwald), ehemalige Benediktinerabtei, vermutlich im 10. Jh. gegr., 1805/07 säkularisiert; seit 1934 Jesuitenkolleg.
Lit.: L. SCHMIEDER, Das ehemalige Benediktinerkloster St. Bl., Karlsruhe ²1936; H. E. RAHNER, Der Neubau d. Stiftsorg. St. Bl. unter Abt M. Gerbert durch J. A. Silbermann, AfMf II, 1937.

Sankt Florian (Oberösterreich), Augustiner-Chorherrenstift; als Kloster seit dem 9. Jh. urkundlich belegt.
Lit.: I. HOLLNSTEINER, Das Stift St. Fl. u. A. Bruckner, Lpz. 1940; L. HAGER, Die Brucknerorg. im Stifte St. Fl., St. Fl. 1951; F. LINNINGER, Org. u. Organisten im Stifte St. Fl., Oberösterreichische Heimatblätter IX, 1955; R. SCHAAL, Archivalische Nachrichten über d. Krismann-Org. in d. Stiftskirche zu St. Fl., Mf IX 1956.

Sankt Gallen.
Lit.: A. SCHUBIGER OSB, Die Sängerschule St. G. v. 8. bis zum 12. Jh., Einsiedeln u. NY 1858, Nachdruck Hildesheim 1966; E. GÖTZINGER, Gesch. d. ev. Kirchengesangs in St. G., in: Literaturbeitr. aus St. G., 1870; DERS., Das älteste kath. deutsche Kirchengesang-Buch v. St. G., in: Alemannia IV, 1877; K. NEF, Die Stadtpfeiferei in St. G., SMZ XL, 1900; DERS., Die Musik im Kanton St. G. 1803-1903, in: Festbuch zur Centenarfeier d. Kantons St. G., St. G. 1903; P. WAGNER, St. G. in d. Mg., in: S. Singer, Die Dichterschule v. St. G., Frauenfeld 1922; R. VAN DOREN OSB, Etude sur l'influence mus. de l'abbaye de St-Gall, Löwen u. Brüssel 1925; J. A. BISCHOF, Theatergesch. d. Klosters St. G. ..., 1628–1798, Mitt. zur vaterländischen Gesch. XXXIX, 1934; E. OMLIN OSB, Die St. Gallischen

Tonarbuchstaben, = Veröff. d. Gregorianischen Akad. zu Freiburg i. d. Schweiz XVIII, Regensburg 1934; W. NEF, Der St. Galler Organist Fr. Sicher u. seine Orgeltabulatur, = SJbMw VII, 1938; J. HANDSCHIN, St. G. in d. ma. Mg., SMZ LXXXV, 1945; H. HUSMANN, Die St. G.er Sequenztradition ..., AMl XXVI, 1954; DERS., Die älteste erreichbare Gestalt d. St. G.er Troparium, AfMw XIII, 1956; FR. LABHARDT, Das Sequentiar Cod. 546 d. Stiftsbibl. St. G. u. seine Quellen I, = Publikationen d. Schweizerischen Musikforschenden Ges. II, 8, Bern (1959).

Sankt Petersburg → Leningrad.

Sansa (auch Sanza, Zanza), Klimper (Zupfidiophon) der afrikanischen Neger, bestehend aus einer Anzahl (3 bis über 20) abgestimmter Zungen aus Eisen oder elastischem Holz (Rotang), die auf einer meist rechteckigen brett- oder kastenförmigen Holzunterlage (etwa Buchdeckelgröße) befestigt sind. Der Spieler zupft die über einen Steg geführten Zungen mit den Daumen und ersten Fingern an. Zur Verstärkung des klangarmen Instrumentes werden oft Zusatzresonatoren (große halbkugelige Kalebassen, topfartige Behälter) verwendet. Die S., die mit den verschiedensten Namen (mbira, ambira, likembe, marimba) und Formen in Afrika weit verbreitet ist, hat keine außerafrikanischen Entsprechungen; sie ist demnach das einzige Musikinstrument, als dessen Ursprungsland Afrika angesehen werden kann. Durch Negersklaven wurde sie auch auf den Antillen heimisch; trotz der dortigen Bezeichnungen marimba oder malimba (Haiti) und marimbula (Kuba) sowie ähnlicher Namensverwechslungen in einigen zentralafrikanischen Gebieten ist die S. mit dem Kalebassenxylophon → Marimba nicht verwandt.

Lit.: G. MONTANDON, La généalogie des instr. de musique ..., Arch. suisses d'anthropologie générale III, 1919; H. HUSMANN, Marimba u. S. d. Sambesikultur, Zs. f. Ethnologie LXVIII, 1936; A. SCHAEFFNER, Origine des instr. de la musique, Paris 1936; K. REINHARD, Tonmessungen an fünf ostafrikanischen Klimpern, Mf IV, 1951, dazu H. Husmann in: Mf V, 1952 – II, 1953, u. K. Reinhardt in: Mf V, 1952; F. ORTIZ, Los instr. de la música afrocubana, 5 Bde, Havanna 1952–55; H. PEPPER, Notes sur une sanza d'Afrique équatoriale, in: Miscelánea de estudios F. Ortiz II, ebenda 1956; J. S. LAURENTY, Les sanza du Congo, = Annales du Musée Royal de l'Afrique Centrale, N. S. in –4°, Sciences Humaines III, Tervuren 1962.

Sanṭūr (persisch), ein zur Klasse der Zithern gehörendes Instrument mit meist trapezförmigem Corpus und 72–100 Drahtsaiten. Es wird im Unterschied zum → Qānūn wie das → Hackbrett mit Klöppeln angeschlagen.

Saqueboute (sakb'ut, frz., s. v. w. zieh-stoß!; span. sacabuche; engl. sackbut), ursprünglich ein Spieß mit Widerhaken, der als Waffe des Fußvolks dazu diente, feindliche Reiter vom Pferd zu ziehen. Auf die Zugvorrichtung an Musikinstrumenten übertragen begegnet das Wort erstmals in der 2. Hälfte des 15. Jh. in der trompette saicqueboute für die → Zugtrompete. Tinctoris setzt um 1484 (unter Wegfall des Hauptwortes trompette) s. und trompone gleich und bezeichnet damit die → Posaune (–1).

Sarabande (span. zarabanda; die Etymologie des Wortes ist nicht gesichert), ein im 17. und 18. Jh., vor allem in der Instrumentalmusik, weit verbreiteter Tanz. Wahrscheinlich hat er sich aus einem in Andalusien beheimateten Fruchtbarkeitstanz entwickelt. D. Devoto hat festgestellt (1960), daß die literarische Form der unter dem Namen S. überlieferten Tanzliedtexte mit der des Zéjel übereinstimmt, einer ursprünglich arabischen Refrainform, die seit dem Mittelalter in Spanien bekannt war. Die spanische Herkunft der S. wird von mehreren Forschern bestritten, zuletzt von R. Stevenson, der sie auf Grund von Quellen, die vor den ersten spanischen Belegen datieren, als einen von Mexiko nach Spanien eingeführten Tanz ansieht. Der älteste eindeutig datierte Nachweis für das Wort S. findet sich im *Ramo de la Inquisición* (CXIII, f. 334; Mexiko, D. F., Archivo General de la Nación), demzufolge 1569 eine von Pedro de Trejo verfaßte S. während der Feierlichkeiten am Fronleichnamsfest in Pátzcuaro gesungen wurde, wofür sich ihr Verfasser 1572 vor der Inquisition zu verantworten hatte. Eine weitere Quelle von 1539(?) stammt aus Panama. Die erste Nennung der S. in Spanien ist zugleich ihr Verbot: 1583 wurde das Singen der S. unter Androhung hoher Geld- und Freiheitsstrafen untersagt. Nach diesem Zeitpunkt ist die S. als Gesang und Tanz in Spanien belegt u. a. bei Cervantes, Juan de Mariana, Lope de Vega, Francisco Ortiz, Esquivel Navarro. Diesen Erwähnungen zufolge war sie ein ausgelassener, lasziver Tanz, von Paaren in Gegenüberstellung ausgeführt, begleitet durch Kastagnetten und zuweilen Schellentrommel. Häufig wird sie zusammen mit der Chaconne und der Seguidilla genannt. Von Spanien aus, wo sie trotz des Verbots 1618 am Hofe eingeführt wurde, kam sie schon bald in andere europäische Länder; sie wurde z. B. 1625 am französischen Hofe getanzt.

Als früheste gedruckte musikalische Quelle gilt die *Nuova inventione d'intavolatura* des G. Montesardo (Florenz 1606). M. Praetorius veröffentlichte 1612 (*Terpsichore*) mehrere S.n und 3 Courant-S.n in je zwei Fassungen. Handschriftliche Quellen aus Italien und Frankreich können vielleicht schon auf das Ende des 16. Jh. datiert werden. Den vor etwa 1650 geschriebenen S.n liegt häufig ein von Fall zu Fall leicht variables harmonisches Schema zugrunde, wobei auch die Melodielinie, wie sie das erste Beispiel aufweist, wiederkehren kann; die frühen S.n stehen meist im G-Modus, der später von Dur abgelöst wird; der anfängliche Sesquialterarhythmus wird zum einfachen ternären Takt.

M. Praetorius, 2. S. aus dem *Ballet de Monsieur de Navarre* (*Terpsichore*, 1612), GA XV, S. 167.

A. Piccinini, *Arie di Saravanda in varie partite* aus *Intavolatura di liuto* ... I, Bologna 1623, S. 44f.

Schon in frühen spanischen und italienischen Quellen wird zwischen Çaravanda española und Çaravanda francesa unterschieden, wobei die spanisch bezeichneten Stücke anscheinend dem melodisch-harmonischen Schema verpflichtet sind, die französischen hingegen nicht. Während die S. in Frankreich vor 1650 allgemein ein schneller Tanz war, der den Tänzern große Gewandtheit abverlangte, verlangsamte sich ihr Tempo um die Mitte des 17. Jh. (Angaben z. B. Lentement und Grave), wenngleich es daneben auch weiterhin noch die S. légère gab. Die Notierung der S. erfolgte gewöhnlich im 3/2- oder 3/4-Takt; charakteristisch ist die häufige Betonung auch der 2. Zählzeit.

N. Lebègue, S. aus der *Suitte en g ré sol b* (*Second livre de clavessin*, Paris 1687), hrsg. v. N. Dufourcq, Monaco (1956), S. 56.

S.n gibt es bis etwa 1740 in der Klavier- und Ensemblemusik (Dieupart) sowie in der Oper und im Ballett, wo sie gelegentlich auch gesungen wurden (Delalande, *Les Folies de Cardenio*, 1721). In England kam die S. ebenfalls schon am Anfang des 17. Jh. auf und hat hier überwiegend die schnelle Form beibehalten (Th. Mace, *Musick's Monument*, London 1676, S. 129: *Sarabands, are of the Shortest Triple-Time*). Auch in Italien herrschte zunächst die schnelle Form der S.; Bassani schreibt in seinem op. 1 (1677) Presto vor, ebenso G. B. Vitali in op. 11 (1684). Dagegen wechseln die Angaben bei Vivaldi zwischen Allegro, Andante und Largo, bei Corelli zwischen Vivace, Allegro, Adagio und Largo. Der allgemeinen Entwicklung entsprechend war die S. in Deutschland zunächst ein schneller Tanz (z. B. bei Hammerschmidt 1636 und 1639). Nach dem Aufkommen der langsamen S. bestanden hier beide Typen nebeneinander; so fordert R. I. Mayr für seine S.n von 1692 die Ausführungen Grave, Allegro und Adagio. WaltherL beschreibt die S. als eine *gravitätische ... etwas kurtze Melodie, welche allezeit zum Tantzen den 3/4, zum Spielen aber bisweilen den 3/2 Tact, langsam geschlagen, und zwey Reprisen hat.* Seit der Mitte des 17. Jh. gehörte die S. zum festen Bestandteil der → Suite, in der sie um 1700 den 3. Platz in der Reihenfolge der Standardsätze einnahm. – Bei Händel findet sich ein S.n-Typus, der ganz von der Nebenbetonung der 2. Zählzeit beherrscht wird:

G. Fr. Händel, *Suites de pièces pour le clavecin*, London 1720, Suite Nr 7, in: GA II, S. 50.

Jede der etwa 40 S.n Bachs ist von individueller Prägung; nur der Grundrhythmus der S. (Betonung der 2. Zählzeit) ist stets noch deutlich zu erkennen. Neben teilweise streng zwei- bzw. dreistimmig durchgearbeitete Stücke treten solche, bei denen die Klangentfaltung im Vordergrund steht. In Bachs Partita Nr 6 (BWV 830) erreicht die S. höchste Vollendung. – 1767 schrieb Rousseau über die S.: *Cette Danse n'est plus en usage, si ce n'est dans quelques vieux Opera François.* Im 19. und 20. Jh. wurde die S., wie andere Tänze des Barocks, wieder aufgegriffen, z. B. von Fr. Auber in *Les diamants de la couronne* und von E. Satie (drei S.n, 1887). Bei Cl. Debussy ist sie anzutreffen in: *Grand journal du lundy* (1896), *Pour le piano* (1901) und *Images* (1905). In neuerer Zeit gab Strawinsky dem 5. Satz seines Balletts *Agon* (1957) die Überschrift *Saraband-Step*.

Lit.: R. STEVENSON, The First Dated Mention of the S., JAMS V, 1952; DERS., in: JAMS XVI, 1963, S. 110–112; DERS., Artikel S., in: MGG XI, 1963; DERS., The Mexican Origins of the S., Inter-American Music Bull. XXXIII, 1963 (mit Bibliogr.); I. HERRMANN-BENGEN, Tempobezeichnungen, = Münchner Veröff. zur Mg. I, Tutzing 1959; D. DEVOTO, La folle s., Rev. de Musicol. XLV/XLVI, 1960; DERS., Encore sur »La« S., ebenda L, 1964; DERS., De la Zarabanda à la s., in: Recherches sur la Musique frç. classique VI, 1966.

Sardana, ein katalanischer, von einer meist großen Gruppe auf Straßen und Plätzen getanzter Reigentanz mit einer schwierigen Schrittfolge in wechselweise sehr langsamem und sehr schnellem Rhythmus. Die Musik wird von der katalanischen → Cobla-Kapelle ausgeführt. Der Ursprung der S. liegt im frühen 16. Jh.

Lit.: J. LLONGUERAS, Per la nostra S., Barcelona 1933; H. BESSELER, Katalanische Cobla u. Alta-Tanzkapelle, Kgr.-Ber. Basel 1949; N. BERNARD, De S., Volksdans van Kataluna, Mens en melodie VI, 1951; J. MIRACLE, Llibre de la s., Barcelona 1953; H. PÉPRATX-SAISSERET, La sardane..., Perpignan 1956.

Sardinien.

Lit.: G. FR. FARA, De chorographia Sardiniae, Cagliari 1586; E. BELLONCI, Canti popolari amorosi raccolti a Nuoro, Bergamo 1893; G. FERRARO, Feste sarde, Giornale linguistico I, 1893; G. GIACOMELLI, Della musica in Sardegna, Cagliari 1897; G. FARA, Musica popolare sarda, RMI XVI, 1909; DERS., Su uno strumento mus. sardo, Torino 1913; DERS., Giocattoli di musica..., Cagliari 1916; DERS., L'anima della Sardegna, in: La musica tradizionale, Udine 1940; A. BOULLIER, Garzia, I canti popolari della Sardegna, Bologna 1916; V. CIAN u. P. NURRA, Canti popolari sardi, Palermo 1933; F. KARLINGER, Volkstümliches in d. Kirchenmusik S., Musica sacra LXXVI, (Köln) 1956.

Saron, Metallophonfamilie, die im → Gamelan die klanglich und zahlenmäßig führende Instrumentengruppe darstellt. Die S.s sind einoktavig; meist finden sie in drei im Oktavabstand voneinander stehenden Größen Verwendung: S. panerus, S. barung und S. demung (hoch – mittel – tief), wobei die beiden letzteren vier- bis achtfach besetzt sein können. Die S.s bestehen in Pélogstimmung aus 7, in Sléndro aus 6, 7 oder 9 verhältnismäßig schweren Bronze- oder Eisenplatten; im Unterschied zu den frei hängenden Platten des → Gendèr liegen sie auf einem als Resonator dienenden trogförmigen Holzkasten auf.

Sarrusophon, ein von dem französischen Militärkapellmeister W. Sarrus erdachtes (1856 patentiertes) und vom Pariser Instrumentenmacher Gautrot ab 1863 in allen Größen vom hohen Diskant bis zum Kontrabaßinstrument gebautes konisches Blasinstrument aus Messingblech von weiter Mensur mit doppeltem Rohrblatt und 18 Klappen. Als Kontrabaßinstrument ist es sowohl dem Kontrafagott als auch dem Kontrabaßsaxophon durch seine Beweglichkeit und die Sicherheit seiner Intonation überlegen.

Sarum use (sˈɛərəm juːs, engl.), eine seit dem 13. Jh. in der Kathedrale von Salisbury (Sarum) entwickelte

Sonderform der römischen Liturgie. Sie bildete den Rahmen einer bemerkenswerten Eigentradition des Gregorianischen Gesanges, welche wahrscheinlich von Bayeux (Normandie) herzuleiten ist und sich während des späten Mittelalters nahezu über ganz England ausbreitete. Ihre Besonderheiten sind Prozessionsgesänge, Sequenzen, Tropen und Marianische Antiphonen. Von musikhistorischem Interesse ist vor allem ihr enges Verhältnis zur englischen Mehrstimmigkeit.

Ausg.: Missale ad usum ... ecclesiae Sarum, hrsg. v. F. H. DICKINSON, Burntisland 1861-83; Graduale Sarisburiense, hrsg. v. W. H. FRERE, London 1894, Nachdruck Farnborough 1966; The Use of Sarum, hrsg. v. DEMS., 2 Bde, Cambridge 1898-1901; Antiphonale Sarisburiense, hrsg. v. DEMS., London 1901-25, Nachdruck Farnborough 1966; The Sarum Missal, hrsg. v. J. W. LEGG, Oxford 1916. – Ältere Ausg. verzeichnet d. General Cat. of Printed Books of Brit. Mus., Bd 138 u. 139, London 1962.

Lit.: FR. LL. HARRISON, Music for the Sarum Rite, Ann. Mus. VI, 1958-63.

Sattel heißt der zur Fixierung der Saiten eingekerbte Wulst am Ende des Griffbretts der Streichinstrumente (und Zupfinstrumente mit Griffbrett) dicht vor dem Wirbelkasten; vom S. bis zum Steg schwingt die (leere) Saite, wenn sie nicht an anderer Stelle durch einen Finger oder einen verschiebbaren S. (→ Capotasto) abgeteilt wird. An Violininstrumenten heißt S. außerdem eine Verstärkung am unteren Rand des Corpus (zur Unterscheidung vom Griffbrett- oder Kleinen S. auch Großer oder Unterer S. genannt), über den die Befestigung des Saitenhalters zum Knopf läuft. Bei Holzblasinstrumenten um 1800 ist S. eine aufgeschraubte Vorrichtung aus Metall, in der → Klappen beweglich gelagert sind.

Satz bezeichnet allgemein als »das (mehrstimmig) Gesetzte« die kompositorische Res facta. Setzen tritt an die Stelle von lat. ponere vel facere, componere (→ Komposition), S. in späterer Zeit an die von positio u. ä. Im musikalischen Bereich des deutschen Grundworts erscheinen die Ausdrücke: Gesätz (Liedstrophe, schon im 14. Jh.), absetzen (in Tabulatur bringen, seit dem 16. Jh.), aufsetzen (einer Weise u. ä., seit dem 17. Jh.), aussetzen (den Generalbaß), Setzkunst, Ton-S. und S. (seit dem 17./18. Jh.). S. bedeutet einerseits Prinzip und Ergebnis des Setzens (Faktur) – dies zuerst im 17. Jh. (Schütz, Chr. Bernhard) –, zum andern eine Einheit des Gesetzten, einen Abschnitt – dies seit dem 18. Jh., wobei Wort und Begriff des Sprach-S.es in die Terminologie hineinspielen. S. im Sinne der Fakturbezeichnung gliedert sich in mannigfache Kompositionsarten (Setzoder S.-Arten), systematisch: z. B. S. Note gegen Note, strenger und freier S. (→ Kontrapunkt), polyphoner und homophoner S., vokaler und instrumenteller S., und historisch: z. B. Gerüst-S. (→ Kolorierung, → Tenor – 1), → Discantus-S., → Kantilenen-S. Als Abschnittsbezeichnung benennt S. eine musikalische Sinneinheit innerhalb des Werkverlaufs. Das Thema heißt im 18. Jh. auch S. (WaltherL). Zukunftsreich wird dieses Bedeutungsfeld durchgebildet von H. Chr. Koch (1802) unter betonter Analogie zur sprachlichen Syntax und somit in Fortführung der alten Nachbarschaft von Musik und Grammatik: S. ist *jedes einzelne Glied eines Tonstückes, welches an und für sich selbst einen vollständigen Sinn bezeichnet*, wobei – je nach ihrer »interpunktischen«, »rhythmischen« und »logischen« (d. h. die Schlußkraft, die Taktzahl und den Grad der inhaltlichen Vollständigkeit betreffenden) Beschaffenheit – unterschieden werden: Vorder-S. (Koch: Absatz im engeren Sinn) und Nach-S. (Koch: Schlußsatz). Beide werden auch Halb-S. genannt; sie bilden zusammen die → Periode. Größere Einheiten innerhalb der → Sonatensatzform sind Haupt-S. (Thema) und Seiten-S. – S. bezeichnet auch den selbständigen Teil (frz. mouvement, engl. movement, ital. movimento) eines zyklischen Werkes, z. B. einer Suite, Sonate oder Symphonie.

Satzlehre (Tonsatzlehre; gebildet im Anschluß an → Satz im Sinne des mehrstimmig Gesetzten) lehrt das aus einer Kompositionsart gewonnene, ihr zugrunde liegende System von Regeln. Sie ist eine der Grundlagen aller echten musikalischen und musikwissenschaftlichen Bildung und Tätigkeit. Von der Musiktheorie (→ Theorie), auf deren Ergebnissen sie weitgehend fußt, unterscheidet sich die S. darin, daß sie die musikalischen Erscheinungen als Praxis des Tonsatzes zu erfassen, nicht jedoch auf letzte Begründungen zurückzuführen sucht (z. B. sind die Bestimmung eines Akkords als Septakkord und eine Anweisung über seine Behandlung im Satz etwas anderes als eine Theorie des Septakkords und seiner Stellung im System der Akkorde). Die verbreitete Bezeichnung der S. als Theorie ist daher irreführend, und ihre Benennung als Angewandte oder Praktische Musiktheorie ist ein Widerspruch in sich. Von der Kompositionslehre (→ Komposition) unterscheidet sich die S. dadurch, daß sie nicht den Weg bis zur Komposition weist, sondern durch Finden und Übermitteln von Regeln sowie durch Satzübungen die für eine Satzart typischen Erscheinungen zu verstehen und zu beurteilen lehrt, während die → Interpretation (→ Analyse) den Organismus und den Sinn bestimmter Kompositionen zu durchschauen sucht und die Stillehre (→ Stil) Kompositionen nach Merkmalen gruppiert. Gleichwohl bestehen zwischen S. einerseits und Musiktheorie, Kompositionslehre, Interpretation und Stillehre andererseits enge wechselseitige Beziehungen. – In ihrer vom Wort her nicht eingeengten Bedeutung ist die Bezeichnung S. geeignet, als Oberbegriff der seit dem 18. Jh. in → Harmonielehre und → Kontrapunkt geteilten Unterweisung zu dienen und dazu beizutragen, daß der Dualismus der Lehrsysteme abgeschwächt, Grundsätze der Neuen Musik berücksichtigt, die Erscheinungen des Rhythmus und Metrums, der Melodie und Formbildung von vornherein mit einbezogen und somit bereits die Elemente und elementaren Regeln des Satzes in ihrer komplexen musikalischen Bedeutung erfaßt werden. Denn *die unglückselige Spaltung der Lehre ... ist so verfehlt wie etwa eine Methode des Schlittschuhlaufens, die vor dem Erlernen der eigentlichen Bewegung fortgesetztes Üben jedes einzelnen Beines vorschreibt* (Hindemith, *Unterweisung im Tonsatz* I, 1940, S. 19). – Wie die Kompositionsart als Quelle einer S., so ist auch die S. stets geschichtlich bedingt. Wo sie in neuerer Zeit die Harmonie- und Kontrapunktlehre zur Grundlage aller satztechnischen Unterweisung macht, verleiht sie – entsprechend einem sich ständig wiederholenden historischen Prozeß – dem Überkommenen die Geltung einer Vorstufe oder die des Fundaments der Neuerungen (wobei sie sich der zeitlichen Bedingtheit ihres Regelsystems freilich nur selten bewußt ist). Gegenüber dem Fundamentcharakter einer S. sucht die Historische S. in voller geschichtlicher Bewußtheit die einen historischen Satztypus konstituierenden Faktoren zu erkennen und zu kodifizieren. Eine Historische S. bot erstmals Kn. Jeppesen für den Palestrina-Stil, um an einer Stelle in der Musikgeschichte, die *so zentral und hoch wie irgend möglich gelegen ist*, eine musikwissenschaftliche Arbeit einzuleiten, die *den musikalischen Sprachgebrauch der verschiedenen historischen Perioden durch empirisch-deskriptive Methoden klarzulegen* beginnt (*Der Palestrinastil und die Dissonanz*, 1925, S. XI und S. 1; hierzu auch von dems., *Kontrapunkt. Lehrbuch der klassischen Vokalpolyphonie*, 1930; → Kontrapunkt, Lit.). In ähnlicher Zielsetzung untersuchte E. Apfel den musikalischen Satz der Zeit vom 13. bis 15. Jh. und bot *Beiträge zu einer Geschichte der Satztechnik von der frühen Motette bis Bach* (2 Teile, München 1964–65). Umfassende Kodifizierungen des Regelsystems z. B. des Generalbaßsatzes (hierzu H. Haack, *Anfänge des Generalbaßsatzes in den Cento Concerti Ecclesiastici 1602 von L. Viadana*, Diss. München 1964, maschr.), des Bach-Satzes, des Satzes der Wiener Klassik (hierzu in neuerer Zeit Arbeiten von Thr. G. Georgiades) stehen noch aus. *Der nächste Schritt wäre dann, durch Vergleich zwischen Varianten von gleichartigen Sprachformen . . . die gemeinschaftlichen Momente . . . nachzuweisen und festzuhalten. Das so gewonnene Material müßte dann wieder zum Aufbau von Sprachgesetzen dienen, den Entwicklungsgesetzen der Musik . . .* (Jeppesen 1925, S. 1). HHE

sautillé (sotij'e, frz.; ital. saltato, getanzt, gehüpft), Springbogen, eine Strichart in schnellem Tempo, bei der der Bogen auf Grund der ihm eigenen Elastizität von selbst springt. Strichfolge, Bogeneinteilung, Sprunghöhe und Kontaktstelle (→ Bogenführung) müssen jedoch vom Spieler bestimmt werden. Springbogen für mehrere Töne auf einem Bogenstrich (frz. ricochet, Abprall, auch jeté, geworfen, »Rikoschettieren«) beruht auf dem elastischen Rückprall, den der Bogen nach kräftigem Werfen auf die Saite ausführt; das Ricochet ergibt den Effekt einer sehr schnellen Folge von kurzen Tönen.

Savart ist eine gegenüber dem → Cent heute wenig gebräuchliche Intervalleinheit (1 Savart = 3,99 Cent), die nach dem französischen Akustiker F. Savart (1791–1841) benannt ist. Die Umrechnung des Verhältnisses zweier Frequenzen f_1 und f_2 erfolgt nach der Formel $1000 \cdot \lg \frac{f_1}{f_2}$, so daß die Oktave z. B. in diesem Maß die Größe $1000 \cdot \lg 2 = 301,03$ Savart erhält.

Saxhorn → Bügelhorn.

Saxophon nannte A. → Sax das von ihm 1840/41 konstruierte, 1846 patentierte Blasinstrument aus Blech mit einfachem Rohrblatt. Ansatz und Fingersatz sind einfacher als bei der verwandten Klarinette, da das stark konisch-weite S. in die Oktave überbläst wie die Oboe, deren Klappensystem daher dem des S.s ähnlich ist. Das S. wird in 8 Größen gebaut: Sopranino (frz. s.e aigu) in Es oder F, Sopran in B oder C, Alt in Es (Umfang notiert h–f³, klingend d–as²) oder F, Tenor in B oder C, Bariton in Es oder F, Baß in B oder C, Kontrabaß in Es und Subkontrabaß in B. Gebraucht werden überwiegend die Es- und B-Stimmungen. Die tieferen Typen vom Alt abwärts haben ein aufwärts gebogenes Schallstück wie z. B. die Baßklarinette. Da die tieferen Teiltöne stark hervortreten, ist der Klang des S.s, besonders der Instrumente der Mittellage, charakteristisch sonor und vibratoreich. In der → Militärmusik wurde es schon bald nach seiner Erfindung verwendet (auch in Bearbeitungen), ins Orchester fand es trotz der Empfehlung durch J. G. Kastner und Berlioz nur langsam Eingang. In der Kammermusik findet es fast nur in Frankreich Verwendung. In Orchesterwerken und Opern wurden S.e vorgeschrieben u. a. von Meyerbeer, A. Thomas, Bizet, Debussy, Ravel, Strawinsky, Hindemith (*Cardillac*), Bartók, Berg, Honegger (S.-Quartett fordern u. a. Massenet und R. Strauss (*Sinfonia domestica*, als ad libitum-Verdoppelung der Holzbläser). Konzertstücke schrieben Debussy, Ibert und Glasunow; eine Sonate für Alt-S. (eigentlich Althorn in Es) und Kl. komponierte Hindemith. – Im Jazz wird das S. seit etwa 1920 verwendet, zunächst von Klarinettisten als Wechselinstrument. Bevorzugte Soloinstrumente sind das Sopran-S. (Sidney Bechet), das Alt-S. (Charlie Parker), seit dem Ende der 1920er Jahre das Tenor-S. (Coleman Hawkins, Lester Young, Stan Getz) und das Bariton-S. (Gerry Mulligan). Das Baß-S. vertrat in den 1920er Jahren gelegentlich die Tuba; Solist auf dem Baß-S. war Adrian Rollini. Den Satz von 3–4 S.en (2 Alt-, 1–2 Tenor-S.e), seit den frühen 1930er Jahren auch den 5st. Satz (mit Bariton-S.), entwickelten der Altsaxophonist Benny Carter und die Bandleader Don Redman und Fletcher Henderson, den »Four Brothers«-Satz (3 Tenor-S.e, 1 Bariton-S.) der Tenorsaxophonist Jimmy Giuffre für das Orchester Woody Herman 1948. In den 1930er Jahren nahm Duke Ellington, vor allem in seiner Mood music, eine Klarinette hinzu. Wie der reine S.-Satz so wurde auch diese Instrumentation von vielen Tanzkapellen übernommen; bei Glenn Miller ist die Klarinette im Unterschied zu Ellington ständig Oberstimme, das Alt-S. oktavierend. Auch das Arrangement Sy Olivers für Lunceford mit dem Unisono mehrerer S.e (1935) wurde von der Commercial Music nachgeahmt. – Schulen für S. schrieben u. a. Kastner (Paris 1845), N. Fedorow (in 2 Teilen neubearbeitet von A. Baresel und E. Fruth, Leipzig 1926), B. Davis (London 1932), F. Hauck (Mainz 1959) und H. Koller (Wien 1962).

Lit.: Th. de Lajarte, Instr.-Sax . . ., Paris 1867; J. Kool, Das S., Lpz. (1931); F. G. Rendall, The S. Before Sax, The Mus. Times LXXIII, 1932; M. Perrin, Le s., Paris 1955; J. E. Berendt, Der Saxophonsatz als Instr., in: Variationen über Jazz, München (1956); R. Druet u. G. Gourdet, L'école frç. du s., 3 Bde, o. O. 1963; L. Kochnitzky, A. Sax and his S., NY ²1964.

Saxtromba nannte A. → Sax ein Blechblasinstrument mit Ventilen, das etwas weiter als das Waldhorn und enger als das Bügel- und das Saxhorn mensuriert ist. Sein Ton steht dem der ähnlich mensurierten → »Wagner«-Tuba nahe. Die 1845 patentierte S., die entsprechend der Familie der Saxhörner in 7 Größen gebaut wurde, fand auf Grund der Bemühungen ihres Erfinders Eingang in die französische Militärmusik; in das Orchester wurde sie nicht aufgenommen.

Scabillum (lat., Schemelchen; auch scabellum; griech. κρούπεζαι, hohe Holzschuhe), antike Fußklapper, die zur Markierung des Rhythmus im Chor, bei Tänzen und Arbeitsliedern diente. Das um 350 v. Chr. (Demosthenes, »Gegen Meidias« 17) zuerst erwähnte Instrument soll aus den in Boiotien beim Olivenstampfen üblichen Holzschuhen entwickelt worden sein. Es bestand aus 2 an einer Seite verbundenen Brettern oder Metallplatten in Fußgröße, von denen das obere am freien Ende mit dem Fuß gegen das untere geschlagen wurde. Seit dem 2. Jh. n. Chr. sind Scabilla bezeugt, bei denen zur Verstärkung des Klanges ein Paar kleiner Becken zwischen den beiden Platten eingebaut ist. Aulos und Sc. wurden häufig von einem Spieler gleichzeitig gespielt.

Lit.: M. Wegner, Griechenland, = Mg. in Bildern II, 4, Lpz. (1963), S. 54f.; G. Fleischhauer, Etrurien u. Rom, ebenda II, 5, (1964), S. 60f., 74f., 78f., 108f., 124f.

Scandicus (lat.) → Neumen (– 1).

Scat (skæt, engl.), Jazzbezeichnung für eine Art des Gesangs, in der einzelne Silben oder Laute ohne jeden konkreten Wortsinn aneinandergereiht und zugleich rhythmisch variiert werden. Die Erfindung des Sc. durch Louis Armstrong ist eine Legende; denn das Sc.-Singen findet sich schon in verschiedenen Gattungen der musikalischen Negerfolklore der USA (z. B. in → Negro spirituals, → Jubilees), häufig als Zeichen eines ekstatischen Zustands der Sänger. Zum Ausdrucksmittel wurde das Sc.-Singen bereits im → New-Orleans-Jazz (Armstrong) umgeformt und als Nachahmung des Instrumentenspiels durch die Singstimme verstanden. Im → Be-bop (dessen Name selbst aus zwei Sc.-Silben besteht) erlangte der Sc. unter der Bezeichnung Bop-Sc. oder Be-bop-vocals besondere Bedeutung (Ella Fitzgerald).

Schachbrett (bezeugt in Wortformen wie mittellat. scacarium; frz. échiquier; span. exaquier; engl. chekker). 1360 erwähnt Eduard III. von England in einem Brief an Johann von Frankreich ein eschequier, und 1385 bat Johann I. von Aragon brieflich um einen Musiker, der Orgel und exaquier spielen könne. Machaut erwähnt in seiner *Prise d'Alexandrie* (1377) und in *Li tempo pastour* ein eschiquier (d'angleterre), Gerson in *De canticis* (1420) ein scacarum (scachordum). Die Bezeichnung chekker ist in England 1392/93 belegt. Der früheste deutsche Beleg als »schachtbrett« (in E. Cersne, *Der Minne Regel*, 1404) wird von SachsL als »Kielklavier« gedeutet. Sachs stützt sich auf die Wortbedeutung von mittel- und neu-nld. schacht (synonym mit schaft: Federkiel) und auf die Tatsache, daß das Spiel-Sch. mhd. schâch zabel heißt. Diese Deutung überzeugt jedoch nicht, da für die teilweise früher liegenden französischen, spanischen und englischen Belege Identität mit den Wortformen für das Spiel-Sch. besteht. Sehr wahrscheinlich ist der Name Sch. einem Tasteninstrument über die optische Assoziation mit dem Spiel-Sch. zugekommen (wegen des Abwechselns von schwarzen und weißen Tasten, zumal die Tasten von mittelalterlichen Instrumenten nur kurz waren); weiterhin kann aus der Briefstelle Johanns I. von Aragon und aus der lateinischen Wortbildung scachordum geschlossen werden, daß es sich um ein besaitetes Tasteninstrument handelte.

Lit.: C. KREBS, Die besaiteten Klavierinstr. bis zum Anfang d. 17. Jh., VfMw VIII, 1892, ergänzende Notiz in: VfMw IX, 1893; F. PEDRELL, Jean I. d'Aragon, Compositeur de musique, Fs. H. Riemann, Lpz. 1909; C. SACHS, Die Musikinstr. d. Minneregel, SIMG XIV, 1912/13; DERS., The Hist. of Mus. Instr., NY (1940), London 1952; W. H. GR. FLOOD, The Eschiquier Virginal: An Engl. Invention?, ML VI, 1925; H. G. FARMER, The Canon and Eschaquiel of the Arabs, Journal of the Royal Asiatic Soc., 1926; Instr. de musique du XVe s., hrsg. v. G. LE CERF u. E.-R. LABANDE, Paris 1932; C. CLUTTON, Arnault's Ms., The Galpin Soc. Journal V, 1952; A. MACHABEY, Remarques sur le lexique mus. du De Canticis de Gerson, Romania LXXIX, 1958.

Schäftlarn bei München, Benediktinerabtei, gegr. um 762.

Lit.: L. ABSTREITER OSB, Gesch. d. Abtei Sch., Sch. 1916; D. v. HUEBNER, Kalendarium Praemonstratense in einer Sch.er Choralhs. d. 12. Jh., in: 1200 Jahre Kloster Sch. 762–1962, Sch. 1962; P. RUF, Die Hss. d. Klosters Sch., ebenda; R. MÜNSTER, Die Musik im Kloster Sch., in: Unser Sch., Sch. 1963.

Schall ist die Bezeichnung für alle hörbaren Schwingungsvorgänge. Voraussetzung für die Hörbarkeit ist, daß Frequenz und Intensität der → Schwingungen innerhalb bestimmter Grenzwerte bleiben (→ Hörfeld). Schwingungen unter 16 Hz und über 20 000 Hz werden vom Ohr nicht registriert und als Infra- bzw. Ultraschall bezeichnet. Der Sch. breitet sich in Form von → Wellen aus. Die Sch.-Geschwindigkeit c ist vom Medium sowie von Temperatur- und Druckverhältnissen abhängig. Sie beträgt in Luft bei 20° Celsius und 760 mm Quecksilbersäule 343,8 m/sec und ändert sich in diesem Temperaturbereich um 0,60 m/sec pro Grad. Sch.-Geschwindigkeits-Messungen wurden zuerst von M. Mersenne (1636) durchgeführt. Im Sch.-Feld ist der → Schalldruck die einer physikalischen Messung besonders zugängliche Größe. Die Geschwindigkeit, mit der die Luftmoleküle hin- und herschwingen – nicht zu verwechseln mit der Sch.-Geschwindigkeit – wird Sch.-Schnelle genannt und in cm/sec angegeben. Das Produkt aus Sch.-Druck und Sch.-Schnelle ist die → Intensität.

Lit.: R. W. POHL, Mechanik, Akustik u. Wärmelehre, = Einführung in d. Physik I, Bln, Göttingen u. Heidelberg ^{14}1959; F. TRENDELENBURG, Einführung in d. Akustik, Bln, Göttingen u. Heidelberg ^{3}1961.

Schallanalyse → Frequenzanalyse.

Schallaufzeichnung. Den beim Sprechen oder Musizieren entstehenden Schall festzuhalten, um ihn zu konservieren und beliebig reproduzieren zu können, ist eine Idee, die seit langem die Menschen beschäftigte. Waren zunächst eher magische Aspekte im Spiel, die die Phantasie beflügelten, wie etwa bei Giovanni della Porta, der 1589 den Schall in Bleiröhren auffangen wollte, so führte mit fortschreitender Entwicklung naturwissenschaftlichen Denkens ein verhältnismäßig gerader Weg zur Lösung des Problems. 1688 stellte Günther Christoph Schelhammer fest, daß sich der Schall durch wellenförmige Bewegungen der Luft ausbreitet. 1830 baute Wilhelm Eduard Weber den ersten brauchbaren Apparat zur Aufzeichnung der Luftbewegungen des Schalles. Félix Savart und Jean Marie Constant Duhamel gelang es etwa 10 Jahre später, die Schallschwingungen schraubenförmig auf einer rotierenden berußten Walze aufzuzeichnen. Das Problem der Wiedergabe aufgezeichneter Schallschwingungen lösten 1877 zwei Erfinder unabhängig voneinander in ähnlicher Weise: Charles Cros erfand in Paris eine Sprechmaschine, Paléophone genannt, Thomas Alva Edison in den USA den Phonographen. Edison gelang es, seiner Erfindung zum Durchbruch zu verhelfen. Er benutzte eine mit der Hand drehbare Stahlwalze mit aufgelegter Stanniolschicht, in die mit Hilfe eines mit einer → Membran verbundenen Stiftes die Schallbewegungen unterschiedlich tief eingeritzt wurden (Tiefenschrift). Die Rille konnte auf dem gleichen Wege abgetastet werden, wobei der Abtaststift eine Membran bewegte und den Schallvorgang an die Luft weitergab. Später wurden gegossene Wachswalzen verwendet. Der Edison-Phonograph hat weltweite Verbreitung als Spielzeug und zur Unterhaltung, besonders aber als wissenschaftliches Gerät gefunden. Wichtige Tondokumente vor allem außereuropäischer Musik wurden auf Edison-Walzen festgehalten. Der Hauptvorteil lag in der Einfachheit der Bedienung, die Nachteile bestanden in der geringen Wiedergabequalität, der kurzen Aufnahmedauer und der begrenzten Möglichkeit der Vervielfältigung. – Einen entscheidenden Fortschritt bedeutete die von Emile Berliner erstmals verwendete → Schallplatte. Berliner arbeitete zunächst mit wachsüberzogenen Metallplatten, in die eine nunmehr seitlich auslenkende Rille spiralförmig eingeschnitten wurde (Seitenschrift). Als es ihm später gelang, auf galvanoplastischem Wege Preßformen herzustellen, und in einer Mischung aus Schellack und Schiefermehl ein geeignetes Preßmaterial fand, wurde die Schallplatte bald zum Massenartikel. Sie blieb bis heute der meistverbreitete Tonträger. Sch.en konnten zunächst nur mechanisch aufgenommen und wiedergegeben werden. Schneid- bzw. Abtaststifte waren direkt mit Membranen verbunden; die Schallenergie wurde durch Trichter und Schläuche gelenkt.

1925 wurden elektrische Aufnahmeverfahren eingeführt. Nun standen mit ständig steigender Qualität → Schallwandler, → Mikrophone, Kopfhörer und → Lautsprecher zur Verfügung; vor allem die → Elektronenröhre ermöglichte die elektrische Verstärkung der in Wechselspannungen umgesetzten Schallvorgänge. Die Spieldauer von Schallplatten betrug zunächst maximal etwa 4½ min, der Frequenzumfang war beschränkt und nichtlineare → Verzerrungen traten oft merkbar in Erscheinung. Mit der Einführung der Langspielplatte konnte die Wiedergabezeit auf ca. 30 min pro Seite ausgedehnt werden, auch die Klangqualität nahm beträchtlich zu (→ High Fidelity, → Stereophonie). – Neben dem Prinzip der Schallplatte (mechanische Sch.) gibt es heute zwei weitere Arten der Sch.: die magnetische Sch. und das Lichttonverfahren. Der Magnettontechnik liegt das Prinzip der Induktion zugrunde: Bewegt man einen Leiter in einem magnetischen Feld, so entsteht eine elektrische Spannung. Diese Tatsache brachte den Amerikaner Oberlin Smith 1888 auf den Gedanken, dem Telephon entnommene Wechselspannungen zur Magnetisierung eines Drahtes als beweglichem Tonträger zu verwenden. 1935 entwickelte die AEG das erste brauchbare Magnettongerät (*Magnetophon*). 1940 gelang den deutschen Physikern Hans Joachim von Braunmühl und Wilhelm Weber eine entscheidende Qualitätsverbesserung durch das Hochfrequenzverfahren. Ein hochfrequenter Wechselstrom dient nicht nur zum Löschen früherer Aufzeichnungen, er sensibilisiert auch den Aufsprechvorgang durch die sogenannte HF-Vormagnetisierung. Bei diesem Prinzip ist es bis heute geblieben: ein beweglicher Tonträger (Tonband, Magnettonspur auf Film, Draht) wird im Rhythmus der Schallschwingungen mit Hilfe von Magnetköpfen magnetisiert. Stärke und Richtung der Magnetisierung entsprechen dabei der Phasenlage der Schallschwingungen. – Im Tonfilm ist neben dem Magnettonverfahren noch heute das Lichttonverfahren in Gebrauch. Hier werden die in elektrische Spannungsschwankungen umgewandelten Schallschwingungen auf photographischem Wege am Rande des Filmstreifens in eine Spur entsprechend variabler Lichtdurchlässigkeit umgesetzt. Diese »Tonspur« liegt bei der Wiedergabe im Strahlengang einer starken Lichtquelle, die auf eine Photozelle wirkt und dort eine von der durchgelassenen Lichtintensität abhängige Wechselspannung erzeugt. Diese wiederum kann verstärkt und durch Lautsprecher abgestrahlt werden.

Lit.: W. E. Feddersen, T. T. Saneal, D. C. Teas u. H. M. Feldhaus, Zur Entstehungsgesch. d. Sprechmaschine u. Schallplatte, Fs. C. Lindström A.G., hrsg. v. A. Guttmann, Bln 1929; E. Meyer, Schallplatten- u. Magnettontechnik, in: Hdb. d. Experimentalphysik, hrsg. v. W. Wien u. F. Harms, Bd XVII, 2, Lpz. 1934; O. Read, The Recording and Reproduction of Sound, Indianapolis (Minn.) [2]1952; W. Reichardt, Grundlagen d. Elektroakustik, Lpz. 1952, [2]1954; W. Bürck, Grundlagen d. praktischen Elektroakustik, Mindelheim (1953); Fr. Winckel, Sch., in: Hdb. f. Hochfrequenz- u. Elektrotechniker II, hrsg. v. C. Rint, Bln (1953); H. Sutaner, Schallplatte u. Tonband, Lpz. 1954; Klangstruktur d. Musik, hrsg. v. Fr. Winckel, Bln 1955; G. Slot, Vom Mikrofon zum Ohr, = Philips' technische Bibl., Populäre Reihe III, Eindhoven 1955; H. G. M. Spratt, Magnetic Tape Recording, NY 1958; Fr. Bergtold, Moderne Schallplattentechnik, = Radio-Praktiker-Bücherei 63/65a, München ([2]1959); H. Schröder, Tonbandgeräte-Meßpraxis, Stuttgart 1961; F. Trendelenburg, Einführung in d. Akustik, Bln, Göttingen u. Heidelberg [3]1961; D. A. Snel, Magnetische Tonaufzeichnung, Eindhoven 1962; H.-P. Reinecke, Stereo-Akustik, Köln 1966. HPR

Schallbecher, auch Schalltrichter, → Aufsätze, → Stürze.

Schalldruck ist der Wechseldruck, den die schwingenden Luftmoleküle bei der Schallausbreitung z. B. auf das Trommelfell des Ohres oder die Membran eines Mikrophons ausüben. Der Sch. wird in → Mikrobar (μb) gemessen.

Schallöcher sind Durchbrechungen der Decke oder des Resonanzbodens bei Saiteninstrumenten. Wichtiger als für den Schallaustritt sind die Sch. in ihrer Wirkung auf die Schwingungsform der Decke. Bei Zupfinstrumenten wird ein rundes Schalloch in der Mitte bevorzugt (auch mit → Rosette), für Violen sind C-förmige, für Violinen f-förmige Sch. charakteristisch.

Schallplatte. Gegenüber dem walzenförmigen Tonträger des Edison-Phonographen, der das Problem der mechanischen → Schallaufzeichnung grundsätzlich gelöst hatte (1877), bot die Sch. Emile Berliners (1887) alle Vorteile eines leicht und billig zu produzierenden Massenartikels. Die von Berliner 1893 gegründete United States Gramophone Company konnte mit ihren Tochtergesellschaften in London (Gramophone Company) und Hannover (Deutsche Grammophon Gesellschaft) schon um 1900 ein Sch.n-Repertoire von etwa 5000 Titeln anbieten. Die ersten Sch.n hatten 17 cm Durchmesser, waren einseitig bespielt und kosteten in Deutschland etwa 2,50 RM. Mit dem Ausbau des klassischen Repertoires (25- und 30-cm-Platten von 5 bis 20 RM) wurde die Sch. – zunächst nur Kuriosität und Jahrmarktsattraktion – gesellschaftsfähig. 1906 lag der deutsche Sch.n-Umsatz bereits bei 1,5 Millionen Stück; 1930 erreichte er 30 Millionen. Nachdem die Sch.n-Produktion in Deutschland durch Kriegsschäden fast völlig zum Erliegen gekommen war, begann um 1950 eine erneute Aufwärtsentwicklung, die mit entscheidenden Verbesserungen der Sch.n-Technik parallel lief: 1950 Verlängerung der Spieldauer durch variable Rillenabstände; 1951 Einführung der Kunststoff-Langspielplatte mit 33⅓ U/min; 1953–58 Übergang von Schellack- auf Kunststoffplatten mit 45 U/min auch für das gängige Schlager- und Tanzmusikrepertoire (Single-Sch.n); 1958 Beginn der → Stereophonie. – Voraussetzung für den heutigen hohen Qualitätsstandard der Sch. waren u. a. die Einführung der UKW-Technik beim → Rundfunk und die Expansion der Abspielgeräte-Industrie (→ High Fidelity). 1966 erreichte der Sch.n-Umsatz in der Bundesrepublik über 50 Millionen Stück mit einem Langspielplattenanteil von fast 40%. Neben der Popularisierung der Sch. durch Rundfunk (Schlagerparaden, präsentiert von dem Disc-Jockey genannten U-Musik-Experten) und → Music box waren neue Vertriebsmethoden (Sch.n-Klubs, Versandhandel) und differenzierte Preispolitik (»Low-price«-Serien) wesentlich an diesem Erfolg beteiligt. – Um die Jahrhundertwende hatten die großen Firmen mit dem Aufbau eines seriösen Repertoires begonnen. Bevorzugt wurden anfangs – aus aufnahmetechnischen Gründen – Opernarien und Kammermusik; später kamen Orchesterwerke hinzu (erste Gesamtaufnahme der 5. Symphonie von Beethoven unter A. Nikisch, Grammophon, 1913). Das U-Musik-Programm bestand zunächst aus Märschen und Volksliedern. Zusammen mit der neueren Wiener Operette erschien der Schlager im Sch.n-Repertoire; er ist mit seinen oft die Millionengrenze überschreitenden Auflagen bis heute der bestimmende ökonomische Faktor des Sch.n-Marktes. Neben der kurzlebigen Schlager- und Tanzmusik auf Single-Sch.n umfaßt das Angebot einer großen Sch.n-Firma ein vielseitiges Langspielrepertoire von oft mehreren 1000 Werken mit den Standardkategorien: Symphonische Musik, Oper und Oratorium (Gesamtaufnahmen, Querschnitte), Instrumentalkonzerte, Kammermusik, Chormusik und Lied; Operette (meist Querschnitte), Unterhaltungs- und Tanzmusik, Märsche und Blasmusik, Jazz und Folklore; Literatur (dramatische Werke, Lyrik, Prosa), Kabarett und Chanson, Märchen und Abenteuergeschichten; Spezialitäten (Dokumentaraufnahmen, Tierstimmen, Geräusche, technische Meßplatten). Sorgfältig redigierte Veröffentlichungsreihen (nach musikhistorischen oder geographischen Aspekten) und aufwendige Gesamtausgaben genügen oft hohen künstlerischen, wissenschaftlichen und pädagogischen Ansprüchen; kleinere Sch.n-Gesellschaften sind zum Teil auf derartige Publikationen spezialisiert (z. B. auf Kammermusik der Vorklassik, auf Moderne u. a.). Sch.n für besondere Wissensgebiete (Sprachen, Medizin, Religion, Pädagogik) werden weitgehend von Fachbuchverlagen ediert. – Die Amortisation der durchweg sehr hohen Produktions-, Vertriebs- und Verwaltungskosten wird durch zusätzliche Auswertung der Aufnahmen über Sch.n-Klubs, (anonyme) Zweitmarken sowie durch Neuzusammenstellung in sogenannten Sammelprogrammen (Sängerporträts, Wunschkonzerte, Schlagerparaden) angestrebt. Während noch vor wenigen Jahren das E-Musik-Repertoire von den Schlager-Sch.n mitfinanziert werden mußte, gibt es heute ausgesprochene Klassikbestseller mit Gesamtumsätzen von über 100000 Stück. In der Spitzenpreisklasse (25–30 DM) rangieren künstlerisch und technisch hochwertige moderne Einspielungen mit (meist durch Exklusivverträge gebundenen) Starsolisten und -dirigenten, in den anderen Preiskategorien (5–21 DM) technisch veraltete Aufnahmen oder Neuproduktionen mit weniger bekannten Künstlern. Dem Preisniveau entspricht die äußere Aufmachung mit allen Varianten von der Lederkassette mit illustriertem Textheft bis zur einfarbig bedruckten Kartontasche.

Praktisch unüberschaubar sind Anzahl und wirtschaftliche Verknüpfung der Sch.n-Firmen. Die von den einzelnen Organisationen vertriebenen Marken (Labels) sind nur zum kleineren Teil firmeneigen; die meisten Labels werden über Repertoireaustausch-Verträge auf Lizenzbasis zur Auswertung in bestimmten Gebieten und auf begrenzte Zeit erworben. Zu den Weltmarken zählen RCA Victor (Decca, Telefunken, London, Reprise, Coral u. a.), CBS (Epic, Blue Note, Regina, Westminster, Falcon u. a.), Deutsche Grammophon Gesellschaft (Archiv-Produktion, Polydor, Heliodor, MGM, Verve, Tip u. a.), Electrola (Columbia, Odeon, Capitol u. a.) und Philips (Mercury, Fontana, Amadeo u. a.). Wachsende Bedeutung kommt den Sch.n-Produktionen der Musikverleger zu, z. B. Bärenreiter-Musicaphon, Möseler (Camerata), Herder (Christophorus), Schwann (Musica Sacra). Das Gesamtangebot des westdeutschen Sch.n-Handels ist (außer Single-Repertoire) in dem jährlich neu erscheinenden *Großen Sch.n-Katalog* (Lüdenscheid 1964ff.) vorgelegt (→ Diskographie). Darüber hinaus ist der Sch.n-Weltmarkt durch einen umfassenden Importdienst erschlossen. – Neben den (nur kommerziell relevanten) Firmenauszeichnungen für Interpreten und Autoren (Goldene Sch. für 1 Million verkaufte Exemplare, erstmals 1920 an Paul Whiteman für den Schlager *Whispering*) werden alljährlich zahlreiche unabhängige Preise für künstlerisch bedeutsame Neuerscheinungen verliehen (Grand Prix du Disque in Frankreich, Edison-Preis in Holland, Deutscher Sch.n-Preis). Wenn auch die Rolle der Sch. auf kulturellem, soziologischem und wirtschaftlichem Gebiet noch unterschiedlich bewertet wird, so ist doch ihre Bedeutung als Dokument der Musik- und Zeitgeschichte unumstritten (so läßt sich z. B. die Entwicklung des Jazz nur anhand von Sch.n aufzeigen; → Race records). In mehreren Ländern bestehen bereits systematische Sammlungen der lokalen Sch.n-Produktion (USA, Italien, Frankreich, Großbritannien; Deutsche Musikphonothek, West-Berlin, seit 1961; → Phonothek). – Entgegen vielen Prophezeiungen hat die seit 1950 ständig wachsende Verbreitung des Amateur-Tonbandgerätes (Prinzip der magnetischen Schallaufzeichnung) die Expansion der Sch. nicht beeinträchtigt. Ob die in jüngster Zeit auf dem amerikanischen und europäischen Markt in den Handel gekommenen Kassetten mit bespielten Tonbändern die Sch. verdrängen werden, ist noch nicht abzusehen.

Lit.: D. SCHULZ-KOEHN, Die Sch. auf d. Weltmarkt, Bln 1940; FR. W. GAISBERG, The Music Goes Round, NY 1942; R. BAUER, The New Cat. of Hist. Records 1898–1908/09, London (1948); W. M. BERTEN, Musik u. Mikrophon, Düsseldorf (1951); 50 Jahre C. Lindström GmbH, Köln 1954; Das Sch.-Buch, hrsg. v. W. FACIUS, Düsseldorf (1956); W. HAAS u. U. KLEVER, Schallplattenbrevier, = Ullstein-Bücher 203, Ffm 1958; DIES., Die St. seines Herrn, ebenda 246, 1959; E. SIEBER, D.-G. WORM u. H. SUTANER, Schallplattenfibel, Lpz. 1958; CHR. ECKE, Ewiger Vorrat klass. Musik, 3 Bde, = rowohlts monographien XXXV, LXIX u. LXX, Hbg (1959–62); H.-P. REINECKE, Mw. u. Sch., Kgr.-Ber. NY 1961, Bd I; R. REICHARDT, Die Sch. als kulturelles u. ökonomisches Phänomen, = Staatswiss. Studien, N. F. XLVII, Zürich 1962; 65 Jahre Deutsche Grammophon Ges., Hbg 1963; A. SILBERMANN, Sch. u. Ges., = Bertelsmann Briefe XXIV, Gütersloh 1963; C. RIESS, Knaurs Weltgesch. d. Sch., Zürich (1966); J. VIEDEBANTT, Die Rolle d. Sch., = Schriftenreihe d. Deutschen Studienges. f. Publizistik VI, München u. Bln 1966.

Periodica u. Zss.: Billboard, Cincinnati (O.) I, 1894ff.; Down Beat, Chicago I, 1934ff.; The American Record Guide, NY I, 1935ff.; Cash Box, NY I, 1941ff.; Automatenmarkt, Braunschweig I, 1949ff.; Diàpason, Mailand I, 1950ff.; La Rev. des Disques et la Haute Fidélité, Paris I, 1950ff.; Die Sch., Hbg I, 1952ff.; Luister, Amersfoort I, 1952ff.; Music Revy, Stockholm I, 1952ff.; Bielefelder Kat., Bielefeld I, 1953ff. (bis VII, 1959 unter d. Titel Die Langspielplatte); The Gramophone, Kenton I, 1954ff.; fono forum, Bielefeld I, 1956ff.; Der Musikmarkt, München 1959ff.; Discoteca, Mailand 1959ff.; Jazzkat., Bielefeld I, 1959/60ff.; Audio and Record Review, London I, 1961ff.

HGL

Schallspektrum → Frequenzspektrum.

Schallwandler sind Geräte zur Umwandlung akustischer Schwingungsvorgänge in elektrische (primäre Sch., → Mikrophon) und umgekehrt (sekundäre Sch., → Lautsprecher). In fast allen Sch.n ermöglicht eine Membran als mechanisches Zwischenglied die Umwandlung einer Energieform in die andere. Ohne Membran dagegen funktioniert z. B. die »Palme« der Ondes musicales. Grundsätzlich sind elektromagnetische, elektrodynamische, elektrostatische und piezoelektrische Sch. zu unterscheiden.

Lit.: F. A. FISCHER, Grundzüge d. Elektroakustik, Bln (1949), ²1959; W. REICHARDT, Grundlagen d. Elektroakustik, Lpz. 1952, ²1954.

Schallwellen → Wellen.

Schalmei (griech. κάλαμος, lat. calamus, Halm, calamellus, Röhrchen; in St. Gallen im 8. Jh. cannamala, glossiert als canna de qua canitur; altfrz. chalemie, seit dem 16. Jh. chalemeau, → Chalumeau – ¹; mhd. und engl. shawm), – 1) im Mittelalter eine Familie von Doppelrohrblattinstrumenten enger Mensur mit 6-7 Grifflöchern, die, mit Windkapselansatz geblasen, ein Überblasen nicht gestatteten. Die Sch. ist im arabischen Raum um 1000 bekannt; in Europa gelangte das zunächst ritterliche Instrument im 15. Jh. zu den Spielleuten und Türmern. Mit der Entwicklung der Musikinstrumente zu vollerem Klang und größerem Umfang besonders zur Tiefe hin entstand aus der mittelalterlichen Sch. die Familie der → Bomharte mit weiterer Mensur und mit Klappen. Das Diskantinstrument der Sch.-Familie glich sich wahrscheinlich erst später an; ihm verblieb der Name Sch. (Tinctoris 1484: *tibia que vulgo celimela nuncupatur*; Praetorius Synt. II: *Allein der oberste Discant, welcher keinen Missings Schlüssel hat / wird Schalmeye genennet*). Die Sch. kommt noch heute

Scharf(f)

in orientalischer Musik und europäischer Volksmusik (Balkan; in Italien als → Piffero) vor sowie in der → Cobla. In der Systematik der Musikinstrumente wird Sch. zuweilen als Sammelname für alle Rohrblattinstrumente (einfache und doppelte Rohrblätter) verwendet. – 2) als Orgelregister eine offene Zungenstimme zu 8′ oder 4′ mit trichterförmigen Aufsätzen.

Lit.: zu 1): D. BARTHA, Die avarische Doppelsch. v. Jánoshida, Archaeologica Hungarico XIV, 1934; P. BRÖMSE, Fl., Sch. u. Sackpfeifen Südslawiens, = Veröff. d. Mw. Inst. d. Deutschen Univ. Prag IX, Brünn, Prag, Lpz. u. Wien 1937; W. FREI, Sch. u. Pommer, Mf XIV, 1961.

Scharf(f) (latinisiert Acuta) ist eine Mixtur von enger Mensur, meist 4fach und auf 1′ beginnend. In der norddeutschen Barockorgel ist das Sch. die Klangkrone im Rückpositiv und Brustwerk, bei A. Schnitger auch 6–8fach auf $1^{1}/_{3}$′. Praetorius (Synt. II) beschreibt ein Sch., das eine Oktavlücke zwischen erstem und zweitem Chor aufweist.

Schauspielmusik → Bühnenmusik.

Scheinkonsonanz → Auffassungsdissonanz.

Scheitholz, Scheitholt, eine einfache Schmalzither. Der rechteckige, kastenartige Resonanzkörper (ähnlich dem des Monochords) trägt das Griffbrett mit den Metallbünden, darüber laufen bis zu 5 Metallsaiten. Sie werden mit einem Stöckchen angezupft. Das Sch., ebenso einfach zu bauen wie zu spielen (Praetorius Synt. II rechnet es unter die *LumpenInstrumenta*), wird heute in der Musikerziehung verwendet.

Schellen sind Gefäßrasseln, kleine, meist geschlitzte hohle Blechkugeln, die ein Steinchen oder kleines Metallkügelchen enthalten; beim Schütteln entsteht ein metallisches Scheppern ohne Nachklang. Sch., die es auch in Glöckchenform mit Klöppel gibt, werden (im Unterschied zu den gegossenen Glocken) aus dünnem Blech gehämmert. Größere Sch. kommen vor als Kuh-Sch., kleine am → Schellenbaum. Im Orchester werden Sch. gelegentlich vorgeschrieben (Mahler, 3. Symphonie, 1. und 4. Satz); das dabei benutzte Instrument ist meist ein mit einer Anzahl Sch. besetzter Lederreifen, der geschüttelt wird. An Trommeln kommen sowohl außen an der Zarge befestigte Sch. als auch kleine, in die Zarge eingelassene Metallplättchen in Beckenform vor (→ Sch.-Trommel).

Schellenbaum (auch Halbmond; seltener, hauptsächlich im 19. Jh. gebräuchlich: Mohammedsfahne; engl. chinese bzw. turkish crescent oder einfach crescent, chinese pavilion, auch Jingling Johnny – volksetymologisch von türkisch chaghāna; frz. chapeau bzw. pavillon chinois; ital. capello bzw. padiglione cinese auch mezzaluna; span. chinesco oder cimbalero; dänisch janitscharspil), ein mit der → Janitscharenmusik in die europäische Militärmusik gelangtes Klingelinstrument. Der Sch. besteht aus einem Stab und mannigfachem Zierat, der mit Glöckchen und Schellen behängt ist; an der Spitze des Stabes ist zumeist ein Halbmond oder ein hutartiges Gebilde, das an ein chinesisches Dach erinnert, befestigt (daher die verschiedenen Bezeichnungen). Charakteristisch sind die von der Spitze an beiden Seiten herabhängenden bunten Roßschweife, die auf den Ursprung des Sch.s als Standarte der türkischen Reitertruppen hindeuten (im Inventar des Preßburger Schlosses wird schon 1527 *Ain Turgkischen pusch von roßhar an ain spieß, wie es die Turgken fuern*, erwähnt). Seit Ende des 18. Jh. war der Sch., der den Militärkapellen vorangetragen wurde, allgemein bekannt. In England und Frankreich begann er um die Mitte des 19. Jh. (Krimkriege) zu verschwinden; in Deutschland hingegen blieb er bis 1945 das Prunkstück der Infanteriekapellen. Neben den durch Schütteln zum Erklingen gebrachten Sch. trat bald das tragbare, mit einem Hämmerchen angeschlagene Glockenspiel, die → Lyra (– 4), die als Erinnerung an den Sch. die beiden Roßschweife übernommen hat. Rußland kannte außer dem eigentlichen Sch. die dem Sch. verwandten Loschky (Löffel). Nach Afrika kam das Instrument durch die Kolonialtruppen. In Asien ist es weithin bekannt und findet auch in der Kunstmusik Verwendung, z. B. als Gentorak in einigen indonesischen → Gamelans.

Schellentrommel (auch Tamburin; frz. tambour de basque; ital. tamburino; engl. timbrel; heute tambourine; span. → pandero; arabisch → ṭār), ein im Mittelalter und noch heute in Spanien vorwiegend von Frauen gespieltes Volksinstrument, dessen oft gebrauchte Benennungen → Tambourin (– 1; »kleine Trommel« oder »baskische Trommel« (den Basken war das Instrument unbekannt) irreführend sind. Die Sch. besteht aus einem einseitig mit einer Membran bespannten Holzreifen (seltener Metall, z. B. Messing), in den in kleinen Spalten 10–15 Schellen oder Metallplättchen eingelassen sind. Der Rahmen ist 6–7 cm hoch, der Durchmesser beträgt etwa 25–30 cm. Der Klang der Sch. ist kurz und trocken, er wird durch das Klirren der Schellen oder der gegeneinanderschlagenden Plättchen teilweise überdeckt. Das Instrument kann durch Schütteln, Reiben oder Schlagen des Fells sowie durch Schläge auf den Rahmen gespielt werden. Die Sch. (nicht identisch mit dem → Tympanum – 1) erscheint ab 1400 in ganz Europa auf Engeldarstellungen. Für den bevorzugten Gebrauch der Sch. in Spanien spricht im 17. Jh. sowohl die in Italien um 1600 belegte Charakterisierung *um baletto con sonagline alla spagnuola* (Sachs Hdb., S. 113) als auch die Bezeichnung *Morenpaucklin* (Praetorius Synt. II, Tafel XXII). In England kennt Ch. Burney noch 1776 drei Bezeichnungen der Sch.: *A Tambour de Basque, Tabret, or Timbrel, from the picture of a Baccante, or female Bachanal, dug out of Herculaneum. ... To the rim were hung bells or pieces of metal* (*A General History* ... I, S. 389, vgl. auch Tafel VI, 7). Die Sch. wird im Orchester vor allem zur Charakterisierung exotischen, orientalischen und spanischen Kolorits verwendet. Beispiele bieten die Zigeunermelodie in C. M. v. Webers *Preziosa* (1821), die Ouvertüre *Le Carnaval Romain* (1844) von Berlioz, *Carmen* (1875) von Bizet, *Le désert* (1847) von Félicien David, *Capriccio espagnol* (1887) von N. Rimskij-Korsakow, *Ibéria* (1911) von Debussy und *Rapsodie espagnole* (1907) von Ravel.

Scherzo (sk′ertso, ital., Scherz, Spaß), – 1) um 1600 (wie → Capriccio) ein beliebtes Titelwort für Sammlungen 3st. Kanzonetten, daneben eine Bezeichnung für Sologesänge über kanzonettenartige Texte und für Instrumentalstücke unterschiedlicher Art (z. B. Monteverdi 1607 und 1632, A. Brunelli 1614 und 1616, A. Troilo 1608, B. Marini 1622; ähnlich noch bei J. S. Bach, Partita A moll, BWV 827, 6. Satz); – 2) ein rascher, launiger Satz im 3/4- oder 3/8-Takt mit Trio, der sich meist durch ausgeprägte rhythmische Eigenwilligkeit auszeichnet und der seit Beethoven als Mittelsatz des Sonaten-Satzzyklus an die Stelle des → Menuetts trat, aus dem er hervorgegangen war. 1781 bezeichnete J. Haydn in den Streichquartetten op. 33 Nr 2–6 (Hob. III, 38–42) erstmals menuettartige Sätze als Scherzando bzw. Sch. In Haydns früheren Menuetten sind scherzohafte Elemente (z. B. starke Bewegungskontraste) vorgebildet, doch findet sich die Überschrift Sch. bzw. Scherzando vor op. 33 nur für einige Finalsätze im 2/4-Takt angewendet: Divertimento für Kl. F dur (Hob. XVI, 9) und Streichquartette op. 3 Nr 5 und 6

(Hob. III, 17 und 18). Während sich Scherzando bei den geradtaktigen Sätzen mehr auf den Charakter (scherzhaft, tändelnd) bezieht und auch als Interpretationshinweis gelten kann (Allegretto scherzando), ist mit der Überschrift Sch. in op. 33 eher die eigenwillige kompositorische Struktur angesprochen. Auch der junge Beethoven schrieb 1783 ein (geradtaktiges) Scherzando als Finale seiner Klaviersonate D dur (WoO 47, Nr 3). Der geradtaktige »Scherzandotyp« (die Bezeichnungen Sch. und Scherzando werden allerdings nirgends streng geschieden), der in op. 8 als schneller Mittelteil eines Adagios wiederkehrt, muß neben dem von Haydn aus dem Menuett abgeleiteten Typ als Wurzel des Beethovenschen Sch.s gelten, das sich allerdings durch Aufnahme burlesker und symphonischer Züge weitgehend vom Menuett entfernte. Während Haydn sich nach op. 33 wieder dem (schnellen) Menuett mit Sch.-Elementen zuwandte, bevorzugte Beethoven das Sch. und beschränkte in seinen späteren Werken das (langsame) Menuett auf den »Graziosotyp«. Schubert schrieb Sch. und Menuett nebeneinander. – Die Komponisten des 19. Jh. entwickelten das Sch. zu einem Ort der freiesten Ausprägung des jeweils individuellen Humors, erfüllten es auch mit anderen Ideen und Elementen verschiedenartigster Herkunft (z. B. schottische Volksliedmotive bei Mendelssohn Bartholdy op. 56). Hervorzuheben sind die Scherzi der neun Symphonien Bruckners und das der 4. Symphonie von Brahms. Ausklang der Gattung bedeuten die Scherzi der 3. bis 5. Symphonie von K. A. Hartmann. – 3) Gelegentlich wurde Sch. im 19. Jh. auch als Bezeichnung für virtuose Klavierstücke nach Art von Caprices oder Konzertetüden gebraucht; bedeutend sind die vier großen Scherzi von Chopin.

Lit.: zu 2): G. BECKING, Studien zu Beethovens Personalstil. Das Scherzothema, = Abh. d. Sächsischen Staatl. Forschungsinst. f. Mw. II, Lpz. 1921; A. ADRIO, Menuett u. Sch., Der Musikerzieher XXXVI, 1940. HHA

Schisma (griech. σχίσμα) ist das Verhältnis des pythagoreischen zum syntonischen → Komma $(-1): \frac{531441}{524288} : \frac{81}{80}$, oder auch das Verhältnis der reinen großen Terz über der 8. Quinte zur 5. Oberoktave:

$$\left(\frac{3}{2}\right)^8 \cdot \frac{5}{4} : \left(\frac{2}{1}\right)^5 = \frac{32805}{32768} \text{ (1,954 Cent).}$$

Es entspricht angenähert dem Verhältnis zwischen der reinen Quinte und der Quinte der 12stufig gleichschwebenden Temperatur. Das Diaschisma $\left(\frac{2048}{2025}\right)$ entspricht dem Verhältnis von syntonischem Komma und Sch. $\left(\frac{81}{80} : \frac{32805}{32768}\right)$ und ist mit 19,55 Cent fast genau zehnmal so groß wie das Sch. (→ Intervall-Tabelle).

Schlägel (auch Schlegel, beide Formen gleich üblich; engl. sticks, beaters; frz. baguettes; ital. bacchette, battenti) heißen die 30–40 cm langen, in einen Kopf auslaufenden Schlagwerkzeuge, mit denen Pauken, Trommeln, Becken und andere Schlaginstrumente gespielt werden. Neben den noch heute gebräuchlichen Schl.n aus Esche, Buche, Rohr oder andere Materialien wurden auch kunstvoll geschnitzte oder gedrechselte Schl. aus Elfenbein benutzt. Die wichtigsten heute verwendeten Schl.-Arten sind: 1) Pauken-Schl. (zum Teil auch für andere Schlaginstrumente benutzt): Bei den heute üblichen Spieltechniken kommt der Pauker im wesentlichen mit 5 verschiedenen Schl.n aus: Schwamm-Schl., bestehend aus einem mit Schwamm überzogenen Korkkopf; dieser zuerst von Berlioz verlangte Schl.-Typ wurde bis etwa 1900 gebraucht. Er ist heute weitgehend durch den Filz-Schl. ersetzt, den es in verschiedenen Größen und Härtegraden gibt und der heute am häufigsten benutzt wird. Sein Anschlag erzeugt im Forte wie im Piano einen weichen und runden Klang. Der Stiel des Filz-Schl.s besteht meist aus Rohr von ca. 8–10 mm Stärke; um die am Ende aufgesetzte Holz- oder Korkkugel wird der Filz in mehreren Lagen gezogen und am Stock vernäht. Hartfilz-Schl. eignen sich besonders gut für die Erzeugung von obertonarmen Anschlägen und können sogar den Holz-Schl. ersetzen. Kork-Schl. werden nur noch selten gebraucht. Außer den Holz-Schl.n werden auch noch Leder-Schl. benutzt (schon von Kastner, *Méthode de timbales*, 1845, beschrieben), deren Lederüberzug einfach oder doppelt auf den Holzkopf aufgezogen ist. 2) Trommelstöcke, dünne Hartholz-Schl., deren Schlagende sich zunächst verengt und dann in einen konischen Kopf ausläuft. 3) Vibraphon-Schl., in der Ausführung für »hartes« Spiel mit Hartgummiköpfen versehen, für »weiches« Spiel mit Wollgarn in mehreren Lagen umwickelt. 4) Triangelstab, ein dünner Stahlstab, der an einem Ende konisch ausläuft. 5) Schl. für große Trommel, bestehend aus einem zylindrischen Hartfilzkopf mit kurzem Stiel; für besonders weiches Spiel werden Schl. mit Kugelköpfen verwendet. Die Ausführung des Wirbels geschieht mit 2 Schl.n oder mit einem Schl., der 2 Köpfe hat. Als Schlagwerkzeug der großen Trommel ist auch die → Rute bekannt. – Schl., mit denen das → Cimbalom und das → Xylophon gespielt werden, heißen Klöppel. Ein zum Instrumentarium der Tanz- und Unterhaltungsmusik gehörendes Schlagwerkzeug ist der Jazzbesen (→ Besen).

Schlager ist um 1880 in Wien als Schlagwort für eine zündende (»einschlagende«) Melodie aufgekommen und wurde dann auch im weiteren deutschen Sprachgebiet eingeführt als Bezeichnung vor allem für Gesangstücke (meist aus Opern oder Operetten, z. B. Couplets, Chansons, Lieder, textierte Märsche), die populär waren oder wurden und die dabei ihrer Herkunft und ursprünglichen Bestimmung entfremdet werden konnten. In der Folgezeit entstanden zunehmend auch eigenständige Musikstücke, die als Schl. bezeichnet wurden, weil sie eine populäre Wirkung ausübten oder ausüben sollten. Aber erst durch Schallplatte, Rundfunk, Film, Music box und Fernsehen konnte der Schl. auf breiteste Publikumsschichten wirken; dadurch erfuhren Schl.-Produktion und Schl.-Konsum mächtige Förderung. Im 20. Jh. ist der Schl. neben dem Jazz das musikalische Phänomen mit der größten internationalen Breitenwirkung. Popularität, meist kurzlebige Aktualität, Unüberschaubarkeit der Menge im Angebot und jene Art von Erfolg, für die die gewohnten Kriterien der musikalischen Qualität nicht ausschlaggebend sind, gehören zu den Eigenheiten des Schl.s und erschweren seine kunstmäßige Bewertung. – Der Erfolg eines Schl.s wird heute auf kommerzieller Basis gemessen, nämlich am Verkaufsergebnis der Schallplatten (nicht mehr an dem der Noten), an der Zahl der Aufführungen durch Kapellen oder Sendungen durch den Rundfunk und an den Einspielergebnissen der → Music boxes; die Ergebnisse werden öffentlich bekanntgemacht (Schl.-Paraden im Rundfunk und Fernsehen, Überreichung von »Goldenen Schallplatten«, Schl.-Festivals). Das englische Wort hit (s. v. w. Treffer, Schl.) ist zur Bezeichnung für erfolgreiche Schl. auch in Deutschland eingeführt. Werke, die den Tageserfolg überdauern, werden auf dem Gebiet der Unterhaltungsmusik »Standardwerke«, auf dem der Tanzmusik Evergreens genannt (in Fachkreisen, z. B. der GEMA, ist mit diesen Bezeichnungen eine bestimmte Klassifizierung verbunden). Zur Bezeichnung eines Schl.s, der sich gewisser sentimentaler Mittel übersteigert bedient, ist das Wort »Schnulze« aufgekommen, ohne daß diese abwertende Benennung den Publikumserfolg dieser Art Schl. zu schmälern vermochte.

Der Schl. kann weder musikalisch noch literarisch als eigene Gattung begriffen werden. Jedes Musikstück, das die dem Schl. eigene Wirkung hat oder intendiert, kann als Schl. bezeichnet werden. Die Aktualität fordert vom »Texter« wie vom Komponisten, sich den modischen Geschmacksrichtungen, Gesinnungen und Wunschvorstellungen anzupassen, damit der Schl. »ankommt«. Die relativ begrenzten, aber konstanten Grundthemen der Texte (Liebe, Fernweh, Heimweh, alltägliches Glück usw.) teilt der Schl. weitgehend mit der volksnahen Lyrik aller Länder und Zeiten, ist aber von dieser dadurch unterschieden, daß diese Grundthemen bewußt auf den jeweils herrschenden Zeitgeist hin spezifiziert werden. Das Grundmotiv Fernweh, Wanderlust z. B. wird dem modernen Tourismus angepaßt. In den Kriegszeiten hat der Schl. heroisierte Themen gewählt, indem er z. B. das Grundmotiv Liebe als Soldatenliebe variiert und dabei einen patriotischen Charakter annimmt. Auch melodisch, harmonisch und rhythmisch benutzt der Schl. gängige Formeln, die zum Teil in Modetänzen und in der jeweils herrschenden Spielweise des Jazz vorgebildet sind. Ihren Schl.-Charakter, zumal das Schl.-Raffinement, erhalten die Stücke jedoch recht eigentlich erst durch das Arrangement, den Vortragsstil des Sängers und durch den »Sound« der Kapelle, meist unter Verwendung modernster Aufnahmetechniken. Für besonders beliebte Vorwürfe gibt es standardisierte Einkleidungen (Südsee: Hawaiigitarre; südeuropäische Länder: Gitarren und Mandolinen; Paris: Musettewalzer). – Die weitaus überwiegende Zahl der Schl. ist textiert; rein instrumental erscheinen sie meistens erst dann (auch in Potpourris), wenn sie den Höhepunkt ihres Erfolges überschritten haben und der Text dem Publikum so vertraut ist, daß es ihn beim Hören mitdenken kann. Ein Schl. wird oft geprägt und überhaupt erst zum Erfolgs-Schl. durch den Sänger, der ihn kreiert, denn er wird weniger nur gesungen als vielmehr in übersteigerter Erlebensmanier vorgetragen (schmachtend, verführerisch, schmissig, frech, verzweifelt, naiv) und vom Hörer mit der Person des Interpreten weitgehend identifiziert. – Beispiele für erfolgreiche Schl. in Deutschland (nach E. Schulze in: *Festprogramm Deutsche Schl.-Festspiele 1962*), entstanden vor der Jahrhundertwende: *Waldeslust*; *Fischerin, du Kleine*. – Aus der Zeit bis nach dem 1. Weltkrieg: *Glühwürmchen*; *Vilja-Lied*; *Auf der Reeperbahn*; *Das war in Schöneberg*; *Im Prater blühn wieder die Bäume*. – *Ausgerechnet Bananen* (1923); *Ramona* (1927); *Charmaine*; *Ich küsse Ihre Hand, Madame* (1928); *In einer kleinen Konditorei*; *Wenn der weiße Flieder wieder blüht*; *Schöner Gigolo, armer Gigolo* (1929); *Sonny Boy* (1929); *O Donna Clara* (1930); *Das gibt's nur einmal* (1931); *Hein spielt abends so schön auf dem Schifferklavier* (1934); *Du kannst nicht treu sein* (1935); *Bel ami* (1939); *Es geht alles vorüber* (1942); *Capri-Fischer* (1946); *Harry-Lime-Theme* (*Der Dritte Mann*), nicht textiert (1950); *C'est si bon* (1951); *O mein Papa* (1955); *Dort wo die Blumen blühn* (1957); *Milord* (1960). – Zu den bekanntesten, teilweise schon »historisch« gewordenen Schl.-Sängern zählen: Lale Andersen (*Lili Marleen*); Charles Aznavour (*Il faut savoir*; *Les deux Guitares*); Gus Backus (*Come Go With Me*); Gilbert Becaud (*Le jour ou la pluie viendra*); Harry Belafonte (*Banana-Boat*); Fred Bertelmann (*Der lachende Vagabund*); Maurice Chevalier (*Chapeau de Zozo*); Bing Crosby (*White Christmas*); Doris Day (*I've Got My Love*); Marlene Dietrich (*Ich bin von Kopf bis Fuß ...*); Peter Igelhoff (*Der Onkel Doktor hat gesagt*); Al Jolson (*Sonny Boy*); Evelyn Künneke (*Sing, Nachtigall, sing*); Zarah Leander (*Kann denn Liebe Sünde sein*); Edith Piaf (*Milord*); Elvis Presley (*Wooden Heart*); Freddy Quinn (*Junge, komm bald wieder*); Paul Robeson (*Ol' Man River*); Tino Rossi (*Tarantella*); Rudi Schuricke (*Caprifischer*); Frank Sinatra (*Young at Heart*); Richard Tauber (*Dein ist mein ganzes Herz*); Catarina Valente (*Ganz Paris träumt von der Liebe*).

Lit.: A. PENKERT, Das Gassenlied, Lpz. 1911; »Die Schl.-Seuche«, AMZ LIV, 1927; A. ALBERS, Psychologie d. Schl., in: Buchhändler-Taschenbuch, Stuttgart 1928; TH. (WIESENGRUND-)ADORNO, Schlageranalysen, Musikblätter d. Anbruchs XI, 1929; F. GÜNTHER, Schl., Mk XXIII, 1930/31; H. CONNOR, Schlagerindustrie im Rundfunk, Weltbühne XXVII, 1931; DERS., Haben Schl. künstlerischen Wert?, Mk XXIV, 1931/32; O. SONNEN, Was ist ein Schl.?, AMZ LVIII, 1931; W. HAAS, Das Schlagerbuch, = List-Bücher CI, München (1957); E. HAUPT, Stil- und sprachkundliche Untersuchungen zum deutschen Schl., Diss. München 1957, maschr.; A. M. RABENALT, Die Schnulze, Icking 1959; S. SCHMIDT-JOOS, geschäfte mit schl., = Das Aktuelle Thema II, Bremen (1960); B. BINKOWSKI, Ist d. Schl. d. Volkslied unserer Zeit?, in: Musik u. Bildung unserer Zeit, hrsg. v. E. Kraus, Mainz 1961; DERS., Für und wider d. Schl., Musik im Unterricht (Ausg. B) IV, 1961; H. CHR. WORBS, Der Schl., Bremen 1963; G. WEISE, Zum Schl. v. heute, Kulturarbeit XVIII, 1966. HOC

Schlaginstrumente, auch Perkussionsinstrumente (engl. percussion instruments; frz. instruments à percussion), sind Instrumente, bei denen der Ton durch Schlagen oder eine verwandte Bewegung (Stampfen, Schütteln, Schrapen, Reißen) erzeugt wird. Neben der Mehrzahl der → Idiophone und → Membranophone sind auch einige → Chordophone (Hackbrett, Hammerklavier) zu den Schl.n zu zählen. Unter den Schl.n wird weiter unterschieden nach abgestimmten, wie → Glocke, → Pauke, → Xylophon, und nicht abgestimmten (Geräuschinstrumenten), wie → Amboß, → Becken, → Claves, → Gong, → Holzblock, → Klappern, → Triangel, → Trommel. Schl. gehören als Geräusch- oder Rhythmusinstrumente zum ältesten und primitivsten Instrumentarium, finden sich aber auch in Hochkulturen einiger Zonen der Erde (Alter Orient, Negerafrika, Südsee). → Schlagzeug.

Schlagzeug (engl. percussion; frz. batterie, percussion; ital. batteria, percussione), die dritte Hauptgruppe im Orchester neben den Streich- und den Blasinstrumenten. Zum Schl. zählen heute nicht nur die eigentlichen → Schlaginstrumente (außer der Pauke), sondern auch Schrap- (→ Guiro, → Ratsche), Schüttel- (→ Rassel, → Maracas, → Schellen) und gewisse Tasteninstrumente (Klaviaturglockenspiel). Die → Pauken werden in der Orchesterpraxis im allgemeinen nicht als zum Schl. im engeren Sinn gehörend angesehen; sie gelten überwiegend als Fundamentalbaßinstrument. Große und kleine Trommel, Becken und Triangel fanden Ende des 18. Jh. als → Janitscharenmusik Eingang in die Kunstmusik; sie wurden zunächst gesondert notiert (→ Partitino). – In der Partitur wird das Schl. unter den Pauken (die den Blechbläsern zugeordnet sind) eingefügt. Seit der Mitte des 19. Jh. wurde das Schl. zunächst zögernd, nach 1900 zunehmend stärker erweitert, durch technische Verbesserung und Vermehrung der vorhandenen sowie durch Aufnahme neuer Instrumente, wie → Amboß, → Flexaton, Glocken (→ Röhrenglocken), → Gong (→ Tamtam), → Klappern, → Schellen, → Vibraphon, → Xylophon, auch folkloristischer Instrumente zu koloristischen Zwecken wie → Kastagnetten, → Peitsche und → Schellentrommel. Bei R. Strauss, Puccini, Mahler, Debussy, Strawinsky, Bartók u. a. durchkreuzt und ergänzt sich die Verwendung des Schl.s als Rhythmus- und als Geräuschinstrumentarium. Stark auf den Geräuschanteil ausgerichtet war die Schl.-Musik in den USA der 1930er Jahre (u. a. → Varèse, Cowell), die in Europa allgemein erst um 1960 vorübergehend nachgeahmt wurde (Schl.-Kompositionen von Boulez, Henze u. a.). Solistisch ist das Schl. z. B. bei Milhaud (*Concerto pour batterie*, 1930), Bartók (Sonate für 2 Kl. und Schl., 1937) und Stockhausen (*Zyklus für einen Schlagzeuger*, 1959) eingesetzt. Das massiert und in erster Linie als Rhythmusinstrument verwendete Schl. kann kompositorisch dem Ausdruck des Urtümlichen, Archaischen dienen (Orff, *Antigonae*, 1949). Im Jazz gehört das Schl. (große Trommel, Becken, → Hi-hat) als Drum set zur Rhythm section, dem Träger des Grundrhythmus und des → Beat (– 1).

Lit.: J. Dutton, Survey of Mallet Instr., in: The Instrumentalist V, 1950; O. Link, Etwas über d. Herstellung d. Schl., Musikhandel IV, 1953; W. Wortmann, Schulen f. Schlaginstr., ebenda VI, 1955; Br. Spinney, Encyclopaedia of Percussion Instr. and Drumming I, Book A, Hollywood (Calif.) 1955; E. Elsenaar, De geschiedenis d. slaginstr., Hilversum 1956; A. A. Shivas, The Art of Tympanist and Drummer, London 1957; H. Kunitz, Die Instrumentation X (Schlaginstr.), Lpz. 1960; J. Blades, Orchestral Percussion Technique, London 1961; Chr. Castel, Notation f. Schl., in: Darmstädter Beitr. zur Neuen Musik IX, Mainz (1956); Wł. Kotoński, Instr. perkusyjne we współczesnej orkiestrze, Krakau (1963), deutsch als: Schlaginstr. im modernen Orch., Mainz 1967.

Schlegel → Schlägel.

Schleifen, binden (legatissimo), häufige Bezeichnung in deutschen Lehrbüchern des 18. Jh.

Schleifer (frz. coulé, tierce coulée, coulement, port de voix double; engl. slide, früher elevation, whole-fall, slur, double back-fall), ein Vorschlag mit zwei oder mehr stufenweise auf-(oder auch ab-)steigenden Noten, der eine ähnliche Entwicklung durchmachte wie der einfache → Vorschlag. Die Ausführung vor dem Schlag findet sich noch bei J. G. Walther (*Praecepta der Musicalischen Composition*, 1708). Auf Tasteninstrumenten kann die Terz des Schl.s ausgehalten werden, besonders beim Cembalo zwecks stärkerer Betonung der Harmonie (Beispiel a nach J. Ch. Chambonnières, b nach J. H. d'Anglebert):

Im 18. Jh. kommt – ähnlich wie beim → Anschlag (– 1) – neben dem kurzen (unpunktierten) auch der lange (punktierte) Schl. auf (Beispiel nach C. Ph. E. Bach):

In deutschen Kompositionen des 18. Jh. (häufig bei J. S. Bach) findet sich vielfach das Zeichen ⁓ für den Schl.

Die schl.-ähnliche Verzierung ist eher ein → Anschlag (– 1) mit einer zusätzlichen 3. Vorschlagsnote oder ein umgekehrter → Doppelschlag.

Schleiflade → Windlade.

Schlesien.
Ausg.: Schlesische Volkslieder mit Melodien, hrsg. v. A. H. Hoffmann v. Fallersleben u. E. Richter, Lpz. 1842; Pieśni ludu polskiego w Górnym Szląsku z muzyką (»Lieder mit Musik d. polnischen Volkes aus Oberschl.«), hrsg. v. J. Roger, Breslau 1863; Volkslieder d. Grafschaft Glatz, hrsg. v. G. Amft, Habelschwerdt 1911; Pieśni ludowe z polskiego Śląska (»Volkslieder aus Polnisch-Schl.«), hrsg. v. J. St. Bystroń, Bd I, Krakau (1934), Bd II u. III, 1 hrsg. v. J. Ligęza u. St. M. Stoiński, Krakau (1938–39), Bd III, 2 hrsg. v. J. Ligęza u. Fr. Ryling, Kattowitz 1961; Das Glogauer Liederbuch, hrsg. v. H. Ringmann u. J. Klapper, 2 Bde, = RD IV u. VIII (Abt. MA I–II), Kassel 1936–37; Pieśni ludowe Śląska Opolskiego (»Volkslieder aus d. Oppelner Schl.«), hrsg. v. A. Dygacz u. J. Ligęza, Krakau 1954; Dolnośląskie pieśni ludowe (»Niederschlesische Volkslieder«), hrsg. v. J. Majchrzak, Breslau 1955; A. Dygacz, Śpiewnik Opolski (»Oppelner Liederbuch«), Kattowitz 1956; ders., Pieśni górnicze. Studium i materiały (»Bergmannslieder ...«), ebenda 1960; Pieśni ludowe Śląska Opolskiego (»Volkslieder aus d. Oppelner Schl.«), hrsg. v. J. Tacina, ebenda 1963.

Lit.: J. Hübner, Bibliogr. d. schlesischen Musik- u. Theaterwesens, = Schlesische Bibliogr. VI, 2, Breslau 1934; W. Salmen, Das Erbe d. ostdeutschen Volksgesanges, Gesch. u. Verz. seiner Quellen u. Slgen = Marburger Ostforschungen VI, Würzburg 1956. – C. J. A. Hoffmann, Die Tonkünstler Schl., Breslau 1830; K. Kossmaly, Schlesisches Tonkünstler-Lexikon ..., 4 Bde, Breslau 1846–47; H. Kretzschmar, Musikgeschichtliche Stichproben aus deutscher Laienlit. d. 16. Jh, Fs. R. v. Liliencron, Lpz. 1910; H. E. Guckel, Kath. Kirchenmusik in Schl., Lpz. 1912; Fr. Günther, Die schlesische Volksliedforschung, Breslau 1916; E. Kirsch, Die musikhist. Bedeutung d. Slg d. Akademischen Inst. f. Kirchenmusik bei d. Univ. ..., Diss. Breslau 1922; Fr. Müller-Prem, Das Musikleben am Hofe d. Herzöge v. Württemberg in Carlsruhe in Oberschl. ..., Diss. Breslau 1922, maschr.; L. Burgemeister, Der Orgelbau in Schl., Straßburg 1925; J. Wł. Reiss, Socjologiczne podłoże śląskiej pieśni ludowej (»Soziologische Grundlagen d. schlesischen Volksgesanges«), Kattowitz 1935; N. Hampel, Deutschsprachige protestantische Kirchenmusik Schl. bis zum Einbruch d. Monodie, Diss. Breslau 1937; Fr. Feldmann, Musik u. Musikpflege im ma. Schl., = Darstellungen u. Quellen zur schlesischen Gesch. XXXVII, Breslau 1938; A. Schmitz, Musik im ma. Schl., in: Gesch. Schl. I, Breslau 1938, neu bearb. (mit Fr. Feldmann), Stuttgart 1961; H. Matzke, Musikland Schl., Konstanz 1949; W. Salmen, Die Schichtung d. ma. Musikkultur in d. ostdeutschen Grenzlage, = Die Musik im alten u. neuen Europa II, Kassel 1954; M. J. Michałowski, Sylwetki kompozytorów śląskich (»Schlesische Komponisten«), in: Księga pamiątkowa jubileuszowego zjazdu śpiewaków śląskich w roku 1960, Kattowitz 1960; B. Zakrzewski, Śląska pieśń ludowa w zbiorach z okresu romantyzmu (»Das schlesische Volkslied in d. Slgen d. Romantik«), = Travaux de la Soc. des Sciences et des Lettres de Wrocław, Serie A, Nr 85, Breslau 1962 (Zusammenfassung in deutscher Sprache); J. Fojcik, Materiały do dziejów ruchu śpiewaczego na Śląsku (»Materialien zur Gesch. d. Singbewegung in Schl.«), Kattowitz 1964.

Schleswig-Holstein.
Lit.: H. Fey, Schl.-H.sche Musiker v. d. ältesten Zeiten bis zur Gegenwart, Hbg 1922; ders., Bilder aus d. Mg. Schl.-H., 1965; B. Engelke, Musik u. Musiker am Gottorfer Hofe I: Die Zeit d. engl. Komödianten (1590–1627), = Schriften d. baltischen Kommission zu Kiel XII, 1, Breslau 1930; H. Schilling, T. Eniccelius, Fr. Meister, N. Hanff. Ein Beitr. zur Gesch. d. ev. Frühkantate in Schl.-H., Diss. Kiel 1937; M. Kuckei, Vom Volkslied in Schl.-H., Hbg 1940; G. Hahne, Die Bachtradition in Schl.-H. u. Dänemark, = Schriften d. Landesinst. f. Musikforschung Kiel III, Kassel 1954; J. Fries, Die deutsche Kirchenlieddichtung in Schl.-H. im 17. Jh., Diss. Kiel 1964, maschr.; Musikerziehung in Schl.-H., hrsg. v. C. Dahlhaus u. W. Wiora, = Kieler Schriften zur Mw. XVII, Kassel 1965; W. Wittrock, Volkslieder in Schl.-H., in: Norddeutsche u. nordeuropäische Musik, ebenda XVI, 1965.

Schlitztrommel (engl. slit-gong oder slit-drum; frz. tambour de bois; ital. tamburo di lanna), ein Aufschlagidiophon (oft auch als Holztrommel bezeichnet), das seinem Klang und der Tonerzeugung nach dem Gong oder Xylophon näher steht als den eigentlichen → Trommel-Instrumenten. In unterschiedlicher Größe (50 cm–10 m) und Form (z. B. als Glocke, Handtrommel) läßt sich die Schl. in fast allen Kulturen Ostasiens, Ozeaniens, Afrikas und Südamerikas nachweisen. Die primitivste Form stellt ein über eine Grube gelegter ausgehöhlter Baumstamm dar, wie er z. B. bei den Uitoto-Indianern noch in Gebrauch ist (Bose). Schaeffner (1936) leitet die Urform der Schl. von der Form eines Schiffes (Pirogge) her und beschreibt das Instrument als einen ausgehöhlten Baumstamm mit oder ohne Haltegriff; das mexikanisch-aztekische Instrument (teponaztli) besitzt zwei Zungen, die, jeweils von der Schmalseite des Schlitzes ausgehend, sich in der Mitte beinahe treffen, so daß ein H-förmiger Schlitz entsteht. Die Aushöhlung erfolgt bei allen Formen durch den Schlitz, dessen Ränder von verschiedener Dicke sind und beim Schlagen verschiedene Tonhöhen ermöglichen. Die Schl. findet besonders als Kultinstrument Verwendung; sie ist daher oft mit geschnitzten Götter- oder Dämonenbildern versehen. Als Sprechtrommel (engl. talking drum), auf der komplizierte Trommelsprachen ausgeführt werden können, dient sie der Nachrichtenübermittlung. – In das moderne Orchester ist die Schl. von Orff (*Antigonae*, 1949) eingeführt worden; neben ihm verwenden Stockhausen (*Gruppen für 3 Orch.*, 1957) und Nono (*Diario polacco*, 1958) das Instrument. Die Notation des meist doppelt (bei Nono 4fach) besetzten Idiophons erfolgt auf einer Linie ohne Schlüssel. Als Schlägel werden je nach den Erfordernissen dicke Holzschlägel, Gummischlägel und solche mit Filz- und Kautschukkopf verwendet. Als Klangersatz dienen → Holz-, → Tempelblöcke oder → Tom-Tom.

Lit.: C. Sachs, Geist u. Werden d. Musikinstr., Bln 1929, Nachdruck Hilversum 1965; St. Chauvet, Musique nègre, Paris 1929; D. Castañeda u. V. T. Mendoza, Los teponazlis en las civilizaciones precortesianas, Anales del Museo Nacional de arqueología, hist. y etnografía VIII (Cuarta epoca), 1933; Fr. Bose, Die Musik d. Uitoto, Zs. f. vergleichende Mw. II, 1934; ders., Mus. Völkerkunde, Freiburg i. Br. 1953; A. Schaeffner, Origine des instr. de musique, Paris 1936; A. Steinmann, Über anthropomorphe Schl. in Indonesien, Anthropos XXXIII, 1938; W. Heinitz, Probleme d. afrikanischen Trommelsprache, Beitr. zur Kolonialforschung IV, 1943; E. Hermann, Schallsignalsprachen in Melanesien u. Afrika, = Nachrichten v. d. Akad. d. Wiss. in Göttingen, Phil.-hist. Klasse, Jg. 1943, Nr 5; W. Graf, Einige Bemerkungen zur Schl.-Verständigung in Neuguinea, Anthropos XLV, 1950; H. Fischer, Schallgeräte in Ozeanien, = Slg mw. Abh. XXXVI, Straßburg u. Baden-Baden 1958; R. Brandel, The Music of Central Africa, Den Haag 1961; C. Laufer, Gebräuche bei Herstellung einer melanesischen Schl., Anthropos LVI, 1961.

Schlüssel (lat. clavis, clavis signata; ital. chiave; frz. und engl. clef) heißen die Tonbuchstaben und die aus ihnen entwickelten Zeichen, die innerhalb eines Liniensystems durch Identifizierung bestimmter Töne mit bestimmten Linien die Tonhöhenordnung fixieren. Die wichtigsten Schl.-Arten sind: g^1-Schl., f-Schl., c^1-Schl. Andere Arten, die in der Geschichte der Notation auftraten (Γ-Schl., dd-Schl.), erlangten keine praktische Bedeutung. Der g^1-Schl. tritt auf als Französischer Violin-Schl., Violin-Schl. Der f-Schl. erscheint als Bariton-Schl. I, Baß-Schl., Subbaß-Schl. Den c^1-Schl. gibt es als Sopran- (Diskant-)Schl., Mezzosopran-Schl., Alt- (Bratschen-)Schl., Tenor-Schl., Bariton-Schl. II.

Die bis heute gültige exakte Zusammenordnung von Notenzeichen und Tonbuchstaben (Schl.n) innerhalb eines Liniensystems schuf Guido von Arezzo (um 1025). Tonbuchstaben und → Liniensystem sind vorguidonisch. Aber erst Guidos Neuerungen: terzweiser Aufbau des Liniensystems mit vorangesetzten Tonbuchstaben (Guido: litterae, später: claves) C und F sowie mit gelber (C-) und roter (F-)Linie ergaben die vollkommene Fixierung der Tonhöhen. Guidos Auswahl der durch ähnliche Tonqualität gekennzeichneten Litterae C und F ist mehrfach zu begründen: beide markieren die diatonischen Halbtonstufen (h–c, e–f), beide spielen als Grenztöne der Vox organalis in Guidos → Organum (occursus) eine wichtige Rolle (*Micrologus*, Cap. XVIII); Guido selbst nennt als Grund ihre Häufigkeit in der Melodik des Chorals (GS II, 30). Von den beiden bei Guido kombinierten Mitteln der Tonhöhenfixierung bestimmte das der Litterae (claves) die Notationsentwicklung. Die Färbung der Linien (color) trat allmählich zurück, wenn sie sich auch vor allem in deutschen Choralhandschriften bis ins 15. Jh. erhielt. Die Entwicklung der Schlüsselung läßt sich als Vorgang der Rationalisierung beschreiben: aus der Kennzeichnung jedes Liniensystems durch mehrere Litterae (Quint-, Quart-Quint-, Quint-Quint-Abstand) entwickelte sich die Schlüsselung durch eine einzige Clavis; dabei entstanden durch Beschränkung auf wenige Schl. gewisse Schl.-Typen, die in bestimmten Kombinationen in Abhängigkeit von Stimm- und Instrumentallagen bevorzugt auftreten. Aus diesen Schl.-Typen erfolgte eine Auswahl mit dem Ziel der Festlegung jedes Zeichens auf nur eine bestimmte Linie. – Die »guidonischen« Choralhandschriften des 11. und 12. Jh. zeigen große Freiheiten in Art und Zahl der Litterae, allerdings unter deutlicher Priorität von F und c. Eine statistische Untersuchung dieser Handschriften ergibt die Häufigkeitsfolge F c f C D a g e Γ B b ♮ (Smits van Waesberghe). Dabei erfolgten Wahl und Wechsel der Litterae gemäß dem Prinzip der Vermeidung von Hilfslinien nach Maßgabe des Melodieambitus, der wiederum in Beziehung stand zum jeweiligen Kirchenton. – Die Handschriften der Mehrstimmigkeit des 12. und 13. Jh. zeigen eine Beschränkung in der Schl.-Wahl. Die mit Schl.n versehenen St-Martial-Handschriften ergeben folgendes Bild: Paris, Bibl. Nat., lat. 3549: Einfach-, Doppel- (Quintabstand) und Dreifachschlüsselung, nur F c g in beiden Stimmen; Paris, Bibl. Nat., lat. 3719: Einfach- und Doppelschlüsselung (Quintabstand), nur F c g in beiden Stimmen; London, Brit. Mus., Add. 36881: Einfach-, Doppel- (Quintabstand) und Dreifachschlüsselung (Quint-Quint-Abstand), F c g in allen Stimmen, Unterstimme auch b. Die vier großen → Quellen der Notre-Dame-Musik des 13. Jh. (W_1, F, Ma, W_2) dagegen schlüsseln jedes System nur noch einfach (*Moderni autem non ponunt litteras, nisi unam in principio linearum*, Anonymus IV, CS I, 350b). Der c-Schl. ist deutlich bevorzugt (Ma hat nur diesen, W_1, F und W_2 notieren die 4st. Kompositionen in allen Stimmen im c-Schl.); der F-Schl. begegnet nur im Tenor (Ausnahme W_1, f. 101, Oberstimme eines 2st. Conductus). Andere Schl. kommen kaum vor (W_1, f. 59a, D im Tenor aus Platzgründen; im 11. Faszikel einige Male b). – Die im 13. Jh. erreichte Einfachschlüsselung unter Vorherrschaft von F und c wurde in den folgenden Jahrhunderten zum Typensystem ausgebildet. Neben F und c konnte sich nur der g-Schl. behaupten. Der Zusammenhang von Wahl der Schl. mit Stimmlage und Melodieambitus wird betont (*Pro gravibus autem vocibus F, pro acutis c, et pro superacutis g ponatur*, in: *Quatuor Principalia*, um 1380, CS IV, 226b). Jacobus Leodiensis nennt F, c und g in Verbindung zu den 3 Hexachorden (CS II, 311b). Im 14.–16. Jh. ist selten noch der Γ-Schl. anzutreffen (so bei Pierre de la Rue, H. Heugel; bei M. Praetorius tritt er mit dem F-Schl. kombiniert auf). Sehr selten ist der dd-Schl. (in Verbindung mit dem g-Schl.). Innerhalb des F–c(–g)-Typensystems kam es in der Vokalpolyphonie bis um 1600 zur Ausbildung der Normal-Schl. (S. A. T. B.) und der → Chiavette. Dies geschah gleichzeitig mit der Bevorzugung bestimmter Kombinationen (Ehrmann): Zwei-Schl.-Kombinationen in den 3st. Kompositionen der 1. Hälfte des 15. Jh., Drei-Schl.-Kombinationen der 4st. Kompositionen seit der 2. Hälfte des 15. Jh. Um 1500 wurde die Verwendung von 4 verschiedenen Schl.n häufiger (Petrucci-Drucke), bis sie mit den festen Kombinationen der Normal-Schl. und Chiavetten und deren Verschränkungen in der 2. Hälfte des 16. Jh. überwog. Hiermit und durch die Entwicklung der Instrumentalmusik gewann der g-Schl. an Bedeutung: als französischer Violin-Schl. steht er bei Claude le Jeune und J.-B. Lully für Violine und Blockflöte, aber auch in Deutschland, so noch im 18. Jh. bei J. S. Bach für Blockflöte (z. B. Brandenburgische Konzerte Nr 2 und 4) und hohe Violinlagen (z. B. Fuga der Sonate für V. solo, BWV 1001, oder Brandenburgisches Konzert Nr 1). Sogar auf der 3. Linie von unten tritt der g-Schl. vereinzelt auf (G. Rhaw, *Sacrorum hymnorum Liber primus*, 1542). Der (normale) Violin-Schl. setzte sich dann in der Instrumentalmusik (hohe Instrumente) und langsamer auch in der Vokalmusik (Oberstimmen) gegen den c-Schl. durch. Im 18. Jh. schrieb man im oberen System des Klaviers noch den Diskant-Schl. (z. B. J. S. Bach, Klavierbüchlein für Anna Magdalena, 1722/26, *Wohltemperirtes Clavier*). Den Stand der Entwicklung um 1800 bezeichnet H. Chr. Koch: F *heut zu Tage* nur noch als Baß-Schl.; c als Diskant-Schl., Alt-Schl., Tenor-Schl.; g nur noch als Violin-Schl. (*Auch in Clavierstücken wird er bey der Oberstimme anjetzt beynahe durchgängig gebraucht.*) Bei der Notation von Vokalstimmen in Partituren bleiben die c-Schl. noch lange gebräuchlich: Wagner notiert Tenorpartien (Tristan, Siegfried, Stolzing) in Tenor-Schl., noch Schönbergs Chorwerke op. 27, 28, 50b haben Sopran-, Alt-, Tenor-, Baß-Schl.; dagegen werden in Klavierauszügen schon bald nach 1800 Diskant-, Alt- und Tenor-Schl. (gelegentlich sogar der Baß-Schl.) durch den g-(Violin-)Schl. ersetzt. Welche Partien eine Oktave tiefer gelesen werden müssen, ergibt sich aus der Personenangabe. In Publikationen von Vokalmusik wird der oktavierte Violin-Schl. seit 1900 immer häufiger anstelle des Tenor-Schl.s verwendet; er wird kenntlich gemacht durch Doppelschreibung oder einen seitlich angesetzten rudimentären c-Schl. (z. B. in italienischen Drucken), heute meist durch eine beigestellte kleine *8*. Bestrebungen, in der → Partitur alle anderen Schl. außer dem G-Schl. auszuschließen (»Einheitspartitur«), haben sich dagegen nicht durchsetzen können. Die heute gebräuchlichen Schl. sind: Violin-Schl., Baß-Schl., Alt-Schl. (Bratsche, Altposaune), Tenor-Schl. (Posaune sowie in hohen Lagen Violoncello, Fagott und auch – z. B. in Schönbergs op. 9 und op. 16 – Kontrabaß).

Lit.: KOCHL, Artikel Noten; P. WAGNER, Einführung in d. Gregorianischen Melodien II: Neumenkunde, Lpz. ²1912, Nachdruck Hildesheim u. Wiesbaden 1926; DERS., Aus d. Frühzeit d. Liniensystems, AfMw VIII, 1926; WOLFN; R. EHRMANN, Die Schlüsselkombinationen im 15. u. 16. Jh., StMw XI, 1924; J. HANDSCHIN, Der Toncharakter, Zürich (1948); J. SMITS VAN WAESBERGHE SJ, The Mus. Notation of Guido of Arezzo, MD V, 1951; S. HERMELINK, Dispositiones modorum, = Münchner Veröff. zur Mg. IV, Tutzing 1960; J. EPPELSHEIM, Das Orch. in d. Werken J.-B. Lullys, ebenda VII, 1961; APELN; H. FEDERHOFER, Hohe u. tiefe Schlüsselung im 16. Jh., Fs. Fr. Blume, Kassel 1963.   RB

Schlüsselfiedel (schwedisch nyckelgiga, nyckelharpa), eine Fiedel mit 3–4 Saiten und mit Tangentenmechanismus auf dem Hals zum Verkürzen der Saiten. Das Instrument ist bei Virdung 1511, Agricola 1528 und M. Praetorius 1619 genannt und abgebildet. In Schweden ist die Schl. seit dem 14. Jh. nachweisbar und hat sich bis in die Gegenwart auf dem Lande, besonders in Uppland, gehalten.

Lit.: K. P. LEFFLER, Om nyckelharpospelet på Skansen, Stockholm 1899; C. CLAUDIUS, Die schwedische »Nyckelharpa«, Kgr.-Ber. Basel 1906.

Schluß. Beginnen und Schließen sind Grundkategorien musikalischer Formung. Schließen setzt voraus, daß eine Idee erschöpfend ausgeführt ist, so daß der Schl. eine Erwartung erfüllt, die durch die Ausführung eines Ganzen erzeugt wird. Daher läßt sich vom Schließen her das Ganze erkennen, und die Satz- und Kompositionslehre ist dementsprechend weitgehend eine Lehre der Schlußbildung; doch ist die Geschichte des Schließens noch nicht geschrieben. Die Erwartung des Schlusses wird zumeist in einem Akt der Schlußgestaltung noch eigens gesteigert. Zu unterscheiden sind jedoch – der Tendenz nach – finale (zielgerichtete) Formung der Komposition, die »schließt«, indem sie dem Schl. zustrebt und ihn betont; zentrierte (axiale) Formung, die »endet«; beständig in sich erfüllte (kreisende) Formung, die »aufhört«.
Unter systematischem Blickpunkt lassen sich Grundsätze der Schlußbildung feststellen, die in der Geschichte freilich in unterschiedlichen Graden und verschiedenartig ausgeprägt sind: a) Anlehnung der Schlußgestaltung und ihrer Terminologie an die Redekunst: → Distinctio, → Punctus (– 1), Clausula (→ Klausel), Cadentia (Florentius de Faxolis, *Liber musices*, ed. A. Seay in: Fs. L. Schrade, 1963, S. 88f.), Conclusio, Epilog. Auch z. B. im Heben (→ Interrogatio) und Senken der Stimme, im Zurückkehren zum Anfang und in der Erscheinung des »musikalischen Reims« (gleicher → Reim erklingt in gleicher melodischer Wendung) entsprechen einander sprachliches und musikalisches Schließen. – b) Unterscheidung von Binnen- und End-Schl. bzw. von Graden des Schließens (→ Kadenz – 1, → Klausel), melodisch: apertum (ouvert, z. B. der Ton über der Finalis) und clausum (clos, Finalis), harmonisch: plagaler (IV–I) und authentischer Schl. (V–I), Halb-Schl. (T–D) und Ganz-Schl. (D–T). Erstmals übernahm G. Dreßler in seinen *Praecepta musicae poeticae* (1563) in Anlehnung an die Rhetorik die für die Musica poetica bezeichnende Lehre des Bildens von exordium, medium und finis; dabei handelt das Kapitel *De constituendo fine* (erweitert bei J. A. Herbst 1643) über die unterschiedliche Schlußkraft tonal verschiedener Klauseln (clausula regularis und irregularis). – c) Gestaltung des Schließens betont als »Spannung« (Stauung, Erwartung) und »Lösung«, wobei der Schl. selbst (→ Finalis – 2, → Confinalis; ultima vox) durch unzweideutiges Hervortreten des sinnstiftenden Bezugspols der Musik das Geschehen zur Ruhe kommen läßt bzw. zugleich das Ziel einer Entwicklung darstellt (Beethoven, 1. Symphonie, C dur-Schl. des 1. Satzes), während der Ort vor dem Schl. (paenultima vox) ausgezeichnet

wird z. B. durch besonders intensive Dissonanzen (*Et quidam boni organistae libentius ponunt discordantias in paenultimis . . .*, Anonymus IV, CS I, 364), durch Melisma (→ Cauda - 2), → Orgelpunkt, Engführung, virtuose → Kadenz (- 2). – d) Unterstreichen der Schlußwirkung durch Beschleunigung (→ Copula als Schl. einer Discantuspartie; → Stretta - 2), Crescendo, Retardieren, → Fermate, Verklingen, Anhängen (→ Anschluß-Motiv). – e) Gestaltung von Überraschungsmomenten, indem die Erwartung des Schlusses getäuscht wird (→ Trug-Schl.; → Abruptio, auch → Ellipsis; → Apokope). – f) Überspielen von Schlußwendungen durch Überlappungstechniken und Überschneidungen (→ Verschränkung); Gestaltungen ohne Schl.: Zirkelkanon (→ Kanon - 3), → Radel. – g) Ausbildung des Schlusses als eigener Satzteil (→ Coda, → Epilog, → Licenza - 1) oder als abschließender Teil einer (zyklischen) Folge von Sätzen (→ Conclusion, → Finale - 1).

Die Geschichte des Schließens spiegelt die Geschichte der Komposition in einer wesentlichen und konstanten Aufgabe der musikalischen Formung. Eine Schlußlehre des 1st. Gesanges bietet Odos *Dialogus de musica* (GS I, 257f.): die Töne, die die Abschnitte (distinctiones) beenden, sollen vornehmlich mit dem Schlußton des Gesangs übereinstimmen, bzw. der Gesang gehört der Tonart an, den die Schlußtöne am häufigsten ausprägt; Guido von Arezzo (*Micrologus*, CSM IV, 139ff.) räumte dem Schlußton die Herrschaft über den gesamten Melodieverlauf ein (. . . *vox tamen quae cantum terminat, obtinet principatum . . . Et praemissae voces . . . ita ad eam aptantur, ut . . . quandam ab ea coloris faciem ducere videantur*). Damit war die Finalislehre der → Kirchentöne in feste Bahnen gelenkt. Einem entwicklungsgeschichtlich eigenen Bereich gehören die Kadenzformeln der rezitativischen Gesänge (z. B. → Epistel, → Evangelium) und der → Psalmtöne an. Sie sind als feste Bestandteile von Melodiemodellen (→ Toni communes) engstens mit dem Rezitationston (→ Repercussa) verbunden und dienen der sinngemäßen Gliederung des Textes.

Auch in der Geschichte der mehrstimmigen Musik spielt das Schließen eine entscheidende Rolle. Beim artifiziellen → Organum der *Musica Enchiriadis* bedingen sich gegenseitig Tritonusverbot und Einklangs-Schl. Im Mittelpunkt von Guidos Organumlehre steht die Schl.-Bildung (Occursus-Lehre; *Micrologus*, Kap. XVIII). Der Mailänder Organumtraktat gibt Regeln für Anfang, Mitte und Schl. (→ Copula) einer Klangzeile und bezeugt die Kolorierung der Paenultima vox. Daß die Vox organalis im »Vorausschauen« auf den Schl. gebildet wird, betont die Organumlehre des 12. Jh. (z. B. Johannes Affligemensis, CSM I, 160). Die Klassifikationen der Intervalle und die Regeln ihrer Aufeinanderfolge berücksichtigen auch im 13. und 14. Jh. die Schlußfähigkeit der Klänge. Ein beständiger geschichtlicher Prozeß ist das Eindringen der zunächst am »vorletzten Ort« entwickelten Intensivierungen (besonders der Dissonanzen) ins Satzinnere. Terminologisch ist zu beobachten, daß aus einer Begrenzungsbezeichnung häufig eine Abschnittsbenennung wird (Distinctio, Punctus, Clausula, Kadenz). Seit dem 15./16. Jh. beschreibt und klassifiziert die Kontrapunktlehre die Formeln des Schließens als → Klausel und → Kadenz (- 1). *In den Kadenzen verwandelten sich die Kirchentöne in unsere modernen Tonarten Dur und Moll* (H. Riemann; → Leitton). Rameaus Kadenzlehre, die aus den Schlußbildungen die Grundformen aller Akkordfolgen gewann, wurde zur Basis der Harmonielehre. In H. Riemanns vornehmlich an der Musik des 18. und 19. Jh. orientiertem System ist der Schl. ausgezeichnet durch rhythmische → Symmetrie (→ Metrum - 3) und harmonische Konsequenz: *wirkliche Schlußwirkung entsteht nur dann, wenn die abschließende Tonika auf einen Zeitwert eintritt, . . . in welchem eine Symmetrie ihren Abschluß findet.* Beim Weiblichen Schl. erscheint auf der schlußfähigen Zeit statt der Tonika die Dominante mit nachfolgender Tonika (S–|–D–T; → Weibliche Endung).

Schon in der tonalen Musik gibt es dissonante Schlüsse, innerhalb eines Zyklus (z. B. R. Schumann, op. 15 Nr 4; Chopin, op. 28 Nr 23; Debussy, *La Mer*, 1. Satz, und in den *Préludes* für Kl.; G. Mahler, IX. Symphonie, 1. Satz), seltener auch ganz am Ende (z. B. Mahler, *Das Lied von der Erde*; R. Strauss, *Eine Alpensinfonie*). Wo der schlußkräftige tonale Bezugspol fehlt, wie in der tonal verschleierten, besonders aber in der atonalen Musik, ist das Schließen nicht selten ein bloßes Aufhören (Schönberg, *Erwartung*; A. Berg, *Wozzeck*) und erfordert stets in erhöhtem Maße kompositorische Erfindung, wobei grundsätzliche Schlußmöglichkeiten weiterhin eine Rolle spielen, z. B. Dichte und Intensitätsgrade der Klänge, Zurückkehren zum Anfang (A. Webern, op. 3 Nr 1; Schönberg, op. 15), Verklingen (Berg, *Lyrische Suite*). Mit einem Zwölftonklang beschließen A. Berg das dritte seiner 5 Orchesterstücke op. 4 und A. Webern den 1. Satz seiner II. Kantate op. 31. – Kompositionen mit *offener* oder *unendlicher Form*, *Momentform*, nennt K. Stockhausen solche Werke (z. B. *Gesang der Jünglinge im Feuerofen* und *Kontakte*), die im Unterschied zur finalen Form und in der Absicht, den Begriff der Dauer zu überwinden, *sofort intensiv sind und . . . das Niveau fortgesetzter 'Hauptsachen' bis zum Schl. durchzuhalten suchen; . . . die immer schon angefangen haben und unbegrenzt so weiter gehn könnten.* Auch solch bloßes Aufhören der *un-endlichen Form* (bei der man »Schl. macht«, ohne »zu Ende zu sein«) ist durch die Ausführung des Ganzen motiviert, indem *jeder 'Moment' ein mit allen anderen verbundenes Zentrum ist, das für sich bestehen kann.*

Lit.: A. SCHÖNBERG, Harmonielehre, Wien 1911, 5 1960, engl. NY 1947, Abschnitt: Schlüsse u. Kadenzen; W. KLEIN, Schlußbildende Harmonieverbindungen in d. Musik d. Gegenwart, Neue Musikzeitung XLI, 1920; D. JOHNER OSB, Über Schlußbildung im gregorianischen Choral, Gregoriusblatt LIV, 1930; DERS., Ausklang v. Chorstück u. Vers bei d. Gradual-Gesängen, Zs. f. Kirchenmusik LXXI, 1951; H. BECKER, Zur Problemgesch. u. Technik d. mus. Schlußgestaltung, Wiss. Zs. d. Humboldt-Univ. Bln II, 1952/53, Ges.- u. sprachwiss. Reihe H. 1; K. STOCKHAUSEN, Momentform, in: Texte zur elektronischen u. instr. Musik I, Köln 1963; FR. W. HOMAN, Final and Cadential Patterns in Gregorian Chant, JAMS XVII, 1964. HHE

Schnabel wird das Mundstück der Klarinette und Blockflöte (Schn.-Flöte, flûte à bec) genannt.

Schnaderhüpfl, Schnadahüpfl (im 18./19. Jh. als Schnitterhüpfel, s. v. w. Bauernlied, Schnittertanz, gedeutet; neuerdings von schnattern, s. v. w. schwatzen, hergeleitet), heißen einstrophige Liedchen, die von den

Bewohnern der Ostalpen ursprünglich als Einleitung zum Ländler gesungen wurden und heute in der Regel von diesem losgelöst vorkommen. Schn. sind scherzhafte, oft ad hoc improvisierte Vierzeiler, die auf eine bekannte Melodie gesungen werden und deren besonderer Reiz in der unerwarteten Abfolge verschiedener Aussagen in einem gereimten Verspaar besteht. Die Melodien sind meist 8taktig im 3/4-Takt und bewegen sich fast ausschließlich zwischen Tonika und Dominante. Darüber hinaus bezeichnet Schn. 3-, 4-, 5- oder 6zeilige einstrophige Tanzlieder, die auch außerhalb des genannten Gebietes verbreitet sind und meist Gsangln, Gstanzln, Rundâs genannt werden. Dem Schn. stehen der norwegische Stev und der schwedische Låtar nahe.

Lit.: G. MEYER, Essays u. Studien zur Sprachgesch. u. Volkskunde I, Straßburg 1885; O. BRENNER, Zum Versbau d. Schn., Fs. K. Weinhold, Straßburg 1896; H. GRASBERGER, Die Naturgesch. d. Schn., Lpz. 1896; C. ROTTER, Der Schn.-Rhythmus, = Palaestra XC, Bln 1912; H. NAUMANN, Artikel Schn., in: Reallexikon d. deutschen Literaturgesch. III, Bln 1928/29; H. DERBEL, Das Schn. nach d. gegenwärtigen Stand d. Slg u. Forschung, Diss. Wien 1949, maschr.; L. RÖHRICH u. R. W. BREDNICH, Deutsche Volkslieder II, Düsseldorf 1967, Nr 82–83 (mit Bibliogr.).

Schnarrwerk ist eine Bezeichnung für die Zungenstimmen in der Orgel. → Register (– 1).

Schneller (frz. pincé renversé; engl. inverted [upper] mordent), → Triller, häufig als umgekehrter → Mordent aufgefaßt. C. Ph. E. Bach führte ihn 1753 als selbständige Verzierung ein, aber ohne ihm ein eigenes Zeichen zu geben:

Er wurde noch von J. N. Hummel in dessen Klavierschule (1828) verwendet, dort aber mit dem Zeichen des Mordents (✽) angedeutet.

Schofar (hebräisch, s. v. w. Widderhorn), Tierhorn, das als Blasinstrument im Alten Testament häufig genannt ist und als einziges Instrument des Altertums noch heute in der Synagoge gespielt wird. Als Kultinstrument mit magischer Kraft nennt die Bibel das Sch. bei der Erscheinung Gottes auf dem Berg Sinai (Ex. 19, 16 und 19), beim Fall der Mauern von Jericho (Jos. 6, 4–20) und bei der Überführung der Bundeslade (2. Sam. 6, 15). Im Kult ging es später von den Priestern auf die Leviten über. Von Priestern als Signalinstrument im heiligen Krieg geblasen, wurde das Sch. nach Aufkommen der stehenden Heere militärisches Signalinstrument.

Lit.: E. KOLARI, Musikinstr. u. ihre Verwendung im Alten Testament, Helsinki 1947; H. SEIDEL, Horn u. Trp. im alten Israel unter Berücksichtigung d. »Kriegsrolle« v. Qumran, Wiss. Zs. d. K.-Marx-Univ. Lpz. VI, 1956/57.

Schola cantorum (lat., Sängerschule; kurz: schola, auch ordo), im engeren Sinne Bezeichnung des beruflichen Sängerchors am Hofe der Päpste in Rom. Sicher bezeugt ist die Sch. c. zuerst im *Liber pontificalis* für die Zeit des Papstes Deusdedit II. (672–76). In der späteren Überlieferung wurde ihre Gründung auf Gregor den Großen (590–604) oder gar Silvester I. (314–35) zurückgeführt. Jedenfalls stellt ihre Einrichtung in der endgültigen Form den Schlußpunkt eines langwierigen Prozesses dar; in dessen Verlauf sonderte sich allmählich unter der Gesamtheit der am Gottesdienst mitwirkenden Geistlichen die Sch. c. als eine eigene Gruppe aus, deren kunstvolle Gesänge eine speziellere Ausbildung erforderten als die liturgischen Lesungen. Die Ordines Romani I–III nennen 7 Mitglieder der Sch. c. (→ Paraphonia). 1.–4. Sänger waren Subdiaconi; dem Archiparaphonista fielen neben der Leitung des Chores auch gewisse liturgische Aufgaben zu, wogegen die übrigen Subdiaconi wohl vornehmlich die Intonationen der liturgischen Gesänge auszuführen hatten. Über die Gesangstradition der Sch. c. liegen nur wenige Zeugnisse vor; besonders umstritten sind die Deutung der Paraphonia sowie die Frage ihres Verhältnisses zum altrömischen und → Gregorianischen Gesang. Im Hofstaat der Päpste stiegen die Sänger der Sch. c. mit der Zeit zu höheren Würden auf und übernahmen wichtige außermusikalische Aufgaben; dies galt zunächst für den Primicerius, der seit dem 10. Jh. der niederen Geistlichkeit der Stadt Rom vorstand. Seit dem 12. Jh. war seine Stelle mit der Bischofswürde verbunden. Mit dem Wegzug der Päpste nach Avignon 1305 trat die Sch. c. in den Hintergrund. Ihre Aufgaben übernahm in Avignon die nach neuen Grundsätzen organisierte → Kapelle; am 3. 6. 1370 löste eine Bulle Urbans V. das alte Collegium cantorum auf. – In der Neuzeit wurde die Bezeichnung Sch. c. für verschiedene Konservatorien gewählt, so in Paris (1896, Sch. c., gegründet von V. d'Indy, A. Guilmant und Ch. Bordes) und Basel (1934, Sch. c. Basiliensis, Lehrinstitut für alte Musik, gegründet von P. Sacher).

Lit.: FR. X. HABERL, Die römische »sch. c. «..., VfMw III, 1887, separat = Bausteine f. Mg. III, Lpz. 1888; P. AUBRY in: La Tribune de St-Gervais VI, 1900, S. 171ff.; C. SILVA TAROUCA, Giovanni »Archicantor«..., Atti della Pontificia Accad. Romana di Archeologia III, 1, 1923; R. CASIMIRI, L'antica »Sch. c.«..., Note d'arch. I, 1924; DERS., Cantantibus organis, Rom 1924; E. JOSI, Lectores – sch. c. – clerici, Ephemerides liturgicae XLIV, 1930; M. ANDRIEU, Les Ordines Romani, 5 Bde, Löwen 1931–61; H. HUCKE, Die Tradition d. Gregorianischen Gesangs in d. römischen Sch. c., 2. Internationaler Kgr. f. kath. Kirchenmusik, Kgr.-Ber. Wien 1954; J. SMITS VAN WAESBERGHE SJ, Neues über d. Sch. C...., ebenda; L. DUCHESNE, Le Liber Pontificalis, 3 Bde, Paris 1955–57; S. CORBIN, L'église à la conquête de sa musique, Paris 1960.

Schottisch, auch schottischer Walzer oder Ecossaisewalzer, ein rascher Hopswalzer auf den Rhythmus $\frac{2}{4}$ ♪ | ♪♪♪ | ♪♪ |, der als Rundtanz 1830–40 in Deutschland seine Blütezeit erlebte. Er entstand aus dem Eindringen des walzermäßigen Drehens in die geradtaktige Ecossaise. Eine thüringische Sonderform war der Hacken-Sch., bei dem abwechselnd auf dem Absatz und auf der Fußspitze gehüpft wurde auf den Rhythmus $\frac{2}{4}$ ♪ 𝄽 ♪ 𝄽 | ♪♪ 𝄽 |. – Seit etwa 1830 wird auch die Polka in Deutschland Sch. (bzw. Sch.er) genannt, da ihr Schritt mit dem des Sch.en zusammenfiel. → Rheinländer.

Schottland.

Ausg.: The Scots Mus. Museum, 6 Bde, hrsg. v. J. JOHNSON, Edinburgh 1787–1803, in 2 Bden hrsg. v. H. G. Farmer, Hatford (Pa.) 1962; F. J. CHILD, The Engl. and Scottish Popular Ballads, 5 Bde, Boston 1882–98, neu hrsg. v. B. H. Bronson, 3 Bde, NY 1956; J. GLEN, The Glen Collection of Scottish Dance Music, 2 Bde, Edinburgh 1891–95; Music of Scotland: 1500–1700, hrsg. v. K. ELLIOTT, = Mus. Brit. XV, London 1957.

Lit.: CH. ROGERS, Hist. of the Chapel Royal of Scotland, Edinburgh 1882; D. BAPTIE, Mus. Scotland, ..., Being a Dictionary of Scottish Musicians from About 1400 till the Present Time, Paisley 1894; J. DOWDEN, The Medieval Church in Scotland, Glasgow 1910; K. MERTENS, Die Entwicklung d. engl. u. schottischen Volksballaden..., Diss. Halle 1920, maschr.; A. CARMICHAEL, Carmina Gadelica, 5 Bde, Edinburgh u. London [2]1928; H. G. FARMER, Music in Mediæval Scotland, London 1930; DERS., Hist. of Music in Scotland, London 1948; H. S. P. HUTCHINSON, The Chapel Royal of Scotland, ML XXVI, 1945; M. PATRICK, Four Cent. of Scottish Psalmody, London [2]1950; M. FROST, Engl. and Scottish Psalm and Hymn Tunes, London u. NY 1953; H. A. THURSTON, Scotland's Dances, London 1954; M. F. SHAW, Gaelic Folksongs from South Uist, in:

Studia Memoriae B. Bartók Sacra, Budapest 1956; K. ELLIOTT, Scottish Song, 1500–1700, Proc. R. Mus. Ass. LXXXIV, 1957/58; DERS., The Carver Choir-book, ML XLI, 1960; L. CHR. WIMBERLY, Folklore in the Engl. and Scottish Ballads, NY (1959); E. BOUILLON, Zum Verhältnis v. Text u. Melodie in d. schottisch-engl. Volksballaden, Diss. Bonn 1960; FR. M. COLLINS, The Traditional and National Music of Scotland, Routledge 1966.

Schrammelmusik, österreichische Heurigen-(Weinlokal-)Musik, benannt nach den Brüdern → Schrammel, die 1877 ein Trio mit 2 Violinen und Gitarre gründeten, das 1886 durch eine Klarinette erweitert wurde. 1891 wurde die Klarinette durch eine Ziehharmonika ersetzt. Besetzung und Vortragsweise des Schrammel-Quartetts wurden für diese spezifisch wienerische Art der Unterhaltungsmusik typisch, doch ist die Quartettbesetzung heute seltener als das Schr.-Duo (Gitarre und Akkordeon) und -Trio (Violine, Gitarre und Akkordeon). Das Repertoire der Schr. besteht aus volkstümlichen Walzern, Märschen, Liedern (die gespielt oder zur Schr. gesungen werden), Potpourris und Arrangements.
Lit.: W. KREIDLER, Die volkstümlichen Tanzmusikkapellen d. deutschen Sprachgebietes, Habil.-Schrift Ffm. 1941, maschr.; A. WITESCHNIK, Musik aus Wien, Wien 1949.

Schrapstab → Guiro.

Schryari (Schreierpfeifen), – 1) Windkapselinstrumente mit Doppelrohrblatt, 8 Grifflöchern (Baß: 2 Klappen) und verkehrt konischer Röhre, wodurch sie tiefer klingen als zylindrische Instrumente gleicher Rohrlänge. 1540 bot der Nürnberger Instrumentenmacher Jörg Neuschel dem Herzog Albrecht in Preußen *schreyende pfeiffen* an; Schr. werden genannt 1540 unter den Ratsinstrumenten in Augsburg, 1577 in der Grazer, 1582 in der Kurbrandenburgischen, 1613 in der Kasseler Hofkapelle. Praetorius, der als einziger Schr. abbildet (Synt. II, Tafel XII) und genauer beschreibt, kennt Diskant auf g, Alt und Tenor auf c und Baß F–b (S. 42): *Sie seynd starck vnnd frisch am Laut / können vor sich alleine / vnd auch zu andern Instrumenten gebraucht werden.* – 2) in alten Orgeln eine hohe, gemischte Stimme, gewöhnlich nur aus Oktaven, manchmal auch mit einer Quinte, meist 3fach auf 1'.
Lit.: zu 1): G. KINSKY, Doppelrohrblatt-Instr. mit Windkapsel, AfMw VII, 1925.

Schuhplattler, derber, pantomimischer Werbetanz aus Oberbayern und Tirol, bei dem sich die tanzenden Burschen zur Musik eines Ländlers auf Schenkel, Knie und Schuhsohlen schlagen (»platteln«). Aus dem ursprünglichen Paartanz wurde um 1900 ein Gruppen- und Massenplattler, der bis heute von Volkstumsvereinen gepflegt wird.
Lit.: FR. M. BÖHME, Gesch. d. Tanzes in Deutschland I, Lpz. 1886, Nachdruck Hildesheim 1967; H. FLEMMING, Tanzbeschreibungen oberbayrischer Sch., Bln 1925; R. WOLFRAM, Die Volkstänze in Österreich ..., Salzburg (1951); R. ZODER, Der Sch., in: Das Volkslied in Altbayern u. seine Sänger, München 1952; K. HORAK, Der Sch. in Tirol, Jb. d. österreichischen Volksliedwerkes X, 1961.

Schuldrama → Schuloper.

Schulmusik, Musikerziehung in der Schule, bezeichnet heute im engeren Sinne den Musikunterricht an höheren Schulen sowie das Studienfach an Musikhochschulen, das den Musiklehrer an Höheren Schulen (Schulmusiker) ausbildet. Im weiteren Sinne zählen auch der Musikunterricht an Volks- und Mittelschulen zur Sch. sowie, in historischer Sicht, die gesamte schulische Musikpraxis. – Pädagogische Ziele der Sch. sind: Weckung und Förderung des Gemeinschaftssinnes durch Chorsingen und Musizieren im Ensemble; Aktivierung und Lenkung von Gemüts- und Phantasiekräften; Erwerb von musikalischer Vorstellungskraft durch den praktischen Umgang mit Musik; Gehörbildung; Übung von Gedächtnis und Verstand (Begreifen und Wiedererkennen formaler musikalischer Ordnungen und stilistischer Eigentümlichkeiten); Einführung in die Geschichte der Musik als Bildungsgut. – Grundlage des Klassenunterrichts ist – wie seit jeher – das gemeinsame Singen, vom 1st. Volkslied bis zu 4st. Sätzen. Parallel damit gehen Stimmbildung und -pflege (besondere Aufmerksamkeit gilt der mutierenden Knabenstimme) und instrumentales Ensemblespiel (z. B. Begleitung der Liedsätze). Einstudierung von Kunstliedern oder von Chorstücken aus Oratorien, Opern usw. dient der Einführung in Bau und Aussage des Kunstwerks, zugleich der aktiven Auseinandersetzung mit Problemen musikalischer Interpretation und der exemplarischen Begegnung mit Komponisten und Stilrichtungen. – Zunächst erfolgt die Einführung in die allgemeine Musiklehre (Notenschrift und Tonbenennung, Intervalle, Tonarten usw.). Instrumentenkunde und Formenlehre vermitteln etwa ab der Mittelstufe das notwendige begriffliche Rüstzeug zum Verständnis der Besprechung von Beispielen aus der Musikgeschichte. Das eigene Musizieren von Lehrer und Schüler hat den Vorrang vor Schallplatte und Tonband. Neben der Besprechung einzelner Werke und der wichtigsten Stilperioden wird der Musikgeschichtsunterricht vor allem auf anschaulicher Darstellung der Lebensbilder großer Musiker aufgebaut. Schulfunk und Schulfernsehen können Anregung und Bereicherung bieten. Die Aufführungen bei feierlichen Anlässen (Jahresabschluß, Elternabende, Gedenktage) gehören zu den Höhepunkten der Schulzeit für die Mitwirkenden wie für die Schulgemeinschaft. Neuerdings wird dem Theaterspiel an den Schulen (»Schulspiel«) größeres Interesse geschenkt, das auch der → Schuloper zugute kommen kann und ein Zusammenarbeiten des Schulmusikers mit anderen Fachlehrern ermöglicht.
Die Ausbildung des Schulmusikers erfolgt heute nicht nur auf praktisch-musikalischem Gebiet auf mindestens zwei Instrumenten (darunter Klavier) und in den Fächern Sologesang, Chor- und Orchesterleitung, sondern umfaßt auch die Musiklehre und Musikgeschichte sowie musikalische Pädagogik. Der Studiengang an den Musikhochschulen bzw. Akademien Deutschlands ist nach Bundesländern verschieden aufgebaut (vgl. *Handbuch der Sch.*). Er dauert durchschnittlich 8 Semester und schließt mit dem Staatsexamen ab (Einzelprüfungen in allen Fächern und eine schriftliche Arbeit). Der Schulmusiker ist außerdem zum Studium eines frei gewählten wissenschaftlichen Beifachs (Universität oder Technische Hochschule) verpflichtet, außer in Bayern, wo er zusätzlich zum Klassenunterricht Instrumentalstunden (Einzel- oder Gruppenunterricht) zu übernehmen hat. Die musikgeschichtliche Ausbildung sollte, wo es die Nachbarschaft von Universität und Musikhochschule ermöglicht, an der Universität erfolgen: *denn vom Musiklehrer, der seinen Schulkollegen in Bildung und Stellung ebenbürtig sein soll, wird ein Rüstzeug an musikologischem Wissen, musikgeschichtlichem Verständnis und verantwortlicher musikalischer Urteilsbildung verlangt, ... das nur in einer wissenschaftlichen Fachausbildung aus erster Hand zu gewinnen ist.* Daher ist *um der Sache und der Menschen willen* nachdrücklich eine Regelung zu empfehlen, *die mit der künstlerischen und pädagogischen Berufsausbildung ein vollwertiges Universitätsstudium ... planvoll verbindet* (Gurlitt 1953). Die dem Studium folgende 2jährige Referendarausbildung führt in die Schulpraxis und schließt mit der zweiten Staatsprüfung. Auf Grund seines Studienganges, nicht zuletzt auch durch

das Beifach, ist der Schulmusiker heute dem Philologen und Naturwissenschaftler im Lehrerkollegium gleichgestellt, sofern nicht die Ministerien dahin tendieren, zugunsten fragwürdiger Studienverkürzung die musikgeschichtliche Seite der Ausbildung wieder verkümmern zu lassen (das wissenschaftliche Beifach wird in neuester Zeit ohnehin mancherorts nicht mehr gefordert) oder die Schuldirektoren den geistigen Bildungswert der Musikerziehung zu gering veranschlagen. In den Lehrplänen ist der Musik nur unvollkommen Rechnung getragen: die Klassen 1–3 haben 2 Wochenstunden, die Klassen 4–7 nur eine, teilweise (z. B. in Hessen) sogar keine Wochenstunde Musik. Die zur Zeit unternommene Umstellung der Oberstufe (Saarbrückener Rahmenvereinbarung der Kultusministerkonferenz vom September 1960) verfolgt die höchst problematische Regelung, daß die Schüler sich am Ende der 7. oder 8. Klasse für ein musisches Fach, Musik oder Kunsterziehung (2 Wochenstunden), entscheiden müssen und das andere Fach »abwählen«, d. h. den Klassenunterricht im abgewählten Fach nicht mehr oder nur freiwillig besuchen. Daß die angestrebte Förderung der verbleibenden Schüler den vorzeitigen Abbruch der Musikerziehung bei den anderen rechtfertige, ist eine anfechtbare Hypothese. Eine Sonderform der höheren Schule mit angemessener Musikerziehung ist das Musische Gymnasium (Deutsche Gymnasien), an dem Musik zu den Hauptfächern zählt. – An den Mittel- und Realschulen fällt dem Musikunterricht etwa die gleiche Aufgabe zu wie an der Unter- und Mittelstufe der Höheren Schule. Der Fachlehrer erhält auch hierfür eine Spezialausbildung. Der Volksschullehrer studiert (nach dem Abitur) an einer pädagogischen Akademie oder Lehrerbildungsanstalt. Die Lehrpläne sehen für die Volksschulen 2 Wochenstunden Musikunterricht vor; zu dessen wichtigsten Aufgaben zählen die Pflege der Kinderstimme und das Erarbeiten eines Grundstocks an Kinder-, Volks- und Kirchenliedern, meist mit Hilfe von Tonwortsystemen (→ Tonika-Do; → Eitz). Auf der Unterstufe wird das Kind in die Notenschrift eingeführt (heute meist im Spiel: gezeichnete Gegenstände statt Notenköpfen, Notenlegen auf selbstgebastelter Unterlage usw.). Auf der Oberstufe werden auch Musikkunde und Musikgeschichte gelehrt; stimmbegabte Kinder singen im Schulchor. Die Arbeit nach dem Orff-Schulwerk ermöglicht eine erste spielerische Begegnung mit dem Instrument und führt zu Improvisationsübungen. Auch in der Volksschule besteht heute die Forderung nach dem musikalischen Fachlehrer, mindestens ab dem 5. Schuljahr; empfehlenswert ist enge Zusammenarbeit der Volksschule mit der Jugendmusikschule.

Die Anfänge der Sch. in den Klosterschulen der karolingischen Zeit erwuchsen aus der Mitwirkung der Knaben am Kirchengesang. Noch manche spätere Schulgründung (seit der 2. Hälfte des 13. Jh. auch als Stadt- oder Ratsschule) erfolgte zum Zwecke der Ausbildung von Sängern für den Kirchendienst. In der → Solmisation (→ Guidonische Hand) und in der Einführung der Notenlinien mit Terzabstand (durch Guido von Arezzo) wurden die Voraussetzungen für einen systematischen Musikunterricht geschaffen. Als Grundlage der mittelalterlichen Musiklehre diente Guidos *Micrologus*. Auch für die frühneuzeitliche Lateinschule blieb die Ausbildung der Kirchensänger die vornehmste Aufgabe, doch wurde daneben auch die weltliche und instrumentale Musik zunehmend gepflegt. In den metrischen → Odenkompositionen wurde die Musik erstmals schulpädagogischen Zwecken unterstellt. Die kursächsische Schulordnung von 1528 (Ph. Melanchthon) legte den Typus der reformatorischen Lateinschule fest. Neben der → Kantorei bestand die → Kurrende. An den meisten Schultagen fand eine Singstunde statt (in der Regel 12–13 Uhr), verbunden mit dem Unterricht in der [Ars] Musica (musikalische Elementarlehre), in den höheren Klassen oft austauschbar mit dem Unterricht in der Arithmetica. Der → Kantor war neben Rektor und Konrektor die wichtigste Persönlichkeit der Schule; er besaß oft den Universitätsgrad (magister artium), unterrichtete auch in Latein und Mathematik, unterwies die musikalisch begabten Schüler im Instrumentalspiel und mancherorts auch in der → Musica poetica. Als Kompendium der Musiklehre für den Schüler wurde das *Enchiridion* (1518/20) von G. → Rhaw vorbildlich. Besondere Verbreitung fand die Motettensammlung *Florilegium Portense* (hrsg. von E. → Bodenschatz, 1603–21), die noch J. S. Bach in Leipzig verwendete. Mit dem Aufkommen der concertierenden Musik nach 1600 stiegen die Anforderungen an die Schüler erheblich, besonders hinsichtlich des Singens *vff jetzige Italianische Manier* (Praetorius Synt. III, Kap. IX). In den Gymnasien der Jesuiten wurden besonders Schuldrama und → Schuloper gepflegt. – Allmählich begannen jedoch andere Bildungsziele und -stoffe die Sch. aus ihrer Vorrangstellung zu verdrängen. Methodisch hatte sie sich nicht der neuen Zeit angepaßt: das unzeitgemäße Festhalten an der Solmisation trug viel zum späteren Prestigeverlust der Sch. bei. Die allgemeine Pädagogik (J.-J. Rousseau) bemühte sich im 18. Jh. erstmals, dem Kind und seiner jeweiligen Altersstufe gerecht zu werden. Doch wo sich Reformen der Sch. ankündigten, bedeuteten sie meist eine Beschränkung der universalen Musikerziehung; so z. B. wollte der Pietist A. H. Francke zwar alle Schüler soweit gefördert wissen, daß sie Kirchenlieder nach Noten singen konnten (Schulordnung für die »Teutschen Schulen«, 1702), betrachtete jedoch die weitere Ausbildung als Reservat für Begabte oder für reiche Liebhaber. In den Heimschulen der Philanthropen, begründet von J. B. Basedow, sollte der gesamte Tagesablauf von leicht faßlichen Moral- und Tugendliedern begleitet werden (Gedichte u. a. von Chr. F. → Weiße). J. H. Pestalozzi (1746–1827) ließ sein Unterrichtsprinzip durch M. T. Pfeiffer und H. G. Nägeli auf die Musik übertragen (*Gesangbildungslehre nach Pestalozzischen Grundsätzen ...*, 1810; ohne Verbindung zur Kunstmusik). – Die Säkularisation nahm dem Musikunterricht seine bisherige Hauptaufgabe, den Dienst an der Kirchenmusik. Durchwegs ungenügend ausgebildete und meist nebenberuflich amtierende Musiklehrer traten an die Stelle des Kantors; Musikerzieher und -unterricht verloren ihr Ansehen innerhalb der Schule und damit die wichtigste Voraussetzung für erzieherische Erfolge. Stoff und Stundenzahl schrumpften auf ein Minimum zusammen. Nach den preußischen Verordnungen von 1837 erhielten nur Sexta bis Tertia je 2 Wochenstunden Gesangunterricht, nach 1882 nur noch die zwei unteren Klassen. Ein Schulchor auf freiwilliger Basis bestand fort. An den Lehrerseminaren war die Zahl der Musikstunden größer, und in den Volksschulen wurde verhältnismäßig viel gesungen, doch meist ohne Kenntnis der Noten. Die Thomasschule zu Leipzig, die Kreuzschule in Dresden und das Gymnasium des Grauen Klosters in Berlin hielten die Tradition der alten Sch. aufrecht. – Bedeutsam für den späteren Wiederaufstieg der Sch. wurde das 1822 aus privaten Kursen C. Fr. Zelters hervorgegangene Königliche Institut für Kirchenmusik, an dem auch Musiklehrer für Gymnasien ausgebildet wurden (auf Zelters Anregung entstanden ähnliche Institute auch in Breslau und Königsberg). Ihre eigentliche Prägung erhielt diese Anstalt durch den späteren Leiter H. Kretzschmar (seit 1907), der schon 1881 (in den *Grenzboten*) den alarmierenden Bericht des Engländers J. Hullah über die Zustände der Sch. im deutschsprachigen Bereich publizierte und 1900 der preußischen Regierung ein Memorandum über die Neugestaltung der Musikerziehung einreichte. Die musikpädagogischen Reformbestrebungen nach 1900 (»Schulgesangbewegung«) wurden auch durch die Kunsterziehungbewegung angeregt, die sich gegen den einseitig wissenschaftlichen Unterricht an den Schulen richtete (Musikpädagogischer Kongreß 1904; 3. Kunsterziehungstag in Hannover »Musik und Bewegung« 1905). Seit 1907 fanden in Berlin Fortbildungskurse für Musiklehrer statt, 1910 erschien eine Prüfungsordnung und 1913 die *Didaktik und Methodik des Schulgesangsunterrichts* von G. Rolle, die allerdings noch die Prinzipien der Lernschule vertritt. An den Musiklehrer, dessen Studium 3-4 Semester dauerte, wurden nun präzise Anforderungen in Gesang, Chorleitung, Theorie und Musikgeschichte gestellt; er wurde Beamter, wenn auch zunächst als »technischer« Lehrer in tieferem Rang. Die neuen Lehrpläne brachten – neben dem Chorgesang – 2 Wochenstunden Musik für alle Klassen der Mädchenschulen, für die Knaben blieb es bei 2 Wochenstunden nur in den beiden untersten Klassen. 1914 folgten die Lehrpläne für die Volksschulen (Notenlesen ab dem 2. Schuljahr). Die Reformbestrebungen Kretzschmars fanden ihre Fortsetzung und praktische Durchführung im Werk von Leo → Kestenberg, der 1918 als erster Fachreferent für Musik in das preußische Ministerium für Kunst, Wissenschaft und Volksbildung berufen wurde. Aus dem Gesanglehrer wurde nun der Musikstudienrat mit wissenschaftlichem Nebenfach; die Berliner Akademie wurde anläßlich ihrer Hundertjahrfeier 1922 durch Kestenberg umgestaltet zur Staatlichen Akademie für Kirchen- und Schulmusik. Andere Musikhochschulen schlossen sich dem Vorbild an. – Die musikpädagogischen Bestrebungen des 20. Jh. suchen nach kindgemäßer Aufgabenstellung, die von vornherein eigenes Mittun ermöglicht, um darauf einen kontinuierlichen Musikunterricht für alle Schüler und die ganze Schulzeit aufzubauen. Eine sinnvolle Anwendung der Ideen der »Arbeitsschule« (Kerschensteiner) auf dem Gebiet der Musikerziehung findet sich erstmals bei Fr. Jöde (*Das schaffende Kind in der Musik*, 1928). Am vollständigsten der jeweiligen Altersstufe angepaßt sind das umfangreiche *Schulwerk* von C. Orff und das dazugehörige Instrumentarium. Bei allen diesen Unterrichtsmethoden für Kinder und bei den Tonwortsystemen bedarf es großen pädagogischen Geschicks, damit rechtzeitig, behutsam und bestimmt der Übergang zur Kunstmusik vollzogen werden kann, ohne den auch die beste »kindgemäße« → Musikerziehung ihren Sinn verliert. – In England hat der Staat durch den Education Act (1944) die Erziehung einschließlich des Musikunterrichts übernommen. Der Elementarunterricht fußt auf dem Singen (vielfach noch Anwendung der → Tonic-Solfa-Methode), in den Junior schools liegt das Hauptgewicht des Instrumentalunterrichts auf der Blockflöte, an den weiterführenden Schulen werden vollständige Orchester angestrebt. Für kleinere Schulen, besonders auf dem Land, fungiert der staatlich bestellte Country Music Adviser als Organisator, reisende Privatmusiklehrer erteilen Instrumentalunterricht. – In Frankreich entspricht die Sch. seit dem Gesamtbildungsplan (1946) weitgehend den deutschen Verhältnissen; das → Solfège spielt eine wichtige Rolle. Zwar ist Musikunterricht auf der Oberstufe Wahlfach, doch im Baccalauréat Prüfungsfach. Die Ausbildung der Sch.er erfolgt im Lycée Jean de la Fontaine, Paris, in dreijährigen Lehrgängen mit jeweils 120 Teilnehmern. Aus den Absolventen werden durch Wettbewerb die Musikerzieher für die Lycées (staatliche Gymnasien) ausgewählt, die übrigen gehen an andere Schulen. Während der Ausbildung der Grundschullehrer ist Musik Pflichtfach, bei der Aufnahme ins Lehrerseminar ist eine Gesangsprüfung abzulegen. – In Italien ist Musikunterricht obligatorisch nur in den Oberklassen der Volksschulen und an den Lehrerseminaren, jedoch sind Bestrebungen im Gange, ihn auch auf die übrigen Klassen auszudehnen. Die Musikerziehung liegt in Händen der städtischen und staatlichen → Konservatorien.

Lit.: Beitr. in d. Ber. d. Reichs-Sch.-Wochen Bln 1921, Darmstadt 1926, Dresden 1927, München 1928, Hannover 1929 u. d. Bundes-Sch.-Wochen Mainz 1955, Hbg 1957, München 1959 sowie in d. Zss. Musik im Unterricht, Mainz seit 1909, Die Sch., Bln 1924-33, Zs. f. Sch., Wolfenbüttel 1928-33, Musikerziehung, Wien seit 1946. – Die ev. Schulordnungen d. 16. (17., 18.) Jh., 3 Bde, hrsg. v. R. VORMBAUM, Gütersloh 1858-64; W. LANGHANS, Das mus. Urtheil u. seine Ausbildung durch d. Erziehung, Bln 1872, ²1886; A. PRÜFER, Untersuchungen über d. außerkirchlichen Kunstgesang in d. ev. Schulen d. 16. Jh., Diss. Lpz. 1890; G. v. DETTEN, Über d. Dom- u. Klosterschulen d. MA, Paderborn 1893; I. PLEW, Der Gesangunterricht, in: Hdb. d. Erziehungs- u. Unterrichtslehre f. höhere Schulen IV, 2, München 1898; H. KRETZSCHMAR, Mus. Zeitfragen, Lpz. (1903); FR. SANNEMANN, Die Musik als Unterrichtsgegenstand in d. ev. Lateinschulen d. 16. Jh., = Mw. Studien IV, Bln u. Lpz. 1904; G. ROLLE, Didaktik u. Methodik d. Schulgesangsunterrichts, München 1913; M. SCHIPKE, Der deutsche Schulgesang v. J. A. Hiller bis zu d. Falkschen Allgemeinen Bestimmungen (1775-1875), Bln 1913; W. STAHL, Gesch. d. Schulgesangs-Unterrichts, Bln 1913; FR. JÖDE, Musik. Ein pädagogischer Versuch, Wolfenbüttel 1919, NA als: Musik u. Erziehung, ebenda 1932; DERS., Die Lebensfrage d. neuen Schule, Lauenburg 1921; DERS., Das schaffende Kind in d. Musik, in: Hdb. d. Musikerziehung V, 1-2, Wolfenbüttel 1928; DERS., Kind u. Musik, Bln 1930; P. A. SCHOLES, Mus. Appreciation in Schools, London 1920, ⁴1925; L. KESTENBERG, Musikerziehung u. Musikpflege, Lpz. 1921, ²1927; DERS., Sch. in Preußen, Bln 1927; DERS., Wege zur Entwicklung d. Musikerziehung, Mk XX, 1927/28; E. PREUSSNER, Die Methodik im Schulgesang d. ev. Lateinschulen d. 17. Jh., Diss. Bln 1924, maschr., Teildrucke in: AfMw VI, 1924, u. in: Fs. Fr. Stein, Braunschweig 1939; DERS., Allgemeine Pädagogik u. Musikpädagogik, = Musikpädagogische Bibl. II, Lpz. 1929, als: Allgemeine Musikpädagogik, Heidelberg ²1959; R. WICKE, Die Musik in d. künftigen Lehrerbildung, Lpz. 1929; P. MIES, Die Musik in d. höheren Schulen, 2 Bde, Köln 1927; G. SCHÜNEMANN, Gesch. d. deutschen Sch., 2 Bde, Lpz. I, 1928, ²1931, II 1932; P. EPSTEIN, Der Schulchor ..., = Musikpädagogische Bibl. V, Lpz. 1929; Beitr. zur Sch., hrsg. v. H. MARTENS u. R. MÜNNICH, 8 Bde, Lahr 1930-32, neue Reihe hrsg. v. W. Drangmeister u. H. Fischer, Wolfenbüttel seit 1957; Encyclopédie de la musique et Dictionnaire du Conservatoire, hrsg. v. A. LAVIGNAC u. L. DE LA LAURENCIE, II. Teil, Bd VI (Pédagogie, Écoles etc.), Paris (1931); Grundfragen d. Sch., hrsg. v. H. J. MOSER, Lpz. 1931; G. PIETZSCH, Die Musik im Erziehungs- u. Bildungsideal d. ausgehenden Altertums u. frühen MA, = Studien zur Gesch. d. Musiktheorie im MA II, Halle 1932; DERS., Der Unterricht in d. Dom- u. Klosterschulen vor u. um d. Jahrtausendwende, AM X, 1955; W. TOLLE, Grundformen d. reformatorischen Schulliederbuchs vorwiegend um 1600, Wolfenbüttel 1936; Kgr.-Ber. L'éducation mus. ... dans les divers pays, Prag 1937; A.-E. CHERBULIEZ, Gesch. d. Musikpädagogik in d. Schweiz, Zürich 1944; R. SCHOCH, Musikerziehung durch d. Schule, Luzern 1946, ²1958; W. GURLITT, Musik in d. Schule, in: Schola II, 1947; DERS., Mw. Forschung u. Lehre in pädagogischer Sicht, Kgr.-Ber. Bamberg 1953 (beides auch in: Mg. u. Gegenwart II, = BzAfMw II, Wiesbaden 1966); FR. W. STERNFELD, Music in the Schools of the Reformation, MD II, 1948; J. SMITS VAN WAESBERGHE SJ, School en muziek in de middeleeuwen, Amsterdam 1949; DERS., Guido v. Arezzo als Musikerzieher u. Musiktheoretiker, Kgr.-Ber. Bamberg 1953; E. KRAUS u. F. OBERBORBECK, Musik in d. Schule, 7 Bde, Wolfenbüttel (1950-55); FR. BLUME, Denkschrift zur Schulmusikerziehung, Musica V, 1951; DERS., Musikforschung u. Musikleben, Kgr.-Ber. Bamberg 1953; Zur Notlage d. Musikerziehung u. Musikpflege, Denkschrift, hrsg. v. d. Arbeitsgemeinschaft f. Musikerziehung u. Musikpflege, (Kassel) 1953; TH. WARNER, Musische Erziehung zwischen Kult u. Kunst, = Beitr. zur Musikerziehung III, Bln u. Darmstadt 1954; Hdb. d. Musikerziehung, hrsg. v. H. FISCHER, 2 Bde (II: Musikerziehung in d. Grundschule), Bln 1954–58; G. BRAUN, Die Schulmusikerziehung in Preußen ..., = Mw. Arbeiten XI, Kassel 1957; W. FRIEDRICH, Musikpädagogische Revolution, Fs. Fr. Jöde, Trossingen u. Wolfenbüttel 1957; G. KUBE, Kind u. Musik. Psychologische Voraussetzungen d. Musikunterrichts in d. Volksschule, München 1958; Musikerziehung in d. Lehrerbildung, Entschließung d. Deutschen Musikrats, Kassel 1959; Pädagogisches Lexikon, mit einem Anh. über d. Gesch. d. Pädagogik u. über d. Bildungswesen d. Länder, hrsg. v. H.-H. GROOTHOFF u. M. STADLMANN, Stuttgart 1961; H. R. JUNG, Ein neugefundenes Gutachten v. H. Schütz aus d. Jahr 1617, AfMw XVIII, 1961; Musik in Volksschule u. Lehrerbildung, hrsg. v. K. SYDOW, = Mus. Zeitfragen XI, Kassel 1961; E. LIVINGSTONE, The Theory and Practise of Protestant School Music in Germany as Seen Through the Collection of Abraham Ursinus (ca. 1600), Diss. Rochester (N. Y.) 1962; KL.-W. NIEMÖLLER, Grundzüge einer Neubewertung d. Musik an d. Lateinschulen d. 16. Jh., Kgr.-Ber. Kassel 1962; Hdb. d. Sch., hrsg. v. E. VALENTIN, Regensburg (1962); H. SEGLER u. L. U. ABRAHAM, Musik als Schulfach, = Schriftenreihe d. Pädagogischen Hochschule Braunschweig XIII, Braunschweig 1966. HHA

Schuloper heißt allgemein ein szenisches Werk mit Musik, das nach Inhalt und technischen Anforderungen geeignet ist, von Jugendlichen im Schulalter (6–18 Jahre) zu ihrer eigenen geistigen und musikalischen Förderung aufgeführt zu werden. Meist bestehen Sch.n aus gesprochenem Text mit musikalischen Einlagen (Lieder, Chöre, Tanz- und pantomimische Szenen, auch Instrumentalstücke) und gehören damit strenggenommen der Gattung des → Singspiels an, doch gibt es auch Stücke mit Rezitativen und durchkomponierte Werke, die der szenischen Kantate nahestehen. Die Grenze zwischen der Sch. (auch Spiel für Kinder, musikalisches Jugend- oder Schulspiel, Tanzspiel usw.) und dem Schuldrama (auch Schulspiel) mit Musik ist fließend, da als Kriterium nur die wechselnde Anzahl der Musikeinlagen zur Verfügung steht. – Die pädagogischen Ziele stehen im Mittelpunkt aller Bemühungen um die Sch.: die Probenarbeit vermittelt tiefere musikalische Erfahrung als jeder Klassenunterricht; das Zusammenwirken in einer Gemeinschaft (auch aus Schülern verschiedener Altersgruppen), die Übernahme von Verantwortung und das durch gelungene Aufführungen vermittelte Selbstgefühl stellen erzieherische Werte dar; da Jugendliche dazu neigen, sich mit einer Rolle zu identifizieren, kann die Sch. (bei gezielter Rollenverteilung) auch direkten Einfluß auf die Persönlichkeitsbildung ausüben. – In der Praxis umfaßt die Sch. folgende Arbeitsbereiche: 1) das Spiel mit Musik, oft verbunden mit Tanz und Reigen, das Freude am musikalischen und darstellenden Tun vor allem bei den Jüngeren erwecken soll; 2) Aufführungen von literarischen und musikalischen Bühnenwerken sowie modernen szenischen Kantaten und Sch.n, die im Hinblick auf die schulischen Möglichkeiten ausgewählt, eventuell auch dramaturgisch und musikalisch bearbeitet werden; 3) Singspiele des 18. Jh. und leichte Opern, für die exemplarisch eine werkgerechte, musikalisch und historisch möglichst getreue Aufführung angestrebt wird; 4) Auseinandersetzung mit Problemstücken und modernen musikalischen Gestaltungsmöglichkeiten (z. B. Elektronische Musik); 5) das »Schulmusikal« mit Einbeziehung parodistischer Elemente und der leichten Musik; 6) die eigentliche Sch., worunter Werke mit lebensnahen und den Lehr- und Erziehungsaufgaben der Schule angemessenen Stoffen zu verstehen sind. – Bei Aufführungen an Mädchenschulen werden Männerrollen zweckmäßig von Schülerinnen übernommen; da die Sch. kein Illusionstheater anstrebt, ergibt sich daraus erfahrungsgemäß keine Einbuße an musikalischer oder theatralischer Wirkung.

Die sechs lateinischen »Dramen« der Hrothsvit (Roswitha) von Gandersheim (um 930–1000), die wegen ihrer Lehrabsicht als die ersten Schuldramen gelten, sollten ein christliches Gegenstück zu den in mittelalterlichen Klosterschulen beliebten antiken Komödien (vor allem von Terenz) bilden. Auch das humanistische Schuldrama, das an den Lateinschulen der deutschsprachigen protestantischen Länder und in deren kulturellem Einflußbereich gepflegt wurde, verdankt seine entscheidenden Anregungen den Aufführungen antiker Komödien und Dramen durch Schüler und Studenten. Der Beitrag der Musik zu den meist lateinischen Schuldramen des 16. Jh., die eine bedeutende Rolle im humanistischen Bildungswesen spielten, beschränkte sich im allgemeinen auf Chöre an den Aktschlüssen (→ Odenkomposition) und vereinzelt auf Tanzeinlagen (z. B. bei Celtis, *Ludus Dianae*, 1500); Lieder, Motetten und Instrumentalstücke dienten als Einlagen und Zwischenaktsmusik. Institutionalisierung und über den Rahmen der Schule hinausgehender Aufführungsaufwand einerseits, der 30jährige Krieg andererseits führten zum Niedergang des protestantischen Schuldramas. Erwähnenswert für die spätere Zeit sind nur die Schuldramen über historische Stoffe von Chr. Weiss mit Musik von J. Krieger. – Das aus der Gegenreformation hervorgegangene Jesuitentheater gehört wegen der moralisierenden Tendenz seiner Stücke und deren Aufführung weitgehend durch Schüler (Internatszöglinge) und Studenten zwar dem Bereich des Schuldramas an, sprengte ihn jedoch durch seinen Aufwand an theatralischen Mitteln und durch die beabsichtigte Wirkung auf ein größeres Publikum. Die eigentliche dramatische Handlung wurde gesprochen, die meist allegorische Zwischenhandlung musikalisch in Annäherung an Oper und Oratorium gestaltet. Erhalten ist z. B. die Musik von Kerll zu *Pia et fortis mulier* (Wien 1677). Für die an der Universität Salzburg ab 1620 bis um 1796 jeweils am Schuljahresende von Studenten aufgeführten Dramen komponierten im 18. Jh. u. a. Eberlin, Adlgasser und M. Haydn musikalische Intermedien; 1767 schrieb W. A. Mozart die Musik zum (lateinischen) Intermedium *Apollo et Hyazinthus* (vgl. Anm. zu K.-V. 38). – Philanthropische Bestrebungen, die auch in der → Schulmusik und im → Kinderlied wirksam wurden, gaben den Anstoß zu J. A. Hillers *Die kleine Aehrenleserin* (*Oper in 1 Aufzug für Kinder*, 1778). Doch gehört dieses Werk (obwohl es, wie auch die meisten Singspiele Hillers, für Schulaufführungen geeignet ist) ebensowenig zur Sch. im eigentlichen Sinne wie die vorzugsweise Märchenstoffe und Kinderlieder verarbeitende, romantisierende Kinderoper des 19. Jh. Humperdincks erste, dem → Liederspiel nahestehende Fassung von *Hänsel und Gretel* war für den Hausmusik bestimmt (ähnlich *Die sieben Geislein*, 1895, nur mit Klavierbegleitung), während die Kinderopern von Fr. Abt, C. Reinecke und Fr. Frischenschlager Bühnenwerke für Kinderpublikum sind. Dennoch bildete die Kinderoper des 19. Jh. die Ausgangsbasis für die um 1900 aufblühenden musikalischen Schulspiele und Sch.n, in denen bis 1929 Märchenstoffe überwiegen; vor 1918 sind auch »vaterländische« Stoffe nicht selten (vgl. H. Brock 1955).

Eine Wende in der Geschichte der Sch. bedeuteten die Jahre um 1929/30. Eine durch die musikalische → Jugendbewegung geprägte Generation von Musikerziehern brachte neue Impulse in das schulische Musikleben, und die Kestenbergschen Reformen der Schulmusik trugen ihre ersten Früchte. Für die Sch. bedeutete dies eine Besinnung auf das spezifisch Schulische (Lehrhafte, pädagogisch Sinnvolle) des darstellenden Tuns, auf zeitgemäße musikalische Gestaltung, auf aktuelle Stoffe und auf die gestaltende Kraft der Sprache. Am wirksamsten kamen diese neuen Bestrebungen, vor allem das didaktische Moment, im (marxistischen) → Lehrstück zur Ausprägung, das jedoch wegen seiner prononciert weltanschaulichen Tendenz mehr Anregung als Grundlage für die Sch. sein konnte, teilweise auch bewußt andersartige Werke hervorrief, z. B. H. J. Moser, *Der Reisekamerad* (frei nach H. Chr. Andersen) und W. Jacobi, *Die Jobsiade* (nach K. A. Kartum). Aus der kurzen Blütezeit der Sch., die nach 1933 keine Fortsetzung fand, sind ferner hervorzuheben: P. Dessau, *Das Eisenbahnspiel*; P. Hindemith, *Wir bauen eine Stadt* (Spiel für Kinder); P. Höffer, *Das schwarze Schaf, Das Matrosenspiel* und *Johann, der muntere Seifensieder*; Fr. Reuter, *Der Struwwelpeter*. – In der Mehrzahl der nach 1945 neuentstandenen Werke werden wiederum einseitig Märchenstoffe bevorzugt, z. B. in den Sch.n und szenischen Kantaten von H. Bergese, S. Borris, C. Bresgen, A. Fecker, M. und H. Garff, W. Girnatis, K. Hessenberg, O. Kaufmann, A. Knab, J. H. E. Koch, H. Langhans, K. Roeseling, H. Teuscher und Th. Warner. Die Musik ist meist einer gemäßigten Moderne verpflichtet bzw. von der Verwendung des Orff-Instrumentariums oder anderer kindgemäßer Instrumente geprägt. Für die Wahl von Märchenstoffen sprechen deren leichte Rezeption durch die Darsteller und das jugendliche Publikum und das relativ häufige Auftreten lehrreicher Modellsituationen, an die sich ein Unterrichtsgespräch anknüpfen läßt. Beispielhaft sind hierfür die Jugendopern von E. Werdin (*Der Fischer und sine Fru*; *Des Kaisers neue Kleider* u. a.). Andererseits entbinden Märchenstoffe den Textdichter von der Notwendigkeit, eine sinnvolle Handlung und lebensnahe Figuren zu erfinden. Die Sch. sollte der Beobachtung Rechnung tragen, daß Kinder von sich aus beim Spiel den erwachsenen Menschen nachahmen wollen (möglichst grotesk übersteigert), sich in seine Situationen hineinzudenken suchen und sich damit unbewußt-zielstrebig auf das Leben vorbereiten. Manche Märchenstoffe kommen dem entgegen, andere jedoch führen in eine lebensfremde Welt und sind daher für die Sch. ungeeignet. Aktuelle, lehrhafte oder den menschlichen Lebenskreis einbeziehende Stoffe sind seltener verarbeitet: A. v. Beckerath, *Zirkus Pfundig*; H. Coenen, *Kinderzirkus Bum*; E. Fischer, *Dur und Moll: Ich heiße Dur* (sehr kurz); P. Seeger, *Augen auf im Verkehr*. Seit Anfang der 1960er Jahre findet nicht nur die Sch., sondern auch das Schulspiel allgemein zunehmende Beachtung, vor allem bei den Fachlehrern für Deutsch. Improvisation und Textgestaltung durch die Schüler, Umsetzung von Lernstoff in Spielszenen und exemplarisches »Anspielen« von Szenen aus den im Unterricht zu behandelnden literarischen Bühnenwerken sind nur einige Möglichkeiten, das darstellende Spiel in den Dienst schulischer Aufgaben zu stellen. Diese Möglichkeiten können nicht nur mit Musik kombiniert (vgl. W. Longart 1963), sondern in ähnlicher Weise auch im Musikunterricht eingesetzt und damit zur Keimzelle für die Arbeit an der Sch. werden.

Lit.: R. v. LILIENCRON, Die Chorgesänge d. lat. Schuldramas im 16. Jh., VfMw VI, 1890; W. NAGEL, Die Musik in d. schweizerischen Dramen d. 16. Jh., MfM XXII, 1890; A. PRÜFER, Der außerkirchliche Kunstgesang in d. ev. Schulen d. 16. Jh., Diss. Lpz. 1890; K. TRAUTMANN, Archivalische Beitr. zur Gesch. der Schulkomödie in München, in: Mitt. d. Ges. f. deutsche Erziehungs- u. Schulgesch. I, Bln 1891; P. BAHLMANN, Die lat. Dramen v. Wimphelings Stylpho bis zur Mitte d. 16. Jh. (1480–1550), Münster i. W. 1893; B. SOLDATI, Il Collegio Mamertino e le origini del teatro gesuitico, Turin 1908; H. MERSMANN, Ein Weihnachtsspiel d. Görlitzer Gymnasiums v. 1668, AfMw I, 1918/19; R. HAAS, Eberlins Schuldramen u. Oratorien, StMw VIII, 1921; E. REFARDT, Die Musik d. Basler Volksschauspiels im 16. Jh., AfMw III, 1921; A. HAPP, Die Dramatheorie d. Jesuiten, München 1922; W. FLEMMING, Gesch. d. Jesuitentheaters in d. Landen d. Deutschen Zunge, = Schriften d. Ges. f. Theatergesch. XXXII, Bln 1923; J. WOLF, Lieder aus d. Reformationszeit, AfMw VII, 1925; J. MAASSEN, Drama u. Theater d. Humanistenschulen in Deutschland, Augsburg 1929; R. MÜLLER, Das Jesuitendrama in d. Ländern deutscher Zunge v. d. Anfängen (1555) bis zum Hochbarock (1665), 2 Bde, Augsburg 1930; S. GÜNTER, Lehrstück u. Sch., Melos X, 1931; C. SCHNEIDER, Die Oratorien u. Schuldramen A. C. Adlgassers, StMw XVIII, 1931; H. J. MOSER, Sch. in alter Zeit, Das Volksspiel VIII, 1932–35; E. TROLDA, Ein mus. Schuldrama aus Böhmen aus d. Jahre 1692, Der Auftakt XVI, 1936; H. BROCK, Dramaturgie d. Sch. d. 20. Jh., Diss. Halle 1955, maschr. (mit Bibliogr. d. 1899–1953 im Druck erschienenen Sch.), als: Musiktheater in d. Schule, Lpz. u. Wiesbaden 1960; H. HÖLLEIM, Mus. Sch. in ihrer Entwicklung bis zur Gegenwart, Hbg 1956; K. LANGOSCH, Geistliche Spiele. Lat. Dramen d. MA mit deutschen Versen, Darmstadt 1957; H. DRIESCH, Das vergnügte Haus – d. erste Schulmusikal, in: Das Spiel in d. Schule, 1962, H. 2; CHR.-H. MAHLING, Studien zur Gesch. d. Opernchors, Trossingen u. Wolfenbüttel 1962; H. W. KÖNEKE, Das darstellende Spiel, 2 H., I Mainz (1960, ²1966), II (1963); H. BRAUN, Untersuchungen zur Typologie d. zeitgenössischen Schul- u. Jugendoper, = Kölner Beitr. zur Musikforschung XXVII, Regensburg 1963; W. LONGARDT, Mus. Schulspielerziehung auf neuen Wegen, Musik im Unterricht (Ausg. B) LIV, 1963, H. 9 (mit weiteren Beitr. zur Sch. v. H. Giffei, H. W. Köneke u. E. Werdin; Verz. v. Sch.); B. BRECHT, Der Jasager u. Der Neinsager (Vorlagen, Fassungen, Materialien), hrsg. v. P. Szondi, Ffm. 1966.

Schusterfleck → Rosalie.

Schwaben.
Lit.: F. OBERBORBECK, Die Musikpflege in Memmingen, ZfMw V, 1922/23; L. WILSS, Zur Gesch. d. Musik an d. oberschwäbischen Klöstern im 18. Jh., = Veröff. d. Musik-Inst. d. Univ. Tübingen I, Kassel 1925; A. KRIESSMANN, J. Reiner, Beitr. zur Gesch. d. Musik an d. oberschwäbischen Klöstern im 16. Jh., ebenda V, 1927; O. WEISS, J. A. Harz u. oberschwäbische Singspiel, Diss. Tübingen 1928; A. BOPP, Das Musikleben in d. Freien Reichsstadt Biberach, = Veröff. d. Musik-Inst. d. Univ. Tübingen VII, Kassel 1930; A. LANDAU, Das einst. Kunstlied C. Kreutzers ..., = Slg mw. Einzeldarstellungen XIII, Lpz. 1930; R. WEBER, Die Org. v. J. Gabler u. J. N. Holzhey, = Veröff. d. Musik-Inst. d. Univ. Tübingen XI, Kassel 1933; H. MEYER, Org. u. Orgelbauer in Oberschw., Zs. d. Hist. Ver. f. Schw. LIV, 1941; W. SUPPER u. H. MEYER, Barockorg. in Oberschw., = Veröff. d. Württembergischen Landesamts f. Denkmalspflege VIII, Kassel (1941); A. HOGGER, Leben u. Musikpflege d. Frauenklosters im Groggental v. Ehingen an d. Donau u. d. dortigen Franziskanerklosters mit Einbeziehung d. Musik d. ehemaligen Tiroler Ordensprovinz. Ein Beitr. zur Gesch. d. oberschwäbischen Kirchenmusik, Diss. Tübingen 1949, maschr.; E. STIEFEL, Mg. d. ehemaligen Reichsstadt Schwäbisch Gmünd, Diss. ebenda 1949, maschr.; CL. H. BELL, The Meistersingerschule at Memmingen ..., = Univ. of California Publications in Modern Philology XXXVI, 1, Berkeley 1952; Der Barock, seine Org. u. seine Musik in Oberschw., zugleich Ber. über d. Tagung in Ochsenhausen 1951, hrsg. v. W. SUPPER, Bln u. Darmstadt 1952; A. LAYER, Anfänge d. Lautenbaukunst in Schw., Mf IX, 1956; K. SCHAAF, Das Volkslied d. Donauschw., Diss. Tübingen 1956, maschr.; H. REGNER, Taktwechselnde Volkstänze im schwäbischen Ries, Diss. München 1957, maschr.; E. FR. SCHMID, Musik an d. schwäbischen Zollernhöfen d. Renaissance. Beitr. zur Kulturgesch. d. deutschen Südwestens, Kassel 1962; FR. BASER, Musikheimat Baden-Württemberg, Freiburg i. Br. 1963.

Schwärmer (ital. bombo; lat. bombus), eine aus mehreren raschen Tonwiederholungen bestehende Figur in der Instrumentalmusik des Barocks, von W. C. Printz 1689 in seinem *Compendium musicae signatoriae et modulatoriae vocalis* dargestellt (in der Vokalmusik → Trillo – 2). Von Marpurg (1755) wird er als eine seiner »Setzmanieren« angeführt und bei Oktavsprüngen als springender Schw. bezeichnet:

Von Türk (1789) wird der Schw. auch Rauscher genannt.

Schwebungen entstehen durch Überlagerung von Schwingungen annähernd gleicher Frequenz: zwei Schwingungen mit den Frequenzen f_1 und f_2 bilden eine Schwebung mit der Differenzfrequenz f_2-f_1. Mathematisch lassen sich Überlagerungen als Summe der Schwingungsgleichungen (→ Schwingungen)

$$a_1 = a_0 \sin 2\pi f_1 t \text{ und } a_2 = a_0 \sin 2\pi f_2 t$$

darstellen:

$$a_1 + a_2 = 2a_0 \cos 2\pi \left(\frac{f_1-f_2}{2}\right) t \cdot \sin 2\pi \left(\frac{f_1+f_2}{2}\right) t.$$

Wenn f_1 und f_2 voneinander wenig verschieden sind, ändert sich der Faktor $\cos 2\pi (f_1-f_2)t/2$ langsamer als der Faktor $\sin 2\pi (f_1+f_2)t/2$. Dann läßt sich die Gleichung so deuten, daß sie eine Schwingung mit der Frequenz $(f_1+f_2)/2$ ausdrückt, deren Schwingungsweite gleich $2a_0 \cos 2\pi (f_1-f_2)t/2$ ist und sich demnach periodisch ändert. Die Schwingungsweite schwankt zwischen den Amplituden $2a_0$ und 0. Die Anzahl der Schw. pro sec (Schwebungsfrequenz f_S) ergibt sich aus dem reziproken Wert der Schwebungsdauer $(T_S): 1/T_S = f_S = f_1 - f_2$. Je dichter benachbart die Frequenzen sind, desto niedriger ist die Schwebungsfrequenz. Die Beobachtungen von Schw. ermöglichen Rückschlüsse auf die Trennschärfe des Ohres. Würden sich im Gehör selektiv abgestimmte Empfangsorgane befinden, so würden auch eng benachbarte Schwingungen zwei getrennte Tonhöheneindrücke mit konstanter Lautstärke auslösen. Dies tritt erst ein, wenn die Differenz der Frequenzen f_1 und f_2 einen bestimmten Wert überschreitet. Schw. von etwa 1 bis 8 Hz werden gut gehört. Bei schnellen Folgen trennt das Ohr die Einzelperioden nicht mehr und die Unregelmäßigkeiten werden als rauh empfunden. Erreichen die Differenzfrequenzen einen Wert, der oberhalb ca. 20 Hz liegt, so lösen sie die Wahrnehmung von → Kombinationstönen aus. Das Phänomen der Schw. ist für die Stimmen von Musikinstrumenten von großem Nutzen. Die Wirkung der Orgelregister Vox coelestis, Unda maris, Vox humana u. a. beruht auf Schw. zweier leicht gegeneinander verstimmter Pfeifen.

Lit.: O. Fr. RANKE, Physiologie d. Gehörs, Bln, Göttingen u. Heidelberg 1953; H. HUSMANN, Einführung in d. Mw., Heidelberg (1958); F. TRENDELENBURG, Einführung in d. Akustik, Bln, Göttingen u. Heidelberg ³1962.

Schweden.
Ausg.: → Denkmäler. – E. G. GEIJER, A. A. AFZELIUS u. J. C. F. HAEFFNER, Svenska folkvisor från forntiden, 4 Bde, Stockholm 1814–16, Uppsala ⁴1957–60; Svenska låtar, hrsg. v. N. ANDERSSON, 24 Bde, Stockholm 1922–40; Svenska visor, I Gotländska visor, samlade av P. A. Säve, hrsg. v. E. NOREEN u. H. GUSTAVSON, 3 Bde, Uppsala u. Stockholm 1949–55; Svenska medeltids ballader, hrsg. v. B. R. JONSSON, Stockholm 1962.
Lit. (Erscheinungsort, wenn nicht anders angegeben, Stockholm): Å. DAVIDSSON, Bibliogr. över Svensk Musiklit. 1800–1945, Uppsala 1948; STMf, seit 1919, mit jährlicher Bibliogr. d. schwedischen mw. Lit.; Studia musicologica Upsaliensia, Uppsala seit 1952. – T. NORLIND, Die Mg. Schw. in d. Jahren 1630–1730, SIMG I, 1899/1900; DERS., Schwedische Schullieder im MA u. in d. Reformationszeit, SIMG II, 1900/01; DERS., Svensk musikhist., Helsingborg 1901, ²1918; DERS., Latinska skolsånger i Sverige och Finland, Diss. Lund 1909; DERS., Hdb. i svenska musikens hist., 1932; DERS., (I) Bilder ur svenska musikens hist. från äldsta tid till medeltidens slut, 1947, (II–IV) Från tyska kyrkans glansdagar, Bilder ur svenska musikens hist. från vasaregenterna till karolinska tidens slut ..., 1944–45; W. NIEMANN, Die Musik Skandinaviens, Lpz. 1906; C.-A. MOBERG, Über d. schwedischen Sequenzen, 2 Bde, = Veröff. d. Gregorianischen Akad. zu Freiburg in d. Schweiz XIII, 1–2, Uppsala 1927; DERS., Die liturgischen Hymnen in Schw., = Beitr. zur Liturgie- u. Mg. d. MA u. d. Reformationszeit I, Kopenhagen u. Uppsala 1947; ST. WALIN, Beitr. zur Gesch. d. schwedischen Sinfonik, 1941; R. ENGLÄNDER, J. M. Kraus u. d. Gustavianische Oper, = Skrifter utgivna av K. Humanistika Vetenskaps-Samfundet i Uppsala XXXVI, 1, Uppsala 1943; DERS., Gluck u. d. Norden, AMl XXIV, 1952; DERS., Die Gustavianische Oper, AfMw XVI, 1959; DERS., Händel in d. Musik Schw., Händel-Jb. V (XI), 1959; DERS., Zur Psychologie d. Gustavianischen Opernrepertoires, in: Natalicia Musicologica, Fs. Kn. Jeppesen, Kopenhagen 1962; E. SALVÉN, Dances of Sweden, London 1949; G. CARLID u. B. PLEIJEL, Musik på skiva, 1951; B. A. WALLNER, La musique en Suède, 1951, span. 1953; A. RUNDBERG, Svensk operakonst, 1952; FR. SCHANDORF PETERSEN, V. HELASVUO u. B. ANDRÉSSON, Ny musik i Norden, = Nordens serie XXVII, 1953, ²1954; Musikliv in Sverige, = Statens offentliga utredningar II, 1954; B. ALANDER, Die schwedische Musik, 1955, engl. 1956; A. WIBERG, Den svenska musikhandelns hist., 1955; Sv. HELANDER, Ordinarius Lincopensis ..., = Bibl. theologicae practicae IV, Uppsala 1957; H. ROSENBERG, Mw. Bestrebungen in Dänemark, Norwegen u. Schw. in d. letzten ca. 15 Jahren, AMl XXX, 1958; M. ARNBERG, Den medeltida balladen, 1962; R. COTTE, Compositeurs frç. émigrés en Suède, Paris 1962; E. WIKLAND, Elizabethan Players in Sweden 1591–92, Uppsala 1962.

Schwegel (Schwiegel, Schwägel; ahd. swëgala, Schienbeinknochen, Röhre, Flöte; mhd. swëgelen, Flöte blasen), – 1) eine allgemeine Bezeichnung für meist einfache Längs- oder Querflöten, teilweise für die → Einhandflöte, in neuerer Zeit besonders für die → Querpfeife; – 2) in der Orgel ist Schw. eine offene Labialstimme von mittelweiter bis engerer Mensur und oft schmalerem Labium zu 4', 2', 1', seltener 8', zumeist zylindrisch, mitunter auch konisch gebaut.

Schweiz.
Ausg.: → Denkmäler. – Les chansons populaires de la Suisse romande, 3 Bde, hrsg. v. A. ROSSAT u. E. PIGUET, Basel 1917–31; Mus. Werke schweizerischer Komponisten d. XVI., XVII. u. XVIII. Jh., hrsg. v. K. NEF, 3 Bde, Genf 1927–34; Schw.er Sing- u. Spielmusik, hrsg. v. A. STERN u. W. SCHUH, 14 H., Zürich 1928–33; Rätoromanische Volkslieder I, 2 Teile, hrsg. v. A. MAISSEN u. W. WEHRLI, = Schriften d. Schweizerischen Ges. f. Volkskunde XXVI–XXVII, Basel 1945; Was unsere Väter sangen. Volkslieder u. Volksmusik v. Vierwaldstättersee, aus d. Urschweiz u. d. Entlebuch, hrsg. v. A. L. GASSMANN, Basel 1961.
Lit.: A. SCHUBIGER OSB, Die Pflege d. Kirchengesangs u. d. Kirchenmusik in d. deutschen kath. Schw., Einsiedeln 1873; G. BECKER, La musique en Suisse, Genf u. Paris 1874, ²1923; H. WEBER, Gesch. d. Kirchengesangs in d. deutschen reformierten Schw., Zürich 1876; A. NIGGLI, Die Schweizerische Musikges., Zürich u. Lpz. 1886; K. NEF, Die Coll. mus. in d. deutschen reformierten Schw. ..., St. Gallen 1896; A. THÜRLINGS, Die schweizerischen Tonmeister im Zeitalter d. Reformation, Bern 1903; A. NEF, Das Lied in d. deutschen Schw. im letzten Drittel d. 18. u. am Anfang d. 19. Jh., = Schriften d. Stiftung Schnyder v. Wartensee XV, Zürich 1909; E. REFARDT, Die Musik d. schweizerischen Centenarfestspiele, SMZ LX, 1920; DERS., Hist.-Biogr. Musiklexikon d. Schw., Lpz. u. Zürich 1928, dazu Nachträge maschr. in d. Univ.-Bibl. Basel; DERS., Musik in

d. Schw., Bern 1952; J. HANDSCHIN, Die ältesten Denkmäler mensural notierter Musik in d. Schw., AfMw V, 1923; DERS., Angelomontana polyphonica, SJbMw III, 1928; DERS., Die Schw., welche sang, Fs. K. Nef, Zürich u. Lpz. 1933; DERS. in: Gedenkschrift J. Handschin, Bern u. Stuttgart (1957); O. v. GREYERZ, Das Volkslied d. deutschen Schw., Frauenfeld u. Lpz. 1927; A.-E. CHERBULIEZ, Die Schw. in d. deutschen Mg., = Die Schw. im deutschen Geistesleben XVIII, Frauenfeld u. Lpz. 1932; DERS., Gesch. d. Musikpädagogik in d. Schw., Bern 1945; A. GEERING, J. Wannenmacher, Diss. Basel 1933, Teildruck als: Die Vokalmusik in d. Schw. zur Zeit d. Reformation, = SJbMw VI, 1933; G. BUCKY, Die Rezeption d. Schweizerischen Musikfeste 1808–67 in d. Öffentlichkeit, Diss. Zürich 1935; M. F. BUKOFZER, Magie u. Technik in d. Alpenmusik, Schw.er Annalen I, 1935/36; A. L. GASSMANN, Zur Tonpsychologie d. Schw.er Volksliedes, Zürich (1936); J. GEHRING, Glarnerische Musikpflege ..., Glarus 1939; Schw.er Musikbuch, 2 Bde, hrsg. v. W. SCHUH, E. REFARDT u. H. EHINGER, Zürich 1939; E. HOFFMANN-KRAYER, Feste u. Bräuche d. Schweizervolkes, neubearb. v. P. Geiger, Zürich 1940; W. VOGT, Die Messe in d. Schw. im 17. Jh., Diss. Basel 1940; R. THOMANN, Der Eidgenössische Sängerver. 1842–1942, Zürich 1942; E. NIEVERGELT, Die Tonsätze d. deutsch-schweizerischen reformierten Kirchengesangbücher im 17. Jh., Zürich 1944; Musica aeterna. Eine Darstellung d. Musikschaffens aller Zeiten u. Völker unter besonderer Berücksichtigung d. Musiklebens d. Schw. ..., hrsg. v. G. SCHMID, 2 Bde, Zürich (1948, ⁵1950), auch frz.; W. WIORA, Zur Frühgesch. d. Musik in d. Alpenländern, = Schriften d. Schweizerischen Ges. f. Volkskunde XXXII, Basel 1949; W. JERGER, Die Musikpflege in d. ehemaligen Zisterzienser Abtei St. Urban, Mf VII, 1954; DERS., Zur Mg. d. deutschsprachigen Schw. im 18. Jh., Mf VIII, 1961; H. P. SCHANZLIN, Vom aargauischen Musikleben im 17. u. 18. Jh., Jb. d. Standes Aargau III, 1957; DERS., Mw in d. Schw., AMl XXX, 1958; M. JENNY, Gesch. d. deutsch-schweizerischen ev. Gesangbuches im 16. Jh., Basel 1962; Schw.er Musiker-Lexikon, hrsg. v. W. SCHUH, H. EHINGER, P. MEYLAN u. H. P. SCHANZLIN, Zürich 1964.

Schweizerpfeife, – 1) alter Name der → Querpfeife; – 2) in der Orgel eine zylindrisch offene, überblasende Flötenstimme von enger Mensur, im Manual zu 4′, 2′, selten 8′, im Pedal meist zu 2′ und 1′. Auch gedackte überblasende Schw.n (Schweizergedackte) werden gebaut.

Schwellton → Messa di voce.

Schwellwerk (engl. swell organ), in der Orgel die Bezeichnung für eine Gruppe von Registern, die in einem Schwellkasten (→ Jalousieschweller) stehen.

Schwerin.
Lit.: H. ERDMANN, Schw. als Stadt d. Musik, Lübeck 1967. → Mecklenburg.

Schwerttanz, ein ursprünglich kultischer Tanz (erwähnt bei Tacitus, *Germania*, Kap. 24), auch mit Darstellung der Tötung und Wiedererweckung eines Teilnehmers. Im Mittelalter (erwähnt in Stadtrechnungen von Brügge, 1389) war er meist Schautanz der Zünfte; bekannt waren die Schwerttänze der Nürnberger Messerschmiede. Begleitet wurde der Schw. mit Gesang oder Pfeifen und Trommeln, in England mit Geige oder Sackpfeife. Das Motiv des Schw.es kommt auch in der → Moresca und im → Morris dance vor.
Lit.: FR. M. BÖHME, Gesch. d. Tanzes in Deutschland I, Lpz. 1886, Nachdruck Hildesheim 1967; C. SACHS, Eine Weltgesch. d. Tanzes, Bln 1933, engl. NY 1937 u. London 1938, frz. Paris 1938; R. WOLFRAM, Schw. u. Männerbund, Kassel (1936–38, 3 Lieferungen); W. SALMEN, Hinweise zur ostdeutschen Überlieferung d. Schw., Jb. d. Österreichischen Volksliedwerkes IV, 1955; V. ALFORD, Sword Dance and Drama, London 1962.

Schwingungen sind zeitabhängige periodische Zustandsänderungen. Sie kommen durch Störungen des Gleichgewichts eines schwingungsfähigen Systems zustande, wobei Gegenkräfte ausgelöst werden, die dieses Gleichgewicht wiederherzustellen trachten. Bei mechanischen Schw. handelt es sich um aus ihrer Ruhelage gebrachte Massen (beim Luftschall entstehen dadurch Dichte- bzw. Druckänderungen), bei elektromagnetischen Schw. ändern sich Feldstärke, Kondensatorladung u. a. Die Bestimmungsgrößen einer einfachen (Sinus-)Schw. lassen sich mathematisch durch die Formel $a = a_0 \sin 2\pi f t$ ausdrücken, wobei a die jeweilige Auslenkung (Elongation) zu einem bestimmten Zeitpunkt t (in sec), a_0 die maximale Auslenkung (Amplitude) und f die Anzahl der Schw. pro sec (→ Frequenz) bedeuten. Jede beliebige periodische Schwingung läßt sich als eine harmonische Reihe von Sinus-Schw. auffassen (→ Fourieranalyse). Unter bestimmten Bedingungen können mechanische Schw. als → Schall wahrgenommen werden. Voraussetzung dafür ist, daß ihre Frequenz nicht unter 16 Hz und nicht über 20000 Hz liegt. Schw. höherer Frequenz (Ultraschall) lösen nur noch bei einigen Tieren (Hunden, Fledermäusen) eine Hörwahrnehmung aus. Für die Ausbreitung hörbarer Schw. in Form von Schallwellen (→ Wellen) ist das Vorhandensein eines geeigneten Mediums, meistens Luft, Voraussetzung. Musikinstrumente erzeugen allgemein recht komplizierte zusammengesetzte Schw.
Lit.: A. KALÄHNE, Grundzüge d. mathematisch-physikalischen Akustik, 2 Bde, Lpz. u. Bln 1910–13; K. W. WAGNER, Einführung in d. Lehre v. d. Schw. u. Wellen, Wiesbaden 1947; J. KRANZ, Schw. u. Wellen, in: Physik, = Das Fischer Lexikon XIX, hrsg. v. W. Gerlach, Ffm. (1960, ²1962).

Schwirrholz (engl. bull roarer; frz. rhombe; ital. rombo), ein meist schmal-linsenförmiges flaches Holz, das an einer Schnur herumgewirbelt wird. Dabei entsteht ein Ton, dessen Frequenz von der Größe des Holzes und der Geschwindigkeit der Bewegung abhängig ist. In der Systematik der Instrumente wird das Schw. zu den freien Aerophonen gezählt. Als Schallgerät wird es bei Naturvölkern (heute vor allem in der Südsee und in Südamerika) oft bei Initiationsriten verwendet; der Klang wird dabei meist als Stimme von Geistern oder Ahnen verstanden.
Lit.: K. BUDDE, Das Schw., Werkzeug d. alttestamentlichen Totenbeschwörung?, Zs. f. d. Alttestamentliche Wiss. XLVI, 1928; W. HIRSCHBERG, Der Ahnencharakter d. Schw., Ethnos V, 1940; O. ZERRIES, Das Schw., Stuttgart 1942; M. D. JEFFREYS, The Bull-Roarer Among the Ibo, African Studies VIII, 1949; G. TUCCI, Contributo allo studio del rombo, Rivista di etnografia VIII, 1954 – IX, 1955; H. HICKMANN, Unbekannte ägyptische Klangwerkzeuge I, Mf VIII, 1955.

sciolto (ʃˈɔlto, ital., gelöst, ungebunden) bedeutet: – 1) frei im Vortrag; – 2) eine etwa dem non legato entsprechende Artikulation; – 3) im 16./17. Jh. in Verbindung mit → Fuga oder Imitation deren Satzweise ohne kanonische Bindung der Stimmen.

Scordatura (ital., Verstimmung; auch Cordatura), eine von der normalen Stimmung (Accordatura) abweichende Einstimmungsweise der Saiteninstrumente, die zu Anfang eines Satzes als Accordo mit Noten oder Buchstaben angegeben wird. Als Abweichung von der geltenden Norm ist die Sc. Teil der kompositorischen Erfindung. Ihr Sinn liegt darin, daß sie ungewöhnliche Akkordgriffe und eine Veränderung der Klangfarbe (durch stärkere oder geringere Spannung der Saiten und die Verlagerung der leeren Saiten) ermöglicht. Zur Sc. im weiteren Sinne gehört auch die schon im 16. Jh. häufige Anweisung, den tiefsten Chor der Laute einen Ton herabzustimmen (→ Abzug – 1). Am meisten wurde im ausgehenden 17. und frühen 18.

Jh. von der Sc. Gebrauch gemacht, u. a. von J. Fischer, Baltzar, Schmelzer, J. Pachelbel, N. A. Strungk, Zachau, Westhoff, Pisendel und J. S. Bach (5. Cellosuite, BWV 1011), vor allem aber von H. I. Fr. Biber, der sich besonders in seinen 16 Mysteriensonaten der Sc. bediente und in der vierten seiner Triosonaten für V. und Va (*Harmonia artificiosa-ariosa diversimode accordata*, Nürnberg 1712) die Stimmung im Es dur-Akkord fordert:

Am weitesten geht Biber in der 11. seiner Mysteriensonaten, wo er verlangt, daß die E-Saite in d^2, die A-Saite in d^1, die D-Saite in g^1 gestimmt werde, also die Verhältnisse in den mittleren Saiten auf den Kopf gestellt werden, was Biber durch nebenstehenden Notationsschlüssel andeutet. Im 19. Jh. haben noch Paganini, Bériot und Baillot die Sc. angewandt. In der Gitarrenmusik ist sie bis heute üblich. – Von der eigentlichen Sc., bei der die Intervalle zwischen den Saiten verändert werden, ist eine Art der Umstimmung zu unterscheiden, bei der alle Saiten um das gleiche Intervall höher gestimmt werden. Sie erleichtert das Spiel in unbequem liegenden Tonarten und läßt ein Soloinstrument kräftiger und glänzender hervortreten. W. A. Mozart verlangt für die Solo-Va in seiner Konzertanten Symphonie für V., Va und Orch. Es dur (K.-V. 364), Paganini für die Solostimme seines 1. Violinkonzertes Es dur op. 6 Höherstimmung um einen Halbton (Notierung in D dur), G. Mahler für die 1. Solo-V. im 2. Satz seiner IV. Symphonie G dur um einen Ganzton (Notierung in B moll). – Scheinbar Sc. begegnet im 18. Jh. in Kompositionen für Va d'amore und Englisch Violet; diese Instrumente haben mit Rücksicht auf die Resonanzsaiten das bis um 1600 bei den meisten Saiteninstrumenten übliche Verfahren beibehalten, die Stimmung nach der jeweils verlangten Tonart einzurichten (z. B. im D dur-, Es dur- oder C dur-Akkord). Für die vier obersten Saiten schrieben z. B. Ariosti (1728) und C. Stamitz transponierend, so daß der Spieler – meist ein Violinist – dieselben Griffe wie auf einer Violine normaler Stimmung auszuführen hat. Ist die Viola d'amore in A d d^1 fis^1 a^1 d^2 gestimmt, so klingt bei dieser Schreibweise die oberste Saite einen Ton tiefer als notiert, die 3. eine Terz höher und die 4. eine Quinte höher.

Lit.: A. MOSER, Die V.-Skordatur, AfMw I, 1918/19; L. DE LA LAURENCIE, L'école frç. de violon ..., 3 Bde, Paris 1922–24; D. D. BOYDEN, Ariosti's Lessons for Va d'Amore, MQ XXXII, 1946.

Secco (ital., trocken) → Rezitativ.

Sechzehntelnote (ital. semicroma; frz. double-croche; engl. semiquaver; in den USA auch sixteenth note): ♪, Pause (frz. quart de soupir): ♪.

Seckau (Steiermark).
Lit.: O. DRINKWELDER, S.er Kirchengesang im 14. Jh., Musica Divina III, 1915; W. IRTENKAUF, Das S.er Cantionarium v. Jahre 1345 (Hs. Graz 756), AfMw XIII, 1956; DERS., Die Weihnachtskomplet im Jahre 1345 in S., Mf IX, 1956; H. FEDERHOFER u. R. FEDERHOFER-KÖNIGS, Mehrstimmigkeit in d. Augustiner-Chorherrenstift S., KmJb XLII, 1958; B. ROTH, S., Erbe u. Auftrag. Ein Gang durch seine Gesch., Kunst u. Kultur, Wien 1960.

Seconda pratica (ital., zweite Kompositionsart) ist eine von Cl. Monteverdi 1605 im Vorwort zum 5. Madrigalbuch geprägte und von seinem Bruder Giulio Cesare 1607 in einem Nachwort zu den *Scherzi musicali* (*Dichiaratione della lettera stampata nel quinto libro de suoi madregali*) genauer bestimmte Bezeichnung für die um 1550 entstandene »moderne Kompositionsart« (uso moderno), die der Deklamation und der Darstellung des Textinhalts den Vorrang gegenüber den Regeln des strengen Kontrapunkts einräumt. Den Anlaß zur Unterscheidung zwischen → Prima pratica und S. pr. (als Komponisten der letzteren nennt G. C. Monteverdi: Rore, Ingegneri, Marenzio, Giaches de Wert, Luzzaschi, Peri und Caccini) bildete G. M. Artusis Polemik gegen Monteverdis Kontrapunkt (*L'Artusi, overo delle imperfettioni della musica moderna*, 1600). G. C. Monteverdi beruft sich, wie später M. Scacchi (1643), auf Platons »Staat« (398c–d), um den Vorrang zu rechtfertigen, den in der S. pr. die sprachgebundene »Melodie« gegenüber der »Harmonie« erhält. Der Ausdruck »Melodie« – *Melodia, overo s. pr. musicale* war der Titel eines (nicht geschriebenen oder nicht erhaltenen) Traktats von Cl. Monteverdi (Brief vom 22. 10. 1633) – bezeichnet die Einheit von Sprache, Rhythmus und »Harmonie«; unter »Harmonie« ist der Inbegriff der durch Gesetze geregelten sukzessiven (melodischen) und simultanen (kontrapunktischen) Tonbeziehungen zu verstehen. Daß in der S. pr. die Sprache oder Rede die Herrin und nicht die Dienerin der Harmonie sei (*l'oratione sia padrona del armonia e non serva*), besagt also, daß um der Deklamation und der Textdarstellung willen der Gebrauch irregulärer (chromatischer) Intervalle (relationes non harmonicae) und eine von den Regeln des strengen Satzes abweichende Dissonanzbehandlung zulässig seien. Die S. pr. war, obwohl sie im Madrigal und in der Monodie entstanden ist, im 17. Jh. nicht an bestimmte Gattungen gebunden; M. Scacchi (Brief an Chr. Werner, nach 1646) läßt die secunda praxis, den stylus oder usus modernorum, auch in der Kirchenmusik gelten.

Lit.: M. SCACCHI, Cribrum musicum ad triticum Syfertinum, Venedig 1643; DERS., Ad Excellentissimum Dominum CS. Wernerum, (nach 1646), Abdruck in: E. KATZ, Die mus. Stilbegriffe d. 17. Jh., Diss. Freiburg i. Br. 1926; A. BERARDI, Miscellanea mus., Bologna 1689; E. VOGEL, Cl. Monteverdi, VfMw III, 1887; A. TESSIER, Les deux styles de Monteverdi, RM III, 1922; DERS., Monteverdi e la filosofia dell'arte, Rass. mus. II, 1929; G. FR. MALIPIERO, Cl. Monteverdi, Mailand 1929; H. F. REDLICH, Cl. Monteverdi, Das Madrigalwerk, Bln 1932; D. P. WALKER, Mus. Humanism in the 16th- and Early 17th-Cent., MR II, 1941–III, 1942, deutsch als: Der mus. Humanismus im 16. u. frühen 17. Jh., = Mw. Arbeiten V, Kassel 1949; L. SCHRADE, Monteverdi, NY (1950), London 1951; CL. V. PALISCA, V. Galilei's Counterpoint Treatise: A Code for the S. Pr., JAMS IX, 1956; D. ARNOLD, »S. Pr.«: A Background to Monteverdis Madrigals, ML XXXVIII, 1957; E. APFEL, Satztechnische Grundlagen d. Neuen Musik d. 17. Jh., AMl XXXIV, 1962. CD

secondo (ital.), der zweite (beim vierhändigen Klavierspiel der Spieler des Baßparts); seconda volta (Abk.: II^{da}), das zweite Mal. → primo.

Seele → Stimmstock (– 1).

Seeon (Oberbayern), Benediktinerabtei, gegr. 994.
Lit.: J. DOLL, S., ein bayrisches Inselkloster, München u. Freiburg i. Br. 1912; M.-TH. SCHMÜCKER, J. Werlins Liederhs. v. 1648, Diss. Bln 1927; O. URSPRUNG, Des J. Werlin aus S. großes Liederwerk (1646/47) als praktisch durchgeführte Poetik, ZfMw XVI, 1934; M. BÖHM, J. Werlin d. S.er, Bayrisches Jb. f. Volkskunde 1952; W. SALMEN, Das altdeutsche Lied in J. Werlins Slg v. 1646, ebenda 1953; R. MÜNSTER, Kurfürst Max III. Joseph v. Bayern u. d. musizierenden Patres v. Kloster S., Mozart-Jb. 1960/61.

Segno (s'eɲo, ital.; Abk.: S.), Zeichen, heute meist 𝄋 oder ⊕, §, von dem an (Dal S., D. S.) eine Wiederholung zu beginnen hat oder bis zu dem sie reicht (al S.). Beim einstimmig notierten Kanon werden die Stimmeinsätze auch durch * oder Zahlen gekennzeichnet; ältere Bedeutungen des Wortes: → Signum.

segue (s'egŭe, ital.; Abk.: seg.), seque (lat.), es folgt; – 1) Hinweis am Ende einer Seite oder eines Satzes, daß das Werk noch nicht zu Ende ist. Attacca il seguente (sequente), beginne sofort das Folgende. – 2) Hinweis, daß ein nur ein- oder zweimal ausgeschriebenes Arpeggio (oder eine ähnliche Figur) in gleicher Weise öfter zu wiederholen ist, obwohl seine Töne dann nur noch als einfache Akkorde notiert sind (→ Abbreviaturen – 6); gleichbedeutend ist simile.

Seguidilla (segið'iλa, span., von seguir, folgen), eine der verbreitetsten literarischen und musikalischen Formen in Spanien. Die neuere S. hat eine 7zeilige Strophe (Verse 1, 3 und 6: 7Silber, Verse 2, 4, 5 und 7: 5Silber). Vers 1–4 bilden die Copla, Vers 5–7 den Estribillo (Refrain), der auch fehlen kann. Für die ersten 4 Verse gilt das Assonanzschema: frei – a – frei – a, für den Estribillo: b – frei – b. Diese S. kommt gesungen und getanzt in Bühnenwerken (→ Tonadilla, → Sainete, → Zarzuela) des 17./18. Jh. vor. Die ältere S. ist oft formal freier, teilt jedoch mit der neueren deren heterometrischen Aufbau. Ältere S.s in einfachem, meist homorhythmischem 3st. Satz finden sich vertont im → Cancionero musical de Palacio (Bàrbieri Nr 115, 132, 153, 162, 378, 389, 397, 404, 412, 449 = Anglès 177, 197, 228, 240, 293, 364, 6, 63, 141, 387) und im Cancionero Sablonara (Nr 8, 67). Die volkstümliche S. ist ein Tanzlied im Tripeltakt. Neben der mäßig schnellen S. manchega, die Cervantes beschreibt, gibt es die lebhaftere S. bolera und die langsame sentimentale S. gitana (oder playera). Jeder Strophe werden zumeist vier Takte des charakteristischen Kastagnettenrhythmus 3/8 ♪♪♪♪♪♪ | ♪♪♪ ♪ | vorangestellt. Mit diesem Rhythmus ging die S. in die Klavier- und Gitarrenmusik ein (I. Albéniz, Glinka). – Besonders bekannt wurde die S. aus *Carmen* (1. Akt, Nr 10) von Bizet.
Ausg.: M. SORIANO FUERTES, Hist. de la música española, Madrid 1855–59, I Anhang; Cancionero mus. de los s. XV y XVI, hrsg. v. FR. A. BARBIERI, Madrid (1890), Neudruck Buenos Aires 1945; Cancionero mus. de Palacio, hrsg. v. H. ANGLÈS, = La música en la corte de los Reyes Católicos II–III, = MMEsp V u. X, Madrid 1947 u. 1951.
Lit.: F. HANSSEN, La s., Anales de la Univ. de Chile CXXV, 1909, neu hrsg. in: Estudios I, ebenda 1958; J. SUBIRÁ, La tonadilla escenica II, Madrid 1929; D. CLOTELLE CLARKE, The Early S., Hispanic Review XII, 1944; J. RODRÍGUEZ MATÉO, La copla y el cante popular en Andalucía, Sevilla 1946; P. HENRÍQUEZ UREÑA, Estudios de versificación española, Buenos Aires 1961.

Seises (s'eises, span., von seis, sechs) heißen die (ursprünglich 6, später 10) Chorknaben, die an Hochfesten vor dem Hauptaltar der Kathedrale von Sevilla (früher auch an anderen Orten) von einem Instrumentalensemble begleitete liturgische Tänze ausführen, wozu sie abwechselnd singen und mit Kastagnetten klappern. Diese Tänze standen in Zusammenhang mit liturgischen Spielen und wurden im 15. Jh. durch den Papst ausdrücklich gebilligt. Musik dazu schrieben im 16. Jh. u. a. Fr. Guerrero und T. L. de Victoria. Die heute verwendete Musik ist ausschließlich neueren Datums und stark von der Folklore geprägt.
Lit.: S. DE LA ROSA Y LÓPEZ, Los s. de la Catedral de Sevilla, Sevilla 1904; R. H. STEIN, Die Kirchentänze in Sevilla, Mk XV, 1922/23.

Seitenbewegung (lat. motus obliquus), im Unterschied zur Parallel- und Gegenbewegung das steigende oder fallende Fortschreiten einer Stimme, während eine andere Stimme liegenbleibt.

Seitensatz, der dem → Hauptsatz folgende 2. Teil der → Exposition in der Sonatensatzform, in Dursätzen gewöhnlich in der Dominanttonart, in Mollsätzen in der Paralleltonart, seltener in der Molldominante. Bei seiner Wiederkehr in der → Reprise erscheint der S. zumeist in der Grundtonart des Werkes; dabei ist in Mollsätzen, in denen sich der S. der Exposition in die Durparallele verwendet, eine Duraufhellung der Grundtonart möglich (J. Haydn, Symphonie Hob. I, 95, 1. Satz). S. und Seitenthema sind nicht immer identisch, da im S. mehr als ein Thema erscheinen kann. Der Charakter des Seitenthemas bewegt sich von bloßer Wiederholung des Hauptthemas in der neuen Tonart (J. Haydn, Symphonie Hob. I, 104, 1. Satz) bis zu kontrastierender Bildung, die sich zuweilen sogar durch eine neue Taktart vom Hauptsatz der Exposition abhebt (Brahms, 3. Symphonie op. 90, 1. Satz).

Sekundakkord → Septimenakkord.

Sekunde (lat. secunda, zweite), die 2. Stufe in diatonischer Folge. Die musikalische Praxis kennt die S. als groß (→ Ganzton), klein (diatonischer → Halbton) und übermäßig. Seltener ist die Bezeichnung verminderte S. für enharmonische Tonbeziehungen (z. B. fis–ges; → Enharmonik).

Sela (hebräisch; in der Septuaginta übersetzt mit διάψαλμα, Zwischenspiel), ein biblischer Wortzusatz, der sich in 39 Psalmen, beim Propheten Habakuk sowie in den apokryphen Psalmen Salomons findet und als aufführungspraktischer Hinweis vermutlich die Stelle für ein instrumentales Zwischenspiel bzw. für den Einschub eines (doxologischen) Refrains beim Psalmenvortrag während des alttestamentlichen jüdischen Gottesdienstes bezeichnet.
Lit.: J. MATTHESON, Das erläuterte Selah ..., Hbg 1745; M. HARTINER, Sur l'interprétation du mot obscure »s.«, in: World Congress of Jewish Studies Jerusalem 1947; E. GERSON-KIWI, Artikel Musique (dans la Bible), in: Dictionnaire de la Bible, Suppl. V, Paris 1957; H.-J. KRAUS, Psalmen I, Neukirchen ²1962.

Semibrevis (zu ergänzen: nota oder figura; lat.; die halbe kurze), Notenwert der → Mensuralnotation, geschrieben: ♦, Pausen: ⊤ oder ⊥; seit dem 15. Jh.: ◊, Pause: ⊥. Aus der S. ist die heutige Ganze Note (o) hervorgegangen, die noch jetzt ital. und engl. semibreve heißt. – Die rautenförmigen Schriftzeichen der S. kommen zuerst in der → Coniunctura der Modalnotation vor; dementsprechend erscheint die S. in den Quellen des 13. Jh. nie allein, sondern immer in Gruppen von 2 oder 3 (bei Petrus de Cruce bis zu 7) für eine Brevis. In der Musiklehre betrachtet sie noch J. de Garlandia als Abart der Brevis (ed. Cserba, S. 198), und erst Franco von Köln nimmt sie als selbständigen Notenwert in sein System auf und hält sie fest: *De semibrevibus autem et brevibus idem est judicium in regulis prius dictis* (d. h. wie bei Breves und Longae; ed. Cserba, S. 237). Ist bei ihm die S. der kleinste Notenwert, so beschreibt Ph. de Vitry (CSM VIII, 23, 75, 85ff.) bereits die Unterteilung der S. in Minima und Semiminima. Im 16. Jh. schließlich wird die S. im integer valor notarum zum Maß aller Notenwerte, die nun als Vielfaches oder Teil einer S. beschrieben werden.

Semidiapente (lat. semi, halb, und griech. διὰ πέντε, Quinte), die verminderte → Quinte.

Semiditas (lat., Halbierung), in der Mensuralnotation des späten 15. und des 16. Jh. Bezeichnung für die → Diminution (– 1) im Verhältnis 2:1. Anonymus XII (CS III, 483b), der die Bezeichnung wahrscheinlich als erster verwendet, schränkt die Anwendung der S. auf das Tempus imperfectum ein und erklärt das Wort als »Wegnahme der Hälfte eines Gesanges«.

Semiditonus (lat. semi, halb, und griech. δίτονος, Terz), die kleine → Terz.

Semifusa (zu ergänzen: nota oder figura; lat.; halbe → Fusa), heißt in der → Mensuralnotation eine Note mit doppeltem Fähnchen: ♪ oder ♪; Schreibung und Wert der Pausa s. wechselten (→ Pause).

Semiminima (zu ergänzen: nota oder figura; lat., die halbe kleinste), Notenwert der → Mensuralnotation seit dem 15. Jh., geschrieben: ♩, Pause: ⌐.

Semitonium (lat. semi, halb, und tonus, Ganzton; auch hemitonium), der → Halbton. S. maius ist der größere, diatonische Halbton (Leitton, z. B. c–des), s. minus der kleinere, chromatische Halbton (z. B. c–cis).

Sennet (s'enit, engl.), eine Art von Bläserfanfare oder -stück, als Regieanweisung in Elisabethanischen Schauspielen bei zeremoniellen Auftritten und Abgängen vorgeschrieben. S. kommt vermutlich von ital. sonata, Klangstück (belegt ist auch die Wortform sonnet) und wird von den häufigeren Bezeichnungen tucket (→ Tusch) und flourish unterschieden, wie eine Anweisung bei Dekker (*Satiromastix*, 1602) zeigt: *Trumpets sound a florish, and then a sennate*.

Sens (Yonne, Frankreich).
Lit.: H. VILLETARD, Odoranne de S. et son œuvre mus., Paris 1912; DERS., Office de Saint-Savinien de Saint-Potentien, Paris 1956; S. CORBIN, La notation mus. neumatique, les 4 provinces lyonnaises, Lyon, Rouen, Tours, S., 3 Bde, Diss. Paris 1957, maschr.; A. LEQUEUX, Le grand orgue de la cathédrale de S., L'Orgue XCIV, Paris 1960; H. HUSMANN, Ein dreist. Organum aus S. unter d. Notre-Dame-Kompositionen, Fs. Fr. Blume, Kassel 1963.

Septett (ital. septetto, settimino; frz. septuor; engl. septet), eine Komposition für 7 Solisten, in der Oper ein Ensemble, meist als wirkungsvolles Finale (z. B. Mozart, *Le Nozze di Figaro*, 2. Akt). Die Bezeichnung S. (bis ins 19. Jh. gewöhnlich Septuor) wird für Instrumentalwerke angewendet, die in Besetzung (meist aus Bläsern und Streichern gemischt) und Satzfolge nach Art des → Divertimentos (– 1) angelegt sind, sich aber durch kompositorischen Anspruch darüber erheben (→ Serenade). Bedeutendstes Werk ist Beethovens S. op. 20 (V., Va, Vc., Kb., Klar., Horn und Fag.); daneben sind zu nennen die S.e von C. Kreutzer (op. 62, bei dem Beethovens Vorbild spürbar ist), J. N. Hummel (op. 74, für Fl., Ob., Horn, Va, Vc., Kb. und Kl.), Hindemith (1948, Fl., Ob., Klar., B-Klar., Fag., Horn und Trp.) und Strawinsky (1953, Klar., Horn, Fag., V., Va, Vc. und Kl.).

Septime (lat. septima, siebte), die 7. Stufe in diatonischer Folge, auch Umkehrung der → Sekunde. Die musikalische Praxis kennt die S. als groß, klein, vermindert und übermäßig. Die musikalische Akustik kennt die große und kleine S. als natürlich (8:15 und 5:9), pythagoreisch (128:243 und 9:16) und gleichschwebend temperiert ($^{11}/_{12}$ und $^{5}/_{6}$ der Oktave). Natur-S. heißt das Intervall zwischen dem 4. und 7. Naturton; die Natur-S. ist etwas kleiner als die kleine S. Kirnberger (1771) bezeichnete die natürliche S. mit dem Buchstaben → i.

Septimenakkord oder Septakkord heißt in der an den Generalbaß anknüpfenden älteren Akkordlehre jedes aus Terz, Quinte und Septime bestehende Akkordgebilde. Die S.e auf den verschiedenen Stufen der Tonleiter haben jedoch in der dur-moll-tonalen Harmonik unterschiedliche Bedeutungen, wie die Funktionsbezeichnungen (nach H. Riemann) in der folgenden Übersicht für C dur andeuten:

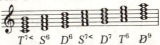

$T^{7<}\ S^6\ D^6\ S^{7<}\ D^7\ T^6\ D^9$

Von diesen 7 Akkorden sind $T^{7<}$ und $S^{7<}$ ganz zufällige Nebenformen von T^6 und S^6; T^6, S^6 und D^6 sind Umkehrungen von Dreiklängen mit der Sixte ajoutée; D^9 ist der verkürzte Dominantnonenakkord (→ Nonenakkord). Selbständige Bedeutung hat allein der D^7 (→ Dominantseptakkord). Mit seinen vier verschiedenen Tönen läßt sich der S. dreimal umkehren. Die Umkehrungen heißen: (Terz-)Quintsextakkord, Terzquart(sext)akkord und Sekund(quartsext)akkord. Im 3st. Satz kann am ehesten die Quinte des S.es entbehrt werden, weniger die Terz.

Septole (Septimole, Siebener; frz. und engl. septolet), eine für 6 oder 8 Noten eintretende Figur von 7 Noten entsprechender Form mit beigesetzter 7. Ihre Notierung erfolgt nach dem Schema der → Triole.

Sequenz, – 1) (lat. sequentia), ein nach dem Alleluiaversus (gegebenenfalls nach dem Tractus) vorgetragener Gesang der römischen Meßliturgie. Herkunft und Frühgeschichte dieser musikalisch wie literarisch gleichermaßen bedeutenden Gattung liegen noch weitgehend im Dunkeln, da keine Quellen aus der Entstehungszeit erhalten sind. Ihre schriftliche Überlieferung setzt in der 2. Hälfte des 9. Jh. ein; schon zwischen 840 und 880 war die Ausbildung eines Stammrepertoires von wenigstens 60 Melodien erfolgt. Den frühesten Beleg für das Wort sequentia in Verbindung mit Alleluiatexten der Messe bietet das Meßantiphonale von Mont-Blandin (8./9. Jh.), das bei 6 von insgesamt 25 am Schluß zusammengestellten Alleluias den Hinweis *cum sequentia* enthält (*Antiphonale missarum sextuplex*, S. 198). Um 823 erwähnt sodann der fränkische Liturgiker Amalar von Metz gelegentlich seiner Erläuterung des Alleluias die *iubilatio, quam cantores sequentiam vocant...* (*Liber officialis* III, Cap. 16, ed. Hanssens II, S. 304). An anderer Stelle berichtet er, daß in Rom während der päpstlichen Osterwochenvesper das Alleluia *cum omni supplemento et excellentia versuum et sequentiarum* gesungen worden sei (*Liber de ordine Antiphonarii*, Cap. 52, ed. Hanssens III, S. 84). Dabei wird nach westfränkischem Sprachgebrauch unter sequentia (später auch sequentiae) die erweiterte Form eines im Anschluß an den Versus (zusammen mit dem Alleluia) wiederholten Alleluiajubilus verstanden, wofür ostfränkische und oberitalienische Quellen die Bezeichnung melodiae oder longissimae melodiae (Notker) verwenden. Jüngere Forschungen betrachten den altrömischen Choral, dessen Alleluiagesänge häufig nach dem Versus eine entwickeltere Form zeigen, ferner den Ambrosianischen Gesang mit seinen erweiterten Alleluiarepetitionen als Prototypen der textlosen, melismatischen Sequentia. Das Vorbild für die typischen Kadenzbildungen der S.en dürfte im Altgallischen Gesang zu suchen sein. – Während in Rom und Mailand die melismatische Sequentia erhalten blieb, führte die Entwicklung nördlich der Alpen zur Textierung dieser Form. Gleichzeitig trafen zahlreiche westfränkische Quellen terminologisch eine strenge Unterscheidung zwischen Sequentia (im ursprünglichen musikalischen

Sinn) und → Prosa (– 1), genauer Prosa ad sequentiam, d. h. der textierten Fassung einer Sequentia. Dagegen setzte sich im ostfränkischen Raum das Wort sequentia als Bezeichnung für das musikalisch-textliche Gesamtgebilde durch. Der Textierungsvorgang erfolgte in der Weise, daß die präexistenten Melismengruppen in Einzeltöne aufgelöst und diese mit je einer Textsilbe versehen wurden, entsprechend der Regel des Notker-Lehrers Iso: *Singulae motus cantilenae singulas syllabas debent habere* (vgl. Notkers *Prooemium* zum *Liber ymnorum*). Ein solches Verfahren schloß jedoch nicht aus, daß die Melodien im Interesse der Dichtung gewissen Modifizierungen unterworfen werden konnten. Für die historisch-stilistische Einordnung der S.en bieten die verschiedenen Praktiken der Textunterlegung wichtige Anhaltspunkte. So beginnt die Textierung in den S.en ostfränkischer Herkunft bereits bei den Tönen der Alleluiawiederholung, im Unterschied zu den westfränkischen S.en, denen in der Regel nur eine Textierung des erweiterten Alleluiajubilus eigen ist.

Als Hauptmerkmal der »klassischen« S. (Handschin), die ab etwa 840 bis zur Mitte des 11. Jh. quellenmäßig belegt ist, gilt das Prinzip der fortschreitenden Wiederholung, die Aneinanderreihung melodisch gleicher Versikelpaare (sogenannter Doppelversikel), textlich als Strophe und Gegenstrophe zu bezeichnen. (Der im gleichen Zeitraum nachweisbaren »a-parallelen« S. fehlt das Prinzip der progressiven Repetition.) Häufig werden die Stücke von einem einfachen, d. h. nicht wiederholten Versikel eingeleitet und abgeschlossen. Die Versikelpaare haben wechselnde Länge. Strophe und Gegenstrophe sind jeweils durch parallelen Aufbau charakterisiert: beide haben gleiche Silbenzahl und sind einander hinsichtlich Länge, Akzentstruktur, Assonanzbildung und Sinnverwandtschaft der Worte mehr oder weniger stark zugeordnet. Musikalisch ist vor allem in der frühen Zeit eine syllabische Anlage verbindlich. Die einzelnen Versikelpaare lassen gleiche oder ähnliche Melodieteile (Motivbildungen) erkennen. Als Schluß-, auch als Mittelkadenz bevorzugen sie jene typische Melodieformel, die den wiederholten Schlußton von der Untersekunde auf der Antepaenultima erreicht (z. B. f g g, c d d). – Eine Eigentümlichkeit der frühen S.en wird in den Melodietiteln sichtbar. Diese dienten dem Zweck, die den einzelnen Textschemata entsprechenden Melodieschemata eigens zu kennzeichnen. Ein Teil der Titel ist mit dem Incipit des jeweils zugehörigen Alleluiaversus identisch (z. B. *Adorabo*; *Dominus in Sina*; *Iustus ut palma*) oder dem der S.-Textes (z. B. *Benedicta*; *Concordia*; *Stans a longe*) identisch, andere wählen ein charakteristisches Wort aus dem Zusammenhang aus (*Amoena*; *Captiva*; *Filia matris*). Einer weiteren Gruppe fehlt jede unmittelbare Verbindung zum Text. Hierbei handelt es sich um Instrumentennamen (*Cithara*; *Lyra*; *Fistula*), Adjektive, die eine Melodie charakterisieren (*Aurea*; *Preciosa*; *Nobilissima*), geographisch orientierte Namen (*Occidentana*; *Graeca*; *Metensis*) usw. Sie liefern wertvolle Anhaltspunkte für das frühe Entwicklungsstadium der S. – Von Interesse ist auch das Problem der Teiltextierung. Als »teiltextierte« S.en werden jene 9 Melodieschemata südfranzösischer Herkunft bezeichnet, in denen jeweils nur 2 oder 3 Doppelversikel mit Text versehen sind. Dabei erstreckt sich die Wortunterlegung im einzelnen nicht auf einen ganzen Versikel; untextierte Melodie steht am Anfang, meist auch am Ende desselben. Wie Handschin und Stäblein gezeigt haben, blieben die textierten Teile als feste, in ihrem melodischen Bau selbständige Kernpartien in den volltextierten Fassungen der Melodieschemata erhalten. – Schon in den ältesten Quellen erscheint als eigener Typus neben der »klassischen« die sogenannte »archaische« S. Auch ihr liegt – stellenweise weniger streng eingehalten – das Prinzip der progressiven Repetition zugrunde, doch wird ihre Gesamtstruktur wesentlich geprägt durch den »doppelten Kursus« (→ Cursus). Dieser besteht in der vollständigen oder teilweisen Wiederholung des melodischen und metrischen Verlaufs mehrerer Versikel, woraus die Bildung einer zweiten Versikelgruppe resultiert, die mit der ersten hinsichtlich ihrer Melodiezeilen und des metrischen Baus ihrer Texte übereinstimmt. Handschins Annahme, daß die (vom Meßalleluia völlig unabhängige) S. mit »doppeltem Kursus« in der 1. Hälfte des 9. Jh. entstanden sei und gegenüber der »klassischen« S. den älteren (»archaischen«) Typus darstelle, erweist sich als unhaltbar. (Zur Quellenlage der bisher nachgewiesenen 8 »archaischen« S.en vgl. *The Utrecht Prosarium . . .*, 1965, S. LIXff.)

Nach dem Befund der älteren Quellen errang unter den westfränkischen Klöstern, die sich der Pflege und Überlieferung von S.en widmeten, die Abtei → Saint-Martial von Limoges eine bedeutende Vorrangstellung. Angefangen von der ältesten Aufzeichnung einer textierten Sequentia – der Martialis-S. *Concelebremus* (als Nachtrag zu der aus dem 9. Jh. stammenden Hs. Paris, lat. 1154) – und anderen wichtigen Zeugnissen (z. B. den 9 teiltextierten S.en in Paris, lat. 909 und 887), finden sich hier sehr frühe Beispiele geschlossener S.en-Faszikel, deren Reihe mit den Hss. Paris, lat. 1118, 1120 und 1121 beginnt. Dabei gehörte es bis gegen Mitte des 12. Jh. zur Eigenart westfränkischer (und englischer) Quellen, daß in ihnen eine nach Faszikeln getrennte Aufzeichnung der Sequentiae (in Neumengruppen) und Prosae (mit darüberstehenden Einzelzeichen) vorgenommen wurde, während die Manuskripte ostfränkischer Herkunft beide Formen der Niederschrift auf einem Blatt vereinigten, indem die Melismen jeweils neben dem (ebenfalls mit Einzelzeichen versehenen) Text am Blattrand erscheinen. (Ob die Unterscheidung zwischen rein melismatischer und textierter Fassung der Melodien eine abschnittsweise Wiederholung der Melismen nach den einzelnen Versikeln [Husmann] oder eine instrumentale Ausführung der textlosen Melodien nahelegt [Jammers], ist eine noch offene Frage.) – Innerhalb der ostfränkischen S.en-Tradition entwickelte sich das Kloster St. Gallen zum eigentlichen Mittelpunkt. Wie Notker Balbulus im *Prooemium* seiner 884 oder 885 fertiggestellten S.en-Sammlung *Liber ymnorum* schreibt, brachte um 851 ein Mönch des im gleichen Jahr von den Normannen zerstörten nordfranzösischen Klosters Jumièges ein (Meß-)Antiphonale mit sich nach St. Gallen, *in quo aliqui versus ad sequentias erant modulati*. Nach dem Vorbild dieser Versus und unter Vermeidung ihrer Unzulänglichkeiten schrieb Notker seine eigenen Texte (insgesamt 40 Dichtungen, dazu erhalten 33 Melodieschemata), die dem Kloster einen bleibenden Namen in der Geschichte der S. sicherten und zum Teil bis ins 16. Jh. in Gebrauch standen. Schon früh wandten sich neben Notker auch Mönche in St. Gallen selbst und in den Klöstern Reichenau, Rheinau, St. Emmeram, Fulda, Metz und Prüm der neuen Gattung zu, darunter Waldram (um 900) und → Ekkehart I. von St. Gallen, → Berno von Reichenau, → Hermannus contractus, Gottschalk von Limburg (1010/20–1098) und → Hildegard von Bingen. Bis zum Ende des 10. Jh. war die S. außer nach Italien auch nach England (mit Winchester als vermeintlichem Zentrum) und Spanien vorgedrungen.

Der etwa zweihundert Jahre später fertig ausgebildete Typus der sogenannten S. jüngeren Stils unterscheidet sich von seinem »klassischen« Vorläufer. Die einzelnen Versikelpaare (Strophe und Gegenstrophe) zeigen untereinander gänzliche oder zumindest weitgehende Angleichung ihrer Silbenzahl. An die Stelle der metrisch durchgehend differenzierten Textstruktur tritt ein streng geregelter Akzentrhythmus; die Assonanz wird vom Reim verdrängt. Dem entsprechen auf seiten der Melodie eine starke Vereinheitlichung der Bauelemente und das Fehlen jeder Beziehung zum Alleluia. Die meist sehr eingängigen Melodien können zufolge ihrer gemeinsamen oder ähnlichen Grundstruktur verschiedenen Texten zugeordnet werden. Große Intervallsprünge und die Vorliebe für einen weitgespannten Ambitus (häufig mit authentischem und plagalem Tonumfang innerhalb ein und desselben Stückes) charakterisieren das melodische Gefüge der jüngeren S. Im Mittelpunkt dieser neuen Richtung steht der Augustinerchorherr Adam von St. Viktor zu Paris (1110–92), dessen S.en-Texte jene Kriterien einer formalen Glättung in vollendetster Weise ausprägen. Die stilistisch und zeitlich zwischen den beiden großen Epochen liegenden Stücke wurden von den Herausgebern der *Analecta hymnica* als »Prosen des Übergangsstiles« klassifiziert.

Gegenüber der stark gebundenen Ordnung der traditionellen liturgischen Gesänge eröffnete sich im Zusammenhang mit den S.en ein großes Betätigungsfeld, das die Möglichkeit lokaler Selbständigkeit in der feierlichen Gestaltung des Gottesdienstes bot. Sowohl im westfränkischen als auch im ostfränkischen Bereich zeigen die Sammlungen ein (gemeinsames) Grundrepertoire, verbunden mit einer Reihe von Stücken, die den besonderen Erfordernissen der einzelnen Kirchen entsprachen. Daß mancherorts mehr als 100 S.en im Laufe des Kirchenjahres gesungen wurden, macht deutlich, in welchem Maße die S. im Rahmen der Liturgie Verwendung fand – und schließlich überhandnahm. Ihr (Text-)Bestand dürfte über 5000 Stücke umfassen. Neben der völligen Ausscheidung der Tropen führten die Reformbeschlüsse des → Tridentiner Konzils zu einer Beschränkung auf nur 4 S.en im Kirchenjahr: → Victimae paschali laudes zum Osterfest, → Veni sancte spiritus zum Pfingstfest, → Lauda Sion zum Fronleichnamsfest und → Dies irae zur Totenmesse. Erst seit 1727 findet sich das → Stabat mater dolorosa zum Fest der Sieben Schmerzen Mariä allgemein im römischen Missale und bildet heute zusammen mit den 4 anderen Stücken den kodifizierten Bestand. Allerdings blieben in verschiedenen Orden und Diözesen weitere S.en lebendig, deren Gesamtzahl sich auf etwa 100 beläuft. Scheint damit die Geschichte der S. beschlossen, so ist es doch die Geschichte einer Gattung, die neben dem Hymnus einen tiefgreifenden Einfluß auf die lateinische und vulgärsprachliche (→ Lai, Leich) Lyrik des Mittelalters ausgeübt und auch in der Geschichte der Mehrstimmigkeit eine bedeutende Stellung eingenommen hat.

– 2) In der musikalischen Satzlehre versteht man unter S. (von lat. sequentia, Folge, gebildet, jedoch unabhängig von S.-1; frz. progression, marche harmonique oder marche d'harmonie; ital. progressione; engl. sequence) eine Folge von gleichartigen, in der Tonhöhe einheitlich gegeneinander versetzten melodischen und (oder) klanglich-harmonischen Wendungen. Die S. läßt sich somit auch als Wiederholung einer Wendung auf verschiedenen, einander meist benachbarten Tonstufen charakterisieren. G. Weber gebrauchte den Ausdruck S. zunächst im Sinne einer *fortgesetzten Reihe einander ähnlicher Harmonieenschritte* (*Versuch einer geordneten Theorie der Tonkunst* II, 1818, § 233); durch A. B. Marx erhielt er die in der Folgezeit gültige allgemeinere Prägung (1838 begann Marx in SchillingE und in seiner *Lehre von der musikalischen Komposition* II die von ihm sonst gebrauchten Ausdrücke Folge und Gang durch S. zu ersetzen). In neuerer Zeit werden im allgemeinen folgende Fälle auseinandergehalten: a) je nach Art der Wendung melodische und harmonische S., b) nach der Richtung der Versetzung steigende und fallende S., c) nach dem Intervall der Versetzung diatonische und chromatische, daneben auch Terz-, selten Quart- und Quint-S., d) nach dem Verhältnis zur Tonart tonale (nicht modulierende) und reale (modulierende) S., e) nach der Ausdehnung der Wendung S.en mit kurzen und mit umfangreichen Gliedern; doch überschneiden sich in der Praxis diese Fälle vielfach. Die S.-Glieder haben häufig formelhaften Charakter, und das Verfahren des Sequenzierens neigt zu etwas Schematischem, Mechanischem, daher wird der Gebrauch von S.en nicht zu allen Zeiten bejaht. – Sequenzartige Erscheinungen finden sich gelegentlich in außereuropäischer Musik (Vorderindien, China u. a.) und im Gregorianischen Gesang (vgl. Melisma über *Judaeis* im Responsorium prolixum *Una hora* der Matutin vom Gründonnerstag). Selbständige Bedeutung erlangte das Sequenzieren indessen erst in und durch die abendländische Mehrstimmigkeit. Bereits in der Notre-Dame-Epoche spielte es in der Musik auf vielfältige Weise eine Rolle, z. B. im 3st. Organum *Benedicta* (erklingend etwa als):

(-cta)

Als Mittel der Kolorierung von (meist parallelen) Klangfortschreitungen tritt die S. dann auch im italienischen Trecento, weniger in der französischen Ars nova auf und ist bei den späteren Niederländern (besonders in Obrechts Messen) in das differenzierte Satzgefüge eingeschmolzen. Lange S.-Ketten kommen häufiger vor; als steigende S.en dienen sie nunmehr auch der Textausdeutung (→ Climax, → Epizeuxis), z. B. im Agnus II von Josquins Missa *De Beata Virgine* zum Text *miserere*:

(-re-)

Für den Palestrina-Stil hingegen ist charakteristisch, daß S.en gemieden werden (→ Melodie). Durch die im 16. Jh. aufblühende Instrumentalmusik und das Prinzip der Textausdeutung gestützt, fand die S. in der Generalbaßzeit auf unterschiedlichste Weise Verwendung, vielfach in Verbindung mit Antizipation, Synkope und Vorhalt, bei entsprechend großzügiger Anlage oft von breiter, flächenhafter Wirkung, so besonders bei Vivaldi und Händel, weniger schematisch auch bei J. S. Bach (5. Brandenburgisches Konzert, 1. Satz, Anfangsglied der S., Takt 81 ff.):

Sequenzartige Erscheinungen kommen bei den Wiener Klassikern häufig vor. (Beispiele für längere S.en: J. Haydn, Streichquartett Hob. III, 81, 4. Satz, Takt 208ff.; W. A. Mozart, Klaviersonate K.-V. 576, 3. Satz, Takt 42ff.; Beethoven, 5. Symphonie, 1. Satz, Takt 407ff., 4. Satz, Takt 122ff.; Schubert, *Gretchen am Spinnrade*, Anfang der letzten Strophe). Dabei wird vielfach das in der 1. Hälfte des 18. Jh. durch übermäßigen Gebrauch abgenutzte Verfahren der unmittelbaren Versetzung um einen Ton höher (→ Rosalie) zu neuer Wirkung gebracht. Unmittelbare, mehr oder weniger intervallgetreue Versetzungen kleinster bis größter formaler Abschnitte finden sich in der Musik des 19. Jh. vielfach, vor allem bei Schubert, Wagner, Liszt und Bruckner. Sie sind aber nur selten mit dem Terminus S. ausreichend charakterisiert.

Ausg. u. Lit.: zu 1): H. HUSMANN, Tropen- u. Sequenzenhss., = RISM B V[1], München u. Duisburg (1964). – Choix des principales séquences du moyen-âge, hrsg. v. F. CLÉMENT, Paris 1861; Les proses d'Adam de St-Victor, hrsg. v. E. MISSET u. P. AUBRY, = Mélanges de musicologie critique II, Paris 1900; Mediaeval Mus. Relics of Denmark, hrsg. v. A. HAMMERICH, Lpz. 1912; Anglo-French Sequelae ..., hrsg. v. A. HUGHES OSB, Nashdom Abbey 1934, Nachdruck Farnborough 1966; Monumenta musicae sacrae, hrsg. v. R.-J. HESBERT OSB, Mâcon u. Rouen 1952ff. (I: Le prosaire de la Ste-Chapelle; II: Les mss. mus. de Jumièges; III: Le prosaire d'Aix-la-Chapelle); Melodiarium Hungariae medii aevi I, hrsg. v. B. RAJECZKY, Budapest 1956; The Utrecht Prosarium ..., hrsg. v. N. DE GOEDE SCJ, = Monumenta Musica Neerlandica VI, Amsterdam 1965 (mit einem Kap.: Origin and Development of the Sequence). – Analecta hymnica medii aevi VII–X, XXXIV, XXXVII, XXXIX, XL, XLII, XLIV, LIII–LV, Lpz. 1889–1922; ADAM v. ST. VIKTOR, Sämtliche S., lat. u. deutsch, hrsg. v. F. Wellner, München ²1955; Antiphonale missarum sextuplex, hrsg. v. R.-J. HESBERT OSB, Brüssel 1935; Amalarii episcopi Opera liturgica omnia II–III, hrsg. v. J. M. HANSSENS SJ, = Studi e Testi CXXXIX–CXL, Rom 1948–50. – F. WOLF, Über d. Lais, S. u. Leiche, Heidelberg 1841; A. SCHUBIGER OSB, Die Sängerschule St. Gallens v. 8. bis 12. Jh., Einsiedeln u. NY 1858, Nachdruck Hildesheim 1966; G. M. DREVES, Godescalcus Lintpurgensis ..., Lpz. 1897; P. v. WINTERFELD, Rhythmen-u. Sequenzenstudien, Zs. f. deutsches Altertum XLV, 1901; CL. BLUME SJ, Vom Alleluia zur S., KmJb XXIV, 1911; A. GASTOUÉ, Les proses parisiennes au XIIe s., et l'œuvre d'Adam de St-Victor, Kgr.-Ber. Paris 1911; O. DRINKWELDER, Ein deutsches Sequentiar aus d. Ende d. 12. Jh., = Veröff. d. Gregorianischen Akad. zu Freiburg i. d. Schweiz VIII, Graz u. Wien 1914; T. HAAPANEN u. A. MALIN, Zwölf lat. S. aus d. ma. Quellen Finnlands, Helsinki 1922; C.-A. MOBERG, Über d. schwedischen S., 2 Bde, = Veröff. d. Gregorianischen Akad. zu Freiburg i. d. Schweiz XIII, 1–2, Uppsala 1927; J. HANDSCHIN, Über Estampie u. S. I–II, ZfMw XII, 1929/30 – XIII, 1930/31; DERS., Sequenzprobleme, ZfMw XVII, 1935; DERS., Über einige S.-Zitate, AMl XV, 1943; DERS., Trope, Sequence, and Conductus, in: The New Oxford Hist. of Music II, London, NY u. Toronto 1954; H. SPANKE, Rhythmen-u. S.-Studien, Studi medievali, N. S. IV, 1931; DERS., Aus d. Vorgesch. u. Frühgesch. d. S., Zs. f. deutsches Altertum LXXI, 1934; DERS., S. u. Lai, Studi medievali, N. S. XI, 1938; DERS., Die Kompositionskunst d. S. Adams v. St. Victor, ebenda XIV, 1941; H. WACHTEL, Die liturgische Musikpflege im Kloster Adelhausen seit Gründung d. Klosters 1234 bis um 1500, Freiburger Diözesan-Arch., N. F. XXXIX, 1938; L. KUNZ OSB, Rhythmik u. formaler Aufbau d. frühen S., Zs. f. deutsches Altertum LXXIX, 1943; M. THELEN, Die S. in d. Kölner Cuniberthss., Diss. Köln 1945, maschr.; W. v. D. STEINEN, Die Anfänge d. Sequenzendichtung, Zs. f. Schweizer Kirchengesch. XL, 1946 – XLI, 1947; DERS., Notker D. Dichter u. seine geistige Welt, 2 Bde, Bern 1948 (kleine Ausg. d. Ed.-Bd, Bern u. München 1960, mit 5 Melodien, hrsg. v. G. Birkner); FR. LABHARDT, Zur St. gallischen Sequenztradition im Spätmittelalter, Kgr.-Ber. Basel 1949; DERS., Das Sequentiar Cod. 546 d. Stiftsbibl. v. St. Gallen u. seine Quellen, 2 Bde, = Publikationen d. Schweizerischen musikforschenden Ges. II, 8, 1–2, Bern (1959–63); G. REICHERT, Strukturprobleme d. älteren S., DVjs. XXIII, 1949; G. ZWICK, Les proses en usages à l'église de St-Nicolas à Fribourg jusqu'au dix-huitième s., 2 Bde, Immensee 1950; L. BROU OSB, Séquences et tropes dans la lit. mozarabe, in: Hispania sacra IV, 1951/52; E. JAMMERS, Rhythmische u. tonale Studien zur älteren S., AMl XXIII, 1951; DERS., Der ma. Choral, Art u. Herkunft, = Neue Studien zur Mw. II, Mainz (1954); DERS., Musik in Byzanz, im päpstlichen Rom u. im Frankenreich, = Abh. d. Heidelberger Akad. d. Wiss., Phil.-hist. Klasse, Jg. 1962. Nr 1; G. VECCHI, Poesia lat. medievale ..., = Collezione Fenice XVII, Parma 1952; DERS., Troparium sequentiarum nonantulanum cod. Casanat. 1741 ..., Pars prior, = Monumenta lyrica medii aevi italica I, Latina 1, Modena 1955 (Faks.); H. HUSMANN, Die St. Galler Sequenztradition bei Notker u. Ekkehard, AMl XXVI, 1954; DERS., S. u. Prosa, Ann. Mus. II, 1954; DERS., Das Alleluia Multifarie u. d. vorgregorianische Stufe d. Sequenzgesanges, Fs. M. Schneider, Lpz. (1955); DERS., Alleluia, Vers u. S., Ann. Mus. IV, 1956; DERS., Die Alleluia u. S. d. Mater-Gruppe, Kgr.-Ber. Wien 1956; DERS., Alleluia, S. u. Prosa, in: Miscelánea en homenaje a H. Anglès I, Barcelona 1958–61; DERS., Ecce puerpera genuit. Zur Gesch. d. teiltextierten S., Fs. H. Besseler, Lpz. 1961; DERS., Die S. »Duo Tres«. Zur Frühgesch. d. S. in St. Gallen u. St. Martial, in: In memoriam J. Handschin, Straßburg 1962; DERS., Die Hs. Rheinau 71 d. Zentralbibl. Zürich u. d. Frage nach Echtheit u. Entstehung d. St. Galler S. u. Notkerschen Prosen, AMl XXXVIII, 1966; BR. STÄBLEIN, Von d. S. zum Strophenlied. Eine neue Sequenzmelodie archaischen Stils, Mf VII, 1954; DERS., Zur Frühgesch. d. S., AfMw XVIII, 1961; DERS., Die Unterlegung v. Texten unter Melismen. Tropus, S. u. andere Formen, Kgr.-Ber. NY 1961, Bd I; DERS., Notkeriana, AfMw XIX/XX, 1962/63; DERS., Artikel S., in: MGG XII, Kassel 1965; Jumièges, Congrès scientifique du 13e centenaire de Jumièges, Rouen 10.–12. 6. 1954, Bd II, Rouen 1955; J. SCHMIDT-GÖRG, Die S. d. hl. Hildegard, in: Beitr. zur rheinischen Mg. XX, Fs. L. Schiedermair, Köln 1956; M. HUGLO OSB, Un nouveau prosaire nivernais, in: Ephemerides Liturgicae LXXI, 1957; R. L. CROCKER, The Repertory of Proses at Saint Martial of Limoges in the 10th Cent., JAMS XI, 1958; F. WULF, Die Osters. d. Notker Balbulus, Fs. J. A. Jungmann SJ, Basel 1959; G. BIRKNER, Das Sequenzrepertoire in Polen u. d. Stellung d. »Jesu Christe, rex superne«, Kgr.-Ber. Warschau 1960; DERS., Eine »Sequentia Sancti Johannis confessoris« in Trogir (Dalmatien), in: Musik d. Ostens II, Kassel 1963; J. CHAILLEY, L'école mus. de St-Martial de Limoges jusqu'à la fin du XIe s., Paris (1960); DERS., Sur la rythmique des proses victoriennes, Fs. K. G. Fellerer, Regensburg 1962; F. BRENN, Die S. d. Graduale v. St. Katharinenthal, Fs. A. Orel, Wien u. Wiesbaden (1960); T. MIAZGA, Prosa pro defunctis »Audi tellus«, Kgr.-Ber. Warschau 1960; H. ANGLÈS, Die S. u. d. Verbeta im ma. Spanien, StMf XLIII, 1961; J. SMITS VAN WAESBERGHE SJ, Die Imitation d. Sequenztechnik in d. Hosanna-Prosulen, Fs. K. G. Fellerer, Regensburg 1962; W. IRTENKAUF, Abecedar-S., Mf XVI, 1963; P. DRONKE, The Beginnings of the Sequence, in: Beitr. zur Gesch. d. deutschen Sprache u. Lit. LXXXVII, 1965; R. H. HOPPIN, Exultantes collaudemus, in: Aspects of Medieval and Renaissance Music, Fs. G. Reese, NY (1966).

Serbien.
Ausg.: VL. R. DJORDJEVIĆ, Collection of 125 Serbian Folk Songs, Belgrad 1933; B. BARTÓK u. A. B. LORD, Serbo-Croatian Folk Songs, NY 1951; Ž. STANKOVIĆ, Narodne pesme n Krajini (»Volkslieder aus Krain«), = »Monographien d. serbischen Akad. d. Wiss.« CLXXV, 1951; M. A. VASILJEVIĆ, Jugoslovenski muzički folklor, I Serbia, Belgrad 1952; A. B. LORD, Serbo-Croatian Heroic Songs Collected by M. Parry, Novi Pazar, 2 Bde, London 1953–54; K. P. MANOJLOVIĆ, Narodne melodije iz Istočne Srbije (»Volksweisen aus d. Osten S.s«), = »Monographien d. serbischen Akad. d. Wiss.« CCXII, 1953.
Lit.: M. MILOJEVIĆ, Muzičke studije i članci (»Mus. Studien u. Aufsätze«), I–II Belgrad 1926–33, III hrsg. v. G. Trajković-Milojević, 1953; L. K. GOETZ, Volkslied u. Volksleben d. Kroaten u. Serben, 2 Bde, Heidelberg 1937; W. FURNAS, A Study of the Serbo-Croatian Narrative Folk Songs, Diss. Cambridge (Mass.) 1939; L. u. D. JANKOVIĆ,

Styles et techniques des danseurs traditionnels serbes, Journal of the International Folk Music Council IV, 1952; M. A. VASILJEVIĆ, Les bases tonales de la musique populaire serbe, ebenda; W. WÜNSCH, Die mus.-sprachliche Gestalt d. Zehnsilblers im Serbokroatischen Volks-Epos, Kgr.-Ber. Hbg 1956; V. ŽGANEC, Die Elemente d. jugoslawischen Folklore-Tonleitern im serbischen liturgischen Gesange, in: Studia Memoriae B. Bartók Sacra, Budapest 1956, ³1958; DR. CVETKO, Les formes et les résultats des efforts musicologiques yougoslaves, AMl XXXI, 1959; L. S. JANKOVIĆ, La situation actuelle de l'ethnomusicologie en Yougoslavie, AMl XXXII, 1960; R. PETROVIĆ, Two Styles of Vocal Music in the Zlatibor Region of West Serbia, Journal of the International Folk Music Council XV, 1963.

Serenade (frz. sérénade; ital. serenata, von sereno, heiter, unbewölkter Himmel [al sereno, im Freien]; als musikalischer Ausdruck seit dem 16. Jh. meist mit sera, Abend, in Verbindung gebracht). Die Bezeichnung S. ist, da sie primär keine bestimmte Art von Musik, sondern nur allgemein einen Bereich von Aufführungsgelegenheiten (Abend, im Freien) umschreibt oder assoziativ die Situationen solcher Aufführungen anklingen läßt, für verschiedenartige musikalische Gattungen angewendet worden: für vokale oder gemischt vokal-instrumentale Huldigungskompositionen (Serenata, Ständchen); für instrumentale, »unterhaltende« Kompositionen (Divertimento, Kassation, Nocturne, Tafelmusik); für Lieder oder Kammermusik (im 19. Jh.), die die Idee und Situation des Ständchens poetisierend oder programmatisch nachzeichnen; für Orchester- und Kammermusikwerke (seit der 2. Hälfte des 19. Jh.), die sich durch ihre Faktur deutlich von der symphonischen Musik abheben. Die Ausdrücke Serenata und S., obwohl ursprünglich nur verschiedene (italienische und französische) Sprachformen desselben Wortes, werden heute gewöhnlich in unterschiedener Bedeutung gebraucht: → Serenata für eine bestimmte, der → Kantate und der Oper nahestehende Gattung von Kompositionen mit Gesang, S. für weniger an einen bestimmten Anlaß gebundene instrumentale oder für ständchenhafte Werke. Die S. wurde im 18. Jh. auch oft als Nachtmusik (häufig bei W. A. Mozart; ital. notturno; frz. nocturne) bezeichnet; synonym mit S. und Divertimento wurde auch Cassatio (→ Kassation) gebraucht. → Divertimento (– 1) und S. entstanden beide als Nachfolger der → Suite; die Bezeichnungen sind zwar in vielen Fällen austauschbar, doch wurde der Titel S. in der Regel für Kammermusikwerke mit mehr als 3–4 Sätzen verwendet (im Unterschied zu Divertimento). Andererseits sind die Begriffe Divertimento und → Ständchen nicht austauschbar. Gemeinsam ist S. und Divertimento die Vorliebe für Tanzsätze (bis ins 19. Jh. enthalten S.n meist zwei oder mehrere Menuette); der Marsch als Einleitungs- und Schlußsatz scheint jedoch in der S. häufiger zu sein. Die in Salzburg wirkenden Komponisten M. Haydn, L. und W. A. Mozart unterschieden – nicht ohne Ausnahmen – bei Streicherbesetzung zwischen kammermusikalischem Divertimento (einfache Besetzung der Stimmen) und orchestraler S., doch sind die Bläser-S.n (→ Harmoniemusik) derselben Meister wohl für einfache Besetzung bestimmt.
S. als Titel ist zuerst bei A. Striggio (1560) nachweisbar für eine Gruppe 6st. Madrigale mit Volksliedzitaten, dann bei O. Vecchi (1590): *Selva di varia ricreazione*..., *Madrigali, Capricci, Balli, Arie, Justiniane, Canzonette, Fantasie, Serenate, Dialoghi*... Ende des 17. Jh. erscheinen vereinzelt Suiten unter dem Titel S. (vgl. Sandberger 1921), z. B. von H. I. Fr. Biber (1673, mit dem Nachtwächterruf), J. J. → Walther (1688), A. Kühnel (1698, Sonata da camera) und Fux (1701, achtstimmige 2chörige Bläsersuite). Danach kommt die Bezeichnung S. für suitenartige Werke erst wieder in der Vorklassik auf, zuerst bei Komponisten wie A. Holler (um 1760) und Aspelmayr (1765), dann bei Dittersdorf, C. G. Toeschi, V. Pichl, M. Haydn und L. Mozart; diese schufen den Typus der S., der, zwischen Kammer- und Orchestermusik stehend, Elemente beider aufnahm und an den W. A. Mozart anknüpfte. Doch die Synthese von gleichzeitig unterhaltender und kompositorisch höchst anspruchsvoller Musik, die in W. A. Mozarts S.n vollzogen erscheint, war einmalig und unwiederholbar. W. A. Mozarts autographe Titel, seine in Briefen für die gleichen Werke gebrauchten Bezeichnungen, die von L. Mozart oder fremder Hand eingeführten und die heute gebräuchlichen Werktitel weichen in zahlreichen Fällen voneinander ab. Dennoch kann deutlich unterschieden werden zwischen dem Typ des Divertimentos einerseits (schwächere Besetzung, geringfügigere Entstehungsanlässe) und dem der S. andererseits. Eher den S.n als den Divertimenti zuzurechnen sind K.-V. 113, 166 und 186. Eine fest umreißbare Werkgruppe bilden die 1769–79 fast jährlich im August an der Universität Salzburg als »Final-Musik« aufgeführten S.n. Für diesen Anlaß entstanden K.-V. 100, 63, 99, 185, 203 (vgl. die Anmerkung von Einstein im K.-V.), 204, 251 und 320 (wahrscheinlich gehört auch das Divertimento K.-V. 131 in diesen Zusammenhang; vgl. Haußwald 1961, S. VIIIf.). Einige dieser Werke sind unter Weglassung der konzertanten Sätze als Symphonie aufgeführt worden und in Abschriften auch in dieser Form (unter dem Titel Sinfonia) überliefert. Zusammenhänge hinsichtlich der Bezeichnung, der mehrchörigen Besetzung und wahrscheinlich auch des Anlasses ihrer Entstehung bestehen zwischen der *Serenata notturna*, K.-V. 239 (Jahreswende 1775/76), und dem wahrscheinlich ein Jahr später entstandenen *Notturno* für 4 Orch., K.-V. 286. Die S. K.-V. 101 trägt den autographen Titel *Contredance* (der sich auf den 1. Satz bezieht); von fremder Hand ist hinzugefügt: *Ständchen*. Für Festlichkeiten im Hause Haffner in Salzburg bestimmt waren die S. K.-V. 250 (»Haffner-S.«, auch in gekürzter Fassung als Sinfonia überliefert) und die Symphonie K.-V. 385 (»Haffner-Symphonie«), die ursprünglich zusammen mit dem Marsch K.-V. 408 Nr 2 und einem (verlorenen?) Menuett eine S. bildete. Aus ungeklärten Gründen ist die Mehrzahl der zu den S.n als Einleitungs- und Schlußsatz gehörigen Märsche einzeln überliefert (8 Märsche zu S.n, 3 Märsche zu Divertimenti; vgl. die von Haußwald 1951, S. 19f. gegebene Übersicht der Märsche; K.-V. 62 – noch im K.-V. [6. Auflage] als verschollen bezeichnet, neuerdings aufgefunden – gehörte wahrscheinlich zur S. K.-V. 100), nur in 4 Fällen ist der Marsch als Teil der S. überliefert. Seit 1780 schrieb Mozart keine Divertimenti mehr; die nach diesem Zeitpunkt entstandenen 5 S.n tragen sämtlich die Merkmale großer Kunstmusik: K.-V. 361 (im Autograph als *Gran Partita*, heute oft als S. für 13 Bläser bezeichnet), 375, 388 [Nacht Musique], 385 (heute als »Haffner-Symphonie« bekannt) und 525 (*Eine kleine Nacht-Musick* lautet im autographen Werkverzeichnis der Titel dieser bekanntesten S. Mozarts, die ebenfalls durch Eliminierung eines heute verlorenen Menuetts dem Sonaten-Satzzyklus angepaßt wurde und somit in der Form der Sinfonia überliefert ist). Das Genre der vorwiegend unterhaltenden Musik ist in diesen 5 Werken aufgegeben zugunsten höchst differenzierter Satztechnik und Tiefe der Gedanken, die in das Gewand der S. eingekleidet sind. Als einzige der nach Mozart entstandenen S.n knüpfen das → Septett op. 20 (1799/1800) von Beethoven und Schuberts Oktett (D 806, 1824) an diese Konzeption an, doch ist es charakteristisch, daß schon Beethoven die Bezeichnung S. nur

für op. 8 (Streichtrio) und op. 25 (Fl., V. und Va), Werke von geringerem Anspruch, verwendet. Ein Vorgang wie die von Beethoven 1795-96 vorgenommene Umarbeitung des Oktetts (op. 103; autographer Titel: *Parthia dans un Concert ...*; 1792 für die Tafelmusik in Bonn komponiert) zum Streichquintett op. 4 und seine damit bewirkte Überführung in die »Kunstmusik« wäre für Mozart undenkbar gewesen und zeigt die verwandelte Situation (Mozarts Streichquintett K.-V. 406 ist lediglich ein → Arrangement des Bläserdivertimentos K.-V. 388).

Nach 1800 wurde S. eine häufig synonym mit Ständchen gebrauchte Bezeichnung für Lieder oder mehrstimmige Gesänge mit Ständchencharakter. Diese Gattung ist auch in den instrumentalen Bereich übertragen worden; S. heißt z. B. die Nr 36 der *Lieder ohne Worte* (op. 67 Nr 6) von Mendelssohn Bartholdy. Bekanntestes Beispiel und Vorbild zahlreicher instrumentaler Ständchen-S.n, die als Einzelsätze in zyklischen Werken stehen, ist u. a. das *Andante cantabile* aus J. Haydns Streichquartett Hob. III Nr 17. Die Begleitung (pizzicato oder gebrochene Akkorde) ahmt die Spielweise der tragbaren Begleitinstrumente des Ständchensängers (Mandoline, Laute, Gitarre) nach. – Einen Versuch der Anknüpfung an W. A. Mozarts große S.n und der Rekonstituierung dieser zwischen Kammer- und Orchestermusik einen eigenen Platz einnehmenden Gattung stellen die 2 S.n op. 11 (1858) und op. 16 (1860) von Brahms dar. In ihrem Gefolge entstand ein umfangreiches Repertoire verschiedenartiger Kompositionen, das von den kammermusikalisch dichten, an Beethovens op. 25 anknüpfenden S.n Regers (op. 77a und 141a, für Fl., V. und Va) bis zu leichten, an die Salonmusik und das moderne Genre der Unterhaltungsmusik angrenzenden Werken (Fr. Drdla) gespannt ist. Als gewichtigere Beiträge sind zu nennen die S.n von R. Volkmann (op. 62, 63 und 69, 1869/70), Tschaikowsky (op. 48, 1880), Dvořák (op. 22, 44 und 90), R. Strauss (op. 7, 1884), Elgar (op. 20, 1892), H. Wolf (*Italienische S.*, 1892), Šuk (op. 6, 1893), Reger (op. 95, 1905/06), Sibelius (op. 69, 1912/13), Schönberg (op. 24, 1923), das *Octuor* (1923) und die *S. in A* für Kl. (1926) von Strawinsky.

Lit.: → Divertimento; G. HAUSSWALD, Einleitungen zu: W. A. Mozart, Neue Ausg. sämtlicher Werke, Serie IV, Werkgruppe 12, Bd II (1961) u. Bd III (1962).

Serenata (ital.) wird heute im Unterschied zu → Serenade – obwohl beide Wörter ursprünglich dasselbe bedeuten – in einem terminologisch eingeengten Sinn gebraucht für Huldigungskompositionen mit Gesang und Instrumental-(Orchester-)Begleitung, die im 17. und 18. Jh. an europäischen Fürstenhöfen zur Feier bestimmter Ereignisse (z. B. Hochzeiten, Geburts- und Namenstage) als → Festmusik beliebt und in der Regel mit szenischen Darstellungen verbunden waren. Da in früherer Zeit zwischen den Benennungen S. und Serenade nicht unterschieden wurde, trat der Titel S. meist in Verbindung mit einem bestimmenden Beiwort (teatrale, drammatica) auf; zuweilen wurden auch andere Bezeichnungen gewählt, z. B. → Azione teatrale, Festa teatrale, Componimento oder Scena da camera. Sinnverwandt ist das deutsche Wort → Ständchen. Meist liegt der S. eine allegorische Handlung zugrunde, die sich auf das gefeierte Ereignis bezieht. Auch die Oper war seit dem 17. Jh. in vielen Fällen allegorisches Huldigungsfestspiel (das glänzendste Beispiel ist *Il pomo d'oro*, 1667, von M. A. Cesti; noch *La clemenza di Tito*, 1791, von W. A. Mozart gehört hierher); die S. wiederholt diese Konzeption in bescheidenerem Rahmen und mit geringerem theatralischem Aufwand. Aus den zahlreichen weniger bedeutenden Gelegenheitskompositionen heben sich heraus die 9 Serenate von A. Stradella, u. a. *Il Barcheggio* (1681) und *Qual prodigio* (hrsg. von Fr. Chrysander, Händel-GA, Suppl. III), die 3 Fassungen (1709, 1720 und 1732) des Acis und Galathea-Stoffes durch G. Fr. Händel und *Le nozze d'Ercole e d'Ebe* (1747) von Gluck. Für die Gestaltung der spätbarocken S. wirkten Libretti von P. Metastasio richtungweisend; viele von ihnen wurden mehrfach vertont (z. B. *La Contesa dei Numi*, zuerst komponiert von Vinci 1729, später u. a. von Gluck 1749; *L'asilo d'Amore*, zuerst komponiert von Caldara 1732, später u. a. von Hasse 1742). Feste an kleineren Höfen oder in Adelshäusern wurden (vor allem nach 1700) auch mit einer für diese Gelegenheit komponierten Cantata (ohne szenische Darstellung) gefeiert; doch ist zwischen szenischer S. und → Kantate nicht generell zu unterscheiden. Auch deutsche Huldigungskantaten entstanden im 18. Jh., u. a. von J. S. Bach (BWV 30a, 36a, 134a, 173a, 193a, 201, 205, 205a, 206, 207, 207a, 208, 210a, 212, 213, 214, 215, 249a und 249b); zehn dieser Werke tragen den Titel → Dramma per musica.

Serielle Musik (von frz. musique sérielle, s. v. w. reihengebundene Musik), Bezeichnung für musikalische Werke, deren Kompositionstechnik auf (Prä-)Determination möglichst aller musikalisch relevanten Eigenschaften bzw. der Parameter der einzelnen Töne (»Klänge«) wie auch der Tongruppen durch Zahlen- bzw. Proportionsreihen zielt. Der Begriff S. M. bezeichnet nicht nur die nach bestimmten Verfahren komponierten musikalischen Werke, sondern auch die Idee einer »musique pure« von vollkommener Rationalität. – Da es im Rahmen einer einzelnen Komposition nicht möglich ist, die → Parameter sowohl der einzelnen Töne als auch die des Tonsatzes durch Reihen zu determinieren, unterscheidet man grundsätzlich 2 Arten von serieller Planung: eine, in der die Parameter der Töne (Tonqualität, Tonhöhe, Oktavlage, Klangfarbe, Tondauer, Lautstärke, Artikulation, Ausgleichsvorgang) durch Elementreihen fixiert werden, und eine zweite, in der die Parameter der zum Teil sehr umfangreichen Gruppen (Gruppendauer, Tonmenge, Tondichte, Ambitus, Artikulation, Register- und Dichteverhältnisse) teils durch Zahlen-, teils durch Proportionsreihen geordnet werden. Basiert eine serielle Komposition auf dem gleichzeitigen Ablauf von Elementreihen, so entsteht die »Struktur«, der (»punktuelle«) Tonsatz, quasi automatisch. Bilden dagegen Reihen, die die Gruppenmerkmale »statistisch« determinieren, den Ausgangspunkt der Komposition, so werden die Parameter der einzelnen Töne dem Reihenzwang entzogen. Die beiden Arten der S.n M., die punktuelle und die statistische, stellen Extreme dar, die sowohl in reiner Form als auch in mannigfachen Zwischenformen anzutreffen sind. – In der punktuellen Musik wird jeder Parameter, wenn möglich, durch mathematische Operationen quantifiziert und den (möglichst nach der Größe) geordneten Quanten eine Zahlenreihe substituiert. Um etwas der Stufengliederung des Tonhöhenbereichs Vergleichbares im Bereich der Dauern zu schaffen, wurde versucht, durch Multiplikation von (kleinsten) Zeitwerten rhythmische Reihen zu ermitteln, etwa: $\eighth = 1, \eighth = 2, \eighth = 3 \ldots \quarter = 12$ oder $\eighth = 1, \quarter = 2 \ldots \whole = 12$. Da die Reihen in diesem Fall sowohl feste Größen ermitteln, als auch ein Beziehungssystem verschiedener Dauern darstellen, kann durch den Wechsel der Bezugsgröße etwas der Transposition Ähnliches erreicht werden. Die Größen der Parameter Klangfarbe und Lautstärke sind im Bereich der Vokal- und Instrumentalmusik nicht durch mathematische Operationen zu ermitteln; es lassen sich vielmehr lediglich die (mehr oder weniger willkürlich) gewählten Größen ordnen, ohne daß ein musikalisch relevantes Beziehungssystem entstehen könnte. Diesen Reihen kommt nur sekundäre Bedeutung zu, da sie nur im Zusammenhang mit Tonhöhen- und Tondauerreihen in Erscheinung treten können. Gleichwohl bewirke sie eine Differenzierung des Tonsatzes. L. Nono hat im 2. Satz seines *Canto sospeso* (1956) die Reihen so miteinander verknüpft, daß jeder Tonqualität, wenn sie wiederkehrt, eine andere Lautstärke zugeordnet ist. Die Anzahl der Reihen sowie die Zahl der durch Reihen geordneten Größen werden vom Komponisten bestimmt. P. Boulez arbeitet in der *Structure Ia* für 2 Kl. (1952) mit 4 Reihen, je einer 12gliedrigen Tonqualitäts-, Tondauer- und Intensitätsreihe sowie einer 10gliedrigen Reihe für die Anschlagsarten, während K. Stockhausen in *Kontra-Punkte* (1953) nur 6 Intensitätsgrade verwendet. – In der statistischen Musik wird nicht die Beziehung der einzelnen Töne zueinander durch Reihen fixiert, sondern die ganzer Komplexe (»Gruppen«). Das Intervall einer Tonhöhenreihe z. B. fixiert nicht mehr ein direkt sukzessiv oder simultan erscheinendes Intervall, sondern den Ambitus einer Gruppe, die durch alle chromatischen Zwischenstufen aufgefüllt werden kann (H. Pousseur, *Quintett*, 1955; K. Stockhausen, *Gruppen für 3 Orch.*, 1957). Das Hauptproblem der S.n M. und der statistischen im besonderen, ist die Herstellung einer sinnvollen Beziehung zwischen den Tonhöhen und den Tondauern. Stockhausen geht dabei so weit, Tonhöhe und Tondauer als zwei Aspekte der Zeit anzusehen (Tonhöhe als Vorgänge in der Mikrozeit, Tondauer als Makrozeit). Er hat eine »chromatisch temperierte Dauernreihe« durch eine logarithmische Zwölferskala $(\sqrt[12]{12})$ innerhalb einer Oktave von beispielsweise o = 1 sec bis o = 1/2 sec (2:1) errechnet: M.M. o = 60 / o = 63,6 / o = 67,4 / o = 71,4 / o = 75,6 / o = 80,1 / o = 84,9 / o = 89,9 / o = 95,2 / o = 100,9 / o = 106,9 / o = 113,3 / o = 120 (♩ = 60). Eine solche Gliederung ermöglicht, legt man für die einzelnen Oktaven stets die Dauernproportion 2:1 zugrunde, 7 musikalisch sinnvolle Dauernoktaven:

8sec 4sec 2sec 1sec 1/2sec 1/4sec 1/8sec 1/16sec

Trotz aller proportionalen Entsprechungen bildet diese Dauernskala doch kein Äquivalent zur Tonhöhenordnung, da die langen Dauern sich musikalisch zu kurzen anders verhalten als tiefe Töne zu hohen. Um dieser Tendenz entgegenzuwirken, entstand der Gedanke, die langen Werte in alle möglichen Bruchteile zu unterteilen, in Halbe, Drittel, Viertel, ... Zwölftel, und die Summe der Bruchteile mit gleichem Nenner der Grunddauer gleichzusetzen. Die Grunddauer und ihre Bruchteile sollten sich analog verhalten wie der Grundton zu den Obertönen. Auf diese Weise sollte sich zugleich etwas der Klangfarbe Entsprechendes im Bereich der Dauern konstruieren lassen. Das Verfahren wurde, wie auch das durch die Dauernskala erzwungene der variablen Tempi, zu einem der wichtigsten der statistischen Gruppenkomposition, etwa der *Gruppen für drei Orch.* (1957) von Stockhausen (Ambitus: gis¹–d²; siehe folgendes Beispiel). Besondere Schwierigkeiten bereitet das Problem der musikalischen Form. Da der Automatismus der aus Elementreihen gewonnenen Strukturen unter bestimmten Umständen zu einer Wiederkehr des Gleichen führt oder doch wenigstens keine ausreichende Abwechslung zuläßt, können die einzelnen Reihen durch Permutation verändert werden. Die Art der Permutation bestimmt die Modifikation der Struktur: es entstehen »gesteuerte Strukturen«. Da auch die Verknüpfung der einzelnen Abschnitte einer umfangreicheren se-

riellen Komposition nicht stets zwingend aus den Strukturen abgeleitet werden kann, sind einige Komponisten gelegentlich dazu übergegangen, Auswahl und Anordnung der Abschnitte innerhalb eines Werkes dem Zufall zu überlassen (Boulez, *3. Klaviersonate*, 1957; Stockhausen, *Klavierstück XI*, 1957; Pousseur, *Mobile für 2 Kl.*, 1958). In anderen Fällen räumen die Komponisten den Interpreten auch gewisse Freiheiten innerhalb eines formal geschlossenen Werkes ein, dessen Tonsatz wegen der variablen Tempi labil gehalten ist (Boulez, *2. Mallarmé-Improvisation*, 1957; Stockhausen, *Zeitmaße für Bläserquintett*, 1956).

Historisch gesehen bedeuten die Techniken der S.n M. zugleich Weiterentwicklung und Zerfall der Schönbergschen → Zwölftontechnik: Weiterentwicklung insofern, als die Idee einer reihenmäßigen Gliederung der Intervallbeziehungen auch auf andere Parameter übertragen wurde, Zerfall, weil die einmal gewählte Reihenform durch Permutation verändert werden kann und schließlich die reihenmäßige Tonhöhenordnung überhaupt ganz aufgegeben wurde. – Permutation (–3) innerhalb der einmal gewählten Zwölftonreihe wandten schon A. Berg (*Lulu*, 1935) und E. Křenek (*Lamentatio Ieremiae Prophetae* op. 93, 1942) an. – Die Übertragung der Reihenidee auf die anderen Parameter verwirklichte O. Messiaen in seinem Klavierstück *Mode de valeurs et d'intensités* (1949). An dieses Stück sowie an die Werke A. Weberns knüpften Boulez, Pousseur, Nono, Stockhausen unabhängig voneinander an und entwickelten die Techniken der S.n M., deren Entfaltung eng mit der der elektronischen Musik zusammenhängt. Da »das total Determinierte dem total Indeterminierten gleich wird« und »die totale Durchführung des seriellen Prinzips das Serielle schließlich aufhebt« (G. Ligeti 1960), hat man die Idee der totalen Prädetermination seit etwa 1955 aufgegeben und dem Zufall einigen Spielraum überlassen (→ Aleatorik). Seit etwa 1959 scheinen einige europäische Komponisten unter dem Einfluß von J. Cage überhaupt auf reihenmäßige Gliederung der einzelnen Parameter verzichten zu wollen.

Lit.: Elektronische Musik, Technische Hausmitt. d. NWDR VI, 1954; Gravesaner Blätter, 1955–66; die Reihe, Information über S. M., 8 H., Wien 1955–62; Darmstädter Beitr.

zur Neuen Musik, Mainz seit 1958. – TH. W. ADORNO, Dissonanzen, Göttingen 1956, ³1963; DERS., Klangfiguren, Mus. Schriften I, Bln u. Ffm. 1959; DERS., Quasi una fantasia, ebenda II, 1963; C. DAHLHAUS, Zur Problematik d. S. M., Frankfurter H. XIV, 1959; N. RUWET, Contradictions du langage sériel, RBM XIII, 1959; E. KŘENEK, Extents and Limits of Serial Techniques, MQ XLVI, 1960; Movens. Dokumente u. Analysen zur Dichtung, bildenden Kunst, Musik, Architektur, hrsg. v. F. MON, Wiesbaden 1960; Problems of Modern Music. The Princeton Seminar in Advanced Mus. Studies, MQ XLVI, 1960; A. PH. BASART, Serial Music. A Classified Bibliogr. of Writings on Twelve-Tone and Electronic Music, Berkeley u. Los Angeles 1961, ²1963; R. STEPHAN, Hörprobleme S. M., in: Veröff. d. Inst. f. Neue Musik u. Musikerziehung Darmstadt III, Bln 1962; Y. XENAKIS, La musique stochastique, Rev. d'esthétique XV, 1962; K. STOCKHAUSEN, Texte ..., 2 Bde, Köln (1963–64); J. ROHWER, Neueste Musik, Stuttgart (1964); R. HEINEMANN, Untersuchungen zur Rezeption d. s. M., = Kölner Beitr. zur Musikforschung XLIII, Regensburg 1966. RSt

Serinette (sərin'ɛt, frz.) → Vogelgesang (– 3).

Serpent (frz. serpent, Schlange, Schlangenhorn; ital. serpentone, große Schlange) ist ein um 1590 in Frankreich aus dem → Zink entwickeltes, schlangenförmig gewundenes Baßinstrument, das wie ein Blechblasinstrument über ein meist halbkugeliges Mundstück aus Elfenbein oder Horn angeblasen wurde. Die Verbindung zwischen Mundstück und Corpus stellt eine gebogene Messingröhre (Krücke) her. Der S. wurde ursprünglich (wie der krumme Zink) aus flachen, ausgehöhlten Holzteilen zusammengeleimt und mit Leder umwickelt; nach 1800 wurden in England S.e in der Form des Fagotts teilweise oder ganz aus Metall gebaut. Die Länge des weitmensurierten, konischen Windkanals schwankte zwischen 180 und 240 cm; gewöhnlich stand der S. in B (Umfang $_1$A–b^1), kleinere Instrumente standen in C oder in D. 6 Grifflöcher, die in 2 Gruppen zu je 3 angeordnet waren, stellten kaum mehr als eine Intonationshilfe dar. Auch mit den um 1800 hinzugefügten 3–4 Klappen, die eine verbesserte Anordnung der Löcher erlaubten, blieb es schwierig, den S. rein zu blasen, und deshalb geriet er schließlich in Verruf (vgl. seine Verurteilung durch Berlioz 1844). In Frankreich diente der S. vom 17. bis ins 19. Jh. zur Verstärkung der Männerstimmen im Kirchengesang. Er verbreitete sich ab der 2. Hälfte des 18. Jh. in Deutschland (Wagner schrieb ihn 1842 im *Rienzi* vor) und in England, wo er vor allem in den Militärkapellen als Baßinstrument zur Verstärkung des Fagotts diente, bis er diese Rolle an die → Ophikleïde abgab.

Lit.: M. MERSENNE, Harmonie universelle, Paris 1636, Faks. hrsg. v. Fr. Lesure, 3 Bde, Paris 1963; J. FRÖHLICH, Vollständige theoretisch-praktische Musiklehre, Bonn (1811); H. BERLIOZ, Traité d'instrumentation ..., Paris 1844, erweitert Paris 1856, deutsch Lpz. 1843, NA bearb. v. R. Strauss, Lpz. 1905, ²1955; G. KARSTÄDT, Zur Gesch. d. Zinken u. seiner Verwendung in d. Musik d. 16.–18. Jh., AfMf II, 1937; A. BAINES, Woodwind Instr. and Their Hist., London (1957).

Service (sˈəːvis, engl.), Bezeichnung für die unveränderlichen, mehrstimmig komponierten Teile der nationalsprachlichen anglikanischen Liturgie, die von der englischen Reformation aus der römischen Messe bzw. dem Stundengebet übernommen wurden und im *Book of Common Prayer* enthalten sind. Ein Full s., die zyklische, meist in einer Tonart stehende Vertonung aller oder doch der meisten S.-Teile, besteht aus dem Morning s. oder Morning prayer (*Venite exsultemus*; *Te Deum*; *Benedictus Dominus Deus Israel*; *Jubilate*; *Benedicite*), dem Evening s. oder Evening prayer (*Magnificat*; *Nunc dimittis*; *Cantate Domino*; *Deus misereatur*) und dem Communion s. (im 16. Jh. meist nur Kyrie und Credo, seltener auch Sanctus; heute gewöhnlich alle Ordinariumsteile). Die Geschichte der S.-Vertonungen beginnt im 16. Jh. mit den kurzen, homophon und vorwiegend syllabisch gesetzten Short S.s von Chr. Tye und Th. Tallis, die zum Teil noch heute im Gottesdienst verwendet werden. Fast gleichzeitig entstanden Byrds kontrapunktisch und rhythmisch reicher gestaltete Great high s.s mit Orgelbegleitung, in denen chorische Full-Partien mit solistischen Verse-Partien abwechseln; erstere wurden häufig von 2 Chorhälften (cantores und decani) antiphonisch vorgetragen. Nach den Great s.s von Morley, Weelkes, Th. Tomkins und O. Gibbons traten die S.s hinter das weitverbreitete → Anthem stark zurück. Bedeutende S.s entstanden erst wieder im 19. und 20. Jh. (Attwood, J. Stainer, Stanford, Sullivan).

Ausg.: Tudor Church Music II (Byrd), IV (O. Gibbons), VIII (Th. Tomkins), hrsg. v. P. C. BUCK, E. H. FELLOWES, A. RAMSBOTHAM, R. R. TERRY, S. TOWNSEND WARNER, London 1922–28; W. BYRD, GA X, hrsg. v. E. H. Fellowes, London 1948.

Lit.: E. H. FELLOWES, Engl. Cathedral Music, London 1925, ²1943; G. REESE, Music in the Renaissance, NY (1954), ²1959; P. LE HURAY, Towards a Definitive Study of Pre-Restoration Anglican S. Music, MD XIV, 1960; D. STEVENS, Tudor Church Music, London 1961.

Sesquialtera (lat. sesqui = semique und altera, »zwei und die Hälfte«, griech. ἡμιόλιος, → Hemiole), Bezeichnungsfragment für proportio s., die → Proportion (– 2) 3:2. S. heißt: – 1) die Quinte – 2) in der Mensuralnotation die Verkürzung in der Proportion $\frac{3}{2}$; sie wird zuweilen mißverständlich nur durch eine vorgezeichnete 3 gefordert. S. und Hemiole werden in der Notierung unterschieden, indem die S. mit Proportionszeichen und normalen Noten, die Hemiole mit → Color (– 1) geschrieben wird. – 3) als Orgelstimme (auch Sesquialter) eine gemischte Stimme, zumeist zweifach, bestehend aus Quinte 2²/₃' und Terz 1³/₅', auch 5¹/₃' und 3¹/₅' oder 1¹/₃' und ⁴/₅' (dann auf c repetierend).

Lit.: zu 2): M. BR. COLLINS, The Performance of Coloration, S., and Hemiola (1450–1750), Diss. Stanford Univ. (Calif.) 1963, maschr., Teildruck in: JAMS XVII, 1964.

Sevilla.

Lit.: J. MATUTE Y GAVIRIA, Hijos de S., 2 Bde, S. 1886–87; S. DE LA ROSA Y LÓPEZ, Los seises de la catedral de S., S. 1904; R. M. STEVENSON, La música en la catedral de S., 1478–1606, Los Angeles 1954.

Sext (lat. hora sexta) → Terz, Sext, Non.

Sextakkord, in der Generalbaßlehre jeder durch eine 6 über oder unter dem Baßton geforderte, aus Terz und Sexte bestehende Akkord (nach der Vorzeichnung, in C dur also auch d–f–h). In der dur-moll-tonalen Harmonielehre ist der S. die 1. Umkehrung des Dur- bzw. Mollakkords. Diese ist, isoliert betrachtet, konsonant. Im musikalischen Zusammenhang kann der S. jedoch auch auffassungsdissonant werden (die Sexte als Vorhalt vor der reinen Quinte, z. B. d–fis–h/d–fis–a).

Sexte (lat. sexta, sechste), die 6. Stufe in diatonischer Folge, auch Umkehrung der → Terz. Die musikalische Praxis kennt die S. als groß, klein, vermindert und übermäßig. Die musikalische Akustik kennt die große und kleine S. als natürlich (3:5 und 5:8), pythagoreisch (16:27 und 81:128) und gleichschwebend temperiert (³/₄ und ²/₃ der Oktave). – Die S., die in der einstimmigen Musik der Antike und des Mittelalters als → emmelisches Intervall gewertet wurde, erscheint in der Klassifikation der Intervalle bei Johannes de Garlandia und Franco von Köln als → Discordantia (bei Garlandia ist die große S. discordantia media und imperfecta, die kleine S. discordantia media, bei Franco die große S. discordantia imperfecta, die kleine S. discordantia perfecta; CS I, 105b und 129b). Die bis zur Mitte des 16. Jh. gültige Deutung der S. als unvollkommener Konsonanz (→ Konsonanz und Dissonanz – 1) besagt, daß die S. im mehrstimmigen Satz zwar notwendig und wohlklingend sei, aber, zumindest am Schluß eines Abschnitts, in eine vollkommene Konsonanz aufgelöst werden sollte. Als Norm gilt für die große S. die in der → Klausel unerläßliche Weiterführung zur Oktave, für die kleine S. die Auflösung in die Quinte. Entscheidenden Anteil an der Anerkennung der S. als vollgültiger Konsonanz hatte ihr Gebrauch im → Fauxbourdon und → Faburden des 15. Jh., in dem die Außenstimmen oft über längere Strecken in S.n-Parallelen geführt sind. → Dorische S., → French sixth, → German sixth, → Neapolitanische S., → Sixte ajoutée, → Sextakkord.

Sextett (ital. sestetto; frz. sextuor; engl. sextet), eine Komposition für 6 obligate Stimmen, die Vereinigung von 6 Instrumental- oder Vokalsolisten oder (in der Oper) ein Ensemble von 6 handelnden Personen mit Orchesterbegleitung (z. B. in Mozarts *Don Giovanni*, Finale des 2. Akts). Boccherini erprobte neben dem Streichquintett als erster auch das Streich-S.; er fand Nachfolger in Brahms (op. 18 und 36), Dvořák (op. 48), Reger (op. 118) und Schönberg (*Verklärte Nacht* op. 4). Wechselnde Besetzungen zeigt das Bläser-S., z. B. 2 Ob., 2 Klar., 2 Fag., oder – wie in der Suite *Mládí* (»Jugend«) von Janáček – Fl. (auch Piccolo), Ob., Klar., Baßklar., Horn und Fag. Seltener ist das Klavier-S. (Mendelssohn Bartholdy, op. 110; Pfitzner, op. 55). S.e, deren Besetzung und Satz durch die Hinzufügung von 2 Hörnern zum → Streichquartett gekennzeichnet sind, rücken in die Nähe des → Divertimentos (– 1; z. B. W. A. Mozart, »Dorfmusikanten-S.« *Ein musikalischer Spaß*, K.-V. 522; ähnliche Werke von J. Haydn u. a.) bzw. der → Serenade und legen meist mehrfache Besetzung der Streicherstimmen nahe.

Sextole (Sechser; ital. sestina; frz. und engl. sextolet), eine für 4 Noten eintretende Figur von 6 Noten gleicher Form. Die Ausführung als doppelte → Triole (2 × 3 Noten) oder Triole mit Unterteilung (3 × 2 Noten) ist aus der Notierung oft nicht eindeutig abzulesen; häufig fordert die Schreibung in S.n, daß Binnenakzente unterbleiben sollen, in der Violinmusik, daß 6 Noten auf einem Strich gespielt werden sollen. Beethoven notiert im Largo (4/4-Takt) des Klavierkonzerts C dur op. 15 dreigeteilte Achtel als Triolen (Takt 22), zweigeteilte Achteltriolen als S.n (Takt 99).

Sextus (lat. der Sechste; auch sexta vox, lat. sechste Stimme; ital. sesto) → Quintus.

sf, sfz, Abk. für → sforzato (ital.) bzw. sforzando; sffz, Abk. für sforzatissimo; sfp, Abk. für sforzato piano.

sforzato (ital.), verstärkt, seltener sforzando; Abk.: sf, sfz, auch fz (forzato) oder für stärkere Akzente ffz, sffz (sforzatissimo), forciert, d. h. stark betont, ist eine Bezeichnung, die stets nur für den Ton oder Akkord gilt, bei dem sie steht. Das Sf. hat nur eine relative Stärkebedeutung, d. h. im Piano soll es nicht stärker als poco forte oder mezzoforte sein. Seit dem 19. Jh. werden sf und rinforzato (→ rinforzando) oft gleichgesetzt. sfp, Abk. für sforzato piano, bedeutet sf mit darauffolgendem Piano.

's-Gravenhage → Den Haag.

Shake (ʃeik, engl.) → Triller. – Im 17. Jh. unterschieden die Engländer zwischen Sh.d graces (»getrillerte« Verzierungen, mit wiederholten Trillerbewegungen, wie Sh.d backfall, Close und Open sh., Sh.d elevation u. a.) und Smooth graces (»fließende« Verzierungen, mit auf- und absteigenden melodischen Bewegungen wie Backfall, Beat, Elevation u. a.); zu den letzteren gehörten die verschiedenen Arten der Vor- und Nachschläge.

Shanty (ʃænti, chanty, chantey, engl., wahrscheinlich von frz. chanter, singen), ein Seemanns- bzw. Arbeitslied der Seeleute der Handelsschiffahrt zur Zeit der Segelschiffe. Bevorzugte Themen sind Heim- und Fernweh, Abenteuer, Hafenliebe, Seenot und Seemannsgarn. Die Strophen werden vom Vorsänger gesungen, der Refrain von allen. Der musikalische Rhythmus entspricht dem Rhythmus der seemännischen Arbeitsvorgänge (Ankerhieven, Segelheißen, Pumpen). Begleitinstrument ist gelegentlich die Ziehharmonika. Zu den bekanntesten Shanties gehört *The Banks of Sacramento*. In neuerer Zeit ist der Sh. als Schlager wieder aufgelebt. Ausg. u. Lit.: H. SCHACHT, Plattdütsche Schipperleeder, Hbg 1903; R. R. TERRY, Sailor Sh., ML I, 1920; C. FOX SMITH, A Book of Sh., London 1927; W. B. WHALL, Seasongs and Sh., Glasgow 1927; H. WHATES, The Background of Sea Sh., ML XVIII, 1937; K. TEGTMEIER, Alte Seemannslieder u. Sh., Hbg o. J.; A. STUEBS, Whisky Johnny. Songs u. Sh. v. London Town bis Mobile Bay, Bad Godesberg (1958); Sh. from the Seven Seas, hrsg. v. ST. HUGILL, London u. NY 1961.

sharp (ʃaːp, engl., scharf, hoch), unter den → Akzidentien das Zeichen für die Erhöhung (♯). Im Englischen werden durch den Zusatz sharp zu den Tonbuchstaben Tonnamen und Tonartenbezeichnungen angegeben, z. B. C sharp (major oder minor) = Cis (dur oder moll).

Sheng (ʃɛŋ, chinesisch) → Mundorgel.

Shimmy (ʃˈimi, engl., Hemd), dem → Foxtrott verwandter Gesellschaftstanz amerikanischer Herkunft, der nach dem 1. Weltkrieg aufkam und 1920/21 Modetanz wurde. Man erklärte den Namen des Sh. mit seiner charakteristischen Bewegung, die aussieht, *als seien die Tänzer bemüht, die Hemden von den Schultern abzuschütteln* (Riemann, *Musik-Lexikon*, ¹¹1929). Die Musik steht im ¢- oder 2/4-Takt und gehört der Gattung des → Ragtime an; das Tempo ist wa ♩ = 96. Ein bekannter Sh. war *Kitten on the Keys* von Zes Confrey (noch im 4/4-Takt notiert). Ein Beispiel für den Sh. in der Kunstmusik bietet die Klaviersuite »1922« op. 26 von Hindemith.

Shō (ʃoː, japanisch) → Mundorgel.

Shout, Shouting (ʃaut, engl., lautes Schreien, Rufen), Bezeichnung für eine Gesangsart der amerikanischen Neger. Charakteristisch für den Sh. ist das andauernde Umkreisen eines Haupttons mit schriller Stimme, wobei alle aus die hervorstechenden melodischen Intervalle Blue notes und → Dirty tones einstellen. Das ekstatische Sh.-Singen fand ursprünglich bei religiösen Anlässen, dann u. a. in Verbindung mit → Negro spirituals statt, wobei der Gruppengesang durch Fußstampfen und Händeklatschen begleitet und häufig die Beteiligten zu gemeinsamen, dem Tanz angenäherten Bewegungen hingerissen wurden. Beim Ring-sh. gehen die Sh.-Sänger, mit vorgehaltenen Händen den → Beat (– 1) klatschend, in einem Kreis herum. Die emphatische Singweise des Sh. gibt es außerdem im Sh.ed worksong, Sh.ed spiritual oder Sh.ed blues. Der für den Sh. typische anhaltende Wechsel zwischen Hauptton und Blue notes begegnet auch im instrumentalen Musizieren der amerikanischen Neger und gelangte von hier aus in den frühen Jazz, besonders in die Praxis des Kornettspiels, weshalb der Sh. als einer der Ausgangspunkte für die → Hot-Intonation des Jazz angesehen wird.

Si, im romanischen Sprachgebiet Name für den Ton H, der nach Zacconi (1622) durch Anselm von Flandern, nach F. Swertius (1628) durch Waelrant eingeführt sein soll. Diese eindeutige, unveränderliche Bezeichnung wurde notwendig, als man zur Umgehung der Mutation im 16./17. Jh. mehr und mehr die Hexachordeinteilung der → Solmisation zugunsten des Oktavsystems aufgab. Andere Vorschläge jener Zeit für den Ton H waren: Bi, Ci, Di, Ni, Ba, Za.

Siciliano (sitʃilj'aːno, ital., auch siciliana; frz. sicilienne), ein seit dem späten 17. Jh. bekanntes, der → Pastorale nahestehendes Instrumental- oder Vokalstück im 6/8- oder 12/8-Takt in wiegender Bewegung, häufig mit dem Rhythmus ♩.♪♩, meist in Moll. Ob der S. aus Sizilien stammt, ist nicht eindeutig nachgewiesen. Schon im 14. Jh. werden in der Literatur vokale Ciciliane erwähnt (z. B. bei Giovanni da Prato 1389), von denen jedoch weder Text noch Melodie bekannt sind. Seit dem frühen 16. Jh. sind vereinzelt Arie siciliane überliefert (zuerst bei Petrucci 1505, später z. B. von G. Stefani 1622 und C. Milanuzzi 1625) mit Texten in Ottave siciliane (→ Strambotto), ohne eigene musikalische Form. Die für den S. charakteristischen Merkmale werden erst um 1700 greifbar, z. B. in der *Aria alla siciliana* aus Scarlattis Kantate *Una beltà ch'eguale* (nach Dent, S. 148):

Arien dieses Typus finden sich häufig in italienischen Opern und Kantaten des 17./18. Jh., gelegentlich mit der Bezeichnung → Allegro, der die Angabe entspricht, daß (nach BrossardD) der S. zusammen mit *Forlanes de Venise* und *Gigues angloises* zu den *danses gayes* gehörte, *dont l'air va en sautant*. Nach WaltherL (Artikel Canzonetta) gehören die *Sicilianischen Canzonetten* zu den *Giquen-Arten*. In den Tanzlehrbüchern wird der S. nicht beschrieben. Auffallend an den Arien alla siciliana ist das häufige Auftreten des Neapolitanischen Sextakkords, der als ein Merkmal des sizilianischen Volksgesangs gilt (Dent, S. 147ff.). Nach 1700 scheinen die S.-Arien allgemein ein langsameres Tempo angenommen zu haben. Unter Händels Arien ist der S., zwar nur selten namentlich bezeichnet (*Amadigi*, 1715; *Semele*, 1744; *Susanna*, 1749), als Typus jedoch häufig, meist Larghetto, aber auch Largo und Largo assai überschrieben. Der instrumentale S. ist seit dem frühen 18. Jh. in der Klavier- und Ensemblemusik überliefert, gelegentlich auch ohne den punktierten Rhythmus. Wie die Tempobezeichnungen in den S.-Arien Händels, so weist auch das Musikschrifttum um 1750 auf das langsame Tempo des S.s hin (über die Art seiner Ausführung schreibt Quantz Versuch XIV, 22). Langsame instrumentale Siciliani finden sich außer bei J. S. Bach auch z. B. bei Händel, Padre Martini, W. Fr. Bach und noch am Ende des 19. Jh. bei Fauré. Die schnelle Sicilienne in Meyerbeers *Robert le diable* hat außer dem 6/8-Takt mit dem S. des 18. Jh. nichts gemein.

J. S. Bach, *S.* aus der Sonate Es dur für Quer-Fl. und Cemb., BWV 1031.

Lit.: E. DENT, A. Scarlatti, London 1905, ²1960; A. LORENZ, A. Scarlatti's Jugendoper, 2 Bde, Augsburg 1927; O. TIBY, Il problema della »siciliana« dal Trecento al Settecento, Bollettino del Centro di studi filologici e linguistici siciliani II, 1954; I. HERRMANN-BENGEN, Tempobezeichnungen, = Münchner Veröff. zur Mg. I, Tutzing 1959.

Sieb → Filter.

Siena.
Lit.: R. MAROCCHI, La musica in S., S. 1886; L. CELLESI, Storia della più antica banda mus. senese, S. 1906; S. A. LUCIANI, La musica in S., S. 1942; Accad. Mus. Chigiana, hrsg. v. A. DAMERINI u. G. RONCAGLIA, S. 1959; K. v. FISCHER, Die Rolle d. Mehrstimmigkeit im Dome v. S. zu Beginn d. 13. Jh., AfMw XVIII, 1961; DERS., Das Kantorenamt am Dome v. S. zu Beginn d. 13. Jh., Fs. K. G. Fellerer, Regensburg 1962.

Sifflöte (von frz. sifflet, Pfeife) ist in der Orgel ein zylindrisch offenes Labialregister zu 1′, auch 1 1/3′ oder 2′, von scharfzeichnendem Klang.

Sight (sait, engl., Anblick) bezeichnet im 15. Jh. die charakteristische Ausführungsweise des improvisierten englischen → Discantus, wobei die Töne jeder zum Plainsong gesungenen Stimme (mene, treble, quatreble; auch countir, countertenor und faburdon) nicht in ihrer real erklingenden Höhe gelesen, sondern transponiert im Tonbereich des Plainsong vorgestellt werden. Gelehrt wird diese Praxis in den englischen Diskanttraktaten der 1. Hälfte des 15. Jh. (Richard Cutell, L. Power, Anonymus Pseudo-Chilston; ferner die Anonymi in Brit. Mus., Add. 21 455, und Cambridge, Corpus Christi College, Ms. 410; auch bei J. Hothby, Guilelmus Monachus und N. Burtius); Power bestimmte seinen Traktat für *syngers, or makers, or techers.* – Es handelt sich beim S. um die Lesung (»Sichtung«) der nur imaginierten (Power: *to ymagine*), in Relation zum notierten Plainsong stehenden Noten der Gegenstimmen. Zu jeder Stimme gehört – durch die ihr zugeordneten konkordanten Intervalle (acordis) zum Plainsong – ein bestimmter Skalenausschnitt (degree); die genau festgelegten, die Mitte jeder Stimmlage markierenden Anfangs- und Schluß-Acordis sind gleich dem unveränderlichen Transpositionsintervall zwischen wirklich erklingendem (in voice) und nur vorgestelltem (in s.) Ton. Der Mene (die 2. Stimme, → Meane) z. B. hat als mögliche Acordis in voice Einklang, Terz, Quinte, Sexte, Oktave (selten Dezime); die bei vorgeschriebener Quinttransposition in s. als Unterquinte, Unterterz, Einklang, Sekunde, Quarte, (Sexte) zum Plainsong gedacht werden. So beginnt der Mene-Sänger real eine Quinte über dem Plainsong, denkt diesen Ton aber als Unisonus. Ebenso erklingen alle folgenden vorgestellten Töne eine Quinte höher. Die Acordis des oktavtransponierenden Treble (Power liest alle Stimmen im treble s.) sind in voice Quinte, Sexte, Oktave, Dezime, Duodezime; für einen Sänger mit großem Stimmumfang auch Unisonus, Terz, Tredezime und Doppeloktave. Der dezimentransponierende Quatreble kann die Oktave, Dezime, Duodezime, Tredezime und Doppeloktave zum Plainsong singen; er ist nichts anderes als der oktavversetzte Mene, hat die gleichen Acordis in s. wie dieser und wird von Knaben ausgeführt. – Das Verfahren des S. beruht also auf einer Trennung von Klangraum und Vorstellungsraum jeder improvisierten Stimme. Klanglich ist z. B. das Ergebnis eines 4st. Diskantierens mit Mene, Treble und Quatreble ein Satz im Raume zweier Oktaven mit Wechsel von perfekter und imperfekter Klangqualität, bei dem wegen der Wahlfreiheit der Acordis in den sich überschneidenden Intervallbereichen Stimmkreuzung möglich ist und keineswegs eine bloße Parallelbewegung resultiert. In der Vorstellung der Ausführenden aber sind hier alle 3 Diskantstimmen in einen normalerweise durch Unterquinte und Oberquinte zum Plainsong begrenzten Tonraum projiziert.

Die kleineren Intervalle in s. können jetzt auf dem Vierliniensystem des als Mitte gedachten Plainsong abgelesen werden. Dies erleichtert die Stegreifausführung der Diskantstimmen (so begründet der lateinische Anonymus, Brit. Mus., Add. 21 455, f. 9′–10′, die Einführung der S.-Lesung) und die einheitliche Wahl der Akzidentien. Die relativ geschlossene Systematik der drei von allen Traktaten im wesentlichen übereinstimmend beschriebenen hauptsächlichen S.s, die sämtlich in voice über dem C. f. liegen, wird durchbrochen von den bei Pseudo-Chilston gelehrten S.s des Countertenor, Countir und Faburdun. Diese erklingen teilweise (countertenor) oder ganz (countir, faburdun) unter dem Plainsong und transponieren daher – wenn überhaupt – in umgekehrter Richtung. Dabei reicht der Countertenor in s. (= in voice, also ohne Transposition und so ohne eigentliche S.-Lesung) von der Unter- bis zur Oberoktave des Plainsong. Der Countir dagegen benötigt 2 S.s: Natural s. (Einklang bis Unteroktave in voice) mit Quinttransposition, also eine Spiegelung des Mene; Alterid s. für sehr tiefe Lage (Dezime bis Doppeloktave unter dem C. f.) mit Duodezime als Transpositionsintervall, also eine Spiegelung des Quatreble. Der S. des Faburdun endlich (→ Faburden) mit Quinttransposition und Unisonus sowie Oberterz in s., d. h. Unterquinte sowie Unterterz in voice bedingt einen stark parallelgeführten Satz mit Mene-Plainsong und dazu oberquartparallelem, aber ohne S.-Lesung ausgeführtem Treble. – Die Terminologie ist in den Traktaten nicht durchweg eindeutig. So kann S. sowohl die eine Transposition einschließende Leseweise (bei Power: ymaginacion) der Einzelnoten, das Diskantieren mittels des S.-Prinzips, den Raum einer durch einen bestimmten S. gekennzeichneten Stimme, wie auch diese Stimme selbst meinen. Ebenso kann Degree den Tonraum einer Stimme, diese Stimme selbst, aber auch den S.-Raum einer Stimme bedeuten.

Lit.: J. HAWKINS, A General Hist. of the Science and Practice of Music I, London 1776; CH. BURNEY, A General Hist. of Music II, London 1782; RIEMANN Mth; S. B. MEECH, Three XVth-Cent. Engl. Mus. Treatises ..., Speculum X, 1935; M. F. BUKOFZER, Gesch. d. engl. Diskants u. d. Fauxbourdons nach d. theoretischen Quellen, = Slg mw. Abh. XXI, Straßburg 1936; DERS., Studies in Medieval and Renaissance Music, NY 1950; DERS. in: The New Oxford Hist. of Music III, London 1960; THR. G. GEORGIADES, Engl. Diskanttraktate aus d. 1. Hälfte d. 15. Jh., = Schriftenreihe d. Mw. Seminars d. Univ. München III, München 1937; J. WOLF, Early Engl. Mus. Theorists, MQ XXV, 1939; S. W. KENNEY, »Engl. Discant« and Discant in England, MQ XLV, 1959; H. H. CARTER, A Dictionary of Middle Engl. Mus. Terms, = Indiana Univ. Humanities Series XLV, Bloomington (1961). RB

Signale, Signalmusik. Schallgeräte zum Signalgeben werden bei fast allen Naturvölkern benutzt, in Hochkulturen nachweisbar schon im alten Orient, vor allem bei der Jagd (→ Jagdmusik), im Kriegswesen und bei kultischen und höfischen Zeremonien. Benutzt werden Instrumente, auf denen rhythmische Signale gegeben werden können (Schlaginstrumente wie Amboß, Glocken und Trommeln), oder Instrumente mit großer Schallkraft wie Hörner (Muschelhörner in der Südsee, Holztrompeten, Luren im germanischen Altertum, Tuba, Cornu, Bucina und Lituus in der römischen Antike). Bei der altjüdischen Chazozra wurden 3 Grundsignale unterschieden – teqi'a (langer Ton), teru'a (geschmetterter Ton) und shebarim (2 abwechselnde Töne) – und zu größeren Signalen zusammengestellt. Im Hochmittelalter wurden mit dem Aufkommen von Metallblasinstrumenten (Busine, später Trompete), die mehr als einen Naturton geben konnten, die Signale musikalisch reichhaltiger. Festgelegte Signale gab es für Fürsten und Städte, später für die Post sowie besonders in der Militärmusik. Altenburg nennt 1795 fünf Signale (Feldstücke, → Feldmusik) für die Kavallerie: Boute-selle (Satteln), à Cheval (Aufsitzen), Marche oder Cavalquet (Marsch), Retraite (Rückkehr oder Abzug, Ruhe), à l'Etendart (Zur Standarte). Im Exerzierreglement von 1847 für die preußische Infanterie sind 23 Signale für Signalhorn verzeichnet. Bei Staatsbesuchen wird noch heute der »Generalmarsch« geschlagen. – Signale und Fanfaren haben in Kompositionen verarbeitet u. a. Beethoven in der *Schlacht bei Vittoria* (→ Battaglia), Tschaikowsky im *Capriccio italien* und Bizet in *Carmen*.

Lit.: J. E. ALTENBURG, Versuch einer Anleitung zur heroisch-mus. Trompeter- u. Pauker-Kunst, Halle 1795, NA Dresden 1911, Nachdruck Bilthoven 1966; E. GERSON-KIWI, Artikel Musique (dans la Bible), in: Dictionnaire de la Bible, Suppl. V, Paris 1957.

Signum (lat., Zeichen). Das Wort s. bzw. der Plur. signa benennt musikalisch u. a.: altgriechische Notenzeichen (Boethius, *De institutione musica* IV, 5, ed. Friedlein, S. 316); die Dasia-Zeichen (*Musica Enchiriadis*, GS I, 153a); die Buchstaben-Tonzeichen (signa monochordi oder signa vocum bei Ph. de Vitry, CSM VIII, 16ff.); die Noten- und Pausenzeichen der Mensuralnotation (figurae); den Strich oder Punkt in verschiedener Bedeutung (→ Punctus – 2); die Mensurvorzeichnung (um 1400 signa mensurae, daneben auch signa extrinseca vel non essentialia genannt, Pr. de Beldemandis, CS III, 214ff.), und zwar für die Prolatio (s. prolationis), das Tempus (s. temporis) und den Modus (s. modi), auch die aus der Notierung selbst ohne besondere Zeichen ersichtlichen Andeutungen der Mensur, z. B. auch mittels → Color (– 1; signa intrinseca vel essentialia bei Pr. de Beldemandis, signa implicita bei Glareanus, *Dodekachordon*, S. 203); die Versetzungszeichen (signa semitonia designantia bei Ph. de Vitry, CS III, 26a, und noch 1756 bei Mozart Versuch, S. 41: ✕ = S. intensionis, ♭ = S. remissionis, ♮ = S. restitutionis); die Generalbaßbezifferung (Praetorius Synt. III, S. 146); nach WaltherL außerdem den Bindebogen (S. connexionis), die Fermate (S. quietis), den Custos (S. continuationis), den Schlußstrich (S. conclusionis); das Wiederholungszeichen (S. repetitionis, BrossardD).

simile (ital., ähnlich, in gleicher Weise) → Abbreviaturen (– 6).

Sinfonia (ital.) → Ouvertüre, → Symphonie.

Sinfonia concertante (sinfon'i:a kontʃert'ante, ital.) → Symphonie concertante.

Singakademie, eine 1791 in Berlin gegründete Vereinigung von Musikliebhabern, die ihre Chorproben in der Akademie der Künste abhielten. 1827 zog die S. in ein eigens für sie errichtetes Gebäude. Die ersten Direktoren der S. waren C. Fr. Fasch, C. Fr. Zelter, C. Fr. Rungenhagen, E. Grell. Im frühen 19. Jh. entstanden ähnliche Singvereine in Frankfurt an der Oder durch E. Petersen und C. W. Spieker (1815), in Frankfurt am Main durch J. N. Schelble (1818) und in Breslau durch J. Th. Mosewius (1825). In den Konzerten der Berliner S., die nach Art der → Akademie des 18. Jh. öffentlich oder im engeren Kreis gegeben wurden, bestimmten neben a cappella-Werken die Oratorien von Händel, Haydn, Mendelssohn Bartholdy, das Requiem von Mozart, *Der Tod Jesu* von C. H. Graun, aber auch Kantaten Bachs die Programme. 1829 dirigierte F. Mendelssohn Bartholdy die erste Neuaufführung der Matthäuspassion von Bach. Die S. widmete sich fast ausschließlich geistlichen Chorwerken, nahm aber im Sinne des liberalen Bildungschristentums nicht am kirchlichen Leben teil. In der 2. Hälfte des 19. Jh. stand die S. der musikalischen Romantik und vor allem der Neudeutschen Schule ablehnend gegenüber. Erst unter G. Schumann, nach 1900, wurden auch die Chorwerke von Bruckner, Liszt, Reger, Verdi beachtet.

Lit.: J. Th. Mosewius, Die Breslauische S. in d. ersten 25 Jahren ihres Bestehens, Breslau 1850; M. Blumner, Gesch. d. S. zu Bln, Bln 1891; D. Kawerau, Säcularfeier d. S. zu Bln, Bln 1891; R. Groeper, 120 Jahre Städtische S. Frankfurt/Oder, Die Musikpflege VI, 1935; G. Schünemann, Die S. zu Bln, Regensburg 1941; Die Sing-Akad. zu Bln, Fs. zum 175jährigen Bestehen, hrsg. v. W. Bollert, Bln 1966; M. Geck, Die Wiederentdeckung d. Matthäuspassion im 19. Jh., = Studien zur Mg. d. 19. Jh. IX, Regensburg 1967.

Singbewegung → Jugendbewegung.

Singende Säge (engl. musical saw), ein Reibidiophon (→ Friktionsinstrumente), das in den ersten Jahrzehnten dieses Jahrhunderts vor allem im Zirkus und auf Varietébühnen Verwendung fand; von ihrem Erfinder (Fredrich, Berkinson) wurde sie erstmals 1928 in einem Symphoniekonzert der Staatsoper unter E. Kleiber als Soloinstr. vorgeführt. Die S. S. ist eine gewöhnliche Holzsäge, deren Blatt zwischen den Knien gehalten und mit einem Streichbogen angestrichen wird. Die Tonhöhe wird durch entsprechendes Biegen des Sägeblatts reguliert. Der Klang ist langgezogen und eindringlich weinerlich.

Lit.: K. Gentil, Das »Flex a tone« u. d. »S. S.«, Acustica VII, 1957.

Single relish (s'iŋgl r'eliʃ, engl.), Name einer Verzierung in der Lautenmusik des 17. Jh.; → Doppelschlag.

Singspiel, allgemein ein gesprochenes, meist heiteres Theaterstück mit musikalischen Einlagen (vor allem Lieder, aber auch mehrstimmige Sätze und Tänze); es verwendet im Unterschied zur Oper, die auch eigene musikalische Gattungen hervorbrachte (Rezitativ, Arie, Ensemble), die vorhandene und meist mehr volkstümliche Musik der Zeit. – Unter Bezeichnungen wie Farsa oder Commedia con musica (seit dem 15. Jh.), Entremés, Zarzuela (seit der 1. Hälfte des 17. Jh.), Tonadilla (seit Mitte des 18. Jh.) u. a. verbergen sich in Spanien die verschiedenartigsten ernsten und heiteren, dichterischen und volkstümlichen singspielartigen Stücke. In Italien pflegte man während des 16. Jh. in die pastoralen Favole boscareccie und in ähnliche dramatische Darbietungen Villotten bzw. Madrigale einzulegen. Den Schluß bildete häufig eine → Moresca. In England pflegten die Komödiantentruppen und die »englischen Instrumentisten« (schon 1586 erwähnt) eine Art S. mit Liedeinlagen; hieraus ging die englische → Ballad opera hervor, die in der *Beggar's Opera* (1728) von Gay und Pepusch Berühmtheit erlangte. In Frankreich legten die von Ludwig XIV. engagierten italienischen Stegreifkomödianten den Grund für die spätere Opéracomique, die dann für das deutsche S. vorbildlich wurde. Bald spielte man nicht mehr in italienischer, sondern in französischer Sprache; als Musikeinlagen verwendete man Straßenlieder (→ Vaudeville). A. R. Le Sage, der Dichter des *Gil Blas*, schuf seit 1712 viele solcher S.e (Théâtre de la Foire, Amsterdam 1723-64). Auch in Deutschland gab es vielerlei Formen des Sprechtheaters mit Musikeinlagen, von der Stegreifkomödie bis zum Schuldrama der Jesuiten. H. Sachs und J. Ayrer († 1665 zu Nürnberg) schrieben Fastnachtsspiele und »Singetspile«. Noch bis Ende des 17. Jh. wurden bei allen Schauspielen Stegreifstücke und Schwänke als Zwischenspiele eingeschoben. Die »Singecomödien« wurden im 17. Jh. zu einem (allerdings sehr weiten) Begriff. Erst durch die starke Ausbreitung der italienischen Oper brach gegen Ende des 17. Jh. diese Entwicklung ab. Als S.e bezeichnete man nun auch Übersetzungen italienischer oder französischer Opern, die oft mit gesprochenem Dialog aufgeführt wurden, und gelegentlich auch deutsche Opern, die während der kurzen Zeit einer deutschsprachigen Oper in Hamburg (1693-1738) entstanden. In all den genannten Formen des singspielartigen Theaters führte die Verbindung von Theater und Musik zu keiner selbständigen und geschichtlich wirksamen Gattung.

Als musikalisches Vorbild für das S. war vor allem die italienische Opera buffa wirksam, die auch den entscheidenden Impuls zur Entstehung der Opéra-comique gegeben hatte. Zu den Voraussetzungen des deutschen S.s gehörten auch die englische → Jig des 16./17. Jh. (komische Dialoge, unterbrochen durch populäre Melodien und Tänze als Abschluß einer Theateraufführung), die durch englische Komödianten in Deutschland bekannt wurde, sowie Liedersammlungen (→ Sperontes). Den eigentlichen Anstoß zur Entstehung des deutschen S.s gab 1743 in Berlin die Aufführung der ins Deutsche übertragenen Ballad opera *The Devil to Pay* (»Der Teufel ist los«) von → Coffey; eine zweite Bearbeitung von Chr. F. Weiße mit Musikstücken von J. G. Standfuß fand 1752 in Leipzig großen Anklang. Durchschlagenden Erfolg errang erst die dritte Bearbeitung, zu der J. A. → Hiller 1766 teilweise neue Musik schrieb. Damit und durch seine weitere Wirksamkeit ist Hiller zum Schöpfer des deutschen S.s geworden, dessen wesentliche Merkmale Prosadialog und volkstümlich-einfache Melodik sind. Das S. konnte nämlich zunächst nicht wie die Oper mit ausgebildeten Sängern rechnen. Die Musik, die bei Hiller mehr Raum einnahm als früher, bestand vornehmlich aus liedhaften Arietten, mitunter aus größeren Arien, später auch aus Ensembles (Duette, Terzette, Quartette). Den Schluß bildete regelmäßig ein dem Vaudeville nachgebildeter Rundgesang mit Chor. Vorbild blieb musikalisch und textlich die Opéra-comique; mehrere Stücke von Ch. → Favart wurden für das S. übersetzt. Das rührende Genre und das romantische Element drangen auf diesem Weg in das S. ein. Die Stoffe waren meist dem Landleben entnommen und hatten oft sentimentalbürgerlichen Charakter bis zum Hausbackenen und Philiströsen. An Komponisten sind vor allem Chr. G. Neefe, der eine mehr romantische Richtung vertrat und als einer der ersten das → Melodram in das S. einführte (*Adelheid von Veltheim*, 1780), J. Fr. Reichardt mit seinen → Liederspielen, G. Benda (z. B. *Der Dorfjahrmarkt*, 1775; *Romeo und Julia*, 1776) und J. André zu nennen, der im selben Jahr wie Mozart die *Entführung* komponierte. Hervorzuheben sind auch Goethes Versuche (1773-85), dem S. textlich ein höheres Niveau zu geben (z. B. *Erwin und Elmire*; *Jery und Bätely* mit Musik von Reichardt). Vom S. mit angeregt wurde auch die Idee einer deutschen Oper. Zentrum des S.s war zunächst Leipzig, bis eine Neubelebung durch das auf Geheiß Josephs II. ins Leben gerufene Wiener »National-S.« erfolgte, das im Jahr 1778 mit I. Umlauffs *Bergknappen* eröffnet wurde. Bodenständige Traditionen (Marionettenoper) und Elemente und Typen der Opera buffa, auch der Opéra-comique, verbanden sich hier. An der Vorgeschichte des Wiener S.s ist auch J.Haydn durch seinen *Neuen krummen Teufel* (1758) auf den Text von Kurz-Bernardon beteiligt. Für die S.e von K. Ditters v. Dittersdorf (z. B. *Doktor und Apotheker*, 1786), Fl. Gaßmann und J. Schenk (z. B. *Dorfbarbier*, 1796) war vor allem die Opera buffa Vorbild. Lediglich in der Melodik bewahrte die Musik einen volkstümlichen Zug spezifisch süddeutscher Prägung. Dennoch hatten während des 10jährigen Bestehens des »National-S.s« die in deutscher Übersetzung als S.e gegebenen Opéras-comiques und Opere buffe das Übergewicht gegenüber den »Original-S.n«. Das Wiener Zauber-S. wurde vor allem von P. Wranitzky († 1808) und W. Müller († 1835) gepflegt. An Kauers *Donauweibchen* (1795) konnte die Operette unmittelbar anknüpfen. – W. A. Mozart griff mit seinem ersten S. *Bastien und Bastienne* (1768) auf Rousseaus bekannten *Devin du village* zurück, der den Anstoß zur Entstehung der Opéra-comique gegeben hatte. Erst in der unvollendet gebliebenen *Zaide* (1779) suchte Mozart, die musikalischen Gattungen der Opera buffa der deutschen Sprache und den Möglichkeiten des S.s anzupassen. Über Mozarts *Die Entführung aus dem Serail* (erste Aufführung am 16. Juli 1782 in Wien) schrieb Goethe (*Italienische Reise*, Bericht vom November 1787): *Alles unser Bemühen... ging verloren, als Mozart auftrat. Die Entführung aus dem Serail schlug alles nieder...* Ein S. oder eine → Operette, wie man damals auch sagte, aus der Gattung der Zauberposse bzw. »Maschinenkomödie« ist auch Mozarts *Zauberflöte* (1791). Ein Anknüpfen an diese musikalisch unerreichbaren Werke war nicht möglich, wie deutlich Goethes Plan und P. v. Winters Versuch zeigen, einen zweiten Teil der *Zauberflöte* zu schreiben. Diese Situation, die weder innerhalb der Opéra-comique noch in der Opera buffa eine Parallele hat – beide Gattungen führen bruchlos ins 19. Jh. – wurde entscheidend für das S. Es führte nach Mozart unmittelbar zur deutschen romantischen Oper C. M. v. Webers (*Der Freischütz*, 1821), H. Marschners, L. Spohrs u. a. sowie zu den »Spielopern« von A. Lortzing, andererseits zu den wieder mehr dem Schauspiel zuneigenden und im Wiener Volkstheater wurzelnden Stücken F. Raimunds und J. Nestroys und endlich zur Wiener Operette von J. Strauß Sohn und seinen Nachfolgern. In dieser Spaltung der Tradition (romantische Oper – Operette) ist im Keim die Trennung von ernster und leichter Musik enthalten, die auch nicht mehr durch E. v. Wolzogens 1910 propagierte Erneuerung des S.s überbrückt werden konnte.

Lit.: J. Fr. REICHARDT, Über d. deutsche komische Oper, Hbg 1774; CHR. M. WIELAND, S. u. Abh., in: Sämtliche Werke XXVI, Lpz. 1794–1802; H. M. SCHLETTERER, Das deutsche S. v. seinen ersten Anfängen bis auf d. neueste Zeit, = Zur Gesch. dramatischer Musik u. Poesie in Deutschland I, Augsburg 1863; J. MINOR, C. F. Weisse, Innsbruck 1889; J. BOLTE, Die S. d. engl. Komödianten..., = Theatergeschichtliche Forschungen VII, Hbg 1893; FR. BRÜCKNER, G. Benda u. d. deutsche S., SIMG V, 1903/04; G. CALMUS, Die S. v. Standfuß u. Hiller, = BIMG II, 6, Lpz. 1908; R. HAAS, Einleitung zur Ausg. v. Umlauffs »Bergknappen«, in: DTÖ XVIII, 1, 1911; E. BÖTTCHER, Goethes S. »Erwin u. Elmire« u. »Claudine v. Villa Bella« u. d. »opera buffa«, Marburg 1912; J. MAURER, A. Schweitzer als dramatischer Komponist, = BIMG II, 11, Lpz. 1912; H. ABERT, W. A. Mozart I, Lpz. 1919, (⁷1955); R. KROTT, Die S. Schuberts, Wien 1921; V. HELFERT, Zur Gesch. d. Wiener S., ZfMw V, 1922/23; T. KROGH, Zur Gesch. d. dänischen S. im 18. Jh., Kopenhagen 1924; A. LÜTHGE, Die deutsche Spieloper, Brunswick 1924; A. SCHERING, Zwei S. d. Sperontes, ZfMw VII, 1924/25; ADLER Hdb. II, S. 749ff.; L. SCHIEDERMAIR, Die deutsche Oper, Lpz. 1930, Bonn u. Bln ³1943; O. BEER, Mozart u. d. Wiener S., Diss. Wien 1932, maschr.; H. GRAF, Das Repertoire d. öffentlichen Opern- u. Singspielbühnen in Bln seit d. Jahr 1771, Bln 1934; W. STAUDER, J. André, Lpz. 1936, u. AfMf I, 1936; K. WESSELER, Untersuchungen zur Darstellung d. S. auf d. deutschen Bühne d. 18. Jh., Diss. Köln 1955, maschr. StrK

Sinusschwingung (von lat. sinus, Krümmung), eine → Schwingung mit sinusförmigem Verlauf. Die Form der Sinuskurve läßt sich anschaulich als Projektion einer gleichförmigen Kreisbewegung vorstellen.

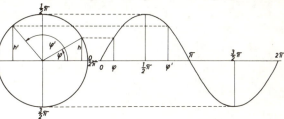

Ein sich auf einer Kreisbahn gleichmäßig fortbewegender Punkt erreicht nach einer bestimmten Zeit (durch den Phasenwinkel φ angegeben) eine bestimmte Höhe h. Markiert man den Betrag dieser Höhe (Auslenkung) über den entsprechenden, auf einer horizontalen Zeitachse aufgetragenen Zeiten, so erhält man eine Sinuskurve. Für Hörversuche und Meßzwecke werden S.en auf elektronischem Wege (→ Generator) erzeugt. Musikinstrumente erzeugen fast nie reine S.en, sondern komplexe, zusammengesetzte Schwingungsvorgänge (→ Frequenzspektrum). Überhaupt sind reine S.en musikalisch ziemlich bedeutungslos, da der von ihnen ausgelöste Höreindruck farblos ist.

Lit.: H. HUSMANN, Einführung in d. Mw., Heidelberg (1958); F. TRENDELENBURG, Einführung in d. Akustik, Bln, Göttingen u. Heidelberg 1950, ³1961.

Sirene (von griech. Σειρήν [dämonisches Wesen mit verzauberndem Gesang] über lat. Siren und frz. sirène), Bezeichnung für eine Vorrichtung zur Schallerzeugung, bei der ein Luftstrom durch eine perforierte, rotierende Scheibe periodisch unterbrochen wird. Die Grundfrequenz des dabei entstehenden Schwingungsvorgangs läßt sich sehr genau als Produkt der Anzahl der Löcher auf der Scheibe und deren Umdrehungszahl pro sec errechnen. Daher wurde die S. zunächst vorzugsweise zur Frequenzbestimmung verwendet. Erste Versuche mit S.n wurden von Ch. C. de la Tour (1819), A. Seebeck, G. S. Ohm und später von H. W. Dove, H. v. Helmholtz und K. R. König angestellt (Doppel-S.). Eine besondere Form der S. ist die Photo-S., wie sie z. B. J. F. Schouten für seine Versuche verwendete. Bei ihr wird ein Lichtstrahl von einer gelochten oder mit bestimmten Schwingungsformen versehenen Pappscheibe moduliert, bevor er eine Photozelle trifft, die dann einen Verstärker mit Lautsprecher steuert. Die S., hauptsächlich als Signalinstrument im Warndienst bekannt, findet gelegentlich auch musikalisch Verwendung (so bei Hindemith (Kammermusik Nr 1, 1921), E. Varèse und H. Badings (Photo-S.).

Lit.: G. S. OHM, Über d. Definition d. Tones, nebst daran geknüpfter Theorie d. S. u. ähnlicher tonbildender Vorrichtungen, Poggendorff's Annalen d. Physik u. Chemie LIX, 1843; H. v. HELMHOLTZ, Die Lehre v. d. Tonempfindungen ..., Braunschweig 1863, ⁶1913, Nachdruck Hildesheim

1967; J. F. SCHOUTEN, Die Tonhöhenempfindung, Philips Technische Rundschau V, 1940; H. BADINGS u. J. W. DE BRUYN, Elektronische Musik, ebenda XIX, 1957/58.

Sirventes (altprov., auch sirventese, sirventesca; altfrz. serventois; von lat. servire, dienen), s. v. w. Dienstlied der Trobadors und Trouvères, ein Lied im Dienst einer öffentlichen oder persönlichen Sache oder Meinung (moralisch oder politisch; Rüge und Sittenkritik, Belehrung, Lob usw.). Die Kreuzzugslieder (u. a. *Pax! in nomine Domini* von → Marcabru) sind meist S. Die S. haben keine bindende Vers- und Strophenform; etwa 200 sind erhalten. Sie wurden meist auf Melodien bekannter Kanzonen gesungen.
Lit.: W. NICKEL, S. u. Spruchdichtung, = Palaestra LXIII, Bln 1907; J. STOROST, Ursprung u. Entwicklung d. altprov. S. bis auf B. de Born, = Romanistische Arbeiten XVII, Halle 1931; E. WINKLER, Studien zur politischen Dichtung d. Romanen I, Das altprov. S., Bln 1941.

Sister → Cister.

Sistrum (lat.; griech. σεῖστρον, »etwas Geschütteltes«), antikes Klingelinstrument, das in Ägypten seit Beginn des 2. Jahrtausends v. Chr. (Mittleres Reich) im Kult der Himmelsgöttin Hathor nachgewiesen ist und später, von Isiskult übernommen, im ganzen griechich-römischen Kulturraum bekannt wurde (Isisrassel). Die ältesten bekannten Bilddarstellungen finden sich jedoch nicht in Ägypten, sondern in Mesopotamien (Ur und Akkad, 2600/2400 v. Chr.). Das Alte Testament erwähnt das S. unter dem Namen mena'anim (II. Sam. 6, 6). An Hauptformen lassen sich unterscheiden: Naos-S. (der Rahmen ist einem Tempelchen [griech. ναός, ägyptisch seschescht] nachgebildet), Bügel-S., Rahmen-S. und Hufeisen-S. In diese Rahmen, die auf einem Handgriff sitzen, sind (meist 3) Metallstäbe eingelassen, die sich beim Schütteln hin und her bewegen oder, wenn sie festsitzen, mit dünnen, gegeneinander klappernden Metallscheibchen versehen sind. In der koptischen Liturgie ist das S. (als tnasin, tsanatsel) noch heute in Gebrauch und ähnlich verwendet wie die Meßglöckchen im katholischen Ritus. Einfachere Formen des S.s aus Holz und Fruchtschalen sind im schwarzen Afrika weit verbreitet (Kalebassen-S. wasamba). In der mittelhochdeutschen Dichtung wird ein S. einmal erwähnt (Ulrich v. Eschenbach, *Alexander*, um 1287), jedoch ist damit wohl das Triangel gemeint. – Das aus dem griechischen Unteritalien bekannt gewordene sogenannte »Apulische S.«, im 16.–18. Jh. auch einfach »S.« genannt, ist ein Xylophon.
Lit.: J. QUASTEN, Musik u. Gesang in d. Kulten d. heidnischen Antike u. christlichen Frühzeit, = Liturgiegeschichtliche Quellen u. Forschungen XXV, Münster i. W. 1930; L. KLEBS, Die verschiedenen Formen d. S., Zs. f. ägyptische Sprache u. Altertum LXVII, 1931; FR. J. DÖLGER, Klingeln, Tanz u. Händeklatschen im Gottesdienst d. christlichen Melitianer in Ägypten, in: Antike u. Christentum IV, 4, Münster i. W. 1934; FR. W. GALPIN, The Music of the Sumerians and Their Immediate Successors, the Babylonians and Assyrians, London 1937, Neudruck = Slg mw. Abh. XXXIII, Straßburg 1955; E. KOLARI, Musikinstr. u. ihre Verwendung im Alten Testament, Helsinki 1947; H. HICKMANN, The Rattle-Drum and Marawe-S., Journal of the Royal Asiatic Soc. 1950; DERS., Musicologie pharaonique, = Slg mw. Abh. XXXIV, Kehl 1956; DERS., Ägypten, = Mg. in Bildern II, 1, Lpz. o. J. (1961).

Sitār (persisch, Dreisaiter; indisch auch tritantri vīṇā), Langhalslaute persischen Ursprungs (zur Gruppe der Tār-Instrumente gehörend; → Tār), die heute in Nordindien zu den wichtigsten Instrumenten gezählt wird. An einem birnenförmigen Corpus aus Holz oder Kürbis mit kleinen Schallöchern sitzt ein flacher Hals mit 16–20 beweglichen Bünden befestigt. Die Zahl der Metall-, seltener Darmsaiten, kann heute unterschiedlich von 3 auf 4 und 7 erhöht werden. Das S. wird mit Plektrum gezupft, gelegentlich auch mit Bogen gestrichen.
Lit.: C. SACHS, Die Musikinstr. Indiens u. Indonesiens, Bln 1915, ²1923, Nachdruck d. 1. Auflage Hilversum 1967.

Sixte ajoutée (sikst aʒut'e, frz., hinzugefügte Sexte), Terminus von J. Ph. Rameau für die als charakteristische Dissonanz dem Dur- oder Molldreiklang hinzugefügte große Sexte. Die Interpretation dieses Akkordes (z. B. f–a–c–d) ist in der Musiklehre umstritten. Nach Rameaus Lehre von der → Basse fondamentale hat er doppelte Bedeutung; Rameau spricht in *Génération harmonique* (Paris 1737) von *double emploi*. In bezug auf die Tonika ist er Grundakkord (→ Subdominante): die Quinte bleibt liegen, während die Sexte (als Dissonanz) stufenweise zur Terz der Tonika hinaufgeht. In bezug auf die Dominante dagegen ist er Umkehrung des Septakkordes der 2. Stufe: die Sexte bleibt liegen, während sich die Quinte (als Dissonanz) in die Terz der Dominante auflöst. Die → Stufenbezeichnung versteht ihn nur als Quintsextakkord der 2. Stufe. Die Funktionstheorie sieht in ihm stets einen Akkord mit Subdominantfunktion (Funktionssymbol nach Riemann S⁶). Sie kann sich dabei auf M. Hauptmann berufen, der 1853 darauf aufmerksam machte, daß das Intervall a–d in C dur eine andere Rolle spielt als etwa in D moll. Der Sextakkord f–a–d ist in C dur eine Auffassungsdissonanz, da a (Terz der Subdominante) und d (Doppeldominante) keine reine Quarte bilden. Ist daher der Akkord f–a–c–d tonartlich auf C bezogen, so ist f stets Grundton und d dissonanter Zusatz zum Dreiklang der Subdominante. Eine vermittelnde Stellung nimmt die Harmonielehre von R. Louis und L. Thuille (1907) ein, in der die doppelte Bedeutung des Akkordes im Sinne Rameaus wieder auflebt. Auch die Erkenntnis, daß der zur Dominante g geführte Akkord f–a–c–d zwei Funktionen in sich schließt (Subdominante und Wechseldominante), scheint auf dieses Buch zurückzugehen. Am Ende der dur-moll-tonalen Epoche findet sich der Dreiklang mit S. a. auch als Schlußakkord mit Tonikafunktion (z. B. in G. Mahlers *Lied von der Erde*, letzter Satz). Diese Verwendungsmöglichkeit hat die Unterhaltungsmusik aufgegriffen.

Sixtinische Kapelle (Cappella Sistina) ist der Name einer Kapelle im Vatikanpalast in Rom, die durch Papst Sixtus IV. 1483 geweiht wurde. Da die öffentlichen päpstlichen Gottesdienste fortan vorzugsweise hier stattfanden, ging die Bezeichnung auch auf das (seit 1378 nachgewiesene) päpstliche Sängerkollegium über (→ Kapelle). Es bestand im 15. Jh. aus 14–24 Sängern, neben Italienern vor allem Franko-Flamen; im 16. Jh., als die Zahl der Sänger auf 30 stieg, kamen Spanier hinzu. Über die Tätigkeit der S.n K. und ihre Verfassung unterrichten die ab 1535 erhaltenen, von einem jährlich neu gewählten Punctator geführten Tagebücher sowie die 1545 fixierten Constitutiones (Ms. Rom, Bibl. vat., Capp. Sist. 611). Dem Kollegium stand das Recht zu, über die Aufnahme neuer Sänger (die Geistliche sein sollten) nach einer Prüfung ihres Könnens selbst zu entscheiden. Die im Alter – spätestens nach 25 Dienstjahren – entpflichteten Sänger blieben als Giubilati Mitglieder der S.n K. Da die S. K. bis in neuere Zeit keine Kapellknaben aufnahm, wurden ab 1588 für die Sopranpartien Kastraten zugelassen. An Komponisten, die der S.n K. angehörten, seien Dufay und Josquin genannt. Palestrina, der 1555 für ein halbes Jahr (obgleich verheiratet) als Sänger aufgenommen worden war, blieb ihr von da an bis zu seinem Tode als besoldeter Compositore verbunden; dieses Amt ging dann auf F. Anerio über, wurde jedoch nach dessen Tode in eine neue Sängerstelle umgewandelt. Einige Mitglieder der

S.n K. gehörten zugleich zu den Musici secreti, denen die außergottesdienstlichen (d. h. auch weltlichen) Musikaufführungen am päpstlichen Hofe übertragen waren. Auch nach dem 16. Jh. genossen die Aufführungen der S.n K., vor allem in der Karwoche, höchstes Ansehen. Ihre Palestrina-Pflege und die rein vokale Aufführungsweise prägten das neuere a cappella-Ideal. Ein großer Teil der Chorbücher der S.n K. ist in der vatikanischen Bibliothek erhalten, zusammen mit denen der Cappella Giulia, die am Petersdom von Papst Sixtus IV. am 1. 1. 1480 gestiftet und von Papst Julius II. 1512 neu geordnet wurde. Sie sollte aus 12 Sängern und 21 Scholares (Kapellknaben) bestehen, hat aber diese Zahlen oft nicht erreicht und blieb bis zum 19. Jh. im Rang hinter der S.n K. zurück.

Lit.: Fr. X. Haberl, Bausteine f. Mg., 3 Bde, Lpz. 1885–88; E. Celani, I cantori della cappella pontificia, RMI XIV, 1907; R. Casimiri, I diari sistini, Note d'arch. I, 1924 – XVII, 1940; A. De Angelis, D. Mustafà ..., Bologna 1926; H.-W. Frey, Michelagniolo u. d. Komponisten seiner Madrigale, AMl XXIV, 1951; Ders., Regesten zur päpstlichen Kapelle ..., Mf VIII, 1955 – IX, 1956; Ders., Die Gesänge d. S. K. ... 1616, in: Mélanges E. Tisserant VI, Rom 1964; J. M. Llorens Cisteró, La Capilla Pontificia en las fiestas ... (1534–49), in: Cuadernos de trabajos de la Escuela Española de historia y arqueología en Roma VIII, 1956; Ders., Miniaturas de V. Raymond ..., in: Miscelánea en homenaje a H. Anglès I, Barcelona 1958–61; H. Hucke, Die Besetzung v. S. u. A. in d. S. K., ebenda.

Sizilien.
Lit.: L. Mastrigli, La Sicilia mus., Bologna 1891, Triest 1935; D. Di Pasquale, L'organo in Sicilia dal s. XIII al XX, Palermo 1929; O. Tiby, Antichi musicisti siciliani, Arch. stor. siciliano, N. S. LIV, 1934; Ders., La scuola polifonica siciliana dei s. XVI e XVII, Kgr.-Ber. Lüneburg 1950, engl. in: MD V, 1951; F. Mompellio, P. Vinci madrigalista siciliano con un'appendice su i madrigalisti siciliani, Mailand 1937; F. Pastura, I grandi musicisti siciliani, Catania 1938; M. Tedeschi, I canti sacri popolari della Sicilia, ebenda 1939; C. Naselli, Strumenti da suono e strumenti da musica del popolo siciliano, Arch. stor. per la Sicilia orientale IV, 1952; G. Policastro, Musica e teatro nel '600 nella provincia di Catania, RMI LV, 1953; H. Anglès, La musica sacra medievale in Sicilia, Bollettino del Centro stor. filologico e linguistico siciliano III, 1955; A. Favara, Corpus di musiche popolari siciliane, hrsg. v. O. Tiby, 2 Bde, = Accad. di scienze, lettere e arti, Palermo, Atti IV, Suppl., 1957; F. E. Raccuglia, La Sicilia e la musica, in: Conservatorio di Musica V. Bellini, Palermo 1960/61.

Skala (lat. scala, Treppe) → Tonleiter.

Skalden (altnordisch skáld, Dichter) heißen die nordgermanischen Dichter und Vortragskünstler, die als Gefolgsleute – auch als »fahrende Sänger« – an den mittelalterlichen norwegischen und isländischen Fürstenhöfen lebten. Die seit der Mitte des 9. Jh. überlieferte Skaldik, die einen letzten Höhepunkt im 13. Jh. erreichte, ist neben Edda und Saga der dritte große Bereich altnordischer Dichtkunst. In ihrem Mittelpunkt steht das Preislied, und die Drápa als größerer (beliebtester) Form, deren 3teilige Folge kunstvoller Dróttkvaett-Strophen (4 zwölfsilbige Langzeilenverse mit Wechsel von Binnenreim und Assonanz, dazu mit → Stabreim und klingender Kadenz; starke Zäsur in der Strophenmitte) ein durch mehrfachen Refrain (stef) gegliedertes Mittelstück (stefjabálkr) aufweist; die kleine Preislied (flokkr) ist ohne Refrain. Auf eine Verbindung des skaldischen Vortrags mit Musik könnte die mögliche etymologische Ableitung des Wortes drápa von altnordisch drepa, schlagen (Saiten schlagen), hinweisen. Auf einer bis ins Mittelalter zurückreichenden mündlichen Tradition beruhen wahrscheinlich die von J. B. de Laborde 1780 in zeitgenössischem Gewand veröffentlichten 5 Melodien zu Edda- und Sk.-Strophen.

Lit.: J. B. de Laborde, Essai sur la musique ancienne et moderne II, Paris 1780, S. 397ff.; F. Jónsson, Den norsk-islandske Skaldedigtning, 4 Bde, Kopenhagen u. Christiania 1912–15; R. Meissner, Die Kenningar d. Sk., Bonn u. Lpz. 1921; A. Heusler, Die altgermanische Dichtung, = Hdb. d. Literaturwiss., Bln (1923), Potsdam (²1941), Nachdruck Darmstadt 1957; J. Müller-Blattau, Mus. Studien zur altgermanischen Dichtung, DVjs. III, 1925; Die jüngere Edda mit d. sogenannten ersten grammatischen Traktat, Übertragung v. G. Neckel u. F. Niedner, = Thule. Altnordische Dichtung u. Prosa XX, Jena 1942; J. de Vries, Altnordische Literaturgesch., = Grundriß d. germanischen Philologie XV/XVI, I Bln ²1964, II Bln u. Lpz. 1942; D. Hofmann, Die Frage d. mus. Vortrags d. altgermanischen Stabreimdichtung in philologischer Sicht, Zs. f. deutsches Altertum XCII, 1963; Ders. u. E. Jammers, Zur Frage d. Vortrags d. altgermanischen Stabreimdichtung, ebenda XCIV, 1965; E. Jammers, Der Vortrag d. altgermanischen Stabreimverses in mw. Sicht, ebenda XCIII, 1964. – K. v. See, Skop u. Skald, Germanisch-romanische Monatsschrift XIV, 1964.

Sketch (sketʃ, engl., Skizze), ein sehr kurzer, stark mimisch pointierter Einakter, ein Dramolett mit einer kleinen Anzahl handelnder Personen, vor allem als Einlagenummer im Varieté und Kabarett. Als Sk. bezeichnete Hindemith seine auf einen Text von M. Schiffer komponierte Kurzoper *Hin und zurück* (1927).

Skiffle (skifl, engl.), eine häusliche Gesellligkeit der Neger in den USA (house-rent party), bei der volkstümlicher Jazz gespielt wurde, auch mit einfachen Instrumenten wie Mundharmonika und → Washboard. An Besetzung und Spielweise lehnten sich um 1955 vor allem in England, aber auch in Deutschland Sk. groups an, die eine besonders einfache Art von → Rhythm and blues oder auch Schlager spielten.

slargando (ital.) → allargando.

Sléndro, die javanische Bezeichnung für die 5stufige (durch Halbierung der Stufen auch 10stufige) Tonleiter, in der neben → Pélog in Java und Bali musiziert wird (→ Paṭet). Da im Gamelan Instrumente mit fester Stimmung verwendet werden, konnten durch Tonmessungen an ihnen die Verhältnisse dieser Leiter bestimmt werden. So stellten u. a. Ellis (1884) und J. Kunst nach Messungen und statistischer Auswertung der Ergebnisse fest, daß es sich um eine 5stufig temperierte, äquidistante Leiter (Intervalle je um 240 Cent) handelt bzw. um eine Leiter, bei der gleiche Intervalle angestrebt werden. Die tonpsychologischen Folgerungen zogen u. a. C. Stumpf und Husmann; eine völkerkundliche Erklärung für die Entstehung einer ursprünglichen Temperatur versuchte v. Hornbostel mit der → Blasquinten-Theorie zu geben. Aus dem Gebrauch des Sl. in der Praxis scheint jedoch hervorzugehen, daß es sich nicht um eine äquidistante Leiter handelt, sondern daß die verschiedenen Sl.-Leitern in der Regel 2 Stufen enthalten, die größer als die anderen sind (Hood). Auf Java gilt Sl. als die männliche, kraftvolle, glänzende Tonart; nach der Mythologie ist sie älter als Pélog, was jedoch von der Forschung nicht bestätigt wurde. – In der Musikwissenschaft wird die Bezeichnung Sl. auch für die 5stufig temperierte Leiter überhaupt verwandt, wie sie für Gebiete Westafrikas und, heute durch das 22stufige Tonsystem überdeckt, ursprünglich für Indien angenommen wird (Husmann).

Lit.: A. J. Ellis, Tonometrical Observations on Some Existing Non-Harmonic Scales, Proceedings of the Royal Soc. 1884, deutsch v. E. M. v. Hornbostel in: Sammelbde f. vergleichende Mw. I, München 1922; M. F. Bukofzer, The Evolution of Javanese Tone-Systems, Kgr.-Ber. NY 1939; J. Kunst, Music in Java I, Den Haag 1949; M. Hood, The Nuclear Theme as a Determinant of Paṭet in Javanese Music, Groningen u. Djakarta 1954; H. Husmann, Einführung in d. Mw., Heidelberg (1958); DERS., Grundlagen d. antiken u. orientalischen Musikkultur, Bln 1961; J. M. BARBOUR, Mißverständnisse über d. Stimmung d. javanischen Gamelans, Mf XVI, 1963.

Slide trumpet (slaid tɪ'ʌmpit, engl.) → Zugtrompete.

Slowakei → Tschechoslowakei.

Slowenien.
Ausg.: E. KORYTKO, Slovenske pesmi kranjskega naroda (»Slowenische Lieder d. krainischen Volkes«), 5 Bde, Laibach 1839–44; K. ŠTREKELJ, Slovenske narodne pesmi (»Slowenische Volkslieder«), 4 Bde, ebenda 1895–1923.
Lit.: P. v. RADICS, Frau Musica in Krain, Laibach 1877; PH. ELZE, Die slowenischen protestantischen Gesangbücher d. XVI. Jh., Venedig 1884; FR. RAKUŠA, Slovensko petje v preteklih dobah (»Das slowenische Lied in d. Vergangenheit«), Laibach 1890; A. TRSTENJAK, Slovensko gledališče (»Das slowenische Theater«), ebenda 1892; J. GRAFENAUER, Lepa Vida. Študija o izvoru, razvoju in razkroju narodne balade o Lepi Vidi (»... Studium v. Ursprung, Entwicklung u. Entfaltung d. Volksballade v. Lepa Vida«), ebenda 1943; DR. CVETKO, Odmevi glasbene klasike na Slovenskem (»Echo d. mus. Klassik in Sl.«), ebenda 1955; DERS., Mozarts Einfluß auf d. slowenische Tonkunst..., Mozart-Jb. 1956/57; DERS., The Renaissance in Slovene Music, Slavonic Rev. XXXVI, 1957; DERS., Zgodovina glasbene umetnosti na Slovenskem (»Gesch. d. Musik in Sl.«) I, Laibach 1958; DERS., Les formes et les résultats des efforts musicologiques yougoslaves, AMl XXXI, 1959; L. S. JANKOVIČ, La situation actuelle de l'ethnomusicologie en Yougoslavie, AMl XXXII, 1960.

Slowfox (sl'o:fəks, engl.), auch Slow-Foxtrot, → Foxtrott.

Soest (Westfalen).
Lit.: H. GOCKE, Der Orgelbau in d. Kreisen S. u. Arnsberg v. MA bis zum ausgehenden 18. Jh., KmJb XXX, 1935; W. MÜLLER, Geschichtliche Entwicklung d. Musikpflege in S., Emsdetten i. W. 1938; M. BEHLER, S. Musikleben seit 1933, Mk XXXI, 1938/39; L. PRAUTZSCH, Das S.er Gloria u. d. Turmmusik auf St. Petri, = S.er wiss. Beitr. XIII, S. 1958.

Soggetto (sodd͡ʒ'etto, ital., lat. auch subjectum, → Subjekt), der thematische Vorwurf eines kontrapunktischen Werkes. In der Definition Zarlinos (1558) ist S. »diejenige Stimme, auf Grund welcher der Komponist die Erfindung für die Gestaltung der anderen Stimmen der Komposition gewinnt« (*quella parte, sopra la quale il Compositore caua la inuentione di far le altre parti della cantilena*; III, Kap. 26); der S. ist »Stoff« (materia) des Werkes. Er kann vorgegeben, auch einer fremden Komposition entnommen, oder neu erfunden sein und kann als C. f. oder als Cantus figuratus auftreten. Im 17./18. Jh. wird vorzugsweise das → Thema der Fuge und verwandter Gattungen S. genannt (z. B. Frescobaldi, *Il primo libro di capricci, canzon franzese e recercari, fatti sopra diversi soggetti* ..., 1626). – S. cavato (von ital. cavare, herausnehmen, schöpfen) ist ein Thema, das gewonnen wird, indem Silben oder Buchstaben eines Namens oder Mottos als Solmisationssilben oder Tonbuchstaben gelesen und in Noten gesetzt werden, so daß im Thema ein Wortsinn versteckt liegt. Musterbeispiel für den S. cavato ist der von Zarlino (III, Kap. 66) erwähnte, in Josquins Messe *Hercules Dux Ferrariae* (um 1505) verwendete »aus den Vokalen dieser Worte geschöpfte Tenor« (*Tenore ... cauato dalle vocali di queste parole*):

Her-	cu-	les	Dux	Fer-	ra-	ri-	ae
re	ut	re	ut	re	fa	mi	re

Das zugrunde liegende Prinzip wurde bereits im 11. Jh. von Guido von Arezzo (*Micrologus*, Cap. XVII) benutzt. Belege für die Praxis des S. cavato aus späterer Zeit sind Themen wie *BACH* (vielfach verarbeitet), *ABEGG* (R. Schumann, op. 1).
Lit.: A. THÜRLINGS, Die soggetti cavati dalle vocali in Huldigungskompositionen ..., Kgr.-Ber. Basel 1906; H. ZENCK, Zarlinos »Istitutioni harmoniche« als Quelle zur Musikanschauung d. ital. Renaissance, ZfMw XII, 1929/30; W. GURLITT, J. Walter u. d. Musik d. Reformationszeit, Luther-Jb. XV, München 1933; L. SCHRADE, Von d. »Maniera« d. Komposition in d. Musik d. 16. Jh., ZfMw XVI, 1934; K. H. HOLLER, G. M. Bononcini's »Musico prattico«, = Slg mw. Abh. XLIV, Straßburg u. Baden-Baden 1963.

Sol, in der mittelalterlichen → Solmisation die 5. Silbe des Hexachords (im Sinne von g, c oder d); in romanischen Sprachen Name für den Ton G.

Soldatengesang spiegelt inhaltlich Kriegserlebnisse wider und gibt der Sehnsucht nach Familie und Heimat, auch dem Frohsinn und Humor Ausdruck. Musikalisch herrscht Marschrhythmus vor; beliebt sind daneben innige Weisen. Durch Zersingen und Zusammenflicken von Text und Musik zeigt manches Lied merkwürdige Varianten (vgl. Kehrreim zum »Guten Kameraden«). – Im Landsknechtslied *Gott gnad dem großmechtigen keiser frumme, Maximilian!* (1518) verbindet sich freie Psalmodie mit Marschrhythmus. Der Sieg bei Pavia (1525) machte den »Pavierton« berühmt; *Wir zogen in das Feld* (1540) ist noch lebendig. Im *Neder-Landtschen Gedenck-Clanck* (1626) erschienen *Wilhelmus von Nassawe* und *Bergen op Zoom*. Vor der Schlacht bei Lützen (1632) wurde *Verzage nicht, du Häuflein klein* angestimmt. Berühmt ist *Prinz Eugen* (Eroberung Belgrads 1717) im 5/4-Takt und *Marlbrouk s'en va-t-en guerre*. Humor zeigt *Maria Theresia, zeuch nicht in den Krieg*. In den Befreiungskriegen vertonte C. M. v. Weber Th. Körners *Lützows wilde verwegene Jagd*. Aus dem 1. Weltkrieg erhielt sich *Argonner Wald um Mitternacht*; aus späterer Zeit: *Blaue Dragoner, sie reiten*; *Heiß ist die Liebe* (Lied der roten Husaren, H. Löns und O. Koch); *Ob's stürmt oder schneit*; *Schwarzbraun ist die Haselnuß*; *Erika: Auf der Heide blüht ein kleines Blümelein* (H. Niel); *Märkische Heide*; *Wir lagen vor Madagaskar* (Just Scheu).
Ausg. u. Lit.: A. VALERIUS, Neder-Landtsche Gedenck-Clanck, Haarlem 1626; R. v. LILIENCRON, Die hist. Volkslieder d. Deutschen v. 13.–16. Jh., 4 Bde, Lpz. 1865–69; E. FREYTAG, Hist. Volkslieder d. sächsischen Heeres, Dresden 1893; KLABUND, Das deutsche Soldatenlied ..., München 1915; J. MEIER, Das deutsche Soldatenlied im Felde, Straßburg 1916; E. SCHROEDER, Das hist. Volkslied d. 30jährigen Krieges, Diss. Marburg 1916, maschr.; Weltkriegsliederslg, Dresden 1926; G. HEYDEMARCK, Soldatenlieder, Bln 1929; J. VOELKER, Der deutsche Soldat in seinen Liedern u. Reimen, Stettin 1929; R. GÖTTSCHING, Das Soldatenlied, = Mus. Formen in hist. Reihen XX, Bln (1937); W. HANSEN, Das Soldatenlied, in: Die deutsche Soldatenkunde, hrsg. v. B. Schwertfeger u. E. O. Volkmann, Lpz. 1937; Das neue Soldatenliederbuch, hrsg. v. FR. J. BREUER, 3 Bde, Mainz (1938–41) u. ö.; W. DANCKERT, Grundriß d. Volksliedkunde, Bln 1939; Liederbuch d. Bundeswehr, Wolfenbüttel, Rodenkirchen u. Bad Godesberg 1958; W. ELBERS, Das deutsche Soldatenlied im 1. Weltkrieg u. seine publizistische Bedeutung, Diss. Münster i. W. 1963. GKa

Soleá (andalusische Sprachform von kastilisch soledad, Einsamkeit; Plur. soleares), ein zum Cante jondo (→ Flamenco) gehöriger andalusischer Tanz und Gesang, der Elemente von hebräisch-arabischer Zigeunermusik in sich aufgenommen hat. Der Text handelt von Einsamkeit und Verlassenheit; er beginnt häufig mit dem Klageruf »ay« und besteht aus mehreren Strophen mit je 3 oder 4 achtsilbigen gereimten oder assonierenden Versen. Die S. steht im 3/8-Takt (Allegrettotempo) in Moll mit Schlußmodulation zur Durparallele. Verschiedene Komponisten von → Zarzuelas haben Soleares in ihre Stücke eingestreut.

Solesmes (Sarthe), Benediktinerabtei, gegr. 1010, eine der hervorragendsten Arbeitsstätten auf dem Gebiete der Geschichte und Theorie des Gregorianischen Gesangs.
Lit.: N. ROUSSEAU OSB, L'école grégorienne de S. 1833–1910, Tournai 1910; H. QUENTIN, Notice hist. sur l'abbaye de S., Tours 1925; M. BLANC, L'enseignement mus. de S., Paris 1953. → Denkmäler, Frankreich 2.

Solfa → Tonic-Solfa.

Solfège (sɔlf'ɛːʒ, frz.; ital. solfeggio, von mittellat. solfizare, das nach den Tonsilben sol, fa gebildet ist), seit dem 18. Jh. in Italien und Frankreich die Bezeichnung für eine umfassende musikalische Elementarlehre, die von der → Solmisation ausgeht. Auf der Grundlage von Singübungen verbindet die S.-Methode eine intensive Schulung von Gehör, musikalischem Vorstellungsvermögen und rhythmischem Empfinden und vermittelt zugleich eine grundlegende Einführung in die Terminologie und Bedeutung aller musikalischen Zeichen. – Daneben heißen S.s (Solfeggien) auch die im Zusammenhang mit der italienischen Verzierungspraxis entstandenen virtuosen Stimmübungen auf Vokale (ital. vocalizzi; frz. vocalises), die noch in der heutigen Gesangspädagogik zur technischen Grundausbildung des Sängers gehören. Schon P. Fr. Tosi empfahl in seinen *Opinioni de' cantori* (1723) ausdrücklich die Verwendung von S.s und Vokalisen bei der Stimmbildung; 1772 erschien in Paris die erste S.-Sammlung unter dem Titel *S.s d'Italie* mit Stimmübungen u. a. von J. A. Hasse, A. Scarlatti und Porpora. Ihre größte Beliebtheit erlangten die S.s im 19. Jh. bei den meist italienischen Gesanglehrern des Pariser Conservatoire de musique (z. B. Bordogni, Vaccai und Concone). Im *Répertoire moderne de vocalises-études* (hrsg. von A. L. Hettich, ab 1907) stammt eine große Anzahl von Übungen aus Werken zeitgenössischer Komponisten, darunter Fauré, Ravel, Honegger, Milhaud, Martinů, Bartók, Schönberg, Strawinsky und Hindemith. → Gehörbildung.

Soliloquenten (von lat. solus und loqui, die einzeln Redenden), in der → Passion zusammenfassende Benennung der neben Evangelist und Christus auftretenden einzelnen Personen (Petrus, Pilatus, Judas u. a.), im Unterschied zur → Turba.

Solmisation (lat. solmisatio oder solmizatio) bezeichnet die im Anschluß an Guido von Arezzo entwickelte Methode, sämtliche Tonstufen eines Gesangs mit Hilfe von Silben (syllabae, voces, notae) zu singen, um ihren Ort im Tonsystem (qualitas) zu erkennen. Den Ausgangspunkt dieser noch bis in die Gegenwart nachwirkenden Methode bildet die Verwendung des Johannes-Hymnus *Ut queant laxis* im Guidonischen Elementarunterricht (*Epistola de ignoto cantu*, GS II, 45b; Melodieversion siehe *Monumenta monodica medii aevi* I, Nr 951).

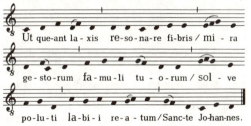

Wie der Verlauf des Stückes zeigt, stellen die Anfangstöne jeder Halbzeile (mit Ausnahme der letzten) einen aufsteigenden Sechstonausschnitt (→ Hexachord) aus dem diatonischen System dar (c–a), wobei den einzelnen Tönen im Text der 1. Strophe die Anfangssilben ut, re, mi, fa, sol, la entsprechen. (Über Gebrauch und Verbreitung dieser und anderer Silben vgl. CSM I, 49f., CS II, 281a, GS III, 203a.) Guido berichtet, daß die genaue Kenntnis des Hymnus es dem Schüler ermögliche, *easdem sex voces* [hier im Sinne von Tonstufen] *ubicumque viderit, secundum suas proprietates facile pronuntiare*. Ihre eigentliche Grundlegung erfuhr die erst später einsetzende S.s-Lehre durch Guidos Affinitätenlehre (vgl. *Micrologus*, CSM IV, 117ff.), die Töne mit ähnlicher »Tonumgebung« als verwandte Töne erkennt. Sie impliziert den Aufbau einer Ähnlichkeitsdoppelreihe c–a und g–e, deren gemeinsames Charakteristikum die Folge von 6 verschiedenen Tonqualitäten ist. Außer diesen beiden Hexachordtypen – dem Hexachordum naturale auf c und dem Hexachordum durum auf g – enthielt das gegen Mitte des 13. Jh. fertig ausgebildete S.s-System eine weitere Sechstonreihe auf f (Hexachordum molle, als Transposition des Hexachordum naturale). Durch sie fand die im Gregorianischen Gesang alternativ zum ♮quadratum (= h) gebrauchte Tonstufe ♭rotundum (= b) einen festen Platz im Tonsystem. Erste Darstellungen der in den folgenden Jahrhunderten maßgeblichen Ordnung des Hexachord- und S.s-Systems bieten Hieronymus de Moravia (ed. Cserba, S. 45ff.) und Engelbert von Admont (GS II, 320b ff.). Demnach ist der Tonraum Γ–ee (= G–e²) in 7 übereinandergreifende Intervall- und Silbenfolge (2 Ganztöne: ut–re, re–mi / Halbton: mi–fa / 2 Ganztöne: fa–sol, sol–la) gebundene Sechstonreihen eingeteilt (1 = Hexachordum durum primum; 2 = Hex. naturale primum; 3 = Hex. molle primum; 4 = Hex. durum secundum; 5 = Hex. naturale secundum; 6 = Hex. molle secundum; 7 = Hex. durum tertium):

```
ee                              la
dd                         la   sol
cc                         sol  fa
bb                         ♭fa  ♮mi
aa                    la   mi   re
g                     sol  re   ut
f                     fa   ut        (7)
e                la   mi             (6)
d                sol  re
c                fa   ut
b                ♭fa  ♮mi            (5)
a           la   mi   re
G           sol  re   ut
F           fa   ut                  (4)
E      la   mi                       (3)
D      sol  re
C      fa   ut
B      mi                            (2)
A      re
Γ      ut
       (1)
```

Gemäß ihrer Lage im System werden die Tonbuchstaben (claves, litterae) mit einer, zwei oder drei Silben aus jeweils verschiedenen Hexachorden verbunden (Γut, Are … Cfaut, Dsolre … Gsolreut, alamire usw.). Im Unterschied zu dem nach Oktaven aufgebauten Benennungssystem der mittelalterlichen → Buchstaben-Tonschrift eignet den Silben nicht die Bedeutung feststehender Tonnamen. Vielmehr erfassen und charakterisieren sie den Ton in seiner Relation zu den umliegenden Ganz- und Halbtonschritten, d. h. in seiner Tonqualität. So etwa ist das mi immer vom nachfolgenden fa um einen Halbton, vom vorausgehenden re hingegen um einen Ganzton entfernt. Auf solche Weise verhalf die S. dem Schüler zu einer gründlichen Kenntnis des diatonischen Systems, indem ihm zusammen mit den Syllabae stets die entsprechende Tonumgebung ins Bewußtsein gerufen wurde. Auch lernte er an Hand der Silben die einzelnen Intervalle und deren Erscheinungsformen (species) kennen, z. B. die 3 Quartenspecies ut–fa (aus 2 Ganztönen und einem Halbton), re–sol (Ganzton–Halbton–Ganzton) und mi–la (Halbton–Ganzton–Ganzton). Neben dem richtigen Gebrauch der Silben beim An- und Absteigen und der Übung in den Intervallen mußte der Schüler auch die Regeln der → Mutation (– 1), d. h. des Hexachordwechsels, beherrschen, um eine Melodie vollständig solmisieren zu können. – Das Verfahren der S. wurde – nach den bisher erschlossenen Quellen – vermutlich seit dem 13. Jh. eigens benannt. Aegidius Zamorensis (GS II, 378b) und Elias Salomonis (GS III, 18b) gebrauchen den Ausdruck solfare, Engelbert von Admont spricht von ars solfandi (GS II, 322a). Es darf angenommen werden, daß in dem Verb solfare und der Substantivbildung solfatio (z. B. bei Jacobus von Lüttich, CS II, 280a, 287b) die ältesten Bezeichnungen vorliegen (vgl. auch das altspanische solfar). Dagegen erscheint der Terminus solmisatio/solmizatio (solmisare/solmizare) erst am Ende einer längeren Entwicklung (u. a. bei Keinspeck 1496, Prasberge 1501, Wollick 1501, Cochlaeus 1507), als deren Zwischenglieder hauptsächlich die Formen solfatura/solvatura, solvizatura, solfizatio und solfisatio (auch solfasatio) erkennbar sind. Als weitere Wortform gibt es solmifatio (z. B. in Glareans *Dodekachordon* 1547, lib. III, cap. XI).

Eine wesentliche Erweiterung erfuhr das S.s-System etwa seit Ende des 13. Jh. im Zusammenhang mit dem akzidentell-chromatischen Ausbau der Skala (→ Musica ficta). Durch Vermehrung der Zahl der Hexachorde, d. h. durch die Errichtung von Sechstonreihen auf weiteren Stufen der diatonischen Skala, wurde es möglich, jeden im Tonsystem der mitteltönigen Temperatur möglichen Halbtonschritt in der S. als mi–fa darzustellen (z. B. d–es als mi–fa eines Hexachords auf ♭rotundum). Jedoch verlor das System der S. dadurch seine Übersichtlichkeit. Die im 15./16. Jh. zunehmende Konzentration auf die 2 Tongeschlechter Dur und Moll sowie das Eindringen der Chromatik in die Melodieführung bewirkten, daß die Intervallbeziehungen nunmehr einfacher durch Zuordnung zur (in Tonbuchstaben dargestellten) Tonleiter gedeutet werden konnten (auf Kosten der Bezeichnung des qualitativen Moments der Töne). In den zahlreichen Reformversuchen der S. seit dem 15. Jh. herrscht das Prinzip, die Silbenzahl zu erweitern und damit die Mutation unnötig zu machen. (Vorschläge für eine Reduzierung der traditionellen Silbenzahl bzw. für eine Vereinfachung des Guidonischen Systems finden sich u. a. bei Johannes Verulus de Anagnia, CS III, 129f. und Johannes Gallicus, CS IV, 372a ff.). Als erster unterbreitete 1482 B. Ramos de Pareja eine neue Silbenreihe (*psal-li-tur per vo-ces is-tas*; ed. J. Wolf, S. 18ff.): die 8 Silben sind mit einer Tonleiter verbunden, die dem Oktochord (und damit dem modernen Dur) entspricht; gleiche Konsonanten zeigen die Region eines Halbtonschritts an (bei c als Ausgangston ist *-tur-per* = e–f, *-ces–is–tas* = a–b–c oder a–h–c). Aus der Praxis der franko-flämischen Sängerschulen seit späten 16. Jh. wird die Einführung der Silben sy für den Halbton und ho für den Ganzton über dem la eines Hexachords hergeleitet (vgl. Lange 1899/1900, S. 576f.). Von hier aus setzte sich das si im Sinne des Ganztons über dem la allgemein durch und ist bis heute in den romanischen Sprachen üblich geblieben, die die Silbenreihe ut(do) re mi fa sol la si zur Bezeichnung der Grundskala c d e f g a h benutzen. Als Voces belgicae war in der deutschen Musiklehre des 17. Jh. die 7 Silben benutzende → Bocedisation bekannt. Ohne größerer Nachwirkung blieben D. Hitzlers → Bebisation

und C. H. Grauns → Damenisation, die alle chromatisch alterierten Tonstufen darstellten. Eine konsequente Lösung dieser Aufgabe brachte erst 1892 das Eitzsche → Tonwort. Während die Eitzschen Tonsilben mit absoluter Tonhöhenbedeutung verbunden sind, ermöglicht R. Münnichs → Jale-Methode, alle diatonischen und chromatischen Intervalle auf einen frei gewählten Grundton zu beziehen; in ihr werden somit stärker die Möglichkeiten des Schulmusikunterrichts berücksichtigt. Allgemeine Verbreitung fand seit Beginn des 20. Jh. in der deutschen Schulmusik jedoch nur die auf dem englischen → Tonic-Solfa beruhende → Tonika-Do-Methode; sie greift auf die alten diatonischen Tonsilben (mit si für die 7. Stufe) zurück und zieht Handzeichen zur Veranschaulichung der Intervalle heran.

Lit.: G. LANGE, Zur Gesch. d. S., SIMG I, 1899/1900; H. MÜLLER, Solmisationssilben in d. Medicäischen Choralausgabe, AfMw I, 1918/19; G. SCHÜNEMANN, Gesch. d. deutschen Schulmusik I, Lpz. ²1931; E. PREUSSNER, Solmisationsmethoden im Schulunterricht d. 16. u. 17. Jh., Fs. Fr. Stein, Braunschweig 1939; I. LOHR, S. u. Kirchentonarten, Zürich 1943; J. HANDSCHIN, Der Toncharakter, Zürich (1948); H. OESCH, Guido v. Arezzo, = Publikationen d. Schweizerischen Musikforschenden Ges. II, 4, Bern (1954); DERS., Berno u. Hermann v. Reichenau als Musiktheoretiker, ebenda II, 9, (1961); M. RUHNKE, J. Burmeister. Ein Beitr. zur Musiklehre um 1600, = Schriften d. Landesinst. f. Musikforschung Kiel V, Kassel 1955; W. WIORA, Zum Problem d. Ursprungs d. ma. S., Mf IX, 1956; C.-A. MOBERG, Die Musik in Guido v. Arezzos Solmisationshymne, AfMw XVI, 1959.

Solo (ital., allein, einzeln) bezeichnet die von einem Solisten auszuführende, in der Regel besonders anspruchsvolle Stimme, und zwar auch dort, wo → Begleitung hinzutritt. Es ist die Stimme, die in Orchesterwerken in einzelnen Partien ausdrucksvoll hervortritt (weshalb con espressione die Vorschrift S. ersetzen kann) oder die im → Concerto (→ Mehrchörigkeit) mit dem vollen Chor, so auch im neueren Instrumentalkonzert mit dem → Tutti (→ Ripieno) abwechselt, wobei auch mehrere Solisten eine Gruppe bilden können (→ Concertato, → Concerto grosso, Doppel- und Tripelkonzert, → Symphonie concertante). In übertragenem Sinn heißt S. auch ein Instrumentalstück, das allein oder mit nur stützender Begleitung vorgetragen wird, im Unterschiede z. B. zum → Duett (→ Duo). – Tasto s. (Abk.: T. S.; bezeichnet durch 0, → Null – 1) bedeutet im Generalbaß, daß die Baßtöne ohne Aussetzung zu spielen sind.

Sonata da camera (ital.) → Sonate, → Suite, → Triosonate.

Sonata da chiesa (ital.) → Sonate, → Triosonate.

Sonate (ital. sonata, s. v. w. Klingstück, von sonare, klingen, verwandt mit lat. → sonus; frz. sonate, engl. sonata) ist eine eigenständige, seit Mitte des 17. Jh. in der Regel mehrsätzige und zyklisch angelegte Instrumentalkomposition in kleiner oder solistischer Besetzung. Die Bezeichnung S. bezieht sich jedoch nicht auf eine eng zu umgrenzende Gattung; Überschneidungen mit anderen Instrumentalformen (Toccata, Concerto, Sinfonia, Suite) sind vor allem im 17. und 18. Jh. nachweisbar. – Die Entstehung des Begriffswortes S. hängt eng mit der Heranbildung der eigenständigen Instrumentalmusik zusammen. Seit Ende des 16. Jh. hießen zunächst mehrstimmige, auf Instrumente übertragene Vokalsätze Canzoni da (oder per) sonar(e), so bei Vicentino (1572), Maschera (1584), Grammatico Metallo (1594) und Banchieri (1596). Aus der Partizipialform Canzona sonata entstand das Bezeichnungsfragment Sonata, welches als Titel zuerst durch Gorzanis' *Sonata* *per liuto* (1561) belegt ist und seit den 1580er Jahren gebräuchlich wurde (Caroso 1581, G. Gabrieli 1597 und 1615, Banchieri 1605, S. Rossi 1607, Gussago und Archangelo Crotti 1608). In ihrer Faktur sind instrumentale → Kanzone (– 2) und S. nicht scharf zu trennen. Für Praetorius (Synt. III, S. 24 [= 22]) ist *dieses der vnterscheyd; Daß die S.n gar gravitetisch vnd prächtig vff Motetten Art gefetzt seynd; Die Canzonen aber mit vielen schwartzen Notten srisch / frölich vnnd geschwinde hindurch passiren.* Fortwirkenden Einfluß hatten die S.n G. Gabrielis, für deren Satztechnik sowohl die → Mehrchörigkeit (bis zu 5 Instrumentalchöre, ausgeführt von 22 nicht näher bezeichneten Instrumenten) und die imitatorische Behandlung eines Soggettos nach Art eines Ricercars als auch instrumentale Improvisation kennzeichnend sind. Häufig wird durch Tripeltaktteile eine Gliederung in Abschnitte erreicht. Die mehrchörige Setzweise war eine der Voraussetzungen der für die Folgezeit grundlegenden Trennung in Oberstimme(n) und Generalbaß; die Unterteilung in Abschnitte führte zur Mehrsätzigkeit. Schon G. Gabrieli schrieb eine *Sonatta con tre violini* mit einem *Basso se piace* (das letzte Stück in dem posthum veröffentlichten *Canzoni et sonate ...*, 1615), in der die drei imitierenden und in ihrer Stimmführung sich kreuzenden Violinen in Spannungsverhältnis zu einem ruhigen, kadenzierenden Baß gesetzt sind. Triokanzone (Viadana, *Canzon francese in risposta*, 1602) und Trioritornell (Monteverdi und S. Rossi 1607) bilden Vorstufen der → Trio-S. (seit S. Rossi 1613), der neben der Solo-S. (seit G. P. Cima 1610 und Marini 1617) häufigsten Art kammermusikalischen Musizierens bis zur Mitte des 18. Jh.

In der Musik des Barocks gab es zufolge ihrer Abhängigkeit von Ort und Gelegenheit verschiedene Ausgangspositionen für die Komposition von S.n. Eine der wenigen für das Theater geschriebenen S.n ist die *Sonata* betitelte Einleitung zu M. A. Cestis *Il pomo d'oro* (1667), neben Legrenzis Opernsinfonia zu *Il Totila* (1677), die aus Sätzen oder Satzabschnitten verschiedener S.n seiner Sammlung von 1663 gebildet ist. Dagegen wurden die Kirchen- und die Hofmusik wegweisend für die weitere Entwicklung der S. Für die Kirche, wo S.n während der Messe (gemäß Anweisungen wie *Alla Levatione* oder *Graduale* in S.n Banchieris) oder bei anderen gottesdienstlichen Anlässen (in der Marienvesper, z. B. Monteverdis *Sonata sopra Sancta Maria*) gespielt wurden, entstand als festgelegter Typus die Sonata da chiesa (Kirchen-S.); ihr Gegenstück bildete die bei Hofe gespielte Sonata da camera (Kammer-S.). Beide Bezeichnungen sind bekannt seit der Veröffentlichung von Merulas *Canzoni, overo sonate concertate per chiesa, e camera* (1637). Die Hauptzentren der Pflege sowohl der Sonata da chiesa als auch der Sonata da camera waren bis weit ins 18. Jh. hinein neben Venedig (Marini, Castello, G. B. Fontana, M. Neri, Legrenzi) die Städte Mantua (S. Rossi, Buonamente), Brescia (Gussago), Cremona (Merula), Modena (Uccellini, G. M. Bononcini, Colombi, T. Vitali), Bologna (Cazzati, G. B. Vitali, degli Antonii, Giuseppe Torelli) und Ferrara (Mazzaferrata, G. B. Bassani). Ihre klassische Ausprägung erfuhren beide Typen zu Ende des 17. Jh. in Rom durch Corelli. Bezeichnend für die Sonata da chiesa ist die Viersätzigkeit (ausnahmsweise 3 oder 5 Sätze), meist in der Folge langsam–schnell–langsam–schnell (daneben: schnell–langsam–schnell–schnell). Der langsame Einleitungssatz ist geradtaktig und imitatorisch oder homophon gestaltet, häufig auch in punktiertem Rhythmus (*grave & majestueux, proportionné à la dignité & sainteté du lieu,* BrossardD); der folgende schnelle Satz ist fugiert (*quelque Fugue gaye & animée*, ebenda). Der zweite langsame Satz ist in der Regel ungeradtaktig und homophon gehalten, oft in der Art einer Sarabande; er steht zuweilen in der Paralleltonart. Der Schlußsatz ist meist fugiert, oft in tanzartigem Rhythmus nach Art einer Gigue, eines Menuetts oder einer Gavotte. Alle Sätze beruhen auf einem einheitlichen motivischen und melodischen Material und auf einem festen modulatorischen Grundgerüst (ohne eigentliche Durchführung):

Grundtonart – Modulation || Rückkehr zur Grundtonart
T   D oder Tp   T

Gegenüber dem gewichtigeren Charakter und der entwickelteren Form der Sonata da chiesa zeigt die Sonata da camera eine freie Folge von verschiedenen Tanzsätzen in gleicher Tonart (*des suites de plusieurs petites pieces propres à faire danser, & composées sur le même Mode ou Ton,* BrossardD), meist Allemanda – Corrente oder Sarabanda – Giga oder Gavotta (neben Brando, Branle, Gagliarda und Canario), eingeleitet durch ein Praeludium, das selbst Sonata heißen kann. Außerhalb Italiens bildete sich im Anschluß an Rosenmüller (*Sonate da camera ...*, 1667) und D. Becker (*Musicalische Frühlings-Früchte*, 1668) eine Norm heraus (Einleitungssatz–Allemande–Courante–Ballo–Sarabande), die auf die Geschichte der → Suite einwirkte. Durch Einfügung eines nach Art der Kirchen-S. gebildeten Satzes in die Sonata da camera (z. B. Corelli, op. 2 Nr 3: *Adagio*; op. 4 Nr 2: *Grave*) bzw. durch Sätze mit Tanzcharakter in der Sonata da chiesa näherten sich zu Ende des 17. Jh. beide Typen einander an. Kompositorische Grundlage sind die den Generalbaß ausführenden Fundamentinstrumente, von denen sich die oft improvisierend verzierenden Melodieinstrumente abheben. Die Besetzungsstärke (vorwiegend Streicher, seltener Blasinstrumente) ist schwankend; es ist jedoch anzunehmen, daß die Sonata da chiesa in der Regel mehrfach, die Sonata da camera einfach besetzt war.

Die S. fand, weitgehend durch den Einfluß Corellis, reiche Pflege (Caldara, Albinoni, F. Dall'Abaco, Vivaldi, Fr. Geminiani, Marcello, G. B. Somis, Fr. M. Veracini, Tartini, P. Locatelli) und verbreitete sich von Italien aus seit Ende des 30jährigen Krieges über Österreich und Deutschland (J.-H. Schmelzer, Pezel, H. I. Fr. Biber, Georg Muffat, Fux, Telemann, Händel, Quantz), seit Beginn der Restauration (1660) über England (H. Purcell, J. Ravenscroft, Fr. Geminiani) und seit Ende des 17. Jh. über Frankreich (Fr. Couperin, Dandrieu, J.-M. Leclair). Die Überschneidungen der Typen der Kirchen- und der Kammer-S. führten seit etwa 1700 zu einer gänzlichen Fusion, die im wesentlichen durch F. Dall'Abaco und Vivaldi abgeschlossen wurde. Was nun unter dem Titel S. erschien, entsprach in Stil und Form primär der Kirchen-S. Allerdings wurde die Anzahl der Sätze häufig verringert; durch Auslassung eines langsamen Satzes entstand der 3sätzige Typus langsam–schnell–schnell bzw. schnell–langsam–schnell, durch Auslassung eines weiteren Satzes der Typus langsam–schnell oder schnell–schnell. Die seit Gabrieli zu verfolgende Entwicklung vom vielstimmigen Satz zum Trio- und Solosatz des 18. Jh. erreichte einen Höhepunkt bei J. S. Bach; er schrieb Trio-S.n für ein Soloinstrument mit 2stimmigem Klaviersatz, wobei das Tasteninstrument in der obligaten Oberstimme den 2. Part übernimmt (6 S.n für V. und Kl., BWV 1014–1019; 3 S.n für Va da gamba und Kl., BWV 1027–1029; 3 S.n für Querflöte und Kl., BWV 1030–1032). In den 6 S.n für Org. bzw. Pedalcemb. (BWV 525–530) werden beide Oberstimmen auf 2 Manualen und der Baß auf dem Pedal gespielt. Seine Solovolin-S.n (BWV 1001, 1003, 1005) sind in ihrer Anlage Kirchen-S.n in der Satzfolge langsam–Fuge–langsam–schnell.

Im 18. Jh. diente die S. in erster Linie gesellschaftlicher Unterhaltung (häufig, z. B. von J. Haydn, wurde eine S. → Divertimento – 1 genannt) oder Lehrzwecken (z. B. die → Lessons oder die für Schüler geschriebenen, manchmal *Sonata facile* genannten S.n); häufig war sie für → Kenner und Liebhaber bestimmt; daneben wurden auch noch S.n für kirchliche Zwecke geschrieben (z. B. W. A. Mozarts 17 Kirchen-S.n). Zentrales Instrument wurde immer mehr das Klavier. Andere Instrumente (z. B. Violine, Flöte) konnten hinzutreten (oft ad libitum); auch Klaviertrios (→ Trio) wurden in ihrer Frühzeit noch als *Sonates pour le clavecin ou pianoforte accomp. d'un violon et violoncelle* betitelt (Fr. A. Rößler, op. 7, ähnlich J. Haydn).

Die Anfänge der Klavier-S. gehen zurück auf Kuhnau, der in seiner *S. aus dem B* (in: *Neue Clavier-Übung* II, 1692) die Form der Kirchen-S. auf das Klavier übertrug und die neue Gattung der Klavier-S. in seinen *Frischen Clavier-Früchten* (1696) und den *Biblischen Historien* (1700) begründete, sowie bei Pasquini (14 S.n für 2 Cemb. aus den *Sonate per gravicembalo*, 1702). Die Ausbildung der vorklassischen S. läßt sich in ganz Europa verfolgen, vor allem in Italien (Fr. Durante, Galuppi, Paradies, D. Alberti, G. M. Pl. Rutini, Cimarosa), Spanien und Portugal (D. Scarlatti, Seixas, Padre Soler, Boccherini, Blasco de Nebra), Wien (G. Chr. Wagenseil, Monn), Norddeutschland (W. Fr. Bach, C. Ph. E. Bach, Johann Christoph Ritter, G. Benda, C. Fr. Fasch, Fr. W. Rust, Fr. A. Rößler, Neefe), Paris (J.-J. de Mondonville, Schobert, Eckard, Edelmann, Hüllmandel, I. Pleyel, Steibelt) und London (J. Chr. Bach, Clementi). Kennzeichnend für die vorklassische S. sind die Merkmale des → Galanten Stils und des Empfindsamen Stils. Von besonderer Bedeutung sind die 1sätzigen S.n D. Scarlattis, die aus zwei (jeweils für sich wiederholten) Teilen bestehen; toccatenhafte Elemente, kurzatmige Spielfiguren und Wendungen werden zu längeren melodischen Linien weitergesponnen oder in kurzen Durchführungsteilen motivisch verarbeitet; aus tonal kontrastierenden Figurationen in der 2. Hälfte des 1. Abschnitts entsteht in Ansätzen ein 2. Thema. In einem Teil der handschriftlichen Quellen folgen *in der Regel zwei Werke aufeinander, die sich in ihrer Taktart wie Tanz zu Nachtanz verhalten und die gleiche oder die variante Tonart aufweisen* (Gerstenberg 1933, S. 99). Fr. Durantes S.n beruhen auf dem Gegensatz eines fugierten ersten und eines an die Gigue gemahnenden zweiten Satzes. Seinem Vorbild folgte D. Alberti, der in der Begleitung erstmalig die nach ihm benannten → Albertischen Bässe gebrauchte. Während die Wiener S. (G. Chr. Wagenseil) als Mittel- oder Finalsatz ein Menuett verwendet und damit Elemente der Suite aufgreift, enthält die norddeutsche. (W. Fr. und C. Ph. E. Bach) grundsätzlich keine Tanzsätze. Charakteristisch für ihre von persönlichem Ausdruck und von »Empfindsamkeit« erfüllten S.n sind u. a. kurzatmige Motivik und deutlich gegeneinander abgesetzte Phrasengliederung innerhalb des (unter Einfluß der neapolitanischen Opernsinfonia übernommenen) 3sätzigen S.n-Satzzyklus in der Folge schnell-langsam-schnell, wobei der Mittelsatz tonal abweicht (meist *Tp*, *Tv*, in Dur auch *S* und *Dp*, in Moll auch *Sp*). Im Anfangssatz beginnt nunmehr die Polarität zweier Themen und in Ansätzen Thematische Arbeit im Mittelteil für die musikalische Gestaltung bedeutsam zu werden (→ Sonatensatzform); der Mittelsatz zeigt 3teilige Liedform oder freie Form oder Sonatensatzform, gelegentlich auch intermezzoartig rezitativischen Charakter, während das Finale häufig in Rondoform mit mehreren Episoden, selten in Sonatensatzform gebildet ist, eine Anlage, die für die Wiener Klassiker vorbildlich wurde.

Die durch die Wiener Klassiker in den verschiedenen Gattungen verwirklichte musikalische Haltung prägte sich auch in der S. aus. Dabei konzentrierte sich seit dem Ausdrucksstreben der Musik des Empfindsamen Stils das Interesse immer mehr auf das → Pianoforte mit seinen wachsenden Möglichkeiten zu differenziertem Anschlag und stufenlosem dynamischen Übergang. Bei J. Haydn, dessen S.n bis in die 1760er Jahre noch Züge des Galanten Stils erkennen lassen und dem Divertimento nahestehen (z. B. Hob. XVI, 4: ein 4sätziges *Divertimento per il Clavicembalo* mit einem einleitenden Allegro und 3 Menuetten), ist der Einfluß C. Ph. E. Bachs in Frühwerken spürbar (z. B. Hob. XVI, 2, *Largo*), auffallend gegen Ende der 1760er Jahre (Hob. XVI, 46, *Adagio*; Hob. XVI, 19), besonders in der leidenschaftlichen S. C moll, Hob. XVI, 20, die zugleich den Typus der Wiener klassischen Klavier-S. erstmals verwirklicht. Seit den 1770er Jahren gingen Haydns S.n ganz eigene Wege. Die Merkmale der Wiener klassischen Musik sind fortan für die S. bestimmend. Auf der Grundlage eines einfachen harmonischen Ablaufs und eines metrisch abgestuften Taktprinzips entfaltet sich die → Komposition als ein differenziertes Gefüge von scharf ausgeprägten Gestalten, deren Prototyp das nach allen Seiten (vor allem in selbständige Motive) zergliederbare, den Bau des ganzen Satzes beherrschende Thema ist (→ Thematische Arbeit). Haydn hält sich im allgemeinen an den 3sätzigen S.n-Satzzyklus (von der Satzfolge schnell-langsam-schnell weicht er häufig ab, indem er an die Stelle des 2. oder 3. Satzes ein Menuett, meist mit Trio, setzt); doch sind von seinen 52 Klavier-S.n drei frühe (Hob. XVI, 4, 6 und 8) viersätzig und acht (auf die ganze Schaffenszeit zwischen 1765 und 1794 verteilt) dagegen zweisätzig. – W. A. Mozarts S.n (24 Klavier-S.n, davon 5 vierhändig, 1 für 2 Kl.; 43 Violin-S.n) schließen sich in Anlage und motivischer Behandlung Haydn an, lassen aber in der kantablen Melodieführung (»singendes Allegro«) deutlich den Einfluß J. Chr. Bachs erkennen. Seine auf der Reise nach Mannheim und Paris 1778–79 entstandenen S.n zeigen wachsende Verselbständigung der Begleitstimmen, bei den Violin-S.n mit dem Klavier gleichberechtigte Behandlung des obligaten Soloinstruments. In den letzten, in Wien zwischen 1781 und 1789 geschriebenen S.n beginnen die Merkmale der Gattung hinter dem einmalig geformten Werk zurückzustehen. Kennzeichnend werden nun dynamische Gegensätze, Synkopen und Chromatik (K.-V. 457, 533), polyphone Elemente (K.-V. 454, 526, 570, 576) und eine Annäherung an symphonischen Aufbau (4händige S.n, K.-V. 497, 501; S. für 2 Kl., K.-V. 448). Im S.n-Satzzyklus überwiegt die Dreisätzigkeit (Zwei- bzw. Viersätzigkeit tritt nur in einigen Violin-S.n auf) in der Folge schnell (Sonatensatzform) – langsam – schnell (Sonatensatzform oder Rondo); einen Sonderfall bildet K.-V. 331 mit einem Variationssatz am Anfang und nachfolgend Menuett und Alla Turca.

Bei Beethoven finden sich unter den S.n (32 Klavier-S.n, 10 Violin-S.n, 5 Violoncello-S.n, 1 Horn-S.) Werke besonders hohen Ranges (Kreutzer-S., Appassionata, späte S.n). Die großräumige, über das formal Faßbare im herkömmlichen Sinne weit hinausgehende Gestaltung der S.n (viele S.n heißen im Originaltitel *Grande S.*, unter ihnen die Hammerklavier-S. mit symphonischen Ausmaßen) äußert sich im festgefügten, in den Proportionen und Dimensionen abgesteckten Bau und in der Geschlossenheit der einzelnen Sätze (prägnanter Anfang – durchgearbeiteter Mittelteil – entschiedener Schluß) sowie in ihrer wechselseitigen Bezogenheit. Die in der damaligen Klaviermusik verfügbaren musikalisch-spieltechnischen Mittel (z. B. Ab-

stufung von Dynamik und Tempo, Synkopen, Sforzati auf schwachen Taktteilen, rhythmische Wirkung der Pausen) sind hier in einzigartiger Weise in die Komposition eingeschmolzen. Den 4sätzigen S.n-Satzzyklus (analog Symphonie und Streichquartett) mit der Folge schnell – langsam – Menuett oder Scherzo – Finale weisen einige frühe (z. B. op. 2 Nr 1–3; op. 7, op. 28) und – mit Vertauschung der Mittelsätze – späte S.n (op. 101, 106, 110) auf; doch nicht selten sind Dreisätzigkeit – entweder fehlt der langsame Satz (op. 10 Nr 2, op. 14 Nr 1) oder das Menuett bzw. Scherzo (op. 13, 53, 57) –, freie Satzanordnung (Variationssatz – Scherzo – Marcia funebre – Finale: op. 26; *Sonata quasi una fantasia*: op. 27 Nr 1 und 2; Scherzo an zweiter und Menuett an dritter Stelle: op. 31 Nr 3) und Zweisätzigkeit (op. 54, 78, 90, 111). Während in den frühen S.n das Gewicht auf dem (in Sonatensatzform stehenden) Anfangssatz ruht, verlagert sich in den späten S.n der Schwerpunkt auf den Schlußsatz (in op. 101, op. 102 Nr 2, op. 106 und 110 jeweils eine großangelegte Fuge; in op. 111 die berühmte Arietta mit ihren Variationen). – Eine Zwischenstellung zwischen klassischer und romantischer Haltung nehmen die S.n C. M. v. Webers und Fr. Schuberts ein; innerhalb eines 4-(seltener 3-)sätzigen S.n-Satzzyklus werden neue Mittel angewendet, die nur bedingt der Wiener Klassik verpflichtet sind. In Webers 4 S.n (1812–22) mit ihrer virtuosen, brillanten Technik wird das thematische Material harmonisch, rhythmisch und melodisch variiert; die langsamen Sätze beruhen auf volkstümlichen Melodien. Für Schuberts 21 S.n (1815–28) mit ihrem Melodienreichtum (ein »Thema« ist primär Melodie; für die Thematische Arbeit werden oft nebensächliche Elemente wie z. B. Begleitfiguren herangezogen), tief empfundenen Harmonien (auffallende Modulationen in entfernte Tonarten) und zwingenden, häufig quasi ostinaten Rhythmen ist typisch der lyrische Grundcharakter.
Nach dem Tode Schuberts (1828) verlor die S. ihre zentrale Stellung. Der Klavier-S. vorgezogen wurden kleine Formen (z. B. Lied ohne Worte, Nocturne, Intermezzo, Etüde, Charakterstück), so von den wichtigen S.n-Komponisten des 19. Jh. Mendelssohn Bartholdy, Chopin, R. Schumann, Liszt, C. Franck, Brahms, Tschaikowsky und Grieg. Bedeutende Werke sind indessen die S.n für ein Soloinstrument und Klavier von Brahms (3 Violin-S.n, 2 Violoncello-S.n, 2 Klarinetten-[Viola-]S.n) und C. Franck (Violin-S. A dur). Die überkommenen Satztypen werden als feststehende Formen übernommen und in einen 3- oder 4sätzigen S.n-Satzzyklus eingeordnet (meist: Sonatensatzform – Romanze oder Variationen – [Scherzo+Trio] – Rondo oder Sonatensatzform; 2. und 3. Satz können auch vertauscht sein); der Schwerpunkt liegt oft im Finale, das bei Moll-S.n häufig nach Dur aufgehellt ist. Nicht selten wird eine S. durch ein Programm eingerahmt (so schon in Beethovens S. *Les Adieux* op. 81a), oder ihre Sätze sind thematisch aufeinander bezogen (so schon in Schuberts Wanderer-Fantasie). Typisch sind die Aneinanderreihung, Ausdehnung oder neue Kombination der Gedanken oder reine Wiederholungen auf anderen Stufen. Gegenüber der kompositorischen Logik bei Beethoven erscheint die harmonische Farbe als Selbstzweck (Modulation zur Mediante oder in entfernte Tonarten, Chromatik, alterierte Akkorde). Weitere Merkmale sind Ableitung der gesamten Motivik aus einem Grundgedanken (Schumann, Brahms) und freie phantasieartige Gestaltung (Chopins S.n B moll op. 35 und H moll op. 58). Einen neuen Formtypus schuf Liszt mit seiner H moll-S., in der die verschiedenen Sätze des S.n-Satzzyklus mit den Abschnitten des Allegros in Sonatensatzform identifiziert werden. Die spätromantische S. des ausgehenden 19. Jh. (u. a. bei N. Gade, Saint-Saëns, Rheinberger, Sinding, Glasunow, Lekeu) zeigt epigonale Züge, Neigung zu Formalismus und Eklektizismus in Verbindung mit großem technischem Aufwand; nur wenige Komponisten, so d'Indy, MacDowell, Reger, Szymanowski, bewahrten eine gewisse Selbständigkeit. – Um die Jahrhundertwende erhob sich eine Gegenströmung, ausgehend von Rußland (Skrjabin, Prokofjew, Schostakowitsch) und Frankreich (Fauré, Debussy, Dukas, Ravel, Milhaud), die sich auf knappere Formen (z. B. → Sonatine) beschränkte, das Tonmaterial neu sichtete (z. B. → Mystischer Akkord, gregorianische und exotische Elemente) und den tonalen Rahmen sprengte (Intervallketten, Polytonalität). Der Titel S. wird seither einerseits in betonter Bindung an seine geschichtliche Bedeutung verwendet (Strawinsky, Hindemith), hat aber andererseits durch neue rhythmische, klangliche und spieltechnische Mittel (Bartók), Atonalität (A. Berg), Zwölftontechnik und Serielle Musik (Boulez) vielfältige Wandlungen erfahren. Doch erscheint heute der Begriff S., so häufig er auch gebraucht werden mag, problematisch, da er an die in der funktionalen Harmonik begründete Art der Thematik und Formbildung gebunden ist. Am ehesten trifft in einigen Fällen jedenfalls die Bedeutung Spielstück noch zu (Blacher, Henze). Doch eine Überschneidung mit anderen Benennungen (wie z. B. bei Boulez: *Structures* für 2 Kl. neben 3 Klavier-S.n) läßt auch heute wieder keine eindeutige Begriffsbestimmung zu.

Lit.: Bibliogr., Kat., Verz.: A. WOTQUENNE, Cat. de la Bibl. du Conservatoire royal de musique de Bruxelles II, Brüssel 1902; W. ALTMANN, Kammermusik-Kat., Lpz. 1910, [6]1945; DERS., Verz. v. Werken f. Kl. vier- u. sechshändig sowie f. zwei u. mehr Kl., Lpz. 1943; R. HAAS, Die Estensischen Musikalien, Regensburg 1927; W. CHR. SMITH, A Bibliogr. of the Mus. Works Published by J. Walsh During the Years 1695–1720, London 1948; CL. SARTORI, Bibliogr. della musica strumentale ital., stampata in Italia fino al 1700, = Bibl. di bibliogr. ital. XXIII, Florenz 1952; A. WEINMANN, Vollständiges Verlagsverz. Artaria & Comp., = Beitr. zur Gesch. d. Alt-Wiener Musikverlage II, 2, Wien 1952; W. ST. NEWMAN, A Checklist of the Earliest Keyboard »Sonatas« (1641–1738), Notes II, 11, 1953/54; P. EVANS, Seventeenth-Cent. Chamber Music Mss. at Durham, M XXXVI, 1955.
Gesamtdarstellungen: I. FAISST, Beitr. zur Gesch. d. Claviers. v. ihrem ersten Auftreten bis auf C. Ph. E. Bach, Cäcilia Mainz XXV, 1846 – XXVI, 1847, auch in: Neues Beethoven-Jb. I, 1924; S. BAGGE, Die geschichtliche Entwicklung d. S., in: Slg Mus. Vorträge II, hrsg. v. P. Graf Waldersee, Lpz. 1880; J. S. SHEDLOCK, The Pfte-Sonata, London u. NY 1895, deutsch v. O. Stieglitz als: Die Klaviers., Bln 1897; O. KLAUWELL, Gesch. d. S. v. ihren Anfängen bis zur Gegenwart, = Universal-Bibl. f. Musiklit. XVIII–XX, Köln u. Lpz. (1899); H. MICHEL, La s. pour clavier avant Beethoven, Amiens 1907; B. SELVA, La s.: étude de son évolution..., Paris 1913; DIES., Quelques mots sur la s., Paris 1914; R. REFOUTÉ, La s. de piano, Paris 1922; E. BRANDT, Suite, S. u. Symphonie. Ein Beitr. zur mus. Formenlehre, Braunschweig (1923); W. GEORGII, Klaviermusik, Bln u. Zürich (1941), Zürich u. Freiburg i. Br. ([4]1965); E. BORREL, La s., Paris 1951; H. C. COLLES, Artikel Sonata, in: Grove; W. ST. NEWMAN, Artikel S., in: MGG XII, 1965.
Frühzeit u. Gb.-Epoche; PRAETORIUS Synt. III; BROSSARD D; WALTHER L; MATTHESON Capellm.; J. A. SCHEIBE, Der critische Musicus, Hbg 1740, Lpz. [2]1745, 74. Stück; H. CHR. KOCH, Versuch einer Anleitung zur Composition III, Lpz. 1793; C. V. WINTERFELD, J. Gabrieli u. sein Zeitalter II, Bln 1834, Nachdruck Hildesheim 1965; W. J. v. WASIELEWSKI, Die V. im XVII. Jh. u. d. Anfänge d. Instrumentalcomposition, Bonn 1874; DERS., Die V. u. ihre Meister, Lpz. [3]1893, bearb. u. ergänzt v. W. v. Wasielewski, Lpz. [7]1927; M. BRENET, Les concerts en France sous l'ancien régime, Paris 1900; A. HEUSS, Ein Beitr. zur Klärung d. Kanzonen- u. S.-Form, SIMG IV, 1902/03; A. EINSTEIN,

Zur deutschen Lit. f. Va da Gamba im 16. u. 17. Jh., = BIMG II, 1, Lpz. 1905; A. SCHERING, Zur Gesch. d. Solos. in d. 1. Hälfte d. 17. Jh., Fs. H. Riemann, Lpz. 1909; BR. STUDENY, Beitr. zur Gesch. d. Violins. im 18. Jh., München 1911; G. CUCUEL, La Poupelinière et la musique de chambre au XVIIIe s., Paris 1913; G. BECKMANN, Das Violinspiel in Deutschland vor 1700, Lpz. 1918; L. DE LA LAURENCIE, L'école frç. de v. de Lully à Viotti. Etudes d'hist. et d'esthétique, 3 Bde, Paris 1922-24; H. HOFFMANN, Die norddeutschen Trios. d. Kreises um J. G. Graun u. C. Ph. E. Bach, Diss. Kiel 1924; K. A. ROSENTHAL, Über Sonatenvorformen in d. Instrumentalwerken J. S. Bachs, Bach-Jb. XXIII, 1926; FR. VATIELLI, Arte e vita mus. a Bologna. Studi e saggi I, Bologna (1927); E. H. MEYER, Die mehrst. Spielmusik d. 17. Jh. in Nord- u. Mitteleuropa, = Heidelberger Studien zur Mw. II, Kassel 1934; A. SCHLOSSBERG, Die ital. Sonata f. mehrere Instr. im 17. Jh., Diss. Heidelberg 1935; G. SCHÜNEMANN, S. u. Feldstücke d. Hoftrompeter, ZfMw XVII, 1935; G. HAUSSWALD, Zur Sonatenkunst d. Bachzeit, Ber. über d. Wiss. Bachtagung d. Ges. f. Musikforschung Lpz. . . . 1950; L. HOFFMANN-ERBRECHT, Deutsche u. ital. Klaviermusik zur Bachzeit, = Jenaer Beitr. zur Musikforschung I, Lpz. 1954; K.-H. KÖHLER, Zur Problematik d. Violins. mit obligatem Cemb., Bach-Jb. XLV, 1958; H. R. RARIG JR., The Instr. Sonatas of A. Vivaldi, Diss. Univ. of Michigan 1958, maschr.; W. ST. NEWMAN, The Sonata in the Baroque Era, Chapel Hill/N. C. (1959); R. E. PRESTON, The Forty-Eight Sonatas for V. and Figured Bass of J.-M. Leclair, »l'aîné«, Diss. Univ. of Michigan 1959, maschr.; M. TILMOUTH, The Technique and Forms of Purcell's Sonatas, ML XL, 1959; P. BRAINARD, Die Violins. G. Tartinis, Diss. Göttingen 1960, maschr.; BR. K. KLITZ, Solo Sonatas, Trio Sonatas, and Duos for Bassoon Before 1750, Diss. Univ. of North Carolina 1961, maschr.; A. BIALES, Sonatas and Canzones for Larger Ensembles in Seventeenth-Cent. Austria, 2 Bde, Diss. Univ. of California 1962, maschr.; ST. KUNZE, Die Instrumentalmusik G. Gabrielis, = Münchener Veröff. zur Mg. VIII, Tutzing 1963; G. J. SHAW, The Vc. Sonata Lit. in France During the Eighteenth Cent., Diss. Catholic Univ. of America (Washington/D. C.) 1963, maschr.; J. G. SUESS, G. B. Vitali and the »sonata da chiesa«, Diss. Yale Univ. (Conn.) 1963, maschr.; ST. BONTA, The Church Sonatas of G. Legrenzi, 2 Bde, Diss. Harvard Univ. (Mass.) 1964, maschr.; H. EPPSTEIN, Studien über J. S. Bachs S. f. ein Melodieinstr. u. obligates Cemb., = Acta Univ. Upsaliensis. Studia musicologica Upsaliensia, N. S. II, Uppsala 1966.

Vorklassik u. Klassik: H. A. HARDING, Analysis of Form: Description of the Form of the Beethoven Piano Sonatas, London 1895; L. SCHIFFER, J. L. Dussek, seine S. u. seine Konzerte, Diss. München 1914; W. FISCHER, Zur Entwicklungsgesch. d. Wiener klass. Stils, StMw III, 1915; H. RIEMANN, L. van Beethovens sämtliche Klavier-Solos., Ästhetische u. formal-technische Analyse mit hist. Notizen, 3 Bde, = M. Hesses illustrierte Hdb. LI–LIII, Bln (1918-19), I (^{4}1920), II (^{3}1920), III (^{2}1920); A. SCHMITZ, Beethovens »Zwei Prinzipe«, Bln u. Bonn 1923; M. W. EBERLER, Studien zur Entwicklung d. Setzart f. Kl. zu vier Händen v. d. Anfängen bis zu Fr. Schubert, Diss. München 1922, maschr.; H. TH. DAVID, J. Schobert als Sonatenkomponist, Kassel 1928; H. KELLER, Zur Chronologie d. Haydnschen Klaviers., Klaviertrios u. Streichquartette, Neue Musik-Zeitung XLIX, 1928; TH. SCHLESINGER, J. B. Cramer u. seine Klaviers., München 1928; M. LANGE, Beitr. zur Entstehung d. südwestdeutschen Klaviers. im 18. Jh., Diss. Gießen 1930; E. STILZ, Die Berliner Klaviers. zur Zeit Friedrichs d. Großen, Diss. Bln 1930; F. TORREFRANCA, Le origini ital. del romanticismo mus. I primitivi della sonata moderna, Turin 1930; W. ENGELSMANN, Beethovens Kompositionspläne dargestellt in seinen S. f. Kl. u. V., Augsburg 1931; A. STAUCH, M. Clementi's Klavier-S. im Verhältnis zu d. S. v. Haydn, Mozart u. Beethoven, Diss. Köln 1931; D. FR. TOVEY, A Companion to Beethoven's Pfte Sonatas, London 1931; M. v. DEWITZ, J. B. Vanhal, Leben u. Klavierwerke. Ein Beitr. zur Wiener Klassik, Diss. München 1933; W. GERSTENBERG, Die Klavierkompositionen D. Scarlattis, = Forschungsarbeiten d. mw. Inst. d. Univ. Lpz. II, Regensburg (1933); L. WINTER, J. Haydns Klaviers., Diss. Wien 1935, maschr.; R. v. TOBEL, Die Formenwelt d. klass. Instrumentalmusik, = Berner Veröff. zur Musikforschung VI, Bern 1935; A. SCHERING, Beethoven u. d. Dichtung, = Neue deutsche Forschungen LXXVII, Abt. Mw. III, Bln 1936; DERS., C. Ph. E. Bach u. d. »redende Prinzip« in d. Musik, JbP XLV, 1938; CL. A. SCHNEIDER, J. Fr. Fasch als Sonatenkomponist. Ein Beitr. zur Gesch. d. Sonatenform, Diss. Münster i. W. 1936; J. THALER, Die Klaviers. J. Haydns, Diss. Innsbruck 1936, maschr.; G. LÖBL, Die Klaviers. bei L. Kozeluch, Diss. Wien 1937, maschr.; E. BLOM, Beethoven's Pfte Sonatas Discussed, London 1938; E. REESER, De klaviers. met vioolbegeleiding in het Parijsche muziekleven ten tijde van Mozart, Rotterdam 1939; PH. T. BARFORD, The Sonata-Principle: A Study of Mus. Thought in the Eighteenth Cent., MR XIII, 1952; R. BENTON, Form in the Sonatas of D. Scarlatti, ebenda, vollständiger Text d. Thesis (M. A.) Rochester/N. Y. (1958), maschr.; D. L. STONE, The Ital. Sonata for Harpsichord and Pfte in the Eighteenth Cent. (1730–90), 3 Bde, Diss. Harvard Univ. (Mass.) 1952, maschr.; E. RANDEBROCK, Studie zur Klaviers. C. Ph. E. Bachs, Diss. Münster i. W. 1953, maschr.; E. H. BEURMANN, Die Reprisens. C. Ph. E. Bachs, AfMw XIII, 1956; E. FISCHER, L. van Beethovens Klaviers., Wiesbaden (1956), auch = Insel-Bücherei Nr 853, ebenda 1966; FR. LIESSEM, Die Entwicklung d. Klaviertechnik in d. S. d. Wiener Klassiker Haydn, Mozart u. Beethoven, Diss. Innsbruck 1956, maschr.; C. E. FORSBERG, The Clavier-V. Sonatas of W. A. Mozart, Diss. Indiana Univ. 1958, maschr.; R. ALLORTO, Le s. per pfte di M. Clementi, = »Hist. Musicae Cultores« Bibl. XII, Florenz 1959; W. ST. NEWMAN, The Sonata in the Classic Era, Chapel Hill/N. C. (1963); A. E. TIGHE (SISTER), M. Clementi and His Sonatas Surviving as Solo Piano Works, Diss. Univ. of Michigan 1964, maschr.

19. u. 20. Jh.: A. SKARZYNSKI, Die Klaviers. d. deutschen Romantiker Weber, Schubert, Mendelssohn u. Loewe, Diss. Wien 1914, maschr.; H. KÖLTZSCH, Fr. Schubert in seinen Klaviers., = Slg mw. Einzeldarstellungen VII, Lpz. 1927; K. WESTPHAL, Die S. als Formproblem d. modernen Musik, in: Anbruch XI, 1929; DERS., Die romantische S. als Formproblem, SMZ LXXIV, 1934; P. EGERT, Die Klaviers. im Zeitalter d. Romantik I, Die Klaviers. d. Frühromantiker, Bln 1934; K. ESCHMANN, Changing Forms in Modern Music, Boston 1945; D. A. SHAND, The Sonata for V. and Piano from Schumann to Debussy, Diss. Boston Univ. (Mass.) 1948, maschr.; J. M. CHOMIŃSKI, Sonaty Chopina, in: Studia muzykologiczne II, 1953 – IV, 1955, separat Krakau 1960; K. DALE, Nineteenth-Cent. Piano Music. A Hdb. for Pianists, London, NY u. Toronto 1954; H. S. WOLF, The Twentieth-Cent. Piano Sonata, Diss. Boston Univ. (Mass.) 1957, maschr.; W. STOCKMEIER, Die deutsche Orgels. d. Gegenwart, Köln 1958; R. KREMER, The Organ Sonata Since 1845, Diss. Washington Univ. (Mo.) 1963, maschr.; D. SCHULTE-BUNERT, Die deutsche Klaviers. d. 20. Jh., = Kölner Beitr. zur Musikforschung XXIV, Regensburg 1963.

Einzelprobleme: A. B. MARX, Die Lehre v. d. mus. Komposition, 4 Bde, Lpz. 1837-47, neu bearb. v. H. Riemann, I ^{9}1887, II ^{7}1890, IV ^{5}1888; W. H. HADOW, Sonata Form, London (1896); V. D'INDY (mit A. Sérieyx), Cours de composition mus. II, 1, Paris (1909); C. SCOTT, Suggestions for a More Logical S. Form, MMR XLVII, 1917; H. FISCHER, Die Sonata, = Mus. Formen in hist. Reihen II, Bln 1937, Neudruck Wolfenbüttel 1957; W. ST. NEWMAN, The Present Trend of the Sonata Idea, Diss. Western Reserve Univ. (O.) 1939, maschr.; H. H. EGGEBRECHT, Studien zur mus. Terminologie, = Akad. d. Wiss. u. d. Lit. Mainz, Abh. d. geistes- u. sozialwiss. Klasse, Jg. 1955, Nr 10; W. MELLERS, The Sonata Principle (from ca. 1750), London (1957); CH. IVES, Essays Before a Sonata . . . , NY (1962).

Sonatensatzform, auch Sonatenform, Sonatenhauptsatzform, ist eine Bezeichnung der musikalischen Formenlehre für den formalen Verlauf eines einzelnen, meist des ersten Satzes im Sonaten-Satzzyklus der Solosonate, des Quartetts, der Symphonie, des Instrumentalkonzerts usw. Ein in S. geschriebener Satz besteht in der Regel aus → Exposition, → Durchführung, → Reprise, oft auch → Coda. Die meist zu wiederholende Exposition gliedert sich in → Hauptsatz (Hs) Überleitung (Ü), → Seitensatz (Ss) und abschließenden → Epilog, wobei sich der Seitensatz vom Hauptsatz durch eine neue Tonart, meist auch durch kontrastierende Themenbildung abhebt. Schematische Darstellung der S. in Dur:

Exposition   Durchführung   Reprise   (Coda)
Hs Ü Ss Epilog   Hs Ü Ss (Epilog)
T   D   Modulationen   T

Merkmale der S. sind demnach die Darstellung mindestens zweier, in ihrem musikalischen Charakter gegensätzlicher Themen (oder Themenkomplexe) auf verschiedenen tonalen Ebenen in der Exposition, das Aufzeigen von Bezügen und Gegensätzlichkeiten zwischen ihnen in der Durchführung (oft gleichzeitig mit Modulation in entlegene Tonarten) und das Zusammenfassen und Vereinheitlichen des musikalischen Geschehens der Exposition in der Grundtonart des Satzes in der Reprise. Als abstrahiertes Schema ist die S. freilich nur ein gleichsam statistischer Durchschnitt vielfältiger Möglichkeiten kompositorischer Formung, deren lebendiger Einmaligkeit alles Schematische fremd ist. – Steht ein Satz in S. innerhalb des Zyklus an erster Stelle, so kann eine thematisch selbständige oder zu ihm in Beziehung stehende langsame Einleitung vorausgehen.

Die formale Beschreibung des ersten Sonatensatzes beginnt mit dem Entstehen der musikalischen → Formenlehre im 18. Jh. H. Chr. Koch (Versuch ... III, 1793) beschreibt vor allem die Sinngliederung und den tonalen Aufbau des → Satzes und betont die 3teilige Anlage der S., ohne diese Teile schon zu benennen. Auch der Kontrast der Themenbildung in der Exposition wird von ihm noch nicht angesprochen und ein verbindliches Formschema noch nicht gelehrt. Erst A. B. Marx stellt (um 1845) die S. als eine allgemein gültige Norm auf und beschreibt sie als Lehrgegenstand an Kompositionen der Wiener Klassik. Bald darauf kommt auch der geschichtliche Aspekt der S., ihre Entwicklung vor ihrer klassischen Ausprägung, mit ins Blickfeld. Bis Beethoven hin kann diese Entwicklung beschrieben werden als die historische Ausbildung und Festigung bestimmter, im Grundsätzlichen immer wiederkehrender Formgesetzlichkeiten, nach Beethoven als die Auseinandersetzung mit einem tradierten Formschema.

Die Wurzeln der S. werden in den 2teiligen Suitensätzen gesehen, deren beide Teile wiederholt werden; dabei moduliert der erste Teil, während der zweite in die Grundtonart zurückführt, etwa:

||: 1. Teil :||: 2. Teil :||
T–D   D–T

Die Ausgestaltung dieser 2teiligen Form zur Dreiteiligkeit der S. ist zufolge der Vielschichtigkeit des historischen Prozesses schwer zu fassen. Sie erfolgte wohl besonders unter Einwirkung der Da-Capo-Arie, des Instrumentalkonzerts (Solokonzert, Concerto grosso) und des ersten Satzes der neapolitanischen Opernsinfonie durch Ausbildung eines mittleren Durchführungsteils, Aufspaltung des ersten Teiles in Haupt- und Seitensatz auf verschiedenen tonalen Ebenen und Ausbildung der Reprise. Diese Entwicklung ist schon im Spätbarock (D. Scarlatti, J. S. Bach) und dann in der Vorklassik (→ Empfindsamer Stil, → Galanter Stil) vor allem in Italien und Deutschland (Platti, P. Locatelli, Sammartini, Pergolesi, Boccherini, Fr. X. Richter, J. Stamitz, die Söhne Bachs, Monn, der frühe Haydn) zu beobachten. Die Herkunft der S. aus der 2teiligen Form und der Übergang zur 3teiligen Großform zeigen sich in den Kompositionen auch durch die Setzung von Wiederholungszeichen. J. Haydn und W. A. Mozart verlangen (außer in ihren letzten Sonaten) die Wiederholung beider Hälften (||: A :||: B A :||), während Beethoven in etwa zwei Dritteln seiner Werke auf Repetition des 2. Teils verzichtet, weil die Ausgestaltung der Coda einen breiteren Raum einnimmt. Ein wesentlicher Impuls für die Anlage des Satzes in 3 gleichberechtigten Teilen ist das zunehmende Interesse der Komponisten an der Ausgestaltung der Durchführung mit ihren reichen kompositorischen Möglichkeiten. War sie bei Haydn und Mozart in der Regel noch verhältnismäßig knappgehalten, so gewinnt sie bereits in den Werken Beethovens immer größere Bedeutung und wird in der Romantik zum zentralen und wichtigsten Teil der S. Durchführungsarbeit und Durchführungstechniken greifen (besonders seit J. Haydns op. 33, 1781, Hob. III, 37–42) auf alle Teile der S. über und erweitern sie. – Während die klassische Musik die Trennung von Form und → Ausdruck noch nicht kannte, wurden im 19. Jh. übernommene Formen zunehmend abstrakt gedacht. Die S. wurde als traditionsbelastetes Formgehäuse der → Komposition übernommen und jeweils mit neuen poetischen, programmatischen usw. Inhalten subjektiv und emotionell aufgefüllt, die die Abweichungen vom Schema motivieren sollten und der Form entgegen. Die Diskrepanz zwischen übernommenem Formschema und dem, was sich in ihm musikalisch neu ereignet, bestimmt die S. von Schubert bis Mahler. – In der Wiener Schule nach 1900 (Schönberg, Webern, Berg) wurde, sobald das tonale Bezugssystem der Tonsetzung (und damit der Formgebung) aufgegeben war, die S. von der thematisch-motivischen Entwicklung her musikalisch neu gedacht: indem von der »tonalen« Sonate die spezifisch kompositorische Komponente abstrahiert wurde, wurde doch zugleich ihr Aufbau als latentes Gerüst übernommen. Die Verwirklichung der S. ergibt sich hier auf Grund rhythmisch-gestischer Korrespondenzen, der Charaktere der »Themen«, der Art der Verbindung zwischen ihnen und der kombinatorischen Durchführung des Reihenmaterials (z. B. Schönberg, Bläserquintett op. 26, 1. Satz). Den Gedanken, einzelne Themen als Charaktere auszuprägen (wie einst »männlich« und »weiblich« in den Expositionsthemen), verwirklichte Berg auf eigene Weise im Wozzeck (2. Akt, 1. Szene): die drei auftretenden Personen charakterisieren jeweils eine Themengruppe (Hauptsatz, Seitensatz, Schlußsatz); die dramatische Entwicklung der Szene mit ihrer Wiederkehr bestimmter Situationen entspricht dabei der S. mit Exposition, Durchführung und Reprise.

Lit.: H. Chr. Koch, Versuch einer Anleitung zur Composition, I Rudolstadt 1782, II–III Lpz. 1787–93; A. B. Marx, Die Lehre v. d. mus. Komposition, 4 Bde, Lpz. 1837–47, neu bearb. v. H. Riemann, I ^{9}1887, II ^{7}1890, IV ^{5}1888; W. Fischer, Zur Entwicklungsgesch. d. Wiener klass. Stils, StMw III, 1915; K. Nef, Gesch. d. Sinfonie u. Suite, = Kleine Hdb. d. Mg. nach Gattungen XIV, Lpz. 1921; R. Sondheimer, Die formale Entwicklung der vorklass. Sinfonie, AfMw IV, 1922; A. Schmitz, Beethovens »Zwei Prinzipe«, Bln u. Bonn 1923; Vl. Helfert, Zur Entwicklungsgesch. d. Sonatenform, AfMw VII, 1925; K. A. Rosenthal, Über Sonatenvorformen in d. Instrumentalwerken J. S. Bachs, Bach-Jb. XXIII, 1926; Fr. Tutenberg, Die Sinfonik J. Chr. Bachs, = Veröff. d. Mw. Inst. d. Univ. Kiel I, Wolfenbüttel u. Bln 1926; V. Urbantschitsch, Die Entwicklung d. Sonatenform bei Brahms, StMw XIV, 1927; Th. W. Adorno, Schönbergs Bläserquintett, in: Pult u. Taktstock V, 1928, Neudruck in: Moments musicaux, = Ed. Suhrkamp LIV, Ffm. 1964; F. Salzer, Die Sonatenform bei Fr. Schubert, StMw XV, 1928; W. Senn, Das Hauptthema d. Sonatensätzen Beethovens, StMw XVI, 1929; W. H. Hadow, The Viennese Period, = The Oxford Hist. of Music V, London ^{2}1931; H. J. Therstappen, Die Entwicklung d. Form bei Schubert, dargestellt an d. ersten Sätzen seiner Sinfonien, = Slg mw. Einzeldarstellungen XVI, Lpz. 1931; R. v. Tobel, Die Formenwelt d. klass. Instrumentalmusik, = Berner Veröff. zur Musikforschung VI, Bern u. Lpz. 1935; E. Nobbe, Die thematische Entwicklung d. Sonatenform im Sinne d. Hegel'schen Philosophie betrachtet, = Musik u. Nation II, Würzburg 1941; W. St. Newman, The Sonata in the Baroque Era, Chapel Hill/N. C. (1959); ders., The Sonata in the Classic Era, ebenda (1963); ders., Artikel Sonate, in: MGG XII, 1965; R. Eller, Die Entstehung d. Themenzweiheit in d. Frühgesch. d. Instrumentalkonzerts, Fs. H. Besseler, Lpz. 1961; H. Engel, Die Quellen d. klass. Stils, Kgr.-Ber. NY 1961, Bd I; W. F. Korte, Bruckner u. Brahms. Die spätromantische Lösung d. autonomen Konzeption, Tutzing 1963; J. P. Larsen, Sonatenform-Probleme, Fs. Fr. Blume, Kassel 1963; D. Schulte-Bunert, Die deutsche Klaviersonate d. 20. Jh., = Kölner Beitr. zur Musikforschung XXIV, Regensburg 1963.   PA

Sonatine (ital. sonatina, Diminutiv von sonata). Die Bezeichnung S. kommt im 17. Jh. in dem gleichen umfassenden Sinn vor wie → Sonate. So stehen in Reiches Quatricinien (1696) homophone S.n neben fugierten Stücken; bei Gletle 1676 steht die Bezeichnung S. für Ritornell. Häufig heißen praeludien- oder toccatenartige Einleitungssätze zu Suiten S., so anstelle oder neben einem Praeludium bei E. Reusner 1676, Kuhnau 1689 und J. C. F. Fischer 1738; als Einleitungssatz wird die S. erklärt u. a. bei Niedt 1700 und BrossardD. Ein Unterschied im Umfang, wie ihn 1732 Walther angibt (*S. ... eine Kurtze Sonate*), ist nicht erkennbar. Die instrumentalen Einleitungen zu Kirchenkantaten Buxtehudes und J. S. Bachs sind Sonata, Sonatina oder Sinfonia überschrieben. – Gegen Ende des 18. Jh. ist S. gleichbedeutend mit → Handstück, so bei C. Ph. E. Bach, Häßler und Türk. Nach der Ausbildung der → Sonatensatzform ist die S. eine kleine Sonate mit meist sehr kurzer Durchführung und leicht spielbar. Nach Mozart (K.-V. 545, *Eine kleine Klavier Sonate für Anfänger*, im Druck *Sonate facile*) und Beethoven (op. 49 und 79, vom Komponisten mehrfach auch als Sonaten bezeichnet) schrieben S.n für Kl. u. a. Clementi, Diabelli, Pleyel, Dussek, Kuhlau, R. Schumann (op. 118, Sonaten für die Jugend), Kirchner, Reinecke (u. a. Miniatursonaten), C. Gurlitt, H. Götz und H. Kaun. S.n für V. und Kl. komponierten u. a. Schubert (3 S.n op. 137, D 384, 385 und 408, vom Komponisten als Sonaten bezeichnet), Dvořák (op. 100) und Sibelius (op. 67). Im 20. Jh. ist die Bezeichnung S., vergleichbar den Titeln Kammersymphonie oder Sinfonietta (→ Symphonie), ein Hinweis auf durchsichtigen Satz und »antiromantische« Haltung, so bei Reger (op. 89, 1905–08), Ravel und Busoni, unter dessen 6 S.n (1910–21) die *Sonatina seconda* eine Sonderstellung einnimmt; ihr ist die S. op. 18 von Jarnach verpflichtet. Neuere S.n schrieben (meist für Kl.) u. a. Bartók, Prokofjew, Haas, Pepping, Fortner, Badings, Beck, Genzmer und Sutermeister.

Lit.: W. Georgii, Klaviermusik, Bln u. Zürich (1941), Zürich u. Freiburg i. Br. (⁴1965); L. Hesse, S. u. Handstück f. Kl., Diss. Freiburg i. Br. 1941, maschr.; W. St. Newman, The Sonata in the Baroque Era, Chapel Hill/N. C. 1959).

Sondershausen.
Lit.: H. Eberhardt, Die S.er Lohkonzerte u. ihre Gesch., Zs. d. Ver. f. Thüringische Gesch. u. Altertumskunde, N. F. XXXVI, 1942; Fr. W. Beinroth, Mg. d. Stadt S. v. ihren Anfängen bis zum Ende d. 19. Jh., Innsbruck 1943.

Sone → Lautstärke.

Song (engl.), Lied, Gesang; seit dem 19. Jh. in England ein zur Unterhaltung gesungenes, lyrisch-sentimentales, auch humoristisches Lied, das aus Strophe und Kehrreim besteht; im neueren deutschen Sprachgebrauch s. v. w. Varieté- und Kabarettlied, dann vor allem bei Brecht und → Weill Bezeichnung für (meist) politisch-satirische, gesellschaftskritische und lehrhafte Lieder und Gesänge im »Songstil«, wie sie vor allem durch die *Dreigroschenoper* (1928, z. B. *Moritat von Mackie Messer*) populär wurden.
Lit.: H. Kotschenreuther, K. Weill, Bln (1962).

Sonus (lat., von sonare, tönen; entsprechend griech. φθόγγος oder ψόφος), alles was akustisch wahrnehmbar ist: Schall, Geräusch, Ton, Klang, Stimme usw. Als soni musici bezeichnet der Verfasser der *Musica Enchiriadis* die im Tonsystem zusammengeordneten, für das Melos geeigneten Töne (*... qui legitimis ab invicem spatiis dispositi melo sunt apti*, GS I, 152a, 154b; → emmelisch). Im Unterschied zu dem vielfach dieselben Erscheinungen umfassenden Begriffswort → Vox bezeichnet S. das Physikalische des Erklingenden unter Ausscheidung aller dieses selbst nicht beeinflussenden Voraussetzungen und Umstände. Aus diesem Grund hat S. nicht so verschiedenartige terminologische Festlegungen seiner ursprünglichen Bedeutung erfahren wie Vox.

Sopila (Sopelo), kroatisches volkstümliches Doppelrohrblattinstrument mit konischer Bohrung, 6 vorderständigen Grifflöchern, seitlichen Schallöchern und Schallbecher. Es werden stets 2 Sopile, eine kleine und eine größere, zusammen gespielt, in Parallelklängen oder heterophonisch. Vor allem werden Tänze gespielt.
Lit.: B. Širola, S. i zurla, = Etnološka bibl. XVII, Zagreb 1932; E. Koschmieder, S., instr. dęty muzyki ludowej na wyspie Krku (»S., ein Blasinstr. d. Volksmusik auf d. Insel Krk«), Etnografia polska III, 1960 (mit deutscher Zusammenfassung).

sopra (ital., oben). An Stellen, bei denen im Klaviersatz die Hände gekreuzt werden oder im selben Tastenraum spielen (Liszt, 2. Ungarische Rhapsodie), geben s. bzw. sotto (ital., unten) die Anweisung, die betreffende Hand über bzw. unter der anderen zu spielen, auch mit Zusatz (→ Abbreviaturen-Tabelle) r. H. (m. d.) oder l. H. (m. s. [= sinistra]). Seltener sind die Bezeichnungen abbassamento (ital., Senken, im Sinne von abbassare di mano; Abk.: abb.) oder alzamento (ital., Erheben, Abk.: alz.). → Überschlagen (– 2).

Sopran (ital. soprano, von mittellat. superanus, darüberstehend), – 1) eine der Bezeichnungen für die höchste → Stimme (– 1) im mehrstimmigen Satz. Die frühesten Belege des Wortes in musikalischer Bedeutung stammen aus Traktaten: Antonius de Leno (um 1400; CS III, 321) nennt die Stimmen eines 2st. Satzes tenore und soprano; Guilelmus Monachus (um 1480; CS III, 288–299) verwendet das Wort supranus beim 3- bzw. 4st. Satz und ordnet dem S. die Diskantklausel (Grundton – Abwärtssekunde – Grundton) zu. Während im 15./16. Jh. für die Oberstimme (die hier meist noch als → Lagenstimme galt) die Benennungen Cantus, Canto, Discantus (→ Diskant), Superius, Suprema vox verbreitet waren, wobei die Art der Besetzung nicht festgelegt wurde, setzte sich im 17./18. Jh. das Wort S. durch. Es bezeichnet nun im stimmphysiologischen Sinne die höchste der vier menschlichen → Stimmgattungen, bleibt jedoch gebräuchlich auch im weniger besetzungs- als satztechnischen Sinn für die Oberstimme eines Lehrzwecken dienenden mehrstimmigen Satzes, die je nach Sprachraum auch → Dessus, Treble, Tiple heißt. S. als Zusatz zu einem Instrumentennamen bezeichnet (heute meist anstelle des gleichbedeutenden Zusatzes Diskant...) das S.-Instrument eines Stimmwerks (→ Akkord – 3). – 2) die höchste der → Stimmgattungen. Die Umfangsgrenzen der nicht ausgebildeten weiblichen S.s oder Knaben-S.s schwanken, sie liegen meist bei (h)c¹–f² (g², a²), diejenigen von Berufssängerinnen bei a–c³ (f³; g³ wird selten verlangt, z. B. in Mozarts Konzertarie *Popoli di Tessaglia*, K.-V. 316). Seit dem 17. Jh. wurde in der Oper die weibliche Hauptpartie von der → Primadonna übernommen. Im 17. und 18. Jh. sangen häufig → Kastraten die S.-Partien. Seit dem 19. Jh. unterscheidet die Bühnenpraxis zwischen den

Stimmfächern Koloratur-S., lyrischer S., jugendlich-dramatischer S., dramatisches Zwischenfach, hochdramatischer S., → Mezzo-S. und → Soubrette. Insgesamt ist für diese Einteilung wie auch für die Abgrenzung des S.s gegenüber den weiblichen Altstimme weniger der von der Sängerin beherrschte Umfang als ihr Stimmtimbre entscheidend. Der → Koloratur-S. muß gute Geläufigkeit und absolute Sicherheit in den hohen Lagen zwischen c^3 und f^3 aufweisen und Glanz des Brillierens mit dem Reiz des Timbres verbinden. Wichtige Partien sind: Konstanze (*Die Entführung aus dem Serail*), Königin der Nacht (*Die Zauberflöte*), Violetta (*La Traviata*), Gilda (*Rigoletto*), Olympia (*Les contes d'Hoffmann*), Zerbinetta (*Ariadne auf Naxos*). Der lyrische S. muß über schmelzende Süße und ein hohes Piano verfügen (junge Sopranistinnen tendieren meist zunächst in dieses Fach). Wichtige Partien für lyrischen S. sind: Pamina (*Die Zauberflöte*), Undine, Micaëla (*Carmen*), Antonia (*Les contes d'Hoffmann*), Liù (*Turandot*), Lulu. Der jugendlich-dramatische S. muß durch reicheren Stimmumfang (besonders zur Tiefe hin) und größere Klang- und Durchschlagskraft ausgezeichnet sein; wichtige Partien sind: Donna Elvira (*Don Giovanni*), Agathe (*Der Freischütz*), Elisabeth (*Tannhäuser*), Elsa (*Lohengrin*), Desdemona (*Otello*), Jenufa. Das dramatische Zwischenfach steht zwischen dem jugendlich-dramatischen und dem hochdramatischen S. und muß vor allem metallische Durchschlagskraft, auch in der sehr häufig geforderten Hochlage, aufweisen. Es ist das an Partien reichhaltigste Fach der Frauenstimme. Wichtige Partien sind: Leonore (*Fidelio*), Sieglinde (*Die Walküre*), Elisabetta (*Don Carlo*), Aida, Tosca, Feldmarschallin (*Der Rosenkavalier*), Arabella, Marie (*Wozzeck*). Der hochdramatische S. muß durch eine reife, tragfähige, relativ dunkle Stimme und strahlende Klangentfaltung ausgezeichnet sein; wichtige Partien sind: Isolde (*Tristan und Isolde*), Brünnhilde (*Der Ring des Nibelungen*), Elektra.

Sordino (ital.; Abk.: sord.), – 1) → Dämpfer; con s., mit Dämpfer, con sordini, mit Dämpfern; in der Klaviermusik verlangt die Vorschrift senza s. das Spiel mit gehobener Dämpfung, d. h. mit (rechtem) Pedal; – 2) → Pochette.

Sordun, – 1) Doppelrohrblattinstrument mit Anblasrohr und mit zylindrischem (meist gedacktem) Windkanal, der aus 2 Bohrungen in einem zylindrischen Corpus besteht. Die Bauart entspricht bis auf das Fehlen der Windkapsel dem → Kortholt. Nach Praetorius (Synt. II) hat der S. 11 offene Grifflöcher und 3 Klappen; zum Stimmwerk gehören (Synt. II, S. 23) S.e in den Lagen Großbaß ($_1$F–d), Baß ($_1$B–g), Tenor-Alt (Es–c^1) und Diskant (B–g^1). – 2) Zungenstimme der Orgel (→ Register – 1).

Sortiment → Musikalienhandel.

Sortisatio, sortisare (lat., von sors, Los), vom 15. bis 17. Jh. im deutschen Raum verwendete Bezeichnung für die Improvisation eines mehrstimmigen Satzes, dem ein Cantus zugrunde liegt. Der früheste Beleg für S. mit der Erklärung: *sortisare est aliquem cantum diuersis melodys inprouise ornare* (Hs. Regensburg, Proskesche Mus.-Bibl., 98 th. 4°, p. 355; Niederschrift 1476) sowie der ähnliche, im Zusammenhang korrektere Passus aus dem *Opus aureum musicae*, Pars IV (M. Schanppecher 1501, ed. Niemöller, S. 20) gehen offenbar auf eine bisher unbekannte gemeinsame Quelle zurück. Vermutlich ist das Wort s. in Anlehnung an solmisatio oder organisare gebildet und steht im Zusammenhang mit dem um 1500 belegten Ausdruck ad sortem cantare (vgl. Gurlitt); ein Text aus dem Liederbuch des Arnt von Aich (um 1520) enthält die Form sortisieren (ed. Bernoulli und Moser, S. 25). In der → Musica poetica wird S. der Compositio gegenübergestellt (*Dividitur autem musica poetica in duas partes: Sortisationem et Compositionem*; H. Faber 1548). Beide beruhen auf dem → Kontrapunkt, wenngleich dessen Regeln bei der S. weniger streng befolgt werden als bei der Compositio. Die S. trägt Kennzeichen des Zufälligen (sors); die aus dem Stegreif entstehenden Sätze verletzen nicht selten auch Regeln (*non raro a certa via aberrare*; H. Faber, dessen die S. demonstrierende Notenbeispiele entsprechende Fehler zeigen). Nach Nucius (1613) bedienen sich sowohl Handwerker (*mechanicorum vulgus in publicis tabernis*) als auch vorzügliche Musiker (*excellentes musici, et qui in sacellis sunt pontificiis, imperatoriis ac regiis*) der S., die als usus, nicht als ars angesehen wird (*S. idem quod usualis musica, cum sine arte fortuita sit et improvisa consonantiarum coaptatio*) und zu der J. Thuringus (1625) u. a. die Villanellen von J. Regnart zählt. J. A. Herbst (1643) ergänzt: wegen der Satzfehler und *weil solche Lieder keinen sonderlichen Gebrauch vnd Nutzen haben / auch mehrenteils nur in usu vnd übung bestehen / werden solche billich nichts geachtet.* – Der Sache nach ist die S. vergleichbar der super librum cantatio, über die Tinctoris (1477) äußert: [contrapunctum] *quem mentaliter conficimus, absolute contrapunctum nos vocamus* (CS IV, 129).

Lit.: E. T. FERAND, Die Improvisation in d. Musik, Zürich (1939); DERS., »Sodaine and Unexpected« Music in the Renaissance, MQ XXXVII, 1951; DERS., Improvised Vocal Counterpoint, Ann. Mus. IV, 1956; W. GURLITT, Der Begriff d. S. in d. deutschen Kompositionslehre d. 16. Jh., TVer XVI, 1942, auch in: Mg. u. Gegenwart I, = BzAfMw I, Wiesbaden 1966; Die Musica figurativa d. M. Schanppecher (Opus aureum, Köln 1501, Pars III/IV), hrsg. v. KL. W. NIEMÖLLER, = Beitr. zur rheinischen Mg. L, Köln 1961. KJS

Sortita (von ital. sortire, hinausgehen), Aria di s., in der italienischen Oper des 18. Jh. die erste (Auftritts-) Arie der Primadonna bzw. des Helden, gewöhnlich im 1. Akt. Die S. war meist dramaturgisch gut vorbereitet und auf Publikumswirksamkeit angelegt, da sie oft für den Erfolg der ganzen Oper entscheidend war.

Sospiro (ital.) → Suspirium.

sostenuto (ital., gehalten, zurückhaltend; Abk.: sost.) verlangt ursprünglich wie tenuto das gleichmäßige Fortklingenlassen eines Tons, als Zusatz bei Tempoangaben in etwas langsameres Zeitmaß. Bei Brahms und Puccini fordert s. eine Verbreiterung des Tempos und mehr Gewichtigkeit als bloßes ritenuto.

sotto (ital., unten) → sopra.

sotto voce (s'otto v'o:tʃe, ital., »unter der Stimme«, leise, gedämpft; Abk.: s. v.), Vortragsanweisung, die ähnlich wie → mezza voce eine Veränderung der Klangfarbe in Richtung des gedämpften Tons, äußerste Zurückhaltung in Dynamik und Ausdruck fordert, ohne gleichbedeutend mit piano zu sein. Verdi schreibt z. B. in der Traumerzählung des Iago (*Otello*, Ende des 2. Aktes) s. v. als eine nochmalige Veränderung gegenüber mezza voce vor. Auf Streichinstrumenten wird s. v. durch Spiel nahe dem Griffbrett erreicht (Gegenteil: → sul ponticello). In der Klaviermusik ist s. v. (auch sottovoce) nicht immer gleichbedeutend mit una corda, sondern fordert, z. B. bei Brahms, gedämpften Ausdruck.

Soubrette (frz., Zofe, Kammerkätzchen), in Deutschland übliche Bezeichnung für ein Rollenfach des Soprans in Oper und Operette, das etwa der »munteren Naiven« im Schauspiel entspricht. Die Bezeichnung geht zurück auf die Zofe (S.) in den Bühnenstücken von Pierre de Marivaux (1688–1763) und findet sich, auf die Oper übertragen, schon bei Monnet. In der

Opera buffa und im Singspiel ist die S. meist die Bedienstete, die mit Witz und Geschick die Handlung lenkt. Ihre Stimme muß sich weniger durch großen Umfang und Kraft als durch eine sichere Mittellage, Biegsamkeit und hellen Klang auszeichnen. Zu den bekanntesten Partien zählen: Susanna (*Le Nozze di Figaro*), Zerlina (*Don Giovanni*), Despina (*Così fan tutte*), Papagena (*Die Zauberflöte*), Ännchen (*Der Freischütz*), Marie (*Der Waffenschmied*). Das Fach der Opern-S. berührt sich einerseits mit dem des lyrischen Soprans (Grenzpartie z. B. Musette in *La Bohème*), andererseits mit dem des Koloratursoprans. Das spezielle Fach der Koloratur-S. (Rosina in Rossinis *Il barbiere di Siviglia*, Olympia in Offenbachs *Les contes d'Hoffmann*) stößt in dessen Spitzenpartie, der Zerbinetta in R. Strauss' *Ariadne auf Naxos*, ins Fach des Koloratursoprans vor. In der klassischen Operette zählt die Adele in der *Fledermaus* zu den bedeutenden S.n-Partien. Die neuere Operette verlangt die sogenannte Tanz-S., die neben stimmlichen und darstellerischen auch tänzerische Fähigkeiten haben muß.

Sound (saund, engl., Ton, Klang), Jazzbezeichnung für den typischen Klang des Musizierens einer → Band oder auch eines Solisten. Der Begriff des S. hat im Jazz erst in der Swing-Ära (Ellington, Basie, Herman) immer größere Bedeutung gewonnen, da seitdem ein wirkungsvoller, möglichst origineller S. als wesentliches Qualitätsmerkmal für das Musizieren einer Band gilt. Im modernen Jazz, auch in der Unterhaltungsmusik, hat die Suche nach neuen Klangwirkungen häufig zu S.-Experimenten mit ausgefallenen Instrumentenkombinationen geführt.

Soupir (sup'i:r, frz.; von lat. → suspirium), die Viertelpause (𝄽 oder 𝄾); entsprechend: 𝄾 = demi-s., 𝄾 = quart de s., 𝄾 = huitième de s., 𝄾 = seizième de s.

Sousaphon → Tuba (– 2).

Souterliedekens (sautərl'i:dəkəns; flämisch, Psalmliedchen), eine Sammlung von 158 überwiegend holländischen Volksliedern mit unterlegten Psalmtexten, erschienen 1540 bei S. Cock in Antwerpen. Die Texte stellen die erste vollständige (gereimte) Psalmenübersetzung dar, wahrscheinlich von Willem van Zuylen van Nijevelt. Da der Dichter und Sammler bei den Melodien die Anfangszeilen der weltlichen Liedtexte gewissenhaft vermerkt hat, bildet das Werk eine Fundgrube für das Studium des niederländischen Volksliedes im 15./16. Jh. Von der überaus weiten Verbreitung dieser Sammlung zeugt die große Zahl (33) feststellbarer Auflagen. Bereits 1556/57 erschien eine 3st. Bearbeitung der S. von Clemens non Papa bei T. Susato in Antwerpen, ebenda 1561 eine vierstimmige von Clemens' Schüler Gherardellus Mes. Cornelius Boscoop versah seine 50 Psalmen 1568 mit Melodien der S. – Im Zusammenhang mit den S. sind zwei ebenfalls geistliche Liedsammlungen bereits aus dem 15. Jh. zu nennen: das sogenannte Utrechter Liederbuch (Berlin, Deutsche Staatsbibl., ms. germ. 8° 190) und das Amsterdamer Liederbuch (Wien, Österreichische National-Bibl., ms. 12875, olim Fid. Kom. 7970).

Ausg.: C. BOSCOOP, 50 Psalmen Davids, hrsg. v. M. Seiffert, = Uitgave van de Vereeniging voor Noord-Nld. Muziekgeschiedenis XXII, Amsterdam u. Lpz. 1899; FR. COMMER, Collectio operum musicorum Batavorum s. XVI, Bd XI (Ausg. d. 3st. Bearb. d. S. v. Clemens non Papa), Bln o. J.; E. MINCOFF-MARRIAGE, De S., een nld. psalmboek van 1540 . . ., Den Haag 1922; K. PH. BERNET KEMPERS, S., 3 Bde, Delft o. J.; Het geestelijk lied van Noord-Nederland in de vijftiende eeuw, hrsg. v. E. BRUNING OFM u. a., = Monumenta Musica Neerlandica VII, Amsterdam 1963.

Lit.: C. V. WINTERFELD, Die 3st. Tonsätze d. J. Clemens non Papa über d. Melodien d. S., in: Zur Gesch. heiliger Tonkunst I, Lpz. 1850; A. H. HOFFMANN V. FALLERSLEBEN, Nld. geistliche Lieder d. XV. Jh., = Horae Belgicae X, Hannover 1854; DERS., Nld. Volkslieder, ebenda II, ²1856; W. BÄUMKER, Nld. geistliche Lieder nebst ihren Singweisen aus Hss. d. 15. Jh., VfMw IV, 1888; D. FR. SCHEURLEER, De S., Leiden 1894; DERS., De S., Bijdrage tot de geschiedenis der oudste nld. psalmberijming. Met 24 gefacsimileerde titelbladen, Leiden 1898; DERS., Nld. liedboeken, Den Haag 1912; FL. VAN DUYSE, Het oude nld. lied, 4 Bde, ebenda u. Antwerpen 1903–08; J. KNUTTEL, Het geestelijk lied in de Nederlanden voor de Kerkhervorming, Rotterdam 1906; A. ROEDIGER, Die mw. Bedeutung d. cod. germ. 8°190, Diss. Bln 1922, maschr.; K. PH. BERNET KEMPERS, Die S. d. J. Clemens non Papa, TVer XII, 1928 u. XIII, 1929; H. A. BRUINSMA, The S. and Its Relation to Psalmody in the Netherlands, Diss. Univ. of Michigan 1948, maschr.; P. A. GAILLARD, Essai sur le rapport des sources mélodiques des »Pseaulmes Cinquantes« de Jean Louis (Anvers 1555) et des »S.« (Anvers 1540), Kgr.-Ber. Utrecht 1952; H. HUSMANN, Die mittelnld. Lieder der Berliner Hs. germ. 8°190, ebenda; W. WIORA, Die Melodien d. »S.« u. ihre deutschen Parallelen, ebenda; W. SALMEN, Die altnld. Hss. Bln 8°190 u. Wien 7970 im Lichte vergleichender Melodienforschung, Kgr.-Ber. Bamberg 1953; S. J. LENSELINK, De nld. psalmberijmingen van de S. tot Datheen met hun voorgangers in Duitsland en Frankrijk, Neerlandica Traiectina VIII, 1959.

Soziologie der Musik hat in ihrem Gegenstand und ihrer Methode Anteil sowohl an der S. (als Kultur- und Wissens-S.) als auch an der Musikwissenschaft. Ihre Aufgabe ist, je nachdem sie sub specie der einen oder der anderen Disziplin betrieben wird, die Interpretation der Gesellschaft aus dem konkreten musikalischen Kunstwerk bzw. aus der Gattungs- und Stilgeschichte (Geschichte der Komposition) oder die Erweiterung der Analyse und Interpretation von Musik um den gesellschaftlichen Aspekt. Da die soziale Konstellation sich nicht ungebrochen ins Musikwerk fortsetzt und zumal zur Qualität der überragenden und überdauernden Komposition die Transzendierung des sozialen Faktors ins Eigengesetzlich-Musikalische gehört, ist die Interpretation soziologischer Bedingtheit aus der Musik heraus schwierig und aus dem Meisterwerk schwieriger als aus zeittypischen Durchschnittskompositionen (»Gebrauchsmusik«, Auftragsmusik), die in der Regel bestimmten Auflagen zu erfüllen haben und daher direkter mit den gesellschaftlichen Gegebenheiten verbunden sind. Der soziale Hintergrund der Musik, das »Musikleben« mit den von der gesellschaftlichen Struktur bedingten Wirkungs- und Rezeptionsweisen, die soziale Lage der Musiker, ihr und ihrer Werke Rechtsstatus (→ Urheberrecht), ihre wirtschaftlichen Verhältnisse und Standesorganisationen (z. B. als → Zunft) sind seit dem Bestehen der modernen Musikgeschichtsschreibung in Biographik, musikalischer Lokalgeschichte und (im engeren Sinne) musikalischen Sozialgeschichte befragt und erforscht worden. An der Sozialgeschichte entlang eine S. d. M. zu schreiben, mit der Absicht, soziologische Kategorien und Theorien an der Faktizität der Geschichte zu überprüfen bzw. erst aus ihr zu gewinnen und Musik und Musikgeschichte durch sie zu erklären, ist eine dringliche Aufgabe. Die → Musikethnologie der jüngeren Zeit zählt es zu ihren wichtigsten Zielen, die außereuropäische Musik in ihrer Bedingtheit durch die je eigenartigen Kulturen und Gesellschaftsordnungen zu erkennen.

Eine S. d. M., die als ihren Gegenstand in erster Linie das Meisterwerk versteht, bedarf des Kunstwerks als Dokument, d. h. der niedergeschriebenen Komposition. Musikalisch-praktische Dokumente in ausreichender Dichte liegen aus dem Altertum nicht vor. Doch war offenbar die → Sumerische Musik, die → Ägyptische Musik und die Musik der klassischen Antike in hohem Maße lebensgebunden. Der Begriff Musikē bezeugt die Verbundenheit der → Griechischen Musik mit den verschiedensten Lebenskreisen. Die Theorie der gesellschaftlichen, vor allem erzieherischen Wirkung der Musik (→ Ethos), wie sie von → Damon und → Platon entwickelt wurde, ist (modern gesprochen) eine Verbindung von sozial-psychologischen und sozial-utopischen Ansätzen. – Deutungen streng liturgischer Kirchenmusik nach soziologischen Kategorien erweisen sich gegenüber theologischen als untergeordnet, unbeschadet der Tatsache, daß in manchen Formen liturgischer Musik die Herkunft aus bestimmten sozialen Situationen sichtbar ist (→ Antiphon – 2, → Akklamationen). Daß die Kirche z. B. als Auftraggeber auftritt oder bestimmte Arten von Musik verbietet oder gebietet (→ Ars nova, → Tridentiner Konzil), ist insofern ein sozialgeschichtlicher Tatbestand, als der Komponist somit an institutionelle Weisungen und bestimmte musikalische Zwecke (z. B. → Calvinistische Musik, → alternatim-Praxis, → Kantionalsatz, mehrstimmige → Messe [Missae breves z. B. Mozarts], → Versett, → Praeludium) gebunden ist. In der Frage der »Wirkung« und »Verständlichkeit« der kirchlichen Polyphonie wurde vielfach (teilweise bis ins 18. Jh.) zugunsten übergeordneter Zielrichtungen der Kirchenmusik nur am Rande mit einer publikumsähnlichen Gemeinde gerechnet.

Gegenüber der durch Liturgie und Gemeinde motivierten Musik gab es seit dem späten Mittelalter die Musik für den Kenner. Die mittelalterliche Motette war durch ihre Mehrtextigkeit und rhythmische Subtilitas (→ Isorhythmie) auf einen kleinen, durch gelehrte Bildung aus der Gesamtgesellschaft herausgehobenen klerikalen oder höfisch-geselligen Kreis gerichtet, ähnlich den der Motette ebenbürtigen weltlichen Lied- und Refrainformen im Kantilenensatz der Ars nova. Johannes de Grocheo vermerkte kurz vor 1300 aus der Kenntnis des Pariser Musiklebens, die Motette sei *coram literatis et illis, qui subtilitates artium sunt quaerentes* (ed. Rohloff, S. 56) aufzuführen. Zu diesem Personenkreis rechnete Jacobus Leodiensis (Anfang des 14. Jh.) auch die *cantores* und *layci sapientes* (CS II, 432a). Der Schicht der nicht Gebildeten waren weithin die einstimmigen oder usuell begleiteten Lieder in Vulgärsprachen und die Tänze angemessen. – Offenbar setzt auch der Begriff der → Musica reservata (einer der wenigen soziologisch relevanten Begriffe der musikalischen Terminologie, der allerdings nicht mit letzter Sicherheit deutbar ist) die Machart der Komposition zum Aufführungsort und zu den Beteiligten in Beziehung. Die Musica reservata war zufolge besonderer Bedeutungsgehalte der Allgemeinheit verschlossen; vor dem Zugang zu ihr stand der zu gelehrter Bildung überhaupt. Noch das Madrigal des 16./17. Jh. hatte (wie schon die Liedkunst des → Trecentos) seinen Platz in höfischen Zirkeln und → Akademien, deren Exklusivität Experimente mit Chromatik und Enharmonik begünstigte. Um den Hochstil des Madrigals gruppierten sich verwandte Formen weltlicher Mehrstimmigkeit, wobei Volkstümlichkeit zum Teil artifiziell, als »exotischer« Reiz in die Hochform aufgenommen wurde (→ Frottola, → Kanzonette, → Villanella). Vergleichbare Vorgänge sozialen (sozial hier im Sinne der Hierarchie von Ständen nach Herrschafts- und Besitzverhältnissen) Auf- oder Abstiegs von Gattungen sind in der Musikgeschichte nicht selten. Einmalig aber ist die Konsequenz, mit der sich im 15./16. Jh., als mehrstimmige kunstvolle Musik in hoher Geltung stand, der bürgerliche → Meistersang rückwärts gewandt an das einstimmige Lied band.

Spätestens seit 1430 ist (nach Besseler 1959) *Umgangsmusik: ein Selbstmusizieren von Liebhabern*, nachweisbar, etwa ab 1460 auch in bürgerlichen Kreisen. Neben der mehrstimmigen vokal-instrumentalen geselligen Musik stand als Repertoire zumal die aus vokalen Sätzen in Tabulatur abgesetzte und die im 16. Jh. neue eigenständige Instrumentalmusik dem häuslichen Musizieren offen. Von Berufsmusikern (vor allem der → Kapelle) »darzubieten« war grundsätzlich die → Festmusik, die ihren repräsentativen Charakter durch den Aufwand an Mitteln und den hohen Einsatz an Kompositionskunst erhielt. In den als »Gesamtkunstwerken« angelegten Renaissance- und Barockfesten steigerten sich mit dem äußeren Glanz und der Sinnenhaftigkeit von poetischem Vorwurf, Szene und Dekoration (→ Madrigalkomödie, → Oper) die musikalischen Kräfte des Erfindens und Ausführens. Daß sich die späteren Gattungen des Concertos, das Concerto grosso und das Solokonzert, von einem Brauch der Aufführung und Besetzung zu einer kompositorischen Gattung mit ausgeprägten Formtypen verfestigte, ist wahrscheinlich nicht zuletzt auf die lebhafte Rezeption dieser »beeindruckenden« Musik in breiteren Kreisen zurückzuführen. Das »Ansprechen« des Hörers durch eine der Sprache nahestehende, ihr im Tonfall (→ Monodie) und in formalen Analogien (→ Figuren) entsprechende Musik war eine tiefgreifende Neuerung vor und nach 1600. Als Niederschlag der Spannung zwischen dem Neuen und seinen außerordentlichen Wirkungen einerseits und der Tradition andererseits ist die Diskussion um den → Stil (→ Prima pratica, → Seconda pratica) im 17. und 18. Jh. zu interpretieren; hier handelt es sich offenbar um einen Vorgang der Rationalisierung, um angesichts der Vermischung der Gattungen diese erneut auf die ihnen gemäßen Anlässe und Orte zu beziehen. Vor dem Hintergrund des seit 1600 datierenden Widerspiels zwischen – satztechnisch ausgedrückt – Kontrapunkt und Generalbaß und aus der besonderen Tradition des protestantischen europäischen Nordens (→ Musica poetica) sind noch die Biographie und das Schaffen J. S. Bachs und die Wirkungsgeschichte seiner Musik zu verstehen.

Die Oper mit den ihr zugebilligten, überaus reichen Mitteln an Formen und Freiheiten des Satzes war seit dem 17. Jh. nicht nur eine bevorzugte Gattung der Festmusik, sondern wurde auch intensiv vom Bürgertum rezipiert; seit den 1630er Jahren gab es stehende Theater (Venedig, Hamburg). In Anlehnung an die Öffentlichkeit der Oper entwickelte sich das → Konzert (– 2) als eigenständige Form bürgerlicher Musikveranstaltung. Dem Aufnahmevermögen der wachsenden Zahl von Liebhabern als zahlenden Konzertbesuchern oder als Käufern von Noten (die durch → Notendruck und -stich vervielfältigt wurden) trug der → Galante Stil Rechnung. In dessen melodisch-homophoner Anlage war brillante Konzertmusik ebenso möglich wie das leicht spielbare Stück für das häusliche Musizieren. Soweit sie sich dieser Mode unterwarfen, konnten Komponist und Virtuose sich wirtschaftlich von den herkömmlichen kirchlichen und ständischen Institutionen unabhängig machen. Noch in höfischen Bindungen standen die Mitglieder der → Berliner Schule, denen die Vermittlung zwischen dem Gelehrten und dem Galanten erstrebenswert war. In dem Leitbild eines »vermischten Geschmacks«, in den das Gute der herrschenden Nationalstile eingehen solle, damit *mit der Zeit ein allgemein guter Geschmack* entstehe, sah Quantz (Versuch XVIII, 87–89) die Vision einer Musik, die von *vielen Völkern* als vernünftigerweise beste akzeptiert werden könne. Sie wurde um die Wende des 18./19. Jh. verwirklicht in der Musik der Wiener Klassik. Die neue Simplizität, Beweglichkeit, Faßlichkeit und Lebendigkeit der Tonsprache verband sich hier mit höchster Qualität des musikalischen Satzes. Bei grundsätzlich gleicher formaler Anlage von Kammermusik und Symphonik (→ Sonate, → Sonatensatzform) liegt bei der ersteren – gemäß dem kleinen Kreis der Spieler und Hörer – das Schwergewicht auf Intensität und Fortschrittlichkeit der Satztechnik. Das → Streichquartett, in dem die Partner wie im Gespräch die Faktur des Satzes (→ Thematische Arbeit) bei jeder Ausführung gleichsam entstehen lassen, prägte die Sphäre des soziologisch neu orientierten Begriffs von Kammermusik gültig aus. Die Symphonik dagegen wendet sich an die Öffentlichkeit, die durch alle willigen Menschen ohne Ansehen der Nationalität und des Standes gebildet wird. Sie vermittelt in einer allgemeinverständlichen musikalischen Sprache die großen Ideen durch Ausdehnung der Form (Beethoven, 3. Symphonie), Vergrößerung des Apparates (9. Symphonie) oder Verwendung poetischer (tonmalerischer, programmatischer) Idiome (6. Symphonie). Die Fortsetzung der klassischen Symphonik, die → Programmusik und die → Symphonische Dichtung, rief die Problematik von Inhalt und Form (→ Ausdruck, → Formenlehre) hervor. Der Propagierung des Sujets dient in dieser Musik z. B. die psychologisierende Technik des Leitmotivs (auch in den symphonischen Oper) oder auch der durch Instrumentationseffekte hervorgekehrte Klang. Parallel zur ständigen Ausweitung des Aufführungsapparates und gleichzeitig mit dem Anwachsen der städtischen Bevölkerung im industriellen Zeitalter zieht sich durch das 19. Jh. die Suche nach neuer Exklusivität und Intimität. Am sublimsten hat sie sich in der typisch romantischen Gattung, dem Lied, niedergeschlagen, als neuentdecktes und in einem 2. oder 3. Dasein der Kunst zugängliches → Volkslied, als Kunstlied, als instrumentale Form (→ Lied ohne Worte) und als thematisches Gebilde in der Sonatensatzform. Das Streben nach Exklusivität mißlang der → Salonmusik und auf die Dauer auch der geselligen Chormusik (→ Liedertafel, → Singakademie); die Chorbewegung tendierte zu großen Besetzungen und allgemeiner Verbreitung (→ Sängerbünde). Der seit dem Sturm und Drang verstärkte Anspruch an die Komposition, neu und originell zu sein, ließ die Möglichkeit, für Kenner und Liebhaber gleichermaßen zu komponieren, schwinden. Als schwerwiegende Folgerung stellte sich darum nach 1830 die Abtrennung der Sphäre der → Unterhaltungsmusik ein.

Der Ausgleich zwischen populärem Idiom und kompositorischer Qualität wurde seit dem 19. Jh. nicht mehr erreicht, auch (mit Ausnahme etwa G. Mahlers) nicht mehr gesucht. Trotz der Organisation des Musiklebens durch → Gesellschaften und Vereine, trotz der Veranstaltung von → Festspielen und der literarischen Propagierung durch → Konzertführer und → Opernführer, der Möglichkeit dauernder Verfügung über Musik durch → Schallplatten und → Rundfunk seit den 1920er Jahren lassen sich das spätestens seit dem letzten Drittel des 19. Jh. zu beobachtende Schrumpfen des Repertoires und der Verlust des Publikums für die neuentstehende Musik nicht aufhalten. Der ungewöhnliche Erfolg der Wiederbelebung alter Musik, ermöglicht durch die Aufführungspraxis und Editionstechnik der Musikwissenschaft und mit eingeleitet durch die → Jugendbewegung, läßt die Befürchtung nicht ruhen, daß von einer Kulturindustrie dabei »falsches Bewußtsein« induziert wird. In dem Maße aber, in dem zur Qualität der Komposition immer radikaler deren Neuheit gehört, wird der Kritiker (→ Musikkritik) anstelle des Publikums zum Gegenüber des Komponisten. Ein Geschmackspluralismus beherrscht den kapitalistischen Musikbetrieb in demokratischen Staaten; und die Lenkung der Kultur im staatlich-gesellschaftlichen Interesse kennzeichnet die Musikpolitik marxistisch regierter Länder, die im Interesse eines »Realismus« (→ Intonation – 3) auch den Eingriff in die Arbeit des Komponisten (→ Prokofjew, → Schostakowitsch) für gerechtfertigt hält.

Lit.: M. Weber, Die rationalen u. soziologischen Grundlagen d. Musik, mit einer Einleitung v. Th. Kroyer, München 1921, ²1924, Neudruck u. a. in: M. Weber, Wirtschaft u. Ges. II, Tübingen ⁴1956, dazu u. a. A. Silbermann in: Kölner Zs. f. S. u. Sozialpsychologie XV, 1963; P. Honigsheim, Musik u. Ges., in: Kunst u. Technik, hrsg. v. L. Kestenberg, Bln 1930; ders., Musikformen u. Gesellschaftsformen, in: Die Einheit d. Sozialwiss., hrsg. v. G. Eisermann, Stuttgart 1955; Th. W. Adorno, Zur gesellschaftlichen Lage d. Musik, Zs. f. Sozialforschung I, 1932; ders., Über d. Fetischcharakter in d. Musik u. d. Regression d. Hörens, Zs. f. Sozialforschung VII, 1938, auch in: Dissonanzen, Göttingen 1956, ²1958; ders., Kulturkritik u. Ges., in: Soziologische Forschung in unserer Zeit, Fs. L. v. Wiese, Köln (1951); ders., Das Bewußtsein d. Wissens., Aufklärung d. 1952/53 (die letzten beiden Titel auch in: Prismen, Ffm. 1955, München ²1963); ders., Ideen zur Musiks., in: Klangfiguren, = Mus. Schriften I, Bln u. Ffm. (1959); ders., Mahler, Ffm. (1960); ders., Einleitung in d. Musiks., Ffm. 1962; ders., Thesen über Kunsts., Kölner Zs. f. S. u. Sozialpsychologie XIX, 1967, auch in: Ohne Leitbild, Ffm. 1967; W. Serauky, Wesen u. Aufgaben d. Musiks., ZfMw XVI, 1934; E. Preussner, Die bürgerliche Musikkultur, Hbg 1935, Kassel ²1950; E. Rebling, Die soziologischen Grundlagen d. Stilwandlung d. Musik in Deutschland um d. Mitte d. 18. Jh., Diss. Bln 1935; L. Balet, Die Verbürgerlichung d. deutschen Kunst, Lit. u. Musik im 18. Jh., Straßburg, Lpz. u. Zürich 1936; W. Gurlitt, J. S. Bach, Bln 1936, Kassel ⁴1958, engl. v. O. C. Rupprecht, St. Louis 1957; ders., J. S. Bach in seiner Zeit u. heute, Ber. über d. wiss. Bachtagung Lpz. 1950, Neudruck in: Mg. u. Gegenwart I, = BzAfMw I, Wiesbaden 1966; J. H. Mueller, Trends in Mus. Taste, Bloomington (Ind.) 1942; ders., The American Symphony Orch., ebenda 1951; ders., Fragen d. mus. Geschmacks, = Kunst u. Kommunikation VIII, Köln u. Opladen 1963; K. Blaukopf, Musiks., Köln u. Bln 1951; ders., Raumakustische Probleme d. Musiks., Gravesaner Blätter V, 1960; ders., Raumakustische Probleme d. Musiks., Mf XV, 1962; E. H. Meyer, Musik im Zeitgeschehen, Bln 1952; H. Mersmann, S. als Hilfswiss. d. Mg., AfMw X, 1953; C.-A. Moberg, The Function of Music in Modern Soc., STMf XXXVI, 1954; A. Silbermann, Introduction à une sociologie de la musique, Paris 1955; ders., Wovon lebt d. Musik?, Regensburg 1957, dazu H. Engel u. H. Reinhold in: Mf XI, 1958 – XII, 1959, u. Th. W. Adorno verschiedentl., Die Stellung d. Musiks. innerhalb d. S. u. d. Mw., Kölner Zs. f. S. u. Sozialpsychologie X, 1958, u. a. auch in: Ketzereien eines Soziologen, Wien u. Düsseldorf 1965; H. Reinhold, Grundverschiedenheiten mw. u. soziologischen Denkens, Kgr.-Ber. Hbg 1956; P. R. Farnsworth, The Social Psychology of Music, NY 1958; H. Besseler, Umgangsmusik u. Darbietungsmusik im 16. Jh., AfMw XVI, 1959; G. Knepler, Mg. d. 19. Jh., 2 Bde, Bln 1961; H. Engel, W. Wiora, G. v. Dadelsen, G. Reaney, Fr. B. Zimmermann, J. Buzga, P. M. Young, Fr. W. Riedel u. L. Finscher in: Kgr.-Ber. Kassel 1962; K. Berger, Die Funktionsbestimmung d. Musik in d. Sowjetideologie, = Philosophische u. soziologische Veröff. d. Osteuropa-Inst. an d. Freien Univ. Bln IV, Bln 1963; K. G. Fellerer, S. d. Kirchenmusik, = Kunst u. Kommunikation IX, Köln u. Opladen 1963; T. Kneif, Die geschichtlichen u. sozialen Voraussetzungen d. mus. Kitsches, DVjs. XXXVII, 1963; ders., Der Gegenstand musiksoziologischer Erkenntnis, AfMw XXIII, 1966; ders., Gegenwartsfragen d. Musiks., Ein Forschungsber., AMl XXXVIII, 1966; W. Wiora, Komponist u. Mitwelt, = Mus. Zeitfragen VI, Kassel 1964; U. Eckart-Bäcker, Der Einfluß d. Positivismus auf d. frz. Musikkritik im 19. Jh., in: Beitr. zur Gesch. d. Musikkritik, hrsg. v. H. Becker = Studien zur Mg. d. 19. Jh. V, Regensburg 1965; R. Heinemann, Untersuchungen

zur Rezeption d. seriellen Musik, Diss. Köln 1966; W. F. KORTE, De Musica, Tutzing 1966; CHR.-H. MAHLING, Zur S. d. Chorwesens, in: Fs. J. Müller-Blattau, = Saarbrücker Studien zur Mw. I, Kassel 1966.
P. MARSOP, Die soziale Lage d. deutschen Orchestermusiker, Bln u. Lpz. 1905; L. KRIEGER, Die soziale Lage d. Theatermusiker, Diss. Heidelberg 1913; R. THIELECKE, Die soziale Lage d. Berufsmusiker in Deutschland u. d. Entstehung, Entwicklung u. Bedeutung ihrer Organisationen, Diss. Ffm. 1921, maschr.; K. LINDEMANN, Der Berufsstand d. Unterhaltungsmusiker in Hbg, = Volk u. Gemeinschaft III, Hbg 1938; C. ANTHON, Some Aspects of the Social Status of Ital. Musicians During the Sixteenth Cent., Journal of Renaissance and Baroque Music I, 1946/47; G. MATERNE, Die sozialen u. wirtschaftlichen Probleme d. Musikers, München 1953; W. L. WOODFILL, Musicians in Engl. Soc. from Elizabeth to Charles I., = Princeton Studies in Hist. IX, Princeton (N. J.) u. London 1953; W. SALMEN, Die Schichtung d. ma. Musikkultur in d. ostdeutschen Grenzlage, = Die Musik im alten u. neuen Europa II, Kassel 1954; DERS., Der fahrende Musiker im europäischen MA, ebenda IV, 1960; DERS., Die soziale Geltung d. Musikers in d. ma. Ges., = Studium generale XIX, 1966; S. DRINKER, Die Frau in d. Musik, Zürich 1955; A. SCHAEFFNER u. Y. DE BROSSARD in: Les Colloques de Wégimont III, 1956, Ethnomusicologie II, = Bibl. de la Faculté de philosophie et lettres de l'Univ. de Liège, Fasc. CLVII, Paris 1960; H. FEDERHOFER, Der Musikerstand in Österreich v. ca. 1200 bis 1520, Deutsches Jb. d. Mw. III (= JbP L), 1958; H. ENGEL, Musik u. Ges., Bln u. Wunsiedel (1960); R. KÖNIG u. A. SILBERMANN, Der unversorgte selbständige Künstler, Köln u. Bln 1964; FR. LESURE, Musik u. Ges. im Bild, Kassel 1966.

Sp (*Sp*), Abk. für Subdominantparallele (Funktionsbezeichnung nach Riemann).

Spanische Musik. Aus vorgeschichtlicher Zeit gibt es Felsmalereien mit Tanzszenen; in der griechisch-iberischen Keramik finden sich Tanzszenen und Instrumente aus dem 5.–3. Jh. v. Chr. Spuren antiker Musikkultur lassen sich in Tänzen und Volksliedern der verschiedenen Landschaften Spaniens feststellen. – Wie die profane Musik vom Rom der Kaiserzeit beeinflußt war, so stand auch die religiöse Musik in der Spätantike und bis ins 7. Jh. in stetiger Wechselwirkung mit der liturgischen Kunst der römischen, mailändischen, gallikanischen und afrikanischen Kirche. Spanien kannte die Neumenschrift mindestens ab dem 7. Jh.; die der Kirche von Toledo gilt als die älteste des Abendlandes. Als frühestes erhaltenes Zeugnis ist ein um 700 in Tarragona geschriebenes Orationale mit Neumen am Blattrand anzusehen (Verona, Bibl. Capitolare, Cod. LXXXIX). Aus dem 9.–11. Jh. sind etwa 20 weitere Handschriften mit Musik der westgotisch-mozarabischen Liturgie erhalten. Unter ihnen ragt das Antiphonarium von León hervor, das zu Anfang des 10. Jh. von einem gewissen Aia abgeschrieben wurde. Die Texte der Liturgie sowie die wenigen Melodien, die sich in mündlicher Tradition erhalten haben (sie wurden um 1500 aufgezeichnet in den Cantorales Cisneros, Toledo) oder auch von anderen alten Melodien beeinflußt sind, zeigen ausgeprägte Dramatik und volkstümlichen Ton. Unter den musikalischen Formen der spanischen Liturgie sind namentlich die Alleluia prolixa zu nennen, die bis zu 300 Töne enthalten und in der Messe wie auch in der Vesper gesungen wurden; sie erinnern an die Melodiae longissimae, die von Notker erwähnt werden. Der Hymnus *Piis edite laudibus* mit dem Refrain *Alleluia perenne* (7. Jh.) ist in Spanien entstanden. Die westgotischen Preces, eine besondere Form archaischer Poesie, können als Vorläufer der Sequenzen angesehen werden. Die Verwendung der volkstümlichen Formen des liturgischen Gesanges (Tropen, Sequenzen, Conductus, rhythmische Offizien und das liturgische Drama) begann in der Provinz Tarragona, deren Klöster in enger Beziehung zu der musikalisch-liturgischen Kultur Frankreichs standen. – Die älteste nichtliturgische, mit Musik überlieferte lateinische Lyrik ist das Werk des Eusebius von Toledo und des Isidorus von Sevilla (7. Jh.). Den einstimmigen lateinischen Planctus auf den Tod eines Königs pflegte Kastilien bereits seit dem 7. Jh. Wenn auch keine authentische Melodie der hebräisch-arabischen Kultur des mittelalterlichen Spaniens erhalten ist, so haben Juden und Araber doch mit Sicherheit bedeutenden Anteil an der Entwicklung der spanischen musikalischen Lyrik. Die Jarÿas, in der Muwaschaa-Lyrik der hebräisch-arabischen Dichtung erhalten, sind profane Lieder volkstümlichen Charakters und schon fast 100 Jahre vor dem Erscheinen der Trobadorlyrik entstanden. Spanien pflegte dank der Familienbeziehungen der Herrscherhäuser von Kastilien, Aragonien und Navarra zu denjenigen von Frankreich, England und Deutschland einen regen musikalischen Austausch mit diesen Ländern. Es assimilierte frühzeitig die 1st. Lyrik der Provence und Nordfrankreichs. In den Cantigas de amigo (Frauenlieder) der galicisch-portugiesischen Lyrik des 13. Jh. finden sich frühe Beispiele profaner Einstimmigkeit (10 Melodien). Die mit Musik überlieferten → Cantigas de S. María König Alfons' des Weisen (1252–84), des Sohnes Ferdinands III. und der Beatrix von Schwaben († 1235), bilden ein bedeutendes, von der Trobadorlyrik unterschiedenes Repertoire. – Virgilius Cordubensis berichtet in seiner *Philosophia* (11. Jh., arabisch, erhalten nur in einer 1290 datierten lateinischen Übersetzung), daß es in der hohen Schule von Córdoba zwei Lehrer für mehrstimmige Musik gab: *et duo legebant de musica et ista arte quae dicitur organum*). Aus dem 12. Jh. sind die Musik von Santiago de Compostela (→ Quellen: *Calixtinus*-Kod.) und die Schule von Tarragona bekannt. Im 13. Jh. gab es mehrere Zentren mehrstimmiger Musikpflege: in Kastilien die Kathedrale von Toledo, eine Art Tochterschule von Notre-Dame in Paris, deren Codex in Madrid (*Ma*) aufbewahrt wird; ferner das Kloster Las Huelgas (*Hu*) in Burgos und die Universität in Salamanca; in Katalonien die Abteien Ripoll und Scala Dei und die Kathedrale von Tortosa; für Navarra sei auf das Zeugnis des englischen Anonymus IV (CS I, 345a, 349b) verwiesen. Die königlichen Kapellen von Kastilien, Aragonien und Navarra sowie die bedeutenderen Zisterzienserklöster standen während des 14. Jh. unter dem Einfluß der päpstlichen Kapelle von Avignon. Sänger und Musiker aus Deutschland, Österreich, Frankreich und den Niederlanden mußten das Repertoire sakraler und profaner Musik ihrer Heimatländer mitbringen. Die Handschriften zeigen, daß die sakrale Musik aus der Provence (Avignon) kam, während die profane Musik auf einen lebhaften Austausch mit Frankreich deutet. Im *Llibre Vermell* von Montserrat sowie in einigen Fragmenten in Barcelona und Gerona sind Beispiele der mehrstimmigen Musik der Ars nova enthalten. In Montserrat wurden auch sakrale Tänze von den Pilgern aufgeführt. Im 15. Jh. entstand eine einheimische Schule mehrstimmiger weltlicher und religiöser Musik. Die Hofhaltung Alfons' des Großmütigen von Neapel (1443–58) und seiner Nachfolger, die Heirat Isabellas von Portugal mit Herzog Philipp dem Guten von Burgund (1430), die päpstliche Kapelle in Rom, der Hof der Sforza in Mailand usw. bewirkten einen lebhaften musikalischen Austausch Spaniens einerseits mit Frankreich und Burgund, andererseits mit Italien. Am Hof Alfons' des Großmütigen in Neapel finden sich die Anfänge des mehrstimmigen spanischen Liedes, zu dessen frühesten Quellen das Ms. Montecassino 871 mit Sätzen von Cornago und Oriola gehört. Ferdinand V. in Katalonien und

Spanische Musik

Aragonien sowie Königin Isabella von Kastilien bildeten zum erstenmal in Spanien Kapellen, die ausschließlich aus einheimischen Musikern bestanden. Beim Tode der Königin (1504) wählte der König die besten Musiker aus, gliederte sie der Kapelle von Aragonien ein und schuf so die königliche Kapelle Spaniens, die ihren Höhepunkt während der Regierung Philipps II. hatte. Die religiöse und weltliche mehrstimmige Musik erscheint hier bereits mit der der spanischen Musik eigenen Einfachheit der Formen und ungekünstelten Technik. Spanische Komponisten dieser Epoche waren Urreda, J. de Anchieta, P. de Escobar, J. del Encina, A. de Alba, Fr. de Peñalosa u. a. Unter der Herrschaft des Hauses Habsburg öffneten sich ihnen jetzt die Grenzen. Karl V., Gönner der franko-flämischen Kunst, liebte zwar die spanische Polyphonie und Instrumentalmusik, aber ihr eigentlicher Mäzen im 16. Jh. war sein Sohn Philipp II. Unter den nationalen Schulen waren die von Andalusien und Kastilien die bedeutendsten. Chr. Morales, F. de las Infantas und Fr. Guerrero ragen in der andalusischen Schule hervor; J. Escribano, B. Ribera, P. de Pastrana, J. García de Basurto, A. de Cabezón, T. L. de Victoria und A. de Tejeda sind die berühmtesten der kastilianischen Schule; A. Marlet, M. Flecha sen. und jun. und Brudieu zeichnen sich in der katalanischen aus, M. Robledo, N. Zorita und Cáceres in der aragonischen sowie J. G. Pérez in der valencianischen. Die hervorragendsten Meister der sakralen Polyphonie waren Peñalosa, Escobar und Morales, dessen Ruf am weitesten über Spaniens Grenzen hinausdrang, ferner Vila, Guerrero, Brudieu und Victoria, der von der mystisch-dramatischen Kunst des Morales herkommt, nur noch verfeinert in der Schule Palestrinas. – Die profane Musik ist enthalten in den → Cancioneros und den Sammlungen von Madrigalen, Villancicos und Sonetten. In seinen Ensaladas wußte der Katalane M. Flecha die komische Note mit der dramatischen und die ironische mit einer Lektion praktischer Moral zu verquikken. Vila mit seinen geistlichen Madrigalen, J. Vasquez mit seinen Canciones, Villancicos und Sonetten, Fr. M. Flecha und Brudieu mit ihren Madrigalen, Fr. Guerrero mit seinen Canciones und Villanescas, Ceballos, Navarro u. a. bilden einen Kreis von Komponisten profaner Musik, die sich am Volkslied der Landschaften der iberischen Halbinsel inspiriert haben. Meister der Orgelmusik waren A. de Cabezón, führend in der kirchlichen Orgelmusik und in der Kunst der Variation im Europa des 16. Jh., ferner Vila, F. de Soto und B. Clavijo del Castillo. In der Musik für Vihuela von Milán, L. de Narváez, E. de Valderrábano, M. de Fuenllana, Daza und in den Glosas für Viola da gamba von Ortiz finden sich die ersten Beispiele der instrumentalen Variation, der Tientos und Fantasías. Als Musiktheoretiker sind zu erwähnen der blinde Salinas, Bermudo und Fray Tomás de Santa María. Das Fehlen eines großzügigen Druckwesens in Spanien erklärt den Verlust eines großen Teiles der Musik des 16.–18. Jh. Die Meister pflegten bis zur Mitte des 17. Jh. den Stil der → Römischen Schule in Messen, Psalmen und Hymnen und zur gleichen Zeit den neuen Stil in den Villancicos, Kantaten, Tonos und Chansonnettes.

Madrid wurde nach Verlegung des spanischen Hofes dorthin unter Philipp II. zum Umschlagplatz der Sp.n M. In der Kirchenmusik ragte die königliche Kapelle hervor mit Meistern wie Romero (Maestro Capitán), Patiño, J. P. Roldán und Cr. Galán. Kastilien brachte Komponisten wie Esquivel de Barahona, J. Ruiz de Robledo und S. López de Velasco hervor. In Katalonien wirkten Kapellmeister wie J. Pujol, J. Verdalet, Albareda, A. Font, L. Molins, M. Selma, L. Torras, J. Raduá sowie Fr. Soler und J. Marqués. In der Chorschule von Montserrat erscheinen J. Marqués, D. Roca, Fr. López und Cererols, in Aragonien Komponisten wie Aguilera de Heredia, Pontac, Ruimonte und Babán, in Valencia J. B. Comes, J. Navarro und Fr. de la Torre. Im Jahrhundert der Oper, der Zarzuela, der Tonos humanos, Villancicos, Madrigales, Canciones, Letras, Sonetos, Sonadas, Cantares de Sala, Cuatros de empezar schufen am Hofe von Madrid während der Regierung Philipps III. († 1621) und Philipps IV. Komponisten wie Romero und seine Nachfolger J. Blas de Castro, G. Díaz, J. Palomares profane Musik; sie alle vertonten Werke Lope de Vegas. Die Musik für Tasteninstrumente setzte die Tradition des vorhergehenden Jahrhunderts fort mit der *Facultad orgánica* (Alcalá 1626) des Correa de Arauxo und mit den Werken von Jiménez, Baseya, de la Torre, P. Bruna, P. Ferr. Espelt. Unter ihnen ragt Cabanilles von Valencia hervor, der eine Gruppe von Schülern heranbildete. Die spanische Orgel hatte bis zum 18. Jh. ein Pedal von nur etwa 9 Tasten. Deshalb wirkt die spanische Orgelmusik etwa 50 Jahre älter als sie tatsächlich ist. Die Vihuela, bisher das höfische Instrument des Landes, verschwand im gleichen Jahrhundert zugunsten der Gitarre. – Literes, J. de Nebra, R. de Hita vertraten die spanische Tradition im 18. Jh., während Durón, J. de Torres y Martínez Bravo und vor allem der Barcelonese Valls sich als mutige Erneuerer zeigten. Die Katalanen J. Casellas, J. Rosell und F. Juncá in Toledo, zusammen mit P. Aranaz y Vides und J. Pérez Roldán, bemühten sich, die spanische Kirchenmusik zu retten; dazu kamen u. a. J. Durán, Schüler Durantes in Neapel, J. Pujol, F. Queralt, L. Serra und J. Teixidor. Das Villancico und das Oratorio, beide mit kastilischem Text, fanden allenthalben Eingang. Die Katalanen J. Elias, A. Martín y Coll, Lidón von Salamanca und J. Moreno y Polo von Tortosa für Orgel, F. Menalt und A. Soler für Kammermusik sind die hervorragendsten Vertreter der Instrumentalmusik. D. Scarlatti, der 1729–57 am Hofe von Madrid die Klaviersonate erneuerte, Fr. Corselli, der »kastilische Händel« italienischer Herkunft, mit seinen Messen, Kantaten, Motetten, Boccherini mit seinen Quintetten und anderer Kammermusik auf kastilische Liedthemen erlangten Ruhm. – Im 17. Jh. schrieben Calderón und Lope de Vega spanische Opernlibretti; als Komponist ist hier Hidalgo zu nennen. Auch die Autos sacramentales enthalten gesungene Einlagen. Mit der Herrschaft der Bourbonen hielt die italienische Oper ihren triumphalen Einzug in Spanien während der ersten Regierungsjahre Philipps V. Der Kampf zwischen einheimischen und italienischen Künstlern dauerte lange Jahre; trotz des hartnäckigen Widerstandes von Nebra, Literes und R. de Hita obsiegte die italienische Oper. Um den italienischen Einfluß auf das spanische Theater einzudämmen, schuf Misón die Tonadilla escénica. – Im 19. Jh. beherrschte Rossinis Musik Spanien. 1830 gründete die Königin Maria Cristina das Konservatorium von Madrid, dessen Lehrer P. Albéniz, R. Carnicer und Saldoni italienisch orientiert waren. Mit Eslavas Sammlung *Lira sacro hispana* (Madrid 1859ff.) begann die musikgeschichtliche Forschung in Spanien; ihm folgen Fr. A. Barbieri und Pedrell. Barbieri wirkte mit dem Orchester der Sociedad de Conciertos, dessen Leitung dann J. de Monasterio übernahm. Barbieri und Arrieta y Corera bemühten sich, die → Zarzuela neu zu beleben; Bretón schuf die Oper im spanischen Stil, worin ihm Chapí y Lorente und Pedrell folgten. In Katalonien schrieben der Gitarrist Sor und K. Baguer Opern für das Theater in Barcelona; nach 1830 waren M. Ferrer, Carnicer und R. Vilanova führend im Musikleben Spaniens. 1838 wurde das Konservatorium von Barcelona gegründet. Clavé ist im soziologisch-künstlerischen

Sinn der Gründer der katalonischen Chöre. Pedrell begann im großen Stil die Kirchenmusik zu erneuern und eine auf den Volksgesang gestützte nationale Oper zu schreiben. Albéniz, E. Granados, A. Vives und Nicolau sind die führenden Komponisten des 19. Jh. und des beginnenden 20. Jh. in Katalonien.

In der 2. Hälfte des 19. Jh. wurde von der reichen spanischen Volksmusik auch außerhalb der iberischen Halbinsel mehr bekannt, nicht zuletzt durch russische und französische Komponisten, die wie Glinka, Cui, Bizet, Chabrier, Debussy und Ravel den Reiz des spanischen Kolorits entdeckten. In der musikalischen Folklore Spaniens sind Lied und Tanz eng verbunden. Im Ausland wird die Volksmusik Andalusiens als typisch für das ganze Land angesehen, besonders der Cante jondo (Flamenco), daneben, zu Gitarre und Pandero, die Malagueña, der Zapateado und Jaleo sowie die Saeta. Von der andalusischen Musik ebenso wie von dem Siglo d'oro der spanischen Musikgeschichte zeigte sich Spaniens bedeutendster Musiker des 20. Jh., M. de Falla, angeregt. Seine Stellung als nationaler Komponist ist mit der des Ungarn Bartók vergleichbar. Kastilien ist das Land der Romances, verbreitet ist der Rundtanz Rueda. In Katalonien hat die eigenartige Sardana ihre Heimat, die von der Coblakapelle gespielt wird; aus Aragon stammt die Jota. Das wichtigste Volksinstrument Galiciens ist der Dudelsack Gaita, der bekannteste Tanz der Alalá. Das charakteristische Instrument der Basken zwischen Frankreich und Spanien ist der Txistu, die bekanntesten Tänze sind der Aurresku und der Zortziko.

Ausg. u. Lit.: → Cancionero, → Cantigas, → Denkmäler, → Mozarabischer Gesang, → Romanze.

Ausg.: Les luthistes espagnols du XVIe s., hrsg. v. G. MORPHY, Lpz. 1902; Ant. de organistas clásicos españoles, hrsg. v. F. PEDRELL, 2 Bde, Madrid 1905–08; Cancionero mus. popular español, hrsg. v. DEMS., 4 Bde, Valls 1918–22, Neudruck in 2 Bden 1936; La tonadilla escénica, hrsg. v. J. SUBIRÁ, 4 Bde, Madrid 1928–32; Ant. mus., hrsg. v. J. B. ELÚSTIZA u. G. CASTRILLO, Barcelona 1933; Treinta canciones de Lope de Vega, hrsg. v. J. BAL, Madrid 1935; Oracional visigodo, hrsg. v. J. VIVES u. J. CLAVERAS, = Monumenta Hispaniae Sacra, Series Litúrgica I, Madrid u. Barcelona 1946; Antifonario visigótico mozárabe de la Catedrál de León, I: Faks., II: Text, hrsg. v. L. BROU OSB u. J. VIVES, ebenda V, 1 u. 2, 1953 u. 1959; Ant. polifónica sacra, hrsg. v. S. RUBIO, 2 Bde, Madrid 1954–56. – Cantos y bailes populares de España, hrsg. v. J. INZENGA, Madrid 1888; Cançoner popular, hrsg. v. A. CAPMANY, 2 Bde, Barcelona 1903–13; Cançons i joes de la infantesa, hrsg. v. DEMS. u. F. BALDELLÓ, ebenda 1923; Cancionero popular de Burgos, hrsg. v. F. OLMEDA, Sevilla 1903; Cancionero salmantino, hrsg. v. D. LEDESMA, Madrid 1907; Colección de canciones populares de la provincia de Santander, hrsg. v. R. CALLEJA, Madrid 1923; L'obra del Cançoner popular de Catalunya, hrsg. v. J. LLONGUERAS, 3 Bde, Barcelona 1926–29; Colección de cantos populares de la provincia de Teruel, hrsg. v. M. ARNAUDAS LARRODÉ, Madrid 1927; Ant. de cantos populares españoles, hrsg. v. A. MARTÍNEZ, Madrid 1930; Cancionero popular de Extremadura, hrsg. v. B. GIL, 2 Bde, I Valls 1931, II Badajoz 1956; El cançoner de Pineda, hrsg. v. S. LLORENS, Barcelona 1931; Cançoner religios de Catalunya, hrsg. v. F. BALDELLÓ, ebenda 1932; Cançons de tot arreu, hrsg. v. DEMS., ebenda 1936; Cancionero mus. de Galícia, hrsg. v. L. M. FERNÁNDEZ ESPINOSA, Pontevedra 1940; Cancionero mus. de Galícia, hrsg. v. C. SAMPEDRO Y FOLGAR, ebenda 1940; Folk Music and Poetry of Spain and Portugal, hrsg. v. K. SCHINDLER, NY 1941; Nuevo cancionero salmantino, hrsg. v. A. SÁNCHEZ FRAILE, Salamanca 1943; Lírica popular de la alta Extremadura, hrsg. v. M. CARCÍA MATOS, Madrid 1944; La música dels Goigs, hrsg. v. J. AMADES, Barcelona 1947; Das span. Volkslied zur Gitarre, hrsg. v. V. AMON, Wien 1948; Cancionero mus. popular manchego, hrsg. v. P. ECHEVARRÍA BRAVO, Madrid 1951; La canción popular en el tiempo de los Reyes Católicos, hrsg. v. A. DE LARREA PALACÍN, Madrid 1952.

Lit.: J. PENA u. H. ANGLÈS, Diccionario de la música Labor, 2 Bde, Barcelona 1954; AM, Barcelona seit 1946. – M. SORIANO FUERTES, Hist. de la música española, 5 Bde, Madrid u. Barcelona 1855–59; H. COLLET, Le mysticisme mus. espagnol au 16e s., Paris 1913; O. URSPRUNG, Musikkultur in Spanien, in: Hdb. d. Spanienkunde, hrsg. v. P. Hartig u. W. Schellberg, Ffm. 1922; DERS., »Celos...« ... d. älteste erhaltene span. Oper, Fs. A. Schering, Bln 1937; R. MENÉNDEZ PIDAL, Poesía juglaresca y juglares, = Publicaciones de la Revista de filología española VII, Madrid 1924, 61957; DERS., Poesía árabe y poesía europea, Madrid 1941, 31946; J. BR. TREND, The Music of Span. Hist., = Hispanic Notes and Monographs X, London 1926; A. SALAZAR, La música contemporánea en España, Madrid 1930; DERS., La música de España, Buenos Aires 1953; H. SPANKE, Die Theorie Riberas..., in: Volkstum u. Kultur d. Romanen III, 1930; H. ANGLÈS, Die span. Liedkunst im 15. u. am Anfang d. 16. Jh., Fs. Th. Kroyer, Regensburg 1933; DERS., Hist. de la música española, in: J. Wolf, Hist. de la música, span. Barcelona 1934, 41957; DERS., Mus. Beziehungen zwischen Deutschland u. Spanien..., AfMw XVI, 1959; DERS., Austausch deutscher u. span. Musiker..., in: Span. Forschungen d. Görresges. I, 16, Münster i. W. 1960; DERS., Die Rolle Spaniens in d. ma. Mg..., ebenda I, 19, 1962; DERS., Die Instrumentalmusik bis zum 16. Jh. in Spanien, in: Natalicia Musicologica, Fs. Kn. Jeppesen, Kopenhagen 1962; DERS., Mus. Beziehungen zwischen Österreich u. Spanien..., StMw XXV, 1962; DERS., Spanien in d. Mg. d. 15. Jh., Fs. J. Vincke, Madrid 1962; DERS., Alfonso V d'Aragona mecenate della musica ..., in: Liber Amicorum, Fs. Ch. Van den Borren, Antwerpen 1964; DERS., Relations épistolaires entre C. Cui et Ph. Pedrell, Fontes artis musicae XIII, 1966; W. APEL, Early Span. Music for Lute and Keyboard Instr., MQ XX, 1934; DERS., Neapolitan Links Between Cabezón and Frescobaldi, MQ XXIV, 1938; DERS., Span. Organ Music of the Early 17th Cent., JAMS XV, 1962; A. R. NYKL, L'influence arabe-andalouse sur les troubadours, Bull. hispanique XLI, (Bordeaux) 1939; DERS., Hispano-Arabic Poetry..., Baltimore 1946; G. CHASE, The Music of Spain, NY 1941; 21959, span. v. J. Pahissa, Buenos Aires 1943; M. S. KASTNER, Contribución al estudio de la música española y portuguesa, Lissabon 1941; E. WERNER u. I. SONNE, The Philosophy and Theory of Music in the Judaeo-Arabic Lit., Hebrew Union College Annual XVI/XVII, 1941–1942/43; A. GARCÍA BELLIDO, Música, lit. y danza en los pueblos primitivos de España, Revista de ideas estéticas I, 1943; J. SUBIRÁ, Hist. de la música, 2 Bde, Barcelona 1947, in 4 Bden 31958; DERS., Hist. de la música española e hispano-americana, Barcelona 1953, deutsche Bearb. v. A.-E. Cherbuliez, Zürich u. Stuttgart (1957); DERS., La musique espagnole, frz. v. M. Jouve, = Que sais-je? Nr 923, Paris 1959, japanisch Tokio 1961; S. M. STERN, Les vers finaux en espagnol dans les muwaššahs hispano-hébraïques, Al-Andaluz XIII, 1948; DERS., Les chansons mozarabes, Palermo 1953; P. LE GENTIL, La poésie lyrique espagnole et portugaise à la fin du moyen âge, 2 Bde, Rennes 1949–52; A. FERNÁNDEZ-CID, Panorama de la música en España, Madrid 1950; E. GARCÍA GÓMEZ, La lirica ispano-arabica e il sorgere della lirica romanza, Atti del XII congresso »Volta«, Rom u. Florenz 1956, span. in: Al-Andaluz XXI, 1956; F. J. GÓMEZ, Los problemas de la ópera española, = Discurso de ingreso en la Real Acad. de bellas artes de San Fernando, Madrid 1956; A. RONCAGLIA, La lirica arabo-ispanica e il sorgere della lirica romanza..., in: Convegno di scienze morali stor. e filologiche, Rom 1956; H. HARDER u. BR. STÄBLEIN, Neue Fragmente mehrst. Musik aus span. Bibl., Fs. J. Schmidt-Görg, Bonn 1957; F. SOPEÑA, Hist. de la música española contemporánea, Madrid 1957; Miscelánea en homenaje a H. Anglés, 2 Bde, Barcelona 1958–61 (in Bd I Verz. d. Schriften u. Ausg. v. Anglès); N. BRIDGMAN, Charles-Quint et la musique espagnole, Rev. de Musicol. XLIII/XLIV, 1959; KL. HEGER, Die bisher veröffentlichten Hargas u. ihre Deutung, Diss. Tübingen 1960; R. M. STEVENSON, Span. Music in the Age of Columbus, Den Haag 1960; DERS., Span. Cathedral Music in the Golden Age, Berkeley u. Los Angeles 1961; M. VALLS, La música española después de M. de Falla, Madrid 1962; G. HABERKAMP, Die weltliche Vokalmusik d. 15. Jh. in Spanien, Diss. München 1964, maschr. HIA

spartire (ital.), in → Partitur setzen. Spartieren nennt man das Zusammensetzen einer Partitur aus gedruckten oder geschriebenen Einzelstimmen. Die so erstellte Umschrift heißt (umgangssprachlich) Sparte.

Spektrum → Frequenzspektrum.

Sperrventil ist in der mechanisch gesteuerten Orgel (Schleifladenorgel) eine Vorrichtung, die den Zugang des Windes zu den einzelnen Windladen absperrt (→ Ventil – 1). Das Sp. wird vom Spieltisch aus durch Registerzüge oder Tritte betätigt, um bei Schäden an einer Pfeifenreihe oder Windlade »Durchstecher« (»heulende Pfeifen«, die nicht ertönen sollen) auszuschalten.

Speyer.
Lit.: Chorregel u. Jüngeres Seelbuch d. alten Speierer Domkapitels, hrsg. v. K. v. BUSCH u. FR. X. GLASSCHRÖDER, 2 Bde, Sp. 1923–26; L. EID, Zur Gesch. d. alten Sp.er Dommusik, Musica sacra LXIII, 1933; J. E. GUGUMUS, Der Erbauer d. großen Sp.er Domorg.... 1454, Arch. f. mittelrheinische Kirchengesch. VIII, 1956; G. PIETZSCH, Orgelspiel u. Orgelbauer in Sp. vor d. Reformation, AfMw XIV, 1957.

Sphärenharmonie heißt jener Bereich der Musica mundana (→ Musica), der sich in den proportional geordneten Bewegungen und gegenseitigen Entfernungen der Gestirne (besonders der Planeten) bzw. Sternkreise (Sphären) manifestiert. Auf der Vorstellung, daß Welt- und Tonsystem einander abbildhaft entsprechen, und auf der Erfahrung, daß durch Bewegung Töne entstehen, beruht die Annahme der Pythagoreer, daß auch die Gestirne bei ihrer Bewegung Töne hervorbringen. Je nach zugrunde gelegtem astronomischem System sollten diese Töne (die sogenannte »Sphärenmusik«) dem chromatischen (Censorinus, *De die natali* XIII) oder diatonischen (Boethius, *De institutione musica* I, 27) Klanggeschlecht angehören. Die Tatsache, daß jene Töne nicht hörbar waren, wurde von Aristoteles (»De caelo« II, 9) darauf zurückgeführt, daß sich die Sphären zusammen mit den in ihnen liegenden Gestirnen drehen, so daß eine Töne hervorbringende Reibung nicht entstehen könne. Anders argumentierte Macrobius (Kommentar zu Ciceros *Somnium Scipionis* II, 4): *maior sonus* [nämlich der Sphärenbewegung] *est quam ut humanarum aurium percipiatur angustiis*. In der christlichen Literatur tritt die Diskussion über die Klangrealität der Sph. zunächst zurück. Die verbreitete Vorstellung vom gemeinsamen Schöpferlob der Himmelskörper und Engel scheint sie vorauszusetzen. Die Terminologie dieses Lobpreises entstammt ganz der liturgisch-musikalischen Praxis: die »Musik« beider heißt concentus (*concentus coeli*, Aurelianus, GS I, 40b, nach Hiob 38, 37, bzw. *concentus angelorum*, so noch Marchettus von Padua, GS III, 66a). Mit Musica coelestis wird in der Regel nur das abstrakt-mathematische Ordnungsprinzip bezeichnet, wie es besonders ausgeprägt unter den Gestirnen waltet. Erstmals verstand Jacobus Leodiensis (*Speculum musicae* I, 11ff.; CSM III, I, 37ff.) unter Musica coelestis auch den dieses Ordnungsprinzip realisierenden Gesang der Engel, für den das späte Mittelalter jedoch auch die Bezeichnung Musica angelica geprägt hat. Die Frage nach der Klangrealität der Sph. wurde erst nach dem Bekanntwerden der Aristoteles-Schriften im 13. Jh. wieder kritisch aufgegriffen und nun zugleich verbunden mit der grundsätzlichen Frage nach der Relevanz der Sph. für die Musiklehre, die sich in wachsendem Maße spekulativen Gedanken verschloß. Johannes de Grocheo (ed. Rohloff, S. 46) stellte die skeptische Frage: *Quis enim audivit complexionem sonare?*, die Adam von Fulda beantwortete, indem er die gesamte Musica mundana aus dem Aufgabenbereich des Musicus löste: *hoc genus considerant mathematici* (GS III, 333a). Bei den Mathematici (Astronomen) blieb die Lehre von der Sph. (die spezielle Frage der Sphärenmusik hatte jegliche Bedeutung verloren) bis in den Barock lebendig: noch J. Kepler (*Harmonices mundi* V, 4) demonstrierte an den heliozentrischen Winkelgeschwindigkeiten die Harmonia der Planetenbewegung.

Lit.: D. BLAESING, De sphaerarum coelestium symphonismo, Diss. Königsberg 1705; A. BÖCKH, Über d. Bildung d. Weltseele im Timäos d. Platon, in: C. Daub u. Fr. Creuzer, Studien III, Ffm. u. Heidelberg 1808, auch in: Kleine Schriften III, Bln 1866; A. v. THIMUS, Die harmonicale Symbolik d. Altertums, 2 Bde, Köln 1868–76; W. FÖRSTER, J. Kepler u. d. Harmonie d. Sphären, Bln 1876; C. v. JAN, Die Harmonie d. Sphären, Philologus LII, 1894; H. ABERT, Die Musikanschauung d. MA u. ihre Grundlagen, Halle 1905, Nachdruck Tutzing 1964; U. v. WILAMOWITZ-MOELLENDORFF, Die Harmonie d. Sphären, in: Reden aus d. Kriegszeit, Bln 1915; E. FRANK, Plato u. d. sogenannten Pythagoreer, Halle 1923; W. GROSSMANN, Die einleitenden Kap. d. Speculum Musicae, = Slg mw. Einzeldarstellungen III, Lpz. 1924; O. FLEISCHER, Die Sphärenmusik, Vossische Zeitung, Bln, 10. 4. 1925; W. HARBURGER, J. Keplers kosmische Harmonie, Lpz. 1925; J. HANDSCHIN, Ein ma. Beitr. zur Lehre v. d. Sph., ZfMw IX, 1926/27; DERS., Die Musikanschauung d. Johannes Scotus (Erigena), DVjs. V, 1927; DERS., Der Toncharakter, Zürich (1948); DERS., The Timaeus Scale, MD IV, 1950; DERS., Die Lehre v. d. Sph., u. Die Sph. in d. Geistesgesch., in: In memoriam J. Handschin, Bern (1957); R. BRAGARD, L'harmonie des sphères selon Boèce, Speculum IV, 1929; R. SCHÄFKE, Gesch. d. Musikästhetik in Umrissen, Bln 1934, Tutzing ²1965; C.-A. MOBERG, Särernas harmoni, STMf XIX, 1937; L. VAN DER WAERDEN, Die Harmonielehre d. Pythagoreer, Hermes LVIII, 1944; G. JUNGE, Die Sph. u. d. pythagoreisch-platonische Zahlenlehre, Classica et Mediaevalia IX, 1947; P. R. COLEMAN-NORTON, Cicero and the Music of the Spheres, Classical Journal XLV, 1955; B. KYTZLER, Die Weltseele, Hermes LXXXVII, 1959; J. HOLLANDER, The Untuning of the Sky, Princeton (N. J.) 1961; R. HAMMERSTEIN, Die Musik d. Engel, Bern u. München (1962); R. HAASE, Keplers Weltharmonik..., in: Antaios V, 1952; L. SPITZER, Classical and Christian Ideas of World Harmony, Baltimore 1963. FrR

spiccato (ital., s. v. w. deutlich gesondert; Abk.: spicc.), geworfene Strichart, bei der jeder einzelne Ton mit einem neuen Bogenstrich hervorgebracht wird. In schnellerem Tempo geht das Sp. in den Springbogen (frz. → sautillé) über. Als Ausführungsbestimmung in der alten Musik (Corelli, Vivaldi u. a.) bedeutet sp. lediglich, daß die Töne getrennt (→ détaché), non legato zu spielen sind.

Spielleute, – 1) im frühen und hohen Mittelalter die sozial am niedrigsten stehenden Musikanten der weltlichen Musik (seit der 2. Hälfte des 12. Jh. als Sp. bezeichnet). Der Stand der Sp. war jedoch uneinheitlich. Er reichte vom rechtlich gesicherten, auch seßhaften oder zeitweise seßhaften Spielmann, der sich einem Pfeiferkönig (→ Zunft) unterordnen und im Hofdienst sogar zum Trompeter aufsteigen konnte, bis zum rechtlosen Fahrenden; vom Gefährten (→ Jongleur, → Ménestrel) des Dichtersängers (Barde, Trobador, Trouvère), der in einigen Fällen auch selber schöpferisch tätig wurde, bis zum Spaßmacher (lat. histrio; russ. skomoroche). Seit dem 14. Jh. ging ein Teil der Sp. in den Beruf der → Stadtpfeifer über. – 2) in der Militärmusik eine Gruppe von Trommlern und Pfeifern. Das spil eines Landsknechtsfähnleins bestand nach Fronsperger (1555) aus je einem Trommler und Pfeifer. In der neueren → Militärmusik treten Sp. (auch Spielmannszug, Spielmannstrupp genannt) bei der Marschmusik und beim Zeremoniell auf, wie sie als Kleines Spiel mit dem Musikkorps (Großes Spiel) abwechseln und vor dessen Einsatz jeweils den Lockmarsch spielen. Nach Wieprechts *Tableau* (1860) erhielten die Sp. der preußischen

Infanteriebataillone auch eine Blechmusik von 10 Bügelhörnern (»Signalhornmusik«). In Frankreich sind die Sp. die Clairons, in Italien die Pifferari und Tamburi, in Schottland und Irland Dudelsackpfeifer; die reine Trommelkunst wird besonders in der Schweiz gepflegt. Die Sp. werden angeführt vom Tambourmajor mit dem Tambourstock; in einigen Ländern hat der Tambourmajor auch die Aufgabe, vor der Truppe einherzutänzeln, um die Aufmerksamkeit des Publikums zu fesseln.

Lit.: zu 1): J. Stosch, Der Hofdienst d. Sp. im deutschen MA, Diss. Bln 1881; A. Mönckeberg, Die Stellung d. Sp. im MA, Diss. Freiburg i. Br. 1910; W. Schatz, Die Zünfte d. Sp. u. d. Organisation d. Orch.-Musiker in Deutschland, Diss. iur. Greifswald 1921; J. Klapper, Die soziale Stellung d. Spielmanns im 13. u. 14. Jh., Zs. f. Volkskunde II, 1930; Fr. Ernst, Die Sp. im Dienste d. Stadt Basel im ausgehenden MA, in: Basler Zs. f. Gesch. u. Altertumskunde XLIV, 1945; W. Salmen, Bemerkungen zum mehrst. Musizieren d. Sp. im MA, RBM XI, 1957; ders., Der fahrende Musiker im europäischen MA, = Die Musik im alten u. neuen Europa IV, Kassel 1960; H. Federhofer, Der Musikerstand in Österreich v. ca. 1200 bis 1520, Deutsches Jb. f. Mw. III (= JbP L), 1958; Z. Falvy, Sp. im ma. Ungarn, Studia musicologica I, 1961. – zu 2): P. Merkelt, Das Trommler- u. Pfeiferkorps, Lpz. 1924; H. Schmidt, Der Spielmannszug, Bln (1934).

Spinett (von lat. spina, Dorn, Kiel der Cembalomechanik; ital. spinetta; frz. épinette), im 17./18. Jh. eine Bezeichnung für die kleineren (einchörigen) Kielklaviere in Tafelform. Im heutigen Klavierbau wird unter Sp. im Unterschied zum → Virginal ein 5eckiges Kielklavier mit der Klaviatur an der Längsseite und schräg zu den Tasten laufenden Saiten verstanden.

Spiritual (spˈirɪtʃuəl, engl.) → Negro spiritual.

Spitzflöte (auch Spillflöte) ist in der Orgel eine offene Labialstimme zu 8′, 4′ oder 2′, deren Pfeifenkörper sich nach oben auf 1/4 bis 1/3 des unteren Durchmessers verjüngt.

Spitzharfe, auch Harfenett (ital. arpanetta), Schoßharfe, Flügelharfe, Zwitscherharfe; eine Harfenzither wie die → Rotta (– 1). Die Sp. wurde im 18. Jh. vorübergehend Modeinstrument, entweder als größeres, auf dem Boden stehendes Instrument, oder (häufiger) als Tisch- oder Schoßinstrument, oft mit der Harfe entlehntem Zierat versehen. Eisel beschreibt 1738 eine Sp., beiderseitig mit Messing- und Stahlsaiten (chromatisch, Umfänge g–c⁴ und c–e²) bezogen ist.

Lit.: Ph. Eisel, Musicus Autodidactus, Erfurt 1738.

Sprechmaschine → Schallaufzeichnung.

Springbogen → sautillé.

Springer (engl.), – 1) → Vorschlag (Nachschlag), ursprünglich eine Lautenverzierung, bei der am Ende eines Tones dessen obere Nebennote rasch auf der Saite berührt wird; bei Th. Mace 1676 »Spinger«; – 2) ein Teil der → Mechanik des Cembalos.

Springlade → Windlade.

Squarcialupi-Codex → Quellen: Sq.

Square dance (skwɛə daːns, engl., von square, Viereck), eine der Hauptformen des amerikanischen Volkstanzes, die sich wahrscheinlich aus der französischen Quadrille und dem von England nach Kentucky eingeführten sogenannten Running set entwickelte und später einzelne Elemente aus verschiedenen europäischen Volkstänzen übernahm. Der Squ. d. wird von jeweils 4 Paaren nach den Weisungen eines Ansagers (caller) im Viereck getanzt und hat gewöhnlich 4 Figuren. Meist werden mehrere Squ. d.s hintereinander getanzt, deren Figuren entweder an eine bestimmte regionale Überlieferung anknüpfen oder auch Elemente verschiedener Herkunft miteinander verbinden. Die traditionellen Begleitinstrumente sind Akkordeon, Banjo, Geige (fiddle) und Gitarre.

Lit.: A. Schl. Duggan, J. Schlottmann u. A. Rutledge, Folk Dances of the United States and Mexico, = The Folk Dance Library V, NY (1948); L. Owens, American Squ. D. of the West and Southwest, Palo Alto/Calif. (1949); J. A. Harris, A. Pittman u. M. Swenson, Hdb. of Folk, Square and Social Dance, Minneapolis/Minn. (1950, ²1955); R. Kraus, Squ. D. of Today, NY (1950); G. Gowing, The Square Dancer's Guide, NY (1957).

Square piano (skwɛə piˈænou, engl.) → Tafelklavier.

Stabat mater dolorosa (lat.), die Sequenz vom Fest der Sieben Schmerzen Mariä (Septem Dolorum Beatae Mariae Virginis) am 15. September. Bis 1960 wurde daneben ein zweites, 1727 offiziell eingeführtes Fest gleichen Namens am Freitag nach dem 1. Passionssonntag begangen (heute nur noch Commemoratio), wobei der Sequenztext im römischen Offizium auch als Hymnus zur 1. Vesper (Strophe 1–10), zur Matutin (Strophe 11–14) und zu den Laudes (Strophe 15–20) Verwendung fand (mit eigener Melodie im 6. Kirchenton). Ursprünglich ein Reimgebet für Privatandachten, dessen reiche Überlieferung zunächst vor allem in Stunden- und Gebetbüchern erfolgte, stammte das St. m. d. vermutlich aus der Feder eines in der Frühzeit seines Ordens wirkenden Franziskanermönchs. Doch gilt die Frage nach dem Verfasser (hl. Bonaventura?) noch immer als ungelöst. Die 20 Strophen der ausdrucksstarken und von tiefer Frömmigkeit getragenen Sequenz zeigen einen regelmäßigen Aufbau aus 3 trochäischen Dimetern (mit unvollständigem Metrum in der 3. Zeile). Jeweils 2 Strophen werden überdies durch ein festes Reimschema (a a b – c c b) verbunden. Schon in vorreformatorischer Zeit entstanden mehrere deutsche Übersetzungen des St. m. d., das nunmehr auch als Passions- und Kirchenlied zu größter Beliebtheit gelangte. – Bei der im Graduale Romanum abgedruckten Choralmelodie (Sequenz, 2. Kirchenton) handelt es sich um eine im Verhältnis zum Text farblose Vertonung aus jüngerer Zeit. Von besonderem Interesse sind die im 15. Jh. einsetzenden mehrstimmigen Vertonungen des St. m. d. (Josquin Desprez, Palestrina, A. Steffani, Caldara, Astorga, Pergolesi, A. Scarlatti, J. Haydn, Schubert, Rossini, Liszt, Dvořák u. a.). 1929 schrieb K. Szymanowski ein St. m. op. 53.

Ausg.: W. Bäumker, Das kath. deutsche Kirchenlied in seinen Singweisen I, Freiburg i. Br. ²1886, Nachdruck Hildesheim 1962; Analecta hymnica medii aevi LIV, hrsg. v. Cl. Blume SJ u. H. M. Bannister, Lpz. 1915 (Text u. Quellen); Monumenta Monodica Medii Aevi I, hrsg. v. Br. Stäblein, Kassel 1956 (Melodien zum Hymnus St. m. d.).

Lit.: P. Mies, St. m. d., KmJb XXVII, 1932; F. Haberl, St. M., Musica sacra LXXVI, (Köln) 1956; D. Johner OSB u. M. Pfaff OSB, Choralschule, Regensburg ⁸1956.

Stabreim (auch Alliteration) heißt der Reim durch gleichklingenden Anlaut zweier (oder mehrerer) Hebungssilben eines Verses. Vor Einführung des Endreims und auch noch neben diesem bindet der St. in der altgermanischen Dichtung (z. B. Edda; → Skalden) und teilweise auch in der althochdeutschen Verskunst (z. B. Hildebrandslied, aufgeschrieben Anfang 9. Jh.) die beiden dipodischen Halbzeilen eines Verses zur Einheit der Langzeile: *Híltibrànt enti Hádubrànt / untar hériùn túem* (»Hildebrand und Hadubrand / zwischen Heeren zwein«). Staben können gleiche Konsonanten (z. B. h mit h, st mit st) oder alle Vokale untereinander (a mit a, a mit e, usw.). Das Verhältnis von Stab, He-

Stabspiel

bung und Satzglied ist in der St.-Dichtung auf der Grundlage einer Unterscheidung von starken stabfähigen, schwachen stabfähigen und nicht stabfähigen Wortklassen streng beachtet. – In betonter Anknüpfung an die alte St.-Dichtung, aber ohne deren feste Regeln aufzugreifen, verwendete R. Wagner den St. (erstmals in *Siegfrieds Tod*, 1848; z. B. 1. Akt, 1. Szene: *Ein Weib weiß ich – das hehrste der Welt*). Nach Wagners Anschauung (*Oper und Drama*, 1851) soll der St., der die in den *Wurzelwörtern* verkörperten *Empfindungen* durch die *unwillkürliche Macht des gleichen Klanges* zu einem *einheitlichen* (oder verwandten) *Ausdrucke* verbindet (IV, 131f.), den Übergang von der Sprache zur Musik vermitteln. Das Ziel des St.s bei Wagner, die rhythmisch ungleichmäßigen prosaischen Sprachakzente *dem Gefühle zu erschließen* (IV, 131f.) und so die aus der Negation »falscher« Poesie hervorgegangene Prosa zur »wahren« Poesie zu erheben, steht unter dem Leitgedanken einer musikalischen → Prosa (– 2). *Wagners Alliterationsmanie ist ... ein Versuch, die musikalische Prosa, die Unregelmäßigkeit der Akzentabstände, zu rechtfertigen* (Dahlhaus 1965).

Lit.: W. JORDAN, Der epische Vers d. Germanen u. sein St., Ffm. 1868; R. WAGNER, Oper u. Drama, in: Sämtliche Schriften u. Dichtungen III–IV, Lpz. (1911); H. WIESSNER, Der Stabreimvers in R. Wagners »Ring d. Nibelungen«, Diss. Bln 1923, maschr.; A. HEUSLER, Deutsche Versgesch., 3 Bde, Bln u. Lpz. 1925–29, Bln ²1956; K. LOEWE, Der Vers in R. Wagners »Ring d. Nibelungen«, Diss. Marburg 1925, maschr.; S. BEYSCHLAG, Die Metrik d. mittelhochdeutschen Blütezeit ..., Nürnberg 1950, ⁵1963; C. DAHLHAUS, Mus. Prosa, NZfM CXXV, 1964; DERS., Wagners Begriff d. »dichterisch-mus. Periode«, in: Beitr. zur Gesch. d. Musikanschauung im 19. Jh., hrsg. v. W. Salmen, = Studien zur Mg. d. 19. Jh. I, Regensburg 1965.

Stabspiel → Xylophon.

staccato (ital., abgestoßen; Abk.: stacc.), angezeigt durch • bzw. ' über der Note, eine Vortragsbezeichnung, die fordert, daß die Töne nicht gebunden, sondern deutlich getrennt werden. Verschiedene Arten des St.s beim Klavierspiel werden durch den → Anschlag (– 2) hervorgebracht. Bei den Streichinstrumenten wird das St. durch ruckweise Bogenführung erzielt, entweder mit stets wechselndem Strich (vor allem, wenn der Einzelton kräftiger betont werden soll, → martellato) oder (vor allem bei schnellerem Tempo) indem viele Töne auf einen Strich genommen werden (im Aufstrich leichter ausführbar; »Virtuosen-St.«). Bei beiden St.-Arten verläßt der Bogen im Unterschied zum Wurf- (→ spiccato) oder Springbogen (→ sautillé) die Saiten nicht. Das St. beim Gesang besteht in einem Schließen der Stimmritze nach jedem Ton, so daß jeder neue Ton mit Glottisschluß hervorgebracht wird (→ Ansatz – 2).

Lit.: WALTHERL; A. KREUTZ, Die Staccatozeichen in d. Klaviermusik, Deutsche Tonkünstlerzeitung XXXIV, 1937/38; Die Bedeutung d. Zeichen Keil, Strich u. Punkt bei Mozart, hrsg. v. H. ALBRECHT, = Mw. Arbeiten X, Kassel 1957; U. DANNEMANN, Beobachtungen zum Studium d. St. auf Streichinstr., Das Orch. XI, 1963.

Stachel, auch Dorn, bei großen Streichinstrumenten ein in eine Spitze auslaufender Stab, der aus dem unteren Teil der Zarge herausragt und auf den das Instrument beim Spielen gestellt wird. St. wurden spätestens seit dem 17. Jh. benutzt, doch wurde das Violoncello noch bis um 1850 mit den Waden gehalten und ohne St. gespielt. Durch Schwingungsübertragung auf den Fußboden vergrößert der St. die Resonanzfläche.

Lit.: W. TRENDELENBURG, Die natürlichen Grundlagen d. Kunst d. Streichinstrumentenspiels, Bln 1925; W. PAPE, Die Entwicklung d. Violoncellspiels im 19. Jh., Diss. Saarbrücken 1962.

Stadtpfeifer, von Städten angestellte Instrumentisten; an kleineren Orten ein Meister, der zusammen mit seinen Gesellen eingesetzt wurde, an größeren Orten die Gruppe der 4–8 Rats- oder Stadtmusiker. In den meisten Ländern Mittel- und Westeuropas lassen sich bereits im 14. und 15. Jh. städtische Musiker nachweisen, doch wurden diese vielfach nur für eine begrenzte Zeit angestellt und nur für einzelne Leistungen honoriert. Zu festen Institutionen wurden die St.eien in zahlreichen, auch kleineren Städten in der 2. Hälfte des 16. Jh., als Schulchöre und Kantoreien zur Aufführung mehrstimmiger Kirchenmusik die Unterstützung von Instrumentisten benötigten. Daneben gehörte es zu den Aufgaben der St., repräsentative oder unterhaltende Musik bei städtischen Feiern, Aufmärschen, Fürstenbesuchen oder Ratszusammenkünften auszuführen. In Universitätsstädten wirkten St. bei akademischen Feiern und Promotionen mit; in Residenzen verstärkten sie bei besonderen Gelegenheiten die Hofmusik. In kleineren Städten behielt der St. außerdem das Amt des Türmers oder Hausmanns und mußte mit seinen Gesellen auf dem Turm des Rathauses oder der Kirche den Wachdienst ausführen, bei Feuer oder Gefahr Warnsignale geben und zu bestimmten Tageszeiten das → Abblasen verrichten. Neben einer relativ geringen festen Besoldung bildete die Haupteinnahmequelle der St. das Aufspielen bei Hochzeiten und Gesellenkeiten in Privathäusern. Das Recht, hier aufzuwarten, war den St.n ausdrücklich verbrieft worden. In kleineren Städten mußte jeder, der andere Musiker beschäftigte, den St.n eine Abgabe entrichten; an größeren Orten waren den St.n die einträglicheren Dienste vorbehalten. Neben ihnen gab es hier weitere Gruppen von zunftmäßig organisierten Musikern (Kunstgeiger, Rollbrüder u. a.), die bei besonderen Gelegenheiten die St. verstärken mußten. – Während sich der Hofmusiker seit dem 16. Jh. in zunehmendem Maße spezialisieren konnte, zeichnete sich der St. durch die Beherrschung aller Instrumente, vor allem der Blasinstrumente, aus. Nach 5- bis 6jähriger Ausbildung erfolgte nach Zunftbrauch in feierlicher Form die Lossprechung des Lehrjungen. Der Geselle konnte entweder weiter unter seinem Meister dienen oder sich auf eine oft jahrelange Wanderschaft begeben. Das Probespiel, durch das ein Geselle sich für den freigewordenen Posten eines St.s bewerben konnte, zeigt ebenfalls Parallelen zu den Meisterprüfungen der Handwerker. Mit Stolz konnte sich ein St. als »fundamentalischen Musicus« bezeichnen. Noch im 18. Jh. wurde von ihm in erster Linie Vielseitigkeit verlangt. (Der Trompetenvirtuose G. Reiche, der unter Bach in Leipzig tätig war, gehört zu den Ausnahmeerscheinungen.) Das Aufführungsmaterial wurde dem St. normalerweise vom Rat zur Verfügung gestellt. Nur wenige Komponisten sind St. gewesen oder aus der St.-Lehre hervorgegangen (wie J. Chr. Pezel, der sich 1676 sogar um das Leipziger Thomaskantorat beworben konnte, G. Reiche, J. Hintze, Fr. W. Zachow, J. J. Quantz; H. L. Haßler leitete nur vorübergehend die Nürnberger Ratsmusik, und J. Schop war vor seiner Hamburger Anstellung Hofmusiker gewesen). Oft gingen die Söhne von St.n bei ihren Vätern in die Lehre; an mehreren Orten haben Familien durch Generationen hindurch das St.-Amt innegehabt (wie die »Bache« in Thüringen). – Stets mußten sich die St. gegen die Konkurrenz von nicht privilegierten oder nicht als → Zunft zusammengeschlossenen Musikern wehren. Zur Wahrung ihrer Privilegien schlossen sich 1653 zahlreiche nord- und mitteldeutsche St.eien zu einer überregionalen zunftähnlichen Organisation, dem vom deutschen Kaiser bestätigten Instrumental-Musicalischen Collegium in dem ober- und niedersächsischen

Kreis, zusammen, vereinheitlichten die Lehrlingsausbildung und verpflichteten sich zu sittlichem Lebenswandel sowie zum Verzicht auf die Benutzung aller »unehrlichen« Instrumente. – Parallel zum Niedergang des Zunftwesens setzte im 18. Jh. der Niedergang der St.eien ein. Mit dem Aufkommen des Liebhabermusizierens und des öffentlichen Konzertwesens sank die Nachfrage nach privilegierter Unterhaltungsmusik; damit schwanden die Voraussetzungen für die wirtschaftliche Existenz der St. In den neuen städtischen Orchestern des 18. und 19. Jh. dominierten die Streichinstrumente.

Lit.: A. WERNER, Vier Jh. im Dienste d. Kirchenmusik, Lpz. 1933; C. ANTHON, Some Aspects of the Social Status of Ital. Musicians During the Sixteenth Cent., Journal of Renaissance and Baroque Music I, 1946/47; H. ENGEL, Musik u. Ges., Bln 1960. – J. SITTARD, Gesch. d. Musik- u. d. Concertwesens in Hbg, Altona u. Lpz. 1890; R. WUSTMANN, Mg. Lpz. I, Lpz. u. Bln 1909, ²1926, II u. III v. A. Schering, Lpz. 1926–41; H. RAUSCHNING, Gesch. d. Musik u. Musikpflege in Danzig, = Quellen u. Darstellungen zur Gesch. Westpreußens XV, Danzig 1931; H. ENGEL, Spielleute u. Hofmusiker im alten Stettin zur Anfang d. 17. Jh., in: Musik in Pommern I, hrsg. v. Ver. zur Pflege Pommerscher Musik, Greifswald 1932; L. KRÜGER, Die Hamburgische Musikorganisation im 17. Jh., = Slg mw. Abh. XII, Straßburg 1933; K. G. FELLERER, Ma. Musikleben d. Stadt Freiburg im Uechtland, = Freiburger Studien zur Mw. III, Regensburg 1935; W. STAHL (mit J. Hennings), Mg. Lübecks I, Kassel 1951; G. HEMPEL, Das Ende d. Leipziger Ratsmusik im 19. Jh., AfMw XV, 1958; H. ZIRNBAUER u. TH. WOHNHAAS in: Nürnberger Ratsmusik, = Veröff. d. Stadtbibl. Nürnberg I, Nürnberg 1959; H. P. DETLEFSEN, Mg. d. Stadt Flensburg, = Schriften d. Landesinst. f. Musikforschung Kiel XI, Kassel 1961. MR

Ständchen, *eine kurze Musik, welche man vor einem Hause oder Fenster stehend bringet* (J. Chr. Adelung, *Grammatisch-kritisches Wörterbuch,* ²1801), ursprünglich als Huldigung für die Geliebte, seit dem 19. Jh. auch allgemein zu Ehren einer Person. In Deutschland sind Brauch und Bezeichnung in Studentenkreisen aufgekommen (in der 1. Hälfte des 17. Jh. z. B. für Wittenberg, Leipzig, Jena, Erfurt, Halle bezeugt; ältester Beleg des Begriffswortes bei Praetorius Synt. III, 18, unter dem Stichwort Serenata). Anders als im Italienischen (Serenata, Notturno) und Französischen (→ Serenade, auch → Aubade) ist im Deutschen der Begriff des St.s weder auf eine bestimmte Tageszeit noch musikalisch auf eine bestimmte Gattung festgelegt. Das St. kann daher ein Vortrag eines Liedes, eines mehrstimmigen Gesangsstücks, aber auch in rein instrumentaler Musikdarbietung bestehen. Im Unterschied zu der für höfische Feste bestimmten Huldigungsmusik (→ Festmusik) hat das St., auch nach der Übertragung aus der studentischen in die bürgerliche Sphäre, den Charakter des Privaten beibehalten. Seit Anfang des 19. Jh. kommt St. häufig als Überschrift von Liedern und mehrstimmigen Gesängen vor (Schubert, Schumann, Brahms, Wolf, R. Strauss u. a.), später vereinzelt auch von Instrumentalstücken. Berühmte St.-Szenen in der Oper finden sich u. a. in Mozarts *Die Entführung aus dem Serail* und *Don Giovanni,* in Berlioz' *La damnation de Faust* und Wagners *Die Meistersinger von Nürnberg.*

Stagione (stadʒoˈne, ital.), Jahreszeit, Saison, insbesondere die Spielzeit der italienischen Opernhäuser; bedeutet auch s. v. w. Opernensemble, das für einen zeitlich begrenzten Spielplan zusammengestellt wird. Die St. in Italien war anfangs auf die Karnevalszeit (Carnevale Santo Stefano, 26. 12. – 30. 3.) beschränkt. Später kamen noch 2 Spielzeiten hinzu, vom 2. Osterfeiertag bis 15. 6. (St. di Ascensione) und vom 1. 9. – 30. 11. Ausnahmen machten die Höfe bei Feierlichkeiten. – Der St.-Betrieb ist auch im 19./20. Jh. für das italienische Operntheater kennzeichnend, ebenso für das Opernwesen in Spanien, Portugal und den USA.

Stahlspiel → Metallophon (– 2).

Stammakkord, Terminus der Harmonielehre, Gegensatz zu »abgeleitetem« Akkord. Gegenüber den sehr unterschiedlichen Angaben über die Zahl der angenommenen St.e noch in den Lehrbüchern zu Anfang des 19. Jh. gelten heute als St.e der Harmonielehre nur der Dur- und der Mollakkord.

Stantipes (lat.) → Estampie.

Statistik. Die ursprünglich vor allem auf eine Bestandsaufnahme staatswichtiger Sachverhalte wie Bevölkerungs- oder Wirtschaftszahlen gerichtete Disziplin (St. im Sinne von Staatslehre) gewann im 17. Jh. über einfaches Zählen hinausgehende Ansätze und Methoden vornehmlich im Zusammenhang mit der Entwicklung der mathematischen Theorie der Wahrscheinlichkeit; diese nahm u. a. bei Huygens mit seiner »Theorie des Zufalls« (1657) ihren Anfang. Etwa zur gleichen Zeit wurde die Sozial-St. durch Conring (*Notitia rerum publicarum,* 1660) als Universitätsfach eingeführt. Es geht vor allem darum, aus bekannten Ereignissen zuverlässige Vorhersagen auf unbekannte zu ermöglichen. Ausgangspunkt statistischer Überlegungen bilden gezählte oder gemessene Rohdaten. Da nicht immer sämtliche Zahlen der »Grundgesamtheit« erreichbar sind und man sie zumeist auch nicht braucht, wählt man Stichproben aus, die bei »Normalverteilungen« etwa einer »Gaußkurve« entsprechen und durch bestimmte »Maßzahlen« gekennzeichnet sind, deren

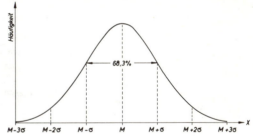

Kurve der Gaußschen Normalverteilung.

wichtigste das arithmetische Mittel (M) (oder Durchschnitt) und die Streuung σ darstellen. Das arithmetische Mittel ergibt sich aus den beobachteten Werten (X) und deren Anzahl (n) zu $M_X = \frac{\Sigma X}{n}$, die Streuung um den Mittelwert aus der Formel $\sigma_X = \sqrt{\frac{\Sigma (X - M_X)^2}{n}}$.

Aus den Meßzahlen lassen sich Schlüsse auf die → Parameter der Grundgesamtheit ziehen. – Die St. dient innerhalb der Forschung vor allem dazu, das Ausmaß von Ordnung bzw. Regelmäßigkeit von Strukturen, aber auch die Verläßlichkeit von Unterschieden zwischen Merkmalen festzustellen. Als Grenze der Zuverlässigkeit gilt im allgemeinen ein Verläßlichkeits- oder Signifikanzniveau (α) von 5% ($\alpha = 0,05$), was etwa bedeutet, daß bei 100 Entscheidungen mit 5 Fehlentscheidungen gerechnet werden muß. Genauere Grenzen bieten das 1-Prozent- ($\alpha = 0,01$) bzw. das 1-Promille-Niveau ($\alpha = 0,001$). Für die statistische Überprüfung von Unterschieden zwischen zwei Merkmalen steht eine Reihe von Verfahren (Tests) zur Verfügung. Rechnet man – wie besonders in der Psychologie – mit mehreren Unterscheidungsfaktoren, so fällt die Prüfung der Differenzen in den Bereich der »Varianzanalyse«.

Statistik

Ganz allgemein wird man hinsichtlich der zu untersuchenden Daten eine »Hypothese« formulieren, für die man eine Bestätigung (Verifikation) zu erbringen hofft. Oder man bildet eine »Nullhypothese«, deren Widerlegung (Falsifikation) man erwartet. Als Nullhypothese wird die Annahme bezeichnet, daß zwischen zwei Gegebenheiten kein korrelativer Zusammenhang besteht. Das Ausmaß eines solchen Zusammenhangs kann mittels geeigneter mathematischer Operationen der »Korrelations-St.« berechnet werden. Es werden »Korrelationskoeffizienten« (r) ermittelt, die zwischen den Grenzen $r = +1,00$ (Identität), $r = 0,00$ (Zufälligkeit, Bestätigung der Nullhypothese) und $r = -1,00$ (totale Gegensätzlichkeit) liegen. – Manche Fragen gehen in ihrer statistischen Problematik über die Korrelation von Merkmalspaaren hinaus; sie umfassen dann oft Interkorrelationen größerer Merkmalsgruppen. Auf der Suche nach übergreifenden dimensionalen Ordnungen findet vor allem die im Bereich der Intelligenztests entwickelte, auf C.E. Spearman und L.L. Thurstone zurückgehende »Faktoren-« oder »Dimensionsanalyse« ein weites Anwendungsgebiet. Innerhalb der Musikwissenschaft wurde sie besonders bei der Bedeutungsanalyse von Klangfarben, Rhythmen und Musikstücken angewendet.

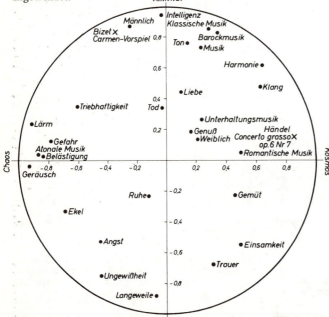

Faktorenanalytische Darstellung von Begriffsstereotypen und Musikbeispielen in den Dimensionen »Aktivität« (männlich) und »Kosmos–Chaos«. • = Beurteilungen von Stereotypen, x = Beurteilungen von klingenden Musikbeispielen mit der Methode des Polaritätsprofils (Osgood und Hofstätter).

Die durch Mittelwert (M) und Streuung (σ) gekennzeichnete Normalverteilung ist zwar der wichtigste Verteilungstyp von Zahlen. Oft jedoch weiß man nicht, ob diese Voraussetzung erfüllt ist. So wurden Prüfverfahren entwickelt, mit denen sich Verteilungen ohne die Voraussetzung der Kenntnis ihrer Form vergleichen lassen. Da es sich hier um Vergleiche von Verteilungen, nicht aber von Parametern handelt, werden derartige Verfahren als non-parametrisch bezeichnet. – Im Rahmen der → Informationstheorie werden auch musikalische Elementargrößen als »Signale« aufgefaßt, deren statistisch ermittelte Häufigkeit des Auftretens Schlüsse auf ihren Informationsgehalt zuläßt.

Lit.: Ch. E. Osgood, G. J. Suci u. P. H. Tannenbaum, The Measurement of Meaning, Urbana (Ill.) 1957; P. R. Hofstätter u. H. Lübbert, Die Untersuchung v. Stereotypen mit Hilfe d. Polaritätsprofils, Zs. f. Markt- u. Meinungsforschung I, 1957/58; ders. u. D. Wendt, Quantitative Methoden d. Psychologie, München ²1966; M. J. Moroney, Facts from Figures, = Pelican Books A 236, Harmondworth (Middlesex) 1958; R. A. Fisher, Statistical Methods and Scientific Inference, Edinburgh ²1959; H. H. Harman, Modern Factor Analysis, Chicago 1960; G. A. Lienert, Verteilungsfreie Methoden in d. Biost., Meisenheim a. Gl. 1962; Qu. McNemar, Psychological Statistics, NY ³1962; E. Mittenecker, Planung u. statistische Auswertung v. Experimenten, Wien ⁴1963; A. Linder, Statistische Methoden f. Naturwissenschaftler, Mediziner u. Ingenieure, Basel ⁴1964; J. Pfanzagl, Allgemeine Methodenlehre d. St., 2 Bde, = Slg Göschen Bd 746/746a u. 747/747a, Bln ²1964–66; E. Weber, Grundriß d. biologischen St., Jena ⁵1964; J. P. Guilford, Fundamental Statistics in Psychology and Education, NY ⁴1965; O. W. Haseloff u. H.J. Hoffmann, Kleines Lehrbuch d. St., Bln ²1965. HPR

Steg (ital., ponticello, Brückchen; frz. chevalet; engl. bridge; am Steg → sul ponticello), im 18. Jh. auch Sattel (L. Mozart 1756), begrenzt bei Saiteninstrumenten die Länge des schwingenden Teils der Saiten und überträgt zugleich deren Schwingungen auf die Decke des Corpus. Bei den Streichinstrumenten der Violinfamilie (→ Viola da braccio) ist der St. aus hartem Holz (Ahorn, auch Buche) kunstvoll gesägt und geschnitzt; er steht (nur vom Druck der darüberlaufenden Saiten gehalten) aufrecht auf der Decke des Corpus, deren Wölbung seine Füße genau angepaßt sind. Die ornamentalen Aussparungen in der Mitte und an den Seiten erleichtern den St. und reduzieren ihn auf seine statisch wichtigen Teile. Er reguliert die Höhe der Saiten sowohl über dem Corpus (bei gleichbleibender Saitenspannung wächst mit zunehmender Höhe des St.es der auf das Corpus ausgeübte Druck) als auch über dem Griffbrett und beeinflußt durch seine Stellung die → Mensur (– 1) der Saiten; durch Material, Gewicht und Form des St.es ist der Klang des Instruments nachhaltig zu beeinflussen (vgl. z. B. L. Mozart 1756). Die für die Violininstrumente typische Form des St.es wurde durch A. Stradivari gefunden, doch wurden im 19. Jh. seine Höhe und die obere Wölbung verändert (→ Violine). Fiedel, Lira da braccio und die Violen (→ Viola da gamba – 1) weisen St.e in einfacherer Form auf; ganz flache St.e haben u. a. Sister, Mandoline, Banjo und Balalaika. Beim Trumscheit ruht ein Fuß des St.es nur lose auf der Decke und erzeugt ein schwirrendes Geräusch. Bei einigen Instrumenten (u. a. → Crwth) ist ein Fuß des St.es verlängert und durch das Corpus bis zum Boden geführt; er übernimmt damit gleichzeitig die Aufgabe des → Stimmstocks (– 1). – Bei Laute und Gitarre sind die Funktionen von Saitenhalter und St. in einem auf die Decke geleimten Querriegel vereinigt. Bei besaiteten Tasteninstrumenten ist der St. eine auf den Resonanzboden aufgeleimte Leiste, über die die Saiten in einem flachen Winkel (oder doppelt gewinkelt) laufen.

Lit.: K. Skeaping, The Karl Schreinzer Collection of Violin Fittings, in: Music, Libraries and Instr., = Hinrichsen's 11th Music Book, 1961.

Stegreifausführung → Improvisation.

Steiermark (Österreich).
Lit.: F. Bischof, Beitr. zur Gesch. d. Musikpflege in St., Mitt. d. hist. Ver. f. St. XXXVII, 1889; H. Federhofer, Zur Pflege ma. Mehrstimmigkeit im Benediktinerstift St. Lambrecht, Anzeiger d. Österreichischen Akad. d. Wiss. LXXXIV, 1947; ders., Denkmäler d. ars nova in Vorau Cod. 380, Leoben, Blätter f. Heimatkunde XXIV, 1950; ders., Die Musikpflege an d. St. Jakobskirche in Leoben, Mf IV, 1951; ders., Die älteste schriftliche Überlieferung deutscher geistlicher Lieder in St., Kgr.-Ber. Wien 1954; O. Wessely, Zur Frage nach d. Herkunft Arnolds v. Bruck, Anzeiger d. Österreichischen Akad. d. Wiss. XCII, 1955; K. G. Fellerer, Der Kampf um d. kirchenmus. Reformen in d. St., Musica sacra LXXVI, (Köln) 1956; W. Irtenkauf, Das Seckauer Cantionarium v. Jahre 1345 (Hs. Graz 756), AfMw XIII, 1956; ders., Die Weihnachtskomplet im Jahre 1345 in Seckau, Mf IX, 1956; A. Kracher, Der Steiermärkische Minnesang, Zs. d. hist. Ver. f. St. XLVII, 1956; R. Federhofer-Königs, Zur Musikpflege in d. Wallfahrtskirche v. Mariazell/St., KmJb XLI, 1957; dies. (mit H. Federhofer), Mehrstimmigkeit in d. Augustiner-Chorherrenstift Seckau (St.), KmJb XLII, 1958; dies., W. Khainer u. seine »musica choralis« KmJb XLIII, 1959; O. Wonisch, Die Theaterkultur d. Stiftes St. Lambrecht, Graz 1957; P. Fank, Das Chorherrenstift Vorau, Vorau ²1959; Musik aus d. St., hrsg. v. A. Michl u. W. Suppan, Wien 1959ff.; W. Suppan, Frau Musica in d. St., in: Grenzland St., Graz 1959; ders., Das mus. Leben in Aussee v. 13. bis zum Ausgang d. 19. Jh., Blätter f. Heimatkunde XXXV, 1961; ders., Grundriß einer Gesch. d. Tanzes in d. St., Zs. d. hist. Ver. f. St. LIV, 1963; ders., 15 Jahre steierische Musikforschung, Blätter f. Heimatkunde XXXVII, 1963; ders., Steirisches Musiklexikon, Graz 1966; K. Rappold, Die Entwicklung d. Männerchorwesens in d. St., Diss. Graz 1962.

Steinspiel → Lithophone.

Stereophonie bezeichnet eine elektroakustische Übertragungstechnik, die mit Hilfe zweier oder mehrerer Übertragungskanäle bei der Wiedergabe von Schallereignissen ein hohes Maß an Plastizität und Prägnanz des Klangeindrucks hervorruft. Die Technik der St. beruht auf der sehr fein ausgebildeten Fähigkeit des Auseinanderhaltens von Schallereignissen verschiedener Herkunftsrichtung (→ Richtungshören) infolge des Zusammenwirkens beider Ohren und des Reizleitungssystems. Mit Hilfe zweier (oder mehrerer) Mikrophone lassen sich genügend Informationen übertragen, um in Kopfhörern oder Lautsprechern, die in bestimmtem Abstand nebeneinanderstehen, im einfachsten Fall die ursprünglichen Herkunftsrichtungen von Schallereignissen als virtuelle Schallrichtung wieder erscheinen zu lassen. Für die Musikübertragung hat die reine Richtungslokalisation nur untergeordnete Bedeutung gegenüber der mit zwei- oder mehrkanaliger Übertragung einhergehenden gesteigerten Plastizität. Gute Stereoübertragungen von Musik nehmen in ungleich stärkerem Maße gefangen als die Übertragung herkömmlicher Wiedergabe über nur einen Kanal (»monaurale Übertragung«; → High Fidelity). Bei stereophonischen Aufnahmen kennt man vor allem die sogenannte »Links-rechts«-Anordnung: hier stehen die Mikrophone entweder in gewissem Abstand nebeneinander (»AB-St.«) oder in der Empfangsrichtung ein wenig verdreht übereinander (»YX-St.«); ein kompliziertes technisches Verfahren, das die Informationen eines nach vorn gerichteten Mikrophons mit Nierencharakteristik (→ Mikrophon) und die eines seitlich gerichteten mit Achtercharakteristik verbindet, wird als »MS-St.« bezeichnet. Stereophonische Wiedergabe ist mit Kopfhörern oder mit Lautsprechern möglich. Bei Lautsprecherwiedergabe rechnet man im allgemeinen mit einem optimalen Eindruck, wenn die Aufstellungsorte beider Lautsprecher mit dem Platz des Hörers etwa ein gleichseitiges Dreieck ergeben. Stereophonische Kopfhörerübertragung wurde erstmalig 1881 in Paris durch Cl. Ader unternommen. Weitere Versuche – vor allem mit Lautsprechern – folgten in den 1920er Jahren u. a. durch H. C. Steidle in München, in den 30er Jahren vornehmlich in den USA (Fletcher, Steinberg, Snow u. a.). In Berlin wurde die St. 1938 erstmals durch H. Warncke im Tonfilm und durch E. Thienhaus im Konzertsaal (zur Verstärkung klangschwacher Instrumente) eingesetzt. Kurz nach Kriegsende begannen Versuche zu stereophonischer Magnetbandaufzeichnung (Schuller und Brandt). Die Einführung der St.-Schallplatte gegen Ende der 50er Jahre und des St.-Rundfunks (1963) hat diesem Übertragungsmodus zum Durchbruch verholfen.
Lit.: Fr. Kühne u. K. Tetzner, Kleines Stereo-Praktikum, = Radio-Praktiker-Bücherei XCVII/XCVIII, München (1960); H. Brauns, Stereotechnik, Stuttgart (1961); F. Trendelenburg, Einführung in d. Akustik, Bln, Göttingen u. Heidelberg ³1961; E. P. Pils, Rundfunk-St., Stuttgart (1964); H.-P. Reinecke, Stereo-Akustik, Köln 1966.
HPR

Sterzing, Vipiteno (Südtirol).
Lit.: I. v. Zingerle, Ber. über d. St.er Miscellaneen-Hs., Sb. Wien LIV, 1866; C. Fischnaler, Beitr. zur Gesch. d. Pfarre St., Zs. d. Ferdinandeums f. Tirol u. Vorarlberg XXVIII, Innsbruck 1884; ders., Die Volksspiele zu St. im 15. u. 16. Jh., ebenda XXXVIII, 1894; O. v. Zingerle, Aus d. St.er Miscellaneen-Hs., Mitt. d. Inst. f. Oesterreichische Geschichtsforschung X, 1889; J. E. Wackernell, Altdeutsche Passionsspiele aus Tirol, = Quellen u. Forschungen zur Gesch., Lit. u. Sprache Österreichs I, Graz 1897; E. A. Schuler, Die Musik d. Osterfeiern, Osterspiele u. Passionen d. MA, Kassel 1951.

Stettin.
Lit.: R. Schwartz, Zur Gesch. d. Musikantenzunft im alten St., Lpz. 1898; H. Engel, Spielleute u. Hofmusiker im alten St. zu Anfang d. 17. Jh., in: Musik in Pommern I, hrsg. v. Ver. zur Pflege Pommerscher Musik, Greifswald 1932; W. Freytag, Mg. d. Stadt St. im 18. Jh., = Pommernforschung V, 2, Bamberg 1936; W. Kowalewski, Z życia muzycznego Szczecina (»Aus d. St.er Musikleben«), Muzyka V, 1954.

Sticheron (von griech. στίχος, Vers) heißt im → Byzantinischen Gesang ein → Troparion, dessen Vortrag zwischen die Verse eines Psalms oder eines anderen biblischen Textes eingeschoben wird. Oft erhält es nach dem zugehörigen Text einen besonderen Namen; so heißt ein St. zu den Seligpreisungen Makarismon, ein St. zu dem Εὐλογητὸς εἶ κύριε (aus Psalm 118) Eulogetarion. Ein St. idiomelon (automelon) ist mit einer eigenen Melodie versehen; ein St. prosomoion (»gleiches« St.) übernimmt dagegen eine bereits vorhandene Melodie. Nach seinem Text heißt das St. Martyrikon (auf Märtyrer), Nekrosimon (auf die Toten), Anapausimon (Bitte um die ewige Ruhe für die Toten), Anastasimon (auf die Auferstehung Christi), Staurosimon (auf das Kreuz) usw. Ein St., das im Offizium einer Doxologie folgt, heißt Doxastikon. Besondere Zusammenstellungen von Psalmversen und Stichera ergeben das Antiphonon. Neben den Stichera von gewöhnlicher oder besonders großer Länge gibt es auch einige sehr kurze Stichera; sie heißen Syntoma (»kurze«). Die charakteristische Melodik der Stichera bildet einen eigenen, mehr oder weniger syllabischen Stil, das Genos sticherarikon. Jedoch finden sich nicht selten auch Stichera, die mit Rücksicht auf die Erfordernisse des Offiziums oder auf das Stilideal ihrer Zeit in einem fremden Stil, meist im reich verzierten Genos kalophonikon, ausgeführt sind. In den liturgischen Büchern ohne Neumen sind die Stichera in der Liturgie nach ihrer Stellung eingeordnet. In der musikalischen Überlieferung bilden sie eine eigene Sammlung, das Sticherarion, das nach folgendem Plan angelegt ist: Stichera der kalendermäßig bestimmten Feste, Stichera der beweglichen

Feste, Oktoechos. Wenn für das gleiche Fest mehrere Stichera vorhanden sind, folgt ihre Anordnung dem Tonartensystem.

Stil (ital. stile; von lat. stilus, Griffel) bedeutet innerhalb der Literatur und Rhetorik bereits in römischer Zeit (Attizismus) die Art des Schreibens (modus scribendi) bzw. des Redens (genus dicendi). In musikalischen Zusammenhängen tritt das Wort zuerst um 1600 in Italien auf im Sinne von Art und Weise (maniera, usanza, modo) und gewöhnlich in Verbindungen, die allgemeine Kategorien oder Gattungen der Musik oder enger bestimmte musikalische Techniken oder Satzarten bezeichnen. Im Gesichtskreis stand dabei nur die jeweils gegenwärtige Musik. Bereits P. Pontio (*Ragionamento di musica*, 1588, S. 153ff.) spricht analog zu Zarlinos *maniera di comporre* (*Istitutioni harmoniche*, 1558) vom stile oder modo der Motette oder Messe, des Madrigals oder Ricercars usw., wobei z. B. der Motetten-St. als grave, et quieto und als stilo grave charakterisiert wird, im Unterschied zum stilo da madrigale, der vor allem durch den moto veloce bestimmt ist. Unter Berufung auf Zarlino nennt Zacconi (*Prattica di musica* II, 1622) stile auch die persönlichen Eigenarten im Satz; dieser entstehe durch den jeweils verschiedenen Anteil von arte, modulatione, diletto, tessitura, contraponto, inventione e buona dispositione. Doch erst im Anschluß an die neue Sprachvertonung der → Monodie um 1600, den stile oder genere rappresentativo bzw. recitativo, setzte sich der Begriff des St.s im fachsprachlichen Gebrauch von Italien aus auch in Deutschland durch. Die gesteigerte, leidenschaftliche Erregtheit vor allem der instrumentalen Abschnitte seines *Combattimento di Tancredi e Clorinda* (1624) in genere rappresentativo nannte Monteverdi stile concitato und stellte ihn dem stile molle e temperato der früheren Musik gegenüber (Vorrede zum VIII. Madrigalbuch, 1638). Ähnlich zueinander verhalten sich, auf die Sprachvertonung bezogen, die → Prima pratica und die vom gesteigerten Affekt getragene → Seconda pratica Monteverdis. In Verbindung mit der neuen Musik um 1600 übernahm Praetorius (Synt. III) die St.-Bezeichnungen und versteht allgemein unter Stylus den Satz (*die Weise vnd Art*) eines Stückes, dessen Studium der Generalbaßbegleitung vorauszugehen habe (III, 138). Ebenfalls auf die Satztechnik bezogen, spricht H. Schütz vom *über den Bassum Continuum concertirenden Stylus Compositionis aus Italia*, als dessen Voraussetzung er den kontrapunktischen St. ohne den *Bassum Continuum* ansieht (Vorrede zur Geistlichen Chor-Music, 1648); im *choraliter redenden* St. des Evangelisten in der Weihnachtshistorie 1664 (Vorrede) adaptierte er den 1st. Choral, im Stylo oratorio der *Kleinen geistlichen Concerte* (1636) den italienischen Stile recitativo. Wohl angeregt durch Schütz und ausgehend von der in Italien um 1600 entstehenden Unterscheidung zwischen strengem kontrapunktischem Satz (Motette, Messe) und neuer Musik (Concerto, Monodie, Generalbaß), Stilo antico und moderno (z. B. G. B. Doni, *Discorso*, 1635), baute Chr. Bernhard (*Tractatus compositionis augmentatus*, um 1660) eine Satzlehre auf. Er unterteilt den Kontrapunkt in Contrapunctus bzw. Stylus gravis oder antiquus (auch Stylus a capella ecclesiasticus), den strengen Satz z. B. Palestrinas, für den die *Harmonia orationis domina* ist, und in Contrapunctus bzw. Stylus luxurians oder modernus, den freien Satz (auch der Instrumentalmusik, 21. Kap.), dem → Figuren-Lehre und → Affektenlehre zugeordnet sind. Innerhalb der letztgenannten Satzart unterscheidet Bernhard den Stylus communis, in dem sowohl Oratio als auch Harmonia maßgeblich sind, und den Stylus comicus bzw. theatralis, dessen Extrem der Stylus recitativus oder oratorius ist, *erfunden eine Rede in Music fürzustellen*.

Die um 1650 aufkommende allgemein-spekulative Einteilung der Musik in St.e nach Zweck, Gattung, Persönlichkeit, Landschaft und Gemütsverfassung, vor allem durch A. Kircher (*Musurgia*, 1650), dessen System der St.e weiteste Verbreitung fand, wurzelt einerseits in der Polarität von Kontrapunkt und Generalbaß nach 1600, andererseits in der spätmittelalterlichen Musikeinteilung, wie diejenige bei Johannes de Grocheo (um 1280) in Musica ecclesiastica (liturgische Einstimmigkeit), Musica composita oder mensurata (mehrstimmige geistliche Musik) und Musica vulgaris (1st. Tanz- und Spielmannsmusik). Durch Gemüts- und Geistesverfassung des Menschen bedingt ist nach Kircher der Stylus impressus, durch Kompositionsart und Affektgehalt der Stylus expressus. Kircher unterscheidet ferner zwischen Stylus ecclesiasticus, canonicus, moteticus, phantasticus, madrigalescus, melismaticus, choraicus sive theatralis und symphoniacus und spricht den Italienern den *allervollkommensten und temperiertesten stylum* zu. Weitgehend von Kircher abhängig sind Brossard (1703) und J. G. Walther (1732) in ihren St.-Kategorien. Seit etwa 1700 jedoch setzte sich statt des spekulativen Systems immer mehr die empirische Einteilung in Kirchen-, Kammer- und Theater-St. durch (Mattheson, *Ehren-Pforte*, 1740), ferner die Unterscheidung von National-St.en, vor allem des »welschen« und »frantzösischen« St.s (Mattheson, ebenda), die Konstituierung des als Charakteristikum der deutschen Instrumentalmusik angesehenen »vermischten Geschmacks« (Quantz Versuch, 1752) und die Erörterung von Persönlichkeits-St.n. Das Wort St. – um 1750 oft durch Geschmack oder Goût ersetzt – bedeutet dabei nichts anderes als Setz- oder Schreibart; sein Gebrauch zur Benennung auffallender Prägungen der Tonsprache beruht mehr auf dem Consensus omnium als auf genaueren Beschreibungen der St.-Eigentümlichkeiten. Doch gibt es im 17. und 18. Jh. auch aufs Technische gerichtete St.-Bezeichnungen. So heißt der aus der Natur des Instruments resultierende spezifische Lautensatz bei D. Gaultier (*Pièces de luth*, 1669) style brisé (gebrochener St.), was besagt, daß die Verbindung von Melodie und Harmonie durch arpeggierenden Satz zustande kommt, der z. B. auch auf Orgel oder Cembalo übertragbar ist. Als Style coupé bezeichnet Kirnberger (*Kunst des reinen Satzes* I, 1774, S. 109) den neuen Satz aus kurzen melodischen Gliedern und vornehmlich Zweitaktgruppierungen. In diese Kategorie von St.-Begriffen, obwohl nicht so sehr auf die Satzstruktur bezogen, gehört später auch der Style énorme, den Berlioz für sich in Anspruch nahm, und der sich vor allem auf die gehäuften Mittel in seiner Musik bezieht. Im Sinne des noch heute gebräuchlichen Begriffs des Aufführungs-St.s definierte J. A. Scheibe (*Critischer Musicus*, 1745, S. 139) den St. als gewisse Manier des musikalischen Vortrags. Im Anschluß an die allgemeinen St.-Einteilungen unterscheidet J. N. Forkel (*Über die Theorie der Musik*, 1777, und *Allgemeine Geschichte der Music* I, 1788, Einleitung) außer dem Kirchen-, Kammer- und Theater-St. (hinsichtlich ihrer Anwendung und ihres Gebrauchs) auch einen hohen, mittleren und niederen St. (hinsichtlich ihres inneren Wesens). Gegen Ende des 18. Jh. verschwanden mit dem Wandel der Musik allmählich auch die St.-Kategorien der Generalbaßzeit, und neben dem ursprünglichen Wortsinn (maniera), der bis heute gilt, erhielt das Wort einen neuen Sinn, der sich im wissenschaftlichen St.-Begriff des 19. Jh. manifestiert. Dieser entstand offenbar auf Grund der Adaptierung des St.-Begriffs für die bildende Kunst der Antike durch Winckelmann (1756) und führte – zunächst bezogen auf die mehr formale Art der Darstellung – zur Konzeption der historischen Zeit-St.e.

Der neue St.-Begriff wurde in der Musik faßbar, als um 1830 auch die Musik der Vergangenheit in den Gesichtskreis trat. Er besagt allgemein, daß alle Formungen eines historischen St.s von einer inneren Einheit durchdrungen, von überzeugender Geschlossenheit und Verbindlichkeit sind. Auch in der Musik bezieht sich der neue St.-Begriff auf die unmittelbar wahrnehmbare Formung, weshalb er oft synonym mit »Charakter« gebraucht wird. Er erscheint zuerst in der Ästhetik (E. Hanslick, *Vom Musikalisch-Schönen*, 1854; Fr. Th. Vischer, *Ästhetik*, 1857). Den historischen Begriff vorbereitet hat der in der Musik schon im 17. und 18. Jh. gebräuchliche Begriff des Persönlichkeits-St.s. Unter dem Gesichtspunkt der überragenden Persönlichkeit periodisierte daher die angehende Musikgeschichtsschreibung (Hawkins, Burney, Forkel, C. v. Winterfeld). In Wechselwirkung mit dem St.-Begriff entstanden die Begriffe »Inhalt« und »Form« (→ Ausdruck) und damit die Trennung von Ästhetik und streng technischer Lehre. Diese Grundlagen und Kriterien musikalischer Betrachtung standen bereits fest, ebenso die Hauptepochen der Musikgeschichte nach kompositionstechnischen, regionalen und allgemein geschichtlichen Gesichtspunkten, als G. Adler im Anschluß an die Kunstgeschichte (A. Riegl, A. Schmarsow, H. Wölfflin) die Musikgeschichte als St.-Geschichte proklamierte. Musikalischer St. wird dabei gefaßt als zeit-, gattungs- und persönlichkeitsbedingtes einheitliches Gepräge, wie es in der Art und Weise der Verwendung der Kompositions- bzw. St.-Mittel (Form, Harmonik, Melodik, Rhythmik) in Erscheinung tritt, wobei als St.-Moment *jede konstant auftretende musikalische Formung* (Bücken/Mies, S. 220) gilt. Die Methode der St.-Kritik ist infolge der geforderten (Adler) und auch durchgeführten Trennung von Form- und Inhaltsanalyse stark formal ausgerichtet und arbeitet hauptsächlich mit dem St.-Vergleich, der insbesondere die Melodik (Motivik, Thematik) ins Auge faßt. Die Hauptaufgabe der Wissenschaft sieht die St.-Geschichte *in der Aufdeckung der Entwicklungsreihen mit Hilfe von St.-Kriterien* (Adler). Der ebenfalls aus der Kunstgeschichte übernommene Grundgedanke ist die Darstellung der für die St.e charakteristischen Formungen als kontinuierliche Entwicklung. Im Unterschied zur Kunstgeschichte aber kam es innerhalb der Musikwissenschaft weniger zu eigenen, aus der historischen Forschung selbst gewonnenen St.-Kriterien; vielmehr verband sich der moderne St.-Begriff mit den seit etwa 1600 in der Musik gebräuchlichen St.-Einteilungen und satztechnischen Bezeichnungen (monodischer, polyphoner, homophoner St.), die man zum Teil nun als Zeit-St.e deutete, andererseits mit der als allgemein gültig angenommenen musikalisch-technischen Nomenklatur von Harmonie- und Formenlehre, die die eigentlichen St.-Kriterien lieferten. Zudem wurden musikalische Epochenbegriffe aus der Kunstgeschichte (Renaissance, Barock, Rokoko, Klassik, Klassizismus, Biedermeier, Impressionismus u. a.), aus der Literaturgeschichte (Romantik, Sturm und Drang, Klassik) und aus der allgemeinen Geschichte (z. B. Mittelalter, Altertum) entlehnt. Keine eigentlichen St.-Bezeichnungen, sondern Epochenbegriffe nach primär satztechnischen Erscheinungen sind z. B. H. Riemanns »durchimitierender Vokal-St.« (15./16. Jh.) und »Generalbaßzeitalter« (17. Jh.) oder Handschins »Zeit des konzertierenden St.s« (17./18. Jh.). Während den Haupteinschnitten der Musikgeschichte (um 900, um 1600, um 1750, um 1830 und um 1900) immer dann Rechnung getragen wird, wenn Epochenbegriffe nach satztechnischen Erscheinungen gebildet werden, ergibt die St.-Periodisierung infolge der divergierenden Gesichtspunkte (Satztechnik, Gattung, überragende Musikerpersönlichkeit) beträchtliche Differenzen und Überschneidungen. So ist der als Einheit empfundene »Wiener klassische St.« – von Riemann (*Handbuch der Musikgeschichte*) innerhalb der »Mannheimer St.-Reform« behandelt – unscharf abgegrenzt einerseits vom Rokoko, vom → Galanten St., → Empfindsamen St. und »klassizistischen« St. (Paisiello, Cimarosa), den 3 Haupt-St.en des 18. Jh. (nach Bücken), andererseits von der Romantik. Die im 18. Jh. vor allem technisch (in bezug auf den freieren Satz) gemeinte Bezeichnung »galante Schreibart«, die J. A. Scheibe (*Critischer Musicus*, 15. Stück) aus dem italienischen Theater-St. ableitet, wird dabei mehr kulturhistorisch verstanden: auf Grund dieses »idéal esthétique« charakterisierten z. B. Wyzewa–St. Foix das Schaffen W. A. Mozarts von 1774–76. Dagegen erhob G. Adler in konkret musikalisch-technischem Sinn Beethovens eigene Bezeichnung → Obligates Akkompagnement zum St.-Kriterium für dessen Spät-St. – Gegenüber der Annahme sich überlagernder Zeit-, Gattungs-, Personal-St.e und ihrer unbegrenzt möglichen Differenzierungen (z. B. Landschafts-, Werk-, Spät-St.), wodurch gerade der Kern des St.-Begriffs, nämlich die innere Einheit des St.s, der Forschung zu entgleiten droht, ist bemerkenswert Adlers Erwägung einer Periodisierung nach Notationen, wie sie besonders von J. Wolf für → Ars antiqua und → Ars nova durchgeführt wurde. Die musikalische St.-Geschichte, die in ihrer letzten, mehr nach dem Vorbild der Philologie orientierten Phase noch heute beherrschend ist, zeitigte seit Riemann und Adler eine Vielfalt oft erheblich voneinander abweichender Methoden und erarbeitete u. a. auch grundlegende satztechnische Kriterien. Erst in einer zweiten Phase der Musikforschung (seit etwa 1925) verschob sich vorübergehend das Gewicht auf kunst- und kulturhistorische St.-Begriffe. Im engeren Sinne auf das Klangbild der Musik bezogen, sprechen W. Gurlitt (1926) und A. Schering (1927) von historischen Klang-St.en, wobei Schering grundsätzlich zwischen Spaltklang (Gotik, 17. Jh.) und Klangverschmelzung (16. Jh.) unterscheidet. Kein Abgehen von den Grundlagen und Zielen der St.-Geschichte brachten Kretzschmars auf W. Dilthey zurückgehende → Hermeneutik (»Satzästhetik«, auf Affektenlehre beruhend) und Musikgeschichte nach Gattungen, die aber als feste »Formen« (z. B. Symphonie, Konzert, Sonate, Kantate usw.) verstanden wurden. Angeregt durch literarhistorisch-physiologische Arbeiten von Sievers und Saran sowie durch die Rutzsche → Typologie und Riemanns System der Metrik und Rhythmik, suchte G. Becking rhythmische Kriterien zur St.-Analyse vor allem des Personal-St.s zu gewinnen. Da für die Wissenschaft als St.-Geschichte die Untersuchung des St.s im Vordergrund steht, kommt der Werkanalyse eine mehr sekundäre Bedeutung zu. In neuerer Zeit zeichnet sich deutlich die Tendenz ab, von entlehnten St.-Begriffen abzugehen (Handschin). Eine andersgeartete Fragestellung, nämlich den konstitutiven Elementen des St.s, der Kompositionstechnik, ergibt die Notwendigkeit, die Musik aus ihren eigenen Grundlagen zu begreifen, Methoden zur Untersuchung des musikalischen Satzes zu entwickeln (Jeppesen), eine historisch fundierte (d. h. nicht mehr allein auf den Kriterien von Harmonie- und Formenlehre basierende) Werkanalyse zu betreiben und die historisch wirksamen Kompositionsgattungen aufzuspüren und zu verfolgen. Wesentlich zu dieser Wendung trug bei, daß der St.-Begriff, der die Annahme eines in der Erscheinungsform einheitlichen Zeit-St.s voraussetzt, offensichtlich nicht mehr zum Verständnis der Musik im 20. Jh. ausreicht.

Lit.: A. RIEGL, Stilfragen, Bln 1893, ²1923; H. H. PARRY, Style in Mus. Art, Oxford 1900, London ²1911; A. SCHMARSOW, Grundbegriffe d. Kunstgesch., Lpz. 1905; J. COMBARIEU, La musique. Ses lois, son évolution, Paris 1907; H. RIEMANN, Kleines Hdb. d. Mg., mit Periodisierung nach Stilprinzipien u. Formen, Lpz. 1908, ³1919, ⁸1951; G. ADLER, Der St. in d. Musik I, Lpz. 1911, ²1929; DERS., Methode in d. Mg., Lpz. 1919; DERS., Style-Criticism, MQ XX, 1934; M. EMMANUEL, Hist. de la langue mus., 2 Bde, Paris 1911, ²1928; W. R. WORRINGER, Abstraktion u. Einfühlung. Ein Beitr. zur Stilpsychologie, München 1911, NA 1948, engl. London 1953; W. FISCHER, Zur Entwicklungsgesch. d. Wiener klass. St., StMw III, 1915; H. WÖLFFLIN, Kunstgeschichtliche Grundbegriffe, München 1915; C. SACHS, Barockmusik, JbP XXVI, 1919; DERS., The Commonwealth of Art, NY 1956; K. MEYER, Zum Stilproblem in d. Musik, ZfMw V, 1922/23; E. BÜCKEN u. P. MIES, Grundlagen, Methoden u. Aufgaben d. mus. Stilkunde, ebenda; KN. JEPPESEN, Palestrinast. . . ., Kopenhagen 1923, deutsch als: Der Palestrinast. u. d. Dissonanz, Lpz. 1925, engl. Kopenhagen u. London 1927, ²1946; E. BÜCKEN, Zur Frage d. Begrenzung u. Benennung d. St.-Wandlung im 18. Jh., Kgr.-Ber. Lpz. 1925; P. MIES, Werdegang u. Eigenschaften d. Definition in d. mus. Stilkunde, Kgr.-Ber. Lpz. 1925; W. GURLITT, Die Wandlungen d. Klangideals d. Org. im Lichte d. Mg., Ber. über d. Freiburger Tagung f. deutsche Orgelkunst, Augsburg 1926, Neudruck in: Mg. u. Gegenwart II, = BzAfMw II, Wiesbaden 1966; E. KATZ, Die mus. Stilbegriffe d. 17. Jh., Diss. Freiburg i. Br. 1926; TH. KROYER, Zwischen Renaissance u. Barock, JbP XXXIV, 1927; A. SCHERING, Hist. u. nationale Klangst., ebenda; G. BECKING, Der mus. Rhythmus als Erkenntnisquelle, Augsburg 1928, Nachdruck Darmstadt 1958; E. WELLESZ, Renaissance u. Barock, ZfMw XI, 1928/29; M. FRIEDLAND, Zeitst. u. Persönlichkeitsst. in d. Variationswerken d. mus. Romantik, = Slg mw. Einzeldarstellungen XIV, Lpz. 1930; E. M. v. HORNBOSTEL, Gestaltpsychologisches zur Stilkritik, in: Studien zur Mg., Fs. G. Adler, Wien u. Lpz. 1930; E. CLOSSON, Du style, AMl III, 1931; W. DANCKERT, Ursymbole melodischer Gestaltung, Kassel 1932; H. BIRTNER, Renaissance u. Klassik in d. Musik, Fs. Th. Kroyer, Regensburg 1933; O. URSPRUNG, Stilvollendung, ebenda; DERS., Die ästhetischen Kategorien Kirchlich-Religiös-Weltlich u. ihr mus. St., ZfMw XVII, 1935; E. REBLING, Die soziologischen Grundlagen d. Stilwandlung d. Musik in Deutschland um d. Mitte d. 18. Jh., Diss. Bln 1935; W. WERKMEISTER, Der Stilwandel in deutscher Dichtung u. Musik d. 18. Jh., = Neue mw. Forschungen XCVII, Abt. Mw. IV, Bln 1936; H. ROSENBERG, On the Analysis of Style, AMl IX, 1937; R. HALLE ROWEN, Some 18th-Cent. Classifications of Mus. Style, MQ XXXIII, 1947; G.v. DADELSEN, Alter St. u. alte Techniken in d. Musik d. 19. Jh., Diss. Bln 1951, maschr.; B. MEIER, Alter u. neuer St. in lat. textierten Werken v. O. di Lasso, AfMw IV, 1958; ST. ŁOBACZEWSKA, Style muzyczne, 2 Bde, Krakau 1960-62; Z. LISSA, Über d. nationalen St., Beitr. zur Mw. VI, 1964; W. VETTER, H. Wölfflin u. d. mus. Stilforschung, Fs. H. Engel, Kassel 1964; R. L. CROCKER, A Hist. of Mus. Style, NY (1966). StK

Stimmbildung bedeutet die Schulung der naturgegebenen Stimmfunktionen. Ihr Zweck ist, die gesamte für den Sänger erforderliche Muskeltätigkeit (Atmung, Kehlkopf- und Stimmbandbewegung, Stellung der Mund- und Rachenhöhle, Artikulation) unter Ausnutzung sämtlicher Resonanzmöglichkeiten im Schädelbereich optimal zu spannen und zu entspannen, d. h. in der Sprache des Sängers, den richtigen Sitz der Stimme zu erlangen. Ein wichtiges Ziel der St. ist die reine Intonation, die auch bei einer klangschönen und tragfähigen Stimme im allgemeinen nur durch Ausbildung erreicht werden kann. Erforderlich ist St. nicht nur für Sänger, Chorleiter, Schul- und Kirchenmusiker, sondern auch für Redner. Sie bildet einen wesentlichen Teil des Gesangunterrichts auch in der Schule. – Im einzelnen beginnt die St. mit der Erarbeitung einer bewußten Atemtechnik und einer gelockerten sängerischen Körperhaltung. Die wichtigste Lehrmethode ist die unmittelbare Nachahmung. Da die entscheidenden Muskelfunktionen von Kehlkopf und Stimmbändern (→ Stimme – 2) nicht willkürlich beeinflußt werden können, hält die allgemeine Gesangspädagogik deren Bewußtmachen sogar für schädlich. Sie arbeitet großenteils mit Bildern und Vorstellungen, die der Schüler in Klang umzusetzen hat. Gleichzeitig mit dem Sitz der Stimme wird die Erarbeitung des Stimmumfangs geschult. Dabei werden die Vokale in Tonleitern, gebrochenen Dreiklängen und kurzen Melodiefloskeln auf stufenweise wechselnder Tonhöhe geübt. Konsonanten und Konsonantengruppen treten als erhöhter Schwierigkeitsgrad hinzu. Zum Auslasten der Resonanz werden vielfach Summtöne angewandt. – Die St. kann schon in frühem jugendlichem Alter beginnen. Die gesunde Kinderstimme wird sich bei entsprechend vorsichtiger Leistung und Bewahrung vor Überschreien organisch zu einer locker schwingenden und der individuellen Veranlagung entsprechenden klaren und klangschönen Stimme entfalten; dabei ist die Knabenstimme während der → Mutierung strikt zu schonen, bedarf jedoch der gelegentlichen Überwachung durch einen Stimmbildner (z. B. Schulmusiker). – In vielen Fällen treten durch Überforderung des Stimmapparates, falsche Sprechgewohnheiten oder seelische Verkrampfungen mehr oder weniger deutliche Klangfehler oder auch Stimmschädigungen auf. Hier muß die St. Heilung, zumindest Umerziehung anstreben. – Als Gesangsetüden stehen heute noch an erster Stelle die Vocalisen- und → Solfège-Hefte von G. Concone (*25 leçons de chant de moyenne difficulté* op. 10; *30 exercices pour la voix* op. 11; *50 leçons de chant pour voix haute*; *15 vocalises pour soprano ou mezzo-soprano*; *40 leçons de chant spécialement composées pour voix de basse ou de baryton*) und H. Panofka (*24 vocalises progressives* op. 85; *12 vocalises d'artiste* op. 86; *Erholung und Studium* op. 87; *86 nouveaux exercices* op. 88; *12 Vokalisen für Baß* op. 90), daneben L. Riccis *Variazioni – cadenze – tradizioni* (mit Übungen aus dem Opernrepertoire, Mailand 1937, ²1941).

Lit.: J. MÜLLER, Über d. Compensation d. physischen Cräfte am menschlichen Stimmorgan, Bln 1839; J. HEY, Deutscher Gesangsunterricht, 4 Teile, Mainz (1881), 4 H., Mainz (1885ff.); L. LEHMANN, Meine Gesangskunst, Bln 1902, ³1922, Nachdruck Wiesbaden 1961, engl. v. R. Aldrich als: How to Sing, NY u. London 1902, ³1924 u. 1949, frz. v. E. Naegely als: Mon art du chant, Paris 1911; K. SCHEIDEMANTEL, St., Lpz. 1907, ⁷1920; DERS., Gesangsbildung, Lpz. 1913, engl. v. Carlyle ²1913; FR. MARTIENSSEN-LOHMANN, Das bewußte Singen, Lpz. 1923, ³1951; DIES., Der wissende Sänger, Zürich u. Freiburg i. Br. 1956; KL. SCHLAFFHORST u. H. ANDERSEN, Atmung u. Stimme, Wolfenbüttel 1928, neu hrsg. v. W. Menzel (1950); P. LOHMANN, Die sängerische Einstellung, Lpz. 1929; DERS., Stimmfehler-Stimmberatung, Mainz (1938); P. NEUMANN, Die stimmliche Erziehung d. Chores, Regensburg 1936, ²1950; J. FORCHHAMMER, St. auf stimm- u. sprachphysiologischer Grundlage, 3 Bde, München 1937-38; A. GREINER, St., 5 Bde, Mainz (1938, ²1952), Auszug als: Wegweiser durch d. St., Mainz (1949); V. A. FIELDS, Training the Singing Voice, NY 1947; J. KEMPER, Stimmpflege, = Bausteine II, Mainz (1952); W. EHMANN, Chorische St., Kassel 1953, ²1956; G. BAUM, Die Stimmbildungslehre d. Dr. J. Nadolovitch, Hbg 1955; DERS., Hussons Thesen u. d. Gesangspraxis, Musik im Unterricht (Allgemeine Ausg.) XLIX, 1958; DERS., Die bühnentaugliche Singst., ebenda LII, 1961; R. LUCHSINGER u. G. E. ARNOLD, Lehrbuch d. St.- u. Sprechheilkunde, Wien ²1959; R. HUSSON, La voix chantée, Paris 1960; O. IRO, Diagnostik u. Pädagogik d. St., Wiesbaden 1961; E. ROSSI, neue Grundlagen f. d. Sprech- u. Gesangsunterricht, München u. Basel 1965.

Stimmbögen (engl. crooks, shanks; frz. corps de rechange; ital. ritorti; span. tonillos) sind gebogene Rohrstücke, mit deren Hilfe die Stimmung von Naturhörnern und -trompeten verändert werden konnte. Es handelt sich entweder um kreisförmig in einer vollen Windung gebogene St. (Krummbögen; Praetorius Synt. II: Krumbbüggel), die von Fall zu Fall zwischen Mundstück und Corpus eingesetzt werden konnten (→ Waldhorn), oder um U-förmige St. (Aufsteckbögen), die einen austauschbaren Teil des Corpus bildeten (→ Inventionshorn). Setzstücke heißen bei J.E. Altenburg (1795) kurze gerade Rohrstücke, die zwischen Mundstück und Corpus eingesetzt wurden.

Stimmbruch → Mutierung.

Stimmbücher (engl. part books), die separat geschriebenen oder gedruckten Parte (Stimmen) mehrstimmiger Kompositionen. Die früheste Handschrift in St.n ist das Glogauer Liederbuch (um 1480; Stimmen: *Discantus, Tenores, Contratenores*; → Quellen: *Glog*). Im 16. Jh. verdrängten die St. rasch den als Gruppencodex angelegten → Chansonnier, dessen Vorbild noch Petrucci und Antiquis in ihren Drucken weltlicher Musik folgten. In St.n druckte Petrucci (wohl mit Rücksicht auf die große Besetzung) liturgische Musik, blieb jedoch mit diesem Vorgehen allein. Im allgemeinen setzten sich die St. zuerst in der weltlichen und nichtliturgisch-geistlichen Musik durch; liturgische Musik wurde bis ins frühe 17. Jh. vielerorts in ein → Chorbuch eingetragen. Partiturdrucke waren bis um 1590 selten, und noch im 18. Jh. wurden Kammer- und Orchesterwerke oft nur in Stimmen gedruckt. Beim Komponieren wurde die → Tabula compositoria oder die → Partitur benutzt; zum Spiel auf Akkordinstrumenten wurde die Komposition intavoliert, d. h. in → Tabulatur (– 1) abgesetzt. Für die einfache äußere Anlage wie für das Repertoire der St. war maßgebend, daß sie überwiegend für das gesellige Musizieren der Stadtbürger und Studenten sowie für Schülerchöre und Kantoreigesellschaften bestimmt waren. Wie Abbildungen zeigen, musizierten oft Sänger und Instrumentalisten gemeinsam aus einem Stimmbuch.

Stimme. – 1) Das deutsche Wort St. wird in frühen Belegen wie lat. → vox für den Einzelton verwendet. Für den mehrstimmigen Satz manifestiert sich in der Übernahme der Bezeichnung St. (und vox) für alles, was von einem der Beteiligten ausgeführt wird, die Tatsache, daß ein solcher Bestandteil des Satzes, dessen Verlauf von Ton zu Ton durch Berücksichtigung der Intervalle zu den übrigen St.n bedingt wird, ein sinnvolles Ganzes von möglichst selbständigem Charakter ergeben soll (→ Discantus, → Stimmführung). Von Einstimmigkeit in strengem Sinne kann nur die Rede sein, wo diese vor dem Hintergrund einer mehrstimmigen Praxis steht, wie die 1st. Kompositionen seit dem 17. Jh., die zum Teil »Scheinpolyphonie« zeigen. Die Liedkunst des Mittelalters dagegen steht weitgehend selbständig neben der gleichzeitigen Mehrstimmigkeit, und bei der Übernahme einer Melodie als → Fundamentum oder Cantus firmus eines mehrstimmigen Satzes liegt meist eine Bearbeitung vor, die die Rhythmik und zum Teil auch den melodischen Verlauf oft tiefgreifend verändert. Bei volkstümlicher und außereuropäischer Praxis, die der Mehrstimmigkeit nahekommt, muß in jedem Falle geprüft werden, ob ein Ausführender seinen Anteil, z. B. einen → Bordun, als St. versteht (→ Polyphonie). – In der frühesten Mehrstimmigkeit heißt die Grund-St. → Cantus (– 1; auch vox principalis, vox praecedens), die Gegen-St. → Organum (vox organalis, vox subsequens). Als Bezeichnungsfragment von Organum duplum usw. bürgerten sich für die Ober-St.n des Organum → Duplum, → Triplum und → Quadruplum ein. In der Motette erhielt der mensural zubereitete Cantus den Namen → Tenor (– 1), das textierte Duplum die Bezeichnung Motetus. Als Gegenstück zum Motettensatz mit dem Tenor als Fundamentum entstand in der französischen Ars nova des 14. Jh. der → Kantilenensatz, dessen textierte Ober-St., in den Handschriften meist ohne Benennung, die Bezeichnung Cantus übernahm; als dritte St. konnte ein → Contratenor in der Lage des Tenors hinzutreten. Das 2st. Gerüst von Tenor und → Diskant wurde im 15. Jh. durch die Aufspaltung des Contratenors in → Alt (– 1) und → Baß (– 1) zur Vierstimmigkeit erweitert, die bis heute in der Satzlehre normative Gültigkeit behielt. Für die Ober-St. bürgerte sich seit dem 15. Jh. auch die Bezeichnung → Sopran (– 1) ein. In der englischen Musik des Mittelalters hießen die 4 Normal-St.n Plainsong, → Meane, → Treble und Quatreble. Auch → Faburden – wie auf dem Kontinent → Fauxbourdon – wird in einigen Quellen als St.n-Bezeichnung verstanden. Beim Überschreiten der normalen Vierstimmigkeit wurden die zusätzlichen St.n entweder als Bassus II usw. bezeichnet oder als → Quintus (auch Quinta vox), Sextus usw. gezählt; in der deutschen Überlieferung des 16. Jh. kommt auch die Stimmbezeichnung → Vagans vor. Neben dem traditionellen mehrstimmigen Satz mit dem in der Mitte liegenden Tenor als Fundamentum entwickelte sich im Laufe des 16. Jh., zuerst in volkstümlichen Liedsätzen, eine neue Satzweise, die von → Ober- und Unter-St. (Sopran als Melodie-St., Baß als Klangträger) ausgeht und die → Mittel-St. als zweitrangige → Füll-St.n behandelt. Das Verhältnis der St.n eines Satzes zueinander war bis um 1600 das von → Lagen-St.n, seither im Vokalsatz das von → Stimmgattungen (Stimmlagen). Als mittlere Stimmlagen kamen in neuerer Zeit zwischen Baß und Tenor der → Bariton (– 2), zwischen Alt und Sopran der → Mezzosopran hinzu. In der französischen Musik des 17. Jh. wurden vornehmlich die Bezeichnungen Basse, → Concordant, → Taille, → Haute-contre und → Dessus verwendet. Für den Alt blieb in Italien, Frankreich und England bis heute die italienische Form Contralto gebräuchlich; die von falsettierenden Männer-St.n ausgeführte St. in Altlage heißt in England → Countertenor. In der Oper wurden die Charakteristiken der Stimmgattungen zur Unterscheidung einer größeren Zahl von → Stimmfächern verfeinert. Der instrumentale Satz übernahm im 17. Jh. häufig noch Stimmumfänge und -lagen des Vokalsatzes mit Bezeichnungen wie Altus instrumentalis usw. Daneben entwickelte sich in zunehmendem Maße ein eigenständiger Instrumentalsatz, für den nur noch die in den Instrumenten selbst liegenden Möglichkeiten und Grenzen maßgebend sind. Wurden bis um 1600 nur die kompositorisch gültigen St.n notiert, zu denen nach dem Belieben der Ausführenden Klangverstärkungen mit zum Teil abweichender Stimmführung hinzutreten konnten, wurden seit dem 17. Jh. in der Regel Parte (→ Stimmbücher) für alle Mitwirkenden ausgeschrieben, auch wenn einzelne unter ihnen weitgehend übereinstimmen, wie z. B. im → Generalbaß und → Basso seguente. Unterschieden werden nunmehr die solistischen von den mehrfach besetzten St.n (auch vokal mit Instrumenten → colla voce) der Capella (→ Kapelle) oder des Chorus (→ Mehrchörigkeit), Concertat-, Principal- und Ripien-, Solo-, Melodie- und Begleit-, obligate St.n und ad libitum-, Haupt- und Neben-, reale und Füll-St.n. Im Streichquartett- und Orchestersatz der Wiener Klassik ist die Kontinuität eines Instrumentalparts als (Satz-)St. aufgehoben, da beim häufigen Wechsel der St.n-Kombinationen jedes Instrument eine jeweils andere Rolle übernehmen

Stimme

kann. Die → Durchbrochene Arbeit des späten Beethoven, Brahms' und Mahlers bezieht den Wechsel des Instruments in die Darstellung einer Melodie ein und bereitete damit Schönbergs → Klangfarbenmelodie sowie die Auflösung der St.n-Zusammenhänge in der neuesten Musik vor. – St. heißen auch der → Stimmstock (– 1) der Violine und die → Register (– 1) der Orgel.

– 2) Die Funktion der menschlichen St. beruht auf nervenphysiologischen, organischen und akustischen Vorgängen. Die systematische Erforschung der stimmphysiologischen Abläufe begann mit den Untersuchungen des Anatomen A. Vesalius (1514–64), während der eigentliche Begründer dieses experimentellen Forschungszweiges A. Ferrein ist, der bereits 1741 seine Beobachtungen an Hundekehlköpfen beschreibt. Laryngoskopie, Röntgenologie und elektroakustische Untersuchungen haben zu neueren Ergebnissen geführt. – Unter allen am Stimmablauf beteiligten Organen – Lunge, Bronchien, Trachea (Windraum); Kehlkopf mit Stimmlippen; Mund-, Nasenraum (Ansatz-

zustand die Spannung der Stimmlippen letzten Endes abhängt. Der Begriff Stimmlippen ist im anatomischen Sinn vom Begriff Stimmbänder (ligamenta vocalia) abgegrenzt. Das Knorpelgerüst des Kehlkopfes wird an seiner Unterseite durch einen zum Kehlkopf hin sich verengenden elastischen Schlauch (conus elasticus) gegenüber der Trachea beweglich gemacht. Die (elastischen) Bänderzüge am oberen Rande der Innenseite des Conus elasticus werden als Stimmbänder bezeichnet, die an den Bänderzügen auftretenden Wülste mit ihren Muskeln als Stimmlippen. Die Innervation der Kehlkopfmuskeln erfolgt über zwei Nerven, von denen der doppelseitige Nervus recurrens die motorischen Fasern versorgt. Durch periodische Unterbrechung des Stimmlippenverschlusses wird die aus dem Windraum strömende Luft zu Schwingungen erregt. Bei diesem Vorgang löst nicht allein der subglottale Luftstrom die locker geschlossenen Stimmlippen, sondern vor allem die aktive, durch den Nervus recurrens bewirkte Spannung, der hierbei Übermittler neutraler Einflüsse ist (neuromuskuläre Theorie). Die Schwingun-

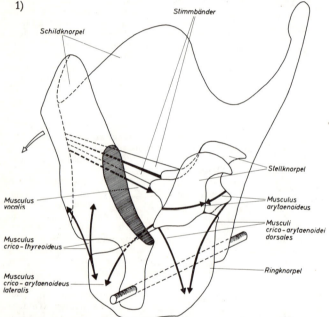

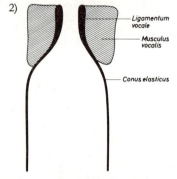

gen des von den Stimmlippen unterbrochenen trachealen Luftstroms führen zu Schwingungen der in Mund- und Nasenraum enthaltenen Luft. Dieser Raum – obere Grenze der Stimmlippen, Mundhöhle mit den Organteilen und der äußeren Zungenmuskulatur bis zu Mundlippen und Nasenöffnungen – wird als Ansatzrohr bezeichnet, dessen Beschaffenheit und Veränderung die St. modifiziert und bestimmte Schwingungen verstärkt. Im Ansatzrohr liegt für den Sänger das

rohr) – hat der Kehlkopf (Abbildung 1; nach Lullies) zentrale Bedeutung. Er schließt das Ansatzrohr vom Windraum ab und ist damit primär Schutzorgan für die Lunge, sekundär der eigentliche Stimmerzeuger. Das Skelett des Kehlkopfes sitzt dem obersten Trachealhalbring auf und besteht aus Knorpeln, durch Bänder miteinander verbunden, von denen Ring-, Schild- und Stellknorpel gegeneinander beweglich sind und die zwischen ihnen straff aufgehängten Stimmlippen spannen. Stell- und Ringknorpel besitzen dazu unter sich gelenkige Verbindungen für eine dreifache Stellungsänderung, deren Kombination die fein abgestufte Veränderung der Stimmritze (→ Glottis) ermöglicht. Die Bewegungen des Kehlkopfes beim Schluckvorgang und bei der Phonation bewirkt eine Vielzahl äußerst schnell beweglicher Muskeln, unter denen als die zwei wichtigsten zu nennen sind: der Ring-Schildknorpelmuskel (musculus crico-thyreoideus), der eine Längenänderung und passive Spannung der Stimmlippen bewirkt, und der Musculus vocalis, der direkt in ihnen liegt (siehe Abbildung 2) und von dessen Kontraktions-

»Geheimnis« einer tragfähigen und schönen St. – Kehlkopf und Ansatzrohr sind mit dem äußeren Luftraum gekoppelt, wobei die Rückstrahlung der Schwingungsenergien bis auf die Stimmlippen übertragen wird, die für jede Veränderung der Impedanz (Druck/Schallfluß) empfindlich sind. Besonders die Abnahme der Impedanz bei einem Stimmablauf, oder allgemein eine schwache Impedanz, belastet die Stimmlippen und beeinflußt die Atmung. So ist die Ermüdung der Sprech-St., bei der eine zu großer Impedanz führende Koppelung nicht möglich ist, größer als die der Sing-St. (obwohl der subglottale Druck hier viel stärker ist). Der Sänger liebt Räume, die gut »ansprechen«, d. h. in denen sich eine große Impedanz einstellt. Die direkte Beobachtung der Stimmlippenschwingungen wird seit M. García durch den Kehlkopfspiegel, ihre Frequenzmessung seit 1878 durch die von M.J. Oertel angewandte Stroboskopie ermöglicht. – Die Atmung ist primär eine natürliche Funktion des Stoffwechsels, die durch Bewegungen des Zwerchfells und der Rippen zustande kommt. Zum Atmungsmechanismus gehören: Brustkorb mit Wirbelsäule, Rippen und Brustbein; Zwerchfell; Brustraum, ausgefüllt durch Lungen, Herz und die sogenannten großen Gefäße. Über den Atmungstraktus – Nase und Mund, Rachen, Kehlkopf, Luftröhre, Bronchien und Bronchiolen – strömt die Außenluft in die Lungenbläschen ein, die den lebensnotwendigen Gasaustausch vornehmen. Beim Einatmen erweitert sich der Brustkorb. Das Zwerchfell, das quer (zwerch) zwischen Brust- und Bauchhöhle liegt, senkt sich, während das lockere Gewebe der Lunge passiv ausgedehnt, und der durch den so entstandenen Unterdruck einströmenden Luft Raum gegeben wird. Beim Ausatmen verengt sich der Brustraum durch Rippensenkung, die Lungenbläschen ziehen sich zusammen, und der Überdruck zwingt die Luft zum Austreten. Das Zwerchfell kehrt passiv in seine Ausgangsstellung zurück. Zwischen Aus- und Einatmen ist eine Pause, in der Lunge und Zwerchfell locker sind. Messungen über das Luftvolumen (Spirometrie u. a.) werden von Physiologen und Phonetikern unternommen. Der Mediziner berücksichtigt dabei nur das Gesamtfassungsvermögen der Lunge, während der Phonetiker den durchschnittlichen Luftverbrauch beim Sprechen und Singen mißt, ferner Atmungsbewegungen, -frequenz (16–18 Atemzüge pro Minute bei Ruhe) und -druck untersucht. Anstelle der früheren Forderungen nach getrennter Hoch- oder Flankenatmung wird in neuerer Zeit eine Verbindung der einzelnen Atmungsarten zu einem gemeinsamen Ablauf angestrebt, bei dem aber der Tätigkeit des Zwerchfells stets zentrale Bedeutung zukommt.

Lit.: zu 2): J. N. CZERMAK, Der Kehlkopfspiegel u. seine Verwendung f. Physiologie u. Medizin, Arch. f. Sprach- u. Stimmphysiologie, Lpz. 1860, ²1863; P. GRÜTZNER, Physiologie d. St. u. Sprache, in: Hdb. d. Physiologie I, hrsg. v. L. Hermann, Lpz. 1879; M. J. OERTEL, Das Laryngostroboskop u. d. laryngostroboskopische Untersuchung, Arch. f. Laryngologie u. Rhinologie III, 1895; TH. S. FLATAU, Laryngoskopie..., in: Beitr. zur Anatomie, Physiologie, Pathologie u. Therapie d. Ohres, d. Nase u. d. Halses III, hrsg. v. A. Passow u. K. L. Schaefer, Bln 1910; G. PANCOCELLI-CALZIA, Autophonoskop..., Zs. f. Laryngologie, Rhinologie, Otologie u. ihre Grenzgebiete IV, 1914; DERS., Über d. heutigen Stand d. Laryngo-Endoskopie..., ebenda XIV, 1926; DERS., Die Stimmatmung. Das Neue – Das Alte, Nova Acta Leopoldina, N. F. XVIII, 1956; A. SEIFFERT, Untersuchungsmethoden d. Kehlkopfes, in: Hdb. d. Hals-Nasen-Ohrenheilkunde I, Bln u. München 1925; H. STERN, Stimmlippenfunktionsfrage – Resonanzfrage..., Monatsschrift f. Ohrenheilkunde u. Laryngo-Rhinologie (Österreich) LXI, 1927; F. TRENDELENBURG, Physiologische Untersuchungen über d. Stimmklangbildung, Sb. d. Preußischen Akad. d. Wiss., Physikalisch-mathematische Klasse, Jg. 1935/36; W. TRENDELENBURG, Frequenz u. Dekrement d. Eigenschwingungen d. Mundhöhle bei Vokalstellungen, ebenda; DERS., Über d. Frage d. Koppelung zwischen Ansatzrohr u. Windrohr beim menschlichen Stimmorgan, = Abh. d. Preußischen Akad. d. Wiss., Nr 9, Bln 1940; DERS. u. H. WÜLLSTEIN, Untersuchungen über d. Stimmbandschwingungen, Sb. d. Preußischen Akad. d. Wiss., Physikalisch-mathematische Klasse, Jg. 1935/36; R. HUSSON, Etude des phénomènes physiologiques fondamentaux de la voix chantée, Paris 1950; H. LULLIES, Physiologie d. St. u. Sprache, in: Lehrbuch d. Physiologie, hrsg. v. W. Trendelenburg u. E. Schütz, Bln, Göttingen u. Heidelberg 1953; FR. WINCKEL, Physikalische Kriterien f. objektive Stimmbeurteilung, Folia phoniatrica V, 1953; R. LUCHSINGER, Physiologie d. St., ebenda; DERS. u. B. KAGÉN, Bemerkungen zur neuro-muskulären Theorie R. Hussons, ebenda; H. REIN, Einführung in d. Physiologie d. Menschen, ebenda ¹²1956; O. V. ESSEN, Allgemeine u. angewandte Phonetik, Bln ²1957. für Stimme (–2): WiD

Stimmer (engl. drone), die Bordunpfeifen der → Sackpfeife.

Stimmfächer sind die Unterteilungen der Stimmgattungen (Sopran, Alt, Tenor, Bariton, Baß), die sich in der Opernpraxis herausgebildet haben, z. B. lyrischer → Tenor (– 2) und Heldentenor oder lyrischer → Sopran (– 2), → Soubrette usw. Die Grenzen zwischen ihnen sind jedoch fließend, so daß manche Partien von den Vertretern verschiedener Fächer gesungen werden können. Auch werden neuerdings immer häufiger Partien entsprechend der darstellerischen Veranlagung und der Ausstrahlungskraft eines Sängers besetzt.

Stimmführung (engl. part-writing, in den USA als [umstrittene] Lehnübersetzung aus dem Deutschen auch voice-leading; frz. conduite des voix), in der musikalischen Satzlehre die einzelnen Schritte der am Satz beteiligten Stimmen in ihrem Verhältnis sowohl zu den vorangegangenen und nachfolgenden Schritten in derselben Stimme als auch zu den gleichzeitigen Fortschreitungen der anderen Stimmen. St. heißt außerdem das diese Schritte bestimmende, kodifizierbare Prinzip. Von St. kann nur bei einer Musik gesprochen werden, für die auch der Begriff → Stimme (– 1) anwendbar ist. Je nach den unterschiedlichen Qualitäten der Stimmen (reale Stimme, Füllstimme) und nach ihren verschiedenen Aufgaben im Satz (Ober-, Mittel-, Fundament-, Begleitstimme) gelten für die St. unterschiedliche Leitvorstellungen bzw. Regeln. Grundsätzlich hat sich die St. sowohl den Gesetzen der → Melodie als auch denen des Zusammenklangs unterzuordnen. Eine gute St. berücksichtigt außerdem die Spieltechnik auf den Instrumenten (z. B. die → Lagen – 3 beim Streichinstrumentenspiel) und die → Register (– 3) der Singstimmen. – Die Art der St. ist ein wichtiges Kriterium für die Unterscheidung verschiedener Satzarten. Einerseits kann die Einzelstimme als melodisch selbständiges Gebilde innerhalb des Satzganzen in den Vordergrund treten und das Zusammenwirken mehrerer individueller Einzelstimmen sich am Konsonanz-Dissonanz-Verhältnis orientieren (intervallischer bzw. kontrapunktischer Satz); andererseits kann die Einzelstimme ihre Eigenständigkeit weitgehend verlieren im Stimmverband eines vom vertikal-akkordischen Prinzip bestimmten Satzes, der (sei es in seiner Eigenschaft als Stütze einer melodieführenden Oberstimme oder durch seine funktional bedingte Akkordfolge) die St. überwiegend nach klanglich-harmonischen Gesetzen regelt. Da ein kontrapunktisch-intervallischer Satz auch als homorhythmischer Contrapunctus simplex auftreten kann, ebenso wie ein klanglicher oder harmonisch-akkordischer Satz auch aus kunstvoll figurierten Stimmen aufgebaut sein kann, ist die verbreitete (oft unzulässig verallgemeinernde) Unterscheidung in Homophonie und → Polyphonie zur Kennzeichnung des Satzprinzips meist unzureichend.

Mit dem Aufkommen der Mehrstimmigkeit im frühen Mittelalter (→ Organum) traten erstmals Fragen der St. auf (occursus-Lehre Guidos; erste Formulierung des Grundsatzes der Gegenbewegung um 1100; → Stimmkreuzung), doch erwuchs erst in der Lehre vom → Kontrapunkt ein umfassendes Regelsystem für die St. Bis ins 16. Jh. galten für die einzelnen → Lagenstimmen des Satzes häufig ganz unterschiedliche Gesetze der St. (→ Contratenor). Diese Unterschiede schwanden jedoch im 16. Jh. im Zuge der Vokalisierung des Satzes, der fast völligen gegenseitigen Angleichung der Stimmen und der konsequenten Durchimitation (→ Imitation), wie sie voll ausgeprägt in Palestrinas kontrapunktischem Satz entgegentritt. Im Generalbaßsatz des 17./18. Jh. sind die melodieführenden Oberstimmen unter bestimmten Umständen (z. B. bei Kompositionen mit → Ostinato) von den strengen St.s-Regeln des Kontrapunkts teilweise befreit, während die Mittel-(Füll-)Stimmen den Sinnzusammenhang der Klangfolge in möglichst korrekter St. darzustellen hatten. Bedeutsam wird seit dem 17. Jh. die Unterscheidung von St. im sogenannten freien und St. im strengen (reinen) Satz; die St. ordnete sich von nun an den verschiedenen Gestaltungsprinzipien der einzelnen Kompositionsgattungen unter, vor allem seit der Loslösung vom Generalbaßsatz im 18. Jh. In der → Durchbrochenen Arbeit, in der → Klaviermusik (vor allem seit D. Scarlatti), in harmoniefüllenden Begleitfiguren (z. B. → Albertische Bässe), im Orchestersatz vor allem in der »koloristischen« → Instrumentation der 2. Hälfte des 19. Jh. tritt die Bedeutung der (realen) Einzelstimme im Gesamtbild der Komposition zurück, oft zugunsten einer besonders hervorgehobenen melodieführenden Stimme. Gleichzeitig wurde jedoch in der → Harmonielehre die St., vor allem die Sekundfortschreitung, ein für die Verständlichkeit von Akkordverbindungen wichtiger Gesichtspunkt. Selbst harmonisch sehr schwer verständliche Akkordfolgen ergeben sich um so ungezwungener, je mehr Stimmen Sekundschritte (Ganzton-, Leitton- oder chromatische Halbtonschritte) ausführen. Zwei aufeinanderfolgende Akkorde werden ferner dadurch enger verbunden, daß die Töne, die beiden gemeinsam (oder enharmonisch identisch) sind, aneinandergebunden oder in der gleichen Stimme wiederholt werden. Diese Regeln gelten vorwiegend für die Mittelstimmen; der Baß bevorzugt oft die Grundtöne der Harmonie (wodurch das Verstehen der harmonischen Beziehungen erleichtert wird), während die melodieführende Stimme die Sekundbewegung häufig durch größere (sogenannte harmonische) Schritte unterbricht. Wichtige Leitsätze der St. sind der in der Kontrapunktlehre formulierte Grundsatz der → Gegenbewegung und das Verbot von → Parallelen (parallele Fortschreitung mehrerer Stimmen in vollkommenen Konsonanzen erschwert durch die zu große Verschmelzung die Unterscheidung in einzelne Stimmen; parallele Fortschreitung in Dissonanzen läßt die Auflösung der zuerst erklungenen Dissonanz vermissen). Dagegen sind die im strengen Satz geltenden Verbote des → Querstands und der Verwendung »unsanglicher« Intervalle (große Sexte, Septime) usw. im freien Satz weitgehend aufgehoben. Der Vorzug verminderter Intervallfortschreitungen gegenüber den übermäßigen beruht darin, daß einem verminderten Intervall fast regelmäßig ein Leittonschritt in umgekehrter Richtung folgt und damit einem wichtigen Prinzip der St. (dem Wenden nach Sprüngen) genügt wird, während Sprüngen in übermäßigen Intervallen im allgemeinen ein Halbtonschritt in gleicher Richtung folgen muß. In H. Riemanns Funktionsbezeichnung fordern die Zeichen < und > im allgemeinen einen Leittonschritt nach oben bzw. nach unten (→ Leittonwechselklang).

Stimmgabel (engl. tuning fork; frz. diapason oder diapason à branches) ist das einfachste mechanisch-akustische Frequenznormal, meist für a¹ = 440 Hz mit einer geforderten Genauigkeit von ± 0,5 Hz. Die St. soll 1711 von dem englischen Trompeter und Lautenisten John Shore († 1752) erfunden worden sein. St.n werden vorwiegend aus ungehärtetem Stahl (auch Invarstahl) hergestellt und sind so konstruiert, daß sie eine fast sinusförmige Schwingung mit geringer Dämpfung ergeben. Die St. wird mit einem weichen Hammer angeschlagen, um Oberschwingungen zu vermeiden. Die Gabelzinken schwingen gegenphasig, d. h. jeweils gleichzeitig nach außen bzw. nach innen. Die Frequenz hängt von der schwingenden Masse und der Länge der Zinken ab. Je kürzer die Zinken sind, um so höher liegt die Frequenz, je schwerer sie sind, um so tiefer. Um die Abstrahlung an die Luft zu vergrößern, setzt man die Gabel auf Resonanzkästen, deren Hohlraum auf die Gabelfrequenz abgestimmt ist.

Lit.: H. BOUASSE, Verges et plaques, cloches et carillons, Paris 1927; J. H. V. BRAUNMÜHL u. O. SCHUBERT, Stimmgabelsummer, Akustische Zs. VI, 1941; Norm-Stimmton, St., DIN 1317, Blatt 2, Bln u. Köln 1959.

Stimmgattungen ergeben sich aus dem unterschiedlichen Tonhöhenumfang der Singstimme. Man unterscheidet Sopran (c¹–a², bei Berufssängerinnen a–c³ und f³), Mezzosopran (g–g², bei Berufssängerinnen bis h²), Alt (a–f², bei Berufssängerinnen bis h² und c³), Tenor (c–a¹, bei Berufssängern bis c²), Bariton (A–e¹, bei Berufssängern bis g¹), Baß (E–d¹, bei Berufssängern bis f¹). Zu beachten ist aber, daß es z. B. Soprane oder Tenöre ohne Höhe gibt, die deshalb doch nicht unter die St. Mezzosopran oder Bariton fallen. Wichtig ist stets, in welcher Lage eine Stimme zwanglos das Beste leistet. In der Opernpraxis haben sich außerdem verschiedene → Stimmfächer herausgebildet.

Stimmhorn ist ein wie ein hohles Horn gestaltetes Werkzeug, mit dem die Mündungen der kleinen Labialpfeifen, die keinen Stimmschlitz haben, vom Orgelstimmer erweitert oder verengt werden, um die gewünschte Tonhöhe zu erreichen.

Stimmkreuzung, das Übersteigen oder Unterschreiten einer Stimme durch eine andere. In den Kompositionen des Mittelalters gilt St. noch nicht als Sonderfall, da die organalen und diskantierenden Stimmen noch nicht an Klangräume gebunden sind. Mit der räumlichen Fixierung der Einzelstimme (→ Lagenstimme) und der planvollen Durchgestaltung des polyphonen Satzes seit dem 15./16. Jh. wird St. zur Ausnahme (→ Heterolepsis); sie wird aber auf Grund einer besonderen Beschaffenheit des thematischen Materials (z. B. Fugenthema) oder zur Umgehung fehlerhafter Stimmführung oft gebraucht. So gelten z. B. klangliche → Parallelen (selbst stufenweise) als gerechtfertigt, wenn die Stimmen sich kreuzen:

Aus: O. de Lassus, *Magnum opus musicum*, 1604 (GA I, S. 60).

St. bzw. Lagentausch ist im Orchestersatz (Instrumentation) der Spätromantik und der Gegenwart bei bestimmten Klangeffekten wirksam, z. B. wenn hohe Instrumente in tiefe Lagen und Baßinstrumente in hohe Lagen geführt werden.

Stimmkrücke ist bei den → Lingualpfeifen der Orgel ein den schwingenden Teil der Zunge abgrenzender, verschiebbarer, gebogener Draht, durch dessen Hinauf- oder Herunterschieben der Ton erhöht oder erniedrigt wird.

Stimmschlüssel, Stimmhammer, ein zum Stimmen zahlreicher Saiteninstrumente (u. a. Pianoforte,

Harfe, Zither) und der Pauke notwendiges Werkzeug, mit dem grifflose → Wirbel (– 1) gedreht werden können. Früher war der St. meist hammerförmig, um den in eine konische Bohrung des Stimmstocks eingepreßten Wirbeln durch Schlagen festeren Sitz geben zu können. Die Verwendung von St.n im Mittelalter ist durch zahlreiche Abbildungen belegt; bei Gottfried von Straßburg (*Tristan*, um 1210) wird das Stimmen einer Harfe mittels St. (mhd. plectrûn) erwähnt.

Lit.: H. RIEDEL, Musik u. Musikerlebnis in d. erzählenden deutschen Dichtung, = Abh. zur Kunst-, Musik- u. Literaturwiss. XII, Bonn 1959; H. STEGER, David rex et propheta, = Erlanger Beitr. zur Sprach- u. Kunstwiss. VI, Nürnberg 1961.

Stimmstock, – 1) (engl. sound post), ein Stäbchen aus leichtem Fichtenholz, das im Inneren des Corpus der Violine und anderer Streichinstrumente dicht hinter dem rechten Fuß des → Stegs aufrecht zwischen Boden und Decke steht. Zusammen mit dem Baßbalken, der unter dem linken Fuß des Stegs (unter der tiefsten Saite) an die Decke geleimt ist, entlastet der St. die Decke vom Druck der Saiten; zugleich überträgt er die Schwingungen der Decke auf den Boden (und umgekehrt). Einem Instrument ohne St. fehlt der volle strahlende Klang; der Instrumentenbauer nennt deshalb den St. auch Stimme oder Seele (frz. âme; ital. anima). Das genaue Einpassen des St.s ist ebenso wichtig wie die richtige Bestimmung seines Durchmessers; auch geringe Veränderungen seines Standortes haben Einfluß auf den Klang des Instruments. Das Einsetzen des St.s wird u. a. von L. Spohr (1832) ausführlich beschrieben. – 2) (engl. wrestplank) bei Klavierinstrumenten derjenige Bauteil (meist Bestandteil des Rahmens oder mit diesem fest verbunden), in dem die Wirbel befestigt sind.

Stimmtausch, der kreuzweise Austausch von Melodieabschnitten zwischen zwei oder mehr lagengleichen Stimmen, z. B.:

Bereits in den Organa tripla und quadrupla der Notre-Dame-Zeit ist der St. als Mittel zur Komposition von Abschnitten voll ausgebildet. Theoretisch erfaßt wird er bei J. de Garlandia als *repetitio diversae vocis* (→ Color – 2) und bei Odington als → Rondellus. Über seine Definition im engeren Sinne hinaus ist der St. als Prinzip im → Kanon (– 3), doppelten → Kontrapunkt und in gewissen Arten der → Imitation erkennbar. → Permutation (– 2).

Stimmton, auch Normalton (frz. diapason normal; engl. standard pitch; ital. diapason; span. diapasón normal). Nach den örtlich, zeitlich und nach Gattungen verschiedenen Stimmtönen des 15.–17. Jh. wurde durch die Erfindung der → Stimmgabel die Voraussetzung für einen einheitlichen St. geschaffen, wie er seit dem 19. Jh. z. B. für das internationale Auftreten von Künstlern und den zwischenstaatlichen Musikinstrumentenhandel unabdingbar geworden war. Doch erst die St.-Konferenz in Wien 1885 vermochte die einheitliche Festsetzung eines St.s von 435 Hz (definiert durch eine Normalstimmgabel bei der Raumtemperatur von 15° Celsius) zu erreichen, wie er auf Vorschlag der Pariser Académie des Sciences bereits 1859 für Frankreich eingeführt worden war. Da in den folgenden Jahrzehnten der St. erneut stieg – 443 Hz als Durchschnitt, 450 Hz in extremen Fällen –, einigte man sich 1939 auf der Londoner Konferenz der International Federation of the National Standardizing Associations (ISA) auf 440 Hz bei 20° Celsius. Auf Empfehlung einer 2. Londoner Konferenz (1953) des Technischen Ausschusses TC 43 der International Organization for Standardization (ISO) befaßt sich z. B. in der Bundesrepublik Deutschland der Fachnormenausschuß Akustik im Deutschen Normenausschuß (DNA) mit den Durchführungsbestimmungen für die Einhaltung des St.s. Die Pariser Académie des Sciences setzte 1950 für Frankreich den St. auf 432 Hz herab.

Mit dem St. hängen Gesangskultur, Instrumentenbau, Editions- und Aufführungsfragen, Musikpsychologie und Tonartenästhetik zusammen. Auch Maße alter Instrumente (Orgeln, Cembali, Streich- und Blasinstrumente) sind erst verwendbar, wenn die jeweilige Stimmhöhe mitgeteilt ist und nachgeprüft wurde. Die Ursache für das Höhertreiben des St.s ist bei den Streichern das Bestreben, mehr Glanz zu erzielen; deshalb stimmen Solisten gern etwas höher ein als das begleitende Orchester. Während bei Saiteninstrumenten das Höherstimmen an Festigkeit der Saiten und Belastbarkeit des Corpus seine Grenze findet (M. Agricola schreibt für die Laute 1529: *zeug die Quintsait so hoch du magst – das sie nit reist wenn du sie schlagst*), ist bei Singstimmen das Problem weitreichender, da bereits ein Halbton Unterschied die Stimme überfordern und schädigen kann. Die daraus resultierende kurze Dauer der Sängerlaufbahn war der Grund für das Einschreiten der französischen Regierung 1859. Nicht nur die Streicher, auch die Bläser neigen zum Erhöhen des St.s, um einen hellen, durchdringenden Klang zu erzielen. So wurden 1879 bei der British Army 451 Hz und 1938 bei den österreichischen Militärkapellen eine im Vergleich zum Normalton um einen Halbton höhere Stimmung gemessen. Ebenso stimmen die modernen, vom Bläserklang geprägten Tanzkapellen gern überhöht ein. – In früheren Jahrhunderten war der St. örtlich und dem Aufführungszweck nach verschieden. Man kannte z. B. einen römischen, venetianischen, lombardischen, einen Pariser, Berliner, Petersburger, Wiener St.; einen → Opernton, → Kammerton, → Chorton und → Cornetton, wovon der jeweils erstgenannte der tiefere war. Doch auch diese unterlagen nach Ort und Zeit Schwankungen: der norddeutsche Chorton war im 17. Jh. einen Ganzton bis eine kleine Terz höher als der heutige St. (Orgel in Rendsburg und Schnitger-Orgeln in Hamburg und Lübeck), der süddeutsche Chorton einen Halbton über dem heutigen Standard (barocke Orgeln in Süddeutschland, der Schweiz, in Österreich und der Lombardei), der spanische Chorton einen Halbton tiefer (Orgeln in Barcelona, Burgos, Calatayud, Daroca u. a.), der französische Chorton fast einen Ganzton tiefer (Orgeln in der Kirche St-Gervais in Paris, in der Kathedrale von Poitiers, Orgeln A. Silbermanns in Ebersmünster und Maursmünster/Elsaß). Wie schon A. Schlick auf das Schwanken des Chortons je nach vorhandenen Stimmen hinwies, so berichten J.-J. Rousseau und Dom Bedos das gleiche für den Opernton. Georg Muffat überliefert, daß zu J.-B. Lullys Zeit in Paris der Kammerton einen Ganzton, der Opernton eine kleine Terz tiefer lag als der deutsche St.

Bei Aufführungen älterer Musik ist zu beachten, daß englische und italienische geistliche Vokalmusik des 16./17. Jh. und französische Motetten und Kantaten des 18. Jh. oft einen Ganzton (bis zu einer kleinen Terz) tiefer, die Werke J. S. Bachs, Händels und der Wiener Klassiker sowie Opern bis um 1820 einen Halbton tiefer, süddeutsche Kirchenmusik (soweit der Chorton zugrunde liegt) einen Halbton höher und Werke von H. Schütz und seiner mittel- und norddeutschen Zeitgenossen einen Ganzton (bis zu einer kleinen Terz) höher intoniert waren. Da die menschliche Stimme in diesem ganzen Zeitraum ihren Tonumfang nicht verändert zu haben scheint, braucht man in der Praxis nur die Grenztöne des Vokalsatzes festzustellen und von ihnen aus die natürliche Transpositionslage zu bestimmen. – Die Einstimmung der Musikinstrumente soll nicht nur bei 20° Celsius Raumwärme, sondern bei üblicher Spieltemperatur (also eingespielt) erfolgen. Die dann noch auftretenden Schwankungen, die bis 8 Hz betragen können, empfindet der Musikhörer nicht als störend. Sie sind durch Erwärmung bei längerem Spiel bedingt und wirken sich auf Streichinstrumente vertiefend, auf Blasinstrumente erhöhend aus.

Lit.: A. J. Ellis, The Hist. of Mus. Pitch, Journal of the Soc. of Arts 1880, separat London 1880, dazu G. Adler in: VfMw IV, 1888, beides Nachdruck Amsterdam 1963; J. W. Schottländer, Die Kithara, Diss. Bln 1933, maschr.; E. Rupp, Zur Frage d. Normal-Stimmung, ZfIb LVIII, 1937 (darin: A. Cavaillé-Coll, De la détermination du ton normal ou du diapason pour l'accord des instr. de musique, Paris 1859); H. J. v. Braunmühl u. O. Schubert, Ein neuer elektrischer Stimmtongeber f. 440 Hz, Akustische Zs. VI, 1941; O. Tiby u. A. Barone, Note e relievi sulla frequenza del la, Rom 1941; H. Matzke, Unser technisches Wissen v. d. Musik, Lindau (1949), Wien (²1950); Ll. S. Lloyd, British Standard Mus. Pitch, MR XI, 1950; W. Lottermoser u. H. J. v. Braunmühl, Beitr. zur St.-Frage, Acustica III, 1953; Norm-Stimmton DIN 1317, Blatt 1–3, Bln u. Köln 1957–62. RW

Stimmung (engl. und frz. intonation), die theoretische und praktische Festlegung von absoluten und relativen Tonhöhen, vor allem bei Musikinstrumenten. Die wichtigsten St.s-Systeme sind die pythagoreische St. (→ Komma – 1), die → Reine St. und die → Temperatur. – Die St. von Blasinstrumenten ist durch ihre Konstruktion (Grifflöcher, → Ventile – 2) relativ festgelegt. Von der leichten Umstimmbarkeit bei Saiteninstrumenten wird in der → Scordatura Gebrauch gemacht; die normalen St.en sind die in Quinten (Violinfamilie), Quarten mit Terz (Gambenfamilie, Lauten, Gitarren) sowie die seltenen in diatonischen und chromatischen Leitern (Erzlauten, → Angelica). Die in neuerer Zeit geforderte absolute Tonhöhe wird mit → Stimmgabel oder elektrischem Generator nach dem geltenden → Stimmton (→ Kammerton) eingestimmt. Im Orchester wird nach der Oboe oder Klarinette gestimmt, wenn nicht ein Tasteninstrument in temperierter St. mitwirkt. Anweisungen für das Klavierstimmen gaben u. a. Schlick, M. Praetorius, Werckmeister, Sorge, Kirnberger, Marpurg, Chr. G. Schröter, Wiese, Türk, Abbé Vogler, Scheibler. Das Stimmen von Tasteninstrumenten nach einem Satz von Stimmgabeln oder -pfeifen hat sich nicht allgemein durchgesetzt; die Temperatur wird nach dem Gehör mit Hilfe der → Schwebungen entwickelt. Absolute Reinheit oder Schwebungsfreiheit wird nicht erreicht und auch nicht angestrebt, da so gestimmte Instrumente starr klingen. Die Güte einer St. läßt sich messen (→ Frequenzbestimmung) und durch Vergleich mit der theoretisch geforderten bestimmen. Blockflöten hatten z. B. (nach Husmann 1958) einen mittleren Fehler von 6–12%; Verstimmungen mindestens dieser Größe müssen grundsätzlich auch für Instrumente außereuropäischer Kulturen angesetzt werden, wenn von deren fester St. (z. B. bei Lithophonen oder Xylophonen) auf Tonsysteme oder -leitern geschlossen werden soll.

Lit.: G. Armellino, Die Kunst d. Klavierstimmens, = Neuer Schauplatz d. Künste u. Handwerke XXI, Weimar 1857, Lpz. ⁶1902; M. Planck, Die natürliche St. in d. modernen Vokalmusik, VfMw IX, 1893; Th. Hollmann, Lehrbuch d. Stimmkunst, Hbg 1902, ²1912; W. Iring, Die reine St. in d. Musik, Lpz. 1908; O. Funke, Theorie u. Praxis d. Klavierstimmens, Dresden 1940, als: Das Kl. u. seine Pflege, Radebeul ²1946, Ffm. ³1962, = Fachbuchreihe Das Musikinstr. II; R. W. Young u. J. C. Webster, Die St. v. Musikinstr. I–IV, Gravesaner Blätter II, 1957–IV, 1959; R. Eras, Über d. Verhältnis zwischen St. u. Spieltechnik bei Streichinstr. in Da-gamba-Haltung, Diss. Lpz. 1958, maschr.; H. Husmann, Einführung in d. Mw., Heidelberg (1958); J. Nix, Lehrgang d. Stimmkunst, = Fachbuchreihe Das Musikinstr. VII, Ffm. 1961; J. P. Fricke, Die Innenst. d. Naturtonreihe, Fs. K. G. Fellerer, Regensburg 1962; A. H. Howe, Scientific Piano Tuning and Servicing, NY ³1963.

Stimmwerk → Akkord (– 3).

Stimmzug (engl. slide; frz. coulisse), bei Blechblasinstrumenten ein ausziehbarer Röhrenteil zur Regulierung der Stimmung. Der St. wurde zuerst 1781 von Haltenhof am Waldhorn verwendet; in verbesserter Form gibt es Stimmzüge auch an Ventilinstrumenten.

Lit.: M. Vogel, Die Intonation d. Blechbläser, = Orpheus-Schriftenreihe zu Grundfragen d. Musik I, Düsseldorf 1961.

Stockfagott → Rankett.

Stockflöte (ungarisch czakan), eine in einen Spazierstock eingebohrte Blockflöte. Sie war in Österreich-Ungarn um 1810–30 beliebt; der Wiener Oboist J. E. Krähmer (1795–1857) gab 1855 eine *Neue theoretisch-praktische Csakan-Schule* heraus.

Stockholm.

Lit.: Fr. A. Dahlgren, Förteckning över svenska skådespel uppförda på St. theatrar 1737–1863, St. 1866; N. Personne, Svenska teatern, 8 Bde, St. 1913–27; G. Nordensvan, Svensk teater och svenska skådespelare från Gustaf III. till våra dagar, 2 Bde, St. 1917–18; J. Svanberg, Kungl. teatrarne, 1860–1910, 2 Bde, St. 1917–18; O. Morales u. T. Norlind, Kungl. Mus. Akademien 1771–1921, St. 1921; T. Norlind u. E. Trobäck, Kungl. hovkapellets hist. 1526–1926, St. 1926; W. Åhlén, St. Jacobs kyrkoorg. 1644–1930, St. 1930; C.-A. Moberg, Från kyrko- och hovmusik till offentlig konsert, Uppsala 1942; T. Norlind, Från Tyska kyrkans glansdagar, 3 Bde, St. 1944–45; M. Tagen, Musiklivet i St., 1890–1910, = Monografier utg. av St. Kommunalförvaltning XVII, St. 1955; G. Hilleström, The Royal Opera St., St. 1960.

Stollen → Bar.

Stomp (amerikanisch, Stampfen), ursprünglich ein Tanztyp der afroamerikanischen Neger, der auf der andauernden Wiederholung einer rhythmischen Formel beruht. Dieses Prinzip des St., das allgemein als ein Relikt der afrikanischen Musik gilt, begegnet auch im Gruppenmusizieren der nordamerikanischen Neger und erlangte als melodisch-rhythmische Technik im → New-Orleans-Jazz besondere Bedeutung: Über dem → Beat (– 1) der Rhythmusgruppe herrscht im Spiel der Melodieinstrumente eine gleichbleibende rhythmische Formel (st. pattern) vor, die sich jedoch auf der harmonischen Basis des → Chorus melodisch ständig verändert. Diese dauernde melodische Veränderung derselben rhythmischen Formel unterscheidet die Technik des St. (st.ing) von der des → Riff. Häufig geht in Aufnahmen des New-Orleans-Jazz die Anwendung der St.-Technik schon aus den Plattentiteln hervor: *Sugar Foot St.* (King Oliver); *Steamboat St.*; *Doctor Jazz St.* (Jelly Roll Morton).

Stop time (stɔp taim, engl., von stop, hemmen, interpunktieren), im Jazz Bezeichnung für das plötzliche Stoppen des durchlaufenden → Beat (– 1) der Rhythmusgruppe bei gleichzeitigem Aussetzen der Melodieinstrumente. Die metrischen Grundeinheiten werden dabei nur noch durch scharf betonte gemeinsame Akkordschläge beider Instrumentengruppen in gleichmäßigen Abständen (etwa auf jede 4. oder 8. Zählzeit) markiert. In die zwischen diesen Stops entstehenden

Pausen fallen häufig die → Breaks der Solisten. Dehnen sich Stops über einen ganzen → Chorus aus, so ergibt sich der Stop chorus, der vor allem im frühen Jazz (New Orleans, Chicago) ein beliebtes Steigerungsmittel am Schluß der Stücke war (Armstrong, Morton).

Strambotto (ital.; altprov. estribot; altfrz. estrabot; span. estrambote), einstrophiges Gedicht von 8 elfsilbigen Zeilen, zumeist nach dem Reimschema der Ottava rima (abababcc). Im 15. Jh. begegnet der Str. in ganz Italien. Nach den Schwerpunkten seiner Verbreitung wurde die Hypothese gebildet, der Ursprung dieser Gedichtform sei in Sizilien (Ottava siciliana mit der Reimfolge abababab) zu suchen bzw. in der Toskana, wo er auch Rispetto d'amore (Reimfolge abababcc oder ababccdd) genannt wurde. Zu den ersten, die den Str. erfolgreich für pseudovolkstümliche Dichtungen benutzten, gehört L. Giustiniani. Der bekannteste Str.-Dichter war um 1500 Serafino dall'Aquila in Rom. Die Verfasser von Strambotti trugen ihre Gedichte als improvisierten Gesang zur Laute oft selbst vor; so Chariteo am aragonischen Hof von Neapel. Die handschriftlich überlieferten Str.-Vertonungen aus der Zeit um 1500, ebenso die Strambotti in den ersten Petrucci-Drucken bringen Musik nur für die beiden ersten Zeilen, die folglich viermal wiederholt werden mußte; schon im 4. Buch der Frottole (*Strambotti, ode, frottole, sonetti ...*, 1505) sind teils 4 Zeilen vertont, teils alle 8 durchkomponiert. Texte in der Form des Str. liegen bisweilen noch frühen Cinquecentomadrigalen zugrunde.

Ausg.: O. PETRUCCI, Frottole, Buch I (1505) u. IV (1507), hrsg. v. R. Schwartz, = PäM VIII, Lpz. 1935, Buch I auch hrsg. v. G. Cesari, R. Monterosso u. B. Disertori, = Inst. et monumenta I, 1, Cremona 1954.
Lit.: R. SCHWARTZ, Die Frottole im 15. Jh., VfMw II, 1886; H. RIEMANN, Hdb. d. Mg. II, 1, Lpz. 1907, ²1920; H. R. LANG, The Original Meaning of the Terms estrabot, str. ..., in: Scritti varii di erudizione e di critica, Fs. R. Renier, Turin 1912; A. EINSTEIN, The Ital. Madrigal I, Princeton (N. J.) 1949; E. LI GOTTI, Precisazioni sullo str., in: Convivium, Raccolta nuova, 1949; N. BRIDGMAN, Un ms. ital. au début du XVIᵉ s. à la Bibl. Nat., Ann. Mus. I, 1953; DIES., La frottola et la transition de la frottola au madrigal, in: Musique et poésie au XVIᵉ s., = Colloques internationaux du Centre National de la recherche scientifique, Sciences humaines V, Paris 1954; F. GHISI, Strambotti e laude nel travestimento spirituale della poesia mus. del Quattrocento, CHM I, 1953; M. LAGHEZZA RICAGNI, Studi sul canto monostrofico ..., = Bibl. di »Lares« XI, Florenz 1963; B. BAUER, Die Strambotti d. Serafino dall'Aquila. Studien u. Texte zur ital. Spiel- u. Scherzdichtung d. ausgehenden 15. Jh., München 1966.

strascinando (straʃʃin'ando, ital.), schleppend, langsamer werdend.

Straßburg.
Lit.: C. M. BERG, Aperçu hist. sur l'état de la musique à Strasbourg pendant les 50 dernières années, Str. 1840; J. FR. LOBSTEIN, Beitr. zur Gesch. d. Musik im Elsaß u. besonders in Str., Str. 1840; F. STREINZ, Zur Gesch. d. Meistergesanges v. Str., Jb. f. Gesch., Sprache u. Lit. Elsaß-Lothringens IX, 1893; FR. HUBERT, Die Str.er liturgischen Ordnungen im Zeitalter d. Reformation nebst einer Bibliogr. d. Str.er Gesangbücher, Göttingen 1900; A. OBERDOERFFER, Nouvel aperçu hist. sur l'état de la musique en Alsace en général et à Strasbourg en particulier, de 1840 à 1913, Str. 1914; J. TH. GÉROLD, Les plus anciennes mélodies de l'Église protestante de Strasbourg et leurs auteurs, Paris 1928; G. SKOPNIK, Das Str.er Schultheater, Gelnhausen 1934, auch in: Schriften d. Wiss. Inst. d. Elsaß-Lothringer im Reich an d. Univ. Ffm., N. F. XIII, Ffm. 1935; FR. GENNRICH, Die Str.er Schule f. Mw., = Kleine deutsche Musikbücherei III, Würzburg 1940; F. RAUGEL, Les orgues et les organistes de la cathédrale de Str., Colmar 1948; R. WENNAGEL, Les cantates strasbourgeoises du 18ᵉ s.,

Diss. Str. 1948, maschr.; E. FLADE, Die Org. d. Str.er Münsters, in: Der Orgelbauer G. Silbermann, = Veröff. d. Fürstl. Inst. f. mw. Forschung zu Bückeburg V, 3, Lpz. ²1953.

Strathspey (stɹæθsp'ei, engl.), schottischer, dem Reel verwandter, langsamer Tanz im 4/4-Takt; charakteristisch sind große Intervallsprünge, punktierte Achtelbewegung und Scotch snap (♪.). Die Bezeichnung Str. ist abgeleitet vom Flußtal (strath) des Spey.

Street band (stɹi:t bænd, engl.) → Marching band.

Street cry (stɹi:t kɹai:, engl.), Bezeichnung für Rufe von Straßenverkäufern, die ihre Waren anpreisen. Der Str. cry ist eine Art von Rufen der musikalischen Negerfolklore der USA (→ Holler), deren Merkmale (grelle Intonation, Blue notes [→ Blues], → Beat – 1) auch in den Jazz eingegangen sind.

Streichende Stimmen sind in der Orgel engmensurierte Labialstimmen, deren Obertongehalt an den Klang der Streichinstrumente erinnert (Gamben, Geigenprinzipale, Salizionale, Streichkornett, Aeoline). Sie wurden in der Zeit der Romantik als Solostimmen bevorzugt. → Register (– 1).

Streichinstrumente (Bogeninstrumente; engl. bowed instruments; frz. instruments à archet) sind Chordophone oder Idiophone, bei denen der Ton durch Streichen der Saiten oder anderer Körper mit einem → Bogen (– 2) oder mit einem Kurbelrad wie bei der → Drehleier erzeugt wird, bei den primitiven Formen mit einem Reibstab. Zu den Str.n gehören Saiteninstrumente vor allem vom Typ der → Laute (– 1). Die Namen → Viola (– 1), → Fiedel (– 1) und → Geige hängen wohl mit dem Vorgang des Streichens zusammen. Daneben gibt es Str. vom Typ der → Leier; aus der → Zither (– 2) ist die → Streichzither abgeleitet. Der Bogen und damit Str. lassen sich seit dem 10. Jh. nachweisen. Str. sind der Grundstock des → Orchesters.
Lit.: L.-A. VIDAL, Les instr. à archet, 3 Bde, Paris 1876–78, Nachdruck London 1961; J. RÜHLMANN, Gesch. d. Bogeninstr., 2 Bde, Braunschweig 1882; H.J. MOSER, Das Streichinstrumentenspiel im MA, in: A. Moser, Gesch. d. Violinspiels, Bln 1923; M. GREULICH, Beitr. zur Gesch. d. Streichinstrumentenspiels im 16. Jh., Diss. Bln 1934; E. SPRENGER, Die Str. u. ihre Behandlung, Kassel 1951; W. BACHMANN, Die Anfänge d. Streichinstrumentenspiels, = Mw. Einzeldarstellungen III, Lpz. 1964.

Streichklavier → Bogenflügel.

Streichmelodion, auch Schoß- oder Tischgeige, ein 1856 in Brünn von L. Breit erfundenes (daher auch Breitoline genanntes) Instrument, das Bauelemente der → Streichzither und der Violine vereinigt. Das Corpus mit *f*-Löchern konnte verschiedene, der Violine entfernt ähnliche Formen annehmen. Das breite Griffbrett mit Metallbünden läuft in eine Wirbelplatte aus; 4 Stahlsaiten in Violinstimmung sind an eisernen Wirbeln mit Schraubenmechanismus aufgehängt und laufen über einen (Violin-)Steg bis zum unteren Sattel; ein Saitenhalter fehlt. Str.s wurden auch in Violinform gebaut (oder durch Umbau aus Violinen gewonnen) und unterscheiden sich dann nur durch die Metallbünde von der Violine. – Der Spieler legt das Instrument an der Stelle, wo Hals und Corpus zusammenlaufen, gegen eine Tischkante und stemmt seine Brust gegen das untere Ende des Corpus (bei violinförmigen Instrumenten gegen den Knopf). Die linke Hand drückt die Saiten nieder, die rechte führt den Bogen. Der Klang des Str.s ist schärfer und heller als der der Violine.
Lit.: H. KENNEDY, Die Zither in d. Vergangenheit, Gegenwart u. Zukunft, Tölz 1896; G. KINSKY, Musikhist. Museum v. W. Heyer in Cöln, Bd II (Zupf- u. Streichinstr.), Köln 1912; K. M. KLIER, Volkstümliche Musikinstr. in d. Alpen, Kassel 1956.

Streichquartett

Streichquartett (frz. quatuor à cordes; ital. quartetto d'archi; engl. string quartet), eine mehrsätzige Komposition für 2 Violinen, Viola und Violoncello, sowie ein aus den 4 Spielern dieser Instrumente gebildetes Ensemble. Die Bezeichnung Str. kam im 19. Jh. auf und diente zuerst zur Unterscheidung des Str.-Ensembles vom Vokalquartett und von Instrumentalquartetten anderer Zusammensetzung (→ Quartett). Nach A. B. Marx (S. 245ff.) bezeichnete Str. auch die Gesamtheit der Streicher im Orchester einschließlich der Kontrabässe. Als Gattungsbezeichnung waren im 18. und 19. Jh. Quatuor und Quartett (Quartetto) üblich. Quartett ist auch heute noch gleichbedeutend mit Str., soweit nicht bestimmende Zusätze den Begriff einengen (z. B. Klavier-, Männer- oder gemischtes Vokalquartett). Das Quartett mit einer obligaten Bläserstimme (Flöte oder Oboe anstelle der 1. Violine) wird heute unter den Bezeichnungen Flöten- bzw. Oboenquartett vom Str. unterschieden.

raktere der einzelnen Instrumente vorgegeben: die 1. Violine spielt die Rolle der »Solistin«, die 2. Violine die »Partnerin«, die Viola die »Begleiterin« und das Violoncello den »Träger der Handlung«. Die Spannung des musikalischen Ablaufs im Str. beruht nicht zuletzt darauf, daß in jedem Moment das ausdrückliche Hervortreten des einzelnen aus dem Ensemble bzw. aus der »Rolle« oder das Sich-Einordnen als die Abweichung von einem niemals erreichten Gleichgewicht empfunden wird.

Die besondere Art des Komponierens im Str. erweist sich vor allem in der Auseinandersetzung mit den Problemen der → Symmetrie, in der häufig unschematischen, meist höchst individuell gestalteten Abfolge der Satzglieder (Phrasen), die in vielen Fällen das einfache Grundschema des Aufstellens und Beantwortens erweitern oder durchbrechen. Einen auf der Dreiteiligkeit basierenden, von vielfältigen Sinnbeziehungen durchzogenen Aufbau zeigt z. B. der Anfang des *An-*

W. A. Mozart, Str. D moll, K.-V. 421, 2. Satz, *Andante*.

Im Str. konzentrieren sich Kompositionskunst und musikalische Kultur einer musikgeschichtlichen Epoche. Seit W. A. Mozart 1785 in der Widmungsvorrede zu seinen 6 Str.en K.-V. 387, 421, 428, 458, 464 und 465 (»... sie sind Frucht einer langen und fleißigen Bemühung«), mehr aber noch mit der kompositorischen Faktur dieser Werke J. Haydn als dem Meister des Str.s und als seinem geistigen Lehrer huldigte, galt der Str. als Prüfstein kompositorischen Könnens. Voraussetzung für diesen verbindlichen Gattungsanspruch des Str.s war die von Haydn eingeleitete intensive Auseinandersetzung mit den Problemen der Komposition. Eine wichtige Rolle spielte hierbei die seit dem 16. Jh. als Inbegriff satztechnischer Vollkommenheit angesehene Vierstimmigkeit. Sie wird im Str. in einer neuen Weise gehandhabt bzw. dadurch in einen neuen Geltungsbereich geführt, daß polare Gegensätzlichkeiten der Stimmführung und der Stimmbehandlung (konzertierend, begleitend, klangfüllend; »polyphon« oder »homophon«; als reale Stimmen oder im → Obligaten Akkompagnement bzw. in → Durchbrochener Arbeit) in eine ständige Wechselwirkung gebracht und damit als Aspekte einer einheitlichen Satzauffassung verstanden werden können. – Die Instrumente treten in ihrer Individualität (mit ihren spezifischen klanglichen Qualitäten und den ihnen eigenen spieltechnischen Möglichkeiten) bald in besonderer Weise solistisch hervor, bald ordnen sie sich, im Stimmverband zurücktretend, der gemeinsamen Aussage unter (wenn die Instrumente in Unisonostellen zusammentreten, wenn die Stimmen im fugierten, polyphonen Satz oder durch Thematische Arbeit einander angeglichen werden, oder wenn das Str. insgesamt als Klangkörper aufgefaßt und damit zu quasi-orchestraler Wirkung geführt wird). Ein wesentliches Merkmal des Str.s liegt im Dialogisieren der Stimmen und Instrumente: *... man hört vier vernünftige Leute sich unter einander unterhalten, glaubt ihren Discursen etwas abzugewinnen und die Eigenthümlichkeiten der Instrumente kennen zu lernen ...* (Goethe an Zelter, Brief vom 9. 11. 1829). Dabei sind die Cha-

dantes aus Mozarts Str. D moll, K.-V. 421, bei dem zwischen die Glieder eines Vordersatzes sowie zwischen diesen und den (verkürzten) Nachsatz einer Periode sich zwei zwischenspielartige Abschnitte einschieben (im obenstehenden Beispiel durch punktierte Klammern gekennzeichnet), die im thematischen und metrischen Aufbau dieser 8 Takte ein Element des Widerspruchs darstellen, das erst in der Schlußwendung eine Synthese mit der thematischen Grundsubstanz eingeht. Möglichkeiten individueller Gestaltung ergeben sich auch beim → Schluß. Eine Abweichung von konventionellen Lösungen wird z. B. deutlich in den bei J. Haydn häufigen Schlußbildungen mit dem 1. Thema (Str. op. 33 Nr. 3, Hob. III, 39, 1. Satz); bei dem Schluß des Finales aus dem Str. op. 33 Nr 2 (Hob. III, 38) ist die Unsicherheit, ob nun der Satz mit dem durch lange Pausen unterbrochenen Zitat des Themas schließt oder ins Unendliche weiterklingt, soweit gesteigert, daß dieser nicht schließende Abschluß oft nur vordergründig, als Witz, verstanden wird. An den Freiheiten der Stimmführung in der Einleitung zum 1. Satz des Str.s C dur, K.-V. 465 (»Dissonanzenquartett«) von W. A. Mozart entzündete sich eine berühmte, von G. Sarti ausgelöste Kontroverse (vgl. Deutsch 1962/63). In der Eigenwilligkeit des jeweiligen Werkes gegenüber jedem Schema, jeder Norm manifestiert sich das Gestaltungsprinzip des Str.s, das in immer wieder neu abgewandelter Form bis zu den Str.en Hindemiths und Bartóks lebendig blieb.

Andererseits ist von J. Haydn für das Str. ein allgemeingültiger Bestand an satztechnischem Rüstzeug erarbeitet worden, das auch auf andere Gattungen übertragen und für die Musik der Wiener Klassiker grundlegend wurde. Sandberger (1900) wies darauf hin, daß die *ganz neue Besondere art* der 6 Str.en op. 33 (Hob. III, 37–42) in der Anwendung des Prinzips der → Thematischen Arbeit bestehe. In den frühen Str.en bis op. 20 (Hob. III, 1–36) stehen divergierende Elemente (durch Variation abgeleitete Motive und scharf kontrastierende Themen; kontrapunktische Arbeit und Reihung scheinbar unzusammenhängender Einfälle) oft noch unvermittelt nebeneinander. Das Prinzip der Thematischen Arbeit, *das Kind aus der Ehe des Kontrapunkts mit der Freiheit* (Sandberger), das allein geeignet ist, diese Gegensätze zu einer organischen Einheit zu verschmelzen, wird von Haydn in den frühen Str.en schrittweise ausgebildet und in der 10jährigen Pause (1771–81) zwischen den Str.en op. 20 und op. 33 im größeren Rahmen der Symphonie erstmals auch außerhalb der → Durchführung systematisch erprobt. In den Str.en op. 33 (Hob. III, 37–42) hat die Thematische Arbeit vom ganzen Satz Besitz ergriffen; Haydn hat von da an das Prinzip auf eine neue besondere Art rational erfaßt und ihm die Satztechnik insgesamt unterstellt. – In der Auseinandersetzung mit überlieferten Formmodellen (Fuge, Variationenfolge, Menuett), vor allem aber mit dem der → Sonatensatzform erwies sich das Str. als wichtiges kompositorisches Experimentierfeld, auf dem neuartige Lösungen erarbeitet wurden, die ihrerseits normative Geltung erhalten konnten. Der geistige Anspruch höchst differenzierter Aussage beschränkt nicht nur den Kreis der dafür aufnahmebereiten Hörer, sondern zwingt auch die Ausführenden zu gedanklicher Durchdringung des Werkes (deshalb werden Str.e im allgemeinen nicht von ad hoc zusammengestellten Ensembles ausgeführt). Soziologisch gesehen (→ Kenner und Liebhaber) ist das Str. somit eine Gattung für Kenner (hierzu Adorno 1962, S. 96ff., und Finscher 1962), doch hat es stets starke Anziehungskraft auch auf den Liebhaber ausgeübt, u. a. deshalb, weil sich der geistige Anspruch, die Subtilität der Aussage meist verbirgt hinter einer unmittelbar den ästhetischen Sinn ansprechenden, scheinbar unproblematischen Gestaltung (hierfür ist das oben zitierte *Andante* aus Mozarts Str. D moll, K.-V. 421, mit seinem liedhaften Thema, seiner scheinbar regelmäßigen Achttaktigkeit und seinem »innigen« Ausdruck ein Beispiel). Einerseits konnte das Str. von daher gesehen als anspruchsvolle Hausmusik verstanden werden (vgl. Aulich und Heimeran 1936), andererseits ist es – neben Symphonie, Sonate, Lied und Oper – eine der zentralen Gattungen der Musik der letzten 200 Jahre.

Seine ersten 12 Str.e (op. 1 und 2, Hob. III, 1–12) komponierte J. Haydn nach eigenem Zeugnis (vgl. Griesinger) vor 1759 für Kammermusikabende des Freiherrn von Fürnberg in Weinzierl. Ihre Fünfsätzigkeit (je ein Menuett an 2. und 4. Stelle) und ihr durchwegs heiterer Tonfall rücken diese Werke in die Nähe des → Divertimentos (– 1) Wagenseilscher Prägung (1765 wurden sie vom Verlag Breitkopf unter der Bezeichnung Quadri bzw. Cassationes angeboten). Doch weisen Einzelheiten der Satztechnik, z. B. die auffällige Gegenüberstellung auftaktiger und abtaktiger Themen (hierzu Georgiades 1954, S. 92ff.) auf die großen Str.e op. 33 (Hob. III, Nr 37–42) voraus. Sucht man nach den Vorbildern für diese Erstlingswerke der neuen Gattung, so wird daher teilweise auch die Frage nach der Herkunft des durch Haydn nicht zuletzt mit seinen Str.en begründeten Wiener klassischen Stils berührt (vgl. die Arbeiten von H. Riemann, Sandberger, Torrefranca, G. Adler und W. Fischer). Zu den Ahnen des Str.s sind u. a. eine 3teilige Kanzone (für 2 V., Va und Vc.) von Gr. Allegri (vgl. Hull 1929) sowie imitatorisch gearbeitete 4st. Streichersätze österreichischer Komponisten des 17. Jh. (vgl. Geiringer 1959) gezählt worden. Als wichtigste kammermusikalische Gattung des 17./ 18. Jh. gehört die → Triosonate zu den Vorläufern des Str.s. Doch ein direkter Einfluß der Triosonate auf das Str. konnte erst wirksam werden, als ihre Hauptmerkmale, generalbaßgebundene Harmonik und Stimmführung, verschwanden und aus ihr das generalbaßlose Streic trio (2 Violinen und Baß) herauswuchs (vielleicht sind auch J. Haydns Streichtrios Hob. V, 15–20 vor den ersten Str.en entstanden). Entscheidende Anregungen vermittelten vor allem die Streichtrios op. 1 (»Orchestertrios«) von J. Stamitz (um 1755). Allerdings ist der 4st. Str.-Satz nicht durch Einfügung der Viola in einen Triosatz anstelle generalbaßmäßiger Klangausfüllung zustandegekommen. Unter den Bezeichnungen Concertino a quattro, Concerto, Sinfonia, Quadro usw. (vgl. die Übersicht bei Torrefranca 1966, S. 175f.) entstanden seit Ende d. 17. Jh. zahlreiche 4stimmige concertierende Streichersätze, die sowohl für mehrfache (orchestrale) als auch für Kammerbesetzung geeignet waren und in denen der Viola eine obligate, oft auch thematisch wichtige Stimme zukommt. Inwieweit solche Kompositionen von Giuseppe Torelli (4st. *Concerti*, 1687–98), A. Scarlatti (*Sonate a quattro senza Cembalo*), Albinoni (*Sinfonie a 4*), Galuppi und Pergolesi, G. B. Sammartini (u. a. Concerti grossi mit Solo-Str.), Giardini (*4 Ouvertures and one Quattro*, London 1751), Tartini (Str.-Arrangements von Violinkonzerten, London 1756), Zach und Holzbauer (Quartettsymphonien), Monn, Filtz und Starzer zur Vorgeschichte des Str.s allgemein bzw. speziell der frühen Str.e von Haydn zu zählen sind, ist ungewiß. Torrefranca (1966) stellte die Frühgeschichte des Str.s als eine kontinuierliche Entwicklung aus dem italienischen Concerto dar. Dies trifft zu für die Verhältnisse außerhalb Wiens (besonders für Paris und London), bevor der Einfluß von Haydns Str.en wirksam wurde.

Unter den Komponisten, die etwa gleichzeitig oder kurz nach Haydn an der Ausbildung des Str.s beteiligt waren und besondere Traditionszweige der Gattung begründeten, ist an erster Stelle Boccherini (op. 1, komponiert 1761) zu nennen. In den folgenden Jahrzehnten entstand in Paris eine umfangreiche Literatur für Str., u. a. von Cambini, P. Vachon, Gossec, A. E. M. Grétry, Davaux, Saint-Georges, J. Fodor, Dalayrac, A. Stamitz, Viotti und dem Haydn-Schüler I. Pleyel. Bei den in Paris wirkenden Komponisten überwiegt die Tendenz zu bevorzugter, oft virtuoser Behandlung der 1. Violine. Daraus entstand die Sonderform des Quatuor brillant, in der auch reisende Violinvirtuosen hervortreten konnten (im Unterschied dazu hießen Str.e mit 4 gleichberechtigten oder abwechselnd solistisch-concertierend hervortretenden Stimmen Quatuor concertant oder Quatuor dialogué). Beliebt waren im 19. Jh. auch Str.e über Opern- und andere bekannte Melodien (Quatuor d'airs connus). Während in Italien das Musikpublikum anderen Gattungen zugeneigt war und daher nur vereinzelte Ansätze zum Str. entstanden (Pugnani, V. Manfredini, Bertoni, Nardini, Capuzzi, Paisiello und Rolla), erwies sich London als ein dankbares Wirkungsfeld für Str.-Verleger und -Komponisten (Giardini, C. Fr. Abel, Sacchini, J. Chr. Bach, G. B. Cirri, Kammel und V. Rauzzini). – Die Komponisten der → Mannheimer Schule widmeten sich vor allem dem Quartett mit einer concertierenden Bläserstimme. Die Flötenquartette von C. G. Toeschi (Paris 1765) beeinflußten offenbar das französische Quatuor dialogué. An Haydns Vorbild orientiert sind die Str.e op. 5 (1768) von Fr. X. Richter. J. M. Kraus hinterließ 9 Str.e von ausgeprägtem Eigenstil. Am Berliner Hof wurde das Str.-Spiel durch den Cello spielenden Kronprinzen (den späteren König Friedrich Wilhelm II.) gepflegt; Haydn (op. 50), W. A. Mozart (K.-V. 575, 589, 590), E. A. Förster (op. 7), Pleyel (op. 9) u. a. widmeten ihm Str.e, in denen die Cellopartie mit besonderer Aufmerksamkeit behandelt ist. 1773 widmete C. Ph. E. Bach dem Wiener Musikmäzen G. van

Swieten 6 Werke für Str.-Besetzung, späte Nachfahren der generalbaßgebundenen Quartettsymphonie.
Neben den drei Großen – Haydn, Mozart, Beethoven – und aus heutiger Sicht in deren Schatten wirkte in Wien eine große Zahl begabter und fleißiger Str.-Komponisten, die Haydns Str.en nacheiferten. Am nächsten kommt diesem Vorbild Dittersdorf. In direkter Haydn-Nachfolge stehen die 9 Str.e von Aloys (= Luigi) Tomasini. Meist im Ton des galanten Divertimentos oder in allzu »strenger« Schreibart bewegen sich die Werke von G. Chr. Wagenseil, Aspelmayr, Fl. Gaßmann, C. d'Ordonez, Albrechtsberger, Vanhal, Fiala, E. A. Förster, L. Kozeluch, J. Mederitsch, Fr. A. Hoffmeister, P. und A. Wranitzky, Gyrowetz und Eybler. J. Haydn verblieb sein ganzes Leben lang in ständiger Auseinandersetzung mit dem Str. (83 Werke); dabei vollzog sich schrittweise ein Wandel der Satztechnik und der Ausdruckssphäre vom kultiviert-galanten Konversationston zum bedeutsamen, dramatischen oder tiefsinnig-philosophischen Dialog (hierzu u. a. Geiringer 1959). Bei W. A. Mozart wird das Vorbild Haydns erstmals 1773 in den Str.en K.-V. 168–173 deutlich, doch erst die Begegnung mit dem 1781 veröffentlichten op. 33 löste bei Mozart jene »lange und fleißige Bemühung« um das Str. aus, deren Ergebnisse Haydn, den bis dahin unumstrittenen Meister des Str.s, zu tiefer Bewunderung der Jüngeren veranlaßten. So ergab sich eine fruchtbare Wechselwirkung und künstlerische Freundschaft zwischen Haydn und Mozart, deren Vermittler das Str. blieb. Damit war das Str. auf eine Ebene gehoben, die den reifen Meister erforderte – vorbei waren die Zeiten, da ein junger Komponist mit Str.en als op. 1 debütieren konnte. – Beethoven eroberte dem Str. sogleich (mit op. 18) und in jeder seiner späteren Str.-Publikationen (Op. 59, 74, 95) neue Aussagemöglichkeiten, bis er in seinen späten Str.en (op. 127, 130–133 und 135) in Bereiche vorstieß, in denen endgültig jeder Vergleich mit Grund musikalischer Erfahrungen, jedes Messen des Gestalteten an Modellen, Normen ausgeschlossen war. Damit war das Prinzip des Str.s, das im weitesten Sinne auch das Prinzip des klassischen Satzes überhaupt ist und das als Entfaltung individueller Aussage vor dem Hintergrund eines Normativen beschrieben werden kann (→ Komposition), zu Ende gedacht und zugleich aufgehoben. Die späten Str.e Beethovens stießen zunächst auf mangelndes Verständnis, teilweise sogar auf Ablehnung. Erst seit der Mitte des 19. Jh. wurden sie zunehmend als Inbegriff vergeistigter musikalischer Aussage »entdeckt« und als eine auch über das Str. hinausweisende Möglichkeit des Komponierens: *Nie wurde bezweifelt, daß Schönberg in der Polyphonie des Str.s wurzelt* (Adorno 1962, S. 108).
Im 19. Jh. wirkten zunächst die Vorbilder Haydns und Mozarts sowie des französischen Quatour brillant fort, so z. B. in Str.en von Fr. Kramář, Danzi, B. und A. Romberg, F. Fränzl, P. Hänsel, A. Reicha, Carl Cannabich, Onslow, Spohr, Fr. E. Fesca, Rossini, Donizetti, P. Rode und R. Kreutzer. Ein ohne Fortsetzung gebliebener Neuansatz zu 2chöriger Komposition sind die 4 Doppelquartette (1825–47) von Spohr, die auf eine Anregung von A. Romberg zurückgehen (vgl. Glenewinkel 1912, S. 88ff.). Den Versuch der direkten Anknüpfung an die Werke des mittleren Beethoven unternahmen F. Ries und Fr. Lachner. Cherubini ragt durch sorgfältige und phantasievolle Thematische Arbeit hervor; zuweilen gibt er den Solostellen der Instrumente etwas von der Wirkung eines Opernauftritts (z. B. im Str. C dur, 2. Satz, *Allegro*, Takt 44–50). Ein uneinheitliches Bild zeigt das Str.-Schaffen von Fr. Schubert; seine Arbeit am Str. dokumentieren zahlreiche, zum Teil auch Fragment gebliebene Kompositionen. Von den 15 vollständig erhaltenen Str.en Schuberts haben vor allem drei, in den Jahren 1824–26 entstandene Werke (A moll, op. 29, D 804; D moll, »Der Tod und das Mädchen«, D 810; G dur, op. 161, D 887) Aufnahme in das Konzertrepertoire der Str.-Ensembles gefunden, zu dem als fester Bestand auch die Werke von Mendelssohn Bartholdy, R. Schumann, Brahms und Reger gehören. Den deutschen Traditionszweig des Str.s setzten außerdem fort R. Volkmann, H. Wolf, Busoni und Pfitzner. Der für die Musikgeschichte des 19. Jh. weithin bestimmende Aspekt, die Ausprägung nationaler Elemente und Stile, wurde auch im Str. wirksam. Ansätze hierzu zeigen sich schon bei Elsner, dem Lehrer Chopins. Am fruchtbarsten war die russische Schule mit Tschaikowsky, Borodin, N. Rimskij-Korsakow, Anton Rubinstein, Cui, A. Tanejew, Glasunow, Prokofjew und Schostakowitsch, während der französischen Komponisten C. Franck, E. Lalo, Saint-Saëns, G. Fauré, d'Indy, Debussy und Ravel meist nur je ein Str. von höchster Individualität schrieben. In Italien setzte sich Boito lebhaft für die Einbürgerung des Str.s ein, doch gewann einzig der Beitrag von Verdi europäische Geltung. Smetana und Dvořák, Grieg und Sibelius sowie Z. Kodály repräsentierten auch in ihren Str.en ausgeprägt national orientierte Musikidiome von ungebrochenem Reiz. Demgegenüber tritt das nationale Element in den sechs hochbedeutenden Werken von B. Bartók zurück zugunsten einer profunden Auseinandersetzung mit den Problemen des Str.-Satzes, die eine Entsprechung nur in den ähnlichen Bemühungen der Klassiker findet und die neue Situation des Komponierens ebenso zeigt, wie die Arbeiten der Schönberg-Schule. Wurde in den Str.en Schönbergs, A. Weberns und A. Bergs das artifizielle Moment, die Arbeit am Satz auf eine neue Weise aktuell, so zeigen die Werke Hindemiths (vor allem sein 3. Str. op. 22, 1922) das Bestreben, die instrumentale Spieltechnik des Str.-Ensembles bis an die Grenze des Möglichen auszuweiten. Seitdem hat das Str. seine zentrale Bedeutung für das Komponieren verloren. Milhaud (18 Str.e, 1912–51), Wellesz (8 Str.e, 1912–58), Villa-Lobos (16 Str.e, 1915–55), E. Bloch (5 Str.e, 1916–58) und Malipiero (7 Str.e, 1920–50) führten seine Tradition zwar bis in die neueste Zeit, doch ist es ungewiß, ob die Werke für Str.-Besetzung von Strawinsky, Szymanowski, Casella, Janáček, Hauer, H. Kaminsky, Jarnach, Zillig, W. Fortner, Hessenberg, K. A. Hartmann, H. Schroeder, J. Françaix, Petrassi, Lutosławski, Boulez, Henze, Pousseur und Krz. Penderecki von der Gattungsgeschichte her gesehen als Ausläufer oder als Neuansätze zu werten sind, denen der herkömmliche Begriff des Str.s allerdings nicht mehr gerecht werden kann.

Das Str. gewann im 19. Jh. zunehmende Bedeutung für das öffentliche Konzert; das Str.-Ensemble als ständige Vereinigung von 4 Musikern ist bis heute ein wichtiger Faktor des Musiklebens. Berühmte Str.-Ensembles gründeten und leiteten: → Schuppanzigh (1794–1816), K. Möser (ab 1813), → Baillot (ab 1814), J. Böhm (1821–68), Th. A. Tilmant (ab 1830), die Gebrüder → Müller (1831–55 und 1855–73), P.-A.-Fr. Chevillard (ab 1835), Jansa (ab 1845), J. → Hellmesberger (ab 1849), J. Armingaud (mit E. → Lalo; ab 1855), A. Basevi (ab 1859), → Heermann (ab 1865), Jean → Becker (ab 1866), J. → Joachim (1869–1907), A. → Rosé (1882–1938), → Kneisel (1885–1917), J. → Suk (ab 1892), → Capet (mit H.-G. und M. → Casadesus; ab 1893), C. → Thomson (ab 1898), → Pochon (ab 1902), Rebner (mit → Hindemith; ab 1904), → Klingler (1905/06–35), C. → Wendling (1911–45), A. Onnou (älteres Pro Arte-Str.; 1913–40), → Schachtebeck (ab 1915), O. Zuccarini (Quartetto di Roma; ab 1918),

A. → Busch (1919–52), → Amar (mit → Hindemith; 1921–29), → Kolisch (ab 1922; nach 1944 neueres Pro Arte-Str.), → Loewenguth (ab 1929), L. Ferro (ab 1937), W. → Schneiderhan (1938–51), → Primrose (ab 1939). Die wichtigsten Str.-Ensembles der Gegenwart sind: Amadeus-Quartett, (neueres) Barchet-Quartett (R. → Barchet), Borodin-Quartett, Budapester Str. (1921 gegründet, seitdem neue Besetzung), Drolc-Quartett, Endres-Quartett, Fine-Arts-Quartet, Hollywood-Quartett, Janáček-Quartett, Juillard String Quartet, Keller-Quartett, → Koeckert-Quartett, Quartetto Italiano, Smetana-Quartett, → Végh-Quartett, Vlach-Quartett.

Lit.: F. HAND, Aesthetik d. Tonkunst II, Jena 1841, Lpz. [2]1847; A. B. MARX, Die Lehre v. d. mus. Komposition IV, Lpz. 1847; L. KÖHLER, Die Gebrüder Müller u. d. Str., Lpz. 1858; E. SAUZAY, Haydn, Mozart, Beethoven. Etude sur le quatuor, Paris 1861; A. EHRLICH, Das Str. in Wort u. Bild, Lpz. 1898 (über Str.-Ensembles); E. J. DENT, The Earliest String Quartets, MMR XXXIII, 1903; F. TORREFRANCA, J. W. A. Stamitz e il Prof. H. Riemann, in: La creazione della sonata dramatica moderna rivendicata all'Italia, RMI XVII, 1910; DERS., La lotta per l'egemonia mus. nel settecento, RMI XXIV, 1917 – XXV, 1918; DERS., Le origini dello stilo mozartiano, RMI XXVIII, 1921, alle Aufsätze auch separat als: Le origini ital. del romanticismo mus., Turin 1930; DERS., Mozart e il quartetto ital., Ber. über d. mw. Tagung d. Internationalen Stiftung Mozarteum in Salzburg 1931; DERS., Avviamento alla storia del quartetto ital., hrsg. v. A. Bonaccorsi, in: L'Approdo mus., H. 23, 1966; H. RIEMANN, Mannheimer Kammermusik d. 18. Jh., Einleitung zu DTB XV, Lpz. 1914; W. FISCHER, Zur Entwicklungsgesch. d. Wiener klass. Stils, StMw III, 1915; A. HEUSS, Kammermusik-Abende, Lpz. 1919; L. DE LA LAURENCIE, L'école frç. de violon de Lully à Viotti, 3 Bde, Paris 1922–24; R. CLARK, The Hist. of the Va in Quartet Writing, ML IV, 1923; G. ADLER, Die Wiener klass. Schule, in: Adler Hdb.; A. POCHON, A Progressive Method of String-Quartet Playing, NY 1924; M. D. HERTER NORTON, String Quartet Playing, NY 1925; M. PINCHERLE, Feuillets d'hist. du violon, Paris 1927; DERS., On the Origins of the String Quartet, MQ XV, 1929; DERS., Les instr. du quatuor, Paris 1948 (S. 119ff. über Str.-Ensembles); C. H. P. STOEVING, The V., Cello and String Quartet, NY 1927; W. ALTMANN, Hdb. f. Streichquartettspieler, 4 Bde, Bln 1928–31; A. E. HULL, The Earliest Known String Quartet, MQ XV, 1929; H. MERSMANN, Die Kammermusik, = H. Kretzschmars Führer durch d. Konzertsaal III, 4 Bde, Lpz. 1930–33; H. ROTHWEILER, Zur Entwicklung d. Str. im Rahmen d. Kammermusik d. 18. Jh., Diss. Tübingen 1934, maschr.; BR. AULICH u. E. HEIMERAN, Das stillvergnügte Str., München 1936, [16]1964–68; U. LEHMANN, Deutsches u. ital. Wesen in d. Vorgesch. d. klass. Str., Würzburg 1939; P. SCHLÜTER, Die Anfänge d. modernen Str., Bleicherode (1939); THR. G. GEORGIADES, Musik u. Sprache, = Verständliche Wiss. I, Bln, Göttingen u. Heidelberg (1954); G. SÓLYOM, A klasszikus szazadforduló (»Die klassische Jh.-Wende«), in: Haydn Emlékére, Budapest 1960; J. KRAMARZ, Von Haydn bis Hindemith, = Mus. Formen in hist. Reihen, Wolfenbüttel (1961); DERS., Das Str., = Beitr. zur Schulmusik IX, ebenda; TH. W. ADORNO, Einleitung in d. Musiksoziologie, Ffm. 1962; L. FINSCHER, Zur Sozialgesch. d. klass. Str., Kgr.-Ber. Kassel 1962; X. SCHNYDER V. WARTENSEE u. H. G. NÄGELI, Briefe aus d. Jahren 1822–35, hrsg. v. W. Schuh, Zürich 1962; W. KIRKENDALE, Fuge u. Fugato in d. Kammermusik d. Rokoko u. d. Klassik, Tutzing 1966.

G. A. GRIESINGER, Biogr. Notizen über J. Haydn, AMZ XI, 1809, separat Lpz. 1811, NA hrsg. v. Fr. Grasberger, = Der Musikfreund I, Wien (1954); L. EHLERT, R. Volkmann (I: Str.), in: Aus d. Tonwelt. Essays, Bln 1877, S. 252ff.; TH. HELM, Beethoven's Str., Lpz. 1885, [2]1910; A. SANDBERGER, Zur Gesch. d. Haydn'schen Str., Altbayrische Monatsschrift II, 1900, erweitert in: Ausgew. Aufsätze zur Mg. (I), München 1921, revidiert NY 1948; H. RIEMANN, Beethovens Str., = Schlesinger'sche Musik-Bibl., Meisterführer XII, Bln u. Wien (1903); E. JOKL, Die letzten Str. Beethovens, Diss. Wien 1905, hs.; H. GLENEWINKEL, Spohrs Kammermusik f. Streichinstr., Ein Beitr. zur Gesch. d. Str. im 19. Jh., Diss. München 1912; E. KORNAUTH, Die thematische Arbeit in J. Haydns Str. seit 1780, Diss. Wien 1915, maschr.; G. DE SAINT-FOIX, Un quatuor d'»Airs dialogués« de Mozart, in: Bull. de la Soc. frç. de Musicologie II, 1920/21; DERS., Le dernier quatuor de Mozart, Fs. G. Adler, Wien u. Lpz. 1930; H. J. WEDIG, Beethovens Str. op. 18 Nr. 1 u. seine erste Fassung, = Veröff. d. Beethovenhauses Bonn II, Bonn 1922; W. ESSNER, Die Thematik d. Menuette in d. Str. J. Haydns, Diss. Erlangen 1923, maschr.; R. GERBER, Harmonische Probleme in Mozarts Str., Mozart-Jb. II, 1924; E. LEUCHTER, Die Kammermusikwerke Fl. L. Gaßmanns, Diss. Wien 1926, maschr.; TH. F. DUNHILL, Mozart's String Quartets, London 1927, [2]1948; G. RIGLER, Die Kammermusik Dittersdorfs, StMw XIV, 1927; H. ABERT, Sechs unter Mozarts Namen neu aufgefundene Str., Mozart-Jb. III, 1929; E. KLOCKOW, Mozarts Str. in A-dur, ebenda; DERS., Mozarts Str. in C-dur, in: DMK VI, 1941/42; O. A. MANSFIELD, Cherubini's String Quartets, MQ XV, 1929; PH. RUFF, Die Str. Fr. Schuberts, Diss. Wien 1929, maschr.; Cyclopedic Survey of Chamber Music, hrsg. v. W. W. COBBETT, 2 Bde, London 1929, mit Suppl.-Bd hrsg. v. C. Mason, [2]1963; M. ROSENMANN, Studien zum Gestaltungsproblem d. letzten fünf Str. L. van Beethovens, Diss. Wien 1930, maschr.; FR. BLUME, J. Haydns künstlerische Persönlichkeit in seinen Str., JbP XXXVII, 1931, auch in: ders., Syntagma musicologicum, hrsg. v. M. Ruhnke, Kassel 1963; A.-E. CHERBULIEZ, Zur harmonischen Analyse d. Einleitung v. Mozarts C-dur-Str. (KV 465), Ber. über d. wiss. Tagung d. Internationalen Stiftung Mozarteum in Salzburg 1931; DERS., Bemerkungen zu d. »Haydn«-Str. Mozarts und Haydns »Russischen« Str., Mozart-Jb. 1959; H. WALTER, Fr. Krommer (1759 bis 1831). Sein Leben u. Werk mit besonderer Berücksichtigung d. Str., Diss. Wien 1932, maschr.; G. RONCAGLIA, Di G. G. Cambini, quartettista padre, Rass. Mus. VI, 1933; DERS., G. G. Cambini, quartettista romantico, ebenda VII, 1934; G. WILCKE, Tonalität u. Modulation im Str. Mendelssohns u. Schumanns, Lpz. 1933; A. SCHERING, Beethoven in neuer Deutung I (Die Shakespeare-Str., ...), Lpz. 1934; M. M. SCOTT, Haydn's op. 2 and 3, Proc. Mus. Ass. LXI, 1934/35; A. HINDERBERGER, Die Motivik in Haydns Str., Diss. Bern 1935; K. KUCZEWISKI-PORAY, Die Orch.-Werke u. Str. A. Borodins, Diss. Wien 1935, maschr.; G.-W. BARUCH, Beethovens Str., Prag 1938, engl. NY 1938; H.-M. SACHSE, Fr. Schuberts Str., Diss. Münster i. W. 1938; E. M. BÄDER, Studien zu d. Str. Op. 1–33 v. J. Haydn, Diss. Göttingen 1945, maschr.; A. HYATT KING, Mozart's Counterpoint, ML XXVI, 1945, auch in: Mozart in Retrospect, London, NY u. Toronto (1955, [2]1956); W. VETTER, Das Stilproblem in Beethovens op. 59, Das Musikleben I, 1948; DERS., Beethoven u. Rußland, in: Neue Ges. 1948, beides auch in: Mythos – Melos – Musica. Ausgew. Aufsätze zur Mg. I, Lpz. 1957; J. M. BRUCE, Notes from an Analysis of Mozart's Quartet in G major K. 387, MR X, 1949; W. KOLNEDER, Hindemiths »Str. V in Es«, SMZ XC, 1950; L. MISCH, Beethoven-Studien, Bln 1950; D. SERRINS, The Validity of Textbook Concepts of »Sonata Form« in Late String Quartets of Haydn and Mozart, Master of Art-Thesis Univ. of North Carolina 1950, maschr.; D. SILBERT, Ambiguity in the String Quartets of Haydn, MQ XXXVI, 1950; R. SONDHEIMER, Haydn. A Hist. and Psychological Study Based on his Quartets, London (1951); W. G. HILL, Brahms' op. 51 – a Diptych, MR XIII, 1952; H. C. R. LANDON, On Haydn's Quartets of Opera 1 and 2. Notes and Comments on Sondheimer's Hist. and Psychological Study, MR XIII, 1952; DERS., Doubtful and Spurious Quartets and Quintets Attributed to Haydn, MR XVIII, 1957; DERS., Problems of Authenticity in 18th-Cent. Music in Instr. Music, in: A Conference at Isham Memorial Library, hrsg. v. D. G. Hughes, Cambridge (Mass.) 1959; E. RATZ, Die Originalfassung d. Str. op. 130 v. Beethoven, Österreichische Musikzs. VII, 1952; H. G. MISHKIN, Five Autograph String Quartets by G. B. Sammartini JAMS, VI, 1953; E. KROHER, Die Polyphonie in d. Str. W. A. Mozarts u. J. Haydns, Wiss. Zs. d. K.-Marx-Univ. Lpz., Gesellschafts- und sprachwiss. Reihe V, 1955/56; G. PERLE, Symmetrical Formations in the String Quartets of B. Bartók, MR XVI, 1955; M. F. WALKER, Thematic, Formal and Tonal Study of the Bartók String Quartets, Diss. Univ. of Indiana 1955, maschr.; J. V. HECKER, Untersuchungen an

d. Skizzen zum Str. op. 131 v. Beethoven, Diss. Freiburg i. Br. 1956, maschr.; R. TRAIMER, B. Bartóks Kompositionstechnik – dargestellt an seinen sechs Str., = Forschungsbeitr. zur Mw. III, Regensburg 1956; A. MASON, An Essay in Analysis, Tonality, Symmetry and Latent Serialism in Bartók's Fourth Quartet, MR XVIII, 1957; L. V. PANKASKIE, Tonal Organization in the Sonata-Form Movements in Haydn's String Quartets, Diss. Univ. of Michigan 1957, maschr.; B. RANDS, The Use of Canon in Bartók's Quartets, MR XVIII, 1957; L. L. SOMFAI, Mozart »Haydn«-kvartettjei, in: Mozart Emlékére, Budapest 1957; DERS., A klasszikus kvartetthangzás megszületése Haydn vonósnegyeseiben (»Die Entstehung d. klass. Quartettklangs in d. Str. Haydns«), in: Haydn Emlékére, ebenda 1960; I. MAHAIM, E. Ysaye et les »Derniers Quatuors« de Beethoven, Genf 1958; DERS., Beethoven, Naissance et renaissance des derniers quatuors, 2 Bde, Paris 1964; K. PFANNHAUSER, Unechter Mozart, in: Mitt. d. Internationalen Stiftung Mozarteum VII, 1958; K. GEIRINGER, J. Haydn, Mainz (1959); K. GREBE, Das »Urmotiv« bei Mozart. Strukturprinzipien im G-dur-Quartett KV 387, Acta Mozartiana VI, 1959; H. KELLER, Pondering Over Mozart's Inconsistencies, MMR LXXXIX, 1959; W. SIEGMUND-SCHULTZE, Mozarts »Haydn-Quartette«, Ber. über d. Internationale Konferenz zum Andenken J. Haydns Budapest 1959; DERS., Tradition u. Neuerertum in Bartóks Str., Fs. Z. Kodály, ebenda 1962; B. WALLNER, W. Stenhammars stråkkvartettskisser, STMf XLIII, 1961; J. CHAILLEY, Sur la signification du quatuor de Mozart K. 465, dit »les dissonances«, et du 7ème quatuor de Beethoven, Fs. Kn. Jeppesen, Kopenhagen 1962; J. KLINGENBECK, I. Pleyel. Sein Str. im Rahmen d. Wiener Klassik, StMw XXV, 1962; J. LA RUE, Dittersdorf Negotiates a Price, in: H. Albrecht in memoriam, Kassel 1962; W. PFANNKUCH, Sonaten-Form u. Sonaten-Zyklus in d. Str. v. J. M. Kraus, Kgr.-Ber. Kassel 1962; O. E. DEUTSCH, Sartis Streitschrift gegen Mozart, Mozart-Jb. 1962/63; A. PALM, Mozarts Str. d-Moll, KV 421, in d. Interpretation Momignys, ebenda; A. BERG, Warum ist Schönbergs Musik so schwer verständlich?, in: W. Reich, A. Berg. Leben u. Werk, Zürich (1963), engl. als: Why is Schoenberg's Music so Hard to Understand?, MR XIII, 1952; W. KIRKENDALE, The »Great Fugue« op. 133: Beethovens »Art of Fugue«, AMl XXXV, 1963; J. GERMANN, Die Entwicklung d. Exposition in J. Haydn's Str., Diss. Bern 1964; A. ORFL, Das Autograph d. Scherzos aus Beethovens Str. op. 127, Fs. H. Engel, Kassel (1964); A. TYSON u. H. C. R. Landon, Who Composed Haydn's op. 3?, The Mus. Times CV, 1964; J. VINTON, New Light on Bartók's Sixth Quartet, MR XXV, 1964; G. CROLL, Eine neuentdeckte Bachfuge f. Str. v. Mozart, Österreichische Musikzs. XX, 1966; L. FINSCHER, Mozarts »Mailänder« Str., Mf XIX, 1966; W. M. JONES, E. Bloch's Five String Quartets, The Music Review XXVIII, 1967.

Streichquintett, Streichsextett, Streichtrio → Quintett, → Sextett, → Trio.

Streichzither, eine von J. Petzmayer 1823 in Wien erfundene Abart der → Zither (– 2). Ein herzförmiges Corpus mit 2 Schallöchern trägt in der Mitte das Griffbrett mit Metallbünden, über das 3 oder 4 Stahlsaiten in Quintstimmung: g d¹ a¹ (e²) laufen. Die Saiten werden an dem spitz zulaufenden Ende des auf einem Tisch liegenden Instruments angestrichen; der Ton ist nur schwach und näselnd. → Streichmelodion.

Stretta, auch Stretto (ital., Enge), – 1) in der Fuge die → Engführung. Mitunter wird auch kontrapunktische Nachahmung in verkürzten Notenwerten Imitazione alla str. genannt. – 2) der in beschleunigtem Tempo ausgeführte Schlußabschnitt eines Opernfinales (Mozart, Le Nozze di Figaro, Finale des 2. Aktes: Prestissimo), besonders bei italienischen Komponisten von Paisiello bis Verdi ein beliebtes Steigerungsmittel von mitreißendem Effekt; der Str.-abschluß von Arien oder Duetten heißt auch → Cabaletta. Seit Beethovens 5. Symphonie ist auch die → Coda in Finalsätzen von Instrumentalkompositionen mitunter als Str. angelegt.

stringendo (strindʒ'ɛndo, ital.; Abk.: string.), zusammendrängend, d. h. allmählich schneller werdend, wie → accelerando.

strisciando (striʃʃ'ando, ital.), streifend, durch die Halbtöne geschleift (chromatisches → Glissando).

Strohfidel (Strofiedel; engl. straw-fiddle; nld. strooivedel), eine vom 16. bis zum 19. Jh. verbreitete volkstümliche Bezeichnung für das → Xylophon, dem seit seiner ersten schriftlichen Erwähnung als *hültze glechter* (Schlick 1511) und der frühesten bildlichen Darstellung (Holbein, Totentanz, um 1525) als Instrument der Wander- und Tanzmusikanten Ost- und Zentraleuropas die verschiedensten Namen gegeben wurden: Hölzernes Gelächter (von oberdeutsch glächel, Klöppel), Holzfidel, Holzharmonika, Holz und Stroh, Holz- und Strohinstrument (so noch bei R. Strauss, *Salome*, 1905), Gigelyra u. a.; lat. lignea craticula, psalterium ligneum; frz. claquebois, échelette, patrouille, régale de bois; ital. sticcato, sistro (»Apulisches Sistrum«), timpano. Die deutschen Namen beziehen sich entweder auf die hölzernen Stäbe oder Klöppel oder auf die Strohunterlage, auf der bei den älteren Formen des Xylophons die Stäbe ruhten.

Lit.: A. SCHLICK, Spiegel d. Orgelmacher u. Organisten, Speyer 1511, Faks. u. Übertragung hrsg. v. P. Smets, Mainz 1959; G. PARADOSSI, Modo facile di suonare il sistro nomato il timpano, Bologna 1695, Faks. Mailand 1933; A. JACQUOT, Dictionnaire ... des instr. de musique ..., Paris 1886; SACHS Hdb.; K. M. KLIER, Volkstümliche Musikinstr. in d. Alpen, Kassel 1956.

Strophe (griech. στροφή, Wendung; ital. und engl. stanza; altfrz. copla, → Couplet), Einheit aus mehreren Versen, die oft unterschiedliche Länge und Bauart aufweisen (→ Versmaße); die Vertonung berücksichtigt in der Regel die strophische Form des Textes (→ Lied). – Das Wort Str. wurde im Französischen Mitte des 16. Jh. von P. de Ronsard im Zusammenhang mit der Nachahmung griechischer Oden (→ Odenkomposition) im antiken Sinn eingeführt; erst im 19. Jh. ersetzte die Bezeichnung Str. im heutigen Sinn die früher übliche Benennung Stance. Im deutschen Bereich wurden (und werden in der Umgangssprache teilweise heute noch) die Str.n besonders des protestantischen Kirchenliedes als Verse (analog zu Bibelvers) bezeichnet; die heute übliche Verwendung der Termini Vers (früher mit → Reim bezeichnet) und Str. führte Opitz ein. – Die Str. ist ursprünglich ein eng mit Gesang und Bewegung (Tanz) zusammenhängendes Formelement griechischer Lyrik (vor allem der Chorlyrik). Die antiken Str.n wurden später nach der Zahl ihrer Verse benannt oder (in der Lyrik) mit dem Namen eines Dichters belegt (Alkäische, Asklepiadeische, Sapphische Str.). Im christlichen Abendland hat die Str. nur noch eine formal-gliedernde Aufgabe. Im Zusammenhang mit der Einführung des Endreims (→ Reim) entstand ein großer Reichtum an Str.n-Formen und deren Kombinations- und Variierungsmöglichkeiten. Rezeptionen antiker Str.n-Formen im Mittelalter (z. B. verwendet der lateinische Hymnus gelegentlich die Sapphische Str.) und seit der Renaissance (Odenkompositionen) blieben auf gelehrte Kreise beschränkt. – Die Form der Str. kann in verschiedenem Grad konstitutiv für das Gedicht sein. Völlig festgelegten Str.n-Formen und strophischen Gedichtformen (z. B. Terzine, Sestine) stehen Gattungen gegenüber, für die zwar strophische Gliederung, jedoch nicht eine bestimmte Str.n-Form charakteristisch ist (wie bei der Canzona des 16. Jh.). Nicht in Str.n unterteilte lyrische Formen (»Gedichtstrophen«) sind selten; das hierbei in erster Linie zu nennende → Rondeau (–2) erhält durch mehrfaches Auftreten von

Refrainversen eine formale Gliederung. – Beim lateinischen → Hymnus (– 1) war die ambrosianische Str. (aus 4 jambischen Dimetern bestehend) am weitesten verbreitet; sie wurde auch in andere Gattungen übernommen. Für die mittellateinische Dichtung sind ferner zu erwähnen die Vaganten-Str. (→ Vaganten), der auch eine Auctoritas (ein klassischer Hexameter oder Pentameter als Zitat) angefügt werden kann, und die Stabat-Str. (zweimal 8 + 8 + 7 Silben; nach dem *Stabat mater* benannt). – Eine große Fülle von Str.n- und strophischen Gedichtformen hat die romanische Literatur entwickelt, besonders die italienische. Aus 3 Verszeilen besteht die Terzine, jedoch verbindet ein weiterführender Reim die Str.n miteinander: aba bcb cdc ... (Dante, *Commedia*). Die Str.n-Form der Terzine erscheint im 16. Jh. als Capitolo (→ Frottola). Eine Abart der Terzine, das → Ritornell (– 1; italienisch stornello), reimt ersten und dritten Vers jeder Str. und läßt den mittleren ohne Reimbindung. Die Stanze ist eine 8zeilige Str. (daher Ottave rime, deutsch Oktave; Reimschema ab ab ab cc) aus 11Silblern (z. B. in den Epen von Ariost und Tasso). Varianten davon sind None rime (ab ab ab cc b) und Siziliane (4 Reimpaare ab). Das Reimschema der Stanze übernimmt der → Strambotto; die → Villanella erweitert es um einen Refrain. Verschiedene Str.n-Formen weisen die unter → Frottola zusammengefaßten Gattungen auf (Barzalletta, Oda u. a.). Das → Madrigal des Trecentos hat keine feste Str.n-Zahl, das des 16. und 17. Jh. ist formal überhaupt nicht festgelegt. Die Gedichtform des Sonetts, aus vier Str.n – je zwei Vierzeilern (Quartetten) und Dreizeilern (Terzetten) – mit der Reimfolge abba abba cdc dcd bestehend, erfuhr in der Nachfolge Petrarcas weiteste Verbreitung in der europäischen Literatur. Das englische Sonett, z. B. bei Shakespeare, reimt abweichend davon abab cdcd efef gg. – Mehrere französische Str.n- und Gedichtformen verwenden einen Refrain, so das Rondeau und die regelmäßig dreistrophigen Formen → Ballade (– 1) und → Virelai. Dem Virelai entspricht die italienische → Ballata; entfernt ähnlich ist auch der spanische → Villancico. Rondeau, Ballade und Virelai erfuhren im 14. Jh. (Machaut) und 15. Jh. ihre weiteste Verbreitung. Der → Lai hat erst seit dem 14. Jh. (Machaut) strophische Form (in der Regel 12 Str.n). Die regelmäßige Str.n-Form der → Kanzone (– 1) der Trobadors und Trouvères war auch in Italien und Deutschland verbreitet; hier stellt sie in Lied und Spruch der → Minnesangs, dann im → Meistersang (→ Bar) den verbreitetsten Str.n-Typ dar. Die aus der provenzalischen Lyrik hervorgegangene Sonderform der Sestine fand vor allem in Italien Verbreitung (Petrarca). Ihre sechs 6zeiligen Str.n vertauschen die 2silbigen Endworte der Verse fortlaufend in der Folge 6 1 5 2 4 3. – Verschiedene Str.n-Formen wurden im mittelhochdeutschen Heldenepos gebraucht (z. B. Nibelungen-, Gudrun-Str.). Die verbreitetste deutsche Lied-Str. ist die 4zeilige Volkslied-Str., die meist aus Vierhebern (→ Vierhebigkeit) mit Kreuzreim (abab) gebaut ist. Die ihr entsprechende Chevy-Chase-Str. der englischen Volksballade (seit dem 18. Jh. auch in Deutschland) bindet jedoch nur die 2. und 4. Zeile durch Reim.

Lit.: → Kontrafaktur; → Versmaße. WoD

Strophicus (lat.) → Neumen (– 1).

Studentenlied. Studentengesang ist vorwiegend zum umgangsmäßigen Laienmusizieren zu rechnen. Die Lieder der akademischen Verbindungen bei Rezeption, Festen, Kommers, Komitat, Totengedenken können als Ständeliedgruppe dem Volksgesang zugerechnet werden. Das St. überschneidet sich mit dem Gebrauchsgut des Volkes (Soldaten-, Handwerker-, Jägerlied), des Bürgerhauses, der Kirche, der Bühne, des Freimaurertums. Das Melodiengut wird sowohl aus dem Volkslied als auch aus dem Kunstlied übernommen und umgesungen. – Im 16. Jh. haben Meister des Chorsatzes (L. Senfl, A. v. Bruck, I. de Vento, N. Rost, A. Utendal, O. de Lassus, J. Eccard) Melodien aus der Studentenwelt bearbeitet und damit auch zum Gebrauchsgut des akademischen → Collegium musicum beigetragen. Im beginnenden Barock wurden dann Sammlungen mehrstimmiger Lieder eigens für den akademischen Bedarf zusammengestellt (J. Jeep, P. Rivander, E. Widmann, J. H. Schein, H. Dedekind, D. Friderici). Doch ist zu unterscheiden zwischen dem Gesang auf der künstlerischen Ebene der Collegia und dem sonstiger Geselligkeit. So steht um die Mitte des 17. Jh. den Generalbaßliedern von H. Albert (für Königsberg) und A. Krieger (für Leipzig) das handschriftliche Liederbuch des Leipziger Studenten Clodius als Zeugnis des geselligen St.s nach dem 30jährigen Kriege gegenüber. Im ausklingenden Barock ist weitgehende Liedgemeinschaft mit dem geselligen Bürgertum (Rathgeber, Sperontes, J. V. Görner) zu vermuten und noch für das Ende des 18. Jh. nachzuweisen. Nachdem die Zeit der Collegia musica zu Ende war, wurde zumeist einstimmig gesungen, hier und dort auch in kunstloser Stegreif-Mehrstimmigkeit. Gegen minderwertige Texte wandten sich die ersten Herausgeber von Studentenliederbüchern im heutigen Sinne: der Hallische Magister Kindleben (1781) und der Kieler Rechtsstudent A. Niemann (1782). Doch erst die Erneuerungsbewegung nach den Napoleonischen Kriegen führte das studentische Lied textlich und musikalisch zu neuer Bedeutung, unter Einbeziehung der Freiheitsdichtung, der Turnlieder und des biedermeierlichen Tugendliedes. Im Zuge der Männerchorbewegung setzte sich auch der Chorgesang zeit- und stellenweise wieder durch (C. M. v. Weber, A. Methfessel) und hielt sich bis weit in den Vormärz hinein, so in Lyras *Deutschen Liedern* von 1843, aus denen 1858 das *Lahrer Kommersbuch* hervorging (herausgegeben von H. Schauenburg, Fr. Silcher, Fr. Erk, ab 1893 von E. Heyck, ab 1953 von W. Haas). Gegen Verflachungserscheinungen trat die musikalische → Jugendbewegung (W. Hensel) in neuem Anschluß an das Volkslied auf. Die Auflösung der alten studentischen Verbände (1933–45) brachte einen starken Bruch mit der Überlieferung; eine sinnvolle Neubelebung unter weitgehend gewandelten Umweltsverhältnissen bleibt als Aufgabe gestellt. → Ständchen.

Ausg.: A. PERNWERTH V. BÄRNSTEIN, Ubi sunt qui ante nos. Ausgew. lat. St. d. 14.–18. Jh., Würzburg 1881; Das Rostocker Liederbuch (1480), hrsg. v. FR. RANKE u. J. M. MÜLLER-BLATTAU, = Schriften d. Königsberger Gelehrten Ges., Geisteswiss. Klasse IV, 5, Halle 1927; J. JEEP, Studenten-Gärtlein (1605–14), hrsg. v. R. Gerber, in: EDM XXIX, Wolfenbüttel 1958; H. RAUFSEISEN, Akad. Lustwäldlein (1794), hrsg. v. A. Kopp, Lpz. 1918; M. FRIEDLAENDER, Commersbuch, Lpz. 1892, ²1897; K. REISERT, Deutsches Kommersbuch, Freiburg i. B. 71896; D. HÄRTWIG, Deutsche Studentenmusik v. d. Anfängen bis zur Mitte d. 18. Jh. (mit Gesamtbibliogr. d. deutschen St.), Ms. Dresden 1963.

Lit.: W. H. RIEHL, Mus. Charakterköpfe III: A. Methfessel, Stuttgart 1860, 91927; R. u. R. KEIL, Deutsche St. d. 17. u. 18. Jh., Lahr 1861; J. BOLTE, Das Liederbuch d. P. Fabricius, Jb. d. Ver. f. niederdeutsche Sprachforschung 1887 (vgl. auch d. Bibliogr. seiner Schriften v. F. Boehm, = Zs. f. Volkskunde, N. F. IV, 1933); W. NIESSEN, Das Liederbuch d. Lpz.er Studenten Clodius (1669), VfMw VII, 1891; K. BURDACH, Studentensprache u. St. in Halle vor 100 Jahren, Halle 1894 (mit Neudruck v. Kindlebens St. 1781); PH. SPITTA, Der deutsche Männergesang, in: Musikgeschichtliche Aufsätze, Bln 1894; A. KOPP, Deutsches Volks- u. St. in vorklass. Zeit, Bln 1899 (im Anschluß an d. v. Crailsheimsche Liederhs. u. d. Liederhs. d. Kieler Studenten Reyer); A. H. HOFFMANN V. FALLERSLEBEN, Unsere volkstümlichen Lieder, bearb. v. K. H. Prahl, Lpz. ⁴1900; W. ERMANN u. E. HORN, Bibliogr. d. deutschen Univ., Lpz. 1904–05; R. WUSTMANN, Mg. Luther, Lpz. u. Bln 1909, ²1926, II u. III v. A. Schering, Lpz. 1926–41; H. KRETZSCHMAR, Gesch. d. Neuen deutschen Liedes I, = Kleine Hdb. d. Mg. nach Gattungen IV, Lpz. 1911, Nachdruck Hildesheim 1966; W. KRABBE, Das Liederbuch d. J. Heck (1679), AfMw IV, 1922; FR. HARZMANN, In dulci jubilo. Aus d. Naturgesch. d. deutschen Kommersbuches, München 1924 (Gesambibliogr. d. deutschen St.-Bücher seit 1781 mit kritischen Anm.); DERS., Burschenschaftliche Dichtung v. d. Frühzeit bis auf unsere Tage, Heidelberg 1930; G. MÜLLER, Gesch. d. deutschen Liedes v. Zeitalter d. Barock bis zur Gegenwart, = Gesch. d. deutschen Lit. nach Gattungen III, München 1925, Neudruck Darmstadt 1959; Fortunatus, Blätter f. d. Studententum, hrsg. v. E. HEYCK, Lahr 1926–34; K. REISERT, Aus d. Leben u. d. Gesch. deutscher Lieder, Freiburg i. Br. 1929; K. STEPHENSON, Bonner Burschenlieder 1819, = Beethoven u. d. Gegenwart, Fs. L. Schiedermair, Köln 1956; DERS., Zur Soziologie d. St., Kgr.-Ber. Wien 1956; DERS., Die Deutschen Lieder v. 1843, Fs. J. Schmidt-Görg, Bonn 1957; DERS., Das Lied d. studentischen Erneuerungsbewegung 1814–19, = Darstellungen u. Quellen zur Gesch. d. deutschen Einheitsbewegung im 19. u. 20. Jh. V, Heidelberg 1965; DERS., Charakterköpfe d. Studentenmusik, ebenda VI, 1965; D. HÄRTWIG, Die deutsche Studentenmusik im 17. u. in d. 1. Hälfte d. 18. Jh., Lpz. 1959, maschr.; P. NETTL, Prag im St., = Schriftenreihe d. Sudetendeutschen VI, München 1964.   KS

Stürze (engl. bell; frz. pavillon; ital. bussolotto) heißt der konisch stark erweiterte Schallbecher der Blechblasinstrumente.

Stufen heißen die einzelnen Tonorte der 7stufigen Tonleiter; so haben c und des auf verschiedenen St., c und cis dagegen auf derselben Stufe der Grundskala ihren Sitz. Die aus dem Lateinischen übernommenen Bezeichnungen der Intervalle geben die Anzahl der St. zwischen den Tönen an (Prime = die erste Stufe, Sekunde = die zweite). Schon G. A. Sorge (*Vorgemach der musikalischen Composition*, 1745–47) spricht vom Dreiklang, Septimenakkord usw. der 1., 2. usw. Stufe der Tonart und G. J. Vogler (*Choral-System*, 1800) bilden die St.-Zahlen die Grundlage einer analytischen Akkordbezeichnung (→ Stufenbezeichnung).

Stufenbezeichnung, ein System der Akkordbezeichnung (Klangstufen), bei der die Dreiklänge auf den Stufen der Tonleiter mit römischen Ziffern numeriert werden. Die Durakkorde erhalten große, die Mollakkorde kleine Ziffern; für die verminderten fügt man der kleinen Zahl eine kleine Null bei, für die übermäßigen der großen Zahl ein Kreuz oder einen Strich:

Die Bezeichnung V–I bedeutet dann die Folge zweier Durakkorde, von denen der erste Dominantdreiklang des zweiten ist, V–I dagegen einen Dur- und einen Mollakkord, von denen der erstere der Dominantdreiklang des letzteren ist. Die jeweilige Tonart wird durch den Ziffern vorangestellte große (dur) bzw. kleine (moll) Buchstaben angegeben, z. B. c:I = Durakkord auf der 1. Stufe von C dur bzw. a:IV = Mollakkord auf der 4. Stufe von A moll. Zur Bezeichnung von Akkordumkehrungen, dissonanten Zusatztönen sowie Hoch- und Tiefalteration werden die Zusatzziffern der Generalbaßschrift verwendet, z. B. I⁶ = Sextakkord des Dreiklangs auf der 1. Stufe in Dur, V⁷ = Septakkord auf der 5. Stufe (Dominantseptakkord), IV ³♭⁴⁺ = Terzquartakkord der 4. Stufe in Dur mit hochalterierter Quarte und kleiner Terz. Bei der Analyse ganzer Tonstücke können die Stufenzahlen auch Versetzungszeichen erhalten, z. B. ♭II⁶ = Dursextakkord der tiefalterierten 2. Stufe in Moll, der »Neapolitanische Sextakkord«. – Ansätze zur Bezeichnung der Tonleiterstufen und ihrer Dreiklänge mit römischen Ziffern finden sich bereits bei G. J. Vogler (1800). Die heutige Fassung der St. geht auf G. Weber (1817) zurück. Seine Klangstufen wurden u. a. von E. Fr. E. Richter (1853) entgegen der ursprünglichen Absicht Webers, nur wesentliche und keine zufällige Akkordbildung zu bezeichnen, durch Bestandteile der Generalbaßschrift vervollständigt. In dieser Form ist die St. noch heute in Gebrauch. Lediglich die Unterscheidung der Dur- von den Molldreiklängen durch große und kleine Zahlen wurde vielfach wieder aufgegeben. Gegenüber Riemanns → Funktionsbezeichnung ist die St. im Nachteil, da sie die Akkorde nur chiffriert, über ihre Beziehungen zueinander jedoch wenig oder nichts aussagt. Auch ist sie nicht imstande, zwischen wesentlichen und zufälligen Akkorden (d. h. solchen, die durch Vorhalte, Wechselnoten, Durchgänge usw. zustande kommen), zu unterscheiden. Ihre enge Bindung an die siebenstufige diatonische Tonleiter macht sie zur Bezeichnung von chromatischer Harmonik ungeeignet. Andererseits verhält sie sich zu den grundlegenden Theorien der Harmonielehre neutral. Deswegen konnte sie sowohl von Riemann – in den Anfängen seiner Funktionstheorie (*Musikalische Logik*, NZfM LXXI, 1872) – als auch von Sechter (*Die Grundsätze der musikalischen Komposition*, 1853–54) angewendet werden. Die im Tonsatzunterricht gängige Bezeichnung »Stufentheorie« für das Numerieren der Tonleiterstufen und ihrer Akkorde mit römischen Ziffern ist daher irreführend. Der Unterschied zwischen St.en und Funktionsbezeichnungen besteht vielmehr darin, daß jene die Tonleiterlage, diese die tonale Bedeutung der Akkorde für die Kadenzlogik angeben. Als im Verlauf des 20. Jh. die Harmonielehre ihre Vorrangstellung im Kompositions- und Tonsatzunterricht einbüßte, wurde dieser Unterschied bisweilen verwischt. So finden sich z. B. in der Neubearbeitung der Harmonielehre von R. Louis und L. Thuille (1933) die Riemannschen Funktionsbezeichnungen. A. Schönberg verwendet in seinem theoretischen Spätwerk (1954, posthum) neben G. Webers Stufenzahlen zur genaueren Bezeichnung tonaler Verwandtschaften eine Reihe (teilweise neuer) Funktionsbezeichnungen. Andere Autoren, wie H. Mersmann (1929) und E. Tittel (1965), koppeln St.en mit Funktionsbezeichnungen von vornherein.

Lit.: G. J. VOGLER, Choral-System, Kopenhagen 1800; KOCHL, Artikel Klangstufen; G. WEBER, Versuch einer geordneten Theorie d. Tonsetzkunst, 3 Bde, Mainz 1817–21, in 4 Bden ²1824, ³1830–32; E. FR. E. RICHTER, Lehrbuch d. Harmonie, Lpz. 1853, ³⁴1948; H. RIEMANN, Vereinfachte Harmonielehre, London u. NY 1893, ²1903; RIEMANN MTh; R. LOUIS u. L. THUILLE, Harmonielehre, Stuttgart 1907, neubearb. v. W. Courvoisier, R. G'schrey, G. Geierhaas u. K. Blessinger ¹⁰1933; A. SCHÖNBERG, Harmonielehre, Wien 1911, ⁵1960, engl. NY 1947; DERS., Structural Functions of Harmony, NY 1954, deutsch v. E. Stein als: Die formbildenden Tendenzen d. Harmonie, Mainz (1957); H. MERSMANN, Musiklehre, Bln 1929; P. HINDEMITH, A Concentrated Course in Traditional Harmony, 2 Bde, NY 1943, ²1944 u. 1948, deutsch: I Aufgaben f. Harmonie-Schüler, II Harmonieübungen f. Fortgeschrittene, Mainz (1949); E. TITTEL, Harmonielehre, 2 Bde, Wien u. München 1965.   ESE

Stufengang nennt H. Schenker die Folge der für den harmonischen Gesamtverlauf eines Stückes entscheidenden Gerüstakkorde. Diese erst bezeichnet er als Stufen, nicht jedoch alle Akkorde, die im Stück vorkommen. So spricht er dem Cis dur-Dreiklang (*) auf dem 2. Achtel des 10. Taktes der Arie *Buß' und Reu'* in der Matthäuspassion von J. S. Bach das Gewicht einer Stufe ab:

III VI (IV) V   I

Schenker sieht in ihm *bloß eine vorübergehende Konfiguration dreier Stimmen*, von denen jede ihre eigene Ursache habe, diese Stelle zu passieren: *so das D des Basses durchgehend über Cis zu H als eventuell einer IV. Stufe, der Quartvorhalt G des Soprans über Eis zu Fis als seinem Auflösungston und endlich der Vorhalt E der mittleren Stimme in paralleler Sextenbewegung mit dem Sopran über Gis zu A.* Der Einflußbereich einer Stufe kann sich auch über mehrere Akkorde, ja Takte erstrecken, wie Schenker an den ersten 5 Takten des Praeludiums in C dur für Org. von J. S. Bach (BWV 547) glaubhaft zu machen versucht:

I - - - -

Der Achtelkontrapunkt im Sopran des 4. Taktes interpretiere die zunächst als selbständige Akkorde auf der 5. Stufe erscheinenden Zusammenklänge im letzten Drittel des 2. bzw. 3. Taktes nachträglich als Durchgangsakkorde. Die den St. bestimmenden Intervalle sind nach Schenker Quinten, weshalb er auch seine Stufen *Quinten höherer Ordnung* nennt. Im Unterschied zur Funktionstheorie H. Riemanns werden diese übergeordneten Quintbeziehungen nicht als übergeordnete Kadenzzusammenhänge verstanden. – Hindemith übernahm Schenkers Termini Stufe und St. Unter Stufen versteht er die Grundtöne, *welche die Akkordlasten größerer harmonischer Zusammenhänge tragen*, unter St. die Reihenfolge dieser Grundtöne. Besteht ein St. aus weniger als 4 Tönen, so sollen die Intervalle zwischen zwei unmittelbar aufeinanderfolgenden Stufen nach ihrem Intervallwert beurteilt werden, wie er sich aus Hindemiths Reihe 2 (Reihe der Intervalle) ergibt. Bei größeren Stufengängen *verliert durch die immer weiter um sich greifende Kraft der Tonverwandtschaften der reine Intervallwert an Wichtigkeit*. Den Verwandtschaftsgrad einer Stufe zum jeweiligen Zentralton des St.s bestimmt Hindemith nach seiner Reihe 1 (Reihe der Tonverwandtschaften). Jeder Zentralton eines St.s bildet mit den Stufen, die mit ihm verwandt sind, einen »tonalen Kreis«. Bei Modulationen können sich benachbarte tonale Kreise überschneiden. Im Anschluß an Schenker schließt auch Hindemith die Grundtöne von Akkorden, die durch Vorhalte, Durchgänge usw. entstanden sind, vom St. aus. Doch verfährt er bei der Feststellung der Stufen zunächst weniger summarisch als Schenker, wie aus dem Anfang seiner harmonischen Analyse der Sinfonia in F moll von J. S. Bach (BWV 795) zu entnehmen ist:

Danach aber faßt Hindemith die Zentraltöne aller tonalen Kreise einer Komposition zu einem übergeordneten St. zusammen. Schließlich zerlegt er die melodieführenden Stimmen eines Stückes in »Harmoniebezirke«, aus deren Grundtönen er einen besonderen »Melodie-St.« gewinnt, der von dem St. der Akkordgrundtöne unabhängig sei und ihm manchmal geradezu widersprechen könne.

Lit.: H. Schenker, Harmonielehre, Stuttgart u. Bln 1906; P. Hindemith, Unterweisung im Tonsatz I, Mainz 1937, 21940, engl. als: Craft of Mus. Composition I, London 1942; W. Keller, H. Schenkers Harmonielehre, in: Beitr. zur Musiktheorie d. 19. Jh., = Studien zur Mg. d. 19. Jh. IV, hrsg. v. M. Vogel, Regensburg 1966. ESe

Stuttgart.
Lit.: J. Sittard, Zur Gesch. d. Musik u. d. Theaters am Württembergischen Hofe, 2 Bde, St. 1890–91, Nachdruck in 1 Bd Hildesheim 1967; G. Bossert, Gesch. d. St.er Hofkantorei..., Württembergische Vierteljahrsschrift f. Landesgesch., N. F. VII, 1898, IX, 1900, XIX, 1910 – XXI, 1912 u. XXV, 1916; R. Krauss, Das St.er Hoftheater..., St. 1908; H. Abert, Die dramatische Musik, in: Herzog Karl Eugen v. Württemberg u. seine Zeit I, Esslingen 1909; H. Marquardt, Die St.er Chorbücher..., Studien zum erhaltenen Teil d. Notenbestandes d. württembergischen Hofkapelle d. 16. Jh., Diss. Tübingen 1936; J.-D. Waidelich, Vom St.er Hoftheater zum Württembergischen Staatstheater, Diss. München 1957, maschr.; M. Winkler-Betzendahl u. H. Koegler, Ballett in St., St. 1964.

sub, super (lat.), in Zusammensetzungen hypo, → hyper.

Subbaß ist in der Orgel eine weitmensurierte Gedacktstimme zu 32' oder 16' im Pedal, in alten Orgeln hin und wieder auch offen, von dunklem Klang. Der S. heißt oft → Untersatz (– 1), auch Majorbaß.

Subdominante (frz. sousdominante) oder Unterdominante heißt in der Harmonielehre die Quinte unter bzw. die Quarte über der → Tonika. Der auf der Quarte (bzw. Unterquinte) errichtete Dreiklang wird Subdominantdreiklang genannt. Nach J.-Ph. Rameau, auf den der Terminus S. zurückgeht (*Nouveau système*, 1726), sind die Akkorde der Tonika, → Dominante und S. die Grundpfeiler tonaler Harmonik, wobei jeder Dreiklang durch Hinzufügung einer großen Sexte (z. B. f–d zu f–a–c) zum Subdominantakkord werden kann (→ Sixte ajoutée). Dieser ist in Dur entweder ein Moll- oder Dur-, in Moll immer ein Mollakkord (Ausnahme: → Dorische Sexte). Die → Funktionsbezeichnung S für S. geht auf H. Riemann zurück (*Vereinfachte Harmonielehre*, 1893). Sie meint stets den Dreiklang der S.

Lit.: → Dominante; P. Hamburger, S. u. Wechseldominante, Kopenhagen u. Wiesbaden 1955.

Subjekt (lat. subjectum), ursprünglich s. v. w. → Soggetto, späterhin speziell das Thema in der Fuge. In einigen Fällen ist der Sprachgebrauch von S. und → Kontra-S. fließend: es empfiehlt sich, in Fugen mit beibehaltenem Kontrapunkt von S. und Kontra-S. (auch mehreren), bei Doppel-, Tripel- und Quadrupelfugen aber von verschiedenen S.en zu sprechen, obgleich dafür Gründe der musikalischen Themenstruktur nicht geltend zu machen sind.

Subsemitonium modi (lat., Unterhalbton der Tonart), in der Musiklehre des 15.–18. Jh. Bezeichnung des Halbtons unter der Finalis. Unter den traditionellen 8 Modi (→ Kirchentöne) besitzen nur der 5. und 6. das S. m. als leitereigenen → Leitton. Da jedoch auch im 1., 2., 7. und 8. Modus (wie später in den Dur- sowie überwiegend in den Molltonarten) der Halbtonschritt des Discantus ein wesentliches Element zur Bildung der → Klausel oder → Kadenz (– 1) darstellt, muß das S. m. in diesen Fällen durch → Alteration (– 2) hergestellt werden, obgleich es nicht notiert ist. – Quantz bezeichnet als *die eigentlichen Subsemitone* enharmonisch verminderte Sekunden (z. B. as–gis; Quantz Versuch, S. 244, dazu S. 232f.).

Sụbulo (lat.) → Tibia (– 1).

Succentor (lat., Nachsänger; WaltherL: Unter-Cantor) hieß im mittelalterlichen Kathedraldienst ein erfahrener, oft akademisch gebildeter Musiker in der Stellung eines bepfründeten Kaplans, dem die ein- und mehrstimmige Musik unterstand. 1317 ist am Konstanzer Dom Aufgabe der 2 S.en, *cantorem, canonicos et sacerdotes et scolares in legendo et cantando* zu informieren. Daß die Chorleitung selbst Pflicht des S.s war, ist für Konstanz erwiesen, wo 1502 eine Succentoria choralium für Ausbildung und Leitung der Chorknaben eingerichtet wurde, jedoch nicht allgemeingültig (z. B. wohl nicht an Notre-Dame in Paris). Im mittelalterlichen, zuweilen noch im protestantischen Schulchor war der S. Vertreter und Gehilfe des Chorleiters.

Lit.: G. Schünemann, Gesch. d. deutschen Schulmusik I, Lpz. 1928, ²1931; G. Birkner, Notre-Dame-Cantoren u. -S. v. Ende d. 10. bis zum Beginn d. 14. Jh., in: In memoriam J. Handschin, Straßburg 1962; M. Schuler, Die Konstanzer Domkantorei um 1500, AfMw XXI, 1964.

Südafrika.
Lit.: Fr. Z. van der Merwe, Zuid-Afrikaanse muziekbibliogr. 1787–1952, Pretoria 1958. – S. P. E. Boshoff u. L. J. Plessis, Afrikaanse volksliedjes, 2 Bde, Pretoria u. Amsterdam 1918; J. Bouws, Muziek in Zuid-Afrika, Brügge 1946; ders., Das Musikleben in Kapstadt, Mf VII, 1954; ders., Zuid-Afrikaanse komponiste van vandag en gister, Kapstadt 1957; ders., Woord en wys van die Afrikaanse lied, ebenda 1961; W. van Warmelo, Liederwysies van Vanslewe, Amsterdam 1958.

SUISA, Schweizerische Gesellschaft der Urheber und Verleger (Schweiz), → Verwertungsgesellschaft, Mitglied der → CISAC.

Suite (sɥi:t[ə], frz., Folge), eine ursprünglich aus Tänzen oder tanzartigen Sätzen, im Laufe ihrer Geschichte auch aus tanzfreien Teilen (Sonata, Sinfonia, Toccata, Praeludium, Ouvertüre, Chaconne, Aria, programmatisches Stück u. a.) bestehende mehrsätzige Komposition. Wichtige Merkmale der S. sind: Variabilität in den Satzkombinationen, eine immer wieder hervortretende Tendenz zu loser Reihung der Sätze sowie überwiegend Einheitlichkeit hinsichtlich der Tonart. – Das Wort S. erscheint als musikalischer Terminus erstmals im 16. Jh. in Frankreich im Zusammenhang mit dem → Branle. Der Index des *Septième livre de danceries* (Paris 1557, Veuve de Pierre Attaingnant) führt unter verschiedenen Tänzen an: *Premiere suytte de bransles, Seconde suytte d'autres bransles* usw. Nach Arbeau (*Orchésographie*, 1588) begann ein Ball mit *La suyte de ces quatre sortes de branles*, womit eine Folge von langsamen bis lebhaften Branles gemeint ist. Im 17./18. Jh. wurde das Wort S. in Frankreich, Deutschland, auch in England gebraucht, jedoch nur sporadisch und in wechselnder Bedeutung: für Folgen mehrerer Tänze und tanzfreier Stücke (Froberger, *10 Suittes de clavessin*, um 1697/98; Dieupart, *Six suittes de clavessin*, Amsterdam o. J.; J.-Ph. Rameau; J. S. Bach; Händel), aber auch nur für einzelne Suitensätze, speziell für die »nachfolgenden« (WaltherL: *die Allemande ist in einer musicalischen Partie gleichsam die Proposition, woraus die übrigen S.n, als die Courante, Sarabande und Gique, als Partes fliessen*). Auf eine bestimmt zyklische Form bezieht es Mattheson (Capellm.): *Die Allemanda ... vor der Courante, so wie diese vor der Sarabanda und Giqve her, welche Folge der Melodien man mit einem Nahmen S. nennet.* Ähnlich wurden → Partita und Partia (Plur. Partie, Partien, Partyen) vereinzelt für S.n-Sätze, häufiger für Satzfolgen im Sinne der S. verwendet. Dagegen bezeichnet der vom Einleitungssatz auf die ganze Satzfolge übertragene Titel → Ouvertüre den speziellen Typus der Ouvertüren-S.; der Titel Sonata da camera benennt die italienische Spielart der S. Weiterhin verbirgt sich die S. auch hinter Titeln wie Ritornell und Intermedium (M. Praetorius), Ordo (G. B. Brevi), Ordre (Fr. Couperin), sogar Sonate, Konzert u. a. Häufiger als unter solchen Benennungen erscheint die S. jedoch überhaupt nicht unter einer Gattungsbezeichnung, sondern unter Titeln wie Intabolatura, Balli, Chorearum Collectanea, Pièces de clavecin, → Tafelmusik oder unter Aufzählung des Inhalts (*Neuf basses dances, deux branles ...*, Attaingnant 1530), im 17. Jh. vorzugsweise unter poetisierenden Titeln wie: *Banchetto musicale* (Schein), *Musicalische Frühlings-Früchte* (D. Becker).

Aus Folgen von Tänzen entstanden die ältesten Ansätze zu instrumentalen Satzfolgen; sie sind auch im außereuropäischen Bereich nachweisbar. Im Mittelalter sind in den wenigen schriftlich erhaltenen Denkmälern von Instrumentalmusik (z. B. Paris, Bibl. Nat., f. fr. 844) zwar nur Folgen von Tänzen des gleichen Typus (Estampien) überliefert, doch ist für die Praxis auch das Kombinieren von Tänzen verschiedener Art anzunehmen. Quellennachweise hierfür bieten das 14. und 15. Jh. einerseits in der Zusammenstellung von Estampie und Rotta (*Lamento di Tristano* und *La Manfredina* der italienischen Handschrift Lo, → Quellen) und in den zum Teil aus schnellen gesprungenen und langsam geschrittenen Teilen bestehenden → Basses danses (Brüsseler Ms. 9085), anderseits bei Domenico da Piacenza (*De la arte di ballare ed danzare*, 1416), der verschiedene Rhythmisierung einer Melodie als Bassadanza, Quadernaria, Saltarello und Piva lehrt. – Den entscheidenden Aufschwung nahm die instrumentale Tanzkomposition und mit ihr die S. im 16. Jh. Allerdings bieten die Quellen noch vorwiegend nach verschiedenen Prinzipien, oft nach Tanztypen angeordnete Einzeltänze und überlassen deren Zusammenstellung zu S.n, wie häufig noch im 17. Jh., dem Spieler. Soweit sie jedoch auch Folgen verschiedener Tänze enthalten, dominiert (neben dem bereits genannten Branle) zunächst ein nur durch Umrhythmisierung gewonnenes oder durch zunehmend freiere und kunstreichere Variation verbundenes Tanzpaar, meist bestehend aus Pavane–Galliarde, Pavane–Saltarello oder Ballo–Saltarello, in französisch-niederländischen Quellen auch aus Rondo–Saltarello, Allemande–Saltarello und Basse danse – Tourdion, in deutschen Quellen aus Tanz-Hupfauf. Doch gibt es vor allem in der italienischen Lauten-S. schon früh auch größere Verbände, bei denen das Tanzpaar um einen oder mehrere Springtänze desselben Typs (Pavane – Saltarello I bis III) oder neuer Typen erweitert ist. Hierbei bildeten sich 3sätzige Tanzfolgen: ein Springtanz in abermals gesteigerter Lebhaftigkeit beschließt die Folge (Petrucci 1508: Pavana–Saltarello–Piva; A. Rotta 1546: Pass'e mezzo – Gagliarda – Padovana) oder wird zwischen die Sätze eines Tanzpaares eingeschoben (D. Bianchini 1546: Pass'e mezo – La sua padoana – Il suo saltarello); später wurden nach dem gleichen Prinzip auch 4sätzige Folgen gebildet (Caroso 1581: Balletto–Gagliarda–Rotta–Canario). Eine weitere Möglichkeit zu reichhaltigerer Gestaltung bot im 16. Jh. der Einschub von Reprisen (recoupes) und Variationen in das Gerüst eines Tanzpaares. So kam es in Frankreich zu der Folge Basse danse – Recoupe – Tourdion (Attaingnant, *Neuf basses dances*, 1530), in Italien zu den Lauten-S.n in G. A. Castigliones *Intabolatura de leuto de diversi autori* (1536) und vor allem zu Maineros (1578) umfänglichen Orchester-S.n (Pass'e mezzo [primo bis quinto modo] – Represa [primo bis terzo modo] – Saltarello [primo bis quarto modo] – Represa). Aber auch die Verbindung von tanzfreien Formen mit Tänzen kannte das 16. Jh.: Die Lauten-S.n bei Castiglione (1536) werden mit Toccaten beschlossen; Coperario, Peerson, Brade u. a. kombinierten um 1600 in England Fantasie und Kanzone mit Tänzen.

Ihre Blüte erlebte die S. vom 17. bis zur Mitte des 18. Jh. Ein neuer Typus entwickelte sich in Italien zunächst im Bereich des aufstrebenden Opernthearters und zeigt als Ballett-S. einen ersten Höhepunkt in L. Allegris *Primo libro delle musiche* (1618), das u. a. eine Sinfonia und acht 2- bis 7sätzige S.n enthält, die aus Ballo, Gagliarda, Corrente, Canario, Gavotta, Brando, Ritornello und nicht näher bestimmten tanzfreien Sätzen in verschiedener Zusammenstellung bestehen. In der Folgezeit bildete Italien seinen S.n-Typ vor allem in der Sonata da camera aus (→ Sonate), deren Erscheinungsformen von den Einzelsätzen und Tanzpaaren B. Marinis bis zu Corellis Zyklen (z. B. Preludio–Corrente–Adagio–Allemanda) reichen. Wie in Italien leitete auch in England und Frankreich das Theater eine neue Epoche der S. ein, dort im Rahmen der → Masque, hier im → Ballet de cour, dem die von den »Frantzösischen Dantzmeistern« übernommenen Ballette von M. Praetorius (*Terpsichore*, 1612) nahestehen. Später erreichten Ballett- und Orchester-S. in England bei H. Purcell, in Frankreich bei J.-B. Lully und J.-Ph. Rameau ihre Höhepunkte. Lullys und Rameaus → Entrées (–1) bilden kleinere und größere S.n vornehmlich aus Gavotte, Sarabande, Bourrée, Ritournelle und den verschiedenen Spielarten des Air. Einen zweiten zentralen Platz nehmen in Frankreich die kammermusikalisch besetzte S. (M. Marais, M. de la Barre, Fr. Couperin, J.-Ph. Rameau), die Lauten- (D. Gaultier) und die Klavier-S. ein. Einen Stammbestand bilden schon bei Chambonnières die Tänze Allemande, Courante, Sarabande, Gigue, die aber oft in Bündeln desselben Typs oder um → Doubles erweitert auftreten und seit L. Couperin, d'Anglebert und Lebègue um Gavotte, Bourrée, Menuet und tanzfreie Formen (z. B. Prélude, Chaconne, Passacaille) ergänzt sind. Bunte Vielfalt in den Satzkombinationen zeigen die S.n von J.-Ph. Rameau und vor allem von Fr. Couperin, dessen Ordres vorwiegend tanzfreie Stücke mit charakterisierenden Überschriften in freier Folge vereinigen.

In Deutschland entstand die S. nach 1600 aus Sammlungen von Einzeltänzen, Tanzpaaren und tanzfreien Sätzen für Ensemble, die in beliebiger Folge zusammengestellt werden konnten (hierzu Praetorius Synt. III, S. 110). Innerhalb dieses Repertoires (u. a. von V. Haußmann, H. L. Haßler, Scheidt, M. Franck, M. Praetorius, Hammerschmidt) bilden lediglich Peuerls *Newe Padouan* (1611) und Scheins *Banchetto musicale* (1617) eine Ausnahme, insofern beide Meister die jeweils gewählte Satzfolge innerhalb einer Sammlung beibehalten (Peuerl: Padouan in ¢ – Intrada in ¢3 – Dantz in ¢ – Galliarda in ¢3; Schein: Padouana in ¢ – Gagliarda in 3 – Courente in 6/4 – Allemande in ¢ – Tripla in 3) und darüber hinaus die Sätze ihrer S.n durch frei gehandhabte Variationstechnik verbinden (»Variationen-S.«). Beide Merkmale blieben in dieser Konsequenz der italienischen und der französischen S. der Zeit fremd. Doch wandten sich auch die deutschen Meister nach Peuerl und Schein (J. J. Löwe, Kelz, Rosenmüller, D. Becker, Scheiffelhut) von Variation und stereotypen Satzfolgen wieder ab und konzipierten ihre S.n als verschiedenartige Aneinanderreihungen von Pavane, Galliarde, Allemande, Courante, Sarabande, Gigue, Arie, Ballo (Ballett), Intrada. Neu ist bei ihnen vor allem die Einführung tanzfreier Einleitungssätze (z. B. bei Löwe, Kelz, Rosenmüller), die sich in Rosenmüllers *Sonate da camera* (1667) zu mehrteiligen, der italienischen Ouvertüre angenäherten Sinfonie weiten. Ein zweiter Typ der S., der in die Ouvertüren-S. einmündete, entwickelte sich in Deutschland nach dem Vorbild des französischen Balletts; er erscheint, anfangs meist als »nach Französischer Manier« ausdrücklich deklariert, bei J. H. Schmelzer, Poglietti, G. Bleyer, R. I. Mayer, Kusser, Ph. H. Erlebach, Georg Muffat, J. C. F. Fischer und Fux, G. Ph. Telemann, Händel (»Wassermusik«, »Feuerwerksmusik«) und J. S. Bach (Ouvertüren BWV 1066–1070). – Stärker als die Orchester-S. konzentrierte sich die Klavier-S. auf einen bestimmten Typ, bei Froberger auf die Satzfolge Allemande–Gigue–Courante–Sarabande, bei B. Schultheiß, Weckmann, Reinken, Buxtehude und G. Böhm auf dieselben Tänze mit abschließender Gigue. Allerdings bildet das schlichte 4sätzige Modell eher die Ausnahme; es wurde durch Vorspann freier Einleitungssätze (Poglietti, F. T. Richter, Kuhnau) und durch Einschub französischer Tänze vor allem zwischen Sarabande und Gigue (Menuett, Bourrée, Gavotte, Air, Passepied) vielfältig erweitert (J. Krieger, J. Pachelbel, Kuhnau). Aus einer Synthese von deutscher und französischer Tradition sind J. S. Bachs S.n für Klavier, Violine solo und Violoncello solo (Viola pomposa) erwachsen. Dabei verfährt Bach innerhalb jeder Sammlung nach einem bestimmten zyklischen Plan, der wiederum in jeder einzelnen S. eine individuelle Ausprägung erfährt. Das Prinzip zyklischer Bildung wird vor allem an der Handhabung der Einleitung deutlich (Französische S.n ohne freie Einleitungssätze; Englische S.n und S.n für Violoncello solo mit Prélude, Partiten mit verschiedenen Einleitungstypen: Praeludium, Sinfonia, Fantasia, Ouvertüre, Praeambulum, Toccata), außerdem an der Art der Einschübe weiterer Sätze in das meist aus der Folge Allemande–Courante–Sarabande–Gigue gebildete Gerüst: in den Französischen S.n (mit Ausnahme der ersten S.) jeweils 2–4 verschiedene Tänze, in den Englischen S.n und den S.n für Violoncello solo stets 2 gleiche Tänze zwischen Sarabande und Gigue; in den Partiten außer Einschüben zwischen Sarabande und Gigue auch solche zwischen Courante und Sarabande. Demgegenüber legt Händel in seinen Klavier-S.n, vor allem in der ersten Sammlung von 1720, jeder S. einen völlig eigenen Aufbau zugrunde und folgt neben deutschen, französischen und englischen auch italienischen Vorbildern, speziell aus dem Bereich der Sonata da camera.

Während sich um die Mitte des 18. Jh. die S., ausgenommen im Ballett, zunehmend in einer Reihe von Mischformen (→ Divertimento – 1, → Kassation, → Serenade) auflöste, wozu auch die zahlreichen Partien für Bläserbesetzung (→ Harmoniemusik) zu zählen sind, gewann die S. als Gattung vereinzelt bereits zu Ende des 18. Jh., vor allem aber im späten 19. und im 20. Jh. aufs neue Interesse. Die S. erschien nunmehr 1) als Nachahmung der barocken S. (W. A. Mozart, S. für Kl., K.-V. 399; Fr. Lachner, Orch.-S.n); Saint-Saëns, *S. archaïque*; Grieg, *Fra Holbergs Tid*; Reger, *S. im alten Stil*; Schönberg, S. für Kl. op. 25; Egk, *Französische S.*

nach Rameau), 2) als S. neuer Tänze, auch aus den Gebieten von Jazz und Volkstanz (B. Bartók, S.n op. 3, op. 4, op. 14, *Tanz-S., Kleine S.*; Hindemith, S. »*1922*« op. 26; Křenek, *Kleine S.* op. 13a, 2 S.n op. 26), 3) als S. aus Balletten (Tschaikowsky, »Dornröschen«, »Der Nußknacker«; Strawinsky, »Der Feuervogel«) oder als Nachbildung der Ballett-S. (Reger, *Eine romantische S.* op. 125, *Eine Ballett-S.* op. 130), 4) als S. aus Schauspielmusiken (Bizet, *S. L'Arlésienne*; Grieg, »Peer-Gynt-S.«), 5) als Folge programmatischer Tonbilder (Bizet, *Jeux d'enfants*; Massenet, *Scènes hongroises* u. a.; Mussorgskij, »Bilder einer Ausstellung«; Reger, *Vier Tondichtungen nach A. Böcklin* op. 128), 6) in neuer und neuester Zeit allgemein als Reihung verschiedenartiger Sätze (A. Berg, *Lyrische S.* für Streichquartett 1925/26).
Lit.: H. RIEMANN, Zur Gesch. d. deutschen S., SIMG VI, 1904/05; T. NORLIND, Zur Gesch. d. S., SIMG VII, 1905/06; Vingt suites d'orch. du XVIIe s. frç., 1640–70, 2 Bde, hrsg. v. J. ECORCHEVILLE, Bln u. Paris 1906; J. WOLF, Die Tänze d. MA, AfMw I, 1918/19; K. NEF, Gesch. d. Sinfonie u. S., = Kleine Hdb. d. Mg. nach Gattungen XIV, Lpz. 1921; P. NETTL, Die Wiener Tanzkomposition in d. 2. Hälfte d. 17. Jh., StMw VIII, Wien 1921; H. BESSELER, Beitr. zur Stilgesch. d. deutschen S. im 17. Jh., Diss. Freiburg i. Br. 1923, maschr.; E. BRANDT, S., Sonate u. Symphonie. Ein Beitr. zur mus. Formenlehre, Braunschweig (1923); FR. BLUME, Studien zur Vorgesch. d. Orchesters im 15. u. 16. Jh., = Berliner Beitr. zur Mw. I, Lpz. 1925; G. SPARMANN, E. Reusner u. d. Lautens., Diss. Bln 1926, maschr.; W. MERIAN, Der Tanz in d. deutschen Tabulaturbüchern, Lpz. 1927; K. GEIRINGER, P. Peuerl, StMw XVI, Wien 1929; G. OBERST, Engl. Orchesters. um 1600, Wolfenbüttel 1929; J. DIECKMANN, Die in deutscher Lautentabulatur überlieferten Tänze d. 16. Jh., Kassel 1931; L. SCHRADE, Die hs. Überlieferung d. ältesten Instrumentalmusik, Lahr 1931; R. MÜNNICH, Die S., = Mus. Formen in hist. Reihen IX, Bln (1932), neu bearb. i. H. W. SCHMIDT, Wolfenbüttel (^{2}1958); E. H. MEYER, Die mehrst. Spielmusik d. 17. Jh. in Nord- u. Mitteleuropa, = Heidelberger Studien zur Mw. II, Kassel 1934; E. EPSTEIN, Der frz. Einfluß auf d. deutsche Klaviers. im 17. Jh., Diss. Bln 1940; M. REIMANN, Untersuchungen zur Formgesch. d. frz. Kl.-S., = Kölner Beitr. zur Musikforschung III, Regensburg 1940; B. DELLI, Pavane u. Galliarde, Diss. Bln 1957, maschr.; M. PEARL, S. in Relation to Baroque Style, Diss. NY Univ. 1957, maschr.; G. REANEY, The Ms. Brit. Mus., Add. 29987 (Lo), MD XII, 1958; FR. W. RIEDEL, Quellenkundliche Beitr. zur Gesch. d. Musik f. Tasteninstr. in d. 2. Hälfte d. 17. Jh., = Schriften d. Landesinst. f. Musikforschung Kiel X, Kassel 1960; H. BECK, Die S., = Das Musikwerk XXVI, Köln (1964); DERS., L. Allegris »Primo Libro delle Musiche« 1618, AfMw XXII, 1965; D. STARKE, Frobergers Suitensätze, Diss. München 1964. HBE

suivez (sŭiv'e, frz., folgt!) fordert wie colla parte eine sich der frei vortragenden Solostimme anpassende Begleitung.

sulla tastiera (ital.) → flautato.

sul ponticello (ʃul pontitʃ'ɛllo, ital.; frz. au chevalet, am Steg), ein Bogenstrich, dessen Kontaktstelle (→ Bogenführung) möglichst nahe am Steg liegen soll. Bei relativ schneller Strichgeschwindigkeit wird damit ein Klangeffekt erzielt, der durch sehr starke und hohe, zum Teil unharmonische Obertöne und durch einen nur geringen Anteil an Grundton geprägt ist. → flautato.

Sumber (mhd.) → Trommel.

Sumerische Musik. Heutige Vorstellungen von der Musik der Sumerer gründen sich auf Ausgrabungsfunde: Überreste von Instrumenten, Texten (ab 3500 v. Chr. in Keilschrift) sowie Abbildungen von Instrumenten und Musikszenen. Demnach war die Musik mit dem Kult verbunden, sowohl die klagende als auch die freudige, preisende; ihre Pflege oblag Priestermusikern mit den entsprechend getrennten Tempelämtern Gala und Nar. Bei beiden Ämtern gab es Rangstufen; die Ämter wurden ererbt, später auch gekauft und konnten auch von Frauen verwaltet werden. Namen von Musikern und Musikerfamilien sind seit der Mesilim-Zeit (um 2600–2500 v. Chr.) bekannt. Die wichtigsten Instrumente waren Leiern (deren Schallkasten eine Stiergottheit abbildete) und Harfen (3–15 Saiten). Das Schriftzeichen Balag hat die Form einer Schaufelharfe; damit ist ein Name für diese Harfe gesichert. Von den zahlreichen weiteren Instrumentennamen kann nur Lilis (Trommel) einem Instrument fest zugeordnet werden. Trommeln sind möglicherweise mit dem Einbruch eines fremden Stammes nach Sumer gekommen. Es gab kleine, von Frauen gespielte Handtrommeln, später auch große runde Tempeltrommeln, dazu noch sichelförmige Klangstäbe. Die Musik stand immer im Zusammenhang mit dem Wort. Einige Liedgattungsnamen enthalten die Bezeichnung eines Instrumentes und damit einen Hinweis auf die Begleitung, andere weisen auf poetische Formen hin.
Lit.: F. STUMMER, Sumerisch-akkadische Parallelen zum Aufbau alttestamentarischer Psalmen, = Studien zur Gesch. u. Kultur d. Altertums XI, Paderborn 1922; FR. W. GALPIN, The Music of the Sumerians ..., London 1937, Neudruck = Slg mw. Abh. XXXIII, Straßburg 1955; M. WEGNER, Die Musikinstr. d. alten Orients, = Orbis antiquus II, Münster i. W. 1950; A. FALKENSTEIN u. W. v. SODAN, Sumerische u. akkadische Hymnen u. Gebete, Zürich u. Stuttgart (1953); W. STAUDER, Die Harfen u. Leiern d. Sumerer, Ffm. 1957; H. HARTMANN, Die Musik d. sumerischen Kultur, Diss. Ffm. 1960.

Summationstöne → Kombinationstöne.

Superius (lat.) → Sopran (– 1).

Surinam → Guayana.

sur la touche (sür la tuʃ, frz.) → flautato.

Suspension (süspãsj'õ, frz.), – 1) → Vorhalt; – 2) bei Fr. Couperin (1713; siehe Beispiel a) und bei J.-Ph. Rameau (1724; Beispiel b) in den Verzierungstabellen

zu ihren *Pièces de clavecin* Bezeichnung für ein verspätetes Einsetzen des mit einem besonderen Zeichen versehenen Tones.

Suspiratio (lat., Seufzer), in der Kompositionslehre des 17./18. Jh. eine musikalisch-rhetorische Figur: Unterbrechung des Melodie- bzw. Sprachflusses oft bis zur Trennung der Silben eines Wortes durch eine oder mehrere Pausen, wodurch – mit den Worten A. Kirchers (*Musurgia*, 1650) – *gementis et suspirantis animae affectus* ausgedrückt werden. Diese Art des Pausierens ist vornehmlich durch das Madrigal der italienischen Spätrenaissance bekannt geworden (Beispiel aus Caccinis *Fuggilotio musicale*), wo sie insbesondere zur Nachahmung des Seufzens oft begegnet. Ein sprechendes Beispiel findet sich in den *Musicalischen Exequien* von Schütz:

Suspirium, auch Suspiratio (lat., Aufatmen, Seufzen; frz. soupir; ital. sospiro) heißt in der Psalmodie und in der modalen Mehrstimmigkeit ein Einschnitt von kurzer, unbestimmter Dauer (J. de Garlandia: *apparens pausatio, et non existens ... minor recta brevi*, ed. Cserba, S. 207), durch den die letzte Note einer Tonfolge verkürzt wird (Anon. IV, CS I, 350b). Das S. bedarf keines Zeichens, kann aber in der Modalnotation durch → Divisio modi (– 1) oder Silbenstrich vorgeschrieben werden. – In der Mensuralmusik kann jede kurze Pause S. heißen; bei Lambertus gilt S. breve eine Brevis recta (Zeichen: ᛜ), Semi-S. maius und minus eine Semibrevis maior und minor (𝄼, 𝄻), bei Vicentino eine Minima (ꜰ), bei Buchner eine Fusa (ꜰ), später, in Frankreich bis heute (→ Soupir), eine Semiminima (Viertelnote). – Die Tabulaturen des 15./16. Jh. setzen am Taktanfang häufig S. statt der Verlängerung der vorangehenden Note.

Sustaining pedal (səstˈeːniŋ pedl, engl.) → Tonhaltungspedal.

s. v., Abk. für → sotto voce.

Svirala (serbokroatisch), Sammelname für jugoslawische Flöten, besonders Kernspaltflöten (zum Teil Schnabelflöten) mit 6 Grifflöchern. Beim Spiel zum Tanz gibt der Sv.-Bläser während des Spiels einen Brummton von sich. – Bei den (in Serbien auch Düdük genannten) Sv.-Blockflöten mit hinterständigem Aufschnitt kann dieser teilweise mit der Unterlippe bedeckt werden, wodurch ein stärkeres Blasen ohne Überblasen ermöglicht wird.

Swing, Swing-Ära. Unter Sw. versteht man die Spielweise des → Jazz zwischen etwa 1930–45 (Sw.-Ä.), deren Ausbildung eng mit der Entstehung der → Big bands verbunden ist. Schon seit Mitte der 1920er Jahre hatten für Engagements in großen Clubs und Tanzhallen (New York) auch farbige Jazzmusiker in Anlehnung an die Schauorchester der Weißen (P. Whiteman) größere Ensembles zusammengestellt: in New York Fl. Henderson (1924), D. Ellington (1926), ebenso im → Kansas-City-Jazz Benny Moten (1926), dessen Orchester in den 1930er Jahren unter C. Basie zu einer der erfolgreichsten Big bands der Sw.-Ä. wurde. Weitere für die Entwicklung des Sw. wichtige Orchester farbiger Musiker leiteten Jimmie Lunceford (ab 1927), Chick Webb (ab 1931) und der aus der Tradition des → New-Orleans-Jazz kommende Luis Russel (ab 1929). Aber auch weiße Jazzmusiker bemühten sich schon in derselben Zeit um die Ausprägung einer Jazzspielweise in Big bands, so etwa das Casa Loma Orchestra (1925, ab 1928 unter Jean Goldkette) und die Band von Ben Pollack (ab 1925), in der auch Musiker des → Chicago-Jazz spielten. Unter diesen befand sich B. Goodman, der 1935 mit seiner eigenen Big band den Höhepunkt der Sw.-Ä. herbeiführte und unumstritten zum »King of Sw.« erklärt wurde. Eine der letzten Big bands der Sw.-Ä. leitete W. Herman (First Herd, 1944–46), für den Strawinsky 1945 das *Ebony Concerto* geschrieben hat. – Seit Mitte der 1930er Jahre begannen sich aus den Big bands kleine Gruppen berühmter Solisten herauszulösen (Combo: Small band), die die Musizierweise des Sw. gleichsam in den kammermusikalischen Bereich übertrugen (B. Goodman: Trio 1935; Quartett 1936; Sextett 1939). Das experimentelle Musizieren dieser Combos, aber auch die in der Sw.-Ä. aufgekommenen → Jam sessions, bildeten wesentliche Ausgangspunkte für den → Be-bop. So endigte zwar die Sw.-Ä. mit der Entstehung des Be-bop, der Sw. selbst aber wirkt im gesamten modernen Jazz weiter. – Musikalisch ist der Sw. gekennzeichnet durch eine Verschmelzung negerischen Jazzmusizierens mit der europäischen Musik, die eine grundlegende Umwandlung fast aller wichtigen Merkmale des Jazz nach sich zog.

Die Forderung nach einwandfreiem, virtuosem Zusammenspiel der Big bands machte nicht nur höheres technisches Können der einzelnen Instrumentalisten, sondern auch die Planung des Gesamtablaufs eines Jazzstücks nötig. Geeignetes Mittel dazu war das → Arrangement, das schließlich zur Jazzkomposition geführt hat (Ellington) und eine größere Annäherung an die europäische Harmonik (Impressionismus) mit sich brachte. Solisten (Klarinette, Saxophon, Trompete, Posaune, Gesang, ebenso auch Schlagzeug und später elektrische Gitarre) traten immer stärker in den Vordergrund, wobei sich ihre virtuosen, teilweise improvisierten Soli vom → Background der Big band abhoben. Die aus der negerischen Folklore stammenden Momente der Intonation (→ Dirty tones) wurden weitgehend zu Klangeffekten umgeformt. Zur Steigerung am Schluß von Stücken wurde die → Riff-Technik bevorzugt. – Innerhalb der Sw.-Ä. wurden häufig die Grenzen zwischen Jazz und kommerzieller Tanzmusik (Gl. Miller) oder auch sogenannter Sweet music fließend, woraus sich ein weitreichender Einfluß des Sw. auf die Tanz- und Unterhaltungsmusik bis in die 1960er Jahre ergeben hat.

EWA

swing, swinging (engl., schwingen, schwingend; im Deutschen als Substantiv mit kleinem »s« geschrieben), Bezeichnung der für den → Jazz typischen melodisch-rhythmischen Spannung, die sich durch die Überlagerung von → Beat (– 1) und → Off-beat einstellt und dem Jazzmusizieren seine rhythmische Intensität (→ Drive) und mitreißende Dynamik verleiht. Im Prinzip kann jede Melodie in geradem Takt durch die Verlagerung ihrer Akzente vom Beat auf den Off-beat »swingend« vorgetragen werden (to swing a melody). Dieses Phänomen hat in den 1930er Jahren dazu geführt, daß eine »swingende« Melodierhythmik im 4/4-Takt als das für den Jazz entscheidende Kriterium angesehen wurde. Daraus ergab sich, daß in dieser Ära der Jazzentwicklung neben die Bezeichnung Jazz das Substantiv → Swing (mit großem »S«) als Name für die gesamte Musizierweise getreten ist.

Syllabē (griech. συλλαβή, Zusammenfassung), die Silbe, zugleich (bei Philolaos) der älteste Name des später als → Diatessaron bezeichneten Quartintervalls. Die Analogie beider beruht darauf, daß das Gefüge der Silbe in der Sprache sich aus der harmonischen Verbindung von Vokalen (φωνήεντα) und Konsonanten (ἄφωνα) ergibt, wie innerhalb der Oktavstruktur der Harmonia die Quarte das kleinste Intervall ist, das aus symphonen (σύμφωνοι, die beiden Rahmentöne) und diaphonen Klängen (διάφωνοι φθόγγοι, die beiden Innentöne) besteht und das somit auf engstem Raum das Grundprinzip der → Harmonia: die Zusammenfassung auseinanderstrebender Kräfte, verwirklicht.

Lit.: Die Fragmente d. Vorsokratiker I, hrsg. v. H. DIELS u. W. KRANZ, Bln ⁷1954.

Symblema (griech., Zusammenwurf, Verbindung) → Commissura.

Symbol (von griech. σύμβολον, Merkmal, Zeichen). Der auch in der Musikwissenschaft oft sehr weit gefaßte Gebrauch des Begriffsworts S. kann dahingehend eingeschränkt werden, daß Musik in der theoretischen Durchdringung oder in der Art der Aufzeichnung oder als Erklingen nur dann die Bedeutung eines S.s hinzugewinnt, wenn ihr Sinn sich nicht in dem Wirklichkeitszusammenhang erfüllt, der ihr das Dasein gibt, sondern wenn sie darüber hinaus noch etwas anderes bedeuten soll. Ein Merkmal des S.s ist demnach die Unangemessenheit von Erscheinen und Meinen, das nachträgliche »Setzen« von Bedeutungen, die gegen-

Symbol

über den existentiellen Bedingungen der Musik nur uneigentlich, erfunden, willkürlich, verabredet und somit nicht unmittelbar wirksam sind. – In der Musiktheorie wurden die → Perfectio (– 2) und der Kreis, das Zeichen des Tempus perfectum, auch der → Dreiklang als S. der göttlichen Dreieinigkeit verstanden. Der Sinn der Tonschrift, das Aufschreiben von Musik, kann als → Augenmusik in Richtung abstrakter Begrifflichkeit symbolisch überformt werden, z. B. auch durch das ♯-Zeichen (J. S. Bach, Kantate *Ich will den Kreuzstab gerne tragen*, BWV 56). In der erklingenden Musik liegt eine symbolische Überformung des primären Sinnes kompositorischer Bildungen vor, z. B. in der Zahlensymbolik (eine S.-Zahl bezeichnet einen Begriff, z. B. 12 ≈ Kirche, und wird in dieser Bedeutung z. B. als Töne-, Takt-, Stimmen- oder Satzzahl ausgeprägt; vgl. z. B. die 12 Choralsätze in J. S. Bachs Matthäuspassion); ferner bei Anwendung des Zahlenalphabets (A = 1, B = 2, C = 3 usw., also z. B. BACH = 14; 14 Töne hat z. B. die erste Melodiezeile in J. S. Bachs Choralsatz *Vor deinen Thron tret' ich hiermit*, BWV 668, 41 Töne [= J. S. BACH] hat hier die ganze Melodie; 158 Töne [= JOHANN SEBASTIAN BACH] zeigt die gleiche Melodie in Bachs Orgelchoral *Wenn wir in höchsten Nöten sein*, BWV 641, im *Orgelbüchlein*); weiterhin in der Tonbuchstaben-Symbolik (z. B. in dem mit den Tönen b–a–c¹–h beginnenden 3. Thema der *Fuga a 3 Soggetti* in Bachs *Kunst der Fuge*; → Soggetto cavato).

Jedoch im primären Wirklichkeitszusammenhang der erklingenden Musik hat der Begriff des S.s zunächst keinen Raum, da die → Musik in ihren Elementen und Gestaltungsprinzipien nicht ein »Zeichen« oder »Sinnbild« für Geistiges und Seelisches ist, sondern das Substrat des Denkens und Empfindens selbst im Reich des Hörens. Daher ist die Musik in älterer Zeit auch nicht als S. der kosmischen Harmonia oder der göttlichen Weltordnung oder der menschlichen Innerlichkeit verstanden worden, sondern als deren Inbegriff. Auch die Vokalmusik, die Sprache erklingen läßt und ihrem Sinn entspricht, und die Instrumentalmusik, die Affekte oder Stimmungen wiedergibt und als Tonmalerei und Programmusik ein begrifflich faßbares Sujet ins Musikalische zu transferieren sucht, sind nicht symbolisch zu verstehen, sondern als je geschichtlich bedingte Verwirklichung von Möglichkeiten des Nachahmens, Abbildens und Ausdrückens, die der Musik prinzipiell innewohnen und uns als tönendes Sinngefüge konstituieren. So sind auch die musikalisch-rhetorischen → Figuren in ihrer bildlichen und affekthaften Bedeutung keine S.e, sondern ihre Bedeutungskraft beruht auf »Urentsprechungen« (Wellek, S. 107; Schmitz, S. 16f.) und partiellen Übereinstimmungen, die durch den Text begrifflich konkretisiert werden können. Die Figuren z. B. der → Anabasis, → Climax, → Aposiopesis und → Parrhesia sind nicht »als Zeichen gesetzt« für das Aufsteigen, die emphatische Steigerung, das Schweigen und das Verderbte; sie sind nicht Wörter einer Sprache, die man übersetzen kann; sondern sie »sind« als Erklingendes selbst das, was sie bedeuten. Auch die sogenannte »deskriptive Musik« (→ Tonmalerei, → Programmusik, → Symphonische Dichtung) beruht primär nicht auf »Zeichen« oder »Sinnbildern«, sondern auf den Wirklichkeiten der partiellen Übereinstimmung, des Empfindens und des Assoziierens von Ton- und Klangqualitäten, der Synästhesie (→ Farbenhören), der geschichtlichen Erfahrung (z. B. beim bedeutungsvollen Verwenden des »alten Stils« und beim musikalischen Zitat). – Die Grenze zwischen einerseits dem begrifflich Gemeinten und Faßbaren als Agens des musikalischen Sinngefüges und andererseits dem S., das als willkürliche Setzung eines Zeichens dem unmittelbaren Bedeuten zusätzlich eingestaltet ist, kann jedoch nicht scharf gezogen werden. Das musikalische Analogon z. B. einer realen Zahl (2 Jünger ≈ 2 Stimmen oder 10 Gebote ≈ 10 Tonstufen) ist auch als Figur zu verstehen (nach dem Prinzip der partiellen Übereinstimmung). Dagegen kann die bildliche Bedeutung z. B. des Kanons (»Nachfolgen«, »Gehorsam« u. ä.), der Umkehrung (»Umkehr«), des → Krebsganges oder des → Ostinatos auch als symbolisch angesprochen werden in dem Sinne, daß die gemeinten Bedeutungen mit der Entstehung jener Satztechniken primär nichts zu tun haben. Im Gegensatz dazu hat der intendierte Ausdruck z. B. der → Monodie oder des Stile concitato (→ Stil) nichts Symbolisches, da er mit dem Entstehungsanlaß dieser Satzarten identisch ist. Als S. im definierten Sinne kann jedoch das → Leitmotiv gelten, das zunächst nur bedeutet, was es als Musik ist, und erst durch einen Akt der Verknüpfung mit bestimmten Momenten der Dichtung die *ahnungsvolle Erinnerung* bewirkt und uns *zu steten Mitwissern des tiefsten Geheimnisses der dichterischen Absicht* werden läßt (R. Wagner, *Oper und Drama*, 1851).

Erst seit dem beginnenden 19. Jh. ist »Dichten« im Sinne des allen Künsten zugrunde liegenden »Poetischen« *nichts andres als ein ewiges Symbolisieren: wir suchen entweder für etwas Geistiges eine äußere Hülle, oder wir beziehen ein Äußeres auf ein unsichtbares Inneres* (A. W. Schlegel, S. 91); ähnlich auch Goethe: *Das ist die wahre Symbolik, wo das Besondere das Allgemeinere repräsentiert ... als lebendig-augenblickliche Offenbarung des Unerforschlichen* (*Maximen und Reflexionen*, 1002). Damit erfolgte jene Ausweitung des S.-Begriffs, der ihn identisch werden ließ mit dem Sinn der Kunst. Die »musikalische Symbolkunde«, die A. Schering systematisch zu erforschen versuchte, *hat es mit den Sinngehalten der Musik zu tun, mit dem, was hinter den Tönen als geistiger Kern und Schöpfungsmotiv steht* (1935, in: *Das S. in der Musik*, S. 122). Dabei unterscheidet Schering zwischen »Gefühlssymbolik« (*... wo Töne oder Tongruppen sich als Widerspiel gefühlsmäßiger Zustände oder Abläufe aufdrängen*, S. 134) und »Vorstellungssymbolik« (*die durch Vermittlung des Klangbildes die Vorstellung beschäftigt*, S. 136), und er sieht die Musik als ein »Symbolgewebe«, *das zu schier unfaßlicher Größe anwachsen kann* (S. 138). Diese Unfaßlichkeit (die *figürliche Unerschöpflichkeit*, Schlegel) des Bedeutens ist nun allerdings das Wesensmerkmal des neueren S.-Begriffs und wohl der Grund, weshalb Scherings Forderung, die *Welt als Symbolwelt* zu erforschen, sich *im Dämmer einer ungewissen Zukunft* (S. 140) verlieren mußte. Andererseits hatte Hegel für den S.-Begriff die nur *ganz willkürliche Verknüpfung* von sinnlicher Existenz und Bedeutung als maßgebend gesetzt, und er sah in der »symbolischen Kunstform«, die durch *die Unangemessenheit von Idee und Gestalt* charakterisiert ist, nur den *Anfang der Kunst*, gleichsam eine *Vorkunst ..., welche hauptsächlich dem Morgenlande angehört* und durch die »klassische Kunstform« überwunden wurde. Diesem S.-Begriff entspricht es, wenn »Symbolik«, vor allem die S.-Zahl als Träger magischen oder sakralen Gehalts, im Reich des Klingenden heute gerade in der Primitivenwelt und in außereuropäischen Hochkulturen gesucht und gefunden wird. Damit jedoch hat der S.-Begriff jene Weite zwischen der unaussprechlichen Sinnbildlichkeit höchster Kunst und den willkürlichen Verknüpfungsreihen primitiver Vorkunst gewonnen, die ihn als kunsttheoretischen Begriff fragwürdig werden ließ, und die bei seiner Verwendung die beständig erneute Definition erfordert.

Lit.: A. W. SCHLEGEL, Vorlesungen über schöne Lit. u. Kunst (1801/02), in: Deutsche Literaturdenkmale d. 18.

u. 19. Jh. in Neudrucken XVII, hrsg. v. B. Seuffert, Stuttgart 1884; J. W. GOETHE, Maximen u. Reflexionen, hrsg. v. G. Müller, ebenda 1943; G. W. FR. HEGEL, Ästhetik, 2 Bde, hrsg. v. Fr. Bassenge, Ffm. (1965). – G. v. KEUSSLER, Zur Tonsymbolik in d. Messen Beethovens, JbP XXVII, 1920; K. HUBER, Der Ausdruck mus. Elementarmotive, Lpz. 1923; FR. HEINRICH, Die Tonkunst in ihrem Verhältnis zum Ausdruck u. zum S., ZfMw VIII, 1925/26; M. SCHLESINGER, Symbolik in d. Tonkunst, Bln u. Lpz. 1930; W. DANCKERT, Urs. melodischer Gestaltung. Beitr. zur Typologie d. Personalstile, Kassel 1932; DERS., Tonreich u. Symbolzahl in Hochkulturen u. in d. Primitivenwelt, = Abh. zur Kunst-, Musik- u. Literaturwiss. XXXV, Bonn 1966 (mit weiterer Lit.); H. PRUNIÈRES, Mus. Symbolism, MQ XIX, 1933; H. GOERGES, Das Klangs. d. Todes im dramatischen Werk Mozarts, = Kieler Beitr. zur Mw. V, Wolfenbüttel 1937; M. JANSEN, Bachs Zahlensymbolik, Bach-Jb. XXXIV, 1937; FR. BLUME, Musik, Anschauung u. Sinnbild, in: Musik u. Bild, Fs. M. Seiffert, Kassel 1938; H. J. MOSER, Die Symbolbeigabe d. Musikerbildes, ebenda; M. F. BUKOFZER, Allegory in Baroque Music, Journal of the Warburg Inst. III, 1939; FR. LL. HARRISON, Symbolism in Music, Queen's Quarterly XLVI, 1939; A. SCHERING, Das S. in d. Musik, hrsg. mit einem Nachwort v. W. Gurlitt, Lpz. 1941 (d. Nachwort auch in: Mg. u. Gegenwart II, = BzAfMw II, Wiesbaden 1966); M. SCHNEIDER, El origen mus. de los animales-símbolos en la mitología..., Barcelona 1946; DERS., Die hist. Grundlagen d. mus. Symbolik, Mf IV, 1951; DERS., L'esprit de la musique et l'origine du symbole, Diogène, Nr 27, 1959; FR. SMEND, J. S. Bach, Kirchenkantaten, Bln 1948, ³1966; A. SCHMITZ, Die Bildlichkeit d. wortgebundenen Musik J. S. Bachs, = Neue Studien zur Mw. I, Mainz (1950); E. A. LIPPMANN, Symbolism in Music, MQ XXXIX, 1953; M. VOGEL, Die Zahl Sieben in d. spekulativen Musiktheorie, Diss. Bonn 1955, maschr.; K. GEIRINGER, Symbolism in the Music of Bach, Washington 1956; FR. FELDMANN, Numerorum mysteria, AfMw XIV, 1957; A. WELLEK, Musikpsychologie u. Musikästhetik, Ffm. 1963; K. VELLEKOOP, Zusammenhänge zwischen Text u. Zahl in d. Kompositionsart J. Obrechts, TVer XX, 1966. HHE

Symmetrie (von griech. συμμετρία, richtiges Verhältnis, Ebenmaß) bedeutet allgemein, daß die regelmäßige Wiederholung oder Wiederkehr gleichartiger Glieder oder Substanzen überformt ist durch gegenseitige Beziehung und Korrespondenz, durch welche die Glieder an Bedeutung gewinnen und das Ganze mehr ist als die Abfolge oder Summe sich wiederholender Teile. – Wie überall in Natur und Kunst sind auch in der Musik verschiedene Arten der S. zu unterscheiden:
1) S. im speziell zeitlichen (sprachlichen, metrischen) Sinne als in der Regel äquidistante Aufeinanderfolge von Gliedern, die nach dem Prinzip des »Aufstellens« (Sich-Öffnens) und »Antwortens« (Sich-Schließens) einander korrespondieren und subordinieren und dabei – meist in der Potenz von 2 – zu immer höheren Ganzheiten sich zusammenschließen. Diese progressive Art der musikalischen S., die auf Grund des Relationskontextes aller Glieder im höchsten Maße Folgerichtigkeit, Formkraft und Faßlichkeit besitzt, hat ihre natürliche Heimat in Lied (→ Melodie) und Tanz und ist von hier aus mehrmals und in verschiedener Weise in die Kunstmusik eingedrungen, z. B. in die Melismenkunst des Organum- und Discantussatzes der Notre-Dame-Epoche. So zeigt die *ex semine*-Klausel von Perotinus (Beispiel: → Discantus) in allen 3 Stimmen eine Folge je zwei-»taktiger«, nach Melodieführung und tonaler Ausprägung »aufstellender« und »antwortender« Glieder, – eine Korrespondenzmelodik (H. Besseler), die prädestiniert ist für die Rhythmus- und Reimbildung der später erfolgten motettischen Texticrung (Motetus: *Ex semine / Abrahe divino / moderamine / ...*). Zunehmende Bedeutung gewann die lied- und tanzartige S. seit dem 17. Jh. in dem Maße, in dem → Takt und → Periode für die Komposition bestimmend wurden.

Ihre höchste artifizielle Ausprägung als Mittel einer »rein musikalischen Sprache« fand sie in der Musik der Wiener Klassik: das vielschichtige Sinngefüge der → Komposition entsteht hier metrisch, harmonisch, melodisch, dynamisch usw. weithin vor dem Hintergrund oder in beständiger Wiederkehr regelmäßiger Aufstellungs- und Beantwortungsverhältnisse, die auch die »asymmetrischen« Bildungen als solche erst zur Geltung bringen, d. h. als absichtliche Durchbrechung der Norm. (Asymmetrie ist nur dort relevant, wo S. präsent ist.) Von hier aus wurde die S. im primär metrischen Sinne (als Projektion des »inneren Gewichtes« der Taktteile auf die Taktgruppen, → Metrum – 3) zunächst von G. Weber (1817), dann vor allem durch H. Riemann (vor und nach 1900) zum Grundsatz aller musikalischen Formung erhoben. Für Riemann bildet das aus zwei Zählzeiten bestehende auftaktige Taktmotiv *die erste S. (das erste synthetische Gebilde metrischer Art)*, demgegenüber der folgende Takt als *ihm antwortend, zu ihm in S. tretend aufgefaßt wird*; als das leitende Prinzip seines *Systems der musikalischen Rhythmik und Metrik* (1903) nennt Riemann *die fortgesetzte Unterscheidung von Aufstellung und Beantwortung* (S. 305). Gleichwohl sind die Musik und Musikauffassung des 19. Jh. weithin gekennzeichnet durch die Abkehr von der dynamischen Takt-, Taktgruppen- und Periodenkorrespondenz zugunsten einer neuen musikalischen → Prosa (–2). Schumann urteilte 1835 über Berlioz' *Symphonie fantastique* im Blick auf die Struktur der einzelnen Phrase: *Fast nie entspricht der Nachsatz dem Vordersatz, die Antwort der Frage*. Liszt stellte der Instrumentalmusik, *einem nach symmetrischen Plane angeordneten Viereck gleicht*, die *Instrumental-Kompositionen der modernen Schule* gegenüber (die es erfordern, daß der Komponist *die Idee ausspricht, welche seiner Komposition zur Grundlage gedient hat*; an G. Sand, Januar 1837; → Programmusik). Überhaupt kamen die Tondichter, so urteilte Busoni (*Entwurf einer neuen Ästhetik der Tonkunst*, 1907), *der wahren Natur der Musik am nächsten, wo sie glaubten die symmetrischen Verhältnisse außer acht lassen zu dürfen*.
2) S. im speziell räumlichen (geometrischen und architektonischen) Sinne als spiegelbildliche Anordnung der Teile um eine ihnen unähnliche Mitte, die auch als »stumme« Achse ausgebildet sein kann. Die spiegelbildliche oder axiale S. ist musikalisch ausgeprägt als:
a) rückläufige Wiederkehr der Formteile, wie z. B. A B C B A. Sie wurde besonders von J. S. Bach als Bauplan für einzelne Sätze verwendet (z. B. Duetto II im III. Teil der *Clavier-Übung*, BWV 803), vor allem aber für zyklische Werke (z. B. Motette *Jesu, meine Freude*, BWV 227; Credo der H moll-Messe, BWV 232; Mittelstück der Johannespassion, BWV 245; Kantaten 1–3 des Weihnachtsoratoriums, BWV 248); die symmetrischen Entsprechungen der Sätze werden durch Besetzung, Form, Texttypus, Tonart, Taktart und Thematik hergestellt. S.-Bildungen hinsichtlich Tonart und Länge der Teile sind in Opernfinali W. A. Mozarts (*Le Nozze di Figaro*, 2. und 4. Akt; *Don Giovanni*, 1. und 2. Akt; *Die Zauberflöte*, 1. und 2. Akt) festgestellt worden (A. Lorenz 1927; H. Engel 1954). In den Bühnenwerken R. Wagners fand A. Lorenz die S.-Form (»vollkommener Bogen«) auf Grund von Übereinstimmungen in Länge, Tonarten, Motivik und Handlungsmomenten als Bauprinzip größerer Teile von Werken und im Gesamtablauf des *Rheingolds*. Symmetrische Formanlage weisen in neuerer Zeit auf z. B. Bartóks *Musik für Saiteninstr., Schlagzeug und Celesta* (auch der Mittelsatz selbst zeigt Bogenform) und sein Streichquartett Nr V (hier ist auch der 1. Satz in sich symmetrisch geformt).

b) → Krebsgang einer oder mehrerer sukzessiv oder simultan vorzutragender Stimmen oder eines ganzen Satzteils oder Satzes, oft in Verbindung mit → Umkehrung oder auch ausschließlich als Umkehrung des Satzgefüges (so in sukzessivem Vortrag bei J. S. Bachs Spiegelfugen seiner *Kunst der Fuge*). Derartige axiale (spiegelbildliche) S.n, die schon in der Musik des späten Mittelalters und des Barocks nicht selten sind, gibt es häufig in der Neuen Musik des 20. Jh., in der dann die Technik der → Reihe den Krebs und die Umkehrung überhaupt zu einem Prinzip erhob. Als Beispiele seien genannt: Schönberg, *Pierrot lunaire* op. 21 Nr 18: symmetrischer Doppelkanon der 4 Melodieinstrumente (Achse: Takt 10); Berg, Kammerkonzert: Takt 356–360/361–365; *Lyrische Suite*, 3. Satz: der 3. Teil ist die rückläufige (verkürzte) Reprise des 1. Teils; *Lulu*, 2. Akt, Filmmusik: Takt 656–718 (Achse: Takt 687); Webern, Symphonie op. 21, 2. Satz. Gegen die Anwendung des Begriffsworts S. auf derartige Bildungen kann eingewandt werden, daß die im Vor- und Rücklauf oder in der Umkehrung einander entsprechenden Punkte musikalisch verschiedene Bedeutung haben und daher nicht als korrespondierend gehört werden, bzw. daß die für die Musik wesentliche Zeitdimension, die durch »Einrichtlichkeit« und »Nichtumkehrbarkeit« zu definieren ist (Wellek), die Krebs- und Umkehrungs-S. nur im Notenbild (graphisch-räumlich), nicht aber klanglich faßlich werden läßt. Gleichwohl hat die spiegelbildliche S. musikalische Berechtigung nicht nur als Spiel oder Symbol, sondern vor allem als Quelle kompositorischer Erfindung eines Ordnungsgefüges, das überdies auch das musikalische Hören wohl weitgehend zugleich mit dem zeitlichen Voranschreiten des Geschehens wahrzunehmen vermag. Besonders in der atonalen Musik ermöglicht die (fiktive) Gleichberechtigung aller Töne die Ableitung der Komposition aus sich selbst durch das Verfahren der Umkehrung und des Rücklaufs.

c) axiale S. der Klangbildung. Symmetrisch (im Sinne von gleichförmig gebildet) nennt H. Erpf (1927, S. 72ff.) Klänge, die aus lauter gleichen Intervallen und somit gleichwertigen Tönen bestehen und daher funktionslos auftreten können, z. B. Klein- und Großterz-, Ganzton- und Quartenklang (zur kompositorischen Verwendung vgl. Schönbergs Kammersymphonie op. 9, 1906). Axial symmetrische Klänge (z. B. gleich der erste Klang in Weberns op. 3, 1908: h^1–es^2–b^2–d^3) sind in der atonalen Musik grundlegend. Die symmetrische Teilbarkeit (bzw. Ordnungsfähigkeit) des atonalen Tonvorrats, die »oben« und »unten« sowie »früher« und »später« in einer gravitäts- und ziellosen (»kreisenden«) Gleichgewichtigkeit entstehen läßt, ist im Sinne symmetrischer Strukturen bisher wohl am konsequentesten von Webern durchdacht und kompositorisch verwirklicht worden (hierzu Ligeti 1960).

Lit.: G. WEBER, Versuch einer geordneten Theorie d. Tonsetzkunst, 3 Bde, Mainz 1817–21, 4 Bde, ²1824, ³1830–32; W. WERKER, Studien über d. S. im Bau d. Fugen u. d. motivische Zusammengehörigkeit d. Präludien u. Fugen d. Wohltemperierten Klaviers v. J. S. Bach, Lpz. 1922; A. LORENZ, Das Geheimnis d. Form bei R. Wagner, 4 Bde, Bln 1924–33, Nachdruck Tutzing 1966; DERS., Das Finale in Mozarts Meisteropern, Mk XIX, 1926/27; H. ERPF, Studien zur Harmonie- u. Klangtechnik d. neueren Musik, Lpz. 1927; Studium Generale II, 1949 (Beitr. zum S.-Begriff v. W. J. v. Engelhardt, K. L. Wolf, W. Troll, D. Frey u. a.); THR. G. GEORGIADES, Der griech. Rhythmus. Musik, Reigen, Vers u. Sprache, Hbg 1949; K. L. WOLF u. D. KUHN, Gestalt u. S., Tübingen 1952; H. ENGEL, Die Finali d. Mozartschen Opern, Mozart-Jb. 1954; G. LIGETI, Über d. Harmonik in Weberns erster Kantate, in: Darmstädter Beitr. zur Neuen Musik III, Mainz (1960); G. MASSENKEIL, Untersuchungen zum Problem d. S. in d. Instrumentalmusik W. A. Mozarts, Wiesbaden 1962; A. WELLEK, Musikpsychologie u. Musikästhetik, Ffm. 1963.   HHE

Sympathiesaiten → Aliquotsaiten.

Symphoneta (lat.) bezeichnet bei Glareanus (II, Cap. XXXVIII u. ö., 1547) den Komponisten, der im Unterschied zum → Phonascus die Kunst des vielstimmigen Satzes beherrscht (*si quis ad . . . Tenorem addat treis, plureisve voces*), wie L. Senfl, *nostra aetate inter symphonetas eximium nomen*. – Symphoniacus (lat., zur symphonia gehörig) bezeichnet in der römischen Antike einen Dudelsackbläser oder Orchestermusiker (vgl. Wille, S. 328), seit den römischen Scholae cantorum bis in die Neuzeit einen Sängerknaben.

Lit.: G. WILLE, Die Bedeutung d. Musik im Leben d. Römer, Diss. Tübingen 1951, maschr.

Symphonetta → Concertina.

Symphonie (ital. sinfonia, von griech. συμφωνία, Übereinstimmung, Harmonie) gehört (wie die lat. Lehnübersetzung consonantia) zu den wenigen originär musikalischen Wörtern und bedeutet in der Antike speziell: 1) die Intervalle Quarte, Quinte und Oktave; 2) das Zusammenklingen in der Sphärenharmonie; 3) bestimmte Musikinstrumente. Mit beginnender Mehrstimmigkeit im 9. Jh. (→ Diaphonia) bezeichnet symphonia (neben → concordantia) die Konsonanzen Oktave, Quinte und Quarte (simplices symphoniae) auch beim Zusammensingen (*in unum canendo*, GS I, 165b); daneben Musikinstrumente (Drehleier), und allgemein Musik, Gesang (Guido von Arezzo, 11. Jh.). Im Sprachgebrauch der griechischen Kirche scheint μουσικὴ συμφωνία (im Gegensatz zur θεϊκὴ ὑμνῳδία) die Bedeutung von heidnischer, daher weltlicher Instrumentalmusik erhalten zu haben. Auch im Westen steht der Begriff S. seit christlicher Zeit dem instrumentalen Bereich (auf den er später gänzlich übergehen sollte) nahe. Im 15. und 16. Jh. bedeutet S. allgemein Musik; der Komponist wird als → Symphoneta oder Symphonista bezeichnet.

G. Gabrieli vereinigte in seinen *Sacrae Symphoniae* (1597) erstmals unter der Sammelbezeichnung S., die auch auf das Zusammenwirken von Instrumenten und Stimmen im → Concerto weist, instrumentale und vokale geistliche Werke, die damit auf eine gemeinsame Ebene gehoben sind. H. L. Haßler und H. Schütz schlossen sich diesem Gebrauch des Begriffs S. an. Nach 1600 bezeichnete S. immer häufiger instrumentale Vorspiele bzw. Ritornelle, die oft akkordisch und in gemessener Bewegung verlaufen. Hierher gehören die S.n G. Gabrielis (*Symphoniae sacrae*, 1615), Gussagos (*Sonate*, 1608), Malvezzis, L. Marenzios (*Intermedii e concerti*, 1591) und Monteverdis (im *Orfeo*, 1608). Zu einem Typus wurde um 1650 die meist zweiteilige, feierlich-getragene, dann fugierte venezianische Opernsinfonia (Cavalli). Ihr Satz ist dem Vorbild Monteverdis und der Kanzone und Sonate nach Gabrieli verpflichtet. Schon seit 1650 näherte sich die venezianische Sinfonia durch Ausbau des fugierten Allegroteils der französischen → Ouvertüre. Ohne Rücksicht auf Besetzung und Stimmenzahl nannte man S.n nach 1600 auch Stücke, die weder Kanzonen noch Tanzsätze waren: z. B. die 4–5st. S.n von S. Rossi (1608) und die S.n für Cornetto (Zink), Violine und Baß von B. Marini (1617). Noch Nicolaus a Kempis (1644) und nach ihm in Deutschland D. Becker (1668), J. Petzold (1669), G. L. Agricola (1670) u. a. nennen ihre Triosonaten S.n. Als in Deutschland vor allem Rosenmüller seinen Tanzsuiten (*Sonate da camera*, 1667) eine freie Einleitung voranstellte, bezeichnete er diese nach dem Vorbild der venezianischen Opernsinfonia als S. Teils in der → Mehrchörigkeit, teils im Satz der venezianischen Kanzonen und Sonaten und im Triosonatensatz wurzeln die Kirchen- und Konzert-S.n von G. Perti (Messenvorspiele, handschriftlich Bologna), V. Albrici (1654), M. Uccellini (1667), G. B. Bononcini (1685), Albinoni (1700) u. a. Die Bezeichnungen Concerto und Sinfonia finden sich synonym nebeneinander. In diesen, alle Möglichkeiten der damaligen Instrumentalkomposition vereinenden Stücken wird durch den 4st. Streichersatz nach 1650 und durch die concertierende Faktur der Boden für das Concerto als instrumentale Gattung bereitet (Torelli). Erst mit der Typisierung des Satzes, die zur selben Zeit auch in Frankreich durch Lully (5st. Streichorchester) erfolgte, war auch im eigentlichen Sinne orchestrales Musizieren möglich. Innerhalb der neapolitanischen Opernsinfonia, die durch A. Scarlatti († 1725) und seine Nachfolger Fr. Feo, L. Vinci, L. Leo, N. Porpora, G. B. Pergolesi und G. B. Sammartini († 1774) geprägt wurde, entstand auf der Grundlage des Triosonatensatzes ein neuer beweglicher Satz, an den die Vorklassiker anknüpften. Entscheidend für den Typus der Opernsinfonia ist nicht so sehr die Dreisätzigkeit (Allegro–Andante–Allegro), die schon früher auftritt, sondern harmonische Großflächigkeit, besonders des ersten Allegros, Aneinanderreihung gleichartiger Kadenzen, Kantabilität auch im schnellen Tempo, kleinteilige periodische Gliederung, zyklische Anlage und ein festes modulatorisches Grundgerüst im Sinne von Exposition–Durchführung–Reprise:

$$\begin{array}{cc} A & B\quad A \\ \|: T\text{--}D :\|: D\text{--}T\text{--}T :\| \end{array}$$

Der Mittelsatz in der Paralleltonart hat gewöhnlich Siciliano- (6/8 oder 3/8), der letzte ursprünglich Tanzcharakter (Menuett, Gigue 3/8). In der späteren Konzertsinfonia hat der letzte Satz oft Rondoanlage oder verbindet Rondo mit 3teiliger Form. Wesentlich zur Entstehung des neuen Satzes hat die Arie mit ihrem klaren Modulationsschema, ihren geschlossenen Abschnitten (gegensätzliche Thematik) und ihrer cantablen Melodik beigetragen. Generalbaßsatz und concertierende Faktur wurden endgültig durch den Satz der Opera buffa seit Pergolesi aufgegeben, der auch die italienische Sinfonia nachhaltig beeinflußte (S.n G. B. Sammartinis, 1742). Dieser Orchestersatz für Streicher mit harmoniefüllenden Bläsern (Oboen, Hörnern) ist auch die Voraussetzung für die vorklassische Symphonik der → Mannheimer Schule, der → Wiener Schule (– 1) und J. Chr. Bachs (»singendes Allegro«). Vor allem in Mannheim wurde die S. zu einer gewichtigen Gattung, die auch im Konzert lebensfähig war (→ périodique). Wie in der italienischen Opernsinfonia dominiert der erste Satz. Um 1740, etwa gleichzeitig in Mannheim und Wien, wurde das Menuett in die S. aufgenommen. Ihrer Verbindung mit der italienischen Oper, die als zentrale Gattung im 18. Jh. das Neue in der Musik in sich vereinigte, verdankt es die S., daß sich in ihr der Wandel der Kompositionstechnik um 1720 mitvollzog. In der S., vor allem der deutschen und österreichischen Komponisten, trafen sich nun viele Ströme der Musik, während die Generalbaßgattungen Suite, Concerto grosso und Triosonate bedeutungslos wurden. Zu einer eigenartigen Synthese von Altem und Neuem gelangte C. Ph. E. Bach in seinen S.n. Für S. und Streichquartett der Wiener Klassik besonders wichtig sind die oft als S.n bezeichneten Divertimenti, Serenaden und Quadri in Süddeutschland.

Als den eigentlichen Schöpfer der klassischen S. hat J. Haydn zu gelten (1. S., Hob. I, 1, 1759). Seine 104 S.n bezeichnen den Weg, der unter Aufbietung aller satztechnischen Möglichkeiten (u. a. auch Fuge, Kanon) von suitenhafter Fünf- und Sechssätzigkeit, von Dreisätzigkeit (Opern-S.), vom Divertimento und von Techniken des Concerto grosso bis zu den großen »Londoner« S.n führt. Seit 1765 setzte sich bei Haydn die Viersätzigkeit als Norm durch. Aber erst die Komposition *auf eine ganz neue besondere Art* in seinen »Russischen« Quartetten op. 33 (Hob. III, 37–42, 1781) ermöglichte die einheitliche und nunmehr entschiedene Konzeption der 12 »Londoner« S.n (Hob. I, 93–104, 1791–92 und 1793–95), die sein symphonisches Vermächtnis darstellen. Das Finale bildet nun ein mächtiges Gegengewicht zum ersten, oft durch eine langsame Einleitung eröffneten Satz. Die Einheit des Werkes weiß Haydn durch konzentrierte motivisch-thematische Arbeit vor allem innerhalb der → Durchführung zu erreichen. Noch vor Haydns Londoner S.n sind die vier großen S.n W. A. Mozarts entstanden (D dur »Prager«, K.-V. 504, Es dur, K.-V. 543, G moll, K.-V. 550, C dur »Jupiter«, K.-V. 551). Während Mozarts »Linzer« S. (C dur, K.-V. 425) noch deutlich von Haydns S.n mitbestimmt wird, ist das Verhältnis später umgekehrt. Wie bei Haydn und später bei Beethoven bilden Anlage, Sinn des musikalischen Geschehens und satztechnische Durchführung bei Mozart eine untrennbare Einheit (z. B. Finale der »Jupiter-S.«). Ähnlich wie Haydn ging er vornehmlich vom Divertimento aus; viele seiner frühen S.n stehen unentschieden zwischen Divertimento und S. und erreichen bis 1782 meist nicht die Bedeutung der großen Bläserserenaden B dur, K.-V. 361, Es dur, K.-V. 375, C moll, K.-V. 388. Beethoven bringt, an Haydn anknüpfend (1. S. C dur op. 21, 1799, und 2. S. D dur op. 36, 1801/02), die Erfüllung der klassischen S. Seit der 3. S. (Es dur op. 55, *Sinfonia eroica*, 1803) ist das Menuett durch das → Scherzo (bzw. scherzoartige Sätze) ersetzt. Eine neue Schwere der Aussage gelangt durch strenge satztechnische Arbeit zu einer bis dahin unerhörten Unmittelbarkeit. In der 9. S. (D moll op. 125, 1822–24) erfährt das Instrumentale durch die menschliche Stimme eine letzte Steigerung. Gänzlich für sich stehen Schuberts »Unvollendete« (8. S. H moll, D 759, 1822) und seine »große« C dur-S. (D 944, 1828), die ihre symphonische Einheit aus der Kraft der instrumentalen Liedmelodie beziehen.

Für R. Schumann (4 S.n, 1841–50) und Mendelssohn Bartholdy (5 S.n, 1824–42, und 12 frühe S.n ohne op.) war die klassische S. die Norm; aber ihr Sinn und damit ihr musikalischer Bau, der jeweils satztechnisch bedingte Einheit hervorbrachte, wurde nicht mehr verstanden; man übernahm daher die »Form« und die Attitüde, während einheitliche Stimmung und Thematik oder ein Programm den musikalischen Zusammenhang ergeben sollten (→ Komposition). In revolutionärer Weise sind diese Merkmale in der *S. fantastique* (1830) von Berlioz, die von einer → Idée fixe durchzogen wird, zu finden. Hier erreicht die Programm-S. (→ Programmusik) eine neuartige Ausprägung und nehmen die → Symphonischen Dichtungen von Liszt und R. Strauss ihren Anfang. Die Symphonik von Bruckner (9 S.n, 1865–96, und 2 frühe S.n) bis zu C. Franck (S. D moll, 1889) steht stark unter dem Einfluß des symphonischen, zum Teil leitmotivisch gebundenen Orchestersatzes Wagners. Lediglich Brahms (4 S.n, 1876–85) knüpfte bewußt archaisierend (Passacaglia der 4. S.) mehr an Beethoven an. Mit dem Aufgebot größter orchestraler und vokaler Mittel (Chor, Soli) suchte G. Mahler in seinen 10 S.n (1888–1911) alles bisher Gewesene zu symphonischer Einheit zu verschmelzen. Aus dem Bestreben, der S. aus der Folklore neues Leben zuzuführen, erwuchsen die S.n von Dvořák (9 S.n, 1865–93) und Tschaikowsky (6 S.n, 1868–93, und Manfred-S., 1885). Diese Linie setzte sich fort in den S.n Rachmaninows (3 S.n, 1895–1936), S. Prokofjews (7 S.n, 1908–52), Schostakowitschs (seit 1926 12 S.n) und Chatschaturjans (2 S.n, 1935 und 1943–44). In den 7 S.n (1899–1924) von Sibelius fand Bruckners Symphonik eine national geprägte Nachfolge. Die Tradition von Berlioz und C. Franck, verbunden mit der neuen Klanglichkeit des Impressionismus, führte in Frankreich zu den S.n von A. Roussel (4 S.n, 1906–34) und P. Dutilleux (2 S.n, 1951–56). Weiterführung spätromantischer Traditionen bis zu Klassizismus und Atonalität verschiedenster Richtung kennzeichnen die S.n von K. Szymanowski (4 S.n, 1907–32), Vaughan Williams (9 S.n, 1910–58), Křenek (5 S.n, 1921–49), Copland (3 S.n, 1928–46), A. Honegger (5 S.n, 1931–51), G. Fr. Malipiero (9 S.n, 1933–50), Hindemith (6 S.n, 1934–59), Milhaud (8 S.n, 1939–58), Britten (*Sinfonia da Requiem* op. 20, 1940), K. A. Hartmann (8 S.n, 1940–62), Henze (5 S.n, 1947–62), Toch (4 S.n, 1950–57), Messiaen (*Turangalîla*-S., 1948) u. a. Die Abkehr vom Orchesterapparat des 19. Jh. und von der romantischen Symphonik äußert sich in den mit Sinfonietta, kleine S. oder Kammer-S. benannten Stücken von Schönberg (2 *Kammer-S.n* op. 9, 1906, und op. 38, 1906–39), Britten (*Simple Symphony* op. 4, 1925, umgearbeitet 1934), Janáček (Sinfonietta, 1926), A. Roussel (Sinfonietta op. 52, 1934) und Hindemith (Sinfonietta in E, 1950). In diesen Zusammenhang gehören auch die 6 kleinen S.n (1917–23) von Milhaud, während Webern in seiner S. op. 21 (1928) die Idee symphonischer Formung auf der Basis einer → Reihe verwirklichte. Strawinskys *Symphonie de psaumes* (1930), *S. en Ut* (1940) und S. in drei Sätzen (1945) sowie Prokofjews »S. classique« (1917) sind kennzeichnend für die klassizistische Periode der Neuen Musik. Konzeption und musikalisches Verfahren in diesen Kompositionen bedeuten jedoch als ästhetisch-objektives Spiel mit musikalischen Möglichkeiten die endgültige Abkehr von der klassischen Konzeption der S. Die für die radikale Wendung der Neuen Musik repräsentativen Werke führen daher meist nicht mehr die Bezeichnung S.

Lit.: M. BRENET, Hist. de la s. à orch., Paris 1882; G. GROVE, Beethoven and His Nine S., London u. NY 1896, NY ³1962, deutsch v. M. Hehemann, London 1906; H. RIEMANN, Mannheimer Kammermusik, Einleitung zu DTB XV/XVI; H. GOLDSCHMIDT, Zur Gesch. d. Arien- u. Symphonieform, MfM XXXIII, 1901; A. HEUSS, Die venetianischen Opern-Sinfonien, SIMG IV, 1902/03; F. TORREFRANCA, Le origini della sinfonia, RMI XX, 1903–XXII, 1905; K. HORWITZ, G. Chr. Wagenseil als Symphoniker, Diss. Wien 1906, maschr.; C. MENNICKE, Hasse u. d. Brüder Graun als Symphoniker, Lpz. 1906; J.-G. PROD'HOMME, Les s. de Beethoven (1800–27), Paris 1906; M. FLUELER, Die Norddeutsche Sinfonie zur Zeit Friedrichs d. Gr., Diss. Bln 1908; H. KRETZSCHMAR, Haydns Jugendsinfonien, JbP XV, 1908; P. BEKKER, Die Sinfonie v. Beethoven bis Mahler, Bln 1918, russ. 1926; R. SONDHEIMER, Die formale Entwicklung d. vorklass. Sinfonie, AfMw IV, 1922; DERS., Die Theorie d. S. im 18. Jh., Lpz. 1925; FR. TUTENBERG, Die opera buffa-Sinfonie u. ihre Beziehungen zur klass. Sinfonie, AfMw VIII, 1926; DERS., Die Durchführung d. vorklass. Sinfonie, ZfMw IX, 1926/27; F. WEINGARTNER, Die Sinfonie nach Beethoven, Lpz. 1926; FR. WALDKIRCH, Die konzertanten Sinfonien d. Mannheimer im 18. Jh., Diss. Heidelberg 1931; H. C. COLLES, S. and Drama, in: The Oxford Hist. of Music VII, Oxford 1933; A. CARSE, Early Classical S., Proc. Mus. Ass. LXII, 1935/36; W. H. REESE, Grundsätze u. Entwicklung d. Instrumentation d. vorklass. u. klass. Sinfonie, Diss. Bln 1939; FR. MAHLING, Die deutsche vorklass. Sinfonie, Bln 1940; ST. WALIN, Beitr. zur Gesch. d. schwedischen Sinfonik, Stockholm 1941; FR. VATIELLI, Primizie del sinfonismo, RMI XLVII, 1943; E. H. MEYER, Engl. Chamber Music, London 1946, ²1951, deutsch als: Die Kammermusik Alt-Englands, Lpz. 1958; D. G. ADAMS, Russ. Symphony, London 1948; E. BOREL, La s., Paris 1954; B. S. BROOK, La s. frç. dans la 2ᵉ moitié du XVIIIᵉ s., = Publications de l'Inst. de musicologie de l'Univ. de Paris III, 3 Bde, Paris 1962; W. FR. KORTE, Bruckner u. Brahms, Tutzing 1963; P. MECHLENBURG, Die Sinfonien d. Mannheimer Schule, Diss. München 1963, maschr.; R. KLOIBER, Hdb. d. klass. u. romantischen S., Wiesbaden 1964. StK

Symphonie concertante (sɛ̃fɔn'i kõsɛrt'ā:t, frz., konzertante Symphonie, auch substantiviert zu Concertante, Konzertante; ital. sinfonia concertante), ein Terminus der 2. Hälfte des 18. Jh. für eine damals beliebte und verbreitete Art von meist 3sätzigen Kompositionen für mehrere konzertierende Soloinstrumente und Orchester. Vorbild für die S. c. war die Besetzung des Concerto grosso mit einem Solistenensemble (→ Concertino – 2); sie steht in formaler und satztechnischer Hinsicht dem Solokonzert (→ Konzert – 1) näher als der Symphonie. Aus dem 18. Jh. sind viele Werke, die der Gattung der S. c. zuzurechnen sind (vor allem mit solistischen Bläserpartien), unter dem Titel Concerto (seltener Concertino), auch Duo en concert u. ä. überliefert. Im 19. Jh. setzten sich dagegen für ältere und neuere Werke die korrekteren Bezeichnungen Doppel-, Tripel- und Quadrupelkonzert durch, während sich die Benennung S. c. nur bei wenigen Werken des Konzertrepertoires eingebürgert hat (z. B. Mozart, K.-V. 364). – Merkmale der S. c. sind: die Selbständigkeit der Gruppe der konzertierenden Solostimmen, die oft mit Bravourkadenzen versehen sind; die Eröffnung des 1. Satzes durch ein Orchestertutti; die vorherrschende (und nur von I. Pleyel überschrittene) Zwei- oder Dreisätzigkeit und – gegenüber der Symphonie – die Häufigkeit von Rondofinales. – Die Konzertanten von Holzbauer, möglicherweise vor 1753 in Wien entstanden, sind (nach Waldkirch) als die ältesten Werke der Gattung S. c. anzusehen, doch der Nachweis für die Priorität der Mannheimer Schule auf diesem Gebiet scheitert an den nicht ausreichenden Datierungsmöglichkeiten. In Paris wurde die S. c. erstmals durch Davaux 1770, nachhaltig durch C. Stamitz seit 1773 in das Concert spirituel eingeführt; sie kam danach so in Mode, daß in den letzten 2 Jahrzehnten des Ancien régime Hunderte von S.s c.s entstanden (u. a. 38 Werke von C. Stamitz, 29 von Cambini). Von Paris strahlte die Gattung in das übrige Europa aus; neben den S.s c.s von Joh. Chr. Bach, Dittersdorf, J. Haydn (Hob. I, 105) und 5 Werken von I. Pleyel stammen die bedeutendsten Beiträge zu dieser Gattung von W. A. Mozart (Concertone für 2 V., K.-V. 190, 1773; Concerti für 3 bzw. 2 Kl., K.-V. 242 und 365; 2 Werke für das Concert spirituel: K.-V. Anh. 9 und K.-V. 299, 1778; K.-V. 364 für V. und Va und die Fragmente K.-V. Anh. 56 und Anh. 104, 1778–79 in Salzburg); auch Beethovens Tripelkonzert op. 56 (V., Vc. und Kl., auf einer verschollenen Klavierstimme autograph als *Konzertant Konzert* bezeichnet) ist noch zur Gattung der S. c. zu zählen. 1932 komponierte K. Szymanowski seine S. c. op. 60 für Kl. und Orch., 1945 Fr. Martin seine *Petite S. c.* (Cemb., Harfe, Kl. und 2 Streichorch.).

Lit.: L. DE LA LAURENCIE, L'école frç. de violon de Lully à Viotti II, Paris 1924; FR. WALDKIRCH, Die konzertanten Sinfonien d. Mannheimer im 18. Jh., Diss. Heidelberg 1931; H. ENGEL, Das Instrumentalkonzert, = Führer durch d. Konzertsaal III, Die Orchestermusik I, 3, Lpz. ⁷1932; H. BOESE, Die Klar. als Soloinstr. in d. Musik d. Mannheimer Schule, Dresden 1940; M. RASMUSSEN, A Bibliogr. of S. c., Concerti grossi . . . , Brass Quarterly V, 1961; B. S. BROOKE, La symphonie frç. dans la 2ᵉ moitié du XVIIIᵉ s., = Publications de l'Inst. de musicologie de l'Univ. de Paris III, Paris 1962; J. M. STOLTIE, A S. C. Type: The Concerto for Mixed Woodwind Ensemble in the Classical Period, 2 Bde, Diss. State Univ. of Iowa 1962, maschr.

Symphonie périodique (sɛ̃fɔn'i perjɔd'ik, frz.) → périodique.

Symphonische Dichtung (frz. poème symphonique; ital. poema sinfonico; engl. symphonic poem) bezeichnet die Gattung der meist einsätzigen (nicht aus abgetrennten Einzelsätzen bestehenden) orchestralen Programmkompositionen des 19. und 20. Jh., die besonders mit den Namen Liszt (17 S. D.en, 1847/48–60) und R. Strauss (10 S. D.en, 1886–1915) verbunden ist. Das Begriffswort S. D. wurde von Liszt geprägt, der erstmals 1854 seine Ouvertüre *Tasso* (komponiert 1849) so benannte und die Bezeichnung bald auf alle seine derartigen Werke ausdehnte (Brief an H. v. Bülow vom 24. 4. 1854), auch auf Werke wie *Orpheus, Festklänge* und *Hungaria*, die der Programmusik ferner stehen. – Vorläufer der S.n D. waren die orchestralen Arten und Gattungen der → Programmusik, besonders die mehrsätzige Programmsymphonie (Symphonie à programme) bzw. Sinfonia caracteristica (wie Beethoven seine Pastoralsymphonie bezeichnete) und speziell Berlioz' Idee eines *drame instrumental* (*Symphonie fantastique*, 1830), bei dem *le programme ... doit être considéré comme le texte parlé d'un opéra*. Ausgangspunkt für die S. D. war im engeren Sinne die → Ouvertüre bzw. Konzertouvertüre (Liszt bezeichnete seine S.n D.en vor 1854 als Ouvertüren), vor allem die dramatischen Ouvertüren Beethovens (hierzu Wagner, S. 189ff.). – Der Name S. D. kennzeichnet Liszts *grande idée* der Erneuerung der Musik durch ihre *alliance plus intime avec la poésie* (Brief an Agnes Street-Klindworth vom 16. 11. 1860). Liszt unterscheidet zwischen dem *specifischen Symphoniker* (für dessen *Offenbarungen ... es keine Namen und keine Bezeichnung giebt*) und dem *dichtenden Symphonist ..., der sich die Aufgabe stellt, ein in seinem Geist deutlich vorhandenes Bild, eine Folge von Seelenzuständen, die ihm unzweideutig und bestimmt im Bewußtsein liegen, ebenso klar wiederzugeben, – warum sollte er nicht mit Hilfe eines Programmes nach vollem Verständnis streben?!* (Liszt, S. 50). Dabei sublimiert der *musikalische Dichter* das poetische Objekt ganz nach dessen *konkretem Gefühlsgehalte, der sich einzig und bestimmt eben nur in der Musik geben läßt* (Wagner, S. 194). Mittel zur S.n D. boten die auch in der deskriptiven Vokalmusik und im → Melodrama gesteigerten Möglichkeiten der → Tonmalerei, auch etwa die → Leitmotiv-Technik, doch vor allem jene charakterisierende, assoziative Kunst des symphonischen Dichtens, an deren Ausbildung zu *sprechender Bestimmtheit* (Wagner, S. 195) Liszt den entscheidenden Anteil hatte und die R. Strauss zu einem Punkt führte, *von dem aus eine Weiterentwicklung in gleicher Richtung sich von selbst verbietet* (Klauwell, S. 420). In ihrer Formbildung entstand und entwickelte sich die S. D. – wiewohl sie sich beständig mit Sonatensatz und Sonaten-Satzzyklus auseinandersetzte – als Überwindung der zur Formel erstarrten Form der Wiener Klassik, *kraft der Befruchtung durch eine poetische Idee* (R. Strauss an H. v. Bülow am 24. 8. 1888). Denn *die neue* [nachklassische] *Form ist notwendig die jedesmal durch den Gegenstand und seine darzustellende Entwicklung geforderte. Und welches wäre dieser Gegenstand? – Ein dichterisches Motiv. Also – erschrecken Sie! – »Programmusik«* (Wagner, S. 191). R. Strauss, der seine S.n D.en meist »Tondichtungen« nannte (diese Bezeichnung wählte schon C. Loewe 1830 für sein Orchesterwerk *Mazeppa* nach Byron), hat in *Don Juan* (1887/89) den Sonatensatz, in *Till Eulenspiegels lustige Streiche* (1894/95) die Rondoform und in *Don Quixote* (1896/97) die Variation zum Träger der poetischen Idee erhoben. – S. D.en schrieben außer Liszt und Strauss u. a. Smetana ab 1858, Draeseke ab 1860, N. Rimskij-Korsakow ab 1867, Tschaikowsky ab 1868, Saint-Saëns ab 1869, C. Franck ab 1876, D'Indy ab 1880, Borodin 1880, H. Wolf 1883/85, Glasunow 1885, Sibelius ab 1892, Dvořák ab 1896, Skrjabin ab 1896, Debussy ab 1903, Schönberg 1903 (und schon 1899, im Bereich der Kammermusik, das Streichsextett *Verklärte Nacht* nach Dehmel), Bartók 1903, Strawinsky 1909, Reger 1913, O. Respighi ab 1917).

Lit.: Fr. Liszt, Berlioz u. seine »Harold-Symphonie«, in: Gesammelte Schriften IV, hrsg. v. L. Ramann, Lpz. 1882; R. Wagner, Über Fr. Liszt's S. D. (1857), in: R. Wagner, Sämtliche Schriften u. Dichtungen V, Lpz. ³1898; O. A. Klauwell, Gesch. d. Programmusik ..., Lpz. 1910; P. Raabe, Die Entstehungsgesch. d. ersten Orchesterwerke Fr. Liszts, Diss. Jena 1916; E. Zádor-Zucker, Über Wesen u. Form d. sinfonischen Dichtungen, Diss. Münster i. W. 1921, maschr.; J. Heinrichs, Über d. Sinn d. Lisztschen Programmusik, Bonn 1929; J. Weber, Die S. D. Fr. Liszts, Diss. Wien 1929, maschr.; J. Bergfeld, Die formale Struktur d. »S. D.« Fr. Liszts, Eisenach 1931; R. Mendl, The Art of the Symphonic Poem, MQ XVIII, 1932; E. Wachten, Das Formproblem in d. sinfonischen Dichtungen v. R. Strauss, Diss. Bln 1933; J. Chantavoine, Le poème symphonique, Paris 1950. HHE

Symplokē (griech., Verflechtung; lat. complexio, complexus, conexum, communio), in der Kompositionslehre des 17./18. Jh. eine in Analogie zur Rhetorik gebildete musikalische Figur, ähnlich der → Epanalepsis: Wiederholung des Anfangs einer Periode an deren Ende. Nucius (1613) vermerkt ausdrücklich die Anlehnung an die Rhetorik: *Quid est Complexio? Cum Harmoniae initium in fine repetitur, ad imitationem Poetarum, qui saepe uno eodemque vocabulo versum incipiunt et claudunt*. Die gleiche Erklärung findet sich häufig bis zu Koch (1802). – Demgegenüber erklärt Burmeister die S. als die gleichzeitige Verwendung eines ♯ und ♭ innerhalb eines Zusammenklanges.

Synaphē (griech., das Zusammengreifen; lat. coniunctio) heißt in der griechischen Musiklehre die Verbindung zweier Tetrachorde der Art, daß der höchste Ton des tieferen Tetrachords zugleich als tiefster Ton des höheren gilt. Das höhere Tetrachord wird dann Tetrachordon synemmenon (lat. tetrachordum coniunctum) genannt. Tritt S. an die Stelle einer Diazeuxis, d. h. wird ein Tetrachord um einen Ganzton tiefer transponiert, so ergibt sich in der Diatonik durch Verlagerung des Halbtonschritts ein der ursprünglichen Leiter fremder Ton, z. B. im → Systema teleion d^1–c^1–b–a statt e^1–d^1–c^1–h. Hieran anknüpfend bezeichnen mittelalterliche Musikschriften das ♭rotundum als b synemmenon (oder G synemmenon, wenn A für unser c steht; vgl. GS I, 234a). Später – zuerst bei Johannes de Garlandia (ed. Cserba, S. 172f.) – kann jeder Ton, der durch → Musica ficta zum fa gemacht, d. h. um einen Halbton erniedrigt wird, Synemmenon heißen (vgl. CS I, 364f.).

Syncopated music (s'iŋkəpe:təd mj'u:zik, engl.) → Ragtime.

Syncopatio (lat.), im weiteren Sinne gleichbedeutend mit → Synkope; daneben speziell Bezeichnung für die dissonierende Behandlung der Synkope nach dem Schema: konsonante Einführung (a), Dissonanz auf betonter Zeit (b), Auflösung auf unbetonter Zeit durch Sekundschritt abwärts (c). Diese Art der Dissonanzbehandlung wurde im → Kontrapunkt seit dem frühen 15. Jh. fester Bestandteil der Praxis, seit Tinctoris (*Liber de arte contrapuncti*, 1477, CS IV, 135a) und Guilelmus Monachus (*De praeceptis artis musicae*, um 1480, CS III, 291a) auch der Lehre. Seit Burmeister (1606) wurde die S. (auch als → Synhaeresis und Ligatura) in die Lehre von den musikalisch-rhetorischen Figuren einbezogen. Ihre Kombination mit anderen Figuren sowie die von der Normalform abweichenden S.nes wurden gleichfalls als Figuren erfaßt, so von Burmeister als → Pleonasmus, von Chr. Bernhard als → Multiplicatio, Prolongatio (hier währt die Dissonanz länger als die vorbereitende Konsonanz), Quasi-S. (Auflösung mit vorausnehmendem »Portamento«), Retardatio und S. catachrestica (→ Catachrese). In der Harmonielehre wird die der S. entsprechende Dissonanzbehandlung als vorbereiteter → Vorhalt bezeichnet.

Lit.: → Kontrapunkt. – KN. JEPPESEN, Der Palestrinastil u. d. Dissonanz, Lpz. 1925, engl. Kopenhagen u. London 1927, ²1946; C. DAHLHAUS, Zur Gesch. d. Synkope, Mf XII, 1959; DERS., Zur Theorie d. klass. Kontrapunkts, KmJb XLV, 1961.

synemmenon (griech.) → Synaphē.

Synhaeresis (griech., Zusammenziehung), eine von M. J. Vogt (1719) im Anschluß an die Rhetorik erklärte musikalische Figur. In der Rhetorik bedeutet S. die Zusammenziehung zweier Silben (z. B. »Di« statt »Dii«); Vogt beschreibt die musikalische S. als Zusammenziehung zweier Silben auf einen Ton oder zweier Töne auf eine Silbe. – Burmeister (1606) gebraucht das Wort synonym mit Syncope.

Synkope (griech. συγκοπή, Zusammenschlagen, -ziehen, Verkürzung; lat. als Lehnwort syncope und syncopa, als Neubildung auch syncopatio), in der Grammatik seit der Antike die Ausstoßung eines Buchstabens (z. B. mile statt mille) oder die Unterdrückung einer Silbe inmitten des Wortes (z. B. forsan statt forsitan); in der Musik und Musiktheorie seit der Ars nova die Verschiebung der Mensur bzw. (später) der Betonung gegenüber dem jeweils herrschenden (als maßgebend empfundenen) mensuralen bzw. metrischen Ordnungsgefüge. Die S. setzt somit ein klar ausgeprägtes Bezugssystem voraus (Mensur, Schlagzeit, Metrum, Takt), gegen das sie sich als rhythmisches Phänomen abhebt (→ Rhythmus). – Synkopisch wirkende Erscheinungen gibt es in fast allen Musikkulturen; sie waren auch der Antike nicht fremd. Ihre spezifische, satztechnisch faßbare Ausprägung erfuhr die S. aber erst in einem fortgeschrittenen Stadium der abendländischen Mehrstimmigkeit. Erstmals beschrieben wurde sie von Theoretikern der Ars nova, z. B. als *divisio cuiuscumque figurae ad partes separatas que ad invicem reducuntur perfectiones numerando* (*Ars perfecta*, CS III, 34a), d. h. als Zerlegung einer zusammengehörigen Notengruppe (Ligatur) in selbständige Teile, die dadurch aufeinander bezogen werden, daß man Perfektionen (→ Perfectio – 2) zählt, sei es im Modus, im Tempus oder in der Prolatio. Gemeint sind Fälle wie ♩♪♪♪♪♪♩ (in heutiger Notenschrift: | ♫♫♫ | ♫♫). In perfekter Mensur ist meist das Setzen eines Punktes erforderlich (punctus syncopationis, demonstrationis oder reductionis; → Punctus – 2). Rote Notation (→ Color – 1) kann ebenfalls zur Kennzeichnung einer S. dienen (vgl. MD X, 1956, S. 48). Auch Ausdrücke wie transpositio (CS III, 44b) und cantare tardando (CS III, 42b) begegnen im Sinne von S. – Vorbereitet durch die mit der Einführung der Mensuralnotation verbundenen rhythmischen Differenzierungen, trat die S. anfangs als rhythmische Belebung einzelner Stimmen auf, nachweisbar zuerst in Kompositionen von Machaut, z. B. Anfang des Tenors in der Ballade 28: , in Ludwigs Übertragung:

Seit dem 15. Jh. erscheint die S. immer mehr in das klangliche Gefüge des Satzes einbezogen (Dufay) und bildet zugleich einen wesentlichen Bestandteil der rhythmischen Verselbständigung der Stimmen. Dabei erlaubte das Mensurenprinzip, daß sich jede Stimme in einer anderen Mensur bewegen kann; die sich im Zusammenspiel ergebenden Verschiebungen wurden ebenfalls S. genannt (→ Trayn; CS IV, 277b: *que difficultates, tractus, gallice treyns, et sincope a multis nominantur*). Solche Erscheinungen finden sich in Kompositionen der → Quellen *Ch* und *TuB* sowie bei Ockeghem, Obrecht u. a. Die zunehmend strengere Regelung des musikalischen Satzes (Dissonanzbehandlung, Melodiebildung u. a.) vollzog sich schließlich in stetiger Orientierung an der für alle Stimmen gleicherweise maßgebenden Schlagzeit; auf sie war jetzt die als rhythmische »Stauung« wirkende S. bezogen, die besonders in Verbindung mit der Dissonanzbehandlung in der Praxis und in der Theorie des 16. Jh. eine wichtige Rolle spielte (→ Syncopatio).

Im 17. und 18. Jh. führte die sich schon im 16. Jh. anbahnende Auskristallisierung einer Betonungsordnung zur Ausbildung des fortan für die S. maßgebenden Taktprinzips. Damit erhielt die S. den Charakter einer »Störung« der normalen Betonungsordnung (Überbindung eines leichten an den unmittelbar folgenden schweren Zeitwert, auch als Aussparung, Suspension der regulären Betonung). Seit dem Auftreten des Taktstrichs wird sie häufig durch einen hinter den Taktstrich gesetzten Verlängerungspunkt oder als Überbindung über den Taktstrich hinweg im Notenbild erkennbar (→ Ligatur – 2, → Bogen – 1), doch ist nicht jede Überbindung als S. zu verstehen (z. B. → Hemiole). Bei den Wiener Klassikern gewann die S., der scharfen Ausprägung des Taktprinzips entsprechend, ein besonderes Gewicht (Beispiel einer Gegenüberstellung von abtaktiger und synkopischer Bewegung: J. Haydn, Streichquartett D moll, Hob. III, 76, 1. Satz, Takt 25ff.). Bei Beethoven nimmt, zusammen mit den Abweichungen von der regulären Taktordnung überhaupt, auch die S. eine bis dahin nicht gekannte zentrale Stellung im musikalischen Kunstwerk ein. In Romantik und Moderne fand die S. vielfach in origineller Weise (z. B. R. Schumann, *Kreisleriana*, Nr 8, Bewegung im Baß), aber auch auf geschichtlich gegebene Erscheinungen zurückgreifend, Verwendung (Webern, 2. Kantate, Schlußsatz, an die polyrhythmischen Bildungen der Niederländer anknüpfend). Mit der Erweiterung des Taktbegriffs zu einer bloßen Konvention der Notierung, besonders unter dem Einfluß folkloristischer und exotischer Musik, wurde die S. in einigen Richtungen der modernen Musik primär von der Wirkung her verwendet (Strawinsky, Bartók u. a.). In ähnlichem Sinne, von der Wirkung her, sind auch die meist als S.n aufgefaßten → Off-beat-Phänomene des → Jazz zu verstehen.

Lit.: H. WALTZ, Der Doppelbegriff d. S., in: Völkische Musikerziehung II, 1936; C. DAHLHAUS, Zur Gesch. d. S., Mf XII, 1959.

Syōmyō (oder Shōmyō, japanisch), buddhistische Tempelgesänge, die im 9. Jh. aus China nach Japan gelangten und dort bis in die Gegenwart überliefert und gepflegt werden, hauptsächlich von der Shingon- und der Tendai-Sekte.

Lit.: M. W. DE VISSER, Ancient Buddhism in Japan, 2 Bde, Leiden 1935; Ausg. u. weitere Lit.: → Japan.

Syrinx (griech. σῦριγξ, Röhre; als Wort belegt seit Homer, *Ilias* X, 13), die »Panflöte«, das typische Hirteninstrument der Griechen, bestehend aus einem Verband von meist 5, 7 oder 9 mundstücklosen Pfeifen unterschiedlicher Länge und Höhlung. Bei gleicher Länge erfolgten die Rohrverkürzungen durch Wachseinguß (pseudo-aristotelische *Problemata* XIX, 23). Die einzelnen Pfeifen waren zusammengebunden oder durch einen Querriegel zusammengehalten. Als Material diente Holz, Elfenbein oder Metall. Einem antiken Mythos zufolge erfand Hermes, der Gott der Herden, die S., nachdem er die → Lyra (– 1) dem Apollon als Versöhnungsgeschenk überlassen hatte (homerischer Hermes-Hymnus 512). Hermes vererbte die S. seinem Sohn Pan, dem Hirtengott (daher auch → Panflöte). – Debussy komponierte 1912 nach der bekannten Sage ein Werk für Soloflöte mit dem Titel S.

Lit.: M. WEGNER, Das Musikleben d. Griechen, Bln 1949; FR. BEHN, Musikleben im Altertum u. frühen MA, Stuttgart 1954; B. AIGN, Die Gesch. d. Musikinstr. d. ägäischen Raumes bis um 700 v. Chr., Diss. Ffm. 1963.

Syrischer Kirchengesang. Im Zwischenlande zwischen den Kulturgebieten der Ägypter, Hethiter, Assyrer, Babylonier, Perser und Griechen gelegen, hat Syrien eine weit zurückreichende Musikgeschichte. Die größte Bedeutung gewann die Musik Syriens durch den Gesang der syrisch-palästinensischen Kirche. Er gewann fast maßgeblichen Einfluß auf den armenischen, byzantinischen und unmittelbar oder über Byzanz auch auf den lateinischen Choral, und zwar nicht auf den römischen, sondern in besonderem Maße den außergregorianischen Gesang. Seine Erforschung steht im Gefolge der syrischen Literaturwissenschaft, die sich mit der syrischen Hymnodie beschäftigt. Deren wichtigste Gesangsformen sind seit dem 3. Jh.: die Mēmrā mit rezitativischem Charakter, zur Kantillation bestimmt; die Mādrāšā, strophischer Gesang eines Solisten, dem kurze Refrainstrophen des Chores antworten (die Mādrāšā entspricht in ihrer Form dem byzantinischen → Kontakion); die Sōġīṯā, ein Hymnus dialogisch-dramatischer Haltung, wahrscheinlich von 2 Solisten und 2 Chören im Wechselgesang ausgeführt; die Qālā, ein Hymnus ohne Refrain, erst ab dem 4. Jh. nachgewiesen; die ʿEnyānā, ein Gesang, der zwischen den Psalmversen gesungen wurde, ähnlich dem byzantinischen → Kanon (– 2). Diese volkstümliche Kirchenpoesie wirkte befruchtend auf die byzantinische → Hymnographie. Ihr Einfluß auf Romanos, der wie die meisten großen byzantinischen »Meloden« des 5.–8. Jh. Syrer war, ist erwiesen. Syrischen Ursprungs ist auch das älteste bekannte offizielle Kirchengesangbuch nichtbiblischen Charakters, der Oktoechos des Severos, der 512–518 Patriarch von Antiochia war (London, Brit. Mus., Add. 17134, Redaktion des 7. Jh.). Diese starke Pflege der Musik mit nichtbiblischen Texten ist eine besondere Eigenart der syrischen und byzantinischen Kirche. Im Westen hat sie sich nicht in gleichem Maße durchgesetzt, am wenigsten in Rom selbst, wo sich der Choral fast ausschließlich auf die Psalmodie oder doch auf Gesänge mit biblischen Texten beschränkte. Natürlich sind auch in Syrien die Psalmen mitsamt den Hymnen und geistlichen Gesängen gesungen worden und haben sicher den Kern der Kirchenmusik gebildet, sowohl in der Form des Wechselgesanges zwischen Chor und Solist als auch in der antiphonalen Form, die von Ambrosius 394 nach »orientalischem« Vorbild in Mailand eingeführt wurde. – Über die Musik an sich unterrichten nur moderne Aufzeichnungen; doch ist anzunehmen, daß die liturgischen Melodien im wesentlichen unverändert durch die Jahrhunderte überliefert worden sind, da allgemein inmitten einer andersgläubigen Umgebung die kultischen Gewohnheiten der eigenen Religion streng bewahrt werden. Als Notenschrift sind nur Zeichen für den rezitativischen Gesangsvortrag bekannt; sie bestanden aus Punkten, die in verschiedener Weise angeordnet wurden. Die byzantinische ekphonetische Notation ist unabhängig von ihr; dagegen hat sich das syrische System nach Persien (Soghdien) ausgebreitet. Die Tonalität hat nicht wesentlich linearen, nicht tonräumlichen Charakter: der Oktoechos als Tonartensystem geht zwar von Syrien aus, aber die Schlüsse der Melodien müssen nicht unbedingt auf den Grundtönen der 8 Kirchentonarten erfolgen. Entsprechend sind chromatische Bereicherungen der an sich diatonischen Melodielinien möglich. Der vielgestaltige Rhythmus entfernt sich weit von der Gleichdauer der Töne des (heutigen) abendländischen Chorals: die Melismen sind deutlich als lebendige Verzierungen einer rhythmisch und melodisch viel einfacheren Grundgestalt zu erkennen. Der S. K. kennt auch die Technik des Organum, wesentlich in der Form von Quartenparallelen. Er könnte somit eine der Quellen der europäischen Mehrstimmigkeit sein. Als Hymnendichter seien genannt: Bar Daisan (Bardesanes, † 222), Ephräm († 373), Narsai (Narses) von Nisibis († 502), Jakobos von Serugh († 521), Sophronios von Jerusalem († 638).

Ausg.: Mélodies liturgiques syriennes et chaldéennes, 2 Bde, hrsg. v. J. JEANNIN OSB (mit J. Puyade OSB u. A. Chibas-Lassalle OSB), Paris u. Beirut 1925–28; Cantus missae SS. Apostolorum iuxta ritum ecclesiae Chaldaeorum, hrsg. v. P. YOUSSEF, Rom 1961.
Lit.: J. PARISOT, Les huit modes du chant syrien, La Tribune de St-Gervais VII, 1901; A. BAUMSTARK, Festbrevier u. Kirchenjahr d. syrischen Jakobiten, = Studien zur Gesch. u. Kultur d. Altertums III, 3/5, Paderborn 1910; DERS., Die christlichen Lit. d. Orients, 2 Bde, Lpz. 1911; DERS., Gesch. d. syrischen Lit., Bonn 1922; J. JEANNIN OSB, Le chant liturgique syrien, Journal asiatique X, 1912 – XI, 1913; DERS. u. J. PUYADE OSB, L'octoechos syrien, Oriens Christianus, N. S. III, 1913; L. BONVIN, On Syrian Liturgical Chant, MQ IV, 1918; E. WELLESZ, Aufgaben u. Probleme auf d. Gebiete d. byzantinischen u. orientalischen Kirchenmusik, = Liturgiegeschichtliche Quellen u. Forschungen VI, Münster i. W. 1923; A. RAES SJ, Introductio in liturgiam orientalem, Rom ²1962; H. HUSMANN, The Practice of Organum Singing in the Christian Syrian Churches, in: Aspects of Medieval and Renaissance Music, Fs. G. Reese, NY (1966).   EJ

Systema teleion (griech., vollständiges System). Die Theorie der Griechischen Musik stellt die Tonarten in einem System von 2 Oktaven dar, das aus 4 gleichgebauten diatonischen Tetrachorden und dem Proslambanomenos, einem »hinzugenommenen Ton« (προσλαμβανόμενος), besteht. Jede der beiden Oktaven wird aus 2 durch die → Synaphē verbundenen Tetrachorden und einem Ganzton (Diazeuxis) konstruiert; in dieses Gerüst von »feststehenden« Tönen (μένοντες, ἑστῶτες oder ἀκίνητοι) werden die »beweglichen« (κινούμενοι) so eingefügt, daß sich in jedem Tetrachord von oben nach unten die Intervallfolge Ganzton–Ganzton–Halbton ergibt. Jedes Tetrachord und jeder Ton erhalten einen Namen. (Die modernen Tonbuchstaben sind in der umseitigen Übersicht so gewählt, daß die Intervallfolge ohne Vorzeichen angegeben werden kann; Fixierung der absoluten Tonhöhe kennt die Griechische Musik nicht.) Zu dem aus 4 Tetrachorden bestehenden »unveränderlichen System« (systēma ametabolon) kann noch das Tetrachordon synēmmenon hinzutreten, wodurch sich das »veränderliche System« (systēma metabolon) ergibt: verändert wird die Lage des Tetrachords über der Mesē (»Mitte«), so daß dessen tiefster Ton nicht durch Ganztonabstand (Diazeuxis) von der Mesē getrennt, sondern durch Synaphē mit ihr in eins gesetzt ist, wobei über die Mesē nun ein Halbtonschritt zu liegen kommt. Bereits in der griechischen Musiklehre finden wir also die für die abendländische Musik bedeutsame Ambivalenz einer Tonstufe.

		a^1	Nētē hyperbolaiōn
		g^1	Paranētē hyperbolaiōn
		f^1	Tritē hyperbolaiōn
(Synaphē →)		e^1	Nētē diezeugmenōn
Nētē synēmmenōn	d^1	d^1	Paranētē diezeugmenōn
Paranētē synēmmenōn	c^1	c^1	Tritē diezeugmenōn
		h	Paramesē
Tritē synēmmenōn	b	(Diazeuxis →)	
Mesē	a (← Synaphē →)	a	Mesē
		g	Lichanos mesōn
		f	Parhypatē mesōn
(Synaphē →)		e	Hypatē mesōn
		d	Lichanos hypatōn
		c	Parhypatē hypatōn
		H	Hypatē hypatōn
(Diazeuxis →)			
		A	Proslambanomenos

Die sogenannten Tonarten (ἁρμονίαι) unterscheiden sich durch die Lage des Halbtons innerhalb des Tetrachords. Im Dorischen liegt der Halbton unten (Intervallfolge von oben: Ganzton–Ganzton–Halbton), im Phrygischen in der Mitte (Ganzton–Halbton–Ganzton), im Lydischen oben (Halbton–Ganzton–Ganzton). Außer diesen 3 Grundtonarten gibt es eine Reihe von Nebentonarten, die oft schon dem Namen nach als Ableitungen zu erkennen sind: Mixolydisch, Hypodorisch usw. – Für die Darstellung der Tonarten kennt die griechische Musiklehre 2 Methoden: 1) Vorwiegend den Bedürfnissen der Praxis entspricht es, wenn die Intervallfolgen aller Tonarten in den Raum derselben Oktave (e^1–e) eingefügt werden. Der Spieler einer Kithara oder Lyra lernt hiernach, welche Verkürzungen oder Umstimmungen der Saiten (innerhalb des gleichbleibenden Oktavrahmens) jede Tonart fordert. Gegliedert sind die 3 Grundtonarten in 2 unverbundene Tetrachorde mit der Diazeuxis in der Mitte (e^1–h-a–e), die 3 Hypotonarten in 2 verbundene Tetrachorde mit der Diazeuxis unten (e^1–h–fis–e), das Mixolydische in 2 verbundene Tetrachorde mit der Diazeuxis oben (e^1–d^1–a–e). 2) In welchem Verhältnis die Tonarten zueinander stehen, erklärt ihre Darstellung als Oktavausschnitte aus dem S. t. Es enthält zwischen a^1–a und h–H 7 »Oktavgattungen« (Systeme) mit je verschiedener Intervallfolge. Die achte, a–A, ist eine Wiederholung der 1.; daher werden nur 7 verschiedene Tonarten allgemein anerkannt:

	harmonia	Oktavgattung
Hypodorisch:	e^1 d^1 c^1 h a g fis e	a^1–a, a–A
Hypophrygisch:	e^1 d^1 cis^1 h a gis fis e	g^1–g
Hypolydisch:	e^1 dis^1 cis^1 h ais gis fis e	f^1–f
Dorisch:	e^1 d^1 c^1 h a g f e	e^1–e
Phrygisch:	e^1 d^1 cis^1 h a g fis e	d^1–d
Lydisch:	e^1 dis^1 cis^1 h a gis fis e	c^1–c
Mixolydisch:	e^1 d^1 c^1 h b a g f	e h–H

Den Abstand (im S. t.) der Hypotonarten zur Grundtonart hat offenbar Aristoxenos auf eine Quarte festgesetzt. Die Benennung wird im allgemeinen daraus erklärt, daß in ihnen das »obere« Tetrachord der Grundtonart um eine Oktave nach »unten« (hypo) versetzt ist (»oben« und »unten« hier im griechischen Sinn; im nachantiken Sinn umgekehrt: das untere Tetrachord nach oben). Alte Bezeichnungen wie Ionisch, Iastisch, Boiotisch, Lokrisch sind bisher nicht zuverlässig identifiziert. – Die früheste Darstellung des S. t. findet sich bei Eukleides, die beste bei Ptolemaios; daß es (vor Eukleides) bereits Aristoxenos bekannt war, kann u. a. aus seiner Behandlung durch den Aristoxeneer Kleoneides geschlossen werden. Die mittelalterliche Musiklehre bringt im 10./11. Jh. (*Musica Enchiriadis*, Kommentar zur *Alia musica*, Hermannus contractus) die 8 Kirchentöne durch Umdeutung der antiken Theorie mit den 7 Oktavgattungen in Verbindung. Dabei tritt an die Stelle des S. t. das uns heute geläufige → Tonsystem als Grundskala mit fixierter Tonhöhe.

Lit.: Musici scriptores graeci, hrsg. v. K. v. JAN, Lpz. 1895, Nachdruck Hildesheim 1962, S. 163ff. (Eukleides), 199ff. (Kleoneides), 332ff. (Gaudentios); Die Harmonielehre d. Klaudios Ptolemaios, hrsg. v. I. DÜRING, Göteborgs Högskolas Årsskrift XXXVI, 1, Göteborg 1930, S. 50ff., dazu ebenda XXXVIII, 2, 1932, S. 162ff. (Porphyrios' Kommentar), u. XL, 1, 1934, S. 65ff. (deutsche Übers.). – FR. BELLERMANN, Die Tonleitern u. Musiknoten d. Griechen, Bln 1847; C. FORTLAGE, Das mus. System d. Griechen ..., Lpz. 1847, Nachdruck Amsterdam 1964; D. B. MONRO, Modes of Ancient Greek Music, Oxford 1894; H. RIEMANN, Hdb. d. Mg. I, 1, Lpz. 1904, erweitert ²1919, ³1923; R. P. WINNINGTON-INGRAM, Mode in Ancient Greek Music, = Cambridge Classical Studies II, Cambridge 1936; O. GOMBOSI, Tonarten u. Stimmungen d. antiken Musik, Kopenhagen 1939, Nachdruck 1950; DERS., Key, Mode, Species, JAMS IV, 1951; I. HENDERSON, The Growth of the Greek »harmoniai«, Classical Quarterly XXXVI, 1942; J. CHAILLEY, Le mythe des modes grecs, AMl XXVIII, 1956; DERS., L'imbroglio des modes, Paris (1960); O. BECKER, Frühgriech. Mathematik u. Musiklehre, AfMw XIV, 1957; J. LOHMANN, Der Ursprung d. Musik, AfMw XVI, 1959; H. HUSMANN, Grundlagen d. antiken u. orientalischen Musikkultur, Bln 1961. – Zur Umdeutung d. antiken Theorie im MA: RIEMANN MTh; O. GOMBOSI, Studien zur Tonartenlehre d. frühen MA, AMl X, 1938 – XII, 1940; O. URSPRUNG, Die antiken Transpositionsskalen u. d. Kirchentöne, AfMf V, 1940; J. HANDSCHIN in: AMl XV, 1943, S. 17ff.

Systematische Musikwissenschaft → Musikwissenschaft (Übersicht); → Informationstheorie; → Statistik.

Szene (von griech. σκηνή, Zelt, Hütte), im griechischen Theater der die Orchestra nach hinten abgrenzende Aufbau, später mit typischer dreitüriger Fassade; danach lat. scaena, allgemein die Theaterbühne; ital. scena, seit Ende des 15. Jh. auch der »Auftritt«, in Theater und Oper ein meist durch Auftritt und Abgang von Personen begrenzter Unterabschnitt eines Aktes (in früheren Opernpartituren, z. B. in Monteverdis *Orfeo*, fehlt bisweilen die Sz.n-Angabe). Seit Ende des 18. Jh. kommt Sz. auch als Überschrift von musikalisch nicht geschlossenen Partien vor, in denen rezitativische, liedhafte oder ariose Teile einander ablösen, und auf die dann ein geschlossenes Gesangstück folgt (z. B. Mozart, Sz. und Arie für S., im Autograph *Scena 7.*, K.-V. 369, 1781; Beethoven, Scena ed Aria *Ah, perfido* op. 65; Weber, *Freischütz*, Nr 3 und Nr 8; oft bei Verdi u. a.). Auf die Sz.n-Einteilung wurde von der 2. Hälfte des 19. Jh. an häufig verzichtet (z. B. Verdis *Falstaff*). – Das Szenarium ist entweder eine Skizze des Handlungsablaufes oder ein Inszenierungsplan.

T

T, Abk. für – 1) Tenor; – 2) Taille (im Instrumentalsatz); – 3) Tempo, z. B. T. I° oder T. 1mo = tempo primo; a t. = → a tempo; – 4) T = Tonika (Funktionsbezeichnung nach Riemann).

Ṭabl (arab., Plur. aṭabāl, ṭubūl; auch ṭabla oder ṭabīl, von ṭabala, trommeln) ist die Sammelbezeichnung für Pauken und Trommeln im arabischen Sprachraum. Sie umschließt die vielfältigsten Instrumente wie ṭ. bāz (auch ṭabla al-musaḥir, kleine Pauke mit Bronzekessel, mit einem Holzschlägel geschlagen), ṭ. al-miġrī (kleine Pauke, mit einem schmalen Riemen geschlagen), ṭabla al-mišaiḥ (kleine Bettlerpauke aus Holz oder Kupfer), ṭabla aš-šawīs (kleine Trommel). – Speziell bedeutet ṭ. oder ṭabil zweiseitig mit Fell bespannte zylindrische Trommeln unterschiedlicher Größe, die mit einem hölzernen Schlägel gespielt werden.

Lit.: H. G. Farmer, Artikel t., in: Enzyklopedie d. Islam, Ergänzungsbd, Leiden 1934; ders., Islam, = Mg. in Bildern III, 2, Lpz. (1966); H. Hickmann, Terminologie arabe des instr. de musique, Kairo 1946, maschr.

Tabula compositoria (lat., Komponiertafel; auch Carta, Cartella, Palimpsestus, deutsch Lösch-Tabell), eine aus Holz oder Schiefer bestehende oder mit Pergament (auch Leder, Eselshaut) bezogene Tafel mit eingeritzten Notenlinien und senkrechten Ordnungsstrichen, auf der mehrstimmige Kompositionen eingetragen und wieder gelöscht werden konnten, nachdem die einzelnen Stimmen in ein → Chorbuch oder in → Stimmbücher geschrieben waren. Gewöhnlich war die T. c. mit einem System von 10 Linien (scala decemlinealis) versehen, in das die Stimmen in dichtem Satz eingetragen wurden, zur Unterscheidung bei Stimmkreuzungen in Noten von unterschiedlicher Form oder Farbe. Beispiele dieser Art finden sich in Lehrbüchern von Schanppecher (1501), Ornitoparchus (1517), M. Agricola (1528), Lampadius (1537), H. Faber (1548), Dreßler (1563) und Lippius (1612). Daneben kennt Lampadius die Einteilung der T. c. in einzelne Fünfliniensysteme nach Art der späteren → Partitur, die gleichfalls »von alters her« bei gelehrten Musikern üblich gewesen sei. Herbst nennt 1643 neben diesen beiden Verfahren als drittes die Niederschrift einer Komposition in Orgeltabulatur. Noch im 18. Jh. war die T. c. bekannt (WaltherL, Artikel Palimpsestus; Adlung, Anleitung..., 1758, S. 787; J.-J. Rousseau, Dictionnaire de musique, Genf 1767[?], Paris 1768, Artikel Cartelles; KochL, Artikel Cartell). Hinweise auf die Verwendung der T. c. bei der Weitergabe von Kompositionen sind durch bestimmte typische Abweichungen in der handschriftlichen Überlieferung gegeben, z. B. verschiedene Schlüsselung, Auflösung von Synkopen, Aufheben von Stimmkreuzungen. – Als Ergänzung der im 13. Jh. aufkommenden Einzelstimmennotierung muß seit jeher bei der Komposition und beim Studium eines Satzes die T. c. oder ein ähnliches Hilfsmittel zur Darstellung der Klänge und Klangverbindungen im Gebrauch gewesen sein. Wenn die T. c. erst im 16. Jh. und vornehmlich durch die Theoretiker bezeugt ist, so ist dies durch das verstärkte Interesse der humanistischen Musiklehre für den Kontrapunkt und das Kompositionsverfahren zu erklären. Besonders nützlich war die T. c. mit der Scala decemlinealis für die Darstellung von Sätzen, in denen die Stimmen den gleichen Klangraum einnehmen. Derartige Satztypen weichen um die Mitte des 16. Jh. einer Anordnung, die den Klangraum möglichst gleichmäßig unter 4 Stimmen aufteilt (normaler Ambitus: 1 Oktave, Abstand der Stimmen: Quinte–Quarte–Quinte). Dieser Disposition entspricht besser die Partitur mit festgelegten Schlüsselkombinationen, die sich seit dem späten 16. Jh. allgemein durchsetzte. Entsprechend der → Chiavette kannte auch die T. c. eine *totius scalae transpositio* (H. Faber 1548); auch bei einer solchen veränderten Schlüsselung (eine Terz tiefer oder höher) bleibt jedoch die Begrenzung des gesamten Klangraums durch das Zehnliniensystem auf etwa $2^{1}/_{2}$ Oktaven gültig. – Für die moderne → Editionstechnik ist der durch die Kenntnis der T. c. erbrachte Nachweis bedeutsam, daß die heutige Partiturschreibung von in Einzelstimmennotierung überlieferter Musik des 15./16. Jh. einer Notierungsweise nahekommt, die zu jener Zeit durchaus üblich war und im Prinzip der Einzelstimmenschreibung voranging. → Particella.

Lit.: E. E. Lowinsky, On the Use of Scores by XVIth-Cent. Musicians, JAMS I, 1948, dazu Diskussion u. Nachträge in: JAMS II, 1949 – III, 1950; ders., Early Scores in Ms., JAMS XIII, 1960; S. Clercx-Lejeune, D'une ardoise aux partitions..., Mélanges... offerts à P.-M. Masson I, Paris (1955); S. Hermelink, Dispositiones modorum, = Münchner Veröff. zur Mg. IV, Tutzing 1960; ders., Die T. c., Fs. H. Besseler, Lpz. 1961; W. Braun, Komponieren am Kl., AfMw XXIII, 1966; Th. Göllner, Notationsfragment aus einer Organistenwerkstatt d. 15. Jh., AfMw XXIV, 1967.

Tabulatur (von lat. tabula, tabulatura, Tafel; ital. intavolatura), – 1) Bezeichnung für verschiedene Arten der Notation von (vorwiegend solistischer) Instrumentalmusik. Unter T. werden heute zuweilen nur solche Notationsarten verstanden, bei denen statt der Notenschrift ganz oder teilweise Buchstaben, Ziffern und Zeichen verwendet werden; doch im Bereich der Musik für Tasteninstrumente bis ins 18. Jh. bezeichnet T. im weiteren Sinne auch die Zusammenziehung aller Stimmen auf 2 Liniensysteme im Unterschied zur → Partitur (z. B. bei Frescobaldi), oder sogar jede Art des Untereinanderschreibens gleichzeitig erklingender Stimmen einschließlich der Partitur im Unterschied zur Notierung in Chor- und Stimmbüchern (z. B. bei Scheidt 1624 und Klemm 1631). Die wichtigsten Formen der T. sind die → Orgel-T. und die → Lauten-T. T.en im engeren Sinne sind daneben in Gebrauch gewesen für Harfe, Viola da gamba und Viola da braccio. T.en für Holzblasinstrumente, vergleichbar den heute üblichen Grifftabellen, kommen in verschiedenen Systemen vor, T.en für Sackpfeife bei Mersenne 1648 und Borjon 1672. Die letztgenannten T.en dienten vornehmlich pädagogischen Zwecken; die Aufzeichnung in Notenschrift (frz. en musique) überwiegt für diese Instrumente. Für volkstümliche Instrumente (Gitarre, Zither, Akkordeon, Ukulele) sind T.en noch heute in Gebrauch, da sie für den musikalisch nicht Gebildeten unter Umgehung der allgemeinen Musiklehre im Selbstunterricht erlernbar sind. – 2) T. heißen auch die Tafeln oder das Buch, in denen die Regeln für den → Meistersang aufgezeichnet waren.

tacet (lat., [die Stimme] schweigt; Abk.: tac.; ital. tace, taci, Plur. tacciono) bedeutet in einer Orchester- oder Chorstimme, daß dieselbe während der betreffenden Nummer oder in dem Satz nicht mitwirkt. → contano.

Tactus (lat., Schlag; ital. battuta oder tatto; engl. beat oder stroke) ist eine *Abmessung der Zeit und Music-Noten* (WaltherL) durch eine Bewegung der Hand oder (bei Instrumentalisten) des Fußes. Unter einem T. verstand man im 15.–17. Jh. nicht einen Einzelschlag, sondern Nieder- und Aufschlag (Positio oder Thesis und Elevatio oder → Arsis) zusammen. Beim T. simplex oder aequalis ist der Niederschlag ebenso lang wie der Aufschlag (C ♩♩), beim T. proportionatus oder inaequalis doppelt so lang (C3 ♩♩♩), Bezugseinheit des T. ist im nicht diminuierten Tempus (→ integer valor notarum) die Semibrevis, im diminuierten die Brevis und in der als Augmentation aufgefaßten Prolatio maior C ♩ = ○ ♩ die Minima (Adam von Fulda 1490). Der T. der Mensuralmusik ist mit dem Schlag des Pulses (Gaffori 1496) oder dem einer Uhr (H. Gerle 1532) verglichen worden. Seine Dauer war aber nicht in allen Mensuren gleich; die Diminution des Tempus perfectum wurde um 1500 als Verminderung des Zeitwertes der Noten um ein Drittel (nicht um die Hälfte) verstanden, so daß der T. alla Semibreve im ⊘ zwei Drittel des gewöhnlichen T. umfaßte (M. Schanppecher in N. Wollicks *Opus aureum*, 1501). Aus der Möglichkeit, den T. zu unterteilen, also doppelt so schnell zu schlagen, ohne daß sich der Zeitwert der Noten änderte, ergab sich die Unterscheidung zwischen größerem und kleinerem T. (M. Agricola 1532). Ein T. maior umfaßt im diminuierten Tempus eine Brevis (₵ ♩♩) und im nichtdiminuierten eine Semibrevis (C ♩♩), ein T. minor im diminuierten Tempus eine Semibrevis (₵ ♩♩) und im nichtdiminuierten eine Minima (C ♩♩). Wird der T. sowohl im diminuierten als auch im nichtdiminuierten Tempus alla Semibreve geschlagen, so entspricht dem ₵ ein T. celerior und dem C ein T. tardior (Praetorius Synt. III, S. 48ff.).

Lit.: G. SCHÜNEMANN, Zur Gesch. d. Taktschlagens, SIMG X, 1908/09; A. AUDA, Le »t.« dans la messe »L'homme armé« de Palestrina, AMl XIV, 1942; DERS., Le t. principe générateur de l'interprétation de la musique polyphonique class., Scriptorium IV, 1950; CH. VAN DEN BORREN u. S. CAPE, Autour du »t.«, RBM VIII, 1954; W. GURLITT, Form in d. Musik als Zeitgestaltung, = Akad. d. Wiss. u. d. Lit. Mainz, Abh. d. geistes- u. sozialwiss. Klasse, Jg. 1954, Nr 13; H. H. EGGEBRECHT, Studien zur mus. Terminologie, ebenda, Jg. 1955, Nr 10; C. DAHLHAUS, Zur Theorie d. T. im 16. Jh., AfMw XVII, 1960; H. O. HIEKEL, »T.« u. Tempo, Kgr.-Ber. Kassel 1962. CD

Tafelklavier (engl. square piano; frz. piano carré), ein Hammerklavier mit einem waagrechten rechteckigen Corpus wie das Clavichord, aus dem es durch Einbau einer Hammermechanik im 18. Jh. auch oft gefertigt wurde. Das erste T. ist 1742 in Frankreich nachweisbar. T.e wurden in großer Zahl bis um 1800 gebaut, in England ab etwa 1760 u. a. von dem Silbermann-Schüler Zumpe. In den USA waren T.e noch bis 1900 beliebt. Die ursprünglich zierlichen und im Klang an das Clavichord erinnernden Instrumente wurden nach etwa 1825 mit der Einführung des Gußeisenrahmens in der Form und im Ton gröber, ohne die Klangschönheit des Hammerflügels zu erreichen.

Tafelmusik (frz. musique de table) ist nach Bild- und Schriftzeugnissen schon in den ägyptischen Dynastien (Kinsky, S. 5), in biblischer Zeit (Sirach 32, 5–9) und in der griechischen und römischen Antike (Kinsky, S. 13) üblich gewesen. Auch das Mittelalter bietet für die Musica convivalis zahlreiche Belege, z. B.: *Du si du gesaten / ende gedrunken ende geaten / ... du was spil ende sanc* (Heinrich von Veldeke, *Eneit* 13153ff.). Eine T. mit 2 Trompeten und 2 Sackpfeifen zeigt eine Miniatur zu Machauts *Remède de Fortune* (Paris, Bibl. Nat., Ms. frç. 1586). J. de Grocheo leitet die Kompositionsbenennung Conductus ab von lat. conductio in der mittellateinischen Bedeutung Gastmahl, da der Conductus *in conviviis et festis* gesungen werde (ed. Rohloff, S. 56). – In der Renaissance und im Barock ist das Mahl als einer der wichtigsten Anlässe des Musizierens greifbar. Die T. diente der *Fröhlichkeit* (Ammerbach 1571), der *ergötzlichkeit* (Schein 1617), und sie erklang nicht nur bei besonderen Anlässen als Teil der → Festmusik, sondern zu Hofe vielerorts regelmäßig bei Anwesenheit des Souveräns und im städtischen Leben bei den oft turnusmäßigen Banketten der Obrigkeit, während im Bürgerhaus, wo das Singen geistlicher Lieder vor und nach Tische verbreitet war, eine eigentliche T. nur bei Hochzeiten obligatorisch war. Die Ausführenden waren die Hofmusik bzw. die Stadtkantorei (Holzschnitt in Ammerbachs Tabulaturbuch von 1571, Kinsky, S. 77) oder die Stadtpfeifer, doch auch etwa ein Organist oder Lautenist allein konnte *in conviviis* sich hören lassen (Praetorius Synt. III, S. 110). Zur Aufgabe der Hof- und Feldtrompeter gehörte das Tisch- oder Tafelblasen (vgl. KochL, Artikel Feldstücke, Sp. 561). In den Bestallungsurkunden wird der Kapellmeister oft ausdrücklich verpflichtet, daß er auch zur ordinar *Tafel Music ... die nötigen Musicalia liefere* (G. Ph. Telemann 1717), bzw. daß es ihm bei der *Kirchen- und T. ... frey steht, entweder seine eigene compositiones oder auch andere ... zu gebrauchen* (Ph. E. Erlebach 1621).

Die vokalmusikalischen *Taffel-Sachen* gehören nach Chr. Bernhard (*Tractatus ...*, ed. Müller-Blattau, S. 71) zu den Arten von Musik, bei denen der Stylus communis (oder modernus) Anwendung findet. Stets entsprach das Repertoire der T. den jeweils herrschenden und vornehmlich zur Unterhaltung und Ergötzung geeigneten Gattungen und Formen. Abwechslung in der Art der vorgetragenen Stücke war geboten; die Besetzung, in der Regel kammermusikalisch, wurde bei festlichen Tafeleien bis zur Mehrchörigkeit gesteigert. Der *Catalogus musicalium* des Zisterzienserstifts Ossegg in Böhmen von 1706 verzeichnet als *Taffel Music* (id est Cantus aliquot jucundi tempore tabulae et Recreationis producendi) lustige und scherzhafte Vokalstücke sowie Ballette bzw. Partien, Orchestersonaten und Ouvertüren (vgl. P. Nettl, S. 36f.). Praetorius (Synt. III, S. 110) bezeugt für die T. das Concertieren von solistischem Vokalensemble und Vokal- und Instrumentalchören (vgl. hierzu den Bericht über die T. beim Friedensbankett 1649 zu Nürnberg, SIMG VII, 1905/06); 17. und 18. Jh. bevorzugten als T. die Suite und das Quodlibet; bei besonderen Anlässen wurde als T. auch eine szenische Kantate (»dramatische T.«) aufgeführt. Bei der T. im Finale des 2. Akts von W. A. Mozarts *Don Giovanni* spielt die → Harmoniemusik Stücke aus Opern, darunter auch eines aus Mozarts *Le Nozze di Figaro*. Beethoven schrieb das Bläseroktett 1792 für die T. des Kurfürsten von Bonn. – Im Druck erschienen im 17. und 18. Jh. zahlreiche als T. bestimmte Sammlungen; genannt seien: Schein, *Banchetto musicale* (1617, 4–5st. Suiten); Th. Simpson, *Taffel Consort* (1621, 4st. Tanzsätze); Posch, *Musicalische Tafelfreudt* (1621, 4- und 5st. Tanzsatzpaare); Reusner, *Musicalische Taffelerlustigung* . . . (1668, Orchestersuiten); Delalande, *Les Symphonies . . . Qui se jouent ordinairement au souper du Roy* (hs. 1703, Paris, Conservatoire, Ms. Rés. 582, Ouvertüren, Tänze, Trios, Airs u. ä.); G. Ph. Telemann, *Musique de Table* (1733, Solosonaten, Quartette, Konzerte, Ouvertüren); Rathgeber, *Ohren-vergnügendes und Gemüth-ergötzendes Tafel-Confect* (3 Teile, 1733–37, 4. Teil von J. C. Seyfert 1746; Quodlibets, daneben andere Scherz-, auch Tugendlieder); G. J. Werner, *Zwey neue und extra lustige musicalische Tafel-Stücke* (1750; Quodlibets). – Im 19. Jh. nannte E. Hanslick (*Vom Musikalisch-Schönen*, [1]1854, S. 73) die T. als Beispiel für den verpönten *geistlosen Genuß* von Musik.

Lit.: A. SCHULTZ, Das höfische Leben zur Zeit d. Minnesänger, 2 Bde, Lpz. [2]1889; P. NETTL, Beitr. zu böhmischen u. mährischen Mg., Brünn 1927; G. KINSKY (mit R. Haas u. H. Schnoor), Gesch. d. Musik in Bildern, Lpz. 1929, engl. London u. NY 1930, Neudruck 1951, frz. Paris 1930, ital. Mailand 1930. HHE

Tagelied, bereits im Mittelhochdeutschen belegte Bezeichnung für mehrstrophige Lieder der Minnesänger, die den Abschied zweier Liebenden (meist als Rede und Gegenrede gestaltet) nach heimlicher Liebesnacht bei Anbruch des Tages zum Gegenstand haben. Aufgang der Sonne, Ostwind, Vogelgesang, Horn des Wächters (daher auch Wächterlied genannt) oder Warnung eines Freundes mahnen zum Aufbruch. Das deutsche T. geht auf romanische Vorbilder zurück, die provenzalische Alba (nordfranzösisch Aube). Die Alba hat, im Unterschied zum T., am Strophenende einen Refrain, der meist das Wort alba (s. v. w. Morgenhelle) verwendet. Eine weit verbreitete Alba ist *Reis glorios* von Giraut de Bornelh. Die zunächst im Sinne von Alba/Aube verwendete Bezeichnung → Aubade erhielt später die Bedeutung von Morgenständchen. – Bedeutende T.er dichtete Wolfram von Eschenbach. Ein- und mehrstimmige Kompositionen von T.ern sind erhalten u. a. vom → Mönch von Salzburg und von Oswald von → Wolkenstein (*Wach auff, mein hort, es leucht dort her von orient der liechte tag*). Der Typus des T.s wurde auch in Volkslied und Kirchenlied (z. B. Choral *Wachet auf, ruft uns die Stimme* von Ph. Nicolai, 1599) übernommen. An die Tradition des T.s knüpft R. Wagner an mit dem Warnruf der Brangäne in *Tristan und Isolde* (2. Akt): *Habet acht! Schon weicht dem Tag die Nacht!*

Lit.: K. BARTSCH, Die romanischen u. d. deutschen T., in: Gesammelte Vorträge, Freiburg i. Br. 1883; W. DE GRUYTER, Das deutsche T., Diss. Lpz. 1887; G. SCHLAEGER, Studien über d. T., Jena 1895; TH. KOCHS, Das deutsche geistliche T., = Forschungen u. Funde XXII, Münster i. W. 1928; F. NICKLAS, Untersuchungen über Stil u. Gesch. d. deutschen T., = Germanische Studien LXXII, Bln 1929; N. MAYER-ROSA, Studien zum deutschen T., Diss. Tübingen 1938; H. OHLING, Das deutsche T. v. MA bis zum Ausgang d. Renaissance, Diss. Köln 1938; E. SCHEUNEMANN, Texte zur Gesch. d. deutschen T., ergänzt u. hrsg. v. Fr. Ranke, = Altdeutsche Übungstexte VI, Bern (1947); BR. STÄBLEIN, Eine Hymnusmelodie als Vorlage einer provenzalischen Alba, in: Miscelánea en homenaje a H. Anglès II, Barcelona 1958–61; A. T. HATTO, Das T. in d. Weltlit., DVjs. XXXVI, 1962.

Tail gate (te:l ge:t, engl., herunterklappbare Rückwand eines Pferdewagens), Bezeichnung für eine Posaunenspielweise im → New-Orleans-Jazz. Bei Festumzügen und Straßenparaden in New Orleans fuhren auf Pferdewagen meist auch Jazzkapellen mit. Dabei saß der Posaunist gewöhnlich an der Hinterwand des Wagens, um für das Spielen seiner Zugposaune genügend Platz zu haben. Hieraus ergab sich die Benennung für die Spielweise. Charakteristisch für den T. g. ist das häufige scharfe → Portamento (slide), das meist (fälschlich) als → Glissando beschrieben wird und durch das die Töne im Sinne der → Hot-Intonation angespielt werden. Bekanntester T. g.-Posaunist ist Kid Ory.

Taille (ta:j, frz.), ist vom 16. bis 18. Jh. die geläufige französische Bezeichnung für die Tenorstimme sowie für den Sänger und die Instrumente (t. de violon, → Viola tenore – 1), die diese Stimme ausführen; sie wird erst seit dem späteren 18. Jh. unter italienischem Einfluß allmählich wieder durch das Wort → Tenor (–1) ersetzt. Die neuzeitliche sprachliche Erklärung von T. als Mittelstimme entspricht zwar der kompositorischen Stellung des Tenors seit dem 15. Jh. (z. B. im 5st. Instrumentalsatz J.-B. Lullys: Dessus – Haute contre – T. – Quinte – Basse), doch geht T. mit hoher Wahrscheinlichkeit auf den seit dem 14. Jh. greifbaren Terminus technicus des isorhythmischen Motettenbaus → Talea zurück, mit dem die Wiederholung rhythmischer Schemata vornehmlich in der Tenorstimme benannt wurde.

Lit.: J. EPPELSHEIM, Das Orch. in d. Werken J.-B. Lullys, = Münchner Veröff. zur Mg. VII, Tutzing 1961.

Takt (engl. measure oder bar; frz. mesure; ital. misura). Der T.-Begriff umfaßt zwei Bestimmungsmerkmale: die Schlagart (→ Dirigieren) und die Gruppierung von Notenwerten zu einer Einheit, die als gleichmäßig wiederkehrendes Bezugsschema (♩ ♩) wechselnden rhythmischen Gestalten, z. B. ♩. ♪, ♫♫ oder ♩, zugrunde liegt. Die Teile eines T.es sind im »Akzentstufentakt« (H. Besseler; → Akzent – 3), der sich in der Kunstmusik um 1600 durchzusetzen begann (G. Gastoldi, *Balletti*, 1591), nach ihrem Gewicht unterschieden: im 4/4-T. bildet das erste Viertel den Haupt-, das dritte einen Nebenschwerpunkt: ♩♩♩♩. T.-Arten werden durch Brüche bezeichnet: der Zähler gibt die Anzahl, der Nenner den Wert der zu einem T. zusammengeschlossenen Noten an; ₵ ist (seit dem 17. Jh.) 4/4, ₵ als 2/2 zu verstehen (→ Allabreve). – Bis zum frühen 18. Jh. (J. Mattheson 1713) wurde als T. nur der Schlag (→ Tactus) bezeichnet; die Gruppierung der Notenwerte nannte man → Mensur (– 2). 4/4 und 6/4 waren als Mensuren verschieden, aber dem Tactus nach gleich; da dessen beide Teile, der Nieder- und Aufschlag, z. B. 2/4 oder 3/4 umfaßten, änderte ihn nicht. Erst um die Mitte des 18. Jh. (Quantz Versuch) wurden Schlag und Mensur zu der Kategorie T. zusammengefaßt. Doch stimmt die Schlagart mit der Gruppierung der Notenwerte, die durch eine T.-Vorzeichnung ausgedrückt wird, nicht immer überein; und seit dem 19. Jh. versteht man unter einer T.-Art ausschließlich die Gruppierung der Notenwerte, unabhängig von der Schlagart: z. B. behält der 3/4-T. seinen Namen auch dann, wenn er einzeitig geschlagen wird. – Von der T.-Art als Quantität ist die T.-Qualität zu unterscheiden, die von der Zählzeit abhängt. (Die Zählzeit braucht weder mit dem im Nenner der T.-Vorzeichnung genannten Notenwert noch mit der vom Dirigenten gewählten Schlagart übereinzustimmen.) Nach ihrer Qualität gliedern sich die T.-Arten in einfach binäre wie 2/2, 2/4, 6/4 (Zählzeit ♩) und 6/8 (Zählzeit ♩.), zusammengesetzte binäre wie 4/2, 4/4, 12/8 (Zählzeit ♩.)

und 12/16 (Zählzeit ♪), einfach ternäre wie 3/1, 3/2, 3/4, 3/8, 9/8 (Zählzeit ♩.) und 9/16 (Zählzeit ♪.) und zusammengesetzt ternäre wie 6/2 (Zählzeit ♩), 6/4 (Zählzeit ♩) und 6/8 (Zählzeit ♪). Ein 24/16-T. beruht entweder auf Dreiteilung der Achtel eines 4/4-T.es (J. S. Bach, *Wohltemperirtes Clavier* I, Praeludium G dur, BWV 855) oder auf Zweiteilung der Achtel eines 12/8-T.es (BWV 768). Man spricht von einem »kleinen T.«, wenn der notierte T. aus einer einzigen Zählzeit besteht (Beethoven, op. 27 Nr 1, Scherzo), und von einem »großen T.«, wenn er als Zusammenfassung von zwei T.en empfunden wird (Beethoven, op. 13, *Grave*). Die Zählzeit einer T.-Art ist nicht immer eindeutig. Einerseits ist es möglich, zwei Zählzeiten sich durchkreuzen zu lassen; für die T.-Qualität des »singenden Allegros« bei Mozart ist die Gleichzeitigkeit von 4/4 und 2/2 charakteristisch. Andererseits kann, ohne daß sich die T.-Vorzeichnung ändert, die Zählzeit im Verlaufe eines Satzes wechseln; der Zählzeitwechsel muß allerdings vom aufführungstechnisch bedingten Schlagzeitwechsel unterschieden werden. In unregelmäßigen T.-Arten ist entweder die Gruppierung der Zählzeiten oder deren Dauer variabel: der 5/4- und der 7/4-T. sind Zusammensetzungen aus einem binären und einem ternären T., z. B. Chopin, Kl.-Sonate C moll op. 4, *Larghetto*; Wagner, *Tristan und Isolde*, 3. Akt; Liszt, *Dante-Symphonie*; Tschaikowsky, 6. Symphonie, 3. Satz. Bartóks »bulgarischer Rhythmus« ♩♩♩♩. ist als 4zeitiger T. mit gedehnter vierter Zählzeit zu verstehen.

Lit.: M. BENECKE, Vom T. in Tanz, Gesang u. Dichtung, Diss. Lpz. 1891; H. RIEMANN, Vorschläge zur Beschränkung d. Willkür in d. Wahl d. Notenwerte f. d. Taktschläge, in: Präludien u. Studien I, Heilbronn 1895, Nachdruck Hildesheim 1967; DERS., System d. mus. Rhythmik u. Metrik, Lpz. 1903; G. SCHÜNEMANN, Gesch. d. Dirigierens, = Kleine Hdb. d. Mg. nach Gattungen X, Lpz. 1913, Nachdruck Hildesheim 1965, Wiesbaden 1966; TH. WIEHMAYER, Mus. Rhythmik u. Metrik, Magdeburg 1917; R. STEGLICH, Über Dualismus d. Taktqualität im Sonatensatz, Kgr.-Ber. Wien 1927; DERS., Die elementare Dynamik d. mus. Rhythmus, Lpz. 1930; G. BECKING, Der mus. Rhythmus als Erkenntnisquelle, Augsburg 1928, Nachdruck Darmstadt 1958; THR. G. GEORGIADES, Der griech. Rhythmus, Hbg 1949; H. HECKMANN, Der T. in d. Musiklehre d. 17. Jh., AfMw X, 1953; H. BESSELER, Das mus. Hören d. Neuzeit, Sb. Lpz. CIV, 6, 1959; E. BARTHE, Zu Tempo, Hbg 1960; C. DAHLHAUS, Zur Entstehung d. modernen Taktsystems im 17. Jh., AfMw XVIII, 1961; DERS., Zur Taktlehre d. M. Praetorius, Mf XVIII, 1965; W. DÜRR, Auft. u. Taktschlag in d. Musik um 1600, Fs. W. Gerstenberg, Wolfenbüttel u. Zürich (1964); FR.-J. MACHATIUS, Dreiert. u. Zweiert. als Eurhythmus u. Ekrhythmus, ebenda. CD

Taktstock → Dirigieren.

Taktstrich (engl. bar, häufiger bar-line; frz. barre; ital. stanghetta) heißt der senkrecht das Liniensystem oder die Akkolade durchschneidende Strich, der ursprünglich (→ Tabula compositoria; → Partitur) nur der Übersicht diente, im 17. Jh. aber im allgemeinen die Note, vor der er steht, als Schwerpunkt im → Takt kennzeichnet. – Die in regelmäßigen oder unregelmäßigen Abständen gesetzten T.e in Orgel- und Lautenbüchern des 15. und 16. Jh. (C. Paumann, *Fundamentum organisandi*, 1452) und in den sparsam überlieferten Partituren von Vokalmusik, die für das Kontrapunktstudium oder die Orgelbegleitung bestimmt waren (A. Valente, *Versi spirituali*, 1580), sind als Orientierungsstriche zu verstehen; die erste Semibrevis einer durch T. abgeteilten Brevis ist nicht gewichtiger als die zweite. Ob das Ziehen von T.en beim Komponieren allgemein üblich (A. Lampadius 1537) oder eine bloße Hilfe für Anfänger war (J. Bermudo

I tri-on-fi di mor-te

1555), ist ungewiß. Im 17. Jh. verdeckt der notierte 4/4-Takt nicht selten einen realen 6/4-Takt (Beispiel aus Cl. Monteverdi, *Altri canti di Marte*, GA VIII, S. 189). Noch im 18. und 19. Jh. gilt die Regel, daß der T. den Schwerpunkt bezeichnet, nicht uneingeschränkt (→ Hemiole). Die Ausnahmen sind im allgemeinen in der Scheu, einen Taktwechsel zu notieren, begründet; z. B. wird ein zwischen 4/4-Takte eingefügter 2/4-Takt nicht als solcher kenntlich gemacht, so daß sich in den folgenden 4/4-Takten die Schwerpunkte um 2 Viertel verschieben. Im 20. Jh. erfüllt der T. entgegengesetzte Funktionen: einerseits wird er als Akzentzeichen in oft unregelmäßigen Abständen gesetzt (Strawinsky, Bartók); andererseits dient er bei der Aufzeichnung serieller Rhythmik, die nicht auf eine Zählzeit und eine Taktart bezogen ist, als bloßer Orientierungsstrich.

Lit.: O. KINKELDEY, Org. u. Kl. in d. Musik d. 16. Jh., Lpz. 1910; H. RIEMANN, Die Taktfreiheiten in Brahms' Liedern, Mk XII, 1912/13; R. CAHN-SPEYER, T. u. Vortrag, ZfMw VII, 1924/25; TH. WIEHMAYER, Zur »Taktfrage«, ebenda; R. STEGLICH, Über d. Formhören d. Barock, Kgr.-Ber. Lpz. 1925; E. TETZEL, Rhythmus u. Vortrag, Bln 1926; E. E. LOWINSKY, Early Scores in Ms., JAMS XIII, 1960; S. HERMELINK, Die Tabula compositoria, Fs. H. Besseler, Lpz. 1961. CD

Talea (lat., auch talla; ital. taglia) ist in der Musiktheorie des 14./15. Jh. ein Terminus technicus des isorhythmischen Motettenbaus (→ Isorhythmie) und bezeichnet (im Unterschied zu → Color - 2) entweder die durch die mehrfache Wiederholung eines rhythmischen Modells geprägte Gesamtstruktur einer Stimme (... *in colore repetuntur solum similes voces, in t. vero repetuntur solum similes figurae* ..., Pr. de Beldemandis 1408, CS III, 226b) oder den erst zu wiederholenden rhythmisch festgelegten Abschnitt selbst (*Tenor LUCE CLARUS a tre taglie di valore* ..., in: *Notitia del valore*, späteres 14. Jh., CSM V, 57). Die gelegentliche Gleichsetzung von T. und Color (so bei J. de Muris und Pr. de Beldemandis) erklärt sich aus der Tatsache, daß jede Wiederholung gleicher Abschnitte unter den Begriff des Color fällt, so daß die Verwendung der Bezeichnung T. nur dort als notwendig empfunden wird, wo es die kompositorische Verwirklichung rhythmischer wie melodischer Wiederholung in einer einzigen Stimme zu unterscheiden gilt, nämlich im Tenor: *Quae diversitas [inter colorem et taleam], licet servetur in quampluribus tenoribus motettorum, non tamen servatur in ipsis motettis* (motetti hier im Sinne von Oberstimmen; J. de Muris, *Libellus cantus mensurabilis*, 1340–50, CS III, 58b). → Taille.

Talon (tal'õ, frz.) → Frosch.

Tambour (tãb'u:r, frz.), Trommel; t. de basque → Schellentrommel, t. roullant → Rührtrommel, t. à friction → Reibtrommel, t. de bois → Schlitztrommel. T. bezeichnet auch den Trommler (t. maître ist der T. im Korporalsrang; t.-major der Regimentstrommler).

Tambourin (tãbur'ɛ̃, frz., Diminutiv von tambour), – 1) kleine zweifellige Zylindertrommel (frz. auch t. de Provence), die zusammen mit der → Einhandflöte noch heute in der Provence gespielt wird (dort auch tamboril genannt). T. de Gascogne oder du Béarn ist ein Saiteninstrument, das in Südfrankreich ebenfalls zur Einhandflöte gespielt wird (vgl. dagegen → Tamburin). – 2) lebhafter, aus der Provence stammender Tanz im 2/4-Takt. Er erhielt seinen Namen von der charakteristischen instrumentalen Begleitung mit Tamburin und → Einhandflöte, von einem Musikanten gespielt. Der

T. war im 18. Jh. weit verbreitet und fand auch in die Kunstmusik Eingang (J.-Ph. Rameau, *Pièces de clavecin* II, 1724; *Les fêtes d'Hébé*, 1739), wobei sich die Begleitung in Nachahmung der Trommelschläge hauptsächlich auf Repetitionen der Tonika und Dominante beschränkt.

Tamburin (von frz. tambourin), in Deutschland Bezeichnung für die → Schellentrommel.

Tamburo (ital.), Trommel; t. militare, kleine Trommel, t. rullante → Rührtrommel, t. basco → Schellentrommel. t. di provenza → Tambourin (– 1), t. di canna → Schlitztrommel.

Tamtam (seltener Tam-Tam; lautmalend von malaiisch ⁺tammittam; frz. und ital. tam-tam; engl. meist gong), ein flaches → Gong-Instrument von ca. 60–125 cm ⌀ (seltene Riesenexemplare 150 cm ⌀). Das T. wurde zum ersten Mal in Gossecs Trauermarsch zum Begräbnis Mirabeaus (1791) verwendet, später dann im Orchester der französischen Grand Opéra (Steibelt, *Roméo et Juliette*, 1793; Spontini, *La Vestale*, 1807). Der mit einem Filzkopf-, Pauken- oder Trommelschlägel ausgeführte Schlag oder Wirbel erzeugt einen unbestimmten Klang mit langanhaltendem Nachklang; die Abdämpfung (→ étouffé) geschieht mit der Hand, neuerdings mit einem Filzscheibendämpfer. Durch unterschiedliche Behandlung des Instruments, wie das von Strawinsky geforderte Reiben des Randes mit einem Triangelstab (*Le sacre du printemps*, 1913), werden verschiedenartige Klangwirkungen erzielt. Die Ausdrucksbreite des T.s reicht vom Dumpf-Düsteren (Tschaikowsky, VI. Symphonie; R. Strauss, *Tod und Verklärung*) bis zu sprühender Leuchtkraft (Ravel, *La Valse*, 1920). Besonders oft erscheint das T. in den Orchesterkompositionen des 20. Jh., so bei Varèse, Boulez und Stockhausen. – In ethnographisch-instrumentenkundlicher Literatur wird die afrikanische Holztrommel (→ Schlitztrommel) oft als T. bezeichnet.

Ṭanbūr (arabisch, auch ṭambūr oder ṭunbūr, daraus metathetisch pandūr; griech. πανδοῦρα), eine Langhalslaute mit kleinem gebauchtem Corpus, wenigen Saiten und zahlreichen Bünden. Langhalslauten sind im alten Orient seit der Mitte des 2. Jahrtausends v. Chr. bekannt, dann im antiken Griechenland und Rom, wo sie als fremdländische Instrumente galten. Im arabischen Mittelalter wird der Ṭ. u. a. von al-Fārābī beschrieben, der 2 Typen mit bis zu 20 Bünden und verschiedenen Stimmungen kennt: den Ṭunbūr von Bagdad, der im Unterschied zum pythagoreisch gestimmten 'Ūd harmonisch oder temperiert gestimmt ist, und den (persischen) Ṭunbūr von Horasan in 17stufiger pythagoreischer Stimmung. Durch die Araber kam der Ṭ. nach Europa: in Spanien ist er im 13. Jh. in den Miniaturen zu den → Cantigas de Santa María abgebildet; auch Mischformen mit der → Fiedel (– 1) sind im westlichen Europa nachweisbar. In Süditalien beschreibt Tinctoris 1486 tambur als ein kleines, dürftiges Instrument in der Form eines Kochlöffels (coclearis) von türkischem Ursprung, mit 3 Saiten, die mit den Fingern oder mit Plektron gezupft werden. In der europäischen Musikgeschichte taucht die Langhalslaute erst mit dem vom Ṭ. abgeleiteten → Colascione auf. – Im Vorderen Orient und in den arabisch sprechenden Ländern Nordafrikas ist der Ṭ. noch heute bekannt, auch auf dem Balkan (tamburica), im Kaukasus und in Indien, wo der Tamburi 4 Saiten hat, die aber nicht gegriffen, sondern nur bordunierend gespielt werden.

Lit.: Julius Pollux, Onomastikon IV, 60, hrsg. v. E. BETHE, = Lexicographi Graeci IX, Lpz. 1900; AL-FĀRĀBĪ, Kitāb al-mūsīqī al-kabīr, frz. als: Grand traité de la musique, in: Baron R. d'Erlanger, La musique arabe I, Paris 1930; FR. BEHN, Die Laute im Altertum u. frühen MA, ZfMw I, 1918/19; K. GEIRINGER, Der Instrumentenname »Quinterne« ..., AfMw VI, 1924; H. HUSMANN, Grundlagen d. antiken u. orientalischen Musikkultur, Bln 1961; W. STAUDER, Zur Frühgesch. d. Laute, Fs. H. Osthoff, Tutzing 1961; PH. ANOYANAKIS, Ein byzantinisches Musikinstr., AMl XXXVII, 1965.

Tangente (von lat. tangens, berührend), ein (Metall-)Stift, der in der → Mechanik von besaiteten Tasteninstrumenten auf dem einen Ende der Taste sitzt, gegen die Saite gedrückt wird und sie abteilt (Drehleier) oder den Ton erzeugt (T.en-Klavier) oder beides zugleich bewirkt (Clavichord, Cembal d'amour).

Tangentenklavier, eine Zwischenform von Cembalo und Hammerklavier; ein dockenähnliches, oben mit Leder bedecktes Holzstäbchen (Tangente) wird über Zwischenglieder (Treiber, Stößer) gegen die Saite geschleudert. Ein zweites Holzstäbchen, das auf dem Ende des Tastenhebels steht, dient als Dämpfer. Die Erfindungen von T.en durch Cuisiniés (1708) und Marius (1716) in Paris wurden nicht praktisch ausgewertet, in geringem Umfang die von Schröter (1739) in Dresden. Fr. J. → Späth und Schmahl in Regensburg bauten Tangentenflügel etwa von 1751–1812.

Lit.: H. HERRMANN, Die Regensburger Klavierbauer Späth u. Schmahl u. ihr Tangentenflügel, Diss. Erlangen 1928; R. E. M. HARDING, The Pfte, Cambridge 1933; FR. J. HIRT, Meisterwerke d. Klavierbaus, Olten 1955.

Tango, ein seit etwa 1900 in den Vororten von Buenos Aires beheimateter Tanz, der aus Elementen der Habanera und der Milonga bestand und seit 1911, von Südamerika nach Europa importiert, als Gesellschaftstanz im langsamen 2/4-Takt mit gemessenen Kreuz- und Knickschritten und spannenden Stillständen inmitten des Schreitens bekannt und außerordentlich beliebt wurde. – Der neue T. milonga unterscheidet sich von jenem T. argentino durch sein lebhafteres Tempo und durch Synkopierung der Melodie im ersten Viertel bei bevorzugter Notierung $\frac{4}{8}$ ♫♪ | im 4/8-Takt. Bevorzugt wird die Zusammenstellung von Violine, Gitarre und Akkordeon bzw. Bandonion, Klavier und Kontrabaß. In Kompositionen erscheint der T. u. a. bei I. Albéniz, Strawinsky, Hindemith, Křenek, C. Beck, E. Schulhoff.

Lit.: A. FRIEDENTHAL, Musik, Tanz u. Dichtung bei d. Kreolen Amerikas, Bln 1911; I. CARELLA, El t., Buenos Aires 1956.

Tantiemen (frz. droits d'auteur; engl. performing fees, royalties), Gewinnanteile des Urhebers an den Einnahmen aus seinen Werken, speziell aus Bühnenwerken (»Große Rechte«, frz. grands droits; → Aufführungsrecht). Der heute übliche T.-Satz beträgt für ein geschütztes abendfüllendes Werk im Durchschnitt 10% der Theaterkasseneinnahme (zuzüglich der Abonnementsquote). In Deutschland wurde die Grundlage für eine solche Abgabe durch die Bundesbeschlüsse vom 22. 4. 1841 und vom 12. 3. 1857 geschaffen (in Frankreich schon wesentlich früher, → SACEM). R. Wagner verfolgte diese Entwicklung sorgfältig und stellte fest (*Mein Leben* I, S. 410), daß *nun in Berlin von Herrn Küstner zu Gunsten seines alten Freundes Lachner und dessen Oper »Katharina von Cornaro« die sehr einträgliche Tantième eingeführt worden war* ...

Tantum ergo (lat.) → Pange lingua.

Tanz. Seine Bedeutung für die Musik liegt darin, daß er einen zahlenmäßig geordneten Periodenablauf erfordert. Die heutige Alleinherrschaft des Einzelpaar-T.es stammt aus dem 19. Jh., das daneben – als letzte Form des Reigens – noch die Gruppentänze Cotillon

Tanz

und Quadrille gekannt hat. Früher überwogen die Gruppentänze, im europäischen Mittelalter wie in den älteren Kulturen. Der am T. beobachtete Periodenbau mit 4, 8, 16 und 32 Takten erschien 1752 J. → Riepel *unserer Natur dergestalt eingepflanzet, daß es uns schwer scheinet, eine andere Ordnung (mit Vergnügen) anzuhören (Anfangsgründe ... De rhythmopoeia, S. 23)*. H. Riemann erblickte im Achttakter die Einheit, die dem in der »Metrik« erfaßten musikalischen Großverlauf wesensmäßig zugrunde liege. Nachdem die Vergleichende Musikwissenschaft außerhalb Europas ganz andere zeitliche Ordnungen beobachtete, erschien Riemanns Ansicht lange Zeit unhaltbar. In der Völkerkunde gelangte man jedoch neuerdings zu der Erkenntnis, daß der T. als *älteste künstlerische Äußerung* anzusehen ist, weil er *gerade in den frühesten Kulturen im Vordergrund steht* (K. Dittmer). Damit wird die regelmäßige Periodik des Gruppen-T.es ein Merkmal des Ursprünglichen in der Musik. Das bestätigt die Untersuchung des Kinderliedes, dessen Rhythmik in der ganzen Welt auf einem System von 8 Bewegungseinheiten mit der Ordnung 2+2 und 2+2 beruht (C. Bräiloiu). Anscheinend durchläuft der Mensch im 3. Lebensjahr, dem biogenetischen Grundgesetz entsprechend, gleichsam die Stufe einer altsteinzeitlichen Jägerkultur, für die Kulttänze einer Gruppe charakteristisch sind. Auf dieser Stufe war die Musik nicht eine selbständige Kunst, sondern mit dem Kultus und dem T. verbunden. – Der Einzel-T. reicht ebensoweit zurück, denn aus Bildern der Altsteinzeit kennt man den »Zauberer« in der Maske eines Tieres, das gejagt und gleichzeitig verehrt wird. Sicher haben auch ganze T.-Gruppen z. B. den Bären »gespielt«, so daß der bildhafte, dramatische T. als Kultus früh vorhanden war, vielleicht überhaupt am Anfang der Entwicklung stand.

Welche Rolle der T. beim Übergang zur Geschichte in den Kulturen des Altertums gespielt hat, ergibt sich aus Bildzeugnissen. Für Ägypten und Mesopotamien ist er vielfältig zu belegen, im Dienst des Kultes wie der Geselligkeit. In Griechenland wurden neben dem Reigen der Jünglinge und Mädchen, den schon Homer beschrieb, auch Einzeltänze gepflegt. Die Griechen kannten sowohl die bildlose Choreutik wie die bildhafte, im Theater gipfelnde Orchestik. Die Unterscheidung langer und kurzer Silben im Griechischen führte zur quantitierenden Dichtung; nach dem Text richteten sich Musik und T., die eine Einheit bildeten (χορεία). Das Wort χορός (→ Chor) bedeutet Gesang mit Reigen-T. Die Römer, wenig tanzfreudig, übernahmen später manches vom griechischen Vorbild, kannten auch die → Pantomime, eine wortlose Darstellung nur mit Hilfe von T. und Musik.

Die große Zäsur in der Geschichte des T.es brachte das Christentum. Angesichts der Rolle von T. und Instrumentalmusik in heidnischen Kulten verzichtete man auf beides, um einen nur auf das Wort gestellten Gottesdienst zu schaffen. Der altrömische und der sogenannte gregorianische Choral sind reiner Gesang, ohne Beziehung zum T. Der Protest gegen *obscoeni motus*, *saltationes seu choreae* auf Kirchhöfen dauerte bis ins 15.

Jh. – Um 1200 herrschte nicht nur im Organum eine tanznahe Rhythmik, sondern auch Kleriker tanzten gern in Prozessionen; auch gab es 1st. T.-Lieder in lateinischer und französischer Sprache, denen deutsche folgten. Der Reigen überwog, doch trat zu ihm der Einzelpaar-T. In der Stauferzeit verband man gern den Gruppen-T. (mhd. reien; altfrz. carole) mit einem vorangehenden ruhigen Einzelpaar-T. (mhd. t.; altfrz. danse); dies wurde bald zum Prinzip. Das altfranzösische Rondeau mit Wechsel von T.-Gruppe und Einzelsänger wurde schon im 13. Jh. mehrstimmig behandelt und blieb 2 Jahrhunderte lang eine musikalische Hauptform. Ähnliches gilt für das erzählende strophische T.-Lied mit Refrain, das sich polyphon zur französischen Ballade, andererseits zur italienischen Ballata entwickelte, die formal wie das französische Virelai gebaut war. – Seit dem späten 13. Jh. ist die improvisierte T.-Musik der Spielleute auch in Aufzeichnungen überliefert; zu den frühesten gehört die 2st. Bearbeitung einiger Estampien für Tasteninstrument im Robertsbridge Codex (→ Orgeltabulatur; vielleicht aus Italien). Die Spielleute führten ihre Tänze anfangs meist einstimmig oder einstimmig-heterophon aus und musizierten noch 1500 in der Regel auswendig. In Italien war neben Istampita (altfrz. estampie, von fränkisch +stampon) und Trotto (von mhd. treten) der Saltarello beliebt. In der Hs. *Lo* (→ Quellen) ist ein *Lamento di Tristano* (auszuführen in ruhigem 3/4-Takt) überliefert, der mit seinem Nach-T. *La rotta* (in schnellem 2/4-Takt) variationsmäßig übereinstimmt (wie das obenstehende Beispiel zeigt). Der Spielmann benutzte demnach bei 1st. T.-Musik eine »Gerüstmelodie«, die taktweise aufgezeichnet werden konnte und die mit Hilfe von Spielfiguren ausgestaltet wurde. – Aus dem 15. Jh. ist T.-Musik des Nordens fast nur als Notierung solcher Gerüsttöne in Gestalt je einer Brevisnote bekannt, unter der die auszuführenden Schritte vermerkt sind. Es handelt sich um die Basse danse, einen langsamen Schreit-T. meist geradtaktig mit dreifacher Unterteilung, der bis ins 16. Jh. beliebt war. Außerdem bedeutete französisch basse danse überhaupt jeden ruhigen, geschrittenen T., während haute danse ein lebhafter, oft gesprungener T. war; der schnelle Nach-T. der Basse danse hieß Pas de Breban (Saltarello). Im Charakter ein Hof-T., wurde die Basse danse grundsätzlich mehrstimmig begleitet, wobei der burgundische Hof das Vorbild gab. Die Hs. Brüssel, Bibl. royale, Ms. 9085 enthält viele Einzelstimmen aus mehrstimmigen Chansons als Gerüstmelodien. Der Spielmann verstand sich nach wie vor auf ihre 1st. Ausgestaltung, aber das Neue war der dreistimmige, improvisierte Satz, wobei die Gerüstmelodie im Tenor lag. Nach Bildzeugnissen wirkten Schalmei-, Bomhart- und Trompetenbläser zusammen. Um 1484 benannte ein Druckwerk von Tinctoris diese T.-Kapelle alta (musica) als Gegensatz zur ruhigen Basse musique der Kammer; so rechtfertigt sich für die Bläserkapelle der Terminus »Alta«. Die Rolle Italiens in der Frührenaissance zeigt sich in wichtigen Lehrschriften seit 1450 (→ Gesellschafts-T., Lit.). Sie beschreiben lebhafte Tänze wie Saltarello, Quadernaria, Piva neben dem Haupt-T. Bassa danza, aber leider nicht deren mehrstimmige Ausführung. Wie ein auskomponierter Satz aus Spanien mit dem Titel *Alta* zeigt (das folgende Beispiel aus: *Cancionero musical de Palacio*, f. 223, ed. Anglès, MMEsp X, S. 84), wurde die Gerüstmelodie, dort der T. Re di Spagna (= Castille la nouvelle = La Spagna), vom Tenor als C. f. meist in Breviswerten vorgetragen. So erklärt sich die italienische Bezeichnung der T.-Weisen als »Tenor«, denn zu dieser Mittelstimme kontrapunktierten Superius und Contratenor.

Westen schon vor 1550 als Allemande bekannt. Dort bevorzugte man als Einzel-T. die Galliarde immer mehr, so daß sie um 1600 zahlenmäßig an der Spitze stand. Nur die 2 geradtaktigen Tänze Passamezzo und Pavane d'Espagne kamen hinzu, sonst jedoch bewegtere. Frankreich steuerte mit dem Tourdion und besonders der Courante schnelle Tänze bei, Spanien die anfangs erotisch-bildhafte Sarabande im Tripeltakt, um 1600 die noch wildere, wohl westindisch angeregte Chacona, ebenfalls im ungeraden Takt. Diese Paartän-

Der Übergang zur Polyphonie in der T.-Musik war ein folgenschweres Ereignis; die Bläser des 15. Jh. richteten sich allmählich nach dem Vorbild der Vokalpolyphonie, übernahmen zum Teil deren Motivik und Haltung. So drang der niederländische »Singstil« sogar in die T.-Musik ein, als ein Hindernis gegen Motivwiederholung und paarige Symmetrie (→ Niederländische Musik). An die Stelle der Improvisation trat mehr und mehr die Ausführung nach notierten Vorlagen; T.-Drucke sind seit 1529 erhalten. Infolge der Anpassung an den Singstil ist die Technik des Sequenzierens einer Spielfigur aus den Drucken des 16. Jh. fast verschwunden. Sehr beliebt als Gruppen- und Einzel-T. war die bildhafte, oft in Mohrenverkleidung getanzte Moresca, vielleicht eine Erinnerung an die Kämpfe mit den Mauren. Die wenigen musikalischen Zeugnisse ergeben vom Rhythmus kein einheitliches Bild. Die Ablehnung der Moresca in B. Castigliones *Libro del cortegiano* (1514) zeigt, daß der sich herausbildende »Gesellschafts-T.« des Adels neue Maßstäbe setzte. Italien wurde im 16. Jh. das führende Land. Nun trennte sich der → Volks-T. als wenig angesehen ab. Die Moresca lebte in Gestalt des englischen Morris dance fort, wobei sogar alte Melodien im Gebrauch blieben. Auch der traditionelle Kettenreigen ohne Paare wurde vom Adel seit der Renaissance abgelehnt und nun zum Volks-T., wie z. B. die katalanische Sardana. Gesellschafts-T. in Italien war besonders der Ballo; beim Hofball tanzte man paarweise, in der vom Hof bestimmten Rangordnung. Hier lebte der bildhafte T. nur teilweise fort, indem Hofmitglieder als Einlage etwa eine Moresca selber aufführten. Erst später kam das »Ballett« als Träger des Bildhaften hinzu. – Die Gesellschaftstänze des 16. Jh. bis um 1650 zeigen größere Freiheit als bisher, da kein Haupttypus die Alleinherrschaft hatte. An der Spitze stand der offene Paar-T. Pavane im geraden Takt mit seiner spanischen Gravität; zu ihr gehörte als Nach-T. die Galliarde. Aber man verfuhr mit den Einzeltänzen recht frei. Der Deutsche T., ein offener Paar-T. im geraden Takt, war stets verknüpft mit einem Nach-T. (auch Hupfauf, Proporz, Sprung, Tripla); er war im

ze teilten die Herrschaft allerdings mit dem Reigen, dessen Hauptform der französische Branle war. Er nahm im 16. Jh. Anregungen vom Volks-T. auf und war noch nach 1600 ein beliebter Gesellschafts-T. Mit dem Heraufkommen des Absolutismus in der 1. Hälfte des 17. Jh. ging die Führung von Italien auf Frankreich über. Die französischen Tänze wurden zum Vorbild, nach denen man sich in höfischen und bürgerlichen Kreisen richtete.

Für die musikgeschichtliche Neuzeit seit etwa 1600 ist es charakteristisch, daß die T.-Musik Einfluß auf den Stil gewann. An die Stelle des niederländischen Singstils trat eine viel regelmäßigere Polyphonie, und zwar auf der Grundlage des Akzentstufentaktes; dieser stammt aus der T.-Musik und zeigt zuerst dort die 3fache Akzentstufung, die später allgemein üblich wurde. Das periodische Prinzip der T.-Musik setzte sich erst im 18. Jh. Schritt für Schritt durch, während der starke T.-Einfluß der Zeit um 1600-30 von anderen Kräften wieder zurückgedrängt wurde. Beim Stilwandel um 1600 gingen von Italien Anregungen aus durch Gastoldis Balletti-T.-Lieder, während England durch seine dem T. gewidmete Instrumentalmusik für Consort und Virginal zur Verschiebung der Gewichte zugunsten des Instrumentalen beitrug, die im 17. Jh. erfolgte. In Deutschland wirkte H. L. Haßlers T.-Liedersammlung *Lustgarten ...* (1601), mit einem instrumentalen Anhang, als Vorbild. Schon 1604 veröffentlichte V. Haußmann eine rein instrumentale Sammlung. Die Allgemeinwirkung des T.es ist daran zu erkennen, daß 1618 Descartes im *Compendium musicae* für eine Komposition das Zahlenverhältnis der Takte mit 1:2:4:8:16:32 umschrieb, obwohl diese an der T.-Musik gemachte Beobachtung noch keineswegs für die übrige Polyphonie galt. Seit 1600 begann der Zusammenschluß mehrerer Tänze zu einer »Suite«. Derartige Versuche niederländischer Instrumentalisten und italienischer Lautenspieler im 16. Jh. hatten noch nicht zu einer Tradition geführt. An der neuen musikalischen Form hatten die Engländer anscheinend kein Interesse, obwohl sie nicht nur den Instrumental-T. reich bedachten, sondern auch das seit 1600 daraus entwickelte instrumentale Charakterstück. Es wurde in Deutschland innerhalb der Suite zum Gegenpol der eigentlichen Tänze. Das Wort »Orchestersuite« ist mißverständlich, da es eine Vervielfachung der Streicher erst in der venezianischen und französischen Oper gab. Peuerls 4sätziger Suitentypus von 1611 bestand aus 2 Satzpaaren, bei denen der T.-Charakter beibehalten oder die Tänze verschiedenartig stilisiert wurden. Viel einheitlicher und das eigentliche Meisterstück der Gattung waren die 1617 gedruckten Suiten von Schein mit je 5 Sätzen. Hier steht am Schluß der alte deutsche T., zurückimportiert als Allemande, im 4st. Satz, gefolgt vom Nach-T. Tripla. Die anderen, meist 5st. Sätze sind dagegen stilisiert, wenngleich die unmittelbar vorangehende Courante gern tanzmäßig beginnt. Die Pavane als festliches Eröffnungsstück übernahm sogar die Technik vokaler Polyphonie, ihr einstiger Nach-T. Galliarde bleibt mehr dem T. verhaftet. Die Motivik der Allemande wird in den stilisierten Sätzen sehr frei zu einem Charakterstück umgeformt. Die Verwandtschaft der Satzanfänge verbindet die Einzelsätze zum Zyklus.

auf Ludwig XIV. zurück, der anfangs die Götterrollen der Hofballette selber tanzte und seinen ersten Musiker J.-B. Lully bis 1655 hauptsächlich als Tänzer auftreten ließ. In Lullys Schaffen lag der Schwerpunkt nach dem Ballett bei der Comédie-ballet, ab 1673 bei der Tragédie lyrique, womit sich deren T.-Reichtum erklärt. – Die Tänze der französischen Oper, durch ihre Musik von großer Wirkung, stammen meist aus dem Volks-T. und sind vom Ballett aus Reigen darstellbar. Entscheidend für den französischen Gesellschafts-T. nach 1650 war jedoch die Abschaffung des Reigens. Der Einzelpaar-T., kolonnenweise mit dem König an der Spitze in strenger Rangordnung durchgeführt, hatte nun die Alleinherrschaft, so daß auch der immer noch getanzte Branle sich dem anpassen mußte. Der führende neue T. war das Menuett (frz. menu, klein, zierlich). Sein Dreitakt hatte nichts mehr vom Ausgreifenden früherer Tänze, sondern war mit jener graziösen Bewegungskunst verknüpft, die man beim T.-Meister lernen mußte und die seitdem für den Gesellschafts-T. in Europa charakteristisch war. Der Passepied im 3/8- oder schnellen 3/4-Takt, aus der Bretagne stammend, spielte nur

J. H. Schein, Suite Nr 10, aus: *Banchetto musicale*, Leipzig 1617.

Mit der Orchestersuite gab es einen instrumentalen Zyklus, dessen Sätze vom jeweiligen T. geprägt waren. Der Sinn eines solchen Charakterstücks war jedem Hörer ohne Erklärung greifbar. Dies zeigt ein T., der, durch englische Musiker vorgeführt, vom Kontinent jedoch nur als Charakterstück aufgenommen wurde: die rhythmisch sehr mannigfaltige englische Jig. Sie wandelte sich um 1635 in der delikaten Lautenkunst von D. Gaultier zur französischen Gigue, dann zu einem Spielstück im Stile brisé der Cembalisten um J. Ch. Chambonnières. Zuletzt griff Froberger ein, der Schöpfer der deutschen Klaviersuite. T.-Musik gibt es von Froberger nicht; was ihn und die Nachfolger fesselte, war das vom T. mit Sinn erfüllte Charakterstück für Cembalo. Die Satzfolge Allemande–Courante–Sarabande–Gigue kommt bei Froberger nur selten vor und wurde erst nach ihm zur Regel.

Der T. erreichte die größte Allgemeinbedeutung zur Zeit des Absolutismus im 17. Jh., als der Adel beim bildhaften Hofballett selber tanzte, im Wettstreit der Höfe von Versailles und Wien. Es war neben dem gleichfalls vom Adel ausgeführten Roßballett ein Bestandteil jener Hoffeste, die durch ein universales Kunstaufgebot dem Ruhm des Herrschers dienten. Erst als nächste Stufe erschien in Paris das Ballett von Berufstänzern in Maske, denen der Hof zusah. Seit 1661 war zu den Ballettaufführungen der Académie de Danse auch zahlendes Publikum zugelassen. Die bisherige »Umgangskunst« wurde zur »Darbietungskunst«, eine Entwicklung, die in Venedig 1637 zur stehenden Oper geführt hatte. Die Begünstigung des T.es in Paris geht

eine Nebenrolle. Dasselbe gilt für die spanische Folía (Folies d'Espagne) im Tripeltakt. Im geraden Takt standen die Gavotte, als Volks-T. in der Dauphiné beheimatet, die Bourrée, die als Volks-T. in der Auvergne weiterlebt, und der schnelle Rigaudon aus der Provence. – Musikgeschichtlich wichtig war die Wirkung der neuen Tänze auf die Kunst auch außerhalb des Theaters. Die Orchestersuite, jetzt in neuzeitlicher Besetzung, erhielt durch den Lully-Schüler Kusser eine in die Zukunft weisende Umformung. In seinem Druck von 1682 erschien zum ersten Mal, nach dem Vorbild der französischen Opernsuiten, eine solche Sammlung für den Konzertgebrauch. Da auf die französische Ouvertüre T.-Nummern in beliebiger Zahl und Ordnung folgten, kennt dieser Suitentypus nicht mehr die frühere Polarität von T. und Charakterstück. Wenn er trotzdem bis um 1740 herrschte und bis zu J. S. Bach reiche Pflege fand, so beruht das wohl vor allem auf der Durchschlagskraft der Ouvertüre mit ihrem zeitgemäßen Pathos. Schon vor 1700 drangen die neuen Tänze auch in die Klaviersuite ein. Dort bildeten sie zum Charakterstück einen erfrischenden Kontrast.

Die Gesellschaftskultur, die die französischen T.-Meister über Europa verbreitet hat, war ihrem Wesen nach höfisch. Dies spiegelt sich in der Tatsache, daß seit 1740 (zuerst in Mannheim unter J. Stamitz) die nun führende musikalische Großform der Symphonie als einzigen T. das Menuett aufnahm. Als höfischer T. fand das Menuett mit dem Aufstieg des Bürgertums in der 2. Hälfte des 18. Jh. immer stärkere Kritik und wurde von der französischen Revolution ganz beseitigt, während es

sich in Deutschland, an den Höfen begünstigt, noch einige Zeit behauptete. – Im englischen Country dance als Gesellschafts-T. gab es sowohl den Kreisreigen Round wie den immer beliebter werdenden Frontreigen Longways. Das Problem lag in der Verbindung mit dem jetzt führenden Einzelpaar-T. Bei einer festen Paarzahl im Round waren mindestens 4 Paare erforderlich. In Frankreich gestaltete man diesen Typus zur Contredanse française, bald Cotillon genannt; sie erhielt nach 1817, als der Terminus sich wandelte, die Tourenordnung der Quadrille, die als letzter Vertreter des Vierpaar-T.es übrig blieb, während die Française nun zu einem Kolonnen-T. wurde. Hauptform der viel beliebteren Tänze ohne feste Paarzahl war im 18. Jh. der Frontreigen, wegen der beliebigen Tänzerzahl Longway for as many as will genannt. Deutschland übernahm ihn seit 1760 als Contra-T. oder Anglaise im geraden Takt. Da der Gehschritt eine große Rolle spielte, sah die Zeit in den englischen Tänzen den Ausdruck des »Natürlichen« und bevorzugte sie. In Frankreich wurde das Menuett seit 1760 durch die verschiedenen Formen der Contredanse zurückgedrängt, die während der Revolution die Alleinherrschaft hatten. In Deutschland kannte man seit 1780 auch die beschwingte Ecossaise in geradem Takt, mit einem Trittwechsel-Doppelschritt nach Art der Polka, während die Ecossaise nach 1800 wieder ruhiger verlief. – In der Symphonie hatte das Menuett seit Stamitz seinen festen Platz. Der Contra-T. – womit der englische Reigen als Typus bezeichnet sei – kam erst viel später hinzu, verschiedenartig verarbeitet und ohne ausdrückliche Bezeichnung. Immerhin eröffnete J. Haydn 1785/86 das Finale der Symphonie Nr 85 (Hob. I, 85) mit einem Contra-T. im 2/4-Takt. Die Schlußsätze der 12 Londoner Symphonien Nr 93–104 (Hob. I, 93–104), zum Teil mit T.-Thematik und Wiederholungszeichen, übernehmen beim 6/8- wie beim 2/4- oder 2/2-Takt die Gehbewegung der englischen Tänze, verlaufen also nicht ganztaktig, sondern in 2 Zählzeiten. Besonders vielseitig hat W. A. Mozart den Contra-T. zum Serenaden- und Symphoniefinale ausgestaltet: das Finale der Symphonie G moll, K.-V. 550, ist auf die 2 Zählzeiten des Anglaisenschrittes gestellt. Zum Finale der Symphonie Es dur, K.-V. 543, liefert der Contra-T. K.-V. 565 Nr 1 im Ecossaisentyp eine Entsprechung, so daß auch hier 2 Zählzeiten gemeint sind. – Die Auswirkungen der T.-Musik sind deutlich auch auf dem Gebiet der allgemeinen Musiktheorie zu erkennen. Dies zeigt sich z. B. darin, daß H. Chr. Koch in seinem *Versuch einer Anleitung zur Composition* von der instrumentalen T.-Musik ausgeht und von ihr zur Komposition hinleitet. Grundlage der Musik ist nun die am T. beobachtete 8taktige Periode.
Die Herrschaft der englischen Reigentänze dauerte nur kurz, denn schon 1801 wurden sie als »charakterloses Getrippel« verurteilt. Die Führung lag nun beim Walzer, der im 18. Jh. immer beliebter geworden war. Seine Herkunft aus Volks-T. bezeugt die Ballszene in Mozarts *Don Giovanni*, wo nach dem höfischen Menuett und dem bürgerlichen Contra-T. der Deutsche dem bäuerlichen Stand zugewiesen ist. Als Gesellschafts-T. mußte der Walzer alles Reigenmäßig-Bildhafte ablegen und zum Einzelpaar-T. werden. Immerhin hat Schubert noch den Ländler im ruhigen 3/4-Takt gekannt; dasselbe Zeitmaß benutzte Bruckner seit der 4. Symphonie (1874) für das Trio von Scherzosätzen. In Wien erhielt der Walzer seine Sonderart durch die geigerische Behandlung bei J. Lanner und J. Strauß (Vater), wobei das Tempo nach 1825 schnell wurde. Diesen Walzer erhob J. Strauß (Sohn) zum ausdrucksvollen Charakterstück. Als Klavierstück erscheint der Schnell-

walzer bereits 1819 bei C. M. v. Weber. Besonders vielseitig hat Brahms den Walzer für die Kammermusik ausgewertet. – Die Beliebtheit des Walzers im 19. Jh. war stärker als einst die des Menuetts, trotz des Widerstands etwa am Berliner Hof. Daneben gab es als Einzelpaar-T. die Polka, die sich um 1830 aus einem tschechischen Volks-T. unter Verzicht auf das Bildhafte in einen Gesellschafts-T. im 2/4-Takt mit Trittwechsel (wie bei der Ecossaise) verwandelte. Schon vorher kannte man den Galopp (Rutscher) im schnellen 2/4-Takt, später den Rheinländer (Bayerische Polka) im ruhigen 2/4-Takt, auch Mischformen mit dem Walzer. Aber im 19. Jh. wurde außer dem Einzelpaar-T. auch der Reigen gepflegt. Bis 1830 war die Ecossaise im 2/4-Takt allgemein bekannt, der polnische Mazur im 3/4-Takt etwa bis 1900. Der alte Cotillon erhielt nach 1817 die 6 Touren der Quadrille mit französischer Bezeichnung, Zeugnis der einstigen Herrschaft des französischen T.-Meisters in Europa. Andere Reigen waren örtlich begrenzt: nur in Paris gab es den Cancan (Chahut) mit Beinwurf und Sprung der Tänzerin, in München die Française als Kolonnen-T. In der 2. Hälfte des 19. Jh. traten als Folge des Übergangs zur Massengesellschaft in der Großstadt die Gemeinschaftstänze immer mehr zurück. Als einziger Gruppen-T. blieb die Quadrille, die auch noch im 20. Jh. an eine große Vergangenheit erinnert.
Für den Gesellschafts-T. im 20. Jh. ist zunächst die völlige Herrschaft des Einzelpaar-T.es charakteristisch, ferner die Anregung durch amerikanische Tänze, der rasche Wechsel von oft nur eine Saison lang herrschenden Modetänzen und in neuester Zeit eine Auflockerung des Paartanzes bei stärkerer Betonung der Bewegungsmomente. Seit 1900 erschienen die brasilianische Maxixe, ebenfalls aus Südamerika der Tango und später aus Kuba die Rumba, aus Nordamerika der One step (Turkey trot), der Cake walk, dann der Foxtrott, nach 1920 der Shimmy, der Charleston, der Blues und der Black-bottom. Gegenüber diesen und vielen weiteren Tänzen im 2/4- oder 4/4-Takt ist der im 19. Jh. führende 3/4-Takt in der Minderheit, denn er taucht nur im Boston auf oder im English waltz sowie weiterhin im Wiener Walzer. Auch die seit 1946 übernommene brasilianische Samba und der nordamerikanische Boogie-Woogie stehen wieder in geradem Takt. Wirksam war vor allem die nordamerikanische T.-Musik, die 1918 als Jazz auf Europa übergriff. Starke Anregungen gab dem Jazz die Komponisten Weill und später in den USA Gershwin. Bei Strawinsky, Milhaud, Hindemith und Křenek beschränkte sich die Auseinandersetzung auf gewisse Schaffensperioden. Somit gewann die T.-Musik nun wieder Einfluß auf das Schaffen.
Das im 17. Jh. entstandene Ballett, das bis 1820 eine selbständige Rolle in der Oper gespielt, dann an Bedeutung verloren hatte, wurde am Zarenhof in St. Petersburg erneuert. Das Gastspiel des Ballet russe in Paris ab 1909 ermöglichte jene 3 Ballettkompositionen Strawinskys, durch welche diese Gattung wieder Aktualität gewann. Vorangegangen war die Erneuerung des Solo-T.es durch Isadora Duncan, die seit 1900 starken Einfluß ausübte. Damals begann R. v. Laban seinen Weg, der den neuen Ausdrucks-T. führte. Bei seiner Schülerin Mary Wigman ging im »absoluten T.« die Verbindung mit der Musik wieder verloren. Um so stärker war sie bei Jaques-Dalcroze, dem Begründer der »rhythmischen Gymnastik«, der in Hellerau und Genf tätig war. Sein Schüler R. Bode hat am universellsten gearbeitet und die »Ausdrucksgymnastik« gefunden. Wichtig waren die Versuche, die Orff seit 1924 mit Dorothee Günther in einer Münchner Schule für

Gymnastik, T. und Musik unternahm; sie führten zu Orffs *Schulwerk* (1930–35). Damit war der T., von der Erziehung her, sogar in einen schöpferischen Zusammenhang mit der Musik gebracht. Für das 20. Jh. ist er wieder zu einer Lebensmacht geworden.

Lit.: K. DITTMER, Allgemeine Völkerkunde, Braunschweig (1954). – C. J. SHARP u. A. P. OPPÉ, The Dance: An Hist. Survey, London u. NY 1924; V. JUNK, Hdb. d. T., Stuttgart 1930; R. SONNER, Musik u. Tanz. Vom Kultt. zum Jazz, = Wiss. u. Bildung Bd 276, Lpz. 1930; C. SACHS, Eine Weltgesch. d. T., Bln 1933, engl. NY 1937, London 1938, frz. Paris 1938, span. Buenos Aires 1944, hebräisch Tel Aviv 1953; P. NETTL, The Story of Dance Music, NY (1947), deutsch als: T. u. Tanzmusik, = Herder-Bücherei CXXVI, Freiburg i. Br. (1962); A. CHUJOY, The Dance Encyclopedia, NY 1949; D. GÜNTHER, Der T. als Bewegungsphänomen, = rde CLI/CLII, Hbg (1962); Tanzbibliogr., hrsg. v. K. PETERMANN, Lpz. 1966ff.
FR. M. BÖHME, Gesch. d. T. in Deutschland, 2 Bde, Lpz. 1886, Nachdruck Hildesheim 1967; H. RIEMANN, System d. mus. Rhythmik u. Metrik, Lpz. 1903; O. BIE, Der T., Bln 1906, ³1925; H. BESSELER, Beitr. zur Stilgesch. d. deutschen Suite im 17. Jh., Diss. Freiburg i. Br. 1923, maschr.; DERS., Katalanische Cobla u. Alta-Tanzkapelle, Kgr.-Ber. Basel 1949; DERS., Spielfiguren in d. Instrumentalmusik, Deutsches Jb. f. Mw. I (=JbP XLVIII), 1956; DERS., Das mus. Hören d. Neuzeit, Sb. Lpz. CIV, 6, 1959; DERS., Einflüsse d. Contratanzmusik auf J. Haydn, Kgr.-Ber. Budapest 1959; FR. BLUME, Studien zur Vorgesch. d. Orchestersuite im 15.–16. Jh., = Berliner Beitr. zur Mw. I, Lpz. 1925; FR. WEEGE, Der T. in d. Antike, Halle 1926; O. KINKELDEY, A Jewish Dancing Master of the Renaissance (Guglielmo Ebreo), in: Studies in Jewish Bibliogr., In memoriam of A. S. Freidus, NY 1929; DERS., Dance Tunes of the 15th Cent., in: Instr. Music, hrsg. v. D. G. Hughes, Cambridge (Mass.) 1959; G. T. NICULESCU-VARONE, Les danses populaires roumaines, Bukarest 1933; O. GOMBOSI, Der Hoft., AMl VII, 1935; DERS., About Dance and Dance Music in the Later Middle Ages, MQ XXVII, 1941; DERS., Some Mus. Aspects of the Engl. Court Masque, JAMS I, 1948; K. VISKI, Hungarian Dances, Budapest 1937; E. BRUNNER-TRAUT, Der T. im alten Ägypten, = Ägyptologische Forschungen VI, Glückstadt 1938; J. GREGOR, Kulturgesch. d. Balletts, Wien 1944, Zürich ²1946; M. SCHNEIDER, La danza de espadas y la tarantella, Barcelona 1948; M. DOLMETSCH, Dances of England and France from 1450 to 1600, London (1949), ²1959; DIES., Dances of Spain and Italy from 1400 to 1600, ebenda (1954); M. DECÎTRE, Danses des provinces frç., Paris u. St. Etienne 1951; W. WIORA u. W. SALMEN, Die Tanzmusik im deutschen MA, Zs. f. Volkskunde L, 1953; E. L. BACKMAN, Den religiösa dansen inom kristen kyrka och folkmedicin, Stockholm (1954); C. BRĂILOIU, La rythmique enfantine, Brüssel 1956; L. H. MOE, Dance Music in Printed Ital. Lute Tablature from 1507 to 1611, 2 Bde, Diss. Harvard Univ. (Mass.) 1956, maschr.; M. MOURGUES, La danse provençale, Cannes (1956); D. L. HEARTZ, Instr. Music and the Dance in the French Renaissance, Diss. Harvard Univ. (Mass.) 1957, maschr.; THR. G. GEORGIADES, Musik u. Rhythmus bei d. Griechen, = rde LXI, Hbg (1958); O. HAAS, Der Ursprung v. ballare »tanzen«, = Wiener Studien, Zs. f. Klass. Philologie LXXI, 1958; J. AMADES, Danses rituals d'iniciació, in: Miscelánea en homenaje a H. Anglès I, Barcelona 1958–61; G. D'ARONCO, Storia della danza popolare e d'arte, Florenz 1962; P. NETTL, The Dance in Classical Music, NY 1963; E. B. SCHNAPPER, Labyrinths and Labyrinth Dances in Christian Churches, Fs. O. E. Deutsch, Kassel 1963; G. PRUDHOMMEAU, La danse grecque antique, Paris 1966. HB

Tanzmeistergeige → Pochette.

Tape-check-action (te:p-tʃek-'ækʃən, engl.) → Mechanik.

Taqsīm (arabisch) → Arabisch-islamische Musik; → Nauba.

Tār (persisch, Saite, Plur. tīrān), in Persien und Zentralasien eine Langhalslaute, dem arabischen → Ṭanbūr vergleichbar. Das Corpus ist meist mit einer Schweinsblase bezogen. Die Bezeichnungen der einzelnen Arten lassen die Zahl der Saiten erkennen: Dutār mit 2, → Sitār mit 3, Čartār mit 4 und Pančtār mit 5 Saiten, die über einen Hals mit beweglichen Bünden laufen. Die Wirbel sind seitenständig. Die T.-Instrumente werden gestrichen oder mit einem Plektron gezupft. – Ṭār (arabisch, auch ṭarr) ist die Bezeichnung für → Schellentrommel.

Tarantella (ital., von tarantola, Tarantel), ein in Süditalien beheimateter und im 19. Jh. häufig in die Kunstmusik übernommener Volkstanz im 6/8-Rhythmus (mitunter auch im 12/8- oder 3/8-Takt notiert), hervorgegangen aus den Tanzweisen, die in Apulien in den Sommermonaten zu den Heiltänzen der vom Tarentismus Befallenen gespielt wurden. Die von der T. ausgehende, bis heute anhaltende Faszination ist nicht zu trennen von dem geheimnisumwitterten Phänomen des Tarentismus. – Aus der 1. Hälfte des 15. Jh. sind die ersten Berichte (vgl. Katner 1956) über den Tarentismus überliefert, eine rätselhafte, angeblich durch den Stich der Tarantel hervorgerufene Krankheit, die nach dem Volksglauben nur durch bis zur Erschöpfung andauerndes wildes Tanzen geheilt werden konnte. Diese Tänze, an denen auch nicht von der Krankheit befallene »Simulanten« (vor allem Frauen) teilnehmen konnten und die in Süditalien und Spanien teilweise bis in die Neuzeit als Volkstanz und im Volksbrauchtum lebendig blieben (vgl. Schneider 1948, Carpitella/Martino 1961), arteten zeitweise in orgiastische, dem Veitstanz ähnliche Tanzepidemien aus, die sich über Apulien hinaus auf ganz Süditalien erstreckten. Aus dem 17. Jh. ist die nach Berichten von Augenzeugen hergestellte Beschreibung des Tarentismus von A. Kircher (1641 u. ö.) hervorzuheben, der erstmals einige ausschließlich bei den Heiltänzen verwendete Liedtexte und Tanzweisen mitteilt. Der für die T. seit dem 18. Jh. als charakteristisch geltende 6/8-Rhythmus ist in dem Bericht des in London wirkenden italienischen Kontrabassisten St. Storace (der Ältere) bezeugt (1753, deutsch 1754; das Beispiel bei Katner 1956, S. 20). Nachdem sich im 19. Jh. die Erkenntnis durchgesetzt hatte, daß der Biß der nach der Stadt Tarent (ital. Taranto) benannten Tarantel (Lycosa tarantula) niemals die in den Berichten beschriebenen Krankheitssymptome hervorruft, wurde der Tarentismus als Aberglaube, Hysterie oder neurotische Störung hingestellt. Es wurde auch vermutet, daß in dem mit einem starken Anteil griechischer Bevölkerung besiedelten Apulien Reste des Dionysoskultes unter dem Deckmantel des Tarentismus weiterlebten. R. Kobert (1901) stellte die Hypothese auf, daß der Tarentismus durch den Biß einer kleinen schwarzen Kugelspinne hervorgerufen werde (ital. malmignatto), deren verschiedene, nicht nur in Italien, Spanien und Griechenland, sondern auch in anderen subtropischen Regionen der Erde beheimateten Arten unter dem zoologischen Gattungsnamen Latrodectus beschrieben werden. Katner (1956) versuchte nachzuweisen, daß es sich beim Tarentismus ursprünglich um eine durch starke Wärme-und Sonneneinwirkung hervorgerufene Hitze-Hyperpyrexie handelte, deren Symptome (starke Kopf-, Magen- und Gliederschmerzen, Erbrechen, Schwindelanfälle, Angstzustände usw.) mit denen einer Latrodectus-Vergiftung fast völlig übereinstimmen. Damit wären die teilweise merkwürdigen Begleiterscheinungen des Tarentismus, von Schneider (1948; vgl. auch MGG XIII, Artikel T.) als »rituelle Verhaltensweisen« gedeutet, die überlieferte Krankheitsursache (Spinnenbiß) und die, womöglich auf der antiken Tradition des Korybantiasmus (→ Musiktherapie) beruhende Therapie durch Heiltänze in einen logischen Zusammenhang gebracht. Eine 1959 durchgeführte wissenschaftliche Expedition konnte neue wertvolle Beobachtungen über die heutigen Erscheinungsformen des Tarentismus in Apulien sammeln (vgl. E. de Martino 1961). Die als Volkstanz vor allem in der Gegend von Neapel von jungen Burschen oder Mädchen einzeln (aber auch paarweise) in stilisierter Nachahmung der Tänze der Tarentierten mit großer Ausdauer getanzte T. faszinierte seit dem Ende des 18. Jh. zahlreiche Italienreisende, von Goethe (*Fragmente eines Reisejournals aus Italien*) bis R. M. Rilke (Brief vom 11. 2. 1907 an seine Frau Clara). In der Kunstmusik dienten T.-Rhythmus und die charakteristische Mollmelodik seit C. M. v. Weber (*La T.*, Finale der Klaviersonate E moll op. 70, 1822) häufig zur Übermittlung süditalienischen Lokalkolorits, vor allem in der Programmusik, in der Oper und im Ballett. Auch in der neueren Unterhaltungsmusik erfreut sich die T. großer Beliebtheit.

Lit.: A. Kircher SJ, Magnes sive de arte magnetica, Rom 1641, ²1654 (Notenbeisp. daraus in: H. Mendel, Mus. Conversations-Lexikon, Bd X, hrsg. v. A. Reißmann, Bln 1878, Artikel T.); ders., Musurgia universalis, 2 Bde, Rom 1650, ²1690; ders., Phonurgia nova, Rom 1673, deutsch v. A. Cario als: Neue Hall- u. Thonkunst, Nördlingen 1684 (Auszüge daraus bei W. Nagel, Etwas v. d. T., NMZ XXXVI, 1915); St. Storace, A Genuine Letter from an Ital. Gentleman, Concerning the Bite of the Tarantula, Gentleman's Magazine XXIII, London 1753, deutsch als: Ein ächter Brief..., Hamburgisches Magazin XIII, 1754; R. Kobert, Beitr. zur Erkenntnis d. Giftspinnen, Hbg 1901; A. Martino, Gesch. d. Tanzkrankheit in Deutschland, Zs. d. Ver. f. Volkskunde Bln XXIV, 1914; H. E. Sigerist, Civilisation and Disease, Ithaca (N. Y.) 1945, deutsch als: Krankheit u. Zivilisation, Ffm. 1952; ders., The Story of Tarantism, in: D. Schullian u. M. Schoen, Music and Medicine, NY 1948; P. Nettl, The Story of Dance Music, NY (1947), deutsch als: Tanz u. Tanzmusik, = Herder-Bücherei CXXVI, Freiburg i. Br. (1962); M. Schneider, La danza de espadas y la tarantela, Barcelona 1948, vgl. ML XXX, 1949; W. Katner, Musik u. Medizin im Zeitalter d. Barock, Wiss. Zs. d. Karl Marx-Univ. Lpz., Mathematiknaturwiss. Reihe II, 1952/53; ders., Das Rätsel d. Tarentismus, = Nova Acta Leopoldina, N. F. XVIII, Nr 124, Lpz. 1956 (dort weitere Lit.); V. Vitelli, La »T.« in Campania, Lares XXIV, 1958; D. Carpitella, Documenti coreuticimus. sul tarantismo, in: VIᵉ Congrès international des Sciences anthropologiques, Paris 1960; ders., L'esorcismo coreutico-mus. del tarantismo, in: E. de Martino, La terra del rimorso, Rom 1961, vgl. Antaios III, 1962; R. Penna, La t. Napoletana – Storia e leggende, Neapel 1963.

Tárogató, eine Schalmei der ungarischen Volksmusik mit konischem Corpus. An dieses alte Instrument knüpfte W. J. Schunda mit seinem kurz vor 1900 erfundenen Holzsaxophon T. an, das in Budapest an der Oper und am Konservatorium eingeführt wurde. Auf ihm wird oft die Hirtenweise im 3. Akt von Wagners *Tristan und Isolde* gespielt. J. Strauß schrieb in der Ouvertüre zum *Zigeunerbaron* ein Solo für T.

Tasteninstrumente → Klavier.

Tastiera (ital.), das → Griffbrett der Streichinstrumente.

Tasto solo (ital., Abk.: T. S. oder t. s.), im Generalbaß die Anweisung, die Baßnoten allein zu spielen, d. h., keinen Akkord zu greifen. → Null (– 1).

Technik. – 1) Im griechischen Altertum bezeichnet τέχνη im weiteren Sinne jede handwerkliche Tätigkeit, z. B. die Kunst des Schmiedes, Schiffsbauers, Arztes, im engeren Sinne seit den Sophisten (Protagoras, 5. Jh. v. Chr.) eine zwischen praktischer Erfahrung (ἐμπειρία) und Grundwissenschaft (ἐπιστήμη) stehende Art der Lehre, die ein bestimmtes, abgegrenztes Gebiet behandelt. Die τέχνη vermittelt in der Regel ein für Beruf (oder Wettkampf) notwendiges Fachwissen und steht daher dem Range nach unter den theoretischen Wissenschaften, deren Erkenntnis nicht zweckgebunden ist. Später wurden die auf einen praktischen Beruf vorbereitenden τέχναι (artes mechanicae, wozu auch Bildhauerei und Architektur gehörten) von den Fächern der ἐγκύκλιος παιδεία (artes liberales) unterschieden, die der Allgemeinbildung des freien Bürgers dienten und besonders auf das Studium der Philosophie vorbereiten sollten (→ Ars musica). Unter den Lehrbüchern der antiken Griechischen Musik ist jedoch nur die Schrift des Bakcheios als Εἰσαγωγὴ τέχνης μουσικῆς bezeichnet. Der Zusammenhang von wissenschaftlich begründeter Lehre und Praxis lebt im Gebrauch des lateinischen Wortes ars wie auch im älteren Begriff von Kunst fort, wofür noch J. Theiles *Musicalisches Kunstbuch* und J. S. Bachs *Kunst der Fuge* zeugen. Erst im 18. Jh. wandelte sich der Begriff der Kunst unter dem Einfluß der neu entstandenen Ästhetik und trat in einen gewissen Gegensatz zum Handwerksmäßigen der Praxis; für letzteres wurde nunmehr das Wort T. (nach frz. technique) übernommen. – 2) In der Musiklehre des 19./20. Jh. ist T. (frz. mécanisme) wieder das Handwerksmäßige der Kunst: dasjenige, was gelernt werden kann und muß. In diesem Sinne gibt es neben der »Kompositions-T.« vor allem eine T. der Ausführung, z. B. eine Doppelgriff- und Oktaven-T. im Klavierspiel, eine Schlag-T. im Dirigieren, eine T. der rechten und der linken Hand bei den Streichinstrumenten. Das am Ende des 18. Jh. aufkommende Virtuosentum forderte eine jahrelange planmäßige Ausbildung der T. Die Elemente, aus denen sich Passagen, Phrasen usw. zusammensetzen, werden in technischen (zum Teil rein mechanischen) Studien geübt (für das Hammerklavier seit L. Adam 1802; ein mitunter noch heute geschätztes progressives Übungswerk dieser Richtung ist Ch. L. Hanons *Le pianiste-virtuose*). Technische Übungen mit – wenn auch oft nur geringem – kompositorischem Anspruch verbindet die → Etüde. Die Isolierung des Technischen hat ihren Höhepunkt heute zwar überschritten, sie klingt jedoch nach u. a. in der getrennten Punktwertung bei Musikwettbewerben für die technische Ausführung neben der für andere Kategorien (wie Vortrag).

– 3) Im 19. Jh. befruchtete der Aufschwung der T. auch den Instrumentenbau in ungeahntem Maße. Von besonderer Bedeutung für die musikalische Praxis waren weniger die zahlreichen neu erfundenen Instrumente, als vielmehr die an den vorhandenen Instrumenten angebrachten technischen Verbesserungen und Spielhilfen, z. B. die Ventile der Blechblasinstrumente, das Klappensystem der Holzblasinstrumente, die Pedale der Harfe, der Maschinenpauke, der Eisenrahmen des Pianofortes. Einschneidend war der Einfluß der T. auch auf den Klang der Streichinstrumente, vor allem der Violine durch die Einführung der Stahlsaiten. Vielschichtig sind die Probleme, die durch die Anwendung der modernen T. auf die → Orgel entstanden. Die durch die T. bewirkte Ausbreitung und Perfektionierung der (schon im 14. Jh. bekannten) → Mechanischen Musikwerke wurde im 20. Jh. abgelöst durch die Entwicklung der → Schallplatte und der elektroakustischen Tonaufnahme und -wiedergabe (→ Rundfunk – 2, → Verstärker, → Schallwandler), die tief in das soziologische Gefüge des Musiklebens eingegriffen haben. Der moderne → Schlager ist nur durch diese technischen Verbreitungsmöglichkeiten denkbar (→ Music box). Das Bestreben, die elektroakustische T. direkt für die Tonerzeugung einzusetzen, führte zur Erfindung der → Elektrophone (von denen heute die elektrisch verstärkte → Gitarre am weitesten verbreitet ist) und zu den Versuchen, die Musik selbst als → Elektronische Musik und als → Musique concrète auf elektroakustischem Wege herzustellen. – Seit dem 19. Jh. werden Vorstellungen und Vorgänge aus dem Bereich der T. musikalisch relevant, wie schon in den → Perpetuum mobile genannten Stücken, vor allem aber in den Geräuschexperimenten des → Futurismus und den durch → Mechanische Musik, Motorik und Konstruktivismus beeinflußten Kompositionen von Hindemith (Suite »1922«: der Ragtime ist zu spielen »wie eine Maschine«), Honegger (Pacific 231, 1923), Antheil (Ballet mécanique, 1925), Villa-Lobos (The New York Skyline, 1940, graphisch nach Fotos komponiert).

Lit.: zu 1): R. SCHAERER, 'Επιστήμη et τέχνη. Etude sur les notions de connaissance et d'art d'Homère à Platon, Mâcon 1930; M. TIMPANARO CARDINI, Φύσις e τέχνη in Aristotele, in: Studi di filosofia greca, Fs. R. Mondolfo, = Bibl. di cultura moderna Bd 472, Bari 1950; F. HEINIMANN, Eine vorplatonische Theorie d. τέχνη, Museum Helveticum XVIII, 1961; KL. BARTELS, Der Begriff Techne bei Aristoteles, in: Synusia, Fs. W. Schadewaldt, (Pfullingen) 1965. – zu 3): H. MATZKE, Grundzüge einer mus. Technologie, Breslau 1931; DERS., Unser technisches Wissen v. d. Musik, Lindau (1949), Wien (²1950); DERS., Über Wesen u. Aufgabe d. mus. Technologie, AfMw XI, 1954; Vortragsreihe »Die Künste im technischen Zeitalter«, hrsg. v. d. Bayerischen Akad. d. Schönen Künste, Oldenburg u. München 1954; FR. K. PRIEBERG, Musik d. technischen Zeitalters, Zürich u. Freiburg i. Br. 1956; DERS., Musica ex machina, Bln, Ffm. u. Wien (1960); W. SCHADEWALDT, Natur – T. – Kunst, Göttingen, Bln u. Ffm. (1960); W. WIORA, Die vier Weltalter d. Musik, = Urban-Bücher LVI, Stuttgart (1961).

Tecla (span., Taste) → Klaviatur; musica para t. ist Klaviermusik.

Tedesco (ital.), Bezeichnungsfragment für ballo t., auch (danza) tedesca, → Deutscher Tanz.

Te Deum (lat.), der feierliche Lob-, Dank- und Bittgesang der römischen Kirche, auch Ambrosianischer Lobgesang genannt. Sein aus verschiedenen Teilen zusammengesetzter hymnenartiger Text, dessen Überlieferung um 690 im Antiphonar von Bangor greifbar wird, beginnt mit einem Lobpreis Gottvaters durch die himmlische und irdische Kirche (Vers 1–10: Te D. laudamus . . . confitetur Ecclesia). Inhalt und Aufbau dieses wohl ältesten Abschnitts haben ihren Mittelpunkt in den Versen 5–6 (symmetrische Anlage um das Sanctus . . . gloriae tuae). Der Doxologie der Verse 11–13 (Patrem . . . Spiritum) schließt sich ein christologischer Teil an (Vers 14–19: Tu Rex gloriae . . . esse venturus), worauf das Stück mit einem Bittgebet (Vers 20–29: Te ergo . . . in aeternum) ausklingt, das größtenteils den Psalmen entnommen ist (Vers 22–23 = Psalm 27, 9; 24–25 = 144, 2; 27 = 122, 3; 28 = 32, 22; 29 = 30, 2). Die Frage, ob Nicetas von Remesiana († 441) als Autor des ursprünglichen Textes gelten darf, bleibt diskutiert. – Nach dem Zeugnis einiger Klosterregeln (Caesarius und Aurelianus von Arles, Benedictus von Nursia) war das Te D. bereits während der 1. Hälfte des 6. Jh. in Südfrankreich und Italien verbreitet, wo es – zum Teil einer schon bestehenden älteren Tradition folgend – als Abschluß des monastischen Nachtoffiziums gesungen wurde. Aus diesen frühen Ansätzen entwickelte es sich allmählich zu einem festen Bestandteil der monastischen und römischen → Matutin. Auch erklingt es seit altersher zur feierlichen Danksagung nach der Messe, Bischofs- und Abtweihe, bei der Fronleichnams-, Dank- und Reliquienprozession und anderen festlichen Gelegenheiten. – Die 1st. Singweise des Te D. ist weitgehend charakterisiert durch den Gebrauch einer zweiteiligen psalmodischen Rezitationsformel ältester Herkunft (vgl. dazu u. a. den Einleitungsdialog der Präfation und das Gloria in excelsis Deo der Messe XV). In der Fassung des Tonus solemnis der Vatikanischen Choralausgaben geht dem Nachsatz mit Tenor a und Finalis g bzw. e ein höher beginnender und kadenzierender Vordersatz voraus, der bis Vers 14 (Tu Rex gloriae, Christe) ohne Rezitationston verläuft und sodann den Tenor des Nachsatzes aufgreift, wogegen der Tonus simplex bei fast vollständig fehlender Initienbildung regelmäßig mit 2 verschiedenen Tenores arbeitet (c^1 und a). In beiden Fassungen heben sich deutlich die antiphonisch gestalteten Melodiezeilen von Vers 21–23 (Aeterna fac . . . usque in aeternum) und 29 (In te Domine . . .) ab. Zur Frühgeschichte der Melodie und ihrer Überlieferung in den mittelalterlichen Quellen (hier auf g notiert) werden in der Musica Enchiriadis und bei Guido von Arezzo erste wertvolle Anhaltspunkte geboten (Melodiezitat von Vers 15: Tu Patris sempiternus es Filius; vgl. GS I, 163ff. und II, 47b). – Bereits im 9. Jh. in deutscher Übersetzung nachweisbar, drang die (vulgärsprachliche) Te D. auch zunehmend in den liturgischen Umkreis des Volkes ein. Seit dem 16. Jh. gehört es zum Gemeingut der katholischen und evangelischen Gesangbücher. – Innerhalb der mehrstimmigen Musik des 15. und 16. Jh. bildet das Te D. eine Sonderform der Motette, die in ihren musikalischen Komponenten wesentlich an der Choralvorlage orientiert ist (vgl. die Stücke von Binchois, C. Festa und Lassus, aus der frühprotestantischen Kirchenmusik das Te D. von J. Walter). Die weitere Entwicklung führte über glanzvolle Vertonungen im Stil von Festmotetten, Messen, Kantaten und Oratorien zu den großen symphonischen Te D.-Kompositionen des 19. Jh. (Berlioz, Liszt, Verdi, Bruckner, Dvořák).

Lit.: W. BÄUMKER, Das kath. deutsche Kirchenlied in seinen Singweisen . . . I, Freiburg i. Br. ²1886, Nachdruck Hildesheim 1962; J. POTHIER OSB, Les mélodies grégoriennes, Tournai ³1890; P. WAGNER, Das Te D., Gregorianische Rundschau VI, 1907; DERS., Einführung in d. Gregorianischen Melodien III, Lpz. 1921, Nachdruck Hildesheim u. Wiesbaden 1962; J. PASCHER, Das Stundengebet d. römischen Kirche, München (1954); E. KÄHLER, Studien zum Te D. u. zur Gesch. d. 24. Psalms in d. Alten Kirche, = Veröff. d. Ev. Ges. f. Liedforschung X, Göttingen (1958), vgl. dazu J. A. Jungmann SJ in: Zs. f. kath. Theologie LXXXI, 1959; P. RADÓ OSB, Enchiridion Liturgicum, 2 Bde, Rom, Freiburg i. Br. u. Barcelona 1961, ²1966; W. KIRSCH, Grundzüge d. Te D.-Vertonungen im 15. u. 16. Jh., Kgr.-Ber. Kassel 1962; DERS., Varianten u. Fragmente d. liturgischen Te D.-Textes in d. mehrst. Komposition end. 15. u. 16. Jh., KmJb XLVIII, 1964; H. OSTHOFF, Das Te D. d. Arnold v. Bruck, Fs. Fr. Blume, Kassel 1963.

Tegernsee (Oberbayern), Benediktinerabtei, gegr. 736.

Lit.: V. REDLICH, T. u. d. deutsche Geistesgesch. im 15. Jh., München 1931; H. SCHMID, Die musiktheoretischen Hss. d. Benediktiner-Abtei T., Diss. München 1951, maschr.; BR. STÄBLEIN, Die T.r mensurale Choralschrift aus d. 15. Jh., Kgr.-Ber. Utrecht 1952.

Teiltöne, Partialtöne. Im allgemeinen besteht ein als → Ton wahrnehmbarer Schwingungsvorgang nicht aus einfachen → Sinusschwingungen; z. B. schwingt eine Saite nicht nur als Ganzes, sondern gleichzeitig auch in ihren aliquoten Teilen ($1/2$, $1/3$, $1/4$ . . . der Saitenlänge). Diese Teilschwingungen – auch die Schwingung der Saite als Ganzes ist als Teil des Schwingungsvorgangs anzusehen – können als T. (Partialtöne) gehört werden. Der 1. Teilton ist der Grundton; der 2. Teilton (auch Teilton 2. Ordnung) bildet die Oktave zum Grundton und ist der 1. Oberton, usw. Die den ganzzahligen Obertönen der Obertonreihe (auch Aliquottöne, Aliquoten) entsprechenden Teilschwingungen werden auch als Harmonische der Grundschwin-

gung bezeichnet; Teilschwingungen, deren Schwingungszahlen nicht ganzzahlige Vielfache der Schwingungszahl der Grundschwingung sind, heißen Unharmonische (→ Geräusch; → Glocke). Partialtonreihe und Naturtonreihe (→ Intervall-Tabelle) stimmen in ihren zahlenmäßigen Relationen zum Grundton überein, doch sind die durch → Überblasen hervorgebrachten → Naturtöne ebenso wie die auf Saiteninstrumenten darstellbaren Flageolettöne (→ Flageolett – 3) von den T.n zu unterscheiden, die stets nur als Teil eines Tones (Klanges) wahrgenommen werden können.
Der Terminus T. wird, obwohl er allein Darstellungen psychologischer Vorgänge der Wahrnehmung vorbehalten bleiben sollte, oft für den Begriff Teilschwingungen eingesetzt und für Darstellungen im physikalisch-akustischen Bereich verwendet; jedoch werden mit dem Begriff → Schwingungen die physikalischen Abläufe hinreichend umschrieben. – Die graphische Darstellung der einen Schwingungsablauf konstituierenden Teilschwingungen heißt → Frequenzspektrum; die Teilschwingungen werden durch → Frequenzanalyse ermittelt. Für die → Klangfarbe (– 2) sind nicht (wie H. v. Helmholtz vermutete) Teilschwingungen einer bestimmten Ordnungszahl entscheidend, sondern für jedes Instrument und für jede Stimme charakteristische Frequenzbereiche, in denen die Teilschwingungen durch → Resonanz besonders intensiv verstärkt werden (→ Formant). Das Frequenzspektrum der gedeckten Orgelpfeife (→ Gedackt) ist dadurch gekennzeichnet, daß ihm die geradzahligen Teilschwingungen fehlen (z. B. → Quintaden); der Gesamtklang der Orgel wird, um ihn obertonreicher zu gestalten, durch die selbständig im Obertonabstand zu den Grundtönen erklingenden Pfeifen der → Aliquotstimmen und → Gemischten Stimmen modifiziert. – Der Tonhöheneindruck ist nicht immer vom Vorhandensein der Grundschwingung abhängig, sondern kann unter bestimmten Umständen durch Teilschwingungen höherer Ordnung aufrechterhalten werden (→ Residualtonhöhe). Fallen Teilschwingungen zweier simultaner Schwingungsvorgänge zusammen, so tritt → Verschmelzung ein. Die → Naturklangtheorie betrachtete die Partialtonreihe als das naturgegebene Vorbild der musikalischen Tonbeziehungen (→ Harmonie). Auch den Molldreiklang hat man unter dem Aspekt der Partialtonreihe zu betrachten versucht (→ Moll).

Telemanns Bogen $\widetilde{5}$ bezeichnet im Generalbaß die Verdoppelung des Baßtons eines verminderten Dreiklangs anstelle der Hinzufügung der Sexte. Das Zeichen $\widetilde{5}$ ist da angebracht, wo der Baßfortschreitung den verminderten Dreiklang zum verminderten Septimenakkord ergänzt. Die Erklärung findet sich im Avertissement von G. Ph. Telemanns *Nouveaux Quatuors en 6 suites ...*, Paris (1738).

Tempelblöcke (engl. chinese oder korean temple blocks) sind waagerecht an einer Stange befestigte hohle, abgeflachte Holzkugeln verschiedener Größe, die mit einem Schlitz versehen sind. Der Anschlag erfolgt mit Holz- oder Filzschlägeln, die Tonhöhe ist annähernd bestimmbar, der Klang voller und kräftiger als der des → Holzblocks. Gewöhnlich werden aus dem gesamten mit diesen Instrumenten verfügbaren Tonumfang (etwa f–f^2) nur 4–7 T. in der jeweils gewünschten, meist pentatonischen Tonfolge zusammengestellt; die Notierung erfolgt im Liniensystem ohne Schlüssel. T. sind im Gegensatz zum Holzblock im Orchesterschlagzeug nicht so sehr heimisch geworden, während sie in der Tanz- und Unterhaltungsmusik seit den 1920er Jahren vielfältige Verwendung finden.

Temperatur (lat. systema participatum; ital. sistema participato; engl. temperament; frz. tempérament) wird die Regelung der für die musikalische Praxis unvermeidlichen Abweichungen von der akustischen Reinheit der Intervalle genannt. Maßintervalle des Tonsystems sind die Oktave (1:2), die Quinte (2:3) und die große und kleine Terz (4:5 und 5:6). Manche der Differenzen aber, die zwischen Summen verschiedener Maßintervalle bestehen, sind als musikalische Intervalle unbrauchbar: die zwölfte Quinte ist um das pythagoreische Komma (531 441 : 524 288 = 23,5 Cent; → Komma – 1) höher als die siebte Oktave, die vierte Quinte um das syntonische Komma (80 : 81 = 21,5 Cent) höher als die zweite Oktave der großen Terz, die dritte große Terz um die kleine Diesis (125 : 128 = 41,1 Cent) niedriger als die Oktave, die vierte kleine Terz um die große Diesis (625 : 648 = 62,6 Cent) höher als die Oktave. Die Differenzen sind musikalisch nicht von gleicher Relevanz. Zwischen z. B. gis und as – der Abstand erscheint in pythagoreischer Stimmung als Komma, in → Reiner Stimmung als Diesis – besteht ein Unterschied der Tonbedeutungen, während das syntonische Komma, die Differenz zwischen dem großen und dem kleinen Ganzton (8 : 9 und 9 : 10), musikalisch nichts besagt. – Die zwölfstufige gleichschwebende T. teilt die Oktave nach der Formel $\sqrt[12]{2}$ in zwölf gleiche Halbtöne und *gewinnt damit Mittelwerte, welche kein Intervall wirklich rein, aber alle leidlich brauchbar intonieren. Die Terzen der gleichschwebenden T. sind freilich alle um 2/3 Komma zu groß; doch verträgt die Terz eine größere Verstimmung als die Quinte* (H. Riemann). Eine annähernd gleichschwebende T. beschrieb G. M. Lanfranco (1533). V. Galilei (1581) legte dem Halbton die Proportion 17:18 (= 99 Cent) zugrunde. Als Lautenstimmung scheint die gleichschwebende T. seit dem 16. Jh. üblich gewesen zu sein (N. Vicentino 1555); für Tasteninstrumente setzte sie sich erst im 18. Jh. allmählich durch. – Die Bedeutung A. Werckmeisters ist seit J. Mattheson (*Critica musica* II, 1725, 162) überschätzt worden; einerseits war Werckmeister nicht der »Erfinder« der gleichschwebenden T., und andererseits schwankte er, ob die gleichschwebende oder die mitteltönige T. den Vorzug verdiene. Daß Bach mit dem Titel *Das wohltemperirte Clavier* die gleichschwebende T. meinte, ist wahrscheinlich, aber nicht sicher. – In der mitteltönigen T., deren Name besagt, daß die Differenz zwischen großem und kleinem Ganzton ausgeglichen ist, werden die großen Terzen der Skala c cis d es e f fis g gis a b h harmonisch-rein gestimmt. Das syntonische Komma, der Überschuß von vier Quinten über die zweite Oktave der großen Terz, wird über die Quinten so verteilt, daß jede Quinte um 1/4 Komma zu klein ist (P. Aaron 1523). Das Intervall gis–es ist als (zu große) Quinte kaum brauchbar (»Wolfsquinte«). Wird statt der großen die kleine Terz, die drei Quintschritte einschließt, harmonisch-rein gestimmt, so müssen die Quinten um 1/3 des syntonischen Kommas vermindert werden (Fr. Salinas 1577). Um die »Wolfsquinte« zu mildern, wählte A. Schlick (1511) für die gis/as-Taste der Orgel einen Mittelwert zwischen gis und as. M. Mersenne (1648) verteilte den Überschuß der »Wolfsquinte« auf die Quinten gis/as–es, es–b und b–f. J. Ph. Kirnberger (1779) mischte pythagoreische mit harmonisch-reinen Intervallbestimmungen. Dennoch sind in der mitteltönigen T. die entfernteren ♯- und ♭-Tonarten stets durch auffällige Unreinheiten getrübt; manche Theoretiker verstanden allerdings die akustischen Mängel als Charaktermerkmale der Tonarten (J. G. Neidhardt 1732). Soll die Trübung vermieden, die Reine Stimmung der (großen oder kleinen) Terzen aber nicht preisgegeben werden, so ist eine

Erweiterung der Stufen-, also der Tastenanzahl unvermeidlich. Aus der mitteltönigen T. mit reinen großen Terzen geht das 31stufige System hervor (N. Vicentino 1555), aus der T. mit reinen kleinen Terzen das 19stufige System (G. Costeley um 1558; Fr. Salinas 1577). Die Diesis, die Differenz zwischen gis und as, ist im 31stufigen System ein Fünftelton, im 19stufigen System ein Drittelton. (Die Stufenanzahl, 31 oder 19, ergibt sich als Summe von sechs Ganztönen und einer Diesis.) Das 53stufige System (N. Mercator; nach W. Holder 1694) setzt die pythagoreische Stimmung voraus, in der ein Ganzton ungefähr neun und ein diatonischer Halbton vier Kommata umfaßt, so daß 53 Stufen (fünfmal 9 + zweimal 4) einen Zirkel bilden.

Lit.: FR. W. MARPURG, Versuch über d. mus. T., Breslau 1776; M. W. DROBISCH, Über mus. Tonbestimmung u. T., Dresden 1855; H. v. HELMHOLTZ, Die Lehre v. d. Tonempfindungen ..., Braunschweig 1863, ^{6}1913, Nachdruck Hildesheim 1967; SH. TANAKA, Studien im Gebiete d. reinen Stimmung, VfMw VI, 1890; P. v. JANKÓ, Über mehr als zwölfstufige gleichschwebende T., Beitr. zur Akustik u. Mw. III, 1901; O. KINKELDEY, Org. u. Kl. in d. Musik d. 16. Jh., Lpz. 1910; RIEMANN MTh; J. HANDSCHIN, Über reine Harmonie u. temperierte Tonleitern, SJbMw II, 1927; J. SCHMIDT-GÖRG, Die Mitteltont., Habil.-Schrift Bonn 1930, maschr.; W. DUPONT, Gesch. d. mus. T., Kassel 1935; J. M. BARBOUR, Bach and the Art of Temperament, MQ XXXIII, 1947; DERS., Irregular Systems of Temperament, JAMS I, 1948; DERS., Tuning and Temperament, East Lansing(Mich.)1951,^{2}1953; A. D. FOKKER, Just Intonation, Den Haag 1949; DERS., Neue Musik mit 31 Tönen, Düsseldorf 1966; H. H. DRÄGER, Zur mitteltönigen u. gleichschwebenden T., Ber. über d. wiss. Bachtagung Lpz. ... 1950; M. VOGEL, Die Zahl Sieben in d. spekulativen Musiktheorie, Diss. Bonn 1955, maschr.; DERS., Zur mus. T., Musica XV, 1961; M. KOLINSKI, A New Equidistant 12-Tone Temperament, JAMS XII, 1959; H. KELLETAT, Zur mus. T., insbesondere bei J. S. Bach, Kassel 1960; ST. WALIN, Zur Frage d. Stimmung v. d. Buxtehude-Org., STMf XLIV, 1962. CD

Tempo (ital., Zeit), die absolute Dauer der Notenwerte. Da die Noten der heutigen Notenschrift rhythmische Wertverhältnisse darstellen, bedarf es zur Bestimmung ihrer Dauer zusätzlich einer T.-Bezeichnung. Die hierfür seit dem 17. Jh. verwendeten, vorwiegend italienischen Termini lassen dem Ausführenden weiten Spielraum; zur Präzisierung der T.-Vorschrift kann eine Metronombezeichnung oder die Angabe der Uhrzeit für die gesamte Dauer des Stückes hinzutreten. Maßeinheit des T.s ist die Zählzeit oder (beim Dirigieren) die Schlagzeit; die Grenzen, innerhalb derer das T. der Zählzeiten variieren kann, liegen erfahrungsgemäß zwischen etwa 40 und 130 pro Minute, als Mittelwert gilt 72–80 pro Minute (T. giusto, T. ordinario). – In der 1st. Musik vor 1600 und in der frühesten Mehrstimmigkeit sind T. und T.-Modifikationen im allgemeinen nicht festgelegt; gelegentliche Hinweise begründen die Vorschrift eines bestimmten T.s mit dem Text oder der Gattung eines Liedes, im liturgischen Gesang auch mit dem Festgrad. Für das Organum des 9.–11. Jh. wird langsame Ausführung (modesta morositate) vorgeschrieben (Kölner Organumtraktat, vgl. Herrmann-Bengen, S. 16f.), für den Hoquetus um 1300 stellt J. de Grocheo schnelles T. fest (ed. Rohloff, S. 57). Die Mensuraltheorie bildete bis ins 16. Jh. keine T.-Lehre aus. Vielmehr wurden die Noten auch als Zeichen der Tondauer aufgefaßt, so daß schnellere oder langsamere Bewegung durch kleinere oder größere Notenwerte vorgeschrieben werden konnte und die Theorie sich mit allgemeinen Definitionen der Tondauer begnügte. So erklärt z. B. Franco von Köln, der die Brevis mit einem »tempus« gleichsetzt: *Unum tempus appelatur illud, quod est minimum in plenitudine vocis* (ed. Cserba, S. 236). Die T.-Bestimmung wurde demnach nicht als notwendiger Bestandteil der kompositorischen Arbeit betrachtet, sondern blieb dem Ausführenden überlassen. Daß dabei in der Praxis beträchtliche Unterschiede möglich waren, ist gewiß, was vor allem der allmähliche Übergang zu immer kleineren Notenwerten als Zählzeit beweist: Longa in der Notre-Dame-Musik um 1200, Brevis bei Petrus de Cruce und Ph. de Vitry um 1300, Semibrevis bei G. de Machaut im 14. Jh. sowie bis ins 15. Jh., Minima im 16. Jh. Diese Beobachtung legt den Schluß nahe, daß es immer wieder eine Tendenz zur Verbreiterung des T.s gab und daß diese Tendenz besonders die jeweils »alte« Musik betraf. In diesen Zusammenhang sind einige Notizen über das T. einzuordnen, die um 1300 der Diskussion über Ars antiqua und Ars nova angehören; z. B. besagt eine Stelle des Petrus le Viser (CS I, 388b–389a) vermutlich, daß ältere Kompositionen, obgleich überwiegend in größeren Notenwerten (mit höchstens 3 Semibreven statt einer Brevis) aufgezeichnet als die Motetten in der Art des Petrus de Cruce, doch nicht langsamer auszuführen seien, die Differenz vielmehr durch die Wahl eines schnelleren T.s aufgehoben werden sollte (dagegen vgl. Gullo, S. 22ff.).

Der moderne T.-Begriff entstand im 16. und 17. Jh. Grundlegend war die Erkenntnis, daß die verschiedenen Tempi nicht in zahlenmäßiger Relation zueinander stehen müssen (wie → integer valor notarum und → Proportionen – 2 der Mensuralmusik), vielmehr eine unendliche Zahl von T.-Nuancen zur Verfügung steht. Die Erfahrung nicht meßbar abgestufter T.-Grade ist in der Musik des 16. Jh. allgemein zu beobachten: Die Mensuraltheorie verarbeitete sie in der Tactuslehre (vgl. Dahlhaus 1961 und 1964). Die zunehmend an künstlerischer Bedeutung gewinnende Instrumentalmusik brachte in den Tänzen Muster der verschiedenen Tempi und rechnete in den Stücken mit Intonations- bzw. Praeludiumcharakter mit freien T.-Modifikationen. Anderseits nahm sich die italienische Vokalmusik des 16. Jh. unter dem Einfluß des Humanismus die Pronuntiatio der Rhetorik zum Vorbild (vgl. Gallo, S. 42f.) und legitimierte damit die T.-Modifikationen als Ausdrucksmittel, das in der → Monodie um 1600 zur Grundlage der neuen Vortragskunst wurde: *qual va cantato a t. dell'affetto del anima, e non a quello de la mano* (Cl. Monteverdi, Vorrede zum VIII. Madrigalbuch, 1638).

In der Musik des 17.–20. Jh. ist das T. ein wichtiger Bestandteil der kompositorischen Erfindung, vor allem auch ein Mittel zur Gliederung zyklischer Formen wie der Symphonie und Sonate. Im 17. Jh. wurden noch vorwiegend langsames und schnelles T. durch Notierung in größeren und kleineren Notenwerten unterschieden; z. B. erschienen Frescobaldis *Canzoni da sonar* 1628 ohne, 1634 mit T.-Bezeichnungen; dennoch sind Mißgriffe nach der ersten Ausgabe kaum möglich, da T.-Wechsel durch Wechsel der Notenwerte angezeigt wird. Dagegen werden seit dem 18. Jh. auch schnelle Sätze in großen, langsame Sätze in kleinen Notenwerten aufgezeichnet (z. B. Beethoven, Klaviersonate D dur op. 10 Nr 3, 1. Satz, *Presto*: ♩ = Zählzeit, ♪ = schnellster Notenwert; 2. Satz, *Largo e mesto*: ♩. = Zählzeit, 𝅘𝅥𝅰 = schnellster Notenwert); durch diese Notierungsweise wird der je verschiedene Grad der Unterteilung der Zählzeiten sichtbar (in obigem Beispiel: 1. Satz ♪ = $1/4$ der Zählzeit; 2. Satz 𝅘𝅥𝅰 = $1/24$ der Zählzeit). Die wichtigsten T.-Bezeichnungen sind im frühen 17. Jh. entstanden; genannt seien in der Reihenfolge des frühesten Nachweises (vgl. Herrmann-Bengen, Tabelle I): → Allegro (1596), → Largo (1601), → Adagio (1610), → Presto (1611), → Grave (1611),

→ Lento (1619); dazu kamen in späterer Zeit u. a. → Andante (1687), → Allegretto (18. Jh.) und → Andantino (18. Jh.). Die Zuordnung dieser Bezeichnungen zu bestimmten T.-Graden ist nicht immer gleichbleibend; z. B. ist Largo entweder schneller (so bei Händel) oder langsamer (so allgemein seit dem späteren 18. Jh.) als Adagio. Nach mehreren Versuchen, die sich nicht allgemein durchsetzen konnten, entstand 1816 mit Mälzels → Metronom ein bis heute anerkanntes Hilfsmittel zur genaueren Festlegung des T.s. Sein Wert darf jedoch nicht überschätzt werden. Denn das Kriterium für richtiges T. liegt nicht in der zahlenmäßig bestimmbaren Geschwindigkeit, sondern darin, daß das gewählte T. zu einer sinnvollen Interpretation des Werkes beiträgt. Hierbei sind erfahrungsgemäß große Unterschiede möglich, die sich aus den räumlichen Gegebenheiten sowie vor allem aus der Persönlichkeit des Ausführenden, seinem Temperament und Alter, seiner Zugehörigkeit zu einer bestimmten Schultradition ergeben können. Zu beachten ist auch, daß Komponisten bei der Aufführung eigener Werke oft ihre Metronomangaben nicht eingehalten haben und auch aus anderen Gründen die von einem Komponisten gegebenen Metronomangaben nicht immer als verbindlich gelten können. Ferner entspricht die Vorstellung eines durchgehend starr festgehaltenen T.s nicht der musikalischen Wirklichkeit. Vielmehr sind im Verlauf jedes Stückes gewisse T.-Modifikationen notwendig (z. B. T.-Verbreiterung zur Vorbereitung eines Satz- oder Abschnittschlusses), und es entscheidet mit über den Rang einer Interpretation, ob der Ausführende solche T.-Modifikationen dem Ganzen nahtlos einzufügen vermag. T.-Modifikationen waren im 17. und 18. Jh. vorwiegend Kennzeichen bestimmter Stile und Formgattungen, wie des Stile rappresentativo, verwandter Instrumentalformen (→ Plainte – 2), der Instrumentalstücke mit Praeludiumcharakter sowie im 18. Jh. der freien Fantasie. Von hier aus fanden sie seit dem späten 18. Jh. zunehmend Eingang auch in andere Formen, z. B. in den Sonatensatz (vgl. Beethoven, Klaviersonaten D moll op. 31 Nr 2, 1. Satz, und C moll op. 111, 1. Satz, wo sich T.-Modifikationen sogar innerhalb des 1. und 2. Themas finden). Andererseits wird die T.-Einheit eines Satzes durch Episoden in abweichendem T. aufgelöst, ein Prinzip, das in Variationszyklen und Rondos des 18. Jh. vorgebildet ist (vgl. Beethoven, Klaviersonate E dur op. 109, 1. Satz, *Vivace, ma non troppo*; hier folgt dem 1. Thema und seiner Wiederkehr in der Reprise eine Episode *Adagio espressivo*). In der letzten Konsequenz führt diese im 19. Jh. vor allem von Liszt und Wagner geförderte Auflösung des einheitlichen T.s dazu, daß in der neuesten Musik die Einheit des T.s als formbildender Faktor aufgegeben wird zugunsten entweder einer ganz freien, fließend improvisatorischen Bewegung, oder – vor allem, wo elektronische Musik mit traditionellen Instrumenten kombiniert wird – zugunsten der präzisen Festlegung von Zeiteinheiten, die dann nicht mehr Teil der musikalischen Interpretation sind, sondern den Rahmen abstecken, innerhalb dessen der Ausführende oft in der Festlegung der rhythmischen Wertverhältnisse frei ist (z. B. E. Křenek, *Basler Maßarbeit* für 2 Kl., 1965; R. Haubenstock-Ramati in der Oper *Amerika*, 1967).

Lit.: Der Musiktraktat d. J. de Grocheo, hrsg. v. E. ROHLOFF, = Media latinitatis musica II, Lpz. 1943; PRAETORIUS Synt. III; KOCHL; H. RIEMANN, System d. mus. Rhythmik u. Metrik, Lpz. 1903; G. SCHÜNEMANN, Gesch. d. Dirigierens, = Kleine Hdb. d. Mg. nach Gattungen X, Lpz. 1913, Nachdrucke Hildesheim 1965 u. Wiesbaden 1966; H. BESSELER, Studien zur Musik d. MA II, AfMw VIII, 1926; DERS., Bourdon u. Fauxbourdon, Lpz. 1950; R. STEGLICH, Die elementare Dynamik d. mus. Rhythmus, Lpz. 1930; DERS., Das T. als Problem d. Mozart-Interpretation, Kgr.-Ber. Salzburg 1931; DERS., Takt u. T., DMK IV, 1939/40; APELN; W. GURLITT, Die Epochengliederung in.d. Mg., in: Universitas III, 1948, Neudruck in: Mg. u. Gegenwart I, = BzAfMw I, Wiesbaden 1966; DERS., Form in d. Musik als Zeitgestaltung, = Akad. d. Wiss. u. d. Lit. Mainz, Abh. d. geistes- u. sozialwiss. Klasse, Jg. 1954, Nr 13; R. ELVERS, Untersuchungen zu d. Tempi in Mozarts Instrumentalmusik, Diss. Bln 1952, maschr.; W. GERSTENBERG, Die Zeitmaße u. ihre Ordnungen in Bachs Musik, Einbeck 1952; DERS., Die Krise d. Barockmusik, AfMw X, 1953; DERS., Grundfragen d. Rhythmus-Forschung, Kgr.-Ber. Köln 1958; DERS., Authentische Tempi f. Mozarts »Don Giovanni«?, Mozart-Jb. 1960/61; C. SACHS, Rhythm and T., NY 1953; H. BECK, Studien über d. Tempoproblem bei Beethoven, Diss. Erlangen 1954, maschr.; DERS., Bemerkungen zu Beethovens Tempi, Beethoven-Jb. II, 1955/56; P. HORN, Studien zum Zeitmaß in d. Musik J. S. Bachs, Diss. Tübingen 1954, maschr.; FR.-J. MACHATIUS, Die Tempi in d. Musik um 1600. Fortwirken u. Auflösung einer Tradition, Diss. Bln 1954, maschr.; DERS., Über mensurale u. spielmännische Reduktion, Mf VIII, 1955; DERS., Die T.-Charaktere, Kgr.-Ber. Köln 1958; W. KOLNEDER, Aufführungspraxis bei Vivaldi, Lpz. 1955; I. HERRMANN-BENGEN, Tempobezeichnungen. Ursprung u. Wandel im 17. u. 18. Jh., = Münchner Veröff. zur Mg. I, Tutzing 1959; C. DAHLHAUS, Zur Entstehung d. modernen Taktsystems im 17. Jh., AfMw XVIII, 1961; DERS., Zur Taktlehre d. M. Praetorius, Mf XVII, 1964; H. O. HIEKEL, Der Madrigal- u. Motettentypus in d. Mensurallehre d. M. Praetorius, AfMw XIX/XX, 1962/63; F. A. GALLO, Pronuntiatio, AMl XXXV, 1963; P. BRAINARD, Zur Deutung d. Diminution in d. Tactuslehre d. M. Praetorius, Mf XVII, 1964; S. GULLO, Das T. in d. Musik d. 13. u. 14. Jh., = Publikationen d. Schweizerischen Musikforschenden Ges. II, 10, Bern (1964).

Tempo rubato (ital., s. v. w. gestohlener Zeitwert, auch verkürzt zu rubato; deutsch im 18. Jh. auch Tonverziehung), im 17./18. Jh. die Modifizierung einzelner Notenwerte bei gleichbleibender Grundbewegung der Begleitung (gebundenes T. r.), im 19./20. Jh. meist ein Schwanken des Tempos im ganzen (freies T. r.). – Das gebundene T. r. wird als Manier für Sänger und Instrumentalisten seit Zacconi (1592), Peri (1600), Caccini (1602) und Cerone (1613) gelehrt, unter der Bezeichnung T. rubato zuerst von Tosi (1723). Er spricht von *rubamento di tempo ... sul movimento equale d'un Basso*; J. Fr. Agricola übersetzt 1757: *Verziehung der Geltung der Noten, welche aber der Bewegung des Basses genau angemessen sein müssen*. Dieses T. r. beschreiben u. a. auch Quantz (Selbstbiographie), C. Ph. E. Bach (1787, Zusatz zu § 28), L. Mozart (1756, XII, 21), W. A. Mozart (Brief vom 23. 10. 1777) und Türk (1789). Noch Chopin hat das gebundene T. r. gespielt. – Das freie T. r. beschreiben der Sache nach u. a. Frescobaldi (1614) und Mace (1676); Frobergers berühmtes Spiel con discretione ist wohl als freies T. r. zu deuten. Czerny (*Pianoforte-Schule* III, 26f.) spricht nur noch von freiem T. r., einem *willkürlichen Zurückhalten und Beschleunigen des Zeitmaßes* im Sinne eines *Retardierens in beiden Händen*. Es wird seit 1830 zunehmend durch Ritardandi und Rallentandi angezeigt, so bei Schumann und Chopin; zu Wagners Kunst des Überganges, seiner Leitmotivtechnik und zum Prinzip der unendlichen Melodie gehört wesensmäßig das freie T. r., worin sich, wie Nietzsche 1877 und 1879 erklärt, jene *andere Art Bewegung der Seele* ausdrückt, *welche dem Schwimmen und Schweben verwandt ist* und worin *neben der Überreife des rhythmischen Gefühls die Verwilderung, der Verfall der Rhythmik im Versteck lauert*. Riemann bezog das freie T. r. in seinen Begriff der → Agogik ein, ja setzte es mit diesem gleich. In der Neuen Musik erfolgte, vornehmlich mit dem Aufkommen der motorischen Rhythmik, eine Abkehr vom T. r. Im Jazz ist durch das strikte Festhalten des Grundrhythmus ein freies T. r. nicht möglich, dagegen kann die rhythmische Verschiebung der Melodiestimmen (→ Off-beat) ihrer Erscheinung nach eher als eine Art des gebundenen T. r. gedeutet werden denn als Synkope.

Lit.: Fr. Nietzsche, Menschliches, Allzumenschliches, ein Buch f. freie Geister, Anhang: Vermischte Meinungen u. Sprüche (Nr 134), Chemnitz 1879; I. J. Paderewski, T. r., in: H. Finck, Success in Music and How it is Won, London 1909; L. Kamiensky, Zum T. r., AfMw I, 1918/19; H. Finck, Mus. Progress, Philadelphia 1923; B. Bruck, Wandlungen d. Begriffes T. r., Diss. Erlangen 1928; J. Bl. McEwen, T. r., London 1928; A. Johnstone, Rubato, ebenda 1931; A. Kreutz, Das T. r. bei Chopin, Das Musikleben II, 1949; W. Gurlitt, Form in d. Musik als Zeitgestaltung, = Akad. d. Wiss. u. d. Lit. Mainz, Abh. d. geistes- u. sozialwiss. Klasse Jg. 1954, Nr 13; H. H. Eggebrecht, Studien zur mus. Terminologie, ebenda 1955, Nr 10.

Tempus (lat., Zeit, als metrischer Terminus seit der Antike auch → Quantität), in der → Mensuralnotation ursprünglich der kleinste rational erfaßbare Zeitwert, die Zeiteinheit (»Zählzeit«) des musikalischen Satzes (Franco von Köln: *unum tempus appellatur illud, quod est minimum in plenitudine vocis,* ed. Cserba, S. 236, ähnlich schon J. de Garlandia, ebenda S. 195), d. h. die Dauer der »normalen« Brevis (brevis recta), die nur unter bestimmten Umständen die Dauer eines T. überschreiten (brevis altera, zwei Tempora umfassend) oder unterschreiten (semibrevis, mehrere pro T.) konnte. Seit dem Anfang des 14. Jh. wurde die Semibrevis nicht mehr als Sonderform, sondern als selbständiger Wert (Teilwert der Brevis) verstanden, und je nachdem, ob die Brevis in 3 oder in 2 Semibreven zerfiel, unterschied man jetzt T. perfectum (■ = ♦ ♦ ♦, angezeigt durch den Kreis O als Symbol der Vollkommenheit, → Perfectio – 2) und T. imperfectum (■ = ♦ ♦, angezeigt durch den Halbkreis C, aus dem das moderne Zeichen für den 4/4-Takt hervorgegangen ist). Zählzeit wurde jetzt die Semibrevis. Bedeutete T. bisher die Dauer der Brevis (so noch in Ph. de Vitrys *Ars nova*), so erlangte der Begriff im weiteren Verlauf des 14. Jh. unter dem Einfluß der Gradus-Lehre des J. de Muris die Bedeutung des Verhältnisses von Brevis zu Semibrevis (3:1 im T. perfectum, 2:1 im T. imperfectum), die er in der Folgezeit beibehielt (J. Tinctoris, *Diffinitorium*, um 1473/74). Die analogen Begriffe seit dieser Zeit waren → Modus (– 3) maior und minor (Verhältnis Maxima/Longa und Longa/Brevis) und → Prolatio (Verhältnis Semibrevis/Minima).

Lit.: R. Bockholdt, Semibrevis minima u. Prolatio temporis, Mf XVI, 1963.

Tenebrae (lat., Finsternis; Kurzform von matutina tenebrarum) heißen seit dem 12. Jh. → Matutin und → Laudes aus dem Offizium der drei letzten Kartage. Der Name leitet sich von dem schon im 8. Jh. in Gallien entstandenen und bis heute erhaltenen Brauch her, diese Gebetzeiten in Dunkelheit zu beschließen, nachdem alle Kerzen in festgelegten Abständen ausgelöscht worden sind (vgl. Amalar von Metz, *Liber de ordine Antiphonarii,* Kap. 44, und die Brevierneuausgabe von 1961). Beide Horen beginnen ohne die gewohnte Eröffnung mit der 1. Antiphon. Im weiteren Verlauf entfallen *Gloria patri* (am Ende der Psalmen) und Hymnus, in der Matutin ferner Absolutionen und *Te Deum*. Den Lesungen zur 1. Nokturn liegen die → Lamentationen des Propheten Jeremias zugrunde. Als (zusätzlicher) Schlußgesang der Laudes und aller nachfolgenden Horen findet sich heute die Antiphon *Christus factus est pro nobis* (am Karfreitag und Karsamstag in erweiterter Form), während ursprünglich noch der Bußpsalm → *Miserere mei Deus* angeschlossen wurde (1955 abgeschafft).

Lit.: M. Righetti, Manuale di storia liturgica II, Mailand ²1955; Th. Käser, Die Leçon de Ténèbres im 17. u. 18. Jh., = Publikationen d. Schweizerischen Musikforschenden Ges. II, 12, Bern (1966).

Tenor, im mittellateinischen Schrifttum Betonung auf der ersten Silbe (tęnor, von lat. tenere, halten), im Deutschen seit dem 15. Jh., entsprechend ital. tenọre, Betonung auf der zweiten Silbe (Tenọr; frz. ténor; engl. tenor). – 1) Im Mittelalter ist das Wort T. (im klassischen Latein s. v. w. ununterbrochener Lauf, Zusammenhang) mehrfach zum musikalischen Terminus erhoben worden, wobei in wechselndem Maße die Aspekte des zeitlichen Aushaltens und des strukturellen bzw. ideellen Haltens, Stützens die Begriffsbildung bestimmten. – In zeitlichem Sinne bedeutet T. die Länge etwa des Atems (t. spiritus humani, Hucbald, GS I, 125a) oder die Tondauer (quantitas motionis), vor allem jedoch die Dehnung eines Tones (mora uniuscuiusque vocis, Guido, GS II, 38a), die in Neumenaufzeichnungen gelegentlich durch den → Romanus-Buchstaben t (= tenere bzw. trahere) eigens angezeigt wurde. Zu dehnen war im besonderen der Schlußton eines Gesanges wie dessen einzelner Abschnitte, so daß T. schon von Guido auch speziell als mora ultimae vocis (CSM IV, 163) definiert werden konnte. Seit Johannes Affligemensis wurde auch der Anfangston der → Differenzen in der Psalmodie als T. angegeben, der mit der → Repercussa bzw. → Tuba (– 5) identisch und neben der Finalis der bei der Ausprägung der → Kirchentöne wichtigste Ton ist. Das späte Mittelalter verstand unter T. mitunter auch die vollständige Differenz oder den Ambitus einer Tonart.

In der Bedeutung des Cantus prius factus der mehrstimmigen Komposition kommt T. erstmals im 13. Jh. vor, und zwar gleichermaßen in Lehrschriften (Johannes de Garlandia, ed. Cserba, S. 211: *a parte tenoris, qui dicitur primus cantus*; der eigentliche Gebrauch von T. in der *Discantus positio vulgaris,* ebenda S. 193, geht wahrscheinlich auf eine Interpolation des Hieronymus de Moravia zurück, liegt also wohl nach Garlandia) und in praktischen Aufzeichnungen (*tenura de mors morsu,* → Quellen: *Ma*, f. 105). Die Benennung dieser Stimme als T. wird in zeitgenössischen Musikschrifttum damit begründet, daß sie das → Fundamentum des mehrstimmigen Satzes bilde. Zwar war der Cantus seit den Anfängen des → Organum (als vox principalis, vox praecedens) Ausgangspunkt der Stegreifausführung, Gerüstsatzbildung und Komposition, doch ist er zur generell tiefsten (»tragenden«) Stimme (tenens heißt er beim Anonymus II, CS I, 312a) erst im 12. Jh. geworden. Der eigentliche Anstoß zur Benennung der vorgegebenen tiefsten Stimme als T. scheint vom Discantussatz der Notre-Dame-Schule ausgegangen zu sein. Denn die dem Choral entnommene hatte infolge der modalen Rhythmisierung und Ordinierung, der Wiederholung einzelner Abschnitte, vor allem aber im Hinblick auf das Herauslösen von Cantusteilen aus dem liturgischen Zusammenhang in Klausel und → Motette oder auf Spielereien wie der rückläufigen Verwendung eines Cantusausschnitts (*Nus-mi-do* statt *Do-mi-nus,* Hs. *F*, f. 150′) weithin ihre liturgische Integrität verloren. Sie galt in dieser Formung nicht mehr als liturgischer Cantus, sondern als führende, Zusammenhang stiftende Stimme, zu deren Benennung auch Ausdrücke wie → Cantus firmus oder Cantus prius factus geprägt wurden. Die Wahl des Terminus T. erfolgte wohl in diesem kompositionsgeschichtlichen Zusammenhang und im Anschluß sowohl an die vokabulare Bedeutung von T. als auch an die zentrale Stellung dieses Terminus in der Chorallehre. Gemäß der natürlichen Begriffsweite des Wortes war der Sprachgebrauch von T. bis ins 16. Jh. nicht einheitlich. Noch im 15. Jh. erklärte der Anonymus XI: der Contra-T. werde T. genannt, sofern er tiefer sei als der T. (CS III, 466a). Verbreitet war jedoch jener Sprachgebrauch, der in der Präexistenz des T.s in Form einer Choral-, später auch einer weltlichen Liedmelodie das wesentliche Merkmal sah. So erwähnt Jacobus Leodiensis ausdrücklich den Fall, daß in einer Motette *multi t.es* vorhanden sein können (CS II, 386b), und denkt dabei offenbar an Kompositionen wie die Motette Nr 92 in der → Quelle *Ba*, in der quodlibetartig zwei gregorianische Melodien (*Optatur* und *Omnes*) übereinandergesetzt sind. Glareanus versteht unter T., den er auch → Thema nennt, eine einstimmige Melodie, die im mehrstimmigen Satz verarbeitet werden soll (*Dodekachordon* II, 38; angeführt sind hier *Te deum laudamus* und *Pange lingua*). Alberus definiert T. als *ein gesang, lied* (*Novum Dictionarii genus*, c2a). Auch die Gerüstmelodien in den Tänzen des 15. und 16. Jh. wurden in Italien *t.es* genannt (Ortiz, *Tratado de glosas...*, ed. Schneider, S. XXXVII und 106). Die modernen Begriffswörter T.-Messe (→ Messe) und T.-Lied (→ Lied) bringen zum Ausdruck, daß in der T.-Stimme jeweils eine vorgegebene oder vorgefertigte Melodie verwendet ist. – Die seit dem 13. Jh. als T. bezeichnete Stimme wurde schon im 14. Jh. gelegentlich vom → Contra-T. unterschritten und ist seit der Mitte des 15. Jh. praktisch nur noch als Mittelstimme (media vox, medius [scil. cantus]; → Taille) anzutreffen: im 4st. Satz zwischen Contra-T. bassus und altus, im 3st. Liedsatz zwischen Contra-T. (der allerdings, besonders in den Klauseln, mitunter noch über den T. steigt) und Superius. Im regulären 4st. Satz ist der T. seither die → Lagenstimme über dem Baß.

– 2) Von der Lagenstimme ging die Bezeichnung über auf die Stimmlage T., die hohe Gattung der Männerstimmen mit dem Normalumfang c–a^1, bei Berufssängern bis c^2. In der Bühnenpraxis wird unterschieden zwischen den Stimmfächern lyrischer T., jugendlicher Helden-T., schwerer Helden-T. und T.-Buffo. Der lyrische T. erfordert Schönheit und Glanz der Stimme bis zum c^2: Don Ottavio (*Don Giovanni*), Tamino (*Die Zauberflöte*), Graf Almaviva (*Il barbiere di Siviglia*), Alfred Germont (*La Traviata*), Lenski (*Jewgenij Onegin*), Linkerton (*Madama Butterfly*), Sänger (*Der Rosenkavalier*). Er kann auch die Rolle des Spiel-T.s übernehmen (z. B. Wenzel in *Verkaufte Braut*), sofern diese nicht dem T.-Buffo zugeteilt wird. Der jugendliche Helden-T. verlangt geringere Höhe, dafür um so stärkere Durchschlagskraft: Florestan (*Fidelio*), Stolzing (*Die Meistersinger von Nürnberg*), Don José (*Carmen*), Canio (*Pagliacci*), Bacchus (*Ariadne auf Naxos*), Kalaf (*Turandot*), Tambourmajor (*Wozzeck*), Alwa (*Lulu*). Der schwere Helden-T. erfordert bei männlicher Sonorität ein Höchstmaß an Klangentfaltung: Tristan (*Tristan und Isolde*), Siegmund und Siegfried (*Der Ring des Nibelungen*), Otello. Der T.-Buffo, Vertreter des heiteren Fachs, setzt Helligkeit und Biegsamkeit der Stimme sowie gute Deklamationsfähigkeit voraus: Pedrillo (*Die Entführung aus dem Serail*), Basilio (*Le nozze di Figaro*), Monostatos (*Die Zauberflöte*), Jaquino (*Fidelio*), David (*Die Meistersinger von Nürnberg*), Mime (*Der Ring des Nibelungen*), Spalanzani (*Les contes d'Hoffmann*), Pong und Pang (*Turandot*), Hauptmann (*Wozzeck*). – Instrumente, die einen der menschlichen T.-Stimme entsprechenden Umfang haben oder ihn in ihrer Mittellage umschließen, tragen seit dem 16. Jh. häufig den Zusatz T. (T.-Fidel, T.-Gambe, T.-Posaune, T.-Saxophon). Gelegentlich, wie bei der T.-Blockflöte mit dem Umfang etwa einer Sopranstimme, hat auch die (relative) Lage über dem tiefsten (Baß-)Instrument innerhalb einer Instrumentenfamilie zu dieser Benennung geführt.

Lit.: zu 1): P. AUBRY, Recherches sur les ténors frç. dans les motets du XIIIe s., Paris 1907; DERS. u. A. GASTOUÉ, Recherches sur les ténors lat. dans les motets du XIIIe s., La Tribune de St-Gervais XIII, 1907; W. GURLITT, J. Walter u. d. Musik d. Reformationszeit, Luther-Jb. XV, (München) 1933; M. APPEL, Terminologie in d. ma. Musiktraktaten. Ein Beitr. zur mus. Elementarlehre d. MA, Diss. Bln 1935; DOM L. DAVID, La »Mora ultimae vocis« de Guy d'Arezzo, Rev. du chant grégorien XL, 1936; K. GUDEWILL, Zur Frage d. Formstrukturen deutscher Liedtenores, Mf I, 1948; DERS., Beziehungen zwischen Modus u. Melodiebildung in deutschen Liedtenores, AfMw XV, 1958; R. STEPHAN, Die Tenores d. Motetten ältesten Stils, Diss. Göttingen 1949, maschr.; H. BESSELER, Bourdon u. Fauxbourdon, Lpz. 1950; R. DAMMANN, Spätformen d. isorhythmischen Motette im 16. Jh., AfMw X, 1953; H. H. EGGEBRECHT, Studien zur mus. Terminologie, = Akad. d. Wiss. u. d. Lit. Mainz, Abh. d. geistes- u. sozialwiss. Klasse, Jg. 1955, Nr 10; N. E. SMITH, T. Repetition in the Notre Dame Organa, JAMS XIX, 1966; SH. DAVIS, The Solus T. in the 14th and 15th Cent., AMI XXXIX, 1967.

Tenora, in der → Cobla gebräuchliche Tenorschalmei mit starkem, nasal-schreiendem Ton.

Lit.: J. COLL, Método de tiple y t., Barcelona 1950.

Tenorgeige → Viola tenore (– 2).

Tenorhorn, zur Familie der Bügelhörner gehörendes Blechblasinstrument in B oder C, das in ovaler, Tuba- oder Trompetenform gebaut wird.

Tenorino (ital., Diminutiv von tenore, eigentlich s. v. w. kleiner Tenor, Tenörchen) nannte man die falsettierenden Tenor vor Zulassung der Kastraten in die päpstliche Kapelle. Im 16. Jh. waren in Rom vor allem spanische Tenorini geschätzt. Später wurden sie zur Unterscheidung von den Kastratenstimmen Alti naturali (→ Falsettisten) genannt.

Tenso (prov.) → Tenzone.

tenuto (ital., gehalten; Abk.: ten.) fordert, daß die Töne ihrem vollen Werte nach ausgehalten werden; forte ten. (f ten.), in gleicher Stärke forte ausgehalten, nicht abnehmend.

Tenzone (ital.; prov. tenso; prov. und frz. tenson; von lat. contentio, Streit), mehrstrophiges provenzalisches Streitlied ohne feste Form, das von 2 Partnern meist auf bekannte Melodien vorgetragen wurde und aktuelle Geschehnisse oder Liebesprobleme in teilweise polemischem Dialog behandelte, im Unterschied zum mehr spielerisch-geistreichen → Jeu parti. Vor allem im 12./13. Jh. von den Trobadors gepflegt, erlangte die T. für die Trouvères Bedeutung bei den Sängerkriegen (→ Puy).

Terminologie der Musik ist die Wissenschaft und Lehre von den musikalischen Fachwörtern sowie die Gesamtheit der musikalischen Termini technici. Vor anderen T.n zeichnet sich die musikalische T. dadurch aus, daß einerseits Erklingen (genauer: Töne, Musik) und Benennen (Wörter, Sprache) zwei grundsätzlich verschiedenen Sinnbereichen zugehören und somit das Benennen des (artifiziell) Erklingenden zur Fachsprache prädestiniert ist (in der schlichten Angabe »Das Thema des Allegros der Symphonie in C dur« ist jeder benennende Bestandteil ein Terminus) und daß andererseits die Musik seit altgriechischer Zeit ein Gegenstand theoretischer Erörterung war, so daß zusammen mit einem ausgedehnten musikalischen Schrifttum eine weitverzweigte Musik-T. entstand. Deren Grundlage bilden bis heute die griechischen Begriffswörter (Musik, Rhythmus, Harmonie, Melodie usw.), weil in der griechischen Antike erstmals »Musikalisches« benannt wurde, und zwar offenbar sogleich im Sinne einer Grundsätzlichkeit der Sachen und Sachverhalte, die zusammen mit den Wörtern trotz aller Geschichtlichkeit der Musik bis heute fortbesteht. – Während aber in der griechischen Antike die Wörter weithin noch als echte Namen im Einklang mit den durch sie begriffenen Sachen und Sachverhalten standen, traten seit dem Hellenismus Begriffswort (terminus) und Sache (res) in ein Spannungsverhältnis, das im Laufe der Geschichte nur immer noch größer und komplizierter wurde und die T. der Geisteswissenschaften heute in zunehmendem Maße beunruhigt und beschäftigt. Der Abstand zwischen den Wörtern und den Sachen hat seinen Grund vor allem darin, daß die Wörter oft fortbestehen, während die Sachen sich wandeln (z. B. → Symphonie, → Modulatio[n], → Kontrapunkt). Und er vergrößert sich zudem, wenn die Wörter als Lehnwörter, Lehnübersetzungen oder Fremdwörter aus anderen Sprachen übernommen (→ Dasia-Zeichen, → Paraphonia, → Ostinato; → Vortragsbezeichnungen) oder aus einer anderen Fachsprache in die musikalische T. überführt wurden (→ Color – 2, → Klausel; → Figuren) oder wenn sie aus umgangssprachlichen Benennungen stammen (so oft bei Instrumenten und Tänzen, z. B. → Gigue, → Passacaglia). Erschwerend für ein unmittelbares Verständnis wirkt sich auch aus, wenn ein Wort mehrmals in voneinander unabhängigen Prozessen und Bedeutungen zum Terminus erhoben wurde (z. B. → Pes – 1 bis – 3; → Modus – 1 bis – 4) oder wenn eine Benennung zu einem Bezeichnungsfragment (Kurzform) zusammengeschrumpft ist (z. B. → Musica, → Kontrapunkt, rubato [→ Tempo rubato], → Musical). In vielen Fällen ist noch heute die Wortherkunft (Etymologie) eines musikalischen Terminus ungeklärt (auf diese Problematik geht das vorliegende Lexikon vorsätzlich nicht ein) oder umstritten (→ Madrigal, → Fauxbourdon, → Concerto).

Die Geschichte der Musik wird von der Notwendigkeit begleitet, die Sachbezeichnungen immer wieder zu erklären oder zu definieren (→ Lexika), sie auf die geschichtlich verwandelten Gegenstände neu zu beziehen, für neu entstandene Sachen neue Bezeichnungen ausfindig zu machen (z. B. → Discantus, → Musica poetica, → Dominante, → Leitmotiv, → Schlager, → Serielle Musik, → Permutation – 3) und wissenschaftlich erkannte Sachverhalte erstmals zu benennen (→ Kantilenensatz, → Agogik, → Amusie, → Tonigkeit, → Hörschwelle). Andererseits erfordert das Verständnis der Quellentexte aller Zeiten die Erschließung der Wortbedeutungen aus dem Kontext, den gebotenen Definitionen und dem jeweiligen System der Begriffssprache auf der Grundlage der Wortforschung und Sacherkenntnis. Auch die Interpretation der Musik durch die beschreibende und erklärende Sprache ist in hohem Maße abhängig von der Wahl der Wörter, d. h. von dem Grad der Übereinstimmung zwischen dem Erkennen der Sachen und dem Durchschauen der Wortbedeutungen. Denn ob z. B. eine Konstellation gleichzeitig erklingender Töne richtig als Klang, Intervallkomplex, Akkord, Harmonie oder Struktur angesprochen wird, ist eine Frage der Kongruenz zwischen dem Sein der Sachen und dem Meinen der Wörter. Das Verstehen der Musik in der Vielfalt und Eigenart ihrer geschichtlichen und ethnischen Erscheinungen erfordert eine geschichtlich und ethnisch verstandene und erschlossene Begriffssprache. Jedem System des Geltenden entspricht ein System der T., dessen Verabsolutierung die Verkennung aller anderen Systeme des Geltenden zur Folge hat. Auch ein Begriffs- und Zeichensystem, das sich die Aufgabe stellt, für alle musikalischen Fälle zu gelten oder im Sinne der Grundlagenforschung das immerwährend Prinzipielle der Gestaltung des Klingenden zu erfassen, kann der geschichtlichen Bedingtheit des Verstehens und Benennens nicht entrinnen.

Während in den neuzeitlichen Naturwissenschaften die Termini in ihren Bedeutungen weitgehend »verabredet« und als Wörter gleichgültig sind und andererseits in den geschichtlichen Disziplinen eine positivistisch und evolutionistisch orientierte Wissenschaft die Sachbezeichnungen fortschrittsgläubig im Sinne der gegenwärtigen Tatsachenwelt definiert, setzt sich seit den 1920er Jahren in den Geisteswissenschaften immer mehr die Auffassung durch, daß die T. nicht nur der Präzisierung bedarf, sondern auch eine Quelle geschichtlichen Erkennens ist. Denn der Terminus als »Begriffswort« vermag eine bestimmte Weise des »Begreifens« einer Sache zu bekunden: *Jeder Terminus, jede Gruppe von Termini, entspricht einer je bestimmten, fest umrissenen Musikwirklichkeit* (Gurlitt 1952, S. 216). Diese Aussagekraft des Begriffsworts hat – jenseits allen Definierens – einen objektiven Grund in dem Wort, das zur Benennung einer Sache, d. h. zur Kennzeichnung ihres als wesentlich verstandenen Merkmals erhoben wurde: das Wählen der Begriffswörter erfolgt kraft der Bedeutung, die die Wörter als umgangssprachliche Vokabeln oder als bereits bestehende Termini bei dieser Wahl anbieten und die die T. als erstes zu erkunden hat, wenn sie den Sinn der Bezeichnungen ausfindig machen und das Begreifen der Sachen aus den Wörtern erschließen will. So z. B. kennzeichnen in der nachguidonischen Organumlehre die Ausdrücke Voces coniunctae und Voces disiunctae die Oktave und den Einklang sowie die Quinte und Quarte als »verbundene« Töne (iunctae), entsprechend ihrer Geltung als Symphoniae, und klassifizieren sie zugleich als »zusammen-verbunden« (Oktave/Einklang) und »auseinander-verbunden« (Quinte/Quarte). So auch z. B. bezeugt die Benennung der unteren Stimme eines Satzes als Vox principalis (→ Organum), → Cantus (– 1; → Discantus), → Tenor (– 1), → Pes (– 2), → Contratenor (Solus tenor; → Bordun; Baritonans [→ Bariton – 1]), → Fundamentum (→ Basis), → Baß (– 1) eine je verschiedene Auffassung der Sache, entsprechend den Stadien der Sachgeschichte. Und höchst wichtig wäre es, wenn erwiesen werden könnte, auf Grund welcher Nennkraft z. B. das Wort → Organum zur Bezeichnung der frühen Mehrstimmigkeit und das Wort motetus (→ Motette) zur Benennung einer musikalischen Gattung erhoben wurde. Auch bei den neueren terminologischen Bildungen bekundet sich im Benennen das Auffassen, z. B. in den Bezeichnungen → Isorhythmie, → Kolorierung, musikalische → Prosa (– 2), → Klangfarbenmelodie. Und hinter den Benennungsprozessen, -fragen und -entscheidungen stehen oft schwerwiegende Sachprobleme, z. B. bei den Wörtern → Polyphonie (Mehrstimmigkeit), → Improvisation (Stegreifausführung), → Atonalität (Tonalität).

Wie die Sachwelt Geschichte hat (sachgeschichtliche Fragestellung), so auch das Bezeichnen (Begreifen) der Sachen, sei es, daß die Bedeutung eines Wortes sich wandelt (bedeutungsgeschichtliche Fragestellung; Beispiel: → Klavier) – wobei die Beziehung von Wort und Sache nicht selten durch »irrtümliche Etymologien« wiederhergestellt wurde (→ Ricercar) – sei es, daß die Lautform eines Wortes sich ändert (wortgeschichtliche Frage, z. B.: Músik / → Musík; Ténor / → Tenór; → Tactus / → Takt; Aria / → Arie; → Fuga / → Fuge) oder eine Sache gleichzeitig oder im Laufe ihrer Geschichte mehrfach benannt wird (bezeichnungsgeschichtliche Frage; z. B. → Harmonia / → Diapason / → Oktave; → Soggetto / → Thema), womit zumeist entscheidende Wendepunkte der Sach- und Begriffsgeschichte markiert sind. – Die T. als Wissenschaft der Begriffsgeschichte im Zusammenwirken der sach-, bedeutungs-, wort- und bezeichnungsgeschichtlichen Fragestellungen und unter dem Aspekt der Geschichte des Begreifens der Sachen durch Wörter wurde durch W. Gurlitt und H. H. Eggebrecht zu einer Grundforderung musikwissenschaftlicher Arbeit erhoben und systematisch in Angriff genommen. Das im Rahmen der Kommission für Musikwissenschaft der Mainzer Akademie der Wissenschaften und der Literatur von Gurlitt in Freiburg im Breisgau begonnene, seit 1965 von Eggebrecht fortgeführte *Handwörterbuch der musikalischen T.* soll in planmäßiger Arbeit *ein möglichst weites und ursprüngliches Blickfeld für die geistige Eigenart der musikalischen Begriffe und Begriffswörter erschließen* (Gurlitt 1952, S. 214). Auf der Grundlage der manuellen Verzettelung der (mit ihrem Kontext aufgenommenen) auf die Musik bezogenen Wörter des europäischen Musikschrifttums wird die Bezeichnungsgeschichte der Sachen und die Bedeutungsgeschichte der einzelnen Wörter und Wortgruppen erarbeitet, um dann in lexikalischer Darstellung in Einzellieferung veröffentlicht zu werden. Im Unterschied und in Nachbarschaft zu diesem auf die gesamte europäische Musikgeschichte gerichteten Unternehmen beschäftigt sich das auf Anregung von Thr. G. Georgiades und W. Bulst 1960 von der Musikhistorischen Kommission der Bayerischen Akademie der Wissenschaften begonnene *Lexicon Musicum Latinum* speziell mit der lateinischen musikalischen Fachsprache des Mittelalters bis zum 12. Jh. Der Archivaufbau erfolgt auf der Grundlage eines systematischen Erfassens der gesamten Wortschatzes der Musiktraktate und der auf Musik bezüglichen Stellen sonstigen Schrifttums unter Verwendung auch elektronischer Datenverarbeitung. Im Auftrage der Association internationale des bibliothèques musicales (AIBM) wird in internationaler Zusammenarbeit ein polyglottes Musikfachwörterbuch (*Glossarium musicae*) zusammengestellt, das die wichtigsten musikalischen Begriffe in Deutsch, Englisch, Französisch, Italienisch, Spanisch, Ungarisch und Russisch zu erfassen sucht.

Lit.: → Lexika, Bibliogr., Gruppe A und C bis D. – M. APPEL, T. in d. ma. Musiktraktaten, Diss. Bln 1935; H. H. EGGEBRECHT, Aus d. Werkstatt d. Terminologischen Handwörterbuchs, Kgr.-Ber. Utrecht 1952; DERS., Studien zur mus. T., = Akad. d. Wiss. u. d. Lit. Mainz, geistes- u. sozialwiss. Klasse, Jg. 1955, Nr 10; W. GURLITT, Ein begriffsgeschichtliches Wörterbuch d. Musik, Kgr.-Ber. Utrecht 1952, Neudruck in: Mg. u. Gegenwart II, = BzAfMw II, Wiesbaden 1966; DERS., Ber. über d. Arbeiten zur mus. T., Jb. d. Akad. d. Wiss. u. d. Lit. Mainz 1956; H. SCHMID u. E. L. WAELTNER, Plan u. Durchführung d. »Lexicon Musicum Lat.«, Kgr.-Ber. Kassel 1962; DIES., Lexicon Musicum Lat., in: Organicae voces, Fs. J. Smits van Waesberghe SJ, Amsterdam 1963; T. d. Neuen Musik (mit Beitr. v. C. Dahlhaus, E. L. Waeltner u. a.), = Veröff. d. Inst. f. Neue Musik u. Musikerziehung Darmstadt V, Bln 1965. HHE

Terpodion, ein von J. D. Buschmann (1816) erfundenes → Friktionsinstrument, bei dem abgestimmte Holzstäbe mittels einer Klaviatur gegen einen rotierenden und mit Kolophonium bestrichenen Holzzylinder gedrückt werden. Das T. imitiert wie das → Orchestrion (– 1) Instrumente des Orchesters, vorwiegend Flöte, Fagott und Horn. Vorläufer des T.s sind der → Clavizylinder und das Uranion, das ebenfalls von Buschmann konstruiert und im Unterschied zum T. mit einem Zylinder mit Tuchüberzug versehen war. Der Tonumfang des T.s beträgt $_1$F–f^4. – Ein Instrument gleichen Namens, aber mit Metallzylinder und Metallstäben, wurde 1821 von den Engländern D. Loeschmann und J. Allwright konstruiert (Umfang $_1$F–f^4).

Tertian (Terzian) ist in der Orgel eine gemischte Stimme, meist zweichörig, aus dem 4. und 5. Oberton bestehend, zu $1^3/_5' + 1^1/_3'$, auch $^4/_5' + ^2/_3'$ mit Repetition bei c oder c^1, etwas schärfer als die Sesquialtera intoniert.

Terz (lat. tertia, dritte, in der älteren Musiklehre auch → Ditonus), die 3. Stufe in diatonischer Folge, das zusammen mit der reinen Quinte den → Dreiklang konstituierende Intervall. Die musikalische Praxis kennt die T. als groß, klein, vermindert und übermäßig. Die musikalische Akustik kennt die große und kleine T. als natürlich (4:5 und 5:6), pythagoreisch (64:81 und 27:32) und gleichschwebend temperiert ($^1/_3$ und $^1/_4$ der Oktave). Der akustische Unterschied zwischen pythagoreischer und natürlicher T., das syntonische → Komma (– 1), wird in der musikalischen Praxis nicht berücksichtigt. – Die T., in der einstimmigen Musik der Antike und des Mittelalters als → emmelisches Intervall gewertet, erscheint in der Klassifikation der Intervalle bei Johannes de Garlandia und Franco von Köln als → Concordantia imperfecta (CS I, 105a und 129a). Die bis zur Mitte des 16. Jh. gültige Deutung der T. als unvollkommener → Konsonanz (– 1) besagt, daß die T. im mehrstimmigen Satz zwar notwendig und wohlklingend sei, daß sie aber, zumindest in der → Klausel am Schluß eines Abschnitts, in die vollkommenen Konsonanzen Einklang oder Quinte aufgelöst werden solle. Bei dem seit dem 16. Jh. üblichen Schlußklang mit T. wurde bis ins 18. Jh. regelmäßig auch in Mollsätzen die große T. (wegen ihres höheren Konsonanzgrades) verwendet (→ Picardische T.). Nachdem seit den Pythagoreern allein die Quinte dem Aufbau des Tonsystems zugrunde gelegt worden war, galt seit dem 16. Jh. (Fogliano, Zarlino) auch die T. als konstitutives Intervall. In weiterer Verfolgung dieses Gedankens erkannte J.-Ph. Rameau die T.en-Schichtung als Prinzip des Aufbaus aller Akkorde. Dieses für die Harmonielehre des 18./19. Jh. grundlegende Prinzip wurde im 20. Jh. aufgegeben zugunsten von Klangformen, die auch andere Intervalle als konstitutive Elemente enthalten. – In der Musikethnologie wird das in der Rufmelodik bevorzugt auftretende Distanzintervall als Ruf-T. bezeichnet.

Terz, Sext, Non, (lat. hora tertia, hora sexta, hora nona), die 2. bis 4. der kleinen Horen im → Offizium der römisch-katholischen Kirche. Während ihre Vorgeschichte auf das schon im 3. Jh. nachweisbare, anfänglich private Beten zur 3., 6. und 9. Stunde weist, finden sich diese 3 Horen als offizielle Teile des Offiziums erstmals im Stundengebet der orientalischen Asketen. Ihnen liegt nach römischem Ritus folgender gemeinsamer Aufbau zugrunde: Einleitungsversikel *Deus in adiutorium meum intende* mit kleiner Doxologie, anschließend ein 3strophiger Hymnus für das ganze Kirchenjahr (T.: *Nunc Sancte nobis Spiritus*, zu Pfingsten und in der Pfingstoktav ersetzt durch *Veni, Creator Spiritus*; Sext: *Rector potens, verax Deus*; Non: *Rerum Deus tenax vigor*), ferner drei (von einer einzelnen Antiphon umrahmte) Psalmen, Capitulum, Responsorium breve, Versikel, Oration und Entlassungsgruß *Benedicamus Domino*. Dieselbe Gliederung ohne Responsorium breve findet sich im monastischen Offizium. – Nach den Bestimmungen zur Liturgiereform des 2. Vatikanischen Konzils darf beim Breviergebet außerhalb des Chores von den 3 Horen, »die der betreffenden Tageszeit am besten entspricht«, ausgewählt werden (*Constitutio de sacra liturgia*, Artikel 89e).

Terzett (ital. terzetto; frz. trio; engl. terzet), eine Komposition für drei konzertierende Singstimmen mit oder ohne Instrumentalbegleitung; die Bezeichnung für das 3st. Instrumentalstück ist → Trio. Im 16./17. Jh. hießen 3st. Vokal- und Instrumentalsätze häufig → Tricinium. Das Vokal-T. ist meist Bestandteil größerer dramatischer oder oratorischer Werke. Die ausschließlich vokale Bedeutung des Terminus hat sich erst im Verlauf des 19. Jh. endgültig durchgesetzt (→ Duett); so heißt z. B. Beethovens Trio op. 87 für 2 Oboen und Englischhorn (1794) im Autograph *t.o*, und noch A. Dvořák (op. 74 und op. 75a, 1887) gebrauchte die Bezeichnung T. für Streichtrios. Gelegentliche Versuche, Trio und T. gegeneinander abzugrenzen, bezogen sich mehr auf den Umfang der Stücke als auf deren Besetzung: BrossardD definiert T. (als Diminutiv von Terzo) als *un petit Trio*. WaltherL hebt den satztechnischen Unterschied zwischen vokalem und instrumentalem T. hervor: *eine kurtzgefaßte Composition von drey Sing-Stimmen, mit ihrem besonderen Spiel-Baß und anderen accompagnirenden Instrumenten;* it[em] *eine dergleichen Composition von drey Instrument-Stimmen, die Baß-Stimme mit gerechnet.*

Terzgeige → Violino piccolo.

Terzquart(sext)akkord → Septimenakkord.

Testo (ital., Text) bezeichnet seit dem 17. Jh. den erzählenden Text, im weiteren Sinne auch die Rolle des Erzählers im italienischen → Oratorium. Gleichbedeutend sind die Bezeichnungen Historia bzw. Historicus im lateinischen Oratorium und Evangelist in der → Passion. Der T., meist solistisch, gelegentlich auch chorisch gestaltet, ist charakteristisch für das frühe Oratorium der Zeit um 1650. Doch schon in der 2. Hälfte des 17. Jh. zielten die Oratoriendichter – unter ihnen besonders konsequent A. Spagna – auf die Abschaffung der Erzählerrolle, um das Oratorium im textlichen und dramatischen Aufbau der Oper anzugleichen. Die Oratorienlibretti Metastasios und die Texte der meisten italienischen Oratorien des 18. Jh. sind durch das Fehlen des T. gekennzeichnet. Soweit in dieser Zeit das Oratorium in deutscher Sprache von den italienischen Vorbildern beeinflußt war (z. B. die Texte von Menantes), fehlt auch in ihm die Partie des Erzählers. Dagegen findet sich der Evangelist in den deutschen oratorischen Passionen, so vor allem bei J. S. Bach.

Testudo (lat., Schildkröte), im römischen Altertum Bezeichnung der Lyra, im 15.–17. Jh. der Laute.

Tetrachord (griech., »Vierton«-Folge; bei Hermannus contractus latinisiert: quadrichordum), ist »eine Ordnung von nacheinander gesungenen Tönen, deren äußerste miteinander in der Quarte zusammenklingen« (Bakcheios). Die Struktur des T.s erschließt einen Grundzug der Griechischen Musik: die Rahmentöne stehen im Konsonanzverhältnis, sind symphonoi und daher »feststehend« (μένοντες, ἑστῶτες, ἀκίνητοι); eingefügt werden stets 2 Töne, die diaphone, d. h. nicht konsonante Intervalle zu den Rahmentönen bilden und »beweglich« (φερόμενοι, κινούμενοι) sind. Je nach Anordnung der beweglichen Töne gehört ein T. zur Diatonik (Intervallfolge von oben je nach Tonart: Ganzton–Ganzton–Halbton, Ganzton–Halbton–Ganzton, Halbton–Ganzton–Ganzton), Chromatik (kleine Terz – Halbton – Halbton) oder Enharmonik (große Terz–Viertelton–Viertelton). Das T. gilt daher als Systema und als Baustein für Tonart und → Systema teleion (auch → Pyknon). Da 2 T.e »verbunden« (ein Rahmenton gehört zu beiden T.en; → Synaphē) oder »unverbunden« (Zwischenraum ein Ganzton, Diazeuxis) aufeinander folgen können, wiederholen sich Töne, deren Lage innerhalb des T.s die gleiche ist, nach einer Quarte

oder Quinte. Vom griechischen System der T.e leitet sich die Quartstimmung der arabisch-islamischen Saiteninstrumente (→ ʿŪd) her. – In der T.-Lehre des Mittelalters sind 3 Systeme zu nennen: 1) Neben das T. finalium D–G treten das T. gravium Γ–C sowie zur Höhe hin das T. superiorum a–d und das T. excellentium e–aa; da die T.e gleich gebaut und alle unverbunden sind, ergibt sich Quintwiederholung der Töne mit B und F in der unteren, h und fis in der höheren Oktave, so im Byzantinischen Gesang und in der *Musica Enchiriadis* (→ Dasia-Zeichen). 2) Bei gleicher Benennung (wie unter 1) ergeben die 4 T.e, in 2 Oktaven eingefügt, das System A–D, D–G, a–d, d–g (häufig im 10./11. Jh., am besten bei Hermannus contractus, mit Polemik gegen die *Musica Enchiriadis*). 3) Die Erweiterung dieses Tonsystems durch Guido, der das Γ und ein T. aa–dd anfügte, führt zu einer neuen T.-Reihe: T. gravium Γ–C, T. finalium D–G, T. acutarum a–d, T. superacutarum d–g, T. excellentium aa–dd (in dieser Form nicht bei Guido, aber z. B. bei Johannes Affligemensis). – *Musica Enchiriadis* und Hermannus contractus sind im Mittelalter die einzigen, die dem T. eine für die Musik konstitutive Bedeutung zuweisen; Guido übergeht es, und nach ihm lassen die Solmisation im Hexachord und die Entfaltung der Mehrstimmigkeit dem T. keinen eigenen Raum mehr.

Lit.: Aristoxeni Elementa harmonica, griech u. ital., hrsg. v. R. Da Rios, 2 Bde, Rom 1954; Die Harmonielehre d. Klaudios Ptolemaios, hrsg. v. I. Düring, = Göteborgs högskolas årsskrift XXXVI, 1, Göteborg 1930, dazu Porphyrios' Kommentar, ebenda XXXVIII, 2, 1932, deutsche Übers. ebenda XL, 1, 1934; Musici scriptores graeci, hrsg. v. K. v. Jan, Lpz. 1895, Nachdruck Hildesheim 1962, S. 262f. (Nikomachos) u. 298ff. (Bakcheios); GS I, 152ff. (Musica Enchiriadis); GS II, 127ff. (Hermannus contractus); Guido v. Arezzo, Micrologus, hrsg. v. J. Smits van Waesberghe SJ, = CSM IV, (Rom) 1955, S. 94; Johannes Affligemensis, De Musica, hrsg. v. dems., ebenda I, 1950, S. 61f. u. 97.

Tetrardus (tetartus, lat., von griech. τέταρτος) → Kirchentöne.

Thailand → Hinterindien.

Thema nennt man in der neueren Zeit – nach H. Riemanns Definition – einen musikalischen Gedanken, der, wenn auch nicht völlig abgerundet und geschlossen, doch bereits so weit ausgeführt ist, daß er eine charakteristische Physiognomie zeigt; das Th. unterscheidet sich darin vom → Motiv, welches nur ein Keim thematischen Gestaltens ist. Darüber hinaus ist das Th. dadurch gekennzeichnet, daß es in einem größeren musikalischen Zusammenhang (Abschnitt, Satz oder Werk) als prägende Substanz wirksam wird; dies geschieht vor allem durch Wiederkehr, aber auch durch Verarbeitung und Verwandlung des Th.s und setzt seine Erkennbarkeit voraus, die gewährleistet wird durch seine relativ fest gefügte, melodisch, rhythmisch und harmonisch klar definierte Gestalt. Die Aspekte der Beschaffenheit und der Durchführbarkeit oder Entwicklungsfähigkeit eines Th.s stehen in Wechselbeziehung (wie es J. S. Bachs Begriff und Prinzip der → Invention musterhaft zeigen): das Th. wird in der Regel im Hinblick auf ein bestimmtes Verarbeitungsverfahren erfunden, lenkt aber inspirierend auch den Kompositionsprozeß in Detail und im Ganzen; doch läßt die Abhängigkeit zwischen Erfindung des Th.s und Durchgestaltung des Werkes dem schöpferischen Willen einen weiten Spielraum. Der in der Musik besonders seit etwa 1600 sich darbietende Reichtum an Möglichkeiten der Beschaffenheit eines Th.s ist mit Hilfe einer Systematik nicht zu erfassen. Selbst diejenigen Themen, denen ein überschaubares Repertoire von konventionellen Motiven einer bestimmten Epoche zugrunde liegt, weisen auf eine unermeßliche Variabilität solcher Elemente hin. Unterscheidungsmerkmale für Th.-Gestaltungen ergeben sich aus folgenden Gegenüberstellungen: das Th. kann primär melodisch-linear erfunden oder von vornherein harmonisch-klanglich konzipiert sein; es kann den Charakter der Einheit oder den der Untergliederung betonen, aus verwandten oder kontrastierenden Motiven bestehen, »geschlossen« (klar begrenzt) oder »offen« sein, d. h. kaum merklich in nicht zum Th. gehörende Partien übergehen. Seiner Herkunft nach kann es neugeschaffen oder übernommen bzw. aus vorgegebenem Material (um-)gebildet worden sein. Der Gesichtspunkt, welche Position ein Th. innehat – ob es z. B. einen Satz eröffnet oder durch eine Einleitung vorbereitet wird, ob es Haupt- oder Seiten-Th. ist (→ Exposition) u. ä. – richtet den Blick über das Th. hinaus auf den größeren Zusammenhang, in dem es steht. Charakteristisch ausgeprägt ist die Rolle des Th.s besonders in der → Fuge (mitbestimmt durch das Prinzip der → Beantwortung) und in der → Sonatensatzform, aber auch als Refrain im → Rondo, als Baßfundament in → Chaconne und → Passacaglia sowie als Ausgangssatz für Variationen. Der Verarbeitung eines Th.s können nahezu alle grundlegenden satztechnischen Mittel dienstbar gemacht werden: das Umformen (→ Variation, → Durchbrochene Arbeit) und kontrapunktische Verdichten (→ Imitation), das Aufspalten in Motive sowie deren Weiterentwicklung und Neukombination (→ Thematische Arbeit), doch auch der Kontrast mit nichtthematischen Elementen.

Im musikalischen Bereich erscheint das Wort Th. im 16. Jh. bei Glareanus (*Dodekachordon*, 1547), der darunter das zum Zwecke der mehrstimmigen Verarbeitung musikalisch Vorgegebene versteht: den Tenor (II, Cap. 38, S. 174–175), die mit Kanonanweisung versehene Aufzeichnung einer einzelnen Stimme, aus der sich ein mehrstimmiger Satz gewinnen läßt (III, Cap. 26, S. 442), vermutlich aus dem entweder aus einem gegebenen Tenor gebildeten oder aber neuerfundenen melodischen Abschnitt, der imitierend die Stimmen durchwandert (*nostrae ętatis inuenta Themata*, S. 460; Tenor als *Thematis filum*, S. 240). Zarlino dagegen bezeichnet als Th. (oder *passaggio*) speziell ein Melodieglied, das einen C. f. (soggetto) kontrapunktiert, indem es mehrmals wiederholt wird, dabei aber Lage und Rhythmus ändern kann (*Istitutioni harmoniche*, 1558, III, Cap. 55). Im 17./18. Jh. ist das Wort Th. im allgemeinen gleichbedeutend mit → Soggetto bzw. Subjectum (→ Subjekt) und bezeichnet vor allem das Fugen-Th. Dieses weist in der Frühzeit infolge seiner Bindung an kirchentonale Modi und an einen vokal-linearen Duktus weitgehend gruppentypische Züge auf, erhält aber im Laufe des 17. Jh. durch die Festigung der Dur-Moll-Tonalität und durch schärfere rhythmische Konturen ein individuelleres Gepräge, obgleich die einzelnen Motive formelhaft bleiben. Deutsche Autoren führen im 18. Jh. als neues Synonym von Th. das Begriffswort → Hauptsatz ein, das gegen Ende des Jahrhunderts mehr und mehr zur Bezeichnung für das metrisch-periodisch gebaute Th. der Klassik wird. Der wichtigste Th.-Typ besteht nunmehr aus prägnanten, häufig auch untereinander gegensätzlichen Motiven, die symmetrisch zueinander in Beziehung gesetzt, danach streben, sich selbständig zu entfalten. Daneben ist der liedmelodische Th.-Typ zu nennen, der mehr statische Eigenschaften aufweist, sich vornehmlich in langsamen Sätzen und im Rondo findet und allgemein in der Romantik stärker in den Vordergrund tritt. Indessen werden in großen Formen, besonders der Spätromantik, Themen bevorzugt, die sich aus knappen, wandlungsfähigen Motiven zusammensetzen; zunehmende Bedeutung gewinnt dabei das bereits in älterer Zeit nachweisbare Verfahren, mehrere Themen innerhalb eines Werkes voneinander abzuleiten (häufig beim → Leitmotiv) oder aus einem einzigen »Ur-Motiv« zu bilden (z. B. Liszt, *Les préludes*). – Die Neue Musik des 20. Jh. weist zwar vielfach kompositorisch substantielle Bildungen auf, die einem Th. ähneln und (oder) die Rolle eines Th.s spielen, und hält am Prinzip der »thematischen Arbeit« fest (vielfach in besonderer Strenge), läßt aber den Begriff des Th.s insofern problematisch werden, als das musikalische Geschehen in der Regel nicht mehr im herkömmlichen Sinne von einem in sich geschlossenen und festgefügten Th. ausgeht und von ihm her seine Motivation bezieht, sondern sich kraft der Erfindung eines für die Komposition verbindlichen Faktors (z. B. einer → Reihe, eines elementaren Motivs, einzelner Intervalle oder Klänge, einer rhythmischen Formel) konstituiert.

Lit.: H. RIEMANN, Große Kompositionslehre I, Bln u. Stuttgart 1902; DERS., System d. mus. Rhythmik u. Metrik, Lpz. 1903; W. FISCHER, Zur Entwicklungsgesch. d. Wiener klass. Stils, StMw III, 1915; A. HALM, Zur Phänomenologie d. Thematik, in: Von Grenzen u. Ländern d. Musik, München 1916; E. KURTH, Grundlagen d. linearen Kontrapunkts, Bern 1917, [5]1956; DERS., Romantische Harmonik..., Bern 1920, Bln [3]1923; A. SCHMITZ, Beethovens »Zwei Prinzipe«, Bln u. Bonn 1923; H. MERSMANN, Musikhören, Potsdam u. Bln 1938, Ffm. [2]1952; R. STEPHAN, Neue Musik, = Kleine Vandenhoeck-Reihe IL, Göttingen 1958; A. WEBERN, Der Weg zur Neuen Musik, hrsg. v. W. Reich, Wien 1960.

Thematische Arbeit bezeichnet im allgemeinen ein Kompositionsverfahren, das darin besteht, längere Strecken eines Satzes mit wenigen, dem zugrunde liegenden → Thema entnommenen Motiven zu bestreiten, die ausgesponnen, abgewandelt, umgruppiert, kombiniert werden usw., so daß das kompositorische Geschehen beständig mit dem Thema in Zusammenhang steht und aus ihm sich entwickelt. Th. A. im besonderen liegt (nach H. Riemann) vor in den Übergangs- und Durchführungsteilen zwischen den eigentlich thematischen Partien, vor allem in der → Sonatensatzform. Der Sprachgebrauch läßt sich zurückverfolgen bis zu H. Chr. Kochs Erklärung (1802), ein Tonstück sei *thematisch gearbeitet, wenn die Ausführung desselben hauptsächlich in den mannigfaltigen Wendungen und Zergliederungen des Hauptsatzes* [d. h. des Themas], *ohne Beymischung vieler Nebengedanken, bestehet*. Die Th. A. ist in der Fugenkomposition des 17./18. Jh. vorgebildet, indem hier zuweilen Motive des Themas in kontrapunktierende Stimmen übergehen (z. B. J. S. Bach, *Das Wohltemperirte Clavier* II, Fuge Fis moll, BWV 883) oder auch längere themafreie Abschnitte beherrschen (ebenda, Fuge C dur, BWV 870). Zur eigentlichen Geltung kommt die Th. A. in der Sonatensatzform und wird, von ihr ausgehend, eines der zentralen Gestaltungsprinzipien in der Musik seit der Frühklassik (→ Streichquartett). Die neue Musik (etwa seit 1910) knüpft weitgehend an das Prinzip der Th.n A. an und dringt vor bis zu Kompositionsarten, die aus einer einzigen kompositorischen Substanz die völlige Einheitlichkeit (→ Zwölftontechnik) oder auch Determination (→ Serielle Musik) des Werkes zu verwirklichen suchen, aber nicht mehr im herkömmlichen Sinn »thematisch« verfahren. – Thematisch gearbeitete Partien sind mit dem Thema substanzverwandt, unterscheiden sich jedoch in der Regel deutlich von ihm, indem sie z. B. lockerer gefügt sind oder stärker vorwärtsstreben. Darüber hinaus ist die Th. A. gekennzeichnet durch die Tendenz, in der Thematik vorhandene gegensätzliche Charaktere (zwischen mehreren Themen oder innerhalb eines Themas) in verstärktem Maße gegeneinander auszuspielen, um Steigerungen, Konflikte und Höhepunkte zu schaffen. Die konkrete Anwendung des Begriffs Th. A. stößt jedoch auf Schwierigkeiten, wenn (wie zuweilen in Beethovenschen Werken) nicht deutlich ist, wo das Thema endet und die Th. A. beginnt, oder wenn zweifelhaft bleibt, ob bestimmten Motiven noch thematische Herkunft zugestanden werden kann; auch themafremde Motive können eine der Th.n A. analoge Verarbeitung erfahren. Hinzu kommt, daß verschiedene Autoren – untereinander divergierend – Th. A. abgrenzen gegenüber »motivischer Arbeit« (z. B. Leichtentritt, S. 240f.; Sondheimer, S. 97) oder »entwicklungsmotivischer Bewegung« (v. Fischer, S. 110), während andere indifferent den Ausdruck »thematisch-motivische-Arbeit« bevorzugen. Dies ist ein Symptom für die Schwierigkeit, die Fülle der thematischen Verfahrensweisen angemessen zu beschreiben und begrifflich zu erfassen.

Lit.: → Thema; H. LEICHTENTRITT, Mus. Formenlehre, = Hdb. d. Musiklehre VIII, Lpz. 1911, ⁵1952, Wiesbaden ⁶1964, erweitert engl. Cambridge (Mass.) 1951; R. SONDHEIMER, Die formale Entwicklung d. vorklass. Sinfonie, AfMw IV, 1922; R. v. TOBEL, Die Formenwelt d. klass. Instrumentalmusik, = Berner Veröff. zur Musikforschung VI, Bern 1935; K. v. FISCHER, Die Beziehungen v. Form u. Motiv in Beethovens Instrumentalwerken, = Slg mw. Abh. XXX, Straßburg 1948.

Thematische Kataloge sind Verzeichnisse, die mit Hilfe eines musikalischen Zitats (→ Incipit, → Thema) eine eindeutige Werkbestimmung ermöglichen. Die Zählung der Werke, geordnet nach Opuszahl oder dem Entstehungsjahr, soll mit den *Zahlen Symbole schaffen* (Schmieder, S. 314), durch die ein Werk eindeutig zu identifizieren ist. Je nach dem Zweck des Katalogs, dem Komponisten und der Art der Darstellung sind genannt: Entstehungszeit und -ort des Werkes, Besetzung, Textdichter, Nachweis des Autographs, Abschriften, Erstausgaben und Titelauflagen mit Originaltitel, Widmungsträger, weitere Ausgaben, Uraufführungsdaten und -interpreten, Bearbeitungen, Quellen, Literaturangaben und Bemerkungen, die einzelne Details zusätzlich erläutern. Der Komplex Th. K. erfaßt Verlagsverzeichnisse einzelner oder mehrerer Komponisten, von Komponisten selbständig verfaßte sowie wissenschaftliche Werkverzeichnisse, Kataloge von Musiksammlungen in Bibliotheken, an Fürstenhöfen und in Kapellen.

Die Erstellung der thematischen Verzeichnisse war zunächst durch Verlagsinteressen bestimmt. Als frühester gedruckter Th.r Kat. hat der *Catalogo delle sinfonie, partite, overture, ... che si trovano in manuscritti nella Officina musica de Giovanni Breitkopf in Lipsia* (6 Bände, Leipzig 1762–65, Suppl. I–XVI, 1766–87) zu gelten. Burney berichtet 1773 in seinem Reisetagebuch, Breitkopf sei der erste gewesen, *who gave to his catalogues an index in notes, containing the subjects, or two or three first bars, of the several pieces in each musical work*. Der Begriff »thematisch« im Titel eines Kataloges taucht dann zuerst bei dem Amsterdamer Verleger J. J. Hummel auf: *Catalogue thématique ou commencement de touttes les Œuvres de musique qui sont en propre fond de J. J. & B. Hummel ...* (Amsterdam 1768) und bei dem Wiener Verlag Artaria: *Catalogue thématique ou commencement* (Wien 1789) sowie *Catalogue thématique de Haydn, Mozart, Clementi et Pleyel* (Wien 1798). In Deutschland erschienen thematische Verzeichnisse bei den Verlegern André in Offenbach (*Thematisches Verzeichnis sämmtlicher Compositionen ... von W. A. Mozart ...*, 1805) und Hofmeister in Leipzig (*Thematisches Verzeichnis der Compositionen für Instrumental-Musik ... I, L. van Beethoven*, Leipzig 1819, sowie *Thematisches Verzeichnis von CLXXII vorzüglichen Sinfonien und Ouvertüren für Orchester ...*, ebenda 1831). In London erschien in 3 Bänden 1790 *The Public's Guide; or, a Catalogue with the subjects, or themes of all the several musical Works, engraved and sold by J. Bland*.

Die frühesten thematischen Individualkataloge, die das Werk eines Meisters erfassen und Vollständigkeit anstrebten, sind handschriftliche Aufzeichnungen von Komponisten. J. Haydn führte um 1765–77 einen Th.n Kat. seiner Werke, der nach Gattungen eingeteilt war (Entwurfkatalog), und ließ 1805 von seinem Kopisten Elssler ein *Verzeichniß aller derjenigen Compositionen welche ich mich beyläufig erinnere von meinem 18ten bis in das 73te Jahr verfertigt zu haben* anlegen (Elsslersches Haydn-Verzeichnis; vgl. *Drei Haydn-Kataloge in Faksimile*, hrsg. von J. P. Larsen, Kopenhagen 1941). Mozart führte ab Februar 1784 (d. h. ab K.-V. 449) ein chronologisch geordnetes thematisches Verzeichnis seiner Werke (vgl. W. A. Mozart, *Verzeichniß aller meiner Werke ...*, hrsg. von E. H. Müller v. Asow, Wien 1943). Probst gab in Leipzig 1825 einen Th.n Kat. der bis dahin erschienenen Werke von I. Pleyel sowie einen *Catalogue thématique des œuvres de I. Moscheles revu par lui-même* heraus, Diabelli in Wien ein ebensolches Czerny-Verzeichnis um 1827. Bei Breitkopf & Härtel erschien 1846 der erste große Th. Kat. der Werke eines Meisters: *Thematisches Verzeichniß im Druck erschienener Compositionen von F. Mendelssohn Bartholdy* (vervollständigte Neuausgabe 1873 und 1882). Der erste aus einem historischen Interesse entstandene Th. Kat. ist das *Thematische Verzeichnis sämtlicher Compositionen des K. K. Hofcomponisten Chr. Ritter v. Gluck* von A. Fuchs (Neue Berliner Musikzeitung V, 1851). Im gleichen Jahr erschien anonym das wahrscheinlich von C. Geißler angefertigte *Thematische Verzeichniß der im Druck erschienenen Werke von L. v. Beethoven* (in 2. Auflage von G. Nottebohm 1868, von Th. v. Frimmel 1925 überarbeitet) bei Breitkopf & Härtel; ebenda 1852 die 1. (anonyme) Ausgabe des Chopin-Verzeichnisses (umgearbeitet und vermehrt 1888); im selben Jahr in Wien bei Diabelli ein ebenfalls anonymes *Thematisches Verzeichniss im Druck erschienener Compositionen von F. Schubert*, dessen von Nottebohm besorgte Überarbeitung 1874 in Wien erschien. Eine Reihe von Katalogen ist bislang noch unveröffentlicht. Zu ihnen zählen der 1932 beendete Katalog der Werke Händels (10 Bände, von J. M. Coopersmith, Harvard University Library), das Verzeichnis der Werke Telemanns (Telemann-Werke-Verzeichnis, TWV, von W. Menke u. a., Frankfurt am Main, Stadt- und Universitätsbibl.), A. Scarlattis (von E. J. Dent, Library of the Cambridge University Music School) und J. Stamitz' (von P. Gradenwitz, New York, Public Library). Zahlreiche Werkverzeichnisse und Th. K. sind in Biographien, Dissertationen und Werkausgaben enthalten, so für J. Chr. Bach, Reichardt, Schütz, Tartini, für die Meister der Mannheimer Schule (Riemann), und in der Sammlung der Musik des 15. Jh. in England (Squire). Auch von einigen Musiksammlungen gibt es thematische Verzeichnisse, z. B. der Sammlung in Basel (Refardt), Berlin (Jacobs), Berkeley (Duckles), Jena (Roediger) und Paris (La Laurencie).

Die wichtigsten Th.n K. sind:

A. Slgen (geordnet nach d. Herausgeber): G. ADLER u. O. KOLLER, Sechs Trienter Cod. Geistliche u. weltliche Kompositionen d. XV. Jh. I, in: DTÖ VII, Bd 14–15, Wien 1900. – V. DUCKLES u. M. ELMER, Thematic Cat. of a MS Collection of Eighteenth-Cent. Ital. Instr. Music in the Univ. of California, Berkeley Music Library, Berkeley 1963. – FR. X. HABERL, Bibliogr. u. thematischer Musikkat. d. päpstlichen Kapellarch. im Vatikan zu Rom, Beilage zu MfM XX, 1888. – O. KADE, Die Musikalien-Slg d. Großherzog-

lich Mecklenburg-Schweriner Fürstenhauses ..., 2 Bde, Schwerin 1893. – L. DE LA LAURENCIE, Inventaire critique du fonds Blancheton de la Bibl. du Conservatoire de Paris, = Publications de la Soc. frç. de musicologie II, 1–2, Paris 1930–31. – FR. LUWDIG, Repertorium organorum recentioris et motetorum vetustissimi stili, I, 1, Halle 1910, Nachdruck hrsg. v. L. A. Dittmer, NY u. Hildesheim 1964 (ohne Incipits), I, 2 u. II (Anfang), hrsg. v. Fr. Gennrich, = Summa Musicae Medii Aevi VII–VIII, Langen 1961–62 (mit Incipits). – E. REFARDT, Th. K. d. Instrumentalmusik d. 18. Jh. in d. Hss. d. Universitätsbibl. Basel, = Publikationen d. Schweizerischen musikforschenden Ges. II, 6, Bern (1957). – H. RIEMANN, Verz. d. Druckausg. u. th. K. d. Sinfonien d. Mannheimer Schule (Sinfonien d. pfalzbayerischen Schule), in: DTB III, 1 u. VII, 2, Lpz. 1902–07; DERS., Verz. d. Druckausg. u. th. K. d. Mannheimer Kammermusik d. XVIII. Jh., ebenda XVI, 1915. – K. E. ROEDIGER, Die geistlichen Musikhss. d. Universitätsbibl. Jena II, Jena 1935.
B. Komponisten: T. ALBINONI, Indice tematico, in: R. Giazotto, T. Albinoni, Mailand 1945. – J. G. ALBRECHTSBERGER, Thematisches Verz. d. Kirchenkompositionen, hrsg. v. A. Weissenbäck, Wien u. Lpz. 1914. – C. PH. E. BACH, Thematisches Verz. d. Werke, hrsg. v. A. Wotquenne, Lpz. 1905, Nachdruck Wiesbaden 1964. – J. CHR. BACH, Bach's Works, Vocal and Instr., Thematic Cat., in: Ch. S. Terry, J. Chr. Bach, London 1929. – J. CHR. FR. BACH, Thematisches Verz. d. Werke, hrsg. v. G. Schünemann, in: DDT LVI, 1917. – J. S. BACH, Thematisch-systematisches Verz. d. mus. Werke v. J. S. Bach, Bach-Werke-Verz. (BWV), hrsg. v. W. Schmieder, Lpz. 1950, ²1958. – W. FR. BACH, Thematisches Verz. d. Werke, in: M. Falck, W. Fr. Bach, Lpz. 1913. – L. VAN BEETHOVEN, Das Werk Beethovens. Thematisch-bibliogr. Verz. seiner sämtlichen vollendeten Kompositionen, hrsg. v. G. Kinsky u. H. Halm, München u. Duisburg (1955). – J. BRAHMS, Thematisches Verz. seiner Werke, hrsg. v. A. v. Ehrmann, Lpz. 1933; Thematic Cat. of the Collected Works of Brahms, hrsg. v. J. Braunstein, NY 1956. – FR. CHOPIN, Fr. Chopin: an Index of His Works in Chronological Order, hrsg. v. M. J. G. Brown, London u. NY 1960. – M. CLEMENTI, Le sonate per pfte di M. Clementi. Studio critico e cat. tematico, hrsg. v. R. Allorto, = Historiae Musicae Cultores, Bibl. XII, Florenz 1959. – FR. COUPERIN, Thematic Index of the Works of Fr. Couperin, hrsg. v. M. Cauchie, Monaco 1949. – A. DVOŘÁK, Tematický kat. bibliogr. překlad života a díla, hrsg. v. J. Burghauser, Prag 1960, deutsch als: A. Dvořák. Thematisches Verz. mit Bibliogr. u. Übersicht d. Lebens u. d. Werkes, Kassel 1960. – J. FIELD, A Bibliogr. Thematic Cat. of the Works of J. Field 1782–1837, hrsg. v. C. Hopkinson, London 1961. – J. J. FUX, Thematisches Verz. d. Compositionen, in: L. Köchel, J. J. Fux, Hofcompositor u. Hofkapellmeister, Wien 1872. – CHR. W. GLUCK, Cat. thématique des œuvres de Chr. W. v. Gluck, hrsg. v. A. Wotquenne, Lpz. 1904, deutsch v. J. Liebeskind, Lpz. 1904, Ergänzungen u. Nachträge hrsg. v. dems., Lpz. 1911, Ergänzungen u. Berichtigungen, hrsg. v. M. A. Arend, in: Mk XIII, 1913. – J. HAYDN, Thematisch-bibliogr. Werkverz., zusammengestellt v. A. van Hoboken, Bd I, Mainz 1957ff. – FR. LISZT, Thematisches Verz. d. Werke, Lpz. 1855, NA als: Thematisches Verz. d. Werke, Bearb. u. Transcriptionen v. Fr. Liszt, Lpz. 1877, Neudruck als: Thematic Cat. of the Works of Fr. Liszt Originally Published in 1877, London 1965. – F. MENDELSSOHN BARTHOLDY, Thematisches Verz. d. im Druck erschienenen Compositionen, Lpz. 1846–53, neue vollständige Ausg., ebenda 1873, ³1882. – W. A. MOZART, Chronologisch-thematisches Verz. sämtlicher Tonwerke Wolfgang Amadé Mozart's, hrsg. v. L. Ritter v. Köchel, Lpz. 1862, ³1937 hrsg. v. A. Einstein, bearb. u. ergänzte Auflage v. Fr. Giegling u. a., Wiesbaden ⁶1964; M. REGER, Thematisches Verz. d. im Druck erschienenen Werke v. M. Reger, einschließlich seiner Bearb. u. Ausg., hrsg. v. Fr. Stein, Lpz. u. Wiesbaden 1953. – J. FR. REICHARDT, Thematisches Verz. d. Instr.-Werke, in: H. Dennerlein, J. Fr. Reichardt u. seine Kl.-Werke, Münster i. W. 1930. – C. SAINT-SAËNS, Cat. général et thématique des œuvres de C. Saint-Saëns, Paris 1897, ²1908. – D. SCARLATTI, Indice tematico delle sonate per clavicemb. contenute nella raccolta completa riveduta da A. Longo, Mailand 1952. – O. SCHOECK, Thematisches Verz. d. Werke v. O. Schoeck, hrsg. v. W. Vogel, Zürich 1956. – FR. SCHUBERT, Schubert, Thematic Cat. of All His Works in Chronological Order, hrsg. v. O. E. Deutsch u. D. R. Wakeling, London 1951. – H. SCHÜTZ, Schütz-Werke-Verz. (SWV), hrsg. v. W. Bittinger, Kassel 1960. – R. SCHUMANN, Thematisches Verz. sämmtlicher im Druck erschienenen Werke R. Schumann's mit Inbegriff aller Arrangements..., Lpz., Hbg u. NY o. J., verbesserte Auflage ⁴1868. – J. STRAUSS (VATER), J. Strauß Vater. Ein Werkverz., hrsg. v. M. Schönherr u. K. Reinöhl, London, Wien u. Zürich 1954. – R. STRAUSS, R. Strauss. Thematisches Verz. I u. II, hrsg. v. E. H. Müller v. Asow, Wien 1959-62, III hrsg. v. A. Ott u. FR. Trenner, Wien 1965ff. – G. TARTINI, Thematisches Verz. d. V.-Konzerte Tartinis, in: M. Dounias, Die V.-Konzerte G. Tartinis, Bln 1935, Tutzing ²1966; Cat. tematico delle musiche Tartiniane esistenti nell'arch. della cappella Antoniana di Padova, in: A. Capri, G. Tartini, Mailand 1945. – G. TORELLI, Thematisches Verz. I, in: Fr. Giegling, G. Torelli. Ein Beitr. zur Entwicklungsgesch. d. ital. Konzerts, Kassel 1949. – P. I. TSCHAIKOWSKY, Cat. thématique des œuvres de P. Tschaikowsky, hrsg. v. B. Jürgenson, Moskau 1897, NA als: Thematic Cat. of the Works of P. Tchaikovsky Originally Published in 1897, London 1965. – J. VAET, Thematic Index of the Motets of J. Vaet, in: M. Steinhardt, J. Vaet and His Motets, East Lansing (Mich.) 1951. – A. VIVALDI, in: W. Altmann, Th. Kat. d. gedruckten Werke A. Vivaldis, AfMw IV, 1922; O. Rudge, Cat. tematico delle opere strumentali di A. Vivaldi esistenti nella Bibl. Nazionale di Torino, in: La scuola veneziana, Siena 1941; Cat. numerico tematico delle composizioni di A. Vivaldi, hrsg. v. M. Rinaldi, Rom 1945; A. Vivaldi et la musique instr. II, Inventaire-thématique, hrsg. v. M. Pincherle, Paris (1948); A. Vivaldi, indice tematico, hrsg. v. Istituto Ital. A. Vivaldi, Mailand 1955. – C. M. V. WEBER, Weber in seinen Werken, Chronologisch-thematisches Verz. seiner sämmtlichen Compositionen, hrsg. v. Fr. W. Jähns, Bln 1871.
Lit.: W. ALTMANN, Über th. K., Kgr.-Ber. Wien 1927; N. BRIDGMAN, L'établissement d'un Cat. par incipit mus., MD IV, 1950; DIES., A propos d'un cat. central d'incipits mus., Fontes artis musicae I, 1954; DIES., Nouvelle visite aux incipit mus., AMl XXXIII, 1961; O. E. DEUTSCH, Theme and Variations, The Music Review XII, 1951; DERS., Th. K., Fontes artis musicae V, 1958; A Check List of Thematic Cat., hrsg. v. H. J. SLEEPER u. a., Bull. of the NY Public Library 1953, separat NY 1954, dazu in: Mus. America LXXIV, 1954, u. Notes II, 11, 1953/54, vgl. auch: Queens College Suppl., hrsg. v. B. S. BROOK, Flushing 1966; A. H. KING, The Past, Present and Future of the Thematic Cat., MMR LXXXIV, 1954; J. LARUE, A Union Thematic Cat. of 18th.-Cent. Symphonies, Fontes artis musicae VI, 1959; DERS., A Union Thematic Cat. for 18th.-Cent. Chamber Music and Concertos, ebenda VII, 1960; DERS. u. M. RASMUSSEN, Numerical Incipits for Thematic Cat., ebenda IX, 1962; W. SCHMIEDER, »Menschliches – Allzumenschliches« oder Einige unparteiische Gedanken über Thematische Verz., Fs. O. E. Deutsch, Kassel 1963.

Theorbe (ital. und span. tiorba; frz. théorbe; engl. theorbo), eine vom 16. Jh. bis um 1780 als → Fundamentinstrument gebräuchliche Erzlaute (Baßlaute) mit doppeltem Wirbelkasten und mit 16-(im 18. Jh. meist 14-)saitigem Bezug. Davon sind 8(6) Griffsaiten, die über das Griffbrett mit Bünden laufen, und 8 Frei-(Bordun-)Saiten, die in den zweiten Wirbelkasten laufen. Im Unterschied zum (nur 14saitigen) → Chitarrone, der auch Romanische (Römische) Th. genannt wird, ist der zweite Wirbelkasten durch einen kurzen geschweiften Zwischenhals seitlich versetzt direkt an den ersten angeschlossen. Im Unterschied zur theorbierten → Laute (– 2) waren die Griffsaiten der Th. nur einchörig (erst im 18. Jh. kommt der 2chörige Bezug auf) und die beiden obersten Griffsaiten wurden (nach Praetorius Synt. II, S. 52) eine Oktave tiefer gestimmt, *dieweil in der Theorba die lenge des Corporis und die Messings Säiten / solches nicht anders leiden / vnd die rechte höhe nicht erreichen können*. Die Stimmung war nach Praetorius (Synt. II, S. 27): $_1$D $_1$E $_1$F $_1$G $_1$A $_1$H C D (Bordunsaiten), E F G c f a d g (Griffsaiten). Als Stimmung für eine

14saitige Th. ist bei Mersenne (1636) angegeben: $_1$G $_1$A $_1$H C D E F G (Bordunsaiten), A d g h e a (Griffsaiten); bei Baron (1727) für eine 17saitige Th.: $_1$D $_1$E $_1$F $_1$G $_1$A $_1$B $_1$H C D E F (Bordunsaiten), G c f a d¹ g¹ (Griffsaiten) oder, im Anschluß an die Lautenstimmung des 18. Jh., A d f a d¹ f¹ für die Griffsaiten. 1614–16 erschienen 3 Bücher mit Tabulaturen für Th. von P. P. Melli, 1669 eine *Intavolatura di tiorba* (12 Solosonaten für Th. und B. c.) von G. Pitoni. Ein *Livre de théorbe* mit Kompositionen und einer Anweisung zum Gb.-Accompagnement veröffentlichte der Pariser Theorbist H. Grenerin.

Lit.: H. NEEMANN, Laute u. Th. als Generalbaßinstr. im 17. u. 18. Jh., ZfMw XVI, 1934; H. RADKE, Wodurch unterscheiden sich Laute u. Th.?, AMl XXXVII, 1965.

Theorie der Musik (griech. ϑεωρία, Betrachtung, Erklärung, Erkenntnis) ist, als Gegenbegriff zu Praxis (griech. πρᾶξις, handelnde und herstellende Tätigkeit, Ausführung, Ausübung), das geistige Durchdringen und begriffliche Erfassen des Klingenden in seiner natürlichen Beschaffenheit, seiner musikalischen Geltung und seiner als Praxis sich ereignenden Gestaltung, Wirkung und Bedeutung. Die Th. d. M. erscheint seit der Antike in drei Formen: als kontemplative Betrachtung, als Lehre und als produktive Reflexion. Als Betrachtung (ϑεωρία im engeren Sinne, lat. contemplatio) ist sie einerseits eine Wissenschaft (ἐπιστήμη, scientia) von Zahlengesetzen, die den Bewegungen im Kosmos und in der klingenden Musik zugrunde liegen; andererseits prägt sie dem Leben des Betrachtenden ihre Form auf (βίος ϑεωρητικός, vita contemplativa); die geordnete Bewegung der Seele (→ musica humana) gleicht sich der des Kosmos (musica mundana) an. Als Lehre ist die Th. d. M. Sachkunde (τέχνη, ars), gerichtet auf Praxis. Von bloßer Übung und Gewöhnung (τριβή, usus) unterscheidet sie sich durch begriffliches Wissen von Ursachen und Bedingungen musikalischer Erscheinungen und Wirkungen. Die Meinung, daß die Th. d. M. stets der Praxis »nachhinke«, ist ein irriges Vorurteil. Die → Geschichte der abendländischen Musik ist wesentlich bestimmt durch die beständige Wechselwirkung zwischen Th. und Praxis. In der Th. kommt die Praxis zum Bewußtsein ihrer selbst, zur Besinnung auf die Voraussetzungen des Bestehenden und die Möglichkeiten einer Weiterbildung. Bei Guido von Arezzo, Franco und Ph. de Vitry, bei Zarlino, Rameau und Fétis ist die Th. d. M. reflektierend und zugleich produktiv; von der kontemplativen Betrachtung unterscheidet sie sich durch Eingreifen in die Praxis, von der kodifizierenden Lehre durch das Verändern des Vorgefundenen. – Erkenntnisziel und soziale Geltung der Th. d. M. sind vom Bildungsideal, vom Wissenschaftsbegriff und von den Institutionen (Akademien, Universitäten, Konservatorien) einer Zeit abhängig. Die Geringschätzung manueller Arbeit in der Antike bewirkte, daß die auf Praxis zielende Sachkunde gegenüber der charakterbildenden kontemplativen Betrachtung abgewertet wurde. Umgekehrt gerät in einer Epoche, die das Wissen am praktischen Resultat mißt, die Spekulation in den Verdacht, müßig zu sein. Mit dem Bildungsideal ist der Wissenschaftsbegriff eng verbunden. Als wahres Wissen, an das die Th. d. M. sich anlehnen müsse, galten in der Antike die spekulative Mathematik und Kosmologie, in der Neuzeit eher die empirische Physik und Psychologie. Allerdings ist auch der emphatische Anspruch der Philosophie, das eigentliche Wissen zu repräsentieren, in der Th. d. M. wirksam geworden; M. Hauptmann stützte sich auf Hegel, E. Kurth auf H. Bergson.

Die ersten griechischen Theoretiker der Musik, die Pythagoreer, verbanden das Wissen von den Zahlengrundlagen der Konsonanzen mit kosmologischen Betrachtungen und ethisch-religiösen Zielsetzungen. Die Zahl galt als Ursprung der Ordnung in den Bewegungen der Gestirne und der menschlichen Seele. Einen ergänzenden Gegensatz zur kontemplativen Theorie der Pythagoreer bildete die praktische Lehre der »Harmoniker« von den Elementen der Melodik; sie wurde von Aristoxenos, einem Aristoteles-Schüler, systematisiert und auf Prinzipien zurückgeführt, also in den Rang einer Wissenschaft erhoben. Zwischen den spekulativen Verfahren der Pythagoreer (Kanoniker) und den empirischen der Aristoxeneer (→ Harmoniker) suchte Ptolemaios einen Ausgleich; doch neigte er eher der pythagoreisch-platonischen Richtung zu (→ Harmonia). – Im Mittelalter, dem Boethius die spätantike Tradition vermittelte, wurde die Th. d. M. primär als mathematische Disziplin begriffen; sie erfüllte, als Vorstufe philosophischer und theologischer Betrachtung, eine propädeutische Aufgabe. Doch entwickelte sich neben den spätantiken Traditionsbeständen, die das Mittelalter neu durchdachte (→ Musica) und die seit Cassiodorus zum Bildungsprogramm der Kloster- und Domschulen gehörten (→ Ars musica), auch eine der musikalischen Gegenwart zugewandte Theorie des Chorals (Aurelianus) und der Mehrstimmigkeit (*Musica Enchiriadis*), die durch rationale Durchdringung und begriffliche Erfassung eine usuelle Gesangspraxis zur artifiziellen erhob. Die Geschichte der Mehrstimmigkeit vom → Organum über den → Discantus zum → Kontrapunkt ist ohne das Ineinandergreifen von Theorie und Praxis, von Reflexion und Komposition, nicht vorstellbar. Die Satzregeln, das Parallelenverbot, die Kontrastierung imperfekter und perfekter Konsonanzen als Spannungs- und Lösungsklänge und die Reduktion der Dissonanzen auf feste Formeln (Synkopen- und Durchgangsdissonanzen), sind zu einem nicht geringen Teil ein Werk der Th. d. M. Ebenso war in der Entwicklung der Notenschrift vom 11. bis zum 15. Jh. das Eingreifen von Theoretikern wie Guido von Arezzo, Franco, Ph. de Vitry und Gaffori von entscheidender Bedeutung. – Humanistische Bemühungen um eine Renaissance der antiken Musik (→ Humanismus; N. Vicentino) sowie die Anerkennung der Terz als unmittelbarer Tonverwandtschaft führten im 16. Jh. zu Diskussionen über Probleme des → Tonsystems und der → Temperatur. Die Kontrapunktlehre erhielt im 16. Jh. durch G. Zarlino, im 18. durch J. J. Fux eine autoritative Fassung. Sie wurde ergänzt durch Versuche deutscher Theoretiker, in Anlehnung an die Rhetorik und Poetik Einzelheiten des musikalischen Satzes begrifflich zu erfassen (→ Musica poetica und → Figuren). Kennzeichen der Aufklärung des 18. Jh. sind in der Th. d. M. die Bewunderung der Physik als Musterwissenschaft sowie die Betonung des Geschmacks, die zur Entstehung der modernen → Ästhetik führte. J.-Ph. Rameau leitete vom Naturvorbild der Obertonreihe die Struktur und den Zusammenhang der Akkorde ab; J. Mattheson entwickelte aus ästhetischen Voraussetzungen die Grundzüge einer Melodielehre. Im 19. Jh. war die Th. d. M. primär → Harmonielehre (G. Weber, M. Hauptmann, S. Sechter, H. Riemann). Die Th. des Rhythmus gelangte zu beachtenswerten Ansätzen (J. J. de Momigny, R. Westphal, H. Riemann); diejenige des Kontrapunkts erstarrte und war erst im 20. Jh. tief eingreifenden Veränderungen unterworfen (E. Kurth, H. Schenker). Aus Ansätzen, die bis zu Mattheson und Scheibe zurückreichten, entwickelten J. Riepel und H. Chr. Koch, später A. B. Marx (in Anlehnung an Goethes Morphologie) eine musikalische → Formenlehre. Für die Th. d. M. im 20. Jh. scheint einerseits die Übernahme von Kategorien aus der Gestaltpsychologie und der Phänomenologie, anderseits ein Zug zur Historisierung charakteristisch zu sein. Th.n, die – wie diejenige H. Riemanns – den Anspruch erhoben, die unveränderliche Natur der Sache darzustellen, wurden als Dogmatiken von Zeitstilen erkannt. Von geschichtlichem Bewußtsein sind auch die Versuche mancher Komponisten getragen, musikalisch Neues aus der Wechselwirkung zwischen Th. und Praxis zu entwickeln. Eine Th. der neuesten Periode der Musikentwicklung kann, mit den Worten B. Bartóks (1920), *wie seinerzeit jede der älteren Th.n ... höchstens eine Grundlage sein, auf der man erweiternd fortbauen kann, um schließlich wieder zu irgend etwas gänzlich Neuem zu gelangen, das dann seinerseits wiederum zur Aufstellung einer neuen Th. anregt.* A. Schönberg bemühte sich stets um theoretische Begründung und Rechtfertigung; doch war er gegenüber Regeln, die sich auf eine zeitlos gültige Ästhetik berufen, ebenso skeptisch wie gegenüber der Tendenz, der theoretischen »Richtigkeit« des Komponierens allzu große Bedeutung zuzuschreiben.

Ausg. u. Kat.: GS; CS; A. DE LAFAGE, Essais de diphthérographie mus., Paris 1864, Nachdruck Amsterdam 1964; Musici scriptores graeci, hrsg. v. K. v. JAN, Lpz. 1895, Nachdruck (2 Teile in 1 Bd) Hildesheim 1962; CSM; O. STRUNK, Source Readings in Music Hist., NY 1950, London 1952; DMl, Druckschriften-Faks., Kassel 1951ff.; G. REESE, Fourscore Classics of Music Lit., NY 1957. – J. SMITS VAN WAESBERGHE SJ, P. FISCHER u. CHR. MAAS, The Theory of Music from the Carolingian Era up to 1400. Descriptive Cat. of Mss. I, = RISM B IV¹, München u. Duisburg (1961); A. DAVIDSSON, Bibliogr. d. musiktheoretischen Drucke d. 16. Jh., = Bibl. Bibliogr. Aureliana IX, Baden-Baden 1962.

Lit.: allgemein: FR. W. MARPURG, Anfangsgründe d. theoretischen Musik, Lpz. 1757; A. A. E. ELWART, Théorie mus., Paris 1840; H. v. HELMHOLTZ, Die Lehre v. d. Tonempfindungen als physiologische Grundlage f. d. Th. d. M., Braunschweig 1863, ⁶1913, Nachdruck Hildesheim 1967; E. RÖNTGEN, Einiges zur Th. u. Praxis in mus. Dingen, VfMw IX, 1893; H. RIEMANN, Ideen zu einer »Lehre v. d. Tonvorstellungen«, JbP XXI, 1914 – XXII, 1915; DERS., Neue Beitr. zu einer »Lehre v. d. Tonvorstellungen«, JbP XXIII, 1916; B. BARTÓK, Das Problem d. Neuen Musik, Melos I, 1920; I. KROHN, Erneuerung d. musiktheoretischen Unterrichts, BUM III, 1923 – V, 1925; V. GOLDSCHMIDT, Materialien zur Musiklehre, Heidelberg 1925; W. HARBURGER, Mus. Geometrie, ZfMw XI, 1928/29; O. FITZ, Anschaulichkeit in d. Musiktheorie, Wien 1937; J. HANDSCHIN, Das Problem d. Musiktheorie, SMZ LXXX, 1940; DERS., Der Toncharakter, Zürich (1948); J. CHAILLEY (mit H. Challan), Théorie complète de la musique, 2 Bde, Paris 1947–51; FR. BRENN, Von d. Aufgabe d. Musiktheorie, SMZ LXXXIX, 1949; C. DAHLHAUS, Zur Kritik musiktheoretischer Allgemeinprinzipien, Mus. Zeitfragen IX, 1960; J. ROHWER, Aktuelle Erkenntnisse neuerer Musiktheorie, ebenda; CH. SEEGER, On the Moods of a Music-Logic, JAMS XIII, 1960.

Gesch.: H. MÜLLER, Bruchstücke aus d. ma. Musiktheorie, VfMw I, 1885; U. KORNMÜLLER OSB, Die alten Musiktheoretiker, KmJb VI, 1891, XIV, 1899 u. XVIII, 1903; RIEMANN MTh; W. GROSSMANN, Die einleitenden Kap. d. Speculum musicae v. J. de Muris (= Jacobus Leodiensis), = Slg mw. Einzeldarstellungen III, Lpz. 1924; A. HUGHES OSB, Theoretical Writers on Music, in: The Oxford Hist. of Music I–II, London ²1929; G. PIETZSCH, Die Klassifikation d. Musik v. Boetius bis Vgolino v. Orvieto, = Studien zur Gesch. d. Musiktheorie im MA I, Halle 1929; DERS., Die Musik im Erziehungs- u. Bildungsideal d. ausgehenden Altertums u. frühen MA, ebenda II, 1932; J. WOLF, Die Entwicklung d. Musiktheorie seit d. Ende d. 15. Jh., Adler Hdb.; G. ADLER, Die Musiktheorie im MA, AMl III, 1931; DERS., Early Engl. Music Theorists, MQ XXV, 1939; D. BARTHA, Studien zum mus. Schrifttum d. 15. Jh., AfMf I, 1936; J. SMITS VAN WAESBERGHE SJ, Muziekgeschiedenis der middeleeuwen, 2 Bde, I Tilburg 1936–39, II 1939–47; KN. JEPPESEN, Eine musiktheoretische Korrespondenz d. früheren Cinquecento, AMl XIII, 1941; J. HANDSCHIN, Aus d. alten Musiktheorie, AMl XIV, 1942 – XVI/XVII, 1944/45; M. VOGEL, Die Zahl Sieben in d. spekulativen Musiktheorie, Diss. Bonn 1955, maschr.; Beitr. zur Musiktheorie d. 19. Jh., hrsg. v. DEMS., = Studien zur Mg. d. 19. Jh. IV, Regensburg 1966; H. HÜSCHEN, Die Musik im Kreise d. Artes liberales, Kgr.-Ber. Hbg 1956; O. BECKER, Frühgriech. Mathematik u. Musiklehre, AfMw XIV, 1957; J. LOHMANN, Die griech. Musik als mathematische Form, AfMw XIV, 1957; DERS., Der Ursprung d. Musik, AfMw XVI, 1959; G. REANEY, The Greek Background of Medieval Mus. Thought, MMR LXXXVII, 1957; DERS., The Question of Authorship in the Medieval Treatises on Music, MD XVIII, 1964; E. R. JACOBI, Die Entwicklung d. Musiktheorie in England nach d. Zeit v. J.-Ph. Rameau, = Slg mw. Abh. XXXV, XXXIX u. XXXIXa, Straßburg 1957–60; N. C. CARPENTER, Music in the Medieval and Renaissance Univ., Norman/Okla. (1958); H. FEDERHOFER, Zur hs. Überlieferung d. Musiktheorie in Österreich, Mf XI, 1958; L. RICHTER, Die Aufgaben d. Musiklehre nach Aristoxenos u. Kl. Ptolemaios, AfMw XV, 1958; DERS., Zur Wissenschaftslehre v. d. Musik bei Platon u. Aristoteles, = Deutsche Akad. d. Wiss. zu Bln, Schriften d. Sektion f. Altertumswiss. XXIII, Bln 1961; DERS., Antike Überlieferungen in d. byzantinischen Musiktheorie, Deutsches Jb. d. Mw. VI (= JbP LIII), 1961; H. POUSSEUR, Theorie u. Praxis in d. neuesten Musik, = Darmstädter Beitr. zur neuen Musik II, Mainz (1959); H. E. EGGEBRECHT, Der Begriff d. »Neuen« in d. Musik, Kgr.-Ber. NY 1961, Bd I; DERS., Musik als Tonsprache, AfMw XVIII, 1961; E. APFEL, Über d. Verhältnis v. Musiktheorie u. Kompositionspraxis im späteren MA, Kgr.-Ber. Kassel 1962; B. MEIER, Musiktheorie u. Musik im 16. Jh., ebenda; P. BOULEZ, Musikdenken heute 1, = Darmstädter Beitr. zur Neuen Musik V, Mainz (1963); E. E. LOWINSKY, Renaissance Writings on Music Theory, Renaissance News XVIII, 1965. CD

Thesis (griech., Senkung) → Arsis.

Thomaskantoren. Das Kantorat der Thomasschule in Leipzig, ein in der Musikgeschichte hochangesehenes Amt, ist von einer Anzahl bedeutender Kirchenmusiker bekleidet worden. Es folgten nacheinander: G. Rhaw (–1520), J. Hermann (–1536), W. Jünger (–1539), Ulr. Lange (–1549), W. Figulus (–1551), M. Heger (–1564), V. Otto (–1594), S. Calvisius (–1615), J. H. Schein (–1630), T. Michael, daneben J. Rosenmüller (–1657), S. Knüpfer (–1676), J. Schelle (–1701), J. Kuhnau (–1722), J. S. Bach (–1750), G. Harrer (–1755), J. Fr. Doles (–1789), J. A. Hiller (–1804), A. E. Müller (–1810), J. G. Schicht (–1823), Chr. Th. Weinlig (–1842), M. Hauptmann (–1868), E. Fr. Richter (–1879), W. Rust (–1892), G. Schreck (–1918), K. Straube (–1939), G. Ramin (–1956), K. Thomas (–1960), seitdem Erhard Mauersberger. → Kreuzkantoren.

Lit.: R. WUSTMANN, Mg. Lpz. I, Lpz. u. Bln 1909, ²1926, II u. III v. A. Schering, Lpz. 1926–41; St. Thomas zu Lpz., Schule u. Chor, hrsg. v. B. KNICK, Wiesbaden 1963.

Thorough-bass (θ'ΛIƆ-beis, engl., Übersetzung von ital. basso continuo) → Generalbaß.

Threnos (griech. θρῆνος), bei den Griechen die Totenklage, das Trauer- und Klagelied. Das Wort ist zusammen mit der Darstellung einer Trauerszene bei Homer (*Ilias* XXIV, 721ff.) belegt. In der spätarchaischen Chorlyrik bildeten die Threnoi eine eigene Gattung (Fragmente von Simonides und Pindaros). Eine bedeutende Rolle spielte das threnodische Element in der attischen Tragödie (z. B. Aischylos, *Choephoroi*, 306ff., als Wechselgesang von Chor und einzelnen Schauspielern; → Monodie). – Die in der Vulgata *Threni, id est lamentationes* (Septuaginta: θρῆνοι) überschriebenen Klagelieder des Jeremias (→ Lamentation) hat unter diesem Namen z. B. Strawinsky vertont.

Thüringen.

Lit.: PH. SPITTA, J. S. Bach I, Lpz. 1873, Wiesbaden ²1962; A. ABER, Die Pflege d. Musik unter d. Wettinern ..., = Veröff. d. Fürstlichen Inst. f. mw. Forschung zu Bückeburg IV, Quellenstudien zur Mg. ... I, Bückeburg u. Lpz. 1921; A. WERNER, Sachsen-Th. in d. Mg., AfMw IV, 1922; DERS., Die praktische Durchführung d. lokalen Musikforschung in Sachsen-Th., Kgr.-Ber. Lpz. 1925; E. W. BÖHME, Die frühdeutsche Oper in Th., Stadtroda 1931, auch in: Mitt. d. Gesch.- u. Altertumsver. zu Eisenberg XLIII/XLIV, 1931; M. POPP, Thüringer Musiker daheim u. draußen, Gotha 1931; FR. STÄNDER, Das eichsfeldische Kirchenlied bis zum Zeitalter d. Aufklärung, Diss. Münster i. W. 1932; K. HARTENSTEIN, Thüringische Volkslieder, Weimar 1933; H. EBERHARDT, Die ersten deutschen Musik-Feste in Frankenhausen am Kyffhäuser u. Erfurt 1810, 1811, 1812 u. 1815. Ein Beitr. zur thüringischen Mg., Greiz 1934; Denkmäler Thüringischer Musik vornehmlich d. 16. u. 17. Jh., hrsg. v. E. W. BÖHME, 2 Bde, Kassel 1934–36; W. GREINER, Die Musik im Lande Bachs. Thüringer Mg., Eisenacher Heimatbücher III, 1935; A. SELLMANN, Th. Anteil an d. kirchenmus. Leben Westfalens, Jb. d. Ver. f. westfälische Gesch. XXXVI, 1936; FR. TREIBER, Die thüringisch-sächsische Kirchenkantate zur Zeit d. jungen J. S. Bach, AfMf II, 1937; H.-J. WAGNER, Die Orgelmusik in Th. in d. Zeit zwischen 1830 u. 1860, Diss. Bln 1937; C. RÜCKER, Th. Musikkultur im Schrifttum, Weimar 1938; G. KRAFT, Die thüringische Musikkultur um 1600, Würzburg 1941; DERS., Die bäuerlich-handwerklichen Grundlagen d. thüringischen Musikkultur, Deutsches Jb. f. Volkskunde I, 1955; DERS., Mg. Beziehungen zwischen Th. u. Rußland im 18. u. 19. Jh., Weimar u. Erfurt 1955; DERS., Thüringisch-sächsische Quellen zur musikphysiologischen Forschung d. 17. u. 18. Jh., Kgr.-Ber. Köln 1958; J. S. Bach in Th., Festgabe zum Gedenkjahr 1950, hrsg. v. H. BESSELER u. G. KRAFT, Weimar 1950; Bach in Th., hrsg. v. Landeskirchenrat d. Ev.-Luth. Kirche in Th., Bln 1950; G. GROSCH, Die Pflege d. Instrumentalmusik an d. höheren Schulen Sachsens u. Th. v. 1500 bis 1650, Diss. Jena 1955, maschr.; R. JAUERING, Die Erneuerung d. Kirchengesangs im Herzogtum Sachsen-Gotha, Jh. f. Liturgik u. Hymnologie II, 1956; G. GROBER-GLÜCK, Heidelbeerlieder aus Th., Deutsches Jb. f. Volkskunde III, 1957; P. MICHEL, Die Ausbildung d. Orchestermusikers im 19. Jh., ... unter besonderer Berücksichtigung d. Verhältnisse in Th., 2 Bde, Diss. Bln 1957, maschr.; FR. WIEGAND, Die Umwelt u. d. Verhältnisse d. Thüringer Stadtpfeifer, Organisten u. anderer Musiker im 17. Jh., Arnstädter Bachbuch, 1957; H. ENGEL, Musik in Th., = Mitteldeutsche Forschungen XXXIX, Köln u. Graz 1966.

Tibet.
Ausg. u. Lit.: A. H. FRANCKE, Mus. Studien in West-T., Zs. d. Deutschen Morgenländischen Ges. LIX, 1905; T. H. SOMERVELL, The Music of T., Mus. Times LXIV, 1923; W. GRAF, Zur Ausführung d. lamaistischen Gesangsnotation, Studia musicologica III, 1962; Tibetan Folk Songs, from Gyantse and Western T., hrsg. v. G. TUCCI, = Artibus Asiae Suppl. XXII, NY ²1966; W. KAUFMANN, Mus. Notations of the Orient, = Indiana Univ. Series LX, Bloomington 1967.

Tibia (lat., Schienbein), – 1) ursprünglich eine Beinpfeife, später der lateinische Name für die von den Etruskern (Subulo) und Griechen (→ Aulos) her bekannten gedoppelten Rohrblattinstrumente. Auf verschiedene Typen weisen die Bezeichnungen Tibiae pares und impares, T. dextra und sinistra hin; auf Klangveränderungen am Instrument deuten die auf späten Darstellungen (Dionysos-Mosaik vom Kölner Dom um 220 n. Chr., Monus-Mosaik aus Trier um 250) erkennbaren Aufsätze auf den unteren Schallöchern. – 2) Als Orgelregister bedeutet T. Flöte, z. B. T. aperta (Offenflöte), T. silvestris (Waldflöte), T. clausa (Labialregister in 8' und 4' mit gedeckten Pfeifen, auch doppelt labiiert), T. angusta (Dolzflöte).
Lit.: zu 1): K. G. FELLERER, Musikdarstellungen auf d. neugefundenen römischen Mosaik in Köln, Mk XXXIV, 1941/42; DERS., Darstellungen v. Musikinstr. auf d. Kölner Mosaik, in: H. Fremersdorf, Das römische Haus mit d. Dionysos-Mosaik ..., = Kölner Ausgrabungen I, Bln 1956; H. BECKER, Studien zur Entwicklungsgesch. d. Rohrblattinstr., Habil.-Schrift Hbg 1961, maschr.

Tiento (span., von tentar, befühlen, tasten, suchen; port. tento), im 16. Jh. ein dem → Ricercar entsprechendes Instrumentalstück spanischer Komponisten. In frei praeludierender und intonierender Art begegnet es für Vihuela in den *fantasias de tentos ... por todos los ocho tonos* von L. Milan (*Libro de música de vihuela de mano*, 1535). Für die T.s von A. de Cabezón (1557, 1578) ist jedoch die imitierende Schreibweise charakteristisch; ihr entspricht die Umdeutung des Namens in »Suchen der Motive« etwa bei P. Cerone (*El Melopeo*, 1613, Kap. XVII), der T. mit Ricercar gleichsetzt.

Timpano (ital.; frz. timbale) → P a u k e.

Tintinnabula (von lat. tintinnare, klingen), im Mittelalter eine Reihe abgestimmter Glöckchen oder Schellen (→ Zimbelstern). Die Benennungen t., → cymbala, nolae (→ Nola) werden oft ohne erkennbaren Unterschied gebraucht, so in der Herstellungsanweisung bei Eberhard von Freising: *Regula ad fundendas Nolas, id est, organica t.* (GS II, 282). Tintinnabulum ist u. a. bezeugt als kleine Glocke (*parva nola vel campanula*, Johannes Aegidius von Zamora, GS II, 392a), mit Klöppel geschlagenes Glöcklein (Praetorius Synt. II) und allgemein als *Kling-Werck* (WaltherL). – In den Alpen wird mit T. das Herdengeläut bezeichnet.
Lit.: H. MAGIUS, De Tintinnabulis, neu hrsg. v. Fr. Swertius, Amsterdam 1664; ED. BUHLE, Das Glockenspiel in d. Miniaturen d. frühen MA, Fs. R. v. Liliencron, Lpz. 1910; E. MORRIS, T.: Small Bells, London 1959.

Tiple (span., von lat. triplum), Sopran, auch die in der → Cobla gebräuchliche Diskantschalmei.
Lit.: J. COLL, Método de t. y tenora, Barcelona 1950.

Tirana (span.), spanisches Tanzlied aus dem 18./19. Jh. mit dem prägnanten Rhythmus $\frac{3}{8}$ ♪ ♫ | ♫ ♪ |.

Tirata (ital.; frz. tirade, auch Zug), eine Verzierung, die als diatonischer Lauf, auf- oder abwärts, entweder (nach Art der → Diminution – 2) zwei übergeordnete Melodietöne verbindet oder (oft nach kurzer Pause einsetzend) auf einen akzentuierten, länger ausgehaltenen Melodieton hinzielt. Während Praetorius (Synt. III, S. 236) *Tiratae* als *lange geschwinde Läufflin ... gradatim ... durchs Clavier hinauff oder hernvnter* charakterisiert, unterscheidet Walther (1732), ähnlich wie schon Printz (1696), je nach dem Umfang der T. 4 Arten: T. mezza (Quart- und Quintumfang), T. defectiva (Sexte oder Septime), T. perfecta (Oktave), T. aucta oder excedens (größer als Oktave). Die T. wurde seit dem Ende des 17. Jh. in besonders charakteristischer Weise angewendet im langsamen Teil der französischen Ouvertüre (z. B. J. S. Bach, Partita D dur, BWV 828). Walthers Begriffsbestimmung (1708), T. sei ein *Pfeil*, weist darauf hin, daß die T. auch als wortausdeutende Figur Verwendung fand (bei Wörtern wie schleudern, blitzen). Mattheson (1739) nahm die Kennzeichnung als *Spieß-Schuß* oder *Pfeil-Wurff* auf und erwähnte auch Tirate piccole mit Terzumfang.

tiré (frz.) → A b s t r i c h.

Tirol (Österreich).
Lit.: L. SCHÖNACH, Die fahrenden Sänger u. Spielleute T. 1250–1360, Forschungen u. Mitt. zur Gesch. T. u. Vorarlbergs VIII, 1911; F. WALDNER, Nachrichten über tirolische Lauten- u. Geigenbauer, Zs. d. Ferdinandeums f. T. u. Vorarlberg LV, 1911; K. M. KLIER, Von d. Alt-T.er Volksmusik, T.er Heimatblätter VII, 1929; A. DAWIDOWICZ, Orgelbaumeister u. Org. in Ost-T., Diss. Wien 1949, maschr.; A. QUELLMALZ, Von d. Süd-T.er Bauernmusik, Die Volksmusik III, (Bozen) 1951; DERS., Mus. Altgut in d. Volksüberlieferung Süd-T., Kgr.-Ber. Wien 1956; H. EGGER, Die Entwicklung d. Blasmusik in T., Diss. Innsbruck 1952, maschr.; W. SENN, Beitr. zum deutschen Kirchenlied

T. im 16. Jh., Innsbrucker Beitr. zur Kulturwiss. II, 1954; DERS., Volkslieder in T. bis zum 17. Jh., ebenda III, 1955; J. RINGLER, Zur Gesch. d. T.er Nationalsängertums, T.er Heimatblätter XXX, 1955; K. HORAK, T.er Volksmusik, Jb. d. österreichischen Volksliedwerkes XI, 1962.

Tischgeige → Streichmelodion.

Tmesis (griech., Trennung, Zerschneidung), in der Kompositionslehre des 17. und 18. Jh. eine im Anschluß an die Rhetorik erklärte musikalische Figur: Zerreißung eines musikalischen oder textlichen Zusammenhangs durch eine Pause, wohl gleichbedeutend mit → Suspiratio.

Toccata (ital., von toccare, schlagen, auch [be]rühren, span. tocar, frz. toucher; span. tañer, von lat. tangere, berühren, ital. äquivalent tastare, tastata). Toccare uno stromento ist von seiner vokabularen Bedeutung her (ein Instrument schlagen, rühren, spielen) wahrscheinlich zweimal unabhängig voneinander zum Terminus T. substantiviert worden: einmal in bezug auf Pauken und Bläser, wie es vermutlich in dem Namen Bläsertusch (→ Tusch) fortlebt, zum anderen in bezug auf Laute und Tasteninstrumente. Die festliche Bläserfanfare (mittelfrz. batture) erhielt den Namen T. vom »Schlagen« der Pauken, die mit den Trompeten untrennbar verbunden waren. Während des Festzuges bei der Krönung Alfons' II. von Neapel (1494) erklang *una t. de trombette*, auf dem Fasanenbankett zu Lille (1454) spielten 2 Trompeten *une moult longue bateure* (weitere Belege, u. a. schon 1393 für Barcelona, bei Gombosi). Die fanfarenartige Eröffnungs-T. von Monteverdis *Orfeo* (1607) steht in dieser Tradition, ist aber nicht der einzige bekannte Fall einer kompositorischen Niederschrift dieser Toccatenart (vgl. Clercx-Lejeune). – Die Tasten- (im 16. Jh. auch Lauten-)T., die M. Praetorius als *ein durchgriff oder begreiffung des Claviers*, J. Mattheson als *überhaupt ein Gespiele* charakterisiert, ist das kompositorisch nachgebildete Improvisieren in Erprobung, Ausnutzung und Darstellung der Spielmöglichkeiten des Instruments und in Darbietung, auch Übung der Kunst des Spielers. – Die frühesten Belege bilden die vier anspruchslosen *Tochate* von Francesco da Milano in dessen *Intavolatura di liuto* I (1536): kurze, frei geformte Abschlußstücke von Tanzfolgen. Gegen Ende des 16. Jh. tritt in Druckwerken die italienische Orgel-T. hervor, die (wie schon die kurzen *Intonationi d'organo* von A. Gabrieli, Venedig 1593) die Aufgabe des Intonierens im Gottesdienst hatte. Zu nennen sind die Orgeltoccaten von S. Bertoldo (*Toccate, Ricercari et Canzoni francese ...*, Venedig 1591), A. Padovano (*Toccate e Ricercari*, gedruckt posthum 1604), ferner von A. und G. Gabrieli in den *Intonationi* und in G. Dirutas *Transilvano* (I 1593, II 1609), wo auch Toccaten von Diruta selbst, ferner von G. Guami, L. Luzzaschi, A. Romanini und P. Quagliati zu finden sind; diese *Toccate di diversi eccelenti organisti* veröffentlichte Diruta als Muster orgelmäßiger Improvisation und Diminutionskunst. Cl. Merulos Toccaten (2 Bücher 1598 und 1604) sind zukunftsweisend, indem hier die Abschnitte der auskolorierten Akkorde in Anbeziehung motettischer bzw. ricercarartiger Kompositionsweise mit imitierenden Abschnitten abwechseln. Eine 3teilige Form (Passagenteil, imitierende Partie, Passagenteil) zeigt die ebenfalls im *Transilvano* gebotene T. des A. Gabrieli-Schülers V. Bell'Haver. Wesentliche Merkmale der älteren Toccatenkomposition nennt M. Praetorius: Eingrenzung auf *Orgel oder Clavicymbalum*, Aufgabe des improvisationsartig zu intonierenden Praeludiums (*T., ist als ein ... Praeludium, welches ein Organist ... ehe er ein Mutet oder Fugen anfehet / aus seinem Kopff vorher fantasirt*), Akkordfolge und -kolorierung als Grundprinzip der klavieristischen Satzweise (*mit schlechten* [schlichten] *entzelen griffen / vnd Coloraturen*). *Einer aber hat diese / der ander ein andere Art*. Auch die Art der 13 überlieferten Toccaten J. P. Sweelincks besteht wesentlich im Kolorieren von Griffen, wobei die Spielfiguren sinnvoll auseinander hervorgehen und das schweifend ornamentale Spiel jene Art des Ordnens und Bauens gewinnt, die dann für die deutsche Orgel- und Klaviermusik bis zu Bach hin maßgebend war. Die größeren seiner Toccaten gliedert Sweelinck durch ein oder zwei imitierende Abschnitte; dieser zunächst innerhalb der T. sich abspielende Wechsel von »Praeludieren und Fugieren« wurde für das nord- und mitteldeutsche Toccatenschaffen wegweisend. Die stilistische Nähe der T. zum Praeludium erweist sich schon aus der Tatsache, daß der Kopist des *Fitzwilliam Virginal Book* (ca. 1625) eine T. Sweelincks *Praeludium T.* betitelte. Auch J. S. Bachs (Orgelpunkt-)T. in F dur (BWV 540) ist in den Handschriften Praeludio genannt und seine dorische T. (BWV 538) als Praeludium verzeichnet.

Zusammenfassung und weithin ausstrahlenden Höhepunkt der italienischen T. stellen die je 11 Toccaten von G. Frescobaldi in dessen Sammlungen von 1615 und 1627 dar, daneben die kürzeren Messen- und Vespertoccaten (T. avanti la Messa, T. cromaticha per l'Elevatione) in den *Fiori musicali* von 1635. Frescobaldi reiht mehrere aus motivischem Passagenwerk und madrigalischer Harmonik gestaltete Teile, an deren jeweiligem Ende die T. aus liturgischen Rücksichten abgebrochen werden kann. In seinen beiden Typen, der T. di durezze e ligature und der T. per li pedali (Orgelpunkt-T.), zeigt sich Frescobaldis neuer, affektuoser Orgelstil; ihm entsprechen die Anweisungen zur Tempomodifikation, die das Spiel als quasi improvisatorisch entstehen läßt und es zudem gliedernd verdeutlicht. Bei den Organisten in Italien, Österreich (Wien) und Süddeutschland (München) steht die weitere Geschichte der T. zunächst im Zeichen Frescobaldis, so namentlich bei dessen Schülern M. A. Rossi (10 Toccate, 1637, ²1657) und J. J. Froberger (ab etwa 1649), ferner bei Georg Muffat (12 Toccaten im *Apparatus musico-organisticus*, 1690) und seinem Lehrer B. Pasquini, dessen *Toccates et suittes pour le clavessin* zusammen mit solchen von A. Poglietti und J. K. Kerll 1704 in Amsterdam erschienen. Neben der überkommenen Versetten-T. für Orgel (Fr. X. A. Murschhauser, *Octi-Tonium ...*, 1696; Gottlieb Muffat, *72 Versetl Sammt 12 Toccaten*, 1726; F. T. Richter) trat ab etwa 1680 im Süden jene cembalistische T. hervor, die entweder als Teil einer Suite oder Sonata dient oder selbst ein oft mehrteiliges, sonaten- oder konzertartiges Gebilde darstellt, so in Cembalotoccaten von A. Scarlatti, Fr. Durante, G. Greco und D. Scarlatti. Die Toccaten der Augsburger Organisten H. L. Haßler, J. Haßler und Chr. Erbach sind nach venezianischer Art gebildet. Dagegen steht die norddeutsche Toccatenkunst zunächst im Zeichen Sweelincks mit Kompositionen von S. Scheidt (*T. super: In te Domine speravi*, in: *Tabulatura nova* II, 1624), H. Scheidemann, D. Strungk, M. Weckmann, A. Reincken, D. Buxtehude, N. Bruhns, G. Böhm. Merkmale der norddeutschen T. des 17. Jh. sind der Wechsel von verschieden mensurierten Fugati und freien Teilen, ferner die motivische Verwandtschaft der Teile, der geordnete Bau des Spielwerks und die Ausnutzung des Farbenreichtums der Orgel unter zunehmender Verwendung des Pedals. Die Grundtendenz war die Trennung der Teile, wie sie im hochbarocken Typus der T. et Fuga dann vorliegt. Doch noch Buxtehudes später so genannte »Toccaten (oder Praeludien) und Fugen« sind 3- bis 7teilige Toccaten mit 1-3 Fugati. Zwischen dem Süden, namentlich Froberger, Kerll und Pasquini, und dem Norden vermittelt eine Nürnberger Gruppe: J. Ph. Krieger (*T. e Fuga*), J. Krieger (*T. mit dem Pedal aus C* [mit Fuge], 1699, und *Durezza* nach dem Vorbild Kerlls) und J. Pachelbel, dessen 12 Orgelpunkttoccaten sich auszeichnen durch in der Regel lückenlos aneinandergereihte Orgelpunkte, harmonische Schlichtheit und durch die Klarheit und Milde (Terzen- und Sextengänge) der Figuration. In J. S. Bachs Toccaten entspricht der südlichen Überlieferung die T. als Suiteneinleitung in der 6. Klavierpartita (mit Fugenmittelteil, BWV 830); ebenso mehr nach italienischer Art gebildet sind die 7 Klaviertoccaten aus der Weimarer und Köthener Zeit (BWV 913–16) mit ihren je 3–6 Teilen in kontrastierendem, in eine lebhafte Schlußfuge mündendem Wechsel zwischen spielfreudiger Virtuosität und cantablem Espressivo. Hierher gehört von den Orgeltoccaten auch die Weimarer 3teilige T. in C dur (mit Adagio und Fuge, BWV 564), während die 4teilige in E dur (BWV 566) der Art Buxtehudes folgt und in den Orgeltoccaten in D moll (BWV 565), in F dur (BWV 540) und d dorisch (BWV 538), je mit Fuge, die norddeutsche Toccatenkunst ihre gültigste Ausprägung erreichte in enger Nachbarschaft zu J. S. Bachs »Praeludien [bzw. Fantasien] und Fugen«. Trotz ihrer im höchsten Grade kompositorisch durchdachten Struktur verlangen diese Toccaten einen Vortrag, der sie – wie einst Frescobaldi es ihrem Wesen entsprechend betonte – in Registrierung und Tempomodifikation (Innehalten, Neubeginn usw.) gleichsam als Orgelprobe und Improvisation zur Geltung bringt. – Im Anschluß an die italienische Entwicklung und entsprechend der abermals neuen musikgeschichtlichen Situation wandelte sich die T. in klassizistischer Zeit in Richtung der Etüde und des brillanten Vortragsstücks; in dieser Art erscheint sie u. a. bei C. Czerny (*T. ou exercice* op. 92), R. Schumann (op. 7, 1829/32), J. Rheinberger (op. 19), Debussy (1901), S. Prokofjew (op. 11) und A. Chatschaturian (1932). Regers Toccaten in seinen Orgel-»Stücken« op. 69, 80 und 129 erneuerten und verwandelten die barocke T. In der Folgezeit ist die T. für Klavier (Busoni, Křenek, Jelinek) und für Orgel (Vierne, Dupré, Pepping, Ahrens, Fortner), auch für Orchester (Höller in den Hymnen op. 18, Strawinsky in *Pulcinella*) wieder beliebt.

Ausg. (in Sammelwerken): Le trésor des pianistes II, hrsg. v. A. u. L. FARRENC, Paris 1872; A. G. RITTER, Zur Gesch. d. Orgelspiels ... II, Lpz. 1884 (darin 10 T. d. 16.–18. Jh.); TORCHI III; F. BOGHEN, T. per clavicemb., Mailand 1922; A. DELLA CORTE, Scelta di musiche ..., ebenda 1928, ³1949; E. KALLER, Liber organi V, Mainz (1933 u. ö.; T. d. 17. u. 18. Jh.); TAGLIAPIETRA Ant. XVIII; E. VALENTIN, Die Tokkata, = Das Musikwerk XVII, Köln (1958).
Lit.: PRAETORIUS Synt. III; MATTHESON Capellm.; L. SCHRADE, Ein Beitr. zur Gesch. d. T., ZfMw VIII, 1925/26; DERS., Die ältesten Denkmäler d. Orgelmusik als Beitr. zu einer Gesch. d. T., Münster i. W. 1928; E. VALENTIN, Die Entwicklung d. Tokkata im 17. u. 18. Jh. (bis J. S. Bach), = Universitas-Arch., Mw. Abt. XLV, ebenda 1930; FR. DIETRICH, Analogieformen in Bachs Tokkaten u. Präludien f. d. Org., Bach-Jb. XXVIII, 1931; O. GOMBOSI, Zur Vorgesch. d. Tokkata, AMI VI, 1934; J. MARIX, Hist. de la musique et des musiciens de la cour de Bourgogne sous le règne de Philippe le Bon (1420–67), = Slg mw. Abh. XXVIII, Straßburg 1939; H. HERING, Das Tokkatische, Mf VII, 1954; S. CLERCX-LEJEUNE, La t., in: La musique instr. de la Renaissance, hrsg. v. J. Jacquot, Paris 1955; H. H. EGGEBRECHT, Studien zur mus. Terminologie, = Akad. d. Wiss. u. d. Lit. Mainz, Abh. d. geistes- u. sozialwiss. Klasse, Jg. 1955, Nr 10. HHE

Toledo
Lit.: L. SERRANO, Hist. de la música en T., T. 1907; J. MILEGO, El teatro en T. durante los s. XVI y XVII, Valencia 1909; F. RUBIO PIQUERAS, Música y músicos toledanos, Boletín de la Real Acad. de Bellas Artes V, 1933; H. AN-GLÈS, La música medieval en T. hasta el s. XI., Span. Forschungen d. Görres-Ges. I, 7, Münster i. W. 1938; J. MOLL, Músicos de la Corte del Card. J. Tavera, AM VI, 1951.

Tom-Tom, ein Trommelinstrument, das über die lateinamerikanische Tanzmusik in das Jazzinstrumentarium aufgenommen wurde und seitdem in doppelter Besetzung zum festen Bestand der Combos und Tanzkapellen (besonders für Mambo und Cha-Cha-Cha) gehört. Das T.-T., das ein- oder zweiseitig bespannt sein kann, kommt in verschiedenen Größen vor, wobei sich jeweils Höhen und Durchmesser (14–50 cm) annähernd entsprechen. Ähnlich wie die kleine → Trommel besteht das T.-T. aus einer zylindrischen Holzzarge, auf die mittels eines Metallreifens die Membranen (jedoch ohne Schnarrsaiten) aufgezogen sind. Die Spannung ist durch Schrauben für jedes Fell gesondert regulierbar. Der Klang des zweifelligen Instruments ist dunkler als der des einfelligen. Beide Arten des T.-T.s können auf ungefähre Tonhöhe gestimmt werden (die kleineren Instrumente genauer; etwa bei 7 Instrumenten diatonisch im Raum einer Oktave). Zum Spielen werden Paukenschlägel, Trommelstöcke und (seltener) Jazzbesen verwendet. In der Unterhaltungsmusik wird das T.-T. auf dem für Trommeln und Becken gemeinsamen Fünfliniensystem notiert, in der Orchestermusik auf einer eigenen Linie für jedes einzelne Instrument. Bisweilen wird durch Angaben wie piccolo, medio oder soprano, alto u. a. das geforderte Instrument näher gekennzeichnet. Das T.-T. wird in Werken z. B. von Malipiero, Maderna, Fr. Donati, Bo Nilsson und Stockhausen verwendet.

Tombeau (tɔ̃b'o:, frz., Grabmal), im 16./17. Jh. bei französischen Lauten- und Klaviermeistern eine Gattung von Instrumentalstücken, geschrieben zum Gedächtnis besonders an Fürsten oder Künstler. T.s, oft in Form von Pavane oder Allemande, schrieben E. Gaultier, D. Gaultier, L. Couperin, d'Anglebert und Froberger. In der gleichen Tradition und dem T. nahe stehen die englischen Tears, die → Plainte (– 2) und das → Lamento. Im 20. Jh. wurde in Frankreich die Komposition von T.s zum Gedächtnis an Komponisten wieder aufgenommen (unter Titeln wie *Hommage à ...* oder *T. de ...*), wobei auf deren Stil angespielt wird. Die bekanntesten sind *Hommage à Rameau* (in *Images* I, 1905) und *Hommage à Haydn* (1909) von Debussy, *Hommage à J. Haydn* (1910) von Dukas, die Suite *Le t. de Couperin* (1917) von Ravel (zum Gedächtnis gefallener Freunde) und die von H. Prunières herausgegebene Sondernummer der *Revue musicale* 1920 (*T. de Debussy* mit Kompositionen von Dukas, Roussel, Schmitt, Ravel, Satie sowie Malipiero, Goossens, Bartók, Strawinsky und de Falla).
Lit.: M. BRENET, Les t. en musique, La Rev. Mus. III, 1903; CH. VAN DEN BORREN, Esquisse d'une hist. des »t.« mus., StMw XXV, 1962.

Ton (von griech. τόνος, ursprünglich s. v. w. Spannungsverhältnis der Saite; lat. tonus; ital. suono; frz. son; engl. note). Das Wort T. stammt aus der griechischen musikalischen Terminologie, bedeutet aber dort nicht »Ton« im heutigen Sinne, sondern entweder den → Ganz-T. oder die → Tonart. Dies erklärt sich daraus, daß die griechische Tonart (dorisch, phrygisch, lydisch usw.) nach der Lage des einzigen festen Ganz-T.es in der »charakteristischen Oktave« (Gombosi) bestimmt ist. Streng genommen gibt es in der griechischen Terminologie den modernen Begriff des »Tones« überhaupt nicht, weil dieser die diatonische Tonleiter zur Voraussetzung hat, die erst am Ende der Antike aufkam (dies verbirgt sich hinter der bekannten Tatsache, daß in der Spätantike das Lydische zur Normtonart wurde). Den Begriff des T.es im modernen Sinne (wenn man darunter das elementare Glied einer Tonleiter versteht) konnte es im ursprünglichen griechischen System schon deswegen nicht geben, weil die Zweiteilung (innerhalb der Oktave) in 4 »feste« Tonstufen (die Rahmentöne der beiden Tetrachorde) und 4 »bewegliche« Tonstufen (die Stufen innerhalb der beiden Tetrachorde) ihn ausschließt. Das Wort φθόγγος (lat. → sonus), das diese beiden Tonqualitäten zusammenfaßt, bedeutet »Klang« (vgl. den Begriff des Diphthonges als des vokalischen Zweiklangs in der grammatischen Terminologie – musikalische und grammatisch-phonetische Terminologie haben denselben Ursprung). – Im Mittelalter baut sich die Musik faktisch auf den Tönen als den elementaren Gliedern einer Tonleiter auf, aber der Einfluß der antiken Theorie verhinderte eine klare Begriffsbildung. Das Wort tonus wird in der lateinischen Musiklehre des Mittelalters in zwei Bedeutungsschichten verwendet: 1) direkt aus der antiken Musiktheorie übernommen ist die Verwendung von tonus zur Bezeichnung des Ganz-T.es und der Tonart (so bereits bei Cassiodorus, ed. Mynors, S. 145); 2) im Zusammenhang mit der bei einigen lateinischen Grammatikern nachzuweisenden Verwendung des Wortes im Sinne von → Akzent (-1; hier als Entlehnung aus der griechischen Musikterminologie) dient tonus seit dem 9. Jh. auch zur Bezeichnung der Lektionstöne (→ Epistel, → Evangelium, → Toni communes) und → Psalmtöne des liturgischen Gesangs. Die Lehre von den → Kirchentönen in ihrem frühesten Stadium schließt an diese Tradition an, indem sie typische Melodiemodelle sammelt und rubriziert. Dem entspricht es auch, daß im deutschen → Minnesang und → Meistersang die (oft zu verschiedenen Texten gesungenen) Weisen als »Töne« bezeichnet sind. Im Zuge der Umbildung der Lehre von den Kirchentönen zu einer systematischen Tonartenlehre wurde ein Wiederanknüpfen an die durch Boethius ungenau vermittelte antike Tonartenlehre versucht; entsprechend dem Gesetz der mittelalterlichen Tonordnung wurde nun auch der eine Tonart hauptsächlich charakterisierende Grund-T. (Finalis) als tonus benannt. In der neueren Zeit haben die romanischen Sprachen die Bedeutungsvielfalt des Wortes beibehalten (außerdem kann im Französischen das Wort t. wie im Deutschen T. auch den → Stimm-T., → Kammer-T. und → Chor-T. bezeichnen). Im Englischen gilt allein der Wortgebrauch im Sinne von Ganz-T. als korrekt. Das Deutsche verwendet seit dem 19. Jh. für die oben genannten Bedeutungen die angegebenen zusammengesetzten Wörter; das Stammwort T. dagegen bezeichnet nunmehr ausschließlich den Einzel-T., den die lateinische Musiklehre des Mittelalters unter verschiedenen Aspekten mit sonus, vox, clavis benannt hatte: nach Tinctoris (Diffinitorium, um 1473/74) ist sonus der T., der als Einzel-T. wahrgenommen wird (Sonus est quicquid proprie et per se ab auditu percipitur; ed. Machabey, S. 53), clavis der Tonbuchstabe, der einen T. als Element des die diatonische Skala darstellenden Liniensystems bezeichnet, und vox der gesungene oder instrumentale sonus, dessen Intervallbeziehungen zu den benachbarten voces durch die Tonsilben der Solmisation ausgedrückt werden. Die wissenschaftliche Begründung der Lehre vom T. und von den Tonbeziehungen war bis um 1600 ein Teil der Mathematik und eng verbunden mit der Demonstration am → Monochord (so sehr, daß die griechische Musiktheorie mit dem Wort χορδή nicht nur die → Saite, sondern auch den Einzelton bezeichnete).

In der Neuzeit wurde seit dem 17. Jh. die Tonwissenschaft als Zweig der Naturwissenschaften verstanden; als → Akustik war sie zunächst ausschließlich ein Teil der Physik, bis im 19. Jh. auch die Physiologie und Psychologie der Tonwahrnehmung (→ Gehörphysiologie, → Musikpsychologie) als selbständige Wissenschaftszweige ausgebildet wurden. Grundlegend war die zuerst von Descartes (1618) und Mersenne (1637) erörterte Beobachtung, daß der musikalische T. keine Einheit, sondern aus mehreren → Teiltönen zusammengesetzt ist; in der Physik wird ein solcher Teil-T. auch Sinus-T. (besser → Sinusschwingung, weniger gut auch einfach: Ton) genannt und der aus mehreren Teiltönen bestehende Komplex als → Klang definiert. Die Teiltonreihe wurde von J.-Ph. Rameau zur Erklärung des Dreiklangs als des natürlichen Prinzips der Harmonie herangezogen. Galten zuvor im Bereich der → Harmonia die Intervalle als primäre Tonbeziehungen, von denen die Akkorde als zusammengesetzte abgeleitet waren, so sahen Rameau und seine zahlreichen Nachfolger im 18. und 19. Jh. (darunter auch H. Riemann) im Dreiklang das Primäre und erklärten Töne und Intervalle durch ihre Zugehörigkeit zu einem Dreiklang. – Die im Laufe des 18. Jh. entstandene Auffassung der Musik als Tonsprache (Eggebrecht 1961, besonders S. 94ff.) geht davon aus, daß dem T. »von Natur aus« eine Kraft innewohnt, die ihn zum Ausdruck der »Natur des Menschen«, seiner Empfindungen und Gefühle befähigt. Diese musiktheoretische und ästhetische Begründung der Musik aus der Natur drängte die mathematische Musiktheorie eine Zeitlang zurück. E. Hanslicks Abhandlung Vom musikalisch Schönen (1859) bezeichnet den Zeitpunkt, in dem eine Neubesinnung auf die mathematischen Grundlagen der Musiktheorie einsetzte, die auch für die Musikästhetik fruchtbar wurde. In der Folgezeit kam es zugleich mit der Auflösung der traditionellen Harmonik zur Wiedereinsetzung des nicht akkordisch und funktional prädeterminierten, sondern »an sich« (d. h. in seiner unmittelbaren Beziehung zu anderen Tönen) geltenden T.es (→ Atonalität, → Zwölftontechnik, → Reihe). Eine abermals neue Lage ergab sich um 1950 mit dem Aufkommen der → Elektronischen und → Seriellen Musik: dem Komponisten steht nun zum ersten Mal der gesamte Klangbereich von der einfachen Sinusschwingung bis zum komplexen »weißen Rauschen« zur freien Verfügung; die neuen technischen Mittel ermöglichen ihm nicht nur die Veränderung instrumentaler oder vokaler Töne, sondern auch ihre Vermischung mit anderen Klängen oder Geräuschen sowie die Entwicklung ganz neuer Klangelemente. Dies regte dazu an, vorzugsweise solche → Parameter des T.es zur Formbildung heranzuziehen, die in der traditionellen Musik einer Fixierung weitgehend entzogen waren. Für die Grundsätze, nach denen diese neuartigen Klangelemente zu größeren Formen verarbeitet werden, ist jedoch der geschichtlich gegebene unlösliche Zusammenhang von real erklingendem T. und mathematisch geordneten Tonbeziehungen maßgebend geblieben.

In der Systematischen Musikwissenschaft erfolgt die Bestimmung des T.es unter einer doppelten Perspektive, die als musikalische und physikalische zu unterscheiden ist. Die Töne als musikalische Qualitäten stellen ein System von Quintverhältnissen dar; sie lassen sich nicht an sich, sondern erst als Glied einer »Gesellschaft von Tönen« (J. Handschin) verstehen. Ein verstandener T. ist nicht rezeptiv eine bloße Reaktion auf einen Reiz aus der Außenwelt, sondern produktiv ein geistiges Tätigsein, eine Schöpfung der »inneren Spontaneität des Musikalischen«, der »logisch einfachste Repräsentant der Musik.« Für seine zentrale Eigenschaft hat Handschin den etwa mit → Tonigkeit gleichzusetzenden Terminus Toncharakter eingeführt. Ihm eignen Grundeigenschaften wie → Tonhöhe, Dauer, → Lautstärke und → Klangfarbe (– 2) sowie sekundäre Eigenschaften wie Helligkeit, Rauhigkeit, Spitzigkeit, Dichte, Volumen usw. – Dagegen beruht in der physikalischen Perspektive der T. auf periodischen Druckschwankungen der Luft. Seine Wahrnehmung ist durch eine Reihe akustischer und physiologischer Voraussetzungen bedingt. Der Vorgang der Wahrnehmung läßt jedoch ihre einfache, unmittelbare Verknüpfung mit elementaren akustischen Vorgängen nicht zu. So darf die in der Akustik übliche Gleichsetzung von T. und Sinusschwingung (entsprechend von Klang und Schallvorgang mit Obertönen) nicht mit der Bestimmung des musikalischen T.es verwechselt werden. Auch eine Gegenüberstellung der an physikalischen Größen orientierten Begriffe T. und Klang verliert im musikalischen (und auch psychologischen) Zusammenhang ihre Berechtigung. Diese beiden Perspektiven der Bestimmung des T.es, deren Wahrheitsansprüche miteinander konkurrieren und auf den ersten Blick nicht zu vereinen sind, können sich doch letztlich niemals widersprechen, sondern nur ergänzen.

Lit.: H. v. HELMHOLTZ, Die Lehre v. d. Tonempfindungen, ..., Braunschweig 1863, ⁶1913, Nachdruck Hildesheim 1967; W. TH. PREYER, Über d. Grenzen d. Tonwahrnehmung, in: Slg physiologischer Abh. I, Jena 1876; C. STUMPF, Tonpsychologie, 2 Bde, Lpz. 1883–90, Nachdruck Hilversum u. Amsterdam 1965; CHR. V. EHRENFELS, Über Gestaltqualitäten, Vierteljahresschrift f. wiss. Philosophie XIV, 1890; H. DRIESCH, Das Ganze u. d. Summe, Lpz. 1921; W. KÖHLER, Gestaltpsychology, NY 1947; J. HANDSCHIN, Der Toncharakter, Zürich (1948); H.-H. DRAEGER, Begriff d. Tonkörpers, AfMw IX, 1952; W. MEYER-EPPLER, Statistische u. psychologische Klangprobleme, in: die Reihe I, Wien 1955; DERS., Zur Systematik d. elektrischen Klangtransformationen, in: Darmstädter Beitr. zur Neuen Musik III, Mainz (1960); A. WELLEK, Ganzheitspsychologie u. Strukturtheorie, Bern 1955; J. LOHMANN, Die griech. Musik als mathematische Form, AfMw XIV, 1957; H. HUSMANN, Einführung in d. Mw., Heidelberg (1958); A. LIEBE, Die Leistung d. deutschen Sprache zur Wesensbestimmung d. T., Habil.-Schrift Bln 1958, maschr.; H. H. EGGEBRECHT, Musik als Tonsprache, AfMw XVIII, 1961; K. STOCKHAUSEN, Texte zur elektronischen u. instr. Musik I, Köln (1961); E. MARONN, Untersuchungen zur Wahrnehmung sekundärer Tonqualitäten bei ganzzahligen Schwingungsverhältnissen, = Kölner Beitr. zur Musikforschung XXX, Regensburg 1964.

Tonadilla (tonað'iλa, span., Diminutiv von tonada, Lied) heißt in der 1. Hälfte des 18. Jh. das bei spanischen Theateraufführungen am Ende kleinerer Einlagen (Baíle, → Sainete, Entremés) vorgetragene kurze Gesangstück mit Refrain. Daneben entstand um 1750 die T. als spanische Form einer gesungenen Zwischenaktsunterhaltung mit betont volksnahem Charakter (von Subirá als T. escénica bezeichnet). Mehr als 2000 szenische T.s sind überliefert, meist handschriftlich; ihre Bühnenfunktion entspricht etwa der des italienischen Intermezzos (→ Intermedium). Die Besetzung verlangt bis zu 12 Solostimmen, Orchester, teilweise auch Chor. Der satirischen T. a solo liegen regelmäßig 3 Hauptteile zugrunde (Introducción, Coplas und Final), wobei der vom übrigen Inhalt meist unabhängige Schlußteil u. a. vorzugsweise die Form der → Seguidilla oder der → Tirana verwendet. Schon auf dem Höhepunkt ihrer Entwicklung (zwischen 1771 und 1790), besonders seit dem Wiederaufleben der italienischen Oper in Madrid (1787), verfiel die szenische T. zunehmend dem Einwirken italienischer Stilelemente; auch Einflüsse der französischen Opéra-comique machten sich geltend. Gegen 1850 erlebte sie ihren endgültigen Niedergang. Zu den Hauptmeistern der T. gehören Misón, A. Guerrero, J. Palomino, Bl. de Laserna, V. Galbán, Esteve, A. Rosales, Aranez y Vides, J. Castel, J. Valledor, P. de Moral, M. Bustos und Ferrer. Als letzter Tonadillero gilt M. García, aus dessen Stücken *El criado fingido* und *El poeta calculista* Bizet in seiner Oper *Carmen*, ferner Rossini und Liszt Teile entlehnten. Nach der Jahrhundertwende schrieb Enrique Granados eine wertvolle Sammlung von *T.s en estilo antiguo* für Singst. und Kl.

Lit.: J. SUBIRÁ, La t. escénica, 3 Bde, Madrid 1928–30; DERS., T. teatrales inéditas, Madrid 1932; DERS., Les influences frç. dans la t. madrilène du XVIIIᵉ s., in: Mélanges de musicologie à L. de La Laurencie, = Publications de la Soc. frç. de musicologie II, 3/4, Paris 1933; DERS., La t. escénica, sus obras y sus autores, Barcelona 1933; DERS., El »cuatro« escénico, in: Miscelánea en homenaje a H. Anglès II, ebenda 1958–61; I. M. HAMBACH, Formuntersuchungen zur szenischen T., Diss. Bonn 1955, maschr.

Tonale → Tonar.

Tonalität im weiteren Sinne des Wortes ist eine zum System verfestigte, über den Einzelfall hinausgreifende funktionale Differenzierung und hierarchische Abstufung von Tönen oder Akkorden. So ist z. B. die tonale Struktur einer gregorianischen Choralmelodie durch die Unterscheidung von Gerüst und Ausfüllung oder von Haupt- und Nebentönen und durch die Ausprägung von Funktionen wie Schluß-, Anfangs-, Grenz- und Rezitationston bestimmt (→ Kirchentöne). Enger gefaßt, bezeichnet der Ausdruck T. die Gruppierung von Tönen oder Akkorden um ein Bezugszentrum, eine Tonika, die als »point d'attraction« (Fr. Brenn) wirkt; das Phänomen der Zentrierung wurde von manchen Theoretikern mit der Gravitation verglichen (Hindemith). Die engere Bedeutung ist die ursprüngliche; die Ausweitung wurde durch die wachsende Einsicht in geschichtliche und ethnische Differenzen erzwungen oder mindestens nahegelegt, birgt aber die Gefahr in sich, daß man unwillkürlich die engere Bedeutung mitdenkt, wenn die weitere gemeint ist, und darum z. B. das Ausmaß überschätzt, in dem die Finalis einer frühmittelalterlichen Choralmelodie ein Bezugszentrum darstellt.

Der Terminus tonalité, 1821 von Fr.-H.-J. Castil-Blaze geprägt, wurde 1844 von Fr.-J. Fétis im *Traité* als Inbegriff notwendiger Beziehungen zwischen den Tönen einer Skala definiert: *La tonalité se forme de la collection des rapports nécessaires, successifs ou simultanés, des sons de la gamme* (S. 22). Aus der Verschiedenheit der geschichtlichen und ethnischen Voraussetzungen entsteht nach Fétis eine Vielfalt von Tonalitätstypen (types de tonalités). H. Riemann war, im Gegensatz zu Fétis, überzeugt, daß die »types de tonalités« auf ein einziges, in der Natur des musikalischen Hörens begründetes Prinzip, die drei Akkordfunktionen Tonika, Dominante und Subdominante, zurückzuführen seien (→ Harmonielehre). Nach der heute vorherrschenden Meinung ist jedoch die Geltung von Riemanns Theorie auf die Musik des 17. bis 19. Jh. eingeschränkt. – Von der harmonischen, durch Akkorde ausgeprägten T., in der nach der Theorie H. Riemanns der Dreiklang, nicht der Einzelton oder das Intervall, als das primär Gegebene erscheint oder aufgefaßt wird (→ Klangvertretung), ist die melodische T. zu unterscheiden. Letztere wird oft als Modalität bezeichnet, weil in diesem T.s-Typus Modi, die sich durch ihren Grund- oder Zentralton und ihren Ambitus voneinander abheben, die Formen bilden, in denen ein Tonsystem, die halbtonlose (anhemitonische) Pentatonik oder die siebentönige (heptatonische) Diatonik, sich darstellt oder realisiert: Jede der Stufen des Systems c–d–f–g–a kann Hauptton eines pentatonischen Modus sein; und es ist die modale Gestalt, in der das System, der Inbegriff der Modi, zu musikalischer Wirklichkeit kommt. Melodische Modi sind allerdings oft, vor allem auf frühen Entwicklungsstufen, weniger durch einen Grundton, der als Bezugszentrum wirkt, als durch Tongerüste, deren Ausfüllung variabel ist (→ Harmonia), durch Melodiemodelle oder melodische Formeln charakterisiert. Die Betonung der Finalis durch Odo von St. Maur im 10. Jh. bezeichnet eine neue Stufe des Tonartbewußtseins, die das frühe vom späteren Mittelalter trennt: *Tonus vel modus est regula, quae de omni cantu in fine diiudicat* (GS I, 257b). Und noch deutlicher wird der Sachverhalt von Guido von Arezzo formuliert, bei dem es heißt, daß der Schlußton auf die Weise das Prinzipat habe, daß die übrigen Töne »auf wunderbare Weise von ihm das Aussehen ihrer Färbung zu empfangen scheinen« (CSM IV, 139f.: *Et praemissae voces ... ita ad eam aptantur, ut mirum in modum quandam ab ea coloris faciem ducere videantur*). Die harmonische T., für die von manchen Theoretikern ein Fundament in der Natur des Klanges gesucht worden ist (→ Naturklangtheorie), muß primär als geschichtliches Phänomen verstanden werden. Die charakteristischen Merkmale tonaler Harmonik – die Verfestigung der Zusammenklänge von Intervallkomplexen zu Akkorden, die unmittelbar als Einheit empfunden werden, die Dominant-Tonika-Kadenz als Modell einer prägnanten Akkordfolge, die Ausprägung der »charakteristischen Dissonanzen«, des Quintsextakkords der Subdominante und des Dominantseptakkords, die hierarchische Abstufung der Akkorde, die Verdrängung der Modi (Kirchentöne) durch Dur und Moll, die Verdeutlichung oder Fundierung musikalischer Formen durch Kadenzdispositionen, die auf Quint- und Terzverwandtschaften beruhen – sind nicht gleichzeitig, sondern nach und nach hervorgetreten, so daß es willkürlich wäre, einen Zeitpunkt für die Entstehung der harmonischen T. festzusetzen. Der verwirrende Sachverhalt, daß deren Ursprung von manchen Historikern im 14. oder 15., von anderen dagegen im 16. oder 17. Jh. gesucht wird, ist darin begründet, daß die Frage, welches der Teilmomente des Phänomens das wesentliche sei, verschieden beantwortet werden kann. – Auch die Begriffe, Vorstellungen und Theoreme, die der Lehre von der tonalen Harmonik zugrunde liegen, sind allmählich, im Laufe von Jahrhunderten, entstanden, um sich schließlich, am Ende der Epoche der harmonischen T., zu einem System zusammenzufügen. Entscheidende Stationen in der Entwicklung der Theorie bilden die Auffassung des Dur- und Molldreiklangs als unmittelbar gegebener Einheit (G. Zarlino 1558), die Deutung des Sext- und Quartsextakkords als Umkehrungen des Grunddreiklangs (J. Lippius und Th. Campian 1613), die Erkenntnis und Benennung der Akkordfunktionen Tonika, Dominante und Subdominante als Gerüst oder Substanz einer durch Akkorde dargestellten Tonart (J.Ph.Rameau 1726), die Unterscheidung zwischen »wesentlichen« (I, IV; V) und »zufälligen« (II, III, VI) Akkordstufen (H.Chr.Koch 1811) und die Reduktion der »zufälligen« Akkorde, die als Scheinkonsonanzen bzw. → Auffassungsdissonanzen erklärt werden, auf die »wesentlichen« (H.Riemann 1893). – Den Übergang zur → Atonalität bildet, um mit Schönberg (1911) zu sprechen, die »schwebende« oder »aufgehobene« T.: die T. von Werken der Zeit um 1900, die zwar einen Grundton nicht oder nur schwach ausprägen, in denen aber noch überwiegend oder partiell Akkorde und Akkordverbindungen, die aus der tonalen Harmonik stammen, verwendet werden. Tonordnungen in der → Neuen Musik seit 1910, die sich den überlieferten Normen der tonalen Harmonik entziehen, ohne jedoch atonal im Sinne der Schönberg-Schule zu sein (Strawinsky, Bartók, Hindemith), werden manchmal als »erweiterte« T. charakterisiert.

Lit.: Fr.-H.-J. Castil-Blaze, Dictionnaire de musique moderne, Paris 1821, ²1825; Fr.-J. Fétis, Traité complet de la théorie et de la pratique de l'harmonie, Paris 1844, ¹²1879; W. Brambach, Das Tonsystem u. d. Tonarten d. christlichen Abendlandes im MA ..., Lpz. 1881; H. v. Herzogenberg, T., VfMw VI, 1890; Werker, Die Theorie d. T., Norden 1898; A. J. Polak, Über Zeiteinheit in bezug auf Consonanz, Harmonie u. T., Lpz. 1900; H. Riemann, Über T., in: Präludien u. Studien III, Lpz. 1901; ders., Ideen zu einer »Lehre v. d. Tonvorstellungen«, JbP XXI, 1914–XXII, 1915; ders., Folkloristische Tonalitätsstudien I, = Abh. d. Kgl. sächsischen Forschungsinst. zu Lpz., Forschungsinst. f. Mw., H. 1, Lpz. 1916; A. Schönberg, Harmonielehre, Wien 1911, ⁵1960, engl. NY 1947; E. Kurth, Die Voraussetzungen d. theoretischen Harmonik u. d. tonalen Darstellungssysteme, Bern 1913; ders., Musikpsychologie, Bln 1930, Bern ²1947; G. Güldenstein, Theorie d. Tonart, Stuttgart 1927; O. Steinbauer, Das Wesen d. T., München 1928; D. Fr. Tovey, Tonality, ML IX, 1928; A. Auda, Les modes et les tons de la musique, Brüssel 1930; P. Wagner, Zur ma. Tonartenlehre, in: Studien zur Mg., Fs. G. Adler, Wien u. Lpz. 1930; Ph. F. Radcliffe, The Relation of Rhythm and Tonality in the Sixteenth Cent., Proc. Mus. Ass. LVII, 1930/31; J. Yasser, A Theory of Evolving Tonality, NY 1932; ders., Future of Tonality, London 1934; A. M. Richardson, The Medieval Modes, NY 1933; F. S. Andrews, Medieval Modal Theory, Diss. Cornell Univ. (N. Y.) 1935, maschr.; W. Apel, Accidentien u. T. in d. Musikdenkmälern d. 15. u. 16. Jh., Diss. Bln 1936; R. S. Hill, Schoenberg's Tone-Rows and the Tonal System of the Future, MQ XXII, 1936; P. Hindemith, Unterweisung im Tonsatz, 2 Bde, I Mainz 1937, ²1940, II Mainz 1939, engl. als: Craft of Mus. Composition, I London 1942, II 1941; G. Tveit, Tonalitätstheorie d. parallelen Leittonsystems, Oslo 1937; O. Gombosi, Studien zur Tonartenlehre d. frühen MA, AMl X, 1938 – XII, 1940; ders., Key, Mode, Species, JAMS IV, 1951; O. Gurvin, Frå tonalitet til atonalitet, Oslo 1938; ders., Some Comments on Tonality in Contemporary Music, Norsk Musik-Kgranskning 1954/55; E. Jammers, Rhythmische u. tonale Studien zur Musik d. Antike u. d. MA, AfMf VI, 1941; ders., Rhythmische u. tonale Studien zur älteren Sequenz, AMl XXIII, 1951; ders., Einige Anmerkungen zur T. d. gregorianischen Gesanges, Fs. K. G. Fellerer, Regensburg 1962; W. Danckert, Melodische T. u. Tonverwandtschaft, Mk XXXIV, 1941/42; ders., Melodische Funktionen, Fs. M. Schneider, Lpz. (1955); C. Sachs, The Road to Major, MQ XXIX, 1943; J. L. Bawden, Aspects of Tonality in Early European Music, Philadelphia 1947; J. Handschin, Der Toncharakter, Zürich (1948); R. Arnell, A Note on Tonality, Music Survey II, 1949; H. Besseler, Bourdon u. Fauxbourdon, Lpz. 1950; ders., Tonalharmonik u. Vollklang, AMl XXIII, 1951; Fr. Schadler, Das Problem d. T., Diss. Zürich 1950, maschr.; J. Smits van Waesberghe SJ, Zur Entstehung d. drei Hauptfunktionen d. Harmonik, Kgr.-Ber. Lüneburg 1950; ders., A Textbook of Melody, = American Inst. of Musicology, Miscellaneous II, Rom 1955; H. Badings, Tonaliteitsproblemen en de nieuwe muziek, = Mededelingen van de Koninklijke Akad. ..., XIII, 1, Brüssel 1951; G. Reichert, Kirchentonart als Formfaktor in d. mehrst. Musik d. 15. u. 16. Jh., Mf IV, 1951; ders., Tonart u. T. in d. älteren Musik, = Mus. Zeitfragen X, Kassel 1962; J. Rohwer, Tonale Instruktionen ..., Wolfenbüttel 1951; ders., Zur Frage d. Natur d. T. ..., Mf VII, 1954; W. Wiora, Der tonale Logos, Mf IV, 1951; R. Gerhard, Tonality in Twelve-Tone-Music, Score VI, 1952; W. E. Thomson, A Clarification of the Tonality Concept, Diss. Indiana Univ. 1952, maschr.; ders., The Problem of Tonality in Pre-Baroque and Primitive Music, Journal of Music Theory I, 1957; R. W. Wienpahl, The Emergence of Tonality, Diss. Univ. of California 1953, maschr.; ders., Engl. Theorists and Evolving Tonality, ML XXXVI, 1955; ders., Zarlino, the Senario, and Tonality, JAMS XII, 1959; R. E. Mueller, The Concept of Tonality in Impressionistic Music, Diss. Indiana Univ. 1954, maschr.; A. Machabey, Genèse de la tonalité mus. classique, Paris 1955; Fr. Neumann, T. u. Atonalität, = Beitr. zu Gegenwartsfragen d. Musik, Landsberg 1955; H. Lang, Begriffsgesch. d. Terminus »T.«, Diss. Freiburg i. Br. 1956, maschr.; M. Kolinski, The Determinants of Tonal Construction in Tribal Music, MQ XLIII, 1957; H.

Truscott, Some Aspects of Mahler's Tonality, MMR LXXXVII, 1957; P. Beyer, Studien zur Vorgesch. d. Dur-Moll, Kassel 1958; J. Chailley, La révision de la notion traditionelle de tonalité, Kgr.-Ber. Köln 1958; R. Reti, Tonality–Atonality–Pantonality, London 1958, ²1960; H. Zingerle, T. u. Melodieführung in d. Klauseln d. Troubadours- u. Trouvèreslieder, Tutzing u. München 1958; R. Travis, Towards a New Concept of Tonality?, Journal of Music Theory III, 1959; S. Hermelink, Dispositiones modorum, = Münchner Veröff. zur Mg. IV, Tutzing 1960; F. Salzer, Strukturelles Hören. Der tonale Zusammenhang in d. Musik, 2 Bde, Wilhelmshaven 1960; E. Ansermet, Les fondements de la musique dans la conscience humaine, Neuchâtel 1961, deutsch als: Die Grundlagen d. Musik im menschlichen Bewußtsein, München (1965); I. Bengtsson, On Relationships Between Tonal and Rhythmic Structures in Western Multipart Music, STMf XLIII, 1961; H. H. Eggebrecht, Musik als Tonsprache, AfMw XVIII, 1961; Ll. Hibberd, »Tonality« and Related Problems in Terminology, MR XXII, 1961; E. E. Lowinsky, Awareness of Tonality in the 16th Cent., Kgr.-Ber. NY 1961, Bd I; Ders., Tonality and Atonality in Sixteenth-Cent. Music, Berkeley u. Los Angeles 1961; G. Albersheim, Das Raumerlebnis in tonaler u. atonaler Musik, Mus. Zeitfragen X, 1962; Ders., Die Tonstufe, Mf XVI, 1963; E. Apfel, Die Klangstruktur d. spätma. Musik als Grundlage d. Dur-Moll-T., Mf XV, 1962 u. XVI, 1963; C. Dahlhaus, Der Tonalitätsbegriff in d. neuen Musik, Kgr.-Ber. Kassel 1962; Ders., Über d. Begriff d. tonalen Funktion, in: Beitr. zur Musiktheorie d. 19. Jh., hrsg. v. M. Vogel, = Studien zur Mg. d. 19. Jh. IV, Regensburg 1966; Ders., Untersuchungen über d. Entstehung d. harmonischen T., = Saarbrücker Studien zur Mw. II, Kassel 1967; L. Finscher, Tonale Ordnungen am Beginn d. Neuzeit, Mus. Zeitfragen X, 1962; H. Pfrogner, Zum Tonalitätsbegriff unserer Zeit, Musica XVI, 1962; A. v. Reck, Möglichkeiten tonaler Audition, Mf XV, 1962; Ph. Barford, Tonality, MR XXIV, 1963; B. Meier, Wortausdeutung u. T. bei O. di Lasso, KmJb XLVII, 1963; A. Salop, J. Obrecht and the Early Development of Harmonic Polyphony, JAMS XVII, 1964; E. H. Sanders, Tonal Aspects of the 13th-Cent. Engl. Polyphony, AMl XXXVII, 1965; Ders., Die Rolle d. engl. Mehrstimmigkeit d. MA in d. Entwicklung v. C.-f.-Satz u. Tonalitätsstruktur, AfMw XXIV, 1967; L. Treitler, Tone System in the Secular Works of G. Dufay, JAMS XVIII, 1965; W. Marggraf, T. u. Harmonik in d. frz. Chanson zwischen Machaut u. Dufay, AfMw XXIII, 1966; H.-P. Reinecke u. V. Ernst, Zum Begriff d. T., Kgr.-Ber. Lpz. 1966. CD

Tonar (lat. tonarius, auch tonarium, intonarium, tonale), ein Verzeichnis Gregorianischer Gesänge nach der Ordnung der → Kirchentöne, bei den Antiphonen überdies nach der Reihenfolge der den einzelnen Kirchentönen zugehörenden psalmodischen → Differenzen. – Die älteste bisher bekannte Quelle – ein im späten 8. Jh. in St-Riquier geschriebener T. für den Unterrichtsgebrauch (Paris, Bibl. Nat., ms. lat. 13159, Fragment; ed. Huglo 1952) – enthält nur einige Beispiele, die allen Kategorien von Meßgesängen entnommen sind. Der um 870 nach einer Vorlage aus der Zeit zwischen 817 und 835 angefertigte T. von Metz (Bibl. Municipale, ms. 351; ed. Lipphardt 1965) bringt die Antiphonen des Antiphonars und des Graduales (die Responsoria prolixa des 3. Teils gehören mit Sicherheit nicht zum Original). Hierbei handelt es sich um den Typus des Gebrauchs-T.s, d. h. um ein Verzeichnis für den Sänger, der im Chor die Antiphonen beigegebenen Psalmverse zu intonieren und die passende Differenz zu wählen hat. Die zeitlich nachfolgenden T.e können allgemein in 2 Arten eingeteilt werden: 1) Kurz-T.e für den Unterricht; 2) Voll-T.e für den praktischen Gebrauch, die im Unterschied zu den Kurz-T.en nahezu das ganze liturgische Gesangsrepertoire umfassen. Wie die Quellenforschung zeigt, sind Voll-T.e vor allem für die Epoche der linienlosen Neumennotation nachzuweisen. In dieser Zeit diente die methodische Klassifizierung nach Kirchentönen und Differenzen als Gedächtnisstütze. – In Deutschland wurde der erste Voll-T. um 900 in und für Trier durch Regino von Prüm verfaßt (CS II, 3–73). Als Ausgangspunkt diente ein Antiphonar der Trierer Kirche. Der um 1000 geschriebene 1. T. aus der Abtei Reichenau (Staatsbibl. Bamberg, ms. lit. 5) entstand als Abschrift einer Vorlage, die mit ms. Metz 351 identisch ist. Doch folgen hier die Antiphonen des Offiziums innerhalb der Kirchentöne nicht mehr der Ordnung des liturgischen Kalenders, sondern der alphabetischen Ordnung. Die gleiche Disposition findet sich bei Berno von Reichenau und in einigen süddeutschen T.en. Auch dem 2. Reichenauer T. (um 1075, ed. Sowa 1935) liegt die alphabetische Ordnung zugrunde. Sein Inhalt umschließt indessen nur die Antiphonen aus dem Offizium. Eine zentrale Stellung besitzt der in mehreren Handschriften tradierte T. Bernos von Reichenau (um 1020; GS II, 79–91), dessen nachhaltiger Einfluß in zahlreichen späteren Quellen sichtbar wird, besonders im T. aus dem Pontificale des Bischofs Gundekar II. von Eichstätt (um 1070; Eichstätt, Bischöfliches Ordinariatsarchiv) und im T. Frutolfs von Michelsberg (um 1100, ed. Vivell 1919). Aus dem folgenden Zeitraum ist der T. des Udalskalk von Maisach (um 1140, ed. Jaffé 1859; auch in München, Bayerische Staatsbibl., Clm 9921) zu erwähnen.

Der bedeutendste der St. Galler T.e ist am Anfang des Codex Hartker 390–391 überliefert (10. Jh.; Paléographie musicale II, 1). Alle späteren T.e St. Gallens (sämtlich Kurz-T.e, ed. Omlin 1934) sind durch die nur ihnen eigentümliche Verwendung von Buchstaben zur Bezeichnung der 8 Kirchentöne (a e i o u η y ω) und der Differenzen (b c d g h k p q) charakterisiert (z. B. a g = 4. Differenz des 1. Modus. Im Anschluß an die ursprüngliche Tradition wurden diese sogenannten T.-Buchstaben in das *Antiphonarium Monasticum* der Schweizerischen Benediktiner-Kongregation wiederaufgenommen (Engelberg 1943). – Der bedeutendste, leider unvollständige Voll-T. französischer Herkunft befindet sich am Schluß des Graduales von St-Michel de Gaillac bei Albi (um 1070; Paris, Bibl. Nat., ms. lat. 776). Am Schluß eines Graduales steht auch der T. von Toulouse (11. Jh.; London, Brit. Mus., ms. Harl. 4951). In beiden Handschriften weicht das Repertoire der Introitus- und Communioantiphonen vom vorangehenden Graduale ab: wahrscheinlich sind die T.e anderen Ursprungs. Eine weitere Gruppe von T.en ist seit dem 10. Jh. um St-Martial von Limoges lokalisiert (Paris, Bibl. Nat., ms. lat. 909, 1084, 1118, 1121 usw.). Quo von St-Maur (von Cluny?) schrieb um 1020 ein *Intonarium* (CS II, 117–149); etwa 10 Jahre darauf verfaßte Odoranne von St-Pierre-le-Vif zu Sens einen kurzen Traktat mit T. (Rom, Bibl. Vaticana, ms. Reg. 577). Die meisten anderen T.e aus Frankreich sind Kurz-T.e. Besonderes Interesse verdient ms. H159 der Faculté de Médicine von Montpellier: um 1050 in St-Bénigne zu Dijon entstanden, werden in diesem Unterrichtswerk die einzelnen Stücke des Graduales, nach Kirchentönen geordnet, in Neumenschrift nebst Buchstabennotation aufgeführt (Paléographie musicale I, 7). Am Anfang des Manuskripts steht eine Kurzfassung des Regino-T.s (*Breviarium* genannt). Möglicherweise wurde der Codex im Rahmen der zisterziensischen Choralreform (12. Jh.) benutzt, die u. a. eine Verkürzung und Vereinfachung der Differenzen anstrebte, wie man sie 1140 im *Tonale Sancti Bernardi* (GS II, 265–278) findet. Demgegenüber stellten die Dominikaner, die zumindest in ihrem Graduale den Zisterziensern folgten, den Antiphonarien einen Auszug aus dem *Tractatus de musica* des Hieronymus de Moravia (ed. Cserba, S. 160–168) statt eines T.s voran. – Eine nur geringe Anzahl von T.en ist aus Italien und Spanien überliefert. Die älteste Quelle italienischer Herkunft (um 1020; Monza, Bibl. Capitolare, ms. C 12/75) steht in Verbindung mit der St. Galler Gruppe; den vollständigsten T. bringt ms. Montecassino 318 (2. Hälfte des 11. Jh., aus Benevent). Als wichtigste Quelle spanischer (näherhin katalanischer) Provenienz gilt der im 10. Jh. verfaßte T. von Ripoll (Barcelona, Archivo de la Corona de Aragón, ms. Ripoll 74). – Nachdem sich im 12. Jh. allerorts (außer in Süddeutschland und in St. Gallen) die diastematischen Neumen durchgesetzt hatten, erlosch das Interesse am Typus der Voll-T.s. Dagegen blieb der Kurz-T. sehr verbreitet als Grundlage der Lehre von den Kirchentönen. Kurz-T.e finden sich in liturgischen Büchern, wo sie in der Regel nur ein Beispiel aus der Psalmodie, ferner einige Beispiele liturgischer Gesänge und manchmal Melodieformeln zu den einzelnen Kirchentönen bringen. Auch sind sie, mit Kommentaren versehen, in zahlreichen Musiktraktaten anzutreffen, so u. a. bei Johannes Affligemensis (zwischen 1100 und 1121, ed. Smits van Waesberghe 1950), Hugo von Reutlingen (1332–42, ed. Gümpel 1958), Jacob Twinger von Königshofen (um 1413, ed. Mathias 1903) und Conrad von Zabern (um 1460–70, ed. Gümpel 1956). – Die byzantinischen Intonationsformeln (Noenoeane, Noeagis; → Ananeanes) der ältesten T.e wurden etwa seit dem 10./11. Jh. durch Melodiemodelle in Form von Antiphonen ersetzt (*Primum quaerite regnum Dei* usw. bis *Octo sunt beatitudines*; später auch andere Texte), die jeweils mit einem Neuma schließen (→ Neumen – 2). – Bei einem Vergleich der Quellen lassen sich vielfach regional bedingte Abweichungen hinsichtlich der kirchentonalen Zuordnung von Gesängen feststellen. Seit dem 11. Jh. schlagen überdies einige T.e im Anschluß an die Musiktheoretiker Emendationen von Stücken vor, die als fehlerhaft angesehen wurden. Damit war der Weg bereitet für die systematische Überarbeitung des traditionellen Repertoires.

Ausg. u. Lit.: J. Smits van Waesberghe SJ, P. Fischer u. Chr. Maas, The Theory of Music from the Carolingian Era up to 1400 I, Descriptive Cat. of Ms., = RISM B IV¹, München u. Duisburg (1961). – Antiphonale missarum sextuplex, hrsg. v. R.-J. Hesbert OSB, Brüssel 1935, Nachdruck Rom 1967; GS I–III; CS I–IV; Paléographie mus. I, 7–8, I, 9, I, 12, I, 16, II, 1, Solesmes 1900–55; Der karolingische T. v. Metz, hrsg. v. W. Lipphardt, = Liturgiewiss. Quellen u. Forschungen XLIII, Münster i. W. 1965; Frutolfi Breviarium de musica et Tonarius, hrsg. v. C. Vivell OSB, Sb. Wien CLXXXVIII, 2, 1919; Johannes Affligemensis, De Musica cum Tonario, hrsg. v. J. Smits van Waesberghe SJ, = CSM I, (Rom) 1950; Des Abtes Udalskalk v. St. Ulrich in Augsburg Registrum Tonorum, hrsg. v. Ph. Jaffé, Arch. f. d. Gesch. d. Bisthums Augsburg II, 1859; Hieronymus de Moravia OP, Tractatus de musica, hrsg. v. S. M. Cserba OP, = Freiburger Studien zur Mw. II, Regensburg 1935; Hugo Spechtshart v. Reutlingen, Flores musicae (1332/42), hrsg. v. K. W. Gümpel, = Akad. d. Wiss. u. d. Lit. Mainz, Abh. d. geistes- u. sozialwiss. Klasse, Jg. 1958, Nr 3; Die Musiktraktate Conrads v. Zabern, hrsg. v. ders., ebenda 1956, Nr 4. – W. H. Frere, The Use of Sarum II, Cambridge 1901; E. Langer, Ein mus. Ms. d. 11. Jh., KmJb XVII, 1902; Fr. X. Mathias, Die Tonarien, Diss. Lpz. 1903; ders., Der Straßburger Chronist Königshofen als Choralist, Graz 1903, dazu separat (mit M. Vogeleis): Phototypie d. Königshofenschen Tonarius in Cod. XI E 9 d. Prager Univ.-Bibl., Graz 1903; H. Villetard, Odoranne de Sens et son œuvre mus., in: Congrès parisien et régional de chant liturgique et de musique d'église 1911, Paris 1912; J. Gmelch, Die Mg. Eichstätts, Eichstätt 1914; U. Bomm OSB, Der Wechsel d. Modalitätsbestimmung in d. Tradition d. Meßgesänge im IX. bis XIII. Jh., Einsiedeln 1929; P. Wagner, Ein kurzer T., Gregorius-Blatt LIII, 1929; ders., Zur ma. Tonartenlehre, in: Studien zur Mg., Fs. G. Adler, Wien 1930; E. Omlin OSB, Die St. Gallischen Tonarbuchstaben, = Veröff. d. Gregorianischen Akad. zu Freiburg i. d. Schweiz XVIII, Regensburg 1934; H. Sowa, Quellen zur Transformation d. Antiphonen. T.- u. Rhythmusstudien, Kassel 1935; H. Sidler OMCap, Zum Meßtonale v. Montpellier, KmJb XXXI, 1936 – XXXIII, 1938; F. Haberl, Il tonario di Reginone di Prüm, Diss. Pontificio Istituto di Musica Sacra Rom 1937, maschr.; Ch. Meter, The Antiphons of the Tonarium F. 3565, Diss. ebenda 1939, maschr.; M. Huglo, Un tonaire du Graduel de la fin du VIIIᵉ s., Rev. grégorienne XXXI, 1952; ders., Le tonaire de St-Bénigne de Dijon, Ann. Mus. IV, 1956; ders., Les anciens tonaires lat., Diss. Paris 1968; W. Lipphardt, Ein unbekannter karolingischer T. ..., Kgr.-Ber. Köln 1958; W. Irtenkauf, Zur ma. Liturgie- u. Mg. Ottobeurens, in: Fs. zur 1200-Jahr-Feier d. Abtei, hrsg. v. A. Kolb OSB u. H. Tüchle, Augsburg 1964.
MH

Tonart (frz. ton; engl. key; ital. tono, modo). In der griechischen Musiktheorie wird T. bestimmt 1) als Gefüge von Intervallen innerhalb der Oktave (ἁρμονία, τρόπος), 2) durch Festsetzung dieses Gefüges auf einen bestimmten Ton (τόνος). Zur Darstellung der T.en und ihrer Differenzierungen dient das → Systema teleion. Im Mittelalter werden die 8 → Kirchentöne im Sinne von T.en gleichermaßen mit tonus, modus und tropus bezeichnet. Sie werden erklärt als Oktavausschnitte aus der diatonischen Grundskala oder als Zusammensetzung verschiedener Quart- und Quintgattungen (species diatesseron und species diapente), die sich jeweils nach der Lage der Ganz- und Halbtöne unterscheiden. Die plagalen T.en werden aus den authentischen durch umgekehrte Anordnung der Quart- und Quintgattungen abgeleitet. Charakteristische Merkmale zur Unterscheidung der Gesänge nach T.en sind die Art und Weise, *per quem principium, medium* (Ambitus) *et finis cuiuslibet cantus ordinatur* (Tinctoris, CS IV, 18a). Im → Tonar wurden die gregorianischen Melodien nach ihrer Zugehörigkeit zu den Kirchentönen gesammelt. – Die Bezeichnung T. ist dem lateinischen Wort modus nachgebildet und wird seit dem 18. Jh. verwendet; seit dem 19. Jh. bedeutet sie die Bestimmung eines → Tongeschlechts (dur oder moll) auf einer bestimmten Transpositionsstufe. Die Zahl der T.en ist im gleichschwebend temperierten Tonsystem auf 24 eingeschränkt. Diese heute gebräuchlichen Transpositionen der beiden Grundskalen (C dur und A moll) veranschaulicht folgende Tabelle (→ Quintenzirkel):

Durtonarten

Anzahl der ♭								Anzahl der ♯						
7	6	5	4	3	2	1		1	2	3	4	5	6	7
Ces	Ges	Des	As	Es	B	F	C	G	D	A	E	H	Fis	Cis	Gis	Dis	Ais
	7	6	5	4	3	2	1	1	2	3	4	5	6	7
Anzahl der ♭								Anzahl der ♯						

Molltonarten

Dabei ergeben sich analog der Akkordverwandtschaft innerhalb des tonalen Systems verschiedene Beziehungen zwischen den einzelnen T.en. Parallele T.en sind solche mit gleichen Vorzeichen (z. B. F dur und D moll). Im Musikschrifttum finden sich häufig Darstellungen des → Tonartencharakters.

Lit.: H. Riemann, Folkloristische Tonalitätsstudien I, Lpz. 1916; J. Würschmidt, Tonleitern, T., Tonsysteme, Erlangen 1932; L. Balmer, Tonsystem u. Kirchentöne bei J. Tinctoris, = Berner Veröff. zur Musikforschung II, Bern u. Lpz. 1935; O. Gombosi, Studien zur Tonartenlehre d. frühen MA, AMl X, 1938 – XII, 1940; ders., T. u. Stimmungen d. antiken Musik, Kopenhagen 1939, Nachdruck 1950; ders., Key, Mode, Species, JAMS IV, 1951; J. Handschin, Der Toncharakter, Zürich (1948); J. Chailley, L'imbroglio des modes, Paris 1960; S. Hermelink, Dispositiones modorum, = Münchner Veröff. zur Mg. IV, Tutzing 1960; H. Potiron, Boèce, théoricien de la musique grecque, Paris 1961; M. Vogel, Die Entstehung d. Kirchent., Kgr.-Ber. Kassel 1962.

Tonartencharakter. In der Charakteristik der Dur- und Molltonarten durchkreuzen sich verschiedene Gesichtspunkte. 1) Der T. ist von der modalen Tradition abhängig; Matthesons Beschreibung von C dur, D moll, E moll usw. stimmt mit Zarlinos Kennzeichnung von C ionisch, D dorisch, E phrygisch usw. weitgehend überein. 2) Seit dem 16. Jh. wird die Durterz als hell und heiter, die Mollterz als dunkel und matt empfunden (Zarlino). 3) Man schrieb, da der Ton fis im 17. Jh. »f durum« (hartes f), der Ton es »e molle« (weiches e) genannt wurde, den ♯-Vorzeichen eine verhärtende, den ♭-Vorzeichen eine mildernde Wirkung zu. 4) Tonarten mit wenigen Vorzeichen erscheinen als einfacher und näherliegend, Tonarten mit vielen Vorzeichen als komplizierter und entlegener. *Einfachere Empfindungen haben einfachere Tonarten; zusammengesetzte bewegen sich lieber in fremden, welche das Ohr seltener gehört* (R. Schumann). 5) Der Charakter mancher Tonarten wird mitbestimmt durch äußere Bedingungen wie die D dur-Stimmung der »festlichen« oder »kriegerischen« Trompeten oder durch Konventionen wie die Gewohnheit der venezianischen Opernkomponisten des 17. Jh., Ombra-Szenen in Es dur zu notieren. – Bei einzelnen Komponisten läßt sich für manche Tonarten ein bestimmter Charakter, also eine Affinität zwischen Tonart, Tempo, Taktart, Thementypus und Affekt- oder Ausdrucksgehalt, feststellen; Bachs H moll, Mozarts D moll und G moll und Beethovens C moll sind ausgeprägte Charaktere. Die Versuche aber, ein allgemeingültiges System der T.e zu konstruieren, fordern zur Skepsis heraus. Anderseits sind Einwände, die sich auf den Wechsel der Stimmung, die Verschiebungen des Kammertons, berufen, untriftig; der T. ist von der absoluten Tonhöhe ähnlich unabhängig wie die »Tonigkeit« von der »Helligkeit« (E. M. v. Hornbostel).

Lit.: J. MATTHESON, Das Neu-Eröffnete Orch., Hbg 1713; G. CHR. KELLNER, Über d. Charakteristik d. Tonarten, Mannheim 1790; D. FR. SCHUBART, Ästhetik d. Tonkunst, Wien 1806; R. SCHUMANN, Charakteristik d. Tonarten, in: Gesammelte Schriften über Musik u. Musiker, Lpz. 1854, ⁵1914; R. HENNIG, Die Charakteristik d. Tonarten, Bln 1896; R. WUSTMANN, Tonartensymbolik zu Bachs Zeit, Bach-Jb. VIII, 1911; H. RIEMANN, Ideen zu einer Lehre v. d. Tonvorstellungen, JbP XXI, 1914 – XXII, 1915; DERS., Neue Beitr. zu einer Lehre v. d. Tonvorstellungen, JbP XXIII, 1916; H. STEPHANI, Der Charakter d. Tonarten, = Deutsche Musikbücherei XLI, Regensburg 1923; H. CORRODI, Zur Charakteristik d. Tonart, SMZ LXV, 1925; H. ABERT, Tonart u. Thema in Bachs Instrumentalfugen, Fs. P. Wagner, Lpz. 1926; E. M. v. HORNBOSTEL, Tonart u. Ethos, in: Mw. Beitr., Fs. J. Wolf, Bln 1929; G. ANSCHÜTZ, Abriß d. Musikästhetik, Lpz. 1930; W. LÜTHY, Mozart u. d. Tonartencharakteristik = Slg mw. Abh. III, Straßburg 1931; H. BECKH, Vom geistigen Wesen d. Tonarten, Breslau 1932; DERS., Die Sprache d. Tonart v. Bach bis Bruckner, Stuttgart 1937; H. J. MOSER, Die Tonartenverteilung im Lohengrin, Mk XXVI, 1933/34; R. SCHÄFKE, Gesch. d. Musikästhetik in Umrissen, Bln 1934, Tutzing ²1964; A. MONTANI, Psicologia dei moderni modi mus., RMI XLIV, 1940; K. SCHUMANN, Tonart u. Thema in d. Instrumentalmusik d. Wiener Klassik, Diss. Kiel 1940, maschr.; D. P. WALKER, Mus. Humanism in the 16th and Early 17th Cent., MR II, 1941 – III, 1942, deutsch = Mw. Arbeiten V, Kassel 1949; J. HANDSCHIN, Der Toncharakter, Zürich (1948); P. MIES, Der Charakter d. Tonarten, Köln u. Krefeld 1948; J. BOGART, Les caractères des différentes tonalités de la musique classique, La Rev. Internationale de musique XII, 1952; E. BINDEL, Zur Sprache d. Tonarten u. Tongeschlechter, = Die Zahlengrundlagen d. Musik im Wandel d. Zeiten III, Stuttgart 1953; M. HEIMANN, Realiteterne bag tonearternes karakter, DMT XXVIII, 1953; H. BLÜMER, Über d. Tonarten-Charakter bei R. Wagner, Diss. München 1958. CD

Tonband → Schallaufzeichnung.

Tonbestimmung → Frequenzbestimmung.

Tonbezeichnungen, Tonbuchstaben → Buchstaben-Tonschrift, → Oktave, → Tonsystem; → A, → B, → H, → C, → D, → E, → F, → G.

Toncharakter → Tonigkeit.

Tongeschlecht (ital. modo; frz. mode) kam im 18. Jh. als Übersetzungswort für → Genos auf; dieser Begriff umfaßte in der griechischen Musiktheorie die → Diatonik, → Chromatik und → Enharmonik. Im System der → Kirchentöne galten bis ins 18. Jh. Modus maior und minor (cantus durus und cantus mollis) als T.er (genera), die 12 Modi hingegen (z. B. C ionisch und A äolisch) als → Tonarten (species). Seit dem 19. Jh. – vereinzelt schon seit dem 18. Jh. (vgl. J.-Ph. Rameau, *Génération harmonique*, Paris 1735) – betrachtet man die Modi als Genera (den ionischen Modus als → Dur, den äolischen Modus als → Moll) und die Tonarten als Spezies (C dur und A moll als Tonarten).

Tonhaltungspedal (engl. sustaining pedal; frz. prolongement), an Pianofortes ein Pedalzug, mit dem die Dämpfer nur des gerade angeschlagenen Tones oder Akkords gehoben werden, solange das Pedal niedergetreten bleibt (Anwendung u. a. bei Orgelpunkten). Es wird heute meist bei großen Flügeln als 3. → Pedal (– 2) zwischen den beiden üblichen angebracht. Mehrere Systeme des T.s wurden erfunden (u. a. von Boisselot 1844, Steinway 1874).

Tonhöhe (engl. pitch) ist eine Elementarqualität des musikalischen Hörens. Die Wahrnehmung der T. umfaßt eine lineare und eine zyklische Seite. Die lineare Veränderung der T. entspricht einem arithmetischen Ansteigen, dem eine geometrische Zunahme der Grundfrequenz des auslösenden Schwingungsvorganges annähernd parallel geht (Webersches bzw. Fechnersches Gesetz). Das lineare Moment der T.n-Empfindung ändert sich also etwa proportional dem → Logarithmus der Frequenzzunahme. – Die zyklische Seite der T. wird am sinnfälligsten durch Identität oder zumindest Ähnlichkeit bestimmter, im → Tonsystem sich wiederholender Tonstufen. Erstmals postulierte Fr. Brentano zwei T.n-Eigenschaften, indem er einer »Tonschwarz«-»Tonweiß«-Skala ein mit der Oktavidentität zusammenhängendes Moment gegenüberstellte. G. Révész fand heraus, daß die beiden »Komponenten« der T., die (lineare) »Höhe« (C. Stumpf und später E. M. v. Hornbostel sprechen von »Helligkeit«) und die (zyklische) »Qualität« (bei Hornbostel »Tonigkeit«), unabhängig voneinander zu verändern sind. Als Mehr-Seiten-Modell wird diese psychologische Beschreibungsweise weiterhin von A. Wellek vertreten und ausgebaut, auch auf Tonzwei- und Tonmehrheiten angewandt. Die »Aufspaltung« der T. in die beiden hervorstechenden Dimensionen Helligkeit bzw. (Raum-)Höhe und »Tonigkeit« ergänzt sich weiter durch die schon von W. Köhler an Sinustönen aufgewiesenen »Vokalitäten« und die Masseeigenschaften (Volumen, Gewicht, Dichte). – Die heute gebräuchlichen T.n-Bezeichnungen (»kleines c«, »eingestrichenes g« usw.) benennen die beiden Hauptdimensionen der T., indem sie einmal die Oktavlage (»klein«, »eingestrichen«), zum anderen die → Tonigkeit, auch »Chroma« genannt (»c«, »g«), angeben. Im allgemeinen wird in der Akustik die T. entsprechend dem Postulat der klassischen Psychophysik mit der Frequenz gleichgesetzt, doch hat diese Gleichsetzung wenig mit dem musikalischen T.n-Begriff zu tun. Der hörbare Schall umfaßt im Normalfall den Frequenzbereich von etwa 16 Hz bis maximal etwa 20000 Hz. Innerhalb dieser »Hörgrenzen« verdoppelt sich die Frequenz mehr als zehnmal, was bei Zugrundelegung des Schwingungsverhältnisses 2:1 für die Oktave mehr als 10 Oktaven ergibt. Tatsächlich aber vermag selbst der geübte Hörer nur 7 übereinanderliegende Oktaven klar zu differenzieren. Die T.n-Wahrnehmung geht also der Frequenzänderung nur begrenzt parallel. Es wurde versucht, diese Beziehungen durch Aufstellen einer »Mel«-Kurve (nach Feldtkeller und Zwicker) festzulegen:

Die Brauchbarkeit solcher Versuche ist jedoch bei der grundsätzlichen Verschiedenartigkeit zwischen akustischen Größen und Erlebnisinhalten fraglich. – Darüber hinaus ändert sich (am stärksten bei Sinusschwingungen) die T. bei gleichbleibender Frequenz durch wechselnde Intensität. Bei 150 Hz z. B. erscheint die T. bei einer Intensitätssteigerung von 50 auf 80 dB um etwa einen Halbton tiefer. Diese Erscheinung ist frequenzabhängig, sie verringert sich mit steigender Frequenz und kehrt sich oberhalb von ca. 2000 Hz um, d. h. die T. nimmt jetzt bei gleichbleibender Frequenz und steigender Intensität zu (Abbildung nach Stevens):

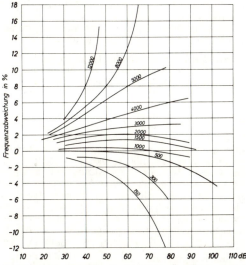

Eine noch eben wahrnehmbare T.n-Änderung wurde in verschiedenen Lagen durch frequenzmodulierte Schwingungen ermittelt. Es ergab sich, daß oberhalb von 500 Hz eine Frequenzabweichung von $\Delta f/f = 3^0/_{00}$ eben bemerkt wird; für 1000 Hz entspräche das einer Frequenzänderung von 3 Hz. Dieser Wert von $3^0/_{00}$ gilt für eine Intensität von 80 phon. Bei 30 phon beträgt $\Delta f/f$ etwa $6^0/_{00}$, ist also doppelt so groß. Auch die Wahrnehmungsschwelle für T.n-Änderungen ist intensitätsabhängig. Für Schwingungen unter 500 Hz liegt sie fast konstant für 80 phon bei 1,5 Hz, für 30 phon bei 3 Hz (Abbildung nach Feldtkeller und Zwicker).

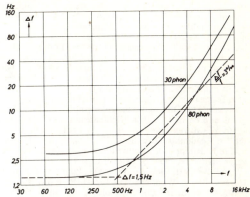

Diese Werte gelten indessen nur für Sinusschwingungen; die Unterscheidungsfähigkeit des Gehörs für die von Musikinstrumenten erzeugten Schwingungen ist in allen Frequenzbereichen nahezu gleich. – Die T. wird durch das Gehör nach erstaunlich kurzer Zeit erkannt. Bei 100 Hz wurde eine »Tonkennzeit« von etwa 25 msec festgestellt. In diesem Fall waren nur 2½ Perioden notwendig, um die T. zu erfassen. Bei 1000 Hz beträgt die Tonkennzeit etwa 5 msec (5 Perioden). Bisher wurde angenommen, daß bei komplexen Klängen eine T.n-Empfindung ausschließlich durch die jeweilige (Grund-)Schwingung zustande komme (»Grundtonhöhe«); es wirken daneben jedoch noch zwei weitere auslösende Momente: Ein komplexer periodischer Schallvorgang, bei dem die Grundschwingung objektiv, also auch als im Ohr gebildete Differenzfrequenz fehlt, wird trotzdem in seiner T. erkannt. Selbst wenn die unteren Harmonischen in größerer Anzahl ausgeschaltet werden, bleibt die ursprüngliche T. erhalten; es ändert sich lediglich der Eindruck der → Klangfarbe (– 2). J. F. Schouten bezeichnet diese von ihm entdeckte und schon Hornbostel bekannte Erscheinung als »Residuum«. – Wenig geklärt ist noch das Zustandekommen der sogenannten »Formant-T.«. Wird ein Schallvorgang durch einen Bandpaß mit dem Durchlaßbereich eines bestimmten Intervalls (z. B. Terzsieb) geschickt, so entsteht bei Veränderung der Frequenzlage des Durchlaßbereichs ein wechselnder T.n-Eindruck, der sich deutlich von dem des ebenfalls hörbaren Residualtons abhebt. Für das musikalische Hören war bisher neben der Grund-T. nur die → Residual-T. von Bedeutung, deren Existenz zwar schon eine Weile bekannt war (etwa als Schlagton von Glocken wie auch bei Lautsprechern mit mangelhafter Wiedergabe tiefer Frequenzen), die aber nicht oder nur falsch gedeutet wurde, während die Formant-T. erst durch die elektronische Klangerzeugung dargestellt werden konnte.

Lit.: H. v. HELMHOLTZ, Die Lehre v. d. Tonempfindungen ..., Braunschweig 1863, [6]1913, Nachdruck Hildesheim 1967; C. STUMPF, Tonpsychologie, 2 Bde, Lpz. 1883–90, Nachdruck Hilversum u. Amsterdam 1965; DERS., Die Sprachlaute, Bln 1926; FR. BRENTANO, Untersuchungen zur Sinnespsychologie, Lpz. 1907; W. KÖHLER, Akustische Untersuchungen, Zs. f. Psychologie LIV, 1909, LVIII, 1910 u. LXIV, 1913; DERS., Tonpsychologie, in: Hdb. d. Neurologie d. Ohres, Wien 1923; G. RÉVÉSZ, Zur Grundlegung d. Tonpsychologie, Lpz. 1913; DERS., Inleiding tot de Muziekpsychologie, Amsterdam 1944, [2]1946, deutsch als: Einführung in d. Musikpsychologie, Bern 1946, engl. London u. NY 1953, ital. Florenz 1954; E. M. v. HORNBOSTEL, Psychologie d. Gehörserscheinungen, in: Hdb. d. normalen u. pathologischen Physiologie XI, Bln 1926; H.

Schole, Tonpsychologie u. Musikästhetik, Göttingen 1930; A. Wellek, Die Aufspaltung d. »T.« ..., ZfMw XVI, 1934; ders., Musikpsychologie u. Musikästhetik, Ffm. 1963; St. Sm. Stevens, J. Volkmann u. E. B. Newman, A Scale for the Measurement of the Psychological Magnitude Pitch, JASA VIII, 1936/37; G. Albersheim, Zur Psychologie d. Ton- u. Klangeigenschaften, = Slg mw. Abh. XXVI, Lpz., Straßburg u. Zürich 1939; J. F. Schouten, Die Tonhöhenempfindungen, Philips Technische Rundschau V, 1940; A. Bachem, Chroma Fixation at the Ends of the Mus. Frequency Scale, JASA XX, 1948; ders., Tone Height and Tone Chroma as Two Different Pitch Qualities, Acta psychologica VII, 1950; J. Handschin, Der Toncharakter, Zürich (1948); R. Feldtkeller u. E. Zwicker, Das Ohr als Nachrichtenempfänger, = Monographien d. elektrischen Nachrichtentechnik XIX, Stuttgart 1956; W. Meyer-Eppler, Die dreifache Tonhöhenqualität, Fs. J. Schmidt-Görg, Bonn 1957; ders. (mit H. Sendhoff u. R. Rupprath), Residualton u. Formantton, Gravesaner Blätter IV, 1959, H. 14; A. Liebe, T. u. Tonhelligkeit ..., AfMw XVII, 1960; Fr. Winckel, Phänomene d. mus. Hörens, Bln u. Wunsiedel (1960); H.-P. Reinecke, Experimentelle Beitr. zur Psychologie d. mus. Hörens, = Schriftenreihe d. Mw. Inst. d. Univ. Hbg III, Hbg 1964.

Tonhöhenschreiber, auch Melodieschreiber. Tonhöhenverläufe, besonders von Sprache und Gesang, konnten früher nur anhand von Oszillogrammen durch mühsames Ausmessen der Perioden der Grundschwingung gewonnen werden. Inzwischen wurden Apparaturen entwickelt, um sie während des Sprechens oder Singens direkt sichtbar zu machen. Zu diesem Zweck werden die vom Mikrophon (Tonband u. a.) abgegebenen Wechselspannungen verstärkt und so gefiltert, daß im wesentlichen Sinusspannungen der jeweiligen Grundfrequenz entstehen. Dies wird durch ein nichtlinear arbeitendes Schaltglied (→ Verzerrung) erleichtert, das durch Differenzfrequenzbildung (→ Kombinationstöne) die oft nicht sehr starke Grundschwingung hervorhebt. Durch weitere Umwandlung wird aus diesen Schwingungen eine Folge synchroner Impulse gewonnen, die ihrerseits zur Synchronisierung einer Kippschwingung dienen. Die Frequenz der Kippschwingung muß dabei unterhalb der voraussichtlich zu registrierenden Grundfrequenz liegen.

Die Periode, d. h. der Abstand der einzelnen Impulse, ist umgekehrt proportional der Frequenz. Daher wird die Kippschwingung mit zunehmender Grundfrequenz immer häufiger unterbrochen, so daß die Differenz zwischen der von jeder Kippschwingung maximal erreichbaren und der tatsächlich erreichten Spannung ein direktes Maß für die momentane Grundfrequenz ergibt. Im Oszillogramm der synchronisierten Kippschwingung entspricht die untere Kontur der gesuchten Melodiekurve.

Lit.: M. Grützmacher u. W. Lottermoser, Über ein Verfahren zur trägheitsfreien Aufzeichnung v. Melodiekurven, Akustische Zs. II, 1937; dies., Die Verwendung d. T. ..., ebenda III, 1938; W. Meyer-Eppler, T., Zs. f. Phonetik II, 1948; W. Kallenbach, Eine Weiterentwicklung d. T. ..., Acustica I, 1951.

Toni communes (lat.), die den Choralausgaben beigegebenen Melodieformeln für Messe und Offizium nebst Bestimmungen über Ausführung und liturgische Verwendung. Sie erschienen 1911 (²1912) auch in einer eigenen Ausgabe unter dem Titel *Cantorinus Romanus seu T. c. officii et missae*. Als maßgeblicher Vorläufer dieser im Dienst einer einheitlichen Gesangspraxis stehenden Sammlung gilt das 1582 publizierte *Directorium chori* von Guidetti. Die T. c. missae des Graduale Romanum umfassen in 9 (11) Einzelrubriken Melodieformeln für Orationen, Prophetie, Epistel und Evangelium, auch den Einleitungsdialog der Präfationen, den Eröffnungsteil des Pater noster u. a. Jüngste Ergänzungen im Anschluß an die Reform der Meßfeier (→ Vatikanisches Konzil) bietet der Faszikel *Cantus qui in Missali Romano desiderantur iuxta Instructionem ad exsecutionem Constitutionis de sacra Liturgia recte ordinandam* ... (Vatikanische Ausgabe 1965). Hiervon unterschieden enthalten die T. c. officii nach dem Antiphonale Romanum insgesamt 12 Rubriken, in denen außer den Einleitungs- und Schlußstücken der Horen die Psalmen- und Canticamodelle sowie alle notwendigen Melodieformeln für Versikel, Absolutionen und Benediktionen, Lektionen, Capitulum, Orationen und Benedicamus Domino vorgestellt werden, ferner Melodieversionen zum Gloria patri der Responsoria brevia oder die zur österlichen Zeit gesungenen Alleluiaanhänge der Antiphonen. Hinzu gehört auch ein Abschnitt *De cantu hymnorum*. Aus den T. c. des Antiphonale Monasticum ist besonders die Rubrik *De cantu psalmorum* zu erwähnen, deren 1. Teil (*De partibus psalmodiae*) detaillierte Erläuterungen über Struktur und Vortrag der Psalmen aufweist.

Tonic-Solfa, zu Beginn des 19. Jh. in England entwickelte Unterrichtsmethode zur Ausbildung einer umfassenden tonalen Vorstellung mit Hilfe von Handzeichen und gesungenen Intervallübungen. Ihre Urheber, S. A. Glover und J. Curwen, bedienten sich einer auf wechselnden Grundton (Tonic) beziehbaren Durskala aus den leicht abgewandelten Silben der guidonischen Hexachords: do re mi fa so la ti (engl.: doh ray me fah soh lah te) und einer daraus abgeleiteten Buchstabennotation: d r m f s l t (höhere Oktave: $d^1 r^1 m^1$ ..., tiefere Oktave $d_1 r_1 m_1$ ...). Akzidentielle Erhöhung wird durch Umwandlung der Vokale nach i (engl. z. B. de, fe ..., Ausnahme my, ty), Erniedrigung durch Umwandlung nach o (engl. z. B. ra, ma ..., Ausnahme du, fu) angezeigt. Durch Umdeutung der Silben kann auch in andere Tonarten moduliert werden (Modulation C–G: c e fis g = doh $\frac{me}{lah}$ te doh). Die reine Mollskala beginnt auf lah (l t d r m f s). Im melodischen Moll wird für die erhöhte 6. Stufe die Silbe ba zur Unterscheidung vom leittönigen fe neu eingeführt. Die im T.-S. ursprünglich vorgesehenen Silben zur Bezeichnung der physikalisch reinen Tonverhältnisse finden, im Gegensatz zu dem komplizierten Zeichensystem für Rhythmus und Metrum, das die Buchstabennotation ergänzt, in der heutigen Unterrichtspraxis keine Verwendung mehr. Die in Deutschland von A. Hundoegger verbreitete → Tonika-Do-Methode ist eine Weiterentwicklung von T.-S.

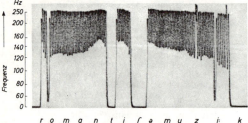
Tonhöhenverlauf der gesprochenen Worte »Romantische Musik«.

Lit.: J. Curwen, Memorials, London 1882; J. Taylor, The Evolution of the Movable Doh, Proc. Mus. Ass. XXIII, 1896/97; WolfN II, S. 380f.; W. G. Whittaker, The Claims of T. S., ML V, 1924, auch in: Collected Essays, Oxford 1940; K. Mollowitz, Über d. Musikerziehung bei A. Glover u. J. Curwen, Diss. Königsberg 1934; R. Nettel, Music in the Five Towns, London 1944; H. W. Shaw, The Teaching of J. Curwen, Proc. R. Mus. Ass. LXXVII, 1950/51; ders., Artikel Tonic Sol-Fa, in: Grove.

Tonigkeit, auch Tonqualität oder Toneigenfarbe (engl. chroma), heißt jene Eigenschaft am Ton, die das Oktavenphänomen begründet. Wenn man die chromatische Tonfolge in der Klaviatur vergleichend abwandelt, läßt sich bei der 13., 25., 37. (usw.) Taste die Wiederkehr eines qualitativen (farbenartigen) Moments beobachten, unabhängig davon, daß andererseits der An- oder Abstieg bzw. die Zu- oder Abnahme an Helligkeit weitergeht. Mit zu- und abnehmender Frequenz variieren demnach mindestens zwei voneinander abweichende Qualitätenreihen oder »Dimensionen« am Ton: eine einigermaßen linear, stetig verlaufende, d. h. die Helligkeit und die → Tonhöhe im Wortsinne (räumlich vorgestellt) auf der einen Seite, und eine wiederkehrende, in sich rückläufige, zyklische auf der anderen Seite. Letztere wurde von Révész als Tonqualität oder musikalische Qualität (war jedoch vieldeutig ist), später von E. M. v. Hornbostel mit dem Terminus T. bezeichnet im Sinne der »c-igkeit«, »cis-igkeit« usw., d. h. der Eigenqualität des Tones als Ton, unabhängig von der Oktavlage. Daß gerade diese Eigenschaft musikalisch entscheidend wichtig ist, geht schon daraus hervor, daß seit der Fixierung der Solmisation den Einzeltönen übereinstimmende Namen ohne Rücksicht auf die jeweilige Oktavlage gegeben werden. Im Hinblick darauf formulierte schon J.-Ph. Rameau die »Identität der Oktavtöne«. W. Opelt (1834) und M. W. Drobisch (1846) und nach ihnen Révész stellen hiernach das erlebte Tonhöhenkontinuum graphisch als Spirale oder Schraubenlinie dar, deren in Stockwerken übereinanderliegende Punkte im kreisförmigen Grundriß zusammenfallen und dort den Kreis der T.en abbilden, während bei Aufrollung der Spirale als schiefe Ebene erscheinende stetige Anstieg das Fortschreiten der Tonhöhe im Raumsinne (samt der Helligkeit) symbolisiert. Der T.en-Kreis ist dem optischen Farbenkreis (den Spektral- und Purpurfarben) zu vergleichen. Neuerdings haben die gehör- und musikpsychologischen Untersuchungen von Wellek ergeben, daß in der chromatischen Tonfolge nicht (wie im Farbenkreis) mit zu- und abnehmender Frequenz der Reize nächstähnliche Qualitäten aufeinander folgen, sondern der Quinten- oder Quartenzirkel die Ähnlichkeitsfolge der T.en darstellt (c ähnelt am meisten g und f, nur sehr entfernt cis oder des, usw.). Der Quinten- oder Quartenkreis stellt demnach eine psychologische Realität, kein bloß theoretisches Verwandtschaftssystem der Tonarten dar. Seine qualitative Ausprägung hängt gleichwohl mit den modulatorischen Verhältnissen und den dadurch eingeprägten vielfältigen Erfahrungen im abendländischen diatonisch-chromatischen System zusammen. Immerhin wird die Oktavenähnlichkeit, in zweiter Linie auch die Quint- oder Quartähnlichkeit schon von Guido von Arezzo theoretisch erwiesen, großenteils bei Naturvölkern, von außereuropäischen Hochkulturvölkern, vielfach auch von kleinen Kindern beobachtet bzw. erlebt. Die Amerikaner Blackwell und Schlosberg haben 1943 in Dressurversuchen mit Ratten gezeigt, daß auch diese auf die Ähnlichkeit von Oktavtönen reagieren. Während die Oktaven- und auch die Quint-Quart-Ähnlichkeit von jedem Musikalischen erlebt wird, vermittelt nur das → Absolute Gehör die Fähigkeit der Wiedererkennung bzw. des Dauergedächtnisses für die Eigenfarben der einzelnen T.en je für sich, und wiederum gibt es sowohl unter Absoluthörern als auch beim gewöhnlichen → Relativen Gehör einen Typ, der bevorzugt an der qualitativen Wirkung der T.en orientiert ist. Hier verhält sich der Gehörsinn anders als der Gesichtssinn, für den Farbenschwäche oder gar Farbenblindheit relativ selten sind. Wie für das Auge die Spektralfarben, aber in noch weit höherem Grade, sind für das Ohr die Toneigenfarben (Chromata) eine entwicklungsgeschichtlich, zum Teil auch musikgeschichtlich späte Differenzierung der Empfindung und dementsprechend qualitativ wenig stabil. So verblassen die Toneigenfarben in den Randgebieten des musikalischen Tonbereichs und unter »aktualgenetischen« Bedingungen, z. B. bei extrem kurzer Tondarbietung; sie fallen bei zentralen Hörstörungen (→ Amusie, → Parakusis) am ehesten aus. Soweit es möglich ist, die Unterschiedsempfindlichkeit für T.en von der für Helligkeiten und Höhen zu trennen, zeigt es sich, daß die erstere in der Regel die gröbere ist. Doch konnte Wellek bei dem von ihm beschriebenen, auf T.en ausgerichteten zyklischen oder polaren Gehörtyp »inverse Schwellenlage«, d. h. eine feinere Unterschiedsempfindlichkeit für T.en gegenüber der für Helligkeiten, nachweisen. Von der Informationstheorie aus hat Meyer-Eppler (1959) auf Grund der Wellekschen Untersuchungen die T. als ein Informationselement unter anderen am Ton definiert. Wiewohl J. Handschin zu den Leugnern der T. gehört, definiert er seinen »Toncharakter« genau entsprechend, läßt also einen anderen Terminus für die gleiche Sache eintreten. Da der T. im physikalischen Reizkontinuum nichts entspricht, werden physiologische Korrelate beim Rezeptionsvorgang in der Schnecke oder im Rindenfeld vermutet (→ Hörtheorie). Die Bedeutung der Mehrseitigkeit und Mehr-(Zwei-)Dimensionalität der bis dahin so genannten Tonhöhe für die Gehör- und Musikpsychologie ergibt sich daraus, daß auch an Tonzwei- und Tonmehrheiten, simultanen wie sukzessiven, jeweils eine qualitative Seite, die von den T.en getragen ist, von einer anderen unterschieden werden kann, die auf die »linearen« Toneigenschaften zurückgeht.

Lit.: G. Révész, Nachweis, daß in d. sog. Tonhöhe zwei von einander unabhängige Eigenschaften zu unterscheiden sind, Nachrichten d. Königlichen Ges. d. Wiss. zu Göttingen, Mathematisch-physikalische Klasse, 1912; ders., Zur Grundlegung d. Tonpsychologie, Lpz. 1913; C. Stumpf, Über neuere Untersuchungen zur Tonlehre, 6. Kongreß f. experimentelle Psychologie Lpz. 1914, auch in: Beitr. zur Akustik u. Mw. VIII, 1915; E. M. v. Hornbostel, Psychologie d. Gehörserscheinungen, in: Hdb. d. normalen u. pathologischen Physiologie XI, hrsg. v. A. Bethe u. a., Bln 1926; A. Wellek, Die Aufsaltrung d. »Tonhöhe« in d. Hornbostelschen Gehörpsychologie..., ZfMw XVI, 1934; ders., Die Mehrseitigkeit d. »Tonhöhe« als Schlüssel zur Systematik d. mus. Erscheinungen, Zs. f. Psychologie CXXXIV, 1935; ders., Das Absolute Gehör u. seine Typen, = Zs. f. angewandte Psychologie u. Charakterkunde, Beih. LXXXIII, Lpz. 1938, Ffm. [2]1967; ders., Diskussion zum Sammelreferat: The Present State of Music Psychology and Its Significance for Hist. Musicology, Kgr.-Ber. NY 1961, Bd II; ders., Musikpsychologie u. Musikästhetik, Ffm 1963; J. Handschin, Der Toncharakter, Zürich (1948); A. Bachem, Tone Height and Tone Chroma as Two Different Pitch Qualities, Acta psychologica VII, 1950; W. Meyer-Eppler, Grundlagen u. Anwendungen d. Informationstheorie, Bln u. Heidelberg 1959. AW

Tonika (frz. tonique) heißt in der dur-moll-tonalen Musik der Grundton der Tonart, die nach ihm benannt wird, z. B.: C dur nach c, A moll nach a. Die funktionale Harmonielehre versteht unter T. den darauf errichteten Dreiklang, den Hauptklang der Tonart (in

C dur c–e–g, in A moll a–c–e). Der Terminus geht auf J.-Ph. Rameau zurück, der die Akkorde der T., Dominante und Subdominante als die drei Grundpfeiler tonaler Harmonik erkannt hat (→ Harmonielehre). Die Funktionsbezeichnung T für T. stammt von H. Riemann. Sie meint stets den Dreiklang der T.

Tonika-Do, in der deutschen Musikpädagogik verbreitete Abwandlung des englischen → Tonic-Solfa-Systems. Die von A. Hundoegger um 1900 eingeführte Methode erlangte große Beliebtheit infolge der systematischen Verwendung von Handzeichen zur Verdeutlichung der verschiedenen Tonstufen. Sie bilden auch nach der Umgestaltung durch J. Wenz noch die Grundlage des T.-Do-Systems, das heute besonders im Musikunterricht der deutschen Volksschule einen festen Platz einnimmt.
Lit.: A. HUNDOEGGER, Lehrweise nach Tonika Do, Bln (^{8}1943), neu bearb. v. E. Noack, Kiel u. Lippstadt (^{9}1951); J. WENZ, Musikerziehung durch Handzeichen, Wolfenbüttel (1950).

Tonleiter (frz. gamme; engl. scale; ital. scala), Folge von Tonschritten, die der Tonhöhe nach geordnet sind und durch Rahmentöne begrenzt werden, jenseits derer die Tonfolge in der Regel wiederholbar ist. Während in der Material-T. (im Sinne des → Tonsystems) die Summe des in einem Kulturkreis verwendeten Tonmaterials zusammengefaßt ist, heißt Gebrauchs-T. die einem Musikstück zugrunde liegende Auswahl aus der Material-T., wobei nicht in allen Tonsystemen die Tonhöhen aller Stufen genau festliegen, z. B. nicht im javanischen → Sléndro. Eine Material-T. kann heute unter 3fachem Aspekt gesehen werden: 1) als skalenmäßige Folge von Tönen (T.), 2) als abstrakte Tonreihe mit charakteristischer Intervallfolge, besonderem Bedeutungsgewicht einzelner Töne und daraus resultierender Beziehung der Töne zueinander (→ Tongeschlecht), 3) als Fixierung eines Tongeschlechts auf einer bestimmten Tonhöhe (→ Tonart). – Die griechische Musiktheorie konstruierte T.n durch Ausfüllen der Symphoniai und bezeichnete sie als Systemata (→ Systema teleion). Dabei besteht die Oktave aus 2 Tetrachorden und einem Ganzton (Diazeuxis). Je nach der Unterteilung des Tetrachords gehört die Leiter zum → Genos der Diatonik, Chromatik oder Enharmonik. Über die Zugehörigkeit zu den Harmoniai (dorisch, phrygisch, lydisch usw.) entscheidet die Anordnung der Intervalle im Quartrahmen. – Die mittelalterlichen T.n sind die rein diatonischen Skalen der → Kirchentöne. Sie werden gewonnen durch verschiedene Anordnung der Quart- und Quintspezies oder durch Festlegung der Finalis innerhalb einer diatonischen Grundskala von (Γ)A bis a^1. Diese Material-T. ist bereits bei Guido auf 7 Hexachorde (Γ)A–e^2 erweitert und wird in der Folgezeit nach oben und unten ausgedehnt. Durch Transposition der einzelnen Kirchentöne werden chromatische Nebenstufen gewonnen, so daß seit dem 15. Jh. ein Tonsystem von 12 ungleichen chromatischen Halbtönen zur Verfügung steht. – Die beiden diatonischen T.n, die den heutigen Tonarten zugrunde liegen, sind aus den Skalen der mittelalterlichen Kirchentöne herausgewachsen als Ergebnis einer Entwicklung des harmonischen Denkens, besonders seit J.-Ph. Rameau. Die einzelnen Töne erhielten immer mehr harmonisches Gewicht, so daß die T. von H. Riemann unter rein harmonischen Gesichtspunkten definiert werden konnte als *natürlichste Form der Skalenbewegung durch den Akkord der Tonika.* Die T. kann auch erklärt werden als horizontale Entfaltung der in den 3 Hauptfunktionen Tonika, Subdominante und Dominante enthaltenen Töne. Die Summe der durch alle möglichen T.-Transpositionen sich ergebenden Töne ist im gleichschwebend temperierten Tonsystem in der als 12 Halbtönen bestehenden Chromatischen Skala enthalten. Die → Ganztonleiter, die → Zigeunertonleiter, die Skalen der → Pentatonik und andere, nicht zum Dur-Moll-System gehörende T.n werden in der heutigen Praxis ebenfalls als Ausschnitte aus der Chromatischen Skala ausgeführt. Auch der Zwölftontechnik liegt die Chromatische Skala zugrunde, ihre → Reihe ist jedoch keine T. Der Erweiterung des Tonsystems und den sich daraus ergebenden neuen Möglichkeiten der T.-Bildung gelten die Versuche der Aufspaltung des chromatischen Materials z. B. in der → Vierteltonmusik. Innerhalb der außereuropäischen Tonsysteme (so in der → Arabisch-islamischen Musik, in → Sléndro und → Pélog) gibt es eine Vielfalt von T.n, die sich durch verschiedene Arten der Tonbestimmung unterscheiden (→ Maqām, → Paṭet, → Rāga).
Lit.: H. RIEMANN, Neue Schule d. Melodik, Hbg 1883; A. J. ELLIS, On the Mus. Scales of Various Nations, Journal of the Soc. of Arts XXXIII, 1885 (dazu C. Stumpf in: VfMw II, 1886), deutsch v. E. M. v. Hornbostel in: Sammelbde f. vergleichende Mw. I, 1922; E. M. v. HORNBOSTEL, Melodie u. Skala, JbP XIX, 1912; C. SACHS, Vergleichende Mw., = Musikpädagogische Bibl. II, Lpz. 1930, neu bearb. Heidelberg (1959); J. WÜRSCHMIDT, T., Tonarten, Tonsysteme, Erlangen 1932; J. HANDSCHIN, Der Toncharakter, Zürich (1948); W. WIORA, Älter als d. Pentatonik, in: Studia Memoriae B. Bartók Sacra, Budapest 1956; H. HUSMANN, Grundlagen d. antiken u. orientalischen Musikkultur, Bln 1961.

Tonmalerei (frz. musique déscriptive) ist die auf dem Kunstprinzip der Nachahmung und dem psychologischen Phänomen der Synästhesie beruhende vokal- und instrumentalmusikalische Abschilderung optischer und akustischer Erscheinungen und Vorgänge, wie Gewitter (Sturm, Blitz, Donner), Landschaftsidylle (Waldesrauschen, Bach, Jagdhörner, → Echo), Tierstimmen (→ Vogelgesang – 2), Schlacht und Jagd (Pferdegetrappel, Schüsse, Signale), Tages- und Jahreszeiten, Schlittenfahrt, Dampfmaschine, Flugzeug usw. Die »objektive« (auf den Gegenstand gerichtete) T. ist fast immer und in der Neuzeit in zunehmendem Maße verbunden mit »subjektiver« T., die zugleich die durch den Gegenstand verursachten Affekte bzw. Gefühle und Stimmungen ausdrückt. Die T. erfaßt die komplexen Erscheinungen und Vorgänge selektiv, vor allem seitens der sie charakterisierenden Lautlichkeit und (oder) Bewegungsart, auch assoziativ (z. B. Hornklang/Wald) bzw. synästhetisch (indem z. B. ein Schallreiz *zugleich mit einem oder allenfalls auch mehr als einem Erlebnis aus einem anderen Sinnesbezirk, z. B. mit einer Farbe, beantwortet wird*, Wellek, S. 103; H. Riemann sprach bei diesen Erscheinungen vom *Vikariieren des einen Sinnes für den andern*, 1895, S. 62). Stets hat die T. die Forderung zu erfüllen, daß die Nachahmung verstanden wird und daß der Musik doch auch an sich Logik und Schönheit innewohnen. Einerseits droht der T. in ihrer »imitativen«, »illustrierenden«, »deskriptiven« Absicht die Gefahr, die Grenzen der Musik zu überschreiten (*Wozu die Arbeit, wenn man es in Worten sagen kann?*, A. Webern, *Wege . . .*, ed. W. Reich, S. 17), andererseits mündet sie »darstellend«, »ausdrückend« ins weite Feld der schwer kontrollierbaren Schaffensvorgänge, Assoziationen und Symbolismen, die auch in der »reinen« Musik eine Rolle spielen (*Wissen Sie vielleicht, was absolute Musik ist? Ich nicht!*, R. Strauss an O. Bie, vgl. *Thematisches Verzeichnis* I, 1959, S. 338). Problematisch ist im Hinblick auf T. der Begriff des »Außermusikalischen«, da die Musik im Laufe ihrer Geschichte ein Inhaltliches in vielen Spielarten in ihre Wesensbestimmung miteinbezogen hat; und im Zusammenhang mit den »Ursynästhesien« (Ur-Entsprechungen *zwischen Qualitäten verschiedener Sinnesbereiche,* Wellek, S. 107) gibt es unter Komponisten und Hörern den »Synästhetiker-Typ«, dem Sinnesverbindungen sich aufdrängen (→ Farbenhören). In ihrem Verfahren unterscheidet sich die T. von der → Augenmusik; im Gebiet der Sprache ist ihr die Onomatopöie vergleichbar, d. h. die Bildung und Verwendung schallnachahmender Wörter (z. B. als Nachahmung des Quakens der Frösche schon in der altattischen Komödie und bei Ovid); zur Programmmusik im Sinne der instrumentalen Programmkomposition, die sich der T. bevorzugt bedient, verhält sie sich wie eine Technik zu Gattungen.

Ob schon beim antiken Pythischen → Nomos des Auleten Sakadas von T. gesprochen werden kann, ist ungewiß. Elemente der T. zeigen die → Caccia, die → Battaglia, die deskriptiven Chansons von → Janequin (*Le chant des oiseaux, La chasse* u. a.) und andere Vorläufer der → Programmusik des 19. Jh. Die »Madrigalismen« und → Figuren des 16.–18. Jh. werden oft deskriptiv angewandt, unterscheiden sich jedoch gegenüber der späteren T. durch ihre Formelhaftigkeit und durch die rationale Durchschaubarkeit (Einschichtigkeit) ihrer auf Abweichung von satztechnischen Normen und auf partieller Übereinstimmung beruhenden Bildlichkeit. Erklärende Wörter sind nach Kuhnau (Vorrede zu den *Biblischen Historien,* 1700) in der Instrumentalmusik notwendig, wenn der Komponist *auf eine Analogiam zielet und die Musicalischen Sätze also einrichtet, daß sie in aliquo tertio mit der vorgestellten Sache sich vergleichen lassen.* – Der Begriff der »musikalischen Malerei« wurde im 18. Jh. geprägt, seitdem beständig diskutiert und als objektive T. meist abgelehnt; *denn nicht Begriffe von leblosen Dingen, sondern Empfindungen ... darzustellen,* sei der Musik *einziger und letzter Zweck* (KochL, Artikel Malerey). Doch das durch Rousseau inaugurierte Erleben der Natur als *Widerhall, den der Mensch wünscht* (Beethoven an Th. Malfatti, 1807; hierzu Sandberger, S. 197ff.), gab der T. neue Impulse als *Schilderung des Seelenzustandes* (KochL, ebenda), den ein äußeres Geschehen auslöst. Dementsprechend unterscheidet Engel (1780) 3 Arten von T.: 1) die Nachahmung von zugleich Hörbarem und Sichtbarem; 2) die auf *transzendenteller Ähnlichkeit* (z. B. schnell, langsam, hoch, tief) beruhende T., die nur das Sichtbare nachzuahmen vermag; 3) die *Malerei der Empfindungen,* die den *Eindruck* nachahmt, den ein Gegenstand *auf die Seele zu machen pflegt;* dabei handle es sich jedoch weniger um Malerei als um ein *Ausdrücken von Empfindungen.* In diesem Sinne kennzeichnete Beethoven seine Pastoralsymphonie mit den Worten *Mehr Ausdruck der Empfindung als Malerey (... mehr Empfindung als Tongemälde).* Damit war das Stichwort gegeben für die T. des 19. Jh.; sie soll und will auch als Nachahmung der Wirklichkeit zu *poetischer Nachahmung* gelangen, bei der *eine doppelte Natur zugleich nachgeahmt wird, die innere und äußere, beide ihre Wechselspiegel* (Jean Paul; hierzu Dahlhaus, S. 123). Komposition wurde Tondichtung im Sinne der genuin musikalischen Schöpfung, die als Reflex erlebten Lebens Abbildliches, Sinnbildliches und Namenloses in verschiedenen Graden ineinander übergehen läßt, sei es in der Art des → Charakterstücks, der *musique pittoresque (musique imitative)* Berlioz', der → Symphonischen Dichtung oder des Musikdramas, bei dem die Ausdrucksmomente des Orchesters *nur aus der Absicht des Dichters zu bestimmen sind* (R. Wagner, *Oper und Drama* IV, S. 199f.; → Leitmotiv). Der 3. Teil von R. Strauss' Symphonischer Fantasie *Aus Italien* (1886) versucht nach Angabe des Komponisten, die *zarte Musik der Natur ... tonmalerisch darzustellen und in Gegensatz zu bringen zu der sie aufnehmenden menschlichen Empfindung, wie sie sich in den melodischen Momenten des Satzes äußert.* Gegenüber der weitgehend objektiv-deskriptiven T. im Werk Strauss' ist das malerische Moment etwa bei Debussy und Ravel als Klang- und Farbenmagie ganz ins subjektiv Assoziative zurückgezogen (→ Impressionismus). In atonalen Kompositionen der Wiener Schule ist die T. in völliger Identität von Nachahmung und seelischem Reflex oft zu aphoristischer Prägnanz verdichtet (z. B. das »Gewitter« in Schönbergs op. 15 Nr 14 und in A. Weberns op. 14 Nr 2).

Lit.: J. J. ENGEL, Über d. mus. Malerey, Bln 1780; J. G. SULZER, Allgemeine Theorie d. Schönen Künste, II Ffm. u. Lpz. ³1798, Nachdruck Hildesheim 1966, Artikel Gemählde, III Karlsruhe ³1797, Artikel Mahlerei; G. WEBER, Über T., Caecilia III, (Mainz) 1825; A. B. MARX, Über Malerei in d. Tonkunst, Bln 1828; H. BERLIOZ, De l'imitation mus., Rev. et Gazette mus. de Paris IV, 1837, deutsch als: T., Mk XII, 1912/13; W. WOLF, Gesammelte musik-ästhetische Aufsätze, Stuttgart 1894, Nr 1: Über T.; H. RIEMANN, Programmusik, T. u. mus. Kolorismus, in: Präludien u. Studien I, Ffm. 1895; E. v. WÖLFFLIN, Zur Gesch. d. T., Sb. d. bayerischen Akad. d. Wiss., Jg. 1897, Nr 2, S. 227; R. WAGNER, Oper u. Drama; in: Sämtliche Schriften u. Dichtungen III u. IV, Lpz. (1911); P. MIES, Über T., Zs. f. Ästhetik u. allgemeine Kunstwiss. VII, 1912; F. SCHWABE, Über T. in Schuberts Winterreise, Zürich 1920; A. SANDBERGER, Zu d. geschichtlichen Voraussetzungen d. Pastoralsinfonie, in: Ausgew. Aufsätze zur Mg. II, München 1924; DERS., Mehr Ausdruck d. Empfindung als Malerei, ebenda; CH. VAN DEN BORREN, La musique pittoresque ... au XVᵉ s., Kgr.-Ber. Basel 1924; DERS., Le madrigalisme avant le madrigal, in: Studien zur Mg., Fs. G. Adler, Wien u. Lpz. 1930; W. SERAUKY, Die mus. Nachahmungsästhetik im Zeitraum v. 1700–1850, = Universitas-Arch. XVII, Münster i. W. 1929; A. POPOVICI, Die Beziehungen d. akustischen Sinnes zu d. anderen Sinnen, Diss. Wien 1931, maschr.; H. UNVERRICHT, Hörbare Vorbilder in d. Instrumentalmusik bis 1750, 2 Bde, Diss. Bln 1954, maschr.; A. WELLEK, Musikpsychologie u. Musikästhetik, Ffm. 1963; C. DAHLHAUS, Musica poetica u. mus. Poesie, AfMw XXIII, 1966.　　　　　　　　　　　　　　　　　　HHE

Tonmeister. So alt wie die elektrische → Schallzeichnung und -übertragung (→ Rundfunk, Tonfilm, → Schallplatte) ist die Notwendigkeit, die aus der akustischen Information gewonnene tonfrequente Spannung »auszusteuern«, d. h. dem beschränkten Dynamikbereich der Übertragungskette (Mikrophon–Verstärker-Sender oder Tonaufzeichnungsapparatur) anzugleichen. Da die Unempfindlichkeit der zunächst verwendeten Kohlemikrophone den Einsatz mehrerer Mikrophone – im Extremfall eines pro Instrument oder Singstimme – erforderte, mußten die Teilklangbilder bzw. die ihnen entsprechenden Mikrophonspannungen in geeigneter Weise zusammengeführt und zu einem Gesamtklangbild gemischt werden. Mit fortschreitender Studiotechnik wurde durch die Verwendung von Entzerrern und anderen das Schallsignal modifizierenden Übertragungsgliedern auch die Möglichkeit einer gestalterischen Beeinflussung des Klangbildes gegeben. 1929 erhielt bei der UFA der für die Tonaufnahme zuständige »Elektroakustiker« die Bezeichnung T. In den 1930er Jahren gingen die Rundfunksender dazu über, dem Techniker (Toningenieur, Probeningenieur) einen T. zu attachieren. Ihm obliegt im Einvernehmen mit dem musikalischen Leiter die »Klangregie«. Deren technische Mittel sind die Plazierung der Mitwirkenden, die Aufstellung der Mikrophone, die Verwendung von Entzerrern und Nachhallgeräten, ferner der Schnitt der Tonbänder. Ist es in der E-Musik das Ziel, eine dem Originalklang adäquate Aufzeichnung oder Übertragung zu erreichen, so ist bei U-Musik die Arbeit oft bewußt am technischen Effekt orientiert (Verhallung, Verfremdung der Klangfarben durch Veränderung der Frequenzstruktur, Verzerrung der akustischen Perspektive durch extreme Mikrophondistanzen). – Der T. ist in der Regel ein ausgebildeter Musiker oder (und) Musikwissenschaftler mit technischen Kenntnissen; er kann gleichzeitig – speziell bei Schallplatten – Redakteur oder Produzent der Aufnahme sein. Der T. beim Film, Fernsehen und im Theater hat die zusätzliche Aufgabe, den (vorproduzierten) Ton mit den optischen Abläufen zu koordinieren. – Eine spezielle T.-Ausbildung gibt es seit 1946 an der Nordwestdeutschen Musik-Akademie in Detmold (6 Semester und Praktika), eine ähnliche Ausbildung bieten seit 1951 in Ost-Berlin die Deutsche Hochschule für Musik und seit 1952 in West-Berlin die Technische Universität zusammen mit der Musikhochschule. Der 1952 aus der Deutschen Filmtonmeistervereinigung hervorgegangene Verband deutscher T. und Toningenieure e. V. bemüht sich um die Anerkennung des → Leistungsschutzes für die Tätigkeit der T.

Lit.: Ber. über d. Tonmeistertagungen, hrsg. v. E. THIENHAUS, Detmold 1949, 1951, 1954, 1957; W. M. BERTEN, Musik u. Mikrophon, Düsseldorf 1951; FR. WINCKEL, Der T., Humanismus u. Technik II, 1954; DERS., T., = Blätter zur Berufskunde 3/II/E2a, Bielefeld 1960; Film, Rundfunk, Fernsehen, hrsg. v. L. H. EISNER u. H. FRIEDRICH, = Das Fischer Lexikon IX, Ffm. (1958).   HGL

Tonpsychologie → Hörpsychologie.

Tonqualität → Tonigkeit.

Tonsignet ist eine dem Firmen- bzw. Warensignet nachgebildete Bezeichnung für eine gleichbleibende Tonfolge, die dem Kenntlichmachen z. B. von Wochenschauen bestimmter Filmproduktionen oder von Radiostationen (Pausezeichen) oder wiederkehrenden Sendegattungen dient oder in Werbesendungen Verwendung findet (Titel- und Erkennungsmusik). Soweit solche als T. verwendete Musik urheberrechtlich geschützt ist, hat der Urheber Anspruch auf jedesmalige Aufführungsvergütung. Die → GEMA ist hierbei für ihren Bereich um eine in Grenzen bleibende Abgeltung bemüht.

Tonsystem (griech. σύστημα, Zusammenstellung) nennt man einen Tonbestand, der ein System von Tonbeziehungen repräsentiert. Ein T. ist einerseits durch die Anzahl der Stufen in einer Oktave (Oktavwiederholungen werden mitgezählt), andererseits durch das Prinzip, das den Tonbeziehungen zugrunde liegt, bestimmt. Daß T.e, z. B. das der *Musica Enchiriadis* (→ Dasia-Zeichen) und das des russischen Kirchengesangs, die Oktave zurückdrängen, ist eine Ausnahme. Der gleiche Tonbestand kann auf verschiedenen Prinzipien beruhen (die siebentönige, heptatonische Diatonik wurde im Mittelalter als Quintenreihe f c g d a e h, seit dem 16. Jh. als Quint-Terz-System f a c e g h d dargestellt), und das gleiche Prinzip kann verschiedene Tonbestände begründen (aus der Quintengeneration geht auch der Heptatonik die Pentatonik f c g d a hervor). Von den »Tonvorstellungen« (H. Riemann), dem T. im musikalisch-intentionalen Sinne, ist die → Stimmung als akustische Außenseite zu unterscheiden; die Stufen gis und as sind im diatonisch-chromatisch-enharmonischen T. musikalisch verschieden, aber in der gleichschwebenden Temperatur akustisch gleich.

Der Begriff des T.s setzt das Bewußtsein eines rational gegliederten Tonbestandes voraus, der nicht an bestimmte Melodiegestalten oder -typen gebunden ist, sondern von der Melodik abstrahiert und als deren Grundlage und Bezugssystem vorgestellt wird. Es ist also zweifelhaft, ob man bei »primitiver« Melodik, bei der Musik der »Naturvölker«, sinnvoll von T.en sprechen kann; angemessener als die Abstraktion eines T.s ist hier die Beschreibung von Melodiestrukturen und von Bewegungsformen im Tonraum. Tritonik z. B. (d f g) ist eher eine Melodiestruktur als ein T.; erst die (halbtonlose, anhemitonische) → Pentatonik hebt sich als T. von den Melodietypen, denen sie zugrunde liegt, deutlich ab. – Die T.e der Hochkulturen sind an Instrumenten entwickelt worden, das antik griechische an der Kithara und Lyra, das arabisch-persische an der Laute, das indische an der Zither (Vînâ). In der altchinesischen Musik besteht die »Materialleiter« aus 12 Stufen (→ Lü), die »pythagoreisch« durch Quintaufstieg und Quartabstieg gestimmt werden. Die »Gebrauchsleiter«, die innerhalb des Tonvorrats transponiert werden kann, ist halbtonlos pentatonisch; doch deuten e und h als Durchgangstöne (→ Pien) eine Ergänzung der Pentatonik c d f g a zur Heptatonik an. – Die Theorie der → Indischen Musik teilt die Oktave in 22 gleiche, kleinste Intervalle (shruti), die aber keine musikalisch reale Skala, sondern ein bloßes Maßsystem bilden. Die Skalen der indonesischen Musik, auf Java → Sléndro und → Pélog genannt, sind nicht eindeutig interpretierbar. Die Stimmung des 5stufigen Sléndro scheint auf dem Äquidistanzprinzip (der »Temperierung«) zu beruhen, nähert sich aber manchmal der halbtonlosen Pentatonik. Die 7stufige Pélog-Skala ist aus zwei größeren (250–270 Cent) und fünf kleineren Intervallen (115–165 Cent) zusammengesetzt. Es ist nicht ausgeschlossen, daß die Skalen auf das Prinzip zurückgehen, die Quarten des Gerüstes c-f-g-c¹ zu halbieren (Sléndro), die unteren Intervalle der Trichorde c–⁺d–f und g–⁺a–c¹ zu unterteilen (Pélog) und den mittleren Ganzton (f–g) dem jeweils kleinsten Intervall anzugleichen. Eine gleichstufig heptatonische Skala wird in der siamesischen Musik verwendet. – Das persisch-arabische T. ist 17stufig. Vier verbundene (konjunkte) Quarten, H–e–a–d¹–g¹, werden durch die drei Quartengattungen in pythagoreischer Stimmung ausgefüllt (z. B. H c d e, H cis d e und H cis dis e); eine ergänzende Stufe bildet die »neutrale« Terz (350 Cent) über dem tiefsten Ton der Quarten (z. B. H–⁺d).

Das T. der griechischen Antike war ein aus Tetrachorden zusammengesetztes Doppeloktavsystem (→ Systema teleion). Die Außentöne der Tetrachorde waren unveränderlich, die Innentöne veränderlich (→ Diatonik, → Chromatik, → Enharmonik). – Das T. des Mittelalters war 7tönig diatonisch und wurde seit Guido von Arezzo als Skala dargestellt, die von G(Γ) bis d² oder e² reichte, ohne an eine feste Tonhöhe gebunden zu sein. Ergänzt wurde es durch den Ton b, der statt, aber nicht neben h gebraucht werden durfte. Mit der Heptatonik als → Buchstaben-Tonschrift Odos von St-Maur ausprägte (GS I, 253), verschränkte sich eine Tetrachord-, später eine Hexachordgliederung. Die Finales der → Kirchentöne bilden ein → Tetrachord d e f g mit dem Halbton in der Mitte; und die Skala wurde entweder aus lauter getrennten (→ Dasia-Zeichen) oder aus abwechselnd verbundenen und getrennten Tetrachorden zusammengesetzt (Berno von Reichenau, GS II, 63):

A H c d	e f g	a h c¹ d¹	e¹ f¹ g¹ a¹
Graves	Finales	Superiores	Excellentes

Die Gliederung der Skala G–e² in 7 → Hexachorde mit den Ut-Stufen G, c, f, g, c¹, f¹ und g¹ ist seit dem 13. Jh. überliefert. Erweiterungen des T.s durch chromatische Stufen beruhten in der Mehrstimmigkeit des 14. und 15. Jh. auf der Praxis, den Übergang von einer imperfekten zu einer perfekten Konsonanz durch einen Halbtonschritt in einer der Stimmen zu vermitteln, also die Progression $\substack{g^1-a^1 \\ h-a}$ zu $\substack{g^1-a^1 \\ b-a}$ oder $\substack{gis^1-a^1 \\ h-a}$ zu alterieren (→ Musica ficta). Aus dem Verfahren, zu jeder diatonischen Stufe einen oberen und einen unteren Leitton zu bilden, resultierte ein 17töniges System mit cis, des, dis, es, fis, ges, gis, as, ais und b als alterierten Tönen (Pr. de Beldemandis, CS III, 257).

Beruhte das T. des Mittelalters auf dem «pythagoreischen» Prinzip der Quintenreihung (f–c–g–d–a–e–h), so bildet seit dem 16. Jh. außer der Quinte auch die Terz (mit der Proportion 4:5 statt 64:81) ein konstitutives Intervall des T.s; die Diatonik erscheint als Quint-Terz-Struktur (große Buchstaben bezeichnen nach M. Hauptmann Grund- und Quinttöne, kleine Buchstaben Terztöne): in C dur F–a–C–e–G–h–D, in a moll D–f–A–c–E–g–H. Der Erweiterung des T.s durch Transpositionen der Dur- und Mollskala (→ Tonart) oder durch Hoch- und Tiefalterationen (→ Chromatik) sind prinzipiell keine Grenzen gesetzt. Die Notation aber ist auf 35 Stufen eingeschränkt (einfache und doppelte Hoch- und Tiefalterationen der sieben diatonischen Stufen); und akustisch wird das diatonisch-chromatisch-enharmonische T. durch eine 12stufige temperierte Skala dargestellt (→ Temperatur). Der Umfang des T.s ist, abgesehen vom 32-Fuß der Orgel, in der musikalischen Praxis auf die $7^1/_2$ Oktaven vom $_2$A bis zum c^5 begrenzt.

Zs. f. vergleichende Mw. I, 1933; E. KESSLER, Über d. leiterfremden Tonstufen im gregorianischen Gesang, = Veröff. d. gregorianischen Akad. zu Freiburg i. d. Schweiz X, Freiburg i. d. Schweiz 1922; M. WEBER, Die rationalen u. soziologischen Grundlagen d. Musík, hrsg. v. Th. Kroyer, München ^{2}1924; A. H. FOX-STRANGWAYS, Scales, ML VII, 1926; A. AUDA, Les modes et les tons de la musique, Brüssel 1930; DERS., Les gammes mus., Woluwé-St-Pierre 1947; L. BALMER, T. u. Kirchentöne bei Tinctoris, = Berner Veröff. zur Musikforschung II, Bern u. Lpz. 1935; O. GOMBOSI, Studien zur Tonartenlehre d. frühen MA, AMl X, 1938 – XII, 1940; DERS., Tonarten u. Stimmungen d. antiken Musik, Kopenhagen 1939, Nachdruck 1950; DERS., Key, Mode, Species, JAMS IV, 1951; M. F. BUKOFZER, The Evolution of Javanese Tone-Systems, Kgr.-Ber. NY 1939; LL. S. LLOYD, The Mus. Scale, MQ XXVIII, 1942; DERS., The Myth of Equal-Stepped Scales in Primitive Music, ML XXVII, 1946; A. DANIÉLOU, Introduction to the Study of Mus. Scales, London 1943; B. SZABOLCSI, Five-Tone Scales and Civilization, AMl XV, 1943; J. HANDSCHIN, Der Toncharakter, Zürich (1948); DERS., The »Timaeus«-Scale, MD IV, 1950; C. SACHS, A Strange Medieval Scale, JAMS II, 1949; A. A. BAKE, Die beiden Tongeschlechter bei Bharata, Kgr.-Ber. Lüneburg 1950; H. TANABE, Equal Tempered Scales of Less than 12 Tones in the Far East, Journal of the Soc. for Research in Asiatic Music IX, 1951; SH. TANAKA, An Investigation of the Tuning of the Siamese Seven Tone Equal Tempered Scale, ebenda; G. KRÖNER, Das Harmonische Feld d. gleichschwebend temperierten T., Mf VI, 1953; E. COSTÈRE,

| Subkontra-oktave | Kontraoktave | große Oktave | kleine Oktave | eingestrichene Oktave | zweigestrichene Oktave | dreigestrichene Oktave | viergestrichene Oktave |

$_2A\ _2H$ $\quad _1C\ _1D\ _1E\ _1F\ _1G\ _1A\ _1H$ $\quad$ CDEFGAH $\quad$ c d e f g a h $\quad$ $c^1\ d^1\ e^1\ f^1\ g^1\ a^1\ h^1$ $\quad$ $c^2\ d^2\ e^2\ f^2\ g^2\ a^2\ h^2$ $\quad$ $c^3\ d^3\ e^3\ f^3\ g^3\ a^3\ h^3$ $\quad$ $c^4\ d^4\ e^4\ f^4\ g^4\ a^4\ h^4$ $\ c^5$

Die → Atonalität verzichtet auf die Unterscheidung zwischen konstitutiven und abgeleiteten Intervallen. Einerseits gelten sämtliche Intervalle zwischen Tönen der Halbtonskala als »direkt verständlich« (A. Schönberg); andererseits ist die Differenz zwischen gis und as, die in der Verschiedenheit der Ableitungen (c–as und c–e–gis) begründet war, aufgehoben. Unterteilungen der Halbtöne beruhen in der Atonalität auf dem Distanzprinzip. → Vierteltonmusik.

Lit.: FR. BELLERMANN, Die Tonleitern u. Musiknoten d. Griechen, Bln 1847; K. FORTLAGE, Das mus. System d. Griechen in seiner Urgestalt, Lpz. 1847, Nachdruck Amsterdam 1964; H. v. HELMHOLTZ, Die Lehre v. d. Tonempfindungen ..., Braunschweig 1863, ^{6}1913, Nachdruck Hildesheim 1967; W. BRAMBACH, Das T. u. d. Tonarten d. christlichen Abendlandes im MA ..., Lpz. 1881; O. BÄHR, Das T. unserer Musik, Lpz. 1882; A. J. ELLIS, Tonometrical Observations on Some Existing Non-Harmonic Scales, Proceedings of the Royal Soc. XXXVII, 1884, deutsch v. E. M. v. Hornbostel in: Sammelbde f. vergleichende Mw. I, München 1922; G. JACOBSTHAL, Die chromatische Alteration im liturgischen Gesang ..., Bln 1897; C. STUMPF, T. u. Musik d. Siamesen, in: Beitr. zur Akustik u. Mw. III, Lpz. 1901, auch in: Sb. f. vergleichende Mw. I, München 1922; CH. K. WEAD, Contribution to the Study of Mus. Scales, Report of the US National Museum for 1900, Washington 1902; E. M. v. HORNBOSTEL u. O. ABRAHAM, Studien über d. T. u. d. Musik d. Japaner, SIMG IV, 1902/03; M. GANDILLOT, Essai sur la gamme, Paris 1906; M. EMMANUEL, Hist. de la langue mus., 2 Bde, Paris 1911, ^{2}1928; J. GMELCH, Die Vierteltonstufen im Meßtonale v. Montpellier, = Veröff. d. gregorianischen Akad. zu Freiburg i. d. Schweiz VI, Eichstätt 1911; S. WANTZLOEBEN, Das Monochord als Instr. u. als System, Halle 1911; E. M. v. HORNBOSTEL, Melodie u. Skala, JbP XIX, 1912; DERS., Mus. T., in: Hdb. d. Physik VIII, hrsg. v. H. Geiger u. K. Scheel, Bln 1927; DERS., Die Vina u. d. indische T. bei Bharata, Zs. f. vergleichende Mw. II, 1934; DERS., Musiksysteme u. Musikauffassung, ebenda III, 1935; DERS. u. R. LACHMANN, Das indische T. bei Bharata u. sein Ursprung,

Lois et styles des harmonies mus., Paris 1954; B. AVASI, T. aus Intervallpermutationen, in: Studia Memoriae B. Bartók Sacra, Budapest 1956; L. BÁRDOS, Natürliche T., ebenda; P. COLLAER, Zur Entwicklung d. primitiven Skalenbildung, Gravesaner Blätter II, 1956; H. HUSMANN, Antike u. Orient in ihrer Bedeutung f. d. europäische Musik, Kgr.-Ber. Hbg 1956; DERS., Grundlagen d. antiken u. orientalischen Musikkultur, Bln 1961; M. SCHNEIDER, Entstehung d. T., Kgr.-Ber. Hbg 1956; W. WIORA, Älter als d. Pentatonik, in: Studia Memoriae B. Bartók Sacra, Budapest 1956; M. KOLINSKI, The Determinants of Tonal Construction in Tribal Music, MQ XLIII, 1957; G. ORANSAY, Das T. d. türkei-türkischen Kunstmusik, Mf X, 1957; FR. A. KUTTNER, A »Pythagorean« Tone-System in China ..., Kgr.-Ber. Köln 1958; K. REINHARD, On the Problem of Pre-Pentatonic Scales ..., Journal of the International Folk Music Council X, 1958; J. SMITS VAN WAESBERGHE SJ, Antike u. MA in unserem T., Musica XII, 1958; J. LOHMANN, Der Ursprung d. Musik, AfMw XVI, 1959; H. E. LAUER, Die Entwicklung d. Musik im Wandel d. T., Köln ^{2}1960; E. EMERY, La gamme et le langage mus., Paris 1961; D. KRAEHENBUEHL u. CHR. SCHMIDT, On the Development of Mus. Systems, Journal of Music Theory VI, 1962; M. VOGEL, An d. Grenzen d. T., Musica XVII, 1963; La résonance dans les échelles mus., hrsg. v. E. WEBER, Paris 1963; W. DANCKERT, Tonreich u. Symbolzahl ..., = Abh. zur Kunst-, Musik- u. Literaturwiss. XXXV, Bonn 1966. CD

Tonus peregrinus (lat.) ist eine seit dem späten Mittelalter gebräuchliche Bezeichnung eines Psalmtons, der im frühen Mittelalter neben den acht regulären → Psalmtönen (zusammen mit einigen anderen Toni) entwickelt wurde (in der *Commemoratio brevis*, 2. Hälfte des 9. Jh., GS I, 218, heißt er Tonus novissimus) und der sich in der liturgischen Praxis bis heute erhalten hat. Seinen Namen verdankt er entweder dem sogenannten »Pilgerpsalm« *In exitu Israel de Aegypto* (Ps. 113, Vulgatazählung), der auf seine Formel gesungen wird, oder seiner »Fremdartigkeit« innerhalb des Systems der Psalmtöne. Seit dem hohen Mittelalter (bis zur beginnenden Neuzeit) wurde der T. p. in den Tonaren meist nicht mehr als selbständiger Tonus geführt, sondern als unregelmäßige Differenz einem der acht regulären Psalmtöne beigegeben. Diese Zuordnung geschah nicht einheitlich, da seine besonderen Eigenschaften: Finalis d oder e (CS II, 334b f.) und Wechsel des Tenors von a zu g nach der Mediatio, ihn mit mehreren Toni verwandt erscheinen ließen. So findet sich die im monastischen Offizium zum 113. Psalm gehörige Antiphon *Nos qui vivimus* als Beispiel in den Tonaren zwar hauptsächlich unter den Differenzen des achten Tones (CS II, 140a; Hieronymus de Moravia, ed. Cserba, S. 167 u. a.), wird jedoch mitunter auch dem siebenten (Aurelianus, GS I, 51b; Regino von Prüm, CS II, 34a), dem ersten (*Tonale Sancti Bernardi*, GS II, 269b f.; Jacobus Leodiensis, CS II, 335a f.), dem sechsten (nach Jacobus Leodiensis, CS II, 335b) und gelegentlich noch weiteren Psalmtönen zugewiesen. In manchen hoch- und spätmittelalterlichen Tonaren wird diese Unbestimmtheit ausführlich diskutiert, so bei Elias Salomonis (GS III, 36a f.) und dem anonymen Monachus Carthusiensis (CS II, 449a f.). – Nach römischer Tradition werden neben Psalm 113 (hier mit Antiphon *Deus autem noster* aus der Sonntagsvesper) bisweilen auch das Canticum → *Benedicite omnia opera Domini Domino* und Psalm 112 *Laudate pueri Dominum* samt ihren Antiphonen im T. p. gesungen. Ähnliches gilt für das monastische Offizium. Die von Anonymus XI (CS III, 458a f.) bezeugte Verwendung des T. p. auch für die Psalmi maiores (genannt wird nur das Magnificat) hat sich über das Mittelalter hinaus nur beim deutschen Magnificat der lutherischen Liturgie erhalten.

Lit.: H. GAISSER, L'origine du T. p., La Tribune de St-Gervais VII, 1901; P. WAGNER, Einführung in d. Gregorianischen Melodien III, Lpz. 1921, Nachdruck Hildesheim u. Wiesbaden 1962; P. FERRETTI OSB, Estetica gregoriana, Rom 1934, frz. erweiterte Ausg. v. A. Agaësse, Tournai 1938; J. CARSOT, En marge du »t. p.«, Rev. du chant grégorien XLIII, 1939. FrR

Tonvariator ist die Bezeichnung für einen von W. Stern zu Anfang des 20. Jh. konstruierten und damals viel benutzten mechanischen Schallerzeuger variabler Frequenzen. Ein zylindrischer Hohlraum, dessen Eigenfrequenz mittels eines Kolbens verstellbar ist, wird durch einen Luftstrom angeblasen. Er ist mit der sich in den 20er Jahren durchsetzenden elektrischen Schwingungserzeugung (→ Generator) außer Gebrauch gekommen.

Tonwort, das von → Eitz 1892 veröffentlichte Silbensystem für den Gebrauch im musikalischen Elementarunterricht. Mit Hilfe einer bis ins letzte durchdachten Lautsymbolik versuchte Eitz, die diatonischen und chromatischen Beziehungen der Töne untereinander auszudrücken. Die zwölf chromatischen Stufen der Oktave werden mit je einem Konsonanten, abwechselnd Augenblicks- und Dauerlaut, versehen. Dazu treten, bei G beginnend, die 5 Vokale a e i o u zur Kennzeichnung der Ganztöne (in der Abb.: II). Diatonische Halbtöne werden durch den gleichen Vokal angezeigt, enharmonische Töne durch den gleichen Konsonanten. Die erhöhten und erniedrigten Töne werden nach dem Grundsatz der Vokalgleichheit bei Leittönen gebildet (IIIb); dadurch ergibt sich auch die Möglichkeit, die Kommaunterschiede der reinen Stimmung durch verschiedene Vokale darzustellen (IIIa, c).

Torculus (lat.) → Neumen (– 1).

Torgau.
Lit.: O. TAUBERT, Gesch. d. Pflege d. Musik in T., in: Programm d. Gymnasiums zu T., 1868, mit Nachträgen 1870 u. 1890; W. GURLITT, J. Walther..., Luther-Jb. XV, München 1933; C. GERHARDT, Die T.er Walter-Hss., = Mw. Arbeiten IV, Kassel 1949.

Torneo (ital. und span., Turnier, Wettkampf), ein Tanz, der bei Caroso (1581) als *T. amoroso* beschrieben ist. Ein T. findet sich in der Ouverture G moll, BWV 1070, von J. S. Bach(?).

Torupill (estnisch, s. v. w. Trompetenpfeife) → Sackpfeife.

Toskana (Italien).
Lit.: A. BONAVENTURA, La vita mus. in Toscana nel s. XIX, in: La Toscana alla fine del Granducato, Firenze 1909; DERS., Musicisti livornesi, Livorno 1930; R. GANDOLFI, La cappella mus. della corte di Toscana, 1539–1859, RMI XVI, 1909; Musicisti toscani. Scritti di G. Barblan, A. Bonaccorsi, G. Confalonieri..., Per la XI Settimana mus., hrsg. v. FR. SCHLITZER, Siena 1954; A. BONACCORSI, Il folklore mus. in Toscana, Florenz 1956.

tosto (ital.), eilig; più t., schneller; aber auch: eher (z. B.: allegro più t. andante, eher Andante als Allegro).

Totentanz (frz. danse macabre). Das Motiv des T.es: Dialog und Tanz der Toten oder des Todes und der Lebenden (meist Vertreter verschiedener Stände und Lebensalter, die vom Tode abberufen werden), ist seit dem späten Mittelalter poetisch (im 13. und 14. Jh. z. B. von Baudouin de Condé und Nicole de Marginal) und bildnerisch (im 16. Jh. z. B. als Holzschnittfolge von H. Holbein d. J.), seit dem 16. Jh. auch musikalisch (als → Matassins) gestaltet worden, wobei vornehmlich in bildlichen Darstellungen das Moment des Todes (ursprünglich wohl der Tanz der Toten zur nächtlichen Geisterstunde) häufig verwandelt ist in einen Reigen (Zyklus) einzelner Begebenheiten. Im 19. Jh. komponierte Fr. Liszt, sehr wahrscheinlich angeregt durch die Freskodarstellung »Triumph des Todes« im Campo Santo zu Pisa (14. Jh.), einen T., *Paraphrase über »Dies irae«*, für Kl. und Orch. in frei gehandhabter Variationstechnik nach Art eines Bilderzyklus, in dem der erste Melodieabschnitt des → *Dies irae* sich in den verschiedensten Charakteren ausprägt (1. Fassung vollendet spätestens 1849, hrsg. 1919 von Busoni; Druckfassung sowie Bearbeitung für ein und für zwei Kl. 1865; Varianten vor allem zur 3. und 6. Variation 1881, hrsg. 1911 von A. Siloti). Zusammen mit einer Abhandlung *Les danses des morts* (Paris 1852) veröffentlichte J. G. → Kastner im Rahmen seiner *Livres partitions* die Dichtung *La danse macabre, grande ronde vocale et instrumentale* (nach einem zeitgenössischen T.-Gedicht von E. Thierry), einen Dialog zwischen dem Tod und den Vertretern verschiedener Stände und Lebensalter. Der Symphonischen Dichtung *La danse macabre* (1875) von Saint-Saëns liegt des Komponisten gleichnamiges Lied von 1873 zugrunde. → Xylophon.

Lit.: ST. KOZÁKY, Gesch. d. T., 3 Bde, = Bibl. Humanitas Hist. I, V u. VII, Budapest 1936–44; DERS. (St. Cosacchi), Musikinstr. im ma. T., Mf VIII, 1955; DERS., Makabertanz, Meisenheim a. Gl. 1965; W. SALMEN, Ma. Totentanzweisen, Mf IX, 1956.

	(a)	his	cisis		disis	eis	fisis		gisis	aisis	his
I	(b)	c	cis / des	d	dis / es	e	fis / ges	g	gis / as	a	ais / b	h	c
	(c)	deses	eses		fes	geses	ases		heses	ceses	deses

II		b	r	t	m	g̱	s	p	l	d	f	k	n	ḇ
		i		o		u		a		e		i

	(a)	bo	tu		ga	sa	le		fi	no	bo
III	(b)	bi	ro/ri to	mu/mo gu	su	pa/pu la	de/da fe	ki/ke ni	bi
	(c)	be	ti		go	so	lu	fa		ne	be

Toulouse.
Lit.: CL. CLUZAN, Contrat pour la construction des orgues de St-Sernin 1514, Arch. hist. du Département de la Gironde LII, 1918; M.-L. DESAZARS DE MONTGAILLARD, Les artistes toulousains et l'art à T. au XIXe s., 2 Bde, T. 1924–25; J. ANGLADE, Les troubadours de T., Paris 1928; N. DUFOURCQ, Les orgues de T., Rev. de Musicol. XXXVIII, 1956; DERS., Les chapelles de musique de St-Sernin et St-Etienne de T. dans le dernier quart du XVIIe s., ebenda XXXIX/XL, 1957; DERS., Documents sur les corporations de maîtres faiseurs de cordes à T. à la fin du XVIIe s., ebenda XLIII/XLIV, 1959.

Tourdion (turdjɔ̃, frz., auch tordion, turdion; span. tirdión, ein im 16. Jh. in Frankreich, Italien und Spanien verbreiteter höfischer Tanz im 6/8-Takt, der als rascher Nachtanz auf die → Basse danse folgte. In Arbeaus *Orchésographie* (1588) wird er choreographisch als ein der → Galliarde ähnlicher Tanz beschrieben, der jedoch nicht wie diese gesprungen, sondern in Schritten getanzt wurde, bei denen sich die Füße kaum vom Boden hoben. Die frühesten T.s sind in den Tanzsammlungen Attaingnants (1529/30) erhalten; in literarischen Quellen ist er seit Anfang des 15. Jh. bezeugt. Als Tanz verschwand er mit dem Aussterben der Basse danse; als Komposition gab es ihn noch bis Ende des 17. Jh.

Tournebout (turnəb'u, frz.) → Krummhorn.

Tours.
Lit.: J. M. ROUGÉ, Le folklore de la Touraine, T. 1931; E. HARASZTI, Une fête de Paon ..., in: Mélanges ... offerts à P.-M. Masson I, Paris (1955); E. KRIEG, Das lat. Osterspiel v. T., = Literarhist.-mw. Abh. XIII, Würzburg 1956; D. LAUNAY, A propos de quelques motets polyphoniques en l'honneur de St-Martin, Rev. de Musicol. XLVII, 1961; G. OURY OSB, Les messes de St-Martin ..., Etudes grégoriennes V, 1962; DERS., Contribution à l'étude des liturgies néogallicanes, ebenda VI, 1963.

Tp., – 1) Abk. für Timpani (ital., Pauken); – 2) *Tp*, Abk. für Tonikaparallele (Funktionsbezeichnung nach H. Riemann).

tr (*tr*ʷ), Zeichen für → Triller.

Tractulus (lat.) → Neumen (– 1).

Tractus (lat.), auch Traktus, einer der Propriumsgesänge der römischen Messe, gesungen an den Sonn- und Festtagen der Vorfasten- und Fastenzeit, ferner in allen während dieser Zeit gefeierten Heiligen- und Votivmessen, im Requiem und an einigen Ferial-(besonders Quatember-)Tagen mit Bußcharakter, gewöhnlich anstelle des → Alleluias nach dem → Graduale (– 1). In Messen mit mehreren Lesungen (z. B. am Quatembermittwoch der Quadragesima) folgt er als einziger Gesang auf die letzte Lesung vor dem Evangelium (Ausnahme: Mittwoch der 4. Fastenwoche). Seiner Anlage nach ist der Tr. ein *cantus ex versibus aggregatus* (Johannes de Grocheo, *De arte musicae*, ed. Rohloff, S. 65), dessen Verse im Unterschied zum Graduale ohne Kehrvers (Chorresponsum) gesungen werden (Amalar von Metz, *Liber officialis* III, 12: *Hoc differtur inter responsorium, cui chorus respondet, et tractum, cui nemo ...*). Hierauf fußt auch die allgemein verbreitete jüngere Deutung des Namens Tr. im Sinne von tractim (fortlaufend, in einem Zuge), während ihn mittelalterliche Autoren mit einer langsam-schleppenden (»gezogenen«) Vortragsweise in Verbindung brachten. Eine weitere Interpretation stellt ihn dem → Heirmos der byzantinischen Kirchenmusik gegenüber (P. Wagner I, S. 99f.). Nach dem Zeugnis römischer Ordines wurde der Tr. im päpstlichen Stationsgottesdienst vom (zweiten) Kantor auf dem Ambo als Sologesang ausgeführt (vgl. Ordo I, 57 und VI, 28). Zu dieser ursprünglichen Vortragsweise steht die alternatim-Ausführung zwischen zwei Chorhälften oder Vorsängern und Chor, wie sie das Vatikanische Graduale anordnet (*De ritibus servandis in cantu Missae* IV), in merkwürdigem Gegensatz. – Das Repertoire der Tr.-Gesänge umfaßt in den ältesten überlieferten Quellen (8./9. Jh., abgedruckt im *Antiphonale missarum sextuplex*) insgesamt 21 Stücke, deren Texte hauptsächlich den Psalmen entnommen sind. Doch weisen bereits die Quellen aus den folgenden Jahrhunderten eine weitaus größere Anzahl auf. Das Graduale Romanum (1908) bringt 70 Stücke teils beträchtlicher Länge (z. B. den Tr. *Deus, Deus meus* vom 2. Passionssonntag). Sämtliche 1st. Tr.-Vertonungen gehören dem 2. oder 8. Kirchenton an und weisen im Rahmen dieser beiden Modi für jeden der Verse eine einheitliche psalmodische Grundstruktur auf. Die mit reichen Melismen ausgestatteten Melodien stützen sich auf eine Reihe typischer Formeln (Initial-, Medianten-, Finalformeln u. a.), die bestimmten Abschnitten eines Verses bzw. eines ganzen Stückes zugeordnet und in der Regel durch feste Schlußtöne ausgezeichnet sind. – In einigen Quellen des → Ambrosianischen Gesangs bezeichnet das Wort Tr. (anstelle von Melodiae) die erweiterte Alleluiawiederholung nach dem Versus.

Ausg.: Antiphonale missarum sextuplex, hrsg. v. R.-J. HESBERT OSB, Brüssel 1935, Nachdruck Rom 1967; Amalarii episcopi Opera liturgica omnia II, hrsg. v. J. M. HANSSENS SJ, = Studi e testi CXXXIX, Rom 1948; M. ANDRIEU, Les Ordines Romani du haut moyen âge II, Löwen 1948.
Lit.: H. RIEMANN, Der strophische Bau d. Tr.-Melodien, SIMG IX, 1907/08; P. WAGNER, Einführung in d. Gregorianischen Melodien I, Lpz. ³1911, u. III, 1921, Nachdruck Hildesheim u. Wiesbaden 1962; H. SCHMIDT, Untersuchungen zu d. Tr. d. zweiten Tones aus d. Cod. St. Gallen 359, Diss. Bonn 1954, maschr.; DERS., Die Tr. d. zweiten Tones in gregorianischer u. stadtrömischer Überlieferung, Fs. J. Schmidt-Görg, Bonn 1957; DERS., Untersuchungen zu d. Tr. d. zweiten Tones, KmJb XLII, 1958; H. HUSMANN, Zum Großaufbau d. Ambrosianischen Alleluia, AM XII, 1957; W. APEL, Gregorian Chant, Bloomington/Ind. (1958); J. A. JUNGMANN SJ, Missarum Sollemnia I, Wien, Freiburg i. Br. u. Basel ⁵1962. KWG

Tragedia (tradʒ'ɛ:dia, ital., Tragödie), von Rinuccini in Anlehnung an die griechische Tragödie für seine Oper *Arianna* (1608) verwendete Bezeichnung. Während der Titel Tr. in der italienischen Oper nur selten erscheint (z. B. bei Gluck, *Alceste*, 1767), wurde in Frankreich die entsprechende französische Benennung → Tragédie lyrique allgemein gebräuchlich.

Tragédie lyrique (traʒed'i lir'ik, frz.), auch Tragédie en musique, im letzten Drittel des 17. Jh. entstandene Gattung des französischen musikalischen Barocktheaters. Frühe Anregungen gingen aus von der Aufführung italienischer Opern in Paris (Sacrati, *La finta pazza*, 1645; L. Rossi, *Orfeo*, 1647; Cavalli, *Serse*, 1660; *Ercole amante*, 1662); Vorstufen der Tr. l. waren das → Ballet de cour und die → Comédie-ballet. Ihr eigentliches Vorbild wurde die klassische französische Tragödie, deren rhetorischem Vortrag sie im Récitatif (→ Rezitativ) nacheiferte. Durch das Ineinandergreifen von Deklamation und Aktion mit Gesang und Tanz in einer prächtigen Ausstattung erzielte die Tr. l. große Bühnenwirkung, ohne dabei die von der Tragödie geforderte Einheit von Ort, Zeit und Handlung zu berücksichtigen. Erste Ansätze zeigen Camberts *Pomone* (1670) und *Les peines et les plaisirs de l'amour* (1672); eine typische Tr. l. ist dann J.-B. Lullys *Cadmus et Hermione* (1673). Charakteristisch ist der geschlossene Szenenaufbau, der durch syllabische, nur gelegentlich kolorierte Airs, kleine Duette, große Chöre und Ballettsätze gegliedert wird. Zwischen 1673 und 1686 schrieb Lully fast jährlich eine Tr. l., als letzte vollendete er *Armide et Renaud*

(1686). Seine Konzeption der Tr. l. blieb etwa ein Jahrhundert lang grundlegend; dann jedoch machten sich italienische Einflüsse immer mehr geltend, z. B. in der stärkeren Differenzierung von deklamierendem Récitatif und kantablem Air. An Komponisten nach Lullys Tod sind zu nennen M.-A. Charpentier (*Médée*, 1693), Marais (*Alcione*, 1706), Campra (*Hésione*, 1700; *Tancrède*, 1702; *Idoménée*, 1712), Desmaret (*Didon*, 1693; *Iphigénie en Tauride*, vollendet von Campra 1704), Montéclaire (*Jephté*, 1732), A. C. Destouches (*Amadis de Grèce*, 1699; *Omphale*, 1701; *Callirhoé*, 1722) und Mouret (*Pirithoüs*, 1723). Einen neuen Höhepunkt erreichte die Tr. l. durch J.-Ph. Rameau (*Hippolyte et Aricie*, 1733; *Castor et Pollux*, 1737; *Dardanus*, 1739; *Zoroastre*, 1749; *Abaris ou les Boréades*, 1764). Bezeichnend für Rameau sind die kantable Melodieführung, die harmonische Bereicherung des musikalischen Satzes und die erhöhte Bedeutung des Orchesteranteils, besonders im Récitatif accompagné und im Récitatif mesuré sowie in den deskriptiven Instrumentalstücken. In eine Endphase trat die Tr. l. in den französischen Werken Glucks (*Iphigénie en Aulide*, 1774; *Armide*, 1777; *Iphigénie en Tauride*, 1779). Gluck behielt zwar den Rahmen der Tr. l. bei (5aktiger Aufbau, Stoffwahl, Versform), doch bewirkte seine Forderung nach Einfachheit und Natürlichkeit des dramatisch-musikalischen Ausdrucks, daß die vom französischen Vers geprägte Gestalt zugunsten einer schlichteren, der Prosa verwandten Tonsprache umgewandelt wurde. Damit näherte sich die Tr. l. der italienischen Oper und verlor ihre Eigenständigkeit.

Lit.: B. DE ROZOI, Dissertation sur le drame lyrique, Den Haag 1775; J.-D. MARTINE, De la musique dramatique en France, Paris 1813; A. COQUARD, De la musique en France, Paris 1820; G. CHOUQUET, Hist. de la musique dramatique en France, Paris 1893; J. ECORCHEVILLE, De Lully à Rameau. L'ésthétique mus., Paris 1906; R. ROLLAND, Musiciens d'autrefois, Paris 1908, [18]1947, deutsch als: Musiker v. ehedem, München 1925, Olten 1951 = Meister d. Musik I, engl. 1915, NY 1948; L. DE LA LAURENCIE, La musique frç. de Lully à Gluck (1687–1789), in: Encyclopédie de la musique I, 3, hrsg. v. A. Lavignac u. L. de La Laurencie, Paris (1913, [2]1931); H. ABERT, W. A. Mozart I, Lpz. 1919, ([7]1955); P.-M. MASSON, L'opéra de Rameau, Paris 1930, [2]1943; R. DUMESNIL, L'opéra et l'opéra-comique, Paris 1947; DERS., Hist. illustrée du théâtre lyrique, Paris (1953); J. EPPELSHEIM, Das Orch. in d. Werken J.-B. Lullys, = Münchner Veröff. zur Mg. VII, Tutzing 1961.

Traktur heißt bei der Orgel die Verbindung, die von der Taste aus das Spielventil öffnet. Bei der mechanischen Tr. ist im Inneren der Orgel ein Rahmen mit Wellen aus Holz- oder Metallstäben angebracht. Zu ihnen führen von den Tasten Abstrakten (Zugruten), und von diesen werden ebenfalls Abstrakten zu den Spielventilen (→ Ventile - 1) geleitet. Die Abstrakten können auch gewinkelt durch Winkelmechanik zu den Ventilen geführt werden. Das Material der Abstrakten ist zumeist Holz. Heute verwendet man auch mit Nylon umsponnene Drahtseile. Diese haben sich nur dann bewährt, wenn auch sie über Winkel (Segmentschaltung) geführt werden und nicht stattdessen durch Ösen laufen. Die mechanische Tr. ist bei der Springlade und Schleiflade die historisch überkommene. Auf die Tongebung hat sie insofern Einfluß, als der Spieler die Schnelligkeit des Tastenniederschlages, somit diejenige der Ventilöffnung und bis zu einem gewissen Grade die Intensität der Vorläufertöne im Anlaut nuancieren kann. Auch kommt die Überwindung des Druckpunktes dem natürlichen Spielgefühl entgegen. Je größer aber die Laden und ihre Registerzahl (und dadurch bedingt die Größe der Ventile, auf denen entsprechend mehr Winddruck lastet) und je weiter die Wege der Abstrakten sind, desto schwerer ist die Spielweise (besonders auch bei gekoppelten Manualen), und um so weniger Nuancierungsmöglichkeiten des Anschlags verbleiben dem Organisten. Eine Abhilfe für zu schwere Spielweise mechanischer Schleifladen erfand Ch. S. Barker (1832) mit seinem pneumatischen Hebel (Barker-Hebel). Hier wird die Mechanik des Spieltisches zu einer zweiten → Windlade geführt, die kleine Bälge besitzt. Bei niedergedrückter Taste wird der Balg mit Luft gefüllt; beim Abheben gibt er die Luft frei und fällt dann wieder zusammen. Der steigende oder fallende Balg öffnet bzw. schließt über eine Abstrakte das Pfeifenventil der eigentlichen Windlade. Im 19. Jh. wurde eine röhrenpneumatische Tr. für Kegel-, Membran- und Taschenladen entwickelt. Hier gibt ein Bälgchen, in der Lade sich öffnend (Zustromsystem) bzw. zusammenfallend (Ausstromsystem), den Wind zur Pfeife frei, die dann erklingt. Die Windversorgung des Bälgchens erfolgt vom Spieltisch aus durch Röhrenleitungen. Bei größeren Orgeln mit langen Leitungswegen arbeitet die pneumatische Tr. nicht schnell genug. Anfang des 20. Jh. wurden die ersten elektropneumatischen Tr.en für Kegelladen gebaut. Die niedergedrückte Taste schließt den Stromkreis. Der von einer Spule umschlossene Eisenkern wird magnetisch und zieht an den Windrelais einen Metallbügel nieder, über den die Ventile dadurch pneumatisch geöffnet werden. Auch rein elektrische Tr.en werden heute gebaut, bei denen Magnete die Spielventile öffnen. Auch bei größeren Schleifladenorgeln findet man zunehmend eine gemischte Tr.-Art. Das gespielte Manual öffnet die Spielventile mechanisch, das jeweils angekoppelte Manual öffnet diese elektropneumatisch oder elektrisch. Ältere Kegelladen haben teilweise auch mechanische Spiel-Tr.en. – Das Regierwerk (Register-Tr.) war bei den alten Orgeln rein mechanisch. Heute baut man gerne elektropneumatische Register-Tr.en und bevorzugt bei Tonkanzellen auch rein elektrische Registerbetätigung, wo die Schleife durch einen kleinen Motor oder Magnet aufgezogen wird. Voraussetzung für einwandfreies Funktionieren ist hierbei, daß die Schleifen nicht (etwa durch Feuchtigkeit bedingt) klemmen.

Transformation → Transponieren.

Transistor, 1948 unter Mitwirkung von J. Bardeen und W. H. Brattain in den USA entwickelt, dient neben der → Elektronenröhre zur Verstärkung elektrischer Schwingungen, wie sie in der Meßtechnik und Elektroakustik erforderlich ist. Die Arbeitsweise des Tr.s wird durch seinen Hauptbestandteil, den für elektrische Ströme nur in einer Richtung durchlässigen Halbleiter (kristalline Verbindungen: Cu_2O, Fe_2O_3; Silizium, Arsen, Selen, Germanium u. a.), bestimmt. Diese kristallinen und metallähnlichen Elemente besitzen bei Einwirkung von Wärmeenergie eine Eigenleitfähigkeit ihrer Elektronen, die durch Störungen des regelmäßigen Gitteraufbaus (Einbau von Atomen fremder Elemente) stark erhöht werden kann und die dann als Träger eines injizierten Stromes wirkt. Auf diesem Effekt der »Trägerinjektion« beruht das Wesen des Tr.s und seiner Verstärkerwirkung. Hervorstechende Eigenschaften des Tr.s gegenüber der Elektronenröhre sind lange Lebensdauer, schnelle Betriebsbereitschaft ($1/1000$ sec), geringer Stromverbrauch (Batteriebetrieb) und kleine Abmessung (Kofferradios, handliche Tonbandgeräte), während extrem hohe Leistungsverstärkung, weite Frequenzgrenzen und geringe Temperaturabhängigkeit bislang der Elektronenröhre vorbehalten bleiben. Der Tr. stellt insofern eine Umwälzung dar, als er Schaltungen ermöglicht, die mit der Elektronenröhre nicht realisierbar sind (elektronische Datenverarbeitungsanlagen).

Lit.: G. GAULÉ, Der Tr., Schrifttumübersicht, Fernmeldetechnische Zs. III, 1950. – J. BARDEEN u. W. H. BRATTAIN, The Tr., A Semiconductor Triode, Physical Review LXXIV, 1948; J. DOSSE, Der Tr., München ⁴1962; C. MOERDER, Grundlagen d. Tr.-Technik, = Technisch-physikalische Slg II, Ffm. ²1964.

Transitus (lat., Übergang, Durchgang) → Commissura.

Transkription (von lat. transcriptio, s. v. w. Umschrift), – 1) die Einrichtung (→ Arrangement) eines Musikstücks für eine andere Besetzung. Fr. Liszt führte diese Bezeichnung (als frz. transcrite, transcription) für Klavierübertragungen (hauptsächlich von Liedern) ein, die *zwischen einer mehr oder minder strengen Bearbeitung und einer freien »Fantasie« stehen* (Raabe), nach eigenen Angaben wahrscheinlich in den 1830er Jahren. Tr.en bilden eine Werkgruppe im Schaffen Liszts (vgl. *Thematisches Verzeichnis der Werke von Fr. Liszt*, Leipzig 1855; in der erweiterten Auflage 1877 unterscheidet Liszt zwischen: Bearbeitungen, Fantasien, Reminiszenzen, Illustrationen, Paraphrasen, Klavierauszügen und Tr.en). – 2) In der → Editionstechnik heißt Tr. die Umschrift von Musik aus einer historischen in die heutige → Notenschrift, in der → Phonetik und → Musikethnologie die Aufzeichnung von Sprach- und Tonaufnahmen mit Hilfe des Alphabets und der Notenschrift, jeweils mit speziellen Zusatzzeichen.

Lit.: zu 1): F. BUSONI, Entwurf einer neuen Ästhetik d. Tonkunst, Triest 1907, Lpz. 1916; H. ANTCLIFFE, The Use and Abuse of Transcription and Modernisations, BUM IV, 1924; P. RAABE, Fr. Liszt II, Stuttgart u. Bln 1931. – zu 2): O. ABRAHAM u. E. M. v. HORNBOSTEL, Vorschläge f. d. Tr. exotischer Melodien, SIMG XI, 1909/10; Phonetische Tr. u. Transliteration nach d. Verhandlungen d. Kopenhagener Konferenz, Oxford 1926; Lautzeichen u. ihre Anwendung in verschiedenen Sprachgebieten, hrsg. v. M. HEEPE, Bln 1928; E. GERSON-KIWI, Towards an Exact Transcription of Tone-Relations, AMl XXV, 1953; Z. ESTREICHER, Une technique de transcription de la musique exotique, in: Bibl. et Musées de la ville de Neuchâtel 1956, Neuchâtel 1957; CH. SEEGER, Toward a Universal Music Sound-Writing for Musicology, Journal of the International Folk Music Council IX, 1957; D. STOCKMANN, Das Problem d. Tr. in d. musikethnologischen Forschung, Deutsches Jb. f. Volkskunde XII, 1966.

Transmission bezeichnet im Orgelbau eine Kopplungs- und Schaltanlage, die es ermöglicht, einzelne Register eines Manuals im Pedal oder in einem anderen Manual spielbar zu machen, ohne die → Koppeln zu benutzen; z. B. können einzelne in der Tr. ausgesuchte Register des Hauptwerks ins Pedal »geborgt« werden. Die Ansätze zur Tr. reichen in die Zeit einmanualiger Orgeln und der Bauweise zurück, die Manual- und Pedalregister noch auf eine Lade stellte. Besonders gern wurden höhere, C. f.-führende Fußtonlagen ins Pedal transmittiert. Durch transmittierende Oktavkopplung eines 8'-Manualregisters, das dadurch im Pedal als 16' angeschaltet war, ersparte man diese angekoppelten Pfeifen, die – um im Pedal einen durchgehenden 16' zu haben – nur um eine Oktave von 16'-Pfeifen (C–H) ergänzt werden mußten. Antegnati kennt solche Tr.en; auch M. Praetorius erwähnt sie. Bei Schleifladen wurden hierfür doppelte Schleifen und Ventile nötig. Überwiegend praktizierte der alte Orgelbau Tr.en ins Pedal, seltener von Manual zu Manual. Als Seltenheit erwähnt Praetorius ein Positiv, das in dem einzigen Manual zwei Tr.en hatte, wodurch aus dem Prinzipal 2' auch ein 1 1/3'- und ein 1'-Register eingestellt werden konnten. Dieses Multiplexverfahren ist jedoch selten angewandt worden, weil durch Mehrfachbenutzung eines Tones »Tonlöcher« entstehen, das die fehlende eigenständige Register verraten. Registerkanzellenladen mit pneumatischer oder elektrischer Traktur erleichtern die Anlage von Tr.en auch ausgewählter Systeme, z. B. Melodiekoppel und »gregorianisches Manual«. Ein anderes Tr.s-System hat W. Kraft entwickelt, das die Mehrfachbenutzung einer Registerreihe ausschließt, so daß keine Tonlöcher entstehen können; wohl aber kann ein Register mehrfach registriert werden, z. B. die Oktave 4' als 4' oder 2' oder 1', wodurch kleinere Orgeln eine größere Registermannigfaltigkeit bekommen.

Transponieren (von lat. transponere, versetzen), auf eine andere Tonstufe versetzen mit genauer Bewahrung aller Intervallverhältnisse. Von der Transposition zu unterscheiden ist die Versetzung musikalischer Bildungen auf eine andere Stufe des diatonischen Systems mit Veränderung der Lage der Halbtöne. Sie begegnet in der mittelalterlichen Musiklehre als Transformation (Versetzung von Gesängen in einen anderen Modus); im Bereich der Dur-Moll-Tonalität gebraucht H. Chr. Koch den Terminus Versetzung (im Unterschied zu Transposition) für eine Wiederholung *in ebenderselben Tonart, aber auf verschiedenen Stufen der Tonleiter* (KochL, Artikel Transponieren). – Das Prinzip des Tr.s spielt eine Rolle bei der Entstehung von → Tonsystemen und deren theoretischen Erfassung, so bei der Darstellung von verschiedenen Tonleitern innerhalb eines feststehenden Oktavrahmens (»Oktavgattungen«; → Systema teleion) und in der → Hexachord-Lehre (→ Solmisation). Die mittelalterliche Lehre von den → Kirchentönen kennt die Transposition als Versetzung eines Gesanges auf eine andere Tonstufe, meist die Oberquinte (Confinalis) oder Oberquarte der regulären Finalis; bei unveränderter Abfolge der einem Modus zugehörigen Intervallschritte ermöglicht sie die Notierung bestimmter chromatischer Halbtöne (z. B. wird der Ton es notiert als ♭rotundum bei Quarttransposition, fis als ♭quadratum bei Quinttransposition). In der mehrstimmigen modalen Musik ergibt die Oberquarttransposition einen veränderten Ambitus der Stimmen in bezug auf den Finalton und damit andere Möglichkeiten der Melodiebildung innerhalb eines Modus. Im neuzeitlichen System der → Tonarten, das nur noch zwei Tongeschlechter kennt, stehen alle Dur- und alle Mollskalen zueinander im Verhältnis der Transposition.

Im Bereich der Komposition ist die Wiederaufnahme einer musikalischen Gestalt in transponierter Form ein in verschiedensten Zusammenhängen verwendetes Mittel der Formbildung. Als typische Fälle können z. B. die Sequenz mit intervallgetreuer Wiederholung (→ Rosalie), die reale Beantwortung eines Fugenthemas und die (meist allerdings variierte) Wiederaufnahme des → Seitensatzes in der Reprise eines Sonatensatzes erfaßt werden. In der → Zwölftontechnik spielt die Transposition bei der kompositorischen Verwendung der → Reihen, gelegentlich auch in deren innerem Aufbau, eine Rolle. – In der Geschichte der Aufführungspraxis begegnet das Tr. vor allem als Aufgabe für die Spieler von Tasteninstrumenten. Die uneinheitliche Höhe des → Stimmtons forderte vom Organisten bei der → Intonation (–1) und der → alternatim-Ausführung liturgischer Stücke Anpassung an den Stimmumfang von Liturg und Chor. Deshalb fand bereits im 16. Jh. in den Lehrbüchern des Tastenspiels (J. Bermudo 1555, T. de Santa María 1565, G. Diruta 1593–1607) das Tr. eine ausführliche Darstellung mit Berücksichtigung der je nach Tonart der Stücke sowie Stimmton und → Temperatur der Instrumente unterschiedlichen Erfordernisse. Eine weitere Aufgabe für das Tr. ergab sich mit dem Aufkommen der Generalbaßpraxis. Für Stücke in hoher Schlüsselung (→ Chiavette) galt im frühen 17. Jh. als Regel die Transposition in die Unterquarte oder Unterquinte (Praetorius Synt. III, S. 80f.). Differenzierte Anweisungen zum Tr. (auch um eine Terz oder eine Sekunde) gibt H. Schütz in der Generalbaßstimme des Beckerschen Psalters (Ausgabe von 1661). – Eine wichtige Rolle spielt das Tr. in der Gattung des klavierbegleiteten Sololiedes, um die Stücke der Ausführung durch Sänger verschiedener Stimmlage zugänglich zu machen. Seit der Mitte des 19. Jh. bürgerte sich die Herausgabe transponierter Liedfassungen (neben der meist originalen hohen Fassung Ausgaben für mittlere und tiefe Stimmlagen) ein. Auch in der Oper gibt es die Transposition einzelner Stücke; so transponierte R. Wagner die ursprünglich in A moll konzipierte Ballade der Senta im *Fliegenden Holländer* für W. Schröder-Devrient nach G moll. Die künstlerische Vertretbarkeit des Tr.s schwindet in dem Maße, in dem der Charakter eines Werkes durch die originale Stimmlage (z. B. J. Brahms, *Vier Ernste Gesänge für eine Baßstimme und Kl.* op. 121; H. Wolf, *3 Gedichte von Michelangelo für eine Baßstimme und Kl.*) und Tonhöhe (→ Tonartencharakter) mitbestimmt wird. Bei der → Bearbeitung (– 2) von Werken wurde mitunter (etwa mit Rücksicht auf eine andere Besetzung) eine von der ursprünglichen abweichende Tonart gewählt. So hat u. a. J. S. Bach Vivaldis Concerto für 4 V. in H moll op. 3 Nr 10 in seiner Bearbeitung für 4 Kl. (BWV 1065) nach A moll transponiert, ebenso sein Doppelkonzert für 2 V. in D moll (BWV 1043) in der Bearbeitung für 2 Kl. (BWV 1062) nach C moll; W. A. Mozarts Flötenkonzert D dur, K.-V. 314, gibt es auch als Oboenkonzert in C dur; Beethoven schrieb von seiner Klaviersonate E dur op. 14 Nr 2 eine Streichquartettfassung in F dur. Ein Sonderfall ist J. S. Bachs Transposition der ursprünglich in C moll komponierten Klavierpartita nach H moll, BWV 831 (vielleicht um sie in den Tonartenplan der beiden ersten Teile der *Clavier-Übung* einzuordnen). Die Transposition des von Schubert in Ges dur komponierten *Impromptu* op. 90 Nr 3 nach G dur geht auf den Verleger Haslinger zurück.

Transponierende Instrumente nennt man diejenigen Blasinstrumente, für welche als C dur die Tonart notiert wird, die ihrer Naturskala entspricht. Beim Lesen ist entsprechend um das Intervall zwischen c und dem Ton, der die Stimmung des Instruments angibt, zu transponieren, z. B. in Brahms' Quintett op. 115, 1. Satz, bei der Klarinette in A der Notierung (a) der Klang (b):

Die gebräuchlichsten Tr.n I. des Orchesters sind: Englisch Horn (in F), Klarinette in B und A, Baßklarinette in B und A, Horn in D, Es und F, Trompete in B, D, Es und F, Kornett in B und A. In neuerer Zeit werden vielfach auch diese Instrumente ihrem Klang entsprechend notiert (wobei dem Spieler die Wahl der spieltechnisch günstigsten Stimmung des Instruments gelassen wird), so von Schönberg seit der Serenade op. 24 (1924) und im Anschluß daran von A. Berg und Webern. – Im weiteren Sinne wird die Bezeichnung Tr. I. auch für solche Instrumente gebraucht, die eine Oktave höher (Piccoloflöte, Celesta) oder tiefer (Kontrafagott, Horn in C, Kontrabaß) klingen als notiert.

Lit.: N. Herz, Theorie d. transponierenden Musikinstr., Wien 1911; H. Erpf, Lehrbuch d. Instrumentation u. Instrumentenkunde, Mainz (1959).

Traquenard (trakn'a:r, frz., »Halbpaß«, eine Gangart des Pferdes; ital. traccanario), ein im 17. Jh. entstandener Tanz, wahrscheinlich französischen Ursprungs, in raschem 4/4-Takt, mit einfacher Harmonik. Sein punktierter Rhythmus ♩.♪♩.♪♩ ahmt den Pferde-Tr. nach. Der Tr. erscheint auch in Suiten des 17. Jh., u. a. bei Erlebach, J. C. F. Fischer und Georg Muffat.

Trautonium, ein von Fr. → Trautwein an der Berliner Musikhochschule entwickeltes → Elektrophon, das 1930 erstmals vorgeführt wurde. Das Tr. besteht aus einem Niederfrequenz-(Kippschwingungs-)Generator, einem Verstärker, aus Lautsprecher(n) und einer Spielvorrichtung, die es ermöglicht, die Grundfrequenz der vom → Generator erzeugten Schwingungen durch einen variablen Widerstand zu verändern. Als Widerstand dient ein Draht, der über einer Metallschiene ausgespannt ist und vom Spieler ähnlich wie eine Violinsaite abgegriffen wird. Durch die Berührung mit der Metallschiene wird der Schwingkreis geschlossen; abhängig vom Druck gegen die Schiene wird ein Flüssigkeitswiderstand verändert und damit die Intensität. Auch ein Vibrato läßt sich auf diese Weise erzeugen. Das Instrument war zunächst nur für 1st. Spiel eingerichtet, wurde jedoch von Trautweins Mitarbeiter O. → Sala durch Verdoppelung des Generators und der Spielsaite zu einem Instrument für 2st. Spiel ausgebaut. Die Teilschwingungs-Zusammensetzung ist durch elektrische Resonanzkreise (»Formantkreise«) beeinflußbar. Durch eine Frequenzteilerschaltung können subharmonische Teiltöne (→ Untertöne) erzeugt werden, die für die Musikpraxis ein neues Phänomen darstellen. Sala hat das derart erweiterte Instrument, auf dem er auch als Komponist und virtuoser Spieler hervortrat, Mixtur-Tr. genannt. Für das Tr. komponierten u. a. Hindemith (*Concertino*, 1931) und H. Genzmer (2 Konzerte, 1939 und 1952), ferner P. Höffer, J. Weismann und H. Riethmüller. Das Tr. kann als Ersatz für die → Ondes musicales dienen. Auch in Filmmusiken und zur Herstellung des »Rohmaterials« für elektronische Musik wird es verwendet. Gegenwärtig gibt es das Tr. nur in einer einzigen Ausführung in Berlin, wo es von O. Sala gespielt wird.

Lit.: Fr. Trautwein, Elektrische Musik, Bln 1930; O. Sala, Trautoniumschule, hrsg. v. Fr. Trautwein, Mainz (1933); ders., Experimentelle u. theoretische Grundlagen d. Tr., Frequenz II, 1948; ders., Subharmonische elektrische Klangsynthesen, in: Klangstruktur d. Musik, hrsg. v. Fr. Winckel, Bln (1955); ders., Elektronische Klanggestaltung mit d. Mixtur-Tr., Sonder-H. Gravesano, Mainz (1955); ders., Mixtur-Tr. u. Studio-Technik, Gravesaner Blätter VI, 1962, H. 23/24; E. Stockmann, Der mus. Sinn d. elektro-akustischen Musikinstr., Diss. Bln 1953, maschr.

Trayn (trẽ, frz., Zug; auch traynour, treyn), während des 14./15. Jh. in Frankreich gebräuchliche Bezeichnung für durch → Color (– 1) gekennzeichnete synkopenartige Bildungen. Philippus de Caserta (bzw. Egidius de Murino, CS III, 123f.) identifiziert Tr. jedoch mit einer Gruppe von drei 2zeitigen anstelle von zwei 3zeitigen Noten (in der Art einer Hemiole), der Autor der *Quatuor principalia* (CS IV, 277b) mit der Proportion 4:3.

Treble (trɛbl, engl.; lat. → triplum, span. tiple) heißt in der mehrstimmigen englischen Musik seit dem 14. Jh. zunächst die über dem Tenor und → Meane liegende 3. Stimme eines Satzes. In den englischen Diskanttraktaten des 15. Jh. hat der Tr. einen eigenen → Sight. Bei 4st. Satz mit Baßstimme wird Tr. als Oberstimme synonym mit Soprano gebraucht, ist aber nicht im Sopran-, sondern im Violinschlüssel notiert. Morley (*A Plaine and Easie Introduction*, 1597, Neudruck London 1952, S. 226) z. B. übersetzt Zarlinos Bezeichnung soprano (*Istitutioni harmoniche*, S. 284f.) im 4st. Satz mit tr. Heute noch bezeichnet Tr. in England die höchste Stimme einer vokalen oder instrumentalen Komposition. Die Instrumentennamen tr. viol und tr. recorder (s. v. w. Altblockflöte) beziehen sich auf tiefere Instrumente als descant viol und descant recorder.

Trecento (tretʃˈɛnto, ital., vierzehntes Jh.). Musik des Tr.s ist eine schlagwortartige Bezeichnung für die weithin eigenständig italienische, in der Hauptsache mehrstimmige, volkssprachliche, weltliche Musik von etwa 1330 bis zum Anfang des 15. Jh. Sie entstand und entfaltete sich zur Zeit Petrarcas, Boccaccios und Franco Sacchettis im wesentlichen als eine Kunst höfischer und bürgerlich aristokratischer Geselligkeit, eine solistische Liedkunst, die vor spätmittelalterlichen Hintergründen renaissancehafte Züge ausprägt. – Bis etwa zur Jahrhundertmitte sind als Pflegestätten vor allem nachweisbar die oberitalienischen Signorien Mailand unter der Herrschaft der Brüder Luchino und Giovanni Visconti († 1349 und 1354), Verona unter der Regierung der Brüder Alberto und Mastino II. della Scala († 1352 und 1351) und die Universitätsstadt Padua zur Zeit der Scaligeri und (ab 1337) der Carrareri; hier wirkten (vielleicht) → Marchettus de Padua, der bedeutendste Musiktheoretiker des Tr.s, und (mit Sicherheit) der Literaturtheoretiker Antonio da → Tempo und der Universitätsprofessor Prosdocimus de → Beldemandis, der im frühen 15. Jh. noch einmal die italienische Notation in ihrer Eigenart behandelte und beurteilte (*Tractatus practice cantus mensurabilis ad modum Italicorum*, 1412). In ihrer ersten Phase ist die Musik des Tr.s gekennzeichnet durch die Entstehung der Gattungen → Madrigal (auch kanonisches Madrigal) und → Caccia. Beide sind, neben der zunächst nur 1st. überlieferten → Ballata, erstmals greifbar im oberitalienischen Fragment *Rs* (→ Quellen), das neben anonymen Stücken auch Kompositionen von → Giovanni da Cascia und → Piero da Firenze enthält. Madrigale des → Jacopo da Bologna eröffnen die ebenfalls oberitalienische Handschrift *PR* (I) und das Manuskript *Pit*. Zur älteren Gruppe der Tr.-Komponisten gehören u. a. auch → Gherardello de Florentia und → Donato de Florentia. Über die Herkunft dieser relativ plötzlich in Erscheinung tretenden Tr.-Musik ist mangels praktischer Denkmäler aus der Zeit vor 1330 (→ Italienische Musik) wenig bekannt. Diskutiert werden als Ausgangspunkte: die provenzalische Trobadorkunst (Besseler), der französische Conductus (Ellinwood), der Motettentypus des Petrus de Cruce (Apel) und neuerdings vor allem die eigenständig italienische Tradition der kirchenmusikalischen Mehrstimmigkeit (Pirrotta) und der Improvisationspraktiken (K. v. Fischer). – Zu den besonderen Merkmalen der Musik des frühen Tr.s gehören die italienische Notation (→ Divisiones; Sechsliniensystem) sowie der quasi improvisatorische und doch in der Darstellung der Textformen höchst kunstvolle 2- oder 3st. Satz mit melismenreichen (auch kanonischen) Oberstimmen und einer ebenfalls vokal konzipierten »begleitenden« Unterstimme. Das improvisatorische Moment scheint sich in den oft stark voneinander abweichenden Überlieferungen der Stücke zu spiegeln. Das Zusammenwirken von Gesang und Instrument(en) ist vielfach bezeugt. Eine Reihe von Stücken ist in Bearbeitungen für ein Tasteninstrument überliefert (Kodex *Fa*; 2 Stücke auch im Kodex Reina: *PR II*, f. 84, Nr 184f.). – Nicht nur in ihren Gattungen, ihrer Notationsart und ihren Stileigentümlichkeiten unterscheidet sich diese Liedkunst von der gleichzeitigen französischen Musik, sondern auch darin, daß es sich hier offenbar nicht um eine Ars nova auf der Grundlage einer Ars antiqua handelt, sondern um einen Neuansatz. (Der Begriff → Ars nova ist im 14. Jh. in Italien nicht zu belegen und sollte als Bezeichnung für die Musik des Tr.s vermieden werden.)

In einer zweiten Generation, in deren Mittelpunkt Francesco → Landini, der bedeutendste Komponist des Tr.s, steht, verlagerte sich das Schwergewicht des Schaffens auf die Ballata; der 3st. Satz gewann an Bedeutung (unter Landinis 154 erhaltenen Kompositionen gibt es 141 Ballate, davon sind 49 dreistimmig). Geographisch stand nun Mittelitalien mit Florenz und der Toscana im Vordergrund. Die früheste Florentiner Handschrift (→ Quellen: *FP*) ordnet das Repertoire nach Gattungen und beginnt mit den Ballate; jede der Gruppen wird mit Landinis Werken eröffnet. Begünstigt einerseits durch den auch während des Schismas fortdauernden Kulturaustausch in Avignon und durch die Rückkehr des päpstlichen Stuhls nach Rom (1377), andererseits durch die Herrschaft französischer Fürsten über italienische Territorien (Neapel, Genua), geriet die Musik des Tr.s in dieser Zeit unter den Einfluß der ihr in mancher Hinsicht artifiziell überlegenen französischen Musik (Quellen: *PR II*; *Pit*; *ModA*). Ersichtlich wird dies u. a. am Eindringen von Elementen der hochentwickelten französischen Notationskunst (»gemischte Notation«), an Umschriften ursprünglich italienisch notierter Stücke in französische (Longa-)Notation sowie an der häufigeren Wahl französischer Texte, am Aufgreifen des → Kantilenensatzes und der Motettentechnik sowie am stärkeren Hervortreten der geistlichen Mehrstimmigkeit. – Zu einer dritten Generation, der Spätzeit der Tr.-Musik (etwa 1390–1420), zählen Nicolo da Perugia (nachweisbar in Florenz und um 1400 in Padua), → Gratiosus de Padua, → Paulus de Florentia, → Bartolino da Padua, Magister → Zacharias sowie der Florentiner Organist Frater Andreas († um 1415). Das Schaffen dieser Komponisten zeigt teils eine bewußt erstrebte (retrospektive oder restaurative) Einfachheit, teils die Subtilität einer Spätzeit mit verstärkter Anlehnung an französische Vorbilder. Der Mailänder Cantor → Matheus de Perusio, der in Avignon wirkende Philippus de → Caserta und Anthonello da → Caserta gehören in ihren erhaltenen Kompositionen im wesentlichen der französischen Tradition an, während der Lütticher Komponist J. → Ciconia, der von 1403–11 in Padua nachweisbar ist, Elemente der Tr.-Musik aufgenommen und weiterentwickelt hat.

Insgesamt sind rund 625 mehrstimmige weltliche Tr.-Kompositionen überliefert, in etwa 30 verschiedenen Handschriften, darunter zahlreichen Fragmenten, die zum Teil erst in jüngster Zeit entdeckt wurden. Die wichtigsten erhaltenen → Quellen der Tr.-Musik sind, abgesehen vom Kodex Rossi (*Rs*), Sammelhandschriften, die erst in der Spätzeit des Tr.s aus Liebhaber-, Repräsentations- oder Restaurationsinteressen angefertigt wurden und das Repertoire unter verschiedenen Gesichtspunkten systematisch ordnen, entweder nach Komponisten in chronologischer Folge (*PR*; *Sq*) oder nach Gattungen (*Lo*), teils auch innerhalb der Gattungen nach Komponisten (*FP*; *Pit*). Zu den wichtigen Tr.-Quellen gehören auch der Mancini-Kodex (*Man*), das Motettenfragment Padua 1106 (*PadD*; JAMS VIII, 1955) sowie das Fragment Lowinsky (*NYL*; MD X, 1956). Der starke französische Einfluß auf die italienische Musik wird vor allem durch die Handschrift *ModA* bezeugt. – Die Kompositionsart des späteren Tr.s wirkte auf Musiker ein, die, dem Vorbild Ciconias folgend, vorübergehend nach Italien zogen, so u. a. auf Fontaine, Grenon, die Brüder → Lantins, Guillaume Legrant und auf Dufay (der zwischen 1420 und 1433 u. a. am Hof der Malatesta von Rimini und Pesaro, in Bologna und in Rom weilte). Sie wurde somit – besonders im Hinblick auf die (»dominantische«) Harmonik und die Rolle der tiefsten Stimme des Satzes als Harmonieträger – zu einer wichtigen Komponente der Musik der beginnenden → Franko-flämischen Schule, während in Italien selbst sich die Musik des Tr.s in die »schweigende« Epoche (Pirrotta) des Quattrocentos verlor.

Ausg. u. Lit. (soweit nicht genannt in d. → Quellen Fa, FP, Lo, Man, ModA, Pit, PR I–III, Rs, Sq): The Music of Fourteenth Cent. Italy, hrsg. v. N. PIRROTTA, = CMM VIII, (Rom) seit 1954; The Ms. London, Brit. Mus., Add. 29987, Faks. hrsg. v. G. REANEY, = MSD XIII, (Rom) 1965. – K. V. FISCHER, Studien zur ital. Musik d. Tr. u. frühen Quattrocento, = Publikationen d. Schweizerischen Musikforschenden Ges. II, 5, Bern (1956), mit Repertoirekat.; DERS., Neue Quellen zur Musik d. 13., 14. u. 15. Jh., AMl XXXVI, 1964; V. L. HAGOPIAN, Ital. Ars Nova Music. A Bibliogr. Guide to Modern Ed. and Related Lit., = Univ. of California Publications in Music VII, Berkeley (Calif.) 1964, dazu U. Günther in: Mf XX, 1967. – F. VILLANI, Liber de origine civitatis Florentiae et eiusdem famosis civibus (nach 1380), hrsg. v. G. C. Galletti, Florenz 1847; J. BURCKHARDT, Die Kultur d. Renaissance in Italien, Basel 1860 u. ö., NA in GA V, Stuttgart 1930; H. NOLTHENIUS, Duecento. Zwerftocht door Italie's late middeleeuwen, Utrecht 1951, deutsch als: Duecento. Hohes MA in Italien, Würzburg 1957; Das Tr., Italien im 14. Jh., Zürich u. Stuttgart 1960 (mit einem Beitr. v. K. v. Fischer); L. ELLINWOOD, The Fourteenth Cent. in Italy, in: The New Oxford Hist. of Music III, London 1960; N. BRIDGMAN, La vie mus. au Quattrocento..., Paris (1964). – FR. LUDWIG, Studien über d. Gesch. d. mehrst. Musik im MA I: Die mehrst. Musik d. 14. Jh., SIMG IV, 1902/03; H. RIEMANN, Hdb. d. Mg. I, 2, Lpz. 1905, ²1920; A. SCHERING, Studien zur Mg. d. Frührenaissance, = Studien zur Mg. II, Lpz. 1914; H. BESSELER, Die Musik d. MA u. d. Renaissance, Bücken Hdb.; DERS., Bourdon u. Fauxbourdon, Lpz. 1950; L'Ars Nova, = Les Colloques de Wégimont II, 1955; L'Ars nova ital. del Tr., Kgr.-Ber. Certaldo 1959; G. REANEY, Ars Nova in Italy, in: The Pelican Hist. of Music I, London 1960. J. WOLF, La notazione ital. nel s. XIV, in: La Nuova Musica IV, 1899; DERS., Florenz in d. Mg. d. 14. Jh., SIMG III, 1901/02; H. GUTMANN, Der Decamerone d. Boccaccio als mg. Quelle, ZfMw XI, 1928/29; W. KORTE, Die Harmonik d. frühen 15. Jh...., Münster i. W. 1929; DERS., Contributi alla storia della musica in Italia I, 1400–25, RMI XXXIX, 1932; M. STEINER, Ein Beitr. zur Notationsgesch. d. frühen Tr., Die Lehren d. Marchettus v. Padua u. d. Cod. Rossiana 215, Diss. Wien 1931, maschr.; H. ZENCK, Die Musik im Zeitalter Dantes, Deutsches Dante-Jb. XVII (= N. F. VIII), 1935; L. ELLINWOOD, Origins of the Ital. Ars Nova, in: Papers Read by Members of the American Musicological Soc., 1937; CL. SARTORI, La notazione ital. del Tr...., Florenz 1938; F. TORREFRANCA, Il segreto del Quattrocento, Mailand 1939; E. LI GOTTI, Poesie mus. ital. del s. XIV, in: Atti della R. Accad. di scienze, lettere ed arti di Palermo IV, 4, 2, 1942–44; DERS., Il Petrarchismo della poesia mus. e il gusto del popolaresco in Italia agli inizi del s. XV, in: Siculorum Gymnasium, N. S. VIII, 1955; F. GHISI, Ital. Ars Nova Music, Journal of Renaissance and Baroque Music I, 1946/47; J. R. WHITE, Music of the Early Ital. Ars Nova, Diss. Indiana Univ. 1952, maschr.; W. OSTHOFF, Petrarca in d. Musik d. Abendlandes, Castrum Peregrini XX, 1954; G. VECCHI, Uffici drammatici padovani, Bibl. dell'Arch. Romanicum I, 41, 1954; DERS., Su la composizione del »Pomerium« di Marchetto da Padova e la »Brevis compilatio«, Quadrivium I, 1956; DERS., Tra monodia e polifonia, CHM II, 1956; N. PIRROTTA, Marchettus de Padua and the Ital. Ars Nova, MD IX, 1955; DERS., Due sonetti mus. del s. XIV, Miscelánea en homenaje a H. Anglès II, Barcelona 1958–61; DERS., Paolo Tenorista in a New Fragment of the Ital. Ars Nova, Palm Springs (Calif.) 1961; DERS., Ars nova e stil novo, Rivista ital. di musicologia I, 1966; DERS., Music and Cultural Tendencies in 15th-Cent. Italy, JAMS XIX, 1966; DR. PLAMENAC, Another Paduan Fragment of Tr. Music, JAMS VIII, 1955; DERS., Faventina, in: Liber amicorum, Fs. Ch. Van den Borren, Antwerpen 1964; K. v. FISCHER, Kontrafakturen u. Parodien ital. Werke d. Tr. u. frühen Quattrocento, Ann. Mus. V, 1957; DERS., Trecentomusik – Trecentoprobleme. Ein kritischer Forschungsber., AMl XXX, 1958; DERS., Zur Entwicklung d. ital. Tr.-Notation, AfMw XVI, 1959; DERS., On the Technique, Origin, and Evolution of Ital. Tr. Music, MQ XLVII, 1961; DERS., Ein Versuch zur Chronologie v. Landinis Werken, MD XX, 1966; N. GOLDINE, Fra Bartolino da Padova, AMl XXXIV, 1962; M. L. MARTINEZ, Die Musik d. frühen Tr., = Münchner Veröff. zur Mg. IX, Tutzing 1963; R. BAEHR, Dantes Verhältnis zur Musik, Deutsches Dante-Jb. XLI/XLII, 1964; B. BECHERINI, Le insegne viscontee e i testi poetici dell'ars nova, in: Liber amicorum, Fs. Ch. Van den Borren, Antwerpen 1964; TH. GÖLLNER, Landinis »Questa fanciulla« bei O. v. Wolkenstein, Mf XVII, 1964; R. HAMMERSTEIN, Die Musik in Dantes Divina Commedia, Deutsches Dante-Jb. XLI/XLII, 1964; M. CAANITZ, Petrarca in d. Gesch. d. Musik, Diss. Freiburg i. Br. 1966, maschr.; K. MEYER-BAER, Music in Dante's Divina Commedia, in: Aspects of Medieval and Renaissance Music, Fs. G. Reese, NY (1966); R. MONTEROSSO, Un »auctoritas« dantesca in un madrigale dell'ars nova, CHM IV, 1966; R. STROHM, Neue Quellen zur liturgischen Mehrstimmigkeit d. MA in Italien, Rivista ital. di musicologia I, 1966. HHE

Trędezime, Tęrzdezime (lat. tertia decima, dreizehnte), die Sexte über der Oktave.

Tremblement (trãbləm'ã, frz.) → Triller.

Tremolo (ital., Abk.: trem.), – 1) → Verzierung, bestehend aus einem wiederholten Wechsel zwischen einer Note und deren oberer oder unterer Nebennote; → Triller – 2) bei Streichinstrumenten rascher gleichmäßiger Bogenwechsel auf demselben Ton, möglich in verschiedenen Schnelligkeitsgraden, z. B. ♩ bzw. ♪; erstmals definiert von Monteverdi als Ausdrucksmittel des genere concitato (Vorrede zu *Il combattimento di Tancredi e Clorinda*, 1624), aber bereits 1617 in B. Marinis Sonate a 3 *La Foscarina* belegt. Die Definition in BrossardD beruht auf einer Verwechslung mit → ondeggiando. – 3) rascher gleichmäßiger Wechsel zwischen zwei in größerem Abstand als dem einer Sekunde auseinanderliegenden Tönen, z. B. ♩, ausführbar auf Streichinstrumenten (nicht mit dem Bogen, sondern mit den Fingern), auf Blasinstrumenten und auf dem Klavier (auf letzterem auch in Oktaven und Akkorden; → Abbreviaturen – 5). – 4) Beim Gesang wurde das sogenannte Tremulieren, ein Schwanken der Stimme innerhalb eines sehr kleinen Intervalls, bereits im italienischen Kunstgesang der Renaissance häufig als Stimmfehler verurteilt, der sich infolge mangelhafter Atemtechnik bemerkbar gemacht habe. Um 1600 wurde in Italien eine besondere Form des Tr.s, die mehrmalige Tonwiederholung auf längeren oder auch kürzeren Noten, als eine Gesangsverzierung definiert (→ Trillo – 2). Später bezeichnete Tr. ein dem alten italienischen Trillo verwandtes Fluktuieren der Stimmintensität auf demselben Ton, ohne Veränderung der Tonhöhe, das in neuerer Zeit den Charakter einer Verzierung verlor, ähnlich wie das → Vibrato, mit dem es häufig verwechselt wird. – 5) → Tremulant der Orgel.

Lit.: zu 2): E. SCHENK, Zur Aufführungspraxis d. Tr. bei Gluck, Fs. A. van Hoboken, Mainz (1962).

Tremulant (von lat. tremere, zittern; frz. tremblant) ist eine mechanische Vorrichtung (Wippventil) im Windkanal der Orgel nahe vor der Windlade, die den sonst gleichmäßig fließenden Orgelwind durch rhythmische Stöße in Bebung versetzt. Eine ähnliche Wirkung wird durch schwebende Orgelstimmen (Bifara) mit doppelt labiierten Pfeifen erzielt, bei denen das eine Labium etwas höher als das andere angebracht ist und daher Schwebungen entstehen. Auch das aus 2 Pfeifenreihen zu 8′ und 4′ bestehende Labialregister Piffaro bringt eine schwebende Wirkung hervor. Ähnlich ersonnen ist Unda maris (lat., Meereswelle), eine Flötenstimme 8′, 1–2chörig, die gegenüber den anderen Stimmen der Orgel um ein geringes zu tief oder zu hoch gestimmt ist; sie wurde 1703 von Casparini in der großen Orgel von St. Peter und Paul in Görlitz gebaut, danach öfter von G. Silbermann. Eine schwebende Stimme ist auch die aus 2 eng mensurierten Pfeifenreihen 8′ von Streichermensur bestehende Vox coelestis (lat., himmlische Stimme). Der Tr. in seiner ältesten Form ist der heftig »stoßende« Bock, vor allem zum Zungenwerk. E. Compenius zufolge sind die besten Tr.en diejenigen, die *8 schläge vff einen rechtmäßigen Tact schlagen vnd fein sanffte beben, auch beständig denselben schlag vnd Mensur behalten (Kurtzer Bericht . . . ,* ed. Blume, S. 23). S. Scheidt (1627) rühmt den Tr.en als ein *nach aller Organisten Bekenntnis vornehmes und Prinzipalstück in der Orgel,* und C. Trost (1677) verlangt ihn *ganz sanfft und leise und gerade recht auf 6/4 Tact gerichtet.* Während der Tr. früher auf nur je eine Windlade angelegt war, wurde er nach 1700 in den Hauptkanal verlegt und wirkte sich damit auf die ganze Orgel aus. Dagegen disponierte der deutsche und französische frühromantische Orgelbau für je eine Windlade einen starken (tremblant fort oder à vent perdu) und einen schwachen Tr.en (tremblant doux). In neuerer Zeit wünschen die Organisten, die Abfolge der Windstöße des Tr.en regulieren zu können.

Lit.: E. Compenius, Kurtzer Ber., Waß bey uberlieferung einer Klein u. grosverfertigten Orgell zu observiren, hrsg. v. Fr. Blume als: M. Praetorius u. E. Compenius Org. Verdingnis, = Kieler Beitr. zur Mw. IV, Wolfenbüttel u. Bln 1936; Th. Schneider, Die Orgelbauerfamilie Compenius, AfMf II, 1937.

Trenchmore (tɪˈentʃmɔːɪ, engl.), ein im 16. und 17. Jh., besonders am Hofe Karls II. beliebter englischer Tanz in bewegtem Dreiertakt (3/8) und punktiertem Rhythmus. Eine Beschreibung des Tr. bietet Playford in *The Dancing Master* (⁵1675).

Tresca (prov. und ital., altfrz. tresche, von got. thriskan, ahd. drëscan, dreschen; ital. trescare, auch tanzen, springen), ein mittelalterlicher Tanz, wahrscheinlich ein von mehreren Paaren ausgeführter Kettenreigen. Beschreibungen zufolge wurde er gesprungen und mit großen Armbewegungen ausgeführt. Literarisch ist die Tr. vom 11. bis zum 15. Jh. nachzuweisen, so in der *Chanson de Sainte Foy* (11. Jh.), in Romanen des 12. und 13. Jh. (z. B. *Roman de la Rose,* Anfang 13. Jh.), in Dantes *Divina Commedia,* bei Gilles li Muisis (14. Jh.) und J. Gerson (15. Jh.). Daß die Tr. auch gesungen und von Instrumenten begleitet wurde, geht z. B. aus dem Text von A. de la Halle (*Jeu de Robin et de Marion,* um 1285) hervor.

Lit.: M. Sahlin, Etude sur la carole médiévale, Uppsala 1940.

Treviso.
Lit.: D. G. D'Alessi, Organo e organisti della cattedrale di Tr., Tr. 1929; ders., Maestri e cantori fiamminghi nella cappella mus. di Tr., TVer XV, 1938; ders., La cappella mus. del duomo di Tr., Tr. 1954.

Trezza, eine in H. J. Fr. Bibers *Harmonia artificiosa-ariosa* (1685, Suite 4 und 7), auch bei Joh. H. und A. A. Schmelzer vorkommende Bezeichnung eines schnellen Tanzsatzes im 6/4- bzw. 6/8-Takt.

Triangel (von lat. triangulum, Dreieck), idiophones Schlaginstrument ohne bestimmte Tonhöhe. Das (seltener auch »der«) Tr. besteht aus einem Stahlstab, der zu einem zumeist gleichseitigen, an einer Ecke offenen Dreieck (Seitenlänge etwa 30 cm) gebogen ist. Das Instrument hängt frei an einem Faden und wird mit einem Metallstab (früher auch Holzstab) angeschlagen, dessen Länge und Stärke der jeweils verlangten Lautstärke angepaßt sind (bei pp verwendet man häufig dünne Stricknadeln). Die Aufreihung einiger Klirringe auf der Unterstange ist seit Anfang des 19. Jh. nicht mehr üblich. Das Tr. ist seit dem hohen Mittelalter im europäischen Schlaginstrumentarium bekannt (Abbildungen: Miniatur der Wenzelsbibel, Ende 14. Jh.; Aachener Engelskonzert, 1414; Praetorius Synt. II); ob mit dem mittelhochdeutschen stegereyff das Tr. gemeint war, ist nicht sicher. Aufnahme im Orchester, vor allem im Opernorchester, fand das Tr. erst mit dem Aufkommen der → Janitscharenmusik in der 2. Hälfte des 18. Jh. Im 19. Jh. erhielt es seinen festen Platz als hellstes und durchdringendstes Instrument in der Schlagzeuggruppe des Orchesters. Seine Verwendungsmöglichkeiten reichen von der Markierung einfacher Rhythmen bis zum Wirbel in allen dynamischen Schattierungen. Notiert wird das Spiel des Tr.s bei den Klassikern und in der Frühromantik meist in einem Fünfliniensystem auf einem Ton (oft c^2), späterhin gewöhnlich auf einzelner Linie.

Lit.: M. H. Greenfield, Drums and Triangles, London 1951; H. Kunitz, Die Instrumentation X (Schlaginstr.), Lpz. 1960.

Trias (lat., Dreiheit) bezeichnet in der deutschen Musiktheorie des 17. und frühen 18. Jh. den → Dreiklang, der als Zusammensetzung von drei Einzeltönen (Monades) bzw. drei Zweiklängen (Dyades) begriffen wurde. Die konsonierenden Triades harmonicae, der Dur- und der Molldreiklang, wurden nach dem unterscheidenden Intervall, der Terz, Tr. harmonica maior oder perfecta (Dreiklang mit großer, vollkommener Terz) und Tr. harmonica minor oder imperfecta (Dreiklang mit kleiner, unvollkommener Terz) genannt. Die dissonierenden Triades anarmonicae galten als Abweichungen, die durch Verminderung (d-f-as, Tr. deficiens) oder ein Übermaß der Quinte (c-e-gis, Tr. superflua oder abundans) entstehen. Die Tr. harmonica ist, ähnlich wie im Mittelalter die rhythmische → Perfectio (–2), seit C. Schneegaß (1591) und J. Lippius (1612) als Sinnbild der göttlichen Trinität betrachtet worden.

Trichter heißen die trichterförmigen → Aufsätze der Lingualpfeifen der Orgel, doch gibt es auch → Register (–1) mit trichterförmigen, offenen oder gedeckten Labialpfeifen.

Tricinium (lat.), eine offenbar von G. Rhaw 1542 geprägte, fast ausschließlich im protestantischen Deutschland gebräuchliche Bezeichnung für eine meist kontrapunktisch gearbeitete Komposition, an der die Dreistimmigkeit als reizvolle Abweichung von der Norm der Vierstimmigkeit hervorgehoben werden soll. Tricinien heißen aber im 16. und beginnenden 17. Jh. nicht einzelne 3st. Kompositionen (Motetten, Chansons), sondern geschlossene Kompositionsreihen eines Einzelmeisters (Othmayr) und vor allem Sammelwerke, in denen Kompositionen verschiedener Gattung, Art und Herkunft unter dem Gesichtspunkt der Dreistimmigkeit zusammengestellt sind. Dabei wird die Dreistimmigkeit als Kunst für Kenner betrachtet; sie wird bevorzugt für das gesellige Musizieren eines vokal-instrumentalen Ensembles sowie für die musikalische Jugenderziehung und als Exemplum in musiktheoretischen Abhandlungen. Bei den Triciniensammlungen ist zwischen textlosen, offenbar rein instrumentalen Spielstücken und textierten, wahlweise vokal und instrumental auszuführenden Stücken zu unterscheiden. Zur ersten, für die Entstehung der Instrumentalmusik wichtigen Überlieferungsgruppe zählen u. a. Formschneyders *Trium vocum carmina* (1538), M. Agricolas *Instrumentische gesenge* (um 1545) und Scottos *Fantasie et recerchari a tre voci* (1549). Zur zweitgenannten Gruppe gehören u. a. Kugelmanns *Concentus novi trium vocum* (1540), Petreius' *Trium vocum cantiones centum* (1541), Rhaws *Tricinia* (1542), Othmayrs *Tricinia* (1549), J. Montanus/Neubers *Tricinia* (1559ff.), R. Ballards *Modulorum ternis vocibus ... Volumen* I–II (1565), C. J. Hollanders *Tricinia* (1573), Gr. Aichingers *Tricinia Mariana* (1598ff.), S. Calvisius' *Tricinia* (1603) und K. Hagius' *Neue deutsche Tricinien* (1604ff.). – Mit Beginn des 17. Jh. trat die Bezeichnung Tr. in der Musikpraxis mehr und mehr zurück, während die Musiklehre sie bis ins 18. Jh. tradierte.

Ausg.: M. AGRICOLA, Instrumentische Gesenge, hrsg. v. H. Funck, Wolfenbüttel 1933; S. CALVISIUS, Tricinia, hrsg. v. P. Rubart, Bln 1949; C. OTHMAYR, Tricinia, hrsg. v. H. Albrecht, in: Ausgew. Werke II, = EDM XXVI, Abt. Ausgew. Werke IV, Ffm. 1956; G. RHAW, Tricinia, aus d. Nachlaß H. Albrechts hrsg. v. M. Geck (in Vorbereitung im Rahmen d. Rhaw-GA).
Lit.: KL. HOLZMANN, H. Formschneyders Sammeldruck Trium vocum carmina, Diss. Freiburg i. Br. 1956, maschr.; F. NOSKE, C. J. Hollander en zijn Tricinia, TMw XVII, 1959.
MG

Tricotet (trikɔt'e, frz., auch tricotée), eine Melodie, die wahrscheinlich auf ein Spielmannslied oder einen Tanz des 13. Jh. zurückgeht und die, in verschiedenen Metren, in Stimmen von Chansons, Quodlibets und Tänzen bis ins 17./18. Jh. zitiert wird. Die mit Tr. bezeichneten Sätze bei Corrette und J.-Ph. Rameau (*Nouvelles suites*, um 1728) haben keine erkennbare Beziehung mehr zu dieser Melodie.

Tridentiner Konzil. Das Konzil von Trient (1545-63) befaßte sich mit Fragen der mehrstimmigen Kirchenmusik offiziell erstmals im September 1562 unter dem Sammelthema *Abusus in sacrificio Missae* (Mißbräuche beim Meßopfer). Anlaß für die Diskussion waren mangelnde Textverständlichkeit und die Verwendung weltlicher C. f. oder Chansons (bzw. Madrigale) in Meßkompositionen, außerdem weltliche Elemente im liturgischen Orgelspiel und allgemein die zunehmende künstlerische Autonomie der musikalischen Komposition. Es war daher konsequent gedacht, wenn einige Konzilsväter die mehrstimmige Musik aus dem Gottesdienst entfernen wollten. Demgegenüber bemühte sich eine andere Richtung, dem Konzil Beispiele polyphoner Kompositionen ohne jene Mängel aufzuweisen (z. B. von Lasso und J. de Kerle). Daß Palestrina zu den inoffiziellen Beratungen und Probevorführungen zugezogen wurde, ist sehr wahrscheinlich; zur scheint es (nach Jeppesen) sicher, daß er seine *Missa Papae Marcelli*, die dem Andenken des reformfreudigen Papstes Marcellus II. († 1555) gewidmet ist, im Zusammenhang mit dem Konzil komponiert hat. Die Legende hat die Rolle Palestrinas bei den Beratungen des Konzils jedoch übertrieben und ihn zum »Retter der Kirchenmusik« erklären wollen. Das Konzil schloß seine Verhandlungen über kirchenmusikalische Probleme mit einem kurzen, allgemein gehaltenen Dekret. Doch übte allein schon die Diskussion eine indirekte reformerische Wirkung aus. So betonen Animuccia (1563), Palestrina (1567) und V. Ruffo (1574) in ihren Vorworten, daß sie den Bestrebungen des Konzils gemäß komponierten. Anderseits begann bereits vor dem Tr. K. (z. B. im Spätwerk von Josquin und Willaert) die Wende von der strukturbetonten zur wortgestaltenden Komposition. Die Forderungen des Konzils entsprachen somit auch den allgemeinen Tendenzen der Zeit. Die Reform des Gregorianischen Gesangs erfolgte, gleichfalls unter dem Gesichtspunkt der Verdeutlichung des Textvortrags, erst im Anschluß an das Konzil (→ Editio Medicaea). Im Zuge der Liturgiereform wurde die Anzahl der → Sequenzen (– 1) vom Tr. K. auf vier reduziert.

Lit.: H. BECK, Das Konzil v. Trient u. d. Probleme d. Kirchenmusik, KmJb XLVIII, 1964 (dort weitere Lit.).

Trient.
Lit.: A. UNTERSTEINER, Appunti di storia mus. tridentina, in: Tridentinum, Tr. 1911; B. EMMERT, Rappresentazioni sacre e profane in Trento e dintorni (1632–1804), Rovereto u. Innsbruck 1912; A. TONI, Musicisti trentini, Mailand 1912; R. LUNELLI, Contributi trentini alle relazioni mus. fra l'Italia e la Germania nel Rinascimento, Kopenhagen 1949; DERS., Organi tridentini, Tr. 1964; DERS., zahlreiche Aufsätze in: Zs. Trentino 1930ff.

Trienter Codices → Quellen: *Tr 87–93*.

Trier.
Lit.: P. BOHN, Einige mg. Notizen aus d. ehemaligen Churfürstentum Tr., MfM XXIV, 1892; Y. LACROIX, La vie mus. religieuse à Trèves, Tr. 1922; DERS., L'orch. des électeurs de Trèves au XVIIIe s., RM VIII, 1927; G. PIETZSCH, Zur Pflege d. Musik an d. deutschen Univ. bis zur Mitte d. 16. Jh., Tr., AfMf VI, 1941; H. KLOTZ, Niederländische Orgelbaumeister am Tr.er Dom, Mf II, 1949; G. GROSS, Tr.er Geistesleben unter d. Einfluß v. Aufklärung u. Romantik (1750–1850), Tr. 1956; P. SCHUH, Der Tr.er Choralstreit, in: Musicae sacrae ministerium, Fs. K. G. Fellerer, Köln 1962; G. BERETHS, Die Musikpflege am kurtrierischen Hofe zu Koblenz-Ehrenbreitstein, = Beitr. zur mittelrheinischen Mg. V, Mainz (1964).

Trihemitonion (griech., s. v. w. drei Halbtöne), kleine Terz.

Triller (ital. trillo; frz. trille; engl. shake, trill), im engeren Sinne eine → Verzierung, die in einem mehr oder weniger schnellen Wechsel zwischen einer Note und ihrer oberen (um einen Halb- oder Ganzton entfernten) Nebennote besteht. Verwandt mit der Familie der Tr. ist eine Gruppe von Verzierungen, die entweder aus wenigen oder mehreren langsameren oder schnelleren Tonwiederholungen bestehen (in der italienischen Vokalmusik [Florenz] um 1600 → Trillo – 2, auch → Tremolo – 4, in der deutschen Instrumentalmusik des Barocks → Schwärmer oder Bombus genannt) oder aus einem wellenartigen Wechsel der Lautstärke des gleichen Tones (→ Tremulant der Orgel, → Bebung beim Clavichord, → ondeggiando bei Streichinstrumenten). – Die Tr.-Familie im weiteren Sinne, deren gemeinsames Merkmal eine wellenförmige Auf- und Abwärtsbewegung der Tonhöhe ist, läßt sich in 3 Gruppen einteilen: a) Verzierungen mit nur leichter Tonhöhenveränderung (→ Vibrato), oft schwer zu unterscheiden von denjenigen, deren wesentliches Merkmal der Wechsel der Lautstärke ist. Im Falle der Bebung z. B. ist eine Unterscheidung unmöglich. Im übrigen müssen aber bei älterer Musik beide Gruppen auseinandergehalten werden, da es sich um Verzierungen handelt, die nur an bestimmten Stellen und nur zur Erzielung jeweils verschiedener Wirkungen verwendet werden, im Gegensatz zur Musik der neueren Zeit (seit Beginn des 19. Jh.), wo sie den Charakter von Verzierungen mehr und mehr verlieren und zu ständig gebrauchten Hilfsmitteln einer normalen Tonerzeugung beim Gesang, bei Streich- und bei Blasinstrumenten werden. – b) Verzierungen, die durch einen Wechsel zwischen Haupt- und unterer Nebennote gekennzeichnet sind (→ Mordent). – c) Tr. im engeren Sinn. Dieser kann in verschiedenen Formen auftreten: 1) mit der Haupt- oder mit der Nebennote beginnend; 2) mit oder ohne Verlängerung der ersten Note (bei Beginn mit der Nebennote handelt es sich dann um einen Vorschlag); 3) mit oder ohne Anhalten auf dem letzten Ton (frz. point d'arrêt); 4) mit mehreren oder mit nur 1–2 Schlägen; 5) mit oder ohne Nachschlag, wobei mit Nachschlag die beiden letzten Tr.-Töne bezeichnet werden, falls die untere Nebennote als vorletzter Ton vor der Rückkehr zur Hauptnote eingefügt wird. – Der Tr. kann melodische, harmonische, rhythmische oder eine aus diesen kombinierte Funktion haben. Im ersten Fall können nicht nur einzelne Melodietöne Glanz, Belebung und Intensivierung durch einen Tr. erhalten, sondern auch dieser selbst kann an seinem Beginn und(oder) an seinem Ende mit besonderen melodischen Floskeln versehen werden. Charakteristisch für einen Tr. mit harmonischer Funktion ist der im Barock mit der oberen Nebennote auf den Schlag beginnende (= fortgesetzte Wiederholung von → Vorschlägen mit ihren Auflösungen). Rhythmische Funktion haben vor allem kurze, akzentuierende Tr. Bei Tasten- und Zupfinstrumenten mit verklingendem Ton gibt es auch Tr. mit reiner Haltefunktion (Tonverlängerung). – Tr.-artige Gesangsfiguren wurden frühzeitig mit besonderen Symbolen bezeichnet, die den melodischen Verlauf der Verzierung graphisch andeuten, z. B. in Indien das Kampa durch eine vertikale, in Europa das mittelalterliche Quilisma durch eine horizontale kurze Schlangenlinie, wie sie erst wieder im 17. Jh. in Frankreich für die Tasteninstrumente eingeführt und von dort in ganz Europa bis in unsere Zeit als verbindlich übernommen wurden. Auch die in der Neumennotation mit Vinnula und Tremula bezeichneten ähnlichen Verzierungen gehören hierher. In frühen deutschen Orgeltabulaturen (ab Mitte des 15. Jh.) finden sich Zeichen für eine → Mordent genannte Verzierung, deren Ausführung als Zusammenschlag von Haupt- und unterer Nebennote beschrieben wird (→ Acciaccatura). Es ist aber unsicher, ob die Bedeutung des Zeichens durchweg und auch in späteren Tabulaturen so aufzufassen ist. E. N. Ammerbach (Orgel- oder Instrument Tabulatur, 1571) z. B. gibt die Ausführung seines »Mordant« wie folgt an:

Derartige Verzierungen kamen in jener Zeit häufig vor (improvisiert und ausgeschrieben), aber ihre Andeutung durch bestimmte Zeichen bei den deutschen Koloristen (und ähnlich bei A. Valente, Intavolatura de cimbalo, Neapel 1576) bildet eine Ausnahme. – Für die spanische Musik auf Tasteninstrumenten im 16. Jh. werden zwei Tr.-Formen vor allem von Bermudo (1555) und Santa María (1565) beschrieben, wobei aber nur letzterer Notenbeispiele angibt (a: Redoble, b: Quiebro):

Sofern diese Verzierungen mit der oberen Nebennote beginnen, steht diese unbetont vor dem Schlag und hat melodische Funktion. – Die englischen Virginalisten verwendeten zur Andeutung der von ihnen nicht ausgeschriebenen Verzierungen einfache und doppelte Schrägstriche, z. B. ♪ ♪ ♩ ♩, über deren genaue Bedeutung bis heute keine völlige Klarheit herrscht. Möglicherweise bedeutet der Doppelstrich eine Verzierung mit mehreren Tönen, jedoch ist seine Verwendung in verschiedenen Manuskripten derselben Stücke inkonsequent. – Unter den Diminutionsformeln (→ Diminution – 2) und »Passaggi« der italienischen Lehrbücher und Kompositionen des 16. Jh. sowie innerhalb ihrer späteren Weiterentwicklung befinden sich zahlreiche Tr., die als Gruppo (Groppo) bezeichnet werden. Unter diesen erhalten besondere Bedeutung die trillerartigen Kadenzklauseln, aus welchen sich der barocke Tr. mit Nachschlag entwickelte:

Diese Tr. beginnen mit der Hauptnote, aber die Tr.-Schläge selber gehen von der oberen Nebennote zur Hauptnote; die ausgeschriebene Form des Groppo gibt nur das Prinzip seiner Ausführung an, seine Schläge sind nicht an eine strenge Takteinteilung gebunden. – G. B. Bovicelli (1594) unterscheidet Groppetti mit regelmäßigen Notenwerten (d'un medesimo valore) und solche mit einem langsameren Abschluß (Groppetto raffrenato):

G. Frescobaldi rät im Vorwort zum 1. Buch seiner Toccaten (1615): »Hat eine Hand ... einen Tr. auszuführen, die andere aber gleichzeitig eine Passage ..., soll man nicht Note gegen Note spielen, sondern einzig danach trachten, daß der Tr. rasch, die Passage dagegen langsamer und ausdrucksvoll sei« (im folgenden Beispiel aus der Toccata Terza kann der Tr. langsam beginnen und allmählich beschleunigt werden):

Die bei Ammerbach »Mordant« genannte Verzierung wird in Italien bis weit ins 17. Jh. Tremolo genannt, im Gegensatz zum Trillo (besonders bei G. Caccini 1601), der aus Tonwiederholungen besteht. Diruta (1593) al-

Triller

lerdings lehnt im allgemeinen Tremoli mit der unteren Nebennote ab:

während Cl. Merulo sie verwendet:

In der römischen Oper (E. de Cavalieri) findet sich die Bezeichnung Trillo für den Wechsel zwischen zwei Tönen, während bereits Boviceli das »Zittern der Stimme über demselben Ton« mit → Tremolo (– 4) bezeichnet; diese Benennung setzt sich aber erst nach 1700 allgemein durch. Beide Verzierungen können mit *t* oder mit *tr* angedeutet werden. Das nebenstehende Beispiel von B. Pasquini (Schlußkadenz einer Almanda) zeigt  diese Bezeichnung sogar für einen Tr. mit der unteren Nebennote. Alle diese Tr. beginnen also mit der Hauptnote, in Fortführung der aus der melodisch ausgerichteten Diminutionspraxis erwachsenen Tradition, und zwar überall dort, wo sich italienischer Einfluß durchsetzte, wie z. B. bei den beiden Deutschen Fr. X. A. Murschhauser (*Prototypon longobreve organicum* I, 1703) und M. H. Fuhrmann (*Musikalischer Trichter*, 1706).

In der 2. Hälfte des 17. Jh. erhielt der Tr. in Frankreich (vor allem durch die Clavecinisten) die bis ins 19. Jh. vorbildliche Prägung: der Beginn auf der dissonierenden oberen Nebennote ist obligatorisch wegen der vorwiegend harmonischen Funktion des Tr.s (etwa dem → Vorschlag von oben entsprechend). Die französische Bezeichnung Cadence weist auf die Herkunft dieser Verzierung von den Kadenzschlüssen hin, der Name Tremblement setzt sich als Bezeichnung für den Tr. erst später durch (Mersenne nennt alle Verzierungen beim Lautenspiel Tremblement; im engeren Sinne ist sein Tremblement ein Vorschlag von oben, den Tr. beschreibt er nicht). – Nach Fr. Couperin (*L'art de toucher le clavecin*, 1716) besteht jeder etwas längere Tr. aus 3 Teilen: dem appui (der »Abstützung« auf der oberen Nebennote), dem battements (den eigentlichen Tr.-Schlägen) und dem point d'arrêt (dem Haltepunkt auf der Hauptnote am Ende des Tr.s). Die »Abstützung« oder Vorbereitung wird wie der → Vorschlag von oben behandelt und hat eine ähnliche Entwicklung wie dieser durchlaufen; sie ist betont; für ihre Länge gelten dieselben Regeln wie für den Vorschlag. Ihre graphische Darstellung erfolgt – falls überhaupt – durch ein besonderes Zeichen (siehe im folgenden Beispiel b), durch eine kleine Vorschlagsnote (c) oder durch Auf-

zeichnung des vollen Notenwertes (d). Die Notation bei d kann auch ohne Bindebogen vorkommen. Die Vorbereitungsnote muß in allen Fällen so übergebunden werden, daß die erste Tr.-Note kurz nach dem Schlag erklingt und keinen Akzent erhält. Unvorbereitet (frz. sans appui, cadence subite, cadence jetée) ist ein Tr., dessen erster Ton (obere Nebennote) nicht länger ist als die folgenden Tr.-Schläge. Alle kurzen Tr. sind unvorbereitet, sie werden vor allem bei kurzen Noten, bei Sprüngen, beim Staccato und bei dissonierenden Noten verwendet, d. h. solchen, die auch keine langen Vorschläge vertragen. Aber auch längere Tr. können unvorbereitet sein. »Tr. von oben« beginnen mit 4 Noten nach Art eines → Doppelschlags, »Tr. von unten«, entsprechend, nach Art eines umgekehrten Doppelschlags, notiert (nach Marpurg):

Die Anzahl der Tr.-Schläge richtet sich nach der Länge der Note (nicht nach dem Zeichen; ⁓⁓⁓, ⁓, *tr*, + sind im allgemeinen gleichbedeutend), ihre Geschwindigkeit hängt ab von Tempo und Affekt des Stückes, von der Lage (in der Tiefe langsamer) und von der Raumakustik. Die Tr.-Schläge können, wenn die Länge des Tr.s es zuläßt, langsam beginnen und allmählich rascher werden. Alle Tr. außer dem kurzen und dem Halte-Tr. (frz. tremblement continu) müssen ein besonderes Ende haben, entweder in Form einer Antizipation der folgenden Note oder (meistens) in Form eines Nachschlags, dessen Noten im Rhythmus der Tr.-Schläge eingeteilt werden (Tr. mit Nachschlag, Doppel-Tr. des 18. Jh.; frz. cadence tournée, double cadence; engl. turned shake). Nachschläge werden wie folgt notiert:

Oft aber wird Nachschlag oder Antizipation als selbstverständlich vorausgesetzt und nicht notiert, so beim Nachschlag noch bis weit ins 19. Jh. (vgl. Beethoven, Violinsonate op. 96, 1. Satz, und Brahms, Klaviersonate op. 5, 2. Satz). Ein Nachschlag kann auch zusätzlich vor einer steigenden Antizipation angebracht werden. Tr. mit reiner Haltefunktion (z. B. bei J. S. Bach, *Wohltemperirtes Clavier* I, Praeludium G moll, BWV 861) sollten am besten erst nach Erklingen der Hauptnote begonnen werden.

Beim kurzen Tr. unterschied das 18. Jh. 4 Formen, die leicht miteinander verwechselt werden: 1) der gewöhnliche kurze Tr. (bei Couperin tremblement détaché):

mit unvorbereitetem Beginn auf der Nebennote und meistens vier, eventuell aber auch sechs Tönen; er kann bei sehr kurzen Hauptnoten durch einen kurzen Vorschlag von oben ersetzt werden; 2) der Prall-Tr. (bei Couperin tremblement lié sans être appuyé):

3) Den unvollkommenen Tr., dem Prall-Tr. sehr ähnlich, beschreibt Marpurg (*Anleitung zum Klavierspielen*, 1755): *Wenn in dem gebundnen einfachen Tr. die gebundne Note übergangen, und, wider die Regel des Tr.s, sogleich mit dem Hauptone angefangen, der Wechselschlag aber abgekürzet und nur auf drey Noten eingeschränket wird: so entsteht zwar daraus ein unvollkommner Tr., der aber nichts desto weniger in gewißen Fällen, besser als der ordentliche vollkommne Tr. gebraucht wird* (Beispiele a und b nach Marpurg, c nach L'Abbé le Fils 1761: *Cadences feintes préparées*):

4) Der Schneller besteht aus 3 Tönen; er beginnt mit der Hauptnote auf den Schlag und kommt fast nur bei raschen, nicht gebundenen Tonfolgen (sowie auch bei Einschnitten) vor. Um ihn von den anderen kurzen Tr.n besser zu unterscheiden, notiert ihn C. Ph. E. Bach (der ihn eingeführt hat) stets mit zwei kleinen Noten:

♪♪. – Der Tr.-Beginn mit der oberen Nebennote auf den Schlag bleibt im Prinzip für die Zeit der Wiener Klassik obligatorisch. Den Tr.-Beginn mit der Hauptnote schreibt als erster J. N. Hummel in seiner Klavierschule (1828) bedingungslos vor, nach ihm L. Spohr in seiner Violinschule (1832) – das Ergebnis einer Stilwende, die sich auch in einer Bevorzugung neuer Instrumententypen (Hammerklavier) sowie in einer Veränderung der Funktion des Tr.s kundtut. Vorläufer dieses Funktionswandels lassen sich bis in das 18. Jh. zurückverfolgen, dürfen jedoch als Ausnahmen nicht überbewertet werden.

Lit.: → Verzierungen; P. ALDRICH, On the Interpretation of Bach's Trills, MQ XLIX, 1963; FR. NEUMANN, Misconceptions About the French Trill in the 17th and 18th Cent., MQ L, 1964, dazu R. Donington in: ML XLVI, 1965. ERJ/BB

Trillerkette, Kettentriller (ital. *catena di trilli*; frz. *chaîne de trilles*; engl. *continuous trill*), bezeichnet eine Reihe fortlaufend aneinandergehängter Triller auf stufenweise auf- oder absteigenden Noten. Bei der aufsteigenden Tr. kann jeder einzelne Triller einen Nachschlag bekommen. Darstellungen der Tr. finden sich in den Lehrbüchern von J. F. Agricola für Gesang, von G. Tartini und L. Mozart für Violine, von D. G. Türk für Klavier. Als Beispiele seien genannt: Händel, *The Messiah*, 5. Aria, *But who may abide* ... (Prestissimoteil, Takt 30f.); W. A. Mozart, Ende der 5. Variation über *Salve Tu, Domine* für Kl., K.-V. 398; Beethoven, Klavierkonzert Es dur op. 73, 2. Satz, Takt 39ff.

Trillo (ital.), – 1) → Triller; – 2) um 1600 in Italien eine Gesangsverzierung, die aus langsam beginnenden und allmählich im Tempo zunehmenden Tonwiederholungen besteht und so zuerst von G. Caccini (*Le nuove musiche*, 1601) dargestellt und beschrieben worden ist:

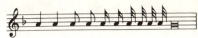

Bereits 1593 hatte G. L. Conforti in seinen Anweisungen zu »Passaggi« (die laut Vermerk des Autors auch für Streich- und Blasinstrumente Gültigkeit haben) einen Tr. wie folgt angegeben:

Der Tr. Caccinis, den Monteverdi in seinen späten Opern für besondere Effekte verwendete (*Il ritorno d'Ulisse*, Arie des Iro), wird u. a. von Praetorius (Synt. III) und noch in BrossardD – dort als *le véritable Tr. à l'Italienne* – ausführlich beschrieben. – Neben dem langen gab es noch einen kurzen Tr., auch Trilletto genannt, dem bei Conforti ein Mezzo Tr. entsprach. – In der italienischen Musik des 17. Jh. kann das Zeichen *t* oder *tr* über einer Note sowohl den Tr. als auch das → Tremolo (– 4) bedeuten, die beide nebeneinander vorkommen. Bei beiden Bezeichnungen setzte sich die heutige Bedeutung erst im Laufe der 2. Hälfte des 17. Jh. allmählich durch.

Trio bezeichnet im 18. Jh. sowohl Stücke mit drei Singstimmen und Generalbaß (→ Terzett) als auch die → Triosonate, heute jedes Instrumentalstück mit 3 Mitwirkenden (Streich-, Bläser-, Klavier-Tr.) und das entsprechende ausführende Ensemble. Tr. ist ursprünglich jedoch der solistische 3st. Satz (meist Bläser; oft 2 Oboen oder 2 Flöten mit Fagott) als episodische Unterbrechung des vollen 5st. Streicherensembles innerhalb der französischen Oper J.-B. Lullys. Tr.s finden sich hier in Arien und Chören als Ritornelle und in den Passacaillen (z. B. *Armide*, 5. Akt, 1686). Zwischenspielartige Tr.-Abschnitte (Divertissements) im fugierten Teil der französischen Ouvertüre bringt wohl erstmalig A. Steffani (*Orlando*, 1691; *La libertà contenta*, 1693). Georg Muffat, J. C. F. Fischer und dann vor allem J. S. Bach übernahmen diese Gepflogenheit. Deutlich ist hingegen der Einfluß des französischen Tr.-Satzes auf das Concertino (2 Violinen und Violoncello) des Concerto grosso. – Die um 1680 in die französische Tanzsuite eingeschobenen Sätze: Menuett, Passepied, Gavotte und Bourrée, treten gewöhnlich paarweise mit einem Tr. (2 Oboen und Fagott) oder Bordunstück (Musette) auf, das sich vom vollstimmigen, danach wiederholten Tanz abhebt. Das Tr. des Menuetts bzw. Scherzos in den Symphonien der Vorklassiker und Wiener Klassiker kontrastiert jedoch, ebensowenig wie das spätere Marsch-Tr., nicht mehr durch Dreistimmigkeit, sondern durch beschaulich-ruhigen Charakter, durch reduzierte Besetzung (oft Bläser) und häufig durch die Subdominant- oder Dominanttonart. – Orgel-Tr. heißt, vor allem bei J. S. Bach, ein 3st. Stück für 3 Klaviere, d. h. 2 Manuale und Pedal (Tr. in D moll, BWV 583, und G moll, BWV 584), als Übertragung des Prinzips der Tr.-Sonate auf die Orgel. Eine Eigentümlichkeit des Orgel-Tr.s ist, daß die eine Hand eine gebundene Melodie in derselben Tonlage vortragen kann, in welcher die andere (auf dem zweiten Klavier) Figurenwerk ausführt. – Aus der »Sonata a trè« in Gestalt der Sonate für obligates Klavier (Baß und Oberstimme) und Violine, deren Part sich technisch immer mehr vereinfachte, in Verbindung mit der neuen Gattung und dem neuen Bauprinzip der Klaviersonate erwuchs in der 2. Hälfte des 18. Jh. das Tr. für Klavier, Violine und Violoncello (J. Chr. Bach, Fr. X. Richter, G. Toeschi, E. Eichner, J. Schobert). Die Bezeichnung bezieht sich nicht wie bei der Tr.-Sonate auf den 3st. Satz, sondern auf die Besetzung. Es handelt sich zunächst wie bei der Klavier-Violin-Sonate weniger um eine neue Gattung als um ein auch dem Dilettanten zugängliches Arrangement. Noch die Tr.s von J. Haydn sind *Clavier Sonaten mit begleitung einer Violin und Violoncello*. Das Tr. ist auch später die bevorzugte Besetzung für Arrangements (z. B. bearbeitete Beethoven selbst sein Septett op. 20 für Tr.). Infolge der traditionellen Bindung an den Continuobaß blieb vor allem das Violoncello noch lange unselbständig. Erst bei Mozart und Beethoven entstand, obwohl das Klavier weiterhin dominiert, eine Ausgewogenheit zwischen den beteiligten Instrumenten, von der auch die Romantiker nicht wesentlich abwichen. Mit Mozarts Tr.s K.-V. 502, 542 und 498 (mit Klar.), Beethovens op. 97 (1811) und Schuberts Tr.s B dur op. 99 (1826/27, D 898) und Es dur op. 100 (1827, D 929) ist der Höhepunkt der Gattung erreicht. Formal in Anlehnung an das klassische Tr. und im besonderen geprägt durch den romantischen Klaviersatz entstanden die Tr.s von R. Schumann, Mendelssohn Bartholdy, Brahms, Dvořák, Tschaikowsky, Reger (op. 102) und Ravel (1915).

Das Streich-Tr. (in der Normalbesetzung Violine, Viola, Violoncello) hat ebenfalls vor allem zwei Wurzeln: 1) den solistischen Quartettsatz der Divertimenti, Quadri in Süddeutschland, der dadurch entstand, daß nach Wegfall des Continuos eine füllende Mittelstimme (Viola) nötig war, und der im Streich-Tr. reduziert wird; 2) die Tr.-Sonate (Violinen und Baß) und den neuen, vorwiegend 3st. Orchestersatz der italienischen Oper seit etwa 1720. Noch der Orchester-Tr.s von J. Stamitz op. 1 sind in der Besetzung ambivalent. Deutlich dem Divertimento entwachsen sind die Tr.s von Haydn (Baryton-Tr.s, Divertimenti für Fl., V., Vc. und »Londoner Tr.s« für 2 Fl. und Vc.), von Beethoven (5 Tr.s) und Schubert. Mozarts Divertimento K.-V. 563 ist wohl das bedeutendste Werk der Gattung. In verschiedener Besetzung, auch mit Bläsern, hielt sich das Tr. bis in die neuere Zeit: Brahms (Tr.s für V., Horn, Vc.), Reger (Serenaden für Fl., V., Va). Durch die völlige Freizügigkeit der Besetzung einerseits, durch die gänzlich neuen Grundlagen der Kompositionstechnik andererseits gehören die Werke der Moderne (z. B. Debussy, Tr. für Fl., Va, Harfe) für 3 Instrumente nicht mehr in die Tradition des Tr.-Satzes, selbst wenn sie wie Schönbergs Tr. op. 45 (1946) an der traditionellen Besetzung festhalten.

Lit.: H. RIEMANN, Die Triosonaten d. Gb.-Epoche, in: Präludien u. Studien III, Lpz. 1901, Nachdruck Hildesheim 1967; DERS., Große Kompositionslehre I–III, Bln u. Stuttgart 1902–13 (besonders II, S. 95ff.); W. ALTMANN, Hdb. f. Klaviertriospieler, Wolfenbüttel 1936; A. KARSCH, Untersuchungen zur Frühgesch. d. Klaviertr. in Deutschland, Diss. Köln 1943, maschr.; W. FISCHER, Mozarts Weg v. d. begleiteten Klaviersonate zur Kammermusik mit Kl., Mozart-Jb. 1956; K. MARGUERRE, Mozarts Klaviertr., Mozart-Jb. 1960/61; R. BLUME, Studien zur Entwicklungsgesch. d. Kl.-Tr. im 18. Jh., Diss. Kiel 1962. StK

Triodion → Kanon (– 2).

Triole (frz. triolet; engl. triplet), eine Figur von 3 gleichen Noten, die für 2 Noten derselben Schreibweise eintreten, was durch eine beigeschriebene 3 (oft auch mit Klammer) angezeigt wird. Zuweilen wird (weniger gut) die Tr. auch zur Vertretung von 4 Noten gleicher Schreibweise gesetzt. Die Bezeichnung der Tr. durch 3 (und Klammer) unterbleibt häufig, wenn durch gemeinsame Querstriche (bei Achtel-, Sechzehntelnoten usw.) die Taktordnung ohnehin klar

ist. Ein besonderes Problem der Aufführungspraxis bieten die in der Musik der Barockzeit nicht seltenen Fälle, in denen → Punktierter Rhythmus vermutlich als ♩³♪ wiederzugeben ist. Vorübergehender Wechsel von der Zwei- zur Dreiteiligkeit wurde in der Mensuralnotation durch → Color (– 1) oder → Dragma angezeigt und als → Hemiole oder → Trayn bezeichnet. Kompositorisch wird die Tr. vor allem als ein Element des Verzierens und Variierens ausgewertet; im 18. und 19. Jh. diente sie vielfach dazu, einen bestimmten Satz- oder Formbestandteil von der Umgebung abzuheben (Gegenstimme oder Episode im Tr.n-Rhythmus). In vielen Menuetten des 18. Jh. erscheint eine einzelne Achtel-Tr. (in der Subdominante oder Tonika) im vorletzten Takt einer Periode als Mittel der Schlußvorbereitung. In der Metrik bezeichnet H. Riemann (*Grundriß der Kompositionslehre* I, Berlin ⁹1922, S. 99f.) als Takt-Tr.n 3taktige Formglieder, die nicht als irreguläre Form einer 2- oder 4taktigen Ordnung erklärt werden können.

Lit.: M. COLLINS, The Performance of Triplets in the 17th and 18th Cent., JAMS XIX, 1966.

Triosonate, die meistgepflegte instrumentale Ensemblegattung der Barockzeit, in der 2 gleichberechtigte Sopranoberstimmen (Violinen, Zinken, Flöten) mit dem Generalbaß (Melodieinstrument in Baßlage, dazu Orgel, Cembalo oder Laute) zu einem 3st. Satz mit Akkordausfüllung zusammentreten. Außerhalb Italiens begegnen auch Tr.n mit Oberstimmen verschiedener Stimmlagen (z. B. Violine und Gambe). Entstanden ist die Tr. im lombardo-venezianischen Italien; Viadanas *Canzon alla Francese* (Nr 100 aus den *Cento Concerti Ecclesiastici*, 1602) ist die älteste (in ihrer Anlage, vor allem durch ihre 2 Bässe, noch stark der Zweichörigkeit verpflichtete) Triokanzone, doch sind Elemente des Triosatzes schon bei G. Gabrieli (der 1597 eine 8st. Kanzone mit Soloepisoden versah) vorgebildet. S. Rossi entwickelte in seinen *Sinfonie et Gagliarde* 1607 gleichzeitig mit Monteverdi (Ritornelle in *Scherzi musicali* von 1607 und *L'Orfeo*) den Typus des einsätzigen (oft mehrteiligen) Instrumentaltrios, das Canzona, Sinfonia oder (seit G. P. Cima 1610) auch Sonata à tre hieß und das durch Verschmelzung von Elementen der polyphonen Kanzone, des Außenstimmensatzes (Primat der Oberstimmen und des Basses in der Mehrchörigkeit bei G. Gabrieli), der Vokalmonodie und des von Viadana 1602 aus dem Außenstimmensatz entwickelten vokalen Triosatzes (vgl. Haack 1964) entstand. Diese Frühform der Tr. wurde von B. Marini (op. 1, 1617) um Tremoloeffekte, Doppelgriffspiel und virtuoses Figurenwerk bereichert. Die steigenden Ansprüche an die Spieltechnik (auch in Verbindung mit Solo- und Tuttivorschriften) bei S. Rossi, St. Bernardi (op. 8, 1616; op. 12, 1621; op. 13, 1624), B. → Marini, Castello (der 1621 und 1624 2 Bücher *Sonate concertate* veröffentlichte), G. B. Fontana u. a. bezeugen die Bedeutung des Virtuosentums für die junge Gattung. Triokanzonen und -tanzsätze nach dem in die Zukunft weisenden Vorbild Frescobaldis komponierten u. a. Buonamente (4.–7. Buch: 1626–37) und Merula, der 1637 die sich verselbständigenden Abschnitte der Kanzone durch Reprisenzeichen kennzeichnete. – Die ersten Triokanzonen außerhalb Italiens veröffentlichten die Innsbrucker Hofmusiker Stadlmayr und Wolk 1624; in Österreich (G. Arnold, op. 3, 1659) und in Deutschland (M. Weckmann 1651 u. ö.; Kindermann 1653) hielt sich die venezianische Canzona a tre beachtlich lange. Das Trioritornell, durch Aichinger Süddeutschland vermittelt, wurde namentlich von Scheidt (1644), Kindermann (1643) und S. Th. Staden (1648) gepflegt. Von großer

Bedeutung für die Geschichte der Tr. im deutschen Sprachbereich war die englische Geigen- und Gambenkunst, die wahrscheinlich um 1620–30 durch Maugars auch dem Pariser Hof übermittelt wurde. In den Niederlanden ist die Triokanzone zuerst bei N. a Kempis (1644 und 1647) zu belegen. In England setzten sich W. Lawes, J. Jenkins und Locke in ihren Triosuiten (gewöhnlich Fantasia–Allemande–Ayr) sowohl mit dem italienischen Violinstil als auch mit dem polyphonen Satz der → Fancy auseinander. Die Tr. italienischer Prägung begegnet erst bei Blow und bei dessen Schüler H. Purcell (1683). In Frankreich (wo das Violinspiel schon seit dem 16. Jh. gepflegt wurde; → Violine) fand die Triokanzone ihren ersten Niederschlag in den *Meslanges* (2–5st.; 3 Bücher, 1657–61) von H. Dumont.

In Italien wurde die venezianische Tradition durch Neri und Legrenzi weitergeführt; mit Uccellini trat (ab 1639) die »Emilianische Schule«, zu der auch Stradella gezählt werden darf, in Modena hervor, mit Cazzati (ab 1657) in Bologna. Cazzati hatte bereits 1642 *Canzoni a 3* als op. 2 veröffentlicht; sein Schüler G. B. → Vitali ging 1674 nach Modena. Ferrara ist in der »Emilianischen Schule« durch Mazzaferrata vertreten. B. Marini (*Diversi generi di sonate, da chiesa, e da camera*, 1655) und Legrenzi (op. 2, 1655) gelten als die ersten Komponisten, die zwischen Kirchen- und Kammer-Tr. differenzierten, doch sind die Zusätze da chiesa und da camera schon 1637 bei Merula nachweisbar. Der formale Aufbau der Kirchensonate aus 4 (oder 5) Sätzen entstand aus der Kanzone durch Anreicherung eines 2sätzigen Kernes (fugiertes Allegro, geradtaktig-homophon-tanzartiges Vivace oder Presto im Tripeltakt) durch vorangestellte und eingefügte Adagiosätze. So gelangte Cazzati schon 1669 zur Viersätzigkeit, die bei Corelli für die Kirchensonate zur Regel wurde. Demgegenüber bereiteten die Modenesen, vor allem G. B. Vitali, und der in Rom wirkende L. Colista (vgl. H. Wessely-Kropik 1962) Thematik und Satzcharaktere des römischen Großmeisters Corelli vor. Über Modena, vor allem durch G. B. Vitali (ab op. 7, 1682), wurden französische Tanzformen in Italien eingeführt und für die Kammersonate (die sich oft der → Suite nähert) bedeutsam. So z. B. kann S. Le Camus für den französischen Einfluß auf Modena namhaft gemacht werden. In Frankreich wurden nach den *Airs* (1678) von Le Camus vor allem die Suiten von M. Marais wirksam (5 Bücher *Pièces à une et deux violes*, 1686–1725; *Pièces en trio* für 2 Fl., 2 V. oder 2 Violen und B. c., 1692), die bei Verwendung weitgehend konservativer Ausdrucksmittel in Melodik und Harmonik den Stil J.-B. Lullys bis ins 18. Jh. weiterführen. – In Deutschland und Österreich wurde durch Einbau größerer solistischer Abschnitte für Gambe und Violine eine originelle Abwandlung der Tr. entwickelt. Die erste selbständige Sammlung von Tr.n diesseits der Alpen veröffentlichte 1659 J. H. Schmelzer, während die Suiten von J. J. Loewe (*Synfonien ...*, 1658) noch für wahlweise Triobesetzung oder 5st. Besetzung eingerichtet sind. Aus Schmelzers Umkreis sind die Triosuiten von H. J. Fr. Biber durch ihren frei reihenden Ballettypus bemerkenswert; daneben sind W. Ebner, Capricornus (*Sonaten und Canzonen*, 1660) und Kerll (1 Tr. in Ms.) zu nennen. Der sogenannte Froberger-Plan (die Folge Allemande–Gigue–Courante–Sarabande), vermehrt um eine Einleitungssonate nach italienischem Vorbild, wurde von Pachelbel und Scheiffelhut gepflegt, in Norddeutschland von D. Becker. Von hier bestehen auch Beziehungen zur Wiener Instrumentalschule, erkennbar an der Variationssuite von Theile über Schmelzers 6. Solosonate, doch ist, wie auch bei dem in Weißenfels wirkenden J. Ph. Krieger (op. 1, 1688), italienische Schulung ebensowenig zu übersehen wie Vertrautheit mit englischer und französischer Gambenkunst. Den gewichtigsten Beitrag auf dem Gebiete der Sonata da chiesa a tre nach Schmelzer leistete Rosenmüller 1682; vergleichbar sind nur noch die 2 Sammlungen Buxtehudes (op. 1 und 2, 1696; je 7 Tr.n für V., Va da gamba und B. c.). Bei Buxtehude gehen bestes Venezianertum mit französischer Eleganz und deutscher Kontrapunktik eine glückliche Synthese ein. Vor ihm hatten schon J. Ph. Krieger (op. 2, 1693) und Ph. H. Erlebach (1694) das Trioprinzip auch auf die Besetzung Violine, Viola da gamba und Generalbaß übertragen, während die Tr.n von Schenck (1692) und Kühnel (1698) für 2 Gamben und Generalbaß gesetzt sind.

Ihre höchste Ausformung erfuhr die italienische Kirchensonate durch Corelli, dessen op. 1 (1681) und 3 (1689; je 12 Tr.n) mit 4sätzigem Plan, bestimmten Satzcharakteren und prägnanter Thematik alle älteren Violinmeister in den Schatten rückten. Ihm nachzueifern wurde bald überall in Europa modern. Die mehrsätzige und brillantere Tr. des in Bologna und Wien wirkenden Giuseppe Torelli (op. 1, 1686) wurde erst nach 1700 als Vorbild wirksam, etwa bei Aldrovandini, G. Gentili und Fr. Manfredini. Die Venezianer G. M. Ruggeri, Caldara, Albinoni und Bonporti weiten die Corellischen Satztypen aus, reichern sie harmonisch an und erfüllen sie mit virtuoser Brillanz. In seinen prächtigen Tr.n (op. 3) führte E. F. Dall'Abaco Corellis und Gius. Torellis Stil zu neuen Höhen fort. In Albinonis Kanontrios op. 8 klingt 1721/22 die italienische Kirchen-Tr. aus. – Auch für die Sonata da camera wurden Corellis Tr.n (op. 2, 1685; op. 4, 1694) mit ihrer Reihung von zunächst 3, später auch 2 Tänzen mit vorangestelltem Chiesa-Adagio vorbildlich. In zunehmendem Maße drangen Chiesa-Elemente in die Kammersonate ein. Auch die großangelegte Ciaccona, die bei Corelli als selbständige Schlußsonate erscheint, wurde vielfach nachgeahmt. Einen polyphonen Satz schrieb Giuseppe Valentini; manches bei E. F. Dall'Abaco gemahnt an Fux, bei Albinoni an J. S. Bach. – Während in England zunächst D. Purcell und W. Corbett, später Boyce und W. Bates sich dem Corelli-Stil verschrieben, dem auch der in den Niederlanden komponierende Schweizer Albicastro verpflichtet ist, war es in Frankreich der junge Fr. Couperin, der um 1690 (unter italienischem Pseudonym!) als erster mit Tr.n nach dem Vorbild Corellischer Kirchensonaten hervortrat. Einen starken Auftrieb erhielt der Corelli-Stil in Frankreich (nach weiteren Ansätzen bei Clérambault und S. de Brossard) jedoch erst durch Mascitti, dessen op. 1 1704 in Paris erschien. In der durch ihn vermittelten Corelli-Nachfolge stehen Dandrieu, Duval, J. F. Rebel und Dornel. Italienischer und französischer Geschmack wurden – entsprechend der von Muffat 1690 ausgesprochenen Forderung eines »vermischten Stils« – schließlich von Fr. Couperin vereinigt in seinen vom Bühnenballett beeinflußten Sammlungen *Les goûts réunis* ... (mit der Tr. *Le Parnasse où l'apothéose de Corelli*; 1724) und *Les nations* (1726). – In Deutschland klingt das Motiv der Stilvermischung schon in einem Titel des Kerll-Schülers J. Chr. Petz an (*Duplex genius, sive Gallo-Italus instrumentorum concentus ...*, 1696). Fux bekennt sich zu Corelli in seinen Kirchen-, zu Lully in den Kammersonaten. Ein Zentrum der Pflege italienischer Musik, dem Pisendel vor allem die Einflüsse Vivaldis (op. 1, 1705) vermittelte, war Dresden (mit Heinichen, Zelenka, Chr. Petzold u. a.). Händel, dessen erste Begegnung mit italienischer Musik sich schon in seinem Jugendwerk (Tr.n für 2 Ob. und B. c., um 1702) niederschlägt, läßt in dem um 1733 erschienenen op. 2 bereits galante Elemente erkennen; op. 3 (1739) bringt an Telemann und Fux erinnernde Divertimenti. J. S. Bach dagegen ist in seinen Tr.n für 2 Melodieinstrumente und Gb. (BWV 1037–1039) und der Tr. aus dem *Musicalischen Opfer* (BWV 1079) keinem Vorbild direkt verpflichtet. Entsprechend seiner auch in anderen Fällen (→ Klaviermusik) zu neuen Lösungen führenden Praxis des Arrangierens legte Bach durch die Übertragung des Prinzips der Tr. auf die Besetzung 1 Melodieinstrument (1. Oberstimme) und obligates Cembalo (2. Oberstimme, Baß und harmonische Ausfüllung) das Fundament für weiterführende Entwicklungen (z. B. zum Klaviertrio). Mit über 12 Werken ist diese Abart der Tr. ebenso wie die Übertragung der Tr. auf die Orgel (6 Sonaten BWV 525–530; Einzelsätze) im Schaffen Bachs reicher vertreten als die Tr. herkömmlicher Besetzung. Durch Telemanns 6 gedruckte und etwa 80 handschriftliche Tr.n kam die galante Spielart zu Ansehen; es war die »neutrale«, für Kirche und Kammer gleicherweise geeignete Tr. mit 4sätzigem Corellischen Sonaten-, zunehmend auch mit 3sätzigem Scarlattischen Sinfonieplan. Telemann setzt bereits mit Raffinesse den verspielt-sentimentalen Ton des Siciliano-Adagios ein; er liebt keck synkopierte Allegros mit harmonischer Auflichtung und hat eine Vorliebe für Bläser, namentlich für die Flöte. Die wichtigsten Repräsentanten der zum galanten Stil neigenden Tr. sind in Deutschland Keiser, Fr. K. Graf zu Erbach, Graupner, Schickhardt, J. Fr. Fasch (1688) und Stölzel; in Frankreich J.-M. Leclair (l'aîné), L. Quentin (le jeune), Mondonville (der außer Tr.n op. 2 als op. 3 um 1734 auch Sonaten mit obligatem Cembalo veröffentlichte) und L. Aubert.

Pergolesi ist der Hauptmeister der »neutralen« Tr. in Italien. Seine Tr.n, in denen H. Riemann eines der Vorbilder für die neuartige Kammermusik der Mannheimer und Wiener Vorklassik erblickte, sind durchweg dreisätzig, oft mit fugierten Einleitungs- oder Finalsätzen und mit galant-homophonen oder barock-polyphonen Mittelsätzen. Tessarini ist durch die beginnende Auseinandersetzung mit der Sonatensatzform des 1. Satzes bemerkenswert. Dem klassischen Stil hat auch G. B. Sammartini in seinen 2sätzigen Tr.n vorgearbeitet. Stärker der barocken Haltung verpflichtet bleiben die außerhalb Italiens wirkenden Komponisten, wie G. B. Somis (Paris), P. Locatelli (Amsterdam), G. A. Brescianello (München) und für J. Haydn bedeutsame Porpora mit seinen 1735 in London als op. 1 erschienenen Fugen-Tr.n. Bei Tartini ist die Degradation der 2. Oberstimme zur Begleitstimme vollzogen und das Fugato weggefallen. Seine Schüler Pugnani (op. 1, 1734) und Nardini lassen schon den sich ankündigenden Übergang der Tr. zum Streichtrio und -quartett erkennen. In London wurde die Tr. noch bis ins letzte Drittel des 18. Jh. gepflegt durch die dort wirkenden Italiener V. L. Ciampi, Sacchini (op. 1, 1772), Geminiani (Tr.n als Umarbeitungen der Soloviolinsonaten op. 1) und M. Vento; Giardinis Tr.n stehen an der Grenze zum Streichtrio. Nachklänge der Tr. in Frankreich stammen von Exaudet (1751) und von Fr.-H. Barthélemon (op. 1, in London erschienen). – Am längsten hielt sich der traditionelle Triostil im deutschen Sprachraum. Um 1740/50 stellen die Einzelbeiträge von Hasse, L. Mozart und Gluck, daneben von Gaßmann und Tzarth in der Gefolgschaft der Pergolesi-Tartinischen Richtung eine Nachblüte der Tr. im galanten, in vielen Einzelheiten schon auf die Klassik hinweisenden Stil dar. In Berlin zwang die Geschmacksdiktatur Friedrichs II. († 1786) seine Hofmusiker Quantz, J. G. und C. H. Graun, J. B. G. Neruda, J. G. Janitsch, Riedt, Franz Benda und C. Ph. E. Bach zur Pflege eines konservativ-galanten Stils. Auch Schaffrath und Kirnberger standen noch weitgehend im Banne dieser Tradition. In der Fux-Schule wurde durch Hoekh, G. Chr. Wagenseil (1755), L. Hoffmann und Aspelmayr (op. 1, 1765) saubere Kontrapunktik mit Buffoton, Folklore und galanter Sentimentalität zu jener spezifisch österreichischen Weise verschmolzen, die auch den frühen Streichtrios von J. Haydn (Hob. V, 1–21) ihr Profil gibt. Demgegenüber sind in W. A. Mozarts Kirchentrios für den Salzburger Dom (ab 1767) bewußt barocke Elemente eingeschmolzen. – Die Ablösung des Generalbasses in der Komposition bedeutete das Ende der Tr., daher wird sie am frühesten von der Mannheimer Schule aufgegeben (wenn auch Fr. X. Richter und Holzbauer sie noch pflegten). Mit dem sowohl für solistische als auch für Orchesterbesetzung bestimmten op. 1 (1751) von J. Stamitz ist der Schritt von der Tr. zum Streichtrio (»Orchestertrio«) ohne Generalbaß vollzogen, doch barg dieses Werk zugleich zukunftweisende Ansatzpunkte für die Symphonie und das Streichquartett.

Ausg. u. Lit.: Meisterschule d. alten Zeit (36 Violinsonaten, 22 Tr., 18 Cellosonaten), hrsg. v. A. E. MOFFAT, Bln 1899–1913; H. RIEMANN, Die Tr. d. Gb.-Epoche, in: Praeludien u. Studien III, Lpz. 1901; DERS., Hdb. d. Mg., II, 2 u. 3, Lpz. 1912–13; A. SCHERING, Zur Gesch. d. Solosonate in d. 1. Hälfte d. 17. Jh., Fs. H. Riemann, Lpz. 1909, Nachdruck Tutzing 1965; L. DE LA LAURENCIE, L'école frç. de v. de Lully à Viotti, 3 Bde, Paris 1922–24; A. SCHLOSSBERG, Die ital. Sonata f. mehrere Instr. im 17. Jh., Diss. Heidelberg 1932; E. GERSON-KIWI, Die Tr. v. ihren Anfängen bis zu Haydn u. Mozart, Zs. f. Hausmusik III, 1934; O. TOMEK, Das Strukturphänomen d. verkappten Satzes a tre in d. Musik d. 16. u. 17. Jh., Diss. Wien 1953, maschr.; E. SCHENK, Die ital. Tr., = Das Musikwerk (VII), Köln (1954), engl. 1962; H. J. MOSER, Eine Pariser Quelle zur Wiener Tr. d. ausgehenden 17. Jh.: Der Cod. Rost, Fs. W. Fischer, = Innsbrucker Beitr. zur Kulturwiss., Sonderh. 3, Innsbruck 1956; A. DAMERINI, »Sei concerti a tre« sconosciuti di J. A. Brescianelli, StMw XXV, 1962; H. WESSELY-KROPIK, L. Colista, Wien 1962; H. HAACK, Anfänge d. Generalbaßsatzes in d. Cento Concerti Ecclesiastici (1602) v. L. Viadana, Diss. München 1964, maschr.; E. APFEL, Zur Vorgesch. d. Tr., Mf XVIII, 1965. → Violinmusik.   ESc

Tripelfuge (lat. fuga triplex, 3fache Fuge), Fuge mit 3 Themen. Beispiel einer kleinen Tr. ist E. Kindermanns »Drifache Fuga« (aus der *Harmonia organica*, 1645; DTB XXI–XXIV, Nr 16) über 3 Kirchenliedthemen. Sonst tritt die Tr. jedoch als eine besonders umfangreiche Fuge auf, in der die Themen abschnittweise eingeführt und in allmählicher Steigerung miteinander verbunden werden (J. S. Bach, Orgelfuge Es dur, BWV 552; Contrapunctus 8 und 11 aus der *Kunst der Fuge*, BWV 1080).

Tripelkonzert, Bezeichnung für Orchesterwerke mit 3 Soloinstrumenten, z. B. J. S. Bachs Konzert A moll für Querfl., V. und Kl. mit Streichern und B. c. (BWV 1044) und das Tr. für Kl., V. und Vc. op. 56 von Beethoven. Die Tr.e des ausgehenden 18. Jh. zählten zur Gattung der → Symphonie concertante.

Tripeltakt (engl. triple meter), jeder dreiteilige, d. h. 3 Hauptzählzeiten enthaltende → Takt, z. B. 3/1, 3/2, 3/4, 3/8 sowie 9/8, 9/16. Dagegen werden die nur zwei Hauptzählzeiten enthaltenden 6teiligen Takte (6/8, 12/8 u. ä.) zu den geraden Taktarten gerechnet; die älteren Taktarten 6/1, 6/2 und 6/4 erklärt Praetorius (Synt. III, S. 73ff.) als Proportio sextupla (→ Proportion - 2) im → Tactus aequalis. Bei langsamem Tempo besteht allerdings die Möglichkeit, daß die Dreierunterteilung eines Sechsertakts als Tr. gehört wird. Darüber hinaus gehört der Wechsel von Zwei- und Dreiteilung zu den wichtigsten kompositorischen Möglichkeiten des Sechsertakts; er spielt während der Barockzeit z. B. in der → Courante eine Rolle und findet sich im 19. Jh. besonders häufig bei R. Schumann und Brahms (→ Hemiole).

Tripla oder Proportio tr. ist das Verhältnis 3:1. In der Lehre von den Intervallproportionen wird sie durch die Duodezime repräsentiert. In der Mensuralnotation des 15./16. Jh. bedeutet die Ziffer 3 oder $\frac{3}{1}$ hinter den Mensurzeichen O (Tempus perfectum) oder C (Tempus imperfectum), daß 3 Semibreven die gleiche Zeit ausfüllen sollen wie eine einzelne Semibrevis im integren Tempus (→ integer valor notarum). Nach einer anderen Auslegung, die aber das gleiche Resultat ergibt, bezeichnet in der Zusammensetzung C3 der Halbkreis den imperfekten, 2zeitigen Modus und die Ziffer das perfekte 3zeitige Tempus, wobei jedoch Modus und Tempus im Zeitmaß von Tempus und Prolatio ausgeführt werden (Guilelmus Monachus, Ramos de Pareja). ₵3 impliziert dieselbe Proportion wie C3, ist also eigentlich eine Proportio sesquialtera: ₵3 ◊◊◊ = ₵ ◊◊; und auch C3 ist im 16. Jh. manchmal als C$\frac{3}{2}$ gemeint: C3 ◊◊◊ = C ◊◊. Die Tr. galt, da sie die häufigste Proportion war, als die Proportion schlechthin; Proportz ist in deutschen Tabulaturen eine Bezeichnung für die Tr. (→ Nachtanz). Sie wurde im Tactus proportionatus ◊◊◊ geschlagen und seit dem späten 16. Jh. auch in ihrem Zeitwert bezogen auf einen Tactus anstatt auf einen Notenwert bezogen. M. Praetorius (1619) bezieht die langsamere Tr. maior $\frac{3}{1}$ auf den Tactus alla Breve: ₵$\frac{3}{1}$ ◊◊◊ = ₵ ◊◊, die raschere Tr. minor $\frac{3}{2}$ auf den Tactus alla Semibreve: C$\frac{3}{2}$ ◊◊◊ = C ◊◊. Im späten 17. Jh. (Georg Muffat 1690, J. Theile 1691) entspricht die Tr. sogar einem Tactus alla Minima: $\frac{3}{1}$ ◊◊◊ = C ◊◊.

Triplum (lat.) heißt im 3- und 4st. Organum (organum tr. bzw. quadruplum) im 3st. Discantus der Motette, des Conductus, Hoquetus usw. die dem Cantus (Tenor) und → Duplum hinzugefügte 3. Stimme, gelegentlich auch der aus 3 Stimmen gebildete Satz (J. de Garlandia, CS I, 114b: *Tr. est commixtio trium sonorum ...*). Das Wort Tr. lebt fort in den Stimmbezeichnungen → Treble (engl.) und Tiple (span.).

Trishagion (griech. τρισάγιον, dreimal heilig, auch τρισάγιος ὕμνος), im Einleitungsteil der byzantinischen Meßliturgie der auf den Einzug des Zelebranten und ein dem Introitus entsprechendes Psalmstück folgende Gesang vor der Epistellesung. Die Herkunft des frei geformten (nicht mit dem an Jes. 6, 3 anknüpfenden → Sanctus zu verwechselnden) Textes ist unbekannt. Das Tr. soll um 440 in die byzantinische Liturgie eingeführt worden sein. In Westeuropa wurde es mit griechischem und lateinischem Text von der spanischen und gallikanischen Liturgie übernommen. Ungeklärt ist, ob die gallikanische Kirche das Tr. bereits im 6. Jh. kannte oder erst um 700 von Spanien übernahm. In beiden Liturgien steht das Tr. unmittelbar vor dem Kyrie und vertritt das Gloria der römischen Messe. Dagegen fügte die römische Liturgie das Tr. im 9. Jh. den am Karfreitag gesungenen → Improperien ein. Die im Mittelalter allgemein übliche Melodie (*Liber usualis*, Rom 1964, S. 737) ist die Ausschmückung einer im Byzantinischen Gesang seit dem Mittelalter bis heute nachweisbaren Fassung, die sich in ihrer einfachsten Form im Rahmen eines Tetrachords hält (vgl. Stäblein, Beispiel 2, ergänzend Dragoumis, Beispiel 18, mit Tr.-Melodien von 1336 und 1834).

Ausg. u. Lit.: Expositio antiquae Liturgiae Gallicanae Germano Parisiensi ascripta, hrsg. v. J. QUASTEN, Münster i. W. 1934; Antiphonale missarum sextuplex, hrsg. v. R.-J. HESBERT OSB, Brüssel 1935, Nachdruck Rom 1967. – C. A. SWAINSON, The Greek Liturgies ..., Cambridge 1884; L. DUCHESNE, Origines du culte chrétien, Paris 1889; F. E. BRIGHTMAN, Liturgies Eastern and Western I, Oxford 1896; L. BROU OSB, Etudes sur la liturgie mozarabe, b) Le Tr. de la messe d'après les sources mss., Ephemerides liturgicae LXI, 1947; A. RAES SJ, Introductio in liturgiam orientalem, Rom 1947; E. WELLESZ, Eastern Elements in Western Chant, = Monumenta Musicae Byzantinae, Subsidia II (American Series I), Boston 1947; E. GRIFFE, Aux origines de la liturgie gallicane, Bull. de la lit. ecclésiastique XXV, 1951; BR. STÄBLEIN, Artikel Gallikanische Liturgie, in: MGG V, 1955; R. MÉNARD, Artikel Koptische Musik, in: MGG VII, 1958; M. PH. DRAGOUMIS, The Survival of Byzantine Chant ..., Studies in Eastern Chant I, 1966; H. ENGBERDING OSB, Die Gebete zum Tr., Ostkirchliche Studien XV, 1966.

Tristan-Akkord, der Klang f–h–dis¹–gis¹ im 2. Takt der Einleitung des 1. Aufzuges von R. Wagners *Tristan und Isolde*:

Dem kadenziellen Zusammenhang der Stelle trägt die Erklärung des Tr.-A.s als einer Vorhaltsbildung Rechnung: durch Auflösung des gis¹ nach a¹ entsteht ein alterierter Terzquartakkord, der in der Grundtonart des Vorspiels (A moll) je nachdem, ob f als Tiefalterierung von fis oder dis¹ als Hochalterierung von d¹ betrachtet wird, als Umkehrungsform des Doppeldominant-Septakkords oder der Subdominante mit Sixte ajoutée zu gelten hat, der im folgenden Takt die durch den Vorhalt ais¹ verzögerte Dominante folgt. Doch erhält der Zusammenklang des Taktanfanges bereits bei seinem ersten Erscheinen eigenes Gewicht, da er in einer Instrumentengruppe unaufgelöst bleibt; außerdem tritt das ihm zugrunde liegende Intervallgefüge (bei Vernachlässigung der Orthographie: kleine Terz, verminderte Quinte und kleine Septime zum Baßton) mit seinen Umkehrungen im Verlaufe des Werkes häufig unabhängig von der Weiterführung des Anfangs auf und erlangt Bedeutung als *erstes und umfassendstes Leitmotiv des ganzen Musikdramas* (Kurth, 1. Auflage, S. 65). Dies rechtfertigt die zahlreichen Versuche, den Tr.-A. als eigenständiges Gebilde (d. h. gis¹ als Akkordton, a¹ als Durchgang) zu erklären. Unter ihnen ermöglicht die Deutung als Unterseptimenklang mit Einbeziehung der Naturseptime (Hänzer, Vogel) eine einheitliche Auffassung des Klanges in seinen wechselnden Schreibweisen und Verbindungen, doch leistet sie nichts für das Verständnis der tonalen Zusammenhänge. Es fordern also »leitmotivische« Bedeutung und funktionaler Zusammenhang zwei verschiedene Arten des Hörens und Analysierens: für jene hat der Tr.-A. als ursprünglicher, unabgeleiteter Akkord von »absoluter Klangwirkung« (vgl. Kurth, S. 204ff.), für diesen als durch Vorhalt und Alteration modifizierte Darstellung einer einfachen Funktion zu gelten. In dieser satztechnischen Antinomie, deren Prinzip in Wagners Stil besonders seit *Tristan und Isolde* vordringt und die »Krise« der romantischen Harmonik begründet, liegt die Ursache dafür, daß keine der seit C. Kistler (*Harmonielehre*, München 1879) immer wieder versuchten Erklärungen des Tr.-A.s im Sinne eindeutiger Festlegung allgemeine Anerkennung finden konnte.

Lit.: E. KURTH, Romantische Harmonik u. ihre Krise in Wagners »Tristan«, Bern u. Lpz. 1920, ³1923; A. LORENZ, Der mus. Aufbau v. R. Wagners »Tristan u. Isolde«, in: Das Geheimnis d. Form bei R. Wagner, Bd II, Bln 1926, Nachdruck Tutzing 1966; W. HÄNZER, Die Natursepime im Kunstwerk, Bern 1926; M. VOGEL, Der Tr.-A. u. d. Krise d. modernen Harmonie-Lehre, = Orpheus-Schriften zu Grundfragen d. Musik II, Düsseldorf 1962 (mit umfassendem Lit.-Verz.), dazu Fr. Neumann in: Mf XVII, 1964. WBR

Tritē (griech.) → Systema teleion.

Tritonus (lat., Dreiton, von griech. τρίτονον), das Intervall von 3 Ganztönen. Der Tr. ist in der diatonischen Skala mitenthalten (z. B. f–h in C dur), wird jedoch als chromatische Alteration eines um einen Halbton größeren oder kleineren Intervalls gedeutet, d. h. als übermäßige → Quarte oder verminderte → Quinte; im engeren Sinne heißt nur die übermäßige Quarte Tr. Die musikalische Akustik kennt die übermäßige Quarte als pythagoreisch (512:729) und natürlich (32:45), ebenso die verminderte Quinte als pythagoreisch (729:1024) und natürlich (45:64); in der gleichschwebenden Temperatur ist der Tr. ½ Oktave. Etwas kleiner als die pythagoreische verminderte Quinte ist der 11. Naturton, die sogenannte → Alphorn-fa. In der gleichschwebenden Temperatur wird die theoretisch unendliche Folge von Quinten dadurch zum → Quintenzirkel geschlossen, daß die 6. Oberquinte (bei c als Ausgangspunkt die übermäßige Quarte fis) und die 6. Unterquinte (die verminderte Quinte ges) durch enharmonische Umdeutung gleichgesetzt werden; damit erscheint im Quintenzirkel der Tr. als die Stelle weitester Entfernung vom Ausgangston.

Die besondere, zwischen Diatonik und Chromatik vermittelnde Stellung des Tr. findet darin ihren Niederschlag, daß die Begründungen seines Verbots oder die Einschränkungen seiner Verwendung seit jeher mit den Prinzipien der Musiklehre eng verknüpft sind. In der antiken Griechischen Musik wird der Tr. durch die Gliederung der Oktave in 2 Tetrachorde ausgeschaltet. Der einzige Grenzton eines Tetrachordes, der im → Systema teleion keine reine Quarte unter sich hat – die Paramesē – kann in bestimmten Fällen mit dem Tr. oder Ditonus verbunden werden; in diesem Zusammenhang werden beide Intervalle als paraphon (»danebenklingend«, d. h. die nicht vorhandene reine Quarte vertretend) charakterisiert (Gaudentios, ed. K. v. Jan, S. 338). Auch in der Organumlehre der *Musica Enchiriadis* (→ Dasia-Zeichen) und bei Hermannus contractus (hier erscheint das Wort tr. zum ersten Mal in der lateinischen Musiklehre, GS II, 130a) hat die Einteilung der Skala in Tetrachorde den Sinn der Vermeidung des Tr. Für lange Zeit verbindlich wurde die Formulierung des Tr.-Verbots in der Guidonischen Lehre von der → Solmisation als Warnung vor dem *Mi contra Fa, diabolus in musica*; die Tonsilben lassen scheinbare Quarten und Quinten als Tr., d. h. als *falsae concordantiae* (vgl. Tinctoris, CS IV, 146a) erkennen, z. B. emi–♮mi sowie ffa–cfa = reine Quinte oder Quarte, ♮mi–ffa = Tr. Die Musiklehre des 13. Jh. rechnete den Tr. zu den → Discordantiae perfectae. Das Verbot des melodischen Tr. führte im System der Kirchentöne zu einer Umbildung des 5. Modus (Lydisch): durch die Notwendigkeit, den Tr. über F auszuschalten, wird die Einführung des b fa erklärt (vgl. Anonymus Lafage, ed. Seay, S. 33). Im späteren Mittelalter erscheint der 5. Modus regelmäßig mit b fa, nach Tinctoris (CS IV, 21b–22a) auch dann, wenn kein ♭ vorgezeichnet ist. Diese Skala, die dem modernen Dur nahekommt, wird von Glareanus 1547 als transponiertes Ionisch erklärt. In der musikalisch-praktischen Überlieferung des Mittelalters sind trotz des fast allgemein ausgesprochenen Verbots viele Belege für den Tr. erhalten: Er findet sich häufig im Ambrosianischen Gesang, seltener im Gregorianischen Gesang, z. B. in den Gradualien vom Typ *Iustus ut palma* (vgl. Apel 1958, S. 357ff.) und in einigen von Hucbald (GS I, 105a–b) und Berno von Reichenau (GS II, 64a) erwähnten Gesängen. Als Gesangsübung ist eine 1st. *Antefana* des Trecentokomponisten Laurentius Masii de Florentia aufzufassen (in der → Quelle *Lo*, f. 56, Faks. in CMM VIII, 3, 1962, S. XV), die die verschiedenen Tritoni im F-Modus mit b fa und mit ♮ mi illustriert. In der mehrstimmigen Musik des 14. Jh. wird zuweilen in melodischer Tr. eigens durch Akzidens vorgeschrieben, z. B. G. de Machaut, Ballade 19, Beginn des Cantus: g–cis¹. Nicht einheitlich ist auch die Behandlung der sogenannten Parallelklausel (→ Klausel); z. B. verwendet sie G. Binchois in seiner Chanson *Mon seul et souverain desir* sowohl mit Quart- (Takt 4) als auch mit Tr.-Abstand der beiden Oberstimmen (Takt 16, 18, 24) im Paenultimaklang (ed. Rehm, MMD II, 1957, S. 27). Im späten 15. Jh. stellen J. Tinctoris (CS IV, 146a–b) und Adam von Fulda (GS III, 353a) die Verwendung von Klängen mit dem Tr. zwischen den beiden oberen oder (als verminderte Quinte) unteren Stimmen fest. Gelegentliche Versuche, durch → Musica ficta den Tr. ganz auszuschließen, zwingen zu einer tiefgreifenden Veränderung des überlieferten Notentextes (vgl. Einstein 1906/07) oder gar zur Annahme einer »Secret Chromatic Art« (Lowinsky 1946).

Das Verbot von Tr.-Klängen und → Querstand gilt seit dem 16. Jh. im Bereich des strengen Kontrapunkts, des alten Stils; moderne Stilarten dagegen lassen mit dem Gebrauch der Dissonanzen auch den Tr. als Mittel affektbetonter Textausdeutung zu, meist im Zusammenhang mit chromatischen Passagen (→ Passus duriusculus). Auch J. S. Bach verwendet den Tr. bevorzugt zur Darstellung von Begriffen wie Tod, Sünde, Klage. Zugleich kam es im 18. Jh. zu einer neuen Bewertung des Tr., der nun als »angenehm« (Heinichen 1728, S. 107) galt. In der funktionalen Harmonik des 18./19. Jh. spielt der Tr. eine doppelte Rolle: einerseits ist er als Bestandteil des Dominantseptakkords mit der vorgeschriebenen Auflösung in die Terz der Tonika eines der wichtigsten Mittel zur Bestätigung der Grundtonart, andererseits ist er als Keimzelle des verminderten Septimakkords (der als Kombination zweier Tritoni im Abstand einer kleinen Terz, also eines halben Tr., erklärt werden kann; z. B. h–f und d–as) die Stelle, an der die Kraft der tonalen Ordnung am meisten abgeschwächt ist. Nicht zufällig führen dann Stellen mit gehäufter Verwendung des verminderten Septimakkords bisweilen in die Nähe der Zwölftonigkeit, wie z. B. bei der Erscheinung des Komturs in W. A. Mozarts *Don Giovianni* Wie hier, wird auch im 19. Jh. der Tr. häufig zur Schilderung des Unheimlichen benutzt (Beethoven, *Fidelio*, Anfang des 2. Aktes, Pauken in A–es gestimmt; Weber, *Freischütz*, Wolfsschluchtszene; Meyerbeer, *Le prophète*, Beschwörungsszene; Berlioz, *Symphonie fantastique*, Anfang des *Songe d'une nuit de sabbat*). Ein Tr.-Motiv charakterisiert in R. Wagners *Rheingold* den Fafner, in Fr. Liszts *Legende von der Heiligen Elisabeth* die Landgräfin Sophie, bei Berlioz, Liszt und Gounod den Mephistopheles. Mit der Abkehr von der funktionalen Harmonik und von den eindeutigen Vorschriften für die Auflösung dissonanter Klänge nahm im späteren 19. Jh. die Bedeutung des Tr. noch zu. Vereinzelt bereits bei Chopin (*Etude* op. 10 Nr 3, Takt 38ff.), häufiger bei Debussy finden sich unaufgelöste Tr.-Ketten. In der Atonalität beruht die Bedeutung des Tr. darauf, daß er neben der Oktave das einzige Intervall ist, das bei der Umkehrung seinen Klangcharakter nicht verändert, jedoch als Gegenpol der Oktave die stärkste Sonanzintensität unter allen Intervallen besitzt. Daher dient der Tr. nun bevorzugt zur Bildung symmetrischer Klänge sowie als Achse für die Umkehrung oder Transposition einer Reihe.

Lit.: Musici scriptores graeci, hrsg. v. K. v. JAN, Lpz. 1895, Nachdruck Hildesheim 1962; GS I–III; A. SEAY, An Anon. Treatise from St. Martial, Ann. Mus. V, 1957 (Anonymus Lafage); CS IV; H. GLAREANUS, Dodecachordon, Basel 1547, deutsch v. P. Bohn, = PGfM, Jg. XVI–XVIII, Bd XVI, Lpz. 1888–90; J. D. HEINICHEN, Der Gb. in d. Composition, Dresden 1728; RIEMANNMTh; A. EINSTEIN, Cl. Merulo's Ausg. d. Madrigale d. Verdelot, SIMG VIII, 1906/07; H. ERPF, Studien zur Harmonie- u. Klangtechnik d. neueren Musik, Lpz. 1927; G. REESE, Music in the Middle Ages, NY (1940), London 1941; DERS., Music in the Renaissance, NY (1954), ²1959; DERS., Artikel Tr., in: MGG XIII, 1966; E. E. LOWINSKY, The Function of Conflicting Signatures in Early Polyphonic Music, MQ XXXI, 1945; DERS., Secret Chromatic Art in the Netherlands Motet, = Studies in Musicology VI, NY 1946; DERS., Einleitung zu: Musica nova, Venedig 1540, hrsg. v. H. C. Slim, = Monuments of Renaissance Music I, Chicago (1964); J. HANDSCHIN, Der Toncharakter, Zürich (1948); W. ROGGE, Das romantische Klangbild im Spiegel d. Tr., Mf IX, 1956; W. APEL, Gregorian Chant, Bloomington/Ind. (1958); L. SCHRADE, Diabolus in musica, Melos XXVI, 1959; G. LIGETI, Über d. Harmonik in Weberns erster Kantate, in: Darmstädter Beitr. zur Neuen Musik III, Mainz (1960); H. J. MOSER, Diabolus in Musica, in: Musik in Zeit u. Raum, Bln (1960); TH. KARP, Modal Variants in Medieval Secular Monophony, in: The Commonwealth of Music, In Honor of C. Sachs, Glencoe (Ia.) 1964.

Tritus (lat., von griech. τρίτος) → Kirchentöne.

Trobadors (prov., Ableitung von trobar, finden, erfinden, dichten, Etymologie umstritten; frz. troubadours) sind die Schöpfer der ersten volkssprachlichen Kunstlyrik des Abendlandes im 12. und 13. Jh. in Südfrankreich. Die Sprache ihrer Lieder, das Provenzalische, ist nicht auf die Provence beschränkt und wird daher auch Lengua d'oc (nach der provenzalischen Bejahungspartikel oc, im Unterschied zur französischen Langue d'oïl oder → Trouvères) oder occitanisch genannt. Es ist eine literarische Umgangssprache, die keine Rückschlüsse auf ein bestimmtes Gebiet des provenzalischen Sprachbereichs als Ausgangspunkt zuläßt. Aus einem Zeitraum von rund 2 Jahrhunderten (1100–1300) sind die Texte von etwa 2600 Liedern erhalten, von denen ein erheblicher Teil außerhalb Südfrankreichs entstanden ist, da manche Tr. Reisen nach Nordfrankreich, Italien, Spanien unternahmen, einzelne sogar nach Portugal, Deutschland und Ungarn. Etwa 450 Tr., unter ihnen 20 dichtende Frauen (trobairitz), sind mit Namen bekannt, darunter 25 Italiener und 15 Katalanen. Die in den Handschriften überlieferten etwa 110 Lebensnachrichten (vidas, meist anonym, vorwiegend um die Mitte des 13. Jh. entstanden) sind weitgehend Erfindungen im Anschluß an die Lieder und gelegentlich zu kleinen Novellen ausgebaut. – Der Trobador war Dichter und Komponist. Er trug seine Lieder entweder selbst vor oder ließ sie durch einen in seinem Dienst stehenden Joglar (frz. → Jongleur) vortragen. Als Begleitinstrumente dienten Fiedel (altprov. viola), Harfe, Cister oder Drehleier. Während den Joglars eine niedrige Herkunft gemeinsam war, gingen die Tr. aus allen Ständen hervor, aus dem Volk (Bernart de Ventadorn), dem Bürgertum (Giraut de Bornelh), dem geistlichen Stand (Peire Cardenal), dem Rittertum (Bertran de Born) und dem Hochadel (Wilhelm VII. von Poitiers, König Alfonso II. von Aragon). Wichtigste Pflegestätten der Trobadordichtung waren im 12. Jh. vor allem die Höfe des Limousin, voran der Hof der Herzöge von Aquitanien in Poitiers, dann derjenige der Grafen von Toulouse und die Höfe von Aix, Orange, Béziers, Narbonne und Montpellier. – Das nach wie vor in der Forschung heftig umstrittene Problem des Ursprungs der Trobadordichtung stellt sich für die lyrischen Formen, für die Musik und für den höfischen Kultur- und Minnebegriff. Die hohe Minne der Tr. ist Inbegriff einer aristokratisch-höfischen Lebenslehre mit ästhetischer und ethischer Komponente. Die fina amor erzeugt Jugend (joven), Freude (joi) und Maß (mesura), Grundbegriffe der höfischen Gesittung (cortesia). Im Mittelpunkt der Dichtung steht die Verehrung der »Herrin« (domna, aus lat. domina), der verheirateten adligen Frau, die stets unter einem Decknamen (senhal) besungen wird.

Die ältesten überlieferten Lieder stammen von Wilhelm VII. von Poitiers (= Wilhelm IX. von Aquitanien, 1071–1126). Seine 11 erhaltenen Lieder sind im Strophenbau noch recht einfach, doch enthalten einige schon fast alle Grundelemente der höfischen Minnekonzeption und deren Paradoxon, die gegenseitige Bedingtheit von Begehren und Nichterfüllung. Daraus erwuchs bereits in der 2. Generation der Tr. mit der berühmten »Fernliebe« (amor de lonh) des → Jaufre Rudel ein überaus fruchtbares poetisches Thema. Fast gleichzeitig setzte mit dem Trobador → Marcabru eine satirische Reaktion ein, die die höfische Minneauffassung im Namen einer natürlichen und legitimen Liebe als unsittlich verwirft. Der Gegensatz zwischen der »idealistischen Schule« der höfischen Minne und der »realistischen Schule« im Gefolge Marcabrus blieb bis in die eigentliche, von etwa 1150 bis 1250 reichende Blütezeit der Trobadordichtung wirksam, als deren wichtigste Vertreter → Bernart de Ventadorn, → Giraut de Bornelh, → Peire d'Alvergne, → Bertran de Born, → Peire Vidal, → Gaucelm Faidit, → Peire Raimon de Toloza und → Peire Cardenal zu nennen sind. Obwohl Dichter wie → Guiraut Riquier bemüht waren, die Tradition der höfischen Dichtung in den durch die Albigenserkriege und den Verlust der Unabhängigkeit schwer getroffenen Ländern des Südens weiterzuführen, mündete die Kunst der Tr. gegen 1300 in eine dem deutschen Meistersang vergleichbare formalistische Dichtung des städtischen Bürgertums ein (1323 Gründung der Dichtergesellschaft des Consistori del Gai Saber in Toulouse), während die spiritualistische Tendenz der Lieder von Sordel (1225–70) und Guilhem de Montanhagol (1230–60) auf die Dichtung des italienischen Dolce stil nuovo weist.

Die höchste und kunstvollste der von den Tr. gepflegten Liedgattungen war die Kanzone (canso), bestehend aus fünf oder sechs Strophen (coblas) mit Aufgesang und ein bis drei abschließenden Kurzstrophen (tornadas). Die Kanzone war ausschließlich der Liebesdichtung vorbehalten und verlangte den hohen Stil. Aus ihr hat der Trobador → Arnaut Daniel die von Dante und Petrarca übernommene Sestina entwickelt, die aus sechs (ungeteilten) Strophen mit stets wiederkehrenden Reimworten und einem dreizeiligen, alle 6 Reimworte enthaltenden »Geleit« besteht. Während jede Kanzone ihre eigene Strophenform und ihre eigene Melodie haben mußte, war in anderen Liedgattungen → Kontrafaktur die Regel. Dies gilt z. B. für das → Sirventes und für die beiden Arten des provenzalischen Streitgedichts, die → Tenzone und das Partimen oder Joc partit (verteiltes Spiel, → Jeu parti), in dem zwei, manchmal auch drei Dichter ein dilemmatisch gestelltes Problem der Liebesakustik behandeln. Die 35 überlieferten Kreuzzugslieder (oder Kreuzlied), deren frühestes, *Pax! in nomine Domini* von Marcabru, wahrscheinlich 1147 entstanden ist, rufen zum Kampf gegen die Heiden auf, oft unter scharfer Kritik an der säumigen Ritterschaft (als Rügelieder gehören sie teilweise zur Gattung der Sirventes). Das Klagelied (planch oder planh; → Planctus) dient dem rühmenden Nachruf auf hochgestellte Gönner (Gaucelm Faidit 1199 für Richard Löwenherz und Bertran de Born 1183 für dessen Bruder Heinrich). Liedgattungen, in denen Thema und Szenerie festliegen, sind das → Tagelied (alba) und die Pastorela (→ Pastourelle), die Liebeswerbung eines stets in Ich-Form eingeführten Ritters um eine Hirtin. Neben diesen Liedarten gibt es geistliche Lieder (Marienlieder sind erst seit dem 2. Drittel des 13. Jh. nachzuweisen) und, in der Trobadordichtung nur spärlich vertreten, Tanzlieder wie Balada (→ Ballade – 1), Dansa, Retruencha und Estampida (→ Estampie). – Für die Tr. war die strenge Silbenzählung der Verse die Regel und der Reim obligatorisch; sie entfalteten binnen kurzer Zeit eine hohe Kunst komplizierter, ja raffinierter Formgebung. Woher auch immer die Anregungen empfangen haben mögen – aus der antiken, der geistlichen und weltlichen mittellateinischen oder der arabischen Literatur – sie schufen eine neue Poesie mit europäischer Wirkung. Die Trouvèredichtung Nordfrankreichs, der deutsche Minnesang, die sizilianische Dichtung und die Lyrik des Dolce stil nuovo sind ohne sie nicht denkbar. Der Grad ihres Stilbewußtseins ist abzulesen an der Auseinandersetzung mit dem »dunklen Stil« (trobar clus, auch trobar escur, cobert, sotil), der gegenüber dem »leichten Stil« (trobar leu oder plan) den Sinn der Aussage durch Doppeldeutigkeit der Wörter und schwierige Wortfiguren verrätselt und nur von einem erlesenen Publikum verstanden werden kann. Von dieser esoterischen Stilart, deren wichtigste Exponenten Marcabru, → Peire d'Alvergne, → Arnaut Daniel und Raimbaut d'Aurenga sind, ist der »reiche Stil« (trobar ric) zu unterscheiden, dessen Merkmale die bis zum Äußersten getriebene Kompliziertheit des Strophenbaus, das ausgesuchte Vokabular und schwere, seltene Reime und Reimwörter sind.

Der Ausspruch des Trobadors → Folquet de Marseille, »eine Kanzone ohne Melodie ist wie eine Mühle ohne Wasser«, zeugt für die unlösbare Einheit von Text und Melodie in der Trobadordichtung. Diese Einheit erstreckt sich indessen, wie die Melodieentlehnungen zeigen, nicht auf die klare Gattungsdifferenzierung, denen die Texte folgen. Leider sind in den erhaltenen Handschriften (→ Chansonnier) nur verhältnismäßig wenige Trobadormelodien überliefert, insgesamt 264, die offensichtlich wegen ihrer Qualität aufgezeichnet wurden. Besonders spärlich ist die Überlieferung bei den ältesten Tr.: eine Melodie von Wilhelm VII. von Poitiers (fragmentarisch), 4 Melodien von Jaufre Rudel und 4 von Marcabru. Strophenform und Melodie sind zuweilen von mehreren Dichtern übernommen worden. So sind Kontrafakta des berühmten »Lerchenliedes« von Bernart de Ventadorn (von dem etwa 45 Lieder, 19 davon mit Melodien, erhalten sind) im Bereich der französischen, lateinischen und deutschen Lyrik nachweisbar. Die Kontrafakta sind für die Forschung von größtem Wert, da die Noten der handschriftlichen Überlieferung nur die relative Tonhöhe angeben und über den Rhythmus nichts aussagen.

Die bisherige musikwissenschaftliche Forschung hat vor allem die Konstanten betont, die die Trobadormelodien mit der nichtprovenzalischen Liedkunst des Mittelalters verbinden. Eingehendere Untersuchungen (z. B. Stäblein 1966) ergeben, daß in der Textkritik der oft in mehreren stark voneinander abweichenden Fassungen überlieferten Melodien sowie in der Frage ihrer rhythmischen Deutung keine einheitliche Lösung zu gewinnen ist, vielmehr von Fall zu Fall neu entschieden werden muß. Zu berücksichtigen ist dabei auch die Tatsache, daß mündliche Überlieferung bei den Melodien (jedenfalls in stärkerem Maße als bei den Texten) der Aufzeichnung vorausgegangen sein muß. Auch die Lehre von den Kirchentönen läßt sich nicht ohne weiteres auf die tonartliche Deutung der Trobadormelodien übertragen, deren stilistische Eigenart durch Nähe oder durch Gegensätzlichkeit zu den Formen des kirchlichen Gesangs geprägt ist. Als bevorzugte Form der frühen Trobadorlieder erscheint die ohne Zeilenwiederholung »durchkomponierte« Strophe, in Dantes Kennzeichnung: *sub una oda continua usque ad ultimum progressive, hoc est sine iteratione modulationis cuiusquam et sine diesi* (De vulgari eloquentia 2, X, 2). Zu diesem Typus gehört z. B. Bernart de Ventadorns »Lerchenlied« *Quan vei l'alauzeta mover* (P–C 70, 43), in dem Ansätze zu melodischen Entsprechungen einzelner Zeilen (2, 4, 7) durch verschiedene Abwandlungen so überdeckt werden, daß der Hörer jede Strophenhälfte als Einheit auffaßt; der Einschnitt in der Mitte wird durch Schluß auf die Finalis erzielt. Der am Vorbild des gregorianischen Chorals geschulte Duktus einer solchen Melodie, deren Form ausschließlich auf der intervallischen Ordnung (im klar ausgeprägten 1. Kirchenton) beruht, läßt die Anwendung modaler Rhythmik (→ Modus – 2) mindestens in diesem Fall als fragwürdig erscheinen. Die Zweiteilung der Strophe ergibt in anderen Liedern (z. B. Bernart de Ventadorn, *A! tantas bonas chansos*, P–C 70, 8) einen melodischen Parallelismus, für den als Vorbild die Doppelversikelordnung der → Sequenz (– 1) in Frage kommt (→ Lai). Häufig sind auch Melodien, die von den Psalmtönen ausgehen (z. B. Bernart de Ventadorn, *Conortz, era sai eu be*, P–C 70, 16; Jaufre Rudel, *Lanquan li jorn son lonc en mai*, P–C 262, 2), zum Teil in Verbindung mit Doppelversikelanlage. Kompliziertere Melodien arbeiten mit Entsprechungen von Zeilen ungleicher Lage (meist in Quint- oder Quarttransposition). Hier kommt es häufig zu irregulären Tonartverhältnissen, z. B. 1. Kirchenton mit Schluß auf a, 2. Kirchenton mit Schluß auf A. Melodien volkstümlicher Haltung gehören überwiegend der Zeit nach 1170 an. Häufigere Zeilenwiederholung, stärkeres Hervortreten des Terzschritts sind hier ebenso charakteristisch, wie die modale rhythmische Ordnung dem Tanzliedcharakter solcher Weisen angemessen erscheint (z. B. Giraut de Bornelh, *Leu chansonet' e vil*, P–C 242, 45 und *No posc sofrir qu'a la dolor*, P–C 242, 51; Peire Vidal, *Ges pel temps fer e brau*, P–C 364, 24). Neben volkstümlichen kirchlichen Gesangsarten wie der Verbeta (→ Tropus) sind als Vorbild auch nordfranzösische Lied- und Tanzformen vermutet worden, z. B. für → Raimbaut de Vaqueiras' *Kalenda maya* (P–C 392, 9; umstritten, vgl. Husmann 1953) und für das anonyme *A l'entrada del temps clar* (P–C 461, 12; vgl. Stäblein 1966).

Ausg.: Der mus. Nachlaß d. Troubadours. Kritische Ausg. d. Melodien, hrsg. v. Fr. Gennrich, = Summa musicae medii aevi III, Darmstadt 1958; Lo gai saber, 50 ausgew. Troubadourlieder, hrsg. v. dems., = Mw. Studienbibl. XVIII/XIX, Darmstadt 1959. – Fr. Gennrich, Troubadours, Trouvères, Minne- u. Meistergesang, = Das Musikwerk (II), Köln (1951, ²1960); Trouvères et Minnesänger, I (Texte) hrsg. v. I. Frank, II (Weisen) hrsg. v. W. Müller-Blattau, = Schriften d. Univ. d. Saarlandes I–II, Saarbrücken 1952–56.

Lit.: P–C; I. FRANK, Répertoire métrique de la poésie des troubadours, 2 Bde, Paris 1953–58. – A. JEANROY, La poésie lyrique des troubadours, Toulouse u. Paris 1934; E. HOEPFFNER, Les troubadours dans leur vie et dans leurs œuvres, Paris 1955. – J. B. BECK, Die Melodien d. Troubadours, Straßburg 1908; DERS., La musique des troubadours, Paris 1910; P. AUBRY, Trouvères et troubadours, Paris 1909, ²1910; FR. GENNRICH, Grundriß einer Formenlehre d. ma. Liedes, Halle 1932; TH. GÉROLD, La musique au moyen-âge, Paris 1932; J. CHAILLEY, Hist. mus. du moyen âge, Paris 1950; H. HUSMANN, Kalenda maya, AfMw X, 1953; E. LOMMATZSCH, Leben u. Lieder d. provenzalischen Troubadours, mit einem mus. Anh. v. Fr. Gennrich, 2 Bde, Bln 1957–59; H. ZINGERLE, Tonalität u. Melodieführung in d. Klauseln d. Troubadours- u. Trouvèreslieder, Tutzing u. München 1958; H. ANGLÈS, El canto popular en las melodias de los trovadores prov., AM XIV, 1959 – XV, 1960; D'ARCO S. AVALLE, La letteratura medievale in lingua d'oc nella sua tradizione manoscritta, (Turin) 1961, Auszug deutsch in: Gesch. d. Textüberlieferung II, Zürich (1964); Der deutsche Minnesang, hrsg. v. H. FROMM, = Wege d. Forschung XV, Darmstadt 1961; BR. STÄBLEIN, Zur Stilistik d. Troubadour-Melodien, AMI XXXVIII, 1966; Der prov. Minnesang. Ein Querschnitt durch d. neuere Forschungsdiskussion, hrsg. v. R. BAEHR, = Wege d. Forschung VI, Darmstadt 1967. EK

Tromba (ital.) → Trompete; Tr. da tirarsi (ital.) → Zugtrompete; Tr. marina (lat. und ital.) → Trumscheit.

Trombone (ital.) → Posaune (– 1).

Trommel (engl. drum; frz. tambour; ital. tamburo; span. tambor) ist der Sammelname für Membranophone, die im allgemeinen als Schlaginstrumente behandelt werden. Nach der Anzahl der Membranen sind ein- und zweifellige Tr.n zu unterscheiden. Einfellige Tr.n ohne Resonator, deren Membran über einen meist runden Holzreifen (Rahmen) gespannt ist, heißen Rahmen-Tr.n (→ Schellen-Tr.; → Pandero). Einfellige Tr.n mit Resonator, bei denen eine Membran über die Öffnung einer Röhre oder eines (meist unten offenen) Gefäßes aus Ton, Holz oder Metall gespannt ist, gehören zu den verbreitetsten außereuropäischen Rhythmusinstrumenten; sie sind z. B. für die frühgeschichtliche Zeit in Ägypten (→ Darabukka) und durch Ausgrabungsfunde auch in Europa belegt (vgl. Seewald 1934). In neuerer Zeit finden die einfellige → Bongo und die → Conga-Tr. in der Tanzmusik Verwendung. Auch die → Pauke kann als einfellige Gefäß-Tr. klassifiziert werden. – Im engeren Sinn ist Tr. ein zweifelliges Membranophon mit zylindrischem Corpus (Zylinder-Tr.). Die im Orchester, in der Militär-, Tanz-, Volks- und Unterhaltungsmusik verwendeten Tr.n können unterschieden werden in Tr.n mit hohem Corpus (Zargenhöhe größer als Membrandurchmesser), Tr.n mit flachem Corpus (Zargenhöhe kleiner als Membrandurchmesser) und Tr.n mit (annähernd) quadratischer Mensur. Tr.n mit hohem Corpus sind → Rühr-Tr. und → Tambourin (– 1). Ein flaches Corpus besitzen die verschiedenen Arten der Kleinen Tr., die beim Spiel waagerecht oder schräg gehalten werden. Das Corpus der Großen Tr. ist meist weniger flach; ihre Felle stehen senkrecht und werden von der Seite angeschlagen. Annähernd quadratische Mensur hat das → Tom-Tom. Da die Kleine Tr. auch in ihren flachsten Formen historisch aus der Zylinder-Tr. mit hohem Corpus hervorgegangen ist, wird sie nicht zur Gruppe der zweifelligen flachen Rahmen-Tr.n gezählt. Zweifellige Tr.n mit nichtzylindrischem Corpus (Sanduhr- und Faß-Tr.n) sind vereinzelt in mittelalterlichen Handschriften abgebildet und auch u. a. in Asien und Afrika anzutreffen. Einen Resonator in Doppelbecherform, über dessen Öffnungen die mit Schnüren gespannten Membranen seitlich hinausragen, besitzt die in Japan vor allem als Begleitinstrument beim → Nô verwendete Tr. Tsuzumi. – In der Instrumentenkunde (vgl. Hornbostel-Sachs 1914) werden auch Membranophone als Tr.n bezeichnet, die nicht zu den Schlaginstrumenten zählen: → Reib-Tr., Zupf-Tr. (deren Membran durch eine angezupfte Saite in Schwingung versetzt wird), Rassel-Tr. (eine Tr., in deren Innerem sich Rasselkörper befinden und die durch Schütteln zum Klingen gebracht wird; → Rassel), »Ansing-Tr.« (→ Mirliton) usw. Das membranlose Schlagidiophon → Schlitz-Tr. kann als eine Vorform der Tr. angesehen werden.

Kleine und Große Tr. sind in ihrem Aufbau gleich. Das Corpus (die Zarge), früher aus Holz, wird heute meist aus Metall (Messing verchromt oder lackiert, seltener Aluminium) hergestellt. Die auf Fellwickelreifen (Fellreifen) befestigten Felle (gegerbte Kalbs- oder Eselshaut; heute vielfach Kunststoff) werden durch die Felldruckreifen (Spannreifen) gespannt. Entweder ist jedes Fell einzeln stimmbar durch 6–10 (bei der Großen Tr. auch 12) Spannschrauben, die an der Zarge befestigt sind, oder durchgehende Spannschrauben verbinden die Felldruckreifen (ältere Bauart). Während die beiden Felle der Großen Tr. meist gleich sind, wird die Kleine Tr. mit einem stärkeren Schlagfell und einem dünneren Resonanzfell bezogen. – Charakteristisch für die Kleine Tr. sind die Schnarrsaiten (engl. snares; frz. timbres; ital. corde), über das Resonanzfell gespannte Darm- oder umsponnene Metallsaiten, deren Spannung regulierbar ist. Die Schnarrsaiten erfüllen eine doppelte Aufgabe: einerseits teilen sie das Resonanzfell und unterdrücken damit nicht nur die Grundschwingung, sondern auch eine Reihe anderer Teilschwingungen, andererseits schlagen sie gegen das schwingende Fell, wobei infolge der verschiedenen Eigenfrequenzen der Membran und der Saiten ein schnarrendes Geräusch entsteht. Die im Orchester verwendete Konzert-Tr. hat 4–10 Schnarrsaiten, meist nur aus Darm; auf Militär- und Jazz-Tr.n werden bis zu 18 Saiten (meist Metall) aufgezogen. Der Schnarrsaitenbezug kann als Ganzes vom Fell abgehoben werden (senza corde; engl. snares off); der Klang wird dadurch dumpfer.

Im Unterschied zur → Pauke ist das von der Kleinen wie von der Großen Tr. erzeugte komplizierte (vorwiegend aus unharmonischen Teilschwingungen bestehende) Frequenzspektrum beim Hören bestimmten Tönen nicht zuzuordnen; es werden lediglich tiefere und höhere sowie in ihrer Klangfarbe differenzierte Tr.-Klänge (Tonlagen) unterschieden. Durch Veränderung der Membranspannung sind Tr.n innerhalb enger Grenzen umstimmbar. Die Grundfrequenz der Tr. resultiert aus den Eigenfrequenzen der im Resonator eingeschlossenen Luftmenge und der Membranen. Tr.n werden in verschiedenen Größen und mit unterschiedlichen Mensuren (Maßverhältnissen von Membrandurchmesser zur Zargenhöhe) gebaut: die Kleine Tr. als Konzert-Tr. ($\varnothing$ ca. 35–38 cm, Höhe ca. 12–19 cm), als Militär-Tr. ($\varnothing$ ca. 30–38 cm, Höhe ca. 10–17 cm) und als Jazz-Tr. ($\varnothing$ ca. 33–35,5 cm, Höhe ca. 7,5–12,5 cm); die Große Tr. als Konzert-Tr. ($\varnothing$ ca. 70–100 cm, Höhe ca. 36–56 cm), als Militär-Tr. (verschiedene Größen: $\varnothing$ ca. 36–76 cm, Höhe ca. 25–43 cm; in England und in den USA auch sehr flach: $\varnothing$ ca. 70 cm, Höhe ca. 15 cm) und als Jazz-Tr. ($\varnothing$ ca. 46–71 cm, Höhe ca. 30–36 cm).

Der zu schlagende Rhythmus wird heute auf einer Linie ohne Schlüssel notiert; früher wurde die Kleine Tr. im Liniensystem mit Violinschlüssel auf dem Ton c^2 notiert, die Große Tr. im Baßschlüssel auf c. Die Kleine Tr. wird gewöhnlich mit 2 → Schlägeln aus

Hartholz (Tr.-Schlägeln) geschlagen; die rechte Hand hält den Schlägel anders als die linke. Der Anschlag erfolgt in der Mitte des Fells, nur bei leiserem Spiel näher am Rand. In der heutigen Spielpraxis wird zwischen der klassischen (auch symphonischen) Technik, die aus der Signal- und Marschmusik abgeleitet ist, und der Jazztechnik unterschieden. Zur klassischen Technik gehören: Einzelschläge, abwechselnde Schläge verschiedener Schnelligkeit, Schläge mit einfachem und mehrfachem Vorschlag und der → Wirbel (– 2; notiert als *tr*). Vorschlag und Wirbel werden mit Hilfe des »Schlags mit Praller« ausgeführt, bei dem der Stock nach erfolgtem Schlag nicht sofort hochgehoben wird, sondern auf die Membran zurückfedert. Ein zweifacher Vorschlag (auch Doppelschlag) entsteht aus einem Hauptschlag und einem nachfolgenden »Schlag mit Praller«; ein Wirbel ist eine Kette von Doppelschlägen (engl. two-stroke roll). Eine Verdichtung des Wirbels erfolgt durch Druck mit den Handgelenken bei der Ausführung (Druckwirbel; engl. press roll). In der Jazztechnik wird die Kleine Tr. immer in Verbindung mit anderen Schlaginstrumenten gespielt (→ Becken, → Tom-Tom, Große Tr., Cowbell u. a.). Im Unterschied zur klassischen Technik wird der Wirbel nicht mit Doppel-, sondern mit wechselnden Einzelschlägen (engl. single-stroke roll) ausgeführt; die verschiedenen Schlagtechniken der Pauke (z. B. Paradiddle) werden mit einbezogen; Spezialtechniken wie das Spiel auf dem Rand mit einem Stock (wobei gleichzeitig die Membran berührt wird), gedämpfte Randschläge, gedämpfte Fellschläge sowie Schlagen, Kreisen, Reiben usw. mit dem Jazzbesen (→ Besen) und die Kombination von Jazzbesen und Tr.-Stock treten in der Jazztechnik neu hinzu. – Die Große Tr. wird in der Militär- und Harmoniemusik nur mit einem in der rechten Hand geführten Filzschlägel gespielt; eine im 19. Jh. verbreitete Gepflogenheit, mit der linken Hand gleichzeitig die Becken zu bedienen (dabei war ein Becken auf der Tr. montiert), ist heute fast ausgestorben. Im Konzert werden schnellere Rhythmen und Wirbel wie bei der Pauke mit 2 Schlägeln ausgeführt. Daneben wird auch die aus der Janitscharenmusik übernommene Spieltechnik mit Schlägel und → Rute eingesetzt. Im Jazz und in der Unterhaltungsmusik wird die Große Tr. mit einer Pedalvorrichtung (»Fußmaschine«) geschlagen.

Bei den Naturvölkern steht die Tr. fast ausschließlich im Dienste von Magie und Kult; diese Bindung äußert sich u. a. in den bei der Herstellung der Instrumente üblichen rituellen Handlungen und in der ornamentalen und figürlichen Verzierung des Tr.-Corpus. Bildliche Darstellungen verschiedener Tr.-Arten (oft von Tänzerinnen gespielt) und -Instrumenten (darunter auch zweifellige Zylinder-Tr.n mit hölzernem Corpus und Schnurspannung) sind unter den älteren Hochkulturen vor allem aus Ägypten erhalten. Als Instrument des Dionysos- und des Kybele-Kultes wurde in der Antike das → Tympanum (– 1) aus dem Vorderen Orient nach Griechenland eingeführt. Erst im Frühmittelalter erschienen Tr.n – vor allem verschiedene ein- und zweifellige, runde wie auch eckige Formen der Rahmen-Tr. – in Europa, sowohl als Engelsinstrumente als auch in der Hand von Gauklern und → Spielleuten (– 1). Die seit dem 14. Jh. belegbaren kleinen Zylinder-Tr.n, deren Felle durch eine zwischen den Spannreifen hin- und herlaufende Schnur (Tr.-Leine) gestimmt werden, sind offenbar ebenso wie die Pauke im Zusammenhang mit den Kreuzzügen in das Abendland gekommen. Ob die zur gleichen Zeit in den romanischen Sprachen gebildeten Bezeichnungen für Tr.-Instrumente auf das Wort → ṭanbūr (im Arabischen der Name einer Langhalslaute) zurückgeführt werden können (vgl. Lokotsch 1927) oder auf arabisch → ṭabl, ist umstritten. In mittelhochdeutschen Quellen (13./14. Jh.) begegnet tambûr als Bezeichnung für Tr. neben rotumber (vielleicht von lat. rotundus) und sumber (von ahd. sumper, ein Kornmaß). Der Name Tr. (mhd. trumme, trumbel, trumel; seit dem 12. Jh. belegbar) geht ebenso wie das neuhochdeutsche Wort → Trompete auf ahd. trumba (lautmalend; s. v. w. »dröhnendes Instrument«) zurück.

Die kleine zweifellige Zylinder-Tr. (→ Tambourin – 1) wird im westlichen Europa meist von einem Spieler zusammen mit der → Einhandflöte gespielt. Im 15. und 16. Jh. wurde eine stark vergrößerte Zylinder-Tr. (frz. tambourin de Suisse) in Verbindung mit der → Querpfeife (Schweizerpfeife) zum charakteristischen Instrument der Musik der Landsknechte und Söldnerheere (→ Spielleute – 2). Virdung (1511) nennt die kleinen Zylinder-Tr.n *clein paücklin*, die großen *trumeln* (vgl. Praetorius Synt. II, S. 77, dazu Tafeln IX und XXIII). Im 17. Jh. wurden auch verschiedene Zwischengrößen entwickelt (vgl. Kircher, *Musurgia universalis*, Rom 1650). Durch die → Janitscharenmusik kam um 1700 eine gegenüber der Landsknechts-Tr. abermals stark vergrößerte Tr. nach Europa, die zuerst von M. Marais (*Alcione*, 1706), dann von Gluck (*La rencontre imprévue*, 1764) und von W. A. Mozart (*Die Entführung aus dem Serail*, 1782) zur Charakterisierung des türkischen bzw. orientalischen Kolorits herangezogen wurde. Dieses auch »Türken-Tr.« genannte Instrument wurde mit einer Holzkrücke (rechts) und einer → Rute (links) geschlagen (→ Tupan). Die Türken-Tr., fortan als Große Tr. bezeichnet, fand im 18. Jh. immer häufiger Verwendung im Orchester, z. B. bei Spontini (*La Vestale*, 1805; *Fernand Cortez*, 1809), Beethoven (*Die Schlacht bei Vittoria*, 1813; Symphonie Nr 9 op. 125, 1824, 4. Satz), C. M. v. Weber (*Preziosa*, 1821). Bald wurde überreichlicher Gebrauch von der Großen Tr. gemacht, so daß Berlioz (*Traité d'instrumentation ...*, Paris 1844) dagegen Stellung bezog. In der von Berlioz geforderten sparsamen aber wirkungsvollen Weise ist die Große Tr. z. B. bei Verdi (*Aida*, 1871; *Otello*, 1887, 2 Große Tr.n), R. Strauss (*Ein Heldenleben*, 1899; *Salome*, 1905) und Busoni (*Turandot-Suite*, 1906) eingesetzt.

Die Landsknechts-Tr., die durch die Einführung der Großen (»Türken-«)Tr. zur Kleinen Tr. geworden war, erfuhr seit dem Ende des 18. Jh. durch die Herstellung der Zarge aus Messing statt aus Holz, durch Verringerung der Zargenhöhe und durch Einführung von Spannschrauben statt der Tr.-Leine eine grundlegende Veränderung zur Militär-Tr. des 19. Jh. Während in Frankreich der Name tambour weiterhin eine hohe Tr. bezeichnet und die (neue) Militär-Tr. caisse claire (ital. cassa chiara) genannt wird, ging in Deutschland die Bezeichnung Kleine Tr. auf die flache Militär-Tr. über. Die Landsknechts-Tr., u. a. noch heute in Spielmanns- und Fanfarenzügen gepflegt, wird instrumentenkundlich als → Rühr-Tr. bezeichnet. – Die Kleine Tr. diente zunächst nur als Effektinstrument und zur Charakterisierung des Militärischen, z. B. bei Meyerbeer (*Les Huguenots*, 1836), R. Wagner (*Rienzi*, 1840), Donizetti (*La fille du régiment*, 1840) und in den frühen Opern von Verdi. Doch wurde seitdem die Kleine Tr. zum festen Bestandteil des Schlagzeugs im Orchester; in der Instrumentation wird sie zur Hervorhebung prägnanter Rhythmen, zur Differenzierung des Orchesterklangs und zur Markierung von Akzenten eingesetzt, z. B. von Flotow (*Martha*, 1847), Bizet (*Carmen*, 1875), Rimskij-Korsakow (*Capriccio espagnol*, 1887; *Shéhérazade*, 1888) und Ravel (*Boléro*, 1928). – In dem Maße, in dem für die Neue Musik rhythmisch-geräuschhafte Momente bestimmend wurden, wuchs auch die Bedeutung der verschiedenen Tr.-Arten für die Instrumentation.

Lit.: S. VIRDUNG, Musica getutscht (Basel 1511), hrsg. v. R. Eitner, = PGfM, Jg. X, Bd XI, Bln 1882, dass., Faks. hrsg. v. L. Schrade, Kassel 1931; M. MERSENNE, Harmonie universelle, Paris 1636, Faks. hrsg. v. Fr. Lesure, 3 Bde, Paris 1963; G. FECHNER, Die Pauken u. Tr. in ihren neueren u. vorzüglicheren Konstruktionen, = Neuer Schauplatz d. Künste u. Handwerke CXL, Weimar 1862; A. DEUTSCH, Große Tr.- u. Becken-Schule, Lpz. (1896); R. ANDREE, Alte Tr. indianischer Medizinmänner, Globus LXXV, 1899; G. SCHAD, Musik u. Musikausdrücke in d. mittelengl. Lit., Diss. Gießen 1910; DERS., Zur Gesch. d. Schlaginstr. auf germanischem Sprachgebiet bis zum Beginn d. Neuzeit, in: Wörter u. Sachen VIII, 1923; FR. WEINITZ, Die lappische Zaubertr. in Meiningen, Zs. f. Ethnologie XLII, 1910, dazu K. B. Wiklund in: Le monde oriental IV, 1910, S. 89–110; H. KNAUER, Schlaginstr., in: E. Teuchert, Musik-Instrumentenkunde in Wort u. Bild III (Messingblas- u. Schlaginstr.), Lpz. 1911; H. G. FARMER, Military Music and Its Story, London 1912; DERS., Oriental Influences on Occidental Military Music, Islamic Culture XV, 1941; DERS., Islam, = Mg. in Bildern III, 2, Lpz. (1966); E. M. v. HORNBOSTEL u. C. SACHS, Systematik d. Musikinstr., Zs. f. Ethnologie XLVI, 1914, engl. v. A. Baines u. Kl. P. Wachsmann als: Classification of Mus. Instr., in: The Galpin Soc. Journal XIV, 1961; C. SACHS, Die Musikinstr. Indiens u. Indonesiens, = Hdb. d. Königlichen Museen zu Bln (XV), Bln 1915, ²1923, Nachdruck d. 1. Auflage Hilversum 1967; DERS., The Hist. of Mus. Instr., NY (1940), London 1942; DERS., Geist u. Werden d. Musikinstr., Bln 1929, Nachdruck Hilversum 1965; J. BAGGERS, Les timbales, le tambour et les instr. à percussion, in: Encyclopédie de la musique, hrsg. v. A. Lavignac u. L. de La Laurencie, II, 3, Paris (1926); H. BOUASSE, Cordes et membranes, Paris 1926; G. KAPPE, Tanz u. Tr. d. Neger. Grundsätzliches zur Erforschung d. afrikanischen Tänze u. ihrer Begleitinstr., Fs. H. H. Schauinsland, Bremen 1927; K. LOKOTSCH, Etymologisches Wörterbuch d. europäischen = Wörter orientalischen Ursprungs, = Indogermanische Bibl., 1. Abt., II, 3, Heidelberg 1927; FR. DICK, Bezeichnungen f. Saiten- u. Schlaginstr. in d. altfrz. Lit., = Gießener Beitr. zur romanischen Philologie XXV, Gießen 1932; A. HEIDER, Die Gesch. d. Tr.-Schlagmanieren, in: Fs. d. Baseler Mittwochs-Ges., Basel 1932; H. WIESCHHOFF, Die afrikanischen Tr. u. ihre außerafrikanischen Beziehungen, = Studien zur Kulturkunde II, Stuttgart 1933; H. BURGER, Das Tr. Buch, Plauen (1934); A. M. JONES, African Drumming, Bantu Studies VIII, 1934; P. R. KIRBY, The Mus. Instr. of the Native Races of South Africa, London 1934, Johannesburg ²1953; O. SEEWALD, Beitr. zur Kenntnis d. steinzeitlichen Musikinstr. Europas, = Bücher zur Ur- u. Frühgesch. II, Wien 1934; J. OBATA u. T. TESIMA, Experimental Studies on the Sound and Vibration of Drum, JASA VI, 1935; A. SCHAEFFNER, Origine des instr. de musique, Paris 1936; E. MANKER, Die lappische Zaubertr., 2 Bde, = Acta Lapponica I u. VI, Stockholm 1938 u. (1950); K. NAGABHUSHANA RAO, Theory of the Indian Mus. Drums, Proceedings of the Indian Acad., Reihe A, VII, 1939; G. ECKERT, Die Menschenhauttr. in Alt-Peru, Zs. f. Ethnologie LXIII, 1941; H. COURLANDER, Mus. Instr. of Cuba, MQ XXVIII, 1942; DERS., The Drum and the Hoe, Berkeley u. Los Angeles 1960; V. DENIS, De muziekinstr. in de Nederlanden in Italië naar hun afbeelding in de 15ᵉ-eeuwske kunst I, = Publicaties op het gebied d. geschiedenis en d. philologie III, 20, Löwen 1944; E. EMSHEIMER, Zur Ideologie d. lappischen Zaubertr., Ethnos IX, 1944; DERS., Schamanentr. u. Trommelbaum, ebenda XI, 1946; DERS., Eine sibirische Parallele zur lappischen Zaubertr.?, ebenda XIII, 1948 (d. zitierten Aufsätze auch in: Studia ethnomusicologica eurasiatica, = Musikhist. museets skrifter I, Stockholm 1964); FR. BERGER, Tr. u. Pfeifen, in: Musica Aeterna II, Zürich 1948; H. MORALES, Latin American Rhythm Instr., NY 1949; H. HICKMANN, The Rattle-Drum and Marawe-Sistrum, Journal of the Royal Asiatic Soc. 1950; DERS., La daraboukkah, Bulletin de l'Inst. d'Egypte XXXIII, 1950/51; DERS., Le tambourin rectangulaire du Nouvel Empire, Annales du service des antiquités de l'Egypte LI, 1951; DERS., Die Gefäßtr. d. Ägypter, Mitt. d. Deutschen Archäologischen Inst., Abt. Kairo, XIV, 1956; DERS., Ägypten, = Mg. in Bildern II, 1, Lpz. (1961); DERS., Die altägyptische Röhrentr., Oriens XVII, 1964; O. BOONE, Les tambours du Congo Belge et du Ruanda-Urundi, = Annales du Musée du Congo Belge Tervuren, N. S. in -4°, Sciences de l'homme, Ethnographie I, Tervuren 1951; U. FISCHER, Zu d. mitteldeutschen Tr., Archaeologica geographica II, 1951; G. MILDENBERGER, Die neolithische Tontr., Jahresschrift f. mitteldeutsche Vorgesch. XXXVI, (Halle) 1952; F. ORTIZ, Los instr. de la música afrocubana, 5 Bde, Habana 1952–55; M. M. SONDHI, Vibrations of Indian Mus. Drums Regarded as Composite Membrans, JASA XXVI, 1954; D. DROST, Tönerne Tr. in Afrika, Jb. d. Museums f. Völkerkunde Lpz. XIV, 1955; E. ELSENAAR, De geschiedenis d. slaginstr., Hilversum 1956; W. SALMEN, Zur Verbreitung d. Einhandflöte u. Tr. im europäischen MA, Jb. d. Österreichischen Volksliedwerkes VI, 1957; A. A. SHIVAS, The Art of Tympanist and Drummer, London 1957; A. A. BAKE, Rhythmischer Kontrapunkt auf einer Rahmentr. aus Ceylon, Kgr.-Ber. Köln 1958; H. FISCHER, Schallgeräte in Ozeanien, = Slg mw. Abh. XXXVI, Straßburg u. Baden-Baden 1958; P. SEEGER, The Steel Drum: A New Folk Instr., Journal of American Folklore LXXI, 1958; DERS., The Steel Drum of Kim Log Wong. An Instruction Book, NY (1961); W. P. MALM, Japanese Music and Mus. Instr., Rutland (Vt.) u. Tokio 1959; DERS., An Introduction to Taiko Drum Music in the Japanese No Drama, Ethnomusicology IV, 1960; H. RIEDEL, Musik u. Musikerlebnis in d. erzählenden deutschen Dichtung, = Abh. zur Kunst-, Musik- u. Literaturwiss. XII, Bonn 1959; H. KUNITZ, Die Instrumentation X (Schlaginstr.), Lpz. 1960; J. BLADES, Orchestral Percussion Technique, London 1961; N. H. CARTER, A Dictionary of Middle Engl. Mus. Terms, = Indiana Univ. Humanities Series XLV, Bloomington (1961); W. HABERLAND, Tontr. in El Salvador, Baessler-Arch., N. F. IX (= Bd XXXIV), 1961; H. C. HARDY u. J. E. ANCELL, Comparison of the Acoustical Performance of Calfskin and Plastic Drumheads, JASA XXXIII, 1961; E. B. GANGWARE, The Hist. and Use of Percussion Instr. in Orchestration, Diss. Northwestern Univ. (Ill.) 1962, maschr.; WŁ. KOTOŃSKI, Instrumenty perkusyjne ..., Krakau (1963), deutsch als: Schlaginstr. im modernen Orch., Mainz (1968); CL. MARCEL-DUBOIS, Le tambour bourdonnant, Journal of the International Folk Music Council XVI, 1964; G. ROUGET, Tons de la langue en Gun (Dahomey) et tons du tambour, Rev. de Musicol. L, 1964; DERS. u. J. GERGELEY, La musique funéraire en Afrique noire: fonctions et formes, Kgr.-Ber. Salzburg 1964. → Instrumentation.

Trommelbaß, spöttische Bezeichnung für fortgesetzte Wiederholung desselben Tons in schneller Folge in der Baßstimme.

Trompe (trɔ̃p, frz.), im 11.–13. Jh. ein gerades → Horn mit konischer Röhre aus (Messing-)Blech, ohne Stürze und wahrscheinlich ohne Mundstück. Die Tr. wurde als ritterliches Signalinstrument im Krieg, bei der Jagd und beim Turnier (später auch von städtischen Ausrufern) geblasen.

Lit.: E. A. BOWLES, Unterscheidung d. Instr. Busine, Cor, Tr. u. Trompette, AfMw XVIII, 1961.

Trompete (von ahd. trumba, s. v. w. dröhnendes, schnarrendes Instrument; mhd. trumpet, trumet, trumbe; mittellat. tuba; ital. tromba und Diminutiv trombetta, belegt bei Dante, *Inferno* VI, 95 und XXI, 139; frz. → trompe, Diminutiv trompette belegbar seit dem 13. Jh.; engl. trumpet; arabisch al-nafīr, danach span. anafil, seit der 1. Hälfte des 13. Jh.), – 1) ein im Unterschied zum → Waldhorn überwiegend zylindrisches, eng mensuriertes Blasinstrument mit halbkugeligem Kesselmundstück. Im Orchester gehören die Trp.n zur Gruppe der Blechblasinstrumente. Bevorzugte Metalle sind Messing, Goldmessing und Neusilber, für Prunkstücke Silber (selten Gold). Die Trp. besitzt einen strahlenden, scharfen, hellen Klang, der durch verschiedene → Dämpfer verändert werden kann. Natur-Trp.n sind Trp.n ohne Ventile, auf denen nur

die → Naturtöne verfügbar sind. Vor der Erfindung der → Ventile (– 2; 1813) mußte daher die Grundstimmung der Trp.n mit der Tonart der Komposition übereinstimmen. Trp.n verschiedener Grundstimmung werden in C als → Transponierende Instrumente notiert. Die heutige Orchesterpraxis kennt nur noch für die Sopranlage die kleine Trp. in B, die einen Ganzton, für die Alt- und Tenorlage die große Trp. in F, die eine Quinte nach unten transponiert. Die tiefere A- bzw. Es-Stimmung kann bei beiden Instrumenten durch Stimmventile erreicht werden. Seltener werden die hohen »Bach«-Trp.n in D oder die Baß-Trp.n in C und B verwendet. Der Umfang beträgt bei allen Stimmlagen etwa $2^{1}/_{2}$ Oktaven; die tieferen Instrumente besitzen einen größeren und fülligeren Klang als die Sopraninstrumente, der sich gut mit dem der Posaunen verbindet. Die Schwingungen bei der Trp. werden in gleicher Weise erzeugt wie beim → Horn.
Die historische Entwicklung der Horn- und Trp.n-Instrumente läßt sich bis in vorgeschichtliche Zeit zurückverfolgen. Als Material dienten anfangs Naturprodukte wie Muscheln, Knochen, Stoßzähne, Tierhörner, Kalebassen oder Bambus. Erst in einer späteren Entwicklungsstufe gelang es dem Menschen, aus Holz, Rinde, Elfenbein, Ton die Form zu schaffen, die in der europäischen Kunstmusik bis in das 19. Jh. fortlebte. Relikte aus früher Zeit sind in den skandinavischen → Luren und im → Alphorn erhalten. In der Zeit vor der Verwendung von Metall fehlt in der Regel ein besonderes → Mundstück und oft auch ein Schalltrichter (→ Stürze). Je nach der Stellung des Anblaslochs können Längs- und Quer-Trp.n unterschieden werden. – Zu den außereuropäischen Vorfahren der Trp. gehören unter der allgemeinen Bezeichnung Tuben zusammengefaßte Blasinstrumente, die, für alle alten Hochkulturen belegbar, zu den ältesten Musikinstrumenten zählen. Statt eines Mundstücks nur einen wulstförmigen umgebogenen Rand am oberen Ende des Rohres besaßen die auf Zypern gefundenen Ton-Trp.n (4. Jh. v. Chr.) und die Metall-Trp.n Altägyptens. Es kann angenommen werden, daß die Trp. schon früher, als im Osiris-Kult in Ägypten eine Rolle gespielt hat (vgl. Hickmann 1950). Die äthiopische Quer-Trp. Malakat (aus Bambus) weist auf altägyptische Traditionen zurück. Bei den Sumerern sind Holztuben nachweisbar. Silberne Trp.n (chazozra) werden im Alten Testament erwähnt. Die Römer kannten neben der (kurzen) Signalinstrument → Lituus auch eine langgestreckte Bronze-Trp. mit Knochen- oder Hornmundstück unter dem Namen tuba (bei den Griechen → Salpinx genannt), die außer bei militärischen oder kultischen Anlässen auch bei Trinkgelagen, im Gymnasium, bei Leichenprozessionen, Aufmärschen und Umzügen oder zur Einleitung von Schauspielen gespielt wurde. Verwandt mit dem römischen Lituus sind in Irland gefundene keltische Hörner. – Relativ spät trat die Trp. im zentral- und ostasiatischen Raum auf. Wie im afrikanischen Raum gab es hier sowohl Längs- als auch Quer-Trp.n. Verwendung vorwiegend bei kultischen oder sakralen Anlässen fanden bis in die neueste Zeit in Tibet die 2–3 m langen, weitmensurierten kupfernen Tempel-Trp.n (zabs dung) und in Indien langgestreckte, paarweise geblasene Trp.n (tarai), die mit ihrem schauerlich-feierlichen Klang der Totenklage Ausdruck verleihen. – Die chinesische La pa ist eine etwa 1,50 m lange, gerade Trp., bestehend aus ineinanderschiebbaren konischen Metallröhren mit flachem, breitrandigem Mundstück und weitausladendem Schallbecher, ursprünglich ein Instrument für Militärmusik, das heute noch bei Begräbnisfeierlichkeiten geblasen wird.
Die aus Blech hergestellte Trp. kam nach Europa aus dem Orient als Kriegsbeute im Gefolge der Kreuzzüge und der Arabereinfälle. Als ältester reiner Trp.n-Typus in Europa gilt die langgestreckte → Busine (um 1100). Sie ist sarazenischen Ursprungs und wird zuerst im Rolandslied erwähnt. Daneben waren Holz-Trp.n bis ins 14. Jh. hinein zahlreich vorhanden. – Wie im Orient blieb die Trp. auch in Europa primär dem fürstlichen Hofstaat vorbehalten; gewöhnlich wurden zwei und mehr Instrumente im Unisono eingesetzt. Bei festlichen Aufzügen wurden die Businen zusammen mit Schalmeien, Pauken und Trommeln gespielt. – Im 15. und 16. Jh. bedingte das Streben nach größerer Tontiefe eine Verlängerung bzw. eine Biegung der Röhre. Aus der Busine entstand die einwindige Natur-Trp., die bis zum Beginn des 19. Jh. im wesentlichen die gleiche Form behielt. Bis ins 15. Jh. gab es eine Vielzahl von Größen, von der kurzen Trp. mit etwa 80 cm bis zur übermannsgroßen; danach setzte sich ein mittlerer Typ von etwa 120 cm Rohrlänge durch. Auch in der Art der Rohrwindung trat mit der 2. Hälfte des 15. Jh. eine Standardisierung ein; die manchmal bizarren Formen (u. a. Zickzack-, Brezel- und S-Form) verschwanden, übrig blieb die schlaufenartige Windung. Die Trp.n, oft mit Gravuren oder anderen Metallarbeiten, als Herolds-, Hof- und Militärinstrumente auch mit Emblemen, Standarten oder farbigen Kordeln geschmückt, wurden von Goldschmieden und Orgelmachern angefertigt; schon 1297 sind in Paris Trp.n-Macher nachweisbar.
Im Mittelalter wurde die Trp. von fahrenden Spielleuten zusammen mit Schalmeien zum Tanz gespielt. Seit der 2. Hälfte des 15. Jh. wurden Trompeter an Höfen seßhaft; ihre Aufgabenbereiche, unterhaltendes Spiel und das Blasen von Signalen im Kriegswesen und bei repräsentativen Anlässen, umschreiben die Bezeichnungen trompette de menestrel und de guerre (am burgundischen Hof ab 1420). Die Sonderstellung unter dem höfischen Personal – der Trompeter war oft auch Kurier – wurde den Trompetern verbrieft (→ Zunft; → Pauke). Auf den zunftmäßigen Zusammenschluß ist es zurückzuführen, daß über die Blastechnik und das Repertoire der Hof- und Feldtrompeter fast nichts überliefert ist. – Bis um 1300 standen dem Trompeter wahrscheinlich nur bis zu 4 Naturtöne zur Verfügung, im 15. Jh. 6–8. Die Spielweise auf dem hell und durchdringend klingenden Instrument beschränkte sich darum zunächst auf schmetterndes Blasen mehrerer Trp.n im Sinne primär klanglichen Spiels als → Tusch (auch → Sennet) oder auf das Blasen einfacher Signale; bei der Begleitung von Tänzen spielte der Trompeter nur 2 oder 3 Töne (wie in den Stücken der Hs. London, Brit. Mus., Add. 29 987). Einen größeren Tonvorrat besaß die → Zugtrompete. Praetorius (Synt. II, S. 20) gibt als Umfang für die Feld-Trp. in D (Kammerton) oder die Kapell-Trp. in C oder B den 2.–22. Naturton an, Mersenne 1636 den 1.–16. (ohne den 7. und 14.). Der Tonvorrat wurde eingeteilt in Lagen (Register, Stimmen): 1) Flattergrob, ital. sotto basso, der Grundton, der nur mit Posaunenmundstück anspricht; 2) Grobstimme, basso, (auf der Trp. in C), c; 3) Faulstimme, volgano, g; 4) Mittelstimme, alto e basso, c^1; 5) Prinzipal, principale, e^1, g^1, c^2; 6) 2. Clarin g^1–g^2 und 7) 1. Clarin c^2–c^3 (nach Speer 1687). Bei Praetorius (Polyhymnia caduceatrix, 1619) wechselt die Mittelstimme (Alter Baß) zwischen c^1, e^1 und g^1; beide Clarinstimmen sind bis a^2 geführt. In der → Toccata zu Monteverdis Orfeo (1607) ist die Prinzipalstimme als quinta bezeichnet. Signale wurden in den tiefen Registern geblasen, Feldstücke (→ Feldmusik) in der Prinzipallage, Toccaten in der Clarinlage. Als Ergebnis dieser Umfangserweiterung mußte z. B. der → Zink

als Sopraninstrument des Trompetenchors weichen, gleichwohl wurde er im 17. Jh. in Deutschland von den Stadtpfeifern als Ersatz für die privilegierten Trp.n weiterhin gespielt. Beim mehrstimmigen oder mehrchörigen Spiel von Sonaten und Aufzügen kam zu den Trp.n in verschiedenen Lagen (z. B. zwei Clarini und Prinzipal) als Baß ein Paar Pauken hinzu. Das Clarinblasen (→ Clarino) ist die Technik des virtuosen Trp.n-Spiels im concertierenden Stil mit obligaten und solistischen Partien in der → Arie, im Concertino des Concerto grosso und im Solokonzert.

Seit der 2. Hälfte des 18. Jh. wurde mit zahlreichen Erfindungen, die zum Teil zunächst am Waldhorn erprobt wurden, der Tonvorrat chromatisch erweitert, so durch verlängernde Setzstücke (→ Stimmbögen, → Inventionshorn), → Klappen, Züge (Slide trumpet in England) und vor allem durch → Ventile. Dies bedeutete das Ende des Clarinblasens und der »heroischmusikalischen Trompeter- und Pauker-Kunst«, wie sie J. E. Altenburg beschrieben hat. Das Privileg der angesehenen Trompeterzunft erlosch. Die 1818 patentierte Erfindung der Ventile bewirkte zwar einen etwas weniger strahlenden Klang der Trp.n, bedeutete aber einen entscheidenden Fortschritt in der Spieltechnik. Chromatisches Spiel wurde jetzt voll möglich. Die Ventil-Trp. in B und Es setzte sich bis um 1840 in Militärkapellen, die in F bald danach auch in den Symphonieorchestern durch. Das Standardinstrument seit etwa 1890 ist die Trp. in B (umstellbar nach A) mit dem Umfang f–d^3; daneben werden (abgesehen von Sonderformen wie der → »Aida«-Trp.) die Trp.n in C, D und Es sowie die z. B. von R. Wagner im Ring des Nibelungen geforderte Baß-Trp. (mit 4. Ventil) in C verwendet. In der → Partitur werden die Trp.n-Stimmen unter den Waldhörnern und (wenn Posaunen nicht beteiligt sind) direkt über den Pauken notiert. Im klassischen Orchester ist die Verwendung der im allgemeinen paarweise besetzten Trp.n auf fanfarenartige Motive, Betonung oder Festhalten von Tonika und Dominante sowie rhythmische Akzentuierung beschränkt. Die Erfindung der Ventile wurde beim Trp.n-Bau erst vor 1830 an voll genutzt. Daher konnte Beethoven noch in der Originalpartitur der 9. Symphonie Trp.n (wie auch Hörner) nicht in dem Maße einsetzen, wie es später in der Kompositionspraxis selbstverständlich wurde. Retuschen in den Trp.n- und Hornstimmen, wie sie (speziell für Beethoven) F. v. Weingartner begründet hat, sind bei heutigen Aufführungen zum Teil üblich. Im romantischen Orchester werden die Trp.n in der Regel dreifach besetzt, um vollständige Dreiklänge derselben Klangfarbe spielen zu können. – Originell sind die Verbindungen von Ventil- und Natur-Trp. in R. Wagners Rienzi (im Orchester: 2 Ventil-, 2 Natur-Trp.n in D, C, F und B; auf der Bühne: 6 Ventil-, 6 Natur-Trp.n, 4 in Es, 2 in B) und Lohengrin (im Orchester: 3 Ventil-Trp.n, auf der Bühne, 3. Akt: 12 Natur-Trp.n, 4 in C, je 2 in Es, F, D und E). – Virtuose Trp.n-Musik komponierten u. a.: G. Torelli, Concerto con 2 trombe e strumenti; Sonata a 5 con tromba; D. Gabrielli, Sonata per tromba e orchestra; A. Vivaldi, Concerto per due trombe, P.-V. 75; G. Jacchini, Trattenimenti per camera a 3–6 strumenti con alcune a 1 e 2 trombe op. 5; 3 Sonate für Trp., Streicher und B. c. und 2 Sinfonie für 2 Trp., Streicher und B. c. (in Ms.). Konzerte für Trp. schrieben u. a. L. Mozart, J. Haydn und B. A. Zimmermann. Daneben gibt es ein Konzert für Trp. u. Fag. mit Streichorch. (1949) von Hindemith. In der Kammermusik ist die Trp. selten vertreten (im → Septett oder → Oktett; eine Sonate für Trp. und Kl. [1939] komponierte Hindemith). – Im Jazz hat die Trp. – vornehmlich mit Pumpventilen – um 1928 zunehmend das → Kornett (– 2) abgelöst. Berühmte Jazztrompeter sind Louis Armstrong, Bix Beiderbecke, Dizzy Gillespie und Miles Davies.

– 2) In der Orgel ist Trp. eine Zungenstimme mit trichterförmigem Aufsatz zu 16′, 8′ oder 4′, letztere auch Clarino oder Clairon genannt. Die überblasende Trp. (trompette harmonique) ist im französischen Orgelbau beliebt. Die im Prospekt stehenden, mit ihren Schallbechern waagerecht weit in den Kirchenraum (»en chamade«) hinausragenden Trp.n sind für den spanischen Orgelbau charakteristisch.

Lit.: zu 1): PRAETORIUS Synt. II; C. HENTZSCHEL, Oratorischer Hall vnd Schall. Vom löblichen Ursprung ... d. Rittermessigen Kunst d. Trommelen, Bln 1620; M. MERSENNE, Harmonie universelle III, Paris 1636 (S. 244ff.), Faks. hrsg. v. Fr. Lesure, Paris 1963; G. FANTINI, Modo per imparare a sonare di tromba, Ffm. 1638, Faks. Mailand 1934; D. SPEER, Grund-richtiger Unterricht ... d. musicalischen Kunst, Ulm 1687, erweitert als: Musicalisches Kleeblatt, 1697; J. E. ALTENBURG, Versuch einer Anleitung zur heroisch-mus. Trompeter- u. Pauker-Kunst, Halle 1795, NA Dresden 1911, Nachdruck Bilthoven 1966; H. BERLIOZ, Traité d'instrumentation et d'orchestration modernes, Paris 1844, erweitert Paris 1856, NA bearb. v. R. Strauss als: Instrumentationslehre, Lpz. 1905, ²1955; J. G. KASTNER, Manual général de musique militaire..., Paris 1848; H. L. EICHBORN, Die Trp. in alter u. neuer Zeit, Lpz. 1881; H. LEICHTENTRITT, Was lehren uns d. Bildwerke d. 14.–17. Jh. über d. Instrumentalmusik ihrer Zeit?, SIMG VII, 1905/06; F. v. WEINGARTNER, Ratschläge f. Aufführungen klass. Symphonien I: Ratschläge f. Aufführungen d. Symphonien Beethovens, Lpz. 1906, ³1928, Wiesbaden ⁴1958; V.-CH. MAHILLON, Les instr. à vent III: La trompette, son hist., sa théorie, sa construction, Brüssel 1907; FR. W. GALPIN, Old Engl. Instr. of Music, London 1910, ³1932, ⁴1965 hrsg. v. Th. Dart; DERS., The Music of the Sumerians and Their Immediate Successors, the Babylonians and Assyrians, ebenda 1937, Neudruck = Slg mw. Abh. XXXIII, Straßburg 1955; SACHSL; C. SACHS, Die Musikinstr. Indiens u. Indonesiens, = Hdb. d. Königlichen Museen zu Bln (XV), Bln 1915, ²1923, Nachdruck d. 1. Auflage Hilversum 1967; DERS., Die Musikinstr. Birmas u. Assams..., M. 1917, II: DERS., Eine unkritische Kritik d. Klarinblasens, AfMw II, 1919/20; DERS., Geist u. Werden d. Musikinstr., Bln 1929, Nachdruck Hilversum 1965; DERS., The Hist. of Mus. Instr., NY (1940), London 1942; DERS., Chromatic Trumpets in the Renaissance, MQ XXXVI, 1950; J. WOLF, Die Tänze d. MA, AfMw I, 1918/19; FR. JAHN, Die Nürnberger Trp.- u. Posaunenmacher im 16. Jh., AfMw VII, 1925; FR. BRÜCKER, Die Blasinstr. in d. altfrz. Lit., = Gießener Beitr. zur romanischen Philologie XIX, Gießen 1926; D. TREDER, Die Musikinstr. in d. höfischen Epen d. Blütezeit, Diss. Greifswald 1933; O. GOMBOSI, Zur Vorgesch. d. Tokkata, AMl VI, 1934; W. MENKE, Die Gesch. d. Bach- u. Händel-Trp., London 1934; G. SCHÜNEMANN, Sonaten u. Feldstücke d. Hoftrompeter, ZfMw XVII, 1935, dazu: Trompeterfanfaren, Sonaten u. Feldstücke, hrsg. v. dems., = RD VII, Kassel 1936; E. v. KOMORZYNSKI, Die Trp. als Signalinstr. im altägyptischen Heer, Arch. f. ägyptische Archäologie I, 7, Wien 1938; O. SCHREIBER, Orch. u. Orchesterpraxis in Deutschland zwischen 1780 u. 1850, = Neue deutsche Forschungen CLXXVII, Abt. Mw. VI, Bln 1938; C. ALBIZZATI, Antichità classiche, Mailand 1940; G. BARBLAN, Musiche e strumenti mus. dell'Africa Orientale Ital., Neapel 1941; N. BESSARABOFF, Ancient European Mus. Instr., Boston 1941, Nachdruck 1964; CL. MARCEL-DUBOIS, Les instr. de musique de l'Inde ancienne, Paris 1941; K. GEIRINGER, Mus. Instr., London 1943, NY 1945; A. McCARTHY, The Trumpet in Jazz, London 1945; H. HICKMANN, La trompette dans l'Egypte ancienne, = Suppl. aux Annales du service des antiquités de l'Egypte I, Kairo 1946; DERS., Cat. général des antiquités égyptiennes du Musée du Caire, Instr. de musique, Kairo 1949; DERS., Die kultische Verwendung d. altägyptischen Trp., Die Welt d. Orients V, 1950; DERS., Ägypten, = Mg. in Bildern II, 1, Lpz. (1961); A. CARSE, The Orch. from Beethoven to Berlioz, Cambridge 1948; J. BERGER, Notes on Some 17th-Cent. Compositions for Trumpets and Strings in Bologna, MQ XXXVII, 1951; M. BÜTTNER, Studien zur Gesch. d. Trp.,

Diss. Münster i. W. 1953, maschr.; W. KOLNEDER, Il concerto per due trombe di A. Vivaldi, RMI LV 1953; W. WÖRTHMÜLLER, Die Nürnberger Trp.- u. Posaunenmacher d. 17. u. 18. Jh., Mitt. d. Ver. f. Gesch. d. Stadt Nürnberg XLV, 1954–XLVI, 1955; A. MACHABEY, Aperçu hist. sur les instr. de cuivre, RM Nr 226, 1955; H. HOFMANN, Über d. Ansatz d. Blechbläser, Kassel 1956; W. OSTHOFF, Trombe sordine, AfMw XIII, 1956; C. TITCOMB, Baroque Court and Military Trumpets and Kettledrums, The Galpin Soc. Journal IX, 1956; H. SEIDEL, Horn u. Trp. im alten Israel unter Berücksichtigung d. »Kriegsrolle« v. Qumran, Wiss. Zs. d. K.-Marx-Univ. Lpz. VI, 1956/57; H. BAHNERT, T. HERZBERG u. H. SCHRAMM, Metallblasinstr., Lpz. 1958; H. FISCHER, Schallgeräte in Ozeanien, = Slg mw. Abh. XXXVI, Straßburg u. Baden-Baden 1958; H. KUNITZ, Die Instrumentation VII (Trp.), Lpz. 1958; E. HALFPENNY, W. Shaw's »Harmonic Trumpet«, The Galpin Soc. Journal XIII, 1960; DERS., W. Bull and the Engl. Baroque Trumpet, ebenda XV, 1962; DERS., Two Oxford Trumpets, ebenda XVI, 1963; E. A. BOWLES, Unterscheidung d. Instr. Buisine, Cor, Trompe u. Trompete, AfMw XVIII, 1961; A. JANATA, Außereuropäische Musikinstr., Kat., Wien 1961; M. RASMUSSEN, A Concertino for Chromatic Trumpet by J. G. Albrechtsberger, Brass Quarterly V, 1961/62; R. HAMMERSTEIN, Die Musik d. Engel, Bern u. München (1962); B. AIGN, Die Gesch. d. Musikinstr. d. ägäischen Raumes bis um 700 v. Chr., Diss. Ffm. 1963; F. KÖRNER, Studien zur Trp. d. 20. Jh., Diss. Graz 1963, maschr.; M. WEGNER, Griechenland, = Mg. in Bildern II, 4, Lpz. (1963); G. FLEISCHHAUER, Etrurien u. Rom, = Mg. in Bildern II, 5, Lpz. (1964); H. HEYDE, Trp. u. Trompeteblasen im europäischen MA, Diss. Lpz. 1965, maschr.

Trompette marine (trɔ̃p'ɛt mar'in, frz.) → Trumscheit.

Troparion ist ein einstrophiger Hymnus, dessen Metrik und Reimfolge frei gewählt werden können. Es ist das einfachste Element der byzantinischen → Hymnographie, zugleich der Kern auch ihrer kompliziertesten Formen. Die verschiedenen Namen des Tr.s verweisen auf die Verwandtschaft mit anderen Troparia, den Inhalt, die Stellung im Offizium, den melodischen Typus usw. Wenn ein Tr. sich seiner Form nach (Zahl, Länge und Aufbau der Verse usw.) von allen anderen Troparia der gleichen Liturgie unterscheidet, heißt es Tr. idiomelon (»mit eigener Melodie«). Tr. automelon (»das selbst eine Melodie hat«) wird ein Tr. genannt, das eine Reihe gleichgebauter Troparia (prosomoia, »übereinstimmende«) eröffnet. Ein Tr. automelon ist z. B. der → Heirmos, ebenso die 1. Strophe eines → Kontakions; diese »typischen Troparia« stehen dem antiken Nomos nahe. In der Ordnung der Leiturgia (Messe) und des Offiziums spricht man von → Stichera, wenn die Troparia zwischen die Verse (stichoi) eines Psalms eingeschoben werden. Besondere Zusammenstellungen von Psalmversen und Stichera ergeben die Antiphona; in diesem Falle heißt das Tr. Antiphonon. Ferner gibt es das Makarismon, das zwischen die Verse der Seligpreisungen eingeschoben wird, das Apolytikion, das Heothinon, die Hypakoe, das Kathisma, das Exapostelarion, die Katabasia, das Anatolikon, das Doxastikon, das Megalynarion usw. Nach seinem Inhalt heißt das Tr. Dogmatikon, Photagogarion, Martyrikon, Triadikon, Katanyktikon, Theotokion, Anastasimon, Staurotheotokion, Stauroanastasimon, Staurosimon, Nekrosimon, Anapausimon usw. Nach dem melodischen Typus heißt das Tr. Kalophonikon usw. Besondere Zusammenstellungen von Troparia ergeben das Antiphonon, das Kontakion und den → Kanon (– 2).

Tropus (lat., von griech. τρόπος, Wendung, Weise), in den sprachlichen Artes der Antike und des Mittelalters eine der rhetorischen Sinnfiguren, näherhin definiert als *verbi vel sermonis a propria significatione in aliam ... mutatio* (Quintilianus, *De institutione oratoria* III, 6, 1; vgl. hierzu Isidorus von Sevilla, *Etymologiarum* ... I, 37, 1: *Tropos Graeco nomine Grammatici vocant, qui Latine modi locutionum interpretantur*). Als Terminus der mittelalterlichen Musiklehre bezeichnet das aus dem griechischen Musikschrifttum übernommene Wort Tr. neben Modus und Tonus die → Kirchentöne. Daneben findet es sich bei frühmittelalterlichen Dichtern und Schriftstellern in der Bedeutung von Gesang oder Gesangsweise (u. a. bei Venantius Fortunatus und Sedulius Scotus). Unter Tr. im engeren Sinne wird heute die seit dem 9. Jh. in der abendländischen Liturgie bezeugte nachträgliche syllabische Textierung gegebener melismatischer Gesänge verstanden, dann auch deren nachträgliche musikalische Erweiterung sowie die Neukomposition tropierender Texte. Dieses Verfahren einer entweder nur textlichen oder melodischen oder auch textlich-musikalischen Interpolation wurzelt offensichtlich in dem Bemühen, das gemeinsam mit der römischen Liturgie nach dem Frankenreich übertragene Repertoire »Gregorianischer« Gesänge auf fränkischem Boden heimisch zu machen. Aufgabe des Tr. ist überdies die nähere Bindung eines Gesanges an den jeweiligen Festanlaß, wobei der Zusammenhang mit dem tropierten Grundtext (vor allem bei den in den Textablauf eingeschobenen Tropen) häufig so eng ist, daß der abgelöste Tr. allein unverständlich bleibt. Das älteste Zeugnis für untextierte melismatische Einschübe bietet Amalar von Metz, der in Kap. 18 seines *Liber de ordine Antiphonarii* (1. Hälfte 9. Jh.) die Interpolation eines sogenannten Neuma triplex beim (Schluß-)Responsorium *In medio ecclesiae* der Matutin vom Fest des Evangelisten Johannes erwähnt (Melodie in: *The New Oxford History of Music* II, S. 143f.) und seine Ausführungen durch den Hinweis ergänzt, daß dieses Neuma (= Melisma) von den moderni cantores ebenfalls beim Responsorium *Descendit de caelis* der Weihnachtsmatutin gesungen werde (Melodie in: P. Wagner, *Einführung* III, S. 348). Unter den Tropensammlungen enthalten besonders die frühen St. Galler Handschriften reiches Material an melismatischen Interpolationen. – Tropierende Texte konnten entweder einem in seine Einzeltöne aufgelösten Melisma unterlegt werden (älteste bisher nachweisbare Quelle ist das zwischen 817 und 847 aufgezeichnete *Psalle modulamina* als Textierung des Alleluias *Christus resurgens*) oder aber verbunden mit einer neugeschaffenen melodischen Erweiterung auftreten. Ihr Vortrag oblag in der Regel einem Solisten. Wurden diese Zusätze zunächst auch als Prosa, Prosella, Versus, Laudes u. a. bezeichnet, so setzte sich allmählich die gemeinsame Bezeichnung Tr. für die zum Teil sehr verschiedenartigen Formen durch.

Tropen begegnen hauptsächlich bei den Gesängen des Ordinarium missae und des Proprium missae (einschließlich Alleluia, so daß Alleluia-Tr. und – Sequenz – 1 voneinander zu trennen sind), ferner im Rahmen des Offiziums bei Antiphonen und Responsorien (so in der Matutin in Verbindung mit dem jeweils abschließenden Responsorium prolixum der Nokturnen), vorzugsweise auch beim Benedicamus Domino. Die Gruppe der Responsoriumstropen bildet unter der Bezeichnung Verbetae oder Verbettae einen eigenen Überlieferungszweig, der in seiner entwickelteren Form sequenzartig gestaltet ist (ein verbreitetes Beispiel hierfür ist das *Inviolata, integra et casta es, Maria* beim Responsorium *Gaude Maria virgo*) und bis ins 16. Jh. besonders in Frankreich lebendig blieb. Einen eigenen Zweig bildet auch der als Epître farcie (Epistola farcida) bezeichnete Epistel-Tr., der vom 11. bis 16. Jh. vor allem in Südfrankreich und Nordspanien beliebt war. – In der Zeit der Niederschrift der frühesten heute noch erhaltenen Choralhandschriften haben die Tropen bereits eine hohe Blüte erreicht. Wenn Mittel- und Endtropen sich erst nach dem Einleitungs-Tr. entwickelt haben (wie Husmann annimmt), verliert die Frage nach dem Ursprung insofern an Bedeutung, als dann der Tr. zu verstehen wäre als Aufforderung, einen bestimmten liturgischen Gesang auszuführen, und somit zu den Grundelementen der christlichen Liturgie gehörte. In allen seinen Erscheinungsformen dürfte er sich schon im 9./10. Jh. ausgebildet haben. Einer nachhaltigen Pflege der hauptsächlich in westfränkischen Abteien (an führender Stelle → Saint-Martial) heimischen Tropenkunst folgte bald ihre Verbreitung nach England (Winchester) und Italien, wogegen Ostfranken sich in ihrer Pflege zurückhaltender zeigte. Wie bei der Sequenz bildete hier St. Gallen auch für die Tropen ein bedeutendes Zentrum, mit dem sich der Name Tuotilos († 915), des ältesten der wenigen namentlich bekannten Tropendichter, verbindet. Parallel zur Sequenz besteht auch beim Tr. ein deutlicher Repertoireunterschied zwischen westfränkischem und ostfränkischem Gebiet. Hervorzuheben ist, daß die Tropen keinen Eingang in die stadtrömische Meßliturgie fanden. – Die ursprünglich meist nur kurzen tropierenden Zusätze nahmen schnell an Umfang zu und bestanden bald aus metrisch oder rhythmisch geformten Texten und aus einer oder mehreren Strophen, so daß der liturgische Grundtext mehr und mehr überlagert und zurückgedrängt wurde. Ergab sich auf diese Weise ein Mißbrauch, dem die Kirche schließlich entgegentrat, so liegt doch hier der Ursprung wichtiger poetischer und musikalischer Formen (u. a. der → Motette); aus den Tropen der Weihnachts- und Osterintroitus haben sich dramatische Szenen, Mysterien und geistliche Schauspiele entwickelt (→ Liturgisches Drama). Schon im Laufe des 12. und 13. Jh. verliert sich die Überlieferung der Tropen zum Proprium missae, während die Ordinariums- und Offiziumstropen noch bis zum 16. Jh. fortlebten, bis sie durch das → Tridentiner Konzil vollständig beseitigt wurden. Die Erinnerung an diese einst so große Tradition wird im heutigen Graduale Romanum noch wachgehalten durch Überschriften wie Kyrie *Lux et origo* (= Kyrie I), *Fons bonitatis* (= Kyrie II), *Deus sempiterne* (= Kyrie III), *Cunctipotens Genitor Deus* (= Kyrie IV).

Ausg. u. Lit.: H. HUSMANN, Tropen- u. Sequenzenhss., = RISM B V¹, München u. Duisburg (1964). – L. GAUTIER, Hist. de la poésie liturgique au moyen âge. Les tropes, Paris 1886, Nachdruck Ridgewood (N. J.) 1966; W. H. FRERE, The Winchester Troper..., London 1894; Variae preces, Solesmes ⁵1901; Analecta hymnica medii aevi XLVII u. XLIX, Lpz. 1905–06 (Tropentexte zum Ordinarium u. Proprium missae); H. VILLETARD, Office de Pierre de Corbeil (Office de la Circoncision) improprement appelé »Office des Fous«, = Bibl. musicologique IV, Paris 1907; O. MARXER, Zur spätma. Choralgesch. St. Gallens. Der Cod. 546 d. St. Galler Stiftsbibl., St. Gallen 1908; P. WAGNER, Einführung in d. Gregorianischen Melodien III, Lpz. 1921, Nachdruck Hildesheim u. Wiesbaden 1962; H. ANGLÈS, El còd. mus. de Las Huelgas III, = Publicaciónes del Departament de música de la Bibl. de Catalunya VI, Barcelona 1931; DERS., La música a Catalunya fins al s. XIII, ebenda X, 1935; DERS., Die Sequenz u. d. Verbeta im ma. Spanien, STMf XLIII, 1961; J. HANDSCHIN, Zur Frage d. melodischen Paraphrasierung im MA, ZfMw X, 1927/28; DERS., Gesch. d. Musik in d. Schweiz bis zur Wende d. MA, in: Schweizer Musikbuch, Zürich 1939; DERS., Trope, Sequence, and Conductus, in: The New Oxford Hist. of Music II, London, NY u. Toronto 1954; W. LIPPHARDT, Die Kyrietr. in ihrer rhythmischen u. melodischen Struktur, Kgr.-Ber. Lüneburg 1950; L. BROU OSB, Séquences et tropes dans la lit. mozarabe, Hispania sacra IV, 1951/52; A. GEERING, Die Organa u. mehrst. Conductus in d. Hss. d. deutschen Sprachgebietes v. 13. bis 16. Jh., = Publikationen d. Schweizerischen Musikforschenden Ges. II, 1, Bern (1952); G. VECCHI, Troparium sequentiarum nonantulanum cod. Casanat. 1741..., Pars prior, = Monumenta lyrica medii aevi italica I, Latina 1, Modena 1955 (Faks.); H. HUSMANN, Die älteste erreichbare Gestalt d. St. Galler Tropariums, AfMw XIII, 1956; DERS., Sinn u. Wesen d. Tr., veranschaulicht an d. Introitus-Tr. d. Weihnachtsfestes, AfMw XVI, 1959; J. CHAILLEY, Les anciens tropaires et séquentiaires de l'école de St-Martial de Limoges, Études grégoriennes II, 1957; DERS., L'école mus. de St-Martial de Limoges jusqu'à la fin du XIᵉ s., Paris 1960; J. SMITS VAN WAESBERGHE SJ, Over het ontstaan van Sequens en Prosula en beider oorspronkelijke uitvoeringswijze, = Orgaan Koninklijke Nld. Toonkunstenaars-Vereeniging XII, 1957; W. APEL, Gregorian Chant, Bloomington/Ind. (1958); R. WEAKLAND OSB, The Beginnings of Troping, MQ XLIV, 1958; J. RAU, Tr. u. Sequenz im »Mainzer Cantatorium« (Cod. Lond. Add. 19 768), Diss. Heidelberg 1959, maschr.; P. EVANS, Some Reflections on the Origin of the Trope, JAMS XIV, 1961; H.-J. HOLMAN, The responsoria prolixa of the Cod. Worcester F 160, Diss. Indiana Univ. 1961, maschr.; DERS., Melismatic Tropes in the Responsories for Matins, JAMS XVI, 1963; BR. STÄBLEIN, Die Unterlegung v. Texten unter Melismen: Tr., Sequenz u. andere Formen, Kgr.-Ber. NY 1961, Bd I; DERS., Der Tr. »Dies sanctificatus« zum Alleluia »Dies sanctificatus«, StMw XXV, 1962; DERS., Zwei Textierungen d. Alleluia Christus resurgens, in: Organicae voces, Fs. J. Smits van Waesberghe SJ, Amsterdam 1963; DERS., Zum Verständnis d. »klass.« Tr., AMl XXXV, 1963; DERS., Artikel Tr., in: MGG XIII, 1966; E. JAMMERS, Musik in Byzanz, im päpstlichen Rom u. im Frankenreich, = Abh. d. Heidelberger Akad. d. Wiss., Phil.-hist. Klasse, Jg. 1963, Nr 1; KL. RÖNNAU, Die Tr. zum Gloria in excelsis Deo, Diss. Hbg 1964; G. WEISS, »Tropierte Introitustr.« im Repertoire d. südfrz. Hss., Mf XVII, 1964; DERS., Zum Problem d. Gruppierung südfrz. Tropare, AfMw XXI, 1964; R. L. CROCKER, The Troping Hypothesis, MQ LII, 1966; D. STEVENS, Polyphonic Tropers in 14ᵗʰ-Cent. England, in: Aspects of Medieval and Renaissance Music, Fs. G. Reese, NY (1966).

Trouvères (truv'ɛːr, frz.; altfrz. troveor, Ableitung von trouver, finden, erfinden), Dichter und Komponisten volkssprachlicher Lieder des 12. und 13. Jh. in Frankreich im Sprachbereich der Langue d'oïl (so genannt nach der altfrz. Bejahungspartikel oïl, neufrz. oui, ja, im Unterschied zur provenzalischen Lengua d'oc der → Trobadors). Die Trouvèredichtung setzte in der 2. Hälfte des 12. Jh. ein unter dem beherrschenden Einfluß der Trobadordichtung des Südens. Bei der Vermittlung spielte das Haus Aquitanien eine wichtige Rolle. Eleonore von Poitiers († 1202), Enkelin des ersten Trobadors (Wilhelms IX. von Aquitanien), berief zahlreiche provenzalische Dichter an ihren Hof, sowohl während ihrer Ehe mit Ludwig VII. von Frankreich als auch nach ihrer Heirat mit Heinrich II. von England (1152). Ihre Töchter Alix von Blois und Marie de Champagne setzten diese Tradition fort. Am Hof von Champagne in Troyes, wo Andreas Capellanus für Marie sein berühmtes Regelbuch über die Liebe (*Tractatus de Amore*) verfaßte, lebte auch → Chrétien de Troyes, der Begründer des höfischen und arthurischen Romans. Er ist zugleich der erste Dichter, von dem französische Minnelieder erhalten sind und kann daher als Begründer der Trouvèrekunst angesehen werden. – Die Tr. übernahmen von den provenzalischen Trobadors mit der höfischen Minnekonzeption auch die im Süden ausgebildeten Liedarten: die allein dem Minnekult und dem Preis der Dame gewidmete → Kanzone (– 1; frz. chanson), das moralische, politische oder persönliche Rügelied (serventois; → Sirventes), das kasuistische Streitlied → Jeu parti (später auch parture genannt), während die → Tenzone (tenson im engeren Sinn eines Wortstreits zweier Dichter ohne dilemmatische Frage) nur wenig Anklang fand, vielleicht weil die Tr. in ihrem nichtlyrischen Débat eine eigene, am mittellateinischen Streitgedicht orientierte Gattung für literarische Streitgespräche besaßen. Aus dem Süden stammt auch das → Tagelied (aube) und der → Descort, während die provenzalische Herkunft der von den Tr. noch mehr als von den Trobadors gepflegten → Pastourelle zweifelhaft ist. Aus der Zeit vom zweiten bis zum siebten Kreuzzug (1147–1270) sind 29 französische Kreuzzugslieder (chansons de croisade) erhalten. – Andere Liedarten der Trouvèredichtung, vor allem die mit Refrain ausgestatteten, entstammen vermutlich einer einheimischen volkstümlichen Tradition, die indessen nur in höfischer Überschichtung überliefert ist. Zu den sogenannten »objektiven« oder erzählenden Gattungen (im Unterschied zur »Subjektivität« vor allem der Kanzone), zu denen man das Tagelied und die Pastourelle rechnet, gehört auch die Gattung von Liedern, die heute als Romanze bezeichnet werden: die Chanson d'histoire, die eine Liebes-»Geschichte« besingt, und die Chanson à toile, die ein mit Näharbeit beschäftigtes Mädchen vorführt. Für die Romanze sind wegen ihres Inhalts (Liebeserzählung; Liebesklage oder -erklärung eines Mädchens, nicht einer verheirateten Frau) und ihrer metrischen und musikalischen Gestalt (epischer 10Silbler, Assonanzreim, Wiederholung der gleichen Melodie von Vers zu Vers) vor-höfischer Ursprung und Nähe zum → Epos (→ Chanson de geste) anzunehmen. Ähnliches gilt, jedenfalls hinsichtlich der Strophenform, für die → Rotrouenge, die inhaltlich jedoch bereits ganz höfisch geprägt ist. Inhaltlich, aber nicht formal fixierbar sind die durch ein breites Naturbild charakterisierte Reverdie und die Chanson de mal mariée, die monologisch oder dialogisch gestaltet sein kann und die Klage, gelegentlich auch der Tröstung einer unglücklich verheirateten Frau zum Gegenstand hat. Volkstümliche Herkunft scheint gewiß bei den verschiedenen mit einem → Refrain als Aufbauelement ausgestatteten Arten von Tanzliedern, die freilich nur in bereits stark von der höfischen Kunstlyrik beeinflußter Gestalt überliefert sind: das Rondel (oder Rondet; → Rondeau – 1), die 3strophige Ballete (oder Balade; → Ballade – 1) und das → Virelai. Das Prinzip des Strophenbaus ist bei diesen Liedarten nur vom musikalischen Vortrag bzw. Gesang her erklärbar. Nichtstichische, unstrophische Formen der Trouvèrelyrik sind der → Lai, der Descort und die → Estampie; das ihnen zugrunde liegende Formprinzip ist möglicherweise von der → Sequenz (– 1) herzuleiten. Über den volkssprachlichen Motet, dessen älteste erhaltene Belege wahrscheinlich um 1200 entstanden sind, bestehen Zusammenhänge zwischen der Kunst der Tr. und der → Motette.

An der Trouvèredichtung sind die einzelnen Gebiete Frankreichs sehr ungleichmäßig und mit deutlich unterscheidbaren Besonderheiten beteiligt. Während der Westen nur wenig beitrug, waren zahlreiche Dichter im Osten und im Norden beheimatet. Hauptzentren waren die Höfe der Champagne, von Blois, Flandern und die Stadt Arras. Der französische Königshof bezeugte jedoch kaum Interesse für die Kunst der Tr. – Unter den über 200 namentlich bekannten Tr. aus dem Zeitraum von 1150 bis 1300 überwiegen die Dichter aus dem Adelsstand. Der ersten Generation, der auch König Richard Löwenherz mit zwei erhaltenen Liedern zuzurechnen ist, gehören an: Conon de Béthune (der Ton seiner Lieder stellt ihn als Melancholiker und »Märtyrer« der Liebe vor), → Gace Brulé, → Guy de Coucy, der wegen des von ihm bevorzugten Herz-Körper-Motivs 100 Jahre später zum Helden eines die »Herzmäre« verarbeitenden (anonymen) Romans wurde. Erst in der 2. Periode trat ein Dichter niederer Herkunft auf, der Spielmann → Colin Muset, dessen Liedersammlung Stücke von sehr persönlichem und originellem Charakter enthält. In der 1. Hälfte des 13. Jh. dichteten Richard de Fourmival, der Theoretiker unter den Tr., und → Audefroi le Bastard, der die Romanze (chanson d'histoire) zu erneuern versuchte. Die rund 70 erhaltenen Lieder Thibauts IV. de Champagne, vor allem seine eigenwilligen Pastourellen und die Jeux partis, sind bemerkenswert durch ihre Virtuosität und ihre unverkennbare Ironie. – In den letzten Jahren des 12. Jh. begann auch das Bürgertum der aufblühenden nordfranzösischen Städte sich der Dichtung zuzuwenden und an der höfischen Lebensart zu orientieren. Vor allem Arras wurde ein Jahrhundert lang zum Zentrum einer Dichtung, die persönlicher und realistischer ist als die höfische Lyrik. Das städtische Patriziat gründete Dichtergesellschaften und organisierte Dichtertreffen, die → Puys (so genannt nach der ersten Vereinigung dieser Art in Le Puy-Notre-Dame), bei denen Bürger, Geistliche und → Jongleurs gleichberechtigt Wettstreite in religiösen und profanen Liedern austrugen und Preise vergeben wurden. Die namhaftesten Dichter dieser Gruppe sind der vielseitige Jean Bodel († 1210), der, von der Lepra befallen, in seinem ergreifenden, mehrfach nachgeahmten Congié dichterisch Abschied von der Welt nahm; im 2. Drittel des 13. Jh. der reiche Bürger Jehan Bretel, dessen Vorliebe dem Jeu parti galt, und Adam de la Halle, von dem außer 36 Liedern und 18 Jeux partis auch mehrstimmige Kompositionen und zwei szenische Stücke überliefert sind (im Jeu de Robin et Marion verarbeitete er das Pastourellenthema). Der erste große Dichter der Stadt Paris ist der Menestrel Rutebeuf (1250–85); er ergreift in seiner bereits von aller höfischen Konvention unabhängigen Dichtung leidenschaftlich Partei in den Streitigkeiten seiner Zeit, besonders gegen die Bettelorden. In Rutebeufs Werk, das fast alle Gattungen einbegreift, liegt das ganze Gewicht auf dem Text, der auch das musikalisch-rhythmische Element in sich aufnimmt. Mit ihm kündigte sich die endgültige Trennung von Wort und Musik an, die das 14. Jh. vollzog.

Die Musikhandschriften (→ Chansonnier), die in der reichen handschriftlichen Überlieferung der Trouvèrekunst die reinen Texthandschriften an Zahl übertreffen, enthalten über 2000 Melodien zu Trouvèreliedern; damit ist die musikalische Überlieferung für die Tr. weitaus umfangreicher als für die Trobadors. Zwischen beiden Repertoires besteht ein enger Zusammenhang, wobei jedoch beide Teile Gebende und Nehmende waren. Auch der deutsche → Minnesang und die englische Liedkunst des Mittelalters haben sich an die Tr. angeschlossen und ihre Melodien übernommen. Die Wirkung der Trouvèrelieder reichte über den Bereich der Minnedichtung auch insofern hinaus, als vielen Melodien geistliche Texte unterlegt wurden (→ Kontrafaktur; vgl. Ausg. Gautier de Coinci). Lateinische Kontrafakturen finden sich auch im Repertoire der Conductus der Notre-Dame-Zeit als 1st. Conductus und (als Cantus) in mehrstimmigen Sätzen. Die letzteren Fälle wie auch die Verwendung von Trouvèreliedern als textiertem Duplum in Motetten gestatteten eine rhythmische Lesung im Sinne der Modalnotation (Husmann 1952; → Modus – 2). Jedoch ist die Frage der Priorität von einstimmiger und mehrstimmiger Fassung (und damit auch die Frage, ob die modale Rhythmik original oder nachträglich mit der Melodie verbunden ist) nicht eindeutig zu beantworten. So ist der auf 1179 zu datierende 2st. Conductus *Ver pacis aperit* (Text von Walter von Chatillon) nach Gennrich (1965, S. 62f.) Bearbeitung, nach Schrade (1953, S. 40f.) Quelle des Liedes *Ma joie me semont* (R 1924) von Blondel de Nesle. Vorherrschendes Formprinzip der Trouvèremelodien ist die Ausarbeitung weniger melodischer Elemente; auch längere Strophen werden nicht nach dem Vorbild der Trobadors »durchkomponiert« sondern in kunstvollem Wechsel von Wiederholung, Variierung und Kontrast gefügt; z. B. sind in der 14zeiligen Strophe von Blondel de Nesles Lied *Quant je plus sui en paour de ma vie* (R 1227) Zeile 1–2 und 3–4, ebenso 6 und 11 melodisch gleich; Zeile 5 wird variiert in Zeile 10 und 12, in Quinttransposition auch in Zeile 14 aufgenommen; die Zeilen 7–9 enthalten b statt h, weichen also vom vorherrschenden 8. in den transponierten 2. Kirchenton aus. Der planvolle Wechsel von Zeilen mit engem und solchen mit weitem Ambitus wird besonders sinnfällig am Schluß, wo Zeile 13 durch den ungewöhnlichen Aufstieg durch eine Oktave mit Zeile 14 zu einem melodischen Bogen zusammengefügt ist. Ausgangspunkt für die Formung vieler früher Trouvèremelodien ist die Doppelversikelordnung (→ Lai); die korrespondierenden Zeilen können durch ouvert- und clos-Schluß unterschieden sein oder umgekehrt bei gleichem Schluß durch verschiedene Anfänge. In der Art des jüngeren Lai sind die einzelnen Versikel häufig ihrerseits in 2 Hälften geteilt, die zur gleichen Melodie gesungen werden (z. B. Gautier de Coinci, *Entendez tuit ensamble*, R 83; Colin Muset, *En mai, quant li rossignolet*, R 967). In den Trouvèreweisen des 13. Jh. tritt das volkstümliche Element beherrschend hervor, verbunden mit einfachem Formgrundriß und einer Melodik, die Terzschritte, Dreiklänge und Sequenzgänge bevorzugt (z. B. Moniot d'Arras, *Ce fut en mai*, R 94; Moniot de Paris, *Lonc tens ai mon tens usé*, R 475). Melismen können völlig fehlen oder werden dazu verwendet, die charakteristischen modalen Rhythmen in einen Fluß gleichlanger Noten aufzulösen, der seine Impulse von der Dreiergruppierung empfängt. Die wichtigsten Formen des späteren Trouvèregesangs, der im 13. Jh. in zunehmendem Maße von Stadtbürgern und Klerikern getragen wurde, sind neben Rondeau und Ballade auch freiere Refrainformen, zuweilen mit einem Minimum an musikalischen Mitteln gestaltet; so besteht das Rondeau *Prendés i garde* von Guillaume d'Amiens aus dem 8maligen Vortrag einer einzigen melodischen Zeile (mit ouvert- und clos-Schluß), die den Ambitus einer Quinte nicht überschreitet und in der die Dreiklangstöne d–f–a deutlich vorherrschen. Noch im 14. und 15. Jh. benutzt die mehrstimmige Chanson die Refrainform der Trouvèrelieder; als (vorwiegend) einstimmige Kunstform hat Machaut auch den Lai lebendig erhalten.

Ausg.: Exempla altfrz. Lyrik, hrsg. v. FR. GENNRICH, = Mw. Studienbibl. XVII, Darmstadt 1958. – Romances et pastourelles frç. des XIIe et XIIIe s., hrsg. v. K. BARTSCH, Lpz. 1870 (nur Texte); FR. GENNRICH, Troubadours, Tr., Minne- u. Meistergesang, = Das Musikwerk (II), Köln (1951, ^{2}1960); Tr. et Minnesänger, I (Texte) hrsg. v. I. FRANK, II (Weisen) hrsg. v. W. MÜLLER-BLATTAU, = Schriften d. Univ. d. Saarlandes I–II, Saarbrücken 1952–56; Gautier de Coinci, Les chansons à la Vierge, hrsg. v. J. CHAILLEY, = Publications de la Soc. frç. de musicologie I, 15, Paris 1959.
Lit.: P. AUBRY, Tr. et troubadours, Paris 1909, ^{2}1910; A. JEANROY, Les origines de la poésie lyrique en France au moyen âge, Paris ^{3}1925; FR. GENNRICH, Grundriß einer Formenlehre d. ma. Liedes, Halle 1932; DERS., Die Kontrafaktur..., = Summa musicae medii aevi XII, Langen 1965; TH. GÉROLD, La musique au moyen âge, Paris 1932; H. HUSMANN, Zur Rhythmik d. Trouvèregesanges, Mf V, 1952; J. FRAPPIER, La poésie lyrique frç. aux XIIe et XIIIe s., Paris (1953, ^{2}1960); L. SCHRADE, Political Compositions..., Ann. Mus. I, 1953; R, dazu Fr. Gennrich in: Mf X, 1957; H. ZINGERLE, Tonalität u. Melodieführung in d. Klauseln d. Troubadours- u. Trouvèreslieder, Tutzing u. München 1958; H. ANGLÈS, Die volkstümlichen Melodien bei d. Tr., Fs. J. Müller-Blattau, = Annales Univ. Saraviensis, Philosophische Fakultät IX, Saarbrücken 1960; J. SCHUBERT, Die Trouvèrehs. R., Die Hs. Paris, B N fr. 1591, Diss. Ffm. 1964; Der prov. Minnesang. Ein Querschnitt durch d. neuere Forschungsdiskussion, hrsg. v. R. BAEHR, = Wege d. Forschung VI, Darmstadt 1967; H. VAN DER WERF, Deklamatorischer Rhythmus in d. Chansons d. Tr., Mf XX, 1967. EK

Trugschluß (ital. inganno; frz. cadence rompue) entsteht dadurch, daß alle Stimmen regelrecht einen Schluß ausführen und nur der Baß eine Stufe steigt, statt vom Dominant- zum Tonikagrundton fortzuschreiten. In Dur ergibt sich dabei stets ein Moll-, in Moll ein Durakkord, deren Terzen verdoppelt werden müssen, um Quint- bzw. Oktavparallelen zu vermeiden (Beispiel in C dur und in A moll). H. Riemann bezeichnet den Tr. als einen durch einen fremden Ton gestörten wirklichen Schluß mit scheinkonsonanter (auffassungsdissonanter) Form des Schlußakkordes. Der fremde Ton gäbe Anstoß zum Weiterbilden, ohne jedoch die Empfindung eines Hauptabschnitts zu verwischen; er verlange gleichsam eine Richtigstellung, eine nochmalige Kadenz ohne eine solche Störung. Sehr häufig sind auch die erlehnten Trugschlüsse, der Dur-Tr. in Moll und der Moll-Tr. in Dur (Beispiel in A moll und in C dur). Von den selteneren Sonderformen des Trugschlusses sei die Folge Dominantdreiklang–Subdominantsextakkord in Dur erwähnt (z. B. W. A. Mozart, *Ave verum*, K.-V. 618, Takt 36f.). Sie ist jedoch als Verbindung von Dominante und Tonikaparallele mit Sexte statt Quinte ($D-Tp^6$) zu bestimmen, da die Folge D–S der klassischen Kadenzlogik widersprechen würde.

Trumscheit (ahd. trumme, Trompete oder Trommel, und scheit, Holz; auch tympanischiza; im 17. Jh. auch Marien-Trompete, Trompetengeige; lat. und ital. tromba marina), ein im 15.–18. Jh., vereinzelt noch im 19. Jh., vorkommendes Streichinstrument von etwa 2 m Länge. Das am Fußende offene Corpus besteht aus 3 Brettern; es hat die Form etwa eines 3seitigen Monochords. Eine Darmsaite ist unten befestigt und läuft über einen Steg in den Wirbelkasten. Der asymmetrische 2füßige Steg wird durch die über den rechten Fuß des Steges laufende Saite auf die Decke gepreßt, während der linke Fuß frei schwebt und beim Spiel durch schnelles Berühren der Decke einen schnarrenden, trompetenhaft lauten Ton hervorbringt. Ein wesentlich kleineres Instrument begegnet erstmals bei einer französischen Skulptur des 12. Jh.; auch in französischen Texten der Zeit ist oft von Monochordes d'archet die Rede. Beim Spiel wurde das Tr. von der Schulter oder Brust aus schräg nach oben gehalten. Der Bogen streicht die Saite im Unterschied zu den heutigen Streichinstrumenten oberhalb des sie verkürzenden Fingers. Auf dem Tr. wurden nur Flageolettöne gespielt (→ Flageolett – 3). Das Tr. war vom 15. Jh. an besonders in Deutschland verbreitet; es hielt sich hier als Trompetenersatz in Nonnenklöstern (»Nonnengeige«), wovon noch 1782 J. S. Petri berichtet, und wird noch von Mattheson 1713 und L. Mozart 1756 genannt. In seiner Komödie *Le Bourgeois gentilhomme* (1670; 2. Akt, 1. Szene) läßt Molière den M. Jourdin zur allgemeinen Belustigung sagen: *Il y faudra mettre aussi une trompette marine. La trompette marine est un instrument qui me plaît, et qui est harmonieux*. Berlioz bezieht sich 1859 auf diese Stelle und vergleicht den niederen Rang des Tr.s mit dem der Gitarre in seiner Zeit.

Lit.: Praetorius Synt. II; M. MERSENNE, Harmonie universelle, Paris 1636, Faks. hrsg. v. Fr. Lesure, 3 Bde, Paris 1963;

Ph. de Lahire, Explication des différences de sons de la corde tendue sur la trompette marine, in: Mémoires de mathématique et de physiques..., Paris 1694; J. S. Petri, Anleitung zur praktischen Musik, Lauban 1767, Lpz. ²1782; H. Berlioz, Les grotesques de la musique, Paris 1859; D. Fryklund, Studier över marintrumpeten, STMf I, 1919; P. Garnault, La trompette marine, Nizza 1926; Fr. W. Galpin, Monsieur Prin and His Trumpet Marine, ML XIV, 1933.

T. S. oder t. s., Generalbaßsignatur für → Tasto solo.

Tschechoslowakei.

Ausg. u. Lit. (Erscheinungsort, wenn nicht anders angegeben, Prag): G. J. Dlabacz, Allgemeines hist. Künstlerlexikon f. Böhmen, 3 Bde, 1815–18; Chr. d'Elvert, Gesch. d. Musik in Mähren u. Österreichisch-Schlesien, Brünn 1873; O. Hostinský, 36 nápěvů světských písní... (»36 Melodien weltlicher Lieder d. tschechischen Volkes aus d. 16. Jh.«), 1892, neu hrsg. v. J. Markl, Prag 1957; ders., Česká světská píseň lidová (»Das tschechische weltliche Volkslied«), 1906; Č. Zíbrt, Bibliogr. přehled českých národních písní (»Bibliogr. Überblick d. tschechischen Volkslieder«), 1895; Zd. Fibich, Hudba v Čechách (»Musik in Böhmen«), 1900; Zd. Nejedlý, Dějiny české hudby (»Gesch. d. tschechischen Musik«), = Illustrované katechismy náučné II, 1903; ders., Dějiny předhusitského zpěvu (»Gesch. d. vorhussitischen Gesangs«), 1904, Auszug deutsch als: Magister Záviše..., SIMG VII, 1905/06; ders., Počátky husitského zpěvu (»Anfänge d. hussitischen Gesangs«), 1907; ders., Dějiny husitského zpěvu... (»Gesch. d. hussitischen Gesangs in d. Hussitenkriegen«), 1913, Neudruck dieser 3 Werke in 6 Bden, = Sebrané spisy XL–XLV, 1954–56; ders., Česká moderní zpěvohra (»Das moderne tschechische Singspiel«), 1911; R. Batka, Die Musik in Böhmen, = Die Musik XVIII, Bln (1906); ders., Gesch. d. Musik in Böhmen I, 1906; Č. Holas, České národní písně a tance (»Tschechische Volkslieder u. -tänze«), 6 Bde, 1908–10; D. Orel, Der Mensuralkodex Speciálnik, Diss. Wien 1914, maschr.; ders., Stilarten d. Mehrstimmigkeit d. 15. u. 16. Jh. in Böhmen, in: Studien zur Mg., Fs. G. Adler, Wien u. Lpz. 1930; Vl. Helfert, Hudební barok na českých zámcích (»Mus. Barock auf böhmischen Schlössern«), 1916; ders., Hudba na jaroměřickém zámku (»Musik auf Schloß Jarmeritz«), 1924; ders., Zur Entwicklungsgesch. d. Sonatenform, AfMw VII, 1925; ders. (mit E. Steinhard), Gesch. d. Musik in d. Tschechoslowakischen Republik, 1936, ²1938; ders., Hudební renesance (»Mus. Renaissance«), 1938; ders., O české hudbě (»Über tschechische Musik«), hrsg. v. B. Štědroň, 1957; P. Nettl, Beitr. zur böhmischen u. mährischen Mg., Brünn 1927; ders., Musikbarock in Böhmen u. Mähren, Brünn 1927; ders., Mozart in Böhmen, 1938; L. Janáček u. P. Vasa, Moravské písně milostné (»Mährische Liebeslieder«) I, 1930; L. Janáček, O lidové písni... (»Über Volkslied u. Volksmusik«), hrsg. v. J. Racek u. J. Vysloužil, = Theoretické a literární dílo II, 1, 1955; Notationis Bohemicae antiquae specimina, hrsg. v. J. Hutter, 2 Bde, 1931; E. Richter, Gesch. d. Musiknotendrucks in d. böhmischen Ländern bis 1618, Diss. 1933; Musica antiqua bohemica, hrsg. v. Vl. Helfert u. J. Racek, seit 1934; A. Hnilička, Kontury vývoje hudby... (»Umrisse d. Entwicklung d. nachklass. Musik in Böhmen«), 1935; J. Racek, Duch českého hudebního baroku (»Geist d. tschechischen Musikbarocks«), Brünn 1940; ders., Středověká hudba (»Ma. Musik«), Brünn 1946; ders., Česká hudba... (»Tschechische Musik v. d. ältesten Zeiten bis zum Anfang d. 19. Jh.«), 1949, ²1958, mit deutscher Zusammenfassung v. P. Eisner, dazu C. Schoenbaum in: Mf XII, 1960; ders., J. Vysloužil, Problems of Style in the 20th-Cent. Czech Music, MQ LI, 1965; R. Newmarch, The Music of Czechoslovakia, London 1942; Fr. Zagiba, Dějiny slovenskej hudby (»Gesch. d. slowakischen Musik«), Preßburg 1943; ders., Das tschechische u. slowakische Musikschaffen zwischen d. beiden Weltkriegen, Zs. f. Ostforschung IV, 1955; Slovenské ľudové piesnie (»Slowakische Volkslieder«), hrsg. v. Staatl. Inst. f. slowakische Volksmusik, Preßburg seit 1950; C. Schoenbaum, Die »Opella ecclesiastica« d. J. A. Planický, AMl XXV, 1953; ders., Zur Problematik d. Mg. Böhmens u. Mährens, Mf X, 1957; ders., Die böhmischen Musiker in d. Mg. Wiens, StMw XXV, 1962; Št. Hoza, Opera na Slovensku (»Die Oper in d. Slowakei«), 2 Bde, Martin 1953–54; L. Burlas, J. Fišer u. A. Hořejš, Hudba na Slovensku... (»Die Musik in d. Slowakei im 17. Jh.«), Preßburg 1954, dazu L. Mokrý in: Hudobnovedné štúdie II, 1957; Tschechische Komponisten, = Musik d. Zeit VIII, hrsg. v. H. Lindlar, Bonn (1954); Zd. Nováček, Slowakische Volkslieder, Lpz. 1955; ders., Súčasná slovenská hudobná tvorba (»Zeitgenössisches slowakisches Musikschaffen«), Preßburg 1955; Selectio artis musicae polyphonicae XII–XVI s., hrsg. v. J. Vanický, 1955; R. Quoika, Die Musik d. Deutschen in Böhmen u. Mähren, Bln (1956), dazu C. Schoenbaum in: Mf XI, 1958; L. Burlas u. L. Mokrý, Dějiny slovenskej hudby (»Gesch. d. slowakischen Musik«), Preßburg 1957; J. Matějček, Tschechische Komponisten v. heute, deutsch v. A. Langer u. J. Buder, 1957; G. Schuffenhauer, Die tschechische Volksmusik u. ihr Einfluß auf d. Opern Fr. Smetanas, Diss. Bln 1957; Sonderheft Tsch., Musica XI, 1957; J. Bužga, Česká hudební tvořivost... (»Das tschechische Musikschaffen im 17. u. 18. Jh.«), Habil.-Schrift 1958, maschr., dazu J. Plavec u. B. Štědroň in: Miscellanea musicologica IV, 1958; ders., Die soziale Lage d. Musiker im Zeitalter d. Barocks in d. böhmischen Ländern..., Kgr.-Ber. Kassel 1962; J. Pohanka, Dějiny české hudby v příkladech (»Gesch. d. tschechischen Musik in Beispielen«), 1958; Zd. Výborný, Czech Music Lit. Since World War II, in: Notes II, 16, 1958/59; J. Potúček, Doplňky k hudobnej bibliogr.... (»Nachträge zur slowakischen Musikbibliogr. bis zum Jahre 1952«), Hudobnovedné štúdie III, 1959; K. Plicka, Slovenský spevník (»Slowakisches Liederbuch«) I, Preßburg 1961; D. Lehmann, Die Erforschung d. deutschtschechischen mus. Wechselbeziehungen, Deutsches Jb. d. Mw. VIII (= JbP LV), 1963.

Tuba (lat.), – 1) das der griechischen → Salpinx entsprechende gerade Blechblasinstrument der Römer; – 2) gemeinsamer Name der Baßinstrumente, die zur Familie des → Bügelhorns gehören, im engeren Sinne und im Unterschied zu Helikon und Sousaphon die länglichgewundene Form. Sie werden mit der Stürze nach oben vor dem Körper gehalten. In Tubenform werden auch Bügelhörner der Alt-Bariton-Lage gebaut. 1835 erhielten → Wieprecht und C. W. Moritz ein Patent auf eine Baß-T. in F mit 5 Ventilen. Die bevorzugten Stimmungen sind heute F und Es für die Baß-T. (Umfang etwa $_1$A–as¹) und C und B für die Kontrabaß-T. (Umfang etwa $_1$Es–f¹); seltener sind Subkontrabaßtuben mit 6 Ventilen (bis $_2$B). Die Tuben werden im Orchester (in der Regel nicht transponierend notiert) als Baß der Posaunengruppe, auch als Ersatz für die Baßposaune, eingesetzt. In Blaskapellen werden verwendet: das Bombardon (Baß-T. in Es), das → Helikon (– 3), das Sousaphon (rund, mit nach vorne gerichteter Stürze) und der Kaiserbaß (Kontrabaß-T. mit sehr weiter Mensur). Eine Mischform zwischen T. und Waldhorn ist die → »Wagner«-T. Sololiteratur gibt es für T. kaum; Hindemith schrieb eine Sonate für Baß-T. und Kl. (1955). – 3) T. curva (krumme T.), ein einfaches Blasinstrument, das nur wenige Naturtöne gibt. Sein Spiel wurde 1798 am Pariser Conservatoire gelehrt; Méhul verlangt es in der Oper *Joseph*. – 4) In der Orgel ist T. eine stark intonierte Zungenstimme zu 16′, 8′ und 4′ (T. clarin, überblasend), als 32′ (Kontra-T.) auch im Pedal. Sie war als Hochdruckregister (T. mirabilis) in der spätromantischen Orgel beliebt, wird heute aber kaum mehr gebaut. – 5) der Rezitationston (Reperkussionston) in den verschiedenen Formen des liturgischen Rezitativs und der Psalmodie (→ Psalmtöne). Für den römischen Kirchengesang ist der Ausdruck T. bereits in frühen Quellen zur Lektions- und Psalmodiepraxis überliefert. An seiner Stelle wird heute gewöhnlich der ebenfalls aus dem Mittelalter stammende Terminus Tenor verwendet (so u. a. im Antiphonale Romanum und Antiphonale Monasticum: Toni communes II).

Tubalflöte → Jubalflöte.

Tübingen.
Lit.: E. NÄGELE, Gesch. d. Tübinger Liedertafel, T. 1879; G. STOLL, Zur Mg. T. (1477–1600), Württembergische Vierteljahresh.f.Landesgesch.XXXVII,1931;G.PIETZSCH, Zur Pflege d. Musik an d. deutschen Univ. bis zur Mitte d. 16. Jh., T., AfMf VI, 1941; W. SCHMID, E. Kauffmann, in: Schwäbische Lebensbilder III, Stuttgart 1942; G. REICHERT, M. Crusius u. d. Musik in T. um 1590, AfMw X, 1953; O. WESSELY, Tubingensia, Mf VII, 1954.

Türkei.
Lit.: O. ABRAHAM u. E. M. v. HORNBOSTEL, Phonographierte türkische Melodien, Zs. f. Ethnologie XXXVI, 1904, Nachdruck in: Sammelbde f. vergleichende Mw. I, München 1922; E. BORREL, La musique turque, Rev. de Musicol. VI, 1922 – VII, 1923; DERS., Contribution à la bibliogr. de la musique turque au XXe s., Rev. des études islamiques II, 1928; DERS., Publications musicologiques turques, Rev. de Musicol. XVII, 1933; DERS., Sur la musique secrète des tribus turques Alévi, Rev. des études islamiques VIII, 1934; H. RITTER, Der Reigen d. tanzenden Derwische, Zs. f. vergleichende Mw. I, 1933; V. M. BELJAJEV, Turkish Music, MQ XXI, 1935; B. BARTÓK, Népdalgyüktés Törökszágban (»Volksliedersammeln in d. T.«), Nyngat XXX, 1937, engl. als: Collecting Folk Songs in Anatolia, Hungarian Quarterly III, 1937; DERS., Auf Volkslied-Forschungsfahrt in d. T., o. O. 1937, u. in: Musik d. Zeit III, Bonn 1953; H. G. FARMER, Turkish Instr. of Music in the 17th Cent. ..., = Collection of Oriental Writers on Music III, Glasgow 1937; DERS., Turkish Mus. Instr. in the 15th Cent., Journal of the Royal Asiatic Soc. 1940, u. in: Oriental Studies, Mainly Mus., London 1953; S. EZGI, Amêlî ve Nazarî Türk Musikiski (»Praxis u. Theorie d. türkischen Musik«), IV Istanbul 1940, I–II u. V 1953, III o. J.; W. FRIEDRICH, Die älteste türkische Beschreibung v. Musikinstr. aus d. Anfang d. 15. Jh. v. Aḥmedoǧlū Šükrüllâh, Diss. Breslau 1944, maschr.; A. A. SAYGUN, Karacoaǧlan (über einen türkischen Troubadour, mit Melodien u. Analysen), Ankara 1952; DERS., Ethnomusicologie turque, AMl XXXII, 1960; DERS., La musique turque, in: Hist. de la musique I, Paris (1960); K. REINHARD, Zustand u. Wandel d. bäuerlichen Musiklebens in d. türkischen Provinz Adana, Sociologus, N. F. VI, 1956; DERS., Türkische Musik, = Veröff. d. Museums f. Völkerkunde, N. F. IV, Musikethnologische Abt.1,Bln 1962; DERS., Musik am Schwarzen Meer, Jb. f. mus. Volks- u. Völkerkunde II, 1966; G. ORANSAY, Das Tonsystem d. türkei-türkischen Kunstmusik, Mf X, 1957; DERS., Von d. Türcken dölpischer Music (Die Musik d. türkischen Bauern u. d. abendländische Kunstmusik), Südosteuropa-Jb. VI, 1967; DERS., Die traditionelle türkische Kunstmusik, = Ankaraner Beitr. zur Musikforschung I, = Küğ-Veröff. Nr 3, Ankara 1964; DERS., Chronologisches Verz. türkischer Makamnamen, ebenda II, 1965; DERS., Die melodische Linie u. d. Begriff Makam d. traditionellen türkischen Kunstmusik v. 15. bis zum 19. Jh. (Diss. München 1962), ebenda III, Nr 7, 1966; I. M. K. INAL, Hoş sâdâ. Son asır Türk musikşinaslarī (»Harmonie. Die türkischen Musikwissenschaftler d. letzten Jahrhunderts«), = Türkiye iş Bankasī kültür yayinlarī, Serie I, Nr 10, 7, Istanbul 1958; B. S. EDIBOGLU, Ünlü türk bestekarlarī (»Berühmte türkische Komponisten«), Istanbul 1962; M. SARĪSÖZEN, Türk halk musikisi usulleri (»Die türkische Volksmusik u. ihre Rhythmen«), Ankara 1962; M. AND, Türk köylü danslarī (»Türkische Bauerntänze«), Istanbul 1964; H. SANAL, Mehter Musikisi (»Janitscharenmusik«), ebenda 1964.

Tumba → Congatrommel.

Tune (tju:n, engl., von altfrz. ton), Ton, Melodie, Weise, Stück; psalm-t., Psalmenmelodie, Psalmton; act-t. (bei Purcell auch curtain-t.), Zwischenaktsmusik. – Lachrimae t. (engl., Tränenweise), eine Melodie von J.Dowland, die im Elisabethanischen England zum Inbegriff von Trauer und Melancholie wurde. Ähnlich wie die → Folia und andere wandernde Melodien wurde der Lachrimae t. häufig mehrstimmig bearbeitet, vor allem von Dowland selbst (7 Lachrimae-Pavanen), ferner u. a. von Byrd, Farnaby, Brade, L. Lechner.

Tupan (auch goč), volkstümliche 2fellige große Trommel mit Lederriemenverschnürung, die in Mazedonien und Teilen von Serbien, Bulgarien und Albanien vorkommt. Der T. wird an einem Schulterriemen hängend seitlich vor dem Körper getragen und von der rechten Hand mit einem Trommelstock, von der linken mit einer Gerte (→ Rute) geschlagen. Das Spiel mit 2 Klangfarben ist charakteristisch für das Trommelspiel auf dem Balkan. Der T. wird allein oder mit → Zurna gespielt.
Lit.: Y. ARBATSKY, Beating the T. in the Central Balkans, Chicago 1953.

Turba (lat., Getümmel, Haufe, Volk; meist Plur. Turbae), in → Passion und geistlichem Spiel die den einzelnen Personen (Evangelist, Christus, → Soliloquenten) gegenübertretende Gruppe der Jünger, Juden, Soldaten u. a.

turco (ital., auch alla turca) → Janitscharenmusik.

Turin.
Lit.: B. ALFIERI, Il nuovo Teatro Regio di Torino apertosi nell'anno 1740, T. 1761; P. BREGGI, Serie degli spettacoli rappresentati al Teatro Regio di Torino dal 1688 al presente, T. 1872; G. ROBERTI, La Cappella Regia di Torino, 1515–1870, T. 1880; G. SACERDOTE, Il Teatro Regio di Torino..., 1662–1890, T. 1892; A. SOLERTI, Feste mus. alla corte di Savoia nella prima metà del s. XVII, RMI XI, 1904; G. DEPANIS, I concerti popolari e il Teatro Regio di Torino: Appunti e ricordi, 2 Bde, T. 1915; L. TORRI, Il primo melodramma a Torino, RMI XXVI, 1919; G. BORGHEZIO, La fondazione del Collegio nuovo »Puerorum Innocentium« del duomo di Torino, Note d'Arch. I, 1924; A. TEGLIO, Cronache mus. dei teatri torinesi, T. 1924; C. DE ROSSI, Il Teatro Regio (1891–1924), T. 1925; S. CORDERO DI PAMPARATO, Il Teatro Regio (1678–1814), T. 1930; DERS., I musici alla corte di Carlo Emanuele I di Savoia, = Bibl. della Soc. stor. subalpina CXXI, T. 1930; DERS., Alcuni appunti sul teatro melodrammatico francese in Torino nei s. XVII, XVIII, XIX, RMI XXXVII, 1930 – XXXVIII, 1931; A. DELLA CORTE, Musiche e musicisti, T. 1948.

Turku (Finnland; schwedisch Åbo).
Lit.: O. ANDERSSON, J. J. Pippingsköld och musiklivet i Åbo 1808–27, Helsinki 1921; DERS., Mus. Sällskapet i Åbo 1790–1808, ebenda 1940; DERS., Orglar och organister i Åbo domkyrka intill slutet av 1600-talet, in: Kring konst och kultur. Studier tillägnade Amos Anderson, ebenda 1948; J. ROSAS, Musiikkielämä Turussa 1856–1917 (»Das Musikleben in T. ...«), in: Turun kaupugin hist., T. 1957; H. WEBER, Musik im finnischen T., NZfM CXXIII, 1962.

Turmmusik, Bezeichnung für Kompositionen, die zum → Abblasen bestimmt oder geeignet sind. Zu den ältesten überlieferten T.en gehören die Choralbicinien von J.Wannenmacher (1553) sowie die *Hora decima ...* (1670) und die *Fünffstimmigte blasende Music* (1685) von J.Chr. Pezel. Von J.G. Reiche erschienen 1696 *Vier und zwanzig neue Quatricinia*, an die J.G.Chr. Störl (1675–1719) mit seinen 6 Sonaten für Zink (Cornetto) und 3 Pos. anschließt. Fr. Schneider komponierte 1803 4 Sonaten (2 Trp. und 3 Pos.) für die Stadtmusik in Zittau. Beethoven schrieb 1812 für den Linzer Domkapell- und Türmermeister F.X. Glöggl 3 Equale für 4 Pos. zum Abblasen am Tage Allerseelen. Neuere Bestrebungen, das Turmblasen wieder zu beleben, gingen von L.Plaß aus, der 1914 die Berliner T. auf dem Balkon des Rathausturmes einführte und das Sammeln alter ortseigentümlicher T. einleitete. W.Hensel bot in seinem *Wach auf!* (Eger 1922) *Festliche Weisen vom Turm zu blasen*, und Hindemith eröffnete den *Plöner Musiktag* (1932) mit einer 3sätzigen *Morgenmusik*, von Blechbläsern auf einem Turm auszuführen. T.en von G.Donderer, E.Hastetter, H.K. Schmid und R.Würz, bestimmt für das wöchentliche Abblasen der Petersturmmusik in München, erschienen in den *Münchner T.en* (Reihe I: *Aus unserer Zeit*, Lpz. 1941ff.).

Lit.: L. Plass, Was d. Gesch. d. Pos. lehrt. Studien über d. ehemalige u. gegenwärtige T., AMZ XL, 1912; ders., Blick in d. Slg mus. Wahrzeichen deutscher Städte, Zs. f. Schulmusik VI, 1933; H. J. Moser, Tönende Volksaltertümer, Bln (1935); W. Ehmann, Tibilustrium. Das geistliche Blasen, Kassel 1950; ders., Die bläserische Kunst, ebenda 1951; E. A. Bowles, Tower Musicians in the Middle Ages, Brass Quarterly V, 1961/62.

Turn (tə:n, engl.) → Doppelschlag; Nachschlag eines → Trillers.

Tusch (engl. tucket, tuck, → Toccata), ein Signal bei festlichen Anlässen, bis ins 19. Jh. das *weder an Takt noch Harmonie sich bindende unter einander Blasen des Trompeten-Akkordes mit schmetterndem Tone und Zungenschlägen* (KochL). Heute wird der Orchester-T. als stereotype Formel meist auf einem Akkord ein- oder mehrmals geblasen. – Die Etymologie des seit 1745 zunächst im süddeutschen Sprachgebiet belegten Wortes ist unsicher. Seit KochL wird meist Herkunft von frz. toucher (berühren) angenommen (so W. Apel, *Harvard Dictionary of Music*, Cambridge/Mass. 15 1964; Grove u. a.); weniger wahrscheinlich dürfte slawische Herkunft sein (wie sie Fr. Kluge, *Etymologisches Wörterbuch der deutschen Sprache*, Berlin 19 1963, annimmt).

Tutti (ital., alle) bezeichnet im Gegensatz zu → Solo bzw. dem nicht vollständigen Ensemble und zum Teil gleichbedeutend mit → Ripieno das Einsetzen des vollen Orchesters oder ganzen Chores bzw. die in dieser Besetzung auszuführende Partie, z. B. das Ritornell im Konzert. – Tutte le corde ist in der Klaviermusik die Aufhebung der Vorschrift una corda oder due corde (Verschiebung, → Pedal – 2).

Twostep (t′u:step, engl., Zweischritt) war neben dem → Cakewalk einer der ersten Gesellschaftstänze, der um 1900 aus den USA nach Europa gelangte. Der Tw. hat rasches Tempo und ist geradtaktig; ihm liegen vereinfachte Polkaschritte zugrunde. Er wurde bis etwa 1912 getanzt und dann endgültig vom → Onestep abgelöst.

Txistu (ts′istu, baskisch), eine Schnabelflöte mit 3 Grifflöchern, die in der baskischen Volksmusik als → Einhandflöte mit Trommel zu Tanzliedern gespielt wird. In neuerer Zeit ist auch ein Baß-Tx. (silbote) aufgekommen, das zusammen mit 2 Tx.s und Trommel gespielt wird.

Lit.: P. H. Olazaran de Estella, Tx. Tratado de flauta vasca, Bilbao ² 1951.

Tympanum (lat.; griech. τύμπανον, τύπανον, von τύπτειν, schlagen). – 1) Unter T. wurde in der Antike eine einseitig bespannte Handtrommel verstanden, meist mit gewölbtem Resonanzkörper (daher in neuerer Zeit auch als Handpauke bezeichnet). Ähnliche Instrumente waren nachweislich bereits im alten Orient in Gebrauch (z. B. bei den Sumerern; bei den Juden unter dem Namen tōph, in der Septuaginta als τύμπανον bezeichnet, in der Vulgata mit t. übersetzt, z. B. Ps. 80, 3, und 149, 3). Nach Griechenland kam das T. zusammen mit dem Vordringen der orgiastischen Kulte des Dionysos (aus Thrakien) und der Kybele (aus Phrygien). Auf Bilddarstellungen sind es vor allem die zum Gefolge des Dionysos gehörenden Mänaden und Silene, die das Instrument spielen, seltener Dionysos selbst. Euripides erwähnt in den »Bakchen« das T. der Phrygier (Vers 58) als βυρσότονον κύκλωμα (fellbespanntes Rad, Vers 124). Von dort fand das Instrument seit dem 5. Jh. v. Chr. durch den Kybele-Kult in ganz Griechenland Verbreitung. In der römischen Antike und im Mittelalter bezeichnet T. ein- oder zweiseitig bespannte Trommelinstrumente. Isidorus von Sevilla (*Etymologiae* III, 22) unterscheidet das einseitig bespannte T. von der zweiseitig bespannten Symphonia: *T. est pellis vel corium ligno ex una parte extentum. Est enim pars media symphoniae in similitudinem cribi*. Diese Beschreibung wurde später vielfach übernommen (z. B. von Hieronymus de Moravia, *Tractatus de musica*, ed. Cserba, S. 21). Nach anderer Überlieferung wurde das T. als zweiseitig bespanntes Trommelinstrument aufgefaßt (z. B. J. Aegidius, GS II, 390b: *T. est pellis sive corium ligno ex utraque parte extensum* ...). So wie in der mittellateinischen Dichtung wird auch bei den Musikschriftstellern t. oft mit tuba zusammen genannt: ... *puta in festis, hastiludiis et torneamentis t. et tuba* ... (J. de Grocheo, ed. Rohloff, S. 52). – Später wurde T. allgemein für Heerpauke oder → Pauke verwendet, so bei Virdung (1511), M. Praetorius (1619) und Altenburg (1795); – 2) frz. und span. Bezeichnung für → Hackbrett.

Lit.: Fr. Behn, Die Musik im römischen Heer, Mainzer Zs. VII, 1912; K. Schneider, Artikel Tympanon, in: Pauly-Wissowa RE II, 7, 1, 1948; M. Wegner, Das Musikleben d. Griechen, Bln 1949; ders., Die Musikinstr. d. Alten Orients, = Orbis antiquus II, Münster i. W. 1950; ders., Griechenland, = Mg. in Bildern II, 4, Lpz. (1963); B. Aign, Die Gesch. d. Musikinstr. d. ägäischen Raumes bis um 700 v. Chr., Diss. Ffm. 1963; G. Wille, Musica romana, Amsterdam 1967.

Typologie. Als ein Zweig der psychologischen Forschung versucht die T. Grundstrukturen herauszuarbeiten, die den verschiedenen Gruppen von geistig schöpferischen Menschen gemeinsam sind. Als erster unterschied Schiller (1795) zwei Arten des Schöpfertums, die »naive« und die »sentimentalische«; eine dritte Spielart stellte er bloß als Postulat auf. Damit berührt sich W. Diltheys Trias der »Weltanschauungstypen«: Naturalismus, objektiver Idealismus und Idealismus der Freiheit. J. Rutz entdeckte drei Typen der Körperhaltung, des Atmens und des Stimmklangs; sein Sohn O. Rutz erklärte sie als (primäre) Typen des »Gemütsausdrucks«. Die Brücke zwischen den Ergebnissen von Dilthey und Rutz schlug H. Nohl. Durch die Mitbewegungsstudien von E. → Sievers angeregt, fand G. Becking drei Grundformen rhythmischer Bewegtheit, die (Taktschlag-)Kurven spitz-rund (I), rund-rund (II) und spitz-spitz (III): enthusiastische, objektiv-darstellende und aktive Gestaltungsart. Als Urbilder melodischer Gestaltung fand W. Danckert die gleichen drei persönlichkeitsgebundenen »personalkonstanten« Typen wieder; zuerst als Schaffensimpulse innerhalb der Kunstmusik, später – mit veränderter Strukturforschung – als »Formkreise« der Volksmusik, besonders deutlich ablesbar an den Abwandlungen, die wandernde Liedweisen erfahren: I. wachstümliches oder »sphärisches« Schwebemelos, II. emporgreifendes Überbreitungsmelos, III. (ton-)raum- und zeitmessendes Deszendenzmelos. In der Musik des I. Typus (Landini, Monteverdi, Corelli, Händel, J. Haydn, W. A. Mozart, Schubert, Bruckner, Debussy) ist der naturhafte Puls von Verdichtung und Lösung, Systole-Diastole, zu spüren. Typus III hingegen (Dufay, J.-Ph. Rameau, Vivaldi, J. S. Bach, Gluck, Ravel, Strawinsky) gestaltet eher gleichförmig, statisch, mit Schlag und Gegenschlag, antithetisch. Typus II (Ockeghem, Telemann, Beethoven, R. Schumann, Brahms, Hindemith) formt zeitlich im fortwährenden Vorgriff, tonräumlich in steter Expansion. Die Typen verkörpern elementare Grundlagen des Persönlichkeitsaufbaus und der damit verknüpften Welterfahrung. In der Musikwissenschaft können typologische Forschungen u. a. dazu beitragen, Fragen umstrittener Autorschaft von Tonwerken zu klären. Eine erste Untersuchung über die Verteilung der drei Typen in Deutschland und Österreich bot W. Kruse. – C. A. Martienssen versuchte, die T. für den individuellen Klavierunterricht fruchtbar zu machen; doch sind die von ihm herangezogenen Unterarten der pianistischen Technik nicht so bedeutsam wie die typologischen Verschiedenheiten der Rhythmik, Dynamik und Phrasierung. Seine Typen sind der statische, klassische Typ (v. Bülow), der ekstatische, romantische (Rubinstein) und der expansive, expressionistische (Busoni).

Lit.: Fr. Schiller, Über naive u. sentimentalische Dichtung, Horen, 1795 u. 1796, in: Sämtliche Werke V, hrsg. v. G. Fricke u. H. G. Göpfert, München 1959; W. Dilthey, Die Typen d. Weltanschauung, in: Weltanschauung, Philosophie u. Religion, Bln 1911, auch in: Gesammelte Schriften VIII, Lpz. u. Bln 1931, Stuttgart u. Göttingen ²1960 (vgl. dazu Bd II u. III); O. Rutz, Sprache, Gesang u. Körperhaltung, München 1911, ²1922; ders., Vom Ausdruck d. Menschen, Celle 1925; H. Nohl, Typische Kunststile in Dichtung u. Musik, Jena 1915, in: Vom Sinn d. Kunst, (Vorw. v. E. Blochmann), = Kleine Vandenhoeck-Reihe CIII/CIV, Göttingen 1961; ders., Stil u. Weltanschauung, Jena 1920; H. Sievers, Ziele u. Wege d. Schallanalyse, Heidelberg 1924; G. Becking, Der mus. Rhythmus als Erkenntnisquelle, Augsburg 1928, Nachdruck Darmstadt 1958; W. Kruse, Die Deutschen u. ihre Nachbarvölker, Lpz. 1929, S. 179ff.; W. Danckert, Ursymbole melodischer Gestaltung, Kassel 1932; ders., Beitr. zur Bachkritik, Kassel 1934; ders., Wandernde Liedweisen, AfMf II, 1937; C. A. Martienssen, Die individuelle Klaviertechnik auf d. Grundlage d. schöpferischen Klangwillens, Lpz. 1932; ders., Die Methodik d. individuellen Klavierunterrichts, Lpz. 1937; W. Werkmeister, Der Stilwandel in deutscher Dichtung u. Musik d. 18. Jh., = Neue deutsche Forschungen XCVII, Abt. Mw. IV, Bln 1936; W. Korte, Musik u. Weltbild, Lpz. 1940. WD

Tyrolienne (tirɔlj'ɛn, frz., auch Tirolienne, s. v. w. Tiroler Ländler), eine französische Abart des → Ländlers, die im 19. Jh. als volkstümlicher Rundtanz aufkam mit den Pas:

Ein Beispiel für die Verwendung der T. in der französischen Oper bietet Rossinis *Chœur tyrolien* aus *Guillaume Tell* (1829), 3. Akt.

U

'Ūd (arabisch al-'ūd, das Holz; daraus über span. laud u. a. deutsch → Laute), die Kurzhalslaute des arabischen Mittelalters (7.–13. Jh.) und der Neuzeit mit Knickhals und gespäntem (aus schmalen Streifen zusammengefügtem) bauchigem Corpus. Der 'Ūd ist in der arabisch-islamischen Musik nicht nur als Musizierinstrument wichtig, sondern auch als dasjenige Instrument, an dem das Tonsystem dargestellt und erläutert wurde. Der 'Ūd entstand aus dem persischen → Barbaṭ, der mit Bünden versehen wurde. So kam das Instrument wahrscheinlich im 7. Jh. aus dem heutigen Irak nach Mekka. Bei al-Fārābī im 10. und Ibn Sīnā im 11. Jh. ist der 'Ūd 4saitig, bei Ṣafī-ad Dīn im 13. Jh. 5saitig in Quarten gestimmt. Mit den Arabern kam der 'Ūd im Hochmittelalter nach Spanien, dem Ausgangsland für die Geschichte der abendländischen Laute. In der Neuzeit wird der 'Ūd in den arabischen Ländern wieder ohne Bünde gespielt; er ist dort neben dem → Qānūn das wichtigste Saiteninstrument. Die Spielweise ist nicht akkordisch, sondern melodisch (wobei Haltetöne durch Tonrepetitionen dargestellt werden) mit zahlreichen Verzierungen.

Lit.: Kanz at-tuḥaf (Anon.), Kap. über Musikinstr., frz. in: C. Huart, La musique persane, in: Encyclopédie de la musique, hrsg. v. A. Lavignac u. L. de la Laurencie, I, 5, Paris (1922); al-Fārābī, Kitāb al-mūsīqī al-kabīr, frz. als: Grand traité de la musique, in: Baron R. d'Erlanger, La musique arabe I, Paris 1930; Ibn Sīnā, Kitāb aš-Šifā', frz. v. M. al-Manūbī al-Sanūsī, ebenda II, 1935; Ṣafī-ad Dīn, Kitāb al-adwār, frz. v. dems., ebenda III, 1938; Al-Mufaḍḍal Ibn Salama, Kitāb al-'ūd wa'-l-malāhī, mit Übers. hrsg. v. J. Robson in: Collection of Oriental Writers on Music IV, Glasgow 1938. – K. Geiringer, Vorgesch. u. Gesch. d. europäischen Laute, ZfMw X, 1927/28; H. G. Farmer, Hist. Facts for the Arabian Mus. Influence, London 1930; ders., Studies in Oriental Mus. Instr., I London 1931, II Glasgow 1939; ders., Islam, = Mg. in Bildern III, 2, Lpz. (1966); A. Berner, Studien zur Arabischen Musik ... in Ägypten, = Schriftenreihe d. Staatl. Inst. f. Deutsche Musikforschung II, Lpz. 1937; H. Husmann, Grundlagen d. antiken u. orientalischen Musikkultur, Bln 1961.

UdSSR.

Ausg. (Erscheinungsort, wenn nicht anders angegeben, Moskau): Marij muro (»Tscheremissische Lieder«), hrsg. v. W. M. Wassiljew, 3 Bde, Kasan 1919/20–23, Joschkar-Ola 1937; 50 pesen Tatar i Baschkir ... (»50 tatarische u. baschkirische Lieder mit Text, übers. u. harmonisiert«), hrsg. v. S. G. Rybakow, 1924; 1000 pesen kirgiskowo naroda (»1000 Lieder d. kirgisischen Volkes«), hrsg. v. A. W. Satajewitsch u. A. Dm. Kastalskij, = Trudy obschtschestwa isutschenija kirgikowo kraja IV, Orenburg 1925 (mit Bibliogr.); 500 kasachskich pesen i kjujew (»500 kasachische Lieder u. Instrumentalstücke«), hrsg. v. dens., 1931 (mit Bibliogr.); 250 kirgiskich instrumentalnych pjes i napewow (»250 kirgisische Instrumentalstücke u. -weisen«), hrsg. v. dens., 1934; Gesänge russ. Kriegsgefangener, hrsg. v. R. Lach, 9 H., = Sb. Wien CCIII/4, CCIV/4–5, CCV/1–2, CCXI/3, CCXVIII/1 u. 4, CCXXVII/4, = Mitt. d. Phonogramm-Arch.-Kommission LIV, LV, LVIII, LXV, LXVI, LXVIII, LXXIV, LXXVIII, 1926–52; 101 abchasskaja narodnaja pesnja (»101 abchasische Volkslieder«), hrsg. v. K. W. Kowatsch, Suchumi 1929; Pesni naroda mari (»Lieder d. Tscheremissenvolks«), hrsg. v. J. Eschpaj, 1930; Melodii gornych i lugowych mari (»Melodien d. Wald- u. Bergtscheremissen«), hrsg. v. dems., 1933; Marij kalyk muro (»Tscheremissische Volkslieder«), hrsg. v. dems. u. V. M. Beljajew, 1957; Pesni werchowych Tschuwasch (»Lieder d. oberen Tschuwaschen«), hrsg. v. A. Maksimow, Schupaschkar 1932; Georgische Gesänge, hrsg. v. S. Nadel, Bln 1933; Sbornik jakutskich pesen (»Slg jakutischer Gesänge«), hrsg. v. F. T. Kornilow, 1936; Usbekskije narodnyje pesni (»Usbekische Volkslieder«), hrsg. v. J. J. Romanowskaja u. I. Akbarow, 2 Bde, Taschkent 1939; Burjatskije i mongolskije pesni (»Burjatische u. mongolische Lieder«), hrsg. v. A. P. Globa, 1940; Usbekskaja instrumentalnaja musyka, hrsg. v. J. J. Romanowskaja, Taschkent 1948; Pesni kasachskich stepej (»Lieder d. kasachischen Steppen«), hrsg. v. S. Kedrina, 1951; Erwel marij muro (»Osttscheremissische Lieder«), hrsg. v. K. Smirnow, Joschkar-Ola 1951; Olyk marij muro (»Lieder d. Bergtscheremissen«), ebenda 1955.

Lit. (Erscheinungsort, wenn nicht anders angegeben, Moskau): E. Emsheimer, Musikethnographische Bibliogr. d. nichtslavischen Völker in Rußland, AMl XV, 1943; R. Waterman (u. a.), Bibliogr. of Asiatic Musics, Notes II, 5, 1947/48 – 8, 1950/51. – S. G. Rybakow, Musyka i pesni uralskich musulman (»Musik u. Lieder d. Ural-Muselmanen«), 1897; D. I. Arakischwili, Musykalno-etnografitscheskije otscherki grusinskoj narodnoj musyki (»Mus. ethnographische Skizzen zur georgischen Volksmusik«), 3 Bde, = Trudy musykalno-etnografitscheskoj kommissii Obschtschestwa ljubitelej estestwosnanija, antropologii i etnografii I, II u. V, 1905–16; ders., Kratkij istoritscheskij obsor grusinskoj musyki (»Kurze hist. Übersicht über d. georgische Musik«), Tiflis 1940; ders., Obsor narodnoj pesni Wostotschnoj Grusii (»Übersicht über d. Volkslied Ostgeorgiens«), Tiflis 1948; G. Schünemann, Kasan-tatarische Lieder, AfMw I, 1918/19; R. Lach, Die Musik d. turktatarischen, Instrumentalstücke u. Kaukasusvölker ..., = Mitt. d. Anthropologischen Ges. in Wien L (3. Folge, Bd XX), 1920; ders., Tscheremissische Gesänge, Anzeiger d. Akad. d. Wiss. in Wien LXIII, 1926; V. M. Beljajew, Khoresmian Notation, The Sackbut IV, 1924; ders., Turkomanian Music, Pro Musica Quarterly V, 1927; ders. u. V. A. Uspenskij, Turkmenskaja musyka, 1928; ders., Musykalnyje instrumenty Usbekistana, 1933; ders., The Folk Music of Georgia, MQ XIX, 1933; ders., Otscherki po istorii musyki narodow SSSR (»Skizzen zur Mg. d. Völker d. UdSSR«), I (»Die Musikkultur Kirgisiens, Kasachstans, Turkmeniens, Tadschikistans, Usbekistans«), II (»Die Musikkultur Aserbajdschans, Armeniens, Georgiens«), 1962–63; N. N. Mironow, Obsor musykalnych kultur usbekow ... (»Übersicht über d. Musikkultur d. Usbeken u. anderer Völker d. Orients«), Samarkand 1931; S. Ewald, W. Kossowanow u. S. Abajanzew, Musyka i musykalnyje instrumenty narodnostej Sibiri (»Musik u. Musikinstr. d. sibirischen Völkerschaften«), in: Sibirskaja Sowjetskaja Enziklopedija III, 1931, frz. gekürzt v. S. Lévique als: La musique des peuples sibiriens, Le Ménestrel XCVIII, 1936; A. O. Väisänen, Wogulische u. ostjakische Melodien, = Suomelais-ugrilaisen seuran, Toimituksia (Mémoires de la Soc. finno-ougrienne) LIII, Helsinki 1937; ders., Untersuchungen über d. ob-ugrischen Melodien, ebenda LXXX, 1939; W. Winogradow, Musyka Sowjetskoj Kirgisii, 1939; ders., Toktogul Satylganow, 1952; DERS., Kirgiskaja narodnaja musyka (»Die kirgisische Volksmusik«), Frunse 1958; S. GORODEZKIJ, Musyka Tadschikistana, Stalinabad 1944; U. A. GADSCHIBEKOW, Osnowy aserbajdschanskoj narodnoj musyki (»Grundlagen d. aserbajdschanischen Volksmusik«), Baku 1945, ²1957; A. A. SEMJONOW, Sredne-asiatskij traktat po musyke derwischa Ali (»Der zentralasiatische Musiktraktat d. Derwischs Ali«, [17. Jh.]), Taschkent 1946; CH. CHANUKAJEW u. M. I. PLOTKIN, Dagestanskaja musyka, Machatschkala 1948; G. S. TSCHCHIKWADSE, Kompository Grusinskoj SSR, Tiflis 1949; Musykalnaja kultura sowjetskowo Usbekistana, hrsg. v. M. MURADJAN, Taschkent 1955; Musykalnaja kultura Kasachstana, hrsg. v. DEMS., Alma-Ata 1957; W. BALANTSCHIWADSE, W. DONADSE u. P. CHUTSCHUA, Grusinskaja musykalnaja kultura, 1957; B. ERSAKOWITSCH, Musykalnaja kultura Kasachskoj SSR, Alma-Ata 1957; W. JEGOROWA, Musykalnaja kultura awtonomii respublik, 1957; L. KARAGITSCHEWA, Musykalnaja kultura Aserbajdschanskoj SSR, Leningrad 1957; T. WYSGO, Musykalnaja kultura Usbekskoj SSR, ebenda 1957; BR. NETTL, Cheremis Mus. Styles, = Indiana Univ. Folklore Series XIV, Bloomington 1960; V. A. GVACHARIA, Zu Fragen d. grusinischen Musik, Beitr. zur Mw. IV, 1962; Otscherki po istorii kasachskoj sowjetskoj musyki (»Skizzen zur Gesch. d. kasachischen Sowjetmusik«), hrsg. v. A. K. SCHUBANOW, Alma-Ata 1962; Atlas musykalnych instrumentow narodow SSSR (»Atlas d. Musikinstr. d. Völker d. UdSSR«), hrsg. v. J. J. JAROWIZKAJA, G. J. BLAGODATOW u. K. A. WERTKOW, 1963; J. B. PEKKER, Usbekskaja opera (»Die usbekische Oper«), 1963; L. VIKÁR, Systématisation mus. des chansons populaires tchérémisses, Studia musicologica IV, 1963; DERS., La »petite forme« tchérémisse, ebenda VI, 1964; E. EMSHEIMER, Studia ethnomusicologica eurasiatica, = Musikhist. museets skrifter I, Stockholm 1964. → Armenien, → Estland, → Lettland, → Litauen, → Mongolei, → Russische Musik, → Ukraine.

Überblasen (engl. overblowing) heißt, auf einem Blasinstrument durch stärkeren Winddruck oder erhöhte Lippenspannung einen der höheren → Naturtöne (anstelle des Grundtons) hervorbringen. Offene Lippenpfeifen (Flöten) sowie konische Zungenpfeifen (z. B. Oboe, Saxophon) schlagen durch Ü. zunächst in den 2. Naturton (die Oktave) über; sie heißen daher oktavierende Instrumente. Gedeckte Lippenpfeifen (→ Gedackt) und die sich akustisch gleich verhaltenden zylindrischen Zungenpfeifen (z. B. Klarinette, Fagott) schlagen nur in die ungeradzahligen Naturtöne über (zunächst in den 3. Naturton, die Duodezime); sie heißen quintierende Instrumente. Die Überblastöne (deren Schwingungszahl infolge der Gegebenheiten des Instruments von der theoretischen Schwingungszahl der Naturtöne mehr oder weniger abweichen kann; → Blasquinte) klingen heller, schärfer als die Grundtöne; sie bilden innerhalb des Gesamtumfangs der Instrumente jeweils ein eigenes → Register (– 3). Auf manchen einfachen Instrumenten, z. B. der → Einhandflöte und der ventillosen Trompete (→ Clarino), ist eine vollständige Skala nur durch Ü. hervorzubringen. Das Ü. kann (z. B. bei Blockflöte, Oboe, Klarinette, Saxophon u. a.) durch kleine, nahe dem Mundstück gelegene Überblaslöcher erleichtert werden. Die großen Intervalle zwischen den ersten 6 Naturtönen werden auf modernen Blechblasinstrumenten durch die → Ventile (– 2) überbrückt. – In der Orgel kommt Ü. beabsichtigt (→ Register – 1), aber auch als technischer Fehler vor (→ Überschlagen – 1 bei eng mensurierten Labialstimmen).

Lit.: R. W. YOUNG u. J. C. WEBSTER, Die Stimmung v. Musikinstr. I–IV, Gravesaner Blätter II, 1957 – IV, 1959; F. J. YOUNG, The Natural Frequencies of Mus. Horns, Acustica X, 1960; J. P. FRICKE, Die Innenstimmung d. Naturtonreihe u. d. Klänge, Fs. K. G. Fellerer, Regensburg 1962.

Übermäßig heißen die → Intervalle, die um einen chromatischen Halbton größer sind als die großen (z. B. c–eis statt c–e) oder als die reinen Intervalle (z. B. c–fis statt c–f). Die → Umkehrung übermäßiger Intervalle ergibt verminderte.

Überschlagen, – 1) bei Blasinstrumenten (auch Orgelpfeifen) das Ansprechen eines höheren Naturtons anstelle des beabsichtigten (→ Überblasen). Bei der Singstimme ist Ü. s. v. w. Umschlagen in ein anderes → Register (– 3), z. B. beim → Jodeln. – 2) Beim Klavierspiel gibt es neben dem Ü. der Finger (→ Fingersatz) zwei Arten des Ü.s einer Hand über die andere. Die eine Art besteht im Ü. der einen (meist der linken) Hand über die in gleicher Lage weiterspielende andere Hand. Diese Art ist durch die Komposition festgelegt, so etwa bei Cembalostücken für 2 Manuale, z. B. in J. S. Bachs »Goldberg-Variationen«, BWV 988, oder freibleibend für ein oder zwei Manuale, z. B. in D. Scarlattis Sonata Nr 358 (ed. A. Longo), J. Ph. Rameaus *Les tourbillons* aus den *Pièces de clavecin* (1724; hierzu die beigegebene *méthode pour la méchanique des doigts*), die Gigue in Bachs Partita B dur, BWV 825; auf dem Pianoforte z. B. in W. A. Mozarts Sonate K.-V. 331 (4. Variation, Trio des Menuetts), in Beethovens Sonate op. 31 Nr 2 (1. und 2. Satz). Die zweite Art, das abwechselnde Ü. der Hände beim Passagen- oder Arpeggiospiel, ist mehr eine Angelegenheit der geschichtlich sich wandelnden Spielpraxis und gehört der Ebene der Ausführung an (wie Fingersatz, Spieltechnik).

Übersetzen, beim Klavierspiel das Überschlagen eines Fingers über den Daumen, in der rechten Hand abwärts, in der linken aufwärts (→ Fingersatz); beim Pedalspiel auf der Orgel das Kreuzen der Füße.

'Ūḡāḇ (hebräisch, von ⁺uḡḇ, inbrünstig lieben), ein Blasinstrument in der nomadischen Periode der Juden; die entsprechenden Namen sind für die Königs- und Prophetenzeit chālīl und für die talmudische Epoche (das nichtbiblische) 'abbūḇā. Diese Instrumente stiegen nicht zu Kultinstrumenten auf, sondern wurden von Volksmusikanten bei Prozessionen, Volksfesten, Hochzeiten und Leichenbegängnissen gespielt. Die genauere Zuordnung zu den Flöten und Rohrblattinstrumenten läßt sich aus den spärlichen Textstellen nicht erschließen, eher noch aus heutigen vorderasiatischen Instrumenten und deren Spielweise sowie aus archäologischen Funden, die neben den beiden genannten Typen noch Knochenflöten, anthropomorph gebaute Pfeifen, Panflöten und Sackpfeifen bezeugen. – Chālīl wird ursprünglich als Freudeninstrument genannt, in nachexilischer Zeit als Trauerinstrument. 'Ū. war ein weltliches, aufreizendes Instrument, möglicherweise dem Aulos verwandt. Jubal wird (1. Mos. 4, 21) als Vorvater der Kinnor- und 'Ū.-Spieler genannt (bei Luther: der *Geiger und Pfeifer*).

Ukraine.

Ausg.: Halizko-russki narodni pisni (»Galizisch-russ. Volkslieder«), hrsg. v. I. KOLESSA, = Etnografitschnyj sbirnyk XI, Lemberg 1902; Narodni pisni s halizkoj Lemkiwtschyny (»Volkslieder aus d. galizischen Lemken«), hrsg. v. F. KOLESSA, ebenda XXXIX/XL, 1929; Ukrainska narodna pisnja (»Das ukrainische Volkslied«), Kiew ²1936; Pesni donskich i kubanskich kasakow (»Lieder d. Don- u. Kubankosaken«), hrsg. v. S. A. BUGOSLAWSKIJ u. I. P. SCHISCHOW, Moskau 1937; Pesni i dumy Sowjetskoj Ukrainy (»Lieder u. Balladen d. Sowjet-Ukraine«), hrsg. v. G. LITWAK, Moskau 1940, mit einer Abh. v. M. Rylskij ²1951.

Lit.: DM. M. REWUZKYJ, Ukrainski dumy ta pisni istorytschni (»Ukrainische Balladen u. hist. Lieder«), Kiew 1919, ²1930; M. A. HRINTSCHENKO, Istorija ukrainskoi musyky, Kiew 1922, NY ²1961; KL. W. KWITKA, Professionalni narodni spiwzi (»Berufsmäßige Volkssänger«), Kiew 1924; B. KUDRYK, Ohlad istorii ukrainskoi zerkwenoi musyky (»Abriß d. Gesch. d. ukrainischen Kirchenmusik«), Lemberg 1937; Ukrainska musykalna spadschtschyna (»Ukrainisches Musikerbe«), hrsg. v. A. W. OLCHOWSKYJ, Charkow 1940; A. OLKHOVSKY (Olchovskyj), Narys istorii ukrainskoi musyky (»Abriß ...«), Kiew 1941; DERS., Music Under the Soviets, NY 1955; Kompository Sowjetskoj Ukrainy, Kiew 1951; M. ANTONOWYTSCH, Die Mehrstimmigkeit in d. ukrainischen Volksliedern, Kgr.-Ber. Utrecht 1952; HR. KYTASTY, Some Aspects of Ukrainian Music Under the Soviets, NY 1954; M. W. LISENKO, Charakteristika musitschnich osobliwostej ukrainskich pisen ... (»Die mus. Besonderheiten d. ukrainischen Volkslieder u. Gesänge, d. v. d. Kobsaren Weresaj vorgetragen wurden«), Kiew 1955; Is istorii russko-ukrainskich musykalnych swjasij (»Aus d. Gesch. d. russ.-ukrainischen Musikbeziehungen«), hrsg. v. T. I. KARYSCHEWA, Moskau 1956; L. B. ARCHIMOWYTSCH, Ukrainska klassitschna opera (»Die ukrainische klass. Oper«), Kiew 1957; DERS. (L. Archimowitsch), A. SCHREER-TKATSCHENKO, T. SCHEFFER u. T. I. KARYSCHEWA, Musykalnaja kultura Ukrainy, Moskau 1961; W. D. DOWSCHENKO, Narysy s istorii ukrainskoi radjanskoi musyky (»Skizzen zur Gesch. d. ukrainischen Musik«) I, Kiew 1957; A. I. HUMENJUK, Ukrainski narodni musychni instrumenty ... (»Ukrainische Volksmusikinstr., Instrumentalensembles u. Orch.«), Kiew 1959; M. SAHAJKEWYTSCH, Musytschne schyttja Sachidnoi Ukrainy ... (»Das Musikleben d. westlichen U. in d. 2. Hälfte d. 19. Jh.«), Kiew 1960.

Ukulęle (hawaiisch, s. v. w. der hüpfende Floh), eine kleine, von der portugiesischen Machete abstammende Gitarre mit 4 Stahlsaiten in der Stimmung a d¹ fis¹ a¹ oder g c¹ e¹ a¹. In den amerikanischen und europäischen Tanzmusikensembles kommt die (oder das) U. seit den 1920er Jahren vor. Sie wird mit einem Schlagring gespielt, die Saiten werden nicht mit den Fingern, sondern mit einer Metallplatte verkürzt; der Klang liegt zwischen dem der Zither und dem der Gitarre. Die U. wird mit viel Vibrato und Portamento gespielt.

Ulm.
Lit.: K. BLESSINGER, Studien zur U.er Mg. im 17. Jh., = Mitt. d. Ver. f. Kunst u. Altertum in U. u. Oberschwaben XIX, U. 1913; M. SCHEFFOLD, Die U.er Org.- u. Klavierbauer-Familie Schmahl, ZfMw XIII, 1930/31; W. TAPPE, 150 Jahre U.er Stadttheater, U. 1931; H. MAYER, Der U.er Fischermarsch, in: U. u. Oberschwaben XXXV, 1958; DERS., H. L. Haßler in U. (1604–08), ebenda.

Ultima (lat., u. vox) → Paenultima.

Umkehrung (ital. rivolto). Intervalle werden umgekehrt, indem der höhere Ton unter den tieferen oder der tiefere über den höheren oktavversetzt wird. Immer entsteht dadurch das Komplementärintervall des Ausgangsintervalls, d. h. dasjenige Intervall, welches das Ausgangsintervall zur Oktave ergänzt; es stehen im Verhältnis der U.: Sekunde–Septime, Terz–Sexte, Quarte–Quinte und umgekehrt. Die U. eines reinen Intervalls ergibt wieder ein reines, die eines großen ein kleines, die eines verminderten ein übermäßiges und umgekehrt. – Akkorde werden umgekehrt, indem anstelle ihres Grundtons ein anderer ihrer Töne in den Baß gelegt wird. Die Anzahl der möglichen U.en eines Akkordes ist immer um 1 kleiner als die Anzahl seiner Töne. So hat der Dreiklang 2 U.en, Sextakkord und Quartsextakkord; der Dominantseptakkord hat 3 U.en, Quintsextakkord, Terzquart(sext)akkord und Sekundakkord. – Motive und Themen werden umgekehrt, indem ihre Intervallschritte in die entgegengesetzte Richtung versetzt werden: steigend statt fallend, fallend statt steigend (ital. inversione, all'inverso, per moto contrario, auch al rovescio). Sie erscheinen gegenüber ihrer ursprünglichen Form in Gegenbewegung. Das Verfahren trat zuerst im Kanon auf, blieb aber nicht auf Kanon und Fuge beschränkt. Seine Anwendung erfolgt entweder intervallgetreu (real), wie im 3. Satz der 1. Symphonie von J. Brahms:

oder tonal, wie im Contrapunctus VI der *Kunst der Fuge* von J. S. Bach:

oder nur richtungsgetreu, wie im 1. Satz des Klaviertrios op. 100 (D 929) von Fr. Schubert:

Die U.en müssen nicht mit dem Anfangston ihrer Vorlage beginnen. Doch verlaufen intervallgetreue wie tonale U.en zu ihrer Vorlage gleichsam spiegelbildlich (Symmetrie). Im Beispiel von Bach bildet der Ton f, in dem Vorlage und U. einander treffen, die Spiegelungsachse. Im Beispiel von Brahms liegt die (imaginäre) Spiegelungsachse zwischen d² und des². Je charakteristischer das Thema ist, um so mehr verändert vor allem die intervallgetreue U. dessen Charakter. Dabei wird aus einem Durthema oft ein Mollthema und umgekehrt (Hauptthema des 4. Satzes der 7. Symphonie von Bruckner und seine U., Takt 163ff.). – Tonleitern und Tonreihen werden wie Motive und Themen, jedoch intervallgetreu umgekehrt. Dabei ergeben sich wechselseitige Beziehungen zwischen einigen Tonleitern. So ist die intervallgetreue U. der Durtonleiter identisch mit dem nach c transponierten 3. Kirchenton (phrygisch), die der reinen A moll-Tonleiter identisch mit dem nach a transponierten 7. Kirchenton (mixolydisch). Dagegen ergibt die intervallgetreue U. des 1. Kirchentons (dorisch) wieder den 1. Kirchenton, die der Ganztonleiter wieder die Ganztonleiter. In der Zwölftontechnik ist die intervallgetreue U. der → Reihe eine ihrer vier Erscheinungsformen. Auch ganze Musikstücke werden wie Motive bzw. Themen umgekehrt. Solche U.en sind in der dur-moll-tonalen Musik in der Regel tonal. Die bekanntesten der wenig zahlreichen Beispiele stehen in Bachs *Kunst der Fuge* (Contrapunctus XVI-XVIII). Die U. eines Rhythmus ist sein Krebs. Messiaen unterscheidet zwischen umkehrbaren (rétrogradés) und nicht umkehrbaren (non rétrogradables) Rhythmen, deren U.en mit ihrer Vorlage identisch sind (z. B.: Vorlage ♩♩♩ = U. ♩♩♩). ESE

Unca (lat., Bogen), das Fähnchen der Achtelnote: ♪, auch die Achtelnote selbst; entsprechend bis u.: ♬, Sechzehntel, usw.

Undezime (lat. undecima, elfte), die Quarte über der Oktave.

Ungarn.
Ausg. (Erscheinungsort, wenn nicht anders angegeben, Budapest): Magyar Népdalok (»Ungarische Volkslieder«), 7 Bde, hrsg. v. I. BARTALUS, 1873–96; Magyar Gyermekjátékgyüjtemény (»Slg ungarischer Kinderspiele«), hrsg. v. Á. KISS, 1891; Siebenbürgisches Ungartum. Volkslieder, hrsg. v. B. BARTÓK u. Z. KODÁLY, 1923; A Magyar Népzene

Tára – Corpus Musicae Popularis Hungaricae, hrsg. unter Leitung v. DENS., seit 1951; Nagyszalontai gyüjtés... (»Slg v. Nagyszalonta...«, mit Melodien), hrsg. v. Z. KODÁLY, in: Magyar Népköltési Gyüjtemény (»Ungarische Volksdichtungs-Slg«) XIV, 1924; Népzenei monográfiák (»Volksmusik-Monographien«), 5 Bde, hrsg. v. L. LAJTHA, 1954–62; Somogyi Táncok (»Tänze aus d. Komitat Somogy«), hrsg. v. P. MORVAI, E. PESOVÁR u. L. VARGYAS, 1954; Csángó népzene (»Volksmusik d. Csángó-Ungarn«), 2 Bde, hrsg. v. P. P. DOMOKOS u. B. RAJECZKY, 1956–61; Monumenta Hungaricae Musica, Budapest u. Graz 1963ff. – Magyar Orpheus, hrsg. v. I. BARTALUS, 1869; A XVIII. század magyar dallamai... (»Die ungarischen Melodien d. 18. Jh....«), hrsg. v. D. BARTHA, 1935; Ötödfélszáz énekek (Liederslg d. Á. P. Horváth v. 1813), hrsg. v. DEMS., 1953; Arany János népdalgyüjteménye (»Die Volkslieder-Slg d. Dichters J. Arany«), hrsg. v. Z. KODÁLY, 1952; Melodiarium Hungariae Medii Aevi I, hrsg. v. B. RAJECZKY, 1956; A XVI. század magyar dallamai (»Ungarische Melodien d. 16. Jh.«), hrsg. v. K. CSOMASZ TÓTH, 1958; Népünk szabadságmozgalmának dalai (»Lieder d. ungarischen Freiheitsbewegungen«), hrsg. v. J. PÁLINKÁS, 1959. Lit. (Erscheinungsort, wenn nicht anders angegeben, Budapest): Magyar zenei dolgozatok (»Ungarische Mus. Studien«), hrsg. v. Z. KODÁLY, 11 Bde, 1927–35; Studia musicologica Acad. Scientiarum, hrsg. v. DEMS., seit 1961; Zenetudományi tanulmányok (»Studien zur Mw.«), hrsg. v. B. SZABOLCSI u. D. BARTHA, 10 Bde, 1953–62; Tánctudományi tanulmányok (»Studien zur Tanzkunde«), hrsg. v. P. MORVAY u. G. DIENES, 3 Bde, 1958–62; Magyar zenetudomány (»Ungarische Mw.«), hrsg. v. F. BÓNIS, seit 1959. – B. BARTÓK, A magyar népdal (»Das ungarische Volkslied«), 1924, deutsch Bln 1925, engl. London 1931; DERS., Népzenénk és a szomszed népek népzenéje (»Die Volksmusik d. Ungarn u. d. Nachbarvölker«), 1934, ²1952, deutsch in: Ungarisches Jb. XV, 1935; M. RÉTHEI PRIKKEL, A magyarság táncai (»Die Tänze d. Ungartums«), 1924; P. P. DOMOKOS, A moldvai magyarság (»Das Ungartum in d. Moldau«), Csiksomlyó 1931, Klausenburg ²1934, ³1941; Z. KODÁLY, A magyar népzene (»Die ungarische Volksmusik«), 1937, ²1943, mit Melodien erweitert v. L. Vargyas ³1952, ⁴1960, deutsch 1956, engl. London u. NY 1960; L. LAJTHA u. S. GÖNYEI, Tánc (»Volkstanz«), in: Magyar néprajz (»Ungarische Ethnographie«), 1937; E. LUGOSSY u. S. GÖNYEI, Magyar népi táncok (»Ungarische Volkstänze«), 1947; E. KAPOSI u. L. MAÁCZ, Magyar népi táncok és táncos népszokások (»Ungarische Volkstänze u. mit Tänzen verbundene Volksbräuche«), 1958; Folk Music Research in Hungary, hrsg. v. L. VARGYAS, 1964. – J. KÁLDY, A Hist. of Hungarian Music, London 1902; K. ISOZ, Buda és Pest zenei müvelödése (1686–1873) (»Die Musikkultur v. Buda u. Pest...«), 1926; A. MOLNÁR, Az uj magyar zene (»Die neue ungarische Musik«), 1926; E. HARASZTI, Une longue hongroise, Paris 1933; D. BARTHA, Erdély zenetörténete (»Mg. Siebenbürgens«), 1936; A magyar muzsika könyve (»Buch d. ungarischen Musik«), hrsg. v. I. MOLNÁR, 1936; Z. KODÁLY u. D. BARTHA, Die ungarische Musik, Budapest, Lpz. u. Mailand 1943; B. SZABOLCSI, A magyar zenetörténet kézikönyve (»Hdb. d. ungarischen Mg.«), 1947, ²1955, deutsch als: Gesch. d. ungarischen Musik, 1964, engl. als: A Concise Hist. of Hungarian Music, Budapest u. London 1964; DERS., Népzene és történelem (»Volksmusik u. Gesch.«), 1954, ²1955; E. MAJOR, A szabadságharc muzsikája (»Die Musik d. Freiheitskampfes 1848«), 1949; D. TÓTH, A magyar népszinmü zenei kialakulása (»Die mus. Entwicklung d. ungarischen Volksschauspiels«), 1953; A magyar balett történetéböl (»Aus d. Gesch. d. ungarischen Balletts«), hrsg. v. Rózsi VÁLYI, 1956; I. SZELÉNYI, A magyar zene története (»Gesch. d. ungarischen Musik«), 2 Bde, 1959; Zenei nevelés Magyarországon (»Musikerziehung in Ungarn«), hrsg. v. F. SÁNDOR, 1964, engl. als: Mus. Education in Hungary, London 1966.

Union pipe (j'u:njən paip, engl.; irisch píob uilleAnn, s. v. w. Ellbogenpfeife), eine seit dem Ende des 17. Jh. in Irland und Schottland bekannte → Sackpfeife mit einem kleinen Blasebalg, einer Melodiepfeife von enger konischer Bohrung und mit doppeltem Rohrblatt und einem Satz von 3, seit etwa 1850 auch gelegentlich 4 Bordunen in einem Sockel. Die Melodiepfeife steht eine Quinte tiefer als die der schottischen Sackpfeife (bagpipe); sie hat 4 Klappen und kann auch überblasen werden. Die Bordune (normale Stimmung in Oktaven, z. B. d¹ d D) haben geschlossene Klappen, so daß ihre Tonhöhe einzeln verändert werden kann. Wegen ihres geschmeidigen Tons kann die U. p. auch mit Violine oder Flöte zusammen gespielt werden.

Lit.: N. BESSARABOFF, Ancient European Mus. Instr., Boston 1941, Nachdruck 1964.

Unisono (ital.; Abk.: unis.; frz. unisson; engl. unison). Boethius (*De institutione musica* V, 5 und 11) übersetzt mit unisonae voces, s. v. w. gleichlautende Töne, den Ausdruck ἰσότονοι ψόφοι bzw. φθόγγοι bei Ptolemaios (»Harmonik« I, 4 und 7) und definiert in seiner Klassifikation der Intervalle (V, 11): *Et unisonae* [voces] *quidem sunt, quae unum atque eundem singillatim pulsae reddunt sonum*, im Unterschied zu unisonae Oktave und Doppeloktave. In der *Musica Enchiriadis* wird auch die im Oktavabstand erklingende vox als unisona charakterisiert (GS I, 163a). Im späteren Mittelalter wird unisonus bestimmt als Tonhöhenidentität zweier Töne, die aufeinanderfolgen (Johannes Affligemensis, CSM I, 68), oder als Zusammentreffen zweier Stimmen in einem Ton (*Liber musicalium*, CS III, 36b), wobei seit je umstritten ist, ob der Unisonus zu den Intervallen gehöre, da er nicht zahlenmäßig (als Proportion), sondern nur effektiv einen konsonanten Zusammenklang darstellt. Während u. a. noch Ramos de Pareja (1482) und M. Praetorius (1619) vom Unisonus der (reinen) → Prime den Aequisonus der Oktave unterschieden, gilt in der neuen Musik (seit dem 18. Jh.) als Unisonus sowohl die Aequallage als auch jede Oktavversetzung. – Die italienische Wortform u. bezeichnet heute speziell das Erklingen von Tönen oder Stimmen im Einklang oder in Oktave(n). Unisoni kommen vor im Generalbaß (Tasto solo, mit 0 bezeichnet), im Orchester- und vielstimmigen Vokalsatz (gefordert durch die Bezeichnung all'u., das auch im Sinne von all'ottava gilt). Der Beginn eines Satzes im chorischen U. ist etwa im instrumentalen Concertoritornell des Barocks (J. S. Bach[?], Klavierkonzert D moll, BWV 1052) ebenso bekannt wie zu Beginn der klassischen und romantischen Symphonie oder Sonate und in neueren Chorwerken. Im strengen Satz dagegen ist das Fortschreiten im U. untersagt, da es die stimmliche Qualität der Stimmen aufhebt.

Universalklavizymbel → Archicembalo.

Unterhaltungsmusik ist ein Phänomen, das sich seit dem 2. Drittel des 19. Jh. beobachten läßt. Als Terminus bezeichnet U. jenen Bereich musikalischer Produktion, der seit jener Zeit vor dem Hintergrund der verwandelten sozialen und technischen Verhältnisse als eine Subkultur von der offiziellen Musik sich abhebt, die zur U. als Kontrapost mit »Ernste Musik« bezeichnet wird. – Unterhaltsame Musik hat es zu allen Zeiten gegeben. Keine (oder nicht auch) unterhaltende Absicht haben grundsätzlich nur die kultische (auch im Krieg) und liturgische Musik, die Lehrkomposition, die repräsentative → Festmusik und das tragische Musiktheater. Für den musikalisch Gebildeten (im 18. Jh. den → Kenner) kann auch satztechnisch anspruchsvolle Musik unterhaltend sein, wie von ihrer Zweckbestimmung her z. B. J. S. Bachs Goldberg-Variationen. Dennoch sind die Musik etwa zum geselligen Singen (→ Quodlibet, → Catch, → Glee) und für die Abendunterhaltung (→ Kassation, → Divertimento – 1, → Serenade) heiterer Ton, abwechslungsreiche Zusammenstellung und ein Haushalten mit kompositorischen Mitteln kennzeichnend. Der → Galante Stil verband im 18.

Jh. diese Merkmale in einer den Liebhaber ansprechenden Weise. Daß dabei nicht notwendig Zugeständnisse an die Qualität gemacht wurden, geht aus dem Rat L. Mozarts an Wolfgang Amadeus hervor, den er ermunterte, sich mit Quartetten weiten Kreisen bekannt zu machen: *Nur Kurz – leicht – popular . . . das Kleine ist Groß, wenn es natürlich-flüssend und leicht geschrieben und gründlich gesetzt ist* (Brief vom 13. 8. 1778).

Im jedermann gegen Eintrittsgeld zugänglichen öffentlichen Konzert seit den 1760er Jahren erfüllte der Virtuose die Ansprüche des Publikums auf Amüsement und Sensation durch den Vortrag modischer Etüden, Fantasien, Paraphrasen, Potpourris, Rhapsodien, Transkriptionen und Variationen. Mit der Verbürgerlichung war im 2. Drittel des 19. Jh. auch aus dem Salon das Moment der Diskussion unter Kennern geschwunden; die neue → Salonmusik für Dilettanten, wie die Unterhaltungsliteratur (Roman) durch Druck in Massen verbreitet, unterschied sich von der modischen Musik der Virtuosenkonzerte nur durch die geringeren technischen Ansprüche. Zwischen den Musizierenden und den Konzertbesuchern als »Konsumenten« einerseits und den Komponisten andererseits sind in der kapitalistischen Gesellschaft als »Produzenten« die Arrangeure und die Verleger getreten. Die Tanzmusik, zuvor meist zum Nebenverdienst von den Stadtpfeifern gespielt, wurde zu Anfang des 19. Jh. besonders in den großen Städten (Paris, London, Wien) zur Aufgabe eines spezialisierten Musikerberufs. Tanzmusik als U. boten die Vergnügungsgärten und -lokale (Biergärten, Weinlokale, Kaffeehäuser) an. In Wien ging aus diesem Stand das Schaffen der Familie Strauß hervor, deren Walzer (vor allem bei J. Strauß Sohn), durch Introduktion und Finale sowie durch die Instrumentation symphonischen Gattungen angenähert, bereits eine Art »gehobener« U. darstellen.

Seitdem es möglich ist, Musik auf Tonträgern (→ Schallplatte) jederzeit wiederholbar anzubieten und sie im Rundfunk dauernd präsent zu halten – der geringe Preis macht »Berieselung« mit Musik möglich –, hat sich das Verhalten vom Produzenten (in der Aufnahmeorganisation bei Schallplatte und Rundfunk nunmehr offizielle Bezeichnung) zum durch Propaganda beeinflußten Konsumenten den Verhältnissen auf anderen »Märkten« angeglichen. Vom Sprachgebrauch der → Verwertungsgesellschaften her ist die Einteilung in »U«- und »E«(rnste) Musik in die Umgangssprache gelangt. Er verwischt, daß das Heitere nur ein Moment der modernen U. ist, die z. B. auch sentimental sein kann. Als Terminus wird dennoch oft anstelle von U. Leichte Musik (engl. light music; ital. musica leggiera) verwendet, worunter sich auch die moderne Tanzmusik zwanglos fassen läßt. Die typische Erscheinungsform der U. im 20. Jh. ist der → Schlager. Ihm wird von ambitionierten Komponisten, wenn auch in weit geringerem Umfang, eine gehobene U. entgegengesetzt, die den entsprechenden Hörgewohnheiten des Publikums entgegenkommen soll. Zu einem solchen Repertoire gehören heute noch (in ihrem Gebrauch als U.) Stücke von Grieg, Dvořák, Tschaikowsky u. a. (auch in Arrangements). Kennzeichnend für die gehobene U. neuerer Stils sind die vorsichtige Verwendung neuerer (tonaler) Harmonik und Instrumentation sowie die Einbeziehung von Jazz und Folklore.

Lit.: Sonderh. Gebrauchsmusik, Mk XXI, 1928/29; K. LINDEMANN, Der Berufsstand d. Unterhaltungsmusiker in Hbg, = Volk u. Gemeinschaft III, Hbg 1938; E. HESS, Vokale U. d. 17. Jh., = Neujahrsblatt d. Allgemeinen Musikges. in Zürich CXXXII, 1944; KL. ZIEGLER, Vom Recht u. Unrecht d. Unterhaltungs- u. Schundlit., Die Slg II, 1947; C. DUMONT, U., in: Musica aeterna I, Zürich 1948; S. G. SPAETH, A Hist. of Popular Music in America, NY 1948; G. KNEPLER, Zur Entstehungsgesch. d. »leichten« Musik, Der Aufbau VI, 1950; A. BOFINGER u. E. NICK, in: H. Bredow, Aus meinem Arch., Heidelberg 1950; H. WANDERSCHECK, U., Das Musikleben IV, 1951; E. NICK, Zwischen Ländler u. Jitterbug, Musica X, 1956; TH. W. ADORNO, Leichte Musik, in: Einleitung in d. Musiksoziologie, Ffm. (1962); M. GREINER, Die Entstehung d. modernen Unterhaltungslit., = rde CCVII, Hbg 1964; Studien zur Trivialmusik d. 19. Jh., hrsg. v. C. DAHLHAUS, = Studien zur Mg. d. 19. Jh. VIII, Regensburg 1967.

Untersatz, – 1) in der Orgel eine gedackte, seltener auch eine offene Stimme 32′ oder 16′, häufig im Pedal (→ Subbaß); – 2) Beim Klavierspiel heißt Untersetzen der Gebrauch des Daumens nach einem der anderen Finger, in der rechten Hand aufwärts, in der linken Hand abwärts (→ Fingersatz).

Unterstimme, seit dem 17. Jh. nachgewiesen als Bezeichnung der jeweils tiefsten Stimme eines Satzes, die mit Rücksicht auf die Besetzung (z. B. Kinder- oder Frauenchor) oder den Wechsel verschiedener Klanggruppen (→ Bassett) auch in einer höheren Stimmlage als der des Basses liegen kann.

Untertöne nannte H. Riemann *diejenige Reihe von Tönen, welche sich im umgekehrten Verhältnis der Obertonreihe nach der Tiefe erstreckt* (Musik-Lexikon, [8]1916, Artikel U.), d. h. diejenigen Teilschwingungen, die sich als Umkehrung z. B. der Reihe 4:5:6 in die Reihe $1/4:1/5:1/6$ verstehen lassen. Für Tartini und v. Oettingen (→ Dualismus) waren die U. eine Hypothese. Riemann bemühte sich um den Nachweis dieser Schwingungen, da es nahelag, analog zur (physikalischen) Deutung der Konsonanzwirkung des Durakkords auch die Wirkung der Mollkonsonanz auf Teilschwingungen zurückzuführen. Er vermutete zunächst, angeregt durch die Helmholtzsche Hypothese der Tonempfindungen, *daß nach dem Gesetze des Mittönens die den U.n entsprechenden Fasern der Membrana basilaris ebenso wie frei ausgespannte Saiten partielle Schwingungen ausführten, welche dem angegebenen Tone entsprächen* (Riemann 1875). Später glaubte Riemann, die U. in seinen Beobachtungen an Zweiklängen experimentell belegt zu haben. Seine Versuchsergebnisse lassen jedoch heute erkennen, daß diese vermeintlichen U. nichts anderes als die auf nichtlinearer → Verzerrung beruhenden → Kombinationstöne waren (Reinecke 1963). Stumpf wandte sich gegen die physikalische Erklärung des Dur-Moll-Phänomens, während Kruegers Beobachtungen ein erster experimenteller Beweis dafür waren, daß U., wenn sie überhaupt existieren, außerhalb des menschlichen Hörbereichs liegen müssen. Inzwischen sind U. von B. van der Pol in einem elektrischen Schwingkreis hörbar gemacht worden (1927). Ebenso wurde das Entstehen von U.n an einem Instrument zur elektronischen Schallerzeugung (→ Trautonium) durch elektroakustische Schalttechnik ermöglicht.

Lit.: A. v. OETTINGEN, Harmoniesystem in dualer Entwickelung, Dorpat u. Lpz. 1866, als: Das duale Harmoniesystem, Lpz. [2]1913; H. RIEMANN, Ueber d. mus. Hören, Diss. Göttingen 1873, als: Mus. Logik, Lpz. 1873; DERS., Die objective Existenz d. U. in d. Schallwelle, Allgemeine Deutsche Musikzeitung V, 1875; DERS., Mus. Syntaxis, Lpz. 1877; DERS., Katechismus d. Akustik, Lpz. 1891, als Hdb. d. Akustik [3]1921; C. STUMPF, Tonpsychologie II, Lpz. 1890, Nachdruck Hilversum u. Amsterdam 1965; F. KRUEGER, Zur Theorie d. Combinationstöne, Philosophische Studien XVII, 1901; B. VAN DER POL, Über Relaxationsschwingungen, Zs. f. Hochfrequenztechnik XXIX, 1927; DERS. u. J. VAN DER MARK, Frequency Demultiplication, Nature CXX, 1927; J. VAN DER MARK, Muziek en elementaire getallentheorie, in: Arch. du Musée Teyler III, 9, 1947; C. M. HUTCHINS, A. S. HOPPING u. F. A. SAUNDERS,

Subharmonics and Plate Top Tones in Violin Acoustics, JASA XXXII, 1960; H.-P. REINECKE, H. Riemanns Beobachtungen v. »Divisionstönen« . . ., in: H. Albrecht in memoriam, Kassel 1962; M. ABBADO, Sull'esistenza dei suoni armonici inferiori, AMI XXXVI, 1964. WID

Urbino.
Lit.: G. RADICIOTTI, Contributi alla storia del teatro e della musica in U., Pesaro 1899; DERS., Notizie biogr. dei musicisti urbinati, in: La cronaca mus. IV, 1899; B. LIGI, La cappella mus. del duomo d'U., Note d'arch. II, 1925, erweitert Rom 1933; R. GABRIELLI, I liutai marchigiani, ebenda XII, 1935; L. MORANTI, Bibliogr. urbinate, Florenz 1959.

Urheberrecht hat die Rechtsverhältnisse an Geisteswerken zum Inhalt; es sichert die ideellen und materiellen Interessen des Urhebers. – Das Bedürfnis nach einem Schutz des Geisteswerke ist entstanden, als nach Erfindung des Buchdrucks literarische Werke in Auflagen verbreitet wurden. Der erste Schutz gegen Nachdruck wurde durch Privilegien gewährt, die je für ein einzelnes Werk länderweise verliehen wurden. Das Privilegienwesen entwickelte sich in Deutschland und Italien Ende des 15. Jh. Der Übergang zu einem allgemeinen gesetzlichen Schutz vollzog sich in Deutschland, im Unterschied vor allem zu Frankreich, nur allmählich. Erst im 19. Jh. hörte in Deutschland das Privilegienwesen auf. Das preußische Gesetz vom 1837 zum Schutz des Eigentums an Werken der Wissenschaft und der Kunst war das erste deutsche U.s-Gesetz. Es bestimmte eine Schutzfrist von 30 Jahren ab Erscheinen. 1845 wurde die Schutzfrist bis 30 Jahre nach dem Tode des Urhebers allgemeines deutsches Recht. Die umfassende gesetzliche Regelung, die der heutigen vorherging, erfolgte durch das Gesetz betreffend das U. an Werken der Literatur und Tonkunst vom 19. 6. 1901 und das Gesetz betreffend das U. an Werken der Bildenden Künste und der Photographie vom 9. 1. 1907. Ein Gesetz vom 13. 12. 1934 brachte die Verlängerung der Schutzfrist auf 50 Jahre. Im Gesetz vom 9. 9. 1965 sind nun für die Bundesrepublik Deutschland die Rechtsverhältnisse an allen Geisteswerken zusammenfassend geregelt. Es führte eine erneute Schutzfristverlängerung ein (auf 70 Jahre) und behandelt erstmalig u. a. auch den → Leistungsschutz.

Inhaber des U.s ist der Urheber oder sein Erbe. – Gegenstand des U.s sind Sprachwerke, Werke der Musik, pantomimische Werke einschließlich der Werke der Tanzkunst, Werke der bildenden Künste einschließlich der Werke der Baukunst und der angewandten Kunst, ferner Lichtbildwerke, Filmwerke, Darstellungen wissenschaftlicher oder technischer Art, wie Zeichnungen, Pläne, Karten, Skizzen, Tabellen und plastische Darstellungen. Das U. entsteht nur an Werken, und zwar an persönlichen, geistigen Schöpfungen, unabhängig von der Erfüllung formaler Voraussetzungen; es endet mit Ablauf der gesetzlichen Schutzfrist. – Den Inhalt des U.s bilden das Persönlichkeitsrecht (frz. droit-moral) des Urhebers und zumeist damit verbunden eine große Reihe von Werknutzungsrechten. Das Persönlichkeitsrecht umfaßt besonders das Recht des Urhebers auf Nennung seines Namens sowie das Recht, sich gegen jede Entstellung oder andere Beeinträchtigung des Werkes zu wehren. Die Werknutzungsrechte sind im Gesetz von 1965 genau definiert. So u. a. das Vervielfältigungs- und Verbreitungsrecht, das → Verlagsrecht, das Ausstellungsrecht, das → Aufführungsrecht, das Vorführungsrecht, das Senderecht, das Recht der Wiedergabe durch Bild oder Tonträger oder mittels Funksendungen sowie das Recht zur Verfilmung. Diese Werknutzungsrechte kann der Urheber durch Vertrag Dritten einräumen. Das in ihnen enthaltene Persönlichkeitsrecht ist unübertragbar. Erlischt die Nutzungsbefugnis, so steht das Recht wieder dem Urheber zu, ohne daß es einer Rückübertragung bedarf.

Schranken des U.s sind im Interesse der Allgemeinheit gesetzlich gezogen, so vor allem durch die Begrenzung der Schutzfrist (seit Ausgang des 17. Jh. datiert ein dogmatischer Streit um die Gleichstellung des »geistigen Eigentums« mit dem zeitlich unbegrenzten materiellen Eigentum). Darüber hinaus ist die Grenze für das Geltendmachen von Werknutzungsrechten grundsätzlich, aber nicht ausnahmslos, die fremde private Sphäre. Privat dürfen z. B. geschützte Werke ohne Zustimmung des Urhebers aufgeführt werden. Auch können Vervielfältigungsstücke eines geschützten Werkes zum persönlichen Gebrauch hergestellt werden; diese (z. B. Noten) dürfen allerdings weder verbreitet noch zu öffentlichen Aufführungen oder zu deren Vorbereitung benutzt werden (z. B. von einem Gesangverein). Die öffentliche Wiedergabe eines geschützten Werkes bedarf grundsätzlich der Genehmigung. Eng begrenzte Ausnahmefälle sind in § 52 des deutschen U.s-Gesetzes von 1965 geregelt. – Die Schutzfrist für das U. endet in der Bundesrepublik Deutschland auf Grund des Gesetzes von 1965 70 Jahre nach dem Ablauf des Kalenderjahres, in dem der Urheber verstorben ist. Mit dieser Frist ist die Bundesrepublik Deutschland zur Zeit führend. Ein ewiges U. gibt es nur in einigen kleineren Ländern, z. B. in Portugal. In den USA dauert die Schutzfrist nur 28 Jahre ab Erscheinen eines Werkes. Sie kann durch bestimmte Formalitäten um weitere 28 Jahre verlängert werden. Eine Änderung dieses Schutzfristsystems in den USA ist zu erwarten mit dem Übergang auf die Berechnung ab Tod des Urhebers, wie in fast allen anderen Staaten der Fall ist; 50 Jahre sind vorgesehen. – Besondere Bestimmungen für die Schutzfrist enthält das Gesetz von 1965 für nachgelassene, anonyme und pseudonyme Werke (→ Pseudonym), Lichtbildwerke usw. - Verletzungen des U.s können zivilrechtlich mit der Unterlassungsklage, die kein Verschulden des Verletzers voraussetzt, verfolgt werden. Liegt Verschulden vor, so kann der Verletzte Schadensersatz oder Herausgabe des Gewinns verlangen, den der Verletzer erzielt hat. Er hat auch einen Anspruch auf Vernichtung rechtswidrig hergestellter Vervielfältigungsstücke. Darüber hinaus gibt es bei vorsätzlichen Rechtsverletzungen die Möglichkeit strafrechtlicher Verfolgung auf Antrag. Das Gesetz sieht Geldstrafe oder Gefängnis bis zu einem Jahr vor. Auch im Strafverfahren können der Anspruch auf Vernichtung von Vervielfältigungsstücken und ähnliche Maßnahmen geltend gemacht werden.

Das Internationale U. ist geregelt in der → Berner Übereinkunft vom 9. 9. 1886 in Form der Pariser Zusatzakte vom 4. 5. 1896 sowie der sogenannten Rom-Fassung vom 2. 6. 1928 und der Brüsseler Fassung vom 26. 6. 1948 sowie in dem Welturheberrechtsabkommen vom 6. 9. 1952. Die Bundesrepublik Deutschland ist durch das Gesetz vom 24. 2. 1955 dem Welturheberrechtsabkommen beigetreten. Auf Grund des Gesetzes vom 15. 9. 1965 gehört sie außerdem der Berner Übereinkunft in der Brüsseler Fassung an. – Durch Beitritt der USA zum Welturheberrechtsabkommen wurde für die anderen Mitglieder dieses Abkommens eine Erleichterung für die Erlangung und Durchsetzung des → Copyrights geschaffen. Deutsche Staatsangehörige genießen in der Bundesrepublik Deutschland den Schutz des U.s-Gesetzes vom 9. 9. 1965 ohne Rücksicht darauf, ob ihre Werke im In- oder Ausland oder noch gar nicht erschienen sind. Der U.s-Schutz deutscher Staatsangehöriger im Ausland sowie von Ausländern und Staatenlosen in der Bundesrepublik Deutschland ergibt sich aus den internationalen Abkommen, die

beide auf dem Prinzip der Inländerbehandlung beruhen. – Das U. in Österreich und in der Schweiz entspricht im wesentlichen dem deutschen U. Die Schutzfrist ist jedoch in beiden Ländern noch auf 50 Jahre nach dem Tode des Urhebers beschränkt.
Verwertungsgesellschaften, im Bereich der Musik z. B. die GEMA, nehmen Werknutzungsrechte wahr, die nicht individuell wahrnehmbar sind. Mit der zunehmenden technischen Entwicklung spielen dabei die sogenannten Mechanischen Rechte (→ AMMRE) eine besondere Rolle. – Für das musikalische U. wurden die Sonderbestimmungen aus dem alten Gesetz in das neue übernommen. Damit ist aber nach Meinung der musikalischen Fachwelt der Eigenart der Musik noch immer nicht ausreichend Genüge geschehen.
In der DDR ist mit dem Datum vom 13. 9. 1965 ein neues U.s-Gesetz erlassen worden, das auf den alten, vor 1945 erarbeiteten Entwürfen beruht und infolgedessen dem Gesetz der Bundesrepublik im wesentlichen ähnlich ist, aber die 50jährige Schutzfrist beibehält. Das U.s-Gesetz der DDR ermöglicht allerdings durch eine Generalklausel, den in ihm statuierten Schutz im Einzelfall aus politischen Gründen zu versagen. – Die außerhalb der DDR erschienenen Werke von Angehörigen anderer Staaten werden im Rahmen der Gegenseitigkeit geschützt, nach dem Vorbild der → Berner Übereinkunft für deren Mitglieder. – Neben den urheberrechtlichen Bestimmungen enthält das Gesetz Grundsätze zum Urhebervertragsrecht. Hierin wird auf amtliche, in Zusammenarbeit mit Gewerkschaften und Urheberorganisationen entwickelte Vertragsmuster verwiesen, die eine vollständige Reglementierung des Verlagsrechts bedeuten. – Nach einer Anordnung vom 7. 2. 1966 durch das Büro für U.e ist ferner der Erwerb von Nutzungsrechten zwischen in und außerhalb der DDR ansässigen Partnern genehmigungspflichtig. Zuständig hierfür ist das Büro für U.e, eine Abteilung des Ministers für Kultur.
Lit.: R. Voigtländer, A. Elster u. H. Kleine, Kommentar zum U., Bln ⁴1952; W. Bappert u. E. Wagner, Internationales U., München u. Bln 1956; M. Rintelen, U. u. Urhebervertragsrecht, Wien 1958; H. Hubmann, Urheber- u. Verlagsrecht, München u. Bln 1959; E. Ulmer, Urheber- u. Verlagsrecht, Bln, Göttingen u. Heidelberg ²1960; ders.,
Das neue deutsche Urheberrechtsgesetz, Arch. f. Urheber-, Film-, Funk- u. Theaterrecht XLIV, 1965; W. Bappert, Wider u. für d. Urheberrechtsgeist d. Privilegienzeitalters, in: Gewerblicher Rechtsschutz u. U. LXIII, 1961; ders., Wege zum U., Ffm. 1962; ders., Der Urheberrechtsgedanke im Privilegienwesen, Arch. f. Urheber-, Film-, Funk- u. Theaterrecht XLIII, 1964; Howell's Copyright Law, revidiert v. A. Latman, Washington 1962; H. Pohlmann, Die Frühgesch. d. mus. U., = Mw. Arbeiten XX, Kassel 1962; E. Schulze, U. in d. Musik, Bln ³1965; Fr. K. Fromm u. W. Nordemann, »U.«, Kommentar zum Urheberrechtsgesetz u. zum Wahrnehmungsgesetz mit d. internationalen Abkommen u. d. sowjetzonalen Gesetz über d. U., Stuttgart 1966; H. Kleine, U. in d. SBZ, in: Börsenblatt f. d. deutschen Buchhandel (Frankfurter Ausg.) XII, 1966; H. Unverricht, Der Schutz mw. Editionen nach d. neuen Urheberrechtsgesetz, Mf XIX, 1966.

Ursatz ist der verborgene 2st. Gerüstsatz, auf den sich nach → Schenker jedes der Meisterwerke von J. S. Bach bis Brahms reduzieren läßt. Die Oberstimme des U.es, die Urlinie, besteht aus der sekundweise fallenden horizontalen Ausfüllung (Auskomponierung) der Terz, Quinte oder Oktave des Tonikadreiklangs, die kontrapunktierende Unterstimme aus der Brechung desselben Dreiklangs durch die Oberquinte. In der Auseinandersetzung der unteilbaren Urlinie mit der zweigeteilten Baßbrechung (I–V–I, erweitert durch II oder IV) sah Schenker den Inhalt aller Musik. Denn der U. als Hintergrund wirke durch die ihn auskomponierenden Stimmführungs- oder Verwandlungsschichten des Mittelgrundes bis in den Vordergrund, die Enderscheinung des Werkes. Welche Gestalt dieser Vordergrund auch immer haben mag, es ist *der U. des Hintergrundes, der Mittelgrund der Verwandlungsschichten, die ihm die Gewähr naturorganischen Lebens bieten* (Schenker 1935); man vergleiche im Walzer op. 39 Nr 1 von Brahms den U. und die ersten beiden Schichten des Mittelgrundes mit dem Anfang des noch nicht diminuierten Vordergrundes (untenstehendes Beispiel nach Schenker 1935). In der Fülle bzw. im Mangel organischer Zusammenhänge zwischen Vordergrund und Hintergrund sah Schenker das Kriterium der Qualität einer Komposition. Seine Analysen sind jedoch nicht so zu verstehen, als habe der Komponist zunächst den U. aufgestellt und Auskomponierungsschichten daraufgesetzt. Über den

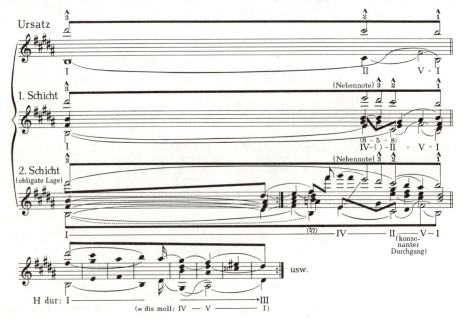

Schaffensprozeß sagen die Reduktionen nichts aus. Sie wollen vielmehr dem angehenden Komponisten, dem Interpreten und Hörer helfen, sich großer musikalischer Zusammenhänge bewußt zu werden und dadurch zu einem besseren Verständnis der Meisterwerke zu gelangen. Allerdings fehlt der von Schenker angewendeten Reduktionstechnik die wissenschaftlich exakte Begründung.

Lit.: H. SCHENKER, Der Tonwille, 10 H., Wien 1921–24; DERS., Das Meisterwerk in d. Musik, 3 Bde, München 1925–30; DERS., Fünf Urlinien-Tafeln, Wien 1932; DERS., Neue mus. Theorien u. Phantasien III: Der freie Satz, Wien 1935, ²1956 hrsg. v. O. Jonas; O. JONAS, Vom Wesen d. mus. Kunstwerkes, Wien 1934; Der Dreiklang, hrsg. v. DEMS. u. F. SALZER, 9 H., Wien 1937–38; A. KATZ, Challenge to Mus. Tradition, NY 1945; M. MANN, Schenker's Contribution to Music Theory, MR X, 1949; H. FEDERHOFER, Beitr. zur mus. Gestaltanalyse, Graz, Innsbruck u. Wien 1950; DERS., Die Funktionstheorie H. Riemanns u. d. Schichtenlehre H. Schenkers, Kgr.-Ber. Wien 1956; DERS., H. Schenker, Fs. A. van Hoboken, Mainz (1962); F. SALZER, Structural Hearing, 2 Bde, NY 1952, deutsch Wilhelmshaven 1957. ESE

Urtext ist der Text eines Werkes, der aus einer oder mehreren Quellen erschlossen wird; er entspricht daher nicht immer den im → Autograph oder → Erstdruck überlieferten Lesarten. Die U.-Ausgabe ist möglicherweise das Ergebnis einer Synopsis von autographen Skizzen und vollständigen Niederschriften, Abschriften von Kopistenhand, Erstdrucken und später folgenden Originalausgaben mit ihren Korrekturbögen unter Berücksichtigung weiterer Quellen (z. B. briefliche Mitteilungen des Autors, zeitgenössische Äußerungen). Die Feststellung des auf Grund der Quellenlage oft nur zu vermutenden U.es ist eines der Ziele jeder kritischen Denkmäler- oder Gesamtausgabe. Während sich diese jedoch nur selten U.-Ausgaben nennen (Neue Bach-Ausgabe, die gleichzeitig für die Praxis bestimmt ist), ist dieser Begriff auf dem Gebiet der praktischen Ausgabe geläufig. Die so bezeichneten Ausgaben, meist Werke der klassischen und romantischen Kammermusik, beanspruchen damit, die vom Komponisten gewollte textliche Endgestalt wiederzugeben, von einer gewissen Modernisierung des Notenbildes und dem vom Herausgeber hinzugefügten und kenntlich gemachten Beiwerk technischer Spielhilfen (Fingersatz, Bogenstrich) abgesehen. Sie wollen damit deutlich von Bearbeitungsausgaben unterschieden sein, bei denen der authentische Text interpretierend vom Bearbeiter verändert ist (→ Phrasierung). Die Reihe *U. classischer Musikwerke*, herausgegeben 1895–99 von der Königlichen Akademie der Künste zu Berlin, verwendet die Bezeichnung U. erstmalig.

Lit.: G. HENLE, Über d. Herausgabe v. U., Musica VIII, 1954; F. FEDER u. H. UNVERRICHT, U. u. Urtextausg., Mf XII, 1959; G. v. DADELSEN, Die »Fassung letzter Hand« in d. Musik, AMI XXXIII, 1961; E. BADURA-SKODA, Textual Problems in Masterpieces of the 18th and 19th Cent., MQ LI, 1965; W. HESS, Editionsprobleme bei Beethoven, SMZ CV, 1965.

Uruguay.
Lit.: L. AYESTARÁN, La música en el U., 2 Bde, Montevideo 1953; H. BALZO, Divulgación de la música en el U., Boletín Interamericano de música Nr 3, 1958; P. MAÑÉ GARZÓN, El hombre y el medio mús. en el U. de hoy, Montevideo 1959.

US-amerikanische Musik. Wenn man von der Musik der Ureinwohner des nordamerikanischen Kontinents absieht (→ Indianermusik), gibt es eine spezifisch »amerikanische« Musik erst in jüngster Zeit. Die nationalamerikanische Kunst- und Unterhaltungsmusik beruht auf der Volksmusik der weißen Amerikaner, die schon früh gegenüber ihren europäischen Ursprüngen Eigenständigkeit gewann. Daher ist die Geschichte der Musik in Amerika eng mit der Entwicklung der Volksmusik verbunden. Die ersten Siedler in Neuengland waren Puritaner, die außer dem Gesang metrischer Psalmen keine Musik in der Kirche duldeten und gegen weltliche Musik Vorurteile hatten. In anderen religiösen Gemeinschaften entwickelte sich dagegen im 18. Jh. ein reiches kirchliches Musikleben, so bei den Quäkern, Baptisten und Herrenhuter Brüdern in Pennsylvania. Die deutschen Kolonisten Pennsylvanias hatten bereits 1744 ein Collegium musicum und pflegten Kirchen-, Kammer-, Orchester- und Chormusik. Auch die Anhänger der anglikanischen Kirche bekundeten eine tolerante Haltung gegenüber der geistlichen und weltlichen Musikpflege. Noch aufgeschlossener waren die nicht aus Glaubenseifer, sondern aus Geschäftsinteresse in den Südstaaten angesiedelten Europäer, vorwiegend romanischer Herkunft. – Die ersten öffentlichen Konzerte fanden in Boston 1731, Charleston 1732 und New York 1736 statt. Philadelphia wurde seit 1755 das Zentrum einer lebhaften Musikpflege und brachte den ersten in Amerika geborenen Komponisten, Fr. Hopkinson, hervor, der seine *Seven Songs for the Harpsichord* 1788 George Washington widmete. Einheimische Dilettanten und europäische Berufsmusiker entwickelten gemeinsam das Musikleben des 18. Jh. in den Städten längs der Atlantikküste, wobei die einheimischen Künstler mehr die volkstümliche Unterhaltungsmusik und das geistliche Lied pflegten, während das Konzert- und Opernwesen bis weit ins 19. und 20. Jh. hinein überwiegend von gastierenden Künstlern aus der Alten Welt bestritten wurde. – Mit der wirtschaftlichen Entwicklung und der territorialen Ausbreitung der Besiedlung nach dem Westen hielt eine Ausweitung des öffentlichen Musiklebens Schritt, an der der Zirkuskönig Barnum als Musikveranstalter nicht weniger beteiligt war als der nicht minder geschäftstüchtige Komponist und Musikorganisator Lowell Mason (1792–1872), Gründer der Boston Academy of Music (1832) und Herausgeber der *Handel und Haydn Society's Collection of Sacred Music*, die 22 Auflagen erreichte. Neben die Kunst- und Kirchenmusik trat im 19. Jh. eine volkstümliche Musikpflege, die in den Minstrelshows eine amerikanische Spezialität hervorbrachte (→ Minstrelsy). Der bekannteste Minstrel war St. Foster, dessen Lieder zu Volksliedern der Amerikaner wurden. Ihr negroider Gehalt beruht auf Nachahmung mehr der Stimmung als der Formung. Bis in die Gegenwart hinein überschneiden sich im → Negro spiritual weiße und schwarze Stilmomente. Der Bürgerkrieg (1861–65) brachte eine Vertiefung des Nationalbewußtseins, die sich in einer Fülle von volkstümlichen Liedern und Märschen äußerte. Aus der Verschmelzung der Volksmusikarten der verschiedenen Einwanderergruppen, in denen neben dem britischen Mutterland alle Völker des europäischen Kontinents vertreten waren, entstanden neue Volkslieder und -tänze. Die üppige und farbenreiche Volksmusik der Kreolen im Süden der Staaten wirkte auch auf die städtische Musikkultur und fand ihren Niederschlag in der Kunstmusik Louisianas, so vor allem bei L. M. Gottschalk.
Zur Zeit der Entstehung nationaler Kunstmusikschulen in Europa bildeten sich auch in den USA Bestrebungen heraus, im Anschluß an die amerikanische Folklore eine nationale amerikanische Musik zu schaffen. E. McDowell gilt vielfach als das Haupt dieser ersten amerikanischen Komponistengeneration, besonders mit seiner 2. Orchestersuite über indianische Themen. Noch aber galt Europa als Vorbild. Die um das Musikzentrum Boston gruppierten Komponisten von J. K. Paine bis zu D. G. Mason und E. Nevin pflegten einen auf deutschen Traditionen aufbauenden Klassizismus ohne

nationales Kolorit. Bis zur Jahrhundertwende blieb Deutschland für die amerikanischen Komponisten die geistige Heimat. Später gewann der französische Impressionismus den größeren Einfluß. Europäische Virtuosen, Dirigenten und Pädagogen wirkten in Amerika auch dann noch, als der nationale Aufschwung der amerikanischen Musikpflege schon zur Gründung eigener Musikhochschulen (→ Konservatorium) und Symphonieorchester führte (New York 1842, St. Louis 1880, Boston 1881, Chicago 1891, Philadelphia 1900). – Eine neue Welle nationalen Musikschaffens in Amerika wurde veranlaßt durch Dvořáks Aufenthalt in den USA. Es fand seinen Ausdruck in einer ersten ernsthaften Beschäftigung mit der Volksmusik der Amerikaner aller Rassen und in der Begründung einer eigenen Kunstmusik. Im Anschluß an die in der Alten Welt entwickelten neuen Formen und Stile entstand im 20. Jh. durch Ausprägung nationaler, in der Folklore verwurzelter Züge eine spezifisch amerikanische Form der Neuen Musik. Hand in Hand damit ging die Aufnahme von Musiziergut und Aufführungspraktiken der Neger in die Unterhaltungsmusik und die Entwicklung des → Jazz. Dieser wirkte sich in Amerika erst seit der *Rhapsody in Blue* (1924) von G. Gershwin in der gehobenen Unterhaltungs- und Kunstmusik aus. Von der Schlagermusik herkommend, wurde Gershwin der führende Komponist einer neuen amerikanischen, auf Jazzelementen aufbauenden volkstümlichen Musik. In seiner Negeroper *Porgy and Bess* (1935) sind Elemente der amerikanischen Negerfolklore mit Jazzelementen und den Stilmitteln der modernen Oper verwoben. Der Jazz hatte inzwischen längst internationale Verbreitung gefunden; er ist der wichtigste Beitrag Amerikas zur Musik des 20. Jh. und die originellste Stilschöpfung der Neuen Welt. – Auch andere amerikanische Komponisten bezogen Jazzelemente in ihre Kompositionen ein, so A. Copland, eine der vielseitigsten Persönlichkeiten der US-a.n M. Aus der Gruppe der »Amerikanisten«, die häufig folkloristische Stoffe und Themen verwenden, sind R. Harris, E. Nevin, J. A. Carpenter und der Schweizer E. Bloch (seit 1916 in den USA) auch in Europa bekannt. Der spätromantischen Tradition enger verbunden sind H. Hanson, W. Piston und S. Barber. Zwischen Tradition und Fortschritt bewegen sich Ch. Griffes, R. Sessions und V. Thomson. Eine Sonderstellung nimmt Ch. Ives ein, der noch vor Schönberg und Strawinsky atonale und polyrhythmische Musik schrieb. Wie die »Amerikanisten« komponierte er Programmusik über nationale Stoffe (*Concord, Massachusetts, 1840–60*; *Three Places in New England*; *Orchestral Set*; *Holidays*, u. a.), teilweise unter Verwendung von Bruchstücken aus vaterländischen, Volks- und Kirchenliedern. Seine Hauptwerke erlangten erst Jahrzehnte später öffentliche Anerkennung, nachdem der Expressionismus, der zur Zeit seines Hervortretens in Europa in der Neuen Welt ohne Echo blieb, nach der Emigration zahlreicher führender europäischer Komponisten in Amerika allgemein bekannt wurde. Die in den 1930er Jahren einsetzende Einwanderung europäischer Komponisten wie Schönberg, Strawinsky, Hindemith, Bartók, Křenek, Milhaud, Toch, Martinů, Castelnuovo-Tedesco, Korngold u. a. regte auch die jungen Amerikaner zu Experimenten in atonaler Musik und Zwölftonmusik an (List, Kahn, Perle, Kerr, Voss u. a.). G. Antheil, Schüler von Bloch, empfing die Anregung für seine Geräuschmusik (*Ballet mécanique*, 1924 für 16 Kl. und Schlagzeug) im Europa der 1920er Jahre. Auch H. D. Cowell ist für seine Klang- und Rhythmusexperimente nicht erst durch die europäischen Emigranten gewonnen worden. Sein Schüler J. Cage, der später auch bei Schönberg in Los Angeles studierte, ist als Erfinder des → Prepared piano und durch Kompositionen für Schlagzeugorchester bekannt geworden. Der Autodidakt Harry Partch (*1910) experimentierte mit instrumentalen Klangfarben und Mikrotönen. Serielle und aleatorische Techniken verwenden E. Brown und M. Feldman. G.-C. Menotti (seit 1928 in den USA) ist der bekannteste lebende Opernkomponist Amerikas. Sein auf die Belange der Opernbühne ausgerichtetes, der italienischen Operntradition im Sinne Puccinis verhaftetes Schaffen stellt ihn in Gegensatz zu der Gruppe der genannten Modernisten und mehr in die Nähe der Schöpfer des → Musicals. Der 1908 geborene E. Carter verarbeitete in eigenständiger Weise Anregungen verschiedenster Richtungen. G. Schuller (*1925) versucht in seinen Experimenten, Elemente des Jazz, namentlich die Improvisation im Ensemble, und die von Europa geprägte Kunstmusik derart zu integrieren, daß aus beiden gleichwertigen Strömen ein »Third Stream« entsteht.

Ausg.: American Ballads and Folksongs, hrsg. v. A. LOMAX, NY 1934, ²1935; W. CHR. HANDY, A Treasury of the Blues, NY 1949; G. P. JACKSON, Spiritual Folk-Songs of Early America, NY 1953; H. M. BELDEN, Ballads and Songs, Collected by the Missouri-Folklore Soc., = Univ. of Missouri Studies XV, 1, Columbia (Mo.) ²1955; R. W. STEPHAN, The Singing Mountaineers, Austin (Tex.) 1957; J. BALYS u. VL. JAKUBĖNAS, Lithuanian Folk Songs in America, Narrative Songs and Ballads. A Treasury of Lithuanian Folklore, Boston (Mass.) 1958; Music in America: An Anth. from the Landing of the Pilgrims to the Close of the Civil War, 1620–1865, hrsg. v. W. TH. MARROCCO u. H. GLEASON, NY 1964; Ballads and Folk Songs of the Southwest, hrsg. v. E. MOORE u. C. O. CHAUNCEY, Norman (Okla.) 1964; J. WYETH, Repository of Sacred Music II, Faks. hrsg. v. I. Lowens, NY 1964.

Lit.: G. HOOD, A Hist. of Music in New England, Boston (Mass.) 1846; N. D. GOULD, Church Music in America, ebenda 1853; J. F. SACHSE, The German Pietists of Provincial Pennsylvania 1694–1708, Philadelphia (Pa.) 1895; L. C. ELSON, The National Music of America and Its Sources, Boston (Mass.) 1900, ²1924; O. G. TH. SONNECK, Early Concert Life in America, Lpz. 1907, NY ²1949; DERS., Early Opera in America, NY u. Boston (Mass.) 1915; W. S. PRATT, The Music of the Pilgrims, ebenda 1921; E. POUND, G. Antheil and the Treatise on Harmony, Paris 1924, Chicago ²1927; F. J. METCALF, American Writers and Compilers of Sacred Music, NY 1925; E. E. HIPSHER, American Opera and Its Composers, Philadelphia 1927; J. T. HOWARD, Our American Music, NY 1931, ⁴1954; DERS. u. G. K. BELLOWS, A Short Hist. of Music in America, NY 1954; H. COWELL, American Composers on American Music, Stanford (Calif.) 1933; W. A. FISCHER, 150 Years of Music Publishing in the United States, 1783–1933, Boston (Mass.) 1933; CL. R. REIS, Composers in America..., 1912–37, NY 1938, ²1947; M. GRANT u. H. S. HEBBINGER, America's Symphony Orch., NY 1940; A. COPLAND, Our New Music, NY u. London 1941, deutsch als: Unsere neue Musik, München 1947, u. als: Musik v. heute, Wien 1948; H. DICHTER u. E. SHAPIRO, Early American Sheet Music... (1768–1889), NY 1941; Bio-Bibliogr. Index of Musicians in the United States Since Colonial Times, Library of Congress, Music Division, Washington 1941, ²1956; G. ANTHEIL, Bad Boy of Music, NY 1945, deutsch v. J. u. Th. Knust als: Enfant terrible d. Mus., München (1960); V. THOMSON, The Mus. Scene, NY 1945, deutsch als: Musikgeschehen in Amerika. München u. Bln 1948; DERS., Music Right and Left, NY 1951; S. G. SPAETH, A Hist. of Popular Music in America, NY 1948; Music and Dance in the New England States, hrsg. v. DEMS. u. J. PERLMAN, NY 1953; Music and Dance in Pennsylvania, New Jersey and Delaware, hrsg. v. DENS. u. a., NY 1954; M. H. DESPARD, The Music of the United States, NY 1949; D. EWEN, American Composers Today, NY 1949; H. PARTCH, Genesis of a Music, Madison (Wis.) 1949; E. CL. WHITLOCK u. R. DR. SAUNDERS, Music and Dance in Texas, Oklahoma and the Southwest, Hollywood (Calif.) 1950; H. HANSON, Music in Contemporary American Life, Lincoln (Nebr.) 1951; J. H. MUELLER, The

American Symphony Orch., Bloomington (Ind.) 1951; H. SWAN, Music in the Southwest 1825 to 1950, San Marino (Calif.) 1952; C. McCARTY, Film Composers in America, Glendale/Calif. (1953); D. BLUM, A Pictorial Treasury of Opera in America, NY 1954; K. R. McVETY, A Study of Oratorios and Sacred Cantatas Composed in America Before 1900, 2 Bde, Diss. State Univ. of Iowa 1954, maschr.; R. AMES, The Story of American Folk Song, NY 1955; G. CHASE, America's Music from the Pilgrims to the Present, NY 1955, frz. Paris 1957, deutsch als: Die Musik Amerikas, Bln u. Wunsiedel (1958); R. SESSIONS, Reflexions on the Music Life in the United States, NY 1956; J. BURTON, The Index of American Popular Music, Wattcins Glen (N. Y.) 1957; H. W. SCHWARTZ, Bands of America, NY 1957; D. K. WILGUS, Anglo-American Folksong Scholarship Since 1898, New Brunswick (N. J.) 1959; R. M. LAWLESS, Folk Singers and Folk Songs in America: A Hdb. of Biogr., Bibliogr. and Discography, NY 1960; J. A. LOMAX, The Folk Songs of North America, London 1960; A. B. LORD, The Singers of Tales, Cambridge (Mass.) 1960; BR. NETTL, An Introduction to Folk Music in the United States, = Wayne Univ. Studies, Humanities VII, Detroit 1960, ²1962; SC. GOLDTHWAITE, The Growth and Influence of Musicology in the United States, AMl XXXIII, 1961; CH. HAYWOOD, A Bibliogr. of North American Folklore and Folksong, 2 Bde, NY u. London ²1961; One Hundred Years of Music in America, hrsg. v. P. H. LANG, NY 1964; P. SEEGER, American Favourite Ballads, NY 1961; The Critics and the Ballad, hrsg. v. M. E. LEACH u. TR. P. COFFIN, Carbondale (Ill.) 1962; J. MATES, The American Mus. Stage Before 1800, New Brunswick (N. J.) 1962;

N. A. BENSON, The Itinerant Dancing and Music Masters of Eighteenth Cent. America, Diss. Univ. of Minnesota 1963, maschr.; J. MATTFELD, A Hdb. of American Operatic Premieres 1731–1962, Detroit 1963; G. P. JACKSON, White Spirituals in the Southern Uplands, Hatboro (Pa.) 1964; G. M. LAWS, Native American Balladry. A Descriptive Study and A Bibliogr. Syllabus, Philadelphia (Pa.) 1964; I. LOWENS, Music and Musicians in Early America, NY (1964); R. J. WOLFE, Secular Music in America, 1801–25. A Bibliogr., 3 Bde, NY 1964; R. L. DAVIS, A Hist. of Opera in the American West, Englewood Cliffs (N. J.) 1965. FB

Ut, in der mittelalterlichen → Solmisation die erste Silbe im Hexachord (im Sinne von c, f oder g); im Französischen Name für C.

Utrecht.
Ausg.: The U. Prosarium, hrsg. v. N. DE GOEDE SJ, = Monumenta musica neerlandica VI, Amsterdam 1965.
Lit.: J. J. DODT VAN FLENBURG u. F. C. KIST, De geschiedenis der muzyk te U. van het jaar 1400 tot op onzen tijd, in: Caecilia, (Den Haag) 1846–56; J. C. M. VAN RIEMSDIJK, Het Stads-Muziekcollegie te U. (Coll. Mus. Ultrajectinum) 1631–1881, U. 1881; M. A. VENTE, De U.se orgelmakersschool in de 16ᵉ eeuw, Jb. Oud-U. 1939; J. DU SAAR, Het Coll. mus. Ultrajectinum in de laatste hondert jaar, ebenda 1941; A. GRAAFHUIS, De oudste orgels van de Nikolaikerk, in: Zs. Oud-U. XXX, 1957; F. J. VAN INGEN, Die neue Marcussen-Org. d. Nicolaikirche zu U., MuK XXVII, 1957; C. N. FEHRMANN u. J. W. C. BESEMER, De U.se klokgieters en hun verwanten, in: Klokken en klokkengieters, Culemborg 1963.

V

V, Abk.: – 1) v. = vox (lat., → Stimme – 1), voce (ital.), voix (frz.), voice (engl.); z. B. 3 v. = tribus vocibus, trium vocum (lat., für 3 Stimmen, dreistimmig); – 2) V. = Violine; – 3) → v. s.; – 4) 𝒱 → Versus (– 3), → Versikel.

Vagans (lat., der Wandernde) bezeichnet im späten 15. und im 16. Jh. eine Stimme, die zur regelhaften Vierstimmigkeit hinzukommt. Da die Vierzahl der den Hauptstimmen (Diskant, Alt, Tenor, Baß) eigenen Klauselformen und Stimmlagen nicht zu erweitern war, trat der V. jeweils als 2. Stimme in der Stimmlage einer der Hauptstimmen auf. Neben Alt II oder Baß II findet sich selten auch Diskant II. Am häufigsten erscheint der V. jedoch als Tenor II in der tieferen Tenorlage, weshalb Praetorius (Synt. III, S. 259) schreibt, V. sei *von den Alten* im Sinne von → Bariton (– 2) gebraucht worden. Nach Stimmumfang und Stimmführung unterscheidet sich der V. kaum von den übrigen Stimmen. Vollstimmige Kadenzen jedoch zeigen seine Sonderstellung, da hier der V. die Hauptklauseln, die gewöhnlich durch die Hauptstimmen besetzt sind, abändern muß (meist zur Terz des Zielklangs hin) und somit oft als klangfüllende Stimme verwendet wird (z. B. bei J. Walter). Die Bezeichnung V. bezieht sich darauf, daß diese Stimme keinen festen Ort hat und daher von Werk zu Werk in eine andere Stimmlage »wandern« kann (wobei auch das Stimmbuch des V. zu einem anderen Sänger »wandert«).

Vaganten (von lat. vagari, umherschweifen). Mit dem Entstehen neuer Bildungsstätten (Universitäten) und -formen im 12. Jh. kam ein neuer Typus des Studenten und Gebildeten (clericus) auf, der in einer gewissen Unabhängigkeit und Weltlichkeit zu leben versuchte oder zu leben gezwungen war. Soziale Stellung und moralische Bewertung dieser Clerici vagantes oder vagi (wie sie in mittelalterlichen Statuten, Synodalakten und dergleichen bezeichnet werden) waren nach Person, Land und Zeit unterschiedlich. So stellten die Goliarden, die ihnen zuzurechnen sind, eine niedere Stufe des Vagantentums dar. Gestützt auf mittelalterliche Zeugnisse werden unter den V. die Verfasser der überwiegend anonymen Lieder und Spruchdichtungen gesucht, wie sie in einigen mittelalterlichen Sammelhandschriften (Cambridger Lieder, → Carmina Burana) überliefert sind. Es sind mittellateinische (auch einige mischsprachige) Spiel-, Trink- und Liebeslieder, sinnenfreudig und schlicht im Ton. Trotz mancher gelehrter Beziehung zu den römischen Elegikern und zur antiken Mythologie sind sie doch unmittelbar im Erlebnisausdruck und gegenwartsbezogen in den Streitgedichten, in Parodien auf kirchliche Institutionen und in Satiren. Zu den wenigen namentlich bekannten V.-Dichtern gehören Hugo von Orléans (genannt Primas), Gautier de Châtillon und der → Archipoeta. Ein formales Kennzeichen dieser Lieder ist die sogenannte V.-Zeile, eine rhythmisch gegliederte Langzeile, die aus einem steigenden 7- und einem fallenden 6Silbler besteht, z. B.: *Méum ést propósitúm ín tabérna móri*. Die V.-Strophe besteht aus 4 meist gleichgereimten V.-Zeilen. In der mittelhochdeutschen Lieddichtung erscheint die V.-Zeile recht häufig, und zwar als 8hebige Langzeile mit der Versgrenze vor der 5. Hebung. Sie lebt auch im Studentenlied (z. B. *Gaudeamus igitur*) fort. Melodien zu der mittelalterlichen V.-Lyrik sind in linienlosen Neumen überliefert.

Lit.: O. SCHUMANN, Einleitung zu: Carmina Burana, hrsg. v. A. Hilka u. O. Schumann, II, 1, Heidelberg 1930; M. BECHTHUM, Beweggründe u. Bedeutung d. Vagantentums in d. lat. Kirche d. MA, = Beitr. zur ma., neueren u. allgemeinen Gesch. XIV, Jena 1941; Vagantendichtung, hrsg. u. übers. v. K. LANGOSCH, = Fischer Bücherei, Exempla Classica LXXVIII, Ffm. u. Hbg (1963).

Valencia.

Lit.: FR. J. BLASCO, La música en V., Alicante 1896; J. RUIZ DE LIHORY, La música en V., Diccionario biogr. y crítico, V. 1903; J. SANCHIS SIVERA, Organeros medievales en V., Revista de arch., bibl. y museos XXIX, 1925; V. PÉREZ-JORGE, La música en la provincia franciscana de V., V. 1951; J. AMADES, Las danzas de espadas y de palos en Cataluña, Baleares y V., AM X, 1955.

Variable Metren nennt B. Blacher (*Ornamente* für Kl. op. 37, 1950) die Verwendung des Taktwechsels als formbildendes Mittel. Die dabei entstehenden übergeordneten metrischen Einheiten werden nach mathematischen Gesetzen geformt; so beruht die Anordnung der Takte in Blachers *Ornament* für Kl. Nr 1 auf der einfachen arithmetischen Reihe (u. a. 2 3 4 ... 9 und rückläufig):

Die rhythmische Struktur des Einzeltaktes sollte bei Anwendung V.r M. jedoch so einfach sein, daß die beabsichtigten metrischen Großzusammenhänge deutlich hörbar werden. Blacher rät daher, V. M. nicht mit Kanon- oder Fugentechnik zu verquicken. Andere Werke Blachers mit V.n M. sind z. B. der *Dialog* für Fl., V., Kl. und Streichorch. (1951) und das *Ornament* für Orch. op. 44 (1952). V. M. kommen auch bei K. A. Hartmann (Konzert für Kl., Bläser und Schlagzeug, 1954, und Konzert für Va mit Kl., 1956) und bei H. W. Henze (Streichquartett, 1952) vor.

Lit.: B. BLACHER, Über variable Metrik, Österreichische Musikzs. VI, 1951.

Variante, s. v. w. vom Original abweichende Lesart ein und derselben Stelle eines literarischen oder musikalischen Textes; speziell – 1) die (im Unterschied zur eigentlichen → Variation) von der Originalgestalt nur in Einzelheiten abweichende Version eines Themas, eines Rhythmus, einer Akkordfolge usw. innerhalb desselben Werkes; vgl. die Originalgestalt des Hauptthemas im 1. Satz von Schuberts Klaviertrio in Es dur (D 929)

mit einer am Ende der Durchführung auftretenden V. (Takt 369ff.):

– 2) nach H. Riemann (in seinen späteren Schriften) die durch Veränderung der Terz (groß statt klein, klein statt groß) substituierte Durform des Molltonika-Dreiklangs oder Mollform des Durtonika-Dreiklangs. Der Ausdruck V. ist hier deshalb gewählt, weil bei solcher Substitution gewöhnlich keine eigentliche Modulation stattfindet, sondern die bleibende Tonart nur plötzlich heller bzw. dunkler wird. Solche Wendungen zur V. sind z. B. auch die entlehnten Trugschlüsse $D–Tp^+$ in Moll und $D–\mathcal{F}$ in Dur. Die Überschrift → Maggiore bzw. → Minore zeigt an, daß der betreffende Satz oder Satzteil zur V. überspringt.

Variation (lat. variatio, Veränderung) ist im Sinne der Veränderung eines Gegebenen ein Grundprinzip der Gestaltung des Klingenden, wohl bei allen Völkern zu allen Zeiten (→ Maqām, → Paṭet, → Râga). Dabei sind die Arten des Gegebenen so vielfältig wie die Weisen des Veränderns, das stets eine höhere Art des Wiederholens ist und auch in der abendländischen Musik die Erfindung beständig durchdringt und die Quelle unzähliger Formgebungen darstellt. Ein in sich Sinnvolles – eine Tonfolge (etwa als Soggetto, Thema oder Lied) oder eine Klang- oder Akkordfolge – wird noch einmal dargeboten und dabei verändert in der Weise des Ausschmückens oder Vereinfachens, des Verkürzens oder Umstellens, der harmonischen oder rhythmisch-metrischen Umprägung oder des Versehens mit Zusatzstimmen, doch immer so, daß das Gegebene noch kenntlich bleibt. Das geistvolle Spiel des Umgestaltens gibt zugleich als formbildende Kraft dem musikalischen Verlauf Zusammenhang, Gliederung und Faßlichkeit und vermag die ästhetische Forderung der Varietas, der Mannigfaltigkeit in der Einheit, besonders sinnfällig zu erfüllen. Dabei braucht das Gegebene als Grundgestalt oder Modell kein wirklich Vorangestelltes zu sein, sondern kann als ein tradiertes Vorgestelltes (z. B. ein harmonisches Modell) von vornherein variiert auftreten; und das Gegebene braucht nur ein konstantes oder selbst variables Element (z. B. eine Melodie), nicht aber mehrere Faktoren der wiederholend fortschreitenden Darstellung (z. B. auch die Harmoniefolge) auszumachen. An der Geschichte der Musik läßt sich beobachten, daß V. ihrem Wesen nach primär der Improvisation und dem Instrumentalspiel zugehört und oftmals erst von daher in den Bereich der Komposition aufrückt und der Vokalmusik übernommen wird. In eben dem Maße, wie die Musik in ihrer Geschichte sich darstellt als Weg zur Komposition in einem sich steigernden Sinne und damit zugleich als Weg zur Instrumentalisierung, gewinnt die V. als Prinzip und Form an Gestaltung.

Zu unterscheiden sind das Variieren als Technik innerhalb einer Form, ferner die verändernde Darbietung (variierende Bearbeitung) eines vorgegebenen Ganzen und die Form der V.en-Folge, die selbständig oder als Teil eines größeren Ganzen auftreten kann. – Historische Arten des Variierens als Res facta innerhalb einer Form sind im Mittelalter z. B. der variierende → Color (– 2) im Sinne der veränderten Melodiewiederholung sowohl in Choral und Lied als auch in den Oberstimmen von Conductus, Organa, Klauseln und Motetten; im Barock u. a. jene Arten von Figuren, bei denen eine Tongruppe auf gleicher Stufe mit nachdrücklichem Zusatz (→ Paronomasia) oder auf anderer Stufe mit veränderter Fortführung (→ Polyptoton) wiederholt wird, besonders aber die Figur der Variatio selbst (ital. passaggio oder coloratura), bei der *anstatt einer großen Note mehr kleinere durch allerhand Gänge und Sprünge zu der nächstfolgenden Note eilen* (Chr. Bernhard, *Tractatus ...*, ed. Müller-Blattau, S. 73); hierher gehören auch Transitus, Accentus (= Superiectio), Subsumptio (ital. cercar della nota) und viele andere, auch Gruppo, Circolo mezzo, Tirata, Trillo usw., die ihren Ursprung im improvisierenden Gebrauch beim Vortrag der Instrumentalisten und Sänger haben, zumal in der Manier des Cantar passaggiato, die durch → Diminution (– 2) oder → Koloratur geschieht. Auch die Veränderungen etwa beim Dacapo der Arie, Solo des Concertos, Refrain (Ritornell) des Rondeaus (Rondo) und bei der Reprise der Sonatensatzform sind V.en innerhalb einer Form; und mit der Kunst der V. berührt sich die Technik der → Fortspinnung, die → Thematische Arbeit, die Themenmetamorphose (J. S. Bachs *Musicalisches Opfer* und *Kunst der Fuge*), auch die → Leitmotiv-Abwandlung bei Wagner.

Beispiele für die variierende Bearbeitung eines vorbestehenden Ganzen bieten Bearbeitungen von Liedsätzen mittels → Kolorierung und Diminution (z. B. die Transkriptionen von Trecentoliedsätzen für Tasteninstrument im Codex *Fa* →Quellen), ferner die oft über Chansonvorlagen gebildete Parodie-(Transkriptions- oder Modell-)Messe des 15. und 16. Jh. und die auch in Aufzeichnungen festgehaltene kolorierte Form von Madrigalen und Arien zur Zeit der Nuove musiche um 1600. – Der V.en-Folge nahe steht im Spätmittelalter die isorhythmische Motette, die an die mehrfache »Durchführung« eines Tenorcantus in Klauseln und Motetten des 13. Jh. anknüpft und – indem sie zum Vortrag in Textstrophen bestimmt ist – in der Art einer Strophenform gleichrhythmische Perioden jeweils andersartig gestaltet. Im 15. und 16. Jh. sind in der Tenormesse die Ordinariumssätze über dem gleichen C. f. gebildet. Doch die V. als eigentliche V.en-Folge, nämlich als Paar oder Reihe veränderter Sätze (wofür dann kurz nach 1600 der Terminus V. in seinem bis heute üblichen Sinne aufkam), rückte zu Beginn des 16. Jh. in den Bereich der für Instrumente bestimmten Niederschrift und Komposition ein im Anschluß an die improvisierende V. in der Tanzmusik, wie sie u. a. in der Praxis der durch Umrhythmisierung gewonnenen Tanzpaare (→ Suite) und im Stegreifspiel über den Tenores der Basses danses des 15. Jh. vorgebildet ist. Die frühesten Belege der V.en-Folge bieten in Italien die Lautentabulaturen von Fr. Spinaccino (1507), J. A. Dalza (1508) und Fr. Bossinensis (*Tenori e contrabassi intabulati*, 1509) und in Spanien die Tabulaturen für Vihuela von L. Milan (1535) und L. de Narváez (1538) sowie die Lehrbeispiele im *Tratado de glosas ...* (1553) des ab 1555 in Neapel wirkenden D. Ortiz. Einen frühen Höhepunkt bildete die V.s-Kunst Frescobaldis, die besonders durch dessen Schüler Froberger auf Süd- und Mitteldeutschland ausstrahlte, während die spanische Tradition der Diferencias wohl unmittelbar durch A. de Cabezón (der 1554–56 im Gefolge Philipps II. in

London weilte) entscheidend auf die englischen Virginalisten der Elisabethanischen Zeit einwirkte. In deren hochentwickelter Art und Technik der V. sowie im Werk des Niederländers Sweelinck wurzelt die mittel- und norddeutsche Kunst der kontrapunktischen Choral-V. (→ Choralbearbeitung – 2) im Werke Scheidts, Scheidemanns, Weckmanns, Buxtehudes, Böhms.
Sowohl die italienisch-süddeutsche Strophenbaß-, Ostinato- und Lied-V. (Partita) wie die auf Oberstimmendiminution beruhende Tanz-V. (Double) der französischen Clavecinisten und die mittel- und norddeutsche Choral-V. begegnen und vereinen sich in Bachs V.s Werken, -Prinzipien und -Benennungen: *Aria variata alla maniera italiana*, BWV 989; *Aria mit verschiedenen Veraenderungen* (Goldberg-V.en) BWV 988; Violinchaconne in BWV 1004; Doubles z. B. in der H moll-Partita für V. solo, BWV 582; Choralpartiten, BWV 766-770. Wesentlich für die → Partita, die eine Aria variiert, ist die Folge von Teilen (parti) über ein und dasselbe Baßmodell, das sich zumeist durch tanzliedhafte Periodik und tonalharmonische Kadenzschritte auszeichnet, nicht selten diminuiert auftritt und als → Ground auch durch die Stimmen wandern kann. Die bekanntesten derartigen Tanz- oder Liedbaßmodelle, offenbar italienischer Herkunft, sind der Passamezzo antico und moderno, die Romanesca und Folia und der Ruggiero (→ Arie). In deren Nachbarschaft stehen die wechselnden Ostinatoformeln der Chaconne und Passacaglia. Mit der Wiederholung der ostinaten oder strophenartigen Bässe verbindet sich oft eine mehr oder weniger konstante Harmoniefolge (die, wie bei Frescobaldi, ihrerseits auch wieder die Baßschritte verändern kann) und häufig eine Oberstimmenmelodie, die variiert wird. Der französische → Double bleibt im wesentlichen gebunden an den Tonsatz bzw. an das liedartige, die Oberstimmenmelodik betonende Air und an die Wiederholung des Simple im klar durchschaubaren V.s-Prozeß des Diminuierens. Eine Folge von Choral-V.en heißt oft auch Partita, da ihr konstanter Faktor eine Liedmelodie ist; doch ihr Wesen wird bestimmt durch die organistische Tradition des Kolorierens und der kontrapunktischen C. f.-Bearbeitung mit ihrem Mensurspiel der Augmentation und Diminution, ihrer Kunst des Imitierens und ihrer relativ gebundenen Führung der Stimmen, wobei die charaktervoll kontrastierende Gestaltung der Verse dann bei Bach im Sinne der Musica poetica dem Gehalt der Textstrophen entsprechen kann. Als Arten barocker V.s-Kunst seien auch erwähnt die Orchestersuite in V.s-Form (Schein, Peuerl u. a.) und die Generalbaß-V., wie sie Fr. E. Niedt in seiner *Handleitung zur V.* (1706) lehrt. Kennzeichen der barocken V.en-Folge insgesamt ist die Reihung, das Nebeneinanderstellen von Teilen, bei denen je ein oder mehrere tradierte, in Spiel und Konstruktion gründende Prinzipien der V. gehandhabt, in einmaliger Verwirklichung dargeboten und zugleich historisch weitergeführt werden. Dabei aber verbinden sich die Teile zum Zyklus nicht nur zufolge der konstanten Faktoren, sondern auch auf Grund eben dieses handwerklichen Darbietens und Ausschöpfens von V.s-Möglichkeiten, nicht selten unter Einbeziehung des Situationswechsels, auch etwa des Kontrasts, der Steigerung oder des Zurückkehrens zum Anfang.
An die Stelle der V.s-Reihe, die als Melodiethema mit V.en seit dem späteren 18. Jh. und besonders bei C. Ph. E. Bach, J. Haydn und W. A. Mozart durch Themenumprägungen, freie Episoden, Kontrastbildungen (Adagio-V.) und Codateil einen das Psychische aktivierenden Verlauf gewann und nun mit Vorliebe auch als Satz in zyklischen Instrumentalwerken verwendet wurde, drang vor allem seit Beethoven in zunehmendem Maße der Entwicklungsgedanke in die V. ein: das Thema wird als Charakter aufgefaßt, der sich in den V.en expressiv und dramatisch entfaltet; und in solchem Entwicklungsgang wird das Thema selbst in Richtung neuer Ausdruckswerte verwandelt und gesprengt, zuweilen auch nur die Harmoniefolge zum einzigen konstanten Faktor der Aussage erhoben. Stellt sich die V. bei Schubert – der in der Vokalmusik ein Meister des variierten Strophenliedes ist – und Mendelssohn Bartholdy mehr als eine Folge von Stimmungsbildern dar, so erlangt die poetisch konzipierte Charakter-V. ihren Höhepunkt bei R. Schumann, der weniger das Thema als dessen Motive zu immer wieder neuer Gestalt und Beleuchtung führt und mit diesem Verfahren eine ausgedehnte Literatur von Fantasie-V.en eröffnete, während sich Brahms und Reger wesentlich teils an der symphonischen V.s-Art Beethovens, teils am Vorbild Bachs orientiert zeigen. – Die in später tonaler Musik (z. B. in Debussys *Jeux*) vorhandene perpetuelle V. (oder »Durchführung«) ist in der Zwölftontechnik Prinzip. Die Erkennbarkeit des Themas aber ist in der athematischen Kompositionsart nicht mehr vorhanden; hier *führt sich . . . dies Prinzip der V. selbst zu Ende, . . . wo es bei den Elementen, den Tönen und Intervallen ansetzt* (Stockhausen 1963, S. 73). Den geschichtlichen Zusammenhang mit der V. des 18./19. Jh. knüpft hier (z. B. bei Webern, op. 21, 27, 30) primär die zyklische Form des V.en-Satzes, während bei Schönberg (op. 31) und Berg (Violinkonzert, *Wozzeck*) das aus der Reihe gebildete, auch rhythmisch profilierte Thema den Zusammenhang der V.en unmittelbar faßbar macht. – Die Anwendung des Terminus V. auf den genuinen → Jazz (bis zur Swing-Ära) ist irreführend. Was dort gewöhnlich als »Thema mit V.en« bezeichnet wird, hat andere Voraussetzungen als in der Kunstmusik (→ Chorus).

Lit.: Fr. E. Niedt, Handleitung zur V. . . ., Hbg 1706, ²1721 hrsg. v. J. Mattheson; O. Klauwell, L. van Beethoven u. d. Variationsform, = Mus. Magazin III, Langensalza 1901, Neudruck in: Studien u. Erinnerungen, ebenda 1906; Ch. Van den Borren, Les origines de la musique de clavier en Angleterre . . ., Brüssel 1912, engl. London 1913; A. Moser, Zur Genesis d. Folies d'Espagne, AfMw I, 1918/19; H. Swoboda, Die nachbeethovensche Variationenform, Diss. Prag 1923, maschr.; H. Viecenz, Über d. allgemeinen Grundlagen d. Variationskunst, mit besonderer Berücksichtigung Mozarts, Mozart-Jb. I, 1924; Fr. Blume, Studien zur Vorgesch. d. Orchestersuite im 15. u. 16. Jh., = Berliner Beitr. zur Mw. I, Lpz. 1925; E. Reichert, Die Variationsarbeit bei J. Haydn, Diss. Wien 1926, maschr.; V. Luithlen, Studie zu J. Brahms' Werken in Variationenform, StMw XIV, 1927; R. Litterscheid, Zur Gesch. d. Basso ostinato, Diss. Marburg 1928; R. Gress, Die Entwicklung d. Klavierv. v. A. Gabrieli bis zu J. S. Bach, = Veröff. d. Musikinst. d. Univ. Tübingen VI, Kassel 1929; P. Mies, Die Chaconne (Passacaille) bei Händel, Händel-Jb. II, 1929; ders., Stilkundliche Bemerkungen zu Beethovenschen Werken, Neues Beethoven-Jb. VII, 1937; ders., W. A. Mozarts Variationswerke . . ., AfMf II, 1937; G. R. Dejmek, Der Variationszyklus bei M. Reger, Diss. Bonn 1930; M. Friedland, Zeitstil u. Persönlichkeitsstil in d. Variationswerken d. mus. Romantik, = Slg mw. Einzeldarstellungen XIV, Lpz. 1930; W. Schwarz, R. Schumann u. d. V., Kassel 1932; J. M. Müller-Blattau, Beethoven u. d. V., Neues Beethoven-Jb. V, 1933; ders., Gestaltung – Umgestaltung. Studien zur Gesch. d. mus. V., Stuttgart 1950; P. Coenen, M. Regers Variationsschaffen, Diss. Bln 1935; R. v. Tobel, Die Formenwelt d. klass. Instrumentalmusik, = Berner Veröff. zur Musikforschung VI, Bern u. Lpz. 1935; L. Neudenberger, Die Variationstechnik d. Virginalisten . . ., Diss. Bln 1937; W. Meinardus, Die Technik d. Basso ostinato bei H. Purcell, Diss. Köln 1939, maschr.; E. v. Rumohr, Der Nürnbergische Tasteninstrumentalstil im 17. Jh., dargestellt an Arie, V. u. Suite, Diss. Münster i. W. 1939; E. Born, Die V. . . . im mus. Schaffen J. Pachelbels, = Neue deutsche Forschungen, Abt. Mw. X, Bln 1941; E.-D. v. RABENAU, Die Klavierv. zwischen Bach u. Beethoven, Diss. Bln 1941, maschr.; R. LEIBOWITZ, Schoenberg et son école, Paris (1947), engl. NY (1949); DERS., Introduction à la musique de douze sons, Paris (1949); R. U. NELSON, The Technique of V., = Univ. of California Publications III, Berkeley u. Los Angeles 1948, ²1962; DERS., Strawinsky's Concept of V., MQ XLVIII, 1962; DERS., Schoenberg's V. Seminar, MQ L, 1964; K. v. FISCHER, Eroica-V. op. 35 u. Eroica-Finale, SMZ LXXXIX, 1949; DERS., C. Ph. E. Bachs Variationswerke, RBM VI, 1952; DERS., Die V., = Das Musikwerk XI, Köln (1956); DERS., Zur Theorie d. V. im 18. u. beginnenden 19. Jh., Fs. J. Schmidt-Görg, Bonn 1957; DERS., Mozarts Klavierv., in: H. Albrecht in memoriam, Kassel 1962; DERS., Zur Entstehungsgesch. d. Orgelchoralv., Fs. Fr. Blume, Kassel 1963; J. WARD, The »Dollfull Domps«, JAMS IV, 1951; M. REIMANN, Zur Entwicklungsgesch. d. Double, Mf V, 1952 – VI, 1953; DIES., Zur Spielpraxis d. Klavierv. d. 16. bis 18. Jh., Mf VII, 1954; DIES., Pasticcios u. Parodien..., Mf VIII, 1955; E. E. LOWINSKY, Engl. Organ Music of the Renaissance, MQ XXXIX, 1953; M. J. E. BROWN, Schubert's V., London 1954; M. BUSCH, Formprinzipien d. V. bei Beethoven u. Schubert, Diss. Köln 1955, maschr.; H.-W. BERG, Schuberts Variationenwerke, Diss. Freiburg i. Br. 1958, maschr.; H. EIMERT, Debussys »Jeux«, in: die Reihe V, Wien 1959; B. HANSEN, V. u. Varianten in d. mus. Werken Fr. Liszts, Diss. Hbg 1959, maschr.; I. HORSLEY, The Sixteenth-Cent. V., JAMS XII, 1959; DERS., The Sixteenth-Cent. V. and Baroque Counterpoint, MD XIV, 1960; H. HIRSCH, Rhythmisch-metrische Untersuchungen zur Variationstechnik bei J. Brahms, Diss. Hbg 1960; R. RHEIN, Fr. Schuberts Variationsweise, Diss. Saarbrücken 1960; A. ALBRECHT, Die Klavierv. im 20. Jh., Diss. Köln 1961; W. F. GOEBEL, A. Weberns Sinfonie, Melos XXVIII, 1961; L. HAILPARN, V. Form from 1525 to 1750, MR XXII, 1961; W. MOHR, Über Mischform u. Sonderbildungen d. Variationsform, Kgr.-Ber. Kassel 1962; E. APFEL, Ostinato u. Kompositionstechnik bei d. engl. Virginalisten..., AfMw XIX/XX, 1962/63; FR. DÖHL, Weberns Opus 27, Melos XXX, 1963; K. STOCKHAUSEN, Texte zu eigenen Werken, zur Kunst anderer, Aktuelles, Bd II: Aufsätze 1952 bis 1962 zur mus. Praxis, hrsg. v. D. Schnebel, Köln 1963.   HHE

Varsovienne (varsɔvjɛn, frz.; ital. Varsoviana), eine nach der Stadt Warschau benannte Abart der Mazurka, die wahrscheinlich französischen Ursprungs ist und um 1850–70 in Frankreich und Deutschland sehr beliebt war. Die V. steht im langsamen 3/4-Takt; charakteristisch ist die Betonung der ersten Note jedes zweiten Taktes, bei der die tänzerische Bewegung innehält:

[musical notation]

Vatikanisches Konzil II (1962–65 unter Johannes XXIII. und Paul VI.). Der Verlauf dieser für das künftige Gefüge der römischen Kirche entscheidenden Versammlung wurde hauptsächlich von dem Gedanken einer innerkirchlichen Reform bestimmt. Als erstes offizielles Dokument verabschiedete das Konzil am 4. 12. 1963 die *Constitutio de sacra liturgia*, die Grundlinien für eine Reform (generalis instauratio) der Liturgie. Hierbei ist von zentraler Bedeutung, daß die Kirche, unter »Wahrung der Einheit des römischen Ritus im wesentlichen«, eine weitgehende Differenzierung im einzelnen gestattet und daß die Ordnung der Liturgie fortan außer dem Apostolischen Stuhl innerhalb festgelegter Grenzen auch dem jeweiligen Bischof oder den Bischofsversammlungen zugebilligt wird (Artikel 37ff. und 22). Gegenüber den liturgischen Entscheidungen des → Tridentiner Konzils bietet die Konstitution einen wesentlichen Neuansatz, in dessen Mittelpunkt die Neuordnung von → Messe und → Offizium steht (letzteres mit → Laudes und → Vesper als den Angelpunkten des täglichen Stundengebets). Um ein tieferes Verständnis und einen sinnvolleren Mitvollzug der Liturgie unter den Gläubigen zu fördern, sind nunmehr neben dem Latein (als der offiziellen Kirchensprache) auch die Volkssprachen zugelassen. Kapitel VI befaßt sich ausschließlich mit kirchenmusikalischen Fragen. Nach Artikel 116 nimmt der → Gregorianische Gesang auch weiterhin die erste Stelle im Rahmen der Liturgie ein, wenngleich »die Kirche alle Formen wahrer Kunst, welche die erforderlichen Eigenschaften besitzen«, erlaubt (Artikel 112). Auf eine Klassifizierung der katholischen → Kirchenmusik (– 1) im Sinne älterer Erlasse wird verzichtet; dem religiösen Volksgesang wird breiterer Raum gewährt. – Praktische Ausführungsbestimmungen zur Konstitution sind in der von einer postkonziliaren Kommission ausgearbeiteten *Instructio ad exsecutionem Constitutionis de sacra liturgia recte ordinandam* vom 26. 9. 1964 sowie in der *Instructio de musica in sacra liturgia* vom 5. 3. 1967 enthalten. Für alle deutschen Diözesen gelten als verbindliche Ordnung die *Beschlüsse der Vollversammlung der Bischöfe... Deutschlands* vom 6. 11. 1964 und die *Richtlinien der deutschen Bischöfe für die Feier der heiligen Messe in Gemeinschaft* (1965). Im Gefolge der Liturgiereform erschienen bisher nachstehende Ausgaben liturgischer Bücher (Editiones typicae): *Kyriale simplex* (1965), *Cantus qui in Missali Romano desiderantur iuxta Instructionem ad exsecutionem Constitutionis de sacra liturgia recte ordinandam...* (1965, mit den Melodieformeln für die neuerdings gesungenen Teile der Messe) und *Ritus servandus in concelebratione missae...* (1965, Texte und Melodien des Konzelebrationsritus), ferner der neue *Ordo missae* (1965). Für den deutschen Sprachbereich wurde ein *Lateinisch-deutsches Altarmeßbuch* herausgegeben (Einsiedeln und Freiburg im Breisgau 1965f.). – Das erste V. K. (1869/70) blieb ohne Bedeutung für Liturgie und Kirchenmusik.

Ausg.: Constitutio de sacra liturgia: Acta Apostolicae Sedis LVI, 1964, auch in: Ephemerides liturgicae LXXVIII, 1964 (lat. Text mit anschließendem Kommentar), lat.-deutsche Ausg., kommentiert v. E. J. LENGELING, = Lebendiger Gottesdienst V/VI, Münster i. W. 1964, u. v. J. A. JUNGMANN SJ in: Lexikon f. Theologie u. Kirche, Ergänzungsbd I zur 2. Auflage, Freiburg i. Br., Basel u. Wien 1966. – Instructio ad exsecutionem...: Editio typica, Rom 1964, auch in: Ephemerides liturgicae LXXVIII, 1964 (lat. Text mit nachfolgendem Kommentar), lat.-deutsche Ausg., kommentiert v. H. RENNINGS, = Lebendiger Gottesdienst VII, Münster i. W. 1965; Instructio de musica...: Acta Apostolica Sedis LIX, 1967, auch in: Ephemerides liturgicae LXXXI, 1967 (lat. Text mit Kommentar), lat.-deutsche Ausg., hrsg. v. d. Liturgischen Inst. in Trier u. Freiburg i. d. Schweiz, = Nachkonziliare Dokumentation I, Trier 1967.   KWG

Vaudeville (vodv'il, frz.) wurden ursprünglich die seit etwa 1640 in die Stegreifstücke der italienischen Komödianten in Paris eingelegten populären Lieder, dann auch die Stücke selbst genannt. Diese führten später über die am Théâtre de la Foire aufgeführten V.s zur Opéra-comique. Die Herkunft der Bezeichnung ist unsicher. Möglicherweise wurzelt sie in den Vau(x) de Vire benannten volkstümlichen Gedichten des normannischen Dichters O. Basselin aus Vire († 1450), die 1610, von J. le Houx gesammelt, erschienen. Erwogen wird die Ableitung von Vaulx de ville (diese Schreibweise schon um 1510) bzw. Voix de ville (»Stimme der Stadt«); so hieß in der 2. Hälfte des 16. Jh. der herrschende und etwas später Air genannte Typus der französischen → Chanson, dessen Merkmale strophischer Bau, syllabische Textdeklamation und akkordischer Satz mit der Hauptmelodie in der Oberstimme sind (vgl. die Vorrede von A. Le Roy zu seiner Ausgabe der *Airs de cour*, Paris 1571). J. Chardavoine ließ noch 1575 in Paris die Sammlung *Le recueil de plus belles et excellentes chansons en forme de voix de villes* erscheinen.

Populäre Lieder verschiedenster Provenienz, vor allem aber Oper und Comédie-ballet der Zeit J.-B. Lullys bilden musikalisch die Quelle der (jeweils mit neuem Text versehenen) V.s. Dieser Gebrauch hielt sich innerhalb der Opéra-comique noch bis nach 1750 (z. B. bei Favart), die deshalb auch Opéra en v. oder Comédie-v. genannt wurde. Eine Opéra-comique en v.s (3 Akte) ist z. B. der 1713 von Le Tellier für das Théâtre de la Foire geschriebene *Festin de pierre*, eines der frühesten in Musik gesetzten Don Juan-Stücke. Die bekanntesten V.s erschienen in zahlreichen Sammlungen: *Nouvelles parodies bachiques, mêlées de v.s ou rondes de tables ...*, 1700–02, Chr. Ballard (3 Bände); *La clef des chansonniers: ou recueil des v.s ...*, 1717, Chr. Ballard (2 Bände); *Recueil complet de v.s et airs choisis qui ont été chantés à la Comédie Françoise depuis l'année 1659, jusqu'à l'année presente 1753 ...*, Paris 1753. Erst allmählich wurden die bekannten Melodien (timbres) durch eigens komponierte Ariettes und Arien ersetzt. Mit solchen Comédies mêlées d'ariettes neben V.-Stücken mit Airs nouveaux griff auch Gluck von 1755–62 in die Entwicklung der Opéra-comique ein. Um 1765 war jedoch das V. aus der Opéra-comique weitgehend verdrängt. – Ebenfalls V.s hießen, da sie bekannte Melodien verwendeten, die als Schlußensembles in den V.-Komödien und in der Opéra-comique üblichen Rundgesänge: jede der beteiligten Personen trägt eine Strophe auf dieselbe Melodie vor, jeweils unterbrochen durch einen von allen gesungenen Refrain, der meist die Schlußmoral enthält. Dieses Schluß-V. hielt sich in der Opéra-comique ziemlich lange. Bei Fr.-A. Philidor ist es regelmäßig am Schluß. Erst Grétry begann ab 1773 seine Opern mit Ensembles nach dem Vorbild des italienischen Buffafinales abzuschließen, in deren Verlauf jedoch das V. gelegentlich wieder auftritt (z. B. *La fausse magie* und *L'amant jaloux*). Der Schlußgesang *Trionfi amore* in Glucks *Orfeo* (1762) zeigt, daß das V. nicht auf die Opéra-comique beschränkt blieb. Es drang sogar in das Schauspiel ein: *Le mariage de Figaro* (1784) von P. A. Beaumarchais schließt mit einem V. Aus der Opéra-comique wurde das V. als V.-Rondo insbesondere durch J. A. Hiller (z. B. *Die Jagd*, 1770) in das zunächst vornehmlich französisch orientierte deutsche → Singspiel übernommen. Berühmt ist das Schluß-V. aus *Die Entführung aus dem Serail* (1782) von W. A. Mozart. – In Frankreich findet sich das V. noch bis spät ins 19. Jh. E. Scribe z. B. hat eine große Anzahl von V.-Komödien hinterlassen. Ins Jahr 1791 fällt die Gründung des Théâtre de V. in Paris, an dem vornehmlich die leichte Komödie gepflegt wurde und das sich bis 1925 hielt. An V.-Sammlungen aus dem 19. Jh. sind zu nennen: *La clé du caveau* (³1807 und ⁴1872), *La musette de v. ou Nouvelle clef du caveau* (1822), und *Le caveau moderne. Chansonnier périodique* (1807).

Lit.: A. GASTÉ, Etude critique et hist. sur J. le Houx et le vau de vire à la fin du XVIᵉ s., Paris 1874; M. MÜLLER, J.-J. Vadé (1719–57) u. d. V., Diss. Greifswald 1911; FR. LIEBSTOEKL, Das deutsche V., Diss. Wien 1923, maschr.; L. HOLZER, Die komischen Opern Glucks, Diss. Wien 1925, Auszug in: StMw XIII, 1926; CH. E. KOCH JR., The Dramatic Ensemble Finale in the Opéra Comique of the Eighteenth Cent., AMl XXXIX, 1967. StK

Venedig.

Lit.: G. C. BONLINI, Le glorie della poesia e della musica contenute nell'esatta notizia de' teatri della città di Venezia e nel cat. purgatissimo de' drammi mus. quivi sin'hora rappresentati, V. 1730; A. GROPPO, Cat. di tutti i drammi per musica recitati nei teatri di Venezia, V. 1746, mit Ergänzungen 1753 u. 1766; FR. CAFFI, Storia della musica sacra nella già cappella ducale di S. Marco in Venezia dal 1318 al 1797, 2 Bde, V. 1854–55, Faks. Rom 1936; L. LIANOVOSANI (= G.Salvioli), La Fenice, Gran teatro di Venezia. Serie degli spettacoli, Dalla primavera 1792 a tutto il carnovale 1876, Mailand (1876); L. N. GALVANI (= G. Salvioli), I teatri mus. di Venezia nel s. XVII, (1637–1700), Mailand (1878); DERS., Saggio di drammaturgia veneziana, V. 1879; T. WIEL, I teatri mus. veneziani del settecento, V. 1897; H. KRETZSCHMAR, Die Venetianische Oper ..., VfMw VIII, 1892; P. FAUSTINI, Memorie stor. et artistiche sul Teatro La Fenice in Venezia, V. 1902; A. SOLERTI, Le rappresentazioni mus. di Venezia dal 1571 al 1605 ..., RMI IX, 1902; P. MOLMENTI, Le prime rappresentazioni teatrali a Venezia, V. 1906; G. TEBALDINI, L'anima mus. di Venezia, RMI XV, 1908; G. ORLANDINI, Origini del Teatro Malibran, V. 1913; CH. VAN DEN BORREN, Les débuts de la musique à Venise, Brüssel 1914; G. PAVAN, Teatri mus. veneziani. Il Teatro S. Benedetto (ora Rossini), Cat. cronologico degli spettacoli (1755–1900), in: Ateneo veneto, Jg. 1916, separat V. 1917; M. NANI MOCENIGO, Il Teatro La Fenice, V. 1926; KN. JEPPESEN, Ein venezianisches Laudenms., Fs. Th. Kroyer, Regensburg 1933; DERS., Venetian Folk-Songs of the Renaissance, Kgr.-Ber. NY 1939; H. CHR. WOLFF, Die venezianische Oper in d. 2. Hälfte d. 17. Jh., = Theater u. Drama VII, Bln 1937; DERS., Die Musik im alten V., Fs. H. Besseler, Lpz. 1961; S. T. WORSTHORNE, Venetian Opera in the Seventeenth Cent., London 1954; D. ARNOLD, Ceremonial Music in Venice at the Time of the Gabrielis, Proc. R. Mus. Ass. LXXXII, 1955/56; DERS., Orphans and Ladies: the Venetian Conservatories (1680–1790), ebenda LXXXIX, 1962/63; DERS., Music at a Venetian Confraternity in the Renaissance, AMl XXXVII, 1965; G. BARBLAN, Aspetti e figure del Cinquecento mus. veneziano, in: La civiltà del Rinascimento, = Storia della civiltà veneziana IV, Florenz (1958); L. RONGA, La musica, in: La civiltà veneziana nell'età barocca, ebenda V, (1959); A. DELLA CORTE, La musica, in: La civiltà veneziana del Settecento, ebenda VI, (1960); S. DALLA LIBERA, Cronologia mus. della Basilica di S. Marco in Venezia, in: Musica sacra, (Mailand) 1961, Nr 1–4/5; Scenografi veneziani dell'Ottocento, hrsg. v. G. DAMERINI, V. 1962; G. LEFKOFF, Five Sixteenth-Cent. Venetian Lute-Books, Diss. Catholic Univ. of America (Washington, D. C.) 1962, maschr.

Venezianische Schule, – 1) eine Kette von Lehrern und Schülern, deren Tätigkeit in Venedig zwischen etwa 1530 und 1620 zur musikalischen Vorherrschaft Italiens und zur Ausbildung der wichtigsten vokalen und instrumentalen Formen des Barocks beigetragen hat. Im erwähnten Zeitraum waren an der Kathedrale von San Marco, dem Zentrum der V.n Sch., folgende Musiker tätig: als 1. Kapellmeister: P. De Fossis 1491–1527, A. Willaert 1527–62(†), C. de Rore 1563, G. Zarlino 1565–90(†), B. Donato 1590–1603(†), G. Croce 1603–09(†), G. Martinengo 1609–13(†), Cl. Monteverdi 1613–43(†); als 1. Organisten (die Zuweisung der Organistenstellen ist nicht in allen Fällen eindeutig geklärt): G. Armonico 1516–51, A. Padovano 1552–64, Cl. Merulo 1564–84, A. Gabrieli 1585–86 (†), G. Gabrieli 1586–1612(?); als 2. Organisten: S. Segni 1530–33, B. Da Imola 1533–41, J. Buus (= J. de Guant) 1541–51, G. Parabosco 1551–57(†), Cl. Merulo 1557–64, A. Gabrieli 1564–65, G. Gabrieli 1565–86, V. Bell'Haver 1586–87(†), Guami 1588. – Begründer der V.n Sch. war der Niederländer und Mouton-Schüler A. Willaert. Sein Werk zeigt das für die frühe V. Sch. typische Schwanken zwischen dem traditionellen niederländischen Motettenstil und der Aufnahme bodenständiger italienischer Musizierformen (volkstümliches Lied, homophoner Satz, alternierende Mehrchörigkeit) und spiegelt die vermittelnde Stellung der V.n Sch. zwischen niederländischem Zeitalter und italienischem Barock wider. Gegenüber der Aneignung und Umformung des niederländischen Erbes in der → Römischen Schule entwickelte die V. Sch. hauptsächlich die heimischen Traditionen weiter. Im Zentrum von Willaerts Kunst steht die Motette; wichtig für die folgenden venezianischen Meister wurden vor allem seine

Ensemblericercari, mehrchörigen Werke und volkstümlichen Liedkanzonen. Auch im Madrigal hat Willaert die für die Folgezeit typischen Akzente gesetzt: eindringliche Affektdarstellung und mit dem bisherigen Klauselwesen brechende Chromatik. Hier knüpften seine Schüler Vicentino und C. de Rore an. Eine hohe Kunst der musikalischen Symbolik und Textausdeutung ist bezeichnend für diese auf Kennerkreise beschränkte → Musica reservata. Als scherzhafte Nachbildungen volkstümlicher Lieder entstanden mehrstimmige Liedkanzonen, oft mit mundartlichem Text (Willaert, A. Gabrieli, B. Donato, Merulo), die zur Kanzonette führten (G. Croce, Monteverdi) und die Bildung von Madrigalkomödie, Monodie und Opernarie beeinflußten. In der Orgelmusik trat zu präludierenden Formen der Toccata (A. Gabrieli, Merulo) und des Ricercars (M. A. Cavazzoni) das der Motettenkomposition nachgebildete imitatorische Ricercar (G. Cavazzoni, A. und G. Gabrieli, Merulo, Padovano). Zum späteren führenden Meister der Orgelmusik, G. Frescobaldi, führt von C. de Rore über L. Luzzaschi eine direkte Linie des Lehrer-Schüler-Verhältnisses. Das wichtigste Orgellehrbuch der V.n Sch. ist *Il Transilvano* von G. Diruta. Mit den Ricercars (J. Buus, Willaert) und Kanzonen (A. und G. Gabrieli, Guami, Merulo) wurde der vokale Satz, weniger koloriert, auch in die Musik für Instrumentengruppen übernommen. Besonders die Ensemblekanzone gilt als ein Ausgangspunkt für die von den Emporen in San Marco musizierten mehrstimmigen und mehrchörigen Sonaten und Sinfonien, die geistlichen Großformen der V.n Sch. für vokal-instrumentale Mischbesetzung. Die → Mehrchörigkeit entwickelten mit hoher Kunst der Kontrastbildung, Klangfarbenregie und Orchesterbehandlung vor allem A. und G. Gabrieli, in deren Werken 1587 zum erstenmal die Bezeichnung concerto im Druck erscheint. G. Gabrieli führte in seinen mehrchörigen Großbesetzungen (bis zu 19 Stimmen) Instrumental- und Vokalsoli ein und begründete damit das große geistliche Konzert. Auch auf Instrumentalensemble beschränkte Sakralmusik geht auf ihn zurück. Die alternierende Musizierpraxis ist auch für das Spiel an den beiden Orgeln von San Marco bezeugt (Padovano und Parabosco, Merulo und A. Gabrieli). Mit der Kompositionstätigkeit nahm der Notendruck Venedigs im 16. Jh. einen bedeutenden Aufschwung (Petrucci, Scotto, Gardano). Der Einfluß der V.n Sch. auf die nördlichen Länder zeigt sich vor allem in den Werken der Deutschen Gallus, Haßler, Aichinger, Schütz, H. und M. Praetorius, der außerdem die Musizierpraxis der V.n Sch. beschrieben hat. Der wichtigste Theoretiker der V.n Sch. ist der Willaert-Schüler Zarlino, dessen Hauptwerk (1558) vor allem als Umformung des niederländischen Erbes zu einer neuen wissenschaftlichen Behandlung der Satzkunst Bedeutung hat. Dagegen sahen Vicentino und V. Galilei, beide aus der V.n Sch. hervorgegangen, die Mehrstimmigkeit ihrer Zeit als verderbt an und suchten in Chromatik und Monodie Erneuerung der musikalischen Sprache. – 2) Venezianische Opernschule → Oper.

Lit.: zu 1): C. v. WINTERFELD, J. Gabrieli u. sein Zeitalter, 3 Bde, Bln 1834, Nachdruck Hildesheim 1965; FR. CAFFI, Storia della musica nella già cappella ducale di S. Marco in Venezia dal 1313 al 1797, 2 Bde, Venedig 1854–55, Faks. Rom 1936; A. W. AMBROS, Gesch. d. Musik III, Breslau 1868, Lpz. ³1891, Nachdruck Hildesheim 1967; G. BENVENUTI, Vorwort zu Istituzioni e monumenti dell'arte mus. ital. I–II, Mailand 1921–32; La scuola veneziana. Sec. XVI–XVIII, hrsg. v. d. Accad. mus. chigiana, Siena 1942; W. B. KIMMEL, Polychoral Music and the Venetian School, 2 Bde, Diss. Univ. of Rochester (N. Y.) 1954, maschr.; ST. KUNZE, Die Instrumentalmusik G. Gabrielis, = Münchner Veröff. zur Mg. VIII, Tutzing 1963.

Venezuela.
Ausg. u. Lit.: Monumentos del arch. de la música colonial venezolano, hrsg. v. Inst. Interamericano de Musicología, 12 Bde, Montevideo 1943; J. B. PLAZA, Music in Caracas During the Colonial Period (1770–1811), MQ XXIX, 1943; DERS., Música colonial venezolana, = Letras venezolanas XI, Caracas 1958; L. F. RAMÓN Y RIVERA, El joropo, baile nacional de V., ebenda 1953; DERS., Música folklorica y popular de V., ebenda 1963; A. STALLBOHM, La música, sus intérpretes y el público de V., ebenda 1959; C. SALAS u. E. F. CALCANO, Sesquincentenario de la opera en Caracas ... 1808–1958, ebenda 1960; I. ARETZ-THIELE, Cantos navideños en el folklore venezolano, ebenda 1962; DIES. (I. Aretz), La etnomusicología en V., Boletín interamericano de música 1966, Nr 55–56.

Veni sancte spiritus (lat.), die Pfingstsequenz der römischen Liturgie, seit 1570 fester Bestandteil des Meßformulars vom Pfingstsonntag bis zum folgenden Samstag. Als Verfasser gilt Stephan Langton, Erzbischof von Canterbury († 1228). Der einheitlich durchgeformte Text umfaßt insgesamt 10 paarweise einander zugehörige Strophen, denen jeweils 3 senarische Verse mit regelmäßiger Akzentuierung zugrunde liegen (Reimschema: a a b – c c b / d d b – e e b usw.). Die musikalische Geschlossenheit des V. s. sp. beruht maßgeblich auf einem in der Modalität des 1. Kirchentons wurzelnden Bauplan, dem die melodisch-motivische Gestaltung der 5 Doppelstrophen untergeordnet ist. Deutsche Kirchenliedfassungen der Sequenz lassen sich seit dem hohen Mittelalter nachweisen; → Leise.

Ausg.: W. BÄUMKER, Das kath. deutsche Kirchenlied in seinen Singweisen ... I, Freiburg i. Br. ²1886, Nachdruck Hildesheim 1962; Analecta hymnica medii aevi LIV, hrsg. v. CL. BLUME SJ u. H. M. BANNISTER, Lpz. 1915 (Text d. V. s. sp.).

Ventile (von lat. ventus, Wind) sind mechanische Vorrichtungen zum Steuern des Windes. – 1) In der Orgel werden die durch den Orgelwind selbst geöffneten und geschlossenen V. von denen unterschieden, die durch Federdruck in Ruhelage gehalten und durch einen Hebelmechanismus bewegt werden. Die Fang-, Saug- oder Schöpf-V. der Bälge sind bewegliche Klappen, die sich nach dem Innern des → Balges öffnen, sobald er aufgezogen wird, und wieder schließen, sobald der Balg ganz aufgezogen ist. Die Kropf-V. öffnen dem Wind den Zugang in die Windkanäle und führen dabei einen Ausgleich des Winddrucks in den Bälgen und Kanälen herbei. Die Spiel-V., die durch das Tasten der Klaviatur geöffnet werden, öffnen dem Wind den Zugang zu den Pfeifen. Bei der Tonkanzellenlade (→ Windlade) gibt es nur ein Ventil für alle Pfeifen derselben Taste, bei der Registerkanzellenlade führt ein Ventil für jede Pfeife zur »Pfeifenkammer«; es hat die Form eines Kegels oder einer Tasche (daher Kegel- bzw. Taschenlade). Die mechanisch gesteuerte Orgel hatte früher durch Registerzüge betätigte Sperr-V., die den Wind zu den einzelnen Laden absperren konnten und auch zu Kombinationszwecken benutzt wurden. – 2) Die V. der modernen Blechblasinstrumente (Waldhorn, Trompete, Kornett, Ventilposaune, Flügelhörner, Tuben) verlängern durch Einschaltung von Zusatzbögen die Schallröhre und vertiefen damit den Ton (absteigende V.) oder schalten umgekehrt Teile der Röhre aus und erhöhen den Ton (aufsteigende V., John Shaw 1824). Durch die V. wurden alle Töne der chromatischen Skala spielbar; damit entfielen die älteren Versuche auf Horninstrumenten mit Grifflöchern, → Klappen, losen Zusatzbögen sowie durch Stopfen. Lediglich das (vollkommenere) Zugsystem bei der → Posaune (– 1) blieb (die Ventilposaune hat sich nur teilweise durchgesetzt, bei Laien, auch im Jazz). Die ältere Form der V. sind die Pump-V. (frz. pistons; s. folgende Abb.), erfunden

Ventile

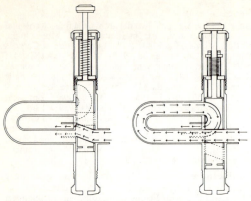

zunächst für das Waldhorn 1814 (patentiert 1818) von Blühmel und Stölzel in Berlin, verbessert von Moritz und Wieprecht 1835 (Berliner Pumpen) und Périnet 1839 in Paris (Périnet-V.) sowie von L. Uhlmann 1830 (Wiener-V., Schub- oder Stechbüchsen-V.). Dreh-V. (Zylinder-V.; siehe nebenstehende Abbildung: links offenes und rechts geschlossenes Drehventil) wurden zuerst von J. Riedl 1832 in Wien konstruiert (Radmaschine). Beide Systeme werden heute nebeneinander gebraucht, die Pump-V. besonders im Jazz bevorzugt. Im allgemeinen haben die Blechblasinstrumente 3 V., von denen das 1. die Stimmung um einen Ganzton, das 2. um einen Halbton und das 3. um eine kleine Terz erniedrigt. Meist wird das Ventil durch Federdruck in einer bestimmten Stellung gehalten, aus der es mittels einer Drucktaste oder eines Zughebels in eine andere Stellung bewegt werden kann. Das sogenannte Stellventil verbleibt ohne Federdruck in der jeweils gewählten Stellung. Instrumente von tiefer Stimmlage, z. B. Baßtrompeten und Tuben, sind vielfach mit einem 4. Ventil versehen, das die Stimmung um weitere $2^{1}/_{2}$ Töne erniedrigt. Die Kombination aller 4 V. ergibt eine Erniedrigung um etwa eine Oktave. Zum Ausgleich der bei den verschiedenen Ventilkombinationen auftretenden Intonationsdifferenzen werden ein oder mehrere zusätzliche Kompensations-V. verwendet. Die von A. Sax 1850 konstruierten Instrumente mit Verkürzungs-V.n (pistons indépendents) konnten sich nicht durchsetzen. Sogenannte Umschalt-V. werden vielfach zur Veränderung der Gesamtstimmung des Instrumentes angebracht (Doppelhorn, Doppeltuba, Tenorbaßposaune; auch bei der Trompete). Am Waldhorn ist das »Stopfventil« zu finden, das die beim Stopfen auftretende Tonerhöhung ($^{1}/_{2}$–$^{3}/_{4}$ Ton) kompensiert. Die V. werden in der Regel mit der rechten Hand, beim Horn dagegen sowie bei der Zugposaune (Zusatzventil) mit der linken Hand bedient. Bei Instrumenten mit mehr als 4 V.n ist meist beidhändige Bedienung notwendig. – Andere Versuche, durch mechanische Vorrichtungen oder neue Mensurberechnungen einwandfreie Intonation bei Ventilkombinationen zu ermöglichen, wurden u. a. von D. J. Blaikley (1874), K. Kottek (1907) und M. Vogel (1958) unternommen.

Lit.: D. J. BLAIKLEY, An Essay on Mus. Pitch, London 1890, [2]1954; F. C. DRAPER, Notes on the Boosey & Hawkes System of Automatic Compensation of Valved Brass Wind Instr., London 1953; M. VOGEL, Die Intonation d. Blechbläser, = Orpheus-Schriftenreihe zu Grundfragen d. Musik I, Düsseldorf 1961; DERS., Anregendes Griechentum, Mf XV, 1962.

Ventilhorn → Waldhorn.

Veränderung → Variation. – Gegen Ende des 18. Jh. wurden auch die → Register (– 2) des Cembalos und des Pianofortes als V.en bezeichnet.

Verbände sind Organisationen, die Standesinteressen wahrnehmen. Im Gegensatz zu den → Gesellschaften und Vereinen widmen sie sich weniger künstlerischen und wissenschaftlichen als sozialen und wirtschaftlichen Belangen. In der Regel sind sie als eingetragene Vereine (e. V.) rechtsfähig. – In Deutschland ergab sich die Möglichkeit größerer Zusammenschlüsse von Interessengruppen erst nach der Reichsgründung von 1871. Die schon vorher in diese Richtung gehenden Tendenzen werden z. B. in R. Wagners *Entwurf zur Organisation eines deutschen Nationaltheaters für das Königreich Sachsen* (1848) deutlich, wobei die starke Betonung gerade sozialer Belange als Nachklang der Revolution von 1848 zu werten ist. Als einer der ältesten deutschen V. gilt der Allgemeine Deutsche Musikerverband, in Berlin 1872 von H. Thadewaldt gegründet, der alsbald 180 Lokalvereine zählte (Verbandsorgan: *Deutsche Musikerzeitung*) und 1873 eine Pensions-, 1882 eine Sterbekasse anlegte. Der Reichsverband Deutscher Tonkünstler und Musiklehrer, der 1922 aus dem Zusammenschluß der seit 1903 bestehenden Großorganisationen der Tonkünstler (Zentralverband Deutscher Tonkünstler und Tonkünstler-Vereine) und der Musiklehrer (Reichsverband Deutscher Musiklehrerinnen und Organisation Deutscher Musiklehrkräfte) hervorgegangen war, umfaßte 200 Ortsgruppen mit dem Zentralbüro in Berlin, dem u. a. eine Rechtsstelle und eine reichsamtliche Stellenvermittlung angegliedert waren. Ferner wurden Aufgaben wie Unterrichtsvermittlung, soziale Fürsorge, Berufsberatung, Kranken-, Steuer-, Verkehrs- und Wohnungswesen wahrgenommen. Die weitere Entwicklung dieser Organisation wurde durch die 1934 gegründete Reichsmusikkammer als Standesvertretung der Tonkünstler unterbrochen. Als heutige Fachorganisationen bestehen der Verband Deutscher Musikerzieher und konzertierender Künstler (VDMK) mit dem Sitz in München (Organ: *Musik im Unterricht*, Allgemeine Ausgabe) und der Verband Deutscher Komponisten und Musikwissenschaftler (VDK) in Berlin Ost (Organ: *Musik und Gesellschaft*). 1964 ging der Verband Deutscher Tonkünstler und Musiklehrer (VDTM) in dem VDMK auf. – Der Reichsverband Deutscher Orchester und Orchestermusiker wurde 1923 in Berlin gegründet; Nachfolger ist die Deutsche Orchestervereinigung mit dem Sitz in Hamburg (Organ: *Das Orchester*). Weitere V. sind: Deutscher Komponisten-Verband in Berlin; Deutscher Musikverband in Düsseldorf (*Der Musiker*); Deutscher Musikverleger-Verband in Bonn; Verband der Deutschen Konzertdirektionen (juristischer Sitz: Frankfurt am Main); Verband deutscher Musikschulen in Bremen; Verband der Sing- und Spielkreise in Hamburg; Verband deutscher Oratorien- und Kammerchöre in Neuß am Rhein; Verband Deutscher Schulmusikerzieher in Köln (*Musik im Unterricht*, Ausgabe B).

Lit.: A. BODE, Die kulturpolitischen Aufgaben d. Verwaltung im deutschen Musikleben, Düsseldorf 1937; H. ENGEL, Musik u. Ges., Bln u. Wunsiedel (1960).

Verbunkos (ungarisch, aus deutsch Werbung), eine volkstümliche instrumentale Musizierweise in der ungarischen Musik; sie wird auf Werbetänze für die österreichische Armee im 18. Jh. zurückgeführt. Der V. kam um 1780 auf, erreichte seinen Höhepunkt um 1840 bei Bihari, Csermák und Lavotta und ging dann im Csárdás auf. Um 1850 wirkten stilistische Eigenarten des V., der vor allem von ungarischen Zigeunerkapellen ausgeführt wurde und auch außerhalb Ungarns verbreitet war, auf die Kunstmusik ein. Charakteristisch für den V. sind der lebhafte Rhythmus (2/4- oder 4/8-Takt), häufige Synkopierungen und Punktierungen, Triolenpassagen, eine typische Schlußformel (bokázó) und die improvisatorische Freiheit der Ausführung. Ab 1820 erschienen in Budapest und Wien Sammlungen mit V.-Musik im Druck.

Lit.: E. MAJOR, Adatok a v. történétéhez (»Beitr. zur Gesch. d. V.«), Muzsika I, 1929; DERS., Bihari J. verbunkosainak visszhangja a XIX. századi magyar zenében (»Der Widerhall v. J. Biharis V. in d. ungarischen Musik d. 19. Jh.«), Uj zenei szemle III, 1952; B. SZABOLCSI, A XVIII. századi magyar kollégiumi zenéje (»Die ungarische Kollegienmusik d. 18. Jh.«), Budapest 1930.

Verdeckung (engl. masking) ist ein für den Hörvorgang wichtiges, zuerst von A. M. Mayer (1876) beobachtetes Phänomen. Beim Hören zweier verschieden hoher Töne zeigt sich, daß unter bestimmten Bedingungen eine V. des leiseren durch den lauteren eintritt, daß also der leisere Ton noch leiser wird, und dies um so mehr, je lauter der verdeckende Ton ist. Zur quantitativen Erfassung der V. wird dem Gehör eine Störfrequenz dargeboten, deren Intensität man in Stufen steigern kann, dazu eine veränderliche Frequenz, deren Intensität jeweils gerade so weit gesteigert wird, bis man sie eben hört. Dadurch wird bei festgehaltener Störfrequenz die Schwellenkurve für die anderen Frequenzen ermittelt (Mithörschwellen). So z. B. bleibt bei einer 1000 Hz-Störfrequenz von 90 dB die normale → Hörschwelle bis etwa 500 Hz erhalten, so daß die Empfindlichkeit des Ohres in diesem Bereich ungestört ist. Schwingungen um 1000 Hz herum müssen jedoch bereits um etwa 60 dB über die normale Hörschwelle gesteigert werden, um gehört zu werden. Die verdeckende Wirkung wird mit wachsender Störfrequenz schwächer, ist aber bei 4000 Hz noch so groß, daß die Mithörschwelle etwa 45 dB höher als die normale Hörschwelle liegt.

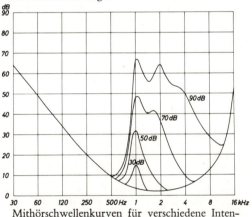

Mithörschwellenkurven für verschiedene Intensitäten der Störfrequenz 1 kHz (nach Feldtkeller und Zwicker).

Eine Steigerung der Intensität besonders von tieferen Frequenzen ist daher von nachteiliger Wirkung auf das Erfassen mittlerer und hoher Frequenzen. So beinträchtigen zu starke Baßregister bei Orgeln die Auffassung von Tonfolgen in höheren Lagen. Auch bleiben Mixturen u. a. Register bei zu großer Intensität der Grundstimmen ohne Wirkung. Das g einer Violine (= 196 Hz) mit 80 dB z. B. verdeckt im Bereich zwischen 200 und 4000 Hz alles, was sich weniger als 45–55 dB von der Hörschwelle abhebt. V.en können die Hörsamkeit von Räumen beeinträchtigen, wenn die Nachhallzeit in tiefen Frequenzbereichen besonders lang ist; das gleiche gilt für die Wiedergabequalität von Lautsprechern bei zu starker Baßwiedergabe.

Lit.: R. FELDTKELLER u. E. ZWICKER, Das Ohr als Nachrichtenempfänger, = Monographien d. elektrischen Nachrichtentechnik XIX, Stuttgart 1956; W. LOTTERMOSER u. J. MEYER, Verdeckungseffekt bei Orgelspektren, Acustica VIII, 1958.

Verdoppelung ist das gleichzeitige mehrfache Erklingen desselben Tones im Einklang oder in der Oktave. Sie unterliegt im mehrstimmigen Satz gewissen Einschränkungen. So dürfen in der Regel nur Grundton und Quinte des Dreiklangs verdoppelt werden. Die Terz ist nicht verdoppelungsfähig, wenn sie auf Grund ihrer Position im Stimmgefüge einem bestimmten Fortschreitungszwang unterliegt (z. B. als Leitton), ihre V. somit zu verbotenen Parallelen führen würde. Auch dissonante Töne werden nicht verdoppelt. Bei → Auffassungsdissonanzen (z. B. beim Neapolitanischen Sextakkord oder beim Vorhalts-Quartsextakkord vor der Dominante) sind nur die Töne verdoppelungsfähig, die dem funktionellen Grundakkord angehören, den der auffassungsdissonante Akkord vertritt. In der orthodoxen Zwölftontechnik werden Oktav-V.en prinzipiell vermieden. Die Einklangs-V. eines Tones ist jedoch gestattet, wenn sie durch das Zusammentreffen zweier verschiedener Formen derselben Reihe zustande kommt. Die V. von Tonfolgen fällt in der Satzlehre unter das Verbot der → Parallelen, soweit nicht ein Unisono beabsichtigt ist. Nicht zu den verbotenen Parallelen gehören jedoch alle aus klanglichen Gründen im Klavier- und Ensemblesatz üblichen V.en, auch die in anderen Intervallen (z. B. Quinte), wie sie die neuere Satztechnik bevorzugt. Besonders bei letzteren handelt es sich vielmehr um die Nachahmung von Klangwirkungen, die in den Orgelmixturen ein Vorbild haben.

Vereine → Gesellschaften und Vereine, → Verbände.

Vergleichende Musikwissenschaft (frz. musicologie comparée; engl. comparative musicology) nannten C. Stumpf und E. M. v. Hornbostel die von ihnen um 1900 entwickelte Fachrichtung der Musikwissenschaft. Vergleiche einzelner Stilelemente der Musikkulturen sollten Übereinstimmungen und Abweichungen erkennen lassen und dadurch Rückschlüsse auf Kulturzusammenhänge, Gestaltwandel und Kulturaustausch im weltweiten Zusammenhang ermöglichen. Die etwas unglücklich gewählte Bezeichnung V. Mw. – das Vergleichen ist für alle Wissenschaften grundlegend – wird heute nicht mehr angewandt (→ Musikethnologie), zumal die heutige Forschungsrichtung nicht nur auf den Vergleich z. B. von Tonsystem, Tonalität, Rhythmik, Melos, Instrumenten, sondern zunehmend auf das Ganze und Eigenständige der Musikkultur gerichtet ist. – Während in Nordamerika die Beschreibung der musikalischen Stile der Naturvölker, speziell der Indianer, die V. Mw. beschäftigte, geriet sie in Europa, vor allem in Deutschland, unter den Einfluß einer historisch orientierten Richtung der Völkerkunde, der »Wiener Schule« und ihrer Kulturkreislehre (Ankermann, Schmidt, Koppers, Frobenius u. a.). Diese Lehre versuchte, das Vorkommen einzelner Kulturelemente in verschiedenen Teilen der Welt als das Ergebnis einer fortlaufenden Kulturexpansion zu erklären, die in konzentrischen Wellen von einer fiktiven Wiege der Menschheit und der Kultur ausgegangen ist; deren Zentrum und Quelle wurde in Mittelasien im Bereich der späteren Euphrat-Tigris-Kulturen angenommen. Die V. Mw. versuchte analog, isolierte musikalische

Sachverhalte wie vokale und instrumentale Leiterformen (E. M. v. Hornbostel 1911) oder Instrumententypen (Sachs 1929) in weltweitem Zusammenhang als Ergebnis einer derartigen Kulturausbreitung zu deuten. Sie sah in der Musik der heutigen Naturvölker weniger das gegenwärtige, aus Tradition und Entwicklung entstandene Erscheinungsbild als vielmehr die getreue Überlieferung altzeitlicher Zustände, die als Vorstufen der Musikgeschichte der Menschheit angesehen wurden. Doch stieß ein solches Vorgehen bald bei Ethnologen und Musikwissenschaftlern und selbst im eigenen Lager (R. Lachmann) auf Widerstand. Die heutige ethnologische Musikforschung sieht in der Musik der Naturvölker und in den Hochkulturen Asiens, Amerikas und Europas das Produkt jahrtausendealter Entwicklungen. Sie ist zwar nach wie vor bemüht, den Spuren dieser Entwicklung nachzugehen, vermeidet aber Spekulationen auf Grund der Analyse isolierter Kulturelemente. Statt dessen sucht sie die Musik als Teilgebiet der Gesamtkultur zu begreifen und im Zusammenhang mit Religion, Sprache, Dichtung, bildender Kunst, Wirtschaft und Sozialstruktur zu sehen. Die Vielfalt der musikalischen Erscheinungen einer Kultur kann gleichwohl durch das Nebeneinander alter Überlieferungen und jüngerer Entwicklungen und Entlehnungen aus Fremdkulturen erklärt werden. So konnte Fr. Bose an der Musik kolumbianischer Indianerstämme das Fortleben alter Traditionen aus der andinen Hochkultur der Chibcha nachweisen (→ Indianermusik) und A. M. Jones das Vorkommen der mehrtönigen Xylophone in Afrika auf eine indonesisch-südostasiatische Invasion Afrikas in den ersten nachchristlichen Jahrhunderten zurückführen.

Lit.: Sammelbde f. V. Mw. I, 1922 – III, München 1923; Zs. f. V. Mw. I, 1933 – III, 1935. – A. J. Ellis, Tonometrical Observations on Some Existing Non-Harmonic Scales, Proceedings of the Royal Soc. XXXVII, 1884, deutsch v. E. M. v. Hornbostel in: Sammelbde f. V. Mw. I, München 1922; ders., On the Mus. Scales of Various Nations, Journal of the Soc. of Arts XXXIII, 1885, deutsch ebenda; C. Stumpf, Lieder d. Bellakula-Indianer, VfMw II, 1886, Neudruck ebenda; ders., Die Anfänge d. Musik, Lpz. 1911; R. Wallaschek, Primitive Music, London 1893, neu bearb. als: Anfänge d. Tonkunst, Lpz. 1903; E. M. v. Hornbostel, Über ein akustisches Kriterium f. Kulturzusammenhänge, Zs. f. Ethnologie XLIII, 1911; ders., Melodie u. Skala, JbP XIX, 1912; ders., Mus. Tonsysteme, in: Hdb. d. Physik VIII, hrsg. v. H. Geiger u. K. Scheel, Bln 1927; ders., Die Maßnorm als kulturgesch. Forschungsmittel, Fs. P. W. Schmidt, Wien 1928; ders., Tonart u. Ethos, in: Mw. Beitr., Fs. J. Wolf, Bln 1929; R. Lach, Studien zur Entwicklungsgesch. d. ornamentalen Melopöie, Lpz. 1913; ders., Die V. Mw., ihre Methoden u. Probleme, Sb. d. Akad. d. Wiss. in Wien CC, 1924; G. Schünemann, Über d. Beziehungen d. V. Mw. zur Mg., AfMw II, 1919/20; C. Sachs, Geist u. Werden d. Musikinstr., Bln 1929, Nachdruck Hilversum 1965; ders., V. Mw. in ihren Grundzügen, = Musikpädagogische Bibl. II, Lpz. 1930, neubearb. Heidelberg ²1959; ders., The Rise of Music in the Ancient World, NY (1943); ders., The Wellsprings of Music, NY 1961; S. Nadel, The Origins of Music, MQ XVI, 1930; W. Heinitz, Strukturprobleme in primitiver Musik, Hbg 1931; E. Haraszti, Fétis fondateur de la musicologie comparée, AMl IV, 1932; H. Robert, Form in Primitive Music, NY 1933; M. Schneider, Gesch. d. Mehrstimmigkeit I, Bln 1934, Rom ²1964; J. Kunst u. J. W. Schottländer, Über d. Anwendung d. Tonalitätskreislehre auf d. Musik d. orientalischen Hochkulturen u. d. Antike, Zs. f. V. Mw.III,1935;H. Husmann, Grundlagen d. antiken u. orientalischen Musikkultur, Bln 1961; J. Vansina, De la tradition orale. Essai de méthode hist., Tervuren 1961; A. M. Jones, Africa and Indonesia. The Evidence of the Xylophone and Other Mus. and Cultural Factors, Leiden 1964, dazu Fr. Bose in: Mf XX, 1967, S. 214ff.   FB

Vergrößerung → Augmentation (– 3).

Verismo (ital., von vero, wahr), auch Verismus, schlagwortartige Bezeichnung allgemein für den Naturalismus in Drama, Literatur und bildender Kunst seit den 1880er Jahren und zu Beginn des 20. Jh. in Italien, speziell für die von der Giovane scuola italiana (Mascagni, Leoncavallo, Giordano, Cilea) im Anschluß an das naturalistische Schauspiel ausgehende Stilrichtung der Oper ab 1890, die in ihren Werken ein wirklichkeitsgetreues Abbild des menschlichen Lebens geben wollte. – Der V. in der Oper war eine Reaktion auf die romantische historische und idealistische Oper der Zeit nach 1850, in Deutschland und Frankreich vor allem auf den symbolistischen Mystizismus der Wagnerschen und nachwagnerschen Götter- und Heldenoper. Gekennzeichnet ist der V. in erster Linie durch das Aufgreifen für die Opernbühne neuer, oft zeitgenössischer, soziale Probleme betreffender Stoffe, Schauplätze, Milieus und Menschenschicksale aus dem Alltag des Volkes, aber auch historischer, politischer Sujets (Revolutionen). Die Anhänger des V.s, die Hanslick (1896, S. 63) als *Verfechter der Natürlichkeit auf der Bühne* bezeichnete, komponierten Libretti mit scharf umrissenen Charakteren, schlagkräftiger Wirkung und oft krassem Schluß. Die Handlungsführung ist dramaturgisch darauf gerichtet, in schneller Steigerung die äußersten Affekte, nicht selten bis zur Brutalität, folgen zu lassen. In Elementarsituationen (Liebe, Eifersucht, Haß, Rache) wird das Triebhafte, Leidenschaftliche, Schaurige in realistischer und unreflektierender Darstellung hervorgehoben. – Die musikalischen Ausdruckskräfte des V.s basieren (vergröbernd und verflachend) auf dem Opernschaffen Verdis und der Verwendung der Stilmittel des Wagnerschen Musikdramas und der Symphonik des 19. Jh. Hanslick (1892) betont: *Von Verdi hat ... Mascagni die leidenschaftliche Spannung, die mächtigen Steigerungen, die Musik »welche Blut zieht«.* An Stileigentümlichkeiten des V.s bildeten sich heraus: eine typisch italienische, immer wieder glutvoll und leidenschaftlich ausbrechende Melodik, die auch plakathafte Wirkungen nicht scheut; eine Orchesterbegleitung in farbenreicher Harmonik und Instrumentation; erinnerungs- und leitmotivische Arbeit; koloristische Milieuschilderung; Verwendung von Orchesterzwischenspielen (Intermezzi), auch bei offener Bühne. Der Vokalstil entfernte sich durch die Hervorhebung des dramatischen Effekts immer mehr von der Lyrik des Belcantos. – In vieler Hinsicht blieb der V. oberflächlich. Es lag in der Natur eines solchen Operntypus, daß er über einzelne große Erfolge auch in ungezählten Versuchen nicht hinauskam. Verdi äußerte (Istel ²1923): »Das Wahre genau abklatschen, mag ja etwas Zweckdienliches sein. Aber das ist Photographie, kein Gemälde, keine Kunst.« Es fehlte dem V. an der Einfühlung in die feinere Dynamik der Seele und an der Vergeistigung des Triebhaften.

Vorbereitet war der V. auf der Opernbühne durch realistische Züge tragende Opern wie Verdis *La Traviata* (1853; ein Gesellschaftsdrama aus der Gegenwart), dann vor allem durch Bizets Oper *Carmen* (1875) mit ihrem ausgesprochen realistischen Sujet. Zu den ersten Stilproben des V.s zählt *Flora mirabilis* (1886) von Spyros Samaras (1861–1917). Der Durchbruch des V.s erfolgte 1890 durch Mascagnis Oper *Cavalleria rusticana*, die auf ein Libretto nach dem 1884 uraufgeführten einaktigen Schauspiel von Giovanni Verga (1840–1922), dem bedeutendsten Vertreter des literarischen V.s, komponiert ist. Ein Welterfolg wurde auch Leoncavallos Oper *Pagliacci* (1892), in deren Prolog das Programm des V.s lapidar formuliert ist: *L'autore ha cercato invece pingervi uno squarcio di vita. Egli ha per massima sol che l'artista è un uomo e che per gli uomini scrivere ei deve.*

Zu den namhaften veristischen Komponisten in Italien zählen u. a.: Cilea (*Tilda*, 1892; *Adriana Lecouvreur*, 1902), U. Giordano (*Mala vita*, 1892; *Fedora*, 1898; *Siberia*, 1903; *Andrea Chenier*, 1896), G. B. Coronaro (*Festa a marina*, 1893), Fr. Alfano mit seinen frühen Werken (*Miranda*, 1896; *La fonte d'Enschir*, 1898), Zandonai (*Il grillo del focolare*, 1908; *Conchita*, 1911). Puccini den Veristen einzugliedern geht schwerlich an; er beschreitet stofflich und musikalisch einen anderen Weg. Seine Musik ist viel differenzierter und sensibler, sie ist poetisierend und voller Detailmalerei. Typisch veristische Züge tragen bei Puccini u. a. Szenen in *Tosca* (Scarpia), *La fanciulla del West* und *Il Tabarro*. – Durch den Erfolg der italienischen veristischen Opern angeregt, huldigten auch deutsche Komponisten bis in das 20. Jh. hinein dem V., so u. a. F. Hummel (*Mara*, 1893), L. Blech (*Anglaja*, 1893; *Cherubina*, 1894), J. Forster (*Die Rose von Pontevedra*, 1893), d'Albert (*Tiefland*, 1903; die ausgeprägteste und erfolgreichste deutsche veristische Oper), Wolf-Ferrari (*Der Schmuck der Madonna*, 1911; *Sly*, 1928).
In Paris, wo die italienische veristische Oper mit starkem Beifall aufgenommen wurde (Erstaufführung der Oper *Cavalleria rusticana* 1892), war eine eigene Stilrichtung des V.s vertreten durch A. → Bruneau und G. Charpentier. Bruneau, der sich und Charpentier »Realisten« nannte, erklärte (vgl. Eckart-Bäcker, S. 248f.), daß ihr »réalisme« »nichts zu tun habe mit dem »vérisme« der Italiener, der ihm »wenig poesievoll und leer von der geringsten Symbolik« erschien. Bruneau war bestrebt, »die Natur ... zum Ausdruck zu bringen, indem er sie gedanklich, ... und mit einer gewissen humanen Idee aufhellte«. Die von Bruneau (unter dem starken Einfluß Wagners) vertonten Libretti nach Emile Zola mit sozialen und politischen Themen bildeten jedoch eine unglückliche Mischung von »plattem Realismus und verwirrendem Symbolismus«. – Großen und nachhaltigen Erfolg errang dagegen Charpentiers »roman musical« *Louise* (1900), das erste französische Musikdrama ohne unmittelbare Wagner-Nachahmung. An weiteren Komponisten in Paris sind C. → Erlanger, X. → Leroux, H. → Février zu nennen.
Lit.: E. HANSLICK, Aus d. Tagebuche eines Musikers, = Die moderne Oper VI, Bln ²1892; DERS., Fünf Jahre Musik, ebenda VII, ³1896; R. HEUBERGER, Im Foyer, Lpz. 1901; S. FLOCH, Die Oper seit R. Wagner, Köln 1904; W. NIEMANN, Die Musik seit R. Wagner, Bln u. Lpz. 1913, S. 91ff.; K. BLESSINGER, Der V., = Dichter u. Bühne IV, Meister d. Oper, Ffm. (1921); E. ISTEL, Die moderne Oper, = Aus Natur u. Geisteswelt Bd 495, Lpz. u. Bln ²1923; M. RINALDI, Musica e v., Rom 1932; P. BEKKER, Wandlungen d. Oper, Zürich u. Lpz. (1934), S. 140f.; K. H. WÖRNER, Musik d. Gegenwart, Mainz (1949); CH. DURAND, Der Verismus in d. frz. Opernmusik, Antares VII, 1958; U. ECKART-BÄCKER, Frankreichs Musik zwischen Romantik u. Moderne, = Studien zur Mg. d. 19. Jh. II, Regensburg 1965.

Verkleinerung → Diminution (– 1).

Verlagsrecht, das Rechtsverhältnis zwischen Urheber und Verleger, das im Verlagsgesetz geregelt wird. Das V. ist heute als ein Nutzungsrecht Bestandteil des → Urheberrechts, obwohl dieses sich aus ihm entwickelte. Mit der Erfindung des Buchdrucks um 1450 entstand der Nachdruck, der das ehrliche Druckergewerbe bald so belastete, daß staatliche Hilfe nötig wurde. Der Drucker, der anfänglich meist auch Verleger war, erhielt gegen geringfügiges Entgelt einen gebietsmäßigen Schutz gegen Nachdruck auf eine Reihe von Jahren, das sogenannte Privilegium, d. h. ein Druckmonopol für ein bestimmtes Werk. Mit zunehmender wirtschaftlicher Bedeutung solcher privilegierter Verlagsobjekte entstanden seitens der Autoren Ansprüche, die in langen Etappen zu einem spezifischen Urheberrecht und V. führten. Der Verleger erwies sich bald als der natürliche Partner des Urhebers bei der Verwertung von dessen Produktion. – Ausgangspunkt für die Entwicklung der Rechtsbegriffe war das Buchwesen. Auf dem verwandten Gebiet des Musikhandels vollzog sich keine Sonderbewegung. Auch der Gesetzgeber vermied weitgehend eine Differenzierung zwischen literarischen und musikalischen Rechten. Das zur Zeit noch gültige Verlagsgesetz von 1901 soll durch ein Urhebervertragsgesetz ersetzt werden. Die Übertragung von Werknutzungsrechten bedarf der Gültigkeit keiner schriftlichen Form. – Während im literarischen Verlagswesen heute nach wie vor das Hauptgewicht auf dem Vertrieb des Buchproduktes liegt, wurde mit der zunehmenden Mechanisierung durch Schallplatten, Rundfunk, Fernsehen usw. die Verwertung der Musik über den Vertrieb von Notenausgaben hinaus sehr ausgeweitet. Die Aufführungs- und die mechanischen Rechte werden heute allgemein durch die → Verwertungsgesellschaften (in Deutschland → GEMA) zugunsten der Autoren und Verlage treuhänderisch wahrgenommen. Nur bei den dramatisch-musikalischen Werken (Bühnenwerken) werden die Aufführungsrechte (»Große Rechte«) im allgemeinen durch die Verleger vergeben, weil sich hier eine individuelle Verwaltung empfiehlt.
Lit.: M. RINTELEN, Urheberrecht u. Urhebervertragsrecht, Wien 1958; H. HUBMANN, Urheber- u. V., München u. Bln 1959; E. ULMER, Urheber- u. V., Bln, Göttingen u. Heidelberg ²1960; H. v. HASE, Der Musikverlagsvertrag, München 1961; W. BAPPERT, Wege zum Urheberrecht, Ffm. 1962; H. POHLMANN, Die Frühgesch. d. mus. Urheberrechts, = Mw. Arbeiten XX, Kassel 1962.

Vermindert heißen die → Intervalle, die um einen chromatischen Halbton kleiner sind als die reinen (z. B. cis-f statt c-f) oder als die kleinen Intervalle (z. B. e-ges statt e-g). Die Umkehrung v.er Intervalle ergibt übermäßige.

Verminderter Dreiklang heißt in der Generalbaß- und teilweise auch in der Harmonielehre der aus kleiner Terz und verminderter Quinte bzw. aus zwei übereinandergestellten kleinen Terzen bestehende 3tönige Akkord, z. B. h-d-f. Der Name ergab sich aus der rein äußerlichen Ähnlichkeit des Gebildes mit einem Dreiklang. Dieser ist jedoch konsonant, allenfalls auffassungsdissonant, während der V. Dr. stets dissonant ist. Er kann daher nie Tonika-, sondern nur Dominant- oder Subdominantfunktion haben. In letzterem Fall erklärt ihn die dualistische Funktionstheorie H. Riemanns als Unterseptimenakkord mit fehlendem Bezugston (Funktionsbezeichnung SVII, in A moll: [a]–f–d–h), die spätere monistische Funktionstheorie H. Grabners und seiner Schüler als Subdominantakkord in Moll mit Sexte anstatt Quinte (Funktionsbezeichnung z. B. nach W. Maler s6, in A moll: d–f–[a]–h). In ersterem Fall gilt er als Dominantseptakkord mit fehlendem Grundton (»verkürzter« Dominantseptakkord; Funktionsbezeichnung D7, in C dur: [g]–h–d–f).

Verminderter Septakkord → Nonenakkord.

Verona.
Lit.: A. SALA, I musicisti veronesi (1500–1879), V. 1879; G. TURRINI, L'accad. filarmonica di V. dalla fondazione (Maggio 1543) al 1600 ..., V. 1941; DERS., La tradizione mus. a V., V. 1953; A. GAJONI-BERTI, Cronistoria del filarmonico, V. 1963.

Verrillons (vεrij'ɔ̃, frz.) → Glasspiele.

Versailles.
Lit.: L. DESHAIRS, Documents inédits sur la chapelle du château de V., Rev. de l'hist. de V. et de Seine-et-Oise VIII, 1906; P. FROMAGEOT, Les compositeurs de musique ver-

saillais, V. 1906; N. Dufourcq, L'orgue de la chapelle du château de V., RM XV, 1934; ders. u. M. Benoit, La vie mus. en Ile de France sous la régence ... (1716–28), Rev. de Musicol. XXXVII, 1955; dies., Les musiciens de V. ..., = Recherches sur la musique frç. classique III, 1963; A. Japy, L'opéra royal de V., V. 1958; R.-M. Langlois, L'opéra de V., Paris 1958.

Verschiebung → Pedal (– 2).

Verschmelzung bedeutet nach C. Stumpf, daß ein simultan erklingendes Intervall häufig als ein einziger Ton gehört wird. Als psychologisches Phänomen, das mit dem Konsonanzproblem verknüpft ist, wurde V. zu einem wichtigen Begriff in der Tonpsychologie. Erklärungen für die V. gaben H. v. Helmholtz und F. Krueger. Bei Schwingungsverhältnissen wie z. B. der Oktave 250:500 Hz fallen der durch 500 Hz bestimmte Ton und seine Teiltöne mit denen von 250 Hz zusammen und »verschmelzen« so zu einem Ton. In frühen Jahren sah Stumpf in der V. das definierende Merkmal der Konsonanz. Später schränkte er diese Annahme ein. Sowohl A. Faist als auch Meinong-Witasek ermittelten V.-Grade der Intervalle. Unter den Einwänden gegen die Erklärung der Konsonanz durch V. ist der von Th. Lipps, daß V. nicht Ursache, sondern Merkmal der Konsonanz sei, besonders gewichtig. In der 1952 von H. Husmann aufgestellten Koinzidenztheorie der Konsonanz, die besagt, daß das Zusammenfallen der Teiltöne das physiologische Korrelat der Konsonanz ist, erscheint die V. als eine physiologisch gesicherte Grundeigenschaft der Konsonanz.

Lit.: C. Stumpf, Tonpsychologie II, Lpz. 1890, Nachdruck Hilversum u. Amsterdam 1965; ders., Neueres über Tonv., Zs. f. Psychologie u. Physiologie d. Sinnesorgane XV, 1897; ders., Die Sprachlaute, Bln 1926; Th. Lipps, Der Begriff d. V. u. damit Zusammenhängendes in Stumpfs »Tonpsychologie« Bd IX, Philosophische Monatsh. XXVIII, 1892; A. Faist, Versuche über Tonv., Zs. f. Psychologie u. Physiologie d. Sinnesorgane XV, 1897; A. Meinong u. St. Witasek, Zur experimentellen Bestimmung d. Tonverschmelzungsgrade, ebenda; F. Krueger, Die Theorie d. Konsonanz I u. II, Psychologische Studien I, 1906 – II, 1907; E. Kurth, Musikpsychologie, Bln 1930, Bern ²1947; J. Handschin, Der Toncharakter, Zürich (1948); H. Husmann, Eine neue Konsonanztheorie, AfMw IX, 1952; ders., Vom Wesen d. Konsonanz, in: Mus. Gegenwartsfragen III, Heidelberg 1953; ders., V. u. Konsonanz, Deutsches Jb. d. Mw. I (= JbP XLVIII), 1956.

Verschränkung ist das vor allem in der Musik der Klassik häufige Ineinandergreifen zweier Phrasen, wobei der Schluß des ersten Sinngliedes zugleich Anfang eines neuen ist. Besonders deutlich wird die V., wenn ein schon bekanntes Thema wiederholt wird:

W. A. Mozart, Sonate C dur, K.-V. 309, 1. Satz, Takt 6–9.

J. Ph. Kirnberger (*Die Kunst des reinen Satzes* II, 1776, S. 137ff.) hält es für vorteilhaft, wenn im Instrumentalkonzert und in der Arie die Solo- bzw. Singstimme zugleich mit dem Schluß des Ritornells anfängt und gibt als Beispiel den Anfang von J. S. Bachs Cembalokonzert D moll (BWV 1052, Takt 6/7). H. Chr. Koch beschreibt die V. als Takterstickung (*Versuch einer Anleitung zur Komposition* II, Lpz. 1787, S. 453ff.; KochL, Artikel Takterstickung) und deutet durch untergesetzte Zahlen (4. 1.) an, daß ein Takt *bei der rhythmischen Vergleichung der melodischen Teile* doppelt gezählt werden muß (Auszüge bei Riemann, *Präludien und Studien* II, S. 67). A. B. Marx (*Die Lehre von der musikalischen Komposition* III, 1841, S. 263ff.) betrachtet Satzglieder, die nicht mit der Tonika schließen, grundsätzlich als Vordersätze und beschreibt das Zusammentreten mehrerer dominantisch endender (Vorder-) Sätze als Satzkette. Lussy (*Traité de l'expression musicale*, 1873, deutsche Ausgabe 1886, S. 63f.) nennt die V. Ellipse (»Auslassung«), doch ist die V. von anderen Möglichkeiten der Auslassung einzelner Takte, Akkorde oder Töne (→ Ellipsis) zu unterscheiden. H. Riemann erklärte (im Anschluß an H. Chr. Koch) die V. als eine Umdeutung des nach seiner Meinung stets als metrisch schwer geltenden Schlußtakts einer Phrase in einen stets als leicht geltenden Anfangstakt (vgl. *Vademecum der Phrasierung*, S. 88ff., mit Beispielen) und zählt sie daher zu den Störungen des symmetrischen Aufbaus (→ Metrum – 3). Doch gibt es Kompositionen (z. B. der genannte Satz aus W. A. Mozarts Sonate C dur, K.-V. 309), deren Abschnitte grundsätzlich nicht mit der Tonika schließen, sondern offen, dominantisch enden. Die V. ist in diesen Fällen nicht eine Abweichung von der Norm der → Symmetrie, sondern sie wird zur Regel, die ihrerseits wieder durchbrochen werden kann (→ Periode, → Phrasierung).

Versett (auch Versetl; von frz. verset, Diminutiv von frz. vers; ital. versetto; engl. verset), Bezeichnung für einen Orgelsatz, der bei der → alternatim-Ausführung liturgischer Stücke an die Stelle eines gesungenen Verses (→ Versus – 3) bzw. Abschnitts tritt. Die Werküberlieferung geht bis zum Anfang des 15. Jh. zurück (Kyrie- und Gloria-V.en des Codex *Fa*; → Quellen). Ihren Höhepunkt erreichte die Komposition von V.en im 16.–18. Jh. Während dieser Zeit wurden die V.en oft in umfangreichen Sammlungen, besonders für das Ordinarium missae (→ Orgelmesse) und das → Magnificat, publiziert. Bis ins 17. Jh. sind die V.en meist über den musikalischen Vers oder Abschnitt komponiert, dessen Stelle sie vertreten, gehören also der Gattung der → Choralbearbeitung (– 2) zu. Im späten 16. Jh. bildete sich daneben die c. f.-freie, nur noch tonartgebundene V.en-Komposition heraus, die sich meist der fugierten Technik bedient; sie verdrängte im 18. Jh. weitgehend den Typus des c. f.-gebundenen V.s.

Unter den Sammlungen choralgebundener V.en sind hervorzuheben: J. Buchner, Fundamentbuch (hs. um 1530); P. Attaingnant, *Tabulature pour le ieu d'orgues* und *Magnificat en la tabulature des Orgues* (beide 1531); G. Cavazzoni, *Intavolatura cioè Recercari Canzoni Himni Magnificat ...* und *Intabolatura d'organo cioè Misse Himni Magnificat. Libro secondo* (beide 1543); Cl. Merulo, *Messe d'intavolatura d'organo* (1568); A. de Cabezón, *Obras de musica* (1578); J. Titelouze, *Hymnes pour toucher sur l'orgue* (1623) und *Magnificat ou cantique de la Vierge pour toucher sur l'orgue* (1626); S. Scheidt, *Tabulatura nova* III (1624); G. Frescobaldi, *Fiori musicali* 1635; H. Scheidemann, Magnificatbearbeitungen (hs. um 1640). – Beispiele für c. f.-freie V.en bieten die Sammlungen von A. Valente (*Versi spirituali*, 1580), K. Kerll (*Modulatio organica super Magnificat octo tonis*, 1686), A. Raison (*Livre d'orgue*, 1687), Fr. X. Murschhauser (*Octi-Tonium novum organicum*, 1696), J. Pachelbel (Magnificatfugen, hs. um 1700), Gottlieb Muffat (72 Versetl Sammt 12 Toccaten, 1726) und J. K. F. Fischer (*Blumen-Strauss*, nach 1732). Daneben kommt die Zusammenstellung von c. f.-gebundenen und c. f.-freien V.en vor (auch innerhalb eines liturgischen Stückes), so in E. Kindermanns *Harmonia organica* (1645; *Magnificat VIII. toni*) und vor allem in den französischen Orgelbüchern des späten 17. Jh. (N. Lebègue 1676, um 1679 und um 1685; N. Gigault 1682 und 1685; Fr. Couperin 1690; N. de Grigny 1699).

Versetzungszeichen → Akzidentien.

Versikel (lat. versiculus), heißen in der katholischen Liturgie kurze, überwiegend der Bibel entnommene Sätze in paarweiser Anordnung, wobei der erste Satz jeweils mit ℣. (V. im engeren Sinn), der zweite mit ℟. (Responsum) bezeichnet wird, z. B.: ℣. *Crastina die delebitur iniquitas terrae*. ℟. *Et regnabit super nos Salvator mundi*. Sie bilden einen festen Bestandteil aller liturgischen Handlungen. So enthält u. a. jede Hore des Offiziums neben den (melodisch eigenständigen) V.n zur Eröffnung (Matutin: *Domine, labia mea aperies* und → *Deus, in adiutorium meum intende*, letzterer ebenfalls in Laudes bis Vesper; Komplet: *Converte nos Deus salutaris noster*) und zur Entlassung (→ *Benedicamus Domino*) einen weiteren V. Dieser steht in der Matutin zwischen Psalmen und Lektionen, in Laudes und Vesper (die auch in ihren Preces V. aufweisen) nach dem Hymnus, in den kleinen Horen im Anschluß an das Responsorium breve (monastisch: nach dem Capitulum). Die entsprechende, für beide Sätze gleiche Melodieformel verläuft mit einem Initium auf dem Tenor (ursprünglich a, heute meist c) und schließt mit einem Melisma über der letzten Textsilbe (Tonus cum neuma). Ein differenzierterer V.-Ton gelangt in den Vespern der Hochfeste zum Vortrag; ebenso sind die V. von Nokturnen, Laudes und Vesper des Totenoffiziums und der letzten 3 Kartage durch eine eigene Formel (Tenor a und zweiakzentige Schlußkadenz) ausgezeichnet. Alle übrigen V. werden im sogenannten Tonus simplex gesungen (Tenorrezitation c mit Terzfall am Schluß, bei längerem Text auch Mittelkadenzen Flexa und Metrum). Die genannten V.-Töne finden sich unter den → Toni communes der Antiphonaleausgaben. – In → Sequenz (– 1) und → Lai bezeichnet V. nach musikwissenschaftlicher Terminologie im Unterschied zu dem eingangs umrissenen Sprachgebrauch der liturgischen Bücher die Einzelstrophe, welche gewöhnlich mit einer Parallelstrophe zum Doppel-V. oder auch mit 2 Parallelstrophen zum Tripel-V. mit jeweils gleicher Melodie zusammentritt. Im Musiktraktat des J. de Grocheo ist V. der Name für die strophenartigen Abschnitte der → Chanson de geste.

Versmaße. Prinzipiell zu unterscheiden ist zwischen quantitierendem und akzentuierendem Versbau (→ Metrum – 1). Berücksichtigt werden im folgenden nur die für die überlieferte Musik wichtigsten V., nach Sprachen geordnet:
1) Lateinisch. – a) Zur quantitierenden Dichtung gehören vor allem die frühen → Hymnen (– 1). Häufigstes Versmaß ist der iambische Dimeter (bei Iambus und Trochäus bilden 2 Füße ein Metrum) ◡–◡–◡–◡– (z. B. *Aeterne rerum conditor*, Ambrosius). Mit großem Abstand folgt das sapphische Versmaß –◡––◡◡–◡–◡ (*Ut queant laxis resonare fibris*, wohl Paulus Diaconus, → Solmisation); noch seltener sind der iambische Trimeter ◡–◡–◡–◡–◡–◡– (*Salve crux sancta salve mundi gloria*, Heribert) und der kleinere asklepiadeische Vers –––◡◡––◡◡–◡◡ (*Sanctorum meritis inclita gaudia*, Hrabanus Maurus). Prozessionshymnen haben neben Hexameter und Distichon gern den trochäischen Tetrameter –◡–◡–◡–◡–◡–◡– (*Pange lingua gloriosi proelium certaminis*, Venantius Fortunatus). Vom 6. Jh. an wurden diese V. rhythmisch umgedeutet nach dem Kriterium der Silbenzahl; so wurde der iambische Dimeter zum 8Silber, der sapphische Vers zum 11Silber. Der Wortakzent war zunächst frei, später meist alternierend. Die übrige mittellateinische metrische Dichtung ist für die Musik nur am Rande bedeutend, z. B. in Versoffizien und Tropen. Verwendet wurden hauptsächlich der iambische und trochäische Dimeter und der (auch end- oder leoninisch gereimte) Hexameter –◡◡–◡◡–◡◡–◡◡–– (*Cunctipotens genitor Deus omnicreator eleison*). – b) Rhythmische (akzentuierende) Dichtung. Die Sequenz (ursprünglich Prosa ad sequentiam) ist zunächst feierliche Prosa in verschieden langen Kola und jeweils parallelen Strophen. Später tritt Hervorhebung des Kolon-Endes durch Reim auf (schon in Augustinus' *Psalmus contra partem Donati* 393/94 angewendet), schließlich Angleichung an die Hymne, d. h. regelmäßige Vers- (meist 8Silber) und Strophenbildung (z. B. *Lauda Sion salvatorem*, Thomas von Aquin). Die große Zahl mittellateinischer Lieddichtungen (z. B. Cambridger Lieder, → Carmina Burana, → Vaganten), zu denen auch die Conductus und (im weiteren Sinne) die Motetten zu zählen sind, weisen einen Reichtum rhythmischer Formen auf: 8-, 7- und 6Silber, daneben auch kürzere Verse. Der 10Silber, der Vers des lateinischen Dramas, kommt in der Lyrik selten vor.
2) Französische und italienische Verse sind von Anfang an durch die Zahl ihrer Silben bestimmt. Der verschiedenen Betonungsstruktur beider Sprachen gemäß, wird der französische Vers bis zur letzten betonten Silbe gezählt (das Mittelalter zählte im Französischen auch die weibliche Endsilbe), der italienische Vers über die letzte betonte Silbe hinaus bis zur ersten unbetonten. Dem französischen 10Silber (männlich 10, weiblich 11 Silben) entspricht daher der italienische Endecasillabo (11 Silben = verso piano, 10 = verso tronco, 12 = verso sdrucciolo). Das Prinzip der Silbenzählung und der konstanten, meist reimbildenden Tonstelle am Versende entstammt dem mittellateinischen Vers. Stelle und Anzahl der Betonungen im Versinnern sind variabel (eine Ausnahme bildet z. B. die feste Mittelzäsur des Alexandriners); die rhythmische Gliederung ist daher verschieden, wenngleich viele Verse regelmäßig alternieren. Im Italienischen hat der 10Silber oft anapästischen (bzw. daktylischen) Rhythmus, der 8Silber trochäischen. Längere als 8silbige Verse haben bevorzugte Zäsurstellen – der französische 10Silber nach der 4. Silbe (auch nach der 6., selten nach der 5.): *Donnez, signeurs, donnez a toutes mains* (Machaut); der Endecasillabo nach der 5. (oder 6.): *Vergine bella, che di sol vestita* (Petrarca, vertont u. a. von Dufay). – a) Französisch. Älteste Dichtungen sind altfranzösische Sequenzen des 9. Jh. (Eulalia-Sequenz) in verschieden langen, häufig 10silbigen Versen. Meist 10Silber hat auch die Chanson de geste. Der 8Silber trat seit dem 10. Jh. auf und wurde später bevorzugtes Versmaß von Reimchronik und höfischem Roman, aus dem er schließlich durch Prosa verdrängt wurde. 8- und 10Silber (seit dem 16. Jh. auch der Alexandriner) wurden vom 12./13. Jh. an bis in die neueste Zeit von der Lyrik bevorzugt, zuerst von den Trobadors und Trouvères: *Can vei la lauzeta mover* (Bernard de Ventadorn: Lerchenlied); *De bone amour vient seance et bonté* (Thibaut IV de Champagne). Sie verwenden aber auch kürzere Verse (oft den 7Silber; bis zum 3Silber), selten längere; die Zeilenlänge wechselt häufig: *Si que je n'ai de coi autrui amer / Ne servir / Ne deservir / Ne puis par mal soufrir, / Que la painne vueille guerredouner* (Blondel de Nesle). Solche eingeschalteten Kurzverse sind auch in der Motette und in den Balladen und Rondeaus des 13. Jh. gebräuchlich, oft echoartig: *Or est Baiars en la pasture / Hure / Des deus piés defferés* (Adam de la Halle). Machaut gab in seinen mehrstimmigen Balladen und Rondeaus dem 10Silber deutlichen Vorrang, auch wechselt nun die Zeilenlänge kaum noch; der 7Silber findet vorzugsweise in 1st. Musik, z. B. in den Lais, Verwendung. Neben dem 8Silber ist der 10Silber (im 16. Jh. Vers commun genannt) der gebräuchlichste Vers der Chansons des 15. und 16. Jh., z. B. *Bon jour, mon cœur, bon*

jour, ma douce vie (Ronsard, vertont u. a. von Lasso). Nachbildungen antiker Metren treten in der 2. Hälfte des 16. Jh. auf (→ Vers mesurés). Der Alexandriner (12Silber mit Mittelzäsur), Mitte des 16. Jh. von Ronsard und seinem Kreis (Pléiade) wieder eingeführt, verdrängte den 10Silber vor allem im Sprechtheater. In den Operntexten des 17. und 18. Jh. dagegen wechselt der Alexandriner, nach dem Vorbild Quinaults, vor allem mit 10- und 8Silbern, z. B. *Je suis de mille amants maîtresse souveraine | Mais je fais mon plus grand bonheur | D'être maîtresse de mon cuer* (Quinault, *Armide*, komponiert von J.-B. Lully und Gluck). Auch kürzere Verse (7, 6, 5 Silben) kommen vor; die ungeradzahligen sind besonders in Liedern häufig. Diese freie Mischung von Versen verschiedener Länge, ohne strophische Gliederung und mit freier Reimanordnung, wird Vers mêlés oder Vers libres genannt (nicht zu verwechseln mit den Vers libres des 19. Jh.). – b) Italienisch. Die sizilianischen Dichter, von den Trobadors ausgehend, wie auch die umbrischen Lauden verwenden eine Vielzahl von V.n. Vom Dolce stil novo und von Dante an sind 11- und 7Silber die klassischen italienischen V. Der 11Silber wurde vor allem in Terzine (Dante, *Divina Commedia*), Kanzone, Stanze (oder Ottavarima) und Sonett verwendet. 11- und 7Silber, meist gemischt, sind auch die V. von Madrigal und Ballata, z. B. *Questa fanciull' amor fallami pia* (komponiert von Landini). Die Caccia kennt dagegen auch kürzere Verse, oft 5Silber. Ein häufiger Vers der Frottola des 16. Jh. ist der (meist in trochäischem Rhythmus verlaufende) 8Silber (schon um 1400 nachweisbar), z. B. *Io non compro piu speranza* (Petrucci, 1. Frottolenbuch). Zu 11- und 7Silbern kamen in der Oper neue V. hinzu, vor allem Verse mit 10, 8, 6 Silben, auch kürzere. In den Opernarien des 17. Jh. wechseln die Verslängen; später (bei Metastasio) war es jeweils ein Versmaß, das in der einzelnen Arie vorherrschte. Während das Rezitativ weiterhin aus 11- und 7Silbern besteht, wird für die Arie der 11Silber im 18. Jh. nur selten verwendet, z. B. im Ständchen des Don Giovanni (*Deh, vieni alla finestra, o mio tesoro*; Da Ponte/Mozart, *Don Giovanni*). Häufig sind 10Silber (z. B. *Voi, che sapete che cosa è amor*; Da Ponte/Mozart, *Figaro*), 8Silber (vorzüglich bei Buffostücke, z. B. *Aspettare e non venire*; G. A. Federico/Pergolesi, *La serva padrona*) und 7Silber (Arien der Opera seria).

3) Deutsch. – Mit Ausnahme des silbenzählenden Meistersanges werden im deutschen Vers die Hebungen gezählt. Im altdeutschen Stabreimvers wie auch im Knittelvers ist die Anzahl der Senkungen frei. (Der → Stabreim wurde durch R. Wagner wiederbelebt.) Regelmäßiger Wechsel von Hebung und (1silbiger) Senkung begann im mittelhochdeutschen Epos und wurde von Opitz 1624 gefordert, wobei Hebung und Wortbetonung zusammenfallen sollten (zur Vermeidung von Tonbeugungen). Der deutsche Vers beginnt meist unbetont (»auftaktig«), daher überwiegt iambischer Rhythmus. Verse mit 2silbigen Senkungen sind seltener; sie treten unter dem Einfluß romanischer Dichtung im Mittelhochdeutschen und nach 1600 auf. Unregelmäßiges Schwanken zwischen 1- und 2silbiger Senkung ist bei Volksliedern häufig, z. B. *Es het ein Baur ein Töchterlein, das wolt nit lenger ein meidlein sein* (Liedsatz Isaacs). Der Vierheber ist der häufigste Vers, an 2. Stelle steht der Dreiheber, wie z. B. Liedsätze des 15. und 16. Jh., protestantische Choräle, Kantaten- und Opernarien zeigen. Im älteren Lied treten zwischen die Vierheber häufig kürzere (zwei-, dreihebige) und längere (sechs-, achthebige) Verse. Den beliebten Wechsel von Vier- und Dreihebern zeigt z. B. *Ein' feste Burg ist unser Gott, Ein' gute Wehr und Waffen* (Luther). Die Rezitative in Oper, Oratorium, Kantate bestehen aus verschieden langen, frei gereimten Versen (»Madrigalversen«). Anlehnungen an antike Metren finden sich z. B. in den Oden der Humanisten und Klopstocks (→ Odenkomposition).

Lit.: zu 1): W. MEYER, Gesammelte Abh. zur mittellat. Rhythmik, 3 Bde, Bln 1905–36; D. NORBERG, Introduction à l'étude de la versification lat. médiévale, Stockholm 1958. – zu 2): A. TOBLER, Vom frz. Versbau alter u. neuer Zeit, Lpz. 1880, ⁶1921; FR. SARAN, Der Rhythmus d. frz. Verses, Halle 1904; K. VOSSLER, Die Dichtungsformen d. Romanen, Stuttgart 1951; W. SUCHIER, Frz. Verslehre auf hist. Grundlage, Tübingen 1952; W. TH. ELWERT, Frz. Metrik, München 1961. – zu 3): E. SIEVERS u. H. PAUL, Deutsche Metrik, in: Pauls Grundriß d. germanischen Philologie II, 2, Straßburg 1905; FR. SARAN, Deutsche Verslehre, München 1907; A. HEUSLER, Deutsche Versgesch., 3 Bde, in: Grundriß d. germanischen Philologie VIII, 1–3, Bln u. Lpz. 1925–29, Bln ²1956; S. BEYSCHLAG, Die Metrik d. mhd. Blütezeit in Grundzügen, Nürnberg 1950, ⁵1963; W. KAYSER, Gesch. d. deutschen Verses, Bern 1960; DERS., Kleine deutsche Versschule, Bern u. München ⁹1962; U. PRETZEL, Deutsche Verskunst, in: Deutsche Philologie im Aufriß III, hrsg. v. W. Stammler, Bln, Bielefeld u. München ²1961; O. PAUL u. I. GLIER, Deutsche Metrik, München ⁵1964; CHR. PETZSCH, Text-Form-Korrespondenzen im ma. Strophenlied, DVjs. XLI, 1967. – J. RAITH, Engl. Metrik, München 1962. WoD

Vers mesurés à l'antique (vɛːr məzürˈe a lătˈik, frz., nach Art der Antike gemessene Verse), im letzten Drittel des 16. Jh. versuchsweise durch → Baïf (der der Dichtergruppe Pléiade angehörte) in die französische Poesie eingeführte, auf Quantitätsmessung beruhende reimlose Verse. In der Meinung, in der französischen Sprache sei die Quantität latent enthalten, dichtete Baïf nach dem Muster antiker Metren (z. B. Hexameter, Sapphische Strophe), wobei er die Längen grundsätzlich den betonten (auch nebenbetonten), die Kürzen den unbetonten Silben unterlegte, z. B.:

Vne puce j'ai dedans l'oreille, helas!

Die V. m. dienten als Vorlage für Vertonungen, die, ähnlich der metrischen → Odenkomposition des frühen 16. Jh., einen regelmäßigen Tactus außer acht ließen und sich rhythmisch eng an die V. m. anlehnten: die Längen wurden durch doppelt so lange Werte wie die Kürzen wiedergegeben. Kompositionen dieser Art

O. de Lassus, GA XIV, S. 114.

schrieben u. a. F. M. Caietain, E. du Caurroy, J. du Faur, Cl. le Jeune, O. de Lassus, J. Mauduit und J. Thibault de Courville. – Wenn auch die Musique mesurée nur sehr kurze Zeit gepflegt wurde, so hatte sie doch einen großen Einfluß auf die spätere französische Sprachvertonung; in einer Reihe von Airs de cour und vielen Stücken des Ballet de cour wurde der Text so vertont, als ob er auf V. m. basiere (siehe folgendes Beispiel). Noch im französischen Récitatif (→ Rezitativ) ist die Nachwirkung der Musique mesurée erkennbar.

Mais que me sert The-tys ces-te es-cail-le nou-uel-le,
Ballet comique de la Royne, Gesang des Glauque, f. 19.

Ausg.: J. MAUDUIT, Chansonnettes mesurées de J.-A. de Baïf, 4st., Paris 1586, = Expert Maîtres X, Paris 1899; CL. LE JEUNE, Le printemps (2–8st. Chansons), Paris 1603, ebenda XII–XIV, 1900–01; DERS., Octonaires de la vanité et inconstance du monde (3–4st.), Paris 1606, = Expert Monuments I u. VIII, Paris 1924–28; DERS., Pseaumes en vers mezurez (2–8st.), Paris 1606, = Expert Maîtres XX–XXII, Paris 1905–06; DERS., Airs (3–6st.), 2 Bücher, Paris 1608, hrsg. v. D. P. Walker, 4 Bde, (Rom) 1951–59; E. DU CAURROY, Meslanges, Paris 1610, = Expert Maîtres XVII, Paris 1903 (Teilausg.).

Lit.: M. MERSENNE, Quaestiones celeberrimae in Genesim, Paris 1623; DERS., Harmonie universelle, Paris 1636, Faks. hrsg. v. Fr. Lesure, 3 Bde, Paris 1963; M. AUGÉ-CHIQUET, La vie, les idées et l'œuvre de J.-A. de Baïf, Paris 1909; P.-M. MASSON, Le mouvement humaniste, in: Encyclopédie de la musique I, 3, hrsg. v. A. Lavignac, Paris (1914); H. PRUNIÈRES, Le ballet de cour, Paris 1914; D. P. WALKER, Mus. Humanism..., MR II, 1941 – III, 1942, deutsch als: Der mus. Humanismus..., = Mw. Arbeiten V, Kassel 1949; DERS., The Airs of Baïf's »Acad. de Poésie et de Musique«, Journal of Renaissance and Baroque Music I, 1946/47; DERS., The Influence of Musique mesurée..., MD II, 1948; DERS. (mit Fr. Lesure), Cl. le Jeune and Musique mesurée, MD III, 1949; DERS., Some Aspects and Problems of Musique mesurée, MD IV, 1950; FR. A. YATES, The French Acad. of the Sixteenth Cent., = Studies of the Warburg Inst. XV, London 1947; K. J. LEVY, Vaudeville, v. m. et airs de cour, in: Musique et poésie au XVIe s., = Colloques internationaux du Centre National de la recherche scientifique, Sciences humaines V, Paris 1954.

Verstärker sind Geräte, durch die Wechselspannungen oder -ströme verstärkt werden. Sie dienen in der Elektroakustik vornehmlich zur Verstärkung der Mikrophonspannungen, zum Betrieb von Lautsprechern, zur Schallaufzeichnung und zu meßtechnischen Zwecken. Sofern sie im Frequenzbereich von 20 bis 20000 Hz arbeiten, werden sie als Niederfrequenz-V. bezeichnet, in höheren Bereichen als Hochfrequenz-V. Bei den meisten Aufgaben ist vor allem die Frequenz- und Amplitudentreue wichtig. Es wird verlangt, daß alle Frequenzen des Übertragungsbereichs gleichmäßig verstärkt werden und daß die Verstärkung proportional zur Eingangsspannung erfolgt, so daß keine nichtlinearen → Verzerrungen auftreten. Wesentliches Element eines V.s ist der → Transistor, der die → Elektronenröhre weitgehend verdrängt hat. Er wird mit Kondensatoren, Widerständen und Übertragern zu V.-Stufen zusammengeschaltet.

Lit.: H. BARTELS, Grundlagen d. Verstärkertechnik, = Monographien d. elektrischen Nachrichtentechnik X, Stuttgart ⁴1954.

Versus (lat.), – 1) im klassischen Sprachgebrauch ursprünglich das Umwenden (des Pfluges), übertragen die Furche, Reihe, Linie, speziell die Zeile in der Prosa oder der Vers in der metrisch gebundenen Dichtung (→ Versmaße; Plural versūs, unregelmäßig versi, s. v. w. Poesie, Gedicht); – 2) der Psalmvers, als dessen Charakteristikum sich die Kongruenz von rhythmischer und logischer Einheit des Textes darstellt. In den übrigen biblischen Büchern sind dem V. jeweils eine oder mehrere Sinneinheiten zugeordnet. Die heutige Verseinteilung der Bibel stammt von dem Pariser Drucker R. Estienne (1551 und 1555). – 3) im Gregorianischen Gesang der Psalm- oder Canticumvers, die Text- und Melodiezeile des *Gloria in excelsis Deo* und *Credo in unum Deum,* die Einzelstrophe der Hymnen usw. In den Choralausgaben werden die Psalmverse des Graduales, Alleluias, Tractus und der Offiziumsresponsorien regelmäßig durch den Zusatz V̅. gekennzeichnet, während sich beim Introitusvers die Abkürzung Ps. (Psalmus) erhalten hat. Liturgische Quellen, Bücher und Rubriken gebrauchen das Wort V. häufig auch im Sinne von → Versikel. – 4) innerhalb des Tropenrepertoires der Name für die einzelnen Zeilen eines längeren Tropus, etwa zum *Gloria in excelsis Deo* (vgl. besonders auch die Tropen zum *Regnum tuum solidum,* in: *Analecta hymnica* XLVII, S. 282ff.); – 5) eine am Ende des 9. Jh. in St. Gallen gepflegte Form lyrischer Dichtung. Sie gilt als Vorläuferin der um 1100 aufblühenden Gattung der Prozessionshymnen, die in den Quellen ebenfalls unter dem Namen V. tradiert werden und sich im allgemeinen von den Offiziumshymnen durch ihre metrische Textstruktur (vor allem Hexameter, Distichen und fallende 15Silber) und die Hinzufügung eines Kehrverses unterscheiden (Beispiele in *Monumenta monodica medii aevi* I, S. 448ff., Einführung S. Xf.). Die römische Liturgie verwendet den Prozessionshymnus heute nur noch am Palmsonntag (*Gloria, laus et honor* des Theodulf von Orléans), Gründonnerstag (*O redemptor, sume carmen*) und Karfreitag (→ *Pange lingua*). – 6) das ein- und mehrstimmige lateinische Lied (rhythmische und gereimte Verse, oft mehrere Strophen, häufig als Benedicamus Domino-Tropen) des Saint-Martial-Repertoires, später als Conductus bezeichnet. Der Terminus V. erscheint nur im Ms. 1139 (→ Quellen: *SM 1*). – 7) im Mittelalter gebräuchlicher Name für das liturgische Drama. Seiner vielschichtigen Bedeutung entsprechend kann V. auch für einzelne Strophen, Doppelzeilen usw. innerhalb eines Stückes stehen. – 8) nach Johannes de Grocheio integrierender Bestandteil des Cantus gestualis (die Zeile der → Chanson de geste), Cantus coronatus (mit insgesamt 7 V., Doppelzeilen) und Cantus versicularis (mit nicht festgelegter Anzahl von V.); – 9) romanisch vers: eine aus dem Hymnus entwickelte strophische Dichtungsform der → Trobadors. – Das deutsche Wort Vers bezeichnet im jüngeren Sprachgebrauch u. a. die → Strophe des protestantischen Kirchenliedes.

Versus ad repetendum (lat.), auch Versus ad respondendum oder Versus prophetales genannt, heißen jene zusätzlichen Psalmverse, welche in älteren Quellen des Gregorianischen Gesangs (darunter St. Gallen 380 und 381, Einsiedeln 121) in Verbindung mit dem → Introitus und der → Communio überliefert werden und nach Auskunft römischer Ordines auf den Vortrag des *Gloria patri* folgten. Sie kommen gelegentlich auch bei Antiphonen des Offiziums vor.

Verwandlungsmusik → Bühnenmusik.

Verwertungsgesellschaft ist eine jeweils nationale Organisation zur treuhänderischen Verwaltung von Urheberrechten, die ihr von Autoren und Verlegern übertragen werden; hauptsächlich handelt es sich um musikalische Aufführungs- und Sende- sowie um die sogenannten mechanischen Rechte (Schallplatten, Tonbänder u. a.), für welche den V.en das Inkasso der festliegenden Gebühren von den »Musikverbrauchern« besorgen und die Eingänge nach den jeweiligen Verteilungsplänen auszahlen. Die V.en arbeiten auf genossenschaftlicher Basis, erzielen also keinen eigenen Gewinn. Im Zuge der deutschen Urheberrechtsreform wurden 1965 die Aufgaben der V.en durch Gesetz geregelt (V.en-Gesetz), das zugleich eine staatliche Aufsicht über die V.en festlegt. Für das Gesetz waren die bei der GEMA gewonnenen Erfahrungen maßgebend. V.en bestehen in etwa 40 Ländern und übertragen sich gegenseitig ihren Verwaltungsbestand zur Wahrung. Sie sind organisatorisch vereinigt in der → CISAC (Sitz Paris). → AKM, Österreich; → ASCAP, USA;

→ AWA, DDR; → BMI, USA; → BUMA, Niederlande;→ GEMA,BundesrepublikDeutschland;KODA, Dänemark; OSA, Tschechoslowakei; → PRS, Großbritannien; SABAM, Belgien; SACEM, Frankreich; SGAE, Spanien; SIAE, Italien; STIM, Schweden; SUISA, Schweiz; TONO, Norwegen; ZAIKS, Polen.

Verzerrung. Mit V. wird die Veränderung bezeichnet, die ein Schwingungsvorgang bei Durchlaufen eines mechanischen oder elektrischen Übertragungsweges erfährt. Sie beruht darauf, daß eine lineare Komponente, in ein nichtlineares System eingeführt, ihre lineare Eigenschaft verliert. (Fast alle mechanischen und elektrischen Systeme, so auch das Ohr, verhalten sich mehr oder minder nichtlinear.) Mathematisch kann jedes beliebige nichtlineare System durch die Beziehung $y = f(x)$ dargestellt werden. Danach ist z. B. eine in das Ohr eingedrungene periodische Schwankung des Luftdruckes y eine Funktion $f(x)$ der einwirkenden Druckschwankungen im freien Schallfeld. Der Druckverlauf des Schalles wird demnach nicht durch die Beziehung $y = a \cdot x$ formuliert, die geometrisch eine gerade Linie ist, sondern folgt der gekrümmten (verzerrten) Kurve der deshalb nichtlinear bezeichneten Gleichung $y = f(x)$. Die Bezeichnung »nichtlineare V.« (streng genommen eine Tautologie) wird vor allem in der Elektroakustik gebraucht; hier werden lineare und nichtlineare V.en unterschieden. Rückschlüsse auf Umfang und Auswirkungen der Nichtlinearität des Ohres erlaubt die aus der Gleichung $f(x)$ entwickelte Potenzreihe

$$y = a_0 + a_1 x + a_2 x^2 + a_3 x^3 + \ldots + a_n x^n,$$

die eigentliche Nichtlinearitätsgleichung des Ohres (Husmann). Sie besagt allgemein, daß der Schall erst nach V. seines Druckverlaufes in das Innenohr gelangt, d. h. zur ursprünglichen Frequenzstruktur kommen Ober- und Kombinationsschwingungen hinzu. Diese Komponenten entstehen wahrscheinlich sowohl am Trommelfell und im Mechanismus der Knöchelkette (Hammer, Amboß, Steigbügel) als auch im Innenohr. Die Ausbildung von Kombinationstönen auch bei geringen Schallintensitäten (unter 40 dB) berechtigt zu der Annahme, daß ihr Entstehen nicht allein mit mechanischen Schwingungsgesetzen erklärt werden kann (Reinecke). Im → Hörversuch ist die Nichtlinearität bis zur achten Potenz ($\ldots + a_8 x^8$) der angeführten Reihe nachzuweisen. Für die Koinzidenztheorie der → Konsonanz (- 2) von Husmann ist die Voraussetzung der ausgezeichneten Stellung konsonanter Intervalle. Verzerrungsfreie Wiedergabe von Musik durch elektrische Übertragungssysteme ist ein wichtiges Anliegen der Elektroakustik; hier sind besonders über Hörbarkeit und Störfähigkeit von V.en eingehende Untersuchungen unternommen worden. Bei elektrischer Musikwiedergabe entstehen leicht unharmonische Kombinationsschwingungen durch Nichtlinearitäten, die schon bei geringem V.s-Grad sonst nicht störende Intonationsschwankungen bemerkbar machen. Technisches Maß für den Grad der V. ist der von Küpfmüller eingeführte Klirrfaktor. Schon 1,5% Klirrfaktor eines Übertragungsgliedes beeinträchtigen das unverfälschte Hören aller Intervalle (Weitbrecht).

Lit.: K. Küpfmüller, Über nichtlineare V. in Fernverbindungen, Fachber. d. 31. Jahressammlung d. VDE, Wiesbaden 1926; W. Janowsky, Über d. Hörbarkeit v. V., Diss. Dresden 1928; G. v. Békésy, Über d. nichtlinearen V. d. Ohres, Annalen d. Physik XX, 1934; H. J. v. Braunmühl u. W. Weber, Über d. Störfähigkeit nichtlinearer V., Akustische Zs. II, 1937; E. G. Wever, Ch. W. Bray u. M. Lawrence, The Locus of Distortion in the Ear, JASA XI, 1940; W. Weitbrecht, Über d. Einfluß nichtlinearer V. auf d. Hörbarkeit v. Verstimmungen mus. Intervalle, Fernmeldetechnische Zs. III, 1950; G. Haar, Über d. Charakter d. Nichtlinearität d. Ohres, in: Funk u. Ton V, 1951; W. Reichardt, Grundlagen d. Elektroakustik, Lpz. 1952, ²1954; H. Husmann, Vom Wesen d. Konsonanz, = Mus. Gegenwartsfragen III, Heidelberg 1953; R. Feldtkeller, Hörbarkeit nichtlinearer V. bei d. Übertragung v. Instrumentenklängen, Acustica IV, 1954; E. Skudrzyk, Die Grundlagen d. Akustik, Wien 1954; E. Zwicker, Der ungewöhnliche Amplitudengang d. nichtlineren V. d. Ohres, Acustica V, 1955; H.-P. Reinecke, Akustik u. Musik, Kgr.-Ber. Hbg 1956; ders., Experimentelle Beitr. zur Psychologie d. mus. Hörens, = Schriftenreihe d. Mw. Inst. d. Univ. Hbg III, Hbg 1964; ders., Stereo-Akustik, Köln 1966.   WiD

Verzierungen (Auszierungen, → Manieren – 2, Ornamente; frz. agréments, broderies, ornements; engl. graces, ornaments, embellishments; ital. fioretti, fioriture, abbellimenti) ist die gemeinsame Bezeichnung für die durch besondere Zeichen oder kleinere Noten angedeuteten oder ausdeutbaren Ausschmückungen sowie für gewisse rhythmische Veränderungen (z. B. → Notes inégales) einer Melodie. Die V. haben ihren Ursprung in der Improvisation, ähnlich wie die ausgeschriebene oder vom Interpreten extemporierte → Diminution (- 2; engl. → division) und die → Kolierung. Während letztere vor allem Tonschritte verschiedener Intervallgröße melodisch ausfüllen, umspielen die V. in erster Linie einzelne Töne. Im Laufe der musikgeschichtlichen Entwicklung scheiden sich allmählich – wie Kristalle aus einer Lösung – bestimmte einzelne V. aus der Vielfalt melodischer Figuren aus. Ihre Funktion und Anwendungsart wechseln von einer Epoche zur anderen und können entscheidende Bedeutung für den jeweiligen Stil erlangen. Eine Verzierung kann innerhalb einer Epoche durch verschiedene Zeichen ausgedrückt werden, und umgekehrt kann dasselbe Zeichen verschiedene V. bedeuten, je nach Land, Instrument und Komponist. Es entspricht der Klarheit und Exaktheit der französischen Geistigkeit, daß die graphischen Symbole im musikalischen Verzierungswesen zu ihrer höchsten Differenziertheit im 17./18. Jh. durch die Lautenisten, Gambisten und Cembalisten am französischen Königshof entwickelt wurden, von wo sie dann in Deutschland und in anderen Ländern übernommen wurden. Die von den Komponisten in ihren Verzierungstabellen den Zeichen gegenübergestellten Auflösungen sollen und können nur eine Andeutung für den Interpreten darstellen, an dessen nachschöpferische Fähigkeit in bezug auf Tempo, Rhythmus und Affektgehalt für die Ausführung stets appelliert wird; vgl. J. S. Bachs Überschrift zur Verzierungstabelle in seinem *Clavier-Büchlein* für W. Fr. Bach (1720): *Explication unterschiedlicher Zeichen, so gewiße manieren artig zu spielen, andeuten* (! – Sperrung nicht original) sowie Gottl. Muffats Vorrede zu seinen Orgelkompositionen (1726). Auf die enge Verbindung zwischen Verzierungswesen und Geschmack weisen französische Ausdrücke des 18. Jh. wie goût-du-chant und notes de goût hin: mit ersterem bezeichnete man die Kunst der Verzierung schlechthin, sowohl beim Gesang als auch beim Spiel; der letztere war ein verbreiteter Name für kleine Vorschlagsnoten (vgl. J.-J. Rousseau, *Dictionnaire*). – Die zeitgenössischen Quellen bestehen aus Lehrwerken und Verzierungstabellen sowie aus einigen Kompositionen mit ausgeschriebenen V. Das Studium dieser Quellen ist durch gründliche Stilkenntnis zu ergänzen, um nicht nur die Ausführungsart angedeuteter V. zu bestimmen, sondern auch zu beurteilen zu können, ob und welche zusätzlichen V. an solchen Stellen angebracht werden können bzw. müssen, an denen der Komponist keine Ornamente angedeutet hat.

Bereits aus dem Mittelalter sind bestimmte Zeichen für gewisse V. (z. B. → Plica und → Quilisma), auch die Praxis der Improvisation sowohl einzelner Figuren als auch ganzer zusätzlicher Stimmen bekannt. Die Quellen erstrecken sich auf geistliche (Gregorianischer Gesang, Notre-Dame-Schule) und weltliche Musik (Trobadors, Trouvères). So wie die europäische Verzierungskunst des Mittelalters sich auf die Tradition der Antike stützte (die ihrerseits orientalische Einflüsse aufgenommen hatte), so entwickelte sich das Verzierungswesen der Renaissance aus dem des Mittelalters, wie etwa in der Musik des 14. Jh. in Florenz (Landini). Die unter der Herrschaft des Kontrapunkts stehende Diminutionstechnik entfaltete sich in der von der Vokalpolyphonie bestimmten Musik im spanisch-italienischen Raum zu höchster Blüte. Hatte für die Orgel C. Paumann bereits in der Mitte des 15. Jh. damit begonnen, so folgten im 16. Jh. mit ihren V. und Spielfiguren die Zupf-, Streich- und Blasinstrumente. Hier finden sich sämtliche späteren V. vorgebildet. Sogar zahlreiche spätere Kompositionsformen, wie Fantasie, Ricercar, Toccata, Praeludium (besonders dasjenige ohne Takteinteilung) und der Orgelchoral finden sich ornamental konzipiert und extemporiert. Auch die → Variation verdankt dieser Art von Ornamentik entscheidende Impulse, wie die englische Virginalmusik und die Geschichte der Chaconne oder Passacaglia beweisen. – Am Ende des 16. Jh. widmete der Sänger G. L. Conforti in seinem kleinen Diminutionstraktat *Breue et facile maniera d'essercitarsi ... a far passaggi* (Rom 1593) unter insgesamt 30 Seiten mit Notenbeispielen 1 Seite verschiedenen, namentlich bezeichneten und ausgeschriebenen, aber noch nicht mit Zeichen versehenen Arten des Gruppo und des → Trillo (–2). Zusätzlich zu diesen beiden ersten V. erscheinen kurz darauf in einem der maßgebenden Werke des um 1600 mit dem begleiteten Sologesang beginnenden neuen Stils, nämlich in G. Caccinis *Le nuove musiche* (Florenz 1601), Ausdrücke wie Esclamazione affettuosa, languida, più viva und spiritosa für bestimmte Tonfolgen. Die einzelnen V. – später »wesentliche Manieren« genannt, im Gegensatz zu den auf die Diminutionstechnik zurückgehenden »willkürlichen Veränderungen« – nahmen an Zahl, Verfeinerung und Verästelung bis zum Ende des 18. Jh. ständig zu, ebenso die Vorschriften für ihre Anwendung. In jedem Lehrwerk für Gesang und für Instrumentenspiel beanspruchen sie immer längere Kapitel (in C. Ph. E. Bachs *Versuch* fast die Hälfte des gesamten Buches), wobei häufig der → Vorschlag (Appoggiatura) als wichtigste Verzierung gesondert von den übrigen behandelt wird. Die V. haben im Barock nicht mehr vorwiegend melodische, sondern in wachsendem Maße auch harmonische und rhythmische Bedeutung. Mit dieser Verlagerung der Funktionen hängt es zusammen, daß auch noch geraume Zeit später die V. in ihrer überwiegenden Mehrzahl auf den Taktschlag und unter Hervorhebung ihrer harmoniefremden, dissonanzbildenden Nebennoten ausgeführt werden. Die freie, passagenartige Ausschmückung bleibt mehr und mehr langsamen Sätzen für Melodieinstrumente vorbehalten und geht in ausgeschriebener Form direkt in die Komposition ein, wie etwa in vielen Werken J. S. Bachs, der mit zunehmendem Alter aus Mißtrauen gegen Fehlinterpretationen zur Ausschreibung aller Arten von Ornamenten übergeht, während im gleichen Zeitraum Fr. Couperin aus demselben Grunde seine Kompositionen mit einem immer dichteren Netz von Verzierungszeichen überzieht, auf deren gewissenhafte Beachtung er im Vorwort zum 3. Buch seiner *Pièces de clavecin* (1722) nachdrücklich hinweist. (Vgl. W. Landowskas »Dekolorierung« des Andantes aus Bachs Italienischem Konzert [in: *Musique ancienne*, Paris 1909, ⁶1921, NY 1926], wodurch statt der nur 16 mit Zeichen und kleinen Noten angedeuteten V. über 150 Ornamente in den 49 Takten dieses Satzes sichtbar gemacht werden.) – Berühmt wurde J. A. Scheibes Angriff auf das *schwülstige und verworrene Wesen* Bachscher Stücke und insbesondere der Vorwurf: *Alle Manieren, alle kleine Auszierungen, und alles, was man unter der Methode zu spielen verstehet, drücket er mit eigentlichen Noten aus ...* sowie J. A. Birnbaums Verteidigung gerade dieser für die damalige Zeit eigentümlichen Schreibweise Bachs. – Während die Komponisten im Zeitalter der Empfindsamkeit sich noch zahlreicher und hochgradig differenzierter V. bedienten (vgl. Türk, *Klavierschule* III–V), gingen die Meister der Wiener Klassik und noch mehr der Romantik immer konsequenter zur Ausschreibung über, und es bleiben im 19. Jh. aus der Fülle der »wesentlichen Manieren« des Barocks schließlich nur noch einige wenige Formen von Vorschlag, Triller und Doppelschlag übrig, während die Kunst der freien Ausschmückung durch »willkürliche Veränderungen« sich auf die Kadenz beschränkte. Aber auch diese wenigen V. ändern sich hinsichtlich Funktion und Ausführung, entsprechend der Entwicklung des Kompositionsstils und der Musikinstrumente.

Die beste und umfassendste Erklärung für die Notwendigkeit und Bedeutung der V. hat C. Ph. E. Bach in seinem *Versuch* gegeben (II. Hauptstück, 1. Abteilung, § 1); sie ist zumindest für den Zeitraum zwischen 1600 und 1800 gültig, in dem die V. ihre höchste Blütezeit hatten. Ausgehend von C. Ph. E. Bachs Definitionen lassen sich funktionsmäßig 3 Hauptgruppen von V. unterscheiden: melodische, rhythmische und harmonische, wobei viele V. häufig mehr als nur eine Funktion haben. – Außer den einfachen V. gibt es auch zusammengesetzte V., bestehend aus 2 oder mehr Figuren, die ebenfalls als voneinander unabhängige, einfache V. existieren. Ihre Handhabung richtet sich nach einer der in ihr enthaltenen einfachen V. Die aus dem musikalischen Zusammenhang gewonnene Erkenntnis der Hauptfunktion eines Ornaments ist von grundlegender Bedeutung für die richtige Art seiner Ausführung. – Historisch gesehen lassen sich die V. in natürlich gewachsene Gruppen mit verwandten äußeren Merkmalen einteilen. Die wichtigsten Verzierungsgruppen sind diejenigen der → Vorschläge und der → Triller. Zu der erstgenannten gehören außer allen Arten langer und kurzer Vorschläge auch der → Schleifer, der Nachschlag (→ Vorschlag) und der → Anschlag (–1). Zur Gruppe der Triller gehören der → Mordent, die → Bebung, das → Vibrato (Schwebung) der Streichinstrumente und die → Ribattuta (Zurückschlag). Zahlreiche andere V., wie der → Doppelschlag, das → Arpeggio sowie solche, die aus verschiedenen Arten von Durchgangs- und Wechselnoten bestehen, bilden eine Gruppe, deren hauptsächliches Merkmal in der Aufteilung einzelner längerer Notenwerte in mehrere kürzere besteht. Die Zugehörigkeit eines Ornaments zu einer bestimmten Gruppe besagt nichts über seine Funktion. So haben z. B. die verschiedenen Formen von Vorschlägen verschiedene Funktionen, während Triller und Doppelschlag in einem bestimmten Zusammenhang ähnliche Funktionen ausüben, obwohl sie verschiedenen Gruppen angehören. – Die Wichtigkeit der V. für eine lebendige und gleichzeitig stilgemäße sowie überzeugende Interpretation von Musik des 17./18. Jh. erfordert heute nicht nur zuverlässige Ausgaben von Kompositionen jener Zeit, sondern vor allem eine gründliche Spezialausbildung.

Ausg.: J. A. HILLER, Sechs italienische Arien verschiedener Componisten, mit d. Art sie zu singen u. zu verändern ..., Lpz. 1778; A. CORELLI, Sonate a violino e violone o cimbalo op. 5, Rom (1700), hrsg. v. J. Joachim u. Fr. Chrysander, in: Les œuvres de A. Corelli II, London (1891), ferner v. B. Paumgartner, Mainz (1952); G. PH. TELEMANN, 12

Verzierungen

methodische Sonaten f. Querfl. (V.) u. B. c., hrsg. v. M. Seiffert, = Mus. Werke I, Kassel 1944; H.-P. SCHMITZ, Die Kunst d. Verzierung im 18. Jh., Kassel 1955; E. T. FERAND, Die Improvisation, = Das Musikwerk XII, Köln (1956, ²1961); PH. K. HOFFMANN, Kadenzen u. Durcharbeitung d. langsamen Sätze zu einigen v. Mozarts Klavierkonzerten, hrsg. v. A. H. King, London 1959.
Lit. allgemein: PRAETORIUS Synt. III, Kap. 9; M. MERSENNE, Harmonie universelle, Paris 1636, Faks. hrsg. v. Fr. Lesure, 3 Bde, Paris 1963; E. LOULIÉ, Eléments ou principes de musique ..., Paris 1696, Amsterdam 1698; M. P. DE MONTÉCLAIR, Principes de musique, Paris 1736; MATTHESON Capellm., II. Teil, Kap. 3; J. W. CALLCOTT, A Mus. Grammar, 4 Teile, London 1806; E. D. WAGNER, Mus. Ornamentik, Bln 1869; H. GERMER, Die mus. Ornamentik, Lpz. 1878; E. DANNREUTHER, Mus. Ornamentation, 2 Bde, London 1893–95, Nachdruck NY 1961, Auszug in: Bach-Jb. VI, 1909; A. SCHERING, Zur instr. Verzierungskunst im 18. Jh., SIMG VII, 1905/06; A. BEYSCHLAG, Die Ornamentik d. Musik, Lpz. 1908, Nachdruck 1953; R. LACH, Studien zur Entwicklungsgesch. d. ornamentalen Melopöie, Lpz. 1913; A. DOLMETSCH, The Interpretation of the Music of the 17th and 18th Cent., London (1915, ²1944); H. J. MOSER, Zur Frage d. Ausführung d. Ornamente bei Bach, Bach-Jb. XIII, 1916; A. MOSER, Zur Frage d. Ornamentik u. ihrer Anwendung auf Corellis op. 5, ZfMw I, 1918/19; E. BORREL, L'interprétation de la musique frç., Paris 1934; H. LUNGERSHAUSEN, Zur instr. Kolorierungspraxis d. 18. Jh., ZfMw XVI, 1934; R. FASANO, Storia degli abbellimenti mus., Rom 1949; R. STEGLICH, Das Auszierungswesen in d. Musik W. A. Mozarts, Mozart-Jb. 1955; W. GEORGII, Die V. in d. Musik, Zürich u. Freiburg i. Br. 1957; J. S. u. M. V. HALL, Handel's Graces (auch deutsch), Händel-Jb. IX (= N. F. III), 1957; W. SMIGELSKI, Zur Aesthetik d. mus. Ornaments, Diss. Bln 1957; H.-M. LINDE, Kleine Anleitung zum Verzieren alter Musik, Mainz (1958); D. STEVENS, Ornamentation in Monteverdi's Shorter Dramatic Works, Kgr.-Bcr. Köln 1958; Symposium: Die Rolle d. improvisierten u. notierten Ornamentik in d. Entwicklung d. Musik, Kgr.-Ber. NY 1961, Bd I u. II; R. DONINGTON, The Interpretation of Early Music, London 1963, erweitert ²1965; A. GEOFFROY-DECHAUME, Les »secrets« de la musique ancienne, recherches sur l'interprétation, XVIe–XVIIe–XVIIIe s., Paris 1964; FR. NEUMANN, A New Look at Bach's Ornamentation, ML XLVI, 1965, dazu R. Donington, ebenda, S. 381f.
Vokalmusik: G. L. CONFORTI, Breue et facile maniera ..., Rom 1593, Faks. mit deutscher Übers. hrsg. v. J. Wolf, = Veröff. d. Musikbibl. P. Hirsch II, Bln 1922; G. CACCINI, Le nuove musiche, Florenz 1601 u. ö., Faks. hrsg. v. F. Mantica, Rom 1930, u. hrsg. v. Fr. Vatielli, Rom 1934, engl. in: O. Strunk, Source Readings in Music Hist., NY 1950; CHR. BERNHARD, Von d. Singe-Kunst oder Manier, in: J. M. Müller-Blattau, Die Kompositionslehre H. Schützens in d. Fassung seines Schülers Chr. Bernhard, Lpz. 1926, Kassel ²1963; B. DE BACILLY, Remarques curieuses sur l'art de bien chanter, Paris 1668, (³1679), engl. Übers. mit Kommentar v. B. A. Caswell Jr., als: The Development of Seventeenth-Cent. French Vocal Ornamentation and Its Influence upon Late Baroque Ornamentation-Practice, Diss. Univ. of Minnesota 1964, maschr.; M. L'AFFILARD, Principes trèsfaciles ..., Paris 1691, ²1717; P. FR. TOSI, Opinioni de' cantori antichi e moderni, Bologna 1723, deutsch in: J. Fr. Agricola, Anleitung zur Singkunst, Bln 1757, Faks. hrsg. v. E. R. Jacobi, Celle 1966; J.-B. BÉRARD, L'art du chant, Paris 1755, engl. Übers. mit Kommentar v. S. Murray, Diss. State Univ. of Iowa (in Vorbereitung); J. LACASSAGNE, Traité général des éléments du chant, Paris 1766; J. A. HILLER, Anweisung zum mus.-richtigen Gesange, Lpz. 1774, ²1798; DERS., Exempelbuch d. Anweisung zum Singen, Lpz. 1774; DERS., Anweisung zum mus.-zierlichen Gesange, Lpz. 1780, ³1809; G. B. MANCINI, Pensieri e riflessioni pratiche sopra il canto figurato, Wien 1774, hrsg. v. A. Della Corte, in: Canto e bel canto, Turin 1933; F. KUHLO, Über melodische V. in d. Tonkunst, Diss. Bln 1896; M. KUHN, Die Verzierungs-Kunst in d. Gesangs-Musik d. 16.– 17. Jh., = BIMG I, 7, Lpz. 1902; H. GOLDSCHMIDT, Die Lehre v. d. vokalen Ornamentik I, Charlottenburg 1907; J. ARGER, Les agréments et le rythme ..., Paris 1917; H. PRUNIÈRES, De l'interprétation des agréments du chant aux 17e et 18e s., RM XII, 1932; K. WICHMANN, Der Ziergesang, Lpz. 1966.
Klavierinstr.: FR. T. DE SANTA MARÍA OP, Libro llamado arte de tañer fantasía ..., Valladolid 1565, auszugsweise Übers. als: Wie mit aller Vollkommenheit u. Meisterschaft d. Klavichord zu spielen sei, hrsg. v. E. Harich-Schneider u. R. Boadella, Lpz. 1937; G. DIRUTA, Il Transilvano, I Venedig 1593 u. 1625, II 1609, ²1622; M. DE SAINT-LAMBERT, Les principes du clavecin, Paris 1702; FR. COUPERIN, L'art de toucher le clavecin, Paris 1716, ²1717, hrsg. v. M. Cauchie, Paris (1933) (GA), dass., Faks. mit deutscher u. engl. Übers. v. A. Linde, Lpz. 1933; BACH Versuch; FR. W. MARPURG, Anleitung zum Clavierspielen, Bln 1755, ²1765; G. S. LÖHLEIN, Clavier-Schule, 2 Bde, Lpz. u. Züllichau 1765–81; D. G. TÜRK, Klavierschule, Lpz. u. Halle 1789, ²1802, Faks. hrsg. v. E. R. Jacobi, DMI I, 23, 1962, ²1967. – Vorw. u. Verzierungstabellen zu: J. CH. DE CHAMBONNIÈRES, Pieces de clavessin, Paris 1670, neu hrsg. v. P. Brunold u. A. Tessier, Paris 1925; J.-H. D'ANGLEBERT, Pièces de clavecin, Paris 1689, neu hrsg. v. M. Roesgen-Champion, = Publications de la Soc. frç. de musicologie I, 8, Paris 1934; H. PURCELL, A Choice Collection of Lessons, London 1696, hrsg. v. W. B. Squire, in: GA VI, London 1895; G. LE ROUX, Pièces de clavecin, Paris 1705, neu hrsg. v. A. Fuller, NY 1959; FR. COUPERIN, Pièces de clavecin, Paris 1713, neu hrsg. v. M. Cauchie, in: GA II, Paris 1932; J.-PH. RAMEAU, Pièces de clavecin, Paris 1706, 1724 u. 1731, hrsg. v. E. R. Jacobi, Kassel 1958, ²1960, ³1966; GOTTL. MUFFAT, 72 Versetl ... f. Org., Wien 1726, hrsg. v. G. Adler, DTÖ XXIX, 2 Bd 58, Wien 1922; DERS., Componimenti mus. per il cemb., Augsburg 1738 oder 1739, hrsg. v. G. Adler, DTÖ III, 3, Bd 7, Wien 1896. – J. A. LEFROID DE MÉREAUX, Les clavecinistes de 1637 à 1790, 4 Bde, Paris 1867; H. SCHENKER, Ein Beitr. zur Ornamentik, Wien 1908; P. BRUNOLD, Traité des signes et agréments employés par les clavecinistes frç. des 17e et 18e s., Lyon 1925; P. C. ALDRICH, Bach's Technique of Transcription and Improvised Ornamentation, MQ XXXV, 1949; DERS., Ornamentation in J. S. Bach's Organ Works, NY 1950; A. KREUTZ, Die Ornamentik in J. S. Bachs Klavierwerken. Beilage zur Ausg. v. J. S. Bachs Engl. Suiten, Lpz. (1950); R. BEER, Ornaments in Old Keyboard Music, MR XIII, 1952; W. EMERY, Bach's Ornaments, London 1953; J. HOLEMAN, The Labyrinth of Chopin Ornamentation, The Juillard Review V, 1958; E. P. SCHWANDT, The Ornamented Clausula Diminuta in the Fitzwilliam Virginal Book, Diss. Stanford Univ./Calif. 1967, maschr.
Streichinstr.: CHR. SIMPSON, The Division Violist, London 1659, als: The Division Viol., London ²1667, ³1712, Faks. hrsg. v. N. Dolmetsch, London 1955; M. MARAIS, Premier livre de pièces à une et à deux violes, Paris 1686; J. ROUSSEAU, Traité de la viole, Paris 1687; GEORG MUFFAT, Florilegium Secundum, Passau 1698, neu hrsg. v. H. Rietsch, = DTÖ II, 2, Bd 4, Wien 1895; FR. GEMINIANI, The Art of Playing on the Violin, London 1751, Faks. hrsg. v. D. D. Boyden, London, NY u. Toronto (1952); G. TARTINI, Regole per arrivare a saper ben suonar il violino, Ms. um 1752–56, frz. v. P. Denis als: Traité des agrémens de la musique, Paris 1771, mit deutscher u. engl. Übers. sowie Faks. d. ital. Originaltextes hrsg. v. E. R. Jacobi, Celle (1961); MOZART Versuch; L'ABBÉ LE FILS, Principes du violon, Paris 1761, Faks. hrsg. v. A. Wirsta, Paris 1961.
Laute: TH. MACE, Musick's Monument, London 1676, Faks. u. Übertragung, I Paris 1958, II 1966; D. GAULTIER, La rhétorique des dieux ..., Faks. u. Übertragung hrsg. v. A. Tessier, = Publications de la Soc. frç. de musicologie I, 6–7, Paris 1932–33; TH. DART, Ornament Signs in Jacobean Music for Lute and Viol, The Galpin Soc. Journal XIV, 1961.
Fl.: J. M. HOTTETERRE, Principes de la fl. traversière ..., Paris 1707, Amsterdam 1728, Faks. mit deutscher Übers. hrsg. v. H. J. Hellwig, Kassel 1942, ²1958; QUANTZ Versuch; H.-M. PETER, Die Blockfl. u. ihre Spielweise in Vergangenheit u. Gegenwart, Bln 1953. ERJ

Vesper (lat. vesperae, Abend), die vorletzte Hore des → Offiziums. Mit ihr verband sich im Laufe der Jahrhunderte und in den verschiedenen Liturgiebereichen eine zumeist uneinheitliche Sinngebung, da sie teils als Abschluß des Tages (Abendgebet), teils als Einleitung zur Vigil (dem nächtlichen Chorgebet) verstanden wurde. Dieser Hintergrund spiegelt sich noch heute im Stundengebet der Sonntage und der höheren Festtage wider, welches nach lateinischem Ritus eine doppelte V. besitzt (Beginn des Offiziums am Vorabend mit der 1. V., während am Abend des Tages selbst ein 2. V. gefeiert wird). Historische Quellen und die bis zu den jüngsten Liturgiereformen geltenden Rubriken betonen den Vorrang der Primae vesperae, wogegen das 2. → Vatikanische Konzil ihre schon 1955 verordnete (weitgehende) Abschaffung bestätigt und die (bisherige 2.) V. eindeutig als das liturgische Abendlob der Kirche definiert (*Constitutio de sacra liturgia*, Artikel 89a). – Im Aufbau gleicht die römische V. den → Laudes; nur stehen 5 Psalmen anstelle der dort üblichen Vierzahl und eines alttestamentlichen Canticum, und dem *Benedictus Dominus Deus Israel* entspricht das → Magnificat als Höhepunkt dieser Hore. Im Unterschied hierzu kennt die monastische V. nur 4 Psalmen; doch enthält sie zusätzlich ein Responsorium breve (nach dem Capitulum) sowie *Kyrie eleison* und *Pater noster* vor der Tagesoration. Textlich, vor allem in der Auswahl der Psalmen, ist die V. nicht so deutlich wie die Laudes der Tagesstunde zugeordnet, sondern berücksichtigt mehr den Charakter des jeweiligen Festes. – Als der am häufigsten öffentlich gefeierte Teil des Offiziums wurde das V.-Gebet zu einem bevorzugten Gegenstand mehrstimmiger Kompositionen (denen in der Regel nur die Antiphonen, die Psalmen und das Magnificat zugrunde liegen). Aus ihrer Reihe seien Monteverdis Marien-V. (1610), ferner Mozarts *Vesperae de Dominica*, K.-V. 321, und *Vesperae solennes de confessore*, K.-V. 339, von 1779 und 1781 genannt. – Im evangelischen Gottesdienst, der von den kanonischen Horen die V. am längsten bewahrte, gibt es seit mehreren Jahren Versuche zu einer Neubelebung dieser Gebetsstunde (Alpirsbach, Berneuchener Kreis, Taizé u. a.).

Vesperale (lat.), Auszug aus dem → Antiphonale bzw. → Brevier mit den Vespern für das ganze Kirchenjahr oder für die Sonn- und Festtage, meist unter Einschluß der Komplet, im deutschen Sprachgebiet vor allem als *Römisches Vesperbuch* (lateinisch-deutsche Fassung) verbreitet. Das V. gehört nicht zu den → Liturgischen Büchern der römischen Kirche.
Ausg. (in Ausw.): V. Romanum, Regensburg 1875ff. (zugleich Vorlage einer Reihe v. Diözesan-Ausg.); Vesperarum Liber juxta Ritum Sacri Ordines Praedicatorum, letzte Auflage Rom 1900; verschiedene Ausg. d. V. Romanum bzw. d. Römischen Vesperbuchs im Anschluß an d. Vatikanische Antiphonale (1912), u. a. erschienen in Regensburg, Düsseldorf u. Tournai; Das Vesperbuch d. monastischen Breviers, hrsg. v. d. Erzabtei Beuron, Regensburg 1936 (lat.-deutsch, ohne Melodien); Liber Vesperalis, hrsg. v. Gr. Sunyol OSB, Tournai 1939 (f. d. ambrosianischen Liturgiebereich).

Vetter Michel → Rosalie.

Vibraphon (von lat. vibrare, zittern), in den 1920er Jahren aufgekommenes Metallstabspiel, das zuerst im Jazz (Swing-Stil) Verwendung fand. Die bekanntesten Vibraphonisten sind Lionel Hampton und Milt Jackson (im Modern Jazz Quartet). Die aus Leichtmetall bestehenden Stäbe bzw. Platten sind, wie bei den verwandten Instrumenten Marimba, Metallophon und Glockenspiel (und teilweise beim Xylophon), klaviaturmäßig (Umfang f–f³) angeordnet. Unter jeder der mit weichen Schlägeln angeschlagenen Platten befindet sich ein abgestimmter Resonator in Röhrenform. Rotierende Klappen, die in den oberen Röhrenenden auf einer gemeinsamen Achse angebracht sind und durch einen Elektromotor angetrieben werden, öffnen und schließen die Resonatoren abwechselnd und erzeugen damit das charakteristische Vibrato (genauer: Tremolo). Der Spieler kann das Vibrato dadurch differenzieren, daß er die Drehgeschwindigkeit der Klappen beschleunigt oder verlangsamt. Die Tondauer wird über eine Dämpfungsvorrichtung (Pedal) reguliert. Der eigenartig schwebende weiche Klang ließ auch Komponisten wie A. Berg (*Lulu*, 1937), O. Messiaen (*Trois petites liturgies*, 1945), P. Boulez (*Le marteau sans maître*, 1954) auf das V. aufmerksam werden. Milhaud schrieb ein Konzert für V. und Marimba.

Vibrato (ital.), Bezeichnung für rasche Wiederholungen von Tonhöhenschwankungen auf Saiteninstrumenten mit Griffbrett sowie, ausnahmsweise, auch auf Blasinstrumenten, im Unterschied zu → Tremolo (– 4), der Bezeichnung für rasche Intensitätsschwankungen ohne Tonhöhenveränderung. In der Praxis werden beide Begriffe häufig miteinander verwechselt. Die → Bebung auf dem Clavichord besteht aus einer Vereinigung von V. und Tremolo. – Als Verzierung an geeigneten Stellen und mit besonderen Zeichen wurde das V. bereits im Barock verwendet; dagegen wird es als Hilfsmittel für normale Tonerzeugung auf Streichinstrumenten erst seit wenigen Jahrzehnten benutzt, nachdem noch zu Beginn des 20. Jh. J. Joachim in seiner Violinschule (1905) das V. als besondere Ausschmückung unter ausdrücklicher Berufung auf L. Spohr gelehrt hatte, der seinerseits in diesem Punkt noch völlig die Anschauung des 18. Jh. vertrat. Erst C. Flesch nimmt in seiner *Kunst des Violinspiels* (1923–28) eine nachgiebigere Haltung gegenüber der ständigen Verwendung des V.s ein, doch empfiehlt er eine dem jeweiligen Ausdrucksgehalt entsprechende Differenzierung der Ausführung. – Im 17. Jh. werden für die Laute und die Viola da gamba 2 Arten des V.s beschrieben: mit einem Finger, ähnlich der heutigen Ausführung, und mit 2 Fingern, wobei der eine Finger die Saite fest greift, während der andere die Saite dicht daneben rasch und leicht berührt (Beispiel aus J. Playford 1645):

Ältere Bezeichnungen für das Einfinger-V.: frz. verre cassé (Laute), langueur und plainte (Gambe); engl.: sting (Laute); für das Zweifinger-V.: frz. battement, pincé, flattement; engl. close shake (später, z. B. bei Geminiani, für V. schlechthin); frz. ferner auch: flatté, balancement, tremblement, tremblement serré; ital.: tremolo, ondeggiamento. – Tartini und nach ihm L. Mozart (1756) unterscheiden zwischen einem regelmäßig langsamen, einem regelmäßig schnellen und einem sich allmählich beschleunigenden V., das von beiden Tremolo genannt und mit den gleichen Zeichen angedeutet wird:

In derselben Weise und mit den gleichen Zeichen lehrt noch L. Spohr in seiner Violinschule (1832) das von ihm »Bebung« genannte V. als eine »Ausschmückung«, wobei er die drei von Tartini und L. Mozart dargestellten Formen durch diejenige der »langsamerwerdenden« Bebung ergänzt. – Beim Gesang wird dem (leichter ausführbaren) V. mit seinen Tonhöhenschwankungen das → Tremolo (– 4) mit seinen Intensitätsschwankungen vorgezogen, um den Ton wärmer und lebendiger zu machen; so wurde es bereits von Montéclair in der 1. Hälfte des 18. Jh. unter dem Namen »Flaté« definiert und empfohlen. – Bei Blasinstrumenten wurde das V. auch durch leichtes Auf- und Abdecken eines Grifflochs (flattement, battement) ausgeführt. ERJ/BB

Vicenza.
Lit.: A. ALVERÀ, I vicentini distinti nella musica, V. 1827; F. FORMENTON, Storia del Teatro Eretemio di V., V. 1868; G. MOCENIGO, I teatri moderni di V. dal 1650 al 1800 ..., Bassano 1894; G. MANTESE, La cappella mus. del duomo di V., Note d'arch. XIX, 1942; DERS., Storia mus. vicentina, V. 1956; L. SCHRADE, La représentation d'Edipo Tiranno ..., Paris 1960; A. GALLO u. G. MANTESE, Ricerche sulle origini della cappella mus. del duomo di V., = Civiltà veneziana XV, Venedig (1964).

Victimae paschali laudes (lat.), die Ostersequenz der römisch-katholischen Meßfeier. Ihre heute übliche Verwendung an allen Tagen der Osterwoche entspricht den Vorschriften im Missale Pius' V. Nach Ms. 366 der Stiftsbibliothek Einsiedeln (Ende 11. Jh., Faks. bei Schubiger, Tafel VIII) stammt die Sequenz von Wipo, dem Hofkaplan Konrads II. und Heinrichs III. Ob Wipo auch als Schöpfer der Melodie angesehen werden darf, ist ungewiß. Ursprünglich aus einer Einleitungsstrophe und 3 Doppelstrophen bestehend, wurde der Text 1570 um den Passus *Credendum est magis soli / Mariae veraci, / quam Judaeorum / turbae fallaci* (= Strophe 6) gekürzt, so daß der regelmäßige Aufbau des Stückes verlorenging. Das V. p. l. umfaßt 2 inhaltlich und formal eigenständige Teile, wobei in den Strophen 1–3 (Erläuterung des Ostergeheimnisses) ausschließlich die Assonanz, in den Strophen 4–7 (Dialog zwischen Gemeinde und Maria Magdalena mit nachfolgendem Lobpreis) hingegen der Reim angewendet wird. Schon im 12./13. Jh. fand die Sequenz (vor allem Teil II: *Dic nobis, Maria ...*) Eingang in das liturgische und außerliturgische Osterdrama, dessen weitere Entwicklung sie entscheidend beeinflußte. Von ihrer ungewöhnlichen Ausstrahlungskraft zeugen auch zahlreiche Nachdichtungen seit der Zeit um 1100, darunter mehrere Mariensequenzen mit dem Textbeginn *Virgini Mariae laudes* (*Analecta hymnica* LIV, siehe darin auch S. 24, 39f., 72, 77 und 112) und als Kuriosum aus dem 16. Jh. die gegen Luther gerichtete Sequenz *Pessimas Lutheri fraudes* (Univ.-Bibl. Basel, Ms. AN II 46; Text bei Handschin). Die im Bereich des 1. und 2. Kirchentons verlaufende, weitgespannte Melodie der Ostersequenz zeigt einen sehr starken inneren Zusammenhang der Versikel und Abschnitte, wodurch sie sich im Unterschied zum Text als einheitlich konzipiertes Gebilde erweist. Einige ihrer Versikel bilden melodisch die Grundlage der mittelalterlichen Leise *Christ ist erstanden*. Letztere wurde, auch im lutherischen Gottesdienst, häufig als Zwischengesang der Gemeinde strophenweise in die vom Chor gesungene Sequenz eingeschoben (vgl. auch die *Prosa de Resurrectione* der 1. Ostermesse von Johannes Galliculus, 1539).
Ausg.: W. BÄUMKER, Das kath. deutsche Kirchenlied in seinen Singweisen ... I, Freiburg i. Br. ²1886, Nachdruck Hildesheim 1962; Analecta hymnica medii aevi LIV, hrsg. v. CL. BLUME SJ u. H. M. BANNISTER, Lpz. 1915 (vollständiger Text d. V. p. l.).
Lit.: A. SCHUBIGER OSB, Die Sängerschule St. Gallens v. 8. bis 12. Jh., Einsiedeln u. NY 1858, Nachdruck Hildesheim 1966; E. DE COUSSEMAKER, Drames liturgiques du moyen-âge, Rennes u. Paris 1860; J. HANDSCHIN, Gesungene Apologetik, in: Miscellanea liturgica in honorem L. C. Mohlberg II, = Bibl. »Ephemerides Liturgicae« XXIII, Rom 1949, auch in: Gedenkschrift J. Handschin, Bern u. Stuttgart 1957; K. YOUNG, The Drama of the Medieval Church I, Oxford ²1951; Leiturgia. Hdb. d. ev. Gottesdienstes, hrsg. v. K. F. MÜLLER u. W. BLANKENBURG, Bd IV: Die Musik d. ev. Gottesdienstes, Kassel 1961. KWG

Vide (lat.), siehe; Verweisungszeichen bei Kürzungen oder Varianten, in Partitur und Stimmen, wo ein Sprung (Strich) gemacht werden soll oder kann. *Vi-* steht dann zu Anfang und *-de* zu Ende der auszulassenden Stelle.

Viella (mittellat.) → Fiedel (– 1).

Vielle (vjɛl, frz.) → Viola (– 1), → Drehleier.

Vierhebigkeit. Die Folge von 4 Hebungen (bei wechselnder Zahl von Senkungen) wurde von K. Lachmann und W. Müllenhoff als Grundform aller deutschen Kurzzeilen bis um 1600 festgestellt. In der Erforschung des älteren deutschen 1st. Liedes wurde um 1900 die V. in Verbindung gebracht mit der modernen Lehre vom Taktmetrum und von der 8taktigen → Periode. Da eine mensurale Deutung der originalen Notation nicht möglich ist, wurde die vierhebige Zeile als Gruppe von 4 Zweiertakten (Runge, Saran und Bernoulli) oder 2 ¢-Takten (H. Riemann) übertragen. Bedenkliche Konsequenzen dieser Methode sind die genaue rhythmische Messung, die gleiche Abstände zwischen den Hebungen voraussetzt, die oft inkonsequente Behandlung der Melismen und vor allem die Tatsache, daß die Grundform der V. an Stellen, wo der Dichter von ihr abgeht, durch die musikalische Übertragung wiederhergestellt wird (z. B. durch Dehnung einer dreihebigen Zeile auf 4 oder 2 Takte), ohne daß Verlauf oder Notation der Melodie einen Anhaltspunkt hierfür böten. Durch A. Heusler fand dann die Gleichsetzung von Versgliederung und musikalischer Metrik im Sinne des modernen Taktsystems auch in der germanistischen Verslehre Eingang. H. Riemann sah V. und Viertaktigkeit auch über den Bereich der altdeutschen Dichtung hinaus als normative Grundform verschiedener Versarten (z. B. des Hexameters) an und legte diese Anschauung seiner Deutung der rhythmischen Verhältnisse in den Liedern der Trobadors und Trouvères sowie im gregorianischen Choral zugrunde.
Lit.: Die Sangesweisen d. Colmarer Hs. ..., hrsg. v. P. RUNGE, Lpz. 1896, S. XVIff.; Die Jenaer Liederhs., hrsg. v. G. HOLZ, FR. SARAN u. E. BERNOULLI, 2 Bde, Lpz. 1901; H. RIEMANN, Hdb. d. Mg. I, 2, Lpz. 1905; A. HEUSLER, Deutsche Versgesch., 3 Bde, in: Grundriß d. germanischen Philologie VIII, 1–3, hrsg. v. H. Paul, Bln u. Lpz. 1925–29, Bln ²1956; U. PRETZEL u. H. THOMAS, Deutsche Verskunst, in: Deutsche Philologie im Aufriß III, hrsg. v. W. Stammler, Bln (1957, ²1962); B. KIPPENBERG, Der Rhythmus im Minnesang, = Münchener Texte u. Untersuchungen zur deutschen Lit. d. MA III, München 1962; E. JAMMERS, Ausgew. Melodien d. Minnesangs, = Altdeutsche Textbibl., Ergänzungsreihe I, Tübingen 1963.

Viertelnote (ital. semiminima; frz. noire; engl. crotchet; in den USA auch quarter note): ♩; Pause (frz. soupir): 𝄽 (bis um 1900 auch: ↾).

Vierteltonmusik wurde zuerst von J. H. Foulds 1898 in einem Streichquartett praktisch verwendet. R. H. → Stein, → Moellendorff und → Mager folgten zwischen 1906 und 1917 mit Kompositionen, theoretischen Schriften und dem Bau von bichromatischen Tasten- und Blasinstrumenten. Sie forderten die Einführung der Vierteltöne zur klanglichen Bereicherung, wogegen Busoni und A. → Hába durch die mehrfache Teilung des Ganztones eine Vermehrung der Leiter- und Melodiemöglichkeiten in einer stärker linear gedachten Musik erzielen wollten. Hába beruft sich dabei auf die slowakische Volksmusik und tritt seit 1919 durch Kompositionen (Kammer- und Chormusik, Oper *Die Mutter*, 1930), Schriften und Lehrtätigkeit sowie mit dem Bau von Tasten-, Blas- und Zupfinstrumenten für gleichschwebend temperierte Drittel-, Viertel-, Sechstel- und Zwölfteltonsysteme ein; Vierteltonklaviere und -flügel baute er mit der Firma A. Förster. Mit V. beschäftigten sich nach 1920 auch G. N. Rimskij-

Korsakow in Leningrad, I. Wyschnegradskij in Paris und J. Carillo in New York. L. Nono verwendet in *Sul ponte di Hiroshima* (für Chor und Orch., 1962) Vierteltöne nur im Akkord (Blechbläser und Streicher), nicht melodisch. – 1920 hat Bartók prophezeit (Melos I): *Die Zeit der Weiterteilung des halben Tons (vielleicht ins Unendliche?) wird jedenfalls kommen, wenn auch nicht in unseren Tagen, sondern in Jahrzehnten und Jahrhunderten.*
Lit.: F. Busoni, Entwurf einer neuen Ästhetik d. Tonkunst, Triest 1907, Lpz. ²1916, Nachdruck Wiesbaden 1954; J. Mager, V., Aschaffenburg 1916; W. v. Moellendorff, Musik mit Vierteltönen, Lpz. 1917; A. Hába, Harmonische Grundlagen d. Vierteltonsystems, Prag 1922; ders., Neue Harmonielehre, Lpz. 1927; L. Kallenbach-Greller, Die hist. Grundlagen d. Vierteltöne, AfMw VIII, 1926.

Vierundsechzigstelnote (ital. semibiscroma; frz. quadruple croche; engl. hemidemisemiquaver; in den USA auch sixtyfourth note): ♬; Pause (frz. seizième de soupir): 𝄾.

Vietnam → Hinterindien.

Vihuela (biu'ela, span.; → Viola – 1), in Spanien Bezeichnung für verschiedene Saiteninstrumente: im 13.-15. Jh. als V. de arco für die Fiedel, im 16. Jh. für die Viola da gamba; bis ins 15. Jh. als V. de peñola für die Chitarra battente; heute regional für die Gitarre. – Die V. de mano ist das spanische Zupfinstrument der Kunstmusik des 16./17. Jh. Sie hatte dort dieselbe Bedeutung wie die Laute in Deutschland und Frankreich, die in Spanien (als V. de flandes) nicht im gleichen Maße verbreitet war. Die V. de mano ist ihrem Bau nach der Gitarre gleich; sie unterscheidet sich von ihr durch die größere Anzahl der Saiten (5–7 gegenüber 4 der Gitarre jener Zeit), durch das Repertoire und die Spieltechnik. Das Repertoire, für eine oder 2 V.s de mano, auch für V. de mano und Gesang, enthält 2–5st. Intavolierungen liturgischer Sätze, von Motetten, Fauxbourdons, Madrigalen, Villanesken, Chansons, Fantasías und → Tientos, außerdem → Glosas und → Diferencias (über Tänze und populäre Romanzenmelodien), notiert in Griffschrift (Tabulatur) mit Ziffern (cifras) auf 6 Linien, die den Saiten der V. entsprechen (z. B. G c f a d¹ g¹). Die bedeutendsten Meister der V. de mano waren L. Milan, L. de Narváez, A. Mudarra, E. de Valderrábano, D. Pisador, M. de Fuenllana, Venegas de Henestrosa, T. de Santa María, E. Daza und A. de Cabezón. Einige der Vihuelisten sind bedeutsam für die Überlieferung der → Romanze. Gegen Ende des 16. Jh. gab die V. de mano ihre hervorragende Stellung in der Instrumentalmusik Spaniens an die Tasteninstrumente und die Viola da gamba ab; gleichzeitig begann, zunächst in Spanien, die Blüte der Musik für → Gitarre.
Ausg.: G. Morphy, Les luthistes espagnols du XVIᵉ s., 2 Bde, Lpz. 1902; L. Milan, Libro de musica de v. de mano, hrsg. v. L. Schrade, = PäM II, Lpz. 1927; E. M. Torner, Colección de vihuelistas españoles del s. XVI, 2 H., Madrid 1923; L. Venegas de Henestrosa, Libro de cifra nueva..., = MMEsp II, Barcelona 1944, ²1965; L. de Narváez, Los seys libros..., ebenda III, 1945; A. Mudarra, Tres libros..., ebenda VII, 1949; E. de Valderrábano, Libro de música..., ebenda XXII–XXIII, 1965.
Lit.: J. Bermudo, Declaración de instr. mus., (Osuna) 1555, Faks. hrsg. v. M. S. Kastner, = DMI I, 11, 1957; J. Br. Trend, L. Milan and the Vihuelistas, = Hispanic Notes and Monographs XI, London 1925; L. Schrade, Das Problem d. Lautentabulatur-Übertragung, ZfMw XIV, 1931/32; W. Apel, Early Span. Music for Lute and Keyboard Instr., MQ XX, 1934; J. Bal, Fuenllana and the Transcription of Span. Lute Music, AMl XI, 1939; E. Pujol Villarubí, Les ressources instr. et leur rôle dans la musique pour v. et pour guitare au XVIᵉ et au XVIIᵉ s., in: La musique instr. de la Renaissance, hrsg. v. J. Jacquot, Paris 1955; D. Devoto, Poésie et musique dans l'œuvre des vihuelistes, Ann. Mus. IV, 1956; D. Poulton, Notes on Some Differences Between the Lute and the V. and Their Music, The Consort XVI, 1959.

Villancico (biλanθ'iko, span., von villano, Bauer), eine poetisch-musikalische Form in Spanien, die wahrscheinlich auf eine der mittelalterlichen Refrainformen (Virelai, Ballade) zurückgeht. Die ursprünglich weltlichen vulgärsprachlichen V.s gehörten wegen ihres stilisierten volkstümlichen Inhalts trotz einfachster, meist drei- bis vierstimmig homophoner Satzweise zu den beliebtesten musikalischen Formen der spanischen Renaissancezeit. Das umfangreiche V.-Repertoire ist in mehreren → Cancioneros teilweise anonym überliefert. Die Sammelhandschrift *Cancionero musical de Palacio* (1500) enthält 400 V.s, darunter etwa 70 Kompositionen von Encina, dessen V.s als repräsentativ für die Form angesehen werden. Obwohl gerade in jenem Cancionero der Titel V. mehrdeutig und offenbar nur zur Abgrenzung gegen die Romance (→ Romanze) gebraucht wird, kann doch ein klassischer V.-Typus festgestellt werden, dessen Wesensmerkmal in einer formalen Inkongruenz von textlichem und musikalischem Aufbau begründet liegt. Einer refrainartigen Einleitung von 2–4 Zeilen (estribillo, gelegentlich auch selbst v. genannt) folgt die Strophe (copla), bestehend aus einer mehrzeiligen Mudanza mit eigener Melodie und einer Vuelta. Letztere übernimmt die Melodie des Estribillo, stimmt aber erst in ihrem zweiten Teil in dessen Text mit ein:

αβ γγ αβ   αβγ δε δε δβγ

oder erweitert etwa:

aA bb bA   aBB cd cd dBB

Nur in älteren V.s fallen Estribillo und Vuelta refrainartig zusammen. – Außer dem mehrstimmig vokalen V. gibt es in den Drucken von Musik für Vihuela des 16. Jh. auch V.s in der Form von Sololiedern mit Instrumentalbegleitung. Bekannte V.-Melodien dienten zudem häufig als Thema für Variationen auf der Vihuela. – Neben den weltlichen V.s, die gelegentlich auch am Schluß von dramatischen Werken gesungen und getanzt wurden, gab es schon früh eine bedeutende Tradition von geistlichen V.s. Ihre Beliebtheit führte trotz königlichen Verbots (1596) zur Einführung in die lateinische Liturgie. Bis ins 18. Jh. wurden an hohen Kirchenfesten, besonders zu Weihnachten, religiöse V.s mit vulgärsprachlichem Text zwischen den Responsorien der Matutin, manchmal auch anstelle des Offertoriums vorgetragen. – Im 17. bis 18. Jh. war V. die spanische Bezeichnung für die geistlichen Kantaten, die alljährlich an kirchlichen Hochfesten aufgeführt wurden. Diese meist mehr musikalisch als textlich hochstehenden Werke bestehen gewöhnlich aus einer kurzen Einleitung für Solostimme, einem groß angelegten 6- bis 12st. Chorsatz mit Instrumenten (estribillo) und mehreren solistischen Stücken mit Generalbaß (copla). Am Schluß folgt eine Wiederholung des Estribillo. – Heute ist V. die spanische Bezeichnung für volkstümliche Weihnachtslieder, die teilweise auch mit Instrumenten begleitet werden.
Ausg.: MMEsp III (L. de Narváez), IV (J. Vásquez), V, X (Cancionero mus. de Palacio), VII (A. Mudarra), VIII, IX (Cancionero mus. de la Casa Medinaceli), XVI, XIX (Fr. Guerrero), Barcelona 1945–57; G. Morphy, Les luthistes espagnols du XVIᵉ s., 2 Bde, Lpz. 1902.
Lit.: A. Geiger, Bausteine zur Gesch. d. iberischen Vulgär-V., ZfMw IV, 1921/22; H. Anglès, Die span. Liedkunst im 15. u. am Anfang di. 16. Jh., Fs. Th. Kroyer, Regensburg 1933; St. Amour, A Study of the V. up to Lope de Vega, Washington 1940; I. Pope, The Mus. Development and Form of the Span. V., PAMS 1940, hrsg. v. G. Reese, Richmond (Va.) 1946; dies., El v. polifónico, in: Cancionero de

Upsala, hrsg. v. J. Bal y Gay, Mexico O. F. 1944; DIES., Mus. and Metrical Form of the V., Ann. Mus. II, 1954; P. LE GENTIL, Le virelai e le v., Lissabon 1953; G. REESE, Music in the Renaissance, NY (1954), ²1959; D. DEVOTO, Poésie et musique dans l'œuvre des vihuelistes, Ann. Mus. IV, 1956; R. M. STEVENSON, Span. Music in the Age of Columbus, Den Haag 1960.   NJ

Villanella (ital., von villano, Bauer, auch villanesca canzone villanescha, canzone alla Napolitana), im 16. Jh. eine der volkstümlichen mehrstimmigen Liedformen Italiens, die wahrscheinlich aus der Tanztradition des 15. Jh. hervorgegangen sind. Die V. ist ursprünglich ein Strophenlied vorwiegend aus 11- oder 7Silblern mit dem Reimschema des Strambotto, welches durch einen beliebig langen Refrain erweitert wird (a b R a b R a b R c c R). Der dreistimmige homophone Satz zeichnet sich durch rhythmisch syllabische Textdeklamation und klare, von Kadenzen bekräftigte Zeilengliederung aus. Innerhalb der 3teiligen Form können einzelne Zeilen ganz oder teilweise wiederholt werden (meist A A B C C). Textlich und musikalisch macht sich eine starke Tendenz zur Parodie auf die niederen Stände bemerkbar, was die V. trotz ihrer volkstümlichen Gestaltung als eine stilisierte Form der italienischen Kunstmusik des 16. Jh. ausweist. Zu ihren musikalischen Merkmalen gehört außer häufigem Nebeneinander von niedriger und hoher Stilebene, relativ einfacher Harmonik und volksliedhafter Melodik vor allem die Verwendung der schon von Praetorius (Synt. III, S. 20f.) als typisch erkannten Quintenparallelen, die wohl als Nachahmung eines in der Volksmusik gebräuchlichen Singens anzusehen sind (→ quintieren – 1). – Nach dem Erscheinen der ersten gedruckten Sammlungen in Venedig (anon. 1537; Nola 1541; T. Cimello 1545; G. T. Maio 1546) verbreitete sich die ursprünglich in Neapel beheimatete V. rasch in ganz Italien und wurde bald eine der beliebtesten Gattungen unter den italienischen Dialektliedern. Schon in der aufgelockerten Stimmführung der 4st. Villanellen von Willaert (1545) und Perissone Cambio (1545) zeigen sich jedoch Ansätze zu einer fortschreitenden Angleichung an das Madrigal, die bei A. Barges (1550), Donato (1551), Lassus (1555, 1581-82), Scandello (1566) hervortritt und gegen Ende des 16. Jh. zur Herausbildung der Kanzonette führte. Die Villanellen Marenzios (1586-87), dem Kanzonettentypus zugehörig, weisen mit ihrem von der Harmonik her bestimmten Außenstimmengerüst schon auf die kommende Monodie voraus. Der bei den deutschen Komponisten der Zeit beliebte Titelzusatz *nach der Art der welschen Villanellen* (J. Regnart 1576-79, ähnlich Schein 1621), der im wesentlichen die Kunstlosigkeit der Kompositionen hervorheben sollte, macht den weitverbreiteten Einfluß der V. deutlich. Noch in Telemanns Suite in D dur (Nr 5 der *Ouvertures*, 1736) heißt V. ein tanzartiger Satz im 6/8-Takt. – In der französischen Literatur des 16. Jh. entstand unter italienischem Einfluß eine Anzahl von Villanelle genannten Strophengedichten mit ein- oder 2zeiligem Refrain (du Bellay, Desportes). Zu einer festen lyrischen Form in Frankreich wurde die Villanelle dann im 19. Jh. durch die Übernahme des Reimschemas von Passerats Villanelle *J'ay perdu ma tourterelle* (A_1 b A_2 a b A_1 a b A_2 ... a b $A_1 A_2$). Gelegentlich wurden diese Gedichte als Sololieder vertont (Berlioz, Reber, Massé, Saint-Saëns).

Ausg.: J. REGNART, Deutsche 3st. Lieder, hrsg. v. R. Eitner, = PGfM XIX, Lpz. 1894 (darin auch Lechners 5st. Bearb. v. Regnarts V.); J. H. SCHEIN, GA Bd II, hrsg. v. A. Prüfer, Lpz. 1904; O. DE LASSUS, GA Bd X, hrsg. v. A. Sandberger, Lpz. (1910); L. MARENZIO, 10 V., hrsg. v. H. Engel, Kassel 1928; Volkstümliche ital. Lieder, hrsg. v. E. HERTZMANN, = Chw. VIII, 1930; Pubblicazioni dell'Istituto ital. per la storia della musica I, 1, Rom 1941.

Lit.: M. MENGHINI, Le v. alla napolitana, Zs. f. romanische Philologie XVI, 1892 – XVII, 1893; A. SANDBERGER, R. Lassus' Beziehungen zur ital. Lit., SIMG V, 1903/04, auch in: Ausgew. Aufsätze zur Mg. I, München 1921, revidiert NY 1948; A. EINSTEIN, Die Parodie in d. V., ZfMw II, 1919/20; DERS., The Ital. Madrigal, 3 Bde, Princeton (N. J.) 1949; G. M. MONTI, Le v. alla napolitana e l'antica lirica dialettale a Napoli, Città di Castello 1925; H. ENGEL, Madrigal u. V., Neuphilologische Monatsschrift XVII, 1929; E. HERTZMANN, A. Willaert in d. weltlichen Vokalmusik seiner Zeit, = Slg mw. Einzeldarstellungen XV, Lpz. 1931; W. SCHEER, Die Frühgesch. d. V., Diss. Köln 1936; E. (GERSON-)KIWI, Studien zur Gesch. d. ital. Liedmadrigals im 16. Jh., Würzburg 1938; DIES., Sulla genesi delle canzoni popolari nel '500, in: In memoriam J. Handschin, Straßburg 1962; F. NICOLINI, La v. napoletana, RMI LIV, 1952; G. REESE, Music in the Renaissance, NY (1954), ²1959; W. BOETTICHER, O. di Lasso u. seine Zeit I, Kassel 1958. NJ

Villotta (von ital. villa, → Villanella), im 16. Jh. vierstimmige, durchkomponierte Tanzlieder norditalienischen Ursprungs (erster Beleg 1535). Die V. hat keine feste literarische Form; doch eines ihrer häufigsten Merkmale, besonders in den Sammlungen von Azzaiolo und Primavera, ist die Gegenüberstellung von gerad- und ungeradtaktigen Abschnitten. Bald nach 1540 verlor der Begriff V. die ihm eigentümliche Bedeutung und wurde schließlich mit dem der Villanella austauschbar. Eine dem → Quodlibet vergleichbare Erscheinung bildet die V. mit Aneinanderreihung von Bruchstücken verschiedener Texte, auch von Text- und Melodiezitaten (Incatenatura di v.; vgl. Torrefranca und Beccherini). – V. bezeichnet außerdem in eingeengter Bedeutung das tanzmäßige Volkslied Venedigs, das meist mit dem Nio, einem achttaktigen, instrumental begleiteten Refrain gesungen wurde.

Lit.: C. SOMBORN, Das venezianische Volkslied: die V., Heidelberg 1901; H. SPRINGER, V. u. Nio, Fs. R. v. Liliencron, Lpz. 1910; E. HERTZMANN, A. Willaert in d. weltlichen Vokalmusik seiner Zeit, Lpz. 1931; E. (GERSON-)KIWI, Studien zur Gesch. d. ital. Liedmadrigals im 16. Jh., Würzburg 1938; F. TORREFRANCA, Il segreto del quattrocento, Mailand 1939; A. EINSTEIN, The Ital. Madrigal, 3 Bde, Princeton (N. J.) 1949; B. BECHERINI, Tre Incatenature del Cod. Fiorentino Magl. XIX 164-65-66-67, CHM I, 1953; G. REESE, Music in the Renaissance, NY (1954), ²1959.

Vînâ (indisch), zunächst (in den vedischen Schriften) Bezeichnung für Saiteninstrument überhaupt, neuindisch Name für die seit dem 7. Jh. ikonographisch belegte Röhrenzither. Den Bildbelegen nach hatte die V. zuerst eine Kalebasse als Resonator und wahrscheinlich nur eine Saite. Die V. wurde zunächst nur von Männern gespielt; seit dem 9. Jh. traten auch Frauen als Spielerinnen auf. Das Instrument hatte seitdem in der Regel je eine Kalebasse an jedem Ende der Röhre. Es wurde über die Schulter oder vor der Brust gehalten. Die V. der Neuzeit hat 3-5 Metallsaiten, die über stegartige Bünde zu den seitenständigen Wirbeln laufen; hinzu können freie Saiten kommen. Die südindische V. ist reicher ausgestattet und hat auch technisch neue Elemente aufgenommen; so ist eine der beiden Kalebassen durch ein gebauchtes Corpus aus Holz ersetzt, die zweite schrumpft dabei zum Zierat zusammen, und erscheint in modernen Wirbelkasten. Die V. wird von Virtuosen gespielt; die Saiten werden mit den Fingernägeln oder einem Plektron gezupft.

Lit.: C. SACHS, Die Musikinstr. Indiens u. Indonesiens, Bln 1915, ²1923, Nachdruck d. 1. Auflage Hilversum 1967; CL. MARCEL-DUBOIS, Les instr. de musique de l'Inde ancienne, Paris 1941.

Viola. – 1) Die romanischen Bezeichnungen für das mittelalterliche Saiteninstrument mit Bogen: viola (ital., katalanisch, port.), viula (altkatalanisch), viele oder vielle, viole (altfrz.) und → vihuela (span.), gehen alle auf das altprovenzalische viola zurück, das von Corominas (1957) als eine postverbale (von viular) onomatopoetische Bildung erklärt wird und sich in die Reihe der mit vi anlautenden galloromanischen schallnachahmenden Wörter einfügt. Ältere etymologische Herleitungen wie aus vitulari (lat., frohlocken), fidula (ahd.) oder von vivula (lat.) werden nur noch mit Zurückhaltung erwähnt. Die mittellateinischen Bezeichnungen vitula (belegt Ende des 12. Jh. in England, bei Joffroi de Vinsauf Ende des 12. Jh. in Frankreich, bei Ugotio und J. de Janua um 1200 in Italien) sowie viella sind demnach als Latinisierungen des romanischen Wortes anzusehen. Die germanische Wortgruppe Fiedel (ahd. fidula, neuhochdeutsch Fiedel, angelsächsisch fidele, altnordisch fidla) ist entweder als eine unabhängig vom Romanischen gleichfalls onomatopoetische Bildung zu erklären oder aber aus dem Romanischen entlehnt. Eine Ableitung des Wortes Fiedel aus asiatischen Sprachen versuchte C. Sachs. – Viola ist der Sammelname der im Abendland seit dem 16. Jh. in verschiedenen Formen und Stimmlagen verbreiteten Streichinstrumente, deren einzelne Bezeichnungen durch Abwandlungen oder durch bestimmende Zusätze aus dem Sammelnamen gewonnen werden. Im frühen 16. Jh. treten ungefähr gleichzeitig zwei durch je eigene Merkmale unterschiedene Familien hervor, die (nach schwankender Terminologie im 16. Jh.) nach der bevorzugten Spielhaltung unterschieden werden in die mit Knie-(da gamba-)Haltung gespielte Familie der → Viola da gamba (– 1; Violen im engeren Sinne) und die in Arm-(da braccio-)Haltung gespielte Familie der → Viola da braccio (die Familie der Geigen). Die Instrumente der Viola da braccio-Form werden in der neueren Literatur auch unter dem Begriff der Violinfamilie zusammengefaßt, die Instrumente der Viola da gamba-Form unter dem der Gambenfamilie. – Nahe verwandt sind den Violen die vor allem im 16. Jh. in Italien verbreiteten Liren (→ Lira). Hajdecki (1892) stellte fest, daß zwischen dem in Armhaltung gespielten Diskantinstrument dieses Typs, der Lira da braccio, und der Viola da braccio größere Ähnlichkeit (Form des Corpus, Stimmung in Quinten) besteht als zwischen Viola da gamba und Viola da braccio; er versuchte daher die Violine als eine Ableitung aus der Lira da braccio darzustellen, im Gegensatz zu der bis dahin herrschenden Meinung, die – ausgehend von der im 18. Jh. vollzogenen Verdrängung der Viola da gamba-Familie durch die Instrumente der Viola da braccio-Form – die Violinfamilie als eine Weiterentwicklung der Violen-(Gamben-)Familie angesehen hatte. – Eine eigene Gruppe (jedoch keine Familie) stellen die mit → Aliquotsaiten versehenen Instrumente → Viola d'amore und → Baryton (– 1) dar; Merkmale der Viola da gamba und der Lira vereinigt die → Viola bastarda, die zeitweilig ebenfalls mit Aliquotsaiten versehen war.

– 2) Der Name Viola (Abk.: Va; frz. seit dem letzten Viertel des 18. Jh.: alto, aus ital. alto viola) ohne weitere Zusätze bezieht sich heute speziell auf das auch → Bratsche genannte Altinstrument der Familie moderner Streichinstrumente in → Viola da braccio-Form. Mitunter bezeichnet Viola da braccio auch speziell das Altinstrument der Familie, z. B. wo der Name Va ohne Zusätze Anlaß zu Verwechslungen mit einem Instrument der Viola da gamba-Familie geben könnte. In Frankreich bezieht sich im 17. Jh. viole ohne nähere Zusätze auf die Basse de viole (→ Viola da gamba –1). Die Va hat heute stets 4 Saiten in der Stimmung c g d¹ a¹, sie steht demnach eine Quinte unter der Violine und eine Oktave über dem Violoncello. Bemerkenswert ist der geringe Größenunterschied zur Violine einerseits und der große Abstand zum Violoncello andererseits. Im 17. Jh. wurde die Va in mehreren, hinsichtlich Corpusgröße und Mensur unterschiedlichen Größen gebaut; die größeren Instrumente hatten im vollstimmigen Streichersatz den Tenor (im 5st. Satz Lullys die unteren Mittelstimmen) zu übernehmen (→ Viola tenore – 1). Zugleich mit der zunehmenden Bedeutung der Violine trat um 1700 ein Wandel der Satztechnik ein, der die Mittelstimmen zurücktreten ließ und die Va meist auf die Ausführung klangfüllender oder mit dem Baß in Oktaven colla parte gehender Stimmen verwies. Die kleineren, mit der Grifftechnik der Violine beherrschbaren Ausführungen der Va (Corpuslänge bis herunter auf 38 cm) setzten sich im 18. Jh. durch; daneben war ein 5saitiges, Va- und Violinstimmung vereinigendes Instrument in Gebrauch, für das KochL den Namen Violino pomposo bezeugt. Ein solches Instrument versuchten um 1800 Fr. Hillmer (unter dem Namen Violalin) und M. Woldemar (als Violon alto) zu neuem Leben zu erwecken; auch H. Ritter fügte 1898 seiner Viola alta die e²-Saite hinzu. – Den Reiz des gepreßten, näselnden Klangs der kleinen Va, der aus dem für die tiefen Lagen zu kleinen Resonanzraum herrührt, entdeckte erst das 19. Jh., doch begannen zu gleicher Zeit auch die zahlreichen Versuche, wieder ein größeres Instrument zu entwickeln, teils durch Einführung des der Violinfamilie fehlenden Tenorinstruments (→ Viola tenore – 2), teils durch Vergrößerung der Va (→ Viola alta, → Contralto - 2). Vor allem im → Streichquartett der Wiener Klassiker (speziell seit Haydns op. 20 und 33) wurden der Va auch wieder anspruchsvollere Aufgaben gestellt (im Orchestersatz besonders seit Beethovens 3. Symphonie, 1803). Im Streichquintett gibt es seit dem späten 18. Jh. sowohl die Besetzung mit 2 Bratschen (Boccherini, Mozart, Brahms, Bruckner) als auch die mit 2 Violoncelli (die bei Boccherini zahlenmäßig überwiegt). Konzertierend wurde die Va u. a. von J.S. Bach (6. Brandenburgisches Konzert), Telemann, C. Stamitz, W. A. Mozart (Konzertante Symphonie für V. und Va, K.-V. 364; → Scordatura), Zelter, Berlioz (»Harold in Italien«; für Paganini) und R. Strauss (Don Quixote op. 35, 1898) eingesetzt; Konzerte für Va schrieben u. a. Bartók (posthum, für W. Primrose), Milhaud, Blacher und Hindemith, der selbst Bratschist war (op. 36 Nr 4; op. 48; Der Schwanendreher). Solistische Kammermusik für Va komponierten u. a. J. G. Graun, Dittersdorf, W. A. Mozart (»Kegelstadt-Trio«, K.-V. 498), J. N. Hummel, Brahms (op. 120 für Klar. oder Va mit Kl.), Reger, Hindemith und H. Reutter. Schulen für Va verfaßten u. a. A. B. Bruni (Neuausgabe von H. Dessauer, Mainz 1897) und R. Hofmann.

Lit.: zu 1): A. Haidecki, Die ital. Lira da braccio, Mostar 1892, Neudruck Amsterdam 1965; C. Sachs, The Hist. of Mus. Instr., NY (1940), London 1942; J. Corominas, Diccionario crítico etimológico de la lengua castellana IV, Bern 1957, Artikel vihuela; W. v. Wartburg, Frz. Etymologisches Wörterbuch XIV, Basel 1961, Artikel vi-; O. Bloch u. W. v. Wartburg, Dictionnaire étymologique de la langue frç., Paris ⁴1964; - zu 2): Quantz Versuch; R. Hofmann, Neuer Führer durch d. V.- u. VA-Lit., Lpz. 1909; H. Dessauer, Die Verbesserungsversuche beim Bau d. Va, Bln 1912; E. Van der Straeten, The Va, The Strad XXIII, 1912; R. Clark, The Hist. of the Va in Quartet Writing, ML IV, 1923; W. Altmann u. W. Borissovsky, Literaturverz. f. Bratsche u. Va d'amore, Wolfenbüttel 1937; B. Tours u. B. Shore, The Va, London 1946; Fr. Zeyringer, Lit. f. Va, Kassel 1963, Ergänzungsbd 1965, Kassel 1966.

Viola alta, eine 1872-75 von H. Ritter konstruierte Altvioline mit der Stimmung c g d¹ a¹, die sich von der üblichen Bratsche (→ Viola – 2) durch ein größeres Corpus (Länge bis 48 cm) und einen entsprechend pastosen Klang unterscheidet. Ritters Ziel war ein Instrument, das zur Violine im Größenverhältnis 3:2 steht; die Rücksicht auf die Spielbarkeit jedoch führte ihn auf das Verhältnis 4:3, was dem Maß von Stradivaris Viola medicea (→ Viola tenore – 1) entspricht. Die Va. a. wurde von K. A. Hörlein (1829–1902) in Würzburg gebaut. Die Ritter-Bratschen erklangen im Ritter-Quartett, im Orchester unter H. v. Bülow; anerkennend äußerten sich R. Wagner und R. Strauss, doch wurde die Va. a. auch getadelt, da ihr der für die Bratsche charakteristische näselnde Klang fehlte. 1898 fügte Ritter eine 5. Saite hinzu (e^2); nach seinem Vorschlag sollten auch die herkömmlichen Streichinstrumente mit einer 5. Saite ausgestattet werden. → Viola tenore (– 2); → Viola bassa.

Lit.: H. RITTER, Die Va a., Heidelberg 1876; DERS., Die fünfsaitige Altgeige Va a...., Bamberg (1898); G. ADEMA, H. Ritter u. seine Va a., Würzburg 1881, ²1894; H. BESSELER, Zum Problem d. Tenorgeige, = Mus. Gegenwartsfragen I, Heidelberg 1949.

Viola bassa, das tiefste Instrument in der 1905 von H. Ritter vorgeschlagenen neuen Anordnung des Streichquartetts, das zwar die gleiche Stimmung (C G d a) wie das Violoncello hat, in der Größe aber die dazu notwendigen doppelten Maße der → Viola alta besitzt.

Viola bastarda (ital.; engl. lyra viol), ein 6saitiges Streichinstrument in Tenor-Baß-Lage, das ab Ende des 16. bis Anfang des 18. Jh. bekannt war. Das Corpus zeigt die Hauptmerkmale der → Viola da gamba (– 1); die zahlreichen Stimmungen sind anfangs der Lira ähnlich (mit Quinten und Quarten: $_1$A E e a d^1; $_1$A D A d a^1 oder $_1$A D G d g^1), in späterer Zeit der Gambe angenähert (mit Quarten und Terzen: D G c e a d^1; C G c e a d^1; $_1$A D G c e a). Kremberg (1689) fordert zu Arien in D moll, G dur und B dur die Stimmungen D A d f a d^1, D G d g h d^1, F B d f b d^1. In England war die Lyra viol um 1600–80 als Soloinstrument zum Spiel von Divisions über Grounds verbreitet; nach J. Playford (1661) besaß sie zeitweilig (zuerst bei O. Farrant um 1600) auch Aliquotsaiten.

Lit.: C. SACHS, Die Va b., ZIMG XV, 1913/14.

Viola da braccio (vi'ɔ:la da br'attʃo, ital., braccio, Arm), die auf dem Arm gehaltene und mit entsprechender Bogenhaltung (Obergriff) gespielte Viola, Sammelname für die Streichinstrumente der Violinform (Violinfamilie), daneben auch als Bezeichnung speziell für das Altinstrument → Viola (– 2), das umgangssprachlich heute meist → Bratsche genannt wird. Aus der Tatsache, daß der Name für die Instrumentenfamilie mit dem für das Altinstrument identisch ist, kann nicht geschlossen werden, die Viola sei das Stammstrument der Familie und die Violine sei als Kleinform daraus hervorgegangen. Die Frühform der → Violine mit 3 Saiten ist zuerst 1529 auf einem Gemälde von Gaudenzio Ferrari belegt; derselbe Maler stellte 1535–36 im Dom von Saranno das Stimmwerk aus Alt-, Tenor- und Baßinstrument dar. Agricola (1528) bezeugt ein Stimmwerk von 3saitigen, in Quinten gestimmten Streichinstrumenten ohne Bünde (*kleinen Geigen..., die gemenlich one bünd erfunden*). Die Bundlosigkeit der Va da br.-Instrumente ist auch in Italien im 16. Jh. ein ebenso wichtiges Unterscheidungsmerkmal gegenüber den stets mit Bünden versehenen Instrumenten der → Viola da gamba-Familie wie die Spielhaltung (z. B. bei Lanfranco 1533, Ganassi 1542 und V. Galilei 1568). Im übrigen schwanken die italienischen Benennungen sowohl für die 2 Familien als auch für die einzelnen Streichinstrumente bis Anfang des 17. Jh.; dies wird noch bei Praetorius (Synt. II, S. 48) sichtbar: *Viola de bracio: Item, Violino da brazzo; Wird sonsten eine Geige / vom gemeinen Volck aber eine Fiddel / vnnd daher de bracio genennet / daß sie vff dem Arm gehalten wird. Deroselben Baß- Tenor- vnd Discantgeig (welche Violino, oder Violetta picciola, auch Rebecchino genennet wird) seynd mit 4. Säiten ... bezogen ... vnd werden alle durch Quinten gestimmet. Vnd demnach dieselbige jedermänniglichen bekandt / ist darvon ... etwas mehr anzudeuten vnd zu schreiben vnnötig*. Praetorius kennt außerdem bereits eine *Discant-Geig ein Quart höher* (Stimmung c^1 g^1 d^2 a^2, → Violino piccolo). Das in Kniehaltung gespielte und in C G d a gestimmte Baßinstrument der Va da br.-Familie ist das → Violoncello (– 1; in Frankreich die Basse de violon, Stimmung im 17. Jh.: $_1$B F c g). Schon im 16. Jh. wurden vereinzelt Kontrabässe in Va da br.-Form gebaut, doch behielt der → Kontrabaß (– 1) meist eine Zwischenstellung zwischen der Va da br.- und der Viola da gamba-Familie. Da dem Stimmwerk der Va da br. ein eigentliches Tenorinstrument (mit der theoretischen Stimmung G d a e^1) fehlt, wurde das Altinstrument im 17. Jh. in verschiedenen Größen gebaut (→ Viola tenore – 1); erst im 18./19. Jh. wurde versucht, die fehlende Stimmlage zu entwickeln (→ Viola tenore – 2).

Viola da gamba (ital., s. v. w. Knieviola, von gamba, Bein; deutsch auch einfach Gambe; ital. auch viola ad arco; span. vihuela de arco), – 1) Sammelname für eine im 16.–18. Jh. verbreitete Familie von Streichinstrumenten (auch Violen- oder Gambenfamilie genannt), deren Corpus auf die Beine des Spielers gestützt wird, während der Hals nach oben weist. Wann die Form der Va da g. festgelegt wurde und welchen Anteil an ihrer Entstehung die mittelalterlichen Instrumente Rebec und Fiedel haben, ist unbekannt. Einem Bericht von B. Prospero zufolge kamen 1493 spanische Musiker mit mannsgroßen Instrumenten (*viole grandi come me*) von Rom nach Mantua, wobei es sich um Baßgamben gehandelt haben kann. 1495 gab die Herzogin Isabella von Gonzaga einige Viole da gamba bei dem Lautenmacher G. Kerlino in Brescia in Auftrag. Die ältesten erhaltenen Instrumente vom Anfang des 16. Jh. zeigen teilweise noch primitive, an Fiedel und Rebec erinnernde Umrisse. – Die Normalform des Corpus hat abfallende Schultern, wie sie teilweise heute noch der → Kontrabaß (– 1) hat, hohe Zargen, Decke und Boden ohne Randüberstand, flachen, zum Hals hin abgeschrägten Boden sowie meist C-förmige Schallöcher. Charakteristisch für die Va da g. sind der Bezug mit 6 Saiten in Quart-Terz-Stimmung (die Terz liegt in der Mitte) sowie die 7 chromatischen Bünde auf dem Griffbrett (in der Spätzeit wird bisweilen ein Oktavbund empfohlen); darin steht sie der Laute nahe. Das Stammstrument der Familie, für das die Bezeichnung Va da g. (bzw. Gambe) ohne weitere Zusätze gilt, ist die Viola in Tenor-Baß-Lage mit der Stimmung D G c e a d^1; im 16. Jh. wurde das Stimmwerk ausgebaut durch Diskant- (d g c^1 e^1 a^1 d^2), Alt- und Tenor-Va da g. (A d g h e^1 a^1; die beiden Instrumente, die zuweilen auch einen Ton tiefer eingestimmt wurden, unterscheiden sich nur durch ihre Größe). Bei Praetorius (Synt. II, S. 25) fehlt der eigentliche Diskant mit 6saitigem Bezug, die Lagenbezeichnungen sind zur Tiefe hin verschoben: Cant Viol de gamba (auch violetta picciola; A d g h e^1 a^1), Tenor-Alt-Viol (D G c e a d^1), Klein Baß-Viol ($_1$G C F A d g; $_1$G C E A d g; $_1$A D G H e a; $_1$Fis $_1$H E A d g), Groß Baß-Viol (auch Contrabasso da gamba, Violone; $_1$E $_1$A D G c; $_1$D $_1$G C E A d; $_1$E $_1$A D G c f) und gar Groß Baß-Viol ($_1$D $_1$E $_1$A D G). In Frankreich sind im 17./18. Jh. eine Diskantgambe (dessus de viole, Stimmung nach J. Rousseau: d g c^1 e^1 a^1 d^2) und ein noch höheres Instrument

bekannt (pardessus de viole; Stimmung bei 6saitigem Bezug g c^1 e^1 a^1 d^2 g^2); mit 5saitigem Bezug (g d^1 a^1 d^2 g^2) wurde das in Quinten und Quarten gestimmte Instrument im 18. Jh. auch → Quinton genannt. Das Tenor-Baß-Instrument der Va da g.-Familie hieß in Frankreich Basse de viole (im 17./18. Jh. meist viole ohne Zusatz) und war seit Sainte-Colombe (1675) häufig 7saitig in der Stimmung $_1$A D G c e a d^1. 7saitige Viole da gamba sind um 1515 auf Grünewalds Isenheimer Altar und in Burgkmairs Triumphzug Kaiser Maximilians abgebildet; Tieffenbrucker baute eine solche um 1564. G. Neumarks *Fortgepflantzter musikalisch-poetischer Lustwald* (1657) enthält *Auf eine siebensaitige Violdegamm gesetzete Stücke*. 5-, seltener 4saitige Viole da gamba gab es sowohl für die tiefsten als auch für die höchsten Lagen. Lehrwerke für Va da g. schrieben Ganassi (1542–43), besonders für das mehrstimmig-solistische Spiel bedeutend, und Ortiz (1553), der Diminution und Improvisation lehrt. Eine Hochblüte fand das Gambenspiel im 16./17. Jh. in England, wo italienische Gambisten wie A. Ferrabosco und T. Lupo wirkten. König Heinrich VIII. war ein Liebhaber des Gambenspiels; von ihm ist eine Reihe von Kompositionen für Va da g. erhalten (Brit. Mus., Ms. Add. 31922). Unter den englischen Gambisten sind außer W. Brade, der in Deutschland lebte, Th. Hume, J. Jenkins und Chr. Simpson, letzterer vor allem mit seinem Lehrwerk von 1659, bedeutend. Neben dem solistischen Spiel der Divisions upon a ground steht das chorische Spiel (meist 2 Baß-, 2 Tenor-, 2 Diskant-Viole da gamba) im → Consort. Dabei wurde die Baß-Va da g. in einer etwas kleineren Form als Division viol für das Solospiel, in größerer von füllenderem Ton für das chorische Spiel gebraucht. Der vollständige Gambenchor hielt sich in England bis um 1700, während in Deutschland seit dem frühen 17. Jh. die Viola da braccio und mit ihr die Violine für die oberen Stimmen eindrangen und in Frankreich zur Zeit Lullys nur noch die Baß-Va da g. als Soloinstrument und im Orchester übrigblieb. Der bedeutendste unter den französischen Gambisten war M. Marais; neben ihm sind zu nennen Maugars, A. und J. B. Forqueray, Caix d'Hervelois, Dollé, Naudot, Prudent, Hugart und Blainville. – In Deutschland entstand mit der *Musica Teusch . . .* (1532) des Hans Gerle die älteste Gambenschule überhaupt. Zu den bedeutendsten Gambenvirtuosen zählten Funck, J. G. Ahle, A. und M. Kühnel, Schenck, E. Chr. Hesse, J. Riemann, Chr. F. und K. Fr. Abel; Kompositionen für Va da g. schrieben u. a. Buxtehude, Krieger, Telemann, Händel und J. S. Bach (3 Sonaten mit Cemb., BWV 1027–1029; außerdem ist Va da g. vorgeschrieben im 6. Brandenburgischen Konzert und als konzertierendes Instrument in Arien, die 7saitige in der Matthäus-Passion). – Um die Mitte des 18. Jh. ging die Blütezeit der Va da g. zu Ende. 1740 verteidigte H. Le Blanc noch die Gambe gegen das vordringende Violoncello und die Violine. Im 18. Jh. wurden viele Gamben zu Violoncelli umgebaut oder durch Einsetzen von gewölbtem Boden, Stachel und einem schmaleren Hals ohne Bünde der Form des Violoncellos angenähert. Im 20. Jh. war es vor allem Chr. Döbereiner, der das Spiel auf der Va da g. wieder anregte; seit den 1920er Jahren werden auch neue Instrumente gebaut. Moderne Lehrwerke veröffentlichten P. Grümmer (*Va da g.-Schule für Violoncellisten*, Leipzig 1928), Chr. Döbereiner (*Schule für die Va da g.*, Mainz 1936, ²1954) und A. Wenzinger (*Gambenübung*, 2 Teile, Kassel 1935–38; *Gambenfibel*, mit M. Majer, Kassel 1943).
– 2) Als Orgelregister ist Va da g. (zuerst 1615 von → Compenius gebaut) eine offene, konische Labialstimme, die bis zu G. Silbermann beliebt war. J. S. Bach schlug sie anstelle des Gemshorns 8′ für die Orgel Divi

Blasii in Mühlhausen vor. J. Scheibe baute 1716 die erste zylindrische Va da g. mit streichendem Klang.
Lit.: zu 1): H. GERLE, Musica Teusch auf d. Instr. d. großen u. kleinen Geygen auch Lautten . . ., Nürnberg 1532; G. M. LANFRANCO, Le scintille di musica, Brescia 1533; S. GANASSI, Regola Rubertina, 2 Teile, Venedig 1542–43, Faks. hrsg. v. M. Schneider, 2 Bde, = Veröff. d. Fürstlichen Inst. f. mw. Forschung zu Bückeburg II, 3, Lpz. 1924; D. ORTIZ, Tratado de glosas . . ., Rom 1553, Faks. u. Übers. hrsg. v. M. Schneider, Bln 1913, Kassel ²1936; PH. JAMBE DE FER, Epitome mus . . ., Lyon 1556, Faks. hrsg. v. Fr. Lesure, Ann. Mus. VI, 1958/63; PRAETORIUS Synt. II; M. MERSENNE, Harmonie universelle, Paris 1636, Faks. hrsg. v. Fr. Lesure, 3 Bde, Paris 1963; CHR. SIMPSON, The Division Violist, London 1659, als: The Division Viol ²1667, ³1712, Faks. hrsg. v. M. Dolmetsch, NY 1955; J. ROUSSEAU, Traité de la viole, Paris 1687, Faks. Amsterdam 1965; H. LE BLANC, Défense de la basse de viole . . ., Amsterdam 1740, NA in: RM VIII, 1927 – IX, 1928, deutsch v. A. Erhard, Kassel 1951; W. J. v. WASIELEWSKI, Das Vc. u. seine Gesch., Lpz. 1889, hrsg. v. W. v. Wasielewski ³1925; A. EINSTEIN, Zur deutschen Lit. f. Va da G. im 16. u. 17. Jh., = BIMG II, 1, Lpz. 1905; CHR. DÖBEREINER, Über d. Va da g. u. ihre Verwendung bei J. S. Bach, Bach-Jb. VIII, 1911; E. VAN DER STRAETEN, The Hist. of the Vc., the Va da G. . . ., London 1915; E. ALBINI, La Va da G. in Italia, RMI XXVIII, 1921; G. R. HAYES, Mus. Instr. and Their Music 1500–1750 II, London 1930; J. BACHER, Die Va da G., Kassel (1932); W. SENN, Eine »Va da G.« v. St. de Fantis 1558, CHM II, 1957; R. ERAS, Über d. Verhältnis zwischen Stimmung u. Spieltechnik bei Streichinstr. in Dagamba-Haltung, Diss. Lpz. 1958, maschr.; FR. LESURE, Une querelle sur le jeu de la viole . . ., MQ XLVI, 1960.

Viola d'amore (ital.; frz. viole d'amour; auch → Englisch Violet), ein im Barock beliebtes Streichinstrument in Altlage, etwa so groß wie die heutige Bratsche (Corpuslänge um 40 cm) mit 5–7 Griffsaiten aus Messing oder Darm und 7–14 unterhalb des Griffbretts gespannten metallenen Resonanzsaiten, die unter dem Steg laufen. *Ihr Klang ist argentin oder silbern, dabey überaus angenehm und lieblich* (Walther 1732). Die Stimmung der Griffsaiten ist variabel und wird je nach Bedarf in einem anderen Akkord eingerichtet; WaltherL gibt die Stimmung im Akkord C moll oder auch C dur an, J. Ph. Eisel (1738) F B c g c^1 f^1 b^1. Die Va d'a. stammt wahrscheinlich aus England; den frühesten Beleg bietet das Tagebuch von J. Evelyn (1679, ed. E. S. de Beer, IV, S. 187): *. . . its sweetenesse & novelty the Viol d'Amore of 5 wyre-strings, plaied on with a bow, being but an ordinary Violin, play'd on Lyra way by a German, . . .*; ähnlich wird sie von J. Rousseau (1687) und von D. Speer (1687) beschrieben. Majer (1741) unterscheidet zwei Arten der Va d'a. mit 6 Griffsaiten und 6 Resonanzsaiten: eine kleinere, einer Violine ähnlich, und eine größere, welche die Bratsche an Größe ein wenig übertrifft. L. Mozart (1756) nennt neben den Stimmungen in Dur- oder Mollakkorden eine Terz-Quart-Stimmung wie auf den Violen sowie eine violinmäßige in Quinten, die auch Walther erwähnt. Musik für Va d'a. schrieben u. a. C. Stamitz, A. Ariosti (*Lezioni per Va d'a.*, 1728), A. Vivaldi (7 Konzerte), J. Chr. Bode, J. S. Bach (Soli in Kantaten und in der Johannespassion), Telemann, Graupner, Quantz, Biber, in der Gegenwart wieder P. Hindemith (Sonate op. 25 Nr 2 und Konzert op. 46 Nr 1) und Frank Martin (*Sonata da Chiesa* f. Va d'a. und Org., 1938). Die Va d'a. kam im späten 18. Jh. außer Gebrauch; sie findet seither vereinzelt Verwendung im Orchester, etwa bei: Meyerbeer (*Les Huguenots*, 1836); Ch. M. Loeffler (*La mort de Tintagiles*, 1897); G. Charpentier (*Louise*, 1900); Massenet (*Le jongleur de Notre-Dame*, 1902); Puccini (*Madama Butterfly*, 1904); W. Kienzl (*Der Kuhreigen*, 1911). Eine Wiederbelebung der Va d'a. versuchten u. a. Urhan, L. van Waefelghem (1840–1908) und H.-G. Casadesus.

Lit.: J. Rousseau, Traité de la viole, Paris 1687, Faks. Amsterdam 1965; J. Fr. B. C. Majer, Neueröffneter Theoretisch- u. Practischer Music-Saal, Nürnberg 1732, ²1741; J. Ph. Eisel, Musicus autodidactus, Erfurt 1738; L.-T. Milandre, Méthode facile pour la viole d'amour, Paris 1771; KochL; J. Král, Eine Anleitung zum Spiel d. Va d'a., op. 10, Wien (1870); E. de Bricqueville, La viole d'amour, Paris 1908; L. Passagni, La v. d'a. . . ., Sesto S. Giovanni 1908; F. Scherber, Die Viola d'amour im 18. Jh., Musikbuch aus Österreich 1910; D. Fryklund, Bidrag till kännedomen om Va d'a., STMf III, 1921; W. Altmann u. W. Borissowsky, Literaturverz. f. Bratsche u. Va d'a., Wolfenbüttel 1937; W. E. Köhler, Beitr. zur Gesch. u. Lit. d. Va d'a., Diss. Bln 1938; D. D. Boyden, Ariosti's Lessons for Va d'a., MQ XXXIII, 1946; K. Gofferje, Ariostis Lezioni f. d. Va d'a., Deutsches Jb. d. Mw. VI (= JbP LIII), 1961.

Viola da spalla (ital., s. v. w. Schultergeige), ein Tenor-Baß-Instrument der Viola da braccio-Familie aus der Zeit um 1700. Nach WaltherL (Artikel Violoncello), der wie Majer (1732) und Eisel (1738) der Beschreibung Matthesons von 1713 folgt, hat die Va da sp. 4-6 Saiten (die 4saitige in der Violoncellostimmung C G d a). Sie kann *starck durchschneiden und die Töne rein exprimiren* und wird, ähnlich wie die → Viola pomposa, *mit einem Bande an der Brust befestiget, und gleichsam auf die rechte Schulter geworffen.* → Viola tenore (– 2).

Viola di bordone (ital.) → Baryton (– 1).

Viola di fagotto (ital.) → Fagottgeige.

Violalin → Viola (– 2).

Viola medicea (vi'ɔ:la meditʃ'ɛ:a, ital.) → Viola tenore (– 1).

Viola pomposa (ital.), eine fünfsaitige, in C G d a e¹ gestimmte → Viola da braccio in Tenor-Baß-Lage, die als Armgeige (an einem über die Schulter gelegten Tragband befestigt) gespielt wurde. Instrumente mit der Stimmung C G d a e¹ können entweder als Tenorgeige (→ Viola tenore – 2) mit zugefügter C-Saite oder als → Violoncello (– 1) mit zugefügter e¹-Saite aufgefaßt und disponiert sein. 5saitige Violoncelli waren seit Anfang des 18. Jh. (BrossardD) bekannt, ebenso eine Tenorgeige (→ Viola da spalla). – Nach Forkel (1782) hat J. S. Bach die Va p. *ums Jahr 1724* in Leipzig bauen lassen. Es fällt auf, daß in keinem Werk Bachs eine Va p. verlangt wird, dafür aber häufig ein Violoncello piccolo (BWV 6, 41, 68, 85, 115, 175, 180, 183). Bei einem Umfang von C–c² schreibt Bach die Stimmen dafür im Violinschlüssel (Klang eine Oktave tiefer), an den tiefergeführten Stellen mit dem Alt-, Tenor- oder Baßschlüssel wechselt. Wahrscheinlich hat Bach schon in der Köthener Zeit eine Viola da spalla verwendet. In Leipzig ließ er durch den Instrumentenmacher J. Chr. Hoffmann zunächst eine Va p. mit geringer Zargenhöhe bauen (Beschreibung eines erhaltenen Instruments bei Kinsky 1931/32, S. 178f.), die jedoch wegen ihrer Größe (Gesamtlänge 76 cm) in Bratschenhaltung schwer zu spielen war. Dieses Instrument wurde um 1740 durch eine Tenorgeige mit höheren Zargen (ca. 8 cm; Violoncello piccolo) abgelöst, die ebenfalls Va p. genannt werden kann (z. B. bei Kinsky 1912). Hochzargige, 5saitige Violoncelli piccoli wurden vereinzelt bis Ende des 18. Jh. gebaut. – Eine Va p. wird in Kompositionen u. a. von Litardi, Telemann (2 Duos für Fl. und Va p. oder V., in: *Der getreue Music-Meister*) und J. G. Graun (*Concerto doppio*) verlangt.

Lit.: J. N. Forkel, Mus. Almanach f. Deutschland auf d. Jahr 1782, Lpz. 1782; G. Kinsky, Musikhist. Museum v. W. Heyer in Cöln II, Köln 1912; ders., Ein Schlußwort über d. Va p., ZfMw XIV, 1931/32; E. Buhle, Verz. d. Slg alter Musikinstr. im Bachhause zu Eisenach, = Veröff. d. Neuen Bachges. XXXVIII, 2, Lpz. (1913, ³1939, ⁴1964); E. T. Arnold, Die Va p., ZfMw XIII, 1930/31 – XIV, 1931/32; H. Engel, Zur Lit. f. d. Va p., ZfMw XIV, 1931/32; Fr. Galpin u. G. Kinsky, ebenda; H. Husmann, Die Va p., Bach-Jb. XXXIII, 1936; H. Besseler, Zum Problem d. Tenorgeige, = Mus. Gegenwartsfragen I, Heidelberg 1949.

Viola tenore, – 1) eine große Bratsche (→ Viola – 2). Die Tatsache, daß im Stimmwerk der → Viola da braccio ein eigentliches Tenorinstrument fehlt, wurde im 17. Jh. dadurch ausgeglichen, daß das Altinstrument bei gleichbleibender Stimmung (c g d¹ a¹) in mehreren Größen gebaut wurde. Einzelne Exemplare dieser großen Bratschen sind erhalten; am bekanntesten ist die Viola medicea von A. Stradivari (1690, Corpuslänge 47,8 cm gegenüber 40–42,5 cm der modernen Bratsche; Zargenhöhe 4,3 cm gegenüber 3,8 cm). Solche Instrumente konnten den im Tenorschlüssel notierten unteren Mittelstimmen des 4- und 5st. Streichersatzes (noch bei J. S. Bach, BWV 12 und 18), die das c in der Regel nicht unterschritten, die nötige Klangfülle verleihen. In Frankreich hießen die 3 für Bratschen bestimmten Mittelstimmen (parties de milieu, auch kurz parties) bzw. die zugehörigen Instrumente: haute-contre de violon (die oberste der parties), taille de violon (die mittlere) und quinte de violon (bei J.-B. Lully stets die 4. Stimme von oben; nach Mersenne 1636, IV, S. 189, kann quinte auch die 2. Stimme von oben zwischen dessus und haute-contre sein). Die Bezeichnung quinte ging in Frankreich im 18. Jh. allgemein auf die Bratsche über und wurde erst nach der Jahrhundertmitte durch den aus dem italienischen alto viola abgeleiteten Namen alto ersetzt. – 2) das 3. Instrument in der seit 1905 von H. Ritter erprobten neuen Anordnung des Streichquartetts (Violine, → Viola alta, Va t., → Viola bassa), das die seiner Stimmung als Tenorgeige akustisch entsprechende doppelte Violinmensur (Corpuslänge etwa 71 cm, Zargenhöhe etwa 6,2 cm) aufweist. Schon Mattheson (1713) war ein die Lücke im Stimmwerk zwischen Viola und Violoncello schließendes Instrument (→ Viola da spalla) bekannt, mit dem auch J. S. Bach experimentierte (→ Viola pomposa). 4saitige Tenorgeigen der Stimmung G d a e¹ sind der von B. Dubois 1833 gebaute Violon-ténor (Versuchsinstrument mit einer Corpuslänge von nur 43,4 cm und einer Zargenhöhe von 8 cm, das wahrscheinlich als Knie- bzw. Schoßgeige gespielt wurde), der von C. Henry 1847 konstruierte → Baryton (– 2), das von Diegelmann 1877 gebaute Cellino, die von Stelzner ab 1891 gebaute Violotta (Corpuslänge 41 cm, neuerdings von K. Leonhardt in Mittenwald wieder aufgegriffen), das 1930 patentierte Violoncello tenore, seit 1922 von E. Sprenger gebaut, und die 1935 von J. Reiter (Mittenwald) angezeigte Oktavgeige mit 42 cm Corpuslänge.

Lit.: zu 1): J. Eppelsheim, Das Orch. in d. Werken J.-B. Lullys, = Münchner Veröff. zur Mg. VII, Tutzing 1961. – zu 2): G. Kinsky, Musikhist. Museum v. W. Heyer in Cöln II, Köln 1912; H. Besseler, Zum Problem d. Tenorgeige, = Mus. Gegenwartsfragen I, Heidelberg 1949; D. D. Boyden, The Tenor V., Fs. O. E. Deutsch, Kassel 1963.

Violet → Englisch Violet.

Violetta (ital., Diminutiv von Viola), eine Bezeichnung für verschiedene Instrumente sowohl vom Viola da gamba- als auch vom Viola da braccio-Typus. Lanfranco (1533) nennt Viole da braccio ohne Bünde mit 3 in Quinten gestimmten Saiten Violette. Von Praetorius werden sowohl Diskant-Viole da gamba als auch die Diskant-Viola da braccio (synonym mit Violino und Rebecchino) V. picciola genannt (Synt. II, S. 25 und 48). Im 18. Jh. bezeichnet V. meist allgemein die Bratsche, nach WaltherL ein Streichinstrument der

Mittellage sowohl der da braccio- als auch der da gamba-Spielweise. – Die V. marina des P. → Castrucci war eine Art Viola d'amore.

Violine (ital. violino, Diminutiv von → Viola – 1; frz. violon; engl. violin; umgangssprachlich deutsch meist als → Geige bezeichnet) ist als das höchstentwickelte Streichinstrument seit etwa 300 Jahren eines der wichtigsten abendländischen Musikinstrumente, dessen Bedeutung und weltweite Verbreitung nur vom Pianoforte übertroffen werden. Sie bildet das Sopraninstrument der Familie der Violininstrumente (→ Viola da braccio). Die V. ist ein Klangkörper von höchster akustischer Zweckmäßigkeit, scheinbar einfach und doch aus vielen Teilen zusammengesetzt. Einziger Zierat ist die Schnecke. Das Corpus besteht aus der Decke, dem Boden und den Zargen (Seitenteile). Fichte oder Tanne liefern das Holz für die Decke, die mit Schallöchern in Form eines *f* versehen ist. Boden und Zargen sind aus Ahorn. Das Holz ist nach dem Spiegel geschnitten, d. h. der Stamm wird in Segmente, nicht in Bretter zerteilt. Die Wölbungen von Decke und Boden – mit ausgeprägter Hohlkehle – sind aus dem vollen Holz herausgearbeitet. Die Decke besteht fast immer, der Boden in der Regel aus 2 Teilen, die in Längsrichtung gefugt und verleimt sind. Im Unterschied zur Bauweise der Violen (→ Viola da gamba – 1) ragen Decke und Boden der V. über die Zargen hinaus, was die Druckfestigkeit (vor allem der Decke) erhöht. Die 6 Zargenteile, die über erhitztem Metall gebogen werden, sind durch 6 Klötze miteinander verleimt. An

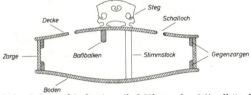

jeder Seite verbinden jeweils 2 Klötze den Mittelbügel (mittlerer Zargenteil) mit oberer und unterer Zarge; die Verbindung der unteren Zargen untereinander wird durch den Unterklotz (auch kleiner Block oder Stock genannt) verstärkt, an dem auch der Knopf für die Befestigung des Saitenhalters angebracht ist. Der Oberklotz (auch großer Block oder Stock) verbindet die oberen Zargen und zugleich Hals und Corpus. Der Hals läuft in den Wirbelkasten und in die Schnecke aus und ist mit dem stets bündelosen Griffbrett belegt (eine in der Volksmusik der Alpenländer verwendete V. mit metallenen Bünden heißt → Streichmelodion). Statische und akustische Aufgaben haben der zwischen Boden und Decke stehende → Stimmstock (– 1) und der an das Innere der Decke geleimte Baßbalken. Corpus, Hals, Wirbelkasten und Schnecke werden mit Lack (frz. vernis) überzogen. Heute erfolgt die Lackierung in der Regel in 4 Phasen: Grundierung, Porenfüllung, Farblack und Überzugslack. Der Einfluß der Lackierung auf die akustischen Eigenschaften der V. ist umstritten; zu unterscheiden ist wohl zwischen den in das Holz eindringenden Stoffen und der äußerlich haftenden Lackschicht. Die Lackierkunst der großen italienischen Meister vor etwa 1760 beruhte auf später nicht mehr bekannten Rohstoffen und Verfahren und ist auch in ihren optischen Ergebnissen nicht wieder erreicht worden. Griffbrett, Wirbel und Saitenhalter bestehen gewöhnlich aus Ebenholz. Die 4 Saiten sind an dem Saitenhalter und den von zwei Seiten in den Wirbelkasten geführten Wirbeln befestigt; sie schwingen zwischen dem → Sattel am Beginn des Griffbretts und dem → Steg. Die Saiten sind in Quinten (g d^1 a^1 e^2) gestimmt; sie werden von oben nach unten gezählt und mit römischen Ziffern bezeichnet. Die E-Saite wurde noch im 19. Jh. allgemein Chanterelle (»Sangsaite«) genannt. Das Verhältnis von Stärke, Material und Spannung der Saiten muß so abgestimmt sein, daß bei gleicher Länge der Saiten in jeder Griffhöhe der Quintabstand gewahrt ist. Das Material der Saiten war zunächst ausschließlich Darm; metallumsponnener Darm wurde seit Beginn des 18. Jh. für die G-Saite verwendet (meist Silber), seit etwa 1920 zunehmend auch für die D- und A-Saite (Aluminium). Für die E-Saite sind heute fast ausschließlich Stahlsaiten (mit und ohne Umspinnung) gebräuchlich; auch gibt es für alle Saiten Fabrikate aus reinem Stahl oder aus metallumsponnenen Kunststoffen. Mit der Verwendung von Stahlsaiten wurde der Feinstimmer am Saitenhalter notwendig. Material und Stärke verleihen den Saiten verschiedenen Klang. Das Spiel auf einer einzelnen Saite bis in hohe Lagen hinein nutzt jeweils deren Klangcharakter und wird bisweilen vom Komponisten ausdrücklich verlangt (z. B. mit dem Zusatz sul G). Das Spiel nahe am Steg (→ sul ponticello), schon im 17. Jh. bekannt (Farina 1627), in neuerer Musik oft in Verbindung mit Tremolo gefordert, ergibt einen obertonreicheren, metallisch-brüchigen Klang. Außerdem kann der Klang der V. durch den → Dämpfer modifiziert werden. Kinnhalter werden seit Spohrs Erfindung (1820) benutzt, Kissen und verschiedene neue Formen der Schulterstütze individuell gewählt.

Die Frühform der V. (Abb. nach Gaudenzio Ferrari, *La Madonna degli aranci*, um 1529, S. Cristoforo, Vercelli bei Mailand) mit 3 Saiten und der Stimmung g d^1 a^1 ist um 1520 oder wenig früher in Oberitalien im Umkreis von Mailand entstanden. Sie kann beschrieben werden als eine Kombination von Merkmalen des → Rebec (3 Saiten in Quintstimmung, bündeloses Griffbrett, seitenständige Wirbel in einem Wirbelkasten) und der Lira da braccio (Form und Bauweise des Corpus, *f*-Löcher, abgesetzter Hals). Daß die V. als Kleinform aus dem Altinstrument der Viola da braccio-Familie abgeleitet ist (diese Theorie wurde durch die italienische Diminutivform violino von viola nahegelegt), ist nach der Quellenlage unwahrscheinlich; entweder trat sie V. zuerst auf oder sogleich die ganze Familie (Diskant-, Alt- und Baßinstrument sind zusammen 1535/36 von G. Ferrari im Kuppelfresko des Doms in Saronno bei Mailand dargestellt). – In den bisher bekanntgewordenen Dokumenten zur Frühgeschichte der V. ist die französische Bezeichnung vyollons früher (1523) belegt als die italienische Wortform violino (1538); violons bezeichnet bis ins 18. Jh. meist ein Ensemble aus Diskant-, Alt- und Baßinstrumenten (vgl. Eppelsheim 1961), die V. hieß dessus de violon. Boyden (1965) stellt hierzu die Hypothese auf, daß die Instrumente der V.-Familie von den Italienern Anfang des 16. Jh. häufig violone genannt wurden (dies bezeugt z. B. Jambe de Fer 1556; noch T. Merula gebraucht 1615 die Bezeichnung violono für V.), doch ist violone ebensooft als Sammelname für Viola da gamba-Instrumente zu belegen (Lanfranco 1533, Ganassi 1543 u. ö.). W. v. Wartburg (1961) deutete die französische Wortform violon dagegen als Diminutiv von viole. Das frü-

he Auftreten der V. in französischen Dokumenten des Hofs von Savoyen und Franz' I. von Frankreich erklärt sich aus dem politischen Einfluß Frankreichs auf Oberitalien, dem ein italienischer kultureller Einfluß auf den französischen Hof entsprach. Bis zum Aufkommen einer eigenständigen → Violinmusik im 17. Jh. ist die V. (bzw. das Stimmwerk der V.-Instrumente) bevorzugt für höfische Tanz-, Tafel- und andere »Unterhaltungs«-Musik verwendet worden; sie scheint damit in musikalischer und soziologischer Hinsicht die Nachfolge des Rebec angetreten zu haben. – Die italienischen Bezeichnungen für die V. schwanken noch bis Anfang des 17. Jh., und es läßt sich meist nur aus dem jeweiligen musikalischen oder textlichen Zusammenhang erkennen, welches Instrument gemeint ist. Um 1550 wurde die Zahl der Saiten auf vier erhöht (erstmals bezeugt bei Jambe de Fer 1556; Vicentino 1555, f. 146′, spricht noch von *viole con tre corde senza tasti*, d. h. ohne Bünde). Zwei ursprünglich 3saitige, auf 1542 und 1546 datierte V.n von Andrea Amati (* vor 1511; vgl. C. Bonetti 1938), die im 19. Jh. beschrieben wurden (vgl. Boyden 1965, S. 19), sind heute verschollen. Zu den ältesten erhaltenen V.n gehören die Instrumente von → Gasparo da Salò; sie sind noch wenig gewölbt und haben eine starke Decke und parallel stehende F-Löcher. Die klassische Form der V. entstand in der Schule von Andrea → Amati in den Jahrzehnten vor 1600. Im 17. Jh. entwickelte sich der italienische, deutsche und französische → Geigenbau zu höchster Blüte. Ihre letzte Vollendung erhielt die V. durch → Stradivari, dessen Modell von 1713 die noch heute üblichen Abmessungen hat (Corpuslänge 35,5 cm).

Während die Formen von Corpus, Wirbelkasten und Schnecke bis heute unverändert blieben, wurden Mensur und Spannungsdruck seit etwa 1800 geändert, um die V. aus einem Kammer- zu einem Konzertinstrument umzuwandeln: die Saiten wurden stärker gespannt; die Stimmung stieg, obwohl die Saiten zugleich verlängert wurden und mit ihnen Griffbrett und Hals, wodurch auch das Spiel in den höheren Lagen erleichtert wurde; der Steg wurde stärker gewölbt und auch erhöht, der schlankere Hals dementsprechend etwas nach rückwärts geneigt, um das Griffbrett wieder in gleiche Richtung mit den Saiten zu bringen. Das Griffbrett wurde gegen den Steg hin verbreitert und erhielt ebenfalls eine stärkere Wölbung. Der veränderte Winkel der Saiten über dem Steg erzeugte einen höheren Druck auf die Decke und forderte einen kräftigeren Baßbalken. Fast alle alten V.n wurden auf diese Weise umgebaut; das Stradivari-Modell kam den Änderungen mehr entgegen als die stärker gewölbte Stainer-Geige, die vorher als gleichwertig gegolten hatte. Seit ca. 1930 werden auch wieder vereinzelt V.n in alter Mensur gebaut (für Interpretationen von Werken aus der Zeit vor 1800). Schon im 19. Jh. sind zahlreiche Versuche (u. a. von Savart) unternommen worden, die wissenschaftliche Erklärungen für den Klang der V. liefern sollten. Seit den 1920er Jahren setzte eine intensive Erforschung der akustischen Eigenschaften der V. und ihrer einzelnen Bauteile ein (z. B. Fuhr), später unter zunehmender Heranziehung elektroakustischer Meßmethoden.

Lit.: → Geigenbau; M. AGRICOLA, Musica instrumentalis deudsch, Wittenberg 1529, erweitert 21545, hrsg. v. R. Eitner, = PGfM Jg. XXIV, Bd XX, Lpz. 1896, Nachdruck d. Ausg. v. 1529 Hildesheim 1967; G. M. LANFRANCO, Le scintille di musica, Brescia 1533; PH. JAMBE DE FER, Epitome mus. ..., Lyon 1556, Faks. hrsg. v. Fr. Lesure, Ann. Mus. VI, 1958–63; L. ZACCONI, Prattica di musica (I), Venedig 1592; PRAETORIUS SYNT. II; P. TRICHET, Traité des instr. de musique (um 1638–44), hrsg. v. Fr. Lesure, Ann. Mus. III, 1955 – IV, 1956, separat Neuilly-sur-Seine 1957, Suppl. in: The Galpin Soc. Journal XV, 1962 – XVI, 1963; TH. MACE, Musick's Monument, London 1676, Faks. Paris 1958; H. LE BLANC, Défense de la basse de viole contre les entreprises du v. et les prétentions du vc., Amsterdam 1740, NA in: RM VIII, 1927 – IX, 1929, deutsch v. A. Erhard, Kassel 1951; A. BAGATELLA, Regole per costruzione di v., Padua 1786, frz. als: Règles pour la construction des v., Padua 1883, Nachdruck Genf 1927; J. A. OTTO, Über d. Bau u. d. Erhaltung d. Geige ..., Halle 1817, engl. als: A Treatise of the Structure and Preservation of the V. ..., London 1860; DERS., Über d. Bau d. Bogeninstr., Jena 1828, 31886, engl. als: Treatise on the construction ..., London 1833; G. DUBOURG, The V., London 1836, 51878; G. A. WETTENGEL, Lehrbuch d. Geigen- u. Bogenmacherkunst, 2 Bde, Weimar 1869; G. HART, The V.: Its Famous Makers and Their Imitators, London 1875, 41909; A. VIDAL, Les instr. à archet, 3 Bde, Paris 1876–79, Nachdruck London 1961; J. RÜHLMANN, Zur Gesch. d. Bogeninstr., Braunschweig 1882; C. ENGEL, Researches Into the Early Hist. of the V. Family, London 1883, Nachdruck London 1965; E. H. ALLEN, V. Making, London 1884, 21894; DERS., De fidiculis Bibliogr., 2 Bde, London 1890–94, Nachdruck London 1961; F. SACCHI, La prima comparsa della parola v., Gazzetta mus. di Milano XLVI, 1891, dazu G. Biscaro, ebenda XLVII, 1892; P. O. APIAN-BENNEWITZ, Die Geige, d. Geigenbau u. d. Bogenverfertigung, Weimar 1892, hrsg. v. O. Möckel, Lpz. 21920; A. HAJDECKI, Die ital. Lira da braccio, Mostar 1892, Nachdruck Amsterdam 1965; F. L. SCHUBERT, Die V., hrsg. v. R. Hofmann, Lpz. 1892; L. GRILLET, Les ancêtres du v. et du vc., les luthiers et les fabricants d'archets, 2 Bde, Paris 1901; W. H., A. F. u. A. E. HILL, A. Stradivari, London 1902, 21909, Nachdruck NY 1964; DIES., The V. Makers of the Guarneri Family, London 1931, Nachdruck NY 1965; W. L. v. LÜTTGENDORFF, Die Geigen- u. Lautenmacher v. MA bis zur Gegenwart, Ffm. 1904, 2 Bde, 5–61922; W. M. MORRIS, British Violinmakers, London 1904, 21920; A. FUCHS, Taxe d. Streich-Instr., Lpz. 1907, bearb. v. H. Edler, Ffm. 51955; J. GÖRZ, Fiedelmusik in d. Iglauer Sprachinsel, Kgr.-Ber. Wien 1909; K. SCHLESINGER, The Instr. of the Modern Orch. and Early Records of the Precursors of the V. Family, 2 Bde, London 1910; H. PRUNIÈRES, La musique de chambre et de l'écurie sous le règne de François Ier, L'année mus. I, 1911/12; G. KINSKY, Musikhist. Museum v. W. Heyer in Cöln II, Köln 1912; A. SEIFFERT, Eine Theorie d. Geige, AfMw IV, 1922; ST. CORDERO DI PAMPARATO, Emmanuele Filiberto di Savoia, protettore dei musici, RMI XXXIV, 1927; M. PINCHERLE, Feuillets d'hist. du v., Paris 1927, 21935; P. STOEVING, The V., Its Famous Makers and Players, Boston 1928; O. HAUBENSACK, Ursprung u. Gesch. d. Geige, Marburg 1930; O. MÖCKEL, Die Kunst d. Geigenbaues, Bln 1930, hrsg. v. Fr. Winckel (21954), Hbg 31966; E. VAN DER STRAETEN, The Hist. of the V., 2 Bde, London 1933; L. F. GEIGER u. L. M. COLE, V. Making ..., Chicago 1935; (F.) HELL, Über alt Mensuren in d. Geigenfamilie, Zs. f. Hausmusik IV, 1935 (vgl. ebenda V, 1936); M. EMMANUEL, The Creation of the V. and Its Consequences, MQ XXIII, 1937; O. FOFFA, Pellegrino da Montechiaro Inventore del V.(?), Brescia 1937; J. PERSIJN, Origine du mot v., 's-Gravenhage 1937; G. STROCCHI, Liuteria. Storia ed arte, Lugo 1937; C. BONETTI, La genealogia degli Amati-Liutai e il primato della scuola liutistica cremonese, Bollettino storico cremonese, Serie II, 8, 1938; G. PASQUALI u. R. PRINCIPE, Il v., Mailand 1939; FR. FARGA, Geigen u. Geiger, Zürich 1940, 61946, engl. London 1950; C. SACHS, The V. Mus. Instr., NY (1940), London 1942; N. BESSARABOFF, Ancient European Mus. Instr., Boston 1941, Nachdruck 1964; E. PELUZZI, Chi fu l'inventore del v., RMI XLV, 1941; DERS., Le regole di A. Bagatella, RMI XLVII, 1943; R. DONINGTON, The Instr. of Music, London 1949, Nachdruck 1964; DERS., James Talbot's Ms., (darin Maße d. V. um 1700), The Galpin Soc. Journal III, 1950; A. BAINES, Fifteenth-Cent. Instr. in Tinctoris' »De Inventione et Usu Musicae«, ebenda; FR. LESURE, La facture instr. à Paris au seizième s., ebenda VII, 1954; DERS., Notes sur la facture du v. au XVIe s., RM, Nr 226, 1955; M. MÖLLER, The V. Makers of the Low Countries (Belgium and Holland), Amsterdam 1955; W. SENN, Der Wandel d. Geigenklanges seit d. 18. Jh., Kgr.-Ber. Hbg 1956; K. JALOVEC, Ital. Geigenbauer, Prag 1957; DERS., Deutsche Geigenbauer, Prag 1967; FR. ERNST, Die V. um 1800, Glareana VIII,

1959; DERS., Der alte V.-Hals, ebenda; R. ERAS, Die ursprüngliche Bauweise u. Mensurierung v. Streichinstr., Mf XIII, 1960, dazu D. Litzenberger in: Mf XIV, 1961; D. LOCKHART, The Old V., London 1960; J. EPPELSHEIM, Das Orch. in d. Werken J.-B. Lullys, = Münchner Veröff. zur Mg. VII, Tutzing 1961; W. v. WARTBURG, Frz. Etymologisches Wörterbuch XIV, Basel 1961; S. NELSON, The V. Family, London 1964; E. WINTERNITZ, The School of G. Ferrari and the Early Hist. of the V., in: The Commonwealth of Music, in Honor of C. Sachs, Glencoe (Wis.) 1964; DERS., G. Ferrari, His School, and the Early Hist. of the V., Varallo 1967; D. D. BOYDEN, The Hist. of V. Playing from Its Origins to 1761..., London 1965; DERS., Enzyklopädie d. Geigenbaues, 2 Bde, Prag 1967; W. KOLNEDER, Die mus.-soziologischen Voraussetzungen d. Violinenentwicklung, in: Colloquium amicorum, Fs. J. Schmidt-Görg, Bonn 1967.
M. MÖCKEL, Das Konstruktionsgeheimnis d. alten ital. Meister, Bln 1925; DERS., Die Kunst d. Messung im Geigenbau, Bln 1935; K. FUHR, Die akustischen Rätsel d. Geige, Lpz. 1926, Ffm. ^{2}1958; H. MEINEL, Frequenzkurven v. Geigen, Akustische Zs. II, 1937 – V, 1940; DERS., Akustische Eigenschaften hervorragender Geigen, ebenda IV, 1939; DERS., Akustische Eigenschaften v. Geigen verschiedener Qualität, ebenda V, 1940; F. A. SAUNDERS, The Mechanical Action of V., JASA IX, 1937/38; DERS., The Mechanical Action of Instr. of the V. Family, JASA XVII, 1945/46; DERS., Recent Works on V., JASA XXV, 1953; H. KAYSER, Die Form d. Geige, = Harmonikale Studien II, Zürich 1947; E. ROHLOFF, Der Klangcharakter altital. Meistergeigen, Zs. f. angewandte Physik II, 1950; U. ARNS, Untersuchungen an Geigen, Diss. Karlsruhe (T. H.) 1954; DERS., Eine neue Art objektiver Qualitätsfeststellung an Geigen, Gravesaner Blätter II, 1957, H. 7–8; W. LOTTERMOSER, Die akustische Prüfung v. V., Kgr.-Ber. Wien 1956; DERS. u. J. MEYER, Akustische Prüfung d. Klangqualität v. Geigen, Instrumentenbau-Zs. XII, 1957; C. M. HUTCHINS, A. S. HOPPING u. F. A. SAUNDERS, Subharmonics and Plate Top Tones in V. Acoustics, JASA XXXII, 1960. ED

Violinmusik. Der Aufstieg der Violine von etwa 1610 bis zum Ende des 18. Jh. war ein geschichtlicher Vorgang, bei dem die hohe Kunst des → Geigenbaus, die Entwicklung der Spieltechnik und das Ausreifen bedeutender Kompositionsformen in enger Wechselwirkung standen. Die großen Geigenbaumeister in Italien und in den Alpenländern schufen ihre noch heute berühmten Instrumente in derselben Zeit, in der die Violinmusik eine für die gesamte Instrumentalmusik bedeutsame Entwicklung nahm: die begleitete Solosonate und die Triosonate waren vornehmlich für die Violine, das Concerto grosso und das Solokonzert von den komponierenden Violinmeistern selbst (Corelli, Torelli, Vivaldi u. a.) geschaffen worden. Diesem Aufstieg der Violine nach 1600 war eine Aufwertung der Streichinstrumente seit etwa 1520 vorangegangen und beim Übergang von der Renaissance zum Barock auch das solistische Heraustreten der Instrumentalisten in der Cappella. Im Unterschied zur Viola da gamba wurde die Violine meist von Berufsmusikern gespielt; der erste namentlich bekannte Violinspieler war Baltazarini, der seit 1555 in Frankreich (unter dem Namen B. de Beaujoyeulx) tätig war. Die Mitwirkung der Violine in der Musik für höfische Feste (Theater, Ballett und höfische Tänze) ist durch Bilddokumente und Aufführungsberichte bezeugt, wie vor allem durch die Beschreibung des unter Baltazarinis Leitung 1581 aufgeführten *Balet comique de la Royne* (gedruckt 1582; f. 22f.): ... *dix violons ... commencerent à iouer la premiere entrée du Balet.* Die 5st. Streichersätze dieses Balletts, die zwar für ein Ensemble von 10 Violininstrumenten (*violons*) komponiert sind, sich im übrigen jedoch nicht von den apart zu besetzenden Instrumentalsätzen der 2. Hälfte des 16. Jh. unterscheiden, bezeichnet D. D. Boyden (1965, S. 56) als »die erste gedruckte Violinmusik«. Auch der Bericht über eine in Florenz 1589 aufgeführte kurze 5st. *Sinfonia* von L. Marenzio, die eines der Intermedien zur Fürstenhochzeit einleitete, nennt unter den ausführenden Instrumenten eine Violine (veröffentlicht durch Cr. Malvezzi in: *Intermedii e concerti*, Venedig 1591). Monteverdi, in Cremona, der Stadt der Geigenbauer Amati, großgeworden, verwendet dann 1610 schon in seinem Magnificat die Violine von der G-Saite bis zur 4. Lage auf der E-Saite (e^3), im *Combattimento* ... (1624) schreibt er pizzicato vor; in der großen Arie im 2. Akt seines *Orfeo* läßt er zwei *Violini piccoli alla francese* neben anderen Instrumenten zur besonderen Charakterisierung mitwirken. G. Gabrieli führt in seiner *Sonatta con tre violini* (1615 posthum gedruckt) die Instrumente bis zum c^2, vermeidet aber noch die G-Saite, was zunächst allgemein üblich war. Das Potential der Violine wird jedoch schon von G. P. Cima ausgewertet; seine *Sonata per violino e violone* (in: *6 Sonate per istrumenti a 2, 3 e 4 voci*, 1610 in Mailand gedruckt) darf als erste Violinsonate gelten und macht die Entwicklung deutlich, die mit dem Aufstieg der solistischen, begleiteten Gesangskunst parallel läuft. Cimas Skalen und Figuren verraten zugleich die Übung an einer nicht gedruckten improvisierten Variationskunst und an Werken wie den *Passaggi* ... (Venedig 1592) von R. Rognoni, dessen Sohn. Francesco Rognoni Taeggio diesem Werk eine *Aggiunta del scolaro di violino & altri strumenti col basso continuo* ... (Mailand 1614) folgen ließ.
In den Jahrzehnten bis zur Mitte des 17. Jh. entwickelte sich die Komposition für eine, zwei und mehrere Oberstimmen mit B. c., wobei die Rolle der Violine immer mehr in den Vordergrund trat. Tänze wurden als Kammermusik stilisiert, in sonatenartigen Werken steigerte sich die spezielle Violintechnik. S. Rossi, D. Castello, Fr. Turini, O. M. Grandi, G. B. Fontana und B. Marini waren besonders als Komponisten von Solo- und → Triosonaten Träger dieser Entwicklung seit Cima. M. Uccellini forderte in seinen Sonaten op. 3 (1645) die 5. Lage, in op. 5 (1649) die 6. Lage. Farina notierte bereits 1627 im Dienst programmatischer Musik (*Capriccio stravagante*) spieltechnische Effekte wie con legno, sul ponticello, glissando u. a. Bis etwa 1680 waren die wichtigsten Komponisten von Violinmusik in Italien vorwiegend Kapellmeister und Organisten. In den fugierten Sätzen der Sonaten lebte die alte Polyphonie weiter; daneben begann der monodisch-kantable Stil in den Largo- und Adagiosätzen zu blühen. Nach 1680 wurde die bedeutende Violinmusik immer häufiger von den großen Geigern selbst geschrieben. Im Laufe des 17. Jh. hatte sie sich aus der Abhängigkeit von der schon um 1600 hochentwickelten Geläufigkeit des Spiels auf den Violen frei gemacht und eine eigene Figuration entwickelt, die der Quintenstimmung und der Spieltechnik auf dem bundlosen Griffbrett entsprach. Die zugleich fortschreitende Ablösung von den Vorbildern der vokalen Polyphonie und von der älteren Diminutionstechnik ermöglichte die motivische und thematische Erfindung aus der Spielweise des Instruments. Diese Entwicklung des ersten Jahrhunderts der Violinmusik faßte Corelli mit den 12 *Sonate a violino e violone o cimbalo* op. 5 (Rom 1700) zusammen, die gemäßigte Virtuosität der Doppelgriffe und Figuration (ohne höheres Lagenspiel) entfalten; die in durchlaufender schneller Bewegung geführten Sätze, die Corelli hier den 4 Sätzen der Kirchensonaten (Nr 1–6) zufügte, finden sich bis heute in Etüdensammlungen; die Variationen über *La Follia* (Nr 12) sind ein repräsentatives Vortragsstück geblieben. Corellis Violinsonaten wurden bis 1800 immer wieder neu gedruckt; nur im Schatten der klassischen Musik trat

vorübergehend das Interesse zurück. Bis in die 2. Hälfte des 19. Jh. wurden in Italien Solo- und Triosonaten (z. B. von Corelli op. 1 und 3) mit der Satzfolge der Kirchensonate (→ Sonate) während der Liturgie bei der Wandlung (Elevazione) gespielt. In der Markuskirche in Venedig war ab 1692 dafür ein Geiger angestellt. Die wichtigsten Komponisten von Sonaten aus der Zeit und in der Nachfolge Corellis sind: G. B. u. T. Vitali, A. u. Fr. M. Veracini, Albinoni, F. Dall'Abaco, Vivaldi, Geminiani, G. B. Somis; sie übernahmen Satzfolge und andere Charakteristika der Sonaten Corellis wie auch noch G. Ph. Telemann, G. Fr. Händel und J. S. Bach. Neben der Kammersonate und der 4sätzigen Kirchensonate gewann nun auch die 3sätzige Sonate an Bedeutung.

Virtuoser als Corelli, aber in Form und kantablem Ausdruck nicht gleicherart ausgewogen, war die Kunst der deutschen Geiger. Sie traten im Laufe des 17. Jh. mit einer Violintechnik hervor, die sich seit dem Beginn des Jahrhunderts aus improvisatorischen und fixierten Variationen über Lieder und Tänze entwickelt hatte und Doppelgriffspiel einschloß. (An italienischen Geigern wirkten in Deutschland B. Marini und C. Farina.) Spiegeln etwa Werke von Vierdanck (1641) und das Lehrwerk von D. Speer (1687) die Art des Ensemblespiels, so zeigen Sonaten von Ph. Fr. Boeddeker (*Sacra partitura*, Straßburg 1651) und J. H. Schmelzer (1664) die Kunst der Solisten. Einige Werke des virtuosen deutschen Geigers Th. Baltzar wurden posthum von Playford in *The Division-Violin* (1685) veröffentlicht, einem Werk, das über den Stand des Violinspiels in England und die Bevorzugung von Variationen (→ Division) Auskunft gibt. Als der große Virtuose des 17. Jh. dokumentiert sich in seinen *Scherzi* (1676) J. J. Walther mit durchdachter und genau bezeichneter Violintechnik, die sich auf Passagen, Staccato, Doppelgriffe, Arpeggien und hohe Lagen erstreckt. Auch er läßt, wie schon Marini, eine Sonate für 2 Violinen auf einem Instrument spielen (*Hortulus chelicus*, 1688). Als Komponist vielseitiger ist H. I. Fr. Biber, der die Violine auch in der Kirchenmusik einsetzte. Seine Technik entspricht etwa der von Walther; doch die vielfältige Verwendung der → Scordatura unterscheidet ihn von ihm. Den Zyklus seiner Mysteriensonaten schließt er mit einer großen Passacaglia für Violine ohne Baß ab. Das virtuose Spiel auf der unbegleiteten Violine hatte in Deutschland eine besondere Tradition. Von Baltzar stammen die ersten bedeutenden Stücke, J. P. v. Westhoff veröffentlichte 1682 in Paris eine Suite, deren Anforderungen an das Doppelgriff- und Akkordspiel auf J. S. Bach weisen. Sonaten für Violine ohne Baß schrieben Geminiani (1705) und Pisendel (1716?). Die von J. S. Bach im Jahre 1720 vollendeten *Sei solo a violino senza baßo* sind drei mehrsätzige Sonaten und drei Partiten für Violine allein und fassen diese Traditionen in einem Gipfelwerk zusammen; ingeniöse Erfindungen für das mehrstimmige Spiel auf einer Violine, die hohen Anforderungen an die Bogentechnik, die reife Ausprägung der 4sätzigen Kirchensonate, die Stilisierung der Tanzsätze in der Suite und die virtuose Variationskunst in der Ciacona verbanden sich hier zur größten Aufgabe für den Geiger. Weitere Werke für Violine allein schrieben P. Locatelli (1733), G. Ph. Telemann (Fantasien 1735), J. H. Roman (*Assaggi*, 1730–40) und G. Guillemain (op. 18, 1762). In Bachs 6 Sonaten für Violine und Cembalo übernimmt in kontrapunktischen Sätzen die rechte Hand des Cembalospielers eine von drei Stimmen; in einigen langsamen Sätzen sind mit ausgearbeitete Begleitfiguren anvertraut. Die Violinsonate der Wiener Klassiker entwickelte sich jedoch nicht aus dieser Form; ihre Vorläufer waren Klaviersonaten »mit begleitender Violine« (J. Chr. Bach u. a.). Mit seinen Violinkonzerten griff J. S. Bach die neueste italienische Kompositionsweise auf. Schon bei Albinoni (ab 1695) und Torelli (1709) war die Violine im Concerto solistisch hervorgetreten; mit Vivaldi, der mit seinem op. 3 die Form ausbaute, begann das Solokonzert eine wichtige Rolle zu spielen. Der Aufbau des ersten Satzes mit Hauptmotiv und Nebenmotiven und figurierten Solopartien wurde epochemachend für die neue concertierende Violinmusik. Da auch Konzerte für zwei und mehrere Violinen geschrieben wurden, ist die Geschichte des Violinkonzerts zunächst mit derjenigen des Concerto grosso verbunden.

In Frankreich wurde im 17. Jh. das Orchesterspiel vom Adel und besonders vom Königshofe sehr gefördert. Den berühmten Vingt-quatre violons du Roy, schon 1626 unter Ludwig XIII. zusammengestellt, fügte 1656 Ludwig XIV. die Petits violons (16 Spieler) hinzu; mit der Aufgabe, diese auszuwählen und zu einem Eliteorchester heranzubilden, war J.-B. Lully (der selbst Geiger war) betraut. In seinen sorgfältigen Einstudierungen entwickelte er nicht nur einen weithin vorbildlichen Vortrag der höfischen Tänze und der Balletttänze, sondern auch ab 1660 den Stil der französischen Ouvertüre mit den charakteristischen punktierten Rhythmen. In seinem *Neu-Eröffneten Orchestre* (1713) lobte Mattheson die Art und Weise der Aufführung bei den Franzosen über alles und erklärte: *Sie lernen es aber vorhero fast ganz auswendig und schämen sich nicht ... ein Ding wohl hundertmal zu probieren.* Der Wiener Georg Muffat beschrieb voller Bewunderung jene Stricharten der Franzosen, bei welchen, um bei lebhaftem Tempo immer auf den 1. Taktteil Abstriche zu gewinnen, von 3 Noten die 2. und 3. mit einem Aufstrich *gleichsamb hupfend hinauff gestoßen* wurden (Vorwort zum *Florilegium* II, 1698). Auf der Grundlage des durch Lully entwickelten Violinspiels erwuchs um 1700 solistische Violinmusik mit Generalbaß auch in Frankreich. Sie ist der erste Anfang einer langen Entwicklung, in der die französische Violinkunst in stetiger Auseinandersetzung mit italienischen Anregungen solche Bedeutung gewann, daß sie am Ende des Jahrhunderts die Führung übernehmen konnte. J. F. Rebel (ab 1695) stellte in seinen suitenartigen Satzfolgen technische Ansprüche, die über diejenigen des Orchesterspiels hinausgingen. Fr. Duval (ab 1704), der erste Spieler von Sonaten Corellis in Paris, verwendete dessen 4sätzige Form neben dem französischen Suitenstil. Italienisch geschult waren auch die Mitglieder der königlichen Kapelle J. B. Anet, Schüler Corellis, und Senallié, Komponist von 50 Violinsonaten. In den Jahren nach 1725 machte sich das Vorbild Vivaldis geltend, mit dessen Konzerten J. P. Guignon ab 1728 in den Concerts spirituels Triumphe feierte. Guignon hatte, wie auch G. Guillemain und J.-M. Leclair, in Turin bei Corellis Schüler G. B. Somis studiert, der seinerseits Paris besuchte. J. Aubert, Schüler Senalliés, gilt als der erste Komponist und Spieler von französischen Violinkonzerten für eine konzertierende Violine und 3 Prinzipalvioline mit Baß (1735). Neben der Sonate für Solovioline mit B. c. und der Triosonate gewannen auch Sonaten für 2 Violinen ohne Baß an Bedeutung, z. B. von J. Aubert und Leclair. Im Duosatz stellte M. Corrette in seiner Violinschule (1738) einer französischen Ouvertüre mit nachfolgenden Tanzsätzen eine 4sätzige italienische Sonate gegenüber. Er zeigt zwei Spielweisen, die sich durch Bogenhaltung und Strichbehandlung unterscheiden; die Beispiele im französischen Stil sind im g-Schlüssel auf der untersten Linie notiert (»französischer Violinschlüssel«), die italienischen Beispiele in der noch heute üblichen Art (sie führen bis in die 7. Lage). J.-J. Mondonville verwendet in Sonaten Flageolettspiel (um 1738). Leclair (49 Sonaten, 12 Violinkonzerte) vermittelte die von Frankreich adaptierte Kunst Corellis an J.-B. L'Abbé le fils (Violinschule 1761) und an P. Gaviniès, den Komponisten empfindsamer Kammermusik und schwierigster Capricen. Der italienisch geschulte Guillemain schrieb spezifisch virtuose Capricen für Violine solo (op. 18, 1762). Gaviniès' Schüler S. Leduc verband in seinen schon klassisch geformten Sonaten (1767, 1771) als Ausklang der Epoche mit dem Generalbaß eine kantable Melodik, die derjenigen Mozarts nahesteht.

Mit den Anforderungen an das Lagenspiel und die Bogentechnik hatte sich die Geigenhaltung geändert. Ein Gemälde von Gerrit Dou (1665) zeigt noch einen Violinspieler, der sein Instrument in der Herzgegend an die Brust setzt und den Bogen leicht, mit abgehobenem kleinem Finger führt. J. Chr. Weigel (*Musicalisches Theatrum*, um 1720) läßt die Geige an den Hals setzen, wobei das Kinn sie nicht berührt. So ist auch der Geiger noch auf Titelblättern von Corrette (1738) und Fr. M. Veracini (1744) abgebildet. Das Festhalten mit dem Kinn als Voraussetzung für eine bewegliche linke Hand wurde jedoch schon 1677 von J. J. Prinner (*Musicalischer Schlissl*) gefordert (vgl. Federhofer 1960). Der markanteste Beweis für virtuose Grifftechnik sind die 24 *Capricci*, die P. Locatelli als Kadenzen für seine *Concerti* op. 3 (1733) veröffentlichte; sie führen bis in die 14. Lage. An Locatellis Virtuosität knüpfte erst wieder Paganini an. Geminiani, Schüler von Corelli, brachte in seiner seit 1751 mehrfach gedruckten und übersetzten Violinschule, der ersten, die im 18. Jh. eindeutig für den Berufsgeiger bestimmt war, neben traditionellen Aufgaben und Verzierungsanweisungen die ersten methodischen Beispiele, die in verschiedenen Stricharten geübt werden sollten. Differenziertes Lagenspiel wurde schon durch Tessarini gefördert, der in seiner Violinschule (1741) wertvolle Beispiele für das Spiel in der 2., 3. und 4. Lage gab. G. Tartini mit dem Beinamen »Maestro delle nazioni« hatte ab 1727/28 etwa 40 Jahre lang in Padua großen Einfluß auf die Entwicklung des Violinspiels. Er schrieb 135 Violinkonzerte, die ebenso viele sowie etwa 200 Sonaten für kirchlichen Gebrauch entstanden. In *L'arte del arco ...*, ab 1745 mehrfach gedruckt, verbindet Tartini die Übung vielseitiger und virtuoser Bogentechnik mit anspruchsvollen Griffaufgaben anhand von 50 Variationen über eine Gavotte von Corelli. Sein Schüler Nardini steht ähnlich wie Tartini zwischen Barock und Frühklassik. Nardini war berühmt wegen seines Spiels reich verzierter Adagios; zugleich weist sein Stil auf die Kantabilität J. Chr. Bachs und W. A. Mozarts. Aus Tartinis Kompositionen verwendet L. Mozart Beispiele in seiner umfassend und systematisch angelegten Violinschule (1756), die auch einige etüdenartige Duoübungen enthält. W. A. Mozarts Vorstellungen von Violinkomposition und -spiel waren auch durch Eindrücke in Paris, London und Mannheim bestimmt, die vor allem für die Entwicklung seiner Sonaten bedeutsam waren; diese sind zunächst noch Klaviersonaten mit Violinbegleitung (s. u.). Mozarts 5 Violinkonzerte, 1775 in Salzburg wohl zum eigenen Gebrauch geschrieben, verbinden innerhalb der Sonatensatzform das Konzertieren mit der thematischen Differenzierung symphonischer Musik.

1775 erlebten in Paris, der europäischen Hauptstadt der Violinkunst, etwa 20 neue Violinkonzerte verschiedener Komponisten ihre erste Aufführung. Gaviniès und seine Schüler wurden durch die Mannheimer Symphonik und durch Schüler Tartinis beeinflußt. G. B. Viotti fand in Paris das Publikum, das ihn bei seinem ersten Auftreten (1782–83) stürmisch feierte. Den großen klingenden Strich hatte er von Pugnani, einem Schüler von Somis, gelernt. Ihre ganze Macht solle die Violine im Konzert entfalten, schrieb später Baillot, Viottis leidenschaftlicher Vorkämpfer: »geboren zu herrschen, ist hier der Ort, an dem sie als Souverän regiert«. In den Jahren nach der Gründung des Pariser Conservatoire (1795) entstanden die bis heute gültigen lehrhaften Werke, mit denen sich der Übergang von der Caprice zur Etüde vollzog (Themelis 1967). R. Kreutzer veröffentlichte seine *40 Etudes ou caprices*, Baillot folgte mit *12 Caprices ou études pour le violon avec accompagnement de basso*, ferner Viottis Schüler P. Rode (der die Violinkonzerte seines Lehrers bekanntmachte und selbst 13 Violinkonzerte schrieb) mit seinen *24 Caprices en forme d'études* in allen Tonarten. Mit Kreutzers Sammlung wurde das spezielle technische Problem als Aufgabe isoliert, während in der Caprice noch auf den musikalischen Sinngehalt geachtet wurde, auch wenn die Schwierigkeiten außerordentlich wurden, wie in den posthum veröffentlichten *24 Matinées* von P. Gaviniès und den schon um 1810 entstandenen *24 Capricci per violino solo* von N. Paganini. In dieser Blütezeit der Violine war man zugleich bestrebt, auch am Können und an den Werken älterer Meister zu lernen. Als Alterswerk hatte Corrette 1782 in *L'art de se perfectionner dans le violon* Stücke und schwere Stellen von verschiedenen Meistern des frühen 18. Jh. zusammengestellt; Gleiches unternahm J. B. Cartier in *L'art de violon* (ab 1798), wo J. S. Bachs Fuge in A moll (BWV 1003) und Tartinis Sonate mit dem »Teufelstriller« zum erstenmal veröffentlicht wurden. Corellis Werke wurden wieder neu gedruckt. Die Etüden von F. Fiorillo (um 1800) und die Violinschule von B. Campagnoli (1797) bekunden zur gleichen Zeit die Vielseitigkeit und den hohen Stand der italienischen Violinkunst.

In Paris schuf Tourte den modernen Violinbogen, der die federnde Technik des »Viotti-Strichs« und die Differenzierungen der Bogenführung bei Kreutzer, Rode und Baillot ermöglichte. Der Engländer John Dodd ging gleichzeitig selbständig ähnliche Wege. Die meisten der alten Violinen wurden seit 1800 umgebaut; durch Verlängerung von Hals, Griffbrett und Saiten, durch Erhöhung des Stegs und stärkere Spannung der Saiten konnten sie dem Spiel in hohen Lagen, dem Bedürfnis nach stark differenzierter Ausdrucksdynamik und den klanglichen Forderungen der größeren Konzertsäle besser dienen. – Die Krönung gab dieser Violinkunst Beethoven in seinem Violinkonzert (op. 61, 1806) mit Anforderungen an den Spieler, die erst nach Jahrzehnten erfüllt wurden. Beethovens Violinsonaten stehen in der Tradition der Klaviersonaten mit begleitender Violine. Diese waren nicht aus der Generalbaßsonate hervorgegangen. Werke jener zukunftsweisenden Art waren veröffentlicht worden von J.-J. Mondonville (1734), Ch. Fr. Clément (1743), Guillemain (1745), J. Schobert (1760), J.-J. Beauvarlet-Charpentier (1773), Boccherini (1768) und J. Chr. Bach (ab 1775). N. J. Hüllmandel, dessen frühe Sonaten Mozart kannte, vereinigte in op. 6 (1782) und op. 9 (1787) Sonaten für Pfte mit Violine ad libitum und solche mit »Violon obligé«. Mozarts Sonaten ab 1778 und die 10 Violinsonaten von Beethoven gewannen in steigenden Graden die ausgewogene Partnerschaft der beiden so ungleichen Instrumente.

Gilt Viotti als letzter Violinist der italienischen Tradition und zugleich als Initiator neuer Entwicklungen in Frankreich, so war Paganinis europäisches Wirken gleichsam ein dämonisches Nachspiel. Er spielte nur eigene Werke; ihre Bedeutung liegt weniger im Formalen oder Stilistischen, als vielmehr in der Entfaltung einer spezifischen Virtuosenphantasie, die durch die Verbindung von Bogen- und Pizzicatospiel, Doppelgriffe, Benutzung höchster Lagen, Spezialtechnik für schnelle chromatische Skalen, Doppeltriller und Doppelgriffflageoletts faszinierte und auch auf die Klaviertechnik (vor allem bei Liszt, aber auch bei Chopin und R. Schumann) nachhaltig einwirkte. – Im Anschluß an Rode und R. Kreutzer schrieb Spohr seine ersten Violinkonzerte. In seinen reifen Violinwerken verbindet er klassizistische und romantische Elemente mit melodiöser Virtuosität. Der Lehrgang seiner 1832 erschienenen Violinschule führt schnell zu hohen technischen Ansprüchen und repräsentiert wie Spohrs Konzerte, Kammermusiken und Duos letztmalig die Kunst eines komponierenden Violinvirtuosen, dessen Werke zugleich einen allgemein verbindlichen Zeitstil vertreten (vergleichbar mit Ch. A. de Bériot in Paris). Die großen Violinkonzerte seit Beethoven, die heute noch im Konzertsaal zu hören sind, wurden nicht mehr von Geigern geschrieben; zu nennen sind: Mendelssohn Bartholdy (1844), R. Schumann (1853), Bruch (1866), Brahms (1878), Tschaikowsky (1878), Dvořák (1879–80); ferner E. Lalo, Goldmark, Saint-Saëns, H. Götz, Busoni. – Eine Frucht des Historismus ist *Die hohe Schule des Violinspiels*, eine Sammlung von Violinsonaten des 17. und 18. Jh., die F. David, ein Schüler Spohrs, 1867–72 herausgab. Violinmusik von komponierenden Violinvirtuosen entstand jedoch weiterhin bis gegen Ende des 19. Jh. Baillots Schule gehören Bériot (10 Konzerte), Mazas und Dancla an; sie schrieben auch Etüden und Lehrwerke, die lange in Gebrauch blieben. Schüler von Bériot war der Belgier Vieuxtemps, der ähnlich wie der Pole H. Wieniawski das Erbe Paganinis mit der Tradition der französischen Schule und ihres Violinkonzerts verband.

In Wien hatte sich aus der Pflege der klassischen Musik und vor allem des Streichquartetts eine neue Geigertradition gebildet. Schon in Haydns Quartetten werden vielfach an die Violine Ansprüche gestellt wie vordem im Violinkonzert. Neben Schuppanzigh, Fr. Clement und Mayseder aus dem Kreis um Beethoven war J. Böhm die überragende Persönlichkeit; zu dessen Schülern gehörten Hellmesberger, H. W. Ernst (der wie Paganini gefeiert wurde), Dont und E. Singer. J. Joachim, Schüler Böhms und gereift durch seinen Umgang mit Mendelssohn Bartholdy und Liszt, mit R. und Clara Schumann sowie mit Brahms, bildete sich und später eine große Zahl von Schülern zu einem neuen Typus des verantwortungsvollen Interpreten aus und wurde damit zu einem Exponenten der Violinkunst in der 2. Hälfte des 19. Jh. Die 3 Violinsonaten von Brahms und die Sonate von C. Franck sind für diese Zeit repräsentativ geblieben und lösten eine vielfältige Fortführung aus (Debussy, Bartók, Prokofjew, Hindemith u. a.). – Mit den 11 Sonaten und 13 Präludien und Fugen von Reger gewann die Komposition für Violine allein wieder neue Bedeutung und Nachfolge (Hindemith, Honegger, J. N. David, Bartók u. a.). Violinkonzerte schrieben im 20. Jh. Sibelius (1903–05), Glasunow (1903), Reger (1908), Elgar (1910), C. Nielsen (1911), Delius (1916), Szymanowski (1917 u. 1933), Pfitzner (1923), Prokofjew (1921 u. 1937), Strawinsky (1931), A. Berg (1935), Schönberg (1936), Bartók (1937–38), Hindemith (1939), ferner Respighi, Milhaud, J. N. David, Křenek, C. Beck, Egk, K. A. Hartmann, Fortner, Genzmer, Nono u. a. – Mit neuer Besinnung auf die Probleme des Anfängers schrieb A. Moser den 1. Band der Violinschule von J. Joachim. F. Küchler (1911, 11 1930) ging weiter bis zur Berücksichtigung des kindlichen Alters des Anfängers; mit Einbeziehung alter und neuer Musik setzten diese Tendenz Erich und Elma Doflein (5 Bde, 1932–50), W. Isselmann u. a. fort. In spezialisierten Lehrwerken und Schriften wurden Praxis und Theorie der Technik des Violinspiels mehrfach systematisch dargestellt. O. → Ševčík isolierte die einzelnen Aufgaben der Griff- und Bogentechnik (1883 u. ö.); Werke, die sich speziell der Entwicklung der Spieltechnik widmen, schrieben u. a. L. Capet (1916), Havemann (1928) und J. Fechner (1954). In C. Fleschs *Die Kunst des Violinspiels* (1923–28) sind die Probleme der Spieltechnik, der Psychologie des Spielers und der künstlerischen Gestaltung erstmalig gründlich durchdacht und verbunden, gestützt auf Erkenntnisse von F. A. Steinhausen und W. Trendelenburg sowie des Pädagogen S. → Eberhardt.

Ausg.: The Division Violin, hrsg. v. J. PLAYFORD, London 21685; L'art de se perfectionner dans le violon, hrsg. v. M. CORRETTE, Paris 1782; L'art du violon, hrsg. v. J.-B. CARTIER, Paris 1798, erweitert 31803; Die hohe Schule d. Violinspiels. Werke berühmter Meister d. 17. u. 18. Jh., hrsg. v. F. DAVID, 23 H., Lpz. (1867–72, 21903), NA 1958; Instrumentalsätze v. Ende d. 16. bis Ende d. 17. Jh., hrsg. v. W. J. V. WASIELEWSKI, Bonn 1874, Bln 21905; Instr.-Konzerte deutscher Meister, hrsg. v. A. SCHERING, = DDT XXIX/XXX, Lpz. 1907; Das Violinspiel vor 1700 in Deutschland, 5 H., hrsg. v. G. BECKMANN, Lpz. 1918–21; Violinmusik d. Barock, hrsg. v. B. PAUMGARTNER u. a., Zürich 1951; Violinbibl., Mainz (1965ff.).

Lit.: Kat.: A. K. TOTTMANN, Führer durch d. Violinunterricht, Lpz. 1874, 21866, als: Führer durch d. Violinlit., bearb. v. W. Altmann, 41935; R. HOFMANN, Führer durch d. Violin-Lit., Lpz. 1904, als: Neuer Führer durch d. Violin- u. Va.-Lit., 21909; W. ALTMANN, Kammermusiklit., Verz. v. seit 1841 erschienenen Kammermusikwerken, Lpz. 1910, 61945; DERS., Orch.-Lit.-Kat., Verz. v. seit 1850 erschienenen Orchesterwerken, 2 Bde, Lpz. 1919, 21937; M. GRUENBERG, Führer durch d. Lit. d. Streichinstr., Lpz. 1913; FL. v. REUTER, Führer durch d. Solo-Violinmusik, Bln (1926); Cyclopedic Survey of Chamber Music, hrsg. v. W. W. COBBETT, 2 Bde, London 1929, mit Suppl.-Bd hrsg. v. C. Mason, 21963; H. LETZ, Music for the Violin and Va., = The Field of Music II, NY 1948; CL. SARTORI, Bibliogr. della musica strumentale ital. stampata in Italia fino al 1700, = Bibl. di bibliogr. ital. XXIII, Florenz 1952; J. FR. RICHTER, Kammermusik-Kat. (1944–48), Lpz. 1960; V. DUCKLES u. M. ELMER, Thematic Cat. of a Ms. Collection of 18th-Cent. Ital. Music in the Univ. of California Berkeley Music Library, Berkeley (Calif.) 1963; M. K. FARISH, String Music in Print, NY 1965.

Violinmusik: F. REGLI, Storia del violino in Piemonte, Turin 1863; W. SANDYS u. S. A. FORSTER, The Hist. of the Violin, London 1864; W. J. v. WASIELEWSKI, Die Violine u. ihre Meister, Lpz. 1869, bearb. v. W. v. Wasielewski, 41904, 7–81927; DERS., Die Violine im XVII. Jh. ..., Bonn 1874, mit Beispiel-Bd, Bln 21905; G. HART, The Violin and Its Music, London 1881; L. TORCHI, La musica strumentale in Italia nei s. XVI, XVII e XVIII, Gazzetta mus. di Milano LVII, 1901, separat Turin 1901; P. STOEVING, The Story of the Violin, London 1904; DERS., The Violin. Its Famous Makers and Players, Boston 1928; A. SCHERING, Gesch. d. Instrumentalkonzerts, = Kleine Hdb. d. Mg. nach Gattungen I, Lpz. 1905, 21927, Nachdruck Hildesheim u. Wiesbaden 1965; DERS., Zur Gesch. d. Solosonate in d. 1. Hälfte d. 17. Jh., Fs. H. Riemann, Lpz. 1909, Nachdruck Tutzing 1965; M. REUCHSEL, L'école classique du violon, Paris 31906; C. SACHS, Musik u. Oper am kurbrandenburgischen Hofe, Bln 1910, Nachdruck Hilversum 1967; M. PINCHERLE, La technique du violon chez les premiers sonatistes frç. (1695–1723), Bull. frç. de la Soc. internationale de musique VII, 1911; DERS., Les violinistes, compositeurs et virtuoses, Paris 1922; DERS., Feuillets d'hist. du violon, Paris 1927, 21935; BR. STUDENY, Beitr. zur Gesch. d. Violinsonate im 18. Jh., München 1911; L. DE LA LAURENCIE, L'école frç. de violon de Lully à Viotti, 3 Bde, Paris 1922–24; A. MOSER, Gesch. d. Violinspiels (Einleitung v. H. J. Moser), Bln 1923, ergänzt v. H.-J. Nössett, Bd I (Das Violinspiel bis 1800), Tutzing 21966; A. POUGIN, Le violon, les violinistes et la musique de violon du XVIe au XVIIIe s.,

Paris (1924); A. BONAVENTURA, Storia del violino, dei violinisti e della musica per violino, Mailand 1925, ²1933; M. GRUENBERG, Meister d. Violine, Stuttgart u. Bln 1925; H. NEURATH, Das Violinkonzert in d. Wiener klass. Schule, StMw XIV, 1927; G. R. HAYES, Mus. Instr. and Their Music 1500–1750, 2 Bde, London 1928–30; E. VAN DER STRAETEN, The Hist. of the Violin, 2 Bde, London 1933; E. H. MEYER, Die mehrst. Spielmusik d. 17. Jh. in Nord- u. Mitteleuropa, = Heidelberger Studien zur Mw. II, Kassel 1934; DERS., Engl. Chamber Music, London 1946, ²1951, deutsch als: Die Kammermusik Alt-Englands, Lpz. 1958; A. SCHLOSSBERG, Die ital. Sonata f. mehrere Instr. im 17. Jh., Diss. Heidelberg 1935; P. G. GELRUD, A Critical Study of the French Violin School (1782–1882), Diss. Cornell Univ. (N. Y.) 1941, maschr.; DR. PLAMENAC, An Unknown Violin Tablature of the Early 17th Cent., PAMS 1941; H. MISCHKIN, The Solo Violin Sonata of the Bologna School, MQ XXIX, 1943; W. C. GATES, The Lit. for Unaccompanied Solo Violin, Diss. Univ. of North Carolina 1949, maschr.; FR. GIEGLING, Giuseppe Torelli. Ein Beitr. zur Entwicklungsgesch. d. ital. Konzerts, Kassel 1949; DERS., Die Solosonate, = Das Musikwerk XV, Köln (1959); R. H. ROWEN, Early Chamber Music, NY 1949; J. BERGER, Notes on Some 17th-Cent. Compositions for Trumpets and Strings in Bologna, MQ XXXVII, 1951; G. PICCOLI, Trois s. de l'hist. du violon, 1617–1917, Nizza 1954; Aspects inédits de l'art instr. en France, hrsg. v. N. DUFOURCQ, RM, Sonder-Nr 226, 1955; D. STEVENS, Unique Ital. Instr. Music in the Bodleian Library, CHM II, Florenz 1956; B. SCHWARZ, Beethoven and the French Violin School, MQ XLIV, 1958; W. ST. NEWMAN, The Sonata in the Baroque Era, Chapel Hill/N. C. (1959); J. EPPELSHEIM, Das Orch. in d. Werken J.-B. Lullys, = Münchner Veröff. zur Mg. VII, Tutzing 1961; J. SZIGETI, Beethovens Violinwerke, Zürich 1965.

Lehrwerke: S. GANASSI, Regola Rubertina, 2 Teile, Venedig 1542–43, Faks. hrsg. v. M. Schneider, 2 Bde, = Veröff. d. Fürstlichen Inst. f. mw. Forschung zu Bückeburg II, 3, Lpz. 1924; G. JANETTI, Il scolaro ..., Mailand 1645; J. PLAYFORD, A Breefe Introduction to the Skill of Musick ..., London 1654 u. ö. bis 1730 (darin seit d. Ausg. v. 1657: Directions for Playing the Viol de Gambo and Treble Violin); O. MERCK, Compendium Musicae Instr. Chelicae, Augsburg 1688; ANON., Nolens volens or You Shall Learn to Play on the Violin Weather You Will or Not, London 1695; ANON., The Self Instructor on the Violin, London 1695; M. P. MONTÉCLAIR, Méthode facile pour apprendre à jouer le violon, Paris (1711 oder 1712); S. DE BROSSARD, Fragments d'une méthode de violon, Ms. Paris (Bibl. Nat., um 1712); P. DUPONT, Principes de violon, Paris 1718; M. CORRETTE, L'école d'Orphée. Méthode pour apprendre facilement à jouer du violon dans le goût françois et italien, Paris 1738; C. TESSARINI, Grammatica di musica ..., Rom (1741), auch frz. u. engl.; FR. GEMINIANI, The Art of Playing on the Violin, London 1751 u. ö., Faks. hrsg. v. D. D. Boyden, London 1952; MOZART Versuch; J.-B. L'ABBÉ LE FILS, Principes du violon, Paris 1761, Faks. hrsg. v. A. Wirsta, Paris 1961; ST. PHILPOT, An Introduction to the Art of Playing on the Violin, London (1767?); G. S. LÖHLEIN, Anweisung zum Violinspielen, Lpz. u. Züllichau 1774, ³1797; B. CAMPAGNOLI, Metodo per violino, Mailand 1797, ²1803, deutsch als: Violinschule, Lpz. 1827, engl. als: A New and Progressive Method, übers. v. J. Bishop, London 1856; J.-B. CARTIER, L'art du violon, Paris 1798; P. BAILLOT, R. KREUTZER u. P. RODE, Méthode de violon, Paris 1803, Mainz (1828); L. SPOHR, Violinschule, Wien 1832; P. BAILLOT, L'art du violon, Paris 1834; H. RIES, Violinschule f. d. ersten Unterricht, Lpz. (1842); CH. DE BÉRIOT, Méthode de violon, 3 Teile, Paris (1858); F. DAVID, Violinschule, Lpz. 1863; H. E. KAYSER, Neueste Methode d. Violinspiels, 3 H., Hbg 1867; O. ŠEVČÍK, Schule d. Violintechnik, Prag 1883; J. JOACHIM (mit A. Moser), Violinschule, 3 Bde, Bln 1902–05; F. KÜCHLER, Praktische Violinschule, (= 8 H.), Basel 1911, Lpz. u. Zürich ¹¹1930; L. CAPET, La technique supérieure de l'archet, Paris 1916; A. MOSER, Methodik d. Violinspiels, 2 Bde, Lpz. 1920; C. FLESCH, Die Kunst d. Violinspiels, 2 Bde, I Bln 1923, ²1929, II 1928, engl. als: The Art of Violin Playing, Boston (N. Y.) 1924–30; DERS., Die hohe Schule d. Violin-Fingersatzes, Ms., ital. als: Alta scuola di diteggiatura violinistica, übers. v. A. Curci, Mailand (1960), engl. als: The Art of Fingering the Violin (mit Einführung v. Y. Menuhin), London 1965, u. Violin Fingering, Its Theory and Practise, bearb. v. B. Schwarz, London 1966; G. HAVEMANN, Die Violintechnik bis zur Vollendung, Köln 1928; ERICH u. ELMA DOFLEIN, Das Geigenschulwerk, 5 Bde, Mainz (1932–50), I–III (²1940-42, ³1951–52), IV (²1952), V (²1951), engl. übers. v. Ph. Marler als: Doflein Method, The Violinist's Progress, 4 Bde, Mainz 1957; W. ISSELMANN, Die Schule d. Geigenspiels, 2 Bde, Köln (1939); A. AMMANN, Lehrgang d. Geigenspiels, 6 H., Zürich (1952); J. FECHNER, Moderne Violintechnik, Mainz (1954).

Violinspiel: Zss.: The Strad, London 1890ff.; Violins and Violinists, hrsg. v. E. N. DORING, Evanston (Ill.) 1938–60; The American String Teacher, Mancato (Minn.) 1950ff. – R. NORTH, The Musicall Gramarian, hrsg. v. H. Andrews, London (1925); DERS., Memoirs of Musick, hrsg. v. E. Fr. Rimbault, London 1846, NA als: R. North on Music, hrsg. v. J. Wilson, London 1959; QUANTZ Versuch; G. TARTINI, Traité des agrémens de la musique, Paris 1771, hrsg. v. E. R. Jacobi, Celle (1961); K. GUHR, Ueber Paganini's Kunst, d. Violine zu spielen, Mainz (1829), frz. als: L'art de jouer du violon de Paganini, Paris u. Mainz (1830); K. WITTING, Gesch. d. Violinspiels, Köln 1900; FR. A. STEINHAUSEN, Die Physiologie d. Bogenführung auf d. Streich-Instr., Lpz. 1903, ⁵1928; A. DOLMETSCH, The Interpretation of the Music of the XVIIth and XVIIIth Cent., 2 Bde, London (1916, ²1946); F. H. MARTENS, Violin Mastery, NY 1919; L. AUER, Violin Playing as I Teach It, NY 1921; K. KLINGLER, Über d. Grundlagen d. Violinspiels, Lpz. 1921; K. GERHARTZ, Die Violinschulen in ihrer mg. Entwicklung bis L. Mozart, ZfMw VII, 1924/25; DERS., Zur älteren Violintechnik, ebenda; W. TRENDELENBURG, Die natürlichen Grundlagen d. Kunst d. Streichinstrumentenspiels, Bln 1925; C. FLESCH, Das Klangproblem im Geigenspiel, Bln 1931, NA 1954; E. BORREL, L'interprétation de la musique frç., Paris 1934; F. GÖTHEL, Das Violinspiel L. Spohrs. Unter Berücksichtigung geigentechnischer Probleme seiner Zeit, Diss. Bln 1935; DERS., Zur Praxis d. älteren Violinspiels, Fs. A. Schering, Bln 1937; D. D. BOYDEN, The Violin and Its Technique in the 18th Cent., MQ XXXVI, 1950; DERS., Prelleur, Geminiani and Just Intonation, JAMS IV, 1951; DERS., The Violin and Its Technique, Kgr.-Ber. Köln 1958; DERS., Geminiani and the First Violin Tutor, AMl XXXI, 1959; DERS., A Postscript to »Geminiani and the First Violin Tutor«, AMl XXXII, 1960; DERS., The Missing Ital. Ms. of Tartini's Traité des agrémens, MQ XLVI, 1960; DERS., The Hist. of Violin Playing from Its Origins to 1761 ..., London 1965; J. M. BARBOUR, Violin Intonation in the 18th Cent., JAMS V, 1952; G. KULENKAMPFF, Geigerische Betrachtungen, hrsg. v. Meyer-Sichting, Regensburg (1952); F. NEUMANN, Violin Left Hand Technique, The American String Teacher III, 1953; W. KOLNEDER, Aufführungspraxis bei Vivaldi, Lpz. 1955; A. WIRSTA, Écoles de violon au XVIIIe s. d'après les ouvrages didactiques, Diss. Paris 1955; B. A. G. SEAGRAVE, The French Style of Violin Bowing and Phrasing from Lully to Jacques Aubert (1650–1730), Diss. Stanford (Calif.) 1959, maschr.; H. FEDERHOFER, Eine Musiklehre v. J. J. Prinner, Fs. A. Orel, Wien u. Wiesbaden (1960); E. R. JACOBI, G. F. Nicolai's Ms. of Tartini's Regole per ben suonar il Violino, MQ XLVII, 1961; K. G. MOSTRASS, Die Intonation auf d. Violine, Lpz. 1961; R. ASCHMANN, Das deutsche polyphone Violinspiel im 17. Jh., Zürich 1962; I. GALAMIAN, Principles of Violin Playing and Teaching, Englewood Cliffs (N. J.) 1962; CHR. HEMANN, Intonation auf Streich-Instr., Melodisches u. harmonisches Hören, Basel 1964; FR. F. POLNAUER, Senso-Motor Study and Its Application to Violin Playing, Urbana (Ill.) 1964; J. SZIGETI, A Violinist's Notebook, London 1964; D. THEMELIS, Vorgesch. u. Entstehung d. Violinetüde, Diss. München 1964, als: Etude ou Caprice. Entstehung d. Violinetüde, München 1967; W. KIRKENDALE, »Segreto communicato da Paganini«, JAMS XVIII, 1965.
ED

Violino piccolo (ital., kleine Violine), eine Diskantvioline mit kleinem Corpus und hoher Stimmung. Während die Stimmung des bei Monteverdi (*Orfeo*, 1607) genannten V. p. alla francese nicht bekannt ist, stand der V. p. des 17./18. Jh. um eine Quarte oder Terz höher als die Violine (Quartgeige; bei Praetorius Synt.

II: Klein Discant Geig; Terzgeige bei J. S. Bach, 1. Brandenburgisches Konzert, BWV 1046). Für L. Mozart (1756) war sie bereits veraltet. V. p. hieß auch die → Pochette in Violinform. – Auf einer kleinen Geige in Violinstimmung (Halb- oder Dreiviertelgeige) läßt man bisweilen wegen der kleineren Mensur im Anfangsunterricht Kinder spielen.

Lit.: A. MOSER, Der V. p., ZfMw I, 1918/19; D. D. BOYDEN, Monteverdi's Violini piccoli alla francese and Viole da Brazza, Ann. Mus. VI, 1958/63.

Violino pomposo (ital.) → Viola (– 2).

Violon, – 1) (viɔl'ɔ̃, frz.) → Violine; – 2) im 18. Jh. in Deutschland auch Bezeichnung für den Kontrabaß (aus ital. → Violone, hierzu Mattheson Capellm., S. 469); – 3) im Harmonium eine oft mit Saxophon verbundene Stimme zu 16', in der Orgel eine offene, enger als die Prinzipalstimmen mensurierte sonore Labialstimme zu 16', auch 8' und 32' im Pedal, mitunter auch ein gedeckt-pommerartiges Register.

Violon alto → Viola (– 2).

Violoncello (violontʃ'ɛllo, ital., Diminutiv von → Violone), – 1) (Abk. Vc.; frz. violoncelle; deutsche Kurzform: Cello), das Tenor-Baß-Instrument der Streichinstrumente in Violinform (→ Viola da braccio, → Violine). Die noch heute gültige, wohl schon in der 2. Hälfte des 16. Jh. aufgekommene Stimmung C G d a nennt in Deutschland zuerst Praetorius (Synt. II, S. 26). Die Ricercari per Vc. solo (um 1680) von D. Gabrielli begründeten die Sololiteratur für das Instrument, das bis dahin meist als Baßinstrument im Hintergrund geblieben war. Außer dem Vc. gab es im 16./17. Jh. noch ein anderes Baßinstrument aus der Familie der Viola da braccio, für das Jambe de Fer (1556), Zacconi (1592), Cerone (1613) und Mersenne (1663) die Stimmung ₁B F c g angeben. Dieses Instrument mit etwas größerem Corpus wurde in Italien spätestens seit Mitte des 17. Jh. vom Vc. verdrängt, blieb aber in Frankreich (unter der Bezeichnung basse de violon) bis Anfang des 18. Jh. vorherrschend; der Name basse de violon ging auch zunächst auf das um 1710 aus Italien nach Frankreich eingeführte Vc. über (erst Corrette gebrauchte 1741 die französische Wortform violoncelle). Neben dem 4saitigen Vc. kennen Brossard (1703) und nach ihm Mattheson (1713) und Walther (1732) auch 5–6saitige Instrumente. Unter den 6 Suiten für Vc. solo von J. S. Bach (BWV 1007–1012, aus der Köthener Zeit) verlangt die 5. Suite → Scordatura, die 6. Ein 5saitiges Instrument. Die klassische Mensur des Vc.s fand A. Stradivari um 1710 mit 75–76 cm Corpuslänge und 11,5 cm Zargenhöhe. Danach sind im 18. Jh. zahlreiche ältere Violoncelli, aber auch Gamben und die bis um 1800 anzutreffenden Mischformen beider Typen umgebaut worden, zugleich mit Änderung der geraden Halses in einen schrägen. Der Gebrauch des Stachels wurde erst um 1860 üblich. Im 18. Jh. waren auch kleinere Sonderformen des Vc.s entwickelt worden: → Viola da spalla, Vc. piccolo (→ Viola pomposa).
In der 1. Hälfte des 18. Jh. war Italien in der Komposition für Vc. führend. Sonaten schrieben Jacchini (um 1700), Boni, Lanzetti und Canavasso, Konzerte Jacchini, Vivaldi, Tartini, Leo (6 Konzerte 1737/38) und – mit virtuoser Technik – Boccherini. Den Übergang zur neuen Konzertform bezeichnen die Werke von Holzbauer, Filtz, C. Stamitz, Boccherini, Monn und J. Haydn (wahrscheinlich 5 Konzerte, Hob. VIIb). Den schon vorher üblichen Daumenaufsatz, den u. a. Lanzetti und Corrette (1741) in ihren Lehrwerken nennen, systematisierte J.-L. Duport zusammen mit dem gesamten Fingersatz (*Essai sur le doigté* ..., verfaßt im letzten Drittel des 18. Jh., erschienen im ersten Jahrzehnt des 19. Jh.). Die Notierung des Daumenaufsatzes ist o oder P (= pouce) oder C. T. (= Capo Tasto). J.-L. und sein älterer Bruder J.-P. Duport (Vc.-Lehrer des späteren Königs Friedrich Wilhelm II. von Preußen) gelten als die bedeutendsten Anreger des neuen Vc.-Spiels in der Solo- (Beethoven, op. 5) wie in der Kammermusikliteratur für → Streichquartett und -quintett (im → Quintett, z. B. bei Boccherini, wird oft das Vc. doppelt besetzt). Befreit von seiner Rolle als Baß und somit im Orchester vom der colla parte-Führung mit den Kontrabässen, wurde das cantable Spiel, besonders in der d- und a-Saite, ein Charakteristikum der Schreibweise für Vc., vor allem in der Romantik. Werke, in denen das Vc. konzertierend hervortritt, komponierten im 19. und 20. Jh. u. a. R. Schumann, Saint-Saëns, Tschaikowsky (»Variationen über ein Rokokothema«), Volkmann, Rubinstein, Brahms (Doppelkonzert für V. und Vc.), Dvořák (1895), R. Strauss (*Don Quixote*, mit Va und Vc.), d'Albert, Pfitzner, Toch, Chatschaturjan, Hindemith, Henze (*Ode an den Westwind*, 1954) und Penderecki (*Sonate*, 1964). Kammermusik für Vc. mit Kl. schrieben u. a. Beethoven (op. 69, op. 102; Variationen), Mendelssohn Bartholdy, Chopin, Brahms, Grieg, Fauré, R. Strauss, Debussy, Ravel, Reger, Rachmaninow, Honegger, Kodály, Prokofjew, Hindemith, Martinů und Schostakowitsch. – Grundlegende Lehrwerke für Vc. veröffentlichte u. Baudiot (1805 und 1837); er schrieb außerdem über die Behandlung des Vc.s in der Instrumentation (1849). Weitere Schulen für Vc. verfaßten u. a. Dotzauer, Dawydow, Romberg, Grützmacher, Forino, H. Becker und D. Rynar, J. Stutschewsky, Eisenberg und Hirzel.

– 2) In der Orgel ist Vc. eine streichende Stimme (Violon) zu 16' und 8' im Pedal, enger mensuriert als Cello bezeichnet. 1770 kommt sie als Doppelstimme (Flauto traverso con Vc. 8') in der Orgel von St. Florian vor.

Lit.: zu 1): H. LE BLANC, Défense de la basse de viole contre les entreprises du violon et les prétentions du vc., Amsterdam 1740, NA in: RM VIII, 1927 – IX, 1928, deutsch v. A. Erhard, Kassel 1951; M. CORRETTE, Méthode ... pour apprendre ... le vc., Paris 1741; PH. ROTH, Führer durch d. Vc.-Lit., Lpz. 1888, ²1898; W. J. v. WASIELEWSKI, Das Vc. u. seine Gesch., Lpz. 1889, hrsg. v. W. v. Wasielewski ³1925; L. FORINO, Il vc., il violoncellista ed i violoncellisti, Mailand 1905, ²1930; BR. WEIGL, Hdb. d. Vc.-Lit., Wien 1911, ³1929; C. LIÉGEOIS u. E. NOGUÉ, Le vc., Son hist., ses virtuoses, Paris u. Bordeaux (1913); E. VAN DER STRAETEN, Hist. of the Vc., the Viola da Gamba, their Precursors and Collated Instr., London 1915; C. SCHRÖDER, Hdb. d. Violoncellspiels, Bln ³1920; M. VADDING u. M. MERSEBURGER, Das Vc. u. seine Lit., Lpz. 1920; T. BROADLEY, The Vc. ..., London 1921; FR. KOHLMORGEN, Die Brüder Duport u. d. Entwicklung d. Violoncelltechnik v. ihren Anfängen bis zur Zeit B. Rombergs, Diss. Bln 1922, maschr., Teildruck in: Jb. d. Diss. d. Philosophischen Fakultät Bln 1921/22; E. NOGUÉ, La lit. du vc., Paris 1925, ²1931; DERS., Le vc., Paris (1937); L. FOLEGATTI, Il vc., Mailand 1930; H. SCHÄFER, B. Romberg, Münster i. W. 1931; H. WEBER, Das Violoncellkonzert d. 18. u. beginnenden 19. Jh., Diss. Tübingen 1933; E. RAPP, Beitr. zur Frühgesch. d. Violoncellkonzerts, Diss. Würzburg 1934; W. MIRANDOLLE, Het vc., naar bouw, geschiedenis en ontwikkelingsgang, Den Haag (1940); G. HULSHOV, De zees suites voor vc. solo v. J. S. Bach, Arnhem 1944; E. VALENTIN, Cello. Das Instr. u. sein Meister L. Hölscher, Pfullingen 1955; M. EISENBERG, Cello Playing of Today, London 1957; G. WAEGNER, Die sechs Suiten f. d. Vc. allein v. J. S. Bach, Diss. Bln (F. U.) 1957, maschr.; R. ERAS, Über d. Verhältnis zwischen Stimmung u. Spieltechnik bei Streichinstr. in Da-gamba-Haltung, Diss. Lpz. 1958, maschr.; J. BÄCHI, Von Boccherini bis Casals, Zürich 1961; J. EPPELSHEIM, Das Orch. in d. Werken J.-B. Lullys, = Münchner Veröff. zur Mg. VII, Tutzing 1961; E. COWLING, The Ital. Sonata-Lit. for the Vc. in the Baroque Era, Diss.

Northwestern Univ. (Ill.) 1962, maschr.; G. J. KINNEY, The Mus. Lit. for Unaccompanied Vc., 3 Bde, Diss. Tallahassee (Fla.) 1962; W. PAPE, Die Entwicklung d. Violoncellspiels im 19. Jh., Diss. Saarbrücken 1962; KL. MARX, Die Entwicklung d. Vc. u. seiner Spieltechnik bis J. L. Duport (1520–1820), = Forschungsbeitr. zur Mw. XIII, Regensburg 1963, Zusammenfassung in: NZfM CXXVII, 1966; G. J. SHAW, The Vc. Sonata Lit. in France During the Eighteenth Cent., Diss. Catholic Univ. of America (Washington/D. C.) 1963, maschr.

Violoncello piccolo (violontʃ'ɛllo p'ikkolo, ital.) → Viola pompos a.

Violoncello tenore (violontʃ'ɛllo ten'o:re, ital.) → Viola tenore (– 2).

Violone (ital., Augmentativ von Viola; auch viola grande, Großbaßgeige), im 16. Jh. Sammelname wechselnder Bedeutung sowohl für die Streichinstrumente der Viola da braccio-Familie (→ Violine) als auch der Viola da gamba-Familie, daneben in speziellerem Sinne im 16. und 17. Jh. Bezeichnung für große Violen, so für ein Baßinstrument der Viola da braccio-Familie (Jambe de Fer 1556; → Violoncello – 1), für die normale Baßviola da gamba (Ortiz) oder allgemein für ein Streichinstrument in Baßlage (italienische Titel des 17. Jh., so noch Corelli 1700: 12 *Sonate a violino e violone o cembalo* op. 5). Bei Praetorius (Synt. II) und seit dem 18. Jh. allgemein gilt V. als Bezeichnung für die unter dem normalen Baßinstrument liegenden größeren Instrumente (Contrabasso da viola, → Kontrabaß – 1).

Violon-ténor (viɔl'ɔ̃-ten'ɔr, frz.) → Viola tenore (– 2).

Violotta (ital.) → Viola tenore (– 2).

Virelai (virl'ɛ, frz.; herzuleiten von dem Ausruf »vireli« oder vom Verbum virer, sich drehen, unter Beeinflussung von → lai), textlich und musikalisch eine Refrainform vor allem des 14. und 15. Jh. Vor dem 14. Jh. ist das V. schwer faßbar; aus dieser Zeit sind nur wenige Melodien (bei Adam de la Halle, Jehannot de L'Escurel und als Motettentenores) erhalten. Eine relativ feste, von den anderen Refrainformen → Ballade (– 1) und → Rondeau (– 1) unterschiedene Form gab dem V. erst Machaut. Auf den Refrain folgen anders gereimte Verse mit neuer Melodie, darauf eine in Anzahl und Endreimen der Verse und in der Melodie mit dem Refrain übereinstimmende Versgruppe, dann wiederum der Refrain, z. B. bei 4zeiligem Refrain (große Buchstaben):

Musik α β β α α
Verse ABBA cd cd abba ABBA

Bei drei gleichgereimten Strophen steht der Refrain je einmal am Anfang, am Ende und zwischen den Strophen. Die Anzahl der Verse in jeder Strophe und die Länge der Verse sind nicht festgelegt; im Unterschied zu Ballade und Rondeau sind die Zeilen verschieden lang. Die V.s Machauts sind meist einstimmig, andernfalls (mit Ausnahme eines 3st. V.s) nur in einfacher Zweistimmigkeit gesetzt. – Wohl eher das Allgemeine seiner Form (A B A: ein → Refrain umrahmt Zusatzverse) als historische Abhängigkeiten sind für die Ähnlichkeiten des V.s mit Ballata, Cantigas, Villancico und dem arabischen Zaǧal (von dem man das V. herzuleiten versucht hat) verantwortlich. An literarischer Bedeutung kann sich das V. nicht mit Ballade und Rondeau messen; das zeigt auch der häufige Gebrauch des unbestimmteren Ausdrucks Chanson, Chanson baladée statt V. Auch in der Folgezeit, in den → Quellen *Ch*, *ModA*, *O*, *Pit*, *PR*, *TuB* des 14./15. Jh. steht das V. im Schatten von Ballade und Rondeau, von denen es sich satztechnisch (→ Kantilenensatz) nun nicht mehr unterscheidet. Nach Machaut wird die Strophenzahl reduziert; im 15. Jh. tritt eine einstrophige Form unter der Bezeichnung → Bergerette (– 1) auf.

Ausg. u. Lit.: → Rondeau. – E. HOEPFFNER, V. et ballades dans le Chansonnier d'Oxford, Arch. Romanicum IV, 1924; P. LE GENTIL, Le v. et le villancico, Paris 1954; G. REANEY, The Development of the Rondeau, V. and Ballade Forms..., Fs. K. G. Fellerer, Regensburg 1962. WoD

Virga (lat.) → Neumen (– 1).

Virginal (engl. virginal [v'ə:dʒinl]; frz. virginale; von lat. virga, Stab, Docke) ist das im Unterschied zu → Cembalo und → Spinett rechteckige Kielklavier. Das V. war im 16.–18. Jh. in England die verbreitetste Form des Klaviers. Die »Klaviermusik der »Virginalisten« ist jedoch nicht allein für das V., sondern für alle 3 Arten von Kielklavieren bestimmt. Das V. wurde vor allem in den Niederlanden (u. a. von der Familie Ruckers) und im 17. Jh. auch in England gebaut. Es unterscheidet sich vom trapezförmigen Spinett nicht nur durch die rechteckige Form (auch derartige Spinette wurden vereinzelt in rechteckige Kästen eingesetzt), sondern vor allem dadurch, daß beide Stege frei auf dem Resonanzboden verlaufen; der rechte Steg ist meist in charakteristischer Weise gewinkelt, seltener geschweift. Ein oder mehrere Schallöcher mit Rosetten durchbrechen den (häufig bemalten) Resonanzboden. Es gab 2 Typen des V.s; bei dem häufigeren Typ (von dunklerem Klang) ist die Klaviatur rechts von der Mitte angeordnet, und die Saiten werden in größerem Abstand vom Steg angerissen als bei dem anderen, weniger oft gebauten Typ mit weiter links angeordneter Klaviatur und mit nahe am Steg angerissenen Saiten, wodurch ein silbriger Klang entsteht. Gewöhnlich hatte das V. einen Umfang von 4 Oktaven (C–c³) mit → Kurzer Oktave; bei vielen erhaltenen Instrumenten ist der Umfang nachträglich erweitert worden. – Eine verbreitete Sonderform war das Doppel-V. (engl. double v.), das entweder aus zwei gleichgestimmten Instrumenten der beiden genannten Typen oder aus einem V. des ersten Typs und einem kleineren, eine Oktave höher gestimmten V. (Oktav-V.) kombiniert war. Beide Instrumente konnten durch eine sinnreiche Vorrichtung (vgl. Russel, S. 47 und Abb. 30) entweder gleichzeitig oder separat (vierhändig) gespielt werden. Praetorius (Synt. II, S. 62) beschreibt das Oktav-V. unter dem Namen Spinetta und fügt hinzu: *Wiewol die grosse viereckete | so wol als die kleinen | ohn vnterscheyd Spinetten in Italia genennet werden. In Engelland werden alle solche* [zu ergänzen: viereckete] *Instrumenta sie seyn klein oder groß | Virginall genennet.* Der Name V. für ein rechteckiges Kielklavier ist zuerst von Virdung (1511) bezeugt. Die englischen Belegstellen des 16./17. Jh. sprechen oft von a pair of v.s oder von v.s, auch wenn nur ein einfaches Instrument gemeint sein kann; V. war jedoch die gängige Bezeichnung für alle Arten von Kielklavieren. Die in der Elisabethanischen Zeit beliebte Herleitung des Namens v. aus lat. virgo, Jungfrau, spiegelt sich u. a. in den Titeln der beiden gedruckten Sammlungen: *Parthenia, or The Maidenhead of the first musicke that ever was printed for the Virginalls* ... (um 1612/13; das Titelbild zeigt ein rechteckiges V.) und *Parthenia In-Violata, or Mayden-Musicke for the Virginalls and Bass-Viol* (um 1624/25; das Titelbild zeigt ein Cembalo).

Lit.: R. RUSSEL, The Harpsichord and Clavichord, London (1959).

Virtuose (ital. virtuoso) ist im 17. Jh. in Italien ein Prädikat hervorragender Künstler und Gelehrter, bezeichnet aber in fortschreitender Bedeutungseinengung spätestens seit Ende des 17. Jh. den Fachmusiker in Ge-

Virtuose

genüberstellung zum Musikliebhaber (→ Kenner und Liebhaber), später den ausübenden Musiker im Unterschied zum Komponisten. Dabei erhielt das Wort V. durch häufigen Mißbrauch auch einen abschätzigen Sinn, so daß z. B. E. T. A. Hoffmann, Fr. Liszt, R. Schumann und R. Wagner den »wahrhaften« oder »berufenen« V.n als ernsthaften Interpreten musikalischer Werke dem »sogenannten« V.n gegenüberstellen, der technische Fähigkeiten zur Schau stellt. Auch heute noch wird der Titel V. in positivem und negativem Sinne gebraucht. – Schon Kuhnau (1700) kritisierte den Mißbrauch des Prädikates V.; für ihn ist der V. noch Komponist und ausübender Musiker (wenn auch schon mehr das eine oder das andere) und zeichnet sich durch theoretisches Wissen sowie durch *seine Conduite und tugendhaffte Lebens-Art* aus. Ähnlich bot J. Beer (1719) neben einem ironischen Bericht *von etlichen berühmten Virtuosis in der Music* eine Untersuchung der Frage, *was eigentlich ein Virtuosus sey und wer sich solches Tituls anzunehmen habe.* Nach WaltherL (Artikel Virtu) hat der V. *entweder in der Theorie, oder in der Ausübung etwas ungemeines zum Voraus.* Bereits Adlung (1758, S. 804) bezeichnet als V.n jedoch nur noch den ausübenden Musiker: *Wenn sie aber bey einer geschickten Ausübung sich auf das Wissen gar nicht legen, so scheint solcher Name vor sie allzuhoch.* Indessen wurde die »geschickte Ausübung« in der Folgezeit das Hauptkriterium des V.n, der wie ein vielbewunderter Solist von Ort zu Ort reiste und im Musikleben des 19. Jh. eine große Rolle zu spielen begann. Leere Virtuosität, *Virtuosengeklimper* (Schumann), wurde nun kritisiert und verspottet. Schumann forderte, *daß wahrhaft musikalischen Künstlern die Ehren gesichert werden, mit denen man V.n, die nichts als ihre Finger haben, oft so unbedacht überhäuft, und daß man beide von einander trennen lerne* (ed. Kreisig, I, S. 285). Für Liszt, selbst *der kühnste Klavier-V.* (Schumann), ist der berufene V. *ebenso Schöpfer als der Autor* selbst. Er bedauert, *daß es viele sogenannte V.n giebt, die nicht einmal im Stande sind, eine Idee des Originals ... wiederzugeben* und *die von der Kunst nur das Handwerk ... kennen.* – Zwischen Virtuosität und Komposition bestand eine Wechselwirkung. Der Komponist schrieb Werke, die er zufolge ihres Schwierigkeitsgrades nur in seltenen Fällen selbst öffentlich spielen konnte, während der ausübende Musiker sich nur mehr mit der Bewältigung der → Technik (– 2) beschäftigte und dabei einen Grad technischer Fertigkeit erlangte, der ihn nach immer neuen und größeren Schwierigkeiten suchen ließ. So entstand eine ausgesprochene V.n-Musik, deren technische Anforderungen oft in keinem Verhältnis zur musikalischen Aussage stehen, andererseits jedoch die Spielkunst fördern und damit der Komposition neue Möglichkeiten eröffnen konnten.

Lit.: J. KUHNAU, Der mus. Quacksalber, Dresden 1700, hrsg. v. K. Benndorf, = Deutsche Literaturdenkmale d. 18. u. 19. Jh. LXXXIII–LXXXVIII, Bln 1900; J. BEER, Mus. Discurse, Nürnberg 1719; J. ADLUNG, Anleitung zu d. mus. Gelahrtheit, Erfurt 1758; J. H. G. HEUSINGER, Hdb. d. Ästhetik, Gotha 1797; E. T. A. HOFFMANN, Zwei Trios f. Pfte, V. u. Vc. op. 70 v. L. van Beethoven (Rezension 1812/13), in: E. T. A. Hoffmanns mus. Schriften, hrsg. v. E. Istel, III. Teil, Beethoveniana, = Deutsche Musikbücherei XXIII/XXIV, Regensburg (1921); R. WAGNER, Der V. u. d. Künstler (1840/41), in: Gesammelte Schriften I, hrsg. v. W. Golther, Bln, Wien u. Stuttgart (1914); R. SCHUMANN, Gesammelte Schriften über Musik u. Musiker, 4 Bde, Lpz. 1854, in 2 Bden hrsg. v. M. Kreisig ⁵1914; FR. LISZT, Gesammelte Schriften, 6 Bde, hrsg. v. L. Ramann, Lpz. 1880–83; A. WEISSMANN, Der V., Bln 1920; A. SCHERING, Künstler, Kenner u. Liebhaber d. Musik im Zeitalter Haydns u. Goethes, JbP XXXVIII, 1931, auch in: Von großen Meistern d. Musik, Lpz. 1940; M. PINCHERLE, Le monde des v., Paris 1961. GBA

Visible speech (v'izibl spi:tʃ, engl., sichtbare Sprache) ist ein in den USA entwickeltes Verfahren zur → Frequenzanalyse, das die zeitliche spektrale Veränderung von Schällen unmittelbar sichtbar macht. V. sp.-Apparaturen arbeiten mit einer Reihe von Bandfiltern, deren Ausgangsspannungen entsprechend ihrer Frequenzlage angezeigt werden. In den V. sp.-Aufzeichnungen ist auf der Ordinate die Frequenz, auf der Abszisse die Zeit in linearem Maßstab aufgetragen, wobei der Schwärzungsgrad (bzw. Helligkeitsgrad bei direkter Betrachtung) proportional der Amplitude der Schwingung ist. In der Abbildung ist das V. sp.-Diagramm der gesprochenen Worte »Hugo Riemann Musiklexikon« wiedergegeben:

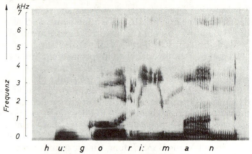

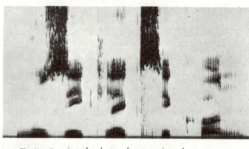

Mit einiger Übung ist es möglich, V. sp.-Aufnahmen von Vokalen, Konsonanten, Wörtern oder ganzen Sätzen zu erkennen und lesen zu lernen. Neben dem wissenschaftlichen Interesse, das dem Verfahren entgegengebracht wird, hat V. sp. besondere Bedeutung für Menschen mit Gehörschäden bekommen.

Lit.: W. KOENIG, H. K. DUNN u. L. Y. LACY, The Sound Spectrograph, JASA XVIII, 1946; R. R. RIESZ u. L. SCHOTT, V. Sp. Cathode-Ray Translator, ebenda; R. K. POTTER, G. A. KOPP u. H. C. GREEN, V. Sp., NY 1947; I. L. BERANEK, Acoustic Measurements, NY u. London ²1950; F. TRENDELENBURG, Einführung in d. Akustik, Bln, Göttingen u. Heidelberg ³1961.

Vivace (viv'a:tʃe), vivo (ital., lebhaft) wird seit der 2. Hälfte des 17. Jh. als Tempo- und Charakterbezeichnung verwendet (C. Grossi, *Concerti ecclesiastici*, 1657). Von einem Allegro unterscheidet sich ein V. nicht im Zeitmaß, sondern in der Akzentuierung. Daß V. primär eine Charakterbezeichnung ist, erweisen Vorschriften wie Allegretto v. und Andante v. (Beethoven, op. 59 Nr 1 und op. 82). Mozart und Beethoven verwenden V. im allgemeinen als Zusatzbestimmung zu Allegro oder als Charakterbezeichnung für Satztypen, deren Grundzeitmaß feststeht (Marsch, Alla polacca). Der Superlativ vivacissimo oder vivacissimamente (Beethoven, op. 81a) wird selten gebraucht.

Vocalise (vəkal'i:z, frz.), Singübung ohne Text, nur auf Vokale. → Solfège.

Voces aequales (lat., gleiche Stimmen; ital. voci pari), Besetzungsangabe in der Vokalmusik des 16.–19. Jh. für Kompositionen ohne Sopran, für deren Aufführung nur Männerstimmen benötigt werden (Stimmlagen: Tenor, Bariton, Baß; Stimmbezeichnungen: Altus, Tenor, Bassus). Auch Kompositionen für Knaben-(Frauen-)Stimmen erhielten diese Besetzungsangabe; in jedem Fall ist der Gesamtumfang der Stimmen von normal 19–20 Tönen auf ca. 15 Töne beschränkt (G–g^1 bzw. g–e^2 oder f^2). Am reduzierten Umfang sind auch die in → Chiavette notierten Kompositionen für V. ae. zu erkennen. Zarlino (*Istitutioni* 1558, S. 338) beschreibt neben dem *comporre a voci pari* auch das *comporre a voci mutati*; in diesem Falle werde der Sopran durch eine Stimme ersetzt, die etwas höher als der normale Altus geführt ist (z. B. Palestrina, *Ave Maria*, aus: *Motecta festorum ... quaternis vocibus ...* I, Rom 1563, GA V, S. 20ff.). Auch Kompositionen a voci mutati, deren Oberstimme von einem sehr hohen Tenor (→ Countertenor) auszuführen ist, können in Chiavette notiert auftreten (Beispiele und mögliche Schlüsselkombinationen bei Hermelink). Der Gesamtumfang vom tiefsten Baßton bis zum höchsten Ton der Oberstimme beträgt nur 17–18 Töne (G–b^1 oder c^2).

Lit.: S. HERMELINK, Dispositiones modorum, = Münchner Veröff. zur Mg. IV, Tutzing 1960.

Voder (Abk. für engl. voice demonstration operator), eine 1939 in den USA entwickelte Apparatur, die auf elektronischem Wege Sprachlaute und Sprache künstlich nachbildet und aus deren Wirkungsweise u. a. Rückschlüsse auf die Funktionen der menschlichen Sprachorgane gezogen werden können. Die Erfindung basiert auf Fr. → Trautweins Sprachlautforschungen. Wesentliche Bestandteile des V.s sind ein Rauschgenerator, aus dessen unperiodischen Schwingungsvorgängen die Konsonanten erzeugt werden, ein Kippschwingungsgenerator, der ein sehr oberschwingungsreiches Spektrum für die Vokale liefert und ein Satz von 10 Filtern, der eigentlich lautbildende Teil des Geräts.

Lit.: H. DUDLEY, R. R. RIESZ u. S. S. A. WATKINS, A Synthetic Speaker, Journal of the Franklin Inst. CCXXVIII, 1939; H. DUDLEY, Remaking Speech, JASA XI, 1939; W. MEYER-EPPLER, Elektrische Klangerzeugung, Bonn (1949).

Vogelgesang. – 1) In Märchen, Sagen und Mythen aller Völker hat der singende, wenn nicht gar sprechende Vogel seinen festen Platz, und nur wenige Menschen rührt V. nicht an. Jede Vogelart hat ihren unverwechselbaren Gesang, er ist ein Artmerkmal. Oft erkennen sie einander auch individuell (»persönlich«) allein an der Stimme. Welche Teile des Lautschatzes angeboren, und welche erlernt sind, lehrt der Kaspar-Hauser-Versuch. Männliche Dorngrasmückenjunge, die F. Sauer als Eier dem Nest entnommen und je in einer eigenen schalldichten Kammer hatte schlüpfen und aufwachsen lassen, so daß jeder fortan nur sich selbst hören konnte, äußerten am 6. Tage nach dem Schlüpfen übereinstimmend ein *tsieb*, vom 11. Tage an dazu auch *idat* und dann alle in gleicher Reihenfolge noch 21 weitere Laute, ganz so wie die im Nest bei ihren Eltern gemeinsam aufwachsenden Geschwister. Diese 21 Laute sind also durchweg angeboren, ebenso wie dem Menschenkinde die Lall-Laute (Koehler 1955), die wahrscheinlich alle Vokale, Diphthonge und Konsonanten sämtlicher Weltsprachen enthalten. Vom *idat* an »komponiert« dieser Jungvogel im Zustande bedürfnisloser Entspannung aus seinen jeweils schon vorhandenen Lauten in ständigem Wechsel seinen »Jugendgesang«, so wie das Kind aus seinen Lall-Lauten den »Lallmonolog«, beide in zweckfreiem Spiel, hierin unserer Kunstausübung vergleichbar (Craig; Koehler 1952, 1954, 1966). Auch der alte Amselhahn »dichtet« beim ersten Sonnenstrahl im Januar bei geschlossenem Schnabel leise schier unerschöpflich Wechselndes vor sich hin. – All dieser Reichtum verengt sich zur Fortpflanzungszeit im »Frühlingsgesang« zu oft erstaunlich starren, überlauten Motiven mit den Hauptfunktionen, kampfsparend fremde Männchen vor dem Betreten des Sängerreviers zu warnen und um ein Weibchen zu werben. Der Eindruck, daß manche Vogelarten dabei musikalische Intervalle bevorzugen (Marler 1966, Messmer 1956, Tretzel 1965) und ihre den menschlichen Namensschilde funktionell vergleichbaren Motive jahrelang in absolut gleichbleibender Tonlage und melodischer Klangfolge sowie in exakt gleichem Tempo und Rhythmus vortragen (Marler 1966, Thorpe 1962), bestätigt sich bei objektiver Nachprüfung mit den modernen technischen Hilfen der Bioakustik (Busnel): sie haben absolutes Gehör (Messmer), transponieren im Sinne relativen Gehörs (Thielcke 1960, Tretzel 1966) und halten über Jahre hinaus auch das Tempo nachweislich genauestens fest. – Manche Vögel ahmen Gehörtes stimmlich nach, der knapp einjährige Buchfink (Thorpe) z. B. den ersten Frühjahrsschlag alter ortsansässiger Buchfinken, wodurch echte Dialekte entstehen, so auch beim Gartenbaumläufer (Thielcke 1961) und bei der kalifornischen Weißkopfammer (Zonotrichia; vgl. Marler, Konishi). Dieser Singvogel prägt sich schon mit 3 bis 8 Wochen den Dialekt des Vaters ein; singen kann er ihn aber erst nach dem »Stimmbruch«, auch wenn er seither sein Vorbild nie wieder hören durfte: er hat es also im Kopfe behalten. Wird er vor dem Stimmbruch taub, hilft ihm sein Gedächtnis nichts, er wird lebenslang kein Dialektsänger werden. Hat er aber, sich selbst hörend, das als Kind Gehörte erst einmal richtig nachgesungen, so kann er es weiterhin, auch wenn er gleich danach ertaubt. Familiendialekte sind z. B. beim Gimpel (Nicolai 1956) und Kolkraben (Gwinner 1963) nachgewiesen. – Nachahmer auch artfremder Laute nennt man Spötter. Braunkehlchen und Sumpfrohrsänger fügen in ihren langanhaltenden, ständig wechselnden Vortrag die Stimmen vieler mit ihnen gemeinsam lebender Vogelarten ein. Die indische Schama (Kneutgen) und der Graupapagei ahmen ihre Vorbilder oft für das menschliche Ohr ununterscheidbar nach. Wie unser Kuckuck sind die afrikanischen sogenannten Witwenvögel (Nicolai 1964) Brutparasiten, die ihre Eier aber nur in die Nester einer einzigen Wirtsart legen; hier ist die Genauigkeit der Nachahmung des Wirtsgesanges zu einem Hauptfaktor artentrennender Auslesevorgänge geworden. – Ein Schäfer lenkte seinen Hütehund durch dreierlei Pfiffe. Wenn eine Haubenlerche (Tretzel 1965) deren Nachahmungen in ihren Gesang einflocht, gehorchte ihnen der Hund ebenso wie den Pfiffen seines Herrn. Während dieser jedoch in Tonart, Intervallen und Rhythmus achtlos schwankte, sang die Lerche den Sechstonpfiff glockenrein in streng festliegendem 4/4-Takt rhythmisch in der 4gestrichenen Oktave wie c e g a (hier der Taktstrich) c^5, abgleitend auf g^3: sie hat aus unfreiwilligen Variationen des unmusikalischen Vorbildes ein wohllautendes »Thema« gestaltet und festgehalten, das andere Haubenlerchen ihrerseits mit kleinen wiederum festliegenden Abweichungen dem Erfinder nachsangen (akustische Traditionsbildung). – Ein gefangen gehaltener Kolkrabe (Gwinner und Kneutgen) ahmte Hundegebell nach; zweimal ist er entflogen, und beidemal »bellte« nun sein Weibchen, was sie seit Jahren nicht mehr getan hatte. Sie selbst machte häufig das Kollern der Truthähne nach, und als man sie in eine andere Voliere setzte, bevorzugte das Männchen in seiner Voliere die Ecke, von der aus er wenigstens ein Stückchen ihrer Voliere sehen

Vogelgesang

konnte, und kollerte unausgesetzt. Wenn höhere Tiere immerhin unbenannt denken (KOEHLER 1952), so kommen diese Verwendungen der Spottstrophe des Partners einem »Rufen beim Namen« einigermaßen nahe. – So darf wohl gesagt werden, der V. ist ein echter Vorläufer unserer Musik und Sprache (KOEHLER 1951).

Lit.: W. CRAIG, The Song of the Wood Pewee. A Study of Bird Music, NY State Museum Bull. Nr 334, 1943; O. KOEHLER, Der V. als Vorstufe v. Musik u. Sprache, Journal f. Ornithologie XCIII, 1951; DERS., Vom unbenannten Denken, in: Zoologischer Anzeiger, Suppl.-Bd XVII, 1953; DERS., Vorbedingungen u. Vorstufen unserer Sprache bei Tieren, ebenda XIX, 1955; DERS., Vom Erbgut d. Sprache, Homo V, 1955; DERS., Vom Spiel bei Tieren, Freiburger Dies universitatis XIII, 1966; F. SAUER, Die Entwicklung d. Lautäußerungen v. Ei ab schalldicht gehaltener Dorngrasmücken, Zs. f. Tierpsychologie XI, 1954; E. u. I. MESSMER, Die Entwicklung d. Lautäußerungen u. einiger Verhaltensweisen d. Amsel, ebenda XIII, 1956; J. NICOLAI, Zur Biologie u. Ethologie d. Gimpels, ebenda; DERS., Der Brutparasitismus d. Witwenvögel als ethologisches Problem, ebenda XXI, 1964; W. H. THORPE, The Learning of Song Patterns by Birds, Ibis C, 1959; DERS., Further Studies on the Process of Song Learning in the Chaffinch, Nature CLXXXII, 1959; DERS., Bird-Song, = Cambridge Monographs in Experimental Biology XII, Cambridge 1962; G. THIELCKE u. H. POLTZ, Akustisches Lernen verschieden alter schallisolierter Amseln, Zs. f. Tierpsychologie XVII, 1960; G. THIELCKE, Stammesgesch. u. geographische Variation d. Gesanges unserer Baumläufer, ebenda XVIII, 1961; R. G. BUSNEL, Acoustic Behaviour of Animals, Amsterdam 1963; E. GWINNER u. J. KNEUTGEN, Über d. biologische Bedeutung d. »zweckdienlichen« Anwendung erlernter Laute bei Vögeln, Zs. f. Tierpsychologie XX, 1963; E. GWINNER, Untersuchungen über d. Ausdrucks- u. Sozialverhalten d. Kolkraben, ebenda XXI, 1964; DERS., Über einige Bewegungsspiele d. Kolkraben, ebenda XXIII, 1966; M. KONISHI, Effect of Deafening on Song Development in American Robins and Black Headed Grosbeaks, ebenda XXII, 1965; E. TRETZEL, Imitation u. Variation v. Schäferpfiffen durch Haubenlerchen, ebenda; P. R. MARLER u. W. J. HAMILTON III, Mechanisms of Animal Behavior, NY 1966. OK

– 2) In der Musik wird V. realistisch nachgeahmt (Kuckucksruf) oder durch Verzierungen (Triller, Tonrepetitionen), meist in Diskantlage, dargestellt. Nach Walther (1732) ist *Minuritio das Pipeln und Zwitzschern der kleinen Vögel; und sodann das behende und hohe Singen der Discantisten, welche jene gleichsam imitieren; ... Es bedeutet aber auch ... die Coloraturen.* Musik mit episodischen Darstellungen des V.s oder Motiven aus Vogelrufen komponierten u. a.: Oswald von Wolkenstein (*Der mai mit lieber zal*), Janequin (Chanson *Chant des oiseaux*), Kerll (*Capriccio sopra il cucu*), Poglietti (Aria *Il rossignolo* mit Variationen, *Capriccio über das Henner- und Hannergeschrey*), J. J. Walther (Scherzi da Violino solo X: *Imitatione del Cucu*), Daquin (Rondeau *Le coucou*), Fr. Couperin (*Le rossignol-en-amour* mit Double im 14. Ordre), Duval (*Rossignols* in 2 Suiten von 1704), Vivaldi (Kuckuck im Concerto grosso op. IV Nr 2, P.-V. 98; Stieglitz in op. X Nr 3 *Il gardellino*, P.-V. 155; beide Vögel im 2. Konzert der *Stagioni* op. VIII, P.-V. 336), Telemann (Kanarienvogelkonzerte), Händel (Concerto für Org. F dur), J.-Ph. Rameau (*Le rappel des oiseaux*), Beethoven (Szene am Bach in der 6. Symphonie; Lied *Der Wachtelschlag*), Liszt (Legende Nr 1 *St. François d' Assise: La predication aux oiseaux*), Wagner (Vogelrufe im Waldweben, *Siegfried*, 2. Akt), Dvořák (9. Symphonie op. 95 »Aus der neuen Welt« mit dem Ruf des amerikanischen Pirols), Mahler (1. Symphonie, Kuckucksruf im Quartintervall), Ravel (*Oiseaux tristes* aus *Miroirs*), Strawinsky (*Solovej* [»Le Rossignol«]), Respighi (*Pini di Roma*, mit Verwendung von Vogelstimmen auf Schallplatte), Bartók (Mittelteil des langsamen Satzes des 2. Klavierkonzerts). Im Werk Messiaens sind Vogelrufe, die zum Teil ornithologisch exakt nachgewiesen werden, ein wesentliches Stilelement (Prélude *La colombe*, 1929; *Quatuor pour la fin des temps*, 1941; *Turangalîla-Symphonie*, 1948; *Ile de feu* I, 1949; *Livre d'orgue*, 1951–53; *Reveil des oiseaux*, 1953; *Oiseaux exotiques*, 1956; *Chronochromie*, 1960; *Couleurs de la cité céleste*, 1964). Messiaen verwendet die Vogelrufe seit den 1950er Jahren tonmalerisch und symbolisch in Werken, die in Teilen oder völlig nur aus V. komponiert sind (wie »ein großer Kontrapunkt von Vogelstimmen«). – 3) V., auch Nachtigallenzug, Rossignol, ist in Orgeln seit der Mitte des 16. Jh. ein Register, bei dem offene Pfeifen nach unten in einen mit Wasser gefüllten Kessel ragen. Durch den Winddruck (auch zusätzlich durch Röhren, die Luft in das Wasser blasen) bewegt sich das Wasser, das wie ein Deckel die Pfeifen abschließt, so daß die Pfeifenlängen und damit die Tonhöhen dauernd trillerartig wechseln. – Vogelorgeln (frz. serinettes, merlines, pionnes und turlutaines) waren in der 2. Hälfte des 18. Jh. beliebte kleine mechanische Flötenwerke, bei denen die Luftsäule durch einen Kolben verkürzt wurde. Sie wurden auch zusammen mit künstlichen Vögeln in Vogelbauer eingebaut, besonders zierlich in Tabatieren, und dienten auch zum Anlernen von Singvögeln.

Lit.: zu 2): G. ERNEST, Beethoven-Studien III: Die Vogelst. in d. »Szene am Bach«, Mk XI, 1911/12; A. SANDBERGER, Zu d. geschichtlichen Voraussetzungen d. Pastoralsinfonie, in: Ausgew. Aufsätze zur Mg. II, München 1924 (S. 163ff.), Nachdruck Hildesheim 1967; H. W. HAMANN, Zu Beethovens Pastoral-Sinfonie. Vorausnahmen eines Wiener Kleinmeisters aus d. Jahre 1791, Mf XIV, 1961.

Voix mixte (vŭ'a mikst, frz., gemischte Stimme), die exakte Mischung aus Brust- und Kopfregister (→ Register – 3), die vor allem für zarte Tongebung in den höheren Lagen der Männerstimme wichtig ist.

Vokale (von lat. vox, Stimme) sind stimmhafte Sprachlaute, die von den Stimmlippen gebildet und durch die Resonanzwirkung der Hohlräume des geöffneten Mundes und der Nase ohne Beteiligung der Zungenspitze modifiziert werden. Zu jedem Vokal gehört eine bestimmte Stellung des Mundes und der Zunge; zum a z. B. ein weit geöffneter, zum u ein gespitzter, fast geschlossener Mund und eine am hinteren Gaumen gewölbte Zunge. Die so entstehenden unterschiedlichen Resonanzräume bewirken eine für jeden Vokal spezifische Ausbildung von → Formanten. Grundsätzlich

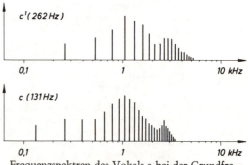

Frequenzspektren des Vokals a bei der Grundfrequenz 262 Hz (c^1) und 131 Hz (c).

weisen die Spektren der V. ein oder zwei Formantbereiche auf, die von der Grundfrequenz der gesprochenen oder gesungenen V. unabhängig sind. Die Formantbereiche für die 5 Haupt-V. sind: u = 200–400 Hz, o = 400–600 Hz, a = 800–1200 Hz, e = 400–600 Hz und 2200–2600 Hz, i = 200–400 Hz und 3000–3500 Hz. Wird aus dem Frequenzspektrum des e bzw. i der obere Formantbereich durch einen Tiefpaß (→ Filter) ausgefiltert, so erklingt o bzw. u. Dem Sopran gelingt es in sehr hohen Lagen nicht, die dunklen V. u und o zu bilden, da die entsprechenden Formantbereiche (200–600 Hz) bereits unterhalb der auftretenden Frequenzen (z. B. c^3 = 1047 Hz) liegen. → Aussprache, → Konsonanten.

Lit.: C. STUMPF, Die Sprachlaute, Bln 1926; DERS., Neue Vokalanalysen, Zs. f. Phonetik u. allgemeine Sprachwiss. IX, 1956; O. v. ESSEN, Allgemeine u. angewandte Phonetik, Bln ²1957; F. TRENDELENBURG, Einführung in d. Akustik, Bln, Göttingen u. Heidelberg ³1961.

Vokalmusik ist, im Unterschied zu → Instrumentalmusik, allgemein eine für vokale Ausführung bestimmte und besonders eine von der menschlichen Stimme her und für sie konzipierte Musik. Das wesentliche Merkmal der V. ist jedoch die Sprachgebundenheit; daher wird vielfach der Ausdruck »sprachgebundene Musik« bevorzugt. Anders als das Instrument neigt die Stimme zur Gestaltung des Melodieganzen, nicht zur Fixierung der einzelnen Töne. Das strömende, kleinstufige Melisma, das trotz seiner Bewegung um feste Grundintervalle die Isolierung des Einzeltons kaum zuläßt, ist in Verbindung mit Deszendenzmelodik (W. Danckert) - d. h. ausgedehntem Abfallen der melodischen Linie jeweils von einem Hochton - eine Urform des rein vokalen Musizierens (z. B. arabische Musik). Solche »primär melische« Musik (R. v. Ficker) ist auch bei instrumentaler Mitwirkung im Wesen einstimmig und infolge der untrennbaren Verbindung des Tons mit dem Menschen, der ihn hervorbringt, ganz subjektiver, gesteigerter Ausdruck, letztlich ableitbar vom Schrei der Klage oder Freude. Die Aufgaben der V. liegen indessen mehr in der Mitte zwischen dem reinen, ungehemmten Ausdruck und dem Vortrag von Sprache. Es kommt daher meist zu einem Ausgleich dieser beiden Prinzipe. Schon der Textvortrag (Silbe = Ton), aber vor allem Instrument und instrumentales Denken bringen die Vorstellung des Einzeltons und damit die Möglichkeit der Regelung des Zusammenklangs von Tönen mit sich. Man kann daher zwei Stufen unterscheiden: zuerst innerhalb reiner Vokalität den Ausgleich zwischen ungebundener Melismatik und Textvortrag, und dann, nach dem Eindringen instrumentaler Elemente in die rein vokale Musik des Sprachvortrags, die Annäherung des Vokalen an das Instrumentale.

Ein solcher Ausgleich dürfte in der Antike stattgefunden haben auf Grund der Einheit von dichterischem Wort, Rhythmus und Musik. Vom Erklingen dieser Musik fehlt jede klare Vorstellung; doch sind Analogien zur heutigen Musik des Vorderen Orients und Griechenlands nicht ausgeschlossen. Unter dem Aspekt des Textvortrags erscheint die Musik, die in besonderer Weise dem Wort, als dem Wort Gottes, dient: der synagogale Gesang des 1. Jh. n. Chr. sowie die liturgische Einstimmigkeit des Mittelalters im griechischen (Byzanz) und lateinischen Bereich. Der Vortrag des liturgischen Wortes war nunmehr die vornehmste Aufgabe der Musik. Aus ihr folgt die rein vokale Ausführung, so daß später, selbst seit der Mehrstimmigkeit (9. Jh.) und vor allem seit dem Hervortreten der Instrumentalmusik um 1600 auch die sprachgebundene Musik nicht mehr eigentlich V. war, sich der Begriff V. schlechthin mit geistlicher Musik verband. Bereits der synagogale Gesang bildete die beiden Möglichkeiten der einstimmigen V. aus, die gleichermaßen mittelalterlichen Choral und byzantinische Kirchenmusik kennzeichnen: die syllabisch deklamierende Psalmodie (accentus) und den solistischen, reich melismatischen Gesang (concentus). In Byzanz und im Abendland entstanden etwa gleichzeitig (9. Jh.) typische Vokalschriften; ihr vielleicht gemeinsamer Ursprung wird aus der → Cheironomie und dem Sprachakzent (→ Akzent – 1) abgeleitet. Dies weist wieder auf die beiden Pole der V.: reines Melos und musikalisches Sprechen.

Erst Mehrstimmigkeit war auf einen horizontal und vertikal geregelten Ablauf von Tönen angewiesen und bedurfte einer Notenschrift mit genau festgelegten Tonhöhen. Mit der Mehrstimmigkeit beginnt daher auch die Geschichte der immer mehr instrumental orientierten Notenschrift. Das Bestreben, die primär melischen und die auf das Wort und den Sprachbau gerichteten Kräfte in Einklang zu bringen, führte im mittelalterlichen Choral einerseits zu den melismatischen Responsorien (→ Graduale - 1, → Alleluia) als musikalische, solistische Einlagen in die Liturgie, andererseits zur mehr syllabischen Psalmodie (Antiphonen, Lektion). Der rezitativische, ans Sprechen angelehnte Vortrag (mit Tonwiederholung) bleibt auch in der Mehrstimmigkeit eine der wichtigsten Möglichkeiten des vokalen Satzes. Die wohl vom germanisch-keltischen Norden ausgehende Diatonisierung des Chorals seit dem 9. Jh. ist wahrscheinlich auf instrumentale Tendenzen zurückzuführen, die im 9. Jh. zur Entstehung der → Organum genannten Mehrstimmigkeit führten. Seinen vokalen Charakter verliert der einstimmige Choral vollends dadurch, daß er Organa und Motetten als C. f. zugrunde gelegt wurde. Doch auch die Mehrstimmigkeit übernahm als zentrale Aufgabe die Vertonung des liturgischen Wortes. Die Musik blieb bis um 1600 im wesentlichen sprachgebunden, und in der Satztechnik spiegelte sich der kontinuierliche Sprachfluß der Prosa, von der die vokale Musik ausgegangen war; der vokalen Ausführung (obwohl bis 1600 in der Regel ebensowenig festgelegt wie die instrumentale) kommt daher weiterhin entscheidende Bedeutung zu. Während die Musik in Frankreich seit der Ars antiqua und vor allem im 14. Jh. (Ars nova; Messe, Motette, Chanson) immer mehr instrumental-konstruktive Züge annahm, erwuchs in Oberitalien die in ihrer Melodik spezifisch vokale, weltliche Musik des Trecentos (Madrigal, Caccia, Ballata). Sie mündet im späten 14. Jh. wiederum in den Hauptstrom der französisch-niederländischen Musik ein. Ebenfalls mehr am Rande entstand in der weltlichen 1st. Musik der Trobadors, Trouvères und später der Minnesänger eine vokale, im Liedhaften wurzelnde Kunst; → Lied und Versstruktur erweisen sich hier als Quellen des Vokalen. Auch die → Chanson des 15. Jh. (G. Dufay, G. Binchois) ist mit ihrer liedmäßigen Oberstimme vokal empfunden. Aus dem Volkslied schöpfte das instrumental begleitete deutsche Tenorlied (H. Isaac, P. Hofhaymer) im 15./16. Jh. Durch Dunstable (um 1385–1453) erhielt die geistliche Musik eine Geschmeidigkeit, die in hohem Grade gesanglich wirkt.

Seitdem ging es in der sprachgebundenen Musik bis etwa 1600 um den Ausgleich zwischen den instrumentalen, konstruktiv-klanglichen Kräften und der Forderung des vokalen Textvortrags. Noch bei Dufay und seinen Zeitgenossen überwiegt die konstruktive Seite. Doch Mitte des 15. Jh. (Ockeghem, Obrecht, später Josquin) setzte die Vokalisierung des Satzes ein; als Grundlage der Komposition entstand der 4st. Satz der normalen Stimmgattungen Sopran, Alt, Tenor, Baß in den vokalen Schlüsseln. Hand in Hand damit ging die Ausbildung des vokalen Prinzips der Durchimitation. Gleichzeitig setzte sich die rein vokale Ausführung immer mehr durch (Rom, päpstliche Kapelle). Am Ende dieser Entwicklung steht die »klassische« Vokalpolyphonie der Messen und Motetten Palestrinas und O. de Lassus', die auf voller Homogenität des Satzes und auf dem Gleichgewicht des Melodisch-Sanglichen und

Konstruktiv-Klanglichen beruht. Noch im 17./18. und erneut im 19. Jh. (→ Caecilianismus) wurde diese reine V. als »klassisch« empfunden. Sie hieß schon seit 1600 Stylus antiquus (bzw. gravis), Stylus a cappella oder Stylus ecclesiasticus. Die Ende des 16. Jh. in Venedig auftretende instrumentale Ensemblemusik G. Gabrielis wurzelt vor allem in der venezianischen → Mehrchörigkeit, d. h. in einer V., in der das klangliche Moment und – bedingt vor allem durch die Überschreitung der normalen Stimmumfänge – die instrumentale Ausführung im Vordergrund stehen. Auf vorwiegender Vokalität beruht hingegen die weltliche V. des 16. Jh. in Italien (Villanella, 3–5st. Madrigal) und Frankreich (Chanson), die durch solistische Besetzung und freieren Satz auch für die Instrumentalmusik wichtig war. Der um 1600 aufgekommene Generalbaß als Kompositionsprinzip ermöglichte im → Concerto erstmalig die Trennung der instrumentalen und vokalen Stimmen. Die vokalen Oberstimmen nehmen concertierend-instrumentalen Charakter an und fassen kompositorisch den Text zu neuer Einheit (G. Gabrieli, H. Schütz). Die Struktur der Musik war seitdem bestimmt vom Generalbaß. Er ermöglichte die → Monodie (G. Caccini, Peri, Cl. Monteverdi), einen von leidenschaftlichem Affekt getragenen und den Sprachbau unterstreichenden Vokalstil, der jedoch bald zum Seccorezitativ absank.

Die sprachgebundenen Gattungen im 17. Jh., Geistliches Konzert, Kantate, Oratorium und Oper, sind vornehmlich instrumental ausgerichtet. Innerhalb der Opernarie entstand eine Vokalität instrumentaler Prägung, die in Melodiebau und Artikulation wieder auf Instrumentalsatz und -vortrag zurückwirkte. Ein vokales Element und zugleich Symbol der liturgischen Bindung, dem gregorianischen C. f. vergleichbar, erstand der deutschen Musik um die Mitte des 16. Jh. im protestantischen Choral. Daraus bezogen Kantate, Passion und die Instrumentalmusik der deutschen Organisten und Kantoren bis zu J. S. Bach ihre Legitimation als geistliche Musik. Die Musik Bachs ist jedoch primär instrumental: die vokalen Partien unterscheiden sich nicht wesentlich von den instrumentalen; Bach verlangt, *die Sänger und Instrumentalisten sollen durch ihre Kehle eben das machen, was er auf dem Claviere spielen kann* (J. A. Scheibe, *Critischer Musicus*, Leipzig ²1742, S. 62). Die Kantabilität der italienischen Musik – vor allem der Opernarie – seit etwa 1720 (G. B. Pergolesi), die mit der Überwindung des Generalbaßprinzips zusammenhängt, war eine wesentliche Voraussetzung für die neue Unmittelbarkeit und menschliche Beseelung im instrumental konzipierten Satz der Wiener Klassiker. In den Opern Mozarts bedeuten die Singstimmen die persönliche Verkörperung dessen, was das Orchester ausspricht; in Beethovens 9. Sinfonie und *Missa solemnis* sind sie Überhöhung des Instrumentalen, nicht sein Gegensatz. Die lyrisch dichte, gleichwohl instrumental bedingte Gesangsmelodie des Liedes von Schubert ist auch seinen späten Instrumentalwerken eigentümlich. Im Musikdrama Wagners und in den Opern von R. Strauss ist die Singstimme gänzlich in den symphonischen Strom des Orchesters einbezogen. Dagegen stand die italienische Oper von Monteverdi bis Verdi und Puccini in der Kontinuität der italienischen Gesangstradition des → Belcantos. Die Bezeichnung V. trifft ferner zu für die im Zuge der musikalischen Jugendbewegung entstandenen Chorwerke von H. Distler, E. Pepping u. a. Diese archaisierenden Bestrebungen innerhalb der instrumental orientierten Musik des 20. Jh. haben mehr sekundäre Bedeutung. Auch das Komponieren in der Nachfolge Weberns, soweit es sich noch üblicher musikalischer Mittel und Instrumente bedient, steht durchaus auf dem Boden des instrumentalen Denkens. Erst mit der Ausschaltung des Interpreten innerhalb der Elektronischen Musik ist der Gegensatz instrumental–vokal gänzlich gegenstandslos geworden. – Die historische Betrachtung zeigt, daß es keine Geschichte der V. wie die der Instrumentalmusik gibt, sondern nur die Geschichte der Musik unter dem Aspekt des Vokalen.

Lit.: H. GOLDSCHMIDT, Die Lehre d. vokalen Ornamentik I, Charlottenburg 1907; R. LACH, Studien zur Entwicklungsgesch. d. ornamentalen Melopöie, Lpz. 1913; KN. JEPPESEN, Der Palestrinastil u. d. Dissonanz, Lpz. 1925, engl. Kopenhagen u. London 1927, ²1946; DERS., Kontrapunkt. Lehrbuch d. klass. Vokalpolyphonie, Lpz. 1935, Nachdruck Lpz. 1956, engl. NY 1939; G. v. KEUSSLER, Zur Ästhetik d. V., ZfMw XI, 1928/29; K. G. FELLERER, Der Palestrinastil u. seine Bedeutung in d. vokalen Kirchenmusik d. 18. Jh., Augsburg 1929; R. v. FICKER, Primäre Klangformen, JbP XXXVI, 1929; A. EINSTEIN, Anfänge d. Vokalkonzerts, AMl III, 1931; W. DANCKERT, Das europäische Volkslied, Bln 1939; DERS., Grundriß d. Volksliedkunde, Bln 1939; J. MÜLLER-BLATTAU, Das Verhältnis v. Wort u. Ton in d. Gesch. d. Musik, Stuttgart 1952; H. BESSELER, Singstil u. Instrumentalstil in d. europäischen Musik, Kgr.-Ber. Bamberg 1953; THR. G. GEORGIADES, Musik u. Sprache..., = Verständliche Wiss. L, Bln, Göttingen u. Heidelberg 1954; H. H. EGGEBRECHT, Musik als Tonsprache, AfMw XVIII, 1961. StK

Volkslied. In Wortknüpfungen wie »Volkslied«, »Volkskunst« bedeutet »Volk« nicht das Gesamtvolk (lat. populus), sondern die Unterschicht, besser Mutterschicht oder Grundschicht (lat. vulgus in populo; engl. common people) eines Hochkulturvolkes. Kernstück der Mutterschicht ist allerwärts das bäuerliche Landvolk, hinzuzurechnen sind jedoch auch Fischer, Schäfer, Hirten, Handwerker und andere elementare Berufsstände – insgesamt *der kern- und stammhafte Teil der Nation* (Goethe), dessen Grenzen übrigens nicht überall gleichartig gelagert sind. V.er sind also Gesänge, die nach Wort und Weise in der Mutterschicht lebendig sind, d. h. hier oft mit erstaunlicher Gedächtniskraft mündlich überliefert, vielfach auch erzeugt, ebenso häufig nach übernommenen Vorbildern um- und fortgebildet werden. Daß die V.-Kunst sich zu allen Zeiten willig befruchtenden Einflüssen öffnet und zahlreichen Fremdimpulse sich anverwandelt, steht außer Frage. Einzelne V.-Gattungen wie Tagelied, Pastourelle und zahlreiche Balladen sind ursprünglich der ritterlichen Standeskunst entsprungen. Doch für die große Masse der europäischen, besonders der älteren randeuropäischen V.er läßt sich Herkunft aus Kunstdichtung und -musik nicht oder nur in (zum Teil recht umstrittenen) Einzelzügen nachweisen. Ein verhängnisvoller Irrtum war es, die Fülle der vielfach gestuften schöpferischen Anverwandlungen, Fortzeugungen usw. allgemein und unterschiedslos nach dem Denkschema des »gesunkenen Kulturguts« zu werten. Vertreter der einspurigen »Rezeptionslehre« entwickelten, mißgeleitet vor allem durch bloße Beobachtungen spätzeitlicher entwurzelter Liedtypen, das Zerrbild vom bloß aneignenden, reproduzierenden, ja das übernommene Kulturgut verschleißenden (»zersingenden«) Volk. Die positiven, produktiven Um- und Fortbildungen im V. zeigen sich melodisch in einer Fülle von Varianten, Abzweigungen, Sprossungen, die allesamt einen melodischen Archetypus umspielen und so ganze Sippen verwandter Melodien hervortreiben. Auf solche Art können schließlich unter besonderen Bedingungen – so etwa, wenn fremde Formkeime in eine lebendige Überlieferung eingehen, ohne diese schädigend zu überfremden – ganz neue, in sich geschlossene Stilkreise des V.s entstehen. Musterbeispiele sind das neufinnische und das neugriechische V., die im 17.–20. Jh. sich überraschend einheitlich-prägnant herausbilden. Die »stille

Kraft des Ganzen«, von der Jakob Grimm sprach, die Prägung von einheitlichen Kollektivstilen also, ist allerdings nicht so zu deuten, als hätte ein Team von Verfassern gleichzeitig zusammenarbeitend ein Lied geschaffen. Auch im Nacheinander der mündlichen Überlieferung bekunden sich aus dem Unbewußten heraus wirkend überindividuelle Kräfte. Sie lassen sich z. B. an den stets typischen (volks- oder auch stammestümlich bedingten) Umgestaltungen ablesen, die wandernde Liedweisen regelmäßig erfahren.

Textlich tritt der ursprünglichste, älteste Wurzelbereich des V.s vor allem in einem weit ausgespannten, erst zum kleinsten Teile erforschten Netz von Natursymbolen zutage. Auch Kultursymbole (Artefakte) empfangen von ihrer Naturgrundlage her Symbolwürde. All dies weist auf uraltes Bilddenken mit bezeichnenden Lakonismen, »Würfen und Sprüngen« (Herder) und auf ein dem Mythischen nahestehendes Weltbild hin. So ist es bezeichnend, daß auch noch heute in einigen Landschaften Randeuropas, z. B. bei Balkanvölkern, erweislich reale Ereignisse oder geschichtliche Persönlichkeiten, die ins V. eingehen, alsbald ins Mythische umgedeutet werden. Viele Symbole entstammen ursprünglich wohl der pflanzerischen, dann bäuerlichen Schicht. Die feudalen »Überschichter« und ihr frühes Kunstlied verdanken der Mutterschicht sicherlich viel mehr, als zu ahnen ist, wenn irrigerweise die wenigen schriftlich überlieferten Frühzeugnisse zum Maßstab des Wirklichen gemacht werden. Das ältere V. stirbt überall ab, wo der mythisch-symbolische Grund unter dem Anhauch des Verstandeswesens und Nutzgeistes verdorrt. Nicht nur die Texte verderben so durch Überwuchern des Stofflichen oder Sentimentalen, sondern auch die Melodien; sie verlieren linienhafte Ganzheit, verflachen durch motivische Aufspaltung und harmonische Erweichung. Das V. der Völker Mitteleuropas ist seit Jahrhunderten von solcher Entwurzelung am fühlbarsten bedroht. Der Zustand, in welchem die Unterschicht jede eigenständige Produktivität verliert und neues Kulturgut nur noch als Herabsinkendes von oben erhält, ist Endphase: Tummelplatz des sogenannten »volkstümlichen Liedes«. Auf älteren Stufen gehen die Kulturbewegungen in beiden Richtungen, von unten nach oben und von oben nach unten (schöpferische Polspannung). Auf früher Stufe sind Kulturhöhe und -fülle der Unterschicht in der Regel der rational-aktivistischen, aber lebenskargen Kultur der (nomadischen) Überlagerer fraglos überlegen, wie neuerdings der Soziologe A. Rüstow betont.

Das V. des abendländischen Völkerkreises ist nicht geschichtslos. Es hat teil am Stilwandel der Kunstmusik, allerdings mit Abstand und in sehr verschiedenartigem Ausmaße. Deutsche, niederländische, französische, englische und italienische Lieder, wie sie die größeren Sammlungen darbieten, lassen sich großenteils stilgeschichtlich leidlich genau einordnen; sie tragen etwa mittelalterliches, barockes, aufklärerisches Gepräge oder den zügig-ausfahrenden Duktus des 19. Jh. Solche Befunde sind nicht immer auch bindende Aussagen chronologischer Art; einzelne Melodien mittelalterlich-kirchentonalen Gepräges können (z. B. in der Bretagne oder in Spanien) noch in jüngster Zeit entstehen, überall dort, wo alte Überlieferung noch ungebrochen fort- und nachwirkt. Besonders aufschlußreich ist der Ausblick in die ältesten, vorgeschichtlichen Quellgründe. Älter als die mittelalterlichen Modi, die Kirchentöne, sind gewiß manche Lieblingstonarten der mittelalterlichen Fahrenden, so vor allem der Do-Modus, Vorläufer des (barocken) Durgeschlechts, der Tonus lascivus. Noch eindeutiger pagan erscheint der bäuerlich-hirtenhafte Fa-Modus, der in Hirtenmusik der Schweiz, Frankreichs, Belgiens, der Slowakei, Rumäniens, der Abruzzen, Skandinaviens und der Inselkelten so bedeutsam hervortritt. Noch Trobadors und Trouvères schöpften aus diesem Quellbereiche. Gelegentlich stellt sich in den Heimatgebieten der Fa-Tonart – am häufigsten auf Island – auch der Gegenmodus mit der verminderten Quinte ein: der Si-Modus. Eine gewisse Großräumigkeit, Weitbewegtheit gehört zum Grundgepräge des europäisch-asiatischen »Hirtenmelos«. – Blühendes, reich melismatisches Melos, das im Grenzfall sogar textlosen Vokalise werden kann, scheint die Grundsignatur altbäuerlichen Singens zu sein. Den nordwestspanischen → Alalás stellen sich die französischen Grandes oder Chants à grand vent, die russischen »gedehnten« Lieder (protjaschnyja) zur Seite. Sehr urtümlich ist die halbtonlose Pentatonik der Inselkelten (Schottland, Irland, Hebriden). Nach musikethnologischen Erkundungen (W. Danckert) handelt es sich um ein Überbleibsel aus der »Mutterrechtssphäre« mittelländischer Völker. Auch in einzelnen hochaltertümlichen Liedern italienischer Gebiete (Abruzzen, Süditalien, Sardinien) erhielten sich halbtonlose Fünf- und Viertongesänge. Die pentatonische Altschicht im ungarischen Bauernlied hingegen (von Bartók und Kodály entdeckt) kommt von Mittelasien her; sie ist Vermächtnis eines sehr alten mittel- und ostasiatischen Kulturkreises ebenfalls mutterrechtlicher Prägung. Hocharchaisch ist auch die »Engmelodik«, wohl die älteste Schicht ost- und südosteuropäischen Singens. Sie umfaßt altfinnische und estnische Runenweise, Joiku und Klagelied, älteste bulgarische und slowenische Ritualllieder, primitive Altschichten im ukrainischen, litauisch-lettischen Volksgesang im Lied der Kaukasusvölker. Engmelodik geht in der Regel aus von einer »Kernsekunde«, sie erweitert sich zum Tri- oder Tetrachord, allenfalls zum Quintumfang. Nordrussische Bylinen (Heldenlieder) fügen zum Viertongrundbestand gern einzelne (sprunghaft erreichte) Tieftöne hinzu. Im Gegensatz zur osteuropäischen Engmelodik steht das scharfe Tonraumunterteilen und »Anpeilen« durch (zum Teil chromatische) Hilfsvorschlagstöne in der engmelodischen Altschicht isländischer Gesänge:

Isländische Reimweise (aufgezeichnet von J. Leifs).

Melodien dieses Schlages bewegen sich nicht auf Stufen einer festen, präexistenten Leiter; sie sind prämodal, amodal. Nur einige Gerüsttöne stehen fest; die »Füllung« dazwischen ist variabel. Ganz Altskandinavien bewahrte solche modusfreien Weisen, oft auch größeren Umfangs. Haupterhaltungsgebiete sind Island und Norwegen. Es handelt sich um Ausläufer und Fortbildungen altnordischen Kunstgesanges, um »Skaldenmelos«. Skaldisch-skopisches Überlieferung klingt auch in manchen der ältesten erhaltenen Erzählweisen spielmännischer Art nach, etwa im Ton des jüngeren Hildebrandsliedes; man beachte die Variabilität des Tones unterhalb der Melodiespitze f^2, den Wechsel von e^2 und es^2:

Volkslied

Prämodales Melos einfacherer Art, z. B. mit beständigem Austausch einzelner »Fülltöne« durch »chromatische« Varianten, findet sich in mancherlei Altschichten europäischen Volksgesanges, so in Südfrankreich, bei den Basken und gehäuft vor allem in Mähren. Bei manchen bizarr anmutenden Gebilden mährischen Ursprungs möchte man vermuten, daß hier eine sehr altertümliche Prämodaltonraum-Auffassung sich mit jüngeren Modaleinflüssen durchkreuzt und vermischt, z. B. in einem mährischen Lied (nach Fr. Bartoš):

Struktur:

Eine gewisse Variabilität oder »Unfestigkeit« zeigen indessen auch viele Melodiegebilde, die in der südeuropäischen Kontaktzone entstanden, wo orientalische (arabisch-islamische) Vorbilder oder Einflüsse längere Zeit einwirkten. Orientalischen Ursprungs sind z. B. manche Formeln und Leiterbildungen, die uns in ungarischer Zigeunermusik entgegentreten. Vom Orient stammen die häufigen Halbtonvarianten in spanischer Musik (z. B. Mi-Modus mit Wechsel von Klein- und Großterz), die Endvokalisen, gewisse Melismen und Ornamentformeln. Sehr stark orientalisch beeinflußt sind weite Bezirke balkanischer Volksmusik, am stärksten griechische und albanische, bulgarische und rumänische. Im Lied Siziliens, Sardiniens und Korsikas hinterließ die mittelalterliche Sarazenenherrschaft bis heute merkliche Spuren. Seit alters stehen Lied und → Tanz in regen Wechselbeziehungen. Der hochmittelalterliche Singtanz, die → Carole, erhielt sich bis heute in Rand- und Rückzugsgebieten, z. B. auf dem Balkan und auf den Färöern. Fast alle Leitformen der abendländischen Tanzgeschichte, auch die ursprünglich rein oder vorwiegend instrumentalen, spiegeln sich in entsprechenden Liedgestalten. – Die zentrale Sammelstelle der Volksliedforschung in Deutschland ist das Deutsche Volksliedarchiv in Freiburg im Breisgau, gegründet 1914 von John Meier, der es bis zu seinem Tod (1953) leitete. 1953 übernahm Erich Seemann († 1965) die Leitung des Deutschen Volksliedarchivs, 1963 Wilhelm Heiske.

Ausg.: F. ZISKA u. J. M. SCHOTTKY, Österreichische V. mit ihren Singweisen, Budapest 1819, ³1906; L. ERK u. W. IRMER, Die deutschen V. mit ihren Singweisen, (Bln 1838–45), hrsg. v. J. Koepp, 2 Bde, Potsdam 1938; Deutscher Liederhort, hrsg. v. L. ERK, Bln 1856, neu bearb. u. fortgesetzt v. Fr. M. Böhme, 3 Bde, Lpz. 1893–94, ²1925; R. v. LILIENCRON, Die hist. V. d. Deutschen v. 13.–16. Jh., 4 Bde mit Nachtrag, Lpz. 1865–69; DERS., Deutsches Leben im V. um 1530, Bln u. Stuttgart 1885, Nachdruck 1925; Altdeutsches Liederbuch, hrsg. v. FR. M. BÖHME, Lpz. 1877, ³1925; Deutsches Kinderlied u. Kinderspiel, hrsg. v. DEMS., Lpz. 1897, ²1924; J. POMMER, 444 Jodler u. Juchezer aus Steiermark, Wien 1902 u. ö.; C. DECURTINS, Rätoromanische Chrestomathie III, Erlangen 1903; A. TOBLER, Das V. im Appenzeller Lande, = Schriften d. Schweizerischen Ges. f. Volkskunde III, Zürich 1903; Flämische V. in deutscher Nachdichtung mit d. Singweisen, hrsg. v. A. WESSELSKI, Lpz. u. Innsbruck 1917; G. SCHÜNEMANN, Das Lied d. deutschen Kolonisten in Rußland, = Sammelbde f. vergleichende Mw. III, München 1922; B. BARTÓK, Volksmusik d. Rumänen v. Maramureș, ebenda IV, 1923; Das Lied d. Völker, hrsg. v. H. MÖLLER, 14 H., Mainz (1923–29 u. ö.); P. ALPERS, Die alten niederdeutschen V., Hbg 1924; Verklingende Weisen. Lothringer V., 5 Bde, I–IV, hrsg. v. L. PINCK, Heidelberg 1926–39, Bd V hrsg. v. A. Merkelbach–Pinck (mit J. Müller-Blattau), Kassel 1962; E. SEEMANN, Die V. in Schwaben, Stuttgart 1929; Deutsche V. mit ihren Melodien, hrsg. v. Deutschen Volksliedarch., Bln 1925ff., besonders Bd I mit Bibliogr.; Rätoromanische V. I, 2 Bde, hrsg. v. A. MAISSEN, W. WEHRLI u. A. SCHORTA, = Schriften d. Schweizerischen Ges. f. Volkskunde XXVI–XXVII, Basel 1945; Europäischer Volksgesang, hrsg. v. W. WIORA, = Das Musikwerk (IV), Köln (1952); E. STOCKMANN, Des Knaben Wunderhorn in d. Weisen seiner Zeit, = Veröff. d. Inst. f. deutsche Volkskunde XVI, Bln 1958.

Lit.: P. AUBRY, Esquisse d'une bibliogr. de la chanson populaire en Europe, Paris 1905; Song Index. An Index to More than 12000 Songs in 177 Song Collections..., hrsg. v. M. E. Sears u. P. CRAWFORD, NY 1926, dazu Suppl., Song Index, NY 1934; Musique et chansons populaires, hrsg. v. d. Soc. des Nations, Inst. international de coopération intellectuelle, 2 Bde, Paris 1934–40; CH. HAYWOOD, Bibliogr. of North American Folklore and Folk Song, NY 1948; Kat. d. europäischen Volksmusik im Schallarch. d. Inst. f. Musikforschung, hrsg. v. F. HOERBURGER, Regensburg 1952; Bibliogr. internationale des arts et traditions populaires, hrsg. v. d. Commission internationale des arts et traditions populaires, 2 Bde, Basel 1952–54; UNESCO Arch. of Recorded Music (Kat. d. Schallarch. d. UNESCO), Serie C, Ethnographical and Folk Music Iff., Paris 1952ff.; International Cat. of Recorded Folk Music, hrsg. v. N. FRASER, Oxford 1954. – Zss.: Journal of the Folk Song Soc., 8 Bde, London 1899–1931; FF Communications, Edited for the Folklore Fellows, Helsinki 1910ff.; Jb. f. Volksliedforschung, Bln 1928ff.; Journal of the International Folk Music Council, Cambridge 1947ff.; Jb. d. österreichischen Volksliedarch., Wien 1952ff.; Jb. f. mus. Volks- u. Völkerkunde, Bln 1963ff. – O. M. SANDVIK, Folkemusikk i Gudbrandsdalen, Oslo 1919, ²1948; H. MERSMANN, Grundlagen einer mus. Volksliedforschung, AfMw IV, 1922 – VI, 1924, separat Bln 1930; DERS., V. u. Gegenwart, Potsdam 1937; B. BARTÓK, Das ungarische V., ungarisch Budapest 1924, deutsch = Ungarische Bibl. XI, Bln 1925, engl. London 1931; DERS., Musique et chansons populaires, AMI VIII, 1936; DERS. u. A. B. LORD, Serbo-Croatian Folk Songs, NY 1951; J. LEIFS, Isländische V., ZfMw XI, 1929; J. MÜLLER-BLATTAU, Das deutsche V., = M. Hesses Hdb. XXXIV, Bln (1932, ²1958); J. v. PULIKOWSKI, Gesch. d. Begriffes V. im mus. Schrifttum, Heidelberg 1933; H. J. MOSER, Tönende Volksaltertümer, Bln 1935; W. DANCKERT, Altnordische Volksmusik, Mk XXIX, 1936/37; DERS., Das deutsche Lied bei d. Rätoromanen u. in d. welschen Schweiz, ebenda; DERS., Wandernde Liedweisen, eine Grundfrage volkskundlicher Musikforschung, AfMw II, 1937; DERS., Die europäische V., Bln 1939; DERS., Grundriß d. Volksliedkunde, Bln 1939; DERS., Der Ursprung d. halbtonlosen Pentatonik, in: Mélanges offerts à Z. Kodály, Budapest 1943; DERS., Melodische Funktionen, Ph. M. Schneider, Lpz. 1955; DERS., Symbolik im V., in: Lebendiges Wissen, N. F., Stuttgart 1955; DERS., Hirtenmusik, AfMw XIII, 1956; DERS., Melodiestile d. finnisch-ugrischen Hirtenvölker, in: Studia Memoriae B. Bartók Sacra, Budapest 1956; DERS., Melodiestile d. Ob-Ugrier, AMl XXVIII, 1956; DERS., Das V. im Abendland, = Slg Dalp XCVIII, Bern u. München 1966; DERS., Tonreich u. Symbolzahl in Hochkulturen u. in Primitivenwelt, = Abh. zur Kunst-, Musik- u. Literaturwiss. XXXV, Bonn 1966; K. HUBER, Der Aufbau deutscher Volksliedforschung, DMK I, 1936/37; DERS., Die volkskundliche Methode in d. Volksliedforschung, AfMf III, 1938; DERS., V. u. Volkstanz im bajuwarischen Raum, DMK III, 1938/39; DERS., V. u. Volkstanz, hrsg. v. Cl. Huber u. O. A. v. Müller, Ettal (1959); R. GALLOP, Cantares do povo portuguès. Estudio critico, Lissabon 1937; M. SCHNEIDER, Die mus. Beziehungen zwischen Urkulturen, Altpflanzern u. Hirtenvölkern, Zs. f. Ethnologie LXX, 1938; W. WIORA, Zur Erforschung d. europäischen V., AfMf V, 1940; DERS., Zur Frühgesch. d. Musik in d. Alpenländern, = Schriften d. Schweizerischen Ges. f. Volkskunde XXXII, Basel 1949; DERS., Das echte V., = Mus. Gegenwartsfragen II, Heidelberg 1950; DERS., Die Stellung d. Volkskunde im Kreise d. Geisteswiss., Ber. über d. allgemeinen Volkskongreß d. Verbandes deutscher Ver. f. Volkskunde Jugenheim (Bergstraße) 1951; DERS., Die rheinisch-bergischen Melodien bei Zuccalmaglio u. Brahms, = Quellen u. Studien zur Völkerkunde I, Bad Godesberg 1953; DERS., Zur Lage d. deutschen Volksliedforschung, Zs. f. deutsche Philologie LXXIII, 1954; DERS., Europäische Volksmusik u. abendländische Tonkunst, = Die Musik im alten u. neuen Europa I, Kassel 1957; DERS., Das produktive Umsingen v. deutschen Kirchenliedweisen..., Jb. f. Liturgik u. Hymnologie II, 1957; DERS. u. W. SALMEN, Die Tanzmusik im deutschen MA, Zs. f. Volkskunde L, 1953; A. RÜSTOW, Ortsbestimmung d. Gegenwart I: Ursprung d. Herrschaft, Zürich 1950; W. SALMEN, Vermeintliches u. wirkliches V. im späten MA, Kgr.-Ber. Lüneburg 1950; DERS., Das Erbe d. ostdeutschen Volksgesanges..., = Marburger Ostforschungen VI, Würzburg 1956; DERS., Der fahrende Musiker im europäischen MA, = Die Musik im alten u. neuen Europa IV, Kassel 1960; DERS., Europäischer Liedgesang, in: The New Oxford Hist. of Music III, Oxford 1960; N. SCHIØRRING, Det 16. og 17. arhundredes verdslige danske visesang I u. II, Kopenhagen 1950; R. ZODER, V., Volkstanz u. Volksbrauch in Österreich, Wien 1950; E. JAMMERS, Zum Rezitativ im V. u. Choral, Jb. f. Volksliedforschung VIII, 1951; R. WOLFRAM, Die Volkstänze in Österreich u. verwandte Tänze in Europa, Salzburg (1951); W. BLANKENBURG, Kirchenlied- u. Volksliedweise, Gütersloh 1953; E. DAL, Danmarks gamle folkeviser. En plan for udgavens afslutning, Danske Studier 1955; DERS., Scandinavian Ballad Research Since 1800, Kopenhagen 1956; DERS., Scandinavian Folk Music – A Survey, Journal of the International Folk Music Council VIII, 1956; M. F. SHAW, Folksongs and Folklore of South Ulster, London 1955; F. HOERBURGER, Die Zwiefachen, Bln 1956; H. OTTO, Volksgesang u. Volksschule, 2 Bde, Celle 1957–59; Das V. heute, = Mus. Zeitfragen VII, Kassel 1959; D. K. WILGUS, Anglo-American Folksong Scholarship Since 1898, Brunswick 1959; E. SEEMANN u. W. WIORA, V., in: Deutsche Philologie im Aufriß, Bln 1960; A. SYDOW, Das Lied, Göttingen 1962; J. LANSKY u. W. SUPPAN, Der neue Melodien-Kat. d. Deutschen Volksliedarch., Fontes artis musicae X, 1963; G. BIRKNER, Eine mus. Katalogisierung d. neueren deutschen V., Zs. f. Volkskunde LX, 1964; W. SUPPAN, V., seine Slg u. Erforschung, Stuttgart 1966. WD

Volkstanz ist die Bezeichnung für Tänze, die *in der anonymen Grundschicht des Volkes durch direkte Tradition, ohne Eingriff von Seiten eines Organisators und in funktioneller Verbindung mit dem traditionellen Leben des Volkes gewachsen sind* (Hoerburger, *Volkstanzkunde* I, S. 26). Das Begriffswort V. ist im 18. Jh. geprägt worden, um die Tänze des »Volkes« von denen der höheren Gesellschaft zu unterscheiden. Der Sache nach gibt es den V. in dieser Gegenüberstellung seit dem 15./16. Jh., als sich aus dem → Tanz die spezielle Form des → Gesellschaftstanzes entwickelte mit seinen gegenüber dem Tanz des Volkes eigenen Maßstäben, was jedoch eine wechselseitige Beeinflussung nicht ausschloß. Heute werden unter V. auch jene Tänze verstanden, die in V.-Gruppen historisierend gepflegt (von Hoerburger als »museale« Richtung bezeichnet), zur geselligen Unterhaltung teilweise in Bearbeitungen oder auch als Neuschöpfungen geübt (»gesellige« Richtung, z. B. der amerikanische → Square dance) oder zur Darbietung folkloristischer Tanzstile mit Kostümen (Trachten) auf Bühnen vorgeführt werden (»theatralische« Richtung). Volkstänze, die allen Angehörigen eines Volkes vertraut sind und in denen der Volkscharakter besonders stark ausgeprägt ist (z. B. → Csárdás), werden gelegentlich als Nationaltänze bezeichnet, landschaftsgebundene Tänze (z. B. → Schuhplattler und → Farandole) als Heimattänze.

Zu den verbreitetsten und ältesten Formen des V.es gehören die Reigentänze, die sich in Mitteleuropa fast nur in den Kindertänzen erhalten haben, während sie in den europäischen Randgebieten auch heute noch von den Erwachsenen getanzt werden. Als geschlossener oder offener Kreis ausgeführt, sind sie meist mit dem nach der Echternacher Springprozession benannten Pilger- oder Prozessionsschritt verbunden, bei dem es in zahlreichen Varianten darum geht, zu mehreren Schritten vorwärts einen Schritt rückwärts zu machen. – Die Volkstänze wurden wie anderes Brauchtum von Generation zu Generation vorwiegend in schriftloser Überlieferung vererbt und dabei unmerklich verändert. So ist es für den ursprünglichen V. (sinngemäß auch für seine Musik) charakteristisch, daß *die Formen in keiner Weise festliegen. Die Gruppierung ... und die Bewegungsart existieren nur als Idee und als Formelrepertoire, nicht als unveränderliche Gestalt* (Hoerburger, in: MGG XIII, 1966, Sp. 1948). Aus diesem Grunde erweist sich eine Klassifizierung der Volkstänze als sehr schwierig. Sie wäre hinsichtlich Herkunft oder Verwendung des V.es möglich, wobei jedoch die Zuordnung zu den einzelnen Gruppen nicht immer eindeutig erfolgen kann (Brauchtumstänze, z. B. der Bandeltanz um den Maibaum; Geschicklichkeitstänze, z. B. die verschiedenen Tänze mit einem Überzähligen sowie bestimmte Formen des → Schwerttanzes; Werbetänze, z. B. → Ländler und → Schuhplattler; Geselligkeitstänze, z. B. die englischen → Country dances). 1886 stellte Böhme (S. 186) über den V. in Deutschland fest, *daß es höchste Zeit war, aus Anschauung der alten Volkstänze zu schildern und die Beschreibungen davon zu sammeln, da es, wie der gesungenen alten Volkslieder, bald keine mehr gibt. Solche Volkstänze sind gegenwärtig nur noch hier und dort auf dem Lande und zwar möglichst weit von der Alles beleckenden Weltkultur in entlegenen Dörfern zu finden.* Der ursprüngliche V. blieb vorwiegend in den Ländern Ost- und Südeuropas erhalten (z. B. in Jugoslawien der → Kolo, in Griechenland Syrtos, Kalamatianos und Susta, in Katalonien die → Sardana), während er in Mittel- und Westeuropa seltener geworden ist. In der europäischen Tradition wurden häufig Volkstänze in die Kunstmusik (z. B. → Farandole, → Furiant, → Jota), zum Teil außerdem in den Gesellschaftstanz (z. B. → Bourrée, → Passepied, → Gavotte, → Country dance) übernommen; andererseits blieben Tänze, die im Gesellschaftstanz als altmodisch verdrängt wurden, oft in der V.-Überlieferung noch lange Zeit lebendig (z. B. → Morris dance, Française, Mazurka, → Polka, → Rheinländer, → Schottisch).

Lit.: FR. M. BÖHME, Gesch. d. Tanzes in Deutschland, 2 Bde, Lpz. 1886, Nachdruck Hildesheim 1967; V. JUNK, Hdb. d. Tanzes, Stuttgart 1930; A. CAPMANY, El baile y la danza, in: F. Careras y Candi, Folklore y costumbres de España I, Barcelona 1931; R. WOLFRAM, V. – nur gesunkenes Kulturgut?, Zs. f. Volkskunde XLI (N. F. III), 1931; DERS., Deutsche V., Lpz. (1937); DERS., Die V. in Österreich u. verwandte Tänze in Europa, Salzburg (1951).; Journal of the Engl. Folk Dance and Song Soc. I, 1932ff.; LJ. u. D. JANKOVIĆ, Narodne igre, 7 Bde, Belgrad 1934–52; V. ALFORD u. R. GALLOP, The Traditional Dance, London 1935; K. VISKY, Hungarian Dances, London (1937); R. ZODER, Der deutsche V., in: H. Moser u. R. Zoder, Deutsches Volkstum in Volksschauspiel u. V., = Deutsches Volkstum III, Bln 1938; H. V. DER AU, Das Volkstanzgut im Rheinfränkischen, = Gießener Beitr. zur deutschen Philologie LXX, Gießen 1939; DERS., Frühformen d. deutschen V., Kgr.-Ber. Lüneburg 1950; E. VAN DER VEN-TEN BENSEL u. D. J. VAN DER VEN, De Volksdans in Nederland, Naarden 1942; E. L. BACKMAN, Den religiösa dansen inom Kristen Kyrka och folkmedicin, Stockholm (1945), engl. London (1952); Hdb. of European National Dances, hrsg. v. V. ALFORD, London 1948ff.; A. CHUJOY, The Dance Encyclopedia, NY (1949); D. KENNEDY, England's Dances, London 1949; R. KACAROVA-KUKUDOVA, Dances of Bulgaria, London (1951), bulgarisch als: Balgarski tancov folklor, Sofia 1955; J. LAWSON, European Folk Dance, London 1953, ²1955, Nachdruck 1959; H.

A. Thursten, Scotland's Dances, London 1954; V. Proca Ciortea, Jocuri populare Romîneşti, Bukarest (1955); M. Mourgues, La danse prov., Cannes (1956); J. Burdet, La danse populaire dans le pays de Vaud sous le régime Bernois, = Publications de la Soc. Suisse des traditions populaires XXXIX, Basel 1958; L. Lekis, Folk Dances of Lat. America, NY 1958; K. Huber, Volkslied u. V., Ettal (1959); F. Hoerburger, Volkstanzkunde, 2 Bde, = Mensch u. Tanz III u. IV, Kassel (1961–64); ders., Beobachtungen zum V. in Nordgriechenland, Zs. f. Volkskunde LXII, 1966; ders., Musica vulgaris, = Erlanger Forschungen, Reihe A, Geisteswiss. XIX, Erlangen 1966; ders. in: MGG XIII, 1966, Sp. 1947ff.; J.-M. Guilcher, La tradition populaire de danse en Basse-Bretagne, = Ecole pratique des hautes études, Sorbonne, 6e section, Sciences économiques et sociales, Etudes européennes I, Paris 1963; St. Džudžev, Balgarska narodna choreographija, Sofia o. J. → Tanz.

Volles Werk → Organo pleno.

Volta (ital.; frz. volte, Mal, Umdrehung), – 1) prima v. (1ma), seconda v. (2da) bezeichnen in Verbindung mit eckigen Klammern die Reihenfolge verschiedener Schlußwendungen bei Wiederholungen (→ primo); – 2) aus der Provence stammender, schneller höfischer Paartanz im Tripeltakt, der in der 2. Hälfte des 16. und Anfang des 17. Jh. sehr verbreitet war. In England gehörte die V. schon vor 1600 zum festen Bestand des Tanzunterrichts. Charakteristisch sind äußerst heftige Sprünge und Drehungen, die in engem Kontakt der Partner ausgeführt wurden. Eine frühe choreographische Beschreibung der V. findet sich in Arbeaus *Orchésographie* (1588). Beispiele für die V. gibt es bei A. Le Roy (1568), M. Praetorius (*Terpsichore*, 1612), Byrd und Morley (*The Fitzwilliam Virginal Book*) und D. Gaultier.

volti subito (ital.; Abk.: v. s.), wende schnell um.

Voluntary (vˈɔləntəɹi, engl., freiwillig) bezeichnet im englischen Sprachraum in einer seit Mitte des 16. Jh. belegbaren Bedeutung die zu einem C. f. komponierten Stimmen, in weiterem Sinne die C. f.-freie Komposition (*to make two parts upon a plaine-song is more hard than to make three parts into v.*, Th. Morley, *A Plaine and Easie Introduction …*, 1597). Beispiele hierfür bieten die mit V. betitelten Kompositionen in imitierendem Kontrapunkt von Allwood und Farrant im *Mulliner's Book* (nach 1553). Im 17./18. Jh. nahm das V., ähnlich der → Fancy, Elemente verschiedener instrumentaler Gattungen auf, wie Praeludium (Toccata), Suite, Sonate. – Daneben wurde V. vom 16.–19. Jh. synonym für Improvisation gebraucht (*a piece played by a musician extempore, according to his fancy*, Ch. Burney in *Rees's Cyclopaedia*, um 1805), im engeren Sinne für improvisierte oder komponierte Praeludien (Th. Roseingrave, *V.s and fugues made on purpose for the organ or harpsichord*, London 1728). Als Bezeichnung für Kompositionen mit meist fantasieartigem, improvisatorischem Einschlag erscheint V. z. B. im Titel der Sammlung *Select Preludes and V.s for the Violin*, London 1805 (Verlag Walsh). – Innerhalb des anglikanischen Gottesdienstes bezeichnet V. Kompositionen und Improvisationen zu Beginn und nach dem Service (In-v., Out-v.), früher auch vor der Predigt (Middle-v.): *The v. was originally so called, because its performance, or non-performance, was at the option of the organist* (Busby, *A Complete Dictionary of Music*, 1801). Dabei wurden im 18. Jh. verschiedene Typen des V. ausgeprägt, z. B. das Diapason v. und das Trumpet v.

Vom Blatt spielen, singen → prima vista.

Vorausnahme → Antizipation.

Vordersatz → Metrum (– 3), → Periode, → Satz.

Vorhalt (ital. appoggiatura; frz. und engl. suspension) heißt der um eine große oder kleine Ober- bzw. Untersekunde verzögerte Eintritt eines Akkord- oder Melodietones. Der vorgehaltene Ton ist dissonant oder zumindest auffassungsdissonant und steht immer auf betontem Taktteil als seine Auflösung. Der V. kann in mehreren Stimmen gleichzeitig auftreten und den vollen Eintritt eines Akkords verzögern (doppelter, drei- und mehrfacher V.); so wird z. B. der Quartsextakkord der 1. Stufe vor dem Dominantdreiklang auf betontem Taktteil zu den (als → Auffassungsdissonanz geltenden) V.en gerechnet. Die Satzlehre unterscheidet im allgemeinen 3 Arten des V.s: beim vorbereiteten oder gebundenen V. (dem im 15.–18. Jh. die

Figuren → Syncopatio und → Retardatio entsprechen) wird der vorgehaltene Ton aus dem vorausgegangenen Akkord in den neuen herübergebunden (Beispiel a); beim halbfreien V. ist der vorgehaltene Ton im vorausgegangenen Akkord in einer anderen Stimme enthalten (b); beim freien V. gehört der vorgehaltene Ton dem vorausgegangenen Akkord nicht an (c). Die Auflösung eines V.s kann verzögert werden, indem zwischen V.s- und Auflösungston ein oder mehrere neue Töne eingefügt werden. Diese sind entweder einer anderen realen Stimme entnommen oder lassen den Eindruck von Scheinstimmen entstehen. → Vorschlag; → Weibliche Endung.

Vorhang, von H. Riemann in Analogie zu »Anhang« geprägter Terminus für eine kurze Einleitungsbildung (von Riemann der Kategorie des → Generalauftakts zugeordnet), die dem thematischen Beginn vorausgeht, z. B. die beiden Doppeloktaven a–cis, die dem Adagio der Hammerklaviersonate op. 106 von Beethoven nachträglich vorangestellt sind, und der Anfang seiner 3. Symphonie. Der tuschartige Akkord-V. findet sich bei zahlreichen Symphonien des 18. Jh. an Stelle einer → Introduktion.
Lit.: H. Riemann, System d. mus. Rhythmik u. Metrik, Lpz. 1903.

Vorschlag (frz. appoggiature; ital. und engl. appoggiatura; ältere Bezeichnungen s. u.) ist die Bezeichnung einer Gruppe von → Verzierungen, deren gemeinsames Merkmal in der Einschiebung von einem, zwei oder auch mehreren Tönen zwischen 2 Melodietöne besteht. Je nach seiner Stellung zu den melodischen Haupttönen unterscheidet man den V. auf den Schlag, d. h. auf den Zeitpunkt der folgenden Note fallend und somit deren Wert entsprechend verkürzend, und den V. vor dem Schlag, der die Dauer der vorangehenden Note entsprechend verkürzt. (Zu dieser Gruppe gehört auch der an die vorangehende Note angebundene Nachschlag.) Als besondere Formen des V.s sind der → Anschlag (– 1; Doppel-V.) und der → Schleifer anzusprechen. – Die Funktion eines V.s kann entweder melodisch (engere Verbindung zweier Melodietöne) oder harmonisch (Vorhaltwirkung des auf den Schlag fallenden dissonanten V.s) oder auch rhythmisch sein (Akzentuierung durch kurze, betonte Vorschläge oder Betonungsverschiebung durch den kurzen, aber unbetonten V. auf den Schlag). Im Barock kann die harmonische Funktion noch zusätzlich der Verdeutlichung des jeweiligen Affekts dienen. Häufig hat ein V. mehr als eine Funktion. – Die Bezeichnung V. erscheint erstmals in J. D. Heinichens *Generalbaß in der Composition* (1728) und ersetzt die frühere »Accent« (J. S. Bach, *Clavier-Büchlein* für W. Fr. Bach, 1720). Bereits im Mittelalter tritt der V. als besondere Verzierung und mit einem besonderen Zeichen, unter dem Namen → Plica (eine Art Nachschlag), auf. Danach erscheint der V. erst in der 1. Hälfte des 17. Jh. als Verzierung im heutigen Sinne (mit eigenem Namen und graphischen Zeichen). In der Renaissance und im Frühbarock sind die Vorschläge entweder im Notentext enthalten oder der Improvisation überlassen. Um die Jahrhundertwende ist Accentus im allgemeinen noch gleichbedeutend mit Diminution. Im 17. Jh. erfüllt der V., unbetont und meistens vor dem Schlag stehend, vor allem noch melodische Funktionen. Er ist viel häufiger von unten als von oben, beide Formen unterscheiden sich wesentlich voneinander. – Der V. von unten (frz. port de voix, accent plaintif bei Mersenne für die Laute; engl. beat bei Playford und Simpson, half-fall bei Mace, forefall bei Locke und Purcell) wird in England durch Schrägstriche (von den Virginalisten übernommen), bei den französischen Lautenisten durch Komma mit oder ohne Punkt sowie durch kleine Halbkreise dargestellt. Mersenne gibt (1636) zu seinem (nebenstehenden) Beispiel des port de voix für die Stimme die Ausführungsvorschrift eines starken → Portamentos (welchem diese Verzierung ihren Namen verdankt). Bacilly beschreibt (1668) neben dem port de voix plein mit starkem Portamento einen demy port de voix mit schwachem Portamento, Jean Rousseau kennt (*Méthode claire, certaine et facile pour apprendre à chanter la musique …*, 1678) nur noch den port de voix mit Legatobindung, wobei die V.s-Note in die Zeit der Hauptnote hinübergehalten werden kann, was Bacilly einen port de voix perdu nennt. So wie der V. bei Streichern und Bläsern durch einen Bogenstrich bzw. einen Zungenstoß mit der Hauptnote verbunden wird, fallen V. und Hauptnote im Gesang stets auf eine Silbe (Beispiel aus Landis *Il Sant' Alessio*, 1634). Bei der Laute wird nur der V. angezupft, die Hauptnote dagegen mit dem greifenden linken Finger angeschlagen. Weil dadurch der V. schärfer als die Hauptnote artikuliert wird, nehmen die Lautenisten den V. auf den Schlag, er bleibt aber kurz. Ähnliches gilt für das Cembalo mit seiner unveränderlichen Tonstärke für V. und Hauptnote. Trotzdem hält sich der V. vor dem Schlag bei den französischen Clavecinisten neben demjenigen auf den Schlag (Chambonnières, d'Anglebert) bis zur Jahrhundertwende: Saint-Lambert erwähnt in seinem Cembalolehrbuch (1702) beide Möglichkeiten. Am längsten hält sich der V. vor dem Schlag bei den Sängern (Montéclair 1736). – Der V. von oben (frz. coulé, chute, cheute, coulement, port de voix descendant, bei Mersenne tremblement; engl. backfall) tritt häufig als Durchgangsnote bei terzenweiser Abwärtsbewegung einer Melodie auf, immer vor dem Schlag und niemals mit Portamento. Diese Form des V.s hält sich noch während des ganzen 18. Jh.; → Antizipation (–3), → Cercar della (la) nota.

Im Laufe des Spätbarocks (18. Jh.) gewinnt die harmonische Funktion des V.s immer mehr an Bedeutung, wobei der V. auf den Schlag genommen wird und meist eine Dissonanz zum Baß bildet, einen → Vorhalt, der auch affekthaften Charakter annehmen kann. Hierbei gilt der V. von oben (Accent fallend) wegen der Regeln über die Auflösung von Dissonanzen als der natürlichere (im Vergleich zum V. von unten). Tartini z. B. verlangt in seinem *Traité des agrémens* um die Mitte des Jahrhunderts, daß einfache Vorschläge von unten nur in Verbindung mit zusätzlichen Verzierungsnoten verwendet werden dürfen, um nicht gegen die Regeln der Dissonanzbehandlung zu verstoßen:

Der V. von unten (Accent steigend), gewöhnlich ein Leitton, kommt aber durchaus auch einfach vor und ist meist durch die vorangehende Note auf gleicher Höhe vorbereitet, während der V. von oben frei eintreten kann. Der in größerem als in Sekundabstand zur Hauptnote stehende V. (von oben und von unten) ist durchweg eine betonte Wiederholung der vorangehenden Note (Mattheson: springende Accente). Im frühen 18. Jh. schwanken die Angaben über die Länge des V.s oder sind unbestimmt (Walther). Als Normalfall gilt zunächst noch der eher kurze V. mit einem rationell nicht erfaßbaren rhythmischen Verhältnis zur Hauptnote. Auch für J. S. Bachs Werke sind die Regeln der nach 1750 erschienenen Lehrbücher nicht ohne weiteres in allen Fällen anwendbar. Ebenso ist in der 1. Hälfte des 18. Jh. der Notenwert der kleinen V.s-Noten (petites notes) nicht maßgebend für die Wiedergabe. Ob Bach z. B. den V. vor dem Schlag noch gekannt hat, ist umstritten (Orgelchoral *Allein Gott in der Höh' sei Ehr*, BWV 662, Takt 2 u. ä. mit rhythmisch nicht eindeutigem Coulé bei fallenden Terzen). Kürzer als der V. mit Vorhaltscharakter sind viele Vorschläge mit überwiegend rhythmisch akzentuierender Funktion aufzufassen, z. B. häufig in D. Scarlattis Cembalosonaten.

Um die Mitte des 18. Jh., im Zuge des Zeitalters der Aufklärung, setzt eine allseitige Bemühung um Systematisierung der Vorschläge durch Regeln für ihre rhythmische Ausführung in allen vorkommenden Fällen ein, wobei der V. auf den Schlag als anschlagender, derjenige vor dem Schlag als durchgehender V. bezeichnet wird. Beim ersteren unterscheidet man jetzt streng zwischen veränderlichem oder langem und unveränderlichem oder kurzem V. Der anschlagende, veränderliche V. wird im Prinzip nach folgenden Hauptregeln behandelt (Beispiel nach Quantz): bei 2teiliger Hauptnote (Beispiel a) erhält er die Hälfte, bei 3teiliger (punktierter) Hauptnote (b) erhält er zwei

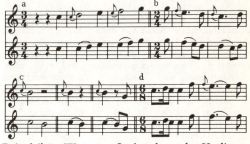

Drittel ihres Wertes; außerdem kann der V. die gesamte Dauer der Hauptnote einnehmen, wenn auf diese eine Pause (c; vgl. auch J. S. Bach, *Wohltemperirtes Clavier* II, Praeludium Es dur, BWV 876, Takte 2, 4

Vorschlag

und 62) oder eine an sie angebundene kürzere Note gleicher Höhe folgt (d). Ausnahmen von solchen Verzierungsregeln treten immer dann ein, wenn ihre Anwendung in Widerspruch steht zu Gesetzen des musikalischen Satzes oder des jeweils herrschenden »Geschmacks«. – Quantz schreibt, in Anlehnung an italienische Vorbilder, die Ausführung des V.s wie folgt vor: *Man muß die Vorschläge mit der Zunge weich anstoßen; und wenn es die Zeit erlaubt, an der Stärke des Tones wachsen lassen; die folgende Note aber etwas schwächer dran schleifen* (genannt »Abzug«).

Der anschlagende unveränderliche V. wird mit kleinen Sechzehntel- oder Zweiunddreißigstelnoten angedeutet (♪, ♪ = Schreibweise des 18. Jh. für ♪, ♪). Er kann vor allem stehen, wenn die folgende Note dissonant zum Baß ist; bei mehrmaligen Tonwiederholungen, wenn rhythmische Prägnanz beibehalten werden soll (Synkopen, wiederholte Achtelpaare, Triolen) und als Spezialfall hierzu bei der Figur ♪ ♫ (Ausführung etwa ♫.♫ oder ♫♫). Die Ausführung ♫♫ tritt erst gegen 1800 auf, für Mozart gilt in vielen Fällen noch die ältere Ausführung.

Bei den durchgehenden Vorschlägen unterscheidet man im 18. Jh. solche, die mit der folgenden Note und solche, die mit der vorangehenden Note verbunden werden. Während es sich bei der einen Gruppe um den aus dem 17. Jh. übernommenen V. handelt, nämlich um einen Zwischenton bei fallenden (oder auch steigenden) Terzen (auch als Anticipatione della sillaba), ist die zweite identisch mit dem sogenannten Nachschlag. Dieser tritt häufig als Rückschlag und als Überschlag (Überwurf, Springer) auf. Die Ausführung dieser beiden Nachschlagsformen ist etwa: bzw. . C. Ph. E. Bach bekämpfte alle durchgehenden Vorschläge und wollte das folgende Beispiel nicht wie a, sondern wie b ausgeführt wissen:

Im 19. Jh. verschwinden die langen Vorschläge, indem sie von den Komponisten in großen Noten ausgeschrieben werden. – Die kurzen Vorschläge dienen nicht mehr so sehr der melodischen Verbindung als vielmehr der Akzentuierung der auf sie folgenden Hauptnoten. Ihre Ausführung wird in den Lehrbüchern nach Beethovens Tod zwar immer noch auf den Schlag, aber unbetont vorgeschrieben: J. N. Hummel, Klavierschule (1828), L. Spohr, Violinschule (1832) und G. Duprez, Gesangschule (1845). Erst in der Folgezeit werden sie in zunehmendem Maße vor den Schlag genommen. Als Sonderfall kann der V. im Rezitativ angesehen werden: eine besonders im Spätbarock allgemein verbreitete Konvention verlangte häufig an Phrasenenden die Ausführung von Vorschlägen, ohne daß solche im Notentext angedeutet waren. G. Ph. Telemann gibt in *Der Harmonische Gottesdienst* (1725) genaue Anweisungen hierzu mit Beispielen (siehe folgendes Beispiel; a: Vorbericht, b: Rezitativ aus der Neujahrskantate *Halt ein mit deinem Wetterstrahle*). Diese Konvention ist noch bis in das 19. Jh. hinein gültig. So haben W. A. Mozart und noch häufiger Schubert nicht nur in Rezitativen, sondern auch in Liedern bei Phrasenenden vor zwei gleich hohe Noten eine kleine V.s-Note ge-

setzt, in Erinnerung an diese Konvention, z. B. Schubert in Nr 12 der *Winterreise*:

Oft aber deutet die gleiche Notation auch lange (betonte) oder kurze (unbetonte) Vorschläge an, was in manchen Fällen schwierig zu entscheiden ist.

Lit.: → Verzierungen; ferner: E. WALKER, The Appoggiatura in Schubert, ML V, 1924; K. WICHMANN, Der Ziergesang, Lpz. 1966, Anhang: Über d. Ausführung d. Appoggiatura. ERJ/BB

Vorspiel. Die Erscheinung des instrumentalen V.s ist allen Musikkulturen geläufig. Im Orient (wahrscheinlich auch in der Antike) handelt es sich hierbei um die vorbereitende Charakterisierung des für das folgende Stück maßgebenden Melodiemodells (Maqām, Paṭet, Râga; Nomos). Das antike Aulos-V. προαύλιον ging einem Nomos voraus (Platon, *Kratylos* 417e) oder einem Aulosstück voraus (Aristoteles, »Rhetorik« III, 14 = 1414b); über die → Anabole ist wenig bekannt. Aus der Zeit um 1300 bezeugt J. de Grocheo, daß ein guter Viellaspieler jeden Gesang und jedes Musikstück *generaliter introducit* (ed. Rohloff, S. 52, 32f.); → Praeludium. – In einem terminologisch fixierten Sinne bezeichnet V. die Orchestereinleitung, wie sie R. Wagner seit *Lohengrin* (1850) seinen Musikdramen vorangehen ließ. Merkmal des V.s ist die organische Einbeziehung in das Drama entweder als Eröffnung der 1. Szene (*Der Ring des Nibelungen*) oder als ausgebreitete Darstellung des Hauptgehaltes des Ganzen (*Tristan und Isolde*). Ansätze in dieser Richtung gibt es schon in der französischen Großen Oper (Meyerbeer, *Les Huguenots, L'Africaine*). V.e können auch die einzelnen Akte einer Oper einleiten (Wagner, *Die Meistersinger von Nürnberg*; Verdi, *La Traviata*; Pfitzner, *Palestrina*). Die Abkehr von der in sich abgeschlossenen Anlage der → Ouvertüre resultiert einerseits aus Wagners Konzeption von der *einheitlichen künstlerischen Form* und der Ausdruckseinheit des Dramas (*Oper und Drama*, S. 305ff.), andererseits aus dem allgemeinen Prinzip des Durchkomponierens. Wagners *Meistersinger*-V. indessen verbindet noch einmal die musikalisch geschlossene Gestaltung mit der Aufreihung und symphonischen Verarbeitung der musikalischen Hauptgedanken der Oper. – Auch Verdi versah seit 1850 seine Opern (*Rigoletto*, zuletzt *Aida*) mit V.en, die er Preludio nannte, verzichtete aber im Spätwerk (*Otello, Falstaff*) auf jede Einleitung. – Auf Grund individueller Behandlung seitens der Komponisten und engstem Konnex mit der dramatischen Situation ist das V. nicht als Typus greifbar, erfüllt aber selbst in der reduziertesten Form (Puccini, *Tosca*) die Forderung nach charakteristischer Prägnanz.

Lit.: R. WAGNER, Oper u. Drama, = Gesammelte Schriften XI, hrsg. v. J. Kapp, S. 297, 302, 310; S. ANHEISSER, Das V. zu Tristan u. Isolde u. seine Motivik..., ZfMw III,

1920/21; Th. Till, Die Entwicklung d. mus. Form in R. Wagners Opern u. Musikdramen, v. d. Ouvertüre (V.) u. deren Funktionsvertretern aus betrachtet, Diss. Wien 1930, maschr.

Vortrag → Interpretation; → Affektenlehre, → Aufführungspraxis, → Ausdruck, → Belcanto, → Phrasierung, → Verzierungen.

Vortragsbezeichnungen sind Zusätze des Komponisten oder eines Bearbeiters (→ Editionstechnik) zum Notentext in Form von Worten, → Abbreviaturen oder → Zeichen, die den Charakter der Komposition und ihre Ausführung durch Angaben über Tempo (und Agogik), Lautstärke (Dynamik), Affekt, Artikulation, Spieltechnik (Anschlag, Bogenführung) oder Phrasierung näher bestimmen. Seit dem frühen 17. Jh. wurden, ausgehend von Italien, V. zunächst innerhalb der Sätze beim Tempo-(meist Takt-)Wechsel oder beim Wechsel forte–piano (→ Echo), dann auch bald am Satzanfang angewendet (der Stärkegrad am Satzanfang wurde bis Ende des 18. Jh. nur ausnahmsweise angegeben). Daneben entstand in Frankreich in der 2. Hälfte des 17. Jh. ein umfangreiches Vokabular an V., das besonders zur Kennzeichnung des Affektgehalts der Musik dient (z. B. gracieusement, tendrement). In Deutschland wurden die italienischen und französischen V. übernommen. In immer größerer Zahl traten V. seit der 2. Hälfte des 18. Jh. im Notentext auf, da seitdem die Vortragsweise immer mehr in der Komposition selbst verankert war und im Zusammenhang mit dem Verzicht auf traditionelle Satz- und Thementypen auch die Elemente des Vortrags freier verfügbar wurden. Die einfachen, zu Termini verfestigten italienischen V. wurden durch differenzierende Zusätze in ihrer Bedeutung erweitert; neue italienische Worte wurden als V. eingeführt, die auch in andere Sprachen übersetzt werden konnten, sofern sie sich nicht zu Fachausdrücken verfestigten. Besonders in Deutschland wurde, in Ansätzen schon bei Heinichen (1728), Telemann und C. Ph. E. Bach, deutlicher bei L. Mozart (1756), Adlung (1758) und in den musikalischen → Lexika seit 1765 eine Tendenz zur Abkehr von italienischen Termini und zur Einführung entsprechender deutscher »Kunstwörter« spürbar. Der Gebrauch deutscher V., die oft nur Anweisungen für den Einzelfall sind, bürgerte sich seit Ende des 18. Jh. immer mehr ein.
Eigentliche Tempobezeichnungen sind nur → Presto (schnell) und → Lento (langsam); die anderen V. für das Tempo bezeichneten ursprünglich zugleich eine Affekthaltung: → Adagio (bequem, gemächlich), → Allegro (heiter), → Andante (gehend), → Grave (schwer, ernst), → Largo (breit), ebenso auch die als selbständige Tempobezeichnungen gebrauchten Zusatzwörter moderato (gemäßigt) und → Vivace (lebhaft). Affekt- bzw. Ausdrucksbezeichnungen, die als Zusätze zu Tempowörtern oder selbständig gebraucht werden, sind: → affettuoso, agitato, amabile, appassionato, brillante, → cantabile, commodo, con brio, con fuoco, dolce, energico, → espressivo, maestoso, scherzando (→ Scherzo – 2), → sostenuto, spirituoso, stretto und tranquillo. Zusätze zu Tempowörtern sind ferner poco, meno, → giusto, non troppo, assai, molto; freies Tempo wird durch → ad libitum (–1), a piacere, senza tempo, → Tempo rubato, auch durch → colla parte und suivez, die Wiederaufnahme eines vorher gegebenen Tempos durch → a tempo bzw. a → battuta oder tempo primo, misurato vorgeschrieben. → Forte und → Piano mit ihren verschiedenen Abstufungen, auch mit den Zusätzen più, poco, mezzo und meno bezeichnen die Tonstärke (→ Dynamik – 1), hierher gehören auch → mezza voce, → sotto voce und con sordino (→ Dämpfer). Die Betonung einzelner Noten oder Akkorde fordern → sforzato und fortepiano. Veränderungen des Tempos zum Schnelleren fordern accelerando, affrettando, incalzando und stringendo, zum Langsameren ritardando, rallentando, → ritenuto, ritenente, slentando, strasciando und → largando, zunehmende Tonstärke → crescendo und → rinforzando, abnehmende decrescendo, diminuendo, diluendo und perdendosi; das Abnehmen von Tonstärke und Tempo zugleich bezeichnen calando, deficiendo, mancando, morendo und smorzando. → Artikulation, → Anschlag (– 2) und → Bogenführung werden u. a. durch folgende V. angezeigt (die teilweise, soweit sie sich auf einzelne Noten beziehen, auch durch → Zeichen ausgedrückt werden): → legato, → leggiero, marcato, → martellato, → pizzicato (Gegensatz: col arco), → portato, → staccato, → sul ponticello und tenuto. Besondere V. und Zeichen ergeben sich aus der → Phrasierung. Sonderfälle, die zwischen → Verzierung und Ausdrucksmanier stehen, sind tremolando (→ Tremolo), → ondeggiando, → Vibrato, → Portamento und → glissando.

Vorzeichen → Akzidentien.

Vox (lat., von vocare, rufen; entsprechend griech. φωνή oder φθόγγος), die menschliche Stimme, in weiterem Sinne alles, was – als sinntragender Laut – von einem Lebewesen oder Gegenstand durch das ihm weseneigene Vermögen zur Tonerzeugung ausgeht, also auch die Stimme eines Tieres, der Ton eines Instruments usw. (→ Sonus); auch der Einzelton einer von ein und derselben Person oder Sache ausgehenden Tonfolge (z. B. prima vox organi) oder – bei mehrstimmigem Musizieren – alles, was von einem der Beteiligten ausgeht, also die (einzelne, höchste, tiefste usw.) → Stimme (– 1); ferner die durch die Solmisationssilbe ausgedrückte Qualität des Einzeltons in bezug auf seine Stellung im → Hexachord (z. B. C habet tres voces: sol, fa, ut). – Im Orgelbau ist V. Grundwort verschiedener in der Konstruktion durchaus unterschiedlicher, zumeist jedoch imitatorischer Register (V. humana, V. coelestis

Vox angelica (lat.), in der Orgel ein kurzbechriges, regalartiges Rohrwerk zumeist in 4'-Lage. Seit Mitte des 19. Jh. wird dieser Name auf eine Geigenschwebung, die Labialpfeifen zu 8' + 4' disponiert, übertragen, sogar auf 2 Hochdruckgamben, die gern ins Fernwerk gestellt wurden und durch die Entfernung lieblicher klangen (Kloster Guadalupe).

Vox humana (lat., menschliche Stimme), in der Orgel zumeist eine Zungenstimme zu 8' mit kurzem Schallbecher von verschiedener Bauart, in Italien auch als Labialstimme (voce umana) mit Prinzipalmensur und doppelten Pfeifen. Die V. h. wurde zuweilen mit einem eigenen Tremulanten gebaut.

v. s., Abk. für – 1) volti subito (ital.), wende schnell um; – 2) vide sequens (lat.), siehe das Folgende.

vuota (ital., leer) fordert auf Streichinstrumenten die Benutzung → Leerer Saiten (z. B. beim Flageolettspiel).

W

»Wagner«-Tuba, eine Waldhorntuba, d. h. eine enger mensurierte → Tuba (– 2) mit 4 Ventilen, die mit einem Waldhornmundstück geblasen wird. Wagner ließ sich diese Tuben für den *Ring des Nibelungen* bauen, um den Chor der Hörner durch Baßinstrumente von gleichem Klangcharakter zur Tiefe hin zu ergänzen. Sie werden vom 2. Hornistenquartett (5. und 7. Hornist Tenor-»W.«-Tuben in B, 6. und 8. Hornist Baß-»W.«-Tuben in F) gespielt. »W.«-Tuben verlangen u. a. Bruckner (7.–9. Symphonie) und R. Strauss (*Ein Heldenleben, Elektra, Eine Alpensinfonie, Die Frau ohne Schatten*). – Eine Tuba mit Waldhornmundstück unter dem Namen Cornon (Cornophone) hatte schon 1844 Červený konstruiert.

Wagon (japanisch) → Koto.

Waldflöte (lat. tibia silvestris, auch silvestris) ist in der Orgel eine weit oder mittelweit mensurierte offene Flötenstimme zu 4' oder 2', seltener 8' oder 1', häufig konisch, aber auch zylindrisch. Der Klang der W. ist weich und voll, verwandt mit dem des Nachthorns.

Waldhorn (engl. french horn), der Horntyp, der sich zum heute im Orchester gebräuchlichen, schlechthin Horn genannten Instrument entwickelt hat. Das W. ist ein Blechblasinstrument (Goldmessing oder Neusilber, im 18. Jh. auch Kupfer oder Silber) mit langem, leicht konischem Rohr von enger Mensur (Halbinstrument, der Grundton spricht nicht an), das kreisförmig gewunden ist, mit ausladender Stürze und trichterförmigem Mundstück. – Im Schnitzwerk des Chorgestühls der Kathedrale zu Worcester (spätes 14. Jh.) ist ein Jäger dargestellt, der ein mehrfach gewundenes Horn über der Schulter trägt. Ähnliche Jagdhörner soll es schon im 12. Jh. gegeben haben (Wappenschild der Wartenberg-Kolb 1169). Ein Horn mit $2^1/_2$ Windungen ist auf einem Holzschnitt von S. Brandt (Virgil-Ausgabe von Grüninger, Straßburg 1502, und J. Sacon, Lyon 1517) zu sehen. Um 1650-60 wurde das Blasen auf Trompes de chasse (cors de chasse) in Frankreich verbreiteter. Die erste Partitur, in der Hörner vorkommen, ist Lullys *La princesse d'Elide* (1664; 5st. Fanfarensatz, wobei jedoch nicht sicher ist, ob alle Stimmen von Hörnern gespielt wurden). Um 1670 wurde in Frankreich das W. in der Mensur der Trompete angenähert, auch noch von Dampierre um 1700, dessen Horn eine kleinere Stürze hatte. Um 1681 kam das W. durch den Böhmen Graf Sporck (Spörken) nach Deutschland, wo es sich im Symphonieorchester einbürgerte (R. Keiser, *Octavia*, 1706). Durch die Mannheimer Schule wurde es auch in Paris üblich; hier wurde es zunächst noch vorwiegend von Deutschen und Böhmen geblasen. Neben der D-Stimmung wurden durch Einsetzen von Stimmbögen tiefere Stimmungen gewonnen. Durch Einführen der Hand in die Stürze wird die Röhre verkürzt und der Ton (um etwa einen Halbton) erhöht. Diese Stopftechnik wurde 1753 von Hampel erweitert und in ein System gebracht. Die Zeit der Stopftechnik (etwa 1750–1850) gilt als die goldene Zeit des W.s; der erste reisende Virtuose dieser Periode war J. J. → Rudolph. – Durch das Einsetzen mehrerer Krummbögen für tiefere Tonarten zwischen Mundstück und Corpus wurde das Horn so weit vom Spieler abgerückt, daß das Stopfen erschwert wurde. Eine Abhilfe sollte das → Inventionshorn von Hampel sein. Die Versuche, durch mechanische Vorrichtungen das W. zu einem chromatischen Instrument zu entwickeln, führten zu Konstruktionen mit Klappen (→ Amorschall), Zügen (Dickhuth 1812) und zur Erfindung des → Cor omnitonique. Durchsetzen konnten sich jedoch erst die 1818 patentierten → Ventile (– 2), zunächst 1 oder 2, später 3; doch fand daneben noch die Stopftechnik Verwendung. In die Militärkapellen fand das Ventilhorn bald nach 1830 Eingang. – Noch heute spezialisieren sich die Bläser jeweils auf den Ansatz für hohe (1. und 3. Horn) oder tiefe (2. und 4. Horn) Töne. Diese Trennung war bereits um 1800 vollzogen. In den gebräuchlichen Tonlagen (D–F) umfaßte zu jener Zeit die hohe Technik den 4.–20. Naturton, die tiefe den 2.–16. Die Technik des Cor mixte (4.–12. Naturton, besonders in F-Lage) konzentrierte sich auf möglichste Ausgeglichenheit der Töne. 1898 baute zuerst Kruspe in Erfurt das Doppelhorn in B/F, das heute im Symphonieorchester gebräuchlich ist. Daneben ist das einfache W. in F (Umfang etwa $_1$B–b²) das Standardinstrument. Die höchste und die tiefste brauchbare Lage sind die in (hoch)C und die in A (Rohrlänge 600 cm). Der Klang des W.s ist warm und obertonreich (»Pedal des Orchesters«, so genannt nach der Wirkung des rechten Pedals des modernen Klaviers). Es wird transponierend im Violinschlüssel notiert. Konzerte für W. schrieben u. a. J. Haydn, W. A. Mozart, C. M. v. Weber, R. Schumann, Saint-Saëns, R. Strauss und Hindemith. Sonaten für Horn und Kl. Beethoven und Hindemith, ein Trio (op. 40) für Kl., V. und W. Brahms. Berühmte Hornisten waren Marés, → Štich (Punto), J. Lebrun, Domnich, Fr. Duvernoy, Meifred, G. und M. Schunke, Fr. Strauss (der Vater von R. Strauss), A. und D. Brain; Schulen schrieben Hampel-Punto (1794–98), Domnich (1808), Duvernoy (1808), Dauprat (1824), Kastner (1840) und Meifred (1840).

Lit.: Fr. J. Gossec, Notes concernant l'introduction des cors dans les orch., Rev. mus. V, 1829; J. Meifred, De l'étendue, de l'emploi et des ressources du cor en général ... avec quelques considérations sur le cor à pistons, Paris (1829); ders., Notice sur la fabrication des instr. de musique en cuivre ..., in: Annuaire de la Soc. des anciens élèves des Ecoles Nationales des Arts-et-Métiers 1851; H. Eichborn, Die Dämpfung beim Horn, Lpz. 1897; V.-Ch. Mahillon, Instr. à vent III: Le cor. Son hist., sa théorie, sa construction, Brüssel u. London (1908); H. Kling, Le cor de chasse, RMI XVIII, 1911; W. F. H. Blandford, Wagner and the Horn Parts of Lohengrin, The Mus. Times LXIII, 1922; Fr. Piersig, Die Einführung d. Horns in d. Kunstmusik, Halle 1927; B. Coar, The French Horn, Ann Arbor (Mich.) 1947; ders., Nineteenth-Cent. Horn Virtuosi in France, De Kalb (Ill.) 1952; Ph. Farkas, The Art of French Horn Playing, Chicago 1956; K. JANETZKY, Zum Erscheinen d. Bach-Studien f. W., in: Tradition u. Gegenwart, Fs. Musikverlag Fr. Hofmeister, Lpz. 1957; R. MORLEY-PEGGE, The French Horn, London u. NY (1960); R. GREGORY, The Horn, London 1961; G. SCHULLER, Horn Technique, ebenda 1962.

Waldhorn-Tuba → »Wagner«-Tuba.

Waldteufel → Reibtrommel.

Wales.
Lit.: FR. GRIFFITH, Notable Welsh Musicians, London ²1896; J. GRAHAM, A Cent. of Welsh Music, ebenda 1923; C. E. ROBERTS, Welsh Music in the Tudor Period, Transactions of the Honourable Soc. of Cymmrodorion, Session 1925/26; J. DAVIES, The Contribution of Welshmen to Music, ebenda 1929/30; W. S. GW. WILLIAMS, Welsh National Music and Dance, London (1933), ²1952; A. DOLMETSCH, Ancient Welsh Music, Transactions of the Honourable Soc. of Cymmrodorion, Session 1933/35; P. CR. HOLLAND, Secular Homophonic Music in W. in the MA, ML XXIII, 1942; DERS., Music in W., London 1948; J. PEATE, Welsh Mus. Instr., Man XLVII, 1947; Music in W., An Exhibition of Mus. Instr., Scores and Mss. ..., Swansea 1951 (Ausstellungskat.); D. JONES, Music in W., London 1961. – Journal of the Welsh Folk-Song Soc. I, 1909ff.

Walze, – 1) an der modernen Orgel eine Spielhilfe, die über dem Pedal liegt und mit dem Fuß bedient wird. Die W. läßt die Register deren Lautstärke entsprechend nacheinander hinzutreten. Dabei ist ein nahtloses Crescendo bzw. Decrescendo selbst bei den grundtönig disponierten Orgeln nur annähernd möglich. – 2) → Mechanische Musikwerke.

Walzer (von walzen, sich drehen, aber auch s. v. w. schleifen, die Füße beim Tanzen am Boden drehen, im Gegensatz zu hüpfen, hopsen; engl. waltz; frz. valse; ital. valzero), ein seit dem letzten Viertel des 18. Jh. bekannter, im österreichisch-bajuwarischen Raum entstandener Tanz im 3/4-Takt, dessen direkte Vorläufer der → Deutsche Tanz, der → Ländler und der → Langaus sind. Der W. ist ein Einzelpaartanz, bei dem die Paare in geschlossener Tanzhaltung eine doppelte Drehbewegung ausführen, wobei sie, sich um die eigene Achse drehend, die Tanzfläche umrunden. Schon vor dem Aufkommen des Wortes W. (um 1780) finden sich, seit etwa 1750, Belege für walzen, walzerisch tanzen (z. B. in J. Kurz' Komödie *Der auf das neue begeisterte und belebte Bernardon*, 1754, in: DTÖ XXXIII, S. 18), sehr wahrscheinlich schon hier in der Bedeutung des charakteristischen Schleifens der Füße am Boden; noch 1760 wurden walzende Tänze durch eine bayerische Verordnung verboten.

Drehtänze, meist gehüpft oder gestampft, waren seit dem Mittelalter bekannt; sie wurden immer wieder bekämpft; noch bei W. A. Mozart (*Don Giovanni*) galten sie als derb und dem niederen Volke zukommend. Die allgemeine Durchschlagskraft des W.s hängt nicht zuletzt zusammen mit den soziologischen Auswirkungen der Französischen Revolution und der im 19. Jh. sich vollziehenden sozialgeschichtlichen Umstrukturierung. Für das Aufkommen des W.s in Wien scheint es von Bedeutung gewesen zu sein, daß hier die Kluft zwischen Adel und Volk weniger kraß war als etwa in Frankreich, wo es undenkbar gewesen wäre, 3000 Bürger und Bürgerinnen zu einem Hofball einzuladen, wie es Kaiser Joseph II. 1781 tat. Als 1786 in Wien der erste W. von zwei Paaren auf der Bühne getanzt wurde (in: *Una cosa rara* von Martín y Soler), fand er ein aufnahmefreudiges Publikum. Trotz harter Kritik von seiten einzelner aus der hohen Gesellschaft und seines Verbots z. B. am preußischen Hof, wo er noch unter Wilhelm II. beim offiziellen Teil des Hofballs nicht gestattet war (W. linksherum blieb wegen der noch engeren Tanzhaltung für alle Gesellschaftsbälle der damaligen Zeit überhaupt untersagt), erlangte der W. seit dem Wiener Kongreß (1814/15) weltweite Verbreitung und erfaßte wie kein Tanz zuvor alle Schichten der Gesellschaft. Der Wiener W., wie er schon 1811 (J. H. Campe, *Wörterbuch der Deutschen Sprache* V, Braunschweig 1811) genannt wurde, gehört bis heute zu den Standardtänzen (→ Gesellschaftstanz). Im Laufe des 19. und 20. Jh. entwickelten sich verschiedene W.-Typen. Neben dem Wiener W. gab es einen Französischen W., der meist aus drei in Schnelligkeit sich steigernden Teilen bestand: Valse (3/8 oder 3/4, Andante, Sauteuse (6/8, Allegretto), Jeté oder schnelle Sauteuse (6/8, Allegro bis Presto). Aus Amerika kam der langsam gleitende → Boston (– 1), der besonders um 1920 in Europa beliebt war. Der langsame W. oder → English Waltz, auch Waltz, der heute wie der Wiener W. zu den Standardtänzen gehört, kam in den 1920er Jahren in Europa in Mode. Im Unterschied zum Wiener W. werden beim langsamen W. mehrere Variationen getanzt.

Die ersten W. hatten eine *mäßige ... Bewegung, ... in der letzten Zeit aber, seitdem der sog. Wiener W., der ein ungleich schnelleres Tempo hat, herrschend wurde, hat sich der Frohsinn und die Lustigkeit, die sich darin aussprechen, bis zur bacchantischen Wuth gesteigert. ... Die Musik des Tanzes ... hat alle diese Perioden der steigenden Heftigkeit und Leidenschaft mit durchgemacht* (SchillingE). Der W. bestand zunächst in der Regel aus zwei Reprisen zu je 8 Takten (so in KochL beschrieben), doch stellte man bald mehrere W. zu einer Folge zusammen. Frühe gedruckte W. liegen vor in 12 W.n op. 34 (1800) von D. Steibelt. 1808 wurden anläßlich der Einweihung des Apollo-Palastes die *Tänze für den Apollosaal* op. 31 für Kl. von J. N. Hummel aufgeführt, die mit Trios, da Capo und Coda eine halbe Stunde dauerten und als die ersten Konzert-W. angesehen werden können. In ihrer Nachfolge stehen W. von C. M. v. Weber, Chopin, Liszt und Brahms. Viele W.-Kompositionen nehmen eine eigenartige Stellung zwischen Konzert- und Gebrauchsmusik ein. Von Schubert ist bekannt, daß er seinen Freunden zum Tanz aufspielte. Seine W. sind *gleichsam als niedergeschriebene Improvisationen zu betrachten* (A. Einstein, *Schubert*, NY 1951, deutsch Zürich 1952, S. 230). Sie sind vorwiegend noch 8taktig mit zwei Reprisen, meist folgen 12 oder mehr Nummern aufeinander. Auch Beethoven schrieb noch W. für den praktischen Gebrauch, z. B. die 4 W. in den sogenannten *Mödlinger Tänzen* (WoO 17, 1819). Mit den 1819–23 entstandenen *33 Veränderungen über einen W. von Diabelli* op. 120 schrieb er ein reines Vortragsstück, während die W. Es dur und D dur von 1824 und 1825 wieder mehr der Gebrauchsmusik zugehören. Entscheidenden Einfluß auf die Entwicklung des W.s hatte C. M. v. Webers Konzert-Rondo für Kl. *Aufforderung zum Tanz* op. 65 (1819, später von Berlioz instrumentiert), ein W.-Zyklus mit langsamer Introduktion und Coda. Richtungweisend an diesem Werk waren: die geschlossene Form mit Introduktion und Coda, die den Anfang wieder aufgreift; die planvolle Abfolge in Melodie, Tempo und Tonarten; die bei Schubert schon gelegentlich vorhandene Begleitungsform mit dem Vorschlagen des Basses und dem Nachschlagen zweier Akkorde; das gegenüber früheren W.n wesentlich schnellere Tempo; die Ausweitung der einzelnen W. über die Achttaktigkeit hinaus. Damit war im W. eine große Konzertform geschaffen.

Die genannten Charakteristika gelten jedoch nicht nur für die Konzertform des W.s, sondern sind auch für die des klassischen Wiener W.s Lannerscher und Straußscher Prägung seit den 1820er Jahren. Hervorgegangen aus der Tanzkapelle M. Pamers, wurden → Lanner und

J. → Strauß(Vater) zu den beherrschenden Persönlichkeiten der Wiener Tanz- und Unterhaltungsmusik, in der Publikumsgunst wohl nur noch übertroffen von J. → Strauß(Sohn), dem »Walzerkönig«. Die W.-Kompositionen von Lanner und Strauß(Vater) begannen mit einer kürzeren oder längeren Introduktion, gefolgt von fünf W.n und der Coda, in der die vorangegangenen Walzermelodien anklangen. Der einzelne W. bestand aus einem meist 16taktigen Teil A, einem gleichlangen aber im Charakter unterschiedenen Teil B und gelegentlich einer einfachen Wiederholung des Teiles A (‖:A:‖:B:‖A‖). Von Lanner wurden besonders bekannt: *Pesther W.* op. 93, *Hofballtänze* op. 161, *Die Schönbrunner* op. 200; von Strauß(Vater): *Cäcilien-W.* op. 120, *Donaulieder* op. 127, *Loreley-Rheinklänge* op. 154. J. Strauß(Sohn) übernahm diese Form, ging jedoch in den kompositorischen Mitteln über seine Vorgänger hinaus: die Introduktion wurde gelegentlich zu einer Art Orchestervorspiel ausgeweitet, der Rhythmus wurde abwechslungsreicher, die Harmonik reicher und die Instrumentierung kunstvoller gestaltet. Die Ausführung ist charakterisiert durch eine leichte Vorwegnahme der zweiten Zählzeit in der Begleitung, sowie durch das »Einschleifen«, die allmähliche Tempobeschleunigung beim Übergang von der Introduktion zum eigentlichen W. Bekannteste W. von Strauß(Sohn) sind: *An der schönen blauen Donau* op. 314, *Geschichten aus dem Wiener Wald* op. 325, *Frühlingsstimmen* op. 410, *Kaiserwalzer* op. 437. – Schon früh wurde der W. wesentlicher Bestandteil der Wiener → Operette, deren zu W.-Folgen zusammengestellte Melodien die Operette an Popularität häufig übertrafen (z. B. *Rosen aus dem Süden*, aus: *Das Spitzentuch der Königin* von J. Strauß[Sohn]).

Der W. fand einen nachhaltigen Niederschlag auch in der Kunstmusik. Von Chopins *W.* op. 42 (1840) sagte R. Schumann, daß, wenn man ihn zum Tanze vorspielen wolle, *unter den Tänzerinnen die gute Hälfte wenigstens Komtessen sein müßten* (*Gesammelte Schriften* II, ⁵1914, S. 32). Die W. von Liszt und Brahms sind hochstilisierte Tänze und nur noch als Vortragsstücke gedacht. Außer den W.n für Kl. sind von Brahms auch die W. op. 52 und 65 (beide mit dem Titel *Liebeslieder*) zu nennen (→ Liederspiel). Zuweilen fand der W. Eingang in die symphonische Musik, z. B. in Berlioz' *Symphonie fantastique* (1830), in Tschaikowskys 5. Symphonie (1888), in Mahlers 9. Symphonie (1909). Der W. kommt in zahlreichen Bühnenwerken vor, z. B. in Gounods *Faust* (1869), in R. Strauss' *Rosenkavalier* (1911), in Bergs *Wozzeck* (1914-21), in Strawinskys *Pétrouchka* (1911, Neufassung 1947) und *Histoire du soldat* (1918). Ravel schrieb ein Ballett mit dem Titel *La valse* (1922). Die *Valses nobles et sentimentales* (1911) von Ravel sind eine W.-Suite nach dem Vorbild Schuberts. Für die immer stärkere Zuweisung des W.s zum Bereich historischer Musikformen ist auch die Art seiner Verwendung in der Filmmusik charakteristisch, wo W. oder W.-Musik bestimmte Vorstellungen (vor allem die Wiener Gesellschaft und ihr ausgehend auch das Bürgertum des 19. Jh. und der Vorkriegszeit, damit also die Vorstellung der vergangenen »guten alten Zeit«) assoziieren soll.

Lit.: A. W. AMBROS, Tanzmusik seit hundert Jahren, in: Culturhist. Bilder aus d. Musikleben d. Gegenwart, Lpz. ²1865; BR. WEIGL, Die Gesch. d. W. ..., = Mus. Magazin XXXIV, Langensalza 1910; H. WEISSE, Der instr. Kunst-W. ..., Diss. Wien 1919, maschr.; P. NETTL, Zur Vorgesch. d. süd-deutschen Tänze, BUM III, 1923; I. MENDELSSOHN, Zur Entwicklung d. W., StMw XIII, 1926; W. HERRMANN, Der W., – Mus. Formen in hist. Reihen VIII, Bln (1931); M. CARNER, The Hist. of the Waltz, London 1948; DERS., Artikel Waltz, in: Grove; FR. KLINGENBECK, Das Walzerbuch, Wien 1952; E. NICK, Vom Wiener W. zur Wiener Operette, Hbg (1954); K. M. KLIER, »Linzer Geiger« u. »Linzer Tanz« im 19. Jh., Hist. Jb. d. Stadt Linz 1956; L. NOWAK, Ländler, W. u. Wiener Lieder im Klavierbuche einer preußischen Prinzessin, Jb. d. Österreichischen Volksliedwerkes VI, 1957. → Tanz.

Wandernote, an einem Zeigestab befestigter Notenkopf, der seit seiner Anwendung durch Th. → Krause bei chorischen Treffübungen zur Demonstration von Intervallschritten benutzt wird.

Warschau.
Lit.: A. JARZĘBSKI, Gościniec albo krótkie opisanie Warszawy ... (»Reiseandenken oder kurze Beschreibung v. W. ...«), W. 1643, Neudruck hrsg. v. W. Korotyński, W. 1909; H. FEICHT, Przyczynki do dziejów kapeli królewskiej w Warszawie ... (»Beitr. zur Gesch. d. Königlichen Kapelle in W. während d. Kapellmeisterära M. Scacchis«), Kwartalnik muzyczny I, 1928/29; Warszawa, miasto Chopina (»W., d. Stadt Chopins«), hrsg. v. ZDZ. JACHIMECKI, W. 1950; J. PROSNAK, Kultura muzyczna Warszawy XVIII wieku (»W.er Musikkultur im 18. Jh.«), = Studia i materiały do dziejów muzyki polskiej II, Krakau 1955; W. DWORZYŃSKA, Kapelmistrze prywatnej kapeli królewskiej w latach 1657-97 (»Die Kapellmeister d. privaten Königlichen Kapelle in d. Jahren 1657-97«), Muzyka II, 1957; KRZ. BIEGAŃSKI u. M. HOLZMAN, Filharmonia Narodowa, Krakau (1960), auch engl. v. M. Abrahamowicz; T. FRĄCZYK, Warszawa młodości Chopina (»W. zur Jugendzeit Chopins«), Krakau 1961; A. SZWEYKOWSKA, Do historii polskiej kultury muzycznej w okresie saskim (»Zur Gesch. d. polnischen Musikkultur zur Zeit d. Sachsen«), Muzyka VI, 1961; M. PROKOPOWICZ, Szkic z dziejów kultury muzycznej Warszawy w okresie przed Chopinem (»Eine Skizze aus d. Gesch. d. W.er Musikkultur vor Chopin«), Rocznik Warszawski III, 1962.

Washboard (wˈɔʃbɔːd, engl.), ein Rhythmusinstrument der → Skiffle groups, das auch in öffentlich auftretenden nordamerikanischen Jazzensembles der 1930er Jahre gespielt wurde. Es ist ein gewöhnliches Reibwaschbrett aus Wellblech. Der Spieler hält es waagerecht auf den Knien und reibt mit den Fingerspitzen (mit Fingerhüten) oder Stäbchen quer über die Rillen.

Washington (D.C., USA).
Lit.: A. I. MUDD, Early Theaters in W. City, Columbia Hist. Soc. Records V, 1902; DERS., The Theatres of W. from 1835 to 1850, ebenda VI, 1903; CHR. STRUCK, Gesch. d. »W. Sängerbundes«, W. 1906; FR. J. METCALFE, Hist. of Sacred Music in the District of Columbia, Columbia Hist. Soc. Records XXVIII, 1926; J. C. HASKINS, Music in the District of Columbia, 1800 to 1814, Diss. The Catholic Univ. of America 1952, maschr.

Wasserorgel → Hydraulis.

Wechseldominante ist die Dominante der Dominante, die Doppeldominante; Funktionsbezeichnung: 𝔇̄. Ihr Akkord ist auch in Moll ein Durdreiklang, z. B. in C dur d-fis-a, in A moll h-dis-fis. Funktionell gehört die W. zu den → Zwischendominanten.
Lit.: P. HAMBURGER, Subdominante u. W., Kopenhagen u. Wiesbaden 1955.

Wechselgesang → Antiphon (– 1), → alternatim.

Wechselklang nennt H. Erpf (1927) jeden Dur- oder Molldreiklang in bezug auf den Dreiklang gleichen Namens aber gegenteiligen Geschlechts, z. B. c-es-g in bezug auf c-e-g oder a-cis-e in bezug auf a-c-e. Das W.-Verhältnis ist umkehrbar: jeder Dreiklang ist der W. seines W.s. Der Begriff geht auf H. Riemanns Harmonielehre zurück. Dort heißt jede Verbindung zweier Klänge gegenteiligen Geschlechts (Klang-)Wechsel, die eines Durdreiklangs mit seinem gleichnamigen Molldreiklang (und umgekehrt) Quintwechsel, da nach dualistischer Lehre die Haupttöne beider Akkorde im Quintverhältnis zueinander stehen. In seinen späteren Schriften (seit 1906) nannte H. Riemann den von Erpf als W. bezeichneten Akkord → Variante (– 2).

Lit.: H. RIEMANN, Mus. Syntaxis, Lpz. 1877; DERS., Skizze einer neuen Methode d. Harmonielehre, Lpz. 1880, umgearbeitet als: Hdb. d. Harmonielehre, Lpz. ²1887, ⁵1912, ⁷1920, ¹⁰1929; DERS., Elementar-Schulbuch d. Harmonielehre, Lpz. 1906; DERS., Ideen zu einer Lehre v. d. Tonvorstellungen, JbP XXI, 1914–XXII, 1915; H. ERPF, Studien zur Harmonie- u. Klangtechnik d. neueren Musik, Lpz. 1927.

Wechselnote, Wechselton, Drehnote (ital. nota cambiata; frz. note d'appog[g]iature), die obere oder untere (dissonante) Nebennote eines Akkord- bzw. Melodietons. Sie tritt, wie der Durchgang, dem sie in der Kompositionslehre bis ins 17. Jh. zugeordnet wurde (→ Commissura), auf unbetonter Zählzeit ein und kehrt, im Unterschied zu diesem, zum Ausgangston zurück. »Fuxsche W.« → Cambiata.

Weibliche Endung (frz. cadence féminine) nennt im Anschluß an J. J. de Momigny H. Riemann *das Hinüberragen der Endungen über die Schwerpunkte,* d. h. Motivschlüsse auf leichter Zählzeit des Takts, die damit an die vorausgegangene schwere angehängt erscheint, z. B. in W. A. Mozarts Konzertanter Symphonie Es dur, K.-V. 364, 2. Satz, Takt 8ff.:

Alle Vorhaltsbildungen bedingen W.E.; auch sind sie als nachschlagende Akkordtöne häufig. Der Name (der dem des »weiblichen Reims« entspricht; vgl. Riemann, S. 259) deutet den ästhetischen Charakter der Bildung an. W.E.en verlangen im Vortrag eine leichte Dehnung der sie bildenden Töne. → Anschluß-Motiv.
Lit.: H. RIEMANN, Große Kompositionslehre I, Bln u. Stuttgart 1902.

Weimar.
Lit.: C. A. H. BURKHARDT, Das Repertoire d. W.ischen Theaters unter Goethes Leitung 1791–1817, = Theatergeschichtliche Forschungen I, Hbg 1891; A. BARTELS, Chronik d. W.ischen Hoftheaters 1817–1907, Hbg u. Lpz. 1908; P. RAABE, Zum 50jährigen Jubiläum d. W.er Hofkapelle, W. 1909; A. ABER, Die Pflege d. Musik unter d. Wettinern u. wettinischen Ernestinern ..., = Veröff. d. Fürstlichen Inst. f. mw. Forschungen zu Bückeburg IV, 1, Bückeburg u. Lpz. 1921; E. HERRMANN, Das W.er Lied in d. 2. Hälfte d. 18. Jh., Diss. Lpz. 1925, maschr.; W. HITZIG, Beitr. zum W.er Konzert 1773–86, in: Der Bär, Jb. v. Breitkopf & Härtel 1925, Lpz. 1925; L. SCHRICKEL, Gesch. d. W.er Theaters v. seinen Anfängen bis heute, W. 1928; C. RÜCKER, Daten zur Mg. d. Stadt W., = Beitr. zur Gesch. d. Stadt W. XLVIII, W. 1935; DERS., Die Stadtpfeiferei in W., W. 1939; R. JAUERNIG, J. S. Bach in W., in: J. S. Bach in Thüringen, hrsg. v. H. Besseler u. G. Kraft, W. 1950; W. LIDKE, Das Musikleben in W. u. 1683 bis 1735, = Schriften zur Stadtgesch. u. Heimatkunde III, W. 1954; Fs. aus Anlaß d. Namensgebung »Hochschule f. Musik Fr. Liszt«, W. 1956; G. SICHARDT, Das W.er Liebhabertheater unter Goethes Leitung, W. 1957; B. GRIMM, Die sozial-ökonomische Lage d. W.er Hofkapellisten d. 1. Hälfte d. 19. Jh., Diss. Lpz. 1964, maschr.

Weingarten (Baden-Württemberg), Benediktinerabtei, gegr. 1056.
Lit.: K. LÖFFLER, Die Hss. d. Abtei W., Lpz. 1912; P. SMETS, Die große Org. d. Abtei W., Mainz 1940; FR. BÄRNWICK, Die große Org. im Münster zu W. ..., Kassel ⁴1948; W. IRTENKAUF, Das neuerworbene Weingartner Tropar d. Stuttgarter Landesbibl. (Cod. brev. 160), AfMw XI, 1954; GR. KLAUS, Zur Org.- u. Mg. d. Abtei, in: Fs. zur 900-Jahr-Feier d. Klosters 1056–1956, W. 1956; P. TH. STUMPF, Aus d. Gesch. d. Weingartner Klosterbibl., ebenda.

Weißenfels.
Lit.: A. WERNER, Städtische u. fürstliche Musikpflege in W., Lpz. 1911; G. SAUPE, H. Steuccius, in: Jb. Sachsen u. Anhalt XVI, 1940; A. SCHMIEDECKE, Zur Gesch. d. W.er Hofkapelle, Mf XIV, 1961; DERS., H. Steucke, Mf XVII, 1964; DERS., Die W.er Stadtpfeiferfamilie Becker, Mf XIX, 1966.

Wellen entstehen bei räumlicher Ausbreitung von → Schwingungen, wobei nicht die Schwingung selbst, sondern die Form ihrer Ausbreitung, das dabei entstehende Nebeneinander der einzelnen Schwingungszustände, als Welle bezeichnet wird. Während die Schwingung als eine zeitabhängige Zustandsänderung an einem festen Ort anzusehen ist, stellt die Welle eine ortsabhängige Zustandsänderung zu einer bestimmten Zeit dar. Alle W., mit Ausnahme der elektromagnetischen, benötigen ein Medium (fest, flüssig oder gasförmig), in dem sie sich ausbreiten können. Dabei werden die kleinsten Teile (Moleküle) durch eine Schwingungsquelle (z. B. die Luftmoleküle durch einen schwingenden Geigenkörper) in Schwingungen versetzt und werden so selbst zu einer Schwingungsquelle: mit einer kleinen zeitlichen Verzögerung regen sie die benachbarten Teilchen zum Schwingen an und so fort. Je nachdem, ob diese Schwingungen quer oder parallel zur Ausbreitungsrichtung der W. verlaufen, unterscheidet man Transversal-W. und Longitudinal-W. So z. B. stellen die W. an der Wasseroberfläche Transversal-W. dar; Schall-W. hingegen breiten sich in Gasen wie in Flüssigkeiten in Form von Longitudinal-W. aus, und nur in festen Körpern entstehen bei der Schallausbreitung zusätzlich Transversal-W.

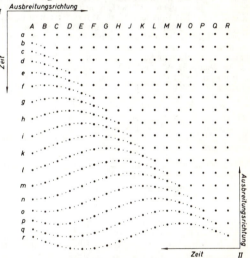

In der Abbildung sind (I) in den waagerechten Reihen a–r die einzelnen Zustände einer fortschreitenden Transversalwelle und (II) in den senkrechten Reihen R–A die einzelnen Zustände einer fortschreitenden Longitudinalwelle in gleichen zeitlichen Abständen nacheinander festgehalten. So stellt die Reihe r eine vollständige Transversalwelle, die Reihe A eine vollständige Longitudinalwelle dar.
Lit.: K. W. WAGNER, Einführung in d. Lehre v. d. Schwingungen u. W., Wiesbaden 1947; W. REICHARDT, Grundlagen d. Elektroakustik, Lpz. 1952, ²1954; J. KRANZ, Schwingungen u. W., in: Physik, = Das Fischer-Lexikon XIX, hrsg. v. W. Gerlach, Ffm. (1960, ²1962).

Welturheberrechtsabkommen (WUA). Es wurde am 6. 9. 1952 in Genf von 36 Staaten unterzeichnet und ist am 16. 9. 1955 in Kraft getreten. Das von Anfang an gesteckte Ziel, die Universalität des Urheberrechtsschutzes auf der ganzen Erde, wurde durch das WUA nicht erreicht; es stellt lediglich einen Modus vivendi für alle beteiligten Staaten und Staatengruppen dar.

Der Fortschritt besteht darin, daß es gelungen ist, die USA als wichtigstes Land außerhalb der → Berner Übereinkunft in ein multilaterales Urheberrechtsabkommen einzubeziehen. Sachlich befaßt sich das WUA lediglich mit dem urheberrechtlichen Schutz fremder Staatsangehöriger. Anders als die Berner Übereinkunft bietet es aber keinen Verbandsschutz; die von den vertragsschließenden Staaten übernommenen Verpflichtungen müssen vielmehr durch die nationale Gesetzgebung eines jeden Staates verwirklicht werden. Das WUA enthält gewisse Mindestrechte, denen auch dann Geltung zu verschaffen ist, wenn ein Vertragsstaat einen solchen Schutz in seiner nationalen Gesetzgebung nicht kennt und ihn deshalb nach dem Grundsatz der Inländerbehandlung auch nicht gewähren müßte. Diese Mindestrechte bilden die Grundlage für die Weiterentwicklung des internationalen Urheberrechts.

West-Coast-Jazz (west-koːst-dʒæz, engl.) → Modern Jazz.

Westfalen.
Lit.: W. NELLE, Die ev. Gesangbücher d. Städte Dortmund, Essen, Soest, Lippstadt ..., Jb. d. Ver. f. d. ev. Kirchengesch. d. Grafschaft Mark, Jg. 1901; E. KRUTTGE, Gesch. d. Burgsteinfurter Hofkapelle 1756–1817, Diss. Bonn 1923, maschr., Auszug in: ZfMw VI, 1923/24; G. KRAUSE, Gesch. d. mus. Lebens in d. ev. Kirche W. ..., = Veröff. d. Musikinst. d. Univ. Tübingen X, 1932; J. DOMP, Studien zur Gesch. d. Musik an westfälischen Adelshöfen im 18. Jh., = Freiburger Studien zur Mw. I, Regensburg 1934; F. W. KRANZHOFF, Die Entwicklung d. Männergesanges in W. im 19. Jh., Dortmund 1934; H. GOCKE, Der Orgelbau in d. Kreisen Soest u. Arnsberg vor 1800, Diss. Münster i. W. 1936, auch in: KmJb XXX, 1935; A. RUMP, Urkundenbelege über d. Orgelbau im Kreise Lippstadt, Diss. Münster i. W. 1949, maschr.; H. BÖHRINGER, Untersuchungen zum Orgelbau im Hochstift Paderborn, Diss. Köln 1951, maschr., Auszug in: KmJb XLI, 1957; W. SALMEN, Weihnachtsgesänge d. MA in westfälischer Aufzeichnung, KmJb XXXVI, 1952; DERS., Gesch. d. Musik in W., Bd I (bis 1800), Kassel 1963; A. SCHÖNSTEDT, Alte westfälische Org., = Schriftenreihe d. Westfälischen Landeskirchenmusikschule in Herford V, Gütersloh 1953; R. REUTTER, Org. in W., Kassel 1965.

Wiederholung in der Musik wird angezeigt durch Zeichen der Notenschrift oder durch Wörter bzw. Wortabkürzungen, teils in Verbindung mit Zeichen: → Abbreviaturen (– 1 bis – 6); → Reprise; → da capo; → dal segno; prima volta, seconda volta (→ primo); → Replica. – Wiederholen ist, wie in allen Künsten, auch in der Musik eines der wesentlichen formbildenden Elemente. Im Anschluß an die Rhetorik wurde die W. im späteren Mittelalter als Schmuck des musikalischen Satzes verstanden (→ Color – 2) und im Barock in mannigfaltigen Formen zu den musikalisch-rhetorischen → Figuren gezählt (z. B. als → Anadiplosis, → Climax, → Mimesis). In der musikalischen Formenlehre kann unterschieden werden zwischen der unmittelbaren W. (Repetition) eines Formteils (wie in der zweiteiligen → Liedform und bei der Exposition in der Sonatensatzform), der progressiven W. (bei fortschreitendem Text, wie bei den Doppelversikeln der → Sequenz – 1 und beim Strophenlied) und der Wiederkehr eines Formabschnitts (wie in der dreiteiligen und zusammengesetzten → Liedform und bei der Da-Capo-Arie). Im fortschreitenden Geschehen einer Komposition ist W. jedoch fast immer verbunden mit Transposition (→ Sequenz – 2; → Rosalie), Modifikation (z.B. dynamisch: → Echo; tonal: → Reprise der Sonatensatzform) und Variation oder → Permutation (– 3). Konstitutiv ist das (veränderte) Repetieren z. B. in der Form des → Rondellus als Stimmtauschstück (vergleichbar die → Permutationsfuge) und die (teils auch veränderte) Wiederkehr eines Gliedes z. B. in allen mit → Refrain (→ Ritornell – 3) gebildeten Formen. Auf dem Prinzip des Wiederholens beruhen die → Symmetrie und die → Variation, auch viele zyklusbildende Momente (z. B. bei der mehrstimmigen → Messe Dufays: Repetition des C. f. und Wiederkehr der Anfangsmotive in allen Sätzen), auch die auf Imitation (Kanon, Fuge) oder auf Wiederkehr eines Soggettos oder Themas oder Leitmotivs gegründeten Techniken und Formen, in neuer Zeit vor allem die Zwölftontechnik (→ Reihe). Dabei handelt es sich zumeist um partielle W., nämlich um die Repetition oder Wiederkehr nur einzelner, satztechnisch konstitutiver Größen des musikalischen Gefüges. Dies ist auch der Fall bei allen Zeitmaßordnungen (Mensur, Takt, Metrum; → Iso-), auch bei der W. eines Rhythmus (→ Talea, → Isorhythmie), eines Satzmodells (z. B. → Folia) und überhaupt bei allen Arten des → Ostinatos. – W. ist, in Verbindung mit Verändern, wohl das elementarste Grundprinzip aller musikalischen Gestaltung.

Lit.: R. LACH, Das Konstruktionsprinzip d. W. in Musik, Sprache u. Lit., Sb. Wien CCI, 2, 1925; C. A. HARRIS, The Element of Repetition in Nature and the Arts, MQ XVII, 1931; W. HESS, Zur Frage d. Teilw. in Beethovens Symphoniesätzen, Fs. J. Schmidt-Görg, Bonn 1957; DERS., Die Teilw. in d. klass. Sinfonie u. Kammermusik, Mf XVI, 1963.

Wien.
Lit.: J. v. SONNLEITHNER, W.er Theater-Almanach 1794, 1795, 1796; J. FR. REICHARDT, Vertraute Briefe, geschrieben auf einer Reise nach W. 1808–09, 2 Bde, Amsterdam 1810, NA v. G. Gugitz, München 1915; E. HANSLICK, Gesch. d. Konzertwesens in W., 2 Bde, W. 1869–70, Lpz. ²1897; DERS., Die moderne Oper, 9 Bde, Bln 1875–1900, Neuauflage 1911; DERS., Vienna's Golden Years of Music, 1850–1900, übers. u. hrsg. v. H. Pleasants, London 1951; M. KALBECK, W.er Opernabende, W. 1885; A. v. WEILEN, Gesch. d. W.er Theaterwesens v. d. ältesten Zeiten bis zu d. Anfängen d. Hoftheaters, W. 1899; DERS., Zur W.er Theatergesch. Die ... 1629 bis ... 1710 zur Aufführung gelangten Werke theatralischen Charakters u. Oratorien, W. 1901; R. LOTHAR u. J. STERN, 50 Jahre Hoftheater, 2 Bde, Magdeburg u. W. 1900; J. MANTUANI, Gesch. d. Musik in W., Teil I. Von d. Anfängen bis 1519, W. 1904; R. WALLASCHEK, Gesch. d. k. k. Hofopernthaters, = Die Theater W. IV, W. 1909; A. v. BÖHM, Gesch. d. Singver. d. Ges. d. Musikfreunde in W., W. 1908; R. v. PERGER, Denkschrift zur Feier d. 50jährigen ununterbrochenen Bestandes d. Philharmonischen Konzerte in W. 1860–1910, W. 1910; DERS. u. R. HIRSCHFELD, Gesch. d. Ges. d. Musikfreunde in W. (mit Zusatzbd v. E. Mandyczewski), W. 1912; A. GUTMANN, Aus d. W.er Musikleben, 1873–1908, W. 1914; M. ENZINGER, Die Entwicklung d. W.er Theaters v. 16. zum 19. Jh., = Schriften d. Ges. f. Theatergesch. XXVIII–XXIX, Bln 1918–19; R. SPECHT, Das W.er Opernthaater. Von Dingelstedt bis Schalk u. Strauss, W. 1919; E. WELLESZ, Die Opern u. Oratorien in W. (1660–1708), StMw VI, 1919; DERS., Der Beginn d. mus. Barock u. d. Anfänge d. Oper in W., = Theater u. Kultur VI, W. 1922; K. KOBALD, Altw.er Musikstätten, = Amalthea-Bücherei VI, Zürich, Lpz. u. W. (1921), erweitert als: Klass. Musikstätten, W. 1929; J. GREGOR, W.er Barocktheater, W. 1922; DERS., W.er szenische Kunst, 2 Bde, W. 1924–25; E. K. BLÜMMEL u. G. GUGITZ, Alt-W.er Thespiskarren, Die Frühzeit d. W.er Vorstadtbühnen, W. 1925; R. HAAS, Die W.er Oper, W. 1926; DERS., W.er Musiker, W. 1927; DERS., Der W.er Bühnentanz v. 1740–67, JbP XLIV, 1937; R. LACH, Gesch. d. Staatsakad. u. Hochschule f. Musik u. darstellende Kunst in W., W. 1927; J. KOLLNER, Das W.er Volkssängertum in alter u. neuer Zeit, W. 1931; L. NOWAK, Zur Gesch. d. Musik am Hofe Kaiser Maximilians I., Mitt. d. Ver. f. Gesch. d. Stadt W. XII, 1932; P. STEFAN, Die W.er Oper, W. 1932; A. CLAUS, Gesch. d. Singver. d. Ges. d. Musikfreunde 1853–1933, W. 1933; FR. HADAMOWSKY, Das Theater in d. W.er Leopoldstadt 1781–1860, W. 1934; DERS., Barocktheater am W.er Kaiserhof (1625–1740), W. 1955; FR. KLEIN, Gesch. d. Orchesterver. d. Ges. d. Musikfreunde v. 1859–1934, W. 1934; O. E. DEUTSCH, Das W.er Freihaus-

theater ... 1787–1801, W. 1937; C. LAFITE, Gesch. d. Ges. d. Musikfreunde in W. 1912–37, W. 1937; H. KRALIK, Die W.er Philharmoniker. Monographie eines Orch., W. 1938; DERS., Das große Orch., W. 1952; DERS., Die W.er Philharmoniker u. ihre Dirigenten, W. 1960; W. JERGER, Die W.er Philharmoniker, W. 1943; E. SCHENK, Kleine W.er Mg., W. 1946, ²1947: FR. FARGA, Die W.er Oper v. ihren Anfängen bis 1938, W. 1947; Beitr. zur Gesch. d. Alt-W.er Musikverlages, hrsg. v. A. WEINMANN, Wien I, 1 (1948ff.), II, 1 (1950ff.); A. WITESCHNIK, Musik aus W., W. 1949; T. MAYRHOFER-ZWIAUER, W.er Symphoniker 1900–50, W. 1950; E. MITTAG, Aus d. Gesch. d. W.er Philharmoniker, W. 1950; W. SCHEIB, Die Entwicklung d. Musikberichterstattung im W.erischen Diarium v. 1703–80 mit besonderer Berücksichtigung d. W.er Oper, Diss. W. 1950, maschr.; A. BAUER, 150 Jahre Theater an d. W., Schicksal u. Leistung d. Staatsoper, Zürich, Lpz. u. W. 1952; DERS., Opern u. Operetten in W., = W.er mw. Beitr. II, Graz u. Köln 1955; H. HAUPT, W.er Instrumentenbau um 1800, Diss. W. 1952, maschr.; O. ROMMEL, Die Alt-W.er Volkskomödie, W. (1952); E. PIRCHAN, A. WITESCHNIK u. O. FRITZ, 300 Jahre W.er Opernheater, W. 1953; R. HOLZER u. J. SCHITT, Die W.er Sängerknaben, W. 1953; FR. J. GROBAUER, Die Nachtigalen, so d. k. u. k. W.er Burgkapelle. Chronik d. k. u. k. Hofsängerknaben, Horn (Niederösterreich) 1954; M. GRAF, Die W.er Oper, W. u. Ffm. (1955); E. KOMORZYNSKI, Die St.-Nikolausbruderschaft in W. 1288–1782, Fs. W. Fischer; = Innsbrucker Beitr. zur Kulturwiss., Sonderh. 3, Innsbruck 1956; H. GERICKE, Der W.er Musikhandel v. 1700 bis 1778, = W.er mw. Beitr. V, Graz u. Köln 1960; E. TITTEL, W.er Musiktheorie v. Fux bis Schönberg, in: Beitr. zur Musiktheorie d. 19. Jh., hrsg. v. M. Vogel, = Studien zur Mg. d. 19. Jh. IV, Regensburg 1966; H. WEIGEL, Das Buch d. W.er Philharmoniker, Salzburg 1967. – Siehe auch d. Spezialstudien u. Th. v. Frimmel u. O. E. Deutsch, vor allem d. Einleitungen d. DTÖ sowie StMw. → Hofmusikkapelle, Wiener.

Wiener Schule – 1) nannte schon Chr. Fr. D. Schubart (*Ideen* ..., S. 44ff.) eine Gruppe von Komponisten, die um 1730–80 in Wien wirkten. In der Musikwissenschaft verfestigte sich der Begriff W. Sch. erst in neuerer Zeit im Zusammenhang mit der Kontroverse um den Vorrang der W. Sch. und der → Mannheimer Schule in ihrer Bedeutung für die Wiener Klassik (G. Adler, W. Fischer; H. Riemann). – Wichtige Anregungen erhielt die W. Sch. durch die älteren Wiener Komponisten J. J. Fux, A. Caldara und Fr. Conti. Die im traditionellen römisch-venezianischen Stil gehaltene Kirchenmusik von Fux und die neuartige, von Caldara in Wien eingeführte Gattung der Kantatenmesse wirkten richtungweisend auf die geistlichen Vokalwerke G. Reutters d. J. und Fr. Tumas, die später J. Haydn als Vorbilder dienten. Auf Form und Melodik in Symphonie und Kammermusik der W. Sch. wirkte sich die Musik der am Kaiserhof gepflegten neapolitanischen Oper aus. Aus ihrer Einleitungssinfonia und aus Elementen der Kirchensonate und der Suite wurde die viersätzige klassische Symphonie mit Menuett entwickelt, wie sie schon 1740 – noch als Einzelfall und mit gleicher Tonart aller Sätze – bei M. G. Monn auftritt. Auf die Oper geht auch die Vorliebe für imitierende Setzweise des Seitenthemas, für virtuose Violinpassagen und häufige Durchführung kurzer rhythmischer Motive zurück. Als charakteristische Züge des vorklassischen Stils begegnen vorgeschriebene Crescendi, volkstümliche Thematik wie überhaupt das Zugrundelegen 8taktiger Lied- und Tanzperiodik für die Komposition, plötzlicher Wechsel von Dynamik und Tongeschlecht (z. B. bei Motivwiederholungen) und – im Zusammenhang mit dem Eindringen von Elementen der Opera buffa und des Volkslieds in die Sonaten- und Symphoniekomposition – der Wechsel des Affekts innerhalb eines Satzes. In der Sonatensatzform bei Fr. Aspelmayr, L. Hoffmann, G. Reutter dem Jüngeren, M. Schlöger und J. Starzer sind 1. und 2. Thema in der Exposition noch nicht immer klar geschieden, und die Durchführung geht über eine abgewandelte Wiederholung der Exposition nicht hinaus. Bei Wagenseil jedoch, oft auch bei M. G. Monn, sind Thementrennung und Durchführungsarbeit weit fortgeschritten; auch finden sich kantable Themen und vollständige Reprisen in schnellen Sätzen. Wagenseil, der Wegbereiter des Wiener Klavierkonzerts, trat in der W. Sch. zusammen mit Gottlieb Muffat als Komponist für Tasteninstrumente hervor. Auch für die Geschichte der Oper ist Wagenseil wichtig, neben Fl. Gassmann, der 1771 zusammen mit J. Starzer die Wiener Tonkünstler-Sozietät gründete. – Die Musik der W. Sch. hebt sich von den Kompositionen der mittel- und norddeutschen Zeitgenossen (→ Berliner Schule) durch ihre unorthodoxe, liedhafte, leichte und gefällige Haltung ab. *Gründlichkeit ohne Pedanterey, Anmuth im Ganzen, noch mehr in einzelnen Theilen, immer lachendes Colorit, großes Verständnis der blasenden Instrumente, vielleicht etwas zu viel komisches Salz, sind der Charakter der W. Sch.* (Schubart, a. a. O.).

– 2) W. Sch. (auch 2. W. Sch. oder Wiener atonale Schule genannt) ist auch eine Bezeichnung für Schönberg und dessen Wiener Schülerkreis vornehmlich in den Jahren 1903–11. Während dieser Zeit studierten bei Schönberg u. a. A. Berg, A. Webern, E. Wellesz, E. Stein, K. Horwitz und H. Jalowetz. In der Bezeichnung W. Sch. manifestieren sich programmatisch die Tendenzen des Schönberg-Kreises: Sie akzentuiert den engen historischen Bezug zur Wiener Klassik, die entgegen der musikhistorisch üblichen Terminologie als die 1. W. Sch. betrachtet wird; Brahms und Mahler gelten als die geschichtlichen Vermittler. Der Komponist fühlt sich als *ein natürlicher Fortsetzer richtig verstandener, guter, alter Tradition* (Schönberg, Brief an W. Reinhart vom 9. 7. 1923); er findet das, was er tut, *gerade in der Musik Mozarts vorgebildet, ja bestätigt* (A. Berg in: *Was ist atonal?*, 1936); kompositorische Originalität gründet auf geschichtlicher Erfahrung: *»ganz neu sagen« wollen wir dasselbe, was früher gesagt wurde* (A. Webern, *Wege zur Neuen Musik*, hrsg. v. W. Reich, Wien 1960, S. 60). W. Sch. wurde zugleich, wie Schönbergs Schüler betonten, im Sinne einer Gemeinschaft verstanden, die unter Führung Schönbergs in ständiger Reflexion und gegenseitiger Kritik die kompositorischen Probleme der Gegenwart zu lösen versucht. Als Ergebnis dieses Lehrer-Schüler-Verhältnisses betrachtete Schönberg seine *Harmonielehre* (1911): *dieses Buch habe ich von meinen Schülern gelernt* (Vorwort). Indessen ist der Zusammenschluß Gleichgesinnter zur Schule auch als Reaktion zu verstehen, sowohl auf die starken Widerstände, denen die neue Musik zumal in Wien begegnete, als auch auf anders ausgerichtete Tendenzen innerhalb der neuen Musik, von denen man sich distanzieren wollte. Dem Unverständnis in der Öffentlichkeit versuchte Schönberg durch den 1918 zusammen mit seinen Schülern gegründeten *Verein für musikalische Privataufführungen* auszuweichen. – Die geschichtliche Leistung der W. Sch. besteht vornehmlich darin, daß sie die Tonalität in ihrer spätromantischen Erscheinungsform konsequent zu Ende gedacht und in diesem Ende zugleich einen Anfang gefunden hat, der sich kompositorisch ab etwa 1907 in der freien → Atonalität ausprägte und der um 1920 in der → Zwölftontechnik seine theoretische Formulierung fand.

Ausg.: zu 1): Wiener Instrumentalmusik vor u. um 1750, Vorläufer d. Wiener Klassik, hrsg. v. K. HORWITZ u. K. RIEDEL, Vorwort v. G. ADLER, = DTÖ XV, 2, Bd 31, Wien 1908; dass., 2. Auswahl, hrsg. v. W. FISCHER, ebenda XIX, 2, Bd 39, 1912; G. REUTTER D. J., Kirchenwerke, hrsg. v. P. N. Hofer, ebenda LXXXVIII, 1952.
Lit.: zu 1): CHR. FR. D. SCHUBART, Ideen zu einer Ästhetik d. Tonkunst, Wien 1806 (entstanden 1784/85), NA Lpz.

(1924); H. Daffner, Die Entwicklung d. Klavierkonzerts bis Mozart, = BIMG II, 4, Lpz. (1906); W. Fischer, Zur Entwicklungsgesch. d. Wiener klass. Stils, StMw III, 1915; ders., Instrumentalmusik v. 1750–1828, Adler Hdb.; H. Riemann, Hdb. d. Mg. II, 3, Lpz. ²1922, S. 148ff.; G. Adler, Die Wiener klass. Schule, Adler Hdb.; ders., Musik in Österreich, StMw XVI, 1929; E. Fr. Schmid, C. Ph. E. Bach u. seine Kammermusik, Kassel 1931, S. 22ff.; K. Geiringer, J. Haydn, Mainz (1959). – zu 2): Beitr. v. A. Webern, A. Berg, E. Wellesz u. a., in: A. Schönberg, München 1912; H. R. Fleischmann, Die Jungwiener Schule, NZfM LXXIX, 1912; P. Stefan, Neue Musik in Wien, Wien 1924; R. Leibowitz, Schoenberg et son école, Paris 1947; H. Schmidt-Garre, Berg als Lehrer, Melos XXII, 1955; Fr. Deutsch-Dorian, Webern als Lehrer, Melos XXVII, 1960; E. Wellesz, Schönberg u. d. Anfänge d. W. Sch., Österreichische Musikzs. XV, 1960; Die W. Sch. u. ihre Bedeutung f. d. Musikentwicklung. Beitr. u. a. v. J. Rufer, W. Reich, ebenda XVI, 1961; Th. W. Adorno, Wien, in: Quasi una Fantasia, = Mus. Schriften II, Ffm. 1963; H. Strobel, Die W. Sch., Melos XXX, 1963; H. Kaufmann, H. E. Apostel, = Österreichische Komponisten d. 20. Jh. IV, Wien (1965).

Winchester Troper → Quellen: *WiTr*.

Windkapsel, bei Rohrblattinstrumenten (→ Schalmei – 1, → Kortholt, → Krummhorn – 1) oder bei tiefen Lagen der → Blockflöte ein Gehäuse, in dem die Rohrblätter oder die Kernspalte eingeschlossen sind. Auch die Mundhöhle des Spielers kann als W. dienen (→ Ansatz – 1). Der nach Färbung und Lautstärke nur wenig modifizierbare Klang von Blasinstrumenten mit W. ist für die Ensemblemusik der Renaissance charakteristisch.

Lit.: G. Kinsky, Doppelrohrblatt-Instr. mit W., AfMw VII, 1925.

Windlade, Bauteil der Orgel, ein großer luftdichter Kasten, auf dem die Pfeifen stehen und in dem die Druckluft (Wind) zu den Pfeifen geleitet wird. Eine Orgel besitzt meist mehrere Laden. Gebräuchlich ist die Aufteilung in eine rechte (für C, D, E, Fis ...) und eine linke (für Cis, Dis, F, G ...). In den Laden sind die → Ventile (– 1) untergebracht, mit deren Hilfe der Luftstrom gesteuert wird. In der Praxis werden zwei Steuersysteme verwendet: bei der Schleiflade (Tonkanzellenlade) stehen alle Pfeifen, die zu einer Taste gehören, auf einer gemeinsamen Kanzelle (Abbildung 1). Bei der Kegellade (Registerkanzellenlade) befinden sich alle Pfeifen, die zu einem Register gehören, auf einer eigenen Kanzelle (Abbildung 2). Beim Aufzug des Ventils der Tonkanzelle (siehe Abbildung 1) strömt Luft aus dem Windkasten zunächst in die Kanzelle ein. Die auf ihr befindlichen Pfeifen können nun aber nur dann erklingen, wenn die Bohrungen der Schleifen, die von den Registerzügen gesteuert werden, die Windführungskanäle freigeben. Bei der Registerkanzelle (siehe Abbildung 2.) füllt sich diese nach Einschaltung des Registers mit Druckluft. Vor den Zuführungskanälen zu den Pfeifen sitzen Ventile (in der 2. Abbildung Kegelventile), welche beim Niederdrücken der Taste angehoben werden und dadurch den Weg zu den Pfeifenfüßen öffnen. Durch physikalische Untersuchungen wurde nachgewiesen, daß bei der Tonkanzelle das Ansprechen der Pfeifen einer Taste synchronisiert wird, indem z. B. im Plenum die schneller ansprechenden Pfeifen höherer Fußtonlagen die Pfeifen tieferer Fußtonlagen »mitnehmen«. Dieser Effekt beruht in erster Linie auf der Rückkoppelung durch die Luft in der Tonkanzelle und bewirkt eine Präzisierung des Ansprechens. Bei der Registerkanzelle läßt sich der Aufgang der von der Taste gesteuerten Ventile oft nicht genau synchronisieren. Es kommt dann zu Modulationen beim Einschwingen, die sich als Rauhigkeiten bemerkbar machen. An der Schleiflade wurde gemessen, daß es dem Spieler bei mechanischer Tastentraktur möglich ist, das Einschwingen der Pfeifen durch die Schnelligkeit des Niederdrückens der Tasten (wenn nicht zu viele Manuale angekoppelt sind) zu beeinflussen, mindestens aber am Druckpunkt der Taste zu fühlen, wann die wirksame Öffnung des Ventils beginnt. Bei elektrischer oder elektropneumatischer → Traktur mit üblichem einfachem Tastenkontakt ist dies nicht möglich. Eine historische W. ist auch die Springlade, bei welcher die Schleifen durch Ventile unter den Pfeifenfüßen ersetzt waren. Eine Weiterentwicklung der mechanischen Traktur führte zur Barkerlade (Abbildung 3), bei der ein Hilfsbalg die Arbeit des Ventilaufzugs übernahm. Gelegentlich wird zur Erleichte-

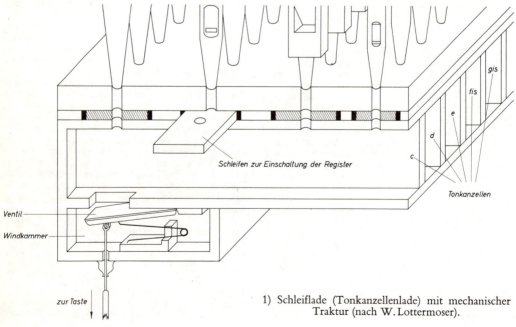

1) Schleiflade (Tonkanzellenlade) mit mechanischer Traktur (nach W. Lottermoser).

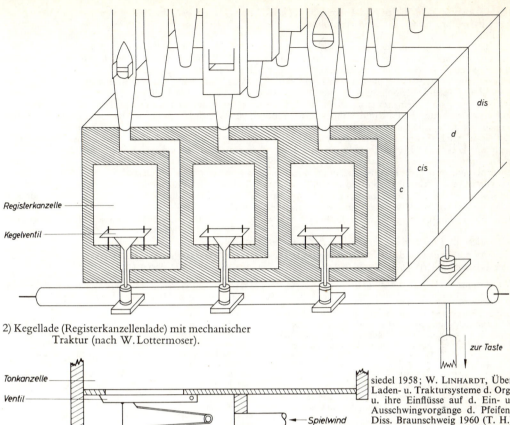

2) Kegellade (Registerkanzellenlade) mit mechanischer Traktur (nach W. Lottermoser).

3) Barkerlade (nach W. Linhardt).

rung des Druckpunkts das Ventil der Schleiflade mit einem Hilfsbalg, dessen Inneres mit der Kanzelle verbunden ist, versehen. Als Ventilelemente, besonders bei Registerkanzellen, dienen kleine Hilfsbälgchen, Taschenventile, Membranen u. ä., durch die der Trakturwind gesteuert wird; dadurch wird dem Spieler die Arbeit der direkten Ventilbetätigung abgenommen. Bei diesen Systemen tritt aber ein gewisser Zeitverlust auf, besonders bei der rein pneumatischen → Traktur, die deshalb heute kaum noch verwendet wird.

Lit.: J. G. Töpfer, Lehrbuch d. Orgelbaukunst, 2 Bde, = Neuer Schauplatz d. Künste u. Handwerke CCVIII–CCXI, Weimar 1855, neu bearb. v. P. Smets, Mainz 1955–60; H. Klotz, Das Buch v. d. Org., Kassel 1938, ⁶1960; W. H. Barnes, The Contemporary American Org., NY 1948; N. A. Bonavia-Hunt, The Modern British Org., London 1950; W. Adelung, Einführung in d. Orgelbau, Lpz. 1955; W. Lottermoser, Akustische Untersuchungen an alten u. neuen Org., in: Klangstruktur d. Musik, hrsg. v. Fr. Winckel, Bln (1955); H. Grabner, Die Kunst d. Orgelbaues, = M. Hesses Hdb. d. Musik CVI, Bln u. Wun-

siedel 1958; W. Linhardt, Über Laden- u. Traktursysteme d. Org. u. ihre Einflüsse auf d. Ein- u. Ausschwingvorgänge d. Pfeifen, Diss. Braunschweig 1960 (T. H.) Auszug in: Hausmitt. Walcker Nr 28, 1962.

Windmaschine, ein Geräuschinstrument, im Prinzip ein mittels einer Handkurbel drehbares rundes Holzgerüst (⌀ etwa 1 m), das gegen einen darüber gespannten Bezug aus Seide oder Taft (besser noch gegen eine Kontrabaßsaite) schleift, so daß ein dem Wind ähnliches Geräusch entsteht (schnelles Drehen: hoch wie Pfeifen des Windes; langsames Drehen: tief wie Rauschen; Wechsel zwischen hoch und tief: wie Heulen des Windes). Die W., die vor allem Bühneneffekten dient, wurde gelegentlich auch bei symphonischen Werken vorgeschrieben (R. Strauss, *Eine Alpensinfonie, Don Quixote*; Ravel, *Daphnis et Chloé*).

Windwaage, ein im Orgelbau gebrauchtes Instrument, das durch das Gegengewicht einer Wassersäule den Winddruck, d. h. den Dichtegrad der in den Bälgen und Laden komprimierten Luft mißt. Sie wurde von dem Orgelbauer Chr. Förner 1667 erfunden und von J. G. Töpfer verbessert.

Wirbel, – 1) drehbare Stifte an allen Saiteninstrumenten, um die jeweils ein Ende der Saiten gewickelt ist, so daß durch Drehen der W. die Saiten gestimmt werden können. Bei Streich- und Zupfinstrumenten mit Corpus und Griffbrett sind die W. leicht konische Hartholz-(heute meist Ebenholz-)Stifte mit Griff, die entweder seitlich in einen Wirbelkasten oder von unten her in ein Wirbelblatt eingelassen sind. Seitenständige W. besitzen alle Violen und Lauten, hinterständige Gitarre, Lira, Neapolitanische Mandoline u. a. Die W. müssen derart in die konische Bohrung gepreßt sein, daß sie der Spannung der Saiten Widerstand leisten und sich doch weich drehen lassen. An manchen Instrumenten (Gitarre, Mandoline, Kontrabaß) werden heute eiserne W. verwendet, die über ein Zahnrad und eine selbsthemmende Stellschraube (Schneckenschraube) zu drehen sind; beim seitenständigen W. ist die Stellschraube hinterständig (und umgekehrt). Eine ähnliche Vorrichtung kennt bereits Praetorius (Synt. II, S. 45). – W. aus Eisen oder Stahl, heute durchwegs nicht mehr mit konischem Preßsitz, sondern von zylindrischer Form und in den → Stimmstock (– 2) eingeschraubt, besitzen u. a. die besaiteten Klavierinstrumente, Psalterium, Hackbrett, Zither und Harfe. Diese W. müssen mit einem → Stimmschlüssel gedreht werden. – 2) eine Schlagart auf Pauken und Trommeln, bestehend in einem schnellen Wechsel der beiden Schlägel, notiert als Triller oder Tremolo: ♩, ♪. In derselben Weise wird ein andauerndes Klirren von Becken oder Triangel notiert.

Wirbeltrommel → Rührtrommel.

Wittenberg.
Lit.: A. WERNER, Ein Dokument über d. Einführung d. »Concerten-Music«, SIMG IX, 1907/08; A. ABER, Die Pflege d. Musik unter d. Wettinern, = Veröff. d. Fürstlichen Inst. f. mw. Forschung zu Bückeburg IV, 1, Bückeburg u. Lpz. 1921; W. GURLITT, J. Walter ..., Luther-Jb. XV, München 1933; G. PIETZSCH, Zur Pflege d. Musik an d. deutschen Univ. ..., W., AfMf III, 1938; O. CLEMEN, Das Encomium musicae d. J. Holtheuser, AfMf VIII, 1943; A. BOES, Die reformatorischen Gottesdienste in d. W.er Pfarrkirche, Jb. f. Liturgik u. Hymnologie IV, 1958/59 u. VI, 1961.

Wolfenbüttel (bei → Braunschweig).
Lit.: H. SIEVERS, Die Org. d. ehemaligen Schloßkapelle zu W., Beitr. zur Gesch. d. Kirchenmusik in W., Jb. d. Braunschweigischen Geschichtsver. 1934; W. HAACKE, Gambenspiel am Hofe August d. J. zu W., ZfM CXI, 1950. → Bibliotheken.

»Wolfsquinte« → Temperatur.

Worcester-Fragmente → Quellen: *Worc.*

Worksongs (wˈɔːksɔŋz, engl., Arbeitslieder), eine der ältesten und heute noch (allerdings oft in stilisierter Form) lebendigen Gesangsgattungen des afroamerikanischen Negerfolklore aus der Sklavenzeit. Typisch für die W. sind ad hoc erfundene kurze Textwendungen, die, auf der Basis von → Beat (– 1) und → Off-beat vorgetragen, die Bewegungen von Arbeitsgruppen in Einklang bringen sollen, wobei der Beat meist durch Werkzeuge (Äxte, Hämmer) realisiert wird. W. wurden u. a. beim Baumwollpflücken (→ Plantation songs), Korndreschen, Holzfällen und beim Eisenbahnbau (railroad songs) gesungen. In der Regel basieren die W. auf dem Prinzip des Wechsels zwischen Vorsänger und Chor (call and response; → Negermusik); sie lassen deutlich westafrikanische Ursprünge erkennen. Wie die Gattung der Rufe (→ Holler; → Street cry), weisen auch die W. sämtliche für die amerikanische Negerfolklore wichtigen melodischen und intonatorischen Bedingungen (blue notes; → Hot-Intonation), zuweilen auch die emphatisch gesteigerte Singweise des → Shout auf. Sie spielen eine wichtige Rolle bei der Entstehung nicht nur des → Blues, der Negerballaden und der → Negro spirituals, sondern auch des frühen → Jazz.
Lit.: A. M. DAUER, Der Jazz, Kassel (1958); M. STEARNS, Die Story v. Jazz, München 1959.

Worms.
Lit.: W. WOLFFHEIM, Das Musik-Kränzlein in W. (1561), AfMw I, 1918/19; A. GOTTRON, Die W.er Domorgeln. Fs. zur Einweihung d. neuen Domorg. 1940, W. 1940; G. PIETZSCH, Zur Gesch. d. Musik in W. bis zur Mitte d. 16. Jh., Der Wormsgau III, 1956.

Württemberg.
Lit.: J. VLEUGELS, Zur Pflege d. kath. Kirchenmusik in W. v. 1500–1650, Diss. Tübingen 1926; L. WILSS, Zur Gesch. d. Musik an d. oberschwäbischen Klöstern im 18. Jh., Stuttgart 1926; O. ZUR NEDDEN, Zur Frühgesch. d. protestantischen Kirchenmusik in W., ZfMw XIII, 1930/31; A. KRIESSMANN, Gesch. d. kath. Kirchenmusik in W., Stuttgart 1939; Hugo Spechtshart v. Reutlingen, »Flores musicae«, hrsg. v. K. W. GÜMPEL, = Akad. d. Wiss. u. d. Lit. Mainz, Abh. d. geistes- u. sozialwiss. Klasse, Jg. 1958, Nr 3; FR. BASER, Musikheimat Baden-W., Freiburg i. Br. 1963.

Würzburg.
Lit.: J. G. W. DENNERLEIN, Gesch. d. W.er Theaters, 1853; O. KAUL, Gesch. d. W.er Hofmusik im 18. Jh., = Fränkische Forschungen zur Gesch. u. Heimatkunde II/III, W. 1924; E. FEDERL, Spätma. Choralpflege in W. u. in mainfränkischen Klöstern, Diss. W. 1937; E. SACK, Zur W.er Mg. am Anfang d. 17. Jh., Mainfränkisches Jb. XI, 1959.

Wuppertal (W.-Barmen, W.-Elberfeld).
Lit.: Das Haus R. Ibach Sohn, Barmen-Köln 1794–1894, Barmen 1894; Beitr. zur Mg. d. Stadt W., hrsg. v. K. G. FELLERER, = Beitr. zur rheinischen Mg. V, Köln u. Krefeld 1954; H. G. AUCH, Gesch. d. W.er u. Schwelmer Theaters im 18. u. 19. Jh. (1700–1850), = Die Schaubühne LV, Emsdetten i. W. (1960).

Wurlitzer-Orgel → Kinoorgel.

Wurstfagott → Rankett.

X

Xänorphika → Bogenflügel.

Xocalho (ʃukʼaʎu, port.) → Chocalho.

Xylophon (von griech. ξύλον, Holz), seit dem 19. Jh. eingeführte Bezeichnung für Schlagstabspiele (Aufschlagidiophone) aus abgestimmten Holzstäben oder -brettchen. X.e mit verschiedenen Anordnungen der Stäbe finden in der außereuropäischen und in der Volksmusik der Alpenländer, als Orchesterinstrument und in neuerer Zeit auch in der Schul- und Jugendmusik Verwendung. – Bei einfachen, diatonisch gestimmten X.en liegen die Stäbe in einer Reihe. In der Volksmusik der Alpenländer wurde bis ins 20. Jh. ein chromatisch gestimmtes X. von trapezförmigem Umriß gespielt, bei dem die Stäbe in vier ineinander verschränkten, auf den Spieler zulaufenden Reihen angeordnet sind, mit der G dur-Skala in den beiden inneren und chromatischen Zwischentönen in den äußeren Reihen. Diese Anordnung wurde zunächst (in Deutschland, Österreich und in Osteuropa) für das in der Kunstmusik verwendete X. übernommen, doch besitzt das Orchester-X. heute überwiegend klaviaturmäßige Anordnung der Stäbe in 2 Reihen quer vor dem Spieler, entsprechend den entwickelteren Formen der → Marimba. Der Anschlag erfolgt durch löffelartige Klöppel aus Weidenholz, seltener durch kugelförmige Schlägel. Die Stäbe (meist aus Palisanderholz) ruhen auf 2 Isolatoren (Stroh- oder Filzrollen, neuerdings auch Gummistreifen). – Im heutigen Orchester werden X.e verschiedener Stimmlagen verwendet: (Normal-)X. (c^2–d^5), Sopran-X. (mit gegenüber dem Normal-X. verkürzter Skala: c^2–d^3), Tenor-X. (b–d^4; stets mit Resonanzröhren unter den Stäben, daher länger und weicher klingend: »Altklang«), Baß-X. (wie das Tenor-X., mit Hinzufügung von g und a). Notiert wird sowohl transponierend (1 Oktave tiefer) als auch klangreal.

Das X. ist (nach Schaeffner) aus dem Schlagstab bzw. -balken hervorgegangen. Primitive Formen sind die in Afrika und Ozeanien bekannten Schenkel-X.e (quer über die Schenkel gelegte Klanghölzer) und Erd-X.e (über einer Erdgrube liegende Stäbe) sowie die bei den vorcortesianischen Indianern Mittel- und Südamerikas zu Signalzwecken verwendeten X.e (meist 2–3 Hölzer, z. B. in Venezuela). In Afrika (»Kaffern-Klavier«, → Marimba) und besonders im hinterindisch-indonesischen Raum (→ Gambang kayu) entwickelten sich höhere Formen. Bei den afrikanischen X.en sind als Resonatoren unter jedem Klangstab Kalebassen angebracht, bei den indonesischen zumeist trogartige Holzkästen (Trog-X.e). – In der Antike war ein xylophonähnliches Instrument bekannt, das in Unteritalien auf Vasenbildern als leiterförmiges Gebilde belegt ist (Wegner: »Apulisches Sistrum«). Seit dem 15. Jh. ist das X. in Europa unter den verschiedensten Bezeichnungen, wie Hölzernes Gelächter, → Strohfidel, Holzharmonika u. a., nachgewiesen; bei Paradossi (1695) heißt das X. sistro nomato il timpano. Vom frühen 19. bis zum beginnenden 20. Jh. war das X. (auch unter der Bezeichnung Xyloharmonika) ein beliebtes Mode- und Varietéinstrument, auf dem reisende Virtuosen (z. B. Joseph Gusikow, 1809–37) mit schnellen Läufen, Terzenpassagen, Glissandi und Trillern brillierten. – Ein einfaches diatonisches X. diente Saint-Saëns (*La danse macabre*, 1875) zur tonmalerischen Darstellung von Knochengeklapper. Seit dem ausgehenden 19. Jh. fand das X. in zunehmendem Maße Aufnahme in die Kunstmusik, u. a. bei Humperdinck (*Hänsel und Gretel*, 1893), Pfitzner (*Die Rose vom Liebesgarten*, 1901), G. Mahler (6. Symphonie, 1904), R. Strauss (*Salome*, 1905; hier noch als Holz- und Strohinstrument bezeichnet), Debussy (*Ibéria* aus *Images pour orchestre*, 1910), Hindemith (Kammermusik Nr 1 op. 24 Nr 1, 1921), Puccini (*Turandot*, 1926; hier neben anderen auch das Baß-X.), Bartók (Sonate für 2 Kl. und Schlagzeug, 1937) und Orff (z. B. in *Antigonae*, 1949: 3 X.e und 10 Trog-X.e). Orff führte das X. außerdem in die musikalische Elementarlehre ein (*Schulwerk*, seit 1930).

Lit.: G. PARADOSSI, Modo facile di suonare il sistro nomato il timpano, Bologna 1695, Faks. Mailand 1933; O. SEELE, X.-Schule, Lpz. 1894; SACHS Hdb.; C. SACHS, Geist u. Werden d. Musikinstr., Bln 1929, Nachdruck Hilversum 1965; P. R. KIRBY, The Mus. Instr. of the Native Races of South Africa, Oxford u. London 1934, Johannesburg ²1953; O. BOONE, Les x. du Congo Belge, = Annales du Musée du Congo Belge III, III/2, Tervueren 1936; A. SCHAEFFNER, Origine des instr. de musique, Paris 1936; DERS., L'orgue de barbarie de Rameau, in: Mélanges d'hist. et d'esthétique mus. offerts à P.-M. Masson II, Paris (1955); M. WEGNER, Das Musikleben d. Griechen, Bln 1949; M. GOLDENBERG, Modern School for X., Marimba, Vibraphone, NY 1950; A. M. JONES, Indonesia and Africa: The X. as a Culture-Indicator, Journal of the Royal Anthropological Inst. LXXXIX, 1959; DERS., Africa and Indonesia. The Evidence of the X. and Other Mus. and Cultural Factors, Leiden 1964, dazu Fr. Bose in: Mf XX, 1967, S. 214f.; H. KUNITZ, Die Instrumentation X (Schlaginstr.), Lpz. 1960.

Xylorimba → Marimba.

Xylosistron, ein zu Beginn des 19. Jh. konstruiertes Friktionsinstrument, dessen Holzstäbe nicht, wie beim Xylophon, angeschlagen, sondern angerieben wurden. Ähnliche Instrumente von mehr experimentellem Charakter sind in der 1. Hälfte des 19. Jh. unter den Namen Xylharmonikon und Xylomelodichord bekannt geworden.

Y

Yankee Doodle (j'æŋki d'u:dl, engl.), humorvolles, witziges amerikanisches Volkslied, das im 18. Jh. (vornehmlich während des amerikanischen Unabhängigkeitskrieges) als nationales Lied gesungen wurde. Die Melodie erschien erstmals im Druck im 1. Heft von J. Airds *Selection of Scotch, English, Irish and foreign Airs* (ca. 1778). Leicht abgewandelt, wurde die Melodie in S. Arnolds *Two to One* (1784) und Ch. Dibdins *Musical Tour*, jeweils mit burlesken Texten versehen, aufgenommen. Die früheste amerikanische Version wurde erst 1798 bei G. Willig in Philadelphia (zusammen mit dem Präsidentenmarsch *Hail Columbia*) gedruckt. Variationen über die Y. D.-Melodie schrieben Anton Rubinstein (*Miscellanés* op. 93, H. 8), H. Vieuxtemps (*Caprice burlesque* op. 17) und D. Gr. Mason (op. 6, *In the Styles of Various Composers*). Auch Dvořák verwendet die Melodie im Schlußsatz seiner 9. Symphonie op. 95 »Aus der neuen Welt«.

Lit.: O. SONNECK, Report on »The Star-Spangled Banner«, »Hail Columbia«, »America Y. D.«, Washington 1909, ²1914; S. F. DAMON, Y. D., Providence/R. J. (1959).

Yaraví (in der Quichua-Sprache harawec bzw. harahui, s. v. w. Hofphilosoph oder -musiker), ein Inka-(Tanz-)Lied, das heute noch in Peru, Bolivien, Ecuador und Nordargentinien verbreitet ist. Kennzeichnend sind tiefmelancholischer Charakter, Pentatonik, langsames Tempo (meist im 3/4-Takt) und freie Form. Seine heutige Bedeutung verdankt der Y. dem peruanischen Dichter Mariano Melgar (1791–1814), der überlieferten Y.-Melodien Strophentexte unterlegte. Teilweise nähert sich der Y. in seinem rhythmischen Schema dem argentinischen → Tango.

Yü, altes chinesisches Schrapinstrument, das einen auf einem Resonanzkasten kauernden Tiger darstellt. An den auf dem Rücken des Tigers angebrachten Schrapzähnen wird mit einem Bambusrohr, das mehrfach aufgeschlitzt ist, kräftig entlanggestrichen. Im konfuzianischen Tempel verkündet das Ertönen des Yü das Ende einer rituellen Lesung oder einer Zeremonie.

Lit.: W. DANCKERT, Der Tiger als Symboltier d. Musik in Altchina, Zs. f. Ethnologie LXXXIII, 1958.

Yün-lo, chinesisches → Gong-Spiel, dessen 10 verschieden gestimmte bronzene Klangscheiben vertikal in einem Holzrahmen hängen (ca. 70 cm hoch, 40 cm breit). Das Yün-lo wurde in Tempel und Palast verwendet. Ältere Formen hatten bis zu 24 Einzelgongs.

Z

Zäsur (von lat. caesura, Schnitt), in der antiken Verslehre (→ Metrum – 1) ein Verseinschnitt innerhalb eines Versfußes; in der deutschen Verslehre jeder deutlich gliedernde Einschnitt in einem Vers. – In analoger Bedeutung dienen Z.en in der Musik als Interpunktionsmittel zur Abgrenzung bzw. Innengliederung musikalischer Sinneinheiten (Motiv, Thema, Periode, Abschnitt); primär erscheinen sie als Pausen (→ Suspirium), können aber auch durch Fermaten, Phrasierung, Harmonik, Dynamik, Instrumentation usw. ausgedrückt werden. Z.en können in allen Stimmen zugleich oder in den Einzelstimmen ungleichzeitig auftreten; sie können hervorgehoben werden oder (z. B. durch → Verschränkung) verdeckt werden. Das Hauptthema von W. A. Mozarts Klaviersonate C dur, K.-V. 309, zeigt eine deutliche Gliederung der ersten 8 Takte in 2+6 durch gegensätzliche Faktur (Unisoni – begleitete Oberstimme), Dynamik und kontrastierenden Melodieverlauf; die Z. (Viertelpause des 2. Taktes) wird dadurch innerlich überspielt, daß der erste Ton (g2) nach der Z. eine logische Folge der Dreiklangsbrechung des Anfangs ist.

Besonders starke Einschnitte entstehen aus einem jähen Abbrechen (→ Abruptio). Solche Z.en sind charakteristisch für den Spätstil Beethovens (z. B. *Große Fuge* op. 133, Takt 659 und 662); an Höhepunkten von Opernszenen dienen sie – häufig stark kontrastierend als Generalpausen – der Steigerung des dramatischen Ausdrucks (z. B. Schönberg, *Erwartung* op. 17, Takt 158; Strauss, *Salome*, vor Ziffer 314). – W. C. Printz nennt Z. sowohl einen *Musicalischen Durchschnitt oder kleinen Unterschied . . . , vermittelst welches der Progressus Notarum gleichsam ein wenig gehemmet wird*, als auch den dadurch abgesonderten *Theil der Section* (eine solche Doppelbedeutung der Begriffe ist schon in der mittelalterlichen Abschnittsterminologie zu beobachten; → Punctus – 1). In dem bei Printz gegebenen Beispiel:

hat die *gantze Section* AB 3 Z.en der ersten Bedeutung (C, D, E) und 4 Z.en der zweiten Bedeutung (AC, CD, DE, EB); von den letzteren sind AC, CD und DE Caesurae relativae, da *sie einander an der Zeit und Modo progrediendi gleich* sind. Bei H. Chr. Koch nimmt der Begriff Z. in enger Anlehnung an Rhetorik und Poesie einen wichtigen Platz ein, wobei KochL (Artikel Cäsur) – unter Ablehnung Kirnbergers – unterscheidet zwischen dem Einschnitt (*kleinste Gattung der melodischen Glieder der Periode*) und der Z., welche *insbesondere das rhythmische Ende der Tonschlüsse, Absätze und Einschnitte* bezeichnet.

Lit.: W. C. Printz, Phrynis oder Satyrischer Componist, Quedlinburg 1676, Bd II als Phrynis Mitilenacus . . . , Sagan 1677, Bd III (zusammen mit NA v. Bd I–II), Dresden u. Lpz. ²1696; J. Ph. Kirnberger, Die Kunst d. reinen Satzes in d. Musik I, Bln 1771; J. A. Scheibe, Über d. mus. Composition, Lpz. 1773; H. Chr. Koch, Versuch einer Anleitung zur Composition, I Rudolstadt 1782, II–III Lpz. 1787–93; Z. Lissa, Die ästhetischen Funktionen d. Stille u. Pause in d. Musik, StMw XXV, 1962; Th. W. Adorno, Spätstil Beethovens, in: Moments musicaux, Ffm. (1964).
RB

Zagreb.
Lit.: B. Breyer, Das deutsche Theater in Z., 1780–1840, Diss. Z. 1938; J. Andreis, Hrvatski glazbeni zavod (»Das Kroatische Musikinst.«), Z. 1952; Kr. Kovačević, Operno i baletno stvaralaštvo u Hrvatskoj (»Oper- u. Ballettschaffen in Kroatien«), in: Hrvatsko narodno kazalište, Zbornik o stogodišnjici 1860–1960, Z. 1960; Z. Hudovsky, Beitr. zur Mg. d. Stadt Z. v. 11. bis zum Ende d. 17. Jh., Diss. Graz 1964, maschr.

Zamba (s'amba, span.-südamerikanisch), argentinisches Tanzlied im 6/8-Takt von langsamem Tempo; Rhythmusschema:

Zambacueca (sambaku'ɛka, span.-südamerikanisch), Nationaltanz und -lied Chiles, in raschem Tempo und mit Wechsel von 6/8- und 3/4-Takt. Der Z. entstammen die argentinischen Tänze → Zamba und → Cueca.

Zampogna (tsamp'oːɲa, ital., zurückgehend auf griech. συμφωνία) in Süditalien und Sizilien gebräuchliche Sackpfeife mit 2 Spielpfeifen im Abstand einer Quarte und 2 Bordunen im Abstand einer Oktave; alle Pfeifen haben Doppelrohrblätter. Die Melodie wird meist in Terzen gespielt; zur Z. tritt oft eine Schalmei (Ciaramello, Piffero). Die Z. ist ein Hirteninstrument; die traditionelle Weihnachtsmusik der Zampognari und Pifferari haben u. a. Händel (*Messiah*, als Pifa bezeichnet) und J. S. Bach (Sinfonia zur 2. Kantate des Weihnachtsoratoriums) nachgeahmt.
Lit.: V. Fedeli, Zampogne calabrese, SIMG XIII, 1911/12; A. Baines, Woodwind Instr. and Their Hist., London 1957; ders., Bagpipes, = Occasional Papers on Technology IX, Oxford 1960.

Zamr (arabisch) → Zurnā.

Zanza → Sansa.

Zapateado (θapate'aðo, span.), ein schneller spanischer Tanz im 6/8-Takt, bei dem der Rhythmus durch Klatschen der Hände und Schlagen der Schuhsohlen markiert wird. Der Z. wird solistisch von einer Frau getanzt und gelegentlich von Gesang und Gitarre begleitet.

Zapfenstreich (»Zapfenschlag«; frz. retraite; engl. tattoo; ital. ritirata; nld. taptoe; russ. zarja). Der Schlag auf den Zapfen, der das Schenkfaß schloß, wurde im Soldatenlager (im späteren 17. Jh. auch in Städten) durch ein Signal befohlen, bei den Fußtruppen ein Trommelsignal, später Signalhornruf, bei der Reiterei eine Fanfare (Retraite). Im 17. Jh. entwickelte sich als Z. nebenher ein kleiner Marsch, mit dem die Spielleute durch das Lager zogen. Von dieser Art sind Beethovens 3 Z.e für türkische Musik (1809). Der Große Z., als Vereinigung der Z.e einzelner Heeresgattungen, entstand in Preußen im frühen 19. Jh. und wurde von Wieprecht herausgegeben. 1813 ordnete Friedrich Wilhelm III. an, nach dem Vorbild des russischen Z.s ein geistliches Lied (Gebet) anzufügen. Der Große Z. umfaßt heute: Locken zum großen Z. (Spielleute); Großer Z. (Musikkorps); Z. der berittenen Truppen (3 Posten); Zeichen zum Gebet, Gebet, Abschlagen nach dem Gebet; Deutschlandlied. Statt des preußischen Z.s kann der bayerische oder sächsische (als Schöpfer gilt C. M. v. Weber) gewählt werden. Als Gebet wird *Ich bete an die Macht der Liebe* (von Tersteegen/Bortnjanskij) gespielt, in Bayern das Militärgebet von Aiblinger. – Großer Z. ist auch ein Großkonzert als Manöverabschluß oder »Militär-Monstre-Konzert«, in dem nach einer »Serenade« mit Konzertblasmusik der Große Z. den Höhepunkt bildet. Wieprechts erstes Großkonzert fand 1838 in Berlin statt, Andreas Leonhardts Großer Z. 1853 in Olmütz. Vorläufer hatten solche Veranstaltungen 1730 im Lager zu Zeithayn (Sachsen) und 1835 beim russisch-preußischen Treffen in Kalisch.

Lit.: G. KANDLER, Aus d. Gesch. d. Großen Z., Deutsche Militär-Musiker-Zeitung, LXII, 1940; DERS., Z. d. Nationen (Deutschland, USA, England, Frankreich), Gütersloh 1961.

Zargen (ahd., schmaler Schild, auch Schildrand; germanische Grundbedeutung Rand, Einfassung; ital. fascie; frz. éclisses; engl. ribs) sind bei Musikinstrumenten die Seitenwände, z. B. bei Saiteninstrumenten und Trommeln. Instrumente mit gebauchtem Corpus (Laute, Pauke) haben in der Regel keine Z.; eine Ausnahme bildet die → Chitarra battente.

Zarzuela (θarθǔ'ela, span.) eine spanische Gattung von Bühnenstücken, benannt nach dem Ort ihrer ersten Aufführungen, dem königlichen Lustschloß Palacio de la Z. Als ihr literarischer Schöpfer wie auch Meister muß Calderón de la Barca angesehen werden, von dem die Libretti zu *El jardín de Falerina, El golfo de las Sirenas, El laurel de Apolo* und *Celos, aún del aire, matan* stammen (Musik nur zum letzteren überliefert). In der Z. wechselt Gesang (Solo und Chor) mit gesprochenem Dialog. Als eine Sonderform des höfischen Festspiels (fiesta) bevorzugte sie mythologische und heroische Stoffe und prunkvolle Aufführung. Vorformen der Z. sind u. a. die Eglogas von Encina. Als Komponisten im 17./18. Jh. können genannt werden (wenngleich ihre Kompositionen meist nicht erhalten sind): J. Hidalgo, S. Durón, A. Literes, Rodriguez de Hita (*La Briseida*, 1768), Esteve, Galván, Rosales und die Italiener Brunetti und Boccherini; als Librettisten neben Calderón: Diamante, Zamora, Bances Candamo, Ramon de la Cruz. – Im Laufe des 18. Jh. wurde die Z. durch den Einfluß besonders der italienischen Oper zurückgedrängt und geriet in Vergessenheit. Wiederentdeckung und erneuter Aufschwung der Z. um die Mitte des 19. Jh. erfolgten durch R. J. M. Hernando und E. Arrieta y Corera. Für die Z. ist ursprünglich die Einteilung in 2 Akte (jornadas) typisch; im 19. Jh. wurde sie zur 3aktigen Z. grande erweitert. In Stil und Inhalt näherte sie sich jetzt dem einaktigen burlesken → Género chico. Seit Fr. A. Barbieris *El barberillo de Lavapiés* (1874) ist die spanische Folklore als grundlegendes Element einbezogen. Dem 1856 in Madrid eröffneten und noch heute bestehenden Teatro de la Z. folgten eine große Reihe weiterer, nur für Aufführungen von Z.s bestimmter Theater. Bekannte Komponisten der neueren Z. sind u. a. M. Fernández Caballero, F. Pedrell, T. Bretón, R. Chapí y Lorente, I. Albéniz, A. Vives.

Lit.: R. HERNANDO, Prólogo de la z. »Colegialas y soladados«, Madrid 1849; M. SORIANO FUERTES, Hist. de la música española, 5 Bde, Madrid u. Barcelona 1855–59; A. PEÑA Y GOÑI, La ópera española y la música dramática en España en el s. XIX, Madrid 1881–85; E. COTARELO Y MORI, Hist. de la z., Madrid ²1934; O. URSPRUNG, »Celos aun del tire matan«, Fs. A. Schering, Bln 1937; G. CHASE, Origins of the Lyric Theater in Spain, MQ XXV, 1939; J. SUBIRÁ, Hist. de la música teatral en España, in: Colección Labor, Barcelona 1945; M. MUÑOZ, Hist. de la z. y del género chico, Madrid 1946; R. MINDLIN, Die Z., Zürich 1965.

Zeichen (lat. → signum, nota, figura; ital. segno, figura; frz. signe, figure; engl. symbol, sign, mark). Im Unterschied zur → Buchstaben-Tonschrift weist die heutige → Notenschrift als wichtigsten Bestandteil die → Noten auf, konventionelle graphische Ton-Z., die aus den → Neumen (– 1) entwickelt wurden. Zum Grundbestand der Notenschrift gehören ferner folgende Z.: → Pausen, → Mensur-Z. und → Takt-Z., → Schlüssel, → Akzidentien sowie → Punkte und → Bögen (– 1). Genauere Vorschriften für bestimmte Spiel- oder Gesangsarten sowie für → Artikulation, → Phrasierung, → Dynamik (– 1) und → Agogik werden durch zusätzliche Wörter (→ Vortragsbezeichnungen), → Abbreviaturen oder durch Z. gegeben; die wichtigsten dieser Z. sind:

Lit.: S. Palm, A. Kontarsky u. Chr. Caskel in: Notation Neuer Musik, hrsg. v. E. Thomas, = Darmstädter Beitr. zur Neuen Musik IX, Mainz (1965); E. Karkoschka, Das Schriftbild d. neuen Musik, Celle (1966).

Zeitschriften, musikalische, sind periodische Schriften, die Aufsätze aus dem Bereich der Musik veröffentlichen, Aufführungen und Neuerscheinungen besprechen und über aktuelle musikalische Ereignisse informieren. Sie konzentrieren sich heute teilweise auf bestimmte Interessengebiete, z. B. Musikwissenschaft (*Die Musikforschung*; *Archiv für Musikwissenschaft*), neueste Musikentwicklung (*Melos*), Musikerziehung (*Musik im Unterricht*). Nicht unter den Begriff der musikalischen Zss. fallen Subskriptionslieferungen, periodische Publikationen, die seltener als zweimal jährlich erscheinen (→ Jahrbücher, Almanache, Kalender), sowie reine Werbeträger (z. B. Verlagsorgane). – Das Begriffswort Zs. wurde im 17. Jh. im Sinne von annalistischer Geschichtsdarstellung, Chronik, Flugschrift gebraucht; ab Ende des 18. Jh. setzte es sich (als Übersetzung von frz. journal) in der bis heute gebräuchlichen Bedeutung durch. Innerhalb musikalischer Periodika findet es sich zuerst im Titel *Neue musicalische Zs. für 1791 zur Beförderung einsamer und geselliger Unterhaltung* (hrsg. von Chr. G. Thomasius, Halle 1790). Gleichbedeutende Titel in Deutschland sind z. B. Acta, Analecta oder Zeitung, Abhandlungen, Archiv, Beiträge, Monatsschrift u. a.

Den Anfang des allgemeinen Zeitschriftenwesens in Deutschland bilden die für einen gelehrten Fachkreis bestimmten Journale enzyklopädischen Charakters: die *Miscellanea curiosa medico-physica* (Lpz. 1670–79, 1682–91, 1694–1706) und die gleichfalls in lateinischer Sprache erschienenen *Acta Eruditorum* (Lpz. 1682 O. Mencke, –1776; ab 1732 unter dem Titel *Nova acta Eruditorum*), eine Monatsschrift (auch mit Buchbesprechungen und aktueller wissenschaftlicher Berichterstattung), die als erste wirkliche Zs. Deutschlands anzusehen ist. Vorbild waren das von der Pariser Académie française herausgegebene *Journal des Sçavans* (Paris 1665ff. J.-D. de Sallo) und die ebenfalls 1665 erstmals erschienenen *Philosophical Transactions* der Royal Society in London. – Im Zeichen der Aufklärung und als Folge der regeren Anteilnahme des Bürgertums an den geistigen Bestre-

Zeitschriften

bungen der Zeit trat als neue Zeitschriftengattung im frühen 18. Jh. die moralische Wochenschrift in den Vordergrund, deren Schöpfer die Engländer R. Steele, D. Defoe und J. Addison waren (*The Tatler*, 1709-11; *The Spectator*, 1711-12 und 1714; *The Guardian*, 1713; alle hrsg. von R. Steele und J. Addison in London). Steele und Addison veröffentlichten in ihren Zss. auch größere Aufsätze über Musik. Die erste moralische Wochenschrift in Deutschland war *Der Vernünfftler* (Hbg 1713-14, 100 Stücke), hrsg. v. J. Matteson, der dann mit seiner *Critica Musica* (Hbg 1722/23 und 1725, nach dem Vorbild der *Acta Eruditorum*, Nachdruck Amsterdam 1964, Nachdruck in 1 Bd ebenda 1966) auch die erste musikalische Zs. herausgab. Sie ist zugleich die erste Fach-Zs. auf künstlerischem Gebiet, nachdem seit Beginn des 18. Jh. bereits historisch-politische, geschichtliche und theologische Fachblätter entstanden waren. Mattheson begründete die Erscheinungsweise der *Critica Musica per intervalla* damit, daß *bey heutiger Mode | gar selten ein ganzes Buch; leicht aber ein paar monathliche Bogen | aus | und recht zu Ende gelesen werden*. Den Einfluß der moralischen Wochenschriften auf die ersten Musik-Zss. zeigt besonders deutlich Matthesons zweite musikalische Zeitschriftengründung: *Der musicalische Patriot* (Hbg 1728), in dem er die sittliche Erziehung des Lesers zum Programm erhebt, da *keiner im Grunde ein guter Musicus sein kann, der nicht zugleich ein tugendhafter und wohlgesitteter Mann ist*. Die musikalischen Zss. in Deutschland bis 1766 gehen in ihrer Anlage und Erscheinungsweise auf die *Critica Musica* zurück: J. A. → Scheibe, *Critischer Musicus*, Hbg 1737-40, 78 Stücke, 2. vermehrte Auflage Lpz. 1745, Nachdrucke Stuttgart 1966 u. Hildesheim 1967; L. Chr. Mizler, *Musicalischer Staarstecher*, Lpz. 1739-40, 7 H., monatlich; ders., *Neu eröffnete Musikalische Bibliothek, oder gründliche Nachricht nebst unpartheyischem Urtheil von musikalischen Schriften und Büchern*, 4 Bde, Lpz. 1736-54, Nachdruck Hilversum 1967; Fr. W. Marpurg, *Der critische Musicus an der Spree*, Bln 1749-50, 50 Lieferungen, wöchentlich, Nachdruck Hildesheim 1967; ders., *Historisch-kritische Beyträge zur Aufnahme der Musik*, 5 Bde zu je 6 Lieferungen, Bln 1754-62 und 1778, Nachdruck Hildesheim 1967; ders., *Kritische Briefe über die Tonkunst*, 3 Bde, Bln 1759-64, Nachdruck in 2 Bden Hildesheim 1967. Diese Zss. waren in weiten Partien jeweils das Werk eines einzelnen, daher noch nicht auf unbegrenzte Periodizität ausgerichtet; sie erschienen meist unregelmäßig, jedoch mit beträchtlichem Umfang und hatten normales Buchformat. – Im übrigen Europa gab es musikalische Fach-Zss. erst nach der Mitte des 18. Jh. (Frankreich: *Sentiment d'un harmoniphile sur differents ouvrages de Musique*, hrsg. von M. A. Laugier, Paris 1756; Großbritannien: *The Review of New Musical Publications*, hrsg. von Th. Williams, London 1784); vorher und daneben wurden musikalische Aufsätze, Nachrichten und Notenbeilagen in allgemeinen Zss. veröffentlicht (*The Gentleman's Journal; or, the Monthly Miscellany*, hrsg. von P. A. Motteux, London 1692-94; *Le Mercure Galant*, Paris 1672ff., fortgeführt als *Mercure de France*, Paris 1724-1820) oder erschienen als Beilage zu periodisch erscheinenden Musikalien (→ périodique).

Unter den zahlreichen Neugründungen in Deutschland im späteren 18. Jh. sind vor allem die von J. A. Hiller anonym im Selbstverlag herausgegebenen *Wöchentlichen Nachrichten und Anmerkungen die Musik betreffend* (Lpz. 1766-69, 4. Jg. 1770 unter dem Titel *Musikalische Nachrichten und Anmerkungen*; Nachdruck in 5 Bden Hildesheim 1967) für die weitere Entwicklung der Musik-Zss. wichtig geworden. Sie unterscheiden sich von ihren Vorgängern durch größeres (Quart-)Format und regelmäßiges (wöchentliches) Erscheinen bei geringerer Seitenstärke. Neu und fortschrittlich ist auch die systematische Teilung des Inhaltes in Korrespondenzen (Nachrichten, Rezensionen) und freie Aufsätze. An weiteren Zss. dieser Jahre seien genannt: *Musikalisch-kritische Bibliothek* (hrsg. von J. N. Forkel, 3 Bde, Gotha 1778-79, Nachdruck in 1 Bd Hildesheim 1964); *Magazin der Musik* (hrsg. von C. Fr. Cramer, Hbg 1783-86, fortgeführt unter dem Titel *Musik*, Kopenhagen 1788-89, Nachdruck in 4 Bden und 1 Bd Notenbeispiele Hildesheim 1967). – In Berlin wurde das musikalische Zeitschriftenwesen gegen Ende des 18. Jh. entscheidend geprägt durch die schriftstellerische Tätigkeit und die Zeitschriftengründungen von J. Fr. Reichardt. War Hiller noch in stärkerem Maße Chronist des Musiklebens seiner Zeit, so begründete Reichardt mit seinen Aufführungs- und Werkbesprechungen im *Musikalischen Kunstmagazin* (Bln 1782 und 1791, 2 Bde mit je 4 Stücken; die von Reichardt überarbeiteten Aufsätze erschienen als *Geist des Musikalischen Kunstmagazins*, hrsg. von J. Alberti, Bln 1791) die Musikkritik im heutigen Sinne. Um den Kunstverstand seiner Leser zu fördern, besprach und verglich er ausführlich in einer regelmäßigen Rubrik (*Merkwürdige Stücke großer Meister verschiedener Zeiten und Völker*) Kompositionen von Palestrina bis J. S. Bach. Als *Neue merkwürdige musikalische Werke* stellte Reichardt zeitgenössische Kompositionen vor, die u. a. von C. Ph. E. Bach, Fr. Kuhlau und D. G. Türk; auch zahlreiche eigene Kompositionen erschienen in dieser Zs. Reichardts zweite Zeitschriftengründung (mit Fr. L. A. Kunzen), das *Musikalische Wochenblatt* (Bln, Oktober 1791 bis März 1792, 24 Stücke; umgewandelt in *Musikalische Monatsschrift*, 6 H. bis Dezember 1792; zusammengefaßt in 1 Bd als *Studien für Tonkünstler und Musikfreunde. Eine historisch-kritische Zs.*, Bln 1793), widmete sich in kurzen Beiträgen und in Veröffentlichung von Kompositionen vor allem dem zeitgenössischen Musikleben und wurde mit Unterstützung verschiedener Mitarbeiter (darunter Kunzen, C. Spazier) nun innerhalb eines bereits bestehenden Verlages durchgeführt. Reichardts *Berlinische Musikalische Zeitung* (Bln 1805-06, 156 Nrn) erschien im Umfang eines halben Bogens zweimal wöchentlich. Reichardt war außerdem Mitarbeiter an verschiedenen anderen Zss., u. a. an der *Berlinischen musikalischen Zeitung, historischen und kritischen Inhaltes* (hrsg. von J. G. K. Spazier, Bln 1793-94) und an der *Allgemeinen musikalischen Zeitung* (AmZ).

Die musikalischen Zss. nahmen seit Ende des 18. Jh., um ihre Publizität und Aktualität zu steigern, immer stärker Zeitungscharakter an. Ihr Ziel wurde die Bildung und Beeinflussung der öffentlichen Meinung auf musikalischem Gebiet. Die *Allgemeine musikalische Zeitung* (Lpz. 1798, Fr. Rochlitz, –1848, 1863–65: *Deutsche Musikzeitung*, 1866-82: [*Leipziger*] *Allgemeine musikalische Zeitung*, 1883-1943: *Allgemeine deutsche Musik-Zeitung*, Nachdruck der Jg. 1798-1848 in 51 Bden Hilversum 1966) errang als erste Musik-Zs. internationales Ansehen und konnte, finanziell gesichert durch einen bedeutenden Verlag (Breitkopf & Härtel bis 1865), zufolge eines großen Mitarbeiterstabes und eines ständig wachsenden Leserkreises mehrere Jahrzehnte bestehen. In den ersten beiden Jahrzehnten ihres Erscheinens besaß sie unter ihrem ersten Herausgeber Rochlitz in allen musikalischen Fragen höchste Autorität und weitreichenden Einfluß. Korrespondenten in etwa 50 europäischen Städten sorgten für einen umfassenden Nachrichtendienst. Der Zs. war ein musikalisches »Intelligenzblatt« mit Verlagsanzeigen, Theater- und Konzertankündigungen, Verkaufsangeboten und Inseraten beigefügt. Mitarbeiter dieser Zs. waren u. a. Forkel, J. A. Hiller, H.

Chr. Koch, Reichardt, Spohr, Türk und R. Schumann. Die AmZ ist eine wichtige Quelle für die zeitgenössische Beurteilung der um 1800 lebenden Komponisten; bedeutend sind vor allem die Beethoven-Rezensionen von E. T. A. Hoffmann.

Die im Kreis um R. Schumann 1833 als Organ der Davidsbündler geplante und 1834 gegründete *Neue Leipziger Zs. für Musik. Herausgegeben durch einen Verein von Künstlern und Musikfreunden* (Fr. Wieck, L. Schunke, J. Knorr, E. Ortlepp; ab 1835 hrsg. von R. Schumann) ist die älteste noch heute (unter dem Titel *Neue Zs. für Musik* bei Schott in Mainz) erscheinende Musik-Zs. Ihre Gründung richtete sich gegen die künstlerische Stagnation der damals bestehenden Zss. (AmZ unter Finke; *Iris im Gebiete der Tonkunst*, hrsg. von H. Fr. L. Rellstab, Bln 1830–41, wöchentlich) und ihrer Kritiker und gegen die Verflachung des Musiklebens. Ihr Leitgedanke war: *die ältere Zeit anerkennen, die nächstvergangene als unkünstlerisch bekämpfen, die kommende als eine neue poetische vorbereiten und beschleunigen helfen*. R. Schumann schrieb zahlreiche Artikel mit Rezensionen für die Neue Leipziger Zs., die sich auch unter dem Herausgeber Fr. Brendel (ab 1844) für das Neue in der Musik (nun besonders für die → Neudeutsche Schule) einsetzte. Weitere wichtige und verbreitete Zss. im 19. und 20. Jh. waren: *Cäcilia* (B. Schott's Söhne, Mainz 1824 G. Weber, –1839, 1842-48 [Nachdruck d. Jg. 1824-48 in 27 Bden Hildesheim 1968], fortgeführt als *Süddeutsche Musik-Zeitung*, 1852-69) und *Allgemeine deutsche Musikzeitung* (Kassel 1874 O. Reinsdorf, –1882, fortgeführt als *Allgemeine Musik-Zeitung*, AMZ, Berlin 1883 O. Leßmann, –1943), *Signale für die musikalische Welt* (Lpz. 1834 B. Senff, –1907, Berlin 1908-41), *Musikalisches Wochenblatt. Organ f. Tonkünstler u. Musikfreunde* (Lpz. 1870 O. Paul, –1910, ab 1906 vereinigt mit *Neue Leipziger Zeitschrift für Musik*) und *Die Musik* (Bln 1901 B. Schuster, –1915, 1921-43, aufgegangen in *Musik im Kriege*, hrsg. von H. Gerigk, Bln 1943-45). Der starke Zuwachs an neuen Zss. im Laufe des 19. Jh. resultierte aus der Spezialisierung vieler Zss. auf bestimmte musikalische Fachgebiete und aus der Gründung einer Reihe von Zss. regionalen Charakters (z. B. *Neue Berliner Musikzeitung*, Bln 1847 G. Bock, –1896; *Rheinische Musikzeitung für Kunstfreunde und Künstler*, Köln 1850 L. Bischoff, –1859; *Niederrheinische Musik-Zeitung für Kunstfreunde und Künstler*, Köln 1853 L. Bischoff, –1867). – Die *Bayreuther Blätter* (Bayreuth 1878 H. v. Wolzogen, –1938; nach dem Tode Wagners mit dem Untertitel *Deutsche Zs. im Geiste R. Wagners*) waren die erste Zs., die ausschließlich dem Schaffen eines zeitgenössischen Komponisten gewidmet war. Als *Monatsschrift des Bayreuther Patronatsvereins* unter Mitwirkung R. Wagners gegründet, gewannen sie später Einfluß in der lokalen Wagner-Vereine. – Unter den zahlreichen musikalischen Fach-Zss., die im 19. Jh. entstanden, überwiegen die im Zuge der musikalischen Reformbewegung der katholischen Kirche (→ Caecilianismus) gegründeten kirchenmusikalischen Zss.; besonders zu nennen sind die beiden von Fr. Willner herausgegebenen Zss.: *Fliegende Blätter für Katholische Kirchenmusik*, Regensburg 1866 Fr. X. Witt, –1898, fortgeführt als *Cäcilienvereinsorgan*, Regensburg 1899 Fr. X. Haberl, –1920, Mönchen-Gladbach 1921-24; *Musica sacra. Beiträge zur Reform und Förderung der katholischen Kirchenmusik*, Regensburg 1868ff. Eine weitere Gruppe bilden die verschiedenen Organe und Blätter der 1862 im Deutschen Sängerbund (→ Sängerbünde) zusammengefaßten Vereine (z. B. *Die Sängerhalle*, Lpz. 1861 Fr. K. Müller v. d. Werra, –1908, fortgeführt als *Deutsche Sängerbundeszeitung*, Lpz. 1909 G. Wohlgemuth, –1944). Daneben entstanden Zss. für alle Gebiete des Instrumentenspiels und seit Beginn des 20. Jh. Blätter, die sich fast ausschließlich mit der neuesten Musikentwicklung beschäftigten (*Musikblätter des Anbruch. Monatsschrift für moderne Musik*, Wien 1919 O. Schneider, –1928, fortgeführt als *Anbruch*, Wien 1929 P. Stefan, –1937; *Melos*, Mainz 1920ff.; *23.*, *Eine Wiener Musikzeitung*, Wien 1933-37 W. Reich; *Stimmen. Monatsblätter für Musik. Offizielles Organ der Internationalen Gesellschaft für Neue Musik, Sektion Deutschland*, Bln 1947/48-50 H. H. Stuckenschmidt und J. Rufer; *Gravesaner Blätter*, Mainz 1955/56ff.).

Zss., die ganz der musikgeschichtlichen Forschung gewidmet sind, setzten im 19. Jh. mit den von der Preußischen Regierung subventionierten *Monatsheften für Musikgeschichte* (MfM, Organ der Gesellschaft für Musikforschung, redigiert von → Eitner, Bln 1869-1905, Nachdruck in 37 Bden und 4 Register-Bden Kassel 1962) ein, die eine Fülle von Quellenmaterial erschlossen und bibliographische Fakten, vor allem für das 16./17. Jh., zusammentrugen. Zu den von musikwissenschaftlichen → Gesellschaften herausgegebenen Zss. gehören außerdem u. a. *Die Musikforschung* (Mf); *Zs. für Musikwissenschaft* (ZfMw, Lpz. 1919-35, fortgeführt als *Archiv für Musikforschung* (AfMf, Lpz. 1936-43); *Zs. für vergleichende Musikwissenschaft* (Bln 1933-35); *Tijdschrift der Vereeniging voor Nederlandse Muziekgeschiedenis* (TVer, Amsterdam 1882-1946), fortgeführt als *Tijdschrift voor Muziekwetenschap*, TMw, Amsterdam 1948ff.); *Bulletin de la Société française de musicologie* (Paris 1917-21, fortgeführt als *Revue de Musicologie*, Rev. de Musicol., Paris 1922ff.); *Svensk Tidskrift för Musikforskning* (STMf, Stockholm 1919-61, Uppsala 1962ff.); *Journal of the American Musicological Society* (JAMS, Boston/Mass. 1948, Richmond/Va. 1948ff.); *Revue Belge de Musicologie. / Belgisch Tijdschrift voor Muziekwetenschap* (RBM, Brüssel 1946/47ff.). Die Internationale Musikgesellschaft gab vor 1899/1900-1913/14 (Lpz.) gleichzeitig zwei verschiedene Zss. heraus, von denen die *Zs. der Internationalen Musikgesellschaft* (ZIMG) in erster Linie dem praktischen Musikleben gewidmet war und kleine Aufsätze, Referate, Kritiken und Bibliographien vorlegte, während die *Sammelbände der Internationalen Musikgesellschaft* (SIMG, vj.) ausschließlich wissenschaftliche Aufsätze veröffentlichten. – Da die musikwissenschaftlichen Zss. einen begrenzten, aber internationalen Fachkreis ansprechen, sind einige dieser Blätter mehrsprachig gehalten (*Mitteilungen der Internationalen Gesellschaft für Musikwissenschaft*, Lpz. 1928/29-30, fortgeführt als *Acta Musicologica*, AMl, Lpz. 1931-35, Kopenhagen 1936-45, Basel 1954ff., 4× j.); *The World of Music. Quarterly Journal of the International Music Council* (Unesco) in Association with the International Institute for Comparative Music Studies and Documentation (WoM), Kassel 1967ff., 4× j.). Auch innerhalb dieser Zeitschriftengruppe gibt es Spezialisierungen, auf bestimmte Epochen (z. B. Mittelalter und Renaissance: *Musica Disciplina*, MD, Rom 1948ff. A. Carapetyan seit Jg. XI, 1957 Jahrbuch; der 1. Jg., 1946/47, erschien unter dem Titel *Journal of Renaissance and Baroque Music*), auf Fachgebiete (z. B. *Zs. für vergleichende Musikwissenschaft*) usw. Die *Fontes artis musicae* (FAM, Kassel 1954ff., Vl. Fédorov, 3× j.) und die *Notes* (Music Library Association. Notes for the Members* Serie I Rochester/N. Y., 1934-42 H. E. Samuel, fortgeführt als *Notes*, Serie II 1943/44ff.) sind in erster Linie für den Musikbibliothekar bestimmt; sie bringen neben kurzen Aufsätzen vor allem Aktuelles: Tagungsberichte und ausführliche Bibliographien von Neuerscheinungen. An wichtigen musikwissenschaftlichen Zss. ohne Spezialisierung sind hervorzuheben die *Vierteljahrsschrift für Musikwissenschaft* (VfMw, Fr. Chrysander, Ph. Spitta, G. Adler), Lpz.

1885–94, Nachdruck in 11 Bden Hildesheim 1966-67) und das *Archiv für Musikwissenschaft* (AfMw).

Zu einem wesentlichen, auf vielen Forschungsgebieten oft entscheidenden Teil spielt sich die neuere Musikwissenschaft in den musikwissenschaftlichen Zss. ab. Denn die meist von Gesellschaften (auch von Stiftungen) getragene, wissenschaftliche Zs. bietet die Möglichkeit, auch sehr spezielle Themen, z. B. methodischer, quellenkundlicher, archivalischer, biographischer, kompositionsgeschichtlicher Art ohne Rücksicht auf die augenblickliche »Zugkraft« des Themas und auf verlegerisch-kommerzielle Erwägungen in kleineren oder größeren Beiträgen zu behandeln. Zu den wichtigen Aufgaben der musikwissenschaftlichen Zss. gehören die Rezensionen (daneben auch die Bibliographien) von Neuerscheinungen der Musikliteratur und Musikalien, daneben die Forschungsberichte über Art und Stand der → Musikwissenschaft (Lit.) in einzelnen Ländern sowie über bestimmte Forschungsbereiche und -probleme. Darüber hinaus bietet die Zs. die Möglichkeit der öffentlichen Diskussion (wie einst über den Sachbereich → Fauxbourdon); sie kann in einzelnen Heften bestimmten Themenstellungen gewidmet sein oder als → Fest- und Gedenkschrift erscheinen. – Das folgende Verzeichnis nennt zunächst die wichtigsten ausländischen bzw. fremdsprachigen Zss. (nach Ländern alphabetisch und soweit nicht im Artikel bereits genannt), sodann die wichtigsten jetzt noch erscheinenden deutschsprachigen Zss. (alphabetisch und ebenfalls in Ergänzung des Artikeltextes). Bei noch erscheinenden Zss. wird nur der jetzige Herausgeber genannt. Abkürzungen: Verl. = Verlag, w. = wöchentlich, m. = monatlich, vj. = vierteljährlich, hj. = halbjährlich, j. = jährlich.

Belgien: *Le Guide mus.*, hrsg. v. F. Delhasse, Brüssel 1855-1914, Paris 1917–18, w.

Frankreich: *La Rev. mus.*, hrsg. v. Fr.-J. Fétis, Paris 1827–35, fortgeführt als *La Rev. et Gazette mus. de Paris*, Paris 1835-80; *Rev. de la musique religieuse, populaire et classique*, hrsg. v. F. Danjou, Paris 1845-48 u. 1854; *La Rev. wagnérienne*, Paris 1885-88; *La Rev. d'art dramatique et mus.*, Paris 1886-1914; *Rev. grégorienne*, hrsg. v. d. Ecole de Solesmes, Abbaye Saint Pierre de Solesmes, Paris 1911ff., 6× j.; *La Rev. Mus.*, RM, hrsg. v. A. Richard-Masse, Paris 1920-40, 1946ff., unregelmäßig; *Musique et Liturgie. Rev. internationale de musique religieuse*, Saint-Leu-La-Forêt, 1948ff., 6× j.; *Le Journal mus. frç.*, hrsg. v. d. Soc. frç. de diffusion mus. et artistique, Paris 1951ff., m.

Großbritannien (Erscheinungsort London): *The Mus. Times and Singing Class Circular*, hrsg. v. A. Porter, 1844ff., m.; *The Mus. Standard*, hrsg. v. A. W. Hammond, 1862–1933; *Mus. Opinion and Mus. Trade Review*, hrsg. v. L. Swinyard, 1877ff., m.; *The Strad*, 1890ff., m.; *Music & Letters*, ML, hrsg. v. J. A. Westrup, 1920ff., vj.; *Opera*, hrsg. v. H. Rosenthal, 1950ff., m.; *Music and Musicians*, hrsg. v. Fr. Gr. Barker, 1952ff., m.

Italien: *Gazzetta mus. di Milano*, hrsg. v. S. Farina, Mailand 1845-48, 1850-62, 1866-1902, fortgeführt als *Musica e musicisti*, Mailand 1903-05, fortgeführt als *Ars et labor*, Mailand 1906-12; *Rivista Mus. Ital.*, RMI, Turin 1894-1932, 1936-43, 1946-55, vj., fortgeführt als *Nuova Rivista Mus. Ital.*, hrsg. v. F. D'Amico u. a., Turin 1967ff., 6× j.; *Rassegna Gregoriana*, hrsg. v. C. Respighi, Rom 1902-14; *Musica d'oggi. Rassegna di vita e di cultura mus.*, hrsg. v. Cl. Sartori, Mailand 1919-42, N.S.1958ff., 6× j.; *Rassegna mus.*, Rass. mus., hrsg. v. G. M. Gatti, Turin 1928-62, m. (früher: *Il Pianoforte*, Turin 1920-27), fortgeführt als *Quaderni della Rassegna mus.*, 1964ff., unregelmäßig; *Rivista ital. di musicologia. Organo della Soc. ital. di musicologia*, Florenz 1966ff.

USA: *The American Mus. Magazine*, NY 1786/87, Nachdruck Scarsdale (N. Y.) 1961; *Dwight's Journal of Music*, Boston 1852–81; *Music*, hrsg. v. W. S. B. Matthews, Chicago 1891–1902, m.; *Mus. America*, hrsg. v. E. H. Coleman, NY 1898ff., m.; *The Etude*, hrsg. v. Th. Dresser, Philadelphia 1907-57; *Music and Musicians*, Seattle, 1915-37; *The Mus. Quarterly*, MQ, hrsg. v. P. H. Lang, NY 1915ff., vj.; *Studies in Ethnomusicology*, hrsg. v. M. Kolinski, NY 1951ff., unregelmäßig; *Journal of Music Theory*, hrsg. v. d. Yale School of Music, New Haven (Conn.) 1957ff., hj.; *Jazz Report*, hrsg. v. P. A. Affeldt, Ventura (Calif.) 1958ff., 6× j.; *Jazz*, hrsg. v. P. Rivelli, NY 1962ff., m.; *Perspectives of New Music*, hrsg. v. B. Boretz, Princeton (N. J.) 1962ff., hj.; *Current Musicology*, hrsg. v. d. Columbia Univ. Department of Music, NY 1965ff., hj.; *Electronic Music Review*, EMR, hrsg. v. Independant Electronic Music Center, Trumansburg (N. Y.) 1967ff., vj.

Deutschsprachige Zss.: *Acta Mozartiana*. Mitt. d. Deutschen Mozart-Ges. e. V., hrsg. v. d. Deutschen Mozart-Ges. e. V., Sitz Augsburg, Verl. Breitkopf & Härtel Wiesbaden, vj., Kassel 1954-55, Wiesbaden 1956ff. – *Ars Organi*. Zs. f. d. Orgelwesen, hrsg. v. d. Ges. d. Orgelfreunde e. V., Verl. Merseburger Bln, unregelmäßig, Bln 1953ff. – *Archiv für Musikwissenschaft*, AfMw, hrsg. v. H. H. Eggebrecht in Verbindung mit H. Besseler, K. v. Fischer, W. Gerstenberg, A. Schmitz, Franz Steiner Verl. GmbH Wiesbaden, vj., Bückeburg u. Lpz. 1918/19 M. Seiffert, J. Wolf, M. Schneider –1926, Lpz. 1924-26, Trossingen 1952 W. Gurlitt –1961, Wiesbaden 1962ff., Nachdruck d. Jg. 1918/19–1926 Hildesheim 1964. – *Beiträge zur Musikwissenschaft*, hrsg. v. Verband Deutscher Komponisten u. Musikwissenschaftler, Verl. Neue Musik Bln, vj., Bln 1959ff. – *Württembergische Blätter für Kirchenmusik*. Mitteilungsblatt d. Verbände d. ev. Kirchenchöre u. ev. Kirchenmusiker in Württemberg, hrsg. v. H. Stern, Verl. Gustav Stürmer Waiblingen, vj., Waiblingen 1927-41, Stuttgart 1949ff. – *Der Chor*. Organ d. Deutschen Allgemeinen Sängerbundes (DAS), Verl. DAS Ffm., vj., Mainz 1949, Ffm. 1950ff. – *Der Chorleiter*, hrsg. v. Christlichen Sängerbund e.V., Verl. Christlicher Sängerbund Neukirchen-Vluyn, 6× j., Neukirchen-Vluyn 1951ff., früher: *Der Chormeister*, Stuttgart 1925-43. – *fono forum*. Zs. f. Schallplatte, Musikleben, HiFi-Wiedergabe, hrsg. v. W. Facius, Bielefelder Verlagsanstalt KG Bielefeld u. Hbg, m., Köln 1956-57, Bielefeld u. Hbg 1956ff. – *Gottesdienst und Kirchenmusik*. Zs. f. Kirchenmusik u. Liturgik. Mitteilungsblatt d. ev. Kirchenchöre, d. ev. Kirchenmusiker, d. ev. Posaunenchöre u. d. Lutherischen Liturgischen Konferenz in Bayern, sowie d. Verbandes f. ev. Kirchenmusik in Österreich, hrsg. v. J. G. Mehl, Verl. Ev. Presseverband f. Bayern e. V. München, 6× j., München 1950ff. – *Gravesaner Blätter*. Vierteljahresschrift f. mus., elektroakustische u. schallwiss. Grenzprobleme, hrsg. v. H. Scherchen, Verl. Ars-Viva Mainz, vj., Mainz 1955/56ff. – *Die Harmonika*. Fachblatt f. Harmonikafreunde. Mitt. d. Harmonikaverbandes Österreichs u. österreichischen Musiklehrer, hrsg. v. R. Kaplan u. W. Maurer, Verl. Harmonikaverband Wien, 6× j., Wien 1963ff. – *Der Harmonikalehrer*. Zs. f. kulturelle Förderung d. Harmonika- u. Akkordeonspiels. Organ d. Deutschen Akkordeonlehrer-Verbandes e. V. (DALV), Sitz Ffm. u. d. Bayerischen Akkordeonlehrer-Verbandes e. V., Sitz München, Verl. Der Harmonikalehrer Trossingen, 6× j., Trossingen 1952ff. – *Harmonica-Revue*. Zs. f. Unterhaltung, Musik u. Freunde d. Hausmusik. Organ d. Deutschen Hand- u. Mundharmonika-Verbandes e. V., Verl. Harmonika-Revue Trossingen, 6× j., Trossingen 1951ff. – *HiFi. Stereophonie*. Zs. f. Schallplatte, Tonband, HF-Stereophonie. Offizielles Organ d. Deutschen High Fidelity Inst. e. V., hrsg. v. E. Pfau, Verl. G. Braun Karlsruhe, m., Karlsruhe 1961 ff. – *Jazz-Podium*, hrsg. v. D. Zimmerle, Verl. Jazz Podium Stuttgart, m., Stuttgart 1955 ff.; früher: *Das internationale Jazzpodium*, Wien 1952–54. – *Lied und Chor*. Deutsche Sängerbundeszeitung. Zs. f. d. gesamte Chorwesen. Amtliches Organ d. Deutschen Sängerbundes (DSB), Verl. Deutsche Sängerzeitung Mönchengladbach, Mönchengladbach 1958 ff.; früher: Bln 1909–44: *Deutsche Sängerbundeszeitung*, Mönchengladbach 1948: *Mitteilungsblatt*, 1949: *Der deutsche Sänger*, 1950–57: *Deutsche Sängerbundeszeitung*. – *Musikalische Jugend*. Jeunesses Mus. Die allgemeine aktuelle Musikzeitung, Verl. Bosse Regensburg, 6× j., Regensburg 1952 ff.; Ausg. f. Österreich seit 1956, die deutschsprachige Schweiz seit 1959. – *Der Kirchenchor*, hrsg. v. H. H. Albrecht u. Ph. Reich, Verl. Bärenreiter Kassel, 6× j., Kassel 1949 ff., früher: *Kirchenchordienst*, Kassel 1935–42. – *Kontakte*. Zs. f. musisches Leben in d. Jugend. Mitteilungsorgan f.: Arbeitskreis Junge Musik, Verband d. Sing- u. Spielkreise, Europäische Föderation Junger Chöre, Verband deutscher Musikschulen, Verl. Möseler Wolfenbüttel, 6× j., Wolfenbüttel 1958 ff.; früher: *Junge Musik*, Mainz 1950–57. – *Melos*. Zs. f. Neue Musik, hrsg. v. H. Strobel, Melos-Verl. Mainz, m., Bln 1920–25/26, Mainz 1927–34, 1946/47 ff.; dazwischen: *Neues Musikblatt, Melos Neue Folge*, Mainz 1934–43; Beilage: *Das Musikleben* zu Jg. XV, 1948. – *Musica*. Zweimonatsschrift f. alle Gebiete d. Musiklebens, hrsg. v. R. Baum u. G. Haußwald, Verl. Bärenreiter Kassel, 6× j., Kassel 1947 ff.; vereinigt 1951 mit der *Neuen Musikzeitschrift* (München 1946/47–50), 1962 mit *Hausmusik* (Kassel 1949–61; früher: *Collegium Musicum*, 1932, *Zeitschrift für Hausmusik*, 1933–43, *Mitteilungen d. Arbeitskreises f. Hausmusik* 1946–48) und *Phonoprisma* (Kassel 1958 ff., besteht auch als selbständige Zs.). – *Musica sacra* Cäcilien-Verbands-Organ f. d. deutschen Diözesen im Dienste d. kirchenmus. Apostolats, hrsg. v. Präsidium d. Allg. Cäcilien-Verbandes f. d. Länder d. deutschen Sprache, Verl. ACV Köln, m.; Regensburg 1868–1921, 1925–28; 1929 vereinigt mit den *Fliegenden Blättern für katholische Kirchenmusik* (Regensburg seit 1866); 1929–37: *Musica sacra*, 1949–55: *Zeitschrift für Kirchenmusik*; 1956 ff.: *Musica sacra*; Beilage: *Singt dem Herrn* 1950–55 (auch als selbständige Zs.). – *Pro musica*. Zs. f. Musik u. Volk zu Volk. Organ d. Internationalen Inst. f. Jugend- u. Volksmusik e. V., hrsg. v. Fr. Jöde, Verl. Möseler Wolfenbüttel, vj., Wolfenbüttel 1954 ff., 1953 als Beilage zur Zs. *Junge Musik* (1950–57). – *Musikalienhandel*. Sonderdruck d. Beilage zum Börsenblatt f. d. Deutschen Buchhandel, VEB Verl. f. Buch- u. Bibliothekswesen Lpz., vj., Lpz. 1955 ff. – *Musikerziehung*. Zs. zur Erneuerung d. Musikpflege. Organ d. Arbeitsgemeinschaft d. Musikerzieher Österreichs. Mit Mitteilungsblatt d. Mozartgemeinde Wien *Wiener Figaro*, hrsg. v. E. Würzl, Österreichischer Bundesverlag Wien, 5× j., Wien 1947/48 ff.; Beilage: *Mitteilungsblatt d. Arbeitsgemeinschaft d. Musikerzieher Österreichs* 1953–54, aufgegangen. – *Die Musikforschung*, Mf, hrsg. v. d. Ges. f. Musikforschung in Verbindung mit G. v. Dadelsen, H. Engel, Thr. G. Georgiades, G. Reichert u. d. Inst. f. Musikforschung in Bln, Kiel u. Regensburg, Verl. Bärenreiter Kassel, vj., Kassel 1948 ff.; früher: *Mitteilungen d. Ges. f. Musikforschung*, Kassel 1947–48. – *Musikhandel*. Offizielles Fachblatt f. d. Handel mit Musikalien, Schallplatten, Musikinstr. u. Zubehör, hrsg. v. Deutschen Musikverleger-Verband e. V. (DMV) u. Deutschen Musikalienwirtschafts-Verband e. V. (DMWV), Verl. Musikhandel Verlagsgesellschaft m. b. H. Bonn, 6× j., Bonn 1949/50 ff.; Beilage: *Der Jung-Musikhandel*, 1950 ff.; früher: *Mitteilungen d. Deutschen Musikalienwirtschafts-Verbandes*, Celle 1946/47–48, Bonn 1948/49. – *Das Musikinstrument* (und Phono), hrsg. v. E. Bochinsky u. H. K. Herzog, Verl. Das Musikinstr. Ffm., m., Ffm. 1952 ff. – *Schweizerische Musikzeitung*. Schweizer Musikpädagogische Blätter. Offizielles Organ d. Schweizerischen Tonkünstlervereins (STV), des Schweizerischen Musikpädagogischen Verbandes (SMPV), der »SUISA«, Schweizerische Ges. d. Urheber u. Verleger u. d. Mechanlizenz, Verl. Hug & Co. Zürich, 6× j.; Zürich 1861: *Sängerblatt*, 1862–78: *Schweizerisches Sängerblatt*, 1879–1936: *Schweizerische Musikzeitung und Sängerblatt*, 1937 ff.: *Schweizerische Musikzeitung* (daneben selbständig *Eidgenössisches Sängerblatt*, 1937 ff.). – *Musik im Unterricht*. Deutsche Tonkünstler-Zeitung / Der Musik-Erzieher. Mitteilungsblatt d. Verbandes Deutscher Musikerzieher u. konzertierender Künstler (VDMK) (Ausgabe A: Allgemeine Ausg. f. Privatmusikerzieher u. mus. Ausbildungsstätten. Organ d. VDMK; Ausgabe B: Zs. f. Musik in Schule u. Lehrerbildung. Organ d. Verbandes Deutscher Schulmusikerzieher), Verl. B. Schott's Söhne Mainz, m., Mainz 1956 ff.; früher Bln 1903/04–37/38: *Deutsche Tonkünstler-Zeitung*, 1938–42/43: *Der Musikerzieher* (aufgegangen in *Zeitschrift für völkische Musikerziehung*, Lpz. 1944), Mainz 1949–55: *Musik im Unterricht*, 1956 ff.: Teilung in Ausg. A u. B. – *Musik und Altar*. Zs. f. Musik in Kirche u. Schule, Jugend u. Haus, hrsg. v. A. Kirchgässner, E. Quack, H. Hucke, R. Walter, J. Jenne, J. Aengevoort, K. Berg, Christophorus-Verl. Freiburg i. Br., vj., Freiburg i. Br. 1948/49 ff. – *Musik und Gesellschaft*, hrsg. v. Verband Deutscher Komponisten u. Musikwissenschaftler, Verl. Henschel Bln, m., Bln 1951 ff. – *Musik und Gottesdienst*. Vereinigt mit *Der Organist* (Zürich 1923–46). Organ d. reformierten Organistenverbände d. Schweiz. Zs. f. ev. Kirchenmusik, hrsg. v. E. Nievergelt, Verl. Zwingli Zürich, 6× j., Zürich 1947 ff. – *Musik und Kirche*. Vereinigt mit der *Zeitschrift für evangelische Kirchenmusik*, vormals *Siona* (Gütersloh 1876–1910) ergänzt durch d. Zs. *Schallplatte und Kirche*, hrsg. v. W. Blankenburg, Chr. Mahrenholz, H. Pflugbeil, W. Reimann, Verl. Bärenreiter Kassel, 6× j.; Kassel 1929–44, 1947 ff.; Beilage: *Der Kirchenchor*, 1949 ff., früher: *Kirchenchordienst*, 1935–42. – *Österreichische Musikzeitschrift*, hrsg. v. W. Szmolyan, Verl. E. Lafite Wien, m., Wien 1946 ff. – *Opernwelt*, hrsg. v. Verl. E. Friedrich Velber bei Hannover, 13× j., 1963 ff.; früher: Stuttgart 1960–62. – *Das Orchester*. Zs. f. Orchesterkultur u. Rundfunk-Chorwesen. Organ d. Deutschen Orchestervereinigung, Verl. Das Orchester Mainz, m., Mainz 1953 ff. – *Phonoprisma*. Zs. f. Freunde d. Schallplatte u. d. Tonbandes, hrsg. v. G. Haußwald u. H. Reinecke, Verl. Bärenreiter Kassel, 6× j., Kassel 1962 ff.; früher: *Musica-Schallplatte*, 1958–61; auch als Beilage zur Zs. *Musica*. – *Eidgenössisches Sängerblatt*. Organ d. Eidgenössischen Sängervereins u. d. Schweizerischen Chorgesanges, Verl. Hug Zürich, m., Zürich 1937 ff.; früher: siehe *Schweizerische Musikzeitung*. – *Sinfonia*. Schweizerische Monatsschrift f. Orchester- u. Hausmusik. Offizielles Organ d. Eidgenössischen Orchesterverbandes, Verl. Kündig Zug, m., Zug 1940 ff.; früher: *Orchester*. Schweizerische Monatsschrift für Förderung d. Orchester- u. Hausmusik, Einsiedeln 1933–39. – *Theater heute*. Zeitschrift f. Schauspiel, Oper, Ballett, hrsg. v. E. Friedrich, S. Melchinger, H. Rischbieter, Verl. E. Friedrich Velber bei Hannover, 13× j., Velber bei Hannover 1960 ff. – *Neue Zeitschrift für Musik*, NZfM, hrsg. v. E. Thomas, Verl. B. Schott's Söhne, Mainz, m.; Lpz. 1834 C. F. Hartmann (Gründer R. Schumann): *Neue Leipziger Zeitschrift für Musik*, 1835–1919: *Neue Zeit-*

schrift für Musik, Lpz. 1920–28 (Nachdruck d. Jg. 1834–1924 Kassel 1966–67), Regensburg 1929–43, 1949/50–55: *Zeitschrift für Musik*, Mainz 1955ff.: *Neue Zeitschrift für Musik*; vereinigt 1906 mit *Musikalisches Wochenblatt*, 1953 mit *Der Musikstudent*, 1955 mit *Das Musikleben*; Beilagen: *Nachrichtenblatt d. Verbandes Gemischter Chöre Deutschlands*, 1951–56, aufgegangen; *Die Singschule. Mitt. d. Verbandes d. Singschulen*, 1952–56, aufgegangen.

Zeitschriftenverz.: Grove; Die deutsche Presse 1961. Zeitungen u. Zss., hrsg. v. Inst. f. Publizistik d. Freien Univ. Bln, Bln 1961; W. STAMM, Leitfaden f. Presse u. Werbung 1963, Essen 1963; La presse frç. 1965, hrsg. v. M. Crouslé, Paris 1964; Repertorio analitico della stampa ital. 1965, Mailand 1964; Jahresverz. d. deutschen Musikalien 1963, Lpz. 1965; Anschriften deutschsprachiger Zss. X, 1966, Marbach/Neckar 1966; Ulrich's International Periodicals Dictionary 1965–66 II, NY 1966; Zeitschriftendienst Musik (ZD Musik), hrsg. v. Deutschen Bücherverband e. V., Bln 1966ff.; I. FELLINGER, Verz. d. Musikzss. d. 19. Jh., = Studien zur Mg. d. 19. Jh. X, Regensburg 1967. – J. B. COOVER, A Bibliogr. of East European Music Periodicals, Fontes artis musicae III, 1956 – X, 1963.

Lit.: A. GEBHARDT, Repertorium d. mus. Journalistik..., Dillingen 1851; E. GREGOIR, Recherches hist. concernant les journaux de musique depuis les temps les plus reculés jusqu'à nos jours, Antwerpen 1872; W. FREYSTÄTTER, Die mus. Zss. seit ihrer Entstehung bis zur Gegenwart, München 1884, Nachdruck Amsterdam 1963; F. KROME, Die Anfänge d. mus. Journalismus in Deutschland, Diss. Lpz. 1896; L. SALOMON, Die Anfänge d. deutschen Zeitungswesens I, Lpz. 1900; J. BOBETH, Die Zss. d. Romantik, Lpz. 1911; H. KOCH, Die deutschen mus. Fachzss. d. 18. Jh., Diss. Halle 1922, maschr.; A. STORCH, J. A. Scheibes Anschauungen v. d. publizistischen mus. Historie, Wiss. u. Kunst, Diss. Lpz. 1923, maschr.; J. KIRCHNER, Die Grundlagen d. deutschen Zeitschriftenwesens mit einer Gesamtbibliogr. d. deutschen Zss. bis zum Jahre 1790, 2 Bde, Lpz. 1928–31; DERS., Das deutsche Zeitschriftenwesen, 2 Bde, Wiesbaden ²1958–62; E. ROSENKAIMER, J. A. Scheibe als Verfasser seines Critischen Musicus, Diss. Bonn 1929; R. PESSENLEHNER, H. Hirschbach, d. Kritiker u. Künstler, Regensburg 1932; M. (BRUCKNER-)BIGENWALD, Die Anfänge d. Lpz.er Allgemeinen Mus. Zeitung, Diss. Freiburg i. Br. 1938, Nachdruck Hilversum 1963; K. DOLINSKI, Die Anfänge d. mus. Fachpresse in Deutschland, Diss. Bln 1940; P. KEHM, Die »Neue Zs. f. Musik« unter R. Schumanns Redaktion 1834–44, Diss. München 1943, maschr.; A. FLEURY, Die Musikzs. »Caecilia« (1824–48), Diss. Ffm. 1952, maschr.; H. BECKER, Die frühe Hamburgische Tagespresse als mg. Quelle, in: Beitr. zur Hamburgischen Mg., = Schriftenreihe d. Mus. Inst. d. Univ. Hbg I, 1956; E. ROHLFS, Die deutschsprachigen Musikperiodica 1945–57, = Forschungsbeitr. zur Mw. XI, Regensburg 1961.

Zeitz (Sachsen).
Lit.: A. WERNER, Städtische u. fürstliche Musikpflege in Z. bis zum Anfang d. 19. Jh., = Veröff. d. Fürstlichen Inst. f. mw. Forschung zu Bückeburg IV, 2, Lpz. 1922.

Ziehharmonika → Handharmonika.

Ziffern, Zahlen finden in Notation, Theorie und Analyse von Musik reiche Verwendung (wenn nicht anders angegeben als arabische Z.): – 1) in der Griffschrift der → Tabulatur (– 1); – 2) bei den Versuchen, die Liniennotation durch eine Z.-Schrift abzulösen, dies vor allem in der Musikpädagogik (→ Meloplast), wobei zumeist die Tonhöhen innerhalb einer Oktave durch die Z. 1–7, die Oktaven durch Zusätze wie Komma, Punkt, Semikolon (so J.J. Souhaitty 1665), durch Punkte oder Kreise über bzw. unter den Z. (so A.L. Richter 1815), durch Stellung der Z. auf, zwischen oder über Linien (so J.-J. Rousseau und B. Chr. L. Natorp) usw. bezeichnet wurden. J.-Ch. Teule (*Exposition du système de l'écriture musicale chiffrée*, Paris 1842) versuchte eine reine Z.-Schrift: 2stellige Zahlen kennzeichnen mit ihrer ersten Ziffer die Oktave, mit ihrer zweiten Ziffer den Ton innerhalb dieser Oktave; – 3) als Intervallbezeichnung in mittelalterlichen Traktaten; in den englischen Diskanttraktaten des 15. Jh. für die im Hinblick auf den C. f. improvisierten Gegenstimmen (→ Sight); – 4) im → Generalbaß zur Bestimmung eines Akkordes durch den Baßtonabstand seiner charakteristischen Intervalle (z. B. $\frac{4}{3}$ für den Terzquartakkord) und für bestimmte Intervallfortschreitungen über dem Baßton (z. B. 6–5 für die Folge Sexte–Quinte); – 5) in römischer und arabischer Form zur → Stufenbezeichnung (dies seit G. Weber) bzw. → Funktionsbezeichnung der Akkorde in der Harmonielehre und harmonischen Analyse (→ Klangschlüssel); – 6) in den Partituren elektronischer Musik zur Angabe bzw. graphischen Darstellung von Frequenz (Maßeinheit: Hz), Dynamik (Maßeinheit: dB), Bandlängen für Tondauern (Maßeinheit: cm); – 7) zur Bezeichnung des → Flageoletts (– 3); – 8) zur Kennzeichnung von Tönen der oberen und unteren → Oktaven des → Tonsystems; – 9) in der Mensuralnotation bei den → Mensurzeichen, später zur Vorzeichnung des Taktart, auch als Kennzeichnung einer vom Grundmetrum abweichenden Zeitproportion (z. B. für → Triolen); – 10) in H. Riemanns Phrasierungsausgaben zur Aufdeckung des Periodenbaus (→ Phrasierung, → Periode); – 11) zur Kennzeichnung verschiedenartiger Schlußbildungen eines Abschnitts bei nicht ausgeschriebener Wiederholung (→ primo); – 12) als Oktavierungsanweisung (z. B. 8va, → Abbreviaturen – 9); – 13) als Taktzähler (auch Richtziffern genannt), bzw. zur Durchzählung von Abschnitten oder Gruppen; auch zur Angabe mehrerer Pausentakte (→ Pause); – 14) als → Fingersatz; – 15) als römische Z. zur Benennung der Saiten (I, II, III, IV) von Streichinstrumenten, wenn die Ausführung auf einer bestimmten Saite gefordert wird; – 16) in römischen Z. zur Benennung des Zugs bei der Posaune.

Lit.: WOLFN; APELN.

Zigeunermusik (ital. *musica gitana*; frz. *musique tzigane*; engl. *gypsy music*). Unter Z. versteht man den Vortragsstil der Zigeuner, eines Wandervolks, das über große Teile Europas, des westlichen Asien, auch Nordafrikas und Amerikas verbreitet ist. Inwieweit die Zigeuner auch ein originär eigenes Musiziergut besitzen, ist nicht geklärt. – Die Zigeuner stammen aus Indien, wo sie als eine »unreine« Kaste lebten. Eines der frühesten Zeugnisse für das Auftreten von Zigeunern als Musiker in Persien stammt aus dem 11. Jh. (Firdausī, Šāh-nāme-Epos). Beim ersten Mongoleneinfall zogen die Zigeuner weiter westwärts, über den Kaukasus nach Rußland, über Syrien und Palästina nach Ägypten und Nordafrika, von dort nach Spanien. Im 15. Jh. traten sie in Mittel- und Westeuropa in Stammesverbänden auf und betätigten sich auf ihren unsteten Zügen in den typischen Zigeunergewerben als Kupferschmiede, Flechter, Viehhändler, Wahrsager, (Seil-)Tänzer und Musikanten zu Tanz und Unterhaltung. Seit dem 15. Jh. sind Zigeunermusikanten in Ungarn belegt, die aus ungarischen Volksweisen und eigenen Kompositionen eine Art volkstümlich-urbaner Unterhaltungsmusik entwickelten (→ Verbunkos, → Csárdás). Diese erschien im 19. Jh. den Magyaren der gehobenen Klassen so sehr als national-ungarische Musik, daß »ungarische« und Z. zu identischen Begriffen wurden und Fr. Liszt irrtümlich den Ungarn eine eigene Volksmusik überhaupt absprach. Die meisten »ungarischen Tänze« und Rhapsodien des 19. Jh. fußen auf Zigeunerweisen, die Paraphrasen ungarischer oder anderer Volksmusik sein können. Das wichtigste Musikinstrument der Balkanzigeuner ist die Violine. Gewöhnlich wirken mehrere

Musiker zusammen, die, angeführt vom Primas, Geige, Klarinette, Violoncello oder Baß und → Cimbalom spielen. Gegenüber den Läufen, Trillern und Girlanden des Primas wird von den begleitenden Instrumenten die Melodie schlicht gespielt. Die besondere Wirkung der Z. auf den Hörer beruht auf dem intensiven persönlichen Kontakt, den der Primas zu ihm herzustellen versteht. Im 18. Jh. gelang es einigen begabten Zigeunergeigern, in eine geachtete Künstlerposition aufzurücken. Der bedeutende ungarische Primas J. Bihari stand am Wiener Hof in hohem Ansehen und spielte 1814 vor dem Wiener Kongreß. Auch seine schriftlich fixierten Kompositionen halten sich an das Schema ungarischer Z.: sie variieren und parodieren ungarische Volksmelodien ebenso wie Themen von Mozart, Beethoven, Haydn und Schubert. Genauso verfuhren auch die späteren Zigeunerkomponisten wie Csermák, Lavotta u. a. bis in die Gegenwart. Nach den Walzern und Mazurken des 19. Jh. nahmen die ungarischen Zigeuner im 20. Jh. auch den Modeschlager im Foxtrott- oder Tangorhythmus in ihr Repertoire auf.

Neben den ungarischen haben auch die spanischen Zigeuner eine eigene musikalische Tradition entwickelt, die auf Stilelementen der spanischen und der orientalisch-maurischen Volksmusik aufbaut. Besonders in den eigenartigen Zigeunermelodien Andalusiens hat sich viel von den Traditionen der arabischen Eroberer erhalten. Der Cante jondo Andalusiens und der Cante → flamenco sind die beiden Stilarten der spanischen Z. Sie ist primär vokal. Die Gitarre ist die rhythmische und melodische Stütze des Gesanges; auch dem Spiel auf der Gitarre allein liegen Vokalmelodien zugrunde. Zum Tanz werden auch Kastagnetten und Rahmentrommel mit und ohne Schellen gebraucht; diese Instrumente waren wohl mit den Mauren nach Spanien gelangt (oder schon zur Zeit der griechisch-römischen Kolonisation), nicht jedoch durch die Zigeuner, die in Spanien wie auf dem Balkan ohne eigene Instrumente und Lieder auftraten. Das Zentrum des schwermütigen Cante jondo ist Granada, wo in den Höhlen des Sacro Monte die Zigeuner bald nach ihrer Einwanderung nach Spanien (1447) eine Wohnstatt fanden; diese Höhlen sind noch heute die wichtigste Pflegestätte des andalusischen Zigeunertanzes und -liedes. Der Cante flamenco hat seinen Schwerpunkt in Sevilla; doch ist die Unterscheidung zwischen beiden Stilarten schwer. Wichtige Pflegestätten der spanischen Z. sind die Städte Cádiz, San Fernando und Jérez. Da jedoch auch in Spanien neben den seßhaften die nomadisierenden Zigeuner überall anzutreffen sind, begegnet man andalusischer Z. auch in anderen Gegenden. Die Zambra, das Zigeunerfest, die Sâmira der Mauren, ist eine nächtliche Orgie in primitiver Magie, mit Elementen orientalischer Mystik aus Persien und Byzanz und sephardisch-jüdischen Gesängen.

Melodien und Interpretationstechnik der ungarischen Z. hat Liszt in seinen Ungarischen Rhapsodien (einem »Zigeuner-Epos«) nachgebildet. Der Typ der »ungarischen« Phantasie oder Rhapsodie fand viele Nachahmer, über Sarasate (»Zigeunerweisen«) bis zu Bartók (*Rhapsodie* für Kl. und Orch. op. 1) und Ravel (*Tzigane* für V. und Orch.). Der Bohème (frz. Zigeuner, eigentlich »Böhme« fand seit den 1840er Jahren ebenso wie die Z. in eine Reihe von Operetten Eingang (*Der Zigeunerbaron* von J. Strauß), die Z. und Zigeunertanz enthalten. Die Vorbilder sind hier stets Balkanzigeuner. In Spanien (wo sich Einflüsse von Z. schon in Tanzsätzen der Vihuelatabulaturen finden) haben vor allem in den Gitarrenkompositionen des 19./20. Jh., aber auch in Klavier- und Orchesterwerken Stilelemente der Z. als Anregung und Vorbild gedient. M. de Falla hat in Granada in engem Kontakt mit Zigeunern gelebt und ihre Musik studiert, die in mehreren seiner Werke ihren Niederschlag gefunden hat. In *Carmen* hat Bizet eine Zigeunerin als Titelheldin gewählt. Russische Z., die der des Balkans ähnelt, findet sich in Werken russischer Komponisten wie Glinka, der einige Jahre in Spanien lebte und spanische Z. in seiner Ouvertüre *Jota aragonesa* verherrlichte. Einer der wenigen stilbildenden europäischen Jazzmusiker war der französische Zigeunergitarrist Django Reinhardt.

Lit.: G. H. BORROW, The Zincali, London 1841; DERS., The Romany Rye, London 1857; J. A. VAILLANT, Les Rômes, Paris 1857; FR. LISZT, Des Bohémiens et de leur musique en Hongrie, Paris 1859, deutsch in: Gesammelte Schriften VI, hrsg. v. La Mara, Lpz. 1883; A. T. SINCLAIR, Gypsy and Oriental Music, Journal of American Folklore, Boston 1907; F. PEDRELL, Cancionero mus. popular español, 4 Bde, Valls 1918–22; Z. GÁRDONYI, Die ungarischen Stileigentümlichkeiten in d. mus. Werken Fr. Liszts, = Ungarische Bibl. I, 16, Bln u. Lpz. 1931; B. BARTÓK, Gypsy Music or Hungarian Music, MQ XIX, 1933; DERS., Die Volksmusik d. Magyaren u. d. benachbarten Völker, = Ungarische Bibl. I, 20, Bln 1935; W. STARKIE, Don Gypsy, London 1936; DERS., Auf Zigeunerspuren, München 1957; M. DE FALLA, Escritos, Madrid 1947. FB

Zigeunertonleiter (frz. mode hongrois) wird die harmonische Molltonleiter mit hochalterierter Quarte genannt (a h c dis e f gis a), auch zu erklären als Molldur mit tiefalterierter Sekunde (a b cis d e f gis a). Sie taucht zuerst um 1800 im → Verbunkos auf und wurde bis in den Anfang des 20. Jh. vielfach zur Kennzeichnung des Ungarischen benutzt, so von Liszt (Ungarische Nationalmelodien, erschienen ab 1840), der sie noch in seinem nicht mehr allein auf Terzharmonik basierenden Spätstil anwandte.

Lit.: FR. LISZT, Des Bohémiens et de leur musique en Hongrie, Paris 1859, deutsch in: Gesammelte Schriften VI, hrsg. v. La Mara, Lpz. 1883; Z. GÁRDONYI, Die ungarischen Stileigentümlichkeiten in d. mus. Werken Fr. Liszts, = Ungarische Bibl. I, 16, Bln u. Lpz. 1931.

Zimbal, Zimbalon → Cimbalom.

Zimbeln (von lat. → cymbala). – 1) »Antike Z.«, Cymbales antiques (frz.; engl. antique cymbals; ital. cimballini), oft ungenau als → Crotales oder Kleine Z. (Kunitz) bezeichnet, sind aus Silberbronze gegossene, abgestimmte kleine Becken, die zuerst von Berlioz (*Roméo et Juliette*, 1839; *Les Troyens*, 1856–59) als Orchesterinstrument eingesetzt und seitdem gelegentlich zur Instrumentation herangezogen wurden, z. B. von Debussy (*Prélude à l'après-midi d'un faune*, 1894), Ravel (*Daphnis et Chloé*, 1912), Milhaud (*L'homme et son désir*, 1921) und Boulez (*Le visage nuptial*, 1951). Kleine »Antike Z.« (⌀ ca. 5 cm) verlangt Strawinsky in *Svadebka* (»Les Noces«, 1923); die von Orff (z. B. in *Antigonae*, 1949) vorgeschriebenen Cymbeln sind dagegen kleine Becken aus Blech ohne definierbare Tonhöhe. Die Notation der »Antiken Z.« erfolgt heute auf einer Linie ohne Schlüssel. – Der Name Cymbales antiques geht auf Berlioz zurück, der zwei auf b^2 und f^3 abgestimmte Zimbelpaare nach dem Vorbild erhaltener antiker Originalinstrumente (→ Kymbala) anfertigen ließ. Charakteristisch für die Cymbales antiques ist eine kleine, halbkugelige Wölbung mit Öffnungen für einen Halteriemen und ein breiter, völlig flacher Rand (äußerer ⌀ ca. 8–10 cm). Aus der Antike, dem Mittelalter und der Renaissance, zuletzt bei Praetorius (Synt. II, Tafel XL und XLI), sind daneben auch schwach gewölbte bis glockenähnliche Formen von Z. belegt. Während die paarweise gespielten Z. wie Becken durch streifendes Gegeneinander- oder durch Aneinanderschlagen der Ränder zum Klingen gebracht werden, sind in neuerer Zeit auch Sätze von zwölf einzeln aufgehängten und

im Halbtonabstand gestimmten Z. hergestellt worden, die mit kleinen Schlägeln gespielt werden.
– 2) In der Orgel ist Zimbel (auch Zymbel, Cimbel, Cimbale, Cymbalum; frz. cymbale) eine bis in die Barockzeit sehr beliebte gemischte Stimme mit hochliegenden Chören in enger Prinzipalmensur. Sie steht in der Fußtonlage über der → Mixtur, im französischen Orgelbau als Cymbale über → Fourniture, bzw. grosse cymbale über grosse fourniture. Die Zimbel hat die verschiedensten Ausbildungen erfahren, so als vor oktavhaltige Oktavzimbel, mit Quinte als Quintzimbel, auch als Terzzimbel, neuerdings sogar mit Septen durchsetzt. Sie klingt glitzernd-hell, ohne stechend zu wirken. Schon Schlick sagt von ihr, daß sie zu allen Registern wohllautet. Als Scharfzimbel – im Charakter zum → Scharf hin ausgerichtet – hat sie zahlreichere Chöre, ebenso als Zimbelmixtur (auch mit hoher Terz). Im süddeutschen Orgelbau findet sie sich als Cymbalum von 6 bis zu 12 Chören auf dem 1', während G. Silbermann sie geringchöriger als höhere Mixtur baute (1', 2/3', 1/2' oder 1', 2/3'). Berühmt ist Scherers »klingende Zimbel« mit 1/6', 1/8', 1/10' auf C. Je höher die Chöre liegen, um so häufiger ist eine Repetition notwendig.

Zimbelstern (Cymbelstern, auch Glockenzimbel, Glockenrad), ein mechanisches Spielwerk in der Orgel, einschaltbar durch einen Registerzug. Der Z. wird durch ein Windrad in Bewegung gesetzt; dessen Welle trägt entweder eine Reihe kleiner Schellen in unharmonischer Zusammensetzung, oder sie bewegt Metallhämmer, die 3 bis 4 meist auf Durdreiklänge über c^2, f^2 oder g^2 (zuweilen auch auf die Reihe c^2 d^2 e^2 g^2 o. ä.) abgestimmte Glöckchen betätigen. Zugleich setzt die Welle einen am Prospekt sichtbar angebrachten Stern (daher Z.) bzw. ein Sonnen- oder Flügelrad in Bewegung. – Der Z. ist hervorgegangen aus den Glocken- und Schellenrädern, die im Mittelalter in den Kirchen und bei den Spielleuten verwendet wurden (→ Tintinnabula); er findet sich spätestens im 15. Jh. in der Orgel. Im Barock wurde er von den Kirchenorganisten (auch von J. S. Bach) geschätzt, während er vorher (z. B. 1511 von Schlick im *Spiegel der Orgelmacher*, Cap. I) und im 19. Jh. vielfach abgelehnt wurde. Seit der Orgelbewegung fand der Z. wieder größeres Interesse.

Zink (mhd. zinke, s. v. w. kleines Tierhorn; ital. cornetto; frz. cornet à bouquin) ist ein Grifflochhorn, meist aus (lederüberzogenem) Holz. Obwohl schwierig zu blasen, war der Z. im 16./17. Jh. sehr verbreitet in Kammer- und Kirchenmusik sowie beim → Abblasen von den Türmen, wo er sich als Instrument der Stadtpfeifer (Zinkenisten) bis ins 19. Jh. hielt. Im concertierenden Stil kann oft wahlweise Z. oder Violine besetzt werden. Im Bläserensemble war der Z. oft Diskant der Posaunenfamilie.
Der gerade Z. (Stiller Z., ital. cornetto muto) ist außen 8- oder 6kantig, mit zuweilen ovalem Querschnitt des Fußes; er hat ein angedrechseltes Mundstück mit sehr enger Bohrung. Dieser Z. stand in A (Chor- oder Kammerton, daher Länge etwa 58–66 cm; vgl. die Inventare Ambras und Stuttgart, letzteres mit 112 Z.en). Den Klang beschreibt Praetorius: *diese seynd am Resonantz gar sanfft / still / vnd lieblich zu hören: Darumb sie dann auch stille Zincken genennet werden* (Synt. II, S. 36). Zu den Worten *Siehe, wie fein und lieblich* (133. Psalm) fordert Schütz (GA XIV) Cornetto muto o Violino. Neben der Diskantlage gibt es auch die Altlage; G. Gabrieli führt den Stillen Z.en in seinen Kanzonen bis g, Schütz gelegentlich bis e. Kleine Stille Z.en, die eine Quarte über dem Diskantinstrument stehen, nennt das Kasseler Inventar (1613). – Der Ansatz des Stillen Z.en ist schwierig, weswegen vereinzelt Stadtpfeifer mit doppeltem Rohrblatt spielten. So entstand der Rohr-Z. mit anderem Klang und leichterer Ansprache in hoher Lage. – Der gerade Z. mit Mundstück (ital. cornetto diretto) stand in A (Umfang a–c^3 in Kammer-, Chor- oder Cornetton, Länge etwa 55–59 cm; zur Gewinnung der Altlage wurden Schallstücke aus Messing aufgenietet, die das Instrument auf 72–74 cm verlängern). In Frankreich scheint dieser Z. im 17. Jh. nicht mehr verwendet worden zu sein, jedenfalls erwähnt ihn Mersenne (1636) nicht mehr.
Der krumme Z. (Schwarzer Z.; ital. cornetto curvo), mit 6- oder 8kantigem Querschnitt, ist der am häufigsten vorkommende Typ, ein Instrument der Stadtpfeifer, das oft in der Kirche verwendet wurde. Der *Recht Chor Zinck* bei Praetorius ist 6eckig mit 7 Grifflöchern und steht im Chorton der Kirchenmusik. Der französische Haute-contre ist ein Alt-Z. in G. Er hat nach Mersenne 7 Vorderlöcher, von denen das letzte verklebt ist, sowie 1 Daumenloch, und ist gebräuchlich als Diskant in Konzerten mit Singstimmen und Orgel. Neben dem krummen Z.en in Diskant- oder Altlage gab es auch einen kleinen krummen Z.en (ital. cornettino curvo). Sein Umfang war bei Praetorius e^1–e^3 (eine Quinte höher als der Diskant-Krumm-Z.); das 18. Jh. bevorzugte d^1–d^3, auch bis g^3 (WaltherL; in Kompositionen von Vierdanck und Schelle). – Der Tenor-Z. (ital. corno torto) ist fast *wie ein S formiret* (Praetorius) und 8kantig. Eine Vorform in S-Gestalt wie eine Tabakpfeife ist auf einer von Mainardi (um 1460–1513) gemalten Engelsmusik erkennbar. Der Tenor-Z. steht in D, hat aber eine C-Klappe, geübte Spieler bewältigten 2 Oktaven. Er war im 16. und frühen 17. Jh. sehr beliebt, wenngleich Praetorius ihm die Posaune vorzieht. In der Motette *Ist nicht Ephraim mein teurer Sohn* von Schütz erscheint ein Tenor-Z. (e–h^1) als Grundstimme im 4st. Z.en-Chor. Im Spätbarock wurde der Corno torto vom Waldhorn abgelöst. – Daneben, ebenfalls mit S-Form, aber außen rund, gab es einen französischen Baß-Z.en in G mit F-Klappe (Länge etwa 130 cm). In Deutschland begegneten im Baden-Badener Inventarverzeichnis von 1582 *vier schwartzs corneten, darunter ein grosser Bass* (zur Nedden, S. 28), und im Ambraser Inventar 1596 werden 2 Bässe verzeichnet (Umfang 8–9 Töne). Doch sind das Seltenheiten; das eigentliche Baßinstrument der Z.en-Familie kommt erst mit dem → Serpent auf. Der krumme Z. wurde entweder aus abgelagertem Holz (Spierlings- oder Sandelbaum nach Mersenne; Buchs-, Pflaumen-, Nußbaum oder Ebenholz) in 2 Hälften krumm ausgeschnitten, rinnenartig ausgehöhlt und dann gegeneinander geleimt, oder ein im geraden Zustand bearbeitetes Holz wurde nachträglich über dem Feuer gebogen. Gelegentlich diente als Material auch Metall und Elfenbein. Ein Lederüberzug schützt das Holz gegen Stoß und Temperaturwechsel; nach dem Leder wurde die gebogene Form Schwarzer Z. genannt, im Gegensatz zum Weißen (geraden) Z.en (Zacconi, Cerone, Praetorius). Der Z. verschwand mit dem Aussterben der Stadtpfeiferkunst.

Lit.: PRAETORIUS Synt. II; M. MERSENNE, Harmonie universelle, Paris 1636, Faks. hrsg. v. Fr. Lesure, 3 Bde, Paris 1963; WaltherL; M. SCHNEIDER, Die Besetzung d. vielst. Musik d. 16./17. Jh., AfMw I, 1918/19; O. ZUR NEDDEN, Quellen u. Studien zur oberrheinischen Mg. im 15. u. 16. Jh., = Veröff. d. Musik-Inst. d. Univ. Tübingen IX, Kassel 1931; G. KARSTÄDT, Zur Gesch. d. Z. u. seiner Verwendung in d. Musik d. 16.–18. Jh., AfMf II, 1937; A. BAINES, Woodwind Instr. and Their Hist., London (1957).

Zither (von griech. → Kithara über lat. cithara; bei Notker zitherun, seit dem 17. Jh. Cither, Zitter), – 1) in der Systematik der Musikinstrumente von Sachs und v. Hornbostel Sammelbezeichnung für die einfachen Chordophone ohne Resonanzkörper oder mit Resonanzkörper in nichtorganischem Zusammenhang. Die wichtigsten Z.-Formen sind die Stab-Z. (→ Musikbogen), die Wölbbrett-Z. (→ K'in, → Koto) und die Brett-Z., zu der neben der historischen Z. das → Psalterium, das → Hackbrett sowie die besaiteten Tasteninstrumente gehören. – 2) ein Saiteninstrument mit über einem flachen Resonanzkasten (meist Fichte) gespannten Saiten, von denen einige (Spielsaiten) über ein Griffbrett mit Bünden laufen. Die Spielsaiten (Metall) werden mit Plektron oder mit einem Schlagring gespielt, die Begleitsaiten (Darm oder Kunststoff, teils umsponnen) werden gezupft. Die Z. wird beim Spiel auf die Knie oder einen Tisch gelegt. – Die ältesten erhaltenen Z.n stammen aus der 2. Hälfte des 17. Jh. aus den Ostalpen, wo sie aus dem Scheitholt hervorgegangen sind; es sind rechteckige, mit Tremoloanschlag zu spielende »Kratz-Z.n«. Die Grundform der modernen Z. bildete sich zu Ende des 18. Jh. durch Umwandlung der Rechteckform in eine beiderseitig (Mittenwalder Z.) oder nur einseitig, an der dem Griffbrett gegenüberliegenden Seite gebauchte Form; die letztere (Salzburger Z.) hat sich durchgesetzt. Nachdem die Alpenlandschaften für die Literatur und als Reiseland entdeckt waren, wurde zu Anfang des 19. Jh. die Z. Modeinstrument (nicht zuletzt durch die Förderung, die Maximilian von Bayern dem Wiener Z.-Spieler J. Petzmayer angedeihen ließ). Z.-Spieler und Volksliedgruppen traten zuerst 1828 in Wien, im folgenden Jahr u. a. in Berlin auf. Für das Konzertspiel mußte die Zahl der Saiten vermehrt werden. Hatte die Z. um 1750–1830 2 doppelchörige oder 3 einfache Spiel- und 2–17 Freisaiten sowie 13–17 Bünde, so bekam sie 5 Spielsaiten, in a¹ a¹ d¹ g c in der »Münchner Stimmung« von Nikolaus Weigel (1811–78), in a¹ d¹ g¹ c in der »Wiener Stimmung« von Carl → Umlauf; die Normalstimmung von H. Albert 1886 schließt sich an die »Münchner Stimmung« an. Die 24–39 Freisaiten sind im Quinten- oder Quartenzirkel gestimmt mit Unterschieden in den einzelnen Systemen (Konzert-Z., Perfekta- und Perfektaseptimen-Z., Ganz- und Halbidealreform-Z.). Für das chromatische Spiel gibt es die Diskant-, Quint-, Alt- und Baß-(Elegie-)Z. 1823 erfand J. Petzmayer die → Streich-Z. mit gewölbtem Griffbrett. Zur Verstärkung von Melodie und Baß spielte er schon mit Violine und Gitarre zusammen. – Das angestammte Spielgut der Z. sind süddeutsch-älplerische Volkslieder und -tänze (aus der Wiener Heurigenatmosphäre schöpft noch der Schlagerwelterfolg des auf der Z. gespielten *Harry-Lime-Theme* aus dem Film »Der dritte Mann«, 1949). Mit dem Aufkommen von Z.-Vereinen mit eigenen Zeitschriften seit der 2. Hälfte des 19. Jh. wurden Neukompositionen geschrieben im Stil der Salonmusik, aber auch der klassischen Konzertmusik. Daneben wurde versucht, Meisterwerke in Transkriptionen der Z. zugänglich zu machen. In neuester Zeit hat die Z. in einfachsten, zum Selbstbau geeigneten Formen (Schmal-Z.) Eingang in die Schulmusik gefunden. – Schulwerke: N. Weigel, *Theoretisch-practische Zitherschule* (München 1838); C. Umlauf, *Neueste vollständige theoretisch-praktische Wiener Zitherschule* (Wien 1859); R. Grünwald, *Meine Methode* (Bad Honnef o. J.).

Lit.: zu 1): E. M. v. HORNBOSTEL u. C. SACHS, Systematik d. Musikinstr., Zs. f. Ethnologie XLVI, 1914, engl. v. A. Baines u. Kl. P. Wachsmann, als: Classification of Mus. Instr., The Galpin Soc. Journal XIV, 1961; C. SACHS, Geist u. Werden d. Musikinstr., Bln 1929, Nachdruck Hilversum 1965; T. NORLIND, Systematik d. Saiteninstr., I: Gesch. d. Z., Stockholm 1936. - zu 2): H. KENNEDY, Die Z. in d. Vergangenheit, Gegenwart u. Zukunft, Tölz 1896; CH. MACLEAN, The Z., ZIMG X, 1908/09; A. V. NIKL, Die Z., Ihre hist. Entwicklung bis zur Gegenwart, Wien 1927; K. M. KLIER, Volkstümliche Musikinstr. in d. Alpen, Kassel 1956; J. BRANDLMEIER, Hdb. d. Z., München 1963.

Zoppa (ital., hinkend) heißt ein Tanz, in dem – wie in vielen englischen Jigs – jambischer Rhythmus mit der kurzen Note am Taktanfang regelmäßig wiederkehrt (Beispiel aus G. B. Vitalis op. 14, 1692; in: Torchi VII). WaltherL bezeichnet als Contrapunto alla z. (auch Contrepoint boiteux, oder à la boiteuse) eine Komposition mit synkopierter Gegenstimme.

Zortziko (θərθ'iko, span.), ein baskisches Tanzlied in beschwingtem 5/8-(5/4-)Takt (3/8+2/8), oft punktiert (meist auf dem 2. und 4. Achtel), zu dem gewöhnlich auf Txistu und Tamboril gespielt wird. Der Z. wird auch im Verlaufe des → Aurresku getanzt. Ein Verbinden zweier 5/8-Takte zu einem 10/8-Takt setzte sich nicht durch, hingegen wurde ab Ende des 18. bis Mitte des 19. Jh. eine 6/8-Notierung angewendet, die jedoch dem eigentlichen Z.-Rhythmus nicht gerecht werden konnte.

Lit.: FR. GASCUÉ, El compás quebrado del Z., Revista mus. de Bilbao I, 1911; P. DONOSTIA, Dos z. del s. XVIII en 5/8, Rev. internationale des études basques, XIX, 1928; DERS., Más sobre la escritura del z. en 5/8, ebenda XXVI, 1935.

Zürich.

Lit.: A. STEINER, Aus d. Zürcher Konzertleben d. 2. Hälfte d. vorigen Jh., 2 Bde, = Neujahrsstücke d. Allgemeinen Musikges. in Z. XCII/XCIII, 1903/04; M. FEHR, Z. als Musikstadt im 18. Jh. (Bd I: Spielleute im alten Z.), Z. 1916; E. ISLER, Das Zürcherische Konzertleben seit d. Eröffnung d. neuen Tonhalle 1895, Teil I 1895–1914, Neujahrsblatt d. Allgemeinen Musikges. Z. 1935, Teil II 1914–31, ebenda 1936; G. KUMMER, Beitr. zur Gesch. d. Z.er Aktientheaters 1843–90, Z. u. Lpz 1938; S. MÜLLER, Aus 150 Jahren Hug & Co. Musikalien u. Instr., 1807–1957, Z. 1957; M. HÜRLIMANN u. H. OTT, Theater in Z. 1959; H. REIMANN, Die Einführung d. Kirchengesanges in d. Zürcher Kirche nach d. Reformation, Z. 1959; FR. JAKOB, Der Orgelbau im Kanton Z. v. seinen Anfängen bis zur Mitte d. 19. Jh., Diss. Z. 1962; A. BRINER, Mg. aus d. Perspektive Z., Die Neujahrsblätter d. Allgemeinen Musikges. Z. 1813–1965, = 150. Neujahrsblatt d. Allgemeinen Musikges. Z., 1966.

Zugtrompete, eine Trompete, bei der die Einsteckhülse des Mundstücks so verlängert ist, daß durch Ausziehen während des Spiels der Grundton des Instruments erniedrigt werden kann. Nach Abbildungen des 15. Jh. wurde das Mundstück mit der linken Hand an die Lippen gedrückt, während die rechte Hand den Hauptteil des nach unten gerichteten Instruments hin und her bewegte. Damit war nicht nur der Stimmton variabel, sondern es konnte auch durch Vertiefung jedes Naturtons um bis zu 3 Halbtonschritte von 4. Naturton an eine volle chromatische Skala gebildet werden. Da im Unterschied zur später entstandenen → Posaune (– 1) der ungebogene Teil der Röhre verlängert wurde, war der Auszug durch die Armlänge des Spielers und die Länge der Einsteckhülse auf 3 Halbtöne beschränkt. Eine Z. von H. Veit (Naumburg 1651) bewahrt das Staatliche Institut für Musikforschung (Musikinstrumentensammlung) in Berlin. In Bildzeugnissen des 15. Jh. erscheinen die Z.n-Bläser zusammen mit Schalmei- und Bomhartbläsern als Gruppe, die zum Tanz aufspielt (→ haut, → Cobla).

In den mehrstimmigen → Quellen *BL* und *Ao* hat

Besseler (1950) sechs um 1430 entstandene Sätze nachgewiesen, in denen eine Unterstimme als trumpetta oder tuba bezeichnet wird, deren Tonvorrat mit der Naturtrompete nicht darzustellen ist. Als freier Instrumentalbaß stützt eine solche Stimme ein Duett von 2 Discantus, die nach Art der durch Ciconia in die geistliche Musik übertragenen Stimmenanordnung der italienischen → Caccia kanonisch geführt sein können. Nach Entstehungszeit und -ort von dieser Gruppe getrennt ist ein zweistimmiges textiertes Taglied *Hör liebste frau* in der Mondsee-Wiener Liederhandschrift (um 1400; → Liederbücher) mit dem Vermerk *Daz haizt dy trumpet und ist auch gut zu blasen*. Der Ambitus dieser Stimmen (bis zu einer Tredezime) ist für eine Trompete ungewöhnlich groß (Dufays *Gloria ad modum tubae* beschränkt sich auf den 3.-6. Naturton einer Naturtrompete, g–g^1). Da für die Ausführung dieser Sätze auf der Z. auch die Oktave zwischen dem 2. und 4. Naturton und Herabstimmung bis zu 4 Halbtönen erforderlich wäre, muß die Frage offen bleiben, ob es sich um wirkliche Besetzungsvermerke (Besseler 1950) oder die Nachahmung der typischen Dreiklangsbrechungen der Trompete mit einem anderen Instrument (Harrison 1966) handelt. Das Gleiche gilt für den Contratenor trompette einer anonymen Bearbeitung von P. Fontaines 3st. Chanson *J'aime bien* (*EscA*, f. 49′; → Chansonnier), dessen tiefe Lage (Ambitus D–d^1) nicht auf der Z. ausgeführt werden kann, sondern eine Posaune verlangt. Den Zusammenhang von Posaune und Z. dokumentiert auch die Benennung der Posaune als trombone (ital., große Trompete) oder trompette saicqueboute (so in einer burgundischen Chronik für das Jahr 1468; frz., Zieh-Stoß-Trompete; → Saqueboute). Die Z. lebte bei den Stadtpfeifern des 16.–18. Jh. als Türmerhorn (M. Agricola 1525, Virdung 1511) fort. Noch J. S. Bach schrieb sie (z. B. in BWV als C. f.-Instrument) unter der Bezeichnung tromba (oder corno) da tirarsi vor. Eine Z. in verkleinerter Posaunenform (slide trumpet) wurde im 19. Jh. in England gebaut.

Lit.: Fr. W. Galpin, The Sackbut, Proc. Mus. Ass. XXXIII, 1906/07; C. Sachs, Bachs Tromba da tirarsi, Bach-Jb. V, 1908; ders., Chromatic Trumpets in the Renaissance, MQ XXXVI, 1950; H. Riemann, Hdb. d. Mg. II, 3, Lpz. ^{2}1922; J. Marix, Hist. de la musique et des musiciens de la cour de Bourgogne ..., = Slg mw. Abh. XXVIII, Straßburg 1939; H. Besseler, Die Entstehung d. Pos., AMl XXII, 1950; R. M. Pegge, The Regent's Bugle, The Galpin Soc. Journal IX, 1956; Fr. Ll. Harrison, Tradition and Innovation in Instr. Usage 1100–1450, in: Aspects of Medieval and Renaissance Music, Fs. G. Reese, NY (1966).

Zukunftsmusik, ein gegen die Kunst R. Wagners gerichteter polemischer Begriff, den Wagners zeitgenössische Gegner in bewußt verkehrender Zuspitzung seiner Idee vom *Kunstwerk der Zukunft* gebrauchten. Prägung und Anwendung des Wortes Z. waren in doppelter Weise polemische Vereinfachung: einmal wurde aus Wagners Gedanken einer zukünftigen Vereinigung der Künste die Musik als eine Z. herausgelöst, zum andern wurde dieser Gedanke bei kritischer Anwendung auf die derzeitigen Werke Wagners (*Tannhäuser, Lohengrin*) in die Gegenwart projiziert. – Wagners Titel *Das Kunstwerk der Zukunft* (1850) war als Ausdruck einer allgemeinen zeitgenössischen Geisteshaltung (Konkretisierung und Verdinglichung der romantischen Zukunftssehnsucht) beeinflußt von verwandten Formulierungen auf anderen Gebieten (A. Ruges *Revolution der Zukunft*, in: *Hallische Jahrbücher* 1838; L. Feuerbachs *Grundsätze einer Philosophie der Zukunft*, 1843). Schon R. Schumann schrieb um 1833 (*Denk- und Dichtbüchlein*) vom Fehlen einer Zeitschrift für »zukünftige Musik«; Karl Gaillard charakterisierte 1847 (*Berliner musikalische Zeitung* Nr 24) Werke von Berlioz abwertend als *musikalischen Hokuspokus, genannt »die neue Musik«* oder die »Musik der Zukunft«. – Erfinder des Wortes Z. scheint nicht, wie im Anschluß an Wagners eigene Bemerkungen allgemein angenommen wird, Ludwig Bischoff zu sein. Bevor dieser zum Exponenten der »Anti-Zukünftler« (vor allem in seiner *Niederrheinischen Musikzeitung*) wurde, ist der Begriff bei anderen Autoren belegt (z. B. F. A. Riccius, 16. 2. 1853 in der *Rheinischen Musikzeitung*, herausgegeben von L. Bischoff; ferner in: *Die Grenzboten* II, 1853). Bischoff spricht in seiner im gleichen Jahr veröffentlichten Rezension des *Tannhäuser* gelegentlich von »Wahrheitsmusik«, nicht aber von Z. Die Anhängerschaft Wagners, repräsentiert vor allem durch den Leipziger Kreis um Fr. Brendel, versuchte zunächst, das Wort positiv aufzugreifen (auch Wagner selbst tat das in seinem Brief an Fr. Villot von 1860), wollte aber später (Leipziger Tonkünstler-Versammlung 1859; dazu Bischoff 1859) lieber von »neudeutsch« sprechen. In der von J. Brahms, J. Joachim, J. O. Grimm und B. Scholz unterzeichneten Erklärung von 1860 wird Z. gleichbedeutend mit → Neudeutsche Schule gebraucht.

Lit.: R. Wagner, Das Kunstwerk d. Zukunft, in: Gesammelte Schriften III, Bln, Lpz., Wien u. Stuttgart 1914; ders., Ein Brief an H. Berlioz, ebenda VII; ders., »Z.« ..., ebenda VII, dazu L. Bischoff in: Niederrheinische Musikzeitung IX, 1861; L. Bischoff, R. Wagners Tannhäuser, Rheinische Musikzeitung III, 1852/53; ders., Mozarts Don Juan in Bln seit 1790, Niederrheinische Musikzeitung I, 1853; ders., »Z.«, ebenda VII, 1859; F. A. Riccius, Leipziger Briefe, Rheinische Musikzeitung III, 1853; Fr. Brendel, Die bisherige Sonderkunst u. d. Kunstwerk d. Zukunft, NZfM XXXVIII, 1853; ders., Die Musik d. Gegenwart u. d. Gesamtkunst d. Zukunft, Lpz. 1854; ders., Fr. Liszts neueste Werke u. d. gegenwärtige Parteistellung, NZfM XLVII, 1857; Peltast (H. v. Bülow), Die Opposition in Süddeutschland, NZfM XXXIX, 1853, Neudruck in: Ausgew. Schriften, = Briefe u. Schriften III, hrsg. v. M. v. Bülow, Lpz. 1896; Unsere Tage. Blicke aus d. Zeit in d. Zeit, Bd I, 1859/60, Artikel Z., Braunschweig 1860; Fr. Meyer, R. Wagner u. seine Stellung zur Vergangenheit u. »Zukunft«, Thorn 1859; H. Berlioz, Concerts de R. Wagner. La musique de l'avenir, 1860, in: A travers chants, Paris 1880; W. Tappert, Wagnerlexikon, Lpz. 1877; G. Büchmann, Geflügelte Worte, Bln ^{17}1892; A. Gombert, Über d. Alter einiger Schlagworte, Festgabe f. d. 13. Hauptversammlung d. Allgemeinen deutschen Sprachver., Breslau 1903; O. Ladendorf, Hist. Schlagwörterbuch, Straßburg u. Bln 1906.   RB

Zunft (ahd. zumft), ursprünglich s. v. w. das, was sich für eine Gesellschaftsschicht »ziemt«, später Bezeichnung für eine Handwerkergenossenschaft mit bestimmten Konventionen, Ausbildungsvorschriften und Privilegien. Indem die Handwerker eines Gewerbezweiges sich zusammenschlossen, sich gemeinschaftlich in einer Straße ansiedelten, zu sittlichem Lebenswandel sich verpflichteten und in das Z.-Leben mit seinen Bräuchen und Riten sich einfügten, war eine Gewähr für die Ordnung innerhalb der städtischen Gemeinwesens gegeben; die für die Lehrlingsausbildung erlassenen Vorschriften garantierten der Bürgerschaft außerdem die Qualität aller Arbeiten. Die Z.-Mitglieder erhielten dafür das Recht, ihren Beruf auszuüben, und sie waren vor unlauterer Konkurrenz durch den Z.-Zwang geschützt. – Im Bereich des Musikwesens werden heute die verschiedenartigsten Genossenschaften, Gilden und Berufsstände aus der Zeit vom 12. bis 18. Jh. mit mehr oder weniger Recht als Zünfte bezeichnet. Für die fahrenden → Spielleute (– 1) des Mittelalters gab es verschiedene Möglichkeiten, ihre Ehr- und Rechtlosigkeit zu überwinden oder einzuschränken. So konnten sie sich innerhalb einer Provinz oder einer Landschaft zusammenschließen, sich einem Pfeiferkönig oder Spielgrafen unterordnen und sich Gesetze geben, die sich auf Berufsausübung und Lebenswandel bezogen. Die Spielleute eines Pfeiferkönigreiches oder Spielgrafenamtes pflegten jährlich einmal zu einem Pfeifertag zusammenzukommen, bei dem der Pfeiferkönig mit gewählten Ältesten über alle internen Streitigkeiten Recht sprach. Durch den Eintritt in den Landschaftsverband erwarb sich der Spielmann das Recht, seinen Beruf ohne Diskriminierung auszuüben. Andererseits waren auch Staat und Kirche daran interessiert, daß das unruhige Volk der Fahrenden sich in eine Ordnung einfügte. So konnte die Initiative zur Gründung von Pfeiferkönigreichen auch von den Territorialherren ausgehen. Das elsässische Pfeiferkönigreich unterstand seit dem 13. Jh. den Grafen von Rappoltstein, die sich wiederholt für die Belange der Musiker eingesetzt haben. In Frankreich lassen sich Pfeiferkönige seit dem 12., in England seit dem 13. Jh. nachweisen. Das Vermögen der landschaftlichen Pfeifergilden entstand aus den Beiträgen der Mitglieder und aus den für Vergehen festgesetzten Strafgeldern. – Andere Spielleute waren seßhaft geworden und gründeten Bruderschaften, zunächst meist mit dem Ziel, eine Anerkennung durch die Kirche zu erreichen. In mehreren Fällen stiftete und unterhielt die Bruderschaft ein Spital (im 12. Jh. in London und in Arras, 1330 in Paris), das zum Mittelpunkt der Organisation wurde. Viele dieser anfangs religiösen Bruderschaften entwickelten sich zu zunftähnlichen Organisationen. Einige dehnten ihren Einfluß auf größere Bezirke und ganze Länder aus und wurden zu Pfeiferkönigreichen oder Spielgrafenämtern. Die 1321 gegründete Pariser Bruderschaft St-Julien verfaßte ihre Statuten »zum Vorteil der Musiker und zum Nutzen der Stadt«. Bei der Revision dieser Statuten im Jahre 1407 wurden auch die Dauer der Lehrzeit und Einzelheiten der Ausbildung festgelegt; außerdem erhielt der Pariser Pfeiferkönig die Macht über die Spielleute des ganzen Landes. In ähnlicher Weise hatte sich im 14. Jh. die Wiener Nikolai-Bruderschaft zum österreichischen Spielgrafenamt entwickelt.

Die von den Städten offiziell unterhaltenen → Stadtpfeifer stellten sich ebenfalls unter zunftähnliche Statuten. In einigen Städten bildeten sich neben den Stadtpfeifereien weitere Gilden von privilegierten Spielleuten, die in Abstimmung mit den Rechten der Stadtpfeifer nur in bestimmten Bezirken oder nur für bestimmte Bevölkerungsschichten musizieren durften. Die zunftmäßigen Satzungen dieser Gilden waren in den sogenannten Rollen festgelegt und regelten die Wahl der Vorstände und Ältesten, die Verteilung der Aufträge und Gewinne. Die Hamburger Grünrolle des Jahres 1691 legte auch ein Protokoll für Beerdigungen von Mitgliedern fest und sicherte den Witwen Unterstützung zu. Sowohl die Lübecker Köstenbrüder als auch die Hamburger Rollbrüder mußten im 17. Jh. als Gegenleistung für die von der Stadt gewährten Rechte bei der Kirchenmusik mitwirken; die Lübecker Köstenbrüder waren auch bei der → Abendmusik beteiligt. – Einen eigenen Stand unter den Instrumentisten bildeten die höfischen Trompeter und Pauker. Offiziell durfte ihre Kunst nur an Fürstenhöfen gepflegt werden. Schon im 15. Jh. war aber einigen Städten das Recht verliehen worden, Trompeter zu unterhalten; andere Städte und auch Privatpersonen haben ohne Genehmigung Trompeter beschäftigt. Gegen solche Verletzungen des fürstlichen Privilegs haben die Hoftrompeter immer wieder protestiert, um ihre Vorrangstellung zu behaupten. Zu Anfang des 16. Jh. stand der Hoftrompeter noch in höherem Ansehen und erhielt auch höheren Lohn als die anderen Hofinstrumentisten. Als sich aber im Laufe des 16. Jh. fürstliche Repräsentation mehr in der Pflege der Kunstmusik als in Trompeterfanfaren zu dokumentieren begann, sank das Ansehen des Trompeterstandes. Die fähigsten Trompeter beherrschten auch andere Instrumente und konnten an Höfen und in Städten weit mehr Ruhm ernten als im Trompeterkorps. Gute Instrumentisten verstanden es, Trompete zu blasen, auch ohne in die vielberufenen Z.-Geheimnisse eingeweiht worden zu sein. In mehreren Reichstagsabschieden des 16. und 17. Jh. wurden die Rechte und die Sonderstellung der Trompeter noch einmal verbrieft. Nach dem 1623 von Ferdinand II. erneuerten Reichsprivileg sollten die Trompeter eines jeden Hofes Kameradschaften bilden, die der Dresdener Oberkameradschaft unterstanden. Alle Freibriefe für Trompeterlehrjungen mußten vom Kurfürsten von Sachsen ausgestellt werden, der auch alle Streitfälle zu schlichten hatte. Was 1795 J. E. Altenburg in der Absicht, das Ansehen seines Standes noch einmal zu heben, über die Geschichte der *heroisch-musikalischen Trompeter- und Pauker-Kunst* geschrieben hat, entsprach zu großen Teilen nicht mehr den Tatsachen. – An vielen Orten waren die Instrumentenbauer gezwungen, sich Handwerkerzünften anzuschließen und ihnen Beiträge zu zahlen, da sie mit ihrer Arbeit (auch wenn es sich nur um Verzierungen an Instrumenten handelte) gegen Privilegien der Drechsler, Kupferschmiede, Goldarbeiter, Maler oder Tischler verstießen. Nur in wenigen Fällen gelang es ihnen, sich Musikergenossenschaften anzuschließen oder gar die Anerkennung einer eigenen Z. durchzusetzen (wie 1599 in Paris). – Als Zünfte sind vielfach auch die Schulen des → Meistersangs bezeichnet worden, die sich zunftmäßige Satzungen gaben, obwohl sie ihre Kunst neben ihrem Beruf betrieben und gegen niemanden geschützt werden mußten. – Gewissen Z.-Bräuchen unterwarf sich in einigen Fällen auch das → Collegium musicum, dessen Mitglieder zu freiwilligem Musizieren zusammenkamen. Die 1600 in Friedland gegründete musikalische Gilde berief sich auf alte, von Papst und Kaiser bestätigte Privilegien. Für die Aufnahme ins Collegium wurden bestimmte Bedingungen gestellt. Man wählte Alterleute, die die Lade mit den Satzungen und Privilegien verwalteten. Die Privilegien beschränkten sich jedoch auf die Erlaubnis, in der Kirche bestimmte Chorstühle zu besetzen und regelmäßig zum Abendmahl gehen zu dürfen. Im übrigen unterstützte die Gilde in Not geratene Mitglieder und sicherte allen ein feierliches Begräbnis zu. – Vielfach ist das Wort Z. auch gleichbedeutend mit Berufsstand benutzt worden. So sprach man von der Organisten-Z., obwohl die Organisten weder eine Gilde bildeten noch zur Ausübung ihres Berufs Privilegien gebraucht hätten, von Z.-Geist getragen war lediglich die solide handwerksmäßige Ausbildung.

Im 17. und 18. Jh. kämpften Pfeiferkönige und Stadtpfeifergilden hartnäckig um die weitere Anerkennung ihrer Privilegien; doch konnten sie nicht mehr die Qualität garantieren, so daß ihren Forderungen die innere Begründung fehlte. In Paris versuchte der Pfeiferkönig vergeblich, J.-B. Lullys Opernorchester und die Mitglieder der königlichen Tanzakademie dem Z.-Zwang zu unterwerfen. Den letzten Versuch, die Autorität des Pariser Pfeiferkönigs wiederherzustellen, unternahm seit 1741 ohne Erfolg der Geiger J. P. Guignon; 1773 wurde das Amt aufgehoben. Auch in Deutschland waren die Konkurrenten der Z.-Musiker nicht mehr die Bierfiedler und Stümper, sondern spezialisierte Virtuosen, ausgebildete Militärmusiker sowie im besonderen bürgerliche Musikliebhaber und Studenten. Mit dem Begriff des zünftigen Musizierens verband sich nicht mehr die Vorstellung einer handwerklichen Solidität, sondern eines Mangels an Genialität. Zufolge des Liebhabermusizierens und der aufkommenden öffentlichen Konzerte schwand auch das Bedürfnis nach bezahlter Festmusik, so daß die Z.-Musiker ihre Aufträge verloren. Länger als die Privilegien hielten sich die Z.-Bräuche bei der Ausbildung der städtischen Musiker. Als ein spätes Zeugnis für das Fortleben von Z.-Gedanken kann die 1863 auf eigenen Wunsch erfolgte förmliche »Lossprechung« Bruckners nach Abschluß des Kompositionsstudiums gelten.

Lit.: H. M. SCHLETTERER, Gesch. d. Spielmannsz. in Frankreich u. d. Pariser Geigerkönige, Bln 1884; M. SEIFFERT, Die mus. Gilde in Friedland, SIMG I, 1899/1900; H. J. MOSER, Die Musikergenossenschaften im deutschen MA, Diss. Rostock 1910; W. GURLITT, Die Hamburger Grünrolle v. Jahre 1691, SIMG XIV, 1912/13; R. LACH, Zur Gesch. d. mus. Zunftwesens, Sb. Wien 199, 3, 1923; E. PREUSSNER, Die bürgerliche Musikkultur, Hbg 1935, Kassel ²1950; C. ANTHON, Some Aspects of the Social Status of Ital. Musicians During the Sixteenth Cent., Journal of Renaissance and Baroque Music I, 1946/47; W. EHMANN, Tibilustrium. Das geistliche Blasen, Kassel 1950; H. FEDERHOFER, Der Musikerstand in Österreich v. ca. 1200 bis 1520, Deutsches Jb. d. Mw. III (= JbPL), 1958; G. FLEISCHHAUER, Die Musikergenossenschaften im hellenistisch-römischen Altertum, Diss. Halle 1959, maschr.; H. ENGEL, Musik u. Ges., Bln u. Wunsiedel 1960; W. SALMEN, Der fahrende Musiker im europäischen MA, = Die Musik im alten u. neuen Europa IV, Kassel 1960. MR

Zunge (engl. reed; frz. anche; ital. ancia), ein elastischer Körper (Blatt), der einen Luftstrom periodisch unterbricht. Die Frequenz der dabei entstehenden Schwingung hängt ab von der Masse und Elastizität der Z. sowie von der Eigenfrequenz des angeschlossenen Resonators. Gegenschlag-Z.n sind das Doppelrohrblatt wie bei der Oboe oder dem Fagott sowie die Polster-Z.n, zu denen die Stimmlippen des Kehlkopfs (→ Stimme – 2) und die Lippen des Bläsers bei Horn- und anderen Blechblasinstrumenten gehören. Aufschlag-Z.n haben die Instrumente mit einfachem Blatt wie die Klarinette und das Saxophon sowie die Zungenstimmen der Orgel; dabei schlägt die Z. gegen einen Rahmen. Ist sie so kurz, daß sie durch den Rahmen hindurchschlägt, so handelt es sich um eine freie (durchschlagende) Z. wie bei den → Harmonika-Instrumenten. Pfeifen mit Z.n werden in der Systematik der Instrumente als Rohrblattinstrumente zusammengefaßt. Ihre einfachen Vorformen sind Grashalm oder Rindenstück, auf den gesamten Z. wird.

Lit.: C. SACHS, Zur Frühgesch. d. durchschlagenden Z., ZfIb XXXIII, 1912/13; W. SCHRAMMEK, Birkenblattblasen, Fs. H. Besseler, Lpz. 1961.

Zungenpfeifen → Lingualpfeifen.

Zungenstimmen → Register (– 1).

Zungenstoß, Zungenschlag (frz. coup de langue), bei Blasinstrumenten eine Technik der Artikulation. Nach Hotteterre (1707) sollen die Stöße auf der Querflöte sanft, auf der Blockflöte und besonders der Oboe schärfer gemacht werden; die Technik des Z.es ist auch auf den Instrumenten mit Kesselmundstück ausführbar. Als Artikulationssilben bei der Querflöte verwendet Quantz (1752) das kurze harte ti und das weichere di (einfache Zunge), bei schnelleren punktierten Noten tiri (diri), für sehr schnelle did'll (Doppelzunge). Für die Doppelzunge auf der Blockflöte wie auch auf der Trompete und Posaune wird dik-ke (te-ke) verwendet. Für das Tremolo auf einem Ton wird ein r artikuliert (Flatterzunge; tremolo dental), das bei schnellen chromatischen Gängen wirkungsvoll ist.

Lit.: M. AGRICOLA, Musica instrumentalis deudsch, Wittenberg 1529, erweitert ⁴1545, hrsg. v. R. Eitner, = PGfM,

Jg. XXIV, Bd XX, Lpz. 1896; S. GANASSI, Opera Intitulata Fontegara, Venedig 1535, Faks. d. Boll. Bibl. Mus., Mailand 1934, dass. als: S. Ganassi, La Fontegara. Schule d. kunstvollen Flötenspiels..., hrsg. v. E. Dahnk-Baroffio u. H. Peter, Bln 1956; J. HOTTETERRE, Principes de la flûte traversière d'Allemagne, de la flûte à bec ou flûte douce..., Paris 1707, Faks. u. deutsche Übers. hrsg. v. H. J. Hellwig, Kassel (1942, ²1958); QUANTZ Versuch; G. SCHECK, G. RITTER V. FREIBERG u. FR. RAMIN in: Hohe Schule d. Musik IV, hrsg. v. J. M. Müller-Blattau, Potsdam (1938).

Zupfinstrumente sind → Chordophone oder → Idiophone, bei denen der Ton durch Anreißen von Saiten oder elastischen Körpern mit den Fingern oder einem Plektron erzeugt wird. Zu ihnen gehören Saiteninstrumente vom Typ der → Zither (darunter das Cembalo), der → Laute, der → Leier und der → Harfe. In der Volksmusik sind Z. verbreitet, besonders in Südeuropa. In der Musik des Barocks waren sie wegen der Möglichkeit des Akkordspiels als → Fundamentinstrumente verwendbar. Im Orchester werden im 20. Jh. neben der → Harfe auch Z. (Gitarre, Mandoline, Cembalo) verwendet, u. a. von Schönberg (→ Kurztoninstrumente), Webern und Henze.

Lit.: H. J. ZINGEL, Z. zum Continuo, ZfMw XVII, 1935.

Zurnā (arabisch; türkisch zurna, von persisch surnay, Schalmei; arabisch auch → mizmar, zamr; chinesisch so-na), ein im gesamten Einflußbereich des Islams (Vorderer Orient, Balkan, Nordafrika, Madagaskar, Indien) und in China verbreiteter Typ der → Schalmei (– 1). Das bereits im 10. Jh. von al-Fārābī beschriebene Instrument ist aus einem Stück gearbeitet, im oberen Teil zylindrisch, im unteren stark konisch (Schalltrichter), mit 6-8 diatonisch angeordneten vorderständigen und einem hinteren Griffloch sowie mehreren (meist 7) Schallöchern im unteren Teil der Röhre. Der Z. wird mit Lippenscheibe und Windkapselansatz geblasen; die meist aus weichem Material (Binse, Maisstroh) hergestellten Rohrblätter schwingen nur, wenn sie nicht mit den Lippen berührt werden. Der laut und durchdringend klingende Z. ist heute ein Instrument der Volksmusik. Er wird meist zusammen mit einer großen Trommel (arabisch tabl, türkisch davul) gespielt. In Jugoslawien wird der Z. in 2 Größen (60 cm und 30 cm) gebaut; zum → Tupan spielen stets 2 Instrumente gleicher Größe.

Lit.: AL-FĀRĀBĪ, Kitāb al-mūsīqī al-kabīr, frz. als: Grand traité de la musique, in: Baron R. d'Erlanger, La musique arabe I, Paris 1930, S. 272ff.; H. G. FARMER, Studies in Oriental Mus. Instr., I London 1931, II Glasgow 1939; B. SIROLA, Sopila i zurla, = Etnoloska bibl. XVII, Zagreb 1932; H. HICKMANN, Terminologie arabe des instr. de musique, Kairo 1947, maschr.

Zweiunddreißigstelnote (ital. biscroma; frz. triple-croche; engl. demisemiquaver; in den USA auch thirty-second note): ♪; Pause (frz. huitième de soupir): ♪.

Zwerchpfeife → Querpfeife.

Zwickau.

Lit.: W. NIEMEYER, Die Zw.er Stadtpfeifer im 16. Jh., Mitt. d. Altertumsver. f. Zw. u. Umgegend XIV, 1929 u. XV, 1931; Das älteste Zw.er Gesangbuch v. 1525, hrsg. v. O. CLEMEN, Zw. 1935; G. EISMANN, Das R.-Schumann-Haus in Zw., Weimar 1958.

Zwiebelflöte → Mirliton.

Zwiefacher, ein vor allem in Niederbayern und der Oberpfalz verbreiteter Volkstanz mit häufigem, in seiner Abfolge nicht schematisch faßbarem Wechsel von geradem und ungeradem Takt. Der Taktwechsel beim Zw.n läßt sich auffassen als ein Tempowechsel und resultiert aus der Mischung von Tanzfiguren verschiedener Tänze (2 × 3/4-Takt-Walzer, 3/4-Takt-Ländler,

Oberpfälzer Zw. *Seidener Zwirn*

Notierung gemäß Ausführung:

2×2/4-Takt-Dreher) innerhalb eines Tanzes. Dies wird auch in der Notierung des Zw.n durch die Bauernmusikanten deutlich (vgl. Huber); der Viertelnote des Walzers (*W*) entspricht eine Achtelnote des Drehers (*D*) oder Ländlers (siehe obenstehendes Beispiel). Die verschiedenen, häufig auch durch den Text der Zw.n bestimmten Kombinationen der Tanzfiguren, die zusätzlich durch die Verwendung von halben Walzer- und Dreherfiguren (jeweils nur ein 3/4- bzw. 2/4-Takt) bereichert werden können, setzen sich zu Perioden von 8, 16 oder 6 solcher Tanzeinheiten (Landler-, Halbdeutscher-, Sechstakt- bzw. Dreilandler-Zw.) zusammen, wobei der 2×3/4-Walzertakt, der 2×2/4-Drehertakt und der 3/4-Ländlertakt äquivalent sind, ohne Rücksicht auf ihre unterschiedliche Dauer. – Der Zw. wurde als volkstümlicher Tanz auch in der Kunstmusik verwendet, so bei Orff (*Uf dem anger*, in: *Carmina Burana*, 1937).

Lit.: A. BAUER, 40 bayerische Tänze, ZfMw VIII, 1925/26; DERS., 60 bayerische Tänze, ZfMw XII, 1929/30; V. JUNK, Die taktwechselnden Volkstänze, Lpz. 1938; F. HOERBURGER, Die Zw., Gestaltung u. Umgestaltung d. Tanzmelodien im nördlichen Altbayern, = Veröff. d. Inst. f. deutsche Volkskunde X, Bln 1956; H. REGNER, Taktwechselnde Volkstänze im schwäbischen Ries, Diss. München 1956, maschr.; FR. KRAUTWURST, Über d. Zw., in: Der Zwiebelturm XII, 1957; K. HUBER, Was ist ein Zw.?, in: Volkslied u. Volkstanz, hrsg. v. Cl. Huber u. O. A. v. Müller, Ettal (1959).

Zwischenaktsmusik → Bühnenmusik.

Zwischendominanten sind in die dur-moll-tonale Kadenz beliebig einzuschaltende Dominanten, auch Subdominanten leitereigener Harmonien, durch welche oft vollständige Zwischenkadenzen in anderen Tonarten (Ausweichungen) entstehen, ohne daß das tonale Zentrum des Stückes wie bei einer → Modulation (– 1) verlassen wird. Auf H. Riemann geht der Brauch zurück, die Funktionsbezeichnungen von Zw. bzw. Zwischensubdominanten in runde Klammern zu setzen; in Klammern stehende Funktionsbezeichnungen beziehen sich grundsätzlich auf die den Klammern folgende Harmonie, z. B.:

Folgt auf die Zw. bzw. Zwischensubdominanten nicht, wie erwartet, ihre Bezugsfunktion, so wird diese in eckigen Klammern nur angezeigt, die Funktionsbezeichnung des an ihrer Stelle erklingenden Akkordes jedoch darunter (bisweilen auch daneben) geschrieben, z. B.:

Die eckige Klammer kennzeichnet eine »harmonische Ellipse«. Im Falle (*D*)–D, einer sehr häufig vorkommenden Kombination, wird das verdoppelte Zeichen Dominante 𝔻 angewendet (→ Wechseldominante, auch Doppeldominante). Sollen die Zw. auf die Funktion bezogen werden, die vor der Klammer steht, so wird dies durch einen rückwärtsweisenden Pfeil deutlich gemacht, z. B.:

Zwischenspiel → Divertimento (– 2), → Interludium, → Intermedium, → Intermezzo.

Zwölftontechnik (Dodekaphonie) heißt allgemein die von A. Schönberg entwickelte und seit 1923 angewandte Technik der »Komposition mit zwölf nur aufeinander bezogenen Tönen« sowie die von J. M. Hauer seit 1919 entwickelte Kompositionstechnik, deren Grundlage die Lehre von den Tropen (Wendungen) ist. Beide Techniken setzen die zwölfstufig gleichschwebend temperierte Stimmung voraus.

1) Die Technik Schönbergs basiert auf Tonreihen, deren jede einzelne die Tonqualitäten aufzuweisen hat, sogenannte Zwölftonreihen. Jeder Komposition liegt eine einzige → Reihe zugrunde. Ihre 48 verschiedenen Gestalten, die kaum je alle innerhalb eines Werkes benötigt werden, sind grundsätzlich gleichberechtigt; der Name Grundgestalt für ihre Erscheinungsform der Reihe bezeichnet keine Vorzugsstellung, sondern meist einfach die zuerst auftretende Gestalt. (So wie alle Töne nur aufeinander und nicht etwa auf einen Grundton bezogen sind, so sind alle Gestalten der Reihe nur aufeinander und nicht auf eine Grundgestalt bezogen.) Auswahl und Anordnung der Reihengestalten stehen dem Komponisten frei und können als Mittel der Formbildung dienen (besonders deutlich in E. Křeneks 6. Quartett op. 78). Die Reihe selbst soll als zusammenhang-, ordnung- und einheitstiftendes Element wirken und darf darum weder verändert noch unvollständig gebracht werden (einzig Wiederholungen einzelner Töne und Tongruppen sind in beschränktem Umfang zulässig); sie soll sowohl die Melodik als auch die Harmonik (die Zusammenklänge) konstituieren. Da die Reihe innerhalb einer Komposition nicht in gleicher Weise Melodik und Harmonik bestimmen kann – es sei denn, beide hätten den gleichen musikalischen Inhalt –, bleibt jeweils einer der beiden Bereiche sekundär, das heißt nur sehr indirekt auf die Reihe beziehbar. Extremfälle sind einerseits unbegleitete Melodien, bloße Melodisierungen einer Reihengestalt, wie im Thema der Gigue in Schönbergs Suite op. 29 (4. Satz):

anderseits Zwölfklänge. Alle Zwölfklänge gehören indessen, wegen des Prinzips der beliebigen Oktavlage eines jeden einzelnen Reihentons, grundsätzlich allen Zwölftonreihen zu, es sei denn, der Komponist befolge wenigstens eine zusätzliche Regel, etwa die, die Reihentöne von oben nach unten (oder umgekehrt) anzuordnen, wie dies etwa A. Berg in seinem 2. Storm-Lied (Takt 10ff.) getan hat. Einen mehrstimmigen Tonsatz kann die Reihe auf ganz verschiedene Weise determinieren. Jeder einzelnen Stimme eines polyphonen

Satzes können verschiedene Reihengestalten zugrunde liegen, wie im 1. Satz der Suite op. 29 von Schönberg, Takt 5ff. (G = Grundgestalt, U = Umkehrung):

steht ein Quartenakkord, der nicht direkt aus der Reihe ableitbar ist, durch die Auswahl des jeweils ersten und letzten Tons einer jeden Reihenhälfte, also des

wobei die Zusammenklänge ohne direkte Beziehung auf die Reihe bleiben; oder die Zusammenklänge eines Satzes werden durch die Reihe geprägt, also bleiben die in den einzelnen Stimmen entstehenden Tonfolgen – oftmals sind es wirkliche Melodien – ohne direkte Beziehung zur Reihe, wie etwa zu Beginn des 2. Satzes der genannten Suite Schönbergs:

Die Ableitung eines mehrstimmigen Satzes aus einer einzigen Reihengestalt setzt in jedem Fall Reihenbrechung voraus. Die einfachste Satzart läßt die Toneinsätze durch die Reihe bestimmen, wobei dann ein Teil der Melodieschritte und der Zusammenklänge der Determination durch die Reihe entzogen wird; das klassische Beispiel hierfür ist der Anfang des 3. Satzes in Schönbergs Bläserquintett op. 26:

Eine andere Satzart mischt melodische und harmonische Reihenaussetzung, wie zu Beginn des Violinkonzerts op. 36 von Schönberg:

Vielfach werden aus der Reihe einige (kaum je willkürlich gewählte) Töne ausgesondert und als Orgelpunkte (oder als Begleitfiguration mit Orgelpunktfunktion) der Melodie oder dem Tonsatz zugefügt. In der Coda des Hauptsatzes von Schönbergs Bläserquintett op. 26 (Takt 209ff.; siehe folgendes Beispiel) ent-

1., 6., 7. und 12. Reihentons (die im vorigen, dem gleichen Werk entnommenen Beispiel die Oberstimme bilden):

Alle diese Satzweisen können vervielfacht und ineinander verschränkt erscheinen. – Zw. setzt → Atonalität, diese wiederum vollständige Chromatisierung und Emanzipation der Dissonanz voraus, ist aber zugleich auch ein Mittel, sie zu realisieren. Darum sind Oktaven sowohl sukzessiv als auch simultan verboten, Konsonanzen (Terzen, Sexten, Quinten) oder Klänge, die durch ihre Verwendung in der dur-moll-tonalen Musik einen besonderen Charakter sich erworben haben (alle konsonanten Dreiklänge, Septakkorde usw.) wenigstens an exponierten Stellen zu vermeiden. (Gleichwohl beginnt der langsame Satz in Schönbergs 3. Quartett op. 30 überwiegend mit Konsonanzen.) Die Zw. ist, obwohl sie sich in Regeln fassen läßt, weniger ein System von Regeln, das es erlaubt, wieder einen handwerklich guten Tonsatz zu schreiben, als eine Sammlung von Vorschriften, die es dem Komponisten verwehrt, unversehens ins traditionelle musikalische Idiom zurückzufallen. Zw. garantiert keinen musikalischen Sinn, sie verhindert nur eine ganz bestimmte Art von Traditionalismus: Banalität. Sie garantiert einzig eine Fülle von musikalischen Beziehungen.

Die Zw. Schönbergs entwickelte sich unter den Händen eines jeden Komponisten, der sich ihrer bediente, weiter. A. Berg, der niemals ganz auf traditionelle Klänge und Klangfolgen verzichtet hat, leitet in seiner Oper *Lulu* neue Reihen aus einer Grundreihe ab und hat wohl auch schon früher seine Reihen bisweilen im Verlauf einer Komposition modifiziert. Křenek, der die Technik um 1930 übernahm, hat im Anschluß an die Überlegungen von R. S. Hill aus der Reihe 2 Sechstongruppen abgeleitet und aus jeder einzelnen (nach den Prinzipien der Ableitung der verschiedenen Kirchentonarten aus dem diatonischen Tonvorrat) 6 Modi gebildet und dann jeden dieser Modi auf jede der 6 Stufen transponiert, so daß sich für jede der Sechstonkonstellationen 36 Skalen ergeben; wenn auch von Umkehrung, Krebs und Krebs der Umkehrung Gebrauch gemacht wird, ergeben sich für jede Sechstongruppe 144 Konstellationen. Křenek hat auch – und dieses Verfahren erwies sich vielleicht als noch fruchtbarer – aus jeder Zwölftonreihe 12 Dreitongruppen gebildet (1 2 3 / 2 3 4 / 3 4 5 usw. bis 10 11 12 / 11 12 1 / 12 1 2) und die Töne dann innerhalb einer jeden Gruppe umgestellt, »rotiert« (1 2 3 / 2 3 1 / 3 1 2, alle auch rückwärts zu lesen!). Die Zw., die zunächst nur von den direkten Schülern Schönbergs übernommen wurde (Webern, A. Berg, H. Eisler, W. Zillig) hat zunächst nur sehr zögernd Aufnahme gefunden, um 1927 bei Józef Koffler, um 1930 bei Křenek, nach 1940 bei L. Dallapiccola. Nach 1945 hat sie sich rasch international verbreitet, vor allem dank der pädagogischen Wirksamkeit von E. Křenek und R. Leibowitz, aber schon 1950 wurde sie durch die Verfahren der → Seriellen Musik weiterentwickelt oder abgelöst.

2) Grundlage der Technik Hauers sind nicht Reihen, sondern »Tropen« (Wendungen). Jede Trope besteht aus zwei Sechstonkonstellationen, die sich zur Zwölftongruppe ergänzen. Da innerhalb einer jeden Tropenhälfte die absolute Tonhöhe und die Folge der Töne belanglos ist – man notiert sie deshalb als Akkorde in möglichst enger Lage –, gibt es insgesamt 144 Tropen, deren jede sich in ihrer Struktur von allen anderen unterscheidet. Jede Trope kann auf jede Tonstufe transponiert werden. Die Tropen determinieren nicht primär die Melodik oder die Harmonik, sondern die Gesamtheit des Tonsatzes, der allerdings grundsätzlich auf Profilierung der Einzelstimmen und überraschende Harmonik bewußt verzichtet. – Hauer hat seine Zwölftontechnik seit 1918 entwickelt (und seit seinem op. 19 konsequent angewandt). Ihre endgültige Gestalt erreichte sie aber erst 1942, als Hauer sein *Erstes Zwölftönespiel mit den endgültig festgelegten monodischen Spielregeln* (Szmolyan, S. 66) schrieb.

Lit.: → Reihe; L. Deutsch, Das Problem d. Atonalität u. d. Zwölftonprinzip, Melos VI, 1927; Th. W. Adorno, Zur Zw., Der Anbruch XI, 1929; ders., Philosophie d. Neuen Musik, Tübingen 1949, Ffm. ²1958; W. Schuh, Zur Zw. bei E. Křenek, SMZ LXXIV, 1934; R. S. Hill, Schoenberg's Tone-Rows and the Tonal System of the Future, MQ XXII, 1936; E. Křenek, Über Neue Musik, Wien 1937, engl. als: Music Here and Now, NY 1939; ders., Studies in Counterpoint, NY 1940, deutsch als: Zwölfton-Kontrapunktstudien, Mainz (1952); ders., New Developments in the Twelve-Tone Technique, MR IV, 1943; ders., Is the Twelve-Tone Technique on the Decline?, MQ XXXIX, 1953; ders., Extents and Limits of the Serial Techniques, MQ XLVI, 1960; R. Erikson, Křenek's Later Music, MR IX, 1948; R. Leibowitz, Qu'est-ce que la musique de douze sons?, Lüttich 1948; ders., Introduction à la musique de douze sons, Paris (1949); Le système dodécaphonique (= Polyphonie, H. 4), Paris 1949; W. Reich, E. Křeneks Arbeit in d. Zw., SMZ LXXIX, 1949; ders., Versuch einer Gesch. d. Zw., in: Alte u. Neue Musik, Zürich 1952, erweitert in: Fs. A. Orel, Wien u. Wiesbaden (1960); H. Jelinek, Anleitung zur Zwölftonkomposition, 2 Bde, Wien 1952–58; H. Pfrogner, Die Zwölfordnung d. Töne, Zürich, Lpz. u. Wien 1953; L. Rognoni, Espressionismo e dodecafonia, Turin 1954; G. Perle, The Harmonic Problem in Twelve-Tone Music, MR XV, 1954; G. Rochberg, The Hexachord and Its Relation to the 12-Tone-Row, Bryn Mawr (Pa.) 1955; R. Reti, Tonality–Atonality–Pantonality, London 1958, ²1960; R. Stephan, Neue Musik, = Kleine Vandenhoeck-Reihe IL, Göttingen 1958; ders., Über J. M. Hauer, AfMw XVIII, 1961; R. Vlad, Storia della dodecafonia, Mailand 1958; B. Schäffer, Klasycy dodekafonii, 2 Bde, I Krakau 1961, ²1964, II 1964; M. Lichtenfeld, Untersuchungen zur Theorie d. Zw. bei J. M. Hauer, = Kölner Beitr. zur Musikforschung XIX, Regensburg 1964; W. Szmolyan, J. M. Hauer, Wien 1965; K. Boehmer, Material – Struktur – Gestalt, Mf XX, 1967. RSt